日置英剛編

新國史大年表

第十巻

索引

国書刊行会

題字——倉橋奇艸
装丁——山田英春

新・国史大年表

第十巻

索引

日置英剛編

国書刊行会

新・国史大年表

第十巻

目次

● 人名索引…… 6
● 項目索引…… 452
● 見出し語一覧…… 1133
● 主要事項索引…… 1139
● 正誤表…… 1205
あとがき

凡　例

1　本索引の数字は、すべて『新　国史大年表』第1巻〜第9巻（全10冊）本文掲出の年（西暦）・月・日を示し、政治・経済（政）、社会（社）、文化（文）の区別を表す（月欄の丸数字は閏月）。

a　月日のはっきりしないものは、是秋、是年などと示した。
b　〜年間・〜御代とあるものは、その年の終わりにまとめた。
c　日露戦争、ロッキード事件などとあるものは、その年の終わりにまとめた特集ページを示す。
d　第1巻　西暦600年以前までは、政治・社会等の区別はなく、天皇名で時代を表した。

例：① 書記・神武1・1・1　⇨　第1巻　神武天皇元年1月1日
③ **1331**・②・24　政　⇨　第3巻　**1331**年閏2月24日　政治・経済
⑦ **1904**・2・4　日露戦争　⇨　第7巻　**1904**年特集ページ 日露戦争2月4日

2　年月日は原則として、明治五（一八七二）年十二月三日の改暦までは太陰太陽暦（陰暦・旧暦）を用い、明治六（一八七三）年以降は、太陽暦（グレゴリオ暦）を用いた。

3　人名索引の配列は、表音式五十音順とした。
　　漢字は原則として新字体を用い、外国人名は、姓・名の順とした。

4　人名索引の天皇・皇族・女院については、項目索引 [3]「天皇・皇室・改元」も参照されたい。

5　項目索引は、本文中に掲載された事項を三十五のカテゴリーに分類し、そのなかで中見出し・小見出しを設け、五十音順に配した。
　　項目索引の巻末にある、見出し語一覧を参照されたい。

6　主要事項索引は、本文中とりわけ重要な記事を抽出し、第1巻から掲載順にまとめたものである。（解説）とあるのは、その事項の初出記事に解説を付したものを示す。

7　人名索引で同一人物に複数の呼称がある場合や、事項索引で関連項目を別のカテゴリーにまとめた場合などには、見よ項目を立てた。

　　例：　羽柴秀吉　⇨　豊臣（とよとみ）秀吉
　　　　　[16]　農業・漁業「米穀」⇨　[7]　経済「米穀」

8　太平洋戦争関係については、別巻『年表 太平洋戦争』索引に詳しい。人名約4000人収録。

あ

亜　撒都(琉球)　❸ 1395·4·7 政
亜　都(琉球)　❸ 1404·3·18 政
亜　羅佳其(琉球)　❸ 1445·1·17 政
亜　蘭匏(琉球)　❸ 1382·2·15 政／1383·1·1 政／1386·1·4 政／1387·2·10 政／1388·1·1 政／1390·1·26 政／1391·2·22 政／1395·1月 政／1398·3·1 政
阿　塔海(元)　❷ 1281·是年 政
阿　乃生　❸ 1418·2·14 政
阿　不察都(琉球)　❸ 1423·8·10 政
阿　普斯古(琉球)　❸ 1446·2·12 政
阿　普尼是　❸ 1432·3·10 政
阿　不耶(琉球)　❸ 1398·3·1 政
阿　普礼是　❸ 1439·3·10 政
阿　勃吾斯　❸ 1408·3·26 政
阿　勃吾斯古　❸ 1412·2·20 政
阿　勃馬　❸ 1424·2·12 政
阿　弥多甫　❸ 1439·1·1 政
アーキン，ウィリアム(米)　❾ 1984·4·24 政
アーケン(オランダ)　❻ 1861·3·28 政
アーネスト，キング(米)　❽ 1945·6·18 政
アービン(英)　❼ 1898·8·13 社／1899·8·12 社
アーフラムコンネントン(オランダ)　❺-2 1728·2·28 政／1730·2·28 政
アーミテージ(米)　❾ 2003·6·9 政
アームストロング，ニール　❾ 1969·10·31 文／11·4 政／2012·8·25 政
アームストロング，ルイ(米)　❽ 1953·12·7 文／1963·4·22 文
アームストン(曲馬団)　❻ 1892·9月 社
アームテッド(米)　❽ 1947·10·26 社
相浦紀一郎　❾ 2012·12·16 政
相浦助一　❽ 1943·11·30 政
相浦紀道　❻ 1894·7·19 日清戦争
愛王丸　❷ 1194·1·13 文／1·28 文
相賀武夫　❼ 1922·8月 文
合鹿光生　❷ 1187·1·20 社
相賀弥三郎　❸ 1349·12·24 政
淡河(あいかわ)時治　❸ 1333·5·12 政
相川春喜　❼ 1936·7·10 政
相川　博　❽ 1943·5·11 政
相川　浩　❾ 2003·11·27 文
相川又四郎　❺-2 1754·是冬 社
鮎川⇨鮎川「あゆかわ」姓も見よ
相木能登守　❹ 1583·1月 政
愛菫　❺-2 1750·是年 文
アイケルバーガー(米)　❽ 1947·11·11 政／1948·7·9 政／11·9 政
愛甲(名不詳)　❷ 1113·3·4 政
相澤右衛門　❺-1 1666·5·19 社
相澤　憲　❽ 1944·2·1 文
相澤三郎　❼ 1935·8·12 政／1936·5·7 政
相澤春洋(茂·硯卿)　❽ 1963·11·23 文
会澤正志斎(安)　❺-2 1841·8·1 文／1843·是年 文／❻ 1863·7·14 文
相澤石湖　❺-2 1847·12·29 文
相澤忠洋　❽ 1949·8·2 文／9·11 文／❾ 1989·5·22 文
愛澤寧堅　❻ 1883·9·1 政
相澤尚夫　❼ 1935·11·6 政
相澤英之　❾ 1988·2·5 政／1990·2·28 政／6·26 政／2000·7·30 政
愛澤院　❺-1 1665·7·15 政
相島虚吼　❼ 1935·4·4 文
愛寿(遊君)　❷ 1201·6·1 社
愛寿(盲女)　❸ 1418·8·17 文
愛新覚羅慧生　❽ 1957·12·10 社
愛新覚羅　浩　❾ 1987·6·20 政
愛新覚羅溥儀　❼ 1931·11·8 政／1932·3·1 政／1934·3·1 政／1935·4·6 政／❽ 1940·6·26 政／1946·8·9 政／1959·12·4 政
愛新覚羅溥傑　❼ 1936·8·18 政／❽ 1937·4·4 政／❾ 1994·2·28 政
アイゼンハワー(米)　❽ 1946·5·10 政／5·11 政／1957·6·16 政／1960·5·10 政／6·12 政／6·16 政／6·19 政
愛染恭子　❾ 1983·1·26 社
相田於中(倭寇)　❸ 1397·1·3 政
会田呉山　❺-2 1779·是年 文
合田貞遠　❸ 1336·2·17 政
阿以田治修　❽ 1940·12·17 文
相田二郎　❽ 1945·6·22 文
相田東湖　❼ 1897·6·17 文
会田保明(鈴木安明·算左衛門)　❺-2 1785·是年 文／1787·是年 文／1794·是年 文／1797·是年 文／1800·是年 文／1801·是年 文／1810·是年 文／1817·10·26 文
会田雄次　❾ 1997·9·17 文
相田　洋　❾ 1991·8月 文
愛知和男　❾ 1993·12·1 政
愛知揆一　❽ 1954·1·8 政／1957·7·10 政／1958·6·12 政／1964·7·18 政／❾ 1966·8·1 政／1968·11·30 政／1970·1·14 政／1972·12·22 政／1973·11·23 政
愛竹良椿(経師)　❹ 1500·10·10 文
愛千代　❹ 1512·是年 社
阿一(僧)　❸ 1361·6·1 文
会津八一　❽ 1944·9月 文／1956·11·21 文
会津屋八右衛門　❺-2 1836·6月 政／12·23 政
愛野興一郎　❾ 1998·3·20 政
藍野精一　❽ 1951·8·22 文
アイバ·戸栗·ダキノ(東京ローズ)　❽ 1943·3·20 政／1945·10·17 政／1949·10·6 政／1956·1·27 政／❾ 1977·1·19 政／2006·9·26 政
アイパドル(パラオ大酋長)　❼ 1916·8·16 社
相原可碩　❺-2 1719·4月 文
粟飯原清胤　❸ 1347·12·3 政
藍原定光　❸ 1318·12·10 政
相原七郎　❼ 1901·8·28 文
相原脩次郎　❼ 1931·4·14 政
相原尚褧(なおふみ)　❻ 1882·4·6 政
相原四郎　❼ 1909·7·31 政／12·9 社
相原季胤　❹ 1496·11·26 政
相原利夫　❾ 1970·3·31 政
相原信行　❽ 1956·11·22 社／1960·8·25 社
相原政胤　❸ 1454·8·28 政／❹ 1457·5·14 政
相原　豊　❾ 1992·7·25 社
合原義直　❻ 1864·7·24 政
靉光(石村日郎)　❽ 1939·5·17 文／1941·是年 文／1943·4·21 文／1944·是年 文／1946·1·19 文
アインシュタイン，アルベルト　❼ 1922·11·17 文／❽ 1952·9·20 文／1955·4·18 文
阿于(高句麗使)　❶ 676·11·23 政
アウエル，ヨハン(オランダ)　❺-2 1716·9·20 政／1718·9·20 政
アウグスチノ太田　❺-1 1622·7·4 社
アウグスチノ，トマス·デ·サント(司祭)　❺-1 1637·10·20 社
アウグスチノ，ベルシオール·デ·サン(神父)　❺-1 1632·10·30 社
アウトホールン，コルネリス·ファン(オランダ)　❺-1 1688·9·20 政／1691·9·20 政／1695·9·20 政
逢　志摩　❶ 676·6·24 政
阿吽(仏師)　❸ 1295·4月 文
アウンサン(ビルマ)　❽ 1945·3·27 政
敢　継吉　❶ 861·10·28 社
敢　宗貞　❶ 861·10·28 社
敢(礒)忍国　❶ 767·4·14 社／768·2·3 政
敢石勝麻呂　❶ 734·5·1 文
饗場氏直　❸ 1351·2·20 政／1354·3月 社／1381·6·22 文
饗庭国続　❹ 1490·11·16 政
饗庭篁村(与三郎)　❻ 1886·3·23 文／1889·1月 文／❼ 1922·6·20 文
阿円(仏師)　❷ 1254·6·21 文
粟生為広　❸ 1350·12·10 政
青井舒一　❾ 1996·12·28 政
青井前成　❸ 1394·1·19 政
粟生隆寛　❾ 2009·7·14 社／2010·11·26 社／2011·4·8 社／11·6 社
亜欧堂田善　❺-2 1802·7月 文／1805·是年 文／1808·3月 文／1818·7月 文
粟生屋源右衛門　❺-2 1823·11·17 文
青江三奈　❾ 2000·7·2 文
青景弘郷　❹ 1478·10·24 政
青方高家　❸ 1294·2月 社／1297·6·22 政／1298·8·18 政／1300·3月 社／1301·7·5 政／1305·5·6 社／1313·9月 政
青方高継　❸ 1319·6月 政／1322·6·22 政／1323·2·24 政
青方高光　❸ 1319·6月 政
青方能高　❸ 1305·3月 社
青木雨彦　❾ 1991·3·2 文
青木　功　❾ 1978·10·16 社／1983·12月 社／2004·4·22 社
青木伊平　❾ 1989·4·22 政
青木桜花　❽ 1938·3·19 社
青木一男　❽ 1939·8·30 政／1942·11·1 政／1943·4·16 政／❾

1982·6·25 政
青木一重(宗佐、民部少輔)　❺-1 1615·3·13 大坂夏の陣／4·10 大坂夏の陣／4·16 大坂夏の陣／1628·8·9 政
青木一矩　❹ 1593·1·25 社／1598·11·13 社／1599·③·10 社
青木久右衛門　❺-1 1628·8·10 政
青木清秀(刀匠)　❺-2 1825·2月 文／1844·12月 文
青木均一　❽ 1946·4·30 政
青木月斗　❽ 1949·3·17 文
青木研蔵　❺-2 1847·2·27 文
青木光一　❽ 1960·3·2 社
青木五省　❺-1 1706·是年 文
青木五郎兵衛　❺-1 1602·10月 政
青木昆陽(文蔵·敦書)　❺-2 1734·2月 文／是年 社／1735·1·29 社／2·15 文／1738·是年 文／1739·3·8 文／是年 文／1740·2·26 文／9月 文／是年 文／1741·3·15 文／1742·4月 文／是年 文／1744·7·12 文／是年 文／1746·是年 文／1747·7·15 文／1749·是年 文／1763·是年 文／1769·10·12 文
青木左京　❺-2 1751·1·22 文
青木佐太郎　❽ 1948·是年 社
青木重兼　❺-1 1662·2·15 社
青木重元　❷ 1227·5·23 社
青木　繁(画家)　❼ 1903·9·16 文／是年 文／1904·是年 文／1906·12月 文／1907·3·20 文／1911·3·25 文
青木　茂(サラリーマン同盟)　❾ 1969·2·10 社／4·13 社
青木周弼　❺-2 1842·是年 文／❻ 1863·12·16 文
青木周蔵(玄明)　❻ 1874·8·17 政／1881·9·18 文／1886·4·20 政／1887·1·24 政／1889·12·24 政／1890·2·8 政／1891·3·24 政／5·6 政／1892·3·5 政／1893·7·8 政／1894·7·16 政／❼ 1899·3·11 政／1906·1·7 政／1911·10·30 政／1914·2·16 政
青木夙夜(浚明·庄右衛門·大初·春塘·八岳)　❺-2 1761·是年 文／1786·是年 文／1790·是年 文／1798·是年 文／1799·是年 文／1801·是夏 文／是年 文／1802·10·23 文
青木春岱　❻ 1858·7·3 文
青木次郎九郎　❺-2 1755·7·1 社
青木薪次　❾ 1995·8·8 政
青木静左衛門　❻ 1857·6月 文
青木宗佐⇨青木一重(かずしげ)
青木　隆　❽ 1944·6·15 政
青木孝義　❽ 1949·2·16 政
青木　正　❽ 1958·6·12 政／1959·1·12 政
青木太郎兵衛　❺-1 1636·6·5 社
青木東庵　❺-2 1743·是年 文
青木得三　❾ 1968·7·31 文
青木富夫　❾ 2004·1·24 文
青木直影　❺-1 1637·10·17 社
青木宣純　❼ 1915·12月 政／1923·12·12 政
青木春澄　❺-1 1678·是年 文
青木半治　❾ 2010·6·1 社
青木久八　❺-2 1846·5月 社
青木秀以　❹ 1588·8·7 政
青木　洋　❾ 1971·9·2 社／1974·7·28 社
青木浩悦　❾ 2012·10·9 政
青木蒲堂　❻ 1872·3·15 文
青木正和　❾ 2010·5·29 文
青木正兒　❼ 1920·9·17 文
青木増右衛門　❺-1 1712·7·11 社
青木まゆみ　❾ 1972·8·26 社
青木幹雄　❾ 1999·10·5 政／2000·4·3 政
青木木米(八十八·九々麟·百六散人·古器観·聾米)　❺-2 1796·1·11 文／1798·是年 文／1804·是年 文／1805·是年 文／1806·是年 文／1811·1·1 文／1822·是年 文／1823·是秋 文／1824·4月 文／是年 文／1825·是年 文／1826·4月 文／1829·是年 文／1831·是年 文／1833·4月 文／5·15 文
青木持通　❸ 1411·8·23 政
青木盛久　❾ 1997·4·28 政
青木安清　❺-2 1746·7·18 社
青木安左衛門　❺-2 1766·是年 文
青木安兵衛　❻ 1876·1·16 社
青木弥太郎　❻ 1865·6·17 社
青木やよひ　❾ 2009·11·20 文
青木雄二　❾ 2003·9·5 文
青木義継　❺-1 1671·2·18 政
青木力蔵　❺-2 1806·11·12 政／1819·9月 政
青木龍山　❾ 2005·11·3 文／2008·4·23 文
青木鷺水　❺-1 1692·是年 文／1698·是年 文／1700·是年 文／1702·是年 文／1707·是年 文／1708·是年 文／1709·是年 文／❺-2 1733·3·26 文／1754·是年 文／1757·是年 文
青木隼人佑　❹ 1573·8·13 政
青木屋忠七　❻ 1863·3·5 社
青島俊蔵　❺-2 1785·4·29 政／1789·7·15 政／1790·1·20 政
青島平十　❽ 1940·是年 社
青島幸男　❾ 1981·4月 文／1983·4·18 政／1992·9·26 政／1995·4·9 政／1999·2·1 社／2006·12·20 政
青空一夜　❾ 1996·4·23 文
青空千夜　❾ 1991·6·20 文
青田鋼三　❻ 1884·3·11 社
青田　昇　❾ 1997·11·4 社
粟生田又次郎　❸ 1349·12·24 政
青地清二　❾ 1972·2·3 社
青地林宗　❺-2 1822·8月 文／1825·是年 文／1826·是年 文／1827·是年 文／1828·是年 文／1831·8·18 政／11月 文／1833·2·22 文
青野幸三郎　❾ 1988·11·24 文
青野茂行　❾ 2012·7·23 文
青野季吉　❼ 1922·1·1 政／1924·6·28 政／6月 文／1927·6·9 文／1933·8·25 政／❽ 1950·5·24 文／1955·1·21 文／1959·7·7 文／1961·6·23 文
青野　令　❾ 2009·1·23 社
青葉益輝　❾ 2011·7·9 文
青葉山　❽ 1943·5·22 社／❾ 1997·9·24 社
青蒜(蝦夷)　❶ 658·7·4 政
青柳篤恒　❼ 1923·5·10 文
青柳小三郎　❸ 1373·12·25 政
青柳東里　❺-2 1832·是年 文
青柳有美　❽ 1945·7·6 文
青柳才助　❻ 1858·是年 社
青柳捨三郎　❻ 1891·2·5 文
青山雲鱗　❺-2 1793·3·3 文
青山景通　❻ 1891·2·11 文
青山霞村　❼ 1925·5月 文
青山清長　❺-1 1615·⑥·11 政
青山熊治　❼ 1932·12·11 文
青山五左衛門(吉村次郎兵衛)　❺-1 1651·4·11 社
青山小三郎　❻ 1864·9·11 政
青山五郎　❾ 2008·1·15 政
青山杉雨　❾ 1980·10·15 文／1992·11·3 文／1993·2·13 文
青山主膳　❺-1 1653·1·2 社
青山章太郎⇨花柳(はなやぎ)章太郎
青山真治　❾ 2000·5·20 社
青山杉作(達美)　❼ 1912·10·19 文／1930·6·27 文／1932·11·30 文／❽ 1942·6·29 文／1943·10·30 文／12·26 文／1944·2·10 文／1950·9·6 文／1956·12·26 文
青山孝史　❾ 2009·1·28 文
青山忠明　❺-2 1766·是年 文
青山忠雄　❺-1 1679·2·15 政／1685·8·8 政
青山忠重　❺-1 1685·8·8 政／1702·9·7 政／❺-2 1722·3月 政
青山忠高　❺-2 1781·6·24 政
青山忠講　❺-2 1785·7·18 政
青山忠俊　❺-1 1605·12·2 政／1613·2·20 政／1615·5·9 大坂夏の陣／1616·5·29 政／1619·10·20 政／1623·10·19 政／1643·4·15 政
青山忠朝　❺-2 1748·8·3 政／1758·11·28 政／1760·7·15 政
青山忠成　❺-1 1601·2月 政／2·28 社／12·5 社／1602·6·1 社／1603·4·6 社／1606·1·25 政／1613·2·20 政
青山忠講　❺-2 1781·6·24 政
青山忠裕　❺-2 1785·7·18 政／1800·10·1 政／1802·10·19 政／1804·1·23 政／1836·3·27 政
青山忠義　❺-2 1775·2·4 政
青山忠良　❺-2 1840·11·3 政／1844·12·28 政／1848·2·22 社／9·3 政
青山胤道　❻ 1894·6·5 社
青山胤通(助松)　❼ 1908·4·20 文／1917·12·23 文
青山弾正　❺-2 1804·是年 社
青山利永　❺-2 1719·是年 文
青山虎之助　❽ 1945·11·1 文
青山長利　❹ 1564·1·11 政
青山七恵　❾ 2007·1·16 文
青山成重　❺-1 1608·12·25 政
青山延光　❺-2 1842·是年 文
青山延于(子世)　❺-2 1826·是年 文／1832·是年 文／1841·8·1 文／1843·9·6 文／1845·是年 文
青山秀夫　❾ 1992·2·16 文
青山昌長　❺-1 1605·是年 社
青山宗俊　❺-1 1643·4·15 政／1648·①·19 政／1662·3·29 政／

1678·6·17 政／8·18 政／1679·2·15 政
青山幸完　❺-2 1775·12·11 政／1808·11·8 政
青山幸秀　❺-2 1717·2·11 政／1744·9·8 政
青山幸道　❺-2 1744·9·8 政／1758·12·27 政／1775·12·11 政
青山義雄　❼ 1925·是年 文
青山圭男　❽ 1947·7·12 文／1959·11·24 文
青山幸督　❺-1 1684·8·2 政／1710·⑧·18 政
青山幸利　❺-1 1643·2·16 政／1684·8·2 政
青山幸成　❺-1 1625·2月 政／1628·10·11 政／1633·2·3 政／1635·7·28 政／1642·9·1 政／1643·2·16 政
青山吉伸　❾ 1995·10·7 社
青山幸秀　❺-1 1710·⑧·18 政
赤井景韶　❻ 1883·3·20 政／1884·3·27 政
赤井五郎　❹ 1526·10·21 政／❺-2 1732·6月 政
赤井忠晶　❺-2 1787·10月 政
赤井照光　❹ 1467·是年 社
赤井得水(文次郎)　❺-2 1746·3·18 文
赤井直綏　❺-2 1722·4月 政
赤井直義　❹ 1579·8·9 政
赤井英和　❾ 1985·2·5 社
赤井平五郎　❸ 1328·是年 文
赤井文六　❹ 1562·2·17 政
赤井弥兵衛　❺-1 1642·2·26 政／1646·4·8 政
赤井幸家　❺-1 1606·4·24 政
赤石愛太郎　❻ 1854·7·19 社
赤岩栄作　❽ 1949·1·20 社
赤江　瀑　❾ 2012·6·8 文
赤尾兜子　❾ 1981·3·17 文
赤尾道宗　❹ 1501·12·24 社
赤尾　敏　❼ 1926·2·11 政／❽ 1943·6·19 政／1961·2·1 社／❾ 1990·2·6 政
赤尾好夫　❽ 1963·3·11 文／❾ 1985·9·11 文
阿花(莘)王　❶ 書紀·応神 3·是年／応神 16·是年／405·9月
赤荻文平　❻ 1875·12·14 文
赤狩山幸男　❾ 2011·6·25 社
赤川武助　❽ 1941·12·17 文
赤木圭一郎　❽ 1961·2·14 社
赤城正蔵　❼ 1914·3·30 社／3月 文
赤木忠春　❻ 1862·2·24 社／1865·4·16 社
赤城徳彦　❾ 2007·8·1 政
赤木正雄　❾ 1971·11·3 文
赤城宗徳　❽ 1957·7·10 政／1958·6·12 政／1959·6·18 政／1963·7·18 政／1964·3·10 政／7·18 政／❾ 1971·7·5 政／1993·11·11 政
赤木蘭子　❽ 1940·2·2 文
赤桐右馬太郎　❷ 1234·文暦年間 社／❹ 1535·是年 社
赤桐三郎兵衛　❹ 1535·是年 社
赤桐　操　❾ 2010·6·21 政
赤崎　勇　❾ 2011·11·3 文
赤坂幸太夫　❻ 1868·④·20 政
赤坂小梅　❽ 1938·3·2 社／1951·1·3 社／❾ 1992·1·16 文
赤坂マサ　❽ 1947·4·5 社
赤佐左衛門尉　❹ 1580·1·17 政
赤澤英二　❾ 2012·5·23 文
赤澤景盛　❹ 1533·10·21 政
赤澤朝経(源次郎)　❹ 1499·2·2 文／7·20 政／12·18 政／1500·9·16 政／1501·2·28 社／1502·7·18 社／1503·3·24 政／6·5 政／1504·3·9 政／6·27 政／9·4 政／1505·6·10 政／11·27 政／1506·1·26 政／7·24 政／8·5 社／9·5 社／1507·4·27 政／6·23 政／1508·1·17 政
赤澤長経　❹ 1507·8·27 政／9月 政／10·18 政／12·4 政／1508·7·19 政
赤澤八之助　❺-2 1755·10月 政
赤澤正道　❾ 1967·11·25 政
赤澤幸純　❹ 1529·1·26 政
明石覚一⇨覚一(かくいち)
明石数右衛門　❺-1 1684·2·25 社
赤石貞根　❶ 906·5·23 政
明石志賀之助　❺-1 1624·是年 社
明石順三　❽ 1939·6·14 政
明石二郎　❼ 1904·6月日露戦争
明石祐実　❹ 1484·2·5 政
明石清三郎　❺-1 1700·1月 文
明石全登　❺-1 1615·5·7 大坂夏の陣
明石照男　❽ 1956·9·29 政
明石道友　❺-1 1617·3月 政
明石長行　❹ 1538·7·17 政／1539·11·2 文
明石博高(博人·弥三郎)　❼ 1910·6·20 文
明石真人　❽ 1939·6·14 政
明石幹行　❸ 1381·1·20 社
明石元二郎　❼ 1905·8月日露戦争／1910·9·12 政／1919·10·26 政
明石　康　❾ 1992·1·9 政／1993·12·2 政
明石行宗　❸ 1284·6·25 政
明石良平　❺-2 1824·10·4 文
赤地友哉　❽ 1962·是年 文
明石家さんま　❾ 1981·5·16 社／1987·10·9 社
赤染晶子　❾ 2010·7·15 文
赤染国清　❸ 1286·12·7 社／1298·10·28 社
赤染衛門　❷ 1002·是春 文／1004·⑨·16 文／1033·11·28 文
県　久太良　❶ 772·4·19 政
県　五郎　❺-2 1725·10月 社
県　宗知(俊正·玉泉子)　❺-2 1721·6·27 文
阿形宗珍　❺-1 1688·12·28 政
県　富世　❶ 867·9·12 社
県　仲子　❶ 978·3·1 社
県　松太郎　❼ 1927·8月 文
県　万歳麻呂　❶ 860·⑩·25 社
県　宗休　❺-2 1789·4·27 政
県主飯粒　❶ 534·⑫·4
県犬養姉女　❶ 769·5·29 政
県犬養石次　❶ 739·4·21 政／742·10·14 政
県犬養大萬侶　❶ 733·2·19 政
県犬養堅魚麻呂　❶ 786·1·24 政
県犬養貞守　❶ 849·2·1 政／855·1·15 政／863·2·10 政
県犬養須奈保　❶ 745·9·4 政
県犬養筑紫　❶ 724·4·18 政
県犬養継麻呂　❶ 788·1·14 政
県犬養永基　❶ 916·1·3 社
県犬養広刀自　❶ 762·10·14 政
県犬養三千代(橘三千代·橘夫人)　❶ 708·11·25 政／733·1·11 政
県犬養吉男　❶ 759·1·11 政
県犬養連(名欠く)　❶ 535·9·3
県女王　❶ 746·9·3 社
赤塚自得　❼ 1936·2·1 文
赤塚不二夫　❽ 1953·6月 文／1956·8月 文／1962·4·15 社／❾ 2008·8·2 文
暁　鐘成　❺-2 1814·是年 文／1821·是年 文／1823·是年 文／1850·是年 文／❻ 1856·是年 文／1860·12·19 文
暁　テル子　❽ 1951·1·3 社
暁　星右衛門(大坂屋喜八)　❺-2 1807·8·16 社
赤穴久清(郡連)　❹ 1505·7·14 政
赤穴弘行　❸ 1411·3·21 政
赤穴光清(虎法師)　❹ 1505·7·14 政／1518·1·20 政／1531·11·23 政／1542·6·7 政／7·27 政
赤穴盛清　❹ 1542·12·13 政／1562·6·12 政
赤波重房　❸ 1353·1·22 政／3·19 政
亜嘉尼施(琉球)　❹ 1507·4·7 政
赤根武人　❻ 1866·1·25 政
茜屋宗佐　❹ 1586·12·26 文
赤羽新之丞　❹ 1576·是夏 政
赤羽末吉　❾ 1990·6·8 文
赤羽礼子　❾ 2005·10·16 社
赤橋⇨北條(ほうじょう)姓も見よ
赤蜂(琉球)　❹ 1500·2·2 政
赤星四郎　❼ 1926·12·15 社
赤星武興　❸ 1375·5月 政／1377·6·10 政
赤星建彦　❾ 2012·12·19 文
赤星親隆(統家)　❹ 1581·4·21 政
赤星六郎　❼ 1927·5·28 社
赤星遠江守　❸ 1405·是春 政
赤堀源五右衛門　❺-1 1701·5·9 社
赤堀四郎　❾ 1965·11·3 文／1992·11·3 文
赤堀峯吉　❻ 1882·是年 社
赤間勝美　❽ 1949·8·17 社／12·5 社
赤間文三　❽ 1947·4·5 政／1951·4·23 政／1955·4·23 社／❾ 1967·11·25 政
赤松顕則　❸ 1391·12·26 政
赤松家則　❸ 1386·9·2 政
赤松満政　❸ 1433·7·19 社／1434·6·12 政／1438·12·13 文／1441·1·10 政／9·8 政／⑨·21 政／1442·1·22 政／1444·1·22 政／10·25 政／12·20 政／1445·1·20 政
赤松則房(満政)　❹ 1573·1·11 社
赤松氏範　❸ 1369·10·10 政／1386·9·2 政

赤松氏春　❸ 1386·9·2 政
赤松円心⇨赤松則村(のりむら)
赤松克麿　❼ 1918·12·7 政／1931·3·20 政／9·7 政／1932·5·29 政／1933·7·22 政／❽ 1955·12·13 政社
赤松源則　❺-2 1811·是年 文
赤松小三郎　❻ 1867·9·3 文
赤松沙鷗　❺-2 1767·11·30 文
赤松貞範　❸ 1335·12·11 政／1351·7·21 政／1353·11·11 政／1365·5·10 政／1369·8月 文／10·5 社
赤松貞村　❸ 1427·10·26 政／1432·6·3 政／1440·3·17 政／1441·7·11 政／8·19 政／8·26 社／9月 政／1447·是年 政
赤松次兵衛　❺-2 1810·7·11 政
赤松性準　❸ 1373·1月 社／11·13 社／1374·5·26 社
赤松二郎　❹ 1534·8·25 政
赤松次郎兵衛　❺-1 1664·4·4 政
赤松季則　❸ 1386·9·2 政
赤松祐春　❸ 1386·9·2 政
赤松澄則　❹ 1484·2·5 政
赤松清左衛門⇨名和(なわ)清左衛門
赤松青龍軒　❺-1 1700·是年 文
赤松滄洲　❺-2 1801·1·8 文
赤松則祐　❸ 1336·3·18 政／1339·8·13 政／1351·7·21 政／9·12 政／11·2 政／12·21 政／1352·3·5 政／4·25 政／6·14 社／8月 政／11·10 政／12·8 政／1353·2·26 政／3·22 政／6·9 政／6·11 政／7·23 政／1355·2·6 政／3·18 政／1357·8·21 社／11月 社／1361·6月 社／12·8 政／1362·10·7 政／1365·5·19 政／1367·3月 社／1368·8·29 社／1369·8月 文／10·10 政／1370·6·26 政／9·2 政／1371·4·5 社／11·29 政
赤松大三郎　❻ 1860·1·13 万延遣米使節
赤松太庾　❺-2 1767·4·12 文
赤松丹信　❸ 1442·1·7 社
赤松常子　❽ 1945·8·25 社／❾ 1965·7·21 社
赤松時則　❸ 1393·2·28 社
赤松俊子　❽ 1953·5·23 社／6·19 文
赤松俊秀　❾ 1979·1·24 文
赤松範顕　❸ 1373·1月 社／11·13 社／1374·5·26 社
赤松教貞　❹ 1457·7·2 社
赤松則繁　❸ 1441·7月 政／9·5 政／1443·6·23 政／1448·1月 政／8·8 政
赤松範資　❸ 1336·1·7 政／8月 社／1338·3·26 政／12·24 社／1351·1·10 政／4·8 政／1373·8·10 政
赤松教直　❸ 1443·7·28 政
赤松教範　❸ 1349·是年 政
赤松則尚　❸ 1454·11·2 政／1455·4·28 政
赤松則村(円心)　❸ 1333·1·21 政／2·26 政／②·11 政／3·1 政／3·11 政／4·3 政／5·12 政／9·26 社／1334·8·22 社／1336·3月 政／11·18 社／1337·7·1 社／9·6 政／1338·9·7 政／1339·6·18 政／1340·2·17 政／4·28 社／6·5 政／7·2 政／7月 社／1343·8·24 政／1350·1·13 政／12·5 政
赤松教康　❸ 1441·6·24 政／8·19 政／9·5 政／9·29 政／1454·12月 政
赤松則之　❹ 1469·3·28 社
赤松則良　❻ 1862·9·11 文／1877·11·2 政／1880·8·5 社／❼ 1920·8·23 政
赤松晴政(才松丸)⇨赤松政村(まさむら)
赤松秀雄　❽ 1950·是年 文
赤松広隆　❾ 2009·9·16 政
赤松広秀(広英)　❹ 1575·10·20 政
赤松広通　❹ 1599·是年 文
赤松牧太　❺-2 1803·10·9 社
赤松政資　❹ 1501·7·4 政
赤松政則(法師丸)　❹ 1458·8·30 政／1459·6·19 政／10·7 政／1460·10·7 政／1462·4·15 政／1467·5·25 政／6·8 政／7·11 政／11·11 政／1468·3·3 社／1469·7·13 政／是年 政／1472·3·14 社／1477·1·18 政／12·13 政／1479·10·21 政／1480·4·10 社／1481·7·10 政／1482·8·3 文／1483·10月 社／12·25 政／12月 社／1484·1·21 政／2·5 政／9月 政／1485·2·22 政／③·28 政／1486·1·6 政／1487·3·10 政／1488·3·16 文／4·9 政／7·18 政／9·29 社／1489·2·18 文／9·28 政／12·27 社／1490·7·20 社／1491·8·28 政／11·3 政／1492·2·2 文／5·4 政／9·15 政／10·3 政／1493·④·22 政／6·10 政／9·8 社／1495·4·14 政／1496·4·25 政／1506·12·5 社
赤松政秀　❹ 1469·10·16 政
赤松政村(才松丸·晴政)　❹ 1520·11月 政／1521·8·21 政／9·6 社／1522·9·30 政／1526·11·21 政／1527·1·10 政／5·2 政／12·16 政／1528·12·23 政／1531·2·27 政／6·4 政／7·18 社／8·8 社／1532·4·15 政／1534·9·7 社／1536·2月 政／8月 政／1538·7·17 政／1539·4·8 政／10·28 政／11·25 政
赤松政世　❹ 1501·7·4 政
赤松道泰　❸ 1403·5·26 社
赤松満祐(井原御所、北軍の将)　❸ 1421·3月 文／1427·10·26 政／11·3 政／1428·6·25 文／7·10 社／7·12 政／8·17 政／9·22 政／1429·1·29 政／6·19 社／11·21 政／1430·1·13 文／4·2 政／8·11 政／1431·1·20 文／2·16 政／1432·1·13 文／8月 政／9·3 社／10·11 社／1435·1·12 政／1437·7·28 政／12月 政／1438·3·15 社／11·2 社／1439·6·20 政／1440·3·17 政／6月 政／9·22 政／1441·6·24 政／7·11 政／9·5 政／1443·7·28 政／1454·11·2 政／❹ 1458·8·30 政
赤松満祐(明石城攻撃)　❹ 1554·11·11 政
赤松光範　❸ 1352·3·17 政／8·15 政／9·30 政／11·3 政／1358·1·19 政／2·17 社／1363·8·25 社／1366·11·12 政／1369·2·22 社／3·16 政／10·10 政／1378·10·9 社／11·2 政／1381·10·3 政
赤松満則　❸ 1409·9·4 政
赤松光頼　❸ 1370·9·3 社
赤松村則　❹ 1526·10·9 社
赤松持家　❸ 1445·1·20 政／3·24 政
赤松持貞　❸ 1427·10·26 政／11·10 政
赤松持彦　❸ 1455·12·29 政
赤松(有馬)元家　❸ 1452·7·29 社／1455·12月 政
赤松師範　❸ 1355·2·6 政
赤松泰助　❻ 1882·4·18 政
赤松義祐　❸ 1378·11·2 政／1423·1·5 政／❹ 1554·11·11 政
赤松義則　❸ 1371·8·28 社／11·29 政／1373·12·3 社／1376·10·6 政／11·26 社／1379·1·6 政／2·12 政／3月 政／1380·6·3 社／1384·5·10 社／1386·3·6 社／1391·7·18 社／12·25 政／1392·1·4 政／1393·7·20 社／8·1 社／12·20 社／1394·7月 政／9·15 社／11·24 政／1400·2·28 社／12·2 社／1402·2·17 政／1406·2·21 社／1411·4·22 社／7·19 社／1414·8·9 社／1415·8·7 社／1427·9·21 政
赤松義雅　❸ 1432·10·13 政／11·30 政／12·19 政／12·23 政／1440·3·17 政／1441·9·5 政
赤松義村(道祖松丸)　❹ 1496·4·25 政／1499·9·10 社／是年 政／1508·9·11 政／1511·3·5 政／7·13 政／1513·2·14 政／5·22 社／1514·8·24 社／是年 社／1515·5月 社／1516·6·8 社／1517·12·2 社／1518·7·11 政／11·9 政／1519·1月 政／11·3 政／12·21 政／1520·2·2 社／5月 政／10·6 政／11月 政／12·26 政／1521·1月 政／2·18 社／7·6 政／8·21 政
赤松良子　❾ 1993·8·9 政／1994·4·28 政
赤松連城　❻ 1874·9·20 文／1890·6·16 社／❼ 1919·7·20 社／8·20 文
赤松美作守　❸ 1427·10·26 政
赤松宮⇨興良(おきよし)親王
赤峰喜勝　❻ 1888·1·7 政
阿川弘之　❾ 1965·11月 文／1999·11·3 文
阿観(僧)　❷ 1174·是年 社
安芸国虎　❹ 1569·8·11 政
安芸貞元　❸ 1335·12·30 政
安芸田面(頼母)　❻ 1863·6·26 文
安芸杢助　❸ 1302·2·28 政
秋保頼重　❺-1 1613·9·15 慶長遣欧使節
秋岡芳夫　❾ 1997·4·18 文
秋尾亭蒼山　❺-2 1835·是年 社
章方(姓不詳·検非違使)　❸ 1322·6·4 社
顕国(刀工)　❸ 1397·2月 文
顕子(徳川家綱夫人)　❺-1 1676·8·5

政
アキコ・カンダ　❾ 2011・9・25 文
章子内親王(あきこ・二條院)　❷ 1026・12・9 政／1033・1・9 文／1037・12・13 政／1045・1・16 政／1046・7・10 政／1068・4・17 政／1069・7・3 政／1074・6・16 政／1105・9・17 政
昭子内親王　❺-1 1651・5・15 政
顕子内親王　❺-1 1675・④・26 政
秋子内親王　❺-1 1710・6・23 政
秋里(舎人)　❷ 1114・10・25 社
秋里籬島(舜福)　❺-2 1780・安永年間 社／1791・是年 文／1793・是年 文／1797・是年 文／1799・是年 文／1805・是年 文／1814・是年 文／1829・是年 文
阿岸掃部　❺-1 1667・2・15 政
秋篠男足　❶ 812・1・12 政
秋篠全継　❶ 806・1・28 政
秋篠安人　❶ 810・9・10 政／811・4・5 政／812・1・12 政／821・1・10 政
秋田鑑季　❺-2 1803・11・21 政
秋田明大　❾ 1968・5・27 文／1969・3・12 文
秋田雨雀(徳三)　❼ 1910・10月 文／1928・10月 文／1929・1・7 政／1931・6・27 文／1934・1月 文／❽ 1948・9・13 文／1962・5・12 文
秋田　清　❽ 1937・10・15 政／1944・12・3 政
秋田定季　❺-2 1751・9・23 政／1757・6・14 政
秋田実季(宗実)　❹ 1597・2・7 社／1598・是年 政／❺-1 1602・5・8 政／1659・12・14 政
秋田二郎　❷ 1222・7・24 社
秋田季次　❺-1 1624・6・16 政
秋田季久　❺-1 1687・6・26 政
秋田静臥(季春・孝松・主税)　❼ 1900・3・14 政
秋田大助　❾ 1970・1・14 政
秋田孝季　❺-2 1803・11・21 政／1832・3・23 政
秋田輝季　❺-1 1676・1・13 政／1715・12・7 政
秋田俊季　❺-1 1645・7・10 政／1649・1・3 政
秋田肥季　❺-2 1832・3・23 政
秋田長季　❺-2 1797・7・20 政
秋田延季　❺-2 1743・6・1 政／1751・9・23 政
秋田　実　❾ 1977・10・27 文
秋田宗顕　❸ 1318・8・28 社
秋田致文　❷ 1189・8・13 政
秋田盛季　❺-1 1649・1・3 政／1676・1・13 政
秋田義一　❺-2 1835・是年 文／1837・是年 文／1839・是年 文
秋田倩季　❺-2 1757・6・14 政／1784・3・16 政／1797・7・20 政
秋田頼季　❺-1 1715・12・7 政／❺-2 1743・6・1 政
秋月桂太郎　❼ 1896・9月 文
秋月左都夫　❽ 1945・6・25 政
秋月成直　❹ 1469・是年 政
秋月静枝　❼ 1921・4・24 社
秋月辰一郎　❾ 2005・10・20 文
秋月種方　❹ 1531・3・16 政
秋月種実(黒帽子)　❹ 1559・1・1 政／1560・3月 政／1567・4・15 政／9・3 政／1568・9・24 政／1569・11月 政／1578・12・3 政／1579・1・18 政／3月 政／1580・10・18 政／1581・11・6 政／1582・9月 政／1587・4・3 政／1596・9・16 政
秋月種樹　❻ 1862・11・14 文／1863・2・5 文／❼ 1904・10・17 政
秋月種時　❹ 1525・是春 政／1531・3・16 政
秋月種殷　❻ 1874・3・18 政
秋月種長　❹ 1599・8・20 政／1600・8・5 関ヶ原合戦／9・14 関ヶ原合戦／9・17 関ヶ原合戦／❺-1 1605・8月 政／1614・6・13 政
秋月胤永(韋軒)　❼ 1900・1・5 文
秋月種信　❺-1 1659・10・15 政
秋月種春　❺-1 1659・10・15 政
秋月種徳　❺-2 1788・11・7 政
秋月種穎　❺-2 1778・2・24 文／1788・11・7 政
秋月種弘　❺-1 1710・⑧・2 政
秋月種政　❺-1 1699・1・6 政／1710・⑧・2 政
秋月種宗　❷ 1281・6・6 政
秋月種美　❺-2 1754・2・8 政
秋月悌次郎　❻ 1868・9・22 政
秋月等観　❹ 1496・③・13 文
秋月長舒　❺-2 1785・3・16 政
秋月文種　❹ 1557・7・7 政／1559・1・1 政
秋月正夫　❼ 1918・3月 文
昭登親王　❷ 1004・5・4 政／1035・4・14 政
顕時(姓不詳・北畠か)　❸ 1343・1・16 政／4・2 政
アキノ(フィリピン)　❾ 1983・8・21 政
秋野不矩　❽ 1948・1・28 文／❾ 1999・11・3 文／2001・10・11 文
秋野やす　❾ 1999・2・12 社
秋野　豊　❾ 1998・7・20 政
安芸ノ海(節男)　❽ 1939・1・15 社／1940・5・23 社／1942・6・7 社／1943・1・10 社
秋葉賢也　❾ 2005・4・24 政
秋葉大助　❻ 1894・6・9 社
秋葉忠利　❾ 1999・1・31 社／2007・8・6 政／2010・8・6 政
秋庭太郎　❽ 1937・4月 文
秋葉祐之　❼ 1918・2・17 社
秋浜悟史　❾ 2005・7・31 文
昭秀(刀匠)　❺-2 1804・2月 文
顕仁親王⇨崇徳(すとく)天皇
彰仁親王(小松宮)⇨嘉彰(よしあき)親王
明仁法親王(僧)　❸ 1434・4月 社
昭平親王(源　昭平)　❶ 977・4・21 政／❷ 1013・6・28 政
秋広(相州刀工)　❸ 1376・是年 文
秋広平六　❺-2 1800・8月 社／1817・4・22 社
顕広王(白川)　❷ 1165・7・11 社／1172・3・19 文／1180・7・19 政
顕光(刀工)　❸ 1391・2月 文
秋元興朝　❼ 1902・3月 社
秋元健三郎　❻ 1863・6・13 政
秋元左衛門　❺-2 1816・6月 社
秋元涼朝　❺-2 1742・4・3 政／1745・11・29 政／1746・9・11 政／1760・4・1 政／1767・⑨・15 政／1768・5・24 政／1775・5・25 政
秋元喬知(喬朝)　❺-1 1657・6・17 政／1684・8・28 政／1697・1・12 社／1699・10・6 政／1704・12・25 政／1707・8・2 政／1714・8・14 政
秋元喬房　❺-1 1714・8・14 政／❺-2 1738・9・5 政
秋元喬求　❺-2 1738・9・5 政／1742・4・3 政
秋元永朝　❺-2 1768・5・24 政／1810・7・9 政
秋元富朝　❺-1 1657・6・17 政
秋本奈緒美　❾ 1983・4・2 社
秋元長朝　❺-1 1604・是年 社／1628・8・29 政
秋元久朝　❺-2 1810・7・9 政
秋本正博　❾ 1985・2・16 社
秋元松代　❾ 2001・4・24 文
秋本巳之助　❼ 1904・是年 社
秋元泰重　❺-1 1634・1・29 政
秋元安民　❻ 1862・8・29 文
秋元泰時　❷ 1281・3・3 社
秋元泰朝(甲斐谷村)　❺-1 1642・10・23 政
秋元泰朝(御書院番)　❺-2 1805・12・27 政
秋元志朝　❺-2 1845・11・30 政
秋元六左衛門　❺-1 1670・5・21 政
秋谷栄之助　❾ 1990・12・28 社／2006・11・9 社
秋山逸生　❾ 1988・5・22 文
秋山一裕　❼ 1909・4・11 政
秋山和慶　❾ 1984・9・17 文
秋山儀四郎　❼ 1897・9・6 文
秋山邦晴　❾ 1996・8・17 文
秋山　虔　❾ 2001・10・30 文
秋山孝之輔　❽ 1949・6・1 政
秋山定輔　❻ 1893・10・26 文
秋山定政(子羽・玉山・青柯・儀右衛門)　❺-2 1754・是年 文／1756・是年 文／1763・12・11 文
秋山真之　❼ 1918・2・4 政
秋山自雲　❺-2 1744・9・21 社
秋山十兵衛　❺-1 1698・4・4 政
秋山鉎三郎　❻ 1863・10・18 文
秋山庄太郎　❾ 2003・1・16 文
秋山政司　❽ 1954・3・30 社
秋山轍輔　❽ 1944・5・22 文
秋山信友(晴近)　❹ 1568・12月 政／1572・11・14 政／12・28 政／1575・11・21 政
秋山豊寛　❾ 1990・12・2 文
秋山　登　❾ 2000・8・12 社
秋山半蔵　❺-2 1718・12・15 文
秋山　洋　❾ 2012・9・19 文
秋山平十郎　❻ 1857・1月 社／1859・1月 社／1860・3・15 社／1862・12月 社／1866・1月 社
秋山正重　❺-1 1632・12・17 政
秋山雅之介　❼ 1917・10・1 政
秋山正房　❺-1 1658・9・8 社
秋山光和　❾ 2009・3・10 文
秋山好古　❼ 1930・11・4 政
秋山利左衛門　❺-1 1666・6・5 政

秋山和光　❻ 1883·3·11 文
秋山伯耆守　❹ 1568·6月 社
秋吉音治　❼ 1921·11·9 文
秋好　馨　❽ 1940·8·31 文
秋吉敏子　❾ 1999·1·13 文
明頼(対馬使)　❷ 1206·1·14 政／2·14 社
秋良貞温　❺-2 1842·是年 文／❻ 1890·10·16 文
審良静男　❾ 2009·3·24 文／11·4 文
恵子(あきらけいこ・さとこ)内親王　❶ 857·2·28 社
渥　周(琉球)　❸ 1392·5·3 政／1397·2·3 政
阿久　悠　❾ 2007·8·1 文
握浮哪詩握科喇(シャム)　❺-1 1626·4·15 政
アクーニャ, ドン・ペドロ・デ　❺-1 1602·6·1 政
握雅(シャム)　❺-1 1616·4·1 政
握雅　潭(シャム)　❺-1 1606·3月 政
握雅老元輔(シャム)　❺-1 1606·3月 政
アクセル(デンマーク)　❽ 1957·2·26 政
芥田五郎右衛門　❺-1 1602·2·18 文
芥川伊三郎　❻ 1864·9·12 政
芥川紗織　❽ 1956·3·13 文
芥川貞佐　❺-2 1759·是年 文
芥川隆行　❾ 1990·10·2 文
芥川丹丘　❺-2 1762·是年 文
芥川比呂志　❼ 1931·2·10 文／❽ 1963·1·14 文
芥川孫十郎　❹ 1549·6·28 社／1550·10·20 政／1552·4·25 政／1553·8·22 政
芥川(小野寺)元風　❺-1 1711·9·23 文／❺-2 1721·8·17 文
芥川也寸志　❽ 1950·3·21 文／❾ 1989·1·31 文
芥川龍之介　❼ 1914·2月 文／1915·9月 文／1916·2月 文／1918·5·2 文／1923·1月 文／1927·3月 文／7·24 文
芥川屋十兵衛　❺-1 1683·7·20 社
阿久津弥左衛門　❺-2 1800·4·3 政
粟国安彦　❾ 1990·1·14 文
アグニュー(米)　❾ 1972·5·12 政
阿具根　登　❾ 2004·1·16 政
アグネス(竹田五兵衛妻)　❺-1 1603·12月 社
アグネス, スメドレー　❼ 1928·11月 政
アグネス・チャン　❾ 1987·2月 社
飽間光泰　❸ 1357·8·21 社
飽浦信胤　❸ 1335·11·26 政
吾笥(土師)　❶ 473·3·2
阿賢移那斯　❶ 544·3月／549·6·7
暁烏　敏　❽ 1954·8·27 社 文
明田等水　❻ 1873·1·7 文
明田義男　❾ 2012·5·10 政
明智定頼(十二郎)　❹ 1574·1·11 政
明智(惟任)秀満　❹ 1582·6·14 政
明智(惟任)光秀　❹ 1570·1·23 政／4·25 政／1572·①·6 政／1573·2·26 政／4·2 政／6·28 文／7·21 政／1574·1·11 政／3·9 政／9·18 政／1575·7·3 政／8·12 政／8·28 政／12·29 社／1576·1·15 政／4·14 政／5·3 政／1577·3·21 政／10·1 政／1578·1·1 文／1·11 文／3·4 政／4·29 政／5·29 政／9月 政／12·11 政／1579·1·7 文／2·28 政／5·5 政／6·2 政／7·19 政／8·9 政／9·22 政／10·24 政／1580·1·9 文／7月 社／8·2 政／9·26 政／10·28 政／1581·1·6 文／1582·1·7 文／3·5 政／5·17 政／6·2 政／6·5 政／6·13 政／是年 政
明智頼重　❸ 1351·1·20 政
明智頼秀　❸ 1447·8·6 政
曙　太郎　❾ 1992·5·24 社／1993·1·24 社／7·18 社／2001·1·22 社／2003·11·6 社
明本京静　❽ 1944·是年 社
朱屋隆成　❺-1 1610·5月 政
上矢敲永　❺-2 1801·8·16 文
朱楽菅江(漢江·朱楽館·淮南堂·芬陀利華庵)　❺-2 1786·4·12 社／是年 文／1798·12·12 文
明楽茂正　❺-2 1849·1·11 政
安子島治部少輔　❹ 1589·5·4 政
吾子籠　❶ 書紀·応神 41·応神天皇御代
吾護丸　❸ 1350·5·16 政
阿古也聖　❷ 1044·3·23 文
阿佐(百済)　❶ 597·4·1
浅姫(徳川家斉十一女)　❺-2 1819·11·29 政
浅井あい　❾ 2005·8·3 文
浅井阿闍梨　❸ 1334·3·13 政
浅井井規　❹ 1571·5·6 政
朝井閑右衛門　❾ 1983·4·23 文
浅井休徴　❺-2 1789·7·12 政
浅井休伯　❺-2 1769·4·25 文
浅井　清　❽ 1948·12·8 政／1949·9·17 政
浅居喜代治　❾ 2012·4·25 文
浅井玄中　❺-2 1732·是年 文
浅井達子(於江·お江与)⇨崇源院(すうげんいん)
浅井紫山　❻ 1860·1·8 文
浅井周斎　❺-2 1723·是夏 文
浅井寿篤　❻ 1878·5·14 政
浅井新五右衛門　❺-1 1665·8·9 政
浅井亮政(新三郎)　❹ 1523·3·12 政／③月 政／1525·5·24 政／7·16 政／8·5 政／1527·7·13 政／1531·4·6 政／1535·2·20 政／1536·11·12 政／1538·3·27 政／9·12 政／1539·4·27 政／1542·1·6 政
浅井清太　❼ 1911·7·5 文
浅井　忠　❻ 1878·11·11 文／1889·6·16 文／1892·1·16 文／7·1 文／❼ 1898·3·25 文／7·11 文／1900·2·28 文／1902·10·18 文／1903·6·1 文／1906·3·2 文／1907·12·16 文
浅井達也　❾ 2010·5·27 文
浅井田宮丸　❹ 1584·3·6 政
浅井茶々⇨淀殿(よどどの)
浅井貞庵　❺-2 1829·2·22 文
浅井篤太郎　❻ 1882·5·15 文
朝井勇宜　❽ 1944·2·1 文
浅井図南　❺-2 1782·8·5 文
浅井長政(新九郎·賢政)　❹ 1560·12·13 社／1561·2·14 政／2·21 政／3月 政／1563·10·9 社／1565·12·20 社／1566·8·13 政／9·1 政／1569·12·28 社／1570·4·25 政／6·21 政／9·10 政／11·26 政／12·13 政／1571·2·17 政／8·18 政／11·24 政／1572·1月 政／3·5 政／7·19 政／1573·2·14 政／8·27 政／9·7 政／1574·1·1 社
浅井久政(新九郎)　❹ 1542·1·6 政／1548·12·5 政／12·7 社／1550·5·2 社／1551·12·24 社／1552·4·19 政／1556·11·21 社／1559·8·25 社／1569·8月 文／1570·9·10 政／1572·6·30 政／1573·8·27 政／9·7 政／1574·1·1 社
浅井久益　❺-1 1690·9·21 文
浅井不旧　❺-1 1700·是年 文
浅井平右衛門⇨藤成尚(とうせいしょう)
浅井行躰(構之助)　❺-2 1819·④·21 政
浅井了意(松雲)　❺-1 1636·是年 文／1655·是年 文／1658·是年 文／1659·是年 政／1660·是年 文／1661·是年 文／1662·是年 文／1664·是年 文／1665·是年 文／1666·是年 文／1668·是年 文／1670·是年 文／1673·是年 文／1677·是年 文／1678·是年 文／1682·是年 政／1690·是年 文／1691·1·1 文／1692·是年 文／1703·是年 文／1707·是年 文／1709·9·27 文／❺-2 1736·是年 文
浅井良平　❾ 2011·12·31 政
浅井王　❶ 788·1·14 政／799·1·29 政
浅井氏(於江·小督·徳川秀忠妻)⇨崇源院(すうげんいん)
阿佐井野宗瑞　❹ 1528·7月 文／1531·5·17 文／1533·8·5 文
阿佐井野宗禎　❹ 1494·是年 文
浅江種寛　❺-1 1670·是年 文
浅尾荘一郎　❼ 1925·10月 文
浅尾為十郎(初代)　❺-2 1804·4·7 文
浅尾長沢　❺-1 1666·11·28 文
朝尾直弘　❾ 2012·11·5 文
浅尾又左衛門　❺-2 1810·6·10 文
浅尾与六(二世)　❻ 1862·10·8 文
朝岡興禎　❻ 1856·4·27 文
朝岡三郎右衛門　❺-1 1642·5·22 政／7·8 政
朝岡直国　❺-1 1689·1·20 政
浅岡平兵衛　❺-1 1606·1·19 社
安積艮斎(重信·祐助·子順·見山楼)　❺-1 1672·是年 文／❺-2 1829·10月 文／1831·是年 文／1840·是年 文／1841·是年 文／1850·3·28 文／❻ 1853·6·15 文／1860·11·27 文
安積韶政　❺-1 1672·是年 文
安積澹泊(覚·思先·覚兵衛·澹泊斎·老圃·老圃常山·老牛)　❺-2 1725·是年 文／1727·是年 文／1737·12·6 文／1846·是年 文
浅香久敬　❺-1 1688·是年 文
浅香光代　❽ 1951·是年 社
朝海浩一郎　❾ 1969·7·3 政／1995·9·9 政

安積親王　❶ **744**·①·13 政
朝香宮鳩彦王　❽ **1945**·8·16 政／❾ **1981**·4·12 政
浅香山⇨魁皇博之(かいおうひろゆき)
浅川和彦　❾ **2012**·6·19 政
朝河貫一　❽ **1948**·8·11 文
朝川善庵(鼎·五鼎)　❺-2 **1846**·6·1 文／**1849**·2·7 文／**1850**·是年 文
浅川マキ　❾ **2010**·1·17 文
浅黄裏成(手柄岡持)　❺-2 **1845**·2·10 文
朝霧鏡子　❾ **1999**·5·28 文
朝霧太夫　❹ **1520**·9·12 文
浅草弾左衛門(集村、六代目)　❺-2 **1725**·9月 社／**1776**·11月 社
浅草弾左衛門(集村、十三代目)　❺-2 **1845**·8·17 社
朝隈善郎　❾ **2008**·12·22 社
朝倉在重　❺-1 **1639**·7·18 社／**1640**·4·12 社／**1650**·11·19 政
朝倉阿若丸　❹ **1568**·6·25 政
浅倉家長　❶ **787**·12·1 社
朝蔵五十吉　❾ **1996**·11·3 文／**1998**·4·9 文
朝倉氏景　❸ **1404**·2·28 政
朝倉氏景(越前守護)　❹ **1471**·5·21 政／**1480**·1·10 政／**1481**·7·26 政／9·15 政／12·16 社／**1482**·3·17 社／4·9 社／**1483**·4·30 政／**1484**·7·12 政／11·7 政／**1486**·7·3 政
朝倉景鏡　❹ **1564**·9·1 政／**1570**·5·11 政／**1573**·8·20 政
朝倉景氏　❹ **1573**·8·13 政
朝倉景澄　❹ **1590**·3·29 政
朝倉景高　❹ **1519**·9月 政
朝倉景隆　❹ **1555**·9·8 政／**1564**·9·1 政
朝倉景健　❹ **1570**·6·21 政／**1574**·7·20 政／**1575**·8·12 政
朝倉景恒　❹ **1570**·4·25 政
朝倉景連　❹ **1562**·8·21 文／**1565**·6·16 政
朝倉景遐　❹ **1573**·8·13 政
朝倉景豊　❹ **1503**·4·2 政
朝倉景紀　❹ **1530**·9·18 社／**1562**·8·21 文
朝倉景総　❹ **1484**·7·12 政／**1503**·4·2 政
朝倉景冬　❹ **1495**·9·20 政／**1573**·8·13 政
朝倉景行　❹ **1573**·8·13 政
朝倉菊雄⇨島木健作(しまきけんさく)
朝倉響子　❽ **1964**·是年 文
朝倉喬司　❾ **2010**·12·9 社
朝倉光玖　❹ **1493**·7·10 社
朝倉貞景(孫次郎)　❹ **1486**·7·3 政／**1488**·5·26 政／6·5 政／**1491**·10·11 政／**1494**·10·18 政／10·27 政／**1495**·12·24 社／**1496**·5·30 政／**1498**·9·2 政／**1499**·7·20 政／**1503**·4·2 政／**1504**·7·13 政／12·9 文／**1506**·7·17 社／**1508**·2·20 政／11·2 社／**1512**·3·25 政
朝倉貞景妻　❹ **1509**·2·4 文
朝倉　仁　❾ **2009**·9·11 社
朝倉　摂　❾ **2006**·11·3 文
朝倉高景　❸ **1366**·8·8 政／**1372**·5·2 政
朝倉孝景(孫右衛門·教景·敏景、七代目)　❹ **1466**·9·2 社／**1467**·1·21 政／6·8 政／**1468**·⑩·14 政／**1470**·10·5 政／10·26 社／**1471**·2月 政／5·21 政／7·21 政／8·24 政／**1472**·8·6 政／**1473**·7·9 政／8·8 政／9·28 社／**1474**·1·18 政／⑤·15 政／6·10 政／12·12 社／**1475**·2·14 政／**1476**·9·14 政／**1478**·8·15 文／是年 文／**1479**·8·23 政／⑨·4 政／⑨·18 政／11·4 政／**1480**·7·11 政／8·28 政／**1481**·7·26 政
朝倉孝景(孫次郎·宗淳·孝景、十代目)　❹ **1512**·3·25 政／**1513**·12·3 社／**1514**·12·12 社／**1515**·②·17 社／**1517**·6·2 政／8·7 政／**1518**·4·19 政／8·10 政／**1519**·9月 政／**1522**·5·14 社／8·22 社／**1525**·7·16 政／10·22 社／**1526**·11·6 政／12·27 政／**1529**·6·6 社／**1535**·11·1 政／**1536**·5·27 社／**1540**·9·28 政／**1541**·9·3 政／**1542**·2·12 政／**1543**·4·20 文／**1545**·9·29 社／**1548**·3·22 政
朝倉朝政　❸ **1284**·12·24 政
朝倉延景　❹ **1548**·9·9 政
朝倉宣正　❺-1 **1625**·1·11 政／**1637**·2·6 政
朝倉教景(孫右衛門尉·敏景·繁景·教景、五代目)　❹ **1457**·11·5 社／**1461**·10·16 政／**1462**·3·2 社／**1463**·7·19 政
朝倉教景(小太郎·太郎左衛門尉·宗滴)　❹ **1484**·7·12 政／**1503**·4·2 政／**1506**·7·17 社／**1513**·4·2 社／**1514**·12·13 社／**1517**·6·2 政／**1525**·7·16 政／**1527**·10·4 政／**1528**·3·6 政／**1531**·10·26 政／**1552**·6·14 政／**1555**·7·21 政／9·8 政
朝倉広景　❸ **1342**·是年 社
朝倉文夫　❼ **1909**·10·15 文／❽ **1944**·2·1 文／7·1 文／**1947**·7·25 文／**1948**·11·2 文／**1964**·4·18 文
朝倉正次　❺-1 **1632**·11·6 政
朝倉松五郎　❻ **1873**·2·25 文／**1875**·是年 社
朝倉道景　❹ **1573**·8·13 政
朝倉元景　❹ **1504**·7·13 政／**1505**·3·25 政
朝倉義景(孫次郎·延景)　❹ **1550**·5·8 社／**1551**·7·21 政／**1555**·7·21 政／**1557**·10·21 社／**1558**·10·26 社／**1561**·4·6 社／6·19 政／**1562**·8·21 文／**1565**·2·24 政／7·28 政／**1566**·4月 社／8·29 政／10·20 政／**1567**·7·23 政／11·21 政／**1568**·3月 文／4·15 政／6·25 政／**1570**·4·20 政／5·11 政／9·12 政／10月 社／11·26 政／12·13 政／**1571**·2·5 政／5月 文／6·11 政／10·8 社／11·24 政／12·14 社／**1572**·2·14 社／3·12 政／4·13 政／5·14 社／5·27 社／6·30 政／7·19 政／11·19 政／12·3 政／**1573**·2·14 政／4·18 社／5·23 政／8·13 政／**1574**·1·1 社
朝潮(朝汐)太郎　❽ **1959**·3·25 社／4·6 社／**1962**·1·12 社／❾ **1988**·10·23 社
浅島　誠　❾ **2008**·11·4 文
朝青龍明徳　❾ **2002**·7·24 社／**2003**·1·25 社／5·25 社／9·20 社／**2004**·1·24 社／3·28 社／5·14 社／5·23 社／11·27 社／**2005**·1·9 社／3·26 社／5·21 社／7·24 社／9·25 社／11·26 社／**2007**·7·22 社／**2008**·1·28 社／**2009**·1·11 社／9·12 社／**2010**·1·10 社／2·4 社
朝右王　❶ **869**·1·13 政／**870**·1·25 政
浅田宇右衛門　❺-2 **1737**·4月 政
浅田栄次　❼ **1906**·12月 文
浅田金兵衛　❺-1 **1702**·12·16 社
麻田剛立　❺-2 **1763**·9·1 文／**1799**·5·22 文
浅田惟常　❺-2 **1851**·是年 文
浅田　敏　❾ **2003**·1·10 文
朝田静夫　❾ **1996**·11·8 政
浅田十郎兵衛　❺-1 **1673**·5·16 社
浅田次郎(仇討)　❺-2 **1820**·7·27 社
浅田次郎(直木賞)　❾ **1997**·7·17 文
朝田善之助　❽ **1946**·2·19 社／❾ **1983**·4·29 社
浅田宗伯　❻ **1866**·7·9 文／**1879**·是年 文／**1890**·9·12 文／**1894**·3·16 文
麻田鷹司　❽ **1948**·1·28 文
浅田常三郎　❽ **1945**·8·10 文
浅田鉄蔵　❺-2 **1820**·7·27 社／**1824**·4·27 社
阿佐田哲也　❾ **1989**·4·10 文
麻田時太郎　❻ **1864**·6·10 政
浅田徳則　❼ **1906**·9·13 政
浅田信興　❼ **1927**·4·27 政
麻田辨自　❽ **1950**·10·29 文／❾ **1969**·11·1 文／**1978**·11·2 文
浅田真央　❾ **2005**·11·19 社／12·17 社／**2007**·3·24 社／**2008**·3·20 社／12·13 社／**2010**·1·29 社／3·25 社／**2012**·11·3 社／12·8 社
麻田真浄　❶ **767**·2·7 文／**791**·12·10 文
浅田孫之進　❺-1 **1702**·12·16 社
浅田正文　❼ **1912**·4·18 政
朝田又七　❻ **1891**·6·5 政
浅田紋次郎　❺-2 **1824**·4·27 社
麻田妥彰　❺-2 **1788**·天明年間 文
朝月廣臣　❾ **2009**·9·13 文
安里積千代　❽ **1958**·6·25 政
浅沼稲次郎　❼ **1919**·10·18 政／**1925**·12·1 政／**1927**·2·4 社／3·1 社／❽ **1948**·1·16 政／**1951**·10·23 政／**1957**·4·22 政／**1959**·3·4 政／**1960**·3·23 政／5·24 政／10·12 政
浅沼藤吉　❻ **1871**·是年 文
朝寝坊夢羅久(初代)　❺-2 **1817**·文化年間 社／**1831**·1·5 社
朝寝坊むらく⇨三笑亭可楽(さんしょうていからく、五代目)
浅野　晃　❼ **1929**·9·30 政／❽ **1938**·9·11 文
浅野氏祐　❻ **1866**·9·27 政／**1868**·4·11 政
朝野鹿取　❶ **827**·4·10 文／**840**·12·9 文／**842**·1·13 政／**843**·6·11 政
浅野久兵衛　❺-1 **1693**·是年 文

浅野熊之助　❺-2 **1762**·10·16 社
浅野研真　❽ **1939**·7·10 社
麻野幸賢　❺-1 **1692**·是年 文
浅野高進　❺-2 **1820**·是年 文
浅野高造　❺-2 **1805**·是年 文
浅野左衛門佐　❺-1 **1620**·1·28 政
浅野重晟　❺-2 **1763**·2·21 政／**1782**·2·12 文／**1799**·8·21 政
浅野修一　❼ **1934**·1·20 政
浅野順一　❾ **1968**·10·10 政
浅野四郎　❼ **1897**·6 月 社／**1899**·6·20 社
浅野史郎　❾ **1997**·10·26 政／**2001**·11·18 社
浅野総一郎(泰治郎·惣一郎)　❻ **1883**·4·16 社／6 月 政／是年 社／**1884**·8·20 社／**1887**·4 月 社／**1888**·1 月 社／**1889**·5·23 政／❼ **1896**·6·2 政／**1916**·4·15 政／**1919**·10·9 政／**1930**·11·9 政
浅野綱晟　❺-1 **1673**·1·2 政
浅野綱長　❺-1 **1702**·7·18 政／**1708**·2·11 政
浅野綱良　❺-1 **1673**·1·2 政
浅野伝吉　❻ **1871**·8 月 社
浅野道有　❺-2 **1805**·2 月 文
浅野長晟　❺-1 **1613**·8·25 政／**1614**·6·12 政／11·19 大坂冬の陣／**1615**·4·29 大坂夏の陣／**1619**·7·19 政／**1620**·1·28 政／8·6 政／**1622**·2·18 政／**1626**·9 月 文／**1632**·3·5 文／9·3 政
浅野長勲(長興·茂勲)　❻ **1867**·11·24 政／12·8 政／12·9 政／**1868**·1·12 政／**1871**·8·4 社／❽ **1937**·2·1 政
浅野長重　❹ **1599**·是年 政／❺-1 **1601**·是年 政／**1622**·12·7 政／**1627**·1·4 政
浅野長澄　❺-2 **1718**·8·4 政
浅野長武　❾ **1969**·1·3 文
浅野長恒　❺-1 **1701**·5·6 政
浅野長経　❺-2 **1718**·8·4 政／**1719**·4·23 政
浅野長照　❺-1 **1675**·1·19 政
浅野長友　❺-1 **1675**·1·26 政
浅野長直　❺-1 **1645**·6·13 政／**1651**·1·16 政
浅野長矩(又一郎)　❺-1 **1675**·2·26 政／**1701**·3·11 政／5·6 政／**1702**·7·18 政／9·13 政
浅野長治　❺-1 **1658**·5·21 政／**1664**·10·22 文／**1675**·1·19 政
浅野長広　❺-1 **1702**·7·18 政／9·13 政
浅野長政(弥兵衛尉·長吉)　❹ **1582**·6·6 政／7·13 政／8·7 政／**1583**·12·12 政／**1584**·11·6 政／**1587**·2·16 社／3·1 政／4·3 政／9·5 政／10·14 政／是秋 政／是年 社／**1588**·1·19 政／4·2 社／**1589**·8·18 政／9·25 社／11·8 社／11·10 政／**1590**·1·25 社／2·28 政／4·20 政／5·18 政／6·5 政／7·16 政／8·12 政／9·28 政／10·3 政／11·20 政／**1591**·2·4 政／8·6 政／8·17 社／9·4 政／**1593**·2·8 文禄の役／3·15 文禄の役／4·21 文禄の役／11·20 政／12·7 文／**1594**·3·26 社／**1595**·5·29 政／7·13 政／**1596**·1·13 文／8·14 政／是年 政／**1598**·8·5 政／11·25 文／**1599**·2·2 政／10·2 政／是年 政／❺-1 **1606**·11·28 政／4 月 文／**1611**·4·7 政
浅野長訓(茂長)　❻ **1865**·6 月 政／**1866**·6·4 政／7·18 政／**1872**·7·26 政
浅野長祚　❺-2 **1847**·5·26 政／**1848**·1 月 政／**1849**·1·29 政／2 月 社／**1852**·②·10 社／❻ **1854**·4·15 政／**1862**·10·17 政／**1863**·4·16 政／**1880**·2·17 政
浅野斎賢　❺-2 **1799**·8·21 政
浅野斎粛　❺-2 **1823**·6·18 政
浅野梅堂　❻ **1880**·2·17 文
浅野春道　❺-2 **1840**·1·3 文
浅野広輔　❻ **1891**·8·16 文
浅野正勝　❹ **1590**·6·9 政／10·26 政／11·20 政
朝野真吉　❶ **870**·1·25 政
浅野三千三　❽ **1944**·2·1 文
浅野(松平)光晟　❺-1 **1632**·9·3 政／**1693**·4·23 政
浅野宗恒　❺-2 **1752**·1·13 政／12·14 文／**1763**·2·21 政／**1787**·11·24 政
浅野幸長(長継·長満·長慶)　❹ **1590**·1·20 政／**1593**·4·21 文禄の役／**1594**·5·26 社／**1595**·1·3 社／1·27 社／5·29 政／**1596**·⑦·22 政／**1597**·7·20 慶長の役／9 月慶長の役／11·11 政／12·22 政／**1598**·1·1 慶長の役／1·7 慶長の役／11 月 社／12 月 社／**1599**·1·21 政／③·4 政／11·9 社／**1600**·8·23 関ヶ原合戦／9·19 政／9·23 関ヶ原合戦／❺-1 **1601**·12·6 社／**1605**·是年 文／**1613**·8·25 政
浅野吉次郎　❼ **1907**·11·3 社／**1926**·2·26 政
浅野吉長　❺-1 **1708**·2·11 政／❺-2 **1752**·1·13 政
浅野弾正少弼　❹ **1590**·7 月 社
浅羽宗信　❷ **1181**·3·14 政／4·30 政
浅原健三　❼ **1919**·10·16 社／❾ **1967**·7·19 社
朝原嶋主　❶ **834**·2·2 社
麻原彰晃(松本智津夫)　❾ **1984**·2 月 社／**1989**·10·2 社／11·21 社／**1990**·2 月 社／**1995**·5·16 社／6·6 社／10·25 社／**1996**·4·24 社／**1997**·4·24 社／**2000**·1·18 社／**2003**·10·31 社／12·24 社／**2004**·2·27 社／**2006**·3·27 社／9·15 社
浅原為頼　❸ **1290**·3·9 政
朝原宣治　❾ **2008**·8·9 社
麻原広顕　❹ **1471**·⑧·19 政
朝原道永　❶ **787**·3·22 文
朝原良道　❶ **859**·1·13 政
朝原世常　❶ **963**·3·25 政
浅原六朗　❼ **1930**·3·13 文
朝原内親王　❶ **785**·8·24 社／**798**·9·19 政／**817**·4·25 政／**820**·是年 社
朝日　郎　❶ **474**·8·10
旭　玉山　❻ **1886**·11 月 文
旭　五郎　❾ **2007**·10·8 文
朝日郷保　❺-2 **1775**·是年 文
朝日　茂　❽ **1960**·10·19 社
朝日受永　❺-1 **1601**·4·21 社
朝日新斎　❻ **1876**·7·8 政
朝日直右衛門　❺-1 **1704**·12 月 社
朝日丹波　❺-2 **1766**·6·26 政／**1767**·9·21 政／**1783**·4·10 文
朝日平吾　❼ **1921**·9·28 政
朝日頼実　❹ **1530**·4 月 政
旭姫(豊臣秀吉の妹)　❹ **1585**·4·11 政／**1586**·5·14 政／**1588**·3·5 政／**1590**·1·14 政
旭岡聖順　❾ **2012**·4·17 社
朝彦親王(あさひこ·青蓮院宮尊融親王·久邇宮·伏見宮·中川宮·賀陽宮)　❻ **1859**·2·5 政／**1862**·9·30 政／12·9 政／**1863**·8·5 政／8·18 政／**1864**·3·3 政／**1865**·9·13 政／**1866**·8·30 政／**1867**·9·1 政／12·9 政／**1868**·8·16 政／**1872**·1·6 政／**1891**·10·29 政
朝仁(あさひと)親王⇨東山(ひがしやま)天皇
朝比奈才次郎　❻ **1887**·1·15 社
朝比奈甚太郎　❺-1 **1612**·7·13 社
朝比奈　隆　❽ **1947**·4·22 文／**1955**·5·11 文／❾ **1994**·11·3 文／**2001**·12·29 文
朝比奈知泉　❻ **1888**·9·8 文／❼ **1900**·4·16 文／❽ **1939**·5·22 文
朝比奈時茂　❹ **1531**·享禄年間 政
朝比奈知明　❹ **1491**·是年 政
朝日奈信置　❹ **1571**·3·6 社／**1573**·8·25 政／**1581**·11·20 社
朝比奈昌広　❻ **1865**·⑤·15 政／**1867**·3·1 政
朝比奈万之助　❺-2 **1751**·8·24 社
朝比奈元智　❹ **1564**·6 月 政
朝比奈百助　❺-2 **1751**·8·24 社
朝比奈弥次郎　❺-2 **1791**·3·1 政
朝比奈泰勝　❹ **1579**·9·4 政
朝比奈泰朝　❹ **1558**·4·22 社
朝比奈泰彦　❽ **1943**·4·29 文／❾ **1975**·6·30 文
朝比奈泰熙　❹ **1501**·是年 政／**1512**·④·2 政／12 月 政
朝比奈泰以　❹ **1513**·3 月 政
朝比奈弥太郎　❻ **1864**·5·26 政／**1868**·3·10 政
旭富士(正也)　❾ **1988**·1·24 社／**1990**·7·25 社／**1992**·1·14 社
朝吹英二(万吉)　❻ **1881**·7·8 政／9·1 政／❼ **1918**·1·31 政
朝吹常吉　❼ **1922**·3·11 社
朝吹登水子　❾ **2005**·9·2 文
朝吹真理子　❾ **2011**·1·17 文
浅間親澄　❷ **1236**·8·6 社
浅見絅斎(けいさい)　❺-1 **1687**·是年 文／**1700**·是年 文／**1711**·12·1 文
浅見貞則　❹ **1523**·3·12 政／**1524**·10·4 社
浅見てい　❽ **1938**·5·9 社
浅見華子　❼ **1930**·11·17 文
浅見安正　❺-1 **1697**·是年 文／**1704**·是年 文
浅見緑蔵　❼ **1927**·5·28 社
浅見対馬守　❹ **1573**·8·13 政
薊瓊入媛　❶ 書紀·垂仁 15·2·11

朝山景連　❸ **1337**·1·18 政

朝山重綱　❸ **1391**·是年 政

朝山素心(意林庵)　❺-1 **1653**·2·2 文／**1664**·9·21 文

朝山利綱　❹ **1522**·6·2 文

朝山日乗(善茂、僧)　❹ **1569**·4·20 社／**1570**·1·23 政

浅山八郎兵衛　❻ **1857**·1·19 政

朝山師綱(梵燈庵)　❸ **1391**·是年 政／**1404**·6·29 政

浅利幾美　❾ **2008**·6·14 文

浅利市郎右衛門(名越九兵衛)　❺-1 **1670**·9月 社

浅利喜三郎　❺-1 **1670**·9月 社

浅利清連　❸ **1336**·1·7 政

浅利慶太　❽ **1953**·7·14 文

浅利幸兵衛　❺-2 **1779**·8·7 政

浅利純子　❾ **1993**·1·31 社／8·15 社

浅利太賢　❺-1 **1689**·是年 文／**1690**·是年 文／**1700**·是年 文

浅利知義　❷ **1226**·4·27 政

浅利八左衛門　❺-1 **1670**·9月 社

浅利義信　❺-2 **1851**·12·21 政／❻ **1853**·12·21 社

浅利義正(勝頼)　❹ **1583**·3·27 政

足利家時(幕府御家人)　❷ **1269**·4月 社

足利家時(置文)　❸ **1348**·4·5 政

足利氏綱　❹ **1533**·4·11 社

足利氏満(金王丸)　❸ **1367**·4·26 政／5·29 政／**1368**·2·8 政／3·28 政／6·11 政／**1371**·2·27 社／**1372**·2·10 政、文／**1374**·10·7 文／**1375**·2·17 社／6·25 政／7·5 社／**1376**·3·14 文／9·24 社／12·19 社／**1377**·10·6 社／**1378**·5·26 社／8·3 社／**1379**·3·7 政／3月 政／4·20 政／5·2 政／7月 社／12·27 社／**1380**·5·5 政／6·1 政／6·15 政／8·6 社／9·19 政／10·2 社／**1381**·11·3 社／12·12 政／**1382**·3·22 政／4·13 政／10·29 社／**1383**·1·28 社／4·11 社／**1385**·2·16 文／11·10 社／11·14 社／**1386**·5·14 政／7·12 政／11月 政／**1387**·2·15 社／3·15 政／7·19 政／**1388**·8·28 社／9·16 政／**1389**·11·15 文／12·21 文／**1390**·2·29 社／8·28 政／**1391**·9·8 社／12·25 社／**1392**·1·4 政／**1393**·3·30 社／6·26 社／8·13 社／**1394**·是年 社／**1396**·2·28 政／**1397**·5·22 政／6·11 社／**1398**·11·4 政／**1399**·10·3 社

足利永寿王丸⇨足利成氏(しげうじ)

足利御賀丸　❸ **1404**·5·21 社／**1408**·10·5 社

足利金王丸⇨足利氏満(うじみつ)

足利義尋⇨足利義視(よしみ)

足利義尊　❹ **1587**·8·28 社

足利賢王丸⇨足利義久(よしひさ)

足利健亮　❾ **1999**·8·6 文

足利幸王丸⇨足利持氏(もちうじ)

足利貞氏　❸ **1331**·9·5 政

足利成氏(永寿王丸·万寿王丸)　❸ **1438**·11·1 政／**1441**·4·16 政／12·29 政／**1447**·8月 政／**1449**·1月 政／8·19 政／9·9 政／**1450**·4·20 政／8·4 政／10月 政／**1454**·5·1 社／7·1 社／12·22 政／12·27 政／**1455**·1·5 政、社／1·16 政／1·21 政／2·6 社／4·19 政／6·16 政／9·17 政／11·7 政／12·6 政／❹ **1456**·1·19 政／2·27 政／7·17 政／10·17 政／**1457**·10月 政／**1458**·①·17 政／7·29 政／**1459**·10·14 政／11月 政／**1464**·8·17 政／**1465**·6·19 政／**1466**·2·12 政／6·3 政／**1468**·⑩·29 政／**1471**·3月 政／5·1 政／6·24 政／8·18 社／**1472**·2·3 政／**1473**·11·24 政／**1477**·5·14 政／7月 政／12·23 政／**1478**·1·5 政／7·17 政／**1480**·2·25 政／**1482**·11·27 政／**1483**·是年 政／**1488**·2·5 政／**1497**·9·30 政

足利潤童子　❹ **1491**·7·1 政

足利清晃⇨足利義澄(よしずみ)

足利千寿王⇨足利義詮(よしあきら)

足利千也茶丸⇨足利義勝(よしかつ)

足利尊氏(高氏)　❸ **1319**·10·10 政／**1331**·9·5 政／**1332**·2·29 政／3·27 政／**1333**·4·16 政／4·29 政／5·2 政／6·5 政／8·5 政／8·9 社／12·29 政／**1334**·7·14 政／9·21 政／9·23 社／10·22 政／**1335**·3·1 社／8·2 政／11·18 政／12·11 政／**1336**·1·7 政／2·3 政／5·18 政／6·14 政／8·3 政／10·4 政／11·7 政／**1337**·2·2 政／8·13 政／11·17 社／**1338**·1·11 社／2·3 政／5·24 政／⑦·29 政／8·11 政／9·6 社／11·15 社／12月 文／**1339**·7·6 社／**1341**·6·15 社／11·29 社／**1342**·4·27 政／**1343**·2·25 政／4·19 政／4·21 政／6·10 政／**1344**·1·28 社／5·15 政／10·8 文／**1345**·4·2 政／4·26 政／是冬 文／**1346**·1·26 政／3·22 社／8·2 社／11·14 社／**1347**·1·11 社／5·14 社／**1348**·4·5 社／5·19 社／**1349**·1·25 政／2·11 社／3·14 政／8·13 政／9·9 政／**1350**·1·6 政／2·21 社／7·28 社／10·16 政／10·26 政／10·27 政／**1351**·1·7 政／2·1 政／7·28 政／8·1 政／10·14 政／10·18 文／11·4 政／**1352**·1·5 政／②·18 政／8·1 社／9·18 政／12·27 社／**1353**·1·28 政／5·20 政／9·3 政／12·25 社／**1354**·2·6 政／10·14 政／12·24 政／**1355**·1·20 政／2·1 政／3·12 政／4·15 政／6·6 文／7·9 政／12·22 文／**1356**·1·9 政／3·11 文／5·2 政／7·10 政／**1357**·1·22 社／2·29 社／8·9 政／8·28 文／11·9 社／**1358**·4·30 政／**1365**·6·18 文／**1436**·3·12 文／❺-1 **1707**·4·29 社／❻ **1863**·2·22 社

足利高経　❸ **1351**·8·1 政

足利高時　❸ **1324**·9·24 政

足利高基(亀王丸·高氏)　❹ **1506**·4·23 政／**1509**·10·11 社／**1512**·4·2 政／6·18 政／**1514**·8·16 政／**1517**·10·15 政／**1521**·2月 政／**1535**·6·8 政

足利竹若　❸ **1333**·5·2 政

足利忠綱　❷ **1181**·②·25 政／**1210**·9·11 政

足利茶々丸　❹ **1491**·4·3 政／7·1 政／**1493**·是年 政／**1498**·8月 政

足利時家　❸ **1336**·7·25 政／8·28 政

足利俊綱　❷ **1180**·9·30 政／**1181**·9·7 政／9·16 政

足利直冬　❸ **1348**·4·16 政／4·22 社／5·6 政／6·18 政／8·8 政／9·4 政／**1349**·4·11 政／8·9 社／9·10 政／**1350**·1·6 政／4·21 政／4·22 政／7·20 社／9·16 政／10·14 社／10·16 政／11·14 政／**1351**·2·19 政／3·3 政／6·1 文／6·2 政／6月 社／7·26 政／9·6 政／**1352**·1·18 政／6·2 政／9·18 政／11·12 政／**1353**·3·24 政／6·6 政／9·22 社／**1354**·3·26 社／5·21 政／12·24 政／**1355**·1·22 政／3·12 政／**1356**·2·17 政／3·9 政／**1359**·5·2 政／**1361**·11·6 社／**1362**·11·16 政／**1363**·9·10 政／12·29 政／**1376**·是年 政／**1387**·7·2 政／**1441**·6·24 政

足利直義(高倉禅門)　❸ **1333**·6·12 政／12·14 政／**1334**·2·5 政／7·27 社／**1335**·7·22 政／11·2 政／11·19 政／12·5 政／**1336**·1·1 政／2·3 政／5·18 政／6·5 政／7·5 政／10·12 政／12·30 政／**1337**·1·2 政／4·16 政／6·8 政／**1338**·1·25 社／3·18 社／5·17 社／7·17 社／⑦·1 政／8·11 政／**1339**·5·3 政／6·1 社／7·6 社／**1340**·3·3 政／6·25 政／8·21 社／11月 社／**1341**·1·20 政／2·21 社／4·20 社／6·6 政／8·14 政／12·23 政／**1342**·3月 社／4·23 社／12·21 政／**1343**·7·3 政／7·19 社／10月 社／**1344**·1·28 社／3·9 社／4·29 文／10·8 文／12·22 政／**1345**·2·21 政／4·9 社／5·3 政／**1346**·1·26 政／2·27 政／3·13 文／3·22 社／4·10 政／6·6 社／7·23 文／⑨·19 社／11·14 社／11·21 政／12·5 社／**1347**·7·23 社／8·9 政／9·27 政／12·14 政／**1348**·1·12 政／2·2 社／4·16 政／5·6 政／6月 文／7·17 社／**1349**·1·25 政／⑥·2 政／8·13 政／12·8 政／**1350**·4月 文／10·26 政／11·3 政／12·12 社／12·13 政／**1351**·1·7 政／2·5 政／5·24 文／7·8 政／8·1 政／8·16 政／9·21 政／11·15 政／**1352**·1·5 政／2·26 政／**1365**·3·24 社

足利成氏　❹ **1458**·11·15 政／**1460**·10·21 政

足利憲寛(賢寿王丸)　❹ **1525**·3·25 政

足利晴氏(満千代丸·亀王丸)　❹ **1521**·2月 政／**1528**·12·27 政／**1529**·6月 政／**1535**·6·8 政／**1537**·1月 政／**1539**·8·13 政／**1540**·11·28 政／**1543**·3·21 政／**1545**·6·3 社／10·6 社／10·27 政／**1546**·4·20 政／**1548**·6·8 社／**1552**·12·12 政／**1554**·7·28 文／11·7 政／**1560**·5·27 政

足利春王丸　❸ **1438**·11·1 政／**1440**·3·4 政／**1441**·4·16 政

足利晴元　❹ **1558**·6·2 政

足利弘尊　❹ **1472**·2·3 政

足利広房　❸ **1386**·1·26 政

足利藤氏　❹ **1554**·11·7 政／

1562·12·3 政
足利冬氏⇨足利義尊(よしたか)
足利政氏　❹ **1487**·11·1 政／**1488**·6·18 政／**1494**·11·16 政／**1495**·10月 政／**1496**·5月 政／**1497**·9·30 政／是年 政／**1504**·9·27 政／10·20 社／**1506**·4·23 政／**1509**·9·28 社／**1512**·6·18 政／**1513**·4·17 政／**1514**·3·20 社／8·16 政／**1516**·12·27 政／**1519**·8·15 政／**1531**·7·18 政
足利政勝　❺-2 **1771**·是年 文
足利政知　❹ **1458**·9·24 政／**1460**·8·22 政／**1461**·10·23 政／**1462**·4·22 政／9·5 政／**1463**·11·7 政／**1465**·6·19 政／**1471**·3月 政／6·12 社／**1473**·6·29 社／**1476**·6月 政／**1480**·12·15 政／**1482**·11·27 政／**1487**·6·25 政／**1491**·4·3 政
足利正義　❷ **1247**·7·14 政
足利万寿王丸⇨足利成氏(しげうじ)
足利満詮　❸ **1418**·5·14 政
足利満家　❸ **1402**·3·16 政
足利(吉良)満氏　❷ **1271**·是年 社
足利満兼　❸ **1396**·11·13 文／**1398**·11·4 政／**1399**·是春 政／7·7 政／10·13 政／10·28 政／11·21 政／**1400**·1·11 政／3·5 政／6·4 政／6·15 政／6·25 社／9·15 社／**1401**·3·24 社／5·2 社／**1402**·3·23 社／5·21 政／7月 政／**1404**·5·15 社／11·1 社／**1405**·11·1 社／**1406**·⑥·15 社／12·12 文／**1409**·2·18 政／7·22 政
足利満貞　❸ **1399**·是春 政／**1400**·3·8 政／4·8 政／6·17 政／9·28 政／**1402**·5·21 政／**1425**·3·3 政／**1429**·2·21 政／6·3 政／7·24 政／8·18 政／9·3 政／11·9 政／**1430**·6·29 政／9·4 政／⑪·24 政／**1431**·2·29 政／**1435**·1月 政／5·7 政／**1439**·2·10 政
足利満隆　❸ **1410**·8·15 政／**1412**·12·27 政／**1416**·8月 政／10·2 政／**1417**·1·5 政
足利満直　❸ **1399**·是春 政／**1404**·7·8 政／**1424**·11·20 政／**1440**·6月 政
足利三春⇨足利義政(よしまさ)
足利光房　❸ **1386**·1·26 政
足利持氏(幸王丸)　❸ **1405**·3·15 社／**1409**·7·22 政／9月 政／12·18 政／**1410**·8·15 政／**1413**·3·6 社／4·18 政／11·22 政／**1414**·7·3 社／8·20 社／**1415**·4·25 政／7·20 政／**1416**·10·2 政／10·29 政／11·7 政／12·11 政／**1417**·1·1 社／4·24 政／4·28 政／5·25 政／8·22 政／10·14 社／**1418**·4·26 政／**1419**·8·15 政／12·17 社／**1420**·2·19 社／7·20 政／**1421**·3·4 政／6月 政／**1422**·5·10 社／8月 政／9月 政／⑩·13 政／**1423**·5·28 政／6·25 社／7·23 政／8·2 政／11·28 政／**1424**·2·3 政／3·8 社／6·13 政／10·10 社／11·14 政／**1425**·8·16 政／11月 政／**1428**·5·25 政／7·16 社／8·3 政／8·19 社／9·22 政／**1429**·6·3 政／**1430**·2·24 政／5·3 社／6·27 社／9·3 社／**1431**·3·6 社／**1432**·4·10 政／9·10 政／10·14 社／11·15 社／**1433**·3·1 政／**1434**·3·18 政／**1435**·1月 政／6·13 政／8·28 政／9·22 政／11月 政／**1436**·6·2 社／是年 政／**1437**·6·15 政／8·13 政／**1438**·6月 政／8·28 政／9·6 政／9·16 政／9·21 政／9·29 政／10·3 政／11·1 政／12·8 政／**1439**·①·24 政／2·10 政／**1440**·1·13 政
足利持仲　❸ **1417**·1·10 政
足利持範　❸ **1419**·7·15 政
足利基氏　❸ **1349**·9·9 政／**1350**·7·4 社／12·25 政／**1353**·7·28 政／9·22 文／**1354**·9·22 社／10·26 社／**1356**·9月 政／**1358**·10·10 政／**1359**·2·7 政／8月 社／**1361**·11·23 政／**1362**·2·21 政／9月 政／12·27 社／**1363**·3·24 政／4·16 社／5·24 社／6·3 政／8·20 政／9·2 社／**1364**·4·26 社／6·11 社／7·28 政／是夏 社／是年 文／**1365**·5·4 政／是秋 文／**1366**·6·8 社／10·16 政／**1367**·3·5 文／4·2 政／4·26 政／**1394**·9·4 文／**1399**·10·3 社
足利基頼　❹ **1538**·10·4 政
足利泰氏　❷ **1251**·12·7 政／**1270**·5·10 政
足利泰氏の室(北條時頼の妹)　❷ **1247**·3·28 社
足利安王丸　❸ **1438**·11·1 政／**1440**·3·4 政／**1441**·4·16 政
足利義昭(大覚寺大僧正)　❸ **1428**·1·18 政
足利義昭(義秋·覚慶·昌山)　❹ **1537**·11·3 政／**1542**·11·20 政／**1565**·7·28 政／8·5 政／10·4 政／11·21 政／12·2 政／**1566**·2·17 政／3·10 政／5·9 政／8·3 政／8·22 政／9·30 政／10·20 政／**1567**·2·24 政／3·2 政／11·21 政／是年 社／**1568**·2·8 政／3·6 政／4·15 政／6·20 政／7·12 政／7·29 政／8·5 政／9·7 政／10·3 社／10·18 政／**1569**·1·5 政／1·13 政／3·3 文／4·5 政／⑤月 政／10·16 政／12·20 政／**1570**·1·23 政／3·5 政／4·1 文／4·10 政／8·30 政／9·12 政／是年 政／**1571**·2·23 政／4·3 政／6·12 政／7·22 政／**1572**·1·18 政／2·10 政／5·8 政／8·13 政／9月 政／11·23 社／是年 社／**1573**·1·11 政／2·14 政／3·6 政／4·2 政／5·23 政／6·13 政／7·3 政／8·1 政／11·5 政／12月 政／**1574**·2·6 政／**1575**·是冬 政／**1576**·2·8 政／5·13 政／6·11 政／7·23 政／8·2 政／10·10 政／**1577**·4·17 政／**1578**·11·24 政／**1579**·1·7 政／7·30 政／8·8 政／**1580**·10·22 政／**1581**·11月 政／**1582**·9·26 政／10·21 政／11·2 政／**1583**·2·13 政／3·4 政／4·6 政／**1585**·1·24 政／**1586**·12·4 政／**1587**·1·13 政／3·12 政／5·3 政／**1588**·1·13 政／**1591**·9·18 政／**1597**·8·28 政
足利義明　❹ **1517**·10·15 政／**1534**·11·20 政／**1537**·5·16 政／**1538**·6·28 社／10·4 政
足利義詮(千寿王)　❸ **1333**·5·2 政／5月 政／**1337**·12·13 政／是年 政／**1338**·7·11 政／**1349**·8·13 政／9·9 政／10·22 政／**1350**·6·3 政／7·28 政／8·20 政／10·16 政／11·4 政／**1351**·3·2 政／7·8 政／8·1 政／9·10 政／10·14 政／12·1 政／**1352**·②·16 政／3·1 政／6·19 政／7·24 社／8·3 政／10·12 社／11·2 政／**1353**·3·5 政／5·14 政／6·6 政／7·10 政／8·7 政／**1354**·2·2 政／7·28 政／8·25 政／10·18 政／**1355**·1·24 政／2·28 政／3·12 政／**1356**·2·17 政／8·18 社／9·13 社／**1357**·8·21 社／**1358**·1·16 社／3·10 政／4·30 政／6·29 社／10·10 政／11·18 政／12·8 政／**1359**·2·7 政／6·13 政／8·24 政／10·23 政／11·10 政／12·15 政／**1360**·1·30 政／3·14 政／5·27 政／7·5 政／8·9 政／**1361**·2·22 政／6·29 社／9·15 政／9·16 社／10月 政／12·8 政／**1362**·1·23 政／5·22 政／10·2 政／**1363**·①·12 政／2·16 政／3月 社／6·3 政／8·7 政／9·10 政／**1364**·5·3 社／6·19 社／7·8 政／10·23 政／11·28 政／**1365**·2·1 政／2·2 社／5·4 政／8·25 社／⑨·17 政／10·9 政／12·13 政／**1366**·1·23 政／2·30 社／6·8 社／8·8 政／**1367**·2·14 政／3·23 文／4·16 文／4·18 政／5·29 政／9·1 政／11·25 政／12·7 政／**1394**·9·4 文／❻ **1863**·2·22 社
足利義氏(北條泰時の将)　❷ **1221**·5·22 政／**1224**·9·9 政／**1231**·2·11 社／**1238**·3·28 社／**1245**·4·21 政／**1248**·2月 社／7·6 社／**1254**·11·21 政
足利義氏(古河公方)　❹ **1552**·12·12 政／**1554**·11·7 政／**1556**·12·15 政／**1560**·3·26 社／**1561**·③·4 政／**1564**·是年 文／**1565**·3·2 政／**1567**·5·21 社／**1572**·1·27 社／**1583**·1·21 政
足利義量　❸ **1407**·7·24 政／**1417**·12·1 政／12·13 政／**1421**·6·25 政／**1422**·7·7 社／10·21 文／12·24 文／**1423**·3·18 政／12·27 社／**1424**·1·2 政／**1425**·1·2 政／2·27 政
足利義賢⇨足利義維(よしつな)
足利義勝(千也茶丸)　❸ **1434**·2·9 政／**1441**·3·23 社／6·24 政／8·17 政／**1442**·11·7 政／12·13 文／**1443**·7·21 政
足利義兼　❷ **1181**·2·1 政／**1184**·5·1 政／8·6 政／**1185**·8·16 政／**1186**·6·11 政／**1188**·是年 社／**1190**·1·7 政／2·12 政／**1194**·11·13 社／**1196**·是年 社／**1199**·3·8 政、文
足利義材(義尹)⇨足利義稙(よしたね)
足利義清　❷ **1183**·⑩·1 政
足利義澄(清晃·義高·義遐·香厳院清晃)　❸ **1493**·4·22 政／❹ **1480**·12·15 政／**1487**·6·25 政／**1490**·4·27 政／**1493**·4·22 政／4·28 政／④·22 政／11月 社／**1494**·12·27 政／**1495**·1·24 文／1月 政／4·12 社／**1497**·1·7 政／2·29 政／**1498**·8月 政／**1499**·3·11 文／9·19 社／10·13 文／12·

10 政／**1500**·4·3 文／**1501**·1·10 政／10·19 文／**1502**·1·10 文／2·17 政／7·21 政／8·4 政／12·25 政／**1503**·5·5 社／7·6 政／**1504**·1·10 政／3·21 社／③·15 社／10·7 文／**1506**·1·11 政／2·25 文／2·27 文／3·5 文／11·3 政／**1508**·4·16 政／**1510**·1·29 政／2·3 政／10·10 政／**1511**·3·24 政／8·14 政

足利義純　❹ **1538**·10·4 政

足利義尊(冬氏)　❸ **1441**·6·24 政／7月 政／9·5 政／**1442**·3·21 政

足利義高⇨足利義澄(よしずみ)

足利義稙(義尹·義材·義直)　❹ **1466**·7·30 政／**1489**·4·8 政／10·22 政／**1490**·1·7 政／7·5 政／8·7 政／9·8 政／10月 政／**1491**·4·6 政／6·14 社／8·22 政／10月 政／11·3 政／是年 政／**1492**·3·29 政／6·6 政／7·10 政／10·16 政／12·14 政／**1493**·2·15 政／3·20 政／4·22 政／④·22 政／5·2 社／6·29 政／8月 政／11·2 政／**1494**·8·14 政／9·21 政／10·20 政／**1495**·7·28 政／**1496**·4·28 政／**1497**·9月 政／**1498**·8·19 政／9·2 政／**1499**·5·29 政／7·20 政／7月 社／11·8 政／11·22 政／**1500**·2·13 政／3·5 政／4·10 政／5月 政／8·28 政／**1501**·6·13 政／**1505**·3月 政／**1507**·3月 政／12·15 政／**1508**·2·20 政／4·16 政／6·6 政／7·1 政／11·6 政／**1509**·2·16 文／4·14 文／5·21 政／6·20 社／7·4 文／⑧月 文／10·26 政／是秋 文／是年 文／**1510**·1·29 政／5·11 文／10·10 政／**1511**·8·16 政／10·29 文／是年 政／**1512**·4·20 文／**1513**·2·6 政／2·14 政／2·27 文／3·17 政／4·12 政／5·3 政／11·9 政／**1514**·8·30 社／**1515**·6·8 文／7·5 政／10·26 政／12·2 政／**1516**·1·13 文／2·22 政／**1517**·2·4 政／3·9 政／4·25 文／6·2 政／10月 政／⑩·2 社／**1518**·3·17 文／4·4 文／12·2 政／**1519**·2·28 文／11·3 政／**1520**·2·3 政／2·6 政／5·5 政／**1521**·2·11 政／3·7 政／10·23 政／12·25 政／**1523**·4·9 政

足利義嗣　❸ **1408**·2·27 政／3·8 政／3·10 政／**1409**·2·4 文／6·25 政／8·18 文／**1410**·2·21 政／**1416**·8月 政／10·30 政／11·9 政／**1418**·1·24 政

足利義維(義賢·義冬)　❹ **1527**·3·22 政／5·30 政／**1528**·5·28 政／⑨·25 社／**1530**·5·10 政／**1532**·6·15 政／10月 政／**1534**·是年 政／**1547**·11·3 政／**1551**·4·7 政／**1573**·10·8 政

足利義輝(菊幢丸·義藤)　❹ **1536**·3·10 政／**1540**·7·16 社／**1541**·10·29 政／**1546**·7·27 政／12·20 政／**1547**·2·5 政／3·29 政／7·12 政／**1548**·6·7 政／7·21 文／12·17 社／**1549**·6·24 政／**1550**·2·28 政／3·7 政／6·9 政／11·21 政／**1551**·1·30 政／2·10 政／**1552**·1·23 政／1·29 文／2·29 政／4·2 政／8·26 文／10·27 政／11·15 社／11·28 政／12·7 政／**1553**·①·15 政／2·9 政／2·20 政／3·8 政／4·26 政／7·28 政／8·1 政／**1554**·1·19 政／2·12 政／8·16 政／**1555**·3·19 政／**1557**·4·29 社／**1558**·3·13 政／5·3 政／6·2 政／11·27 政／是年 政／**1559**·2·2 政／3·3 政／4·21 政／6·10 政／6·26 政／11·27 政／12·9 政／是年 文／**1560**·1·15 政／4·4 政／6·2 政／**1561**·1·24 政／2·1 政／3·30 政／7·24 社／8·19 政／12·8 政／**1562**·3·5 政／5·2 社／6·11 社／8·6 政／9·19 政／**1563**·1·27 政／3·24 政／**1564**·3·10 政／7·27 政／12·26 社／是冬 政／**1565**·3·23 政／5·19 政／**1567**·2·10 社／10·7 社／**1573**·3·6 政／**1577**·7月 文／11月 文

足利義遐(よしとお)⇨足利義澄(よしずみ)

足利義直⇨足利義稙(よしたね)

足利義永　❹ **1458**·4·19 政

足利義教(義宣·義円)　❸ **1394**·6·13 政／**1408**·3·4 政／**1411**·7·19 社／**1417**·12·13 社／**1419**·11·3 社／**1428**·1·18 政／6·25 文／7·10 社／7·12 政／8·23 政／10·23 政／12·7 政／**1429**·2·21 政／3·15 政／5·3 文／6·19 政／7·5 社／8·30 社／9·18 政／10·23 政／11·21 政／12·3 政／是年 社／**1430**·1月 文／2·1 政／3·2 社／4·20 文／5·5 社／7·4 社／7·25 社／8·11 政／9·10 政／10·10 政／11·14 政／⑪·19 社／12·9 社／**1431**·1·11 文／2·5 政／3月 政／4·19 政／6·8 社／6·11 政／7·19 政／8·7 社／8·22 政／10·8 政／11·4 文／12·11 政／**1432**·2·10 政／3·8 政／4月 社／5·19 政／7·12 政／7·25 政／8·17 政／8·28 政／9·10 政／11·3 文／12·17 社／**1433**·1·2 政／3·20 政／4·21 文／11·27 社／**1434**·1·19 政／5·21 政／**1435**·1·12 政／3·9 文／4·17 文／9·3 政／**1436**·1·27 文／2·4 政／2·9 文／2月 政／3·12 文／4·2 政／6·21 政／8·21 文／8·28 文／9·15 政／12·18 文／**1437**·2·9 政／3·4 政／5·14 政／6·14 文／7·19 社／8·18 政／10·21 政／11·6 社／12月 政／**1438**·2·9 文／3·11 社／4·2 社／6·17 政／9·4 政／9·21 政／12·13 文／**1439**·3·7 政／6·6 文／6·20 政／7·11 政／8·23 政／11·27 文／是年 社／**1440**·1·10 政／2·9 政／6月 政／11·9 社／**1441**·1·29 政／2·19 文／6·24 政／**1449**·4·2 政／❹ **1462**·9·18 文／**1473**·9·19 文／**1540**·5·8 政

足利義春　❹ **1474**·5·7 政

足利義晴(亀王丸)　❹ **1511**·3·5 政／**1513**·2·14 政／**1520**·12·26 政／**1521**·7·6 政／7·28 政／8·30 政／12·25 政／**1522**·3·26 政／6·14 社／**1523**·6·13 社／9·2 文／**1525**·4·12 政／9·26 社／12·13 政／**1526**·1·22 社／2·16 社／11·6 政／12·27 政／**1527**·1·10 政／2·12 政／4·27 文／5·2 政／6·2 政／6·13 政／7·13 政／8月 政／10·4 政／12·12 政／**1528**·2·18 社／5·28 政／6·3 政／9·8 政／12·12 政／**1529**·8月 政／**1530**·1·20 政／3·6 政／5·10 政／10·8 政／是年 政／**1531**·2·1 政／10·20 社／**1532**·10·20 政／**1533**·7·25 社／**1534**·6·8 政／6·29 政／9·3 政／12·14 政／**1535**·7·23 文／**1536**·3·10 政／4·26 政／5·24 政／8·19 政／11·16 政／12·11 政／**1537**·4·4 政／7·1 社／8·10 政／11·3 政／**1538**·2·5 社／3·16 文／9·8 政／**1539**·6·2 政／⑥·13 政／12·5 社／**1540**·3·12 政／4·24 社／5·19 社／6·30 社／7·16 社／**1541**·1·27 政／10·2 政／**1542**·1月 政／2·12 政／3·24 政／4·8 政／7月 政／9·5 社／10·15 社／11·20 政／**1543**·2·14 文／5·7 政／10·16 社／**1544**·2月 政／7·6 政／**1545**·11月 政／**1546**·9·3 政／12·20 政／**1547**·3·29 政／7·12 政／**1548**·6·7 政／**1549**·6·24 政／10·28 政／**1550**·3·7 政／5·4 政／⑤·15 文

足利義久(賢王丸)　❸ **1438**·6月 政／8·14 政／11·1 政／**1439**·2·20 政

足利義尚(義熙)　❹ **1465**·11·23 政／**1473**·12·19 政／**1474**·2·7 政／3·3 政／4·15 政／10·2 文／**1475**·2·11 政／3·15 文／**1476**·1·13 文／4·1 文／4·5 文／10·15 文／11·13 政／**1477**·1·18 政／6·28 社／8·19 社／**1478**·2·28 政／5·19 文／11·22 文／**1479**·1·13 文／4·10 文／**1480**·2·27 政／3·27 文／5·2 政／5月 文／7·28 文／**1481**·1·6 政／2·13 文／7·6 社／9·28 文／11·20 文／**1482**·5·25 文／7·13 政／12·27 文／**1483**·1·1 政／1·13 文／2·1 文／6·19 政／6·27 政／9·2 文／10·24 文／12·23 政／**1484**·3·28 文／4·16 文／5·10 文／6月 政／9·11 文／9月 政／11·14 文／**1485**·3·13 文／③·2 文／③·19 文／**1486**·1·13 文／3·13 政／9·20 文／**1487**·4·14 政／7·27 文／12·23 文／**1488**·1·2 政／1·29 文／3·28 文／7·4 社／7月 政／8·20 社／9·17 政／10月 政／12·2 文／12·13 政／**1489**·2·10 文／2月 文／3·26 政／**1491**·5月 文

足利義栄(義親)　❹ **1551**·4·7 政／**1553**·6·17 政／**1565**·8·8 政／**1566**·9·5 政／12·28 政／**1567**·11·16 政／**1568**·2·8 政／9月 政

足利(高山)義尋　❺-1 **1605**·10·17 政

足利義熙⇨足利義尚(よしひさ)

足利義藤⇨足利義輝(よしてる)

足利義冬⇨足利義維(よしつな)

足利義政(義成·三春·三寅)　❸ **1436**·1·2 政／**1440**·永享年間 社／5·25 文／**1443**·7·21 政／8·30 政／**1444**·1·10 政／**1446**·12·13 政／**1447**·4·26 社／11·16 文／**1448**·是年 文／**1449**·3·11 政／4·29 政／**1450**·1·2 政／11·27 文／**1451**·6·26 文／10·29 文／**1452**·2·10 文／8·15 文／**1453**·4·7 社／6·13 政／7·7 社／

1454·1·10 文／❹ **1456**·3·15 政／4·11 政／10·5 社／**1457**·2·25 政／3·13 政／**1458**·①·1 社／4·19 政／7·25 政／**1459**·2·21 文／**1460**·2·9 政／8·27 政／**1461**·是春 政／6·24 政／10·10 文／**1462**·10·9 政／**1463**·12·24 文／**1464**·1·23 政／12·28 政／**1465**·1·10 政／10·17 政／12·29 政／**1466**·1·5 政／2·28 政／3·20 政／4·17 文／5·12 社／6·7 社／7·23 政／9·6 政／12·25 政／**1467**·1·2 政／3·17 文／4月 政／5·28 政／6·1 政／8·23 政／9·2 政／10·17 文／**1468**·2月 政／3·15 政／4·9 政／9·11 政／是年 政／**1469**·1·26 政／7·12 政／9·9 文／11·7 社／**1470**·2·4 政／3·23 文／5·22 文／8·28 政／10·14 文／11·15 文／**1471**·8·3 政／⑧·19 政／10·23 政／**1472**·2·17 文／7·28 政／11·28 文／**1473**·2·21 政／5·11 政／12·19 政／**1474**·2·7 政／3·3 政／5·7 政／⑤·15 政／9·5 政／10·2 文／10·27 政／11·3 文／**1475**·5·22 文／6·7 政／**1476**·1·13 文／4·5 文／5·19 文／7·17 文／9·14 政／10·15 文／11·13 政／**1477**·6·26 社／12·5 文／12·11 政／**1478**·2·22 政／2·28 政／3·15 社／5·19 文／6·19 文／7·10 政／8·10 文／10·29 政／**1479**·5·12 文／8·18 文／**1480**·5·2 政／6月 文／12·21 政／**1481**·1·6 政／3·6 社／5月 政／6·30 社／8·11 政／10·20 政／11·6 政／**1482**·2·4 政／3·20 文／4·9 政／5·12 政／7·13 政／11·27 政／是年 政／**1483**·1·1 政／2·6 文／2·29 文／3·12 文／3月 政／6·27 政／7·11 政／10·10 政／**1484**·2·9 政／6·1 社／7·2 社／8·3 政／9月 政／12·24 社／**1485**·4·10 政／5·28 文／6·15 政／**1486**·11·17 社／12·19 政／**1487**·1·13 文／6·5 文／7·7 文／11·4 政／**1488**·1·18 政／2月 政／3·17 社／4·22 政／12·5 政／**1489**·4·18 文／6·24 政／9·10 文／10·22 政／12·25 文／**1490**·1·7 政／2·17 政／**1521**·11月 文

足利義政の妻　❹ **1477**·5·25 文

足利義視(義尋)　❸ **1446**·3·17 文／❹ **1464**·12·2 政／**1465**·11·20 政／**1466**·7·30 政／9·6 政／**1467**·1·5 政／2月 政／6·1 政／8·25 政／9·12 政／**1468**·4·9 政／8·8 政／9·11 政／**1469**·3·14 政／4月 政／**1470**·1·22 政／2·5 政／5·11 政／**1473**·8·26 政／**1477**·11·11 政／**1478**·7·10 政／**1480**·7·5 政／**1489**·4·8 政／10·22 政／**1490**·1·7 政／4·27 政／7·5 政／**1491**·1·7 政／**1573**·7·3 政

足利義満(源　道義)　❸ **1361**·12·8 政／**1367**·6·11 政／11·25 政／**1368**·1·28 政／2·8 政／4·15 政／8·2 政／12·30 政／**1369**·1·1 政／3·16 政／4·2 政／10·10 政／**1370**·4·9 政／**1371**·5·19 政／**1372**·2·10 政／9·24 政／11·22 政／**1373**·11·25 政／**1374**·12·17 政／**1375**·3·27 政／8·25 政 文／**1376**·4·28 社／6·14 社／7·27 社／11·24 社／**1377**·8·8 政／11·21 社／**1378**·2·28 社／3·10 政／8·27 政／10·22 文／11·28 政／12·15 政／**1379**·1·6 政／2·9 文／3·6 政／4·15 政／④·14 政／5·2 政／6·21 社／7·8 政／8月 政／9·5 政／10·10 社／11·15 文／12·3 政／**1380**·1·16 政／1月 社／2·21 社／4·15 社／4·16 政／6·1 社／8·6 政／9·7 政／12·29 政／**1381**·1·4 政／3·8 政／4·25 政／6·5 政／7·23 政／9·27 文／10·7 社／**1382**·1·11 社／1·26 政／2·6 政／4·21 政／5·7 社／6·26 政／10·3 社／11·2 政／12·9 社／**1383**·1·14 政／5·28 社／6·26 政／8·7 政／9·14 社／10·7 政／12·13 社／**1384**·2·15 社／8·3 政／9·18 文／**1385**·8·28 政／10·6 政／11·24 社／**1386**·2·12 政／3·10 政／5·14 政／8·28 政／9·2 政／10·20 政／**1387**·4·21 社／⑤·12 社／6·20 政／12·25 政／**1388**·2·3 文／4·5 社／是春 政／6·5 社／7·16 社／9·16 政／10·2 社／11·3 政／12月 政／**1389**·2·7 社／3·4 政／4·25 社／5·18 社／6·18 文／9·16 政／12·2 社／**1390**·2·30 社／3·17 政／**1391**·2·22 政／6·27 政／9·15 政／**1392**·1·1 政／5·7 政／8·22 社／10·3 政／11·13 文／12·26 政／**1393**·2·22 政／4·11 政／6·13 社／7·8 社／8·4 社／9·17 政／10·28 政／12·13 政／**1394**·1·18 社／2·6 政／3·12 政／4·19 社／6·13 政／7·13 政／8·29 政／9·11 政／11·9 社／12·17 政／**1395**·2·25 政／3·5 社／4·10 政／5·9 政／6·3 政／6·20 政／7·2 政／9·16 政／11·2 社／**1396**·2·21 社／3·28 政／7·7 政／9·17 政／12·27 社／**1397**·2·4 社／6·3 社／8·5 政／**1398**·1·10 社／2·29 社／3·17 政／4·22 政／8·24 政／10·3 社／11·15 政／**1399**·3·16 政／5·20 文／5月 政／7·28 社／9·2 社／9·16 政／10·13 政／11·8 政／12·12 政／**1400**·1·11 政／3·30 社／5·21 社／12·24 社／**1401**·1·17 政／2·17 政／4·14 社／5·13 政／6·11 政／9·14 政／11·14 政／**1402**·3·16 政／4·5 政／10·2 政／12·8 政／**1403**·10·20 政／11·17 政／**1404**·2·28 政／4·9 政／5·12 政／7·8 政／7·30 政／10·13 社／11·1 政／**1405**·2·28 政／3·22 政／4·14 政／4·26 政／5·1 政／6·2 政／8·2 政／10·20 社／12·2 社／**1406**·1·16 政／1·18 政／2·27 政／3·4 政／4·20 政／6·11 政／7·7 社／8·5 政／9·3 政／9·10 社／11·21 政／12·1 政／**1407**·2·18 政／3·3 文／4·5 政／5·17 政／6·15 社／7·22 政／8·5 政／9·15 政／10·20 政／12·9 政／**1408**·2·1 政／3·8 政／4·10 政／5·6 政／10·28 政／12·15 政／**1409**·6·18 政／**1410**·4·8 政／**1420**·2·9 社／5·2 政／❹ **1477**·11·11 社／**1490**·⑧·14 文／**1507**·5·6 社／❻ **1863**·4·9 社

足利義満夫人　❸ **1398**·12月 政

足利義持　❸ **1386**·2·12 政／**1394**·12·17 政／**1396**·9·17 政／**1402**·1·2 政／**1404**·4·24 文／**1406**·5·4 文／**1408**·6月下旬 文／5·6 政／5·8 政／5·21 社／6·11 政／8·29 政／9·30 政／10·5 社／12·1 文／12·15 政／12·21 政／**1409**·2·10 政／3·23 政／6·5 社／6·15 政／6·18 政／8·3 政／9·4 政／10·26 政／12·17 政／**1410**·2·4 政／2·21 政／3·4 政／6·11 政／7·25 社／9·10 社／10·5 社／12·24 文／12·26 社／**1411**·2·22 政／3·23 社／7·19 社／8·23 政／9·9 政／10·9 社／10·21 政／12·5 社／**1412**·5·7 社／8·21 文／9·3 文／9·17 政／10·19 政／11·10 社／12·29 政／**1413**·1·11 政／1·20 政／5·13 文／10·22 政／12·14 政／**1414**·3·29 社／4·14 社／6·9 政／⑦·26 社／8·13 社／10·2 文／12·19 政／**1415**·1·2 政／4·15 社／7·17 社／8·10 政／**1416**·2·19 政／5·5 文／5·18 文／6·1 社／7·1 政／8·18 政／9·11 社／11·13 政／12·11 政／**1417**·1·14 政／12·13 政／**1418**·6·15 政／11·1 政／**1419**·8·29 政／**1420**·2·9 社／5·6 政／5·15 社／6·16 政／7·20 社／8·1 政／8月 政／9·11 社／9·28 文／10·8 政／**1421**·6·25 政／8·12 社／9·14 政／12·2 文／**1422**·1·26 政／2·23 政／3·10 文／3·29 文／4月 文／5月 政／6·13 社／8·18 社／9·18 社／10·21 文／11·16 政／12·12 政／**1423**·1·29 政／3·18 政／4·25 政／5月 政／7·4 政／8·3 政／9·18 政／10·2 社／10·21 社／11·16 政／12·27 社／**1424**·2·3 政／3月 政／5·21 政／7·20 社／8·1 政／9月 政／10·4 社／11·22 政／**1425**·1·2 政／3·3 政／**1426**·6·20 文／**1427**·1·2 政／**1428**·1·2 政／1·18 政／**1429**·2·21 政／**1449**·4·2 政

足利義康　❷ **1142**·10月 社

足利頼氏　❷ **1280**·4·7 政

芦髪蒲見別王　❶ **書紀·仲哀 1**·11·4

芦川桂洲　❺-1 **1686**·是年 文

味木道軒　❺-1 **1686**·3·1 社

アシコロ(アイヌ)　❻ **1877**·9·24 社

鰺坂国芳　❼ **1921**·8月 文

鰺坂長実　❹ **1572**·6·15 政／**1577**·10·25 社

芦澤信重　❺-1 **1609**·10·10 社

安志託(多褹島熊毛郡)　❶ **733**·6·2 政

芦田恵之助　❼ **1921**·1·4 文／❽ **1951**·12·9 文

芦田尹人　❽ **1960**·6·6 文

芦田伸介　❾ **1999**·1·9 文

芦田甚之助　❾ **2011**·11·10 社

芦田宗達　❺-1 **1691**·8·23 政

蘆田(赤井)時直　❹ **1584**·4·10 政／10·6 政／**1585**·5·13 政

芦田　均　❽ **1945**·1·1 文／1·9 政／10·1 文／10·9 政／**1946**·11·13 政／**1947**·3·23 政／6·1 政／**1948**·

2·21 政／3·10 政／10·7 政／12·7 政／1950·12·7 政／1953·7·30 政／1959·6·20 政
芦田愛菜 ❾ 2011·4·24 社
蘆田下野守 ❸ 1435·1·29 政／1436·8·3 政
蘆名亀王丸(亀若丸) ❹ 1586·11·22 政／1587·3·3 政
蘆名刑部 ❺-2 1726·8月 政
蘆名三郎左衛門 ❸ 1306·8·7 社
蘆名次郎左衛門 ❸ 1306·8·7 社
蘆名東山 ❺-2 1755·是年 政
蘆名直盛 ❸ 1349·是年 政／1384·是年 政
蘆名満盛 ❸ 1400·3·8 政
蘆名盛詮 ❸ 1451·3·18 政／7·15 政／8·29 政／❹ 1458·8·24 政／1460·10·21 政／1466·8·11 政
蘆名盛氏 ❹ 1543·7·21 政／1550·6·2 政／1551·7·11 政／1553·8·21 政／1557·9·22 政／1558·是年 政／1559·是年 政／1560·2·29 政／是年 政／1561·是春 政／10·15 政／12·5 政／1562·9月 社／1564·1·22 政／4·15 政／8·15 社／1565·7·19 政／1566·1·10 政／8·13 政／1568·4·12 政／6·2 政／1569·3·26 政／1571·2·16 政／5·19 政／7·7 政／8·25 社／9·5 政／10·1 社／1572·6·7 政／7·13 政／1573·3·5 政／3·22 政／1574·1·27 政／2·6 政／3·13 政／9·7 政／⑪·7 政／1576·8·21 政／是年 社／1577·⑦·8 政／10月 社／1578·1·9 政／2·15 政／4·26 政／5·29 政／1580·6·17 政
蘆名盛興 ❹ 1566·1·10 政／8·13 政／1570·5·8 政／1571·10·1 社／1572·10月 社／1575·6·5 政
蘆名盛舜 ❹ 1521·2·7 政／6·16 政／1522·11月 社／1523·9·2 社／1525·5·23 社／1528·4·13 政／1532·是年 政／1538·3·15 政／1540·4·24 社／1541·12·20 政／1553·8·21 政
蘆名盛重⇨蘆名義広(よしひろ)
蘆名盛滋 ❹ 1501·6·28 政／1505·9·13 文／10·10 政／1506·8·10 政／1514·是年 社／1517·6·23 社／12·8 政／1520·4·23 政／6·21 政／1521·2·7 政
蘆名盛高 ❹ 1466·8·11 政／1470·是年 政／1479·5·27 政／1482·是年 政／1483·10·10 社／1484·9·8 政／1489·是年 政／1492·4·12 政／1494·4·12 政／1498·5·26 政／1500·1·12 政／2·5 政／1503·7·20 政／1505·9·13 文／10·10 政／1506·8·10 政／1513·8·18 社／1514·是年 社／1517·12·8 政
蘆名盛隆 ❹ 1575·3·4 政／1579·是秋 政／1580·6·17 政／7月 政／8·14 政／1581·5·9 政／8·23 政／1582·5·11 政／11·1 政／1583·5·9 政／7·10 政／1584·4·6 政／6·13 政／10·6 政
蘆名盛信 ❸ 1421·是年 社／1429·2·21 政／1444·是年 政／1451·3·18 政
蘆名盛久 ❸ 1444·是年 政
蘆名盛政 ❸ 1411·11·11 社／1418·1·24 政／1419·7·28 政／1420·6·2 政／1422·2·9 社
蘆名盛宗 ❸ 1287·是年 社
蘆名義広(盛重·佐竹盛重) ❹ 1587·3·3 政／8·8 政／1588·3·10 政／⑤·11 政／6·12 政／1589·2·22 政／3·24 政／6·5 政／7·4 政／11·10 政／1600·7·28 関ヶ原合戦／❺-1 1631·6·7 政
蘆野東山(蘆　東山) ❺-2 1776·6·2 文
芦野　宏 ❾ 2012·2·4 文
芦乃家雁玉 ❽ 1959·3·21 文／7·2 文
芦原金次郎 ❻ 1885·1·16 社／❽ 1937·2·2 社
葦原邦子 ❼ 1927·9·1 文／❾ 1997·3·13 文
芦原十兵衛 ❺-1 1661·1月 社
芦原すなお ❾ 1991·7·15 文
芦原義重 ❾ 2003·7·12 政
芦原義信 ❾ 1998·11·3 文／2003·9·24 文
葦原王 ❶ 761·3·24 政
足振辺 ❶ 書紀·景行 56·8月
芦部信喜 ❾ 1999·6·12 文
阿子法師(僧) ❸ 1401·4·23 社
安島帯刀 ❻ 1858·8·2 政／1859·4·26 政
安島直円 ❺-2 1798·4·5 文
アシミート(米) ❻ 1874·5·2 文
安心院(あじむいん)麟生 ❹ 1583·①·20 政
芦屋雁之助 ❾ 2004·4·7 文
芦屋小雁 ❽ 1959·3·1 文
芦屋善三 ❺-1 1607·5·18 政
葦屋行信 ❹ 1506·是年 文
足代弘訓 ❻ 1856·11·5 社
飛鳥虫麻呂 ❶ 734·11月 文
飛鳥(明日香)皇女 ❶ 694·8·17 社／700·4·4 文
明日香親王 ❶ 831·1·25 政／834·2·13 政
飛鳥井経有 ❸ 1343·5·4 政
飛鳥井栄雅⇨飛鳥井雅親(まさちか)
飛鳥井雅章(雅昭) ❺-1 1661·9·27 政／1664·7·28 社／1679·10·12 政／1699·是年 文
飛鳥井雅敦 ❹ 1570·4·20 政／1578·8·7 政
飛鳥井雅有 ❸ 1293·8·27 文／1294·春頃 文／1301·1·11 政
飛鳥井雅賢 ❺-1 1609·7·14 政／11·7 政
飛鳥井雅清 ❺-1 1681·5·1 政
飛鳥井雅重 ❺-2 1779·6·3 政
飛鳥井雅威 ❺-2 1810·7·27 政
飛鳥井雅胤 ❺-1 1626·9月 文
飛鳥井雅親(栄雅) ❸ 1452·2·10 文／1455·12·17 文／❹ 1465·2·22 文／1469·5月 文／10·5 文／1476·是年 文／1479·4·24 文／1482·6·10 文／1490·12·22 政
飛鳥井雅継 ❹ 1575·3·20 社／1583·6·26 社／8·16 社
飛鳥井雅綱 ❹ 1529·11·25 政／1533·7·9 文
飛鳥井雅庸 ❺-1 1607·5·27 文／1608·7·21 文／1614·7·1 文／8·22 文／1615·12·22 政
飛鳥井雅俊 ❹ 1492·11月 文／1495·1·24 文／1523·4·11 政
飛鳥井雅豊 ❺-1 1689·4·22 社
飛鳥井雅永 ❸ 1428·6·25 文
飛鳥井雅宣 ❺-1 1640·12·28 政／1647·6·26 文／1651·3·21 政
飛鳥井雅教 ❹ 1562·8·21 文
飛鳥井雅春 ❹ 1575·3·20 社／1594·1·19 政
飛鳥井雅香 ❺-2 1749·3·12 社
飛鳥井雅房 ❹ 1477·4·18 政
飛鳥井雅光 ❺-2 1851·9·16 政
飛鳥井雅宗 ❸ 1343·8·30 政
飛鳥井雅康 ❹ 1471·⑧·22 政／1472·7·7 文／1476·5·19 文／1478·8·15 文／1481·是年 文／1482·11月 文／1487·⑪·26 文／1491·4·20 社／1493·7·10 文／7月 文／1499·5·3 文／1506·4·5 社／1508·5·11 文／1509·10·26 政
飛鳥井雅世 ❸ 1428·6·25 文／1432·11月 文／1438·8·22 文／1439·6·27 文／1443·1月 文／1450·11月 文／1451·8·11 文／1452·2·1 政
飛鳥井雅縁(宋雅) ❸ 1396·4·22 文／1427·3·17 文／1428·4·29 文／10·2 政
飛鳥井基孝 ❹ 1595·11·3 文
飛鳥井頼孝 ❹ 1518·7·7 文
飛鳥井⇨二條(にじょう)姓も見よ
飛鳥井⇨藤原(ふじわら)姓も見よ
飛鳥田一雄 ❽ 1963·4·17 政／❾ 1977·9·21 政／1978·2·1 政／1990·10·11 政
飛鳥田女王 ❶ 782·6·9 政
飛鳥戸弟見 ❶ 784·3·14 政
飛鳥部常則 ❶ 954·12·19 文／963·⑫·20 文／964·4·9 文／972·12·10 文／❷ 1013·3·30 文
安宿真人 ❶ 736·2·22 社
安宿王 ❶ 753·4·22 政／754·1·16 社／755·8·13 文
安宿媛⇨光明(こうみょう)皇后
足助明郎 ❾ 2011·8·8 政
足助重範 ❸ 1332·5·3 政
梓　みちよ ❽ 1963·12·27 社
アストン(英) ❻ 1861·1·10 政
東　敦子 ❾ 1999·12·25 文
東　恵美子 ❾ 2010·1·8 文
東　聚 ❺-2 1852·是年 文
東　清七 ❻ 1876·3·8 文
東　善作 ❼ 1930·6·22 政
東　千代之介 ❾ 2000·11·9 文
東　東洋 ❺-2 1812·是年 文／1839·8·23 文
東　八郎 ❾ 1988·7·8 文
東　日出子 ❼ 1927·9·21 社
東　安五郎 ❺-2 1825·10·27 社
東　勇作 ❽ 1946·8·9 文
東　龍太郎 ❼ 1920·12·25 文／❽ 1948·6·19 文／1959·4·23 政／1963·4·17 政
吾妻市之丞 ❻ 1862·10·15 文

吾妻吉五郎　❺-2 **1796**・是年 社
吾妻健三郎　❼ **1912**・10・26 文
吾妻兼治郎　❽ **1963** 是年 文／❾ **1965**・3月 文
吾妻助光　❷ **1207**・8・17 社
吾妻東蔵　❺-2 **1716**・9・5 文
吾妻徳穂　❼ **1930**・是年 文／❽ **1954**・2・18 文／❾ **1998**・4・23 文
東富士欽壱(謹一)　❽ **1948**・10・29 社
東家楽山　❼ **1911**・12・15 文
阿曇稲敷　❶ **672**・3・18 政／**681**・3・17 文
安曇石成　❶ **768**・2・3 政
安曇大足　❶ **753**・4・22 政
安積　覚　❺-1 **1708**・是年 文
安住　淳　❾ **2011**・9・2 政／**2012**・4・17 政／9・10 政
安曇真羊　❶ **764**・8・10月 文
阿曇頬垂　❶ **657**・是年 政／**658**・是年 政／**670**・9・1 政
阿曇浜子　❶ **400**・4・17
阿曇比羅夫(比邏夫)　❶ **642**・1・29 政／**661**・8月 政／**662**・5月 政
安曇広吉　❶ **789**・2・5 政／**806**・1・28 政
安曇福雄　❶ **866**・是年 政／**869**・10・26 政
阿曇連(名欠く)　❶ **624**・4・17 社
按察局　❸ **1383**・2・11 政
阿蘇氏経　❸ **1404**・7・29 社
阿蘇(菊池)惟家　❹ **1478**・10・3 政／**1485**・12月 政
阿蘇惟景　❷ **1235**・8月 社
阿蘇惟国　❸ **1287**・10・13 社
阿蘇(菊池)惟前　❹ **1513**・3月 政／**1517**・是年 政／**1540**・12・13 政／**1543**・5月 政
阿蘇惟郷　❸ **1406**・5・3 社／**1412**・7・25 社／**1417**・5・13 社／**1418**・12・3 社／**1419**・6・1 政／**1420**・12・2 政／**1431**・1・19 社／6・18 社／❹ **1464**・2・11 社
阿蘇(恵良)惟澄　❸ **1337**・2・22 政／4・19 政／**1338**・2・3 政／10月 政／**1339**・4・21 政／**1340**・8・17 政／12・20 政／**1341**・6・18 政／8・27 政／**1342**・5・1 政／7・20 政／**1344**・②・21 政／4・13 政／7・18 政／10・28 政／**1345**・11・5 政／**1346**・6・24 政／7・5 政／⑨・2 政／**1347**・8・25 政／10・7 政／12・14 政／**1348**・3・18 政／9・27 政／9・29 政／**1349**・9・18 政／10・7 政／**1350**・3・12 政／8・18 政／10・21 政／**1351**・10・1 政／**1352**・②・20 政／**1353**・2・2 政／**1356**・6月 政／**1358**・8・13 政／**1361**・2・3 社／2・22 政／**1364**・9・29 社
阿蘇惟武　❸ **1369**・11・17 社／**1373**・4・4 政／⑩・14 政／**1374**・10・14 政／**1375**・5・6 政／6・13 政／10・3 政／**1376**・10・13 政／**1377**・8・12 政
阿蘇惟忠　❸ **1431**・6・18 社／❹ **1484**・12・10 社／**1485**・5・1 社
阿蘇(菊池)惟種　❹ **1584**・8・13 社
阿蘇(宇治)惟時　❸ **1336**・5・27 政／**1337**・9・11 政／**1338**・3・22 政／9・18 政／12・30 政／**1339**・4・21 政／**1341**・④・5 政／8・3 社／**1342**・5・1 政／5・26 政／6・20 政／7・20 政／**1344**・7・18 政／10・19 政／**1345**・11・8 政／**1346**・12・3 政／**1347**・10・7 政／**1348**・1・2 政／1・23 社／2・15 政／**1349**・9・16 政／9・18 政／10・1 政／**1351**・2・19 政／**1352**・②・20 政／4・25 政／**1353**・是年 政
阿蘇惟歳　❹ **1485**・12月 政
阿蘇惟豊　❹ **1513**・3月 政／**1517**・是年 政／**1523**・3・2 政／**1540**・12・13 政／**1543**・5月 政／**1553**・3・14 社
阿蘇(宇治)惟直　❸ **1333**・3・13 政／4・2 社／**1336**・2・29 政／3・2 政
阿蘇惟長(菊池武経)　❹ **1503**・9・27 政／**1504**・2・7 政／**1505**・12月 政／**1509**・⑧・17 政／**1513**・3月 政／**1517**・是年 政／**1540**・12・13 政
阿蘇惟憲　❹ **1485**・12月 政
阿蘇惟政　❸ **1380**・7・18 政／**1385**・11・15 政／**1386**・5・26 政／11・27 政／**1389**・3・18 政／**1392**・⑩・10 政／**1393**・2・9 政／10・5 政／**1405**・6・26 社
阿蘇惟将　❹ **1583**・7・3 政
阿蘇惟光(長松丸)　❹ **1585**・⑧・13 政
阿蘇惟村　❸ **1361**・10・3 政／**1362**・2・15 政／9・9 政／10・17 政／**1367**・12・25 政／**1368**・10・24 政／**1369**・11・17 社／11・27 政／**1371**・1・2 政／6・25 政／7・2 政／8・3 政／**1374**・10・7 政／**1375**・5・21 政／6月 政／7・12 政／**1376**・1・23 政／4・26 政／是夏 政／**1379**・9・6 政／**1400**・5・10 政／**1401**・①・16 社／**1404**・10・2 政／**1405**・5・10 政／6・2 政／**1406**・3・23 政／5・3 社
阿蘇惟之　❸ **1367**・12・8 政
阿曾時治　❸ **1334**・3・21 政
阿曾治時　❸ **1333**・1月 政／2・22 政
阿蘇広遠　❶ **935**・6・13 政
阿蘇孫熊丸　❸ **1341**・8・27 政
阿曾随時⇨北條(ほうじょう)随時
麻生鑑益　❹ **1557**・4月 政
麻生和子　❾ **1996**・3・15 政
麻生三郎　❽ **1943**・4・21 文
麻生太賀吉　❾ **1980**・12・2 政
麻生隆実　❹ **1569**・11月 政
麻生太吉(鶴次郎)　❼ **1921**・10・11 政／**1933**・12・8 政
麻生太郎　❾ **2003**・9・22 政／**2004**・9・27 政／**2005**・10・31 政／11・24 政／**2006**・9・20 政／9・26 政／**2008**・9・10 政／**2009**・7・16 文／**2012**・12・26 政
麻生信子　❾ **1980**・11・7 政
麻生信歳　❹ **1466**・是年 政
麻生　久　❼ **1926**・12・9 政／**1930**・7・20 政／**1931**・7・5 政／**1932**・7・24 政／❽ **1940**・9・6 政
麻生弘国　❸ **1455**・11・19 政
麻生文雄　❾ **2012**・11・29 社
麻生　豊　❼ **1923**・11・25 社／❽ **1961**・9・12 文
麻生良方　❾ **1995**・2・21 政
麻生　渡　❾ **2003**・4・13 社／**2007**・4・8 社
麻生上総介　❸ **1449**・是年 社
麻生兵部大輔　❹ **1541**・8・6 政
阿曾沼親綱　❸ **1336**・2・16 政
阿曾沼信綱　❸ **1440**・10・28 政
阿曾根弘綱　❸ **1350**・11・3 政
吾田姫　❶ 書紀・崇神 **10**・9・27
直　氏成　❶ **858**・12・8 政
直　浦主　❶ **857**・6・25 政
直　仁徳　❶ **858**・12・8 政
安宅王杉丸　❸ **1352**・12・22 政
安宅須佐美　❸ **1351**・9・5 政
安宅弥吉　❼ **1904**・7月 政
安宅頼藤　❸ **1351**・9・5 政／**1352**・10・13 政／**1359**・7・25 政
安宅秀興　❹ **1519**・6・15 社
安宅秀安　❹ **1592**・4・7 政
安宅(三好)冬康(鴨冬)　❹ **1549**・2・18 政／**1554**・10・12 政／11・11 政／**1558**・7・25 政／**1562**・3・5 政／**1564**・5・9 政
愛宕⇨愛宕(おたぎ)姓も見よ
愛宕王　❶ **843**・1・12 政
安達(氏)　❷ **1019**・10・21 政／**1247**・6・1 政
安達顕盛　❷ **1278**・3・16 政／**1280**・2・8 政
安達景盛　❷ **1199**・7・16 政／**1210**・9・11 政／**1212**・8・27 政／**1215**・1・11 社／**1223**・是年 社／**1247**・4・11 政／6・5 政／**1248**・5・18 政
足立清経　❷ **1195**・2・8 社
足立清恒　❷ **1196**・6月 政
安達謙蔵　❼ **1925**・5・28 政／**1929**・7・2 政／**1932**・12・22 政／❽ **1948**・8・2 政
足立左内　❺-2 **1810**・是年 文／**1813**・1月 文／**1824**・9・19 文／**1844**・7・16 文／**1845**・7・23 文
足立　達　❾ **2008**・4・26 文
安立スハル　❾ **2006**・2・26 文
足立正声　❼ **1907**・4・19 文
安達高景　❸ **1331**・9・5 政／**1334**・11・19 政
足立　正　❽ **1946**・6・17 政／**1957**・3・11 政／❾ **1973**・3・29 政
安達親長　❷ **1197**・7月 政／**1200**・1・24 政／**1205**・⑦・26 政
足立長儁　❺-2 **1831**・是年 文
安達つま　❼ **1915**・5・3 社
安達瞳子　❾ **2006**・3・10 文
足立遠元　❷ **1180**・10・2 政／**1184**・10・6 政
安達時顕　❸ **1324**・5・25 文／**1333**・5・21 政
安達時景　❸ **1285**・11・17 政
安達時盛　❷ **1276**・9・15 政／❸ **1285**・6・10 政
足立篤郎　❾ **1972**・7・7 政
安達(城)長景　❸ **1283**・6・30 政／**1285**・11・17 政
足立信順　❺-2 **1819**・是春 文
安達憲忠　❼ **1901**・4月 社
足立鳩吉　❻ **1895**・10・31 文
安達裕喜　❾ **2007**・11・14 政
足立文太郎　❽ **1945**・4・1 文
安達文仲　❺-2 **1792**・②・6 文
足立正生　❾ **2000**・3・17 政
安達峰一郎　❼ **1922**・8・14 政／

1931·1·17 政／1934·12·28 政
安達宗景 ❸ 1285·11·17 政
安達盛長 ❷ 1180·6·24 政／9·4 政／1200·4·26 政
安達盛宗 ❷ 1276·3·25 政／❸ 1284·6·25 政
安達泰盛 ❷ 1254·12月 政／1256·6·23 政／1264·10·25 政／1266·6·20 政／1267·4月 政／1269·4·27 政／1275·6·3 政／1277·7·19 政／❸ 1285·11·17 政
安達義景 ❷ 1241·11·4 政／1242·1·19 政／1243·2·26 政／1252·3·19 政／1253·6·3 政
安達喜之 ❺-2 1748·是年 文
安谷屋親雲上盛綱 ❺-2 1804·6·1 政
アダミ，ヨハネ·マテオ ❺-1 1633·9·16 社
アダム荒川 ❺-1 1614·4·28 社
アダムス(米使節) ❻ 1854·12·9 政／1855·1·5 政
アダムス，ウィリアム⇨三浦按針(みうら·あんじん)
アダムス，ジョセフ ❺-1 1620·4·24 政
アタラン(兄弟、ギリシア) ❻ 1891·1月 社
阿直岐 ❶ 書紀·応神 15·8·6
アチソン，ジョージ ❽ 1946·5·15 政／1947·6·19 政／8·17 政／1949·3·23 政／9·13 政
安致臣(名欠く) ❶ 479·是年
阿知使主 ❶ 書紀·応神 20·9月／応神 37·2·1／応神 41·2月
阿茶局 ❺-1 1614·12·18 大坂冬の陣／1637·1·22 政
アチャリャ(ネパール) ❽ 1956·10·12 政
アチラノリベラ(フィリピン) ❽ 1939·5·5 社
敦明親王(あつあきら·小一條院) ❶ 994·5·9 政／❷ 1016·1·29 政／1017·8·9 政／8·25 政／1019·2·22 文／10·2 政／1041·8·16 政／1043·3·30 政／1045·11·21 社／1051·1·8 政
敦賢親王 ❷ 1077·8·17 政
敦固親王 ❶ 910·1·23 文／926·12·28 政
アッケルマン(婦人禁酒会) ❻ 1890·3·8 社
篤子(あつこ)内親王 ❷ 1073·3·11 社／1079·8·17 政／1080·10·2 文／1091·10·25 政／1092·4·12 文／1093·2·22 政／1105·②·24 文／1107·是春 文／1114·10·1 政
敦子内親王 ❶ 877·2·17 社／931·1·13 社
敦貞親王 ❷ 1061·2·8 政
阿閉(あつじ)貞大 ❹ 1578·8·15 社／1582·6·16 政
敦輔王 ❷ 1111·11·29 政
熱田みや子 ❽ 1940·3·28 社
アットウォーター(米飛行家) ❼ 1912·5·5 政／6·1 社／10·13 社
敦良親王⇨後朱雀(ごすざく)天皇
敦成親王⇨後一條(ごいちじょう)天皇
敦仁親王⇨醍醐(だいご)天皇
敦平親王 ❷ 1049·3·18 政
敦文親王 ❷ 1074·12·26 政／1075·1·19 政／1077·1·1 政／8·6 文／9·6 政
渥美契縁(厳華) ❻ 1881·7·8 政／1895·7·9 社／❼ 1906·4·16 社
渥美　清 ❾ 1968·10·3 社／1996·8·4 文
渥美清太郎 ❽ 1959·8·20 文
渥美太郎兵衛 ❺-2 1771·6·2 社
渥美又四郎 ❺-2 1771·6·2 社
敦実親王 ❶ 939·3·27 文／950·1·22 文／967·3·2 政
安積光阿 ❸ 1333·9·26 社
安積盛氏 ❸ 1353·11·11 政
安積盛兼 ❸ 1348·5·6 政
安積盛重 ❸ 1351·1·29 政
安積行秀 ❸ 1441·9·5 政
敦道親王 ❷ 1007·10·2 政
厚谷重政 ❹ 1457·5·14 政
敦康親王 ❶ 999·11·7 政／❷ 1001·11·13 政／1010·7·17 文／1013·9·23 文／1014·10·25 文／11·25 政／1015·4·8 文／1018·12·17 政
敦儀親王 ❷ 1054·7·11 政
敦慶親王 ❶ 930·2·28 政
阿出川(あでがわ)真水 ❻ 1885·3·24 文
アデナウアー(独) ❽ 1960·3·25 政
安勅(あて)内親王 ❶ 850·2·2 政／855·9·17 政
安殿親王⇨平城(へいぜい)天皇
アデヤ(米女優) ❻ 1894·8·4 文
阿弖流為 ❶ 789·3·9 政
安刀(新羅) ❶ 580·6月／582·10月
アトキン(英) ❻ 1870·2·2 政
アトキンソン(東大教授) ❻ 1877·4·12 文
阿毛得文 ❶ 544·3月
安斗阿加布 ❶ 672·6·26 政
安都雄足 ❶ 757·12·25 政
阿刀春正 ❶ 894·8·21 政
後野六左衛門 ❺-2 1722·8月 社
跡部勝資 ❹ 1581·7·23 社／1582·3·11 社
跡部九郎右衛門 ❺-1 1682·3·21 政
跡部光海 ❺-2 1729·1·27 文
跡部小藤太 ❻ 1864·9·12 天狗党の乱
跡部良顕 ❺-2 1722·是年 文／1723·是年 文／1729·1·27 社
跡部良弼 ❺-2 1836·4·24 社／1844·9·15 社／❻ 1855·2·5 政／1856·10·20 政／11·18 政
跡部伊豆守 ❸ 1435·3·30 政
跡見花蹊(瀧野) ❻ 1887·3·9 社／❼ 1926·1·10 文
跡見玉枝 ❽ 1943·8·7 文
アトラソフ，ウラジミール ❺-1 1696·是年 政
アドリアーン，ファン·デル·ブルフ ❺-1 1651·9·18 政
アドリヤン高橋主水 ❺-1 1613·8·23 社
穴井隆将 ❾ 2009·8·26 社
穴井六郎右衛門 ❺-2 1746·1·22 社
穴澤信徳 ❹ 1564·4·12 政
穴織 ❶ 書紀·応神 37·2·1
穴原四郎兵衛 ❹ 1584·11·26 政
穴原信堅 ❹ 1584·11·26 政
穴穂(あなほ)皇子⇨安康(あんこう)天皇
穴太部阿古売 ❶ 752·7·20 社
穴穂部間人皇女 ❶ 586·1·1
穴穂部皇子 ❶ 586·5月／587·6·7
阿南惟茂 ❾ 2005·4·2 政
阿南惟幾 ❽ 1941·9·18 政／1945·4·7 政／5·11 政／8·11 政／8·14 政／8·15 政
穴山(武田)勝千世(勝千代) ❹ 1584·1·28 社／12·3 社
穴山勝堂 ❼ 1921·5·8 文
穴山信懸 ❹ 1513·5·27 政
穴山清五郎 ❹ 1513·5·27 政
穴山信君(梅雪) ❹ 1558·11·11 社／1562·4·15 社／1563·11·24 社／1569·10·6 政／1570·1·23 社／1573·8·25 政／1576·10·20 社／1577·7·13 社／1579·2·8 社／11·13 社／12·21 政／1580·3·9 社／1581·5·1 社／1582·3·1 政／5·11 政／6·4 政
穴山信綱(義松) ❹ 1531·3·12 政
穴山信友 ❹ 1531·3·12 政／1534·6·4 社／1542·1·1 社／1543·5·1 社／1547·2·2 社／1551·12·2 社／1557·2·12 社
阿南正茂 ❼ 1927·5·10 文
アニキエフ(ソ連) ❼ 1931·3·16 政
阿忍(尼) ❸ 1316·2·21 社
姉川善兵衛 ❺-1 1677·9·17 政
姉小路家綱 ❸ 1371·7·18 政
姉小路公景 ❺-1 1651·12·11 政
姉小路公量 ❺-2 1723·5·25 政
姉小路公朝 ❸ 1317·9·23 政
姉小路公知 ❻ 1862·8·16 政／9·18 政／1863·2·13 政／5·20 政
姉小路公文 ❺-2 1760·10·19 政／1777·11·29 政
姉小路定子(開明門院) ❺-2 1741·2·29 政／1763·2·10 政／1789·9·22 政
姉小路貞熙 ❹ 1540·10·13 政
姉小路高基 ❸ 1358·3·2 政
姉小路忠方 ❸ 1282·12·19 政
姉小路尹綱 ❸ 1411·7·28 政
姉小路済継 ❹ 1518·5·30 政
姉小路済俊 ❹ 1527·10·2 政
姉小路基綱 ❹ 1469·5月 文／7·11 文／10·5 文／1471·8·7 政／1473·10·11 政／1496·6·27 政／1498·12·5 文／1504·4·23 政
姉小路頼綱(自綱·光綱) ❹ 1585·8·20 政
姉小路　某 ❹ 1558·1·10 政
姉小路⇨藤原(ふじわら)姓も見よ
姉崎正治 ❼ 1896·12·14 社／1904·2·11 文／1911·5·17 文／1912·6月 社／1916·4月 文／❽ 1949·7·23 文
姉歯武之進 ❻ 1868·④·20 政
姉歯秀次 ❾ 2005·11·17 社／2006·1·17 社
阿野公緒 ❺-2 1741·9·3 政
阿野公業 ❺-1 1683·12·6 政
阿野公縄 ❺-2 1781·6·26 政
阿野公誠 ❻ 1863·2·11 政／1879·6·4 政

阿野実顕　❺-1 1645·11·8 政
阿野実為　❸ 1377·7·13 文／1392·⑩·2 政
阿野実治　❸ 1449·2·11 政
阿野実藤　❺-1 1694·9·21 政
阿野実文　❸ 1316·9月 政
阿野勝太郎　❼ 1935·5·12 政
阿野季国　❹ 1526·10·23 文
阿野全成　❷ 1203·5·19 政／1219·2·11 政
阿野時元　❷ 1219·2·11 政
阿野頼全　❷ 1203·7·16 政
阿野(藤原)廉子(新待賢門院)　❸ 1332·3·7 政／1349·3·10 文／1351·12·28 政／1359·4·29 政
穴太乙麻呂　❶ 779·3·25 文
穴太愛親　❷ 1001·3·4 政
安八万王　❶ 719·1·16 政
アハメド(バングラデシュ)　❾ 1989·4·17 政
阿珥古　❶ 書紀·仁徳 43·9·1
安孫子貞治郎　❼ 1906·12月 文
アヒジョ，アハマド　❾ 1973·4·4 政
阿比多　❶ 550·2·10／4·1
阿比留(あびる)国重　❷ 1246·是年 政
阿比留茂国　❹ 1484·1·5 政／1493·1·11 政
阿比留惣兵衛　❺-1 1694·3月 政／1695·是春 政
阿比留弥三兵衛⇨藤清益(とうせいえき)
阿比留良家　❷ 1008·是年 文
阿仏(尼)　❸ 1283·4·8 社
阿仏尼　❷ 1277·10月 政
アブラ(マレーシア首相)　❾ 2003·12·11 政
アブドラ(サウジアラビア)　❾ 2007·4·27 政／8·19 政
阿武松(あぶのまつ)緑之助(雷電為右衛門)　❺-2 1827·是年 社／1831·9·6 社／1851·12·29 社／❻ 1875·6·13 社／1886·6·7 社
アフマディネジャド(イラン)　❾ 2007·10·7 政／2012·4·7 政
阿不耶　❸ 1384·6·1 政
油井光勝　❺-1 1642·8·16 政
油川信連　❹ 1561·9·10 政
油川信恵　❹ 1508·10·4 政
油小路隆貞　❺-1 1683·10·7 政／1699·9·3 政
油小路隆真　❺-2 1729·⑨·7 政
油小路隆典　❺-2 1746·8·22 政
油小路隆夏　❹ 1468·6·4 政
油小路隆基　❺-1 1655·12·2 政
油小路隆前　❺-2 1774·10·18 政／1817·11·29 政
油屋市衛門　❺-1 1702·10·3 政
油屋常祐(浄祐)　❹ 1579·1·9 文
油屋惣兵衛　❺-2 1828·2·24 政
油屋彦三郎　❺-2 1761·12·16 政
あぶらや茂兵衛　❺-1 1651·慶安年間 文
アブレウ，アントニオ·デ　❹ 1588·3·13 政
阿閇事代　❶ 487·2·1
阿閇福子　❶ 866·8·3 文
安閉(阿閉)皇女⇨元明(げんめい)天皇
安倍(氏)　❶ 884·11·23 文
阿部秋生　❾ 1999·5·24 文
安倍章親　❷ 1019·11月 文
阿部　昭　❾ 1989·5·19 文
安倍東人　❶ 776·3·5 政／799·1·28 政
安倍兄雄　❶ 807·10·28 政／808·10·19 政
安倍有清　❸ 1441·2·12 文
安倍在清　❷ 1274·11·2 政
安倍有道　❶ 854·1·16 政
阿倍有世　❸ 1355·5·10 社
安倍家氏　❷ 1248·7·5 文
安倍家景　❸ 1299·9月 政
安倍(阿倍)家麻呂　❶ 781·2·16 政／789·2·5 政
安部磯雄　❼ 1898·10·18 政／1900·1·28 政／1901·4·28 政／5·18 政／1903·10·20 政／1905·11·10 社／1911·7·8 社／1922·5月 社／1924·3·1 社／4·27 政／6·28 政／1925·4·6 政／1926·1·20 社／11·4 政／12·4 政／1927·1·14 政／1932·7·24 政／1935·6·18 社／❽ 1938·3·3 政／1939·2·9 政／1940·2·2 政／1945·10·1 文／1949·2·10 政
阿部市太郎　❼ 1917·1·11 政
阿部岩夫　❾ 2009·6·12 文
安倍石行　❶ 782·2·7 政
安倍氏主　❶ 845·1·11 政／849·8·11 社／853·1·16 政／857·1·14 政／858·6·15 政
阿倍内麻呂(倉梯麻呂)　❶ 645·6·14 政／649·3·17 政
阿部宇之八　❼ 1901·9·3 文／1924·11·14 文
阿部(阿倍)毛人　❶ 754·11·1 政／763·1·9 政／767·2·28 政／771·③·1 政／772·11·17 政
阿倍小東人　❶ 770·5·9 政
安倍甥麻呂　❶ 847·2·11 政
阿倍夫人　❶ 681·2·29 政
阿倍大麻呂　❶ 536·2·1
安倍男笠　❶ 812·1·12 政／826·5·1 政
安倍雄勝　❶ 826·8·2 政
安倍興氏　❶ 869·1·13 政
安倍(阿倍)息道　❶ 762·1·9 政／764·1·20 政／772·4·19 政
安倍興行　❶ 888·8月 文／893·5·11 政
安倍弟雄　❶ 813·1·10 政
安倍弟当　❶ 789·2·5 政／804·1·24 政
安倍雄能麻呂　❶ 815·1·10 政
阿倍首名　❶ 727·2·13 政
阿倍臣　❶ 589·7·1
阿倍祖足　❶ 781·2·16 政／782·1·16 政
阿部　薫　❾ 2012·11·13 文
安部楽堂　❻ 1883·11月 文
阿部正蔵　❺-2 1841·6·24 社／1842·是年 政／1843·2·24 政／10·1 政
安倍笠成　❶ 777·10·13 政
阿部和重　❾ 2005·1·13 文
安倍兼時　❷ 1132·5·15 社
阿部久作　❻ 1893·1·28 社
安倍浄足　❶ 814·8·28 文
安部清継　❶ 833·6·14 社
安倍(阿部)浄成　❶ 772·4·19 政
安倍清行　❶ 878·5·27 社／882·⑦·17 社／886·1·16 政／9·4 政／900·是年 政
阿部欽次郎　❼ 1917·3·25 社
阿部謹也　❾ 2006·9·4 文
阿倍草麻呂　❶ 786·1·24 政
安倍黒麿　❶ 740·10·23 政
安倍源基　❽ 1945·4·7 政／❾ 1989·10·6 政
安部兼章　❾ 2011·6·25 社
阿部行蔵　❽ 1964·12·3 文
安部浩平　❾ 2005·11·8 政
安部公房　❽ 1951·7·30 文／1955·12·17 政／1961·7·8 政／1962·2·5 政／❾ 1971·9月 文／1993·1·22 文
安部幸明　❽ 1942·3·16 文
阿倍子嶋(小嶋)　❶ 741·12·10 政／753·4·22 政／763·1·9 政／764·1·24 政
阿倍狛秋麻呂　❶ 708·3·13 政
安倍小水麻呂　❶ 871·3·3 文
阿倍古美奈　❶ 784·10·28 政
安倍維範　❷ 1207·6·29 文
安倍季英　❸ 1408·10·16 文／11·8 文
安倍茶恭　❺-2 1795·是年 文
阿部作蔵　❼ 1930·5·1 社
阿部　定　❼ 1936·5·18 社／❽ 1941·5·17 社／1959·8·19 社
阿部定高　❺-1 1659·1·11 政
安倍貞任　❷ 1054·是年 政／1056·8·3 政／1057·11月 政／12·25 政／1062·9·5 政／9·17 政／10·29 政／1063·2·16 政／1064·康平年間 社
安倍貞行　❶ 857·1·14 政／860·1·16 政／861·1·13 政／863·2·10 政／866·4·27 政／873·12·23 政
阿部定吉　❹ 1535·12·28 政
阿部サダヲ　❾ 2011·4·24 社
安部実季　❹ 1595·是年 社
阿倍沙禰麻呂　❶ 757·8·4 政
阿倍佐美麻呂　❶ 758·4·20 政
阿部重孝　❽ 1939·6·5 文
阿部重次(作十郎)　❺-1 1633·3·23 政／1635·8·9 政／1638·11·7 政／1639·5·20 政／1646·10·16 政／1647·3·6 政／11·14 政／1651·4·20 政
安倍重任　❷ 1063·2·16 政
阿倍(安倍)嶋麻呂　❶ 752·5·26 政／757·6·16 政／760·8·7 政／761·3·10 政
阿部将翁(友之進、本草学)　❺-2 1753·1·26 文
阿部将翁(物産学)　❻ 1863·10·18 文
阿部昭吾　❾ 1994·1·31 政／2004·4·29 政
阿部章蔵⇨水上瀧太郎(みなかみたきたろう)
阿部次郎　❼ 1917·5月 文／❽ 1959·10·20 文
阿部新右衛門　❺-2 1720·12·25 政
阿部新左衛門　❺-2 1852·4月 社
安倍晋三　❾ 2005·1·12 社／

10·31 政／**2006**·9·20 政／**2007**·1·9 政／3·13 政／4·3 政／6·5 政／8·1 政／8·27 政／9·8 政／**2012**·12·26 政／9·26 政
安倍晋太郎　❾ **1974**·12·9 政／**1977**·11·28 政／**1984**·1·19 政／**1986**·7·1 政／7·14 政／**1987**·10·2 政／**1988**·10·8 政／**1989**·5·29 政／**1991**·5·15 政
阿部真之助　❽ **1964**·7·9 文
安部季久　❺-1 **1690**·是年 文
阿倍宿奈麻呂　❶ **705**·4·17 政／**708**·3·13 政／**718**·3·10 政／**720**·1·27 政／**970**·8·30 政
安部助四郎　❺-1 **1708**·7月 政
安倍資行　❸ **1389**·12·14 社
安倍(猨嶋)墨縄　❶ **784**·2月 政／**788**·2·28 政
阿倍駿河　❶ **720**·9·28 政／**721**·4·9 政
安倍晴道　❷ **1153**·3·1 文
安倍晴明　❶ **960**·是年 文／**967**·6·23 文／**971**·是年 文／**974**·12·3 文／**978**·7·24 文／**986**·6·23 政／**987**·1·6 政／是年 文／❷ **1004**·7·14 社／**1005**·12·16 文／**1132**·5·15 社／❺-2 **1754**·3·20 文
阿部善八　❺-1 **1621**·9月 政
阿部大蔵　❹ **1553**·3·17 社
阿部泰蔵　❻ **1881**·7·8 政／❼ **1924**·10·22 政
阿部孝夫　❾ **2005**·10·23 社
安倍高貞　❶ **869**·1·13 政
安倍高継　❶ **834**·1·12 政
安倍孝俊　❷ **1245**·8·2 政
安部　英　❾ **1994**·4·4 文／**1996**·2·26 文／**2001**·3·28 文／**2005**·4·25 文
阿部多司馬　❻ **1862**·⑧·29 文
阿部忠秋　❺-1 **1624**·1·11 政／**1633**·3·23 政／3·26 政／**1639**·1·2 政／**1645**·7·29 文／**1646**·10·16 政／**1650**·3·22 文／**1651**·12·10 政／**1652**·10·13 社／**1660**·9·28 政／**1666**·3·29 政／**1671**·5·25 政／**1675**·5·3 政
安倍忠雄　❶ **847**·2·11 文
安倍忠尚　❷ **1243**·12·24 文
阿部忠吉　❺-1 **1624**·1·11 政
安倍親宗　❷ **1097**·1·16 文
阿部長三郎　❺-2 **1792**·是年 文
阿倍継麻呂　❶ **736**·2·28 政／**737**·1·26 政
阿倍綱麻呂　❶ **754**·4·5 政
阿部　伝　❺-2 **1852**·是年 文
安部　徹　❽ **1950**·8·18 社／**1953**·9·7 政
阿倍時貞　❷ **1248**·5·3 文
安倍時親　❷ **1028**·3·2 文
阿部俊雄　❽ **1944**·11·19 政
安部俊清　❷ **1129**·12·17 文
阿部知二　❽ **1941**·11月 文／❾ **1973**·4·23 文
阿部直吉　❻ **1894**·是年 社
阿倍仲麻呂　❶ **717**·3·9 文／**731**·是年 政／**753**·11·15 政／**770**·1月 政／3·4 政／**779**·5·26 社
安倍業氏　❷ **1244**·1·20 社
阿倍爾閉⇨引田(ひけた)邇閉
阿部日顕　❾ **1991**·11·8 社
安部信友　❺-1 **1701**·3·8 政
安部信亨　❺-2 **1795**·4·23 政
安部信峯　❺-1 **1701**·3·8 政
安部信盛　❺-1 **1635**·5·23 政／**1652**·6·7 政／**1662**·2·15 社
阿部信行　❽ **1939**·8·28 政／8·30 政／9·13 政／**1940**·1·14 政／**1942**·2·23 政／5·20 政／**1944**·7·17 政／**1949**·2·10 文／**1953**·9·7 政
阿部典史　❾ **2007**·10·7 社
安倍長谷　❶ **850**·1·15 政
阿部彦太郎　❻ **1887**·8·27 政／❼ **1904**·5·5 政
安倍肱主　❶ **884**·4·26 政／6·20 政／**885**·12·23 社／**886**·1·16 政
安倍比高　❶ **865**·1·27 政
安倍人成　❶ **791**·1·22 政
阿倍(引田)比羅夫　❶ **658**·4月 政／年 政／**659**·3月 政／**660**·3月 政／**661**·8月 政／**663**·3月 政
阿倍枚麻呂　❶ **812**·8·30 政
安辺　浩　❼ **1925**·7·25 社
安倍広俊　❷ **1226**·6·9 文
安阿(安倍)広庭　❶ **709**·11·2 政／**722**·2·1 政／3·7 政／**727**·10·6 政／**732**·2·22 政
安阿(安倍)広人　❶ **758**·1·5 政／**761**·1·16 政
阿倍寛麻呂　❶ **820**·11·11 政
安倍房上　❶ **845**·12·5 政／**856**·1·12 政／**859**·1·13 政／2·13 文／**862**·1·13 政／**876**·4·11 政／**878**·1·11 政
阿倍船道　❶ **782**·1·16 政
阿部文男　❾ **1989**·8·9 政／**1992**·1·13 政
阿倍(安倍)真君　❶ **706**·7·27 政／**707**·11·2 政／**708**·3·13 政
阿部正室　❺-1 **1631**·4·19 文
阿部正興　❺-2 **1764**·3·11 政
安倍(阿倍)真勝　❶ **809**·2·13 文／**814**·11·11 文／**815**·7·20 文／**826**·9·6 政
阿部正精　❺-2 **1803**·10·6 政／**1817**·8·23 政／**1818**·9·26 政／**1826**·6·18 政
安部正国　❶ **989**·4·1 政
阿部正邦　❺-1 **1681**·2·25 政／**1697**·2·11 政／**1710**·⑧·15 政／**1715**·1·27 政
阿部正識　❺-2 **1783**·是年 文／**1796**·2·21 政
阿部正実　❺-2 **1780**·10·24 政／**1792**·11·20 政
阿倍政重　❺-1 **1675**·2·27 社
阿部正鎮　❺-1 **1710**·5·23 政
阿部正右(正治·富之助)　❺-2 **1756**·5·7 政／**1759**·10·2 社／**1760**·12·3 政／**1763**·9·1 文／**1764**·5·1 政／**1765**·12·22 政／**1769**·7·12 政
阿部正澄　❹ **1549**·3·6 政
阿部正喬　❺-1 **1704**·9·17 政／**1715**·1·27 政／❺-2 **1716**·2·5 政／**1748**·7·29 政／**1750**·7·26 政
阿部正武　❺-1 **1637**·11·6 島原の乱／**1681**·3·26 政／**1683**·11·12 文／**1693**·12·4 政／**1695**·8·11 政／**1704**·9·17 政
阿部正桓　❻ **1871**·9·20 社
阿部正允　❺-2 **1748**·7·29 政／**1762**·12·9 政／**1764**·6·21 政／**1769**·8·18 政／**1779**·4·16 政／**1780**·7·6 政／11·24 政
阿部正次(正成)　❺-1 **1615**·5·9 大坂夏の陣／**1617**·9月 政／**1619**·是年 政／**1620**·9月 政／**1623**·12·5 政／**1624**·7月 政／**1626**·④·6 政／**1632**·5·28 政／**1637**·11·8 島原の乱／**1647**·11·14 政
阿部政継　❺-1 **1658**·2·26 政
阿部正外　❻ **1863**·4·23 政／**1864**·2·4 政／6·24 政／**1865**·1·17 政／9·13 政
阿部正敏　❺-2 **1780**·11·24 政／**1784**·5·11 政／**1787**·4·19 政
阿部正福　❺-1 **1715**·1·27 政／❺-2 **1742**·10·6 政／**1745**·11·13 政／**1769**·10·10 政
阿部正倫　❺-2 **1769**·7·12 政／**1786**·7·8 文／**1787**·3·7 政／**1788**·2·29 政／**1803**·10·6 政／**1805**·8·22 政
安倍真直　❶ **808**·5·3 文／**811**·4·5 政
安部正成　❺-1 **1632**·7·7 政／**1645**·9·23 政
阿部正権　❺-2 **1823**·3·24 政
阿部正春　❺-1 **1659**·1·23 政／**1661**·1·20 社／**1672**·⑥·15 政／**1702**·9·7 政／❺-2 **1716**·6·8 政
阿倍正広　❹ **1600**·9·27 関ヶ原合戦
阿部正弘　❺-2 **1840**·7·27 政／**1841**·10·5 社／**1843**·⑨·11 政／**1844**·7月 政／**1845**·2·22 政／4·29 政／7·5 政／**1846**·2·1 政／6·5 政／**1847**·3月 文／**1848**·2·26 政／**1849**·4·18 政／**1852**·12·9 政／12·25 政／❻ **1853**·6·5 政／8·15 政／**1854**·4·15 政／6·5 政／**1856**·1·23 社／8月 政／**1857**·6·17 政
阿部正簡　❺-2 **1792**·11·20 政／**1796**·是年 文
阿部正之　❺-1 **1616**·5·21 社／10月 社／**1618**·是年 社／**1619**·8·21 政／**1620**·是秋 社／**1628**·11·18 政
阿部正休　❺-1 **1660**·9·28 政
阿部正能　❺-1 **1671**·5·25 政／**1673**·12·23 政／**1676**·10·6 政／**1685**·4·13 政
阿部正賀　❺-2 **1764**·3·11 政／**1780**·10·24 政
阿部正由　❺-2 **1796**·2·21 政／**1804**·1·23 政／**1806**·10·12 政／**1807**·6·29 政／**1808**·10·11 政
阿倍三県　❶ **767**·12·9 政／**769**·3·10 政
阿倍(布勢)御主人　❶ **691**·1·13 政／**694**·1·2 政／**696**·10·22 政／**701**·3·21 政／**703**·④·1 政
阿部満五郎　❹ **1493**·10·13 政
安倍光平　❷ **1105**·9·26 社
阿倍(安倍)弥夫人　❶ **768**·2·3 政
阿倍(安倍)虫麻呂　❶ **741**·8·9 政／**752**·3·17 政

安倍宗明　❷ **1103**·9·30 文
安倍宗任　❷ **1062**·8·9 政／9·17 政／**1064**·3·29 政
安倍宗行　❶ **865**·1·27 政／3·19 政／**870**·1·25 政／**886**·1·16 政
阿部茂吉　❼ **1901**·2·19 政
安倍守助　❷ **1017**·12·10 社
阿部守太郎　❼ **1907**·8·12 政／**1913**·9·5 政
阿部弥一右衛門　❺-1 **1641**·4·26 政
阿部弥七郎　❹ **1535**·12·4 政
阿部保夫　❽ **1949**·5·10 文
阿倍泰貞　❷ **1210**·10·16 政
安倍泰茂　❷ **1180**·2·10 社
安倍康季　❸ **1435**·4 月 社
安倍泰忠　❷ **1228**·3·10 文
安倍安立　❶ **846**·1·13 政
安倍泰親　❷ **1132**·5·15 社／**1149**·3·12 文／**1183**·9 月 政
安倍泰継　❷ **1245**·8·2 政
安倍安仁　❶ **855**·1·15 政／**859**·4·23 政
安倍安正　❶ **843**·1·12 政
阿倍安麻呂　❶ **715**·5·22 政／**716**·8·20 政
阿部　譲　❾ **1990**·1·14 社
阿部　豊　❽ **1944**·是年 社
安倍良照　❷ **1062**·8·9 政
阿部良雄　❾ **2007**·1·17 文
安倍吉岡　❶ **880**·10·26 社
安倍能成　❼ **1909**·11·25 文／**1917**·5 月 文／❽ **1944**·是年 文／**1945**·10·4 文／**1946**·1·13 政／8·10 文／**1947**·3·31 文／4·1 文／**1948**·7 月 文／12·12 文／**1949**·3·1 文／6·17 文／**1952**·12·4 政／**1954**·9·28 文／❾ **1966**·6·7 政
安部由蔵　❾ **1995**·9·5 文
阿部喜任　❺-2 **1830**·是年 文／**1832**·是年 文／**1833**·9 月 文
阿倍吉人　❶ **838**·6·10 政
安倍吉平　❶ **991**·6·14 社／❷ **1017**·2·19 社／**1018**·6·4 社／**1021**·1 月 文／**1026**·12·18 文
安倍吉昌　❷ **1019**·4·28 文
安倍源基　❼ **1932**·6·29 政
安倍良行　❶ **858**·1·16 政
安倍頼時　❷ **1054**·是年 政／**1056**·8·3 政／12·17 政／12·29 政／**1057**·7·26 政／**1062**·9·17 政
安倍頼広　❷ **1173**·12 月 社
安倍頼良　❷ **1050**·是年 政／**1051**·是年 政
阿部櫟斎　❺-2 **1837**·是年 社
安倍少将　❹ **1526**·7·22 文
阿倍(安倍)内親王⇨孝謙(こうけん·称徳)天皇
安部井磐根　❻ **1893**·10·1 政／❼ **1916**·11·9 政
安保新兵衛　❸ **1333**·12·29 政
安保道堪　❸ **1333**·5·15 政
安保光泰　❸ **1335**·8·2 政
安保泰規　❸ **1361**·11·23 政
安保行員　❸ **1318**·12·24 政
安保清種　❼ **1930**·10·2 政／❽ **1937**·10·15 政
阿保懐之　❶ **958**·3·25 政
阿保経覧　❶ **912**·1·17 政
阿保人上　❶ **786**·1·24 政
阿蒲察度(琉球)　❸ **1430**·6·4 政／**1433**·2·16 政
網干善教　❾ **2006**·7·29 文
阿保親王　❶ **810**·9·19 政／**824**·是年 政／**834**·2·13 政／**842**·1·13 政／7·17 政／10·22 政
吾甫也古　❸ **1434**·3·18 社
阿本(僧)　❹ **1510**·8 月 社
アマート(伊)　❾ **2000**·7·19 政
天岡直嘉　❼ **1929**·8·29 政／**1930**·5·2 政／**1933**·5·16 政
尼崎又右衛門(新剱先船)　❺-1 **1675**·3 月 社
尼崎又右衛門(寒天)　❺-2 **1814**·是年 社
尼崎又左衛門　❺-1 **1604**·1·13 政
尼崎屋甚左衛門　❺-1 **1664**·8·15 社
尼崎屋又次郎　❺-1 **1605**·1·3 政
甘粕　健　❾ **1970**·7·12 文／**2012**·8·4 文
甘糟信綱　❺-1 **1628**·12·18 社／**1637**·11·8 島原の乱
甘粕備後　❻ **1868**·6·18 政
甘粕正彦　❼ **1923**·9·16 政／**1936**·6·9 政
天川恵三郎　❼ **1900**·4 月 政／**1932**·4·12 社
天草四郎(益田時貞)　❺-1 **1637**·12·3 島原の乱／**1638**·2·28 島原の乱
天草尚種　❹ **1532**·7·1 政／**1541**·2·22 政／**1547**·5·15 政
天草伊豆守　❹ **1589**·11·8 政
阿麻古(韓夫人)　❶ **666**·是年 文
尼子金右衛門　❺-1 **1628**·5·1 社
天児民和　❾ **1995**·4·6 文
尼子詮久⇨尼子晴久(はるひさ)
尼子勝久(孫四郎)　❹ **1569**·5 月 政／8·9 社／9·1 社／10·19 社／**1570**·1·28 政／2·14 政／4·17 政／5 月 政／7·22 政／10·24 政／**1571**·1·16 政／**1573**·11 月 政／**1574**·9 月 政／**1575**·8·29 政／9·28 政／**1576**·2·6 政／**1577**·12·3 政／**1578**·4·18 政／7·3 政
尼子清定(孫四郎)　❹ **1471**·⑧·16 政／9·21 政／**1476**·4·14 社
尼子国久(孫四郎)　❹ **1540**·6 月 政／10·9 政／**1554**·11·1 政
尼子三郎四郎⇨尼子晴久(はるひさ)
尼子三郎四郎⇨尼子義久(よしひさ)
尼子種久　❹ **1540**·12·23 社
尼子経久(又四郎)　❹ **1482**·12·19 政／**1486**·1·1 政／**1490**·3 月 文／**1509**·10·20 社／**1510**·4·16 社／6·24 政／**1513**·9·6 政／**1515**·1 月 文／**1518**·1·20 政／**1519**·4·28 社／**1521**·8·30 政／**1522**·2·9 社／3 月 政／**1523**·6·13 政／8·14 社／**1524**·4 月 政／5·20 政／**1525**·8·6 政／12 月 政／**1526**·7·5 政／8·28 社／**1527**·2·7 政／3·11 社／5·5 政／7·12 政／8·9 政／11·27 政／**1529**·5·2 政／9·16 政／**1530**·7·24 政／**1531**·11·23 政／**1532**·8·8 政／10 月 政／**1533**·2·5 社／**1534**·是年 政／**1537**·3·2 政／**1540**·6·9 政／**1541**·11·13 政
尼子晴久(詮久·三郎四郎)　❹ **1536**·12·26 政／是年 政／**1537**·8·16 政／10·28 社／12·14 政／**1538**·1·10 政／7·17 政／**1539**·7 月 政／9·17 政／10·5 政／**1540**·8·16 政／9·4 政／10·11 政／**1541**·1·12 政／10·2 政／11·13 政／**1542**·③·30 政／5·5 政／6·7 政／8·5 社／9·5 政／12·13 政／**1543**·1·26 政／2·12 政／3·14 政／3 月 政／5·7 政／**1544**·3·11 政／9·10 社／**1547**·4·28 政／5 月 政／⑦·22 政／**1549**·9·7 文／**1551**·12 月 文／**1552**·4·2 政／6·28 政／9·25 政／10·2 政／**1553**·5·6 政／10·19 政／**1554**·6·10 社／11·1 政／**1555**·2·28 社／11·21 社／**1556**·3·18 政／5 月 政／9·19 社／**1557**·4·3 社／**1558**·2·27 政／9·3 政／**1560**·4·4 政／12·24 政
尼子秀久　❹ **1566**·11·19 政
尼子孫四郎⇨尼子清定(きよさだ)
尼子孫四郎⇨尼子国久(くにひさ)
尼子政久　❹ **1513**·9·6 政
尼子誠久　❹ **1540**·11·11 政／**1554**·11·1 政
尼子又四郎⇨尼子経久(つねひさ)
尼子倫久　❹ **1566**·11·19 政
尼子義久(三郎四郎)　❹ **1556**·9·19 社／**1559**·6·25 社／**1560**·12·24 政／**1561**·9·19 社／10·24 社／**1562**·2·6 政／5·23 社／7·3 政／**1563**·7·3 政／11·15 政／是年 政／**1564**·2·28 社／4·17 政／是春 政／**1565**·4·28 政／**1566**·4·21 政／11·19 政
アマコスト(米)　❾ **1989**·1·31 政
天田(甘田)愚庵(久五郎)　❼ **1904**·1·17 文
雨田外次郎　❼ **1916**·10·14 文
天池清次　❾ **2012**·10·4 社
天津乙女　❼ **1930**·8·1 文／❽ **1938**·10·1 文
甘縄顕実　❸ **1327**·3·26 政
天沼俊一　❽ **1947**·9·1 文
天野　篤　❾ **2012**·3·4 政
天野興定　❹ **1525**·6·26 政／8·6 政／**1543**·3·14 政
天野景隆　❸ **1375**·12·5 政／**1382**·7·6 政／**1386**·6·27 政／**1392**·6·2 政
天野景能⇨天野康景(やすかげ)
天野景経　❷ **1256**·7 月 政
天野景政　❸ **1409**·2·18 政／**1413**·1·19 政
天野景正　❺-1 **1661**·5·5 政
天野雉彦　❼ **1907**·5·25 文／**1910**·1·5 文
天野小左衛門　❺-1 **1601**·4·24 社
天野五左衛門　❺-2 **1730**·9·12 政
天野小四郎　❹ **1568**·11 月 社
天野五郎太夫　❺-1 **1660**·11·16 文／**1665**·2·12 文
天野佐十郎　❺-2 **1717**·11·18 社
天野信景　❺-2 **1733**·9·8 文
天野三右衛門　❺-1 **1625**·9·3 社／**1661**·5·5 政
天野三平　❺-1 **1625**·9·3 社
天野滋男　❾ **2005**·7·1 文
天野正一　❽ **1945**·8·19 政

天野四郎左衛門　❷ 1221·6·24 政
天野清兵衛　❺-1 1680·10·1 社
天野桑古(蒼郊)　❼ 1897·4·3 文
天野隆重　❹ 1550·9·27 政／1563·1·27 政／1566·11·19 政／1569·5月 政／9月 政
天野辰夫　❼ 1930·2·11 政／1933·7·10 政
天野為之　❼ 1917·8月 文／❽ 1938·3·26 文
天野貞祐　❼ 1921·2月 文
天野哲夫　❾ 2008·11·30 文
天野伝右衛門　❺-2 1717·6月 政
天野桃隣　❺-1 1697·是年 文／1710·是年 文／❺-2 1719·12·9 文
天野遠景　❷ 1180·10·19 政／1185·是年 政／1186·2·22 政／12·10 政／1187·5·14 政／9·22 政／1188·2·21 政／1191·1·15 政／1192·4·10 社／1203·9·2 政／1207·6·2 政／1208·8·15 政
天野富重　❺-1 1702·11·28 社
天野直景　❸ 1363·①·15 政
天野長信　❺-1 1629·11·13 政
天野八郎　❻ 1868·2·23 政／11·8 政
天野　久　❽ 1955·3·27 政
天野藤秀　❹ 1568·11月政 社
天野孫七郎　❹ 1549·10月 政
天野孫兵衛　❺-1 1618·1·2 政
天野政景　❷ 1222·是年 政
天野正景　❺-2 1777·12·5 政
天野正勝　❺-1 1687·2·4 政
天野光晴　❾ 1976·9·15 政
天野光政　❸ 1393·12月 政
天野元信　❺-1 1605·7·20 社
天野康景(景能·三郎兵衛)　❹ 1565·3·7 政／1568·12月 社／1589·7·7 政／1590·8月 社／1600·6·15 政／❺-1 1601·2月 政
天野芳太郎　❽ 1964 是年 文
天野与四郎　❹ 1538·5·18 政
天野安芸入道　❹ 1468·⑩·11 政
天野宮内右衛門　❹ 1543·8·25 政／1576·7月 政
天野遠江入道　❸ 1399·10·21 政
海玉依女(あまのたまよりひめ)　❶ 750·7·18 社
天豊津媛命　❶ 書紀·懿徳 2·2·11
海部羽嶋(あまのはしま)　❶ 583·7·1
天之日矛(天日槍·桙)　❶ 書紀·応神 41·応神天皇御代
天野屋利兵衛　❺-1 1619·2月 社
天湯河板挙(あまのゆかわのたな)　❶ 書紀·垂仁 23·11·2
亜間美　❸ 1451·2·23 政／1452·3·8 政
天海ツナミ　❾ 2009·2·26 社
雨宮(あまみや)綾太郎　❻ 1888·5月 社
雨宮勘解由　❷ 1186·是年 社
雨宮敬次郎(袈裟六)　❼ 1911·1·20 社
雨宮正種　❺-1 1648·12·10 文／1668·7·13 社
雨宮正長　❺-1 1696·5·18 社
雨宮庸蔵　❽ 1938·2·18 文
天本英世　❾ 2003·3·23 文
雨森巌之進　❻ 1892·12·16 政
雨森菊太郎　❼ 1896·1·26 文
雨夜庵成　❺-2 1756·6·25 文
天谷直弘　❾ 1994·8·30 政
甘利　明　❾ 1998·7·30 政／2006·9·26 政／2007·8·27 政／2008·9·24 政／2012·12·26 政
甘利俊一　❾ 2012·11·5 文
甘利虎泰　❹ 1547·8·6 政／1548·2·14 政
尼リリス　❽ 1940·3·28 社
阿摩和利(琉球·加那)　❹ 1458·8·15 政／是年 政
網野　菊　❾ 1978·5·15 文
網野延平　❺-2 1852·是年 文
網野善彦　❾ 2004·2·27 文
網屋市良兵衛　❺-1 1654·承応年間 政
網屋惣左衛門　❺-1 1662·是年 社
網屋伝兵衛　❺-2 1800·是年 政
天国排開広庭皇子⇨欽明(きんめい)天皇
天足彦国押人命　❶ 書紀·孝昭 68·1·14
天　日槍(新羅王子)　❶ 書紀·垂仁 3·3月／垂仁 88·7·10
雨森芳洲(伯陽·俊良·誠清)　❺-1 1689·4·14 文／1705·是年 文／❺-2 1720·是年 文／1755·1·6 文／1786·是年 文／1789·是年 文／1792·是年 文
雨宮　清　❾ 1970·10·1 政
雨宮敬次郎　❻ 1889·5·23 政／1893·8·11 政
雨宮高一　❾ 2005·6月 社
雨宮正方　❺-2 1753·2·6 政
飴屋治左衛門　❺-2 1800·是年 政
天羽英二　❼ 1934·4·17 政／❽ 1943·4·2 政／❾ 1968·7·31 政
綾　清定　❷ 1154·9·23 文
漢　高安茂　❶ 516·9月
漢　奴加己利　❶ 622·是年 文
文姫(徳川家斉十六女)　❺-2 1819·12月 政
綾井定朝　❹ 1552·3月 文
綾井武夫　❻ 1894·6·30 政
綾岡輝松　❻ 1887·5·25 文
綾岡有真　❼ 1910·4·3 文
綾糟(蝦夷)　❶ 581·②月
綾衣(遊女)　❺-2 1785·8·13 政
文石小麻呂　❶ 469·6月／8月
綾小路敦有　❸ 1375·是年 文／1400·2·15 政
綾小路有俊　❹ 1478·是年 文
綾小路有美　❺-2 1793·9·15 政
綾小路(源)有頼　❸ 1329·7·18 政
綾小路俊量　❹ 1514·6·1 文／1518·7·10 政
綾小路俊実　❻ 1868·1·12 政
綾小路俊資　❺-2 1833·11·27 政
綾小路信有　❸ 1324·9·10 政
綾小路信俊　❸ 1429·6·18 政
文仁親王　❺-2 1729·10·27 文
恵仁親王⇨仁孝(にんこう)天皇
綾部絅斎　❺-2 1738·1月 文
綾部健太郎　❽ 1962·7·18 政／1963·7·18 政
アヤラ，ドン·フェルナンド　❺-1 1623·8·10 政／1624·3·24 政
鮎貝宗信　❹ 1587·10·14 政
鮎川清長　❹ 1531·8·20 政
鮎川小兵衛　❺-1 1623·6·30 政
鮎川信夫　❾ 1986·10·17 文
鮎川秀定　❺-1 1602·2·27 文
鮎河　信　❸ 1349·9·10 政
鮎川盛長　❹ 1568·5·4 政／1573·5·12 政
鮎河弥九郎　❸ 1338·4·5 政
鮎川義介(本名あゆかわよしすけ)　❼ 1910·5·20 政／1928·12·29 政／1929·4·24 政／1933·12·26 政／❽ 1937·12·27 政／1944·10·28 政／1945·12·2 政／1947·9·1 政／1956·4·11 政／1959·12·29 政／❾ 1967·2·13 政
荒　音吉(重作)　❺-2 1849·7·27 社
荒　聖治　❾ 2004·6·13 社
荒　嘉明　❽ 1942·11·8 社
新井明卿　❺-2 1741·7·24 文
荒井　聡　❾ 1994·5·20 政／2010·6·8 政
新井　陽　❾ 2012·7·10 政
荒井郁之助　❻ 1868·12·15 政／1872·1·6 政／1877·6月 文／❼ 1909·7·19 政
荒井一掌　❺-2 1804·8·8 文
荒井嘉敦　❺-2 1727·是年 文
新井勝利　❽ 1953·9·1 文
新井君美⇨新井白石(はくせき)
荒井公廉　❺-2 1798·是年 文
荒井謹也　❽ 1950·是年 文
荒井源次郎　❾ 1991·8·31 政
荒井賢太郎　❼ 1922·6·9 政／❽ 1938·1·29 政
新井三太夫　❺-2 1837·7·27 社
新井成美　❺-2 1794·6·10 文
新井将敬　❾ 1994·4·18 政／1998·1·30 政／2·19 政
新井章吾　❻ 1885·11·23 政／1888·3·28 政／1889·4·30 政／1890·1·21 政／1892·11·6 政／❼ 1906·10·16 政
荒井正吾　❾ 2007·4·8 社／2011·4·10 社
新井新左衛門　❹ 1565·4·28 社／1579·6·6 政
荒井助市　❺-2 1751·9·5 政
新井宣卿　❺-2 1723·5·14 文
荒井泰治　❼ 1918·4·10 政
新井竹次郎　❻ 1864·9·5 政
荒井忠施　❻ 1860·8·13 文
新井龍男　❽ 1949·是年 文／1950·9月 文
荒井千春　❺-2 1826·7·11 文
荒井　注　❾ 2000·2·9 文
新井豊美　❾ 2012·1·21 文
新井直之　❾ 1999·5·13 文
荒井鳴門　❺-2 1816·是年 文／1819·是年 文
新井日薩　❻ 1888·8·29 社
新井信男　❼ 1928·7·28 社
荒井のり子　❾ 2000·10·18 社
新井白蛾(祐登·謙吉·黄洲·古易館)　❺-2 1753·是年 文／1756·是年 文／1789·是年 文／1792·2·2 文／5·14 文／1800·是年 文
新井白石(君美)　❺-1 1702·2·19 文

／3·19 文／12·12 社／1709·1·11 政／4·19 文／10·5 文／11·22 政／1710·1·5 文／1·22 政／4·15 政／9·28 政／1711·3·25 文／10·11 政／11·3 文／1712·2·25 政／2·25 文／9·25 政／是年 文／1713·6月 政／是年 文／1714·5·15 政／1715·是年 文／❺-2 1716·3·13 文／5·16 政／1717·是年 文／1719·是年 文／1722·是年 文／1724·是年 文／1725·5·19 政／1737·是年 文／1740·是年 文／1760·是年 文／1782·是年 文
荒井八郎兵衛 ❺-1 1659·是年 社
荒井寛方 ❼ 1915·10·11 文／1919·9·1 文／❽ 1939·6·8 文／1940·7·9 文
新井孫助 ❺-2 1767·12·3 社
荒井政雄 ❾ 1976·7·17 社
新井正則 ❾ 2004·1·17 政
新井　満 ❾ 1988·7·13 文
新井祐登 ❺-2 1754·是年 文／1755·是年 文
新井了庵 ❺-1 1694·是年 文
新井領一郎 ❻ 1876·1月 政
新井田大八 ❺-2 1778·6·9 政
新井田朝訓 ❻ 1853·8·30 政
新井田孫三郎 ❺-2 1789·6·1 寛政蝦夷の蜂起
新井田　豊 ❾ 2005·4·16 社
荒尾成章 ❺-2 1815·8·12 社／1820·3·15 社／❼ 1903·9·21 社
荒尾成允 ❻ 1853·10·8 政／1855·12·23 政／1857·8·29 政／9·7 政／12·29 社
荒尾志摩 ❺-2 1717·2·29 社
荒尾　精(一太郎) ❼ 1896·10·30 政
新垣筑登之 ❺-2 1775·是年 社
新垣筑兵衛 ❺-2 1787·11·20 文
荒垣秀雄 ❾ 1989·7·8 文
亜羅佳其(琉球) ❹ 1459·2·26 政
荒川詮頼 ❸ 1376·⑦·16 政
荒川五郎四郎 ❺-2 1782·9·8 政
荒川定由 ❺-2 1717·2·19 政
荒川三郎兵衛 ❺-1 1678·7·13 社
荒川重秀 ❼ 1907·5·25 文
荒川静香 ❾ 2004·3·27 社／2005·12·25 社／2006·2·26 社
荒川修作 ❾ 2010·5·19 文
荒川豊蔵 ❽ 1955·1·27 文／❾ 1971·11·3 文
荒川八三郎 ❺-2 1768·7·22 政
荒川義広 ❹ 1563·是秋 政／1564·2·28 政
荒川頼季 ❹ 1556·是年 政
荒川頼直 ❸ 1354·5·21 政
荒河民部丞 ❹ 1489·12·16 社
アラガン，ディオゴ·ヴァス·デ ❹ 1547·是年 政／1555·是年 政
新木栄吉 ❽ 1945·10·9 政／1946·6·1 政／1956·11·30 政／1959·2·1 政
荒木絵里香 ❾ 2012·7·27 社
荒木和一 ❼ 1897·2·22 社
荒木寛一 ❻ 1893·4·2 文
荒木寛快 ❻ 1860·1·9 文
荒木寛畝(光三郎) ❻ 1890·4·1 文／❼ 1898·4·28 文／1915·6·2 文
荒木寛友 ❼ 1920·11·23 文
荒木久左衛門 ❹ 1579·11·19 政
荒木月畝 ❼ 1934·11·17 文
荒木元融 ❺-2 1794·6·18 文
荒木呉江 ❺-2 1793·5·20 文
荒木古童(竹翁·半三郎、二代目) ❻ 1874·12·1 文／1889·10·12 文／❼ 1908·1·17 文
荒木古童(真之助、三代目) ❼ 1935·5·2 文
荒木古童(聚、四代目) ❽ 1943·7·1 文
荒木左衛門次郎 ❸ 1336·1·6 政
荒木貞夫 ❼ 1931·12·13 政／1932·5·26 政／1933·9·9 政／1934·1·22 政／❽ 1937·10·15 政／1938·5·26 政／7·28 文／8·29 政／1939·1·5 政／1945·11·19 政／1958·4·7 政／❾ 1966·11·2 政
荒木十畝(悌二郎) ❼ 1917·10·16 文／1919·10·14 文／1932·是年 文／1933·10·16 文／❽ 1944·9·11 文
荒木如元(直忠·善十郎) ❺-2 1800·是年 文／1802·8月 文／1805·是年 文／1824·⑧·5 文
荒木千洲 ❺-2 1851·是年 文
荒木宗太郎(一清) ❺-1 1622·11·4 政
荒木　武 ❾ 1994·6·15 政
荒木伝兵衛 ❺-1 1679·9·21 政
荒木トマ(ス) ❺-1 1619·7月 社
荒木寅三郎 ❼ 1915·6·15 文
荒木文之助 ❻ 1875·10·21 社
荒木万寿夫 ❽ 1960·7·19 政／12·8 政／❾ 1968·11·30 政／1970·1·14 政
荒木又右衛門(保和) ❺-1 1634·11·7 社
荒木道麻呂 ❶ 767·5·20 社
荒木村重(弥介) ❹ 1573·3·25 政／4·2 政／1574·3·15 社／7·20 政／11·15 政／1576·4·14 政／1577·4·13 文／1578·1·1 文／5·4 政／10·17 政／11·3 政／12·8 政／1579·4·21 政／5·27 政／9·2 政／10·15 社／11·19 政／1580·③·2 政／1586·是年 政
荒木村次 ❹ 1579·9·2 政
荒木元清 ❹ 1580·7·2 政
安良城盛昭 ❾ 1993·4·12 文
荒木与次兵衛 ❺-1 1651·慶安年間 文／1655·是春 文／1660·是年 文／1678·2月 文／1683·1月 文／1689·3月 文／是年 文／1698·是年 文／1700·12·16 文
新城弾正 ❹ 1586·7·16 政
荒木田氏経 ❹ 1486·1·4 文／1487·1·12 文
荒木田茎貞 ❶ 907·9·17 社
荒木田左馬之助 ❻ 1863·9·26 政
荒木田能晨⇨荒木田守晨(もりとき)
荒木田嗣興 ❺-2 1827·是年 文／1834·是年 文
荒木田長延(寂延) ❷ 1233·7月 文
荒木田永元 ❷ 1245·5·6 社
荒木田延季 ❸ 1282·6·14 社
荒木田宣綱 ❷ 1102·7·16 社
荒木田延成 ❷ 1278·1·10 社
荒木田延能(能·稲木大夫) ❷ 1086·4·28 社
荒木田則貞 ❸ 1303·9·18 社
荒木田久老(正恭·正薫·五十槻·五十槻園) ❺-2 1791·是年 文／1799·是年 文／1800·是年 文／1804·8·14 文／1818·是年 文／1821·是年 文
荒木田宮真 ❷ 1048·10·28 社
荒木田盛員 ❺-1 1685·是年 文
荒木田盛澂 ❺-1 1666·是年 文
荒木田守武 ❹ 1525·9月 文／1530·1·9 文／1532·3·25 文／1540·10月 文／1546·8·25 文／1549·8·8 文／❺-2 1722·是年 文
荒木田守晨(能晨·経晨) ❹ 1513·2·9 文
荒木田守則 ❹ 1516·11·12 社
荒木田守平 ❹ 1595·11·21 文
荒木田麗女(隆·子奇) ❺-2 1771·是年 文／1806·1·12 文
糠子(妃) ❶ 541·3月
嵐 ❾ 2011·12·31 文
嵐　音八(初代) ❺-2 1769·3·26 文
嵐　音八(三代目) ❻ 1854·12·8 文
嵐　亀三郎 ❺-2 1807·9·21 文
嵐　勘十郎(長三郎) ❼ 1927·4·27 社
嵐　寛寿郎 ❽ 1942·5·14 社
嵐　吉三郎(二代目) ❺-2 1758·11·1 文／1780·12·8 文／1806·3月 文
嵐　吉三郎(三代目) ❻ 1864·9·28 文
嵐　喜世三郎(初代) ❺-1 1713·⑤·15 文
嵐　喜代三 ❺-1 1675·1月 文
嵐　小六 ❺-2 1786·7·26 文
嵐　三右衛門(初代) ❺-1 1675·1月 文／1676·6月 文／1690·10·18 文／1696·7·15 文／是春 文／1706·1月 文
嵐　三右衛門(四代目) ❺-2 1745·12月 文
嵐　三右衛門(九代目) ❻ 1859·3·16 文
嵐　三五郎 ❺-2 1814·11·9 文
嵐　三十郎 ❺-2 1745·12月 文
嵐　徳十郎 ❼ 1915·9·21 文
嵐　富之助 ❺-2 1766·6·9 文
嵐　雛助(初代) ❺-2 1796·3·29 文
嵐　雛助(二代目) ❺-2 1800·2·12 文
嵐　璃珏 ❻ 1864·7·14 文
嵐　璃鶴(市川権十郎) ❻ 1871·7月 社
嵐　璃寛(四代目) ❻ 1894·5·31 文
嵐　璃暁 ❻ 1887·3月 文
嵐追手(力士) ❺-1 1604·7·17 社
嵐山甫安(甫庵) ❺-1 1683·是年 文／1693·11·30 文
荒瀬英生 ❾ 2008·8·11 社
荒田吉明 ❾ 2006·11·3 文
荒田　別 ❶ 書紀·神功 49·3月／神功 50·2月／応神 15·是年
荒田井比羅夫 ❶ 650·10月 社
荒田尾麻呂 ❶ 685·10·10 政
荒竹幸次郎 ❻ 1885·2·27 社
荒谷肥後 ❺-1 1601·7月 社
新珠三千代 ❾ 2001·3·17 文
有羅多羅(壱岐) ❹ 1464·1·1 政

荒浪平治郎　❼ 1896·3月 文
アラニャ，アントニオ·デ·オリヴィエラ　❺-1 1629·是年 政
荒畑寒村(勝三)　❼ 1908·6·22 政／1911·1月 社／1912·10月 文／1914·10·15 政／1920·11·30 社／1925·8·20 政／1927·12·6 政／1928·2月 政／❽ 1937·12·15 政／1946·1·20 社
アラファト(パレスチナ)　❾ 1989·10·1 政
荒船清十郎　❾ 1966·8·1 政／9·3 社／1976·9·15 政／1977·11·28 政
荒巻助然　❺-1 1705·是年 文
アラヤ，エルナンド·デ　❺-1 1617·4·26 社
荒山小左衛門　❹ 1570·是年 社
安蘭けい　❾ 2005·11·11 文
阿利斯登(等)　❶ 583·7·1
有明親王　❶ 961·③·27 政
有泉大学助　❹ 1582·6·22 政
有雄王　❶ 840·1·30 政／843·1·12 政／849·1·13 政
有賀(僧)　❺-2 1723·2·28 政
有賀有直　❷ 1232·是年 政
有賀長雄　❻ 1884·1·26 文／❼ 1898·11·12 社／1921·6·17 文
有賀半弥　❻ 1861·5·28 政
有川貞昌　❾ 2005·9·22 文
有坂愛彦　❽ 1945·12·25 文
有坂鉊蔵　❻ 1884·3·17 文／❽ 1941·1·19 政
有坂成章　❼ 1898·是年 政／1915·1·11 政
有坂秀世　❽ 1944·7月 文／1952·3·13 文
有澤弌善　❺-2 1790·是春 文
有澤広巳　❽ 1938·2·1 政／10·6 文／1945·10·1 文／11·4 文／1955·12·19 政／1962·4·6 政／❾ 1988·3·7 政
有重(絵師)　❸ 1306·6·1 文
有馬朗人　❾ 1998·7·30 政／2010·11·3 文
有島生馬　❼ 1913·11·5 文／1914·10·1 文／1935·11·26 文／1936·9·5 文／12·20 文／❽ 1937·6·23 文
有島一郎　❾ 1987·7·20 文
有島武郎　❼ 1903·8·25 文／1910·4月 文／1911·1月 文／1917·7月 文／1918·2月 文／3·16 文／10·3 文／1922·7·25 社／12·23 文／1923·6·9 文
有末精三　❾ 1992·2·14 政
有栖川宮(徳川家斉夫人)　❺-2 1840·1·24 政
有栖川宮音仁親王⇨音仁(おとひと)親王
有栖川宮熾仁親王⇨織仁(おりひと)親王
有栖川宮幟仁(たかひと)親王　❻ 1882·11·4 文／1886·1·24 政
有栖川宮威仁(たけひと)親王　❼ 1897·6·21 政／1898·3·2 政／1908·2·11 政／1913·7·5 政
有栖川宮正仁親王⇨正仁(ただひと)親王
有栖川宮熾仁(たるひと)親王　❻ 1860·5·4 政／1867·1·25 政／12·9 政／1868·1·9 政／2·9 政／3·4 政／4·21 政／5·19 政／1874·6·1 社／1875·4·10 政／1876·9·6 政／1877·11·2 政／7·25 西南戦争／1878·6月 政／1880·2·28 政／1895·1·15 政／❼ 1896·8·1 社
有栖川宮幸仁親王⇨幸仁(ゆきひと)親王
アリソン(米領事)　❽ 1938·1·26 政
有田喜一　❽ 1947·4·11 政／❾ 1966·8·1 政／1968·11·30 政
有田権之允　❺-2 1825·8月 政
有田二郎　❽ 1954·2·23 政
有田善阿弥　❺-2 1826·10·21 社
蟻田尚邦　❾ 2011·3·18 社
有田八郎　❼ 1936·4·2 政／❽ 1938·9·10 政／10·29 政／1939·1·5 政／7·15 政／1940·1·16 政／5·11 政／6·24 政／6·29 政／1944·10·28 政／1945·7·9 政／11·9 政／❾ 1965·3·4 政
有田隼人佑　❸ 1352·4·20 政
有田杢兵衛⇨藤智縄(とうちじょう)
有瀧八左衛門　❺-1 1686·2·9 社
有地品之允　❼ 1919·1·17 政
有俊(僧)　❸ 1421·8月 文
有富(造酒)　❷ 1024·12·29 文
在永(姓不詳·権暦博士)　❸ 1405·6·27 文
有名王　❶ 886·1·16 政
在原古玩　❼ 1922·8·12 文
有仁王　❷ 1119·8·14 政
有馬鎮純(鎮貴)⇨有馬晴信(はるのぶ)
有馬鎮貴⇨有馬晴信(はるのぶ)
有馬稲子　❽ 1961·11·27 社
有馬氏倫　❺-2 1716·5·16 政／1726·1·11 政
有馬賢純(義純)⇨有馬晴純(はるずみ)
有馬清純　❺-1 1691·10·22 政／1695·5·1 政
有馬玄蕃　❺-1 1715·4·11 社／6·11 社
有馬小次郎　❸ 1455·4·28 政
有馬誉純　❺-2 1772·9·19 政／1783·7·12 政／1830·5·23 政
有馬重則　❹ 1552·4·25 政／1554·8·29 政／1562·9·11 政
有馬四郎助　❼ 1908·4月 文／1934·2·4 社
有馬新一(新之丞)　❼ 1909·12·5 政
有馬新七(正義)　❻ 1857·11月 文／1859·11·5 政／1862·4·23 政
有馬澄明　❸ 1355·8·18 政
有馬純鑑　❹ 1494·12·3 政
有馬純長　❹ 1525·是年 政
有馬純晴　❹ 1563·7·29 政
有馬純珍　❺-2 1724·7·4 政／1737·6·1 政
有馬貴純　❹ 1474·12月 政／1491·12·28 政／1493·12月 政／1494·12·3 政／1564·8月 政
有馬孝純　❺-2 1757·2·8 政／2·12 政
有馬忠頼　❺-1 1642·⑨·29 政／1655·3·20 政
有馬俊郎　❽ 1944·10·15 政
有馬豊氏　❹ 1600·6月 政／❺-1 1606·是年 政／1614·11·7 大坂冬の陣／1620·⑫·8 政／1629·6·2 文／1642·⑨·29 政
有馬豊祐　❺-1 1684·7·30 政
有馬直純　❺-1 1612·3·18 政／3·21 社／1614·7月 政／1641·4·25 政
有馬則篤　❻ 1864·11·20 政／12·21 政
有馬徳純　❺-2 1830·5·23 政
有馬則維(則信·虎之助)　❺-1 1706·4·8 政／❺-2 1729·7·6 政
有馬則故　❺-1 1681·1·28 政
有馬則秀　❹ 1496·3·3 政
有馬則頼　❹ 1594·2·21 文／1599·1·19 政／4·5 政／❺-1 1601·1·18 政／1602·7·28 政
有馬晴純(義純·賢純)　❹ 1514·5月 政／1530·1·16 政／1534·7·13 政／1545·1·22 政／1563·6月 政／1566·2·28 政／1571·6·14 政／1576·2·6 政
有馬晴信(鎮純·鎮貴·久貴)　❹ 1576·12·27 社／1578·3月 政／1580·4·8 社／1582·11·7 政／1583·1·6 政／3·23 政／1584·3·18 政／1591·9·3 政／1592·3·12 文禄の役／4·12 文禄の役／1600·8·5 関ヶ原合戦／❺-1 1605·5·3 政／5·16 政／8·28 政／1606·8·15 政／1607·10·4 政／10·6 政／1609·2月 政／12·9 政／1610·1·15 政／1612·2·23 政／3·18 政／5·6 政
有馬尚鑒　❹ 1507·2·2 政
有馬寿純(一準)　❺-2 1757·8·20 政
有馬秀雄　❼ 1912·1·16 文
有馬秀子(銀座ママ)　❾ 2003·9·25 社
有馬允純　❺-2 1757·2·12 政／1772·9·19 政
有馬正文　❽ 1944·10·15 政
有馬正義　❻ 1858·9·7 政
有馬道純　❻ 1863·7·5 政
有馬三斗枝　❾ 1978·2·25 文
有馬康純　❺-1 1692·4·12 政
有馬義貞(アンドレア)　❹ 1562·是年 社／1566·2·28 政／是冬 政／1576·3·10 社／12·27 政、社
有馬義純⇨有馬晴純(はるずみ)
有馬頼貴　❺-2 1783·11·23 政／1784·3·21 政
有馬頼義　❽ 1954·7·21 文
有馬頼利　❺-1 1655·3·20 政／1668·6·24 政
有馬頼旨　❺-1 1705·7·20 政／1706·4·8 政
有馬頼元　❺-1 1668·6·24 政／1705·7·20 政
有馬頼寧　❼ 1924·3·1 社／❽ 1937·6·4 政／1941·4·2 政／1957·1·10 政
有馬頼徸(左近·其映)　❺-2 1729·7·6 政／1768·4·5 社／1783·11·23 政 文
有馬良橘　❽ 1937·10·12 社／1944·5·1 政／5·2 政
有馬主馬助　❹ 1515·是年 政
有馬⇨赤松(あかまつ)姓も見よ
有松英義　❼ 1927·10·24 政
有間皇子　❶ 657·9月 政／658·11·3 政
有光教一　❾ 2011·5·11 文
有光次郎　❽ 1945·11·29 文／❾

1995·2·22 文
有宗益門　❶ 865·4·1 政
有村次左衛門　❻ 1860·3·3 政
有村俊斎⇨海江田信義(かいえだのぶよし)
有村哲史　❾ 2008·10·2 社
有持源太夫　❺-1 1688·3·16 社
有本恵子　❾ 2002·9·17 社
有森裕子　❾ 1991·1·27 社／1992·7·25 社／1996·7·19 社
有山源左衛門　❹ 1555·1·11 社
有吉　明　❼ 1934·4·18 政／❽ 1937·6·25 政
有吉佐織　❾ 2012·7·27 社
有吉　敏　❺-2 1830·是年 文
有吉佐和子　❽ 1956·1月 文／❾ 1967·2月 文／1972·6·11 文／6月 文／1974·10·14 文／1977·1月 文
アリヨシ，ジョージ　❾ 1974·11·6 政／1975·9·4 政
有吉立行　❹ 1600·9·13 政
在原相安　❶ 934·7·26 政
在原一貫　❶ 887·2·2 政
在原中子　❷ 1195·2·8 社
在原友于　❶ 907·5·1 政／910·4·20 政
在原仲平　❶ 838·1·13 政／839·1·11 政
在原業平　❶ 872·5·15 政／880·5·28 政
在原棟梁　❶ 898·是年 政
在原守平　❶ 874·1·15 政
在原安貞　❶ 866·1·13 政
在原行平　❶ 855·1·15 政／859·1·13 政／860·1·16 政／862·1·13 政／876·3·9 政／877·9·7 社／881·是年 文／884·11·13 社／888·3·18 文／893·7·19 政／❷ 1110·7月 文
在原善淵　❶ 858·1·16 政／862·12·25 社／864·1·16 政／873·11·14 政／875·2·2 政
在原義行　❶ 968·5·20 政
アルヴァレス，ジョルジュ　❹ 1546·是秋 社／是年 政
アルヴァレス，マヌエル　❹ 1573·6·28 政
有賀喜左衛門　❾ 1979·12·20 文
有賀幸作　❽ 1945·4·7 政
有賀庄太夫　❺-1 1687·1·15 社
有賀長伯(敬斎)　❺-1 1686·是年 文／1696·是年 文／1697·是年 文／1698·是年 文／1700·是年 文／1713·是年 文／❺-2 1737·6·2 文／1801·是年 文
有賀常近　❺-2 1730·8月 文
アルカラーソ(スペイン)　❺-1 1628·4月 政
アルゲリッチ，マルタ　❾ 2005·11·18 文
アルバラド，アニータ　❾ 2003·10·22 社
アルバルトウス，ワウテルセンマチアス　❺-1 1617·7·29 政
アルフレッド(エジンバラ公)　❻ 1869·7·22 政
アルブレヒト(気象)　❻ 1859·是年 文
アルベルト·ビック，ピーター　❺-2 1842·6·19 政／是年 政／1844·6·15 政
アルベルト，ブレフィンク　❺-1 1677·9·20 政／1679·9·20 政
アルヘラトスハンホルス(オランダ商館長)　❺-2 1734·2·28 政
アルマン(英)　❻ 1891·9月 社
アルミニョン(伊)　❻ 1866·7·16 政
アルムノー，ダニエル　❺-2 1770·10·1 政／1772·10·10 政／1774·10·8 政
アルメイダ(宣教師)　❹ 1564·11·29 社／1577·是年 社
アルメイダ，ヴァスコ·パリャ·デ　❺-1 1639·7·18 政
アルメイダ，ドン·ジョアン·デ　❹ 1572·是年 政
アルメイダ，ペドロ　❹ 1564·6月 政
アルメイダ，ルイス·デ　❹ 1553·是年 社／1555·是年 社／1556·12月 文／是年 社／1562·6·14 政／是年 社／1568·是年 社／1576·12·27 社／1582·是年 社／1583·9月 社
アレキサンドラ(英)　❽ 1961·11·14 政
アレキサンドロウィッチ·アレキシス　❻ 1872·9·23 政
アレクサンドル一世(ロシア皇帝)　❺-2 1803·5·16 政
アレクサンドロヴィッチ·ニコライ　❻ 1891·4·27 政
アレッサンドロ，ヴァリニャーノ　❹ 1578·是年 政／1591·①·8 文／1598·7·4 政
アレッサンドロ，バラレッジョ　❹ 1568·6·2 政
亜烈進卿(南蛮)　❸ 1408·6·22 政
阿礼奴跪　❶ 458·7月
アレンス(イスラエル)　❾ 1989·11·7 政
アレントセン，ヘンドリック·ヤン·ド·フォス　❺-1 1634·6·4 文
鴉勒佳稽(琉球)　❸ 1398·3·1 政
粟凡豊穂(あわのおおしのとよほ)　❶ 783·12·2 政
阿波大膳　❹ 1467·7月 政
阿波法師(僧)　❸ 1416·10·14 社
泡坂妻夫　❾ 1990·7·16 文／2009·2·3 文
淡路　卓　❾ 2012·7·27 社
淡路廃帝⇨淳仁(じゅんにん)天皇
淡島寒月　❼ 1926·2·23 文
淡島千景　❽ 1959·10·1 文／❾ 2012·2·16 文
淡島椿岳　❻ 1889·9·21 文
淡路屋又兵衛　❺-1 1696·是年 政
粟田(氏)　❶ 837·2·10 社
粟田飽田麻呂　❶ 834·3·16 政
粟田碓雄　❶ 865·1·27 政
粟田馬養　❶ 730·3·27 文／746·4·4 政／747·3·10 政
粟田女王　❶ 764·5·4 政
粟田公足　❶ 772·11·1 文
粟田鷹守　❶ 768·2·3 政／771·③·1 政／772·4·19 政／786·1·24 政／789·2·5 政／790·3·9 政
粟田豊道　❷ 1036·5·24 政
粟田奈勢麻呂　❶ 752·5·26 政／759·1·11 政／762·1·9 政
粟田必登　❶ 711·9·4 政
粟田人上　❶ 738·6·1 政
粟田人成　❶ 764·1·20 政／772·4·19 政
粟田真人　❶ 689·1·9 政／700·6·17 政／701·1·23 政／702·5·21 政／10月 政／704·7·1 政／705·4·17 政／708·3·13 政／719·2·5 政
粟田道麻呂　❶ 764·1·20 政／7·19 政／9·11 政／765·8·1 政
粟田緑蘭斎　❺-2 1753·6·16 文
粟田口桂林　❻ 1855·1·24 文
粟田口慶羽(直芳、初代)　❺-2 1791·10·16 文
粟田口慶羽(直陸、二代目)　❺-2 1807·9·14 文
粟田口慶羽(三代目)　❺-2 1821·9·11 文
粟田口桂節　❺-2 1848·5·26 文
粟田口多智　❸ 1438·4·12 文
粟田口民部　❸ 1438·2·13 文
粟谷丈夫　❾ 2012·12·20 文
粟津　潔　❾ 1965·11·12 文／2009·4·28 文
阿波根直成　❽ 1956·2·1 社
粟野広衛　❻ 1888·7·6 社
粟屋勝久　❹ 1561·6·19 政
粟屋　謙　❼ 1932·8·23 文
粟屋　幹　❼ 1902·5·13 政
淡谷のり子　❼ 1930·11·1 文／❾ 1999·9·22 文
粟屋元信　❹ 1585·2·9 政
粟屋元喜　❹ 1585·2·9 政
淡谷悠蔵　❾ 1995·8·8 政
アワントパタン(モンゴル)　❼ 1935·5·16 政
安　宇植　❾ 2010·12·22 文
安　義基(朝鮮)　❺-2 1819·1·11 政
安　吉祥(高麗)　❸ 1377·6月 政
安　遇世　❸ 1378·7月 政
安　時迪　❺-1 1713·是年 政
安　重根　❼ 1909·10·26 政／1910·2·14 政
安　俊卿　❻ 1869·11·10 政
安　如宝　❶ 754·1·16 社
安　長(新羅人)　❶ 873·6·21 社
安　童　❷ 1267·1月 政
安　東晙　❻ 1868·12·11 政
安　龍福　❺-1 1693·4·17 政／9月 政
安慧(僧)　❶ 864·2·16 社／868·4·3 社
安遠(僧)　❶ 924·12·21 社
アンカ，ポール　❽ 1958·9·6 文
アンガー，フェルデナンド　❾ 1966·11·1 政
安覚良祐(僧)　❷ 1242·11·6 社
安嘉門院⇨邦子(くにこ)内親王
安閑天皇(勾大兄広国押武金日尊)　❶ 512·12月／513·9月／12·8／531·2·7／535·12·17
安喜門院⇨藤原有子(ふじわらゆうし)
安居院(あんごいん)行知　❸ 1374·1·17 政／11·5 社
安高(僧)　❶ 849·9月 社

安康天皇(穴穂皇子)　❶ **453**·10月／12·14／**456**·8·9
安西愛子　❽ **1944**·是年 社／**1945**·8月 社
安西雲煙　❺-2 **1852**·8·18 文
安西景益　❷ **1180**·9·1 政
安西　均　❾ **1994**·2·8 文
安西　浩　❾ **1990**·4·12 政
安西冬衛　❼ **1924**·11月 文／❽ **1950**·3月 文／❾ **1965**·8·24 文
安西正夫　❽ **1963**·1·31 政
安斎　実　❾ **1997**·12·22 社
安治(琉球)　❹ **1486**·是年 政
安志卿房　❸ **1319**·是年 政
宴子抜　❶ **630**·3·1 政
安秀(僧)　❶ **971**·4·26 社
安助(僧)　❷ **1042**·8·15 社
アンジロウ(安次郎·ヤジロウ·弥次郎·パウロ=デ=サンタ=フェー)　❹ **1546**·是秋 政／**1547**·12月 社／**1548**·3月 社／**1549**·7·3 社
安心東堂(遣朝鮮使)　❹ **1542**·4·20 政／**1545**·3·18 政／**1546**·10·2 政／**1552**·5·4 政／**1557**·1·15 政
奄部(高句麗)　❶ **666**·10·26 政
安勢(僧)　❶ **909**·10·26 社
安宗(僧)　❶ **887**·9·9 社
暗宗(僧)　❺-1 **1662**·是年 文
安増(僧)　❷ **1096**·8·27 文
アンダーソン，マルコム　❼ **1905**·1·23 社
安達(僧)　❶ **653**·5·12 政
アンチセル(印刷)　❻ **1874**·4月 社
安澄(僧)　❶ **814**·3·1 文
アンツィフェーロフ，ダニロ　❺-1 **1711**·是年 政
安定(高麗)　❶ **516**·9·14
アンティピン，イワン　❺-2 **1779**·5·21 政／8·7 政／9月 政
アンデルセン(デンマーク作家)　❼ **1902**·9月 文
アンデレア徳庵　❺-1 **1619**·10·18 社
アンデレース(オランダ)　❻ **1861**·3·28 政
安展(僧)　❶ **862**·7月 政／**864**·5·21 政
安藤家季　❸ **1336**·1·7 政
安藤伊右衛門(正知)　❺-2 **1820**·是年 社／**1827**·3·17 社
安藤市兵衛　❺-1 **1671**·8·10 政
安東ウメ子　❾ **2004**·7·15 文
安藤紀三郎　❽ **1942**·1·16 社／**1943**·4·20 政／**1954**·5·10 政
安藤儀太夫　❺-2 **1793**·2·13 社
安藤喜八郎　❺-1 **1715**·11·4 社
安東清人　❻ **1875**·7·18 文
安藤九郎　❸ **1367**·4·2 政
安藤謙吉　❾ **1976**·7·17 社
安藤　幸　❽ **1958**·10·14 文／**1963**·4·8 文
安藤更生　❽ **1960**·6·5 文
安藤広太郎　❽ **1956**·11·3 文／**1958**·10·14 文
安藤　梢　❾ **2012**·7·27 社
安藤惟徳　❺-2 **1788**·9·11 政
安藤惟久　❺-2 **1813**·4·7 政
安藤惟要　❺-2 **1761**·9·7 政／**1780**·12·5 社
安藤定賢　❺-2 **1794**·6·25 政
安藤定次　❹ **1600**·6·17 政
安藤定房　❺-2 **1743**·4·13 文
安東(秋田)実季　❹ **1590**·9·15 政／**1591**·1月 政
安藤次右衛門　❺-1 **1680**·7·22 政
安藤重富　❺-1 **1709**·5月 社
安藤重長　❺-1 **1621**·6·29 政／**1622**·2·18 政／**1625**·2月 政／**1632**·10·12 政／**1634**·1·29 社／**1635**·11·9 文／**1636**·10·8 政／**1657**·9·29 政
安藤重信　❺-1 **1611**·1·21 政／**1612**·8·2 政／**1615**·4·22 大坂夏の陣／5·9 大坂夏の陣／**1617**·5月 政／9·3 政／**1619**·6·2 政／10·20 政／**1621**·6·29 政
安藤重玄　❺-1 **1697**·②·16 文／**1703**·2·15 政
安藤重博　❺-1 **1657**·9·29 政／**1695**·5·1 政／**1698**·8·9 政
安東省庵(守正·守約·魯黙)　❺-2 **1721**·是年 文
安藤昌益(確龍堂·良中)　❺-2 **1753**·3月 文／**1762**·10·14 文
安藤庄平　❾ **2011**·5·20 文
安藤庄兵衛　❻ **1861**·5·20 文
安藤四郎兵衛　❺-1 **1621**·12·28 社
安東季兼　❸ **1328**·10月 政
安藤季長　❸ **1322**·是春 政／**1325**·6·6 政／**1326**·7·26 政
安藤季久　❸ **1322**·是春 政／**1325**·6·6 政
安東省庵　❺-1 **1701**·10·20 文
安東聖空　❾ **1980**·10·15 文
安藤石典　❽ **1945**·12·1 政
安藤惣兵衛　❻ **1861**·5·16 社
安藤素軒　❺-2 **1717**·是年 文
安藤隆季(高季)　❸ **1330**·7·14 社／**1335**·⑩·29 政
安東尭季　❹ **1456**·是年 政
安藤忠雄　❾ **1992**·4·15 文／**2000**·1·24 文／**2002**·3·1 文／12·6 文／**2010**·11·3 文
安藤為章　❺-2 **1716**·10·13 文／**1804**·是年 文
安藤太郎　❻ **1886**·2·2 政／❼ **1924**·10·27 政／**1930**·是年 社／❾ **2010**·5·9 政
安東(下国)愛季　❹ **1582**·3·9 政
安藤次男　❾ **2002**·4·9 文
安藤次行(駿河守)　❺-1 **1697**·4·14 社／**1712**·12·24 政
安東(下国)恒季　❹ **1496**·11·26 政
安藤鶴夫　❾ **1969**·9·9 文
安藤輝三　❼ **1936**·2·18 政／2·29 政
安東洞庵　❺-1 **1702**·12·25 文
安藤道荏⇨安藤守就(もりなり)
安藤東野(煥図·東壁)　❺-2 **1719**·4·13 文
安藤時蔵　❼ **1918**·11·1 文
安藤直次　❹ **1600**·是年 政／❺-1 **1614**·2·2 政／**1617**·2·1 政／**1635**·5·13 政
安藤直治　❺-1 **1635**·5·13 政
安藤直元　❺-2 **1766**·2·23 社
安藤仲太郎　❼ **1912**·12·11 文
安東仁兵衛　❾ **1998**·4·24 文
安藤信昭　❼ **1936**·1·24 社
安藤信尹　❺-2 **1732**·7·25 政／**1755**·2·4 政
安藤信富　❺-1 **1687**·9·3 政／**1708**·11月 社
安藤信友(冠里)　❺-1 **1698**·8·9 政／**1709**·11·23 政／❺-2 **1718**·8·4 政／**1722**·5·21 政／**1732**·7·25 政
安藤信成　❺-2 **1756**·5·21 政／**1763**·是年 文／**1793**·8·24 政／**1810**·5·14 政
安藤信正(信睦)　❻ **1860**·1·15 政／11·14 政／**1861**·7·9 ロシア艦対馬占拠事件／**1862**·1·15 政／4·11 政／8·16 政／**1868**·7·13 政
安藤信義　❾ **2010**·2·12 文
安藤則命　❻ **1890**·10·1 政
安藤初太郎　❼ **1901**·11·9 社
安藤彦左衛門　❺-2 **1717**·10·26 政
安藤広重(初代歌川広重)　❻ **1856**·2月 文／**1858**·9·6 文
安藤広重(三代目)　❻ **1894**·3·28 文
安藤広太郎　❼ **1930**·1月 文
安藤復蔵　❼ **1912**·6·9 文
安東平右衛門⇨蓮性(れんしょう)
安藤朴翁　❺-1 **1702**·8·23 文
安東政季　❸ **1454**·8·28 政／❹ **1456**·是年 政
安藤正純(市兵衛)　❽ **1946**·6·1 社／**1952**·10·24 政／**1953**·5·21 政／**1954**·12·10 政／**1955**·10·14 政
安藤正次　❺-1 **1614**·1·19 政
安藤正珍　❺-1 **1630**·10月 社
安藤美姫　❾ **2005**·12·25 社／**2007**·3·20 社／**2011**·2·20 社／4·30 社
安藤美佐子　❾ **2000**·9·15 社
安東光成　❷ **1221**·6·23 政／**1240**·10·10 社／**1246**·10·13 政
安藤宗季　❸ **1325**·9·11 政／9·21 社／**1330**·7·14 社
安藤百福　❾ **2007**·1·5 社
安東盛季　❸ **1442**·是秋 政／**1443**·12·10 政／**1444**·是年 政
安東守経　❺-2 **1773**·是年 文
安藤(安東)守就(道荏)　❹ **1564**·2·6 政／**1580**·8·17 政／**1582**·6·8 政
安藤守約　❺-1 **1700**·是年 文
安東師季　❹ **1468**·2·28 政
安藤有益　❺-1 **1662**·是年 文／**1663**·是年 文／**1676**·是年 文／**1687**·是年 文／**1703**·是年 文
安藤利吉　❽ **1940**·8·1 政
安東蓮聖　❷ **1271**·4月 社／❸ **1302**·是年 社
安藤⇨下国(しもくに)姓も見よ
安当仁カラセス　❺-1 **1604**·8·18 政／**1605**·9·1 政／**1606**·9·12 政／**1607**·8·15 政／**1609**·1·11 政
安徳政尚　❷ **1244**·6·10 政
安徳天皇(言仁親王)　❷ **1178**·11·12 政／12·15 政／**1179**·12·16 政／**1180**·2·21 政／**1183**·7·25 政／10月 政／**1184**·1月 政／**1185**·2·18 政／3·24 政
アントニオ(殉教)　❺-1 1620·6·25 社
アントニオ猪木　❽ **1960**·2月 社／

9·30 社／❾ 1969·5·16 社／1976·6·26 社／1989·7·23 社／1990·12·1 政
アンドレア掃部　❺-1 1623·12·13 社
アンドレー・フィリップ　❻ 1891·11·17 社
アンドレオッティ(伊)　❾ 1973·4·23 政
アンドロバンディ伯爵　❼ 1932·2·29 政
アンナ(ロシア女帝)　❺-2 1728·11·8 政
安那定親　❷ 1236·8·17 文／9·18 文／1237·5·21 文／1238·4·5 文
安寧天皇(磯城津彦玉手看尊)　❶ 書紀·綏靖 25·1·7／安寧 1·7·3／安寧 11·1·1／安寧 38·12·6／懿徳 1·8·1
安然(僧)　❶ 877·②·17 政／885·是年 文／902·是年 文
安念(僧)　❷ 1213·2·15 政
阿武教子　❾ 2003·9·12 社／2004·8·13 社
安野光雅　❾ 2012·11·5 文
安能(僧)　❷ 1168·1·1 社
安楽(僧)　❷ 1011·1·1 社
アンリ(仏)　❽ 1939·11·30 政／1940·6·19 政／8·1 政
アンリ菅野　❾ 2000·6·30 文

い

伊　行吉　❷ 1261·7·11 文
伊　行経　❸ 1307·8·1 社
伊　行末(宋石工)　❷ 1240·2·4 文／1253·4·8 文／1259·7·11 文
韋　景先　❶ 733·8月 政
位　孝男(高麗)　❷ 1060·7·27 政
李　秀賢　❾ 2001·1·26 社
韋　享元　❻ 1877·11·24 社
威　巴魯(琉球)　❸ 1413·1·16 政
李　熙健　❾ 2011·3·21 政
伊　孚九(清)　❺-2 1720·2月 文／1726·是年 文／1727·2·21 文／1730·7·26 文
猪　末行　❷ 1278·7·23 文
伊　末行　❸ 1299·2·15 文
李　明博　❾ 2010·5·30 政／10·3 政／2011·5·21 政／9·20 政／2012·3·26 政／5·13 政／8·10 政
伊　行氏　❸ 1294·12·15 文
以安(僧)　❹ 1511·7月 文
井伊真澄　❺-1 1668·11·19 政
井伊直亮　❺-2 1796·2·16 文／1812·2·5 政／1835·12·28 政／1841·5·13 政
井伊直興(直該·なおもり)　❺-1 1676·1·3 政／1686·是年 文／1688·11·4 政／1697·6·13 政／1700·3·2 政／1714·2·13 政／❺-2 1717·4·20 政
井伊直勝(直継)　❹ 1500·3·12 社
井伊直定　❺-2 1755·7·25 政／1760·2·8 政／1787·9·1 政
井伊直弼　❻ 1854·4·9 政／1855·12·11 文／1858·4·23 政／6·24 政／11·4 政／1860·3·3 政／1862·11·24 政
井伊直澄　❺-1 1659·6·28 政／1676·1·3 政
井伊直孝　❺-1 1614·12·4 大坂冬の陣／1615·5·6 大坂夏の陣／1630·10·28 政／1659·6·28 政
井伊直武　❺-1 1672·1·6 政
井伊直恒　❺-1 1710·7·25 政
井伊直朝　❺-1 1705·12·3 政
井伊直中　❺-2 1812·2·5 政
井伊直憲　❻ 1867·11·8 政
井伊直矩　❺-1 1705·12·3 政
井伊直英(直幸)　❺-2 1755·7·25 政／1784·2·30 政／11·28 政／1789·2·30 政
井伊直政(万千代)　❹ 1575·2·15 政／1584·8·18 政／1586·11·12 政／1590·2·2 政／6·22 政／8·15 政／是年 社／1600·8·3 関ヶ原合戦／8·4 関ヶ原合戦／8·23 関ヶ原合戦／9·14 関ヶ原合戦／9·27 関ヶ原合戦／10·12 関ヶ原合戦／❺-1 1601·2·2 政／1602·2·1 政
井伊直盛　❹ 1546·8·24 社
井伊直通　❺-1 1710·7·25 政
井伊直該(なおもり)⇨井伊直興(なおおき)
井伊直好　❺-1 1645·6·23 政／1659·1·28 政／1672·1·6 政
井伊直愛　❾ 1968·10·29 社
井伊直勝(直継)　❺-1 1602·2·1 政／1603·2月 政／1614·是年 社／1615·2·23 政
伊井弥四郎　❽ 1947·1·31 政
伊井蓉峰　❻ 1891·11·5 文／1895·7·6 文／❼ 1902·5·3 文／1906·3·4 文／1907·7·14 文／1910·3·12 文／1911·4·14 文／1912·9月 文／1932·8·15 文
飯泉景光　❷ 1260·9·19 政
飯泉嘉門　❾ 2007·4·8 社／2011·4·10 社
飯泉喜内　❻ 1858·9·7 政
飯尾呉峯　❽ 1940·12·12 文
飯岡助五郎　❺-2 1844·8·4 社／1847·7·4 社
イーカー(米)　❽ 1945·6·18 政
飯河新十郎　❺-1 1683·3·12 政
飯河直信　❺-1 1646·12·1 社
飯河信順　❺-1 1681·1·28 政
飯河方好　❺-1 1648·12·10 文
イーグル京和　❾ 2006·5·6 社／2007·6·4 社
イーグルス(米少将)　❽ 1948·5·5 政
飯坂良明　❾ 2003·10·3 文
飯澤清右衛門　❺-2 1739·4·26 政
飯澤　匡　❼ 1931·2·10 文／❽ 1943·2·2 文／1944·10·13 文／❾ 1994·10·9 文
飯島　愛　❾ 2008·12·24 社
飯島栄次　❻ 1881·是年 社
飯島華岳　❻ 1881·3·24 文
飯島量平　❻ 1856·1·28 社
飯島光峨　❼ 1900·2·11 文
飯島権十郎　❽ 1948·6·21 社
飯島澄男　❾ 2009·11·3 文
飯島善太郎　❼ 1903·4月 社
飯島宗一　❾ 2004·3·1 文
飯島惣吉　❻ 1856·1·28 社
飯島　正　❾ 1996·1·5 文
飯島夏樹　❾ 2005·2·28 社
飯島文常　❺-2 1843·是年 社／❻ 1856·是年 文
イーストレーキ，ウィン　❻ 1867·2月 文
イーストレーク，ワーリントン　❼ 1905·2·18 文
飯田市郎兵衛　❹ 1569·永禄年間 社
飯田馬之助　❾ 2010·11·26 文
飯田興秀　❹ 1535·10·7 文
飯田義一　❼ 1918·10·21 政
飯田汲事　❽ 1939·6月 文
飯田玄楽　❺-2 1829·2·20 文
飯田古剣太　❻ 1879·3·27 政
飯田貞次　❺-1 1621·是年 政
飯田三郎　❾ 2003·4·24 文
飯田重治　❺-1 1713·5·29 社
飯田秀処　❽ 1950·12·30 文
飯田閏輔　❺-2 1851·11·10 社
飯田庄蔵　❻ 1861·5·16 社
飯田正伯　❻ 1862·6·1 文
飯田新七　❺-2 1831·1·10 社
飯田　節　❻ 1867·10·22 政
飯田武郷(彦介·守人)　❺-2 1852·是年 文／❻ 1883·6·10 文／❼ 1900·8·26 文
飯田蛇笏(武治)　❼ 1915·5月 文／❽ 1962·10·3 文
飯田忠彦(黙叟·要人·子邦·環山·野史氏·夷浜釣叟)　❺-2 1852·是年 文／❻ 1860·5·27 文
飯田蝶子　❾ 1972·12·26 文
飯田伝吉　❺-1 1612·7·13 社
飯田東渓　❺-2 1738·3·29 文
飯田道珊　❺-2 1751·6·1 文
飯田百川　❺-2 1767·12月 文
飯田八郎兵衛　❺-1 1666·5·19 社
飯田備前　❷ 1223·3·16 政
飯田操朗　❼ 1933·是年 文／1935·3·6 文
飯田深雪　❾ 2007·7·4 文
いいだもも　❾ 1966·8月 文／2011·3·31 文
飯田弥曾八　❻ 1868·4·14 政
飯田善国　❾ 2006·4·19 文
飯田龍太　❾ 2007·2·23 文
飯田林右衛門　❺-2 1725·10·9 社
飯高氏文　❶ 858·3·5 政
飯高貞宗　❶ 887·2·2 政
飯高常比麻呂　❶ 840·1·30 政
飯高永雄　❶ 858·1·16 政／863·2·10 政／864·1·16 政
飯高諸高　❶ 777·5·28 政
飯高直七　❻ 1869·10·22 社
飯塚昭男　❾ 2003·8·18 文
飯塚　啓　❽ 1938·12·10 文
飯塚朝吉　❼ 1934·3·10 政
飯塚円次　❺-2 1790·是年 政
飯塚　納　❻ 1879·4·13 文
飯塚和史　❾ 2009·3·16 社
飯塚浩二　❽ 1945·11月 文／❾ 1970·12·4 文
飯塚　茂　❼ 1932·5·1 社
飯塚生清　❺-2 1748·是年 文
飯塚敏子　❾ 1991·12·14 文
飯塚琅玕斎(弥之助)　❽ 1958·12·17 文
飯塚入道(仏師)　❹ 1575·是年 文

飯豊青皇女(飯豊青尊·飯豊郎女·飯豊王·青海皇女·忍海飯豊青尊)　❶ 484·1·16
飯沼二郎　❾ 2005·9·24 文
飯沼資宗　❸ 1291·8·20 政
飯沼貞吉　❼ 1931·2·12 政
飯沼苦三　❻ 1873·7·14 文
飯沼兵庫助　❸ 1351·1·8 政
飯沼正明　❼ 1936·8·16 政／❽ 1937·4·6 社／1942·1·3 社
飯村　穣　❽ 1940·10·1 政
飯沼慾斎(長順·本平·龍夫)　❺-2 1852·3 月 社／❻ 1856·是年 文／1865·⑤·5 文
飯野吉三郎　❼ 1925·3·11 社
飯野寅吉　❼ 1899·7 月 政
イーバンス(英、夫妻)　❻ 1872·4·14 文
飯干晃一　❾ 1996·3·2 文
飯村丈三郎　❻ 1892·11·6 政
飯室庄左衛門　❻ 1856·3 月 文
飯守重任　❽ 1961·2·24 政／❾ 1970·12·22 政
飯守泰次郎　❾ 1966·1·17 文／2012·11·5 文
イールズ(米)　❽ 1949·7·19 文／1950·5·2 文
井植歳男　❽ 1950·4·1 政
井浦祥二郎　❽ 1944·4·23 政
伊江朝雄　❾ 1991·11·5 政
伊江朝慶　❺-2 1786·是年 政
伊江王子　❻ 1857·11·3 政
イエイヤー(国際自由労連)　❽ 1960·10·22 社
家城源七　❺-2 1816·8·6 文
家城太郎次　❺-1 1630·寛永 6、7 年 社
家城巳代治　❽ 1950·9 月 社／❾ 1976·2·22 文
家崎善之　❺-2 1826·是年 文
家里新太郎　❻ 1863·5·20 文
家重(刀工)　❺-1 1660·8 月 文
家助(刀工)　❸ 1414·2 月 文
イエズス，フランシスコ·デ　❺-1 1632·7·19 社
家次(備中刀工)　❸ 1367·8 月 文
家永三郎　❽ 1946·9·5 文／❾ 1965·6·12 文／1967·6·23 文／1968·2 月 文／1970·9·7 文／1984·1·14 文／2002·11·29 文
家長方親　❺-1 1604·11·9 文
家原氏主　❶ 856·1·12 政／874·7·30 政
家原縄雄　❶ 868·1·16 政／2·17 政
家原代主　❶ 859·1·13 政
家久(矢野荘田所)　❸ 1395·10·8 社
家秀(海賊)　❸ 1319·⑦·25 政
家仁親王　❺-2 1755·3·26 文
家宗(姓不詳·上野介)　❷ 1084·4·11 政
家持半兵衛　❺-1 1643·寛永年間 政
家守(刀工)　❸ 1392·8 月 文
伊右衛門(長崎)　❺-1 1682·3·16 社
家世王　❶ 862·4·20 政
イエン，サリ　❾ 1978·6·11 政
五百井女王　❶ 787·3·20 社／806·2·23 文
伊王野資信　❹ 1600·5·3 政
五百枝王　❶ 782·1·16 政／2·7 政／785·9·23 政／802·6·22 政
井岡一翔　❾ 2011·12·31 社／2012·6·20 社／12·31 社
井岡弘樹　❾ 1987·10·18 社／1988·1·31 社／1992·3·31 社
井岡　弘　❾ 1991·12·17 社
五百木竹四郎　❼ 1915·11·2 社
五百城文哉　❼ 1906·6·7 文
五百旗頭　真　❾ 2011·4·11 政／11·4 文
廬城部枳莒喩　❶ 534·⑫月
伊福吉部徳足比売　❶ 710·11·13 文
伊福部安道　❶ 884·6·23 政／886·5·12 政
伊福部女王　❶ 713·1·12 政／768·10·24 政
五百野皇女　❶ 書紀·景行 20·2·4
廬原有子　❶ 835·10·16 文
廬原有守　❶ 835·2·2 政
庵原宣方　❺-2 1786·1·20 政
庵原弥六　❺-2 1785·2 月 政／4·29 政／1786·3·15 政
伊臣忠一　❻ 1888·5 月 社
庵　平兵衛　❺-1 1701·6·6 社／1702·8·26 社
已下清左衛門　❺-2 1809·10·8 政
伊賀家久　❹ 1584·9·9 政
伊賀氏広　❼ 1911·1 月 社
伊賀翁丸　❸ 1303·6·22 政
伊賀兼光　❸ 1333·5·25 政／10·5 政／10·9 政
伊賀三郎左衛門　❸ 1349·3·16 政
伊賀十郎　❸ 1356·6·26 政
伊賀次郎左衛門　❹ 1465·6·5 政
伊賀朝行　❷ 1224·⑦·3 政／1225·8·27 政
伊賀久隆　❹ 1580·4·14 政
伊賀光重　❷ 1224·⑦·3 政／1225·8·27 政
伊賀光季　❷ 1219·2·14 政／3·4 政／1221·5·15 政
伊賀光長　❸ 1352·8·7 政
伊賀光政　❷ 1275·12·13 政／❸ 1297·12·4 政
伊賀光宗　❷ 1218·7·22 政／1219·9·6 政／1224·7·17 政／⑦·3 政／1225·12·22 政／1257·1·25 政
伊賀盛光　❸ 1334·8·6 政／9·23 政／1335·3·1 政／1338·6·24 政／1344·4·12 政／1346·2·9 政／1348·5·22 社
伊賀与二郎　❹ 1580·4·14 政
伊賀頼泰　❸ 1307·7·13 政
猪飼敬所(彦博·希文)　❺-2 1845·11·10 文
猪飼嘯谷　❽ 1939·6·16 文
猪飼たね　❾ 1995·7·12 社
猪飼久一　❺-2 1721·7·24 文
猪飼正景　❺-1 1646·3·28 政
猪飼正量　❺-1 1646·3·28 政
猪飼正冬　❺-1 1681·1·28 政
猪飼光治　❺-1 1611·2·28 政
伊香色雄　❶ 書紀·崇神 7·11·13
伊香色謎命　❶ 書紀·開化 6·1·14
伊加古　❶ 811·7·29 政
胆香瓦安倍　❶ 672·7·2 政
雷　庄九郎　❺-1 1702·8·26 社
伊賀道虫女　❶ 863·5·2 社
伊賀守金道(刀工)　❺-1 1626·8 月 文
伊我部安国　❶ 946·3·13 政
猪谷六合雄　❾ 1986·1·10 社
猪谷千春　❽ 1955·3·6 社／1956·1·3 社／❾ 2005·7·9 社
伊賀屋与八郎　❺-2 1718·8·18 社
五十嵐篤好　❺-2 1831·是年 文
五十嵐　勇　❽ 1940·2·28 政
五十嵐加右衛門　❺-1 1637·6·22 文
五十嵐喜芳　❽ 1957·5·1 文／❾ 2011·9·23 文
五十嵐健治　❼ 1906·3·14 社
五十嵐広三　❾ 1993·8·9 政／1994·6·30 政
五十嵐権左衛門　❺-1 1712·7·11 社
五十嵐浚明　❺-2 1781·8·10 文
五十嵐祐貞　❺-2 1789·是春 政
五十嵐宗平　❺-2 1823·5 月 文
五十嵐　力　❽ 1947·1·11 文
五十嵐竹塢　❼ 1896·3·21 文
五十嵐竹沙　❺-2 1844·2·25 文
五十嵐梯二　❽ 1940·6·21 社
五十嵐伝之丞　❻ 1893·1·28 社
五十嵐道甫　❺-1 1697·6 月 文
五十嵐俊幸　❾ 2012·7·16 社
五十嵐豊六　❹ 1519·12 月 社
五十嵐信平　❺-2 1791·是年 文
五十嵐　一　❾ 1991·7·12 社
五十嵐又碩　❻ 1865·是年 文
五十嵐屋七郎左衛門　❺-2 1802·是年 政
碇川　豊　❾ 2011·8·28 社
いかりや長介　❾ 2004·3·20 文
井川雪下園(鳴門)　❺-2 1805·12·25 文
伊川円育(天澤円育)　❺-1 1660·3·11 政
井川忠雄　❽ 1940·11·25 政
井川正雄　❽ 1940·是年 文
井川意高　❾ 2011·10·28 社
惟観(僧)　❷ 1072·3·15 政／1073·6·12 政
伊吉古麻呂　❶ 732·10·17 政
伊岐是雄　❶ 872·4·24 文
伊伎忠雄　❶ 967·1·18 社
伊木忠澄(三猿斎)　❻ 1886·3·20 政
伊木忠次　❹ 1584·6·10 政
伊木常誠　❻ 1890·11·8 社
伊木長門(忠貞)　❺-1 1642·7 月 政
伊吉(壱伎·伊岐)博徳　❶ 659·7·3 政／667·11·9 政／668·1·23 政／686·10·2 政／695·7·26 政／700·6·17 政／703·2·15 政
伊木寿一　❾ 1970·11·28 文
伊吉真次　❶ 766·1·14 社
伊吉益麻呂　❶ 761·10·22 政／762·10·1 政
伊北弥五右衛門　❹ 1584·10 月 文
惟暁(僧)　❶ 838·7·5 文
惟杏永哲(僧)　❹ 1591·8·6 政／1595·3·26 文
伊岐貞廉　❷ 1001·5·2 文
伊具四郎　❷ 1258·8·15 社
活井旧室　❺-2 1764·11·28 文

以空(僧) ❺-1 1666·是年 文
生江安久多 ❶ 749·5·15 社
生江家道 ❶ 757·5·2 文
生江家道女 ❶ 796·7·22 社
生江氏緒 ❶ 866·8·7 社
生江澄貞 ❷ 1013·8·11 社
生江恒山 ❶ 866·③·10 政
生江智麻呂 ❶ 759·1·11 政
育英(僧) ❹ 1493·3·11 政
昱子(いくし)内親王 ❷ 1237·11·24 社
生嶋伊織 ❺-1 1651·8月 文
生島治郎 ❾ 2003·3·2 文
生島新五郎 ❺-1 1686·3月 文／1714·1·12 社
生島丹後 ❺-1 1625·8月 文
生島半六 ❺-1 1704·2·19 文
生島遼一 ❽ 1944·8月 文／❾ 1991·8·23 文
生田検校 ❺-1 1715·6·14 文
生田春月(清平) ❼ 1920·6月 文／1930·5·19 文
生田長江(弘治) ❼ 1912·3·2 文／1913·1月 文／1919·6·18 文／7·7 文／1936·1·11 文
生田伝八郎 ❺-1 1715·11·4 社
生田正輝 ❾ 2012·5·7 政
生田正治 ❾ 2002·8·26 政
生田　万(国秀·救卿·東華·大中道人) ❺-2 1837·6·1 政
幾度八郎 ❻ 1864·10·13 政
生玉琴風 ❺-1 1691·是年 文
井口常範 ❺-1 1689·是年 文
井口八郎右衛門 ❺-1 1670·2·8 社
井口基成 ❽ 1945·12·24 文／1948·4·5 文
井口理兵衛 ❺-1 1695·5·23 社
幾度判右衛門⇨平成稔(へいせいねん)
幾野通子 ❽ 1946·5·23 社
的　蚊嶋 ❶ 491·5月
的　戸田(砥田) ❶ 書紀·応神 16·8月
的　真噛 ❶ 587·6·7
郁芳門院⇨媞子(ていし)内親王
生熊左介 ❹ 1581·2·16 社
生熊左兵衛尉 ❹ 1569·8月 社
井汲唯一 ❻ 1866·4·24 政
活目入彦五十狭茅尊⇨垂仁(すいにん)天皇
生本伝九郎 ❻ 1884·12·25 社
伊倉宮 ❸ 1371·8·6 政
池　玉瀾 ❺-2 1784·9·28 文
池　大雅(無名·貨成·秋平·大雅堂·待賈堂·三岳道者) ❺-2 1744·是冬 文／1746·是年 文／1747·是年 文／1749·7月 文／1750·11月 文／是年 文／1751·是年 文／1754·3月 文／是夏 文／1755·1月 文／5月 文／1757·是年 文／1760·6月 文／1761·是冬 文／1762·是年 文／1763·7月 文／1764·是夏 文／1766·5月 文／1771·8月 文／1776·4·13 文／1804·是年 文
井家因長 ❺-2 1719·4月 文
怡渓宗悦 ❺-1 1714·5·2 文
池井戸　潤 ❾ 2011·7·14 文
池内淳子 ❽ 1957·10·20 社／❾ 2010·9·26 文
池内大学 ❻ 1863·1·22 政
池内友次郎 ❾ 1991·3·9 文
池内信嘉 ❼ 1902·7月 文
池内　宏 ❼ 1927·3月 文／❽ 1947·12·28 文／1952·11·1 文
池貝喜四郎 ❼ 1933·3·28 社、文
池貝庄太郎 ❻ 1889·5月 政／❼ 1906·6·1 政／1934·7·28 政
池上秀畝 ❼ 1916·是年 文／1917·是年 文／1921·是年 文／❽ 1944·5·26 文
池上四郎 ❻ 1877·2·15 西南戦争
池上太郎左衛門行種 ❺-1 1649·3月 社
池上太郎左衛門幸豊 ❺-2 1752·是年 社／1762·2月 社／6·7 社／10·17 社／1766·3·1 社／1767·是春 社／⑨·14 社／1770·3月 社／1774·12·28 社／1780·4·10 社／1781·4月 社／1784·1月 社／1786·4·6 社／1797·8月 社／1798·2·15 社
池上太郎次郎 ❺-2 1780·10·15 社／1799·12月 社
池上宗仲 ❸ 1282·9·8 社
池上弥三吉 ❻ 1868·2·24 文
池上幽雪 ❺-1 1697·是年 文
池上内親王 ❷ 1164·是年 文
池川春水 ❺-2 1768·6·25 社
池城安棟 ❹ 1578·4·5 政
池城親方 ❻ 1857·10·10 政
池城親方安命(十代目) ❺-2 1759·⑦·2 政
池澤夏樹 ❾ 1988·1·13 文
池島慶春 ❼ 1936·8·23 文
池島信平 ❾ 1973·2·13 文
池尻共孝 ❺-1 1683·9·14 政
池尻栄房 ❺-2 1788·1·14 政
池添詳敬 ❻ 1877·8·23 政
池田晶子 ❾ 2007·2·23 文
池田章政 ❻ 1877·5·21 政／❼ 1903·6·5 政
池田伊賀 ❺-1 1642·7月 政
池田丑蔵 ❻ 1867·2·15 社
池田栄広 ❾ 1992·2·25 文
池田栄史 ❾ 2011·10·20 文
池田英泉(義信·無名翁) ❺-2 1833·是年 文
池田王(親王) ❶ 754·11·1 政／761·10·11 政／764·10·9 政
池田応助 ❻ 1877·8·23 政
池田勝入⇨池田恒興(つねおき)
池田勝正 ❹ 1565·10·15 社／1567·5·2 政／5·22 社／5·23 政／1568·10·2 政／1569·1·5 政／1570·4·25 政
池田克也 ❾ 1989·5·17 政
池田錦重 ❾ 1978·4·27 社
池田亀三郎 ❽ 1956·4·10 政
池田亀太郎 ❼ 1908·3·22 社
池田冠山(定常) ❺-2 1833·7·9 文
池田亀鑑 ❽ 1953·6月 文／8月 文／1956·12·19 文
池田菊苗 ❼ 1907·4·28 社／1908·7·15 社／1936·5·3 文／❾ 1985·4·18 社
池田喜八郎 ❺-2 1770·7·22 政
池田久蔵 ❺-2 1818·是年 社
池田清定 ❺-1 1711·7·4 政
池田　潔 ❾ 1990·3·14 文
池田琴峰 ❼ 1899·9·17 文
池田久美子 ❾ 2006·5·6 社
池田軍次 ❺-2 1716·7·17 社／1747·8·26 政
池田桂仙 ❼ 1931·12·27 文
池田検校 ❺-1 1700·11·1 社
池田謙斎(新貞老·謙輔·圭助) ❻ 1870·4·22 文／1888·5·7 文／1891·5·11 政／❼ 1918·4·30 文
池田謙三 ❼ 1896·11·19 政／1922·8·1 政／1923·11·29 政
池田好運(与右衛門) ❺-1 1618·是年 文／1636·是年 社
池田弘寿 ❼ 1918·9·28 政
池田孤村 ❻ 1868·1月 文
池田言水 ❺-1 1687·是年 文
池田貞正 ❹ 1508·5·10 政
池田三郎左衛門 ❺-1 1611·11·15 社
池田成彬 ❼ 1933·7·24 政／1936·5·1 政／❽ 1937·2·9 政／10·15 政／1938·5·26 政／11·8 政／1939·7·15 政／1950·10·9 政
池田繁一 ❺-1 1692·12·1 社
池田重利 ❺-1 1614·5·21 社
池田重富 ❺-1 1683·2·26 文
池田重寛 ❺-2 1757·2·1 文／1783·10·18 政
池田重善 ❽ 1958·5·24 政
池田七郎左衛門 ❺-1 1673·5·16 社
池田秋旻 ❼ 1911·11月 文
池田駿介 ❾ 2010·6·11 文
池田昌意 ❺-1 1674·是年 文
池田蕉園 ❼ 1917·12·1 文
池田次郎 ❾ 2012·12·19 文
池田次郎左衛門 ❻ 1864·6·14 政
池田新太郎⇨池田光政(みつまさ)
池田季隆 ❺-2 1729·5·19 政
池田是水 ❺-1 1656·是年 文
池田是誰 ❺-1 1662·是年 文
池田宗旦 ❺-1 1687·是年 文
池田素外 ❺-2 1781·是年 文
池田大淵 ❺-2 1823·是年 文
池田大伍 ❼ 1917·4·22 文／1928·7·12 文
池田大作 ❽ 1960·5·3 社／❾ 1970·5·3 政／1988·5·10 政／1990·12·28 社／1993·5·1 社／1995·12·1 政
池田泰真(久三郎) ❻ 1890·11·16 文／❼ 1896·6·30 文／1903·3·7 文
池田隆政 ❽ 1952·10·10 政
池田忠雄 ❺-1 1610·2·23 政／1614·11·19 大坂冬の陣／1629·6·2 文／1630·10月 社／1632·4·3 政
池田忠継(藤松丸) ❺-1 1603·2·6 政／4月 政／1604·12·2 社／1613·1·25 政／1614·11·7 大坂冬の陣
池田多仲 ❻ 1861·3·3 文
池田帯刀 ❺-1 1664·1月 文
池田足継 ❶ 761·1·16 政
池田継政 ❺-2 1732·是年 文／1742·10·6 政／1752·12·6 政
池田綱清 ❺-1 1700·5·25 政
池田綱政 ❺-1 1672·6·11 政／10·28 文／1674·2·11 政／1675·7·19 文／1680·1·27 社／1708·①·9 社／

1714·10·29 政
池田恒雄　❾ 2002·2·9 文
池田(伊丹)恒興(勝入·勝三郎)　❹ 1580·③·2 政／7·2 政／1582·6·12 政／6·27 政／10·28 政／10 月 社／1583·5·25 政／5 月 社／1584·3·10 政／4·9 政
池田恒元　❺-1 1649·10·5 政
池田恒行　❺-1 1679·4·1 政
池田輝興　❺-1 1631·7·29 政／1645·3·20 政
池田輝方　❼ 1901·6·6 文／1919·10·14 文／1921·5·6 文
池田(松平)輝澄　❺-1 1619·8 月 政／1631·7·29 政／1640·7·26 政／1662·4·18 政
池田輝録　❺-1 1672·6·11 政
池田輝直　❺-1 1605·5·3 政
池田輝政(照政)　❹ 1584·4·11 政／7 月 社／1585·7 月 社／1586·10·18 社／1594·12·27 政／1597·2·1 社／1599·1·21 政／1600·7·24 関ヶ原合戦／8·12 関ヶ原合戦／8·23 関ヶ原合戦／9·19 政／9·23 関ヶ原合戦／12·22 社／❺-1 1601·3·11 社／12 月 社／1603·2·6 政／4 月 政／1605·5·3 政／1607·6 月 社／1608·1·4 社／是年 政／1609·是年 政／1613·1·25 政
池田出羽(由之)　❺-1 1642·7 月 政
池田藤松丸⇨池田忠継(ただつぐ)
池田藤八郎　❻ 1893·1·28 社
池田独美(善卿·瑞仙·錦橋)　❺-2 1816·9·6 文
池田要訓　❺-2 1830·6·27 政
池田利隆　❺-1 1607·6·2 政／1613·1·25 政／7·13 政／1614·9·18 大坂冬の陣／11·19 大坂冬の陣／1616·6·13 政
池田伴親　❼ 1907·3·15 文
池田知正　❹ 1571·8·28 政
池田都楽　❺-2 1803·享和年間 文
池田長発　❻ 1863·11·28 政／12·7 政／12·29 政／1864·7·22 政／1879·9·12 政
池田仲建　❻ 1864·6·27 政
池田仲央　❺-1 1708·①·9 社
池田長裕　❻ 1868·2·23 政
池田長正　❹ 1551·5 月 社／1553·12·15 社／1562·3·5 政
池田長吉　❹ 1600·9·30 関ヶ原合戦／❺-1 1614·9·24 政
池田長幸　❺-1 1614·9·24 政／1617·3·6 政／是年 政／1632·4·6 政
池田長恵　❺-2 1787·10·2 社／1789·9·7 社／1795·6·28 政
池田斉稷　❺-2 1830·6·27 政
池田斉政　❺-2 1794·3·8 政
池田信正　❹ 1541·8·12 政
池田勇人　❽ 1949·1·23 政／2·16 政／1950·3·1 政／4·25 政／12·7 政／1951·2·22 政／8·18 政／1952·10·30 政／11·27 政／1953·10·2 政／1956·12·23 政／1958·6·12 政／12·10 政／1959·6·18 政／1960·7·14 政／7·19 政／12·8 政／1961·6·19 政／1962·7·14 政／1963·12·9 政／1964·7·10 政／❾ 1965·8·13 政
池田春野　❶ 838·3·8 政
池田治政(新十郎)　❺-2 1764·3·14 政／1765·2·18 政／1794·3·8 政／1818·12·19 政
池田治道(秀三郎)　❺-2 1783·10·18 政
池田久宗　❹ 1531·3·6 政／1546·9·3 政
池田秀氏　❹ 1595·7·15 政
池田文雄　❾ 2003·1·23 社
池田文次　❺-2 1717·7·17 社
池田政子　❼ 1908·3·5 社
池田政言　❺-1 1672·6·11 政
池田政綱　❺-1 1631·7·29 政
池田政豊　❺-1 1632·4·6 政／1641·9·6 政
池田政直　❺-1 1662·4·18 政
池田正之輔　❽ 1960·12·8 政
池田正信　❺-2 1785·8·22 政
池田正式　❺-1 1646·是年 文
池田政倚　❺-1 1708·5·14 政
池田満寿夫　❽ 1964·11·14 文／❾ 1965·6·16 文／1966·6·17 文／1977·1 月 文／7·14 文／1997·3·8 文
池田真枚　❶ 780·3·17 政
池田三男　❽ 1956·11·22 社
池田光智　❾ 2010·1·15 政
池田光仲　❺-1 1632·4·3 政／6·18 政／1693·7·7 政
池田充正　❹ 1473·11·3 政
池田光政(新太郎)　❺-1 1616·6·13 政／1617·3·6 政／6 月 政／1632·4·3 文／6·18 政／12·29 社／1642·7 月 政／11·11 文／1649·10·5 政／1654·8·11 政／1657·1·26 政／1664·9·20 社／1666·5·18 社／10·7 文／1667·4 月 社／1668·是年 政／1669·7·25 文／1670·5·14 文／1672·6·11 政／10·28 文／1675·7·19 文／1680·1·27 社／1682·5·22 政
池田宗理　❷ 1145·7·9 社
池田宗政　❺-1 1714·10·29 政／❺-2 1752·12·6 政／1764·3·14 政
池田宗泰　❺-2 1739·7·23 政／1747·8·21 政
池田茂政　❻ 1866·7·18 政／11·7 政／❼ 1899·12·12 政
池田もと子　❼ 1932·4·23 社
池田元助　❹ 1581·11·17 政／1583·5·25 政／6 月 社／1584·3·13 政／4·9 政
池田元八　❼ 1898·2·21 社
池田弥三郎　❽ 1964·3 月 文
池田勇八　❼ 1913·10·15 文
池田行彦　❾ 1989·6·2 政／1991·4·16 政／1996·1·11 政／11·7 政／2004·1·28 政
池田陽一　❻ 1885·5 月 文
池田遙邨　❼ 1928·10·16 文／❽ 1947·10·16 文／❾ 1987·11·3 文／1988·9·24 文
池田義豊⇨伊丹万作(いたみまんさく)
池田義信　❽ 1949·6·14 社
池田慶徳　❻ 1857·12·29 政／1862·10·4 政／1863·2·13 政／1864·5 月 天狗党の乱／1871·1 月 政／1877·8·2 政
池田慶政　❺-2 1852·12·28 社
池田吉泰　❺-1 1711·7·4 政／❺-2 1739·7·23 政
池田由之　❹ 1552·4·25 政
池田頼方　❺-2 1852·3·24 社／❻ 1858·10·9 政／1861·5·26 政／1864·7·6 政／1865·5·3 政／1866·6·29 政／1876·2·17 政
池田洛中　❽ 1948·是年 文
池田廉一郎　❼ 1922·3·31 文
池田六次郎　❼ 1898·2·21 社
池田芦州　❼ 1933·1·24 文
池田筑後守　❹ 1469·7·13 政
池谷信三郎　❼ 1933·12·21 文
池谷幸雄　❾ 1988·9·17 社／1992·7·25 社
池田木工允　❹ 1469·12·19 社
池田屋惣兵衛　❻ 1864·6·5 政
池田屋平右衛門　❺-2 1783·12·26 社
池津媛(適稽女郎、百済)　❶ 421·是年／429·是年／458·7 月／461·4 月
生月(いけづき)鯨太右衛門　❺-2 1850·5·26 社
池永道雲　❺-2 1737·7·19 文
池永秦良　❺-2 1792·是年 文／1795·是年 文／1796·是年 文
池永修理　❹ 1521·2·11 政
池波正太郎　❾ 1968·12 月 文／1985·4·3 社／1990·5·5 文
池西言水(八郎兵衛·則好·兼志·紫藤軒·洛下童·風下堂)　❺-1 1675·是年 文／1678·是年 文／1679·是年 文／1680·是年 文／1681·是年 文／1689·是年 文／1707·是年 文／❺-2 1719·9·24 文
池野成一郎　❼ 1896·11 月 文／❽ 1943·10·4 文
池上内親王　❶ 868·11·23 政／869·11·12 文
池坊専意　❺-2 1761·5·18 文
池坊専慶　❹ 1462·2·15 文／2·25 文／10·2 文
池坊専好(初代)　❹ 1599·9·16 文／❺-1 1617·是年 文／1629·1·10 文
池坊専好(二代目)　❺-1 1629·是年 文／1658·是年 文／1683·是年 文
池坊専好(三代目)　❺-2 1723·是年 文
池坊専弘　❺-2 1775·10·28 文
池坊専慈　❹ 1536·1·17 文
池坊専純　❺-2 1739·是年 文／1746·5·18 文
池坊専定　❺-2 1817·3·2 文
池坊専応　❹ 1531·8·13 文／1542·10·1 文
池坊専養　❺-1 1677·7·7 文
池麻呂(奴)　❶ 750·3·6 社
池端清一　❾ 1995·8·8 政
池原日南　❻ 1884·7·14 文
池辺啓太　❺-2 1842·10·2 政
池辺三山　❼ 1908·2·15 文／1912·2·28 文
池辺義象　❼ 1912·1 月 文／1923·3·6 文
池部　良　❽ 1949·7·19 社／❾ 2010·10·8 文
池辺氷田　❶ 584·9 月
池宮彰一郎　❾ 2007·5·6 文
池本　登　❾ 2007·12·7 社

池本元光　❾ 1978・2・2 社
池谷　薫　❽ 1963・1・3 文／❾ 1965・9・19 文／2002・2・1 文／2010・11・3 文
池山一吉　❺-1 1624・是年 社
池山喜三左衛門　❺-2 1771・7・21 政／1773・6・24 政
為光(僧)　❶ 770・是年 社
以亨得謙(僧)　❸ 1402・是春 文
惟高妙安(僧)　❹ 1567・12・3 社
井子柔(信斎)　❺-2 1784・12・25 文
伊古田純道　❺-2 1852・4・23 文
生駒小千　❹ 1587・是年 政
生駒一正　❹ 1599・2・5 政／❺-1 1601・3・4 社／1608・9月 政／1610・3・18 政
生駒玄蕃　❺-1 1647・1・7 社
生駒三郎左衛門　❺-1 1694・9・29 政／❺-2 1736・7・26 政／8・9 社
生駒高俊　❺-1 1621・6・5 政／1640・7・26 政／1659・6・16 政
生駒帯刀　❺-1 1637・7・1 政／1640・7・26 政
生駒近規(親正・近親・近世・正成)　❹ 1584・4・12 政／6・13 政／1585・6・2 政／1587・8・10 政／1592・4月文禄の役／1599・1・21 政／1600・5・7 政／❺-1 1603・2・13 政
生駒正俊　❺-1 1610・3・18 政／1621・6・5 政
生駒雷遊(悦)　❽ 1964・12・2 文
イコロク(狄)　❺-1 1678・11・27 政
伊佐有信　❷ 1264・11・22 政
伊佐勝久　❸ 1455・3・1 政
伊佐幸琢(初代)　❺-2 1745・6・11 文
伊佐幸琢(二代目)　❺-2 1795・2・23 文
伊佐幸琢(三代目)　❺-2 1808・9・8 文
伊佐幸琢(五代目)　❻ 1890・10・18 文
伊佐四郎　❸ 1354・⑩・11 政
伊作忠長　❸ 1299・10・20 政
伊作親忠　❸ 1364・9・14 政
伊佐信行　❸ 1291・6・8 政
伊作久義　❸ 1396・6・17 政／1398・1・14 政／1403・9・1 政／1405・是冬 政
伊作宗久　❸ 1337・4・26 政／1340・3・3 政／1342・12・21 政／1345・4・7 政／1346・11・21 政／1350・11・3 政／1351・7・4 政／7・26 政
伊佐幸信　❸ 1291・6・8 政
伊坂斎悦　❺-2 1751・12・28 政
井坂　孝　❽ 1945・9・18 政
伊坂芳太良　❾ 1970・9・8 文
井崎嘉代子　❼ 1934・6・7 文／❽ 1941・5・26 文
伊作久逸　❹ 1477・4・16 政
伊佐敷阿古次郎　❸ 1294・8・2 政
伊佐敷次郎三郎　❸ 1295・8・2 政
伊佐敷道与　❺-1 1690・9月 文
伊佐西古　❶ 781・6・1 政
以茶宮⇨後桜町(ごさくらまち)天皇
諫早茂敬　❺-1 1637・12・20 島原の乱
諫早行孝　❺-2 1723・7・18 政／1750・10・26 政
去来穂別尊⇨履中(りちゅう)天皇
イサム・ノグチ　❽ 1950・5・2 文／❾ 1988・12・30 文
勇山家継　❶ 813・2・13 文
勇山文継　❶ 814・是年 文／816・6・15 文／818・6月 文
石和貞信　❸ 1347・6月 政
伊澤(井澤)家景　❷ 1190・3・15 政／1194・5・12 社／1195・9・29 政
伊澤一郎　❾ 1995・5・14 文
伊澤修二　❻ 1874・3月 文／1875・7・18 文／1878・4・8 文／10・24 文／1879・10・7 文／1885・2・9 文／1886・7・10 文／1887・是年 文／1888・1・27 文／2・19 文／1890・5・30 文／1892・8・6 文／1893・10・18 文／❼ 1903・3・26 社／1917・5・1 文
伊澤多喜男　❽ 1949・8・13 政
井澤為永(弥惣兵衛)　❺-2 1725・是年 社／1727・9月 社／1730・是年 社／1734・4・19 社／9・8 政／1738・3・1 社
井澤長秀(蟠龍)　❺-1 1706・是年 文／1708・是年 文／1709・是年 文／1710・是年 文／1715・是年 文／❺-2 1717・是年 文／1718・是年 文／1720・是年 文／1730・12・3 文／1737・是年 文
井澤八郎　❾ 1983・6・1 社／2007・1・17 文
伊澤平馬　❺-2 1821・是年 社
伊澤正信　❺-1 1657・2・11 政
井澤正房　❺-2 1738・6・25 社／1748・1・7 社／1753・2・6 政
伊澤政義　❺-2 1844・7・2 政／❻ 1854・2・1 政／1858・10・9 政
伊澤弥三右衛門　❺-1 1710・1月 社
井澤頼俊　❹ 1569・9・16 政／1577・3・28 政
伊澤蘭軒(信恬・辞安・酌源堂)　❺-2 1829・3・17 文
伊澤蘭奢(蘭麝・三浦茂)　❼ 1928・6・8 文
胆澤阿奴志己　❶ 792・1・11 政
石　源三　❾ 2012・12・14 政
石合江村　❻ 1873・1・17 文
石井アカ　❻ 1893・4・19 社
石井　勇　❾ 1999・4・6 社
石射猪太郎　❽ 1954・2・8 政
石井栄吉　❼ 1927・12・12 文
伊志井　寛　❽ 1938・10月 文／1939・9月 文／❾ 1972・4・29 文
石井　歓　❾ 1968・11・20 文／2009・11・24 文
石井勘右衛門　❺-2 1725・是年 社
石井菊次郎　❼ 1915・10・13 政／1917・6・13 政／8・30 政／1922・8・14 政／❽ 1945・5・25 政
石井清之進　❻ 1867・12・18 政
石井　均　❾ 1997・12・31 文
石井歓山　❽ 1954・10・7 文
石井健一　❽ 1956・是年 文
石井元政　❺-1 1668・2・18 文
石井源蔵　❺-1 1701・5・9 社
石井研堂　❼ 1906・12月 文
石井紘基　❾ 2002・10・25 社
石井幸十郎　❺-2 1805・是年 政
石井光次郎　❽ 1947・1・31 政／5・17 政／1952・10・30 政／1953・5・21 政／1955・11・6 政／1957・7・10 政／1960・3・1 政／7・19 政
石井幸之助　❾ 1997・12・11 文
石井定七　❼ 1922・2・28 政
石井　慧　❾ 2006・3・29 社／2008・8・9 社
石井三礼　❼ 1909・9・12 文
石井治兵衛(八代目)　❼ 1898・是年 社
石井宗謙　❻ 1856・4・4 文
石井十次　❻ 1887・9・22 社／❼ 1914・1・30 社
石井庄助　❺-2 1799・是年 文
石井庄八　❽ 1952・7・19 社
石井四郎　❽ 1959・1・9 政
石井仁太郎　❽ 1956・11・29 政
石井　進　❾ 1991・5・28 社／9・3 社
石井清助　❺-2 1738・是年 社／1803・4・8 社
石井雙石　❽ 1949・10・29 文
石井潭香　❻ 1869・7・12 文／1870・5・2 文
石井鶴三　❼ 1916・9・10 文／10・12 文／1922・1・14 文／1930・9・3 文／❽ 1951・是年 文／❾ 1973・3・17 文
石井鼎湖　❼ 1897・11・2 文
石井輝男　❾ 2005・8・12 社
石井藤吉郎　❾ 1999・6・30 社
石井　亨　❾ 1993・6・29 政
石井中務丞　❸ 1349・8・18 政
石井南橋　❻ 1887・7・25 文
石井範忠　❻ 1873・2・25 文
石井　漠(忠純)　❼ 1917・9月 文／❽ 1962・1・7 文
石井柏亭(満吉)　❼ 1900・3・5 文／1904・是年 文／1907・5月 文／1909・11・25 文／1913・6・3 文／1914・10・1 文／1915・10月 文／1936・12・20 文／❽ 1937・6・11 文／1944・3・8 文／1958・12・29 文
石井　一　❾ 1989・8・9 政／1994・4・28 政
石井花子　❽ 1944・11・7 政
石井半蔵　❺-1 1701・5・9 社
石井英子　❾ 1998・6・7 文
石井貌刺屈(ブラック)　❼ 1923・10・19 社
石井真木　❾ 2003・4・8 文
石井正弘　❾ 2000・10・22 政
石井道子　❾ 2012・12・7 政
石井三雄　❾ 1996・7・7 社
石井光次郎　❾ 1966・8・1 政
石井光致　❺-2 1830・是年 文
石井宗叔(初代)　❺-2 1792・是年 社
石井桃子　❽ 1947・2月 文／❾ 2008・4・2 文
石井弥五兵衛　❺-2 1724・9・25 文
石井康長　❹ 1480・1・11 文
石井行豊　❺-1 1713・2・12 政
石井好子　❾ 2010・7・17 文
石井吉次郎　❼ 1927・2・20 文
石井米雄　❾ 2000・11・6 文
石井梨花　❾ 1990・6・28 文
石井亮一　❻ 1891・12・1 文／❼ 1896・是年 社／❽ 1937・6・13 社
石井良助　❾ 1990・11・3 文／1993・1・12 文
石井林響　❼ 1927・是年 文／

1930·2·25 文
石井露月 ❼ 1928·9·18 文
石井魯石 ❺-2 1780·12·7 文
石井尾張守 ❹ 1557·10·16 政
石井与次兵衛尉 ❹ 1577·3·13 文／1583·5·20 政
石浦王 ❶ 791·1·22 政
石尾氏一 ❺-1 1673·7·3 政
石尾氏信 ❺-1 1703·7·28 社
石王塞軒 ❺-2 1780·1·21 文
石王丸(芸能) ❷ 1226·9·30 社
石岡瑛子 ❾ 2012·1·21 文
石岡繁雄 ❽ 1947·7·24 社
石岡　亨 ❾ 2002·9·17 社
石谷穆清 ❺-2 1849·12·24 社／12·24 政／1852·5·19 社
石垣綾子 ❽ 1955·2 月 社／❾ 1996·11·12 文
石垣永将(本宮　良·宮良頭) ❺-1 1624·是年 社／1634·10·19 社
石垣栄太郎 ❼ 1926·是年 文／1932·是年 文
石垣抱真 ❻ 1856·9·22 文
石垣りん ❾ 2004·12·26 文
石金音主 ❺-2 1814·2·10 文
石上三登志 ❾ 2012·11·6 文
石上玄一郎 ❾ 2009·10·5 文
石上宣続 ❺-2 1809·是年 文
石谷穆清 ❻ 1862·6·5 政
石谷清昌 ❺-2 1764·7·1 政／1782·11·10 政
石谷定太郎 ❻ 1894·3·12 社
石川顕光 ❹ 1494·8·3 政
石川昭光 ❹ 1585·11·17 政／1588·6·12 政／7·10 政／1590·8·9 政
石川在麻呂 ❶ 775·9·13 政
石川家成 ❹ 1569·5·15 政／9·16 政／❺-1 1609·10·29 政
石川一夢 ❻ 1854·9·21 文
石川一郎 ❽ 1946·8·16 政／9·9 政／1948·1·19 文／1955·12·19 政／1956·2·21 政／1960·1·20 政／❾ 1970·1·20 政
石川一口 ❻ 1879·9 月 社
石川色子 ❶ 844·1·17 文／897·寛平年間 文
石川石足 ❶ 708·3·13 政／721·6·26 政／729·8·9 政
石川魚麻呂 ❶ 787·2·5 政
石川氏人 ❶ 764·1·20 政
石川映作 ❻ 1885·7 月 社
石川夫人 ❶ 686·4·27 社
石川越智人 ❶ 846·1·13 政
石川弟人(乙人) ❶ 763·1·9 政
石川垣守 ❶ 771·③·1 政／778·2·4 政／785·1·15 政／786·5·5 政
石川一雄 ❽ 1963·5·1 社／❾ 1994·12·20 社
石川数正(康正·吉輝) ❹ 1584·6·10 政／6·23 政／1585·11·13 政／1586·1·18 政／1590·8·30 社／1592·12·14 政
石川佳純 ❾ 2012·7·27 社
石川　談 ❼ 1901·11·3 政
石河勝政 ❺-1 1628·11·18 政／1633·1·12 政
石川兼光 ❸ 1352·3·11 政／8·7 政
石川加美(賀美) ❶ 743·12·26 政／745·6·5 政／747·3·11 政
石川亀吉 ❻ 1885·10·8 社
石川河主 ❶ 830·12·27 政
石川寒巌 ❼ 1936·3·25 文
石川義一 ❼ 1920·3·31 文
石川紀之助 ❼ 1915·9·8 社
石川君子 ❶ 715·5·22 政
石川公足 ❶ 789·2·5 政
石川公成(君成) ❶ 760·1·21 政
石河京市 ❽ 1947·4·5 政
石川清民 ❺-1 1660·是年 文
石川清主 ❶ 801·6·27 社
石河国助 ❶ 815·7·20 文
石河国昌 ❸ 1395·3·12 政
石川倉次 ❻ 1890·6 月 文／12 月 文
石川内蔵允 ❻ 1868·1·12 政
石川倉之丞⇨湯浅倉平(ゆあさくらへい)
石川　謙 ❾ 1969·7·12 文
石川玄貞 ❻ 1867·8·1 文
石川玄蕃 ❺-1 1601·1·24 文
石川鴻斎 ❼ 1918·9·13 文
石川光明 ❻ 1886·11 月 文／1890·10·11 文／❼ 1913·7·30 文
石川光陽 ❾ 1989·12·26 文
石川五右衛門 ❹ 1594·8·24 政／❺-1 1706·7·11 社
石川小老 ❶ 698·7·25 政
石川小五郎(河瀬真孝·梅田三郎) ❻ 1864·12·16 政／1883·6·5 政／1892·1 月 政／1894·2 月 政
石川呉山 ❼ 1917·5·7 文
石川貞清 ❹ 1600·7·28 関ヶ原合戦／9·3 関ヶ原合戦
石川貞代 ❺-1 1682·2·19 社
石川皐月 ❽ 1952·6·23 社
石川三四郎 ❼ 1904·11·6 文／1913·1 月 政／1924·4·27 政／❽ 1956·11·28 社
石川重弘 ❾ 1986·3·16 政
石川七財 ❻ 1872·1 月 政
石川七郎 ❾ 1986·6·27 文
石川主馬 ❺-1 1607·3·17 政
石川　淳 ❾ 1987·12·29 文
石川準一郎(政治家) ❼ 1934·3·10 政
石川純十郎(建築家) ❼ 1931·10·25 社
石川舜台 ❼ 1905·6·13 社／1931·12·31 社
石川丈山 ❺-1 1617·是年 文／1636·是年 文／1641·是年 文／1653·是年 文／1671·是年 文／1672·5·23 文／1673·是年 文／1676·是年 文／1692·是年 文／1711·是年 文
石川新九郎 ❹ 1548·4·15 政
石川信吾 ❽ 1964·12·17 政
石河神次左衛門 ❷ 1272·2·11 政／9·2 政
石川新兵衛 ❺-2 1805·8·7 文
石川宿奈麻呂 ❶ 776·3·5 政／785·1·15 政
石川宿禰 ❶ 書紀·応神 3·是年
石川善右衛門 ❺-1 1669·12·1 政
石川素童 ❼ 1911·11·5 社
石川大浪 ❺-2 1800·寛政年間 文／1804·1·1 文／1805·是年 文／1812·1·1 文／1817·12·23 文
石川多映子 ❾ 2000·9·15 社
石川瀧雄 ❶ 870·12·13 社
石川啄木(一·はじめ) ❼ 1907·3 月 文／1909·1 月 文／1910·12 月 文／1912·4·13 文／6 月 文／❽ 1957·4·13 文
石川　武 ❾ 1997·4·3 政
石川武美 ❽ 1947·12·1 文
石川但馬 ❹ 1564·4·12 政
石川忠雄 ❾ 2000·11·3 文／2007·9·25 文
石川直経 ❹ 1507·6·23 政
石川忠房(大垣藩主) ❺-1 1609·10·29 政／1614·11·5 大坂冬の陣
石川忠房(目付) ❺-2 1792·11·11 政／1793·3·2 政／6·8 政／11·1 政／1799·1·16 政／1801·2·25 政／1836·1·18 文
石川忠総 ❺-1 1616·7 月 政／9 月 政／1633·6·7 政／1634·⑦·6 政／1645·是年 文／1650·12·24 政
石川達三 ❼ 1935·4 月 文／9·1 文／❽ 1938·2·18 文／1949·4·15 文／1957·8·23 文／❾ 1975·6·2 文
石川　楯 ❶ 458·7 月
石川多禰 ❶ 788·1·14 政
石川忠左衛門 ❹ 1595·5·24 社
石川忠四郎 ❹ 1595·5·24 社
石川千代松 ❼ 1907·5·8 社／1935·1·17 文
石川嗣人 ❶ 797·1·13 政
石川継人 ❶ 826·1·3 政
石川東雲 ❺-2 1736·5·27 社
石川桃蹊(久徴) ❺-2 1742·是年 文／1837·7·6 文
石川藤八(七代目) ❼ 1914·1·19 政
石川独翁 ❺-2 1790·5·14 文
石川徳松 ❼ 1897·是年 文／1903·是年 文
石川年足 ❶ 737·12·8 文／738·6·26 文／739·6·23 政／746·4·4 政／753·4·22 政／757·8·4 政／762·9·30 文／12 月 文／❺-2 1820·1·2 文
石川利政(海辺視察) ❺-1 1645·7·22 政
石川利政(目付) ❻ 1866·8·18 政／1867·2·25 政／1868·2·17 政／4·21 政、社
石川舎人 ❻ 1868·4·14 政
石川主殿頭 ❺-1 1677·3·23 社
石川流宣(とものぶ·俊之) ❺-1 1686·是年 文／1687·是年 文／1689·是年 文／1690·是年 文／1694·是年 文／1697·是年 文／1698·是年 文／1703·元禄年間 文
石川知裕 ❾ 2010·1·15 政
石川豊成 ❶ 754·11·1 政／758·1·5 政／762·1·9 政／12·1 政／765·2·5 政／771·3·13 政／772·9·7 政
石川豊信 ❺-2 1763·是年 文／1764·是年 文／1765·是年 文／1770·是年 文／1785·5·25 文
石川豊人 ❶ 754·4·5 政／778·

2·4 政／781·2·16 政／785·1·15 政／788·1·14 政／790·5·3 政
石川豊麻呂 ❶ 774·3·5 政
石川寅治 ❽ 1944·11·25 文
石河長貞 ❸ 1399·8·25 政
石川長津 ❶ 854·12·3 文
石川長継 ❶ 772·10·23 政
石川名足 ❶ 761·1·16 政／763·1·9 政／764·1·20 政／768·2·3 政／769·3·10 政／775·7·11 政／777·10·13 文／780·2·1 政／2·9 政／781·2·16 政／782·2·7 政／783·2·25 政／787·2·5 政／788·1·14 政／6·10 政
石川難波麻呂 ❶ 714·10·13 政
石川名人 ❶ 749·2·27 政／764·3·9 政
石川乗紀 ❺-1 1702·9·7 政
石川憲之 ❺-1 1650·12·24 政／1651·4·4 政／1669·2·25 政／1706·2·25 政
石川柏山 ❺-2 1724·是年 文／1732·10·17 文
石川橋継 ❶ 837·9·21 社
石川八左衛門 ❺-1 1625·9·27 社
石川晴光 ❹ 1568·6·2 政
石川半右衛門 ❻ 1870·12·7 社
石川半山 ❼ 1912·10月 文／1925·11·12 政
石川久五郎 ❹ 1592·1·3 社
石川尚光 ❹ 1512·4·2 政／1514·3·2 政
石川日出鶴丸 ❼ 1914·9·16 文／1927·3·12 文
石川人成 ❶ 764·1·20 政
石川人麻呂 ❶ 769·3·10 政／776·7·15 政／777·1·3 政
石川平直 ❺-2 1837·是年 社
石川枚夫(比良夫) ❶ 732·9·5 政
石川総陽 ❺-2 1733·9·16 政
石川総茂 ❺-2 1732·3·1 政／1733·9·16 政
石川総純 ❺-2 1766·2·7 社／1776·5·13 政
石川総堯 ❺-2 1764·6·30 政
石川総弾 ❺-2 1792·7月 文
石川総親 ❺-2 1808·8·29 政
石川総承 ❺-2 1808·8·29 政
石川総長 ❺-1 1660·11·22 政／1661·10·22 政
石川総乗 ❺-1 1714·8·4 政
石川総博 ❺-2 1776·5·13 政／1796·5·6 政
石川総師 ❺-2 1796·5·6 政
石川総良 ❺-1 1661·10·22 政
石川総慶 ❺-1 1710·9·20 政／1712·2·2 社／❺-2 1744·3·1 政／1764·6·30 政
石川不成 ❼ 1901·2·24 文
石川兵蔵 ❹ 1590·8·10 政
石川　誠 ❽ 1940·6·21 社
石川雅章 ❽ 1944·11·11 社
石河政郷 ❺-1 1713·5·29 社／1715·1·11 政／11·7 社
石川正次 ❺-1 1641·3·1 政／8·28 社／1650·⑩·3 社
石川政秀 ❺-1 1690·1·22 政
石河政平 ❻ 1854·4·15 政
石川雅望(五郎兵衛·宿屋飯盛·六樹園·五老·遠藤春足) ❺-2 1786·4·12 社／1790·是年 文／1800·是年 文／1805·是年 文／1809·是年 文／1812·是年 文／1815·是年 社／1821·5月 文／1825·是年 文／1826·是年 文／1827·是年 文／1830·③·24 文
石川真永 ❶ 776·1·19 政
石川真人 ❶ 768·2·3 政
石川真守 ❶ 772·4·19 政／781·2·16 政／790·2·27 政／798·8·19 政
石川(石河)麻呂 ❶ 710·3·10 政／754·4·5 政
石川道成 ❶ 810·9·10 政
石川道益 ❶ 801·8·10 政／803·4·2 政
石川光重 ❸ 1400·6·17 政
石河光俊(足利方武将) ❸ 1338·2·14 政
石川光俊(陸奥国武将) ❹ 1459·5·10 政
石川光長(治部大輔) ❹ 1459·5·10 政
石川三長 ❺-1 1607·7·12 社／1642·12·11 政
石川光衡 ❹ 1494·8·3 政
石川光吉 ❹ 1590·9·3 社
石川美奈伎麻呂 ❶ 782·2·7 政
石川宮麻呂 ❶ 705·11·28 政／713·12·6 政
石川虫名 ❶ 685·9·15 政／689·9·10 政
石川宗継 ❶ 855·1·15 政／859·12·27 政
石川宗成 ❶ 804·1·24 政
石川宗主 ❶ 858·4·2 政
石川宗光 ❹ 1456·3·2 政
石川明卿 ❺-2 1845·是年 文
石川木工兵衛 ❹ 1586·1·13 政
石川望足 ❶ 774·3·5 政
石川持光 ❸ 1435·5·7 政／1440·3·17 政／6月 政／❹ 1456·3·2 政
石川茂平 ❼ 1918·7·23 政
石川安貞 ❺-2 1799·是年 文／1800·是年 文
石川康長 ❹ 1593·是年 政／1600·7·24／8·15 関ヶ原合戦／❺-1 1613·1·10 文／10·19 政
石川康成 ❹ 1549·3·6 政
石川康正⇨石川数正(かずまさ)
石川康通 ❹ 1600·9·17 関ヶ原合戦／❺-1 1607·7·26 政
石川要三 ❾ 1990·2·28 政
石川興志 ❶ 649·3·24 政
石川義資 ❷ 1181·2·9 政
石川義孝 ❺-1 1706·2·25 政／1710·9·20 政
石川吉輝⇨石川数正(かずまさ)
石川嘉延 ❾ 2005·7·24 社
石川依平 ❻ 1859·9·4 文
石川力夫 ❽ 1956·2·2 社
石川柳城 ❼ 1927·11·17 文
石川　遼 ❾ 2009·6·29 社／12·6 社
石川蓮和 ❺-2 1846·是年 文
石川六右衛門 ❺-2 1757·5·18 政
石川六大夫 ❺-1 1681·5·8 社
石川六郎 ❾ 1987·12·17 政／1993·7·30 政／2005·12·14 政
石川和助 ❻ 1856·11·10 政
石川弾正 ❹ 1588·⑤·16 政
石川中務少輔 ❸ 1441·12·29 政
石川　某(伊勢守護代) ❸ 1439·10·9 政
石川入道 ❸ 1389·10·11 社
石川王 ❶ 679·3·9 政
石川大蕤比売 ❶ 724·7·13 政
石川刀子娘(郎女) ❶ 697·8·20 政
石河弥左衛門尉 ❹ 1569·10·6 社
石川屋庄次郎 ❻ 1863·1·28 社
石来一学 ❺-1 1707·3·27 政
石切左衛門五郎 ❹ 1570·4·10 社
石切善左衛門 ❹ 1572·9·14 社
石切善七郎 ❹ 1572·9·14 政
石口采女 ❹ 1581·3月 政
石倉浅次郎 ❺-2 1818·是年 文
石黒五十二 ❼ 1896·7月 社
石黒敬七 ❼ 1927·2·1 社
石黒済庵 ❺-2 1836·5·2 文
石黒忠篤 ❽ 1940·7·22 政／1945·4·7 政／1960·3·10 政
石黒忠悳(忠恕) ❽ 1941·4·26 文
石黒信之 ❺-2 1838·3月 文／❻ 1862·8·2 文
石黒信由(藤右衛門) ❺-2 1819·是年 文／1832·是年 文
石黒　浩 ❾ 2010·8·21 文
石黒光義 ❹ 1481·3月 政
石黒宗麿 ❽ 1955·1·27 文／❾ 1968·6·3 文
石桁真礼生 ❾ 1996·8·22 文
石川(いしこ)一光 ❹ 1599·4·25 文
石河政武 ❺-2 1787·6·10 社
石河政朝 ❺-2 1732·5·25 政／1738·2·28 社／1742·3·27 政／1744·6·11 政
石河政平 ❺-2 1838·3·8 社／1847·12·16 政／12·26 政／1850·2·29 政
石河光茂 ❹ 1584·11·20 社
石川光重 ❹ 1591·8·3 社／1596·⑦·26 政
石河土佐守 ❺-2 1729·3·13 社
イシコフ(ソ連) ❾ 1977·7·28 政
石坂亀治 ❼ 1919·5·20 社
石坂公成 ❾ 1974·11·3 文
石坂金左衛門 ❺-1 1642·7·8 政
石坂空洞 ❼ 1899·10·26 文
石坂浩二 ❾ 1970·4·2 社／1979·1·7 社
石坂周造(宗順) ❻ 1871·12月 社／❼ 1903·5·22 政
石坂泰三 ❽ 1955·2·14 政／1956·2·21 政／9·6 政／1958·2·5 政／❾ 1966·5·25 政
石坂昌孝 ❻ 1889·4·30 政／❼ 1907·1·13 政
石坂公歴 ❻ 1887·9·8 文
石坂洋次郎 ❼ 1933·5月 文／❽ 1937·2月 文／1941·11月 文／1947·6·9 文／1948·1月 文／1952·1·1 文／❾ 1986·10·7 文
石崎光瑤 ❼ 1912·4·1 文／1918·10·14 文

石崎士朴　❺-2 1778·8·15 文
石崎昌山(元徳)　❺-2 1770·10·29 文
石崎融斎　❺-2 1850·是年 社／❻ 1862·⑧·2 文
石崎融思(士斎)　❺-2 1801·是年 文／1807·是年 文／1813·6·28 文／1817·是秋 文／1820·是夏 文／1821·12 月 文／1822·是秋 文／1830·是春 文／1833·9 月 文／是秋 文／1841·是年 文／1846·2·28 文
石崎友少⇨柳屋(やなぎや)友少
石崎若狭　❺-1 1637·7·1 政／1640·7·26 政
石里洞秀　❺-2 1783·7·29 文
石志　兼　❷ 1274·4·16 社
石志　潔　❷ 1222·12·23 政／1229·2·21 政
石志二郎　❷ 1274·4·16 社
石澤　豊　❽ 1937·4·9 政
石島古城　❼ 1932·9·13 文
石関貴史　❾ 2012·9·11 政
石田　明　❾ 2003·10·27 文
石田アントニオ　❺-1 1603·4·25 社／1632·7·19 社
石田　勇⇨大昇充宏(おおのぼりみつひろ)
石田一松　❼ 1934·4·25 社／❽ 1938·1·13 社／1946·4·10 政／1956·1·11 文
いしだ壱成　❾ 2001·8·20 社
石田英一　❼ 1900·是年 文
石田英一郎　❾ 1968·11·9 文
石田和外　❾ 1969·1·11 政／1970·5·2 政／1979·5·9 政
石田勝心　❾ 2012·2·2 文
石田貫之助　❻ 1889·12·19 政／❼ 1934·10·8 政
石田吉蔵　❼ 1936·5·18 社
石田玉淵　❺-2 1756·是年 文
石田玉山　❺-2 1809·是年 文
石田玄圭　❺-2 1788·11·7 政
石田幸四郎　❾ 1989·5·17 政／1994·4·28 政／2006·9·9 政
石田定賢　❹ 1549·4·27 社
石田繁之介　❾ 1968·4·18 社
石田将監　❺-1 1636·6·23 政
石田甚右衛門　❹ 1600·是年 政
石田真二　❾ 2006·8·13 社
石田　忠　❾ 2011·1·25 政
石田忠房　❺-2 1729·是年 文／1738·是年 文／1793·7·13 政
石田種生　❾ 2012·4·30 社
石田忠兵衛　❹ 1595·5·24 社
石田虎松　❼ 1920·3·12 政
石田名香雄　❾ 2009·12·4 文
石田順裕　❾ 2009·8·30 社
石田梅巌(興長)　❺-2 1729·是年 文／1738·是年 文／1739·是年 文／1740·9·24 文／12 月 社／1744·是年 文
石田波郷　❾ 1969·11·21 文
石田晴久　❾ 2009·3·9 文
石田秀芳　❾ 1975·7·22 文
石田比呂志　❾ 2011·2·24 文
石田博英　❽ 1956·12·23 政／1957·7·10 政／1960·7·19 政／12·8 政／1964·7·18 政／❾ 1976·9·15 政／12·24 政／1993·10·14 政
石田正澄　❹ 1591·8·13 政／1599·9·7 政／1600·9·17 関ヶ原合戦
石田正継　❹ 1588·12·20 社／1594·9 月 文／1599·3·13 社／1600·9·17 関ヶ原合戦
石田正実　❾ 1997·4·1 政
石田瑞穂　❾ 2012·7·27 社
石田三成　❶ 907·2·13 文
石田三成(三也)　❹ 1586·5·16 政／1587·1·19 政／10·14 政／1589·1·21 政／3·24 政／1590·2·28 政／7·16 政／1591·6·20 政／9·18 社／1592·1·21 文禄の役／1·28 文／6·3 文禄の役／7·16 文禄の役／8·7 文禄の役／1593·1·21 文禄の役／2·12 文禄の役／3·15 文禄の役／4·18 文禄の役／5·8 文禄の役／6·2 文禄の役／7·22 政／1594·7·16 政／9·14 政／10 月 政／12·11 社／1595·7·3 政／8 月 政／1597·5·26 文／1598·3·11 社／4·2 政／5 月 文／6·1 政／7 月 政／8·5 政／11·8 文／1599·1·19 政／2·2 政／3·11 政／③·4 政／6·3 政／9·7 政／10·6 社／1600·6·18 関ヶ原合戦／9·5 社／9·14 関ヶ原合戦／9·15 関ヶ原合戦／10·1 関ヶ原合戦
石田未得　❺-1 1669·7·18 文
石田茂作　❽ 1947·12·28 文／❾ 1977·8·10 文
石田守時　❷ 1257·③·24 政
石田幽汀　❺-2 1772·4·26 文／1786·5·25 文／1793·9·3 文
石田友汀　❺-2 1815·10·6 文
石田吉明　❾ 1995·4·21 社
石田芳夫　❾ 1971·6·22 社
石田礼助　❽ 1951·6·20 政／❾ 1978·7·27 政
石立鉄男　❾ 2007·6·1 文
石館守三　❼ 1928·5 月 文
伊地知幸介　❼ 1905·1·2 日露戦争
伊地知貞馨　❻ 1867·12·4 政／1872·1·5 政／9·14 政／1873·4·14 政／1875·5·9 政
伊地知重興　❹ 1571·11·20 政／1572·9·27 政／1574·1·19 政
伊地知重貞　❹ 1481·6 月 文／1492·9 月 文／1527·5 月 政
伊地知重辰　❹ 1529·1·22 政
伊地知重政　❺-1 1606·8·11 社
伊地知重康　❹ 1587·5·26 政
伊地知季安　❻ 1858·9·7 政／1867·8·3 文
伊地知長清　❸ 1318·12·10 政
伊地知彦次郎　❼ 1912·1·3 政
伊地知龍右衛門(正治)　❻ 1859·11·5 政／1863·6·22 政／1869·1·18 政／1872·5·15 政／1886·5·23 政
伊地知周防守　❺-1 1641·10·12 政
石津憲一　❽ 1952·2·25 文
石津謙介　❾ 2005·5·25 文
石塚岩雄　❻ 1863·7·2 社
石塚英蔵　❼ 1931·1·16 政／❽ 1942·7·28 政
石塚左玄　❼ 1909·10·15 文
石塚重平　❻ 1889·4·30 政
石塚武生　❾ 2009·8·6 社
石塚藤三郎　❻ 1876·11·26 社
石塚豊芥子　❻ 1861·12·25 文
石塚龍麿　❺-2 1798·是年 文／1801·是年 文
石出勘太夫　❺-1 1688·6·19 社
石出助太夫　❺-1 1693·6 月 社
石出帯刀(常軒)　❺-1 1657·1·18 社／1677·是年 文／1689·3·2 社
石出帯刀　❺-2 1725·8 月 社
石手民部房　❸ 1301·12·12 政
石寺千代子　❼ 1929·8·7 社
石塔蔵人　❸ 1337·2·21 政
石堂淑朗　❾ 2011·11·1 文
石堂本左衛門　❸ 1354·2·2 政
石塔義憲　❸ 1354·6·20 政／⑩·4 政
石塔義房　❸ 1339·5·15 政／8·3 政／1341·1·13 政／6·2 社／10·4 政／11·6 政／1343·4·19 政／6·10 政／1344·4·19 社／1345·4 月 政／1347·7·21 政
石塔義元(義基)　❸ 1340·9·13 政／1343·10·2 政／11·18 政／1344·4·12 政／8·20 政／1354·5·18 社
石塔頼房　❸ 1350·12·7 政／1351·1·15 政／1·25 社／2·4 政／3·3 政／7·21 政／9·10 政／1352·6·16 政／11·3 政／11·7 政／1353·1·11 政／2·3 社／3·23 政／6·9 政／7·23 政／1354·11·28 政／1355·1·22 政／1360·9 月 政／1361·12·8 政
石堂頼世　❸ 1378·11·2 政
石飛博光　❾ 2011·6·16 文
怡子(いし)内親王　❷ 1133·12·21 社
石野枝里子　❾ 2004·12·19 社
石野信一　❾ 1996·1·22 政
石野範種　❺-2 1737·6·1 政
石野範至　❺-2 1766·2·7 社
石野広通　❺-2 1786·12·15 政／1788·11·7 政／1799·是年 文／1800·5·21 文
石野龍山　❼ 1936·3·6 文
伊治呰麻呂　❶ 780·3·22 政
為子内親王　❶ 897·7·3 政／899·3·14 政
依子内親王　❶ 936·7·1 政
石ノ森(石森)章太郎　❽ 1953·6 月 文／1956·8 月 文／❾ 1998·1·28 文
石破　茂　❾ 2007·9·26 政／2008·9·10 政／2012·9·26 政
石橋伊兵衛　❺-1 1681·是年 政
石橋エータロー　❾ 1994·6·22 文
石橋一弥　❾ 1989·8·9 政／1999·3·5 政
石橋和義　❸ 1336·2 月 政／1337·1·18 政／1338·5·24 社／1339·5·3 政／1352·11·16 政／12·16 政／1353·1·10 政／7·23 政／1361·10 月 政
石橋克彦　❾ 1976·10·7 社
石橋臥波　❼ 1912·5·5 文
石橋幹一郎　❾ 1997·6·30 政
石橋思案　❻ 1885·2 月 文／5·2 文／❼ 1927·1·28 文
石橋生庵　❺-1 1640·是年 文／1669·8·29 文
石橋正二郎　❼ 1918·是年 政／1928·是年 社／1929·是年 社／1931·

3·1 政／❽ 1957·12·10 政／❾ 1976·9·11 政
石橋庄助(助左衛門)　❺-1 1641·是年 文
石橋助左衛門(勘十郎)　❺-2 1805·2·12 政／1807·11·19 文／1808·2·6 文／6月 文／1809·3月 文／是年 政
石橋助十郎　❻ 1862·2月 文
石橋宗次郎　❼ 1918·5·10 文
石橋湛山　❽ 1946·3·15 政／5·22 政／1947·5·17 政／1951·6·20 政／1952·9·29 政／12·16 政／1954·9·19 政／11·1 政／12·10 政／1955·3·19 政／11·22 政／1956·12·23 政／1957·1·31 政／1959·9·7 政／1960·6·7 政
石橋長右衛門　❺-1 1681·是年 政
石橋哲次郎　❼ 1898·1月 文
石橋直之　❺-1 1700·是年 文
石橋忍月(友吉)　❼ 1926·2·1 文
石橋信夫　❾ 2003·2·21 政
石橋政方(助十郎)　❼ 1916·12·26 政
石橋政嗣　❾ 1970·11·30 政／12·2 政／1983·9·2 政／1986·1·22 政／7·28 政／1989·8·28 政
石橋弥兵衛　❺-2 1805·2·29 政／9月 政
石橋幸雄　❾ 1992·1·14 文
石浜純太郎　❼ 1920·9·17 文／❾ 1974·是年 文
石浜恒夫　❾ 2004·1·9 文
石浜知行　❼ 1928·4·18 文／❽ 1946·1·27 文
石原　修　❼ 1913·10·25 社
石原幹市郎　❽ 1959·6·18 政
石原莞爾　❼ 1931·9·18 政／❽ 1947·5·1 政／1949·8·15 政
石原倉右衛門　❻ 1868·7·25 政
石原　謙(思潮)　❼ 1917·5月 文
石原　謙(基督教学会)　❽ 1952·10·24 文／❾ 1973·11·3 文／1976·7·4 文
石原広一郎　❼ 1920·9月 政／❾ 1970·4·16 政
石原伊俊　❹ 1492·9月 文
石原　忍　❼ 1916·4·28 文／❽ 1963·1·3 文
石原種門　❺-1 1652·3·21 政
石原　純　❼ 1921·8·2 社／1924·4月 文／1936·7·6 文／❽ 1947·1·19 文
石原省三　❼ 1936·2·6 社
石原慎太郎　❽ 1955·7月 文／1956·1·23 社／1963·9·28 社／❾ 1976·12·24 政／1987·11·6 政／1989·8·5 政／8·8 政／1999·11·13 政／2000·4·9 政／2003·4·13 社／2007·2·18 社／4·8 社／11·16 社／12·11 政／2010·2·12 社／2011·4·10 社／2012·4·16 政／10·25 政／11·17 政
石原経景　❷ 1232·2·26 社
石原哲之助　❼ 1896·5月 政
石原信雄　❾ 2005·1·24 政
石原伸晃　❾ 2003·9·22 政／2008·9·10 政／2012·9·26 政／12·26 政
石原白道　❻ 1890·4·1 文
石原正明　❺-2 1805·是年 文／1819·是年 文／1821·1·7 文
石原安種　❺-1 1695·11·9 社
石原八束　❾ 1998·7·16 文
石原裕次郎　❽ 1956·5·17 社／1958·1月 社／1960·12·2 社／1962·12·29 社／1963·7·1 社／❾ 1987·7·17 文
石姫　❶ 540·1·15
石文山人　❺-2 1787·是年 文
石部了冊　❹ 1574·6月 文／1590·1月 文
謂慈悖也(浡也·勃也、琉球)　❸ 1427·4·13 政／1429·1·18 政／1431·8·19 政
石巻五郎兵衛　❺-1 1694·4·27 政
石巻善次郎　❺-2 1762·10·4 社
石巻康敬　❹ 1589·11·24 政
石松公成　❾ 1966·12月 文
石丸定次　❺-1 1663·8·25 社
石丸定政　❺-1 1620·3·18 政
石丸重治　❼ 1924·1月 文
石丸利光　❹ 1495·1·14 政／6·14 政／7·5 政／1496·5·30 政
石丸　寛　❾ 1998·3·23 文
石光真清　❽ 1942·5·15 政
伊志嶺親方朝康　❺-2 1820·5·29 政
五十公野道如斎　❹ 1587·10·24 政
石村(平曲)　❹ 1569·永禄年間 文
石村日郎⇨鑁光(あいみつ)
石牟礼道子　❾ 1969·1月 文
石母田　正　❾ 1986·1·18 文
石本喜久治　❼ 1931·10·1 社
石本恵吉　❼ 1922·5月 社
石本新兵衛　❺-1 1645·10·22 政
石本新六　❼ 1911·8·30 政／1912·4·2 政
石本　隆　❽ 1955·9·9 社／1956·11·22 社／1957·7·7 社
石本巳四雄　❽ 1939·6月 文
石本美由起　❾ 2009·5·27 文
石元泰博　❾ 2012·2·6 文
石本隆一　❾ 2010·3·31 文
伊舎堂盛富　❺-1 1695·是年 社
石山賢吉　❼ 1913·5·10 政／❽ 1956·1·30 文／1964·7·23 文
石山脩平　❽ 1948·10·30 文
石山真一郎　❼ 1908·6·11 政
石山正盈　❺-2 1723·是年 文
石山基陳　❺-2 1820·8·24 政
石山師香　❺-2 1722·2·10 文
惟首(僧)　❶ 892·6·22 社／893·2·29 社
伊集院源太(忠金)⇨伊集院忠棟(ただむね)
伊集院五郎　❼ 1902·7·7 政／1921·1·13 政
伊集院三郎左衛門　❹ 1476·4·8 政
伊集院　静　❾ 1992·7·15 文
伊集院忠朗　❹ 1548·5·24 政／8·30 政／1549·4·3 政／5·29 政／11·24 政／1551·7月 政
伊集院忠国　❸ 1337·4·26 政／1341·8·15 政／1342·8·13 政／1346·8·27 政／11·21 政
伊集院忠倉　❹ 1559·3·3 政
伊集院忠真　❹ 1599·3·20 政／③月 政／6·3 政／7·13 政／8·20 政／1600·3·10 政／4·27 政／❺-1 1602·8·1 政
伊集院忠棟(忠金·幸侃·源太)　❹ 1542·3·5 文／1573·7·11 政／1574·9·25 政／1583·9·18 政／1584·4·6 政／1585·10·7 政／1586·7·6 政／7·16 政／7·27 政／1587·1·7 文／4·21 政／5·3 政／5·6 政／1589·1·20 社／1595·6·29 政／1599·3·9 政／3·20 政／③·3 政
伊集院為久⇨伊集院熙久(ひろひさ)
伊集院仁左衛門　❺-2 1726·7·5 政
伊集院彦吉　❼ 1909·8·6 政／1910·1·28 政／1911·10·16 政／1924·4·26 政
伊集院久孝　❸ 1355·4·12 政
伊集院久信　❹ 1585·9·12 政
伊集院久治　❹ 1585·10·7 政／1596·9·26 政
伊集院久元　❺-1 1609·3·28 政
伊集院熙久(為久)　❸ 1436·2·9 政／1447·④·25 政／1449·2·25 政／1450·2·24 政／3·5 政／1451·1·4 政／1453·1·24 政／1454·1·9 政／1455·1·4 政／❹ 1456·1·15 政／1457·1·10 政／1460·4·26 政／1462·1·20 政／1463·2·1 政／1464·1·1 政／1465·1·12 政／1470·1·5 政／1473·1·6 政／1474·1·20 政／1475·1·10 政／1476·1·13 政／1479·1·1 政／1480·3·7 政／1484·1·5 政／1485·1·5 政／1486·1·17 政／1487·1·7 政／1489·1·13 政／1490·1·10 政／1491·1·16 政／1492·2·21 政／1493·1·11 政／1502·1·3 政／1504·1·9 政
伊集院頼久　❸ 1396·是年 政／1407·9·1 政／1409·1·8 政／1411·7月 政／8·6 政／1413·10月 政／11·12 政／12·8 政／1414·1·2 政／8·1 政／1417·9·11 政／1422·1·24 政／1427·1·13 政／1428·1·7 政／1431·1·26 政／1432·9·5 政
伊集院尾張守　❹ 1519·12·8 政
葦洲等縁(僧)　❹ 1490·⑧·10 政／1491·4·5 政／1492·5·16 政／7·19 政／1493·2·13 政／1498·6·18 社
イジュヨゾフ(ロシア)　❺-2 1786·5·5 政
維勝(僧)　❷ 1167·5·15 社
意城　❺-1 1664·4·18 社
惟肖得巌(僧)　❸ 1437·4·20 社
井尻正二　❽ 1947·5·15 文
井尻四郎太郎　❸ 1350·7·29 政
石渡春雄　❼ 1918·12·7 政
石渡繁胤　❽ 1941·8·18 文
石渡荘太郎　❽ 1939·1·5 政／1944·2·19 政／7·22 政／1950·11·4 政
石渡満子　❽ 1949·5·17 社／6月 文／9·30 文
伊信(僧)　❷ 1276·③月 文
以心崇伝(金地院崇伝·本光、僧)　❺-1 1605·3·11 社／1608·7·14 政／1610·4·8 社／1612·8·14 文／8·18 社／9·27 政／1613·11月 社／12·18 政／1614·8·6 政／9·7 政／10·24 文／1615·3·21 文／1616·1·19 文／

1·29 社／4·1 政／6·14 政／7·6 社／8·10 文／**1619**·3·21 文／9·15 社／**1620**·2·11 政／**1624**·6·18 政／**1625**·9 月 文／10·29 文／**1626**·9·23 政／10·8 社／**1628**·3·10 社／8·25 社／**1629**·②·2 社／**1630**·2·21 社／8·5 社／9·16 政／**1631**·12·16 政／**1632**·2·11 政／7 月 社／9·5 社／**1633**·1·20 社／**1644**·11·1 文／**1713**·7·22 文
イシンバエワ, エレーナ　❾ **2005**·7·22 社
伊豆厚生　❶ **988**·5·9 政
伊豆有綱　❷ **1182**·11·20 政／**1185**·11·6 政
伊豆公夫　❼ **1932**·10·23 文
伊豆寿一　❽ **1943**·4·27 政
伊豆(入江)長八　❻ **1889**·10·8 文
伊豆千代丸　❸ **1433**·3·1 政
伊豆　肇　❽ **1946**·6 月 社
イズウォルスキー(ロシア)　❼ **1910**·7·4 政
井杉延太郎　❼ **1931**·6·27 政
五十鈴依媛　❶ **書紀·綏靖 2**·1·2
出田秀信　❹ **1485**·12 月 政
伊豆原麻谷　❻ **1860**·6·6 文
伊豆法師(僧)　❸ **1353**·5 月 社
和泉(法橋)　❷ **1275**·3·17 社
和泉(米沢農民)　❺-1 **1629**·9·23 社
泉　有平　❽ **1951**·4·1 政
泉　市右衛門　❺-1 **1669**·是年 社
泉　鏡花(鏡太郎)　❼ **1900**·2 月 文／**1904**·9·22 文／**1906**·9·1 文／**1907**·1·1 文／**1912**·1 月 文／**1918**·7 月 文／❽ **1939**·9·7 文
和泉権右衛門　❺-2 **1799**·8 月 社
泉　十郎　❻ **1865**·11·27 政
泉　信也　❾ **2007**·8·27 政
泉　靖一　❾ **1970**·11·15 文
泉　仙介　❻ **1867**·5·19 政
泉　大助　❾ **2012**·2·28 文
いずみたく　❾ **1992**·5·11 文
泉　親衡　❷ **1213**·2·15 政
泉　重千代　❾ **1986**·2·21 社
泉　徳右衛門　❾ **1991**·10·29 文
泉　八右衛門　❺-1 **1666**·10·7 文
泉　必東　❺-2 **1764**·12·10 文
泉　浩　❾ **2004**·8·13 社／**2005**·9·8 社
泉　豊洲　❺-2 **1809**·5·6 文
和泉雅子　❾ **1989**·5·10 社
泉　目吉　❺-2 **1838**·3·17 社
和泉元秀　❾ **1995**·6·30 文
和泉元彌　❾ **2001**·1·7 社
泉　守一　❺-2 **1814**·11·5 文
泉　泰孝　❾ **2010**·8·27 文
和泉要助　❻ **1869**·是年 社／**1870**·3·22 社
和泉良之助　❼ **1917**·12·9 文
泉　義信　❷ **1258**·7·1 社
泉澤小四郎　❹ **1582**·3·13 社
泉澤久秀　❹ **1581**·6·1 社
和泉式部　❷ **1002**·7 月 文／**1009**·4 月 文／**1027**·10·28 文
泉田重光　❹ **1588**·1·17 政
泉田政治　❽ **1956**·11·29 政
泉谷秀信　❸ **1300**·5·25 政
和泉大夫(若狭太良荘)　❸ **1452**·是年 社
和泉太夫(繰人形)　❺-1 **1671**·是年 文
泉内親王　❶ **701**·2·16 社／**706**·①·28 社／**734**·2·8 政
和泉屋市郎左衛門　❺-1 **1710**·11·4 政
泉屋吉左衛門　❺-1 **1691**·5·9 社／**1702**·1 月 社／是年 政／**1714**·9 月 社／10 月 政／❺-2 **1716**·是年 社／**1762**·④月 社
和泉屋喜平次　❺-2 **1780**·12·18 政
和泉屋権七　❻ **1857**·1 月 文
和泉屋治郎右衛門　❺-2 **1761**·12·16 政
泉屋(和泉屋)道栄　❹ **1484**·9·6 政
和泉屋半三郎　❺-1 **1645**·是年 文／**1647**·正保年間 社
泉屋平右衛門　❺-1 **1624**·是年 社／**1661**·是年 政
和泉屋平右衛門　❻ **1862**·2 月 社
泉屋平八　❺-2 **1738**·7 月 社
泉屋平兵衛(友貞)　❺-1 **1662**·是年 政／**1670**·是年 政／**1678**·是年 政
泉屋利兵衛　❺-1 **1679**·9·21 政
泉山三六　❽ **1948**·10·19 政／12·13 政
出雲飯入根　❶ **書紀·崇神 60**·7·14
出雲家継　❶ **796**·12·21 社
出雲弟山　❶ **746**·3·7 政／**750**·2·4 社／**751**·2·22 社
出雲国上　❶ **773**·9·8 政
出雲国成　❶ **786**·2·9 社
出雲貞行　❶ **930**·是年 社
出雲嶋成　❶ **874**·11·16 社
出雲孝忠　❷ **1002**·5·15 政
出雲孝時　❸ **1325**·2·16 社／**1334**·7·5 社
出雲孝房　❷ **1185**·11·3 政
出雲高保　❸ **1333**·4·9 政
出雲豊持　❶ **826**·3·29 政
出雲果安　❶ **716**·2·10 社
出雲人長　❶ **790**·4·17 政
出雲人麻呂　❶ **791**·11·6 社
出雲広貞　❶ **808**·5·3 文
出雲広嶋　❶ **724**·1·27 社／**738**·2·19 政
出雲振根　❶ **書紀·崇神 60**·7·14
出雲益方　❶ **764**·1·20 政／**767**·2·14 社／**768**·2·5 社
出雲岑嗣　❶ **849**·1·13 政／**859**·2·7 社
出雲義孝　❷ **1251**·8 月 社／**1276**·2 月 社
出雲井　晶　❾ **2010**·5·16 文
出曇寺源七郎　❺-2 **1816**·5·23 文
出雲寺時元(白水)　❺-1 **1692**·是年 文
出雲路(板垣)信直　❺-1 **1703**·3·20 文
出雲寺文五郎　❺-2 **1788**·5·22 文／**1791**·9·23 文
出雲路通次郎(敬通)　❽ **1939**·11·26 文
出雲局　❷ **1204**·9·6 政
出雲屋市兵衛　❺-2 **1736**·7·26 政
伊勢氏綱⇨北條(ほうじょう)氏綱
伊勢老人(中臣伊勢老人)　❶ **764**·1·20 政／**767**·8·29 文／**768**·6·6 政／**774**·3·5 政／**782**·①·11 政／**788**·1·14 政／**789**·4·8 文
伊勢興房　❶ **863**·5·11 政／**864**·5·21 政／**865**·1·27 政／**883**·1·1 政
伊勢子老　❶ **769**·3·10 政
伊勢貞国　❸ **1431**·8·30 政／**1449**·4·26 政／**1454**·1·10 文／5·28 政／❹ **1491**·10·22 政
伊勢貞助　❹ **1567**·11·16 政
伊勢貞孝　❹ **1542**·3·6 政／**1551**·1·30 政／2·24 政／3·4 政／**1552**·10·2 政／**1554**·5·4 社／**1558**·5·19 政／**1562**·8·25 政／9·11 政
伊勢貞隆⇨伊勢貞陸(さだみち)
伊勢貞丈(万助·安斎)　❺-2 **1734**·2·29 文／**1744**·是年 文／**1761**·是年 文／**1762**·是年 文／**1771**·是年 文／**1772**·是年 文／**1779**·是年 文／**1782**·是年 文／**1784**·6·5 文／是年 文／**1837**·是年 文／**1843**·是年 文
伊勢貞忠　❹ **1521**·8·7 政／**1523**·8·27 政／**1530**·5·10 政
伊勢貞親(七郎)　❸ **1443**·8·30 政／**1454**·5·28 政／**1455**·12·6 政／❹ **1459**·8·1 政／**1460**·⑨·29 政／**1464**·5·27 政／**1465**·1·10 政／2·6 政／2·10 社／3·21 政／8·21 社／12·29 政／**1466**·2·28 文／8·4 政／9·6 政／**1467**·5·30 政／**1473**·1·21 政
伊勢貞継　❸ **1361**·12·8 政／**1363**·①·23 社／**1366**·10·13 政／**1379**·7·22 政／**1381**·10·13 社／**1391**·3 月 政
伊勢貞経　❸ **1415**·6·3 社／**1431**·8·30 政／**1441**·6·24 政
伊勢貞遠　❹ **1487**·7·16 政／**1488**·1·20 政
伊勢貞勅(貞数)　❺-1 **1714**·1·28 社／2·1 政
伊勢貞直　❸ **1451**·6·7 政
伊勢貞仲　❹ **1464**·6·28 政
伊勢貞成　❹ **1481**·11·6 政／**1600**·9·13 関ヶ原合戦
伊勢貞信　❸ **1401**·7·17 政
伊勢貞誠　❹ **1464**·6·28 政
伊勢貞則　❹ **1504**·10·7 文
伊勢貞枚　❹ **1458**·3·24 政
伊勢貞房　❸ **1436**·4·2 政
伊勢貞藤　❹ **1491**·9·14 政
伊勢貞昌　❺-1 **1611**·9·10 政
伊勢貞陸(貞隆)　❹ **1486**·5·26 政／**1493**·3·8 政／8·3 政／8·18 政／**1494**·10 月 政／**1497**·12·15 政／**1501**·1·30 社／10·19 文／**1518**·1·22 政／4·19 社／**1521**·8·7 政
伊勢貞運　❹ **1560**·6·2 政
伊勢貞宗(七郎)　❹ **1465**·3·21 政／**1477**·5·20 文／**1478**·7·28 社／**1480**·5·2 政／**1483**·6·19 政／**1487**·11 月 政／**1488**·1·20 政／**1492**·12·21 文／**1493**·3·8 政／**1498**·8 月 政／**1509**·10·28 政
伊勢貞泰　❹ **1519**·8·8 政
伊勢貞行　❸ **1391**·10·19 政／**1407**·5·5 社／**1410**·7·5 政
伊勢貞義　❹ **1562**·9·11 政

伊勢貞頼(貞仍)　❹ **1500**･5 月 政／**1527**･1 月 文／**1528**･1 月 文
伊勢七郎⇨伊勢貞親(さだちか)
伊勢如之　❺-1 **1662**･是年 文
伊勢新九郎(長氏)⇨北條氏綱(ほうじょううじつな)
伊勢新九郎⇨北條早雲(ほうじょうそううん)
伊勢継子　❶ **812**･7･6 政
伊勢貞右衛門　❺-2 **1809**･6･3 政
伊勢政親　❹ **1479**･1･1 政
伊勢正義　❽ **1944**･3･8 文
伊勢水通　❶ **786**･1･24 政
伊勢宗継　❸ **1330**･5･2 社
伊勢諸継　❶ **855**･3･26 政
伊勢弥次郎　❹ **1496**･5 月 政
伊勢安麻呂　❶ **833**･6･16 社
伊勢義盛　❷ **1186**･7･25 政
伊勢王　❶ **668**･6 月 政／**683**･12･13 政
惟正(僧)　❶ **838**･7･5 文／**843**･10･21 文
惟西(僧)　❷ **1125**･10･25 文
惟政(松雲大師)　❹ **1594**･4･13 文禄の役
惟政(僧)　❹ **1597**･1･21 慶長の役／3･20 慶長の役／6･27 慶長の役
伊西常仲　❷ **1180**･10･3 政
惟省景観　❹ **1492**･6･9 社
惟政離幻(朝鮮)　❺-1 **1604**･12･27 政／**1605**･2･28 政／3･5 政
伊声耆　❶ **243**･是年
井関(河内大掾)家重　❺-1 **1645**･是年 文
井関玄悦　❺-1 **1666**･11･28 文
井関知辰　❺-1 **1690**･是年 文
井関宗連　❹ **1565**･是年 政／**1566**･8 月 政
伊勢島宮内　❺-1 **1651**･慶安年間 文
伊是名親方　❻ **1858**･4･16 政
伊是名親方朝義　❺-2 **1796**･7･22 政
伊勢ノ海(中立慶太郎)　❼ **1928**･5･17 社
伊勢海億右衛門(初代)　❺-2 **1783**･4･17 社
伊勢浜勘太夫　❼ **1904**･1･29 社
伊勢民部大夫　❸ **1299**･1･27 政
伊勢村屋丈左衛門　❺-1 **1619**･2 月 社
伊勢屋嘉兵衛　❺-2 **1836**･5･21 社
伊勢屋九郎右衛門　❺-2 **1751**･8･20 文
いせ屋七兵衛　❺-1 **1681**･是年 政
伊勢屋四郎左衛門　❺-2 **1836**･12･29 政
伊勢屋清左衛門　❺-1 **1681**･是年 政／❺-2 **1746**･9･26 文
伊勢屋宗四郎　❺-2 **1779**･6･2 政
伊勢屋藤左衛門　❺-2 **1726**･是年 社
伊勢屋平兵衛　❻ **1864**･2･24 政
伊勢屋万右衛門　❺-2 **1730**･5･23 政
伊勢屋弥太郎　❻ **1868**･2･11 政
伊勢屋弥兵衛　❺-2 **1755**･10 月 政
井芹西向　❷ **1276**･③月 社
井芹蘇泉　❽ **1947**･2･26 文
以船(僧)　❶ **874**･6･15 政
渭川(僧)　❺-1 **1624**･是秋 社
以仙　❺-1 **1677**･是年 文
偉仙方裔(僧)　❸ **1414**･1･25 社
磯　又右衛門　❻ **1863**･12･15 社
磯井賢次　❾ **1997**･3･2 政／4･2 政
礒江王　❶ **856**･1･12 政
磯貝　彰　❾ **2008**･11･4 文
磯貝捨若　❺-1 **1689**･是年 文
磯貝舟也　❺-1 **1691**･是年 文
磯貝久次　❹ **1565**･10･10 政
磯貝兵左衛門　❺-1 **1687**･6･2 社
磯貝藤助　❺-1 **1637**･11･9 島原の乱／11･26 島原の乱／12･3 島原の乱／**1638**･1･1 島原の乱／**1687**･6･2 社
磯谷廉介　❼ **1935**･11･8 政／❾ **1967**･6･6 政
石谷貞清　❺-1 **1645**･7･20 政／**1651**･6･18 社／**1659**･1･28 政／**1672**･9･12 政
礒谷四郎兵衛尉　❸ **1454**･9･14 政
五十川了庵(春昌･宗知)　❺-1 **1602**･是年 文／**1661**･1･28 文
磯吉(漂流民)　❺-2 **1793**･9･18 政
礒崎　新　❾ **1996**･10･8 文
磯崎憲一郎　❾ **2009**･7･15 文
磯崎　叡　❾ **1997**･6･19 政
五十田安希　❾ **2002**･8･5 文
磯田一郎　❾ **1993**･12･3 政
磯田長秋　❽ **1947**･10･25 文
磯田陽子　❾ **2000**･9･15 社
磯田　良　❻ **1891**･1･31 文
磯長海洲　❻ **1895**･1 月 社
礒永対馬　❹ **1582**･9･15 政
磯永充輔　❻ **1865**･3･22 文
磯永孫四郎　❺-2 **1763**･9･1 文
磯波正利　❺-2 **1721**･是年 文
礒沼陽子　❾ **2011**･9･20 文
磯野員昌　❹ **1571**･2･17 政
磯野小右衛門(仁三郎)　❻ **1871**･4･7 政／**1873**･10･11 政／**1876**･9･4 政／❼ **1903**･6･11 政
礒野助六　❺-1 **1664**･11 月 社
いソノてるヲ　❾ **1999**･4･21 文
磯野信春　❺-1 **1615**･是年 文
磯野　計　❻ **1885**･是年 社
磯野文斎(信春)　❺-2 **1847**･是年 文
礒野王　❶ **809**･1･16 政
石上家成　❶ **768**･2･3 政／**772**･9･25 政／**776**･1･19 政／**782**･1･16 政／**804**･6･20 政
石上奥継(息嗣･息継)　❶ **760**･1･21 政／**769**･3･10 政／**771**･③･1 政／**776**･3･5 文
石上乙麻呂　❶ **732**･9･5 政／**739**･3･28 社／**746**･4･4 政／**749**･7･2 政／**750**･9･1 政
石上豊庭　❶ **711**･9･4 政／**714**･11･26 政
石上麻呂　❶ **689**･9･10 政／**696**･10･22 政／**700**･10･15 政／**702**･8･16 政／**704**･1･7 政／**708**･3･13 政／**717**･3･3 政
石上美奈麻呂　❶ **812**･1･12 政
石上宅嗣　❶ **757**･6･16 政／**759**･1･11 政／**761**･1･16 政／10･22 政／**762**･3･1 政／**764**･1･20 政／**766**･1･8 政／**768**･10･24 政／**770**･5･9 政／**771**･11･23 政／**780**･2･1 政／**781**･6･24 政
石上内親王　❶ **846**･9･26 政
石上部男嶋　❶ **754**･7･19 社
石上部諸弟　❶ **749**･5･15 社
五十宮(倫子)　❺-2 **1754**･12･1 政／**1771**･8･20 政
磯野屋亀松　❺-2 **1753**･是年 社
磯原　裕　❾ **2005**･5･23 政
磯部浅一　❼ **1934**･11･20 政／**1935**･7･11 政／**1936**･2･18 政／❽ **1937**･8･14 政
磯部栄一　❻ **1885**･5･28 社
磯部枝久　❷ **1280**･10･20 社
磯部於平　❻ **1873**･10･3 社
磯部最信　❼ **1897**･1･7 社
礒部白髮　❶ **738**･是年 文
磯部鉄吉　❼ **1930**･5･11 社／6･1 社
磯部徳三郎　❻ **1889**･2･1 文
磯部弥一郎　❺-1 **1662**･是年 社
磯松孫三郎　❺-1 **1625**･3･18 社
磯村英一　❾ **1997**･4･5 文
磯村音助　❼ **1909**･4･11 政
磯村澄子　❽ **1941**･5･26 文
磯村隆文　❾ **1995**･12･10 社
磯村尚徳　❾ **1991**･4･7 社
磯村英樹　❾ **2010**･10･29 文
磯村吉徳　❺-1 **1659**･是年 文／**1675**･11･15 文／**1684**･是年 文
磯矢完山　❽ **1937**･10･4 文
磯谷彦四郎　❹ **1583**･5･18 社
磯屋又右衛門　❺-1 **1694**･12･19 社
磯谷利恵　❾ **2007**･8･24 社
磯山清兵衛　❻ **1885**･11･23 政
磯和清十郎　❺-2 **1766**･5 月 社
井田亀学　❺-2 **1717**･4･1 社
井田正孝　❽ **1945**･8･15 政
井田　探　❾ **2012**･9･14 文
板井庄作　❾ **2003**･3･31 政
伊高岐那　❶ **682**･4･22 政
板垣兼信　❷ **1184**･3･8 政／5･30 政／**1190**･7･30 政
板垣絹子　❽ **1938**･4･13 政
板垣征四郎　❼ **1931**･9･18 政／❽ **1938**･6･3 政／**1939**･1･5 政／9･23 政／**1948**･12･23 政
板垣宗胆　❺-1 **1698**･6･9 文
板垣退助(乾退助･猪之助)　❻ **1867**･5･21 政／**1871**･7･14 政／**1873**･7･29 政／10･14 政／**1874**･1･12 政／2･3 政／**1875**･2･11 政／3･8 政／10･12 政／**1877**･3･1 政／**1878**･4･5 政／**1880**･10･13 政／**1881**･10･18 政／**1882**･4･6 政／9･17 政／11･11 政／**1885**･12･22 政／**1887**･4･26 政／5･9 政／8 月 政／**1889**･10･11 政／12･19 政／**1890**･5･5 政／7･10 政／**1891**･2･24 政／3･19 政／10･20 政／**1892**･1･22 政／8･3 政／11･27 政／❼ **1896**･4･14 政／**1897**･1･10 政／3･19 政／**1898**･2･6 政／4･13 政／6･16 政／11･16 政／**1899**･1･20 政／**1910**･1･26 社／**1912**･12･19 政／**1914**･6･7 社／**1919**･7･16 政
板垣　正　❾ **1996**･6･4 政
板垣信方　❹ **1547**･8･6 政／**1548**･2･14 政

板垣信直⇨出雲路(いずもじ)信直
板垣伯耆守　❹ 1515・10・17 政
板木屋又兵衛　❺-1 1682・是年 政
板倉照包　❺-1 1680・8月 文／1681・2月 文
板倉勝峻(勝明・百助)　❺-2 1801・3・8 政／1804・7・12 政
板倉勝明　❺-2 1845・是年 文／❻ 1857・4・10 政
板倉勝意　❺-2 1792・8・12 政
板倉勝該　❺-2 1746・8・15 政
板倉勝清　❺-2 1746・9・25 政／1747・8・15 政／1749・2・6 政／1767・7・1 政／1769・8・18 政／1780・6・28 政
板倉勝静　❻ 1862・3・15 政／1863・1・21 政／2・13 政／4・20 政／1865・10・22 政／1866・4・14 政／5・28 政／12・20 政／1867・4・13 政／5・17 政／10・3 政／1868・1・2 政／10・12 政／1872・1・6 政／1889・4・6 政
板倉勝重　❹ 1588・是年 社／1590・8月 社／1600・9・1 社／❺-1 1601・4・26 社／8月 政／9月 社／10月 社／1602・10・3 社／1603・6・10 社／1604・12・20 社／1605・6・15 社／1607・6月 社／1608・是年 文／1609・2・2 社／1610・2・12 政／6・18 政／1611・11・30 政／1612・3・21 社／7・8 政、社／8・18 社／1613・1・9 政／8・25 社／11月 社／1614・3・7 社／4・19 政／7・18 政／8・27 政／10・1 大坂冬の陣／10・7 社／10・25 政／12・7 社／1615・3・12 大坂夏の陣／4・10 大坂夏の陣／6月 社／10・14 政／1616・1・29 社／1617・2・25 社／5月 政／8・16 政／9・3 政／1618・③・19 社／6・21 政／7・15 社／1619・9月 政／1624・2・4 文／4・29 政
板倉勝澄　❺-2 1744・3・1 政／1751・9・23 政
板倉勝隆　❺-2 1746・是年 文
板倉勝武　❺-2 1751・9・23 政／1769・5・30 政
板倉勝承　❺-2 1765・3・21 政
板倉勝任　❺-2 1765・3・21 政／1766・7・7 政
板倉勝暁　❺-2 1780・6・28 政／1792・8・12 政
板倉勝俊　❺-2 1815・6・4 政
板倉勝長　❺-2 1775・12・29 政／1815・6・4 政
板倉勝矩　❺-2 1775・12・29 政
板倉勝尚　❻ 1868・7・24 政
板倉勝政　❺-2 1778・2・14 政／1801・3・8 政
板倉勝職　❺-2 1804・7・12 政
板倉勝行　❺-2 1766・7・7 政
板倉勝従　❺-2 1769・5・30 政／1778・2・14 政
板倉源次郎　❺-2 1737・1月 社／1744・11・28 政
板倉重形　❺-1 1681・5・21 政
板倉重郷　❺-1 1656・12・1 政／1661・12・17 政
板倉重高　❺-1 1699・2・4 政
板倉重種　❺-1 1673・5・29 政／1680・9・21 政／1681・2・25 政／5・16 政／8・11 政／1682・2・10 政
板倉重常　❺-1 1665・是年 社／1669・2・25 政／1688・8・7 政
板倉重同　❺-1 1702・7・4 政
板倉重矩　❺-1 1660・11・21 政／1665・12・23 政／1668・5・16 政／1669・8・22 社／1670・11・3 政／1671・3・27 政／1672・⑥・3 政／1673・5・29 政
板倉重治　❺-1 1709・3・23 政／1710・1・26 政／1712・2・2 社／❺-2 1717・11・1 政
板倉重寛　❺-1 1702・12・21 政／❺-2 1717・8・3 政
板倉重昌　❺-1 1609・7・14 政／10・1 政／1614・8・5 政／8・18 政／12・22 大坂冬の陣／1615・3・16 大坂夏の陣／1628・3・14 政／1634・1・29 社／1637・11・9 島原の乱／11・26 島原の乱／12・3 島原の乱／1638・1・1 島原の乱
板倉重宗　❺-1 1619・9月 政／1621・7・23 社／1622・8・25 社／11・16 社／1623・2・13 社／5・23 社／1627・5・28 政／1629・10・18 社／1630・1・26 政／7・13 社／9・16 政／1631・⑩・20 社／1634・11・19 社／1635・10・10 社／1637・11・6 島原の乱／11・8 島原の乱／12・12 政／1641・6・29 文／1654・12・6 政／1656・8・5 政／12・1 政
板倉重泰　❺-2 1717・8・3 政
板倉修理　❺-2 1746・8・15 政
板倉準三　❽ 1957・10・6 文／❾ 1969・9・1 文
板倉四郎右衛門　❺-1 1601・8月 政
板倉卓造　❽ 1949・6・17 文／1957・10・6 文／1963・12・23 文
板倉　中　❼ 1903・5・8 政／1915・6・27 政
板倉重冬　❺-1 1709・3・23 政
板倉復軒　❺-2 1728・4・23 文
板倉満家　❸ 1410・1・28 政／1411・1・9 政／1413・1・4 政／1414・2・1 政
板倉満景　❸ 1420・1・5 政／1421・2・23 政／1422・1・24 政／1423・1・1 政／10・25 政／1424・3・4 政／1425・1・9 政／1427・1・13 政／1428・1・7 政／1・25 政
板倉上総守　❸ 1430・11・14 政
板倉弾正　❹ 1561・是春 政
板倉屋三郎左衛門　❺-1 1691・2月 政
板坂卜斎(如春)　❺-1 1655・11・12 文
板坂宗徳　❹ 1465・7・26 文
板坂法印(医師)　❹ 1568・11月 文／1573・3月 文
板澤武雄　❽ 1962・7・15 文
伊谷以知二郎　❽ 1937・3・30 文
伊谷賢蔵　❽ 1945・11月 文
伊谷純一郎　❽ 1954・4月 文／❾ 2001・8・19 文
板振鎌束(坂振)　❶ 763・10・6 政
板部岡融成　❹ 1589・2月 文
伊丹右京　❺-1 1640・4月 社
伊丹勝長　❺-1 1650・7・11 政／1652・3・13 政／1656・11・5 政／1662・3・27 政
伊丹勝信　❺-1 1642・8・21 政
伊丹勝政　❺-1 1691・7・15 政
伊丹勝守　❺-1 1691・7・15 政／1698・9・15 政
伊丹国扶　❹ 1520・1・10 政
伊丹玄斎　❺-1 1641・1・10 文
伊丹重賢　❻ 1890・10・1 政
伊丹十三　❾ 1992・5・22 社／1997・12・20 文
伊丹　潤　❾ 2011・6・26 文
伊丹順斎　❺-1 1642・8・16 政
伊丹真一郎　❻ 1865・6・24 政
伊丹宗味　❺-1 1604・6・6 政
伊丹親興　❹ 1533・3・5 政／3・29 政／1541・8・12 政／1549・1・11 政／4・28 政／1550・3・28 政／1566・9・5 政／1569・1・5 政／1574・11・15 政
伊丹椿園　❺-2 1779・是年 文
伊丹恒興⇨池田(いけだ)恒興
伊丹八十郎　❺-1 1666・1・13 社
伊丹秀子　❾ 1995・10・28 文
伊丹宝珠　❹ 1599・9・5 政
伊丹正親　❹ 1573・7・21 政
伊丹万作(池田義豊)　❼ 1936・3・1 社／❽ 1937・2・3 社／1946・9・21 文
伊丹宗義　❸ 1351・1・1 政
伊丹元扶　❹ 1508・3・17 政／1527・2・12 政／1529・8・16 政／11・21 政
伊丹弥三郎　❹ 1528・12・30 政
伊丹康勝　❺-1 1632・5・3 政／1635・5・22 文／1638・8・11 政／1642・3・3 政／1653・6・3 政
伊丹屋四郎兵衛　❺-2 1800・是年 政
伊丹屋助四郎　❺-1 1601・5月 政／是年 政／1605・9・27 政
板持真釣(板茂)　❶ 753・9・1 政
板谷桂意(広寿)　❺-2 1806・是年 文
板谷桂意(広長)　❺-2 1814・4・17 文／1836・5・12 文
板谷桂舟(初代)　❺-2 1797・8・21 文
板谷桂舟(三代目)　❺-2 1831・5・30 文
板谷桂舟(四代目)　❻ 1859・11・10 文
板屋修理亮　❹ 1580・③・14 社
板谷四郎　❾ 1995・9・29 文
板屋惣兵　❺-2 1802・是年 政
板谷波山　❼ 1925・5月 文／❽ 1953・11・3 文／1963・10・10 文
板谷広当⇨住吉(すみよし)広当
板屋兵四郎　❺-1 1632・是夏 社
板安犬養　❶ 721・1・27 文
壱　万福　❶ 771・6・27 政／772・1・3 政
一庵(僧)　❹ 1470・1・5 政
一庵一如(明使僧)　❸ 1402・8・1 政／9・5 政／1403・2・19 政
一庵一麟(僧)　❸ 1407・12・2 社／是年 社
一庵宥節(僧)　❸ 1316・是年 文
一井出雲入道　❹ 1465・5・21 社
一葦心林(僧)　❸ 1446・4・15 社
一氏義良　❽ 1952・2・21 文
市江鳳造　❺-2 1852・2・14 文
一枝軒梅船　❺-1 1700・是年 文
一右衛門(石切)　❹ 1559・11・2 社
市衛門(石切)　❹ 1581・11・20 社

壱演(僧)　❶ 867・7・12 社
一円(僧)　❷ 1264・是年 社
一円⇨無住道暁(むじゅうどうぎょう)
壱応(僧)　❶ 772・9・25 文
一翁宗守⇨千(せん)宗守(初代)
一翁院豪(僧)　❷ 1244・是年 政／1281・6・8 文／8・21 社
一応亭染子　❺-2 1754・是年 文
一王房隆顕　❷ 1233・11・18 政
市岡嶢智　❺-2 1833・5月 文
市岡猛彦(東太郎・檞園・椎内)　❺-2 1807・是年 文／1814・是年 文
市岡忠男　❼ 1934・12・26 社
市岡知寛　❺-2 1799・是年 文／1808・12・18 文
市岡理兵衛　❺-1 1685・4・3 政
一音(僧)　❺-1 1681・6・22 社／1682・是年 社
一鶚(いちかく・僧)　❹ 1528・8・23 政／1537・4・24 政
市川昭男　❾ 2007・9・12 政
市川荒五郎　❼ 1906・2・24 文
市川市蔵　❻ 1857・4・14 文
市川壱太郎　❾ 2012・10・29 文
市川右近　❾ 2010・9・3 文／2011・7・2 文
市川右太衛門　❽ 1942・5・14 社
市川歌右衛門　❾ 1988・11・1 文／1999・9・16 文／2001・3・31 文
市川海老蔵(四代目)　❺-2 1776・7月 文
市川海老蔵(白猿・高麗蔵・七代目団十郎)　❻ 1859・3・23 文／1874・7・13 文
市川鰕蔵(市川団十郎、五代目)　❺-2 1796・12月 文
市川海老蔵(十一代目)　❾ 2004・5・1 文／2007・3・23 文／2010・6・4 文／2011・7・2 文／2012・9・28 文／10・29 文
市川莚若　❼ 1910・12・2 文／1911・10・26 文
市川猿十郎　❼ 1910・5・4 文
市川猿之助(初代)　❼ 1905・9・23 文／1910・12・2 文／1911・5・9 文／10・26 文／1913・5・1 文／1921・2月 文／1922・2・6 文／1929・12・3 文／1930・12・11 文
市川猿之助(二代目)　❽ 1942・1・8 文／1945・9・1 文／1946・2月 文／1957・1月 文／1961・6・24 文／1963・6・12 文
市川猿之助(團子・二代目猿翁、三代目)　❾ 1966・7・12 文／1988・9・14 文／1989・3・4 文／1990・9・8 文／1992・1・18 文／1993・4・10 文／2012・6・5 文／7・4 文
市川猿之助(亀治郎、四代目)　❾ 2012・6・5 文
市川男女蔵(初代)　❺-2 1812・9月 文／1833・6・7 文
市川男女蔵(四代目)　❼ 1922・11・26 文
市川鶴鳴　❺-2 1795・7・7 文
市川河斎　❺-2 1819・是年 文
市川門之助　❺-2 1729・1・29 文
市川亀治郎⇨市川猿之助(えんのすけ、四代目)
市河寛斎(米庵・三亥)　❺-2 1782・是年 文／1786・是年 文／1789・是年 文／1812・是年 文／1816・是年 文／1820・7・10 文／1821・是年 文／1839・1月 文／1851・是秋 文
市川甘斎　❻ 1891・2・28 文
市川九蔵(七代目市川団蔵)　❻ 1895・2・28 文
市川恭斎　❺-2 1833・6・27 文
市川旭梅　❼ 1908・1・14 文
市川君圭　❺-2 1718・2・2 文
市川熊雄　❻ 1878・7・18 文
市川九女八　❼ 1898・12・7 文／1902・8月 文／1913・7・24 文
市河経助　❸ 1333・6・7 政
市川憲二　❾ 1974・7・3 社
市川厚一　❼ 1916・3・18 文
市川浩一郎　❽ 1956・是年 文
市川紅車　❼ 1912・10・31 文
市河弘仙⇨市河頼房(よりふさ)
市川小団次　❺-2 1726・11・12 文／1851・1・12 文／❻ 1854・3・1 文
市川小団次(四代目)　❻ 1860・1・14 文／1866・5・8 文
市川小団次(五代目)　❼ 1922・5・6 文
市川子団次(四代目)　❾ 1991・12・28 文
市川高麗蔵(二代目)　❺-2 1798・是冬 文
市川五郎兵衛　❺-1 1625・12月 社／1626・12月 政
市川　崑　❾ 1965・3・10 社／1969・7・25 文／1972・4・17 文／2008・2・13 文
市川権十郎　❼ 1904・3・27 文
市川斎宮(兼恭・浮天斎)　❻ 1860・8・8 文／10・29 文／12月 社／1861・是年 文／❼ 1899・8・26 文
市川斎入(右団次、初代)　❼ 1916・3・18 文
市川左升　❾ 2011・2・13 文
市川左団次(旧初代)　❻ 1870・3・13 文
市川左団次(高橋栄三、初代)　❼ 1904・8・7 文
市川左団次(高橋栄次郎、旧二代目)　❻ 1887・4・26 文／1889・2・9 文／1892・11・10 文／❼ 1901・10・2 文／1906・12・12 文／1907・10・12 文／1908・1・14 文／3・3 文／1909・5月 文／9・11 文／11・27 文／1910・1・11 文／5・4 文／12・2 文／1911・9・27 文／10・26 文／1912・9月 文／1921・6月 文／1928・7・12 文／1934・1・2 文／2・1 文
市川左団次(二代目)　❽ 1940・2・23 文
市川左団次(三代目)　❾ 1965・3・1 文／1969・10・3 文／1989・9・29 文／2012・11・30 文
市河三喜　❾ 1970・3・17 文
市川三江　❺-2 1817・11・2 文
市川三左衛門　❻ 1864・5・26 政／1868・3・10 政／10・1 政／1869・4・3 政
市川三蔵　❽ 1959・12・16 社
市川修一　❾ 2002・9・17 社
市川重三　❼ 1914・1・3 社
市川十郎右衛門尉　❹ 1569・3・23 政
市川寿海(太田照三)　❽ 1960・2・23 文／❾ 1965・3・1 文
市川　準　❾ 2008・9・19 文
市川正一　❼ 1922・1・1 政／1923・6・5 政／1926・12・4 政／1929・4・16 政／❽ 1945・3・15 政
市川升若　❼ 1906・5・2 文
市川昭介　❾ 2006・9・26 文
市川松蔦(二代目)　❽ 1940・8・19 文
市川笑也　❼ 1931・5・22 文
市川森一　❾ 2011・12・9 文
市川新蔵　❻ 1894・5・8 文／❼ 1897・7・9 文
市川慎太郎　❻ 1866・1・7 政
市川新之助　❾ 2000・1月 文
市川遂庵　❻ 1885・9・27 文
市川翠扇(初代)　❼ 1908・1・14 文
市川翠扇(二代目)　❾ 1978・9・27 文
市川助寿郎　❻ 1860・9・13 文
市河助房　❸ 1333・11・5 政／1335・2・5 政／3・8 政
市河助泰　❸ 1333・6・7 政
市川寿美蔵(五代目)　❼ 1906・5・8 文／1910・12・2 文／1911・10・26 文
市川寿美蔵(七代目)　❽ 1942・1・8 文
市川盛三郎　❻ 1866・10・26 文
市川善太郎　❺-2 1814・1・11 文
市川染五郎(六代目)　❽ 1961・3・1 文／❾ 1969・4・4 文／1978・1・8 社／1991・6・8 文／2012・8・27 文
市川團子⇨市川猿之助(えんのすけ、三代目)
市川団子　❼ 1909・11・27 文
市川団十郎(段十郎、初代)　❺-1 1673・11月 文／1675・5月 文／1684・3月 文／1686・是年 文／1687・貞享年間 文／1690・2月 文／1692・1・2 文／2・18 文／1693・11月 文／1694・9月 文／是年 文／1695・是年 文／1697・1月 文／5月 文／1698・3・3 文／9月 文／1700・11月 文／1701・1月 文／1702・2・2 文／是年 文／1703・4・21 文／1704・2・19 文／❺-2 1716・1月 文／1719・是春 文／1721・是夏 文／1722・8・5 文／1725・是春 文／1726・1月 文／1727・是春 文／1729・1・5 文／1731・1月 文／1735・1月 文／1741・11・5 文／1767・8月 文／是春 文／1779・5・5 文／11・1 文
市川団十郎(栢莚・九蔵・海老蔵、二代目)　❺-1 1697・5月 文／1704・7月 文／1709・5月 文／1710・8月 文／1713・4・5 文／1714・11月 文／1715・1・2 文／❺-2 1718・1月 文／1721・1月 文／1730・是年 文／1741・11・5 文／1742・1・16 文／1744・2・15 文／1758・9・24 文
市川団十郎(三代目)　❺-2 1742・2・27 文
市川団十郎(四代目)　❺-2 1759・是春 文
市川団十郎(白猿・五粒、五代目)　❺-2 1771・是冬 文／1776・11月 文／1778・2・25 文／1791・11月 文／1798・11月 文／1802・2・1 文／1803・11月 文／1806・10・30 文
市川団十郎(六代目)　❺-2 1799・5・13 文

市川団十郎(五代目海老蔵、七代目)　❺-2 1811·2·18 文／1813·6·27 文／1814·10·13 文／1816·3月 文／1817·3·3 文／1819·4·2 文／1824·11·9 文／1825·7·26 文／1832·3·12 文／1834·2·7 文／1842·6·22 文／1848·7月 文／1849·12·25 文／1850·2·5 文／3·17 文／1852·是年 文
市川団十郎(八代目)　❺-2 1845·5·11 文／1850·1·23 文／❻ 1853·3·14 文／1854·8·6 文
市川団十郎(九代目)　❻ 1873·2月 文／1874·7·10 文／❻ 1878·4·28 文／7·18 文／1879·7·8 文／1881·7月 文／1883·1·6 文／1885·12·24 文／1887·4·26 文／10·20 文／1888·2·11 文／1889·2·9 文／1890·3·25 文／7·7 文／1894·5·8 文／7·28 文／10·28 文／1895·2·28 文／❼ 1897·4·21 文／1898·2·15 文／1899·4·11 文／8·31 文／11·28 社／1903·7·7 社／9·13 文
市川団十郎(十一代目)　❽ 1944·是年 社／1962·2·5 文／4·1 文／1964·3·4 文／❾ 1965·11·10 文
市川団十郎(十二代目)　❾ 1989·9·29 文／2007·3·23 文／2011·9·1 文
市川団四郎(初代)　❺-2 1717·5·2 文
市川段四郎　❼ 1911·5·9 文／❽ 1963·11·18 文
市川団蔵(初代)　❺-2 1740·4·5 文
市川団蔵(四代目)　❺-2 1802·3·21 文／1806·3月 文／1808·10·9 文
市川団蔵(五代目)　❺-2 1845·6·6 文
市川団蔵(六代目)　❻ 1871·10·22 文
市川団蔵(七代目)　❼ 1911·9·11 文
市川団蔵(八代目)　❾ 1966·6·4 文
市川団之助(四代目)　❻ 1873·2月 文
市川団之助(六代目)　❽ 1963·9·27 文
市河親房　❸ 1342·3·13 政
市川中車(七代目)　❼ 1936·7·12 文
市川中車(八代目)　❽ 1961·3·1 文
市川中車(香川照之、九代目)　❾ 2012·6·5 文
市河経助　❸ 1336·1·13 政
市河経高　❸ 1356·10·21 政
市河経好　❹ 1564·8·13 社
市川東谿　❺-2 1838·2·18 文
市川友蔵　❺-2 1768·是秋 文
市川春代　❾ 2004·11·18 文
市川房枝　❼ 1920·3·29 文／1924·12·13 政／1925·4·19 政／1928·7·20 社／❽ 1939·2·16 社／1945·8·25 社／11·3 社／1946·4·20 社／1955·9·30 社
市川文吉　❻ 1865·4·8 文
市河米庵　❻ 1858·7·18 文
市川平左衛門　❹ 1593·12·16 社
市川　誠　❾ 1970·8·9 社／1999·5·21 社
市川昌房　❹ 1571·11·23 社
市河又五郎　❸ 1327·8·27 社
市河万庵　❼ 1907·11·10 文
市川万之助　❽ 1961·3·1 文
市川ミチ　❻ 1885·7·20 文
市川女寅　❼ 1907·10·12 文／1908·3·3 文
市川森三郎　❻ 1866·9·6 文
市川門之助(二代目)　❺-2 1794·10·19 文
市川八百蔵(初代)　❺-2 1759·10·19 文
市川八百蔵(二代目)　❺-2 1777·7·3 文
一川保夫　❾ 2011·9·2 政
市川幸雄　❾ 2007·1·22 社
市川行英　❺-2 1835·是年 文
市河義房　❸ 1423·7·10 政
市河頼房(弘仙)　❸ 1368·6·17 政／1385·2·12 政／1387·6·9 政／1402·5·14 政／1403·7·2 政
市川雷蔵(七代目)　❼ 1908·3·3 文
市川雷蔵(八代目)　❾ 1969·7·17 文
市来家親(蔵　親家)　❸ 1410·1·28 政／1419·1·11 政
市来家政　❺-1 1608·8·19 政
市来氏家　❸ 1355·9·2 政
市来乙彦　❼ 1922·6·9 政／9·16 政／1923·1·23 政／1927·5·10 政／❽ 1954·2·19 政
市来勘十郎　❻ 1865·3·22 文
一木喜徳郎　❼ 1914·4·16 政／1925·4·15 社／1926·12·25 政／1933·2·15 政／1934·5·3 政／1936·3·13 政／❽ 1944·12·17 文
一木清直　❽ 1937·7·7 政／1942·8·18 政
市来国久　❹ 1471·1·11 政／1473·1·6 政／1475·1·10 政／1476·1·13 政／1479·1·1 政／1481·1·8 政／1484·1·5 政／1485·1·5 政／1486·1·17 政／1490·1·10 政／1491·1·16 政
市来四郎(正右衛門·広貫)　❺-2 1851·8月 政／❻ 1854·4·27 政／11月 文／1857·7·24 政／10·10 政／1858·1·20 政／2·17 政／9·2 政
市来久家　❸ 1436·2·9 政／❹ 1462·3月 政／11·15 政
市来六左衛門　❻ 1866·3·21 政
市口政光　❽ 1964·10·10 社
一源会統(僧)　❸ 1399·4·25 社
市古宙三　❽ 1962·7·5 文
市古貞次　❾ 1990·11·3 文
一牛斎能得　❹ 1584·11·20 社
壱志守房　❷ 1203·11·4 社
櫟木茂男　❾ 2010·11·25 政
九　十六　❺-2 1809·6·20 社
市磯長尾市　❶ 書紀·崇神 7·11·13
壱志濃王　❶ 782·1·16 政／787·8·16 政／805·11·12 政
市島謙吉　❽ 1944·4·21 政
市島徳次郎　❻ 1873·12·24 政
一條昭良(兼·恵観·兼輝·兼遐)　❺-1 1619·2·17 政／1621·1·2 政／1629·8·28 政／9·11 政／11·8 政／1630·2·21 文／9·16 政／1633·1·19 文／1635·9·26 政／1647·3·28 政／7·27 政／1651·9·27 政／1672·2·12 政／1678·3·27 政／1682·2·24 政／1687·1·23 政／3·21 政／1689·3·27 政／1705·9·10 政
一條家経　❸ 1293·12·11 政
一條内実　❸ 1302·11·22 政／1304·12·17 政
一條内嗣　❸ 1357·2·12 政
一條内経　❸ 1318·8·15 政／12·29 政／1319·6·27 政／1323·3·29 政／1325·10·1 政
一條内房(栄輝·冬経)　❺-1 1671·7·8 政／1672·⑥·29 政／1673·12·19 政／1677·12·8 政
一條内政　❹ 1574·2月 政
一條内基　❹ 1571·4·4 文／1575·11·14 政／1576·11·21 政／1577·11·20 政／1581·4·29 政／1584·12月 政／❺-1 1611·7·2 政
一條兼遐⇨一條昭良(あきよし)
一條兼香　❺-2 1722·5·3 政／1723·2·1 政／1726·9·15 政／1737·6·29 政／8·29 政／1746·12·15 政／2·28 政／1751·11·27 政／8·2 政／1755·11·26 政
一條兼定(パウロ)　❹ 1557·2·20 政／1572·7·19 政／1573·9·16 政／1574·2月 政／1575·11月 社／12月 政／1585·2月 政
一條兼冬　❹ 1547·2·17 政／1553·1·22 政／3·29 社／1554·2·1 政
一條兼良　❸ 1421·7·5 政／1422·1·12 文／1424·4·20 政／1429·8·4 政／1432·8·13 政／10·26 政／1439·2·2 文／1442·是春 文／10月 政／1446·1·16 政／1447·3·29 社／6·15 政／1449·11·15 文／1450·11月 文／1451·3·29 文／8·15 文／1453·4·28 政／❹ 1458·12·5 政／12月 文／1460·是冬 文／8月 文／1461·11·2 文／1462·8月 文／1467·5·10 政／9·13 政／9·18 文／1468·8·19 政／⑩·24 文／1469·7·8 文／7·11 文／11·2 文／12·7 政／1470·1·6 文／4·1 社／4·15 社／5·2 文／7·19 政／1471·1·1 政／5·1 文／1472·2月 文／5·17 社／5·27 文／12月 文／1473·5·2 政／是年 文／1475·7·7 文／1476·5·23 文／7月 文／是年 文／1477·7·1 文／12·17 政／1478·3·8 政／4·10 文／11·27 社／12·13 社／1479·8·23 政／1479·9·18 政／1480·4·28 文／7·28 文／10·3 文／1481·4·2 政、文／1490·8·27 文／1492·8·26 社／1506·8·22 文／1511·是年 文／1544·2月 文／❺-1 1673·是年 文／1689·是年 文
一條伊実⇨一條教輔(のりすけ)
一條実輝　❻ 1884·7·7 政
一條実家　❸ 1305·12·17 政／1306·12·6 政／1309·10·15 政／1314·5·28 政
一條実香　❺-1 1708·3·8 政
一條実経　❸ 1284·7·18 政
一條実益　❸ 1353·11·6 政
一條実良　❻ 1867·5·23 政／9·27 政
一條佐保　❺-2 1751·11·27 政
一條さゆり　❾ 1972·5·7 社
一條成美　❼ 1900·12·6 文／1910·6月 文
一條尊昭門跡尼　❽ 1954·11·24 社

一條忠香　❻ **1858**·3·1 政／3·21 政／8·8 政／**1859**·2·5 政／3·28 政／**1862**·12·9 政／**1863**·11·7 政
一條内政　❹ **1573**·9·16 政
一條忠良　❺-2 **1792**·1·6 政／**1796**·4·24 政／**1814**·4·2 政／9·16 政／**1823**·3·19 政／**1837**·6·3 政
一條経嗣　❸ **1388**·5·26 政／**1394**·2·7 政／6·5 政／11·6 政／**1398**·3·9 政／**1399**·4·17 政／**1408**·3·8 政／4·20 政／**1409**·4·24 文／**1410**·8·19 文／**1418**·11·17 政
一條経通　❸ **1335**·2·16 政／**1337**·7·12 政／**1338**·5·19 政／**1342**·1·26 政／**1347**·6·2 社／**1355**·2·12 政／**1365**·3·10 政
一條輝良　❺-2 **1771**·4·18 政／**1775**·⑫·2 政／**1779**·1·14 政／**1787**·5·26 政／**1791**·8·20 政／**1792**·3·10 政／**1795**·10·14 政
一條時信　❸ **1312**·是年 社
一條富子(恭礼門院)　❺-2 **1755**·11·26 政／**1758**·7·2 政／**1768**·2·19 政／**1771**·7·9 政／**1795**·11·30 政
一條教輔(伊実)　❺-1 **1650**·12·21 政／**1655**·1·25 政／**1707**·1·6 政
一條教房　❸ **1452**·10·8 政／**1455**·8·27 政／❹ **1457**·4·11 政／**1458**·12·5 政／**1459**·12·8 政／**1463**·4·3 政／**1466**·9·2 社／**1471**·1·1 政／**1480**·10·5 政
一條美子(はるこ)⇨昭憲(しょうけん)皇太后
一條秀子　❺-2 **1849**·11·22 政
一條房家　❹ **1517**·3月 社／**1527**·5·19 政／**1539**·11·13 政
一條房経　❸ **1366**·12·27 政
一條房冬　❹ **1533**·2·15 政／**1535**·11·7 政／**1539**·11·13 政／**1541**·11·6 政
一條房通　❹ **1539**·8·10 政／**1541**·1·12 政／**1542**·③·3 政／**1545**·6·2 政／**1548**·12·27 政／**1556**·10·30 政
一條房基　❹ **1543**·7·10 政／**1544**·2·3 政／**1547**·是年 政／**1549**·4·12 政
一條冬基　❺-1 **1678**·3·27 政
一條冬良　❹ **1478**·11·27 社／**1480**·4·28 文／**1486**·12·19 政／**1488**·8·28 政／**1489**·6·10 社／**1490**·2·30 文／**1493**·1·6 政／3·28 政／**1495**·9·29 文／**1497**·7·12 政／10·23 政／**1499**·4·20 文／是年 文／**1501**·1·10 政／6·29 政／**1514**·3·27 政／**1544**·2月 文
一條政房　❹ **1469**·10·16 政
一條道香　❺-2 **1738**·1·24 政／**1745**·3·23 政／**1746**·12·15 政／**1747**·5·2 政／**1752**·7·6 政／**1755**·2·19 政／**1756**·4·27 政／**1757**·1·14 政／3·16 政／**1769**·9·5 政
一條康定　❹ **1563**·是年 政
一條康政　❹ **1568**·2月 政
一條康道　❺-1 **1668**·是年 文
一條(藤原)行房　❸ **1332**·3·7 政／10月 文／**1337**·3·6 政／**1352**·11·14 文
一條ゆり　❾ **1997**·8·3 社
一條良忠　❸ **1396**·9·9 文
一條天皇(懐仁親王)　❶ **980**·6·1 政／**984**·8·27 政／**986**·6·23 政／7·22 政／**999**·3·16 文／❷ **1008**·10·16 政／**1011**·6·13 政／6·22 政
一條⇨清水谷(しみずたに)姓も見よ
一條⇨藤原(ふじわら)姓も見よ
一田庄七郎　❺-2 **1819**·7·9 社／**1822**·7·29 社
市野東谷　❺-2 **1760**·11·11 文
市野光業　❺-2 **1761**·10·11 文
市野迷庵　❺-2 **1826**·8·14 文
一井政家　❸ **1337**·3·6 政
一井頼景　❸ **1339**·10·19 政
一ノ瀬直久　❻ **1880**·12·17 社
一ノ関史郎　❽ **1964**·10·10 社
一戸直蔵　❼ **1920**·11·27 文
一戸兵衛　❼ **1931**·9·2 政
市辺押磐皇子　❶ **456**·10月／**481**·11月
一宮堅成　❹ **1532**·9·28 政
一宮成助　❹ **1577**·3·28 政／**1582**·9·3 政
市場金次　❺-2 **1771**·4·29 社
市場通笑　❺-2 **1812**·8·27 文
一場哲雄　❾ **1971**·8·22 政
市場長常　❺-1 **1667**·②·28 政
市橋達也　❾ **2009**·11·11 社
市橋利尚　❹ **1578**·1·1 文
市橋長勝　❹ **1600**·8·16 関ヶ原合戦／❺-1 **1610**·7·15 政／**1616**·7月 政／**1620**·3·17 政
市原子静　❺-2 **1821**·是年 文
市原清兵衛　❺-2 **1802**·4月 社
市原平左衛門　❺-2 **1829**·1·15 社
一原孫二郎　❸ **1346**·2·27 社
市原盛宏　❼ **1909**·10·29 政
市原王　❶ **739**·10月 文／**748**·7·10 文／**763**·1·9 政、文
一番ケ瀬康子　❾ **2012**·9·5 文
市東謙吉　❻ **1883**·5·5 文／**1894**·2·11 文
市姫(徳川家康娘)　❺-1 **1610**·②·12 文／②·17 政
一万田尚登　❽ **1946**·6·1 政／**1951**·8·18 政／**1954**·12·10 政／**1955**·3·19 政／11·22 政／**1957**·7·10 政
一万田統賢　❹ **1583**·10·8 政
市丸　❽ **1938**·3·2 社／❾ **1997**·2·17 文
市丸新玉　❺-2 **1851**·3月 文
一見屋彦兵衛　❺-2 **1782**·12·9 政
一無軒道冶　❺-1 **1675**·是年 文／**1678**·是年 文
一夢法師(稲富一夢)　❺-2 **1747**·10月 文
市村宇左衛門(羽左衛門、初代)　❺-1 **1651**·9月 文／**1652**·4·4 文／**1686**·7·24 文
市村羽左衛門(八代目)　❺-2 **1762**·5·6 文／**1771**·8·1 文
市村羽左衛門(九代目)　❺-2 **1785**·9月 文
市村羽左衛門(十代目)　❺-2 **1788**·5·18 文／**1799**·2·15 文
市村羽左衛門(竹之丞、十二代目)　❺-2 **1851**·1·11 文／8·20 文／**1852**·3·3 文
市村羽左衛門(十五代目)　❼ **1911**·5·9 文／**1913**·5·4 文／**1926**·6·20 文／**1927**·6·25 文／❽ **1943**·12·22 文／**1945**·5·6 文／**1952**·10·4 文
市村羽左衛門(坂東衛、十七代目)　❾ **2001**·7·8 文
市村家橘　❼ **1902**·1·9 文
市村瓚次郎(圭卿)　❻ **1886**·5月 文／❽ **1947**·2·23 文
市村竹之丞　❺-1 **1664**·是年 文／**1666**·是年 文／**1679**·4·1 文
市村竹松大夫　❺-1 **1678**·是年 文／**1686**·7·24 文
市村萬次郎　❾ **1988**·10·11 文
市村咸人　❽ **1963**·11·28 文
一文字助光(備前刀工)　❸ **1320**·11月 文
一柳　慧　❾ **2008**·11·4 文
市山助五郎　❺-2 **1745**·12月 文
以中(僧)　❸ **1368**·是年 政
惟忠通恕　❸ **1429**·9·25 社
伊調　馨　❾ **2003**·9·14 社／**2004**·8·13 社／**2005**·9·28 社／**2008**·8·9 社／**2012**·7·27 社
鴨脚左京　❺-2 **1731**·5·4 社
伊調千春　❾ **2003**·9·14 社／**2004**·8·13 社／**2008**·8·9 社
一陽斎如水　❺-2 **1850**·5·5 文
一楽(棋士)　❹ **1556**·12·6 文
一力健治郎　❼ **1897**·1·17 文／**1929**·11·5 政
一柳軒不卜　❺-1 **1691**·4·9 文
一龍斎貞山(三代目)　❻ **1890**·3·21 文
一龍斎貞山(四代目)　❻ **1890**·5·15 文
一龍斎貞山(青山·岳次郎、五代目)　❼ **1935**·1·7 文
一龍斎貞山(七代目)　❾ **1966**·12·7 文
一龍斎貞丈　❾ **2003**·10·1 文
一龍斎貞水　❾ **2011**·9·24 社
一流斎貞鳳　❽ **1956**·11·30 社
一龍斎文車(初代)　❻ **1862**·9·16 文
一柳斎柳一　❼ **1929**·2·14 社
一類(大工)　❹ **1561**·8·6 社
イチロー(鈴木一朗)　❾ **1994**·9·20 社／**2000**·11·19 社／**2001**·7·2 社／9·29 社／10·7 社／**2002**·12·31 社／**2003**·7·6 社／**2004**·5·21 社／10·1 社／**2005**·7·3 社／**2008**·7·29 社／**2009**·3·24 社／9·6 社／**2010**·9·23 社
壱和(僧)　❶ **967**·5·7 社
胆津⇨王辰爾(おうしんに)
一応(僧)　❺-1 **1615**·是年 社
猪使子首　❶ **684**·12·6 政
一竿斎宝洲　❺-1 **1640**·是年 文／**1673**·是年 文
一竿子忠綱(刀工)　❺-1 **1699**·2月 文
斎　静斎　❺-2 **1778**·1·8 文
斎木但馬　❸ **1451**·3·7 政
五木ひろし　❾ **1984**·12·31 社
五木寛之　❾ **1998**·4月 文
一休宗純(僧)　❸ **1411**·是年 社／

1453·8·19 文／❹ 1467·是年 社／1469·3·3 文／1474·2·16 社／1481·11·21 社／1485·7·16 文／❺-1 1687·12·23 社
一勤(僧) ❹ 1489·2·4 文／1491·2·22 文／1495·1·23 文
厳島親直 ❸ 1357·8·9 政
厳島内侍 ❷ 1179·3·18 文／1180·3月 文
一渓(僧) ❸ 1434·5·16 文
一桂斎芳延 ❻ 1890·8·14 文
一華文英(僧) ❹ 1509·6·6 社
一山一寧(元僧) ❸ 1297·3月 政／1299·10·8 政／12·7 社／1300·⑦·1 社／1301·2月 社／是秋 文／1302·10·11 社／1303·12月 文／1306·10·12 文／1307·3·15 文／1313·8·1 社／1314·是年 文／1315·7·30 文／12月 文／1316·2·12 文／6·12 文／7·15 文／12月 文／1317·10·24 社／是年 文／1321·10月 文
一志茂樹 ❾ 1985·2·27 文
一色詮範 ❸ 1381·12·20 社／1389·2·23 政／3·1 政／1391·12·26 政／1392·1·4 政／1394·7月 政／1395·6·20 政／8·21 社／1398·是年 社／1399·5·7 社／8·25 政／1402·3·16 政／1406·6·7 政
一色昭秀 ❹ 1586·12·4 政／1587·4·21 政
一色一哉 ❼ 1911·4·6 文
一色義十郎 ❺-2 1852·1月 社
一色九郎 ❹ 1517·5·25 政
一色五郎 ❸ 1354·10月 政
一色次郎 ❾ 1967·8月 文
一色政沆 ❺-2 1753·12·27 社
一色直温 ❻ 1854·7·24 政／1861·10·14 政
一色直氏 ❸ 1346·是冬 政／12·7 政／1347·12·23 社／1349·11·14 政／1350·11·14 政／1353·2·2 政／4·26 政／是年 政／1356·4·8 政／9·26 社／10·14 政／11·24 政
一色直兼 ❸ 1435·6·13 政／1438·11·1 政／12·9 政
一色直朝 ❹ 1597·11·14 政
一色直正 ❺-1 1662·3·27 政
一色直休 ❺-2 1850·11·29 政
一色信長 ❹ 1469·8·3 政
一色範氏(道猷) ❸ 1336·3·25 政／7·1 社／1337·4·19 政／5·22 政／1338·2·9 政／10·2 政／1339·4·21 政／5·15 政／12·12 政／1340·2·5 政／6·24 政／7月 政／1343·5·29 政／7·2 社／1344·6·6 政／1346·11·21 政／12·3 政／是冬 政／1347·5·11 政／1350·6·5 社／1351·11·5 政／12·15 社／1352·4·21 政／5·13 政／10·1 政／11·25 政／1354·7·28 政／8·25 政／12·17 文／1355·7·9 政／10·2 政／1369·2·18 政／1382·11·7 社
一色範親 ❸ 1354·9·18 政／1447·10·7 社／1451·11·28 政
一色範光 ❸ 1351·9·28 政／1366·8月 政／1369·1·15 社／1370·8·6 社／1379·2·12 政／1388·1·25 政
一色藤長 ❹ 1568·6·20 政／1570·4·10 政／1574·2·6 政／1596·4·7 政
一色満範 ❸ 1401·4月 政／1402·8·1 政／1406·6·7 政／10·1 政／1408·4·21 政／1409·1·6 政／1413·3月 政
一色持氏 ❸ 1426·6·26 政
一色持信 ❸ 1413·3月 政／1434·4·21 政
一色持範 ❸ 1411·6·13 政
一色義有 ❹ 1505·是春 政／1506·6·16 政／9·24 政／1507·4·27 政／5·11 政／6·23 政／1582·9·8 政
一色義清 ❹ 1517·5·25 政／8·7 政
一色義定 ❹ 1579·7月 政
一色義貫 ❸ 1411·6·13 政／1415·4·7 政／8·16 政／1418·10·24 政／1424·6·26 社／1427·10·26 政／11·13 政／1430·8·11 政／1432·1·13 文／1434·2月 政／10·20 社／1436·1月 政／1438·7·25 政／1439·10·9 政／1440·5·14 政／1441·10·22 政
一色義直 ❸ 1451·11·28 政／1453·7·5 社／❹ 1460·⑨·1 社／1464·4·5 文／1466·2·17 文／1467·5·25 政／1474·4·15 政／1476·9·12 政／1477·9·24 政／1486·8·27 政／11·17 社／1491·7·23 政／1493·1·4 政／1500·5月 政／1570·3·27 政
一色義範 ❸ 1412·9·11 社／12·3 政
一色義春 ❹ 1477·5·18 政／1484·9·4 政
一色義秀 ❹ 1498·5·29 政
一色頼氏 ❸ 1337·2·7 政
一色頼行 ❸ 1336·3·13 政／1337·4·19 政
一枝希維(僧) ❹ 1476·是年 文
一色伊予守 ❸ 1440·1·13 政／7·4 政
一色左近大夫将監 ❸ 1418·5·28 政
一絲文守(僧) ❺-1 1632·是年 社／1639·是年 文／1646·3·19 社／1678·3·19 社
一州正伊(僧) ❸ 1448·是年 社
逸昌(僧) ❷ 1255·是年 文
一照(僧) ❸ 1440·1·6 政／8·1 政
壱定(僧) ❶ 947·2·9 社
一宗景般(僧) ❹ 1489·12·29 社
一噌太郎兵衛 ❺-1 1706·6·25 文
逸竹居士 ❺-1 1712·是年 文
一宙⇨東黙(とうもく)
逸中正安(僧) ❹ 1465·9·24 社
井筒挙雄 ❼ 1900·9·4 文
井筒俊彦 ❾ 1993·1·7 文
井筒永年 ❻ 1894·3·15 文
井筒與兵衛 ❾ 1996·5·20 文
五辻顕尚 ❸ 1342·2·4 政
五辻重仲 ❸ 1425·6·27 政
五辻為仲 ❹ 1575·3·20 社
五辻(藤原)忠子(談天門院) ❸ 1318·4·12 政／1319·11·15 政
五辻富仲 ❹ 1495·10·7 政
五辻元仲 ❹ 1595·11·3 文
五辻安仲 ❻ 1869·6·29 社
五辻兵部卿宮 ❸ 1333·5·9 政
井筒屋伝兵衛 ❺-2 1738·11·16 社
井筒屋彦兵衛 ❻ 1864·5·28 政
一等斎宗政(三代目) ❺-2 1802·9·13 文
一凍紹滴 ❺-1 1606·4·23 社
逸然性融(僧) ❺-1 1645·是年 社／是年 文／1652·是年 文／1657·是年 文／1661·是年 文／1665·是年 文／1668·7·14 文／1671·是年 文／1683·6月 文
一筆斎文調 ❺-2 1773·是年 文／1796·4·12 文
一遍(河野通秀·智真·遊行上人) ❷ 1252·是春 社／1253·是年 社／1261·是年 社／1271·是春 社／是秋 社／1273·7月 社／1274·是夏 社／是年 社／1279·是秋 社／1280·是年 社／❸ 1282·3·1 社／3·3 社／1285·5月 社／1286·是年 社／1289·8·23 社
一宝斎芳房 ❻ 1860·6·10 文
一峰通玄(僧) ❸ 1332·是夏 政
逸見政孝 ❾ 1993·9·6 社／12·28 文
逸見⇨逸見(へんみ)姓も見よ
韋提(那須国造) ❶ 689·4月 政
井出一太郎 ❽ 1956·12·23 政／❾ 1970·1·14 政／1974·12·9 政／1996·6·2 政
井出岩次郎 ❺-2 1799·1月 政
井出勘右衛 ❺-2 1742·11·16 社
井出正一 ❾ 1994·6·30 政
井出正水 ❺-1 1696·是年 文
井出正府 ❺-1 1712·8·18 政
井手甚之助 ❺-1 1607·3·9 政
出　隆 ❽ 1964·10·14 政 文
井出長五郎 ❺-1 1712·8·18 政
井出藤九郎 ❺-1 1704·8·25 政
井手文子 ❾ 1999·12·10 文
井手弥六左衛門⇨橘成陳(たちばなせいちん)
井手弥六左衛門⇨橘智正(たちばなともまさ)
井出正員 ❺-1 1632·7·26 政／1642·6·9 政
井出正次 ❺-1 1609·2·26 政
井手弥六左衛門 ❹ 1485·6·21 政／1600·是年 政
出光佐三 ❼ 1911·6月 政／❽ 1940·3·30 政／1962·5·1 社／1963·9·28 文
怡天(僧·遣朝鮮使) ❹ 1559·8·9 政
意伝(僧·如儡子) ❺-1 1642·2·16 社
以天宗清(機雪、僧) ❹ 1554·1·19 社
井戸甘谷 ❺-2 1750·7·17 文
井戸覚弘 ❺-2 1849·8·4 社／❻ 1854·1·12 社／1·15 政／2·1 政／3·24 政／1855·1·5 政／1856·11·18 政
井戸紹和(三十郎) ❹ 1578·10·25 文
井戸新九郎 ❺-1 1614·是年 文
井戸敏三 ❾ 2001·7·29 社／2005·7·3 社
井戸直弘 ❺-1 1649·10·13 政／11·25 政
井戸半十郎 ❺-2 1789·5·25 政

井戸弘道 ❺-2 1849·10·2 政／❻ 1853·4·28 政／6·9 政／1854·7·24 政
井戸(平左衛門)正明 ❺-2 1733·4·23 政／5·26 政
井戸　泰 ❼ 1915·2·13 文
井戸幸弘 ❺-1 1667·②·28 政
井土良弘(大和井上城) ❹ 1560·7·24 政／1570·3·27 政
井戸良弘(勘定奉行) ❺-1 1694·2·19 政／1702·11·28 政／❺-2 1717·11·21 政
井戸左馬介(左馬助) ❹ 1578·10·25 文(囲み)
井戸新右衛門(若狭守) ❹ 1578·10·25 文(囲み)
伊藤彰浩 ❾ 2005·4·10 政
伊藤　彬 ❾ 2002·3·6 文
伊藤敦子 ❼ 1934·6·7 文
伊藤五百亀 ❾ 1992·3·4 文
伊藤市右衛門 ❺-2 1725·是年 社
伊藤一長 ❾ 2007·4·17 政
伊藤一貞(三代目) ❺-2 1774·7·10 文
伊藤逸之助 ❻ 1872·10月 社
伊藤維楨 ❺-2 1829·是年 文
伊藤伊兵衛 ❺-2 1719·是年 文／1733·是年 文
伊藤伊兵衛(三之丞、三代目) ／❺-1 1658·3·28 社／1692·10月 社
伊藤伊兵衛(政武、五代目) ❺-1 1699·是年 社／1710·1月 社／1715·正徳年間 社
伊東氏祐 ❸ 1351·8·8 政／1376·12月 政／1378·2·28 政
伊藤雅楽頭 ❺-1 1601·6·5 社
伊藤栄治 ❺-1 1685·8·18 文
伊藤栄跡 ❺-2 1730·是年 文
伊東英泰 ❼ 1931·12·22 文
伊藤永之介(栄之助) ❽ 1959·7·26 文
伊藤益道 ❺-2 1776·11·27 文
伊藤エミ(ザ·ピーナッツ姉) ❽ 1961·6·4 社／❾ 2012·6·15 文
伊東燕晋(初代) ❺-2 1807·4月 社／1840·12·10 社
伊東燕凌(二代目) ❺-2 1850·5·5 文／❻ 1855·7·5 文
伊藤　修 ❻ 1880·4月 文
伊藤音次郎 ❼ 1916·1·8 社／1917·1·4 社
伊藤海嶠 ❺-2 1813·是年 文
伊東香織 ❾ 2008·4·27 政
伊東甲子太郎 ❻ 1867·2·18 政／11·18 政
伊藤一長 ❾ 2005·8·9 政
伊藤和也 ❾ 2008·8·26 政
伊藤勝太郎 ❼ 1927·8月 文
伊東貫斎 ❻ 1857·1月 文／1858·7·3 文／1861·3·3 文／7月 文／1862·8·27 文
伊藤看寿 ❺-2 1737·5月 文
伊藤熹朔 ❼ 1934·1·19 文／❽ 1958·10·28 文／❾ 1967·3·31 文
伊東絹子 ❽ 1953·7·16 社
伊東亀年 ❺-2 1794·是年 文
伊藤　清(数学) ❾ 2006·8·22 文／2008·11·3 文／11·10 文
伊藤清永 ❾ 1996·11·3 文
伊藤錦里 ❺-2 1772·3·9 文
伊藤欽亮 ❼ 1928·4·28 文
伊藤九郎太郎 ❺-1 1658·9·12 社
伊藤軍兵衛 ❻ 1862·5·29 政
伊藤圭介(舜民·清民·戴堯) ❺-2 1826·1·9 文／1829·是年 社／1837·是年 社／1841·是年 文／❻ 1858·2月 文／1861·3·25 文／9·19 文／1875·3月 文／1878·11月 文／1882·2·15 文／1888·5·7 文／❼ 1901·1·20 文
伊東月草 ❼ 1928·10月 文
伊藤研一 ❾ 2011·2·20 政
伊藤謙二 ❽ 1946·10·8 政／1947·1·25 政
伊藤源蔵 ❺-2 1837·2·3 社
伊東玄伯⇨伊東方成(ほうせい)
伊東玄朴(伯寿·長翁·長春庵) ❺-2 1833·是年 文／1835·是年 文／1847·是年 文／1849·11月 文／❻ 1857·8月 文／1858·5·7 文／7·3 文／1861·3·3 文／6·29 文／7月 文／1862·3·3 文／1871·1·2 文
伊藤見龍 ❺-2 1718·是年 文
伊藤紅雲 ❽ 1939·4·2 文
伊東高益 ❺-2 1789·12·16 文
伊東好義斎 ❺-2 1728·9·30 文
伊東幸三 ❻ 1872·10月 社
伊東幸之助 ❻ 1870·12·7 社
伊藤小左衛門 ❺-1 1664·是年 政／1667·7月 政／11·28 政
伊藤サカエ ❾ 2000·1·5 政
伊東貞祐 ❸ 1336·3·10 政
伊東貞文 ❼ 1917·8·11 文
伊藤左千夫 ❼ 1899·3·14 文／1903·6月 文／1913·7·30 文
伊藤幸子 ❾ 2008·8·9 社
伊藤三郎 ❾ 1997·10·16 社
伊藤栄樹 ❾ 1988·5·25 政
伊藤シゲ子 ❼ 1908·3·5 社
伊藤　茂 ❾ 1993·8·9 政
伊藤　滋 ❾ 2011·4·1 社
伊東静雄 ❼ 1932·3月 文／❽ 1953·3·12 文
伊藤若冲(斗米庵·米斗翁) ❺-2 1752·是年 文／1755·2月 文／4月 文／1759·10月 文／1760·9月 文／1764·是年 文／1765·9·29 文／1766·6·23 文／1767·是年 文／1768·是年 文／1770·是年 文／1771·是年 文／1787·4·26 文／1790·是年 文／1791·是年 文／1792·是年 文／1794·是年 文／1795·是年 文／1796·是年 文／1797·是年 文／1798·是年 文／1800·9·10 文
伊藤修助 ❺-2 1763·是年 文
伊藤主膳 ❹ 1526·12·15 政／❺-2 1830·12·2 政
伊藤勝右衛門 ❺-1 1715·11·4 社
伊藤松軒 ❺-2 1794·10·30 文
伊藤勝見 ❼ 1910·2·24 文
伊藤証信(清九郎) ❼ 1904·8·27 社／❽ 1963·1·14 社
伊藤小太夫 ❺-1 1687·9·21 文／貞享年間 社
伊藤松超 ❾ 1977·2·19 文
伊東昌之助 ❻ 1866·10·26 文
伊藤助成 ❾ 2005·4·21 政
伊藤次郎左衛門 ❺-2 1768·是年 社
伊藤次郎兵衛 ❺-1 1685·1月 文
伊藤伸一 ❾ 1998·9·3 政
伊藤甚右衛門 ❺-1 1685·2·21 文
伊藤信吉 ❽ 1939·8月 文／❾ 2002·8·3 文
伊藤新九郎(トマス) ❺-1 1609·1·11 政
伊藤甚五兵衛 ❺-2 1766·8·10 社
伊藤新五郎 ❺-2 1717·10·26 政
伊藤仁斎(維貞·敬斎) ❺-1 1662·2月 文／1693·10月 文／1705·3·12 文／1707·是年 文／1712·是年 文／1714·是年 文／❺-2 1720·是年 文
伊東新左衛門 ❹ 1566·4·3 政
伊東深水 ❽ 1938·4·12 文／1941·9·13 文／1946·10·16 文／1948·8·21 文／1950·10·29 文／❾ 1966·是年 文／1972·5·8 文
伊藤甚之助 ❺-1 1670·5·25 社
伊東瑞渓⇨高野長英(たかのちょうえい)
伊東寿恵男 ❽ 1946·8·13 文
伊東寿永光 ❾ 1991·4·24 社／2005·10·11 社
伊東祐鐘 ❺-2 1798·2·14 政
伊東祐清⇨伊東義祐(よしすけ)
伊東祐国 ❹ 1466·2·30 社／1485·6·21 政
伊東祐実 ❺-1 1661·6·13 政／1704·3·22 政／1714·4·29 政／❺-2 1723·9·18 政
伊藤清十郎 ❺-2 1833·是年 政
伊東祐堯 ❸ 1444·6·11 政／10·14 政／12·3 政／1445·9月 政／1446·6·20 政／1448·4月 政／❹ 1456·11·22 政／1457·7月 政／1459·3月 政／1464·4·9 政／1465·2·29 政／1485·4·28 政
伊東祐兵(祐隆) ❹ 1587·5·3 政／1592·3·2 文禄の役／4·17 文禄の役／1595·1·14 社
伊東祐隆 ❺-2 1757·8·18 政
伊東祐武 ❹ 1533·8·28 政／1590·8·28 政／1592·10·19 文禄の役／1593·6·20 社／11·29 社／1595·2·14 社／1599·8·20 政
伊東佐忠 ❺-1 1651·6·20 社
伊東祐立 ❸ 1412·9·25 政／1418·1·14 政／1423·是年 政／1426·是年 政／1432·7·14 政／1434·10·10 政／1444·6·11 政
伊東祐民 ❺-2 1798·2·14 政／1812·8·20 政
伊東祐親 ❷ 1180·8·23 政／10·19 政／1182·2·14 政／1194·3·25 社
伊東(藤原)祐時 ❷ 1252·6·17 政
伊東祐粛 ❺-2 1781·7·20 政
伊東祐相 ❺-2 1814·11·18 政
伊東祐永 ❺-1 1714·4·29 政／❺-2 1739·1·14 政
伊東祐教 ❸ 1298·10·28 社
伊東祐範 ❸ 1396·6·12 政
伊東祐慶 ❺-1 1605·10月 政／1619·9·16 政／1622·8·24 政／1636·4·4 政
伊東祐久 ❺-1 1636·4·4 政／

1657·10·27 政
伊東祐広　❸ 1335·12·13 政／1336·1·23 政／3·10 政／11·21 政
伊東祐丕　❺-2 1812·8·20 政／1814·11·18 政
伊東祐麿　❻ 1871·5·8 政／1874·2·1 政／1877·11·2 政／❼ 1906·2·26 政
伊藤祐道　❺-1 1611·是年 社
伊東祐充　❹ 1523·11·8 政／1524·5·5 政／1528·3·16 社／5·1 政／1532·11·27 政／1533·8·28 政
伊東祐宗　❸ 1349·2·26 政
伊東祐持　❸ 1336·1·7 政／1348·7·7 政
伊東祐基　❸ 1377·2·28 政
伊東祐泰　❷ 1182·2·14 政
伊東祐安　❸ 1378·2·28 政／1395·2·29 社／1424·1月 政／1434·3月 政
伊東祐之　❺-2 1742·10·6 政
伊東祐亨　❻ 1894·7·19 日清戦争／❼ 1904·1·16 政／7·12 日露戦争
伊東祐良　❹ 1494·6·12 政
伊東祐吉　❹ 1534·2·19 政／1535·8·14 政
伊東祐由　❺-1 1657·10·27 政／1661·6·13 政
伊東祐福　❺-2 1757·8·18 政／1781·7·20 政
伊藤祐頼　❸ 1293·3·24 政
伊藤　整(筆名せい、本名ひとし)　❽ 1937·6月 文／8月 文／1939·1月 文／1944·8月 文／1950·4月 文／1953·1月 文／1954·3月 社／1957·3·13 文／❾ 1969·11·15 文
伊藤整一　❽ 1941·9·6 政／1945·4·7 政
伊藤晴雨　❽ 1961·1·28 文
伊藤清司　❾ 2007·6·16 文
伊藤誠哉　❼ 1932·是年 社
伊藤善左衛門　❺-2 1825·5月 社
伊藤善韶　❺-2 1774·是年 文
伊藤宗一郎　❾ 1996·11·7 政／1999·12·14 政
伊藤宗印　❺-2 1767·11·17 文／1770·11·17 文
伊藤宗看　❺-1 1694·11·6 文／❺-2 1737·5月 文
伊藤惣十郎　❹ 1572·12·2 社
伊東宗勝　❺-2 1826·8·2 政
伊藤大輔　❼ 1927·是年 文／1932·9·20 社／1934·8·29 文
伊藤大八　❼ 1913·12·19 政／1927·9·2 政
伊藤たかみ　❾ 2006·7·13 文
伊藤隆道　❾ 1974·是年 文
伊藤拓磨　❾ 1994·3·25 社
伊藤武雄(満鉄職員·中国研究家)　❽ 1942·9·21 政／1946·1·27 文
伊藤武郎　❽ 1950·2·26 社
伊藤竹里　❺-2 1756·9·11 文
伊藤太左衛門　❺-1 1641·4·26 政
伊東多三郎　❾ 1984·10·29 文
伊東尹祐　❹ 1495·11·25 政／1514·8·27 社／1515·5·28 社／1520·7·6 政／1522·4·4 政／1523·11·8 政
伊藤達也　❾ 2004·9·27 政
伊藤為吉　❻ 1894·是年 社
伊藤坦庵(宗恕)　❺-1 1708·8·24 文
伊東澹斎　❺-2 1764·9·21 文
伊藤単朴　❺-2 1752·是年 文／1754·是年 文／1762·是年 文
伊藤慎郎　❻ 1863·10·18 文
伊藤痴遊(仁太郎)　❽ 1938·9·25 文
伊東忠太　❻ 1893·11月 文／1895·3·15 社／❼ 1925·4·1 文／❽ 1939·6·8 文／1943·4·29 文／7·10 文／1954·4·7 文
伊藤忠兵衛(初代)　❼ 1903·7·8 政
伊藤忠兵衛(二代目)　❾ 1973·5·29 政
伊藤長胤　❺-1 1703·是年 文／1710·是年 文
伊東潮花　❻ 1880·7·10 文
伊藤長七　❼ 1930·4·19 文
伊藤聴秋　❻ 1895·4·1 文
伊藤長兵衛　❺-1 1642·2·14 文／9·13 文
伊藤貞助　❽ 1937·10·9 文／1944·8·5 文
伊藤悌三　❽ 1944·3·8 文
伊藤伝右衛門(大垣藩郡奉行)　❺-2 1783·是年 政／1785·是年 社
伊藤伝右衛門(正敦、炭鉱王)　❼ 1921·10·22 社
伊藤伝七　❻ 1880·4月 社
伊藤東涯(原蔵·源蔵·元蔵·長胤·慥々斎·紹述先生)　❺-1 1708·是年 文／1711·是年 文／1714·是年 文／❺-2 1717·是年 文／1719·是年 文／1728·是年 文／1730·是年 文／1734·是年 文／1736·7·17 文／是年 文／1737·是年 文／1738·是年 文／1739·是年 文／1740·是年 文／1748·是年 文／1750·是年 文／1757·是年 文／1758·是年 文／1800·是年 文
伊東陶山　❼ 1917·6·11 文／❽ 1937·9·7 文
伊藤東所　❺-2 1787·10月 文
伊藤篤太郎　❽ 1941·3·21 文
伊藤雋吉　❻ 1883·1·1 社
伊藤斗福　❽ 1953·10·24 政／1954·10·27 社
伊藤智仁　❾ 1992·7·25 社
伊東知也　❼ 1901·2·3 政
伊藤長秋　❺-2 1787·8·20 文
伊東長寛　❺-2 1795·10月 文
伊藤野枝　❼ 1916·11·9 社／1918·1·1 文／1921·4·24 社／1923·9·16 政
伊東信夫　❻ 1873·2·25 文
伊藤宣謙　❺-1 1693·是年 文
伊藤信徳　❺-1 1678·是年 文
伊藤柏台　❼ 1919·11·1 文／1928·11月 文
伊藤八左衛門　❺-1 1693·1·17 政
伊東治明　❺-1 1616·12·21 政
伊藤盤安　❻ 1859·8·22 文
伊藤彦兵衛　❹ 1600·8·10 関ヶ原合戦
伊藤久男　❽ 1938·3·2 社
伊藤英覚　❾ 2006·11·3 文
伊藤秀盛　❹ 1581·3·22 社／1584·11·20 社／1585·⑧·18 社／1589·是年 政／1591·8·3 社
伊藤博邦(勇吉)　❼ 1931·6·9 政
伊藤博文(俊輔)　❻ 1862·12·12 政／12·22 文／1863·5·12 文／1864·6·18 政／8·5 政／12·1 政／12·16 政／1865·4·22 政／⑤·3 社／⑤·10 政／6·24 政／7·17 政／1866·3·21 政／1867·9·20 政／1869·1月 文／6·21 政／1871·10·8 政／11·12 政／12·14 政／1872·5·17 政／1873·9·13 政／1875·1·8 政／2·11 政／7·3 政／1876·8·5 政／1877·11·2 政／2·28 西南戦争／1878·4·10 政／4·28 文／1881·10·8 政／1882·2·27 政／1883·8·3 政／1884·3·17 政／1885·2·24 政／8月 政／12·22 政／1888·6·18 政／1889·10·11 政／1890·10·24 政／1891·4·9 政／1892·3·5 政／8·3 政／1893·3·22 政／10·18 文／1895·1·8 政／❼ 1896·2·3 政／1896·8·16 政／1897·6·21 政／1898·1·12 政／1899·4·10 政／1900·10·4 政／6·1 政／9·15 政／10·19 政／1901·12·2 政／5·2 政／1902·11·2 政／12·3 政／1903·2·22 政／6·23 政／6·24 政／7·6 政／1904·3·13 日露戦争／1905·11·2 政／12·20 政／1906·2·1 政／1907·7·3 政／9·21 政／1909·1·4 政／6·14 政／10·26 政／11·4 政／1910·1·5 政
伊東祐昌　❺-1 1639·2·9 政
伊東祐之　❺-2 1739·1·14 政
伊藤風国　❺-1 1696·是年 文／1698·是年 文
伊藤平左衛門(九代目)　❻ 1895·4·5 社／❼ 1896·6·30 文
伊藤平左衛門(宮大工)　❾ 1976·2·3 文
伊藤鳳山　❺-2 1842·是年 文
伊東方成(玄伯)　❻ 1862·9·11 文／1874·5·2 文／1891·5·6 文
伊東勃海　❺-2 1803·4·5 文
伊藤　真　❽ 1944·11月 社
伊藤正男　❾ 1996·11·3 文
伊藤　正　❽ 1960·5·21 政
伊藤政之助　❽ 1939·10·20 政
伊藤正徳　❽ 1956·3月 文／1962·4·21 政
伊藤正己　❾ 1999·11·3 文
伊藤正哉　❾ 2002·12·13 政
伊藤正康　❾ 2009·6·11 文
伊東正義　❾ 1981·5·12 政／1994·5·20 政
伊藤　松　❺-2 1836·是年 文
伊東マンショ　❹ 1582·1·28 政／1591·6·5 社／❺-1 1612·10·21 社
伊藤道郎　❽ 1961·11·6 文
伊東光男　❽ 1963·6·14 社
伊藤みどり　❾ 1985·1·13 社／1989·3·18 社／1992·2·8 社
伊東巳代治　❻ 1882·3·14 政／1884·3·17 政／1887·5月 政／1890·10·1 政／❼ 1898·1·12 政／4·14 政／1923·11·24 政／1934·2·19 政
伊東基祐　❺-1 1686·6·6 政
依藤弥三郎　❹ 1484·2·5 政
伊藤安次郎　❺-2 1810·7·20 社
伊藤安兵衛　❺-1 1675·6·19 社
伊藤祐一郎　❾ 2008·7·13 社

伊藤良恵 ❾ 2000·9·15 社
伊東義祐(祐清·可水·昭眼) ❹ 1522·1·28 社／1533·8·28 政／1534·①·6 政／2·19 政／1537·12·22 政／1542·8·20 政／1544·12月 政／1545·2·29 政／6·29 政／1547·2·23 政／11·22 政／12·13 政／1548·7·7 政／1549·4·3 政／1551·6·8 文／7月 政／9·5 政／1553·①·13 政／1554·11·26 政／1555·7·7 政／1558·11·4 政／12·23 政／1560·6·2 政／1562·3·18 政／是年 政／1563·8·22 政／1564·3·16 政／5·30 政／1565·5·1 政／1567·是春 政／5·1 政／1568·6·8 政／1572·5·4 政／1574·1·19 政／1576·4·25 社／8·23 政／1577·12·11 政／1578·2·21 政／11·12 政／1579·4月 政／1585·8·5 政
伊藤快彦 ❼ 1901·6·16 文／1903·6·1 文／1906·3·2 文
伊東米治郎 ❼ 1923·3·31 政
伊藤蘭嵎(長堅) ❺-2 1778·3·26 文／是年 文
伊東蘭洲(藍洲) ❺-2 1805·是年 文
伊東藍田 ❺-2 1809·4·2 文
伊藤　律 ❽ 1950·6·8 政／9·26 社／1953·9·19 政／9·21 政／1955·9·14 政／❾ 1980·8·23 政／1989·8·7 政
伊藤龍沢 ❺-2 1764·12·15 文
伊東陵潮(四代目) ❼ 1899·5·25 文
伊藤ルイ ❾ 1996·6·28 政
伊藤六郎兵衛 ❻ 1870·8月 社
伊藤若狭 ❺-2 1744·8月 社
伊東安芸守 ❸ 1424·1月 政
伊東左兵衛佐 ❹ 1533·8·28 政
伊藤民部 ❹ 1495·11·19 政
惟堂守一(僧) ❸ 1333·7月 文
伊童随庸 ❺-2 1722·是年 文
到津公弘(公熙) ❸ 1453·11·27 社／❹ 1470·10月 社
伊刀王 ❶ 771·③·1 政／780·2·19 政
糸賀三右衛門 ❺-2 1725·10·9 社
糸川英夫 ❽ 1956·9·5 文／1959·11·14 政／1960·2·12 文／❾ 1967·3·31 文／1999·2·21 文
懿徳天皇(大日本彦耜友尊) ❶ 書紀·安寧 11·1·1／懿徳 1·2·4／懿徳 34·9·8／懿徳 35·10·13
イトコイ(厚岸酋長) ❺-2 1795·是年 政
糸田貞義 ❸ 1334·1月 政／3月 政／7·9 政
伊都(伊登)内親王 ❶ 833·9·21 社 文／861·9·19 政
糸鬢十兵衛 ❺-1 1656·12月 社
糸屋五郎右衛門 ❺-1 1688·12·17 政
糸屋八左衛門 ❺-1 1714·3月 政
糸屋彦左衛門 ❺-1 1663·3·8 政
糸屋与四郎 ❺-1 1662·10月 政／1663·3·8 政
糸屋与兵衛 ❺-1 1663·3·8 政
絲山秋子 ❾ 2006·1·17 文
稲　新介 ❺-2 1737·10·6 文
伊奈　訓 ❻ 1893·9·15 文
伊奈貞政 ❹ 1600·9·21 社
伊奈忠篤 ❺-1 1685·2·7 政
伊奈忠宥(半左衛門) ❺-2 1754·9·5 政／1764·3·29 政／1769·12·7 政／1772·8·25 政
伊那忠臣 ❺-1 1669·6·14 政
伊奈忠勝 ❺-1 1618·3·10 政
伊奈忠克(忠勝) ❺-1 1650·⑩·10 社／1661·11·1 政／1662·2·17 社／1664·7·10 政／1665·8·14 政
伊奈忠達 ❺-1 1712·5·26 政
伊奈忠尊(半左衛門) ❺-2 1780·6月 社／1787·6·8 政／1792·3·9 政／1799·是年 政
伊奈忠次 ❹ 1594·2·28 社／9月 社／1596·是年 社／❺-1 1602·7·18 社／1604·8·20 政／1608·3·15 社／7·20 政／7月 政／1609·是年 社／1610·6·13 政
伊奈忠告 ❺-2 1843·6·28 社
伊奈忠辰 ❺-2 1750·7·30 政／1754·9·5 政
伊奈忠治(半十郎) ❺-1 1612·3·5 社／1618·3·10 政／1640·1月 社／1642·8·16 政／1643·寛永年間 社／1644·是年 社／1653·1·13 社／6·27 政／1654·是年 社／1660·是年 社
伊奈忠敬 ❺-2 1769·12·7 政
伊奈忠政 ❺-1 1610·6·13 政／1614·11·11 政／1618·3·10 政
伊奈忠逵(忠達·半左衛門) ❺-2 1719·10·26 社／是年 社／1728·5·19 政／1729·5·19 政／1739·3·25 政／1750·7·30 政
伊奈忠易 ❺-1 1675·④·5 政
伊奈忠順(半左衛門) ❺-1 1698·3·25 社／6·23 社／8·1 社／1704·11·13 社／1705·5·21 社／1708·2·16 社／1712·2·29 政／5·26 政
伊奈信男 ❼ 1933·8月 文／❾ 1978·10·7 文
伊奈半十郎⇨伊奈忠治(ただはる)
伊奈兵右衛門 ❺-1 1669·5月 政
伊奈盛泰 ❹ 1517·⑩月 社
稲尾和久 ❾ 2007·11·13 社
稲垣昭賢 ❺-1 1710·4·17 政／1712·2·2 社
稲垣昭央 ❺-2 1773·7·22 政
稲垣克彦 ❽ 1944·2·1 文
稲垣実秀 ❻ 1888·11·20 社
稲垣重定 ❺-1 1685·11·6 政／1689·2·3 政
稲垣重綱 ❺-1 1616·7月 政／1623·8·6 政／1649·10·25 政／1651·9·19 政／1654·1·8 政
稲垣重照 ❺-1 1654·1·8 政
稲垣重富 ❺-1 1689·7·28 政／1702·9·7 政／1703·2·15 政／10·28 社／1707·11·16 社／1710·4·17 政
稲垣実男 ❾ 2009·3·5 政
稲垣　示(虎岳·恒太郎) ❻ 1889·4·30 政／❼ 1902·8·9 政
稲垣千穎 ❻ 1880·4月 文
稲垣武十郎 ❺-2 1841·是年 文
稲垣忠彦 ❾ 2011·8·18 文
稲垣達郎 ❽ 1940·12·28 文
稲垣種信 ❺-2 1726·2·18 政／1729·2·15 政／1731·6·24 政／1740·3·19 政
稲垣足穂 ❾ 1972·7月 文
稲垣仲静 ❼ 1919·是年 文
稲垣稔次郎 ❽ 1963·6·10 文
稲垣長章 ❺-2 1777·6·11 文
稲垣長明 ❺-2 1841·是年 政
稲垣長茂 ❺-1 1601·6月 政
稲垣長続 ❺-2 1794·11·10 政
稲垣長以 ❺-2 1773·7·22 政／1794·11·10 政
稲垣　浩 ❽ 1944·是年 社
稲垣史生 ❾ 1996·2·27 文
稲垣平太郎 ❽ 1949·2·16 政／5·24 政
稲垣豊強 ❺-2 1791·是年 文
稲垣満次郎 ❼ 1908·11·25 政
稲垣摂津守 ❺-1 1637·11·8 島原の乱
稲川少左衛門 ❺-1 1660·11·10 社
稲川　武 ❾ 1992·4·26 社
稲川直克 ❺-2 1761·2·5 文
稲川政右衛門 ❻ 1854·4·13 社
稲倉儀三郎 ❻ 1883·1·31 政
稲毛屋山 ❺-2 1808·是年 文
稲毛重成 ❷ 1174·8·16 社／1198·12·27 政
稲毛信久 ❸ 1436·4·2 社
稲越功一 ❾ 2009·2·26 文
稲田悦子 ❼ 1935·11·17 社／1936·2·6 社／❽ 1940·3·12 社／❾ 2003·7·8 社
稲田貫之丞 ❻ 1868·2·24 文
稲田邦植 ❻ 1870·5·13 政
稲田重蔵 ❻ 1860·3·3 政
稲田正次 ❾ 1984·8·14 文
稲田朋美 ❾ 2012·12·26 政
稲田豊章 ❻ 1895·9·18 文
稲田龍吉 ❼ 1915·2·13 文／❽ 1944·4·29 文／1950·2·27 文
稲田民部 ❺-1 1648·3·1 社
稲津祇空 ❺-2 1733·4·23 文
稲津頼勝 ❺-2 1755·是年 社
稲塚和右衛門 ❺-2 1762·是年 文
稲次因幡 ❺-2 1852·5·17 政
稲妻雷五郎 ❺-2 1827·是年 社／❻ 1877·3·29 社
稲妻強盗坂本慶二郎 ❼ 1899·2·14 社
稲富一夢(斎) ❺-1 1602·10月 政／1607·7月 文／1608·9月 文／1610·9月 政／1611·2·9 政
稲富重次 ❺-1 1623·是年 政
稲富直賢 ❺-1 1646·9·10 政
稲富宮内 ❺-1 1614·12·16 大坂冬の陣
稲庭時定 ❷ 1174·8·16 社／1196·9·1 政／1202·2·8 政
猪名石前 ❶ 703·7·5 政／708·3·13 政
韋那磐鍬 ❶ 672·6·26 政
猪名(威奈)大村 ❶ 705·11·16 政／706·①·5 政／707·4·24 文／8·21 文
韋那高見 ❶ 672·12月 政
為奈豊人 ❶ 783·2·25 政
一難宝郎 ❶ 759·9·27 文
稲野治兵衛 ❾ 1992·7·7 文
稲葉一鉄(貞通·良通) ❹ 1570·11·5 政／1575·8·28 政／1579·4·21 政／1582·6·8 政／1583·4·16 政／1584·5·1 政／1585·⑧·1 社／1588·11·19

政／1593·11·16 社
稲葉　修　❾ 1972·7·7 政／1974·12·9 政／1992·8·15 政
稲葉華渓　❺-2 1800·12·27 文
稲葉景通　❺-1 1673·6·24 政／1694·⑤·20 政
稲葉一通(貞通·一鉄)　❺-1 1603·9·3 政／1626·11·19 政／1637·11·8 島原の乱／1641·8·17 政
稲葉義猛　❾ 2011·1·23 社
因幡浄成女　❶ 771·2·9 政
稲葉興作　❾ 1993·7·30 政／2006·11·26 政
稲葉小僧(武州無宿新助)　❺-2 1785·9·16 政
稲葉左近　❺-1 1640·是春 社
稲葉秀三　❽ 1941·1 月 政／❾ 1996·4·17 政
稲葉雍通　❺-2 1800·9·10 政／1847·9·18 政
因幡千里　❷ 1007·7·23 政
稲葉通龍　❺-2 1781·是年 文
稲葉恒通　❺-1 1706·4·15 政
稲葉知通　❺-1 1694·⑤·20 政／1706·4·15 政
稲葉信通　❺-1 1641·8·17 政／1668·10·15 社／1673·6·24 政
稲葉典通　❺-1 1603·9·3 政／1613·1·10 文／1626·11·19 政
稲葉紀通　❺-1 1647·7·13 社／1648·8·20 政
稲葉　裕　❾ 1986·3·10 政
稲葉弘通　❺-2 1768·7·2 政／1800·9·10 政
稲葉迂斎(正義)　❺-2 1760·11·10 文
稲葉正明　❺-2 1793·8·5 政／1795·是夏 文
稲葉正勝　❺-1 1623·12·5 政／1628·9·17 政／1630·2·21 社／1632·11·23 政／1634·1·25 政
稲葉正倚　❺-1 1714·8·27 文
稲葉正邦　❻ 1860·5 月 文／1863·6·11 政／8·18 政／8·19 政／9·13 政／1864·4·11 政／1866·4·13 政／1867·5·6 政／6·29 政／10·21 政／12·23 政／1868·1·2 政／1884·2·21 社／❼ 1898·7·15 政
稲葉正定　❺-1 1667·②·28 政
稲葉正親　❺-2 1734·6·6 政
稲葉正任　❺-2 1729·5·29 政
稲葉正知　❺-1 1707·8·21 政／❺-2 1723·5·1 政／1729·5·29 政
稲葉正成　❺-1 1627·3·16 政／1628·9·17 政
稲葉正諶　❺-2 1773·9·12 政／1802·10·19 政／1803·8·28 政／1804·1·23 政／1806·8·24 政
稲葉正申　❺-2 1848·5·26 社
稲葉正則　❺-1 1634·1·25 政／1636·12 月 文／1656·8·16 政／1658·⑫·29 政／1681·5·16 政／1696·9·6 政
稲葉正弘　❺-2 1773·9·12 政
稲葉正巳　❻ 1866·8·18 政／12·16 政／1867·3·5 政／6·29 政
稲葉董通　❺-2 1737·1·17 政
稲葉正休　❺-1 1682·3·22 政／1683·2·18 社／1684·8·28 政
稲葉正往(正通)　❺-1 1681·11·15 政／1685·9·21 政／12·11 政／1701·1·11 政／6·14 政／1702·2·21 政／1707·8·2 政／8·21 政
稲葉正征　❺-2 1716·11·9 政
稲葉正吉　❺-1 1645·6·24 社／1653·3 月 政／1656·8·16 政
稲葉正能　❺-1 1665·10·24 政／1700·8·28 政
稲葉正益　❺-2 1747·12·23 政／1756·2·3 政／1771·9·28 政
稲葉又右衛門　❹ 1561·5·14 政
稲葉三千男　❾ 2002·9·8 文
稲葉通邦　❺-2 1798·是春 文／1801·4·25 文
稲葉通貞　❹ 1538·7·12 政
稲葉通重　❺-1 1607·12 月 政
稲葉通孝　❹ 1548·4·4 政／1600·9·1 関ヶ原合戦
稲葉通吉　❺-1 1624·9 月 政
稲葉　稔　❾ 1994·6·26 政
稲葉黙斎　❺-2 1766·是年 文／1799·11·1 文
稲葉泰通　❺-2 1737·1·17 政／1742·10·6 政／1768·7·2 政
稲葉義男　❾ 1998·4·20 文
稲葉良通(貞通)⇨稲葉一鉄(いってつ)
稲畑勝太郎　❼ 1897·2·15 社／1920·9·4 政／❽ 1949·9·29 文
稲葉内膳　❺-1 1689·6·25 政
稲日大郎姫⇨播磨(はりま)大郎姫
稲船典子　❾ 2004·1·23 文
稲部藤治兵衛　❺-2 1729·6·22 文
猪名部百世　❶ 767·2·4 文
井波唯志　❾ 2011·1·25 文
稲嶺恵一　❾ 1998·11·15 政／2002·11·17 社／2005·10·31 政
稲嶺　進　❾ 2010·1·24 政
稲村左近四郎　❾ 1977·11·28 政／1986·5·1 政／1990·3·29 政
稲村利幸　❾ 1990·12·19 社／12·27 政／1991·1·8 政／11·29 社／1994·3·4 社
稲村　博　❾ 1996·5·14 社
稲村隆一　❾ 1990·11·20 政
稲村三伯(海上随鷗)　❺-2 1811·1·18 文
稲本嘉助　❻ 1879·4·24 社
稲盛和夫　❽ 1959·4·1 政／❾ 1984·6·1 政／2010·1·10 政
稲盛俊介　❾ 2011·3·18 政
稲山嘉寛　❾ 1968·4·17 政／1987·10·9 政
伊奈理武志　❶ 696·3·12 政
猪苗代兼郁　❺-2 1720·是年 文
猪苗代兼載　❹ 1492·12 月 文／1505·9·13 文／1510·6·6 文
猪苗代盛国　❹ 1585·5·13 政／1586·11·22 政／1589·3·26 政／5·28 政
猪苗代盛光　❸ 1451·8·29 政／1453·9·17 政／❹ 1521·6·16 政
猪苗代盛頼　❹ 1501·6·28 政／1541·12·20 政
五十瓊敷命　❶ 書紀·垂仁 30·1·6／垂仁 35·9 月／垂仁 39·10 月
いにしへ伝内　❺-2 1720·11·19 文
戌井市郎　❾ 2010·12·15 文
乾　絵美　❾ 2008·8·9 社
乾　十郎　❻ 1863·3 月 社
乾　新兵衛(鹿蔵)　❼ 1934·11·4 政
乾　崇夫　❾ 2012·9·13 文
犬井(乾)貞恕　❺-1 1685·是年 文／❺-2 1772·是年 文
乾　篤軒　❺-2 1755·是年 文
乾　南陽　❽ 1940·6·29 文
乾　昇　❾ 2004·2·24 政
犬王大夫⇨道阿弥(どうあみ)
犬養雁手　❶ 716·8·20 社
犬養(県犬養)古麻呂　❶ 761·1·16 政
犬養　孝　❾ 1998·10·3 文
犬養　健　❽ 1948·12·9 政／1949·2·10 政／1952·10·30 政／1953·5·21 政／1954·4·21 政／1960·8·28 政
犬養常行　❶ 972·5·18 社
犬養　毅　❻ 1877·2·22 西南戦争／1880·8·21 文／1881·10·11 政／1882·2·12 政／3·14 政／1885·6·16 政／1887·10·3 政／1894·4·3 政／7·4 政／1895·6·15 政／❼ 1898·10·26 政／1903·12·3 政／1909·2·24 政／1910·3·13 政／1912·1·8 政／12·14 政／12·19 政／1913·1·13 政／1916·5·24 政／1917·1·15 政／6·2 政／1922·11·8 政／1923·9·2 政／1924·1·18 政／6·11 政／1925·5·28 政／1929·10·12 政／1930·4·25 政／1931·12·13 政／1932·5·15 政
犬飼哲夫　❾ 1971·4·15 社
犬甘知寛　❺-2 1803·2·9 政
犬上白麻呂　❶ 656·9 月 政
犬上御田鍬(耜)　❶ 614·6·13 政／615·9 月 政／630·8·5 政／632·8 月 政
犬上望成　❶ 809·1·16 政
犬田　卯　❼ 1924·3 月 文／❽ 1958·10 月 文
犬塚印南　❺-2 1813·⑪·12 文
犬塚幸次郎　❺-2 1822·5 月 社
犬塚惟正　❸ 1347·12·12 政
犬塚豊彦　❽ 1945·7·7 政
犬塚又内　❺-2 1751·7·10 政
猪野謙二　❾ 1997·9·11 文
井野碩哉　❽ 1941·7·16 政／10·18 政／1945·3·11 政／1959·6·18 政
井野行恒　❸ 1305·11·13 文
稲生恒軒(謙甫)　❺-1 1680·1·26 文／1690·是年 文
伊能繁次郎　❽ 1959·1·12 政
稲生若水(宣義·彰信·白雲道人)　❺-1 1692·3 月 文／5 月 文／1699·4·23 文／1701·是年 文／1709·10·5 文／1714·是年 文／1715·7·6 文／❺-2 1719·9·11 文／1734·3·21 文
伊能忠敬　❺-2 1766·是年 社／1769·是年 社／1795·5 月 文／1797·是年 文／1800·④·19 文／1801·3 月 文／1802·6 月 文／1803·2 月 文／1804·9·10 文／1805·2 月 文／1806·11 月 文／1810·是年 文／1811·是年 文／1813·8·19 文／1814·是年 文／1818·4·13 文／1821·7 月 文／❻ 1861·11·15 文
伊能忠誨　❺-2 1821·7 月 政

稲生八左衛門 ❺-2 1828·8·9 政
伊能穎則 ❺-2 1852·是年 文
稲生正武 ❺-2 1731·9·19 政
稲生正倫 ❺-1 1665·3·13 政
井上荒野 ❾ 2008·7·15 文
井上市兵衛 ❺-1 1672·寛文年間 文
井上一成 ❾ 1995·8·8 政
井上伊兵衛 ❻ 1873·是年 社
井上因碩(中村道碩) ❺-1 1607·2·8 文／1630·8·14 文／1635·9·18 文／12·1 文
井上因碩(井上道碩) ❺-2 1719·4月 文／1737·5月 文／1763·11·17 文／1767·11·17 文／1789·11·17 文／1849·④月 社
井上因碩(井上松本) ❻ 1876·11·12 文
井上因碩(田淵米蔵) ❼ 1907·5·12 文／1917·11·23 文
井上因節 ❺-2 1719·4月 文
井上右兵衛 ❺-1 1642·8·27 文
井上右馬允 ❺-1 1622·5·11 社
井上梅次 ❾ 2010·2·11 文
井上円了 ❻ 1884·1·26 文／1887·9·16 文／1888·4·3 文／1890·7·6 文／1891·是年 社／❼ 1904·4·1 文／1919·6·6 文
井上香織 ❾ 2012·7·27 社
井上　馨(聞多·世外·勇吉·友次郎) ❻ 1862·12·12 政／1863·3·28 政／5·12 文／1864·6·18 政／7·22 政／8·5 政／9·25 政／12·1 政／1865·4·22 政／⑤·3 社／⑤·10 政／6·24 政／7·17 政／1866·9·2 政／1868·2·14 政／1869·2·5 政／6·21 政／1871·7·14 政／1873·5·7 政／是年 政／1875·2·11 政／12·9 政／1876·1·6 政／1878·7·29 政／1879·11·3 社／1880·2·28 政／1882·8·7 政／1884·8·4 政／1885·1·9 政／2·20 政／4·25 政／12·22 政／1886·5·1 政／9月 政／11·3 社／12月 政／1887·4·26 文／9·17 政／1889·12·10 政／1890·7·10 政／1892·8·3 政／1894·10·15 日清戦争／❼ 1896·8·16 政／1898·1·12 政／1901·5·5 政／1903·6·23 政／1911·5·10 文／1912·8·13 政／1914·9·24 政／1915·4·25 文／9·1 政
井上角五郎 ❻ 1893·3·11 政／❽ 1938·9·23 政
井上和男 ❾ 2011·6·26 文
井上勝之助 ❼ 1906·1·7 政
井上喜一 ❾ 2003·9·22 政／2010·12·16 政
井上吉夫 ❾ 1989·6·2 政／1998·7·30 政
井上究一郎 ❾ 1999·1·23 文
井上京次郎 ❻ 1886·11月 文
井上清子 ❼ 1935·10·14 社
井上　清 ❽ 1964·6·13 文／❾ 2001·11·23 文
井上清直 ❻ 1857·5·20 政／12·2 政／1858·7·4 政／1862·12·1 政／1863·8·1 政／1866·6·29 政／1867·12·27 政
井上金峨 ❺-2 1757·是年 文／1763·是年 文／1764·是年 文／1784·6·16 文／1800·是年 文
井上熊男 ❽ 1958·11·25 政
井上九郎 ❹ 1493·9·11 政
井上剣花坊(幸一) ❼ 1903·7·3 文／1934·9·11 文
井上源吾 ❹ 1582·是年 社
井上謙二 ❾ 2004·8·13 社
井上玄徹 ❺-1 1686·4·19 文
井上　幸 ❽ 1944·3·8 文
井上幸治 ❾ 1989·9·9 文
井上康生 ❾ 2000·9·15 社／2003·9·12 社
井上小左衛門 ❺-1 1647·是年 文
井上五郎左衛門尉 ❸ 1316·正和年間 社
井上　毅 ❻ 1884·3·17 政／1887·5月 政／1892·3·5 政／1893·3·7 政／1894·8·29 政／1895·3·17 政
井上権兵衛 ❺-2 1805·4·2 文
井上佐一郎 ❻ 1862·8·2 政／1865·5·11 政
井上佐多 ❽ 1948·5·27 文
井上左太夫(鉄炮方) ❺-1 1666·12·2 政
井上左太夫(貞方·鉄炮方) ❺-2 1717·1·24 政／1823·5·22 政／1846·3·6 政／1847·3·24 政／1850·2·29 政／❻ 1856·9·2 政／1861·5·16 社
井上三次郎 ❺-2 1727·8·12 政
井上重厚 ❺-2 1770·是年 文
井上成美 ❽ 1939·1·6 政／❾ 1975·12·15 政
井上　茂 ❽ 1944·9·26 政
井上秋扇 ❺-1 1673·是年 文
井上純一 ❾ 1992·2·8 社／3·8 社
井上純卿 ❺-2 1767·是年 文／1776·是年 文
井上準之助 ❼ 1919·3·13 政／1920·3·14 政／1921·11·17 政／1922·8·1 政／1923·9·2 政／1927·4·5 政／5·10 政／1929·7·2 政／7·8 政／11·21 政／1930·1·11 政／1932·2·9 政
井上省三 ❻ 1886·12·10 政
井上士朗 ❺-2 1812·5·16 文
井上真改 ❺-1 1673·8月 文／1676·8月 文／1677·8月 文／1682·11·9 文
井上新三郎⇨井上光兼(みつかね)
井上清一 ❼ 1931·12·12 社
井上千山 ❺-1 1702·是年 文／1703·是年 文
井上禅定 ❾ 2006·1·26 社
井上宗隆 ❺-2 1784·11·29 文
井上園子 ❽ 1945·10·24 文
井上巽軒 ❻ 1888·2月 文
井上大佑 ❾ 1972·是年 文
井上大輔 ❾ 2000·5·30 文
井上太一 ❾ 1997·7·8 政
井上大佑 ❾ 2004·9·30 文
井上高格 ❻ 1874·9月 政
井上　健 ❽ 1942·7月 文／1946·是年 文
井上竹次郎 ❼ 1906·10月 文
井上竹逸 ❻ 1886·4·3 文
井上匡四郎 ❼ 1926·6·3 政／❽ 1959·3·18 文
井上達也 ❻ 1895·7·15 文
井上民二 ❾ 1997·9·6 文
井上忠右衛門 ❺-2 1744·11·28 政／1745·2·4 政／1800·2·28 政
井上長三郎 ❾ 1995·11·17 文
井上通女 ❺-1 1681·是年 文／❺-2 1716·是年 文／1738·6·23 文
井上　勤 ❼ 1928·10·22 文
井上哲次郎 ❻ 1880·7·10 文／1881·10·10 文／1882·8月 文／1884·1·26 文／❼ 1897·6月 社／1898·11·12 社／1901·1·26 文／1902·6·15 社／1906·5·1 文／1910·6·19 文／1925·9·20 政／❽ 1944·11·9 文／12·7 文
井上輝二 ❼ 1913·2·1 社
井上　伝 ❻ 1869·4·26 社
井上伝蔵 ❻ 1884·10·30 政
井上俊清 ❸ 1345·7·11 政／1346·3·6 政／5·4 政
井上利恭(利泰) ❺-2 1788·9·10 社／1804·6·2 政／1807·3·29 政
井上富次郎 ❺-2 1773·5·11 政
井上友一郎 ❽ 1949·5月 文／❾ 1997·7·1 文
井上友貞 ❺-1 1677·是年 文
井上知治 ❽ 1948·10·19 政
井上直一 ❾ 1998·11·23 文
井上直幸 ❾ 2003·4·22 文
井上なつえ ❽ 1946·11·23 文
井上南台 ❺-2 1798·10·14 文
井上日召(昭·四郎) ❼ 1932·1·31 政／3·5 政／❾ 1967·3·4 政
井上仁郎 ❼ 1915·2·1 政
井上信男 ❾ 2005·3·14 政
井上博道 ❾ 2012·12·12 文
井上八郎 ❻ 1861·5·16 社
井上播磨掾 ❺-1 1685·5·19 文
井上春忠 ❹ 1573·12月 政／1577·⑦·20 政
井上ひさし ❽ 1964·4·6 文／❾ 1972·8·11 文／2010·4·9 文
井上秀子 ❼ 1928·7·20 社
井上栄信 ❺-2 1843·⑨·13 政
井上文雄 ❻ 1871·11·18 文
井上平馬 ❺-2 1719·2·14 政
井上呆斎 ❺-2 1827·2·19 文
井上布袋丸 ❸ 1350·11·3 政
井上真央 ❾ 2011·12·31 文
井上　信 ❼ 1918·9·21 社
井上　亮 ❽ 1952·8·1 政
井上正夫(小坂勇一) ❼ 1910·11·23 文／1922·6月 文／❽ 1940·1月 文／1946·1·19 文／1950·2·7 文
井上正男 ❼ 1936·4·21 文
井上正臣 ❺-2 1717·5·5 文
井上正景 ❺-1 1666·9·8 政
井上正鉄 ❺-2 1848·2·18 社／1849·2·16 社
井上正清 ❺-1 1700·8·28 政
井上正国 ❺-2 1791·8·15 政
井上正定 ❺-2 1766·5·30 政／1786·3·20 政
井上政重 ❺-1 1632·12·17 政／1633·5·16 社／1636·12·8 政／1638·1·3 島原の乱／1640·6·12 政／8月

政／9·25 政／1643·10·20 政／1646·11·10 社／1647·7·13 政／10·23 政／1648·3·23 政／是年 政／1649·4·7 政／9·8 政／1657·9·15 社／1661·2·27 政
井上正辰　❺-2 1759·7·29 社
井上正継　❺-1 1646·9·10 政
井上正経(正賢)　❺-2 1737·9·17 政／1747·3·19 政／1756·5·7 政／1758·11·28 政／12·27 政／1760·12·3 政／1766·5·30 政
井上正任　❺-1 1692·11·12 政／1700·12·16 政
井上正利　❺-1 1675·11·8 政
井上正朝　❺-1 1693·5·15 政
井上正納　❺-1 1713·5·29 社
井上正直　❻ 1862·10·9 政／1863·2·12 政／1865·11·20 政／1867·3·5 政
井上正長　❺-1 1715·2·18 政
井上正就　❺-1 1611·9·20 社／1617·是年 政／1628·8·10 政
井上正治(鉄炮方)　❺-2 1807·10·23 政／12·24 政
井上正治(九大教授)　❾ 1997·12·18 文
井上正春　❺-2 1836·3·12 政／1838·4·11 政／1840·11·3 政／1845·11·30 政
井上昌己　❾ 2004·8·13 社
井上正路　❻ 1853·9·19 政
井上正岑(正峰·正通)　❺-1 1696·10·1 政／1697·6·10 政／1699·10·6 政／1702·9·1 政／1705·9·21 政／1707·11·16 社／1713·1·1 政／❺-2 1722·5·17 政
井上正甫　❺-2 1786·3·20 政／1816·9月 政／1817·9·14 政
井ノ上正盛　❾ 2003·11·29 政
井上正之　❺-2 1722·5·17 政／1737·9·17 政
井上　勝(野村弥吉)　❻ 1863·5·12 文／1865·⑤·3 社／1885·12·26 社／1891·1月 社／7月 政／❼ 1896·9·7 政／1910·8·2 政
井上又次郎　❺-2 1846·3·6 政
井上通泰　❻ 1889·8月 文／❽ 1941·8·15 文
井上光兼(新三郎)　❹ 1551·8·5 政
井上光貞　❾ 1977·1·15 文
井上光純　❸ 1392·2·10 政
井上光晴　❽ 1958·5月 文／❾ 1992·5·30 文
井上光盛　❷ 1184·7·10 政
井上　黙　❺-2 1847·是年 文
井上元兼　❹ 1550·7·13 政
井上就貞　❹ 1568·9·24 政
井上基太郎　❾ 1990·9·1 文
井上元長　❻ 1858·3月 文
井上元光　❹ 1550·7·13 政
井上　靖　❽ 1949·12月 文／1953·10月 文／1956·11·24 文／1957·3月 文／1959·1月 文／❾ 1966·11月 文／1976·11·3 文／1980·4·7 社／1991·1·29 文
井上八千代(三代目)⇨片山春子(かたやまはるこ)
井上八千代(四代目)　❽ 1938·9·7 文／1948·5·27 文／1953·11·26 文／1955·1·27 文／2·15 文
井上八千代(五代目)　❾ 1990·11·3 文／2004·3·19 文
井上裕太　❾ 2009·10·15 文
井上雪子　❾ 2012·11·19 文
井上之房　❹ 1600·9·13 政
井上　裕　❾ 2000·10·16 政／2002·4·18 政／2008·6·22 政
井上陽水　❾ 1977·9·10 社
井上義斐　❻ 1866·12·23 政
井上吉夫　❾ 2003·10·24 政
井上良馨　❼ 1929·3·22 政
井上嘉浩　❾ 2004·5·28 社
井上与兵衛　❺-2 1835·3·16 社
井上頼圀(次郎·鉄直)　❻ 1883·6·10 文／❼ 1914·7·4 文
井上頼豊　❾ 1996·11·18 文
井上蘭台(通熙·子叔·鍋助·縫殿·嘉善·璠菴·玩菴·図南)　❺-2 1759·是年 文／1761·11·27 文
井上蘭沢　❺-2 1781·6·14 文
井上良泉　❺-2 1772·7·15 文
井上亮平　❽ 1938·3·5 文
井上霊山　❼ 1935·7·22 文
井上麻呂　❶ 745·9·4 政
井上女王　❶ 721·9·11 社
井上内親王　❶ 727·9·3 社／768·10·24 政／770·11·6 政／772·3·2 政／5·27 政／773·10·19 政／775·4·27 政／777·12·28 政／800·7·23 政／是年 社
飯尾永祥⇨飯尾為種(ためたね)
飯尾円耀　❸ 1371·12·18 政／1379·9·17 社
飯尾清藤　❸ 1423·5·9 政
飯尾源三　❹ 1532·4·15 政
飯尾貞有　❹ 1481·12·29 政
飯尾貞連　❸ 1434·1·23 政／8·23 政／1436·7·10 政／1440·1·12 社／1443·是秋 政／1444·4·26 政／1455·2·21 政
飯尾貞朝　❹ 1465·8·27 政／1488·是年 政
飯尾貞元　❸ 1442·10·7 社／1454·10·15 政
飯尾貞行　❸ 1369·10·27 政／1378·12·12 政
飯尾貞之　❸ 1408·7·29 政
飯尾浄称　❸ 1414·8·15 政
飯尾新左衛門　❸ 1380·1·16 政
飯尾善左衛門　❸ 1408·3·10 文
飯尾宗祇　❹ 1467·3·23 文／1468·10·22 文／1469·初春 文／7·11 文／1470·3·23 文／1471·1·28 文／8·15 文／1472·6·29 文／10·6 文／12·16 文／1473·2·4 文／4·18 文／1476·5·23 文／1477·5·20 文／1478·3月 文／1479·3月 文／1480·6月 文／1481·是春 文／是年 文／1482·2·5 文／11·16 文／1485·6·1 文／1486·7·1 文／1487·4·12 文／10·9 文／1488·1·22 文／3·28 文／11·19 文／6·17 文／11·29 文／1489·3·1 文／8·20 文／是年 文／1490·9月 文／1491·2·11 文／10·20 文／1493·3·9 文／1494·3·3 文／1495·2·20 文／6·20 文／是年 文／1496·1·9 文／②月 文／8·21 文／9·19 文／12·16 文／1497·4·28 文／1498·2·5 文／1500·7·5 文／1501·6·7 文／9·15 文／1502·3·25 文／1503·7·26 文／1509·2·16 文／7·30 文／❺-1 1659·是年 文
飯尾任連　❹ 1482·1·26 政
飯尾崇輝　❸ 1400·3·2 政
飯尾為数　❸ 1444·4·26 政／1450·12·22 政／❹ 1458·5·18 政
飯尾為種(永祥)　❸ 1433·7·19 社／1443·5·6 政／1444·⑥月 政／1448·5·16 社／1454·11月 文／❹ 1458·5·20 政
飯尾為修　❹ 1478·8·20 政／1487·10·9 政
飯尾為信　❹ 1478·9·27 政
飯尾為衡　❹ 1458·5·18 政
飯尾為行　❸ 1432·4·10 政／1434·1·23 政
飯尾常廉　❸ 1401·2·17 政
飯尾道勝　❸ 1382·11·7 社
飯尾宗勝　❹ 1485·9·21 政
飯尾致実　❹ 1565·12·20 政
飯尾元連　❹ 1464·6·15 政／7·4 政／1485·5·15 政／5·23 政／12·20 政／1486·1·28 社／1487·12·30 政／1488·10·7 政／1492·5·10 政
飯尾弥三郎　❹ 1468·9·8 政
飯尾之清　❸ 1454·10·15 政
飯尾之種　❹ 1458·3·24 政／1466·2·25 文／1470·1·5 政／1471·4·5 社／1473·5·20 政
飯尾吉連　❸ 1351·1·4 政
飯尾左衛門大夫　❹ 1461·4月 社
飯尾左近将監　❸ 1402·5·14 政
飯尾新右衛門　❹ 1485·12·26 政
飯尾彦六左衛門尉　❹ 1485·③·23 政
飯尾兵衛大夫　❹ 1465·2·10 社／1589·10·23 政
飯尾下総守　❸ 1455·7·10 政
飯尾美濃守　❸ 1454·7·5 政
猪木寛至⇨アントニオ猪木(いのき)
猪木正道　❾ 2001·10·30 文／2012·11·5 政
猪口邦子　❾ 2005·10·31 政
井口(いのくち)阿くり　❼ 1931·3·26 社
井口在屋　❼ 1914·1·29 社／1923·3·25 社、文
井口華秋　❼ 1919·11·10 文／1930·7·12 文
井口洋夫　❽ 1950·是年 文／❾ 2001·11·3 文
猪熊浅麻呂　❽ 1945·5·1 文
猪熊　功　❽ 1959·5·4 社／1964·10·10 社
猪熊弦一郎　❼ 1936·7·25 文／❽ 1944·3·8 文／❾ 1993·5·17 文
猪熊教利　❺-1 1607·2·12 政／1609·7·14 政／10·17 政
猪子新太郎　❺-2 1844·11·12 社
猪五郎太夫　❺-2 1775·9·27 社
猪鹿切法師(道因)　❷ 1111·1月 社
猪瀬東寧　❼ 1897·2·13 文
猪瀬直樹　❾ 2002·6·21 社
猪瀬　博　❾ 1991·11·3 文
猪原大華　❽ 1950·是年 文／❾

1975·11·2 文／1977·10·30 文
井野辺茂雄　❽ 1954·1·20 文
猪俣邦憲　❹ 1589·7·21 政
猪俣公章　❾ 1993·6·10 文
猪俣浩三　❾ 1993·8·21 政
猪俣津南雄　❼ 1923·6·5 政／❽ 1937·12·15 政
猪股伝兵衛　❺-1 1641·是年 文
伊庭可笑　❺-2 1782·6·3 文
伊庭軍兵衛　❻ 1861·5·16 社
伊庭貞隆　❹ 1473·3·19 社／1502·10·11 政／1503·3·24 政
伊庭貞説　❹ 1514·2·19 政／1516·8月 政／1520·6·13 政／1525·8·5 政
伊馬春部　❽ 1940·4·15 社
伊庭想太郎　❼ 1901·9·10 政／1907·10·31 社
伊庭惣太郎　❻ 1856·3·1 社
伊庭　孝　❼ 1912·10·26 文／1913·10·16 文／1918·9月 文／1933·5·6 文／1934·2·20 文／❽ 1937·2·25 文
伊庭貞剛　❼ 1926·10·22 政
伊庭是水軒　❺-1 1713·⑤·11 政
庵原市蔵　❼ 1935·1月 政
伊原宇三郎　❽ 1944·11·25 文／1949·6·26 文
井原応輔　❻ 1865·2·22 政
井原西鶴　❺-1 1673·是年 文／1675·是年 文／1676·是年 文／1677·5·25 文／是年 文／1678·是年 文／1679·是年 文／1680·5·7 文／1681·是年 文／1682·是年 政／1683·是年 文／1684·6·5 文／是年 文／1685·是年 文／1686·是春 文／6月 文／是年 文／1687·4月 文／9月 文／是年 文／1688·1月 文／2·25 文／是年 文／1689·是年 文／1690·是年 文／1691·是年 文／1692·是年 文／1693·8·10 文／是年 文／1694·3月 文／是年 文／1695·是年 文／1696·是年 文／1699·是年 文
井原十三郎　❺-1 1641·4·26 政／1667·是年 文／1671·4·7 文
伊原青々園(敏郎)　❼ 1924·1月 文／❽ 1941·7·26 文
井原親章　❻ 1863·是年 文
伊原　寛　❾ 2011·11·1 文
庵原弥兵衛　❹ 1568·12·23 社
庵原安房守　❹ 1568·12·6 政
茨木　司　❻ 1867·6·15 社
茨木のり子　❾ 2006·2·17 文
茨木検校　❺-1 1670·7·27 文／1676·1·29 文
茨木春朔　❺-1 1649·3月 社
茨木長隆　❹ 1527·8·13 政／1532·10·26 政／1539·12·24 社
茨木長宣　❺-2 1764·12·15 文／1784·11·29 文
茨木理兵衛　❺-2 1796·12·26 社
茨木屋幸斎　❺-2 1718·9·3 社
井原御所⇨赤松満祐(あかまつみつすけ)
伊比恵子　❾ 1999·3·21 社
揖斐政俊　❺-2 1767·7·11 政
伊平タケ　❾ 1977·2·24 文
井深梶之助　❼ 1914·1·6 社／❽ 1940·6·24 社
井深重義　❻ 1864·11·18 政
井深福太郎　❻ 1888·1月 文
井深　大　❽ 1946·5·7 政／❾ 1992·11·3 文／1994·11·25 政／1997·12·19 政
井深主水　❺-2 1767·4·25 政
伊夫伎一雄　❾ 2009·9·2 政
伊吹文明　❾ 1997·9·11 政／2000·12·5 政／2006·9·26 政／2007·8·27 政／9·24 政／2008·8·2 政
伊吹平兵衛　❺-1 1623·6·29 社
伊福部　昭　❼ 1935·12月 文／❽ 1952·8月 文／❾ 2006·2·8 文
揖宿(いぶすき)忠篤　❸ 1337·3·17 政／1339·4·21 政／1363·2·17 政
揖宿忠勝　❸ 1363·2·17 政／1393·10·11 政
揖宿忠平　❸ 1363·2·17 政
揖宿忠元　❸ 1363·2·17 政
井伏鱒二(満寿二)　❼ 1923·8月 文／1930·5月 文／❽ 1937·5月 文／11月 文／1941·11月 文／1942·8·17 文／1950·5·24 文／❾ 1966·10月 文／11·3 文／1970·1月 文／1993·7·10 文
イヴェット，ジロー　❽ 1955·2·6 文／1957·2·1 文
猪臥入道　❹ 1480·6月 政
イプセン(ノルウェー劇作家)　❼ 1901·10月 文／1909·11·27 文／1910·1月 文／1911·9·22 文／1914·1月 文
飯降伊蔵　❼ 1907·6·9 社
伊部加右衛門　❹ 1596·是年 社
井部香山　❻ 1853·4·8 文
伊兵衛(植木職)　❺-2 1727·3·21 社
いま寛大　❾ 2009·9·5 文
今井　功　❾ 1988·11·3 文
今井一中　❺-1 1688·是年 文
今井　巌　❻ 1877·4·12 文
今井兼員(彦八郎)⇨今井宗久(そうきゅう)
今井兼久(久胤)⇨今井宗薫(そうくん)
今井兼平　❷ 1184·1·19 政／1·26 政
今井嘉納　❽ 1944·11·11 政
今井杏太郎　❾ 2012·6·27 文
今井　澄　❾ 2002·9·1 政
今井久仁恵　❽ 1960·2·15 文
今井邦子　❼ 1936·5月 文
今井慶松(新太郎)　❽ 1947·7·21 文
今井　堅　❾ 1997·12·3 文
今井弘済　❺-1 1689·是年 文
今井五介　❼ 1914·3·17 社／❽ 1946·7·9 政
今井似閑(自閑)　❺-2 1723·10·4 文
今井主殿　❺-2 1824·7·23 政
今井宗久(兼員·彦八郎)　❹ 1554·1·28 文／6·26 文／12·12 文／1558·9·9 文／1561·9·21 文／1568·10·14 社／1570·4·1 文／6·4 社／1577·9·1 文／10·30 文／1578·9·15 文／1582·1·1 政／1585·10·15 政／1587·1·3 文／1593·2月 文
今井宗薫(兼久·久胤)　❹ 1582·1·1 政／1599·4·5 政／❺-1 1601·4·21 政／1614·11·11 大坂冬の陣／1627·4·11 文
今井宗呑　❺-1 1614·11·11 大坂冬の陣
今井　敬　❾ 2002·6·21 社
今井高遠　❹ 1469·7·25 政
今井武夫　❽ 1938·11·20 政／1940·3·7 政／❾ 1982·6·12 政
今井　正　❽ 1946·7·23 文／1949·7·19 社／1950·2·26 社／❾ 1991·11·22 文
今井千世　❽ 1938·3·19 社
今井恒郎　❼ 1907·4月 文
今井登志喜　❽ 1950·3·21 文
今井信子　❾ 1968·10·2 文
今井信元　❹ 1531·1·21 政
今井紀明　❾ 2004·4·8 政
今井白楊　❼ 1917·8·2 文
今井寿恵　❾ 2009·2·17 文
今井秀遠　❹ 1471·2·28 政
今井兵部　❹ 1594·6·1 政／❺-1 1678·是年 社
今井政之　❾ 2011·11·4 文
今井通子　❾ 1967·7·19 社／1969·8·15 社／1971·7·17 社／1989·3·22 社
今井美代　❽ 1938·3·19 社
今井祐次郎　❻ 1866·2·5 政
今井嘉幸　❼ 1918·12·23 政／❽ 1951·6·30 政
今井隆吉　❾ 2012·10·9 政
今井凌雪　❾ 1980·10·15 文
今泉　昭　❾ 2007·1·26 政
今泉今右衛門　❾ 2001·10·13 文
今泉嘉一郎　❽ 1941·6·29 文
今泉亀撤　❾ 2009·12·29 文
今泉季友　❹ 1457·5·14 政
今泉善一　❼ 1932·10·6 政／❽ 1947·6·28 文
今泉惣右衛門　❺-2 1770·8·10 文
今泉威子　❽ 1940·1·24 文
今泉忠義　❾ 1968·4月 文
今泉定助(定介)　❽ 1944·9·11 文
今泉雄作(彭·有常·亀太郎)　❼ 1897·11·21 文／1901·11·7 文／1931·1·28 文
今泉吉典　❾ 1965·3·16 社
今泉令史　❺-1 1613·9·15 慶長遣欧使節
今枝直温　❺-1 1710·是年 文
今尾景春　❽ 1952·1·8 文
今尾景年　❻ 1882·10·1 文／1891·6·5 文／❼ 1896·9·20 文／1900·是年社(囲み)／1901·是年 文／1904·4·16 文／1910·是年 文／1926·10·5 文
今大路玄鑑　❺-1 1626·9·19 文
今大路親俊　❺-1 1639·4·23 文
今大路親正　❺-1 1626·9·19 文
今大路親昌　❺-1 1631·12·10 文／1639·3·8 文／4·23 文
今大路道三(親純·亀渓)　❺-1 1628·12·10 文／❺-2 1723·6月 文／1725·7·3 文／1729·4·7 文
今大路正紹　❺-1 1628·是年 文／1631·12·10 文
今岡純一郎　❼ 1912·11·22 文
今岡広道　❺-2 1746·是年 文
今川顕氏　❸ 1336·2月 政
今川氏兼　❸ 1374·1·23 政／9·

25 政／**1375**·12月 政／**1389**·3·4 政

今川氏真　❹ **1554**·3月 政／7月 政／**1558**·8·13 社／**1559**·3·18 社／**1560**·3·3 社／4·24 社／5·13 社／6·29 社／8·17 政／10·24 社／**1561**·是春 政／6·1 社／8·6 社／9·12 政／11·28 社／**1562**·2·4 政／2·9 社／6·7 社／**1563**·3·24 社／4·16 社／5·22 社／**1564**·1·22 政／**1565**·7·2 社／12·20 政／**1566**·3·13 社／4·3 社／5·21 社／⑧·6 社／10·26 社／**1567**·2·29 社／3·22 社／8·17 政／11·5 社／**1568**·3·2 社／11·21 政／12·6 政／**1569**·1·17 政／3·8 政／5·15 政／**1570**·1·4 政／5·14 政／**1571**·3·17 社／9·25 社／**1575**·3·16 政／❺-1 **1614**·12·28 政

今川氏親(龍王丸)　❹ **1496**·7·18 社／**1498**·11·13 政／**1499**·1·19 社／**1501**·8月 政／是年 政／**1502**·11·21 社／**1503**·是冬 文／**1504**·9·27 政／9月 社／10·25 文／**1505**·2·5 政／是年 政／**1506**·8·5 政／11·12 政／11·15 社／**1508**·1·26 政／7·13 政／10·18 社／10月 政／**1509**·2·4 文／11·5 政／**1510**·5·23 政／11·26 政／**1511**·10·17 政／**1512**·3·24 社／**1514**·3·7 政／5·9 社／是年 政／**1515**·8·3 文／**1516**·5·19 政／10·16 社／**1517**·3·2 政／8·19 政／**1519**·1·11 社／8·8 社／**1520**·11·23 政／**1521**·1·12 社／8·11 社／11·23 政／**1525**·是年 政／**1526**·4·14 政／6·12 社／6·23 政／**1529**·3·19 社

今川氏輝(龍王丸)　❹ **1525**·11·25 文／**1526**·6·23 政／**1527**·是年 社／**1528**·9·7 社／**1529**·12·11 社／**1530**·1·29 社／2·17 文／7·11 社／**1532**·6·20 社／8·21 社／9·19 社／**1533**·2·5 社／10·29 政／12·4 社／**1534**·4·24 政／7·3 社／8·14 社／**1535**·8·16 政／10·18 政／**1536**·2·5 文／3·17 政／5月 政

今川五郎　❸ **1381**·6·23 政

今川貞秋　❸ **1441**·⑨·27 政／是年 政

今川貞臣　❸ **1392**·5月 社／**1393**·4·22 社／5·10 社／10·5 政

今川貞兼　❸ **1394**·2·17 政／**1396**·6月 政

今川貞国　❸ **1336**·2月 政

今川貞世(了俊)　❸ **1362**·7·25 政／**1367**·6·9 政／**1368**·1·28 政／**1370**·6·26 政／9·2 政／10·2 政／**1371**·1·2 政／2·19 政／3·21 政／6·25 政／9·26 政／12·17 社／12·19 政／**1372**·2·10 政／8·10 政／**1373**·2·14 政／5·14 政／7月 政／⑩·24 社／**1374**·3·29 政／4·3 政／9·17 政／10·7 政／**1375**·3·27 政／4·8 政／5·21 政／6月 政／7·12 政／8·10 政／8·26 政／9·2 政／11·10 政／**1376**·1·23 政／4·3 政／6·2 政／7·5 政／⑦·27 政／8·12 政／**1377**·6·10 政／7·30 政／9月 政／10·28 政／12·15 政／**1378**·3·18 政／6月 政／7月 政／8·28 政／9·27 政／10月 政／**1379**·3·13 政／7月 政／**1380**·2·24 社／4·28 文／5·12 社／6·25 社／7·18 文／7月 政／**1381**·6·23 政／8·6 政／是年 政／**1383**·1·23 社／2月 社／9·8 政／**1384**·8·15 政／9·5 政／**1386**·8月 社／10·29 政／**1388**·7月 政／**1389**·3·4 政／3月 文／**1390**·5·19 政／**1391**·2·9 社／5·1 政／8·9 政／10·28 政／是秋 政／**1392**·8·25 文／**1393**·10·11 政／**1394**·7·13 政／8·16 政／**1395**·7·1 政／⑦·13 政／⑦·25 政／8·10 政／8·25 政／8月 政／11·14 政／是年 文／**1396**·2·30 政／3·16 政／6·15 政／**1397**·6·21 政／**1400**·1·11 政／**1401**·10月 文／**1402**·2月 文／8月 文／**1403**·1月 文／**1406**·5月 文／**1408**·5月 文／**1409**·7月 文／**1410**·8·21 文／**1411**·4月 文／**1412**·2·30 政／3月 文／**1420**·8月 政／是年 文／❺-1 **1630**·是年 文

今川助時　❸ **1336**·8·18 政／**1337**·4·3 政

今川胤秋　❹ **1467**·6·18 政

今川直貞　❸ **1350**·5·1 政／7·23 社／9·16 政／**1351**·9·28 政／**1352**·11·8 政

今川直房　❺-1 **1661**·1·27 政

今川仲秋　❸ **1371**·2·19 政／**1372**·2·13 政／4·26 政／8·4 政／**1373**·2·14 政／9·12 社／**1375**·8·26 政／**1376**·是夏 政／**1377**·1·13 政／8·12 政／8·25 政／12·28 政／**1378**·10·28 政／**1379**·6·17 政／8·4 政／**1380**·6·25 社／8·25 政／10·8 政／**1381**·4·26 政／5·12 政／6·23 政／9·13 政／**1389**·3·4 政／11月 政／**1392**·6·2 政／**1393**·12月 政／**1395**·6·20 政／**1399**·10·21 政／12·11 社／**1400**·是夏 政／**1412**·2·30 政／**1450**·是年 政

今川範氏　❸ **1352**·1·16 社／8·20 政／**1353**·2·10 政／8月 政／**1355**·9·11 社／**1356**·11·21 社／**1358**·11·18 政／**1362**·1·11 社／**1365**·4·30 政

今川範国　❸ **1336**·7·23 政／**1338**·5·27 政／10·28 政／**1351**·1·13 政／**1376**·10·26 社／**1384**·5·19 政

今川範忠(武家礼式)　❸ **1396**·是年 文／**1433**·6·27 政／⑦·30 政／9·3 政／12·21 政／**1434**·10·28 政／**1435**·3·13 政／**1437**·7·10 政／**1438**·1·20 社／**1440**·4·10 政／**1441**·4·6 政／**1455**·4·8 政／6·16 政／是年 政

今川範忠⇨今川彦五郎(ひこごろう)

今川範英　❺-1 **1614**·12·28 政

今川範政　❸ **1416**·10·29 政／12·25 政／**1423**·8·11 政／**1428**·10·16 政／**1432**·8·15 文／9·10 政／**1433**·4·28 政／5·27 政

今川範満　❹ **1476**·6月 政

今川法世　❸ **1400**·7·6 政

今川彦五郎(範忠)　❹ **1536**·3·17 政

今川満範　❸ **1373**·9·6 政／**1375**·7·10 政／**1376**·6·2 政／⑦·27 政／12月 政／**1377**·2·28 政／9月 政／12·13 政／**1378**·2·22 政／**1380**·6·26 政

今川百之助　❺-1 **1639**·3月 文

今川泰範　❸ **1388**·9·16 政／**1391**·12·26 政／**1394**·1·29 政／**1397**·4·23 社／**1399**·9·26 政／**1400**·1·11 政／**1405**·6·20 政／**1409**·9·26 政／**1413**·1·19 政／**1418**·8·27 社

今川義忠(龍王丸)　❸ **1455**·是年 政／❹ **1461**·12·19 政／**1463**·11·7 政／**1465**·11·20 政／**1468**·是年 政／**1476**·2月 政／6月 政

今川義範　❸ **1371**·2·19 政／6·25 政／7·2 政／8·3 政

今川義元(梅岳承芳)　❹ **1536**·3·17 政／5月 政／6·6 社／6·10 社／9·11 社／10·15 社／⑩·7 政／11·5 社／是年 政／**1537**·2·10 政／6·9 社／11·11 社／**1538**·1·15 社／5·18 政／**1539**·2·8 社／⑥·1 政／7·29 政／11·12 社／**1540**·1·25 社／3·18 社／7·4 社／8·1 政／**1541**·2·13 社／5·5 社／6·4 政／10·10 社／11·25 社／**1542**·6·12 社／8·10 政／12·16 社／**1543**·4·10 社／7·23 政／8·25 政／**1544**·4·27 社／9月 政／**1545**·7·24 政／8·11 政／12·1 社／**1546**·6·15 社／10月 政／**1547**·1月 政／7·21 政／8·25 政／9·5 政／10·19 政／**1548**·3·19 政／8·16 社／9·21 社／**1549**·3·6 政／3·12 社／8·7 社／8·24 社／11·9 政／12·19 社／**1550**·1·27 文／2·25 社／8·3 社／11·8 社／**1551**·2·19 社／5·23 社／8·2 社／9·11 社／9·21 社／12·23 社／**1552**·4·26 社／7·7 社／11·27 政／是年 政／**1553**·2·14 社／2·26 政／5·25 社／7·18 政／11·21 社／**1554**·1·24 政／3月 政／7月 政／8·28 社／9·10 社／10·15 政／11·2 社／**1555**·1·30 社／2·22 社／6·7 社／6·19 社／8·4 社／9·14 政／⑩·15 政／11·3 社／是年 政／**1556**·2·20 政／5·8 社／6·21 社／10·24 社／**1557**·1·29 社／4·11 社／**1558**·2·5 政／6·23 社／7·18 社／8·16 社／是年 政／**1559**·5·23 社／**1560**·3·12 社／4·8 社／5·10 政／5·19 政

今川頼貞　❸ **1336**·3月 政／5·29 政

今川頼泰　❸ **1371**·11·30 社

今川乱魚　❾ **2010**·4·15 文

今川龍王丸⇨今川氏親(うじちか)

今川龍王丸⇨今川氏輝(うじてる)

今川龍王丸⇨今川義忠(よしただ)

今川了俊⇨今川貞世(さだよ)

今河治部少輔(今川範将か)　❹ **1459**·8·9 政

今城重子　❻ **1862**·8·16 政

今城能親　❹ **1537**·5·22 文

今給黎教子　❾ **1988**·12·31 社／**1992**·7·15 社

今鬼御前　❸ **1308**·1·16 社

今北洪川　❻ **1892**·1·16 社

新　漢人大圀　❶ **608**·9·11 政

新　漢人広済　❶ **608**·9·11 政

新　漢人済文　❶ **612**·是年 文

新　漢人日文(旻)　❶ **608**·9·11 政

今木為正　❶ **999**·9·9 社

今小路範成　❻ 1864·6·2 政
今小路基冬　❸ 1382·11·21 政
今崎智也　❾ 2007·11·14 政
今里準太郎　❼ 1926·8·1 政
今里　仁　❾ 2007·3·13 社
新漢陶部高貴　❶ 463·是年
今田大魯　❺-2 1779·是年 文
今田龍二　❾ 2008·5·18 社
今津　寛　❾ 2005·8·15 社
今津屋仁兵衛　❺-2 1805·9月 社
今出川兼季　❸ 1311·4·22 文／1323·7月 政／1332·11·8 政／1339·1·16 政
今出川公規　❺-1 1683·1·13 政／1692·12·13 政／1697·10·26 政
今出川公興　❹ 1496·12·3 政
今出川公言(松皐)　❺-2 1776·8·25 政
今出川公富　❸ 1421·8·9 政
今出川公直　❸ 1371·10·23 政／1378·8·27 政／1388·4·7 政／1394·3·28 政／1395·3·24 政／1396·5月 政
今出川公行　❸ 1398·是年 文／1402·8·22 政／1403·8·19 政／1411·4·11 政／1418·12·2 政／1421·6·13 政
今出川伊季　❺-1 1708·1·21 政／1709·2·26 政
今出川実尹　❸ 1339·8月 政／1342·8·21 政
今出川実種　❺-2 1794·是年 文／1798·7·19 政／1801·6·22 政
今出川実富　❸ 1398·是年 文／1428·7·8 政
今出川実直　❸ 1394·12·25 政／是年 文／1395·1·7 文／4·7 政／1396·5·15 政
今出川(菊亭)経季　❺-1 1639·8·17 政／1644·6·17 政／1645·11·9 政／1651·8·13 政／1652·2·9 政
今出川宣季　❺-1 1627·8·5 社
今出川教季　❹ 1465·9·26 政／1466·2·8 政／1480·3·11 政
今出川(菊亭)晴季(実維)　❺-1 1603·1月 政／1617·3·28 政
今出川春季　❺-1 1687·是年 文
今中楓渓　❼ 1936·6·1 社
今永　一　❾ 1997·6·23 文
今西錦司　❼ 1935·1·8 社／❽ 1941·4月 文／1942·5月 文／❾ 1992·6·15 文
今西幸蔵　❺-2 1813·是年 政
今西祐行　❾ 2004·12·21 文
今西寿雄　❾ 1995·11·15 社
今西　龍　❼ 1932·5·20 政
今西林三郎　❼ 1924·8·27 政
今林貞子　❸ 1302·10·1 政
今福昌和　❹ 1582·2·14 政
今藤文子　❾ 2011·9·29 文
今藤綾子　❾ 2003·3·29 文
今別藤島狄イクルイ　❺-1 1689·4·17 社
今堀千五百蔵　❻ 1861·5·16 社
今堀登代太郎　❻ 1861·5·16 社
今参局(大館氏)　❹ 1459·1·18 政
今道友信　❾ 2012·10·13 文
今道王　❶ 873·11·12 政
今宮義透　❺-2 1721·⑦·21 政
今村明恒　❼ 1923·12·10 文／❽ 1948·1·1 文
今村荒男　❾ 1967·6·13 文
今村市兵衛(英生)　❺-1 1707·是年 文／❺-2 1724·2·28 政／是年 文／1736·8·18 文
今村梅次郎　❼ 1911·5·23 社
今村和郎　❻ 1882·11·11 政／1890·10·1 政
今村勝太郎　❼ 1907·8·14 社
今村金兵衛　❺-2 1764·5·26 政
今村元気　❾ 2005·7·23 社
今村重長　❺-1 1616·5·8 政
今村紫紅(寿三郎)　❼ 1900·10月 文／1910·是年 文／1911·10·14 文／1912·10·13 文／1915·2月 文／1916·2·28 文
今村昌平　❾ 1997·5·18 文／2006·5·30 文
今村長賀(和助·和七郎)　❼ 1910·12·27 文
今村次吉　❼ 1899·5·13 社
今村知商　❺-1 1639·是年 文／1640·是年 文
今村　等　❼ 1932·5·29 政／11·20 社
今村　均　❽ 1946·7·31 社／1954·11·13 政／❾ 1968·10·4 政
今村百八郎　❻ 1876·10·27 政／12·3 政
今村政次　❹ 1543·3·20 社
今村正長　❺-1 1620·3·18 政／1633·2·11 政
今村盛次　❺-1 1612·11·28 政
今村吉重　❺-1 1652·1·7 政
今村吉正　❺-1 1632·6·25 政
今村慶満　❹ 1551·2·24 政／1562·3·5 政
今村了庵　❻ 1890·1·13 文
伊万里　仰　❹ 1483·5月 政
伊万里　勝　❷ 1269·7·20 社／❸ 1326·3·7 政
伊万里治利　❹ 1576·9月 政
伊万里　留　❷ 1269·7·20 社
伊万里上　❷ 1246·8·13 社
伊万里屋市兵衛　❺-1 1681·是年 政
伊万里屋重兵衛　❺-1 1681·是年 政
忌野清志郎　❾ 2009·5·2 文
伊弥買(新羅使)　❶ 621·是年 政
惟明瑞智(僧)　❹ 1489·5·5 社／1490·3·23 社
伊牟田尚平　❻ 1860·12·5 政／1867·12·25 政
井村十郎次　❺-2 1720·5·8 政
井村二郎　❾ 2011·5·6 政
井村雅代　❾ 2004·8·13 社
井本台吉　❾ 1995·11·9 政
井本農一　❾ 1998·10·10 文
井元麟之　❼ 1927·6·6 政
掖邪狗　❶ 243·是年／247·是年
いや女(下人)　❷ 1243·12·21 社
イヤシント，トマス·デ·サン　❺-1 1634·9·21 社
弥鶴丸　❸ 1409·③·4 社
彌永昌吉　❾ 2006·6·1 文
伊彌頭貞益　❶ 886·12·18 社
弥仁(いやひと)親王⇨後光厳(ごこうごん)天皇
猪山作之丞　❺-1 1664·1月 社
井山裕太　❾ 2009·10·15 文／2011·10·28 文
壱与(台与·倭王)　❶ 247·是年
伊予年嗣　❶ 815·7·20 文
伊予局　❸ 1446·10·15 政
伊予内侍　❷ 1176·2·6 社
伊予親王　❶ 796·1·10 政／807·10·28 政／810·7·27 社／819·3·21 政／823·7·25 政
伊与木　進　❻ 1878·10·4 社
伊与介宗貞　❸ 1367·2·19 社
伊余部馬飼(養)　❶ 689·6·2 文／700·6·17 政／703·2·15 政
伊予部真貞　❶ 825·8·8 文／826·8·3 文
伊与部(伊予部)家守　❶ 776·是年 文／800·10·15 政
意楽(僧)　❹ 1513·1·15 社
伊良子軍十郎　❻ 1879·1·11 社／3·27 政
伊良子道牛　❺-1 1696·是年 文
伊良子光顕(孝伯)　❺-2 1758·5·7 文／1767·是年 文／1769·是年 文／1799·9·19 文
伊良子屋桂蔵　❺-2 1829·12·5 社
伊羅時羅(朝鮮)　❸ 1428·8·13 政
伊良部秀輝　❾ 1997·5·29 社／2011·7·27 社
入江啓四郎　❾ 1978·8·13 文
入江広丹　❺-2 1764·12·15 文
入江実俊　❸ 1341·2·15 政
入江若水(兼通·子徴)　❺-2 1725·是年 文／1730·是年 文
入江脩敬　❺-2 1739·是年 文
入江貞庵　❺-2 1723·是年 文
入江太華(千里)　❺-2 1738·5·5 文
入江泰吉　❽ 1951·5·24 文／❾ 1992·1·16 文
入江たか子　❽ 1944·是年 社／❾ 1995·1·12 文
入江為守　❼ 1936·3·19 文
入江忠囿(南明)　❺-2 1775·是年 文
入江徳郎　❾ 1989·9·5 文
入江稔夫　❼ 1930·1·25 文
入江波光(幾治郎)　❼ 1911·4·15 文／是年 文／1918·11·1 文／1920·11·2 文／1928·4·27 文／❽ 1940·7·9 文／1948·6·9 文
入江　浩　❽ 1946·2·1 社
入江北嶺　❺-2 1843·5·21 文
入江北海　❺-2 1789·5·19 文
入江昌喜(昌熹)　❺-2 1774·是年 文／1775·是年 文／1784·是年 文／1793·是年 文／1794·是年 文
入江美法　❾ 1975·9·3 文
入江陵介　❾ 2009·5·10 社／2011·7·16 社／2012·7·27 社
入来院重嗣　❹ 1550·2·20 政
入来院重朝　❹ 1532·12·5 政
入来院重長　❸ 1442·10·25 政
入澤達吉　❼ 1936·7·6 文／❽ 1938·11·5 文
伊利之(伊利須·高麗使)　❶ 656·8·8 政／8月 社
入田左衛門蔵人　❸ 1337·11·12 政

入野義朗　❽ 1946·3·18 文／1958·2·15 文／1962·8·26 文／❾ 1980·6·23 文
入船力蔵　❺-2 1831·是春 社
入谷唯一郎　❼ 1926·8·22 社
イルズ，マリ　❼ 1933·5·16 社
入間広成　❶ 784·2月 政／799·3·10 文
色石大夫　❸ 1336·6·5 文
色川幸太郎　❾ 1993·8·5 政
色川武大　❾ 1989·4·10 文
色川三中　❻ 1855·6·23 文
色黒四郎二郎　❹ 1498·6·15 文
色部勝長　❹ 1564·2·17 政
色部公長　❷ 1255·3·27 政
色部長門　❻ 1868·6·1 政
色部憲長　❹ 1531·8·20 政
色部昌長　❹ 1507·9月 政／1508·5·23 政
磐井(筑紫国造)　❶ 527·6·3
岩井　章　❽ 1951·9·7 社／1955·7·26 社／❾ 1970·4·16 政／1997·2·18 社
岩井歌之介　❺-1 1683·2·11 文
岩井勝次郎　❼ 1896·7·7 政／1912·10·4 政／1935·12·21 政
岩井貫三郎　❾ 1991·2·23 文
岩井粂三郎(二代目)　❺-2 1820·5·5 文／1825·7·26 文
岩井重遠　❺-2 1830·是年 文／1837·是年 文
岩井重太郎　❼ 1920·6·16 政
岩井善次郎　❺-2 1804·是年 社
岩井曹浦　❼ 1900·5·7 文
岩井左右馬　❺-2 1776·是年 文
岩井団右衛門　❺-1 1699·5·28 社
岩井友之丞　❻ 1855·是年 文
岩井半三郎　❺-2 1804·是年 社
岩井半四郎(初代)　❺-1 1688·是秋 文／1689·是年 文／1690·2月 文／1693·3月 文／1694·3月 文／1699·4·3 文
岩井半四郎(三代目)　❺-2 1759·11·26 文
岩井半四郎(梅我·お多福半四郎、四代目)　❺-2 1782·4·10 社／1788·8·16 文／1800·3·29 文
岩井半四郎(梅我·杜若、五代目)　❺-2 1817·3·3 文／1819·1·15 文／4·2 文／1827·3月 文
岩井半四郎(六代目)　❺-2 1847·4·6 文
岩井半四郎(八代目)　❻ 1882·2·19 文
岩井半四郎(十代目)　❾ 2011·12·25 文
岩井米花　❼ 1909·12·11 文
岩井利兵衛　❺-1 1677·1·29 社
岩井備中守　❹ 1600·2·2 政
岩尾勝右衛門　❻ 1862·4·11 社
巌　金四郎　❽ 1943·10·3 文
岩生成一　❾ 1975·1·10 文／1988·3·21 文
岩尾　一　❻ 1888·12·3 文
岩岡洋志　❾ 1994·3·6 社
岩垣松苗　❺-2 1826·12月 文
岩神　昂　❻ 1877·3·1 政
岩川貞次　❾ 1966·5月 社
岩川友太郎　❼ 1933·5·2 文
岩城清胤　❸ 1421·4·29 政
岩城貞隆　❺-1 1601·⑪·21 文／1620·10·19 政
岩城重隆　❹ 1534·是年 政／1537·6·4 社／1539·9·27 文／1541·6月 政／1569·6·14 政
岩城隆忠　❹ 1462·5·25 政
岩城隆衡　❸ 1307·7·13 政
岩城隆恕　❺-2 1786·1月 文
岩城親隆　❹ 1462·5·25 政／1474·1·20 政／1482·3月 社／1565·7·19 政／1578·12·24 社／1583·12·28 社
岩城常隆　❹ 1460·10·21 政／1463·7·7 政／1580·2·5 文／8·14 政／1583·12·28 社／1584·4·6 政／5月 政／1585·11·17 政／1586·7·16 政／1588·6·12 政／7·10 政／1590·3·3 政／6·12 政
岩城常朝　❸ 1410·8·8 政
岩城朝義　❸ 1407·11·8 政
岩城秀隆　❺-1 1712·2·2 社
岩城宏之　❽ 1960·8·29 文／❾ 2006·6·13 文
岩城光貞　❸ 1328·10·10 政
岩城盛光　❸ 1328·10·10 政
岩城由隆　❹ 1514·8·16 政／1521·11·4 政
岩城吉隆　❺-1 1623·10·18 政
石城王　❶ 782·1·16 政
岩城左京大夫　❸ 1397·5·22 政
磐城雄公　❶ 840·3·12 社
岩切英助　❺-2 1847·4·17 文
岩切為助　❼ 1897·4·30 社
岩窪(魚屋)北渓　❺-2 1850·4·9 文
岩倉　栄　❽ 1943·5·11 文
岩倉瑞信　❺-1 1676·是年 文
岩倉恒具　❺-2 1760·7·29 政
岩倉具詮　❺-1 1680·4·16 政
岩倉具起　❺-1 1660·2·6 政
岩倉具偈　❺-2 1722·2·10 文
岩倉具定(周丸)　❻ 1868·1·5 政／❼ 1909·6·16 政／1910·3·31 政／4·1 政
岩倉具視　❻ 1862·5·11 政／8·16 政／1863·1·28 政／1866·8·30 政／1867·3·29 政／10·6 政／10·13 政／11·29 政／12·8 政／12·9 政／1868·12·3 政／1869·7·12 政／12·16 政／1870·9·6 政／11·25 政／1871·10·8 政／11·12 政／1872·1·21 政／1873·9·13 政／10·14 政／1874·1·14 政／1876·4·4 文／1879·7·8 文／1880·5·14 政／1881·4·16 文／8·1 社／1883·7·20 政
岩倉規夫　❾ 1971·7·1 文
岩倉乗具　❺-2 1730·8·23 政
岩倉久子　❼ 1901·3·2 社
岩蔵不二房　❹ 1495·10·5 文
岩畔豪雄　❾ 1970·11·22 政
岩五郎(乞食·仇討)　❻ 1856·12·10 社
岩佐勝重　❺-1 1673·2·20 文
岩佐勝以(又兵衛)　❺-1 1637·2月中旬 文／1640·6·17 文／1650·6·22 文
岩佐源二　❻ 1866·10·26 文
岩佐作太郎　❼ 1922·11·11 政／❾ 1967·2·13 政
岩佐　純(又玄·仲成)　❻ 1869·1·17 文／1874·5·2 文／1883·9·16 文／❼ 1912·1·5 文
岩佐東一郎　❼ 1931·9月 文
岩沙弘道　❾ 2007·3·30 社
岩崎鷗雨(雍·元熙·玉来居士·残夢老人)　❺-2 1829·8月 文
岩崎恭子　❾ 1992·7·25 社
岩崎清光　❺-2 1807·4月 文
岩崎　虔　❼ 1898·2·11 文
岩崎　憲　❽ 1937·是年 文
巖埼建造　❼ 1913·10·2 文
岩崎　洸　❾ 1970·6·23 文
岩崎小弥太　❼ 1912·4·3 文／1919·8·15 政／1934·4·11 政／❽ 1945·12·2 政／❾ 1978·12·9 文
岩崎佐久治　❺-1 1662·8月 文
岩崎重隆　❹ 1489·是年 政
岩崎蕣花　❼ 1903·10·4 文／1905·1·1 文
岩崎純三　❾ 1991·11·5 政
岩崎俊弥　❼ 1907·9·8 政／1930·10·16 政
岩崎善兵衛　❺-2 1793·7·20 文
岩崎隆夫　❾ 2012·8·25 政
岩崎民平　❽ 1963·3·11 文
岩崎常正(灌園·源蔵·東渓·又玄堂)　❺-2 1816·是年 文／1818·是年 社／1824·是年 文／1830·8月 文／是年 社／1832·是年 社／1842·1·29 文／1844·是年 社
岩崎長明　❻ 1877·8·23 政
岩崎巴人　❾ 2010·5·9 文
岩崎久弥　❻ 1893·7月 社／12·15 政／1894·8·1 政／❽ 1955·12·2 政
岩崎秀雄　❻ 1880·10·2 社
岩崎政蔵　❼ 1896·11·28 社
岩崎万造　❻ 1872·8·10 政
岩崎弥太郎　❻ 1870·10·9 政／1876·8月 政／1878·3·4 政／9·7 政／1881·4·25 社／1885·2·7 政
岩崎弥之助　❻ 1886·3·29 政／1890·10·1 政／1891·1月 社／1893·12·15 政／❼ 1896·11·11 政／1897·5·13 政／1898·10·20 政／1908·3·25 政
岩崎行親　❼ 1901·10·25 文
岩崎由次郎　❻ 1888·1·10 社
岩澤重夫　❾ 2009·11·4 文／11·7 文
石志　照　❸ 1338·3·3 政
岩下佐次右衛門(方平)　❻ 1859·11·5 政／1863·9·28 政／1865·⑤·15 政／1867·11·9 政／11·15 政／12·4 政／12·8 政
岩下俊作　❽ 1942·5·6 文
岩下清周(小早太)　❼ 1897·3·15 政／1915·2·14 政／1928·3·19 政
岩下壮一　❽ 1940·12·3 文
石清水　梓　❾ 2012·7·27 社
岩女(中野村惣代清介の遺子)　❹ 1589·8·17 社
岩次郎(庭師)　❹ 1539·5·7 社
岩住良治　❽ 1957·2·10 文／1958·2·10 文
岩瀬氏紀　❺-2 1815·11·24 社／

1820·2·8 政
岩瀬奥市　❼ 1934·3·12 政
岩瀬京山　❻ 1858·9·24 文
岩瀬京水　❻ 1867·3·9 文
岩瀬権太夫　❺-1 1620·8·28 政
岩瀬忠震(善鳴)　❺-2 1851·3·16 政／❻ 1854·7·24 政／1855·6·5 文／1857·8·29 政／9·7 政／12·2 政／1858·1·5 政／5·16 文／7·4 政
岩瀬弥十郎　❺-2 1809·2·25 文
岩瀬理兵衛　❺-1 1655·6·11 社
岩田愛之助　❼ 1928·8·1 政
岩田暁美　❾ 2003·7·24 文
岩田源右衛門　❽ 1938·11·21 社
岩田幸右衛門　❺-2 1805·是年 政
岩田静馬　❺-2 1835·12·9 政
岩田清庸　❺-2 1847·是年 文
岩田専太郎　❼ 1927·5·14 文／❽ 1944·3·8 文
岩田隆信　❾ 1998·12·15 文
岩田宙造　❽ 1945·8·17 政／10·9 政／1961·7·15 政
岩田豊雄⇨獅子文六(ししぶんろく)
岩田直二　❾ 2006·2·11 文
岩田　弘　❾ 2012·1·31 文
岩田夫山(忠恕)　❺-2 1819·8·16 文
岩田富美夫　❼ 1923·12·16 社
岩田正巳　❼ 1921·5·8 文／1936·是年 文
岩田康誠　❾ 2012·5·27 社
岩田義道　❼ 1931·1·12 政／1932·11·4 政
岩渓裳川　❽ 1943·3·27 文
岩谷時子　❾ 1967·10月 文／2009·11·4 文
岩谷直治　❾ 2005·7·19 政
岩垂寿喜男　❾ 1996·1·11 政
岩垂　亨　❽ 1946·8·15 文
石津王　❶ 753·4·22 政
岩槻邦男　❾ 2007·10·27 文
岩槻屋佐吉　❻ 1859·3月 社
石作駒石　❺-2 1796·1·14 文
岩手小中太　❷ 1191·1·15 政
岩手信直　❺-1 1674·7·5 社
岩手平左衛門　❺-2 1771·5·25 社
岩童　❸ 1396·8·15 政
磐具母礼　❶ 802·4·15 政
岩永浩一　❾ 2007·3·30 政
岩永文楨　❻ 1866·6·15 文
岩永マキ　❼ 1920·1·27 社
岩永マツ子　❻ 1874·8月 社
岩永峯一　❾ 2005·8·11 政
岩永裕吉　❼ 1935·11·7 文／❽ 1939·9·2 文
岩波茂雄　❼ 1913·8·5 文／❽ 1940·2·10 文／1946·2·11 文／4·25 文
岩波新五左衛門　❺-1 1666·6·5 政
岩波澄子　❼ 1898·11月 社
岩浪洋三　❾ 2012·10·5 文
岩成(石成)友通　❹ 1563·10·16 政／1564·7·4 政／1566·4·4 政／7·14 政／1567·2·16 政／5·2 政／1569·1·5 政／1570·7·21 政／1573·7·21 政／8·2 政
岩根才治郎　❺-2 1827·⑥·12 社
岩野市兵衛　❾ 1967·11·1 文／1976·10·7 文
岩野泡鳴(美衛)　❼ 1903·11月 文／1907·2·1 文／1920·5·9 文
磐之姫(媛)命　❶ 書紀·仁徳 2·3·8／仁徳 35·6月
イワノフ(ロシア)　❺-2 1792·5·5 政
岩橋英遠　❾ 1994·11·3 文／1999·7·12 文／❽ 1938·4月 文
岩橋善兵衛　❺-2 1793·10月 文／1800·寛政年間 文
岩橋教章　❻ 1873·2·25 文／1883·3·10 文
岩橋半三郎　❻ 1867·3·25 政
岩橋元祐　❸ 1448·是年 社
岩原愛子　❻ 1889·7·6 文
岩淵悦太郎　❾ 1978·5·19 文
岩淵熊治郎　❼ 1926·8·20 社
岩淵三左衛門　❺-1 1666·7·6 社
岩淵辰雄　❽ 1945·12·27 政
岩渕真奈　❾ 2012·7·27 社
岩淵龍太郎　❽ 1940·9·25 文
石淵王　❶ 787·2·5 政／799·1·29 政
岩船城泉(検校)　❺-1 1657·12·3 文／1658·2·10 文／1661·9·22 文／1665·2·26 文／1666·7·18 文／1678·12·19 文
岩部常楽　❹ 1470·10·19 政
岩部胤将　❹ 1470·10·19 政
石辺監物丞　❹ 1585·5·13 政
岩堀喜之助　❽ 1945·10月 文
岩間英太郎　❾ 2010·12·10 社
岩間小熊　❹ 1593·9·15 社
岩間金平　❻ 1860·7·8 政
岩間勘左衛門　❺-1 1666·11·27 政
岩間政盧　❺-2 1837·8·14 文
岩間盛隆　❸ 1302·9·7 政
岩間芳樹　❾ 1999·6·13 文
岩松家純　❹ 1461·5·14 政／1469·2·25 政
岩松経家　❸ 1333·5·18 政
岩松経政　❸ 1333·5·18 政
岩松直国　❸ 1362·2·21 政
岩松尚純　❹ 1458·7·29 政
岩松常久⇨遠藤(えんどう)常久
岩松満氏　❸ 1416·12·22 政
岩松満純　❸ 1416·12·18 政
岩松持国　❸ 1408·6月 政／1417·3·27 政／5·29 政／1430·10月 政／1435·8·28 政／10·28 政／1455·2·27 政／❹ 1456·2·27 政／7·17 政／1458·①·17 政／9·24 政／1461·5·14 政
岩松持政　❸ 1440·4·10 政
岩松頼宥　❸ 1351·10·29 政
岩松礼部　❸ 1384·7·23 社
石見太郎　❹ 1459·11·24 政
石村石楯⇨坂上(さかのうえ)石楯
岩村　忍　❾ 1988·6·1 文
岩村精一郎　❻ 1868·④·19 政／5·2 政
岩村高俊　❻ 1874·2·1 政／❼ 1906·1·4 政
岩村団十郎　❼ 1905·1·2 日露戦争
岩村　透　❼ 1896·11·10 文／1913·3·3 文／1917·8·17 文
岩村　昇　❾ 2005·11·27 文
岩村久雄　❾ 2012·7·1 文
岩村通俊　❻ 1873·1·17 政／1877·3·17 西南戦争／5·2 西南戦争／1886·1·26 政／1889·12·24 政／❼ 1915·2·20 政
岩村通世　❽ 1941·10·18 政／1944·1·20 社／❾ 1965·3·13 文／10·5 政
岩室磐代(光格天皇生母)　❺-2 1771·8·15 政
岩室孫太郎　❸ 1351·8·19 政
岩本梅吉　❺-2 1815·2月 社／1830·2月 社／1833·8月 社／1836·8·14 社
岩本栄之助　❼ 1911·3·8 社／1916·10·24 政
岩本蛙麿　❺-2 1836·是年 文
岩本　薫　❾ 1999·11·29 文
岩本活東子　❻ 1856·是年 文
岩本昆寛　❺-2 1801·9·18 文
岩本千綱　❻ 1895·1月 政
岩本信久　❺-1 1688·是年 文
岩本信行　❽ 1948·10·19 政
岩元八郎太　❺-2 1823·7·2 政
岩本孫右衛門　❺-1 1634·11·7 社
岩本正倫　❺-2 1792·6月 社／1796·10·24 社／1797·3月 社
巌本真理　❽ 1938·4·9 文／1942·3·16 文
巌本善治　❻ 1885·10·15 文／❽ 1942·10·5 文
岩本義哉　❾ 1965·10·15 文
岩本義行　❾ 2008·9·26 社
巌本礼一　❼ 1896·9·26 社
岩本兵庫助　❹ 1559·1·8 文
巌谷一六(誠卿)　❼ 1905·7·12 文
巌谷小波(漣·季雄)　❻ 1887·6月 文／1888·2月 文／1891·1月 文／❼ 1896·10月 文／1903·10·4 文／1905·1·14 文／1907·9·22 文／1933·9·5 文
巌谷大四　❾ 2006·9·7 文
岩谷莫哀　❼ 1927·11·20 文
岩谷松平　❻ 1877·8·20 社／1878·5·13 社／1880·是年 社／1883·11·10 社／❼ 1920·3·10 社
石屋聖人　❷ 1165·6·28 文
尹　殷輔(朝鮮)　❹ 1509·4月 政
尹　起辛　❹ 1595·6月文禄の役
尹　熙平(朝鮮)　❹ 1514·11·1 政
尹　敬心　❺-2 1725·4·5 政
殷　元良(琉球)　❺-2 1748·1月 文／1767·3·29 文
殷　弘(元)　❷ 1266·8·15 政／11月 政／1267·1月 政／1268·11·20 政／12·4 政／1269·3·7 政
尹　衡　❸ 1396·2·13 政
印　公秀　❷ 1275·1·8 政
尹　趾完(朝鮮)　❺-1 1682·6·18 政／8·27 政
尹　思忠(高麗)　❸ 1379·⑤月 政
尹　寿民(朝鮮)　❺-1 1617·5月 政
尹　順之(朝鮮)　❺-1 1643·7·18 政
殷　汝耕　❼ 1935·11·25 政
尹　仁甫(朝鮮)　❸ 1420·10·8 政／1422·12·20 政／1439·12·26 政／1440·1·10 政／5·19 政／1443·6·19 政
尹　曹彦(高麗)　❸ 1385·1月 政
尹　斗寿　❹ 1594·9·29 文禄の

役／**1592**·6·11 文禄の役
尹　鳳(明)　❹ **1558**·1·11 政
尹　奉吉　❼ **1932**·4·29 政
尹　明　❸ **1378**·7月 政
尹　命烈(朝鮮)　❺-2 **1805**·7·6 政
殷　達魯　❹ **1541**·6·3 政
院雲(僧)　❸ **1337**·是年 文
院恵(仏師)　❷ **1275**·11·7 社／**1277**·11月 文／12·27 文／**1280**·5·16 文／❸ **1315**·9·15 文
院永(仏師)　❷ **1195**·3·12 文
胤栄(宝蔵院僧)　❺-1 **1607**·8·26 社
院涴(仏師)　❸ **1316**·10·23 文
院応(仏師)　❸ **1365**·8月 文
院賀(仏師)　❷ **1254**·3月 文／**1257**·8·11 文
院快(仏師)　❷ **1266**·是年 文
引海一冲(僧)　❷ **1279**·8月 政
院覚(仏師)　❷ **1115**·3·12 文／**1120**·9·24 文／11·24 社／12·16 文／**1129**·7·26 文／**1130**·10·25 社、文／**1132**·6·17 文／**1134**·5·13 文／6·10 文
因果居士　❺-1 **1612**·7·30 政
インガソル，ロバート　❾ **1972**·1·26 政／4·6 政
院徽(仏師)　❷ **1227**·1·5 文
院吉(仏師)　❸ **1316**·10·23 文／**1330**·4月 文／**1352**·是年 文
院救(僧)　❷ **1014**·10·11 社
允恭天皇(雄朝津間稚子宿禰命)　❶ **412**·12月／**453**·1·14
イング(宣教師)　❻ **1874**·10·3 社
因空(僧)　❸ **1309**·是年 文
院慶(仏師)　❷ **1165**·4·28 文／**1167**·6·16 文／7·26 文／**1179**·4月 文
院継(仏師)　❷ **1251**·⑨·20 文
院芸(仏師)　❸ **1330**·1·24 文
印慶(仏師)　❸ **1404**·8·11 文
院賢(仏師)　❷ **1200**·12·27 文／**1207**·11·15 文
院憲(仏師)　❸ **1303**·3月 文
胤憲(宝蔵院)　❺-2 **1781**·5·29 社
院源(僧)　❶ **998**·10·29 社／❷ **1003**·9·28 社／**1011**·3·27 社／6·19 社／**1019**·3·21 政／**1025**·4·21 社／**1028**·5·24 社
院玄(仏師)　❸ **1295**·12月 文
印玄(絵仏師)　❸ **1309**·7·25 文／**1310**·是年 文
隠元隆琦(僧)　❺-1 **1652**·是年 文／**1654**·7·5 政／**1655**·8·9 社／11·4 社／**1656**·12·8 文／**1657**·2·16 政／**1658**·9·13 社／11·1 文／是年 社／**1659**·5·3 社／**1661**·5·8 社／**1663**·1·15 社／**1664**·1月 文／9·4 社／**1671**·11·4 文／12·8 社／**1673**·4·1 文／4·3 社
院光(仏師)　❷ **1204**·5·27 文／**1266**·11月 政
院興(僧)　❸ **1322**·12月 文
院興(仏師)　❸ **1323**·4·25 文
飲光(僧)　❺-2 **1804**·4·22 社
胤康(僧侶)　❻ **1866**·5·18 社
院広(仏師)　❸ **1347**·是年 文／**1349**·7·15 文／**1352**·是年 文／**1354**·是年 文／**1366**·4·19 社
院豪(仏師)　❷ **1265**·是年 文
インサナリ(国連)　❾ **1994**·7·16 政
院実(仏師)　❹ **1479**·8·18 文
印寿(棋士)　❺-2 **1767**·11·17 文
院宗(仏師)　❷ **1262**·是年 文／**1265**·7·10 文
院修(仏師)　❸ **1294**·9·24 文
院秀(仏師)　❸ **1370**·是年 文
院什(仏師)　❸ **1362**·11·19 文／**1374**·7·1 文
院遵(仏師)　❸ **1352**·是年 文
院助(仏師)　❷ **1102**·6·29 文／**1105**·3·30 社／12·19 文／**1108**·12·12 文／**1110**·10·26 文
印勝(仏師)　❷ **1185**·2月 文／9·26 文
院尚(仏師)　❷ **1188**·4·7 文
印性(僧)　❷ **1207**·7·3 社
院承(仏師)　❷ **1243**·4·27 文
院勝(仏師)　❹ **1509**·10·5 文
院審(仏師)　❷ **1253**·12月 文
院信(仏師)　❸ **1283**·12·20 文
院尋(仏師)　❷ **1253**·12月 文／❸ **1429**·3·3 文
インス，ウォーレス　❽ **1943**·3·20 政
院清(仏師)　❷ **1280**·5·16 文
院勢(仏師)　❸ **1338**·10·24 文
印碩(僧)　❺-1 **1648**·11·2 文
院全(仏師)　❸ **1361**·12·26 文
院禅(僧)　❸ **1395**·是年 文
胤禅(僧)　❹ **1465**·5·23 社
院増(仏師)　❷ **1206**·5·29 文
院尊(仏師)　❷ **1149**·10·25 文／**1193**·1·8 文／3·9 社／**1198**·10·29 文／❸ **1410**·1·13 文
インダイク，ヘンドリック　❺-1 **1660**·9·22 政／**1661**·2·2 政／**1662**·6·26 政／**1663**·3·1 文
院湛(仏師)　❸ **1294**·9·24 文
院智(仏師)　❷ **1252**·10·29 文
院朝(仏師)　❷ **1134**·6·10 文／**1139**·3·22 文／**1143**·7·4 社／**1155**·6·18 社／10·23 文／**1161**·7·19 文
インディラ·ガンジー　❾ **1969**·6·23 政／**1988**·3·15 政／4·14 政
院道(仏師)　❷ **1275**·是年 文／**1277**·11月 文
犬童(いんどう)頼安　❹ **1581**·8·20 政
院農(仏師)　❷ **1267**·11·1 文
院範(仏師)　❷ **1233**·8月 文
殷富門院⇨亮子(りょうし)内親王
殷富門院大輔　❷ **1187**·是春 文
インブリー(明治学院)　❻ **1890**·5·17 社
斎部木上　❶ **843**·1·12 政／**857**·1·14 政
忌部子首(首、子人)　❶ **681**·3·17 文／**708**·3·13 政
忌部子麻呂　❶ **645**·7·14 政
忌部色布知(色夫知·色弗)　❶ **701**·6·2 政
忌部(斎部)高善　❶ **869**·10·29 政
忌部為麻呂　❶ **732**·10月 文
忌部鳥麻呂(登利麻呂)　❶ **757**·6·16 政
忌部(斎部)浜成　❶ **803**·3·18 政／**807**·8·25 政
斎部広成　❶ **807**·2·13 文／❺-1 **1696**·是年 文
斎部文山　❶ **861**·3·14 文／**867**·4·4 文
斎部正賢　❷ **1018**·3·5 社
斎部路通　❺-1 **1695**·是年 文
院宝(仏師)　❷ **1256**·3·28 文
院命(仏師)　❸ **1301**·5月 文
陰明門院⇨藤原麗子(ふじわられいし)
院瑜(仏師)　❷ **1253**·12月 文／**1277**·12·27 文／❸ **1289**·4·25 文
印融(僧)　❹ **1491**·11月 文／**1508**·10月 文／**1519**·8·15 社
院祐(仏師)　❹ **1498**·8·27 文
院誉(仏師)　❸ **1326**·4·28 文／**1332**·12·19 文／**1393**·6·29 文
院曜(仏師)　❷ **1238**·11·19 文
院隆(仏師)　❷ **1251**·8·28 文
院了(仏師)　❷ **1265**·3·15 文

う

卯　安那　❶ **463**·是年
于　光甲　❻ **1866**·6·22 政
烏　孝慎　❶ **859**·1·22 政／**861**·6·16 文
ウ·タント(国連事務総長)　❾ **1970**·4·12 政
ウ·ヌー(ビルマ)　❽ **1955**·7·19 政
烏　安麻呂　❶ **724**·2·22 社
宇　六郎(宋)　❷ **1196**·是年 文
ヴィーダル(東大教授)　❻ **1877**·4·12 文
ヴァイス(大尉)　❻ **1866**·1·9 社
ヴァイニング，エリザベス　❾ **1999**·11·27 政
ヴァス，アフォンソ　❹ **1561**·是年 政
ヴァス，アルヴァロ　❹ **1546**·是年 政
ヴァス·ダ·ヴェイ，トリスタン　❹ **1571**·是夏 政
ヴァス·ランデーロ，バルトロメウ　❹ **1581**·是年 政
ヴァラン(富岡製糸場)　❻ **1872**·10·4 社
ヴァリニャーノ，アレッサンドロ　❹ **1565**·7·5 社／**1579**·7·2 政／**1580**·4·3 社／4·27 政／5·13 社／7·29 社／10·4 文／**1581**·2·4 社／2·23 社／7月 文／是年 社／**1582**·1·28 政／**1590**·6·20 政、文／**1591**·①·8 政／**1592**·9·4 政／❺-1 **1602**·12·4 社
ヴァン·ビューレン　❻ **1863**·是年 社
ヴァン·リード　❻ **1867**·10·14 社／**1868**·3·30 社／4·10 社
ヴァンダーリップ，フランク　❼ **1920**·4·24 政
宇井　純　❾ **1970**·10·12 文／**2006**·11·11 文
宇井伯寿(茂七)　❽ **1953**·11·3 文／**1963**·7·14 文
宇井黙斎　❺-2 **1781**·11·22 文
ヴィエイラ，セバスチャン　❺-1 **1634**·5·11 社
ヴィエイラ，フランシスコ　❺-1

1618·5月 政／**1619**·9·19 社
ヴィエルフォール(富岡製糸場) ❻ **1872**·10·4 社
ヴィクトル(英王孫第一王子) ❻ **1881**·10·21 政
ヴィグナル(兵庫鉄工所) ❻ **1868**·是年 社
ヴィセンテ，ランデーロ ❹ **1584**·6·28 政
ウイットラム(オーストラリア) ❾ **1973**·10·26 政
ウィニンクス，レオナルド ❺-1 **1654**·9·19 政
ウィネケ，フレドリック·ウィルレム ❺-2 **1762**·10·18 政／**1764**·10·1 政／**1765**·是年 文
ウィラボン(タイ) ❾ **2005**·4·16 社
ウィリアム·ビショプ ❻ **1874**·2·2 文／**1888**·1·29 社
ウィリアムス(電信機) ❻ **1854**·2·24 文
ウイリアムズ·C.M. ❻ **1859**·6月下 社／**1862**·9·29 社／**1884**·3月 文
ウィリアムズ·ロバート ❻ **1854**·2·11 社
ウィリス，ウィリアム ❻ **1868**·1·24 文／④·13 文／**1869**·1·17 文／**1870**·2月 文
ウィルシュ(米) ❽ **1941**·1·23 政
ウィルソン(英士官) ❻ **1867**·9·26 政
ウィルソン(米野球) ❻ **1872**·是年 政
ウィルソン，アール ❼ **1926**·9·29 文
ウィルデブール(オランダ) ❻ **1861**·3·28 政
ウィルモット(英) ❻ **1863**·6·22 政
ウイルラン，ローレンス=ピール ❻ **1876**·10·8 政
ウィルレム一世(ネーデルランド国王) ❺-2 **1817**·7·4 政
ヴィレラ，ガスパール ❹ **1556**·6月 政／**1558**·是夏 社／**1559**·7·28 社／**1560**·1月 社／**1561**·7·7 社／8月 社／**1563**·3·26 社／是年 社／**1566**·4·11 社／**1571**·是年 社
外郎右近 ❺-1 **1647**·6·26 文
ウィン·ティン ❾ **2007**·4·28 社
ウィンガンド(独) ❻ **1869**年·明治2年 社
ウィンチェスター(英代理公使) ❻ **1862**·2·9 政／**1863**·5·7 政／**1864**·11·28 政／**1865**·⑤·2 政
呉　汝俊 ❾ **2006**·9·9 文
宇婆左(うばさ) ❶ **658**·7·4 政
烏越(倭) ❶ **247**·是年
上　百済 ❶ **691**·4·1 文／**693**·3·5 文
上　光父 ❶ **679**·11·23 政
上　真行(真裕) ❻ **1879**·11月 文／**1880**·9月 文／❽ **1937**·2·28 文
ウェイン，ジョン ❽ **1957**·10·5 社
ウェーバー(ロシア) ❼ **1896**·2·11 政／5·14 政
ウェールス(英国皇太子) ❼ **1922**·4·12 政
上垣伊兵衛 ❺-2 **1770**·是年 社
上垣守国 ❺-2 **1803**·是年 文
植垣康博 ❾ **1993**·2·19 社
上河淇水(正揚) ❺-2 **1817**·10·4 文
上木家光 ❸ **1341**·2·27 政
植木　悦 ❺-1 **1659**·是年 文
植木枝盛 ❻ **1876**·3·15 文／6月 政／**1879**·4月 文／11·5 政／**1880**·12·15 政／**1881**·8月 政／11·1 政／**1882**·5·4 政／**1887**·10月 政／**1892**·1·23 政
植木庚子郎 ❽ **1960**·12·8 政／❾ **1972**·7·7 政
植木　茂 ❽ **1937**·2·12 文／**1954**·是年 文
上木俊一 ❼ **1936**·9·13 文
植木　毅 ❾ **1968**·6·20 社
植木　等 ❾ **2007**·3·27 文
植木光教 ❾ **1974**·12·9 政／**2009**·6·6 政
植木幸明 ❾ **1965**·6·12 社
植草四方 ❼ **1932**·4·13 文
植草圭之助 ❾ **1993**·12·19 文
上坂仙吉(会津の小鉄) ❻ **1883**·3·14 社／**1884**·2·11 社／11·15 文／**1885**·3·19 社
植崎九八郎 ❺-2 **1783**·7月 政／**1801**·是年 政
植芝盛平 ❾ **1969**·4·26 社
上島鬼貫(宗邇) ❺-1 **1699**·是年 文
上島鬼貫(点也·仏兄·即翁·槿花翁·自休庵·馬楽堂) ❺-2 **1738**·8·2 文
上島惟幸 ❸ **1326**·11·18 社
上島惟頼 ❸ **1333**·7·10 社
上島満吉 ❹ **1457**·12·2 政
上杉顕定 ❸ **1380**·4·2 政
上杉(山内)顕定 ❹ **1466**·6·3 政／**1467**·是年 文／**1471**·3月 政／6·24 政／**1477**·1·18 政／5·14 政／12·23 政／**1478**·1·5 政／7·17 政／**1481**·3·20 社／**1487**·11·1 政／⑪·11 政／**1488**·2·5 政／6·18 政／11·15 政／**1494**·10·5 政／11·16 政／**1496**·5月 政／**1504**·9·27 政／10月 政／**1505**·3月 政／**1509**·5·3 政／7·28 政／9·21 政／**1510**·4·15 政／6·20 政／8·3 政
上杉顕実 ❹ **1515**·是年 政
上杉顕房 ❸ **1450**·4·20 政／**1455**·1·21 政
上杉顕能 ❸ **1352**·12·16 政
上杉氏朝 ❸ **1389**·10·22 社
上杉氏憲(禅秀) ❸ **1402**·5·21 政／9·5 政／**1411**·2·9 政／10·11 政／**1415**·4·25 政／5·2 政／7·20 政／**1416**·8月 政／10·2 政／12·19 政／**1417**·1·5 政／5·27 政／**1418**·4·26 政／**1420**·7·20 政／**1422**·是年 政
上杉氏憲(武蔵昌福寺) ❹ **1580**·6·28 社
上杉景勝(顕景·卯松) ❹ **1560**·1·27 政／**1572**·7·23 政／**1575**·1·11 政／**1578**·3·24 政／5·5 政／5·13 政／6·7 政／8·20 政／10·24 政／**1579**·2·1 政／3·17 政／4月 社／8·20 政／9·17 政／10·20 政／**1580**·1·5 社／2·17 社／3月 社／3·14 社／4·22 政／6·30 政／7·7 政／**1581**·1·28 社／3·9 政／3·24 政／4·8 政／5·22 社／7月 社／8·20 政／9·1 政／10·3 政／11·19 社／**1582**·1·27 政／2·10 政／3·1 社／3·11 政／3·14 社／4·2 政／4·24 政／5·1 政／5·15 政／6月 社／7月 政／8·7 社／11·1 政／11·6 政／**1583**·1·12 政／2·19 政／3·17 政／4·29 政／5·9 政／6·28 政／8·18 政／12·12 社／**1584**·3·10 社／4·21 政／6·20 政／8·22 政／10·4 政／10·23 政／**1585**·7·15 政／**1586**·2·2 文／5·20 政／6·14 政／10·23 政／11·7 政／**1587**·4·4 政／9·14 政／10·24 政／**1588**·1·11 文／4·20 政／6·15 政／8·4 社／12·9 政／**1589**·2·22 政／6·16 政／7·4 政／10·2 政／12·25 社／**1590**·1·9 政／2·20 政／4·27 社／6·14 政／8·1 政／10·23 政／**1591**·①·6 文／6·20 政／7·25 政／8·24 文／**1592**·3·1 文禄の役／3·17 文禄の役／3·22 文／是冬 政／**1593**·1·29 政／6·6 文禄の役／8·29 文禄の役／**1594**·1·19 社／3·23 政／9·28 政／**1595**·1·17 社／2·24 政／6·3 政／12月 政／**1596**·8·1 文禄の役／**1597**·1·20 社／2·16 政／**1598**·1·10 政／4月 社／6·27 慶長の役／9·17 政／**1599**·1·19 政／9·14 政／11·20 政／12·6 社／是年 社／**1600**·2·2 政／6·20 関ヶ原合戦／8·1 関ヶ原合戦／9·3 関ヶ原合戦／❺-1 **1601**·7·1 政／8·8 政／10·3 政／**1603**·2·21 政／10月 政／11·19 政／**1604**·11月 政／**1605**·2·11 政／**1606**·10·14 政／**1607**·6·21 政／10·18 文／10月 政／**1608**·是秋 社／**1609**·8·4 政／**1610**·4·24 政／5·23 文／**1611**·5·9 社／11·16 政／**1612**·1·5 政／**1614**·10·19 大坂冬の陣／11·11 大坂冬の陣／**1615**·1·19 大坂夏の陣／**1618**·7·13 政／**1621**·9·13 文／**1623**·3·20 政
上杉景虎(上杉謙信養子)⇨北條氏秀(ほうじょううじひで)
上杉影信 ❹ **1578**·6·11 政
上杉影春 ❹ **1478**·7·17 政
上杉勝政 ❺-2 **1746**·8·12 政
上杉喜平次 ❺-1 **1645**·9·10 政
上杉清方 ❸ **1439**·6·28 政／**1440**·1·13 政／3·4 政／4·19 政／7·29 政／8·3 社／11·15 政
上杉謙信(長尾景虎·虎千代·政虎·輝虎·平三) ❹ **1536**·12·24 政／**1543**·8·18 政／9·20 社／**1544**·2·9 社／**1546**·2月 政／**1547**·4月 政／**1548**·12·30 政／**1549**·4·27 社／**1550**·2·28 政／12·28 政／**1551**·8·1 政／12·18 政／**1552**·1·10 政／5·24 政／5·26 政／6·14 政／**1553**·1·6 政／4·6 政／6·18 社／8·1 政／11·13 政／是秋 政／12·8 政／**1554**·3·13 社／8·18 政／天文年間 文／**1555**·4·10 社／7·19 政／10月 政／⑩·15 政／**1556**·8·13 政／8·17 政／**1557**·1·20 社／2·18 政／4·7 社／4·18 政／8月 政／**1558**·7·13 社／是年 政／**1559**·4·21 政／6·26 政／6·29 政／是夏 政／10·26 政／**1560**·1·20 政／4·28 政／5·13 社／6·18 政／7·20

政／8·29 政／9·28 政／11·29 政／**1561**·2月 社／3·7 政／3·11 社／③·4 政／4·21 社／5·1 文／6·7 政／6·21 政／8·29 政／9·10 政／11·27 政／12·10 政／**1562**·2·17 政／3月 政／8·2 政／9月 政／11·24 政／12·3 政／**1563**·2·4 政／4·15 政／6·16 社／⑫·5 政／**1564**·1·22 政／2·17 政／3·10 政／4·6 政／6·14 政／6·24 政／8·3 政／10·1 政／**1565**·2·24 政／3·23 政／6·16 政／7·27 政／8·5 政／10·4 政／12·2 政／**1566**·2·16 政／2·21 政／3·10 政／5·9 政／6·18 政／8·24 政／9·5 政／10·11 政／**1567**·2·12 政／2·24 政／3·15 政／9月 社／10·24 政／**1568**·3·6 政／3·13 政／5·4 政／6·25 政／7·10 政／9月 政／10·20 政／11·21 政／**1569**·1·9 政／2·6 政／3·23 政／⑤·3 政／6·9 政／8·20 政／9·25 社／11·13 政／**1570**·1·5 政／1月 政／3·5 政／4·20 政／8·3 政／10·8 政／**1571**·2·23 政／是冬 政／3·20 社／4·15 政／8·1 政／11月 政／**1572**·1·14 政／①·3 政／3·19 政／4·28 政／6·7 政／7·23 政／8·18 政／11·20 政／**1573**·2·4 政／3·5 政／4·21 政／5·12 政／8·10 政／**1574**·1·18 政／2·5 政／2·6 政／3·10 政／3月 文／4·25 政／7·28 政／8·21 政／9·8 政／11·7 政／⑪·19 政／12·24 社／**1575**·1·11 政／2·16 政／6·28 政／**1576**·5·16 政／6·11 政／7·13 政／8·2 政／9·8 政／11·17 政／**1577**·3·7 政／⑦·8 政／8·8 政／9·15 政／11·7 政／**1578**·1·9 政／1·19 政／3·13 政

上杉佐一郎　❾ **1996**·5·10 政

上杉定勝　❺-1 **1623**·3·20 政／**1626**·5·28 政／**1629**·9·23 社／**1630**·2·26 社／**1632**·5·24 政／**1634**·6·3 政／9·19 社／**1635**·9·12 社／**1640**·4月 社／**1645**·9·10 政

上杉定実　❹ **1506**·6月 政／**1507**·8·2 政／**1508**·11·6 政／**1509**·7·28 政／**1510**·4·15 政／7·24 政／8·24 政／10·10 社／**1511**·3·6 政／**1513**·10·13 政／**1514**·1·16 政／5·26 政／9·27 政／**1515**·12·30 政／**1526**·10·15 社／**1527**·6·19 政／**1542**·6·20 政／**1548**·12·30 政／**1550**·2·26 政

上杉(扇谷)定正　❹ **1462**·12·7 政／**1477**·1·18 政／5·14 政／12·23 政／**1478**·1·5 政／3·20 政／**1480**·1·4 政／**1485**·10·2 文／**1486**·7·26 政／10·23 文／**1487**·11·1 政／⑪·11 政／**1488**·2·5 政／6·18 政／8·11 政／11·15 政／**1489**·3·2 政／**1490**·5月 社／**1494**·10·5 政

上杉定政　❹ **1473**·11·24 政

上杉定昌　❹ **1487**·⑪·11 政／**1488**·3·24 政／6·17 文

上杉定頼　❸ **1435**·6·13 政

上杉重方　❸ **1397**·3月 政／**1398**·2月 政／**1422**·8月 政

上杉重定　❺-2 **1753**·11月 政／**1767**·4·24 政／**1798**·3·26 政

上杉重能　❸ **1333**·4·16 政／**1349**·8·13 政

上杉慎吉　❼ **1912**·3月 政／**1913**·5·14 政／**1925**·11·11 政／**1926**·2·11 政

上杉清子　❸ **1342**·12·23 政

上杉龍春　❸ **1441**·6·13 政／**1444**·9月 政

上杉為景　❹ **1525**·6·14 政

上杉綱勝　❺-1 **1664**·⑤·7 政

上杉綱憲　❺-1 **1679**·10月 文／**1697**·6·15 文／**1703**·8·21 政

上杉道満丸　❹ **1579**·3·17 政

上杉朝興　❹ **1505**·3月 政／**1521**·8·28 政／**1524**·1·13 政／10·16 政／**1525**·2·26 政／**1526**·6·7 政／**1530**·1月 政／6·12 政／**1532**·12·3 政／**1533**·11·12 政／是年 政／**1535**·8·16 政／10·13 政／**1537**·4·27 政

上杉朝方　❸ **1422**·10·14 政

上杉朝定(丹後守護職)　❸ **1337**·4·21 政／**1341**·5·28 政／**1351**·1·13 政／**1352**·3·9 政

上杉朝定(河越城主)　❹ **1537**·4·27 政／7·11 政／**1538**·7·16 政／**1539**·3月 政／**1541**·10月 社／**1546**·4·20 政

上杉朝房　❸ **1351**·1·13 政／**1368**·6·17 政／8·29 政／9·19 政／**1369**·10·22 政／**1370**·2·9 政／**1377**·8·17 社

上杉朝宗(禅助)　❸ **1308**·2·3 社／**1330**·2·11 社／**1380**·6·15 政／**1382**·4·8 政／**1386**·8·5 政／**1387**·7·19 政／11·24 政／**1388**·5·12 政／**1395**·3·9 政／**1397**·6·6 社／**1399**·11·21 政／**1405**·10·8 政／**1409**·7·22 政／**1414**·8·25 政

上杉(扇谷)朝良　❹ **1489**·3·2 政／**1494**·10·5 政／11·16 政／**1496**·5月 政／**1504**·9·27 政／10月 政／**1505**·3月 政／**1510**·7·11 政／**1511**·是年 政／**1518**·4·21 政／**1532**·12·3 政

上杉直勝　❸ **1350**·12·4 政

上杉長貞　❺-1 **1662**·12·3 政

上杉長之　❺-1 **1684**·2·14 政

上杉斉定　❺-2 **1812**·9·10 政／**1833**·10·27 政／**1839**·2·2 政

上杉斉徳　❺-2 **1839**·2·2 政

上杉斉憲　❻ **1863**·2·13 政／**1868**·3·10 政／④·11 政

上杉信光　❹ **1525**·5·24 政

上杉憲顕(憲秋)　❸ **1337**·4·16 政／**1340**·是年 政／**1341**·6·7 政／**1344**·7·4 政／**1350**·12·1 政／**1352**·②·16 政／**1361**·9·15 政／**1363**·3·24 政／8·20 政／**1368**·2·8 政／3·28 政／7月 政／9·19 政／是年 社／**1422**·是年 政／**1455**·1·21 政

上杉憲方(道合)　❸ **1378**·6·25 社／**1379**·3·13 政／3月 政／4·15 政／4·20 政／**1380**·6·15 政／**1382**·1·16 政／6·27 政／**1384**·6·25 社／**1387**·3·15 政／9·20 政／**1388**·是年 社／**1392**·4·22 政／**1394**·2·22 政／10·24 政／**1405**·5·12 社／**1416**·12·25 政

上杉憲勝　❹ **1563**·2·4 政

上杉憲定　❸ **1395**·7·24 政／**1400**·1·11 政／6·4 政／**1405**·10·8 政／**1409**·③·9 社／**1410**·8·15 政／**1411**·1·16 政／**1412**·12·18 政

上杉憲実　❸ **1419**·1·8 政／**1424**·6·13 政／**1427**·5·13 政／**1428**·5·25 政／**1432**·2·27 政／**1434**·10·28 政／**1436**·是年 政／**1437**·6·15 政／8·13 政／**1438**·6月 政／8·14 政／9·29 政／10·3 政／11·1 政／11·21 政／12·5 政／**1439**·①·24 政／①月 文／2·10 政／2月 文／5·4 社／6·28 政／**1440**·4·19 政／5·1 政／7·8 政／8·9 政／**1441**·6·13 政／**1444**·9月 政／**1446**·6·29 文／**1447**·3·23 政／**1449**·9·9 政／**1450**·10月 政／❹ **1466**·②·6 政

上杉憲孝　❸ **1392**·4·22 政／**1394**·11·3 政

上杉憲忠(周易注疏)　❷ **1235**·1·10 文

上杉憲忠(関東管領)　❸ **1445**·是年 政／**1449**·9·9 政／**1450**·10月 政／**1454**·12·27 政

上杉教朝　❸ **1422**·是年 政／❹ **1461**·10·23 政

上杉憲直　❸ **1438**·9·27 政／11·1 政／12·9 政

上杉憲信　❸ **1440**·3·4 政／❹ **1456**·10·17 政

上杉憲春　❸ **1364**·是年 政／**1368**·7月 政／8·29 政／**1377**·4·17 政／**1378**·4·17 政／**1379**·3·7 政

上杉憲英　❸ **1404**·8·2 政

上杉憲英(憲栄)　❺-2 **1722**·5·2 政

上杉憲寛　❹ **1531**·9·2 政

上杉憲房　❸ **1390**·9月 社

上杉憲房　❹ **1509**·5·3 政／7·28 政／**1510**·6·20 政／7·11 政／8·3 政／**1512**·6月 社／**1514**·4·1 社／是年 社／**1515**·2月 文／是年 政／**1521**·8·28 政／**1524**·10·16 政／**1525**·2·26 政／3·25 政

上杉教房　❹ **1459**·10·14 政

上杉憲藤　❸ **1338**·2·5 政

上杉憲将　❸ **1355**·3·4 政／4·14 政／**1356**·10·21 政／**1366**·6·26 政

上杉(山内)憲政　❹ **1525**·3·25 政／**1531**·9·2 政／**1535**·4月 社／**1541**·5·13 政／7·4 政／**1542**·6月 社／**1545**·9·26 政／10·27 政／**1547**·⑦·26 政／8·6 政／**1552**·1·10 政／5·24 政／**1559**·6·26 政／**1560**·8·29 政／9·27 社／**1561**·3·7 政／③·4 政／**1562**·2·17 政／3月 政／**1578**·5·13 政／**1579**·3·17 政

上杉憲宗　❸ **1417**·2·6 政

上杉憲基　❸ **1412**·12·29 政／**1415**·5·2 政／**1416**·6·3 社／**1417**·3·3 社／5·18 社／5·25 政／6·30 政／**1418**·1·4 政／**1419**·1·8 政

上杉治憲⇨上杉鷹山(ようざん)

上杉治広　❺-2 **1785**·2·7 政／2·7 文／**1806**·2月 社／**1812**·9·10 政／**1822**·9·11 政

上杉房顕　❸ **1454**·12月 政／**1455**·1·21 政／2·12 社／3·20 政／

4·5 政／④月 政／6·24 社／9·17 政／❹ 1456·1·19 政／2·27 政／7·17 政／10·17 政／1459·10·14 政／1460·4·21 政／1463·12·26 政／1466·2·12 政
上杉房方 ❸ 1416·10·29 政／1421·11·10 政
上杉房定 ❸ 1449·1月 政／1450·11·12 政／1453·6·25 政／❹ 1459·10·14 政／1460·4·21 政／1466·6·3 政／1471·4·13 政／1481·5·24 社／1485·8月 文／1486·5·26 社／6·13 社／1487·4·3 政／1488·8·11 政／1489·4·18 政／1493·7·10 文／8·15 政／1494·9·16 社／10·17 政
上杉房実 ❸ 1422·⑩·13 政／1425·8·16 政
上杉房朝 ❸ 1423·9·18 政／1424·11·26 政／1439·10·10 政／1446·8月 社／1449·2·25 政
上杉房憲 ❸ 1455·1·16 政
上杉房能 ❹ 1494·10·17 政／1495·12·26 政／1496·②·28 社／1497·7·5 政／1498·3·1 政／1501·12·13 政／1503·7·20 政／1504·10月 政／1506·6月 政／1507·8·2 政／1509·7·28 政
上杉藤王丸 ❹ 1532·12·3 政
上杉政真 ❹ 1467·9·6 政／1473·11·24 政
上杉政憲 ❹ 1461·10·23 政／1465·6·19 政／1476·6月 政
上杉満朝 ❸ 1426·7·25 政
上杉光弘 ❾ 1997·9·11 政
上杉宗憲 ❺-2 1734·5·13 政
上杉宗房 ❺-2 1746·8·12 政
上杉持朝 ❸ 1438·11·1 政／1439·2·10 政／1440·永享年間 社／4·19 政／7·25 政／7·29 政／1455·1·5 政／1·21 政／是冬 政／❹ 1456·11·14 政／1457·4·8 政／1462·12·7 政／1467·9·6 政
上杉持仲 ❸ 1400·6·4 政
上杉茂憲 ❻ 1866·11·7 政
上杉持房 ❸ 1438·10·3 政／1440·5·1 政／7·29 政
上杉鷹山(治憲) ❺-2 1767·4·24 政／8·1 政／1771·5·2 文／1773·7·1 政／1774·6月 政／1775·9月 社／1776·4·18 文／1784·7月 政／1785·2·7 政／2·7 文／1787·9·15 政／1794·是年 社／1822·3·12 政
上杉能顕 ❸ 1351·3·2 政
上杉義郷 ❸ 1422·⑩·13 政
上杉義長 ❺-2 1809·8·10 社
上杉能憲 ❸ 1350·11·12 政／1351·2·8 政／2·20 政／12·11 政／1366·10·16 政／1368·7月 政／9·19 政／1369·10·3 政／1371·10·15 社／1372·12·20 政／1373·4·7 政／6·12 政／1375·12月 文／1376·5·13 政／1378·4·17 政／6·25 社／10·17 社／1407·9·21 政
上杉吉憲 ❺-1 1703·8·21 政／❺-2 1722·5·2 政
上杉頼成 ❸ 1334·2·5 政／1346·7·24 政
ウェスト嬢(米) ❻ 1892·9月 社
ウェストウッド(米) ❻ 1867·2·1 社
ウェストレーキ(英) ❻ 1894·7·25 日清戦争
ウェストン，ウォルター(日本アルプス) ❼ 1896·是年 社／❽ 1937·6·23 社／1940·3·28 社
植園貴光 ❾ 2007·4·21 社
上田　暁 ❽ 1950·9·1 文
上田秋成(漁焉·無腸·三余斎·余斎·鶉翁·鶉居·和訳太郎·剪枝畸人·洛外半狂人) ❺-2 1766·是年 文／1767·是年 文／1768·3月 文／1776·是年 文／1779·1·27 文／1793·是年 文／1794·是年 文／1795·是年 文／1797·是年 文／1804·是年 文／1806·是年 文／1808·是年 文／1809·11·26 文
上田音市 ❾ 1999·1·21 社
植田乙次郎 ❻ 1867·9·18 政／9·26 政／10·8 政
上田角左衛門 ❺-1 1607·2·17 社
上田万年(かずとし) ❻ 1895·9月 文／❼ 1898·5月 文／1900·4·16 文／1908·5·25 文／1911·5·17 文／1921·6·25 文／❽ 1937·10·26 文
上田和英 ❺-2 1828·是年 文
植田下省子 ❺-1 1710·是年 文
上田公子 ❾ 2011·7·22 文
上田清司 ❾ 2011·7·30 社
上田九郎三郎妹 ❺-1 1660·2月 社
植田謙吉 ❼ 1932·4·29 政／1936·3·6 政／❽ 1939·5·11 政
上田弘一郎 ❾ 1991·3·23 文
上田耕夫 ❺-2 1805·6·1 文
上田五千石 ❾ 1997·9·2 文
植田艮背(成章) ❺-2 1735·2·23 文
上田左衛門尉 ❹ 1496·5月 政
上田左太夫 ❺-2 1822·11·17 政
上田三郎左衛門 ❺-2 1744·9月 政
殖田俊吉 ❽ 1948·10·15 政／1949·2·16 政
植田正治 ❾ 2000·7·3 文
上田助之丞 ❻ 1862·9·23 政
上田宗箇 ❺-1 1650·5·1 文
上田素鏡 ❺-2 1771·1·28 文
上田卓三 ❾ 2005·5·26 社
上田帯刀 ❺-2 1850·是年 政
上田太郎左衛門 ❺-1 1712·6·19 政
上田悌子 ❻ 1871·11·12 文
上田貞次郎 ❽ 1940·5·8 文
上田　哲 ❾ 1991·7·23 政／2008·12·17 政
上田伝五右衛門武弼 ❺-2 1762·是年 文
上田トシコ ❾ 2008·3·7 文
上田豊三 ❾ 2006·10·3 文
上田寅吉 ❻ 1862·9·11 文
上田信祥 ❺-1 1708·4·4 文
上田憲定 ❹ 1586·2·30 社
上田春佳 ❾ 2008·6·6 社／2012·7·27 社
上田　敏 ❼ 1910·1·1 文／1911·5·17 文／11月 文／1916·7·9 文／1918·7月 文
上田文雄 ❾ 2011·4·10 社
上田文子⇨円地(えんち)文子
上田　仁 ❽ 1946·5·14 文／1956·6·7 文／❾ 1966·12·26 文
植田正治 ❽ 1950·是年 文
上田政盛 ❹ 1510·7·11 政
上田万平 ❼ 1935·7·8 政
上田美由紀 ❾ 2009·11·2 社
上田三四二 ❾ 1989·1·8 文
上田宗古 ❺-1 1615·4·29 大坂夏の陣
上田桃子 ❾ 2007·11·18 社
上田安子 ❾ 1996·9·7 社
上田安五郎 ❻ 1869·是年 社
上田之周 ❺-1 1695·是年 文
上田立夫 ❻ 1869·1·5 政
上田蓮順 ❹ 1546·4·20 政
上田石見守 ❹ 1560·10·17 政
植田大夫房 ❸ 1328·6·9 政
植竹春彦 ❽ 1959·6·18 政
上武洋次郎 ❽ 1964·10·10 社／❾ 1968·10·12 社
植谷久三 ❾ 2004·11·26 政
植溜季梁 ❺-2 1788·7·16 文
烏越(倭) ❶ 247·是年
上塚周平 ❼ 1933·11·3 政
ウェッカーリング，ジョン ❽ 1941·11·1 政
ウェッブ(米) ❽ 1948·4·16 政
ヴェデキンド(独) ❼ 1912·7月 文
ウェトル(ヴェダー) ❻ 1869·4·20 文
上長勾当 ❺-2 1728·1·22 社
上野顕兼 ❸ 1342·2·1 政
上野　篤 ❼ 1926·9·23 社
上野家成 ❹ 1556·8·23 政
上野一雲 ❹ 1527·2·12 政
上野岩太郎 ❼ 1925·10·27 政
上野英信 ❾ 1987·11·21 文
植野恵美子 ❾ 1978·1·29 社
上野景範(敬介) ❻ 1868·5·1 政／1869·9·28 政／1870·6·1 政／1874·8·17 政／1879·3·7 政／❼ 1898·10·9 政
上野喜蔵 ❺-1 1632·是年 文
上野健一 ❾ 1992·3·13 政
上野憲一 ❾ 1998·9·3 社
上野源五郎 ❹ 1543·7·21 政
上野権内 ❺-2 1800·6·23 文
植野幸八 ❺-2 1809·10·8 政
上野幸右 ❻ 1869·是年 社
上野若元 ❺-2 1740·是年 文
上野樹里 ❾ 2011·1·9 社
上野淳一 ❾ 1997·10·19 政
上野俊之丞(常足·幸野) ❺-2 1848·是年 社／1851·8·17 文
上野四郎(左近将監) ❸ 1335·1·12 政
上野四郎(土一揆大将) ❹ 1495·10·4 社
上野精一 ❾ 1970·4·19 政
上野星矢 ❾ 2008·10·3 文
上野禅意 ❸ 1324·3·20 社／1330·11·16 政
上野辰之助 ❺-2 1740·5·5 社
植野豊子 ❽ 1943·11·1 文
上野直勝 ❸ 1350·11·27 政／12·10 政
上野彦馬 ❻ 1859·是年 文／1862·11月 社／1874·12·9 文／1877·2·22 西南戦争／❼ 1904·5·22 文

上野秀政　❹ 1572·1·18 政
上野宏史　❾ 2012·9·11 政
上野　誠　❽ 1962·10·6 文
上野雅恵　❾ 2003·9·12 社／2004·8·13 社／2008·8·9 社
上野政益　❹ 1503·5·20 政
上野　杢　❺-1 1712·7月 社
上野元治　❹ 1546·9·3 政
上野元全　❹ 1545·5·6 政
上野由岐子　❾ 2008·8·9 社／12·1 社
上野順恵　❾ 2012·7·27 社
上野頼兼　❸ 1336·3·17 政／1340·8·18 政／1341·2·18 政／8·7 政／1343·8·7 政／1344·6·24 政／1346·6·21 政／1348·3·22 政／8·24 政／1351·8·5 政／9·3 政
上野理一　❼ 1918·8·17 文／9·28 政／1919·12·31 文／1920·1·1 文
上野玄蕃　❹ 1490·2·29 政
上野左馬助　❸ 1370·8·6 社
上野局　❷ 1203·12·13 社
上林東人　❶ 811·4·27 政
上原彩子　❾ 2002·6·21 文
植原悦二郎　❽ 1946·5·22 政／1947·1·31 政／1962·12·2 政
上原賢家　❹ 1486·10·2 社／1490·7·3 政、社／1494·2·10 文／1495·12·29 政
上原寛林　❻ 1856·是年 文
上原熊治郎　❺-2 1792·是年 文
上原敬二　❾ 1981·10·24 文
上原　謙　❽ 1938·9·15 社／❾ 1991·11·23 文
上原小枝　❾ 1996·8·20 政
上原正吉　❾ 1983·3·12 政／9·8 社
上原二郎左衛門　❸ 1432·6·3 政
上原神八郎　❹ 1543·4·20 文
上原専禄　❽ 1957·7·27 社／1959·7·7 文／❾ 1975·10·28 文
上原太一　❼ 1917·6·11 政
上原豊将　❹ 1532·11·16 社
上原尚近　❹ 1585·10·7 政
上原ひろみ　❾ 2011·2·13 文
上原真佐喜　❾ 1996·5·11 文
植原正直　❼ 1924·4·10 政
上原光晴　❽ 1944·8·1 政
上原元秀　❹ 1489·6·12 社／1492·9·4 政／1493·④·7 政／④·22 政／10·4 社／11·18 政
上原勇作(資長)　❼ 1899·4·11 政／1917·12·21 政／1923·3·17 政／1933·11·8 政
上原六四郎(重之)　❻ 1884·6·23 文／❼ 1913·4·1 文
植松有経　❼ 1906·6·12 文
植松有信　❺-2 1813·6·15 文
植松内蔵太　❺-2 1795·11·2 社
植松茂岳　❻ 1876·3·20 文
植松自謙(徳恭)　❺-2 1810·5·4 文
植松　正　❾ 1999·2·3 文
植松治雄　❾ 2004·4·1 文
上松　仁　❾ 1998·2·7 社
植松藤太郎　❹ 1552·4·27 社
植松包美　❼ 1925·5月 文／1933·11·16 文
植松抱民　❼ 1899·6·15 文
上松巳八　❻ 1863·7·26 政
植松右京亮　❹ 1576·4·10 社
植松佐渡守　❹ 1577·8·23 社／1581·6·3 社
上村愛子　❾ 2005·2·26 社／2008·3·15 社
上村淳之　❾ 2010·4·23 社
植村家貞　❺-1 1650·⑩·23 政
植村家長　❺-2 1825·4·18 政／1828·10·12 政
植村家政　❺-1 1650·⑩·23 政
植村家敬　❺-1 1704·6·28 社
上村吉右衛門　❺-2 1744·是年 文
植村吉三郎　❺-1 1699·11月 文
上村吉弥　❺-1 1677·3月 文
植村きの　❻ 1885·10·15 文
上村健太郎　❽ 1954·7·1 政
上村源之丞(淡路人形、初代)　❹ 1570·2月 文
上村源之丞(淡路人形、三代目)　❺-1 1661·6·25 文
植村甲午郎　❾ 1978·8·1 政
植村作七郎　❺-2 1848·5·27 文
植村左近　❻ 1854·9·27 政
上村松園　❼ 1913·10·15 文／1918·10·14 文／1934·10·16 文／1936·11·6 文／❽ 1937·10·16 文／1944·7·1 文／7·15 文／是年 文／1948·11·2 文／1949·8·27 文
上村松篁　❼ 1924·是年 文／❽ 1948·1·28 文／❾ 1968·11·14 文／1973·是年 文／2001·3·11 文
上村　進　❼ 1929·8·8 政／1933·9·13 政／❽ 1945·10·8 社
上村千一郎　❾ 1978·12·7 政
植村鷹千代　❾ 1998·2·26 文
植村帯刀　❻ 1861·5·16 社
植村　環　❽ 1946·4·30 社／1955·11·11 政
植村澄三郎　❽ 1941·1·16 政
植村長次郎　❻ 1863·6·26 政
上村　勉　❾ 2009·5·26 社
植村恒朝　❺-2 1751·10·12 政
上村藤四郎　❺-2 1823·6·29 政
植村直己　❾ 1968·2·9 社／1970·5·11 社／8·30 社／1976·5·8 社／1978·4·27 社／4·30 社／1981·12·12 社／1984·4·19 社
上村春樹　❾ 1976·7·17 社
上村彦之丞　❼ 1916·8·7 政
植村政明　❺-1 1688·5·18 政
植村政勝(左平次)　❺-2 1720·9·13 文／1732·4月 文／1740·是年 文／1743·4·30 文／1774·是年 文／1777·1·8 文
植村政辰(左源氏)　❺-2 1761·8·22 文／1763·7·29 文
植村正久(道太郎)　❻ 1880·5·8 社／1887·3·6 社／1888·3·10 社／1890·3·14 社／❼ 1911·1·28 社／1914·1·6 社／1925·1·8 社
植村益蔵　❽ 1940·7·31 社
植村八潮　❾ 2012·4·2 文
植村泰忠　❺-1 1601·2月 政
植村蘆州　❻ 1885·8·8 文
右衛門五郎(姓不詳)　❸ 1314·6·29 政
上山浦路　❼ 1912·2·2 文
上山春平　❾ 2012·8·3 文
上山草人　❼ 1912·10·26 文
ウェルズ(米)　❽ 1941·7·21 政
ウェルズ，ブーマー　❾ 1984·9·30 社
ヴェルニー(ウェルニー、仏·横須賀造船所)　❻ 1864·11·10 社／1865·9·27 社／1866·5月 文／10·24 政／1867·1·9 政／6·5 社／1870·3·29 社／❼ 1908·5·2 政
ウエロムケイテアル(外科医)　❺-2 1723·2·28 政／1724·2·28 政／1725·2·28 政
ウエンヅカシ(アイヌ)　❺-1 1669·是春シャクシャインの蜂起／7·28 シャクシャインの蜂起
ウォーカ(米)　❽ 1950·6·19 政
ウォーター(英)　❻ 1893·6·9 社
ウォートルス(英)　❻ 1870·10月 文／1871·2·15 文／1878·1·20 社
ウォーナー(古美術)　❽ 1946·4·11 文
ウォールス(米)　❻ 1866·6月 政
魚住為楽　❽ 1955·1·27 文
魚住景固　❹ 1567·3·18 政／1570·5·11 政
魚澄惣五郎　❽ 1959·3·26 文
魚住安彦　❽ 1962·是年 文
魚屋庄兵衛　❺-1 1715·10·23 社
魚屋長左衛門　❺-1 1680·11月 政
ウォルシュ，ウィルキン(独)　❻ 1881·9·1 政
ウォルシュ，ビショップ(神父)　❽ 1940·11·25 政
鵜飼信哉　❾ 1987·5·10 文
鵜飼石斎　❺-1 1664·7·21 文
鵜飼弥三郎　❼ 1914·8·10 社
鵜飼錬斎(子欽)　❺-1 1693·4·11 文
鵜飼吉左衛門　❻ 1858·8·8 政／9·7 政
鵜飼玉川　❻ 1887·5·12 文
鵜飼幸吉　❻ 1858·8·8 政／1859·8·27 政
鵜飼称斎(権平)　❺-2 1720·8·18 文
鵜飼彦博　❺-2 1827·是年 文
宇賀市(座頭)　❺-1 1645·12·12 社
宇垣一成(杢次)　❼ 1924·1·1 政／1927·4·6 政／1929·7·2 政／1931·6·17 政／1936·8·5 政／❽ 1937·1·25 政／10·15 政／1938·5·26 政／6·18 政／6月 政／7·26 政／9·30 政／1956·4·30 政
宇垣貞右衛門　❺-2 1789·10·2 政
宇賀吉秋野　❶ 866·4·11 政
宇漢迷宇屈波宇　❶ 770·8·10 政
宇漢米何毛伊　❶ 835·6·27 社
鵜川助太夫　❺-1 1685·3·17 文
浮島平次郎　❹ 1571·7·16 文
宇喜多一蕙　❺-2 1843·是年 文／1845·是年 文／1852·6·1 文／❻ 1859·11·14 文
浮田和民　❻ 1876·1·30 社／❼ 1912·6月 社
宇喜多次郎九郎　❹ 1586·3·3 社
宇喜多直家(春家·忠家)　❹ 1479·⑨·18 政／1526·4·8 社／1545·是年 政／1549·是春 政／1566·2·5 政／5·10 政／5月 社／1569·7·21 政／

1570·5月 政／8月 政／1572·10·29 政／1573·是秋 政／1574·4·18 政／1575·1·22 政／1576·9·13 政／1577·4·23 政／12·3 政／1578·7·3 政／1579·3·26 政／9·4 政／10·30 政／12·24 政／1580·2·14 政／4·14 政／1582·1·9 政／4·25 政
宇喜多秀家 ❹ 1582·1·21 政／4·14 政／1585·6·16 政／1587·1·25 政／1588·7·19 政／1589·5月 社／6·29 社／1590·1·28 社／2·28 政／1592·4月文禄の役／5·3 文禄の役／5·18 文禄の役／5·27 文禄の役／8·7 文禄の役／1593·1·6 文禄の役／2·12 文禄の役／3·15 文禄の役／4·18 文禄の役／6·2 文禄の役／6·29 文禄の役／1595·2·5 社／5月 社／1597·5·18 政／7·28 慶長の役／8·4 慶長の役／9·14 慶長の役／10·7 政／11月 文／1598·1·22 慶長の役／8·6 政／1599·1·19 政／③·4 政／4·10 文／1600·7·29／8·4 関ヶ原合戦／9·5 社／9·14 関ヶ原合戦／9·15 関ヶ原合戦／10月関ヶ原合戦／❺-1 1602·12·28 政／1603·8·6 政／9·2 政／1606·4月 政／1655·11·20 政
宇喜多基家 ❹ 1579·10·30 政
宇喜多大和 ❹ 1545·是年 政／1549·是春 政／1581·2·21 政
宇喜多能家 ❹ 1518·7·11 政／1519·1月 政／2·11 社／12·21 政／1520·7·8 政／10·6 政／1534·6·30 政
浮舟大夫 ❺-1 1605·3·7 文
右京大夫局(木村重成母) ❺-1 1615·5·8 大坂夏の陣
右京大夫尼(藤原隆信娘) ❷ 1233·3·20 文
浮世亭夢丸 ❾ 1978·4·3 文
宇久 囲 ❹ 1499·是年 政／1513·是年 政
宇久 勝 ❸ 1451·1·4 政／1455·1·4 政／❹ 1456·1·15 政／1457·是年 政／1461·1·4 政／1462·1·20 政／1464·1·1 政／1465·1·12 政／1469·1·2 政／1470·1·5 政／1471·1·11 政／1472·1·2 政／1473·1·6 政／1476·1·13 政／1479·1·1 政／1481·1·8 政／1484·1·5 政／1486·1·17 政／1487·1·7 政／1488·1·9 政／1489·1·13 政／1490·1·10 政／1491·1·16 政／1492·2·21 政／1493·1·11 政／1494·1·18 政
宇久松熊丸 ❸ 1413·5·10 社
宇久守定 ❹ 1513·是年 政
有慶(僧) ❷ 1051·5·23 社
宇軒 ❹ 1535·9·12 文
宇郷玄蕃 ❻ 1862·⑧·22 政
右近源右衛門 ❺-1 1661·是年 文／1652·是年 文／1657·8·24 文／1658·是年 文／1662·2月 文／1674·10月 文
鵜崎多一 ❽ 1959·4·23 政／1963·4·17 政
宇佐公妙 ❷ 1216·6·18 社
宇佐那木遠隆 ❷ 1185·1·26 政
宇佐嗣輔 ❷ 1221·8月 政／1229·12月 政
宇佐美 ❸ 1355·3·4 政
宇佐美彰郎 ❾ 1970·12·6 社
宇佐美興屋 ❽ 1937·7·11 政
宇佐美圭司 ❾ 2012·10·19 文
宇佐美定満 ❹ 1535·5月 政
宇佐美実政 ❷ 1189·7·17 政
宇佐美 洵 ❽ 1964·12·17 政／❾ 1969·12·17 政
宇佐美淳蔵 ❺-2 1806·8月 政
宇佐美 承 ❾ 2003·5·7 文
宇佐美灊水 ❺-2 1776·8·9 文
宇佐美祐茂 ❷ 1181·2·28 政／1212·9·15 政
宇佐美 毅 ❽ 1953·12·16 政／❾ 1991·1·19 政
宇佐美直八 ❾ 1975·4·16 文
宇佐美房忠 ❹ 1513·10·13 政／1514·5·26 政／1564·7·5 政
鵜澤総明 ❽ 1946·4·24 政／5·4 政／1955·10·21 政
鵜澤徳蔵⇨芳村伊十郎(よしむらいじゅうろう)
鵜澤 寿 ❾ 1997·3·30 文
宇澤弘文 ❾ 1997·11·3 文
宇治小虫 ❶ 757·10月 文
宇治惟郷 ❹ 1470·6·12 社
宇治宿禰(名欠く) ❶ 705·12月 文
宇治藤二郎 ❹ 1469·6·9 文
宇治⇨阿蘇(あそ)姓も見よ
宇治王(宇遅王·宇智王) ❶ 812·1·12 政／813·1·10 政
氏家克麿 ❾ 2005·2·4 社
氏家源内 ❺-1 1664·是年 文
氏家助左衛門 ❺-1 1661·8·30 政
氏家斉一郎 ❾ 2011·3·28 政
氏家宗朴 ❺-1 1682·8·14 社
氏家直国 ❼ 1902·7·7 政
氏家直通 ❹ 1583·4·16 政
氏家範長 ❸ 1419·11·18 社
氏家卜全(友国·直元) ❹ 1561·2·21 政／1571·5·12 政
氏家真継 ❹ 1588·4·21 政
氏家吉継 ❹ 1588·3·8 政
氏江佐織 ❺-2 1810·6·18 政
潮 恵之輔 ❼ 1936·3·9 政／❽ 1955·1·9 政
牛尾治朗 ❽ 1964·3·23 政／❾ 1985·9·20 政
牛尾幸清 ❹ 1563·8·13 政
牛尾遠江守 ❹ 1560·7月 政
牛飼丑之助 ❺-2 1849·7·27 社
宇治加賀掾(賀(嘉)太夫) ❺-1 1675·是年 文／1685·1月 文
牛鹿足嶋 ❶ 759·3月 文
宇自可(宇自賀)山道 ❶ 759·1·11 文
牛屎新平二 ❸ 1320·10·30 社
牛屎高元 ❸ 1355·10·22 政／1357·9·30 政／1361·9·26 政
氏子内親王 ❶ 885·4·2 政
牛込重相 ❺-1 1652·1·7 政
牛込恒次郎 ❻ 1863·10·18 文
氏繁(刀匠) ❺-2 1772·8月 文
牛島謹爾 ❼ 1926·3·27 政
牛島辰熊 ❽ 1944·7月 政
牛島憲之 ❾ 1997·9·16 文
牛島盛庸 ❺-2 1794·是年 文／1831·是年 文
牛島龍介 ❾ 1970·6·21 社
氏澄(姓不詳·波々伯部下司) ❸ 1299·12·23 政
牛田雞村 ❼ 1922·9·5 文
牛塚虎太郎 ❾ 1966·11·1 社
宇治土公貞幹 ❾ 2011·8·21 社
菟道稚郎子 ❶ 書紀·応神 15·8·6／応神 28·9月／応神 40·1·24／応神 41·是年
牛場卓蔵 ❼ 1922·3·5 政
牛場卓造 ❻ 1881·10·11 政
牛場信彦 ❾ 1976·12·24 政／1977·11·28 政
牛原虚彦 ❽ 1942·5·14 社
菟道彦 ❶ 書紀·景行 3·2·1
氏房(刀工) ❺-1 1611·5·5 文
宇治部荒山 ❶ 723·2·13 政
氏盛(姓不詳·香椎大宮司) ❸ 1299·5·21 社
牛山純一 ❾ 1997·10·6 文
牛山次郎左衛門 ❹ 1577·⑦·7 社
牛山 充 ❼ 1910·1月 文／❽ 1960·5·21 文
後宮 淳 ❽ 1944·7·13 政／❾ 1973·11·24 政
臼井喜代松 ❻ 1894·2·11 文
臼井茂樹 ❽ 1940·3·7 政
薄 以盛 ❸ 1438·7·22 文
臼井日出男 ❾ 1996·1·11 政／1999·10·5 政
臼井義人 ❾ 2009·9·11 文
臼井吉見 ❾ 1987·7·12 文
薄井与兵衛 ❾ 1971·1·11 政
臼井六郎 ❻ 1880·12·17 社
臼杵鑑続 ❹ 1540·3·18 政
臼杵(阿南)惟隆(維隆) ❷ 1185·1·12 政／1·26 政／10·4 政
臼杵鎮次 ❹ 1578·11·12 政
臼杵続景 ❹ 1578·11·12 政
臼杵長景 ❹ 1527·11·25 政
宇宿彦右衛門(行誼) ❺-2 1851·8月 政／❻ 1857·9·16 社
臼田亜浪 ❼ 1915·3月 文／❽ 1937·4月 文
臼田貞夫 ❾ 2005·5·31 政
烏須弗(渤海使) ❶ 773·6·12 政
太秦広吉 ❹ 1471·是年 文
太秦宅守 ❶ 785·8·23 政
鶉の権兵衛(放火犯) ❺-1 1682·12·28 社
雅楽左衛門次郎 ❸ 1314·7·21 政
雅楽忠清 ❸ 1352·4·20 政
宇田耕一 ❽ 1945·3·10 政／1956·12·23 政
宇田新太郎 ❼ 1926·8·13 社
宇田成一 ❻ 1882·5·12 政／11·28 政／❼ 1926·7·17 政
宇田荻邨 ❼ 1926·10·16 文／❽ 1937·是年 文／1951·10·28 文／1964·11·1 文／❾ 1967·11·1 文／1969·11·1 文
宇田友猪 ❼ 1930·11·12 文
宇多天皇(定省親王) ❶ 884·6·2 政／887·8·26 政／11·17 政／896·10·13 文／897·7·3 政／9·10 文／898·2·17 政／10·20 政／904·3月 社／913·10·15 社／931·⑤·27 社／7·19 政／❺-2 1780·3·12 社
宇高ラク ❽ 1947·4·21 文

宇高信一　❼ 1912·9月 文
歌川歌国　❺-2 1827·2·7 文
歌川国花女　❻ 1871·2·18 文
歌川国貞(初代)　❺-2 1811·是年 文／1816·此頃 文／1820·5·5 文／1824·11·9 文／1829·是年 文
歌川国貞(二代目)　❻ 1880·7·20 文
歌川国鶴　❻ 1878·3·19 文
歌川国輝　❻ 1874·12·15 文
歌川国利　❼ 1899·9·7 文
歌川国直　❻ 1854·6·28 文
歌川国長　❺-2 1827·7·18 文
歌川国宣　❻ 1886·8·10 文
歌川国春　❺-2 1839·10·26 文
歌川国久　❻ 1891·2·5 文
歌川国政(初代)　❺-2 1810·11·30 文
歌川国宗　❻ 1857·6·5 文
歌川国安　❺-2 1825·7·26 文／1832·7·6 文
歌川国雪　❻ 1857·7·29 文
歌川国芳(一勇斎)　❺-2 1770·是年 文／1833·3月 文／1837·是年 文／1843·8月 文／1846·此頃 文／1848·是年 文／1851·是夏 社／1852·是年 文／❻ 1853·8月 文／1861·3·5 文
歌川国芳(孫三郎)　❽ 1943·2·15 文
宇田川玄真(浮田榛斎)　❺-2 1805·是年 文／1808·3月 文／1818·6月 文／1819·是年 文／1828·是年 文／1833·是年 文／1834·12·4 文
宇田川玄随　❺-2 1792·4月 文／1793·是年 文／1794·5·4 文／1797·12·18 文／是年 文
歌川貞虎　❺-2 1841·3·16 文
歌川貞秀　❺-2 1848·是年 文
宇田川定円　❺-2 1768·8·21 文
哥川スエ　❾ 1997·5·3 社
歌川豊国(初代)　❺-2 1795·是年 社／1796·是年 文／1798·是春 文／1800·是年 文／1803·是年 文／1804·4月 文／1811·2·18 文／1813·6·27 文／1814·3月 文／1817·3·3 文／是年 文／1825·1·7 文
歌川豊国(初代国貞、三代目)　❺-2 1844·是年 文／1852·是年 文／❻ 1864·12·15 文
歌川豊春(初代)　❺-2 1772·此頃 文／1780·是年 文／1788·是年 文／1814·1·12 文
歌川豊広　❺-2 1828·5·23 文／1829·12·21 文
歌川広重(初代)　❺-2 1833·是年 文／1835·是年 文／1843·天保年間 文／1850·是年 文／1851·是年 文
歌川広重(三代目)　❼ 1925·2·4 文
宇田川榛斎⇨宇田川玄真(げんしん)
宇田川榕庵　❺-2 1816·是年 文／1819·6月 文／1822·1月 社／1826·1·9 文／1833·是年 文／1834·是年 文／1837·是年 文／1846·6·22 文／1848·是年 文
歌川芳国　❼ 1903·11·20 文
歌川芳艶　❻ 1866·6·22 文
歌川芳豊(初代)　❻ 1866·4·24 文
歌川芳虎　❺-2 1837·是年 文
歌川芳秀　❼ 1902·12·14 文
歌川芳満　❼ 1909·2·18 文
歌川芳宗　❻ 1880·4·17 文
宇田川興斎　❻ 1856·5月 文
宇田河甚十郎　❹ 1572·1月 社
宇田川文海　❻ 1875·12·14 文／1887·2月 文／❼ 1930·1·6 文
歌澤笹丸(初代)　❻ 1860·2·7 文
歌澤芝金(初代)　❻ 1874·12·1 文
哥澤芝金(三代目)　❼ 1911·5·27 文
歌澤寅右衛門(平田ゆき、四代目)　❽ 1943·3·19 文
歌代神五郎　❹ 1563·12·4 社
歌代誠四郎　❼ 1935·7·15 政
菟田朴室古　❶ 645·9·3 政
菟田　人　❶ 467·10月
雅楽丞　❺-1 1637·12·24 島原の乱
ウタフ(アイヌ)　❺-1 1669·是春シャクシャインの蜂起
侑多利(ウタリ、アイヌ)　❹ 1515·6·22 政
内　他田　❶ 799·1·29 政
内池永年　❺-2 1814·2·10 文
内ヶ崎作三郎　❽ 1947·2·4 政
内方万五郎　❺-2 1816·3·29 政
内河義真　❸ 1336·4·22 政
有智子内親王　❶ 847·10·26 政、文
内柴正人　❾ 2004·8·13 社／2008·8·9 社
内島北朗　❾ 1978·3·28 文
内島瀬兵衛　❺-1 1660·1·21 政
内田温士　❾ 1996·4·24 文
内田市郎右衛門　❺-1 1688·8·13 政
内田　巌　❼ 1931·是年 文／1933·是年 文／❽ 1941·6·28 文／1948·是年 文／1953·7·17 文
内田栄一　❼ 1927·2·24 文
内田嘉吉　❼ 1925·10·20 政／1933·1·3 政
内田頑石　❺-2 1796·12·12 文
内田久命　❺-2 1844·是年 文
内田銀蔵　❼ 1918·7·20 文／1919·7·20 文
内田九一　❻ 1858·是年 文／1863·是年 文／1865·是年 文／1866·是年 文／1869·是年 文／1872·5月 文／8·5 文／1874·3·3 政／1875·2·17 文
内田(渡辺)玄対　❺-2 1822·4·4 文
内田康哉　❼ 1903·4·20 政／1904·1·6 政／1911·2·21 政／8·30 政／1917·3·27 政／1918·9·29 政／1921·11·4 政／1922·6·9 政／1923·8·24 政／1929·6·26 政／1932·4·7 政／7·6 政／1933·9·14 政／1936·3·12 政
内田恒次郎(正雄・成章)　❻ 1865·9·2 政
内田(保賀)左衛門三郎　❸ 1351·8·16 政
内田定槌　❽ 1942·6·2 政
内田佐野右衛門　❺-2 1831·10·4 政
内田三十郎　❺-1 1642·4·11 社
内田茂雄　❾ 2006·2·25 社
内田俊一　❾ 2009·9·1 政
内田祥三　❼ 1925·7·6 文／❽ 1945·10·24 文／1946·9·6 文／❾ 1972·11·3 文
内田信也　❽ 1944·2·19 政／1953·5·21 政
内田清之助　❼ 1911·11月 文／❾ 1975·4·28 文
内田園生　❾ 2009·9·26 政
内田常雄　❾ 1970·1·14 政
内田陶丘　❺-2 1808·3·7 文
内田徳右衛門　❺-1 1690·2·5 社
内田吐夢(常次郎)　❼ 1932·9·20 社／1936·3·1 社／❾ 1970·8·7 文
内田尚孝　❾ 1972·2·17 政
内田信也　❼ 1915·是年 政／1921·3·15 政／1934·7·8 政／1935·12·23 政／1936·10·31 政／❾ 1971·1·7 政
内田　肇　❾ 2008·12·11 文
内田彦五郎　❹ 1580·10·18 政
内田百閒　❾ 1971·4·20 文
内田　熙　❼ 1936·是年 文
内田正雄　❻ 1862·9·11 文
内田正男　❾ 1974·是年 文
内田正容　❺-2 1837·8·14 政
打田昌克　❺-1 1702·是年 文
内田正親　❺-2 1724·10·29 政
内田正信　❺-1 1651·4·20 政
内田正学　❻ 1874·10·10 文
内田正道　❺-2 1837·8·14 政
内田正偏　❺-2 1724·10·29 政
内田又三郎　❺-2 1730·9·12 政
内田道雄　❾ 2005·7·12 社／7·25 政／9·21 社
内田光子　❾ 2005·11·3 文／2011·2·13 文
内田守政　❺-1 1696·4·14 社
内田弥一　❻ 1880·4月 文
内田　恭(五観)　❺-2 1832·是年 文
内田義彦　❽ 1945·11月 文
内田良平(甲、きのえ)　❻ 1895·10·8 政／❼ 1901·2·3 政／1902·7·16 政／1912·1月 政／1913·7·26 政／1931·6·28 政／❽ 1937·7·26 政
内田魯庵　❻ 1890·2·1 文／❼ 1911·11月 文／1929·6·29 文
内部宮麻呂　❶ 746·10月 文
内野権兵衛⇨平信豊(へいのぶとよ)
内野信二　❽ 1943·6·1 政
内野　儀　❺-2 1849·4月 文
内臣(名欠く)　❶ 554·1·9
打橋竹雲　❺-2 1828·是年 文
打橋半雨　❺-2 1852·是年 文
内馬場但馬　❹ 1543·6月 政
内原酉雄　❽ 1951·3·1 社
内原里主(琉球)　❹ 1477·6·6 政
内堀二郎　❹ 1530·7·14 政
内村鑑三　❻ 1881·7·9 文／1884·11·6 文／1891·1·9 社／1894·8·23 文／❼ 1901·7·20 社／1902·9月 社／10·9 社／1930·3·28 社
内村健一　❾ 1972·2·16 政
内村剛介　❾ 2009·1·30 文
内村航平　❾ 2008·8·9 社／2009·10·13 社／2010·10·22 社／2011·10·14 社／2012·7·27 社
内村直也　❽ 1938·12·1 文／❾ 1989·7·27 文
内山岩太郎　❽ 1951·4·23 政／1955·4·23 社／1959·4·23 政／1963·4·17 政
内山覚順　❺-2 1759·是年 文
内山勝男　❾ 2004·9·8 文

内山完造　❽ 1959·9·20 文
内山愚童(慶吉)　❼ 1911·1·18 政
内山駒之助　❼ 1907·4月 社
内山郷左衛門⇨平成友(へいせいゆう)
内山七郎右衛門　❻ 1881·8·18 政
内山正太郎　❽ 1948·2月 政
内山次郎左衛門　❺-1 1686·1·24 政
内山高志　❾ 2010·1·11 社／2011·12·31 社／2012·7·16 社／12·31 社
内山隆佐　❻ 1856·5·13 政
内山武次郎⇨川合武雄(かわいたけお)
内山彦次郎　❺-2 1842·是年 政／❻ 1864·5·20 政
内山平右衛門　❻ 1873·2·25 文
内山真龍　❺-2 1821·8·22 政
宇津頼重　❹ 1563·2·3 社
宇津木久岑　❼ 1896·4·30 社
宇津木水晶花　❾ 2010·6·30 文
宇津木妙子　❾ 2004·8·13 社
宇津木麗華　❾ 2000·9·15 社／2004·8·13 社
宇津木六之丞　❻ 1862·10·27 政
欝色謎命　❶ 書紀·孝元 7·2·2
ウッズ，タイガー　❾ 1997·11·6 社
宇都野　研　❽ 1938·4·3 文
宇都峰宮　❸ 1351·10·22 政／11·22 政／是年 政
宇都宮明綱　❸ 1455·4·19 政／❹ 1460·3·1 政
宇都宮氏綱　❸ 1363·8·20 政／1368·8·2 政／8·29 政
宇都宮興綱　❹ 1527·7·16 政
宇都宮景綱　❷ 1273·6·21 政／❸ 1293·10月 政／1295·10·24 政／1298·5·1 政
宇都宮公綱　❸ 1333·1·22 政／2·2 政／1356·10·20 政
宇都宮国綱(弥三郎)　❹ 1582·9·13 政／1583·2月 政／1584·2月 政／1589·3·11 政／10·3 政／1590·5·27 政／1591·6·20 政／1597·10·7 政／❺-1 1607·11·22 政
宇都宮貞綱　❸ 1305·4·23 政／1312·8月 文
宇都宮貞宗　❸ 1333·②·11 政／3·11 政
宇都宮貞泰　❸ 1333·2月 政／1355·2·1 政
宇都宮茂敏　❻ 1878·8·23 政
宇都宮仙太郎　❻ 1887·是年 社
宇都宮高貞　❸ 1327·6·14 政
宇都宮卓爾　❼ 1908·6·22 政
宇都宮直綱　❸ 1374·1·23 政
宇都宮忠綱　❹ 1514·8·16 政／1516·11·8 政／1520·8·12 政／1526·12·6 政／1527·7·16 政
宇都宮太郎　❼ 1922·2·14 政
宇都宮親景　❸ 1379·3·28 政
宇都宮経景　❸ 1363·1·18 政／1371·8·7 政／1375·8·29 政
宇都宮徳馬　❼ 1933·2·7 政／❾ 1969·4·6 政／1975·7·19 政／1976·10·12 政／2000·7·1 政
宇都宮等綱　❸ 1435·5·3 社／1455·4·5 政／11·7 政／❹ 1460·3·1 政
宇都宮俊綱　❹ 1538·是年 政／1539·9·21 政
宇都宮朝綱　❷ 1184·5·24 社／1194·7·20 政
宇都宮朝業　❷ 1194·7·20 政
宇都宮豊綱　❹ 1568·2月 政／4月 政／6月 政
宇都宮遯庵(由的)　❺-1 1672·是年 文／1680·是年 文／1686·是年 文／1704·是年 文／1707·10·10 文／1709·5·2 文
宇都宮成綱　❹ 1477·9·1 政／1512·4·2 政／1516·11·8 政
宇都宮(中原)信房(道賢)　❷ 1185·9·5 政／1186·2·29 政／1187·9·22 政／1188·2·21 政／1192·2·28 政／1218·是夏 社／1234·8·2 政
宇都宮尚綱　❹ 1546·1·23 政／1549·9·27 政／1557·12·23 政
宇都宮広綱　❹ 1549·9·27 政／1557·12·23 政／1563·4·15 政／1564·1·29 政
宇都宮正綱　❹ 1477·9·1 政
宇都宮通綱　❸ 1333·5·18 政
宇都宮(島津)通房　❸ 1284·7·16 政／1286·7·16 政
宇都宮光貞　❸ 1328·10月 政
宇都宮満綱　❸ 1405·4·2 文
宇都宮黙霖(雄綱·真名介)　❼ 1897·9·15 社
宇都宮持綱　❸ 1411·12·8 社／1418·9·15 政／1422·8月 政／1423·7·4 政／8·2 政
宇都宮基綱　❸ 1380·5·16 政
宇都宮森義　❾ 2009·10·24 社
宇都宮弥三郎⇨宇都宮国綱(くにつな)
宇都宮泰綱　❷ 1235·6·3 社／1239·2·14 政／1252·3·19 政／1261·11·1 政
宇都宮由的　❺-2 1787·是年 文
宇都宮義員　❹ 1463·7·7 政
宇都宮頼綱(蓮生)　❷ 1194·7·20 政／1205·8·11 政／1216·12·8 社／1235·5·27 文／1250·2·15 社／1259·11·12 政
宇都宮頼業　❷ 1277·8·11 政
宇都宮了安　❺-2 1829·2·20 文
珍彦⇨椎根津彦(しいねつひこ)
靫屋(うつぼや)源四郎　❹ 1555·3·12 文
内海浅次郎　❼ 1921·5·9 政
内海月杖　❼ 1935·12·7 文
内海重典　❾ 1999·2·1 文
内海宗恵　❺-1 1660·是年 文
内海忠勝(精一)　❼ 1905·1·20 政
内海椿水　❻ 1887·9·12 文
内海英男　❾ 1988·5·13 政
内海兵吉　❻ 1860·是年 社
内海羊石　❼ 1930·2·11 文
内海好江　❾ 1997·10·6 文
腕　喜三郎　❺-2 1748·3·11 社
烏亭焉馬(中村英祝·和泉屋和助·立川焉馬·立川談洲楼)　❺-2 1783·4·25 社／1786·4·12 社／1792·1·21 社／1796·是年 文／1797·是年 文／1820·1·28 社／1822·6·2 文／是年 文
台　八嶋　❶ 694·3·2 政
宇戸栄蔵　❽ 1944·12·1 社
宇土為光　❹ 1484·4·16 政／1503·10月 政
宇土道光　❸ 1347·11·27 政／1369·11·17 社
有動兼元　❹ 1587·12·15 政
于道朱君　❶ 253·是年
鵜殿士寧　❺-2 1774·10·22 文／1784·是年 文
鵜殿十郎左衛門　❻ 1861·5·16 社
鵜殿団次郎　❻ 1862·2·11 文
鵜殿長照　❹ 1562·2·4 政
鵜殿長鋭　❻ 1854·1·15 政／2·1 政／7·24 政／1857·7·24 政／1858·3·22 政／1863·2·6 政／3·13 政
鵜殿長寛　❺-2 1743·④·27 政
鵜殿長逵　❺-2 1762·2·15 社／1767·12·23 社
鵜殿主水介　❻ 1866·8·3 政
鵜殿余野子　❺-2 1788·11·20 文
鵜殿氏(西部局)　❺-1 1606·5·14 政
海上胤平(六郎·正胤)　❻ 1888·9月 文／❼ 1916·3·29 文
海上倉次郎　❻ 1877·3·13 社
海上清水　❶ 766·3·26 政
海上三狩　❶ 776·11·15 政／779·2·13 政／7·10 政
海原お浜　❾ 1994·9·12 文
宇奴男人　❶ 720·是年 社
宇根政子　❼ 1930·是年 社
畦崎康子　❾ 1978·8·25 社
畝村直久　❽ 1947·10·16 文
采女朝臣(名欠く)　❶ 704·是年 社
采女浄庭　❶ 763·1·9 政
采女竹羅　❶ 681·7·4 政
采女比良夫　❶ 710·4·23 政
采女宅守　❶ 787·2·5 政
采女部宅刀自女　❶ 776·⑧·28 社
宇野亜喜良　❾ 1965·11·12 文
宇野円空　❼ 1929·7月 文／❽ 1949·1·1 社
宇野円三郎　❼ 1911·7·20 社 文
宇野　収　❾ 2000·11·12 政
宇野亀雄　❽ 1944·4·23 政
宇野九郎兵衛　❺-1 1685·是年 政
宇野浩二(格次郎)　❽ 1961·9·12 文
宇野弘蔵　❽ 1945·11·19 文
宇野定治⇨陳(ちん)定治
宇野重吉(寺尾信夫)　❽ 1940·8·19 文／1942·2·21 文／1947·7·28 文／1950·4月 文／12·22 文／1954·4·8 文／❾ 1988·1·9 文
宇野四郎　❸ 1393·12·20 社
宇野士朗　❺-2 1731·12·23 文
宇野甚助　❺-2 1835·12·9 政
宇野精一　❽ 1961·3·22 文／❾ 2008·1·7 文
宇野雪村　❾ 1995·4·6 文
宇野宗佑　❾ 1976·12·24 政／1987·11·6 政／1989·6·2 政／7·24 政／1998·5·19 政
宇野貴信　❺-2 1768·是年 文
宇野千代　❽ 1937·10月 文／1947·12月 文／❾ 1996·6·10 文
鵜野ツユ子　❼ 1908·3·5 社
宇野哲人(季明)　❼ 1910·6·19 文
宇野藤右衛門　❹ 1576·10·13 文
宇野信夫　❽ 1942·2月 文／❾ 1991·10·28 文

宇野八郎　❻ 1863·1·13 政
宇野政秀　❹ 1472·8·2 政
宇野明霞　❺-2 1740·是年 文／1745·4·14 文／1749·是年 文
宇野康秀　❾ 2001·5·16 社
菟野大伴　❶ 693·4·22 政
鸕(菟)野讃良皇女⇨持統(じとう)天皇
宇野民部大輔　❹ 1580·4·24 政／6·5 政
宇夫幸治　❺-2 1743·4月 文
生方たつゑ　❽ 1944·7月 文／❾ 2000·1·18 文
生方鼎斎　❻ 1856·1·17 文
生方敏郎　❾ 1969·8·6 文
生方幸夫　❾ 2010·3·18 政
宇部健哉　❺-2 1852·是年 文
宇閉　弓　❶ 684·3·8 社
宇保親王　❶ 874·1·29 政
宇麻(耽羅)　❶ 673·⑥·8 政
馬　伊麻呂　❶ 716·6·7 社
馬　比奈麻呂(夷麻呂)　❶ 741·12·10 政／759·5·17 文／760·1·21 政
馬居七郎兵衛　❹ 1599·3月 社
馬飼押勝　❶ 561·是年
馬飼臣(名欠く)　❶ 479·是年
馬飼部造連(名欠く)　❶ 679·11·23 政
馬切衛門五郎　❹ 1471·1·25 政
甘美内宿禰(名欠く)　❶ 書紀·応神 9·4月
馬田市郎兵衛　❺-1 1695·11·8 文
馬田吉郎右衛門　❺-1 1679·9·21 政
馬田昌入　❺-1 1604·是年 文
馬田源十郎　❺-2 1808·2·6 文
右馬大夫　❸ 1454·9·22 文
右松祐永　❻ 1872·7·11 政
汙麻尾古　❶ 658·12月 文
味酒(味坂·うまさか)　❶ 905·8·19 社
厩戸豊聡耳皇子(聖徳太子)　❶ 574·是年／587·7月／593·4·10
海犬養勝麻呂　❶ 645·6·12 政
梅　謙次郎(信友·子順)　❼ 1896·6月 文／1906·9·14 文／1910·8·25 文
梅浦精一　❻ 1883·11·20 政／❼ 1912·3·17 政
梅塢散人　❺-1 1689·是年 文
梅ヶ枝(軽業)　❺-2 1723·7月 文
梅ヶ谷藤太郎(小江藤太郎、初代)　❻ 1884·2月 社／5·6 社／❼ 1928·6·15 社
梅ヶ谷藤太郎(音松、二代目)　❼ 1899·1·17 社／1903·6·13 社／1915·12·23 社／1927·9·2 社
梅川東南　❻ 1866·2·14 文
梅川東与平　❻ 1873·7·2 文
梅北国兼　❹ 1592·6·15 文禄の役
梅小路定福　❺-2 1813·2·14 政
梅小路共方　❺-2 1727·7·3 政
梅棹忠夫　❽ 1942·5月 文／❾ 1969·7月 文／1977·11·17 文／1994·11·3 文／2010·7·3 文
梅崎春生　❾ 1965·7·19 文
梅澤和軒　❼ 1931·1·4 文
梅澤庄吉　❻ 1888·10·26 社
梅澤純夫　❽ 1944·2·1 文／10·30 文
梅澤西郊　❺-2 1783·8·23 文
梅澤浜夫　❽ 1944·2·1 文／10·30 文／1957·6·24 文／1962·11·3 文／❾ 1986·12·25 文
梅澤博臣　❾ 1995·3·26 文
梅澤孫太郎　❻ 1866·8·17 政
梅澤将監　❹ 1578·是年 政
梅渋屋吉兵衛　❺-1 1689·6·19 政
梅主(うめず)長江　❻ 1876·11·12 文
梅田市蔵　❺-2 1851·是春 政
梅田雲浜　❻ 1858·9·7 政／1859·9·14 文
梅田三郎⇨石川小五郎(いしかわこごろう)
梅田道子　❼ 1905·2·12 社
埋忠(刀工)　❹ 1593·12月 文
埋忠明寿　❺-1 1608·3月 文／8月 文／1618·5·11 文
梅渓季通　❺-1 1658·2·2 政
梅谷光貞　❼ 1926·7·18 社
梅田屋六郎兵衛　❺-2 1798·9·17 社
梅津勘兵衛　❼ 1919·10·10 社
梅津八三　❾ 1991·1·5 文
梅津政景(主馬)　❺-1 1612·12·4 社／1615·5·22 文／1631·2·18 社
梅津美治郎　❽ 1939·5·11 政／1944·7·13 政／1945·5·11 政／8·14 政／9·2 政
梅辻春樵　❺-2 1832·是年 文／❻ 1857·2·17 文
梅辻平格　❻ 1872·5月 文
梅辻規清　❻ 1861·是年 文
梅辻無弦　❻ 1856·是年 文
梅戸忠介　❺-1 1614·10·1 大坂冬の陣
梅根　悟　❽ 1964·6·4 文
梅根常三郎　❽ 1956·3·17 文
梅宮(後水尾天皇皇女)⇨文智尼(ぶんちに)
梅屋鞠塢　❺-2 1831·8·29 文
梅廼家秣翁(鶴寿)　❻ 1865·1·11 文
梅原克彦　❾ 2005·7·31 政
梅原玄魚　❻ 1880·2·7 文
梅原　猛　❾ 1973·11月 文／1979·1月 文／1999·11·3 文
梅原真隆　❽ 1946·2·19 社
梅原弥左衛門　❺-1 1629·1·18 社
梅原龍三郎(良三郎)　❼ 1909·此頃 文／1913·10·5 文／1914·10·1 文／1915·是年 文／1922·1·14 文／1925·7月 文／1935·是年 文／❽ 1937·4·11 文／1939·4·2 文／1944·7·1 文／1950·是年 文／1952·11·3 文／❾ 1986·1·16 文／1973·3·26 文
梅暮里谷峨(二代目)　❺-2 1852·是年 文
梅村鑛二　❾ 2008·1·8 文
梅村蓉子　❽ 1944·3·20 文
楳茂都梅衣　❾ 2010·12·25 文
楳茂都扇性　❼ 1908·4·3 文
楳茂都陸平　❼ 1921·3·20 文
梅屋庄吉　❼ 1906·7·4 社
梅山園了　❾ 1997·1·20 社
梅若新太郎　❼ 1906·1·9 文
梅若万三郎(初代)　❼ 1921·7月 文／1922·7月 文／❽ 1946·2·11 文／6·29 文
梅若万三郎(十三代目)　❾ 1991·4·21 文
梅若　実(亀次郎·六郎、初代)　❻ 1869·是年 文／1873·2·16 文／1875·5月 文／1876·4·4 文／1878·7·5 文／1881·4·16 文／❼ 1909·1·19 文
梅若恭行　❾ 2003·1·20 文
梅若六郎(実、五十四代目)　❼ 1921·7月 文／❽ 1959·8·16 文
梅若六郎(五十五代目)　❾ 1979·2·18 文
梅若六郎(五十六代目)　❾ 1997·10·21 文
梅若大夫　❸ 1416·3月 文／1419·3·10 文／❹ 1457·4·17 文／1582·5·19 文／1584·10·7 文／❺-1 1609·4·29 文／1613·7·7 文／1640·9·28 文
梅若丸　❺-1 1710·3·15 社
烏有庵　❺-2 1750·是年 文
浦　楯記　❻ 1876·12·3 政
浦　宗勝　❹ 1559·9·26 政
浦井宗普　❺-1 1605·5·11 政／1607·10·6 政
浦上玉堂(孝弼·君輔)　❺-2 1780·是年 文／1786·9·9 文／1792·②月 文／1793·3·3 文／1796·7月 文／1807·是年 文／1811·3月 文／1814·1月 文／是春 文／1817·是夏 文／1819·是年 文／1820·9·4 文
浦上春琴(伯挙·十千·睡菴·文鏡亭·二卿)　❺-2 1823·8月 文／1832·是年 文／1840·是年 文／1842·是年 文／1846·5·2 文
浦上則国　❹ 1483·11·7 政／1485·③·5 政
浦上則宗　❹ 1471·10·15 政／1472·8·2 政／1479·5·19 社／1483·1月 政／1484·2·5 政／9月 政／1487·12·5 社／1488·8·24 政／1492·3·29 政／1496·7·8 社／8月 政／1499·是年 政／1502·6·11 政
浦上孫三郎　❸ 1339·6·18 政
浦上政宗　❹ 1534·6·30 政／1545·6·28 社／1554·2·20 社
浦上宗景　❹ 1545·是年 政／1549·是春 政／1569·3·16 政／1570·10·22 政／1572·7·26 政／10·29 政／1573·11月 政／1574·2·7 政／4·18 政／1575·1·22 政／10·20 政
浦上村国　❹ 1496·8月 政／1519·4·29 政／1521·8·21 政／1522·9·30 政／11·11 政／1523·是春 政
浦上宗久　❹ 1519·1月 政／4·27 社
浦上村宗　❹ 1518·7·11 政／11·9 政／1519·1月 政／4·29 政／12·21 政／1520·10·6 政／10·21 社／1521·1月 政／7·6 政／8·21 政／12·1 社／1522·9·30 政／11·11 政／1523·是春 政／6·13 社／1526·12·27 政／1527·1·10 政／1529·9·16 政／1530·6·29 政／7·27 政／8·27 政／1531·2月 社／3·10 政／6·4 政
浦上与次郎　❹ 1560·11月 社
浦上掃部助　❹ 1485·6·4 政
浦崎康華　❽ 1947·7·20 政
浦里はる美(碓井布佐)　❾ 2011·2·13 文

浦島鐐蔵　❻ 1863·10·18 文
ウラジミル, ゴドウスキー　❼ 1922·11·1 文
浦瀬最助　❻ 1870·2·22 政
浦添朝師(琉球)　❺-1 1609·4·1 政／5·15 政
浦添王子(琉球)　❺-2 1842·11·19 政／1846·10·3 政
浦田長民　❻ 1893·10·26 社
浦田正夫　❾ 1997·11·30 文
裏辻季福　❺-1 1644·9·2 政
浦野道英　❺-2 1723·2·28 政
浦野兵庫　❺-1 1667·2·15 政
浦野孫右衛門　❺-1 1665·4·2 政／1667·2·15 政
浦野烋興　❾ 1995·8·8 政
浦野幸男　❾ 1976·9·15 政
卜部(占部)馬麻呂　❶ 753·10月 文
卜部(占部)雄貞　❶ 858·4·11 社
卜部乙屎麻呂　❶ 870·2·12 政
卜部兼俊　❷ 1129·3·25 社
卜部兼直　❷ 1225·2·23 文
卜部兼永　❹ 1522·是年 文／1536·5·27 社／7·27 社
卜部川知麻呂　❶ 857·6·25 政
占部都美　❽ 1963·4月 政
浦辺粂子　❾ 1989·10·26 文
卜部兼好⇨吉田(よしだ)兼好
卜部清信　❷ 1150·8·17 文
卜部重保　❷ 1182·3月 文
卜部(占部)田主　❶ 866·③·10 政
卜部(占部)月雄⇨中原(なかはら)月雄
卜部平麿(麻呂)　❶ 881·12·5 文
卜部(占部)御蔭女　❶ 715·12·11 社
裏松恭光　❻ 1859·2·5 政
裏松固禅(光世)　❺-2 1797·12·10 政／1804·7·26 文
裏松⇨日野(ひの)姓も見よ
浦山桐郎　❾ 1985·10·20 文
ウラロースキー(ロシア)　❻ 1874·1·21 政
瓜生岩子　❻ 1872·是年 社／❼ 1897·4·19 社
瓜生(脇袋)国治　❸ 1351·12·26 社
瓜生外吉　❼ 1904·2·9 日露戦争／❽ 1937·11·11 政
瓜生忠生　❽ 1945·11月 文
瓜生　保　❸ 1336·11·8 政
瓜生　寅(寅作)　❼ 1913·2·23 政
ウリョア, ドン・ローペ・デ　❺-1 1602·9月 政
漆桶勇斎　❺-2 1776·1月 文
漆島正吉　❸ 1303·3月 政
漆原平右衛門　❺-2 1745·3·7 政
漆間梅吉　❺-2 1826·8·12 社
于婁大(蒙古)　❷ 1269·7·21 政
宇留地平八　❺-1 1667·2·15 政
宇留野義元　❹ 1540·3·14 政
汙礼斯伐　❶ 書紀·神功 5·3·7
鱗形屋孫兵衛　❺-2 1775·是年 文
上井覚兼(為兼)　❹ 1542·3·5 文／1575·3·27 政／4·3 政／1583·9·18 政／1585·8·20 社／10·7 政／1589·6·12 政
上井里兼　❺-1 1610·3月 政
上部貞永　❹ 1582·1·25 社／1584·3·17 社
上柳平次郎　❺-1 1714·9·22 政
運庵普巌　❷ 1218·4·18 文／是年 文
雲英光悦(僧)　❹ 1516·8月 政
雲翁(僧)　❹ 1502·是年 文
雲王(蒙古)　❽ 1937·10·27 政
雲屋妙術(明僧)　❸ 1454·4·1 文
運賀(仏師)　❷ 1255·是年 文
雲快(僧)　❷ 1265·8·21 社
雲外(僧)　❺-1 1694·是年 文
惲恪(僧)　❺-1 1671·是秋 文
雲居(僧)　❺-1 1661·6·9 社
運慶(仏師)　❷ 1175·11·24 文／1176·10·19 文／1183·6·5 文／1186·5·3 文／7·15 文／1189·3·20 文／1195·3·12 文／1196·12·10 文／是年 文／1197·5·7 文／1198·建久年間 文／是年 文／1199·9·29 文／1203·7·24 文／10·3 文／1208·12·17 文／1212·是年 文／1216·是年 文／1225·7·14 文
雲慶(仏師)　❷ 1218·7·9 社／1219·12·27 文／1223·12·11 文／1225·12月 文
雲渓支山(僧)　❸ 1391·11·14 社
雲厳(僧)　❷ 1182·4·21 社
雲岡舜徳(僧)　❹ 1516·5·15 社
雲谷玄祥(僧)　❹ 1456·7·8 社
雲谷等益(僧)　❺-1 1644·2·14 文
雲谷等顔(僧)　❺-1 1612·5月 文／1618·5·3 文
雲室(武田、画僧)　❺-2 1827·5·9 文／8·9 文
運実(仏師)　❷ 1280·5·16 文
雲韶(僧)　❸ 1328·是年 政
雲祥(僧)　❸ 1365·是年 文
運敞(僧)　❺-1 1675·是年 文／1693·9·10 社
雲章一慶(僧)　❹ 1461·1·17 文／1463·1·23 社
運尋(僧)　❸ 1333·1·15 文
雲水　❺-1 1694·是年 文
雲晴(僧)　❶ 924·5·24 社
雲石堂寂本　❺-1 1688·是年 文
雲聡(僧)　❶ 602·⑩·15 社
運宗(仏師)　❹ 1538·5·25 文／9月 文
温中承顒(僧)　❸ 1452·5·14 社
運朝(仏師)　❸ 1362·8月 文
雲潮(僧)　❹ 1593·2·4 社
海野小太郎　❷ 1193·8·15 社
海野勝珉(竹次郎)　❼ 1896·6·30 文／1900·8·19 文／1915·10·6 文
海野晋吉　❾ 1967·8·28 政
海野二左衛門　❺-1 1646·4·14 社
海野信典(弥平衛尉)　❺-1 1614·慶長年間(囲み)
海野美盛　❻ 1862·12月 文／❼ 1919·9·22 文
海野珉乗　❼ 1910·4·18 文
海野盛寿　❼ 1896·10·1 文
海野幸氏　❷ 1237·7·19 政
海野幸綱　❹ 1541·5·13 政／7·4 政
海野幸徳(幸典)　❺-2 1848·11·11 文／1850·是年 文／❼ 1910·6月 文
海野幸広　❷ 1183·⑩·1 政
海野屋作兵衛　❺-1 1670·是年 社
ウンベール(スイス)　❻ 1863·3·11 政／12·29 政

え

エアデマ(トーゴ)　❾ 1989·4·9 政
永安門院⇨穠子(じょうし)内親王
栄　毅仁　❾ 1994·10·28 政
衛　農是(琉球)　❹ 1458·1·9 政
永　六輔　❽ 1959·12·27 文／1961·7·21 社／❾ 1976·6·5 文
永阿弥　❹ 1465·9·28 文／10·5 政
永安(僧)　❹ 1462·3·12 文
永胤(僧)　❹ 1508·3·11 社
永雲(僧)　❷ 1182·4·19 政
栄叡(僧)⇨栄叡「ようえい」
永円(僧)　❷ 1026·1·19 政／1044·5·20 社
永縁(僧)　❷ 1113·③·22 社／1128·2·5 文
栄円(僧)　❷ 1248·7·1 社
栄円(仏師)　❷ 1263·7月 文／1265·是年 文
英園(僧)　❺-1 1626·是年 文
永賀(僧)　❷ 1144·6·29 文
永賀(仏師)　❹ 1527·3·15 文
栄快(仏師)　❷ 1254·⑤月 文
栄海(僧)　❸ 1325·是年 文／1347·3月 文／8·16 社
永快(僧)　❸ 1370·12·13 文
英海(僧)　❹ 1523·10·3 社
永覚(僧)　❸ 1377·7·28 社
永廓(遣朝鮮使)　❸ 1397·11·14 政／1398·8月 政
英岳(僧)　❺-1 1712·11·1 社
永嘉亭波静　❺-2 1807·是年 文
永嘉門院⇨瑞子(ずいし)女王
永観(僧)　❷ 1097·是年 社／1111·11·2 社
永閑(僧)　❺-1 1663·是年 文
永球(僧)　❸ 1439·7·8 文
瑛九　❽ 1957·6·15 文／1960·3·10 文
栄暁(僧)　❸ 1406·9·10 社
永項(僧)　❸ 1434·8·23 政
栄空(僧)　❸ 1334·5·13 政
永継(僧)　❸ 1404·2月 社
永賢(僧)　❸ 1308·是年 文
営堅(僧)　❺-1 1697·6·19 社
栄源(僧)　❷ 1134·是頃 文
永厳(僧)　❷ 1151·8·14 社
英源(僧)　❹ 1488·12·13 文
永興(僧)　❶ 772·3·6 社
叡効(僧)　❷ 1021·4·19 社
栄弘(僧)　❹ 1482·4·9 政
永興　環(高麗)　❸ 1370·是年 政／1389·9月 政
永皎女王　❺-2 1808·⑥·13 社
永国(刀工)　❺-1 1683·是年 文
永悟法親王　❺-1 1676·11·1 社
栄厳(僧)　❸ 1309·是年 文／1310·是年 文
栄西(明庵栄西、僧)　❷ 1168·4·18 政／4月 社／9月 政／1170·是年 政／1175·1月 文／1177·7·15 文／1178·7·15 文／1185·2·24 文／1186·7·3 政／1187·3月 政／是夏 政／

1188·是年 社／**1190**·是年 社／**1191**·7月 社／8·8 社／**1192**·1·29 社／**1193**·是年 政／**1194**·7·5 社／是年 社／**1195**·6月 社／**1197**·8·23 社／**1199**·9·26 社／**1200**·②·13 社／7·6 社／**1202**·3月 社／**1205**·3月 社／**1206**·10·11 社／**1207**·6·21 文／是年 文／**1211**·1·3 文／2月 社／10·19 文／12·28 社／**1212**·1·15 社／**1213**·5·4 社／**1214**·2·4 文／是年 社／**1215**·7·5 社／❹ **1514**·3·5 社
永済(僧)　❺-1 **1671**·是年 文
永珊(僧)　❹ **1484**·1·5 政
叡子内親王　❷ **1148**·12·8 政
媖子内親王(陽徳門院)　❸ **1302**·3·15 政／**1342**·11·1 政／**1352**·8·11 政
永子内親王(章善門院)　❸ **1309**·2·3 政／**1316**·8·27 政／**1338**·3月 政
英子内親王　❶ **946**·5·27 社／9·16 社
永実(僧)　❷ **1126**·⑩·18 社／**1180**·8·24 政
栄実(僧、頼朝の子)　❷ **1213**·11·10 政／**1214**·11·13 政
栄実(僧、弓削島)　❸ **1305**·8·15 社
永日庵其律　❺-2 **1746**·是年 文
永釈(僧)　❸ **1406**·6·5 社
睿宗(僧)　❹ **1470**·1·5 政
永俊(僧)　❸ **1404**·11·1 政
永春(僧)　❸ **1414**·4·8 文
英俊(精進魚類)　❹ **1542**·3·11 文
英俊(多聞院僧)　❹ **1590**·4·26 社
永順(僧)　❷ **1115**·9·12 文
栄恕(僧)　❺-2 **1776**·5·22 社
永照(僧)　❷ **1027**·6月 社
永昭(僧)　❷ **1030**·3·21 社
永昭(中尊寺僧)　❷ **1117**·2·15 文
英勝院⇨お勝(かつ)
栄松斎長喜　❺-2 **1795**·是年 文／**1800**·是年 政
永助親王　❸ **1395**·9·16 政／**1437**·2·10 社
永信(僧)　❸ **1340**·6·14 文
栄甚(僧)　❹ **1568**·9·12 文
永嵩(僧)　❹ **1457**·3·13 政
永崇(僧)　❹ **1488**·8·13 文
永暹(宋僧)　❷ **1083**·1·25 文／**1096**·8·27 文／**1108**·10·8 社
永仙(僧、配流)　❷ **1214**·5·22 社
永仙(俳人)　❹ **1523**·是年 文
英祖(琉球)　❸ **1299**·8·5 政
英宗(明)　❸ **1436**·2·4 政
英存(僧)　❺-2 **1794**·9·29 社
永尊(僧)　❷ **1042**·5·10 社
叡尊(興正菩薩、僧)　❷ **1235**·1·16 社／**1236**·9·1 社／是年 社／**1240**·3月 社／**1242**·1·25 社／3·25 社／9·7 社／**1243**·2·25 社／**1244**·2·25 社／**1245**·9·14 社／9·16 政／**1246**·10·25 社／**1249**·2·6 社／**1250**·12·7 文／**1254**·1·28 社／**1259**·是秋 文／**1262**·2·4 社／5·1 社／10·5 社／**1264**·9·4 社／12·3 社／**1266**·12·3 社／**1269**·3·25 社、文／**1275**·4月 社／8·13 社／**1276**·3·15 社／**1279**·5月 文／**1280**·3·17 政／**1281**·3·5 社／⑦·1 社／❸ **1282**·10·21 社／**1283**·3·2 社／**1284**·9·27 社／**1286**·11·19 社／**1290**·8·25 社／**1300**·⑦·3 社
永智(僧)　❷ **1073**·5·21 政
永忠(僧)　❶ **815**·4·22 社／**816**·4·5 社
英仲法俊(僧)　❸ **1416**·2·26 社
永超(僧)　❷ **1095**·12·29 社
栄朝(僧)　❷ **1221**·9·28 社
英澄(僧)　❸ **1377**·7·28 社
栄珍(僧)　❸ **1325**·1·28 社
英徹(僧)　❺-1 **1607**·3·10 社
叡努(えいぬ)内親王　❶ **835**·4·14 政
栄井蓑麻呂　❶ **782**·2·7 文
永範(遣朝鮮使)　❸ **1397**·11·14 政／**1398**·8月 政
永福門院⇨藤原鏱子(しょうし)
永閑(僧)　❹ **1486**·5·24 政
英甫永雄(僧)　❹ **1595**·3·26 文／❺-1 **1602**·9·16 社
永宝(仏師)　❷ **1244**·4·12 文
栄祐(僧)　❷ **1211**·①·13 文
栄誉(僧)　❹ **1584**·10·29 社
永陽門院⇨久子(きゅうし)内親王
永楽保全　❺-2 **1852**·7月 文／❻ **1854**·9·18 文
永楽和全　❻ **1865**·11月 文／❼ **1896**·5·6 文
永隆(僧)　❸ **1428**·1·18 政／**1436**·是年 社
永琳(僧)　❸ **1396**·3月 政／❹ **1527**·12·11 文
エヴレーイノフ(ロシア)　❺-2 **1721**·是年 政
恵雲(僧)　❶ **639**·9月 政／**645**·8·8 社
恵雲(恵運、僧)　❶ **842**·5·5 政／**847**·6·30 文／9·18 社／**848**·8·8 社／**865**·3·25 社／**869**·9·23 社／**871**·9月 社
恵雲(仏智禅師)　❸ **1307**·10·23 社／**1314**·4·22 社
慧雲(僧)　❺-1 **1677**·是年 政／**1686**·是年 文
エーミス(米)　❽ **1949**·3·24 政／**1951**·8·16 政
エールリッヒ，パウル　❼ **1910**·4·19 文
恵円(仏師)　❸ **1405**·4·26 社
恵隠(志賀漢人、僧)　❶ **639**·9月 政／**640**·5·5 社／**652**·4·15 社
画部因斯羅我　❶ **463**·是年
恵蕚(僧)　❶ **841**·是秋 政、文／**842**·是春 社／**847**·7·8 政／**862**·7月 政／**863**·4月 政
江頭匡一　❾ **2005**·4·13 社
江頭庄三郎　❻ **1895**·是年 社
江頭千代子　❾ **2003**·2·8 文
エカテリーナ(ロシア)　❺-2 **1791**·5·28 政
恵我国成　❶ **721**·1·27 文
江上綾乃　❾ **2000**·9·15 社
江上武種　❹ **1548**·是春 政
江上波夫　❽ **1956**·9·7 文／❾ **1977**·1·15 文／**1983**·3·18 文／**1991**·11·3 文／**2002**·11·11 文
江上由美　❾ **1983**·3·6 社
江川桜堂(忠治)　❼ **1928**·9月 社／**1933**·7·2 社／❽ **1938**·3·19 社
恵川景之　❺-2 **1842**·是年 文
穎川官兵衛　❺-1 **1630**·是年 文
穎川三郎兵衛　❺-1 **1686**·1·24 政
江川　卓(野球)　❾ **1978**·11·21 社
江川　卓(ロシア文学者)　❾ **2001**·7·4 文
穎川藤左衛門　❺-1 **1669**·是春 文／**1678**·7·17 社／**1695**·11·8 文
穎川藤七左衛門　❺-1 **1695**·11·8 文
穎川入徳(陳　明徳)　❺-1 **1627**·是年 政／是年 文／**1674**·是年 文
江川英龍(坦庵·九淵·太郎左衛門)　❺-2 **1837**·1月 政／**1839**·2月 政／**1840**·6月 政／**1841**·7月 政／11月 政／12·28 政／**1842**·1月 政／4·12 政／**1843**·5·18 政／**1846**·2月 政／3·22 政／**1849**·5月 政／**1851**·6·1 政／**1852**·6·24 政／❻ **1853**·7月 政／8·2 政／12·13 政／**1854**·6·7 政／**1855**·1·16 政／2·11 政／**1856**·9·24 政
江川英敏　❻ **1855**·2·11 政／8·4 政／**1856**·4·9 政／**1860**·9·14 政／**1861**·5·16 社／10月 政／**1862**·8月 社／**1865**·5·23 政／**1866**·6·16 社
江川　誠　❼ **1898**·3·1 政
恵灌(慧灌、僧)　❶ **625**·1·7 政／是年 社
恵観⇨一條昭良(いちじょうあきよし)
江木鰐水　❻ **1881**·10·8 文
江木千之　❼ **1924**·1·1 政／**1932**·8·23 政
江木高遠　❻ **1878**·9·21 文／9·29 文
江木　翼　❼ **1910**·4·28 社／**1925**·8·2 政／**1929**·7·2 政／**1932**·9·18 政
江木松四郎　❻ **1880**·8月 社
江木理一　❼ **1928**·11·1 社
益継(絵師)　❸ **1451**·8月 文
益沙毎(琉球)　❹ **1512**·是年 政／**1530**·是年 政
益善王　❶ **854**·1·16 政
益之宗箴(集箴、僧)　❹ **1462**·2·12 政／**1466**·2·28 文／**1484**·10·12 政／**1486**·5·29 政／**1487**·11·16 社
懌子内親王(五條院)　❸ **1289**·12·10 政／**1294**·11·25 政
易宗(遣朝鮮使)　❹ **1520**·4·3 政／**1521**·4·17 政
浴田由紀子　❾ **2002**·7·4 社
恵空⇨九條稙通(くじょうたねみち)
恵空(僧)　❺-1 **1663**·是年 文／**1670**·是年 文／**1678**·是年 文／**1680**·是年 文
叡空(僧)　❷ **1179**·4·2 社
江串三郎　❸ **1333**·3·14 政
江口　渙　❼ **1927**·5月 文／**1933**·8·25 政／❽ **1945**·12·30 文／❾ **1975**·1·18 文
江口五兵衛　❹ **1600**·9·13 関ヶ原合戦
江口　定　❼ **1932**·4·7 政
江口十左衛門　❺-1 **1662**·是年 社
江口高邦　❻ **1883**·2·4 文
江口秀人　❾ **2012**·11·22 政
江口富士枝　❽ **1957**·3·7 社／**1959**·3·27 社

江口朴郎　❾ **1989**·3·15 文
江口夜詩　❽ **1944**·是年 社／❾ **1978**·12·8 文
江国香織　❾ **2004**·1·15 文
江国　滋　❾ **1997**·8·10 文
殖栗王　❶ **682**·6·12 政
恵瓊(瑤甫恵瓊、安国寺僧)　❹ **1573**·11·5 政／12 月 政／**1582**·6·4 政／9·26 政／**1583**·5·7 政／12·15 政／**1585**·2·15 政／**1586**·8·5 政／**1587**·12·15 政／**1590**·4·24 政／**1592**·5·20 文禄の役／6·7 文禄の役／6·8 文／**1593**·1·21 文禄の役／**1600**·7·12 関ヶ原合戦／8·5 関ヶ原合戦／8·24 関ヶ原合戦／9·15 関ヶ原合戦／9·18 関ヶ原合戦／9·23 関ヶ原合戦／10·1 関ヶ原合戦
恵月(僧)　❸ **1291**·是年 文
慧堅(僧)　❺-1 **1704**·3·4 社
慧玄(僧)　❸ **1347**·7·22 社
恵光(学問僧)　❶ **623**·7 月 文
恵光(寂路庵僧)　❹ **1458**·3·24 政／8·16 社
恵斉(学問僧)　❶ **623**·7 月 文
恵済(僧)　❹ **1471**·是年 文
江坂栄次郎　❻ **1863**·8 月 社／**1864**·12·26 政
江坂元之助　❻ **1864**·12·26 政
江崎三蔵　❺-2 **1804**·10·26 社
江崎太郎兵衛　❻ **1854**·10·4 政
江崎悌一　❾ **1970**·3·31 政
江崎真澄　❽ **1960**·7·19 政／9·8 政／❾ **1972**·12·22 政／**1978**·12·7 政／**1996**·12·11 政
江崎洋一　❾ **2003**·10·9 政
江崎礼二　❻ **1875**·是年 社／**1883**·10·13 文／**1884**·4·10 文／**1889**·3·21 社／❼ **1910**·1·28 文
江崎玲於奈　❽ **1958**·是年 文／**1959**·6·28 文／**1960**·11·10 政／❾ **1974**·11·3 文／**1992**·2·6 文
餌差半兵衛　❺-1 **1681**·10·22 社
江澤門四郎　❻ **1856**·8 月 政
江澤立綱　❺-2 **1831**·是年 文
恵資(僧)　❶ **652**·4·15 社
慧慈(僧)　❶ **595**·5·10 ／是年／**615**·11·15 政
恵至(僧)　❶ **645**·8·8 社
エジソン・トヨタ　❾ **2000**·11·16 社
江下武二(武次)　❼ **1932**·1·28 政
絵嶋(江嶋、奥女中)　❺-1 **1714**·1·12 社／❺-2 **1741**·4·10 社
江島其磧(村瀬権之丞·庄左衛門)　❺-1 **1699**·是年 文／❺-2 **1717**·是年 文／**1718**·是年 文／**1719**·是年 文／**1720**·是年 文／**1721**·是年 文／**1722**·是年 文／**1723**·是年 文／**1726**·是年 文／**1727**·是年 文／**1729**·是年 文／**1730**·是年 文／**1731**·是年 文／**1732**·是年 文／**1733**·是年 文／**1734**·是年 文／**1735**·6·1 文／是年 文／**1736**·是年 文／**1737**·是年 文／**1738**·是年 文／**1744**·是年 文
江島吉左衛門　❺-1 **1610**·1·11 政
江島為信　❺-1 **1659**·是年 文／**1664**·是年 文／**1667**·是年 文／**1692**·是年 社
恵衆(僧)　❶ **588**·是年
恵襲(僧)　❶ **751**·是年 文
恵宿(僧)　❶ **588**·是年
恵俊(陽侯久爾曾、僧)　❶ **700**·8·20 政
恵助(僧)　❹ **1477**·5·11 社
恵照(僧)　❶ **653**·5·12 政
会丞(僧)　❶ **631**·是年 政
懐奘⇨孤雲(こうん)懐奘
江尻喜多右衛門(延勝)　❺-2 **1734**·是年 社
江尻芳次郎　❻ **1873**·11 月 社
恵昣(僧)　❶ **900**·2·26 社
恵信(僧)　❷ **1157**·10·6 社／**1163**·7·25 社／**1165**·8·12 社／**1167**·3·10 政／4·18 政／5·15 社／**1171**·9·25 社
慧深(僧)　❷ **1270**·6·6 社／❸ **1347**·12·3 社
恵心(僧)　❹ **1564**·8·13 社
恵心僧都⇨源信(げんしん)
恵信尼　❷ **1231**·4 月 社／**1256**·7·9 文
エジンバラ公(英)　❾ **1982**·10·31 政
慧崇(僧)　❸ **1346**·10·30 社
エスケルラ, ファン　❺-1 **1609**·9·3 政
エスピリット・サント, フライ・ルカス・デル　❺-1 **1633**·9·16 社
エスピリト・サント, トマス・デ　❺-1 **1617**·6·5 社
江角英明　❾ **2004**·8·22 文
恵施(僧)　❶ **653**·5·12 政／**698**·3·22 社
恵善(尼)　❶ **584**·9 月
蝦夷才吉　❺-1 **1693**·6·3 社
慧聡(恵聡、僧)　❶ **595**·是年／**596**·10 月／11 月
江副浩正　❾ **1985**·9·20 政／**1988**·11·15 政／**1989**·2·13 政／**2003**·3·4 政
恵遵(僧)　❹ **1543**·2·27 文
江田憲司　❾ **2009**·8·8 政
江田五月　❾ **1992**·11·3 政／**1994**·1·31 政／**2007**·8·7 政／**2011**·1·14 政／6·27 政
江田三郎　❽ **1938**·2·1 政／**1954**·10·23 政／**1960**·3·23 政／10·13 政／**1961**·3·6 政／**1962**·1·22 政／7·27 政／❾ **1977**·3·26 政
江田隆連　❹ **1553**·4·12 政／10·19 政
江田行義　❸ **1333**·5·18 政／**1336**·3·4 政
慧達(僧)　❶ **833**·是年 社／**870**·7·20 社
枝野幸男　❾ **2010**·2·10 政／**2011**·3·11 社／11·6 政
慧堪(僧)　❸ **1347**·5·25 社
恵池(僧)　❶ **862**·7 月 政
愛智義成　❸ **1371**·8·7 政
越後九郎　❸ **1299**·4·10 政
越後五郎　❸ **1339**·3 月 政
越後左近　❸ **1335**·1·12 政
越後庄太夫　❺-1 **1669**·10·24 シャクシャインの蜂起
越後時幸　❷ **1231**·1·14 社
越後屋喜右衛門　❺-2 **1720**·是年 社
越後屋利右衛門　❺-2 **1800**·是年 政
越後屋八郎兵衛(三井高平)　❺-1 **1691**·2 月 政
依智厚範　❷ **1008**·7·10 文
朴市田来津　❶ **645**·9·3 政／**663**·8·27 政
依智秦永時　❶ **969**·是年 社
依知秦安雄　❶ **859**·12·25 政
恵中(慧中)　❺-1 **1666**·是年 文
慧澄(えちょう·僧)　❻ **1862**·3·2 社
恵珍(僧)　❶ **890**·9·15 社／❷ **1165**·10 月 文／**1169**·10·15 社
慧鎮(僧)　❸ **1325**·是年 社
恵鎮(僧)　❸ **1351**·8·7 政／**1352**·②·16 政
慧通(僧)　❹ **1501**·8·10 政
江次(山城)久家　❷ **1191**·12·19 文／**1192**·3·4 文
エッケルト(独)　❻ **1879**·是春 文／**1880**·10·25 文／**1883**·2·10 文／**1885**·7·20 文／**1894**·11·24 文
悦山道宗(僧)　❺-1 **1657**·4 月 政／**1658**·是年 社
悦子内親王(延政門院)　❸ **1284**·2·28 政／**1332**·2·10 政
悦子女王　❶ **947**·2·26 社
悦心(僧)　❺-2 **1718**·4·27 社
越中盛継　❷ **1193**·3·16 政
越中守紀充(刀工)　❺-2 **1726**·2 月 文
越中法眼(僧)　❸ **1307**·是年 文
閲甫(僧)　❺-1 **1671**·是年 社
悦峰道章(僧)　❺-1 **1686**·是年 政
江連堯則　❻ **1867**·8·22 社
江連力一郎　❼ **1922**·9·17 政
江戸勘三郎　❺-1 **1675**·5·4 文
江戸重長　❷ **1180**·8·26 政／9·28 政／10·4 政
江戸重通(重代の重宝)　❸ **1314**·5·12 政
江戸重通(常陸水戸城)　❹ **1590**·12·19 政
江戸高泰　❸ **1356**·9 月 政
江戸忠通　❹ **1535**·7·12 政／**1549**·6·18 社／**1550**·7·28 政／**1551**·6 月 政／**1564**·6·5 政
エドはるみ　❾ **2008**·12·1 社
江戸半太夫　❺-2 **1743**·1·23 文
江戸英雄　❾ **1968**·12·17 社／**1997**·11·13 政
江戸房重　❸ **1356**·9 月 政
江戸政重　❸ **1314**·5·12 政
江戸通勝　❸ **1422**·6·23 政
江戸通長　❹ **1465**·5·3 政／**1494**·11·12 政
江戸通房　❸ **1426**·是年 政／❹ **1461**·是年 社／**1465**·5·3 政
江戸通雅　❹ **1486**·是年 政／**1494**·11·12 政／**1510**·12·2 社／12·20 政
江戸通政　❹ **1564**·6·5 政／**1567**·7·16 政
江戸通泰　❹ **1510**·12·2 社／12·20 政／**1524**·是年 政／**1531**·2·15 政／**1532**·是年 政／**1535**·7·12 政
江戸康継(刀工)　❺-1 **1614**·8 月 文
恵藤一雄　❺-1 **1702**·是年 文
江藤勝由　❾ **2008**·6·14 文
衛藤公雄　❾ **2012**·12·24 文

江藤幸子 ❾ 1995·7·5 社
江藤　淳 ❾ 1983·8·31 政／1999·7·21 文
江藤慎一 ❾ 2008·2·28 社
衛藤瀋吉 ❾ 2007·12·12 文
江藤新平 ❻ 1871·7·18 文／1873·4·19 政／10·14 政／12·23 政／1874·1·12 政／2·1 政
衛藤征士郎 ❾ 1995·8·8 政
江藤隆美 ❾ 1989·8·9 政／1995·8·8 政／11·8 政／2007·11·22 政
江藤俊哉 ❽ 1940·9·25 文／1951·11·9 文／❾ 2008·1·22 文
江藤源九郎 ❽ 1957·5·3 政
エドウィン(英) ❻ 1879·3·28 文
慧等東源(僧) ❺-1 1632·7·17 社
江戸川乱歩(平井太郎) ❼ 1923·4 月 文／1926·1 月 文／12·8 文／1936·1 月 社／❾ 1965·7·28 文
江戸勘大夫 ❹ 1593·9·1 文
恵篤善空(僧) ❹ 1492·8·9 社
江戸屋吉兵衛 ❺-2 1748·⑩·26 政
江戸屋猫八(初代) ❼ 1932·4·8 文
江戸屋猫八(二代目) ❽ 1956·11·30 政
江戸屋猫八(三代目) ❾ 2001·12·10 文
エドワード，キング ❽ 1942·4·9 政
江夏十郎 ❻ 1854·4·27 政
江夏　豊 ❾ 1968·10·10 社／1993·3·3 社
榎並生熊大夫 ❸ 1426·4·21 文
榎並高能 ❹ 1567·12 月 文
江波太郎兵衛 ❺-1 1627·3·8 社／1701·是年 文／1706·是年 文／1709·是年 文／1710·是年 文／1711·是年 文／1713·是年 文／1714·是年 文／1715·是年 文
榎並貞柳 ❺-2 1735·8·15 文
榎並直五郎 ❻ 1865·9·9 社
恵日(薬師) ❶ 623·7 月 文／630·8·5 政
恵忍(僧) ❹ 1471·1·25 文
恵仁(僧) ❹ 1489·8·10 政
江渟裙代 ❶ 570·4·2
江沼景能 ❷ 1228·8·17 政
衣　弓自美 ❶ 700·6·3 政
朴井雄君 ❶ 672·5 月 政
榎井子祖父(子祖·小祖) ❶ 757·6·16 政／769·3·10 政／770·5·9 政
榎井広国 ❶ 713·8·26 政／716·4·27 政／732·9·5 政
榎井倭麻呂 ❶ 698·11·23 政
榎　一雄 ❾ 1989·11·5 文
榎　美沙子 ❾ 1972·6·14 社
榎倉康二 ❾ 1972·是年 文
榎倉香邨 ❾ 1980·10·15 文
愛宮真備 ❾ 1990·7·7 文
榎本和泉 ❹ 1460·10 月 社
榎本(宝井)其角 ❺-1 1680·是年 文／1683·是年 文／1684·是年 文／1685·是年 文／1686·是年 文／1687·是年 文／1690·是年 文／1691·是年 文／1692·是年 文／1693·是年 文／1694·是年 文／1696·是年 文／1697·是年 文／1700·是年 文／1701·是年 文／1707·2·30 文／是年 文／❺-2 1743·是年 文／1747·是年 文
榎本喜八 ❾ 2012·3·14 社
榎本健一(エノケン) ❼ 1929·7·10 文／1930·11·1 文／1931·12·16 文／❽ 1937·12·17 文／1938·6·11 文／1954·3·11 文／❾ 1970·1·7 文
榎本滋民 ❾ 2003·1·16 文
榎本芝水 ❼ 1934·9·21 文
榎本周吾 ❻ 1856·1·28 社
榎本清右衛門 ❺-1 1602·是年 社
榎本政盧 ❻ 1878·3 月 社
榎本善蔵 ❺-2 1728·6·23 社
榎本武揚(釜次郎) ❻ 1862·9·11 文／1867·7·8 政／1868·1·21 政／4·11 政／④·28 政／8·19 政／10·12 政／11·1 政／12·15 政／1869·2·19 政／1872·1·6 政／1873·1·17 政／1874·1·18 政／1875·5·7 政／1879·3·7 政／4·18 文／1880·2·28 政／1885·12·22 政／1888·4·30 政／5 月 文／1889·3·22 政／5 月 文／12·24 政／1891·5·9 文／5·29 政／1892·3·5 政／1893·3·11 政／❼ 1896·9·18 政／1897·1 月 政／3·29 政／1898·2·11 文
榎本対馬 ❻ 1868·12·15 政
榎本冬一郎 ❽ 1950·3 月 文
榎本藤右衛門 ❺-1 1612·3·5 社
榎本敏夫 ❾ 1995·2·21 政
榎本虎彦 ❼ 1906·5·27 文／1910·1·14 文／1916·11·16 文
榎本彦右衛門 ❺-1 1657·1·18 社
榎本美佐江 ❾ 1998·9·23 文
榎本弥左衛門 ❺-1 1657·1·18 社
榎本六兵衛 ❻ 1873·5·25 政
エバーツ(米) ❻ 1878·7·25 政
江橋節郎 ❾ 1975·11·3 文／2006·7·17 文
江畑謙介 ❾ 2009·10·10 文
江幡定彦 ❻ 1864·6·16 政
江幡修三 ❾ 2009·6·3 政
江畑幸子 ❾ 2012·7·27 社
江幡吉平 ❻ 1861·5·28 政
エバット(オーストラリア) ❽ 1947·7·26 政
江原親全 ❺-1 1655·4·15 社
江原素六(鋳三郎) ❼ 1898·10·29 政／1902·6·1 文／1906·11·23 政／1922·5·22 文
穎原退蔵 ❽ 1944·9 月 文／1948·8·30 文
江原宣全 ❺-1 1749·3·3 文
海老一染太郎 ❾ 2002·2·2 文
海老澤有道 ❾ 1992·1·5 文
海老澤勝二 ❾ 2005·1·28 社
蛯澤誠治 ❾ 2003·10·31 文
海老澤　敏 ❾ 2007·10·27 文
海老澤泰久 ❾ 1994·7·13 文／2009·8·13 文
ゑびす大夫 ❺-1 1627·10·30 文
夷屋儀左衛門 ❺-1 1669·1·8 文
夷屋吉郎兵衛 ❺-1 1659·是年 文
海老名氏季 ❸ 1390·8·28 政
海老名勝正 ❹ 1577·10·1 政
海老名香葉子 ❾ 2005·3·9 社
海老名源三(郎) ❸ 1349·12·24 政／1350·3·4 政
海老名弾正(喜三郎) ❻ 1876·1·30 社／❼ 1896·9·26 社／1900·7·10 社／❽ 1937·5·22 社
海老名みや ❻ 1886·12·5 社
海老名信濃守 ❸ 1355·11·18 政
海老名南阿弥(僧) ❸ 1381·3 月 社
海老沼　匡 ❾ 2012·7·27 社
海老根章友 ❾ 2007·11·14 政
海老原喜之助 ❼ 1930·是年 文／1935·3·6 文／❽ 1954·10·9 文／1959·5·9 文／❾ 1970·9·19 文
海老原啓一郎 ❾ 1992·4·20 文
海老原敬吉 ❼ 1926·11·15 社
海老原博幸 ❽ 1963·9·18 社／❾ 1969·3·30 社／1991·4·20 社
兄媛(縫女) ❶ 書紀·応神 37·2·1／応神 41·2 月／470·1·13
恵便(僧) ❶ 584·9 月
慧鳳翔之(僧) ❸ 1436·12 月 文
江馬細香 ❺-2 1822·是年 文
江間章子 ❾ 2005·3·12 文
江馬輝盛 ❹ 1575·6·28 政／1578·10·26 社
江馬天江 ❼ 1901·3·8 文
江馬政俊 ❸ 1309·7·16 政
江間泰顕 ❹ 1565·12·30 政
江間(江馬)義時⇨北條(ほうじょう)義時
江馬蘭斎(春齢) ❺-2 1838·7·8 文
江間八郎左衛門 ❹ 1568·6·6 社
江馬屋額輔 ❼ 1901·6·23 文
江間与右衛門 ❹ 1600·是年 社
恵弥(僧) ❶ 609·4·4 政
恵美押勝⇨藤原仲麻呂(ふじわらなかまろ)
恵美久須麻呂 ❶ 759·1·11 政
恵美三白 ❺-2 1781·10·8 文
江見俊太郎 ❾ 2003·11·17 文
江見水蔭(忠功) ❻ 1892·11·3 文／❼ 1897·12 月 文／1902·12 月 文／1909·6·2 社／1934·11·3 文
江見哲四郎 ❽ 1943·4·27 政
笑原木女 ❶ 750·5·15 社
恵明(訳語) ❶ 608·9·11 政
恵妙(僧) ❶ 645·8·8 社／680·11·17 社
慧猛(僧) ❺-1 1675·3·21 社
江村剛斎 ❺-1 1660·7·17 文
江村如圭 ❺-2 1730·是年 文／1731·是年 文
江村専斎 ❺-1 1664·9·26 文
江村宗晋 ❺-1 1694·是年 文
江村北海(君錫) ❺-2 1771·是年 文／1774·是年 文／1779·是年 文／1788·2·2 文
槐本之道 ❺-1 1690·是年 文
江本孟紀 ❾ 1981·8·26 社
江本奈穂 ❾ 2008·8·9 社
恵本裕子 ❾ 1996·7·19 社
江森天淵 ❼ 1921·8·28 文
江森天寿 ❼ 1925·2·18 文
江守　徹 ❾ 1982·6·8 文
衛門四郎(姓不詳·対馬) ❸ 1449·6·24 政
江山　隣 ❺-2 1723·是年 文
江良房栄 ❹ 1555·是春 政
恵良⇨阿蘇(あそ)姓も見よ
エラール(仏) ❻ 1865·8·23 政／1866·4·4 政／1867·1·9 政
恵良古宇都久志女 ❶ 750·5·6 社

会理(僧)　❶ 920·10·26 文／926·是年 文／935·12·24 社
江里康慧　❾ 2005·5·18 文
江里佐代子　❾ 2007·10·3 文
江利チエミ　❽ 1959·2·16 社／1963·9·1 文
エリアス，オルフェルト　❺-2 1769·10·12 政
エリオット(米)　❻ 1870·7·19 文
エリザベス二世(英女王)　❽ 1953·3·30 政／❾ 1975·5·7 政
エリツィン(ロシア)　❾ 1990·1·14 政／1993·10·11 政／1998·4·18 政
エリック，E.H.(岡田泰美)　❾ 2000·8·17 文
エリファレット·ブラウン·ジュニア　❻ 1853·4月 文
恵亮(僧)　❶ 860·5·26 社
慧稜(僧)　❺-1 1628·11·26 社
恵隣(慧輪、僧)　❶ 645·8·8 社
恵琳(明の帰化僧)　❸ 1310·10·22 文
慧林(独知)　❺-1 1654·7·5 政
慧林(僧)　❺-1 1680·9·28 社
慧林性機(僧)　❺-1 1655·8·9 社
エルジェット(米)　❼ 1908·4·23 社
エルジン(英)　❻ 1858·6·24 政／7·4 政
エルセラック(オランダ)　❺-1 1643·9·27 政
エルトン(英)　❻ 1878·3·25 社
エルマン(ヴァイオリン)　❼ 1921·3·16 文
恵灵(僧)　❶ 836·⑤·13 文
エレンブルグ(ソ連)　❽ 1957·4·7 文
エロシェンコ(ロシア)　❼ 1921·5·29 文
袁　希玉(明)　❹ 1528·7·3 政
燕　公南(元)　❸ 1292·7月 政
遠　山知(新羅)　❶ 817·4·22 政
袁　璉(明)　❹ 1523·4·27 政／1525·4·12 政
袁　晋卿　❶ 735·3·10 政／767·2·8 文／769·3·10 政
袁　世凱　❼ 1915·1·18 政／10·28 政／1916·6月 政
袁　超俊　❽ 1964·11·21 社
円阿(僧)　❸ 1341·6·3 文
延惟(僧)　❶ 909·4·27 社
円伊(僧)　❸ 1299·8·23 文
円一(平曲)　❸ 1406·3·29 文
延胤(僧)　❷ 1001·10·18 社
延殷(僧)　❷ 1050·3·5 社
円胤(円満院僧·南朝皇族)　❸ 1444·7月 政／1447·12·22 政／1448·1·10 政
延烏郎　❶ 167·是年
延円(縁円、絵仏師)　❷ 1021·是年 文／1023·10·29 文／1024·6·26 社／9·19 文／1049·10·27 社／1055·1·23 社／1060·5·1 社
円雅(東山隠士)　❹ 1461·4·15 文
円快(仏師)　❷ 1069·2月 文
円海(僧)　❷ 1265·是年 政／1279·9·10 社
円覚(僧)　❶ 864·5·21 政
円覚(仏師)　❷ 1238·10·10 文／1263·7月 文／❸ 1353·是年 文
延鑑(僧)　❶ 965·3·27 社
延巌(僧)　❶ 844·3·6 文
円観(僧、焼身自殺)　❷ 1062·8·15 社
円観(配流僧)　❸ 1330·7·13 政／1331·4·29 政／5·5 政／1332·4·10 政
円観恵鎮(僧)　❸ 1356·3·1 社
円勧坊(僧)　❺-1 1672·⑥·18 社
円喜(僧)　❷ 1168·6·26 政
遠輝徳公　❸ 1408·是年 文
厭求(僧)　❺-2 1783·是年 文
延鏡(僧)　❷ 1021·7·9 社／1027·3·1 社
円経(僧)　❷ 1242·10·8 社
円行(僧)　❶ 838·7·5 文／12·19 文／852·3·6 社
円行(僧)　❷ 1217·是冬 政
円暁(僧)　❷ 1182·9·23 社／1200·10·26 社
延空(僧)　❶ 967·7·7 社
円空(宋僧)　❸ 1292·⑥·2 文
円空(行脚僧)　❺-1 1666·1·26 文／6月 文／7·28 文／1692·4·21 文／1695·7·15 文／❺-2 1805·5·6 文
円空(祈禱僧)　❺-2 1846·3·15 社
厭求(僧)　❺-1 1715·6·11 社
円薫(僧)　❸ 1350·3·15 政
延恵(僧)　❶ 772·3·6 社
円芸(僧)　❸ 1340·8·14 社
偃渓広聞(宋僧)　❷ 1262·是年 政
遠渓祖雄(僧)　❸ 1306·是年 政／1316·是年 政／1325·是年 社／1344·6·27 社
円兼(僧)　❸ 1376·2·24 社／1377·9·27 社
円憲(蔵預)　❸ 1431·12·27 社
延源(僧)　❷ 1083·12·15 文
円玄(僧)　❷ 1251·11·28 社
延幸(僧)　❷ 1066·12·21 社
延杲(僧)　❷ 1206·3·8 社／3·12 社
円光大師(僧)⇨法然(ほうねん)
円光坊　❹ 1531·5·17 社
塩谷(僧)　❸ 1320·8·17 政
圜悟克勤(えんごこくごん)　❷ 1124·12月 文／1128·2·12 文
円載(僧)　❶ 838·7·5 文／843·3·3 文／844·7·2 政／846·7·7 文／848·6·5 政／853·12·14 政／855·7·20 政／864·5·21 政／877·12·21 政
淵在寛　❺-2 1779·是年 文
猿算(善教寺僧)　❺-1 1707·是年 文
円旨(別源、僧)　❺-1 1664·是年 文
延子内親王(延明門院)　❸ 1315·2·24 政／1317·9·28 政
婉子女王　❶ 985·12·5 政
円実(僧)　❷ 1264·9·22 社／1266·4·4 社／1268·8·26 社／1272·11·26 社
燕志堂　❺-2 1747·是年 文
延寂(僧)　❷ 1118·5·2 政
円寂(絵師僧)　❸ 1343·11·2 文／1351·4·7 文／1352·3月 文／1353·是年 文
円種(僧)　❸ 1295·是年 文
槐　諷竹　❺-1 1698·是年 文
延秀(僧)　❶ 772·3·6 社
円修(僧)　❶ 833·7·4 社／10·24 社／844·是年 政
遠舟(僧)　❺-1 1693·是年 文
円春(仏師)　❷ 1148·7·17 社／1149·3·20 文／1155·5·30 文
円順(僧)　❷ 1234·4·8 政／1250·5·3 社／1256·7·6 社
円順(絵師)　❸ 1334·12·18 文／1338·2·7 文
円順(僧、那須国造碑)　❺-1 1676·5月 文
円助法親王　❷ 1274·3·2 社／❸ 1282·8·12 社／10·28 社
延祥(僧)　❶ 853·9·9 社
延正(銀鍛冶)　❶ 885·2·7 文
延性(僧)　❶ 929·10·28 社
延昌(僧)　❶ 945·是年 社／946·12·30 社／948·是年 社／950·是年 社／959·4·29 社／962·4·17 社／964·1·15 社
延昭(僧)　❶ 953·是年 社
円照(僧)　❶ 975·3·26 社
円照(東大寺僧)　❷ 1251·4月 社／是年 社／1257·是冬 社／是春 社／1269·4·5 社／1277·10·22 社
円勝(仏師)　❸ 1371·6·8 文
円正(僧)　❹ 1575·10·25 社
円浄(園城寺僧)　❷ 1256·4·19 社
円浄(僧、獄門)　❺-2 1788·9月 社
円城　塔　❾ 2012·1·17 文
円城寺次郎　❾ 1994·3·14 政
円真(僧)　❷ 1236·是年 政
円親(絵仏師)　❸ 1287·2·7 文
円信(僧)　❸ 1284·2·18 文
延臣　❹ 1477·5·25 文
延尋(僧)　❷ 1043·9·28 社
円尋(僧)　❷ 1091·8·11 社
円水(僧)　❺-1 1696·是年 文
煙水散史　❺-2 1760·是年 文
円勢(僧)　❶ 853·2·15 文
円勢(仏師)　❷ 1094·6·26 文／7·26 文／1100·7·25 文／1101·3·28 文／3·29 文／1103·4·1 文／1105·3·30 社／1113·③·20 社／③·21 社／1114·7·21 文／8·2 文／11·29 社／1118·10·24 社／1119·6·7 社／1125·是年 社／1129·8·28 文／1130·6·24 社／1134·⑫·21 文
円勢(僧)　❷ 1241·8月 社
円西(仏師)　❸ 1315·2·8 文
円清(僧)　❸ 1320·8月 政
円盛(僧)　❸ 1351·是年 文
延政門院⇨悦子(えつし)内親王
円撰(僧)　❹ 1466·7·28 文
延祚(僧)　❶ 873·9·20 文／966·是年 社
円存(僧)　❹ 1468·2·10 政
円舘　金　❾ 2011·12·10 社
円智(僧)　❹ 1600·3·15 文／❺-1 1713·是年 文
円地(上田)文子(富美)　❼ 1928·12·25 文／❾ 1986·11·14 文
円忠(僧)　❸ 1356·11·28 文
円澄(僧)　❶ 833·10·20 社／10·24 社
円澄(僧)　❸ 1325·3月 文
円超(僧)　❶ 914·是年 文
円朝(僧)　❸ 1283·8·9 文
円長子(琉球)　❹ 1480·4·7 政

延鎮(僧)　❶ 798·7·2 社
円珍(智証大師)　❶ 833·3·25 文／4·15 文／838·是冬 文／851·是春 政／853·2·11 政 文／7·15 政／12·14 政／854·9·2 文／855·3·19 政／9·7 政／11·5 文／是秋 政／856·是秋 政／857·10 月 文／858·1·6 文／6·8 政／12·26 政／859·1·16 政／4·18 文／是年 文／863·3 月 文／11·13 文／是年 社／866·5·29 社／867·是年 政／868·6·3 社／6·29 社／874·11·4 文／876·貞観年間 社／6·1 社／881·是年 政／882·7·15 政／883·3·26 社／是年 政／890·12·27 社／891·10·29 社／927·12·27 社／❷ 1017·10·29 社／❺-1 1683·10·29 社
円珍(僧、獄門)　❹ 1509·10·26 政
延僘(僧)　❶ 925·7·27 社／928·12·13 社
円通(僧)　❺-2 1810·是年 文／1813·是年 文／1814·是年 文／1829·文政末年 文
円通大師⇨寂照(じゃくしょう)
円鍔勝二　❽ 1947·10·16 文／❾ 1988·11·3 文／2003·10·31 文
遠藤　章　❾ 2011·11·4 文
遠藤伊兵衛　❺-2 1835·8·3 文
遠藤　要　❾ 2010·6·20 政
遠藤義斎　❺-2 1833·8 月 文
遠藤極馬　❺-2 1791·5·19 政
遠藤謹助　❻ 1863·5·12 文
遠藤九八郎　❺-1 1701·4·28 社
遠藤敬三　❼ 1921·5·8 文
遠藤元閑　❺-1 1691·是年 文／1692·是年 文／1695·是年 文／1696·是年 文／1697·是年 文／1699·是年 文／1702·是年 文
遠藤伍一　❽ 1946·2·1 社
遠藤允信(文七郎)　❼ 1899·4·20 政
遠藤三郎(陸軍軍人)　❽ 1944·1·16 政／1949·1·23 政／1958·6·12 政／❾ 1984·10·11 政
遠藤周作　❾ 1966·3 月 文／1973·1 月 文／1996·9·29 文
遠藤條之助　❻ 1868·④·20 政
遠藤慎吾　❽ 1947·11 月 文
遠藤甚四郎　❺-2 1767·7·21 社
遠藤助九郎　❺-1 1641·是秋 社
遠藤純男　❾ 1976·7·17 社
遠藤寿美子　❾ 2003·10·18 文
遠藤誠一　❾ 2011·11·21 社
遠藤武彦　❾ 2007·8·27 政／9·1 政／9·3 政
遠藤但馬　❺-1 1602·3·16 社
遠藤太津朗　❾ 2012·7·7 文
遠藤辰三郎　❻ 1868·2·24 社
遠藤胤親　❺-1 1692·5·9 政
遠藤胤統　❺-2 1852·12·25 政／❻ 1856·4·18 社／1859·7·20 政／1860·9·14 政
遠藤常住　❺-2 1767·6·25 政
遠藤常友　❺-1 1646·6·28 政／1667·5·15 政／1676·5·4 政
遠藤常春　❺-1 1676·5·4 政／1689·3·24 政
遠藤(岩松)常久　❺-1 1689·3·24 政／1692·5·9 政
遠藤鉄三郎　❺-2 1790·是年 政
遠藤田一　❺-2 1830·3 月 文
遠藤　通　❺-2 1836·是年 文
遠藤利貞　❼ 1915·4·20 文
遠藤俊哉　❽ 1939·11·25 文
遠藤豊吉　❾ 1997·5·8 文
遠藤直経　❹ 1569·11 月 文
遠藤波津子　❼ 1933·6·2 社
遠藤不入斎　❹ 1589·8·18 政
遠藤又市　❻ 1895·1·30 文
遠藤造酒丞　❺-1 1683·2·10 社
遠藤　実　❾ 2008·12·6 文
遠藤基信　❹ 1577·⑦·23 政
遠藤元理　❺-1 1681·是年 文
遠藤盛遠⇨文覚(もんがく)
遠藤保仁　❾ 2010·6·11 社
遠藤幸雄　❽ 1964·10·10 社／❾ 1968·10·12 社／2009·3·25 社
遠藤慶隆　❹ 1575·8·18 政／1600·9·1 関ヶ原合戦／❺-1 1602·是年 社／1603·是秋 政／1606·是年 政／1626·5·28 政
遠藤吉太郎　❺-2 1818·8·16 政
遠藤慶利　❺-1 1646·6·28 政
円頓(僧)　❸ 1335·3·28 社
円爾(えんに·弁円·聖一国師)　❷ 1226·4·3 社／1233·是年 政／1234·是年 社／1235·4 月 政／1241·1·13 文／5·1 政／7 月 政／8·15 文／是年 社／1242·9 月 社／1243·2 月 社／8 月 社／1244·是年 政／1245·是年 文／1246·3 月 文／11 月 社／1247·5 月 政／1248·是年 社／1249·4·15 文／1250·7·15 文／1254·是冬 社／1255·6·2 社／1257·3 月 社／是年 社／1258·5·14 社／1260·5 月 社／1261·是年 社／1262·4·9 文／10·16 政／1264·5 月 文／1267·是年 社／1271·是年 社／1279·11 月 社／1280·5·6 文／5 月 文／10·17 社、文／10 月 文
円如(僧)　❶ 926·6·26 社／❸ 1314·③·19 政
円仁(慈覚大師)　❶ 808·是年 社／817·3·6 社／828·是夏 社／833·天長年間 社／838·6·13 政／7·5 文／839·3·5 政／840·5·16 政／841·是秋 政／844·7·2 政／847·9·2 政／10·2 政／是年 文／848·6·15 社／是年 社／850·2·15 社／854·4·3 社／856·3·21 政／860·6 月 文／⑩月 政／12·30 社／是年 社／864·1·14 社／2·16 社／865·8·11 社／866·7·12 社／876·貞観年間 社／916·5·15 文／❷ 1031·是年 文
円念(尼)　❸ 1290·1·29 社
役　小角　❶ 699·5·24 社／701·1 月 社／是年 社
縁野義保　❹ 1469·是年 政
円能(僧)　❷ 1010·12·29 政
円範(僧)　❸ 1307·11·13 社
円満院殿(武者小路隆光の娘)　❹ 1491·7·1 政
円明寺氏　❸ 1375·5·25 政
円明坊(僧)　❸ 1368·5·12 文
円明兼覚(僧)　❸ 1435·2·4 社／1439·3·12 社
延明門院⇨延子(えんし)内親王
塩冶興久　❹ 1518·12·1 社／1530·4·5 社／1532·8·8 政／1534·是年 政
塩冶高貞⇨佐佐木(ささき)高貞
円有(絵師)　❸ 1349·11·21 社／1367·12·28 社
円融院資子内親王　❶ 973·5·21 文
円融天皇(守平親王)　❶ 967·9·1 政／969·8·13 政／972·1·3 政／984·8·27 政／10·17 政／985·8·29 政／9·19 政／987·10·26 社／988·8·3 社／10·28 政／989·3·9 政／990·3·20 社／991·2·12 政／②·27 政
延用宗器　❸ 1432·8·8 社
円良(僧)　❷ 1188·8 月 社
円了(僧)　❸ 1444·3·11 文／9·10 社
円林房(僧)　❸ 1333·3·14 政
円玲(僧)　❶ 859·9·3 社
延朗(僧)　❷ 1186·3·26 社／1208·1·12 社
円滝房(僧)　❸ 1286·2·11 社

お

於　顕(明)　❸ 1373·3·22 政
鄔　是佳(琉球)　❸ 1415·3·19 政
鄔　梅支(琉球)　❸ 1425·2·1 政
雄朝津間稚子宿禰命⇨允恭(いんぎょう)天皇
小当女　❶ 750·1·8 社
小姉君　❶ 541·3 月
及川奥郎　❼ 1927·1·23 文
及川古志郎　❽ 1940·9·6 政／1941·7·16 政／8·4 政／9·6 政／1945·5·11 政／8·14 政／1958·5·9 政
及川平治　❽ 1939·1·1 文
尾池四郎右衛門　❺-1 1652·是年 社
オイストラッフ(ソ連)　❽ 1955·2·23 文／1960·2·4 文
笈田敏夫　❾ 2003·9·2 文
お市の方(小谷の方、織田信長妹)　❹ 1573·8·27 政／1583·4·23 政
オイレンブルク(プロシア)　❻ 1860·7·19 政
王　安徳(高麗)　❸ 1377·2 月 政
王　逸(子義、清)　❺-1 1697·5·5 政／5·6 政
王　維烈　❺-1 1614·是年 文
王　寅興(明)　❺-1 1602·4·12 政
汪　英紫氏(琉球)　❸ 1388·1·1 政／1391·9·1 政／1393·5·26 政／1395·1 月 政／1396·4·20 政／1397·2·3 政
汪　栄宝　❼ 1926·10·21 政
王　延孫　❶ 654·3·26 文
汪　応祖(琉球)　❸ 1404·3·18 政／1407·3·1 政／1409·4·11 政／1412·2·20 政／1413·1·16 政／1415·3·19 政
王　垓(清)　❺-1 1663·6·25 政／1683·是年 文
王　克敏(叔魯)　❽ 1937·12·14 政／1938·9·22 政
王　鑑　❺-1 1638·是年 文
王　漢勝　❽ 1959·6·14 社
王　翬　❺-1 1712·是年 文
王　毅　❾ 2005·4·10 政

王　羲之　❸ 1423·9·14 文
王　希天　❼ 1923·9·12 政
王　亀謀　❶ 892·1·8 政
王　清麿　❶ 767·11·20 社
王　孝廉　❶ 814·9·30 政／815·1·7 政／是春 文
王　国昌(元)　❷ 1271·1·15 政
王　貞治　❽ 1962·7·1 社／1964·5·3 社／9·6 社／❾ 1976·10·11 社／1977·9·3 社／1978·8·30 社／2010·11·3 文／2012·5·22 社
王　察(琉球)　❹ 1461·2·19 政／1469·4·22 政
押　撒都(琉球)　❸ 1398·3·1 政
王　子禎(琉球)　❺-1 1606·6·1 政
王　時敏(清)　❺-1 1653·是年 文
汪　楫　❺-1 1683·6·26 政
王　舅殷　❹ 1541·是年 政
王　守官　❹ 1592·6·18 文禄の役
翁　紹宗(明)　❸ 1442·9·1 政
王　仁(明)　❺-1 1602·6·18 政
王　進(明)　❸ 1411·2·23 政／9·9 政
王　辰爾(胆津)　❶ 553·7·4／569·1·1／572·5·15
王　新福　❶ 762·10·1 政／763·1·3 政
王　振鵬　❺-1 1673·4·1 文
王　瑞(宋)　❷ 1081·10·25 政／1085·10·29 政
王　正廷　❼ 1931·7·21 政
王　積翁(元)　❸ 1284·7月 政
王　宗(宋)　❷ 1068·10·23 政／1069·是年 政
王　則貞　❷ 1073·7·5 政／1079·11月 政／1080·9·4 政
王　鐸(明)　❺-1 1637·是年 文
王　仲文　❶ 721·1·27 文
王　超　❶ 853·2·11 政／7·15 政
王　寵(明)　❹ 1529·是年 文
王　兆杜(琉球)　❺-2 1841·③·30 政
汪　兆銘(精衛)　❼ 1927·2·22 政／4·18 政／1934·4·18 政／❽ 1938·11·20 政／12·29 政／1939·5·31 政／1940·3·30 政／11·13 政／1941·6·16 政／1942·7·14 政／7·28 政／9·22 政／1943·1·9 政／1944·11·10 政
王　直(倭寇)　❹ 1540·是年 政／1543·8·25 政／1545·是年 政／1553·3月 政／1555·5·11 政／11·11 政／1557·10月 政／1559·是年 政／1560·2月 政
王　天佑(明)　❺-1 1602·4·12 政
王　道元(明)　❺-1 1657·明暦年間 社
王　道良　❶ 554·2月
王　寧宇(医師)　❺-1 1707·11·28 文
王　武　❺-1 1676·是年 文
王　文矩　❶ 821·11·13 政／822·1·16 政／1·21 政／827·12·29 政／848·12·30 政／849·4·28 政
王　裸　❻ 1895·9·9 日清戦争
王　鵬(清)　❺-2 1764·9月 文
王　保孫　❶ 554·2月
王　満(宋)　❷ 1066·5·1 政
王　蒙　❸ 1349·是年 文
汪　洋(明)　❹ 1597·9·27 政
王　柳貴　❶ 534·2月／554·2月
往阿弥陀仏(僧)　❷ 1230·8·2 社／1232·7·12 社
応胤法親王　❹ 1560·3·6 文
王有悛陀　❶ 554·2月
応円(仏師)　❸ 1335·3·9 文
応覚(僧)　❷ 1128·1·4 社
鷗閑斎　❹ 1583·5·9 政
扇　千景(林　寛子)　❾ 2000·4·3 政／4·5 政／7·4 政／12·5 政
扇畑忠雄　❾ 2005·7·16 文
扇谷正造　❾ 1992·4·10 文
扇屋宗兵衛　❺-2 1768·9·13 社
扇谷定継　❺-2 1817·是年 政
応源(絵師)　❷ 1114·9月 文／1118·9·11 文／1134·4·19 社
応其興山(興山応其·木食応其·木食上人)　❹ 1585·4·7 政／1586·7·21 社／1587·4·21 政／1593·11·25 文／1597·9·28 社／1598·2·25 文
逢坂　剛　❾ 1987·1·16 文
王子路考⇨瀬川菊之丞(せがわきくのじょう、二代目)
応昌(僧)　❺-1 1615·5·9 大坂夏の陣
王書記　❸ 1432·4·4 政
応神天皇(誉田別皇子)　❶ 書紀·仲哀 9·12·14／神功 3·1·3／応神 1·1·1／応神 19·10·1／応神 41·2·15
王請(新羅)　❶ 819·是年 政
横川景三(僧)　❹ 1484·10·18 社／1485·8月 文／1488·4·22 政／1489·9·10 文／1490·8·11 文／1492·7·1 政／12·27 社／1493·11·17 社
鴨東蔌父　❺-1 1695·是年 文
王訥(唐商)　❶ 893·3月 政
淤宇宿禰　❶ 書紀·応神 41·応神天皇御代
黄檗悦山　❺-1 1706·6·15 文
応範(僧)　❷ 1091·9·14 政
小夫宗清　❸ 1394·7月 政
近江脚身飯蓋　❶ 623·是年 政
淡海有守　❶ 883·7·16 政
近江毛野　❶ 527·6·3／529·3月／530·9月／10月／是年
近江大掾語斎　❺-1 1657·是年 文
近江俊郎　❽ 1951·1·3 社／❾ 1992·7·5 文
淡海豊庭　❶ 847·1·12 政
淡海弘岑　❶ 848·1·13 政／859·1·13 政
淡海真浄　❶ 845·1·11 政
近江巳記夫　❾ 1994·4·28 政
近江満昌　❺-1 1704·是年 文
近江　満(蒲)　❶ 589·7·1
淡海三(御)船　❶ 751·11月 文／756·5·10 政／760·1·21 政／761·1·16 政／764·1·20 政／766·2·21 政／767·6·5 政／773·3·9 文／778·2·23 文／779·2·8 文／781·10·4 文／782·2·7 政／785·7·17 文
近江講師(塗師)　❷ 1146·是年 文
近江守(宮大工)　❹ 1531·4月 文
近江屋喜左衛門　❺-2 1790·9·3 政
近江屋義助　❺-2 1823·7月 社
近江屋休兵衛　❺-2 1783·是年 政
近江屋九郎三郎　❻ 1868·2·11 政
近江屋庄之助　❺-2 1744·8月 政
近江屋新兵衛　❺-2 1802·12月 政
近江屋甚兵衛　❺-2 1823·是年 社
近江屋忠蔵　❺-2 1788·5月 政
近江屋長兵衛(初代)　❺-2 1781·6·12 文
オーア(米)　❽ 1948·9·9 文
大饗正虎(楠長諳)　❹ 1596·1·11 政
大麻唯男　❽ 1943·4·20 政／1954·12·10 政／1955·3·19 政／11·22 政／1957·2·20 政
大味彦太郎　❽ 1940·1·29 文
大海人皇子⇨天武(てんむ)天皇
大井憲太郎　❻ 1869·5月 文／1885·11·23 政／1888·3·28 政／1889·4·30 政／12·19 政／1890·1·21 政／1892·6·28 政／11·6 政／11月 社／1893·5·8 社／10·1 政／1894·6·30 政／7·4 政／❼ 1899·6月 社／1922·10·15 政
大井貞隆　❹ 1523·3·11 社／1543·9·9 政
大井実春　❷ 1184·3·22 政
大井成元　❼ 1924·4·3 政
大井昌孚　❺-2 1767·11·17 文
大井新右衛門　❺-2 1801·9·17 社
大井太郎　❹ 1509·5·3 政
大井輝次　❹ 1551·12·30 社
大井成元(菊太郎)　❽ 1951·7·15 政
大井信達　❹ 1515·10·17 政／1520·是夏 政／1538·8月 文
大井信業　❹ 1515·10·17 政／1531·1·21 政
大井広介　❽ 1939·12月 文
大井文五郎　❺-1 1650·是年 社
大井光矩　❸ 1400·9·24 政
大井持光　❸ 1435·1·29 政／1440·8·9 政
大井弥八　❻ 1871·是年 社
大井王　❶ 747·3·10 政
大炊王(皇子)⇨淳仁(じゅんにん)天皇
大井掃部丞　❹ 1544·4·27 社
大碇繁蔵　❺-2 1831·是春 社
大碇喜蔵　❺-2 1831·是春 社
大井左馬允　❹ 1562·2·1 政
大石逸平　❺-2 1785·4·29 政／1786·1·20 政／5·10 政／是夏 政
大石甚吉　❻ 1868·2·24 文
大石甚介　❹ 1600·7·27 文
大石　進　❻ 1863·11·19 社
大石誠之助　❼ 1910·5·25 政／1911·1·18 政
大石千八　❾ 1989·8·9 政
大石団蔵(安藤勇之助·高見弥一郎)　❻ 1862·4·8 政
大石主税　❺-1 1702·12·15 政
大石千引　❺-2 1834·9·13 文／是年 文
大石憲重　❸ 1440·3·4 政
大石憲儀　❸ 1438·11·1 政
大石武一　❾ 1971·7·5 政／1976·9·15 政／2003·10·19 政
大石福麻呂　❶ 885·12·23 政
大石正巳　❻ 1881·4·30 政／1882·9·17 政／1893·2·25 政／5·4 政／❼ 1903·12·3 政／1909·2·24 政

／**1910**·3·13 政／**1913**·1·19 政／**1935**·7·12 政
大石真虎 ❺-2 **1833**·4·14 文
大石造酒蔵 ❻ **1866**·2·5 政
大石良雄(内蔵助) ❺-1 **1702**·9·13 政／12·15 政／**1703**·2·4 政
大石吉弘(眼龍斎) ❻ **1853**·5 月 社
大石和一郎 ❽ **1948**·8·7 政
大石和三郎 ❼ **1913**·1·1 文
大石王 ❶ **703**·7·5 政／**713**·8·26 政
大石大炊助 ❸ **1405**·5·12 社
大石遠江入道 ❸ **1424**·6·17 政
大泉　滉 ❾ **1998**·4·23 文
大泉氏平 ❷ **1209**·5·5 社
大泉長次郎 ❻ **1893**·1·28 社
大井田氏経 ❸ **1336**·5·16 政
大逸為蔵 ❼ **1931**·6·15 社
大出　俊 ❾ **1994**·6·30 政
大出峻郎 ❾ **1995**·8·8 政
大出東皐 ❼ **1898**·2·26 文／**1905**·3·14 文
大井上　康 ❽ **1937**·是年 社
大井内親王 ❶ **865**·11·28 政
大炊御門家孝 ❺-2 **1787**·5·26 政／**1792**·1·6 政／**1796**·4·24 政／**1799**·5·13 政
大炊御門家信 ❻ **1858**·3·12 政／**1867**·9·27 政／11·29 政／11·30 政／12·8 政
大炊御門季綱 ❸ **1336**·9·11 社
大炊御門経音 ❺-1 **1714**·4·23 政
大炊御門経孝 ❺-1 **1656**·6·1 政／**1663**·1·12 政／**1670**·4·7 政／**1682**·6·26 政
大炊御門経名 ❹ **1518**·5·28 政／**1521**·7·1 政／**1523**·3·2 政
大炊御門経久(内大臣) ❺-2 **1749**·2·8 政
大炊御門経久(右大臣) ❺-2 **1824**·1·5 政／❻ **1857**·1·4 政
大炊御門経秀 ❺-2 **1749**·1·18 政／**1752**·11·15 政
大炊御門経光 ❺-1 **1677**·12·26 政／**1690**·12·26 政／**1703**·9·11 社／**1704**·1·10 政／9·6 政
大炊御門経頼 ❺-1 **1617**·7·18 政
大炊御門信量 ❹ **1477**·4·18 政／**1479**·4·19 政／**1483**·1·1 政／**1487**·8·4 政
大炊御門信嗣 ❸ **1290**·6·8 政／12·20 政／**1309**·10·15 政／**1310**·12·13 政／**1311**·3·20 政
大炊御門信宗 ❸ **1432**·8·28 政／**1433**·10·4 政／❹ **1468**·2·26 政
大炊御門冬氏 ❸ **1322**·6·29 政／**1324**·8·16 政
大炊御門冬信 ❸ **1345**·9·8 政／**1346**·2·18 政／**1348**·4·29 政／**1350**·6·28 政
大炊御門冬宗 ❸ **1405**·5·5 政
大炊御門宗氏 ❸ **1420**·12·5 政／**1421**·4·6 政
大炊御門宗実 ❸ **1405**·5·5 政
大炊御門良宗 ❸ **1307**·8·23 政
大炊御門頼国 ❺-1 **1609**·11·7 政
大炊御門⇨藤原(ふじわら)姓も見よ
大巌伯儀 ❺-2 **1805**·4·8 文
大植英次 ❾ **2005**·7·25 文
大内詮弘 ❸ **1367**·7·1 社
大内乙童丸 ❹ **1499**·2·16 政
大内亀童丸⇨大内政弘(まさひろ)
大内亀童丸⇨大内義興(よしおき)
大内亀童丸⇨大内義隆(よしたか)
大内啓伍 ❾ **1985**·4·23 政／**1990**·4·19 政／**1993**·8·9 政／**1994**·4·28 政／6·1 政
大内　健 ❻ **1887**·11 月 文
大内健二 ❽ **1944**·6·29 政
大内惟信 ❷ **1205**·9·20 政／**1221**·6·2 政／**1230**·12·14 社
大内惟義 ❷ **1184**·3·20 政／7·8 政／**1185**·8·16 政／**1187**·3·3 社／**1192**·6·20 政／**1194**·⑧·10 政／**1200**·1·24 政
大内定興 ❺-2 **1851**·是年 文
大内定綱 ❹ **1585**·1 月 政／⑧·2 政／⑧·24 政／⑧·27 社／**1588**·2·12 政／3·10 政
大内承裕 ❺-2 **1780**·是年 文
大内季宣 ❸ **1361**·11·12 社
大内青圃 ❽ **1948**·10·20 文／❾ **1977**·4·1 文
大内青巒(退·巻之) ❻ **1876**·10·9 文／**1878**·9·29 文／**1884**·1·26 文／❼ **1896**·9·26 社／**1918**·12·16 社、文
大内高弘(尊光) ❹ **1499**·2·16 政／**1508**·2·20 政
大内隆元⇨毛利(もうり)隆元
大内恒時⇨大内義房(よしふさ)
大内輝弘 ❹ **1569**·3·16 政／10·12 政
大内長弘 ❸ **1336**·2 月 政／**1349**·12·24 政
大内教弘 ❸ **1441**·10·14 政／**1442**·8·5 社／**1443**·是春 政／8·17 社／12·11 政／**1444**·1·16 社／3·8 政／7·10 政／8 月 政／**1445**·2·12 政／8 月 政／**1446**·5·22 政／6·18 政／**1448**·8·1 社／**1449**·3·5 社／4·20 政／7·18 文／**1452**·3·13 政／**1453**·11·27 社／**1455**·12·2 社／❹ **1457**·4·4 政／**1459**·1·12 政／8·13 政／是年 政／**1461**·6·29 社／**1462**·8·30 社／10·25 文／**1464**·11·13 政／**1465**·6·5 政／6·25 政／7·25 政／9·3 政／**1472**·5·27 文
大内(多多良)教之(教幸) ❸ **1442**·12·15 政／❹ **1456**·1·15 政／**1464**·1·1 政／**1465**·1·12 政／**1466**·1·2 政／**1470**·2·4 政／是春 政／12·22 政／**1471**·1·11 政／12·26 政／**1472**·1·2 政／**1474**·1·20 政／是年 政／**1476**·1·13 政／**1478**·1·9 政／是年 政／**1480**·3·7 政／**1482**·1·1 政／**1485**·1·5 政／**1492**·2·21 政／**1493**·1·11 政／**1495**·1·19 政／**1499**·1·8 政／**1502**·1·3 政
大内白露 ❼ **1901**·10 月 文
大内晴英⇨大内義長(よしなが)
大内晴持⇨大内義房(よしふさ)
大内栄運 ❹ **1579**·4 月 政
大内　仁 ❽ **1964**·10·10 社／❾ **1968**·10·12 社
大内兵衛 ❽ **1938**·2·1 政／10·6 文／**1945**·11·4 文／**1948**·12·12 文／**1949**·3·1 文／5·19 社／**1951**·11·10 文／**1958**·6·8 政／❾ **1965**·4·20 文
大内弘茂 ❸ **1399**·12·21 政／12 月 政／**1400**·7·2 政／7·11 政／**1403**·4·28 政／10·20 政
大内弘成 ❷ **1192**·1·19 社
大内弘幸 ❸ **1341**·4·15 社／**1344**·2·21 社／**1352**·3·6 政
大内弘世 ❸ **1310**·是年 政／**1352**·②·17 政／**1357**·1·7 社／**1358**·6·23 政／**1361**·11·12 社／**1363**·是春 政／12·13 政／是年 政／**1374**·4·3 政／**1375**·8·15 政／12 月 政／**1376**·4·16 政／⑦·16 政／**1377**·10·13 社／**1378**·3·18 社／**1380**·2·24 社／10·13 政
大内政弘(亀童丸·太郎) ❹ **1465**·9·11 政／9·16 政／10·22 政／**1467**·4·2 社／5·20 社／7·20 政／8·3 政／8·29 政／9·1 政／**1468**·1·24 政／4·14 政／7·25 政／10·28 政／**1469**·7·13 政／8·13 政／10·16 政／是年 文／**1470**·2·4 政／6·25 政／7·19 政／**1471**·2·25 社／4·21 政／**1472**·8·11 政／**1473**·8·26 政／10·23 政／是年 政／**1474**·4·15 政／6·23 政／7·13 政／是年 政／**1475**·4·10 社／5·14 政／10·21 政／11·13 社／**1476**·3·12 文／7 月 文／9·14 政／10·6 社／**1477**·10·3 政／11·11 政／**1478**·2·13 社／4·15 社／6·20 政／9·16 政／10·3 政／10·23 政／是年 政／**1479**·4·17 政／10·15 社／11·13 社／**1480**·2 月 政／6 月 文／**1481**·3·5 政／8·29 政／9·3 文／**1482**·3·10 政／5·27 政／9·15 政／**1483**·3·9 社／3·26 社／5·13 社／8·1 政／9·13 政／9·16 社／12·15 政／**1484**·5 月 政／12 月 政／**1485**·4·15 政／8·30 政／11·5 政／12·26 社／**1486**·4·29 政／6 月 政／9·4 社／**1487**·2·22 社／3·29 社／4·20 社／7·20 社／**1489**·1·29 政／4·26 社／7·16 社／8·5 政／**1490**·9·18 政／11·15 社／**1491**·3·4 社／是年 政／**1492**·6 月 社／**1493**·8·11 政／是年 文／**1494**·11·4 政／**1495**·9·18 政
大内満弘 ❸ **1380**·5·27 政
大内満盛 ❷ **1206**·是年 社
大内満世 ❸ **1420**·1·5 政／**1433**·4·20 政
大内持直 ❸ **1433**·9 月 政
大内持盛 ❸ **1431**·6·28 政／10·23 政／**1432**·2·10 政／3·8 政／**1433**·4·8 政
大内(多多良)持世 ❸ **1431**·6·28 政／10·23 政／11·3 政／**1432**·1·4 政／2·10 政／3·10 政／4·13 政／4·26 政／7·26 政／10·29 政／11·6 政／**1433**·3·5 政／4·8 政／8·16 政／9 月 政／**1434**·6·18 政／9·6 政／**1435**·5 月 政／6·29 政／8 月 政／**1436**·2·15 政／4 月 政／6·1 政／12·26 政／**1437**·1·23 政／2·12 社／6·2 社／**1439**·2·12 社／6 月 政／**1440**·1·6 政／2·25 政／5·19 政／**1441**·1·10 政／4·28 社／7·28 政

大内元春　❸ 1376·4·16 政
大内盛見(徳雄·道雄)　❸ 1375·12月 政／1399·1·10 政／1400·5·10 政／7·11 政／1401·12·26 社／是年 政／1402·4·13 社／12·7 社／1403·4·28 政／7月 政／1404·2·10 社／7·30 政／1406·3·5 社／7·13 社／1407·2·26 政／3·16 政／9·1 政／10·18 社／1408·5·6 社／1409·1·8 政／1410·2月 文／8·26 政／1413·1·4 政／2·29 社／1414·2·1 政／1415·2·30 政／1416·8·20 政／1418·1·24 政／11·1 政／1419·11·25 社／1420·2·24 社／1422·是年 政／1423·1·1 政／2·12 社／1424·3月 政／1425·4·11 文／⑥·20 政／7·13 政／10·28 政／1426·是年 文／1428·8·18 社／10·23 政／1429·9月 社／10·23 政／1430·12·14 政／1431·2·29 政／3·6 政／4·28 政／6·9 政／6·28 政／10·23 政
大内熊耳(永裕)　❺-2 1776·4·28 文／1781·是年 文
大内暢三　❼ 1928·4·17 政
大内義興(亀童丸·六郎)　❹ 1491·12·25 政／1493·④·10 政／1494·2·18 社／1495·2·28 政／8·8 社／8月 社／1496·1月 政／4·15 社／5·27 政／12·13 政／1497·1月 政／3·15 政／9·5 政／10月 政／11·3 政／1499·2·16 政／4·1 政／4·5 社／7·25 政／11·13 政／11·22 政／1500·2·13 政／3·5 政／4月 政／1501·1·29 政／6·13 政／⑥·10 政／7·23 政／8·10 政／12·2 政／1502·4·7 政／1505·2·6 社／1506·2·10 政／3月 政／1507·1月 政／3月 政／12·15 政／1508·4·16 政／5·1 社／6·6 政／7·14 政／12·23 社／1509·1·21 社／5·21 政／6·17 政／7·19 社／8月 政／1510·1·29 政／8·9 社／11月 政／1511·1·2 政／7·16 政／8·16 政／11·27 社／12·25 文／1512·3·17 文／是年政、文／1513·1·15 社／2·6 政／3·17 政／4·12 政／1514·9·11 政／1515·2·18 文／3·3 文／是年 政／1516·4·19 政／8月 政／是年 政／1517·1·27 政／12·15 社／1518·1·22 政／4·13 政／8·2 政／10·14 政／1520·5·13 社／6·26 社／10·10 政／1521·2·15 社／3·11 社／7·5 社／8·30 政／11·2 政／1522·3月 政／1524·1·18 政／5·20 政／1525·1·28 社／2月 社／12月 政／是年 社／1526·3·20 政／5·9 社／7·5 政／1527·2·7 政／3·18 政／5·5 政／5·13 社／9·11 政／1528·7·3 政／8·13 社／12·20 政／是年 社
大内義隆(亀童丸)　❹ 1524·5·20 政／1527·3月 政／1528·12·20 政／1529·2·10 政／3·24 社／5·30 社／6·20 社／10·28 社／12·6 社／是年 社／1530·1·20 社／2·4 政／2·6 文／3·9 政／4月 政／7·15 政／10·9 政／12·11 政／1531·5·15 社／1532·5·13 社／8·25 政／11·15 政／1533·2·11 政／8·9 政／10·20 社／1534·①·16 政／是冬 政／4·24 政／是春 政／7·13 政／10·30 政／11·15 社／12·14 政／1535·1·3 政／7·23 文／9·3 政／10·7 文／12·29 政／1536·5·16 政／10·6 社／10·29 政／12·24 政／是年 政／1537·3·5 政／6·20 政／10·10 文／12·1 政／1538·2月 政／5·29 政／6·24 社／7·1 政／7月 政／9·21 政／1539·3·26 社／7·29 政／10·29 政／1540·6·15 社／8·16 政／1541·1·13 政／4·5 政／5·13 政／7·5 社／11·12 政／1542·1·11 政／2·1 政／5·21 政／6·7 政／12·28 政／1543·1·26 政／2·12 政／5·7 政／8·18 政／是年 政／1544·4·11 社／1545·3·14 政／4月 社／12·28 政／1546·3·27 政／7·22 社／1547·2·20 政／6·7 社／11·29 政／1549·2·14 政／9·4 政／1550·7·1 政／8月 社／12·18 社／1551·3月 社／5·9 文／8·20 政／8·26 文／9·1 社／1557·是年 社／1569·3·16 政
大内義長(晴英)　❹ 1551·9·1 政／1552·5·3 政／7·23 政／8·20 社／9·18 社／12·11 社／1553·①·27 政／4·16 政／1554·1月 政／4·17 政／12月 政／1555·2·11 政／1556·2·26 政／3·14 政／9·22 政／1557·4·2 政／10月 政
大内義弘　❸ 1368·2月 政／1375·11·20 政／12月 政／1376·是夏 政／1377·8·12 政／1378·10月 政／1379·5月 政／是年 政／1380·5·27 政／1382·2·13 社／1384·7·2 政／1385·7·22 政／1386·9·18 文／1389·3·4 政／11·3 政／1390·5·10 社／8·21 政／1391·12·25 政／1392·1·4 政／2·13 政／7·10 政／8·3 社／8·5 社／9·26 社／10·13 政／1393·8·25 社／12·13 政／1394·12·17 社／1395·4月 政／6·20 政／12·16 政／1396·3月 政／1397·7·25 政／是年 政／1398·④月 社／7·16 社／8月 政／10·16 政／12月 政／1399·7·10 政／10·13 政／10·28 政／11·8 政／12·21 政／1400·1·11 政
大内義広　❹ 1546·10·10 政
大内義房(晴持·恒時)　❹ 1543·5·7 政
大浦伊右衛門　❺-1 1713·是年 政
大浦兼武　❼ 1903·9·22 政／1908·7·14 政／1911·9·2 政／1912·12·21 政／1914·4·16 政／1915·1·7 政／7·29 政／1918·9·30 政
大浦　慶　❻ 1853·是年 社／1884·4·17 政
大浦権太夫　❺-1 1658·是年 政
大浦新太郎　❻ 1887·3·3 社
大浦忠左衛門　❺-1 1696·11·19 政
大浦教之助　❻ 1864·10·13 政
大浦兵左衛門　❺-2 1808·2月 政
大浦みずき　❾ 2009·11·14 文
大江朝綱　❶ 908·6月 文／919·1·21 文／928·12·19 文／929·12月 文／931·4·26 政／934·12·21 文／938·5·22 政／939·2·15 政／940·6·21 政／947·4·22 政／949·3·11 文／是年 文／952·10·18 文／954·6·29 文／956·是年 文／957·12·28 政
大江有道　❷ 1021·1月 文
大江有元　❷ 1122·12月 文
大江継翰(東陽)　❺-2 1778·是年 文／1788·5·8 文
大枝(大江)氏雄　❶ 866·10·15 政
大枝(大江)音人　❶ 854·9·9 文／858·1·16 政／860·⑩·23 文／866·10·15 政／869·4·13 政／871·是年文政／8·25 文／877·3·18 文／11·3 文
大江公資　❷ 1035·7·18 政／1040·11·7 政／1129·3·28 政
大江公朝　❷ 1185·8·30 社／1199·5·4 政
大江公仲　❷ 1094·12·29 社／1097·12·29 政
大江国通　❷ 1144·7·23 政
大江敬香　❼ 1916·10·26 文
大江健三郎　❽ 1957·8月 文／1958·1月 文／6月 文／7·21 文／1963·5月 文／❾ 1965·6月 文／1967·1月 文／1968·2月 文／1990·10月 文／1994·10·13 文／2011·4·22 政
大江玄圃　❺-2 1764·是年 文
大江維時　❶ 932·2·23 文／935·11月 文／938·5·22 政／939·2·2 文／940·6·21 政／949·3·11 文／951·5·22 政／957·12·28 文／963·6·7 政
大江維衡　❸ 1326·9·25 文
大江維光　❷ 1172·3·19 文
大江惟持　❶ 931·4·26 政
大江貞家　❹ 1469·10·22 文
大江貞親　❹ 1551·是年 文
大江貞知　❷ 1229·5·4 政
大江貞成　❷ 1169·7月 社
大江定基　❶ 988·4·26 政
大江貞盛　❹ 1491·是年 文
大枝菅麻呂　❶ 806·1·28 政
大江至孝　❷ 1016·5·25 社
大江志乃夫　❾ 2009·9·20 文
大江末清　❷ 1261·7月 文
大江佐国　❷ 1043·9·9 文／1048·是年 文／1077·3月 政
大江澄明　❶ 950·7月 政
大江隆兼　❷ 1102·⑤·4 文
大江挙周　❷ 1019·2·6 政／1025·1月 文／1044·11·24 政／1046·6月 文
大江　卓(天也)　❻ 1872·6·4 政／1889·4·30 政／1890·12·5 政／1891·1·8 政／❼ 1896·11·19 政／1898·12·13 政／1899·1·20 政／1912·12·19 政／1913·7·26 社／1914·6·7 社／1921·9·12 政
大江忠時　❷ 1099·10·5 社
大江忠成　❷ 1265·是年 文
大江玉淵　❶ 886·1·16 政
大江親広　❷ 1219·2·29 政／1221·6·12 政／1241·11·15 政
大江親通　❷ 1106·是秋 文／是年 社／1140·3·15 文／1151·10·15 文
大江千里　❶ 894·4·25 文

大江千古　❶ 923·7·24 政／924·5·29 政
大枝継吉　❶ 812·1·12 政
大江遠業　❷ 1179·11·21 政
大江時広　❷ 1232·12·5 文／1241·5·28 政／1272·10·5 文
大江時棟　❷ 1027·5·15 文／1048·12·10 文
大枝直臣　❶ 846·1·13 政／849·1·13 政／859·1·13 政
大枝永山　❶ 808·6·1 文／812·1·12 政
大江業隆　❷ 1029·10·22 社
大江斎光　❶ 974·6·27 文／987·11·6 政
大江成基　❶ 994·是年 政
大江信遠　❷ 1162·3·7 社
大江宣秀　❹ 1517·是年 文／1532·8月 文／是年 文／1534·4月 文／是年 文／1536·是年 文
大江(山城)久家　❷ 1191·12·19 文／1192·3·4 文
大江久康　❷ 1237·7·8 文
大江広経　❷ 1129·3·28 政
大江広房　❷ 1107·8·21 文
大江(中原)広元　❷ 1184·5·18 文／7·2 社／10·6 政／12·24 政／1185·5·8 政／11·12 政／1186·2·7 政／7·16 政／7·19 政／1189·11·7 政／1191·1·15 政／1201·9·15 社／1203·9·29 政／10·9 政／1210·5·6 文／1211·12·10 政／1213·4·20 社／1216·⑥·1 政／9·20 政／1218·2·10 政／1219·1·7 社／1221·5·22 政／1232·12·5 文
大江広保　❺-2 1750·是年 文
大枝総成　❶ 840·1·30 政／827·8·16 社
大江昌言　❶ 965·3·5 文
大江政茂　❷ 1263·9·3 政
大江匡範　❷ 1203·8·14 文
大江匡衡　❶ 985·1·5 政／4·5 政／989·11·28 文／990·12·4 文／996·1·15 政／12·26 文／997·8·29 政／998·是年 政／999·1·13 政／1000·9·27 社／❷ 1002·是春 文／1004·7·20 政／10·14 文／1005·8·25 文／1009·1·15 文／9·23 文／1010·6·8 政／1012·6·25 文／7·16 政
大江匡房　❷ 1060·5·5 文／1069·是年 文／1077·2·12 文／12·15 政／1078·3·19 文／1080·9·3 政／1082·11·21 政／1086·10·27 文／1087·4·7 政／11·2 文／1090·6·9 文／1091·1·17 文／1093·10·21 社／11·24 政／1094·8·15 文／12·15 政／1095·5·27 文／1096·5·25 文／12·17 政／1097·3月 政／1098·8·20 政／1099·2·29 社／9·22 社／1100·9·19 社／是秋 文／是年 文／1101·8·21 社／1102·6·13 政／是年 社／1103·10·27 社／1104·6月 文／12·25 文／1106·3·11 政／1107·2·15 社／1108·8·3 政／1109·4月 文／1110·是年 政／1111·9·8 文／11·5 政／1177·12·15 社
大江雅致　❷ 1010·3·30 政
大江通景　❷ 1129·5·20 文
大江通国　❷ 1104·6·20 文／1112·5·22 文
大江美智子(初代)　❼ 1934·是年 社／❽ 1939·1·6 文／1951·是年 社
大江道嗣　❷ 1151·6·28 社
大江通直　❷ 1012·12·25 政／1022·5·19 文
大江通頼　❷ 1229·10·30 政／1231·4·16 政
大江巳之助　❾ 1997·11·24 文
大江以言　❶ 996·3月 文／999·3·29 文／❷ 1010·7·24 文
大江泰兼　❷ 1224·5·21 政
大江泰秀　❷ 1241·6·28 政／1248·8·1 文／1253·12·21 政
大江行重　❷ 1104·7·7 社
大江能行　❷ 1263·10·10 政
大江能範　❷ 1218·7·22 政／1221·7·2 政
大江頼重　❷ 1262·6·14 社
大江頼盛　❷ 1159·4·15 社
大條(おおえだ)実頼　❹ 1600·9·15 関ヶ原合戦
大枝真仲　❶ 797·1·13 政
大枝流芳(岩田信安)　❺-2 1733·是年 文／1736·是年 文／1737·是年 文／1739·是年 文／1751·是年 文／1763·是年 文
大岡育造　❻ 1887·4·2 政／❼ 1911·12·23 政／1928·1·26 政
大岡伊左衛門　❺-1 1684·8·29 政
大岡市郎左衛門　❺-1 1713·⑤·25 政
大岡雲峰(成寛·公栗)　❺-2 1821·8月 社／1829·是年 社／1849·8·12 文
大岡清重　❺-1 1687·9·10 政
大岡源右衛門　❺-1 1651·8·13 政
大岡春川(甫政·丹次)　❺-2 1737·是年 文／1773·9月 文
大岡春卜(愛翼·愛董·叱·一翁·翠松)　❺-2 1720·是年 文／1746·9月 文／1755·是年 文／1756·是春 文／1763·6·19 文／1813·是年 文
大岡昇平　❽ 1948·2月 文／12月 文／1950·1月 文／1958·10月 文／❾ 1967·1月 文／1970·1月 文／1972·11·27 文／1988·12·25 文
大岡新九郎　❺-1 1684·8·29 社
大岡助左衛門　❺-2 1774·3·8 社
大岡善兵衛　❺-1 1713·⑤·25 政
大岡孟清　❺-2 1791·10·23 文
大岡忠固　❺-2 1845·7·5 政／1846·⑤·28 政／1852·5·20 政
大岡忠勝　❺-1 1672·寛文年間 政
大岡忠真　❺-1 1700·7·11 政
大岡忠品　❺-1 1693·2·30 政／3·26 政
大岡忠相(越前守·求馬·十郎·忠右衛門)　❺-1 1700·7·11 政／1712·1·11 社／❺-2 1716·2·12 政／1717·2·3 社／1718·4·27 社／1720·1·11 社／1723·7·5 社／1724·12·27 政／1728·8月 社／1729·7·19 政／1732·12·17 政／1736·5·12 政／6·26 政／8·12 政／1740·2·26 文／1742·8·23 政／1745·9·17 政／1748·⑩·1 政／1751·12·19 政
大岡忠宜　❺-2 1751·12·19 政
大岡忠高　❺-1 1693·3·26 政
大岡忠周　❺-2 1842·10·18 文
大岡忠要　❺-2 1782·3·24 政
大岡忠秀　❺-1 1696·1·29 政
大岡忠正　❺-2 1797·3·26 政
大岡忠光　❺-2 1745·10·25 政／1751·12·7 政／1754·3·1 政／1756·5·21 政／1760·4·26 政
大岡忠烈　❺-2 1797·3·26 政
大岡忠喜　❺-2 1760·4·26 政／1782·3·24 政
大岡　力　❼ 1913·9·3 文
大岡弥太郎　❺-2 1725·10月 社
大賀一郎　❽ 1952·7·18 社
大神景賢　❷ 1224·10·2 文
大神景定　❷ 1240·12·13 文
大神景朝　❸ 1363·12·18 政
大神景光　❸ 1353·11·8 文
大神景基　❷ 1240·12·13 文／1250·6·4 文
大神国貞　❷ 1227·12·3 文
大神邦利　❷ 1004·⑨·5 社／1008·11·5 社
大賀小四郎　❾ 1969·9·2 文
大神惟季　❷ 1094·③·18 文
大神(都甲)惟親　❸ 1286·3月 政
大神重武　❷ 1078·11·10 社
大賀典雄　❾ 1994·11·25 政／2011·4·23 政
大神式賢　❷ 1222·7月 文
鉅鹿(おおが)民部　❺-2 1759·是年 文／1768·是年 文／1780·是年 文
大神基政　❷ 1133·5月 文／1138·9·8 文
大賀弥四郎　❹ 1575·4·5 政
大鹿用末　❷ 1278·8·4 社
大神⇨大神(おおみわ)姓も見よ
大梶朝則　❺-1 1700·是年 社
大鹿嶋　❶ 書紀·垂仁 25·2·8
大春日(氏)　❶ 837·2·10 社
大春日雄継　❶ 860·2·6 文／⑩·23 文／861·8·16 文／868·4·23 文
大春日浄足　❶ 792·5·10 社
大春日沢主　❶ 867·1·12 政
大春日高庭　❶ 854·1·16 政
大春日弘範　❶ 917·12·28 文
大春日益満　❶ 950·是年 文
大春日真野麻呂　❶ 857·1·17 文／860·11·27 文／861·6·16 文
大春日諸公　❶ 784·3·14 政
大春日安名　❶ 877·2·3 政
大春日安永　❶ 871·8·25 文／886·1·16 政
大春日安守　❶ 872·1·6 政／3·14 政
大春日良棟　❶ 833·12·6 文／841·1·13 政
大風嵐之助　❺-1 1612·6·28 社
大上末広　❽ 1942·9·21 政
大賀屋道可　❹ 1596·3·9 文
大辛刀自売　❶ 746·1·28 社
大川　功　❾ 2001·3·16 文
大河兼任　❷ 1189·12·23 政／1190·1·7 政／2·12 政
大川喜太郎　❻ 1862·9·11 文
大川慶次郎　❾ 1999·12·21 社
大川顕道　❺-2 1737·9·12 文
大川周明　❼ 1918·10·9 政／

1931·9·7 政／1934·2·3 政／❽ 1945·12·2 政／1957·12·24 政
大河高信 ❹ 1507·4月 文
大川とみ ❽ 1956·4·2 社
大川長秀 ❹ 1569·3月 政
大川橋蔵 ❾ 1966·5·4 社／1984·12·7 文
大川　博 ❽ 1951·4·1 社
大川平三郎 ❼ 1936·12·30 政
大河将長 ❸ 1334·7·12 政／1343·12·16 政
大川隆法 ❾ 1991·9·2 社
大川六之丞 ❺-1 1686·2·16 社
大河戸重行 ❷ 1181·2·18 政
大河戸四郎左衛門尉 ❸ 1351·10·7 政
大河戸秀行 ❷ 1181·2·18 政
大河戸広行 ❷ 1181·2·18 政
大河戸行平 ❷ 1181·2·18 政
大河戸行元 ❷ 1181·2·18 政
大河原十(重)蔵 ❻ 1862·9·23 政
大河原太一郎 ❾ 1994·6·30 政
大河原弥平太 ❹ 1559·是年 政
大木惇夫 ❼ 1936·10月 文
大木遠吉 ❼ 1922·6·9 政／1923·2·11 文／1926·2·14 政
大木金太郎 ❾ 2006·10·26 社
大木健二 ❾ 2005·8·15 文
大木正吾 ❾ 1970·8·9 社
大木扇徳 ❺-1 1704·是年 文
大木喬任(民平) ❻ 1868·2·11 社／12·4 政／1871·7·14 政／1873·4·19 政／10·14 政／1877·11·2 政／1880·6·1 政／1881·10·21 政／1883·12·12 政／1888·4·30 政／1889·10·11 政／1891·6·1 政／❼ 1899·9·26 政
大木親照(初千代) ❹ 1582·9·7 社
大木伝四郎 ❺-1 1714·3月 文
大木藤四郎 ❻ 1868·3·3 政
大木　浩 ❾ 1997·9·11 政／12·1 政
大木正夫 ❽ 1961·12·23 文
大木　実 ❾ 2009·3·20 文
大木統清 ❺-1 1637·12·23 島原の乱
大木元佐治兵衛 ❺-1 1643·是年 社
大木康子 ❾ 2009·2·2 文
仰木　彬 ❾ 2005·12·15 社
大木島　巌 ❾ 2012·12·22 政
大来佐武郎 ❾ 1993·2·9 政
大分恵尺 ❶ 672·6·24 政／675·6·23 政
大北勝三 ❼ 1928·1·8 政
大喜多亀介 ❹ 1575·7·26 政
大喜多兵庫介 ❹ 1575·7·26 政
正親町公明 ❺-2 1791·12·25 政／1792·10·4 政／1793·1·26 政／1813·10·13 政
正親町公蔭 ❸ 1342·11·4 文／1360·10·17 政
正親町公和 ❼ 1910·4月 文
正親町公兼 ❹ 1525·8·13 政
正親町公董 ❻ 1863·6·14 政／1868·6·3 政
正親町公仲 ❸ 1403·6·7 政
正親町公叙 ❹ 1549·8·7 政
正親町公通 ❺-1 1693·8·16 政／❺-2 1733·7·11 社
正親町実明 ❸ 1351·1·17 政
正親町実継 ❸ 1388·6·24 政
正親町実連 ❺-2 1802·9·27 政
正親町実豊 ❺-1 1664·10·8 政／1703·2·3 政
正親町実秀 ❸ 1432·6月 政
正親町実子⇨藤原(ふじわら)実子
正親町季秀 ❹ 1579·9·29 政／❺-1 1612·7·1 政
正親町季幸 ❹ 1599·4·17 社
正親町忠季 ❸ 1358·12·21 文／1366·2·22 政
正親町雅子(新待賢門院) ❺-2 1831·6·14 政／1850·2·27 政
正親町持季 ❹ 1472·7·15 政
正親町院⇨覚子(かくし)内親王
正親町天皇(方仁親王) ❹ 1517·5·29 政／1544·9·27 文／1557·10·27 政／1559·11·27 政／1560·1·27 政／1584·10·4 政／1586·11·7 政／1593·1·5 政／4·22 文
正親町宮⇨義仁(ぎにん)法親王
正親町三條公敦 ❸ 1396·7·29 社／1409·是年 政
正親町三條公兄 ❹ 1554·3·2 政
正親町三條公積 ❺-2 1758·7·24 政／1760·4·29 政
正親町三條(三條)公豊 ❸ 1395·9·12 政／11·28 政／1406·6·24 政
正親町三條公治 ❹ 1486·3·13 政／1495·3·12 政
正親町三條公統 ❺-2 1719·8·16 政
正親町三條実昭 ❺-1 1668·5·7 政
正親町三條実有 ❺-1 1633·7·13 政
正親町三條実豊 ❸ 1404·4·10 政
正親町三條実愛(嵯峨実愛) ❻ 1859·2·5 政／1861·5·15 政／1863·1·22 政／1867·3·29 政／1867·12·9 政／1870·10·14 政／11·27 政／11·29 政／12·9 政
正親町三條実雅 ❸ 1435·2·10 文／1436·2·9 文／1437·2·9 政／1438·2·9 文／1440·2·15 政／1441·1·12 政／9·17 政／1455·11·5 文／❹ 1456·2·16 政／1461·7·29 政／1467·9·3 政
正親町三條実望 ❹ 1530·3·5 政
大儀見優季 ❾ 2012·7·27 社
大宜見王子 ❺-2 1796·12·6 政
大草公弼 ❺-2 1809·9·21 文
大草慧実 ❼ 1901·4月 社
大草庄兵衛 ❺-2 1836·12·5 政
大草高好 ❺-2 1836·9·20 社
大草太郎左衛門 ❺-2 1842·是年 文
大草源右衛門 ❺-1 1686·1·3 政
大草主膳 ❻ 1861·5·16 社
大草香皇子 ❶ 454·2月
大城賢勇(琉球) ❹ 1458·是年 政
大口灌畦 ❺-2 1754·是年 文
大口喜六 ❽ 1945·11·9 政／1957·1·27 政
大口広司 ❾ 2009·1·22 文
大口樵翁(保為·保喬) ❺-2 1764·12·6 文
大口鯛二 ❼ 1920·10·13 文／11·13 文
大口信夫 ❾ 1970·3·11 政
大口屋文右衛門 ❻ 1864·1·26 社
大国隆正(佐紀乃屋·子蝶·秀文·秀清) ❺-2 1834·是年 文／❻ 1871·8·17 文
大国福雄 ❶ 869·1·13 政
大来皇女(大伯内親王) ❶ 673·4·14 社／674·10·9 社／686·11·16 政／701·12·27 政
大窪五百足 ❶ 721·1·27 文
大久保一岳 ❻ 1891·8·6 文
大久保右近将監 ❻ 1856·12月 文
大久保栄吉 ❺-2 1790·2·3 政
大久保数馬 ❺-1 1651·1·16 政
大久保　鼎 ❻ 1864·4·16 政
大久保九郎左衛門 ❺-2 1764·5·26 政
大窪光風 ❺-2 1824·2·18 文
大久保作次郎 ❽ 1940·12·17 文
大久保三郎 ❻ 1889·2月 文
大窪詩仏 ❺-2 1810·是年 文／1819·是年 文／1828·是年 文／1837·2·11 文
大窪次兵衛 ❺-1 1639·8·4 社
大久保十蔵 ❺-1 1667·5·11 社
大久保十郎 ❺-2 1806·是年 政
大久保新之丞 ❺-1 1701·4·28 社
大久保新六郎 ❺-1 1659·是年 社
大久保隆規 ❾ 2009·3·3 政／2010·1·15 政
大久保武雄 ❽ 1948·5·1 政
大久保武道 ❽ 1957·12·10 社
大久保太介 ❺-2 1728·2·28 政
大久保忠顕 ❺-2 1769·10·8 政／1796·1·18 政
大久保忠名 ❺-1 1639·2·30 政
大久保忠興 ❺-2 1732·10·3 政／1763·9·10 政／1764·10·29 政
大久保忠香 ❺-1 1704·1·15 社／11·15 社／1708·12·15 政／1710·宝永年間 文
大久保忠景 ❺-1 1673·2·12 政
大久保忠方 ❺-1 1713·7·26 政
大久保忠勝 ❹ 1556·是年 政／1564·1·11 政
大久保忠郷 ❺-2 1759·5·3 政
大久保忠真 ❺-2 1796·1·18 政／1810·6·25 政／1815·4·15 政／1834·7·8 社／1835·3·28 政
大久保忠佐 ❺-1 1601·2月 政／1613·9·27 政
大久保忠教(彦左衛門) ❺-1 1622·6月 文／1632·6·25 政／1639·2·30 政
大久保忠高 ❺-1 1689·7·4 政
大久保忠位 ❺-2 1716·2·12 政／1718·1·28 政
大久保忠胤 ❺-2 1728·9·9 政／1759·5·3 政
大久保忠隣(忠泰) ❹ 1585·5月 政／1593·12月 政／是年 政／1594·9·15 政／1600·8·24 関ヶ原合戦／9·27 関ヶ原合戦／❺-1 1601·10·22 社／1602·2·10 社／6·14 政／1613·12·6 政／12·19 社／12·24 社／1614·1·5 社／1·19 政／12·19 社／1628·6·27 政
大久保忠常 ❺-1 1601·是年 政
大久保忠辰 ❺-1 1637·10·17 社
大久保忠俊 ❹ 1548·4·15 政
大久保忠朝 ❺-1 1670·4·19 政／

1672·8·5 政／1677·7·25 政／1678·1·23 政／1681·5·16 政／1684·8·28 政／1686·1·21 政／1693·12·4 政／1698·10·16 政
大久保忠成 ❺-1 1619·8·21 政／1649·11·25 政／1656·1·12 政
大久保忠尚 ❺-1 1614·1·19 政／1651·1·16 政
大久保忠平 ❺-1 1660·8·27 政
大久保忠寛(忠正) ❺-2 1818·8·2 政
大久保忠寛(一翁) ❻ 1856·2·11 文／1856·10·27 文／1861·10·9 政／1863·10·27 政／1868·1·23 政／2·8 政／4·4 政／④·2 政／1888·7·31 政
大久保忠増 ❺-1 1698·10·16 政／1703·11·29 政／1705·9·21 政／1713·7·26 政
大久保忠方 ❺-2 1732·10·3 政
大久保忠職 ❺-1 1614·1·19 政／1639·3·3 政／1649·7·4 政／1668·7·1 政／1670·4·19 政
大久保忠元 ❺-2 1787·2·23 政
大久保忠行 ❹ 1590·7·12 社
大久保忠世 ❹ 1575·6·2 政／1576·7月 政／1585·8月 政／⑧·2 政／1590·2·2 政／8·15 政／1594·9·15 政
大久保忠賀 ❺-1 1703·2·9 社
大久保忠由 ❺-2 1763·9·10 政／1769·10·8 政
大久保頼母 ❺-1 1661·5·5 政
大久保常奉 ❺-2 1726·9月 文
大久保常信 ❺-1 1657·7·8 政
大久保常春 ❺-1 1713·8·3 政／❺-2 1716·7·22 社／1725·10·18 政／1728·5·7 政／9·9 政
大久保貞次郎 ❼ 1898·11月 社
大久保時三郎 ❼ 1906·2·2 社
大久保利謙 ❽ 1946·9·5 文／❾ 1995·12·31 文
大久保利春 ❾ 1978·1·30 政／1991·11·30 政
大久保利通(一蔵) ❻ 1859·11·5 政／1862·2·12 政／3·16 政／1864·6·27 政／1865·6·24 政／7·17 政／9·23 社／1866·1·22 政／4·14 政／1867·6·16 政／8·14 政／9·9 政／10·6 政／11·15 政／12·2 政／12·8 政／1868·1·3 社／1·23 政／4·28 政／1869·12月 政／1871·6·25 政／6·27 政／10·8 政／11·12 政／1872·5·17 政／1873·1·19 政／5·26 政／10·14 政／1874·2·6 政／9·14 政／11·16 政／1875·1·8 政／2·11 政／1876·5月 政／1877·11·2 政／2·28 西南戦争／1878·4月 政／5·14 政
大久保留次郎 ❽ 1955·3·19 政／1956·12·23 政／❾ 1966·11·19 政
大久保直彦 ❾ 1972·7·25 政
大久保長重 ❺-1 1675·2·27 社
大久保長安(藤十郎) ❹ 1600·9·27 関ヶ原合戦／11·27 社／1600·是年 政／❺-1 1601·1月 社／2·28 社／3·20 社／是年 政／是年 社／1602·6·11 文／1603·12月 政／是年 政／1604·4·13 社／8·10 社／是年 社／1605·是年 社／1606·1·2 社／1607·5·2 社／1608·4月 社／1609·10·26 社／1610·4·14 社／8·26 政／1613·4·25 政
大久保　昇 ❾ 2009·6·19 文
大久保教隆 ❺-1 1614·1·19 政
大久保教寛 ❺-1 1706·10·15 政／❺-2 1723·3·6 政／1737·12·17 政
大久保八左衛門 ❺-1 1625·4·17 社
大久保初太郎(縫殿之助) ❻ 1868·1·23 政
大久保彦六 ❺-1 1681·3月 社
大窪久光 ❺-1 1602·7月 政
大久保秀興 ❺-1 1678·是年 文
大久保　浩 ❾ 2009·6·19 文
大久保婦久子(ふく) ❾ 2000·11·3 文／11·4 文
大久保豊州 ❺-2 1764·6月 社
大久保正信 ❺-1 1647·5·6 社
大久保正栄 ❺-1 1626·是年 政
大久保主水 ❺-2 1755·10月 政／1812·5月 社
大久保幸信 ❺-1 1614·1·19 政
大久保楽寿 ❼ 1902·4·6 社
大久保良順 ❾ 2010·10·28 社
大久保加賀守 ❺-1 1675·5·4 文／1694·2·30 政
大久保佐渡守 ❺-2 1726·4月 社
大窪美作守 ❹ 1560·5·26 政
大熊氏広 ❻ 1893·2·5 社／❼ 1934·3·20 文
大熊喜邦 ❽ 1952·2·25 文
大隈言通 ❻ 1868·7·29 文
大隈重信 ❻ 1869·3·30 政／6·24 政／7·12 政／8·11 政／1871·6·25 政／7·14 政／1873·10·14 政／1874·2·6 政／4·4 政／1876·5月 政／8·5 政／1877·11·2 政／1879·3·7 政／1880·5·14 政／1881·3月 政／6·27 政／7·21 政／1882·3·14 政／10·21 文／1884·12·17 政／1887·5·9 政／8·14 政／1888·2·1 政／4·30 政／1889·1·7 政／10·15 政／12·14 政／1890·7·10 政／1891·11·8 政／❼ 1896·8·16 政／9·18 政／1897·3·29 政／11·6 政／1898·6·16 政／1900·12·18 政／1901·3·15 社／1902·12·3 政／1907·1·20 政／4·17 文／1908·4·3 文／1910·12·20 社／1914·2·11 社／4·16 政／9·3 政／9·24 政／1915·2·14 政／1916·1·12 政／1·31 政／4·25 政／7·6 政／10·4 政／1922·1·10 政
大熊長次郎 ❼ 1933·1·21 文
大隈俊平 ❾ 2009·10·4 文
大熊朝秀 ❹ 1556·8·13 政／8·23 政
大熊長秀 ❹ 1582·2·16 政
大隈信常 ❼ 1936·1·24 社
大熊信行 ❾ 1977·6·20 文
大隈英麿 ❻ 1882·10·21 文
大熊政秀 ❹ 1547·4月 政
大来目 ❶ 書紀·神武 2·2·2
大蔵礼数 ❶ 954·1月 文
大蔵栄虎 ❺-1 1674·3·11 文
大倉和親 ❼ 1904·1·1 社
大蔵喜三郎 ❼ 1923·2·3 政
大倉喜七郎 ❼ 1910·12·20 社／1913·2·5 社／1930·4·26 文
大倉喜八郎 ❻ 1873·10·15 政／1877·12·27 政／1878·3·12 政／8·1 政／1879·2·13 政／1882·3·18 政／1885·8·28 政／1886·11月 社／1889·5·23 政／❼ 1896·11·19 政／1899·1·9 政／12·12 政／1905·11月 政／1907·4·1 政／1911·11·28 政／1916·3月 政／1928·4·22 政
大蔵虎明 ❺-1 1655·3·21 文
大蔵弼邦 ❶ 980·4·20 政
大倉清一 ❾ 1968·6·4 政
大蔵禅種 ❸ 1419·1·3 政
大蔵忠親 ❷ 1017·2·6 社
大蔵種材(たねき) ❷ 1019·4·8 政／7·13 政
大蔵胤村 ❶ 985·7·13 社
大蔵親家 ❸ 1418·1·24 政
大蔵親常 ❹ 1471·1·11 政／1478·1·9 政／1482·1·1 政
大蔵虎政 ❹ 1592·9·18 文
大蔵永常(亀太郎·徳兵衛·喜内·猛純·亀翁·愛知園主人·黄葉園主人·日田喜太夫) ❺-2 1717·是年 文／1811·是年 文／1817·是年 文／1818·是年 文／1822·是年 文／1826·是年 社／是年 文／1827·是年 文／1828·7月 文／1829·是年 文／1830·是年 文／1832·是年 文／1834·是年 文／1836·是年 文／1842·是年 文／1844·是年 文／1847·是年 文
大倉彦八 ❺-1 1706·6·29 社
大蔵平蔵 ❺-1 1605·3·11 文
大倉孫兵衛 ❼ 1904·1·1 社
大蔵麻呂 ❶ 737·1·26 政
大蔵道智 ❺-1 1601·4·10 文
大蔵満高 ❷ 1007·7·1 政
大蔵三常 ❶ 920·5·7 文
大蔵安清 ❷ 1260·10·15 文
大蔵喜太郎 ❺-1 1689·8·28 文
大蔵善行 ❶ 876·7·14 文／883·1·1 政／885·10·3 社／892·5·1 文／901·9·15 文
大倉芳郎 ❾ 2003·2·5 文
大蔵頼季 ❷ 1272·2·11 政／9·2 政
大蔵卿局(大野治長母) ❺-1 1614·8·29 政／9·7 政／1615·3·13 大坂夏の陣／5·8 大坂夏の陣
大蔵大夫(甲斐) ❹ 1550·3月中旬 文
大蔵大夫(禰宜) ❺-1 1609·4·29 文／1614·2·23 文
大蔵衣縫造麻呂 ❶ 656·9月 政
大黒繁男 ❽ 1944·10·20 政
大後友一 ❾ 2010·9·11 文
大河内清輝 ❾ 1994·11·27 文
大河内貞綱 ❹ 1512·④·2 政／1513·3月 政／1514·3·7 政／1516·8·19 政／1517·8·19 政
大河内善兵衛 ❺-2 1767·4·24 政
大河内存真 ❺-2 1826·1·9 文
大河内輝高 ❺-2 1763·宝暦年間 文
大河内伝次郎 ❼ 1927·是年 文／1934·8·29 文／❽ 1944·是年 社／1946·11·22 文／1962·7·18 文
大河内俊輝 ❾ 2010·11·19 文
大河内具良 ❹ 1576·11·25 政
大河内信威 ❼ 1932·3·24 文

大河内信古　❻ 1862·6·30 政／1863·6·14 政
大河内正勝　❺-1 1638·11·10 政／1639·9·11 政
大河内政寿　❺-2 1798·3·14 政／1799·1·16 政／1800·2·16 政
大河内(松平)正貞　❺-2 1720·5·6 政／1749·1·29 政
大河内正質　❻ 1867·9·23 政／❼ 1901·6·2 政
大河内正綱⇨松平(まつだいら)正綱
大河内正敏　❼ 1926·11·15 社／1927·11·25 政／1934·3月 政／❽ 1943·3·18 政／1945·12·6 政／1952·8·29 文
大河内政憲　❺-1 1639·是年 文
大河内正久　❺-1 1694·2·19 政／1696·3·18 政
大社義規　❾ 2005·4·27 政
大河平隆利　❹ 1564·5·30 政
大坂七太夫　❺-1 1679·5·29 文
大坂七郎太夫　❺-1 1672·寛文年間 文
大坂志郎　❽ 1946·5·23 社
大坂新九郎　❺-2 1738·1·7 文
大坂太左衛門(狂言尽)　❹ 1594·是年 文
大坂太左衛門(芝居名代)　❺-1 1652·是年 文
大坂太左衛門(座芝居)　❺-2 1718·是年 文
大坂真長　❶ 853·2·15 文
大幸(おおさか)勇吉　❽ 1950·9·9 文
大坂屋伊兵衛　❺-1 1694·是年 政／❺-2 1718·⑩·3 政
大坂屋甚左衛門　❺-2 1801·是年 政
大坂屋善兵衛　❺-1 1673·是年 文
大坂屋多四郎　❺-2 1746·9·26 文
大坂屋忠右衛門　❺-1 1690·10·6 政
大坂屋兵作　❺-2 1742·7月 社
大坂屋孫左衛門　❺-1 1619·1·16 社
大坂屋利右衛門　❺-2 1725·11·24 政
大崎熊雄　❼ 1924·9·8 文
大崎四郎　❾ 2010·1月 文
大崎剛彦　❽ 1960·8·25 社
大崎義兼　❹ 1488·1月 政
大崎義隆　❹ 1588·3·8 政／4·21 政／7·10 政／1589·4·16 政／6·13 政／1590·8·9 政／8·18 政／11·15 政
大崎義直　❹ 1536·6·21 政／1544·7·29 政
大崎義宣　❹ 1543·5·2 政／6月 政
大迫貞清(喜衛)　❼ 1896·4·27 政
大迫　忍　❾ 2005·6·18 文
大鷦鷯尊⇨仁徳(にんとく)天皇
大里(琉球)　❹ 1500·2·2 政
大里按司　❺-1 1682·9·21 政
大里王子　❻ 1857·10·10 政
大郷学橋　❻ 1881·11·5 文
大郷良則(信斎)　❺-2 1841·是年 文
大澤在昌　❾ 1994·1·13 文
大澤吉右衛門　❺-1 1699·7·9 社
大澤吉之丞　❼ 1904·5·10 社
大澤相蔵　❻ 1879·11·15 社
大澤啓二　❾ 2010·10·12 社
大澤謙二(右近次)　❻ 1888·5·7 文／❼ 1927·1·10 文
大澤昌助　❾ 1997·5·15 文
大澤善助(松之助)　❼ 1934·10·10 政
大澤宗隆　❺-2 1811·12·1 文
大澤岳太郎　❼ 1920·12·3 文
大澤伝内　❺-2 1721·10·20 社
大澤乗哲　❺-2 1852·5·15 政
大澤久守　❹ 1468·7·25 社／1488·1·10 文／3·25 文／1489·2·8 文
大澤弘之　❾ 2012·12·7 政
大澤正明　❾ 2007·7·22 政
大澤昌助　❽ 1941·9·13 文
大澤基哲　❺-1 1686·8·21 政
大澤基胤　❺-1 1605·6·28 政
大澤基寿　❻ 1867·10·14 政
大澤基宥　❺-1 1615·9·9 文
大澤基将　❺-1 1678·7·20 政
凡海麁鎌(菖蒲)　❶ 701·3·15 社
凡海興志　❶ 721·1·27 文
大路一遵(僧)　❹ 1518·4·6 社
大塩格之助　❺-2 1837·2·19 政
大塩鼇渚　❺-2 1785·7·10 文
大塩平右衛門　❺-1 1666·9·28 社
大塩平八郎(中斎·後素·子起)　❺-2 1831·1月 文／1833·是年 文／1837·2·19 政
大重五郎左衛門　❺-2 1808·4·9 政
大河内味張　❶ 534·7·1／⑫·4
大河内糠手　❶ 608·4月 政
凡河内香賜　❶ 465·2月
凡河内助則　❶ 999·9·9 社
凡河内弘恒　❶ 914·5·7 政
凡河内躬恒　❶ 905·2·10 文／907·5·29 文／915·2·23 文
凡河内良尚　❶ 945·3·22 文
大下藤次郎　❼ 1896·11·10 文／1906·1月 文／1907·10·25 文／1911·10·10 文
大下　弘　❽ 1946·4·27 社
大信田礼子　❾ 1966·5·21 社
大柴龍文　❾ 2006·1·11 社
凡　家綱　❷ 1164·6月 政
凡　伊賀麻呂　❶ 767·6·22 社
凡　鎌足　❶ 749·5·15 社
凡　継人　❶ 767·10·17 社
凡　汝背児　❶ 702·6·15 文
凡　根継　❶ 832·7·9 文
凡　春宗　❶ 886·7·15 政
凡　百背　❶ 702·6·15 文
大島市十郎　❺-2 1800·4·3 政
大島宇吉　❽ 1940·12·31 政
大島有隣　❺-2 1836·10·4 文
大島英三郎　❼ 1928·10·1 政
大島栄次郎　❺-2 1799·4·13 政
大島外衛　❺-2 1767·3·22 社
大島勝兵衛　❺-2 1764·5·18 社
大島義全　❺-2 1722·4月 政
大島吉之助　❻ 1867·9·1 政
大島堯田　❻ 1885·10·8 文
大島健一　❼ 1917·12·21 政
大島公一　❾ 1992·7·25 社
大島貞益(石華)　❼ 1914·10·19 文
大島如雲　❻ 1890·4·1 文／❼ 1903·10·25 文／❽ 1940·1·4 文
大島清兵衛　❺-2 1723·是年 社
大島高任(惣左衛門·文治·周禎)　❻ 1856·2月 社／3·4 社／1862·3·10 文／1863·7·13 文／是年 社／1884·9·18 社／❼ 1901·3·29 政 文
大島武好　❺-1 1705·是年 文／1711·是年 文
大島理森　❾ 1995·8·8 政／2000·7·4 政／2002·12·3 政／2003·2·20 政
大島千菜　❾ 2007·11·14 政
大島九十九　❻ 1871·9·17 文
大島友治　❾ 1990·2·28 政
大島友之允　❻ 1863·4·20 政／1868·5·24 政／6·24 政
大島伯鶴　❼ 1934·9·21 文
大島久直　❼ 1912·1·16 文／1928·9·27 政
大島　浩　❽ 1938·10·8 政／1939·1·6 政／1945·4·14 政／12·6 政／1955·12·13 政／12·16 政
大島通清　❷ 1270·9·15 政／❸ 1294·3·6 政
大島道太郎　❼ 1921·10·5 社
大島　靖　❾ 1971·12·20 社／2010·8·7 政
大島義高　❺-1 1694·1·28 政
大島義近　❺-1 1669·5·15 政／1682·7·3 文
大島吉綱　❺-1 1657·11·7 政
大島義也　❺-1 1699·6·28 政
大島義政　❸ 1333·5·18 政／1336·2月 政
大島義昌　❻ 1894·7·29 日清戦争／❼ 1905·10·17 政／1906·8·1 政／1909·11·28 社／1912·2·13 政／1926·4·10 政
大島蓼太(陽喬·平助·中庵·老鶯巣·空摩)　❺-2 1753·是年 文／1770·是年 文／1771·是年 文／1775·是年 文／1787·9·7 文／是年 文
大島林平　❺-2 1809·是年 社
大島伯耆守　❹ 1466·6·19 政／1475·10·21 政
大城立裕　❽ 1944·8·22 社／❾ 1967·4月 文
大城賢勇　❹ 1458·是年 政
大城のぼる　❾ 1998·5·26 文
大洲鉄然(後楽)　❼ 1902·4·25 社
大須賀乙字(績)　❼ 1920·1·20 文
大須賀観界　❻ 1879·9·8 文
大須賀忠次　❺-1 1607·9·11 政
大須賀忠政　❺-1 1601·2月 政／1607·1·11 社／9·11 政
大須賀胤氏　❷ 1247·6·6 政
大須賀　力　❾ 1974·是年 文
大須賀陶山　❺-2 1803·是年 文
大須賀康高　❹ 1578·10·8 政／1579·9·7 政／1582·7·14 政／1590·8·15 政
大須賀式部　❹ 1558·⑥·18 社
大鋤氏　❸ 1431·11·10 政
大椙右馬允　❸ 1343·3·21 政
大杉勝男　❾ 1992·4·30 社
大杉　栄　❼ 1908·1·17 政／6·22 政／1911·1月 社／1912·10月 文／1914·10·15 政／1916·11·9 社／1918·1·1 文／1919·8月 文／1920·12·9 政／1923·5·1 政／9·16 政
大隅健一郎　❾ 1998·3·19 政
大隈五郎　❷ 1276·③·5 政／❸

1294·7·30 政
大隅式部三郎　❸ 1290·9 月 社
大角真八　❼ 1916·2·1 文
大隅末吉　❹ 1485·6·21 政
大隅忠充　❸ 1289·8·2 社
大角岑生　❼ 1931·12·13 政／1933·1·9 政／1934·7·8 政／❽ 1941·2·5 政
大隅宗久　❸ 1300·7·2 社
大角和平　❾ 1985·2·6 社
大隅掾正弘(刀工)　❺-1 1606·3 月 文
大瀬惟忠　❸ 1291·8·20 政
大瀬甚太郎　❽ 1944·5·29 文
大瀬敏昭　❾ 2004·1·3 文
大関早苗　❽ 1957·5·1 社
大関資盛　❹ 1600·7·30 関ヶ原合戦
大関大中　❺-2 1813·5 月 社
大関高増　❺-1 1646·8·21 政
大関増公　❺-1 1681·1·28 政
大関増親　❺-1 1646·8·21 政
大関増次　❹ 1542·12·20 政
大関増栄　❺-1 1688·12·13 政
大関増裕　❻ 1862·12·1 政／1865·7·8 政
大曾根佐兵衛　❺-1 1709·是年 文
大曾禰長経　❷ 1278·6·20 政
大曾禰長泰　❷ 1247·8·8 政／1249·12·9 政／1262·8·13 政
大空武左衛門　❺-2 1827·是年 社
大田顕連　❸ 1349·3·14 社
太田昭宏　❾ 2006·9·30 政／2012·12·26 政
太田　亮　❽ 1956·5·27 文
太田　章　❾ 1988·9·17 社
太田絢子　❾ 2009·10·31 文
太田右衛門次郎　❹ 1535·是年 文
太田氏資　❹ 1564·10·15 社／1565·2·20 社
太田(北條)氏房　❹ 1584·2·8 社／1585·11·11 政／1587·7·11 社／是年 社／1588·1·6 政／1590·6·24 政
太田　納　❸ 1318·12·10 政
太田　収　❽ 1938·5·28 政
太田織部　❺-2 1764·5·26 政
太田　薫　❽ 1951·9·7 社／1955·7·26 社／1958·7·21 社／❾ 1998·9·24 社
太田和夫　❾ 2010·7·20 文
太田一成　❹ 1597·12·22 政／1600·8·13 関ヶ原合戦
太田和麿(倭麻呂)　❶ 752·4·9 文
太田和美　❾ 2006·4·23 政
太田一吉　❹ 1597·7·7 慶長の役／7·9 慶長の役
太田喜三郎　❼ 1916·是年 文
太田牛一　❺-1 1610·是年 文
太田玉茗　❼ 1897·4 月 文／1927·4·6 文
大田錦城(元貞·公幹·才佐)　❺-2 1794·5 月 文／1804·是年 文／1820·是年 文／1822·是年 文／1824·是年 文／1825·4·12 文／是年 文／1831·是年 文
太田源三郎　❻ 1862·2 月 文
太田源蔵　❺-2 1773·2·19 社
太田耕造　❽ 1945·4·7 政
太田小十郎　❺-1 1641·4·26 政
太田貞宗　❸ 1302·6·23 社
太田三左衛門　❺-2 1788·2 月 政
太田三楽斎(三楽)⇨太田資正(すけまさ)
大田七之助　❺-1 1623·6·29 社
太田島二郎　❾ 1987·2·20 文
太田十右衛門　❺-2 1799·4·13 政
太田秋民　❽ 1950·6·15 文
太田省吾　❾ 1985·1·12 文／2007·7·13 文
太田章三郎　❺-2 1819·3·12 社
太田叙親　❺-1 1675·是年 文
太田晋斎　❺-2 1827·是年 文
太田資清(道真)　❸ 1450·10 月 政／1451·4·21 政／❹ 1457·4·8 政／1470·1·10 文／1480·1·4 政／1492·2·2 政
太田資高　❹ 1524·是年 社／1547·7·24 政
太田資忠　❹ 1478·3·20 政／1479·1·18 政
太田資愛　❺-2 1763·12·10 政／1766·2·7 社／1789·4·11 政／1793·3·1 政／1805·2·21 政
太田資次　❺-1 1678·6·19 政／1684·4·6 政
太田資俊　❺-2 1746·9·25 政／1763·12·10 政
太田資直　❺-1 1684·4·6 政／7·19 政／1685·8·9 政／1686·1·11 政／6·29 政
太田資長⇨太田道灌(どうかん)
太田資晴　❺-1 1705·4·22 政／❺-2 1728·9·22 政／1734·9·25 政
太田資正(道誉·三楽斎·三楽)　❹ 1538·2·2 政／1547·12·13 政／1548·1·18 政／1554·4·8 社／6·11 社／1556·3·5 社／1557·4·8 社／1560·12 月 社／1562·1·26 政／11·24 政／1563·12 月 政／1564·7·23 政／1569·11·20 政／1572·7·13 政／1590·5·27 政／1591·9·8 政
太田資光　❸ 1440·1·13 政
太田資宗(康資)　❺-1 1633·3·23 政／1635·8·9 政／1638·3·9 島原の乱／4·24 政／1639·7·5 政／8·6 政／9·11 社／1641·2·7 文／1644·2·28 政／1680·1·23 政
太田資始　❺-2 1828·11·22 政／1831·5·25 政／1834·4·11 政／1837·4·2 政／❻ 1858·8·28 政／1863·4·27 政
太田資康　❹ 1513·9·29 政／1524·是年 社／1547·7·24 政
太田資頼　❹ 1525·2·4 政
太田誠一　❾ 1994·4·18 政／1998·7·30 政／2008·8·2 政／9·7 社／9·19 政
大田政作　❽ 1959·10·5 政／11·11 政／1960·7·29 政／1962·12·8 政／1964·6·13 政／❾ 1999·8·18 政
太田清蔵　❼ 1933·5·16 政
太田資統　❺-2 1837·6·28 政／1840·3·25 政
太田全斎　❺-2 1786·7·8 文
大田　堯　❾ 1981·12·12 文
太田拓弥　❾ 1996·7·19 社
太田但馬　❺-1 1602·5·4 政
太田田根子　❶ 書紀·崇神 7·11·13
太田親致　❸ 1288·2 月 政
太田忠兵衛　❺-1 1655·8·11 政
太田聴雨　❼ 1934·9·3 文／1936·2·25 文／❽ 1948·9·1 文／1949·9·1 文
太田澄元　❺-2 1795·10·12 文
太田朝敬　❻ 1893·9·15 文
太田鉄五郎　❺-2 1787·12·19 社
太田哲也　❾ 1998·5·3 社／2003·10·29 社
太田典礼　❾ 1976·1·20 社
太田道灌　❶ 833·是年 社
太田道灌(資長·持資)　❸ 1455·是冬 政／❹ 1457·4·8 政／1458·是年 社／1459·長禄年間 政／1464·是年 政／1473·6·23 政／1474·6·17 文／1476·6 月 政／8 月 文／是年 政／1477·3·18 政／5·14 政／10·2 政／1478·1·5 政／2 月 社／6·25 社／7·17 政／是秋 文／12·10 政／1479·1·18 政／11·29 政／1480·1·4 政／1485·10·2 文／1486·文明年間 社／是春 文／7·26 政
太田道真⇨太田資清(すけきよ)
太田道誉⇨太田資正(すけまさ)
太田時連　❸ 1345·2·9 政
太田朋子　❾ 2002·10·30 文
太田尚佐　❺-2 1790·9·8 政
太田直巳　❾ 1971·4·11 政
大田波之丞　❺-2 1825·12·3 社
大田南畝(覃(ふかし)·直次郎·七左衛門·蜀山人·玉川漁翁·石楠斎·杏花園·四方赤良·寝惚先生·風鈴山人)　❺-2 1767·是年 文／1771·3·23 政／1775·是年 文／1777·是年 文／1778·是年 文／1779·是年 文／1780·是年 文／1783·1 月 文／是年 文／1784·5·2 文／是年 文／1786·4·12 社／是年 文／1787·是年 文／1788·11·7 政／1789·是年 文／1800·是年 文／1801·6·2 文／是年 文／1806·是年 文／1809·是年 文／1813·7·7 文／1817·是年 文／1818·是年 文／1819·是年 文／1820·是年 文／1823·4·6 文／1824·是年 文
太田西兵衛　❺-1 1714·10·22 社
太田信圭　❺-2 1826·8·16 文
太田白雪　❺-1 1699·是年 文／1702·是年 文
大田祝山男足　❶ 815·7·20 文
太田彦兵衛　❺-2 1793·3·2 政
太田洪量　❾ 2007·4·1 政
大田弘子　❾ 2006·9·26 政／2007·8·27 政
太田房江　❾ 2000·2·6 政
太田正雄⇨木下杢太郎(きのしたもくたろう)
太田政孝　❺-2 1792·3 月 政
太田正孝　❽ 1955·11·22 政／❾ 1982·7·10 政
大田昌秀　❾ 1990·11·18 政／1994·11·20 政／1995·9·28 政／1997·12·24 政／1998·1·14 政
太田政之　❹ 1593·⑨·13 政
太田政頼　❸ 1285·12 月 政
大田親王　❶ 808·3·27 政
太田水穂(貞一)　❼ 1915·7 月 文／

❽ 1955·1·1 文
太田光家　❷ 1180·6·24 政
太田　稔　❽ 1957·4·19 政
太田宗勝　❺-1 1637·6月 文
太田持資⇨太田道灌(どうかん)
太田守延　❸ 1333·3·17 政
太田康資　❹ 1563·12月 政／1581·10·12 政
太田康連　❷ 1243·2·26 政／1254·4·29 政
太田弥太夫　❺-1 1689·7·15 社
太田雄貴　❾ 2008·8·9 社／2012·7·27 社
太田雄寧　❻ 1877·2·25 文
太田洋子　❽ 1963·12·10 文
太田好敬　❺-1 1700·10·28 社／1711·4·23 社
大多義久　❷ 1182·11·10 社
太田頼基　❷ 1185·11·3 政
太田蘭三　❾ 2012·10·22 文
太田六助　❻ 1854·7·26 社
太田豊後守　❹ 1559·2·12 政
大高坂芝山　❺-1 1697·是年 文／1713·5·2 文
大高重成　❸ 1338·9·16 政／1344·10·8 文／1348·6·5 政／1351·10·2 政／1362·4·20 政
大高久雄　❾ 1990·9·2 文
太田垣士郎　❽ 1964·3·16 政
太田垣新兵衛尉　❹ 1468·3·20 政
大田垣蓮月　❻ 1875·12·10 文
大瀧麻未　❾ 2012·7·27 社
大瀧秀治　❾ 2011·11·4 文／2012·10·2 文
太田黒惟信　❻ 1871·3·13 政
大田黒伴雄(大野鉄平)　❻ 1876·10·24 政
太田黒克彦　❽ 1946·12·17 文
大竹貫一　❼ 1906·12·20 文／1922·11·8 政／1927·6·3 政／❽ 1944·9·22 政
大竹しのぶ　❾ 1987·10·9 社
大竹蒋塘　❻ 1858·3·16 文
大竹友子　❾ 1997·9·23 社
大竹与茂七　❺-1 1711·6月 社
大館(おおだち)氏明　❸ 1336·3·4 政／1342·5月 政／9·3 政
大館氏清　❸ 1374·是春 社／1412·8·19 政
大館宗氏　❸ 1333·5·18 政
大達茂雄　❽ 1943·6·1 政／7·1 社／1944·7·22 政／8·28 社／1945·12·6 政／1953·5·21 政
大館重信(常興)⇨大館尚氏(ひさうじ)
大館晴光　❹ 1559·12·20 政／1562·1·28 政／1565·4·27 政
大館尚氏(常興·重信)　❹ 1530·10·8 政／1531·2·27 政／1539·6·2 政／1540·4·24 社／5·26 政／1541·1·14 文
大館藤安　❹ 1559·4·21 政／1575·是冬 政
大館右馬亮(右馬助)　❸ 1343·4·14 政／1352·2·1 政
大館氏⇨今参局(いままいりのつぼね)
大達(おおだて)羽左衛門　❼ 1904·8·17 社
大館兵四郎　❺-1 1649·4·3 社
大谷瑩潤　❽ 1953·2·17 政
大谷嘉兵衛　❻ 1862·是年 社／❼ 1933·2·3 政
大谷喜久蔵　❼ 1923·11·26 政
大谷冽子　❽ 1947·2·13 文
大谷金次郎　❻ 1888·6·16 社
大谷九右衛門　❺-1 1667·2·22 政／1693·4·27 政
大谷句仏　❽ 1943·2·6 文
大谷光瑩(現如)　❻ 1870·7·7 社／❼ 1923·2·8 社
大谷光演(彰如·句仏·光養麿)　❼ 1926·12·23 社／1929·4·18 社／❽ 1943·2·6 社
大谷光勝　❻ 1894·1·15 政
大谷光照　❾ 2002·6·14 社
大谷光瑞(鏡如·峻麿)　❼ 1900·12·3 文／1903·3·12 文／1914·2·17 社／❽ 1948·10·5 社
大谷光尊(明如)　❼ 1903·1·18 社
大谷光暢　❽ 1954·6·25 社／❾ 1993·4·13 社
大谷五郎右衛門　❹ 1599·3月 社
大谷準蔵　❻ 1866·8·3 政
大谷甚吉　❺-1 1618·5·16 政／1623·元和年間 政
大谷新左衛門　❹ 1570·是年 社
大谷尊由　❽ 1937·6·4 政／1938·11·7 政
大谷竹次郎(松竹創業者)　❼ 1900·11·27 文／1902·1·1 文／❽ 1937·2·1 文／1945·6·1 文／❾ 1969·12·26 文
大谷竹次郎(昭和極電)　❾ 1971·11·21 政
大谷忠雄　❾ 1994·2·10 社
大谷東平　❾ 1977·5·5 文
大谷友右衛門(初代)　❺-2 1781·8·16 文
大谷友右衛門(四代目)　❺-2 1839·11·7 文／❻ 1861·1·6 文
大谷友右衛門(六代目)　❽ 1943·9·10 文
大谷仲之進　❻ 1864·2·26 政
大谷広右衛門(初代)　❺-2 1721·2·15 文
大谷広右衛門(二代目)　❺-2 1747·12·25 文
大谷広右衛門(三代目)　❺-2 1790·9·14 文
大谷広右衛門(五代目)　❻ 1855·9·13 文
大谷広次(初代)　❺-2 1731·1月 文／1744·2·15 文／1747·5·25 文
大谷広次(二代目)　❺-2 1757·6·2 文
大谷武一　❼ 1921·是年 社／1922·8月 社
大谷藤郎　❾ 2010·12·7 文
大谷吉忠　❹ 1590·9·15 政
大谷吉継(吉隆)　❹ 1589·12月 社／1591·6·20 政／6·28 社／9·7 政／1592·6·3 文禄の役／7·16 文禄の役／1593·1·21 文禄の役／3·3 文禄の役／7·22 政／1595·5·22 文禄の役／1599·1·21 政／8·15 社／1600·7·11 関ヶ原合戦／8·1 関ヶ原合戦／9·15 関ヶ原合戦
大谷米太郎　❾ 1968·5·19 政
大玉新右衛門　❺-2 1814·6·6 政
大足彦忍代別尊⇨景行(けいこう)天皇
大足彦命(尊)　❶ 書紀·垂仁 30·1·6／垂仁 37·1·1
大田原資清　❹ 1542·12·20 政
大田原扶清　❺-2 1745·6·5 政
大田原高清　❺-1 1661·3·5 政
大田原胤清　❹ 1516·6·7 政
大田原友清　❺-2 1745·6·5 政
大田原信清　❹ 1493·5·15 政
大田原晴清　❹ 1590·12·18 社／❺-1 1627·3月 政／1631·2·5 政
大田原彦次郎　❺-2 1782·8·29 政
大田原政清　❺-1 1631·2·5 政／1661·3·5 政
大田原主水　❺-1 1668·10·14 社
大田原愛清　❺-2 1825·4·26 政
大田原吉清　❸ 1450·6·10 政
大段政春　❽ 1944·8·15 社
大市王⇨文室(ふんや)大市
大千世(矢田座)　❸ 1437·3·13 文
大津大浦　❶ 764·1·20 政／765·2·5 政／8·1 政／767·9·16 文／774·3·5 政／775·5·17 政
大津首(意毗登)　❶ 714·3·10 文／721·1·27 文／730·3·27 文
大津淳一郎　❼ 1932·1·29 政
大津尋甫　❺-2 1761·6月 文
大津広人　❶ 701·4·10 文
大津嶺子　❾ 2009·9·5 文
大津来徳　❼ 1920·6·11 政
大津皇子　❶ 679·5·5 政／683·2·1 政／686·9·24 政
大塚岩次郎　❻ 1872·2·4 社
大塚喜兵衛　❺-1 1641·4·26 政
大塚金之助　❼ 1933·1·10 文／❽ 1945·11·19 文／❾ 1977·5·9 文
大塚小市郎　❺-2 1785·4·29 政
大塚三右衛門　❺-1 1685·是年 政
大塚滋二郎　❺-2 1832·11·2 政
大塚秀学　❼ 1897·3·1 文
大塚新蔵　❻ 1863·4·13 政
大塚末子　❾ 1998·11·25 社
大塚正兵衛　❺-2 1832·11·2 政
大塚節治　❾ 1977·11·18 文
大塚宗吉　❻ 1859·6月 社
大塚隆成　❹ 1568·4月 政
大塚孝綽　❺-2 1792·7·17 文
大塚楠緒子　❼ 1905·1月 文
大塚久雄　❽ 1945·11月 文／❾ 1992·11·3 文／1996·7·9 文
大塚正士　❾ 2000·4·17 文／2001·5·16 社
大塚六郎　❻ 1863·4·13 政
大塚瑪蜂　❻ 1855·5·30 文
大塚弥一　❻ 1895·3·18 社
大塚弥右衛門　❺-2 1764·7月 社
大塚保治　❼ 1931·3·2 文
大塚雄司　❾ 2010·1·10 政
大塚嘉樹　❺-2 1798·是年 文／1803·6·29 文
大塚芳満　❾ 1999·8·4 政
大月　理　❽ 1937·是年 文
大槻玄俊　❻ 1864·10月 文
大槻玄沢(磐水·茂質·子煥)　❺-2 1774·是年 文／1783·是年 文／1785·是夏 文／1786·8月 文／是年 文／1788·11·7 政／1789·6月 文／1790·

是年 文／1791·6月 文／1793·是年 文／1794·5·4 文／⑪·11 社／1796·是年 文／1798·是年 文／1799·是年 文／1801·是年 文／1805·是年 社／1807·是年 文／1808·是年 文／1809·是年 社／1810·是年 文／1811·5月 文／12·1 文／1813·⑪·11 社／1816·是年 文／1817·4·17 文／是年 文／是年 文／1818·6月 文／1826·是年 文／1827·3·30 文／1831·是年 文
大槻俊斎 ❻ 1860·10·14 文／1861·7月 文／1862·4·9 文
大槻清準(平泉) ❺-2 1850·1·17 文
大槻西磐 ❻ 1857·2·24 文
大槻只之介 ❽ 1943·是年 社
大槻朝元(伝蔵) ❺-2 1746·7·2 政／1748·4·18 政
大槻虎男 ❽ 1944·2·1 文
大槻如電(清修·念卿) ❼ 1931·1·12 文
大槻磐渓 ❻ 1875·3月 文／1876·9·28 文／1878·6·13 文
大築彦五郎 ❻ 1865·4·8 文
大槻秀夫 ❾ 1991·12·9 文
大槻文彦(清復·復三郎) ❻ 1875·3月 文／1876·12·16 文／1889·5月 文／❼ 1900·4·16 文／1908·5·25 文／1928·2·17 文
大槻文蔵 ❾ 2003·12·15 文／2005·7·8 文／2012·2·4 文
大槻文平 ❽ 1954·2·1 政／❾ 1992·8·9 政
大槻政通 ❹ 1578·2·15 政
大月弥一郎 ❼ 1901·2·20 政
大槻義彦 ❾ 1990·6·13 文
大月亮太 ❾ 2009·7·13 文
大筑紫磯之助 ❺-1 1702·4·3 社
大辻司郎 ❼ 1933·4·1 文／❽ 1952·4·9 社
大槌三郎 ❸ 1437·4·9 政
大槌孫八郎 ❺-1 1614·慶長年間(囲み)
大砲万右衛門 ❼ 1901·4·3 社
大坪新次兵衛 ❺-1 1698·5·25 政
大坪正慎 ❻ 1875·11·1 文
大坪正義 ❼ 1903·3·12 文
大坪基清 ❹ 1473·1·7 文
大津屋友吉 ❺-2 1772·是春 文
大津山資基 ❸ 1396·是年 政
大津留宗秋 ❹ 1580·③·18 政
大鶴宗周 ❹ 1565·4·24 政
大鶴義英⇨唐十郎(からじゅうろう)
大手拓次 ❼ 1934·4·18 文
大塔宮⇨護良(もりよし)親王
大塔若宮⇨興良(おきよし)親王
男大迹王⇨継体(けいたい)天皇
大友　愛 ❾ 2012·7·27 社
大伴赤男 ❶ 777·6·5 社
大伴阿弖良 ❶ 795·5·10 社
大伴荒当 ❶ 753·11月 文
大伴池主 ❶ 757·7·4 政
大伴稲君 ❶ 741·12·10 政／754·4·5 政
大伴稲積 ❶ 658·7·4 政
大伴犬養 ❶ 740·1·13 政／10·5 政／749·2·27 政／750·3·12 政／753·4·22 政
大伴今人 ❶ 811·4·17 政
大伴　磐 ❶ 537·10·1
大伴牛養 ❶ 710·5·8 政／738·⑦·7 政／746·4·5 政／749·4·1 政／⑤·29 政
大友氏継 ❸ 1364·7·8 政／1366·1·23 政／1368·2月 政／1372·3·8 政
大友氏続 ❸ 1375·10·3 政／1376·3·18 政
大友氏時 ❸ 1351·12·19 政／1354·2·12 政／1356·4·13 政／1358·12月 政／1359·2·25 政／6·27 政／8·24 政／10·23 政／11·10 政／12·15 政／1360·3·14 政／8·28 社／1362·2·15 政／8·7 政／11·10 政／1363·9·12 政／1368·3·21 政
大友氏宗 ❸ 1347·6·1 政
大友氏泰 ❸ 1335·12·13 政／1336·1·12 政／3·20 政／1338·⑦·1 政／10·3 社／1339·12·3 社／12·12 政／1342·5·3 政／8·30 政／1343·3·25 政／1352·4·21 政／1362·11·3 政
大伴馬飼⇨大伴長徳(ながとこ)
大伴兄人 ❶ 757·7·4 政
大伴兄麻呂 ❶ 731·5·14 政／738·4·22 政／745·2·24 政／749·7·2 政
大伴大沼田 ❶ 703·1·2 政
大伴大連 ❶ 479·10·4
大伴伯麻呂 ❶ 752·5·26 政／764·1·20 政／767·2·28 政、文／768·2·3 政／769·11·12 政／776·⑧·20 政／778·1·9 政／782·2·3 政
大伴弟麻呂(乙麻呂) ❶ 790·3·9 政／791·7·13 政／792·⑪·28 政／794·1·1 政／10·28 政／795·1·29 政／809·5·28 政
大伴男人 ❶ 693·4·22 政／703·6·5 政
大伴首名 ❶ 736·11·3 政
大伴　談 ❶ 465·3月
大伴金村 ❶ 498·11·11／506·12·21／507·1·4／512·12月／531·2月／534·⑫·4／536·2·1／540·9·5
大友兼平 ❶ 955·2月 政
大伴上足 ❶ 760·5·9 社
大友材親 ❹ 1494·5·24 政
大伴浄足(潔足) ❶ 758·1·5 政／770·5·9 政／772·9·25 政／776·1·19 政／3·5 政／781·2·16 政／790·2·27 政／792·10·2 政
大伴清麻呂(浄麻呂) ❶ 779·9·18 政
大伴　囓 ❶ 591·11·4／601·3·5 政／602·6·3 政
大伴国香 ❸ 1295·6·2 文
大伴国麻(摩)呂 ❶ 675·7·7 政／676·2月 政
大伴国道⇨伴(とも)国道
大伴国持 ❶ 724·2·22 社
大友高聡 ❶ 602·10月 文
大友幸鶴丸 ❹ 1563·3·24 政
大伴子君 ❶ 693·3·16 政
大伴古慈斐(古慈備·祜信備) ❶ 756·5·10 政／770·5·9 政／777·8·19 政
大伴氏上 ❶ 837·9·19 社
大伴古麻呂 ❶ 734·2·8 文／750·9·24 政／753·1·1 政／11·15 政／754·1·16 政／4·7 政／757·6·16 政
大伴子虫 ❶ 738·7·10 政
大伴小室 ❶ 733·10·3 政
大伴是成 ❶ 799·1·29 政
大友五郎⇨大友義長(よしなが)
大伴坂上郎女 ❶ 732·3·1 文／735·是年 文
大友貞親 ❷ 1281·6·6 政／❸ 1299·4·10 政／1305·8·2 政／1306·是年 社／1309·2·27 社
大友貞載 ❸ 1334·1月 政／3月 政／7·9 政／1335·8·20 政／12·11 政／1336·1·11 政
大友貞宗 ❸ 1316·5·6 政／1321·9·12 政／1324·5·17 政／1329·是年 政／1333·3·13 政／5·25 政／6·10 政／8·28 政／12·3 政／1335·11·1 社
大友貞順 ❸ 1337·4·3 政
大伴狭手彦(佐弖比古) ❶ 537·10·1／550·是年／562·8月／571·欽明天皇朝／590·是年
大友塩市丸 ❹ 1550·2·10 政
大友重秀 ❸ 1282·5·27 政
大友小左衛門 ❹ 1467·1·8 政
大伴宿奈麻呂 ❶ 719·7·13 政
大伴駿河麻呂 ❶ 746·4·4 政／770·5·9 政／772·9·28 政／773·7·21 政／774·7·23 政／10·4 政／775·9·27 政／11·15 政／776·7·7 政
大友宗麟(義鎮·ドン·フランシスコ) ❹ 1545·4·27 社／是年 政／1550·2·10 政／8·9 政／1551·5月 政／10·24 政／1552·8·19 政／1553·9·12 政／1554·1·19 政／3月 政／8·16 政／11·20 政／天文年間 社／1556·7月 政／1557·5·21 政／10月 政／是年 社／1558·3·22 社／⑥月 政／1559·4·2 政／6·26 政／11·9 政／是秋 政／1560·3月 政／1561·6·10 政／7·18 政／10·10 政／1562·1·28 政／1563·1·27 政／3·24 政／是年 政／1564·是春 政／7·27 政／1566·5·28 社／11·18 政／1567·7·11 政／9·15 政／10·25 政／是年 社／1568·7·23 政／8·22 政／9月 政／1569·1·13 政／3·16 政／3·23 政／10·12 政／12·20 政／1571·2·23 政／3·29 文／4·3 政／7·13 政／1572·7·19 政／9·7 政／9·10 政／1573·7·5 政／8·25 政／12·28 政／1574·3·18 政／1575·2月 政／3月 社／11月 社／12·24 政／是年 政／1576·3·23 政／12·9 社／1578·2·21 政／5·26 政／7·25 社／11·12 政／1579·是年 政／1580·4·13 政／1581·2月 政／10·8 政／1582·7月 政／1584·4·3 社／11·7 社／1585·2·15 政／1586·8·3 政／1587·5·3 政／5·23 政／9月 文／❺-1 1627·7·7 社
大伴武日 ❶ 書紀·垂仁 25·2·8／景行 40·7·16
大友忠節 ❶ 996·6·25 政
大伴旅人(淡等) ❶ 710·1·1 政／714·11·26 政／718·3·10 政／719·9·8 政／720·2·29 政／8·12 政／729·10·9 文／731·7·25 文

大伴田麻呂　❶ **763**·1·9 政／**774**·3·5 政
大伴　足　❶ **741**·10月 文
大友親著　❸ **1416**·11·13 政／**1422**·5·16 政／**1423**·12·13 政／**1426**·11·29 政／**1437**·12·13 社／**1440**·2·25 政
大友親敦⇨大友義鑑(よしあき)
大友親氏　❸ **1391**·10·8 政
大友親雄　❸ **1432**·1·4 政
大友親貞　❹ **1570**·8·20 政
大友親重(親繁)　❸ **1436**·2·9 政／**1437**·1·6 政／**1444**·7·19 政／8月 政／❹ **1456**·7月 政／**1457**·1·10 政／是年 政／**1465**·7·30 政／**1469**·是春 政／5月 政／7·12 政／**1470**·2·4 政／**1476**·1·13 政／**1477**·1·15 政／**1478**·1·9 政／10·3 政／是年 政／**1479**·1·1 政／**1481**·1·8 政／**1482**·11·14 政／**1484**·1·5 政／**1485**·1·5 政／**1487**·1·7 政／**1488**·1·9 政／**1489**·1·13 政／**1491**·1·16 政／**1492**·2·21 政／**1493**·1·11 政／**1499**·1·8 政
大友親隆　❹ **1465**·7·5 政
大友親綱　❸ **1432**·1·25 政／10·29 政／**1441**·10·14 政／❹ **1458**·2·6 政
大友親時　❸ **1295**·9·23 政
大友親豊　❹ **1484**·12月 政
大友親治(由原宮)　❸ **1384**·9·3 社
大友親治(豊後守護)　❹ **1496**·5·27 政／**1498**·11·7 政／**1499**·4·29 社／7·25 政／8·29 政／**1500**·4月 政／**1501**·6·13 政／⑥·24 政／7·23 政／**1504**·是年 政／**1505**·3月 政／**1506**·3月 政／**1507**·3·25 社／**1508**·2·20 政／**1510**·10·10 政
大友親安⇨大友義鑑(よしあき)
大友親世　❸ **1373**·9·8 政／**1375**·7·12 政／8·26 政／9·2 政／**1383**·10·7 政／**1391**·10·8 政／**1394**·12·18 政／**1397**·是年 政／**1399**·6·15 社／11·20 政／**1400**·9·29 政／**1403**·3月 社／**1412**·6·9 社／11·26 社／**1413**·2·15 政／**1418**·2·15 政
大友千代松丸　❸ **1333**·3·13 政
大伴継人　❶ **779**·9·18 政／**780**·3·17 政
大伴手拍　❶ **689**·6·2 文／**698**·11·23 政／**705**·5·8 政／**708**·3·13 政
大友時氏　❸ **1361**·8·6 政
大伴時信　❹ **1509**·10·11 社
大友直世　❸ **1420**·8·24 社
大伴長徳(馬飼)　❶ **632**·10·4 政／**649**·4·20 政
大伴仲主　❶ **782**·1·16 政
大伴永主　❶ **784**·10·26 政／**785**·9·23 政
大伴長村　❶ **806**·1·28 政
大友仁王丸　❷ **1223**·11·2 政
大伴根守　❶ **815**·7·20 文
大友晴英⇨大友義長(よしなが)
大友人主　❶ **767**·5·20 社
大伴人益　❶ **806**·1·28 政
大伴広公　❹ **1484**·6·20 文
大伴吹負　❶ **672**·6·26 政／7·1 政／**683**·8·5 政
大伴不破麻呂　❶ **778**·7·3 政
大伴真城麻呂　❶ **805**·2·15 政
大伴馬来田(望多)　❶ **672**·6·24 政／**683**·6·3 政
大友孫次郎　❸ **1347**·8·25 政
大友政親　❹ **1462**·10·25 政／**1469**·是春 政／**1478**·10·3 政／**1482**·11·14 政／**1484**·12月 政／**1487**·12·10 政／**1491**·是年 政／**1493**·3·23 社／**1496**·5·27 政／**1509**·是年 政
大伴益立　❶ **761**·1·16 政／**770**·5·9 政／**775**·6·19 政／**776**·4·15 政／11·15 政／12·14 政／**780**·6·28 政／**781**·9·26 政
大伴真尋(真広)　❶ **772**·12·25 社／12·27 政
大伴麻呂　❶ **759**·12·7 政
大伴御笠　❶ **754**·4·7 政
大伴道足(伴道足)　❶ **708**·3·13 政／**731**·8·11 政／11·22 政
大伴三成　❶ **756**·10月 文
大伴三中(御中)　❶ **736**·2·28 政／**737**·1·26 政／**745**·6·5 政／**746**·4·4 政
大伴南淵麻呂(蜷淵麻呂)　❶ **724**·2·22 社／**738**·8·10 政
大伴岑万里　❶ **804**·9·18 政
大伴峰麻呂　❶ **799**·4·16 政
大伴嚢麻呂　❶ **788**·1·14 政
大伴宮足　❶ **724**·2·22 社
大伴御行　❶ **691**·1·13 政／**694**·1·2 政／**696**·10·22 政／**701**·1·15 政
大伴御依　❶ **757**·6·16 政／**759**·1·11 政／**766**·3·26 政
大友宗匡　❸ **1348**·5·6 政
大伴村上　❶ **772**·4·19 政
大伴室屋　❶ **456**·11·13／**479**·8·7／**458**·7月／**481**·2月／**501**·11月
大友持直　❸ **1425**·12·6 社／**1429**·3·27 政／4·19 政／7·30 政／**1430**·1·17 政／**1431**·2·29 政／3·6 政／6·9 政／10·2 政／11·3 政／**1432**·3·8 政／7·26 政／10·29 政／**1433**·3·5 政／**1434**·9·6 政／**1435**·5月 政／6·29 政／8月 政／**1436**·2·9 政／2·15 政／4月 政／6·1 政／**1438**·1·16 政／**1439**·1·1 政／**1440**·2·25 政／**1441**·10·14 政／**1442**·12·15 政／**1445**·1·4 政／**1455**·1·4 政／❹ **1456**·1·15 政／**1457**·是年 政
大伴百世　❶ **741**·8·9 政／**743**·12·26 政／**746**·4·4 政
大伴杜屋　❶ **679**·6·26 政
大友師能　❹ **1460**·4·26 政／**1464**·1·1 政／**1465**·1·12 政／**1466**·1·2 政／**1474**·1·20 政／**1475**·1·10 政／**1477**·1·15 政／**1478**·1·9 政／**1481**·1·8 政／**1484**·1·5 政／**1486**·1·17 政／**1488**·1·9 政／**1490**·1·10 政／**1492**·2·21 政／**1493**·1·11 政／**1504**·1·9 政
大伴家持　❶ **746**·4·4 政／**751**·7·17 政／**754**·11·1 政／**758**·6·16 政／**764**·1·20 政／**767**·2·28 政／**772**·1·13 文／5·20 文／**774**·3·5 政／9·4 政／**776**·3·5 政／**780**·2·1 政／2·9 政／**781**·2·16 政／**782**·①·11 政／6·17 政／**783**·7·19 政／**784**·2月 政／**785**·8·28 文
大伴矢代　❶ **760**·5·9 社
大友泰朝　❸ **1292**·5·10 政
大部屋栖野古　❶ **605**·5·5 政／**609**·2月 政／**625**·12·8 社
大伴安麻呂　❶ **686**·1月 政／**702**·5·21 政／**705**·8·11 政／11·28 政／**714**·5·1 政
大友泰能　❷ **1279**·3·11 社
大友義鑑(親安·親敦)　❹ **1513**·11·23 政／**1518**·8·11 政／**1522**·7·20 社／**1525**·12月 政／**1527**·11·25 政／**1528**·6·3 政／7·10 政／**1532**·8·25 政／8月 政／11·14 政／**1533**·1·5 政／1月 政／7·5 政／11·10 政／**1534**·1·9 社／①·16 政／3·18 政／7·20 政／10·5 政／12·14 政／**1538**·5·29 政／**1539**·8·24 社／10月 社／**1541**·1·27 政／**1543**·1·17 社／5·7 政／**1544**·8·27 政／12月 政／**1545**·是年 政／**1546**·6·10 政／**1550**·2·10 政／**1567**·4·15 政
大友義氏　❸ **1384**·9·3 社
大友義興　❹ **1498**·11·22 政
大友義鎮⇨大友宗麟(そうりん)
大友義右　❹ **1496**·2·16 社／5·27 政
大友能直　❷ **1223**·11·2 政／11·27 政
大友義長(五郎·晴英·義親)　❹ **1501**·6·13 政／12·2 政／**1505**·3月 政／**1506**·9·22 政／**1507**·3月 政／**1510**·4·12 社／10·10 政／**1513**·11·23 政／**1515**·12·23 政／**1516**·12·13 政／**1518**·8·11 政／**1551**·5月 政／8·20 政／**1552**·3·1 政
大伴吉成　❶ **809**·7·20 社
大友義宣　❹ **1589**·是年 政
大友義統(吉統·セバスチャン)　❹ **1573**·12·28 政／**1575**·11月 社／**1577**·6·1 社／**1578**·4·10 政／**1579**·8·26 政／**1580**·4·13 政／8·12 政／10·7 政／**1581**·6·28 政／10·8 政／**1584**·4·3 社／5·28 文／7月 政／**1585**·9·27 文／10·2 政／10·7 政／**1586**·8·3 政／8·25 政／10·3 政／11·13 政／12·7 政／12·12 政／**1587**·5·3 政／**1588**·2·18 政／9·1 政／**1589**·是年 政／**1591**·8月 政／**1592**·1月 社／4·17 文禄の役／4·26 文禄の役／6·7 文禄の役／6月文禄の役／**1593**·1·7 文禄の役／5·1 文禄の役／**1600**·9·13 政／9·9 関ヶ原合戦／❺-1 **1605**·7·19 政
大友与多(与多王)　❶ **686**·是年 社
大友頼秀　❷ **1248**·10·24 政
大友頼泰　❷ **1242**·1·15 社／**1244**·10·9 政／**1271**·9·13 政／**1272**·2·1 政／**1274**·11·1 政／12·7 政／**1275**·5·12 政／6·5 政／9·22 政／10·22 社／**1276**·3·5 政／5月 文／**1277**·6·15 政／7·5 政／**1280**·11·3 社／**1281**·12·2 政／❸ **1284**·3·25 社／6·19 政／**1285**·3·27 政／9·30 政／**1286**·7·16 政／9·28 政／10·19 政／**1288**·10·3 政／**1289**·3·12 政／

5·12 社／**1290**·7·13 政／**1300**·9·27 政
大友柳太朗　❾ **1985**·9·27 文
大友右近将監　❸ **1347**·11·28 政／12·14 政
大友式部大輔　❸ **1355**·10·22 政
大伴連　❶ **623**·是年 政
大伴王　❶ **789**·2·5 政
大友皇子(伊賀皇子)⇨弘文(こうぶん)天皇
大伴親王⇨淳和(じゅんな)天皇
大伴部博麻　❶ **690**·9·23 政、社
鳳　晶子⇨与謝野(よさの)晶子
大鳥圭介(純彰)　❻ **1860**·10月 文／**1868**·4·12 政／4·19 政／④·18 政／10·12 政／12·15 政／**1872**·1·6 政／**1876**·11·6 文／**1877**·6月 文／**1894**·6·5 日清戦争／8·20 日清戦争／❼ **1911**·6·15 政
鳳　啓介　❾ **1994**·8·4 文
鴻　雪爪　❼ **1904**·6·18 社
鳳　谷五郎　❼ **1915**·2·15 社
大鳥居逸平　❺-1 **1612**·6·28 社／7月 社
大鳥居理兵衛　❻ **1862**·2·20 政
大中姫　❶ 書紀·垂仁 **87**·2·5
大中臣秋家　❷ **1184**·10·6 政
大中臣明輔　❷ **1060**·2·17 政
大中臣敦清　❷ **1118**·11·15 政
大中臣有本　❶ **878**·2·24 政／**894**·2·8 社
大中臣岡良　❶ **867**·1·12 政
大中臣奥生　❶ **928**·2月 社／**939**·3·4 社／⑦·2 社
大中臣弟成　❶ **791**·1·22 政
大中臣弟枚　❶ **804**·1·24 政
大中臣弟守　❶ **815**·1·10 政
大中臣兼興　❷ **1039**·6·23 社／8·7 政
大中臣兼任　❷ **1040**·6月 社
大中臣公範　❷ **1014**·1·3 社
大中臣公義　❷ **1094**·2·1 社
大中臣清宣　❹ **1522**·1·1 社
大中臣清麻呂⇨中臣(なかとみ)清麻呂
大中臣公節　❶ **956**·5·29 社／**958**·12月 社／**962**·1·21 社
大中臣公隆　❷ **1150**·7·6 政
大中臣公長　❷ **1127**·12·8 社／**1138**·5·25 社／9·14 社
大中臣公宣　❷ **1169**·1·19 社／**1188**·2·10 文
大中臣公衡　❷ **1112**·5·8 社
大中臣公房　❷ **1093**·2·2 社
大中臣国末　❸ **1294**·2月 社／**1300**·3月 社
大中臣国房　❷ **1093**·2·2 社
大中臣子老　❶ **781**·6·27 政／**789**·1·25 政
大中臣是直　❶ **877**·3·18 文
大中臣惟房　❷ **1194**·5月 社
大中臣定忠　❸ **1316**·1·24 政
大中臣実高　❷ **1248**·是年 社
大中臣実綱　❸ **1304**·3·12 社
大中臣実長　❸ **1316**·2月 社
大中臣実政　❸ **1282**·8·1 文
大中臣実宗　❸ **1304**·3·12 社
大中臣実康　❸ **1304**·3·12 社
大中臣茂生　❶ **963**·3·22 社／**976**·1·7 社
大中臣松寿丸　❷ **1280**·10·20 社
大中臣宿奈麻呂　❶ **774**·3·5 政／**777**·1·3 政
大中臣佐国　❷ **1039**·4·30 社／6·26 社／7·19 社
大中臣輔親　❷ **1016**·6·8 社／**1029**·4·4 文／**1038**·6·22 社
大中臣輔宣　❷ **1047**·3·27 社
大中臣助康　❷ **1194**·5月 社／**1201**·8·22 社
大中臣鯛取　❶ **808**·5·14 政／**811**·4·5 政
大中臣隆通　❷ **1249**·8·30 社
大中臣隆実　❸ **1333**·9·10 社
大中臣隆世　❷ **1259**·8·27 社
大中臣忠直　❸ **1373**·5·16 文
大中臣為定　❷ **1188**·2·10 文／**1206**·6·7 文
大中臣為信　❷ **1035**·10·10 社／**1055**·10·28 政
大中臣千枝　❷ **1013**·5·25 社
大中臣親章　❷ **1161**·1·29 社
大中臣親定　❷ **1093**·2·2 社／**1102**·10·15 政／**1111**·8月 社／**1122**·1·28 社
大中臣親実　❸ **1315**·12·5 社
大中臣親隆　❷ **1187**·9·29 社
大中臣親長　❷ **1100**·是年 文
大中臣親成　❷ **1154**·5·1 政
大中臣親世　❸ **1360**·5·8 社
大中臣智治麻呂　❶ **813**·1·10 政
大中臣継麻呂　❶ **774**·3·5 政／**776**·3·5 政／**786**·1·24 政
大中臣常麻呂　❶ **810**·9·10 政
大中臣友重　❷ **1078**·11·10 社
大中臣知房　❷ **1175**·8月 社
大中臣中理　❶ **953**·1·28 社／**961**·是年 社
大中臣永実　❷ **1110**·9·16 政
大中臣永輔　❷ **1040**·6月 社／**1051**·11·20 社／**1052**·3·27 社／8·2 社／**1071**·8·6 社
大中臣長房　❸ **1366**·5·8 社
大中臣永政　❷ **1058**·6·20 社
大中臣永頼　❶ **1000**·9·24 社
大中臣名高　❶ **865**·11·18 社
大中臣宣茂　❶ **988**·4·28 社／❷ **1003**·10·14 社／**1029**·12·29 社
大中臣宣直　❸ **1426**·5·12 社
大中臣春継　❶ **828**·③·27 政
大中臣淵魚　❶ **833**·3·24 政／**850**·3·3 政
大中臣全成　❶ **806**·1·28 政
大中臣基直　❸ **1379**·9·20 社
大中臣元範　❷ **1031**·⑩·15 社／**1071**·8·4 社
大中臣元房　❶ **962**·1月 社／**972**·②·19 社
大中臣諸魚　❶ **779**·2·23 政／**785**·1·15 政／**786**·1·24 政／**788**·1·14 政／**789**·2·5 政／**790**·2·27 政／**797**·2·21 政
大中臣安則　❶ **894**·4·18 社／**906**·6·8 政／**922**·4·5 社／**925**·5·25 社／**928**·1·24 社
大中臣泰則　❷ **1247**·8·15 社
大中臣良兼　❷ **1003**·11·2 文
大中臣能隆　❷ **1206**·5·6 社／**1234**·4·4 政
大中臣義任　❷ **1053**·1·6 社
大中臣能宣　❶ **949**·是年 文／**951**·10·30 文／**991**·8月 社
大中臣頼隆　❷ **1180**·7·23 政
大中臣頼宣　❷ **1091**·7·27 社
大中臣依宗　❷ **1118**·5·2 政
大中臣頼基　❶ **949**·6·23 社／**958**·是年 社
大灘浪右衛門　❺-1 **1699**·5·28 社
大南敏美　❾ **2003**·3·9 社
大縄讃岐守　❹ **1587**·3·3 政
大西愛治郎　❼ **1913**·8月 社／**1928**·4·3 社／❽ **1938**·11·21 社
大西覚養　❹ **1577**·2月 政
大西閑斎　❺-2 **1717**·7·7 文
大西巨人　❽ **1961**·7·8 政／**1962**·2·5 政／❾ **1968**·12月 文
大西圭斎　❺-2 **1829**·6·11 文
大西健丞　❾ **2002**·1·18 政
大西権兵衛　❺-2 **1750**·1·15 社
大西順子　❾ **2000**·9·15 社
大西浄清(釜師、二代目)　❺-1 **1682**·9·6 文
大西浄雪(釜師、十代目)　❺-2 **1852**·11·8 文
大西浄徳　❼ **1902**·7·24 文
大西浄入(釜師、五代目)　❺-2 **1716**·2·3 文
大西祥平　❾ **2010**·3·18 文
大西浄本(釜師、八代目)　❺-2 **1785**·4·2 文
大西浄玄(釜師、六代目)　❺-2 **1762**·9·14 文
大西浄玄(釜師、七代目)　❺-2 **1783**·4·13 文
大西助次郎　❺-2 **1722**·8·12 社
大西性次郎　❼ **1925**·12·12 社
大西浄林(釜師、初代)　❺-1 **1663**·10·27 文
大西瀧治郎　❽ **1944**·10·20 政、社／**1945**·8·16 政
大西卓哉　❾ **2009**·2·25 文
大西椿年　❺-2 **1851**·11·6 文
大西鉄之祐　❾ **1995**·9·19 社
大西利美　❾ **2011**·4·3 政
大西　祝(操山)　❻ **1894**·3·25 社／❼ **1900**·11·2 文
大西義方　❺-2 **1828**·是年 文
大西与三右衛門　❺-1 **1678**·12·25 政
大錦卯一郎　❼ **1916**·1·26 社／**1917**·3·20 社／**1923**·1·8 社
大錦大五郎　❽ **1943**·5·16 社
大沼枕山　❻ **1891**·10·1 文
大沼保昭　❾ **1983**·5·28 政
大根土成　❺-2 **1827**·是年 文
多(太)　犬養　❶ **766**·3·26 政／**776**·1·19 政
多(おおの)　入鹿　❶ **810**·9·10 政
多　景節　❷ **1206**·10·3 文
多　蒋敷　❶ **661**·9月 政
多　自然麿(麻呂)　❶ **835**·4月 文
多　資忠　❷ **1092**·7·20 文／**1095**·1·17 文／**1097**·12·27 文／**1100**·6·15 文
多　忠方　❷ **1111**·8·21 文／**1135**·6·21 文

多 忠廉 ❻ 1879·11月 文
多 忠国 ❹ 1524·3月 文
多 忠右 ❸ 1437·6·14 文
多 忠隆 ❹ 1549·9·15 文
多 忠時 ❹ 1524·3月 文
多 忠朝 ❽ 1956·10·17 文
多 忠成 ❷ 1206·10·3 文
多 忠宗 ❹ 1561·5·25 文
多 忠行 ❻ 1894·2月 文
多 忠吉 ❹ 1549·9·15 文
多 近方 ❷ 1127·11·18 文／1131·1·2 文／1152·5·4 文
多 近久 ❷ 1187·11·24 社／1213·10·18 文
多 節方 ❷ 1100·6·15 文
多 節資 ❷ 1084·1·19 文
多 内記 ❺-1 1642·8·27 文
多 春野 ❶ 885·11·10 文
多 久資 ❸ 1295·8·7 文
多 久行 ❷ 1229·10月 文
多 品治 ❶ 672·6·22 政／7·2 政／7·6 政／683·12·13 政／696·8·25 社
多 政方 ❷ 1028·12·16 文／1045·是年 文
多 安邑 ❶ 885·2·25 文／906·1·9 文
多 好氏 ❷ 1229·9·9 文／1235·⑥·24 文／1244·12·20 文
多 好方 ❷ 1187·11·24 社／1191·11·21 文／12·19 文／1193·11·12 文／1206·10·3 文／1211·6·5 文
多 吉茂 ❷ 1005·3·6 文／1008·1·2 文／1010·7·17 文
多 好節 ❷ 1191·12·19 文／1217·5·21 文／1236·2·14 文
太 遠建治 ❶ 714·12·5 政
太 安万侶(安麻呂) ❶ 711·9·18 文／712·1·28 文／716·9·23 文／720·5·21 文／723·7·6 文
大 足山 ❶ 766·9·13 社
大野 明 ❾ 1990·2·28 政
大野東人 ❶ 724·是年 政／737·1·21 政／739·4·21 政／740·10·9 政／742·11·2 政
大野犬養 ❶ 806·1·28 政
大野石主 ❶ 777·1·3 政
大野一雄 ❾ 2010·6·1 文
大野和士 ❾ 1996·10·12 文／2000·2月 文／2010·11·3 文
大野九右衛門 ❺-1 1693·1·19 政
大野研斎 ❻ 1869·3·23 文
大野定久 ❹ 1498·12·23 政
大野さみえ ❾ 2005·8·17 社
大野静方 ❼ 1901·6·6 文
大野 忍 ❾ 2012·7·27 社
大野洒竹 ❼ 1913·10·12 文
大野主馬⇨大野治房(はるふさ)
大野松斎 ❻ 1888·7·17 文
大野甚右衛門 ❺-2 1730·9·12 政
大野 晋 ❽ 1953·6月 文／❾ 2008·7·14 文
大野宗室 ❺-1 1649·2·4 政
大野鷹取 ❶ 867·1·12 政
大野谷蔵 ❻ 1869·8月 社
大野槌太郎 ❻ 1894·7·4 政
大野恒徳 ❻ 1888·7·5 文
大野仲仟 ❶ 781·3·10 政
大野仲男 ❶ 790·3·9 政
大野鉈太郎 ❼ 1901·7·10 政
大野夏貞 ❶ 905·7·28 政
大野忍敬 ❾ 2008·3·8 社
大野規周 ❺-2 1849·5月 文／❻ 1874·11·18 文／1880·9·9 社
大野治純 ❺-1 1615·4·19 大坂夏の陣
大野治胤(道犬) ❺-1 1615·4·28 大坂夏の陣／6·27 大坂夏の陣
大野治長 ❹ 1599·10·2 政／❺-1 1614·11·26 大坂冬の陣／12·8 大坂冬の陣／12·22 政／1615·3·24 大坂夏の陣／4·9 大坂夏の陣／5·7 大坂夏の陣
大野治房(主馬) ❺-1 1614·9·23 大坂冬の陣／11·19 大坂冬の陣／1615·4·29 大坂夏の陣／1649·2·4 政
大野伴睦 ❽ 1948·9·10 政／9·18 政／1951·1·10 政／1953·5·21 政／1955·5·15 政／11·6 政／1962·12·10 政／1963·10·30 政／1964·5·29 政
大野百樹 ❾ 2011·9·7 文
大野広城 ❺-2 1840·是年 文／1841·6·9 文／是年 文
大野広立 ❶ 759·1·11 政／761·1·16 政／762·1·9 政
大野直雄(真雄) ❶ 812·1·12 政
大野正男 ❾ 2006·10·28 政
大野真菅 ❶ 811·4·5 政
大野真鷹 ❶ 843·2·3 政
大野盛郁 ❼ 1918·4·23 政
大野弥三郎 ❻ 1862·9·11 文
大野安雄 ❶ 886·5·12 政
大野泰成 ❸ 1364·11·28 政
大野 豊 ❾ 2012·10·27 文
大野義高 ❽ 1953·9·16 政
大野義輝 ❾ 2003·1·10 文
大野功統 ❾ 2004·9·27 政／2005·6·4 政／7·14 政
大野宮内少輔 ❸ 1450·10·22 政
大野信濃守 ❺-1 1614·12·20 大坂冬の陣
大野木秀次郎 ❽ 1952·10·30 政／1953·5·21 政
大乃国 康 ❾ 1987·9·30 社
大ノ里 ❼ 1932·1·5 社
大昇充宏(石田勇) ❾ 2009·3·1 社
大羽振辺 ❶ 書紀·景行 56·8月
大場磐雄 ❽ 1950·4月 文／❾ 1975·6·7 文
大場宇右衛門 ❺-1 1677·9月 社
大庭 脩 ❾ 2002·11·27 文
大庭学僊 ❻ 1884·4·11 文／❼ 1899·8·11 文
大場景明 ❺-2 1785·5·23 文
大庭景親 ❷ 1180·8·2 政／8·23 政／8·27 政／9·2 政／10·23 政／1194·3·25 社
大庭景宗 ❷ 1188·11·27 社
大庭景能 ❷ 1210·4·9 政
大庭柯公(景秋) ❼ 1918·12·23 政／1919·7·7 文
大場幸次郎 ❺-2 1796·6·23 政
大場 栄 ❽ 1945·12·1 政
大庭三左衛門 ❹ 1584·10·6 政
大場松魚 ❾ 2012·6·21 文
大庭二郎 ❼ 1921·4·7 政／1935·2·11 政
大庭次郎太郎 ❸ 1352·4·20 政
大庭探柳 ❺-1 1705·11月 文
大庭秀雄 ❾ 1997·3·10 文
おおば比呂司 ❾ 1988·8·18 文
大場政夫 ❾ 1970·10·22 社／1973·1·2 社／1·25 社
大場満郎 ❾ 1997·5·3 社／1999·2·15 社
大庭みな子 ❾ 2007·5·24 文
大庭宮能 ❸ 1352·9·3 社
大庭元景 ❹ 1502·4·7 政
大場幸夫 ❾ 2011·5·13 文
大庭六郎左衛門 ❸ 1368·⑥·17 社
大庭王 ❶ 806·1·28 政／818·9·26 政
大墓阿弖利為 ❶ 802·4·15 政
大橋 歩 ❽ 1964·4·28 社
大橋乙羽 ❼ 1901·6·1 文
大橋巨泉 ❾ 1969·10·7 社／1983·4·7 社／2002·1·29 政
大橋佐平 ❻ 1887·6·15 文／❼ 1901·11·3 文
大橋重政 ❺-1 1672·6·30 文
大橋重雅 ❺-2 1813·8·8 文
大橋秋二 ❻ 1857·10·20 文
大橋集木 ❺-2 1821·8月 社
大橋新右衛門 ❺-2 1727·10·14 社
大橋新太郎 ❼ 1902·9·15 政／1903·9·2 文／1922·8·1 政／❽ 1944·5·5 文
大橋宗英 ❺-2 1789·11·17 文／1809·11·17 文／1839·是年 文
大橋宗看 ❺-1 1649·是年 文／1696·是年 文
大橋宗桂(宗慶、初代) ❹ 1596·12·20 文／❺-1 1602·12·3 文／1607·2·8 文／1608·1·10 文／是春 文／1612·2·13 文／3·3 文／1614·是年 文／1616·4·9 文／是年 文
大橋宗桂(二代目) ❺-1 1660·9·25 文
大橋宗桂(四代目) ❺-1 1697·5·18 文
大橋宗桂(宗慶、八代目) ❺-2 1737·5月 文／1765·12·29 文／1767·7·11 文／1786·是年 文／1789·11·17 文／1815·是年 社
大橋宗古 ❺-1 1636·是年 文
大橋摺之助 ❺-1 1612·6·28 社
大橋宗珉 ❺-2 1737·5月 文
大橋宗与 ❺-2 1717·是年 文
大橋宅清 ❺-1 1687·是年 文
大橋武夫 ❽ 1949·1·23 政／1950·6·28 政／1951·12·26 政／1963·7·18 政／❾ 1966·12·3 政
大橋親重 ❺-1 1665·1·14 政
大橋親義 ❺-2 1751·2·15 政／1756·3·2 政／1758·10·28 政／1762·9·21 政
大梁篤二 ❾ 2012·5·25 政
大橋敏雄 ❾ 1988·5·10 政
大橋訥庵(正順·順蔵·周道) ❺-2 1852·是年 文／❻ 1862·1·12 政／7·12 文
大橋皤岩 ❼ 1928·10月 文
大橋八郎 ❽ 1945·9·10 文

大橋繁治　❼ 1915·1·3 社
大橋秀行　❾ 1990·2·7 社／1992·10·14 社
大橋政重　❹ 1467·是年 政
大橋光吉　❼ 1925·12月 文
大橋龍慶　❸ 1294·11·5 文
大橋六左衛門　❺-1 1689·4·25 政
大畠章宏　❾ 2010·9·17 政／2011·1·14 政
大畑才蔵　❺-1 1707·4月 社
大秦高元　❸ 1363·7·6 政
大泊瀬幼武皇子⇨雄略(ゆうりゃく)天皇
大祝頼高　❹ 1542·7·2 政
大浜英子　❽ 1961·12·19 政
大浜信泉　❾ 1976·2·13 文
大浜方栄　❾ 1978·1·26 文
大林　清　❽ 1943·12·17 文
大林辰蔵　❾ 1992·2·19 文
大林太良　❾ 1977·1·15 文／2001·4·12 文
大林芳五郎　❻ 1892·1月 政／❼ 1916·1·24 政
大原一三　❾ 1996·1·11 政
大原今城(今城王)　❶ 763·1·9 政／772·4·19 政
大原雄広麿　❶ 875·1·29 社
大原門部　❶ 745·4·23 政
大原亀五郎　❺-2 1789·5·16 社
大原清(浄)貞　❶ 772·4·19 政／778·2·4 政
大原源次郎　❺-1 1623·10·10 社
大原孝四郎　❻ 1888·3月 政
大原左金吾(雲卿·呑響·観次·寛治)　❺-2 1797·是年 文／1810·5·18 文
大原重実　❻ 1869·5·18 政
大原重朝　❼ 1902·8·26 社
大原重徳　❻ 1859·2·5 政／1862·5·8 政／6·7 政／1866·8·30 政／1867·12·9 政／1879·4·1 政
大原宿奈麻呂　❶ 776·3·5 政
大原総一郎　❾ 1968·7·27 政
大原忠宗　❶ 935·12·4 政
大原継(嗣麻呂)麻呂　❶ 763·1·9 政
大原継正　❺-2 1777·5·24 政
大原東野　❺-2 1810·是年 文／1811·是年 文
大原利明　❺-2 1810·是年 文／1824·是年 文
大原富枝　❾ 1976·9月 文／2000·1·27 文
大原孫三郎　❼ 1921·3·28 文／1926·6·24 文／❽ 1943·1·18 政
大原正純　❺-2 1789·12·28 政
大原真福　❶ 808·5·14 政
大原麻呂　❶ 745·9·4 政
大原美気　❶ 778·7·3 政／782·①·11 政／789·2·5 政／790·3·9 政
大原みどり　❾ 1976·5·8 社
大原安雄　❶ 862·1·13 政
大原幽学　❺-2 1835·8·3 文／❻ 1857·10·23 社／1858·3·8 文
大原麗子　❾ 2009·8·3 文
大原内親王　❶ 806·11·13 社／863·1·19 政
大樋年朗　❾ 2011·11·3 文
大東義徹　❼ 1902·12月 政／1905·4·8 政
大彦命(大毗古命)　❶ 書紀·孝元 22·1·14／崇神 10·9·9
大日方入道　❹ 1554·3·12 社
大浜宿禰　❶ 書紀·応神 3·11月
大姫(源頼朝の娘)　❷ 1176·2·6 社／1184·4·21 政／1187·2·23 社／1188·6·1 文／1196·是冬 政／1197·7·14 政
大姫(徳川頼房娘)　❺-1 1637·3·6 社
大平山濤　❾ 2002·10·30 文
大平清九郎　❹ 1551·12·7 政／1552·3·27 社
大平正芳　❽ 1952·10·1 政／1960·7·19 政／1962·7·18 政／1963·1·9 政／7·18 政／1964·7·3 政／❾ 1968·11·30 政／1972·7·7 政／12·22 政／1974·11·30 政／12·9 政／1978·11·26 政／12·7 政／1979·11·9 政
大平雄三　❾ 1977·7·31 社
大平与兵衛　❺-2 1839·是年 文
オーフェルトワーテル，ピーテル·アントニスゾーン(オランダ)　❺-1 1642·⑨·5 政／1644·10·15 政／11·2 政
大藤時彦　❾ 1990·5·18 文
大藤信郎　❽ 1961·7·28 文
大藤幽叟　❻ 1863·7·25 社
大渕絹子　❾ 1989·6·25 政
大生部　多　❶ 644·7月 社
大生部立花　❶ 724·2·22 社
大生部三穂麻呂　❶ 724·2·22 社
大堀敦子　❽ 1950·9·30 文
大前田英五郎　❻ 1874·2·26 社
大牧周西　❺-2 1823·是年 文
大派王　❶ 636·7·1 政
大町桂月(芳衛)　❼ 1896·12月 文／1907·6·17 文／1911·5·17 文／1925·6·10 文
大町甚左衛門　❻ 1876·11·26 社
大町陽一郎　❾ 1982·12月 文
大町土佐守　❹ 1525·是年 政
大町三河守　❹ 1589·3·30 政
大政所⇨天瑞院(てんずいいん)
大道晃仙　❾ 2011·6·25 社
大嶺信祐　❹ 1587·8·8 政
大宮有忠　❷ 1241·4·25 政
大宮倉吉　❽ 1950·是年 社
大宮庄助　❻ 1872·11月 社
大宮季衡　❸ 1331·2·1 政／1332·10·14 政／1333·3·12 政／1346·5·25 政
大宮敏充　❽ 1958·12·1 文
大宮院⇨藤原姞子(ふじわらきっし)
大神(おおみわ)景章　❹ 1515·2·11 文
大神景範　❹ 1515·2·11 文
大神景通　❹ 1515·2·11 文
大神狛麻呂　❶ 708·3·13 政／715·5·22 政
大神甚五平　❺-2 1804·是年 文／1818·是年 文
大神末足　❶ 776·3·5 政／12·14 政／779·3·10 政
大神高市麻呂　❶ 702·1·17 政／703·6·5 政／706·2·6 政
大神庸主　❶ 860·12·29 文
大神仲江麻呂　❶ 791·1·28 文
大神掃石継人　❶ 801·6·27 社
大神比義　❶ 571·1月
大神船人　❶ 785·1·15 政
大三輪真上田子人　❶ 676·8月 政
大神巳井(御井)　❶ 874·6·17 政／912·4·8 文
大神宗雄　❶ 848·1·13 政
大三輪安麿　❶ 689·2·26 政／714·1·27 政
大神安麻呂　❶ 708·9·4 政
大神⇨大神(おおが)姓も見よ
大村家親　❹ 1469·6月 政
大村一秀　❺-2 1841·是年 文
大村可全⇨大村彦太郎(ひこたろう)
大村　崑　❽ 1959·3·1 文／9·3 文
大村　智　❾ 2012·11·5 文
大村鎮信　❹ 1565·是年 政
大村庄助　❺-2 1772·8月 政
大村純顕　❺-2 1836·11·23 政
大村純前　❹ 1551·6·15 政
大村純忠(理専·バルトロメヨ)　❹ 1551·6·15 政／1561·9·13 政／1562·6·14 政／7·11 社／1563·4·28 社／7·29 政／1565·6月 政／是年 政／1568·12·12 社／1570·是年 社／1571·3月 社／1574·1·18 政／1576·6·16 政／1577·6月 政／1580·4·27 政／是年 政／1586·5·9 政／1587·4·18 政
大村純尹　❹ 1474·12月 政／1514·5月 政／1515·是年 政／❺-1 1706·8·21 政
大村純庸　❺-2 1727·①·9 政
大村純富　❺-2 1748·11·16 政
大村純長　❺-1 1650·5·26 政／1658·8·13 社／1706·8·21 政
大村純信　❺-1 1619·11·13 政／1621·7·27 政／1629·7月 社／1634·5·29 政／1641·2·8 政／1647·6·25 政／1650·5·26 政
大村純治　❹ 1507·是年 政
大村純熈　❻ 1882·1·12 政
大村純昌　❺-2 1803·1·23 政／1836·11·23 政
大村純益　❹ 1533·是秋 政
大村純保　❺-2 1748·11·21 政／1760·12·24 政
大村純鎮　❺-2 1760·12·24 政／1803·1·23 政
大村純頼　❺-1 1617·4·18 社／1619·9·16 政／11·13 政
大村清一　❽ 1946·5·22 政／1954·12·10 政／❾ 1968·5·24 政
大村西崖　❻ 1893·7·10 文／❼ 1897·11·27 文／1927·3·7 文
大村達尾　❻ 1863·10·15 社
大村胤明　❹ 1483·5月 政
大村はま　❾ 2005·4·17 文
大村彦太郎(可全)　❺-1 1652·1月 社／1689·12·24 文
大村秀章　❾ 2011·2·6 社
大村福吉　❶ 835·10·4 文
大村益次郎(村田蔵六)　❻ 1853·5·15 政／1856·11·16 文／1865·2·9 政／3·14 政／⑤·21 政／1866·6·14 政／1869·9·4 政
大村光枝　❺-2 1794·是年 文
大村由己　❹ 1580·是年 文／

1582·10月 文／1583·11月 文／1587·6·19 社／1588·4·21 文／1591·是年 文／1594·2·9 文／1596·5·7 文
大村喜前 ❹ 1580·4·27 政／1587·4·18 政／1591·9·3 政／1592·3·12 文禄の役／4·12 文禄の役／1598·11·26 慶長の役／1600·8·5 関ヶ原合戦／❺-1 1602·是年 社／1605·7月 政／1610·1·11 政／1613·是年 政／1616·8·8 政
大村理専⇨大村純忠(すみただ)
大森　昭 ❾ 2012·5·21 政
大森氏頼 ❹ 1462·11·9 政／1464·5·7 政／1469·1·18 政／1494·8·26 政
大森英秀 ❺-2 1798·4月 文
大森勝久 ❾ 1976·3·2 政
大森金五郎 ❼ 1899·4月 文／❽ 1937·1·13 文
大森敬堂 ❼ 1900·3·5 文
大森実頼 ❹ 1462·9·5 政／1464·5·7 政
大森繁右衛門 ❺-2 1796·8·29 政／1801·1·21 政／1804·5·26 政／1805·6·2 政／1807·11月 政
大森杖信 ❺-2 1756·11·29 文
大森荘蔵 ❾ 1997·2·17 文
大森宗勲 ❺-1 1625·4·10 文
大森時長 ❺-2 1734·2·4 政
大森朝頼 ❹ 1456·1·19 政
大森直治 ❹ 1470·5·13 社
大森長範 ❹ 1597·5·18 政
大森憲頼 ❸ 1440·8·9 政
大森治豊 ❻ 1885·5月 文
大森彦七 ❺-2 1733·4月 文
大森英昌 ❺-2 1772·8月 文
大森房吉 ❼ 1923·11·8 文／11·20 文
大森藤頼 ❹ 1494·8·26 政／1495·2·16 政／9月 政
大森　実 ❾ 2010·3·25 文
大森師益 ❸ 1363·2·4 社
大森善清 ❺-1 1702·是年 文
大森義太郎 ❼ 1927·12·6 政／1928·4·18 文
大森頼直 ❺-1 1656·2·3 政
大森頼春 ❹ 1469·1·18 政
大森兵衛太夫 ❹ 1585·11·11 政
大屋明啓 ❺-2 1848·11·1 政／1850·5·25 政
大屋　敦 ❽ 1955·1·27 政
大矢市次郎 ❽ 1938·10月 文
大屋(萩野屋)裏住 ❺-2 1786·4·12 社／1810·5·11 文
大宅映子 ❾ 2002·6·21 社
大屋九右衛門 ❺-1 1692·2·11 政
大矢峻嶺 ❼ 1928·6·28 文
大屋晋三 ❽ 1948·12·13 政／1949·2·16 政
大宅壮一 ❽ 1963·1·1 文
大矢　透(又七郎) ❼ 1928·3·16 文
大家　寛 ❾ 1999·7·2 文
大屋政子 ❾ 1999·1·16 文
大谷津岩五郎 ❻ 1855·9·28 政
大八木三郎右衛門 ❻ 1863·7·23 政
大宅　軍 ❶ 623·是年 政
大宅大国 ❶ 714·10·13 政／720·10·9 政
大宅可是麻呂(賀是麻呂·加是麻呂) ❶ 749·11·3 社／772·12·30 社
大宅金弓 ❶ 708·3·13 政
大宅鎌柄 ❶ 663·3月 政
大宅君子 ❶ 738·4·22 政
大宅浄成 ❶ 808·5·14 政
大宅末広 ❷ 1202·1·18 社
大宅鷹取 ❶ 866·③·10 政
大宅近永 ❷ 1150·9·18 社
大宅広江 ❶ 787·2·5 政／790·3·9 政
大宅麻呂 ❶ 689·2·26 政／694·3·2 政
大宅光信 ❷ 1238·10·19 社
大宅宗永 ❶ 885·12·23 社
大宅内親王 ❶ 809·7·3 社／849·2·14 政
大藪茂利 ❺-2 1842·是年 文
大藪銭塘 ❺-2 1767·7·22 文
大藪春彦 ❾ 1996·2·26 文
大山郁夫 ❼ 1919·2·11 文／2·21 政／1924·6·28 政／1926·12·12 政／1927·1·14 政／1928·2·7 政／1929·1·7 政／8·8 政／11·1 政／❽ 1947·10·23 政／1949·9·27 政／1951·12·21 政／1955·11·30 文
大山勇夫 ❽ 1937·8·9 政
大山　巌(弥助) ❻ 1867·12·4 政／1870·8·14 政／1877·11·2 政／1880·2·28 政／1881·10·21 政／1884·2·16 政／1885·11·11 政／12·22 政／1888·4·30 政／1889·12·24 政／1891·5·6 政／1892·8·3 政／1893·10·18 文／1894·9·25 日清戦争／❼ 1898·1·20 政／1899·5·16 政／1903·6·23 政／1904·6·20 日露戦争／1905·3·1 日露戦争／3·14 日露戦争／12·7 政／1907·9·21 政／1912·8·13 政／1916·12·10 政
大山覚威 ❼ 1925·8·1 文
大山　柏 ❼ 1920·4·26 文／1929·2月 文／❾ 1969·8·20 文
大山克巳 ❾ 2012·10·9 文
大山左兵衛 ❺-1 1629·1·24 社
大山次郎右衛門 ❺-1 1692·是年 社
大山澄太 ❾ 1994·9·26 文
大山忠作 ❾ 1972·11·1 文／2006·11·3 文／2009·2·19 文
大山綱良(格之助) ❻ 1867·9·18 政／10·6 政／1868·3·2 政／1877·10·10 政／2·13 西南戦争／3·17 西南戦争
大山朝常 ❾ 1999·11·24 政
大山信子 ❼ 1896·5·21 社
大山倍達 ❾ 1994·4·26 文
大山松次郎 ❽ 1948·4·16 政
大山康晴 ❽ 1952·7·15 文／7·26 文／1960·9·20 社／1963·1·10 社／2·2 文／❾ 1969·6·19 文／1972·6·8 社／1992·7·26 文
大山義成 ❹ 1486·是年 政
大日本彦耜友尊⇨懿徳(いとく)天皇
大日本根子彦国牽尊⇨孝元(こうげん)天皇
大日本根子彦太瓊尊⇨孝霊(こうれい)天皇
大山守命 ❶ 書紀·応神 40·1·24／応神 41·是年
大湯彦右衛門 ❺-1 1635·2·9 政
大網(おおよさみ)広道 ❶ 778·12·17 政
大淀(三井)三千風(友翰) ❺-1 1679·是年 文／1680·是年 文／1682·是年 政／1689·是年 文／1690·是年 文／1697·是年 文／1700·是年 文／1701·是年 文／1704·是年 文／1707·1·8 文
多米(おおよね)新左衛門 ❻ 1868·2·8 政
大米龍雲 ❼ 1915·8·10 社
大利(おおり)鼎吉 ❻ 1865·1·8 政
大力弥太郎 ❺-1 1607·是春 社
大類　伸 ❾ 1975·12·27 文
オールコック(英領事) ❻ 1859·5·26 政／7·11 政／1860·1·7 政／1862·2·15 政／1864·11·26 政
大別王 ❶ 577·5·5
大和田気求 ❺-1 1658·是年 文／1667·是年 文
大和田重清 ❹ 1593·7·12 政
大和田建樹 ❼ 1896·12月 文／1897·9月 文／1900·5月 文／1904·7月 文／1909·3月 文／1910·10·1 文
大和田寿郎 ❾ 1970·9·2 文
大和田正春 ❾ 1985·2·5 社
大和田屋島大夫 ❺-1 1691·5·22 政
岡　畏三郎 ❾ 2010·9·17 文
岡　市之助 ❼ 1914·4·16 政／1916·7·20 政
岡　英三 ❼ 1929·2·24 文
岡　鬼太郎(嘉太郎) ❼ 1902·1·9 文／1905·5·11 文／❽ 1943·10·29 文
岡　儀右衛門 ❻ 1867·7·7 政
岡　潔 ❽ 1954·3·30 文／1960·11·3 文／❾ 1978·3·1 文
岡　邦雄 ❼ 1932·10·23 文／❽ 1938·3月 文／11·29 文
岡　熊臣(忠栄) ❺-2 1851·8·6 文
岡　研介(子究) ❺-2 1839·11·3 文
岡　行蔵 ❾ 1990·7·12 文
岡　三郎 ❽ 1949·12·5 社
岡　鹿之助 ❼ 1935·是年 文／❾ 1972·11·3 文／1978·4·28 文
岡　十郎 ❼ 1899·7·20 社
岡　清兵衛(初代) ❺-1 1655·是年 文／1658·是年 文
岡　清兵衛(二代目) ❺-2 1734·4·22 文
岡　千仭(鹿門) ❼ 1914·2·18 文／2·28 文
岡　敬純 ❽ 1941·9·6 政／1944·7·22 社／❾ 1973·12·4 政
岡　孝常 ❺-1 1699·9·9 政
岡　孝賀 ❺-1 1628·5·9 文
岡　為房 ❷ 1069·8·1 社
岡　千代彦 ❼ 1906·2·24 政
岡　対馬 ❺-2 1776·6·19 社
丘　灯至夫 ❾ 2009·11·24 文
岡　利定 ❾ 2000·10·2 政
岡　八郎 ❾ 2005·7·26 文
岡　白駒 ❺-2 1743·是年 文／1746·是年 文／1749·是年 文／1755·是年 文／1756·是年 文／1762·是年 文／1767·11·8 文／1768·是年 文／1793·是年 文／1807·是年 文／1830·是年 文

岡　仁詩　❾ 2007・5・11 社
岡　兵作　❺-2 1814・4・1 社
岡　麓(三郎)　❼ 1899・3・14 文／❽ 1951・9・7 文
岡　正雄　❾ 1968・9・3 文
岡　昌名　❺-2 1727・是年 文
岡　実　❽ 1939・11・20 政
岡　義武　❽ 1948・11・5 文／❾ 1986・11・3 文／1990・10・5 文
岡　龍州　❺-2 1793・是年 文
岡　了允　❺-2 1820・是年 文
岡井珊州(孝光)　❺-2 1765・9・7 文
岡井玄貞　❺-1 1666・11・28 文
岡上三四郎　❺-1 1689・3・27 政
岡上次郎兵衛　❺-1 1688・3・27 政
岡内重俊(俊太郎)　❻ 1890・10・1 政／❼ 1915・9・20 政
岡上鈴江　❾ 2011・1・27 文
岡倉古志郎　❽ 1961・4・1 文
岡倉士朗　❽ 1947・7・28 文／1948・9・13 文／1950・4月 文
岡倉天心(覚三・角蔵)　❻ 1880・7・10 文／1882・5月 文／1884・是年 文／1886・9・11 文／1888・9・27 文／1889・2・1 文／10月 文／1890・10・7 文／1891・11・21 文／❼ 1897・11・27 文／1898・3・29 文／10・15 文／1901・11・21 文／1904・2・10 文／11月 文／1906・5月 文／11月 文／1907・9・1 文／1913・9・2 文
岡倉由三郎　❼ 1936・10・31 文
岡崎一明　❾ 2005・4・7 社
岡崎勝男　❽ 1945・8・26 政／1950・8・18 政／1951・12・26 政／1952・4・30 政／10・30 政／1953・5・21 政／❾ 1965・10・10 政
岡崎嘉平太　❾ 1975・9・29 政／1989・9・22 政
岡崎邦輔　❼ 1913・2・23 政／1925・2・19 文／4・4 政／1936・7・22 政
岡崎国久　❺-2 1752・6・21 政
岡崎熊吉　❼ 1902・8・7 社
岡崎宏三　❾ 2005・1・13 文
岡崎鵠亭(元軌・伯則)　❺-2 1783・是年 文
岡崎重太郎　❼ 1928・9・15 文
岡崎春石　❽ 1943・3・23 文
岡崎慎司　❾ 2010・6・10 社
岡崎雪声　❼ 1900・7・10 文／1903・10・25 文／1921・4・16 文
岡崎　敬　❾ 1990・6・11 文
岡崎忠雄　❼ 1936・12・12 政
岡崎トミ子　❾ 2010・9・17 政
岡崎朋美　❾ 2005・1・15 社
岡崎信康(竹千代)⇨松平(まつだいら)信康
岡崎文次　❾ 1998・7・23 文
岡崎盛道　❹ 1552・12・9 社
岡崎与左衛門　❹ 1563・5・5 政
岡崎義恵　❾ 1982・8・6 文
岡崎義実　❷ 1180・8・17 政／1200・6・21 政
岡崎律子　❾ 2004・5・5 文
岡崎廬門(信好)　❺-2 1778・是年 文／1786・是年 文
岡澤　精　❼ 1908・12・12 政
小笠原家長　❹ 1473・2・21 政／11・22 政／1475・是夏 政／1480・8・12 政
小笠原一庵(為宗)　❺-1 1603・4月 政／1604・9月 社／1605・7・28 政
小笠原一甫　❺-2 1770・11・26 文
小笠原石王　❸ 1351・1・26 社
小笠原氏興　❹ 1544・7・1 社／1568・12月 政
小笠原氏隆　❹ 1512・11・3 文
小笠原応助　❺-2 1830・5・29 政
小笠原数馬　❺-2 1791・11・3 政
小笠原勝二　❺-1 1658・是年 文
小笠原兼経　❸ 1336・10・12 政
小笠原官次郎　❺-2 1816・5月 政
小笠原久左衛門　❺-1 1659・是年 社
小笠原宮内　❺-2 1727・是年 政
小笠原鏡次郎　❻ 1861・5・16 社
小笠原　清　❽ 1949・9・10 政
小笠原清宗　❸ 1451・6・9 政／10・5 社／❹ 1462・6・15 政
小笠原敬次郎　❻ 1862・9・14 政
小笠原源左衛門　❹ 1526・12・15 政
小笠原監物　❺-1 1607・3・17 政
小笠原貞子　❾ 1995・10・9 政
小笠原貞種　❹ 1582・7・17 政
小笠原貞朝　❹ 1501・8・12 政／11・7 政／1515・6・3 政
小笠原貞信　❺-1 1647・7・13 社
小笠原貞宗　❸ 1333・4・27 政／1335・7・14 政／8・1 政／9・3 政／9・27 政／12・23 政／1336・1・1 政／2・15 政／7・5 政／7・16 政／9月 政／1340・6・24 政／1342・2月 社／3・13 政／1344・11・12 政／1347・5・26 政
小笠原定基　❹ 1493・1・4 政／1501・6・13 政／11・7 政／1506・9・21 政／10・18 政／1507・8・16 政
小笠原左大夫　❺-1 1662・3・3 社
小笠原貞慶　❹ 1575・11・28 政／1582・7・15 政／7・17 政／11月 政／1584・4・21 政／1585・11・13 政／12・13 政／1595・5・10 政
小笠原三九郎　❽ 1945・10・9 政／11・14 政／1952・10・30 政／1953・5・21 政
小笠原重季　❻ 1890・4・4 社
小笠原十郎次郎　❸ 1351・6・29 政
小笠原新九郎　❺-1 1715・10・18 政
小笠原忠雄　❺-1 1667・10・18 政／1668・7・1 政／1708・①・9 社／❺-2 1717・5・21 政
小笠原忠固(忠徳)　❺-2 1804・7・20 政／1807・3・29 政／1811・1・27 政／5・22 政／6・19 政／1814・11・16 政／1815・8・13 政
小笠原忠真　❺-1 1615・⑥・9 社／1617・7月 政／1618・2月 政／1623・8月 政／1632・10・11 政／1639・10・19 文／1662・5・19 政／1665・是年 社／1667・10・18 政
小笠原忠知　❺-1 1630・8・4 政／1632・10・11 政／1645・7・14 政／1663・7・29 政
小笠原忠脩　❺-1 1615・5・7 大坂夏の陣
小笠原忠愛　❻ 1877・8・23 政
小笠原忠忱　❼ 1897・2・5 政
小笠原唯八　❻ 1864・7・27 政
小笠原忠房　❺-2 1783・7・12 政
小笠原忠総　❺-2 1790・11・8 政
小笠原忠政(忠真)　❺-1 1615・⑥・9 社
小笠原忠苗　❺-2 1790・12・12 政／1804・7・20 政
小笠原為経　❸ 1351・6・29 政／12・10 政
小笠原藤右衛門　❻ 1860・7・7 文
小笠原遠光　❷ 1185・8・16 政
小笠原利五郎　❼ 1921・1・8 政
小笠原尚良　❾ 2012・9・29 文
小笠原長亮　❸ 1355・8・20 政
小笠原長鑑　❺-2 1769・是年 文
小笠原長氏　❷ 1258・11・13 政
小笠原長会　❺-2 1836・2・26 政
小笠原長興　❺-2 1716・9・6 政／1718・是年 文
小笠原長和　❺-2 1836・3・26 政
小笠原長雄　❹ 1558・2・27 政／5・20 政／8・25 政
小笠原長勝　❺-1 1666・5・29 政
小笠原長清　❷ 1221・5・22 政／7・29 政／1242・7・15 政
小笠原長重(長好・長亮)　❺-1 1690・12・3 政／1691・⑧・12 政／1697・4・19 政／1709・1・10 政／1710・5・18 政／❺-2 1732・8・1 政
小笠原長祐　❺-1 1678・2・8 政
小笠原長住　❺-1 1706・6・13 政
小笠原長隆　❹ 1531・2月 政
小笠原長堯　❺-2 1776・5・29 政
小笠原長貴　❺-2 1799・3・10 政
小笠原長忠(信濃守護)　❷ 1264・11・3 政
小笠原長忠(高天神城主)　❹ 1568・12月 政／1571・3月 政／1574・5・12 政／6・14 政
小笠原長胤　❺-1 1698・7・29 政
小笠原長次　❺-1 1632・10・11 政／1652・6・7 政／1666・5・29 政
小笠原長経　❷ 1199・4・20 政／1227・2・13 政
小笠原長庸　❺-2 1739・3・21 政／1744・7・6 政
小笠原長常　❻ 1858・6・5 政／1862・4・25 政／6・5 政／10・17 政
小笠原長時　❹ 1537・10・13 政／1539・6・26 政／1541・6・19 政／1542・3・9 政／③・20 政／10・23 政／1548・4・5 政／6・10 政／7・19 政／1551・3月 政／8・13 政／10・24 政／1552・6月 政／1553・1・6 政／5・6 政／1554・8・7 政／1568・9月 政／1582・7・17 政／1583・2・25 政／❺-1 1632・是年 文
小笠原長朝　❹ 1481・4・19 政／8・20 政／1483・3・19 社／1484・5・6 政／1493・1・4 政／1501・8・12 政
小笠原長旌　❹ 1583・初春 政
小笠原長生　❽ 1942・3・20 政／11・8 社／1958・9・20 政
小笠原長円　❺-1 1698・7・29 政／1713・10・22 政
小笠原長矩(長頼)　❺-1 1663・7・29 政／1678・2・8 政
小笠原長教　❺-2 1780・11・16 政／1799・3・10 政

小笠原長春　❸ 1397·9·17 政／1399·8·25 政／1406·10·1 政
小笠原長秀　❸ 1396·5·6 政／是年 文／1400·6·11 社／9·24 政／1405·11·9 政／1412·2·15 政／1425·3·15 政
小笠原長熙　❺-1 1710·5·18 政／1714·4·12 政／❺-2 1739·3·21 政
小笠原長房　❸ 1369·1·15 社／1397·9·17 政
小笠原長正　❸ 1408·12·26 政
小笠原長昌　❺-2 1817·9·14 政
小笠原長邕　❺-2 1716·9·6 政
小笠原長基　❸ 1366·2·9 社／1387·5·28 政／⑤·28 政／1407·10·6 政
小笠原長忠　❹ 1568·12月 政／1571·3月 政／1574·5·12 政／6·14 政
小笠原長恭　❺-2 1744·7·6 政／1746·9·25 政／1776·5·29 政
小笠原長行　❻ 1862·9·11 政／1863·3·7 政／5·7 政／5·9 政／5·20 政／5月 社／1865·9·4 政／9·13 政／1866·1·22 政／5·1 政／5·9 政／6·2 政／7·30 政／11·9 政／1867·6·5 政／6·29 政／10·23 政／12·23 社／1872·8·4 政／1891·1·25 政
小笠原長幹　❼ 1925·7月 文／1935·2·9 政
小笠原信辰　❺-2 1721·4·25 政
小笠原信成　❺-2 1721·4·25 政
小笠原信房　❺-2 1780·11·16 政
小笠原信嶺　❹ 1582·2·14 政／3·19 政／1584·1·20 政
小笠原信之　❺-1 1612·6月 政
小笠原玄也　❺-1 1635·12·23 社
小笠原秀政　❹ 1600·1月 政／5·5 社／❺-1 1601·2月 政／1613·10·19 政／1615·5·7 大坂夏の陣
小笠原広業　❻ 1861·7·20 ロシア艦対馬占拠事件
小笠原政清　❹ 1504·是年 文
小笠原政貞　❹ 1467·7·15 政
小笠原政経　❸ 1351·1·10 政
小笠原政長　❸ 1337·8·13 政／1344·11·12 政／1351·1·15 政／1·26 社／10·2 政／10·28 政／12·10 政／1365·3·21 政
小笠原政信　❺-1 1619·10·20 政
小笠原政秀　❹ 1480·8·12 政／1493·1·4 政
小笠原政康　❸ 1405·11·9 政／1412·2·15 政／1423·8·19 政／11·16 政／1425·12·29 政／1428·8·28 政／10·16 政／1435·1·29 政／9·22 政／1436·8·3 政／是年 政／1438·8·17 政／9·6 政／1439·6·20 政／1442·8·9 政
小笠原光長　❷ 1279·8·15 文
小笠原満長　❸ 1416·4·5 文
小笠原光康　❸ 1455·1·16 政／❹ 1458·7·29 政／1465·6·9 政
小笠原宗清　❹ 1467·7·15 政
小笠原宗長　❸ 1330·9·6 政／1333·5·16 政／6·7 政
小笠原宗康　❸ 1442·8·9 政
小笠原持長　❸ 1436·8月 文／1442·8·9 政／1451·6·9 政／❹ 1462·6·15 政
小笠原元長　❹ 1484·6·28 文
小笠原元宗　❹ 1510·4·12 社
小笠原吉次　❺-1 1609·3·26 政
小笠原頼清　❸ 1351·7·28 政
小笠原安芸守　❺-1 1632·6·25 政
小笠原左近将監　❸ 1354·5·21 政
岡下　香　❾ 2008·4·10 社
岡島壱岐　❺-1 1681·6·22 政
岡島冠山(璞·明敬·援之·玉成)　❺-2 1716·是年 文／1719·是年 文／1721·是年 文／1722·是年 文／1725·是年 文／1726·是年 文／1728·1·2 文／1735·是年 文／1750·是年 文／1758·是年 文
岡島茂夫　❾ 2011·4·26 文
岡島道可　❺-2 1719·4月 文
岡島友清　❺-1 1668·是年 文
岡島八十右衛門(常樹)　❺-1 1702·12·15 政
岡島隆起　❺-2 1726·是年 文
岡島林斎　❻ 1865·8·15 文
小鹿島乙王丸　❷ 1231·3月 政
小鹿島(小鹿嶋)公業⇨橘(たちばな)公業
岡瀬大三郎　❺-1 1628·5·1 社
岡田章雄　❽ 1946·9·5 文／❾ 1982·3·18 文
岡田以蔵(土井鉄三)　❻ 1862·8·2 政／⑧·29 社／1864·9·30 政／1865·⑤·11 政
岡田牛養　❶ 791·12·10 文
岡田英次　❾ 1995·9·14 文
岡田克也　❾ 2002·12·10 政／2004·5·17 政／7·29 政／2005·8·13 政／9·11 政／2009·9·16 政／2010·6·8 政／9·10 政／2012·1·13 政
岡田寒泉(恕·子強·清助·泰斎)　❺-2 1789·9·10 文／1790·5·24 文／1792·8·16 文／1794·12·27 政／1816·8·9 社／1817·8·9 文
岡田玉山　❺-2 1805·是年 文／1806·是年 文
岡田　啓　❺-2 1841·是年 文／1844·是年 文
岡田傒志　❺-1 1701·是年 文
岡田啓介　❼ 1920·10·1 政／1924·12·1 政／1927·4·20 政／1932·5·26 政／1933·1·9 政／1934·7·8 政／1936·2·26 政／❽ 1940·7·17 政／1944·6·16 政／7·2 政／7·17 政／1945·2·7 政／1952·10·17 政
岡田耕山　❼ 1925·5·26 文
岡田権左衛門　❹ 1571·7·23 政
岡田　聡　❽ 1944·11·3 文
岡田三郎助　❼ 1896·6·6 文／1897·5·30 文／1898·是年 文／1907·3·20 文／1912·6·9 文／1916·是年 文／1934·12·3 文／1936·11·6 文／是年 文／❽ 1937·4·28 文／1939·9·23 文
岡田佐平治(清忠)　❺-2 1848·12月 社／❻ 1878·3·3 社
岡田重孝　❹ 1584·3·6 政
岡田　茂　❾ 1995·7·20 政／2011·5·9 文
岡田治助　❺-2 1763·11·23 文
岡田将監　❺-1 1617·12月 政
岡田庄太夫　❺-2 1729·3·7 社
岡田信一郎　❼ 1926·5·1 文／1932·4·4 社
岡田新川(挺之)　❺-2 1764·是年 文／1780·是年 文／1795·是年 文
岡田新太郎　❻ 1865·10·24 政
岡田勢一　❽ 1948·3·10 政
岡田誠三　❾ 1994·6·21 社
岡田星之助　❻ 1863·2·5 政
岡田隆彦　❾ 1997·2·26 文
岡田卓也　❾ 1967·8·2 政
岡田武松　❽ 1941·1·28 文／1949·11·3 文／1956·9·2 文
岡田忠彦　❽ 1945·4·7 政／1958·10·30 政
岡田忠養　❻ 1856·7·25 政
岡田樗軒　❺-2 1823·8·14 文
岡田伝之丞　❺-1 1660·3·7 社
岡田節人　❾ 2007·10·27 文／11·3 文
岡田俊惟　❺-2 1745·是年 社
岡田春夫　❽ 1950·2·13 政／❾ 1965·2·10 政
岡田半江(子羽)　❺-2 1812·是年 文／1818·是年 文／1833·是年 文／1834·5月 文／1841·7月 文／是年 文／1842·3月 文／是年 文／1843·是年 文／1844·是年 文／1846·2·8 文
岡田盤斎(子利)　❺-2 1744·6·15 文
岡田弘隆　❾ 1992·7·25 社
岡田牝冲　❺-2 1734·是年 文
岡田文次　❼ 1919·12·6 文
岡田米山人(彦兵衛·士彦·米翁)　❺-2 1789·5·12 文／1804·是夏 文／1810·是年 文／1816·2月 文／是年 文／1817·2月 文／7月 文／1820·8·9 文
岡田平蔵　❻ 1876·7·1 政
岡田米仲　❺-2 1759·是年 文
岡田マス　❼ 1903·11·16 社
岡田真澄(隣月楼)　❺-2 1822·是年 文
岡田真澄(俳優)　❾ 2006·5·29 文
岡田又三郎　❾ 1975·11·2 文
岡田光了　❾ 1998·5·27 政
岡田茂吉　❼ 1935·1月 社／❽ 1940·11月 社／1947·8月 社／1949·3·5 社／1950·5·29 社／1955·2·10 社
岡田安忠　❺-2 1721·8·17 文
岡田安兵衛　❺-1 1710·5月 文
岡田有信　❺-2 1830·是年 文
岡田有希子　❾ 1986·4·8 社
岡田善同　❺-1 1631·5·29 政
岡田善雄　❾ 1987·11·3 文／2008·1·16 文
岡田嘉子　❼ 1925·2·13 文／1927·3·27 社／❽ 1938·1·3 社／❾ 1972·11·13 政／1992·2·10 文
岡田善次　❺-1 1682·2·19 社
岡田善紀　❺-1 1681·1·28 政
岡田善政(義政)　❺-1 1631·5·29 政／1660·5·30 政／1662·3·27 政
岡田頼母(秋斎)　❺-2 1836·6月 政
岡田理平　❼ 1924·7·1 政
岡田良平(篤夫)　❼ 1916·10·9 政／1924·6·11 政／1926·5·29 文／1934·

3·23 政／5·23 政
岡田良珉　❺-2 1846·⑤·24 社
岡田王　❶ 791·1·22 政
緒方亜香里　❾ 2010·2·6 社
尾形亀之助　❼ 1923·7·28 文
尾形喜代治　❾ 2012·12·15 文
尾形月耕　❻ 1891·11·21 文／1894·1月 文／❼ 1912·10·13 文／1920·10·1 文
緒形　拳　❾ 1982·1·10 社／2008·10·5 文
尾形乾山(深省·乾山·霊海·扶陸·逃禅·紫翠·尚古斎·陶隠·京兆逸民·華洛散人·習静堂)　❺-1 1689·7·7 文／1690·9·2 文／1692·4月 文／1694·8·2 文／1699·3月 文／8·13 文／9月 文／1702·12·1 文／1711·3·5 文／1713·是年 文／1715·是年 文／❺-2 1730·1月 文／1737·3月 文／9·12 文／1738·是年 文／1741·是年 文／1742·是年 文／1743·6·2 文／1789·是年 文／❼ 1923·10·6 文
緒方洪庵(章·公裁·適々斎·華陰)　❺-2 1838·是年 文／1842·是年 文／1847·是年 文／1849·11·7 文／是年／1850·11·7 文／❻ 1858·4·24 文／是年 文／1862·8·21 文／⑧·4 文／1863·6·10 文
尾形幸太郎　❼ 1912·5·28 社
尾形光琳(雁金屋市之丞·方祝·積翠·砂声·道崇·清々·寂明)　❺-1 1687·6·月 文／1689·7·7 文／1692·11·28 文／1697·是年 文／1698·2·27 文／1701·2·27 文／1704·3月 文／1704·是年 文／1705·6·3 文／1706·是年 文／1707·1·6 文／1711·是年 文／❺-2 1815·6·2 文 1807·是年 文
緒方惟種　❹ 1587·10·2 政
緒方惟栄(維栄)　❷ 1182·10月 政／1185·1·12 政／10·4 政
緒方維能(惟能)　❷ 1181·2·29 政／1183·10·20 政
緒方惟準(平三·洪哉·子縄)　❻ 1869·2·17 文／❼ 1909·7·20 文
緒方貞子　❾ 1976·2·16 政／1978·5·26 政／1990·12·19 政／1996·1·18 文／2001·10·30 文／2002·1·21 政／1·29 政
緒方重威　❾ 2007·6·12 社／2009·7·16 社
尾形周平(光吉)　❺-2 1839·3·15 文
緒方春朔(済庵)　❺-2 1790·2·14 文／1795·是年 文
緒方城次郎　❻ 1865·4·8 文
尾形深省⇨尾形乾山(けんざん)
尾形宗謙　❺-1 1650·是年 文
尾形宗柏　❺-1 1631·8·2 文
緒方竹虎　❼ 1925·3·29 政／❽ 1942·3·20 政／1944·7·22 政／1945·3·16 政／8·17 政／12·6 政／1947·9·1 政／1951·8·6 政／1952·5·6 政／10·30 政／1953·5·21 政／1954·11·28 政／1955·11·6 政／1956·1·28 政
尾形　仂　❾ 2009·3·26 文
尾方　剛　❾ 2004·12·5 社
尾形藤吉　❽ 1943·6·6 社
緒方富雄　❾ 1989·3·28 文
緒方正規　❼ 1897·5月 文／1919·7·30 文
緒方道平　❻ 1873·2·25 文
お勝(英勝院)　❺-1 1636·是年 社
岡西惟中(一時軒)　❺-1 1667·是年 文／1675·是年 文／1677·是年 文／1679·是年 文／1680·是年 文／1681·是年 文／1686·是年 文／1689·是年 文／1711·10·26 文
岡野伊右衛門　❺-2 1762·12·29 政
岡野　功　❽ 1964·10·10 社
岡野加穂留　❾ 2006·6·7 文
岡野喜太郎　❾ 1965·6·6 社
岡野清豪　❽ 1952·10·30 政／1953·5·21 政
岡野敬次郎　❼ 1912·12·24 政／1922·6·9 政／1925·12·22 政
岡野壺中　❺-1 1693·是年 文
岡野　栄　❽ 1942·3·21 文
岡野貞明　❺-1 1667·②·28 政／1678·1·3 政
岡野成明　❺-1 1667·11·9 政
岡野俊一郎　❾ 2012·11·5 文
岡野　進⇨野坂参三(のさかさんぞう)
岡野石圃(元震·雲津·大和主人)　❺-2 1748·是年 文／1753·是年 文／1759·是年 文
岡野知十　❼ 1932·8·13 文
岡野半牧　❼ 1896·1·11 文
岡野利兵衛　❻ 1879·4月 政
岡谷繁実(鉦吾)　❼ 1920·12·9 文
岡橋治助(留吉·清左衛門)　❼ 1913·11·2 政
岡林辰雄　❾ 1990·3·1 社
岡原昌男　❾ 1977·8·23 政／1994·7·14 政
小鹿火宿禰　❶ 465·3月
岡部伊都子　❾ 2008·4·29 文
岡部覚弥　❼ 1898·是年 文／1918·9·9 文
岡部数馬　❺-2 1720·4·14 政
岡部金治郎　❼ 1927·是年 政／1928·1·25 社／❽ 1944·4·29 文
岡部桂一郎　❾ 2012·11·28 文
岡部源次　❺-2 1800·④月 政
岡部三郎　❾ 1996·1·11 政
岡部三十郎　❻ 1860·3·3 政
岡部四溟(世懋·公修·平八郎·梅谷)　❺-2 1772·是年 文
岡部季澄　❹ 1457·5·14 政
岡部孝信　❾ 1995·3·12 社／1998·2·7 社
岡部忠綱　❷ 1181·2·28 政
岡部為作　❻ 1884·5·15 政
岡部稠朶(盛賢)　❺-2 1769·7·24 文
岡部長著　❺-2 1724·7·25 政
岡部長景　❼ 1932·1·17 政／1933·10月 文／❽ 1943·4·23 政／1947·9·1 政／❾ 1970·5·30 政
岡部長周　❺-2 1803·11·20 政
岡部長慎　❺-2 1852·是年 文
岡部長常　❻ 1861·11·16 政／1862·4·25 政／4·25 社
岡部長備　❺-2 1783·7·12 政／1803·11·20 政
岡部長教　❹ 1581·3·22 政
岡部長職　❼ 1897·10·12 政／1908·7·14 政／1925·12·27 政
岡部長盛　❹ 1600·7·30 関ヶ原合戦／❺-1 1609·8·4 政／1621·7月 政／1624·9月 政／1626·5·28 政／1632·11·2 政
岡部長泰　❺-1 1704·4·1 社
岡部長敬　❺-2 1724·7·25 政
岡部宣勝　❺-1 1633·3·19 政／1636·6·23 政／1640·7月 政／9·11 政
岡部八十郎　❺-1 1610·②·17 社
岡部隼人　❺-2 1836·6·12 社
岡部東平　❺-2 1840·是年 文
岡部冬彦　❾ 2005·5·16 文
岡部正綱　❹ 1573·8·25 政／1582·10月 社
岡部ミチ　❽ 1960·10·7 社
岡部嶺男　❾ 1990·9·4 文
岡部元信　❹ 1573·8·25 政
岡部元良　❺-2 1757·3·15 政／9·6 社／1762·10·16 政
岡邊泰綱　❷ 1193·6·22 政
岡部氏(徳川秀忠乳母)　❺-1 1608·2·15 文
岡部駿河守　❺-1 1687·是年 文
岡松甕谷　❻ 1895·2·18 文
御賀麿(足利義満の稚児)　❸ 1406·9·10 社／1408·10·5 社
岡光序治　❾ 1996·12·4 政
岡村昭彦　❾ 1965·1月 文
岡村葵園　❼ 1900·5·7 文／❽ 1939·10·7 文
岡村金太郎　❼ 1935·8·21 文
岡村源兵衛　❺-1 1678·12·25 政
岡村小兵衛　❺-1 1642·3月 文
岡村権左衛門　❺-2 1791·2·5 社
岡村柿紅(久寿治)　❼ 1905·5·11 文／1910·3月 文／1916·1月 文／1925·5·6 文
岡村十兵衛(輔之)　❺-1 1684·7·19 政
岡村庄太郎　❼ 1902·是年 社
岡村喬生　❽ 1960·10·16 文
岡村長兵衛　❺-1 1644·是年 文
岡村　司　❼ 1922·3·23 文
岡村不卜　❺-1 1678·是年 文／1680·是年 文／1688·是年 文
岡村正辰　❺-1 1670·是年 文／1672·是年 文
岡村寧次　❼ 1933·11·7 政／1934·7·23 政／❽ 1944·11·23 政／1945·9·9 政／❾ 1966·9·2 政
岡村泰孝　❾ 2011·12·22 政
岡本敦郎　❾ 2012·12·28 文
岡本綾子　❾ 1984·10·6 社／1986·2·2 社／1987·11·8 社／2005·11·14 社
岡本　勇　❽ 1949·9·11 文
岡本為竹(一抱)　❺-1 1698·是年 文／1702·是年 文／1708·是年 文／1714·是年 文
岡本一平　❼ 1915·6·27 社／1921·5·2 社／1929·8·1 文／12·2 文／❽ 1948·10·11 文
岡本猪兵衛　❺-1 1644·9·22 政
岡本胤及　❺-1 1659·是年 文
岡本英太郎　❼ 1923·7·4 政
岡本花亭(成)　❺-2 1840·7·27 政／1850·9·23 文

岡本かの子 ❽ 1937·12月 文／1938·11月 文／1939·2·18 社、文
岡本監輔 ❻ 1868·6月 政／1876·7月 文
岡本帰一 ❼ 1919·6·16 文
岡本綺堂(敬二) ❼ 1902·1·9 文／1905·5·11 文／1910·9·14 文／1911·5·9 文／1916·2月 文／1924·1月 文／1926·7月 文／❽ 1939·3·1 文
岡本喜八 ❾ 2005·2·19 文
岡本清彦 ❼ 1911·11·5 文
岡本検校 ❺-1 1653·7·13 文
岡本健三郎 ❻ 1874·1·17 政／1877·3·1 政
岡本源之丞 ❺-1 1704·是年 文
岡本玄冶(宗什、医師) ❺-1 1645·4·20 文／1666·是年 文／1700·10·16 文
岡本玄冶(医師) ❻ 1860·12·16 文
岡本玄琳 ❺-1 1684·9·22 文
岡本黄石(宣迪·吉甫) ❼ 1898·4·12 政、文
岡本公三 ❾ 1972·5·30 政／1997·7·31 政／2000·3·17 政
岡本小美根 ❼ 1909·1·23 文
岡本三右衛門(ジュゼッペ·キアラ) ❺-1 1685·7·25 社
岡本秋暉 ❻ 1856·是秋 文／1858·是年 文／1862·9·24 文
岡本　潤 ❼ 1923·1月 文
岡本春暉 ❻ 1887·11·18 文
岡本次郎 ❻ 1865·5·11 政
岡本季正 ❽ 1943·3·10 政
岡本善悦 ❺-2 1767·9·24 文
岡元千右衛門 ❺-2 1808·4·9 政
岡本対山 ❺-2 1774·是冬 社
岡本大八(パウロ) ❺-1 1612·2·23 政／3·18 政
岡本　卓 ❾ 2001·3·9 文
岡本隆親 ❸ 1333·4·21 政
岡本武雄 ❻ 1882·1·14 政／1893·11·22 文
岡本忠次郎 ❺-2 1838·9月 文
岡本忠太夫 ❺-2 1776·8·25 社
岡本太郎 ❽ 1953·7·25 文／1954·3·24 文／1956·3·13 文／1961·8·15 文／❾ 1968·7·16 文／1996·1·7 文
岡本太郎右衛門良勝 ❹ 1582·10·18 社
岡本椿所 ❼ 1919·10·10 文
岡本貞次郎 ❼ 1898·12·7 文
岡本敏子 ❾ 2005·4·20 文
岡本豊彦(子彦) ❺-2 1792·是年 文／1845·7·11 文
岡本宣就 ❺-1 1657·3·11 文
岡本則録 ❼ 1931·2·17 文
岡本半助 ❺-1 1657·2·11 文
岡本　弥 ❼ 1903·7·26 社
岡本文右衛門 ❺-2 1809·4月 政
岡本文弥(初代) ❺-1 1694·1·11 文／1703·貞享·元禄年間 文
岡本文弥(四代目) ❾ 1996·10·6 文
岡本豊洲 ❺-2 1850·8·27 文
岡本真夜 ❾ 2010·4·19 文
岡本万作 ❺-2 1791·2月 社／1798·6月 社
岡本道雄 ❾ 1984·8·8 文
岡本美根次 ❻ 1895·12月 文
岡本宮古太夫(初代) ❺-2 1852·7·7 文
岡本彌寿子 ❾ 1967·9·1 文
岡本保孝 ❻ 1878·4·5 文
岡本靫負 ❺-2 1745·2·4 社
岡本愛彦(よしひこ) ❽ 1958·10·31 文／❾ 2004·10·24 文
岡本義政 ❺-1 1644·9·22 政
岡本依子 ❾ 2000·9·15 社／2004·4·5 社
岡本流水 ❺-2 1762·是年 文
岡本柳之助 ❻ 1895·10·8 政／❼ 1912·5·14 政
岡本霊華 ❼ 1928·11·11 文
岡本越後守 ❹ 1597·12·29 政
岡安喜三郎(初代) ❺-2 1821·4·8 文
岡山　厳 ❼ 1931·4月 文
岡山雪旦 ❺-2 1824·是年 社
小嵐作弥 ❺-1 1651·8月 文
小河愛四郎 ❻ 1871·7·2 政
小川晶子 ❾ 1992·10·17 文
小川岩雄 ❽ 1957·7·29 社
小川芋銭(茂吉) ❼ 1915·4月 文／1921·9·1 文／1924·9·2 文／1925·是年 文／1935·是年 文／❽ 1938·12·17 文
小川和弘 ❾ 2008·10·1 社／2009·12·1 社
小川一真 ❼ 1912·9·13 文／1929·9·9 文
小川和朗 ❾ 1997·2·5 文
小川吉五郎 ❺-2 1826·3月 社
小川きん ❻ 1873·9·20 社
小川銀次郎 ❻ 1891·1·31 文
小川国夫 ❾ 2008·4·8 文
小河景三 ❺-1 1675·是年 文
小川三郎兵衛 ❺-2 1720·5·8 政
小河滋次郎 ❼ 1925·4·2 政
小川治平 ❼ 1925·4·10 文
小川秋色 ❺-1 1713·是年 文／❺-2 1725·4·19 文
小川秀蔵 ❺-2 1806·4·28 文
小川笙船(広正) ❺-2 1722·1·21 文／12·4 文／1760·6·14 文
小川庄蔵 ❼ 1910·是年 文
小川松民 ❻ 1890·11·16 文／1891·5·30 文
小河四郎左衛門 ❹ 1489·6·12 社
小川仁一 ❾ 1987·3·8 政
小川新庄衛門 ❸ 1414·8·9 社
小川紳介 ❾ 1992·2·7 文
小川信太郎 ❻ 1866·2·5 政
小川祐長 ❺-1 1683·2·26 文
小川正意 ❺-1 1673·是年 文
小川清流 ❻ 1892·9·21 文
小川詫吉郎 ❻ 1886·12·3 社
小川琢治 ❼ 1924·2·11 文／❽ 1941·11·15 文
小川竹満 ❾ 2003·12·14 政
小河直季 ❷ 1241·6·16 社
小川環樹 ❾ 1993·8·31 文
小川玉子 ❽ 1962·4·14 政
小川籐左衛門 ❺-1 1665·3·25 政
小川敏夫 ❾ 2012·1·13 政
小川虎吉 ❻ 1885·9·14 社
小川直也 ❾ 1987·11·22 社／1989·10·10 社／1991·7·28 社／1992·7·25 社
小川長英 ❺-2 1756·是年 文
小河長基 ❹ 1531·8·20 政
小河成春 ❸ 1336·1·3 政
小川信安 ❹ 1557·10·16 政
小川八十左衛門 ❺-2 1766·2月 社
小川八兵衛 ❺-1 1646·10·21 政
小川破笠 ❺-2 1720·是年 文／1726·是年 文／1730·是年 文／1739·是年 文／1741·是年 文／1747·6·3 文
小川春之助 ❼ 1913·是年 社
小川　洋 ❾ 2011·4·10 社
小川弘武 ❸ 1431·3月 社
小川弘光 ❹ 1458·4·16 政／8·30 政
小川平吉 ❼ 1906·12·20 文／1911·12·27 政／1920·5·15 政／1925·2·4 政／1927·4·20 政／1929·9·26 政／1933·5·16 政／❽ 1942·2·5 政
小川平二 ❾ 1967·11·25 政／1976·12·24 政
小川平七 ❺-2 1821·是年 文
小川平四郎 ❾ 1973·1·11 政／1997·7·25 政
小川孫一郎 ❹ 1571·9·1 政
小川正子 ❼ 1934·4·25 社
小川政孝 ❼ 1930·7·11 文
小川正久 ❺-1 1664·11月 社
小川正洋 ❾ 1970·11·25 政
小河又右衛門 ❻ 1868·1·20 政
小川又左衛門 ❺-1 1665·3·25 政
小河真文 ❻ 1871·3·13 政
小川未明(健作) ❼ 1927·5月 文／❽ 1946·12·17 文／1961·5·11 文
小川元政 ❹ 1585·5·1 政
小川泰夫 ❽ 1962·12·8 社
小川安則 ❺-1 1664·6·12 社
小河保寿 ❺-2 1783·9·11 文
小川洋子 ❾ 1991·1·16 文
小川芳男 ❾ 1990·7·31 文
小川吉太郎 ❺-2 1808·1月 文
小川義綏(鹿之助) ❻ 1872·2·2 社／1873·9·20 社／❼ 1912·12·19 社
小川隆好 ❺-2 1739·10·1 文
小河右衛門尉 ❸ 1353·8·17 政
小川宮(称光天皇弟) ❸ 1425·2·16 政
小杵(武蔵) ❶ 534·⑫月
沖　一峨 ❺-2 1825·是年 文／❻ 1855·8·13 文
沖　冠岳 ❻ 1876·7·25 文
沖(吉崎)　牙太郎(正太郎·秀正) ❻ 1878·6月 社／1881·1·1 政／❼ 1906·5·29 政
沖　剛介 ❻ 1864·9·5 政
沖　清友(二代目) ❺-2 1742·3·22 文
隠岐宗林 ❹ 1532·10月 政
隠岐為清 ❹ 1569·9月 政
沖　探玉(四代目) ❺-2 1790·9·19 文
沖　探陸 ❺-2 1756·6·15 文
沖　禎介 ❼ 1904·4·21 日露戦争
隠岐宗清 ❹ 1532·10月 政
沖　守固 ❻ 1878·4·28 文

隠岐泰藤　❸ 1305·8·29 政
沖　ゆき子　❾ 1997·11·18 文
隠岐(二階堂)行久　❷ 1235·4·6 政
隠岐幸清　❹ 1563·9月 社
隠岐義秀　❹ 1532·10月 政
隠岐三宮　❷ 1227·3·9 政
隠岐弾正　❹ 1571·6·4 政
大湾親雲上(おぎぺーちん·通訳)　❻ 1857·10·10 政
荻　昌弘　❾ 1988·7·2 文
置鮎与市　❾ 1978·2·3 文
荻江露八　❻ 1874·12·1 文
荻江露友(四代目)　❻ 1884·6·30 文
お菊(腰元)　❺-1 1653·1·2 社
沖口　誠　❾ 2008·8·9 社
興子(おきこ)内親王⇨明正(めいしょう)天皇
居貞親王⇨三條(さんじょう)天皇
荻島真一　❾ 2004·11·11 文
荻島安二　❼ 1933·是年 文
荻須高徳　❼ 1931·是年 文／❽ 1948·10·11 文／❾ 1965·3月 文／1978·11·2 文／1986·10·14 文／11·3 文
置始　菟　❶ 672·7·2 政／7·4 政
置始首麻呂　❶ 721·1·27 文
置始志祁志女　❶ 721·1·27 文
置始多久　❶ 693·4·22 政
置始長谷　❶ 739·10月 文
沖田定之助　❾ 1970·11·11 文
興田重賢　❸ 1449·4·5 社
沖田総司　❻ 1864·5·20 政
沖田浩之　❾ 1999·3·27 文
荻田主馬　❺-1 1679·10·19 政／1680·7·22 政／1681·6·21 政
荻田常三郎　❼ 1914·6·13 社／1915·1·3 社
荻田王　❶ 764·1·20 政
興津有行　❺-1 1684·5·13 政
興津七郎右衛門　❺-1 1627·3·8 社
興津忠閭　❺-2 1724·7·4 政／1726·2·18 政
興津忠通　❺-2 1757·9·6 社／1765·11·19 政
興津直政　❺-1 1654·12·6 政
興津美作守　❸ 1356·11·21 社
沖中重雄　❾ 1970·11·3 文／1992·4·20 文
気長足姫尊⇨神功(じんぐう)皇后
息長家女　❶ 750·5·26 社
息長臣足　❶ 724·10·29 政
息長　老　❶ 692·11·8 政／693·3·16 政／708·9·4 政／712·10·20 政
息長浄主　❶ 863·2·17 政
息長黒麻呂　❶ 750·5·26 社
息長名代　❶ 738·8·10 政
息長道足　❶ 771·③·1 政／776·7·15 政
息長丹生広長　❶ 761·11·27 社
沖野岩三郎　❽ 1956·1·31 文
沖野忠雄(松之助)　❻ 1876·6·25 文／❼ 1921·3·26 社
沖野親王　❶ 866·11·29 政
荻野綾子　❼ 1928·1·14 文／1930·2·22 文
荻野安静　❺-1 1674·是年 文／1677·是年 文
荻野アンナ　❾ 1991·7·15 文
荻野鳩谷　❺-2 1817·4·1 社
荻野久作　❼ 1924·6·1 文／❾ 1975·1·1 文
荻野吟子　❻ 1885·3月 文／1888·11·6 文／❼ 1913·6·23 文
荻野元凱(子元·左仲)　❺-2 1806·4·20 文
荻野澤之丞　❺-1 1704·8·19 文
荻野七郎左衛門　❺-1 1713·12月 文
荻野庄兵衛　❼ 1929·10·20 文
荻野台州　❺-2 1788·2月 社
荻野忠正　❹ 1565·8·2 政
荻野道喜　❺-1 1615·5·8 大坂夏の陣
荻野俊重　❷ 1180·10·18 政
荻野朝忠　❸ 1343·12·2 政／1352·②·15 政／1353·6·12 政
荻野朝光　❷ 1264·2·20 政
荻野直正　❹ 1576·1·15 政
荻野　昇　❾ 1967·4·5 社
荻野　博　❾ 1993·8·5 文
荻野万之助　❼ 1906·9·9 政
荻野三七彦　❾ 1992·8·12 文
荻野八重桐(二代目)　❺-2 1763·6·15 文
荻野八百吉(元亮)　❺-2 1843·5·19 文
荻野安重　❺-1 1690·6·7 政
荻野友花里　❾ 2009·10·22 社
荻野幸久　❾ 1991·8·29 文
荻野六兵衛(安重)　❺-2 1789·6月 政
隠岐院⇨後鳥羽(ごとば)天皇
荻原延寿　❾ 2001·10·14 文
興仁(おきひと)親王⇨崇光(すこう)天皇
興道名継　❶ 876·11·19 文
荻村伊智朗　❽ 1954·4·10 社／1956·4·2 社／1957·3·7 社／1959·3·27 社／❾ 1994·12·4 社
翁屋さん馬(初代)　❺-2 1847·9·3 社
荻生徂徠(惣右衛門·茂卿)　❺-1 1688·是年 文／1705·是年 文／1711·是年 文／1714·是年 文／1715·是年 文／❺-2 1721·9·15 文／1725·12·27 文／1727·4·1 文／6·6 文／是年 文／1732·是年 文／1733·6·22 文／1734·是年 文／1736·是年 文／1738·是年 文／1762·是年 文／1769·是年 文／1771·是年 文／1789·是年 文
荻生道済(金谷)　❺-2 1729·4·1 文／1776·9·29 文
大給(おぎゅう)乗全　❺-2 1848·10·18 政
荻生方庵　❺-1 1706·11·9 文
荻生鳳鳴　❺-2 1807·12·16 文
荻生北渓(叔達)　❺-2 1718·9·3 文／1754·1·20 文
大給　恒(松平乗謨)　❻ 1864·3月 政／1866·6·19 政／1867·6·29 政／6·29 政／1877·5·1 文／1887·5·20 文／❼ 1910·1·6 政
大給⇨松平(まつだいら)姓も見よ
興世王　❶ 938·2月 政／939·3·3 政／940·2·19 政
興世書主　❶ 816·2月 政／840·1·30 政／850·11·6 政、文
興良親王(赤松宮·大塔若宮)　❸ 1336·11·22 政／1341·是夏 政／11·10 政／1360·4·25 政
荻原熊次郎　❼ 1910·9·5 社
荻原賢次(漫画家)　❾ 1990·1·7 文／1992·2·8 社
荻原健司(スキー)　❾ 1993·3·6 社／1995·2·19 社
荻原重秀(五左衛門·彦次郎)　❺-1 1687·9·10 政／1690·10·7 政／1691·2·15 政／4·13 政／1695·8·11 政／1696·4·11 政／1697·2·27 政／7·26 政／1698·6·21 政／12·21 政／1699·1·28 政／1702·2月 社／1703·2·15 政／1707·6·3 社／1709·11·25 政／1710·4·25 政／1712·9·11 政／1713·9·26 政／1714·3·15 政／5·13 政
荻原井泉水(藤吉)　❼ 1911·4月 文／❾ 1976·5·20 文
荻原乗秀　❺-1 1714·3·15 政／❺-2 1725·7·1 社
荻原守衛(碌山)　❼ 1907·是年 文／1908·2·14 文／1909·10·15 文／12月 文／1910·4·21 文／10·14 文
荻原弥右衛門　❺-2 1721·8·6 社
奥　克彦　❾ 2003·11·29 政
奥　三郎兵衛　❼ 1897·9·1 政
奥　繁三郎　❼ 1924·9·8 政
奥　富蔵　❻ 1873·2月 文
奥　八兵衛　❺-1 1654·9月 政
奥　文鳴　❺-2 1813·10·23 文
奥　孫六　❺-2 1770·10月 政
奥　政堯　❹ 1576·5·18 政
奥　むめお　❼ 1920·2·14 社／3·29 社／1926·是春 社／1930·2·1 社／10月 社／1935·3·1 社／❽ 1948·9·15 社／1955·9·30 社／❾ 1997·7·7 社
奥　元武(刀匠)　❺-2 1788·是春 文／1790·是秋 文
奥　元平(刀匠)　❺-2 1775·8月 文／1783·3月 文／1791·是春 文／是秋 文／1802·是春 文
奥　保鞏　❻ 1877·4·4 西南戦争／❼ 1904·3·15 日露戦争／1906·1·12 政／1907·4·19 政／1930·7·19 政
奥　好義　❻ 1879·5·22 文／1880·9月 文／❼ 1933·3·6 文
奥　劣斎　❺-2 1835·9·4 文
奥井復太郎　❾ 1965·2·16 文
奥泉　光　❾ 1994·1·13 文
億川一郎　❻ 1866·10·26 文
奥倉辰行(甲賀屋長右衛門)　❻ 1859·8月 文
奥崎謙三　❾ 1969·1·1 政
小串邦太　❻ 1863·6·17 政
小串貞秀　❸ 1332·8·9 社
小串範秀　❸ 1339·12·19 政
小串光行　❸ 1354·2·12 政
奥宗印盛良　❺-1 1642·1·2 文
奥田　東　❾ 1999·4·28 文
奥田岩次郎　❼ 1911·3·29 文
奥田穎川　❺-2 1811·4·27 文
奥田嘉心　❺-1 1655·是年 文
奥田亀蔵　❼ 1904·12·25 社
奥田敬和　❾ 1990·2·28 政／1991·11·5 政／1998·7·16 政

奥田元宋　❾ 1980·10·15 文／2003·2·15 文／2006·4·15 文
奥田小太郎　❻ 1854·8·16 社
奥田小由女　❾ 2006·4·15 文／2008·11·4 文
奥田三角　❺-2 1783·5·4 文
奥田正司　❾ 1997·5·20 政／2011·9·14 政
奥田崇濤　❻ 1854·1·27 文
奥田忠信　❺-1 1681·1·28 政
奥田八二　❾ 1983·4·29 社／1987·4·12 政／1988·4·10 政
奥田英朗　❾ 2004·7·15 文
奥田　碩　❾ 2002·5·28 政／2006·5·24 政／2007·12·21 社
奥田弁次郎　❻ 1879·11·15 社
奥田正香　❼ 1921·1·31 政
奥田幹生　❾ 1996·1·11 政
奥田有益　❺-1 1683·是年 文
奥田義人　❼ 1902·3·17 社／1912·12·24 政／1913·2·20 政／1916·6·15 政／1917·8·21 政
奥田頼杖(在中·寿太)　❺-2 1835·7·20 文／1842·是年 文／1849·8·5 文
奥田良三　❼ 1936·6·1 社／❽ 1937·5·5 文／❾ 1989·12·22 社／1993·1·27 文
奥平家綱　❺-1 1601·12·28 政
奥平家昌　❺-1 1614·10·10 政
奥平急賀斎　❺-1 1602·是秋 社
奥平源四郎　❺-1 1672·4·26 社
奥平謙輔　❻ 1876·10·28 政／12·3 政
奥平源八　❺-1 1672·2·2 社／1678·4·5 社
奥平定勝　❹ 1554·10·15 政
奥平貞勝　❹ 1573·2·17 政
奥平貞友　❹ 1547·8·25 政
奥平貞治　❹ 1600·7·29 関ヶ原合戦
奥平貞久　❸ 1444·是年 政
奥平貞昌⇨奥平信昌(のぶまさ)
奥平貞幹　❺-2 1852·1月 社
奥平貞能　❹ 1547·8·25 政／1556·8·4 政／1573·8·20 政
奥平佐兵衛(浄元、九代目)　❺-2 1811·7·10 文
奥平純三　❾ 1976·10·13 政
奥平忠昌　❺-1 1614·10·10 政／1619·10·20 政／1622·8月 政／1655·6·11 社／1668·2·19 政／1672·2·2 社
奥平朝憲　❺-2 1807·6·21 政
奥平恒二　❺-1 1665·是年 社
奥平剛士　❾ 1972·5·30 政
奥平信昌(貞昌·定昌)　❹ 1505·2·5 政／1573·9·8 政／1575·2·28 政／4·14 政／1576·7月 政／1579·7·16 政／1584·3·17 政／1586·7·10 文／1590·2·2 政／1600·9·19 政／❺-1 1615·3·14 政
奥平隼人　❺-1 1672·2·2 社
奥平広胖　❺-2 1816·是年 政
奥平昌章　❺-1 1672·7·2 政／1685·6·22 政／1689·3·2 政／1695·4·8 政
奥平昌鹿　❺-2 1780·7·24 政
奥平昌高　❺-2 1820·是年 文／❻ 1855·6·10 政
奥平昌成　❺-1 1695·4·8 政／1697·2·11 政／❺-2 1717·2·11 政
奥平昌能　❺-1 1668·2·19 政／8·3 政／1672·7·2 政
奥平昌恭　❼ 1924·4·10 政
奥谷　通　❾ 2003·7·8 政
奥谷　博　❾ 2007·10·27 文
小口　高　❾ 2010·12·27 文
奥寺定恒(八左衛門)　❺-1 1665·是年 社／1688·1·7 社
奥寺康彦　❾ 1977·10·3 社／1986·8·12 社
奥土祐木子　❾ 2002·9·17 社／10·15 政
億仁(侍医)　❶ 686·5·9 文
おくに(巫女)　❹ 1569·永禄年間 文
お国(舞女、初代)　❹ 1582·5·18 文／1599·7月 文／❺-1 1603·5·5 文／1604·12·27 文／1606·是年 文／1607·2·20 文／1608·2·20 文／1613·是秋 文
お国(舞女、二代目)　❺-1 1617·3·6 文／1620·7·13 文
小国頼継　❷ 1212·1·11 政
奥西　勝　❽ 1961·3·28 社
奥貫一男　❽ 1944·2·1 文
奥野市次郎　❼ 1909·4·11 政
屋野正吉　❹ 1468·是年 政
奥野信太郎　❽ 1954·12·14 社／❾ 1968·1·15 文
奥野誠亮　❾ 1972·12·22 政／1987·11·6 政／1988·5·13 政／1996·6·4 政
奥野太助　❻ 1878·12月 社
奥野健男　❾ 1997·11·25 文
奥野俊勝　❺-2 1734·7·6 政
奥野史子　❾ 1992·7·25 社
奥原晴湖(節子)　❻ 1874·5月 文／❼ 1913·7·28 文
小熊慎司　❾ 2012·9·11 政
奥宮健之　❻ 1882·10·4 社／1884·12·17 政／❼ 1906·9·9 政／1911·1·18 政
小熊秀雄　❽ 1939·12月 文／1940·11·20 政
奥村彰子　❾ 1973·10·15 社
奥村五百子　❼ 1901·2·24 社／1907·2·5 社
奥村意語　❺-2 1769·是年 文
奥郁喜三郎　❺-2 1837·10月 文／是年 社
奥村吉五郎(四代目)　❺-2 1781·11月 文
奥村吉兵衛(三代目)　❺-2 1743·3月 文
奥村喜和男　❾ 1969·8·19 政
奥村七三郎　❻ 1893·1·28 社
奥村七郎右衛門　❺-1 1651·8·14 政
奥村二郎衛門(平方村)　❹ 1514·2·13 社
奥村増貤　❺-2 1835·是年 文／1839·是年 文
奥村時成　❺-1 1669·3·25 政／1686·11月 政
奥村土牛　❼ 1932·6·17 文／❽ 1937·9·2 文／1944·11·25 文／1953·9·1 文／1955·9·1 文／1962·11·3 文／❾ 1968·11·14 文／1972·9·1 文／1980·10·15 文／1990·9·25 文
奥村八右衛門　❺-1 1651·7·28 政
奥村栄実　❺-2 1819·是年 文
奥村　博　❼ 1913·10·16 文
奥村政信(親妙·源八)　❺-1 1709·是年 文／❺-2 1723·是年 文／1731·7月 文／是年 文／1734·是年 文／1740·是年 文／1745·是年 文／1764·2·11 文／1768·2·11 文
奥村基忠　❺-2 1802·是年 文
奥村悳輝　❺-1 1686·11月 政
奥村庸礼　❺-1 1670·5·25 政／1682·是年 政／1686·11月 政
奥村幸大　❾ 2004·8·13 社／2008·6·6 社
奥村良竹(良筑·南山)　❺-2 1761·9·3 文
奥山喜代治⇨鏡里(かがみさと)喜代治
奥山紫明　❼ 1932·2·19 文
奥山真澄　❽ 1940·3·11 政
奥山安信　❺-1 1651·4·20 政
奥養院　❺-2 1737·1·9 社
小倉　朗　❽ 1942·3·16 文
小倉公雄　❸ 1331·是年 文
小倉公右　❹ 1536·7·27 政
小倉公連　❺-1 1681·10·28 政
小倉金之助　❼ 1932·10·23 文／❽ 1946·1·12 文／1962·10·21 文
小倉倹司　❻ 1894·9月日清戦争／❼ 1904·2月日露戦争
小倉　幸　❻ 1894·6·29 政
小倉作左衛門　❺-1 1603·4月 社
小倉実起　❺-1 1681·5·1 政／10·28 政／1684·3·18 政
小倉実澄　❹ 1469·12·25 社
小倉実遠　❸ 1384·5月 政
小倉実名　❸ 1404·是年 政
小倉実教　❸ 1349·9·7 政
小倉三省　❺-1 1654·8·15 文
小倉秀貫　❻ 1891·6·13 社
小倉正三　❾ 2009·10·8 文
小倉処平　❻ 1870·10月 文
小倉信一　❻ 1876·12·3 政
小倉季雄　❸ 1336·9·9 政
小倉末子　❼ 1916·6·17 社
小倉季種　❹ 1529·4·17 政
小倉季伴　❺-1 1681·10·28 政
小倉惣次郎(細工師)　❹ 1576·2·16 社
小倉惣次郎(彫刻家)　❼ 1913·5·24 文
小倉武一　❾ 2002·2·14 政
小倉伝兵衛　❺-2 1720·4·14 政
小倉豊文　❾ 1996·6·10 文
小倉不重　❺-2 1787·是年 文
小倉昌男　❾ 2005·6·30 政
小倉正恒　❼ 1935·1·16 社／9·17 政／❽ 1941·7·16 政／1961·11·20 政
小倉政熙　❹ 1600·8·1 関ヶ原合戦
小倉遊亀　❼ 1932·6·17 文／❽ 1937·9·2 文／1941·9·6 政／1949·11·16 文／❾ 1969·9·1 文／1972·9·1 文／2000·7·23 文
小倉力次郎　❻ 1857·4·14 文
憶礼福留　❶ 663·9·7 政／665·

8月 政
雄倉王(小倉王)　❶ 787·2·5 政／804·6·21 文
小倉宮(恒敦親王、初代)　❸ 1422·7·15 政
小倉宮(聖承、二代目)　❸ 1428·7·6 政／8·23 政／12·21 政／1430·2·1 政／4·2 政／1431·10·19 政／1432·2·29 政／1434·2月 政／1435·3·16 政／1440·5·6 政／1443·5·7 政
小倉宮(教尊、三代目)　❸ 1430·11·27 政／1443·9·23 政
小栗憲一　❻ 1878·7月 社
小栗元愷　❺-2 1778·是年 文
小栗孝一　❾ 2010·7·3 社
小栗茂十郎　❺-2 1796·6·23 政
小栗重蔵　❺-1 1680·7·26 政
小栗重成　❷ 1193·5·1 文
小栗重信　❷ 1247·6·8 政
小栗十蔵　❺-1 1681·6·22 政
小栗常太郎　❼ 1907·是年 社
小栗宗継　❹ 1490·6·29 文／7月 文
小栗宗湛　❹ 1462·3·14 文／6·21 文／1463·2·6 文／6·15 文／1466·2·23 文／1481·3·9 文／1490·7月 文
小栗大三郎　❼ 1896·8·2 社
小栗大六　❺-1 1680·7·26 政／1681·6·22 政
小栗忠順(上野介)　❻ 1859·9·13 政／9·13 万延遣米使節／1860·11·8 政／1861·5·11 政／8·28 政／4·6 ロシア艦対馬占拠事件／4·13 ロシア艦対馬占拠事件／1862·⑧·25 政／12·1 政／1864·5·9 政／1865·8·24 社／1868·1·15 政／④·6 政／7·10 社
小栗信友　❺-1 1624·1月 文
小栗半蔵　❺-2 1796·6·23 政
小栗兵庫　❺-1 1680·7·26 政／1681·6·22 政
小栗(加藤)風葉(磯夫)　❻ 1894·2·22 文／❼ 1896·9月 文／1910·5·3 文／1926·1·15 文
小栗正矩(美作)　❺-1 1674·1·29 政／是年 社／1680·7·26 政／1681·6·22 政
小栗満重　❸ 1422·8月 政／1423·2·15 政／5·28 政／8·2 政
小栗満守　❸ 1418·5·10 政
小栗百万(伽羅庵)　❺-2 1778·6·16 文
小黒吉士　❶ 577·5·5
おけい(若松コロニー)　❻ 1871·是年 社
億(弘)計王⇨仁賢(にんけん)天皇
弘計王⇨顕宗(けんぞう)天皇
於江⇨崇源院(すうげんいん)
御麹屋兵右衛門　❺-2 1755·10月 政
お幸の方(梅渓氏)　❺-2 1748·2·26 政
越生有高　❷ 1208·3·13 政
小此木啓吾　❾ 2003·9·21 文
小此木彦三郎　❾ 1991·11·4 政
長　梅外　❻ 1885·10·28 文
日佐分屋　❶ 554·1·9
刑部大丞　❶ 858·4·2 政
刑部永淵　❶ 880·8·15 社
刑部春雄　❶ 885·10·21 社
刑部真木　❶ 698·4·13 政／699·11·4 政／700·6·3 政
刑部真須弥　❶ 743·10月 文
忍壁皇子(刑部親王)　❶ 672·6·24 政／674·8·3 社／679·5·5 政／681·3·17 文／700·6·17 政／703·1·20 政／705·5·7 政
尾崎　臻　❻ 1891·4·24 社
尾崎一雄　❽ 1937·4月 文／1939·1月 文／❾ 1978·11·3 文
尾崎貫一　❼ 1910·是年 社
小崎観海　❺-1 1693·是年 文
尾崎紀世彦　❾ 2012·5·30 文
尾崎紅葉(徳太郎)　❻ 1885·2月 文／5·2 文／1889·12·21 文／1890·1·5 文／1月 文／❼ 1896·2·26 文／1897·1·1 文／9·30 文／1901·11·7 文／1903·10·30 文
尾崎三良　❻ 1890·10·1 政／❼ 1912·1·16 文／1918·10·13 政
尾崎庄太郎　❽ 1942·6·29 政
尾崎士郎　❽ 1937·8月 文／1938·9·11 文／1941·11月 文／1964·2·19 文
尾崎宗秀　❾ 2011·12·1 社
尾崎　隆　❾ 2011·5·12 社
尾崎忠治　❻ 1886·8·7 政／❼ 1905·10·16 政
尾崎伝左衛門　❺-1 1640·11·1 社
尾崎留吉　❻ 1894·4·22 社
尾崎尚忠　❽ 1944·6·14 文
尾崎直政　❺-2 1782·3·22 文
尾崎仁右衛門　❺-2 1735·12·27 政
尾崎　陸　❼ 1932·11·12 政／❾ 1994·4·8 文
尾崎放哉(秀雄)　❼ 1926·4·7 文
尾崎秀樹　❾ 1969·10月 文／1993·4·20 文／1999·9·21 文
尾崎秀美　❼ 1928·11月 政／❽ 1941·10·15 政／1942·5·16 政／1944·11·7 政／11·29 政／1946·9月 文
尾崎将司　❾ 1996·11·17 社
尾崎まさの　❼ 1910·10月 文
尾崎雅嘉(有魚·春蔵·蘿月)　❺-2 1793·是年 文／1794·是年 文／1796·是年 文／1798·是年 文／1802·是年 文／1827·10·3 文／1833·是年 文
尾崎八右衛門(忠征)　❻ 1867·12·8 政
尾崎佑一　❾ 1970·5·20 社
尾崎行雄(咢堂)　❻ 1879·5月 政／1881·10·11 政／1882·2·12 政／3·14 政／1886·4·3 政／1887·10·3 政／12·26 政／1893·1·12 政／1894·6·30 政／1895·6·15 政／❼ 1897·11·2 政／1898·8·21 政／10·24 政／1901·12·19 政／1903·5·30 政／6·24 政／11·26 政／1909·8·18 社／1912·6·11 政／12·14 政／12·19 政／1913·1·13 政／2·5 政／2·23 政／1914·4·16 政／1915·2·14 政／1921·9·17 政／11·12 政／1922·11·8 政／1925·5·10 政／❽ 1937·4·19 政／1940·12·20 政／1942·4·24 政／1945·11·1 文／11·9 政／1953·10·1 社／1954·10·6 政
尾崎行昌　❼ 1901·2·3 政
尾崎　豊　❾ 1988·1·8 社／1991·5·20 文／1992·4·25 文
尾崎好美　❾ 2009·8·18 社／2011·2·20 社
小篠(おざさ)秀一　❻ 1879·5·22 文／11月 文／1880·10·25 文
男狭磯　❶ 425·9·12
小佐治国氏　❸ 1350·11·3 政
長田太麻呂　❶ 712·11·20 政
長田多祁留　❶ 712·11·20 政
長田白勝　❺-1 1659·7·30 政
長田白信　❺-1 1659·7·30 政
長田　新　❽ 1952·5·17 社／1961·4·18 文
長田喜八郎　❹ 1550·11·19 社
長田金左衛門　❺-1 1659·7·30 政
長田貞昌　❸ 1320·3·2 政
長田実経　❷ 1184·3·10 政
長田三郎右衛門　❺-1 1684·9月 社
長田秋濤(忠一)　❼ 1915·12·25 文
長田清蔵　❻ 1866·1·7 政
長田忠致　❷ 1160·1·4 政
長田教経　❸ 1284·6·25 政
長田裕二　❾ 2003·4·28 文
尾佐竹　猛　❽ 1946·10·1 文
訳語田渟中倉太珠敷尊⇨敏達(びだつ)天皇
小里貞利　❾ 1994·6·30 政／1995·1·17 政
小山内　薫　❼ 1902·9月 社／1907·2·1 文／1909·5月 文／1912·3·2 文／1913·1月 文／1918·7月 文／1924·1月 文／6·13 文／1925·8·13 文／1928·12·25 文／1929·2·2 文
小山内讃岐守　❹ 1571·5·5 政
小佐野賢治　❾ 1977·1·21 政／1986·10·27 政
長仁親王(八條宮)　❺-1 1675·6·24 政
統仁親王⇨孝明(こうめい)天皇
長船家助(刀工)　❸ 1436·2月 文
長船景光(刀工)　❸ 1306·10月 文／1316·10月 文／1322·8月 文／1323·3月 文／1329·7月 文／1334·2月 文
長船勝光(刀工)　❹ 1504·8月 文
長船勝元(刀工)　❹ 1488·8·20 社
長船兼光(刀工)　❸ 1333·8月 文／1335·7月 文／1336·12月 文／1339·1月 文／1352·2月 文／1355·12月 文／1356·12月 文／1358·2月 文／1359·2月 文／4月 文／10月 文／11月 文／12月 文／1364·8月 文
長船景政(刀工)　❸ 1329·7月 文
長船重光(刀工)　❸ 1420·2月 文
長船祐定(刀工)　❹ 1521·2月 文
長船近景(刀工)　❸ 1323·10月 文／1329·是年 文／1335·5月 文
長船経家(刀工)　❸ 1445·2月 文
長船長光(刀工)　❸ 1289·10月 文／1300·2月 文
長船則長(刀工)　❸ 1306·10月 文
長船則光　❹ 1459·12·13 文
長船秀光(刀工)　❸ 1380·2月 文／1387·是年 文
長船法光(刀工)　❸ 1447·8月 文
長船宗光(刀工)　❹ 1487·2月 文／

1488·8·20 社
長船元重(刀工)　❸ 1346·8月 文／1347·3月 文
長船盛光(刀工)　❸ 1416·8月 文／12月 文／1420·2月 文
長船師光(刀工)　❸ 1402·是年 文
長船康光(刀工)　❸ 1417·2月 文／1418·8月 文／1420·2月 文
他戸王(親王)　❶ 771·1·23 政／772·5·27 政／773·10·19 政／775·4·27 政
納塚定俊　❸ 1291·12·10 社
大仏次郎(野尻清彦)　❼ 1927·3月 文／5·14 文／❽ 1944·10·25 文／1945·5·1 文／9·14 文／1948·5·17 文／1949·6·25 文／1961·10月 文／1964·11·3 文／❾ 1967·1·1 文／1973·4·30 文
大仏⇨北條(ほうじょう)姓も見よ
小澤一郎　❾ 1988·3·29 政／1991·1·21 政／10·10 政／1993·6·23 政／1994·9·6 政／1995·12·8 政／12·27 政／1998·1·1 政／2002·11·29 政／2003·11·27 政／2004·5·17 政／2006·4·7 政／2007·4·28 社／10·30 政／11·2 政／2008·9·8 政／2010·1·15 政／9·14 政／2012·7·2 政／11·12 政
小澤栄太郎　❽ 1944·2·10 文／1946·3·19 文／7·23 文／1947·5·3 文／❾ 1988·4·23 文
小澤嘉右衛門　❺-2 1780·11·9 社
小澤　潔　❾ 1994·6·30 政
小澤佐重喜　❽ 1948·10·19 政／1949·2·16 政／1960·12·8 政
小澤鋭仁　❾ 2009·9·16 政／2010·6·8 政
小澤茂弘　❾ 2004·10·12 文
小澤治三郎　❾ 1966·11·9 政
小澤昭一　❾ 2012·12·10 文
小澤征爾　❽ 1959·9·12 文／❾ 1965·3·14 文／1968·9月 文／1970·9月 文／1973·9月 文／1978·2·28 文／6·15 文／1984·9·17 文／1999·6·23 文／2001·10·30 文／2002·1·1 文／2008·11·3 文／2011·7·3 文
小澤清太郎　❻ 1865·4·8 文
小澤瀬兵衛　❺-2 1756·6·18 社
小澤辰男　❾ 1974·12·9 政／1977·11·28 政
小澤太兵衛　❺-2 1768·是夏 社
小澤智生　❾ 1994·1·29 文
小澤儀明　❼ 1925·6·4 文
小澤文雄　❾ 1970·11·1 社
小澤卜尺(孤吟·孔叟)　❺-2 1751·8·30 文
小澤政江　❽ 1947·4·21 文
小澤蘭江　❺-2 1787·8·13 文
小澤蘆庵(玄仲·玄冲)　❺-2 1796·是年 文／1800·是年 文／1801·7·12 文／1811·是年 文
小澤ローザ　❾ 1969·4·1 社
おさん(大経師意春妻)　❺-1 1683·11·5 社
押尾　学　❾ 2009·8·2 社／11·2 社
牡鹿嶋足　❶ 764·1·20 政／9·11 政
尾鹿貞子　❼ 1908·3·5 社
牡鹿木積麻呂　❶ 785·9·23 政
忍勝(画師)　❶ 715·5·25 文
押川春浪(方存)　❼ 1908·1月 文／1914·11·16 文
押川則吉　❼ 1917·9·20 政／1918·2·9 政
押川方義　❻ 1872·2·2 社／1886·5·15 文／❼ 1928·1·10 文
忍熊王　❶ 書紀·神功 1·2月／神功 1·3·5
押小路公音　❺-2 1716·7·13 政
押小路実富　❺-2 1826·12·7 政
押小路実岑　❺-2 1750·2·11 政
押小路師象　❹ 1515·6·8 文／1531·5·10 文
押小路師富　❹ 1479·8·29 社／1491·5·3 社／1508·11·20 文
押小路⇨三條(さんじょう)姓も見よ
忍坂王　❶ 739·10月 文
忍坂大麻侶　❶ 672·6·26 政
忍坂大中姫　❶ 413·2·14
忍足佐内　❺-2 1770·是年 政
忍海伊太須(致)　❶ 751·1·16 文
忍海大国　❶ 674·3·7 社
忍海人成　❶ 720·10·9 政
忍海能摩呂(麻呂)　❶ 678·9月 社
忍海飯豊青尊⇨飯豊青皇女(いいとよあおのひめみこ)
雄島勝吉　❻ 1854·4·6 社
小代為重　❼ 1896·6·6 文
御錫師久左衛門　❺-2 1755·10月 政
オスマン(モロッコ)　❾ 1976·1·15 政
オスワン(ピアニスト)　❼ 1907·7·7 文
尾瀬粂一　❼ 1913·12·25 社
小瀬甫庵(道喜)　❹ 1596·10月 文／1597·4月 文／❺-1 1604·是年 文／1612·是年 文／1622·是年 文／1626·是年 文
小瀬与作　❼ 1929·3月 社
尾関甚左衛門　❺-1 1695·5·23 社
尾関滝右衛門　❻ 1865·2·27 政
尾関東園　❼ 1903·8·17 文
小関隼人　❻ 1868·④·18 政
尾関雅樹　❽ 1960·5·16 社
小関三平　❼ 1912·7·18 政
おせん(谷中)　❺-2 1771·宝暦·明和年間 社
オゾーフ(天主教司教)　❼ 1906·6·27 社
小田　勇　❽ 1939·2月 社
小田氏治　❹ 1546·是年 政／1556·4·5 政／1559·9·6 政／1564·1·29 政／7·23 政／1565·5月 政／12月 政／1566·2·16 政／1569·1·21 政／1571·11月 政／1573·7·25 政／1586·1·24 政
織田有楽(長益·有楽斎如庵)　❹ 1585·11·28 政／1594·2·21 文／❺-1 1607·4·11 文／1609·10·2 文／1612·11·19 文／1614·2·2 文／12·3 大坂冬の陣／12·8 大坂冬の陣／1615·⑥·9 文／1621·12·13 文
小田海僊(巨海·良平)　❺-2 1846·是夏 文／❻ 1862·8·24 文
織田一磨　❽ 1956·3·8 文
織田勝秀　❹ 1553·9·10 社
小田喜代蔵　❼ 1900·是年 政／1912·4·24 政
小田健作　❽ 1943·1·21 政
織田五郎　❹ 1503·11月 社
織田作之助　❽ 1940·4月 文／1947·1·10 文
織田達勝　❹ 1516·12·1 社／1518·10月 社／1523·11·16 社
織田達清　❹ 1525·4·2 社
小田重成　❸ 1284·6·19 政
小田　滋　❾ 2007·10·27 文／2012·11·3 文
小田十壮　❼ 1936·2·1 文
尾田淑太郎　❺-2 1832·12月 文
織田寿白　❺-1 1601·1·24 文
織田純一郎　❻ 1887·2月 文／1891·11·24 文／❼ 1919·2·3 文
小田　襄　❾ 2004·1·28 文
小田成胤　❺-1 1710·是年 文
織田常寛　❹ 1506·7·14 政
小田助四郎　❺-1 1609·9月 社
小田資光　❹ 1535·12·29 政／1536·是冬 政
織田高重　❺-1 1602·12·12 政／1635·3月 社
小田高知　❸ 1327·6·14 政
小田孝朝　❸ 1387·7·19 政／11·24 政／1414·6·16 政
織田高長　❺-1 1630·4·30 政
織田常竹　❸ 1404·9·2 社
小田藤吉　❻ 1873·1月 社
織田道八　❺-1 1620·9·20 文
小田時家　❷ 1264·11·15 政／1271·2·5 政
小田時知　❷ 1263·7·13 社／❸ 1331·10·14 政
織田得能　❼ 1896·9·26 社／1911·8·18 社
織田敏定　❸ 1443·3月 社／❹ 1476·11·13 政／1478·8·20 政／12·4 政／1479·1·19 政／1482·7·11 社／1483·4·30 政／1488·11月 政／1492·3·29 政
織田敏信　❹ 1485·9·8 社／1495·9月 政
織田敏広　❹ 1457·11·5 社／1466·8·4 政／1473·6·11 社／1481·7·23 政
織田敏光　❹ 1495·7·5 政
小田知春　❸ 1355·11·18 政
小田朝久　❸ 1455·④·20 政
小田豊郷　❶ 954·12·29 政
小田虎吉郎　❺-2 1771·3·23 政
小田直高　❸ 1388·5·12 政
小田直太郎　❼ 1904·7·28 政
織田長清　❺-1 1696·是年 文
織田長好　❺-1 1651·5·20 文
織田長頼　❺-1 1689·4·3 政
小田成治　❹ 1514·4·21 政
織田信興　❹ 1570·11·21 政
織田信賢　❹ 1558·5·28 政／1559·是春 政／1562·11·1 政
織田(北畠)信雄(茶筅·具豊·信意)　❹ 1569·8·26 政／1575·6·23 政／7·24 政／8·12 政／11·1 社／1576·6·6 社／是夏 政／11·25 政／1577·是春 政／1579·9·17 政／1581·1·15 社／

9·3 政／**1582**·4月 社／6·27 政／8月 社／12月 社／**1583**·1·2 政／①·4 政／2·6 政／3·3 政／4·17 政／5·2 政／5·21 政／8月 社／**1584**·2月 政／3·3 政／4·14 政／5·3 政／6·18 政／7·3 政／9·7 政／11·15 政／**1585**·1·25 政／2·12 政／8·20 政／**1586**·1·27 政／9·26 政／**1587**·11·19 政／**1588**·4·14 政／8·8 政／**1590**·2·21 政／3·28 政／4·5 政／6·29 政／7·13 政／**1591**·5·2 政／**1594**·2·21 文／❺-1 **1614**·9·25 政／**1630**·4·30 政／**1650**·5·17 政／9·1 政

織田信包　❹ **1568**·2月 政／**1581**·1·15 社／9·3 政／**1584**·6·13 政／7·12 政／❺-1 **1614**·7·17 政

織田信清　❹ **1564**·8月 政

織田信邦　❺-2 **1767**·8·22 政

織田信重⇨織田信忠(のぶただ)

織田信澄⇨津田(つだ)信澄

織田(神戸)信孝　❹ **1568**·2月 政／**1571**·1月 政／**1575**·8·12 政／**1581**·1·15 社／**1582**·2·9 政／5·7 政／6·5 政／6·7 社／6·14 政／7·3 政／10·18 政／12·20 政／**1583**·①月 社／4·16 政／5·2 政

織田信高　❺-1 **1602**·12·12 政

織田信武　❺-1 **1689**·4·3 政／**1694**·9·29 政／10·7 政

織田信忠(奇妙丸·信重)　❹ **1517**·10·22 政／**1567**·11·21 政／**1574**·1月 社／**1575**·11·21 政／**1576**·2月 社／12·13 社／**1577**·2·13 政／6月 社／10·10 政／**1578**·1·1 文／4·4 政／7·20 政／**1579**·4·10 政／10·30 政／**1581**·1·3 政／7月 社／**1582**·1·25 社／2·3 政／2·14 政／3·2 政／4·3 政／5·11 政／6·2 政／**1583**·6·5 社／❺-1 **1615**·6·29 大坂夏の陣

織田信民　❻ **1857**·是年 文

織田信友　❹ **1554**·7·12 政

織田信長　❹ **1546**·是年 政／**1547**·是年 政／**1549**·7月 政／11月 社／**1551**·3·3 政／是年 政／**1552**·8·16 政／**1553**·4月 政／7·12 政／7·18 政／**1554**·1·24 政／7·12 政／11·16 社／12月 社／**1555**·4·20 政／8月 社／11·26 政／**1556**·4·20 政／7·18 社／8·24 政／**1557**·11·2 政／**1558**·3·7 政／5·28 政／7·12 政／9·1 政／12月 社／**1559**·2·2 政／是春 政／12·20 政／**1560**·5·5 政／6·2 政／6月 政／12月 社／**1561**·是春 政／5·14 政／6月 社／**1562**·1月 政／2月 社／11·1 政／**1563**·3·2 政／10月 社／是年 文／**1564**·8月 政／9·28 政／**1565**·9·28 政／11·3 政／11·13 政／12·5 政／**1566**·8·22 政／⑧·8 政／**1567**·4·18 社／是春 政／5·27 政／9月 社／10月 社／11·7 政／11·21 政／是年 政／**1568**·2月 政／6·25 政／7·12 政／7·29 政／8·5 政／9·7 政／10·2 政／11·20 文／**1569**·1·5 政／2·2 政／3·1 政／4·16 政／5·17 社／7·8 政／8·13 政／10·11 政／**1570**·1·23 政／2·25 政／3·5 政／4·20 政／5·9 政／6·21 政／6·28 政／7·4 政／8·17 政／9·6 政／11·21 政／12·13 政／是年 政／**1571**·1·2 社／3·20 社／4·11 政／5·12 政／6·11 社／6月 文／8·18 政／9·1 政／10·15 社／12·28 社／**1572**·1·14 政／3·5 政／3·17 政／4·5 政／5·14 政／6月 社／7·3 社／8·13 政／9月 政／10月 社／11·20 政／12·22 政／**1573**·1·11 政／2·14 政／3·7 政／3·25 政／4·1 政／5·15 社／7·3 政／8·2 政／9·7 政／10·24 社／11·16 政／12·26 政／**1574**·1·11 政／2·5 政／3·9 政／4·2 政／5·20 政／6·14 政／7·12 政／8·3 政／9·29 政／11·13 政／**1575**·1·10 社／2·27 政／3·3 政／4·1 政／4·8 政／5·13 政／7·3 政／8·12 政／9·2 政／10·13 政／10·21 政／11·21 政／12·27 政／**1576**·1月 政／2·23 政／3·21 政／4·10 政／5·3 政／6·6 政／6·11 政／7·15 政／8·2 政／9·6 社／11·21 政／12·22 社／**1577**·1·14 政／2·13 政／3·2 政／4·3 社／6月 社／⑦·6 政／8·8 政／10·5 政／11·20 政／是年 社／**1578**·1·1 政／2·29 社／3·4 政／4·9 政／5·1 政／5·23 政／5·29 政／6·26 政／8·15 社／9·30 政／10·15 政／11·3 政／11·9 政／12·11 政／**1579**·1·8 社／3·10 社／4·10 政／5·11 政／6·2 政／8·19 文／9·12 社／10·30 政／11·2 政／12·14 文／**1580**·1·26 文／2·21 政／4月 政／5·7 社／6·26 政／7·17 政／8·2 政／9·26 政／10·15 社／11·7 政／12·8 政／**1581**·1·3 政／2·20 政／3·1 政／3·5 政／4·20 政／6·15 政／7·17 政／8·30 社／9·3 政／10·2 政／11·24 政／12·5 社／**1582**·1·1 政／2·3 政／3·5 政／4·11 政／5·7 政／6·2 政／10·9 政／11·2 政／**1583**·5月上旬 文／3月 文／6·2 政／**1588**·6·2 社／❼ **1917**·11·17 政

織田信則　❺-1 **1614**·7·17 政／**1615**·6·29 大坂夏の陣

織田信治　❹ **1570**·9·12 政

織田信秀　❹ **1533**·7·9 文／**1535**·12·4 政／**1536**·是年 政／**1540**·6·6 政／12月 社／是年 社／**1541**·9月 社／**1542**·8·10 政／8·23 政／12·24 政／**1543**·2·14 政／**1544**·11·6 文／**1545**·9·20 政／**1546**·是年 政／**1547**·8·2 政／10·19 政／是年 文／**1548**·3·11 政／3·19 政／是年 政／**1549**·11·9 政／**1551**·3·3 政

織田信広　❹ **1549**·3·19 政／11·9 政

織田信昌　❺-1 **1630**·4·30 政

織田信光　❹ **1535**·12·4 政／**1553**·7·18 政／**1555**·4·20 政／11·26 政

織田信守　❺-2 **1823**·是秋 政

織田信安　❹ **1558**·7·12 政

織田信休　❺-1 **1695**·4·10 政／**1712**·2·2 社

織田信行　❹ **1553**·6月 文／**1556**·8·24 政／**1557**·11·2 政

小田治朝　❸ **1403**·3月 政

小田治久　❸ **1328**·10月 政／**1337**·2·24 政／**1338**·10·5 政／**1341**·11·10 政

小田治光　❹ **1496**·②·18 政

小田彦三郎　❻ **1862**·1·15 政

織田秀一　❺-1 **1687**·8·3 政

織田秀親　❺-1 **1687**·8·3 政／**1709**·2·16 政

織田秀俊　❹ **1556**·2月 社

織田秀信(三法師)　❹ **1582**·6·27 政／12·20 政／**1583**·①·4 政／**1584**·12·5 政／**1587**·3·27 文／**1590**·7·13 政／**1592**·1·2 文／**1593**·10月 社／**1594**·9·10 社／**1600**·7·1 政／7·24／8·22 関ヶ原合戦／❺-1 **1605**·5·8 政

織田兵庫助　❹ **1495**·9月 政／**1496**·4·10 政

織田廣喜　❾ **2012**·5·30 文

織田広遠　❹ **1490**·9·3 社

織田広成　❹ **1466**·8·4 政

織田広信　❹ **1555**·4·20 政

織田広良　❹ **1561**·5·14 政

小田文蔵　❻ **1855**·8月 文

小田　実　❽ **1961**·2月 文／❾ **1968**·11月 文／**1973**·10月 文／**2007**·7·30 文

小田真成　❸ **1341**·1·22 政

織田正信　❹ **1582**·3·7 政

小田政治　❹ **1494**·是年 政／**1496**·②·18 政／**1514**·4·21 政／**1519**·3·14 社／**1531**·2·15 政／**1537**·1月 政／**1538**·是年 政／**1539**·9·21 政

小田政光　❹ **1524**·5·12 政／**1537**·4月 政／**1553**·8·8 政／10·8 政

小田又蔵　❻ **1855**·1·18 文

織田又六　❹ **1575**·9月 文

織田幹雄　❼ **1928**·5·26 社／7·28 社／**1931**·10·27 社／❾ **1998**·12·2 社

小田　稔　❾ **2001**·3·1 文

小田持家　❹ **1459**·11月 政／**1487**·10·21 政

織田裕二　❾ **1997**·1·7 社

織田鷹州　❻ **1876**·9·4 社

織田　萬　❽ **1945**·5·25 政

織田六郎　❹ **1496**·4·10 政

織田伊勢守　❹ **1476**·11·13 政／**1478**·12·4 政

織田氏(細川昭元室)　❹ **1582**·9·8 政

織田掃部介　❹ **1568**·2月 政

小田豊前守　❹ **1474**·2·5 政

織田武蔵守　❺-1 **1614**·12·20 大坂冬の陣

小田大和守　❸ **1373**·11·17 政

織田大和守　❹ **1530**·5月 政

小田井蔵太　❻ **1868**·2·23 政

小平邦彦　❾ **1997**·7·26 文

小平忠正　❾ **2012**·10·1 政

小田内道敏　❼ **1930**·11月 文

小田王　❶ **746**·4·4 政

尾高豊作　❼ **1930**·11月 文

尾高邦雄　❾ **1993**·9·11 文

小高民雄　❾ **2012**·3·21 文

尾高朝雄　❽ **1947**·12·6 文

小高直幹 ❹ 1546·是年 政／1577·11·9 社／1579·6·28 政／1580·2·3 社／10·29 社／1583·1月 社／1586·9·17 政
尾高尚忠 ❽ 1942·2·11 文／4·25 文／4·29 文／1943·10·20 文／1944·6·21 文／8·6 文／9·21 文／1945·5·24 文／6·7 文／6·13 文／8·28 文／9·14 文／1948·10·18 文／1951·2·16 文
尾高豊作 ❽ 1937·7月 文
小高根二郎 ❽ 1941·7月 文
小多喜権兵衛 ❺-1 1678·11月 社
愛宕(おたぎ)通旭 ❻ 1871·3·7 政
愛宕通福 ❺-1 1699·9·8 政
愛宕通直 ❺-2 1817·7·19 政
小田切宇衛門 ❺-1 1658·5·26 政
小田切喜兵衛 ❺-1 1658·5·26 政
小田切春陵 ❼ 1902·6·3 文
小田切　進 ❾ 1992·12·20 文
小田切直利 ❺-1 1681·1·28 政／1686·7·10 社／1692·3·23 政
小田切直煕 ❺-2 1829·5·15 社
小田切春江(忠近) ❺-2 1844·是年 文／❻ 1888·10·19 文
小田切秀雄 ❾ 2000·5·24 文
小田切孫次 ❹ 1568·6·2 政
小田切昌快 ❺-1 1648·12·10 文
小田切万寿之助 ❼ 1934·9·12 政
小田切直年 ❺-2 1783·4·19 社／1792·1·18 社／1811·4·11 政
小田切安芸守 ❹ 1556·8·13 政／1600·8·4 関ヶ原合戦
小田切治部少輔 ❹ 1578·4·26 政
小田切弾正忠 ❹ 1564·4·15 政／1578·9·14 政／1583·5·9 政
尾竹越堂 ❼ 1931·12·3 文
尾竹国観 ❼ 1909·10·15 文／1936·是年 文／❽ 1945·5·23 文
尾竹竹坡 ❼ 1911·是年 文
小田嶋十黄 ❾ 1978·2·5 文
小田嶋　透 ❾ 1996·11·14 社
小田嶋房次郎 ❻ 1890·3·14 社
小田島允武 ❺-2 1815·是年 社
小田島雄志 ❾ 2002·10·30 文
男谷(おだに)精一郎 ❻ 1861·5·16 社／1864·7·16 政
小谷の方⇨お市(いち)の方
小田野自義 ❸ 1411·5·16 政
小田野直武(長治·子有) ❺-2 1773·6·29 文／1774·8月 文／1780·5·17 文
小田部全一郎 ❼ 1904·2月 文
小田部紹叱 ❹ 1580·③·18 政
小田村素太郎⇨楫取(かとり)素彦
おたよ(江戸小石川) ❺-2 1771·是冬 社
小足媛 ❶ 645·7·2 政
小樽　謙(山本賀前) ❺-2 1833·是年 文
御溜屋又左衛門 ❺-2 1755·10月 政
意多郎 ❶ 501·11月
小田原景泰 ❷ 1272·4·23 政
越智飛鳥麻呂 ❶ 767·2·20 社
越智直(名欠く) ❶ 671·天智天皇御代 社
越智家教 ❹ 1514·6·28 政／1516·10·5 政／1517·4·7 政／4·27 政
越智家栄 ❹ 1456·12·20 政／1459·7·17 政／1463·4·24 政／1466·10·1 政／1470·5·11 政／1473·8月 社／1474·7·18 政／1475·5·14 政／1477·10·17 社／12·21 政／1478·5·5 社／8·18 政／1479·10·2 政／1480·9·12 社／1486·11月 社／1487·6·11 政／1488·10月 政／1489·6·24 社／1492·5·29 社／1493·3·20 政／1497·10·7 政／1500·2·27 政
越智家秀 ❹ 1583·8·26 政
越智家全 ❹ 1505·2·4 政／1506·7·24 政／1520·2·16 政／10·9 政
越智家頼 ❹ 1540·2·12 政／1546·10·10 政
越智伊平 ❾ 1987·11·6 政／1997·9·11 政／2000·3·24 政
越智越人(重蔵) ❺-2 1728·是年 文
越智喜多郎 ❹ 1574·是年 文
越智清武⇨松平(まつだいら)清武
越智浄継 ❶ 815·7·20 文
越智維通 ❸ 1432·9·24 政／10·13 政／11·30 政／1434·8·14 政／1435·9·26 政／10·15 政／12·29 政／1436·是冬 政／1437·1·18 政／5·21 政／1438·2·18 政／4·3 政／8·28 政／12·13 政／1439·3·24 政／4·2 政／1441·7·14 政
越智貞厚 ❶ 866·是年 政／869·10·26 政
越智貞見 ❼ 1936·4·2 文
越智静養女 ❶ 780·7·22 社
越智春童 ❸ 1443·2月 政
越智次郎 ❸ 1439·3·24 政／4·2 政
越智玉縄 ❶ 728·是年 社
越智利之 ❹ 1532·8·8 政／8·23 政
越智彦四郎 ❻ 1877·3·28 西南戦争
越智広江 ❶ 721·1·27 文
越智通雄 ❾ 1989·6·2 政／1999·10·5 政／2000·2·26 政
越智盛清 ❷ 1239·延応年間 社
越智頼高 ❸ 1428·12月 政／1430·2月 政／1432·11·24 政
越智頼秀 ❹ 1584·5·3 政
越智伊予守 ❹ 1566·1·15 政
落合丑松 ❻ 1879·4·14 社
落合英二 ❾ 1969·11·3 文
落合兼住 ❹ 1534·①·6 政
落合謙太郎 ❼ 1926·6·4 政
落合重信 ❾ 1995·2·15 文
落合十三郎 ❺-2 1842·6·19 政
落合直亮 ❻ 1867·12·25 政
落合直澄 ❻ 1891·1·6 文
落合直文(亀次郎·盛光·直盛) ❻ 1888·2月 文／1889·8月 文／1890·3月 文／1893·2月 文／❼ 1897·8月 文／1902·3月 文／1903·12·16 文
落合平兵衛 ❺-2 1782·8·29 政
落合博文 ❾ 1986·12·26 社
落合博満 ❾ 1991·12·9 社
落合孫右衛門 ❺-2 1727·是年 社
落合道一 ❺-1 1608·7月 社
落合道次(小平次) ❺-1 1616·1·21 社／1640·11·15 社
落合道富 ❺-1 1695·11·9 社
落合(歌川)芳幾(恵斎) ❼ 1904·2·6 文
落合朗風 ❼ 1919·9·1 文／1927·是年 文／1933·9·1 文／❽ 1937·4·15 文
落合伊賀入道 ❹ 1590·8月 文
落合備中守 ❹ 1557·2·15 政
遠近道印(藤井半知) ❺-1 1670·12月 文／1690·是年 文
尾津喜之助 ❽ 1946·7·19 社／1947·6·26 社
小津正次郎 ❾ 1997·11·25 社
小津安二郎 ❼ 1936·3·1 社／❽ 1942·4·1 文／1963·12·12 文
乙孩(アイヌ) ❹ 1456·是春 政
小槻糸平 ❶ 963·3·21 文／970·11月 文
小槻顕衡 ❷ 1281·7·1 社
小槻兼治 ❸ 1369·1·1 政
小槻国宗 ❷ 1221·6·15 政
小槻伊治 ❹ 1524·12月 文／1529·8月 文／1551·9·1 文
小月冴子 ❾ 2012·12·3 文
小槻重真 ❷ 1278·5月 政
小槻季継 ❷ 1244·9·27 政
小槻(壬生)季連 ❺-1 1678·9·6 文
小槻孝信 ❷ 1080·10·28 文
小槻隆職 ❷ 1184·1·28 文
小槻忠臣 ❷ 1009·4·9 文
小槻(壬生)匡遠 ❸ 1321·6·4 政／1326·8·21 社／1333·7·3 社／1337·7·21 社／1349·12·14 社
小槻奉親 ❷ 1020·6月 政／1024·12·26 文
小槻長興 ❹ 1499·10·24 政
小槻広房 ❷ 1201·是年 文
小槻政重 ❷ 1144·3·17 政
小槻統樹 ❶ 968·是年 文
小槻茂助 ❶ 958·7月 文
小槻師経 ❷ 1156·7·11 社／1157·10·5 文
小槻晴富 ❸ 1448·1·29 文
小槻良材 ❷ 1005·7·8 政
小槻氏(平隆清の後家) ❷ 1151·3月 社
緒継女王 ❶ 847·11·7 政
越渓秀格(僧) ❸ 1413·5·19 社
乙骨耐軒 ❻ 1859·7月 文
尾辻秀久 ❾ 2004·9·27 政／2005·2·21 政／2010·7·30 政
乙竹虔三 ❾ 2011·7·2 政
オット(独) ❽ 1940·9·7 政
オッフェンバック(作曲家) ❼ 1914·10·1 文
オッペンハイマー, ロバート·J ❽ 1960·9·5 文
音阿弥(観世元重) ❹ 1461·11·20 政／1464·11·9 文／1466·1·18 文／1467·1·2 文
音一(平曲) ❹ 1507·4·14 文／1508·10·25 文／1512·④·17 文
乙犬丸(刀禰) ❷ 1092·9·3 社
弟猾(猛田) ❶ 書紀·神武 2·2·2
乙王女 ❸ 1316·11月 社
音檮(倭画師) ❶ 677·5·3 文
乙川良英 ❾ 2012·10·15 社

音吉(漂民)　❺-2 **1835**·11·1 政
弟国弟日　❶ **694**·10·20 社
弟国高継　❶ **879**·11·25 文
弟国若麻呂　❶ **732**·是年 社
弟熊(熊津彦命)　❶ **書紀·景行 17**·4·3
弟磯城　❶ **書紀·神武 2**·2·2
乙次郎(武州赤芝)　❺-2 **1792**·是年 社
オトソン，ジョン　❻ **1879**·6·18 政
乙竹岩造　❽ **1953**·6·17 文
乙武洋匡　❾ **1998**·10月 文
弟橘媛　❶ **書紀·景行 40**·是年
緒仁(おひと)親王⇨後円融(ごえんゆう)天皇
音仁親王(おとひと·有栖川宮)　❺-2 **1755**·9·6 政
弟姫(衣通郎姫)　❶ **書紀·応神 37**·2·1／**418**·12月／**422**·是年／**470**·1·13
乙部泉三郎　❽ **1944**·11·11 政
乙前(今様名人)　❷ **1157**·1月 文／**1169**·2·19 文
音丸耕堂　❾ **1997**·9·8 文
弟村王　❶ **815**·1·10 政
乙羽信子　❾ **1983**·4·4 社／**1994**·12·22 文
翁長(おなが)雄志　❾ **2004**·11·14 政
翁長親方　❻ **1856**·是年 政／**1858**·4·16 政
御長広岳　❶ **796**·4·27 政／10·2 政
小名木四郎兵衛　❹ **1590**·是年 社
鬼塚勝也　❾ **1992**·4·10 社／9·11 社
鬼塚喜八郎　❾ **2007**·9·29 社
鬼塚権兵衛　❺-1 **1653**·6月 文
鬼塚又兵衛　❺-1 **1667**·7月 社
鬼塚道男　❽ **1947**·9·1 社
鬼庭綱元　❹ **1588**·6·20 政
鬼庭斎良直　❹ **1585**·11·17 政
オニビシ(鬼菱、アイヌ)　❺-1 **1653**·是春 政／**1655**·是年 政／**1667**·是冬 政／**1668**·4·21 政
鬼柳三郎兵衛尉　❸ **1340**·9·13 政
鬼柳義綱　❸ **1347**·7·21 政
小貫速雄　❼ **1924**·10月 文
小沼　丹　❾ **1996**·11·8 文
小野明子　❾ **1999**·10·10 文
小野鑑正　❾ **1978**·3·6 文
小野　梓(東洋)　❻ **1874**·9·20 文／**1878**·9·29 文／**1881**·10·11 政／**1882**·3·14 政／10·21 文／**1886**·1·11 政
小野東人　❶ **754**·4·5 政
小野後生　❶ **886**·6·13 政
小野有隣　❷ **1149**·4·14 文
小野和泉　❹ **1578**·12·3 政
尾野市弥　❺-1 **1651**·8月 文
小野妹子(蘇　因高)　❶ **607**·7·3 政／**608**·4月 政／是年 政
小野石子　❶ **816**·2·25 文／3·22 政
小野石根　❶ **763**·1·9 政／**776**·12·14 政／**777**·1·3 政／4·17 政／**778**·10·23 政
小野牛養　❶ **724**·5·24 政／11·29 政／**730**·9·27 政／**739**·10·5 政
小野馬養　❶ **703**·1·2 政／**708**·9·30 政／**710**·1·1 政／**718**·3·20 政／**719**·2·10 政
小野毛人　❶ **677**·12月上旬 文
小野大樹　❶ **469**·8月
小野岡右衛門　❺-2 **1760**·1·8 社
小野興道　❶ **846**·1·13 政
小野小贄　❶ **752**·5·26 政／**764**·1·20 政
小野　老　❶ **735**·是年 政／**737**·6·11 政／**754**·2·20 政
小野数右衛門　❺-1 **1710**·7·21 社
小野一吉　❺-2 **1757**·3·15 政
小野勝彬　❻ **1888**·9月 社
小野勝年　❾ **1988**·12·20 文
小野鵞堂(斯華堂·鐗之助)　❼ **1922**·12·6 文
小野清堯　❺-1 **1612**·11月 文／**1613**·7月 文
小野金六(金六郎)　❻ **1893**·8·11 政／❼ **1923**·3·11 政
小野愚侍　❺-1 **1662**·是年 文
小野国梁　❶ **863**·2·10 政／**870**·1·25 政／**886**·2·3 政
小野啓一　❾ **2012**·8·29 政
小野蕙畝　❺-2 **1843**·是年 文
小野毛野　❶ **695**·7·26 政／**700**·10·15 政／**702**·5·21 政／**708**·3·13 政／**714**·4·15 政
小野光一　❽ **1957**·10·24 社
小野光敬　❾ **1994**·6·29 社
小野高潔(斎宮·高成)　❺-2 **1782**·是年 文
小野広胖(友五郎)　❻ **1860**·1·13 万延遣米使節／**1867**·1·23 政／4月 政／12·28 政／❼ **1898**·10·29 政
小野(横山)湖山(長愿·舒公)　❼ **1910**·4·10 文
小野小平　❺-1 **1694**·8·13 政
小野五平　❼ **1898**·5·27 文／**1921**·1·29 文
小野小町　❷ **1212**·11·8 文／❺-2 **1779**·8·8 文
小野貞樹　❶ **851**·1·11 政／**853**·1·16 政／**857**·1·14 政／**860**·1·16 政
小野左大夫　❺-2 **1832**·3·2 社
小野さつき子　❼ **1922**·7·7 社
小野了代　❾ **1979**·12·15 政
小野三郎右衛門　❺-2 **1755**·2·27 社
小野士格　❼ **1913**·1月 文
小野滋蔭　❶ **896**·是年 文
小野滋野　❶ **780**·3·17 政
小野　周　❾ **1995**·4·24 文
小野庄兵衛　❺-2 **1751**·2·26 社
小野次郎右衛門　❻ **1854**·10·1 社
小野末嗣　❶ **837**·9·21 社
小野助九郎　❻ **1854**·10·1 社
小野西育　❺-2 **1784**·11·29 文
小野清一郎　❾ **1972**·11·3 文／**1986**·3·9 文
小野善右衛門　❻ **1867**·12·30 政／❼ **1900**·5·5 政
小野善助　❻ **1867**·12·30 政／**1868**·1·19 社／2·11 政／**1869**·1·24 政／**1871**·10 社
小野惣右衛門　❺-1 **1645**·是年 社
小野喬木　❶ **886**·2·21 文／**887**·2·2 政
小野　喬　❽ **1952**·7·19 社／**1956**·11·22 社／**1960**·8·25 社
小野高尚　❺-1 **1703**·是年 文／❺-2 **1738**·是年 文
小野　篁　❶ **832**·8·5 文／**834**·1·19 政／**836**·2·9 政／**837**·2·13 政／7·22 政／**838**·6·22 政／12·15 政／是年 文／**840**·2·14 政／6·17 政／**841**·⑨·19 文／**844**·4·7 文／**851**·1·11 政／**852**·12·22 政、文／❷ **1117**·永久年間 社
小野高行　❺-1 **1652**·2·13 政
小野卓志　❾ **2010**·2·6 社
小野太三郎　❻ **1864**·是年 社／❼ **1912**·4·8 社
小野忠明(次郎右衛門·神子上典膳)　❺-1 **1628**·11·7 社
小野田守　❶ **753**·2·9 政／**758**·2·10 文／9·18 政
小野千株　❶ **839**·1·11 政／**840**·1·30 政／**845**·1·11 政／**854**·1·16 政／**860**·1·16 政／3·29 政
小野竹喬　❼ **1910**·12·21 文／**1911**·5月 文／**1915**·是年 文／**1918**·11·1 文／**1919**·11·1 文／**1920**·11·2 文／**1923**·11·20 文／**1924**·11·30 文／是年 文／**1928**·4·27 文／**1933**·是年 文／❽ **1951**·10·28 文／❾ **1967**·11·1 文／**1976**·11·3 文／**1977**·10·30 文
小野綱手　❶ **746**·4·4 政
小野恒柯　❶ **841**·12·25 政／**847**·9·2 政／**849**·是年 政／**854**·1·16 政／**860**·5·18 文
小野鉄次郎　❻ **1857**·4·13 政
小野十三郎　❽ **1950**·3月 文／❾ **1996**·10·8 文
小野言員　❺-1 **1635**·是年 文
小野友五郎　❻ **1862**·5·7 社／**1867**·4月 社
小野成時　❷ **1208**·④·3 政
小野野主　❶ **812**·1·12 政／**813**·10·18 政
小野延貞　❷ **1105**·3·5 社
小野信高　❸ **1380**·7·11 社
小野春雄　❷ **1250**·4·18 文
小野春風　❶ **870**·1·25 政／2·23 政／3·16 政／**878**·3·29 政
小野春信　❺-2 **1721**·11月 社
小野彦左衛門　❺-1 **1668**·9·18 社
小野秀雄　❼ **1929**·10·1 文
小野宏材　❶ **885**·9·1 文
小野広人　❶ **708**·9·30 政
小野文義　❷ **1016**·5·28 文
小野正吉　❾ **1997**·3·6 社
小野政仲　❹ **1510**·4·16 社
小野当岑　❶ **886**·1·16 政／**886**·2·21 政
小野真野　❶ **815**·1·10 政
小野道風　❶ **920**·5·5 文／**924**·8·23 文／**926**·2月 政／**927**·12·27 文／**928**·6·21 文／12·19 文／**929**·9月 文／**949**·是年 文／**956**·是年 文／**958**·4·8 文／**959**·5·7 文／**961**·1·28 文／③·28 文／**966**·12·27 文／❷ **1003**·10·7 文／**1006**·1·9 文／**1107**·10·11 文／**1140**·10·22 文／❸ **1347**·1·26 文

小野　満　❾ 2008·1·2 文
小野岑守　❶ 812·1·12 政／814·是年 文／815·1·10 政／822·3·20 政／830·4·19 政／835·12·3 社
小野宗重　❸ 1303·1·26 文
小野宗成　❶ 837·6·6 社
小野職孝(子徳·蕙畝)　❺-2 1809·是年 文／1843·是年 文／1852·10·3 文
小野職博　❺-2 1820·是年 文
小野守経　❷ 1054·6·5 政／1055·12·9 社
小野安影　❶ 879·12·21 政
小野ヤスシ　❾ 2012·6·28 文
小野康人　❽ 1943·5·11 政
小野保衡　❶ 913·11·5 政
小野大和　❺-2 1831·6 社
小野美材　❶ 892·6·24 政／902·是年 政
小野義真　❻ 1891·1月 社
小野美実　❶ 914·8·29 文
小野良弼　❶ 892·1·8 政
小野義成　❷ 1199·2·14 政／1208·④·3 政
小野好古　❶ 940·2·22 政／941·5·20 政／8·7 政／942·4·6 社／945·10·4 政／947·1·9 政／5·2 政／958·3·3 文／960·9·28 政／10·8 政／964·10月 文／968·2·14 政／985·7·18 文
小野米吉　❻ 1857·7·28 社
小野蘭山(識博·喜内·以文·朽匏子)　❺-2 1765·是年 文／1780·9·13 文／1798·是年 文／1799·3月 文／1801·4月 文／8月 文／1802·2·22 文／1803·2月 文／1804·7·21 文／1805·5·6 文／1806·是年 文／1808·3·21 文／1810·1·27 文
小野大学助　❹ 1581·5·4 政
尾上栄三郎　❼ 1922·11·26 文
尾上蟹十郎　❼ 1914·1·4 文
尾上菊五郎(竹太郎、初代)　❺-2 1766·9月 文／1780·5·5 文／1783·12·29 文
尾上菊五郎(丑之助、二代目)　❺-2 1787·7·12 文
尾上菊五郎(梅幸·辰五郎、三代目)　❺-2 1825·7·26 文／9·19 文／1827·3·30 文／7·26 文／1830·③·22 文／1834·2·7 文／1847·7·25 文／1849·④·24 文
尾上菊五郎(四代目)　❻ 1860·6·28 文
尾上菊五郎(五代目)　❻ 1869·1·28 文／1872·6·3 文／1878·4·28 文／1889·2·9 文／1891·1·8 文／1892·1月 社／1894·10·28 文／❼ 1899·8·31 文／11·28 社／1903·2·18 文／6·28 文／7·7 社
尾上菊五郎(六代目)　❼ 1911·2·17 文／1923·10·27 文／1926·9·22 社／1930·4·23 文／5月 文／1936·5·18 文
尾上菊五郎(七代目)　❽ 1943·12·22 文／1945·10·3 文／1949·7·10 文／❾ 1973·10·2 文／1988·8·31 文／1990·6·12 文／1993·4·21 文
尾上菊次郎(二代目)　❻ 1875·6·14 文
尾上菊之丞(初代)　❽ 1964·8·13 文
尾上菊之助　❼ 1897·6·28 文
尾上菊乃里　❾ 2010·8·29 文
尾上九朗右衛門(二代目)　❾ 2004·3·28 文
尾上柴舟　❼ 1898·6·30 文／1905·4月 文／❽ 1942·11·12 文／1945·12月 文／1948·10·20 文／1957·1·13 文
尾上松緑(初代)　❺-2 1808·⑥·2 文／1813·6·27 文／1815·10·16 文
尾上松緑(二代目)　❾ 1987·11·3 文／1989·6·25 文／2008·7·5 文
尾上多賀之丞　❾ 1978·6·20 文
尾上多見蔵(二代目)　❻ 1886·3·6 文
尾上梅幸(初代)　❻ 1853·3·14 文／1878·7·18 文
尾上梅幸(栄三郎、六代目)　❼ 1905·2·16 文／1912·1·5 文／10月 文／1926·6·20 文／1934·11·9 文
尾上梅幸(七代目)　❾ 1971·3月 文／1988·8·31 文／1995·3·24 文
尾上梅三　❼ 1898·8·28 文
尾上松助(四代目)　❼ 1928·5·5 文
尾上松助(五代目)　❽ 1937·8·9 文
尾上松助(六代目)　❾ 2005·12·26 文
尾上松之助(目玉の松ちゃん)　❼ 1909·12·1 社／1926·9·11 文
小野川喜三郎　❺-2 1789·11·19 社／1800·寛政年間 社／1806·3·12 社
小野木重次　❹ 1584·5·11 政
小野木義男　❾ 2005·11·6 文
小野崎権太夫　❺-2 1717·10月 政
小野崎義昌　❹ 1576·6月 政
オノサトトシノブ(画家)　❾ 1986·11·30 文
小野澤亮次郎　❸ 1291·2·3 政
小野田　勇　❾ 1997·7·15 文
小野田藤市　❻ 1861·5·16 社
小野田寛郎　❽ 1952·6·9 政／1959·2·2 政
小野塚喜平次　❼ 1903·6·10 政／1925·9·20 政／❽ 1944·11·26 文
小野寺五典　❾ 2007·10·7 政／2012·12·26 政
小野寺三郎右衛門　❺-2 1728·9·21 政
小野寺太三郎　❻ 1888·5月 社
小野寺八郎　❸ 1352·7·11 政
小野寺久幸　❾ 2011·3·1 文
小野寺百合子　❾ 1998·3·31 文
小野寺慵斎　❺-2 1844·1·30 政
小野寺義道　❹ 1582·8·28 政
尾道鷹一　❼ 1925·4·10 政
小野村林蔵　❽ 1944·4·28 社
小野山宇治右衛門　❺-1 1701·是冬 文
オパーリン(ソ連)　❽ 1955·10·28 文／1957·10·14 文／❾ 1977·4·5 文
鄔梅住尼九(琉球)　❸ 1417·4·28 政／1419·1·23 政
小場佐仁左衛門　❼ 1903·4月 政
小畑市太夫　❺-1 1651·4·11 社
小畑美稲　❻ 1890·10·1 政
小幡英之助　❻ 1875·10·2 文／1890·11月 文／❼ 1910·4·26 文
小幡景利　❺-2 1748·1·7 社／1754·2·19 社／1761·9·7 政
小幡勘兵衛景憲　❺-1 1663·2·25 政
小幡休甫　❺-2 1824·8·7 文
小畑行簡　❺-2 1847·是年 文
小幡欣治　❾ 2011·2·17 文
小畑五太夫　❺-1 1651·4·11 社
小幡小平次　❺-2 1808·⑥·2 文
小幡重厚　❺-1 1688·8·7 政
小幡重定　❹ 1560·5月 政
小幡宗左衛門　❺-2 1768·是年 文
小畑達夫　❼ 1934·1·15 政
小幡為貞　❺-1 1656·6·26 政
小畠鼎子　❼ 1935·是年 文
小幡定次郎　❻ 1864·6·26 文
小幡藤五郎　❺-1 1625·5·27 政／9·27 社
小幡篤次郎　❻ 1864·6·26 文／1866·12月 文／1874·6·27 文／1875·5·1 文／1881·4·25 政／7·8 政／1890·10·1 政／❼ 1905·4·16 文
小畑敏四郎　❽ 1944·7·12 政／1945·8·17 政
小幡仁三郎　❻ 1864·6·26 文
小畑英良　❽ 1944·7·2 政
小幡兵馬　❻ 1868·3·25 政
小幡兵八郎　❻ 1868·3·25 政
小幡酉吉　❼ 1920·8·9 政／1921·5·16 政／1929·12·17 政
小幡義晴　❹ 1532·是年 政
お初(女郎)　❺-1 1703·4·7 社
小泊瀬稚鷦鷯尊⇨武烈(ぶれつ)天皇
少長谷女王　❶ 767·1·8 政
小花作之助　❻ 1861·12·4 政
オバマ(米)　❾ 2010·11·10 政／2011·3·11 社／2012·3·26 政／4·29 政／11·18 政
小浜氏善　❼ 1936·11·14 政
小浜景隆　❹ 1577·5·10 政／1590·9月 政
小浜隆品　❺-2 1746·4·28 政／1754·1·11 政
小浜久隆　❺-2 1725·1·11 社／1733·7·29 文
小浜光隆　❺-1 1614·11·16 大坂冬の陣／1620·是年 政／1627·是年 政／1642·7·2 政
小浜安隆　❺-1 1641·3·1 政
小汀利得　❽ 1959·11·4 文
小原鑑元　❹ 1556·5·7 政
小原慶山(渓山)　❺-1 1707·5月 文／❺-2 1723·7·29 文
小原鎮実　❹ 1564·6·20 政
小原春造　❺-2 1795·7·19 文／1811·是年 文／1822·11·14 文
小原継忠　❹ 1582·3·11 社
小原峒山　❺-2 1805·6·1 文
小原弥惣八　❻ 1880·8·18 政
小原良貴(桃洞)　❺-2 1806·8月 文／1814·3月 文／1818·11月 文／1825·7·11 文
小原良直　❺-2 1814·3月 文／1833·是年 文
小原雲心　❼ 1897·是年 文
小原国芳　❼ 1929·4·8 文／❾ 1977·12·13 文
小原　保　❽ 1963·3·31 社
小原鉄五郎　❾ 1989·1·27 政
小原　直　❼ 1934·7·8 政／❽ 1939·8·30 政／❾ 1966·9·8 政

小原夏樹 ❾ 1992·1·13 文
小原日登美 ❾ 2012·7·27 社
小原米華 ❼ 1902·5·27 政、文
小原豊雲 ❾ 1995·3·18 文
小尾庯雄 ❾ 2003·2·23 文
小尾与兵衛 ❺-1 1651·11·24 政
首皇子⇨聖武(しょうむ)天皇
帯屋長右衛門 ❺-2 1761·4·12 社
小夫兵庫 ❻ 1868·1·20 政
飯富(おぶ)兵部 ❹ 1531·1·21 政
お福⇨春日局(かすがのつぼね)
おふじ(浅草) ❺-2 1771·宝暦·明和年間 社
小渕恵三 ❾ 1987·11·6 政／1992·10·7 政／1997·9·11 政／12·30 政／1998·7·24 政／7·30 政／9·28 政／1999·9·9 政／10·5 政／2000·4·1 政／5·14 政
小渕健太郎 ❾ 2007·12·30 文
小渕優子 ❾ 2008·9·24 政
オプラ·チュウ ❺-1 1637·7·20 政
オブライエン(米大使) ❼ 1909·12·18 政
オブライエン, マーガレット(米、子役) ❽ 1952·9·4 社
於紅源右衛門 ❹ 1526·3·20 社
於保不二夫 ❾ 1996·1·14 文
オボテ(ウガンダ) ❾ 1965·7·18 政
朧磨 ❺-1 1692·是年 文
御牧甚五兵衛 ❺-1 1702·12·21 政
小俣氏連 ❸ 1352·11·18 政
小俣来全 ❸ 1337·6·8 政
お万の方 ❺-2 1789·3·25 政
尾身幸次 ❾ 1997·9·11 政／2006·9·26 政
小見清潭 ❽ 1942·7·13 文
麻続王 ❶ 675·4·18 政
老女子夫人(薬君娘) ❶ 575·1月
お美濃(囚人) ❺-2 1759·6·21 文
澤潟久孝 ❽ 1957·11月 文／❾ 1968·10·14 文
表　淳夫 ❾ 2010·5·9 文
小本理左衛門 ❺-1 1613·是年 社
面長(散楽) ❷ 1154·1·13 文／1202·1·12 文
面平(散楽) ❷ 1154·1·13 文
小柳津(おやいづ)勝五郎 ❼ 1913·3·5 社
小柳津要人 ❻ 1889·3·22 文
小宅処斎 ❺-1 1665·7月 文
遠弥計(琉球) ❹ 1500·2·2 政
小家内親王 ❶ 772·10·5 社
尾山篤二郎 ❽ 1963·6·23 文
小山(おやま)氏政 ❸ 1346·4·13 政
小山五兵衛 ❺-1 1643·7·12 政
小山貞朝 ❸ 1330·10·1 政
小山実隆 ❸ 1333·3·23 政／1337·2·29 政
小山左馬助 ❸ 1422·8月 政
尾山甚五左衛門 ❺-2 1808·4·9 政
小山大膳大夫 ❸ 1441·4·16 政
小山高朝 ❹ 1539·9·21 政／1565·2·24 政
小山隆政 ❸ 1411·10·11 政
小山朝郷 ❸ 1346·4·13 政
小山朝長 ❷ 1221·5·22 政／7·14 政／1229·11·17 政
小山朝政 ❷ 1185·10·25 政／1190·6·14 社／1192·9·12 政／1194·11·9 政／1199·12·29 政／1201·1·23 政／1204·4·20 政／1205·8·11 政／1238·3·30 政
小山長村 ❷ 1241·11·29 政／1247·6·20 政
小山八郎 ❸ 1399·11·15 政
小山八郎左衛門 ❸ 1380·6·7 政
小山秀綱 ❹ 1562·12·3 政／1563·4·15 政／1575·11·28 政／1590·7·7 政
小山秀朝 ❸ 1335·7·22 政
小山政長 ❹ 1512·6·18 政／1516·12·27 政
小山満泰 ❸ 1420·7·20 政／1423·1·22 政
小山(長沼)宗政 ❷ 1184·是年 政／1200·11·9 政
小山持政 ❸ 1429·9·3 政／❹ 1456·11·14 政／1464·8·17 政
小山義政 ❸ 1370·6·25 社／1380·5·5 政／6·1 政／6·15 政／8·29 政／9·19 政／1381·1·18 政／6·12 政／6·26 政／7·29 政／10·15 政／11·16 政／12·12 政／1382·3·22 政／4·8 政
小山若犬丸 ❸ 1386·5·27 政／7·12 政／1387·7·19 政／1396·2·28 政／6月 政／1397·1·15 政
小山田重成 ❷ 1181·4·20 政
小山田茂誠 ❺-1 1615·3·10 政
小山田主膳 ❺-1 1615·3·10 政
小山田庄兵衛 ❺-1 1664·4·18 社
小山田(高田)与清(将曹·松屋·玉川亭) ❺-2 1812·是年 文／1814·是年 文／1815·7·29 文／1816·是年 文／1817·是年 文／1818·是年 文／1819·是年 文／1821·是年 文／1824·是年 文／1826·是年 文／1831·是年 文／1839·是年 文／1847·3·27 文
小山田信有 ❹ 1520·3·29 社／1543·5·26 社／1548·8·18 政
小山田信茂 ❹ 1568·9·25 社／1570·10·13 社／1577·4·3 社／1582·3·3 政
小山田信友 ❹ 1554·4·14 社
小山田範清 ❸ 1414·1·2 政
小山田弥一郎 ❺-1 1682·8·14 社
小山田弥七 ❹ 1568·12·23 社
小山田大和守 ❹ 1515·10·17 政
小山戸実兼 ❸ 1435·10·9 政
およつ御寮人 ❺-1 1619·6·20 政
邑良志別君宇蘇弥奈 ❶ 715·10·29 政
織井茂子 ❾ 1996·1·23 文
折口信夫(釈　迢空) ❼ 1924·4月 文／1929·7月 文／❽ 1945·3月 文／1947·3月 文／1948·8·21 文／1953·9·3 政
折田正介 ❻ 1887·7·23 政
折田平内 ❻ 1893·2·19 社
折田平八 ❻ 1863·6·22 政
折戸紀代子 ❾ 1965·1·13 社
織原城二 ❾ 2001·4·6 社
折原国太郎 ❼ 1910·9·8 社
織仁親王(有栖川宮) ❺-2 1820·2·20 政
オルガンティーノ, ニェッキ·ノルディ ❹ 1570·5·15 社／12月 社／1571·9·13 政／1577·1月 社／是年 社／1578·11·11 政／1580·4·9 社／1581·2·23 社／1583·8月 社／1588·11·26 社／1593·8月 社／1595·是年 社／❺-1 1604·是年 政／1609·3·18 社
オルスッシ神父(殉教) ❺-1 1619·10·22 社
オルディス(アウグスチノ会) ❺-1 1602·6·25 社
オルドリン, エドウィン ❾ 1969·10·31 文
オルトン(英医師) ❻ 1870·11·22 文
オルブライト(米国務長官) ❾ 1997·2·24 政
お六(堀　左近) ❺-1 1659·1·9 社
小禄親方 ❻ 1857·10·10 政／1858·9·2 政
尾和宗臨 ❹ 1491·7月 社／是年 文
小和田　恒 ❾ 1993·1·6 政／1994·2·3 政
尾張　新 ❻ 1869·是年 社
尾張粟人 ❶ 812·1·12 政
尾張市左衛門 ❺-1 1669·10·24 シャクシャインの蜂起
尾張小倉 ❶ 747·3·3 政
尾張是種 ❶ 963·12·27 政
尾張斎俊 ❸ 1332·1·11 政
尾張高経 ❸ 1335·12·11 政
尾張浜主 ❶ 835·4月 文／845·1·8 文／846·1·26 文
尾張弓張 ❶ 796·8·10 社
尾張兵部少輔 ❹ 1540·12月 社
小治田広千 ❶ 741·8·9 政／743·6·30 政
小墾田麻呂 ❶ 681·7·4 政／682·5·16 政
小治田諸人 ❶ 738·8·10 政
小治田宅持 ❶ 708·3·13 政
小治田安万侶 ❼ 1911·4·20 文
温　家宝 ❾ 2007·1·13 政／4·11 政／11·20 政／12·28 政／2010·5·30 政／2012·5·13 政
温　沙道(琉球) ❸ 1398·2·16 政／4·16 政
音阿弥⇨観世元重(かんぜもとしげ)
隠慧大歳(僧) ❸ 1412·6·12 社
音海(僧) ❹ 1536·6·29 社
恩河親方(朝恒) ❻ 1857·10·10 政／1858·9·2 政／1860·3·12 政
オング, ジュディ ❾ 1979·12·31 社
恩訓(僧) ❶ 948·3·4 社
オンコン·シ·パコディ(シャム) ❺-1 1636·9月 政
遠舟 ❺-1 1692·是年 文
恩紹(威儀師) ❷ 1078·10·16 社
恩率(百済) ❶ 583·12·30
恩田美栄 ❾ 2005·2·19 社
恩田美作守 ❸ 1419·8·15 政
恩地孝四郎 ❼ 1927·是年 文／❽ 1944·是年 文／1949·是年 文／1955·6·3 文
オンプラ(シャムの日本人) ❺-1 1638·9·20 政
陰陽助定棟 ❸ 1420·9·10 社

か

河　乙沚(高麗)　❸ **1376**·1月 政
何　応欽　❼ **1932**·6·10 政／**1933**·11·7 政／❽ **1945**·9·9 政
河　応潮(明)　❹ **1597**·9·27 政
夏　貴　❷ **1279**·6·25 政
何　欽吉(明)　❺-1 **1658**·9·29 社
賈　受君　❶ **721**·1·27 文
夏　子陽(琉球)　❺-1 **1606**·6·1 政
何　如璋　❻ **1877**·12·28 政／**1878**·9·3 政
夏　礼久　❸ **1431**·11·9 政
何　文著(元)　❷ **1275**·2·9 政／4·15 政／9·7 政
何　卜山(朝鮮)　❹ **1458**·3·9 政
嘉　満度(琉球)　❹ **1490**·是年 政
賀　取文　❶ **660**·1·1 政
賀　福延　❶ **841**·⑨·25 政／12·22 政／**842**·3·27 政
カーク, モーリス・ジョン　❾ **2005**·10·21 社
ガーゴ, バルタザール　❹ **1552**·8·19 政／12·10 社／**1555**·是年 社／**1557**·是秋 社
カーザ(イエズス会)　❺-1 **1604**·是年 文
カーシュ, レオン　❽ **1945**·9·27 政
カーター, ジミー　❾ **1984**·5·24 政
カーチス(洋服)　❻ **1886**·10·1 社
カーチス, ミッキー　❽ **1958**·2·8 社
カーテツ, ウィリアム　❻ **1872**·是年 社
カーペンター(米)　❽ **1949**·10·19 政
ガーマ, ドアルテ・ダ　❹ **1551**·7月 政
カール, ユーハイム(菓子)　❼ **1919**·是年 社／**1921**·是年 社
カール, ライネルト(人間大砲)　❼ **1930**·9·20 社
カーン, アユブ　❽ **1960**·12·12 政
可菴円慧(僧)　❸ **1296**·是年 政／**1308**·是年 政／**1343**·11·6 社
懐　機　❸ **1418**·2·14 政
甲斐広永　❺-2 **1852**·是年 文
甲斐庄五郎　❺-2 **1807**·12·29 社
甲斐庄武助　❺-2 **1797**·6·5 政
甲斐四郎　❷ **1184**·10·6 政
甲斐説宗　❾ **1978**·10·31 文
甲斐宗運　❹ **1580**·3·4 政／**1581**·12·2 政／**1582**·12·11 政
甲斐宗摂　❹ **1586**·1·23 政
甲斐親宣　❹ **1517**·是年 政
甲斐親昌　❹ **1540**·12·13 政
甲斐常治　❸ **1428**·8·6 政／❹ **1456**·5·28 政／**1459**·5·13 政／8·13 政
甲斐敏光(八郎)　❹ **1461**·9·27 社／10·16 政／**1472**·8·6 政／**1473**·8·8 政／**1474**·1·18 政／⑤·15 政／6·10 政／**1475**·2·11 政／2·24 政／**1479**·11·4 政／**1480**·1·10 政／7·11 政／8·28 政／**1481**·1·10 政／9·15 政／**1483**·4·30 政／**1484**·11·7 政／**1494**·10·18 政
甲斐美春　❽ **1947**·1·15 社
甲斐美和子　❼ **1932**·5·21 文／❽ **1937**·2·21 文
甲斐上総介　❹ **1582**·12·11 政
快意(僧)　❺-1 **1707**·2·25 社
芥隠承琥(僧)　❹ **1466**·7·28 政／8·4 政／**1492**·是年 社／**1495**·5·16 社
懐英　❺-2 **1719**·是年 文
海江田信義(武次·有村俊斎)　❻ **1858**·8·2 政／9·7 政／**1859**·11·5 政／**1868**·4·4 政／4·11 政／❼ **1906**·10·27 政
海江田万里　❾ **1994**·9·26 政／**2010**·9·17 政／**2011**·1·14 政／3·11 社／12·25 政
カイオ(朝鮮)　❺-1 **1624**·9·24 社
魁皇博之(浅香山)　❾ **2000**·5·21 社／**2003**·7·20 社／**2004**·9·26 社／**2010**·1·12 社／**2011**·7·14 社／7·20 社
海音寺潮五郎(末富東作)　❽ **1960**·1·10 文／❾ **1977**·12·1 文
開化天皇(稚日本根子彦大日日尊)　❶ **書紀·孝元 22**·1·14／**孝元 57**·11·12／**開化 1**·10·13／**開化 60**·4·9／**開化 60**·10·3
海賀宮門　❻ **1862**·5·1 政
戒覚(僧)　❷ **1082**·9·3 文／9·5 政／**1083**·2·16 社／2·20 政
海覚(仏師)　❷ **1276**·是年 文
改行(源氏坊義種·天一坊)　❺-2 **1729**·4·21 政
誠金喜右衛門　❺-1 **1656**·12月 社
快慶(仏師)　❷ **1189**·9·15 文／**1192**·11·2 文／**1194**·6·29 文／是年 文／**1195**·3·22 文／8月 文／**1196**·12·10 文／**1200**·11·11 文／**1201**·9·21 文／12·27 文／**1202**·是年 文／**1203**·5·4 文／7·24 文／10·3 文／**1208**·4·28 文／是年 文／**1211**·3·28 文／**1218**·12月 文／**1219**·10·11 社／**1220**·8·24 文／是年 文／**1221**·是年 文／**1223**·7·7 文
魁傑(将晃)　❾ **1976**·9·12 社
懐月堂安慶(安度)　❺-1 **1714**·3月 文
快賢(僧)　❷ **1005**·是年 社
快賢(仏師)　❷ **1127**·2·23 文
快賢(僧)　❸ **1413**·8月 社
快兼(仏師)　❸ **1347**·7·24 文
快玄(清水寺僧)　❷ **1214**·8·13 社
快玄(僧)　❸ **1406**·9·10 政／**1417**·6·30 社(囲み)
快元(僧)　❹ **1469**·4·21 文
海後磋磯之介　❻ **1860**·3·3 政
海後宗臣　❾ **1987**·11·21 文
戒光(僧)　❷ **1181**·1·21 政
開高　健　❽ **1957**·12月 文／**1964**·11·15 文
隗谷結致　❸ **1396**·4·20 政
嵬谷致　❸ **1391**·2·22 政
貝澤　正　❾ **1992**·2·3 文
戒算(僧)　❷ **1053**·1·27 社
愷子(がいし)内親王　❷ **1262**·12·4 社／❸ **1284**·2·15 社
快実(僧)　❷ **1221**·6·24 政
懐実(僧)　❸ **1372**·1·22 社
貝島太助　❼ **1916**·11·1 政
懐寿(僧)　❷ **1011**·6·19 社／**1013**·4·2 社／**1026**·4·28 社
快宗(僧)　❷ **1072**·3·15 政／**1073**·6·12 政
快修(僧)　❷ **1167**·1·1 社／2·15 社／**1172**·6·12 社
海住山氏房　❸ **1403**·11·24 政
海住山清房　❸ **1448**·6·18 政
海住山高清　❹ **1488**·6·29 政
快俊(仏師)　❷ **1133**·10·1 文
快舜(僧)　❺-1 **1610**·9·18 社
開成(僧)　❶ **777**·是年 社
戒浄(僧)　❸ **1437**·3·9 社
快深(僧)　❸ **1419**·11·2 社
加伊寿御前(工藤)　❸ **1323**·11·3 社／**1343**·6·20 社／**1350**·8·15 社
開瀬義盛　❷ **1202**·6月 社
快成(仏師)　❷ **1242**·9·15 文／**1244**·12·6 文／**1256**·4·1 文
解生(明)　❹ **1597**·9·6 慶長の役
ガイゼル(ブラジル)　❾ **1976**·9·15 政
快暹(僧)　❷ **1130**·11·5 文
快全(僧)　❸ **1333**·1·29 政／2·13 政／3·21 政／6·2 政
快川紹喜(僧)　❹ **1580**·8月 文／**1582**·4·3 政
海蔵性珍(僧)　❸ **1409**·6·11 社
快尊(笠置寺僧)　❸ **1311**·6·28 社
快尊(僧)　❸ **1428**·6·1 文
カイソン(ラオス)　❾ **1989**·11·7 政
貝谷八百子　❽ **1946**·8·9 文／❾ **1991**·3·5 文
快智(智有、絵仏師)　❷ **1253**·12月 文／❸ **1282**·是年 文
懐中元志(僧)　❸ **1428**·3·13 社
貝塚茂樹　❽ **1962**·7·5 文／❾ **1987**·2·9 文
皆手甚五左衛門　❺-1 **1656**·8·16 政
瞎堂慧遠(仏海禅師)　❷ **1171**·是年 政
ガイトナー(米財務長官)　❾ **2011**·10·14 政
戒念(僧)　❷ **1249**·5·22 社
戒能通孝　❽ **1964**·3·5 社／❾ **1968**·4·1 文／**1975**·3·22 文
甲斐庄楠音　❾ **1978**·6·16 文
甲斐庄正方　❺-2 **1777**·2·3 社
甲斐庄正親　❺-1 **1667**·②·28 政／**1680**·8·30 社／**1690**·12·15 政
甲斐庄正述　❺-1 **1652**·1·28 政
甲斐荘　某　❹ **1471**·6·17 政
海乃山　勇　❾ **1997**·7·5 社
開原成允　❾ **2011**·1·12 文
貝原俊民　❾ **1994**·10·30 政／**1995**·4·1 政／**1998**·10·25 政
貝原益軒(篤信·子誠·柔斎·損軒·益軒は晩年の号)　❺-1 **1668**·是年 文／**1669**·是年 文／**1672**·12月 文／**1678**·是年 文／**1680**·是年 文／**1685**·是年 文／**1686**·5·21 政／**1688**·是年 文／**1691**·6·14 社／**1694**·是年 文／**1696**·是年 文／**1697**·8月 文／**1698**·9月 文／是年 文／**1699**·是年 文／**1700**·是年 文／**1703**·是年 文／**1704**·3月 文／是年 文／**1705**·是年 文／**1706**·是年 文／**1708**·6月 文／是年 文／**1709**·8月 文／**1711**·是年 文／

1712·是年 文／1713·是年 文／1714·8·27 文／是年 文／1715·1月 文／❺-2 1717·是年 文／1718·是年 文／1721·是年 文／1728·是年 文／1733·是年 文／1737·是年 文／1766·是年 文／1767·是年 文／1790·是年 文／1794·是年 文
貝原存斎　❺-1 1695·12月 文
貝原東軒　❺-1 1713·12月 文
貝原好古　❺-1 1688·是年 文／1694·是年 文／1695·是年 文／1697·是年 文／1700·5·23 文／1701·是年 文／1704·是年 文
海部男種麿　❶ 859·2·25 社
海部俊樹　❾ 1976·12·24 政／1989·8·5 政／8·8 政／8·9 政／10·6 政／1990·2·27 政／1993·6·23 政
海部八郎　❾ 1994·6·28 政
海部左近将監　❹ 1571·3月 政／1598·5月 文
海部屋大三郎　❺-2 1757·11月 社
快弁(僧)　❷ 1256·7月 社
海保喜右衛門　❺-1 1683·⑤·19 社
海保漁村(元備·紀之·章之助·伝経廬)　❺-2 1826·是年 文／❻ 1866·9·18 文
海保青陵(皐鶴·万和·儀平)　❺-2 1813·是年 文／1817·5·29 文
海保半兵衛　❺-1 1691·2月 政／❺-2 1753·1·25 政
海宝(清)　❺-2 1719·6·1 政
海北若沖　❺-1 1705·是年 文
海北友賢　❺-1 1702·9月 文
海北友松　❹ 1598·6·1 政／❺-1 1602·是年 文／1613·12月 文／1615·6·2 文
海北友雪　❺-1 1635·6月 文／1657·11·28 文／1667·2·25 文／1671·是年 文／1677·9·3 文／❺-2 1724·7月 文
海北友竹　❺-1 1693·是年 文／❺-2 1728·9·2 文／1846·11月 文
海北友徳　❺-2 1846·11月 文
海鵬涼至　❾ 2011·2·2 社
海堀あゆみ　❾ 2012·7·27 社
誡明(戒明、僧)　❶ 772·是年 政／838·7·5 文／839·9·5 文
開明門院⇨姉小路定子(あねがこうじさだこ)
蓋文(百済)　❶ 588·是年
海門承朝(僧)　❸ 1443·5·9 社
貝谷采堂　❺-2 1837·5·5 文
貝屋清七　❺-2 1765·是年 社
戒融(僧)　❶ 763·10·6 政
快誉(僧)　❷ 1112·8·14 社
海量(僧)　❺-2 1812·5月 文／1817·11·21 社
海蓮(僧)　❶ 957·是年 社
嘉因(僧)　❶ 983·8·1 政／988·2·8 政／990·7月 政／991·6·3 政
華宇(唐商)　❺-1 1615·1·16 政
ガウランド(英)　❻ 1878·7·28 社
ガウル(英)　❻ 1867·8月 社
賀運(僧)　❸ 1327·7月 社
臥雲辰致　❻ 1876·9月 社／❼ 1900·6·29 社
カエサル，マルチヌス　❺-1 1670·9·20 政／1672·9·24 政／1674·9·21 政
加悦俊興　❺-2 1852·是年 文
雅縁(僧)　❷ 1218·12·12 社／1220·1·18 社／1223·2·21 社
雅円(僧)　❷ 1219·2·13 社
可翁(絵師)　❸ 1307·是年 文
可翁宗然　❸ 1319·是年 政／1345·4·25 社
花王房(僧)　❹ 1536·3·3 社
加賀(舞手)　❹ 1582·5·18 文
加賀乙彦(小木貞孝)　❾ 2011·11·4 文
加賀月華　❽ 1937·11·24 文
加賀権作　❻ 1869·3·25 政
加賀千代女　❺-2 1764·是年 文／1775·9·8 文
加賀秀一　❻ 1888·4·3 文
鹿我(加我·賀我)　別　❶ 書紀·神功 49·3月
加賀国司　❶ 859·1·22 政
香香有媛　❶ 534·3·6／10·15
加賀尾秀忍　❽ 1953·5·16 政
鹿垣長右衛門　❺-1 1683·10·7 政
花楽散人　❺-2 1773·是年 文
加加爪(かがづめ)忠澄　❺-1 1626·5·28 政／1631·9·22 社／1633·2·23 社／1637·11·26 社／1638·5·16 社／1640·6·2 政／1641·1·30 社
加加爪直清　❺-1 1681·2·9 政
加加爪直澄　❺-1 1661·11·11 政
加賀爪伯耆守　❸ 1428·10月 政
加賀殿　❹ 1598·3·15 社
加賀平内左衛門尉　❸ 1352·12·15 政
各務(かがみ)鎌吉　❼ 1927·3·10 政
各務鎌吉　❽ 1939·5·27 政
各務鉱三　❾ 1985·12·3 文
各務支考　❺-1 1692·是年 文／1694·10·10 社／1695·是年 文／1698·是年 文／1699·是年 文／1700·是年 文／1701·是年 文／1703·是年 文／1704·是年 文／1707·是年 文／1708·是年 文／1709·是年 文／1711·是年 文／1714·是年 文／1715·是年 文／❺-2 1718·是年 文／1723·是年 文／1725·是年 文／1728·是年 文／1730·是年 文／1731·2·6 文／1736·是年 文
鏡味仙太郎　❼ 1929·10·3 文
鏡味仙之助　❼ 1906·11·5 社
加賀美遠光　❷ 1197·10·11 文
加加美長清　❷ 1180·10·19 政／1181·2·1 政
各務文献(子徴)　❺-2 1810·是年 文／1819·是春 文
加賀美真知　❺-2 1756·是年 文
加賀美光章(太章)　❺-2 1782·5·29 文
加賀美光経　❷ 1197·10·11 文
各務吉雄　❶ 866·7·9 社
鏡里喜代治(奥山喜代治)　❽ 1953·1·27 社／2·1 社／❾ 2004·2·29 社
鏡女王(鏡姫王)　❶ 669·10月 社／683·7·4 政
鏡山　剛　❾ 1996·12·8 社
加賀谷淳子　❾ 2011·7·24 社
加賀谷半兵衛　❺-1 1614·是年 社
加加山次左衛門　❺-1 1614·6·1 社
香川　綾　❽ 1948·是春 社／❾ 1997·4·2 文
香川毓美　❾ 1978·2·19 文
香川景樹(桂園·東塢亭·梅月堂·観鷲亭·臨淵社·万水楼·一月楼)　❺-2 1811·是年 文／1814·是年 文／1815·是年 文／1823·是年 文／1828·是年 文／1830·是年 文／1832·是年 文／1835·是年 文／1840·是年 文／1843·3·27 文
香河景康　❸ 1327·1·17 政
香川勝広　❼ 1900·8·19 文／1906·3·29 文／1917·1·15 文
香川吉右衛門　❺-1 1704·是年 文
香川牛山　❺-1 1703·是年 文／❺-2 1734·是年 文
香川(鯉沼)敬三(広安·伊織)　❼ 1915·3·18 政
賀川玄悦(子玄·光森)　❺-2 1777·9·14 文
香川修徳　❺-2 1731·是年 文／1807·是年 文
賀川純一　❻ 1874·9月 政
香川助蔵　❻ 1863·1·21 政
香川　進　❾ 1998·10·13 文
香川宣阿(景継·梅月堂宣阿)　❺-2 1724·是年 文／1735·9·22 文
加川　力　❻ 1886·11月 文
賀川鉄一　❾ 2010·12·7 政
香川照之⇨市川中車(いちかわちゅうしゃ、九代目)
香川登志夫　❾ 1994·3·29 文
賀川豊彦　❼ 1909·12·24 社／1919·6月 社／12·15 政／1920·1月 文／1922·4·9 社／6·1 社／1924·3·1 社／6·28 政／❽ 1940·8·25 社／1941·4·5 社／12·1 社／1945·10·1 文／12·1 社／1960·4·23 社
香川信景　❹ 1579·12月 政
賀川　肇　❻ 1863·1·28 政
香川正矩　❺-1 1712·是年 文
賀川光夫　❾ 2001·3·9 文
香河元景　❸ 1420·2·6 社
香川幽斎　❺-2 1839·6·29 社
香川将監　❺-2 1770·10月 政
垣岩令佳　❾ 2012·7·27 社
柿内三郎　❾ 1967·12·24 文
垣内悠希　❾ 2011·9·23 文
柿右衛門(陶工)　❺-1 1692·9月 文
蠣崎波響(広年·世祐)　❺-2 1822·4·10 政／1826·6·22 文
柿崎景家　❹ 1577·11·7 政
蠣崎七之丞　❺-1 1689·是年 政
蠣崎季繁　❹ 1456·是年 政／1457·5·14 政
蠣崎(松前)季広　❹ 1545·8·19 政／1550·是年 政／1551·是年 政／1578·是夏 政／1595·4·20 政
蠣崎(武田)信広　❹ 1456·是年 政／1457·5·14 政／1458·4月 政／1494·5·20 政
柿崎晴家　❹ 1577·11·7 政
蠣崎広隆　❺-1 1674·8·27 政
蠣崎正広　❹ 1578·是夏 政
蠣崎光広　❹ 1494·5·20 政／1513·6·27 政／1514·3·13 政／1515·6·22 政／1518·7·12 政
蠣崎基広　❹ 1548·是春 政
蠣崎(松前)盛広　❹ 1596·是冬 政／1600·是年 政
柿崎弥次郎　❹ 1577·11·7 政

蠣崎良広(義広の子)　❹ 1514·3·13 政
蠣崎義広(光広の子)　❹ 1518·7·12 政／1528·5·23 政／1529·3·26 政／1531·5·25 政／1536·6·23 政／1545·8·19 政
蠣崎(松前)慶広　❹ 1583·3·27 政／1590·9·15 政／12·29 政／1591·2·1 政／1593·1·5 政／是夏 政／1595·4·20 政／1599·11·7 政
蠣崎蔵人　❹ 1457·2月 政
蠣崎主殿　❺-1 1670·7月シャクシャインの蜂起
蠣崎⇨松前(まつまえ)姓も見よ
柿澤弘治　❾ 1994·4·18 政／4·28 政／2009·1·27 政
柿田孝二　❼ 1917·1·14 政
鍵谷徳三郎　❼ 1908·1·7 文
柿坪精吾　❾ 2012·2·23 政
柿壺長斎　❺-2 1812·是年 文
鉤取王　❶ 729·2·10 政
柿沼太郎　❼ 1924·2月 文
柿木原隆実　❸ 1358·4·14 政
柿本市守　❶ 757·6·16 政
柿本佐留　❶ 708·4·20 文
柿本浜名　❶ 738·4·22 政
柿本人麻呂　❶ 724·3·1 文／3·16 文／❹ 1527·6·13 社／❺-2 1723·3·19 文
佳斯巴那(琉球)　❸ 1425·2·1 政／1426·3·21 政／1430·6·4 政
柿原笑三郎　❸ 1329·11·2 社
垣見一直　❹ 1600·8·5 関ヶ原合戦／9·14 関ヶ原合戦／9·17 関ヶ原合戦
垣見直正　❹ 1593·⑨·13 政
垣本雪臣　❺-2 1839·11·3 文
柿本豊次　❾ 1989·12·30 文
柿本善也　❾ 1999·11·7 社
垣屋孝知　❹ 1485·③·28 政
垣屋続成　❹ 1505·6·2 政
垣屋豊春　❹ 1469·8·3 政
垣屋越中守　❹ 1486·1·6 政
鍵谷カナ　❺-2 1802·是年 社
鎰屋宗咥　❹ 1576·8·3 文
鎰屋六兵衛　❺-1 1670·是年 政
鎰屋又兵衛　❺-1 1619·2月 社
鍵屋茂兵衛　❻ 1869·6月 社
鍵屋弥兵衛　❺-1 1659·是年 社
賀来統直　❹ 1579·1·10 政
加来きよ子　❼ 1929·8·7 社
郭　国安　❹ 1591·9·25 文禄の役
郭　松齢　❼ 1925·12·8 政
郭　汝霖(明)　❹ 1558·4·1 政／1561·⑤·9 政
郭　祖毎(琉球)　❸ 1431·8·19 政
郭　隲　❷ 1064·4·15 文
郭　伯祖毎(琉球)　❸ 1426·3·21 政
賀来飛霞　❺-2 1845·3·6 文
郭　沫若　❽ 1955·12·1 文／1963·10·4 政
郭　務悰　❶ 664·5·17 政／665·9·23 政／669·是年 政／671·11·10 政／672·3·18 政／692·⑤·15 社
郭　夢徴　❹ 1592·6·18 文禄の役
郭　麟(高麗)　❸ 1292·10·3 政
郭　連友　❾ 2003·10月 文
額　某(富樫氏の将)　❹ 1468·5·6 政
覚阿(僧)　❷ 1143·3·20 社／1171·是年 政／1175·是年 政／1182·是夏 政
覚阿(絵師)　❸ 1346·5·15 文
覚意(僧)　❷ 1107·3·21 社
覚意(明僧)　❺-1 1628·是年 社
覚一(明石、平曲)　❸ 1340·2·4 文／1347·2·21 文／1363·1·13 社／①·3 文／2·25 文／1371·3·15 文／6·29 文
覚因(僧)　❷ 1003·8·25 政／1015·5·7 政
鄂隠慧奯(鹿苑院僧)　❸ 1395·2月 政／1418·6·12 社／1425·2·18 社
覚胤法親王　❹ 1536·6·1 社／1541·1·26 社
覚運(僧)　❷ 1002·1·4 社／1004·9·8 文／1005·8·28 政／1007·10·30 社
覚雲法親王　❸ 1323·10·18 社
覚恵(僧)　❷ 1280·10·25 社／❸ 1302·5·22 社／1315·9·15 文
覚英(僧)　❺-1 1672·寛文年間 社
覚叡法親王　❸ 1377·7·4 社
覚淵(聞養房)　❷ 1180·11·1 政
覚円(僧)　❷ 1077·2·5 社／1092·7·21 社／1098·4·16 社
覚円(仏師)　❷ 1259·是年／1279·8月 文
覚円(宋僧、会津興福寺)　❸ 1287·是年 社
覚円(僧、興福寺)　❸ 1340·6·19 社
覚縁(僧)　❷ 1002·4·29 社
覚縁(僧)　❷ 1209·6·13 社
覚円法親王　❹ 1513·8·28 社
岳翁(僧)　❹ 1514·9·15 以前 文
鶴翁智仙(僧)　❹ 1537·是年 社
嶽翁長甫(僧)　❸ 1362·8·2 社
覚雅(僧)　❷ 1140·7·9 社／1146·8·17 社、文
覚賀(僧、土地売却)　❸ 1286·12·7 社
覚賀(仏師)　❸ 1357·8·23 文
覚海(僧)　❷ 1223·8·17 社
覚海(明僧)　❺-1 1628·是年 社
覚快法親王　❷ 1171·6·23 社／1181·11·6 社
覚々斎原叟　❺-2 1736·2·28 文
覚観(僧)　❷ 1226·8·15 社
覚基(僧)　❷ 1217·7·25 社
覚吉(仏師)　❹ 1543·8月 文
覚教(僧)　❷ 1099·1·3 社
覚教(僧)　❷ 1242·1·8 社
覚行法親王　❷ 1099·1·3 社／1101·3·29 社／1103·1·7 社／1105·5月 政／11·18 社
赫居世王　❶ BC50
覚家(僧)　❸ 1376·2·24 社／1377·9·27 社
覚彦(浄厳、僧)　❺-1 1682·是年 文／1691·8·22 社
覚慧(僧)　❶ 954·4·17 社
覚慶(僧)　❶ 998·10·29 社／❷ 1014·10月 社／11·22 社
覚慶(僧)　❹ 1565·5·19 社／1566·2·17 政
覚継(仏師)　❹ 1543·8月 文
覚賢(僧)　❷ 1168·5·3 社
覚賢(僧)　❸ 1326·11·16 社／1336·9·5 政
覚憲(僧)　❷ 1173·8·9 文
覚源(僧)　❷ 1060·是年 社／1065·8·18 社
覚光(僧)　❷ 1148·4·15 社
覚興(僧)　❷ 1173·6·29 社／10·9 社
覚厳(僧)　❸ 1309·5月 文
廓山(僧)　❺-1 1608·11·15 社／1625·8·26 社
鶴山勾当　❺-2 1762·是年 文
覚山尼(僧)　❸ 1285·是年 社
覚子(かくし)内親王(正親町院)　❷ 1243·6·26 政／❸ 1285·8·23 政
覚実(僧)　❷ 1092·12·8 社
覚実(僧)　❷ 1232·3·21 社
覚従(僧)　❶ 660·9·5 政
覚樹(僧)　❷ 1120·7·8 文／1124·6月 文／1139·1·14 社
覚秀(僧)　❷ 1238·10·19 社
鶴洲元翯(僧)　❺-2 1730·1·1 社
鶴洲霊翯(僧)　❺-1 1684·9月 文
覚俊(僧)　❷ 1126·3·10 社
覚俊(仏師)　❷ 1244·5·23 文
覚俊(僧)　❺-1 1704·9·13 社
覚舜(絵師)　❷ 1215·是年 文
覚舜(僧)　❸ 1324·2·30 政／1327·4月 社
覚順(僧)　❷ 1237·8·5 社
覚助(仏師)　❷ 1063·11·11 社／1067·2·25 社／1070·12·28 文／1077·10月 文
覚恕(曼殊院僧)　❹ 1536·6·2 文／1570·3月 文
覚助法親王　❸ 1336·9·17 社
覚助法親王　❺-1 1707·9·16 政
覚恕法親王　❹ 1574·1·3 社
覚勝(僧)　❶ 653·5·12 政
覚勝(菊池武時弟)　❸ 1333·3·13 政
覚盛(僧)　❷ 1236·9·1 社／1243·是年 文／1244·2月 文／1247·10月 文／1249·5·19 社
覚昭(僧)　❸ 1304·12·21 社／1308·5·16 社
覚性法親王　❷ 1169·12·11 社
郭縄(琉球)　❹ 1528·4·9 政
鶴松院(北條氏康の娘)　❹ 1562·12·16 社
覚信(僧)　❶ 995·9·15 社
覚信(僧)　❷ 1093·3·14 文／1100·8·20 社／1103·5·12 社／1121·5·8 社／1151·6·17 政／1226·7月 政
覚真(僧)　❷ 1071·1·5 社
覚心(僧)　❷ 1226·7月 政／1227·10·15 社／1249·是年 政／1254·是年 社
覚心(地頭代)　❸ 1299·3·23 政
覚尋(僧)　❷ 1077·2·7 社／1081·10·1 社
覚信尼　❷ 1272·12月 社／1277·9·22 社
覚深法親王(良仁)　❺-1 1648·①·21 社

覚鎚(高麗使僧)　❸ 1392·11月 政
覚成(僧)　❷ 1198·10·21 社／1121·7·10 文
覚成(僧)　❸ 1372·1·22 社
覚成(僧)　❹ 1554·9·9 社
覚聖(僧)　❷ 1135·3·24 文
覚晴(僧)　❷ 1148·5·17 社
覚西(僧)　❷ 1276·4·1 社
覚盛(大悲菩薩)　❸ 1330·8·7 社
覚詮(僧)　❶ 923·6·7 社
覚禅(東寺僧)　❷ 1186·是年 文／1194·11月 文
覚禅(絵師)　❷ 1193·1·29 文
覚善(僧)　❷ 1279·2·12 社
覚僧(僧)　❷ 1074·10·23 社
覚宗(僧)　❷ 1152·9·22 社
覚増法親王　❸ 1387·11月 文
覚尊(仏師)　❷ 1274·2·9 文
覚尊(僧)　❸ 1325·6月 社／1327·3·12 社／1338·1·11 社／1339·5·11 社
角田覚治　❽ 1943·7·1 政
角田光代　❾ 2005·1·13 文／3·18 文
角大夫(駕籠舁)　❺-1 1687·12·13 政
覚智(僧)　❷ 1279·11月 文
覚忠(僧)　❷ 1161·1月 社／1162·②·1 社／1169·6·17 政／1177·10·16 社
覚超(僧)　❷ 1034·1·27 社
覚朝(仏師)　❷ 1194·7月 文
覚朝(僧)　❷ 1231·10·1 社
覚珍(僧)　❷ 1173·11·11 社／1175·10·24 社
鶴亭(画僧)　❺-2 1768·2月 文／1770·是年 文／1785·12·24 文
岳亭丘山　❺-2 1830·是年 文／1846·是年 文
覚伝(仏師)　❸ 1436·8·28 文
覚道法親王　❹ 1527·10·23 社
角永武夫　❾ 1988·9·21 文
角南重国　❺-1 1654·5·6 社
覚入(僧)　❷ 1093·10·11 社
覚如(宗昭、僧)　❸ 1301·12月上旬 文／1307·10·3 文／1312·是夏 社／1326·9·5 文／1331·11月 文／1333·6·16 社／1337·9·25 文／1343·1·13 社／11·7 社／1344·10·26 文／1350·11·21 社／1351·1·19 社
覚如(僧)　❹ 1477·2·15 文／1485·4·4 文
覚任(僧)　❷ 1152·2·29 社
覚仁(威儀師)　❷ 1127·是年 文
覚仁(黒田荘僧)　❷ 1162·是年 社／1169·10·26 政
覚仁法親王　❷ 1248·是年 社／1266·4·12 社
覚仁法親王　❺-2 1754·9·21 社
角館弥介　❺-1 1612·7·16 社
楽宮(有栖川織仁親王娘)　❺-2 1809·12·1 政
郭伯茲毎(慈毎、琉球)　❸ 1429·1·18 政／1430·6·4 政
覚鑁(僧)　❷ 1130·4·8 社／1131·4月 社／10·17 社／1134·12·22 社／1136·3月 社／5·27 社／6·6 社／1140·12·8 社／1143·12·12 社／❹ 1540·10·20 社／1541·1·5 社／❺-1 1690·12·26 社
覚遍(僧)　❷ 1247·5·22 社
鶴峰宗松(僧)　❹ 1599·6·25 文／1600·2·13 文／❺-1 1602·2·26 文
覚法法親王(高野御室)　❷ 1135·1·28 社／1147·5·2 社／1148·3·27 政／1150·5·16 文／1153·12·6 政／1165·5·18 文／1186·10·5 文
覚卍(僧)　❸ 1437·9·9 社
覚明(僧)　❷ 1195·10·13 政
覚明孤峰(僧)　❺-1 1623·元和年間 文
覚愉(僧)　❷ 1233·1·30 社
覚猷(鳥羽僧正)　❷ 1079·10·5 社／1114·9月 文／1121·10·6 社／1130·11·22 文／1135·6·21 文／1140·9·15 社／1246·④·24 社
覚祐(僧)　❸ 1299·4·7 政
覚雄(僧)　❸ 1369·6·18 社
覚誉(僧)　❷ 1139·12·2 社／1146·12·18 社
覚誉法親王　❸ 1362·是春 文／1382·5·28 社
加倉井和夫　❾ 1973·11·1 文／1995·9·24 文
神楽坂はん子　❾ 1995·6·10 文
鹿毛　貢　❽ 1937·9·9 政
雅慶(僧)　❶ 998·9·19 社／❷ 1007·10·9 社
筧　克彦　❼ 1913·5·14 政／❽ 1961·2·27 文
筧　四郎　❻ 1894·5·26 社
筧　為春　❺-1 1632·6·25 政
筧　太郎助　❺-2 1819·9·11 社
筧　半兵衛　❺-2 1817·2月 社
筧　正明　❺-1 1670·10·7 政
影佐禎昭　❽ 1938·11·20 政
陰里鉄郎　❾ 2010·8·7 文
景重七郎　❸ 1401·是年 文
懸田俊宗　❹ 1542·6·20 政
懸田定勝　❸ 1413·4·18 政／12·21 政
花月亭九里丸　❽ 1959·3·21 文
景依(姓不詳·左近将監)　❸ 1289·11月 文
景則(刀工)　❸ 1364·2月 文
掛橋和泉　❻ 1863·6·2 社
梯(かけはし)七大夫　❹ 1599·是年 政
梯　剛之　❾ 1998·12·5 文／2000·10·20 文
梯　隆恭　❺-2 1816·是年 文
筧　正典　❾ 1993·1·14 文
影媛　❶ 書紀·景行 3·2·1／498·11·11
影村藤右衛門　❺-2 1756·1·26 社
景山(福田)英子　❻ 1885·11·23 政／❼ 1907·2·12 政／1927·5·2 社
陰山九大夫　❺-1 1676·1·9 政／4·20 政
影山光洋　❽ 1955·1月 文／❾ 1981·3·1 文
影山庄平　❽ 1945·8·25 社
景山民夫　❾ 1988·7·13 文／1998·1·27 文
鹿毛山長吉　❻ 1866·8月 社
景山哲夫　❾ 1990·3·12 文
陰山豊洲　❺-2 1808·11·25 文
影山正治　❽ 1939·4·3 政／❾ 1979·5·25 政
蔭山元質　❺-1 1700·是年 文
勘解由小路韶光　❺-2 1729·5·11 政
勘解由小路在富　❹ 1559·12·23 文／1563·⑫·8 文
勘解由小路在通　❹ 1500·10·10 文／1512·1·10 政
勘解由小路在盛　❹ 1479·8·19 政
勘解由小路(広橋)兼仲　❸ 1308·1·20 政
勘解由小路資望　❺-2 1758·7·24 政
賀古鶴所　❼ 1931·1·1 文
加古　厳　❺-2 1819·是年 文
吾古(対馬)　❸ 1445·2·12 政
麛坂王(香坂王)　❶ 書紀·神功 1·2月
鹿児島国明　❹ 1600·7·14 関ヶ原合戦
鹿児島寿蔵　❾ 1982·8·22 文
笠　乙麻呂　❶ 770·5·9 政
笠　雄宗　❶ 770·5·11 社／785·1·15 政
笠　数道　❶ 844·1·11 政／857·1·14 政
笠　豊興　❶ 854·1·16 政／859·1·13 政
笠　仲守　❶ 815·10·15 文／824·10·22 文
笠　名高　❶ 871·4·13 文
笠　名麻呂　❶ 775·10·11 社／787·10·25 政
笠　西子　❶ 867·3·23 社
笠　弘興　❶ 861·1·13 政／864·1·16 政／865·1·27 政／876·4·11 政
笠　不破麻呂　❶ 763·1·9 政
笠　麻呂　❶ 706·7·20 政／708·3·13 政／714·②·1 社／716·6·20 政／719·7·13 政／721·5·12 社
笠　岑雄　❶ 850·1·15 政
笠　蕢(𦯶)麻呂　❶ 752·5·26 政
笠　御室　❶ 720·2·29 政／721·7·7 政
笠　諸石　❶ 667·11·9 政
笠　梁麻呂　❶ 813·1·10 政／840·1·30 政／842·12·8 政
雅西(僧)　❷ 1201·1·4 社
葛西因是　❺-2 1802·是年 文
葛西清重　❷ 1180·9·29 政／10·2 政／11·10 政／1189·9·22 政／11·8 社／1195·9·29 政
葛西定広　❷ 1208·7·19 政
笠井順八　❻ 1881·5·3 社／❼ 1919·12·31 政
笠井信一　❼ 1929·7·25 政
香西資茂　❷ 1246·3·18 社
葛西善蔵　❼ 1928·7·23 文
葛西得次　❺-2 1824·是年 政
葛西紀明　❾ 2003·2·9 社
香西度景　❸ 1284·4·12 政
葛西晴重　❹ 1528·4·13 政
葛西晴胤　❹ 1543·5·2 政／1590·8·18 政
葛西晴信(信清)　❹ 1590·8·9 政
葛西晴久　❹ 1590·11·15 政
香西彦九郎　❸ 1351·12·15 政
香西　久　❾ 2010·10·14 文
葛西宗清　❸ 1288·7·9 社

香西元長　❹ **1497**·4·28 社／**1507**·12·7 社
河西伝右衛門尉　❹ **1576**·10·20 社
笠置シヅ子　❽ **1947**·3·1 社／9月 社
鵲　又四郎(下人)　❸ **1443**·是年 社
カサドシュ, ロベール　❾ **1968**·4·11 文
風早実秋　❺-2 **1816**·7·1 政
風早めうこ　❸ **1381**·4·9 社
笠原雲渓　❺-2 **1736**·是年 文
笠原使主　❶ **534**·⑫月
笠原清繁　❹ **1547**·⑦·26 政／8·11 政
笠原研寿　❻ **1876**·6·14 文
笠原五大夫　❺-2 **1789**·7·15 政
笠原　茂　❽ **1956**·11·22 社／❾ **1990**·11·13 社
笠原正三　❽ **1954**·5·22 社
笠原新六郎　❹ **1590**·6·16 政
笠原藤七　❺-1 **1675**·6·8 社
笠原範貞　❹ **1581**·12月 政／**1582**·2·28 政
笠原康明　❹ **1580**·3·9 政
笠原養故　❺-1 **1666**·11·28 文
笠原頼直　❷ **1180**·9·7 政
笠原良策(白翁)　❺-2 **1849**·11·25 文／**1851**·6·5 文
笠間家朝　❸ **1391**·2·22 政／**1424**·6·13 政
笠間(藤原)時朝　❷ **1247**·4·24 文／**1252**·7月 文／**1253**·7·5 文／**1255**·11·9 文／**1265**·2·9 政
笠間治雄　❾ **2010**·12·24 政
笠間平大夫　❹ **1570**·3月 社
風間　完　❾ **2003**·12·27 文
風間吉太郎　❻ **1893**·1·28 社
風間丈吉　❼ **1931**·1·12 政
風間長頼　❸ **1352**·8·3 政／**1355**·3·4 政／4·14 政
風間深志　❾ **1987**·4·20 社／**1992**·1·3 社
風間道太郎　❽ **1944**·11·7 政
風巻景次郎　❽ **1960**·1·4 文
笠松　茂　❾ **1972**·8·26 社
嵩(かさみ)　知巳　❻ **1881**·7月 社
風見　章　❽ **1940**·7·22 政／**1955**·10·29 政／**1957**·7·27 政／**1961**·12·20 政
笠森おせん(お仙)　❺-2 **1768**·是夏 社
笠屋三郎兵衛　❺-1 **1666**·是年 文
笠家左簾　❺-2 **1779**·11·23 文
笠屋三勝　❺-1 **1645**·10·23 文／**1666**·是年 文／**1672**·11·21 文
笠屋新勝　❺-1 **1666**·是年 文
笠屋藤右衛門　❺-2 **1825**·5·22 社
笠谷昌生　❾ **2009**·2·18 社
笠谷幸生　❾ **1972**·2·3 社
可参(江戸下谷)　❺-2 **1847**·2·20 社
花山院家厚　❺-2 **1847**·6·15 政／❻ **1859**·3·28 政／**1866**·8·20 政
花山院家賢　❸ **1357**·1月 政／**1366**·6·23 政
花山院家定　❸ **1318**·8·15 政／**1319**·4·9 政／**1342**·4·28 政
花山院家輔　❹ **1557**·3·23 政／9·2 政／**1580**·10·27 政
花山院家教　❸ **1297**·8·26 政
花山院家理　❻ **1866**·3·13 政
花山院家雅　❸ **1308**·8·14 政
花山院兼定　❸ **1371**·10·23 政／**1378**·7·30 政
花山院兼信　❸ **1333**·6·22 社／**1336**·9·9 政
花山院定誠　❺-1 **1675**·2·10 政／**1684**·12·12 政／**1704**·10·21 政
花山院定教　❸ **1326**·是年 政
花山院定熙　❺-1 **1619**·2·17 政／**1621**·1·2 政／**1632**·12·24 政／**1634**·10·12 政
花山院定雅　❸ **1294**·2·30 政
花山院定好　❺-1 **1638**·1·9 政／1·24 政／**1649**·2·25 政／**1653**·11·14 政／**1661**·5·23 政／**1673**·7·4 政
花山院忠定　❸ **1408**·4·4 文／**1412**·8·21 文／**1416**·8·15 政
花山院忠輔　❹ **1542**·1·20 政
花山院忠長　❺-1 **1609**·11·7 政／**1636**·8月 政／**1662**·9·26 政
花山院経定　❸ **1326**·1·29 政
花山院常雅　❺-2 **1736**·1·23 政／**1738**·1·24 政／**1749**·2·23 政／**1771**·2·11 政
花山院長賢　❸ **1367**·11月 政
花山院長定　❸ **1351**·6·26 政／9·19 政
花山院長親(耕雲·明魏)　❸ **1392**·10月 政／**1408**·3月 文／**1420**·5·26 文／**1429**·7·10 政
花山院長雅　❸ **1287**·12·16 政
花山院政長　❹ **1485**·3·24 政／**1487**·8·29 政／**1493**·4·30 政／**1496**·11·15 政／**1499**·3·26 文／**1518**·5·28 政／**1521**·3·27 政／**1525**·3·18 政
花山院通定　❸ **1394**·12·25 政／**1395**·3·24 政／6·20 政／**1400**·4·14 政
花山院持実　❺-2 **1728**·10·20 政
花山院持忠　❸ **1441**·12·7 政／**1443**·6月 政／❹ **1467**·1·7 政
花山院師賢　❸ **1331**·8·24 政／8·27 政／**1332**·4·10 政／是春 文／5月 政／10月 政
花山院師兼　❸ **1387**·是年 政／**1393**·3·12 政
花山院師信　❸ **1319**·10·18 政／**1321**·11·1 政
花山院愛徳　❺-2 **1814**·4·2 政／**1820**·6·1 政／**1829**·3·16 政
花山院⇨藤原(ふじわら)姓も見よ
花山院女王　❷ **1024**·12·6 政／**1025**·3·17 政／**1225**·7·25 政
華山軒風子　❺-2 **1813**·是年 社
峨山韶碩(峩山紹碩、僧)　❸ **1324**·7·7 社／**1354**·10·3 社／**1366**·10·20 社
花山天皇(師貞親王)　❶ **968**·10·26 政／**969**·8·13 政／**984**·8·27 政／**986**·6·23 政／❷ **1002**·3·6 政／8·18 文／**1004**·5·27 政／**1006**·1·4 政／**1008**·2·8 政／**1014**·12·17 政
嘉子(かし)内親王　❷ **1046**·3·10 社
賀子内親王　❺-1 **1696**·8·2 政
加地景綱　❸ **1335**·12·19 政／**1336**·5·17 政
梶　喜一　❾ **1978**·11·2 文
梶　左兵衛(金平)　❺-1 **1652**·7·21 政／**1683**·5·2 政
加智(鍛冶)沙也文(倭鉄工)　❸ **1439**·2·20 社
楫　重正　❺-1 **1694**·1·11 政
梶　常吉　❺-2 **1830**·是年 文
加地信朝　❷ **1241**·10·22 社
梶　芳蔵　❼ **1901**·4·22 文
嘉治隆一　❾ **1978**·5·19 政
鹿地　亘　❽ **1937**·2月 文／**1939**·12·25 政／**1946**·5·3 政／**1951**·11·25 政／**1952**·12·7 政／❾ **1969**·6·26 政
雅子内親王　❶ **954**·8·29 政
香椎浩平　❼ **1936**·2·27 政
梶井基次郎　❼ **1925**·1月 文／**1932**·3·24 文
梶浦平次右衛門　❺-1 **1694**·8·13 政
柏尾誠一郎　❼ **1920**·8·14 社
樫尾忠雄　❾ **1993**·3·4 政
樫尾俊雄　❾ **2012**·5·15 政
梶川三左衛門　❺-1 **1666**·11·27 政
梶川甚五左衛門　❺-1 **1666**·11·27 政
梶川八十郎　❺-1 **1666**·11·27 政
梶川正蔵　❺-1 **1703**·4·23 社
梶川六十郎　❺-1 **1666**·11·27 政
梶木九右衛門　❺-2 **1751**·9·7 社
梶木　剛　❾ **2010**·5·19 文
加治木忠敏　❹ **1485**·2·11 政
加治木久平　❹ **1495**·6·29 政／**1496**·2月 政
加治木頼平　❸ **1293**·12·2 社
炊屋姫⇨推古(すいこ)天皇
梶坂左四郎　❺-2 **1735**·享保年間 社
梶田十郎左衛門　❺-1 **1690**·9·19 政
梶田半古(錠次郎)　❼ **1898**·1月 文／**1917**·4·23 文
梶取弥源次　❸ **1292**·1·10 社
梶野仁之助　❻ **1886**·是年 社
梶野良材　❺-2 **1833**·10·18 文／**1836**·12·8 社／**1843**·3·7 政
橿之本北元　❺-2 **1834**·是年 文
柏原孝章　❻ **1874**·2月 文
樫原彦右衛門　❹ **1600**·7·11 関ヶ原合戦
梶原武雄　❾ **2009**·11·28 文
橈原吉安　❹ **1467**·是年 政
鹿島郁夫　❾ **1965**·7·12 社／**1967**·7·13 社
鹿島一谷　❾ **1996**·11·23 文
鹿島岩吉　❺-2 **1840**·是年 社／**1860**·是年 社
鹿島卯女　❾ **1982**·3·31 政
鹿島景幹　❹ **1512**·10·10 政
加島久右衛門　❻ **1868**·2·11 政
加島作五郎　❻ **1868**·2·11 政
加島作兵衛　❻ **1864**·8·11 政／**1868**·2·11 政
鹿島実幹　❹ **1464**·8·17 政
加島シヅ　❼ **1903**·11·16 社
加島十郎兵衛　❻ **1868**·2·11 政
鹿島精一　❼ **1930**·2·22 政
鹿島清兵衛(酒商)　❺-2 **1788**·10·20 政
鹿島清兵衛　❻ **1868**·9·12 政
鹿島清兵衛(写真家)　❻ **1895**·12·9 文／❼ **1896**·7·25 社

鹿島丈博　❾ **2003**·8·19 社／**2004**·8·13 社／**2008**·8·9 社
鹿島採春(東郊斎)　❺-2 **1778**·7·28 文
鹿島親幹　❹ **1510**·4月 社
鹿島俊雄　❾ **1995**·11·4 政
鹿島朝秀　❷ **1235**·⑥·15 政
鹿島則文　❼ **1901**·10·10 社
鹿島万平　❻ **1873**·1·1 社
鹿島通幹　❹ **1524**·是年 政
鹿島義幹　❹ **1524**·是年 政
鹿島岩吉　❻ **1860**·是年 社
鹿島岩蔵　❻ **1880**·3月 政／**1884**·12·25 社
鹿島守之助　❽ **1962**·5·1 社
鹿島田真希　❾ **2012**·7·17 文
加島屋久右衛門　❺-1 **1656**·是年 政
加嶋屋久右衛門　❺-2 **1761**·12·16 政／**1783**·2·1 社／**1803**·①·28 社
加島屋作次郎　❺-1 **1667**·是年 政
加島屋三郎右衛門　❺-1 **1616**·是年 社
樫村清徳　❼ **1902**·7·8 文
梶本隆夫　❽ **1957**·7·23 社／❾ **2006**·9·23 社
遐叉(夷千島王)　❹ **1482**·4·9 政
梶谷　鐶　❾ **1991**·2·19 文
梶山広司　❾ **1976**·7·17 社
梶山　進　❾ **2005**·2·9 社
梶山静六　❾ **1987**·11·6 政／**1989**·6·2 政／**1990**·9·21 政／**1996**·1·11 政／11·7 政／❾ **2000**·6·6 政
梶山季之　❾ **1972**·1·21 文
樫山文枝　❾ **1966**·4·1 社
梶山鼎介　❻ **1891**·12·7 政
勧修寺済範　❺-2 **1833**·10·18 文
勧修寺婧子(東京極院)　❺-2 **1800**·2·21 政
勧修寺尹豊　❹ **1543**·12·12 文／**1559**·2·16 政／**1563**·1·22 文／**1572**·①·6 政／**1594**·2·1 政
勧修寺経顕　❸ **1322**·1·23 文／**1352**·6·3 政／**1370**·3·16 政／**1373**·1·5 政
勧修寺経興　❸ **1422**·1·26 政／**1423**·1·29 政／**1428**·2·11 政
勧修寺経重　❸ **1389**·12·14 政
勧修寺経茂　❹ **1500**·5·22 政
勧修寺経豊　❸ **1411**·10·25 政
勧修寺経成　❸ **1429**·2·25 政／**1433**·5·9 文／**1437**·3·24 政
勧修寺経逸　❺-2 **1793**·7·26 政／**1805**·9·16 政
勧修寺経熙　❹ **1487**·8·24 文
勧修寺経広　❺-1 **1644**·1·28 政／**1658**·7·10 政／**1688**·9·13 政
勧修寺経敬　❺-1 **1709**·1·10 政
勧修寺藤子(豊楽門院)　❹ **1527**·4·27 文／5·16 文／**1535**·1·11 政
勧修寺教秀　❹ **1496**·7·4 政／7·11 政
勧修寺晴右(晴秀)　❹ **1577**·1·1 政／1·14 文
勧修寺晴豊　❹ **1577**·1·14 文／**1582**·2·28 政／4·23 政／5·4 政／6·14 政／**1587**·7·14 政／**1590**·5·2 政／6·25 文／**1591**·①·6 文／**1594**·9·28 政／**1600**·10·20 政／11·7 政／❺-1 **1602**·12·8 政
勧修寺晴子(新上東門院)　❹ **1588**·4·14 政／**1600**·12·29 政／❺-1 **1620**·2·18 政
勧修寺尚顕　❹ **1516**·2·22 政／**1559**·8·28 政
勧修寺政顕　❹ **1496**·7·4 政／**1522**·7·28 政
勧修寺光豊　❺-1 **1602**·6·11 文／**1603**·2·12 政／**1610**·4·18 政／**1612**·5·2 文／10·27 政
雅静(僧)　❷ **1005**·4·8 社
賀静(僧)　❷ **1015**·5·6 政
カション·メルメ　❻ **1859**·11月 文／**1861**·10·20 文／**1865**·3·6 文
柏　伊三郎　❾ **2011**·6·1 文
柏木貨一郎(政矩)　❻ **1877**·8月 文／❼ **1898**·9·6 文
柏木義円　❼ **1898**·11月 社／❽ **1938**·1·8 社
柏木幸助　❻ **1883**·11月 社
柏木如亭(門作·昶·永日)　❺-2 **1793**·是年 文／**1810**·是年 文／**1819**·7·8 文／**1820**·是年 文／**1822**·是年 文
柏木　通　❺-2 **1837**·是年 文
柏木俊夫　❽ **1952**·8月 文
柏木雄介　❾ **2004**·8·27 政
柏木義兼　❷ **1180**·12·2 政
柏木林之助　❺-2 **1831**·7·23 政
膳　斑鳩　❶ **464**·2月
膳　大丘(大岡)　❶ **768**·7·30 文
膳　大伴　❶ **610**·7月 政
膳　賀拕夫(加多夫·傾子)　❶ **570**·5月／**587**·7月
膳　巴提便　❶ **545**·3月／11月
膳　摩漏　❶ **682**·7·18 政
膳　葉積　❶ **656**·9月 政
膳夫王　❶ **729**·2·10 政
柏戸(富樫　剛)　❽ **1961**·10·2 社／❾ **1967**·1·29 社／**1969**·7·4 社
柏原真道　❺-2 **1727**·是年 文
柏原正俊　❾ **2009**·10·27 社
柏原弥三郎　❷ **1200**·11·4 政
柏村数馬　❻ **1867**·7·7 政／**1867**·8·14 政
柏屋市兵衛　❺-2 **1748**·5月 社
柏屋庄右衛門　❺-2 **1720**·4·1 政
柏原広山　❶ **689**·7·20 社
梶原家茂　❷ **1209**·5·28 政
梶原一騎　❾ **1966**·5月 社／**1968**·1月 社／**1987**·1·21 文
梶原景季　❷ **1185**·9·2 政／10·6 政／**1200**·1·20 政
梶原(平)景時(平三)　❷ **1181**·1·11 政／**1183**·是冬 政／**1184**·2·18 政／4·29 政／10·27 社／**1185**·2·22 政／4·21 政／**1187**·3·10 社／12·7 社／**1189**·3·13 政／9·2 政／**1191**·1·15 政／**1194**·4·10 社／**1195**·3·12 社／4·27 社／5·15 社／**1199**·12·18 政／**1200**·1·20 政／**1209**·5·20 社
梶原景秀　❷ **1194**·8·15 社／**1195**·8·15 社
梶原景宗　❹ **1580**·7·23 政
梶原性全　❸ **1316**·正和年間 文
梶原朝景　❷ **1186**·3月 社／9·15 政
梶原直景　❺-1 **1680**·9·24 社
梶原仲治　❽ **1939**·1·6 政
梶原緋佐子　❼ **1918**·11·1 文／**1926**·10·16 文／❾ **1978**·11·2 文
梶原平馬　❻ **1868**·3·23 政
梶原政景　❹ **1569**·11·20 政
梶原道景　❸ **1381**·1·18 政
梶原美作守　❸ **1427**·5·13 政
雅真(僧)　❶ **999**·3·21 社
カス·レウス　❻ **1860**·③·27 万延遣米使節
可睡斎嶺育　❺-1 **1661**·3·20 社
糟尾左衛門尉　❹ **1576**·2·17 文
春日顕国　❸ **1338**·5·25 政／**1341**·11·10 政／**1344**·3·4 政／4·24 政
春日一幸　❾ **1967**·6·19 政／**1971**·8·3 政／**1985**·4·23 政／**1989**·5·2 政
春日娘子　❶ **499**·3·2
春日雄継　❶ **850**·5·17 文
春日左衛門　❺-2 **1781**·9·11 政
春日正一　❽ **1950**·6·8 政／10·7 政／❾ **1995**·2·22 政
春日庄次郎　❽ **1937**·12·5 政／**1950**·6·8 政／**1961**·7·8 政
春日照代　❾ **1987**·4·1 文
春日虎綱⇨高坂(こうさか)虎綱
春日八郎　❽ **1954**·7·1 社／❾ **1991**·10·22 文
春日　弘　❾ **1970**·9·12 政
春日政治　❽ **1962**·6·30 文
春日家継女　❶ **742**·10·12 政
春日宅成　❶ **872**·1·6 政／**877**·2·3 政／**878**·1·11 政
春日良棟　❶ **834**·3·21 文
春日王　❶ **699**·6·27 政
春日内親王　❶ **832**·12·24 政
春日皇子　❶ **587**·7月
春日井　建　❾ **2004**·5·22 文
春日亭清吉　❽ **1942**·9·14 文
春日局(お福·斎藤ふく、徳川家光乳母)　❺-1 **1604**·7·17 政／**1624**·是秋 社／**1629**·10·10 政／**1643**·9·14 政
春日大娘皇女　❶ **488**·2·2
春日野八千代　❽ **1946**·4·22 文／**1947**·4·1 文／❾ **2012**·8·29 文
春日山田皇女　❶ **513**·9月／**534**·3·6
春日戸人足　❶ **766**·12·21 社
カスタン，フランシスコ　❹ **1563**·是年 政
カステレット，ドミンゴス　❺-1 **1628**·6·7 社
カステンス，ヘルマン·クリスティアーン　❺-2 **1766**·9·28 政
カストロ(キューバ)　❾ **1995**·12·12 政／**2003**·3·2 政
一直(刀匠)　❺-2 **1852**·7月 文
和宮(静寛院宮·親子内親王)　❺-2 **1846**·⑤·10 政／❻ **1860**·4·1 政／5·11 政／8·13 政／11·1 政／**1861**·1·28 政／4·19 政／8·27 社／10·20 政／**1862**·2·9 政／**1866**·12·9 政／**1868**·1·15 政／3·9 社／**1877**·9·2 政／❽ **1959**·2·5 文
数原通玄　❺-1 **1690**·9·21 文
数原清菴　❺-1 **1653**·⑥·17 文
葛原広雄　❶ **883**·11·26 政
カスパル(オランダ医師)　❺-1 **1648**·

是年 文／**1649**·是年 文
ガスパル西玄可　❺-1 **1609**·10·22 社
量仁(かずひと)親王⇨光厳(こうごん)天皇
和仁(かずひと)親王⇨後陽成(ごようぜい)天皇
カスペル・ロンベルフ，ヘンドリック　❺-2 **1783**·10·2 政／**1786**·⑩·1 政／**1788**·11·4 政／**1789**·10·8 政
糟谷有季　❷ **1186**·9·20 政
糟屋有久　❷ **1221**·6·2 政
粕谷義三　❼ **1930**·5·4 政
粕谷金大夫　❺-2 **1749**·6·21 政
粕谷　茂　❾ **1987**·11·6 政／**2011**·10·21 政
糟谷　駿　❺-2 **1833**·是年 文
糟谷善兵衛　❹ **1561**·8月 政
加須屋貞蔵　❻ **1863**·8·25 政
糟谷宗秋　❸ **1333**·5·9 政
縵　道継　❶ **841**·5·3 社
葛城烏那羅(烏奈良・小楯)　❶ **587**·7月／**591**·11·4
葛城襲津彦　❶ **書紀・神功 5**·3·7／**応神 16**·8月／**応神 14**·是年
葛城高宗　❶ **882**·1·7 文
葛城　円(円大使主)　❶ **書紀・履中 2**·10月／**401**·10月／**456**·8·9
葛木宗公　❶ **917**·12·28 文
葛城稚犬養網田　❶ **645**·6·12 社
葛木成包　❷ **1249**·5·22 社
葛木戸主(和気広虫の夫)　❶ **756**·12·16 社
葛木　龍　❶ **746**·9月 文
葛城王⇨橘諸兄(たちばなもろえ)
葛原親王　❶ **812**·1·12 政／**825**·3·24 政／**838**·1·13 政／**850**·1·15 政／**853**·6·4 政
葛山氏堯　❹ **1525**·4·26 社
葛山氏時　❹ **1529**·5·12 社
葛山氏元　❹ **1552**·4·27 社／**1555**·6·9 社／**1557**·3·24 社／**1562**·8·5 社／**1563**·3·19 社／4·3 社／**1564**·5·27 社
葛山景倫(願生、僧)　❷ **1218**·12月 政／**1227**·10·15 社／**1236**·4·5 社
ガスリー，ジョージ・W　❼ **1917**·3·7 政
カスリン，バーロー　❼ **1922**·10·14 文
カズンズ，チャールズ　❽ **1943**·3·20 政
カズンズ，ノーマン　❽ **1949**·8·6 政／**1955**·5月 政
加瀬　完　❾ **1995**·2·22 政
加瀬俊一　❽ **1945**·4·23 政／❾ **2004**·5·21 政
加瀬英明　❾ **2007**·11·23 政
加瀬昌夫　❾ **2011**·8·29 文
加西溢　❶ **622**·是年 文
珂碩(僧)　❺-1 **1678**·是年 社／**1694**·10·7 社
カセムブロート・デ　❻ **1863**·3·26 政
歌仙(遊女)　❺-2 **1751**·是年 社
珂然(僧)　❺-2 **1741**·是年 文
果然(僧)　❺-2 **1746**·是年 文
嘉善大夫　❹ **1504**·1·9 政
花宗(使僧)　❸ **1418**·10·12 政
華叟宗曇(僧)　❸ **1428**·6·27 社
加太邦憲　❼ **1912**·1·16 文
加太こうじ　❾ **1998**·3·13 文
荷田春満(斎宮・信盛・東丸)　❺-1 **1709**·是年 文／❺-2 **1728**·是年 文／**1733**·是年 文／**1736**·7·2 文／**1798**·是年 文
荷田在満(羽倉東之進・持之・仁良斎)　❺-2 **1738**·是年 文／**1739**·是年 文／**1740**·9月 文／是年 文／**1741**·1·28 文／**1742**·是年 文／**1751**·8·4 文
荷田御風　❺-2 **1784**·8·16 文
荷田蒼生子　❺-2 **1786**·2·2 文／**1795**·是年 文
嘉田由紀子　❾ **2006**·7·2 政／**2012**·11·27 政
片井京助　❻ **1853**·12·10 政
片岡市蔵(初代)　❻ **1862**·7·22 文
片岡市蔵(三代目)　❼ **1906**·12·11 文
片岡市蔵(五代目)　❾ **1991**·6·30 文
片岡　修　❾ **2012**·5·22 社
片岡我若　❻ **1892**·7·23 文
片岡一久　❾ **1976**·12·15 社
片岡我当(三代目)　❼ **1904**·2·27 文／**1905**·12·5 文
片岡我当(四代目)　❽ **1941**·10·27 文
片岡我当(五代目)　❾ **1988**·6·3 文
片岡健吉(寅五郎・益光)　❻ **1877**·3·1 政／6·10 政／8·23 政／**1880**·4·17 政／**1887**·10月 政／12·26 政／**1891**·2·24 政／❼ **1898**·2·6 政／10·29 政／11·7 政／**1902**·12·6 政／**1903**·5·30 政／10·31 政
片岡佐内(可匡)　❺-2 **1736**·1·9 文
片岡旨恕　❺-1 **1687**·是年 文
片岡清二　❾ **1982**·2·9 社
片岡孝夫　❾ **1983**·3·2 文
片岡球子　❾ **1965**·5·10 文／**1974**·是年 文／**1989**·11·3 文／**2008**·1·16 文
片岡千恵蔵　❽ **1942**·5·14 社
片岡常春　❷ **1181**·3·27 政／**1185**·10·28 政
片岡鶴太郎　❾ **1981**·5·16 社
片岡鉄兵　❼ **1924**·10月 文／**1935**·4·12 文／❽ **1938**·9·11 文／**1944**·12·25 文
片岡豊忠　❺-1 **1671**·是年 文
片岡直輝　❼ **1909**·10·8 政
片岡直次郎(直侍)　❺-2 **1832**·11·23 社
片岡直温　❻ **1889**·7·4 政／❼ **1898**·5·7 政／**1913**·1·19 政／**1925**·8·2 政／**1926**·9·28 政／**1927**·3·14 政／**1934**·5·21 政
片岡仁左衛門(初代)　❺-1 **1715**·11·1 文
片岡仁左衛門(七代目)　❺-2 **1810**·6·10 文／**1837**·3·1 文
片岡仁左衛門(八代目)　❻ **1863**·2·16 文
片岡仁左衛門(我童、十代目)　❻ **1895**·4·15 文
片岡仁左衛門(十一代目)　❼ **1911**·9·27 文
片岡仁左衛門(十二代目)　❽ **1946**·3·15 政／**1962**·8·19 文
片岡仁左衛門(十三代目)　❾ **1994**·3·26 文／**1998**·1·2 文
片岡紀明　❽ **1944**·8·1 政
片岡半斎　❺-1 **1632**·12·20 社
片岡寛光　❺-2 **1838**·3·8 文
片岡文三郎　❼ **1930**·5月 社／7·13 社
片岡平八郎　❺-1 **1670**·5·25 社
片岡柳蔵　❼ **1923**·1·6 文
片岡弓八　❼ **1925**·8·7 社
片桐洋一　❾ **2011**·11·4 文
片岡与平次　❺-2 **1763**·11·12 社
片岡良一　❽ **1957**·3·25 文
片岡蘆燕　❾ **2011**·12·25 文
方清(刀工)　❺-1 **1693**·9月 文
片桐且元(直倫・東市正)　❹ **1590**·7·6 政／8·9 政／11·9 政／❺-1 **1601**·1·28 政／2·28 社／**1602**·1·9 社／2·18 文／**1605**·2·28 社／9·28 文／**1607**·9·14 政／**1608**·是年 社／**1610**·2·17 政／**1612**·9·27 政／**1614**·5·7 政／7·3 政／7·18 政／9·7 政／10·1 大坂冬の陣／11·4 大坂冬の陣／**1615**·1·11 大坂夏の陣／5·28 政
片桐貞起　❺-1 **1710**·9·22 政
片桐貞隆　❹ **1580**·9·19 政／**1585**·3·19 社／**1588**·8·7 政／❺-1 **1614**·10·1 大坂冬の陣／**1615**·1·11 大坂夏の陣／**1627**·10·1 政
片桐貞房　❺-1 **1673**·11·20 政／**1710**·9·22 政
片桐貞昌(石州・宋関)　❺-1 **1627**·10·1 政／**1633**·1·9 社／**1641**·1·10 文／**1644**·2·20 政／**1645**·2·23 社／**1650**·⑩·10 社／**1653**·10·20 社／**1665**·11·8 文／**1673**·11·20 政
片桐　諭　❾ **2009**·8·17 社
片桐庄平　❼ **1925**·7·25 社
片桐処翁　❺-2 **1824**·7·26 文
片桐孝利　❺-1 **1615**·5·28 政／**1638**·8·1 政
片桐為次　❺-1 **1656**·2·19 政
片切為安　❷ **1184**·6·23 社
片桐桐陰　❺-2 **1819**·8·2 文
片桐道宇　❻ **1882**·5·2 政
片桐寅吉　❼ **1904**·4月 社
片桐良保　❺-1 **1663**·是年 文／**1666**·是年 文
片桐蘭石(処翁・桐隠・伯然叟・日々庵)　❺-2 **1804**·是年 文／**1831**·7·26 文
片倉鶴陵(元周・深甫)　❺-2 **1822**·9·11 文
片倉景綱　❹ **1588**·7·4 政／❺-1 **1602**·12·30 政
片倉兼太郎　❻ **1878**·3月 政／6·6 社／**1894**·5月 政／❼ **1917**·2·13 政／**1920**·3·23 政／**1934**·1·8 政
片倉小十郎　❻ **1871**·1·20 政
片島深淵(武矩)　❺-2 **1717**·是年 文／**1719**·是年 文／**1721**·8·24 文
片多徳郎　❼ **1934**·4·28 文
片田春太　❻ **1863**·3·21 政
堅田又三郎　❸ **1339**·11·24 政
刀子作広麻呂　❶ **720**·6·27 文
片野宗成　❷ **1235**·12·24 社
片平親綱　❹ **1588**·3·10 政／**1589**·2·25 政／3·26 政
片平信明　❼ **1898**·10·6 社
カダフィ(リビア)　❾ **2011**·6·3 政
片楊長門入道　❸ **1364**·6·11 社

片山一積(紀兵衛) ❺-2 1776·4·18 文
片山円前 ❺-2 1826·是年 文
片山国嘉 ❼ 1902·6·15 社／1931·11·3 文
片山熊太郎 ❼ 1915·10·21 社
片山九郎右衛門 ❾ 2009·11·4 文／2012·9·1 文
片山慶次郎 ❾ 2010·8·17 文
片山兼山(世播·叔瑟·東造) ❺-2 1731·是年 文／1775·是年 文／1782·2·29 文／1788·11·7 文
片山重久 ❼ 1907·6·9 政
片山重芳 ❺-2 1805·是年 社
片山述堂 ❺-2 1840·2·10 文
片山仁一郎 ❻ 1868·3·25 政
片山(藪木) 潜(菅太郎·深甫) ❼ 1897·3·1 社／12·1 社／1898·4·27 社／10·18 政／1899·6月 社／10·2 政／1901·4·28 政／5·18 政／1904·1月 政／1906·2·24 政／1907·6·2 政／6·25 政／8·31 政／12·22 政／1908·2·16 政／1910·6·27 政／1911·10·25 政／12·31 社／1914·9·9 政／1922·1·22 政／1933·11·5 政
片山宗哲 ❺-1 1616·3·17 文／1618·4月 文／1622·11·18 文
片山辰也 ❺-2 1824·1·14 文
片山常吉 ❼ 1919·5月 社
片山　哲 ❼ 1921·8月 政／1926·12·4 政／1927·3·6 社／1931·1·26 社／❽ 1940·2·2 政／1945·11·2 政／1946·9·28 政／1947·5·9 政／5·23 政／6·1 政／1948·1·16 政／1950·1·19 政／1954·1·15 政／1956·3·23 文／1960·6·7 政／❾ 1978·5·30 政
片山東熊 ❻ 1894·12·19 文／1895·10·31 文／❼ 1908·6·15 政／1909·6月 政／1917·10·23 文
片山敏彦 ❽ 1944·3月 文
片山虎之助 ❾ 2000·12·5 政
堅山南風 ❼ 1916·9·10 文／❽ 1961·3·15 文／❾ 1968·11·3 文
片山信夫 ❽ 1956·11·26 文
片山春子(三代目井上八千代) ❻ 1872·3·13 文
片山北海 ❺-2 1766·是年 文／1790·9·22 文／1791·9·22 文
固山宗平 ❺-2 1843·11月 文
片山弥八郎 ❻ 1861·5·16 社
片山幽雪 ❾ 2012·6·17 文
片山義博 ❾ 2010·9·17 政
片山良亮 ❽ 1962·2·2 文
片寄平蔵 ❻ 1855·是年 社
片寄熊蔵 ❺-1 1645·⑤·15 政
片六 ❺-1 1702·是年 文
勝木則宗 ❷ 1201·12·29 政／1230·2·6 文
臥竹軒 ❺-2 1754·是年 文
可竹軒周聡 ❹ 1529·12·6 社
勝　海舟(麟太郎·義邦·安芳·安房) ❺-2 1850·7月 政／❻ 1855·1·18 文／7·29 政／10·24 政／1859·1·5 政／11·18 万延遣米使節／1860·6·24 文／1861·5·11 政／5·16 社／1862·⑧·17 政／1863·3·20 文／4·23 政／5·16 政／9·21 政／12·27 政／1864·3月 政／5·14 政／9·11 政／1866·5·28 政／8·16 政／9·2 政／1867·3·5 政／1868·1·11 政／3·1 政／3·9 政／4·11 政／④·2 政／④·28 政／1872·2·28 政／5·10 政／1873·5·25 政／1868·3·9 政／1887·5·9 政／1888·4·30 政／❼ 1899·1·19 政
勝　諺蔵(三代目) ❼ 1902·10·27 文
勝　浄馬太郎 ❸ 1296·9·7 社
勝　新太郎 ❾ 1990·1·16 社／1991·5·12 社／1992·3·27 社／1997·6·21 文
勝　兵助(二代目) ❺-2 1828·8·21 文
勝　正憲 ❽ 1940·1·16 政
勝　与八郎(小普請) ❺-2 1800·5·25 政
勝　与八郎(槍術) ❻ 1861·5·16 社
克明親王 ❶ 927·2·25 文／9·24 政
勝井五八郎 ❻ 1864·10·13 政／1865·5·3 政
賀通連(琉球) ❸ 1418·8·14 政
勝尾利元 ❺-1 1650·5·4 政
月翁周鏡(僧) ❹ 1485·6·15 政／1493·9·1 政
勝賀瀬三六 ❻ 1868·2·24 文
勝川春英 ❺-2 1787·1·18 文／1800·是年 文／1803·是年 文／1819·10·26 文
勝川春好 ❺-2 1800·是年 文／1812·10·28 文
勝川春山 ❻ 1872·2·29 文
勝川春章(宮川·旭朗井·西爾·李林·六々庵·縦画生) ❺-2 1775·是年 文／1781·是年 文／1792·12·8 文
勝川春常 ❺-2 1787·7·1 文
勝川春潮 ❺-2 1790·是年 文
勝川春亭 ❺-2 1820·8·3 文／❼ 1902·2·4 文
勝川春朗⇨葛飾北斎(かつしかほくさい)
勝木保次 ❾ 1973·11·3 文／1994·3·6 文
香月清司 ❽ 1937·7·11 政
香月啓益(牛山) ❺-2 1716·是年 文／1727·是年 文／1737·是年 文／1766·是年 文／1782·是年 文
香月経五郎 ❻ 1870·8·27 文
香月秀雄 ❾ 1981·7·1 文
香月弘美 ❽ 1958·4·1 文
香月泰男 ❽ 1949·是年 文
勝左衛門 ❺-1 1696·11·2 政
月山(がっさん)貞一(初代) ❻ 1894·12月 文
月山貞一(二代目) ❾ 1967·3·28 文／1995·4·1 文
月山崇喜(僧) ❸ 1323·6·8 社
月山友桂(僧) ❸ 1347·7·23 社
葛飾文舎 ❺-2 1826·是年 文
葛飾北斎(勝川春朗·群馬亭·宗理·辰斎·画狂人·雷斗·戴斗子·画狂人·天狗堂熱鉄など約30あり) ❺-2 1740·3·16 文／1753·1·15 文／1791·1·25 文／1799·是年 文／1800·是年 文／1804·4·13 文／1806·6月 文／是年 文／1807·1月 文／1808·12·30 文／1813·4·25 文／1814·是年 文／1815·是年 社／1817·10·5 文／1818·是年 文／1822·是年 文／1831·此頃 文／1834·是年 文／1835·是年 文／1839·是年 文／1843·天保年間 文／1847·是年 文／1848·6·8 文／是年 文／1849·4·13 文／1850·是年 文
勝鹿流志 ❻ 1857·1·8 文
喝食御所 ❸ 1402·3·16 政／1406·5·9 政／10·19 政／1407·2·18 政／4·5 政
勝重(刀工) ❺-1 1695·12月 文
喝禅(僧) ❺-1 1654·7·5 政
勝田かね ❻ 1874·12·1 文
勝田清孝 ❾ 1994·1·17 社
勝田成長 ❷ 1195·12·5 政
勝田蕉琴 ❼ 1921·10·14 文
勝田半斎 ❺-2 1823·是年 文
勝田孫弥 ❽ 1941·8·21 文
勝田之長 ❹ 1468·⑩·11 政
勝田土貞 ❺-1 1666·1·6 文
ガッツ石松 ❾ 1981·12·12 社
カッテンダイケ(オランダ) ❻ 1857·8·4 政／1858·3·15 政／1859·2·9 政／10·10 政
ガットネル(独) ❻ 1868·是年 社
葛那古 ❶ 253·是年
勝沼精蔵 ❽ 1954·11·3 文／1963·11·10 文
かつ野(遊女) ❺-1 1681·3·22 社
勝久(賀茂社) ❹ 1472·10·30 社
勝仁(かつひと)親王⇨後柏原(ごかしわばら)天皇
勝部軍記 ❺-2 1808·4·9 政
勝部真長 ❾ 2006·6·19 文
勝間龍水 ❺-2 1762·是年 文／1778·是年 文
勝間田修理亮 ❹ 1476·2月 政
勝間田清一 ❽ 1941·1月 政／❾ 1966·12·6 政／1989·12·14 政
勝俣銓吉郎 ❼ 1898·4月 文
勝見完斎 ❼ 1896·9·30 文
克美　茂 ❾ 1976·5·6 社
勝見善太郎 ❻ 1868·④·20 政
月明具覚(僧) ❸ 1414·7·8 社
勝村清兵衛尉 ❹ 1581·7·23 社
勝目テル ❽ 1948·4·17 社
勝本清一郎 ❼ 1930·11·6 文／❾ 1967·3·23 文
勝山(湯女) ❺-1 1657·承応年間 社
勝山琢眼 ❺-2 1824·9·17 文
勝山琢舟 ❺-2 1788·8·15 文
勝山琢文 ❻ 1862·1月 文
桂　右衛門 ❻ 1867·10·17 政
葛　烏石 ❺-2 1779·10·22 文
桂　歌之助 ❾ 2002·1·2 文
桂　枝太郎 ❾ 1978·3·6 文
桂　吉弥 ❾ 2006·9·15 文
桂　吉朝 ❾ 2005·11·8 文
桂　小五郎⇨木戸孝允(きどたかよし)
桂　小南 ❾ 1996·5·4 文
桂　小春団治 ❾ 2010·2·19 文
桂　小文枝 ❽ 1961·2·1 文
桂　小米朝 ❾ 2006·9·15 文
桂　ざこば ❽ 1938·9·19 文
桂　三枝(文枝、六代目) ❾ 2006·9·15 文／2011·4·26 文／2012·4·26 文／7·16 文／12·7 文
桂　枝雀 ❾ 1999·4·19 文

桂　枝省　❼ 1912·5月 社
桂　春蝶　❾ 1993·1·4 文
桂　忠昉　❹ 1587·4·28 政
桂　忠詮　❺-1 1603·8·6 政
桂　忠保　❺-1 1663·9·11 政
桂　太郎(清澄·寿熊)　❻ 1879·4·18 文／1881·9·18 文／1884·2·16 政／1893·9·5 政／1895·1·17 日清戦争／❼ 1896·6·2 政／1898·1·12 政／1900·10·19 政／12·23 政／1901·6·2 政／12·19 政／1902·11·2 政／1903·1·2 政／6·23 政／1904·12·8 政／1905·8·14 政／1908·7·14 政／1909·1·10 政／7·6 政／1910·1·26 政／1911·1·26 政／8·25 政／1912·7·6 政／8·13 政／12·21 政／1913·1·20 政／2·1 政／10·10 文
桂　信子　❾ 2004·12·16 文
桂　花枝　❾ 1992·1·5 社
桂　春団治(二代目)　❼ 1930·12·7 文／1934·10·6 文／❽ 1953·1·11 文／1959·3·21 文／1961·2·1 文
桂　春団治(三代目)　❾ 1996·3·21 文／2006·9·15 文
桂　久武　❻ 1865·7·17 政／1876·11月 政
桂　福楽　❾ 2006·9·15 文
桂　文橋　❺-2 1827·6·6 社
桂　文枝(四代目)　❽ 1958·3·16 文
桂　文枝(五代目)　❾ 2005·3·12 文
桂　文治(初代)　❺-2 1798·是年 社／1808·5月 社／1815·11·29 社／1822·7·17 社
桂　文治(四代目)　❻ 1881·12·20 文
桂　文治(五代目)　❻ 1861·1·16 文
桂　文治(六代目)　❻ 1875·4月 文／❼ 1911·2·17 社 文
桂　文治(八代目)　❽ 1955·5·20 文
桂　文治(九代目)　❾ 1978·3·8 文／2004·1·31 文
桂　文朝　❾ 2005·4·18 文
桂　文珍　❾ 2006·9·15 文
桂　文之助(初代)　❻ 1888·是秋 社
桂　文之助(二代目)　❼ 1912·5月 社
桂　文楽(四代目)　❻ 1894·1·27 文
桂　文楽(八代目)　❽ 1959·3·21 文
桂　米朝(三代目)　❽ 1961·2·1 文／❾ 1996·4·19 文／2002·10·30 文／2009·11·3 文
桂　三木助(二代目)　❽ 1943·12·1 文／1961·1·16 文
桂　三木助(四代目)　❾ 2001·1·3 文
桂　元次　❺-1 1608·3月 社
桂　ゆき　❾ 1991·2·5 文
桂　由美　❾ 2009·7·22 社
桂宮⇨智仁(としひと)親王
桂宮淑子内親王　❻ 1881·10·3 政
桂井在高　❺-2 1762·是年 文
桂井素庵　❺-1 1706·5·26 文
桂井蒼八　❺-2 1759·是年 文／1761·是年 文
桂川月池　❻ 1881·9·25 文
桂川乗永　❹ 1470·1·5 政
桂川中良　❺-2 1800·是年 文
桂川甫賢(国寧·清遠·桂嶼·翠藍)　❺-2 1826·1·9 文／1844·11·6 文
桂川甫周(国瑞·月池·公鑑·無碍庵·公鑑、四代目)　❺-2 1776·3月 文／1791·是年 文／1793·1月 文／1794·5·4 文／5·4 文／7·1 文／是年 文／1802·2·26 文／1809·6·21 文
桂川甫周(七代目)　❻ 1861·3·3 文
桂川甫筑(森島·邦教·友之·興藪)　❺-2 1726·10·9 文／1747·10·9 文
かつらぎ太夫　❺-1 1626·5·5 文
桂田長俊⇨前波(まえば)長俊
桂田富士郎　❼ 1904·8·13 文
桂原多兵衛　❺-2 1722·4·21 社
桂姫　❺-1 1710·8·23 社
桂山義樹(彩巌)　❺-2 1718·12·15 文／1749·3·21 文／1776·是年 文
喝浪(僧)　❺-1 1694·是年 政
華亭(作家)　❺-2 1736·是年 文
勘解由小路(広橋)経光　❷ 1274·4·15 政
花顚⇨三熊思孝(みくましこう)
加戸守行　❾ 2007·1·21 社
門　喜代蔵　❾ 1969·4 社
葛井親王　❶ 847·是年 社／850·1·15 政／4·2 政
加藤明堯　❺-2 1778·5·10 政
加藤明利　❺-1 1627·2·10 政／1628·1·22 政／1641·3·25 政／1643·5·2 政
加藤明友　❺-1 1643·5·2 政／1682·6·19 政／1683·12·7 政
加藤明成　❺-1 1631·9·12 政／1635·12·18 社／1639·4·16 政／1641·3·15 政／1643·5·2 政／1661·1·21 政
加藤明陳　❺-2 1778·5·10 政
加藤明英　❺-1 1683·12·7 政／1689·8·3 政／1690·10·21 政／1695·5·15 政／8·11 政／1709·12·11 政／1711·12·22 政
加藤明允　❺-2 1799·9·6 政
加藤郁乎　❾ 2012·5·16 文
加藤いし　❼ 1917·5·31 社
加藤一郎　❾ 1968·11·4 文／2008·11·11 文
加藤宇万伎　❺-2 1777·6·10 文
加藤右馬　❹ 1593·6·2 文禄の役
加藤有隣(桜老)　❻ 1884·11·12 文
加藤遠塵斎　❺-2 1810·9·19 文
加藤英舟　❽ 1939·2·15 文
加藤枝直(南山·芳宜園)　❺-2 1785·8·10 文／1803·是年 文
加藤遠沢(玄甫)　❺-2 1730·11·5 文
加藤織平　❻ 1884·10·30 政
加藤介春　❼ 1905·11月 文／1907·3月 文／1909·4月 文
加藤景員　❷ 1184·7·18 政
加藤景廉　❷ 1180·8·17 政／1193·11·28 政／1221·5·30 政／8·3 政
加藤景朝　❷ 1235·8·21 政
加藤景範　❺-2 1777·是年 文／1789·是年 文／1795·是年 文
加藤景康　❷ 1221·5·22 政
加藤景義　❷ 1235·8·21 政
加藤一夫　❼ 1920·5·28 社
加藤和夫　❾ 2012·1·13 政
加藤一周　❻ 1862·2·21 文
加藤和彦　❾ 2009·10·17 文
加藤勝之丞　❺-2 1845·8·10 社／8·17 社
加藤克巳　❾ 2010·5·16 文
加藤兼景　❹ 1512·4月 文
加藤嘉兵衛　❺-2 1751·是年 政
加藤貫阿　❺-2 1787·1·13 文
加藤完治　❼ 1927·2·1 文／❾ 1967·3·30 政
加藤勘十　❼ 1926·12·9 政／1933·8·25 政／1934·11·18 社／1936·5·4 社／❽ 1937·2·21 政／12·15 政／1942·9·30 政／1947·5·14 政／1948·1·29 政／1948·3·10 政／❾ 1978·9·27 政
加藤喜左衛門　❹ 1576·12·13 社／1591·8·13 政／1600·是年 社／❺-1 1601·8月 政
加藤玉香　❺-2 1829·是年 文
加藤暁台　❺-2 1792·1·20 文
加藤清正(虎之助)　❹ 1580·9·19 政／1586·1·6 政／1588·⑤·15 政／8·2 社／9·8 社／1589·1·21 文／11·8 政／1591·8·13 政／10·10 文禄の役／1592·1·18 文禄の役／4·17 文禄の役／4·20 文禄の役／4·26 文禄の役／5·3 文禄の役／5·5 文禄の役／5·27 文禄の役／6·7 文禄の役／6·24 文禄の役／7·2 文禄の役／9·7 文禄の役／10·20 文禄の役／11·10 文禄の役／11·15 文禄の役／1593·1·29 文禄の役／2·5 文禄の役／4·14 文禄の役／5·1 文禄の役／6·19 文禄の役／10·3 文禄の役／1594·4·13 文禄の役／8·28 文禄の役／11·1 文禄の役／1595·6月 文禄の役／2·30 文禄の役／1596·1月 政／5·14 文禄の役／⑦·13 政／9·7 政／1597·1·2 慶長の役／3·20 慶長の役／5·12 慶長の役／6·13 慶長の役／8·15 慶長の役／9·10 慶長の役／10·8 政／11·11 政／12·22 政／1598·1·1 慶長の役／2·23 慶長の役／6·27 慶長の役／9·21 慶長の役／10·19 慶長の役／11·17 慶長の役／1599·1·21 政／3·23 政／③·4 政／1600·8·12 関ヶ原合戦／9·9 関ヶ原合戦／11·22 関ヶ原合戦／是年 政／❺-1 1601·8·15 政／12月 政／1602·4·12 政／5月 文／是年 社／1603·11·8 社／1604·4·16 政／5·23 文／1606·8·21 文／12·8 社／1607·2·7 政／8·3 政／12·10 社／是年 政／1609·1·11 政／3·6 政／1610·3·26 文／6·3 政／是年 政／是年 文／1611·6·24 政／是年 社／1614·是年 文
加藤喜代美　❾ 1972·8·26 社
加藤新十郎　❼ 1910·11·4 文
加藤九十郎　❺-1 1628·1·5 社
加藤久仁生　❾ 2009·2·22 文
加藤九郎　❻ 1881·9·7 社
加藤蔵人　❺-2 1794·10·27 社
加藤元一　❼ 1927·3·12 文
加藤肩吾　❺-2 1792·9·3 政
加藤謙斎　❺-2 1766·是年 文／1777·是年 文
加藤謙二郎　❻ 1867·3·9 政
加藤顕清　❼ 1936·5月 文
加藤玄智　❼ 1899·2月 社／❾ 1965·5·8 社
加藤源内　❺-1 1616·1·16 社

加藤紘一　❾ 1991·11·5 政／1995·9·22 政／1996·6·4 政／1999·9·9 政／2000·11·10 政／2002·3·8 政／3·17 政
加藤紘一郎　❾ 1992·6·7 政
加藤高寿　❼ 1923·9·4 政
加藤五助　❼ 1905·7·28 文
加藤在止　❺-2 1774·是年 文
加藤定有　❸ 1336·12·16 政
加藤貞堅　❺-2 1764·7月 社
加藤貞泰　❹ 1593·8·29 文禄の役／1600·8·3 関ヶ原合戦／9·3 関ヶ原合戦／❺-1 1610·7·15 政／1612·5·3 社／1617·7月 政／1623·5·22 政
加藤左門　❺-1 1667·8·28 社
加藤沢男　❾ 1968·10·12 社／1972·8·26 社／1976·7·17 社
加藤茂勝⇨加藤嘉明(よしあき)
加藤重清　❹ 1593·4·14 文禄の役／1596·5·14 文禄の役
加藤成之　❹ 1600·7·24 関ヶ原合戦
加藤誠之　❾ 1995·12·13 政
加藤シヅエ(静枝)　❽ 1946·3·16 政／5·24 政／❾ 2001·12·22 社
加藤子明　❺-1 1682·是年 政
加藤周一　❾ 2008·12·5 文
加藤楸邨　❽ 1940·10月 文／❾ 1993·7·3 文
加藤純子　❾ 2007·6·2 文
加藤順盛　❹ 1547·8·2 政
加藤省吾　❾ 2000·5·1 文
加藤條治　❾ 2005·11·19 社／2010·2·12 社
加藤四郎左衛門　❷ 1227·是年 文
加藤新一　❾ 1977·7·7 社
加藤甚五郎　❹ 1576·是夏 政
加藤　進　❾ 2012·10·30 政
加藤精神　❽ 1956·10·18 社
加藤大弐　❺-2 1730·10·17 政
加藤大平　❾ 2009·2·26 社
加藤高明(総吉)　❻ 1894·7·23 政／1895·4·29 日清戦争／❼ 1900·10·19 政／1901·2·13 政／1902·12·3 政／1906·1·7 政／3·3 政／1910·2·17 政／1911·11·5 政／1913·1·3 政／1914·4·16 政／1916·5·24 政／7·6 政／10·4 政／1917·1·15 政／6·2 政／1921·1·24 政／3·15 政／1924·1·18 政／6·7 政／6·11 政／1925·1·22 政／4·10 政／1926·1·26 政
加藤　孝　❾ 1988·10·10 政
加藤高広　❺-1 1633·3月 社
加藤滝男　❾ 1969·8·15 社
加藤卓男　❾ 2005·1·11 文
加藤武雄　❼ 1916·5月 文／1926·6月 文
加藤武男　❽ 1945·10·1 政／1963·10·17 政
加藤　健　❾ 2012·9·20 政
加藤武司　❾ 1968·10·12 社
加藤武徳　❾ 1977·11·28 政
加藤忠明　❺-1 1604·是年 政
加藤忠広(虎藤)　❺-1 1611·6·24 政／1618·8·10 政／1619·3·17 社／1622·2·18 政／1632·4·10 政／5·29 政／1653·⑥·8 政
加藤建夫　❽ 1942·5·22 政
加藤千蔭(橘千蔭·又左衛門·常世麿·芳宜園)　❺-2 1796·是年 文／1802·是年 文／1805·10月 文／1808·9·2 文
加藤綱俊(刀匠)　❺-2 1831·8月 文／1839·2月 文／1844·8月 文
加藤恒忠　❼ 1923·3·16 政
加藤常太郎　❾ 1972·12·22 政
加藤東一　❾ 1996·12·31 文
加藤唐九郎　❽ 1960·9·25 文
加藤陶寿　❼ 1916·2·27 文／1928·11·8 文
加藤藤十郎　❺-2 1735·享保年間 文
加藤登紀子　❾ 1975·6·24 文／1990·12·6 文
加藤時次郎　❼ 1903·10·10 政／1905·12·6 政／1906·2·24 政／1911·11·25 社
加藤利正　❺-1 1676·是年 文
加藤友三郎　❼ 1918·9·29 政／1921·7·11 政／11·12 政／1922·6·9 政／1923·8·24 政
加藤友太郎　❻ 1882·此頃 文
加藤寅之助　❻ 1865·⑤·15 政
加藤仁兵衛　❺-1 1610·3·5 文
加藤　昇　❽ 1959·6·5 文
加藤紀高　❽ 1941·11·14 文
加藤則吉　❺-1 1657·7·8 政
加藤治次　❺-1 1639·10·20 政／1652·2·13 政
加藤磐斎　❺-1 1660·是年 文／1661·是年 文／1663·是年 文／1668·是年 文／1669·是年 文／1674·是年 文
加藤彦兵衛　❺-2 1726·5·3 政
加藤尚景　❷ 1247·11·23 政
加藤日出男　❽ 1959·11·20 社
加藤　仁　❾ 2009·12·18 文
加藤　寛　❾ 1983·8·31 政
加藤　博　❾ 2002·11·5 政
加藤寛治　❼ 1930·6·10 政／❽ 1939·2·9 政
加藤弘之(弘蔵)　❻ 1860·③·9 文／12月 社／1861·是年 文／1862·5·23 文／1864·8·18 文／1869·5·18 政／1873·9·1 文／1874·2·3 政／2月 文／1877·2·1 文／1879·1·15 文／1881·9·18 文／11·22 文／1883·2·9 政／1884·12·25 社／1888·2·19 文／5·7 文／1890·7·6 文／10·1 政／1892·6·27 文／❼ 1898·11·12 社／1900·4月 文／1908·5·25 文／1912·10月 文／1916·2·9 文
加藤文麗　❺-2 1782·3·5 文
加藤平九郎　❻ 1861·5·16 社
加藤　信　❽ 1941·7·15 文
加藤正明　❾ 2003·3·11 文
加藤正夫　❾ 2004·12·30 文
加藤正次　❹ 1592·2·1 政／❺-1 1601·9月 社／1618·8·10 政
加藤政之助　❻ 1879·5月 政／1881·8·23 政／1886·4·3 政／❽ 1941·8·2 政
加藤政治　❽ 1943·5·11 政
加藤正義　❼ 1923·12·24 政
加藤増雄　❼ 1898·9·8 政
加藤又左衛門　❺-2 1734·2月 文
加藤万治　❻ 1889·11月 政
加藤道夫　❽ 1953·12·22 文
加藤道子　❾ 2004·1·31 文
加藤光員　❷ 1206·5·6 政
加藤光直　❺-1 1628·11·18 政
加藤光広　❺-1 1632·5·29 政
加藤光泰(景教)　❹ 1584·5·1 政／1591·12·8 社／1592·6·3 文禄の役／10·6 文禄の役／10·10 文禄の役／11·10 文禄の役／1593·8·29 文禄の役
加藤六月　❾ 1989·5·29 政／1994·4·28 政／2006·2·28 政
加藤茂左衛門　❺-2 1791·是年 社
加藤衛夫　❺-2 1730·10·17 政
加藤泰温　❺-2 1727·6·24 政／1745·6·12 政
加藤康男　❾ 1992·2·18 社
加藤泰興　❺-1 1623·5·22 政／1666·8·2 政
加藤泰堅　❺-1 1691·1·11 政
加藤安左衛門　❺-1 1715·11·18 政
加藤　泰　❾ 1985·6·17 文
加藤泰茂　❺-1 1688·8·7 政
加藤泰済　❺-2 1787·7·9 政／1826·9·29 政
加藤泰武　❺-2 1762·2·2 政／1768·4·5 社／5·27 政
加藤泰恒　❺-1 1712·2·2 社／1715·7·9 政
加藤泰候　❺-2 1769·5·12 政／1787·7·9 政
加藤泰幹　❺-2 1826·9·29 政
加藤安政　❹ 1592·11·21 文禄の役
加藤泰衑　❺-2 1745·6·14 政／1762·2·2 政
加藤泰統　❺-1 1715·7·9 政／❺-2 1727·6·24 政
加藤泰行　❺-2 1768·5·27 政／1769·5·12 政
加藤有次　❾ 2003·11·11 文
加藤ゆか　❾ 2012·7·27 社
加藤ゆき(モルガンおゆき)　❼ 1902·3·5 社／1903·9·30 社／❽ 1938·4·24 社／1963·5·18 社
加藤幸子　❾ 1983·1·17 文
加藤恕彦　❽ 1960·9月 文
加藤与五郎　❼ 1930·是年 文／1935·5·17 社
加藤　嘉　❾ 1988·3·1 文
加藤嘉明(茂勝·孫六)　❹ 1585·10·23 政／1586·2·23 政／11·2 政／11·20 政／1587·4·28 政／1590·2·27 政／4·1 政／1592·4·19 文禄の役／7·7 文禄の役／1593·2·21 文禄の役／1595·7·21 政／1597·7·15 慶長の役／1599·1·21 政／③·4 政／1600·8·23 関ヶ原合戦／❺-1 1601·3·8 社／1602·12月 政／1603·是年 政／1627·2·10 政／是年 社／1629·5·23 社／1631·9·12 政
加藤義清　❼ 1904·7月 文
加藤吉邦　❾ 1990·12·1 社
加藤慶信　❾ 2008·10·2 社
加藤芳郎　❾ 2006·1·6 文
加藤利右衛門　❺-1 1610·3·5 文
加藤龍吉　❻ 1870·11·23 社
加藤鐐五郎　❽ 1954·1·8 政／

1959·12·1 政／❾ 1970·12·19 政
河東田頼顕　❺-1 1613·9·15 慶長遣欧使節
門上千恵子　❽ 1949·11·2 政
角川源義　❽ 1945·11·10 文
角川春樹　❾ 1993·8·29 社／1996·6·12 社
門倉国輝　❼ 1924·是年 社
門田健吾　❼ 1932·12·5 政
門田候兵衛　❺-2 1770·是年 文
門田弘胤　❹ 1469·10·16 政
門田平三　❻ 1882·8·18 政
葛津貞津　❶ 866·7·15 政
角南国寛　❺-2 1753·12·24 社
上遠野(かどの)宇多右衛門　❺-1 1701·9·21 政
上遠野五左衛門　❺-1 1701·9·21 政
上遠野富之助　❼ 1928·5·26 政
門野幾之進　❼ 1904·3·26 政／❽ 1938·11·18 政
葛野九郎兵衛　❺-1 1619·8月 文
門野重九郎　❽ 1958·4·24 政
門野ナンケ　❽ 1963·10·18 文
上遠野常陸介　❹ 1565·7·19 政
葛野王　❶ 705·12·20 政／806·1·28 政
門部 金　❶ 653·7月 政
門部松原　❶ 804·7·29 社
門部御立　❶ 714·②·1 社
門部王　❶ 719·7·13 政／734·是年 社／737·1月 文
門真周清　❸ 1379·5·11 政／6·21 社／1380·1·16 政
門真太郎　❷ 1185·10·9 政
角屋七郎次郎(秀持)　❹ 1577·5·6 社
角屋七郎次郎(栄吉)　❺-1 1617·9·9 政／1648·4·26 政
角屋七郎次郎(紀州藍)　❺-2 1765·是年 社
角屋七郎兵衛　❺-1 1653·6月 文
角屋彦五郎　❹ 1587·3·16 社
角屋秀持　❹ 1582·8·23 社
門屋 博　❼ 1929·9·30 政
門屋養安　❺-2 1838·5·8 文
香取五百嶋　❶ 724·2·22 社
香取希代子　❾ 2009·7·12 文
香取新兵衛　❺-1 1689·1·20 政
香取哲斎　❺-1 1688·是年 文
揖取魚彦(青藍·茅生庵)　❺-2 1765·是年 文／1774·是年 文／1779·是年 文／1782·3·23 文
香取秀真　❼ 1899·3·14 文／1903·6月 文／1925·5月 文／1934·12·3 文／❽ 1953·11·3 文／1954·1·31 文
香取正彦　❾ 1988·11·19 文
楫取素彦(小田村素太郎)　❻ 1866·5·9 政／1867·12·4 政／1882·4·14 社
門脇 茂　❾ 1977·10·26 政／12·2 社
門脇季光　❽ 1957·4·12 政
門脇禎二　❾ 2007·6·12 文
門脇秀光　❾ 1975·9·29 政
金井烏州(時敏·朽木翁·呑山人·白沙頓翁·雨笠·晩泰翁·栃木翁·白沙村翁·小禅道人·獅子孔道人)　❺-2 1835·3月 文／❻ 1857·1·14 文
金井謹之助　❼ 1917·4·18 文
金井清吉　❼ 1900·3·30 文
金井千太郎　❺-2 1850·10·22 社
金井忠右衛門　❺-2 1850·10·22 社
金井 延　❼ 1896·4·26 社／1903·6·10 政／1907·12·22 文／1933·8·11 文
金井半兵衛　❺-1 1651·8·13 政
金井秀景　❹ 1547·⑦·26 政／8·6 政
金井平兵衛　❼ 1902·是年 社
金井元彦　❾ 1978·12·7 政
金井元恭　❼ 1907·5·10 文
金泉丑太郎　❻ 1891·2·5 文
鼎 金城　❻ 1863·5·30 文
金尾梅の門　❽ 1952·8月 文
鉄折(蝦夷)　❶ 689·1·3 社
仮名垣一筆庵(二代目)　❻ 1856·是年 文
仮名垣魯文(野崎文蔵·香雨亭応一·斜月窗諸兄)　❺-2 1849·是年 文／❻ 1856·是年 文／1875·11·1 文／1884·9·25 文／1886·10·9 文／1894·11·8 文
金上(かながみ)盛勝　❸ 1433·10·23 政
金上盛備　❹ 1578·9·14 政／1581·8·23 政／1583·4·14 社／1589·2·22 政／6·5 政
金上六郎　❹ 1583·5·9 政
金窪行親　❷ 1204·7·24 政
金栗四三　❼ 1911·11·18 社／1912·7·6 社／❾ 1983·11·13 社
金崎寿夫　❾ 1996·7·6 文
金刺(かなさし)興春　❹ 1483·3·19 社
金刺広名　❶ 791·4·18 政
金刺福貴満　❶ 850·4·22 社
金刺八麻呂　❶ 768·1·28 社
金刺舎人麻呂　❶ 757·8·13 政
金澤兼光　❺-2 1761·是年 文／1766·是年 文
金澤源助　❺-2 1727·2月 政
金澤庄三郎　❾ 1967·6·2 文
金澤忠兵衛　❺-1 1635·12·16 政
金澤 林　❺-2 1797·是年 文
金澤(かなざわ)　⇨北條(ほうじょう)姓も見よ
金澤(かねざわ·北條)顕時　❸ 1283·2月 文／1285·11·17 政／1293·10月 政／1295·10·24 政／1301·2·9 文／3·28 政
金澤(北條)貞顕　❸ 1302·7·7 政／1303·2·29 文／1304·5·15 文／6·22 文／1305·5·24 文／6·6 政／11·16 社／1306·5·24 政／是年 文／1309·3·13 文／1310·6·25 政／1315·7·12 政／1319·10·3 社／是年 政／1320·元応年間 社／1326·3·13 政／3·16 文／1329·1·30 政／3·23 社／9·21 政／1333·3·28 文／5·21 政
金澤貞冬　❸ 1331·9·5 政
金澤貞将　❸ 1324·11·1 政／1332·2·16 社／1333·5·17 政／5·21 政
金澤時直　❸ 1333·3·23 政／5·7 政
金杉惇郎　❼ 1931·2·10 文
金谷経氏　❸ 1342·5月 政
金津正格　❽ 1944·8·22 社
金作部東人　❶ 722·3·10 社
金作部牟良　❶ 722·3·10 社
神余(かなまり)実綱　❹ 1527·6·13 社
神余親綱　❹ 1580·7·7 政
神余昌綱　❹ 1510·10·10 社／1529·5·2 文／1532·2·20 社
金丸重嶺　❾ 1977·12·7 文
金丸四郎兵衛　❺-2 1717·10·22 政
金丸 鉄　❻ 1880·4月 文
金道(刀工)　❺-1 1634·2月 文
金森顕順　❻ 1873·3·4 社
金森勘平　❺-1 1602·3·16 社
金森健士　❾ 1969·6·28 社／1970·1·28 社
金森重近⇨金森宗和(そうわ)
金森重頼　❺-1 1615·⑥·3 政／1618·3·5 政／1626·5·28 政／8·15 文／1631·是年 社／1650·⑩·7 政
金森宗和(重近)　❺-1 1637·9·15 文／1648·3·25 文／1653·⑥·17 文
金森近長　❹ 1585·8·20 政
金森通倫　❻ 1876·1·30 社
金森道西(僧)　❹ 1461·3月 文
金森徳次郎　❼ 1936·1·10 政／❽ 1946·6·19 政／1948·2·9 文／1959·6·16 政
金森得水　❻ 1865·2·25 文
金森長近(可近)　❹ 1575·8·18 政／12·26 社／1582·2·3 政／11·2 政／1585·⑧·16 政／1594·2·21 文／3·12 文／1600·7·29 関ヶ原合戦／❺-1 1608·8·12 政
金森長光　❺-1 1611·10·6 政
金森南耕　❼ 1935·10·28 文
金森南塘　❼ 1904·8·31 文
金森範明　❺-1 1685·2·10 社
金森博雄　❾ 2006·11·3 文
金森可重(喜蔵)　❹ 1589·3·28 社／1600·7·29 関ヶ原合戦／9·1 関ヶ原合戦／❺-1 1608·8·12 政／1614·2·2 文／1615·⑥·3 政
金森頼錦　❺-2 1736·5·23 政／1744·4·13 文／1758·12·25 政
金森頼旹(よりとき·頼時)　❺-1 1671·12·28 政／1689·5·3 政／1692·7·28 政／1697·6·11 政／1712·2·2 社／❺-2 1736·5·23 政
金森頼直　❺-1 1650·⑩·7 政／1665·7·16 政
金森頼業　❺-1 1665·7·16 政／1671·12·28 政
金谷玉川　❺-2 1799·11·7 文
金屋七郎左衛門　❹ 1587·1·15 社
金谷真一　❼ 1906·9·1 社
金谷静台　❺-2 1757·11·29 文
金谷経氏　❸ 1340·7·2 政
金谷範三　❼ 1933·6·6 政
金屋平右衛門　❺-1 1704·1月 文
金谷与三右衛門　❺-1 1619·2月 社
金山城見(平曲)　❹ 1535·5·3 文
金山訥斎　❺-2 1843·8·18 文
金山平三　❼ 1916·是年 文／1920·是年 文
金山らく　❾ 1977·1·7 文
金山入道　❹ 1504·2·19 文
蟹江一太郎　❼ 1903·7月 社／

1907·是年 社
蟹江ぎん ❾ 1992·2月 社／2001·2·28 社
蟹江監物 ❺-2 1834·10·25 政
蟹江美貴 ❾ 2012·7·27 社
掃守在上 ❶ 941·7·8 文
掃守小麻呂 ❶ 653·5·12 政
掃部角麻呂 ❶ 649·5·1 政
掃守王 ❶ 774·3·5 政
カニンガム, マース ❾ 2005·11·18 文
奇奴知(がぬち) ❶ 583·12·30
鍛冶大隅 ❶ 721·1·27 文
鍛 大角 ❶ 700·6·17 政
鹿沼教阿(僧) ❸ 1292·3·1 文
兼明親王 ❶ 942·5·17 文／987·9·26 政
兼植(刀工) ❺-1 1602·8月 文／1648·8月 文
かね夷(アイヌ) ❺-1 1665·7·15 政
金子 勇 ❾ 2006·12·13 文／2011·12·19 社
金子一高(吉左衛門) ❺-1 1689·3·23 文
金子一平 ❾ 1978·12·7 政
金子岩三 ❾ 1978·12·7 政
金子鷗亭 ❾ 1980·10·15 文／1990·11·3 文
金子鶴村 ❺-2 1808·5·18 文
金子一義 ❾ 2008·9·28 政
金子 清 ❾ 1992·2·13 政
金子金五郎 ❼ 1935·11·21 文
金子金陵(允圭·君璋) ❺-2 1800·是冬 文／1817·2·8 文
金子九平次 ❼ 1925·是年 文
金子薫園(雄太郎) ❽ 1937·6月 文／1951·3·30 文
金子敬之進 ❺-2 1833·是年 政
金子原二郎 ❾ 2006·2·5 社
金子堅太郎 ❻ 1880·8月 文／1887·5月 政／1890·10·1 政／1895·6·15 政／❼ 1898·4·26 政／1900·10·19 政／1904·2·4 日露戦争／2·24 政／6·6 政／7·7 政／1905·5·30 日露戦争／8·22 日露戦争／1917·5·11 政／1920·9·22 政／❽ 1942·5·16 政
金子才吉 ❻ 1867·7·6 政
金子佐一郎 ❾ 1978·4·7 政
金子簑香 ❻ 1892·9·29 文
金子重之輔 ❻ 1854·3·27 社／1855·1·11 政
金子しげり⇨山高(やまたか)しげり
金子新太郎 ❼ 1906·5·1 社
金子雪操 ❻ 1857·8·5 文
金子宗吉 ❼ 1905·8·20 社
金子武士郎 ❻ 1856·1·17 文
金子忠輔 ❺-2 1764·8·15 政
金子忠庸 ❺-2 1796·12·14 政
金子筑水 ❼ 1908·1·18 文／❽ 1937·6·1 文
金児忠兵衛 ❺-2 1851·2·17 政
金子長之助 ❼ 1909·3·21 社
金子恒夫 ❾ 2005·7·12 社
金子哲雄 ❾ 2012·10·2 政
兼子天聾 ❺-2 1829·1·6 文
金子兜太 ❾ 2008·11·4 文
金子直吉 ❻ 1877·是年 政／❼ 1902·10月 政／❽ 1944·2·27 政
金子信雄 ❾ 1995·1·20 文
金子 登 ❽ 1937·4月 文
金子初五郎 ❻ 1891·2·8 文
兼子伴雨 ❼ 1900·2·25 文
金子彦八郎 ❺-2 1787·7·2 政
金子衡氏 ❹ 1469·9·21 社
金子 宏 ❾ 2012·11·5 文
金子文子 ❼ 1925·10·20 政／1926·3·25 政／7·29 政
金子文六 ❾ 1991·5·25 文
金子正明 ❾ 1968·10·12 社
金子昌良 ❺-2 1847·是年 文
金子みすず ❼ 1930·3·10 社
金子元宅 ❹ 1585·7·14 政
金子養三 ❼ 1912·11·2 文
金子洋文 ❼ 1921·2月 文／1924·6月 文
兼子女王 ❶ 873·12·7 政
兼先(刀工) ❺-1 1630·3月 文
兼定(刀工) ❹ 1517·2月 文
兼定(刀工) ❺-1 1611·7·9 文
兼次佐一 ❽ 1958·1·12 政／1961·5·20 社
兼重(刀工) ❺-1 1646·9月 文／1658·9月 文／1666·4·6 文
包重(刀工) ❺-1 1669·7·26 文
兼重寛九郎 ❽ 1955·7·11 文／❾ 1989·6·5 文
金重陶陽 ❾ 1967·11·6 文
兼島信栄 ❽ 1947·10·13 政
金城一紀 ❾ 2000·7·14 文
金城興福 ❾ 2002·12·29 社
金田ケン子 ❼ 1908·3·5 社
金田兼次郎 ❼ 1914·1·15 文
金田 宏 ❾ 2007·12·25 社
金田正一 ❽ 1955·10·19 社／1958·4·5 社／5·27 社／1962·9·5 社／1963·6·30 社／1964·12·23 社／❾ 1969·10·10 社
金田正末 ❺-1 1634·5·11 社
金田故三郎 ❺-2 1845·10·3 政
金田龍之介 ❾ 2009·3·31 文
金田六郎左衛門 ❺-2 1764·5月 社
兼高かおる ❽ 1958·7·27 社
兼胤(姓不詳) ❸ 1291·10·26 文
金築誠志 ❾ 2012·1·16 政
兼常(刀工) ❸ 1431·2月 文
兼常(刀工) ❺-1 1645·8月 文
兼仲(姓不詳) ❸ 1383·6·1 政
懐成親王⇨仲恭(ちゅうきょう)天皇
金野昭次 ❾ 1972·2·3 社
兼教(姓不詳) ❷ 1229·6·21 社
金原二郎 ❾ 1970·10·3 社
金原長吉(大工) ❹ 1576·6·14 文
金原ひとみ ❾ 2004·1·15 文
金原与吉 ❼ 1933·5·16 政
兼平伊豆 ❺-1 1635·2·9 政
金平正紀 ❾ 1982·3·29 社
兼広(刀匠) ❺-2 1719·8月 文
兼巻(刀工) ❺-1 1629·8月 文
兼松(高村) ❻ 1865·12·12 社
兼松房次郎 ❻ 1889·5月 政／❼ 1913·2·6 政
兼松正直 ❺-1 1656·6·26 政
兼松又四郎 ❹ 1567·11月 政／1573·8·14 文
兼松与三郎 ❺-1 1617·是年 政
兼松芦門 ❼ 1917·8·20 文
金丸 信 ❾ 1972·12·22 政／1974·12·9 政／1977·11·28 政／1986·7·22 政／1990·4·23 政／1991·10·3 政／1992·10·14 政／1993·3·6 政／1996·3·28 政
金丸東里 ❺-2 1761·是年 文
兼覧王 ❶ 932·是年 文
金光邦光 ❽ 1950·1·9 社
金光庸夫 ❽ 1939·8·30 政／1955·3·5 政
金本知憲 ❾ 2004·8·1 社／2010·4·18 社／2012·9·12 社
兼康(画師) ❷ 1224·⑦·9 文
兼康備後 ❺-1 1609·10·17 政
懐良親王(良懐) ❸ 1336·9·18 政／1338·9·18 政／12·30 政／1339·6·29 政／12·17 政／1340·6·29 政／8·17 政／1341·6·18 政／1342·5·1 政／7·22 政／1343·4·17 政／1344·7·18 政／10·28 政／1346·6·24 政／1347·10·7 政／11·27 政／12·14 政／1348·1·2 政／2·15 政／6·12 社／9·27 政／1350·8·18 政／1351·10·1 政／10·25 政／11·18 社／1352·②·20 政／11·27 社／1353·2·2 政／1355·8·18 政／9·1 政／10·2 政／1356·1·17 政／11·5 政／1358·3·6 政／8·13 政／12月 政／1359·2·25 政／3·20 政／8·6 政／11·7 政／1361·2·3 社／2·28 社／5月 政／8·6 政／9·20 社／10·28 社／1362·6·13 社／7·1 社／1363·8·20 社／9·9 政／1365·5·10 政／7·27 政／1366·5·22 政／1368·2月 政／⑥·23 社／1369·1·20 政／2·15 政／8·16 文／11·17 社／12·3 政／1370·3月 政／1371·9·20 文／是年 政／1372·8·12 政／1373·12·25 政／1374·8·3 政／10·14 政／1375·5·21 政／6月 政／11·2 文／1376·4·1 政／1378·是年 文／1379·⑤月 政／1380·5月 政／12月 政／1381·6·23 政／7·15 政／1382·8·24 政／10月 政／1383·3·27 政／1386·11·9 政
兼若(刀工) ❺-1 1655·10月 文／1677·8月 文
珂然(僧) ❺-2 1745·10·11 社
鹿野(かの) 茂 ❾ 1989·2·17 政
狩野直喜(子温) ❼ 1927·3月 文／❽ 1944·4·29 文／1947·12·13 文
鹿野道彦 ❾ 1989·8·9 政／1994·4·15 政／2010·9·17 政
鹿足(かのあし)元忠 ❹ 1581·9·16 政
狩野愛信 ❺-2 1807·是春 文
狩野章信(素川) ❺-2 1809·是年／1826·10·2 文
狩野晏川 ❻ 1892·11·20 文
狩野和泉 ❹ 1529·2月 文
狩野一庵 ❹ 1582·6·11 政
狩野一渓 ❺-1 1623·3·5 文
狩野雲外 ❼ 1899·12·3 文
叶 栄雲 ❺-1 1669·是年 社
狩野永岳 ❺-2 1852·是年 文
狩野永球 ❺-1 1674·6·28 文
狩野永敬 ❺-1 1702·9·18 文
狩野永賢(泰信) ❺-2 1798·9·11 文
狩野永俊 ❺-2 1797·4月 文／

1816·9月 文
狩野永常 ❺-2 1787·2·20 文
狩野永真(憲信) ❺-1 1662·5·29 文／❺-2 1731·9·17 文
狩野英信(祐清) ❺-2 1762·6·30 文／1763·6·21 文
狩野永碩 ❺-2 1759·2·23 文
狩野永徳(源四郎·州信) ❹ 1566·是年 文／1567·5·19 文／1574·3月 文／1576·是年 文／1577·1月 文／1581·9·8 文／1586·2·2 文／1590·6·25 文／8·8 文／9·14 文／12·26 文
狩野永徳(法眼) ❺-2 1773·11·17 文
狩野永徳(内国絵画共進会) ❻ 1884·4·11 文／1890·10·11 文
狩野永納(伯受) ❺-1 1664·是年 文／1667·是年 文／1676·是年 文／1678·是年 文／1691·3月 文／1693·是年 文／1697·3·7 文
狩野永良 ❺-2 1771·2·29 文
狩野養信 ❺-2 1846·5·19 文
加納お粂 ❻ 1880·7·23 社
狩野景信 ❸ 1432·9月 文
狩野休円 ❺-2 1802·11·20 文／1835·3月 文
狩野休山 ❺-2 1761·5·11 文
狩野休碩 ❺-2 1721·9·5 文
狩野休漆 ❻ 1857·3·10 文
狩野休伯(初代)⇨狩野長信(ながのぶ)
狩野休伯(二代目)⇨狩野昌信(まさのぶ)
狩野玉栄 ❺-2 1804·6·21 文
狩野玉燕 ❺-2 1743·8·21 文
狩野旭信 ❺-2 1743·7·3 文
狩野邦信(祐清·探秀) ❺-2 1807·5·6 文／1840·2·20 文
狩野元仙(方信) ❺-2 1755·5·6 文
狩野興以⇨狩野貞信(さだのぶ)
狩野亨吉 ❽ 1942·12·22 文
狩野興之 ❺-1 1635·5·26 文
狩野興甫 ❺-1 1671·11·2 文
狩野惟信(養川院) ❺-2 1808·1·9 文
狩野昆信 ❺-2 1792·9·2 文
狩野貞延 ❹ 1577·是年 文
狩野貞信(興以) ❺-1 1608·8·6 文／1614·8·4 文／1618·8·30 文／1623·9·20 文／1625·7·12 文／1633·是年 文／1636·7·17 文
狩野山雪 ❺-1 1632·是年 文／1637·5月 文／1639·是年 文／1647·8月 文／是年 文／1650·是年 文／1651·2·12 文
狩野山楽(光頼·修理亮) ❹ 1588·是年 文／❺-1 1606·是年 社／1614·6·1 文／1630·是年 文／1635·8·19 文
狩野重郷⇨狩野内膳(ないぜん)
狩野茂光 ❷ 1170·4月 政
狩野重僖 ❺-1 1662·1·20 文
嘉納治五郎 ❻ 1882·6·5 社／❼ 1907·4·28 文／1909·是夏 社／1913·3·21 社／1932·7·11 社／1933·9·28 社／❽ 1938·5·4 社
狩野七郎右衛門 ❹ 1465·8·24 政／11·20 政
狩野琇鵬 ❾ 2012·5·5 文
狩野寿碩 ❺-2 1718·7·17 文
狩野寿石(四代目) ❺-2 1780·10·20 文／1820·11·23 文
狩野修理亮⇨狩野山楽(さんらく)
狩野春笑 ❺-2 1797·10·19 文
狩野春水 ❺-2 1756·1·12 文
狩野春雪 ❺-1 1691·3·8 文
狩野春潮 ❺-2 1752·10月 社
狩野昌運⇨狩野季信(すえのぶ)
狩野松栄(源七郎) ❹ 1553·4月 文／1563·4·28 文／1569·1·3 文／1580·8·13 文
狩野浄賀 ❺-1 1621·5·8 文
狩野昌川 ❺-2 1806·7·27 文
狩野勝川 ❻ 1860·12·16 文
狩野松林 ❺-2 1739·6·21 文
加納笑六 ❼ 1934·4·25 社
狩野助信 ❺-2 1831·11·6 文
狩野如川⇨狩野周信(ちかのぶ)
嘉納治郎作 ❻ 1867·9·12 社
狩野新三郎 ❺-1 1695·1·30 文
狩野新介 ❹ 1548·8·25 文
狩野甚丞(甚之丞) ❺-1 1608·8·6 文／1610·1·7 文／1611·10·6 文
狩野季信(昌運) ❺-1 1702·5·2 文
狩野祐清 ❺-2 1752·6·3 文
狩野亮信 ❺-1 1715·10·20 文
狩野雪信 ❺-1 1682·4·29 文
狩野雪漆 ❻ 1857·3·10 文
狩野宗秀(秀信) ❺-2 1797·11·5 文
狩野宗朴(崇斎·納翁) ❺-2 1818·7·4 文
狩野素川 ❺-1 1649·3月 文
狩野素仙(成信) ❺-2 1736·是年 文
狩野孝信 ❺-1 1608·8·6 文／1610·1·7 文／1613·7·12 文／1617·1·18 文／1618·8·30 文
狩野高信 ❺-2 1794·12·23 文
狩野種次 ❺-1 1646·2·14 文
狩野種信 ❺-1 1642·5·24 文
狩野為佐 ❷ 1263·8·14 政
狩野探淵(探文·守真) ❺-2 1839·12·26 文／是年 文／❻ 1853·9·14 文
狩野探岳 ❼ 1922·1·8 文
狩野探牛 ❺-1 1714·8·1 文
狩野探原 ❻ 1861·是年 文／1866·11·20 文
狩野丹秀 ❾ 1994·6·6 文
狩野探常(守富) ❺-2 1756·5·3 文
狩野探信(守政·興斎) ❺-1 1711·是年 文／1715·12·18 文／❺-2 1718·10·4 文／1825·12·16 文／1835·9·5 文／❻ 1860·是年 文
狩野探雪 ❺-1 1714·7·13 文
狩野探船(章信) ❺-2 1728·7·25 文
狩野探道 ❽ 1948·6·4 文
狩野探美 ❻ 1882·10·1 文／1893·6·19 文
狩野探牧(守邦) ❺-2 1832·1·19 文
狩野探幽(守信) ❺-1 1612·1月 文／1613·2月 文／1617·12·23 文／是年 文／1618·8·30 文／1619·3·21 文／1621·是年 文／1627·9·11 文／1628·9·15 文／1635·12月 文／1636·是年 文／1637·7·28 文／9·17 文／1638·12·27 文／1639·1·15 文／1640·4·17 文／5·11 文／1641·2·20 文／3月 文／7·6 文／7·22 文／9·26 文／1648·5·4 文／11·8 文／1650·7·18 文／1656·3·1 文／4·11 文／1657·12·17 文／1661·是年 文／1662·5·29 文／9月 文／是年 文／1663·12·11 文／1664·6·2 文／12·27 文／1665·1·5 文／是年 文／1666·1·6 文／4月 文／是年 文／1667·1·6 文／11月 文／1668·是年 文／1669·2月 文／是年 文／1670·2月 文／11·22 文／1671·是年 文／1673·是年 文／1674·10·7 文／是年 文／❺-2 1729·是年 文／1803·是年 文
狩野探楽 ❼ 1932·5·5 文
狩野探林(守美) ❺-2 1777·4·7 文
狩野探令 ❼ 1931·1·9 文
狩野周信(如川·泰寓斎) ❺-1 1711·是年 文／❺-2 1719·2·22 文／1728·1·6 文
狩野親光 ❷ 1181·2·28 政
狩野常信(養朴·右近) ❺-1 1669·是年 文／1674·是年 文／1704·10·12 文／1705·12月 文／1709·8月 文／11·3 文／1710·12·6 文／1711·是年 文／1712·是年 文／1713·1·27 文
加納鉄哉 ❻ 1889·2·1 文
加納典明 ❾ 1995·2·13 文
狩野洞雲(益信) ❺-1 1653·5·17 文／1674·是年 文／1691·2·7 文／12·2 文／1694·1·8 文
狩野洞益(春信) ❺-2 1841·6·4 文
狩野洞元 ❺-1 1706·8·3 文
狩野洞琳 ❺-2 1754·1·26 文
加納藤左衛門 ❺-1 1630·9·24 政
狩野洞寿 ❺-2 1777·11·26 文／1843·3·24 文
狩野洞春(二代目)⇨狩野福信(よしのぶ)
狩野洞春(八代目) ❻ 1865·7·27 文
狩野洞春(九代目) ❻ 1884·8·15 文
狩野洞庭(興信) ❺-2 1774·1·20 文／❻ 1878·3·7 文
狩野洞白(愛信) ❺-2 1821·2·4 文
狩野洞白(陳信) ❺-2 1851·6·8 文
狩野洞琳(波信) ❺-2 1820·7·7 文
狩野時信 ❺-1 1674·是年 文／1678·10·6 文
狩野知信(梅栄) ❺-1 1700·2·11 文
狩野友信 ❻ 1860·11月 文／1886·1·19 文／1889·2·1 文／❼ 1912·7·15 文
狩野内膳(重郷) ❺-1 1604·8·14 文／1607·是年 文／1616·4·3 文
狩野直信(松栄) ❹ 1572·7·25 文／1592·10·21 文
狩野尚信 ❺-1 1618·8·30 文／1630·是年 文／1637·7·28 文／1641·7·17 文／1650·4·7 文
加納直盛 ❺-1 1655·1月 社
狩野中信 ❻ 1872·5·9 文
狩野長信(初代休伯) ❺-1 1654·10·18 文
狩野栄信 ❺-2 1828·7·4 文
加納夏雄(治三郎) ❻ 1869·7·12 文／1886·11月 文／1890·10·11 文／❼ 1898·2·3 文／是年 文
狩野信政 ❺-1 1642·是年 文／1658·4·15 文
狩野梅雲 ❺-1 1715·3·2 文
狩野梅栄⇨狩野知信(とものぶ)
狩野梅軒(富信) ❺-2 1843·10·14 文
狩野梅寿(胤信) ❺-2 1771·3·10 文
狩野梅笑 ❺-2 1808·8·27 文
狩野梅信 ❺-2 1813·3·2 文

狩野伯寿(武信)　❺-2 1766·6·9 文
狩野白川　❺-2 1778·11·12 文
狩野春貞　❺-2 1819·8·28 文
狩野春信　❺-2 1718·4·2 文
狩野晴信(舟川)　❺-2 1737·6·4 文
狩野胖幽　❺-2 1730·2·4 文
加納久徴　❻ 1861·10·20 政
加納久堅　❺-2 1748·8·19 政
狩野古信(栄川·典信)　❺-2 1726·3·28 文／1728·12·9 文／1731·1·8 文
狩野久信　❻ 1869·是年 文／1871·是年 文
加納久周(久弥)　❺-2 1787·7·17 政／1807·12·20 政
加納久通　❺-2 1716·5·16 政／1726·1·11 政／1748·8·17 政
加納久宜　❻ 1890·9·22 政／❼ 1919·3·2 社
狩野秀信(元俊)　❺-1 1617·12·10 文／1624·2·15 文／1642·3·20 文／1672·7·11 文
狩野秀信　❺-2 1833·是年 文
狩野秀頼　❹ 1566·是年 文
狩野寛信　❺-2 1815·3·19 文
狩野芳崖(幸太郎·延信·雅道·松隣·皐隣)　❻ 1856·1月 文／1886·1·19 文／4·15 文／1888·11·5 文／❼ 1910·10·20 文
狩野舞子　❾ 2012·7·27 社
狩野昌運　❺-1 1694·7月 文
狩野政次郎　❼ 1921·5·8 文
狩野正信　❹ 1463·7·10 文／1483·6·27 文／1484·3·28 文／11·14 文／1485·10·29 文／1486·3·24 文／1488·5·8 文／1489·2·10 文／4·18 文／1490·7·9 文／1493·9·21 文／1496·5·26 文／1530·是年 文
狩野昌信(二代目休伯)　❺-1 1688·10·19 文
狩野雅信　❻ 1879·8·8 文
狩野益信⇨狩野洞雲(とううん)
狩野典信(栄川院)　❺-2 1790·2·5 文／8·4 文
加納光於　❽ 1962·10·6 文
狩野光信(星光寺縁起)　❹ 1487·2月 文／1592·7月 文
狩野光信(右京進)　❺-1 1601·1月 文／1603·8·17 文／1608·6·4 文
狩野岑信　❺-1 1708·12·3 文
狩野宗信　❺-1 1666·是年 文
狩野宗秀(秀信)　❹ 1583·6·2 文／1594·1·28 文／7·7 文／1596·10·16 文／1599·5·11 文／❺-1 1601·11月 文
狩野元親　❹ 1590·9·20 文
狩野元俊⇨狩野秀信(ひでのぶ)
狩野元信　❹ 1507·10月 文／1510·2月 文／1513·6·29 文／1515·3月 文／是年 文／1521·是年 文／1524·是年 文／1525·11·12 文／⑪月 文／1529·8·12 文／10·3 文／1531·⑤·28 文／1535·11·7 文／1539·5·27 文／10·15 文／是年 文／1540·是年 文／1541·11·3 文／1543·6·19 文／8月 文／1548·8·25 文／9月 文／1550·5·7 文／是年 文／1551·12·25 文／是年 文／1552·1·29 文／是年 文／1553·4月 文／1554·是年 文／1559·10·6 文
狩野元珍　❺-2 1726·3·20 文
狩野守貴　❻ 1884·4·11 文
狩野守信⇨狩野探幽(たんゆう)
狩野主信(永叔)　❺-1 1711·是年 文／❺-2 1724·6·7 文
加納諸平(李仙·兄瓶)　❺-2 1828·是年 文／❻ 1857·6·24 文
狩野弥右衛門　❺-1 1643·1·27 政
狩野安信　❺-1 1618·8·30 文／1635·是年 文／1637·7·28 文／1653·6月 文／1657·12·17 文／1662·5·29 文／1666·1·6 文／1667·1·6 文／1669·是年 文／1674·是年 文／1675·是年 文／1685·9·4 文
狩野祐雪(宗信)　❹ 1562·7月 文
狩野之信　❹ 1567·是年 文
狩野幸信(随柳斎·常川)　❺-2 1770·8·19 文
狩野養朴⇨狩野常信(つねのぶ)
加納与左衛門　❺-2 1729·5·19 政
狩野由信　❺-1 1609·是年 文
狩野福信(二代目洞春·義信)　❺-1 1704·是年 文／❺-2 1723·12·12 文／1785·12·5 文／1797·2·28 文／5·8 文
狩野甫信(随川)　❺-2 1745·7·7 文
狩野美信　❺-2 1785·12·5 文
加納嘉徳　❾ 1999·5·21 文
嘉納履正　❽ 1951·12·6 社
狩野柳渓　❺-2 1799·12·12 文
狩野立信(永悳)　❻ 1891·1·29 文
狩野柳雪　❺-2 1774·11·7 文
狩野柳白　❺-2 1732·11·29 文
狩野領右衛門　❺-2 1746·6·2 社
狩野良信(栄信)　❺-2 1716·4·7 文
狩野右京助　❹ 1581·9·8 文
狩野加賀守　❹ 1465·8·24 政
狩野治部少輔　❹ 1569·8月 文
狩野介入道　❸ 1367·10·12 社
叶屋勝二　❾ 2010·8·5 文
鹿子木安芸大炊助　❸ 1350·4·22 政
鹿子木員信　❽ 1942·12·23 文
鹿子木寂心　❹ 1496·是年 政
鹿子木孟郎　❼ 1906·3·2 文／1909·12月 文／❽ 1941·4·3 文
鹿子木親員　❹ 1524·10·12 社／1529·8·2 社／8·24 文
鹿子木鑑国　❹ 1550·4·14 政
鹿屋周防介　❸ 1389·8·22 政
樺島勝一　❼ 1923·10·20 社／1924·是年 社／❽ 1943·12·17 文
樺山愛輔　❼ 1914·3·25 文／❽ 1953·10·21 政
樺山音久　❸ 1394·7·6 政／1397·5·13 政／1400·2·24 政／8·3 政
樺山玄佐(善久)　❹ 1593·9·17 文
樺山資雄　❼ 1899·11·16 政
樺山資紀(覚之進)　❻ 1883·12·13 政／1890·5·17 政／1891·5·6 政／1892·7·27 政／1894·7·17 日清戦争／1895·5·11 政／5·10 日清戦争／❼ 1896·9·18 政／1915·7·5 社／1922·2·8 政
樺山資久　❸ 1373·5·14 政
樺山資英　❽ 1941·3·19 政
樺山孝久　❸ 1432·8·27 政／1435·6·12 政／1441·3·13 政／9·12 政／12·12 政／1444·10·14 政
樺山長久　❹ 1461·3·12 政
樺山信久　❹ 1527·2·21 政／7·7 政／1529·12·26 政／1536·12月 政／1537·8·25 政
樺山教宗　❸ 1412·3·20 政／11·25 政
樺山久高　❹ 1598·11·18 慶長の役／❺-1 1606·6·6 政／1609·2·26 政／4·5 政／5·15 政
樺山久言(主税)　❺-2 1807·11月 政／1808·4·9 政
樺山幸久　❹ 1542·③月 政／1562·6·26 政
樺山善久(玄佐)　❹ 1584·7·10 文
賀原夏子　❽ 1945·4·11 文／❾ 1991·2·20 文
カピタン·モール(ポルトガル)　❹ 1550·⑤月 政／1558·是年 政／1569·是年 政／1571·是夏 政／1574·是年 政／1575·是夏 政／1580·是夏 政／1589·是年 政／❺-1 1617·8·13 政
カピテン(仏)　❻ 1866·9·29 政
華文軒風子　❺-2 1813·是年 社
加福喜十一郎　❺-2 1721·2·28 政
加福吉左衛門　❺-1 1689·1·19 政
加福新右衛門　❺-2 1727·①·28 政
カフタイン(狄)　❺-1 1678·8·23 社
甲屋次郎兵衛　❻ 1868·2·11 政
鏑木雲洞　❻ 1892·8·30 文
鏑木清方　❼ 1901·6·6 文／1902·10·1 文／1914·10·15 文／1916·5月 文／1920·10·13 文／1930·10·16 文／11·8 文／1936·6·12 文／是年 文／❽ 1937·10·16 文／1944·7·1 文／1948·10·20 文／1954·11·3 文
鏑木渓菴　❻ 1870·9·25 文
鏑木雪潭　❺-2 1852·11·27 文
鏑木梅渓　❺-2 1718·1·2 文／1803·1·3 文
鏑木梅亭　❺-2 1830·5·16 文
鏑木　誠　❻ 1892·11·30 政
カブラル，ジョアン　❹ 1571·10·3 社／1572·1月 政／1573·8·11 社／1574·3·11 社／1575·11月 社／1577·是年 社／1578·7·25 社
カブラル，フランシスコ　❹ 1570·5·15 社／1571·10·3 社
ガブリエル(伝兵衛)　❺-1 1705·10·28 政
嘉兵衛(笠岡村)　❺-2 1750·1·15 社
嘉兵衛(沖船頭)　❺-2 1752·10·9 政
カベチュー，アントニオ　❺-1 1642·7·16 社／1643·2·2 社
壁中塗　❺-2 1832·12·25 文
下保　昭　❾ 1976·10·30 文
雅宝(僧)　❷ 1189·5·13 社
加保茶元成(宗園)　❺-2 1780·11·6 文
カマール(カタール)　❾ 2007·4·27 政
鎌苅義就　❹ 1467·是年 政
鎌倉景政　❷ 1117·10·23 社
鎌倉梧園　❺-2 1846·5·17 文
鎌倉秀雄　❾ 2011·9·7 文
鎌倉左京進　❸ 1367·4·2 政

迦摩多 ❶ 601·9·8 政
鎌田一窓 ❺-2 1777·是年 文
鎌田栄吉 ❼ 1919·9·15 社／10·4 政／1922·6·9 政／1934·2·5 政
鎌田円八 ❺-2 1733·3月 政
鎌田魚妙 ❺-2 1838·是年 文
鎌田蔵人 ❹ 1598·9·19 慶長の役
鎌田定夫 ❾ 2002·2·16 文
蒲田十兵衛 ❺-1 1661·9·26 社
鎌田新藤次 ❷ 1191·1·15 政
烟田(かまた)時幹 ❸ 1335·9月 政／1379·1·22 社／1381·1·20 社
鎌田敏夫 ❾ 1983·2·11 社
鎌田俊清 ❺-2 1722·是年 文
鎌田朝長 ❷ 1159·12·29 政
鎌田正夫 ❼ 1915·12·13 文
鎌田正清 ❷ 1159·12·29 政／1160·1·4 政／1194·10·25 政
鎌田政近 ❺-1 1601·8·24 政
鎌田政広 ❹ 1586·1·23 政／5·22 政
烟田幹胤 ❸ 1418·8月 政
烟田幹時 ❸ 1433·6·8 政
烟田幹宗 ❸ 1335·9月 政
鎌田好夫 ❾ 2010·6·24 政
鎌田柳泓(玄珠·図南) ❺-2 1819·是年 文
蒲池休右衛門 ❺-1 1609·5·15 政／1611·1·17 政
蒲池鎮並(鎮漣) ❹ 1581·5·27 政／1584·9·11 政
蒲池統春 ❹ 1581·6·1 政
蒲池統康 ❹ 1581·6·1 政
鎌原幸治 ❻ 1882·4·13 政
釜屋太田六右衛門 ❺-1 1640·是年 社
釜屋田中七右衛門 ❺-1 1640·是年 社
釜屋弥左衛門 ❺-1 1684·5月 文
上　牛養 ❶ 759·3月 文
上　将監 ❺-1 1642·8·27 文
守(かみ)　友久 ❷ 1164·6月 政
上泉(大胡)信綱 ❹ 1570·5·23 社／6·27 社／1571·7·22 政
上泉秀信 ❽ 1939·3·14 文／1944·1月 文
上磯杢左衛門 ❺-1 1674·5·21 政
神尾五郎三郎 ❺-2 1823·4·22 政
神尾大蔵 ❺-2 1769·2·9 社
神尾長次郎 ❺-2 1758·5·23 社
神尾平八郎 ❺-2 1758·5·23 社
神尾包蒿 ❺-2 1753·是年 文
神尾光臣 ❼ 1927·2·6 政
神尾元勝 ❺-1 1632·10·3 社／1634·5·18 政／9·9 社／1638·5月 社(囲み)／1640·4·12 社／1661·3·8 社／1667·4·25 政
神尾元鎮 ❺-1 1677·3·18 政
神尾元孝 ❺-2 1825·6·17 社／1836·9·20 政
神尾弥五兵衛 ❺-2 1717·11·18 社
上岡徳五郎 ❺-2 1762·2月 政
上尾野辺めぐみ ❾ 2012·7·27 社
上垣伊兵衛 ❺-2 1797·是年 社
神風正一 ❾ 1990·5·15 社
神川彦松 ❾ 1988·4·5 文
神川平助 ❻ 1867·1·25 社
上川陽子 ❾ 2007·8·27 政
上川良一 ❽ 1948·4·2 社
上郡山景為 ❹ 1589·7·29 政
上郡山仲為 ❹ 1589·是冬 政
紙子屋浄林 ❺-1 1627·是年 社
上坂尹勝 ❺-2 1740·是年 文
上坂冬子 ❾ 2009·4·14 文
上迫忠夫 ❽ 1952·7·19 社
神澤貞幹 ❺-2 1851·是年 文
神澤昭三 ❾ 2011·1·22 政
神島二郎 ❾ 1998·4·5 政
上條嘉門次 ❼ 1917·10·26 社
上條幸十郎 ❺-2 1764·8·15 政
上條信山 ❾ 1997·2·12 文
神代太十郎 ❺-2 1808·11·3 文
神代徳次郎 ❺-2 1849·7·4 社
紙漉文左衛門 ❹ 1598·3·4 社
紙漉孫左衛門 ❹ 1579·1·14 社
上村主豊田麻呂 ❶ 819·7·28 文
神社女王 ❶ 766·8·22 政
上曾根五右衛門 ❺-1 1672·4·26 社
神谷慶秋 ❻ 1854·1·19 文
神谷之康 ❾ 2008·12·11 文
神近市子 ❼ 1916·11·9 社／❽ 1947·4·26 社／❾ 1970·3·10 社
上司海雲 ❾ 1975·1·25 社
上司小剣(延貴) ❼ 1923·2·16 文／❽ 1947·9·2 文
上野左位(檜前部)老刀自 ❶ 768·6·6 政
上毛野穎人 ❶ 815·7·20 文／821·8·18 文
上毛野兄国女 ❶ 795·5·3 社
上毛野稲人 ❶ 783·2·25 政
上毛野牛養 ❶ 761·1·16 政
上毛野氏永 ❶ 884·6·23 政／886·5·12 政
上毛野馬長 ❶ 764·1·20 政／776·7·21 政
上毛野　甥 ❶ 741·10月 文
上毛野息麻呂 ❶ 774·3·5 政
上毛野小熊 ❶ 534·⑫月
上毛野小足(男足) ❶ 700·10·15 政／703·7·5 政／708·3·13 政
上毛野形名 ❶ 637·是年 政／655·7·11 政
上毛野清湍 ❶ 834·1·12 政
上毛野穎人 ❶ 821·8·18 文
上毛野沢田 ❶ 866·1·13 政／878·1·11 政
上毛野継益 ❶ 810·12·4 政
上毛野綱主 ❶ 851·1·11 政／866·1·13 政
上毛野永世 ❶ 869·4·13 政
上毛野広人 ❶ 720·9·28 政
上毛野三千 ❶ 681·3·17 文／8·11 政
上毛野基宗 ❶ 915·2·10 政
上毛野安麻呂 ❶ 708·3·13 政／709·7·1 政
上毛野安守 ❶ 870·1·25 政
上毛野良友 ❶ 916·12·8 政
上毛野稚子 ❶ 663·3月 政
上道王 ❶ 727·4·3 政
上道斐太都 ❶ 757·7·4 政／⑧·8 政
上道広成 ❶ 796·6·3 社
上道正道 ❶ 759·1·11 政／764·1·20 政／767·9·23 政
上宮大娘姫王 ❶ 642·是年 政
神永昭夫 ❽ 1960·4·30 社／1964·10·10 社／❾ 1993·3·21 社
神長瞭月 ❼ 1914·是年 社
髪長媛 ❶ 書紀·応神 13·3月
雷門助六 ❾ 1991·10·11 文
神野金之助(重行·岸郎) ❼ 1922·2·20 社
神野信一 ❼ 1926·10·9 社
神野世献 ❺-2 1832·是年 文
上村主虫麻呂 ❶ 780·3·17 政
督局(かみのつぼね) ❷ 1232·2·6 政
上之坊(僧) ❺-1 1701·12·28 社
賀美能親王(神野皇子)⇨嵯峨(さが)天皇
神服清継 ❶ 845·1·11 政
上村一夫 ❾ 1986·1·11 文
上村邦夫 ❾ 2004·6·25 文
神村正隣 ❺-2 1769·是年 文
神谷　転 ❺-2 1835·6·7 政
神谷勘右衛門 ❺-2 1807·8·2 政
神谷清俊 ❺-2 1769·8·15 政
紙屋五良兵衛 ❺-2 1747·延享年間 社
神谷左門 ❺-2 1746·5·8 政
神谷(神屋)寿禎 ❹ 1526·3·20 社／1533·是年 社
神谷松見 ❺-2 1803·1·20 文
神谷正太郎 ❽ 1950·4·3 政
神屋(神谷)宗湛(善四郎·貞清) ❹ 1585·1·12 文／1586·10·28 政／12·24 文／1587·1·3 文／1·9 文／6·19 文／1589·1·21 文／1590·10·20 文／1592·1·24 文禄の役／2·8 文／3·15 文／3·22 文禄の役／5·28 文／10·30 文／1595·8·17 文／1599·③·9 政／❺-1 1605·5·25 文／1635·10·28 文／1653·⑥·27 文
神谷定令 ❺-2 1786·是年 文／1787·是年 文／1790·是年 文／1799·是年 文
神屋徳左衛門 ❺-1 1610·1·15 社
神谷信順 ❺-2 1829·是年 文
神屋　登 ❺-2 1763·宝暦年間 社
神谷不二 ❾ 2009·2·20 文
神谷祐三 ❻ 1863·10·18 文
神谷与平治 ❼ 1905·10·17 社
紙屋利兵衛 ❺-2 1768·1·22 社
神山茂夫 ❽ 1954·8·27 政／❾ 1974·7·8 政
神山四郎 ❸ 1284·4·12 政
上山草人 ❽ 1938·3·2 社
神山治貴 ❾ 2001·5·16 社
上山満之進 ❽ 1938·7·30 政
上山検校(かみやま·平曲) ❺-1 1614·9·24 文
カミュ(仏陸軍少尉) ❻ 1863·9·2 政
カミュ(仏作家) ❽ 1950·3月 文
カムクタイン(アイヌ) ❺-1 1653·是春 政
カムファイス，ヨハネス ❺-1 1671·9·20 政／1673·9·20 政／1675·9·20 政
冠新左衛門 ❸ 1366·11·12 政
亀(久松氏) ❹ 1584·7月 政
亀(盲人) ❺-1 1614·2·2 文
亀井亜紀子 ❾ 2012·4·6 政／7·

17 政
亀井勝一郎 ❾ 1966·11·14 文
亀井貫一郎 ❼ 1931·3·20 政／❾ 1987·4·7 政
亀井茲明 ❻ 1894·10月 社／1895·1·11 政／❼ 1896·7·18 文
亀井茲胤 ❺-2 1743·④·3 政／1752·7·29 政
亀井茲親 ❺-1 1680·12·18 政／❺-2 1731·5·29 政
亀井茲延 ❺-2 1739·是年 文／1743·④·3 政
亀井茲矩(真矩) ❹ 1580·12·8 政／1582·6·8 政／1586·8·15 政／1592·1·21 文禄の役／5·28 文禄の役／1595·4·2 社／❺-1 1607·8·15 政／1609·8·25 政／1610·8·22 政／1612·1·26 政
亀井茲尚 ❺-2 1819·5·16 政
亀井茲政 ❺-1 1619·8·15 政／1680·12·18 政
亀井茲監 ❻ 1885·3·20 政
亀井茲満 ❺-2 1731·5·29 政
亀井左介 ❹ 1555·8·2 社
亀井静香 ❾ 1994·6·30 政／1998·8·20 政／2003·9·8 政／9·20 政／2005·8·15 政／12·19 政／2009·9·16 政／2010·6·8 政／6·11 政／2011·6·27 政／2012·4·6 政
亀井昭陽(元鳳) ❺-2 1836·5·17 文
亀井　孝 ❾ 1995·1·7 文
亀井高孝 ❾ 1977·10·4 文
亀井藤兵衛(玄兵衛) ❽ 1937·9·1 文
亀井南冥(溟·道載·主水) ❺-2 1784·2月 文／1785·5·9 文／1814·3·2 文
亀井矩賢 ❺-2 1783·4·18 政／1786·1月 文／1819·5·16 政
亀井矩貞 ❺-2 1752·7·29 政／1766·2·7 社／1783·4·18 政
亀井　光 ❾ 1967·4·15 政
亀井久興 ❾ 1997·9·11 政
亀井秀綱 ❹ 1563·8·13 政
亀井文夫 ❽ 1946·8·13 文／❾ 1987·2·27 文
亀井文平 ❽ 1937·3·18 政
亀井正夫 ❾ 2002·6·23 政
亀井政矩 ❺-1 1617·7月 政／1619·8·15 政
亀井善之 ❾ 1996·1·11 政／2003·3·21 政／2006·5·12 政
亀一丸 ❸ 1407·12·23 政
亀尾英四郎 ❽ 1945·10·11 社
亀岡規礼 ❺-2 1835·8·29 文
亀菊法師 ❸ 1327·3·21 社
亀吉(鳶人足) ❻ 1866·8月 社
亀倉雄策 ❾ 1997·5·11 文
亀島検校 ❺-2 1777·是年 文
亀田綾瀬 ❻ 1853·4·14 文
亀田鶯谷 ❻ 1881·8·2 文
亀田鶴山 ❺-2 1806·是年 文
亀田興毅 ❾ 2006·8·2 社／2009·11·29 社／2010·12·26 社／2011·12·7 社／2012·12·4 社
亀田大毅 ❾ 2007·10·11 社／2010·2·7 社／12·26 社／2011·12·7 社
亀田高綱 ❺-1 1615·4·29 大坂夏の陣／1633·8·13 政
亀田東伍 ❽ 1952·9·28 社
亀田鵬斎(長興·国南·公龍·穉龍·士龍·士雲) ❺-2 1799·是年 文／1800·是年 文／1803·3月 文／1822·是年 文／1823·是年 文／1826·3·9 文／1842·是年 文
亀大夫⇨七條(しちじょう)亀大夫
亀高素吉 ❾ 2012·10·1 政
カメハメハ四世(ハワイ国王) ❻ 1860·2·14 万延遣米使節
亀姫(徳川家康娘) ❹ 1576·7月 政
亀渕昭信 ❾ 2005·5·23 政
亀松　茂 ❼ 1929·3月 社
亀屋栄任(菓子奉行) ❹ 1594·3·28 社
亀屋栄任(呉服屋) ❺-1 1604·7·23 文／⑧·11 政／1616·8·26 社
亀屋栄任(呉服飾) ❺-2 1718·1·17 社
亀屋久米之丞 ❺-1 1669·1·8 文
亀屋源太郎 ❺-1 1714·9·22 政
亀屋五位女 ❹ 1528·⑨·25 社
亀谷和竹 ❺-1 1711·是年 文
亀山儀左衛門 ❺-2 1818·5·29 社
亀山直人 ❽ 1949·1·20 文／1963·3·28 文
亀山房代 ❾ 2009·11·23 文
亀山夢研 ❺-2 1835·10·15 文
亀山義顕 ❸ 1338·9·20 政
亀山天皇(恒仁親王·前輪寺殿) ❷ 1249·5·27 政／1258·8·7 政／1259·8·28 政／11·26 政／12·28 政／1274·1·26 政／❸ 1289·9·7 政／1291·12·12 社／1294·1·22 政／1297·3·5 文／1299·10·13 政／1301·1·24 政／1305·7·26 政／9·15 政
亀弥丸 ❸ 1300·5·21 政／1305·8·5 政
カメロン，アレクサンダー·ジム ❼ 1900·11·28 政
賀茂県主 ❷ 1152·10·12 社
賀茂在片 ❸ 1413·1月 文／1441·7·5 政
賀茂在清 ❷ 1264·9·17 政
賀茂在実 ❶ 987·3·16 社
加茂在季 ❷ 1231·2·5 政
賀茂在憲 ❷ 1158·7·14 社／1173·4·8 文
加茂在昌 ❺-1 1603·是年 文
賀茂在盛 ❹ 1463·10·26 社
賀茂家栄 ❷ 1133·4·28 文／6·6 文／1136·8·12 文
賀茂伊勢麻呂 ❶ 834·1·12 政
賀茂大川 ❶ 767·2·28 政／791·1·22 政
賀茂乙本 ❶ 846·1·26 文
賀茂弟岑 ❶ 850·1·15 政／858·1·16 政
鴨　形名 ❶ 706·2·14 社
加茂儀一 ❾ 1977·11·7 文
賀茂(鴨)吉備麻呂 ❶ 708·3·13 政
賀茂浄名 ❶ 766·3·26 政
加茂公成 ❽ 1955·8·28 社
加茂子虫 ❶ 729·8·5 政
加茂貞行 ❶ 941·10·19 政
加茂幸子 ❽ 1954·5·24 社
賀茂塩管 ❶ 761·1·16 政
鴨　茂子 ❺-2 1766·1·13 政
加茂茂永 ❷ 1048·8·25 社
賀茂(加茂)重保 ❷ 1152·10·12 社／1179·3·15 文／1182·11月 文／1184·9月 文／1191·1·12 社
賀茂季鷹 ❺-2 1776·是年 文／1788·11·7 政／1790·是年 文／1806·是年 文／1831·是年 文／1841·10·7 文／10·9 文
鴨　祐之 ❺-1 1692·是年 文／❺-2 1724·是年 文
賀茂成助 ❷ 1082·是年 社
鴨　武彦 ❾ 1996·12·17 文
賀茂忠行 ❶ 959·2·7 社
賀茂田守 ❶ 767·2·28 政
鴨　長明 ❷ 1201·7·27 文／1202·1·13 文／1211·10·13 政／1212·3月末日 文／1213·10·13 文／1216·6·8 文
賀茂経久 ❸ 1303·9·24 社
賀茂(鴨)角足 ❶ 757·6·16 政
賀茂成真 ❷ 1040·6·13 社
賀茂成平 ❷ 1105·②·26 文／7月 文
鴨　粳売 ❶ 700·11·28 社
賀茂憲栄 ❷ 1149·3·12 文
賀茂人麻呂 ❶ 791·1·22 政
賀茂備後 ❻ 1868·1·23 政
賀茂真淵(庄助·三四·淵満) ❺-2 1733·是年 文／1742·是年 文／1744·是年 文／1746·是年 文／1754·11月 文／1757·6月 文／是年 文／1758·是年 文／1759·是年 文／1760·是年 文／1763·5·25 文／1764·9·13 文／是年 文／1766·是年 文／1768·是年 文／1769·10·30 文／是年 文／1773·是年 文／1781·是年 文／1789·是年 文／1791·是年 文／1793·是年 文／1800·是年 文／1802·是年 文／1806·是年 文／1818·8·29 文／1820·是年 文／1824·是年 文／1825·是年 文
賀茂(加茂)道平 ❷ 1031·7·17 文／1039·5·23 文／1050·9·28 文／1083·12月 文
賀茂光国 ❶ 1000·7·9 政
賀茂光栄 ❶ 995·8·19 文
加茂峯助 ❶ 947·4·3 政
賀茂守憲 ❷ 1148·⑥·27 文
賀茂守道 ❶ 1000·7·9 政／❷ 1015·7·8 文／1021·7·1 文／1030·3·4 文
賀茂保憲 ❶ 950·是年 文／960·4·22 文／962·12·22 政／964·6·25 文／977·2·22 文／987·是年 文／❺-2 1811·是年 文
賀茂幸平 ❷ 1214·9·2 社
鴨王 ❶ 780·7·9 政
賀茂女御 ❷ 1105·12·29 政
鴨居羊子 ❽ 1956·4月 政／1957·5·1 社／❾ 1991·3·18 文
蒲生羅漢 ❻ 1866·1·5 文
蒲生氏郷(賦秀) ❹ 1578·8·15 社／1582·6·5 政／6·9 社／12·29 社／1583·3·3 政／1584·6·13 政／7·3 社／7·12 政／1585·3·21 政／是春 社／1587·4·1 政／1589·11·7 社／1590·3·28 政／4·5 政／8·9 政／10·16 政／12·15 政／1591·1·11 政／6·20 政／7·24 政／8·6 政／9·4 政／1592·3·15 文／1593·6·15 政／

⑨·7 政／**1594**·2·8 政／4·3 政／**1595**·2·7 政／❺-1 **1621**·9·20 社
蒲生賢秀 ❹ **1571**·3 月 社／**1582**·5·29 政／6·3 政／6·5 政／**1584**·4·17 政
蒲生君平(伊三郎·秀実·修静庵) ❺-2 **1796**·11 月 政／**1797**·10 月 文／**1800**·是年 政／**1801**·是年 文／**1804**·是年 文／**1808**·是年 文／**1813**·7·5 文／**1822**·是年 文
蒲生源左衛門 ❺-1 **1629**·1·18 社
蒲生貞秀 ❹ **1503**·3·24 政／**1514**·3·5 政
蒲生郷舎 ❺-1 **1616**·3·16 政
蒲生茂清 ❹ **1526**·9·4 政
蒲生 仙 ❻ **1894**·7·4 政
蒲生忠郷 ❺-1 **1612**·5·14 政／**1620**·9·15 社／**1624**·4·5 政／4·27 政／**1627**·1·4 政
蒲生忠知 ❺-1 **1626**·9·28 政／**1627**·2·10 政／**1634**·8·18 政
蒲生範清 ❹ **1555**·1·22 政／**1556**·10·19 政
蒲生秀紀 ❹ **1522**·7·20 政
蒲生秀行(鶴千代·秀隆) ❹ **1595**·2·7 政／3 月 文／5·29 政／6·3 政／7·13 政／**1596**·12·28 政／**1598**·1·10 政／❺-1 **1601**·8·24 政／11 月 社／**1602**·2·14 政／**1604**·6·9 社／**1611**·1·3 社／7·9 文／**1612**·1·5 政／5·14 政
加茂久尹(アイヌ) ❺-1 **1653**·是年 政
鴨崎満明 ❾ **2005**·2·14 社
鴨下一郎 ❾ **2007**·8·27 政
鴨下重彦 ❾ **2011**·11·10 文
鴨志田孝之 ❾ **1998**·5·2 政
鴨打 永 ❹ **1456**·是年 政／**1461**·1·4 政／**1464**·1·1 政／**1465**·1·12 政／**1466**·1·2 政／**1470**·1·5 政／**1473**·1·6 政／**1475**·1·10 政／**1476**·1·13 政／**1479**·1·1 政／**1480**·3·7 政／**1482**·1·1 政／**1484**·1·5 政／**1485**·1·5 政／**1486**·1·17 政／**1487**·1·7 政／**1488**·1·9 政／**1489**·1·13 政／**1490**·1·10 政／**1491**·1·16 政／**1494**·1·18 政／**1495**·1·19 政／**1496**·9·28 政／**1499**·1·8 政／**1502**·1·3 政
鹿持雅澄 ❺-2 **1841**·是年 文／❻ **1858**·8·19 文
神本雄也 ❾ **2010**·8·14 社
鴨野五郎右衛門尉 ❹ **1487**·12·11 社
鴨部福主 ❶ **850**·7·9 社
加茂屋幸七 ❺-2 **1801**·是年 社
嘉門安雄 ❽ **1945**·11 月 文
蚊屋秋庭 ❶ **728**·11·25 文
賀屋興宣 ❽ **1937**·6·4 政／**1941**·10·18 政／**1945**·8·28 政／**1958**·4·7 政／**1963**·7·18 政
賀屋恭安 ❺-2 **1811**·是年 文
茅 幸二 ❾ **2005**·11·3 文
賀陽直正 ❶ **949**·1·16 社
加舎白雄(吉春) ❺-2 **1772**·是年 文
茅 誠司 ❽ **1938**·12 月 文／**1946**·6 月 文／**1955**·5·7 文／9·30 社／11·11 政／**1956**·4·3 政／**1959**·2·14 文／**1963**·6·13 社／**1964**·11·3 文／❾ **1970**·9·1 政／**1975**·9·29 政／**1985**·4·30 文／**1988**·11·9 文
賀屋 敬 ❺-2 **1830**·是年 社
賀陽恒憲 ❾ **1978**·1·3 政
賀陽豊年 ❶ **808**·5·14 政／**810**·9·10 政／**815**·6·27 政
加屋霽堅 ❻ **1876**·10·24 政
賀陽治憲 ❾ **2011**·6·5 政
賀陽宗成 ❶ **864**·1·16 政
萱島元規 ❹ **1594**·8·12 文禄の役
萱野隠斎 ❺-1 **1707**·1·15 文
萱野 茂 ❾ **1994**·7·19 政／**2006**·5·6 文
萱野甚斎(四代目) ❺-2 **1780**·6·22 文
萱野宗斎(三代目) ❺-2 **1739**·5·8 文
萱野長知 ❽ **1947**·4·14 政
萱野彦助 ❺-2 **1823**·9·6 社
高陽院⇨藤原泰子(ふじわらたいし)
賀陽親王 ❶ **834**·是年 社／**840**·1·30 政／**858**·8·8 政／**860**·1·16 政／**867**·1·12 政／**871**·10·8 政
賀陽宮朝彦親王⇨朝彦(あさひこ)親王
茅原華山(廉平) ❽ **1952**·8·4 文
茅原 定 ❺-2 **1840**·1·26 文
香山栄左衛門 ❻ **1853**·6·4 政
香山健一 ❽ **1960**·9·3 文／❾ **1997**·3·21 文
香山駒吉 ❼ **1904**·10 月 社
加山俊夫 ❾ **2011**·4·10 社
加山又造 ❽ **1964** 是年 文／❾ **1973**·是年 文／**1980**·10·15 文／**1998**·3·3 文／**2004**·4·6 文
粥川伸二 ❼ **1919**·是年 文／**1921**·11·30 文／**1924**·11·30 文
嘉陽安男 ❽ **1944**·8·22 社
嘉陽門院⇨礼子(れいし)内親王
加羅(耽羅使) ❶ **688**·8·25 政
唐 十郎(大鶴義英) ❽ **1963**·7 月 文／❾ **1983**·1·17 文
賀楽内親王 ❶ **874**·2·3 政
加羅布古伊 ❶ **814**·8·23 政
柄井川柳(初代) ❺-2 **1757**·8·25 文／是年 文／**1790**·9·23 文
辛犬甘秋子 ❶ **885**·4·5 社／12·22 政
加良井山(新羅) ❶ **678**·是年 政／**679**·1·5 政
唐金屋与茂三 ❺-1 **1672**·是年 政
カラカワ(ハワイ国王) ❻ **1881**·3·4 政
唐木順三 ❽ **1958**·5 月 文
唐木弥五左衛門 ❺-1 **1690**·2·5 社
韓国毛人 ❶ **758**·10·6 社
韓国 源 ❶ **790**·11·10 政
嘉楽門院⇨藤原信子(ふじわらしんし)
唐衣橘洲(小島恭従·橘実副·謙之·温之·酔竹園) ❺-2 **1783**·是年 文／**1795**·是年 文／**1800**·是年 文／**1802**·7·18 文／是年 文
唐崎龍之助 ❺-1 **1680**·延宝年間 社
唐澤俊樹 ❽ **1957**·7·10 政／❾ **1967**·3·14 政
唐澤祥人 ❾ **2006**·4·1 文
ガラシア(トーマス宗信妻) ❺-1 **1626**·12·25 社
辛島 昇 ❾ **2007**·10·27 文
韓嶋(辛嶋)娑婆 ❶ **671**·11·10 政
烏丸資敦 ❹ **1489**·4·29 政
烏丸資任 ❹ **1482**·12·16 政
烏丸豊光 ❸ **1393**·4·22 社／**1420**·8 月 政／**1421**·2·3 社／**1423**·4·25 政／**1429**·2·18 政
烏丸冬光 ❹ **1516**·5·5 政
烏丸光宣 ❹ **1595**·6·3 文／**1600**·9·3 政／11·7 政
烏丸光徳 ❻ **1868**·5·24 政／7·17 政
烏丸光広 ❹ **1598**·8·4 文／**1599**·6·27 文
烏丸光康 ❹ **1575**·3·20 社／**1579**·4·27 政
烏丸資慶 ❺-1 **1669**·11·28 政
烏丸光雄 ❺-1 **1690**·10·17 政
烏丸光賢 ❺-1 **1638**·9·9 政
烏丸光胤(卜山·清胤) ❺-2 **1745**·5·7 文／**1758**·7·24 政／**1778**·6·25 政／**1780**·9·18 政
烏丸光宣 ❺-1 **1611**·11·21 政
烏丸光祖 ❺-2 **1806**·8·19 政
烏丸光栄 ❺-2 **1722**·2·10 文／**1744**·5·7 政／**1748**·3·7 政／3·14 政
烏丸光広 ❺-1 **1603**·12 月 文／**1609**·7·4 政／11·7 政／**1626**·11·10 社／**1630**·9·27 政／**1638**·7·13 政／**1668**·是年 文／**1669**·是年 文
烏山芝軒 ❺-1 **1715**·5·11 文
柄谷行人 ❾ **1968**·7 月 文／**1990**·5·7 文
唐津屋清兵衛 ❺-1 **1681**·是年 政
韓鍜広富 ❶ **789**·12·8 社
韓鍜冶杭田 ❶ **722**·3·10 社
韓鍜冶法麻呂 ❶ **722**·3·10 社
韓鍜冶百嶋 ❶ **722**·3·10 社
韓鍜冶百依 ❶ **722**·3·10 政
唐橋在家 ❺-2 **1791**·9·29 政
唐橋在数 ❹ **1496**·1·7 政
唐橋在廉 ❺-2 **1735**·6·2 文
唐橋在綱 ❹ **1481**·4·28 文
唐橋在豊 ❹ **1464**·7·22 政、文
唐橋在直 ❸ **1432**·9·4 社／❹ **1457**·10·11 政、文
唐橋在治 ❹ **1489**·9·1 文
唐橋在熙 ❺-2 **1812**·2·30 政
唐橋高嗣 ❸ **1381**·2 月 政
唐橋通時 ❷ **1231**·1·14 社
唐橋通晴 ❺-2 **1722**·2·10 文
唐橋⇨菅原(すがわら)姓も見よ
カラハン(ソ連代表) ❼ **1924**·5·15 政／**1925**·1·20 政／**1927**·10·14 政／**1932**·8·13 政
韓人田根 ❶ **678**·12 月 政
加羅無羅 ❸ **1450**·3·5 政
カラヤン(指揮者) ❽ **1954**·4·7 文／**1959**·10·28 文／❾ **1966**·3·1 文／**1988**·4·29 文
カランディソン, エドウアルド ❺-2 **1838**·6·6 政
ガリ(国連) ❾ **1993**·2·16 政／**1994**·9·13 政
雁金文七 ❺-1 **1702**·8·26 社
雁金屋市之丞⇨尾形光琳(おがたこうりん)
苅田久徳 ❾ **2001**·8·3 社
刈田貴多雄 ❶ **885**·11·10 文

苅田安雄　❶ 860·2·6 文／866·2·1 文
嘉手苅林昌　❾ 1999·10·9 文
雁宕阿誰　❺-2 1752·是年 文
苅部清兵衛　❻ 1860·是年 政
苅部文助　❺-2 1736·2·16 政
苅豆屋茂右衛門　❺-2 1830·是年 社
狩谷棭斎(望之·津軽屋三右衛門)　❺-2 1818·是年 文／1821·7月 文／1827·是年 文／1835·⑦·4 文
苅谷清志　❾ 1995·2·28 社
仮谷国明　❾ 2008·3·25 社
仮谷忠男　❾ 1974·12·9 政／1976·1·15 政
仮谷志良　❾ 1997·9·2 社
嘉(寿)亮(僧)　❶ 873·8·20 文
可婁(高句麗人)　❶ 671·1·9 政／8·3 政
カルヴァリョ，ゴンサロ·ヴァス·デ　❹ 1563·是年 政
カルヴァリヨ，ディオゴ　❺-1 1624·1·4 社
カルイキアマン(船頭)　❷ 1270·是年 政
ガルシア(フィリピン)　❽ 1958·12·1 政
ガルセス，アントニオ　❹ 1582·7·24 政
ガルセス，フランシスコ　❹ 1588·3·13 政
カルダー(造船技師)　❻ 1875·12月 政
カルダン，ピエール(仏)　❾ 1968·9·24 社
カルナアトスヘルナアトスヘツセル(オランダ)　❺-2 1723·2·28 政／1724·2·28 政／1725·2·28 政／1726·2·28 政
カルネイロ(ニケヤ司教)　❹ 1567·9·15 政／1568·8·22 政
軽大娘皇女　❶ 434·3·7
軽(珂瑠)皇子⇨文武(もんむ)天皇
カルバリオ神父(踏絵)　❺-1 1631·11月 社
軽部足瀬　❶ 685·10·10 政
ガルベス，フランシスコ　❺-1 1623·10·13 社
軽間鳥麻呂　❶ 767·3·9 文／772·11·1 文
刈米達夫　❽ 1948·10·22 文
カルワリオ，ミゲル　❺-1 1624·7·12 社
ガレセント(ロシア)　❻ 1868·8·29 政
唐牛健太郎　❽ 1959·6·5 文
カロン，フランソワ　❺-1 1630·11·12 政／1634·2·15 政／1635·1·7 政／1636·1·18 政／3·28 政／1638·8·3 政／9·15 政／1639·1·2 政／3·29 政／6·15 政／1640·2·26 政／9·25 政／1645·是年 文
河合斌人(あやと)　❾ 2005·9·6 文
河合栄治郎　❼ 1919·11·17 社／1931·7·1 文／❽ 1938·10·5 文／1939·1·25 文／1944·2·15 文
河合英忠　❼ 1921·9·17 文
可愛かずみ　❾ 1997·5·9 文
河井寛次郎　❽ 1957·12·18 文／1960·是年 文／1962·是年 文／1963·是年 文／❾ 1966·11·18 文
河合吉左衛門　❺-2 1831·12·29 社
川合玉堂(芳三郎)　❻ 1895·4·1 文／❼ 1897·10·25 文／1903·11·1 文／1916·10·14 文／1917·6·11 文／1924·是年 文／1931·10·16 文／1936·6·12 文／❽ 1940·4·29 文／1946·10·16 文／1948·是年 文／1957·6·30 文
河合元碩　❺-2 1826·是年 文
川井源八　❽ 1945·6·22 政
河合小市　❼ 1927·8月 文
川合孝衡　❺-2 1782·是年 文
川井幸二郎　❼ 1925·4月 文
河合浩蔵　❼ 1897·3·10 文／1934·10·6 文
川合定恒　❺-2 1751·7·10 政
河合純一　❾ 2000·10·18 社
河合甚左衛門　❺-1 1634·11·7 社
河合新蔵　❼ 1906·1月 文／1936·1·25 文
河井酔茗(又平)　❼ 1896·3月 文／❽ 1937·4月 文／❾ 1965·1·17 文
川合助左衛門　❺-1 1689·4·25 政
川井清一郎　❼ 1924·9·5 文
河合清左衛門　❺-1 1668·7·6 社
河合誓徳　❾ 2010·3·7 文
河井荃廬(仙郎)　❽ 1945·3·10 文
河合曾良　❺-1 1689·3·27 文／1691·5·23 文／1710·5·22 文／10·22 文
河合武雄(内山武次郎)　❼ 1898·12·7 文／1900·10·11 文／1902·5·3 文／1904·1·2 文／1905·1·2 文／1906·3·4 文／1907·7·14 文／1910·10·31 文／1911·4·14 文／1913·10·1 文／❽ 1942·3·21 文
川井忠遠　❺-1 1603·9·3 政
河相達夫　❽ 1945·9·10 文
河合辰太郎　❼ 1900·1月 政
河相周夫　❾ 2012·9·25 政
川合仲象　❺-2 1799·是年 文
川合長行　❺-2 1786·是年 文
河井継之助　❻ 1868·3·16 政／5·2 政／5·10 政／7·24 政
河井恒久　❺-1 1684·是年 文
河合徳三郎　❼ 1919·10·10 社
河合俊和　❾ 2011·12·7 文
河合利房　❺-1 1686·是年 文
河合隼雄　❾ 2000·11·6 文／2002·1·4 文／2007·7·19 文
川井久徳　❺-2 1805·是年 文
川井久敬(久米之助)　❺-2 1765·2·25 政／1766·2·7 社
河合道臣(鼎·漢年)　❺-2 1808·12·1 政／1823·1月 文
川井政忠　❺-1 1606·1·2 社
河合又五郎　❺-1 1630·10月 社／1634·11·7 社
河合万五郎　❻ 1890·1月 政
河合　操　❼ 1921·5·16 政／1923·3·17 政／❽ 1941·10·11 政
河井　道　❽ 1953·2·11 文
川井与左衛門　❺-2 1724·④·12 文
河合芳次郎　❼ 1902·10·5 政
川合義虎　❼ 1923·4·5 政／9·4 政
河合好直　❻ 1876·10·29 政
河合良成　❽ 1946·5·22 政／❾ 1970·5·14 政
河合林三郎　❼ 1907·9·29 社
河内一彦　❼ 1925·7·25 社
川内康範(潔)　❽ 1958·2·24 社／❾ 2008·4·6 文
川内優輝　❾ 2011·2·27 社
河人成俊　❷ 1146·2·14 社
河浦謙一　❼ 1904·5·10 社
河江円道　❸ 1351·1·1 政
川勝近江　❻ 1868·9·12 文
川勝織部(広頼)　❺-1 1701·6·2 政
川勝広有　❺-1 1667·②·28 政
川勝広運　❻ 1864·7月 政
河上家久　❸ 1337·3·17 政
川上　悍　❽ 1952·4·1 政
川上意釣　❹ 1574·9·25 政
川上渭白　❻ 1857·9·30 文
川上音二郎　❻ 1883·8·1 政／9·13 政／1888·是秋 社／1890·8月 文／1891·2·5 文／6·20 文／1893·1·1 文／1894·1月 文／8·31 文／1895·5·17 文／12·4 文／❼ 1896·7·2 文／1901·1·30 文／4·6 文／1903·2·11 文／1906·2·10 文／10·6 文／1910·2·27 文／1911·11·11 文
川上貫一　❽ 1951·1·27 政
川上紀一　❾ 1981·2·27 政
河上　清　❼ 1901·4·28 政／5·18 政
川上邦世　❼ 1925·6·2 文
川上源之助　❺-2 1812·8·20 文
河上弘一　❽ 1950·12·15 政
川上コヌサ　❼ 1900·4月 政
川上貞奴(貞)　❼ 1901·4·6 文／1903·2·11 文／❽ 1946·12·7 文
河上丈太郎　❽ 1948·5·13 政／1951·8·6 政／1952·8·25 政／1960·6·17 政／1961·2·5 政／3·6 政／1962·1·22 政／1964·3·25 政／12·8 政
川上四郎　❽ 1942·12·17 文
河上甚十郎　❺-2 1846·是年 政
川上助八郎　❻ 1876·9·29 政
河上鈴子　❾ 1988·2·11 文
川上澄生　❾ 1972·9·1 文
川上清哉　❻ 1893·7月 文
川上善吉　❺-1 1688·3·10 社
川上善兵衛　❽ 1944·5·21 社
川上宗薫　❾ 1985·10·13 文
川上操六　❻ 1884·2·16 政／1892·10·1 社／❼ 1898·1·20 政／1899·5·11 政
川上隆久　❾ 2010·3·15 政
川上多助　❽ 1959·7·4 文
川上忠堅　❹ 1583·6·13 政
川上忠実　❹ 1598·9·27 慶長の役
川上忠智　❹ 1572·5·4 政
川上忠通　❺-1 1630·11·28 政／1631·5·9 政／10·30 政／1632·6·2 政
河上哲太　❼ 1925·3·29 政
川上哲治　❽ 1949·4·12 社／1956·5·31 社／1958·10·9 社
川上冬崖　❻ 1857·7·13 文／1869·是年 文／1871·9月 文／1874·

5月 文／1881·5·3 文
川上直次郎 ❼ 1906·4·14 文
河上　肇 ❼ 1916·9·11 社／1921·12月 政／1928·4·16 文／4·18 文／1929·1·7 政／1933·1·10 文／7·6 文／❽ 1946·1·30 文
川上彦十郎 ❺-2 1819·6·14 政
河上久朗 ❹ 1559·3·3 政
川上久国 ❺-1 1632·6·2 政／1634·3·17 政／1637·1·27 社／1639·4·6 政
川上久隅 ❹ 1582·12·4 政
川上眉山(亮) ❼ 1908·6·15 文
川上　寛(万之丞) ❻ 1871·是年 文
川上弘美 ❾ 1996·7·17 文
川上不白(宗雪·黙雷庵·蓮花庵·不羨庵) ❺-2 1768·2·28 文／1801·11·6 社／1807·10·4 文
川上昌久 ❹ 1534·10·25 政／1535·4·3 政／9·30 政
川上未映子 ❾ 2008·1·16 文
河上弥市 ❻ 1863·10·9 政
川上行義 ❼ 1909·9·5 政
河上用介 ❹ 1578·10·26 社
川上涼花 ❼ 1912·是年 文
河上　娘 ❶ 592·11月
川岸健治 ❾ 2007·8·24 社
川北市郎兵衛 ❺-1 1656·2·3 政
川喜多かしこ ❾ 1993·7·27 文
川北霞峰 ❽ 1940·8·14 文
川喜田二郎 ❽ 1942·5月 文／❾ 2009·7·8 文
川北朝鄰 ❼ 1919·2·22 文
河北倫明 ❾ 1995·10·30 文
川北友成 ❺-2 1816·是年 文
川喜多長政(東宝東和) ❼ 1928·10·10 文／❾ 1981·5·24 文
川喜田愛郎 ❾ 1996·12·6 文
川口　篤(仏文学者) ❾ 1975·6·25 文
川口　厚(俳優) ❾ 2008·9·19 文
川口一郎 ❽ 1938·10月 文
川口雲松 ❻ 1888·8·11 文
河口慧海(定治郎·仁広) ❼ 1897·6·26 社／1903·5·20 文／1915·9·31 文／9月 社／❽ 1945·2·24 社
川口希逸 ❺-2 1779·是年 文
川口軌外 ❼ 1935·3·6 文／❽ 1953·6月 文
川口清健 ❽ 1942·8·18 政
川口権平 ❺-2 1716·6·25 政
河口三平 ❺-1 1672·4·15 社
河口善吉 ❺-2 1828·9·20 社
川口孝夫 ❾ 1972·8·26 社
川口長孺 ❺-2 1828·是年 文
河口信任 ❺-2 1770·4·25 文／1772·是年 文
河口久右衛門 ❺-2 1838·是年 社
川口正信 ❺-1 1667·②·28 政
川口松太郎 ❼ 1930·9·11 文／1935·9·1 文／❽ 1937·1月 文／1938·9·11 文／1940·5·21 文
川口宗恒 ❺-1 1680·3·25 政／1693·12·15 社
川口茂右衛門 ❺-2 1727·3月 政
河口洋一郎 ❾ 2000·1·24 文
川口洋之助 ❾ 1970·5·20 社
川口よね ❼ 1905·6·20 社
川口順子 ❾ 2000·12·5 政／2002·1·29 政／2003·10·24 政／2005·10·23 政
川口　渉 ❽ 1956·7·21 文
川口摂津守 ❺-1 1680·是年 文／1694·7·26 文
川口屋茂右衛門 ❺-2 1728·11·13 政
川久保賜紀 ❾ 2002·6·21 文
河久保忠兵衛 ❻ 1868·④·1 政
川窪伝左衛門 ❺-1 1699·4·22 政
河毛衛門二郎 ❸ 1387·10·27 社
河越重員 ❷ 1226·4·10 政／1232·12·23 政
河越重資 ❷ 1251·5·8 政
河越(川越)重頼 ❷ 1180·8·26 政／10·4 政／1184·9·14 政／1185·11·12 政／1187·10·5 政
川越藤一郎 ❾ 2002·4·16 社
河越直重 ❸ 1359·11·8 社／1368·2月 政／5·21 政
川枯吉守 ❶ 862·8·15 社
川崎九淵 ❽ 1955·1·27 文
河崎清厚 ❺-2 1844·是年 文
川崎健吉 ❾ 1968·2·29 政
川崎憲次郎 ❼ 1921·5·9 政
川崎亨一 ❼ 1913·8·5 政
川崎小虎 ❼ 1920·10·13 文／1924·10·15 文／是年 文／1930·10·16 文／1934·是年 文／❽ 1938·4·12 文／1949·10·29 文／❾ 1977·1·29 文
川崎定盈 ❺-2 1767·4·21 政
河崎鎮堯 ❹ 1579·7·21 政
川崎紫山(三郎) ❽ 1943·5·12 文
河崎秋錦 ❻ 1879·12·31 文
川崎正蔵(磯治·利右衛門) ❻ 1878·4月 政／1880·8·5 社／1886·4·28 政／❼ 1912·12·2 政
川崎二郎 ❾ 1998·7·30 政／2005·10·31 政
川崎鈴彦 ❾ 1975·11·2 文
川崎隆章 ❽ 1944·10月 文
川崎卓吉 ❼ 1936·3·9 政／3·27 政
川崎太郎兵衛 ❺-1 1672·4·20 政
川崎千虎(源六·鞆太郎) ❻ 1895·10·1 文／❼ 1898·3·29 文／1902·11·27 文
川崎長太郎 ❼ 1923·1月 文
川崎徳之助 ❼ 1929·7·24 政
河崎ナツ ❾ 1966·11·16 社
川崎のぼる ❾ 1966·5月 社
川崎八右衛門 ❻ 1880·3·25 政／1890·7·6 政／❼ 1907·1·13 政
川崎秀二 ❽ 1955·3·19 政
川崎　洋 ❾ 2004·10·21 文
川崎平右衛門(定孝) ❺-2 1742·8·23 政／1767·4·15 政／5·22 社／1799·是年 政／1822·2·19 政
川崎芳太郎 ❼ 1898·2·11 文／1919·4·5 政
川崎美成 ❺-2 1820·是年 文
河崎蘭香 ❼ 1918·3·12 文
川崎屋五平次 ❺-1 1619·2月 社
川路太郎 ❻ 1866·9·6 文
川路聖謨(弥吉·敬斎) ❺-2 1851·2·4 文／6·24 社／1852·9·10 政／❻ 1853·8·2 政／11·8 政／1854·7·24 政／10·15 政／1855·6·5 文／1857·7·24 政／1858·1·5 政／1868·3·15 政
川路利良 ❻ 1874·8·4 政／1876·1·4 政／1877·11·2 政／4·19 西南戦争／1879·10·13 政
川路龍子 ❾ 1996·4·20 文
川路柳虹(誠) ❼ 1915·9月 文／1917·11月 文／1920·1月 文／❽ 1959·4·17 文
川島歌命 ❺-2 1788·天明年間 社
川島歌遊 ❺-2 1805·1·26 社
河島英五 ❾ 2001·4·16 文
革島景安 ❸ 1350·12·8 政
川嶋勝重 ❾ 2004·9·20 社
革嶋亀鶴丸(憲安) ❸ 1312·11·13 政
川島康資 ❾ 1976·1月 文
川島寿一 ❹ 1466·是年 文
河島　醇 ❻ 1882·3·14 政
川島常吉 ❼ 1901·是年 社
川島正次郎 ❽ 1955·3·19 政／1961·7·18 政／❾ 1970·11·9 政
川島甚兵衛(弁次郎、二代目) ❻ 1884·5月 社／❼ 1898·2·9 文／1910·5·5 文
川島武宜 ❽ 1945·11月 文／1947·12·6 文／❾ 1992·5·21 文
川島浪速 ❼ 1912·1·29 政／❽ 1949·6·14 政
川島郭志 ❾ 1994·5·4 社
川島元盈 ❻ 1870·1·22 政
川島康生 ❾ 2007·10·27 文
川島雄三 ❽ 1963·6·11 文
革嶋幸政 ❸ 1336·8·11 政
川島与五右衛門 ❺-2 1812·是年 社
川島芳子 ❽ 1947·10·22 政／1948·3·25 政
川島義之 ❼ 1935·9·4 政／❽ 1945·9·8 政
川島理一郎 ❼ 1925·7月 文／❽ 1944·3·8 文
川島柳枝 ❺-2 1795·是年 社／1824·3 社
川嶋(河嶋)皇子 ❶ 679·5·5 政／681·3·17 文／690·9·13 政／691·9·9 政
川島豊前 ❹ 1600·12·24 政
川尻次郎左衛門 ❺-1 1663·10·3 政
川尻清潭 ❽ 1954·12·14 文
川尻東次 ❼ 1929·12·21 文
川尻春之 ❺-2 1807·10·24 政／1808·4·13 政
河尻秀隆 ❹ 1582·3·29 政／6·18 政
川尻宝岑(義祐) ❻ 1886·10·16 文／❼ 1910·8·10 文
河尻幸俊 ❸ 1349·9·10 政／1350·8·18 政
川澄徳治 ❻ 1884·12·6 政
川澄奈穂美 ❾ 2012·7·27 社
河隅忠清 ❹ 1573·5·12 政
川瀬晶子 ❾ 1996·7·19 社
川瀬卯吾 ❻ 1893·1·28 社
川瀬源太郎 ❾ 2003·1·24 政
河瀬菅雄 ❺-1 1688·是年 文／❺-2 1725·2·23 文
川瀬太宰 ❻ 1866·6·7 政

河瀬直美　❾ 1997·5·18 文／2007·5·27 社
河瀬日進　❼ 1897·8月 社
河瀬秀治　❻ 1877·8·21 社／1879·3·15 文／❼ 1928·4·2 政
河瀬真孝⇨石川小五郎(いしかわこごろう)
河副久盛　❹ 1565·10·18 政
川副氏(孝蔵主)　❺-1 1626·4·14 政
かわた(河田)九郎右衛門　❹ 1538·3·9 社
川田小一郎　❻ 1872·1月 政／1887·4·15 政／1890·10·1 政／❼ 1896·10·18 政／11·7 政
河田佐久馬　❻ 1863·8·17 政
河田次郎　❷ 1189·9·2 政
河田谷五郎　❻ 1871·是年 社
川田　剛　❻ 1880·6·6 文／1890·10·1 政
河田迪斎　❻ 1857·1·17 文
河田　熙　❻ 1863·12·7 政／12·29 政／1864·7·22 政
河田盛資　❷ 1272·6·24 政／1281·2·2 政／❸ 1294·6·24 政
河田　烈　❽ 1940·7·22 政／1952·2·17 政／1963·9·27 政
川田甕江(剛·毅卿)　❼ 1896·2·2 政
川田覚太郎　❼ 1925·2·1 社
河田孤松　❺-2 1776·是年 文
川田定則　❼ 1901·3·15 文
川田貞英　❺-2 1767·9·5 政
川谷貞六　❺-2 1763·9·1 文
川田　順　❼ 1924·4月 文／❽ 1942·11·12 文／❾ 1966·1·22 文
川田順造　❾ 2009·11·4 文
河田小龍　❼ 1898·12·19 文
河田禅忠　❹ 1581·3·9 政
川田立昌　❹ 1485·2·11 政
河田長親　❹ 1562·5·3 社／1569·2·18 政／1573·4·30 政／1578·9·24 政／1580·③·24 政／1581·4·8 政
川田晴久(義雄)　❽ 1937·9月 社／1940·3·14 文／1950·5·16 社／1957·6·21 文
河田彦八(革作)　❹ 1526·6·12 社／1528·10·18 社
川田政吉　❼ 1925·2·1 社
川田正子　❾ 2006·1·22 文
河田正矩　❺-2 1738·是年 文
川田龍吉　❼ 1907·是年 社
河竹繁俊　❽ 1939·12·21 文／1947·11·8 文／❾ 1967·11·15 文
河竹新七(初代)　❺-2 1795·3·14 文
河竹登志夫　❾ 2001·10·30 文
河竹能進(二代目勝諺蔵)　❻ 1886·10·26 文
河竹黙阿弥(二代目新七)　❻ 1854·3·1 文／1865·8·1 文／1884·11·16 文／1888·6·14 文／1893·1·22 文
河竹黙阿弥(新七·竹柴金作、三代目)　❼ 1897·7·11 文／1900·1·12 文／1901·1·10 文／10月 文
川田丸橘次　❼ 1914·10·20 社
川谷拓三　❾ 1995·12·22 文
河内　直　❶ 541·7月
西漢大麻呂(かわちのあやのおおまろ)　❶ 659·7·3 政
河内漢贄　❶ 610·7月 政
河内石嶋　❶ 758·4·20 文／759·3月 文
河内金一郎　❻ 1882·5·15 文
河内　鯨　❶ 669·是年 政
河内　楠　❸ 1294·10·29 政
河内前司入道　❷ 1221·8·25 政
川内　連　❶ 692·11·8 政
河内人足　❶ 721·1·27 文
河内博遠　❶ 966·1·5 文
河内　書　❶ 656·9月 政
河内三立麻呂　❶ 782·1·16 政
河内桃子　❾ 1998·11·5 文
河内義長　❷ 1185·5·23 政
河内画師祖谷麻呂　❶ 757·5·20 文
河内王(川内王)　❶ 686·1月 政／689·⑧·27 政／692·⑤·15 社／728·7·19 政／758·4·20 文／762·1·9 政
河内女王　❶ 779·12·23 政
河内部阿斯比多　❶ 552·5·8
河内屋栄助　❻ 1858·7·14 社
河内屋善右衛門　❺-2 1719·5·26 社
河内屋茂左衛門　❺-2 1830·是年 社
河津定迪　❺-2 1805·10·17 文
河津　卓　❺-2 1852·是年 文
河津祐邦　❻ 1863·11·28 政／12·7 政／12·29 政／1864·7·22 政／1868·1·14 政
河津祐泰　❷ 1176·10月 社
河津祐之　❻ 1878·9·21 文
河津　暹　❼ 1907·12·22 文
河津隆業　❹ 1532·9·19 政
河津幸英　❽ 1944·11·22 政
河津吉迪　❺-2 1807·是年 文
川面凡児　❼ 1929·2·23 社
川手文治郎　❻ 1859·10·21 社／1868·2·22 社／9·24 社／1883·10·10 社
川手ミトヨ　❾ 2003·11·13 社
川名幸左衛門　❻ 1869·1月 社
川中香織里　❾ 2012·7·27 社
河鍋暁斎(惺々暁斎)　❺-2 1837·是年 文／❻ 1889·4·26 文
河鍋暁翠　❼ 1935·5·7 文
川那辺秀政　❹ 1571·9·1 政
河西三省　❼ 1936·8·1 社
川西清兵衛　❼ 1896·10·25 政／1917·12·20 政／1918·7·23 政
川西　英　❼ 1928·11月 文／1929·6·1 文
川西平左衛門　❺-2 1734·6·29 政
川西祐之助　❻ 1864·1·24 社
河根良賢　❽ 1948·6·7 政
河野金太郎　❼ 1918·是年 社
河野健二　❾ 1996·8·10 文
川野重任　❾ 2010·7·22 文
河野四郎　❻ 1863·7·23 政
河野伴左衛門　❺-2 1811·1·24 政
河野裕子　❾ 2010·8·12 文
河野歴太郎　❺-2 1829·是年 政
河野⇨河野(こうの)姓も見よ
川之辺一朝(源次郎)　❻ 1890·11·16 文／❼ 1910·9·5 文
川之辺平右衛門　❼ 1896·6·30 文
河畠大四　❾ 2012·10·18 政
川端絵美　❾ 1993·12·18 社
川端玉章(瀧之助)　❻ 1889·2·1 文／6·1 文／7·12 文／1890·4·1 文／1895·4·1 文／❼ 1896·6·30 文／是年 文／1897·是年 文／1899·是年 文／1909·9·9 文／1913·2·14 文
川端玉雪　❽ 1951·9·1 文
川端茂章　❼ 1909·9·9 文
川端　順　❽ 1942·4·13 文
川畑春翠　❼ 1934·6·13 文
川畑伸一郎　❾ 1992·7·25 社
川端達夫　❾ 2009·9·16 政／2010·6·8 政／2011·9·2 政
河端貞次　❼ 1932·4·29 政
川端道喜　❹ 1572·8·3 社／1577·3·12 社
川端茅舎(信一)　❽ 1941·7·17 文
川端　実　❽ 1944·3·8 文
川端康成　❼ 1924·10月 文／1926·1月 文／1929·12·12 文／1933·10月 文／1934·1·29 文／❽ 1937·6月 文／12月 文／1939·2·18 社／1940·10·14 文／1945·5·1 文／1948·5·31 文／1949·5月 文／1958·2·1 文／1961·10·8 文／11·3 文／❾ 1968·10·17 文／1972·4·16 文
川端芳子　❾ 1996·11·23 政
川端龍子　❼ 1916·9·10 文／1918·9·10 文／1919·9·1 文／1921·9·1 文／1922·9·5 文／1923·是年 文／1926·9·4 文／1929·9·5 文／1930·是年 文／1934·是年 文／❽ 1937·9·1 文／1940·4月 文／1942·3月 文／1944·11·25 文／1945·10·20 文／1959·11·3 文／1960·是年 文／❾ 1966·4·10 文
川原石庭　❶ 727·12·20 政
河原角次郎　❻ 1888·1·7 政
河原景直　❷ 1236·8·6 社
川原清永　❶ 863·10·27 政
川原慶賀(登与助·種実·聴月楼主人)　❺-2 1818·是夏 社／1826·1·9 文／1842·11·13 政
河原佐源太　❺-2 1770·6·28 社
河原貞頼　❺-1 1689·是年 文／1691·是年 文
河原治兵衛　❻ 1877·5·29 社
河原畯一郎　❽ 1945·4·14 政
河原清兵衛　❺-1 1669·5月 政
川原惣右衛門　❺-2 1768·11·29 社
河原遜斎　❺-2 1825·12·27 文
河原武雄　❾ 2012·1·20 文
河原忠次郎　❻ 1873·2·25 文
河原徳立　❼ 1914·8·28 文
河原操子　❼ 1903·是秋 社
川原茂輔　❼ 1929·5·19 政
河原要一　❼ 1898·6月 政／1909·5月 文
河東碧梧桐(秉五郎)　❼ 1910·12月 文／1911·4月 文／1915·3月 文／1926·9·27 文／❽ 1937·2·1 文
河舟九右衛　❺-1 1631·3·26 社
河辺瓊缶　❶ 562·7月
川辺(河辺)東人　❶ 739·10月 文／770·5·9 政
川辺東女　❶ 742·10·17 社
川部酒麻呂　❶ 775·4·10 政
川辺左次衛門　❻ 1862·1·15 政
川部貞秀(刀匠)　❺-2 1818·2月 文
川辺信一　❺-2 1785·是年 文／1786·是年 文

川部宗無　❼ **1902**·10月 文
河辺忠夫　❽ **1941**·2·7 社
河辺虎四郎　❽ **1945**·8·19 政
河辺禰受　❶ **623**·是年 政
川辺白鶴　❻ **1892**·2·3 文
河辺正三　❽ **1944**·5·2 政／6·6 政／**1945**·4·8 政／❾ **1965**·3·2 政
河辺麻呂　❶ **654**·2月 政／**655**·8·1 政
川辺御楯　❻ **1884**·4·11 文／7月 文／❼ **1905**·7·24 文
河邉美穂　❾ **1996**·7·19 社
河辺百枝　❶ **661**·8月 政／**677**·10·14 政
河辺臣(造船)　❶ **618**·是年 政
河俣人麻呂　❶ **747**·9·2 社／**782**·1·16 政
川村雨谷　❼ **1897**·2·13 文／**1906**·12·29 文
川村栄寿　❺-2 **1793**·是年 文
川村カオリ　❾ **2009**·7·28 文
川村景明　❼ **1926**·4·28 政
河村華山(若元)　❺-2 **1744**·5·19 文
川村花菱　❼ **1912**·3·2 文
川村驥山　❽ **1949**·10·29 文
川村喜十郎　❼ **1908**·2·15 政
河村九兵衛　❺-1 **1643**·5·30 政
川村清雄　❻ **1881**·12·14 文／❼ **1902**·4·3 文／**1934**·5·16 文
川村敬三　❻ **1874**·10·3 社
川村重正　❺-1 **1657**·1·20 政
河村若芝　❺-1 **1666**·9·1 文／**1669**·12月 文／**1707**·10·1 文
川村重吉　❺-1 **1626**·是年 社
川村　惇　❻ **1894**·7·4 政
川村順一郎　❻ **1863**·10·27 政
川村二郎　❾ **2008**·2·7 文
河村瑞賢(瑞軒)　❺-1 **1670**·是冬 政／**1671**·7月 政／**1672**·1·9 政／是年 政／**1683**·6·23 社／**1684**·2·11 社／**1685**·10·16 社／**1687**·5月 社／7·12 社／**1689**·是年 社／**1697**·7·28 社／**1698**·3·9 政／4·28 社／**1699**·6·16 社
川村純義　❻ **1872**·2·28 政／**1877**·1·29 政／11·2 政／2·6 西南戦争／4·26 西南戦争／**1881**·4·1 政／10·21 政／**1882**·11·15 政／**1885**·11·11 政／❼ **1904**·8·12 政
河村たかし　❾ **2009**·4·26 社／**2011**·2·6 社
川村建夫　❾ **2003**·9·22 政／**2008**·9·24 政
川村竹治　❽ **1955**·9·8 文
河村禎二　❾ **2010**·3·13 文
川村伝左衛門　❺-2 **1789**·9月 政
川村俊蔵　❾ **2003**·2·17 文
川村修就　❺-2 **1843**·6·11 政／**1852**·7·30 社／❻ **1854**·5·20 政／**1855**·5·1 政／12·23 政
川村信雄　❼ **1912**·10·15 文
河村春恒　❺-2 **1748**·是年 文
河村秀根(君律·金之助·葎庵)　❺-2 **1785**·是年 文
河村秀久　❸ **1321**·6·20 社
河村英文　❾ **2005**·2·16 社
河村秀義　❸ **1335**·12·19 政
川村曼舟　❼ **1910**·是年 文／**1918**·10·14 文
河村岷雪　❺-2 **1767**·是年 文
川村幸也　❾ **2009**·1·29 社
河村与三右衛門　❹ **1598**·是年 社／❺-1 **1603**·10·2 社／**1612**·3·21 社
河村与左衛門　❻ **1863**·7月 社
河村良彦　❾ **1991**·1·25 政／7·23 政／**2005**·10·11 社
河村吉久　❺-1 **1601**·6·1 社
河村義秀　❷ **1180**·10·23 政／**1190**·8·16 政
河村与惣右衛門　❺-2 **1788**·天明年間 社
川村麟也　❼ **1931**·2·20 文／❽ **1947**·10·31 文
川村王(河村王)　❶ **789**·2·5 政／**799**·1·29 政
川村兵衛大夫　❹ **1590**·4·22 政
河村民部房　❸ **1447**·3·2 政
川目亨一　❻ **1891**·5·12 政
河目悌二　❽ **1946**·12·17 文
川面稜一　❾ **2005**·1·9 文
川杢家成　❺-1 **1681**·1·28 政
川本宇之介　❼ **1925**·11·22 文
川本喜八郎　❾ **2010**·8·23 文
川本幸民(裕·裕軒)　❺-2 **1851**·是年 文／❻ **1854**·11月 文／**1856**·4·4 文／**1857**·11·27 文／**1860**·8·8 文／**1862**·12·28 文／**1871**·6·1 文
川本茂雄　❾ **1980**·4·15 文
川本甚兵衛　❺-1 **1672**·9·14 社
川本輝夫　❾ **1999**·2·18 社
川本信彦　❾ **2011**·8·21 政
川本信正　❾ **1996**·6·17 社
河本杜太郎　❻ **1862**·1·15 政
川本裕子　❾ **2002**·6·21 社
河盛好蔵　❾ **1988**·11·3 文／**2000**·3·27 文
川除市丞　❺-1 **1625**·8·14 社
河横一郎　❽ **1938**·5·9 社
瓦　力　❾ **1997**·9·11 政／**1987**·11·6 政／**1999**·10·5 政
河原崎国太郎(初代)　❻ **1867**·4·21 文
河原崎国太郎(女形、三代目)　❻ **1887**·7·21 文
河原崎国太郎(五代目)　❾ **1990**·10·11 文
河原崎権十郎(三代目)　❽ **1944**·是年 社／❾ **1998**·2·18 文
河原崎権之助(初代)　❺-1 **1637**·6·22 文／**1660**·8月 文／**1665**·1月 文／**1668**·9·3 文／**1678**·是年 文／**1690**·7·22 文
河原崎権之助(二代目)　❺-2 **1728**·2·1 文／**1842**·是冬 文
河原崎権之助(六代目)　❻ **1868**·9·23 文
河原崎権之助(七代目)　❻ **1868**·10·17 文／**1874**·7·10 文
河原崎権之助(九代目市川団十郎)　❻ **1867**·7·1 文／**1869**·1·28 文／**1872**·6·3 文／**1873**·2月 文
河原崎紫扇　❼ **1908**·1·14 文／**1909**·11·27 文
河原崎長一郎　❾ **2003**·9·19 文
河原崎長十郎(初代)　❼ **1925**·9·26 文／**1931**·5·22 文
河原崎長十郎(虎之助、二代目)　❽ **1949**·3·7 文／❾ **1968**·7·28 文
河原崎玉峰　❼ **1936**·4·8 文
河原田稼吉　❽ **1937**·2·2 政／**1938**·7·30 社／**1939**·8·30 政
河原田　某　❹ **1584**·8·22 政
河原田盛継　❹ **1590**·1·13 政
瓦林　潔　❾ **1990**·2·7 政
瓦林平九郎　❸ **1353**·8·15 政
瓦林(河原林)政頼　❹ **1511**·7·13 政／**1519**·10·22 政／11·6 政／**1520**·1·10 政／2·3 政／5·5 政／10·14 政
関　雲子　❺-1 **1707**·是年 文
韓　乙(遣朝鮮使)　❹ **1459**·10·9 政
韓　完義(琉球)　❸ **1416**·1·27 政
咸　吉兢　❶ **972**·9·23 政
韓　後瑗　❺-2 **1718**·8·20 政
韓　孝純　❹ **1594**·8·12 文禄の役
韓　国柱(高麗)　❸ **1378**·10月 政
韓　主簿(朝鮮)　❺-1 **1657**·2月 文
菅　季治　❽ **1950**·4·6 政
干　静遠　❼ **1932**·6·20 政
韓　僉知(朝鮮)　❺-1 **1632**·8月 政
韓　相国(朝鮮)　❺-1 **1652**·12月 政
顔　宗魯(明)　❸ **1369**·1·20 政
韓　智興　❶ **659**·7·3 政
菅　茶山　❺-2 **1797**·6月 文／**1809**·是年 文／**1827**·8·13 文／**1832**·是年 文／**1836**·是年 文
寛　伝五郎　❺-2 **1750**·2·15 社
韓　天寿(中川長四郎·大年·酔晋斎)　❺-2 **1795**·2·23 文／3·23 文
菅　直人　❾ **1996**·1·11 政／9·9 政／9·28 政／**1998**·4·27 政／**2002**·12·10 政／12·13 政／**2009**·9·16 政／**2010**·1·7 政／6·4 政／6·8 政／8·6 政／9·14 政／9·17 政／10·31 政／11·13 政／**2011**·3·11 社／8·26 政
韓　文(明)　❹ **1472**·是年 政
菅　政友(松太郎·亮之介·理琢)　❼ **1897**·10·22 文
甘　勿那　❶ **679**·2·1 政
観阿(僧)　❷ **1242**·5·9 政
願阿(願阿弥、成就院僧)　❹ **1459**·3·6 社／**1461**·2·2 社／**1479**·3月 社／12·27 社／**1486**·5·13 社
観阿弥清次(観世大夫·観世清次)　❸ **1374**·是年 文／**1384**·5·4 文／5·19 文
寛意(僧)　❷ **1089**·12·30 社／**1101**·6·15 社
寛伊(僧)　❸ **1295**·4·25 社
簡易(僧)　❺-1 **1715**·是年 文
願意(今知房)　❷ **1157**·是年 文
寛壱(僧)　❷ **1154**·6·8 社
閑院宮載仁親王　❼ **1916**·8·15 政／**1931**·12·23 政／❽ **1945**·5·20 政
閑院宮典仁親王⇨典仁(すけひと)親王
閑院宮孝仁親王⇨孝仁(たかひと)親王
閑院宮直仁親王(直仁親王)　❺-2 **1718**·1·12 政／**1753**·6·3 政
閑院宮春仁王　❽ **1945**·8·16 政
閑院宮美仁親王⇨美仁(よしひと)親王
寛胤法親王　❸ **1376**·4·2 社
寛運(僧)　❶ **927**·是年 文

寛英(僧)　❷ 1238·是年 文
官栄(明)　❹ 1472·是年 政
寛延(僧)　❶ 946·天慶年間 政
観円(僧)　❷ 1137·2·27 社
観円(寛円か)　❷ 1205·10·8 文
神尾春央(荒四郎、若狭守)　❺-2 1737·6·1 政／1743·1·7 社／1744·6月 政／1746·9月 政
簡翁志敬(僧)　❸ 1420·①·20 社
観海(僧)　❷ 1179·4月 社
観海(僧)　❸ 1402·4·28 社
寛海(僧)　❺-1 1659·12·13 社
玩珂翁(武蔵石寿)　❺-2 1844·3月 文
観覚法親王　❸ 1418·11·24 社
寒川辰清　❺-2 1734·3月 文／1787·是年 文
観漢(僧)　❶ 877·②·17 政
寛鑑(僧)　❶ 945·1·13 社
寒巌義尹(かんがんぎいん·僧)　❷ 1253·是年 政／1267·是年 政／1276·5月 社／1278·7月 文／10·8 社／是年 社／❸ 1283·是年 社／1299·3月 文／1300·8·21 社
寛喜(僧)　❷ 1178·7·12 文
神吉晴夫　❽ 1957·5·4 社
神吉武吉　❽ 1937·9·9 政
神吉頼定　❹ 1578·7·20 政
神吉拓郎　❾ 1994·6·28 文
寛救(僧)　❶ 933·9·28 社／945·是年 社／949·1·16 社
観教(僧)　❷ 1012·11·26 社
桓教(僧)　❸ 1424·2·6 社
寛暁(僧)　❷ 1159·1·8 社
寛教親王　❸ 1405·11·18 社
寛欽法親王　❹ 1563·11·11 社
岸駒(佐伯、貢然·同功館·可観堂)　❺-2 1781·是年 文／1786·8月 文／是年 文／1796·是冬 文／1815·是年 文／1820·是年 文／1838·12·5 文
寛空(僧)　❶ 950·3·11 社／11·10 文／960·5·13 社／9·9 社／972·②·6 社
観空(三滝上人)　❷ 1154·2月 社
観空(僧)　❷ 1237·11·25 文
寛慶(僧)　❷ 1122·8·9 社／1123·7·4 社／11·3 社
寛慶(仏師)　❷ 1275·9·8 文
寛慶(仏師)　❸ 1340·5·30 文／1355·12·3 文／1364·3·15 文
観慶(仏師)　❷ 1241·4·29 文
観賢(僧)　❶ 908·2·21 文／910·3·21 社／918·10·16 社／919·9·17 社／921·10·27 社／925·6·11 社
完憲(僧)　❷ 1157·3·29 政
寛建(僧)　❶ 926·2月 政／927·1·23 政
観厳(僧)　❷ 1134·8·10 文
願源(僧)　❷ 1142·3·7 文
観康(僧)　❶ 967·5·5 社
鉗公(僧)　❸ 1307·7·5 政
桓豪(僧)　❸ 1364·5·12 社
翫古斎宗五(二代目)　❺-2 1771·11·25 文
完済(僧)　❹ 1493·3·15 社
寛済⇨寛清(ひろきよ)親王
願西(僧)　❷ 1137·⑨月 文
関載甫　❺-2 1752·是年 文
勘左衛門(阿波浅川)　❺-1 1669·10·28 政
神崎武法　❾ 1993·8·9 政／1998·1·5 政／11·7 政／2000·4·5 政／2003·12·16 政／2005·3·11 政／9·12 政
神崎ひで(神崎流二代目)　❾ 1985·11·26 文
閑崎ひで女(地唄舞閑崎流家元)　❾ 2008·3·19 文
神崎屋又兵衛　❺-2 1751·12·26 社
勘三郎(座元)　❺-1 1636·是年 社
神澤杜口　❺-2 1795·2·11 文
観算(僧)　❶ 919·是年 社
関山慧玄(無相大師)　❸ 1337·是年 社／1342·1·29 社／1356·2月 文／1360·12·12 社
邯子(高句麗使)　❶ 673·8·20 政
官子(かんし)内親王　❷ 1108·11·8 社
懽子内親王(宣政門院)　❸ 1330·12·19 社／1335·2·2 政／1340·5·29 政
勧子内親王　❶ 914·2·25 文
簡子内親王　❶ 914·4·10 政
カンジウス，ヘンドリック　❺-1 1681·9·20 政
閑室元佶(僧)　❹ 1599·5月 文／1600·2·25 文／4月 文／❺-1 1601·9月 文／1612·5·20 文
寛守(大覚寺僧)　❺-2 1729·1·14 社
閑寿(僧)　❺-1 1701·是年 文
観修(智静)　❷ 1008·6·15 社／7·8 社／1019·12·18 社
環秀(僧)　❺-1 1685·9·6 社
寒松禅珠　❺-1 1602·6·24 文
観宿(僧)　❶ 925·6·17 社／928·12·19 社
桓舜(僧)　❷ 1057·9·9 社
寛舜(僧)　❷ 1181·是年 文
寛俊(僧)　❷ 1271·12·6 社
観舜(僧)　❸ 1300·10月 文
願俊(僧)　❶ 748·6·23 文
観助(僧)　❷ 1015·7·15 社
寛助(仏師)　❷ 1061·10·25 文
寛助(僧)　❷ 1108·3·24 社／1120·4·21 文／1125·1·15 社
寛恕(僧)　❹ 1572·3·17 社
寛勝(僧)　❷ 1149·7·2 社
観性(僧)　❷ 1187·4·26 社
寛性法親王　❸ 1346·9·30 社
観成(僧)　❶ 692·⑤·4 社
閑静(僧)　❶ 853·7·15 政
寛静(僧)　❶ 969·6·24 社／975·3·19 社／979·10·11 社
寛乗(僧)　❷ 1241·9·19 文／1268·8·23 社
観盛(僧)　❸ 1377·5·2 文
願生⇨葛山景倫(かずらやまかげとも)
願成(僧)　❸ 1342·8·12 社
勧乗坊　❹ 1596·12·20 文
寛信(僧)　❷ 1116·10·2 社／1153·3·7 社
観心⇨周布兼仲(すふかねなか)
鑑真(唐僧)　❶ 742·10月 政／12月 政／743·是年 社／748·是年 政／753·11·15 政／12·20 政／754·1·16 社／3·18 文／756·5·24 社／760·3·18 文
観心尼(僧)　❹ 1490·12·11 政
閑水(新見正興)　❺-1 1697·是年 文
感世(仏師)　❶ 962·8月 文
観世華雪(清実)　❽ 1959·1·6 文
観世清廉　❼ 1900·是年 文／1901·6·10 文／1911·7·17 文
観世清孝(二十二代目)　❻ 1869·是年 文／1878·7·5 文／1881·4·16 文
観世清孝(二十三代目)　❻ 1888·2·16 文
観世清次⇨観阿弥(かんあみ)清次
観世清之　❼ 1909·6·17 文
観世国広　❹ 1580·是年 文
観世紅雪(鋳之丞)　❼ 1911·3·31 文／1921·7月 文
観世小次郎⇨観世信光(のぶみつ)
観世権九郎　❺-1 1683·3·26 文
観世左近(重清、初代)　❺-1 1656·6·4 文／1681·1·3 文
観世左近(清久、二十四代目)　❽ 1939·3·21 文
観世左近(元正、二十五代目)　❾ 1990·8·26 文
観世左近大夫　❹ 1577·是春 文
観世左近大夫　❺-1 1614·8·26 文
観世三郎　❹ 1571·3·15 文
観世重賢　❺-1 1702·9·14 文
観世重成　❺-1 1621·3·1 文／1629·②·4 文／1634·9·1 文／1646·10·16 文
観世四郎　❸ 1415·4·18 文
観世新九郎　❺-1 1609·3·26 文／1683·3·26 文／1694·是年 文
観世身愛(ただちか)　❹ 1593·⑨·16 文／1597·12·1 文／❺-1 1603·7·7 文／1621·3·1 文
観世忠親(黒雪)　❺-1 1626·12·9 文
観世鋳之丞(清永、五代目)　❻ 1869·7·29 文／1873·2·16 文／1876·4·4 文
観世鋳之丞(静夫、八代目)　❾ 2000·7·3 文
観世豊次　❹ 1568·10·24 文
観世長俊(弥次郎)　❹ 1541·是年 文
観世信光(小次郎)　❹ 1503·9·19 文／1516·7·7 文／1541·12·8 文
観世八郎　❹ 1474·10·20 文
観世彦四郎　❹ 1483·12·1 文
観世寿夫　❾ 1978·12·7 文
観世栄夫　❾ 2007·6·8 文
観世暮閑　❺-1 1613·6·13 文／1620·3月 文
観世正盛(政盛)　❹ 1470·5·22 文
観世又三郎　❹ 1458·9·3 文
観世元清(三郎)⇨世阿弥(ぜあみ)元清
観世元重(音阿弥)　❸ 1427·4·23 文／1428·7·17 文／1429·1·11 文／5·3 文／1433·4·21 文
観世元忠(宗節)　❹ 1529·5月 文／1545·3·7 文／1564·5·14 文／1568·2·29 文／1571·8·26 文／1583·12·5 文
観世元信　❺-1 1646·是年 文
観世元久　❹ 1571·8·26 文
観世元広　❹ 1517·10·27 文／1541·1·14 文／1542·2·12 文
観世元雅　❸ 1424·4·20 文／1429·5·3 文／1430·4·17 文／11月

文／1432・8・1 文／1433・4・17 文
観世元義 ❼ 1920・2・26 文
観世元頼 ❹ 1568・10・24 文
観世元能 ❸ 1430・11・11 文
観世弥次郎⇨観世長俊(ながとし)
観世之重 ❹ 1478・4・22 文／1481・9・28 文／1483・2・6 文／1484・4・23 文／1519・3・25 文
観世太夫 ❹ 1478・1・28 文／1482・4月 文／1487・1・13 文／1504・4・21 文／1519・2・28 文／1520・9・14 文／1535・7・23 文／1538・2・13 文／1543・2・14 文／1556・7・10 文
観世太夫(三郎) ❸ 1427・4・18 文／1428・5・21 文
観世太夫 ❺-1 1604・3・27 文／1605・7・8 文／1606・8・3 文／1609・4・29 文
観西(僧) ❷ 1270・7・26 社
願西(安養尼) ❷ 1034・8・25 社
岩碩(僧) ❹ 1570・是年 社
頑石曇生(僧) ❸ 1376・7・27 社
勧詮(僧) ❶ 987・1月 社
関善左衛門(北條家臣) ❹ 1547・6・11 社
観増(僧) ❷ 1088・3・26 文
寛尊法親王 ❸ 1382・10・26 社
神田　厚 ❾ 1994・4・28 政
神田勝久(白龍子、初代) ❺-1 1713・是年 文／❺-2 1717・是年 文／1718・是年 文／1735・享保年間 社／1760・7・23 社
神田玄泉 ❺-2 1736・是年 文／1741・1月 文
神田佐一郎 ❻ 1894・3・25 社
神田山陽 ❾ 2000・10・30 文
神田選吉 ❼ 1909・9・4 文
神田創造 ❾ 2005・7・12 社
神田宗庭(五代目) ❺-2 1765・1・16 文／1773・5・27 文
神田宗庭(七代目) ❺-2 1779・7・14 文／1800・9・5 文
神田宗庭(八代目) ❺-2 1844・9・29 文
神田孝平 ❻ 1862・2・11 文／1863・是年 文／1868・3・3 文／1869・5・18 政／1873・9・1 文／1874・2月 文／1875・6・20 政／1877・9月 文／1879・1・15 文／1890・10・1 政／❼ 1898・7・5 文
神田辰之助 ❼ 1935・11・21 文
神田　司 ❾ 2007・8・24 社
神田貞宣 ❺-1 1657・是年 文
神田哲雄 ❽ 1937・7月 文
神田東渓 ❺-2 1805・8・27 文
神田　徳 ❸ 1455・1・4 政／❹ 1456・是年 政／1458・1・19 政／1463・2・1 政／1465・1・12 政／1466・1・2 政／1470・1・5 政／1471・1・11 政／1474・1・20 政／1477・1・15 政／1479・1・1 政／1480・3・7 政／1484・1・5 政／1485・1・5 政／1486・1・17 政／1488・1・9 政／1489・1・13 政／1490・1・10 政／1492・2・21 政
神田乃武 ❻ 1870・10月 文／❼ 1923・12・30 政
神田伯山(初代) ❻ 1873・3・31 文／10・4 文
神田伯山(玉川金次郎、二代目) ❼ 1921・4・27 文
神田伯山(岸田福松、三代目) ❼ 1932・1・30 文
神田伯山(岡田秀章、五代目) ❾ 1976・11・4 文
神田　博 ❽ 1956・12・23 政／1964・7・18 政
神田政高 ❹ 1590・8月 社
神田道夫 ❾ 1988・11・13 社／1997・2・3 社
神田茂七 ❻ 1863・8・2 社
神田与左衛門尉 ❹ 1581・8・5 社
神田鐳蔵 ❼ 1934・12・8 政
甘澤宗霖(僧) ❹ 1488・11・14 社
勘太郎(大坂町人) ❺-1 1677・4・24 社
勘太郎(水夫) ❻ 1857・12・10 政
観智(僧) ❶ 689・6・20 社
寛忠(僧) ❶ 977・4・2 社
簡中原要(僧) ❸ 1374・是夏 政
環中仙 ❺-2 1727・是年 文
観中中諦(僧) ❸ 1364・是年 政／1406・4・3 社
寛朝(僧) ❶ 946・天慶年間 社／989・10・26 社／998・6・12 社
寛珍(僧) ❸ 1350・3・15 政
関通(雲介子、僧) ❺-2 1770・2・2 社
関徹(僧) ❺-1 1621・是年 社
カント(純粋理性批判) ❼ 1921・2月 文
神人氏岳 ❶ 885・7・19 社
神門宗雄 ❶ 882・8・1 文
梶取屋治右衛門(山瀬如水軒) ❺-2 1760・是年 文
ガントレット恒子 ❽ 1937・9・28 社／1953・11・29 社
甘南備伊香 ❶ 763・1・9 政／768・2・3 政
甘南備神前 ❶ 741・12・10 政
甘南備浄野 ❶ 782・2・7 政
甘南備国成 ❶ 799・1・29 政
甘南備扶持 ❶ 915・12・28 政
甘南備高直 ❶ 836・4・18 政
甘南備継成 ❶ 787・2・5 政
甘南備浜吉 ❶ 815・1・10 政
甘南備内親王 ❶ 817・2・21 政
神成文吉 ❼ 1902・1・23 政
金成マツ ❽ 1961・4・6 文
カンナリキ(アイヌ) ❻ 1877・9・24 社
河南四郎右衛門 ❺-2 1753・是年 文
神渟名川耳命⇨綏靖(すいぜい)天皇
函寧寿(琉球) ❸ 1388・1・1 政
管野スガ(須賀子) ❼ 1907・2・12 政／1909・5・25 政／1911・1・18 政
菅野典雄 ❾ 2012・4・10 政
管野喜吉 ❼ 1915・1・29 文
菅野和太郎 ❽ 1959・6・18 政／❾ 1966・12・3 政／1968・11・30 政
神納徳印 ❹ 1588・8月 文
観応(僧) ❺-1 1705・是年 文
樺　俊雄 ❽ 1960・9・3 文
樺　美智子 ❽ 1960・6・15 政／7・25 政
上林　暁 ❽ 1946・5 文
神林岩次郎 ❼ 1924・1・26 文
上林勝盛 ❺-1 1635・3月 社
上林貞次郎 ❽ 1943・3月 文
上林道悦 ❹ 1553・12・9 文
上林久忠 ❺-2 1784・①・23 文
上林久茂 ❹ 1584・1・4 社
上林政武 ❺-2 1743・11・26 政
上林山栄吉 ❾ 1966・8・1 政
神原陽一 ❾ 2009・3・24 文
蒲原有明(隼雄) ❼ 1911・11月 文／❽ 1952・2・3 文
神原一学 ❺-1 1675・11・15 文／❺-2 1718・是年 文
神原　泰 ❼ 1917・9・9 文／1922・10・26 文／1925・11月 文
蒲原房子 ❼ 1929・8・7 社
観範(僧) ❷ 1045・2・13 社
寛範(僧) ❷ 1045・2・13 社
カンプス，レオナルド ❺-1 1621・10・27 政／1622・2・17 政／1623・9・29 政
カンブルラン，シルヴァン ❾ 2012・8・6 文
神戸挙一 ❼ 1926・11・25 政
神部源蔵 ❺-1 1672・9・14 社
神戸五郎左衛門 ❺-1 1636・是年 社
神戸友盛(具盛) ❹ 1568・2月 政
神戸信孝⇨織田(おだ)信孝
神戸正雄 ❽ 1947・4・5 政
神戸正武 ❹ 1584・3・12 政
神戸友琴 ❺-1 1694・是年 文
神戸六郎 ❻ 1863・4・9 社
寛遍(僧) ❷ 1153・是年 社／1159・3・28 社／9・16 社／1166・6・30 社
寛補(僧) ❶ 927・1・23 政／958・是年 政
乾峰士曇(僧) ❸ 1356・3月 文
桓武天皇(山部親王) ❶ 773・1・2 政／2・24 政／778・3・24 政／781・4・3 政／806・3・17 政／❷ 1009・3・17 政
冠　松次郎 ❽ 1940・12・11 社
観明(所化) ❺-2 1804・2・29 社
官門有常 ❶ 881・10・16 社
神八井耳命 ❶ 書紀・神武 76・11月／綏靖 4・4月
神日本磐余彦尊⇨神武(じんむ)天皇
寛瑜(僧) ❷ 1214・2・8 社
観祐(絵仏師) ❷ 1163・9・4 文
喚誉(僧) ❺-2 1755・是年 文
感誉存貞(僧) ❹ 1574・5・18 社
観誉祐崇(僧) ❹ 1509・11・8 社
観楽(謎解き) ❺-2 1810・是春 社
観理(僧) ❶ 969・是年 社／974・3月 社
眼力太郎(大坂難波) ❺-2 1841・是夏 社／1843・2月 社
願龍寺慈観 ❻ 1870・12・26 政
寛亮(仏師) ❸ 1298・9・10 文
乾楞(僧) ❸ 1440・9・18 政
乾稜西堂(僧) ❸ 1439・6・9 政
カンリリカ(アイヌ) ❺-1 1667・是冬 政／1669・10月シャクシャインの蜂起
寛蓮(僧) ❶ 904・9・24 文／913・5・3 文
観勒(僧) ❶ 602・10月 文／624・4・17 社
甘露寺篤長 ❺-2 1812・2・29 政
甘露寺兼長 ❸ 1422・2・8 政
甘露寺清長 ❸ 1413・5・20 政

甘露寺国長　❺-2 **1822**·6·13 政／**1837**·6·18 政

甘露寺伊長　❹ **1548**·12·30 政

甘露寺忠長　❸ **1436**·5·15 政

甘露寺親長　❸ **1450**·3·16 文／❹ **1470**·7·19 社／**1471**·9·7 文／**1472**·8·12 文／8·23 文／**1473**·11·7 文／**1474**·8·8 文／**1475**·8月 文／11·17 文／**1477**·1·23 文／**1479**·3·3 政／9·6 文／**1483**·3·6 政／**1489**·8·27 政／**1491**·5·16 文／**1500**·8·17 政

甘露寺経元　❹ **1585**·5·8 政

甘露寺規長　❺-2 **1783**·7·6 政／12·22 政

甘露寺尚長　❺-2 **1717**·4·29 政

甘露寺方長　❺-1 **1683**·11·27 政／**1694**·2·20 政

甘露寺元長　❹ **1501**·1·10 政／3·24 文／**1506**·3·5 文／**1527**·8·17 政

感和亭鬼武　❺-2 **1791**·是年 文

き

紀　東人　❶ **856**·1·12 政

紀　按提　❶ **787**·2·5 政

紀　阿閉(閇)麻呂　❶ **672**·7·2 政／7·9 政／**673**·8·9 政／**674**·2·28 政

紀　在昌　❶ **923**·3·7 文／**938**·12月 文／**949**·10·16 文／**950**·5·24 政

紀　有守　❶ **953**·12·28 政

紀　有世　❶ **902**·9·5 政

紀　有頼　❶ **960**·2·25 社

紀　飯麻呂　❶ **742**·1·5 政／2·3 政／**745**·5·7 社／**746**·4·4 政／**749**·2·27 政／**753**·4·22 政／**754**·11·1 政／**757**·8·4 政／**760**·1·16 政／**762**·7·19 政

紀　家継　❶ **781**·2·16 政

紀　五百友　❶ **790**·4·17 政

紀　犬養　❶ **772**·4·19 政／**774**·3·5 政／**779**·2·23 政

紀　伊保　❶ **761**·1·16 政

紀　今影　❶ **859**·3·4 文

紀　今守　❶ **846**·1·13 政／**849**·是年 政／**853**·1·16 政／**860**·1·16 政／**861**·1·13 政／**863**·2·10 政／**864**·1·16 政／2·25 文／**872**·3·29 政

紀　大人　❶ **671**·1·5 政／11·23 政

紀　牛養　❶ **760**·1·21 政／**764**·7·19 政

紀　氏永　❶ **845**·12·5 政

紀　氏女　❸ **1400**·8·30 文

紀　馬主　❶ **736**·11·3 政

紀　馬守　❶ **787**·2·5 政

紀　宇美　❶ **745**·9·4 政／**753**·10·5 政

季　盈張　❶ **936**·7·13 政

紀　兄原　❶ **788**·1·14 政

紀　大磐　❶ **465**·5月

紀　生磐　❶ **487**·是年

紀　大純　❶ **772**·4·19 政

紀　大宅　❶ **776**·3·5 政

紀　男楫(小楫)　❶ **746**·4·1 政／**750**·3·12 政／**754**·11·1 政／**760**·1·16 政

紀　興道　❶ **834**·6·21 政

紀　奥手麻呂　❶ **797**·1·13 政

紀　長田麻呂　❶ **808**·5·14 政／**825**·6·9 政

紀　押勝　❶ **583**·7·1

紀　弟麻呂(乙麻呂)　❶ **779**·2·23 政

紀　男人(雄人)　❶ **711**·9·4 政／**738**·10·30 政

紀　男麻呂　❶ **562**·7月／**587**·7月／**591**·11·4／**592**·11·5

紀　小弓　❶ **465**·3月

紀　海音(榎並貞峩)　❺-2 **1742**·10·4 文

紀　訶佐麻呂　❶ **676**·4·22 政

紀　訶多麻呂　❶ **673**·12·27 社

紀　堅麻呂　❶ **679**·2·3 政

紀　勝長　❶ **806**·1·28 政／10·3 政

紀　門守　❶ **780**·3·17 政

紀　兼盛　❷ **1245**·7·9 社／7·27 社

紀　喬答　❶ **762**·5·19 政

紀　浄人(清人)　❶ **714**·2·10 文／**715**·7·10 文／**717**·7·23 文／**721**·1·27 文／**741**·7·3 文／**746**·4·4 政／**753**·7·11 政

紀　咋麻呂　❶ **833**·1·19 政

紀　国　❶ **793**·8·21 社

熙　洽　❼ **1932**·2·16 政

紀　古佐美　❶ **767**·2·28 政／**781**·2·16 政／**782**·2·7 政／**785**·10·12 政／**788**·1·14 政／7·6 政／12·7 政／**789**·6·3 政／7·17 政／9·8 政／**793**·1·15 政／**797**·4·4 政

紀　木津魚　❶ **785**·1·15 政

紀　古麻呂　❶ **705**·11·13 政

紀　作良　❶ **782**·2·7 政

紀　貞末　❷ **1273**·12·1 社

紀　定直　❸ **1423**·10·16 社

紀　貞成　❶ **815**·1·10 政

紀　貞守　❶ **857**·1·14 政

紀　実俊　❷ **1174**·12月 政

紀　佐婆麻呂(鯖麻呂)　❶ **764**·1·20 政／**771**·③·1 政／**784**·3·14 政

紀　昨麻呂　❶ **812**·1·12 政

紀　成盛　❷ **1172**·11·20 文

紀　常因　❺-2 **1765**·是年 文

紀　白麻呂　❶ **779**·11·28 文／**785**·1·15 政／9·23 政

紀　末成　❶ **823**·3·1 政／12·8 政／**825**·12·4 政

紀　佐正　❷ **1019**·11·20 社

紀　田長　❶ **790**·3·9 政

紀　高継　❶ **849**·⑫·21 政

紀　高綱　❷ **1230**·8月 社

紀　鷹守　❶ **824**·10·11 社

紀　瀧淵　❺-2 **1770**·是年 文

紀　武城　❶ **866**·③·10 政

紀　斎名　❶ **999**·12·15 政

紀　多紀　❶ **779**·⑤·1 文

紀　田上　❶ **810**·9·10 政

紀　多麻呂　❶ **731**·5·14 政

紀　為宗　❷ **1242**·2·9 社／3·12 社

紀　近則　❷ **1054**·1·8 政

紀　親文　❸ **1340**·8·5 政

紀　千世　❶ **785**·1·15 政

己　珍蒙　❶ **739**·7·13 政／12·10 政／**740**·1·7 政

紀　継雄　❶ **866**·1·13 政

紀　作良　❶ **782**·2·7 政／**785**·4·23 社／**786**·1·28 文／**788**·1·14 政／**799**·1·16 政

紀　緌雄　❶ **848**·1·13 政

紀　綱麻呂　❶ **840**·1·30 政

紀　常直　❶ **885**·9·1 文

紀　経業　❶ **886**·2·3 政

紀　恒身　❶ **867**·1·12 政

紀　椿守　❶ **853**·3·28 文

紀　貫之　❶ **902**·5月 文／**905**·4·15 文／**911**·是年 文／**914**·12·25 文／**915**·②·25 文／**918**·2月 文／4·26 文／**928**·12月 文／**930**·延長年間 文／1月 政／**934**·12·21 政／**935**·1·15 社／2月 文／12月 文／**940**·是年 文／**941**·3月 文／**945**·2月 文／**946**·是年 文／❷ **1235**·5·13 文／❹ **1544**·3·15 文

帰　庭用　❸ **1382**·是年 政

紀　(山脇)東暉　❺-2 **1839**·8·23 文

紀　時文　❶ **949**·是年 文／**951**·10·30 文／**986**·10·10 文

紀　俊長　❸ **1392**·6·7 政／**1394**·12·29 政／**1398**·6·22 文

紀　橡姫　❶ **709**·9·14 政／**770**·10·1 政／**771**·12·15 政

紀　友貞　❷ **1170**·2·13 社

紀　友則　❶ **905**·4·15 文

紀　豊嶋　❶ **729**·3·27 政

紀　豊城　❶ **866**·③·10 政

紀　豊庭　❶ **779**·2·23 政／**784**·3·14 政

紀　長江　❶ **840**·1·30 政／**843**·1·12 政

紀　仲子(崇賢門院)　❸ **1383**·4·25 政／**1402**·3·16 政／**1406**·5·9 政／**1427**·5·20 政

紀　永直　❶ **856**·1·12 政

紀　夏井　❶ **858**·1·16 政／**865**·1·27 政／**866**·③·10 政／9·22 文

紀　難波麻呂　❶ **779**·2·23 政／**791**·1·22 政

紀　斎明　❶ **996**·12·26 文

紀　野長　❶ **842**·1·13 政

紀　宣明　❷ **1032**·6·2 政

紀　楳亭(梅亭)　❺-2 **1810**·7·7 文／**1812**·7·7 文

紀　長谷雄　❶ **879**·11·20 文／**883**·4·2 政／**891**·3·9 文／**892**·1·20 文／**894**·8·21 政／**896**·2·13 文／**898**·2·28 文／10·20 文／11·21 文／**899**·3·28 社／**904**·3·26 社／**912**·2·10 政／**926**·2月 政

紀　春枝　❶ **862**·3·4 社／**865**·4·1 政／**869**·9·7 社

紀　春生　❶ **868**·1·8 文

紀　春常　❶ **861**·1·13 政

紀　春実　❶ **941**·5·12 社

紀　春道　❶ **866**·③·10 政

紀　必登　❶ **740**·3·15 政／10·15 政

紀　広純　❶ **758**·1·5 政／**765**·2·5 政／**768**·2·3 政／**774**·3·4 政／3·5 政／7·23 政／**777**·5·27 政／**780**·2·1 政

紀　広足　❶ **786**·1·24 政
紀　広名　❶ **741**·12·10 政／**768**·3·1 社
紀　広庭　❶ **770**·5·9 政／**775**·9·27 政／**777**·6·12 政
紀　広浜　❶ **808**·5·14 政／**819**·7·2 政
紀　弘岑　❶ **855**·1·15 政
紀　深江　❶ **840**·10·5 政
紀　船守　❶ **764**·9·11 政／**766**·2·21 政／**770**·5·9 政／**777**·1·3 政／**781**·6·27 政／**782**·2·7 政／**791**·1·16 政／**792**·4·2 政
紀　文利　❶ **966**·3·16 政
紀　文度　❶ **940**·9·2 政
紀　文幹　❶ **944**·9·2 政
姫　鵬飛　❾ **1972**·8·13 政
紀　真丘　❶ **849**·1·13 政／**869**·1·13 政
紀　真乙　❶ **779**·2·23 政
紀　真賀茂　❶ **797**·1·13 政
紀　真木　❶ **782**·2·7 政
紀　巻雄　❶ **877**·1·28 政／**878**·1·27 社
紀　真子　❶ **780**·3·17 政／**782**·2·7 政
紀　正直　❺-2 **1733**·1·18 文
紀　当仁　❶ **867**·1·12 政／**868**·1·16 政
紀　真房　❶ **881**·3·7 社
紀　益雄　❶ **855**·1·15 政
紀　真高　❶ **854**·1·16 政／**855**·7·1 社
紀　全法　❶ **849**·1·13 政
紀　松永　❶ **839**·1·11 政／**852**·1·15 政
紀　真人　❶ **781**·5·25 文／**788**·1·14 政／**805**·8·27 政
紀　麻呂　❶ **705**·7·19 政／**743**·5·5 政／**746**·4·5 政／**752**·5·26 政
紀　道茂　❶ **849**·1·13 政
紀　道成　❶ **703**·大宝年間 社
紀　三津　❶ **836**·5·13 政／10·26 政
紀　光澄　❷ **1259**·9月 政
紀　致親　❷ **1069**·8·1 社
紀　宗光　❷ **1221**·⑩·12 政
紀　宗守　❶ **865**·1·27 政／**870**·是年 社
紀　本　❶ **776**·3·5 政／**782**·2·7 政
紀　本道　❶ **862**·1·13 政／**866**·1·13 政
紀　百継　❶ **815**·1·10 政／**829**·4·16 社／**836**·9·19 政
紀　諸綱　❶ **841**·1·13 政
紀　諸人　❶ **709**·3·6 政
紀　家守　❶ **776**·3·5 政／**777**·10·13 政／**784**·3·14 政／4·19 政
紀　安雄　❶ **869**·4·13 政／**871**·8·25 文／**886**·5·28 政
紀　行景　❷ **1201**·9·7 政
紀　行孝　❸ **1455**·7·25 社
紀　行親　❸ **1342**·4·27 政／**1345**·2·10 文
紀　行文　❸ **1394**·12·29 政／**1398**·2·29 社
紀　良門　❶ **808**·5·14 政／**834**·1·12 政
紀　良子(北向尼)　❸ **1374**·6·15 政／**1413**·7·13 政
紀　吉継(広純の娘)　❶ **784**·1·25 文
紀　吉継(安房守)　❶ **864**·1·16 政
紀　淑人　❶ **936**·6月 政
紀　淑光　❶ **939**·9·11 政
紀　淑望　❶ **919**·是年 文
紀　頼遠　❷ **1108**·12·25 社
紀　和気麻呂　❶ **814**·7·1 政
魏　九官　❺-1 **1679**·是年 政
魏　五左衛門(龍山·通事)　❺-2 **1793**·4·14 文
宜　是(琉球)　❸ **1415**·3·19 政
義　魯(琉球)　❸ **1434**·3·8 政／**1437**·5·8 政／**1438**·2·25 政
キアラ，ジュゼッペ⇨岡本三右衛門(おかもとさんえもん)
徽庵(漢学者)　❺-1 **1695**·是年 文
希庵玄密(僧)　❹ **1572**·是年 社
規庵祖円(僧)　❸ **1313**·4·2 社
徽安門院⇨寿子(じゅし)内親王
紀伊(祐子内親王家)　❷ **1113**·是年 文
紀伊重経　❷ **1246**·12·28 政
キージンガー(西独)　❾ **1969**·5·17 政
ギーゼキング(ペニシリン)　❽ **1944**·10·30 文／**1953**·3·3 文
祈壱(僧)　❶ **983**·8·1 政
キーティング(オーストラリア)　❾ **1992**·9·20 政／**1994**·9·4 政
キーナン(米)　❽ **1945**·12·6 政／**1946**·1·19 政／6·18 政／**1948**·2·16 政／12·2 政
紀伊局(今参局)　❸ **1425**·8·20 政
喜入季久　❹ **1568**·10·22 政
喜入忠政　❺-1 **1628**·9·10 政／**1632**·6·2 政
キーン，ドナルド(米)　❾ **2002**·10·30 文／**2008**·11·3 文
義尹⇨寒巌義尹(かんがんぎいん)
木内　綾　❾ **2006**·11·5 文
木内喜八　❼ **1902**·8·19 文
木内きょう　❼ **1931**·7·10 文
木内四郎　❾ **1968**·11·30 政
木内錠子　❼ **1911**·6·1 文
木内道源　❸ **1319**·12·27 政
木内　昇　❾ **2011**·1·17 文／10·7 文
木内芳軒　❻ **1872**·11·12 文
木内又右衛門　❺-1 **1639**·10·9 社
木内右馬頭　❹ **1512**·10·10 政
顗雲(僧)　❷ **1186**·2·19 政
義雲(僧)　❸ **1333**·10·12 社
義雲示敦(僧)　❹ **1527**·4·5 社
起雲誰　❺-2 **1719**·是年 文
義叡(僧)　❶ **892**·10·20 社
喜益(僧)　❸ **1453**·7·15 文
義淵(僧)　❶ **727**·12·10 社／**728**·10·20 社
義演(僧)　❶ **907**·2·13 文
義演(三宝院僧)　❹ **1571**·4·25 社／**1597**·3·8 政／❺-1 **1604**·4·16 政／**1610**·3·24 社／**1614**·2·11 社／**1621**·4·17 社／**1625**·2·19 文／**1626**·④·21 社
義円(青蓮院僧)⇨足利義教(あしかがよしのり)
杞園迂叟　❺-2 **1850**·是年 文
義延法親王　❺-1 **1691**·8·23 政／**1706**·10·19 社
基王　❷ **1242**·12·21 文
義翁紹仁(宋僧)　❷ **1105**·10·26 社／**1106**·7·5 社／**1246**·是年政、社／**1281**·6·2 社
祇園南海(玩瑜·伯玉·余一)　❺-1 **1700**·5·19 文／**1707**·是春 文／**1710**·8·28 文／❺-2 **1719**·是年 文／**1735**·是年 文／**1751**·9·8 文／**1787**·是年 文
祇園百懶　❺-2 **1791**·是年 文
祇園女御　❷ **1105**·10·26 社／12·29 政／**1111**·7·29 社／**1113**·10·1 社
祇園瑜　❺-2 **1762**·是年 文
儀俄氏秀　❸ **1392**·12·18 政
喜海(僧)　❷ **1250**·12·20 社
義海(僧)　❶ **941**·5·18 社／**946**·5·10 社
義海(僧)　❺-2 **1767**·是年 文
義介(僧)　❷ **1267**·4·8 社
義覚(僧)　❶ **661**·斎明天皇御代 社／**671**·天智天皇御代 社
義覚(僧)　❹ **1483**·9·16 社
木川かえる　❾ **2005**·3·4 文
木川田一隆　❾ **1966**·4·15 政／**1977**·3·4 政
黄河田与七　❻ **1890**·1月 政
輝嵓(新羅使)　❶ **922**·6·5 政
義観(僧)　❹ **1464**·4·17 社
義基(僧)　❶ **707**·5·28 政
義向(僧)　❶ **653**·5·12 政
義尭(三宝院僧)　❹ **1456**·8·18 社／**1540**·6·17 文／**1549**·10·14 政／**1563**·7·3 社／**1576**·5·16 政
桔梗屋甚三郎　❺-1 **1654**·承応年間 社
桔梗屋太兵衛　❺-1 **1610**·5月 文
菊(舞女)　❹ **1599**·7月 文
菊姫(武田勝頼の妹)　❹ **1578**·6·7 政／**1579**·10·20 政
規矩高政　❸ **1333**·3·25 政／4·4 政／**1334**·1月 政／3月 政／7·9 政
菊隠(西来院僧)　❺-1 **1611**·6·9 政
菊隠瑞潭(僧)　❹ **1524**·12·8 社
義空(唐僧)　❶ **847**·9·2 政／**850**·5月 社
義空(僧)　❷ **1219**·是年 社／**1235**·是年 社
義空性忠(僧)　❸ **1346**·是年 政
菊右衛門(雑色)　❺-1 **1660**·6·15 政
菊川国丸　❺-2 **1841**·3·28 社
菊岡光朝　❺-2 **1813**·4·2 文
菊岡沾涼(崔下庵·南仙斎、初代)　❺-2 **1720**·是年 文／**1732**·是年 文／**1734**·是年 文／**1735**·是年 文／**1736**·是年 文／**1743**·是年 文／**1746**·是年 文／**1747**·10·24 文
菊岡沾涼(二代目)　❺-2 **1783**·2·2 政
菊岡光行　❺-2 **1800**·10·6 文
菊川　剛　❾ **2012**·2·16 社
菊川伝吉　❺-2 **1842**·4月 社
菊木嘉保　❺-2 **1718**·是年 文／

1723·是年 文

菊渓(絵仏師)　❸ **1307**·3·16 文

菊子　❺-1 **1693**·是年 文

菊舎太兵衛　❺-2 **1828**·是年 文

菊寿　❸ **1418**·8·17 文

菊荘有恒(僧)　❸ **1397**·11·11 社

菊心(遣朝鮮使)　❹ **1546**·10·2 政／**1547**·2·7 政

菊田伊洲　❺-2 **1852**·12·1 文

菊田栄羽　❺-2 **1751**·是年 文／**1753**·是年 社

菊田一夫(数男)　❽ **1942**·3·1 文／**1943**·9·1 文／**1945**·4·1 文／10·28 文／**1947**·4·6 文／**1959**·10·5 文／**1961**·10·20 文／❾ **1967**·9·10 文／**1973**·4·4 文

菊田国太郎　❻ **1881**·2月 社

菊田　昇　❾ **1991**·8·21 文

菊田光政　❺-2 **1824**·5月 文

菊竹清訓　❽ **1963**·5·10 文

鞠谷宏士　❾ **2010**·10·29 文

菊地章子　❽ **1951**·1·3 社／❾ **2002**·4·7 文

菊池犬丸⇨菊池為邦(ためくに)

菊池加賀丸⇨菊地武朝(たけとも)

菊地華秋　❽ **1946**·6·9 文

菊池一雄　❽ **1948**·是年 文／**1951**·10·1 文／❾ **1985**·4·30 文

菊池兼朝　❸ **1418**·12·3 社／**1419**·6·1 政／**1422**·5·16 政／**1424**·是年 政／**1425**·7·13 政／**1431**·2·29 政／**1432**·1·25 政／3月 政／10·29 政／**1434**·9月 政／**1444**·3·8 政

菊池兼持　❸ **1432**·4·26 政

菊池　寛(比呂士)　❼ **1916**·2月 文／**1917**·1月 文／**1919**·4·3 文／**1920**·3·26 文／6·9 文／**1923**·1月 文／**1924**·1月 文／**1928**·6月 社／**1934**·1·29 文／❽ **1938**·8·23 文／9·11 文／**1940**·5·6 文／**1941**·12·24 文／**1948**·3·6 文／**1951**·6·20 政

菊池菊童　❸ **1361**·10·28 社／**1369**·12·3 政

菊池恭三(文造)　❼ **1918**·6·1 政／❽ **1942**·12·28 政

菊池九郎(喜代太郎)　❼ **1926**·1·1 政

菊池渓琴　❺-2 **1837**·是年 文／❻ **1881**·1·16 文

菊池契月(細野完爾)　❼ **1918**·10·14 文／**1927**·是年 文／**1928**·10·16 文／**1930**·11·8 文／**1932**·是年 文／**1933**·10·16 文／**1934**·10·16 文／12·3 文／❽ **1955**·9·9 文

菊池玄蔵　❺-2 **1753**·是年 文

菊地耕斎　❺-1 **1682**·12·8 文

菊池五山　❺-2 **1807**·是年 文／❻ **1855**·6·17 文

菊池惟前⇨阿蘇(あそ)惟前

菊地庫郎　❽ **1937**·3月 文

菊池貞雄　❸ **1433**·3·27 社

菊池三渓　❻ **1891**·10·17 文

菊池重朝(藤菊丸)　❹ **1472**·10·21 社／**1474**·1·20 政／**1476**·1·13 政／**1477**·2·9 文／**1478**·10·3 政／**1480**·3·7 政／**1481**·8·1 文／**1484**·1·5 政／4·16 政／**1485**·1·5 政／12月 政／**1487**·3·1 政／**1490**·1·10 政／**1493**·10·29 政／**1494**·1·18 政／**1499**·1·8 政／**1502**·1·3 政／**1504**·1·9 政

菊池重治　❹ **1522**·8·16 社

菊地庄左衛門　❺-1 **1620**·是年 文

菊池衡岳　❺-2 **1805**·⑧·16 文／**1822**·是年 文

菊池助次郎　❸ **1373**·7月 政

菊池正士　❽ **1951**·11·3 文／**1955**·7·1 文／**1957**·9·30 政

菊池惣太夫　❺-1 **1715**·是年 社

菊池大麓(箕作大六)　❻ **1866**·10·26 文／**1870**·10月 文／**1877**·4·12 文／**1878**·9·29 文／**1882**·5月 文／**1884**·6·7 文／**1886**·7·13 文／**1888**·5·7 文／**1890**·10·1 政／❼ **1898**·5·2 文／**1901**·1·26 文／**1903**·7·17 政／**1908**·5·25 文／**1917**·3·20 文／8·19 文

菊池隆志　❽ **1948**·1·28 文

菊池隆時　❸ **1333**·3·13 政

菊池隆直(高直)　❷ **1180**·9月 政／12月 政／**1181**·2·11 政／4·14 政／8·4 政／**1182**·4·11 政

菊池武顕　❸ **1364**·12·2 社

菊池武夫　❻ **1875**·7·18 文／**1888**·5·7 文／❼ **1935**·1月 政

菊池武興⇨菊池武朝(たけとも)

菊池武勝　❹ **1585**·7·28 政

菊池武包　❹ **1523**·3·2 政／**1532**·2·13 政

菊池武国　❸ **1376**·是夏 政

菊池武重　❸ **1333**·3·13 政／**1334**·1月 政／**1336**·1·6 政／1·8 政／5·18 政／**1337**·2·7 政／4·19 政／**1338**·3·3 政／7·25 社／8·4 政／**1343**·5·29 政／**1344**·1·21 政

菊池武澄　❸ **1355**·8·18 政／9·1 政／**1356**·6·29 政

菊池武楯　❸ **1425**·7·18 社

菊池武経⇨阿蘇惟長(あそこれなが)

菊池武時　❸ **1333**·3·13 政

菊池武敏　❸ **1335**·12·13 政／12·30 政／**1336**·1·3 政／2·29 政／3·2 政／3·11 政／4·20 政／5·16 政／8·18 政／**1339**·6·2 社／12·12 政／**1340**·7月 政／**1341**·6月 政

菊池武朝(武興·加賀丸)　❸ **1360**·6·29 政／**1374**·5·26 政／8·3 政／9·17 政／10·7 政／**1375**·4·8 政／5·6 政／**1376**·是夏 政／是冬 政／**1377**·1·13 政／8·12 政／**1378**·9·29 政／**1379**·6·17 政／8·4 政／**1380**·7·18 政／**1381**·4·26 政／5·12 政／6·23 政／**1382**·是年 政／**1384**·7·4 政／**1385**·1·10 政／**1390**·7月 政／**1393**·10·5 政／**1396**·9·22 社／**1397**·1·8 政／是年 政／**1398**·10·16 政／**1399**·7·12 社／**1403**·5月 政／**1405**·5·10 政／**1406**·3·23 政

菊池武房　❷ **1273**·⑤·29 政／**1274**·10·19 政／**1281**·6·6 政

菊池武政　❸ **1371**·7·26 政／是年 政／**1373**·2·14 政／4·4 政／⑩·14 政／**1374**·5·26 政

菊池武光　❸ **1346**·7·5 政／**1347**·11·27 政／**1348**·是春 政／9·27 政／**1351**·10·1 政／**1352**·11·25 政／**1353**·2·2 政／**1354**·10月 政／**1357**·9·30 政／**1358**·8·13 政／**1359**·2·25 政／3·20 政／8·6 政／11·7 政／**1361**·5月 政／8·6 政／9·20 社／**1362**·9·9 政／11·3 政／**1363**·①·25 政／**1366**·4·16 政／**1367**·7月 政／**1371**·8·6 政／**1372**·1·3 政／2·3 政／11·16 政／**1373**·11·16 政

菊池武村　❸ **1336**·1·8 政

菊池武盛　❸ **1362**·8·7 政

菊池武安　❸ **1372**·8·4 政／**1373**·2·14 政／**1377**·8·12 政

菊地多兵衛　❺-2 **1823**·9·6 社

菊池為邦(犬丸)　❸ **1446**·7·28 政／**1455**·3·1 政／❹ **1456**·是年 政／**1460**·4·26 政／**1462**·1·20 政／6·2 政／**1463**·2·1 政／**1465**·1·12 政／**1466**·1·2 政／4·20 社／**1469**·1·2 政／**1470**·是年 政／**1471**·1·11 政／**1473**·1·6 政／**1488**·10·23 政

菊池為房　❸ **1450**·3·5 政／是年 政

菊池為幸　❹ **1477**·1·15 政／**1478**·1·9 政／**1479**·1·1 政／**1480**·3·7 政／**1481**·1·8 政／**1484**·1·5 政／**1485**·1·5 政／**1486**·1·17 政／**1488**·1·9 政／**1490**·1·10 政／**1491**·1·16 政／**1492**·2·21 政／**1493**·1·11 政／**1504**·1·9 政

菊池東均　❺-1 **1706**·是年 文

菊池武士(たけひと)　❸ **1341**·6月 政／**1342**·8·10 政／**1344**·1·21 政

菊池豊三郎　❽ **1937**·7·21 文

菊地直子　❾ **2012**·2·2 社／6·3 社

菊池長良　❺-2 **1845**·是年 文

菊池南陽　❺-2 **1775**·是年 文

菊池教中(浦安邦一郎)　❻ **1862**·8·8 政

菊池尚彦　❼ **1903**·9·11 社

菊池藤菊丸⇨菊池重朝(しげとも)

菊池芳文　❻ **1891**·6·5 文／❼ **1909**·4·1 文／**1918**·1·18 文

菊池政隆(政朝)　❹ **1504**·2·15 政／**1505**·3月 政／12月 政／**1506**·9·22 政／**1507**·2·18 社／12·13 政／**1508**·2·20 政／**1509**·⑧·17 政

菊地昌典　❾ **1997**·5·22 文

菊地正幸　❾ **2003**·10·18 文

菊池宮菊丸⇨菊池能運(よしかず)

菊池民部　❺-1 **1700**·是年 文

菊池持朝　❸ **1434**·2·28 社／3·8 社／9月 政／11月 政／**1435**·4·29 社／**1439**·9·12 社／**1440**·2·29 政／**1442**·6·13 社／**1444**·3·8 政／**1446**·7·28 政

菊池武義　❸ **1377**·8·12 政

菊池　安　❻ **1894**·2·3 文

菊池幽芳(清)　❼ **1899**·8·17 文／**1900**·10·11 文／**1905**·1·1 文／**1911**·7·12 文／**1912**·1月 文／**1917**·3月 文／❽ **1947**·7·21 文

菊池容斎　❺-2 **1842**·是年 文／**1847**·6·28 文／**1848**·9月 文／**1850**·是年 文／❻ **1875**·4·1 文／**1878**·6·16 文

菊池能運(宮菊丸)　❹ **1493**·10·29 政／**1497**·8·29 社／**1499**·3·19 政／**1501**·5·20 政／**1502**·是年 政／**1503**·9·27 政／10月 政／**1504**·2·7 政／

2·15 政／3·21 社
菊池義武 ❹ 1550·4·14 政／8·9 政／1554·11·20 政
菊池義宗 ❹ 1527·11·25 政／1534·1·14 社／3·18 政／1535·8·22 政／1539·3·14 政
菊池頼隆 ❸ 1333·3·13 政
菊池隆吉 ❻ 1863·4·28 政／1867·7·6 社
木口小平 ❻ 1894·7·29 社
菊池屋与左衛門 ❺-2 1800·是年 政
菊亭公興 ❹ 1489·7·8 政／1497·4·27 政／1505·2·23 政／1514·2·4 政
菊亭公彦 ❹ 1543·7·28 政／1545·6·2 政／1546·3·13 政／1578·1·13 政
菊亭季孝 ❹ 1519·10·5 政
菊亭教季 ❹ 1481·1·25 政／12·28 政／1482·12月 政／1483·7·2 政
菊亭晴季 ❹ 1579·1·20 政／1580·7·8 政／1585·3·10 政／1595·7·25 政／1596·5·29 政／是年 政／1598·12·19 政
菊亭⇨今出川(いまでがわ)姓も見よ
菊堂祖英 ❸ 1434·8月 文
菊友(厩舎人) ❷ 1111·11·28 政
聴濤克巳 ❽ 1947·1·20 社／1958·4·6 政
菊原静男 ❽ 1957·4·19 政
菊村 到 ❽ 1944·10·15 政／❾ 1999·4·3 文
菊村 憂 ❾ 1988·4·12 政
菊本賀保 ❺-1 1697·4月 文
きく屋久左衛門 ❺-2 1757·10·26 社
菊屋新助 ❺-2 1835·12·2 社
基継(僧) ❶ 931·2·4 社
貴慶(僧) ❶ 966·7·17 社
季瓊真蘂(蔭涼軒僧) ❸ 1440·1·12 社／2·9 政／❹ 1458·3·24 政／1459·12·5 社／1460·⑨·3 文／1461·3·27 政／12·3 政／1462·2·12 政／3·29 政／8·21 政／1464·2·12 政／3·9 文／7·4 政／1465·2·10 社／5·2 政／8·5 政／1466·1·10 社／5·25 政／7·14 文／8·4 政／1469·8·11 社
祈乾(僧) ❶ 983·8·1 政
季厳(僧) ❷ 1185·12·30 社／1191·3·3 文
義厳(若狭房) ❷ 1188·5·22 社
義賢(僧) ❹ 1468·2·10 政／⑩·2 社
木子清敬 ❼ 1907·6·25 文
魏古渥制(琉球) ❸ 1427·4·13 政／1430·6·4 政／1433·2·16 政
義幸(僧) ❸ 1323·5·7 社
季弘大叔(僧) ❹ 1485·2·25 社／1487·8·7 社
木越定彦 ❼ 1934·2·9 社
木越安綱 ❼ 1912·12·21 政／1913·6·24 政／1932·3·26 政
喜斎(三味線) ❺-1 1651·慶安年間 文
城西山人 ❺-2 1773·是年 文
私部粟足女 ❶ 836·11·28 社
私部石村 ❶ 721·1·27 文／730·3·27 文
木崎盛標(悠軒) ❺-2 1773·是年 文
木崎幸敦 ❺-2 1813·是年 文
鬼三郎丸(鹿島社) ❷ 1223·6·5 社
雀部奈為麻呂 ❶ 743·10月 文
雀部広道 ❶ 799·6·4 社
雀部道奥 ❶ 771·③·1 政
如月小春 ❾ 1984·9·28 文／2000·12·19 文
木澤新太郎 ❹ 1560·10·12 政
木澤長経 ❹ 1541·8月 政
木澤長政 ❹ 1531·1·11 政／2·29 政／7·24 政／8·20 政／1532·5·19 政／6·15 政／8·5 政／1533·3·29 政／5·2 政／1534·8·3 政／1536·4·1 社／7·29 政／1537·8·16 政／1541·8·12 政／9·6 政／10·11 政／11·4 政／12·8 政／1542·3·17 政
木澤常陸入道(僧) ❸ 1431·10·8 政
義山(僧) ❺-2 1717·11·13 社
議山理忠 ❺-1 1689·8·27 社
奇山円然(僧) ❸ 1316·1·18 文
耆山和尚 ❺-2 1794·2·17 文
起山師振(僧) ❸ 1386·10·18 社
喜山性讃(僧) ❸ 1442·7·4 社
輝山宗珠(僧) ❹ 1528·1·12 社
吉士木蓮子⇨難波吉士(なにわのきし)木蓮子
吉士磐金 ❶ 597·11·22／598·4月／623·是年 政
岸 宇吉 ❻ 1888·5·10 政
吉士 老 ❶ 529·3月
吉士訳語彦 ❶ 575·4·6
吉士小鮪 ❶ 668·11·1 政
吉士雄成 ❶ 608·9·11 政
吉士雄摩呂 ❶ 633·1·26 政
岸 勘解由左衛門 ❹ 1565·9·28 政
岸 一太 ❼ 1917·12·1 政／1928·是年 社
吉士金子(金) ❶ 575·4·6／591·11·4
鬼子儀兵衛 ❺-2 1725·10·9 社
吉士岐弥 ❶ 665·是年 政
吉志公忠 ❶ 944·4·22 社
木子清敬 ❻ 1895·3·15 社
吉士倉下 ❶ 623·是年 政
吉士黒麻呂 ❶ 633·1·26 政
岸 恵子 ❽ 1955·5·21 社／1956·2·28 社
貴志康一 ❼ 1936·2·19 文
岸 光景 ❼ 1906·3·29 文／1922·5·3 文
吉士 駒 ❶ 653·5·12 政／654·7·24 政
岸 昌 ❾ 1987·4·12 政／2011·1·21 政
岸 薫夫 ❽ 1948·8·7 政
岸 慎 ❼ 1917·7·10 文
岸 助兵衛 ❹ 1590·8月 社
岸 清一 ❼ 1924·6·25 社／1933·10·29 社
岸 田麿 ❶ 661·是年 政
岸 竹堂 ❼ 1896·6·30 文／1897·7·27 文
岸 輝子 ❽ 1947·5·3 文／❾ 1990·5·10 文
岸 友治 ❺-1 1688·是年 文
吉士長丹 ❶ 653·5·12 政／654·7·24 政
岸 信介 ❽ 1941·10·18 政／1944·7·17 政／1951·8·6 政／1952·4·19 政／1954·9·19 政／11·1 政／1955·11·6 政／1956·12·23 政／1957·1·31 政／2·25 政／3·21 政／1958·6·12 政／1959·1·24 政／❾ 1969·3·30 政／1979·11·3 政／1987·8·7 政
岸 旗江 ❽ 1946·6月 社
吉士針間 ❶ 665·是年 政
岸 彦十郎 ❺-2 1812·8·19 社
岸 文笑 ❺-2 1796·4·12 文
岸 通昌 ❺-2 1773·是年 文
岸 光夫 ❽ 1959·7·17 社
岸 洋子 ❾ 1992·12·11 文
岸 義人 ❾ 2001·10·30 文
岸 連山 ❻ 1859·11·14 文
器之為璠(僧) ❹ 1468·5·24 社
禧子(きし)内親王 ❷ 1132·11·25 社／1133·10·10 社
喜子(きし)内親王 ❷ 1151·3·2 社
熙子(きし)内親王 ❷ 1215·3·14 社
暉子内親王(きし·室町院) ❷ 1243·12·14 政／❸ 1300·5·3 政
憙子内親王(昭慶門院) ❸ 1296·8·11 政／1324·3·12 政
徽子女王 ❶ 935·是年 政／936·9·12 社／937·7·13 社／945·8·13 社／949·4·7 政／977·9·16 社／985·是年 政
規子内親王 ❶ 972·8·28 文／977·9·16 社／986·5·15 社
曦子内親王(ぎし·仙華門院) ❷ 1244·12·16 社／1248·8·8 政／1251·3·27 政／1262·8·21 政
義子内親王(ぎし·和徳門院) ❷ 1261·3·8 政／❸ 1289·12·7 政
宜子女王 ❶ 880·6·21 政
儀子内親王 ❶ 859·10·5 社／12·25 社／876·10·5 社／879·⑩·5 政／880·3·27 政
岸上鎌吉 ❼ 1929·11·22 文
岸上大作 ❽ 1960·12·5 文
岸上 操(質軒) ❼ 1907·6·2 文
岸川聖也 ❾ 2011·5·8 社
岸河種安 ❸ 1318·3·19 社
岸澤式佐(六代目) ❼ 1898·2·26 文
岸澤式佐(十代目) ❽ 1962·9·4 文
岸澤竹遊斎(古式部、四代目) ❻ 1866·12·19 文
岸田市三郎 ❺-2 1766·11·5 政
岸田衿子 ❾ 2011·4·7 文
岸田今日子 ❽ 1963·1·14 文／❾ 2006·12·17 文
岸田吟香(墨江桜·墨江岸桜·岸国華·小林屋銀次·岸田銀治·京屋銀次郎·桜井銀次郎·東洋·桜草·吟道人) ❻ 1864·6月 文／1867·是年 文／1873·11月 文／1874·4·13 文／1875·5·22 社／8·18 文／1876·6·20 社／❼ 1905·6·7 文
岸田国士 ❼ 1928·10月 文／1934·1·29 文／1936·4·7 文／❽ 1937·9·6 文／1938·9·11 文／1939·1月 文／12·21 文／1940·2·22 文／5·6 文／10·14 文／1941·6·9 文／

1943·5·22 文／6·20 文／1954·3·5 文
岸田敬義　❺-2 1737·是年 文
岸田辰弥　❼ 1927·9·1 文
岸田忠助　❺-1 1692·2·9 政
岸田千代子　❽ 1937·3月 文
岸田俊子⇨中島俊子(なかじまとしこ)
岸田杜芳　❺-2 1783·是年 文
岸田日出戸　❼ 1925·7·6 文
岸田文雄　❾ 2007·8·27 政／2008·2·6 政／2012·12·26 政
岸田理生　❾ 2003·6·28 文
岸田劉生　❼ 1912·10·15 文／是年 文／1913·3·11 文／10·16 文／1915·是年 文／1916·4·1 文／是年 文／1918·12·14 文／1921·是年 文／1922·1·14 文／1925·是年 文／1927·11·15 文／1929·12·20 文
鬼室集斯　❶ 665·2月 政／669·是年 政／671·1月政、文
鬼室集信　❶ 671·1月 文
鬼室福信　❶ 660·9·5 政／10月 政／661·4月 政／11月 社／662·1·27 政／663·2月 政／6月 政
岸浪百艸居　❽ 1952·9·21 文
姫氏怒唎斯致契　❶ 552·10·13
岸野次郎三　❺-1 1703·元禄年間 文
岸辺成雄　❾ 2005·1·4 文
吉志部呼鳥　❶ 752·10月 文
木島桜谷　❼ 1907·10·25 文／1912·10·13 文／1913·10·15 文／1933·是年 文
木嶋佳苗　❾ 2009·8·6 社
木島太右衛門　❺-2 1780·3月 社
木島則夫　❽ 1964·4·1 社／❾ 1990·4·13 文
来島又兵衛　❻ 1863·6·6 政／1864·6·17 政
岸本吉右衛門(村田正一郎、四代目)　❼ 1924·10·26 政
岸本五兵衛(二代目)　❼ 1915·1·19 政
岸本寿賢　❺-2 1722·11·12 文／1723·2·28 政
岸本建男　❾ 2005·10·31 政
岸本忠三　❾ 1998·11·3 文／2007·4·6 文
岸本辰雄　❻ 1880·12·3 文／❼ 1912·4·5 文
岸本建夫　❾ 2006·3·27 社
岸本調和　❺-1 1679·是年 文／1685·是年 文
岸本千代子　❽ 1962·4·14 社
岸本能武太　❼ 1896·12·14 社
岸本晩翠　❺-2 1821·10·20 文
岸本由豆流(弓弦·大隅)　❺-2 1814·是年 文／1846·5·17 社
岸本芳秀　❻ 1872·是年 文
儿主　❺-2 1758·是年 文
亀寿(島津龍伯の娘)　❹ 1587·5·8 政
紀州鶴右衛門　❺-1 1607·6·20 文
宜秋門院⇨藤原任子(ふじわらにんし)
喜春(僧)　❸ 1374·6·1 政
義俊(大覚寺僧)　❹ 1549·3·7 文／1552·5·26 政／1555·8·14 文／1562·8·21 文／1564·3·10 政／1567·1·12 社
義俊(連歌)　❹ 1557·1·7 文
義順(僧)　❺-2 1772·10·17 社
熙春龍喜(僧)　❹ 1593·1·3 社／1594·1·3 社
義昭(僧)　❶ 969·1·3 社
義静(僧)　❶ 754·1·16 社
義昭(義承、僧·将軍足利義教の弟)　❸ 1412·3·10 社／1427·3·20 政／1428·1·18 政／1437·7·11 政／1438·7·25 政／1439·6·7 政／6·20 政／1441·3·13 政
義承(僧)　❹ 1467·10月 政
岸良兼養　❻ 1883·11·15 政
器之令簠(僧)　❸ 1398·12·8 社
岸和田治氏　❸ 1337·3·2 政
貴信(呉国人)　❶ 467·7月
義真(僧)　❶ 804·3·28 政／822·5·15 社／833·7·4 社／10·24 社
義尋(僧)　❹ 1464·11·25 政
キスレンコ(ソ連)　❽ 1950·8·30 政／11·8 政
木瀬浄阿弥　❺-1 1607·11月 文
其成(俳人)　❺-2 1816·是年 文
義清(僧)　❷ 1038·9·7 文
希世霊彦(僧)　❹ 1488·6·26 社
稀勢の里寛　❾ 2011·11·30 社
希全(僧)　❸ 1384·7·23 社
亀泉集証(僧)　❹ 1486·1·5 政／4·21 政／5·29 政／12·28 政／1487·1·21 政／10·30 政／1488·1·18 政／1·20 政／4·22 政／10·7 政／1489·6·24 政／7·28 政／1490·⑧·4 政／9·8 政／1491·4·5 政／5·9 政／6·3 社／1492·5·16 政／6·6 政／7·1 政／7·10 政／1493·4·10 政／8·17 政／9·1 政
木曾家豊　❹ 1473·11·22 政／1475·是夏 政
木曾家盛　❹ 1483·2·9 社
木曾信道　❸ 1443·嘉吉年間 社
木曾義在　❹ 1549·11·17 文
木曾義定　❹ 1491·6·28 社
木曾義仲⇨源義仲(みなもとよしなか)
木曾義仲の妹　❷ 1185·3·3 政／5·1 政
木曾義寛　❺-2 1844·是年 文
木曾義昌　❹ 1582·2·2 政／2·14 政／3·19 政／7·17 政／1584·3·21 政／1595·3·13 政
木曾義元　❹ 1528·7·12 政
木曾義康　❹ 1542·3·9 政
毅宗(高麗王)　❷ 1169·1·30 政
徽宗皇帝(宋)　❷ 1107·是年 文
季宗初興(僧)　❸ 1415·1·9 社
義尊(僧)　❺-1 1661·1·14 社
北　一輝(輝次郎)　❼ 1906·5月 文／1911·10月 政／1923·5·9 政／1926·7·29 政／1936·2·29 政／❽ 1937·8·14 政
喜多梅能　❺-1 1686·2·5 文
喜田吉右衛門(宗清)　❺-1 1669·是春 社／1671·6·1 社
喜多元規(長兵衛)　❺-1 1663·12月 文／1664·8月 文／是年 文／1667·是年 文／1671·1·15 文／是春 文／5月 文／1674·是年 文／1676·是年 文／1693·是年 文／1698·是年 文
北　監物大夫　❹ 1584·7·3 社
北　公輔　❻ 1890·10·26 社
北　重人　❾ 2009·8·26 文
喜多(北)七太夫(長能、初代)　❺-1 1620·8·6 文／1633·5·19 文／1649·6·25 文／1650·6·1 文／1686·是年 文
喜多七太夫(六代目)　❺-2 1730·5·15 文
喜多(北)静廬　❺-2 1846·是年 社／1848·2·23 文
喜多宗雲　❺-1 1661·是年 文／1668·是年 文
喜多武清　❻ 1856·12·20 文
喜多武四郎　❼ 1934·是年 文
喜多(北)当能(十大夫)　❺-1 1658·4·6 文／1665·5·3 文
北　豊吉　❼ 1916·6·15 社
喜多(北)長能(七大夫)　❺-1 1609·4·29 文／1613·8·18 文／1619·7·24 文／8·4 文／1629·7·23 文／1631·1·1 文／1653·1·7 文
北　信愛　❹ 1591·4·13 政
喜多又蔵　❼ 1932·1·31 政
喜多　実　❽ 1957·6·25 文／❾ 1986·10·2 文
喜多宗能　❺-1 1686·2·5 文
北　杜夫(斎藤宗吉)　❽ 1960·3月 文／❾ 1966·11月 文／2011·10·24 文
喜多安右衛門　❺-1 1628·1·8 社
木田理右衛門　❺-1 1614·1·11 政
北　昤吉　❽ 1942·5·18 政／1961·8·5 文
北　蓮蔵　❽ 1949·12·21 文
喜多六平太(十二代目)　❻ 1869·7·29 文／1870·5·24 文
喜多六平太(能心·千代造)　❽ 1953·11·3 文／1955·1·27 文
喜田華堂　❻ 1879·2·7 文
木田金次郎　❽ 1962·12·15 文
喜田貞吉　❼ 1899·4月 文／❽ 1939·7·3 文
木田達彦　❽ 1955·5·26 政
木田信貞　❹ 1600·10·10 関ヶ原合戦
きだみのる(山田吉彦)　❽ 1946·9月 文／❾ 1975·7·25 文
キダー, メアリー·E(フェリス女学院)　❻ 1872·7月 文／❼ 1910·6·24 社
北出清五郎　❾ 2003·1·19 文
北浦定政　❻ 1871·1·7 文
北尾光司　❾ 1986·7·23 社
北尾重政(久五郎·兼儔·非羸·花藍·紅翠斎·北鄒田夫)　❺-2 1767·是年 文／1775·是年 文／1783·是年 文／1785·6月 文／1786·是年 文／1800·是年 文／1820·1·24 文
北尾春圃　❺-1 1713·是年 文
北尾次郎(録次郎)　❼ 1907·9·7 文
北尾雪坑斎　❺-2 1752·是年 文／1767·是年 文
北尾政演⇨山東京伝(さんとうきょうでん)
北尾政美⇨鍬形蕙斎(くわがたけいさい)
北王英一　❾ 1993·12·10 社
北大路魯山人(房太郎)　❽ 1959·12·21 文
北大路大膳大夫　❹ 1590·7·1 文

北岡寿逸　❽ 1952・6・10 政

北岡伸一　❾ 2006・12・26 文

喜多岡勇平　❻ 1865・6・24 政

北垣国道　❻ 1880・3・2 政／1890・1・11 文

北垣晋太郎　❻ 1863・10・9 政

北風庄右衛門　❺-2 1805・是年 政

北風正造　❻ 1895・12・5 政

北風彦太郎　❺-1 1643・寛永年間 政

北角玄三　❼ 1925・4月 文

北角源兵衛　❻ 1864・3・18 政

北上正利　❺-1 1645・6・27 政

北川石松　❾ 1990・2・28 政

北川市郎兵衛　❺-1 1681・是年 政

喜多川(北川)歌麿(豊章)　❺-2 1781・是年 文／1786・是年 文／1788・是年 文／1790・是年 文／1794・是年 文／1795・是年 文／1800・是年 文／1804・4月 文／是年 文／1806・9・20 文

北側一雄　❾ 2004・9・27 政／2005・10・31 政

北川　丞　❼ 1932・1・28 政

北川　正　❽ 1956・6・7 文

北川民次　❾ 1989・4・26 文

北川親安　❹ 1583・1・13 政

喜多川千鶴　❾ 1997・3・4 文

北川藤右衛門　❹ 1593・9・23 文／⑨・23 文

北川はつ　❼ 1896・8月 社

北川春成　❺-2 1821・是年 文

北川冬彦　❼ 1924・11月 文／1932・11月 文／❾ 1990・4・12 文

北川平右衛門　❺-1 1681・是年 政

北川正恭　❾ 1994・4・15 政

北川孟虎　❺-2 1815・是年 文

北小路　健　❾ 1991・10・22 文

北小路　敏　❽ 1960・7・25 政

北小路三郎　❺-2 1833・8・4 文

北小路藤七郎　❷ 1268・是年 社

北里柴三郎　❻ 1889・是年 文／1890・是年 文／1892・11・30 文／1894・6・5 社／8・25 文／❼ 1902・4・2 文／1908・4・20 文／1914・10・14 文／1916・5・30 文／1931・6・13 文

北澤映月　❾ 1990・4・7 文

北澤きくの　❼ 1929・6・4 社

北澤　栄　❽ 1946・4・27 文

北澤新次郎　❼ 1917・12・3 社／1919・2・21 政

北澤楽天(保次)　❼ 1905・4・15 文／1915・6・27 社／❽ 1942・5・11 文／1955・8・25 文

北澤俊美　❾ 2009・9・16 政／2010・1・10 政／6・8 政／8・20 政／9・17 政

堅塩媛　❶ 541・3月／612・2・20 政

北島兼孝　❺-1 1685・12・22 文

北島敬介　❾ 2008・3・2 政

北島啓隣　❻ 1864・5・26 政

北島見信(見真)　❺-2 1737・是年 文

北島康介　❾ 2004・8・13 社／2005・7・23 社／2007・3・30 社／2008・6・6 社／8・9 社／2011・7・16 社／2012・7・27 社

北島三立(雪山)　❺-1 1669・10・6 政／10・6 文／1697・10・21 文

北島資孝　❸ 1365・10・10 社

北島高孝　❸ 1430・5・3 社

北島忠治　❾ 1996・5・28 社

北島直孝　❸ 1375・3・10 社

北島久孝　❹ 1569・10・19 社／1574・6・18 社

北島雅孝　❹ 1510・4・16 社

北島正元　❾ 1983・11・1 文

北島吉蔵　❼ 1923・9・4 政

北條(きたじょう)高広　❹ 1534・8・3 社／1547・11・10 社／1551・4・7 社／1554・12・5 政／1558・6・3 社／1560・12・27 社／1566・10・11 政／1577・9・16 社／1583・2・19 政

北白河院⇨藤原陳子(ふじわらちんし)

北白川宮永久王　❽ 1940・9・4 政

北白川宮成久王　❼ 1923・4・1 政

北白川宮能久親王⇨能久(よしひさ)親王

北代右衛門　❹ 1564・6・27 社

北代健助　❻ 1868・2・24 文

北添佶磨　❻ 1864・6・5 政

北園克衛　❽ 1940・10・14 文

北田上総　❸ 1409・6・3 政

北田薄氷　❼ 1900・11・5 文

北田瑠衣　❾ 2005・2・11 社

北楯利長　❺-1 1612・3・15 社

北爪有卿　❻ 1888・5・22 文

喜谷市郎右衛門　❼ 1907・5・5 社

木谷久左衛門　❺-1 1651・是年 政

木谷五郎兵衛　❺-1 1706・6・25 文

木谷　実　❾ 1975・12・19 文

北野秋芳　❺-2 1814・是年 社／1815・是年 文

北野　武(ビートたけし)　❾ 1981・5・16 社／1986・12・9 社／1994・8・2 社／2003・9・6 文／2006・5・15 社／2008・6・19 社

北野恒富　❼ 1923・9・1 文／1929・9・3 文

北野孫右衛門　❺-1 1608・10・29 社

記多(託陁)真玉(きたのまたま)　❶ 721・1・27 文／745・4・25 文

北野祐秀　❽ 1952・7・19 社

喜多野将監　❸ 1376・10・6 政

北野周防法眼　❸ 1431・6・12 文

北の湖敏満　❾ 1975・3・23 社／1978・3・25 社／9・24 社／1982・9・21 社／1985・1・15 社

北之川親安　❹ 1581・1・6 政

北の富士勝昭　❾ 1970・1・26 社

北政所⇨高台院(こうだいいん)

北畠顕家　❸ 1329・8・25 文／1333・8・5 政／10・20 政／1334・3・21 社／8・2 政／8・3 政／9・12 政／12・15 社／1335・3・1 政／8・13 政／⑩・29 政／11・12 政／12・22 政／1336・1・10 政／2・4 政／4・16 政／5・24 政／11・15 政／12・25 政／1337・1・8 政／3・5 政／8・11 政／9・11 政／1338・1・2 政／2・3 政／3・8 政／5・15 政／5・22 政

北畠顕信　❸ 1338・3・13 政／⑦・26 政／9月 政／1339・12・17 政／1340・是春 政／11・7 政／1341・④・20 政／1342・2・4 政／3・24 政／9・8 政／12・21 政／1345・2・18 政／11・4 政／1350・1・5 政／1351・10・7 政／1352・1・12 政／7・3 政／8・7 政／1353・5・4 政／1355・3・15 政／1356・11・19 政／1358・8・30 政／1360・6・5 政／1361・1・18 政／1362・1・17 政／1380・11月 政

北畠顕雅　❸ 1430・4・2 政／6・9 政／6・23 政／1431・2・17 政／3月 政／1439・6・7 政

北畠顕統　❸ 1386・6・6 政

北畠顕村　❹ 1578・7・20 政

北畠顕泰　❸ 1389・3・1 政／是年 政／1392・11・1 政／12・27 政／1393・1・8 政／1399・11・8 政／1402・10・29 政／1403・10・20 政／1406・12・1 政／1412・6・12 政／1414・是春 政

北畠顕能　❸ 1351・3・3 政／1352・②・20 政／3・15 政／1353・2・13 政／1374・是春 社／1383・7月 政

北畠材親　❹ 1492・11・15 政／1493・8・22 社／1495・10月 政／1497・6・20 政／1499・11・20 社／1504・③月 政／1509・8・2 政／1517・12・13 政

北畠親房　❸ 1322・4・7 政／1326・10・30 政／1330・9・17 政／1333・10・7 文／1336・12・16 政／1337・1・1 政／1338・⑦・26 政／9月 政／10・5 政／11・6 政／1339・3・20 政／9・28 政／是秋 文／1340・2月 文／4・3 政／5・16 政／11・18 政／1341・2・18 政／④・5 政／6・23 政／10・16 政／11・10 政／1342・5・26 政／12・21 政／1343・5・6 政／7・3 政／11・11 政／1348・1・6 政／8・7 社／1351・4・4 社／1352・是冬 文／1354・4・17 政／❺-1 1608・是年 文

北畠具方　❹ 1486・8・6 政／12・22 社／1487・10・5 政

北畠具親　❹ 1577・是春 政／1583・1・2 政／1584・4・3 政

北畠具教　❹ 1553・7・26 社／1564・是年 社／1569・5月 政／8・26 政／1575・6・23 政／1576・11・25 政／1583・1・2 政

北畠具房　❹ 1569・8・26 政／1575・6・23 政／1576・11・25 政

北畠信雄(信意・のぶおき)⇨織田(おだ)信雄

北畠教具　❸ 1429・10・28 政／1430・6・23 政／1442・7・8 社／10・7 社／❹ 1456・6月 政／1467・8・25 政／1468・7・28 政／1469・8月 文／1470・6・9 社／1471・3・23 政

北畠晴具　❹ 1526・2・13 政／1529・1・23 政／1530・3・6 政／1534・12・3 文／1563・9・17 政

北畠治房　❼ 1921・5・2 政

北畠政郷　❹ 1471・3・23 政／1477・5・18 政／9・28 政／1479・11・22 政／1480・8・27 政／1485・10月 社／1486・8・6 政／1508・12・4 政

北畠雅俊　❸ 1414・10・7 政／1415・2月 政

北畠満雅　❸ 1402・10・29 政／1413・3月 政／1414・⑨・10 政／1415・2月 政／4・7 政／8・10 政／9・18 政／1423・8月 政／1428・8・3 政／8・23 政／12・21 政／1430・4・2 政／1431・11・10 政

北畠満泰　❸ 1399·11·29 政／1415·4·7 政
北畠持康　❸ 1439·6·7 政
北畠師重　❸ 1322·1·13 政
北畠師茂　❹ 1497·6·20 政
北浜安夫　❾ 1996·9·14 文
北林谷栄　❽ 1942·2·21 文／❾ 2010·4·27 文
北原亜以子　❾ 1993·7·15 文
北原兼孝　❹ 1534·①·6 政／1535·8·14 政／1536·2·25 政／1542·8·20 政
北原亀二　❼ 1924·3·17 政
北原謙二　❾ 2005·1·26 文
北原五郎　❽ 1940·2·28 政
北原祐兼　❹ 1542·③·28 政
北原泰作　❼ 1927·11·19 政／❽ 1946·2·19 社／❾ 1981·1·3 政
北原武夫　❾ 1973·9·29 文
北原白秋(隆吉)　❼ 1899·11月 文／1907·3月 文／1909·1月 文／3月 文／10月 文／1911·11月 文／1913·1月 文／11月 文／1915·4月 文／1920·12·26 文／1924·4月 文／1935·6月 文／❽ 1942·11·2 文／1944·3月 文
北原三枝　❽ 1956·5·17 社／1960·12·2 社
北原怜子　❽ 1958·1·23 社
喜多見勝忠　❺-1 1618·是年 政／1627·12·26 政
喜多見重俊　❺-1 1656·6·5 政
喜多見重治　❺-1 1689·1·20 政
喜多見重政　❺-1 1689·2·2 政
北向雲竹　❺-1 1688·4月 文／1703·5·12 文
北向(荒木)道陳　❹ 1542·4·9 文／1558·9·9 文／1559·4·22 文
北村栄二郎　❼ 1934·4·25 社
喜多村(北村)英三　❾ 1997·3·7 文
北村援琴　❺-2 1735·是年 文
北村　治　❾ 2012·7·31 文
北村　薫　❾ 2009·7·15 文
北村和美　❾ 2007·5·6 文
北村兼子　❼ 1931·7·26 文
北村季吟(再昌院·静厚)　❺-1 1647·是年 文／1649·是年 文／1652·10月 文／1655·是年 文／1656·是年 文／1660·是年 文／1661·是年 文／1663·是年 文／1664·是年 文／1665·是年 文／1667·是年 文／1671·是年 文／1673·12月 文／是年 文／1674·是年 文／1675·是年 文／1676·是年 文／1680·是年 文／1681·是年 文／1682·是年 政／1689·12·21 政／1690·是年 文／1691·12·2 文／1699·12·18 文／1705·6·15 文／是年 文／1706·是年 文／1713·是年 文／1714·是年 文
北村喜八　❽ 1937·12·2 文／1941·5·6 文
北村季文　❺-2 1825·12·16 文
北村久寿雄　❼ 1932·7·30 社
喜多村慶庵　❺-1 1690·9·21 文
北村今朝義　❽ 1944·12·1 社
北村元助　❺-2 1848·12月 文
北村湖元　❺-2 1749·5·4 文
北村湖春(季順)　❺-1 1667·是年 文／1689·12·21 政／1697·1·15 文／❺-2 1834·是年 文
北村小松　❽ 1938·9·11 文
北村維章　❾ 1989·6·21 文
北村三郎左衛門　❹ 1579·2·10 社
北村サヨ　❽ 1945·8·12 社／1948·9·8 社／1956·2·10 社／❾ 1967·12·27 社
北村四海　❼ 1907·6·11 文／1927·11·14 文
北村重威　❻ 1872·5·15 社／1873·4月 社
北村士拡　❺-2 1811·是年 文
北村季晴　❼ 1914·4·1 文／1931·6·17 文
北村西望　❼ 1916·10·14 文／是年 文／1921·12·15 文／❽ 1944·11·25 文／1945·10·28 文／1955·8·8 社／1958·11·3 文／❾ 1987·3·4 文
北村正立　❺-1 1702·⑧·21 文
北村荘八　❼ 1932·是年 文
北村孫盛　❽ 1937·7月 文／1945·12·1 社
北村武資　❾ 1982·是年 文
喜多村　直　❺-2 1820·是年 文
北村太郎　❾ 1992·10·26 文
喜多村智庵　❺-1 1713·⑤·25 政
北村忠兵衛　❺-1 1634·11月 文
北村長兵衛　❻ 1877·3·13 社
北村透谷　❻ 1889·11月 政／1893·1月 文／1894·5·16 文
北村徳太郎　❽ 1948·3·10 政／1955·9·21 政／❾ 1968·11·15 政
北村直人　❾ 1997·9·5 政
喜多村信節(筠庭·筠居)　❺-2 1818·是年 文／1830·是年 文／❻ 1856·6·23 文
喜多村彦右衛門(江戸町年寄)　❹ 1592·10月 社／❺-2 1725·8月 社／1797·11·28 社／1824·12·19 社／1852·11·19 文
北村寿雄　❾ 1996·6·6 社
北村久寿　❼ 1933·9·16 社
北村久備　❺-2 1812·是年 文
北村秀雄　❽ 1944·6月 文
北村正信　❽ 1951·10·28 文
北村友圭　❾ 1978·4·10 文
北村可昌　❺-1 1696·是年 文
喜多村良宅　❺-2 1817·是年 文
喜多村緑郎(六郎)　❼ 1896·9月 文／1900·6月 文／10·11 文／1901·2·10 文／1905·2·1 文／1906·10·27 文／1910·3·12 文／10·31 文／❽ 1961·5·16 文
北本　治　❾ 1998·4·26 文
北本　忍　❾ 2009·5·3 社
北本順一　❾ 2008·6·25 社
北山寒巌　❺-2 1796·是年 文／1801·1·18 文
北山茂夫　❾ 1984·1·30 文
北山昌三　❺-2 1779·1·27 文
北山晋陽　❺-2 1801·11·16 文
北山孫三郎　❺-2 1813·10·15 社
北山元章(橘庵)　❺-2 1789·是年 文
北山理庵　❺-2 1767·4·27 文
北山六郎　❾ 2008·1·4 政
北山院⇨藤原康子(ふじわらこうし)
北脇　昇　❽ 1937·3·13 文／1939·5·17 文／1949·是年 文
季潭宗泐(明)　❸ 1375·是年 文
(佐平)貴智　❶ 660·10月 政
きち(芸子)　❻ 1857·10月 社
吉　大尚　❶ 671·1月 文
吉(吉智·吉知·吉田)　宜　❶ 700·8·20 政／721·1·27 文／730·3·27 文
吉右衛門(大薩摩座)　❻ 1865·3·15 文
祁爹佳(清)　❺-1 1657·是年 文
吉文字屋三郎兵衛　❺-1 1619·2月 社
義忠(実相院僧·足利義稙の弟)　❹ 1502·8·5 政
帰蝶(濃姫)　❹ 1548·是年 政
義澄(僧)　❶ 838·7·5 文／839·9·5 文
吉　且担(琉球)　❸ 1442·1·27 政
木津勘介　❺-1 1661·6·15 社
木津吉兵衛　❺-2 1740·3·19 政
木津幸吉　❻ 1864·是年 文／1869·是年 文
木津宗詮　❻ 1858·1·1 文
木津船右衛門　❺-1 1614·1·11 政
吉川興経　❹ 1522·3·6 政／1530·11·28 政／1542·7·27 政／1543·5·7 政／8·18 政／1547·⑦·22 政／1550·9·27 政
吉川儀右衛門　❺-1 1678·9·20 政
吉川吉五郎　❺-2 1766·2·7 社
吉川国経　❹ 1520·1·8 政／1531·6·18 政
吉川実経　❸ 1336·2·19 政／3·9 政／1350·5·28 政／1363·4·22 政
吉川千熊丸⇨吉川経家(つねいえ)
吉川経明　❸ 1336·1·13 政／1343·8·7 政
吉川経秋　❸ 1363·12·29 政／1383·12·4 政
吉川経家(千熊丸)　❹ 1580·5·21 政／1581·2·22 政／6·25 政／10·25 政
吉川経兼　❸ 1354·5·21 政
吉川経清　❸ 1338·9·7 政／1340·6·5 政
吉川経高　❸ 1322·11·20 政
吉川経任　❸ 1367·是冬 政
吉川経言⇨吉川広家(ひろいえ)
吉川経永　❺-2 1742·10·6 政
吉川経信　❸ 1416·6·14 政／1441·7·4 政／10·22 政／1450·11·16 政／1451·7·13 政／12·26 政／❹ 1456·2·10 政
吉川経政　❸ 1362·11·16 政
吉川経見　❸ 1404·8·3 政／1406·3·15 政／1416·6·14 政／1435·10·19 政
吉川経基　❹ 1461·7·16 政／1465·10·26 政／1473·5·11 政／1477·1·7 政／1482·12·3 政／1484·12·24 政／1489·8·5 政／1517·10·22 政／1520·1·8 政
吉川経幹　❻ 1864·10·24 政
吉川経盛　❸ 1319·10·3 社
吉川経世　❹ 1547·⑦·22 政
吉川経頼　❸ 1335·9·27 政
吉川就頼　❺-1 1617·4·26 政
吉川虎熊　❸ 1363·4·22 政
吉川秀男　❽ 1937·是年 文／

1941·10月 文
吉川広家(経信·経言) ❹ 1580·8·13 政／1583·11·1 政／1587·6·5 政／11·30 社／12·28 政／1588·⑤·13 政／7·19 政／8·10 文／1589·12·4 政／1590·7·15 政／7·16 文／8·18 政／1591·3·13 政／6·18 政／1592·2·28 文禄の役／4·19 文禄の役／5·4 文／6·15 文禄の役／7·9 文禄の役／11·10 文禄の役／1593·1·26 文禄の役／2·5 文禄の役／2·5 社／8·16 文禄の役／⑨·21 文禄の役／1594·12·20 社／1595·4·22 社／5·24 政／1596·1·16 社／9·7 社／1597·6月慶長の役／9·1 慶長の役／9·17 慶長の役／1598·1·4 慶長の役／1600·7·13 関ヶ原合戦／7·23 関ヶ原合戦／8·5 関ヶ原合戦／8·17 関ヶ原合戦／9·7 関ヶ原合戦／9·14 関ヶ原合戦／❺-1 1604·7·15 社／1617·4·26 政／1625·9·21 政
吉川広正 ❺-1 1617·4·26 政
吉川広嘉 ❺-1 1673·10·1 社／1675·是年 社／1679·4·12 政／8·16 政
吉川益熊 ❸ 1322·11·20 政
吉川元経 ❹ 1468·7·27 政／1522·3·6 政／1523·6·13 政／1524·5·20 政
吉川元長(元資) ❹ 1579·12·24 政／1585·5·1 政／12·21 政／1586·11·15 政／12·7 政／1587·6·5 政
吉川(毛利)元春 ❹ 1547·⑦·22 政／1549·2·4 政／1555·9·21 政／1556·3·18 政／5月 政／1557·3·22 政／11·25 社／1558·2·27 政／5·20 政／1559·7月 政／1561·11月 政／1563·8·13 政／1564·7·27 政／1565·8月 文／是年 文／1566·11·19 政／1567·3·2 政／1568·4月 政／6月 政／8月 政／9·4 政／1569·5·18 政／10·12 政／1570·1·28 政／2·14 政／4·17 政／7·22 政／1571·3·19 政／8·18 政／1573·7·24 政／10月 政／1574·9月 政／1575·5·28 政／8·29 政／9·28 政／1576·2·6 政／2·8 政／10·10 政／11·20 政／1578·4·18 政／5·23 政／7·3 政／11·24 政／1579·1·7 政／8·8 政／12·24 政／1580·2·14 政／5·21 政／8·13 政／10·22 政／1581·2·22 政／1582·5·7 政／7·18 政／1583·2·13 政／4·6 政／12·22 文／1585·5·1 政／1586·4·10 政／8·16 政／11·15 政
吉川之経 ❹ 1456·2·10 政／6·1 政／1457·4·4 政／1477·1·7 政
吉川霊華(準) ❼ 1916·5月 文／1929·3·25 文
吉川出雲守 ❹ 1522·6·18 政
吉川加賀守 ❸ 1452·10·26 政
亀甲康吉 ❾ 1969·1·26 政
吉山明兆(僧) ❸ 1383·6·18 文／是年 文／1386·10·17 文／1394·4月 文／1404·1·8 文／1406·8·24 文／1408·6月 文／1413·是夏 文／1415·8·22 文／1420·是年 文／1425·是年 文／1426·6月 文／是年 文／1431·8·20 文
キッシンジャー(米) ❾ 1971·7·9 政／1972·6·9 政／1973·2·19 政／1989·3·17 政
乞徹(元) ❸ 1367·6·24 政
木津屋三右衛門 ❺-1 1623·元和年間 社
喜連川尊信 ❺-1 1630·6·13 政
喜連川頼氏 ❺-1 1630·6·13 政
義諦(僧) ❺-2 1716·是年 文
義哲(僧) ❹ 1548·5·8 社
義天(大覚国師) ❷ 1097·3·23 文
魏天(京都の通事) ❸ 1420·4·21 政
義天玄勝(僧) ❸ 1450·6·2 社
義天玄詔(玄永) ❹ 1462·3·18 社
帰天斎正一 ❻ 1882·10·20 社
城戸清種 ❺-1 1615·是年 文
城戸熊太郎 ❻ 1893·5·25 社
木戸元斎 ❹ 1594·6·28 文
木戸幸一 ❽ 1937·12·1 文／1939·1·5 政／1940·6·1 政／7·11 社／1941·10·15 政／10·16 政／1944·7·2 政／7·13 政／7·20 政／1945·12·6 政／1946·7·5 政／1955·12·13 政／12·16 政／1958·4·7 政／❾ 1977·4·6 政
城戸四郎 ❼ 1928·7·12 文
木戸孝允(貫治·準一郎·松菊·桂小五郎) ❻ 1860·7·8 政／1861·6·11 政／1862·1·15 政／1863·3·28 政／9·21 政／1864·1·4 政／6·5 政／6·17 政／1865·⑤·6 政／1866·1·8 政／1·21 政／1·22 政／10·15 政／1867·8·21 政／9·26 政／11·22 社／12·8 政／1868·3·14 政／④·6 社／1869·12月 政／1870·11·27 政／1871·6·25 政／10·8 政／1873·1·19 政／10·14 政／1874·1·17 政／1·25 文／4·17 政／1875·1·8 政／2·11 政／3·8 政／1876·3·28 政／1877·5·26 政／2·28 西南戦争
城戸千楯 ❺-2 1816·1月 文／1824·是年 文／1842·是年 文
木戸忠太郎 ❼ 1909·8·16 社
木戸範懐 ❸ 1419·1·19 政／3·3 政
木戸法季 ❸ 1380·6·15 政／1382·4·8 政
城戸尚夫 ❾ 1997·5·19 社
木戸宝寿 ❸ 1332·2·29 政
城戸又一 ❾ 1997·8·22 文
城戸幡太郎 ❼ 1936·10·20 文／❽ 1937·5·18 文／1940·7·17 政／1944·6·13 文／1945·8·29 政／1951·11·10 文
木戸持季 ❸ 1386·5·27 政／1421·3·4 政／1438·10·3 政
虚堂(僧) ❹ 1542·4·4 文
鬼道(刀工) ❺-2 1764·8月 文
義堂(僧) ❺-1 1712·是年 文
鬼頭景義 ❺-1 1676·7·15 社
鬼頭史郎 ❾ 1976·10·21 政／1978·4·28 政
鬼頭道恭 ❼ 1904·4·15 文
義堂周信(僧) ❸ 1342·是年 政／1359·是年 文／1367·3·5 文／4·15 社／是年 文／1368·6·1 文／1369·7·24 社／1370·8·4 文／1371·10·15 社／1372·2·10 文／1374·3·4 文／1375·10月 文／1376·4·20 文／1378·12·6 文／1379·11·15 文／1380·4·4 社／8·7 文／11·15 文／12·15 社／1381·4·25 政／6·22 文／9·27 文／10·7 社／11·10 社／1382·3·20 文／5·7 社／5·10 社／1383·8·7 政／1386·2·3 社／10月 文／1387·5月 文／1388·2·3 文／4·4 社
虚堂智愚(きどうちぐ·宋僧) ❷ 1254·是秋 文／1258·3月 政／是年 文／1261·是年 文／1265·6月 文／1266·12月 文／1268·①月 文／是年 文／1269·此頃 政／10·5 社
義徳(僧) ❶ 690·9·23 政
祇徳(仲·自在庵) ❺-2 1735·是年 文／1744·是年 文／1754·11·24 文
城所英一 ❼ 1924·11月 文
喜納昌栄 ❾ 2009·12·24 文
木直権之丞 ❻ 1868·3·25 政
木梨精一郎 ❻ 1868·4·4 政／1876·5·17 政／7·4 政／1877·4·1 西南戦争／1879·1·8 政
木梨鷹一 ❽ 1943·12·16 政
木梨軽皇子 ❶ 434·3·7／435·6月／453·10月
木滑要人 ❻ 1868·3·25 政
義仁法親王(正親町宮) ❸ 1397·9·20 文
衣縫王 ❶ 693·2·10 社／699·10·20 政／707·11·24 政
衣笠家良 ❷ 1240·10·20 政／1264·9·10 政
衣笠一閑 ❺-1 1683·是年 文／1684·是年 文
衣笠五郎左衛門 ❹ 1520·12·26 政
衣笠貞之助 ❽ 1950·2·26 社
衣笠祥雄 ❾ 1986·6·7 社／1987·6·13 社
衣笠(小亀)貞之助 ❼ 1932·12·1 文
衣笠梅寿 ❻ 1859·是年 文
衣川長秋 ❺-2 1806·是年 文
絹川佐渡入道 ❹ 1522·6·18 政
絹屋伊兵衛 ❺-2 1830·是年 社
絹屋佐平次 ❺-2 1720·3月 社
絹屋徳兵衛 ❺-2 1830·是年 社
杵屋栄左衛門 ❾ 1982·1·12 文
杵屋勝作 ❾ 2010·6·28 文
杵屋勝三郎(二代目) ❼ 1896·2·5 文
杵屋勝三郎(三代目) ❼ 1903·9·11 文
杵屋勘五郎(喜三郎、初代) ❺-1 1633·是年 文／1637·是年 文／1638·是春 文
杵屋勘五郎(二代目) ❺-1 1699·10·21 文
杵屋勘五郎(三代目) ❻ 1877·8·7 文
杵屋勘五郎(五代目) ❼ 1917·3·22 文
杵屋喜三郎 ❺-1 1663·3月 文
杵屋佐吉 ❼ 1908·4·3 文
杵屋佐登代 ❾ 1997·10·18 文
稀音家浄観(初代) ❼ 1917·8·28 文
稀音家浄観(二代目) ❽ 1955·11·3 文／1956·5·28 文
杵屋正次郎(三代目) ❻ 1872·7·10 文／❼ 1896·10·31 文
杵屋正次郎(六代目) ❾ 2011·7·1 文

杵屋正邦 ❾ 1996·2·16 文
杵屋六左衛門(二代目) ❺-1 1663·3月 文
杵屋六左衛門(四代目) ❺-1 1713·4·7 文
杵屋六左衛門(十代目) ❻ 1858·8·16 文
杵屋六左衛門(十一代目) ❻ 1874·12·1 文
杵屋六左衛門(十二代目) ❼ 1912·8·31 文
杵屋六左衛門(十三代目) ❽ 1940·3·23 文
杵屋六三郎(十二代目) ❻ 1855·11·30 文
杵屋六四郎(三代目) ❼ 1902·8·19 文
きの(如来教開祖) ❺-2 1802·8·11 社(囲み)
木野親政 ❹ 1556·5·7 政
木内石亭(小繁) ❺-2 1794·是年 文／1801·是年 文／1808·3·11 文
キノトール(木下順) ❾ 1999·11·29 文
紀臣弥麻沙 ❶ 541·7月／543·4月
紀伊国屋市左衛門 ❺-1 1619·2月 社
紀伊国屋源兵衛 ❺-2 1725·11·24 政／1726·12·15 政
紀伊国屋左近右衛門 ❺-1 1619·2月 社
紀伊国屋三郎兵衛 ❺-1 1697·1·19 政
紀伊国屋文左衛門 ❺-1 1698·2·9 社／❺-2 1734·4·24 社
木下アリーシア ❾ 1996·7·19 社
木下家定 ❹ 1587·9·24 政／❺-1 1601·4·16 政／1608·8·26 政
木下和泉 ❹ 1585·5·28 社
木下逸雲(志賀之介·相宰·逸雲·如螺山人·物々子) ❺-2 1848·是年 文／❻ 1866·8月 文
木下応受 ❺-2 1815·9·6 文
木下勝俊(長嘯子) ❹ 1595·11·3 社／1600·8·1 関ヶ原合戦／❺-1 1609·9·27 政／1649·6·15 文／是年 文
木下勘一 ❽ 1960·是年 社
木下菊潭(寅亮·貞筒) ❺-2 1718·9·3 文／1719·10·28 文／1721·1·14 文／1743·7·5 文
木下希声 ❺-2 1739·是年 文
木下吉之助 ❼ 1906·3·4 文
木下恵介 ❽ 1944·是年 社／❾ 1969·7·25 文
木下源蔵 ❻ 1891·是夏 社
木下公定 ❺-1 1710·是年 文
木下幸文 ❺-2 1821·11·2 文／是年 文
木下順庵(貞幹·直夫·錦里·敏慎斎·薔薇洞) ❺-1 1682·7·28 文／是年 政／1683·11·12 文／1687·7·1 文／1696·2月 文／1698·12·23 文／❺-2 1790·是年 文
木下順二 ❽ 1948·3·4 文／1949·1月 文／10·27 文／1952·1·29 文／1954·11·18 文／1962·7·10 文／❾ 2006·10·30 文
木下孝則 ❼ 1936·12·20 文
木下唯助 ❼ 1902·4月 社
木下　保 ❽ 1942·3·16 文
木下長嘯子⇨木下勝俊(かつとし)
木下つや ❼ 1910·11·11 社
木下道円 ❺-1 1683·7·19 文／1711·9·23 文
木下藤吉郎(秀吉)⇨豊臣(とよとみ)秀吉
木下俊量 ❺-1 1707·9·12 政
木下俊国 ❺-2 1837·6月 文
木下利忠 ❺-2 1784·7·27 政
木下俊胤 ❺-2 1768·7·29 政
木下利彪 ❺-2 1784·7·27 政
木下俊長 ❺-1 1661·4·3 政／1698·2月 社／1707·9·12 政
木下俊程 ❻ 1858·6月 文
木下俊治 ❺-1 1642·1·7 政／1661·4·3 政
木下利房(勝義) ❹ 1600·8·1 関ヶ原合戦／❺-1 1609·9·27 政／1637·6·21 政
木下利当 ❺-1 1637·6·21 政
木下利三 ❺-1 1624·9·6 政
木下俊泰 ❺-2 1748·8·30 政／1768·7·29 政
木下俊能 ❺-2 1748·8·30 政
木下尚江 ❼ 1897·7月 政／1898·10·18 政／1900·2·16 社／1901·4·28 政／5·18 政／12·20 社／1903·10·20 政／1904·1·1 文／1·14 政／1905·11·10 社／12·6 政／❽ 1937·11·5 文
木下長監 ❺-2 1741·12·14 政
木下延俊 ❺-1 1613·1·10 文／6·29 文／9·28 社／11·16 文／1642·1·7 政
木下広次 ❼ 1910·8·22 文
木下杢太郎(太田正雄) ❼ 1899·11月 文／1909·1月 文／1914·3月 文／❽ 1945·10·15 文
木下元喬 ❺-1 1697·是年 文／1709·是年 文
木下吉隆 ❹ 1593·3·3 文禄の役
木下義謙 ❼ 1936·12·20 文／❽ 1946·12·17 文
木下利玄 ❼ 1910·4月 文／1924·4月 文／1925·2·15 文
喜瀬乗昌 ❺-1 1715·是年 文
紀角宿禰 ❶ 書紀·応神 3·是年／仁徳 41·3月
紀内親王 ❶ 886·6·29 政
木の元才荘 ❺-2 1802·5月 文
宜野湾(ぎのわん)王子 ❻ 1879·6·8 政
宜野湾王子朝陽(琉球) ❺-2 1790·6·14 政
宜野湾親方朝保 ❻ 1870·9月 文／1872·9·14 政／1876·8·6 政
宜野湾親方有恒 ❻ 1872·7·11 政
木場貞長 ❻ 1880·7·10 文
木場伝内 ❻ 1866·4·14 政
支半于刀(きはうと) ❶ 713·6·19 社
規伯玄方(僧) ❺-1 1621·7·18 政／1622·1·22 政／1625·是年 政／1629·②·17 政／1631·12月 政／1635·3·12 政／10月 政／1661·10·23 社
木林鉄次郎 ❻ 1876·11·12 文
木原武正 ❽ 1945·8月 政
木原栖臣 ❻ 1868·7·8 文
木原信敏 ❾ 2011·2·13 文
木原　均 ❼ 1930·4月 文／❽ 1948·7·2 文／8月 政／11·2 文／1955·3·22 文／5·14 文／❾ 1986·7·27 文
木原光知子 ❾ 2007·10·18 社
吉備海部難波 ❶ 573·5·3
吉備　泉 ❶ 778·2·23 文／782·2·7 政、文／784·3·25 政／785·10·2 政／814·⑦·8 政
吉備魚主 ❶ 796·5·4 政
吉備尾代 ❶ 479·是年
吉備弟君 ❶ 541·4月
吉備笠垂 ❶ 645·9·3 政
吉備韓子 ❶ 530·9月
吉備武彦 ❶ 書紀·景行 40·7·16／景行 40·是年
吉備(下道)真備 ❶ 717·3·9 文／735·3·10 政／4·26 文／740·8·29 政／746·10·19 政／750·1·10 政／751·11·7 政／753·12·7 政／754·4·5 政／4·7 政／760·11·10 政／761·11·17 政／764·1·21 文／9·11 政／766·1·8 政／5·4 政／770·9·7 政／775·10·2 政／776·1·19 政／791·3·6 政
吉備全嗣(全継) ❶ 845·1·11 政／859·1·13 政／867·1·12 政
吉備麻呂 ❶ 708·3·22 政
吉備由利 ❶ 766·10·8 文／774·1·2 政／828·2·13 文
吉備海部赤尾 ❶ 463·是年
吉備上道田狭 ❶ 463·是年
吉備嶋皇祖母命(皇極天皇母) ❶ 643·9·11 政
吉備下道前津屋 ❶ 463·8月
吉備津彦 ❶ 書紀·崇神 10·9·9／崇神 60·7·14
吉備内親王 ❶ 729·2·10 政
宜普結制(琉球) ❸ 1431·11·9 政
黄書(黄文)大伴 ❶ 672·6·24 政／703·7·5 政／710·10·14 政
黄文　備 ❶ 700·6·17 政
黄書(黄文)本実 ❶ 671·3·3 文／694·3·2 政
黄文水分 ❶ 754·4·5 政
黄文牟禰 ❶ 778·2·4 政
黄文王 ❶ 757·7·4 政
ギブンス(米) ❽ 1950·8·27 文
木部直春 ❺-1 1639·6·10 社
木部佳昭 ❾ 1993·7·30 政
喜兵衛(堺町名主) ❺-1 1683·⑤·19 社
基弁(僧) ❺-2 1771·是年 文
義法(僧) ❶ 707·5·28 政／714·3·10 文
義邦(僧) ❺-1 1695·是年 文
宜保親雲上(琉球) ❺-1 1608·4·8 政
儀間真常(琉球) ❺-1 1605·是年 社／1623·是年 社／1644·10·14 社
木俣　修 ❾ 1983·4·4 文
木俣守安 ❺-1 1673·3·10 文
喜味こいし ❾ 2011·1·23 文
君子尺麻呂 ❶ 715·3·25 社
君子内親王 ❶ 893·3·14 社／902·10·9 社／924·11·24 社
吉弥侯宇加奴 ❶ 835·2·4 政

吉弥侯億可太 ❶ 835·2·4 政
吉弥侯志波宇志 ❶ 835·2·4 政
吉弥侯部井出麻呂 ❶ 823·5·5 政
吉弥侯部押人 ❶ 803·4·25 政
吉弥侯部小槻麻呂 ❶ 822·9·26 政
吉弥侯部於等利 ❶ 832·12·20 社
吉弥侯部於夜志閉 ❶ 817·9·20 政
吉弥侯部草手子 ❶ 831·2·9 社
吉弥侯部黒田 ❶ 799·12·16 政
吉弥侯部子成 ❶ 803·4·25 政
吉弥侯部田苅女 ❶ 799·12·16 政
君子部立花 ❶ 724·2·22 社
吉弥侯部都留岐 ❶ 811·3·20 政／7·29 政
君子部真石 ❶ 752·10月 文
吉弥侯部真麻呂 ❶ 795·5·10 社
吉弥侯部三気麻呂 ❶ 831·2·9 社
吉弥侯部保呂 ❶ 799·12·16 政
吉弥侯部留志女 ❶ 799·12·16 政
君島一郎 ❾ 1996·7·14 社
君谷祐忠 ❸ 1363·1·11 政／1388·12月 政
君谷祐直 ❸ 1390·8·21 政
公則(宇佐神人) ❷ 1088·2·1 社
君原健二 ❾ 1966·4·19 社／1968·10·12 社
君仁親王 ❷ 1125·5·24 政／1143·10·19 政
君本昌久 ❾ 1997·3·22 文
木宮泰彦 ❾ 1969·10·30 文
義明(僧) ❸ 1337·2月 社
希明清良(僧) ❸ 1445·9·16 社
金　日成 ❾ 1972·6·1 政／1974·9·6 政／1975·7·19 政
金　芝河 ❾ 1974·7·16 文／1975·2·15 政
金　昌国 ❾ 1969·10·4 文
金　鍾泌 ❾ 1973·6·10 政／11·2 政
金　正日 ❾ 2002·9·17 政
金　勝一(蜂谷真一) ❾ 1987·11·29 政
金　星煥 ❾ 2012·9·27 政
金　達寿 ❾ 1997·5·24 文
金　大中 ❾ 1973·8·8 政／1998·10·7 政／⇨項目 1 政治「金大中事件」も見よ
金　東雲(金炳賛) ❾ 1973·8·8 政／2007·10·24 政
金　学順 ❾ 1991·8·14 社
金　賢姫(蜂谷真由美) ❾ 1987·11·29 政／2009·3·11 政／2010·7·20 政
金　嬉老 ❾ 1968·2·20 社／1999·9·7 社
キムヘギョン(横田めぐみさん娘) ❾ 2002·10·2 政／10·24 政
キムユンシン(サハリン) ❾ 1999·5·29 政
金　妍児 ❾ 2008·12·13 社
金　龍成 ❾ 2003·3·15 社
金⇨金(きん・こん)姓も見よ
木村　曙 ❻ 1890·10·19 文
木村　厚 ❺-2 1798·是年 文
木村　温 ❺-2 1851·是年 文
木村一治 ❽ 1954·9·24 文
木村伊兵衛 ❼ 1933·8月 文／❽ 1938·3·21 文／1942·1月 文／1950·6·4 文
木村右衛門 ❺-1 1665·8·9 政
木村雨山 ❾ 1977·5·9 文
木村雲八 ❺-2 1753·10·13 政
木村芥舟(勘助) ❼ 1901·12·9 政
木村和司 ❾ 1986·8·12 社
木村勝右衛門 ❺-2 1746·6·2 社
木村勝正 ❺-1 1603·10·2 社／1612·3·21 社／1615·5月 社／1616·是年 社
木村儀四郎 ❼ 1926·3·23 社
木村喜清 ❺-1 1692·6·26 社
木村九蔵 ❼ 1898·1·29 社
木村禧代二 ❾ 1995·2·28 文
木村清竹 ❺-2 1777·是年 文
木村清久 ❹ 1590·1·20 政／6·9 政／7·20 政／8·9 政／10·16 政／11·15 政／1592·10·10 文禄の役
木村金秋 ❼ 1917·6·22 文
木村金兵衛 ❺-2 1808·2·6 文
木村久寿弥太 ❻ 1893·7月 社／❼ 1935·11·23 政
木村熊二 ❻ 1885·10·15 文
木村敬蔵 ❻ 1863·10·27 政
木村謙庵 ❺-1 1700·10·16 文
木村蒹葭堂(孔恭·孔龔·世肅·巽斎·遜斎) ❺-2 1763·是年 文／1769·是年 文／1775·是年 文／1779·1·27 文／1792·是年 文／1796·7月 文／1799·是冬 文／1801·6·2 文／1802·1·25 文
木村健康 ❽ 1945·11·4 文
木村謙次(下野源助·子虚·酔古堂·酔古山館) ❺-2 1798·7·27 政／1811·7·11 社
木村健二郎 ❽ 1940·是年 文
木村賢太郎 ❾ 1968·2·8 文
木村香雨 ❼ 1912·11·3 文
木村幸次郎 ❻ 1894·是年 社
木村小左衛門 ❽ 1947·6·1 政／1949·2·16 政／1952·2·28 政
木村権右衛門 ❼ 1908·7·5 社
木村権之丞 ❺-1 1630·11·11 政／1631·6·20 政
木村沙織 ❾ 2012·7·27 社
木村定光 ❹ 1592·8·7 文禄の役
木村定良 ❺-2 1817·是年 文／1819·是年 文
木村三郎兵衛安成 ❺-2 1734·是年 文
木村三山 ❾ 1988·3·16 文
木村重勝 ❼ 1911·12·15 文
木村重任 ❻ 1868·5·12 政
木村重友 ❼ 1911·12·15 文
木村重成 ❺-1 1614·11·26 大坂冬の陣／12·21 大坂冬の陣／1615·5·6 大坂夏の陣／❺-2 1828·5·14 社
木村七蔵 ❹ 1591·6·26 社
木村周平 ❼ 1910·10·31 文／1911·4·14 文
木村寿禎 ❺-2 1798·9·19 文
木村春徳 ❺-2 1728·12月 文
木村尚三郎 ❾ 2006·10·20 文
木村庄之助(十六代目、ブル庄) ❼ 1912·1·6 社
木村庄之助(二十三代目) ❽ 1962·11·25 社
木村庄之助(三十二代目) ❾ 1994·9·19 社／2010·4·1 社
木村庄八(陶芸家·角徳利) ❺-2 1781·是年 社
木村荘平 ❻ 1890·1月 政
木村真三郎 ❻ 1879·9·15 政
木村助右衛門 ❺-1 1620·2·8 政
木村鈴四郎 ❼ 1913·3·28 社
木村清四郎 ❼ 1934·9·24 文
木村雪渓 ❻ 1880·3·30 文
木村セバスチャン ❺-1 1601·8·26 社／1622·8·5 社
木村瀬平 ❼ 1905·2·5 社
木村惣右衛門 ❹ 1598·是年 社
木村宗右衛門 ❺-1 1623·元和年間 社
木村荘十 ❾ 1967·5·6 文
木村宗太郎 ❺-1 1619·4·12 政
木村荘八(洋画家·版画家) ❼ 1912·10·15 文／1915·是年 文／❽ 1937·4·16 文／是年 文／1958·11·18 文
木村荘十二 ❾ 1988·8·10 文
木村孫六 ❺-2 1774·是年 文
木村泰賢 ❼ 1930·5·16 文
木村(木邑)高敦(世美) ❺-2 1740·是年 文／1741·1月 文／1742·11·1 文／1786·是年 文
木村鷹太郎 ❼ 1931·7·18 文
木村拓也 ❾ 2010·4·7 社
木村猛夫 ❼ 1896·9月 文
木村武雄 ❼ 1933·12·12 社／❾ 1967·11·25 政／1972·7·7 政
木村威夫 ❾ 2010·3·21 文
木村玉之助 ❼ 1908·5·17 社
木村太郎左衛門 ❻ 1861·5·16 社
木村探元 ❺-2 1767·2·3 文
木村　毅 ❼ 1926·6月 文
木村伝兵衛 ❾ 1968·10·29 社
木村道全 ❺-2 1719·4月 文
木村道伯 ❺-1 1666·11·28 文
木村　亨 ❽ 1943·5·11 政
木村徳応 ❺-1 1662·是年 文
木村篤太郎 ❽ 1946·5·22 政／1947·5·17 政／1951·12·26 政／1952·10·30 政／1953·5·21 政／6·9 政／❾ 1982·8·8 政
木村俊夫 ❾ 1971·7·5 政／1983·12·1 政
木村尚達 ❽ 1940·1·16 政
木村尚寿 ❺-2 1828·是年 文
木村梅軒 ❺-2 1752·8·24 文
木村　栄 ❼ 1899·12月 文／1911·7·5 文／❽ 1937·4·28 文／1943·9·26 文
木村常陸介 ❹ 1590·4·26 政／5·18 政／1592·6·3 文禄の役／1594·4·11 社
木村秀綱 ❹ 1590·9·15 政
木村秀政 ❽ 1944·7·2 政／1957·4·19 政
木村武山 ❼ 1896·是年 文／1901·是年 文／1906·11月 文／1907·10·25 文／1912·是年 文／1916·9·10 文／1921·9·1 文／❽ 1942·11·29 文
木村兵太郎 ❽ 1948·12·23 政
木村豊年 ❺-2 1829·是年 文
木村蓬莱 ❺-2 1765·10·25 文
木村孫次郎 ❼ 1911·7·16 社
木村政勝 ❺-2 1763·是年 文
木村正辞(荘之助·埴満) ❻ 1875·3

月 文／**1883**·6·10 文／❼ **1913**·4·11 文
木村政彦 ❽ **1954**·12·22 社／❾ **1993**·4·18 社
木村正幹 ❼ **1903**·1·21 政
木村又右衛門 ❺-2 **1727**·6·13 社
木村又七郎 ❺-1 **1678**·9·4 政
木村又次郎 ❺-1 **1643**·寛永年間 社
木村光子 ❽ **1951**·12月 文
木村三良 ❺-2 **1724**·是年 文
木村睦男 ❾ **1974**·12·9 政
木村宗喜 ❺-1 **1615**·4·27 大坂夏の陣
木村　杢 ❺-1 **1602**·11·19 社
木村茂助 ❺-1 **1699**·5·28 社
木村資生 ❾ **1976**·11·3 文／**1994**·11·13 文
木村元春 ❽ **1960**·是年 社
木村守江 ❾ **1976**·8·1 政
木村守男 ❾ **1995**·4·25 政／**1999**·1·31 社／**2003**·3·7 社／5·16 社
木村弥五郎 ❺-1 **1673**·4·13 社
木村安次(三郎兵衛) ❺-1 **1678**·2月 文
木村安兵衛 ❻ **1869**·3·28 社
木村義雄 ❽ **1937**·12·7 文／**1947**·6·7 文／**1952**·7·26 文／❾ **1986**·11·17 文／**1997**·6·11 文
木村良樹 ❾ **2000**·9·3 政
木村吉清 ❹ **1589**·是冬 政／**1590**·4·20 政／8·9 政／10·16 政／11·24 政／**1591**·2·9 政
木村喜毅 ❻ **1859**·11·18 万延遣米使節／**1861**·5·11 政／**1864**·4·9 文
木村由信 ❹ **1598**·7·16 文
木村喜之 ❺-2 **1797**·是年 文
木村利右衛門 ❻ **1894**·3·29 政
木村了琢 ❺-2 **1760**·7·16 文
木村若衛 ❾ **2005**·12·6 文
木村若友 ❾ **2011**·11·30 文
木室卯雲 ❺-2 **1772**·是年 文／**1776**·是年 文
祈明(僧) ❶ **983**·8·1 政
鬼面山(きめんやま)谷五郎 ❻ **1869**·2月 社
肝付兼石 ❸ **1293**·5·24 政
肝付兼興 ❹ **1520**·8·1 政／**1523**·8·7 政／**1524**·9·29 政／**1536**·8·11 政
肝付兼重 ❸ **1335**·12·13 政／**1336**·1·7 政／2·4 政／3·10 政／11·21 政／**1338**·9·20 政／**1339**·8·27 政／**1340**·8·8 政／**1341**·4·26 政／**1349**·8·18 政
肝付兼亮 ❹ **1572**·2·20 政／**1573**·3·18 政／**1574**·1·19 政
肝付兼隆 ❸ **1336**·2·4 政／5·6 政
肝属兼連 ❹ **1480**·8·27 社
肝付兼続 ❹ **1558**·3·19 政／**1561**·5·12 政／7·12 政／**1562**·3·18 政／**1564**·是年 政／**1566**·5·18 政／11·15 政
肝付兼久 ❹ **1494**·是春 政／6·12 政／**1506**·8·6 政／**1508**·2·15 政
肝付兼演 ❹ **1519**·12·8 政／**1549**·5·29 政／11·24 政／**1554**·9·12 政
肝付兼弘 ❻ **1869**·9月 文
肝付兼藤 ❸ **1289**·8·24 政／**1293**·5·24 政
肝付兼良 ❹ **1571**·11·20 政
肝衝難波 ❶ **700**·6·3 政
肝付伯左衛門(伯田左衛門) ❺-1 **1640**·是年 文／**1641**·是年 文
肝付久兼 ❹ **1529**·12·26 政
肝付良兼 ❹ **1566**·11·15 政
木本伊織 ❺-2 **1790**·11·8 社
木本建治 ❾ **1996**·12·29 社
木本正次 ❾ **1971**·6·8 文
木本新七 ❺-1 **1698**·5·29 社
木本誠二 ❾ **1995**·3·29 文
木本成理 ❺-2 **1771**·2·20 政
木本平八郎 ❾ **2012**·4·20 政
木本盛房 ❸ **1336**·12·16 政
義門(僧) ❺-2 **1823**·是年 文／**1841**·是年 文
木屋市太夫 ❺-1 **1699**·5·9 文
木屋権左衛門(尋旧子) ❺-1 **1684**·是年 文
木屋七郎右衛門 ❺-1 **1619**·2月 社
木屋藤右衛門 ❺-2 **1786**·8·28 政／**1810**·4·18 政
木屋藤兵衛 ❺-2 **1810**·4·18 政
木屋孫太郎 ❺-2 **1775**·1月 政
木屋弥三右衛門 ❺-1 **1606**·7·21 政／**1607**·8·3 政／**1608**·7·25 政／**1609**·7·25 政／**1610**·7·25 政／**1612**·8·6 政／**1613**·6·26 政／**1614**·1·11 政／**1615**·9·9 政／**1622**·9·27 政
木屋行実 ❸ **1355**·8·18 政／**1359**·3·20 政
木屋了喜 ❺-1 **1649**·3·6 政
キャパ，ロバート ❽ **1954**·6·8 文
キャベンディッシュ，トーマス ❹ **1587**·10·17 政
木山捷平 ❾ **1968**·8·23 文
木山延俊 ❺-1 **1637**·11·8 島原の乱
キャラウェイ(米) ❽ **1960**·12·2 政／**1961**·2·16 政／**1962**·10·4 政
喜屋武真栄 ❾ **1997**·7·16 政
キャンベル(米) ❽ **1948**·5·4 政
キャンベル，カート ❾ **2012**·9·20 政
邱　永漢 ❾ **2012**·5·16 文
休安(俳人) ❺-1 **1656**·是年 文
休意(加藤明成、僧) ❹ **1535**·3月 政
休意(僧) ❺-1 **1644**·7·25 社
及一(平曲) ❹ **1461**·5·13 文
久右衛門(町人) ❺-1 **1703**·是年 社
久右衛門(名古屋若宮芝居) ❺-2 **1778**·3·6 文
九淵龍賝 ❸ **1454**·11·12 文／❹ **1474**·3·11 社
九華(玉崗瑞璵) ❹ **1560**·6·7 文／**1578**·8·10 文
及加(俳人) ❺-1 **1657**·是年 文
久嶽理昌 ❺-1 **1656**·1·8 社
九々(僧) ❺-2 **1716**·是年 文
休計(俳人) ❺-1 **1693**·是年 文
鳩渓⇨平賀源内(ひらがげんない)
急渓中韋 ❸ **1400**·9·29 文
宮子(きゅうし)内親王 ❷ **1117**·4·16 社
休子(きゅうし)内親王 ❷ **1166**·12·8 社
久子内親王(永陽門院) ❸ **1294**·2·7 政／**1346**·4·25 政
九思軒鱗長 ❺-1 **1695**·是年 文
岌州(智恩寺僧) ❹ **1560**·9·19 政／**1592**·10·14 社
久俊(僧) ❸ **1423**·11·20 政
弓遵(帯広郡) ❶ **240**·是年
救済(僧) ❸ **1341**·8月 文／**1372**·12月 文
汲浅(俳人) ❺-1 **1676**·是年 文
岌善(僧) ❹ **1575**·10·25 社
久太夫(三河田嶺村) ❺-1 **1613**·是年 社
キューパー(英) ❻ **1863**·6·22 政／**1864**·7·27 政／8·5 政
久平(東向村) ❻ **1859**·4·26 社
久兵衛(両替屋) ❹ **1588**·3·19 社
久兵衛(舟見野村) ❺-1 **1656**·是年 社
久兵衛(高畑村) ❻ **1857**·6·30 社
久宝寺屋九兵衛 ❺-1 **1619**·2月 社
久宝寺屋弥右衛門 ❺-1 **1653**·7·30 政
久間章生 ❾ **1997**·4·23 政／9·11 政／**2004**·9·27 政／**2005**·10·31 政／**2006**·9·26 政／**2007**·1·9 政／6·30 政
休夢(僧) ❹ **1583**·10·6 文／12·8 文
急利(阿湌) ❶ **312**·3月
疚六(倭寇) ❸ **1396**·12·9 政
許　永中 ❾ **1999**·11·5 社／**2000**·3·7 社／**2005**·10·11 社
許　儀後 ❹ **1591**·9·25 文禄の役
許　定暨 ❺-1 **1665**·是年 政
許　箙(朝鮮) ❹ **1590**·11·7 政
許　世英 ❽ **1938**·1·18 政
許　麗寰 ❺-1 **1607**·是年 政
清井冬行 ❶ **874**·6·5 政
希膺(雲居) ❺-1 **1659**·8·8 社
姜　宇奎 ❼ **1919**·9·2 政
姜　弘重(朝鮮) ❺-1 **1624**·12·19 政
姜　士俊(朝鮮) ❺-1 **1601**·4·24 政
京　マチ子 ❽ **1950**·8·26 社
迎阿(僧) ❷ **1243**·8·10 社
行阿(僧) ❸ **1364**·9·29 文
教阿弥 ❷ **1261**·7·6 文
行安(僧) ❸ **1311**·⑥·8 社
恭畏(僧) ❺-1 **1606**·9·13 社／**1630**·6·12 社
行意(高野山僧) ❷ **1141**·7·8 社
行意(園城寺僧) ❷ **1217**·11·29 社
京一(平曲) ❹ **1566**·8·15 文
行一(平曲) ❸ **1363**·2·25 文
行一(二階堂行恵) ❹ **1518**·7·10 文
行胤(僧) ❸ **1327**·8·27 社
堯胤(僧) ❹ **1506**·2·28 文
堯胤親王 ❹ **1476**·10·21 文
暁雨 ❺-2 **1753**·是年 文
行恵(僧) ❷ **1215**·6·15 社
行恵(郡司) ❸ **1305**·12·3 社
堯恵(僧) ❹ **1465**·7月 文／**1486**·5月 文／6·13 社／**1494**·4·19

文／1498·6·1 文
教円(僧)　❷ 1039·2·18 政／1047·6·10 社
教円(仏師)　❷ 1182·6·18 文
教円(僧)　❺-1 1681·5·26 社
教縁(僧)　❷ 1179·4·12 社
経円(仏師)　❷ 1222·9·14 文
鏡円(僧)　❸ 1325·①·27 社
行円(僧、白山権現祠)　❶ 971·8·3 社
行円(僧、皮聖人)　❷ 1004·12·11 社／1005·5·3 社／7·25 社／1008·8·14 社／1010·3·21 社／1016·4·9 社／1018·3·16 社／1047·1·8 社／1135·3·23 政／1165·12·7 政
行円(僧、仏師)　❷ 1226·4月 文／1228·5月 文
行円(福伯築造僧)　❸ 1302·是年 社
行宴(僧)　❷ 1200·7·7 社
堯円(仏師)　❸ 1321·3月 文／1335·12·8 文／1339·8·1 文／1346·7月 文／1347·11·28 文
堯円(無量寿院僧)　❺-1 1626·12·28 社
暁円(仏師)　❸ 1368·3·6 文
堯延法親王(妙法院)　❺-2 1718·11·10 社
恭翁運良　❸ 1341·8·12 社
昂加(高句麗使)　❶ 682·6·1 政
堯雅(僧)　❹ 1592·10·8 社
行賀(僧)　❶ 803·3·8 社
教懐(僧)　❷ 1093·5·28 社
行海(僧)　❷ 1180·11·18 社
行快(僧)　❷ 1185·2·18 政
姜廻(朝鮮)　❹ 1461·12·2 政／1473·2·4 社
業海本浄　❸ 1318·是年 政
経覚(僧·白河法皇呪詛)　❷ 1113·6·8 社
経覚(大乗院僧)　❸ 1434·6·20 社／1444·2·28 政／1445·9·19 政／1446·4·30 文
経覚(僧、興福寺別当)　❹ 1473·8·27 社
経覚(僧)　❺-1 1665·3·5 社
鏡覚(仏師、清水寺執行)　❸ 1326·8·12 文
行覚⇨白魚時高(しらうおときたか)
慶覚坊　❹ 1557·4·11 社
行覚法親王　❸ 1293·9·22 社
狂歌堂(鹿都部)真顔　❺-2 1800·是年 文／1829·6·6 文
行観(僧)　❷ 1073·3·27 社
堯寛(僧)　❷ 1277·11·3 社
行願(僧)　❸ 1303·9·24 社
仰観良大(僧)　❹ 1514·6·1 社
翹岐(ぎょうき、百済)　❶ 642·4·10 政／5·5 社／643·4·21 政
行基(僧)　❶ 682·是年 社／704·是年 社／716·是春 社／717·4·23 社／726·是年 社／730·此頃 社／743·10·19 社／745·1·21 社／749·1·14 社／2·2 社
行己智恭　❷ 1279·5月 文
堯恭法親王　❺-2 1764·⑫·5 社
竟空(僧)　❺-1 1698·是年 文
行空(僧)　❷ 1206·2·14 社
鏡慶(仏師)　❷ 1250·10·11 文
鏡慧(僧)　❷ 1276·2·2 文
行教(僧)　❶ 859·8·23 社
行慶(僧)　❷ 1244·4·24 文
堯慶(仏師)　❷ 1270·6·14 文／⑨·12 文
堯慶(仏師)　❸ 1362·2·28 文
堯慶(僧)　❹ 1507·5·15 文
行継(仏師)　❸ 1315·10·5 文
行経(仏師)　❸ 1320·是年 文
行経(石工)　❸ 1323·10·24 文
暁月⇨冷泉為守(れいぜいためもり)
教賢(僧)　❷ 1230·2·16 文
教賢(僧)　❸ 1396·2·11 文
教玄(僧)　❹ 1504·6·15 社
行賢(僧)　❷ 1131·9·17 社
行顕(僧)　❸ 1378·1·3 社
行玄(僧)　❷ 1147·8·12 社／10·8 社／1150·10月 社／1155·11·5 社
行悟(南朝王)　❸ 1444·4月 政
教興(僧)　❶ 814·6·18 文
姜沆　❹ 1597·9·23 政／1598·是秋 文／1599·是年 文
経豪(僧)　❹ 1486·文明年間 政
堯孝(僧·歌人)　❸ 1421·12月 文／1432·11月 文／1433·10·14 文／1448·是年 文／1455·7·5 社
業合大枝　❺-2 1829·是年 文
敬光顕道　❺-2 1787·是年 文
慶光天皇⇨典仁(すけひと)親王
京極家倫　❸ 1355·6月 文
京極伊兵衛　❺-2 1764·10·7 政／是夏 社
京極勝秀　❹ 1468·3·28 政／6·17 政
京極兼俊　❸ 1356·3·25 文
京極吉童子　❸ 1413·10·22 政
京極吉童子丸　❹ 1508·10·25 政
京極材宗　❹ 1493·④·22 政／1499·7·18 政／1501·6·17 政／1502·是年 政／1506·是冬 政
京極純一　❾ 2001·10·30 文
京極(佐佐木)高詮　❸ 1370·6·7 政／1377·9·25 政／1379·2·29 政／1392·1·4 政／7·29 政／8·21 社／⑩·16 社／1393·8·6 社／1394·7·13 政／8·29 政／1395·3·10 政／1396·5·28 政／10·29 社／1398·3·17 政／1399·5·7 社／8·10 政／11·7 社／11·8 政／11·15 政／1401·8·25 政／9·7 政
京極(佐佐木)高光　❸ 1401·11·14 政／1402·10·2 政／1405·10·13 社／1410·4·17 社／1411·3·21 政／7·28 政／1412·9·11 社／1413·8·19 政／10·22 政
京極高数　❸ 1411·7·28 政／1415·4·7 政／1422·9·5 社／1425·7·25 社／1439·1·13 政
京極高和　❺-1 1637·6·12 政／1653·3·15 政／1658·2·27 政／1662·9·13 政
京極高清　❹ 1486·8·17 政／10·2 政／1487·5·1 政／1488·8·4 政／1489·8月 政／1490·8·7 政／1493·9·23 政／1495·6·27 政／1499·7·18 政／1501·6·17 政／1502·是年 政／1506·是冬 政／1520·2·6 政／1523·③月 政／1525·5·24 政／8·5 政／1527·7·13 政／1535·2·20 政
京極高国(高照)　❺-1 1666·5·3 政
京極高住　❺-2 1730·8·13 政
京極高次　❹ 1594·是年 社／1595·是年 政／1599·1·21 政／1600·6·18 関ヶ原合戦／7·26 関ヶ原合戦／8·1 関ヶ原合戦／9·5 関ヶ原合戦／9·14 関ヶ原合戦／❺-1 1601·9·23 社／是年 政／1609·5·3 政
京極高知(長寿)　❹ 1593·11·19 社／1600·8·15 関ヶ原合戦／8·23 関ヶ原合戦／❺-1 1601·11月 社／1604·4月 文／1622·8·12 政
京極高豊　❺-1 1662·9·13 政／1694·5·18 政
京極高直　❺-1 1636·9·13 政／1647·7·13 社
京極高延　❹ 1525·8·5 政
京極高規　❺-1 1666·5·3 政
京極高矩　❺-2 1742·10·6 政
京極高久　❺-2 1790·5·24 政／1804·6·2 政
京極高秀⇨佐佐木(ささき)高秀
京極高広(高政)　❹ 1538·3·27 政／4·29 社／6·4 政／1544·8·24 政／1549·2·1 社／❺-1 1622·8·12 政／1648·8·20 政／1677·4·22 政
京極高寛　❺-2 1726·9·12 政
京極高通　❸ 1406·3·4 政／❺-1 1694·5·18 政
京極高三　❺-1 1636·9·13 政
京極高亶　❺-2 1775·3·1 社
京極高或　❺-1 1694·5·18 政
京極高盛　❺-1 1668·5·21 政
京極高之　❺-1 1695·10·14 社
京極高慶(高吉)　❹ 1538·3·27 政／1581·1·25 政
京極高佳(高慶)　❺-1 1708·5·14 政
京極忠高　❺-1 1609·5·3 政／1614·12·18 大坂冬の陣／1634·⑦·6 政／1636·3·27 社／1637·6·12 政
京極為兼　❸ 1293·7·8 社／8·27 文／1298·1·6 政／3·16 政／1303·④月 政／1310·1·24 文／1311·10·3 文／1312·1·18 文／3·28 文／1313·10·17 政、文／1315·4·23 政、文／12·28 政／1316·1月 政／2·12 政／1319·4·19 文／1332·3·21 政
京極夏彦　❾ 2004·1·15 文
京極生道　❹ 1467·1·8 政
京極晴広　❹ 1581·11月 政
京極秀満　❸ 1399·11月 政
京極孫童子丸　❹ 1471·5·16 政
京極政経(政高)　❹ 1471·⑧·21 政／1473·9·30 政／10·11 政／1475·9·7 政／11·6 政／1480·1·20 社／1482·12·19 政／1488·8·4 政／1489·8月 政／1490·8·7 政／1493·9·23 政／1497·12·23 社／1500·5月 政／1508·10·25 政／12·4 政
京極政光　❹ 1468·6·17 政
京極宗氏　❸ 1329·7·16 政
京極持清(生観)　❸ 1441·8月 社／12·20 政／1446·9·5 政／1449·11·13 政／1452·11·15 社／1453·8·9 社／❹ 1457·3·9 社／1462·2·15 文／8·21 政／1463·2·1 政／1466·6·7 社／

6·28 社／12·14 社／1467·3·3 政／5·25 政／6·8 政／7·11 政／8·30 政／10·18 政／1468·11·5 政／1470·4·5 社／8·4 政／1473·1·6 政／是年 政
京極持高 ❸ 1436·2·15 政／1439·1·13 政
京極持光 ❸ 1428·8·17 政／1431·6·14 社／1433·⑦·20 社／1434·8·18 社／8·23 社
京極⇨佐佐木(ささき)姓も見よ
京極⇨藤原(ふじわら)姓も見よ
京極院⇨藤原佶子(ふじわらきっし)
京極大膳大夫 ❹ 1464·4·5 文
京極宮家仁親王⇨家仁(やかひと)親王
京極宮公仁親王⇨公仁(きんひと)親王
行悟法親王 ❸ 1406·2·12 社
堯儼(僧) ❸ 1295·3·21 文
教算(僧) ❷ 1278·11·3 政
恭子女王 ❷ 1011·5·25 社
恭子内親王 ❶ 915·11·8 政
行之正順(僧) ❹ 1515·6·19 社
行実(僧) ❷ 1180·8·24 政／1231·1·29 社／2·23 社
経秀(僧) ❷ 1113·6·8 政
堯秀(僧) ❺-1 1653·6·6 社
堯順(僧) ❸ 1292·3·28 社
堯淳(僧) ❹ 1540·7月 社／1552·是年 社
堯春房(僧) ❸ 1285·3月 社
教助(東寺僧) ❸ 1307·2·2 社
教助(円満院僧) ❹ 1491·1·13 社
行助(僧) ❹ 1458·3·6 社／1469·3·24 社
堯恕入道親王 ❺-1 1664·5·4 文／1667·是年 文／1680·7·18 政／是年 文／1694·8月 社／1695·4·16 社
教勝(僧) ❶ 873·11·7 社
鏡昭(僧) ❸ 1410·11·21 社
行勝(僧) ❷ 1124·4·2 社／1217·5·7 社
行昭(僧) ❸ 1303·1·5 社
行乗(僧) ❸ 1313·12月 文
教真(僧) ❷ 1109·11·18 社
教深(僧、普賢延命法) ❷ 1219·9·8 社
経深(醍醐寺僧) ❸ 1364·8·14 社
教心(僧) ❸ 1333·5·26 政
教信(僧) ❸ 1371·12·2 社／1372·1·22 社／1374·6·12 社
経尋(僧) ❷ 1118·10·5 文／1141·3·23 社
行信(僧) ❶ 735·12·20 社／736·2·22 社／748·2·22 社／750·是年 社
行心(仏師) ❷ 1250·7月 文
行清(僧) ❷ 1254·⑤月 文
堯深(僧) ❹ 1466·10月 文
堯信(僧) ❹ 1494·11·4 政
敬須徳那利 ❶ 688·5·8 政
杏酔(俳人) ❺-1 1692·是年 文
行成(仏師) ❸ 1353·12月 文／1357·9·30 文／1362·11·18 文
経暹(僧) ❷ 1123·12·10 社
教暹(絵仏師) ❷ 1144·1·18 文
教禅(絵仏師) ❷ 1040·9·26 文／1048·2·22 文／2·28 文／1068·3·28 文／1075·3月 文
慶禅(僧) ❷ 1202·9·26 社
行善(僧) ❶ 628·推古天皇御代 政
行禅(僧) ❷ 1082·11·29 社
行全(僧) ❷ 1214·5·22 社
京尊(僧) ❷ 1103·10·3 文
教尊(勧修寺僧) ❸ 1434·4月 社
教尊⇨小倉宮(おぐらのみや、三代目)
行尊(僧、東寺金堂) ❷ 1081·7·24 社／1123·12·18 社／1135·2·5 社
行尊(僧) ❹ 1524·1·11 社
堯尊(絵師僧) ❷ 1250·12·7 文／1254·是年 文／1255·是年 文
堯尊(仏師) ❷ 1278·10月 文
堯尊親王 ❹ 1553·6·18 社
行田邦子 ❾ 2012·7·17 政
饒田喩義 ❺-2 1806·是年 文
行智(僧、細川荘雑掌) ❸ 1299·11·10 社
行智(僧、仮名遣古意) ❺-2 1809·是年 文
行知(梵学者) ❺-2 1841·3·13 文
清内雄行 ❶ 883·6·10 政
堯忠(宋) ❷ 1091·7·25 政
行忠(絵所) ❸ 1375·11·23 文／1379·是年 文
行超(僧) ❸ 1332·10·28 文
行珍(僧) ❷ 1173·12·28 社
京塚昌子 ❾ 1994·9·23 文
行迪(僧) ❶ 991·9·21 文
暁堂(僧) ❺-1 1661·是年 政
鏡堂覚円(僧) ❷ 1279·6月 政／❸ 1306·9·26 社
教如(光寿、僧) ❹ 1571·6·11 政／1572·3·12 政／1580·4·9 政／7·17 政／8·2 政／1582·6·23 社／10·16 政／1591·天正年間 政／1592·11·24 社／1593·5·20 社／⑨·16 社／1597·4·7 社／❺-1 1602·2月 社／1614·10·5 社／慶長年間(囲み)
鏡忍坊(安房鏡忍寺) ❷ 1264·11·11 社／1281·3月 社
堯仁法親王 ❸ 1430·4·21 社
教念(僧) ❸ 1296·5·18 社
行念⇨北條時村(ほうじょうときむら)
凝然(僧) ❸ 1286·9·19 文／1287·7·9 文／1302·3·6 文／1306·是年 文／1311·7·5 文／是年 文／1321·9·5 社／1337·5·10 文
堯然入道親王 ❺-1 1659·4·14 文／1661·⑧·22 社
行能(僧) ❷ 1232·是年 文
経範(仏師) ❷ 1093·6月 文
教範(僧) ❸ 1302·2·2 文
刑部太郎 ❸ 1410·1·28 政
堯夫寿蓂(遣明使) ❹ 1493·2·13 政／3·11 政／1495·5月 政／1496·③·10 政／1497·6·26 政
堯夫承勲(僧) ❹ 1464·11·13 政
刑部大夫(矢野荘) ❸ 1395·11·11 社
行遍(僧) ❷ 1218·9·16 社／1242·2·23 文／3·30 政／1264·12·15 社
堯甫(遣朝鮮使) ❹ 1523·6月 政
教豊(僧) ❶ 874·10·19 社
岐陽方秀(僧) ❸ 1403·8·3 政／1424·2·3 社
行命(僧) ❷ 1185·5·20 政
教明坊義迎(僧) ❺-2 1821·是年 社
京谷昭夫 ❾ 1996·5·6 社
京屋九郎兵衛 ❺-2 1762·④·10 文
京屋七兵衛 ❺-1 1672·寛文年間 社
京屋清兵衛 ❺-1 1672·寛文年間 社
京屋万大夫 ❹ 1594·是年 文
京山幸枝若 ❾ 1991·6·24 文
京山小円 ❼ 1928·10·30 文
教有(山伏) ❻ 1863·11·11 社
堯祐(僧) ❸ 1296·8·20 社
行有(絵師) ❸ 1345·2·5 文
行誉(僧) ❶ 970·4·7 社
行誉(僧) ❷ 1274·7·25 社
行誉(僧) ❸ 1367·12·28 社／1442·1·13 文／1446·5·25 文
清浦奎吾(普寂) ❼ 1896·9·18 政／1903·7·17 政／1905·9·16 政／1916·3·23 政／1922·2·8 政／1924·1·1 政／❽ 1942·11·5 政
教林(僧) ❶ 873·11·7 社
恭礼門院⇨一條富子(いちじょうとみこ)
清江貞直 ❶ 886·6·19 文／887·2·2 政
虚王(僧) ❺-1 1614·慶長年間(囲み)
清岡卓行 ❾ 2006·6·3 文
清岡治之助 ❻ 1862·⑧·29 文
清岡道之助 ❻ 1864·7·27 政／9·5 政
清賢大輔 ❹ 1488·是年 文
清川　清(徳川天華) ❼ 1907·4·15 文
清川正二 ❼ 1932·7·30 社
清川虹子 ❼ 1933·4·1 文／❽ 1959·7·2 文／❾ 2002·5·24 文
清河八郎 ❻ 1861·5·20 政／1862·3月 政／1863·2·6 政／3·13 政／4·13 政
清川正二 ❾ 1999·4·13 社
清川守貞 ❼ 1907·5·7 文
魚貫(俳人) ❺-2 1735·是年 文
玉阿(絵師) ❸ 1419·2·1 文／1432·1·28 文
玉隠英璵(僧) ❹ 1465·是年 文／1509·9·28 社／1515·7·24 文／1516·4·24 文／1524·8·1 社
玉運(僧) ❹ 1535·5·3 社
玉雲軒(医師) ❹ 1597·6·5 社
玉栄(僧) ❺-1 1614·慶長年間(囲み)／❺-2 1743·是年 文
玉英慶瑜(遣明使) ❹ 1476·4·11 政／1478·10·29 政／1481·11·3 社
玉淵(僧) ❸ 1420·5·4 社／1421·8·21 文
玉澗堅瑤(元僧) ❸ 1326·6月 政
玉岡如金(僧) ❸ 1402·8·26 社
玉山徳璇(僧) ❸ 1334·10·18 社
玉之(琉球) ❸ 1389·8月 政
玉室宗珀(僧) ❺-1 1628·3·10 社／1629·7·26 社／1632·7·2 社／7·17 社／1641·5·13 文／5·14 社
旭如蓮坊(僧) ❺-1 1711·是年 政
玉屑(観応) ❺-2 1791·是年 文／1800·是年 文
極先周初(僧) ❸ 1417·2·2 社
玉泉坊 ❹ 1537·10·8 文

玉仲宗琇 ❹ 1593·是年 文
曲亭馬琴(瀧澤興邦·著作堂主人)⇨瀧澤(たきざわ)馬琴
玉田永鎮(元僧) ❸ 1326·6月 政
旭天鵬 ❾ 2012·5·6 社
旭堂南慶 ❻ 1895·9·18 文
旭堂南陵(二代目) ❽ 1959·3·21 文
旭堂南陵(三代目) ❾ 2005·8·17 文
旭堂南麟 ❻ 1878·8·13 文
玉念(僧) ❹ 1579·5·27 社
玉峰光璘(僧) ❺-1 1635·5·12 政／10月 政／12·17 政
玉浦宗珉 ❹ 1519·11·30 社
玉龍(僧) ❹ 1528·是年 政
玉林昌旒 ❸ 1373·10·1 政
清子内親王 ❺-1 1674·12·9 政
清澤　冽 ❽ 1939·2·22 文／1945·5·21 政
清澤満之(満之助) ❻ 1895·7·9 社／❼ 1903·6·6 社
清重(刀工) ❺-1 1644·8月 文／1661·8月 文
清繁(刀匠) ❺-2 1806·2月 文
清島直次郎 ❺-2 1754·5·13 政
清洲すみ子 ❾ 1997·8·28 文
清須兵衛 ❺-1 1607·是年 文
清瀬一郎 ❼ 1927·3·24 政／❽ 1945·11·21 社／1946·4·24 政／5·4 政／1947·2·24 政／1952·6·10 政／1954·4·7 政／1955·11·22 政／❾ 1967·6·27 政
清瀬三郎 ❾ 1989·12·15 社
清蔵(船乗り) ❻ 1863·5·29 社
キヨソネ，エドアルド ❻ 1875·1·12 文／1876·5·17 社／1879·5·1 文／1888·1·14 文／❼ 1898·4·11 文
清田　絢(儋叟) ❺-2 1768·是年 文／1769·是年 文
清田君錦 ❺-2 1785·3·23 文
清田安右衛門 ❺-1 1673·4·24 政
清田龍川 ❺-2 1789·是年 文
清滝河根 ❶ 849·1·13 政
清滝藤根 ❶ 841·1·13 政／849·1·13 政／860·1·16 政／870·1·25 政
清武祐行 ❸ 1448·4月 政
喜世竹千太夫 ❺-1 1714·2·9 文
聖親(姓不詳·石清水執行) ❸ 1298·1·6 政
清継(姓不詳·前信濃守) ❸ 1387·3·29 政
清綱(刀工) ❷ 1265·3月 文
虚堂(仏師) ❸ 1359·是年 文
清長(姓不詳·近江守) ❸ 1387·3·29 政
清中亭淑親 ❺-2 1815·是年 社
清野謙次 ❽ 1955·12·27 文
清野三治 ❻ 1873·2·25 文
清野祐彦 ❽ 1960·10·15 文
清野祐秀 ❺-2 1773·7·1 政
浄野夏嗣 ❶ 827·4月 文
清野如眠 ❼ 1929·9·18 文
清原秋雄 ❶ 858·1·16 政／865·1·27 政／874·4·24 政
清原有雄 ❶ 854·1·16 政
清原家兼 ❷ 1145·7·9 社
清原家衡 ❷ 1083·9月 政／1085·是年 政
清原惟岳 ❶ 870·1·25 政／878·1·11 政
清原(船橋)枝賢(頼賢) ❹ 1543·4·20 文／1558·12·5 政／1576·6月 文／1580·1月 文／1581·是年 文／1586·4·25 文
清原長田 ❶ 850·1·15 政／860·1·16 政
清原遠賀 ❶ 843·1·12 政
清原和博 ❾ 1986·12·10 社
清原兼平 ❷ 1173·2·14 社
清原清男 ❹ 1469·是年 政
清原清定 ❷ 1203·10·9 政
清原清衡 ❷ 1085·是年 政
清原清海 ❶ 858·1·16 政
清原浄道(清道) ❶ 753·4·22 政
清原金伽羅丸 ❷ 1259·12·9 政
清原(船橋)国賢 ❹ 1576·是年 文／1581·是年 文／❺-1 1664·是年 文
清原是包 ❷ 1151·8·7 政／1228·3·13 政
清原貞包 ❷ 1164·是年 社
清原定隆 ❷ 1072·7·11 政
清原定俊 ❷ 1105·1·24 政
清原定康 ❷ 1113·1·4 文
清原定安 ❷ 1156·8·21 文
清原実俊 ❷ 1191·1·15 政
清原沢男 ❶ 845·1·11 政
清原三子 ❷ 1151·8·7 政
清原重臣 ❺-2 1823·是年 文／1827·是年 社
清原重盛 ❷ 1152·2·7 文
清原祐隆 ❷ 1139·1·29 文／1143·12·19 文
清原宗尤 ❺-1 1628·是年 文
清原隆尚 ❷ 1240·3·20 文
清原滝雄 ❶ 840·1·30 政／854·1·16 政／863·1·11 政
清原武貞 ❷ 1062·9·17 政
清原武則 ❷ 1062·7月 政／8·9 政／9·5 政／1063·2·27 政
清原武衡 ❷ 1085·是年 政
清原達郎 ❾ 2005·5·16 社
清原太兵衛 ❺-2 1787·是年 社
清原　玉(ラグーザお玉) ❻ 1882·6·30 文
清原為成 ❷ 1013·7·15 文
清原為信 ❷ 1014·3·3 社／1015·5·21 文
清原常岑 ❶ 883·4·2 政／884·3·9 政
清原俊賢 ❷ 1138·11·10 社
清原俊隆 ❷ 1278·9·22 文／❸ 1290·2·17 文
清原利見 ❶ 858·1·16 政
清原仲宣 ❷ 1240·3·20 文
清原長統 ❶ 856·3·11 文／861·7·14 政／863·2·10 政／870·1·25 政
清原夏野 ❶ 804·6·21 文／830·9·21 政／⑫·2 政／832·5·11 社／11·2 政／833·2·15 文／834·4·21 政 文／835·2·21 社／837·10·7 政
清原(船橋)業賢 ❹ 1527·5·18 文／1528·8月 文／1529·11·21 文
清原(船橋)業忠(良宣) ❸ 1439·2月 文／1442·12·13 文／1443·6·12 文／1449·3·7 文／❹ 1459·4·23 文／1466·4·28 文／1467·4·28 文
清原(船橋)宣賢 ❹ 1509·3·14 社／1513·5·6 文／6·1 文／1514·3·14 文／10月 文／1516·10·17 文／1517·7月 文／1519·2·24 文／11月 文／1527·1·30 文／5·18 文／1533·8·5 文／1534·是年 文／1539·是年 文／1543·4·20 文／8月 文／1545·11·13 文／1550·7·12 文／1556·7月 文／1581·是年 文／❺-1 1640·是年 文
清原信俊 ❷ 1118·4·25 政／1120·9·11 文／1125·9·5 文／1145·10·2 文
清原教隆 ❷ 1241·是年 文／1242·8·6 文／1247·3·9 文／1250·5·20 文／1265·7·19 政
清原則房 ❷ 1082·10·17 社
清原　斎 ❽ 1955·9·1 文
清原広澄 ❷ 1010·7·24 政
清原真貞 ❶ 860·1·16 政／869·7·10 社／870·1·25 政
清原致信 ❷ 1017·3·8 政
清原当仁 ❶ 884·11·5 社
清原真友 ❶ 848·是秋 文
清原真衡 ❷ 1083·9月 政
清原道雄 ❶ 857·8·25 文／867·1·12 政
清原満定 ❷ 1243·2·26 政／1263·11·2 政
清原光頼 ❷ 1062·7月 政
清原岑成 ❶ 852·1·15 政／858·1·16 政／860·1·16 政／是年 社／861·2·29 政
清原(船橋)宗賢 ❹ 1473·10·13 文／1474·12·25 文／1503·10·30 文
清原宗季 ❸ 1350·11·3 文
清原宗尚 ❸ 1317·3·2 文／1320·7·2 文／1325·5·24 文
清原元輔 ❶ 949·是年 文／951·10·30 文／990·6月 政
清原守武 ❷ 1045·8·29 政／1047·12·24 政
清原泰景 ❸ 1333·12月 社
清原雄風(伯高·崑岡) ❺-2 1806·是年 文／1810·8·20 文
清原良枝 ❸ 1308·4·10 文／1318·12·28 文／1331·11·12 文／❹ 1550·4月 文
清原良賢 ❸ 1406·7·25 文／1418·7·4 文／1422·6·12 文／1423·10·9 文／1432·10·29 政
清原良兼⇨真性(しんしょう)
清原良季 ❷ 1266·2·6 文／9·18 文／1268·2·28 政／❸ 1291·6·6 文
清原良業 ❷ 1204·6·22 文／1205·2·24 文／1210·1·15 文
清原良宣⇨清原業忠(なりただ)
清原令望 ❶ 878·3·29 政／887·4·3 社
清原頼賢⇨清原枝賢(えだかた)
清原頼隆 ❷ 1021·1月 文／1053·7·28 文
清原頼業 ❷ 1163·1·29 政／1169·3月 文／1177·3·7 文／1180·8·4 文／1181·8·25 文／1185·2·10 文／4·29 文／8·4 文／1189·④·14 文

清原頼元⇨五條頼元(ごじょうよりもと)
清原王(浄原王)　❶ **779**·9·18 政
炬範(僧)　❺-2 **1725**·7·24 社
清彦(天日槍の曾孫)　❶ 書紀·垂仁88·7·10
清仁親王　❷ **1004**·5·4 政／**1029**·②·29 文／**1030**·7·6 政
清平(刀工)　❺-1 **1679**·8·15 文
清平王　❶ **912**·是年 政
清藤幸七郎　❼ **1931**·1·4 政
清水行之助　❾ **1981**·6·22 政
清水六兵衛(愚斎、初代)　❺-2 **1799**·3月 文／是年 文
清水六兵衛(二代目)　❻ **1860**·3月 文
清水六兵衛(四代目)　❼ **1920**·11月 文
清水六兵衛(五代目)　❽ **1959**·8·1 文
清水六兵衛(六代目)　❾ **1978**·5·9 文
清岑門継　❶ **841**·1·13 政
清宗忠孝　❶ **950**·9·23 社
清村耕次　❾ **1966**·2·1 社
浄村晋卿　❶ **785**·1·15 政
清元梅吉(藤間藤次郎、初代)　❼ **1907**·2·1 文
清元梅吉(松原清吉、二代目)　❼ **1911**·5·14 文
清元梅吉(松原清一、三代目)　❼ **1922**·12月 文／❾ **1966**·6·1 文
清元栄三郎　❾ **2002**·12·31 文
清元栄寿郎　❽ **1955**·1·27 文／**1963**·3·10 文
清元延寿太夫(初代)　❺-2 **1812**·9·9 文／**1825**·5·26 文
清元延寿太夫(二代目)　❻ **1855**·9·26 文
清元延寿太夫(三代目)　❻ **1857**·10·2 文
清元延寿太夫(斎藤源之助、四代目)　❻ **1874**·12·1 文／**1888**·5·17 文／❼ **1904**·3·16 文
清元延寿太夫(斎藤庄吉、五代目)　❼ **1907**·9·17 文／**1922**·12月 文／**1926**·6·20 文／❽ **1943**·5·22 文／6·22 文／7·1 政
清元お葉　❼ **1901**·5·2 文
清元房八　❻ **1870**·4·1 文
清山代栄　❷ **1281**·6·29 政
潔世王　❶ **863**·2·16 文／**882**·4·28 政
鉅鹿清左衛門　❺-1 **1679**·是年 政
鉅鹿清兵衛　❺-1 **1679**·是年 政
吉良氏朝　❹ **1562**·12·16 社／**1579**·11·27 社
吉良貞家　❸ **1346**·2·9 政／4月 政／**1347**·7·21 政／**1348**·5·22 社／10·29 政／**1349**·3·16 政／**1351**·2·12 政／11·21 社／11·22 政／**1352**·②月 政／4·2 政／7·3 政／8·7 政／**1353**·5·4 政
吉良貞氏　❸ **1350**·11·23 政
吉良貞経　❸ **1352**·3·11 政
吉良俊一　❼ **1923**·3·16 政
吉良龍夫　❽ **1942**·5月 文／❾ **2011**·7·19 文
吉良親貞　❹ **1569**·11·6 政
吉良綱憲　❺-1 **1664**·⑤·7 政
吉良時衡　❸ **1340**·8·20 政／**1341**·5·28 政
吉良治家　❸ **1354**·6·20 政／7·16 政／**1376**·1·29 社
吉良政忠　❹ **1486**·文明年間 政
吉良満家　❸ **1354**·是年 政
吉良満氏　❷ **1271**·是年 社
吉良満貞　❸ **1351**·1·15 政／**1352**·6·16 政／11·3 政／**1353**·3·23 政／7·23 政／**1368**·1·28 政／**1384**·9·5 政
吉良満義　❸ **1356**·9·23 政
吉良義昭　❹ **1563**·是秋 政／**1564**·2·28 政
吉良良家　❸ **1347**·7·21 政
吉良義周　❺-1 **1701**·12·11 政／**1703**·4·27 政
吉良義央(上野介)　❺-1 **1664**·⑤·7 政／**1677**·1·25 政／**1701**·2·29 政／3·11 政／3·14 社／12·11 政／**1702**·12·15 政
吉良義冬　❺-1 **1644**·2·15 文／**1661**·6·3 政／**1662**·9·18 政
吉良義堯　❹ **1536**·是年 政
吉良頼康　❹ **1551**·12·7 政／**1552**·3·27 社／**1555**·7·5 社
ギラード(オーストリア)　❾ **2010**·10·3 政
桐　大蔵　❺-1 **1630**·12月 文／**1661**·3月 文
桐　長桐(女櫓)　❺-2 **1784**·10·18 文
キリエンコ(ロシア首相)　❾ **1998**·7·13 政
桐澤桝八　❻ **1894**·是年 社
霧島一博　❾ **1990**·3·25 社／**1991**·1·27 社
霧島　昇　❽ **1939**·4·7 社／12·17 社／**1944**·是年 社
キリステアンフレイハルロ(オランダ)　❺-2 **1718**·2·28 政
桐竹勘十郎(三代目)　❾ **1986**·8·14 文／**2009**·6·30 文
桐竹(小林)紋十郎(福太郎·門十郎、初代)　❼ **1902**·8·11 文／**1910**·8·15 文
桐竹紋十郎(二代目)　❾ **1970**·8·21 文
桐野太兵衛　❺-2 **1827**·10月 社
桐野利秋(中村半次郎)　❻ **1867**·9·3 政／**1868**·9·22 政／**1874**·6月 政／**1877**·2·15 西南戦争／6·15 西南戦争／9·24 西南戦争
桐野夏生　❾ **1999**·7·15 文
霧降咲男　❺-2 **1774**·4月 社
桐谷洗鱗　❼ **1932**·7·19 文
桐山太右衛門　❺-2 **1722**·4·1 文
桐山政太郎　❼ **1918**·是年 社
桐山検校　❺-1 **1713**·3·2 文
桐生悠悠(政次)　❽ **1941**·9·10 文
桐生六郎　❷ **1181**·9·16 政
麒麟之助(軽業)　❺-2 **1742**·5·11 社／**1752**·1·25 社
宜湾朝保(宜野湾朝保·有恒)　❻ **1870**·9月 文／**1872**·7·11 政／9·14 政／**1876**·8·6 政
金　逸(高麗)　❸ **1366**·11·14 政／**1368**·1·17 政
金　壱世　❶ **681**·10·20 政
金　允厚(高麗)　❸ **1389**·9月 政
金　允植　❻ **1894**·8·20 日清戦争
金　暉南(高麗)　❸ **1352**·3·9 政
金　英烈(高麗)　❸ **1395**·8·9 政
金　恵頃(琉球)　❺-1 **1630**·6·10 政
金　押実　❶ **672**·11·24 政
金　応瑞　❹ **1594**·11·1 文禄の役
金　乙貴(高麗)　❸ **1367**·2·14 政
金　介同　❹ **1587**·2·26 政
金　乾安(新羅使)　❶ **721**·12月 政
金　己雨(朝鮮)　❸ **1409**·3·16 政
金　貴賀　❶ **824**·5·11 政
金　綺秀　❻ **1876**·5·20 政
金　祇山　❶ **673**·⑥·15 政
金　吉浩(朝鮮)　❸ **1453**·7·15 文
金　久冏(朝鮮)　❸ **1432**·7·26 政／**1433**·1·26 政／4·13 政
金　玉均　❻ **1882**·10·13 政／**1884**·12·4 政／**1886**·6·12 政／8·9 政／**1888**·7·28 政／**1894**·3·10 政／5·20 政
金　欽英　❶ **742**·2·3 政
金　今古　❶ **705**·10·30 政
金　謹思(朝鮮)　❹ **1508**·11·2 政
金　紅世　❶ **678**·是年 政／**679**·1·5 政
金　健勲　❶ **685**·11·27 政
金　継運　❻ **1864**·3·17 政
金　慶門　❷ **1032**·12月 文
金　暄　❶ **752**·3·22 政
金　巌　❶ **779**·7·10 政
金　元(朝鮮)　❸ **1433**·4·13 政
金　元桂(朝鮮)　❸ **1397**·5·15 政
金　原升　❶ **680**·11·24 政
金　元祥(朝鮮)　❺-1 **1665**·6月 政
金　元神(朝鮮)　❺-1 **1664**·1·3 政
金　元静　❶ **714**·11·11 政／**715**·3·23 政
金　源珍(元珍、朝鮮)　❸ **1423**·10·10 政／**1430**·⑫·26 政／**1437**·7·20 政
金　顕門　❺-2 **1734**·1·13 政
金　孝(高麗)　❷ **1049**·11·29 政
金　鉉(高麗)　❸ **1361**·2·22 政
金　光(朝鮮)　❺-1 **1603**·11月 政
金　光遠　❷ **1275**·10·25 政
金　高訓　❶ **690**·9·23 政
金　孝元　❶ **703**·1·9 政
金　光鉉(朝鮮)　❺-1 **1632**·是年 政
金　弘集(宏集·量能)　❻ **1880**·8·1 政／**1885**·1·9 政／❼ **1896**·2·11 政
金　項那　❶ **679**·10·17 政／**680**·4·25 政
金　江南　❶ **693**·2·3 政
金　好儒　❶ **676**·11·3 政
金　克柔(僧)　❸ **1428**·12·7 政／**1429**·12·3 政
金　才伯　❶ **764**·7·19 政
金　薩儒　❶ **673**·⑥·15 政
金　薩慕　❶ **687**·9·23 政
金　賛　❷ **1266**·8·15 政／11月 政／**1267**·1月 政
金　三玄　❶ **774**·3·4 政
金　治(朝鮮)　❸ **1430**·3·25 政
金　始顕　❼ **1923**·2·7 政
金　址爕　❼ **1924**·1·5 政
金　時道(朝鮮)　❸ **1425**·2·16 政

金　時敏　❹ 1592·10·10 文禄の役
金　自負(朝鮮)　❹ 1476·5·2 政
金　釈起　❶ 682·6·1 政
金　受　❶ 663·2·2 政
金　衆(朝鮮)　❸ 1433·7·4 政
金　周漢　❶ 695·3·2 政
金　周鼎　❷ 1280·11·22 政／12·3 政
金　儒吉　❶ 705·10·30 政／706·1·4 政
金　主山　❶ 683·11·13 政／684·3·23 政／685·4·17 政
金　順慶　❶ 701·1·14 政
金　春秋(武烈王)　❶ 647·是年 政
金　恕(朝鮮)　❸ 1408·3·14 政
金　鏘　❹ 1463·是年 政／1465·12月 文
金　章(琉球)　❹ 1536·是年 政／1543·是年 政
金　貞巻　❶ 760·9·16 政
金　承元　❶ 673·⑥·15 政
金　上元　❶ 709·11·2 政
金　乗弟　❶ 811·8·12 政
金　小巴　❶ 811·8·12 政
金　鍾泌　❽ 1964·3·25 政
金　清平　❶ 676·11·3 政／677·3·19 政／8·27 政
金　消勿　❶ 678·是年 政
金　初正　❶ 769·11·12 政
金　序貞　❶ 743·3·6 政
金　仕歴　❹ 1597·10·3 政
金　慎(朝鮮)　❸ 1429·是年 社
金　深薩　❶ 692·11·8 政
金　信福　❶ 709·3·15 政／5·20 政
金　仁用(高麗)　❸ 1389·9月 政
金　瑞(朝鮮)　❺-2 1716·12·6 政
芹　誠(僧)　❹ 1543·1月 社
金　誠一(朝鮮·士純)　❹ 1590·3月 政／7·21 政／11·7 政／1591·1月 政
金　成漢　❽ 1937·11·12 社
金　世鈞(朝鮮)　❹ 1510·4·4 政
金　正春(朝鮮)　❺-1 1648·11月 政
金　世濂(朝鮮)　❺-1 1636·10·12 政
金　龍福(朝鮮)　❺-1 1696·6·4 政
金武按司(琉球)　❺-1 1638·4·15 島原の乱
金　石伊(朝鮮)　❹ 1464·是春 政
金　積善(高麗)　❸ 1395·12·14 政
金　節　❺-2 1761·是冬 政
金　先致(高麗)　❸ 1375·1月 政
金　訴(朝鮮)　❹ 1479·4·1 政
金　造近　❶ 726·5·24 政
金　宗瑞(朝鮮)　❸ 1443·12·27 政
金　相貞　❶ 734·12·6 政／735·2·17 政
金　相翊　❺-2 1764·2·27 政
金　霜林　❶ 687·9·23 政／688·2·2 政
金　素雲　❼ 1933·1月 文
金　所毛　❶ 700·11·8 政／701·1·14 政
金　泰廉　❶ 752·3·22 政
金　宅明(朝鮮)　❸ 1419·11·20 政
金　多遂　❶ 649·是年 政
金　為行　❷ 1057·11月 政
金　為時　❷ 1057·7·26 政
金　男昌　❶ 817·2·15 政
金　智祥　❶ 685·11·27 政／686·1月 政
金　池山　❶ 673·⑥·15 政
金　忠元　❶ 675·2月 政
金　忠仙　❶ 695·3·2 政
金　忠平　❶ 681·10·20 政／682·1·11 政
金　貯(高麗)　❷ 1271·9·6 政
金　長言　❶ 719·5·7 政
金　長志　❶ 683·11·13 政
金　長孫　❶ 732·1·22 政
金武朝貞(琉球)　❺-1 1639·2·9 政／1644·4·18 政／6·15 政／1648·9·2 政／1652·是夏 政
金武朝祐(琉球)　❺-1 1714·9·9 政
金　珍　❶ 847·9·2 政
金　貞(朝鮮)　❸ 1423·4月 政
金　貞宿　❶ 723·8·8 政
金　堤上　❶ 425·是年
金　体信　❶ 763·2·10 政
忻　都(元)　❷ 1274·10·5 政／10·5 政／11·21 政／12·28 政／1280·2·17 政／8·26 政／1281·5·21 政／6·15 政／⑦·16 政
金　東厳　❶ 668·9·12 政
金　藤貞(平戸島)　❸ 1407·9·1 政
金　道那　❶ 689·4·20 政
金　得明(朝鮮)　❸ 1422·7·7 政
金　図南　❺-2 1718·8·20 政
金　日成　❼ 1936·2月 政
金　若弼　❶ 680·11·24 政／681·6·5 政
金　仁述　❶ 687·9·23 政
金　任想　❶ 697·10·28 政
金　巴兄　❶ 810·是年 政／811·8·12 政
金　晩植　❻ 1882·10·13 政
金　比蘇(此蘇)　❶ 675·2月 政
金　弼(新羅)　❶ 721·12月 政
金　弼徳　❶ 697·10·28 政／698·1·3 政
金　贇吉(朝鮮)　❸ 1394·3·4 政
金　福護　❶ 703·1·9 政／5·3 政／④·1 政
金　壁(琉球)　❹ 1499·是年 政
金　方慶(元)　❷ 1274·7·12 政／10·3 政／10·5 政／11·27 政／12·28 政／1275·1·8 政／1280·11·22 政／12·3 政／1281·6·15 政／⑦·16 政
金　万物　❶ 671·10·7 政／11·29 政
金　美賀　❶ 675·3月 政
金　物儒　❶ 684·12·6 政／685·3·14 政
金　有成(高麗)　❷ 1269·7·21 政／9·17 政／❸ 1292·10·3 政／1307·7·5 政
金　祐沢　❽ 1957·6·11 政
金　陽元　❶ 693·2·3 政
金武良章　❾ 1993·1·7 文
金　蘭蓀　❶ 779·7·10 政
金　履喬(朝鮮)　❺-2 1811·3·29 政／5·22 政
金　立堅(高麗)　❸ 1383·5月 政
金　龍(高麗)　❸ 1366·12·16 政／1367·2·14 政
金　龍海　❽ 1937·2·26 社
金　良(琉球)　❹ 1520·4·12 政／1523·是年 政／1524·4·8 政
欽　良暉　❶ 852·8月 政／853·7·15 政
金　礼信　❶ 735·3·10 政
金　礼真(新羅)　❶ 833·4·8 政
金　礼蒙(朝鮮)　❸ 1439·12·26 政／1440·5·19 政
金　蓮(新羅)　❶ 873·6·21 社
金　良琳　❶ 695·3·2 政
金⇨金(きむ・こん)姓も見よ
金武王子(琉球)　❺-1 1627·1·11 政／是年 社／1634·⑦·9 政／1671·5·28 政／7·28 政／1714·12·2 政
金阿弥　❸ 1405·7·26 文／1406·7·13 文
鈞雲(遣明使)　❹ 1547·2·21 政
金右衛門(三井村)　❺-2 1750·1·15 社
近賀ゆかり　❾ 2012·7·27 社
金海(陶工)　❹ 1595·是年 文
キング·ジョージ　❻ 1866·6·16 政
金慶(僧)　❷ 1171·是年 政
公顕(僧)　❷ 1172·3·15 政
公現親王(輪王寺宮)⇨能久(よしひさ)親王
金原亭馬生(八代目)　❽ 1943·11·7 文
金五(新羅)　❶ 874·8·8 政
誾公(ぎんこう)　❸ 1400·8月 政
錦光山茂兵衛　❺-2 1755·8·18 文
琴江令薫　❸ 1433·3·21 政
吟山　❺-2 1735·是年 文
金山入道　❹ 1515·1·26 政
金山明昶(僧)　❸ 1396·10月 文
金四(新羅)　❶ 874·8·8 政
覲子内親王(きんし·宣陽門院)　❷ 1191·6·26 政／1239·12月 社／1246·1·10 文／1252·6·8 政
欣子内親王(新清和門院)　❺-2 1794·3·1 政／1841·①·22 政／1846·6·20 政
均子内親王　❶ 910·2·25 政
琴枝亭律友　❺-1 1691·是年 文
近事瑜行　❶ 749·10·21 文
緊時要羅(倭寇)　❹ 1590·2·28 政
昕叔(僧)　❺-1 1624·6·18 文
金春(僧)　❶ 936·是年 社
金城次郎　❾ 2004·12·24 文
錦城斎一山　❻ 1889·3·21 文
金田一京助　❼ 1929·7月 文／1931·1月 文／❽ 1953·4月 文／1954·11·3 文／❾ 1971·11·24 文
金田一春彦　❽ 1957·1月 文／❾ 2004·5·19 文
金鍔次兵衛　❺-1 1637·7·2 社
公行(姓不詳·佐渡守)　❷ 1027·2·27 政／1033·5·2 政
キンドル(英)　❻ 1870·2·2 政
銀林　浩　❽ 1960·11月 文
銀林綱男　❻ 1894·10·1 政
金原　淳　❾ 1995·1·1 文
金原二郎　❾ 1997·4·26 文
金原明善(弥一郎·久右衛門)　❼ 1923·1·14 政
公仁親王(京極宮)　❺-2 1754·3·24 文／1770·6·22 政

公通(宇佐宮司)　❷ 1187·10·30 社
欽明天皇(天国排開広庭皇子)　❶ 532·是年／539·12·5／571·4 月
欽明天皇妃　❶ 612·2·20 政
欣誉浄泉(僧)　❺-1 1654·是年 社
金羅金須　❶ 671·1 月 文
金龍敬雄　❺-2 1766·是年 文
金蓮(僧)　❶ 723·是年 社

く

具　成美(朝鮮)　❸ 1406·1·18 政
クアンユー，リー(シンガポール)　❽ 1962·5·25 政／❾ 1967·3·19 政／1968·10·14 政／1973·5·7 政／1988·7·8 政
杙田名倉　❶ 677·4·11 政
空阿弥陀仏(僧)　❷ 1228·1·15 社
空海(弘法大師)　❶ 794·4·9 政／797·12·1 文／805·2 月 文／806·1·15 文／4 月 文／10·22 文／807·4·29 社／809·大同年間 社／810·10·27 社／是年 文／811·6·27 文／8 月 文／11·9 社／814·7·28 文／8·30 文／815·4·1 文／816·6·19 社／817·是年 社／822·2·11 社／823·12·23 社／弘仁年間 社／825·7·19 社／828·4·13 文／12·15 文／是年 社／829·9·11 文／831·6·14 社／834·1·8 社／6·30 社／8·22 社／835·1·6 社／3·21 社／857·10·22 社／864·3·26 社／876·貞観年間 社／918·10·16 社／919·11·2 文／921·10·27 社／969·7·5 文／❷ 1184·8·28 文／1186·10·5 文／1192·4·9 文／1253·7·5 文／1254·6 月 文／❹ 1564·是年 文／❺-1 1625·2·19 文／1684·3·20 社／❺-2 1784·3·20 社
空覚(蒔絵大工)　❸ 1357·8 月 文
空教(僧)　❸ 1334·2·23 社
クーケバッケル，ニコラス　❺-1 1633·8·3 政／9·5 政／10·5 政／1634·7·26 政／1635·1·7 政／3·1 政／1636·8·4 政／1637·1·27 社／1638·1·25 島原の乱／2·14 政／4·5 政／8·3 政／9·15 政／1639·1·2 政
空光(画人)　❶ 838·是冬 文
空谷明応(僧)　❸ 1395·6·20 政／1407·1·16 社
空済(僧)　❹ 1499·1·16 社
空性法親王(髄庵)　❺-1 1650·8·25 社
空晴(僧)　❶ 957·12·9 社
空誓(僧)　❺-2 1753·是年 文
空叟智玄(僧)　❸ 1334·是年 政／1339·是年 政
空諦(宋)　❷ 1191·6·10 社
グーテンホーフ(オーストリア)　❻ 1894·11·24 文
クーデンホーフ光子　❽ 1941·8·27 政
空如(僧)　❸ 1332·1·4 社／1343·11·7 社
空也(光勝、僧)　❶ 938·4 月 社／939·是年 社／951·是秋 社／963·8·23 社／972·9·11 社
空誉(僧)　❸ 1313·9·21 社
公縁(僧)　❷ 1265·2·20 社
陸(くが)　羯南(実)　❻ 1879·4 月 社／1889·2·11 文／❼ 1907·9·2 文
久賀三夏　❶ 842·1·13 政／852·1·15 政／853·1·16 政
空閑　昇　❼ 1932·2·23 政
訓解(百済)　❶ 405·9 月
久貝正典　❻ 1860·4·28 政／1865·6·11 文
久貝蓼湾　❺-2 1804·7·23 文
九鬼国次郎　❼ 1910·11·3 社
九鬼周造　❽ 1941·5·6 文
九鬼副隆　❺-1 1694·是年 文
九鬼澄常　❺-1 1685·4·3 政
九鬼隆方　❺-1 1704·4·1 社
九鬼隆季　❺-1 1632·9·15 政／1633·3·5 政
九鬼隆常　❺-1 1698·4·1 政／1715·是年 文
九鬼隆直　❺-1 1698·4·1 政／❺-2 1752·8·4 政
九鬼隆都　❻ 1853·6·18 政
九鬼久隆　❺-1 1632·9·15 政／1633·3·5 政
九鬼広隆　❹ 1592·7·23 文禄の役／1600·10·12 関ヶ原合戦
九鬼守隆(光隆·友隆)　❹ 1600·8·14 関ヶ原合戦／1600·12·13 社／❺-1 1609·9 月 政／1614·11·16 大坂冬の陣／1615·4·28 大坂夏の陣／1632·9·15 政／1633·3·5 政
九鬼嘉隆　❹ 1578·6·26 政／9·30 政／11·6 政／1584·6·18 政／1585·3·17 政／3·25 政／1587·4·28 政／1590·2·27 政／4·1 政／1592·4·10 文禄の役／4·19 文禄の役／5·29 文禄の役／7·7 文禄の役／1593·2·21 文禄の役／1598·1·12 社／1600·10·12 関ヶ原合戦
九鬼隆一　❻ 1888·5·5 文／9·27 文／1889·10 月 文／1890·10·1 政／❼ 1931·8·11 文
釘宮　磐　❽ 1941·7·10 社
弘挙(唐僧)　❶ 893·⑤·15 政／8·15 政
公暁(源　善哉)　❷ 1205·12·2 政／1206·10·20 政／1211·9·15 政／1217·6·20 政／10·11 政／1218·12·5 政／1219·1·27 政／1226·4·27 政
愚極礼才(僧)　❸ 1433·是冬 文／1438·9 月 文／1452·6·6 社
句空(俳人)　❺-1 1692·是年 文
久下貞重　❸ 1352·3·18 社
久下重基　❸ 1339·6·2 政
久下正三　❼ 1912·3·6 社
久下直光　❷ 1192·11·25 政
九華抱玉　❺-2 1753·是年 文
久下信濃守　❹ 1510·4·15 政
愚渓如智(元僧)　❸ 1283·8 月 政／1284·7 月 政
愚渓得哲(僧)　❸ 1405·2·12 社
久下田屋喜右衛門　❺-2 1755·10 月 政
久下田屋吉右衛門　❺-1 1681·是年 政
久坂玄瑞(通武)　❻ 1862·1·21 政／2·27 政／12·12 政／1864·6·17 政／7·18 政
日下世傑　❺-2 1762·是年 文
日下弥三郎　❺-2 1735·11·21 政
日下雄一　❾ 2006·1·5 文
草香幡梭皇女　❶ 405·1·6／457·3·3／470·4·1
日下部荒熊　❶ 724·2·22 社
日下部伊三治　❻ 1858·8·8 政／9·7 政
日下部首麻呂　❶ 730·9 月 文
日下部　老　❶ 732·3·26 政
日下部基栄　❾ 2000·9·15 社
日下部浄方　❶ 766·9·19 社
日下部国益　❶ 785·4·15 社
日下部子麻呂(古麻呂)　❶ 763·1·9 政／764·1·20 政／9·11 社／766·2·21 政
日下部五郎八　❺-1 1668·3·5 政
日下部作十郎　❺-2 1738·3·15 政
草壁醜経　❶ 650·2·9 政
日下部朝定　❹ 1512·9 月 文
日下部土方　❶ 814·8·21 社
日下部正冬　❺-1 1606·11 月 政
草壁真跡　❶ 642·2·22 政
日下部鳴鶴(子暘)　❼ 1922·1·27 文
日下部盛平　❷ 1175·4 月 政
草壁皇子　❶ 672·6·24 政／679·5·5 政／681·2·25 政／688·11·4 文／689·4·13 政
草刈英治　❼ 1930·5·20 政
草刈景継　❹ 1570·10·22 政
草刈三越　❺-1 1679·是年 文
草刈重継　❹ 1583·12·18 政
草刈庄五郎　❼ 1896·9·11 社
草里四郎次郎　❸ 1337·1·15 政
草地貞吾　❽ 1945·8·29 政
草薙厚子　❾ 2007·5·21 文／2009·4·15 文
草彅　剛　❾ 2009·4·23 社
草野浅野右衛門　❺-1 1672·9·14 社
草野益節　❺-2 1750·是年 文
草野平三郎　❺-1 1645·2·3 社
草野(九沙)鎮永　❹ 1574·1·3 政／1576·9·21 社／1588·8·12 政
草野丈吉　❻ 1863·是年 社／1886·4·12 社
草野(九沙)次郎　❹ 1463·2·1 政／1464·1·1 政
草野心平　❼ 1925·4 月 文／1935·5 月 文／❽ 1944·4 月 文／1950·5·24 文／❾ 1987·11·3 文／1988·11·12 文
草野忠義　❾ 2012·3·7 社
草野(九沙)永氏　❹ 1478·1·9 政／1479·1·1 政／1481·1·8 政／1482·1·1 政／1484·1·5 政／1485·1·5 政
草野永純　❷ 1267·2·26 政
草野(九沙)義永　❸ 1455·1·4 政／❹ 1456·是年 政／1486·1·17 政／1488·1·9 政／1489·1·13 政／1491·1·16 政／1492·2·21 政／1494·1·18 政
草野頼永　❸ 1410·1·28 政
草場佩川　❻ 1867·11·28 文
草葉隆円　❽ 1954·1·8 政
草場良八　❾ 1990·2·20 政
草部是助　❷ 1183·2 月 文／4·19 文
草間加寿子　❽ 1941·4·24 文／1942·3·16 文／1944·6·21 文

草間貫吉　❼ 1927·9·7 社
草間末友　❷ 1220·11·13 政
草間時彦　❾ 2003·5·26 文
草間時福　❻ 1881·9·8 社
草間彌生　❾ 2009·11·4 文
草柳大蔵　❾ 2002·7·22 文
久慈あさみ　❾ 1996·7·11 文
久慈次郎　❽ 1939·8·21 社
具志川尚享　❺-1 1666·是年 政
具志川朝盈　❺-1 1649·5月 政
具志川王子　❺-2 1748·9·9 政／12·15 政
串木野忠行　❸ 1288·6月 社
櫛笥(くしげ)隆子(逢春門院)　❺-1 1685·5·22 政
櫛笥隆望　❺-2 1795·1·24 政
櫛笥隆賀　❺-1 1709·6·21 政／❺-2 1723·2·1 政／1733·7·14 政
櫛笥賀子(新崇賢門院·四條局)　❺-1 1709·3·26 政／6·21 政／1710·3·26 政／12·29 政
具志堅用高　❾ 1976·10·9 社／1978·1·29 社／5·7 社／10·15 社
串田和美　❾ 2005·6·5 文
櫛田民蔵　❼ 1934·11·5 文
櫛田ふき　❾ 2001·2·5 社
串田孫一　❾ 2005·7·8 文
串田万蔵　❽ 1939·9·5 政
久信耳鷹長　❶ 799·12·5 政
櫛橋則伊　❹ 1483·11·7 政
櫛橋左京亮　❹ 1534·8·25 政
櫛引清長　❹ 1591·2·24 政／9·4 政
櫛引弥六郎　❹ 1567·1·14 政
櫛淵弥兵衛　❺-2 1805·4·11 社
久島啓太　❾ 1983·12·11 社
福島(くしま)五郎兵衛　❹ 1584·7·3 社
福島正成(兵庫)　❹ 1521·9·16 政／11·23 政
具島兼三郎　❽ 1937·3·16 文／1942·9·21 政
久次米兵次郎　❻ 1880·12·15 政
久志本常尹　❺-1 1637·7·14 文
孔雀太夫　❺-1 1636·1月 文／1657·3·14 文
九條夙子(英照皇太后)　❺-2 1848·12·15 政
九條兼孝　❹ 1574·2·24 政／1576·11·21 政／1578·12·13 政／1581·4·29 政／❺-1 1601·1·26 政／1604·11·10 政／1636·1·17 政
九條兼晴　❺-1 1664·4·5 政／1665·1·11 政／1671·5·7 政／1677·11·12 政
九條公明　❸ 1336·9·11 政
九條節子(さだこ)⇨貞明(ていめい)皇后
九條実治　❸ 1353·5·19 政
九條輔実　❺-1 1693·12·18 政／1704·2·5 政／1708·1·21 政／1712·8·28 政／❺-2 1716·11·1 政／1722·1·13 政／1729·12·12 政
九條輔嗣　❺-2 1807·1·29 政
九條隆朝　❸ 1355·12·14 政
九條隆教　❸ 1309·11·24 文／1348·10·15 政
九條(藤原)隆博　❸ 1298·11·20 文／12·5 政
九條武子　❼ 1928·2·7 文
九條忠教　❸ 1288·7·11 政／1291·5·27 政／12·21 政／1292·12月 社／1293·2·25 政／1327·3·25 政／1332·12·6 政
九條忠栄　❺-1 1607·1·11 政／1608·12·26 政／1612·3·13 政／7·25 政／1614·1·14 政／1619·9·14 政／1623·⑧·16 政
九條忠基　❸ 1370·3·16 政／1375·11·18 政／12·27 政／1379·8·23 政／1393·9·25 文／1397·12·20 政
九條種基　❺-2 1739·2·3 政
九條稙通(恵空)　❹ 1528·8·20 政／1531·12·28 政／1533·2·5 政／1534·11·21 政／1555·⑩·27 文／1574·3·28 文／9·30 文／1575·7·7 文／1590·3月 文／1593·9·27 文／1594·1·5 政
九條経教　❸ 1347·9·16 政／1349·9·13 政／1358·12·29 政／1361·11·9 政／1395·6·20 政／1398·6·22 文／1400·5·21 政
九條尚実　❺-2 1750·12·21 政／1755·1·29 政／1759·11·26 政／1778·2·8 政／1780·12·25 政／1787·3·1 政／9·23 政／1789·是秋 政
九條尚経　❹ 1496·1·7 政／1499·5·28 政／1501·2·19 政／6·29 政／1502·4·10 政／1506·2·5 政／1513·10·5 政／1530·7·8 政
九條教嗣　❸ 1393·9·25 文／1396·10·5 政／1399·2·22 政／1402·8·22 政／1404·8·15 政
九條教基　❸ 1455·8·27 政／❹ 1457·9·8 政
九條尚忠　❺-2 1821·4·7 政／1824·1·5 政／1847·6·15 政／1848·12·15 政／❻ 1856·8·8 政／1858·3·1 政／8·8 政／9·4 政／12·24 政／1862·6·23 政
九條房実　❸ 1319·⑦·28 政／1323·3·29 政／6·14 政／1324·12·27 政／1327·3·13 政
九條政忠　❹ 1464·7·5 政／1468·8·19 政／1470·8·16 文／1487·2·9 政／1488·8·23 政
九條政基　❹ 1468·1·11 政／1470·3·29 政／1471·1·1 政／1475·3·10 政／1476·5·13 政／1479·2·27 政／1496·1·7 政／1501·4·1 政／7·11 社／9·23 社／1516·4·4 政
九條道前　❺-2 1759·11·26 政／1770·⑥·5 政
九條道孝　❻ 1867·5·23 政／11·30 政／12·8 政／1868·1·13 政／2·26 政／3·2 政／④·11 政／④·21 政／5·18 政／1876·8·5 政／1880·10·9 文／1881·4·16 文／1884·7·7 政／❼ 1896·7·1 文／1906·1·4 政
九條道教　❸ 1327·3·25 政／1337·7·12 政／1339·12·27 政／1342·1·26 政／11·1 政／1349·7·6 政
九條道房　❺-1 1632·12·28 政／1634·2·9 文／1635·1·11 文／1640·11·3 政／12·25 政／1642·1·19 政／1643·3·21 文／1647·1·5 政／1·10 政
九條満家　❸ 1449·5·4 政
九條満輔　❸ 1433·5·5 社
九條満教　❸ 1403·6·26 政／1414·12·15 政／1418·12·2 政／1424·4·20 政
九條師孝　❺-1 1713·6·25 政
九條師教　❸ 1293·1·28 政／1296·12·25 政／1299·4·14 政／1305·4·12 政／12·17 政／1308·8·26 政／11·10 政／1320·6·7 政
九條幸家　❺-1 1633·8·16 文／1634·2·2 文／1635·1·11 文／1665·8·26 政
九條幸経　❻ 1858·3·1 政
九條幸教　❺-2 1726·9·15 政／1728·5·26 政
九條良経　❹ 1484·3·28 文
九條⇨藤原(ふじわら)姓も見よ
九條院⇨藤原呈子(ふじわらていし)
九如館鈍永　❺-2 1756·是年 文
鯨岡兵輔　❾ 2003·4·1 政
釧　雲泉　❺-2 1775·是年 文／1799·9·6 文／1801·是年 文／1808·是年 文／1810·是年 文／1811·11·16 文
弘真(文観、僧)　❸ 1302·2月 文／1330·7·13 政／1331·4·29 政／5·5 政／1332·4·10 政／1335·3·15 社／5月 社／1357·10·9 社
葛生能久(修亮·修吉)　❽ 1942·3·20 政／1945·11·19 政／1958·2·3 政
葛生東介　❼ 1901·2·3 政
薬師恵日　❶ 654·2月 政
楠田　薫　❽ 1946·3·19 文
楠田英世　❻ 1877·2·14 西南戦争
グスタフ·アドルフ親王(スウェーデン皇太子)　❼ 1926·9·2 政
クズネツォフ(ソ連)　❽ 1945·10·31 政
クズネツォワガトスカ, マリア(プリマドンナ)　❼ 1935·12·24 文
樟　磐手　❶ 672·6·26 政
葛野辰次郎　❾ 1997·10·24 文／2002·3·27 文
葛野端山　❺-2 1828·是年 文
楠野王　❶ 851·1·11 政
楠　音次郎　❻ 1863·11·12 政
楠　玄怡　❺-2 1788·天明年間 文
楠　好蔵　❼ 1933·11·3 社
楠木繁夫　❽ 1944·是年 社／1951·1·3 社
楠　正一　❼ 1902·3·1 社
楠　南谿　❺-2 1829·是年 文
楠木正家　❸ 1336·2·6 政／12·11 政
楠木正勝　❸ 1392·1·18 政／2·26 政／5·7 政
楠木正成(兵衛尉)　❸ 1331·2·25 政／9·11 政／10·15 政／1332·11月 政／12·9 政／12·19 政／1333·1·5 政／2·2 政／3·5 政／3·23 政／6·2 政／8·5 政／10·26 社／1334·9·21 政／10月 政／1335·4·21 社／8·25 文／1336·1·7 政／2·6 政／5·25 政

／❹ 1559·11·20 政／❺-1 1692·8 月 文／❻ 1868·4·21 社／5·25 社／❽ 1944·10·20 社
楠木正行(まさつら)　❸ 1344·5·26 文／1347·8·10 政／8·24 政／9·9 政／9·17 政／11·26 政／1348·1·5 政
楠木正時　❸ 1348·1·5 政
楠木正虎　❹ 1559·11·20 政
楠木正儀(まさのり)　❸ 1351·2·21 政／7·25 政／9·6 政／12·24 社／1352·②·20 政／3·17 政／5·6 政／8·15 政／9·30 政／11·3 政／1353·5·16 政／6·9 政／7·28 政／1354·11·10 社／1355·1·25 政／8·12 政／1357·8 月 社／1360·5·9 政／1361·4 月 社／10·27 政／12·8 政／1362·6·24 社／1365·9·6 社／1366·12·30 政／1367·7·29 政／1368·12·8 社／1369·1·2 政／2·7 政／3·16 政／4·2 政／1370·11 月 政／1371·8·6 政／1373·8·10 政／1374·9·20 政／1376·2·25 政／1378·3·20 社／1380·6·3 社／9·17 政／1382·①·24 政／2·18 政
楠木正久　❸ 1385·10·3 政
楠木正秀　❸ 1388·是春 政／1428·12 月 政／1430·2 月 政／1442·9·23 政
楠木正元　❸ 1392·2·26 政／5·7 政
楠木光正　❸ 1429·9·18 政
楠木兄弟　❸ 1437·7 月 政
楠瀬喜多　❻ 1878·9·16 社／❼ 1920·10·18 政
楠瀬熊治　❼ 1903·3 月 政
楠瀬幸彦　❻ 1895·10·8 政／❼ 1913·6·24 政／1927·10·13 政
楠葉西忍(天次·ムスル、天竺)　❸ 1452·5·6 政／❹ 1457·3·9 政／1459·2·21 政／1480·12·21 政／1483·1 月 政／1485·8·1 政／1486·2·14 政／1505·5·4 政
楠葉　聖(天竺)　❸ 1374·12·17 政
葛原勾当　❻ 1882·9·8 文
楠部弥弌　❾ 1978·5·9 文／11·3 文
葛巻九郎左衛門　❺-1 1660·1·21 政
葛巻昌興　❺-1 1693·是年 文
グスマン, ドン·フランシスコ·テリヨ·デ　❺-1 1601·10 月以前 政
久須見疎庵(疎安)　❺-1 1701·是年 文
久須美疎庵　❺-2 1728·5·8 文
久須美祐明　❺-2 1843·3·8 社
久隅守景　❺-1 1642·是年 文／1655·7·28 文
楠見善左衛門尉　❹ 1557·3·24 社
楠本憲吉　❾ 1988·12·17 文
楠本碩水(謙三郎·天逸)　❼ 1916·12·23 文
楠山正雄　❼ 1911·2·5 文
楠本正隆(平之允·小一郎)　❻ 1871·5·22 社／1875·12·19 政／1877·1·22 政／1879·12·12 政／1893·11·29 政／1894·5·3 政／1895·12·25 政／❼ 1902·2·5 政／❽ 1944·2·25 文
薬屋五郎次郎　❹ 1486·7·5 文
薬屋甚左衛門　❺-1 1605·11·15 政
葛谷藤兵衛　❺-1 1642·5·22 政／7·8 政
楠山春樹　❾ 2011·10·30 文
救世(僧)　❶ 973·是年 社
久世公堯　❾ 2000·7·30 政
久世重之　❺-1 1679·6·25 政／1683·8·21 政／1686·1·26 政／1697·6·10 政／1705·9·29 政／1713·8·3 政／1715·10·5 政／❺-2 1720·6·27 政
久世光彦　❾ 2006·3·2 文
久世暉之　❺-2 1720·6·27 政
久世栄通　❺-2 1780·7·20 政
久世広明　❺-2 1777·9·15 政／1781·⑤·11 政／9·18 政／1785·1·22 政
久世広敦　❺-2 1785·1·22 政
久世広民(政吉)　❺-2 1783·是年 政／1784·12·20 社／1787·12·20 社／1788·9·11 政／1789·9·16 政／1792·3·9 政／11·13 政
久世広周　❺-2 1848·10·18 政／1851·12·21 政／❻ 1856·4·18 社／1857·12·19 政／1860·③·1 政／12·1 政／1861·5·15 政／1862·2·24 政／6·2 政／8·16 政
久世広正　❺-2 1831·10·5 社／1835·5·24 政
久世広之　❺-1 1652·8·11 政／1659·10·11 政／1662·2·22 政／1663·8·15 政／1667·4·20 文／1669·6·25 政／1679·6·25 政／1705·10·30 政
久世不及斎(四代目)　❺-2 1744·1·13 文
久世通章　❽ 1939·4·14 政
久世通凞　❻ 1867·4·17 政
久世通夏　❺-2 1747·9·23 政
久勢王　❶ 759·1·11 政
管川英子　❼ 1898·11 月 社
朽網(くたみ)鎮官　❹ 1583·10·8 政
朽網宗歴　❹ 1580·2·18 政／1584·7 月 政
朽網親満　❹ 1544·8·27 政
百済池津媛⇨池津媛(いけつひめ)
百済河成　❶ 853·8·24 文
百済康保　❶ 854·10·23 社
百済足人　❶ 770·5·12 政
百済常良　❶ 882·8·1 文
百済豊国　❶ 863·7·26 社
百済豊虫　❶ 762·2·8 文
百済人成　❶ 722·2·27 文
百済益人　❶ 764·1·20 政
百済岑子女　❶ 865·12·9 社
百済王愛岑　❶ 833·6·14 社
百済王安宗　❶ 858·1·16 政
百済王英孫　❶ 785·1·15 政
百済王遠宝　❶ 700·10·15 政／734·3·11 政
百済王貴命　❶ 851·9·5 政
百済王教俊　❶ 806·1·28 政／808·7·4 政／809·1·16 政／812·1·12 政
百済王鏡仁　❶ 806·1·28 政
百済王教徳　❶ 799·1·29 政／822·10·17 政
百済王敬福　❶ 743·6·30 政／746·4·4 政／749·4·22 政／752·5·26 政／757·6·16 政／761·11·17 政／763·1·9 政／764·10·9 政／766·6·28 政
百済王恵信　❶ 842·9·8 政
百済王慶仲　❶ 841·4·20 政
百済王慶命　❶ 830·6·24 政／849·1·22 政
百済王玄鏡　❶ 777·1·3 政／788·10·20 文／789·2·5 政
百済王元信　❶ 788·10·20 文
百済王玄風　❶ 791·10·12 文
百済王孝忠　❶ 738·4·22 政／741·8·9 政／746·4·4 政／750·3·12 政
百済王三忠　❶ 763·1·9 政
百済王俊聡　❶ 864·1·16 政
百済王俊哲　❶ 780·6·8 政／12·27 社／787·⑤·5 政／791·1·18 政／1·22 政／7·13 政／795·8·7 政
百済王勝義　❶ 833·4·1 文／842·1·13 政／855·7 月 政
百済王昌成　❶ 674·1·10 政
百済王善光(禅広)　❶ 664·3 月 政／675·1·1 政／691·1·13 政／693·1·15 政
百済王仙宗　❶ 779·2·23 政
百済王善貞　❶ 787·10·20 文／791·10·12 文
百済王全福　❶ 745·9·4 政
百済王聡哲　❶ 797·1·13 政
百済王忠信　❶ 787·10·20 文
百済王忠宗　❶ 830·5·18 政
百済王貞孫　❶ 791·10·12 文
百済王貞連　❶ 939·5·17 政／12·29 政
百済王南典　❶ 696·1·11 政／708·3·13 政
百済王仁貞　❶ 785·1·15 政
百済王武鏡　❶ 774·3·5 政／784·3·14 政
百済王元勝　❶ 797·1·13 政
百済王文鏡　❶ 766·3·26 政
百済王利善　❶ 766·3·26 政
百済王理伯　❶ 762·1·9 政／767·2·28 政／771·③·1 政／774·3·5 政／776·6·16 政
百済王良虞(良虞)　❶ 703·8·2 政
朽木有政　❷ 1277·1 月 政
朽木貞高　❸ 1453·12·27 政／1454·12·7 政
朽木貞綱　❺-1 1662·5·1 社
朽木達二　❼ 1897·10·28 社
朽木稙綱(戦国武将)　❹ 1517·5·25 政／1528·9·8 政
朽木稙綱(旗本管掌)　❺-1 1638·11·7 政／1639·8·6 社／1660·12·13 政
朽木稙綱(福知山藩主)　❺-2 1726·5·5 政
朽木稙治　❺-2 1726·5·5 政／1728·11·23 政
朽木稙広　❹ 1517·11·12 社
朽木稙昌　❺-1 1660·12·13 政／1669·6·8 政／1714·2·23 政
朽木綱條　❺-2 1820·6·6 政
朽木綱方　❺-2 1802·12·20 政／1820·6·6 政
朽木綱貞　❺-2 1770·8·30 政／

1780·8·6 政
朽木倫綱　❺-2 1800·④·9 政／1802·12·20 政
朽木鋪綱　❺-2 1780·8·6 政／1787·9·20 政
朽木玄綱　❺-2 1728·11·23 政／1770·8·30 政
朽木直親　❹ 1503·12·29 社
朽木昌綱(龍橋)　❺-2 1782·是年 文／1787·9·20 政／是年 文／1789·是年 文／1798·是年 文／1800·④·9 政／1802·4·17 政
朽木元綱　❺-1 1601·是秋 社／1615·6·6 社／1632·8·29 政
朽木義信(光円)　❸ 1339·9·1 社
朽葉新吉(岡田周造)　❻ 1863·4·9 社
愚中周及(僧)　❸ 1341·是秋 政／1351·4月 政／1397·8月 社／1409·8·25 社
屈嘉(囚人)　❺-2 1754·②·7 文
沓掛哲男　❾ 2005·10·31 政
忽那重明　❸ 1333·4·1 政
忽那重氏　❸ 1375·11月 政
忽那重清　❸ 1333·2月 政／②·11 政／3·11 政／1335·12·25 社
忽那重澄　❸ 1367·12月 政
忽名親重　❸ 1391·4·8 政
忽那義範　❸ 1348·4·1 政／1349·3·9 政／1350·2·16 政／1356·3·9 政
忽那六郎次郎　❸ 1414·10·15 政
沓屋周重　❸ 1418·是年 社
久津見蕨村　❼ 1925·8·7 文
久津見房子　❼ 1921·4·24 社
久氏(百済)　❶ 書紀·神功 47·4月／神功 49·3月／神功 50·5月／神功 51·3月／神功 52·9·10
工藤敦夫　❾ 1991·11·5 政
工藤景資　❸ 1334·9·6 政
工藤景光　❷ 1180·8·25 政
工藤吉郎兵衛　❽ 1945·11·18 社
工藤元琳　❺-2 1800·12·10 文
工藤行幹　❻ 1894·6·30 政
工藤杲禅　❸ 1285·是年 政／1291·8·20 政
工藤貞祐　❸ 1332·9·21 政
工藤貞行　❸ 1323·11·3 政／1343·6·20 社
工藤三郎　❸ 1335·1·26 政／1340·8·18 政
工藤重典　❾ 1978·1·8 文
工藤治部右衛門二郎　❸ 1333·9·24 政
工藤治兵衛　❺-1 1664·11·28 社
工藤俊作　❽ 1942·3·2 政
工藤二郎　❸ 1353·5·20 政
工藤四郎五郎　❸ 1345·3·27 政
工藤祐貞　❸ 1326·3·29 政／7·26 政
工藤祐経　❷ 1176·10月 社／1184·4·20 政／1186·4·8 文／1190·7·20 文／1193·5·28 社
工藤祐長　❸ 1451·3·28 政／❹ 1458·4月 政
工藤精一　❻ 1879·5月 政
工藤高景　❸ 1324·9·24 政／10·4 政／1332·6·3 政
工藤千博　❾ 2009·10·9 文
工藤忠左衛門　❺-2 1786·1·20 政
工藤鉄三郎　❾ 1965·12·18 政
工藤哲巳　❾ 1990·11·12 文
工藤矩貞　❺-2 1822·4·10 政
工藤平助　❺-2 1784·5·22 政
工藤雪江　❼ 1931·2·5 社
工藤幸雄　❾ 2008·7·5 文
工藤行光　❷ 1189·12·23 政
工藤吉隆　❷ 1264·11·11 社
愚堂東寔(僧)　❺-1 1661·10·1 社
宮内卿局　❷ 1207·5·9 政
宮内大輔三雄　❸ 1385·1·10 政
宮内入道　❸ 1319·11·29 社
国　君麻呂　❶ 745·4·25 文
国　骨富　❶ 663·是年 文
久邇俔子　❽ 1956·9·9 政
邦　正美　❽ 1937·11·6 文
国井応文　❻ 1887·3·29 文
国井喜多郎　❽ 1955·7·23 文
国井若狭守　❸ 1397·5·22 政
国一大夫　❹ 1579·12·27 文
邦枝完二　❽ 1956·8·2 文
国枝金三　❼ 1924·4月 文
国枝史郎　❼ 1926·1月 文／❽ 1943·4·8 文
国方林三　❽ 1950·10·29 文
国勝水鶏　❶ 642·2·22 政
国包(刀工)　❺-1 1628·2月 文／1642·2月 文
国頭盛理　❹ 1578·4·5 政
国頭朝致(琉球)　❺-1 1628·7·19 政
国頭正則(琉球)　❺-1 1644·4·18 政／6·15 政／1653·9·28 政
国頭王子　❺-2 1849·8·2 政
国木田独歩(哲夫·亀吉)　❻ 1893·2·3 文／1894·10·21 文／❼ 1897·4月 文／1898·1月 文／1901·3月 文／1904·11·22 文／1907·6·17 文／1908·6·23 文／1911·1·31 文／1919·5月 文
国郡小太郎　❸ 1358·4·14 政
邦子内親王(くにこ·安嘉門院)　❷ 1221·12·1 政／1224·8·4 政／1229·9·19 政／1238·4月 社／1267·9月 社／❸ 1283·9·4 政
国崎定洞　❽ 1939·10·20 政
国貞(刀工)　❺-1 1667·8月 文
国定忠治　❺-2 1833·7·1 社／1850·8·24 社／12·21 社
国澤新九郎　❻ 1874·是年 文／1875·10·6 文／1877·3·12 文
国澤新兵衛　❼ 1917·7·31 政／❽ 1937·4·5 政
国司元蔵　❺-1 1601·9·28 政
国司信濃　❻ 1863·6·10 政／1864·7·18 政／10·27 政／11·7 政
国司元信　❹ 1566·4·20 社
国司順正　❻ 1890·10·1 政
国重⇨長谷部(はせべ)国重
国重(芸州海賊大将)⇨村上(むらかみ)国重
国島六左衛門　❻ 1867·1月 政
国嶋(工芸)　❹ 1532·3月 文
邦輔親王　❹ 1550·⑤·8 社
国田兵衛門(越前三国)　❺-1 1646·6·16 政
邦高親王(伏見宮)　❹ 1479·5·12 文／9·27 文／1497·3月 文／1503·3·3 文／1526·8·22 文／1532·3·19 政
国武豊喜　❾ 2007·10·27 文
邦忠親王　❺-2 1759·6·2 政
国魂隆秀　❸ 1352·8·7 政
国魂泰秀　❸ 1302·9·7 政
国魂行泰　❸ 1337·3·10 政／1339·3·23 政
国足(讃岐国山田郡舎人)　❶ 744·3·15 文
国津神　❶ 書紀·景行 40·7·16
国綱三沢　❹ 1585·⑧·16 政
クニッピング(天気図)　❻ 1883·2·16 文／1887·9·4 文
国時(刀工)　❸ 1352·8月 文
国俊(刀工)　❷ 1278·12月 文
国友(刀工)　❸ 1324·是年 文
国友一貫斎(藤兵衛·能当)　❺-2 1811·是年 政／1816·是年 政／1819·是年 文／1832·是年 文／1835·1·6 文／是年 文
国友勝次郎　❻ 1863·9月 社
国友重章(青崖·半太郎)　❻ 1879·4月 社／❼ 1909·7·16 文
国友重当甚左衛門　❺-1 1610·3·5 文
国友寿斎　❺-1 1619·是年 政／1620·是年 政／1621·5·1 社
国友善兵衛　❹ 1544·2月 政／❺-1 1628·4·1 政
国友　忠　❾ 2005·5·22 文
国友伯耆守　❹ 1544·8·24 政
国中公麻呂(公麿)　❶ 663·是年 文／745·8月 社／767·2·4 文／774·10·3 政
邦永親王(伏見宮)　❺-2 1726·10·21 政
国信(土佐)　❷ 1184·3·1 政
久邇宮邦彦　❼ 1930·1·27 政
久邇宮家彦王　❽ 1942·10·5 政
国造雄方　❶ 770·4·1 社
邦治(くにはる)親王⇨後二條(ごにじょう)天皇
国久(刀工)　❺-1 1610·是年 文
国久(刀匠)　❺-2 1787·8月 文
邦尚親王　❺-1 1653·11·29 政
邦仁親王⇨後嵯峨(ごさが)天皇
国広(刀工)　❸ 1324·10·3 文
国広(日向刀工)　❹ 1584·2月 文／1590·2月 文／5·3 文／1599·4·1 文
国広(刀工)　❺-1 1602·12·14 文／1604·2月 文／11月 文／1607·11月 文／1610·5月 文／1614·慶長年間 文／1632·8·15 文
国房(姓不詳)　❷ 1064·12·14 政
国藤倫光　❸ 1367·4月 文
国松孝次　❾ 1995·3·30 社
邦省親王　❸ 1375·9·17 政
国路(刀工)　❺-1 1611·11月 文／1612·10·22 文／1654·9月 文
国光(刀工)　❸ 1320·3·20 文
国光(刀工)　❺-1 1680·3月 文
邦光史郎　❾ 1996·8·11 文
国宗(刀工)　❺-1 1671·2月 文
国元(大中臣)　❸ 1300·3月 社
国元(土佐)　❷ 1184·3·1 政
国康(大工)　❸ 1364·4·7 文
国康親王　❶ 854·1·16 政／856·4·26 政／898·3·15 政
邦世親王　❸ 1365·4·19 政

国吉(琉球)　❺-1 1636·是年 文
国吉秀才　❻ 1854·5·17 政
国吉康雄　❼ 1935·是年 文／❽ 1944·是年 文／1949·是年 文／1953·5·14 文／❾ 1975·9·6 文
国吉親方　❺-2 1846·10·3 政
邦良親王　❸ 1318·3·9 政／1325·①·8 政／1326·3·20 政
邦頼親王(伏見宮)　❺-2 1802·9·8 政
久努麻呂　❶ 675·4·8 政
久野恵津　❽ 1950·3·9 社
久野　収　❾ 1999·2·9 文
久野恒一　❾ 2002·10·17 政
久野庄太郎　❾ 1997·4·8 社
久野忠治　❾ 1972·1·16 政／12·22 政／1998·10·25 政
久野久子　❼ 1925·4·22 文
久野宗能　❺-1 1603·2·19 政
久野　寧　❽ 1963·11·3 文
グノー(仏作曲家)　❽ 1942·6·29 文
久努御田次　❶ 712·11·20 政
九戸(くのへ)政実　❹ 1590·7·6 政／9·28 政／1591·2·24 政／3·13 政／4·13 政／9·4 政
久野村桃代　❽ 1944·6·21 政
九里備前守(信賢)　❹ 1508·4·16 政
クハウルア，ジェシー⇨高見山大五郎(たかみやまだいごろう)
久原庄三郎　❻ 1884·9·18 社
久原房之助　❼ 1905·12·26 政／1916·2·20 政／1928·2·8 政／5·22 政／11·15 政／❽ 1939·4·28 政／1940·7·16 政／1945·11·19 政
久原躬弦　❻ 1878·4·26 文／❼ 1919·11·21 文
久布白落実　❼ 1924·12·13 政／1925·4·19 政／❽ 1951·11·2 社
グプタ，ハランバ=エル　❼ 1915·11·28 政
久保　勇　❼ 1904·5·10 社
久保角太郎　❼ 1920·是年 社／1923·是年 社
久保勘三郎　❼ 1920·12·25 文
窪　近純　❺-2 1723·2·28 政
窪　玄仙(医師)　❺-1 1698·5·29 社
久保　栄　❼ 1929·3·25 文／4·5 文／❽ 1940·8·19 文／1945·12·13 文／1947·3·1 文／1958·3·15 文
久保忠董　❻ 1861·11·16 政
久保丹後　❺-1 1638·2·2 文／1642·8·27 文
久保筑水　❺-2 1835·⑦·13 文
久保忠斎　❺-2 1834·10·19 文
久保哲司　❾ 2003·6·10 政
久保天随　❼ 1934·6·1 文
窪　俊満(窪田易兵衛)　❺-2 1800·是年 文／1820·9·20 文／是頃 社／1831·是年 文
久保秀雄　❽ 1944·2·1 文
久保松太郎　❻ 1866·10·15 政
久保元貞　❺-1 1666·11·28 文
久保保夫　❽ 1955·4·9 社
久保陽子　❾ 1965·6·19 文
久保亮五　❽ 1957·6月 文／❾ 1973·11·3 文／1982·10·22 文／1983·2·16 文／1995·3·31 文
久保　亘　❾ 1993·9·25 政／1996·1·11 政／1997·1·6 政／2003·6·24 政
久保姫(岩城重隆の娘)　❹ 1534·是年 政
窪川稲子⇨佐多(さた)稲子
窪川鶴次郎　❼ 1926·4月 文／1932·3·24 文
くぼ田(絵師)　❸ 1441·9月 文
窪田伊右衛門　❺-1 1707·3·27 政
久保田一竹　❾ 2003·4·26 文
窪田空穂(通治)　❼ 1914·6月 文／❽ 1937·5月 文／❾ 1967·4·12 文
久保田貫一郎　❽ 1953·10·6 政
久保田きぬ子　❾ 1985·12·26 文
窪田兼三　❽ 1945·8·15 政
久保田権四郎　❻ 1890·2月 政／❼ 1911·7·5 文
窪田　栄　❽ 1945·3·18 文
窪田左治右衛門　❺-1 1665·9·2 政
窪田治部右衛門　❻ 1863·4·14 社
久保田春耕　❺-2 1762·是年 文
窪田助太郎　❻ 1861·5·16 社／1866·12·25 社
窪田雪鷹　❺-2 1823·10月 文
久保田善蔵　❽ 1950·2·12 政
久保田仙太郎　❻ 1866·2·5 政
久保田藤右衛門　❺-1 1642·7·8 政
窪田統泰　❹ 1522·10·9 文／1532·6·9 文／1536·7月 文
窪田藤兵衛　❹ 1491·10·5 文
久保田俊彦⇨島木赤彦(しまぎあかひこ)
久保田日亀　❼ 1911·4·13 社
久保田彦作　❻ 1880·4月 文
久保田文左衛門　❺-1 1672·9·14 社
久保田米遷(満寛)　❻ 1884·4·11 文／1890·1·11 文／❼ 1906·5·19 文
久保田孫兵衛　❺-2 1727·3月 政
久保田正躬　❽ 1956·11·22 社
久保田真苗　❾ 1978·3·1 政／1989·6·9 政
久保田万太郎　❽ 1937·9·6 文／1938·10·17 文／12·1 文／1941·2·18 文／1942·12·1 文／1944·6·28 文／1963·5·6 文
窪田三右衛門　❺-1 1713·⑤·25 政
窪田ミゲル(与四郎)　❺-1 1604·⑧·12 政／1605·9·13 政
久保田　譲　❼ 1903·9·22 政
窪寺小左衛門　❺-2 1730·6·27 政
久保寺平左衛門　❺-1 1686·10·7 政
久保山愛吉　❽ 1954·3·1 政／9·24 政
久万俊二郎　❾ 2011·9·9 社
熊井　啓　❾ 2007·5·23 文
熊井理左衛門　❻ 1854·1·12 社
熊岡美彦　❼ 1925·10·16 文／1932·5·16 文
熊谷在直　❹ 1465·是年 政
熊谷一弥　❼ 1914·1·3 社／1916·1·1 社／5·31 社／1918·8月 社／1919·11·23 社／1920·8·14 社／1921·9·2 社／❾ 1968·8·16 社
熊谷一直　❹ 1593·3·3 文禄の役／1593·⑨·13 政
熊谷喜一郎　❼ 1915·4·1 政
熊谷久右衛門　❻ 1871·10月 社
熊谷紗希　❾ 2012·7·27 社
熊谷庄助　❺-1 1693·10·10 社
熊谷乗蓮　❸ 1351·2·2 政
熊谷資直　❷ 1235·7·6 政
熊谷岱蔵　❽ 1952·11·3 文／1962·2·19 文
熊谷太三郎　❾ 1977·11·28 政／1992·1·15 政
熊谷直続　❹ 1542·6·7 政
熊谷直利　❹ 1530·12月 政
熊谷達也　❾ 2004·7·15 文
熊谷時直　❷ 1231·2·13 政
熊谷徳久　❾ 2004·5·29 社
熊谷直明　❸ 1303·11·27 政
熊谷直樹　❾ 1999·11·29 政
熊谷直実(蓮生)　❷ 1182·6·5 政／1187·8·4 政／1192·11·25 政／12·11 社／1195·8·10 政／1204·5·13 社／1208·9·14 政
熊谷直亮　❻ 1889·8·1 政
熊谷直恭　❺-2 1849·10月 文
熊谷直経　❸ 1333·2·25 政／4·1 政／4·2 社／5·12 政
熊谷直時　❷ 1221·9·6 政／9·18 政
熊谷直彦　❼ 1904·4·16 文／1913·3·8 文
熊谷直平　❸ 1351·5·14 政
熊谷直盛　❹ 1593·5·1 文禄の役／1597·8·17 慶長の役／1600·8·5 関ヶ原合戦／9·17 関ヶ原合戦
熊谷直好(信賢)　❺-2 1845·是年 文／❻ 1856·是年 文
熊谷信直　❹ 1533·8·10 政／1550·9·27 政
熊谷尚夫　❾ 1996·6·11 文
熊谷秀男　❾ 2011·2·3 政
熊谷寛夫　❾ 1977·11·5 文
熊谷　弘　❾ 1993·8·9 政／1994·4·28 政／2002·12·26 政
熊谷元直(安芸)　❹ 1517·10·22 政
熊谷元直(萩城工事奉行)　❺-1 1605·3·14 社／7·20 社
熊谷守一　❽ 1948·是年 文／❾ 1977·8·1 文
熊谷典文　❾ 1999·4·1 政
熊谷頼直　❸ 1288·6·20 社
熊谷立閑　❺-1 1678·是年 文
熊谷蓮覚　❸ 1335·12·26 政
熊川哲也　❾ 1999·5·5 文
熊川良太郎　❼ 1931·5·29 社
久麻伎(久麻芸·耽羅王子)　❶ 669·3·11 政／673·⑥·8 政／675·8·1 政
熊蔵家次　❹ 1589·是年 政
熊倉小野右衛門　❺-2 1843·3·29 政
熊倉順吉　❾ 1985·11·10 文
熊倉伝十郎　❺-2 1846·8·6 社
熊坂台州(子彦)　❺-2 1791·是年 文／1801·是年 文
熊坂長庵　❻ 1882·12·8 政
熊坂適山　❻ 1864·9·12 文
熊澤鑑司　❼ 1901·7·14 社
熊澤善庵　❻ 1870·10月 文
熊澤蕃山(了介·伯継)　❺-1 1645·是年 文／1667·是年 文／1669·7·25 文／1672·是年 文／1679·是年 文／1687·是冬 文／1691·8·17 文／1709·是年 文／❺-2 1789·4月 文
熊澤天皇(寛通)　❽ 1946·1·18 社
神代(くましろ)家良　❹ 1585·6月 社

神代勝利　❹ 1545·1·22 政／1553·7·25 政／12·26 社／1555·2月 政／1557·1·1 政／10·16 政／1558·1·1 政／1561·9·13 政／1565·4·24 政
神代辰巳　❾ 1995·2·24 文
神代周利　❹ 1585·6月 社
神代長良　❹ 1565·4·24 政／8·20 政
熊代熊斐(洪瞻·繡江、画家·唐通事)　❺-2 1755·是年 文／1766·8月 文／1771·是年 文／1772·12·28 文
神代良忠　❷ 1275·10·29 政
熊田嘉門　❻ 1856·2月 政
熊田千佳慕　❾ 2009·8·13 文
熊田　誠　❾ 2007·6·28 文
熊野大夫　❹ 1539·9·27 文
熊野鳥居禅尼　❷ 1194·⑧·12 政
隈部武治　❹ 1505·12月 政
隈部忠直　❹ 1501·5·20 政
隈部親永　❹ 1587·8·7 政
隈部親安(親康)　❹ 1587·8·7 政／12·15 政
隈部朝夏　❹ 1493·10·29 政
隈元軍六　❺-2 1808·4·9 政
隈元平太　❺-2 1808·4·9 政
隈本盛治(運天)　❺-1 1631·是年 文
組屋甚四郎　❹ 1594·12·11 社
組屋六郎左衛門　❺-1 1631·3·26 社
久村暁台　❺-2 1775·是年 文／1782·是年 文／1783·是年 文／1784·是年 文
久村清太　❼ 1916·5月 社／❽ 1951·9·1 政
久米　愛　❾ 1976·7·14 政
久米愛子　❽ 1938·11·1 社
久米尾張麻呂　❶ 708·3·13 政
久米邦武(泰次郎·丈一郎)　❻ 1878·10月 政／1889·11·1 文／1892·1月 文／❼ 1931·2·24 文
久米桂一郎　❻ 1894·10·11 文／10月 文／1895·10·10 文／❼ 1896·6·6 文／9·11 文／1934·7·29 文
久米幸太郎　❻ 1857·10·9 社
久米子虫　❶ 764·1·20 政
久米佐平次　❺-1 1609·9·30 文
久米三四郎　❾ 2009·8·31 文
久米次郎(杣頭)　❻ 1854·9月 社／1855·3·7 社
久米為時　❷ 1132·是年 社
久米　宏(アナウンサー)　❾ 1978·1·19 社
久米　裕(警備員)　❾ 2003·1·8 政
久米正雄　❼ 1916·2月 文／1919·11月 文／1923·1月 文／1933·7·10 文／❽ 1937·6·23 文／1938·8·23 文／9·11 文／1940·5·6 文／1945·5·1 文／1952·3·1 文
久米岑雄　❶ 884·6·23 政／886·5·12 政
久米幹文　❻ 1886·4月 文
久米良作　❼ 1920·5·20 政
久米大膳亮　❹ 1544·11·3 社
久米舎人妹女　❶ 747·5·16 社
来目皇子　❶ 602·2·1 政
来目部小楯　❶ 481·11月／485·4月
久米部当人　❶ 816·8·23 政
雲太夫入道　❷ 1274·文永年間 社
雲次(備前刀工)　❸ 1335·11月 文
公文覚賢　❸ 1336·9·5 政
公文　毅　❾ 1997·1·7 文
公文　公　❽ 1958·是年 文／❾ 1995·7·25 文
弘耀(弘曜、僧)　❶ 779·10·16 社／784·4·11 社
内蔵石女　❷ 1019·8·3 政
内蔵賀茂麻呂　❶ 798·4·24 政
内蔵黒人　❶ 750·3·12 政
蔵　忠佳(日本筑州大守)　❸ 1392·10·19 政
内蔵富継　❶ 880·7·29 社
倉　八十太夫　❺-1 1633·3·15 政
内蔵全成　❶ 759·10·18 政／772·9·25 政／781·12·1 政／787·2·5 政
内蔵御当　❶ 815·7·20 文
内蔵若人　❶ 769·5·9 文
クラーク(米)　❽ 1952·5·7 政／1953·1·5 政
クラーク・チャールズ(生麦事件)　❻ 1862·8·21 政／1876·5·20 文／8·14 文／1879·3月 社
クラーク，B．エドワード(ラグビー)　❼ 1899·是年 社
クラーク夫人(英)　❻ 1892·是年 社
クラーセン，ヘルマン　❺-1 1631·8·2 政
倉石武四郎　❾ 1975·11·13 文
倉石忠雄　❽ 1955·11·22 政／1958·6·12 政／❾ 1966·12·3 政／1970·1·14 政
クライスラー(ヴァイオリニスト)　❼ 1923·4·20 文
クラウゼン，マックス　❽ 1941·10·15 政／1944·11·29 政
倉内貞忠　❹ 1465·3·21 政
倉内忠右衛門　❻ 1859·4·2 政
倉賀野直行　❹ 1561·12·15 政
工楽松右衛門　❺-2 1785·是年 社
倉崎権兵衛(重義)　❺-1 1679·10月 文／1677·是年 文
仇羅沙文(九郎三郎か)　❹ 1509·7·6 政
倉澤与五右衛門　❹ 1577·4·3 社
倉田清翁　❻ 1863·11·25 政
倉田珪太郎　❻ 1868·2·8 政
蔵田五郎左衛門　❹ 1582·3·1 社
蔵田左京助　❹ 1583·1·12 政
倉田次左衛門　❺-1 1670·是年 社
倉田　高　❽ 1944·6·21 文
倉田主税　❽ 1960·3·15 文／❾ 1969·12·25 政
倉田哲治　❾ 1998·7·24 文
倉田白羊(重吉)　❼ 1922·1·14 文
倉田百三　❼ 1916·12月 文／1921·11月 文／❽ 1943·2·12 文
倉田寛之　❾ 1996·1·11 政／2002·7·30 政
蔵田房信　❹ 1523·6·13 政
倉谷武正　❺-1 1706·4·10 文
倉知鉄吉　❽ 1944·12·22 政
鞍部(鞍作)堅貴　❶ 463·是年
鞍部(鞍作)多須奈　❶ 587·4·2／590·是年
鞍作得志　❶ 645·4·1 政
鞍作徳積　❶ 624·4·17 社
鞍作磨心(とごころ)　❶ 713·11·16 文
鞍作　鳥(止利)　❶ 605·4·1 文／606·5·5 文／609·4·8 文／623·3月 文
鞍作福利　❶ 607·7·3 政
クラッセル(オーストリア)　❼ 1911·4·16 社
倉富勇三郎　❼ 1908·5月 社／1930·8·4 政／1934·5·3 政
倉永美沙　❾ 2001·6·18 文
倉成　正　❾ 1976·12·24 政／1996·7·3 政
椋小長屋女(くらのこながやめ)　❶ 780·4·18 社
グラバー，トーマス・ブレーク　❻ 1859·8·23 政／1865·3·22 文／6·24 政／7·17 政／是年 社／1866·3·21 政／❼ 1911·12·16 政
倉橋仙太郎　❼ 1917·4·18 文
倉橋惣三　❼ 1902·9月 社／❽ 1947·11·5 文
倉橋由美子　❽ 1960·3月 文／❾ 1968·12月 文／2005·6·10 文
倉林誠一郎　❾ 2000·5·2 文
蔵原惟人　❼ 1927·6·9 文／11·11 文／1931·6·27 文／1932·3·24 文／❽ 1945·12·30 文／1950·6·6 政／❾ 1991·1·25 文
蔵原惟繕　❾ 2002·12·28 文
蔵原伸二郎　❾ 1965·3·16 文
蔵間龍也　❾ 1995·1·26 社
倉俣史朗　❾ 1991·2·1 文
久羅麻致支弥　❶ 509·2月
倉光俊夫　❽ 1943·4·8 文
グラムウェル・ブース(救世軍)　❼ 1926·10·11 社
倉持安左衛門　❺-2 1720·5·2 政
倉本寛司　❾ 2004·10·4 文
蔵本孝二　❾ 1976·7·17 社
倉本　聰　❾ 1981·10·6 社
蔵本英昭　❼ 1934·6·8 政
倉本舞衣　❾ 2007·12·14 社
倉山作太夫　❺-2 1846·10·3 政
倉山田麻呂⇨蘇我(そが)倉山田(石川)麻呂
クララ(米·ヘボン夫人)　❻ 1864·是年 文
グランディソン(オランダ商館長)　❺-2 1840·7月 政
グラント(英士官)　❻ 1867·9·26 政
グラント(米大統領)　❻ 1879·6·21 政／7·4 政／8·10 政／9·3 政／1880·6·7 政
グラント，オスカー　❼ 1918·8·21 社
九里宗忍　❹ 1525·8·5 政
久利淡路守　❹ 1541·1·16 政
仇里安　❸ 1420·①·10 社／1421·4·6 政
グリーン(宣教師)　❻ 1874·4·19 社
栗浦好雄　❾ 1990·10·10 政／10·11 社
栗崎道喜　❺-1 1651·12月 文
栗崎道有　❺-1 1651·12月 文
栗澤政景　❸ 1346·3·6 政／5·4 政

栗島狭衣　❼ 1905·5·11 文／1910·1·5 文
栗島すみ子　❾ 1987·8·16 文
栗栖弘臣　❾ 2004·7·19 政
クリストファー(日本人青年)　❹ 1587·10·17 政
クリストファー，フッド　❾ 1994·2·10 政／3·9 政／2007·11·23 政
クリストファー·ペンバートン·ホジソン　❻ 1859·5·5 政
栗田宇右衛門　❺-1 1646·3·19 社
栗田邦之助(二応庵草然)　❺-2 1845·2·6 文
栗田宜貞　❺-2 1837·是年 文
栗田土満　❺-2 1811·8·8 文
栗田　寛(八十吉·利三郎·叔栗)　❼ 1899·1·26 文
栗田元次　❽ 1955·12·1 文
栗谷菊生　❾ 2006·10·11 文
栗西市之丞　❺-2 1818·7·14 政
栗野慎一郎　❻ 1894·7·23 政／❼ 1903·8·12 政／1904·2·5 日露戦争／❽ 1937·11·15 政
栗野寅三郎　❻ 1863·10·18 文
栗橋三左衛門　❺-1 1708·3·10 文
栗林一石路　❽ 1961·5·25 文
栗林次兵衛　❺-1 1663·是年 社／1664·1 月 社
栗林政頼　❹ 1572·7·23 政
栗林義信　❽ 1958·10·5 文
栗原栄一朗　❾ 2005·5·23 文
栗原加賀　❺-1 1621·是年 社
栗原一貴　❾ 2012·9·20 社
栗原玉葉　❼ 1922·9·9 文
栗原景太郎　❾ 1970·8·22 社
栗原玄同　❺-2 1801·12·10 文
栗原貞子　❾ 2005·3·6 文
栗原昭平　❾ 1992·3·12 政
栗原　信　❽ 1944·3·8 文／11·25 文
栗原信近　❻ 1879·12·7 政
栗原信友　❹ 1520·5 月 政／6·8 政
栗原信秀　❻ 1871·8 月 文
栗原信充(孫之丞·伯任·柳庵)　❺-2 1822·是年 文／1833·是年 社／1837·是年 文／1843·是年 文／1844·是年 文／1846·是年 文／1847·是年 文／1848·是年 文
栗原彦兵衛　❹ 1561·1·21 社
栗原平左衛門　❺-1 1665·10 月 社
栗原盛清　❺-1 1621·9·7 政
栗原安秀　❼ 1936·2·29 政
栗原祐幸　❾ 1978·12·7 政
栗原亮一(皆無斎)　❻ 1878·4·5 政／1882·11·11 政／1888·10·14 政／1895·2·4 政／❼ 1909·4·11 政／1911·3·13 政
栗原玲児　❽ 1964·4·1 社
栗原蘆水　❾ 2010·6·30 文
栗原兵庫　❹ 1531·1·21 政／4·12 政／1532·9 月 政
クリムプ(英)　❻ 1862·5·29 政
栗村寛亮　❻ 1881·11·8 社
栗村左衛八　❻ 1878·6·12 社
栗村盛孝　❼ 1931·5·29 社
栗村下総守　❹ 1584·6·13 政
栗本　薫　❾ 2009·5·26 文
栗本玉屑　❺-2 1794·是年 文
栗本光寿　❺-2 1732·是冬 文
栗本昌蔵(丹州·瑞見·元格)　❺-2 1789·2·4 文／12·16 文／1811·8 月 社／1833·是年 文／1838·是年 文
栗本鋤雲(化鵬·瑞見)　❻ 1878·11 月 文／1884·6·23 文／1889·4·16 文／❼ 1897·3·6 文
栗本瑞見　❻ 1858·2·24 文
栗本瀬兵衛　❻ 1865·3 月 政
栗本英暉　❺-2 1756·是年 文
栗本義彦　❼ 1921·8·17 社
厨川白村(辰夫)　❼ 1923·9·2 文
栗山孝庵(以直·文仲)　❺-2 1758·3·26 文／1759·6·21 文
栗山　茂　❼ 1909·1 月 文
栗山潜峰(鋒)　❺-1 1706·4·7 文／❺-2 1716·是年 文
栗山利章(大膳)　❺-1 1632·7·3 政／1633·3·15 政
栗山昌良　❾ 2006·11·3 文
栗山満光　❺-2 1762·是年 文
古林清茂(くりんせいむ)　❸ 1303·是年 政／1314·是年 政／1321·3·20 文／1325·9·2 文／1326·7 月 文／1327·3·15 文／1329·11·22 社／1341·11·20 政
クリントン(米大統領)　❾ 1995·10·15 政／2000·7·21 政／2009·2·16 政／2010·10·28 政／2011·4·17 政／2012·9·28 政
久留正道　❼ 1906·3·20 文
グルー(米)　❽ 1939·11·4 政／1941·8·4 政／1942·6·25 政
クルース，ヴィセンテ·デ·ラ　❺-1 1636·6·8 社
グルーム，アーサー·ヘスケス　❻ 1895·是年 政
栗前王(栗隈王)　❶ 668·7 月 政／671·6 月 政／676·6 月 政
来島三郎　❸ 1350·7·8 政
久留島武彦　❼ 1907·5·25 文
来島恒喜　❻ 1889·10·15 政
来島(久留島)通清　❺-1 1637·11·8 島原の乱
久留島通貞　❺-1 1681·1·28 政
来島(村上)通総　❹ 1592·5·28 文禄の役／1597·9·15 慶長の役
来島(村上)通之　❹ 1592·4 月文禄の役／5·28 文禄の役
久留島通嘉　❺-2 1835·是年 文
久留島義太　❺-2 1726·是年 文
来栖三郎　❽ 1940·9·7 政／1941·11·5 政／11·7 政／11·26 政／12·8 政／1942·7·22 政／8·20 政／1954·4·7 政／❾ 1998·10·1 文
来栖赳夫　❽ 1948·3·10 政／9·10 政／❾ 1966·5·10 政
栗栖平次郎　❻ 1867·12·9 政
クルス，ペドロ·デ·ラ　❹ 1599·是年 政
栗栖王　❶ 753·10·7 政
クルチウス·ドンケル　❺-2 1852·8·17 政／❻ 1853·9·25 政／1854·7·6 政／⑦·1 文／1855·7·27 政／12·23 政／1856·7·10 政／1857·8·29 政／1858·1·26 政／7·10 政
来原遠盛　❸ 1366·7·25 政／1368·9 月 政
来原良蔵　❺-2 1852·12·8 社／❻ 1862·8·29 政
訓覇信雄　❾ 1998·7·26 社
車　善七(非人頭)　❺-1 1676·1 月 社／1680·8·9 社／1687·3·26 社／1689·7·11 社
車　善七(非人頭)　❻ 1858·11 月 社
来馬琢道　❽ 1948·12·14 社
車　猛虎　❺-1 1602·7 月 政
来馬康親　❺-1 1601·2 月 政
車谷長吉　❾ 1998·7·16 文
車丹波守　❹ 1600·8·4 関ヶ原合戦
車部　鯨　❶ 739·11 月 文
車持国人　❶ 745·9·4 政
車屋久衛右門　❺-1 1692·11·9 社
胡桃沢耕史　❾ 1994·3·22 文
久留里上総介　❹ 1471·8 月 政
グルリット(独)　❽ 1941·5·26 文／6·3 文／11·25 文／1942·11·23 文／1943·4·3 文／1946·1·27 文／4·27 文／1947·7·12 文／12·6 文／1948·12·14 文／1949·6·15 文／12·2 文／1950·1·28 文／11·11 文／1951·5·31 文／1954·11·6 文
呉　茂一　❽ 1962·12·12 文／❾ 1977·12·28 文
呉　文炳　❽ 1947·5·26 文／1952·3·27 文
クレイエル，アンドリース　❺-1 1682·9·20 政／1685·9·20 政
クレヴェンジャー，チャールス　❺-1 1620·7·13 政
グレー(宣教師)　❼ 1906·11·23 社／1913·1·3 政
クレーギー(英)　❽ 1938·7·26 政／1939·7·15 政／1940·6·24 政
グレース王妃(モナコ)　❾ 1981·4·13 政
クレーン(国際自由労連)　❽ 1950·7·20 政
グレコ，ジュリエット　❽ 1955·5 月 文／1961·11·24 文／❾ 1965·3·3 文
久礼叱　❶ 561·是年
クレティエン(カナダ)　❾ 2000·7·19 政
晃橋陳人　❺-2 1824·是年 文
呉織(縫女)　❶ 書紀·応神 37·2·1
クレメント(殉教)　❺-1 1622·9·28 社
クレメント八世(ローマ法皇)　❹ 1600·11·7 社
グレン(米中佐)　❽ 1962·2·20 政
黒井千次　❾ 1969·2 月 文
黒井忠寄　❺-2 1794·是年 社／1799·11·7 社
黒石成綱　❹ 1581·7·6 政
黒板勝美　❼ 1906·12 月 文／❽ 1946·12·21 文
クロイツァー(ソ連)　❽ 1945·11·1 文／1947·1·23 文
黒岩　彰　❾ 1983·2·27 社／1988·2·14 社
黒岩重吾　❾ 1972·1·21 文／2003·3·7 文
黒岩常祥　❾ 2011·11·4 文
黒岩敏幸　❾ 1992·2·8 社／3·8

社
黒岩比佐子　❾ **2010**·11·17 文
黒岩祐治　❾ **2011**·4·10 社
黒岩涙香(周六)　❻ **1892**·11·1 文／❼ **1897**·6·8 文／**1900**·12·6 社／**1901**·3·19 文／7·20 社／8·14 社／**1911**·1·10 社／**1920**·10·6 文
九郎左衛門尉(鍛冶)　❹ **1572**·1·27 社
九郎三郎光次(紙商)　❹ **1473**·11·29 社
九郎兵衛(高畑村)　❻ **1857**·6·30 社
黒江屋忠兵衛　❻ **1863**·9·26 社
グロー(仏使節)　❻ **1858**·8·7 政
グロース(仏)　❻ **1881**·11·18 社
クローデル，アンリ　❼ **1932**·2·29 政
クローデル，ポール　❼ **1921**·11·18 政／**1927**·11·5 文／❽ **1955**·2·23 文
クローリー(米国務次官)　❾ **2010**·9·23 政
クローン(指揮者)　❼ **1918**·5·25 文
黒神子(若狭太良荘)　❸ **1347**·9·22 社
黒神日寂　❻ **1875**·9·8 社
黒川亀玉(安定·子保·商山処士)　❺-2 **1751**·是年 文／**1754**·是年 文／**1756**·6·25 文
黒川紀章　❾ **2006**·11·3 文／**2007**·10·12 文
黒川　清　❾ **2012**·7·5 政
黒川孝二郎　❾ **2003**·7·28 政
黒川光洋　❼ **1917**·是年 政
黒川実氏　❹ **1562**·9·9 文
黒川新三郎　❼ **1907**·4月 文
黒河甚之丞　❺-1 **1686**·2·9 社
黒河惣兵衛　❺-1 **1669**·6·11 社
黒川武雄　❽ **1950**·6·28 政
黒川勇熊　❻ **1892**·7·15 社
黒川　武　❾ **1983**·7·18 社
黒川太郎治　❺-2 **1819**·9·13 社
黒川道祐　❺-1 **1663**·5月 文／是年 文／**1664**·是年 文／**1684**·是年 文／**1691**·11·4 文
黒川利雄　❾ **1968**·11·3 文／**1988**·2·21 文
黒川友次郎　❻ **1870**·11·23 社
黒川晴氏　❹ **1588**·1·17 政
黒川春村　❻ **1866**·12·26 文
黒川正直　❺-1 **1649**·3·28 政／**1650**·11·19 社／**1664**·8·15 社／是年 政
黒川真頼(嘉吉·寛長)　❻ **1875**·3月 文／**1883**·1·6 文／**1889**·2·1 文／❼ **1906**·8·30 文
黒川盛泰　❻ **1861**·5·26 政／6·1 政／**1862**·⑧·25 政／**1868**·1·5 政／3·5 政
黒川頼実　❹ **1487**·4·3 政／**1493**·8·15 政
黒木家永　❹ **1584**·7月 政
黒木和雄　❾ **2006**·4·12 文
黒木勝見(源　調直)　❺-2 **1795**·10月 政
黒木定善　❸ **1391**·10·8 政
黒木四郎　❸ **1391**·10·8 政
黒木為楨　❼ **1905**·12·7 政／**1923**·2·3 政
黒木博司　❽ **1944**·8·1 政
黒木靖夫　❾ **2007**·7·12 政
黒崎貞孝　❺-2 **1826**·是年 文
黒澤　明　❽ **1943**·3·25 社／**1944**·是年 社／**1950**·8·26 社／**1961**·9·3 社／❾ **1967**·4月 社／**1969**·7·25 文／**1980**·4·26 社／5·26 文／**1990**·3·26 文／**1998**·9·6 文
黒澤翁満　❻ **1856**·是年 文／**1859**·4·19 文
黒澤琴古　❺-2 **1771**·4·23 文
黒澤金太郎　❺-1 **1635**·是年 文
黒澤五郎　❻ **1862**·1·15 政
黒澤正助　❺-2 **1842**·11·29 政
黒澤丈夫　❾ **2011**·12·22 社
黒澤雉岡(万新·新卿)　❺-2 **1796**·12·6 文
黒澤貞次郎　❼ **1899**·9·3 文／**1901**·2月 文／❽ **1953**·1·26 文
黒澤半右衛門　❺-2 **1779**·6·2 政
黒澤弘忠　❺-1 **1655**·是年 文／**1668**·是年 文
黒澤武兵衛　❺-2 **1793**·9·21 社
黒澤浮木　❺-1 **1691**·是年 文
黒澤墨山　❼ **1928**·5·30 文
黒澤正直　❼ **1899**·10·2 政
黒澤　満　❾ **2009**·4·11 政
黒澤杢之助　❺-2 **1727**·8·12 政
黒澤弥五郎　❻ **1862**·2·11 文
黒澤　洋　❾ **2000**·1·2 政
黒澤鷹次郎　❼ **1919**·1·27 政
グロスマン(米)　❼ **1922**·1月 社
黒住宗忠　❺-2 **1814**·11·11 社／**1850**·2·25 社／❻ **1856**·3·8 社
黒瀬一郎助　❻ **1862**·12·19 政
黒田　勲　❾ **2009**·2·17 社
黒田伊太夫　❺-2 **1746**·12·13 社
黒田恭一　❾ **2009**·5·29 文
黒田清隆(了介)　❻ **1866**·1·8 政／1·22 政／**1867**·2·15 社／12·4 政／**1868**·2·26 政／④·19 政／**1870**·5·9 政／11·17 政／**1874**·6·23 政／**1875**·8·31 政／12·9 政／**1876**·1·6 政／**1877**·11·2 政／2·26 西南戦争／**1881**·7·21 政／**1885**·8月 政／11·11 政／**1887**·4·21 政／9·17 政／**1888**·4·30 政／**1890**·7·10 政／**1892**·3·5 政／8·3 政／**1895**·3·17 政／❼ **1896**·8·31 政／**1900**·8·23 政
黒田清綱　❼ **1917**·3·23 政
黒田慶賛(長知)　❻ **1866**·11·7 政
黒田　謙　❼ **1933**·5·6 文
黒田玄鶴　❺-2 **1820**·是年 文
黒田元上　❺-1 **1661**·是年 文
黒田幸子　❾ **1997**·11·13 文
黒田　覚　❼ **1935**·4月 文
黒田三郎　❾ **1980**·1·8 文
黒田清子　❾ **2005**·11·15 政
黒田重太郎　❼ **1910**·12·21 文／**1911**·5月 文
黒田俊司　❾ **2005**·3·14 政
黒田俊介　❾ **2007**·12·30 文
黒田正玄(九代目)　❻ **1859**·10月 文
黒田暲之助　❾ **2009**·12·23 政
黒田如水⇨黒田孝高(よしたか)
黒田次郎右衛門　❺-1 **1642**·7·8 政
黒田次郎左衛門　❺-1 **1642**·5·22 政
黒田四郎兵衛　❺-1 **1628**·5·1 社
黒田清輝　❻ **1884**·2·2 文／**1892**·3·20 文／**1893**·7·30 文／**1894**·10·11 文／10月 文／**1895**·4月 社／10·10 文／❼ **1896**·5·15 文／6·6 文／9·11 文／是年 文／**1897**·10·28 文／**1898**·4·28 文／**1900**·4·14 文／5·25 文／**1904**·9·22 文／**1910**·10·18 文／**1911**·是年 文／**1913**·3·3 文／**1924**·7·15 文
黒田善太郎　❼ **1905**·10月 文
黒田高政(隆政)　❺-1 **1639**·11·13 政／**1640**·3·7 政
黒田太久馬　❻ **1888**·12·20 文
黒田忠之　❺-1 **1623**·8·4 政／**1625**·是年 政／**1641**·2·8 政／**1643**·5·27 社／**1654**·2·12 政
黒田辰秋　❾ **1982**·6·4 文
黒田チカ　❼ **1913**·8·16 文／**1916**·7·17 文／**1924**·3·12 文
黒田継高　❺-2 **1719**·11·22 政／**1769**·12·10 政／**1775**·6·17 政
黒田綱政　❺-1 **1688**·12·9 政／**1711**·6·18 政
黒田稲皐　❺-2 **1824**·是年 文／**1846**·11·6 文
黒田俊雄　❾ **1993**·1·26 文
畔田(くろだ)伴存(翠山)　❺-2 **1727**·是年 社／**1832**·是年 社／**1841**·是年 文／**1843**·是年 文／**1845**·是年 社／**1849**·是年 文／❻ **1859**·6·18 文
黒田直邦　❺-1 **1703**·1·9 政／❺-2 **1732**·3·1 政／**1735**·3·26 政
黒田直亨　❺-2 **1784**·①·22 政
黒田直古　❺-2 **1842**·11月 文
黒田直英　❺-2 **1784**·①·22 政
黒田長興　❺-1 **1665**·3·20 政
黒田長堅　❺-2 **1775**·3·16 文／**1784**·是年 文／**1785**·3·16 政
黒田長清　❺-1 **1689**·7·27 政／**1692**·是年 社／**1704**·3·22 政
黒田長邦　❺-2 **1754**·9·10 政
黒田長寿⇨黒田長政(ながまさ)
黒田長貞　❺-1 **1715**·11·4 政／❺-2 **1754**·9·10 政
黒田長重(松寿)　❺-1 **1665**·3·20 政／**1710**·10·29 政
黒田長韶　❺-2 **1808**·4·9 政
黒田長知(慶賛)　❻ **1871**·7·2 政／**1877**·5·21 政
黒田長順　❺-2 **1795**·8·24 政
黒田長舒　❺-2 **1808**·4·9 政
黒田長軌　❺-1 **1710**·10·29 政／**1715**·11·4 政
黒田長溥　❻ **1862**·10·4 政
黒田長政(長寿)　❹ **1584**·4·12 政／**1589**·5·15 政／**1591**·8·28 政／**1592**·1·18 文禄の役／3·20 文禄の役／4·17 文禄の役／4·26 文禄の役／5·3 文禄の役／5·27 文禄の役／6·7 文禄の役／6月文禄の役／8·7 文禄の役／9·1 文禄の役／**1593**·1·7 文禄の役／1·21 文禄の役／5·1 文禄の役／**1594**·2·13 社／12·28 文禄の役／**1597**·3月慶長の役／8·15 慶長の役／9·6 慶長の役／10·8 政／12·25 政／**1598**·1·4 慶長の役／1·26 慶長の役／10·19 慶長の役／**1599**·1·21 政／3·23 政／③·4 政／**1600**·6·6 政／7·17 関ヶ原合戦

／7·24 関ヶ原合戦／7·29 関ヶ原合戦／8·8 関ヶ原合戦／8·17 関ヶ原合戦／8·23 関ヶ原合戦／9·14 関ヶ原合戦／9·17 関ヶ原合戦／9·19 政／9·23 関ヶ原合戦／11·17 関ヶ原合戦／❺-1 1601·是年 政／1603·2·24 政／4·25 社／6·28 社／1604·3·20 文／1606·6·12 社／1613·是年 政／1614·是年 文／1619·9·16 政／1621·是年 政／1622·4·18 文／1623·8·4 政
黒田長礼 ❾ 1978·4·16 文
黒田長元 ❺-2 1843·6·10 政
黒田長恵 ❺-2 1768·4·5 社
黒田斎清 ❺-2 1825·是年 社
黒田斎隆(雅之助) ❺-2 1782·10·24 政／1784·2 月 文／1795·6·23 政
黒田宣政 ❺-1 1711·6·18 政／❺-2 1719·11·22 政／1744·8·10 政
黒田浜右衛門 ❻ 1868·2·8 政
黒田播磨(一葦) ❻ 1865·10·23 政
黒田治高(又八) ❺-2 1781·11·21 政／1782·10·24 政
黒田治之 ❺-2 1769·12·10 政／1781·11·21 政
黒田寿男 ❽ 1947·2·12 社／1948·7·7 政／12·2 政／1949·4·21 社
黒田英雄 ❼ 1934·4·18 政／❽ 1956·1·1 政
黒田秀忠 ❹ 1546·2 月 政
黒田雅子 ❼ 1934·1·19 政
黒田正玄 ❺-2 1717·10 月 文
黒田光之 ❺-1 1654·2·12 政／1655·3 月 政／1688·12·9 政／1707·5·20 政
黒田保久二 ❼ 1929·3·5 政
黒田之勝 ❺-1 1639·11·13 政／1640·3·7 政
黒田慶樹 ❾ 2005·11·15 政
黒田(小寺)孝高(官兵衛·孝隆·如水) ❹ 1577·7·23 社／10·23 政／12·3 政／1582·9·26 政／10·21 政／1583·5·7 政／12·3 政／1584·1·2 政／3·11 政／7·18 政／1585·1·17 政／5·4 政／6·16 政／是年 社／1586·4·10 政／7·29 政／8·5 政／10·1 政／11·7 政／11·15 政／12·7 政／1587·3·29 政／6·7 政／9·7 政／10·2 政／11·30 社／12·28 政／1588·是春 社／1589·5·15 政／1590·6·24 政／7·5 政／1592·8·15 文禄の役／1593·2·16 文禄の役／3·15 文禄の役／1597·2 月 文／1599·1·21 政／1600·8·1 関ヶ原合戦／9·9 関ヶ原合戦／9·13 政／11·22 関ヶ原合戦／❺-1 1602·12·18 文／1604·3·20 政／3·20 文
黒田了一 ❾ 1975·4·13 政／2003·7·24 政
黒瀧去舟 ❺-2 1769·6·16 文
黒沼克史 ❾ 2005·4·17 文
クロパトキン大将(ロシア) ❼ 1903·6·12 政／1904·8·28 日露戦争／1920·7 月 文
黒媛 ❶ 400·7·4／404·9·18
黒部源介 ❹ 1552·8·16 政
黒部権之介 ❻ 1863·8·17 政
グロムイコ(ソ連) ❾ 1966·7·24 政 1972·1·23 政／1976·1·9 政
黒柳維駒 ❺-2 1783·是年 文
黒柳徹子 ❾ 1978·1·19 社／1981·3 月 文／1984·2·15 政
クロンボ, ポール ❼ 1912·2·5 社
久和ひとみ ❾ 2001·3·1 文
桑岡貞佐 ❺-2 1734·9·10 文
桑岡平沙 ❺-2 1736·是年 文
鍬形蕙斎(北尾政美) ❺-2 1785·是年 文／1790·是年 文／1804·3 月 文／1824·3·21 文
桑木彧雄 ❽ 1941·4·22 文／1945·5·16 文
桑木厳翼 ❽ 1946·12·15 文
クヮケルナック, ヤコブ ❺-1 1606·10·10 政
細媛 ❶ 書紀·孝霊 2·2·11
桑島光品 ❼ 1896·4·26 社／1911·4·9 文
桑田熊蔵 ❼ 1932·12·10 文
桑田三舟 ❾ 1980·10·15 文／2010·8·14 文
桑田忠親 ❾ 1987·5·5 文
桑田虎吉 ❶ 856·1·12 政
桑田義備 ❽ 1962·11·3 文
桑田立斎 ❻ 1857·6·3 文
桑田王 ❶ 681·3·17 文／729·2·10 政
桑名太郎左衛門 ❹ 1581·1·6 政／1583·1·13 政
桑名仁左衛門 ❺-1 1655·6·11 社
桑名正博 ❾ 2012·10·26 文
桑名丹後守 ❹ 1575·7·16 政
桑野礼行 ❻ 1879·9·15 政
桑畑熊次郎 ❺-2 1837·10·18 社
桑波田孫六 ❹ 1533·3·29 政
桑原秋成 ❶ 796·4·27 政
桑原興国 ❹ 1534·①·16 政
桑原訶都 ❶ 686·4·8 文
桑原貞也 ❹ 1582·7·13 政／8·7 政
桑原隲蔵 ❼ 1931·5·24 文
桑原仙斎 ❾ 2012·12·18 文
桑原武夫 ❽ 1946·11 文／1958·8·4 社／1959·1·24 文
桑原足床 ❶ 781·5·25 文
桑原虎雄 ❼ 1920·6·22 政
桑原生行 ❶ 941·9·6 政
桑原人足 ❶ 684·5·28 政
桑原嘉高 ❹ 1523·是年 文
桑原甲子雄 ❾ 2007·12·10 文
桑原武夫 ❾ 1987·11·3 文／1988·4·10 文
桑原為渓 ❺-2 1744·5·6 文
桑原盛員 ❺-2 1786·⑩月 政
桑原王 ❶ 771·③·1 政／774·8·18 政
桑山一玄 ❺-1 1647·7·23 文
桑山一尹 ❺-1 1682·5·26 政
桑山一直 ❺-1 1616·12·21 政／1617·9·3 政
桑山一慶 ❺-1 1711·5·1 社
桑山玉洲(明光居士·珂雪漁人·玉津島漁人·蘆洋) ❺-2 1771·2 月 文／1782·是春 文／1792·7 月 文／1797·10 月 文／1799·4·13 文／1799·是年 文
桑山重晴 ❹ 1600·8·23 関ヶ原合戦
桑山貞政 ❺-1 1656·6·5 政／1666·3·1 社
桑山重勝 ❹ 1582·6 月 社
桑山重晴 ❺-1 1606·10·1 政
桑山元柔 ❻ 1861·1·23 政／3·23 政
訓海(僧) ❸ 1448·4·25 文
郡司　彰 ❾ 2012·6·4 政
郡司成忠 ❻ 1893·2·4 政／3·20 政／❼ 1904·7·28 政／1924·8·15 政
郡司信夫 ❾ 1999·2·11 社
郡司正勝 ❾ 1998·4·15 文
軍善(百済使) ❶ 643·6·23 政
軍法力(崑崙) ❶ 754·1·16 社
薫甫宗仲(僧) ❺-1 1601·4·26 社

け

掠　葉礼(百済) ❶ 546·6·12／548·4·3／⑦·12
ゲイ(汽車模型) ❻ 1854·2·23 文
羿　真子(百済) ❶ 671·6·15 政
敬阿 ❺-2 1755·是年 文
迎阿(僧) ❸ 1375·11·25 文
景阿弥 ❸ 1435·11·7 文
芸阿弥 ❹ 1478·是年 文／1480·是年 文／1485·11·2 文
桂庵玄樹(遣明使) ❹ 1467·是年 政／1473·是年 政／1481·6 月 文／1501·是年 文／1508·6·15 社
慶一(平曲) ❸ 1407·1·21 社
慶因(講師) ❷ 1071·是年 文
桂隠元久(僧) ❸ 1454·4·1 文
恵雲(唐僧) ❶ 798·1·14 社
慶運(僧) ❸ 1326·4·20 文／1345·1·20 文
慶雲(僧) ❸ 1362·3·26 文／1369·6·11 文
慧雲(僧) ❺-2 1782·12·22 社
倪雲林 ❸ 1348·是年 文
慶円(僧) ❷ 1011·6·19 社／1014·12·25 社／1019·9·3 社
慶円(僧) ❷ 1223·1·27 社
慶円(仏師) ❸ 1289·11·1 文
慶円(僧) ❸ 1338·9·12 文／1341·6·15 社
慶縁(僧) ❷ 1072·1·20 社
慶縁(醍醐寺僧) ❷ 1146·是年 文
慧遠(僧) ❷ 1197·8·23 社
稽円西堂(遣明使) ❹ 1547·2·21 政
慶屋定紹(僧) ❸ 1407·6·20 社
邢玠 ❹ 1597·2·11 慶長の役
慶覚(僧) ❸ 1326·8·12 文
慶覚(僧) ❹ 1550·8·3 社
恵岳(僧) ❺-2 1777·是年 文／1779·是年 文
慶岩(僧) ❹ 1590·是年 社
慧眼(僧) ❺-2 1772·是年 文
慶紀逸(椎名土佐) ❺-2 1761·5 月 文／1762·5·8 文
景球(唐人) ❶ 903·11·20 社
経救(僧) ❷ 1035·8·27 社／1044·5·2 社

恵暁(僧)　❷ 1129·11·28 社
慶御丸　❸ 1401·7·7 文
慶兼(僧)　❶ 937·7 月 文
慶玄(僧)　❶ 915·11·13 社
経玄(僧)　❷ 1273·8·7 文
経厳(僧)　❸ 1341·5·28 社
慶幸(僧)　❷ 1220·1·16 社
恵光(寂路庵僧)　❹ 1461·4·7 政
敬光(僧)　❺-2 1795·8·22 社
慶光院(尼)　❺-1 1666·5·21 社
景行天皇(大足彦忍代別尊)　❶ 書紀·垂仁 30·1·6 ／垂仁 37·1·1 ／景行 1·7·11 ／景行 53·8·1 ／景行 60·11·7 ／成務 2·11·10
桂国(僧)　❺-1 1711·是年 政
迎西(僧)　❷ 1273·4·11 社
渓斎(池田)英泉　❺-2 1829·是年 文／1835·是年 文／1844·是年 文／1846·是年 文／1847·是年 文／1848·7·22 文／是年 文
憩斎急閑　❹ 1597·是年 文
慶筭(僧)　❷ 1266·12 月 社
瑩山紹瑾(僧)　❸ 1319·9·8 文／1321·6·17 文／是年 社／1323·8·28 文／1324·7·7 社／1325·7·18 文／8·15 社
馨子内親王　❷ 1031·12·16 社／1033·4·9 政／1034·4·20 社／1051·11·8 政／1062·9·11 社／1069·7·3 政／1073·4·21 政／1093·9·4 政
佳子内親王　❷ 1069·10·28 社／1072·7·6 社
瓊子内親王　❸ 1339·8·1 政
慧子内親王(恵子内親王)　❶ 881·1·6 政
掲子内親王　❶ 882·4·7 社
慶子内親王　❶ 923·2·10 政
慶実(僧)　❷ 1266·6 月 社
慶守(仏師)　❷ 1277·8 月 文
系種(僧)　❸ 1440·9·18 政
圭籌(僧)　❸ 1422·5 月 政／11·16 政／1423·11·20 政／1424·1·1 政／3 月 政
慶寿(吹工)　❹ 1533·是年 社
慶寿院(長慶天皇)　❹ 1565·5·19 社
慶秀(仏師)　❷ 1036·是年 文
慶秀(僧)　❷ 1280·5·16 文
慶秀(仏師)　❸ 1285·10 月 文／1325·是年 文
慶秀(仏師)　❸ 1368·是年 文／1375·3 月 文
経秀(僧)　❷ 1113·6·8 社
敬宗(少弐政尚使者)　❹ 1498·7 月 政
慶柔(僧)　❸ 1443·12·11 政
景秀鉄叟(僧)　❹ 1579·5·27 社
慶俊(僧)　❶ 756·5·24 社
慶俊(仏師)　❷ 1118·是年 文／1128·8·12 文／1186·5·27 文／1240·3·12 文
慶春(僧)　❷ 1227·12·25 社
慶舜(僧)　❷ 1280·12·14 社／❸ 1298·6·12 社
慶順(僧)　❹ 1507·5·23 文
敬順(十方庵)　❺-2 1820·7·23 社
慶照(僧)　❶ 913·4·11 文
敬乗(僧)　❸ 1449·6·5 社
桂昌院(本庄氏·徳川綱吉生母)　❺-1 1680·11·13 政／1689·4·25 文／1693·2·9 社／10·3 政／1694·2·3 文／1695·10·20 社／1696·1·13 政／1699·1·25 文／1702·3·9 政／1705·6·21 政
景徐周麟(僧)　❹ 1467·是年 社／1488·4·22 政／1489·5·20 文／5·23 政／1490·7·16 政／1493·8·17 政／1499·11·28 文／12·10 政／1504·2·5 社／1512·是年 文／1518·3·2 社
慶信(僧)　❷ 1095·1·9 社
経尋(僧)　❷ 1109·11·30 社／1132·6·3 社／1148·11·30 文
経尋(興福寺僧)　❹ 1526·7·28 社
ケイズル(圭豆留、馬術家)　❺-2 1725·2 月 文／6·13 政／1729·6 月 政／1735·7·8 政／1738·2·28 政
恵清(宋僧)　❷ 1014·6·25 文
慶盛(僧)　❷ 1049·12 月 政
慶政(僧)　❷ 1217·是年 文／1219·2·26 社／1244·9·28 文／1268·10·6 社
慶成(僧)　❷ 1239·5 月 文
渓西広沢(宋僧)　❷ 1269·1·17 文
景雪(遣朝鮮使)　❹ 1514·11·1 政
経暹(僧)　❷ 1093·3·20 社
慶暹(絵師)　❸ 1340·10·15 文
慶暹(朝鮮)　❺-1 1606·9·15 政／1607·2·8 政／3·21 政／5·6 政
計泉げつあん(唐商)　❺-1 1614·1·11 政
慶禅(僧)　❷ 1077·8·13 文
慶禅(仏師)　❷ 1147·是年 文
慶禅(仏師)　❷ 1247·1·13 文
慶禅(僧)　❸ 1404·2 月 社
慶全(僧)　❷ 1257·4 月 社
慶全(僧)　❸ 1333·2·18 社
慶祚(僧)　❷ 1019·12·22 社
敬宗(琉球)　❹ 1480·6·7 政
慶増(僧)　❷ 1278·7·8 政
敬叟居簡(僧)　❷ 1229·11 月 文
慶尊(仏師)　❷ 1184·6·22 文
継体天皇(男大迹王)　❶ 507·1·4 ／2·4 ／531·2·7
慶湛(大仏師)　❸ 1394·是年 文
契沖(僧)　❺-1 1681·是年 文／1683·是年 文／1685·是年 文／1687·是年 文／1688·是年 文／1690·是年 文／1692·是年 文／1693·是年 文／1695·是年 文／1697·是年 文／1701·1·25 文／❺-2 1792·是年 文／1797·是年 文／1802·是年 文／1804·是年 文／1812·是年 文／1814·是年 文／1820·是年 文
慶朝(僧)　❷ 1107·9·24 社
解一(僧)　❸ 1351·5·24 文
慶貞(僧)　❸ 1427·11·28 社
慶鼎(僧)　❸ 1442·是年 文
景轍玄蘇(僧)　❹ 1556·10·19 政／1562·11·6 政／1563·4·11 政／1580·11·13 政／12·24 政／1589·6 月 政／1591·1 月文禄の役／1 月 政／4·29 文禄の役／1593·1·6 文禄の役／1595·10·10 文禄の役／1596·4·19 文禄の役／❺-1 1603·11 月 政／1609·3·22 政／5 月 政／1611·10·22 社
慶恬(僧)　❸ 1444·7·10 政
景堂(僧)　❹ 1541·是年 文
桂堂瓊林(僧)　❷ 1273·3 月 政
景南英文(僧)　❸ 1454·9·22 社
慶仁(僧)　❷ 1204·是年 政
慧忍(僧)　❺-2 1767·是年 文
慶任(刀匠)　❺-2 1845·3 月 文
敬仁王(朝鮮)　❺-1 1674·是年 政
慶念(僧)　❹ 1597·7·9 慶長の役
慶範(僧)　❷ 1061·5·1 社
経範(僧)　❷ 1104·3·17 社
慶弁(僧)　❷ 1211·12·25 文／1218·1·20 文
慧鳳(僧)　❸ 1436·是年 政
慶彭(僧)　❹ 1490·9·18 政／10 月 政／1491·8·4 政
敬法門院⇨松木宗子(まつきそうし)
圭圃支璋(遣明使)　❹ 1485·7·1 政
慶命(僧)　❷ 1012·1·16 社／1035·是年 社／1038·9·7 社
慶瑜(遣明使)　❹ 1475·8·28 政
敬雄(僧)　❺-2 1766·是年 文
慶有(僧)　❸ 1380·5 月 政
稽囿(僧)　❹ 1547·11·29 政
経有(僧)　❸ 1341·6·2 社
慶誉(仏師)　❸ 1303·4·18 文／1343·10·2 文
ケイラ, デ·ソウザ　❺-1 1647·6·24 政
慶頼王　❶ 923·3·29 政／925·6·18 政
慶龍(僧)　❶ 868·11·3 社
経隆(僧)　❸ 1316·6·1 文
景楞(僧)　❸ 1450·2·16 政
桂林院　❹ 1582·3·11 政
桂林徳昌(僧)　❹ 1511·4·14 社
桂林明識(僧)　❸ 1428·6·19 社
ケウェド·デ　❻ 1868·9·28 政
けうによ(比丘尼)　❷ 1207·10 月 文
ゲーテ(独作家)　❼ 1913·1 月 文
ケーディス, チャールズ　❽ 1946·2·13 政／❾ 1996·6·18 政
ケーニッヒ(指揮者)　❼ 1927·2·20 文
ケーベル, ラファーエル　❻ 1893·6·10 文／❼ 1923·6·14 文
ゲーリー(米)　❼ 1905·1·8 政
ゲールツ·アントニー　❻ 1883·8·30 文
華岳建冑(僧)　❹ 1470·2·22 社
袈裟大夫　❸ 1317·11·6 文
ケストラー(英作家)　❽ 1959·3·1 文
ケスラー(独)　❽ 1945·3·24 政
華蔵義曇(僧)　❸ 1455·4·1 社
ケソン(フィリピン)　❽ 1937·1·31 政
気太(多)王　❶ 771·11·18 社／779·2·23 政
華達(僧)　❶ 760·12·22 社
解脱上人　❷ 1194·是年 文
下駄屋甚兵衛　❺-2 1787·6·17 政
月庵宗光(僧)　❸ 1389·3·22 社
月翁周鏡(僧)　❹ 1500·9·26 社
傑翁是英(僧)　❸ 1378·3·12 社
月華門院⇨綜子(そうし)内親王
月感(僧)　❺-1 1674·9·5 社
月岑(僧)　❺-1 1622·4·5 社
月渓中珊(僧)　❸ 1426·9 月 文／1434·1·28 社
月建令諸　❹ 1487·12·16 社

月江(日本国使)　❹ **1511**·8·9 政
月光院(徳川家継生母)　❺-2 **1752**·9·19 政
月江正印(僧)　❸ **1343**·2·18 文／是年 文／**1348**·11月 文／**1350**·是秋 文
月江正文(僧)　❹ **1462**·1·22 社
月江宗澄(僧)　❺-1 **1678**·2·5 社
傑山(僧)　❸ **1421**·是年 社
月山周枢(僧)　❸ **1399**·7·28 社
潔子(けっし)内親王　❷ **1185**·11·15 社
月舟寿桂(僧)　❹ **1527**·3·3 文／8月 政／**1533**·12·8 社
月照(僧侶)　❻ **1858**·8·2 政／9·7 政／9·10 政／11·16 政、社
決定(僧)　❷ **1142**·6·12 文
月渚永乗　❹ **1523**·4·27 政
月心慶円(僧)　❸ **1381**·12·29 文
月尋堂　❺-1 **1709**·是年 文
月泉(僧)　❹ **1556**·4·6 政
月遷(僧)　❺-2 **1809**·1·12 文
月泉祥洵(僧)　❹ **1482**·3·26 社
月泉良印(僧)　❸ **1400**·2·24 社
月潭(僧)　❺-1 **1693**·是年 政
月譚中円(僧)　❸ **1407**·9·7 社
月庭周朗(僧)　❸ **1403**·5·2 社
月堂宗規(僧)　❸ **1346**·是年 社／**1361**·9·27 社
月堂聖澄(僧)　❹ **1589**·是年 政
傑堂能勝(僧)　❸ **1427**·8·7 社
ゲッペルス(独)　❽ **1937**·11·25 文
月篷円見(僧)　❸ **1370**·12·2 社
月明具覚(僧)　❸ **1413**·6·25 社／是年 社／**1423**·10·21 社
月林道皎(妙皎、僧)　❸ **1321**·12·25 政／**1322**·3月 政／**1330**·是春 政／是年 政／**1339**·1·13 社／**1346**·12·23 社／**1351**·2·25 社
祁答院(けとういん)重武　❹ **1529**·1·22 政／**1535**·9·30 政
祁答院新兵衛　❹ **1569**·5·25 政
祁答院良重　❹ **1554**·9·12 政
ケネディ(米大統領)　❽ **1963**·12·17 政
毛野縄主　❶ **859**·1·13 政
ゲバラ(アウグスチノ会)　❺-1 **1602**·6·25 社
ゲバラ(チェ、キューバ指導者)　❽ **1959**·7·15 政
気比氏治　❸ **1337**·3·6 政
ケプロン·ホーレス　❻ **1872**·4·15 文
ケミス(英、ケミシュと同一人か)　❻ **1865**·10·21 社／**1866**·1·9 社
煙山専太郎　❽ **1954**·3·21 文
毛屋猪介　❹ **1572**·8·8 政
ゲラ，ドン·ペドロ·ダ　❹ **1563**·6·6 政
ケラー，ヘレン　❽ **1937**·4·15 社／**1948**·8·29 社 文／**1955**·5·27 社
ゲラン(仏)　❻ **1855**·9·27 政／10·15 政
ゲルザー(米)　❻ **1889**·9·11 文
ゲルトネル(プロシア)　❻ **1869**·2·19 政
ケルネル(独)　❻ **1881**·11·14 文
卦婁真老　❶ **799**·12·5 政
ケルレル(オランダ)　❺-2 **1794**·5·4 文
ケレトフ(ロシア)　❺-2 **1801**·6月 政
ケレトプセ(ロシア)　❺-2 **1801**·2月 政
阮潢(安南)　❺-1 **1601**·10月 政／**1603**·1月 政／10·5 政／**1605**·5·6 政
源　鋭(雲州太守)　❸ **1411**·1·9 政／**1428**·1·7 政
源　英　❸ **1430**·1·17 政
源　納　❹ **1495**·1·19 政
源　教　❹ **1494**·1·18 政
源　覚真　❸ **1410**·1·28 政
玄　学魯(朝鮮)　❺-2 **1843**·3·22 政
源　義　❸ **1454**·1·9 政
玄　義洵　❺-2 **1809**·7·5 政
源　国光　❹ **1460**·是年 政／**1467**·是年 政
源　国吉　❹ **1479**·1·1 政
源　芸秀　❹ **1467**·是年 政
玄　月(玄　峰豪)　❾ **2000**·1·14 文
元　孝然(朝鮮)　❸ **1454**·12·7 政
源　貞　❹ **1467**·是年 政
源　貞成　❹ **1469**·是年 政
源　実次　❹ **1477**·1·15 政／**1479**·1·1 政／**1485**·1·5 政／**1487**·1·7 政／**1488**·1·9 政／**1489**·1·13 政／**1491**·1·16 政／**1492**·2·21 政
源　繁　❹ **1489**·1·13 政／**1493**·1·11 政／**1494**·1·18 政／**1499**·1·8 政／**1502**·1·3 政
源　茂崎　❸ **1455**·是年 政／❹ **1476**·5·2 政
源　重実　❸ **1454**·1·9 政／**1455**·1·4 政／❹ **1457**·1·10 政／**1470**·1·5 政
源　重俊　❹ **1467**·是年 政
源　茂　❹ **1467**·是年 政
源　実　❹ **1481**·1·8 政
源　集　❹ **1493**·1·11 政
源　重実　❹ **1462**·1·20 政
源　肅　❹ **1485**·8·30 政
源　俊　❹ **1456**·1·15 政
言　升則　❶ **820**·1·22 政
源　次郎　❹ **1488**·1·9 政
源　信吾　❹ **1468**·是年 政
源　盛　❸ **1455**·1·4 政／❹ **1457**·1·10 政／**1464**·1·1 政／**1473**·1·6 政／**1474**·1·20 政／**1475**·1·10 政／**1478**·1·9 政／**1488**·1·9 政／**1489**·1·13 政／**1491**·1·16 政／**1493**·1·11 政
源　盛祥　❹ **1468**·是年 政
玄　泰翼　❺-2 **1747**·3·22 政
源(藤源)　武教　❹ **1467**·是年 政
源　忠能　❹ **1495**·1·19 政／**1496**·9·28 政
源　胤　❹ **1486**·1·17 政／**1492**·2·21 政
源　親慶　❹ **1467**·是年 政
源　経　❹ **1486**·1·17 政／**1492**·2·21 政
源　貞　❸ **1428**·1·7 政
源　伝　❸ **1430**·1·17 政
源　徳(琉球)　❹ **1496**·9·28 政／**1503**·4·1 政／**1562**·6·1 政
玄　徳淵　❺-2 **1762**·1·9 政
源　豊久　❹ **1503**·4·1 政
源　永氏　❹ **1489**·1·13 政／**1490**·1·10 政／**1493**·1·11 政／**1502**·1·3 政
源　教信　❹ **1499**·1·8 政／**1502**·1·3 政
源　幡　❹ **1486**·1·17 政／**1488**·1·9 政／**1491**·1·16 政／**1492**·2·21 政／**1494**·1·18 政／**1495**·1·19 政／**1504**·1·9 政
源　秀吉　❹ **1469**·是年 政
源　武　❹ **1496**·9·28 政
源　政教　❹ **1486**·1·17 政／**1487**·1·7 政／**1490**·1·10 政／**1492**·2·21 政／**1493**·1·11 政／**1499**·1·8 政／**1504**·1·9 政
源　勝　❹ **1499**·1·8 政／**1504**·1·9 政
源　政　❹ **1502**·1·3 政
源　盛　❸ **1333**·3·17 政／**1358**·12·13 政
源　通秀　❹ **1477**·3·5 文
源　満仲　❹ **1472**·8·17 社
源　満　❹ **1495**·1·19 政／**1504**·1·9 政
源　康俊　❹ **1466**·9·2 社
源　安光　❹ **1481**·1·8 政
源　祐　❸ **1455**·1·4 政
源　祐位　❹ **1457**·1·10 政／是年 政／**1461**·1·4 政／**1477**·1·15 政／**1479**·1·1 政／**1482**·1·1 政／**1484**·1·5 政／**1485**·1·5 政／**1486**·1·17 政／**1488**·1·9 政／**1489**·1·13 政／**1490**·1·10 政／**1493**·1·11 政／**1499**·1·8 政
源　融剛　❸ **1432**·3·3 政
源　吉　❹ **1457**·1·10 政／**1471**·1·11 政／**1473**·1·6 政／**1479**·1·1 政／**1481**·1·8 政／**1482**·1·1 政／**1483**·1·15 政／**1484**·1·5 政／**1488**·1·9 政／**1491**·1·16 政／**1494**·1·18 政
源　義⇨呼子(よぶこ)義
源　義重　❹ **1468**·是年 政
源　義直　❹ **1481**·1·8 政
源　義政　❹ **1489**·8·10 政
見阿(僧)　❷ **1265**·7·22 社
剱阿(僧)　❸ **1305**·11·16 社／**1306**·5·24 政／**1325**·5·24 文／**1328**·5月 文
幻阿(僧)　❺-2 **1786**·是年 文
現阿弥陀仏(僧)　❸ **1356**·3·29 文
顕意(僧)　❸ **1304**·5·19 社
兼意(僧)　❸ **1326**·3·8 社
原懿(僧)　❶ **862**·7月 政
厳意(僧)　❷ **1134**·3·11 社
顕一(平曲)　❹ **1458**·①·17 文／**1460**·7·3 文／**1461**·3·6 文
元一(薬師寺僧)　❹ **1501**·5·24 社
兼胤(絵仏師)　❷ **1245**·7·1 文
元胤(僧)　❹ **1477**·1·15 政／**1479**·1·1 政／**1480**·3·7 政／**1481**·1·8 政／**1484**·1·5 政
彦胤親王　❹ **1540**·5·7 社
賢雲(僧)　❶ **886**·6·19 社
堅恵(僧)　❶ **849**·是年 社
顕恵(僧)　❷ **1175**·2·25 社／9·23 社

源恵(僧)　❸ 1289·6·18 社
玄恵(玄慧、僧)　❸ 1319·⑦·22 文／1336·11·7 政／1337·4月 社／1347·是年 文／1350·3·2 社
賢永(僧)　❶ 863·4·3 社
玄栄(僧)　❷ 1165·9·6 社
玄永(僧)　❷ 1194·5·9 社
厳永(僧)　❸ 1319·7·7 社
元栄(僧)　❸ 1350·3·15 政
顕悦(僧)　❸ 1399·9月 政
源衛門吉次(大工)　❹ 1576·6·14 文
兼円(賢円、仏師)　❷ 1130·7·2 社／1132·6·17 文／1134·4·19 社／8·21 文／1136·3·23 文／1144·10·17 社／1149·3·20 文／1152·3·6 文／1154·8·9 文／1155·8·4 文
憲円(仏師)　❸ 1365·5月 文
顕延(僧)　❷ 1271·10·5 社
玄延(僧)　❷ 1165·9·6 社
源延(僧)　❷ 1255·建長年間 社
源延浄蓮(僧)　❷ 1213·3·23 社
源翁心昭(僧)　❸ 1375·4·15 社／1400·1·7 社
乾嘉(僧)　❹ 1462·7·13 政
玄雅(僧)　❸ 1283·12·8 社
元香(絵師)　❺-1 1701·1·1 文
賢海(僧)　❷ 1229·3月 社／1237·10·23 社
元海(僧)　❷ 1156·8·18 社
厳海(僧)　❷ 1251·4·25 社
玄海(仏師)　❷ 1273·4·15 文
元晦(僧)　❸ 1349·10·13 社
元恢(僧)　❸ 1368·6·9 社
原海(僧)　❸ 1397·8·25 文
言龥(僧)　❺-1 1694·是年 文
嶮崖巧安(僧)　❸ 1331·2月 社／7·23 社
顕覚(僧)　❸ 1297·3·3 社
厳覚(僧)　❷ 1121·⑤·8 社
玄覚(僧)　❷ 1125·4·26 社／1128·4·28 社／1132·7·8 社／1137·1·14 社／2·9 社／1138·9·21 社
玄覚(僧)　❸ 1320·8·15 文
源覚(僧)　❷ 1220·6·12 文
源覚(僧)　❸ 1346·是年 文
元岳(僧)　❺-1 1703·是年 文
賢環(僧)　❶ 759·是年 社
玄鑒(僧)　❶ 926·2·11 社
元瓘(僧)　❶ 940·7月 政
彦岸(僧)　❺-1 1631·是年 文
賢季(僧)　❸ 1358·1·30 社
賢儀(僧)　❶ 845·11·14 社
元奇(僧)　❸ 1374·11·5 社
阮基(明)　❸ 1424·是年 政
元菊(僧)　❹ 1492·8·22 政
源吉(山城大守)　❸ 1445·是年 政
元佶(円光寺僧)　❺-1 1604·是冬 文／1606·6·6 文／1608·1·11 政／1612·5·20 社
玄輝門院⇨藤原愔子(ふじわらいんし)
厳久(僧)　❷ 1003·2·16 社／1008·5·10 社
玄教(僧)　❸ 1391·10·21 政
玄暁(僧)　❷ 1231·1·29 社
元暁(僧)　❸ 1362·10·2 社
元均(三道水軍統制使)　❹ 1597·7·15 慶長の役
源空⇨法然(ほうねん)
玄空(僧)　❹ 1497·7·11 社
兼慶(僧)　❷ 1077·12·18 社
兼慶(僧)　❸ 1371·7·4 社
賢慶　❺-2 1728·是年 文
源慶(仏師)　❷ 1212·是年 文／1217·6·23 文／1219·4月 社／1226·9·12 文
玄芸(僧)　❷ 1248·7·1 社
見賢(僧)　❸ 1441·6·29 社
玄々一(俳人)　❺-2 1804·8·25 文
賢護(僧)　❶ 867·12·19 文／876·6·21 文
賢恒(僧)　❷ 1102·8·5 社
見光(僧)　❷ 1203·5·28 社
兼康(絵師)　❷ 1207·5·14 文
賢光(仏師)　❷ 1256·10·12 文／❸ 1285·8·3 文
乾高(僧)　❹ 1465·9·24 社
剣晃敏志　❾ 1998·3·10 社
賢江祥啓　❹ 1478·是年 文
元杲(僧)　❶ 972·6·20 社／985·6·28 社／995·2·27 社
玄康(僧)　❸ 1285·6月 文／1440·10·14 社
玄昊(僧)　❺-1 1635·3·12 政
元好(僧)　❺-1 1659·8·13 文
元皓(月枝元皓·大潮、僧)　❺-2 1728·是年 文／1744·是年 文／1748·是年 文／1768·2·22 社／8·22 社
元豪(僧)　❹ 1592·6·19 文禄の役
玄広恵探(僧)　❹ 1536·5月 政
兼康百済　❺-2 1835·是年 文
原古志稽(僧)　❹ 1475·3·15 社
源五郎(仏師)　❹ 1551·6·8 文
乾坤坊良斎　❻ 1860·8·12 文
玄佐(僧)　❺-1 1660·12·18 社／1682·8·14 社
兼載(僧)　❹ 1493·3·9 文／1502·12月 文／1505·12·12 文
源才(僧)　❸ 1423·1·1 政
玄斎(僧)　❺-1 1632·11·29 文
妍斎津富　❺-2 1797·12·21 文
源左衛門(長吏)　❹ 1555·6·12 政
源三左衛(番匠)　❹ 1563·11·24 社
玄朔(延寿院僧)　❹ 1600·11·28 文
玄索(僧)　❺-1 1644·7·12 社
元札(金地院僧)　❺-1 1712·9·12 社
源三郎(仏師)　❹ 1545·12·12 文／1548·5·11 文／1559·1·4 文／1560·6·18 文／9·12 文／1562·10·13 文／1563·7·11 文／1573·10月 文／1578·是年 文
兼算(僧)　❷ 1052·2月 社
源算(僧)　❷ 1029·是年 社／1074·1·1 社
娟子(けんし)内親王　❷ 1036·11·28 社／1057·9月 政／1060·12·11 社／1103·3·12 政
妍子(けんし)内親王　❷ 1142·2·26 社
元旨(僧)　❸ 1328·是年 政
元子女王　❶ 889·2·16 社
厳子(げんし)女王　❷ 1014·7·16 政
源次(仏師)　❹ 1531·6·28 政／1532·4·24 文／1545·12·12 文／1552·是年 文／1555·11·23 文／1556·8·1 文／是年 文／1557·11月 文／1560·6·18 文／1563·是年 文／1564·10·13 文
源氏鶏太　❽ 1951·8·12 文／1962·1·24 文
顕識(僧)　❷ 1230·10·27 文
憲実(僧)　❸ 1372·1·22 社
憲実(僧)　❸ 1444·2·28 政
源氏山大五郎⇨西ノ海嘉治郎(にしのうみかじろう、二代目)
兼寿⇨蓮如(れんにょ)
賢宗(僧)　❹ 1470·是年 政／1471·1·11 政
玄秀(僧)　❸ 1349·8·27 社
元秀(僧)　❸ 1395·3·3 文
玄脩(僧)　❹ 1594·是年 文
玄重(僧)　❷ 1153·6·6 社
謙宗南英(僧)　❸ 1446·8月 社
元粛(僧)　❹ 1485·8·30 政
元叔西堂(僧)　❹ 1493·8·11 政
兼俊(僧)　❶ 994·正暦年間 社
賢俊(三宝院僧)　❸ 1324·8·11 社／1339·4·21 文／1346·3·23 社／11·14 社／1348·4·13 文／1355·1·29 文／1357·2·10 社／7·18 社
憲俊(雑掌)　❸ 1324·8·21 社
憲淳(僧)　❸ 1307·4·14 政／1308·2·22 文／3·25 社／8·23 社
建順(僧)　❸ 1359·是年 文
玄舜(僧)　❸ 1405·2·13 政
源順(僧)　❷ 1083·12·15 文
源順(僧)　❸ 1429·是年 社
源順(僧)　❺-1 1620·4·3 文
顕舜房(僧)　❷ 1273·7·17 社
建春門院⇨平滋子(たいらしげこ)
元助(僧)　❷ 1032·6·18 社
厳助(僧)　❹ 1533·3·5 文／1540·1·8 社
賢証(僧)　❶ 730·2·10 文
顕昭(僧)　❷ 1183·5·8 文／12月 文／1184·2·7 文／1191·是年 文／1194·3月中旬 文／1207·5·20 文
顕正(僧)　❸ 1335·是年 社
賢性(僧)　❹ 1457·9·26 社
玄召(僧)　❺-1 1636·8月 政
賢乗(僧)　❸ 1443·1月 文
玄昭(僧)　❶ 877·②·17 政／917·2·3 社
玄昭(天台座主)　❶ 953·是年 社
玄照(僧)　❶ 929·是年 社
玄証(僧)　❷ 1173·是年 文／1189·8·12 文
元性(僧)　❷ 1184·10·17 社
源性(僧)　❷ 1200·8月 政／12·3 社
元聖(僧)　❸ 1381·11·10 社
元章(僧)　❸ 1386·8·12 社
元章(絵師)　❺-2 1737·是年 文
源松(徳雲軒僧)　❹ 1527·9·11 政
玄浄(僧)　❺-1 1625·此頃 文
憲乗(僧)　❺-1 1684·6月 文
見性院(穴山梅雪後室·武田氏)　❺-1 1622·5·9 政
玄勝軒　❹ 1584·2月 社
元章周郁(僧)　❸ 1368·12月 政
源性親王　❸ 1353·1·29 社
元正天皇(氷高皇女·日高皇女)　❶ 682·8·28 社／714·1·20 政／715·9·2 政／717·9·11 政／724·2·4 政／

748·4·21 政／**750**·10·18 政
玄奘法師　❶ **658**·7月 社
源四郎(仏師)　❹ **1531**·6·28 政／**1532**·4·24 文／**1560**·6·18 文／**1563**·7·11 文／**1564**·10·13 文／**1576**·是年 文
源二郎(仏師)　❹ **1545**·12·12 文
賢信(僧)　❶ **862**·7月 政／**863**·4月 政／**865**·2·5 文
賢信(僧)　❷ **1238**·10·10 文
顕真(僧)　❷ **1182**·3·15 社／4·19 政／**1186**·是秋 社／**1192**·11·14 社／**1238**·是年 文／**1245**·是年 文
憲深(僧)　❷ **1263**·9·6 社
顕信(僧)　❸ **1448**·8·1 社
賢深(僧)　❹ **1504**·1·29 社
賢尋(僧)　❷ **1055**·9·17 社
源信(僧)　❶ **985**·4月 文／**986**·1·15 文／**988**·1·15 文／6·25 文／**990**·是冬 政／**992**·3月 政／**1000**·是年 社
源信(恵心僧都)　❷ **1001**·是年社、文／**1003**·8·25 政／**1006**·10月 文／**1012**·9·11 社／**1017**·6·10 社／**1018**·5·21 社
源信(僧)　❹ **1532**·3·29 文／**1544**·8·21 文
源信(僧)　❺-1 **1647**·是年 文／**1668**·是年 文
元真(僧)　❷ **1008**·12月 社
源心(僧)　❷ **1053**·10·11 社
源深(僧)　❸ **1363**·4·25 社
源助(中野村百姓)　❺-2 **1729**·3·13 社
乾豆波斯達阿　❶ **660**·7·16 政
憲静(僧)　❸ **1282**·9·10 社／**1295**·4·17 社
賢清(仏師)　❸ **1286**·9·24 文／**1298**·3·7 文
賢成(僧)　❸ **1440**·3月 社
賢世(僧)　❹ **1549**·4·7 社
顕誓(僧)　❹ **1568**·6·18 文／**1570**·10·24 社
賢清(僧)　❺-1 **1625**·是年 社
玄済(僧)　❶ **841**·是秋 政
源清(宋僧)　❶ **998**·是年 政
源西(僧)　❷ **1155**·4·8 文
厳成(僧)　❷ **1162**·②·2 文
玄盛(僧)　❸ **1400**·2·28 社
玄清(連歌師)　❹ **1491**·2·11 文／**1504**·3·13 文／**1520**·2·29 文／**1521**·11·13 社
元政(僧)　❺-1 **1655**·是年 社／**1659**·8·13 文／**1661**·是年 文／**1663**·是年 文／**1664**·8月 文／是年 文／**1668**·是年 文／**1671**·是年 文／**1674**·是年 文
原正泉(僧)　❸ **1395**·7·1 政
賢暹(僧)　❷ **1104**·12·13 社／**1110**·5·5 社／**1112**·12·23 社
玄憚(僧)　❺-1 **1672**·是年 文
顕詮(僧)　❸ **1350**·3月 文／**1358**·6月 社／**1361**·6·5 社
賢禅(僧)　❷ **1112**·11·22 文
源泉(僧)　❷ **1053**·10·26 社／**1055**·3·18 社
元選(僧)　❸ **1384**·是春 社
憲瞻両西堂　❺-1 **1660**·4·30 政
彦祚(僧)　❷ **1067**·12·26 社
玄蘇(琉球)　❺-1 **1608**·1月 政
兼宗(僧)　❸ **1433**·11·27 社
憲宗(明)　❹ **1472**·是年 政／**1485**·2·15 政／**1490**·3·29 政
源増(仏師)　❷ **1074**·8·25 文
厳増(僧)　❸ **1314**·③·3 社
源蔵(職人)　❻ **1856**·11·1 社
顕宗天皇(弘計王)　❶ **382**·4·7／**481**·11月／**482**·1·1／**484**·12月／是年／**485**·1·1／**487**·4·25／**488**·10·3
玄尊(僧)　❷ **1199**·6月 文
源尊(絵仏師)　❷ **1217**·6·23 文／**1243**·4·27 文／**1253**·12月 文
見田尚久　❺-2 **1849**·是年 文
源田　実　❽ **1944**·10·20 社／**1959**·6·13 政／8·8 政／❾ **1989**·8·15 政
源太丸(悪党)　❷ **1196**·3月 社
顕智(僧)　❷ **1256**·10·13 社
源智(僧)　❷ **1135**·6·8 政
源智(僧)　❷ **1238**·12·12 社
顕親門院⇨藤原季子(ふじわらきし)
玄竹(僧)　❺-1 **1678**·是年 文
元着(僧)　❶ **863**·4·21 政
剣仲⇨藪内紹智(やぶのうちじょうち、初代)
元中(僧)　❸ **1349**·5·7 社
建冑(僧)　❹ **1470**·是年 政
玄仲(僧)　❺-1 **1629**·5·7 文
堅中圭密(僧)　❸ **1403**·2·19 政／10·11 政／**1404**·5·12 政／**1406**·6·12 政／8·5 政／**1407**·5·25 政／**1408**·1·19 政／2·1 政／5·5 政／**1410**·4·8 政／**1411**·2·23 政／9·9 政
厳中周噩(僧)　❸ **1424**·5·21 政／**1428**·6·26 社
元沖梅印(僧)　❺-1 **1604**·4·8 文
顕重(僧)　❸ **1359**·12·15 社
賢長(僧)　❸ **1431**·8·2 社
玄朝(絵師)　❶ **987**·是年 社
元澄(僧)　❷ **1015**·5·7 政
甄萱(全州王)　❶ **929**·3·25 政／5·17 政
元珍(僧)　❺-1 **1712**·是年 文／❺-2 **1735**·是年 文
兼鎮蓮乗(僧)　❹ **1504**·2·21 社
賢庭(庭者)　❺-1 **1615**·9·3 文
建哲(僧)　❸ **1393**·6·16 政
玄哲(棋士)　❺-1 **1657**·6·26 文／**1659**·4·20 文
硯田舎紀逸　❺-2 **1754**·是年 文
元燈(僧)　❷ **1003**·8·25 政
元東(僧)　❸ **1350**·3·15 政
玄同(僧)　❺-1 **1624**·是年 文
謙道宗設　❹ **1523**·4·27 政／**1525**·6·11 政
顕徳院(けんとくいん)⇨後鳥羽(ごとば)天皇
ケンドリック，ジョン　❺-2 **1792**·3·26 政
賢和(僧)　❶ **867**·3·27 社
顕如(光佐、僧)　❹ **1544**·7·30 政／**1557**·4·17 政／**1560**·10·17 政／**1565**·3·27 政／**1566**·8·26 政／10·20 政／**1567**·11·7 政／**1568**·6·29 政／**1569**·1·5 政／4·5 政／**1570**·8·27 社／9·6 政／10·1 政／12·15 政／**1571**·2·5 政／6·11 政／11·24 政／**1572**·1·14 政／3·12 政／3月 文／6·30 政／8·13 政／9·7 政／**1573**·2·27 政／5·23 政／8·1 政／10·21 政／**1574**·2·6 政／4·2 政／8·24 政／**1575**·10·21 政／**1576**·4·14 政／4·26 社／5·18 政／8·2 政／11·20 政／**1577**·6·13 政／**1578**·10·17 政／11·4 政／**1579**·6·13 政／**1580**·3·17 政／4·9 政／7·17 社／**1581**·3·6 政／**1582**·6·23 社／10·16 政／12·4 政／**1583**·4·8 政／7·4 社／**1584**·4·23 政／11·10 社／**1585**·5·4 社／8·30 社／**1589**·12·11 社／**1590**·2·28 政／**1591**·①·5 社／**1592**·11·24 社
賢仁(僧)　❷ **1171**·6·23 社
顕仁王(朝鮮)　❺-1 **1659**·是年 政
源仁(僧)　❶ **887**·11·22 社
玄任(僧)　❹ **1507**·8·29 社／**1572**·8·16 政
剣木亨弘　❾ **1966**·12·3 政
玄葉光一郎　❾ **2010**·6·8 政／9·17 政／**2011**·9·2 政／**2012**·7·11 政／9·24 政
源八兼頼(姓不詳)　❷ **1241**·6·16 社
源八郎(百姓·仇討)　❻ **1853**·7·14 社
ケンビン(スイス)　❽ **1938**·3月 政
玄賓(僧)　❶ **818**·6·17 社／**823**·弘仁年間 社
ケンプ(独)　❼ **1936**·4·13 文
源兵衛(江戸子伝馬町)　❺-1 **1657**·11·30 社
源兵衛(備前陶工)　❺-1 **1657**·8月 文
ケンペル，エンゲルバルト　❺-1 **1690**·8·24 文／**1691**·2·30 政／**1692**·3·6 政／9·22 政／❺-2 **1727**·是年 政
顕弁(僧)　❸ **1319**·4·13 社
賢宝(僧)　❸ **1359**·4月 文／**1368**·7月 文／**1398**·6·30 社
見坊豪紀　❾ **1992**·10·21 政
厳宝(随心院僧)　❹ **1458**·10·18 文／**1470**·5·2 文／**1480**·3·27 文／**1481**·12·2 社
玄昉(僧)　❶ **717**·3·9 文／**725**·4月 政／**733**·4·3 文／**735**·3·10 政／**736**·2·7 社／**737**·8·26 社／**740**·8·29 政／**741**·7·15 文／**745**·11·2 社／**746**·6·18 社
玄方(正眼院僧)　❺-1 **1632**·7月 社
乾峰士曇　❸ **1349**·10·13 社／**1361**·12·11 社
元方守端　❸ **1373**·是頃 文
元峰韶泰(僧)　❸ **1405**·11·12 社
ケンボール嬢(米)　❼ **1910**·7·15 文
賢甫義哲(僧)　❹ **1562**·5·2 社
元璞慧珙(僧)　❸ **1420**·2·15 政／6·16 政／**1429**·3·15 社
元甫西堂(僧)　❹ **1462**·9·27 政
元甫有良(奥州使節)　❹ **1458**·8·7 政
玄圃霊三(僧)　❹ **1591**·8·6 政／**1595**·3·26 文
元命(弥勒寺僧)　❷ **1008**·11·5 社
元命(石清水別当)　❷ **1014**·10·11 社
玄明(僧)　❷ **1167**·5·15 社
幻夢(浮世草紙)　❺-1 **1697**·是年 文
玄武若光　❶ **666**·10·26 政

源明(僧)　❶ 832·1·26 文
元明(清凉院僧)　❹ 1462·8·21 政
元明天皇(阿閉皇女)　❶ 675·2·13 社／707·7·17 政／721·10·13 政／12·6 政
剣持章行　❺-2 1849·是年
剣持浄蓮　❸ 1301·是冬 政
監物永三　❾ 1968·10·12 社／1972·8·26 社／1976·7·17 社
剣門妙深(僧)　❷ 1244·是年 文
玄哉　❹ 1567·2·4 文
源弥(船頭代理)　❻ 1857·12·10 政
賢瑜(僧)　❸ 1371·是年 文／1372·是年 文
顕宥(僧)　❸ 1444·11月 社
玄友(僧)　❺-2 1718·4·27 社／1723·11·7 社
玄勇(僧)　❸ 1344·9·6 社
顕誉(僧)　❸ 1325·9·7 社
厳誉(僧)　❷ 1116·2·5 文
源誉(僧)　❺-1 1647·是年 文
眷洋(遣明使)　❹ 1465·5·2 政／1467·是年 政
彦龍周興(僧)　❹ 1491·6·3 社
玄隆西堂(僧)　❹ 1595·7·15 政
賢了(僧)　❸ 1326·是年 社
乾楞(僧)　❸ 1439·3·20 政
玄良(僧)　❷ 1254·8·1 文
建礼門院⇨平徳子(たいらとくし)
顕蓮(比丘尼)　❷ 1216·8月 社
源六(江州茶会)　❹ 1549·2·12 文

こ

胡　惟庸(明)　❸ 1380·1月 政／1386·是年 政
胡　恩溥　❼ 1935·5·2 政
胡　錦濤　❾ 2005·4·23 政／2010·11·13 政／2012·3·26 政
顧　師言　❶ 854·4月 政
胡　宗憲(明)　❹ 1556·2月 政／1557·10月 政／1560·2月 政
顧　大申(清)　❺-1 1663·是年 文／1664·是年 文
賈　満度　❹ 1541·是年 政
呉　惟碩(高麗)　❷ 1268·5月 政
呉　惟忠　❹ 1597·2·11 慶長の役
呉　允謙(朝鮮)　❺-1 1617·7·4 政／8·20 政
呉　乙済(朝鮮)　❸ 1422·是年 政
呉　学謙　❾ 1992·9·21 政
呉　鶴齢(琉球)　❺-1 1614·是年 政
呉　煕　❻ 1862·4·29 政
呉　敬之(朝鮮)　❸ 1422·12·20 政
呉　彦(高麗)　❸ 1381·2月 政
呉　載南(清)　❺-2 1719·3·16 文
呉　詩(琉球)　❹ 1503·是年 政
呉　師虔⇨山口宗季(やまぐちそうき)
呉　子明　❺-2 1725·4·5 政
呉　秀三　❼ 1932·3·26 文
呉　済(宋)　❷ 1081·10·25 政
呉　清源　❼ 1928·10·22 社／❽ 1947·1·21 社／1950·9·22 文
伍　是堅(琉球)　❸ 1436·1·2 政
呉　先達　❺-1 1680·是年 政
呉　宗道(明)　❹ 1598·3月慶長の役
呉　丹穉　❻ 1878·7月 文
呉　長慶　❻ 1882·8·20 政
呉　道林(琉球)　❹ 1573·7·11 政
呉　百齢(朝鮮)　❺-1 1624·8月 政
呉　文(降倭)　❸ 1406·1·26 政
呉　文聡　❼ 1898·11·12 社
呉　葆仁　❻ 1894·3·10 政
呉　祐(明)　❸ 1369·1月 政
呉　用(明)　❸ 1369·1·20 政
ゴア(ポルトガル)　❺-1 1611·7·15 政
ゴア(米副大統領)　❾ 1995·11·19 政／1997·3·24 政
小相英太郎　❻ 1886·10·7 文
小揚五郎八　❺-2 1757·8·28 社
虚庵懐敞　❷ 1191·7月 社
己斐豊後守　❹ 1555·是春 政
五井持軒　❺-2 1721·⑦·18 文
五井蘭洲(藤九郎·純禎·子祥·冽庵)　❺-2 1762·3·17 文／1767·是年 文／1784·是年 文
恋川春町(寿平·酒上不埒)　❺-2 1789·7·7 文
恋川好町(鹿津部真顔)　❺-2 1786·是年 文
小池明夫　❾ 2007·4·14 社
小池卯八郎　❻ 1878·6月 文
小池和夫　❽ 1862·是年 社
小池曲江　❺-2 1847·9·8 文
小池　清　❾ 2012·4·28 文
小池国三　❼ 1925·3·1 政
小池　幸　❽ 1954·4·12 社
小池十兵衛　❺-1 1661·6·29 政
小池四郎　❼ 1932·5·29 政
小池四郎左衛門　❹ 1562·3·5 社
古池信三　❽ 1963·7·18 政
小池大次郎　❼ 1906·2·2 社
小池唯之助　❺-2 1833·是春 政
小池真理子　❾ 1996·1·11 文
小池百合子　❾ 2003·9·22 政／2004·9·27 政／2005·10·31 政／2007·6·30 政／2008·9·10 政
小池義人　❾ 1996·2·13 社
小池礼三　❼ 1933·6·11 社
五井勝則⇨火野葦平(ひのあしへい)
小石　清　❽ 1957·7·7 文
小石元俊　❺-2 1783·6·25 文／1798·2·13 文／1801·是年 文／1808·12·25 文
小石元瑞　❺-2 1849·2·10 文／是年 文
小石忠男　❾ 2010·11·9 文
肥富(商人)　❸ 1401·5·13 政
小泉　斐　❺-2 1813·是年 文／1837·9·9 文／1845·是年 文／1846·是年 文
小泉伊兵衛　❺-2 1740·8月 政
小泉勝爾　❽ 1945·7·28 文
小泉久右衛門　❻ 1886·8·1 社
小泉今日子　❾ 1995·2·22 社
小泉軍治　❼ 1918·是年 社
小泉兼吉　❼ 1935·11·21 文
小泉金力丸　❹ 1459·7·1 政
小泉策太郎　❽ 1937·7·28 政
小泉子章　❺-2 1814·是年 文
小泉純一郎　❾ 1989·6·2 政／1995·9·22 政／1996·11·7 政／1997·9·11 政／2003·9·8 政／9·20 政／10·23 政／2005·2·3 政／3·9 政／3·11 政／3·27 政／4·23 政／4·29 政／5·2 政／6·9 社／6·20 政／7·6 政／8·6 政／8·15 政／9·11 政／9·25 社／10·17 政／10·31 政／2008·9·27 政
小泉淳作　❾ 2012·1·9 文
小泉純也　❽ 1964·7·18 政
小泉四郎　❹ 1582·7·11 政
小泉進次郎　❾ 2008·9·27 政
小泉信三　❼ 1933·11·21 文／❽ 1937·12·15 文／1944·10·28 政／1948·7月 文／1949·3月 政／1957·1·15 政／1959·11·3 文／❾ 1966·5·11 文
小泉　毅　❾ 2008·11·18 社
古泉千樫　❼ 1924·4月 文／1927·8·11 文
小泉親彦　❽ 1941·7·16 政／10·18 政／1945·9·13 政
小泉次大夫　❺-1 1614·慶長年間(囲み)
小泉俊明　❾ 2012·8·9 政
小泉信吉　❻ 1881·7·8 政
小泉彦蔵　❻ 1868·9·23 社
小泉秀清　❹ 1553·7·28 政
小泉文夫　❽ 1958·5月 文
小泉又次郎　❼ 1923·2·23 政／1929·7·2 政／❽ 1951·9·24 政
小泉光保　❺-1 1703·是年 文
小泉将曹　❺-2 1849·2·23 文
小泉持長　❸ 1334·7·12 政
小泉八雲(ラフカディオ=ハーン)　❻ 1890·4·4 文／❼ 1904·9·26 文
小泉吉次　❹ 1597·是年 社／❺-1 1601·是年 社／1605·1·9 社
小泉勘解由左衛門　❹ 1570·4·16 社
小磯国昭　❼ 1916·3月 政／❽ 1940·1·16 政／1941·8·2 社／1944·7·20 政／7·22 政、社／8·23 政／11·8 政／1945·1·3 政／1·21 政／3·16 政／4·5 政／11·19 政／1950·11·3 政
小磯良平　❼ 1936·7·25 文／❽ 1939·4·14 文／1942·3月 文／4·13 文／1944·3·8 文／7·22 社／是年 文／1951·10·28 文／❾ 1967·是年 文／1974·是年 文／1988·12·16 文
小一條院⇨敦明(あつあきら)親王
後一條天皇(敦成親王)　❷ 1008·9·11 政／11·1 政／1009·1·30 政／2·5 政／1016·1·29 政／2·7 政／12·9 政／1021·10·14 政／1023·1·2 政／1036·4·17 政
肥塚　龍　❻ 1878·9·29 文／❼ 1897·11·2 政
小出伊織　❺-1 1689·7·26 政
小出兼政(長十郎)　❻ 1865·8·17 文
小出勘右衛門　❺-2 1725·是年 社
湖出金四郎　❺-2 1720·5·6 文
小出虎平太　❺-2 1771·3·23 政
小出尹貞　❺-1 1661·3·27 政
小出五郎左衛門　❻ 1864·8·19 政
小出重守　❺-1 1696·6·15 政
小出新次郎　❼ 1911·是年 社
小出卓二　❽ 1945·11月 文
小出　粲(新四郎·如雲)　❼ 1908·4·15 文

小出永安　❺-1 **1684**·10·27 文
小出楢重　❼ **1919**·9·1 文／**1924**·4月 文／9·2 文／**1925**·9·2 文／**1930**·9·4 文／**1931**·2·13 文
小出秀政(甚左衛門)　❹ **1584**·11·20 社／**1587**·2·8 政／**1591**·8·3 社／**1592**·4月 文／❺-1 **1604**·3·22 政
小出英益　❺-1 **1691**·12·26 政
小出秀実(実)　❻ **1866**·8·18 政／**1867**·2·25 政／12·27 政
小出英安　❺-1 **1691**·12·26 政
小出英及　❺-1 **1696**·10·22 政
小出明治　❽ **1942**·6·26 社
小出守里　❺-1 **1690**·1·11 社
小出吉重　❺-1 **1666**·3·9 政
小出吉親　❺-1 **1613**·2·29 政／**1619**·7·22 政／**1642**·10·1 政／**1644**·2·20 政／**1668**·3·11 政
小出吉英　❺-1 **1613**·2·29 政／**1619**·7·22 政／**1627**·是年 社／**1638**·5·28 社／**1666**·3·9 政
小出吉政　❹ **1587**·9·24 政／**1593**·是年 政／❺-1 **1613**·2·29 政
小出立庭　❺-1 **1680**·是年 文
小絲源太郎　❼ **1911**·是年 文／**1918**·10·14 文／**1931**·是年 文／**1932**·10·16 文／❽ **1937**·10·16 文／❾ **1965**·11·3 文／**1978**·2·6 文
小糸のぶ　❾ **1995**·12·13 文
子犬(小犬)弥太郎　❹ **1476**·3·1 文／**1481**·3·14 文
小犬大夫(声聞師)　❸ **1450**·2·23 文
小犬丸(牛飼)　❷ **1035**·5·2 社
子犬丸(柳原、松拍子)　❸ **1431**·1·13 文／**1435**·1·18 文／**1437**·1·4 文
鯉淵要人　❻ **1860**·3·3 政
鯉屋藤左衛門　❺-1 **1674**·是年 文／❺-2 **1751**·12·26 社
コイエット，フレデリック　❺-1 **1647**·10·7 政／**1648**·是年 政／**1652**·10·3 政
小岩井 浄　❽ **1959**·2·18 政
小岩井久美子　❾ **1992**·12·5 社
興(倭王)　❶ **462**·3月／4月／是年／**477**·11·29／**478**·是年
黄 允吉(吉哉、朝鮮)　❹ **1590**·3月 政／7·21 政／11·7 政／**1591**·1月 政
黄 応官(シャム)　❺-1 **1698**·6·1 政
コウ，オーギュスタン　❺-2 **1844**·3·11 政
高 鶴林　❶ **779**·7·10 政／10·17 政
向 鶴齢　❺-1 **1615**·⑥·16 政
江 稼圃　❺-2 **1749**·3·14 文／**1805**·是年 文
黄 床(朝鮮)　❺-1 **1636**·10·12 政
康 勧善(朝鮮)　❸ **1443**·7·26 政
洪 喜田　❺-1 **1635**·1月 政
洪 喜南　❺-1 **1652**·12月 政
高 其佩　❺-1 **1686**·是年 文
康 仇麗　❶ **425**·是年
江 君開(清)　❺-1 **1685**·7·26 政
洪 郡公(安南)　❺-1 **1627**·5·22 政
洪 啓禧　❺-2 **1748**·2·16 政／6·1 政
高 景秀　❶ **816**·5·2 政
高(深見) 玄岱　❺-2 **1722**·8·8 文
高 元度　❶ **759**·1·30 政／10·18 政／**760**·1·16 政／**761**·8·12 政／**762**·1·9 政
高 玄龍　❺-2 **1809**·是年 社
黄 孝卿　❺-1 **1647**·6月 政
高 興善(新羅)　❶ **885**·4·12 政
黄 公弼　❺-2 **1748**·12·5 政
黄 五官　❺-1 **1644**·12月 政
高 斎徳　❶ **727**·9·21 政／**728**·1·17 政
洪 茶丘(高麗)　❷ **1271**·1·15 政／**1274**·10·3 政(囲み)／10·5 政／11·21 政(囲み)／**1280**·2·17 政(囲み)／8·26 政(囲み)／12·3 政(囲み)／**1281**·5·21 政／6·15 政／⑦·16 政
洪 師禹(高麗)　❸ **1373**·2·27 政
高 重茂　❸ **1344**·6月 政
康 之邵(高麗)　❷ **1272**·4·7 政
高 柔(高麗)　❷ **1269**·7·21 政／9·17 政
黄 昭(宋)　❷ **1100**·是秋 文
洪 鐘宇　❻ **1894**·3·10 政
孔 祥熙　❽ **1938**·6月 政
高 承祖　❶ **826**·5·8 政
黄 昭堂　❾ **2011**·11·17 政
高 勝房　❷ **1184**·5·24 文
黄 慎　❹ **1595**·11·3 文禄の役／**1596**·⑦·4 文禄の役／12·21 政／**1597**·1·2 慶長の役
高 人鑑(清)　❺-2 **1838**·5·9 政
高 嵩渓　❺-2 **1803**·7月 文／**1817**·4·7 文
高 嵩月　❺-2 **1830**·11·20 文
高 嵩谷(信宣·可復·玄々斎)　❺-2 **1787**·5月 文／**1800**·是年 文／**1804**·8·23 文
江 星禽　❻ **1854**·2月 政
江 石梁(岡島正義)　❺-2 **1827**·是年 政
高 遷(明)　❸ **1433**·5·2 政
黄 璿(朝鮮)　❺-2 **1719**·6·20 政／10·1 政
孔 泉　❾ **2005**·5·23 政
黄 宗義　❺-1 **1648**·是年 政／**1649**·10月 政
高 宋武　❽ **1939**·2·21 政
江 沢民　❾ **1992**·4·6 政
高 多弗　❶ **810**·5·27 文
洪 致中(朝鮮)　❺-2 **1719**·6·20 政／10·1 政
黄 仲文　❷ **1147**·8·13 政
黄 徴明　❺-1 **1646**·8·13 政
高 貞泰　❶ **823**·11·22 政／**824**·5·15 政
高 藤二入道　❷ **1276**·8·24 政
高 得宗(朝鮮)　❸ **1439**·7·11 政／12·26 政／**1440**·1·10 政／5·19 政
高 内弓　❶ **763**·10·6 政
高 南申　❶ **759**·10·18 政／**760**·1·5 政
高 南容　❶ **809**·10·1 政／**810**·4·1 政／9·29 政／**811**·1·20 政
洪 仁桂(高麗)　❸ **1379**·2月 政
洪 波豆児(元)　❸ **1293**·8月 政
耕 治人　❾ **1988**·1·6 文
洪 万容　❺-1 **1671**·1月 政
高 英男　❾ **2009**·5·4 文
高 表仁　❶ **631**·11·12 政／**632**·8月 政／**633**·1·26 政
黄 斌郷　❺-1 **1646**·3月 政
宏 仏海　❻ **1876**·10·9 文
高(大島) 芙蓉　❺-2 **1753**·是年 文／**1762**·是年 文／**1784**·4·24 文
紅 文綏(琉球)　❹ **1560**·是年 政／**1563**·11·25 政／**1564**·是年 政／**1575**·是年 政／**1578**·是年 政
洪 文和　❺-2 **1804**·8·19 社
高 鳳翰　❺-2 **1727**·是年 文
高 師詮　❸ **1353**·6·9 政
高 師有　❸ **1363**·2月 政／**1364**·3月 政
高 師景　❸ **1351**·2·20 政
高 師兼　❸ **1351**·2·20 政
高 師重　❸ **1336**·6·20 政
高 師直　❸ **1333**·10·5 政／10·9 政／**1336**·1·2 政／3·12 社／**1338**·3·8 政／5·22 政／6·18 政／**1339**·是春 文／**1341**·2·18 政／**1342**·2·5 政／4·15 社／**1343**·5·24 政／7·3 政／**1346**·11·14 社／**1347**·12·14 政／**1348**·1·2 政／1·15 政／2·8 政／**1349**·⑥·2 政／⑥·15 政／9·28 政／**1350**·7·28 政／8·20 政／10·16 政／11·3 政／12月 社／**1351**·1·15 政／2·17 政／4·22 政／**1355**·8·23 社
高 師夏　❸ **1351**·1月 政／2·20 政
高 師久　❹ **1468**·⑩·29 政／**1471**·5·1 政
高 師英　❸ **1404**·8·9 社／**1411**·4·14 社／**1416**·11·9 社
高 師冬　❸ **1338**·1·2 政／**1339**·4·6 政／6月 政／7·22 政／9·28 政／10·25 政／12·13 政／**1340**·5·27 政／**1341**·5·25 政／6·13 政／7·13 政／11·10 政／12·8 政／**1342**·8·12 政／**1343**·1·26 政／6·23 政／**1344**·1·13 政／**1350**·1·3 政／12·25 政／**1351**·1·17 政／2·19 政
高 師泰　❸ **1335**·11·25 政／**1336**·1·1 政／**1337**·1·1 政／3·2 政／3·6 政／**1338**·1·2 政／5·22 政／6·18 政／**1339**·4·6 政／7·22 政／**1340**·1·29 政／**1346**·12·21 社／**1347**·11·30 政／12·14 政／**1348**·1·8 政／3·18 政／4·26 政／9·4 政／**1349**·8·9 政／**1350**·6·21 政／7·29 政／11·3 政／**1351**·1·15 政／2·17 政／**1355**·8·23 社
高 師幸　❸ **1351**·2·20 政
高 師世　❸ **1349**·⑥·15 政／**1351**·2·20 政
康 有為(祖詒·玄厦)　❼ **1898**·10·9 政／**1899**·3·11 政／10·24 政
高 遊外　❺-2 **1763**·是年 文
黄 (黄夏)友賢　❺-1 **1610**·7·23 文
高 暘谷(高階)　❺-2 **1766**·3月 文
高 洋粥　❶ **779**·11·9 政
幸 祥光　❽ **1955**·1·27 文
鴻 利号　❼ **1899**·1月 社
黄 龍牧(宋)　❷ **1150**·是年 文
高(山崎) 良斎(淡·子清)　❺-2 **1846**·9·13 文
郷 いね　❻ **1875**·2·20 文
郷 誠之助　❼ **1930**·5·22 政／

1931·4·21 政／1933·11·18 政／1934·3·9 政／❽ 1937·10·15 政／1939·11·28 政／1942·1·19 政
郷 義弘(刀工) ❸ 1325·是年 文
向阿(僧) ❸ 1323·元亨年間 文
向阿(僧) ❹ 1488·5·27 文
口阿(僧) ❸ 1345·6·2 社／1425·8·22 文
幸阿弥 ❺-1 1623·1·25 政
幸阿弥宗金 ❹ 1527·10·13 文
幸阿弥宗伯 ❹ 1557·10·13 文
幸阿弥長救 ❺-1 1689·是年 文／❺-2 1723·是年 文
幸阿弥道清 ❹ 1500·10·3 文
幸阿弥長清 ❺-1 1603·4·26 文
幸阿弥長重 ❹ 1599·2·21 文／❺-1 1651·2·21 文
幸阿弥長法 ❺-1 1618·10·13 文
幸阿弥長房 ❺-1 1683·10·24 文／11·24 文
幸阿弥長晏 ❺-1 1610·10·25 文
幸阿弥長善 ❺-1 1613·10·4 文
幸阿弥久次郎 ❹ 1596·12月 文
幸阿弥又五郎 ❺-1 1609·4·2 文
幸阿弥道長 ❹ 1478·10·13 文
幸阿弥宗正 ❹ 1553·10·13 文
幸阿弥陀仏(僧) ❷ 1228·1·25 社／1233·1·25 社
高庵芝丘(僧) ❸ 1401·10·5 社
孝安天皇(日本足彦国押人尊) ❶ 書紀·孝昭 68·1·14／孝安 1·1·27／孝安 102·1·9／9·13
好菴道峻(僧) ❺-1 1652·8·2 文
光意(僧) ❶ 814·3·4 社
公伊(僧) ❷ 1134·⑫·20 社
光以(僧) ❹ 1470·8·28 政／1471·10·23 政
公意(僧) ❹ 1512·2月 社
交易(僧) ❺-1 1671·是年 文
高伊(細川晴元の被官) ❹ 1548·8·12 政
興意親王(照高院入道) ❺-1 1620·10·7 政
公育(僧) ❸ 1346·12·5 社
光一(平曲) ❸ 1405·6·13 文／1406·7·30 社
公胤(僧) ❷ 1216·⑥·20 社
光因(僧) ❹ 1530·是年 社
杲云(僧) ❷ 1204·8·29 社
幸運(僧) ❷ 1243·10·25 文
光雲(僧) ❸ 1450·是年 社
耕雲明魏(僧) ❸ 1394·11·24 文／1406·4·17 文／1416·11·9 政／1422·12·21 文
恒恵(宋) ❷ 1206·4·29 社
光永(僧) ❹ 1463·6·13 社
紅英(琉球) ❹ 1464·是年 政
光栄(僧) ❺-1 1710·是年 文
高栄尊秀 ❺-2 1722·2·26 社
光益(絵師) ❸ 1405·8·30 文
光悦(僧) ❺-1 1626·是年 文
公円(僧) ❷ 1105·2·8 社
公円(僧) ❷ 1235·9·20 社
公円(肥前守護代) ❸ 1289·9·17 政
光円(僧) ❺-1 1644·4·18 文／1662·9·4 社
康円(仏師) ❷ 1249·11·24 文／1256·3·25 文／1259·4月 文／1265·是年 文／1266·是年 文／1267·12·30 文／1269·5·26 文／1273·11·30 文／1275·3·21 文／❸ 1285·7月 文
杲円⇨平頼綱(たいらよりつな)
宏遠(僧) ❸ 1363·6·15 社
孝円(僧) ❸ 1410·3·26 社
弘円(仏師) ❹ 1512·是年 文／1514·8月 文
公延法親王 ❺-2 1803·5·27 社
洪音 ❺-2 1736·是年 文
江稼(絵師) ❺-2 1809·是年 文
甲賀源吾 ❻ 1869·3·18 政
甲賀左馬介 ❺-1 1605·5·26 社
甲賀(宮脇) 僊 ❼ 1903·7·23 文
甲賀通玄 ❺-2 1740·是年 文
甲賀文麗 ❺-2 1839·1·22 文
興我王 ❶ 885·2·20 政／886·7·15 政
光海(僧) ❸ 1359·3·18 政
光海(僧) ❺-1 1665·是年 社／1695·10·16 社／1700·4·12 社
豪海(僧) ❺-1 1610·9·18 社
光海君(朝鮮) ❺-1 1620·10·4 政
業海本浄(僧) ❸ 1348·是年 社
光覚(僧) ❶ 761·9·17 文／762·2·1 文／4·8 文
幸覚(仏師) ❷ 1249·是年 文／1254·⑤月 文
宏覚(禅師) ❷ 1271·9·15 文
孝覚(僧) ❸ 1352·7·27 社／1368·9·19 社
幸鶴大夫 ❹ 1579·6·30 文
光格天皇(師仁親王·兼仁親王) ❺-2 1771·8·15 政／1779·10·29 政／11·8 政／1780·12·4 政／1799·7·28 政／1805·3·12 文／1817·3·22 政／1840·11·19 政
甲可是成 ❶ 956·6·13 政
皇嘉門院⇨藤原聖子(ふじわらせいし)
江夏友賢(明) ❹ 1560·是年 文
康看(仏師) ❺-1 1651·12·15 文
高厳(僧) ❷ 1131·11月 社
公厳(僧) ❺-2 1821·8·11 社
公寛法親王 ❺-2 1738·3·15 社
恰宜斯耶(琉球) ❸ 1397·2·3 政
広義門院⇨西園寺寧子(さいおんじねいし)
講求(神官) ❷ 1273·10月 社
光玖(僧) ❹ 1494·1·5 社
康許(仏師) ❶ 972·6·7 文
杲堯(僧) ❸ 1421·8·29 社
光教(堯仁) ❹ 1503·3月 文
光教⇨証如(しょうにょ)
光暁(僧) ❸ 1395·⑦·25 社／1415·5·1 文／1433·7·4 社
光堯西堂(僧) ❹ 1506·11·17 政
興教大師 ❺-2 1742·10·10 社
皇極天皇(齊明天皇·宝皇女) ❶ 630·1·12 政／642·1·15 政／645·6·14 政／655·1·3 政／661·7·24 政／667·2·27 政／742·5·10 政
紅錦(琉球) ❹ 1490·是年 政
郷倉和子 ❾ 2002·10·30 文
郷倉千靱 ❾ 1975·10·25 文
高句麗子麻呂 ❶ 659·是年 政
康慶(仏師) ❷ 1152·9·20 文／1188·6·18 文／1189·9·28 文／1195·8月 文／1196·4·7 文／12·10 文
康慶(仏師) ❹ 1466·是年 文
皇慶(僧) ❷ 1049·7·26 社
幸経(仏師) ❷ 1193·3·9 社
興慶(仏師) ❷ 1268·2·4 文／1276·是年 文
光慶(仏師) ❸ 1296·是年 文
孔佳(朝鮮) ❹ 1461·5·30 政／1462·5月 政
公慶(東大寺僧) ❺-1 1683·⑤月 文／1684·6·9 社／1685·4·15 文／5月 文／1686·4·5 社／1688·4·2 文／8·5 文／1691·⑧·6 文／1692·5月 文／1693·2·9 社／1694·11·16 社／1696·5·18 文／1697·12·26 文／1698·4·5 文／1699·2·15 文／1701·12·28 社／1702·5月 文／1703·8·8 文／1704·7·12 社／1705·7·12 社
公啓法親王 ❺-2 1772·7·16 社
纐纈哲三 ❽ 1937·9·9 政
江月宗玩(僧) ❺-1 1628·3·10 社／1632·9·24 文／1636·7·2 社／1643·10·1 文
公顕(僧) ❷ 1190·3·4 社／1193·9·17 社
公顕(僧) ❸ 1441·6·29 社
幸賢(仏師) ❷ 1221·8·20 文
幸賢(僧) ❺-1 1691·是年 文
弘賢(僧) ❸ 1410·5·4 社
高賢(琉球) ❹ 1510·是年 政
光謙(霊空) ❺-2 1730·是年 文／1739·10·4 社
孝謙天皇(称徳天皇·阿倍内親王) ❶ 735·12·20 社／738·1·13 政／758·8·1 政／762·5·23 政／764·9·11 政／10·9 政／768·5·13 文／770·8·4 政
幸厳(僧) ❷ 1250·3·10 文
幸玄(僧) ❸ 1393·9·4 社
光厳(僧) ❸ 1443·11·18 政／是秋 政／1444·1·10 政
光源(僧) ❹ 1494·是年 文
光玄⇨存覚(ぞんかく)光玄
孝元天皇(大日本根子彦国牽尊) ❶ 書紀·孝霊 36·1·1／孝元 1·1·14／孝元 57·9·2／開化 5·2·6
恒弘法親王 ❹ 1509·⑧·8 社
郷古 潔 ❽ 1943·3·18 政／1952·8·13 政／9·29 政／1953·10·23 政／1961·4·28 政
公豪(僧) ❷ 1281·10·23 社
光孝天皇(時康親王) ❶ 848·1·13 政／873·8·1 政／884·2·4 政／887·8·26 政／889·8·5 政
皓々斎宗也(七代目) ❺-2 1819·11·29 文
光厳天皇(量仁親王) ❸ 1313·7·9 政／1317·4·9 社／1325·①·16 文／7·20 文／9月 政／1326·2·13 政／7·24 政／1328·6·3 政／9·4 政／1329·12·28 政／1330·2月 政／1331·8·26 政／9·20 政／1332·3·22 政／1333·5·9 政／5·25 政／5·28 政／1335·6·17 政／1336·6·14 政／8·15 政／1340·4·8 社／1341·3·27 社／7·22 社／1342·9·6 政／1350·10·27 政／11·16 政／1352·6·2 政／8·8 政／1354·3·22 政／1357·2·18 政／1362·9·1 政／1364·7·7 政／1396·7·7 政

光佐⇨顕如(けんにょ)

江左尚白　❺-1 **1686**·是年 文

弘済(百済僧)　❶ **671**·天智天皇御代 社

康済(僧)　❶ **894**·9·12 社／**899**·2·8 社

幸西(僧)　❷ **1227**·7·6 社

光済(僧)　❸ **1371**·12·2 社／**1374**·11·5 社／**1375**·1·17 政／8·25 文／**1379**·④·22 社

香西成資　❺-1 **1714**·是年 文

香西哲雲　❺-1 **1624**·是年 社／**1643**·寛永年間 社

香西又六　❹ **1504**·9·4 社

香西元定　❹ **1508**·8月 政

香西元長　❹ **1497**·12·3 社／12·15 社／**1498**·12·4 社／12·27 政／**1504**·10·10 政／**1505**·9·3 政／**1506**·3·16 社／9·7 政／**1507**·4·23 社／6·23 政／8·1 政／**1508**·2·2 社

香西元成　❹ **1543**·7·21 政／**1547**·7·21 政／**1551**·3·15 政／7·14 政／**1552**·10·2 政／**1553**·7·28 政／9·18 政／**1560**·10·12 政

香西元盛　❹ **1521**·8·14 政／**1524**·10·2 政／**1526**·7·12 政／10·21 政

上坂景重　❹ **1489**·8月 政

高坂蔵人　❺-1 **1609**·1·21 政

高坂検校　❺-1 **1671**·10·30 文

上坂定信　❹ **1544**·1·23 社

荒坂富貴　❶ **752**·4·9 文

高坂(春日)虎綱(昌信)　❹ **1578**·5·7 政

上坂信光　❹ **1523**·3·12 政

高坂正顕　❾ **1969**·12·9 文

上坂政形　❺-2 **1738**·8·5 政

高坂正堯　❾ **1996**·5·15 文

勾崎甚内　❺-1 **1613**·8·12 社

広算(僧)　❷ **1077**·6·20 社

広山(僧)　❺-1 **1613**·是春 社

興山応其⇨応其興山(おうごこうざん)

紅芝(琉球)　❹ **1526**·是年 政／**1530**·是年 政

好子(こうし)内親王　❷ **1158**·12·25 社

功子(こうし)内親王　❷ **1177**·10·28 社／**1181**·1·17 社

璜子内親王(章徳門院)　❸ **1336**·4·2 政

光時(絵師)　❷ **1207**·5·14 文

コウジ(訇峙、アイヌ)　❹ **1515**·6·22 政

幸治(百姓)　❻ **1870**·8月 社

合志定実　❸ **1375**·2月 政

合志幸隆　❸ **1350**·3·12 政

郷司浩平　❾ **1989**·10·11 政

合志重隆　❹ **1484**·12月 政

合志親為　❹ **1580**·11·23 政／**1584**·2·13 政

興実(僧)　❷ **1239**·2·14 社

弘実(僧)　❸ **1381**·5·25 社

幸守(絵仏師)　❷ **1271**·是年 文

杲守(僧)　❸ **1368**·6·13 社

光寿⇨教如(きょうにょ)

光宗(僧)　❸ **1318**·6月 文

康秀(仏師)　❸ **1407**·是年 文／**1420**·2·18 文／是年 文／**1452**·7·16 文／❹ **1539**·是年 文

公秀(理性院僧)　❺-1 **1602**·10·3 社

恒修(僧)　❺-1 **1654**·7·5 政

公什(僧)　❸ **1314**·5·1 社

康住(僧)　❹ **1593**·是年 文

光従⇨宣如(せんにょ)

興宗宗松(僧)　❹ **1522**·6·21 社

紅樹園朗一　❻ **1856**·2·22 文

弘俶(呉越王)　❶ **953**·7月 政

康俊(仏師)　❷ **1177**·2月 文／**1207**·5·14 文

康俊(仏師)　❸ **1315**·3月 文／**1320**·3月 文／**1321**·10·17 文／**1324**·3·7 文／**1326**·4月 文／**1337**·是年 文／**1347**·是年 文／**1348**·8月 文／是年 文／**1358**·11月 文／**1359**·8月 文

幸春(仏師)　❸ **1339**·10月 文

康舜(仏師)　❸ **1353**·12月 文

光俊(僧)　❸ **1444**·11·1 政

康春(仏師)　❺-1 **1657**·12·11 文／**1658**·5月 文

好春(僧)　❺-1 **1691**·是年 文

幸春大夫　❹ **1578**·5·6 文

公順(僧)　❸ **1334**·12·25 文

公順(僧)　❹ **1545**·12·23 文

康淳(仏師)　❸ **1397**·1·23 文

光惇(僧侶)　❻ **1863**·3·18 社

公遵法親王　❺-2 **1788**·3·29 社

康助(仏師)　❷ **1130**·6·24 社／**1152**·8月 社／**1153**·4·7 文／**1154**·8·9 文

幸序⇨蓮如(れんにょ)

公助(定法寺僧)　❹ **1531**·⑤·28 文

恒助法親王　❸ **1310**·7·24 社／**1334**·3·15 文

弘助法親王(崇光天皇皇子)　❸ **1451**·4·13 社

豪助(仏師)　❷ **1129**·8·16 文／**1132**·5·23 文

康尚(仏師)　❶ **991**·3·18 文／**998**·12·24 文／**999**·9·25 文／**1000**·7·16 文／11·21 文／❷ **1002**·10·22 文／**1005**·5·24 文／**1006**·4·2 文／8·7 文／**1007**·10·17 社／**1008**·8·2 文／**1013**·3·6 文／**1018**·④·25 文／**1020**·2·27 文／**1021**·4月 文

高照(僧)　❷ **1223**·2·21 政

康勝(仏師)　❷ **1231**·3·8 文／**1232**·8月 文／**1233**·10·15 文

康勝(仏師)　❸ **1401**·是年 文

行勝(僧)　❷ **1254**·4·28 文

公紹(僧)　❸ **1321**·8·11 社

康正(仏師)　❹ **1584**·8·16 文／**1591**·是年 文／❺-1 **1603**·6·5 文／**1621**·1·10 文

公承(僧)　❹ **1485**·11·28 社

光定(僧)　❶ **823**·4·10 文／**858**·8·10 社

康城(僧)　❶ **983**·8·1 政

康定(仏師)　❷ **1206**·8·9 社／**1235**·12·29 文

光照院尊杲　❺-2 **1719**·10·27 社

光紹智堂(僧)　❺-1 **1668**·是年 文

孝昭天皇(観松彦香殖稲尊)　❶ 書紀·懿徳 **22**·2·12／孝昭 **1**·1·9／孝昭 **83**·8·5／孝安 **1**·8月

光信(僧)　❶ **772**·3·6 社

光信(僧)　❸ **1349**·12·24 政／**1350**·2月 社／3·4 政／**1357**·8·21 社

高信(僧)　❷ **1104**·2·16 社

高信(僧)　❷ **1238**·6·2 文／**1248**·3·8 文／**1253**·3月 文

康信(仏師)　❷ **1256**·12·10 文

黄慎　❺-2 **1735**·是年 文

行心(幸甚、新羅使)　❶ **686**·10·2 政

好真(唐僧)　❶ **893**·⑤·15 政／8·15 政

興信法親王　❸ **1389**·8·21 社

公尋(僧)　❸ **1420**·5·4 文

孝尋(僧)　❸ **1428**·4·18 社

豪信(絵師)　❸ **1320**·9·8 文／**1326**·9·25 文／**1338**·9月 文／**1346**·11·9 文／**1348**·11·27 文

江水(僧)　❺-1 **1691**·是年 文

幸助(建仁寺)　❻ **1864**·4·4 社

光清(僧)　❷ **1105**·6·2 政／8·29 政／10·10 政／**1110**·12·12 社／**1137**·9·24 社

康正(仏師)　❹ **1583**·①·13 文

康成(仏師)　❷ **1134**·5·13 文

康成(仏師)　❸ **1315**·3月 文／**1321**·10·17 文／**1324**·3·7 文／**1338**·12·19 文／**1353**·12月 文

康清(仏師)　❷ **1237**·11·27 文

康清(仏師)　❸ **1452**·是年 文

康政(仏師)　❺-2 **1722**·7月 文／**1724**·11月 文

豪盛(僧)　❹ **1582**·12·12 社／**1585**·6·14 社

項聖謨　❺-1 **1643**·是年 文

江西龍派(僧)　❸ **1446**·8·5 社

光宣(成身院僧)　❸ **1441**·10·8 政／**1442**·11·11 政／**1443**·2月 政／**1444**·2·28 政／4·26 政／**1445**·9·19 政／❹ **1459**·5·27 政／**1461**·2·2 政／**1466**·8·25 政／**1469**·7·26 政

高泉(僧)　❺-1 **1666**·是年 文／**1677**·是年 文

行善(僧)　❶ **718**·9月 社／**721**·6·23 社

幸禅(仏師)　❸ **1355**·12·3 文

興膳昌蔵　❻ **1863**·6·12 文

高先景照(僧)　❹ **1489**·3·2 社／8·14 社

高泉性潡(僧)　❺-1 **1661**·是年 政／**1675**·是年 文／**1676**·是年 文／**1688**·是年 文／**1693**·是年 文／**1695**·10·16 社

高祖憲治　❾ **2001**·8·26 社

高祖　保　❽ **1944**·7月 文

孝宗(明)　❹ **1506**·1·11 政

高宗(李太王)　❼ **1919**·1·21 政

幸増(絵師)　❸ **1305**·5·19 文

幸増(僧)　❸ **1324**·12·12 文

香宗我部親秀　❸ **1448**·12·8 政／❹ **1526**·8·16 政

香宗我部親泰　❹ **1579**·9·20 文／**1580**·11·5 社／是年 政／**1583**·4·21 政／**1584**·3·7 政／5·3 政／8·18 政／**1593**·12·21 政

香宗我部秀能　❸ **1369**·8·11 政／**1371**·3·2 政

香宗我部秀義(長寿丸)　❹ **1526**·8·16 政／12月 政

香宗我部通秀　❸ 1399·9·24 政
幸村(絵師)　❷ 1271·4 月 文
小唄勝太郎　❼ 1933·1 月 社／11·27 社／❽ 1938·3·2 社／1948·5·1 社
小唄八兵衛　❺-2 1716·1·26 文
幸田 文　❽ 1947·11 月 文／❾ 1990·10·31 文
香田清貞　❼ 1936·2·29 政
幸田 幸　❼ 1899·7 月 文
幸田成友　❽ 1954·5·15 文
幸田 延(延子)　❻ 1885·7·20 文／1895·11·9 文／❼ 1896·1·30 文／4·18 文／7·4 文／1906·4·30 政／1908·3·22 社／❽ 1946·6·14 文
幸田露伴　❻ 1889·12·21 文／1891·11·7 文／❼ 1896·8 月 文／1897·8 月 文／1904·9·1 文／1907·6·17 文／1911·5·17 文／1915·12 月 文／❽ 1937·4·28 文／1943·12·17 文／1947·7·30 文
幸田大蔵丞　❹ 1589·12·25 社
迎田秋悦　❼ 1933·10·5 文
合田 清　❻ 1887·7·12 文／❼ 1896·6·6 文／1899·3 月 文
後宇多天皇(世仁親王·大覚寺殿)　❷ 1267·12·1 政／1268·8·25 政／1274·1·26 政／3·26 政／❸ 1287·10·21 政／1301·2·27 政／1307·7·26 政／11·20 政／1308·1·26 政／⑧·3 政／1313·8·6 政／1321·12·9 政／1324·3·20 政／6·25 政
高台院(北政所·寧々·杉原氏·湖月尼、豊臣秀吉妻)　❹ 1587·5·29 政／1589·4·4 文／1598·3·15 社／1599·9·26 政／1600·2·27 社／❺-1 1603·11·3 政／1605·5·10 政／6·28 社／1606·8·2 文／12·8 社／1611·3·28 政／1614·慶長年間(囲み)／1615·7·21 文／1616·5·7 社／1624·9·6 政
上瀧茂吉　❺-2 1803·2·10 社
広達(僧)　❶ 772·3·6 社
降達(絵師)　❺-1 1605·9 月 文
幸太夫(磯吉)　❺-2 1793·6·8 政
高湛(僧)　❸ 1408·9·25 社
光智(僧)　❶ 953·7·5 文／957·12·1 社／979·3·10 社
康知(仏師)　❺-1 1658·5 月 文
幸地良篤　❺-2 1786·是年 政
河内山宗春　❺-2 1823·7·22 社
康忠(仏師)　❹ 1494·7 月 文／1501·是年 文
剛中玄柔(僧)　❸ 1388·5·27 社
康朝(仏師)　❷ 1154·8·9 文
高澄(明)　❹ 1532·5·16 政／1534·5·25 政
公澄法親王　❺-2 1828·8·7 社
公珍(僧)　❷ 1121·7·10 文
康珍(仏師)　❹ 1490·是年 文／1493·是年 文／1497·11·14 文
恒鎮法親王　❸ 1372·1·4 社
神津邦太郎　❻ 1887·是年 社
神津仙三郎　❻ 1875·7·18 文／❼ 1897·6·18 文
神津直次　❽ 1944·8·1 政
上津浦治種　❹ 1532·7·1 政
香月牛山　❺-1 1699·是年 文
上月五々　❹ 1456·11·3 政
上月隆徳　❹ 1575·6·7 政
上月 晃　❾ 1999·3·25 文
上月平右衛門　❺-1 1708·8·25 社
上月満吉　❹ 1456·11·3 政／12·20 政
上月右京亮　❹ 1534·8·25 政
上妻(こうつま)家宗　❷ 1212·12·13 政
上妻家能　❷ 1230·2·8 政
黄鼎　❺-2 1727·是年 文
甲寺善一　❹ 1580·10·29 文
高天(医師)　❸ 1420·9·10 社／11·7 文
興東(僧)　❸ 1370·是年 政
幸堂得知　❼ 1913·3·22 文
厚東宗西　❸ 1333·4·1 政
厚東武実　❸ 1334·5·14 政／1336·2 月 政／1342·4·23 社／1348·11·9 政
厚東武直　❸ 1351·12 月 政／1352·2·1 政／6·20 政
厚東武村　❸ 1348·3·5 政／1351·10·10 政
高頭仁兵衛　❼ 1905·10·14 社
甲東相模守　❹ 1521·是年 政
幸徳秋水(伝次郎)　❼ 1898·10·18 政／1899·10·2 政／1900·8·30 政／1901·4·28 政／5·18 政／7·20 社／1902·3·31 政／1903·10·20 政／11·15 政／1904·1·14 政／11·13 政／1905·11·14 政／1906·6·23 政／1907·2·5 政／9·6 政／1909·5·25 政／1910·5·25 政／1911·1·18 政
孝徳天皇(軽天萬豊日尊)　❶ 645·6·14 政／654·10·10 政
考那(新羅使)　❶ 680·5·13 政
幸内久太郎　❼ 1911·11·7 政
光入(僧)　❺-1 1682·3·11 社
広如(僧侶)　❻ 1871·8·19 社
光仁天皇(白壁王)　❶ 762·12·1 政／766·1·8 政／770·8·4 政／10·1 政／781·4·3 政／12·23 政
興然(僧)　❷ 1203·11·30 社
鴻年(清)　❺-2 1838·5·9 政
河野明生　❹ 1512·3·23 社
河野一郎　❽ 1952·9·29 政／12·16 政／1953·11·17 政／1954·12·10 政／1955·3·19 政／11·22 政／1956·4·29 政／1957·7·10 政／1958·8·14 政／1960·5·20 政／1962·7·18 政／1963·7·15 社／7·18 政／1964·7·18 政／❾ 1965·7·8 政／1966·12·3 政
河野鬼王丸　❸ 1381·11·15 政／1386·是年 政
河野覚阿　❼ 1903·6·28 社
河野亀王丸⇨河野通義(みちよし)
河野喜三右衛門　❺-1 1606·7·27 政
幸野吉郎左衛門　❺-2 1733·7 月 文
河野儀平　❻ 1892·7·28 社
河野金昇　❽ 1943·10·21 政／10·30 政
河野敬次郎　❼ 1911·9·14 社
河野顕三　❻ 1862·1·15 政
河野サク　❼ 1903·11·16 社
河野三秀　❺-2 1765·12·12 社
河野俊二　❾ 2012·6·12 政
河野省三　❽ 1963·1·8 文
河野恕斎　❺-2 1779·1·27 文
鴻野翠洋　❻ 1866·1·13 文
河野季綱　❹ 1509·4·28 政
河野季通　❹ 1512·4·16 政
河野澄子　❾ 2008·8·5 社
河野瀬兵衛　❺-2 1835·6·7 政
河野仙寿　❺-2 1772·7·15 文
河野大学　❺-2 1771·12·25 文
河野多恵子　❾ 1966·3 月 文／2002·10·29 文
河野鷹思　❾ 1999·3·23 文
河野孝典　❾ 1992·2·8 社／3·8 社／1994·2·12 社
河野孝通　❸ 1451·7·13 政／12·26 政
河野禎三　❻ 1856·是年 文
河野鉄兜　❻ 1867·2·6 文
河野典生　❾ 2012·1·29 文
河野敏鎌　❻ 1880·2·5 政／2·28 政／1881·4·1 政／10·11 政／1882·3·14 政／1884·12·17 政／1888·4·30 政／1892·3·14 政／6·23 政／7·14 政／8·3 政／1893·3·7 政／1895·4·24 政
紅野敏郎　❾ 2010·10·1 文
河野長敏　❼ 1904·6·24 政
河野教通　❸ 1444·4·5 政／1445·3·18 文／1450·8·19 政／1455·12·29 政／❹ 1470·1·5 政／1498·2·5 文
幸野楳嶺　❻ 1884·4·11 文／1886·7 月 文／1890·1·11 文／1893·9·25 文／1895·2·2 文
河野春明　❻ 1859·12·17 文
河野晴通　❹ 1543·3·14 社
河野兵市　❾ 1997·5·3 社
河野博臣　❾ 2003·8·20 文
河野広中(磐州·大吉)　❻ 1880·4·17 政／12·15 政／1882·5·12 政／11·28 政／1883·9·1 政／1889·2·11 政／4·30 政／1893·7·1 政／❼ 1897·2·15 政／10·10 政／1899·10·2 政／1902·2·12 政／1903·12·10 政／1906·12·20 文／1907·2·27 政／1910·3·13 政／1911·12·27 政／1913·1·19 政／1916·5·5 政／1923·12·29 政
河野広躰　❻ 1884·9·10 政／9·23 政
河野雅治　❾ 2010·11·1 政／12·23 政
河野政通　❸ 1454·8·28 政／❹ 1457·5·14 政
河野通篤　❹ 1485·8·21 社／1500·10·7 社
河野通敦　❹ 1495·7·6 社
河野通有　❸ 1307·3·25 政／1308·3·25 政／1309·6·29 政／1321·2·13 政
河野通存　❹ 1536·11·15 社
河野通生　❹ 1474·3·9 社
河野通清　❷ 1180·是冬 政／1181·②·12 政
河野通重(伊予南軍)　❸ 1339·7·7 政
河野通重(先手頭)　❺-1 1647·5·6 社／1712·10·3 政／❺-2 1721·2·15 社
河野通勢　❼ 1918·是年 文／❽ 1937·4·11 文

河野通尭⇨河野通直(みちなお)
河野通喬　❺-2 1746·1·11 文／9·11 政
河野通継　❸ 1318·是年 文
河野通綱　❸ 1335·2·22 政
河野通朝　❸ 1336·2·17 政／1354·2·2 政／1364·11·6 政
河野通直(通尭、伊予観念寺)　❸ 1355·8·26 社／1365·1·27 政／4·10 政／是春 政／5·10 政／7·27 政／1366·5·22 政／1367·12 月 政／1368·4·28 政／6·30 政／9·19 政／11·5 政／1369·2 月 政／8 月 政／1374·4·3 政／是年 政／1375·5·25 政／8·15 政／1379·7·8 政／9·5 政／11·6 政／12·3 政／1382·10 月 政／1441·7·11 政／1445·是年 文
河野通直(伊予善通寺)　❹ 1481·9·3 社／是年 社／1483·5·20 社／1500·1·20 政／1518·4·16 社／1519·4·20 政／1520·2 月 社／1524·10·15 社／1526·7·30 社／1530·3 月 政／1531·6·26 政／10 月 文／1532·8·26 社／1540·4·12 政／1543·7·14 政／1544·4·14 社／1547·是年 社／1568·2 月 政／4 月 政／1572·8·26 政／1576·5·13 政／1584·6·25 政／1585·是春 政
河野通信　❷ 1185·2·21 政／3·2 政／1203·4·6 政／1205·⑦·29 政／1221·6·12 政／6·26 政／8 月 政
河野通宣　❹ 1500·1·20 政／1504·1 月 社／1514·4·8 社／1519·4·20 政／1553·10·6 社／1557·8·17 社／1566·5·16 社／1581·7·4 政
河野通治　❸ 1347·8·9 政
河野通春　❸ 1451·9·27 政／❹ 1459·3·8 社／1464·11·13 政／1465·6·25 政／9·16 政／1467·7·20 政／1477·12·12 社／1482·⑦·14 政／1484·2·18 社
河野通久(伊予石井郷地頭)　❷ 1223·8·17 政
河野通久(伊予守護)　❸ 1414·10·15 政／1432·4·26 政／1434·11·2 社／1435·6·29 政／❹ 1528·6·26 社
河野通秀⇨一遍(いっぺん)
河野通元　❹ 1493·3·23 社／1495·4·14 社
河野通盛　❸ 1335·是年 社／1336·12·30 政／1350·11·3 政／11·18 政／1352·4·21 政／5·13 政／1354·2·2 政／1362·3·13 政／4·2 政／1363·4·16 社／1364·5·3 社／11·26 政
河野通康　❹ 1567·10·23 政
河野通之　❸ 1395·10·17 社／1397·10·18 社／1400·12·13 社
河野通世　❸ 1341·12·20 政／1342·3 月 政
河野通義(通能·亀王丸)　❸ 1380·4·16 政／8·6 政／12·29 政／1381·3·8 政／11·15 政／1391·是年 政／1393·4·11 政／1394·11·16 政
河野通幸　❺-1 1628·5·9 文
河野　密　❽ 1951·8·6 政／❾ 1965·5·6 政／1966·12·9 政／1981·1·4 政
河野三吉　❼ 1912·11·2 文
河野盛信　❺-1 1653·5 月 文
河野洋平　❾ 1976·6·25 政／1992·12·11 政／1993·7·30 政／9·17 政／1994·6·30 政／1995·8·8 政／8·21 政／10·2 政／1999·10·5 政／2000·7·4 政／12·5 政／2005·1·24 政／9·21 政
河野義一　❻ 1876·12·3 政
河野義行　❾ 1995·6 月 文
河野良以　❺-2 1772·7·15 文
河野六郎　❸ 1440·6·27 政／❾ 1998·10·7 文
鴻池市兵衛　❻ 1868·2·11 政
鴻池喜右衛門(了信)　❺-1 1670·是年 政／1674·6 月 政／1692·3·9 政
鴻池七左衛門　❺-1 1619·2 月 社
鴻池庄兵衛　❻ 1868·2·11 政
鴻池新六(幸元·直文)　❹ 1600·是年 社／❺-1 1614·10·10 社
鴻池善右衛門(政成、初代)　❺-1 1650·12·5 政／1656·是年 政
鴻池善右衛門(宗利、三代目)　❺-1 1674·是年 政／1692·3·9 政／1705·④月 政
鴻池善右衛門(宗益、五代目)　❺-2 1761·12·16 政／1783·是年 政／1813·6·23 政／1851·6·1 政
鴻池善右衛門(幸富、十代目)　❻ 1864·8·11 政／1867·6·5 政／1868·2·11 政／2·13 政／1876·9·4 政／1877·5·15 政／1878·6·17 政／1889·7·4 政／1894·8·4 政
鴻池善右衛門(幸方、十一代目)❼ 1931·3·18 政
鴻池善次郎　❺-1 1705·④月 政
鴻池善兵衛　❺-2 1774·1·28 政／1800·7·13 政
鴻池松之助　❺-2 1761·12·16 政
鴻池幸元⇨鴻池新六(しんろく)
鴻池祥肇　❾ 2005·9·9 政
鴻池了信⇨鴻池喜右衛門(きえもん)
孝之介(百姓)　❺-2 1829·10·5 社
鴻野屋平六　❺-2 1821·8·22 社
公範(僧)　❷ 1070·2·20 社／1081·12·4 社／1086·10·19 社
興範王　❶ 882·7·1 政
香坂心覚(僧)　❸ 1336·1·23 政
光範門院⇨藤原資子(ふじわらしし)
香備(蔭涼軒僧)　❹ 1493·3·5 文
興扶王　❶ 882·7·1 政
高文(百済)　❶ 543·12 月
弘文院⇨林鳳岡(はやしほうこう)
高分屋　❶ 544·1 月
弘文天皇(大友皇子·伊賀皇子)　❶ 671·1·5 政／11·23 政／12·5 政／672·6·26 政／7·22 政／7·23 政
康平(僧)　❷ 1001·7·26 社
恒平(日本国使)　❷ 1205·8 月 政
高弁⇨明恵(みょうえ)
康弁(僧)　❷ 1215·4·26 文
綱弁(僧)　❸ 1304·9·17 社
公弁法親王　❺-1 1699·是年 文／1712·是年 文／❺-2 1716·4·17 社
豪遍(僧)　❸ 1299·11·23 政
康保(仏師)　❸ 1397·6·16 文
弘甫(仏師)　❺-1 1670·1·11 文
耕畝正一⇨種田山頭火(たねださんとうか)
皇甫東朝　❶ 736·11·3 政
光豊(僧)　❶ 831·3·7 社
黄逢(黄房、宋)　❷ 1080·8 月 政／⑧·26 政
光宝(僧)　❷ 1239·4·20 社
杲宝(僧)　❸ 1352·是年 文／1362·7·7 社
高峰顕日(僧)　❷ 1281·是年 文／❸ 1316·10·20 社
弘法大師⇨空海(くうかい)
口木山人　❺-2 1758·是年 文
小馬三郎　❸ 1324·8·26 政
幸万(僧)　❷ 1249·8·6 文
光明(僧)　❷ 1170·④·3 社
光明院(僧)　❺-1 1685·6·26 社
光明皇后(皇太后、藤原光明子·安宿媛)　❶ 727·⑨·29 政／11·21 政／729·8·10 政／737·2·20 文／740·3·8 文／5·1 文／742·5·1 文／743·5·1 文／5·11 文／744·10·3 文／760·6·7 政
光明天皇(豊仁親王)　❸ 1336·6·14 政／8·15 政／11·2 政／1337·12·28 政／1348·10·27 政／1351·12·28 政／1352·6·2 政／1353·3·22 政／1354·3·22 政／1355·8·8 政／1380·6·24 政
神鞭知常　❻ 1893·10·1 政／❼ 1897·3·2 社／10·28 政／1903·8·9 政／1905·6·21 政／1929·7·1 政
高村正彦　❾ 1994·6·30 政／1998·7·30 政／2008·8·2 政
孝明天皇(熙宮·統仁親王)　❺-2 1831·6·14 政／1835·6·21 政／1840·3·14 政／1846·2·13 政／8·29 政／1847·9·23 社／❻ 1866·12·25 政／1868·12·25 政
河本大作　❼ 1928·6·4 政／❽ 1953·8·5 政
河本敏夫　❾ 1968·11·30 政／1974·12·9 政／1977·11·28 政／1978·11·26 政／1985·8·13 政
高室四郎兵衛　❺-1 1689·4·25 政
合屋頼重　❸ 1335·9·27 政
神山郡廉(左多衛)　❻ 1867·12·8 政
香山永孝　❻ 1854·2·1 政
豪愉(僧)　❷ 1265·11·11 文
公猷(僧)　❷ 1233·2·20 社
康祐(仏師)　❸ 1407·是年 文
康祐(仏師)　❺-1 1670·4·8 文／1678·10 月 文
幸祐(仏師)　❸ 1298·是年 文
光祐(僧)　❸ 1337·2 月 社
康誉(僧)　❸ 1326·2 月 文
康誉(仏師)　❸ 1340·2·8 文
厚誉(僧)　❺-2 1716·是年 文／1742·是年 文
向陽(僧)　❹ 1470·1·5 政
高良とみ　❽ 1952·4·5 政／6·1 政／❾ 1993·1·17 社
甲良宗賀　❺-1 1677·是年 文
康楽(僧)　❹ 1512·是年 政
高力喜兵衛　❺-1 1646·9·25 政
高力清長　❹ 1565·3·7 政／1589·7·7 政／❺-1 1608·1·26 政
高力高長(隆長)　❺-1 1655·12·11 政／1668·2·27 政
高力忠房(忠長)　❺-1 1619·9 月 政

／1638·4·13 島原の乱／1647·6·25 政／1649·4·7 政／1655·12·11 政
高力種信(猿猴庵)　❺-2 1831·7·3 文
高力忠兵衛　❺-1 1677·9 月 社／1681·5·18 社
高力平八郎長行　❺-2 1732·7·23 政
神力友琴　❺-1 1691·是年 文
高力与左衛門　❹ 1568·12 月 社
高力摂津守　❺-1 1640·9·25 政
敲柳(俳人)　❺-2 1758·是年 文
幸隆(僧)　❸ 1346·2 月 文／1429·10·28 社
黄龍普覚(僧)　❸ 1402·是年 文
黄龍牧庵(僧)　❷ 1150·是年 文
興良(僧)　❶ 988·12·2 社
孝霊天皇(大日本根子彦太瓊尊)　❶ 書紀·孝安 76·1·5／孝霊 1·1·12／孝霊 76·2·8／孝元 6·9·6
侯楼加臥(対馬)　❸ 1453·1·24 政
幸若小八郎　❺-1 1609·1·16 文
幸若忠右衛門常長　❹ 1527·8·9 文
幸若八郎九郎　❹ 1574·1·6 文／1582·5·19 文
幸若彦四郎　❹ 1492·5·8 文
幸若正明　❹ 1561·5·7 文
幸若誠重(弥次郎)　❺-1 1609·9·15 文
幸若弥次郎　❹ 1520·7·7 文
幸若義門(八郎九郎)　❺-1 1614·8·13 文
幸若義重(八郎九郎)　❺-1 1614·1·24 文
幸若義継　❹ 1530·2·8 文
幸若義成(弥次郎)　❺-1 1606·6·16 文
幸若(小八郎)吉信　❹ 1595·1·29 文
幸若義矩　❹ 1556·9·5 文
幸若義光　❹ 1570·5·12 文
幸若義安　❹ 1573·8 月 文
幸若与大夫　❺-1 1630·12 月 文
幸若大夫(桃井直詮、初代)　❸ 1442·5·22 文／1450·2·18 文／1451·3·7 文／1452·4·15 文／1454·9·22 文／❹ 1480·5·2 文
幸若大夫(二代目か)　❹ 1479·5·23 文／1489·9·16 政／10·9 文
幸若大夫(三代目か)　❹ 1548·11·3 文／1554·4·11 文／1566·12 月 文／1567·4·6 文
幸若大夫(代不明)　❺-1 1612·7·18 文
古雲(僧)　❹ 1485·2·25 社
孤雲懐奘(こうんえじょう·僧)　❷ 1237·是年 文／1240·10·18 文／是年 文／1243·是年 文／1253·12·10 文／1280·8·24 社
肥　作兵衛　❺-2 1830·是年 政
越来王子朝慶(琉球)　❺-2 1718·7·11 政／11·13 政／1719·3·3 政
小枝略翁　❺-2 1849·是年
呉越王　❶ 947·⑦·27 政
コエリョ，ガスパール　❹ 1572·是年 政／1580·4 月 社／1582·3·2 社／1585·2·2 政／1586·1·16 社／3·16 政／8 月 社／1587·4·21 政／6·10 社／1588·是春 社／11·26 社／1590·4·4 社
後円融天皇(緒仁親王)　❸ 1358·12·12 政／1371·3·23 政／1374·12·28 政／1379·2·21 政／12·9 文／1381·3·11 文／12·24 政／1382·①·8 政／2·6 政／3·26 文／4·11 政／11·2 政／1383·2·11 政／1384·2·28 政／1392·11·2 社／1393·4·26 政／1405·4·26 政
小尾七郎左衛門　❺-1 1707·8·7 政
ゴーゴリ(ロシア劇作家)　❼ 1911·2·5 文
ゴータ(独)　❽ 1940·4·25 政
ゴートン(オーストラリア)　❾ 1970·5·6 政
コーニ(アイヌ酋長)　❺-2 1809·4·9 政
コープス(オランダ)　❺-2 1844·7·2 政
コープランド·W(米)　❻ 1869 年 社／1870·是年 社
コーボ，フライ·ファン　❹ 1592·6·15 政
郡　十右衛門　❹ 1593·1·3 文禄の役
郡　主馬　❺-1 1614·12·21 大坂冬の陣
郡　利　❻ 1879·4 月 政
郡　成巳　❻ 1870·7·19 政
桑折(こおり)宗臣　❺-1 1679·是年 文
桑折宗長　❹ 1585·11·17 政
郡　祐一　❽ 1957·7·10 政／❾ 1972·7·7 政
氷　継麻呂　❶ 856·4·26 文
郡山総一郎　❾ 2004·4·8 政
コール(独)　❾ 1993·2·26 政／1996·11·7 政
コールニンク(オランダ)　❻ 1875·11·1 文
ゴーン，カルロス　❾ 2005·4·25 政
久我(こが)敦通　❹ 1580·6·27 社
古賀淳也　❾ 2009·7·28 社
古河家次　❹ 1476·1·13 政
古賀逸策　❼ 1933·2·21 社／❽ 1963·11·3 文
古賀清志　❼ 1932·1·31 政／5·15 政
久我清通　❸ 1429·8·4 政／1441·7·5 政／12·23 文／1452·10·8 政／1453·2·2 政／9·5 政
古賀謹一郎(増·茶渓)　❻ 1853·6·15 文／11·8 政／1855·1·18 文／1856·12 月 文／1860·2·19 文／1862·8·28 文／1867·2·10 政／3·29 政／10·25 政／1870·10 月 文／1884·10·31 文
久我邦通　❹ 1531·6·8 政
古賀圭二　❾ 2012·11·22 政
久我高照　❾ 2011·10·31 社
古賀穀堂(溥柳)　❺-2 1831·6 月 政／1836·9·16 文／1844·是年 文
久我惟通　❺-2 1730·7·22 政／1745·5·16 政／1748·9·29 政
古賀十郎　❻ 1871·3·7 政
古賀潤一郎　❾ 2004·1·19 政
古賀聖人　❽ 1950·9 月 社
古賀精里(樸·淳風·弥助)　❺-2 1781·12 月 文／1796·5·28 文／1797·10·16 文／1800·是年 文／1808·7·6 政／1811·1·27 政／1817·5·3 文／是年 文／1818·是年 文／1819·是年 文／1847·3·28 文
久我宗入　❹ 1571·4·3 政
古賀琢一　❼ 1922·8·26 政
古賀忠雄　❽ 1948·10·20 文
古賀忠道　❾ 1986·4·25 社
古賀忠義　❽ 1942·6·5 政
久我建通　❻ 1859·2·5 政／1862·1·4 政／8·16 政／1867·3·29 政
古賀伝太郎　❼ 1932·1·9 政
古賀侗庵(紫冥)　❺-2 1847·1·30 文
古賀稔彦　❾ 1992·7·25 社／1996·7·19 社
久我(源)具房　❸ 1282·12·17 政／1283·3·11 政／1289·12·15 政
久我具通　❸ 1388·5·26 政／1394·3·28 政／1395·6·3 政／1396·2·3 政／1397·3·16 政
久我豊通　❹ 1497·6·18 政／1499·5·28 政／1500·3·30 政／1517·8·19 社／1536·6·5 政
久我長通　❸ 1330·2·26 政／1331·2·1 政／1332·7·13 政／1333·6·12 政／1340·12·27 政／1342·2·29 政／1353·8·27 政
久我信通　❺-2 1776·12·25 政／1791·11·28 政／1795·9·13 政
古賀春江(亀雄·良昌)　❼ 1922·10 月 文／1926·是年 文／1927·9·13 文／1929·9·3 文／1930·9·4 文／1932·是年 文／1933·9·10 文
久我晴通　❹ 1549·6·24 政／1563·1·27 政
久我広通　❺-1 1661·5·23 政／1665·1·11 政／1674·4·12 政
古賀浩靖　❾ 1970·11·25 政
古賀　誠　❾ 2000·12·1 政／2007·9·24 政
古賀政男　❼ 1931·9·20 社／❽ 1939·8·31 文／1944·是年 社／❾ 1978·7·25 文／8·4 社
古賀正浩　❾ 2002·9·6 政
久我通明　❺-2 1824·1·5 政／❻ 1855·12·2 政
久我通兄　❺-2 1741·9·19 政／1750·8·10 政／1754·5·14 政／1761·5·19 政
久我通雄　❸ 1297·10·16 政／1298·6·12 政／1319·10·18 政／1329·12·11 政
久我通堅　❹ 1575·4·6 政
久我通相　❸ 1348·是年 社／1355·2·12 政／1356·7·21 政／1362·12·27 政／1366·8·29 政／1368·3·21 政／1371·7·14 政
久我通久　❼ 1912·1·16 文
久我通俊　❹ 1568·10·22 政
久我通誠　❺-1 1709·3·18 政／❺-2 1719·7·7 政
久我通宣　❸ 1397·3·16 政／1433·8·15 政
久我通言　❹ 1523·3·9 政／1528·8·20 政／1534·11·16 社／1536·⑩·8 政／1543·2 月 政
久我通尚　❹ 1456·1·28 文／1461·8·11 政／1464·1 月 政／11·28 政／1466·1·16 政
久我通博　❹ 1481·1·25 政／

1482·10·7 政
久我通基　❸ **1288**·7·11 政／10·27 政／**1308**·11·29 政
久我通行　❸ **1437**·6·14 文
古賀峯一　❽ **1944**·3·31 政
古賀弥助　❺-2 **1812**·3·11 文
久我美子　❽ **1946**·6月 社
古賀良彦　❼ **1836**·4月 文
戸海(僧)　❷ **1031**·7·5 文
壺外(俳人)　❺-2 **1820**·11·24 文
胡海(瑚海)中珊(仲珊·僧)　❸ **1434**·是年 政／❹ **1469**·1·24 社
古岳宗亘(僧)　❹ **1526**·8月 社／**1548**·6·24 社
小掛昭二　❽ **1956**·10·7 社／❾ **2010**·5·8 社
小景丸(散楽)　❷ **1154**·1·13 文
後柏原天皇(勝仁親王)　❹ **1464**·10·20 政／**1474**·12·25 文／**1475**·3·3 社／**1477**·12·5 文／**1481**·12·16 文／**1482**·3·11 文／**1485**·③·16 文／**1486**·9·20 文／**1487**·6·29 文／**1488**·1·14 文／**1491**·6·22 文／**1493**·1·24 文／**1495**·3·16 文／**1496**·6·11 文／12·23 政／**1497**·10·27 文／**1500**·10·25 政／**1502**·2·11 文／**1508**·5·20 社／**1521**·3·22 政／**1526**·4·7 政／❺-1 **1669**·是年 文
小金義照　❽ **1949**·1·23 政／**1960**·12·8 政
小金井喜美子　❻ **1889**·8月 文
小金井良精　❽ **1944**·10·16 文
小金井蘆洲(亀之助、二代目)　❼ **1908**·5·3 文／**1925**·7·10 文
小金井蘆洲(秋元格之助、三代目)　❼ **1925**·7·10 文
小金井蘆洲(岩間虎雄、六代目)　❾ **2003**·6·29 文
小亀益英　❺-1 **1669**·是年 文／**1670**·是年 文／**1675**·是年 文／**1679**·是年 文
後亀山天皇(熙成親王)　❸ **1373**·8·2 政／**1383**·10·27 政／**1392**·2·18 社／⑩·5 政／**1393**·12月 政／**1394**·2·7 政／2·23 政／**1396**·2·11 文／**1397**·11·27 政／12·9 政／**1402**·3·22 政／**1410**·3·4 政／11·27 政／**1412**·9月 政／**1416**·9月 政／**1424**·4·12 政
小鴨由水　❾ **1992**·1·26 社
古河屋五郎兵衛　❺-2 **1790**·9·3 政
小粥正巳　❾ **2004**·3·16 政
古川　進　❾ **1991**·10·23 政
粉川　忠　❾ **1989**·7·17 文
後閑又右衛門　❹ **1587**·10·24 政
五官(明)　❺-1 **1607**·10·16 政／**1609**·1·11 政
虎関師錬(こかんしれん)　❸ **1307**·是年 文／**1308**·是夏 文／**1316**·3月 文／**1322**·8·16 文／**1331**·6月 文／**1338**·3月 社／**1339**·3·14 社／**1343**·是秋 文／**1344**·2·26 社／**1346**·7·24 社／**1382**·2·29 文
虎巌中兌(僧)　❸ **1424**·9月 政／**1425**·1·27 政
漕尾養信斎　❹ **1583**·5·16 文
五弓久文(雪窓)　❺-2 **1849**·是年 文
後京極院⇨藤原禧子(ふじわらきし)
古鏡明千(僧)　❸ **1356**·是春 文／**1360**·5·22 社
国阿(僧)　❸ **1386**·至徳年間 社
極印千右衛門　❺-1 **1702**·8·26 社
悟空敬念(僧)　❷ **1246**·寛元年間 社／**1266**·6·29 文／**1272**·10·8 社
小口大八　❾ **2008**·6·26 文
黒的(こくてき·元使)　❷ **1266**·8·15 政／11月 政／**1267**·1月 政／**1268**·1·1 政／11·20 政／12·4 政／**1269**·3·7 政
国東治兵衛　❺-2 **1798**·是年 文
コクトー, ジャン　❼ **1936**·5·18 文
国府犀東　❽ **1950**·2·27 文
国分一太郎　❽ **1962**·2·5 政／**1964**·10·14 文／11·9 政
国分四郎　❸ **1361**·9·20 社
国分青崖(高胤·子美)　❽ **1944**·3·5 文
国分忠俊　❷ **1270**·是年 社
国分胤信　❹ **1523**·2·16 社
国分友貞　❸ **1323**·1月 政／**1324**·8·10 政
国分友重　❸ **1349**·11·28 政
国分朝弼　❹ **1549**·12·27 社
国分朝胤　❹ **1527**·9月 社
国分友任　❸ **1323**·1月 政
国分盛氏　❹ **1577**·3·17 政
国分掃部助　❸ **1290**·10·1 政／**1291**·9·30 政／**1293**·9·30 政／**1294**·7·30 政／**1296**·10·6 政／**1299**·10·15 政
国分河内入道　❸ **1402**·11·30 政
国分寺新作　❻ **1880**·7·10 文
国分寺崇統　❹ **1484**·1·5 政
国分寺崇睦　❹ **1477**·1·15 政／**1478**·1·9 政
小久保喜七　❻ **1894**·7·4 政／❽ **1939**·12·14 政
小久保裕紀　❾ **1992**·7·25 社
小熊秀雄　❽ **1940**·11·20 文
穀屋伝七　❻ **1864**·3·15 社
小倉虎吉　❻ **1868**·是年 社
コクラム, ジョセフ(英)　❺-1 **1620**·7·13 政
国領経郎　❾ **1999**·3·13 文
国領重次　❺-1 **1682**·6月 政／**1687**·9·10 政
木暮武太夫　❻ **1884**·6·7 社／❽ **1960**·12·8 政／❾ **1967**·7·10 政
木暮実千代　❾ **1990**·6·13 文
小暮由三郎　❼ **1924**·2·11 政
古恵愚渓(僧)　❸ **1375**·是年 文
賈佳梓(琉球)　❹ **1564**·是年 政
古渓宗陳(僧)　❹ **1586**·是年 社／**1588**·9·4 文／**1597**·1·17 社
悟渓宗頓(僧)　❹ **1500**·9·6 社／**1501**·9·6 文
古結(こげつ)海治　❻ **1891**·是年 文
湖月わたる　❾ **2005**·11·11 文
湖月尼⇨高台院(こうだいいん)
古源邵元(僧)　❸ **1327**·是年 政／**1347**·是年 政／**1364**·11·11 社
古剣智訥(僧)　❸ **1363**·是年 文
古剣妙快(僧)　❸ **1365**·是年 政
瓠公(ここう)　❶ **BC20**·2月
後光厳天皇(弥仁親王)　❸ **1338**·3·2 政／**1352**·6·3 政／8·17 政／**1353**·6·6 政／7·16 政／9·3 政／**1354**·12·24 政／**1355**·2·7 政／3·28 政／**1361**·12·8 政／**1362**·1·4 政／4·21 政／**1370**·3·24 文／8·19 政／**1371**·3·23 政／**1374**·1·18 政
後光明天皇(紹仁親王)　❺-1 **1633**·3·12 政／**1643**·10·3 政／**1651**·1·25 政／**1654**·9·20 政
ココシュカ, オスカー　❼ **1912**·是年 文
後小松天皇(幹仁親王)　❸ **1377**·6·27 政／**1382**·4·11 政／12·28 政／**1383**·10·14 政／**1387**·1·3 政／**1392**·10·3 政／**1393**·12月 政／**1394**·12·12 文／**1396**·3·16 文／**1407**·8·7 文／**1408**·3·8 政／**1410**·8·17 文／**1411**·11·25 政／**1412**·8·29 政／9·5 政／**1414**·12·18 政／**1430**·6·11 文／6·24 文／**1431**·8·12 政／**1432**·4·25 社／**1433**·10·20 政
古今新左衛門　❺-1 **1699**·是年 文／**1703**·貞享·元禄年間 文
古今亭今輔(初代)　❼ **1898**·10·9 文
古今亭今輔(四代目)　❼ **1935**·7·23 文
古今亭今輔(五代目)　❾ **1976**·12·10 文
古今亭円菊　❾ **2012**·10·13 文
古今亭三鳥　❺-2 **1816**·是年 文
古今亭志ん五　❾ **2010**·9·28 文
古今亭しん生(初代)　❺-2 **1850**·5·5 文／❻ **1856**·12·26 文
古今亭志ん生(二代目)　❻ **1889**·11·24 文
古今亭志ん生(三代目)　❼ **1918**·5·10 文／**1926**·1·29 文
古今亭志ん生(五代目)　❽ **1947**·4·28 文／❾ **1973**·9·21 文
古今亭志ん朝(三代目)　❾ **2001**·10·1 文
古今亭志ん馬　❾ **1994**·9·10 文
小佐井大和守　❹ **1550**·2·10 政
古在由重　❽ **1938**·11·29 文／❾ **1990**·3·6 文
古在由直　❻ **1892**·8月 文／❼ **1920**·9·20 文／**1934**·6·18 文
古在由秀　❽ **1959**·3·20 文／❾ **2009**·11·4 文
後西天皇(良仁親王)　❺-1 **1654**·11·28 政／**1656**·1·23 政／**1663**·1·26 政／**1669**·3·27 文／**1675**·12·2 政／**1685**·2·22 政
小坂一也　❾ **1997**·11·1 文
小坂奇石　❾ **1991**·10·9 文
小坂樹徳　❾ **2010**·8·3 文
小坂憲次　❾ **2005**·10·31 政
小坂弘治　❾ **2011**·2·18 文
小坂治左衛門　❺-2 **1755**·10月 政
小坂芝田　❼ **1906**·7月 文／**1911**·是年 文／**1917**·9·5 文
小坂順造　❽ **1960**·10·16 政
小坂象堂　❼ **1898**·是年 文／**1899**·6·2 文
小坂善太郎　❽ **1960**·7·19 政／9·6 政／9·8 政／12·8 政／**1961**·6·10 政／**1962**·6·12 政／❾ **1972**·12·22 政／**1976**·9·15 政／**2000**·11·26 政
古坂達経　❺-2 **1766**·2·7 社
小坂哲人　❽ **1950**·9月 社

小坂徳三郎　❾ 1978･12･7 政／1996･2･23 政
後嵯峨天皇(邦仁親王)　❷ 1220･2･26 政／1242･1･20 政／3･18 政／1246･1･29 政／5･25 政／1249･10･22 政／1258･1･19 政／1268･10･5 政／1272･2･17 政
小佐川常世　❺-2 1806･11･13 文
小崎弘道　❻ 1876･1･30 社／1879･12･13 社／1880･5･8 社／1886･8･1 社／1890･1･23 文／❼ 1897･4･15 社／❽ 1938･2･26 社
小崎政房　❽ 1947･8･1 文
小崎道雄　❽ 1941･4･5 社
小崎甲子　❼ 1933･1 月 社／❾ 1997･2･17 社
後櫻町天皇(以茶宮･緋宮･智子内親王)　❺-2 1740･8･3 政／1750･3･28 政／10･21 政／1760･12･21 政／1762･7･27 政／1763･11･27 政／1764･1･1 政／1766･1･13 政／1770･11･24 政／1771･1･25 政／4･23 文／1813･⑪･2 政
居座寿敬(僧)　❹ 1468･5･10 政
護佐丸(琉球)　❹ 1458･8･15 政
固山宗次(刀匠)　❺-2 1841･3 月 文／8 月 文／1842･2 月 文／是冬 文／1847･11 月 文／1848･8 月 文
固山宗平(刀匠)　❺-2 1843･11 月 文
固山一鞏(こざんいっきょう)　❸ 1347･7･19 社／1352･6･27 文／1360･2･12 社
虎山永隆(僧)　❸ 1442･2･18 社
孤山居士　❺-1 1706･是年 文
孤山至遠(僧)　❸ 1366･7･9 社
巨山志願(僧)　❷ 1269･此頃 政
古山良空(僧)　❸ 1415･3･1 社
後三條天皇(尊仁親王)　❷ 1034･7･18 政／1045･1･16 政／1068･4･19 政／7･21 政／1072･12･8 政／12･21 政／1073･5･7 政／1077･12･8 政／1102･10･23 文
越　直美　❾ 2012･1･22 社
高志(こし)内親王　❶ 858･2･8 政
輿石　東　❾ 2012･3･23 政
小鹿　番　❾ 2004･4･29 文
越谷吾山　❺-2 1775･是年 文
越川権太夫　❺-1 1693･1･19 文
小式部内侍　❷ 1025･11 月 文
越路吹雪　❽ 1951･2･6 文／11･29 文
越路大夫　❼ 1911･12･7 文
越田紋蔵　❻ 1875･10･21 社
呉実堅(琉球)　❹ 1463･8･4 政
小篠綾子　❾ 2006･3･26 文
越野忠則　❾ 1992･7･25 社
古志得延　❷ 1052･是年 社
高志村君　❶ 708･3･13 政
小柴景山　❺-2 1801･7･17 文
小柴昌俊　❾ 1987･4 月 文／1997･11･3 文／2002･10･8 文／12･10 文
児島明子　❽ 1959･7･24 社
児嶋　明　❽ 1948･12･2 文
児島惟謙　❻ 1891･5･12 政／1892･4 月 社／❼ 1908･7･1 政
小島一郎　❽ 1964･7･7 文
小島烏水(久太)　❼ 1905･10･14 社／1910･7 月 文／❽ 1948･12･13 社
小嶋栄俊　❺-1 1683･⑤･19 社
小島和恵　❾ 1989･4･30 社
古島一雄　❽ 1952･5･27 文
小島勝言　❹ 1473･10･11 政
小島勝兵衛　❺-1 1614･10･1 大坂冬の陣
小島久兵衛　❺-2 1766･5 月 社
小島敬三郎　❾ 2010･10･9 文
小島今朝次郎　❼ 1896･4･15 文
小島源蔵　❺-1 1684･8･29 政
小島健太郎　❽ 1944･7 月 政
小島佐平次　❺-1 1660･是年 文
小島章司　❾ 2009･11･4 文
児島如水　❺-2 1818･是年 文
小島新一　❽ 1961･6･6 政
小島甚兵衛　❺-2 1808･4･9 政
小島成斎　❻ 1862･10･18 文
小島政二郎　❽ 1938･9･11 文
児島善三郎　❼ 1928･9･3 文／1930･11 月 文／❽ 1937･3･13 文／1962･3･22 文
小島高光　❸ 1396･6 月 社
小島貞二　❾ 2003･6･14 文
小島徹三　❽ 1960･7･19 政
児島虎次郎　❼ 1910･是年 文／1929･3･8 文
小嶋虎福丸　❹ 1538･7･28 社
小島直記　❾ 2008･9･14 文
小島信夫　❾ 2006･10･26 文
小島憲之　❻ 1889･2･1 文
小島啓民　❾ 1992･7･25 社
児島文衛　❼ 1907･9･5 文
小島文次郎　❻ 1869･8･3 社
小嶋平七　❺-1 1705･7･13 文
小島平兵衛　❺-1 1683･5･17 政
小島政二郎　❾ 1994･3･24 文
小島万助　❻ 1878･8･23 政
小島職鎮　❹ 1582･3･11 政
小島祐馬　❼ 1920･9･17 文
児島　襄　❾ 2001･3･27 文／2011･3･27 文
小島芳子　❾ 2004･5･21 文
小島龍三郎(雲井龍雄)　❻ 1868･6･18 政／1870･12･26 政
小島龍太郎　❼ 1913･1･5 文
小島老鉄　❺-2 1852･6･6 文
小島法師(僧)　❸ 1374･4 月 文
小島民部少輔　❹ 1583･5 月 政
小島屋茂左衛門　❺-2 1801･是年 政
五社英雄　❾ 1992･8･30 文
コシヤマイン(胡奢魔允･胡奢魔犬)　❹ 1452･5･14 社
湖十　❺-2 1752･是年 文
呉粛胡明　❶ 721･1･27 文
御宿友綱　❹ 1577･⑦･14 社
呉春(松村･豊昌･裕甫･伯望･月渓･可転･允白･存允白･孫石･百昌堂･蕉雨亭)　❺-2 1774･是冬 文／1777･是年 文／1778･6 月 文／1779･8 月 文／1780･3 月 文／1782･5 月 文／1782･9 月 文／1783･10 月 文／是年 文／1784･2 月 文／是秋 文／1785･是夏 文／1786･4 月 文／1787･是年 文／1791･12 月 文／1796･是冬 文／1798･是年 文／1811･8･17 文／1817･3･19 文
五所平之助　❼ 1936･3･1 社／❽ 1945･8･30 社
湖照　❺-2 1735･是年 文
古城弥二郎　❼ 1905･1 月 社
五松鶴林　❺-2 1813･10･28 文
五條順教　❾ 2009･5･16 社
五條為賢　❸ 1452･7･25 政／❹ 1458･8･15 文
五條為清　❸ 1442･10･29 文
五條為実　❸ 1333･7･2 政
五條為学　❹ 1521･3･28 文／8･23 政／1543･6･30 政
五條為嗣　❸ 1355･3 月 政
五條為経　❹ 1596･10･27 政／❺-1 1615･7･23 政
五條為成　❺-2 1735･6･2 文
五條為庸　❺-1 1643･3･21 文／1648･4･11 社／1677･8･13 政
五條為栄　❻ 1877･3･10 西南戦争
五條為康　❹ 1521･8 月 文／1563･10･22 文
五條良氏　❸ 1355･8･18 政／1357･8･25 政
五條良量　❸ 1394･12･19 政
五條義助　❹ 1591･天正年間 文
五條良遠　❸ 1382･10 月 政
五條頼治　❸ 1376･9･12 政／1390･1･18 政／1391･10･8 政／1393･3･12 政／1395･10･20 政
五條(清原)頼元　❸ 1325･9･9 文／1334･8･10 政／1339･8･15 政／1340･6･29 政／8･17 政／1344･②･21 政／1348･2･15 政／1349･9･18 政／1351･10･1 政／1353･2･2 政／1356･1･17 政／1359･8･6 政／1363･9･9 政／1367･5･28 政
五條⇨藤原(ふじわら)姓も見よ
五升庵蝶夢　❺-2 1782･是年 文
五條院⇨懌子(えきし)内親王
御荘宗雲　❹ 1575･12 月 政
後白河天皇(雅仁親王)　❷ 1127･9･11 政／1146･5･26 政／1153･9･23 政／1155･7･24 政／10･26 政／1158･8･11 政／1168･6･3 政／1169･6･17 政／1179･比頃 文(囲み)／1184･1･21 政／1185･3･24 政／6･21 社／1192･3･13 政
小尻知博　❾ 1987･6･3 政
小城元胤　❹ 1473･1･6 政
小四郎(庭師)　❹ 1478･11･5 文
悟心(僧)　❸ 1407･3･5 社
悟心元明(僧)　❺-2 1785･7･27 社
湖心碩鼎(遣明使)　❹ 1538･是春 政／1539･4･19 政／1540･3･3 政／1541･6･26 政
コズイレフ(ロシア)　❾ 1992･3･20 政／1994･3･21 政
コズイレフスキー, イヴァン　❺-1 1711･是年 政
後崇光院⇨貞成(さだふさ)親王
小杉　勇　❼ 1933･4･1 文
小杉玄適　❺-2 1754･②･7 文
小杉榲邨(真瓶)　❻ 1886･4 月 文／1895･4･28 文／❼ 1910･3･29 文
小杉天外(為蔵)　❼ 1903･2･25 文／1917･7･6 文／❽ 1952･9･1 文
小杉放庵(国太郎･未醒)　❼ 1906･4 月 文／1911･10･14 文／1914･10･1 文／1916･9･10 文／1922･1･14 文／

❽ **1944**·是年 文／**1964**·4·16 文
小菅桂子　❾ **2005**·8·10 社
小菅甚左衛門　❺-1 **1689**·6·25 政
小菅武第　❺-2 **1767**·2·13 社
小菅丹治　❻ **1886**·11·5 社
小菅正武　❺-1 **1687**·9·10 政／**1688**·8·23 政
小菅正容　❺-2 **1808**·1·7 政
小菅松蔵　❽ **1945**·12月 社
ゴスケヴィッチ(ロシア)　❻ **1858**·9月 政／**1859**·7·20 政／**1861**·8·20 政／**1862**·⑧·9 政／**1863**·7月 政／**1864**·是年 文／**1865**·2·27 文
後崇光院(貞成親王)　❸ **1400**·3·30 文／9·16 文／**1409**·8·15 文／**1410**·3·29 文／7·7 文／**1413**·是冬 文／**1414**·⑦·27 文／**1416**·5·3 文／6·13 文／8·1 社／**1420**·11·13 文／**1422**·2·3 文／7·8 文／11·18 文／**1423**·2·14 文／4·13 文／6·5 文／**1424**·1·25 文／2·7 文／3·11 文／4·3 文／6·24 文／9·4 文／11·25 文／**1425**·4·16 政／7·5 政／**1430**·6·24 文／10·28 文／⑪·3 文／**1431**·3·6 文／7·28 文／**1432**·6·17 文／9·6 文／10·28 文／**1433**·4·19 政／5·9 文／**1434**·5·16 文／8·27 文／10·3 文／**1435**·5·9 文／6·6 文／**1436**·1·28 文／5·12 文／⑤·1 文／⑤·27 文／6·14 文／8·28 文／**1437**·5·15 文／11·18 文／12·2 社／**1438**·3·28 文／6·8 文／10·21 社／12·3 文／是年 文／**1445**·4·15 文／**1447**·11·27 政／**1449**·11·12 文／❹ **1456**·8·29 政
後朱雀天皇(敦良親王)　❷ **1009**·11·25 政／**1017**·8·9 政／**1036**·4·17 政／**1043**·3·23 政／12·1 政／**1045**·1·16 政／1·18 政
コスタ, アントニオ・ダ(オランダ)　❹ **1590**·是年 政
コスタ, エンリケ・ダ(オランダ、上記と同一人か)　❹ **1590**·6·20 政
コスムス(日本人青年)　❹ **1587**·10·17 政
巨勢有久　❸ **1316**·是年 文
巨勢有康　❸ **1319**·⑦月 文
巨勢粟持　❶ **685**·9·15 政
巨勢家成　❶ **788**·1·14 政
許勢稲持　❶ **540**·9·5
巨勢氏宗　❶ **870**·1·25 政
巨勢馬飼　❶ **685**·10·12 政
巨勢馬主　❶ **774**·9·4 政
巨勢相覧　❶ **900**·是年 文
巨勢邑治(許勢祖父)　❶ **693**·4·22 政／**701**·1·23 政／**707**·3·2 政／**708**·3·13 政／**718**·3·10 政／**719**·9·8 政／**724**·6·6 政
巨勢男人　❶ **507**·2·4／**529**·9月
巨勢金岡　❶ **868**·是年 文／**880**·是年 文／**885**·12·25 文／**888**·9·15 文／**895**·是春 文、社(囲み)／❸ **1321**·3·4 文
許勢奇麻　❶ **544**·3月／**547**·4月
巨勢神前訳語　❶ **663**·3月 政
巨勢公忠　❶ **949**·是年 文／**956**·是年 文
巨勢君成(公成)　❶ **748**·3·12 政／**766**·3·26 政／**770**·5·9 政
巨勢浄成　❶ **752**·5·26 政
巨勢　薬　❶ **653**·5·12 政
巨勢黒人　❶ **883**·10·16 文
巨瀬小石　❼ **1919**·9·17 文
巨勢児祖父　❶ **714**·10·13 政
巨勢堺麻呂(関麻呂)　❶ **753**·4·22 政／**757**·6·16 政／8·4 政／**761**·4·9 政
巨勢　猿(援)　❶ **591**·11·4
巨勢辛檀努(紫檀·志円)　❶ **685**·3·16 政
巨勢嶋人　❶ **790**·3·9 政
巨勢関麻呂⇨巨勢堺麻呂(さかいまろ)
巨勢孝秀　❷ **1035**·10月 文
巨勢忠明　❶ **962**·12·26 政
巨勢多益須　❶ **686**·10·2 政／**689**·2·26 政／6·2 文／**708**·3·13 政／**710**·6·2 政
巨勢(許勢)徳陀(徳太·徳多·徳太古·徳陀古)　❶ **643**·11·1 政／**649**·4·20 政／**658**·1·13 政
巨勢苗麻呂　❶ **768**·2·3 政／**784**·3·14 政／**785**·1·15 政
巨勢夏井　❶ **859**·1·13 政
巨(居)勢奈氏麻呂(奈弖麻呂)　❶ **739**·4·21 政／**741**·7·13 社／9·8 政／**743**·5·5 政／**746**·4·5 政／**749**·4·1 政／**753**·3·30 政
巨勢野足　❶ **791**·7·13 政／**796**·10·27 政／**804**·1·24 政／**807**·10·28 政／**808**·5·14 政／**810**·9·10 政／**811**·4·5 政／**815**·1·10 政／**816**·12·14 政
巨勢信茂　❷ **1134**·4·21 社
巨勢訓備　❶ **797**·1·13 政
巨勢　人(比等)　❶ **671**·1·2 政／1·5 政／11·23 政／**672**·7·2 政／8·25 政
巨勢人公　❶ **791**·1·22 政
巨勢広足　❶ **760**·1·16 政
巨勢比良夫　❶ **587**·7月
巨勢広貴　❶ **999**·8·26 文／11·1 文／**1000**·7·4 文／❷ **1002**·8·18 文／**1010**·2·20 文
巨勢総成　❶ **786**·1·24 政
巨勢文雄　❶ **867**·2·11 文／**879**·12·21 政／**884**·3·9 政／**892**·3·5 政
巨勢正純　❺-1 **1690**·是年 文
巨勢又兄　❶ **731**·5·14 政
巨勢真人　❶ **720**·2·29 政／**721**·7·7 政
巨勢麻呂　❶ **709**·3·6 政／**717**·1·18 政／**759**·1·11 政
巨勢宗茂　❷ **1147**·3·28 文／**1166**·10·15 文／**1168**·7·4 文／9·29 文／**1171**·2·28 政／**1212**·3·26 政／**1221**·8·16 政／是年 政／**1222**·1·14 政／**1223**·5·14 政
巨勢安麻呂　❶ **716**·4·27 政
巨勢行忠　❸ **1363**·7·19 文／**1375**·11·23 文
巨勢四輔　❶ **870**·5·14 社
巨勢親王　❶ **882**·8·1 政
虎聖(僧)　❸ **1334**·1·21 社
呉斎(琉球)　❸ **1453**·3·10 政
小関三英(良蔵·鶴斎·鶴洲·篤斎)　❺-2 **1822**·2月 文／**1832**·是年 文／**1837**·是年 文／**1839**·5·14 政
古関裕而　❽ **1938**·9·11 文／❾ **1989**·8·18 文
小関しおり　❾ **2000**·9·15 社
五姓田芳柳(初代)　❺-2 **1849**·3月 文／**1852**·是年 文／❻ **1864**·是年 文／**1866**·8·3 文／**1874**·是年 文／**1876**·7·29 文／**1881**·3·1 文／**1892**·2·1 文
五姓田芳柳(二代目)　❼ **1897**·9月 文／**1902**·4·3 文
五姓田義松　❻ **1866**·8·3 文／**1880**·7·9 文／**1887**·3·25 文／❼ **1915**·9·4 文
呉是堪美(琉球)　❹ **1458**·1·9 政
許勢部形見　❶ **707**·5·26 社
古先印元(僧)　❸ **1318**·是年 政／**1326**·6月 政／**1374**·1·24 社
孤窓西堂(僧)　❹ **1534**·是春 政／**1535**·7·22 政
巨曾倍難波麻呂　❶ **759**·1·11 政
許曾倍陽麻呂　❶ **701**·6·11 文
許率母　❶ **671**·1月 文
五代五兵衛　❼ **1900**·9·11 文
五代友厚(才助·関　研蔵)　❻ **1862**·4·29 政／**1863**·6·22 政／**1865**·3·22 文／8·26 政／**1866**·10·15 政／**1867**·4·23 社／**1869**·3·25 政／6·21 政／**1870**·12月 社／**1876**·9月 社／**1878**·6·17 政／8月 政／**1880**·8·23 政／11·15 文／12·28 社／**1881**·8·1 政／**1885**·9·25 政
五大友平　❹ **1471**·10·15 政
後醍醐天皇(尊治親王)　❸ **1288**·11·2 政／**1304**·3·7 政／**1308**·9·19 政／**1317**·4·9 社／**1318**·2·26 政／3·29 政／**1321**·12·9 政／**1322**·12·25 政／**1331**·8·24 政／9·29 政／**1332**·1·17 政／3·5 政／4·1 政／**1333**·②·24 政／3·14 社／5·30 政／**1336**·5·27 政／10·10 政／11·2 政／12·21 政／**1338**·5·15 政／**1339**·8·16 政／❺-2 **1775**·4·1 社
小平潟村　❺-1 **1623**·1·7 社
小平邦彦　❽ **1949**·8·9 文／**1954**·9·2 文
小平奈緒　❾ **2010**·2·12 社
小平浪平　❼ **1910**·11月 政／**1920**·2·1 政／❽ **1951**·10·5 政
小平義雄　❽ **1946**·8·17 社
五大力仁兵衛　❺-1 **1672**·寛文年間 社
古高俊太郎　❻ **1864**·6·5 政
小鷹和泉　❺-1 **1680**·延宝年間 社
後高倉院(守貞親王·行助)　❷ **1171**·2·28 政／**1194**·3·1 文／**1199**·2·14 政／**1200**·3·14 文／**1221**·7·8 政
小高坂季明　❺-1 **1680**·是年 文
古武弥四郎　❼ **1930**·9月 文／❾ **1968**·5·30 文
小谷喜美　❼ **1920**·是年 社
小谷三志　❺-2 **1841**·9·17 社
小谷茂美　❻ **1888**·2·19 文
小谷惣兵衛　❺-1 **1680**·3·11 文

小谷次大夫　❺-1 1668·3·2 社
小谷　剛　❽ 1949·8月 文／❾ 1991·8·29 文
小谷正雄　❽ 1944·6月 文／❾ 1993·6·6 文
小谷実可子　❾ 1988·9·17 社
小谷光浩　❾ 1990·7·19 政
小谷立静　❺-1 1667·是年 文
児玉家親　❷ 1281·⑦·11 政
児玉一造　❼ 1930·1·30 政
児玉音吉　❼ 1912·5·24 政
児玉花外(伝八)　❽ 1943·9·20 文
児玉果亭　❼ 1913·1·14 文
児玉喜八　❻ 1895·11月 文
児玉　清　❾ 2011·5·16 文
児玉謙次　❽ 1938·11·7 政
児玉源太郎　❻ 1887·6·2 政／❼ 1898·2·26 政／1900·12·23 政／1903·7·15 政／7·17 政／1904·6·20 日露戦争／1905·12·7 政／1906·7·23 政
児玉幸多　❾ 2007·7·4 文
児玉少介　❻ 1878·3·11 社
児玉信栄　❺-1 1667·是年 文
児玉敏行　❷ 1281·⑦·11 政
児玉就英　❹ 1570·10·24 政／1576·7·13 政／1577·3·1 政／1578·2·13 政
児玉就光　❹ 1585·4·17 政
児玉延行　❷ 1281·⑦·11 政
児玉秀雄　❽ 1940·1·16 政／1944·7·22 政
児玉　博　❽ 1955·1·27 文／❾ 1992·1·1 文
児玉藤行　❸ 1314·6·29 政／1339·8·15 政
児玉孫八　❸ 1399·10·28 政
児玉光行　❸ 1320·8·17 政
児玉元兼　❹ 1595·11·28 政
児玉誉士夫　❼ 1929·11·3 政／❽ 1945·12·2 政／❾ 1969·1·15 政／1976·2·4 政／1977·1·21 政
児玉修理亮　❹ 1471·⑧·19 政
小築庵春湖　❻ 1886·2·11 文
己知石万呂　❶ 763·9·7 文
己知部(名欠く)　❶ 540·2月
忽　散(元)　❷ 1274·8·6 政
忽　林赤(元)　❷ 1271·1·15 政
兀　狄哈(倭人)　❸ 1423·3·11 政
兀　良哈(倭人)　❸ 1423·3·11 政
己州己婁(こつこる)　❶ 534·5月／543·9月
小塚崇彦　❾ 2008·12·13 社／2011·4·30 社
コック·ブロンホフ　❺-2 1809·2·25 文
コックス(英)　❽ 1940·7·27 政
コックス，リチャード　❺-1 1613·10·24 政／1615·5·23 社／1616·6·27 政／8月 政／1617·8·6 政／8·24 政／1618·1·29 政／7·14 政／1619·是年 政／1621·10·27 政／1622·2·17 政／1623·6月 政／11·12 政
木造三郎左衛門　❺-1 1628·11·6 政
木造七左衛門　❺-2 1764·10·7 政
木造俊次　❺-1 1648·7·26 政
木造俊康　❸ 1414·10·7 政／1415·2月 政／1421·4·26 政
木造具政　❹ 1569·5月 政／1584·7·12 政
木造長政　❹ 1590·7·13 政
木造政宗　❹ 1497·6·20 政／1504·③月 政
木造持康　❸ 1451·4·3 政
兀庵普寧(ごったんふねい·宋僧)　❷ 1260·是年 政／1261·是年 社／1262·10·16 政／1265·是年 政／1266·文永2、3年 文／1270·2月 文／1271·7·18 政／1272·1月 文
後土御門天皇(成仁親王)　❸ 1442·5·25 政／1446·10·15 政／❹ 1464·7·16 政／1472·8·15 文／1476·3·3 文／10·17 文／1500·9·28 政
コット，ジョセフ　❼ 1913·1·21 文
ゴットフリート·デュールコープ，ヘンドリック(オランダ)　❺-2 1776·10·13 政
コップ(駐日ソ連大使)　❼ 1925·4·23 政／5·5 政
コッホ，ロベルト　❻ 1889·是年 文／❼ 1908·6·12 文
小鶴　誠　❾ 2003·6·2 社
古庭子訓(僧)　❸ 1393·9·14 社
古手屋五郎右衛門　❺-1 1663·3·8 政
古手屋六右衛門　❺-1 1663·3·8 政
小寺休夢　❹ 1593·1·15 文
小寺玉晁(広路·連城亭)　❺-2 1841·6月 社
小寺謙吉　❼ 1913·2·11 政／❽ 1947·4·5 政
小寺性善　❹ 1458·8·30 政
小寺清先　❺-2 1797·11月 文
小寺豊職　❹ 1469·是年 政
小寺仲蔵　❻ 1863·1·13 政
小寺則職　❹ 1484·2·5 政／1520·10·6 政／1538·7·17 政
小寺則元　❹ 1520·7·8 政
小寺弘之　❾ 2010·12·21 政
小寺房次郎　❼ 1918·5·15 政
小寺政職　❹ 1575·10·20 政／1577·5·14 政
小寺村氏　❹ 1520·5月 政
小寺職隆　❹ 1577·7·23 社
小寺孝隆(孝高·官兵衛)⇨黒田孝高(くろだよしたか)
小寺外記　❺-1 1615·9·24 政
小寺　某(赤松政則臣)　❹ 1468·5·6 政
呉天　❺-2 1728·是年 文
古藤源左衛門尉　❸ 1448·11·20 政
小藤文次郎　❼ 1935·3·8 文
古道(明)　❹ 1578·5·26 政／1586·8·18 文／1589·8·9 文
五桐(俳人)　❺-1 1703·是年 文
後藤明生　❾ 1999·8·2 文
後藤　敦　❾ 2009·9·11 社
後藤伊左衛門　❼ 1915·1·1 政
後藤磯吉　❾ 2011·8·22 政
後藤一乗　❻ 1876·10·17 文
後藤栄乗(六代目)　❺-1 1617·4·4 文／1636·4·4 文
後藤賢豊　❹ 1563·10·1 政
後藤勝元　❹ 1584·8·22 政
五島清通　❺-2 1813·是年 文
五島慶太　❼ 1924·10·25 政／❽ 1944·2·19 政／1949·4·20 文／1956·1·14 政／1959·8·14 政
後藤源左衛門　❺-1 1623·1·25 政
後藤健二　❾ 2007·3·6 政
後藤玄順　❺-1 1697·12·26 文
後藤顕乗(理兵衛)　❺-1 1663·1·22 文
後藤厳乗　❺-2 1845·12·3 文
後藤源四郎(則乗)　❺-1 1619·9·15 文
後藤光生　❺-2 1730·是年 文
後藤光佐　❺-2 1798·2·7 文
後藤三次郎　❺-1 1655·6·26 文
後藤光乗　❺-1 1620·3·14 文
後藤惟明　❹ 1574·2月 政
後藤五郎左衛門　❹ 1593·3·2 政
後藤艮山(有成)　❺-2 1733·9·18 文
後藤貞行　❼ 1898·3·29 文／1900·7·10 文／1903·8·25 文
吾藤貞吉　❸ 1324·10·18 文
後藤三右衛門(光亨)　❺-2 1810·8·16 政／1820·4·26 政／1845·4·22 政／10·3 政
五島　茂　❾ 2003·12·19 文
後藤芝山　❺-2 1751·是年 文／1782·4·3 文
後藤守一　❽ 1947·12·28 文／1960·7·30 文
後藤重蔵　❺-2 1755·8·30 社
五島修理亮　❺-2 1841·7·28 政
後藤乗雲　❺-2 1822·8·7 文
後藤庄三郎(光富、六代目)　❺-2 1736·12·10 政／1739·3·28 政
後藤庄三郎(光惇、八代目)　❺-2 1755·10月 政／1761·2·13 政
後藤庄三郎(光暢、九代目)　❺-2 1765·7月 政
後藤庄三郎(光包、十一代目)　❺-2 1810·8·16 政
後藤庄三郎⇨後藤光次(みつつぐ)
後藤象二郎　❻ 1867·6·9 政／9·3 政／9·9 政／9月 政／10·3 政／10月 社／12·2 政／12·4 政／12·8 政／1868·2·30 政／4·28 政／5·2 政／1871·6·28 政／1872·5·15 政／1873·4·19 政／10·14 政／1874·1·12 政／2·3 政／12月 政／1881·4·25 社／1882·11·11 政／1887·5·9 政／10·3 政／1888·4·22 政／6·1 政／7·5 政／12·7 政／1889·3·22 政／10·15 政／12·24 政／1890·7·10 政／1891·5·6 政／1892·3·5 政／8·3 政／1893·10·18 文／12·4 政／❼ 1897·8·4 政
後藤乗真(金工)　❹ 1562·3·6 文
後藤浄明　❸ 1282·3·2 政
後藤四郎兵衛　❺-1 1662·10月 政
後藤四郎兵衛(通乗、十一代目)　❺-2 1721·12·27 文
後藤四郎兵衛(寿乗、十二代目)　❺-2 1742·2·9 文
後藤四郎兵衛(延乗、十三代目)　❺-2 1755·8·27 文／1784·9·18 文
後藤四郎兵衛(真乗、十五代目)　❺-2 1831·6·28 社／1834·12·26 文
後藤四郎兵衛(万乗、十六代目)　❺-2 1845·10·12 政
後藤新平　❻ 1893·10·24 社／❼ 1898·3·2 政／1906·11·26 政／1908·

7·14 政／1910·6·22 政／1912·7·6 政／12·21 政／1913·10·16 文／1916·10·9 政／1917·2·13 政／1918·4·23 政／1920·11·1 政／12·7 政／1922·6·26 政／1923·2·1 政／5·6 政／9·2 政／9·27 政／1925·12·14 文／1926·12·14 政／1927·6·18 文／12·5 政／1929·4·13 政
後藤純明　❹ 1530·1·16 政
五島純玄　❹ 1591·9·3 政／1592·3·12 文禄の役／4·12 文禄の役
五島清太郎　❼ 1929·2·13 文
後藤摂津七郎　❸ 1348·4·16 政
後藤宗印　❺-1 1606·6·12 政／1607·12·24 政
後藤宗乗　❹ 1564·8·6 文
後藤即乗　❺-1 1627·5·7 文／1631·11·13 文
後藤貴明　❹ 1560·12·19 政／1563·7·29 政／1576·9 月 政
後藤琢乗　❺-1 1636·1 月 文
後藤猛太郎　❼ 1912·9·10 文
後藤太兵衛　❺-1 1671·是年 社
後藤宙外(寅之助)　❼ 1897·4 月 文／1909·4·24 文／❽ 1938·6·12 文
後藤長乗　❺-1 1616·3·26 文
後藤程乗　❺-1 1673·9·17 文
後藤典乗　❻ 1879·6·5 文
後藤藤左衛門　❹ 1493·3·15 社
後藤徳乗(光次·正房·正家)　❹ 1588·是年 政／1591·是年 政／1595·5·5 政／1598·3·2 政／❺-1 1609·1 月 政／1627·5·7 文／1631·10·13 文
後藤敏弘　❾ 1970·5·20 社
後藤縫之丞　❺-2 1750·1 月 文
後藤縫殿助(寛永通宝)　❺-1 1714·9·22 政
後藤縫殿助(古代染色法)　❺-2 1737·5·17 文／1782·8·24 政／1783·10·28 政／1787·1·25 政／1789·⑥·22 政
後藤縫殿允(押込)　❺-2 1842·7·4 政
後藤信康　❹ 1585·6·28 政
五島　昇　❾ 1989·3·20 政
後藤則季　❹ 1490·2·7 政
後藤八衛　❺-2 1837·6 月 文
五島玄雅　❺-1 1604·⑧·12 政／1605·5·1 政
後藤彦九郎　❹ 1578·7·3 政
後藤　寛　❽ 1944·12·7 文
後藤総太郎　❹ 1587·是年 政
後藤房之助　❼ 1902·1·23 政
後藤文夫　❼ 1932·1·17 政／5·26 政／1934·7·8 政／1936·2·26 政
後藤方乗　❻ 1856·6·22 文
後藤孫兵衛　❹ 1600·12·24 政／❺-1 1601·是年 政
後藤正雄(帝国飛行協会)　❼ 1918·4·1 社
後藤正雄(日本瓦斯会長)　❾ 2012·12·4 政
後藤正夫(法相)　❾ 1989·8·9 政
後藤正孝　❾ 2011·4·9 文
五島正規　❾ 2005·12·13 政
後藤益勝　❺-1 1636·12 月 文
後藤真澄　❻ 1878·11·22 社
後藤又兵衛(基次)　❺-1 1649·3·23 政
後藤松吉郎　❻ 1895·3·27 日清戦争
後藤光生(梨生)　❺-2 1743·是年 文／1767·是年 文
後藤光次(庄三郎、初代)　❹ 1595·是年 政／❺-1 1601·5 月 政／1605·是年 政／1611·9·20 文／1612·6·2 政／9·1 政／1613·1·14 社／1614·12·8 大坂冬の陣／1615·5·24 政／8·29 政／1625·7·24 政／1699·5·25 政
後藤光守(十四代目)　❺-2 1784·12 月 文
五島美代子　❾ 1978·4·15 文
後藤基明　❸ 1355·2·6 政
後藤職明　❹ 1483·5 月 政
後藤基景　❸ 1351·9·12 政／12·21 政／1352·3·5 政
後藤基清　❷ 1199·2·14 政／3·5 政／1205·⑦·26 政／1213·9·3 社／1218·1·3 政／1221·7·2 政
後藤基治　❽ 1944·3·30 政
後藤基次　❺-1 1614·10·6 大坂冬の陣／11·26 大坂冬の陣／1615·5·6 大坂夏の陣
後藤(藤原)基綱　❷ 1225·12·21 政／1229·3·9 政／1235·2·9 政／1236·2·14 社／12·29 政／1243·2·26 政／9·5 文／1246·5·24 政／1256·11·28 政
後藤基政　❷ 1261·7·22 文
後藤基頼　❸ 1301·11·11 政
五島盛成　❺-2 1849·7·10 政／1852·6·2 政
五島盛住　❺-1 1691·6·22 政／❺-2 1724·3·29 社
五島盛利　❺-1 1641·2·8 政
五島盛暢　❺-1 1691·6·22 政
後藤祐乗　❹ 1512·5·7 文
後藤与次右衛門　❺-1 1655·9·2 社
後藤義方　❺-1 1693·是年 文
後藤梨春(吾桐庵)　❺-2 1742·是年 文／1765·1 月 文／1771·4·8 文
後藤隆之介　❾ 1984·8·21 政
後藤廉乗　❺-1 1708·12·23 文
後藤佐渡守　❹ 1493·1·27 社
後藤治部少輔　❸ 1428·11·16 政
伍堂卓雄　❽ 1937·2·2 政／1939·8·30 政／1945·12·6 政
悟道軒円玉　❽ 1940·1·23 文
古幢周勝(僧)　❸ 1433·2·22 社
後藤田正晴　❾ 1986·7·1 政／7·22 政／1992·12·11 政／1993·4·8 政／2005·9·19 政
琴欧州　❾ 2005·11·30 社
琴櫻紀雄　❾ 1973·1·24 社／2007·8·14 社
琴田岩松　❻ 1886·7·2 政
後鳥羽天皇(尊成親王·隠岐院·顕徳院)　❷ 1180·7·14 政／1183·8·20 政／1190·1·3 政／1198·1·11 政／1199·2·14 政／1203·1·13 政／1214·1·22 政／1221·7·6 政／是年 政／1235·1·18 政／1239·2·22 政／1241·2·8 政／1242·6·20 政／7·8 政／❹ 1494·8·23 政
政仁(ことひと)親王⇨後水尾(ごみずのお)天皇
琴光喜　❾ 2010·6 月 社
古都老(琉球)　❹ 1468·5·16 政
小永井五八郎(小舟)　❻ 1875·3 月 文
小中村清矩　❻ 1882·5·30 文／1883·1·6 文／6·10 文／1888·5·7 文／1890·10·1 政／1895·10·11 文
小中村義象　❻ 1886·5 月 文／1890·3 月 文
後奈良天皇(知仁親王)　❹ 1496·12·23 政／1504·12·18 文／1512·4·26 政／1516·10·17 文／1517·7 月 文／1519·2·24 文／1526·4·29 政／1528·10·26 文／1540·6·17 文／1542·11·14 社／1550·2·7 文／1557·9·5 政
木南(こなん)睡癖　❻ 1870·11·23 文
軍君(昆支君、百済)　❶ 461·4 月
小西和泉　❹ 1589·3·14 政
小西　和　❼ 1911·6·3 社
小西吉右衛門　❺-2 1745·8 月 文
小西重直　❽ 1948·7·21 文
小西如庵⇨内藤(ないとう)如庵
小西甚一　❾ 2007·5·26 文
小西長左衛門　❺-1 1607·6·26 政／1609·1·11 政／1614·1·11 政
小西藤右衛門　❺-2 1828·1 月 文
小西得郎　❾ 1977·6·9 社
小西直記　❻ 1862·10·20 政
小西裕之　❾ 1988·9·17 社
小西　誠　❾ 1969·11·1 政／11·22 政／1975·2·22 政
小西美加　❾ 2010·4·23 社
小西行長(弥九郎)　❹ 1585·3·25 政／1587·4·28 政／1588·是春 社／⑤·15 政／8·2 社／1589·11·8 政／1590·8·22 政／1591·8·28 政／1592·2·27 文禄の役／4·12 文禄の役／4·26 文禄の役／5·5 文禄の役／5·27 文禄の役／6·7 文禄の役／8·1 文禄の役／8·7 文禄の役／11·20 文禄の役／1593·1·6 文禄の役／4·18 文禄の役／5·8 文禄の役／6·2 文禄の役／7·22 文禄の役／11 月 政／1594·1·20 文禄の役／8·28 文禄の役／10·5 文禄の役／11·1 文禄の役／1595·1·13 文禄の役／4·27 文禄の役／10·10 文禄の役／1596·1·3 文禄の役／1 月 政／5·13 文禄の役／9·7 政／1597·1·2 慶長の役／6·13 慶長の役／7·15 慶長の役／9·14 慶長の役／12·2 政／1598·1·26 慶長の役／9·19 慶長の役／10·2 慶長の役／11·18 慶長の役／1599·3·23 政／1600·2·23 政／8·5 関ヶ原合戦／9·5 社／9·14 関ヶ原合戦／10·1 関ヶ原合戦
小西与三右衛門　❺-1 1619·2 月 社
小西喜蔵　❽ 1941·10·26 社
小西来山　❺-2 1716·10·3 文／1783·是年 文
小西隆佐　❹ 1588·是年 政／1593·是年 文
小錦八十吉(初代)　❼ 1896·3 月 社
小錦八十吉(六代目)　❾ 1987·5·27 社／1989·11·26 社／1990·3·25 社
後二條天皇(邦治親王)　❸ 1285·2·2 政／1298·8·10 政／1301·1·21 政／3·24 政／1308·8·25 政
姑如(耽羅王)　❶ 675·8·1 政
小貫善右衛門　❺-2 1720·12·25 政
小沼　正　❼ 1932·2·9 政

小沼文彦　❾ **1998**·11·30 文

近衛篤麿　❻ **1884**·7·7 政／**1890**·11·4 政／**1894**·1·24 政／❼ **1896**·10·3 政／**1898**·11·2 政／**1900**·9·24 政／**1904**·1·2 政

近衛家久(敏君)　❺-1 **1715**·8·12 政／❺-2 **1722**·5·3 政／**1726**·6·1 政／**1733**·1·25 政／2·1 文／**1737**·8·17 政

近衛家平　❸ **1305**·1·29 政／12·17 政／**1309**·10·15 政／**1312**·11·13 政／**1313**·7·12 政／12·26 政／**1315**·9·22 政／**1324**·5·15 政

近衛家熙　❺-1 **1686**·3·26 政／**1688**·2·16 政／**1693**·8·7 政／**1704**·1·11 政／**1707**·11·27 政／**1708**·3·8 政／**1709**·6·21 政／7·2 政／**1710**·12·25 政／**1711**·7·18 政／**1712**·8·28 政／**1713**·3·9 政／4·9 文／**1715**·是夏 文／❺-2 **1721**·是年 文／**1736**·10·3 政

近衛家基　❸ **1282**·12·15 社／**1288**·7·11 政／**1289**·4·13 政／9·28 政／**1290**·5·17 社／**1291**·5·27 政／**1293**·2·25 政／11·27 政／**1295**·11·27 政／**1296**·6·19 政

近衛内前(貞君)　❺-2 **1740**·3·5 政／**1743**·5·11 政／**1745**·4·15 社／⑤·24 政／**1749**·2·8 政／2·13 政／**1757**·3·16 政／**1758**·5·6 政／**1762**·7·27 政／**1768**·5·25 政／11·25 文／**1770**·8·27 政／10·15 政／**1771**·4·18 政／**1772**·8·22 政／12·4 政／**1778**·2·8 政／**1785**·3·20 政

近衛兼嗣　❸ **1375**·11·18 政／**1378**·8·27 政／**1387**·2·7 政／⑤·6 政／**1388**·3·26 政

近衛兼教　❸ **1336**·9·2 政

近衛維子(これこ·盛化門院·皇太后維子)　❺-2 **1768**·11·25 政／**1772**·12·4 政／**1782**·9·3 政／**1783**·10·12 政

近衛前子(さきこ·中和門院)　❹ **1586**·12·16 政／❺-1 **1611**·3·27 政／**1620**·6·2 政／**1626**·9·6 政／**1629**·5·7 政／10·7 文／**1630**·7·3 政

近衛前久(前嗣·晴嗣·龍山)　❹ **1547**·2·17 政／**1553**·1·22 政／**1554**·3·2 政／**1555**·是年 政／**1557**·4·28 社／**1559**·6·10 政／**1560**·2·16 社／9·19 政／**1561**·11·27 政／**1562**·2·17 政／8·2 政／**1566**·1·22 文／**1567**·12·2 政／**1568**·11月 政／12·16 政／**1575**·9·20 政／**1576**·3·29 政／10·7 政／10·20 政／12·16 政／**1577**·2·26 政／**1580**·3·17 政／8·12 政／**1581**·6·28 政／**1582**·2·2 政／3·5 政／5月 政／**1598**·1·20 文／❺-1 **1612**·5·8 政

近衛実清　❸ **1397**·9·20 文

近衛敬子(すみこ·篤姫)　❻ **1856**·12·18 政

近衛忠嗣　❸ **1408**·4·20 政／**1443**·9·23 政／**1454**·6·30 政

近衛忠熈　❺-2 **1824**·1·5 政／**1838**·3 文／**1847**·6·15 政／❻ **1857**·1·4 政／**1858**·3·1 政／3·12 政／8·8 政／9·4 政／9·7 政／**1859**·1·10 政／2·5 政／3·28 政／**1862**·4·30 政／6·23 政／9月 政／12·9 政／**1863**·1·23 政／8·18 政／11·15 政／❼ **1898**·3·18 政

近衛忠房　❻ **1859**·2·5 政／**1862**·4·12 政／**1863**·12·23 政／**1867**·5·23 政／9·27 政／11·29 政

近衛稙家　❹ **1523**·3·9 政／**1525**·4·4 政／7·5 文／**1528**·8·20 政／**1531**·12·28 政／**1533**·2·5 政／**1535**·12·10 政／**1536**·⑩·21 政／**1537**·12·21 政／**1540**·5·26 政／12·3 政／**1541**·4·29 政／10·29 政／**1542**·2·25 政／3·3 政／③·28 文／6·17 文／11·20 政／**1544**·1·21 文／3·15 文／**1546**·1·7 文／**1547**·3·29 政／**1549**·6·24 政／**1551**·12月 文／**1552**·6·11 政／**1560**·6·2 政／9·17 社／**1566**·7·10 政／7·20 文

近衛経家　❸ **1389**·是年 政

近衛経忠　❸ **1324**·4·27 政／**1330**·8·25 政／**1333**·5·17 政／6·12 政／**1334**·2·23 政／**1335**·11·19 政／**1336**·8·15 政／**1337**·4·5 政／**1352**·8·13 政

近衛経平　❸ **1309**·10·15 政／**1313**·12·26 政／**1316**·10·21 政／**1318**·6·24 政

近衛経熙　❺-2 **1779**·1·14 政／**1787**·5·26 政／**1799**·6·25 政

近衛経宗　❸ **1430**·1·29 政

近衛直麿　❼ **1932**·7·22 文

近衛信尹(信輔·信基·三藐院)　❹ **1568**·11月 政／**1576**·5·19 文／**1583**·3·16 社／**1585**·3·10 政／**1587**·10·8 文／**1591**·12·28 政／**1593**·9·17 文／11·21 文／**1594**·4·15 政／**1595**·1·20 政／**1596**·9·15 政／**1597**·6·21 文／**1600**·8·16 関ヶ原合戦／9·7 関ヶ原合戦／❺-1 **1601**·1·26 政／**1605**·7·23 政／**1606**·11·10 政／**1607**·1·3 政／**1609**·是年 文／**1614**·11·25 政

近衛信尋　❺-1 **1612**·4·26 政／**1614**·1·14 政／**1618**·7·4 文／**1619**·10·18 政／是年 文／**1620**·1·13 政／**1621**·7·23 社／**1623**·⑧·16 政／**1629**·8·1 政／**1631**·1·20 文／**1634**·2·3 文／**1637**·9·15 文／**1649**·10·11 政

近衛教基　❹ **1462**·8·1 政

近衛晴嗣⇨近衛前久(さきひさ)

近衛尚子(新中和門院)　❺-2 **1720**·1·20 政／**1720**·1·27 政

近衛尚嗣　❺-1 **1640**·11·3 政／12·25 政／**1642**·1·19 政／**1647**·7·3 政／**1651**·12·8 政／**1653**·7·17 政／7·19 政

近衛尚通　❹ **1490**·2·30 文／3·5 政／**1493**·3·28 政／**1496**·12·3 政／**1497**·6·7 政／**1498**·2·5 文／**1510**·9·16 文／**1511**·3·6 文／**1512**·7·7 文／**1513**·10·5 政／**1514**·8·12 政／**1516**·5·1 文／7·11 文／12·27 政／**1517**·3·5 文／**1519**·7·14 文／**1520**·3·23 文／8·13 社／**1523**·9·2 文／**1525**·7·5 文／**1529**·4·26 文／6·20 文／9·12 文／**1530**·2·17 文／**1531**·⑤·28 文／11·26 文／**1532**·9·7 文／12·21 社／**1534**·6·8 政／**1544**·8·26 政

近衛秀麿　❼ **1920**·3·31 文／**1925**·3月 文／**1926**·9·12 文／10·5 文／**1927**·2·20 文／9·4 文／**1930**·2·22 文／**1936**·12·20 文／❽ **1945**·12·6 文／**1946**·6·6 文／**1947**·7·12 文／10·28 文／**1948**·4·5 文

近衛熙子(天英院)　❺-1 **1679**·6·26 政／❺-2 **1741**·2·28 政

近衛房嗣　❸ **1426**·7·24 政／**1429**·8·4 政／**1438**·9·4 政／**1442**·10月 政／**1445**·11·23 政／**1446**·4·13 政／**1447**·6·15 政／❹ **1461**·12·25 政／**1466**·②·16 文／6·15 文／**1467**·6·7 政／**1471**·1·1 政／**1477**·7·1 文／**1478**·11·27 社／**1488**·10·19 政

近衛文麿　❼ **1921**·9·1 社／**1925**·3·29 政／**1927**·11·12 政／**1932**·1·17 政／**1934**·5·17 政／6·8 政／**1936**·3·4 政／❽ **1937**·6·4 政／7·24 政／9·11 社／**1938**·1·15 政／1·20 政／9·1 文／11·3 政／12·22 政／12·23 政／**1939**·1·4 政／1·5 政／**1940**·6·24 政／7·17 政／7·22 政／9·6 政／10·12 政／12·21 政／**1941**·6·16 政／7·1 社／7·16 政／8·4 政／9·6 政／10·12 政／10·15 政／10·16 政／**1944**·7·2 政／7·17 政／7·22 社／**1945**·2·7 政／7·10 政／8·17 政／10·4 政／10·11 政／10·21 政／11·1 政／11·22 政／12·6 政／12·16 政

近衛冬実　❸ **1392**·⑩·2 政

近衛政家　❹ **1466**·4·16 文／**1470**·12·23 文／**1475**·3·10 政／**1476**·8·28 政／**1478**·12·25 社／**1479**·2·27 政／4·19 政／**1480**·2·29 文／5月 文／**1481**·12·28 政／**1482**·3·3 文／**1483**·2·24 政／**1485**·③·16 文／**1487**·7·27 文／**1488**·3·9 文／9·17 政／**1489**·1·10 文／**1494**·7·29 文／**1498**·9·13 文／**1499**·3·11 文／4·20 文／**1503**·9·24 社／12·4 政／**1505**·6·19 政

近衛道嗣　❸ **1347**·9·16 政／**1349**·9·13 政／**1356**·1·25 文／8·15 文／**1357**·1·25 文／**1358**·9·13 文／**1360**·2·16 文／④·2 文／9·30 政／**1361**·1·30 文／11·9 政／**1363**·6·27 政／**1368**·6·10 文／**1369**·9·3 文／**1373**·3·30 社／**1375**·4·21 文／5·25 文／7·16 政／**1376**·5·3 政／**1377**·12·15 文／**1378**·6·23 文／8·3 文／**1383**·9·17 文／**1387**·3·17 政

近衛宗忠　❸ **1430**·1·29 政

近衛基前　❺-2 **1799**·3·16 政／**1814**·4·2 政／**1815**·1·4 政／**1820**·4·19 政

近衛基嗣　❸ **1326**·11·1 政／**1330**·2·26 政／**1331**·2·1 政／**1337**·4·5 政／**1338**·5·19 政／**1344**·1·6 政／**1350**·12·26 政／**1354**·4·8 政

近衛基熙　❺-1 **1661**·1·18 政／**1665**·1·11 政／**1671**·5·25 政／**1673**·5·9 政／**1677**·12·8 政／**1679**·6·26 政／**1682**·是年 政／**1690**·1·13 政／

10 月 文／**1701**·3·3 政／**1703**·1·14 政／**1706**·2·18 政／**1709**·10·25 政／**1710**·3·30 政／4·27 文／6·23 政／**1712**·3 月 社／4·11 政／4·24 政／❺-2 **1722**·9·14 政
近衛良嗣　❸ **1399**·2·22 政／**1402**·8·22 政
近衛龍山⇨近衛前久(さきひさ)
近衛⇨藤原(ふじわら)姓も見よ
近衛天皇(躰仁·体仁親王)　❷ **1139**·5·18 政／8·17 政／**1141**·12·7 政／**1152**·3·7 政／**1153**·9·23 政／**1155**·7·23 政／12·11 政
近衛局　❷ **1195**·7·28 社
木島桜谷　❽ **1938**·11·3 文
己能末多干岐　❶ **529**·4·7
木庭　顕　❾ **2011**·4·12 文
小把源太夫　❺-2 **1775**·5·27 社
木庭二郎　❽ **1948**·9 月 文
木場良平　❾ **1992**·7·25 社
小橋一太　❼ **1929**·7·2 政／11·29 政
小橋元雄　❼ **1912**·1·16 文
小橋川朝昇　❺-2 **1849**·是年 文
小長谷政良　❺-2 **1808**·11·26 社
小幡重次　❹ **1597**·2·21 文
小畑マサエ　❽ **1962**·4·14 政
小畠重増　❸ **1436**·4·2 社
小花作助　❻ **1875**·10·22 政
後花園天皇(彦仁親王)　❸ **1419**·6·18 政／**1425**·7·28 政／**1428**·7·12 政／7·28 政／**1429**·12·27 政／**1431**·3·6 文／7·28 文／**1435**·12·29 文／**1436**·5·17 文／**1437**·1·21 文／2·4 文／5·1 文／8 月 社／11·18 文／**1438**·5·28 文／8·15 文／❹ **1461**·4·9 文／**1464**·7·16 政／**1467**·10·17 文／**1469**·12·7 政／**1470**·11·15 文／12·27 政
庁鼻憲信　❸ **1440**·7·4 政
小早川篤四郎　❽ **1944**·11·25 文
小早川氏平　❸ **1351**·8·19 政／**1357**·8·21 社
小早川円照　❸ **1340**·4·26 社
小早川興景　❹ **1544**·11 月 政
小早川興平　❹ **1512**·10·18 政
小早川景平　❸ **1338**·3·3 政
小早川景宗　❸ **1338**·2·24 社
小早川定平　❸ **1299**·4·10 政
小早川貞平　❸ **1337**·3·12 政／**1351**·6·12 政／**1356**·2·17 政／**1375**·2·9 政
小早川実義　❸ **1360**·④·1 政／**1364**·10·23 政
小早川重景　❸ **1338**·2·24 社／**1346**·6·29 社／**1358**·8·9 政／**1363**·6·29 社
小早川茂平　❷ **1223**·3·12 政／**1243**·2 月 政／**1245**·11·21 社／**1264**·4·20 政／**1266**·4·9 政
小早川重宗　❸ **1363**·6·29 社
小早川将監　❸ **1353**·5·14 政
小早川四郎三郎　❸ **1355**·4·29 政
小早川相順　❸ **1338**·3·3 政
小早川隆景(徳寿丸)　❹ **1547**·4·28 政／**1550**·是年 政／**1555**·9·21 政／**1557**·2·9 社／11·25 社／**1558**·5·20 政／**1559**·7 月 政／**1561**·8 月 政／9·18 政／10·10 政／**1563**·8·13 政／**1564**·7·27 政／**1566**·5·1 文／11·19 政／**1568**·4 月 政／6 月 政／8 月 政／9·4 政／**1569**·3·18 政／5·18 政／10·12 政／12·16 政／**1570**·1·28 政／**1571**·2·23 政／4·11 政／6·12 政／7·23 政／**1572**·4·5 政／**1573**·7·24 政／**1575**·1·1 政／5·22 政／6·7 政／8·17 社／8·29 政／**1576**·6·11 政／**1577**·3·1 政／⑦·20 政／**1578**·3·26 社／4·18 政／5·23 政／7·3 政／**1579**·1·7 政／5·27 政／8·8 政／12·24 政／**1580**·3·2 社／**1582**·1 月 政／5·7 政／6·2 社／**1583**·2·2 政／4·23 社／**1585**·2·13 政／8·6 政／12·21 政／**1586**·4·10 政／7·29 政／8·16 政／11·7 政／11·15 政／12·7 政／12·20 政／**1587**·2·6 社／3·29 政／6·7 政／9·7 政／12·6 政／**1588**·1·19 政／3·1 文／⑤·13 政／7·19 政／**1589**·1·2 政／12·4 政／是年 文／**1590**·2·17 社／5·7 政／7·15 政／7·16 文／**1591**·3·13 政／**1592**·1·24 文禄の役／3·22 文禄の役／5·3 文禄の役／5·27 文禄の役／7·9 文禄の役／8·7 文禄の役／**1593**·1·21 文禄の役／3·15 文禄の役／4·18 文禄の役／6·29 文禄の役／8·6 文禄の役／⑨·21 文禄の役／**1594**·7·10 文／11·13 政／12·14 社／是年 文／**1595**·7 月 政／12·1 政／**1596**·1·16 社／**1597**·6·12 政／是年 社
小早川竹王丸　❷ **1266**·4·9 政
小早川経平　❸ **1337**·8·14 政
小早川常平　❹ **1541**·1·30 政／**1597**·12·4 政
小早川遠平　❷ **1184**·7 月 政
小早川朝平　❸ **1314**·7·21 政
小早川仲好　❸ **1393**·5 月 社／9 月 社／**1395**·11 月 社／**1398**·5·13 政／**1399**·3·27 社
小早川則平(常嘉)　❸ **1404**·2·28 政／**1405**·2·28 政／**1414**·4·11 政／**1418**·11·29 政／**1420**·1·5 政／**1422**·5·16 政／**1423**·1·1 政／**1424**·3·4 政／**1425**·1·9 政／**1426**·1·4 政／**1427**·1·13 政／**1428**·1·7 政／**1430**·1·17 政／**1432**·11·6 政／**1433**·1·26 政／3·21 政／4 月 政
小早川春平　❸ **1357**·7·22 政／**1363**·9·10 政／**1371**·③·12 政／**1397**·8 月 社／**1398**·10·8 社／**1400**·1·26 政／**1402**·1·7 政
小早川秀秋(秀詮)　❹ **1597**·5·22 慶長の役／6·13 慶長の役／7·17 慶長の役／8·4 慶長の役／**1598**·4·2 政／**1599**·2·5 政／③·9 政／6·27 社／**1600**·7·23 関ヶ原合戦／7·26 社／9·8 関ヶ原合戦／9·14 関ヶ原合戦／9·18 関ヶ原合戦／❺-1 **1601**·4·19 社／**1602**·10·18 政
小早川秀包(元総·幸鶴丸)⇨毛利(もうり)秀包
小早川弘景(陽満、初代)　❸ **1384**·11·21 政／**1386**·3·10 政／**1398**·5·13 政／**1427**·11·10 政／**1443**·8·12 政／**1450**·6·24 政
小早川弘景(初代の孫、二代目)　❹ **1467**·12·29 政／**1473**·9 月 政／**1474**·12·18 政
小早川熙平　❸ **1433**·4 月 政／**1440**·6·27 政／**1442**·10·26 政／**1444**·2·29 社／4·5 政／**1450**·11·16 政／❹ **1467**·12·29 政／**1469**·2·10 政
小早川弘平　❹ **1511**·8·16 政／**1536**·1·22 社
小早川備後入道　❸ **1368**·9 月 政
小早川孫太郎　❸ **1333**·5·6 政
小早川又鶴丸　❹ **1550**·是年 政
小早川万福丸　❸ **1338**·2·24 社
小早川民部大輔　❸ **1319**·⑦·25 政
小早河宗平　❸ **1384**·11·21 政
小早川持平　❸ **1414**·4·11 政／**1433**·4 月 政／**1439**·6 月 政／**1440**·是年 政／❹ **1460**·4·26 政／**1464**·1·1 政／**1465**·1·12 政／**1467**·1·8 政／**1469**·1·2 政／**1472**·1·2 政／**1473**·1·6 政／**1474**·1·20 政／**1478**·1·9 政／**1479**·1·1 政／**1480**·3·7 政／**1484**·1·5 政／**1485**·1·5 政／**1488**·1·9 政／**1489**·1·13 政／**1490**·1·10 政／**1491**·1·16 政／**1493**·1·11 政／**1503**·4·1 政／**1504**·1·9 政
小早川元平　❹ **1471**·12·9 政／**1473**·9 月 政／**1474**·12·18 政／**1481**·1·27 政
小早川盛景　❸ **1425**·⑥·20 政／9·16 政／**1427**·11·10 政／**1436**·7·8 政／**1450**·6·24 政／**1455**·7·10 政／❹ **1471**·⑧·24 政
小早川義春　❸ **1364**·10·23 政
小早川敬平　❹ **1499**·4·11 政
小早川生口因幡入道　❸ **1423**·3 月 社
小林　旭　❽ **1962**·11·5 社／**1964**·6·25 文
小林　中　❽ **1958**·11·28 文
小林綾子　❾ **1983**·4·4 社
小林　勇　❽ **1939**·3·30 政／**1960**·是年 社
小林一庵　❻ **1890**·8·1 文
小林一三　❼ **1907**·10·19 社／**1932**·8·12 文／❽ **1940**·7·22 政／8·28 政／**1945**·10·30 政／11·5 政／**1957**·1·25 政
小林一孝　❽ **1961**·2·1 社
小林一茶(弥太郎)　❺-2 **1795**·是年 文／**1808**·11 月 文／**1811**·是年 文／**1819**·12 月 文／**1827**·11·19 文
小林猪野五郎　❺-2 **1830**·8·13 政
小林丑三郎　❼ **1930**·1·16 文
小林歌城　❺-2 **1852**·是年 文
小林栄吉　❽ **1944**·9 月 文
小林英三　❽ **1955**·11·22 政
小林永濯　❻ **1874**·5 月 文／**1890**·5·27 文
小林　修　❾ **2011**·6·28 文
小林　攻　❾ **2006**·12·2 社
小林カウ　❽ **1961**·4·12 社
小林瓦斎　❻ **1862**·1·10 文
小林歌城　❻ **1862**·2·8 文
小林勝彦　❾ **2005**·5·6 文
小林柯自　❼ **1933**·9·3 文／❽ **1943**·11·8 文

小林喜平次　❺-2 1736·2·16 政
小林可夢偉　❾ 2012·10·7 社
小林義兄　❺-2 1815·是年 文
小林喜三郎　❼ 1914·3·17 文
小林吉次郎　❼ 1911·5·23 社
小林吉之助　❺-2 1791·7月 社
小林喜平　❺-2 1819·10·19 社
小林久平　❼ 1936·11·6 文
小林清親(勝之助)　❼ 1915·11·28 文
小林金平　❻ 1871·7月 社
小林樟雄　❻ 1885·11·23 政／1888·3·28 政／1894·7·4 政／❼ 1906·9·9 政／1920·4·9 政
小林蔵三　❼ 1934·12月 政
小林桂樹　❾ 2010·9·16 文
小林桂之助　❻ 1867·12·16 政
小林健次　❽ 1957·1·22 文
小林憲司　❾ 2005·9·18 社
小林謙貞　❺-1 1667·是年 文
小林源之助　❺-2 1791·是年 政
小林元雄　❺-2 1809·是年 文
小林興起　❾ 2005·8·21 政／2012·8·9 政
小林幸左衛門　❺-2 1717·7·17 社
小林耕作　❻ 1887·11月 社
小林宏治　❾ 1996·11·30 政
小林幸八　❻ 1859·10·11 政
小林孝平　❽ 1953·1·6 政
小林吾橋　❼ 1927·11·12 文
小林古径(茂)　❼ 1900·10月 文／1912·10·13 文／1915·10·11 文／1917·9·10 文／是年 文／1918·9·10 文／1919·9·1 文／是年 文／1921·9·1 文／1924·9·2 文／1926·9·4 文／1927·是年 文／1928·9·3 文／1930·9·3 文／11·8 文／1931·9·3 文／是年 文／1932·是年 文／1934·9·3 文／1935·是年 文／1936·6·12 文／是年 文／❽ 1946·是年 文／1950·11·3 文／1951·9·1 文／1957·4·3 文
小林小太夫　❺-2 1832·6·19 社
小林三郎右衛門　❺-2 1844·11月 政
小林次右衛門　❺-2 1762·12·29 政
小林自閑斎　❺-2 1812·5月 社
小林重規　❺-2 1833·是年 文
小林　繁　❾ 1978·11·21 社／2010·1·17 社
小林至静　❺-2 1842·是年 文
小林治部右衛門　❺-1 1693·6·3 社
小林重太郎　❻ 1879·是年 文
小林　純　❾ 1967·4·5 社
小林俊一　❾ 2012·11·15 文
小林順一郎　❼ 1933·10·15 政
小林庄之助　❺-2 1807·是年 政
小林次郎左衛門　❺-1 1666·6·5 政
小林新助　❺-1 1708·3·10 文
小林季景　❹ 1512·4·16 政
小林祐良　❺-2 1725·11·21 文
小林すすむ　❾ 2012·5·16 文
小林蹐造　❽ 1962·7·4 政
小林節太郎　❾ 1977·8·12 政
小林仙次郎　❻ 1856·2·7 文
小林千之助　❺-1 1694·11·12 社
小林惣右衛門　❹ 1570·2·27 政
小林惣兵衛　❺-1 1685·2·21 文
小林太平　❾ 2012·6·12 文
小林　隆　❾ 1992·3·12 文
小林高英　❺-2 1790·是年 文
小林孝至　❾ 1988·9·17 社
小林多喜二　❼ 1929·5月 文／1933·2·20 文／3·15 文
小林　武　❽ 1958·8·15 社／12·15 文／1959·7·28 文
小林武治　❽ 1963·7·18 政／❾ 1966·12·3 政／1967·11·25 政／1970·1·14 政
小林忠良　❺-2 1835·是年 文
小林太郎衛門　❺-1 1702·12·12 社
小林弾右衛門　❺-1 1694·11·12 社
小林千登勢　❾ 2003·11·26 文
小林千紘　❾ 2001·3·28 社
小林千代美　❾ 2010·3·1 政
小林鼎輔　❻ 1861·6·10 文
小林天淵　❺-2 1839·是年 文
小林斗盦　❾ 2004·11·3 文／2007·8·13 文
小林時喬　❺-1 1638·6月 社／1640·9·15 社
小林徳三郎　❽ 1949·4·18 文
小林敏峯　❾ 1999·12·10 政
小林富次郎　❻ 1891·10·30 社／❼ 1902·8月 社／1910·12·13 社
小林虎三郎　❻ 1870·6·15 文
小林南峰　❻ 1886·9·14 文
小林延子　❼ 1927·9·21 社
小林則子　❾ 1975·9·21 社／11·18 社
小林紀茂　❼ 1907·11·19 社
小林範仁　❾ 2009·2·26 社
小林ハル　❾ 2005·4·25 文
小林治雄　❾ 2010·1·26 文
小林春郷　❺-2 1752·2·15 政／1753·12·24 社
小林半之丞　❺-1 1713·⑤·11 政
小林久敬　❻ 1869·3月 社
小林秀雄　❼ 1924·1月 文／1930·5月 文／1933·10月 文／❽ 1937·2月 文／1942·6月 文／❾ 1967·11·3 文
小林英夫　❾ 1978·10·5 文
小林　弘　❾ 1967·12·14 社／1968·10·5 社
小林文七　❼ 1923·3·8 文
小林文素　❺-2 1825·9·22 文
小林平一　❾ 2002·9·20 文
小林　誠　❾ 2001·10·30 文／2008·10·7 文／12·10 文
小林正樹　❾ 1969·7·25 文／1996·10·4 文
小林正次　❼ 1928·8·13 文／11·1 文／1929·12·27 社
小林正与　❺-1 1714·8·5 社
小林政広　❾ 2007·8·11 文
小林真己　❾ 2007·11·14 政
小林雅道　❾ 1997·4·1 文
小林万吾　❼ 1896·6·6 文／1898·是年 文／1900·9·20 文／1903·3·1 文／1907·10·25 文／❽ 1947·2·6 文／12·6 文
小林美恵　❾ 1990·8·28 文
小林光次　❽ 1949·2·12 政
小林　稔　❼ 1935·9·20 文
小林深雪　❾ 2006·3·10 社
小林茂兵衛　❺-2 1739·8·3 社
小林康治　❾ 1992·2·3 文
小林安兵衛　❻ 1884·5·15 政
小林祐三　❻ 1860·8·8 文
小林行雄　❾ 1969·5·7 文／1989·2·2 文
小林　温　❾ 2007·9·3 政
小林祐梨子　❾ 2006·5·6 社
小林与右衛門　❺-1 1690·1·12 社
小林与作　❻ 1861·是年 社
小林愛雄　❼ 1914·10·1 文
小林芳雄　❽ 1939·7·25 政
小林良景　❹ 1457·5·14 政
小林良定　❹ 1512·4·16 政
小林良典　❻ 1858·9·7 政
小林良正　❼ 1936·7·10 政
小林良美　❾ 2000·9·15 社
小林理左衛門　❺-1 1641·4·26 政
小林礼次郎　❾ 2011·8·13 政
小林六造　❽ 1954·4·27 文
小林尾張守　❹ 1517·3·2 政
小原(こはら)　保　❽ 1963·3·31 社
小針暦二　❾ 1993·11·7 政
小針重雄　❻ 1886·7·2 政
古筆了意(三代目)　❺-1 1684·4·20 文
古筆了意(九代目)　❺-2 1834·8·6 文
古筆了栄　❺-1 1678·10·8 文
古筆了延　❺-2 1774·7·15 文
古筆了佐　❺-1 1662·1·28 文
古筆了周　❺-1 1686·1·1 文
古筆了泉(八代目)　❺-2 1783·7·30 文
古筆了仲(三代目)　❺-2 1736·8·30 文
古筆了仲(岡村屋庄助)　❻ 1879·6·25 文／1885·6·21 文
古筆了伴　❺-2 1848·是年 文
古筆了珉(五代目)　❺-1 1701·2·19 文
小日山直登　❽ 1945·5·19 政／8·17 政／12·14 政
小檜山雅仁　❾ 1992·7·25 社
古標大秀(僧)　❸ 1437·3·25 社
ゴビンダ，マイナリ(ネパール)　❾ 2012·6·7 社
コピンドール，ラルフ(英船長)　❺-1 1615·7·18 政
後深草天皇(久仁親王)　❷ 1243·6·10 政／8·4 社／8·10 政／1246·1·29 政／3·11 政／1249·2·1 政／1259·11·26 政／❸ 1288·2·7 政／1290·2·11 政／1291·11·25 政／1294·1·29 政／1295·1·16 政／1296·1·13 政／1299·10·13 政／1300·3·6 文／1304·7·16 政／8月 文
小藤平蔵　❻ 1865·5·17 政
後伏見天皇(胤仁親王)　❸ 1288·3·3 政／1289·4·25 政／1298·7·22 政／10·13 政／1301·1·21 政／1304·7·16 政(囲み)／1313·10·14 政／1314·5·20 政／1317·8·2 政／1319·8·22 文／1324·4·12 政／1333·5·28 政／6·26 政／1335·6·17 政／1336·4·6 政
小船幸次郎　❽ 1939·1月 文
子部黒田　❶ 741·10月 文
子部小宅女　❶ 742·10·17 社
コペルニクス(地動説)　❺-2 1809·是年 文
五峰(王直、明)　❹ 1556·4·1 政
孤蓬万里　❾ 1998·12·15 文

古邦恵淳(僧)　❸ **1333**·5·9 政／**1453**·6·28 社
孤峰覚明(僧)　❸ **1311**·是春 政／**1335**·10·15 社／**1347**·4·3 社／**1361**·2月 文／5·24 社
小堀杏奴　❾ **1998**·4·2 文
小堀遠州(政一)　❺-1 **1612**·9月 文／是年 文／**1618**·9月 政／**1621**·10·4 文／是年 文／**1623**·是年 政／**1624**·1·5 政／**1626**·1月 政／**1627**·11月 政／**1628**·9月 政／**1629**·6·2 文／**1632**·5·12 文／9·24 文／**1633**·7月 政／**1634**·6月 文／8月 文／**1638**·是年 文／**1640**·7·6 文／**1641**·1·10 文／6·29 文／**1644**·是年 文／**1645**·10·21 文／**1646**·12·22 文／**1647**·2·6 政／2·6 文
小堀喜太夫　❺-1 **1644**·是年 文
小堀賢庭　❺-1 **1630**·4月 文
小堀甚二　❽ **1959**·11·30 文
小堀宗慶　❾ **2011**·4·24 文
小堀宗舟　❼ **1900**·8·31 文
小堀鞆音(桂三郎)　❻ **1891**·11·21 文／❼ **1896**·9·20 文／**1897**·3·15 文／10·25 文／**1898**·1月 文／3·29 文／10·15 文／**1917**·6·11 文／**1931**·10·1 文
小堀寅吉　❻ **1861**·5·28 政
小堀政一⇨小堀遠州(えんしゅう)
小堀政方　❺-2 **1781**·5·28 政／**1785**·9·26 社／**1788**·3·6 政
小堀政貴　❺-1 **1704**·6·23 文
小堀政尹　❺-1 **1694**·8·4 文
小堀正次　❺-1 **1604**·2·29 政
小堀政恒　❺-1 **1674**·8·24 政／**1692**·2·23 政
小堀正憲　❺-1 **1681**·是年 政
小堀政弘　❺-2 **1787**·2·23 政
小堀政峰(政岑)　❺-2 **1760**·12·16 政
小堀正之　❺-1 **1647**·2·6 文／**1674**·8·24 政
小堀政可　❺-1 **1654**·5·6 社
小堀主水　❺-2 **1785**·9·26 社
小堀佑介　❾ **2008**·5·19 社
後堀河天皇(茂仁親王)　❷ **1212**·2·18 政／**1221**·7·9 政／12·1 政／**1232**·10·4 政／**1234**·8·6 政
悟本(宋僧)　❷ **1073**·6·12 政
許満(新羅使)　❶ **690**·2·25 政
狛　朝葛　❷ **1270**·是年 文／❸ **1331**·3·9 文
巨万(高麗)大山　❶ **754**·4·7 政／**761**·10·22 政／**762**·10·1 政
高麗希松　❸ **1368**·5·21 政
古満休意　❺-1 **1663**·9·29 文
古満久蔵(三代目)　❺-2 **1732**·1·29 文
古満久蔵(四代目)　❺-2 **1758**·10·3 文
古満休伯(久蔵、二代目)　❺-1 **1689**·是年 文／**1715**·8·10 文
狛　清光　❷ **1167**·4·30 文
狛　高季　❷ **1100**·10·15 文
狛　近真　❷ **1233**·是年 文／**1240**·12·13 文／**1242**·1·25 文
狛　近成　❸ **1290**·12·30 文
狛　近信　❺-2 **1820**·7·5 文
狛　近元　❺-1 **1664**·2月 文
狛　近保　❸ **1293**·7·16 文
高麗経澄　❸ **1351**·12·17 政／12·29 政／**1363**·4·25 社
高麗殿嗣　❶ **778**·9·21 政
狛　延重　❷ **1046**·10·28 社
狛　則友　❷ **1122**·8·21 文
高麗広山　❶ **762**·3·1 政
高麗福信　❶ **763**·1·9 政／**764**·1·20 政／**770**·5·9 政／**776**·3·5 政
狛　光季　❷ **1095**·1·17 文／8·1 文／**1111**·8·21 文／**1112**·10·22 文
狛　光高(楽人)　❷ **1048**·3·1 文
狛　光近　❷ **1182**·4·29 文
狛　光朝　❷ **1177**·3·5 文
狛　光行　❷ **1167**·4·30 文
高麗宮知　❶ **645**·9·3 政
狛　行高　❷ **1120**·7·19 文
駒井角右衛門　❺-2 **1767**·4·24 政
駒井源琦　❺-2 **1797**·8·8 文／是年 文
駒井高白斎⇨駒井政武(まさたけ)
駒井重勝　❹ **1593**·1·9 社／⑨·23 文／**1594**·3·20 政
駒井志津摩　❻ **1861**·5·16 社
小舞庄左衛門　❺-1 **1668**·12·24 文
駒井親直　❺-1 **1628**·2·6 政
駒井親行　❺-1 **1681**·1·28 政
駒井哲郎　❽ **1952**·4·10 文／**1953**·7·12 文／❾ **1976**·11·20 文
駒井徳三　❽ **1961**·5·13 政
駒井信興　❻ **1868**·1·5 政
駒井半五郎　❻ **1861**·5·16 社
駒井昌勝　❺-1 **1681**·1·28 政
駒井政武(高白斎)　❹ **1542**·9·26 政／**1546**·8·3 社／**1550**·1·27 文
狛江増西　❷ **1208**·5·26 政
小牧近江　❼ **1921**·2月 文／**1924**·6月 文／❾ **1978**·10·29 文
小牧正英　❾ **2006**·9·13 文
小牧泰国　❸ **1412**·11·26 政
駒木根政方　❺-1 **1706**·1·11 社
駒澤金左衛門　❺-1 **1667**·2·15 政
駒澤利斎(初代)　❺-2 **1746**·7月 文
己麻次　❶ **554**·2月
胡奢魔允(胡奢魔犬)　❹ **1457**·5·14 政
小俣吉左衛門　❺-1 **1668**·4·1 政
駒田好洋(万次郎)　❼ **1935**·8·11 社
駒田信二　❾ **1994**·12·27 文
狛大法師(僧)　❶ **645**·8·8 社
小松　彰　❻ **1878**·6·1 政
小松英太郎　❼ **1919**·12·26 政／**1920**·12·25 文
小松謙次郎　❼ **1924**·1·1 政
小松耕輔　❼ **1904**·2月 文／**1906**·6·2 文／❽ **1944**·是年 文
小松左京　❽ **1963**·3月 文／❾ **1973**·3月 文／**2011**·7·26 文
小松茂美　❾ **1976**·7月 文／**2010**·5·21 文
小松伸六　❾ **2006**·3·20 文
小松帯刀　❻ **1862**·3·16 政／**1864**·6·27 政／**1865**·7·17 政／10·15 政／**1866**·1·21 政／**1867**·3·25 政／4·12 政／5·21 政／6·16 政／8·14 政／9·9 政／10·8 政／10·17 政／**1868**·4·28 政
小松智光　❾ **2003**·12·24 社
小松典膳　❺-2 **1846**·8·6 社
小松　均　❼ **1928**·6·28 文／11月 文／❽ **1947**·9·1 文／❾ **1973**·是年 文／**1974**·是年 文／**1989**·8·23 文
小松福次郎　❻ **1857**·4·13 政
小松方正　❾ **2003**·7·11 文
小松正英　❽ **1946**·8·9 文
小松弥右衛門　❺-1 **1711**·是年 社
小松　康　❾ **1999**·3·20 政
小松与七　❻ **1893**·1·28 社
小松宮彰仁親王　❼ **1898**·1·20 政／**1902**·4·19 政／**1903**·2·18 政
小松宮嘉彰親王⇨嘉彰(よしあき)親王
小松崎　茂　❾ **2001**·12·7 文
小松原英太郎　❻ **1876**·1月 政／**1879**·5·12 社／**1888**·10·5 政／❼ **1908**·7·14 政
小松原恭斎　❺-2 **1844**·8·7 文
小松原次郎右衛門　❺-1 **1696**·12·14 社
小松原翠渓　❺-2 **1834**·12·30 文
小松屋喜兵衛　❺-1 **1704**·是年 社
小松屋仲右衛門　❺-1 **1686**·是年 政
小松屋百亀　❺-2 **1793**·12·9 文
こまどり姉妹　❾ **1966**·5·9 社
狛竪部子麻呂　❶ **653**·6月 文
五味一明　❼ **1936**·6·18 文
五味勘右衛門　❺-1 **1617**·11·3 政
五味金右衛門　❺-1 **1613**·是年 政
五味小左衛門　❺-1 **1695**·6·20 政
五味藤五郎　❺-2 **1740**·8月 政
五味豊直　❺-1 **1618**·9月 政／**1624**·1·5 政／**1634**·8·5 社／**1653**·6·23 政
五味豊旨　❺-1 **1677**·2月 社／**1681**·是年 政
五味川純平　❾ **1995**·3·8 文
五味康祐　❽ **1952**·12月 文／**1953**·1·22 文
後水尾天皇(政仁親王)　❹ **1596**·6·4 政／❺-1 **1608**·9·26 政／**1610**·2·12 政／**1611**·3·27 政／4·12 政／**1619**·9·5 政／10·18 政／**1626**·9·6 政／**1629**·11·8 政／**1630**·12·10 政／**1633**·3·12 政／**1651**·5·6 政／**1658**·3·12 文／**1659**·4·14 文／**1660**·5·12 文／**1661**·8·15 文／**1662**·3·28 文／**1663**·3·6 文／**1664**·12·4 文／**1665**·是年 社／**1667**·9·6 文／**1669**·3·27 文／**1671**·9·13 文／**1673**·3·13 文／4·2 文／**1675**·9·6 文／11·14 文／**1677**·10·2 政／**1678**·2·13 文／**1680**·8·19 政／**1690**·是年 文
小南五郎　❻ **1882**·2·22 政
小南　清　❽ **1944**·2·1 文
小南弘久　❾ **1968**·12·17 社
小南平三　❹ **1546**·8·20 政
小南良和　❻ **1863**·9·21 政
小峰弘致　❺-1 **1699**·是年 文
小嶺弘興　❺-1 **1679**·是年 文
小峰政重　❹ **1510**·9·9 政
小峰義親⇨結城(ゆうき)義親
小蓑庵(仁井田)碓嶺　❺-2 **1846**·4·23 文
小宮康助　❽ **1955**·1·27 文／2·15 文
小宮次郎右衛門　❺-2 **1808**·是年 文
小宮善右衛門　❺-1 **1636**·是年 社

小宮豊隆　❼ 1909·11·25 文／1917·5月 文／❾ 1966·5·3 文
小宮隆太郎　❾ 2002·11·3 文
小宮山重四郎　❾ 1976·12·24 政
小宮山太郎兵衛　❺-2 1782·7·25 政
小宮山長蔵　❼ 1907·11·15 社
小宮山次男　❽ 1947·1·31 政
小宮山天香　❻ 1888·7·10 文
小宮山南梁　❼ 1896·12·25 文
小宮山昌秀(造酒之介·次郎衛門·忍軒·楓軒)　❺-2 1840·3·2 文
小宮山昌世(君延·杢之進·謙亭)　❺-2 1734·7·6 政
小宮山洋子　❾ 2011·9·2 政
護命(僧)　❶ 819·5·19 社／834·9·11 社
小村寿太郎　❻ 1875·7·18 文／1891·5·9 文／1893·3·11 政／1894·6·7 日清戦争／1895·10·8 政／❼ 1896·4·17 政／5·14 政／1901·9·21 政／1902·10·2 政／1903·4·20 政／6·23 政／1904·1·6 政／2·5 日露戦争／1905·7·2 日露戦争／11·2 政／1909·2·2 政／12·8 政／1911·11·26 政
小村雪岱　❼ 1912·7月 文／❽ 1940·10·17 文
後村上天皇(義良親王)　❸ 1332·3·8 政／1333·10·20 政／1335·12·22 政／1336·3·10 政／1337·1·8 政／8·11 政／1338·1·2 政／2·14 政／⑦·26 政／9月 政／1339·3月 政／8·15 政／1340·6·29 政／1348·1·6 政／1·24 政／1351·5·14 政／1352·2·3 政／5·11 政／1353·7·25 政／10·28 政／1357·5月 政／1359·12·23 政／1362·9·1 政／1365·4·24 社／1368·3·11 政
小紫(遊女)　❺-1 1679·11·3 社
小室信夫(利喜蔵·信太夫)　❻ 1874·1·17 政／9月 政／1882·7·14 社／1883·11·20 政／❼ 1898·6·5 政
小室信介(案外堂)　❻ 1885·8·25 文
小室翠雲(貞次郎)　❼ 1913·10·15 文／1921·10月 文／❽ 1945·3·30 文
小室哲哉　❾ 2008·11·4 文
小室直樹　❾ 2010·9·4 文
小室六太夫　❺-1 1668·1·23 社
ゴメス，ルイス　❹ 1583·6·17 政／1588·11·26 社／1598·9月 政／❺-1 1634·5·11 社
米屋藻左衛門　❺-2 1784·3·26 政
菰田金次郎　❺-2 1827·是年 社
小茂田青樹　❼ 1919·9·1 文／1931·9·3 文
後桃園天皇(英仁親王)　❺-2 1758·7·2 政／1759·1·18 政／1768·2·19 政／1770·11·24 政／1771·4·5 文／4·28 政／1779·10·29 政／1828·10·9 社
小森和子　❾ 2005·1·8 文
小森七郎　❽ 1942·4·29 文
小森桃塢(玄良·義啓·鶴斎)　❺-2 1812·是年 文／1842·1月 文／是春 文／1843·3·23 文
小森敏之　❽ 1954·是年 社
後文徳天皇(後花園天皇)　❹ 1471·1·2 政
小屋平新左衛門　❸ 1354·10·28 政／1373·4·22 政
子安　峻　❻ 1870·12·8 文／1874·11·2 文／1880·10·9 文／1888·1·10 社
小梁川宗朝　❹ 1542·6·20 政
小柳階正　❾ 2005·2·19 社
小柳司気太　❽ 1940·7·18 文
小柳藤左衛門　❺-1 1703·6·13 社
小柳平祐　❻ 1862·4·14 社
小山いと子　❽ 1963·3·11 政
小山梅吉　❻ 1882·是年 社／1884·是年 社
小山ウラ　❾ 2005·4·5 社
小山栄三　❽ 1949·5·31 文
小山長規　❽ 1964·7·18 政／❾ 1972·7·7 政
小山　儀　❺-2 1783·是年 文
小山金右衛門　❺-2 1750·1·15 社
小山敬三　❼ 1903·4·23 政／1936·12·20 文／❾ 1975·11·3 文／1987·2·7 文
小山健三　❼ 1923·12·19 政
小山五郎　❾ 2006·3·2 政
小山五郎左衛門尉　❸ 1332·3·7 政
小山さい子　❻ 1878·6·12 社
小山林盛(しげもり)　❺-2 1718·4月 文
小山肆成　❺-2 1842·是年 文
小山松寿　❽ 1959·11·25 政
小山正太郎　❻ 1869·是年 文／1871·是年 文／1878·11·11 文／1882·5月 文／1889·6·16 文／1892·7·1 文／❼ 1896·3·29 社／1900·是年 文／1916·1·7 文
小山新助　❼ 1904·5月 社
小山宗祐　❽ 1942·6·26 社
小山大月　❼ 1925·9·2 文
小山太吉　❻ 1893·1·28 社
小山千鶴子　❼ 1929·8·7 社
小山豊太郎　❻ 1895·3·24 日清戦争
小山久二郎　❽ 1957·3·13 文
小山仁示　❾ 2012·5·26 文
小山弘志　❾ 2011·2·16 文
小山本主分大夫　❸ 1298·2·11 社
小山益太　❼ 1924·7·1 社
小山松吉　❼ 1932·5·26 政／1933·4·6 政
小山吉久　❺-1 1615·11·27 政
小山良岱　❺-2 1832·是年 文
小山屋吉兵衛　❺-2 1800·是年 政
後陽成天皇(和仁親王)　❹ 1571·12·15 政／1582·6·2 政／1586·11·7 政／11·25 政／1588·4·14 政／❺-1 1610·2·12 政／4·18 政／11·21 政／1611·3·27 政／1617·8·16 政／8·26 政
古羅(琉球)　❹ 1470·4·12 政
五来　重　❾ 1993·12·11 文
牛来正夫　❽ 1947·5·15 文
其慺(ごりょう、百済)　❶ 545·5月
コリンズ(米)　❽ 1949·10·11 政／1950·7·13 政
コリンズ，マイケル　❾ 1969·10·31 文
コルシルト(独)　❻ 1879·12·16 文
ゴルドン(英)　❺-2 1818·5·13 政
コルネイレスストロウフ(オランダ)　❺-2 1732·2·28 政
コルネリス·ローゼ，フレデリック　❺-2 1850·6·11 政／1851·10·8 政
ゴルバチョフ(ソ連大統領)　❾ 1991·4·16 政／1992·4·11 政
コルラインズ(英)　❻ 1862·7·18 社
惟明親王　❷ 1221·5·3 政
コレイア，ドアルテ　❺-1 1639·2·21 政
後冷泉天皇(親仁親王)　❷ 1025·8·3 政／1037·8·17 政／1045·1·16 政／1068·4·19 政
惟條親王　❶ 868·9·14 政
維景(姓不詳·備前守護代)　❸ 1289·5·23 政
是川銀蔵　❾ 1992·9·12 政
是貞親王(源　是貞)　❶ 903·7·25 政
惟実(姓不詳)　❷ 1101·10·23 政
惟篠親王　❶ 867·1·12 政
惟住⇨丹羽(にわ)姓も見よ
惟喬親王　❶ 857·4·19 政／858·1·16 政／864·1·16 政／867·1·12 政／872·7·11 政／874·9·21 政／897·2·20 政
惟忠(姓不詳·安房守)　❷ 1028·6·21 政
是忠親王　❶ 893·5·11 政／907·7·7 社／922·11·22 政
是次(刀工)　❺-1 1667·2月 文
惟恒親王　❶ 873·4·3 政／875·1·13 政／904·4月 政
惟任⇨明智(あけち)姓も見よ
惟彦親王　❶ 868·1·16 政／883·1·29 政
惟久(姓不詳·飛驒守)　❸ 1347·是年 文
惟仁親王⇨清和(せいわ)天皇
惟文王　❶ 985·4·5 政
是亦道人　❺-2 1830·是年 文
是松太郎　❹ 1533·3·19 政
之光(姓不詳·駿河守)　❸ 1401·1·11 文
惟宗国任　❷ 1093·7·20 社
惟宗国長　❹ 1575·7·16 政
惟宗孝言　❷ 1043·9·9 文／1071·9·9 文／1080·11·23 文
惟宗季重　❷ 1173·3·22 文
惟宗西禅　❷ 1161·12月 社
惟宗(島津)忠綱　❷ 1248·10·25 社
惟宗忠万　❷ 1036·5·24 政
惟宗(島津)忠時(道仏)　❷ 1242·2·22 政／1264·1·2 政／2月 社／1279·3月 政
惟宗忠長　❷ 1241·6·16 社
惟宗(島津)忠久　❷ 1185·6·15 政／8·17 政／1189·2·9 政／1194·是年 社／1197·12·3 政／1203·9·2 政／1213·7·10 政／1227·6·18 政
惟宗(島津)忠義　❷ 1221·8·25 政／⑩·15 政／1223·6·6 社／1224·9·7 政／1227·10·15 政／1233·9·22 政／1265·6·2 政／9·20 政／1272·4·10 政
惟宗俊通　❷ 1080·⑧·5 文
惟宗具俊　❸ 1284·1月 文
惟宗(島津)長久　❷ 1281·6·6 政／6·29 政／7·7 政

惟宗成国　❷ **1127**·11·1 社
惟宗信房　❷ **1177**·6·1 政／6月 政
惟宗範季　❷ **1131**·8·1 政
惟宗(島津)久経(久時)　❷ **1265**·6·2 政／**1269**·9·23 政／**1271**·12·24 政／**1275**·是年 政／**1276**·③·5 政／8·27 政／**1277**·1·27 政／9·19 政／**1279**·3月 政
惟宗博愛　❷ **1023**·⑨·11 政
惟宗光方　❸ **1381**·11·27 文
惟宗光之　❸ **1362**·1·7 文
惟宗光吉　❸ **1352**·9·28 政
惟宗盛能　❷ **1236**·4·15 文
惟宗公方　❶ **926**·11·25 社／**942**·2·10 社／**948**·6·21 政／12·3 政
惟宗允正　❶ **987**·2·19 文／**996**·11·8 政／❷ **1015**·6·22 政
惟宗直宗　❶ **888**·10·13 政
惟宗直本　❶ **864**·是年 政
惟康親王(源　惟康)　❷ **1266**·7·24 政／**1270**·12·10 政／❸ **1287**·10·4 政／**1289**·9·14 政／**1326**·10·30 政
是行王　❶ **887**·6·13 文
是世王　❶ **862**·4·20 政
惟良貞道　❶ **836**·7·6 文
己連(百済)　❶ **541**·7月／**546**·1·3
五郎(宋石工)　❷ **1209**·3·7 文
五郎右衛門　❹ **1598**·是年 政
五郎右衛門(堺の商人)　❹ **1599**·是年 政
五郎右衛門(駿河今泉村)　❺-1 **1682**·3·12 社
五郎左衛門(水戸青柳村)　❺-1 **1659**·7·25 社
五郎左衛門(長崎)　❺-1 **1666**·6·8 社
五郎三郎(琉球)　❹ **1491**·12·2 政
五郎大夫祥瑞　❹ **1511**·是年 文
ゴロヴニン，ワシリー　❺-2 **1811**·6·4 政／**1812**·3·24 政／4·14 政／8·3 政／**1813**·5·26 政／8·17 政／**1816**·是年 政
五郎兵衛(鋳物師)　❸ **1432**·2·14 社
五郎兵衛(犬医)　❺-1 **1694**·7月 社
五郎助(江戸子伝馬町)　❺-1 **1657**·11·30 社
転田栄蔵　❺-2 **1787**·是年 社
コロムビア·トップ　❾ **2004**·6·7 文
コワレンコ，イワン　❾ **2005**·7·27 政
今　東光　❼ **1923**·1月 文／**1924**·10月 文／**1929**·2·2 文／❾ **1977**·9·19 文
今　日出海　❽ **1946**·9·5 文／❾ **1968**·6·15 文／**1972**·6·1 文／10·2 政
今　和次郎　❾ **1972**·9·29 文
金⇨金(きむ・きん)姓も見よ
権　瑎(朝鮮)　❺-1 **1693**·12月 政
権　祥(朝鮮)　❺-1 **1690**·10·6 政
権　柱(対馬)　❹ **1494**·6·1 政
権　彭年(朝鮮)　❹ **1529**·4·12 政
権　慄　❹ **1593**·2·12 文禄の役／**1594**·6·16 文禄の役
言外宗忠(僧)　❸ **1390**·10·9 社
勤韓(僧)　❶ **784**·6·12 社
久貴(こんき、百済)　❶ **549**·6·7
坤宜堪弥(琉球)　❸ **1411**·4·3 政／**1412**·2·20 政
坤屹実参密末(シャム)　❺-1 **1621**·8·11 政
混空(俳人)　❺-1 **1698**·是年 文
厳家(僧)　❸ **1308**·11·3 社
厳慶(僧)　❷ **1209**·6·13 社
金剛　巌(初代)　❽ **1951**·3·21 文
金剛　巌(二代目)　❾ **1998**·8·1 文
金剛右京　❼ **1936**·3·27 文
金剛右近　❻ **1869**·7·29 文
金剛勝吉　❹ **1593**·⑨·16 文／**1597**·12·1 文／❺-1 **1630**·5·18 文
金剛謹之助(謹之輔)　❼ **1912**·10·30 文／**1923**·8·2 文
金剛三郎大夫　❺-1 **1610**·3月 文／4月 文
金剛四郎次郎　❹ **1481**·9·28 文
金剛唯一　❻ **1878**·7·5 文／**1881**·4·16 文
金剛氷謹　❾ **2007**·8·5 文
金剛頼祐　❺-1 **1667**·②·22 文
金剛⇨北條泰時(ほうじょうやすとき)
金剛太夫　❹ **1518**·5·1 文／**1538**·3·16 文
権蔵(ポモルツェフ，デミヤン)　❺-2 **1728**·11·8 政
権左衛門(魚市場)　❺-1 **1643**·寛永年間 社
ゴンサルヴェス，マノエル　❺-1 **1614**·1·11 政
ゴンサルベス，フライ·アントニオ　❺-1 **1636**·6·8 社／**1637**·7·25 社
ゴンサロ，ヴェイラ　❺-1 **1614**·1·11 政
ゴンサロ，デ·シ　❺-1 **1647**·6·24 政
言水(俳人)　❺-2 **1717**·是年 文
コンスタンツォ，カミロ　❺-1 **1622**·8·10 社
勤操(僧)　❶ **813**·1·14 社／**823**·12·23 社／**827**·5·8 社
今田源太郎　❺-1 **1636**·6·6 社
権田直助(名越廼舎)　❻ **1871**·3·22 政／**1887**·6·8 文
権太夫(紀伊)　❺-1 **1673**·6·13 政
金地院元雄　❺-2 **1717**·6·19 社
ゴンチャロフ(ロシア)　❻ **1875**·5·7 政
権中中巽(僧)　❸ **1368**·12月 政／**1372**·5·25 政／**1373**·6·29 政
紺戸義広　❷ **1181**·2·9 政
コント赤信号　❾ **1981**·5·16 社
近藤飴ン坊　❼ **1933**·2·12 文
近藤　勇　❻ **1863**·3·13 政／**1864**·5·3 政／12月 社／**1865**·12·22 政／**1867**·6月 社／9月 政／12·18 政／**1868**·3·1 政／4·3 政／6月 社
近藤宇右衛門　❺-1 **1673**·5·16 社
近藤栄蔵　❼ **1911**·3月 社／**1921**·8·21 政／**1923**·6·5 政／❾ **1965**·7·3 政
近藤　完　❽ **1954**·1·5 社／**1957**·2·8 社
近藤甚左衛門　❺-2 **1792**·是年 社
近藤吉左衛門　❺-2 **1806**·12·16 文
近藤キミ　❼ **1903**·11·16 社
近藤清信　❺-2 **1832**·是年 文
近藤清春　❺-2 **1735**·是年 文
近藤国平　❷ **1185**·2·5 社／3·3 政／7·12 政／7·22 政／**1199**·3·5 政
近藤国頼　❸ **1368**·⑥·17 社
近藤計三　❽ **1962**·8·30 政
近藤啓太郎　❾ **2002**·2·1 文
近藤憲二　❼ **1922**·11·11 政／❽ **1946**·2月 文／❾ **1969**·8·6 政
近藤賢三　❻ **1884**·6月 文／❾ **1970**·10·30 政
近藤乾三　❾ **1988**·10·1 文
近藤源太兵衛　❺-1 **1682**·5·2 社
近藤顧一郎　❺-2 **1818**·是年 文
近藤浩一路　❼ **1918**·是年 文／**1928**·9·3 文／**1929**·9·3 文
近藤五右衛門　❺-1 **1669**·6·5 社
今藤幸治　❾ **2003**·4·17 社
近藤幸四郎　❾ **2002**·5·21 社
近藤広造　❼ **1923**·9·4 政
近藤駒太郎　❾ **1990**·11·16 政
近藤権蔵　❺-2 **1841**·5·9 政
近藤貞雄　❾ **2006**·1·2 社
近藤貞用　❺-1 **1696**·2·2 文
近藤治右衛門　❺-1 **1687**·9·3 政
近藤重蔵(吉蔵·守重·正斎·子厚)　❺-2 **1795**·6·5 政／**1796**·是年 文／**1798**·7·27 政／是年 政／**1799**·3·17 政／7·18 政／**1802**·12·24 政／**1804**·是年 文／**1807**·8·2 政／**1808**·2·30 文／5月 文／**1810**·是年 文／**1816**·5月 文／**1817**·是年 文／**1823**·是年 文／**1826**·10·6 政／**1829**·6·9 政
近藤十郎左衛門　❺-1 **1644**·8·23 政
近藤淳二　❺-2 **1792**·10·7 文
近藤四郎　❾ **2003**·2·6 文
近藤次郎　❾ **2002**·11·3 文
近藤季常　❹ **1457**·5·14 政
近藤誠一郎　❻ **1863**·10·18 文
近藤西涯　❺-2 **1794**·是年 文／**1834**·是年 文
近藤正慎　❻ **1858**·10·23 政
近藤宗三　❺-2 **1784**·5·26 政
近藤大三郎　❺-2 **1778**·11·9 社
近藤崇晴　❾ **2009**·4·28 文／**2010**·11·21 政
近藤宅治　❼ **1928**·1·29 文
近藤　剛　❾ **2003**·10·24 政／**2005**·4·5 政
近藤建安　❺-2 **1792**·4月 文
近藤忠義　❽ **1937**·2月 文
近藤長次郎　❻ **1866**·1·14 政
近藤　司　❾ **2012**·10·10 文
近藤鶴代　❽ **1962**·7·18 政／❾ **1970**·8·9 政
近藤鉄雄　❾ **1991**·11·5 政／**2010**·3·4 政
近藤　天　❾ **1994**·1·23 社
近藤とし子　❽ **1957**·11·4 社
近藤敏三郎　❼ **1910**·9月 文／**1911**·1月 文
近藤富蔵(守真)　❺-2 **1826**·5·18 政
近藤虎之助　❺-1 **1669**·6·5 社
近藤直吉　❻ **1895**·3·18 社
近藤信竹　❽ **1953**·2·19 政
近藤信淵　❺-2 **1809**·2·29 政
近藤彦右衛門　❺-1 **1706**·1·17 社
近藤日出造　❼ **1929**·8·1 文／❽ **1940**·8·31 文／**1964**·12·15 文／❾

1979·3·23 文
近藤博夫 ❽ **1947**·4·5 政
今藤 宏(新右衛門) ❻ **1872**·7·11 政
近藤 浩 ❾ **2003**·12·6 社
近藤文治 ❾ **2011**·1·3 文
近藤平吉 ❺-2 **1777**·5月 文
近藤平三郎 ❽ **1958**·11·3 文
近藤真琴 ❻ **1869**·11月 文／**1882**·1·26 文／**1886**·9·4 文
近藤真彦 ❾ **1988**·1·2 社／**1989**·7·11 社
近藤真鋤 ❻ **1889**·11·8 政
近藤万太郎 ❽ **1946**·11·7 文
近藤用章(用高) ❺-1 **1694**·1·11 政
近藤用将 ❺-1 **1658**·9·8 社
近藤基樹 ❼ **1930**·3·8 政
近藤元久 ❼ **1912**·4·27 政／10·6 社
近藤弥左衛門 ❺-1 **1682**·2·17 政
近藤康用 ❹ **1568**·12·12 政
近藤弥之助 ❻ **1861**·5·16 社
近藤要次郎 ❼ **1899**·8·12 社
近藤芳樹 ❺-2 **1837**·是年 文／**1845**·是年 文／❻ **1880**·2·29 文
近藤吉太郎 ❺-2 **1824**·是年 政
近藤芳美 ❾ **2006**·6·21 文
近藤義郎 ❾ **2009**·4·5 文／10·13 文
近藤玲子 ❾ **2009**·8·19 文
近藤廉平(省三郎) ❻ **1895**·11·12 政／❼ **1921**·2·9 政
近藤蘆隠(舜政·浮民) ❺-2 **1731**·是年 文／**1740**·是年 文／**1749**·是年 文
権藤成卿(善太郎) ❽ **1937**·7·9 社
権藤 実 ❽ **1944**·12·17 文
コンドル，ジョサイア ❻ **1877**·1月 文／**1883**·11·28 社／❼ **1920**·6·21 文
渾沌斎松月 ❺-2 **1776**·是年 文／**1811**·是年 文
谷那晋首 ❶ **663**·9·7 政／**671**·1月 政
今日庵一燈宗室 ❺-2 **1741**·12·19 文
今野和義 ❾ **1978**·3·9 社
今野賢三 ❼ **1921**·2月 文／**1924**·6月 文
今野武雄 ❽ **1939**·11月 文
昆野 恒 ❽ **1956**·3·13 文
金野 衛 ❾ **1996**·8·19 政
紺野与次郎 ❽ **1955**·7·27 政／**1958**·4·19 政
コンノート，アーサー王子 ❼ **1906**·2·19 政／**1918**·6·18 政
金春氏睦 ❺-1 **1708**·4·5 文
金春重勝 ❺-1 **1618**·8·28 文／**1628**·3·20 文／**1634**·9·4 文
金春重栄 ❺-1 **1708**·4·19 文
金春七郎(安照) ❼ **1910**·6·5 文
金春禅竹(竹田大夫) ❸ **1452**·4月 文／**1455**·7月 文／是秋 文／❹ **1456**·1月 文／9·2 文／**1460**·11·11 文／**1465**·8月 文／**1466**·3·29 文／**1468**·3月 文
金春禅鳳(毛端私珍抄) ❸ **1455**·是年 文
金春禅鳳(八郎) ❹ **1505**·4·13 文／**1532**·12·10 文
金春惣右衛門 ❺-1 **1708**·6·27 文／❺-2 **1724**·④·12 文
金春太夫 ❸ **1385**·2·16 文／❹ **1458**·4·10 文／**1459**·5·3 文／**1466**·5·20 文／**1467**·12·20 文／**1470**·8·16 文／**1471**·2·8 文／**1481**·2·25 文／**1508**·2·8 文／**1509**·12·22 文／**1512**·1·20 文／**1585**·12·3 文／**1588**·5·26 文
金春(古春)太夫 ❺-1 **1606**·8·3 文／**1609**·4·29 文／5·29 文／**1613**·8·18 文／**1614**·7·15 文／**1645**·4·3 文／**1658**·2·2 文
金春信高 ❾ **2010**·8·7 文
金春八郎(武三·儀広) ❼ **1906**·4·8 文
金春元氏 ❹ **1480**·11·27 文
金春安照(禅曲) ❹ **1593**·1·18 文／⑨·16 文／**1596**·⑦·28 文
金春安照(八郎) ❺-1 **1604**·4·22 文／**1613**·6·13 文／**1621**·8·21 文
金春喜勝 ❹ **1583**·5·26 文
坤備斜絹(シャム) ❺-1 **1621**·8·11 政
金剛菩提(僧) ❷ **1100**·是秋 文
紺屋新右衛門 ❺-1 **1604**·8·26 政／**1672**·寛文年間 社
紺屋又五郎 ❹ **1586**·12·9 社
今屋宗忠 ❺-1 **1606**·10·8 政
金易二郎 ❼ **1924**·9·8 文
厳瑜(僧) ❸ **1421**·8·29 社／**1452**·2·10 文
厳与(僧) ❷ **1113**·11·27 文

さ

沙 火同(沙乙火同·沙乙蒲同、倭寇) ❹ **1587**·2·26 政／**1590**·2·28 政
査 農是(琉球) ❹ **1469**·2·23 政
ザ·グレート·サスケ ❾ **2003**·4·13 社／9·17 社
ザ·ビートルズ⇨ビートルズ
ザ·ピーナッツ⇨伊藤(いとう)エミ
佐合宗諄 ❺-1 **1700**·10·16 文
サージェント(音楽指揮者) ❽ **1954**·9·30 文
ザーネン，コルネリス·ファン ❺-1 **1636**·9·13 政
崔 芸嗣 ❸ **1399**·8·26 政
蔡 延会 ❹ **1559**·是年 政
蔡 延美(琉球) ❹ **1549**·是年 政
蔡 温(文若、琉球) ❺-2 **1722**·12月 政／**1725**·是年 文／**1761**·12·29 政
蔡 環(琉球) ❹ **1461**·12·2 政
蔡 瀚 ❹ **1530**·是年 政／**1541**·6·3 政／是年 政
崔 義吉 ❺-1 **1632**·8月 政
蔡 金壁(琉球) ❹ **1504**·是年 政
蔡 璟(琉球) ❹ **1467**·3·20 政／**1469**·2·23 政／**1471**·3·11 政
蔡 奎(琉球) ❺-1 **1601**·7·21 政
崔 慶会 ❹ **1593**·7·20 文禄の役
崔 原忠(高麗) ❸ **1397**·6·2 政
崔 公哲(高麗) ❸ **1376**·1月 政／10月 政／**1378**·1月 政／**1383**·5月 政
妻 国安(明) ❹ **1595**·2·11 文禄の役
蔡 国器 ❺-1 **1670**·是冬 政
才 孤那(琉球) ❸ **1392**·5·9 政
崔 在田(朝鮮) ❸ **1408**·5·22 政
崔 芝(明) ❺-1 **1645**·12月 政
蔡 樟(琉球) ❹ **1518**·是年 政／**1521**·是年 政
崔 昌華 ❾ **1975**·10·3 社／**1995**·2·8 社
崔 讓 ❸ **1347**·2·12 政／**1452**·3·8 政
崔 承喜 ❼ **1934**·9·20 文／❽ **1941**·2·21 文
崔 昌謙 ❺-2 **1796**·8·29 政
佐井甚右衛門 ❺-2 **1718**·4·7 政
蔡 斎 ❹ **1463**·是年 政
蔡 政 ❺-1 **1663**·7月 政
崔 成朔 ❷ **1006**·7月 文
蔡 世昌 ❺-2 **1758**·是冬 文
蔡 遷(琉球) ❹ **1512**·是年 政／**1517**·是年 政／**1518**·3·29 政
崔 宗佐 ❶ **873**·7·8 政／**874**·6·4 政
蔡 大鼎 ❻ **1876**·12·6 政
崔 鐸(唐人) ❶ **877**·7·25 政／**878**·8·14 政
蔡 鐸(琉球) ❺-1 **1701**·是年 政／❺-2 **1724**·12·18 文
蔡 達黙 ❼ **1934**·8·9 政
蔡 廸(琉球) ❹ **1518**·是年 政／**1521**·是年 政
蔡 朝器 ❹ **1575**·是年 政／**1576**·1·21 政
蔡 朝慶 ❹ **1541**·是年 政／**1543**·是年 政
蔡 肇功 ❺-1 **1678**·是年 文
蔡 朝俊(琉球) ❹ **1560**·是年 政
崔 長順(清) ❺-2 **1753**·是年 政
蔡 廷(琉球) ❹ **1547**·11·6 政
蔡 哲(明) ❹ **1462**·4·26 政／**1463**·是年 政
崔 天悰 ❺-2 **1764**·4·7 政
崔 東秀(高麗) ❷ **1268**·7·27 政
蔡 寧 ❸ **1454**·9·5 政
蔡 培火 ❼ **1923**·1·30 政
蔡 賓(琉球) ❹ **1497**·是年 政／**1499**·是年 政／**1506**·是年 政
蔡 賓梁(琉球) ❹ **1504**·是年 政
蔡 福(明) ❸ **1416**·6·7 政
崔 鳳齢 ❺-2 **1780**·11·12 政
蔡 謨(琉球) ❸ **1447**·2·12 政／**1452**·3·8 政
蔡 謨(琉球) ❺-2 **1754**·是冬 政／**1817**·6·11 政
崔 雄(朝鮮) ❸ **1443**·6·10 政
崔 龍蘇 ❸ **1394**·7·13 政／**1395**·7·1 政
狭井檳榔 ❶ **661**·9月 政
狭井尺麻呂 ❶ **700**·6·17 政
西阿(僧) ❷ **1267**·1·26 文
在庵普在(僧) ❸ **1376**·⑦·4 社
聯庵明聴(元僧) ❸ **1368**·是年 政／**1372**·2·15 社／**1402**·4·15 社
最一(平曲) ❸ **1448**·8·19 社
西因(僧) ❷ **1121**·6·1 社
最胤法親王 ❹ **1584**·8·16 文／❺

-1 1639·1·13 社
西運(僧) ❺-2 1740·10·4 社
最雲法親王 ❷ 1158·6·18 社／1162·2·16 社
済延(僧) ❷ 1067·6·25 社／1071·10·14 社
西音(僧) ❺-1 1690·是年 文
西園寺兼季 ❸ 1319·8·22 文
西園寺公永 ❸ 1390·7·15 政
西園寺公顕 ❸ 1311·4·20 文／1313·12·20 文／1316·10·21 政／1317·6·21 政／1321·2·8 政
西園寺公晃 ❺-2 1755·11·19 政／1770·8·21 政
西園寺公一 ❾ 1993·4·22 政
西園寺公兼 ❸ 1417·6月 政
西園寺公重 ❸ 1367·9·3 政
西園寺公朝 ❹ 1553·1·22 政／1554·3·2 政／1557·9·2 政／1558·6·23 社／1576·3·10 政／1590·6·22 政
西園寺公名 ❸ 1438·9·4 政／1442·5·8 文／1455·3·4 政／6·6 政／❹ 1468·5·22 政
西園寺公衡 ❸ 1298·6·12 政／1299·4·14 政／12·10 政／1305·⑫·22 政／1306·2·8 文／2·20 政／1309·3·14 政／3月 文／1315·4·23 政／9·25 政
西園寺公広 ❹ 1546·6·10 政／1563·是年 政／1572·7·19 政／1584·10·19 政
西園寺公藤 ❹ 1501·2·19 政／1506·2·5 政／1512·6·19 政
西園寺公益 ❺-1 1631·12·15 政／1640·2·17 政
西園寺公宗 ❸ 1330·3·4 文／1331·10·8 政／1332·3·8 政／1335·6·22 政／8·2 政
西園寺公望(美丸·望一郎) ❻ 1868·1·4 政／4·19 政／1881·3·18 政／1882·3·14 政／1883·8·3 政／1893·3·22 政／1894·8·29 政／❼ 1898·1·12 政／1902·12·3 政／1903·7·14 政／1905·8·14 政／1906·1·7 政／1909·1·10 政／1911·1·26 政／8·30 政／1912·6·30 政／8·13 政／1913·2·8 政／1918·11·27 政／1919·1·13 政／1926·12·28 政／1934·12·5 政／❽ 1940·11·24 政
西園寺実兼 ❸ 1287·10·12 政／1289·10·18 政、文／1291·12·25 政／1292·12·10 政／1301·1·18 政／1316·1月 政／1318·2·21 政／1319·8·22 文／1320·10·28 政／1322·9·10 政
西園寺実輔 ❺-1 1685·1·2 政
西園寺実種 ❸ 1448·10月 政
西園寺実遠 ❹ 1466·2·16 政／1467·1月 政／1481·1·25 政／1483·1·1 政／1495·8月 社／11·25 政
西園寺実俊 ❸ 1353·10·19 政／1362·2·10 政／1364·3·14 政／1366·8·29 政／1378·11·28 政／1389·7·6 政
西園寺実永 ❸ 1408·3·8 政／1420·①·13 政／1431·3·24 政／10·9 政
西園寺実宣 ❹ 1535·8·28 政／1537·12·21 政／1540·11·23 政／1541·9·12 政
西園寺実春 ❺-1 1649·12·2 政
西園寺実晴 ❺-1 1654·6·17 政／1667·4·8 政／1673·1·11 政
西園寺実衡 ❸ 1318·3·10 政／1324·4·27 政／1325·2·9 政／1326·11·18 政
西園寺実益 ❺-1 1614·1·14 政／1632·3·12 政
西園寺実盛 ❺-1 1620·8·17 政
西園寺鏱子⇨藤原(ふじわら)鏱子
西園寺実尚 ❸ 1399·9·11 政
西園寺(藤原)寧子(広義門院) ❸ 1306·4·15 政／1309·1·13 政／1352·6·3 政／1357·⑦·22 政
西園寺信兼 ❸ 1356·12·15 政
西園寺政季 ❺-2 1738·1·24 政／1745·2·29 政／1756·7·4 政
西園寺致教 ❺-2 1728·7·1 政
西園寺賞季 ❺-2 1775·⑫·2 政／1792·1·6 政／1796·4·24 政／1799·12·22 政
西園寺⇨藤原(ふじわら)姓も見よ
斎賀富美子 ❾ 2005·12·6 政／2009·4·24 政
雑賀美枝 ❾ 2010·8·10 文
才賀藤吉 ❼ 1915·7·29 政
最岳元良(僧) ❺-1 1657·4·15 社
雑賀縫殿入道 ❸ 1372·3·12 社
最寛(僧) ❷ 1210·12·10 社
西澗子曇(元僧) ❷ 1271·是年 政／1278·是秋 政／❸ 1299·10·8 政／1301·8·7 文／1306·10·28 社
斎城昌美 ❾ 2010·1·12 文
斎木助三右衛門尉 ❹ 1572·6·3 社
崔岌(唐商) ❶ 874·6·3 政
最教(僧) ❶ 864·3·8 社／872·1·15 社
西行(佐藤義清、僧) ❷ 1140·10·15 文／1142·3·15 文／1167·是秋 政／是年 文／1186·8·15 文／是年 文／1190·2·16 文／❸ 1342·3·20 文
西京園丁 ❺-1 1699·是年 社
西吟 ❺-1 1655·是年 文／1663·8·15 社／1695·是年 文
三枝喜兵衛 ❺-1 1688·10·22 政
三枝博音 ❼ 1932·10·23 文／❽ 1938·11·29 文／1946·4月 文／1963·11·9 文
三枝守恵 ❺-1 1651·4·20 政
済慶(僧) ❷ 1037·12·29 社／1047·10·1 社
西景(入道) ❷ 1179·11·24 政
最慶(僧) ❷ 1165·9·6 社
最慶(仏師) ❷ 1275·9·8 文
西迎(僧) ❸ 1345·8月 社
斎賢 ❺-1 1686·是年 文
済源(僧) ❶ 964·7·5 社
済厳(僧) ❷ 1083·1·25 文／1093·4月 文
済高(僧) ❶ 942·11·25 社
西光⇨藤原師光(ふじわらもろみつ)
柴行(遣朝鮮使) ❹ 1458·10·12 政
西郷吉之助 ❾ 1968·11·30 政
西郷孤月(規) ❼ 1896·2月 文／1897·3·15 文／10·25 文／1898·3·29 文／1912·8·31 文／是年 文
西郷七兵衛 ❺-1 1666·5·19 社
西郷四郎 ❻ 1882·6·5 社
西郷純賢 ❹ 1577·10·14 政
西郷純堯 ❹ 1566·是冬 政／1574·3月 政／1577·10·14 政
西郷隆盛(吉之助) ❻ 1858·7·14 政／8·2 政／9·7 政／11·16 政／1862·2·12 政／4·11 政／1864·1月 政／6·27 政／7·18 政／9·11 政／10·24 政／12·27 政／1865·3·5 政／⑤·15 政／6·24 政／9·23 社／10·15 政／1866·1·8 政／1·21 政／12·9 政／1867·2·13 政／3·25 政／4·12 政／5·21 政／6·16 政／7·7 政／8·14 政／9·1 政／9·9 政／10·8 政／11·13 政／12·2 政／1868·1·3 社／2·9 政／3·9 政、社／4·4 政／8·11 政／1869·1·18 政／12月 政／1871·6·25 政／1872·7·19 政／1873·5·8 政／7·29 政／8·3 政／10·14 政／1874·6月 政／1876·5月 政／1877·2·3 西南戦争／9·24 西南戦争／1889·2·11 政
西郷従道(信吾·龍助·隆興) ❻ 1864·1月 政／1874·4·4 政／12·27 政／1881·10·21 政／1882·1·11 政／1885·1·13 政／11·11 政／12·22 政／1888·4·30 政／1889·12·24 政／1890·5·17 政／1891·4·9 政／5·6 政／1892·6·22 政／1893·3·7 政／10·18 文／1895·3·7 日清戦争／❼ 1896·9·18 政／1898·1·12 政／1·20 政／1899·1·20 政／1901·5·5 政／1902·7·18 政
西郷寅太郎 ❻ 1884·4·25 政
西郷信綱 ❾ 2008·9·25 文
西郷信尚 ❹ 1587·10·13 政
西郷正員 ❹ 1600·9·17 関ヶ原合戦
細郷道一 ❾ 1978·4·16 政
斎鯤(清) ❺-2 1808·5·17 政
才三郎(仏師) ❺-1 1698·12月 文
柴山(明) ❸ 1424·是年 政／1425·2·1 政／1430·是年 政／1432·1·26 政
載斯(倭) ❶ 247·是年
斎子(さいし)女王 ❷ 1074·12·8 社
済子内親王 ❶ 985·9·28 社
最寂(僧) ❶ 780·11·12 社
西寂(僧) ❷ 1180·是冬 政
最守(僧) ❷ 1256·9·25 社
最秀(僧) ❷ 1069·10·7 社
済俊(僧) ❷ 1179·2·2 社
税所敦子 ❻ 1895·6月 文／❼ 1900·2·4 文
税所　篤(喜三左衛門·長蔵·篤満) ❻ 1869·1·20 政／❼ 1910·6·21 政
税所祐義 ❸ 1381·7·18 政
税所宗円 ❸ 1336·1·6 政／1345·11月 政
税所久幹 ❸ 1333·5·19 政
税所幹国 ❸ 1333·5·19 政
税所幹治 ❸ 1341·7·1 政
最助法親王 ❸ 1293·2·3 社
崔勝(唐人) ❶ 850·是年 政／871·8·13 政／877·6·9 政
塞城(百済) ❶ 650·2·15 政
西城正三 ❾ 1968·9·28 社

西條凡児　❾ 1993・5・31 文
西條八十　❼ 1912・12月 文／1914・2月 文／1929・5・1 社／1933・是夏 社／❽ 1938・9・11 文／1944・1月 文／❾ 1970・8・12 文
再昌院⇨北村季吟(きたむらきぎん)
済信(僧)　❷ 1020・2・27 社／1030・6・11 社
済尋(僧)　❷ 1086・3・16 社／1095・2・14 社
済深法親王　❺-1 1701・12・4 社
斎詮(僧)　❶ 877・②・17 政
済暹(僧)　❷ 1079・是年 文／1115・11・26 社
サイゼン女史(洋裁)　❻ 1872・10・5 社
在先希譲(僧)　❸ 1403・3・4 社
斎田愛子　❽ 1941・5・26 文
斎田東城　❺-2 1818・是年 文
座田太氏　❺-2 1852・是年 文
才田光則　❻ 1881・是年 文
斎田要七　❻ 1866・7・9 政
西大路隆仲　❸ 1397・11・11 政
采谷義秋　❾ 1969・4・21 社
西智(仏師)　❷ 1269・12・7 文
採茶翁⇨平山梅人(ひらやまばいにん)
才中(使僧)　❸ 1451・1・4 政
在中広衍(僧)　❸ 1388・4・1 文
在中中淹(僧)　❸ 1428・10・7 社
最澄(伝教大師)　❶ 780・11・12 社／785・4・6 文／7月 社／803・⑩・23 文／804・3・28 政／9・12 文／805・2・19 文／5・13 文／7・15 文／8・9 文／9・1 社／806・1・3 社／808・是年 社／811・7・17 文／812・11・19 政／813・11・25 文／816・3・21 文／817・是年 社／822・5・15 社／6・4 社／864・3・26 社／866・7・12 社
最珍(僧)　❶ 947・6・9 社
サイデンステッカー，エドワード　❾ 2007・8・26 文
ザイド(アラブ首長国連邦)　❾ 1990・5・13 政
ザイド・ブートラ　❽ 1964・6・16 政
済棟(僧)　❶ 905・6・18 社
斎藤鑑周　❹ 1578・11・12 政
斎藤昭彦　❾ 2005・5・9 政
斎藤　明　❽ 1937・10月 社
斎藤郁子　❾ 2012・10・8 文
西投因悦　❺-2 1719・4月 文
斎藤宇一郎　❼ 1926・5・10 政
斎藤栄三郎　❾ 1989・8・9 政
斎藤英治　❾ 2010・3・11 文
斎藤英四郎　❾ 1986・5・28 政／1991・10・17 社／2012・4・22 政
斎藤鶴磯　❺-2 1815・是年 文
斎藤嘉兵衛　❻ 1853・11・5 政
斎藤畸庵　❻ 1883・5・14 文
斎藤喜平次　❹ 1555・11・22 政
斎藤　清　❾ 1997・11・14 文
斎藤清時　❷ 1266・2・9 政
斎藤邦吉　❾ 1972・12・22 政／1992・6・18 政
斎藤クラ　❼ 1910・9・11 社
斎藤慶安　❺-2 1801・3・9 社
斎藤憲三　❼ 1930・是年 文／1935・12・7 政
斎藤敬直⇨西東三鬼(さいとうさんき)
斎藤月岑(幸成)　❺-2 1839・是年 文／1847・是年 文／1848・是年 文／❻ 1878・3・6 文
斎藤兼次郎　❼ 1911・11・7 政
斎藤源次郎　❺-1 1661・7・21 政
斎藤監物　❻ 1860・3・3 政
斎藤玄良(基恒)　❹ 1471・3・19 政
斎藤好庵　❺-1 1693・3・11 社
斎藤耕一　❾ 2009・11・28 文
斎藤光正　❾ 2012・11・25 文
斎藤勾当　❺-1 1665・2・26 文／1666・7・18 文
斎藤五郎左衛門　❸ 1363・8・7 社
斎藤斎延　❺-2 1734・是年 文
斎藤　栄　❻ 1869・12・6 政／1870・2・22 政
斎藤定易　❺-1 1685・是年 文
斎藤実盛　❷ 1183・6・1 政
西東三鬼(斎藤敬直)　❽ 1962・4・1 文
斎藤茂男　❾ 1999・5・28 文
斎藤茂太　❾ 2006・11・20 文
斎藤修一郎　❻ 1873・10・9 文／1875・7・18 文／1893・4・22 政／12・4 政
斎藤重右衛門　❻ 1863・1・11 社
斎藤十朗　❾ 2000・10・16 政
斎藤十郎太夫　❺-2 1727・8・12 政
斎藤順三郎　❻ 1869・4・6 政
斎藤定易　❺-2 1729・是年 文
斎藤真一　❾ 1994・9・18 文
斎藤新五郎　❹ 1578・9・24 政
斎藤信策　❼ 1909・8・6 文
斎藤甚助　❺-1 1702・4・27 政
斎藤新蔵　❺-2 1727・8・12 政
斎藤神八郎(新八郎、不受不施派)　❺-1 1687・2・14 社／1694・2・1 社
斎藤新八郎⇨春藤六郎次郎(しゅんどうろくろうじろう)
斎藤正謙　❺-2 1848・是年 文
斎藤拙堂(有終・徳蔵)　❺-2 1830・是年 文／❻ 1865・7・15 文
斎藤惣一　❽ 1941・4・5 社／1948・5・31 政／1960・7・5 社
斎藤宗吉⇨北杜夫(きたもりお)
斎藤素巌　❼ 1919・是年 文／1926・9月 文
斎藤素心　❸ 1367・12・25 政
斎藤隆夫　❼ 1935・1・24 政／1936・5・7 政／11・5 政／❽ 1940・2・2 政／1945・11・28 政／1947・6・1 政
斎藤高政⇨斎藤義龍(よしたつ)
斎藤高行　❻ 1894・6・12 社
斎藤龍興(喜太郎)　❹ 1561・5・11 政／5・14 政／1563・是春 政／1564・2・6 政／1565・9・28 政／1566・⑧・8 政／9・24 政／1568・2・20 政／1570・7・21 政／1573・8・13 政
斎藤綱男　❾ 1996・5・8 社
斎藤鉄夫　❾ 2008・8・2 政／9・24 政
斎藤輝徳　❻ 1883・1月 社
斎藤外市　❻ 1889・5月 政／❼ 1898・是年 政／1908・5月 社／1910・7月 政／1926・1・31 政
斎藤道三(利政・利三・長井規秀・西村勘九郎)　❹ 1530・1・13 政／1534・9月 社／1538・9・1 政／1539・12月 社／1542・8・23 政／1544・6月 社／1545・4・9 社／1547・9・22 政／11・17 政／1548・是年 政／1552・是年 政／1553・4月 政／1554・1・24 政／1555・11・22 政／1556・4・19 文／4・20 政／1582・6・17 政／是年 政
斎藤道暦　❺-2 1719・4月 文
斎藤時頼⇨瀧口入道(たきぐちにゅうどう)
斎藤徳元(元信)　❺-1 1632・是年 文／1641・是年 文／1647・8・28 文
斎藤利茂　❹ 1521・4月 社／1533・11・26 社
斎藤利隆　❹ 1505・7・19 社
斎藤利堯　❹ 1582・是冬 政／6・4 社／10・18 社
斎藤利親　❹ 1496・12・7 政
斎藤斗志二　❾ 2000・12・5 政
斎藤利綱　❹ 1511・12・27 社
斎藤利常　❹ 1511・5・27 政
斎藤利尚⇨斎藤義龍(よしたつ)
斎藤利永　❸ 1446・7・5 政／❹ 1460・5・27 政
斎藤利良　❹ 1496・12・7 政／1517・12月 政／1519・7月 社／9月 政、社
斎藤利長　❹ 1517・4月 社
斎藤利藤　❹ 1460・5・27 政／1465・是年 社／1480・8・27 政
斎藤利政(利三)⇨斎藤道三(どうさん)
斎藤利行　❻ 1871・6・25 政
斎藤友実　❷ 1184・6・22 社
斎藤朝信　❹ 1580・3・14 社
斎藤都世子　❾ 2005・11・13 文
斎藤豊次郎　❺-2 1805・是年 政
斎藤豊基　❹ 1466・11・20 社
斎藤虎次郎　❺-2 1771・3・23 政
斎藤長定(浄円)　❷ 1225・12・21 政／1238・8・19 文／1239・10・11 政
斎藤長弘　❹ 1532・是年 文
斎藤如泉　❺-1 1692・是年 文
斎藤信利　❹ 1578・9・24 政
斎藤宜義　❺-2 1834・是年 文
斎藤　昇　❽ 1948・3・7 社／1961・7・18 政／❾ 1968・11・30 政／1971・7・5 政
斎藤八十郎　❺-2 1778・11・4 社
斎藤春香　❾ 2000・9・15 社／2008・8・9 社
斎藤半兵衛　❺-1 1608・9月 文
斎藤半弥　❺-1 1608・9月 文
斎藤　光　❾ 2010・7・11 文
斎藤彦次郎(彦二郎)　❹ 1485・7・1 政／10・14 政
斎藤彦麿　❺-2 1809・是年 文／1819・是年 文／1822・是年 文／1837・是年 文／1848・是年 文／1851・11・10 社／❻ 1859・3・12 文
斎藤　恒　❽ 1953・3・8 政
斎藤秀雄　❽ 1939・6・10 文／❾ 1974・8・18 文
斎藤秀三郎　❼ 1896・10・16 文／1929・11・9 文
斎藤　仁　❾ 1988・9・17 社
斎藤　博(駐米大使)　❽ 1939・2・26 政
斎藤　弘(山形県知事)　❾ 2005・1・23 社／2010・4・18 政
斎藤熙基　❸ 1444・⑥月 政／

1448·10·11 政
斎藤浩哉 ❾ 1995·3·12 社／1998·1·1 社／2·7 社
斎藤ふく(徳川家光乳母)⇨春日局(かすがのつぼね)
斎藤豊仙 ❺-1 1667·是年 政
斎藤史子 ❼ 1929·8·7 社
斎藤孫右衛門 ❺-2 1718·8·18 社
斎藤孫四郎 ❹ 1555·11·22 政
斎藤　実(富五郎) ❼ 1906·1·7 政／1908·7·14 政／1911·8·30 政／1912·12·17 政／12·21 政／1914·5·11 政／1919·8·12 政／9·2 政／1921·5·16 政／1924·5·19 政／1929·8·17 政／1932·5·26 政／1934·7·3 政／1935·6·18 政／12·26 政
斎藤　真 ❾ 2005·11·3 文
斎藤正高 ❺-1 1701·2·9 社
斎藤万吉 ❼ 1914·9·2 社／1928·12·4 文／1936·2·26 政
斎藤豊作 ❼ 1913·11·5 文
斎藤美規 ❾ 2012·12·26 文
斎藤道利 ❺-2 1808·8·24 社
斎藤通紀 ❾ 2011·8·4 文
斎藤　実 ❾ 2005·6·6 社
斎藤妙純 ❹ 1480·8·27 政／1493·9·23 政／1495·1·14 政／6·14 政／1496·4·10 政／5·30 政／9·20 政／12·7 政
斎藤妙椿 ❹ 1467·8月 社／1468·9·6 政／1469·5·12 文／1471·3·21 政／1472·9·9 政／1473·2·15 政／5·2 政／10·29 政／1474·6·10 政／8·25 政／1478·12·4 政／1479·1·19 政／2月 政／1480·2·21 政
斎藤茂吉 ❼ 1907·3月 文／❽ 1938·11·20 文／1950·5·24 文／1951·11·3 文／1953·2·25 文
斎藤基兼 ❸ 1379·6·21 社
斎藤元右 ❹ 1491·10·18 社
斎藤基秀 ❹ 1482·9·21 政
斎藤基能 ❸ 1372·1·11 政
斎藤八右衛門 ❹ 1568·12·6 社／1574·9·1 社
斎藤弥九郎 ❻ 1871·10·24 社
斎藤保太郎 ❽ 1942·6·26 社
斎藤弥八郎 ❻ 1865·4·28 政
斎藤唯浄 ❷ 1275·8·7 社
斎藤佑樹 ❾ 2006·8·6 社／2010·11·3 社
斎藤幸雄 ❺-2 1800·寛政年間 文／1833·是年 文／1834·是年 文
斎藤義重 ❽ 1961·9·20 文／❾ 2001·6·13 文
斎藤義龍(利尚·高政) ❹ 1555·11·22 政／12月 社／1556·4·20 政／1558·5·28 政／1559·4月 政／12·10 社／1560·6·2 政／6月 政／1561·5·11 政
斎藤吉信 ❶ 973·是年 社
斎藤与蔵 ❽ 1937·8·9 政
斎藤与里 ❼ 1912·10·15 文／1932·5·16 文
斎藤　瀏 ❽ 1943·6·14 政／1953·7·5 政
斎藤良衛 ❽ 1956·11·4 政
斎藤了英 ❾ 1996·3·30 政
斎藤緑雨(賢) ❼ 1904·4·13 文
斎藤因幡守 ❸ 1441·7·4 政
斎藤右衛門尉 ❹ 1527·6·17 政
斎藤小左衛門尉 ❹ 1556·6·3 政
斎藤加賀守 ❸ 1428·10月 政
斎藤刑部丞 ❹ 1583·4·2 政
斎藤検校 ❺-1 1678·12·19 文
斎藤下野守 ❸ 1452·3·21 社
斎藤頼母 ❺-1 1665·10·24 政
斎藤播磨守 ❹ 1550·2·10 政
最仁親王 ❷ 1265·3·19 社
最仁法親王 ❸ 1295·2月 社
西念(僧) ❷ 1140·8·9 社
済宝(僧) ❷ 1250·是年 社
西方親方 ❺-2 1718·11·13 政
西坊城顕長 ❹ 1499·5·29 政
才満河内守 ❹ 1548·2·14 政
西丸帯刀 ❻ 1860·7·8 政
財満平八郎 ❺-2 1785·9·26 社
宰務正視 ❼ 1902·8·7 社
斎明(長吏) ❷ 1183·6·1 政
齊明天皇⇨皇極(こうぎょく)天皇
サイモン・ダン ❻ 1863·11·25 政
サイヤン，ルイ ❽ 1947·3·17 社
西有穆山 ❼ 1910·12·4 社
西誉(僧) ❸ 1385·是年 社
ザイラー，トニー ❽ 1957·4·18 社／1959·11·14 社／1960·1·29 社
サヴォリ，ナザニエル ❻ 1853·5·8 政
ザウダ，フランスコ ❺-1 1614·5月 政
佐伯(氏) ❶ 884·11·23 文
佐伯　旭 ❾ 2010·2·1 政
佐伯姉子 ❷ 1202·1·18 社
佐伯有義 ❻ 1890·5月 文
佐伯　勇 ❾ 1989·10·5 政
佐伯伊多智(伊多知·伊太治·伊達) ❶ 764·9·11 社／766·2·21 政／771·③·1 政
佐伯今毛人 ❶ 748·7·10 文／759·1·11 政／763·1·9 文／764·1·20 政／1·21 政／767·2·28 文／769·3·10 政／770·5·9 政／775·6·19 政／776·4·15 政／11·15 政／777·4·17 政／782·2·7 政／786·1·24 政／789·8·21 政／790·10·3 政
佐伯石湯 ❶ 709·3·6 政／710·1·1 政
佐伯牛養 ❶ 778·2·4 政
佐伯梅友 ❾ 1966·12月 文
佐伯部売輪(仲子) ❶ 492·2·5
佐伯毛人 ❶ 743·6·30 政／745·2·24 政／758·6·16 政／764·1·20 政／765·1·6 政
佐伯大成 ❶ 754·4·5 政
佐伯大麻呂 ❶ 711·7·9 政
佐伯興藤 ❹ 1518·3·13 文
佐伯　男 ❶ 672·6·26 政／708·3·13 政
佐伯　老 ❶ 787·2·5 政
佐伯景弘 ❷ 1168·11月 社／1183·3·20 文／1187·6·3 社／7·20 政
佐伯葛城 ❶ 786·8·8 政／787·2·5 政／789·5·26 政
佐伯岸駒⇨岸駒(がんく)
佐伯喜一 ❾ 1973·6·9 政
佐伯吉五郎 ❺-2 1754·是冬 社
佐伯公行 ❶ 802·是年 社
佐伯清氏 ❶ 887·2·2 政
佐伯浄麻呂 ❶ 750·11·4 政
佐伯清岑 ❶ 827·4·26 政
佐伯国忠 ❷ 1131·7月 政
佐伯国益 ❶ 768·2·3 政／772·9·25 政／775·9·13 政
佐伯久良麻呂 ❶ 767·2·28 政／776·5·12 政／777·12·14 政／782·2·7 政
佐伯賢三 ❻ 1865·4·28 政
佐伯剛平 ❻ 1881·4·30 政／9·8 社
佐伯社屋(こそや) ❶ 804·1·24 政／808·5·14 政
佐伯子麻呂 ❶ 645·6·12 政／666·3月 社
佐伯児屋麻呂 ❶ 724·3·25 政
佐伯惟教 ❹ 1572·7·19 政／1578·11·12 政
佐伯惟治 ❹ 1527·11·25 政
佐伯伊益 ❶ 732·9·5 政
佐伯是基 ❶ 941·8·18 政／11·29 政
佐伯聡士 ❾ 2005·4·10 政
佐伯沙弥麻呂 ❶ 714·10·13 政
佐伯定胤 ❽ 1952·11·23 社
佐伯四郎丸 ❷ 1202·1·18 社
佐伯季藤(僧) ❸ 1428·9·2 社
佐伯孝夫 ❽ 1938·9·11 文
佐伯高相 ❶ 905·7·11 社
佐伯栲縄 ❶ 656·是年 政
佐伯　助 ❶ 764·1·20 政／765·2·14 政／10·22 政／771·③·1 政
佐伯　矩 ❼ 1920·9·17 文
佐伯為弘 ❷ 1216·7·16 政
佐伯親春 ❹ 1457·4·4 政
佐伯常人 ❶ 738·4·22 政
佐伯利磨 ❻ 1881·4月 文
佐伯利世 ❶ 843·1·12 政／845·1·11 政
佐伯豊人 ❶ 737·1·21 政
佐伯長継 ❶ 813·1·10 政／828·11·12 政
佐伯成人 ❶ 793·8·21 社
佐伯丹経手 ❶ 587·6·7
佐伯式麻呂 ❶ 721·1·27 文
佐伯広足 ❶ 681·7·4 政／682·5·16 政／685·9·15 政
佐伯太麻呂 ❶ 708·3·13 政
佐伯真利 ❶ 860·1·16 政
佐伯昌長 ❷ 1180·7·23 政
佐伯昌守 ❷ 1178·1·3 社
佐伯又三郎 ❻ 1863·8·10 政
佐伯全成 ❶ 752·5·26 政
佐伯真継 ❶ 870·11·13 政
佐伯麻毛利(真守·麻毛流) ❶ 767·2·4 文／776·3·9 社／779·9·18 政／785·1·15 文
佐伯麻呂 ❶ 700·5·13 政／708·3·13 政／723·3·14 政
佐伯三野(美濃) ❶ 766·2·21 政／767·2·28 政／771·③·1 政
佐伯美濃麻呂 ❶ 752·5·26 政／755·12·23 政
佐伯耳麻呂 ❶ 809·1·16 政／812·1·12 政

佐伯百足　❶ 708·3·22 政／718·4·1 政
佐伯守継　❸ 1304·8·2 社
佐伯諸成　❶ 781·1·20 社
佐伯弥恵　❶ 871·10·23 政
佐伯安道　❶ 839·3·16 社／840·2·14 政
佐柄木弥太郎　❺-2 1782·11·29 社
佐伯祐三　❼ 1925·是年 文／1927·9·13 文／1928·8·1 文
佐伯吉永　❶ 998·2·21 社
佐伯理一郎　❻ 1891·7·1 文
佐伯　連　❶ 554·1·9
三枝刑部　❻ 1866·6·14 政
三枝　蓊(青木精一郎)　❻ 1868·2·30 政
三枝長十郎　❺-2 1728·9·4 政
三枝俊吉　❹ 1583·1月 政
三枝守直　❹ 1561·9·10 政
三枝守政　❷ 1162·10·6 社／1163·1·29 政
三枝与三郎　❻ 1869·2月 社
佐枝尹重　❺-2 1731·是年 文
佐越　❺-1 1705·是年 文
沙伊文仇老(沙伊文仇羅左衛門九郎、対馬)　❸ 1426·1·3 政／1441·6·24 政
左衛門九郎(棟梁)　❹ 1539·5·7 社
左衛門五郎(石切)　❹ 1568·6·28 社
左衛門四郎(駿河)　❹ 1580·4·19 社
左衛門大夫入道(美濃)　❸ 1350·8·28 政
左衛門太郎(大工)　❹ 1546·10·2 社
左衛門尉能宗　❷ 1200·5·24 社
早乙女彰将　❾ 2007·11·14 政
早乙女　貢　❾ 2008·12·23 文
小織桂一郎　❼ 1896·9月 文／1905·2·1 文
坂　明　❼ 1911·5·23 社
坂　以得　❺-1 1688·是年 文
賢　遺臣　❶ 書紀·仁徳17·9月
坂　高麗左衛門　❾ 2004·7·25 文
坂　三郎　❼ 1921·12·22 社
坂　士仏(医師)　❸ 1388·2·3 文／1391·12·30 文／1415·3·3 文
坂　十仙(医師)　❸ 1342·10月 社
坂　常惇　❺-1 1710·是年 文
阪　昌周　❺-2 1770·是年 文
坂　正永　❺-2 1782·是年 文
坂　静山　❺-2 1747·9·26 文
坂　惣右衛門　❺-2 1726·3·11 社
坂　友世　❺-1 1640·8·3 文
坂　幽玄　❺-1 1637·12·7 文／1640·8·3 文／1644·9·2 文
嵯峨公勝　❽ 1937·4·3 政
嵯峨　浩　❽ 1937·4·3 政
嵯峨天皇(神野皇子·賀美能親王)　❶ 806·5·19 政／809·4·13 政／810·7·13 社／814·是年 文／823·4·16 政／9·12 政／825·11·28 政、社／826·3·10 社／834·4·21 政／8·9 政／838·11·29 社／842·7·8 社／7·15 政／8·27 政
酒井家次　❹ 1590·2·2 政／5·18 政／8·15 政／1600·8·24 関ヶ原合戦／❺-1 1613·1·1 政／1616·7月 政／1618·3·15 政
坂井泉水　❾ 2007·5·27 文
堺　右衛門太郎　❸ 1354·2·2 政
酒井鶯一　❻ 1862·5·24 文
酒井鶯浦⇨酒井抱一(ほういつ)
坂井　薫　❼ 1914·1·4 社
酒井勝小常　❶ 799·8·15 社
酒井清秀　❹ 1553·3·17 社
酒井喜和　❾ 2000·10·18 社
酒井健治　❾ 2012·5·18 文
坂井犀水　❽ 1940·7·31 文
酒井左衛門尉　❺-1 1670·5·25 政
酒井作右衛門　❺-1 1673·5·8 文
酒井実季　❺-1 1689·4·25 政
坂井三郎　❾ 2000·9·22 政
酒井三良　❼ 1919·11·1 文／❽ 1951·9·1 文／1963·9·1 文
酒井重忠　❺-1 1617·7·21 政
坂井成令　❺-1 1667·②·28 政
酒井十之丞　❻ 1867·12·8 政
堺　駿二　❾ 1968·8·10 文
酒井鉎次郎　❻ 1867·11·23 社
酒井昇造　❻ 1883·5·5 文
坂井甚介　❹ 1552·8·16 政
酒井　隆　❽ 1946·9·30 政
坂井隆憲　❾ 2003·3·4 政／2005·2·16 政
酒井忠明　❾ 2004·2·28 政
酒井忠能　❺-1 1679·9·6 政
酒井忠存　❺-2 1735·5·19 政
酒井忠温　❺-2 1766·3·30 政／1767·1·16 政
酒井忠発　❺-2 1843·6·10 政
酒井忠音　❺-1 1706·9·8 政／❺-2 1728·10·7 政／1735·5·19 政
酒井忠器　❺-2 1819·4月 政／1832·4·22 政／1840·11·1 政
酒井忠勝(出羽庄内藩主)　❺-1 1618·3·15 政／1619·3月 政／1622·8月 政／9·26 政／12·3 政／1647·10·17 政
酒井忠勝(若狭小浜藩主)　❺-1 1624·11月 政／1626·3·11 政／1627·11·14 政／1633·11·25 政／1634·⑦·6 政／1638·11·7 政／1639·4月 文／8·4 社／1645·4·5 政／8·27 社／1646·10·16 政／1651·4·21 政／7·28 政／12·10 政／1656·5·26 政／1659·5·3 社／1661·8·10 文／1662·7·12 政
酒井忠菊　❺-1 1706·6·3 政
酒井忠清　❺-1 1636·11·17 政／1653·⑥·5 政／1666·3·29 政／1668·是年 政／1671·3·27 政／8·8 政／1677·是年 政／1680·3·4 政／12·9 政／1681·1·15 政／2·27 政／5·19 政／11·7 政
酒井忠真　❺-1 1681·11·7 政／1693·2·11 政／1707·12·1 社
酒井忠実　❺-2 1731·8·28 政／1814·9·30 政
酒井忠以　❺-2 1772·7·13 政／1790·7·17 政
酒井忠重　❺-1 1633·10月 社／1638·3·7 政
酒井忠稠　❺-1 1706·6·3 政
酒井忠績　❻ 1863·6·18 政／9·14 政／12·27 政／1865·2·1 政
酒井忠恭(忠知)　❺-2 1740·4·3 政／1744·9·18 政／1746·6·2 社／1749·1·15 政／1766·3月 政／1772·7·13 政
酒井忠囿　❺-1 1686·③·21 政／1706·9·8 政
酒井忠挙　❺-1 1681·2·27 政／1698·2·15 政／1707·1·6 文／11·7 政／❺-2 1720·11·13 政
酒井忠隆　❺-1 1682·7·10 政／1686·③·21 政
酒井忠崇　❺-2 1787·4·18 政／1798·11·26 政
酒井忠次　❹ 1556·是年 政／1564·6·20 政／1579·7·16 政／1582·3·5 政／7·14 政／7·22 政／8·1 政／1584·3·17 政／6·12 政／10·16 政／1585·5月 政／1596·10·28 政
酒井忠恒　❺-1 1647·12·11 政
酒井忠貫　❺-2 1766·2·7 社／1806·1·12 政
酒井忠解　❺-1 1647·12·11 政
酒井忠利　❺-1 1609·9·23 政／9月 政／1612·是年 社／1616·5·29 政／1627·11·14 政
酒井忠惇　❻ 1867·9·23 政／1868·1·2 政
酒井忠知　❺-1 1632·10·3 社／1638·5·16 社／1639·5·18 社
酒井忠朝　❺-1 1635·10·29 政
酒井忠直　❺-1 1662·7·12 政／1669·12·7 文／1677·6·14 政／1682·7·10 政
酒井忠徳　❺-2 1767·1·16 政／1805·2月 文
酒井忠礼　❺-2 1798·11·26 政
酒井忠温　❺-2 1775·12月 文
酒井忠尚　❹ 1546·9·6 政／1563·是秋 政／1564·2·28 政
酒井忠英　❺-2 1725·4·12 政
酒井忠当　❺-1 1647·10·17 政／12·11 政／1660·2·9 政
酒井忠正　❼ 1932·1·17 政／❽ 1945·12·6 政
酒井忠毗　❻ 1864·9·6 政
酒井忠相　❺-1 1707·11·7 政／1708·1·25 政
酒井忠道　❺-2 1790·7·17 政／1809·6月 文／1814·9·30 政
酒井忠用　❺-2 1747·12·23 政／1754·②·7 文／1756·4·10 政／1775·9·29 政
酒井忠行　❺-1 1635·6·1 社／1636·3·19 政／11·17 政
酒井忠進　❺-2 1808·12·10 政／1815·4·15 政／1828·1·27 政
酒井忠世　❺-1 1601·2月 政／1610·是年 政／1614·10·19 大坂冬の陣／1617·5月 政／7·21 政／9·3 政／1626·4·15 政／1630·2·21 社／9·16 政／1631·2·14 政／2月 文／是秋 政／1633·4·17 文／1634·12月 政／1636·3·12 政
酒井忠吉　❺-1 1632·5·3 政／1642·3·3 政／8·16 政
酒井忠義(鶴岡藩)　❺-1 1660·2·9 政／6·11 社
酒井忠義(小浜藩)　❺-2 1843·11·3 政／1846·10·3 政／1848·5·13 政／1850·7·28 政／❻ 1858·6·26 政／

1859·2·5 政／1860·2月 政／12·1 政／1862·6·30 政
酒井忠能 ❺-1 1662·6·4 政／1681·12·10 政
酒井忠休 ❺-2 1748·⑩·1 政／1763·11·17 文／1765·11·17 文／1767·11·17 文／1770·11·17 文／1779·12·15 政／1787·4·18 政
酒井忠寄 ❺-2 1731·8·28 政／1749·9·28 政／1766·3·30 政
酒井辰夫 ❾ 1968·8·22 文
堺 為子 ❽ 1959·1·2 社
酒井親本 ❺-2 1720·4·13 政
酒井親愛 ❺-1 1708·1·25 政／❺-2 1720·4·13 政
坂井伝平 ❻ 1880·5·2 社
酒井道一 ❼ 1913·2·11 文
堺 利彦(枯川) ❼ 1901·7·20 社／1903·10·20 政／11·15 政／1904·11·13 政／1906·1·14 政／2·24 政／1907·9·6 政／1908·1·17 政／6·22 政／1911·1月 社／1912·6·28 社／10月 文／1915·9·1 文／1917·4·20 政／5·1 社／1919·4·1 政／4·21 政／5·1 政／7·7 文／1920·2·1 政／12·9 政／1922·5月 政／12·15 政／1923·6·5 政／1925·8·20 政／1927·12·6 政／1929·12·25 政／1933·1·23 政
酒井内膳 ❺-1 1661·6·25 文
坂井 直 ❼ 1936·2·29 政
酒井直治 ❺-1 1617·11·3 政
坂井なか ❽ 1957·1·30 政
酒井法子 ❾ 2009·8·3 社／11·9 社
坂井八郎兵衛 ❺-1 1663·7·18 社
酒井人真 ❶ 917·4月 政
堺 ひらや ❹ 1537·3·15 政
坂井寛子 ❾ 2008·8·9 社
坂井フク ❼ 1900·2·23 社
酒井抱一(栄八·忠因·鶯浦) ❺-2 1785·3月 文／1810·1月 文／1814·是年 文／1815·6·2 文／1816·9月 文／12月 文／是年 文／1817·是年 文／1818·3月 文／是年 文／1821·是年 文／1823·是年 文／1826·是年 文／1827·9月 文／是年 文／1828·11·29 文／1841·7·23 文
坂井孫八郎 ❹ 1553·7·18 政／1555·11·26 政
堺 正章 ❾ 1978·10·1 社
堺(近藤) 真柄 ❼ 1921·4·24 社
酒井正親(政家) ❹ 1576·6·6 政
坂井政朝 ❺-1 1670·6·12 文
坂井政尚 ❹ 1570·11·26 政
坂井政直 ❺-1 1689·10·4 社
栄井道形 ❶ 783·2·25 政／787·5·25 政
酒井通温 ❾ 1997·1·2 社
酒井宗清 ❹ 1543·10·8 文
酒井安二郎 ❻ 1878·6·16 文
酒井雄哉 ❾ 1987·7·5 社
酒井よね子 ❼ 1913·10·16 文
坂井六太夫 ❺-1 1669·10·29 社
酒井雅楽守 ❺-2 1822·11·17 政
坂井大膳 ❹ 1552·8·16 政／1554·7·12 政
酒井伯耆守 ❹ 1581·10·4 社
境川(佐田の山) ❾ 1998·1·31 社
境川浪右衛門(四方山) ❻ 1876·12月 社／1887·9·16 社
酒井田柿右衛門(初代) ❺-1 1666·6·19 文
酒井田柿右衛門(十一代目) ❽ 1963·3·7 文
酒井田渋右衛門 ❺-1 1695·是年 文
境野求馬 ❻ 1864·4·2 政
坂合部稲積 ❶ 659·7·3 政
坂合部石布(石敷·磐鍬) ❶ 656·9月 政／659·7·3 政
坂合部(境部)石積(磐積) ❶ 665·是年 政／667·11·9 政／681·1·11 政／682·3·13 文
坂合部大分 ❶ 701·1·23 政／718·10·20 政
境部雄摩侶 ❶ 623·是年 政
坂合部金綱 ❶ 747·3·10 政
坂合部(境部)薬 ❶ 658·11·5 政／672·7·7 政
境部鯯魚 ❶ 686·1月 政
坂合部浜足 ❶ 770·10·10 社
坂合部斐太麻呂 ❶ 767·2·28 政
境部摩理勢 ❶ 628·9月 政
坂合部三田麻呂 ❶ 708·3·13 政
坂合部 唐 ❶ 700·6·17 政
坂合部内親王 ❶ 778·5·27 政
堺屋市左衛門 ❺-2 1784·11·6 政
堺屋久右衛門 ❺-1 1644·是年 社
堺屋三九郎 ❺-1 1692·11·9 社
堺屋善右衛門 ❺-2 1736·2·28 文
堺屋太一 ❾ 1982·1·10 社／1998·7·30 政／1999·10·5 政
坂西勝三郎 ❹ 1583·2·25 政
坂内寛哉 ❺-2 1835·4·20 文
坂内青嵐 ❼ 1936·7·18 文
坂内具義 ❹ 1576·11·25 政
坂内直頼(雪庭) ❺-1 1694·是年 文／1715·是年 文
坂内ミノブ ❽ 1958·3·24 政
坂内与五右衛門尉 ❺-1 1625·10·30 社
栄 厚 ❼ 1932·6·15 政
坂上明兼 ❺-1 1662·是年 文
佐上浩三 ❾ 2003·3·27 文
坂上二郎 ❾ 2011·3·10 文
坂上寿夫 ❾ 2011·7·19 政
坂上洋子 ❾ 1992·7·25 社
坂上善之 ❺-2 1764·是年 文
榊 右衛門次郎 ❸ 1362·10·20 政
彭城久兵衛 ❺-1 1695·11·8 文
彭城藤次右衛門 ❺-2 1730·是年 文
彭城仁左衛門 ❺-1 1678·3月 文
榊 莫山 ❾ 2010·10·3 文
榊 俶 ❼ 1897·2·6 文
彭城百川(榊原·真淵·蓬洲·僊観·八僊·八仙堂) ❺-2 1720·是年 文／1731·是春 文／1744·是年 文／1746·2月 文／是年 文／1747·2月 文／1750·3月 文／1751·4月 文／是夏 文／1752·8·25 文／1753·8·25 文
榊 裕之 ❾ 2008·11·4 文
榊 令輔 ❻ 1864·3月 文
榊大夫 ❹ 1560·5·13 社
榊原勘解由 ❻ 1868·1·12 政
榊原鏡次郎 ❻ 1861·5·16 社
榊原鍵吉 ❻ 1856·3·1 政／1861·5·16 社／1873·4·6 社／1874·3·2 社／1875·8·16 社／1877·8·30 社／1878·3·1 社／6·25 社／1894·9·11 社
榊原源左衛門 ❺-2 1762·10·4 社
榊原香山 ❺-2 1797·11·22 文
榊原篁洲(玄輔) ❺-1 1684·是年 文／1706·1·3 文
榊原式部大輔 ❺-2 1736·6·5 社
榊原 仟 ❽ 1952·7·23 文／1953·7·9 文／1954·10·5 文／1956·4·24 文／❾ 1965·5·6 文
榊原紫峰 ❼ 1917·是年 文／1919·11·1 文／1920·11·2 文／1927·是年 文／1930·是年 文／❾ 1966·是年 文
榊原新左衛門 ❻ 1864·7月 天狗党の乱
榊原忠次 ❺-1 1649·6·9 政／1660·是年 文／1665·3·29 政／1666·是年 文
榊原忠之(信成·隼之助) ❺-2 1819·④·1 社
榊原千代 ❽ 1948·1·22 政
榊原鶴姫 ❺-1 1605·5·3 政
榊原照清 ❺-1 1646·8·7 政
榊原輝久 ❺-1 1646·8·7 政
榊原 亨 ❾ 1992·1·27 文
榊原文蔵 ❺-1 1622·是年 社
榊原政敦 ❺-2 1789·5·20 政／1810·8·21 政
榊原政邦 ❺-1 1683·2·27 政／1704·5·28 政
榊原政愛 ❻ 1853·6月 政
榊原政恒 ❻ 1853·6·9 政／9·2 政
榊原政永 ❺-2 1741·11·1 政／1770·12·6 政／1782·10·4 政／1789·5·20 政
榊原正成 ❺-1 1626·11月 政
榊原政令 ❺-2 1810·8·21 政
榊原政倫 ❺-1 1667·6·19 政／1683·2·27 政
榊原政房 ❺-1 1665·3·29 政／1667·5·24 政／6·19 政
榊原政岑(勝岑) ❺-2 1741·6·4 社
榊原正之 ❺-2 1836·2·8 社
榊原職直 ❺-1 1634·5·18 政／9·9 社／1636·5·19 政／8·6 政／1637·6·20 政／1638·2·27 島原の乱／6·29 島原の乱／1645·7·20 政
榊原職信 ❺-1 1659·11·6 政
榊原弥左衛門 ❺-2 1740·9·21 政
榊原康勝 ❺-1 1606·5·14 政
榊原康政 ❹ 1579·9·5 政／1584·3·17 政／6·23 政／10·16 政／1585·5月 政／1590·2·2 政／7·6 政／8·15 政／11·6 政／1599·1·29 政／1月 社／1600·7·8 関ヶ原合戦／8·24 関ヶ原合戦／9·27 関ヶ原合戦／11·3 関ヶ原合戦／是年 政／❺-1 1602·11·28 政／1606·5·14 政
榊原芳野 ❻ 1881·12·2 文
榊山 潤 ❽ 1939·1月 文
坂口安吾(炳五) ❽ 1942·1月 文／1955·2·17 文
坂口謹一郎 ❽ 1944·2·1 文／❾ 1967·11·3 文／1994·12·9 文

阪口玄二　❾ 2011·10·18 文
坂口弘一　❾ 2007·3·30 政
坂口　昂　❼ 1928·1·28 文
坂口　力　❾ 1993·8·9 政／2000·12·5 政
坂口允彦　❼ 1935·11·21 文
坂口　弘　❾ 1972·2·17 政／1986·9·26 政／1993·2·19 政
坂口裕之　❾ 1992·7·25 社
阪口夢穂　❾ 2012·7·27 社
坂口康茂　❽ 1954·7月 社
坂倉源次郎　❺-2 1736·12·10 政／1745·2·4 政
坂倉準三　❽ 1937·10·16 文／1955·6·1 文
坂倉新兵衛　❾ 1975·4·17 文
坂崎権兵衛　❺-1 1616·9月 政
坂崎直盛(成正)　❺-1 1613·10·24 政／1615·5·7 大坂夏の陣／1616·9月 政
坂崎　斌(紫瀾)　❻ 1882·1·21 社／1887·12·26 政
坂田　雷　❶ 676·9月 政
坂田伊助　❺-2 1841·10月 政
坂田栄男　❾ 1975·7·22 文／2010·10·22 文
坂田一男　❼ 1926·是年 文
坂田幸之助　❺-2 1777·6·15 社
阪田(旧戸籍は坂田)三吉　❼ 1917·10·9 社／1925·4·10 文／❽ 1946·7·23 文／1955·10·1 文
坂田昌一　❼ 1935·是年 文／❽ 1942·7月 文／1946·是年 文／1956·12·月 文／1964·6·13 文／❾ 1970·10·16 文
坂田二郎　❽ 1952·4·30 文
佐方宗佐　❺-2 1717·是年 文
坂田泥華　❾ 2010·2·24 文
坂田藤十郎(初代)　❺-1 1678·2月 文／1680·是年 文／1688·是秋 文／1699·1·24 文／10月 文／1702·1月 文／1709·11·1 文
坂田藤十郎(四代目)　❾ 2005·11·30 文／2007·9·22 文／2009·11·3 文
坂田奈弖麻呂　❶ 809·2·13 文／810·9·10 政
坂田半五郎(初代)　❺-2 1724·5·25 文
坂田半五郎(二代目)　❺-2 1782·7·17 文
坂田半四郎(三代目)　❺-2 1795·6·6 文
坂田栄男　❽ 1955·12·22 文
阪田寛夫　❾ 2005·3·22 文
坂田兵四郎　❺-2 1731·2月 文
坂田又太郎　❺-1 1704·12·28 文
坂田道太　❽ 1959·1·12 政／❾ 1968·11·30 政／1970·1·14 政／1974·12·9 政／2004·1·13 政
坂田義朗　❼ 1930·9月 政／1931·3·20 政
阪谷芳郎　❻ 1893·10·16 政／❼ 1906·1·7 政／1908·1·14 政／1912·6·11 政／1927·4·5 政／❽ 1941·11·14 政
阪谷朗廬(素)　❻ 1874·2月 文／1875·3月 文／1876·4·7 文／1881·1·15 文
坂戸袈裟大夫(猿楽)　❸ 1320·6·4 文
嵯峨殿女院　❸ 1312·3·22 社
坂名井子縄麿　❶ 885·4·5 社
坂西勝三郎　❹ 1583·2·25 政
坂西志保　❾ 1976·1·14 文
嵯峨根遼吉　❾ 1969·4·16 文
坂の市ノ助　❹ 1546·8·20 政
坂野重信　❾ 1989·6·2 政／2002·4·17 政
坂野常和　❾ 2011·7·10 政
坂野八郎左衛門　❺-2 1752·7·6 社
坂上明兼　❷ 1147·10·29 文
坂上明胤　❷ 1238·5·11 政
坂上秋穂　❶ 779·⑤·1 文
坂上明基　❷ 1207·8·26 政／1210·5·7 文
坂上犬養　❶ 763·1·9 政／764·12·13 政
坂上(石村)石楯　❶ 779·⑤·1 文／9·11 政
坂上氏成　❶ 779·⑤·1 文
坂上忍熊　❶ 708·9·30 政
坂上　老　❶ 699·5·9 政
坂上苅田麻呂(刈田麻呂)　❶ 764·1·20 政／9·11 政／766·2·21 政／771·③·1 政／777·10·13 政／782·①·11 政／784·3·14 政／785·1·15 政／6·10 政／786·1·7 政
坂上河内麻呂　❶ 849·1·13 政
坂上清澄　❸ 1291·10·11 社
坂上浄野(清野)　❶ 845·1·11 政／850·1·15 政／8·4 政
坂上是則　❶ 930·是年 政
坂上最延　❷ 1098·12·10 文
坂上定成　❷ 1088·3月 政
坂上貞守　❶ 876·9·9 政
坂上茂樹　❶ 883·4·2 政／885·1·16 政
坂上鷹養　❶ 813·1·10 政
坂上鷹主　❶ 839·1·11 政
坂上滝守　❶ 869·12·28 政／881·11·9 政
坂上田村麻呂　❶ 790·3·9 政／791·1·18 政／7·13 政／793·2·21 政／794·6·13 政／796·1·25 政／10·27 政／797·11·5 政／798·7·2 政／800·11·6 政／801·2·14 政／9·27 政／802·1·9 政／4·15 政／803·3·6 政／804·1·28 政／805·10·19 社／811·5·23 政
坂上経国　❶ 929·1·13 政
坂上経澄　❷ 1086·5·6 政
坂上経行　❶ 933·1·20 社
坂上広野　❶ 828·③·9 政
坂上正野　❶ 852·1·15 政
坂上当道　❶ 859·1·13 政／861·2·2 政／867·3·9 政
坂上当岑　❶ 851·1·11 政
坂上望城　❶ 949·是年 文／951·10·30 文／980·8月 政
坂上盛澄　❸ 1283·3·25 社
坂上親王　❶ 818·11·5 政
佐賀ノ花　❽ 1944·1·9 社
酒人内親王　❶ 772·11·13 社／774·9·3 社／818·3·27 社 文／829·8·20 政
酒部石隈(鴨部)　❶ 711·8·4 政
酒部大田(鴨部)　❶ 711·8·4 政
坂部広胖(勇左衛門·子顕)　❺-2 1804·是年 文／1810·是年 文／1812·是年 文／1815·是年 文／1816·是年 文／1817·是年 文
坂部三左衛門　❺-1 1685·4·3 政
酒部粳麻呂(鴨部)　❶ 711·8·4 政
坂部広高　❺-2 1792·1·18 社／1795·6·28 政
阪部　寔　❻ 1881·9·7 社／1884·7·21 社
坂部　恵　❾ 2009·6·3 文
酒巻和男　❽ 1941·12·8 政
酒巻釣翁　❻ 1857·12·9 文
酒巻英雄　❾ 1997·3·6 政
酒巻蓮楼　❺-2 1852·7·10 文
坂丸(蝦夷)　❶ 947·2·18 政
酒見かう　❻ 1881·7月 社
相模伊波　❶ 768·2·3 政／774·3·5 政
相模屋政五郎　❻ 1886·1·20 社
相模屋又市　❺-2 1764·11·4 政／1838·3·3 政
坂本昭仁　❾ 2007·11·14 政
坂本阿曾麻呂　❶ 716·4·27 政
坂本糠手　❶ 601·3·5 政／602·6·3 政
坂本宇頭麻佐　❶ 737·1·21 政
坂本男足　❶ 764·1·20 政
坂本乙女　❻ 1863·3·20 文
坂本嘉治馬　❽ 1938·8·23 文
坂本　九　❽ 1961·7·21 社／1963·5·12 社／1964·5·15 社
坂本金弥　❼ 1906·12·20 文／1917·6·15 政／1923·10·22 政
坂本功貴　❾ 2008·8·9 社
坂本孝三郎　❼ 1916·8·26 政／1935·3·4 社
坂本剛二　❾ 1994·4·15 政
坂本浩然　❺-2 1835·是年 社／1835·是年 社／❻ 1853·8·26 文
坂本五郎　❾ 1972·6·5 文
坂本三右衛門　❺-1 1681·是年 政
阪本鉁之助　❼ 1936·12·16 政
坂本鹿田　❶ 697·10·28 政
坂本繁二郎　❼ 1914·10·1 文／1917·是年 文／1932·9·3 文／❽ 1937·9·3 文／1956·11·3 文／❾ 1969·7·14 文
坂元盛徳　❻ 1891·7·29 文
坂本重治　❺-1 1681·5·12 政
坂本四方太　❼ 1917·5·16 文
坂本寿一　❼ 1914·6·13 社／1916·4·2 政
坂本周斎　❺-2 1749·3·27 文
坂本純庵　❺-2 1834·是年 文
坂本次郎右衛門　❻ 1861·2月 政
坂本次郎兵衛　❺-1 1681·是年 政
坂本覃渓　❺-2 1835·是年 文
坂本新兵　❾ 1996·6·30 文
坂本真楽　❻ 1870·10·18 社
阪本清一郎　❾ 1987·2·19 政
坂本清馬　❼ 1908·1·17 政／❽ 1961·1·18 社／1963·9·13 社／❾ 1967·7·6 政
坂元雪鳥(三郎)　❽ 1938·2·5 文
坂本瀬兵衛　❻ 1862·11·2 政
坂本善七　❻ 1887·10·1 社
坂本多加雄　❾ 2002·10·29 文

坂本財臣　❶ 673・5・29 政
坂本武兵衛　❹ 1583・5・6 政
坂本太郎　❾ 1987・2・16 文
坂本　堤　❾ 1989・11・3 社
坂本俊篤　❼ 1899・4・11 政
坂本朝一　❾ 2003・12・31 文
坂本長兄　❶ 642・2・22 政
坂本日登美　❾ 2005・9・28 社
坂本正人　❾ 2008・4・10 社
坂本三十次　❾ 1990・2・28 政／2006・3・19 政
坂本茂兵衛　❺-1 1681・是年 政
坂本弥八　❻ 1884・9・11 社
坂本養安　❺-1 1666・11・28 文
阪本芳信　❾ 2010・10・12 社
坂本龍一　❾ 1988・4・11 文／1991・1・19 文
坂本龍馬　❻ 1862・1・21 政／3・1 政／1863・5・16 政／1865・5・16 政／5月 政／⑤・21 政／8月 政／1866・1・8 政／1・21 政／1・23 政／10・15 政／1867・2月 政／4・23 社／4月 政／6・9 政／8・21 政／9・14 政／11・15 政／1870・8・15 政
坂本屋善右衛門　❺-1 1670・是年 政
坂本屋太郎右衛門　❺-2 1759・2・10 社
嵯峨屋利右衛門　❺-2 1743・1・15 社
相良景宗　❸ 1344・11・12 政
相良前頼　❸ 1376・6・2 政／12月 政／1381・7・18 政／1383・4・14 政／1385・1・10 政／2・17 政／1387・7・4 政／1388・10・13 政／1394・1・19 政
相良定頼　❸ 1336・4・22 政／1341・1・22 政／1359・10・5 政
相良三郎　❷ 1181・3・14 政
相良俸斎　❻ 1869・5・22 政
相良瑞堅⇨相良長隆(ながたか)
相良祐長　❸ 1333・5・26 政／1340・3・23 政／8・19 政／1341・1・22 政
相良清兵衛　❺-1 1640・9・5 政
相楽総三　❻ 1867・12・25 政／1868・1・10 政／2・8 政／3・3 政
相良堯頼　❸ 1448・2月 政
相良武任　❹ 1537・8・10 政／1542・8・8 政／1543・是年 政
相良忠平　❹ 1582・1月 政
相良為続　❹ 1468・2・25 政／1476・4・8 政／1483・是年 政／1484・3・7 政／4・16 政／1485・12月 政／1487・3・1 政／6・13 政／1493・4・22 政／10・29 政／1499・3・19 政／1500・2・13 政／6・4 政
相良為頼　❸ 1312・12・2 政／1448・3・28 政
相良知安　❻ 1869・1・17 文
相楽利直　❺-1 1683・3・27 社
相良福将　❺-2 1767・1・19 政／1769・1・12 政
相良知安(弘庵)　❼ 1906・6・10 文
佐良直美　❾ 1969・12・31 社
相良長在　❺-2 1738・6・25 政
相良長氏　❸ 1326・10・22 政／1333・6・16 政／1340・6・24 政
相良長国　❹ 1536・11・22 政
相良長定　❹ 1525・1・8 政／1526・5・16 政／1532・11・11 政
相良長隆(瑞堅)　❹ 1526・5・16 政
相良長唯(義滋)　❹ 1526・5・16 政／1532・7・1 政／11・11 政／1534・3・18 政／1535・3・21 政／1539・3・14 政／3・30 政／10・26 政／1542・5・26 政／1545・2・5 政／1546・8・25 政
相良長続　❸ 1448・2月 政／3・28 政／1451・3・7 政／❹ 1468・2・25 政
相良長毎(肥後人吉城主)　❹ 1501・5・20 政／1502・8月 政／1504・2・7 政／1511・4・24 政／1514・是年 社／1516・12・13 政／1518・5・11 政
相良長毎(大垣城)⇨相良頼房(よりふさ)
相良長規　❺-2 1719・4・1 政
相良長寛　❺-2 1769・1・12 政／1786・是年 文／1802・2・7 政
相良長祇　❹ 1518・5・11 政／1525・1・8 政
相良晴広　❹ 1536・11・22 政／1546・8・25 政／10・10 政／1547・5・15 政／1554・3月 政／1555・2・7 政／8・12 政
相楽半右衛門　❻ 1869・3月 社
相良兵庫　❸ 1336・2・4 政
相良正任　❹ 1478・10・24 政
相良政峰　❺-2 1738・6・25 政
相良守峯　❾ 1989・10・16 文
相良義滋⇨相良長唯(ながただ)
相良義陽　❹ 1565・10・28 政／1568・1・20 政／3・23 政／1569・5・6 政／1576・10・7 政／12・16 政／1579・8・2 政／1580・5・15 政／8・12 政／1581・8・20 政／12・2 政／1582・1月 政
相良丰光　❾ 1971・5・28 政
相良頼氏　❸ 1377・2・28 政
相良頼員　❸ 1292・12・1 政
相良頼喬　❺-1 1703・1・24 政
相良頼豊　❹ 1598・9・27 慶長の役
相良頼徳　❺-2 1802・2・5 政
相良頼央　❺-2 1758・4・14 政
相良頼広　❸ 1326・10・22 政／1333・5・26 政／1334・1月 社
相良頼寛　❺-1 1636・6・13 政／1656・4月 政
相良頼福　❺-1 1703・1・24 政
相良頼房(長毎、大垣城三の丸将)　❹ 1587・5・30 政／1591・8・13 政／8・28 政／1592・3・1 政／3・20 文禄の役／4・17 文禄の役／5・3 文禄の役／6・7 文禄の役／6・24 文禄の役／11・21 文禄の役／1593・2・29 文禄の役／1599・8・20 政／1600・8・5 関ヶ原合戦／9・14 関ヶ原合戦／9・17 関ヶ原合戦／❺-1 1604・6・20 政／1619・8・16 政／1636・6・13 政
相良頼観　❸ 1448・2月 政
相良頼峯　❺-2 1758・4・14 政
相良頼宗　❸ 1295・12月 文
相良頼元　❺-2 1767・1・19 政
相良頼泰　❹ 1487・6・13 政
相良頼仙　❸ 1448・2月 政
相良蓮道　❸ 1311・3・5 政
佐柄勘解由　❹ 1559・是年 政
相良宮内大輔　❹ 1545・12・28 政
サカロフ(夫妻、舞踏家)　❼ 1931・1・27 文
佐川　清　❾ 2002・3・11 政
佐川幸三郎　❾ 1992・3・21 社
佐河四郎左衛門　❸ 1343・9月 政
佐河田昌俊　❺-1 1643・8・3 文
祚乾(宋僧)　❶ 988・2・8 政
鷺　仁右衛門(宗玄)　❺-1 1614・9・3 文／1650・4・24 文
向坂逸郎　❼ 1928・4・18 文／❽ 1937・12・15 政／1945・11・19 文
匂坂(さきざか)長能　❹ 1535・10・18 政
鷺沢　萌　❾ 2004・4・11 文
崎浜盛三　❾ 2007・5・21 文／2009・4・15 文
佐喜真　敦　❾ 2012・2・12 政
座喜見親方(琉球)　❺-2 1842・11・19 政
向山周慶(政章)　❺-2 1790・是年 社／1802・是年 社／1803・4・14 社／1819・9・26 社
左京(仏師)　❺-1 1626・④・8 文／1653・5・15 文／1664・10・6 文／1689・5・4 文
柵　専乗　❻ 1873・3・4 社
作江伊之助　❼ 1932・1・28 政
策彦周良(遣明使)　❹ 1537・6・20 政／8・10 政／1538・是春 政／9・21 政／1539・4・19 政／1540・3・3 政／1541・1月 文／5・21 政／1546・10・26 政／1547・2・21 政／1548・1・22 政／1549・4・18 政／1550・6・9 政／1556・8・21 文／1572・7・25 文／1579・6・30 社
作左衛門(アイヌ)　❺-1 1692・是年 社／1694・是年 社
朔日(僧)　❸ 1312・是年 社
作田　明　❾ 2011・6・1 文
左口鉄蔵　❻ 1881・3・1 社
策伝(安楽庵僧)　❺-1 1642・1・8 社
柵橋磔々　❼ 1896・7・23 文
朔平門院⇨璹子(じゅし)内親王
佐久間勝親　❺-1 1688・5・18 政
佐久間勝之　❺-1 1631・是年 文
佐久間　澄　❾ 1991・9・28 政
佐久間九郎左衛門　❹ 1549・3・6 政／10月 政
佐久間定栄　❹ 1580・4月 社
佐久間実勝(真勝)　❺-1 1628・11・18 政／1632・10・3 社／1642・是年 政
佐久間佐兵衛　❻ 1864・11・7 政
佐久間左馬太　❼ 1906・4・11 政／1915・8・5 政
佐久間将監　❺-1 1642・10・22 文
佐久間象山(修理・国忠・啓子・迪・子明)　❺-2 1842・11・24 政、文／1848・1月 政／8・10 社／1849・是年 文／1851・2・17 文／5・24 政／是年 文／1852・7月 政／❻ 1853・6・4 政／7月 政／1854・3・27 社／是年 文／1862・12・29 政／1864・3・7 政／4・3 政／6・27 政／7・11 政
佐久間善八　❺-1 1606・是年 社／1638・是年 社／1674・1・21 社
佐久間　勉　❼ 1910・4・15 政
佐久間貞一(千三郎)　❻ 1876・10・9 文／1886・9・20 社／1889・3・22 文／1891・10・24 政／❼ 1898・11・6 社

佐久間鉄園 ❼ 1921·4·25 文
佐久間洞巌(子巌·丁徳) ❺-2 1719·是年 文／1736·2·11 文
佐久間東川 ❺-2 1800·10·25 文
佐久間信近 ❺-2 1801·4·7 社
佐久間信就 ❺-1 1696·2·2 社／1703·11·15 社
佐久間信栄 ❹ 1580·8·15 政
佐久間信盛 ❹ 1568·9·7 政／10·10 政／10·26 政／1569·2·11 政／1570·6·4 政／1571·9·1 政／1572·4·13 政／7月 政／1573·4·2 政／9·24 政／11·16 政／1574·9·18 政／1575·12·27 政／1576·11·11 文／1577·3·21 政／1578·10月 社／1580·3·9 政／7·17 社／8·15 政／1581·7·24 政
佐久間信義 ❻ 1868·3·5 政／4·21 政
佐久間　一 ❾ 1991·4·16 政
佐久間鐇五郎 ❻ 1868·4·21 社
佐久間福太郎 ❼ 1907·1·26 政／1911·11·19 政
佐久間文吾 ❻ 1890·4·1 文
佐久間文爾(維章·夜雨亭) ❺-2 1799·6·19 文
佐久間政家 ❹ 1594·1·3 政
佐久間正勝(不干斎·信栄) ❹ 1584·6·16 政／1594·2·21 文／❺-1 1631·4·27 文
佐久間道徳 ❹ 1584·5·11 政
佐久間盛政(理助) ❹ 1580·11·17 政／1583·4·20 政／4·21 政／5·12 社
佐久間安次 ❺-1 1638·11·24 政
佐久間安長 ❺-1 1627·4·25 政
佐久間安政 ❺-1 1616·7月 政／1627·4·25 政
佐久間態水(子文) ❺-2 1817·10·25 文
佐久間　庸 ❽ 1943·12·1 文
佐久間良子 ❽ 1963·3·16 社
佐久間柳居 ❺-2 1746·是年 文
佐倉常七 ❻ 1873·12·16 社
佐倉宗吾 ❺-1 1652·12月 社
佐倉惣五郎(宗五郎·惣五) ❺-2 1806·1·27 社
佐倉利左衛門 ❺-2 1806·1·27 社
桜　むつ子 ❾ 2005·1·23 文
桜井家一 ❹ 1583·4·21 社
桜井郁二郎 ❻ 1888·是年 文
桜井右近 ❺-1 1674·是年 社
桜井鷗村 ❼ 1908·3月 文
桜井勝正 ❺-1 1673·7·3 政
桜井霞洞 ❽ 1951·7·18 文
桜井貫一郎 ❻ 1877·3·31 西南戦争
桜井　潔 ❽ 1945·9·6 文
桜井耕雲 ❻ 1883·1月 文
桜井兀峰 ❺-1 1693·是年 文
桜井五郎 ❷ 1206·3·12 社
桜井　静 ❻ 1879·7·1 政
桜井正吉 ❼ 1915·2·26 社
桜井正次 ❼ 1898·3·29 文
桜井錠二 ❻ 1876·6·25 文／❼ 1932·12·28 文／❽ 1939·1·28 文
桜井　新 ❾ 1994·6·30 政／8·12 政
桜井真一郎 ❾ 2011·1·17 社
桜井清九郎 ❺-1 1708·4·4 文
桜井雪館 ❺-2 1790·2·21 文
桜井センリ ❾ 2012·11·6 文
桜井孝雄 ❽ 1964·10·10 社／❾ 2012·1·10 社
桜井武雄 ❽ 1953·6·14 文
桜井忠剛 ❻ 1887·3·25 文／❼ 1901·6·16 文／1903·6·1 文
桜井忠温 ❼ 1906·4月 文／❾ 1965·9·17 文
桜井田部 ❶ 535·9·3
桜井ちか ❼ 1928·12·19 文
桜井長一郎 ❾ 1999·3·4 文
桜井常五郎 ❻ 1868·3·3 政
桜井信夫 ❾ 2010·8·18 文
桜井梅室(能充) ❺-2 1852·10·1 文
桜井半兵衛 ❺-1 1634·11·7 社
桜井英雄 ❽ 1952·11·28 政
桜井秀雄 ❾ 2011·6·5 文
桜井英樹 ❾ 2007·10·27 文
桜井兵五郎 ❽ 1945·4·7 政
桜井平吉 ❻ 1883·4月 政／1884·12·6 政
桜井政甫 ❺-2 1755·7·23 政／1757·8·27 政
桜井政英 ❺-2 1738·7·23 政
桜井基伝 ❹ 1524·11·28 社
桜井養仙 ❺-2 1748·是年 文
桜井良文 ❾ 2012·6·21 文
桜井与四郎(元憲) ❻ 1867·12·8 政
桜井吏登(雪中庵) ❺-2 1754·6·25 文
桜井るゑ子 ❾ 1994·1·20 社／2009·7·18 政
桜内文城 ❾ 2012·9·11 政
桜内幸雄 ❼ 1931·4·14 政／❽ 1939·1·5 政／1940·1·16 政
桜内義雄 ❽ 1964·7·18 政／❾ 1972·12·22 政／1977·11·28 政／2003·7·5 政
桜岡三四郎 ❼ 1898·3·29 文／1919·9·18 文
桜川善平 ❾ 1995·1·13 文
桜島国宗 ❷ 1186·4·18 文
桜田一郎 ❽ 1942·2·2 社／❾ 1977·11·3 文／1986·6·23 文
桜田監物 ❺-2 1803·3·5 社
桜田虎門(景質·仲文·周輔·欽斎·鼓缶子) ❺-2 1839·10·3 文
桜田　慧 ❾ 1997·5·24 社
桜田治助(初代) ❺-2 1806·6·27 文
桜田治助(三代目) ❻ 1877·8·7 文
桜田淳子 ❾ 1992·8·25 社
桜田　武 ❾ 1969·10·16 政
桜田常久 ❽ 1941·12·17 文
桜田秀正 ❺-1 1617·7·17 文
桜田元親 ❹ 1589·5·1 政／1600·7·24 関ヶ原合戦／❺-1 1602·3·16 社
桜田師頼 ❸ 1333·2·7 政
桜田由次郎 ❻ 1861·6·3 文
桜綱駒寿 ❻ 1857·2月 社
桜宮聖出雲 ❹ 1508·6·18 文
桜庭一樹 ❾ 2008·1·16 文
桜庭良遠 ❷ 1185·2·16 政
桜間弓川(金太郎) ❽ 1957·3·1 文
桜間左陣 ❼ 1917·6·24 文
桜間青涯 ❺-2 1851·2·18 文
桜間伴馬 ❻ 1881·4·16 文
桜間要三郎 ❻ 1882·12·17 政
櫻町天皇(昭仁親王) ❺-2 1720·1·1 政／1728·6·11 政／1731·2·6 文／1733·2·1 政／1735·3·21 政／6·2 文／11·3 政／1737·8·13 文／1743·4·1 文／1747·3·16 政／5·2 政／1749·是年 文／1750·4·23 政
桜山一有 ❺-2 1728·11·8 文／1744·5·7 政
桜山茲俊 ❸ 1331·9·14 政／1332·1·21 政
酒君(百済) ❶ 書紀·仁徳 41·3月
鮭延秀綱(典膳) ❺-1 1646·6·21 政
サケロク(乙名) ❺-2 1801·2月 政
佐護式右衛門⇨平成扶(へいせいふ)
佐護分右衛門 ❺-1 1624·5·20 政
酒匂家賢 ❷ 1221·5·29 政
酒匂資光 ❸ 1355·10·12 政
酒匂常明 ❼ 1909·1·10 政／4·11 政
酒匂友寄 ❺-1 1632·是年 社
酒匂久景 ❸ 1339·6·20 政
酒匂本性 ❸ 1320·10·30 社／1326·9·4 政／1331·10·10 社
座光寺藤三郎 ❺-2 1775·5·28 社
佐郷屋留雄 ❼ 1930·11·14 政
迫田さおり ❾ 2012·7·27 社
迫水久常 ❽ 1960·7·19 政／12·8 政／1961·7·18 政
左近(絵所) ❺-1 1670·1·11 文
左近司政三 ❽ 1941·7·16 政／1945·4·7 政／❾ 1969·8·30 政
左近将監(足利尊氏の将) ❸ 1352·3·10 政
左近将監高元(大隅) ❸ 1351·9·6 政
左近入道近江大浦荘 ❸ 1339·3·23 政
佐佐(ささ)十郎 ❽ 1959·3·1 文
佐佐友房 ❻ 1889·8·1 政／1893·10·1 政／1894·6·30 政
佐佐井祐清 ❺-1 1709·是年 文
笹井仙蔵 ❺-2 1811·9·4 文
佐佐江賢一郎 ❾ 2005·8·7 政
螺江夜気女 ❶ 721·1·27 文
笹川繁蔵 ❺-2 1844·8·4 社
笹川　堯 ❾ 2000·12·5 政
笹川忠夫 ❽ 1946·4·20 政
笹川良一 ❼ 1931·2·21 政／❽ 1941·2·11 政／1944·11·23 社／1945·12·2 政／1962·10·1 社／❾ 1995·7·18 政
佐佐木顕発 ❺-2 1851·7·28 社／1852·10·8 社／❻ 1863·4·16 政／4·23 政／1864·6·29 政
佐佐木　明 ❾ 2010·10·7 文
佐佐木淳行 ❾ 1991·2·28 政
佐佐木一海 ❻ 1887·10·1 社
佐佐木隠岐 ❷ 1239·12·27 社
佐佐木岩次郎 ❼ 1917·6·11 文
佐佐木氏詮 ❸ 1362·2·22 政
佐佐木氏郷 ❺-1 1656·是年 文
佐佐木(京極)氏信 ❷ 1247·6·1 政／1266·12月 政／1276·4·1 政／1277·7·19 政／❸ 1285·11·23 政／1295·8·18 政
佐佐木(六角)氏頼 ❸ 1338·9·25 政／1350·10·22 政／12·4 政／1351·

1·19 政／5·20 社／6·25 政／**1354**·⑩·11 政／**1355**·2·1 政／4·13 政／**1356**·9·13 社／**1357**·9·8 社／**1358**·2·3 社／11月 文／**1359**·1·26 社／**1360**·9月 政／**1361**·1·18 社／8·19 政／**1362**·11·28 社／**1363**·12·8 社／**1366**·8·8 政／**1368**·8·29 社／**1369**·4·20 社／7·28 社／**1370**·6·7 政
佐佐木喜善　❼ **1933**·9·29 文
佐佐木吉之助　❾ **1996**·5·1 社
佐佐木吉郎　❾ **2008**·12·21 社
佐佐木久左衛門　❺-1 **1669**·是年 社
佐佐木清高　❸ **1325**·11·22 政／**1333**·②·24 政／3·2 政
佐佐木琴台　❺-2 **1800**·8·20 文
佐佐木　邦　❽ **1938**·7·12 文／**1964**·9·22 文
佐佐木国吉　❹ **1467**·是年 政
佐佐木賢一　❽ **1937**·1·4 社
佐佐木玄信　❺-2 **1721**·是年 政
佐佐木玄龍　❺-2 **1723**·2·21 文
佐佐木更三　❽ **1964**·12·8 政／❾ **1965**·5·6 政／**1966**·1·19 政／12·6 政／**1967**·2·22 政
佐佐木惟綱　❷ **1221**·6·14 政
佐佐木五郎　❸ **1334**·12·7 政
佐佐木貞家　❸ **1345**·3·3 政
佐佐木貞氏　❸ **1341**·1·20 政／**1355**·2·1 政／11·19 政
佐佐木貞清　❸ **1325**·5月 社
佐佐木定重　❷ **1191**·3·29 社
佐佐木貞高　❺-2 **1841**·是年 文
佐佐木定綱　❷ **1180**·8·17 政／**1185**·8·4 政／**1187**·8·19 社／**1191**·3·29 社／**1193**·3·12 政／10·28 政／**1200**·7·6 社／**1204**·1·21 政／**1205**·4·9 政
佐佐木定頼⇨六角(ろっかく)定頼
佐佐木三四郎　❻ **1867**·8·21 政
佐佐木重綱　❷ **1203**·10·15 社
佐佐木繁綱　❸ **1451**·3·28 政／❹ **1458**·4月 政
佐佐木志頭磨　❺-1 **1695**·1·19 文
佐佐木信濃五郎左衛門　❸ **1350**·8·13 政
佐佐木脩輔　❺-2 **1847**·12·16 政／12·26 政
佐佐木俊一　❼ **1933**·1月 社／❽ **1944**·是年 社
佐佐木すぐる　❾ **1966**·1·13 文
佐佐木清十郎　❺-2 **1763**·5·25 社
佐佐木誠造　❾ **2005**·4·24 社
佐佐木関郎　❻ **1891**·1·17 社
佐佐木千里　❼ **1931**·12·31 文
佐佐木惣一　❼ **1916**·1·1 政／❽ **1945**·10·11 政／11·22 政／**1952**·11·3 文／❾ **1965**·8·4 文
佐佐木荘助　❻ **1892**·4·7 政
佐佐木高詮⇨京極(きょうごく)高詮
佐佐木隆興　❼ **1932**·1·4 文／❾ **1966**·10·31 文
佐佐木(塩冶)高貞　❸ **1333**·②·24 政／**1335**·12·11 政／**1341**·3·24 政／**1365**·3·24 社
佐佐木高重　❷ **1201**·5·5 政／**1205**·⑦·26 政
佐佐木高綱　❷ **1186**·7·13 政
佐佐木高信　❷ **1235**·⑥·26 社／7·23 社
佐佐木(京極)高秀　❸ **1352**·11·7 政／**1353**·6·20 政／**1360**·11·2 社／**1363**·7·19 政／**1368**·9·9 社／**1370**·4·9 政／6·17 社／**1372**·1·11 政／2·10 政／6·11 文／**1373**·8·25 政／**1375**·6·5 社／8·25 文／**1379**·2·27 政／3·6 政／4·13 政／④·13 政／10·28 文／**1390**·③·25 政／**1391**·10·11 政／❹ **1462**·2·25 文／10·2 文
佐佐木孝丸　❼ **1929**·2·2 文／❽ **1937**·6·1 文／**1938**·8·25 文
佐佐木高光⇨京極(きょうごく)高光
佐佐木高保　❼ **1929**·7·24 文
佐佐木高行(弥太郎·松之助)　❻ **1871**·6·25 政／7·9 政／**1877**·9·6 政／**1878**·5·16 政／**1881**·10·21 政／**1885**·11·11 政／**1888**·4·30 政／5月 社／❼ **1910**·3·2 政
佐佐木孟成　❺-2 **1738**·10·18 政
佐佐木唯三郎　❻ **1863**·4·13 政／**1867**·11·15 政
佐佐木　直　❾ **1969**·12·17 政
佐佐木忠次郎　❻ **1877**·9·16 文
佐佐木仲澤　❺-2 **1822**·2月 文
佐佐木鎮次　❽ **1945**·2·18 社
佐佐木経氏　❸ **1347**·8·9 政／**1351**·8·19 政／**1352**·②·23 政／11·10 政
佐佐木経高　❷ **1200**·7·9 政／**1201**·5·5 政／**1221**·6·16 政
佐佐木出羽五郎　❸ **1363**·6·3 社
佐佐木出羽四郎　❸ **1352**·②·23 政
佐佐木出羽二郎　❸ **1371**·10·1 政
佐佐木到一　❽ **1955**·5·30 政
佐佐木(京極)導誉(高氏)　❸ **1326**·3·23 政／**1331**·10·3 政／**1332**·3·7 政／6·19 政／**1335**·4·3 政／9·27 政／9月 政／**1336**·6·14 政／7·16 政／9月 政／12·2 政／**1337**·6·21 社／**1338**·1·2 政／4·5 政／4·14 政／⑦·16 政／9·25 社／**1340**·10·6 政／12·13 政／**1341**·8·14 政／**1343**·8·20 政／**1345**·4·2 政／**1348**·2·8 政／**1350**·7·28 政／10·27 政／12·7 政／**1351**·2·1 政／4·2 政／7·28 政／8·2 政／9·10 政／12·1 政／**1352**·3·15 政／6·3 政／8·5 社／10·19 政／11·2 政／**1353**·1·5 政／8·17 社／**1354**·4·8 政／6·7 政／**1355**·2·6 政／5·8 政／**1356**·2·6 社／8·18 社／**1357**·7·8 社／是年 文／**1358**·6月 社／**1359**·6·13 政／8·4 政／**1360**·7·5 政／8·9 政／10·25 社／**1363**·6·5 社／7·19 政／**1364**·9·18 社／**1365**·10·10 社／**1366**·3·4 政／8·10 政／11·14 社／**1367**·5·29 政／7·11 政／9·5 社／9·10 社／10·12 社／**1373**·3·10 社／8·25 政
佐佐木東洋　❻ **1874**·5·2 文／**1875**·4·11 文／**1881**·是年 文／**1891**·5·6 文／❼ **1918**·10·9 文
佐佐木時清　❸ **1283**·6·14 政／**1301**·1·18 政／**1305**·4·23 政
佐佐木時信　❸ **1346**·8·22 政
佐佐木友房　❻ **1894**·6·30 政
佐佐城豊寿　❻ **1886**·12·5 社／**1890**·10·20 政
佐佐木長淳　❻ **1873**·2·25 文
佐佐木永春　❹ **1509**·是年 文
佐佐木七恵⇨永田(ながた)七恵
佐佐木信詮　❸ **1350**·12·4 政
佐佐木信実　❷ **1190**·7·20 文／**1221**·5·22 政／7·25 政
佐佐木申二　❼ **1936**·是年 文
佐佐木信綱(武士)　❷ **1226**·2·13 政／**1227**·9·22 政／**1235**·⑥·26 社／7·7 政／**1240**·10月 社／**1241**·2·3 社／**1242**·3·6 政
佐佐木信綱(歌人·国文学者)　❼ **1897**·12月 文／**1898**·2月 文／**1901**·2月 文／**1907**·3月 文／**1917**·7·1 文／❽ **1937**·4·28 文／9月 文／**1944**·12·17 文／**1963**·12·2 文
佐佐木信秀　❹ **1570**·是年 文
佐佐木則夫　❾ **2012**·1·9 社／7·27 社
佐佐木八郎　❻ **1888**·8·1 社
佐佐木久子　❾ **2008**·6·28 文
佐佐木秀詮　❸ **1361**·4·17 社／**1362**·2·22 政
佐佐木秀綱　❸ **1337**·12·4 政／**1340**·10·6 政／12·13 政／**1347**·3·15 社／12·14 政／**1348**·2·8 政／**1351**·9·10 政／11·7 政／**1352**·3·18 社／4·2 社／8·3 政／11·7 政／**1353**·6·13 政／**1354**·10·14 政
佐佐木秀長　❺-2 **1763**·宝暦年間 文／**1769**·12·27 文
佐佐木栄熙　❹ **1470**·是年 政／**1471**·1·11 政
佐佐木秀宗　❸ **1348**·2·8 政
佐佐木秀世　❾ **1972**·7·7 政
佐佐木広綱　❷ **1191**·3·29 社／**1200**·1·24 政／**1205**·⑦·26 政／**1211**·2·22 社／**1212**·2·23 社／**1213**·5·9 政／**1216**·2·11 社／**1221**·6·2 政／6·12 政／7·2 政
佐佐木弘綱　❻ **1888**·9月 文／**1891**·6·25 文
佐佐木文山(墨華堂)　❺-2 **1735**·5·7 文
佐佐木文次郎　❺-2 **1765**·2·22 文
佐佐木平馬　❺-2 **1743**·8·20 社
佐佐城朴安　❺-2 **1833**·8 文
佐佐木光枝⇨鈴木(すずき)光枝
佐佐木味津三　❼ **1934**·2·6 文
佐佐木満高⇨六角(ろっかく)満高
佐佐木宗綱　❸ **1287**·10·12 政
佐佐木茂索　❼ **1924**·10月 文／❾ **1966**·12·1 文
佐佐木基清　❸ **1412**·11·26 政
佐佐木盛綱　❷ **1184**·12·7 政／**1190**·7·20 文／**1201**·4·3 政
佐佐木泰清　❷ **1241**·10·22 社／**1272**·8月 社
佐佐木安五郎　❼ **1934**·1·1 政
佐佐木泰綱　❷ **1261**·5·13 政／**1275**·9·14 社／**1276**·5·17 政
佐佐木行忠　❾ **1974**·8·10 社
佐佐木義氏　❸ **1352**·②·28 政
佐佐木芳雄　❾ **2007**·10·22 政
佐佐木義賢⇨六角(ろっかく)義賢
佐佐木由幾　❾ **2011**·2·2 文
佐佐木義清　❷ **1233**·是春 政
佐佐木義信(千手)　❸ **1352**·7·24 社

佐佐木義松 ❾ **1974**·12·9 政
佐佐木頼氏 ❸ **1361**·8·19 政
佐佐木頼綱 ❸ **1283**·10·24 政／**1284**·12·22 政
佐佐木隆一 ❼ **1924**·3·17 政
佐佐木良作 ❾ **1969**·2·15 政／**1985**·4·23 政／**2000**·3·9 政
佐佐木林風 ❼ **1933**·5·27 文
佐佐木留阿(導誉妻) ❸ **1379**·3·8 社
佐佐木六郎左衛門 ❸ **1350**·8·13 政
佐佐木佐渡入道 ❸ **1429**·12·8 社
佐佐木浄泰入道 ❸ **1395**·9·23 政
佐貴山(狭城山)是野 ❶ **877**·12·2 政
佐佐倉桐太郎 ❻ **1860**·1·13 万延遣米使節
笹澤佐保 ❾ **2002**·10·21 文
笹島月山 ❽ **1943**·7·9 文
笹島　穣 ❽ **1962**·2·3 社
笹田伝左衛門 ❺-1 **1649**·是年 社
笹田ルイス ❺-1 **1622**·9月 社
佐佐波伝兵衛 ❺-2 **1720**·8·16 社
楽浪(さざなみ)河内⇨高丘河内(たかおかかわち)
笹沼勝用 ❻ **1871**·是年 社
笹沼与左衛門 ❺-1 **1668**·5·12 社
笹野光昭 ❾ **2004**·6·21 文
笹原茂崚 ❽ **1963**·7月 文
笹原正三 ❽ **1956**·11·22 社
篠原三代平 ❾ **2006**·11·3 文
雀部(ささべ)信頼 ❺-2 **1760**·是年 文
笹本伊八郎 ❺-1 **1708**·4·4 文
篠本竹堂 ❺-2 **1809**·9·5 文
笹本恒子 ❽ **1952**·5月 文
笹本　寅 ❽ **1941**·12·17 文
笹本彦太郎(笹丸) ❻ **1857**·6月 文
笹森　清 ❾ **2011**·6·4 社
笹森順造 ❽ **1946**·9·25 政／**1947**·6·1 政
笹屋嘉右衛門 ❺-2 **1807**·是年 政
笹屋十二郎 ❹ **1579**·3·10 文
笹屋八郎兵衛 ❺-2 **1798**·9·17 社
笹山幸俊 ❾ **2011**·12·10 政
笹山茂太郎 ❽ **1949**·1·23 政
笹山忠夫 ❽ **1946**·8·8 政
笹山梅庵 ❺-1 **1695**·5·3 文／是年 文
佐志次郎 ❸ **1443**·1·1 政／❹ **1464**·1·1 政／**1474**·1·20 政／**1477**·1·15 政／**1486**·1·17 政／**1487**·1·7 政
佐志　胤 ❸ **1434**·2·2 政／**1437**·1·6 政／**1438**·1·16 政／**1439**·1·1 政
佐志種長 ❸ **1430**·1·17 政
佐志　満 ❹ **1464**·1·1 政
佐志良喜 ❸ **1402**·7·28 政／9·29 政／**1407**·9·1 政／**1409**·1·8 政／**1410**·1·28 政／**1411**·1·9 政／**1413**·1·4 政
佐治敬三 ❾ **1987**·11·3 文／**1988**·2·28 社／**1999**·11·3 政
佐治実然 ❻ **1894**·3·25 社
佐治新介 ❹ **1583**·2·16 政／3·3 政
佐治賢使 ❾ **1999**·6·14 文
佐治杢左衛門 ❺-1 **1675**·2月 政
佐治基氏 ❸ **1333**·5·18 政
佐敷朝昌⇨尚豊(しょうほう)
指田義雄 ❼ **1922**·8·15 政
指原安三(千賀蔵) ❼ **1903**·3·9 文
指間左衛門尉 ❷ **1241**·12·24 政
佐須伊織 ❻ **1862**·8·25 政
刺賀長信 ❹ **1558**·9·3 政
佐瀬伊太右衛門 ❺-1 **1703**·12·23 社
佐瀬熊鉄 ❻ **1894**·7·4 政
佐瀬種常 ❹ **1589**·6·5 政
佐瀬常雄 ❹ **1589**·6·5 政
佐瀬得所 ❻ **1878**·1·2 文
佐瀬　稔 ❾ **1998**·5·23 文
佐世元嘉 ❹ **1583**·12·15 政
佐瀬与次右衛門 ❺-1 **1684**·是年 文
佐瀬　某 ❹ **1557**·9·22 政
佐善雪渓 ❺-2 **1745**·5·24 文
佐双左仲 ❼ **1905**·10·9 政
佐多阿古二郎 ❸ **1296**·9·7 政／**1297**·8·4 政
佐多(窪川)稲子 ❽ **1939**·2·18 文／**1946**·3·16 政／**1962**·2·5 政／**1964**·10·14 政 文／11·9 政／❾ **1998**·10·12 文
佐多氏義 ❸ **1397**·9·20 政
佐太　老 ❶ **710**·4·23 政
佐田介石 ❻ **1882**·12·9 文
佐田玉淵 ❺-1 **1715**·6·25 文
佐田啓二 ❽ **1964**·8·17 文
佐田玄一郎 ❾ **2006**·9·26 政
佐多定親 ❸ **1283**·11·18 政／**1286**·2·21 政／8·30 政／**1291**·9·3 政
佐多定規 ❸ **1282**·9·25 政／**1284**·5·12 政
佐田鎮綱 ❹ **1583**·①·20 政
佐多忠隆 ❽ **1941**·1月 政
佐田親景 ❸ **1399**·6·15 社／**1401**·12·17 政／**1402**·4·25 政
佐多親経 ❸ **1331**·12·29 政
佐田徳平 ❼ **1928**·7·28 社
佐田朝景 ❹ **1532**·9·3 政／11·14 政／**1533**·7·5 政／**1534**·4·6 政／10·5 政
佐多信親 ❸ **1305**·⑫·29 政
貞　登 ❶ **885**·1·16 政
佐田白茅(素一郎) ❻ **1869**·12·6 政／**1870**·2·22 政／❼ **1907**·10·4 政
佐多久政 ❹ **1580**·11·23 政
佐田盛景 ❸ **1444**·3·8 政
佐田泰景 ❹ **1499**·11·13 政
佐多愛彦 ❼ **1915**·11·1 文
佐田印旛守 ❹ **1476**·3·27 政
佐田(佐多·佐汰)氏 ❸ **1438**·9·29 政
貞明親王⇨陽成(ようぜい)天皇
貞敦親王(伏見宮) ❹ **1509**·9·9 文／12月 文／**1518**·1·4 文／**1525**·5·7 文／**1529**·2·26 社／**1533**·6·6 文／**1546**·2·1 文／**1572**·7·25 政
貞数親王 ❶ **876**·3·13 政
貞方利右衛門 ❺-1 **1641**·是年 文
貞固親王 ❶ **884**·3·9 政／**930**·5·15 政
貞清親王 ❺-1 **1654**·7·4 政
沙宅紹明 ❶ **671**·1月政 文／**673**·⑥·6 政
沙宅孫登 ❶ **671**·11·10 政
沙宅万首 ❶ **691**·12·2 文
定国(大納言大夫) ❷ **1168**·8·9 社
佐竹明夫 ❾ **2009**·2·26 文
佐竹　明 ❾ **2011**·4·12 文
佐竹永海 ❻ **1874**·12·24 文
佐竹永湖 ❼ **1909**·7·24 文
佐竹永邨 ❼ **1922**·8·7 文
佐竹永陵 ❼ **1906**·7月 文
佐竹噲噲 ❺-2 **1790**·3·22 文
佐竹舜方(宗三) ❹ **1507**·8·16 政
佐竹貞義 ❸ **1335**·7·24 政／12·24 政／**1352**·9·10 政
佐竹実定 ❹ **1459**·11月 政／**1465**·9·25 政
佐竹　邵 ❾ **1992**·2·18 社
佐竹隆義 ❷ **1181**·4月 政
佐竹(山入)与義 ❸ **1407**·是年 政／**1408**·6月 政／**1411**·5·16 政／**1422**·⑩·13 政
佐竹長義 ❷ **1272**·7·26 政
佐竹晴記 ❽ **1948**·3·26 政／**1951**·2·10 政／**1954**·2·19 政
佐竹秀義 ❷ **1180**·10·27 政／**1189**·7·26 政／**1225**·12·2 政
佐竹政胤⇨蜂須賀(はちすか)政胤
佐竹昌義 ❷ **1174**·3·14 社
佐竹盛重⇨蘆名義広(あしなよしひろ)
佐竹行義 ❸ **1305**·10·12 政
佐竹義昭 ❹ **1545**·4·9 政／**1550**·7·28 政／**1551**·6月 政／**1553**·9月 社／**1557**·12·23 政／**1560**·2·29 政／4·28 政／9·3 政／**1562**·8·15 政／**1563**·4·15 政／**1564**·1·29 政／2·17 政／8·3 政／**1565**·11·3 政
佐竹義篤(足利氏の将) ❸ **1336**·12·11 政／**1337**·2·24 政／**1362**·1·11 政
佐竹義篤(常陸の将) ❹ **1522**·是年 政／**1530**·9月 社／**1539**·9·21 政／**1540**·3·14 政／**1543**·6月 政／**1545**·4·9 政
佐竹義敦(曙山) ❺-2 **1758**·3·18 政／**1778**·是年 文／**1785**·6·1 政
佐竹義処 ❺-1 **1671**·12·5 政／**1703**·6·23 政
佐竹義賢 ❸ **1408**·6月 政
佐竹義堅 ❺-2 **1742**·2·4 政
佐竹義舜 ❹ **1490**·4·25 政／⑧·27 政／**1500**·是年 政／**1502**·是年 政／**1510**·12·2 社／**1514**·8·16 政／**1517**·3·13 政
佐竹善郷 ❸ **1422**·⑩·13 政
佐竹義実 ❹ **1465**·9·25 政
佐竹義真 ❺-2 **1749**·8·10 政／**1753**·8·20 政
佐竹義重(常陸介) ❷ **1252**·2·25 政
佐竹義重(徳寿丸、常陸の将) ❹ **1565**·5月 政／11·3 政／**1566**·2·16 政／**1567**·1月 政／2·17 政／3·15 政／**1568**·4月 政／**1569**·1·21 政／⑤·10 政／11·20 政／**1571**·2·16 政／5·8 政／7·7 政／11月 政／**1572**·6·7 政／7·13 政／12·29 政／**1573**·2·13 政／3·5 政／3·22 政／7·25 政／**1574**·2·6 政／3·13 政／9·7 政／10·15 政／11·7 政／⑪·7 政／11·19 政／**1575**·6·9 政／11·21 政／**1576**·4·27 政／6月 政／7·3 政／8·21 政／**1577**·9·24 政／**1578**·4·18 政／5·28 政／**1579**·5·15 政／**1580**·8·14 政／**1581**·5·9 政／8月

政／1582·5·1 政／1583·2月 政／是冬 政／是年 政／1584·2月 政／5月 政／7·15 政／1585·11·17 政／1586·7·16 政／1587·3·3 政／8·8 政／1588·⑤·11 政／6·12 政／1589·2·22 政／4·19 政／7·4 政／8·29 政／1597·10·7 政
佐竹義重　❺-1 1601·4·15 政／1612·4·19 政
佐竹義隆　❺-1 1633·1·25 政／1634·6·4 政／1644·2·19 社／1671·12·5 政
佐竹義格　❺-1 1703·6·23 政／1715·7·19 政
佐竹義従　❸ 1437·是年 政
佐竹義俊　❹ 1465·9·25 政／1467·12·24 政／1477·11·24 政
佐竹義尚　❸ 1338·10·2 政
佐竹義長　❺-1 1712·2·2 社
佐竹義成　❺-1 1610·是年 社
佐竹義宣(常陸の北軍)　❸ 1389·7·14 政
佐竹義宣(徳寿丸、戦国武将)　❹ 1583·是年 政／1589·10·26 政／1590·1·6 政／4·23 政／5·27 政／7·13 政／12·19 政／1591·2·9 政／3·20 政／6·20 政／1592·3·17 文禄の役／1593·2·14 文禄の役／⑨月 社／1595·6·19 政／1597·1月 政／10·7 政／1599·③·4 政／1600·8·7 関ヶ原合戦／❺-1 1602·5·8 政／9·9 政／1603·9·3 政／1604·8·28 政／1605·8·20 社／1607·10·18 文／是年 社／1610·是年 社／1612·1·5 政／1613·4月 政／1614·2·19 社／11·19 大坂冬の陣／1620·2月 政／3·11 政／1621·9·13 文／1622·1·19 政／2·26 政／3·1 社／10·27 政／1623·6·20 政／1624·6·3 社／1626·3·13 政／5·28 政／8·12 社／1627·2·13 社／1628·7·5 文／10·23 社／1629·1·20 社／3·15 政／5·25 社／8·9 社／1632·3·13 政／5·24 政／1633·1·25 政
佐竹義憲　❸ 1425·⑥·11 政／1435·6·13 政／9·22 政／1437·是年 政／1441·5·2 政
佐竹義憲⇨佐竹義人(よしひと)
佐竹義春　❸ 1337·7月 政
佐竹義治　❹ 1477·11·24 政／1489·是年 政／1490·4·25 政
佐竹義明　❺-2 1753·8·20 政／1758·3·18 政
佐竹義人(義憲、常陸半国守護)　❸ 1416·12·19 政／❹ 1467·12·24 政
佐竹義広⇨蘆名(あしな)義広
佐竹義冬　❸ 1336·2·6 政
佐竹義政　❷ 1180·11·4 政
佐竹義和(直丸·子政·よしまさ)　❺-2 1785·6·1 政／1814·1·20 文／1815·7·8 政
佐竹義峰　❺-1 1715·7·19 政／❺-2 1749·8·10 政
佐竹義宗(常陸の将)　❷ 1174·3·14 社
佐竹義宗(評定衆)　❷ 1277·7·19 政
佐竹義盛　❸ 1407·9·21 政／1408·6月 政
佐竹兵庫入道　❸ 1352·8·20 政
貞子内親王　❺-1 1675·6·17 政
貞真親王　❶ 932·9·20 政
貞純親王　❶ 916·5·7 政
貞敬親王(伏見宮)　❺-2 1841·1·21 政
貞建親王　❺-1 1710·6·23 政
貞建親王(伏見宮)　❺-2 1754·7·21 政
貞辰親王　❶ 929·4·21 政
貞綱(姓不詳·下司)　❸ 1300·6·1 政
貞常親王(伏見宮)　❹ 1461·12·22 文／1464·4·28 文／1474·7·3 政
貞永信義　❾ 2003·2·11 社
貞永方久　❾ 2011·7·14 文
貞成(冷晃津)　❹ 1491·1·16 政／1492·2·21 政
佐谷忠助　❼ 1920·12·14 社
佐田の山晋松　❾ 1965·1·29 社
貞春(姓不詳·前安芸守)　❸ 1410·5·3 社
定久(姓不詳·安芸守)　❸ 1431·6·6 文
貞久(賀茂社)　❹ 1471·3·14 社
貞仁親王⇨白河(しらかわ)天皇
貞平親王　❶ 913·3·6 政
貞成親王⇨後崇光院(ごすこういん)
定兵衛(家主)　❻ 1864·6月 社
定相王　❶ 862·4·20 政
定省親王⇨宇多(うだ)天皇
貞宗(姓不詳·大工)　❸ 1436·2·25 社
定宗(大工)　❹ 1559·5·20 社／1569·3·26 文
貞致親王　❺-1 1694·5·18 政
貞元親王　❶ 887·2·2 政／909·11·26 政
貞康親王(伏見宮)　❹ 1568·4·15 政
貞保親王　❶ 878·8·25 文／924·6·19 政
貞行(姓不詳·讃岐守)　❸ 1369·3·28 政
貞行親王(伏見宮)　❺-2 1772·6·20 政
貞重(姓不詳·丹波下司)　❸ 1300·6·1 政
貞重(姓不詳·縫殿頭)　❸ 1318·2·21 政
貞吉(刀工)　❸ 1372·2月 文
貞吉(刀匠)　❺-2 1788·是年 文
貞頼親王　❶ 904·8月 文／912·6·5 社／922·2·8 政
サダン，エドガルド(フィリピン)　❾ 2005·3·14 政
薩　蘗生　❶ 679·10·17 政
左中太常澄　❷ 1181·7·20 社
佐超(僧)　❹ 1589·9·1 文
薩　弘恪　❶ 689·6·19 政／691·9·4 文／692·12·14 文／700·6·17 政
五月麻呂　❶ 804·3·14 文
佐佐喜三郎　❺-1 1698·4·4 政
佐佐九郎右衛門　❺-2 1763·5·25 社
佐佐紅華　❼ 1917·9月 文
佐佐成応　❺-2 1744·12·15 政
佐佐四郎左衛門尉　❹ 1486·8·17 社
佐佐隆真　❺-1 1667·②·28 政
佐佐友房(寅雄·坤次)　❼ 1903·8·9 政／1906·9·28 政
佐佐成意　❺-2 1738·2·28 社
佐佐成澄　❺-1 1681·1·28 政
佐佐成政　❹ 1581·3·9 政／8·20 政／1584·1·12 政／8·28 政／9·5 政／10月 政／12·25 政／1585·8·5 政／1587·3·1 政／3·27 文／5·30 政／8·7 政／9·7 政／1588·2·20 政／⑤·14 政
佐佐弘雄　❼ 1928·4·18 文
佐佐平左衛門　❹ 1584·10月 政
左左又左衛門　❺-1 1632·7月 社
佐佐宗淳(十竹·良峯)　❺-1 1685·12·22 文／1686·4·26 文／1698·6·3 文
佐佐保雄　❾ 2003·5·16 社
薩埵正邦　❻ 1880·4月 文／❼ 1897·6·14 文
薩埵徳軒(敬徳·完蔵)　❺-2 1836·9·21 文
サッチャー(英首相)　❾ 1977·4·13 政／1989·9·19 政
察度(琉球)　❸ 1350·是年 政／1372·1·16 政／12·29 政／1374·10·28 政／1377·1月 政／1378·5·5 政／1380·3·19 政／10·20 政／1382·2·15 政／1383·1·1 政／1384·1·1 政／6·1 政／1386·1·4 政／1387·2·10 政／1388·1·1 政／1389·8月 政／1392·5·3 政／8·18 政／9月 政／11·17 政／1393·1·18 政／1394·9·9 政／1395·1月 政／9月 政／10·5 政／1396·4·20 政／1397·2·3 政／8·6 政／1398·3·1 政／8月 政／1400·10月 政／1403·2·22 政／1404·2·21 政／1451·2·23 政
察度(琉球)　❹ 1463·是年 政
薩摩吉右衛門　❻ 1859·12月 文
薩摩公高　❸ 1338·8·4 政
薩摩外記　❺-2 1716·1·17 文
薩摩小平太　❺-1 1635·是年 文
薩摩左衛門三郎　❷ 1272·2·11 政／9·2 政
薩摩治兵衛　❼ 1909·2·22 政
薩摩浄雲　❺-1 1647·正保年間 文／1672·4·3 文
薩摩小源太　❺-1 1708·3·10 文
薩摩治郎右衛門　❹ 1591·天正年間 文
薩摩治郎八　❼ 1927·10·12 政／❾ 1976·2·22 文
薩摩宗資　❷ 1195·4·1 政
薩摩雄次　❼ 1936·2·29 政
薩摩太夫　❺-1 1651·慶安年間 文
薩摩屋仁兵衛　❺-1 1631·是年 政
紗手媛　❶ 534·3·6
佐渡正士良　❾ 2007·8·12 文
佐渡　裕　❾ 2011·5·20 文
里居正美　❾ 2012·1·15 文
佐渡院⇨順徳(じゅんとく)天皇
サトウ，アーネスト　❻ 1862·8·15 政／1866·12·9 政／1867·7·26 政／❼ 1929·8·26 政
佐藤愛子　❾ 1969·4月 文
佐藤昭子　❾ 2010·3·11 政
佐藤　章　❾ 2010·6·28 文
佐藤　功　❾ 2006·6·17 文
佐藤和泉　❹ 1590·是年 社
佐藤磯之介　❽ 1938·12·26 文

佐藤一英　❼ 1922·10月 文／❽ 1944·9月 文
佐藤一郎　❾ 1970·1·14 政
佐藤一斎(担·捨蔵·大道·愛日楼·老吾軒)　❺-2 1813·是年 文／1824·是年 文／1829·是年 文／1846·是年 文／❻ 1853·6·15 文／1859·9·26 文
佐藤伊兵衛　❺-2 1841·10·14 文
佐藤栄作(首相)　❽ 1948·10·19 政／1949·1·23 政／1951·7·4 政／1952·10·30 政／1953·1·19 政／1954·4·21 政／1957·2·1 政／1958·6·12 政／1959·6·18 政／1963·7·18 政／1964·11·9 政／12·1 政／❾ 1965·1·10 政／1966·12·1 政／1967·2·17 政／6·30 政／9·7 政／1968·11·27 政／1970·1·14 政／1975·6·3 政
佐藤栄佐久(福島県知事)　❾ 2000·9·3 政／2006·9·4 社
佐藤栄祐　❽ 1944·5·1 政
佐藤斧八　❺-2 1791·7月 社
佐藤革蔵　❻ 1861·11·5 文
佐藤堅忠　❹ 1594·1·3 政
佐藤　寛　❼ 1927·4·22 文
佐藤観樹　❾ 1993·8·9 政
佐藤勘十郎　❺-1 1664·8·9 政
佐藤喜一郎　❽ 1962·2·15 政
佐藤義左衛門　❺-1 1695·9·27 社
佐藤儀助　❼ 1896·7月 文
左藤義詮　❽ 1958·6·12 政／8·14 政／1959·4·23 政／1963·4·17 政／❾ 1967·4·15 政
佐藤(楠藤)吉右衛門　❺-1 1699·是年 社
佐藤喜美子　❾ 1996·2·14 文
佐藤久左衛門　❺-2 1850·2·25 政
佐藤久太郎　❺-2 1799·5·19 社
佐藤清臣(昌信·政信·三浦秀波)　❼ 1910·3·17 社
佐藤義亮　❼ 1904·5月 文
佐藤欣治　❼ 1923·9·4 政
佐藤宮内　❹ 1582·4·13 政
佐藤　敬　❾ 1978·5·8 文
佐藤　慶　❾ 2010·5·2 文
佐藤慶太郎　❽ 1940·1·17 文
佐藤慶南　❺-1 1666·11·28 文
佐藤解記　❺-2 1846·是年 文
佐藤賢一　❾ 1999·7·15 文
佐藤賢治　❾ 2009·6·1 社
佐藤玄明窩(信季)　❺-2 1784·8·3 文
佐藤賢了　❽ 1938·3·3 政／1956·3·31 政
佐藤玄六郎　❺-2 1781·是年 政／1785·2月 政／1786·2·6 政
佐藤功一　❽ 1941·6·22 文
佐藤郷右衛門　❺-2 1721·10·20 社
佐藤弘毅　❻ 1877·8月 文
佐藤幸徳　❽ 1944·6·21 政
佐藤紅緑(洽六)　❼ 1906·10·27 文／1911·6·23 文／❽ 1949·6·3 文
佐藤権左衛門(松前藩士)　❺-1 1669·8·15 シャクシャインの蜂起／10·24 シャクシャインの蜂起
佐藤権左衛門(松前藩士)　❺-2 1776·2·25 政
佐藤歳三　❼ 1898·8·13 文／1906·3·4 文
佐藤　朔　❾ 1996·3·25 文
佐藤定吉　❼ 1915·7·11 文
佐藤定清　❸ 1448·5·11 政／1452·⑨·16 政
佐藤佐太郎　❽ 1944·10月 文／❾ 1987·8·8 文
佐藤重夫　❾ 2003·11·23 文
佐藤三吉　❽ 1945·9·28 文
佐藤繁吉　❼ 1926·1·14 政
佐藤重信(平左衛門尉)　❹ 1471·1·11 政／11·2 政
佐藤重矩　❺-2 1791·10·23 文
佐藤茂春　❺-1 1698·是年 文
佐藤静雄　❾ 1994·4·18 政
佐藤志満　❾ 2009·7·23 文
佐藤周軒　❺-1 1702·9月 文
佐藤紹益　❺-1 1682·是年 政
佐藤昌介　❽ 1939·6·5 文
佐藤尚中　❻ 1875·4·11 文／1882·7·23 文
佐藤性妙　❸ 1339·8·3 政／1341·1·13 政／1346·4月 政
佐藤次郎　❼ 1934·4·5 社
佐藤真一　❾ 1992·7·25 社
佐藤新助　❹ 1590·是年 社
佐藤新兵衛　❺-2 1780·11·9 社
佐藤季則　❹ 1457·5·14 政
佐藤図書　❻ 1864·5·26 政
佐藤　進　❻ 1885·2·2 文／2月 文／1891·5·6 文
佐藤清作　❻ 1887·2·19 社
佐藤誠三郎　❾ 1999·11·28 文
佐藤誠実(造酒)　❼ 1908·3·11 文
佐藤　潜　❾ 1970·8·31 文
佐藤惣之助　❼ 1934·2·15 社／❽ 1938·9·11 文／1942·5·15 文
佐藤大五郎　❾ 2010·9·1 文
佐藤太清　❾ 1992·11·3 文／2004·11·6 文
佐藤泰然(信圭)　❺-2 1838·是年 文／1843·6月 文／❻ 1862·是年 文／1872·4·10 文
佐藤敬夫　❾ 1994·4·15 政
佐藤　隆　❾ 1987·11·6 政
佐藤孝行　❾ 1982·6·8 政／1997·9·11 政／2011·5·18 政
佐藤忠信　❷ 1185·11·3 政／1186·9·20 政
佐藤忠秀　❹ 1576·4·27 政
佐藤忠能　❹ 1565·9·28 政
佐藤多利治　❺-2 1837·7·27 社
佐藤千夜子　❼ 1928·4月 文／❾ 1968·12·13 文
佐藤忠八　❼ 1903·4·3 文
佐藤中陵(成祐·子綽·平三郎)　❺-2 1781·6月 文／1848·6·6 文
佐藤忠良　❽ 1952·是年 文／❾ 1972·是年 文／2011·3·30 文
佐藤嘲花　❼ 1922·6·5 文
佐藤朝山　❼ 1915·10·11 文／1916·是年 文／❽ 1963·9·14 文
佐藤嗣信　❷ 1185·2·18 政
佐藤　勉　❾ 2008·9·24 政
佐藤恒雄　❾ 2011·4·12 文
佐藤鉄太郎　❽ 1942·3·4 政
佐藤(野村)哲也　❾ 2009·1·29 社
佐藤時右衛門　❺-2 1761·3·14 社
佐藤とし⇨田村俊子(たむらとしこ)
佐藤歳三　❻ 1895·7·6 文
佐藤寿治　❾ 1988·9·17 社
佐藤友右衛門　❼ 1912·12·24 政
佐藤虎次郎　❼ 1909·4·11 政
佐藤直方(剛斎)　❺-1 1689·是年 文／1691·是年 文／1713·是年 文／❺-2 1719·8·15 文／1752·是年 文
佐藤尚武　❽ 1937·3·3 政／1938·9·10 政／1943·3·25 政／6·4 政／9·10 政／1944·9·16 政／1945·4·5 政／7·10 政／7·20 政／7·30 政／8·8 政
佐藤業連　❷ 1277·7·19 政／❸ 1282·12·5 政
佐藤業時　❷ 1241·5·20 政／1243·7·20 政／1249·6·11 政
佐藤成裕　❺-2 1827·是年 文
佐藤信夫　❽ 1957·11·29 社／❾ 1966·2·12 社
佐藤信勝　❼ 1931·3·16 政
佐藤信重　❹ 1456·是年 政／1479·1·1 政／1485·1·5 政
佐藤信淵(百祐·元海·松庵·万松斎·融斎·椿園)　❺-2 1809·是年 社／1822·是年 文／1823·是年 文／1827·是年 文／1828·是年 文／1829·是年 社／1833·是年 文／1840·3·29 社／1841·10·21 政／1844·是年 文／1850·1·6 文
佐藤信道　❻ 1894·3·12 社
佐藤義清⇨西行(さいぎょう)
佐藤則忠　❹ 1477·1·23 社
サトウハチロー　❽ 1944·是年 社／❾ 1973·11·13 文
佐藤ハツ　❻ 1875·3·26 社／1878·10·26 社
佐藤春夫　❼ 1925·2月 文／1928·6·13 文／1930·8·18 社／❽ 1937·7·17 文／11月 文／1938·9·11 文／1940·10·31 文／1944·3月 文／1954·3·11 文／1960·11·3 文／1962·9·23 社／1964·5·6 文
佐藤半九郎　❺-2 1725·7·5 政
左当彦次郎　❸ 1355·9·2 政
佐藤久佳　❾ 2008·8·9 社
佐藤博治　❽ 1952·1·31 社
佐藤祐之　❺-2 1824·是年 文
佐藤武兵衛　❺-1 1645·⑤·15 政
佐藤文夫　❾ 1980·5·13 政
佐藤汶栖　❻ 1867·4·9 文
佐藤北江(真一)　❼ 1914·10·30 文
佐藤　允　❾ 2012·12·6 文
佐藤雅夫　❾ 2012·9·14 文
佐藤正興　❺-1 1666·是年 文／1669·是年 文
佐藤昌介　❼ 1918·4·1 文
佐藤雅美　❾ 1994·1·13 文
佐藤正持　❻ 1857·8·10 文
佐藤　勝　❾ 1999·12·5 文
佐藤美枝子　❾ 1998·7·1 文
佐藤道夫　❾ 2009·7·15 政
佐藤　貢　❼ 1923·是夏 社
佐藤光俊　❾ 2012·4·29 社
佐藤　満　❾ 1988·9·17 社
佐藤三代吉　❼ 1924·3·28 社
佐藤　恵　❾ 1994·4·28 政
佐藤元清　❸ 1351·6·29 政／1360·8·29 政
佐藤元実　❹ 1568·9·24 政

佐藤元治　❷ **1189**·8·8 政
佐藤守良　❾ **1990**·2·28 政／**1994**·4·28 政／**1996**·3·7 政
佐藤康弘　❾ **1992**·7·25 社
佐藤安政　❽ **1950**·5·30 政
佐藤康光　❾ **1998**·6·18 文／**1999**·6·17 文
佐藤雄平　❾ **2006**·11·12 政
佐藤要蔵　❼ **1919**·10·22 社
佐藤洋太　❾ **2012**·3·27 社／12·31 社
佐藤義廉　❻ **1893**·10·28 社
佐藤美子　❼ **1927**·2·24 文／❽ **1938**·6·3 文／6·27 文／**1941**·5·26 文／**1947**·6·29 文
佐藤義亮　❽ **1951**·8·18 文
佐藤米吉　❻ **1871**·9·19 社
佐藤蘭斎　❺-2 **1787**·7·10 文
佐藤理恵　❾ **2008**·8·9 社
佐藤良一　❽ **1960**·是年 社
佐藤亮一　❾ **1994**·10·1 文
佐藤六郎　❸ **1336**·4·11 政
佐藤新蔵人　❸ **1415**·9·18 政
佐渡ヶ岳決右衛門　❺-2 **1795**·3·13 社
識子内親王　❶ **877**·2·17 社／**906**·12·28 政
識仁(さとひと)親王⇨霊元(れいげん)天皇
里見氏義　❷ **1251**·7·8 文／❸ **1333**·5·18 政
里見勝蔵　❼ **1930**·11 月 文／❾ **1981**·5·13 文
里見勝政　❹ **1578**·9·15 政
里見勝安　❹ **1578**·9·15 政
里見九兵衛　❺-2 **1789**·2 月 社
里見実堯　❹ **1518**·2·1 政／**1526**·12·15 政、社／**1533**·7·27 政
里見忠義　❺-1 **1603**·11·16 政／**1612**·1·5 政／**1617**·7 月 政／**1622**·6·19 政
里見忠頼　❺-1 **1613**·10·1 政
里見藤左衛門　❺-2 **1798**·是年 文
里美時義　❸ **1337**·3·6 政
里見　弴　❼ **1910**·4 月 文／**1919**·11 月 文／**1922**·12·26 文／**1928**·6·13 文／❽ **1949**·3·3 文／**1959**·11·3 文
里見成義　❹ **1471**·3·15 政／8 月 政／**1488**·4·7 政／**1504**·4·15 政
里見むめ　❺-2 **1789**·2 月 社
里見安直　❺-2 **1718**·是年 文
里美義実　❸ **1445**·6·9 政／**1446**·1·27 政／❹ **1471**·3·15 政／**1488**·4·7 政
里見義堯　❹ **1522**·4·1 政／**1533**·7·27 政／9·24 政／**1534**·4·6 政／**1537**·5·16 政／**1538**·10·4 政／**1552**·11·4 政／**1560**·1·20 政／**1562**·12·3 政／**1567**·8·23 政／**1574**·6·1 政
里見義豊　❹ **1526**·5 月 社／**1529**·6 月 政／**1533**·7·27 政／9·24 政／**1534**·4·6 政
里見義成　❷ **1180**·12·22 政／**1193**·5·15 社／**1234**·11·28 政
里見義弘　❹ **1556**·3·10 政／**1564**·1·8 政／**1565**·11·27 社／**1567**·8·23 政／**1569**·2·19 社／**1577**·是夏 政／**1578**·5·20 政
里見義通　❹ **1504**·4·15 政／**1508**·9·25 社／**1518**·2·1 政
里見義基　❷ **1258**·8·15 政
里見義康　❹ **1587**·10·26 政／**1590**·4·7 社／**1593**·12·25 社／❺-1 **1601**·⑪·26 社／**1603**·11·16 政
里見義頼　❹ **1578**·5·20 政／**1580**·8 月 社／**1587**·10·26 政
里村玄俊　❺-1 **1664**·7·7 文
里村玄仍　❺-1 **1607**·4·23 文
里村玄祥　❺-1 **1673**·10·22 文
里村玄仲　❺-1 **1638**·2·3 文
里村玄陳　❺-1 **1665**·1·5 文
里村昌休　❹ **1550**·是年 文／**1552**·11·5 文
里村昌叱　❹ **1582**·6·9 政／6·24 文／**1584**·8·20 文／❺-1 **1603**·7·24 文
里村昌琢　❺-1 **1636**·1 月 文／**1668**·是年 文
里村昌程　❺-1 **1688**·10·18 文
里村昌廸　❺-2 **1758**·6·1 文
里村紹巴　❹ **1549**·3·7 文／**1553**·2·23 文／3·5 文／**1554**·7·23 文／**1555**·3·26 文／8·14 文／**1556**·8·21 文／**1557**·1·7 文／**1558**·3·23 文／**1563**·2·25 文／12·14 文／**1564**·5·12 文／**1566**·7·20 文／**1567**·2·4 文／8·27 文／**1568**·5·24 文／**1569**·⑤·24 文／**1571**·2·30 文／6·10 文／**1572**·2 月 文／**1576**·4·27 文／**1578**·5·18 文／9·18 文／**1579**·1·16 文／8·25 文／**1581**·4·12 文／**1582**·6·9 政／6·24 文／**1583**·①·8 文／**1584**·10·4 文／**1585**·是秋 文／**1588**·8·10 文／**1591**·9 月 文／**1593**·2·20 文／**1594**·5·12 文／**1596**·是冬 文／**1597**·2 月 文／**1598**·2·25 文／是秋 文／**1600**·是年 文／❺-1 **1602**·4·12 文／**1626**·是年 文
里村昌陸　❺-1 **1707**·11·16 文
郷目貞繁　❹ **1563**·9·18 文
里谷多英　❾ **1998**·2·7 社／**2002**·2·8 社
佐渡山親方安春　❺-2 **1801**·6·5 政
里脇浅次郎　❾ **1996**·8·8 社
真田桜山(志摩)　❻ **1864**·6·27 政
真田熊之助　❺-1 **1634**·11·28 政
真田謙山　❻ **1873**·12·23 文
真田信利(信澄)　❺-1 **1659**·7·30 政／**1681**·11·22 政／**1688**·1·16 政
真田信弘　❺-2 **1727**·5·27 政／**1736**·12·27 政
真田信政　❺-1 **1658**·2·5 政
真田信安　❺-2 **1736**·12·27 政
真田信幸(信之)　❹ **1585**·⑧·2 政／**1589**·2·13 政／**1600**·7·24 ／9·1 関ヶ原合戦／❺-1 **1603**·3·20 社／**1610**·3·3 文／**1614**·10·14 社／**1616**·5·11 社／**1622**·9·26 政／**1658**·10·17 政
真田信吉　❺-1 **1634**·11·28 政
真田秀夫　❾ **1978**·12·7 政
真田広之　❾ **1993**·1·8 社／**1998**·8·28 文
真田文次　❺-2 **1796**·4·22 社
真田(武藤)昌幸　❹ **1571**·9·26 政／**1580**·6·30 政／**1582**·3·23 政／7·7 政／7·18 政／9·28 政／10·29 政／**1584**·2·2 政／**1585**·7·15 政／8 月 政／**1586**·7·17 政／**1589**·2·13 政／7·21 政／10·23 政／11·24 政／**1590**·1·9 政／2·20 政／4·20 政／7·16 政／**1600**·7·20 関ヶ原合戦／7·24 関ヶ原合戦／8·12 関ヶ原合戦／❺-1 **1611**·6·4 政
真田幸隆　❹ **1550**·7·2 政／**1551**·5·26 政
真田幸専　❺-2 **1798**·8·21 政
真田幸貫　❺-2 **1836**·是年 政／**1841**·6·13 政／**1842**·11·24 政／**1852**·1 月 文／6·8 政
真田幸信(大助)　❺-1 **1615**·5·8 大坂夏の陣
真田幸教　❻ **1853**·12·17 政／**1854**·6·21 文／**1864**·6 月 社
真田幸弘　❺-2 **1798**·8·21 政／**1815**·8·3 政
真田幸道　❺-1 **1658**·2·5 政／**1707**·12·1 社／❺-2 **1727**·5·27 政
真田幸村(信繁·左衛門佐)　❹ **1585**·7·15 政／**1600**·7·20 関ヶ原合戦／7·24 関ヶ原合戦／❺-1 **1614**·10·6 大坂冬の陣／12·4 大坂冬の陣／**1615**·3·10 政／5·6 大坂夏の陣／5·7 大坂夏の陣／**1651**·5·4 政
佐那田義忠　❷ **1180**·9·29 政／**1197**·是年 社
佐波常連　❸ **1384**·8·3 政
沙尼具那　❶ **658**·7·4 政
讃井護重　❹ **1480**·2 月 政
讃岐(仏師)　❷ **1160**·4·3 文
讃岐梅二　❼ **1923**·2·10 社
讃岐扶範　❶ **999**·9·24 政
讃岐高作　❶ **855**·1·15 政
讃岐永直　❶ **836**·4·19 文／**848**·12·4 政／**850**·3·18 政／**853**·5·13 政／**855**·2·15 文／**862**·8·17 文
讃岐永成　❶ **836**·4·19 文
佐貫亦男　❾ **1997**·6·28 文
讃岐院⇨崇徳(すとく)天皇
讃岐の五兵衛　❺-2 **1756**·5·21 社
讃岐屋孫左衛門　❺-1 **1693**·是年 社
実行(刀工)　❺-1 **1668**·6·28 文
実仁親王　❷ **1072**·12·8 政／**1085**·11·8 政
誠仁親王(陽光院)　❹ **1564**·5·17 文／**1567**·11·9 政／**1568**·12·15 政／**1571**·7·25 文／**1573**·1·29 文／**1579**·11·2 政／**1581**·3·9 政／**1582**·4·25 政／6·2 政／6·6 政／**1586**·7·24 政
実松　譲　❾ **1996**·12·20 文
人康(さねやす)親王　❶ **850**·1·15 政／**863**·4·11 社／**864**·11·7 政／**872**·5·5 政
実世王　❶ **878**·8·14 文／**882**·6·25 政
佐野浅夫　❽ **1954**·4·8 文
佐野一夫　❼ **1921**·5·9 政
佐野圭司　❾ **2011**·1·6 文
佐野外記　❹ **1600**·是年 社
佐野袈裟美　❼ **1924**·6 月 文
佐野七五三之助　❻ **1867**·6·15 社
佐野周二　❾ **1978**·12·21 文
佐野紹印　❺-1 **1650**·是年 社

佐野(灰屋)紹益 ❺-1 1650·是年 社
佐野 碩 ❼ 1927·8·6 文
佐野大介 ❺-2 1795·10月 文
佐野猛夫 ❾ 1995·10·2 文
佐野武治 ❾ 2011·3·4 文
佐野長兵衛 ❺-1 1675·是年 文
佐野綱正 ❹ 1600·6·15 政／7·17 関ヶ原合戦
佐野常樹 ❻ 1892·10·13 政
佐野庸貞 ❺-2 1807·3·29 政／1811·1·27 政／1813·1·28 政
佐野常民(栄寿左衛門) ❻ 1873·2·25 文／1877·5·1 文／1880·2·28 政／1887·5·20 文／12·4 文／1888·4·30 政／1890·1·18 文／❼ 1902·12·7 社
佐野庸寿 ❺-2 1755·2·27 政
佐野経彦(佐吉麿·右橘) ❼ 1906·10·19 社
佐野東洲 ❺-2 1814·3·10 文
佐野利器 ❽ 1956·12·5 文
佐野富綱 ❸ 1287·11·27 社
佐野虎房丸 ❹ 1567·10·24 政
佐野長寛 ❻ 1863·是年 文
佐野信吉 ❺-1 1614·7·27 政
佐野秀綱 ❸ 1352·7·29 政
佐野房綱 ❺-1 1601·7·2 政
佐野文夫 ❼ 1926·12·4 政
佐野政言(善左衛門) ❺-2 1784·3·24 政
佐野正周 ❺-1 1682·6月 政／1687·9·10 政／1688·8·23 政
佐野政親 ❺-2 1781·5·26 社
佐野昌綱 ❹ 1563·4·15 政／1564·2·17 政／1567·10·24 政／1570·1月 政
佐野政信 ❺-1 1694·8·2 政
佐野増蔵 ❻ 1855·2·3 政
佐野又兵衛 ❺-2 1749·5·28 社
佐野 学 ❼ 1921·4月 文／7月 政／1923·6·5 政／1925·1月 政／7·29 政／8·20 政／1926·12·4 政／1933·6·7 政／1934·1·30 政／❽ 1953·3·9 政
佐野道可 ❺-1 1615·5·21 大坂夏の陣
佐野 稔 ❾ 1977·3·5 社
佐野宗綱 ❹ 1581·8月 政／1585·1·1 政
佐野杢左衛門 ❺-2 1839·6·29 社
佐野基綱 ❷ 1188·1·1 社
佐野茂八 ❺-2 1767·3·22 社
佐野優子 ❾ 2012·7·27 社
佐野洋子 ❾ 2010·11·1 社
佐野吉綱 ❺-1 1620·8·11 政
佐野大炊助 ❹ 1471·4·15 政
佐野川市松(初代) ❺-2 1741·2月 文
佐野屋嘉兵衛 ❺-2 1735·享保年間 社
佐野屋茂左衛門 ❻ 1866·11月 社
佐羽(さば)吉右衛門 ❻ 1868·10·20 政
佐波正一 ❾ 2012·9·10 政
猿橋勝子 ❾ 2007·9·29 文
佐橋 滋 ❾ 1993·5·31 政
猿橋 望 ❾ 2007·10·26 文／2008·6·24 文
佐橋佳富 ❺-2 1835·6·8 社
佐橋佳成 ❺-1 1681·1·28 政
サババ(クウェート) ❾ 2007·4·27 政
佐原景連 ❷ 1211·5·19 政
佐原鞠塢 ❺-2 1804·是春 社
佐原久蔵 ❺-2 1736·8·7 政
佐原 真 ❾ 2002·7·10 文
佐原盛連 ❷ 1233·5月 政
佐原義連 ❷ 1196·11·7 政／1203·5·17 政
ザハリアス，ワーヘナール ❺-1 1656·9·15 政／1658·9·26 政
ザビエル，フランシスコ ❹ 1546·是秋 政／1547·12月 社／1549·7·3 政 社／9·9 政／1550·8月 社／1551·3月 社／8月 社／10·24 政／1552·11·18 社
佐備大麻呂 ❶ 704·是年 社
佐分利貞男 ❼ 1929·11·29 政
佐分利 信 ❽ 1944·是年 社
佐分利 真 ❼ 1932·10·16 文／1936·4·23 文
三郎(姓不詳・厳島社領内宮内) ❷ 1242·3·12 社
三郎左衛門尉(薬師寺) ❹ 1473·12·7 政
左兵衛佐頼康(権大納言) ❹ 1535·6·28 社
佐兵衛尉(本多正純親族) ❺-1 1621·7·3 政
ザベティ，ニコラス ❽ 1954·是年 社
狭穂彦王 ❶ 書紀·垂仁 4·9·23
狭穂姫 ❶ 書紀·垂仁 2·2·9
佐保山堯海 ❾ 1990·11·3 社
サボリ，ナサニエル ❺-2 1830·7·16 政／❻ 1861·12·4 政
サマーズ(札幌農学校) ❻ 1890·5·7 政
サマーター，イブラヒム，メガク ❾ 2011·1·31 社
佐味伊与麻呂 ❶ 764·1·20 政
佐味賀佐麻呂 ❶ 700·5·13 政
佐味少麻呂 ❶ 685·9·15 政
佐味宿那麿(麻呂) ❶ 689·6·2 文
佐味宮守 ❶ 763·1·9 政／768·2·3 政
佐味虫麻呂 ❶ 745·9·4 政
佐味山守 ❶ 778·7·3 政
佐味親王 ❶ 808·1·29 政／825·⑦·16 政
三未仇羅 ❸ 1440·1·6 政
三未三甫羅 ❸ 1426·1·4 政／1439·2·4 政／5·18 政
姐弥文貴(さみもんき) ❶ 513·6月
寒川家光 ❹ 1487·5·19 社
寒川元隣 ❹ 1526·12·4 政／1540·1·25 政
サムス(米) ❽ 1948·4·5 文
鮫島尚信(野田仲平) ❻ 1865·3·22 文／1870·⑩·2 政／1872·10·14 政／1880·12·4 政
鮫島 彩 ❾ 2012·7·27 社
鮫島家藤 ❸ 1337·4·26 政
鮫島宗家 ❷ 1184·6·17 政／1192·8·25 政
鮫島蓮道 ❸ 1346·11·21 政／1355·9·2 政
鮫屋忠助 ❺-2 1782·5·3 政
沙文(佐文)多羅 ❸ 1418·1·24 政／1420·1·5 政
沙弥豊祐 ❶ 916·是年 文
沙也文(対馬) ❹ 1541·1·6 政
猨山叡麓 ❺-2 1780·1·8 文
佐山源左衛門 ❺-1 1644·7·25 社
佐山半七丸 ❺-2 1813·是年 社
佐山宮(長慶天皇皇子) ❸ 1428·7·28 政
小夜福子 ❾ 1989·12·29 文
更科荒太郎 ❺-2 1826·5月 社／1828·5月 社
沙羅汝文(遣朝鮮使) ❹ 1537·5·22 政
沙良真熊 ❶ 858·5·15 政
サリナス(メキシコ) ❾ 1990·6·16 政
猿子頼蔭 ❸ 1364·6·23 社／1432·7·6 社
サルコジ(仏) ❾ 2007·6·5 政
サルダ，ポール ❻ 1870·⑩月 文
猿谷 要 ❾ 2011·1·3 文
サルトル(仏哲学者) ❾ 1966·9·18 文
去法師 ❺-1 1674·是年 文
猿若勘三郎⇨中村(なかむら)勘三郎(初代)
猿若清方 ❾ 2003·4·9 文
左魯(任那) ❶ 487·是年
佐魯麻都 ❶ 544·3月／549·6·7
澤 宏靭 ❽ 1943·12·17 文
澤 新蔵人 ❸ 1355·1·17 社／4·13 政
沙和宋一 ❽ 1943·4·8 文
澤 宗也 ❺-1 1646·12·22 文
佐和 正 ❼ 1912·1·16 文
澤 たまき ❾ 2003·8·9 文
澤 為量 ❻ 1868·2·26 政／4·2 政／5·18 政
澤 太郎左衛門(貞説) ❻ 1862·9·11 文／1865·9·2 政／1868·12·15 政／1872·1·6 政／1880·8·5 社／❼ 1898·5·9 政
澤 平吉 ❺-1 1695·5·23 社
澤 穂希 ❾ 2004·12·8 社／2011·7·18 社／2012·1·9 社／7·27 社
澤 宣嘉 ❻ 1862·5·11 政／1863·2·13 政／8·19 政／10·9 政／10·12 政／1868·1·22 政／2·2 政／5·4 政／1869·6·26 政／1870·1·6 政／10·17 政／1873·9·27 政
澤 蘭子 ❾ 2003·1·11 文
澤 露川 ❺-1 1689·是年 文／❺-2 1743·8·23 文
澤井忠夫 ❾ 1997·4·1 文
澤井尚次 ❻ 1876·6月 政
澤潟久敬 ❾ 1995·2·26 文
澤木 梢 ❼ 1930·11·7 文
佐脇嵩雪 ❺-2 1804·11·22 文
佐脇嵩之(道賢) ❺-2 1772·7·6 文
佐脇英之 ❺-2 1791·6·3 文
澤口一之 ❺-1 1671·是年 文
澤口靖子 ❾ 1985·4·1 社
澤岻親方安度(琉球) ❺-2 1824·9·18 政／1832·6·8 政
澤島 忠 ❽ 1963·3·16 社

澤甚五左衛門　❺-2 **1846**·6月 社
澤住(澤角)検校　❺-1 **1678**·是年 文
澤田一斎　❺-2 **1758**·是年 文
澤田きち　❺-1 **1700**·是年 文
澤田教一　❾ **1966**·5·2 文／12·16 文／**1970**·10·28 文
澤田定吉　❼ **1905**·8·20 社
澤田正二郎　❼ **1914**·4·29 文／**1917**·4·18 文／**1923**·10·17 文／**1929**·3·4 文
澤田　秀　❼ **1917**·3·8 社
澤田清之助　❻ **1883**·9·1 政
澤田　平　❾ **1983**·3·1 社
澤田東江(鱗·文龍·景瑞·文治·来禽堂·萱舎·青蘿館·東郊·玉島山人)　❺-2 **1756**·是年 文／**1757**·是年 文／**1781**·是年 文／**1796**·6·15 文
澤田東洋　❺-2 **1846**·3·14 文
澤田敏男　❾ **2005**·11·3 文
澤田訥斎　❺-1 **1710**·是年 文
澤田　希　❺-2 **1720**·是年 文
澤田晴広　❽ **1946**·10·16 文
澤田半之助　❻ **1891**·是夏 社／❼ **1897**·7·4 社
澤田政広　❾ **1988**·5·1 文
澤田弥次右衛門　❺-1 **1652**·3·8 社
澤田　寧　❼ **1909**·4·11 政
澤田柳吉　❼ **1922**·4·15 文
澤田廉三　❽ **1943**·8·1 政
澤野　淳　❻ **1893**·4·11 文
澤野フェライラ(忠庵)　❺-1 **1650**·10·11 社
澤部清五郎　❼ **1912**·是年 文
澤辺琢磨　❻ **1875**·7月 社
澤間長祐　❸ **1354**·8月 文
澤松和子　❾ **1967**·11·19 社／11·21 社／**1969**·8·5 社／**1975**·7·5 社
澤松奈生子　❾ **1988**·10·9 社
澤村宇十郎(文福、初代)　❺-2 **1766**·4·16 文
澤村宇十郎(二代目)　❺-2 **1773**·1·16 文
澤村国太郎　❺-2 **1818**·7·2 文
澤村栄治　❼ **1934**·11·2 社／**1936**·9·25 社／12·11 社／❽ **1944**·12·2 社
澤村勘兵衛　❺-1 **1652**·是年 社
澤村琴所　❺-2 **1739**·1·9 文／**1752**·是年 文
澤村小伝次　❼ **1897**·5·10 文
澤村貞子　❾ **1996**·8·16 文
澤村専太郎　❼ **1930**·5·23 文
澤村宗十郎(訥子、初代)　❺-2 **1736**·1月 文／9月 文／**1737**·1月 文／**1756**·1·3 文
澤村惣十郎(遙波)　❺-2 **1748**·⑩·21 文
澤村宗十郎(初代)　❺-2 **1750**·寛延年間 社
澤村宗十郎(二代目)　❺-2 **1770**·8·30 文
澤村宗十郎(大訥子、三代目)　❺-2 **1788**·2·17 文／**1801**·3·27 文
澤村宗十郎(訥子、四代目)　❺-2 **1804**·12·8 文
澤村宗十郎(訥升、五代目)　❺-2 **1834**·2·7 文
澤村宗十郎(福蔵、七代目)　❼ **1912**·1·5 文／❽ **1949**·3·2 文
澤村宗十郎(八代目)　❾ **1975**·12·25 文／**2001**·1·12 文
澤村惣之丞　❻ **1862**·3·1 政
澤村宗之助　❼ **1907**·5·25 文／**1909**·11·27 文／**1924**·4·8 文
澤村田之助(二代目)　❺-2 **1817**·1·28 文
澤村田之助(三代目)　❻ **1867**·9·15 文／**1869**·3·19 文／**1873**·2月 文／**1878**·7·7 文
澤村田之助(四代目)　❼ **1899**·4·3 文
澤村田之助(五代目)　❾ **1968**·12·3 文
澤村長十郎(宗慶、初代)　❺-2 **1734**·1·24 文
澤村長十郎(慶興、二代目)　❺-2 **1739**·1·23 文
澤村鐵之助　❾ **2012**·3·13 文
澤村藤十郎　❾ **1988**·10·11 文
澤村訥子　❼ **1907**·10·12 文／**1926**·3·26 文
澤村訥升(二代目)　❻ **1869**·1·28 文
澤村訥升(四代目)　❽ **1963**·3·28 文
澤村　真　❼ **1931**·1·2 文
澤柳政太郎　❼ **1910**·12·22 文／**1913**·7·12 文／**1914**·1·14 文／6月 文／**1916**·2·1 文／**1917**·4·4 文／**1921**·3·2 文／**1926**·4·5 文／7·28 政／**1927**·12·24 文
澤山保羅　❻ **1887**·3·27 社
早良親王⇨崇道(すどう)天皇
サン·アントニオ，フランシスコ·デ　❺-1 **1627**·7·17 社
サン·ハシント，ヨセフ·デ　❺-1 **1622**·8·5 社
讃(倭王)　❶ **418**·是頃／**421**·是年／**425**·是年／**430**·1月
賛　波羅　❶ **671**·1月 文
三位房(医師)　❸ **1437**·7·2 文
杉雨(俳人)　❺-2 **1758**·是年 文
三右衛門(魚市場)　❺-1 **1643**·寛永年間 社
三右衛門(アイヌ語通事)　❺-1 **1705**·10·28 政
サンガー，マーガレット(サンガー夫人)　❼ **1920**·3·5 社／**1922**·3·10 社／**1936**·3·11 社／❽ **1937**·8·20 社／**1954**·4·9 社／**1955**·10·24 社
参官(百済)　❶ **583**·12·30
三官(唐人町)　❺-1 **1615**·1·16 政／9·9 政／**1616**·1·11 政
三貴(百済)　❶ **554**·2月
サンギネティ(ウルグアイ)　❾ **1989**·9·11 政
三家天民　❺-1 **1665**·是年 文
三光(僧)　❹ **1547**·3·21 社
三江(僧)　❺-1 **1614**·慶長年間(囲み)
三吾良亹(琉球)　❸ **1403**·2·22 政／**1404**·2·21 政／**1405**·3·9 政／**1407**·3·1 政／**1410**·3·5 政／12·24 政／**1411**·4·3 政／**1413**·1·16 政／**1414**·⑨·5 政／**1416**·1·27 政
三斤(百済)　❶ **554**·2月
算砂⇨本因坊算砂(ほんいんぼうさんさ)
三修(僧)　❶ **899**·5·12 社
三條尹子　❸ **1449**·8·9 政
三條かの　❼ **1934**·7·31 文
三條公明　❸ **1331**·8·25 政
(転法輪)三條公敦　❹ **1479**·4·19 政／是年 政／**1480**·3·11 政／5月 文／**1507**·4·8 政／**1508**·10·11 文
三條公茂　❸ **1317**·6·21 政／**1318**·8·15 政／**1324**·1·9 政
三條(押小路)公忠　❸ **1360**·9·30 政／**1363**·2·16 文／**1367**·1·19 文／是年 文／**1372**·4·10 政／**1377**·1·26 文／**1378**·4·27 政／**1381**·9·3 政／**1383**·12·24 政
三條公親　❸ **1288**·7·12 政
三條公綱　❹ **1471**·⑧·10 政
三條公富　❺-1 **1656**·12·26 政／**1664**·4·5 政／**1677**·6·12 政
三條公修　❺-2 **1820**·6·1 政／**1840**·9·7 政
三條公宣　❸ **1408**·3·8 政／**1410**·3·28 政
三條公秀　❸ **1352**·11·27 政／**1353**·7·2 政／**1363**·8·2 政
三條公広　❺-1 **1626**·10·7 政
三條公冬　❸ **1434**·6·12 政／**1435**·5·6 政／❹ **1459**·5·21 政
三條公雅　❸ **1424**·9·4 文／**1427**·8·12 政
三條公光　❸ **1420**·①·13 政／12·5 政／**1423**·10·14 政／**1428**·7·28 政
三條公泰　❸ **1305**·8月 政
三條公頼　❹ **1541**·1·12 政／**1543**·7·28 政／**1546**·1·30 政／**1551**·8·20 政
三條実顕　❺-2 **1754**·2·19 政／**1772**·12·19 政
三條実起　❺-2 **1796**·4·24 政／**1814**·4·2 政／**1823**·9·7 政
三條実音　❸ **1386**·2·16 政
(転法輪)三條実香　❹ **1507**·4·6 政／**1515**·4·16 政／**1518**·5·28 政／**1533**·10·19 文／**1535**·8·28 政／**1536**·6·25 政／**1558**·2·25 政
三條実量　❸ **1450**·6·27 政
(転法輪)三條実量(実教·実尚)　❹ **1457**·4·11 政／**1459**·12·8 政／**1460**·7·27 政／**1473**·12·19 政／**1483**·12·19 政
三條実重　❸ **1292**·11·5 政／**1318**·8·15 政／**1329**·6·26 政
三條実忠　❸ **1343**·4·10 政／**1344**·9·28 政／**1347**·1·4 政
三條実継　❸ **1367**·9·29 政／**1388**·2·9 文
三條実万　❺-2 **1847**·3·9 文／**1848**·2·9 政／❻ **1853**·6·15 政／**1858**·1·6 政／8·8 政／**1859**·1·10 政／2·5 政
三條実任　❸ **1338**·12·3 政
三條実美　❻ **1862**·5·11 政／8·16 政／9·18 政／12·9 政／**1863**·2·11 政／7·12 政／8·19 政／11·4 政／**1864**·7·14 政／11·7 政／**1865**·1·14 政／5·16 政／**1866**·10·7 政／**1867**·1·9 政／12·19 政／**1868**·4·28 政／④·10 政／5·24 政／**1869**·5·13 政／7·12 政／12·16 政／**1870**·11·

27 政／1871·6·27 政／7·29 政／1878·3·4 政／1884·7·7 政／1885·8 月 政／11·11 政／12·22 政／1891·2·18 政
三條実治　❺-1 1693·8·7 政／12·16 政／1704·1·22 政／1715·3·12 政／❺-2 1724·8·12 政
三條実秀　❺-1 1648·①·20 政／1652·9·17 政／1660·1·13 政／1671·8·25 政
三條実冬　❸ 1395·12·27 政／1396·7·24 政／9·17 政／1399·2·22 政／1402·8·22 政／1411·⑩·17 政
三條実雅　❹ 1457·9·8 政
三條実躬　❸ 1307·是年 文／1317·2·24 政
三條実望　❹ 1515·4·16 政
三條秀子　❸ 1334·4·22 政
三條季晴　❺-2 1769·10·30 社／1770·8·4 政／1779·1·14 政
三條(藤原)厳子(通陽門院)　❸ 1338·3·2 政／1381·9·3 政／1396·7·24 政／1406·12·27 政
三條泰季　❸ 1337·3·17 政／1339·4·21 政／6·20 政／1355·9·2 政／1356·10·25 政／1357·1·21 政／1·27 政
三條　某　❸ 1425·8·20 政
三條⇨正親町三條(おおぎまちさんじょう)姓も見よ
三條⇨藤原(ふじわら)姓も見よ
三條天皇(居貞親王)　❶ 976·1·3 政／986·7·16 政／999·③·5 政／❷ 1006·3·14 政／1011·6·13 政／10·16 政／1015·8 月 政／1016·1·29 政／4·23 社／5·1 政／10·20 政／12·3 政／1017·4·29 政／5·9 政
サンジョヴァンニ(伊)　❻ 1880·2·2 文
三笑亭可楽(山生亭花楽、初代)　❺-2 1798·6 月 社／1800·是年 政／1804·6 月 社／是年 文／1811·是春 社／1814·是年 文／1815·1·2 社／1817·文化年間 社／1833·3·8 社
三笑亭歌楽(二代目)　❻ 1857·6·6 文
三笑亭可楽(朝寝坊むらく、五代目)　❼ 1898·4·26 文
三笑亭可楽(七代目)　❽ 1944·4·12 文／1964·8·23 文
三笑亭左楽(初代)　❺-2 1842·3·5 社
三笑亭左楽(二代目)　❺-2 1848·11·2 社
三笑亭都楽　❺-2 1803·3 月 社
三笑亭夢楽　❾ 2005·10·28 文
三條西公條　❹ 1510·11·5 文／1525·5·7 文／1528·12 月 文／1532·1·5 文／1533·6·6 文／1534·是冬 文／1541·1·12 政／4·25 文／1542·2·10 文／③·3 政／1544·8·21 文／1553·2·23 文／3·5 文／1554·7·23 文／9 月 文／1555·8·14 文／⑩·27 文／1556·8·21 文／1560·6·14 文／6·27 文／11·11 文／1561·2·3 文／9·22 文／11·4 文／1562·4·12 文／1563·12·2 政
三條西公枝　❹ 1575·12·2 文
三條西公国　❹ 1579·6·17 文／1580·7 月 文
三條西公時　❸ 1383·3·11 政
三條西公福　❺-2 1722·2·10 文／1731·9·2 政／1745·9·17 政
三條西公保　❸ 1450·5·14 政／❹ 1460·1·28 政
三條西実條(仍覚)　❺-1 1613·7·11 政／1614·3·8 政／12·17 大坂冬の陣／12·29 政／1616·3·27 政／1624·11·28 政／1626·3·28 文／1629·9·10 政／11·6 政／1630·9·16 政／1631·12·6 政／1638·11·4 文／1640·6·24 政／10·9 政
三條西実枝(実澄)　❹ 1560·是年 文／1569·6·26 政／1570·3·17 文／1572·2 月 文／12·6 文／1574·6·17 文／1579·1·20 政／1·24 政
三條西実香　❹ 1529·11·30 社
三條西実清　❸ 1406·2·16 政
三條西実隆(公世·公延)　❹ 1474·2·9 文／11·3 文／1475·3·15 文／3·20 社／5·22 文／6·5 文／10·1 文／1476·5·19 文／6·11 文／1478·3·26 文／1479·9·27 文／⑨·19 文／1481·3·2 文／8·21 文／1483·2·7 文／3·8 文／8·9 文／9·5 文／10·24 文／11·24 文／1485·1·26 文／6·1 文／1486·9·20 文／1487·2·21 社／4·12 文／12·23 文／1488·1·14 文／3·21 政／8·13 文／1489·3·3 文／6·18 文／8·27 政／11·17 文／1490·11·7 文／1491·2·9 文／2·11 文／1492·12·19 文／1493·4·28 文／1495·2·27 文／3·16 文／8 月 社／1496·1·9 文／②·6 文／5·26 文／1497·10 月 文／1501·6 月 文／9·15 文／1502·6·15 文／12·1 文／1503·2·18 文／5·5 社／5·16 文／7·23 政／9·5 文／12·4 政／1504·2·19 文／3·13 文／5·15 文／1506·2·5 政／4·5 政／6·5 文／8·22 文／10·17 文／11·12 文／12·27 文／1507·4·14 文／1508·4·29 文／7·23 政／10·11 文／10·22 文／1509·2·4 文／2·16 文／4·28 政／8·10 政／⑧·12 文／11·5 政／1510·2·17 文／4·12 文／4·25 文／5·12 文／11·24 政／1511·7 月 文／8·15 社／1512·④·17 文／12·27 文／1513·8 月 文／1515·1·13 文／12·16 文／1516·3·10 文／1518·10 月 文／1519·12 月 文／1520·3·7 文／6·24 文／1521·9 月 文／10·6 文／11·2 文／1522·7·8 文／1523·3·28 社／11·14 社／1524·4·19 社／5 月 文／6·19 文／1526·6·1 文／8·10 文／8·24 文／1527·6·13 社／12·21 社／1528·2·19 文／3·9 文／10·26 文／11·16 文／12·2 文／1529·3·3 社／5·2 文／7·11 文／12·7 文／1530·2·6 文／3·21 文／9·12 文／11·17 文／1531·⑤·10 文／⑤·20 文／⑤月 文／1532·2·20 社／是年 文／1533·1·23 文／1534·7·25 文／1537·10·3 政／1590·11·18 文／❺-1 1659·是年 文
三條西実連　❸ 1448·8·15 社
三條西実教　❺-1 1701·10·19 政
三條西実称　❺-2 1791·9·21 政
三條西季知　❻ 1862·5·11 政／1863·7·12 政／8·19 政／1864·11·7 政／1865·1·14 政／1867·12·19 政／1880·8·24 政
三條西延季　❺-2 1800·1·20 政
三條民部法橋　❸ 1373·6·1 文
杉生坊(延暦寺僧)　❸ 1434·11·4 社
算碩(棋士)　❺-1 1612·2·13 文
山叟慧雲(僧)　❷ 1258·是年 政／1268·是年 政
山叟恵雲(僧)　❸ 1299·2·22 文／1301·7·9 社
サンタ·アンナ, リカルド·デ　❺-1 1622·8·5 社
サンタ·カタリナ, フライ·ディエゴ·デ　❺-1 1615·⑥·22 政
サンタ·マリア, フライ·ヨハネ·デ　❺-1 1618·6·16 社
三仲斎蘭窓　❺-1 1704·是年 文
三滴みどり　❽ 1957·6·21 文
三哲(棋士)　❺-1 1648·11·2 文／1669·⑩·20 文
算哲(棋士)　❺-1 1657·6·26 文／1659·4·26 文
ザンデルリンク, クルト　❾ 2011·9·18 文
サンテン, ピーテル·ファン　❺-1 1632·11·8 政
撒都奴侍(琉球)　❸ 1398·3·1 政
山東昭子　❾ 1987·9·1 政／2007·8·7 政
山東直砥　❼ 1904·2·14 文
山東京山(岩瀬百樹·鉄梅·覧山·涼仙)　❺-2 1827·是年 文／1836·是年 文／1838·是年 文／1839·是年 文／1843·是年 文／1846·是年 文／❻ 1858·9·24 文
山東京伝(北尾政演·岩瀬醒·身軽折輔·京屋伝蔵)　❺-2 1786·是年 文／1787·是年 文／1788·天明年間 社／1789·是年 文／1790·1 月 文／是年 文／1791·3 月 文／是年 文／1792·是年 文／1793·是年 文／1794·是年 文／1796·是年 文／1798·是年 文／1799·是年 文／1800·寛政年間 文／是年 文／1801·是年 文／1802·是年 文／1803·是年 文／1804·是年 文／1805·是年 文／1806·是年 文／1807·是年 文／1808·是年 文／1809·是年 文／1810·是年 文／1812·是年 文／1813·是年 文／1814·是年 文／1816·9·7 文／是年 文／1817·文化年間 文／1818·是年 文／1819·是年 文／1822·是年 文／1833·是年 文／1844·是年 文
三丸殿(織田氏)　❹ 1598·3·15 社
三宮頼国　❸ 1336·1·7 政
山眉(俳人)　❺-2 1791·是年 文
三甫(連歌師)　❹ 1579·8·25 文
三甫羅古羅(倭寇)　❹ 1553·6·27 政
三甫羅沙也(賊倭)　❹ 1508·2·1 政
三宝院義演⇨義演(ぎえん)
三宝院満済⇨満済(まんさい)
山本寺(さんぽんじ)景長　❹ 1581·4·8 政／1582·6·3 政
山本寺定種　❹ 1507·8·2 政
山下良次　❺-1 1706·8·23 文
三幡(源頼朝の娘)　❷ 1199·5·8 文／6·30 政

サンミ(トラック島王子)　❻ 1893·5·22 政
三藐院(さんみゃくいん)⇨近衛信尹(このえのぶただ)
三文字屋九右衛門　❺-1 1624·是年 文
三遊亭円右(初代)　❻ 1895·1·12 文
三遊亭円右(三代目)　❾ 2006·3·22 文
三遊亭円橘(二代目)　❼ 1906·7·11 文
三遊亭円生(初代)　❺-2 1797·是年 文／1838·3·21 社
三遊亭円生(二代目)　❻ 1862·8·12 文
三遊亭円生(三代目)　❻ 1881·8·16 文
三遊亭円生(立岩勝次郎、四代目)　❼ 1904·1·27 文
三遊亭円生(村田源治、五代目)　❽ 1940·1·23 文／1947·4·28 文
三遊亭円生(六代目)　❾ 1978·5·24 文
三遊亭円朝(初代)　❻ 1859·是年 社／1861·是年 文／1874·12月 文／1875·2·11 文／4月 文／1876·1·1 文／1884·7月 文／1885·1月 文／7月 文／1886·10·7 文／1890·1月 社／1891·6月 文／1892·9月 文／❼ 1897·10·31 社／1898·2·28 文／1899·12月 文／1900·8·11 文／1902·10·11 文
三遊亭円朝(澤木勘次郎、二代目)　❼ 1924·11·2 文
三遊亭円馬(初代)　❻ 1880·10·11 文
三遊亭円馬(三代目)　❽ 1945·1·13 文
三遊亭円遊　❻ 1880·11月 社／1888·5·17 文／1889·10·12 文
三遊亭円遊(三代目)　❼ 1907·11·26 文／11·26 文
三遊亭円楽(四代目)　❾ 2009·10·29 文
三遊亭円楽(六代目)　❾ 2010·3·2 文
三遊亭可止　❺-2 1817·文化年間 社
三遊亭歌笑　❽ 1950·5·30 社
三遊亭金馬(三代目)　❼ 1934·9·21 文／❽ 1964·11·8 文
三遊亭小円馬　❾ 1999·7·5 文
三遊亭小金馬　❽ 1956·11·30 社
三遊亭春馬　❺-2 1845·是年 文
三遊亭志ん蔵　❽ 1964·10·10 文
三遊亭百生　❽ 1959·3·21 文
三遊亭柳枝　❼ 1934·4·25 社
山楽(僧)　❺-1 1606·是年 社／1623·是年 文

し

思 徳増　❺-1 1630·6·10 政
芝 観深　❸ 1446·11·15 文
史 世用　❹ 1593·4月文禄の役
思 湛　❸ 1317·是年 文
璽 光尊　❽ 1947·1·21 社
ジ·ペ·フォール　❼ 1919·1·14 政
慈阿(尼)　❸ 1285·3·15 政
ジア(バングラデシュ)　❾ 1994·3·28 政
塩飽聖遠　❸ 1333·5·21 政
シアヌーク(カンボジア)　❽ 1952·1·19 政／1953·4·23 政／1955·12·4 政／1961·10·5 政／❾ 1984·5·30 政／1988·8·8 政／1990·6·2 政
志位和夫　❾ 1990·7·9 政／2000·11·24 政
椎根津彦(珍彦)　❶ 書紀·神武 2·2·2
椎尾弁匡　❼ 1928·2·20 社
ジーコ(サッカー)　❾ 2005·6·22 社
椎崎二郎　❽ 1945·8·15 政
シーツ(米)　❽ 1949·10·1 政／11·10 政／1950·2·10 政
椎塚修房　❼ 1910·5·28 文
椎名悦三郎　❽ 1960·12·8 政／1964·7·18 政／❾ 1966·1·15 政／8·1 政／1967·11·25 政／1972·9·18 政／1974·11·30 政／1976·5·7 政
椎名嘉右衛門　❺-2 1725·10·9 社
椎名道三　❺-2 1840·是年 社
信伊奈亮正　❼ 1912·9·13 文
椎名兵庫頭　❺-1 1658·9月 社／1665·4·30 文
椎名平蔵　❺-2 1752·6·3 文／1755·10月 政／1762·6·30 文
椎名道之　❹ 1578·9·24 政
椎名泰種　❹ 1544·3·11 政
椎名康胤　❹ 1572·1·14 政
椎本下物　❺-2 1774·是冬 社
標葉清隆　❹ 1492·是年 政
シーファー，ジョン，トーマス　❾ 2005·1·21 政
ジーブリテン，ハリエット　❻ 1880·10·28 文
シーボルト，フィリップ·フランツ·フォン　❺-2 1823·7·6 政／1826·1·9 政／3·25 政／4·9 文／1827·5·27 文／1828·8·9 政／1829·9·25 政／❻ 1859·7·6 文／1861·5·6 文／7月 文／1867·1·11 政／1878·7·18 文
シーモアー(英)　❻ 1856·8·5 政
椎本才麻呂　❺-1 1694·是年 文
士印単伝(僧)　❺-1 1632·7·17 社
慈胤法親王　❺-1 1699·12·1 社
似雲(僧)　❺-2 1753·7·8 社
慈雲(僧)　❺-2 1804·12·22 社
慈雲飲光　❺-2 1822·是年 文
慈雲妙意(僧)　❸ 1345·6·3 社
慈恵(僧)　❶ 966·8·27 社
慈叡(僧)　❶ 860·⑩月 政
シェイクスピア(英劇作家)　❼ 1914·1·26 文
ジェウェア(鉄製軌道)　❻ 1869·8月 社
ジェームズ(英下士官)　❻ 1867·9·26 政
ジェームス三木　❾ 1985·4·1 社
ジエクロー(フェンシング)　❻ 1874·5·26 社
ジェズース，ジェロニモ·デ·アンジェリス　❺-1 1601·5·29 政／9·3 政／9·11 政／10月以前 政／1618·是年 社／1619·是夏 社／1621·是夏 文／1623·10·13 社
治右衛門(歌舞伎興行)　❺-1 1643·寛永年間 文
次右衛門(神田紺屋町)　❺-1 1658·5·8 社
治右衛門(紙問屋)　❺-1 1665·是夏 社
治右衛門(江戸桶町)　❺-1 1696·6月 政
ジェラール(洋式瓦)　❻ 1873·是年 社
師円(絵師)　❸ 1351·3·20 文
旨淵(僧)　❸ 1363·6·5 社
慈円(僧)　❷ 1184·2·22 社／12·28 文／1185·是年 社／1186·是年 文／1187·11月 文／1189·是春 文／1190·4·8 文／5·28 文／9·13 文／1196·11·26 社／1201·2·19 社／7·27 文／1202·1·26 社／1208·2月 社／1212·10月 社／1220·10月 文／1221·3·9 文／7·8 文／8·30 政／1224·4月 文／1225·9·8 文／1237·3·8 社
慈円(僧)　❸ 1336·1·7 政
慈円(僧)　❹ 1524·9·25 文
持円(僧)　❸ 1346·7·19 社
慈延(僧)　❺-2 1802·是年 文／1805·7·8 文
ジェンキンズ(EC 委員長)　❾ 1977·10·11 政
塩 まさる　❾ 2003·10·16 文
塩穴貞吉　❸ 1430·5·3 社
塩入次左衛門　❺-1 1658·11·6 政
塩入松三郎　❽ 1962·10·1 文
慈応(僧)　❷ 1096·3·18 社
慈応(僧、源頼朝叔父)　❷ 1195·10·11 政
時応界都(辛戒道)　❸ 1420·①·10 社
塩江車庸　❺-1 1692·是年 文
塩川国満　❹ 1579·9·12 政
塩川正十郎　❾ 1989·6·2 政／1991·11·5 政／1995·9·22 政
塩川文麟　❻ 1866·是年 文／1877·5·11 文
塩川政年　❹ 1541·8·12 政／9·6 政
塩崎 潤　❾ 1990·2·28 政／2011·5·27 政
塩崎恭久　❾ 2006·9·26 政
塩澤幸一　❽ 1943·11·17 政
塩澤丈右衛門　❺-2 1805·8·7 文
塩澤とき　❾ 2007·5·17 文
塩澤昌貞　❽ 1945·7·7 文
塩路荘次郎　❺-2 1849·5·19 社
塩田国時　❸ 1333·5·21 政
塩田三郎　❻ 1865·3·6 文／4·25 政／1867·5·6 文／1886·3·31 政／1888·9·12 政
塩田順菴　❻ 1863·3·22 文
塩田 真　❻ 1878·是年 文／1879·3·15 文／1887·11·2 文
塩田胤光　❹ 1528·12·30 政／1532·1·22 政
塩田広重　❽ 1958·3·22 文／8·1 文
塩田良平　❽ 1961·3·22 文
塩田奥造　❼ 1901·11·3 政
潮田江次　❾ 1969·5·9 文
潮田千勢子　❼ 1903·7·4 社
塩田壱岐守　❹ 1521·2·11 政
塩田刑部　❹ 1521·6·16 政

塩谷正義　❺-2 **1819**·是冬 社／**1823**·8·4 社／**1825**·12月 社／**1834**·3月 社
潮谷義子　❾ **2000**·4·16 政／**2002**·12·10 社
塩谷世弘　❺-2 **1838**·是年 文
塩津留　聞　❸ **1449**·2·25 政／**1455**·1·4 政／❹ **1456**·1·15 政／**1460**·4·26 政／**1463**·2·1 政／**1465**·1·12 政／**1467**·1·8 政
塩津留　経　❹ **1471**·1·11 政／**1472**·1·2 政／**1473**·1·6 政／**1474**·1·20 政／**1476**·1·13 政／**1479**·1·1 政／**1481**·1·8 政／**1482**·1·1 政／**1484**·1·5 政／**1488**·1·9 政／**1491**·1·16 政／**1493**·1·11 政／**1494**·1·18 政
塩出英雄　❾ **1969**·9·1 文／**1970**·9·1 文／**1974**·9·1 文
塩煮太右衛門　❺-2 **1838**·1月 社
塩野義一　❼ **1932**·1·6 政
塩野義三郎　❻ **1878**·3·17 文／❼ **1931**·12·28 政／❽ **1953**·10·3 政
塩野季彦　❽ **1937**·2·2 政／**1939**·1·5 政
塩野庄左衛門尉　❹ **1579**·11·27 社
塩野七生　❾ **2007**·10·27 文
塩野宣慶　❾ **2011**·1·22 政
塩野　宏　❾ **2009**·11·4 文
塩谷(しおのや)温(士建)　❽ **1962**·6·3 文
塩野谷久太郎　❻ **1860**·4·16 文
塩谷宕陰(世弘·毅侯·九里香園·悔山·晩薫廬)　❺-2 **1851**·是年 文／❻ **1856**·是年 文／**1862**·12·12 文／**1864**·2月 文／**1867**·8·28 文
塩野谷祐一　❾ **2002**·10·30 文
塩谷　立　❾ **2008**·9·24 政
塩原太助　❺-2 **1816**·⑧·14 社
塩原時三郎　❽ **1945**·5·19 政
塩原又策　❼ **1899**·3·1 文／❽ **1955**·1·7 政
潮平親雲　❺-2 **1762**·7·13 政
塩見俊二　❾ **1966**·8·1 政／**1972**·7·7 政
塩見政治　❼ **1916**·10·21 文／10·22 政
汐見　洋　❼ **1930**·6·27 文
塩満　一　❽ **1947**·6月 社
塩屋艶二　❺-2 **1800**·是年 文
塩屋吉麻呂　❶ **721**·1·27 文／**722**·2·27 文
塩屋九左衛門　❺-1 **1653**·3月 文
塩谷九郎右衛門　❹ **1594**·是年 文／❺-1 **1652**·是年 文／**1653**·3月 文／**1661**·是年 文／**1683**·2·11 文
塩谷九郎次　❹ **1594**·是年 文
塩屋賢一　❽ **1957**·7·12 社
塩屋鯽魚　❶ **658**·11·5 政
塩屋次郎兵衛尉　❹ **1573**·8·28 社
塩屋清十郎　❺-1 **1654**·承応年間 政
塩屋宗悦　❹ **1573**·11·23 文
塩屋徳兵衛　❺-2 **1729**·10月 社
塩屋弥兵衛　❺-2 **1792**·5·16 社
塩屋王　❶ **782**·1·16 政
塩焼王⇨氷上塩焼(ひかみしおやき)
慈恩(僧)　❸ **1408**·是秋 社
志賀慧隠(恵隠)　❶ **608**·9·11 政
志賀氏房　❸ **1362**·11·10 政／**1363**·①·25 政
滋賀右馬大允(徳重)　❻ **1863**·7·19 社
志賀浦太郎　❻ **1865**·4·8 文
志賀　潔　❼ **1897**·12·25 文／**1899**·4·1 文／**1908**·4·20 文／❽ **1949**·5·2 社／**1957**·1·25 文
志賀敬内　❻ **1867**·12·27 政
志賀健次郎　❽ **1962**·7·18 政
志賀貞泰　❸ **1322**·4·1 政
志賀重昂　❻ **1888**·4·3 文／**1894**·6·30 政／❼ **1897**·11·2 政／**1927**·4·6 文
志賀甚五左衛門⇨平成広(へいせいこう)
志賀随翁　❺-2 **1725**·是年 社
志賀泰山　❼ **1934**·2·5 文
志賀忠能　❸ **1335**·3·3 社
志賀親次(ドン·パウロ)　❹ **1587**·2·18 政
志賀親守　❹ **1550**·2·10 政
志賀親安　❹ **1579**·9·15 政
志賀親賀　❸ **1441**·10·14 政／**1442**·12·15 政
志賀朝秀　❷ **1276**·4月 政
志賀直道　❻ **1877**·3·15 社／**1884**·3·11 社／**1893**·10·24 社
志賀直哉　❼ **1902**·9月 社／**1910**·4月 文／**1913**·1·1 文／1月 文／**1917**·5月 文／❽ **1945**·10·4 文／12·23 社／**1947**·2·12 文／**1949**·11·3 文／❾ **1971**·10·21 文
志賀信夫　❾ **2012**·10·29 文
志賀道輝　❹ **1584**·4·3 社／**1584**·7月 政
志賀道益　❹ **1586**·10·22 政
志賀泰朝　❷ **1264**·3·23 政／**1275**·5·12 政／**1276**·4月 政／❸ **1288**·10·3 政
志賀与三右衛門　❺-1 **1614**·2·19 社
志賀義雄　❼ **1924**·5·1 政／**1928**·3·15 政／❽ **1945**·10·10 政／10·20 政／12·1 政／**1950**·1·18 政／6·6 政／**1955**·1·21 政／**1964**·5·21 政／7·1 政／❾ **1970**·5·5 政／**1989**·3·6 政
志賀頼房　❸ **1343**·3·25 政／**1359**·3·20 政
志賀理斎　❺-2 **1838**·是年 文／**1840**·1·22 文
慈快(僧)　❸ **1344**·3·12 社
鹿折信濃　❺-1 **1601**·7·7 政
鹿川裕史　❾ **1986**·2·1 社
斯我君　❶ **505**·4月
慈覚(僧)　❷ **1024**·4·21 社
慈覚大師⇨円仁(えんにん)
志方貞三　❼ **1928**·8·15 社
鹿都部真顔(北川嘉兵衛·狂歌堂·四方真顔·四方歌垣·恋川好町)　❺-2 **1785**·是年 文／**1786**·4·12 社
鹿内春雄　❾ **1988**·4·16 政
鹿内宏明　❾ **1992**·7·21 社
鹿野清右衛門　❹ **1600**·12·24 政
鹿野武左衛門　❺-1 **1686**·是年 文／**1694**·2·26 社／**1697**·是年 文／**1699**·4月 社／8月 社／**1703**·貞享·元禄年間 文
鹿野野人　❺-2 **1755**·是年 文
志我閇阿弥陁(阿弥太)　❶ **721**·1·27 文
鹿持雅澄　❺-2 **1819**·是年 文／**1822**·是年 文／**1823**·是年 文／**1824**·是年 文／**1835**·是年 文／**1837**·是年 文
鹿屋周防守　❸ **1400**·8·3 政
信楽権右衛門　❸ **1395**·9月 文
志岐隆弘　❸ **1349**·9·10 政
志岐諸経　❹ **1589**·11·8 政
志貴(施基·芝基)皇子⇨田原(たはら)天皇
直海元周　❺-2 **1759**·是年 文
食行身禄　❺-1 **1688**·是年 社
式乾門院⇨利子(りし)内親王
敷地藤康　❹ **1533**·2·15 政
式子内親王　❷ **1159**·10·25 社／**1194**·5·2 文／**1201**·1·25 政
識舜坊(僧)　❸ **1452**·9·8 社
色定法師⇨良祐(りょうゆう)
磯城津彦玉手看尊⇨安寧(あんねい)天皇
式亭小三馬(徳基·大輔·本町庵)　❺-2 **1837**·是年 文
式亭三馬(菊地久徳·西宮太助·泰輔·四季山人·捨楽斎·本町庵·遊戯堂)　❺-2 **1771**·是年 文／**1799**·1·2 社／是年 文／**1802**·是年 文／**1803**·是年 文／**1805**·是年 文／**1806**·是年 文／**1807**·是年 文／**1808**·是年 文／**1809**·1月 政／**1810**·是年 社／是年 文／**1811**·是年 文／**1812**·是年 文／**1813**·是年 文／**1814**·是年 文／**1817**·是年 文／**1818**·是年 文／**1820**·是年 文／**1822**·①·6 文／**1825**·是年 文／**1829**·是年 文／**1841**·是年 文
子規亭吐月　❺-2 **1780**·是年 文
識名信升　❽ **1945**·4·1 社
識名親方朝英　❺-2 **1821**·6·21 政
敷根藤右衛門　❹ **1598**·9·19 慶長の役
敷根頼兼　❺-1 **1614**·6月 政
式場隆三郎　❾ **1965**·11·21 文
直原玉青　❾ **2005**·9·30 文
式部卿親王　❸ **1450**·11月 文
色部照長　❺-2 **1773**·7·1 政
色部長門　❻ **1868**·7·24 政
式守伊之助(六代目)　❼ **1897**·12·17 社
式守伊之助(九代目)　❼ **1910**·6·28 社
式守伊之助(十九代目)　❾ **1966**·12·14 社
式守蝸牛(初代)　❺-2 **1793**·是年 文／**1822**·11·28 社
志喜屋孝信　❽ **1945**·8·29 政／**1946**·4·11 政／4·22 政
似休斎⇨千宗守(せんそうしゅ、初代)
子璋全固(僧)　❹ **1457**·5·2 社
芝玉(僧)　❸ **1391**·7·15 社
志玉(総円、僧)　❸ **1417**·是年 政／**1421**·是年 政／❹ **1463**·9·6 社
竺庵浄印(僧)　❺-2 **1723**·是年 政
竺一⇨宮川(みやがわ)竺一
竺雲慧心(僧)　❹ **1560**·9·13 社／**1579**·8·3 社
竺雲等連(僧)　❹ **1461**·1·17 文／**1471**·1·7 社
竺愷(僧)　❺-2 **1792**·是年 文

軸賢(明僧)　❺-1 **1661**·是年 政
竺源(僧)　❸ **1344**·10·16 社
竺源恵梵(僧)　❸ **1322**·是年 文／**1431**·12月 文
竺山得仙(僧)　❸ **1413**·3·19 社
竺真応　❺-2 **1834**·是年 文
竺仙梵僊　❸ **1329**·5月 政／**1332**·2·14 社／**1337**·12·12 文／**1338**·10·3 社／**1341**·11·20 政／**1342**·5·4 文／**1346**·2·6 社／11·29 社／是年 文／**1347**·1·20 社／3·12 社／**1348**·7·16 社
竺田悟心(僧)　❸ **1327**·8·15 文／**1330**·是年 文
竺峰恵心(僧)　❹ **1518**·3·5 社
竺峰周曇(僧)　❹ **1457**·2·3 政
竺芳祖裔(僧)　❸ **1349**·是秋 文／**1394**·7·27 社
竺芳妙茂(遣明使)　❹ **1476**·4·11 政／**1478**·10·29 政
志倉西馬　❺-2 **1846**·是年 文
慈訓(僧)　❶ **756**·5·24 社／**770**·8·26 社
重　由美子　❾ **1996**·7·19 社
重明親王　❶ **928**·1·29 政／**930**·8月 文／**931**·9·30 文／**944**·8·3 政／**945**·1·18 政／**954**·9·14 政
慈慶(僧)　❸ **1340**·5·29 社
慈稽(僧)　❺-1 **1633**·9·5 社
慈恵(僧)　❺-1 **1684**·1·3 社
成家(刀工)　❸ **1364**·12月 文
茂右衛門(長崎村)　❻ **1858**·7·15 社
滋岳川人　❶ **863**·2·1 社／**874**·5·27 文
重高小八　❾ **2005**·7·3 社
重兼芳子　❾ **1993**·8·22 文
重子内親王　❶ **865**·7·2 政
繁次郎(亀島町)　❻ **1869**·8·4 社
重季(姓不詳·讃岐守)　❷ **1182**·8·11 政
重田伊兵衛　❺-1 **1702**·12·21 政
茂田七右衛門　❺-1 **1636**·是年 社
繁田常牧　❺-1 **1690**·是年 文
シゲッティ(ハンガリー)　❼ **1931**·5·26 文／❽ **1953**·3·5 文
重連(姓不詳·左衛門尉)　❸ **1308**·⑧·2 社
重留助市　❺-1 **1686**·1·24 政
重富平左衛門　❺-1 **1664**·1月 社
重富正高　❸ **1340**·3·12 政
重朝(肥筑通守)　❹ **1488**·1·9 政／**1489**·1·13 政／**1492**·2·21 政／**1493**·1·11 政
重長(宮司)　❷ **1206**·8·9 社
滋野家訳　❶ **815**·1·10 政
滋野兼忠　❷ **1203**·2·10 文
滋野清武　❼ **1912**·3月 社
重野謙次郎　❼ **1930**·11·5 政
滋野貞雄　❶ **845**·1·11 政／**859**·1·13 政／12·22 政
滋野貞主　❶ **815**·是春 文／**818**·6月 文／**827**·5·14 文／**831**·是年 文／**839**·1·11 政／**841**·1·13 政／**844**·4·7 文／4·30 社／**849**·是年 政／**852**·2·8 政／❷ **1136**·12月 社
滋野瑞龍軒　❺-2 **1748**·是秋 社／**1763**·宝暦年間 社
滋野直子　❶ **915**·1·19 政
滋野船代　❶ **799**·4·15 政／9·20 政
滋野安城　❶ **868**·6·11 政
重野安繹(子徳·厚之丞·成斎)　❻ **1863**·9·28 政／**1880**·6·6 文／**1886**·1·9 文／5月 文／**1888**·5·7 文／9·27 文／**1889**·11·1 文／**1890**·10·1 政／**1891**·3·8 社／❼ **1903**·2月 文／**1910**·12·6 文
滋野安成　❶ **864**·8·2 文
滋野善蔭　❶ **861**·1·13 政／**862**·1·13 政／**867**·1·12 政
滋野善根　❶ **856**·1·12 政／**858**·1·16 政／**862**·1·13 政
滋野内親王　❶ **857**·4·7 政
滋野井公敬　❺-2 **1791**·是年 政／**1843**·7·16 政
滋野井公麗　❺-2 **1781**·9·7 文
滋野井公寿　❻ **1868**·1·12 政
滋野井公尚　❸ **1344**·②·8 政
滋野井実在　❻ **1863**·2·13 政
滋野井実勝　❸ **1352**·5·11 政
滋野井実前　❸ **1327**·3月 政
滋野井実冬　❸ **1303**·5·27 政
滋野井実光　❺-1 **1664**·4·29 政／**1666**·5·11 政
滋野井季吉　❺-1 **1655**·12·5 政
滋野井教国　❹ **1491**·2·11 文／**1500**·12·22 政
滋野井教広　❺-1 **1664**·4·29 政
滋野井冬季　❸ **1302**·2·22 政
重信房子　❾ **1970**·5·9 政／**1974**·12·27 政／**1975**·8·28 政／**2000**·11·8 社／❾ **2006**·2·23 政
重徳(画家)　❺-2 **1724**·11月 文
重久篤兼　❸ **1347**·5·27 政
重仁親王　❷ **1162**·1·28 政
重広恒夫　❾ **1996**·8·31 社
重政誠之　❽ **1948**·9·10 政／**1962**·7·18 政
重松此面　❺-2 **1807**·7·20 政
重松髜修　❼ **1925**·7·22 政
重松森雄　❾ **1965**·4·19 社／6·12 社
重見三郎左衛門　❸ **1368**·11·5 政
重見通種　❹ **1530**·3月 政
重光(刀工)　❸ **1378**·2月 文
滋光氏男　❶ **781**·是年 社
重光　葵　❼ **1930**·5·6 政／**1931**·7·21 政／**1932**·4·29 政／❽ **1940**·7·27 政／**1941**·2·24 政／12·19 政／**1943**·4·20 政／**1944**·7·22 政／8·28 政／**1945**·3·16 政／8·17 政／9·2 政／9·3 政／**1950**·11·8 政／**1952**·2·8 政／**1953**·9·27 政／**1954**·9·19 政／11·1 政／12·10 政／**1955**·3·19 政／11·22 政／**1956**·7·31 政／**1957**·1·26 政
重宗芳水　❼ **1897**·12月 政／**1917**·12·30 政
重宗雄三　❾ **1976**·3·13 政
重村見雲　❺-1 **1672**·6·1 政
重元岩次郎　❻ **1881**·3·21 文
重元(日本商人)　❷ **1087**·3·20 政
重盛(姓不詳)　❷ **1235**·⑥·26 社
重森弘淹　❽ **1958**·9月 文
重森三玲　❾ **1975**·8·12 文
重保(神官)　❷ **1178**·3·15 文
重保(姓不詳)　❷ **1267**·1·7 政
茂山千作(九代目千五郎)　❻ **1886**·5·11 文
茂山千作(四代目)　❾ **1986**·7·19 文／**2000**·11·6 文／**2007**·10·27 文
茂山千之丞　❾ **2008**·6·1 文／**2010**·12·4 文
茂山忠三郎　❾ **2011**·8·20 文
茂山七五三　❾ **2005**·7·8 文
茂世王　❶ **842**·8·11 文／**852**·1·15 政／**855**·1·15 政／**861**·1·13 政／**866**·1·13 政／**874**·1·15 政
滋善宗人　❶ **863**·1·20 文
慈賢(僧)　❷ **1241**·3·3 社
慈玄(僧)　❸ **1301**·1·26 社
示現(金人)　❶ **838**·是冬 文
慈源(僧)　❷ **1255**·7·18 社
慈厳(僧)　❸ **1318**·3·7 社／**1332**·2·6 政／**1350**·4·25 文／**1359**·9·28 社
子元祖元⇨無学(むがく)祖元
始彦中隗(越前使節)　❹ **1458**·12·2 政
自肯(僧)　❸ **1350**·3·15 政
滋光院　❹ **1542**·6·8 政
慈光院尼(僧)　❹ **1486**·10·23 社
慈光寺持経　❸ **1421**·9·20 政
始皇帝(秦)　❶ **BC219**
錣石為八　❺-2 **1800**·7·12 社
志佐秋高　❸ **1410**·1·28 政
志佐　重　❸ **1423**·1·1 政／**1427**·1·13 政／**1429**·3·27 政
志佐三郎　❸ **1283**·3·19 政
志佐　茂　❸ **1435**·1·14 政
志佐次郎　❹ **1465**·1·12 政／**1473**·1·6 政／**1474**·1·20 政／**1489**·1·13 政
志佐　義　❸ **1393**·4·22 社／**1454**·1·9 政／**1455**·1·4 政／❹ **1456**·1·15 政／**1461**·1·4 政／**1462**·1·20 政／**1465**·1·12 政／**1467**·1·8 政／**1470**·1·5 政／**1471**·1·11 政／**1474**·1·20 政／**1475**·1·10 政／**1476**·1·13 政／**1477**·1·15 政／**1478**·1·9 政／**1479**·1·1 政／**1480**·3·7 政／**1481**·1·8 政／**1482**·1·1 政／**1484**·1·5 政／**1487**·1·7 政／**1488**·1·9 政／**1489**·1·13 政／**1490**·1·10 政／**1491**·1·16 政／**1492**·2·21 政／**1493**·1·11 政／**1494**·1·18 政
慈済(僧)　❷ **1198**·2·27 社
慈山(僧)　❺-1 **1690**·7·3 社
此山妙在(僧)　❸ **1345**·7月 政／**1377**·1·12 社
獅子文六(岩田豊雄)　❽ **1937**·6月 文／9·6 文／**1941**·5·22 文／**1942**·7·1 文／**1944**·7月 文／**1948**·11·22 文／❾ **1969**·11·3 文／12·13 文
志道元良　❹ **1502**·8·22 政
自斯(百済使)　❶ **643**·6·23 政
宍喰屋三郎右衛門　❺-1 **1619**·2月 社
宍喰屋次郎右衛門　❺-1 **1620**·是年 社
宍草入道　❸ **1368**·6·30 政
慈実(後妙香院僧)　❷ **1281**·6·8 社
慈実(青蓮院僧)　❸ **1300**·5·9 社
宍戸刑馬⇨高杉晋作(たかすぎしんさく)

宍戸左馬之介(九郎兵衛) ❻ **1863**・9・13 政／**1864**・11・7 政
宍戸 璣(備後助・山県半蔵) ❻ **1863**・3・28 政／**1865**・11・20 政／12・28 政／**1866**・5・1 政／5・9 政／**1872**・10・25 文／**1879**・3・8 政／**1880**・4・17 政／❼ **1901**・10・1 政
宍戸朝里 ❸ **1344**・3・4 政
宍戸備前 ❻ **1864**・7・22 政
宍戸英顕 ❾ **1965**・4・19 社
宍戸正輝 ❻ **1877**・3・3 西南戦争
宍戸満里 ❸ **1423**・2・15 政
宍戸持里 ❸ **1442**・3・23 政
宍戸基男 ❾ **1973**・6・9 政
宍戸元孝 ❹ **1584**・3・17 政
宍戸元次 ❹ **1597**・12・22 慶長の役
宍戸元源 ❹ **1516**・1・2 政／**1534**・是夏 政
宍戸与一⇨都(みやこ)の錦
資子(しし)内親王 ❷ **1015**・4・26 政
資子内親王 ❶ **972**・3・25 文
宍人国持 ❶ **705**・9・26 社
宍人継麻呂 ❶ **774**・3・5 政
宍人 鴈 ❶ **589**・7・1
宍人和麻呂 ❶ **761**・1・16 政
師若(琉球) ❸ **1380**・10・20 政／**1383**・1・1 政
次酒⇨斯那奴次酒(しなのししゅ)
史儒(遊撃) ❹ **1592**・7・16 文禄の役
慈周(僧) ❺-2 **1801**・3・10 文／**1817**・是年 文
思淳(僧) ❸ **1343**・4・23 社
慈俊(僧) ❷ **1165**・4・21 文
慈俊(山僧) ❸ **1303**・8・19 社
慈順(僧) ❸ **1313**・8・28 文
慈助法親王 ❸ **1293**・3・22 社／**1295**・7・27 社
失消(新羅) ❶ **571**・8・1／**580**・6月／**582**・10月
慈照(僧) ❸ **1343**・12・25 社
慈勝(僧) ❸ **1350**・9・13 社
慈昭(僧) ❸ **1376**・3・8 社
慈定(僧) ❶ **707**・5・28 政
四條織部 ❹ **1589**・5・1 政
四條清延 ❺-2 **1802**・7・18 文
四條公音 ❹ **1532**・1・5 文
四條資直 ❹ **1527**・7・27 文
四條隆謌 ❻ **1862**・5・11 政／**1863**・7・11 政／8・19 政／**1864**・11・7 政／**1865**・1・14 政／**1867**・12・19 政／**1868**・7・20 政／**1871**・3・13 政／❼ **1898**・11・23 政
四條隆興 ❸ **1423**・11・22 政
四條隆蔭 ❸ **1344**・7・10 社／**1355**・9・18 政／**1364**・3・14 政
四條隆景 ❹ **1503**・9・19 政
四條隆量 ❸ **1331**・9・29 政／10・3 政
四條隆邦 ❸ **1347**・3・6 政
四條隆貞 ❸ **1333**・1・19 政
四條隆郷 ❸ **1395**・6・20 政／**1410**・2・12 政
四條(鷲尾)隆職 ❸ **1347**・2・4 政
四條隆資 ❸ **1330**・1・22 政／**1332**・6・6 政／**1340**・6・29 政／8・17 政／**1352**・4・25 政／5・11 政
四條隆俊 ❸ **1352**・5・11 政／**1353**・2・15 政／7・19 社／7・23 政／**1371**・8・13 政／10・1 政／**1373**・8・10 政
四條隆直 ❸ **1436**・8・6 政
四條隆永 ❹ **1538**・4・16 政
四條隆叙 ❺-2 **1801**・10・22 政
四條隆平 ❻ **1868**・4・19 政／**1873**・6・4 政
四條隆昌 ❹ **1585**・6・19 政
四條隆通 ❸ **1395**・是年 政
四條隆持 ❸ **1383**・3・16 政
四條隆盛 ❸ **1450**・5・14 政／❹ **1466**・2・21 政
四條隆師 ❺-2 **1811**・2・2 政
四條隆康 ❸ **1291**・2・24 政
四條隆行 ❸ **1285**・12月 政
四條隆良 ❸ **1296**・12・5 政
四條房名 ❸ **1288**・6・15 政
四條⇨藤原(ふじわら)姓も見よ
四條大納言⇨藤原公任(ふじわらきんとう)
四條天皇(秀仁親王) ❷ **1231**・2・12 政／10・28 政／**1232**・10・4 政／12・5 政／**1242**・1・9 政
四條局⇨櫛笥賀子(くしげよしこ)
慈信(僧) ❸ **1292**・1・14 政／**1325**・①・26 社
静(御前) ❷ **1185**・11・6 政／**1186**・3・1 政／4・8 政／⑦・29 政
シスター海野 ❾ **1989**・10・31 社
鎮忠(刀工) ❺-1 **1603**・2月 文
鎮目市左衛門 ❺-1 **1621**・7月 政
鎮目惟明 ❺-1 **1617**・是年 政／**1627**・7・14 社
思斎(僧) ❷ **1217**・是春 政
敷政門院⇨庭田幸子(にわたこうし)
新斎都媛(百済・直支王の妹) ❶ **書紀・応神 39**・2月／**429**・是年
慈泉(僧) ❺-1 **1690**・是年 文
慈禅(僧) ❷ **1274**・11・2 社／**1276**・8・7 社
自然堂鳳朗 ❺-2 **1845**・11・28 文
宍粟景範 ❹ **1522**・9・30 政
宍粟範高 ❹ **1519**・4・29 政／**1521**・8・21 政
志田重男 ❽ **1955**・7・27 政／**1956**・6・6 政／**1958**・6・12 政
志田修理 ❹ **1595**・1・17 社
志田助高 ❺-1 **1676**・3月 文
志田 順 ❼ **1936**・7・19 文
信太仁十郎 ❻ **1857**・11・27 政
志太野坡(野馬・樗木社・無名庵) ❺-1 **1700**・是年 文／**1705**・是年 文／❺-2 **1740**・1・3 文
志太(志田)義広 ❷ **1180**・11・7 政／**1181**・2・28 政／②・20 政／②・25 政
志田林三郎 ❻ **1888**・5・7 文
思託(僧) ❶ **754**・1・16 社／**769**・神護景雲年間 文
志多治有行 ❶ **917**・2・20 文
仕立屋銀次(スリの親分、富田銀蔵) ❼ **1909**・6・23 社／**1930**・3・24 社
設楽莞爾 ❻ **1863**・10・18 文
設楽貞政 ❺-1 **1679**・6・14 社
自端西堂(僧) ❹ **1471**・11・2 政
志智嘉九郎 ❾ **1995**・4・28 文
シチェンスノウィッチ，レイス ❼ **1905**・1・2 日露戦争
而知家古 ❸ **1433**・7・4 政
七左衛門(魚市場) ❺-1 **1643**・寛永年間 社
七澤左衛門太郎 ❸ **1350**・3・4 政
七條 明 ❾ **2005**・8・15 社
七條左京法橋 ❺-2 **1752**・6・3 文
七條昇速 ❸ **1290**・7月 文
七條院⇨藤原殖子(ふじわらしょくし)
七條亀大夫(猿楽) ❹ **1463**・3・15 文／**1483**・1・12 文／**1485**・1・12 文／**1487**・1・28 文／**1488**・1・21 文
七戸家国 ❹ **1591**・9・4 政
七兵衛(飴売り) ❺-1 **1710**・元禄・宝永年間 政
時中(僧) ❸ **1404**・是年 政
慈朝(僧) ❶ **838**・11・30 社
七里頼周 ❹ **1576**・8・21 政
七郎二郎(猿楽) ❹ **1478**・8・18 文
七郎大夫 ❹ **1486**・1・19 文
慈鎮(僧) ❷ **1212**・1月 社
実 達魯(琉球) ❸ **1426**・3・21 政
実阿(僧) ❸ **1333**・6・1 文
実阿(僧) ❸ **1413**・12・13 文
実意(僧) ❸ **1444**・6・29 文／**1446**・3・17 文
実因(僧) ❶ **1000**・8・12 社
実運(僧) ❷ **1160**・2・24 社
実恵(実慧、僧) ❶ **816**・6・19 社／**827**・是年 社／**847**・11・13 社
実恵(僧) ❷ **1105**・10月 文
実叡(僧) ❷ **1192**・1月 文
実円(僧) ❸ **1334**・6月 社／**1356**・10・23 社
実円(絵師) ❸ **1338**・8・13 文
実円(僧) ❹ **1510**・5・12 文
実翁聡秀(僧) ❸ **1371**・3・27 社
実懐(僧) ❸ **1290**・5・17 社／**1291**・4・24 社
実海(僧) ❸ **1318**・5・7 社
十界坊自精(仏師) ❹ **1556**・是年 文
実覚(僧) ❷ **1113**・③・29 社
後川文蔵 ❼ **1931**・12・22 政
実川延若(初代) ❻ **1885**・9・18 文
実川延若(二代目) ❽ **1941**・10・27 文／**1951**・2・22 文
実川延若(三代目) ❾ **1978**・2・28 文／**1991**・5・14 文
実川額十郎(二代目) ❻ **1867**・2・22 文
実寛(僧) ❷ **1182**・7・10 社
志筑忠雄 ❺-2 **1795**・是年 文／**1798**・是年 文／**1801**・8月 政／**1802**・10月 文／**1806**・是年 文／**1814**・是年 文
志筑孫兵衛 ❺-1 **1641**・是年 文
即休契了(しっきゅうきつりょう) ❸ **1344**・8・19 文／**1350**・是年 文／**1400**・8・19 文
実暁(僧) ❹ **1567**・2・17 文／**1573**・6・29 社
シックス，ダニエル ❺-1 **1666**・9・20 政／**1668**・9・20 政
実経(僧) ❷ **1098**・8・15 社
実慶(僧) ❷ **1196**・4月 社／**1207**・11・28 社
実慶(仏師) ❷ **1210**・8・28 文／**1265**・7・5 社

実継(僧)　❷ 1204·1·21 社
実恵(僧)　❸ 1403·3·16 社
石渓心月(しつけいしんげつ・僧)　❷ 1252·是年 政／1254·是年 文
実賢(僧)　❷ 1249·9·4 社
実源(僧)　❸ 1353·5·3 社
実玄(僧)　❸ 1357·10·14 社／1371·12·2 社／1372·1·22 社
実厳(僧)　❸ 1373·9·30 文
実悟(僧)　❹ 1520·9·23 文／1580·9月 文
実行王　❶ 870·12·13 社
十穀(僧)　❹ 1486·5·13 社／1540·12·10 社
実済(僧)　❸ 1403·8·24 社
実済(十楽院僧)　❸ 1433·3·3 社
実順(僧)　❸ 1439·6·8 社
実助(僧)　❸ 1353·3·7 社
実性(僧)　❶ 951·2·15 社／954·是年 社／955·11·24 社／956·1·17 社
実性(興福寺僧)　❷ 1269·3月 社
実勝(興福寺僧)　❷ 1104·10·3 社
実勝(僧)　❸ 1290·3·13 社
実昭(僧)　❸ 1299·5·2 社
実深(絵師)　❷ 1227·3·22 文
実深(僧)　❷ 1277·9·6 社
実信(僧)　❷ 1256·10·17 社
実誓(僧)　❷ 1011·6·19 社／1027·7·7 社
実清(仏師)　❹ 1531·6·28 文／1532·4·24 文
実専(僧)　❸ 1347·1·22 社
実全(僧)　❷ 1203·8·25 社／1221·5·10 社
実崇(ジャワ)　❸ 1412·1·19 政
実相寺昭雄　❾ 2006·11·29 文
実尊(僧)　❷ 1228·4·23 社／8·13 社／1229·是年 文／1230·3·2 文／1236·2·19 社
実尊(僧)　❸ 1349·8·18 社／1352·11·27 政
シッダール(英医師)　❻ 1870·11·22 文
実忠(僧)　❶ 752·2月 社／763·是年 文／767·是年 文／769·是年 文
実超(僧)　❸ 1322·9·8 社
実長(矢野荘)　❸ 1377·1·13 社
実伝宗真(僧)　❹ 1507·4·8 社
実日(僧)　❸ 1379·8月 社／1417·是年 文
実如(光兼、僧)　❹ 1468·3·28 社／1514·是年 社／1525·2·2 社／1537·2·2 文
実範(僧)　❷ 1122·8·4 文／1144·9·10 社
実敏(僧)　❶ 856·9·3 社
実遍(僧)　❸ 1310·2·30 文
実遍(僧)　❸ 1382·3·16 社
十返舎一九(重田貞一・与七・幾五郎、初代)　❺-2 1798·是年 文／1802·1月 文／是年 文／1803·是年 文／1804·是年 文／1805·是年 文／1808·是年 文／1809·是年 文／1811·是年 文／1812·是年 文／1813·是年 文／1814·是年 文／1815·是年 社／1816·是年 文／1817·是年 文／1819·是年 文／1821·是年 文／1822·是年 文／1831·8·7 文／1831·是年 文
十返舎一九(二代目)　❺-2 1833·是年 文／1848·是年 文
十返舎一九(三代目)　❺-2 1836·是年 文
十方舎一丸　❺-2 1851·是年 文
実瑜(僧)　❷ 1264·7·6 社
実融(僧)　❸ 1339·1·19 社
実雄(僧)　❺-1 1605·4月 社
実誉(僧)　❷ 1111·4·8 社
実朗(僧)　❷ 1109·4·1 社
四手井綱英　❾ 2009·11·26 文
幣原喜重郎　❼ 1919·12·8 政／1921·5·31 政／7·11 政／11·12 政／1922·2·2 政／1924·6·11 政／1926·1·21 政／1927·4·6 政／1929·7·2 政／1930·11·14 政／1931·1·22 政／❽ 1945·10·9 政／10·11 政／11·28 政／1946·5·22 政／6·15 政／1947·3·23 政／1950·11·11 政／1951·3·10 政
嗣堂東緝(僧)　❺-2 1815·12·6 政
持統天皇(鸕野讃良皇女)　❶ 672·6·24 政／673·2·27 政／686·9·9 政／690·1·1 政／697·8·1 政／702·10·10 政／12·22 政／703·12·17 政
慈道(僧)　❸ 1290·4·27 社
示導(僧)　❸ 1346·9·11 社
慈道法親王　❸ 1341·4·11 社
自得(僧)　❶ 689·7·1 社
自徳(琉球)　❺-1 1608·4·8 政
シドッチ，ジョアンニ・パプチスタ　❺-1 1708·8·28 政／1709·9·25 政／11·22 政／1714·10·21 社
蔀　関月(徳基・子温・阮二・蕙楊斎)　❺-2 1797·10·21 文
蔀　遊燕　❺-1 1691·是年 文
志富田兵衛太郎　❸ 1337·1·2 政
史都蒙　❶ 776·12·22 政／777·1·20 政／4·9 政
師曇(僧)　❸ 1335·2·17 社
士曇(僧)　❸ 1349·1月 文
品河太郎　❸ 1424·6·17 政
品川藤兵衛　❺-2 1848·12月 文
品川　博　❾ 1999·7·8 社
品川弥二郎　❻ 1862·2·27 政／1866·1·8 政／1·22 政／1867·6·16 政／7·7 政／8·14 政／10·6 政／10·8 政／10·17 政／11·22 社／1868·3月 文／1881·9·18 文／12·17 政／1882·1·21 政／1888·4·30 政／1890·11·16 文／1891·6·1 政／10·29 政／1892·2·23 政／6·22 政／❼ 1900·2·26 政
品川与兵衛　❺-2 1726·2·28 政
シナトラ，フランク　❽ 1962·4·18 文
斯那奴(科野)次酒　❶ 544·1月／545·5月／553·1·12／⑪·4
科野新羅　❶ 553·8·7
而難洒文(琉球)　❹ 1468·5·16 政
時仁(仏師)　❶ 926·12·28 文
地主悌助　❾ 1975·11·26 文
志野知郷　❺-2 1723·是年 文／1837·是年 文
志野宗信　❹ 1480·8·18 文／1523·8月 文
篠尾八兵衛　❺-1 1674·6月 社
シノーポリ，ジュゼッペ　❾ 2001·4·20 文
篠栗宗俊　❸ 1419·1·3 政
篠崎勝治　❾ 1970·5·17 社
篠崎桂之助　❻ 1872·2·2 社
篠崎三徹長義　❺-2 1764·12·15 文
篠崎小竹(承弼・畏堂・南豊・聶江・退庵・些翁)　❺-2 1851·5·8 文
篠崎長生　❺-2 1841·9·2 文
篠崎東海(維章)　❺-2 1740·7·1 文／1758·是年 文／1789·是年 文
篠崎彦十郎　❻ 1865·7·17 政／1867·12·25 政
篠崎又兵衛　❻ 1884·是年 文
篠嶋王　❶ 781·2·16 政
篠田一士　❾ 1989·4·13 文
篠田雲鳳　❻ 1883·5·20 文
篠田建市　❾ 2011·4·9 社
篠田弘作　❽ 1962·7·18 政
篠田節子　❾ 1997·7·17 文
篠田仙果　❻ 1878·10月 文
篠田藤四郎　❺-2 1843·⑨·13 政
篠田治男　❾ 2011·7·28 政
篠田行休　❺-2 1763·12·19 文
篠竹幹夫　❾ 2006·7·10 社
篠塚健次郎　❾ 1997·1·19 社
篠原　治　❾ 2011·11·13 政
篠原一孝　❹ 1598·8月 文
篠原国幹　❻ 1877·2·13 西南戦争／3·4 西南戦争
篠原実長　❹ 1572·12月 社
篠原信一　❾ 2000·9·15 社
篠原長重　❹ 1571·1月 社
篠原長房　❹ 1566·6·11 政／6月 社／1566·8·14 政／1567·8·12 社／10月 社／1568·5·22 政／1570·10·1 政／11·21 政／1571·6·12 政
篠原春一郎　❼ 1925·7·25 社
篠原孫左衛門　❷ 1223·3·16 政
篠原正雄　❼ 1932·11·5 文／1933·5·6 文／1935·12·24 文／❽ 1938·6·27 文／1939·11·26 文／1940·2·26 文／1942·6·29 文
篠原三代平　❾ 2012·12·7 文
篠原勇作　❼ 1907·12·30 社
篠原善富　❺-2 1819·是年 文
篠治秀政　❹ 1592·12·3 社
信夫淳平　❽ 1962·11·1 文
信夫恕軒(粲・文則・天倪)　❼ 1910·12·11 文
忍岡やつがれ　❺-1 1708·是年 文
篠部淡路　❹ 1595·7·15 政
四宮潤一　❽ 1938·4月 文
篠山紀信　❾ 1975·4月 社／1991·2·5 社／1992·1·18 文
斯波詮持　❸ 1391·6·27 政
斯波家兼(時兼)　❸ 1338·4·14 社／1354·是年 政／1355·4·15 政／1356·6·13 政
斯波家長　❸ 1335·8·30 政／12·22 政／1336·3·25 政／4·16 政／5·9 政／1337·7·16 社／12·13 政
斯波氏経　❸ 1352·8·8 社／1360·3·14 政／1361·2·22 政／6月 政／7·20 政／9·24 社／10·3 政／1362·5·18 社／8·7 政／9·9 政／9·21 政／1363·1·18 政／是春 政／1364·5·6 政

斯波氏頼　❸ **1340**·9·11 社／**1355**·1·16 政
斯波園女　❺-2 **1726**·4·20 文
斯波兼頼　❸ **1379**·6·8 政
志波勘助　❹ **1595**·4·13 政
芝　慶舜　❹ **1505**·是年 文
司馬江漢(鈴木春重·安藤峻)　❺-2 **1781**·8月 文／**1783**·9月 文／**1784**·3月 文／4月 文／**1787**·9月 文／**1788**·4·23 文／6·25 文／9·10 文／10·10 文／11·20 文／12·15 文／**1789**·2·9 文／3·21 社／3月 文／**1793**·是年 文／**1794**·是年 文／**1796**·1月 文／6·24 文／是年 文／**1797**·7月 文／是年 文／**1798**·是秋 文／**1799**·5月 文／是年 文／**1800**·10月 文／**1802**·是年 文／**1803**·是年 文／**1805**·是年 文／**1807**·4·8 文／**1809**·10月 文／是年 文／**1811**·8月 文／是年 文／**1812**·4·16 文／**1813**·8月 文／**1814**·是年 文／**1816**·是年 文／**1818**·10·21 文／**1837**·是年 文
柴　五郎　❽ **1945**·12·13 政
司馬芝叟　❺-2 **1816**·是年 文
斯波春陵　❻ **1893**·6·18 文
柴　四朗(茂四郎)　❻ **1885**·6·16 政／❼ **1922**·9·25 政
芝　祐泰　❽ **1948**·8·21 文
芝　祐靖　❾ **2011**·11·4 文
芝　(司馬)全交　❺-2 **1793**·5·27 文
司馬曹達　❶ **425**·9·12
柴　太一郎　❻ **1864**·8·19 政
斯波高経　❸ **1334**·12·30 政／**1335**·1·29 政／**1336**·2月 政／**1338**·⑦·2 政／**1339**·2·2 政／12·17 政／**1340**·8·1 政／9·13 政／**1341**·10·22 政／**1351**·1·10 政／**1356**·1·9 政／**1362**·7·23 政／**1363**·8·7 政／**1364**·12·19 社／**1366**·2·11 政／8·8 政／**1367**·7·13 政
斯波武衛　❸ **1416**·8·9 文
司馬達止(達等)　❶ **522**·2月／**584**·9月
斯波忠三郎　❼ **1931**·5·11 文
柴　司　❻ **1864**·6·10 政
芝　常氏　❹ **1580**·7·26 政
斯波貞吉　❼ **1905**·8·25 政／12·6 政／**1928**·9·7 政／❽ **1939**·10·14 政
芝　利英　❽ **1937**·9月 社
斯波直持　❸ **1351**·9月 社／**1361**·9·30 社／**1362**·10·2 政／**1365**·10·3 社
芝　葛鎮　❻ **1879**·5·22 文／11月 文／**1880**·10·25 文／❼ **1919**·2·19 文
司馬法聡　❶ **667**·11·9 政
斯波松王丸　❹ **1460**·2·4 社／**1461**·10·16 政
斯波満種　❸ **1427**·7·7 政
斯波光秀　❸ **1415**·是年 文
斯波持種　❸ **1440**·4·10 政／**1441**·是年 政／**1446**·9·13 政／❹ **1467**·1·21 政／**1475**·7·16 政
斯波義淳　❸ **1409**·8·10 政／**1410**·6·9 政／**1424**·9月 社／**1426**·10·3 社／**1428**·8·6 政／9·22 政／**1429**·8·24 政／**1430**·2·1 政／9·10 政／**1431**·6·6 政／6·28 政／**1432**·7·26 政／10·10 政／**1433**·8·12 社／12·1 政
斯波義雄　❹ **1501**·11·7 政／是年 政
斯波(渋川)義廉　❹ **1461**·10·16 政／**1462**·2·16 政／**1463**·2·1 政／是年 政／**1464**·4·5 文／**1465**·1·12 文／**1466**·7·16 政／8·4 政／9·14 政／**1467**·1·5 政／5·20 政／6·7 政／7·11 政／8·20 政／10·5 政／**1468**·5·2 政／7·10 政／⑩·14 政／**1471**·1·11 政／7·21 政／**1475**·11·18 政
斯波義銀(岩龍丸)　❹ **1554**·7·12 政
斯波義郷(瑞鳳)　❸ **1433**·12·1 政／**1435**·1·12 政／**1436**·9·30 政
斯波義重(義教)　❸ **1392**·1·4 政／**1398**·7·26 社／**1399**·11·8 政／**1405**·7·25 政／**1408**·9·27 社／**1412**·6·12 政／**1413**·3·10 社／**1414**·6·9 政／**1418**·8·18 政
斯波義高　❸ **1371**·7·18 政
斯波義孝　❹ **1479**·⑨·4 政／**1481**·1·10 政
斯波義健　❸ **1436**·9·30 政／**1452**·9·1 政
斯波義達　❹ **1511**·10·17 政／**1512**·④·2 政／**1513**·3月 政／**1516**·8·19 政／**1517**·8·19 政／**1521**·是年 政
斯波義種　❸ **1385**·2·12 政／**1387**·5·28 政／**1389**·3·4 政／**1395**·6·20 政／**1403**·1·12 政／**1408**·2·2 政
斯波義近　❹ **1589**·1·2 政
斯波義敏　❸ **1452**·9·1 政／❹ **1456**·5·28 政／**1457**·11·5 社／**1459**·5·13 政／8·13 政／**1460**·4·26 政／**1463**·11·13 政／**1465**·12·30 政／**1466**·7·16 政／8·25 政／**1467**·5·10 政／**1468**·⑩·14 政／**1479**·11·4 政／**1485**·6·15 政／**1489**·2·8 文／**1490**·3·4 文／**1508**·2·20 政／11·16 政
斯波義豊　❸ **1432**·6·13 政
斯波義良　❹ **1475**·2·11 政／**1476**·9·14 政／**1479**·⑨·4 政／11·4 政／**1480**·7·11 政／**1481**·1·10 政／7·23 政／9·15 政／**1504**·7·13 政
斯波義信　❾ **2006**·11·3 文
斯波義寛　❹ **1468**·9·8 政／**1488**·2月 政／**1491**·7·23 政／10·11 政／11·3 政／**1492**·5·4 政／**1493**·④·22 政／**1494**·10·28 政
斯波義将(道将)　❸ **1362**·7·23 政／**1366**·8·8 政／**1367**·9·1 政／**1370**·3·16 政／**1371**·7·18 政／8·8 政／**1376**·5·14 社／**1377**·6月 政／8·8 政／**1379**·1·6 政／2·12 政／④·28 政／**1381**·6·5 政／9·16 政／**1382**·11·7 社／**1383**·2·9 文／**1386**·2·3 社／**1391**·3·12 政／**1393**·6·5 政／10·5 政／**1395**·6·20 政／7·2 政／8·18 社／**1396**·4月 社／**1397**·6月 社／**1398**·④·23 政／**1399**·11·8 政／**1401**·2·17 政／**1403**·1·12 政／**1408**·5·8 政／**1409**·6·18 政／8·10 政／**1410**·5·7 政
斯波義統　❹ **1537**·4·7 社／**1554**·7·12 政
司馬龍生　❺-2 **1850**·6·18 文
司馬淩海　❻ **1879**·3·11 文
司馬遼太郎　❽ **1962**·6·21 文／**1963**·7月 文／❾ **1966**·11·17 文／**1969**·10·1 文／**1972**·1·1 文／**1973**·5·11 文／**1980**·4·7 社／**1996**·2·12 文
芝　琳賢　❹ **1549**·是年 文
芝木好子　❾ **1991**·8·25 文
子璞周瑋(遣明使)　❹ **1483**·3月 政／**1484**·11·12 政／**1485**·2·15 政／6·30 政／7·1 政
柴崎十郎右衛門　❺-2 **1808**·7·19 政
柴田亜衣　❾ **2004**·8·13 社／**2005**·7·23 社
柴田　勲　❾ **1992**·4·4 社
柴太一郎　❼ **1912**·1·16 文
柴田栄吉　❼ **1913**·10·31 文
柴田勝家　❹ **1553**·7·18 政／**1556**·8·24 政／是年 政／**1569**·2·11 政／**1570**·6·4 政／**1571**·5·12 政／9·1 政／**1572**·4·13 政／**1573**·2·26 政／4·2 政／9·24 政／**1574**·3·9 政／**1575**·8·12 政／9·2 政／**1576**·2·16 社／3·3 社／9·11 社／**1577**·8·8 政／9·23 政／是年 政／**1578**·12·20 社／**1579**·4·8 社／12·19 政／**1580**·③·9 政／8月 社／11·17 政／**1581**·2·24 政／4·17 政／**1582**·3·11 政／3·13 社／6·3 政／9·13 政／10·6 政／10·18 政／11·2 政／12·11 政／**1583**·2·13 政／3·3 政／4·5 政／4·23 政／5·12 社／**1584**·9·7 政
柴田勝興　❺-1 **1662**·是年 文
柴田勝豊　❹ **1582**·8·24 政
柴田勝全　❹ **1581**·7·13 社
柴田家門　❼ **1912**·12·21 政
柴田勘左衛門　❺-2 **1789**·5·25 政
柴田久蔵　❹ **1586**·10·26 政
柴田喜代子　❽ **1952**·2·25 文
柴田清行　❺-1 **1689**·是年 文
芝田金吉(哥澤芝金)　❻ **1861**·是年 文
柴田国明　❾ **1970**·12·11 社／**1973**·3·13 社
柴田九郎左衛門　❺-1 **1678**·9·27 社
柴田桂太　❽ **1944**·2·1 文／**1949**·11·19 文
柴田外記　❺-1 **1671**·3·27 政
柴田元養　❺-2 **1784**·11·29 文
柴田権六　❹ **1583**·5·12 社
柴田左近　❺-1 **1613**·1·14 社
芝田志計　❻ **1873**·4·1 社
新発田重家　❹ **1581**·6·1 社／**1582**·1·27 政／5·3 政／**1583**·5·9 政／8·18 政／**1586**·10·23 政／**1587**·10·24 政
柴田十右衛門　❺-2 **1725**·是年 社
柴田収蔵　❻ **1859**·4·10 文
柴田昌吉　❼ **1901**·10·8 文
柴田承桂　❼ **1910**·8·2 文
芝田次郎　❷ **1200**·8·21 政
柴田(池田)真哉　❻ **1895**·6·23 文
柴田助太夫　❺-1 **1677**·5月 社
柴田是真(令哉·亀太郎·順蔵·儃然·対柳居·沈柳亭)　❺-2 **1840**·2月 文／❻ **1863**·是秋 文／**1874**·5月 文／

1883·7·10 文／**1886**·是年 文／**1887**·是年 文／**1890**·10·11 文／11·16 文／**1891**·7·13 文／❼ **1915**·10·29 文
柴田剛中(日向守)　❻ **1863**·4·28 政／**1864**·11·21 政／**1865**·4·25 政／9·2 政
柴田　環⇨三浦(みうら)環
柴田常吉　❼ **1899**·6·20 社／9月 社／**1900**·10·18 社
柴田洞元　❺-2 **1810**·是年 文
柴田礼能　❹ **1586**·10·26 政
柴田花守　❻ **1890**·7·11 社
柴田文蔵　❺-2 **1786**·1·20 政
柴田方庵　❻ **1854**·10·19 社／**1855**·2·23 社
柴田芳洲　❻ **1890**·10·20 文
柴田三千雄　❾ **2011**·5·5 文
柴田南雄　❽ **1946**·3·18 文／❾ **1996**·2·2 文
芝多民部　❻ **1866**·2·25 政
柴田睦陸　❽ **1952**·2·25 文／❾ **1988**·2·19 文
柴田元泰　❺-2 **1809**·11·24 文
柴田康能　❺-1 **1681**·1·28 政
柴田康忠　❹ **1582**·11·4 政
柴田康直　❺-2 **1840**·5·15 社／**1847**·9·20 社
柴田康弘　❾ **1988**·5·6 政
柴田鳩翁(亨·謙蔵·陽方)　❺-2 **1834**·是年 文／**1839**·5·3 文
柴田義董　❺-2 **1811**·是年 文／**1819**·4·5 文
芝田米三　❾ **2006**·5·15 文
柴田礼一　❻ **1893**·9·11 社
柴田錬三郎　❾ **1972**·1·21 文／**1978**·6·30 文
柴谷篤弘　❾ **2011**·3·25 文
柴谷武右衛門　❺-1 **1624**·是年 社
芝地三平　❺-2 **1719**·4·3 社
芝辻理右衛門　❺-1 **1611**·3月 文／**1634**·2·15 社
柴野邦彦　❺-2 **1794**·是年 社
柴野多伊三　❾ **2011**·9·5 政
柴野碧海　❺-2 **1837**·是年 文
柴野栗山(邦彦·彦輔)　❺-2 **1784**·11月 文／**1786**·是年 文／**1788**·1·16 文／1·28 文／10·10 文／**1790**·5·24 文／**1792**·8·16 文／10月 文／**1793**·1·29 文／**1800**·是年 文／**1807**·12·1 文／**1838**·是年 文／**1842**·是年 文／**1843**·是年 文
柴橋大力介　❹ **1578**·7·3 政
柴原武右衛門　❺-1 **1700**·12·19 社
芝原長保　❷ **1200**·1·24 政
芝生瑞和　❾ **2005**·3·3 文
芝俣平次三郎　❷ **1228**·2·19 社
柴村盛之　❺-1 **1657**·是年 文
柴山愛次郎　❻ **1862**·4·23 政
柴山伊兵衛　❺-1 **1669**·是春 社
柴山兼四郎　❽ **1956**·1·23 政
芝山権左衛門　❺-1 **1612**·6·28 社
柴山東巒　❺-2 **1848**·8·3 文
芝山宣豊　❺-1 **1690**·2·13 政
柴山正親　❺-1 **1614**·3·7 社／10·12 大坂冬の陣／12·24 政
芝山持豊　❺-2 **1815**·2·20 政
柴山元昭(売茶翁·月海元昭)　❺-2 **1736**·12月 文／**1755**·9·4 文／**1763**·7·16 文
柴山弥三左衛門　❺-1 **1666**·6·5 政
芝法眼(絵師)　❸ **1385**·是年 文
師蛮(卍元、僧)　❺-1 **1702**·是年 文／**1706**·是年 文／**1707**·是年 文
シパンベルグ，マルティン　❺-2 **1739**·5·23 政／**1742**·5·23 政
志斐国守　❶ **808**·9·5 文
四比信紗　❶ **714**·11·4 社
志斐永世　❶ **839**·3·16 社／**840**·2·14 政
四比福夫　❶ **665**·8月 政
悉斐(志斐)三田次　❶ **721**·1·27 文／**730**·3·27 文
治部貞兼　❹ **1540**·7·9 社
渋井孝徳(太室)　❺-2 **1768**·是年 文／**1770**·是年 文／**1788**·6·14 文
渋井伴七　❺-2 **1848**·5月 文／是年 文
渋江氏胤　❺-1 **1637**·7·14 文
渋江公直　❹ **1483**·5月 政
渋江源蔵　❺-2 **1787**·11·20 文
渋江公勢　❹ **1507**·是年 政
渋江性淳　❸ **1397**·12·18 政
渋江抽斎　❻ **1858**·8·29 文
渋江長伯(虬·潜夫·西園·確亭)　❺-2 **1799**·3·24 文／**1820**·1·10 文／**1830**·4·19 文
渋江政光　❺-1 **1603**·9·3 政
渋江下野守　❸ **1442**·4·21 政
シフェルブラット(ロシア指揮者)　❼ **1929**·7月 文
渋川氏重　❸ **1421**·7月 社
渋川景佑　❻ **1854**·是年 文／**1856**·6·20 文
渋河兼忠　❷ **1203**·9·2 政
渋川玄耳　❼ **1913**·1月 文／**1926**·4·9 文
渋河幸運　❶ **998**·2·21 社
渋川幸子　❸ **1381**·3·11 政
渋川助左衛門(景佑·善助)　❺-2 **1844**·7·16 文
渋川図書　❺-2 **1753**·11·8 文
渋川長寿王　❸ **1379**·8·27 社／**1380**·6·3 社
渋川道鎮⇨渋川満頼(みつより)
渋川(渋河)刀禰王丸　❹ **1487**·12·15 政／**1491**·是年 政／**1500**·4·10 政／8·12 政
渋川教直　❸ **1442**·4·21 政／**1451**·1·4 政／**1454**·1·9 政／3月 政／❹ **1458**·1·19 政／**1459**·1·12 政／**1461**·1·4 政／6·1 社／**1463**·2·1 政／**1464**·1·1 政／**1466**·1·2 政／**1469**·1·2 政／**1473**·1·6 政／**1474**·1·20 政／**1475**·1·10 政／**1476**·1·13 政／**1478**·是年 政／**1479**·1·1 政／5·22 政／**1480**·3·7 政／**1481**·1·8 政／**1482**·1·1 政／**1484**·1·5 政／**1485**·1·5 政
渋川則休(六蔵)　❺-2 **1747**·1·23 文／**1750**·2·3 文／8·24 文
渋川八郎兵衛　❺-2 **1776**·3·5 社
渋川春海(二代目安井算哲)　❺-1 **1669**·是年 文／**1670**·是年 文／**1676**·是年 文／**1677**·是年 文／**1678**·7·16 文／**1680**·是年 文／**1683**·11·6 文／**1684**·3·3 文／11·28 文／12·1 文／是年 文／**1685**·是年 文／**1689**·11月 文／**1695**·是年 文／**1702**·是年 文／**1715**·10·6 文
渋川伴五郎(義方)　❺-1 **1704**·5·7 社／❺-2 **1763**·8·1 社
渋川伴五郎(時英)　❺-2 **1797**·3·7 社
渋川敬尹(右門)　❺-2 **1721**·7·24 文／**1726**·4·10 文
渋川敬直(福堂)　❺-2 **1840**·是年 文／**1841**·是年 文／**1845**·10·3 政／**1851**·8·27 文
渋川政実　❹ **1475**·6·28 政
渋川万寿丸　❹ **1478**·10·23 政／**1479**·5·22 政／**1482**·9月 政／**1483**·10·25 政／**1487**·12·10 政
渋川満直　❸ **1408**·1·26 政／**1431**·10·3 政／11·28 政／**1434**·1·20 政
渋川満長　❹ **1533**·2·11 政
渋川光洪　❺-2 **1751**·10·4 文／**1764**·11·17 文
渋川満行　❸ **1406**·3·3 政
渋川満頼(道鎮)　❸ **1390**·8·28 政／**1396**·2·30 政／3·16 政／4月 政／**1397**·1·8 政／4·20 政／5·13 政／6·15 政／9·20 政／12月 政／**1398**·10·16 政／**1400**·5·10 政／7·9 政／**1401**·①·16 社／①·28 社／12·17 政／**1402**·4·25 政／**1403**·5月 政／**1404**·4月 政／10·2 政／**1405**·是春 政／5·10 政／6·2 政／**1406**·2·27 政／3·23 政／8·3 政／**1408**·1·26 政／7·29 政／是年 政／**1410**·12·24 政／**1411**·1·9 政／**1412**·1·19 政／7·25 社／11月 政／**1413**·1·4 政／**1414**·2·1 政／**1415**·2·30 政／**1416**·1·13 政／**1417**·1·4 政／11·7 社／**1418**·1·24 政／是年 政／**1419**·1·3 政／6·2 政／11·20 政／**1420**·1·5 政／6·16 政／**1421**·11·6 政／**1422**·1·24 政／**1423**·1·1 政／12·28 政／**1424**·3·4 政／**1425**·1·9 政／**1429**·3·27 政／**1438**·1·16 政
渋川義廉⇨斯波(しば)義廉
渋川義鏡　❹ **1457**·6·23 政／**1461**·10·23 政
渋川義季　❸ **1334**·3·9 政
渋川義堯　❹ **1466**·是年 政／**1467**·1·8 政
渋川義俊　❸ **1418**·是年 政／**1419**·6·26 政／**1420**·1·5 政／6·16 政／**1421**·2·23 政／**1422**·1·24 政／⑫·4 政／**1423**·1·1 政／4·4 政／10·25 政／是年 政／**1424**·3·4 政／8·6 政／11·26 政／是年 政／**1428**·11·16 政／**1432**·7·26 政／**1434**·11·14 政
渋川義延　❸ **1429**·8·11 政
渋川義基　❹ **1479**·5·27 政
渋川義行　❸ **1365**·8·25 政／⑨·17 政／**1370**·9·2 政／**1375**·8·11 政
渋木政二郎　❼ **1897**·11·11 社
ジフコフ(ブルガリア)　❾ **1970**·5·18 政
渋澤栄一　❻ **1867**·1·11 政／**1873**·5·7 政／**1877**·7·2 政／12·27 政／**1878**·3·4 政／8·1 政／9·7 政／**1879**·2·13 政／**1880**·8·10 社／

1881·9·1 政／1882·3·18 政／7·14 社／1883·6月 政／11·20 政／是年 社／1885·8·28 政／1887·4·28 政／1888·1月 社／10·5 政／1889·5·23 政／1890·10·1 政／1892·12·11 社／1893·10·16 政／1894·8·1 政／❼ 1898·12·13 政／1899·1·9 政／5·15 政／1900·9·28 社／1902·5·15 政／1906·10·18 文／1909·6·6 政／8·19 政／1919·12·22 政／1920·4·23 政／1931·11·11 政
渋澤喜作　❼ 1912·8·30 政
渋澤　卿　❾ 2012·4·29 文
渋澤敬三　❽ 1945·10·9 政／1956·6·7 政／10·4 政／1963·10·25 政
渋澤孝輔　❾ 1998·2·8 文
渋澤成一郎(喜作)　❻ 1868·2·23 政／1881·9·1 政
渋澤龍彦　❾ 1987·8·5 文
ジブスケ(仏軍事教官)　❻ 1869·3·19 社／1882·6·18 政
渋谷重次郎　❻ 1891·1月 社
渋谷庄三郎　❻ 1872·是年 社
渋谷彦助　❻ 1865·7·17 政
渋谷有重　❸ 1288·10·3 政
渋谷兼八　❾ 1968·12·16 社
渋谷喜左衛門　❷ 1213·11·8 政
渋谷重興　❸ 1357·9·30 政／1358·3·6 政
渋谷重員　❷ 1278·5·18 社／8·16 政
渋谷重門　❸ 1365·⑨·17 政／1367·1·29 政／1371·10·15 政
渋谷重国　❷ 1185·2·1 政
渋谷重郷　❸ 1284·7·16／1286·7·16 政／1299·1·27 政
渋谷重経　❷ 1277·10·21 政／1278·6·3 政
渋谷重長　❸ 1419·1·11 政／8·29 政
渋谷重秀　❷ 1252·6·30 社
渋谷重松　❸ 1288·8·11 政
渋谷重通　❷ 1278·6·3 政
渋谷重光　❸ 1332·9·21 政／1386·10·29 政
渋谷重村　❸ 1288·6·27 政
渋谷重慶　❹ 1485·2·11 政／9·24 政
渋谷重頼　❸ 1367·1·29 政／1375·11·10 政／1376·11·10 政／1385·1·10 政／1390·7·18 政／1391·10·28 政／1397·4月 政／1403·11·29 政／12·13 政
渋谷新左衛門尉　❷ 1272·2·11 政／9·2 政
渋谷高重　❷ 1181·8·27 社／1200·11·4 政
渋谷武重　❷ 1261·5·13 政
渋谷直顕　❸ 1357·9·30 政
渋谷忠信　❸ 1384·10月 社／1387·2·18 社
渋谷太郎左衛門尉　❸ 1351·6·2 政
渋谷恒重　❷ 1271·12月 政
渋谷経重　❸ 1339·6·1 政
渋谷定輔　❼ 1925·12月 政
渋谷天外(初代)　❼ 1910·4月 文／1916·12·18 文
渋谷天外(一雄·鶴屋団治、二代目)　❼ 1907·4·15 文／1928·9·1 文／❽ 1948·12·1 文
渋谷俊浩　❾ 1988·12·4 社
渋谷直蔵　❾ 1978·12·7 政
渋谷政重(重心)　❸ 1306·1月 政
渋谷宗重　❸ 1305·是年 政
渋谷安太夫　❺-1 1620·是年 社
渋谷良重　❹ 1555·3·27 政
渋谷右馬助　❸ 1377·2·28 政
渋谷加賀入道　❸ 1383·4·11 社
渋谷大夫　❹ 1492·1·9 文／2·17 文／1595·是年 文
斯布利　❶ 530·9月
四平次(紀州)　❺-1 1623·元和年間 社
持弁(僧)　❹ 1467·10·9 社
枝芳軒静之　❺-2 1798·是年 文
シボーン(自転車)　❼ 1901·10·12 社
至本(博多商人)　❸ 1341·12·23 政
島　市之助　❻ 1868·2·11 政
島　吉之進　❺-1 1714·9·22 政
島　桂次　❾ 1991·7·15 社／1996·6·23 政
嶋　権左衛門　❺-1 1636·6·5 社
島　順水　❺-1 1691·是年 文
島　親益　❹ 1571·3月 政
島　篆癖　❺-2 1805·8·7 文
島　浪間　❻ 1865·2·22 政
島　彦次郎　❹ 1457·12·2 政
島　秀雄　❼ 1936·2·29 社／❽ 1958·4·8 社／1959·4·20 社／❾ 1994·11·3 文／1998·3·18 文
島　秀之助　❾ 1995·12·26 社
島　比呂志　❾ 2003·3·22 文
嶋　文次郎　❼ 1902·5月 文
島　正祥　❺-2 1737·3·10 社／1740·12·28 社／1746·6·14 社
志摩夕起夫　❾ 1999·6·27 文
島　義勇　❻ 1874·2·1 政
志摩利右衛門　❻ 1884·1·14 社
斯摩宿禰　❶ 書紀·神功 46·3·1
嶋皇祖母命　❶ 664·6月 政
島井宗室(宗叱·茂勝)　❹ 1568·2月 政／1570·5·21 政／1575·12·24 政／1576·9·21 社／1580·8·25 文／1583·6·20 政、文／1587·6·19 文／1588·⑤·19 文／1589·6月 政／11·8 社／1590·5·30 社／10·27 文／1592·1·24 文禄の役／3·22 文禄の役／❺-1 1605·1·15 社／1610·1·15 社／1615·8·24 政
島浦益一　❺-1 1708·7·2 文／❺-2 1736·2·22 社
島雄権之介　❺-1 1639·5月 政／1649·是年 政
島尾敏雄　❾ 1986·11·12 文
島雄八左衛門⇨平一正(へいいっしょう)
嶋王(斯摩・嶋君)⇨武寧(むねい)王
島岡達三　❾ 2007·12·11 文
島川吉之進　❻ 1854·7·19 社
島川内匠　❺-1 1617·9·3 政／1635·3·12 政
島川太兵衛　❺-1 1687·6·2 社
島川智政　❺-1 1621·7·18 政／1635·10月 政
嶋川信子　❾ 1997·4·4 社
島木健作(朝倉菊雄)　❽ 1938·11·7 文／1939·1月 文／1945·8·17 文
嶋木　真　❶ 835·9·12 政
島木赤彦(久保田俊彦)　❼ 1903·1月 文／1926·3·27 文
島口駒夫　❽ 1944·是年 社
島倉千代子　❽ 1960·3·2 社
嶋崎主計　❺-1 1687·8·11 社
島崎草菴　❹ 1522·是年 政
島崎藤村(春樹)　❻ 1893·1月 文／❼ 1897·8月 文／1904·11·22 文／1906·3月 文／1907·2·1 文／6·17 文／1918·7月 文／1921·6·25 文／1929·4月 文／1935·11·26 文／1936·9·5 文／10月 文／❽ 1943·1月 文／8·22 文
島崎利幹　❹ 1536·2·5 政
島崎柳塢　❼ 1900·3·5 文／❽ 1937·1·21 文
島治九郎右衛門　❺-1 1668·4·1 政
島地黙雷(繁丸·謙致)　❻ 1878·9·29 文／1884·1·26 文／1888·4·3 文／❼ 1899·7·3 社／1911·2·3 社
島路斎文十　❺-1 1691·是年 文
汝毎時羅　❸ 1439·2·4 政
島薗安雄　❾ 1997·4·7 文
島田　叡　❽ 1945·4·16 政／6·9 政
島田伊兵衛　❻ 1895·8·11 文
島田馬之丞　❻ 1861·4·25 社
島田主計　❺-2 1758·5·23 社
島田一男　❾ 1995·10·5 文／1996·6·16 文
島田一良　❻ 1878·5·14 政
島田勝摩　❻ 1864·7·1 政
島田　翰(彦楨)　❼ 1914·9·16 文
嶋田清田　❶ 839·1·11 政
島田釣一　❽ 1937·12·13 文
島田啓三　❼ 1933·6月 社
島田孝一　❽ 1946·6·10 文
島田五空　❼ 1928·12·26 文
島田駒男　❽ 1944·8·1 政
嶋田惟上　❶ 885·1·16 政
嶋田惟幹　❶ 939·12·26 政
島田左近　❻ 1862·7·20 政
島田三郎(鐘三郎)　❻ 1881·10·11 政／1882·12·17 文／1886·4·3 政／1887·4·2 政／1895·6·15 政／❼ 1897·2·28 社／7·4 社／1906·12·20 文／1910·3·13 政／1911·7·8 社／1913·1·19 政／1914·1·23 政／1920·7·23 政／1921·3·15 政／6·18 政／9·17 政／1922·11·8 政／1923·11·14 政
嶋田繁太郎　❽ 1940·9·13 政／1941·10·18 政／1944·2·21 政／6·16 政／7·17 政／11·25 文／❾ 1976·6·7 政
島田重礼　❻ 1888·5·7 文／❼ 1898·8·27 文
島田重頼　❺-1 1677·9·26 社
島田　茂　❻ 1883·3·20 政
島田修二　❾ 2004·9·12 文
島田修二郎　❾ 1994·4·11 文
島田庄一　❽ 1954·5·8 政
島田正吾　❾ 1987·9·7 文／1990·2·14 文／2004·11·26 文
島田譲二　❾ 1993·4·20 文
島田甚吉　❺-1 1643·是年 社

島田紳助　❾ 1981·5·16 社／2011·8·23 社
島田雪谷　❻ 1884·1·29 文
島田惣之助　❺-2 1829·11月 社
嶋田武男　❼ 1923·2·22 社
嶋田忠臣　❶ 859·1·22 政／3·13 文／881·是冬 文／889·是年 文／892·此頃 文
島田親時　❸ 1301·9·21 政
島田貫通　❺-2 1768·5·14 文
島田俊雄　❼ 1936·3·9 政／❽ 1940·1·16 政／1944·7·22 政／1945·3·25 政／1947·12·21 政
島田利正(兵四郎·利政)　❺-1 1613·3月 社／1630·2·21 社／1642·9·15 政
島田利由　❺-1 1695·2·5 政
島田直時　❺-1 1614·12·11 大坂冬の陣／1619·2·2 社／1627·12·26 政／1628·10·7 政
島田仁郎　❾ 2006·10·3 政
島田八郎左衛門　❻ 1867·12·30 政／1868·1·19 社／2·11 政／1869·1·24 政／1875·9·24 社
島田初蔵　❼ 1904·3·27 日露戦争
島田　久　❾ 2010·6·14 政
島田　広　❽ 1946·8·9 文／❾ 2002·10·30 文
嶋田墨仙　❽ 1943·7·9 文
島田政之　❺-1 1624·6·5 政
島田道桓　❺-2 1734·是年 文
島田充房　❺-2 1759·是年 社／1765·是年 文
島田三敬　❾ 1979·2·1 政
嶋田宮成　❶ 788·1·14 政
島田守政　❺-1 1667·②·21 社／1681·3·27 政
島田陽子　❾ 1980·9·15 文
嶋田良臣　❶ 871·是年 文
嶋田善長　❶ 863·2·10 政／869·1·13 政
嶋田善宗　❶ 867·1·12 政／884·3·9 政
嶋谷市左衛門　❺-1 1670·3·26 政／1675·④·5 政
島津存忠　❸ 1417·10·3 政／1418·6·15 政
島津家久(又七郎、一代目)　❹ 1571·11·20 政／1584·3·18 政／7·10 文／1585·10·7 政／1586·10·18 政／10·26 政／12·4 政／12·7 政／1587·3·20 政／4·17 政／5·25 政／6·5 政
島津家久(忠恒·忠常、二代目)　❹ 1594·8·29 文／9·13 文／10·30 文禄の役／11·3 文／12·17 文／1595·12·1 社／1596·9·10 政／1597·2·10 慶長の役／5·22 政／9·25 慶長の役／10·28 政／1598·2月 政／10·1 慶長の役／11·3 政／12·29 慶長の役／1599·1·3 政／3·9 政／4·1 政／4·2 政／6·3 政／6月 社／8·20 政／12·8 政／1600·1·27 政／2·5 政／3·25 社／8·1 関ヶ原合戦／❺-1 1601·2·2 政／8·7 政／12·22 政／1602·3·27 政／8·1 政／8·17 政／10·14 政／11·16 政／12·28 政／是年 政／1603·1·15 政／3·3 政／6·7 政／9·2 政／1604·⑧·12 政／1605·3·18 政／7·1 政／7月 社／9·27 政／1606·2月 社／3·27 政／4·2 政／6·17 政／9·1 政／9月 政／1607·6月 社／9月 政／10·18 政／1608·2·27 政／3月 文／8·19 政／1609·2·26 政／5·26 政／7·7 政／1610·②·10 政／3月 政／5·16 政／6·19 政／7月 政／8·14 政／是年 社／1611·3月 社／5·26 政／6·9 政／8·19 政／9·15 政／9月 政／10·23 政／12·15 政／1612·4·2 社／8·20 社／8月 政／1613·是春 政／6·1 政／8·26 政／9·15 政／是年 政／1614·慶長年間(囲み)／4·28 政／9·23 大坂冬の陣／9·23 政／12·5 大坂冬の陣／1615·6月 政／⑥·16 政／9·21 社／10·11 政／1616·6·15 政／6月 政／1617·11·5 政／1618·8·30 政／11·16 政／1621·4·11 政／12·3 社／1622·6·24 政／1623·⑧·24 政／1625·4·13 政／1626·1·3 政／11·6 政／1627·1·11 政／1628·7·19 政／1630·4·18 文／1631·5·9 政／10·28 政／1632·1·29 政／5·24 政／6·11 政／1633·8·26 政／1634·5·29 政／⑦·16 政／8·4 政／1635·7·12 社／1636·是年 政／1638·2·23 政
島津壹岐　❺-2 1849·12·4 政
島津伊勢　❻ 1867·11·15 政
島津氏久　❸ 1351·9·28 政／1352·9·18 政／1354·2·6 政／8·25 政／9·18 政／1355·4·12 政／8·18 政／1356·10·25 政／12·18 社／1357·4·14 政／1359·10·5 政／1360·6·13 政／1363·4·10 政／1366·4·16 政／1370·1·11 社／1374·6·1 政／1375·7·12 政／8·10 政／8·26 政／1376·4·3 政／6·2 政／⑦·27 政／8·12 政／12月 政／1377·2·28 政／10·28 政／12·15 政／1379·11·11 政／1381·2·13 社／是年 政／1385·1·10 政／10·17 政／12·15 社／1387·⑤·4 政
島津運久　❹ 1493·3·10 政
島津勝久(忠廉)　❹ 1522·7·20 社／1527·7·7 政／1533·8·14 政／1534·10·25 政／1535·4·3 政／9·30 政／1536·5·24 政／1573·10·15 政
島津亀三郎丸　❸ 1333·8·5 社
島津久林　❸ 1430·11·1 政
島津国久　❹ 1476·4·8 政／1477·4·16 政／1480·10·20 政
島津源蔵　❻ 1894·12·8 政
島津伊久　❸ 1366·3·5 政／1375·5月 政／1376·4·3 政／⑦·27 政／8·12 政／11·10 政／1377·6·10 政／10·28 政／1378·3·18 政／8·28 政／1379·3·13 政／1380·7月 政／1381·是年 政／1385·1·10 政／12·15 社／1391·9·8 政／1393·是年 政／1394·8·16 政／1395·4月 政／8·10 政／1396·1·11 政／1397·4·20 政／1398·1·14 政／1400·7·9 政／1402·8·16 政／1404·6·29 政／1407·5·4 政
島津貞忠　❹ 1519·2·26 政
島津貞久　❸ 1318·3·15 政／1323·7·9 政／12·11 社／是年 社／1331·8·9 政／1333·2·3 政／4·25 政／5·25 政／6·10 政／1334·2·21 政／4·28 政／9·10 政／1335·3·17 政／12·25 社／1336·3·29 政／4·14 政／5·6 政／1337·7·28 政／1340·3·3 政／8·8 政／12·18 政／1341·7·29 政／8·15 政／1342·2·5 政／6·19 政／7·22 政／8·5 政／1343·11·7 政／1346·11·21 政／1347·1·7 政／5·27 政／6·19 政／1348·1·12 政／11·21 政／1349·8·18 政／11·14 政／1350·1·6 政／11·14 政／1352·7·20 政／1354·2·6 政／1356·7·10 政／1361·4·6 政／6月 政／1362·6月 政／10·17 社／1363·4·10 政／7·3 政
島津実忠　❸ 1339·4·21 政
島津実久　❹ 1535·9·30 政／1537·2·7 政／5·2 政／1538·12·18 政／1539·1·1 政／10·26 政／1542·③·28 政／11·13 政
島津重年　❺-2 1752·7·18 政／1755·6·16 政
島津重久　❸ 1336·4·14 政
島津重豪(又三郎·忠供·栄翁·善次郎·兵庫·又三郎)　❺-2 1755·6·16 政／1762·2·16 社／1763·10·4 政／1767·5·8 社／是年 文／1771·2月 政／1773·2月 文／8·29 文／1779·10月 文／1785·9·1 政／1787·1·29 政／1793·9·3 文／1802·11·3 社／1808·4·9 政／1812·是年 文／1826·1·9 文／1827·9 文／1828·11·21 政／1830·是年 社／1833·1·15 政
嶋津正三　❾ 2009·3·27 社
島津季久　❹ 1476·4·8 政／1477·4·16 政／8·6 政
島津資忠　❸ 1341·4·26 政
島津資久　❸ 1358·3·6 政／1361·7·20 政／10·16 政
島津孝久　❸ 1384·9·3 政
島津貴久⇨島津忠国(ただくに)
島津貴久(虎寿丸·又三郎)　❹ 1526·11·27 政／1527·6·11 政／1534·9·16 政／1536·3·7 政／9·16 政／1537·2·7 政／1539·1·1 政／3·13 政／8·29 政／是年 社／1542·③·28 政／11·13 政／1548·9·9 政／10·9 政／1549·5·29 政／9·9 政／11·24 政／1550·2·20 政／12·19 政／1552·6·11 政／12·4 政／1554·9·12 政／1555·1·22 政／1556·4·6 政／10·19 政／1557·4·15 政／是年 社／1558·12·2 政／1559·4·9 政／1560·6·2 政／1561·7·12 政／9·8 政／是年 政／1562·6·26 政／1563·2·28 政／1564·3·16 政／是年 政／1565·10·28 政／1566·2月 政／1570·3·2 政／1571·6·23 政
島津忠明　❹ 1494·是春 政／1551·9·5 政／1555·7·7 政
島津忠興　❹ 1500·11·11 政
島津忠廉　❹ 1485·1·22 政／2·11 政／5·3 政／1490·12·30 政
島津忠兼　❸ 1338·9·7 政／1339·8·13 政／1347·9·27 政／1355·2·25 政／❹ 1519·4·4 政／12·8 政／1520·⑥·17 政／1521·12·29 政／

1522·8·5 政／1526·8·1 政／9·4 政／11·27 政
島津忠国(貴久、南軍武将) ❸ 1339·4·21 政／1421·8·20 政／1423·1·1 政／10·27 政／1425·3·14 社／6·26 政／8·28 政／9·2 政／1426·是年 政／1427·1·13 政／1428·1·7 政／1429·8·15 政／1430·11·1 政／1431·1·26 政／1432·3·8 政／7·14 政／7月 社／9·5 政／9·30 政／1434·10·10 政／1435·1·18 社／6·9 政／10·14 政／1439·6·20 政／1441·3·13 政／4·13 政／9·12 政／12·12 政／1442·10·25 政／1443·1·1 政／1446·2月 社／1448·10月 政／1450·2·24 政／3·5 政／4·20 政／10·28 政／1451·1·4 政／1453·1·24 政
島津忠国(朝鮮に使者派遣) ❹ 1457·是年 政／1461·3·27 政／1467·是年 政／1470·1·20 政
島津忠国(琉球に使者派遣) ❺-1 1641·10·12 政
島津忠隅 ❹ 1545·6·29 政
島津忠隆 ❹ 1515·8·25 政／1516·3·16 社／6·1 政／1517·2·14 政／1518·9·22 政／1519·4·4 政
島津忠親(南軍武将) ❸ 1351·9·12 政
島津(北郷)忠親(遣明船) ❹ 1497·12·15 政／1542·8·20 政／1543·5·10 政／1548·7·7 政／1549·4·3 政／1552·12·4 政／1553·①·13 政／1554·11·26 政／1558·3·19 政／12·23 政／1560·3·19 政／1561·5·12 政／1562·3·18 政／9·17 政／1567·5·1 政／1568·6·8 政
島津忠承 ❽ 1953·1·26 政／❾ 1990·8·26 政
島津忠恒⇨島津家久(いえひさ、二代目)
島津忠常 ❹ 1494·6·12 政
島津忠辰 ❹ 1582·3·28 政／1593·5·1 文禄の役
島津忠朝(伊久の子) ❸ 1397·4·20 政／1407·2·9 社／5·4 政／1411·7月 政／1419·8·29 政／1421·8·20 政
島津忠朝(串良城) ❹ 1495·4·15 政／1498·2·19 政／7·25 政／1500·2·13 政／1520·⑥·17 政／10·10 政／1521·2·11 政／8·14 政／11·2 政／1522·6·18 政／1523·8·7 政／是年 政／1532·11·27 政／1536·8·11 政／1537·8·25 政／12·20 政／1538·1·4 政／7·27 政／1563·8·22 政
島津忠豊 ❹ 1573·3·18 政／1599·8·20 政
島津忠長(久長) ❸ 1290·2·12 社／1297·8·15 政／1298·7·10 政／1300·11月 政／1305·2月 政／6·20 政／12·29 政／1317·10·22 政／1337·6·11 政
島津忠長(紹益) ❹ 1583·3·29 政／1584·4·6 政／1585·10·7 政／1586·7·6 政／7·27 政／1587·4·18 政／5·6 政／1589·1·20 社／❺-1 1602·3·27 政／4·11 政／1605·8·15 政／1606·6·6 政
島津忠治 ❹ 1508·2·15 政／3·12 政／1510·10·29 政／1511·7月 文／12·29 政／1512·3·27 政／1515·2·7 社／8·25 政／1519·8·10 社
島津惟久 ❺-1 1699·4·15 政／❺-2 1723·5·25 政
島津忠広 ❹ 1542·③月 政／1544·12月 政／1545·2·29 政／1547·2·23 政／11·22 政／1550·5·20 政
島津忠寛(又之進) ❻ 1863·11·1 政／❼ 1896·6·20 政
島津忠昌(武久) ❹ 1474·6·20 政／8·23 社／1476·4·8 政／1477·4·16 政／8·23 政／1478·2·21 社／2·22 政／1479·12·27 社／1480·2·11 政／10·20 政／1481·6·26 政／1483·4·9 政／1484·11·14 政／1485·1·5 政／2·11 政／③·19 文／5·3 政／6·21 政／9·24 政／1487·11·5 政／1489·1·13 政／1490·1·10 政／1491·1·16 政／1492·2·10 政／1494·是春 政／1495·4·15 政／6·29 政／11·25 政／1496·2月 政／是年 社／1499·1·8 政／3·19 政／1502·1·3 政／1506·8·6 政／1507·是年 政／1508·2·15 政／1510·10·10 政
島津忠将 ❹ 1552·12·4 政／1554·9·12 政／1555·1·22 政／3·27 政／1561·7·12 政
島津忠雅 ❺-2 1723·5·25 政
島津忠宗 ❸ 1284·1·23 政／1290·12·15 政／1292·10·27 社／12·21 社／1293·4·21 政／1297·10·28 社／1300·7·13 社／1305·3·29 政／1310·2·29 社／1318·3·15 政／1319·2·5 社／1325·11·12 政
島津忠持 ❺-2 1785·5·23 政
島津忠能 ❸ 1333·8·5 社
島津忠好 ❹ 1491·1·1 政
島津忠良 ❹ 1527·5月 政
島津忠義(茂久·壮之助·忠徳) ❻ 1858·7·16 政／1859·11·5 政／1863·7·25 政／1865·9·8 政／1866·6·16 政／7·9 政／1867·10·13 政／11·1 政／11·9 政／12·9 政／1868·1·12 政／1869·6·17 政／1871·7·14 政／1877·2·26 西南戦争／1879·11·27 社／1884·7·7 政／❼ 1897·12·26 政
島津立久 ❹ 1458·6·3 政／1461·3·12 政／1462·3月 政／11·15 政／11·19 社／1464·4·9 政／1465·2·29 政／1466·2·30 社／5·12 文／1469·1·2 政／9·20 政／1470·1·20 政／1471·1·11 政／7·21 社／10·15 政／11·5 政／1472·1·2 政／2·23 政／1473·3·26 社／1474·4·1 政／1475·1·10 政／1478·1·9 政／1479·1·1 政／1480·3·7 政／1481·1·8 政／1483·1·15 政／1484·1·5 政／1485·1·5 政／1488·1·9 政
島津為久 ❸ 1434·6·26 社／1435·1·14 政
島津継豊 ❺-2 1721·6·9 政／1722·9·4 政／1742·4·11 政／1746·11·21 政／1760·9·20 政
島津綱貴(延久) ❺-1 1682·2·6 政／1686·12·15 政／1687·7·27 政／1702·6·25 政
島津歳久 ❹ 1587·5·7 政／1592·7·18 政
島津友久 ❹ 1477·4·16 政／1480·10·20 政／1493·3·10 政
島津豊久 ❹ 1587·6·5 政／1588·8·5 政
島津尚久 ❹ 1554·9·12 政／1558·12·23 政
島津斉彬(又三郎·惟敬·麟洲) ❺-2 1826·1·9 文／1846·6·5 政／1849·4月 政／1851·2·2 政／1852·8月 政／12·9 政／是冬 政／❻ 1853·2·2 政／6·1 政／7·22 政／1856·10·6 政／1857·9·13 政／10·16 政／1858·7·16 政
島津斉興(忠温) ❺-2 1809·6·17 政／1817·12·27 政／1840·3·9 政／1842·3·18 政／1846·5·29 政／⑤·25 政／1848·2·6 政／4月 政／1849·12·4 政／1851·2·2 政
島津斉宣(忠堯·虎寿丸·又三郎) ❺-2 1787·1·29 政／1788·9·11 政／1790·11·28 政／1796·11·29 政／1802·12·27 政／1807·11月 政／1808·4·9 政／1809·6·17 政／1841·10·24 政
島津治子 ❼ 1931·3·6 社
島津春忠 ❹ 1579·8·2 政
島津久金 ❺-2 1773·5·15 政
島津久子 ❾ 2005·5·15 社
島津久宝 ❻ 1853·2·2 政
島津久武 ❺-2 1782·12·9 政
島津久経 ❸ 1284·④·21 政
島津久照 ❸ 1400·7·9 政
島津久逸 ❹ 1484·10月 政／11·14 政／1485·1·22 政／6·21 政／1497·12·27 政
島津久寿 ❺-1 1686·7·26 政
島津久倫(筑後·伊勢·洞雲) ❺-2 1791·6月 社／1793·4·23 社／1794·2月 社
島津久豊 ❸ 1397·4·20 政／1411·8·6 政／10·9 政／1412·2·15 政／2·21 政／9·25 政／11·25 政／1413·10月 政／11·12 政／1414·3·23 政／8·1 政／1416·1·13 政／2·28 社／1417·9·11 政／1418·1·14 政／1419·1·11 政／8·5 政／8·29 政／1420·是年 政／1421·8·7 政／1422·是年 政／1423·1·1 政／10·10 政／10·27 政／是年 政／1424·1月 政／是年 政／1425·1·21 政
島津久長⇨島津忠長(ただなが)
島津久永 ❽ 1959·3·2 政／1960·3·10 政
島津久大 ❽ 1952·6·23 政
島津久光 ❻ 1862·3·16 政／6·7 政／8·21 政／⑧·9 政／1863·7·12 政／9·12 政／10·3 政／11·15 政／1864·1·13 政／2·9 社／4·18 政／1865·9·8 政／1866·7·9 政／8·17 政／1867·2·13 政／3·25 政／4·12 政／5·14 政／6·16 政／9·18 政／10·13 政／1869·12月 政／1870·11·25 政／1873·4·23 政／12·25 政／1874·4·27 政／5·15 政／5·23 政／1875·10·12 政／1877·3·10 政／5月 政／2·26 西南戦争／1884·7·7 政／1887·12·6 政

島津久元　❺-1 **1634**·3·17 政／**1640**·7·25 社
島津久柄　❺-2 **1985**·5·23 政
島津久保　❹ **1587**·5·25 政／**1590**·2·22 政／**1592**·3·2 文禄の役／5·3 文禄の役／**1593**·9·8 文禄の役
島津久世　❸ **1411**·7 月 政／**1416**·1·13 政／**1419**·1·11 政
島津久慶　❺-1 **1640**·7·25 社／**1641**·10·12 政
島津兵庫　❺-2 **1749**·7·10 政
島津熙久　❸ **1392**·10·7 社
島津豊後　❺-2 **1849**·12·4 政
島津文三郎　❻ **1866**·1·7 政
島津昌高　❺-2 **1802**·11·3 社
島津又三郎⇨島津重豪(しげひで)
島津光久　❺-1 **1638**·2·23 政／**1639**·2·11 政／9·11 政／**1640**·7·4 社／**1644**·4·18 政／**1645**·9·10 政／**1646**·4·7 社／6·11 政／10·16 政／12·6 政／**1647**·3·6 政／4·21 政／7·4 文／11·13 社／**1648**·9·2 政／**1650**·9·14 政／**1652**·5·2 政／**1657**·1·26 政／**1669**·7·11 政／**1670**·1·11 政／5·15 政／8·1 政／**1671**·5·28 政／7·28 政／**1676**·6·27 政／**1683**·6·17 政／**1687**·7·27 政／**1694**·11·29 政
島津宗信　❺-2 **1746**·11·21 政／**1748**·9·9 政／**1749**·7·10 政
島津宗久　❸ **1317**·10·22 政／**1323**·9·5 政／**1324**·3·20 社／**1331**·8·9 政
島津持永　❹ **1469**·是年 政
島津持久(好久)　❸ **1432**·7 月 社／8·27 政／**1434**·2·2 政／**1436**·2·9 政／8·7 政／**1441**·9·12 政／12·12 政／**1442**·10·25 政／**1444**·12·3 政
島津持久(用久)　❸ **1448**·10 月 政／❹ **1457**·是年 政／**1459**·2·29 政／**1460**·4·26 政／**1464**·1·1 政／**1470**·1·5 政／**1471**·1·11 政／**1473**·1·6 政／**1474**·1·20 政／**1475**·1·10 政／**1476**·1·13 政／**1477**·1·15 政／**1478**·1·9 政／**1479**·1·1 政／**1481**·1·8 政／**1483**·1·15 政／**1484**·1·5 政／**1485**·1·5 政／**1488**·1·9 政／**1489**·1·13 政／**1490**·1·10 政／**1491**·1·16 政／**1492**·2·21 政／**1493**·1·11 政／**1494**·1·18 政／**1502**·1·3 政／**1504**·1·9 政
島津以久(幸久·征久·又四郎)　❹ **1573**·3·18 政／**1578**·11·12 政／**1587**·3·12 政／5·6 政／**1595**·6·29 政／**1596**·7 月 政
島津元久　❸ **1377**·2·28 政／**1389**·8·22 政／**1390**·6·12 政／7·18 政／**1391**·9·8 政／**1392**·10·7 社／**1393**·4·28 政／6·11 政／是年 政／**1394**·1·19 政／2·17 政／7·6 政／8·16 政／是年 社／**1395**·1·11 社／2·29 社／8·10 政／**1396**·1·11 政／6·17 政／**1397**·4·20 政／**1398**·1·14 政／**1399**·2·29 社／12·3 政／**1400**·2·24 政／3·30 政／7·9 政／12 月 文／**1401**·3·8 政／10·25 政／**1402**·9·11 社／**1403**·10 月 政／11·29 政／12·13 政／**1404**·6·29 政／**1405**·是冬 政／9·21 社／**1406**·2 月 政／**1407**·5·4 政／**1408**·10·8 政／**1409**·9·10 政／**1410**·6·11 政／**1411**·7 月 政／8·6 政／**1418**·1·24 政／**1422**·是年 政
島津盛久　❹ **1486**·1·17 政／**1488**·1·9 政／**1489**·1·13 政／**1490**·1·10 政／**1491**·1·16 政／**1492**·2·21 政／**1493**·1·11 政
島津師忠　❸ **1340**·8·8 政／**1341**·4·26 政
島津師久　❸ **1352**·9·18 政／**1353**·4·26 政／**1354**·9·18 政／**1355**·8·18 政／9·2 政／10·22 政／**1357**·9·30 政／**1361**·9·26 政／**1362**·3·3 政／**1363**·4·10 政／是春 政／**1366**·3·5 政／**1376**·3·21 政
島津薬寿丸　❸ **1285**·7·3 政
島津保次郎　❽ **1942**·4·1 文／**1944**·是年 社
島津征久⇨島津以久(もちひさ)
島津与一　❸ **1387**·8·5 社
島津吉貴　❺-1 **1706**·4·1 政／**1711**·5·15 政／**1712**·6 月 政／**1714**·9·9 政／**1715**·1·27 政／5·3 政／❺-2 **1718**·7·11 政／**1719**·3 月 政／**1721**·6·9 政／**1736**·3 月 社
島津好久⇨島津持久(もちひさ)
島津義久(忠良·義辰·龍伯)　❹ **1494**·4·18 政／**1527**·2·21 政／8·1 政／8 月 政／**1533**·3·29 政／8·14 政／**1536**·3·7 政／**1537**·2·7 政／5·2 政／**1538**·12·18 政／**1539**·1·1 政／3·28 文／**1542**·③·28 政／**1546**·1·7 文／**1548**·10·9 政／**1552**·10·10 社／**1558**·是年 政／**1561**·7·12 政／**1564**·是年 政／**1565**·10·28 政／**1566**·2 月 政／10·26 政／**1567**·是春 政／7·23 政／**1568**·2 月 社／是夏 政／10·22 政／12·13 政／**1569**·5·6 政／**1570**·3·2 政／6·27 政／**1571**·2·23 政／**1572**·2·20 政／9·27 政／**1573**·3·18 政／8·25 政／**1574**·1·19 政／2·6 政／4·1 政／10·25 社／**1575**·3·15 社／4·10 政／**1576**·5·13 政／8·23 政／10·20 政／**1577**·4·17 政／8·21 政／9·12 政／12·11 政／是年 社／**1578**·8·1 社／8·3 政／11·12 政／**1579**·3·27 政／是年 政／**1580**·3·4 政／8·12 政／10·15 政／12·22 政／**1581**·2·25 文／2 月 政／5·7 政／6·28 政／8·20 政／11·5 政／12·21 政／**1582**·1·17 政／是春 政／7 月 政／9·15 政／11·2 政／12·11 政／**1583**·3·16 社／7·3 政／**1584**·2·13 政／3·18 政／4·3 政／5·28 文／9·27 政／**1585**·7·18 政／10·2 政／**1586**·1·11 政／4·6 政／12·4 政／**1587**·1·19 政／2·25 政／3·20 政／4·17 政／5·3 政／5·7 政／5·8 政／6·25 政／10·8 文／10·14 政／**1588**·7·5 政／8·16 文／9·14 政／**1589**·1·21 政／4·5 社／5·7 政／8·21 政／9·24 政／**1590**·6·20 社／8·21 政／11·28 政／**1591**·8·21 政／10·24 文禄の役／**1592**·1·21 文禄の役／3·28 文禄の役／**1593**·1·25 社／12 月 政／**1594**·1·25 社／是春 政／6·10 政／**1595**·6·29 政／7·4 社／**1597**·2·28 社／**1598**·1·20 文／**1599**·2·28 政／③月 政／**1600**·5·11 社／❺-1 **1601**·2·2 政／8·7 政／12·22 政／**1602**·3·27 政／4·11 政／**1603**·1 月 政／是春 政／**1604**·2 月 政／**1606**·4·2 政／9 月 政／**1611**·1·21 政
島津義弘(忠平·義珍)　❹ **1560**·3·19 政／**1568**·1·20 政／**1572**·5·4 政／**1577**·12·11 政／**1578**·11·12 政／**1582**·1 月 政／**1583**·1·6 政／**1584**·9·10 政／**1585**·⑧·13 政／9·12 政／**1586**·10·18 政／**1587**·3·12 政／4·17 政／5·7 政／**1588**·⑤·24 政／8·5 政／**1589**·1·2 政／4·6 政／**1590**·2·22 政／11·30 政／**1592**·1·21 文禄の役／3·2 文禄の役／5·3 文禄の役／8·7 文禄の役／11·5 文禄の役／12·26 文禄の役／**1593**·4·28 社／9·8 文禄の役／11·29 社／**1594**·9·29 文禄の役／10·30 文禄の役／11·3 文／**1595**·3·10 社／6·5 文禄の役／6·29 政／8·21 政／**1596**·9·13 政／**1597**·7·15 慶長の役／7·28 慶長の役／9·6 慶長の役／9·14 慶長の役／10·5 政／是年 文／**1598**·1·26 慶長の役／2 月 政／7·6 慶長の役／7·16 社／9·19 慶長の役／10·1 慶長の役／10·12 慶長の役／11·3 政／11·15 慶長の役／是年 文／**1599**·1·3 政／4·1 政／4·2 政／6 月 社／**1600**·1·27 政／7·14 関ヶ原合戦／9·5 社／9·22 関ヶ原合戦／❺-1 **1601**·5 月 政／8·7 政／9·22 政／**1604**·3 月 文／9·27 政／**1606**·1 月 政／4·2 政／**1608**·4·8 政／**1614**·慶長年間(囲み)／**1615**·⑥·16 政／**1619**·7·21 政
島津頼久　❸ **1337**·4·26 政
島津龍伯⇨島津義久(よしひさ)
島津左京亮　❹ **1485**·6·4 政
島津⇨宇都宮(うつのみや)姓も見よ
島津⇨惟宗(これむね)姓も見よ
嶋津神　❶ 書紀·景行 **40**·是年
島中耕作　❽ **1949**·1·17 文
嶋中鵬二　❾ **1997**·4·3 文
嶋中雅子　❾ **2004**·8·18 文
嶋中雄三　❼ **1924**·6·28 政／❽ **1940**·9·16 政
島原宗安　❹ **1600**·1·27 政
島原太吉　❺-2 **1845**·是年 政
島原つる子　❼ **1920**·7·3 政
島袋光史　❾ **2006**·1·10 文
島袋盛敏　❽ **1964**·5 月 文
島袋吉和　❾ **2006**·4·7 政
島村市庵　❺-1 **1666**·11·28 文
島村衛吉　❻ **1865**·3·23 政
島村九郎兵衛　❺-1 **1677**·是年 社
島村俊明　❻ **1886**·11 月 文
島村昇甫　❻ **1862**·4·5 文
島村貴則　❹ **1531**·6·4 政
島村鼎甫　❻ **1866**·是年 社／**1881**·2·25 文
島村俊広　❽ **1955**·12·22 文
島村虎猪　❼ **1911**·1 月 文
島村速雄　❼ **1923**·1·8 政
島村　久　❼ **1897**·3·31 政
島村寿之助　❻ **1864**·9·30 政

島村(佐佐山)抱月(瀧太郎)　❼ 1906·1月 文／2·17 文／1909·12月 文／1914·3·26 文／1918·11·1 文
島村盛実　❹ 1534·6·30 政
島村　泰　❻ 1876·9·4 社
島村宜伸　❾ 1995·8·8 政／2004·9·27 政／2005·3·9 政／8·8 政
島本三郎九郎　❺-2 1728·9·21 政
島本仲道　❻ 1877·3·10 西南戦争／1887·12·26 政／1893·1·2 政
島屋市之助　❻ 1868·2·11 政
島屋佐右衛門(飛脚問屋)　❺-2 1751·7·28 社
島屋佐右衛門(飛脚問屋)　❻ 1856·2月 社
島屋三右衛門　❺-1 1671·是年 社
島安宗八　❺-2 1835·7月 政
志満(僧)　❸ 1383·是年 社
自見庄三郎　❾ 1997·9·11 政／2010·6·11 政／9·17 政／2011·9·2 政
ジミー竹内　❾ 2009·12·29 文
ジミー原田　❾ 1995·5·12 文
清水　昶　❾ 2011·5·30 文
清水幾太郎　❽ 1951·11·10 文／1955·12·17 政／1959·7·7 文／1960·9·3 文／❾ 1988·8·10 文
清水　勲　❾ 1991·5月 文
清水市代　❾ 1996·7·1 文／2010·10·11 文
清水一行　❾ 2010·3·15 文
清水卯一　❾ 2004·2·18 文
清水卯三郎　❻ 1867·2·27 社／1874·2月 文／❼ 1910·1·20 文
清水氏満　❺-1 1614·10月 社
清水永三郎　❻ 1884·5·15 政
清水　脩　❽ 1954·11·4 文／❾ 1986·10·29 文
清水かつら　❽ 1944·是年 社
清水亀蔵　❼ 1934·12·3 文／❽ 1944·12·17 文
清水嘉与子　❾ 1999·10·5 政
志水閑事　❺-1 1715·是年 社
清水喜助(初代)　❺-2 1804·是年 社
清水喜助(二代目)　❻ 1867·7·10 社／1868·8月 文／1874·2·11 社／1881·8·9 政
清水曲河　❺-2 1819·5·11 文
志水　清　❾ 1969·7月 文
清水清次　❻ 1864·10·22 政
清水金一　❾ 1966·10·10 文
清水金太郎　❼ 1912·2·2 文／1918·2月 文／1930·11·1 文／1932·4·30 文
清水邦生　❾ 1969·3月 文
清水粂太郎　❼ 1904·5·1 社
清水慶一　❾ 2011·2·20 文
清水玄昌　❺-2 1784·4·16 文
清水硯圃　❻ 1878·3·27 文／❼ 1908·3·27 文
清水幸治　❽ 1937·8月 文
清水公照　❾ 1999·5·6 文
清水幸太郎　❽ 1952·是年 文／1955·1·27 文
清水江東　❺-2 1795·6·7 文
清水　崑　❽ 1940·8·31 文
志水左衛門尉　❸ 1350·3·4 政
清水定吉　❻ 1886·12·3 社
清水　聡　❾ 2012·7·27 社
清水三十六⇨山本周五郎(やまもとしゅうごろう)
清水三郎　❽ 1939·6·10 政
清水春斎　❺-2 1841·是年 文
清水俊二　❾ 1988·5·22 文
清水春流　❺-1 1667·是年 文／1671·是年 文／1672·是年 文／1681·是年 文
清水正次郎(門司駅主任)　❼ 1911·11·10 社
志水正太郎(建築家)　❼ 1911·11·3 文
清水貞徳　❺-1 1694·是年 文
清水如水　❺-2 1728·1·5 文
清水次郎長(山本長五郎)　❻ 1861·1·15 社／1864·4·8 社／1868·3·9 政／1878·4·28 社／1884·2·25 社／1886·12·23 社／1888·5月 政／1893·6·12 社
清水慎三　❽ 1951·3·1 社
清水瑞室　❺-1 1637·7·14 文
志水晴児　❽ 1963·9·10 文
清水赤城(正徳·俊蔵)　❺-2 1848·5·10 政
清水節郎　❽ 1937·7·7 政
清水善造　❼ 1920·6·29 社／1921·9·2 社
清水太右衛門　❼ 1907·5·31 社
清水高義　❻ 1886·6·11 政
清水丈夫　❽ 1959·6·5 文
清水釘吉　❼ 1907·4·9 政
清水　輝　❾ 2007·11·14 政
清水伝右衛門　❺-1 1653·是年 政
清水道閑(動閑·宗怡)　❺-1 1691·11·29 文／❺-2 1737·6·30 文
清水東谷　❻ 1868·是年 社
清水藤左衛門　❺-1 1639·是年 文
清水　澄　❽ 1937·6·24 文／1947·9·26 政
清水登之　❼ 1928·9·3 文／❽ 1944·3·8 文／11·25 文
清水斉順　❺-2 1816·6·3 政
清水南山　❽ 1948·12·7 文
清水浜臣(玄長·泊洦舎·月斎)　❺-2 1801·3·17 文／1802·是年 文／1811·是年 文／1815·是年 社／1824·⑧·17 文／1829·是年 文
清水宏保　❾ 1996·3·1 社／1998·2·7 社／3·28 社／1999·12·25 社／2002·2·8 社
清水平内　❺-2 1725·10·9 社
清水　誠(金之助)　❻ 1875·4月 社／1876·9月 社／❼ 1899·2·8 社
清水将夫　❽ 1942·2·21 文／1950·4月 文／12·22 文
清水正孝　❾ 2011·3·11 社
清水正令　❹ 1590·4·1 政
清水方正　❺-1 1612·11·28 政
清水宗治(才太郎·長左衛門)　❹ 1580·11·5 社／1582·4·4 政／5·7 政／6·4 政
清水以義　❺-1 1699·是年 文
清水盛之　❺-2 1808·4·9 政
清水保夫　❾ 1991·12·16 政
清水安五郎　❼ 1908·6·29 文
清水安太郎　❼ 1914·8·12 文
清水康英　❹ 1588·1·9 政／1590·4·24 政
清水由貴子　❾ 2009·4·21 文
志水(清水·木曾·源)義高(志水冠者)　❷ 1183·3月 政／1184·4·21 政／5·1 政／6·27 政
清水隆慶　❺-1 1696·7·18 文
清水柳渓(東門·敗素庵)　❺-2 1743·是年 文／1770·是年 文
清水左近将監　❹ 1568·2月 政
清水上　徹　❾ 2005·6·25 文
清水谷実久　❹ 1498·12·18 政
清水谷家季　❺-2 1752·11·24 政
清水谷公勝　❸ 1389·是年 政／1401·3·23 文
清水谷公考　❻ 1868·4·12 政／④·24 政／6·20 政／10·25 政
清水谷(一條)実秋　❸ 1420·4·21 政
清水谷(一條)実材　❸ 1373·11·29 政
清水谷実業　❺-1 1709·9·10 文
清水谷実栄　❺-2 1777·7·3 政
清水谷実揖　❺-2 1851·2·20 政
清水谷雅季　❺-2 1747·10·7 政
清水谷雅縁　❸ 1401·3·23 文
清水谷屋次郎兵衛　❺-1 1663·是年 社
清水谷⇨藤原(ふじわら)姓も見よ
清水山大夫　❸ 1454·9·22 文
持明院家行　❷ 1226·2·15 政
持明院基定　❺-1 1667·10·17 政
持明院基輔　❺-1 1714·6·5 政
持明院基孝　❺-1 1611·5·28 政
持明院基時　❺-1 1692·12·13 政／1704·3·10 政
持明院基規　❹ 1551·8·20 政
志村昭郎　❾ 1998·9·22 政
志村官助　❺-2 1720·7·28 社
志村菊次郎　❽ 1937·7·7 政
志村三休　❺-2 1757·3·3 文
志村正順　❾ 2007·12·1 文
志村雪卿　❺-2 1829·2·17 文
志村　喬　❽ 1944·是年 社／1962·3·4 文
志村高治　❹ 1600·9·13 関ヶ原合戦
志村又右衛門尉　❹ 1582·12·12 社
志村幸美　❾ 1998·8·21 文
志村筑後守　❹ 1571·9·1 政
四明黄隆(明)　❹ 1485·7·16 文
下　広麻呂　❶ 741·7·18 文
志茂又左衛門　❻ 1868·7·1 政
下泉重吉　❾ 1975·12·21 文
下稲葉耕吉　❾ 1997·9·11 政
下枝正重　❺-2 1768·10·5 文
下岡忠治　❼ 1925·11·22 政
下岡蓮杖(桜田久之助)　❻ 1856·7月 文／1862·是春 社／是年 文／1867·是年 文／1869·1月 社／1887·4·1 政／❼ 1914·3·3 文
下訳田諸田　❶ 695·3·23 政
下川辰平　❾ 2004·3·25 文
下河辺林右衛門　❺-2 1828·8·9 政
下河原庄司　❷ 1190·4·11 政
下国家政　❹ 1457·5·14 政
下国定季　❹ 1457·5·14 政
下国東七郎　❻ 1868·9·14 政
下国(安藤)康季　❸ 1432·10·21 政／1446·是年 政
下国安季　❺-1 1665·是夏 政

下郷鉄叟　❺-2 **1753**·是年 文
下郷伝平　❼ **1898**·5·19 政
下河辺拾水　❺-2 **1797**·12·30 文
下河辺長流(共平)　❺-1 **1659**·是年 文／**1670**·是年 文／**1677**·是年 文／**1679**·是年 文／**1681**·是年 文／**1686**·6·3 文
下河辺政義　❷ **1185**·8·21 社／11·12 政
下河辺行秀⇨智定房(ちじょうぼう)
下河辺行平　❷ **1180**·10·17 政／10·23 政／**1181**·7·20 社／**1185**·2·1 政／8·24 政／**1187**·8·19 社／11·15 政／**1195**·11·6 政
下坂安国　❺-2 **1719**·7·28 文
子母澤　寛　❼ **1932**·11·15 文／❽ **1941**·10·14 文／**1960**·6·8 文／❾ **1968**·7·19 文
下澤陳平　❼ **1913**·1 月 文
下地幹郎　❾ **2012**·10·1 政
下地仁屋(しもじにや)利社　❻ **1879**·7·22 政
下島波類　❻ **1873**·4·1 社
下島繁造　❼ **1923**·12·16 社
下條桂谷　❼ **1920**·12·1 文
下條長兵衛　❺-2 **1725**·是年 社
下條信隆　❺-1 **1705**·11·2 文
下條正巳　❾ **2004**·7·25 文
下條康麿　❽ **1948**·10·19 政／❾ **1966**·4·25 政
下城雄索　❾ **1993**·1·16 社
下條頼安　❹ **1582**·7·15 政／**1584**·1·20 政
下瀬雅允　❻ **1892**·9 月 政／❼ **1911**·9·6 政
下曾根次郎助　❻ **1861**·5·16 社
下曾根信敦(信之·金三郎)　❺-2 **1850**·3·26 政／7 月 政／**1851**·3·16 政／❻ **1853**·3·25 政／12·16 政／**1855**·5·22 政／**1856**·4·9 政／**1861**·5·16 社
下曾根信恒　❹ **1582**·3·16 政
下曾根信教　❺-2 **1849**·8 月 政
下田歌子(平尾　鉐)　❼ **1898**·11 月 社／**1906**·4·30 政／**1936**·10·8 文
下田勘太郎　❽ **1945**·4·1 政
霜田光一　❾ **2008**·11·4 文
下田幸大夫師古　❺-2 **1717**·是年 文
下田武三　❾ **1995**·1·22 政
下田隼人　❺-1 **1660**·12·23 社
下田弥惣右衛門　❺-1 **1676**·1·9 政／4·20 政
下津元知　❺-1 **1680**·是年 文／**1685**·3 月 文
下津井屋吉左衛門　❻ **1864**·12·18 社
下毛野敦遠　❶ **933**·是年 社
下毛野敦利　❷ **1113**·1·16 社
下毛野石代　❶ **720**·9·28 政／**725**·是年 政
下毛野子麻呂(古麻呂)　❶ **689**·10·22 政／**700**·6·17 政／**701**·4·7 政／**702**·5·21 政／**703**·2·15 政／**709**·12·20 政
下野三郎左衛門　❸ **1341**·7·29 政
下毛野重行　❶ **995**·1·28 社
下毛野多具比　❶ **764**·1·20 政
下野武秋　❷ **1264**·10 月 社
下毛野虫麻呂　❶ **721**·1·27 文
下毛野行忠　❷ **1113**·1·16 社
下間(しもつま)源五郎　❹ **1517**·7·1 社
下間大弐　❺-2 **1728**·7·21 社
下間仲孝(仲康·頼之)　❹ **1594**·是年 文／**1596**·11 月 文／**1597**·2·21 文
下間頼慶　❹ **1517**·7·1 社
下間頼広　❹ **1593**·5·23 社
下間頼秀　❹ **1531**·⑤·9 社
下間頼照　❹ **1575**·8·12 政
下間頼盛　❹ **1531**·⑤·9 社
下間頼龍　❹ **1593**·⑨·16 社
下間頼廉　❹ **1576**·8·21 政／**1583**·4·8 政
下間蓮崇　❹ **1475**·6 月 社／8·21 社
下間少進(仲孝)　❺-1 **1611**·10·27 文／**1613**·6·13 文
下妻政泰　❸ **1343**·11·11 政
下妻長政　❷ **1252**·9·29 政
下道門継　❶ **874**·8·9 文
下道圀勝　❶ **708**·11·27 文／❺-1 **1699**·11·6 文
下道圀依　❺-1 **1699**·11·6 文
下道黒麻品　❶ **762**·1·9 政
下道長人　❶ **779**·2·13 政／7·10 政
下道真備⇨吉備(きび)真備
下斗米秀之進(相馬大作)　❺-2 **1821**·4 月 政／**1822**·8·29 政
下鳥富次郎(英輝)　❺-2 **1782**·6·30 社／**1814**·11·28 社
下中弥三郎　❼ **1914**·6·12 文／**1919**·8·4 文／**1921**·3·2 文／**1923**·8·3 文／**1925**·12 月 政／**1932**·5·29 政／❽ **1955**·11·11 政／**1956**·4·3 政／5·30 文／**1957**·3·29 文／**1958**·9·12 文／**1961**·2·21 文
下村主白女　❶ **742**·10·17 社
下橋敬長　❼ **1924**·7·4 文
下原仲重　❺-2 **1784**·是年 文
霜見　誠　❾ **2012**·12·7 社
下村伊一郎　❾ **2006**·2·15 文
下村馬太郎　❼ **1916**·1·12 政
下村　治　❾ **1989**·6·29 政
下村　脩　❾ **2008**·10·8 文／11·3 文
下村観山(晴三郎)　❼ **1896**·2 月 文／9·20 文／**1897**·3·15 文／10·25 文／**1898**·3·29 文／10·15 文／**1899**·1·1 文／10·15 文／是年 文／**1900**·4·1 文／是年 文／**1903**·2·21 文／**1906**·11 月 文／**1907**·10·25 文／**1909**·是年頃 文／**1910**·是年 文／**1915**·10·11 文／**1916**·9·10 文／**1917**·6·11 文／**1918**·是年 文／**1921**·9·1 文／是年 文／**1922**·9·5 文／**1930**·5·10 文
下村清時　❼ **1922**·9·10 文
下村故庵　❺-2 **1737**·1 月 社
下村湖人(虎六郎)　❽ **1941**·2 月 文／**1955**·4·20 文
下村　定　❽ **1945**·8·23 政／10·9 政／❾ **1968**·3·25 政
下村正太郎　❻ **1868**·2·11 政
下村忠助　❼ **1916**·5·31 政
下村千秋　❽ **1955**·1·31 文
下村俊明　❼ **1896**·12·14 文
下村寅太郎　❾ **1995**·1·22 文
下村博文　❾ **2012**·12·26 政
下村彦右衛門正啓　❺-2 **1748**·4·18 政
下村　宏(海南)　❽ **1945**·4·7 政／8·11 政／**1957**·12·9 政
下村文六　❺-1 **1708**·7 月 社
下村三四吉　❻ **1895**·4·28 文
下村　泰　❾ **1994**·4·5 政
下村保忠　❻ **1879**·7·1 政
下村良之助　❽ **1950**·6·18 文
下元健吉　❼ **1927**·12 月 政
下八川圭佑　❼ **1933**·5·6 文
下山定則　❽ **1949**·6·1 政
下山順一郎　❼ **1912**·2·12 文
霜山徳爾　❾ **2009**·10·7 文
下山芳晴　❾ **2008**·5·21 社
シモン，ヴァス·パイヴァ　❺-1 **1631**·10·23 政
シモン清田朴斎　❺-1 **1620**·7·18 社
シモン，シモンセン　❺-1 **1666**·11·4 社
シモンズ(セメンズ・宣教医)　❻ **1859**·10·7 社／**1860**·是年 文／**1870**·11·22 文／**1871**·8·21 文／**1876**·11·20 文／**1889**·2·19 文
舎　温　❸ **1431**·1·26 政
謝　懐臣　❺-2 **1730**·11 月 政
謝　杰(琉球)　❹ **1576**·7·6 政／**1579**·6·5 政
謝　国権　❽ **1960**·6 月 社
謝　国明(宋)　❷ **1242**·9 月 社／**1248**·是年社、文／**1252**·7·12 政
謝　国権　❾ **2003**·11·12 文
謝　時臣(明)　❹ **1557**·10 月 文
謝　必振　❺-1 **1649**·7·6 政
謝　復生(宋)　❸ **1287**·1 月 文／是年 文
謝　文東　❼ **1934**·3·4 政
謝　用梓　❹ **1593**·4·18 文禄の役／5·8 文禄の役／6·28 文禄の役／7·22 文禄の役
シャード(英彫刻師)　❻ **1870**·2·2 政
ジャイアント馬場(馬場正平)　❽ **1960**·2 月 社／9·30 社／❾ **1966**·5·13 社／**1999**·1·31 社
舎衣軒明昏　❺-1 **1695**·是年 文
釈迦嶽雲右衛門　❺-2 **1770**·11 月 社
ジャガタラお春　❺-1 **1692**·5·17 社
釈　雲照　❼ **1909**·4·13 社
釈　元政　❺-1 **1666**·是年 文／**1675**·是年 文
釈　宗演(祖光)　❻ **1893**·9·11 社／❼ **1896**·9·26 社／**1919**·11·1 社
釈　迢空⇨折口信夫(おりくちしのぶ)
釈　明源　❸ **1324**·6·14 文
若　忽州　❶ **739**·7·13 政
釈運(僧)　❸ **1307**·1·7 社
釈雲室　❺-2 **1815**·是年 文
寂慧(僧)　❺-2 **1721**·是年 文
寂円(宝慶寺僧)　❷ **1103**·4·3 文
寂円(宋僧)　❷ **1228**·是年 政
寂円(僧、甲斐に経塚)　❸ **1299**·9·13 社
寂延⇨荒木田長延(あらきだながのぶ)
積桂自徳(僧)　❹ **1508**·11·17 社
寂源(僧)　❷ **1013**·是年 社
寂源⇨藤原時叙(ふじわらときのぶ)

寂厳(僧) ❺-2 1771·8·3 社
若光(高句麗) ❶ 703·4·4 政
寂済(僧) ❸ 1414·4·8 文／1423·是年 文／1424·2·3 社／2月 文
寂室元光(僧) ❸ 1319·是年 政／1361·1·18 社／1366·12月 文／1367·9·1社 文
シャクシャイン(アイヌ) ❺-1 1653·是春 政／1655·是年 政／1667·是冬 政／1668·4·21 政／1669·是春シャクシャインの蜂起／7·25 シャクシャインの蜂起／10·24 シャクシャインの蜂起
寂照(円通大師·大江定基) ❶ 989·3·7 政／1000·是年 社／❷ 1002·3·15 政／1003·8·25 政／1004·是年 政／1005·12·15 政／1007·9月 政／1008·7月 政／1012·9·21 政／1013·9·14 政／1015·5·7 政／1027·是年 政／1032·12·23 政／1034·是年 社
寂証(僧) ❸ 1386·11·8 文
寂身(僧) ❷ 1230·是年 文
寂盛(僧) ❸ 1286·10·29 社
寂禅(僧) ❷ 1067·8·21 社
ジャクソン，マイケル ❾ 1987·9·9 文／1988·12·9 社
寂超⇨藤原為経(ふじわらためつね)
若訥(僧) ❸ 1293·12·23 社
寂如(僧) ❺-1 1694·是年 社
綽如時芸(僧) ❸ 1390·8月社 文／1392·是年 社／1393·4·24 社
寂念(僧) ❷ 1137·9·28 社
積能(仏師) ❷ 1047·2·9 文
ジャグノート(モーリシャス) ❾ 1988·1·25 政
寂本(僧) ❺-1 1690·是年 文
昔麻帝弥 ❶ 588·是年
寂妙(僧) ❷ 1275·8·13 社
芍薬亭長根 ❺-2 1800·是年 政
寂用英順(僧) ❹ 1557·12·28 社
寂霊(僧) ❸ 1388·11月 社
寂蓮(僧) ❷ 1201·2·28 文／7·27 文／11·3 文／1202·7·10 社
者闍班那(琉球) ❸ 1448·1·15 政
謝那大屋子(琉球) ❹ 1516·4·25 政
謝名利山(琉球) ❺-1 1609·4·1 政／5·15 政
シャノアン(仏) ❻ 1866·9·29 政／1867·1·14 政／3月 文／4月 政／4月 社／1868·2月 社
シャバリン(ロシア) ❺-2 1778·6·9 政／1779·8·7 政／9月 政
ジャピー，アンドレ ❼ 1936·11·19 社
捨楽斎⇨式亭三馬(しきていさんば)
シャリアピン(歌手) ❼ 1936·1·23 文
シャリフ(パキスタン) ❾ 1992·12·16 政
シャレー(富岡製糸工場) ❻ 1872·10·4 社
ジャワラ(ガンビア) ❾ 1970·9·8 政
シャンドル(英) ❻ 1888·3·2 政
シャンピ，イヴ ❽ 1956·2·28 社／1957·5·4 社
朱　寛(琉球使) ❶ 607·是年 政／608·是年 政
朱　均旺(明) ❹ 1577·3月 政／1591·9·25 文禄の役
朱　啓鈐 ❼ 1921·8·1 政
朱　興(明) ❸ 1439·5·1 政
朱　舜水(之、明) ❺-1 1659·2月 文／1665·7月 文／1669·3·15 文／1672·4月 文／1682·4·17 文／1697·是年 文／1715·是年 文
朱　章(医師) ❺-2 1721·6月 文
朱　仁聡 ❶ 987·10·26 政／988·是年 社／995·9·6 政／996·11·8 政／999·7·19 政／7·20 政／12·16 政／1000·8·24 政
守　道利(宋) ❷ 1058·⑫·27 政
朱　徳 ❽ 1940·8·20 政
朱　徳潤 ❸ 1347·是年 文
朱　佩章 ❺-2 1725·2·5 文／7·8 文
朱　本(明) ❸ 1373·10·1 政
朱　翊鈞(明) ❹ 1594·12·6 文禄の役
朱　来章 ❺-2 1725·2·5 文
寿阿(医師) ❸ 1448·5·4 社
珠阿弥(僧) ❹ 1551·5·5 政
寿阿弥曇奝 ❺-2 1848·8·29 文
寿藺(僧) ❹ 1466·1·2 政／4·28 政／1467·4月 政／1468·2月 政／1470·8·25 政
珠　意癡 ❺-2 1730·是年 文
守一(僧) ❸ 1350·3·15 政
守印(僧) ❶ 843·12·29 社
周　彝(明) ❸ 1424·2·12 政
周　応時 ❼ 1916·4·2 政
周　恩来 ❽ 1937·7·17 政／1959·9·7 政／❾ 1966·5·17 政／1969·4·6 政／1970·4·19 政／1972·8·13 政／1975·6·12 政
周　鶴芝(明) ❺-1 1645·是冬 政／1646·3月 政／1647·2月 政／3月 政
周　季常 ❷ 1178·是年 文
周　岐来 ❺-2 1725·6·18 文
習　近平 ❾ 2012·3·23 政
周　元翰 ❺-2 1726·8月 政
周　元伯 ❶ 859·3·13 文
周　護(朝鮮使) ❸ 1409·6·18 政
周　煌(清) ❺-2 1756·7·8 政
周　鴻慶 ❽ 1963·10·7 政
周　光翺 ❶ 820·1·22 政
周　四官(明) ❺-1 1686·1·24 政
周　性如(明) ❺-1 1610·12·16 政
周　世昌(宋) ❷ 1002·是年 政
周　全(明) ❸ 1408·12·21 政／1409·7·5 政
周　坦之(宋画工) ❷ 1227·③·1 文
周　福(元) ❷ 1279·6·25 政／是年 政
周　仏海 ❽ 1938·11·20 政
周　文裔(宋) ❷ 1012·9·22 政／1026·9·9 政／1029·3·2 政
周　文徳(宋) ❶ 986·1·15 文／990·是冬 政／991·2·11 政／❷ 1015·2·12 政
周　扁 ❻ 1895·9·9 日清戦争
周　孟仁(高麗) ❸ 1378·7月 政
周　燿通 ❻ 1858·6·7 社
周　良史(宋) ❷ 1026·6·24 政／10·8 政／1028·8·15 政／1034·1·10 政
重　春塘 ❼ 1904·1·21 文
重阿弥(僧) ❹ 1489·6·4 文
就安斎玄幽 ❺-1 1658·是年 文
宗意悦渓(僧) ❹ 1525·5·26 社
秀一(平曲) ❸ 1419·2·22 文
重一(平曲) ❸ 1444·4·3 文／❹ 1465·4·8 文
十一谷義三郎 ❽ 1937·4·2 文
執印友雄 ❸ 1349·11·28 政／1453·7·5 文
秀恵(僧) ❸ 1337·2月 社
修栄(僧) ❶ 770·4·21 文
宗叡(僧) ❶ 862·7月 政／874·是冬 文
宗英(僧) ❷ 1278·12·23 政
ジュウェット(東大教授) ❻ 1877·4·12 文
修円(僧) ❶ 835·6·13 社
十縁(僧) ❹ 1533·8月 社
秀応(僧) ❹ 1502·6月 社
修翁(天界寺僧) ❹ 1577·8·21 政
愁温都老 ❸ 1426·1·4 政
周嘉(僧) ❹ 1493·4·23 政
秀海(僧) ❹ 1486·5·18 文
重懐(僧) ❸ 1359·是冬 文／10·2 文／1364·8·9 文
愁戒沙也文(対馬) ❹ 1539·2·3 政
従覚慈俊(僧) ❸ 1360·6·20 社
秋丸(僧) ❶ 864·5·21 政
集岐(伴跛国) ❶ 513·11月
周亀(僧) ❹ 1465·5·2 政
重吉(刀工) ❸ 1324·1·7 文
集慶(仏師) ❸ 1430·10月 文
周桂(連歌師) ❹ 1541·4·25 文／1544·2·9 文
重慶(僧) ❷ 1213·9·19 政
重景(僧) ❸ 1399·12·12 文
秋月(仏師) ❹ 1503·是年 文／1560·是年 政
就献(僧) ❹ 1465·5·2 政
周沅芷陽(僧) ❸ 1453·10·12 社
周沅西堂(僧) ❸ 1440·4·19 政
終行(少将) ❸ 1284·3·9 文
周皎(僧) ❸ 1367·10·4 社
周嵩(鹿苑寺僧) ❹ 1565·5·19 社
章江(僧) ❹ 1467·是年 社
周沆西堂(僧) ❸ 1439·7·16 政
秋香亭矩久 ❺-1 1703·是年 文
宗嶽(僧) ❸ 1374·6·21 政
周瑚西堂(僧) ❸ 1438·12·27 社
宗厳(僧) ❷ 1209·9·14 社
秀厳(大智院首座) ❹ 1487·12·3 社
周在(僧) ❹ 1490·2·23 社
宗山等貴(万松軒僧) ❹ 1526·2·14 社
脩子(しゅうし)内親王 ❷ 1040·1·5 文／1049·2·7 政
緝子内親王 ❶ 970·8·18 政
柔子内親王 ❶ 869·2·28 政／959·1·2 政
宗実(絵師) ❷ 1213·5·4 文
十字亭主人 ❺-2 1828·是年 文
宗勝(僧) ❸ 1431·6·12 文
秀松軒 ❺-1 1703·是年 文
宗嗣亮(僧) ❸ 1386·11·9 政
修審(僧) ❶ 881·9·27 社
周信(僧) ❸ 1364·是年 文

周信(遣朝鮮使)　❹ 1503・3月 政
集箴(僧)⇨益之宗箴(えきしそうしん)
住心(僧)　❷ 1245・是年 社
住信(僧)　❷ 1257・7月 文
周誓(僧)　❸ 1379・5・2 政
周鼎(僧)　❸ 1409・1・8 政
周清(慶光院僧)　❺-1 1648・9・2 社
充斥(明)　❹ 1512・2・28 政
宗碩(僧)　❺-2 1800・是年 文
重善(僧)　❸ 1375・4・13 文
周操(僧)　❸ 1439・12・30 政
重増(宝勝院僧)　❹ 1462・7・23 社
重創(円成寺)　❹ 1482・4・9 政
周朝(僧)　❸ 1431・11・28 政
周超(僧)　❹ 1580・6・28 文
周東(僧)　❸ 1386・2・3 社
周棠(僧)　❸ 1404・10・24 政／1405・12・6 政
宗得(僧)　❷ 1210・12・30 社
周徳(僧)　❹ 1548・是年 文
秀南(僧)　❶ 772・3・6 社
修入(僧)　❶ 952・7・15 社
十念(僧)　❸ 1283・8月 文／1327・3・21 社
周般西堂(遣朝鮮使)　❹ 1502・3・18 政
秋尾亭蒼山　❺-2 1843・天保年間 社
十仏(仏師)　❷ 1262・4月 文
周文(僧)　❸ 1423・12・25 政
周文(絵師・仏師)　❸ 1430・10月 文／1438・2月 文／4・9 文／1440・4・19 文／1445・5月 文／❹ 1467・4月 文
秀文(大内氏雑掌)　❹ 1490・⑧・4 政
秋　文明(琉球)　❺-2 1841・③・30 政
脩平(僧)　❸ 1432・9・3 社
重兵衛(水先案内)　❻ 1863・6・24 政
秀弁(仏師)　❸ 1340・8・27 文／1355・6・2 文
周鳳(僧)　❸ 1439・2・22 政
周彭(僧)　❸ 1429・11・9 政
秀峰繁俊(僧)　❹ 1508・10・3 社
宗峰妙超(大燈国師)　❸ 1315・是年 社／1322・是年 文／1324・5・6 社／1325・12・8 文／1326・12・8 社／1327・5・5 文／1329・2月 文／1330・4月 文／5・13 文／5月上旬 文／1332・4月 文／1333・8・24 文／1335・11月 社／1336・10月 文／1337・2月 文／8・26 社／12・22 社／12月 文／1436・11・22 社
収甫長全(僧)　❹ 1477・2・28 社
シューマンハインク(歌手)　❼ 1921・5・16 文
宗命(僧)　❷ 1171・7・10 社
修明門院⇨藤原重子(ふじわらじゅうし)
十文字信介　❼ 1896・1月 社
十文字貴信　❾ 1996・7・19 社
十文舎自恐　❺-2 1802・是年 文
十文字屋他笑　❺-2 1754・是年 文
秀弥(遣朝鮮使)　❹ 1458・6・21 政／1459・6・2 政
秋野坊某　❹ 1512・10月 社
重愉(僧)　❷ 1162・②・1 社／1164・1・5 社
首勇(僧)　❶ 772・3・6 社
宗猷(僧)　❸ 1352・是年 政
周養(慶光院僧)　❹ 1584・3・17 社／1585・10・13 社／❺-1 1603・9・9 社／1611・4・26 社
周隆(僧)　❸ 1440・4・19 政
周鱗(僧)　❺-1 1630・是年 文
シューレレル夫人(ピアニスト)　❻ 1890・3・11 文
住蓮(僧)　❷ 1207・2・18 社
従蓮(僧)　❷ 1275・8・7 社
十郎五郎(矢野荘職事)　❸ 1395・10・8 社
十郎宗次(大工)　❹ 1513・2・12 文
寿運(僧)　❶ 999・8・18 社
珠栄(喝食)　❹ 1555・8・2 社
守懌(僧)　❹ 1520・12・1 社
守悦(慶光院僧)　❹ 1505・是年 社
寿遠(僧)　❶ 839・12・27 社
春苑玉成　❶ 841・1・23 文
寿応(僧)　❶ 767・8・4 社
授翁宗弼(僧)　❸ 1380・3・28 社
守覚(しゅかく)法親王　❷ 1177・9月 文／1178・是夏 文／11・13 社／1191・是年 文／1192・9・2 文／1202・8・26 社
取学(僧)　❹ 1531・2・10 社
寿岳章子　❾ 2005・7・13 文
寿岳文章　❾ 1992・1・16 文
朱川湊人　❾ 2005・7・14 文
寿厳(僧)　❹ 1465・5・2 政
修行越前守　❹ 1580・③・18 政
祝　允明(明)　❹ 1521・是年 文
蕭　崇業(琉球)　❹ 1576・7・6 政／1579・6・5 政
祝一(平曲)　❹ 1538・11・3 文
熟一(平曲)　❹ 1477・9・7 社
叔英宗播(僧)　❸ 1441・9・19 社
粛元寿厳(遣明使)　❹ 1467・是年 政
粛子内親王　❷ 1199・12・24 社
宿尊(僧)　❹ 1526・7月 社
宿谷栄一　❽ 1964・11・21 社
淑姫(家斉娘)　❺-2 1789・3・25 政
宿谷空々　❺-2 1811・7・21 文
樹下茂国　❻ 1868・4・1 社
樹下成国　❸ 1363・7月 政
寿桂尼(今川氏輝の母)　❹ 1526・6・23 政／1528・10・18 社
寿敬(遣明使)　❹ 1467・是年 政
寿光(芳光、遣明使)　❹ 1544・8・2 政
珠光(僧)　❹ 1590・3月 文
寿算(僧)　❹ 1527・12・11 文
鷲山院　❺-1 1665・10・22 社
守子(しゅし)女王　❷ 1123・6・9 社
姝子(しゅし)内親王(高松院)　❷ 1159・2・21 政／12・25 政／1160・8・19 政／1162・2・5 政
璹子内親王(朔平門院)　❸ 1309・6・27 政／1310・10・8 政／1329・8・29 政
寿子内親王(徽安門院)　❸ 1337・2・3 政／1358・4・2 政
受竺(遣朝鮮使)　❹ 1543・5・13 政
守助(僧)　❸ 1294・5・5 社
寿昌(刀匠)　❺-2 1844・2月 文
守恕法親王　❺-2 1729・4・24 社
守随憲治　❾ 1983・2・7 文
守随茂済　❹ 1574・⑪・24 文
守随彦太郎(兵三郎・正得)　❺-1 1614・3・13 文／1615・3月 文／1653・⑥・27 文／1688・3・25 社
守随彦太郎　❺-2 1743・11・9 文
守随彦太郎信義　❹ 1590・是年 文／❺-1 1608・11・1 文
寿成門院⇨㛹子(へんし)内親王
酒泉竹軒　❺-2 1718・5・15 文
酒惣(僧)　❹ 1542・5・26 文
朱村(僧)　❹ 1485・8・30 政
シュタイン，ホルスト　❾ 2008・7・27 文
寿長(僧)　❶ 889・是年 社
守澄入道親王　❺-1 1647・9・14 政／9・14 社／1680・5・16 社
述子内親王　❶ 857・2・28 社
守藤(僧)　❺-1 1621・7・6 社
シュトル(英)　❻ 1868・7・20 文
シュネー，ハインリッヒ　❼ 1932・2・29 政
守鑁(僧)　❹ 1483・12・21 社
寿璠蔵主　❹ 1524・是年 文
周汾(唐商)　❶ 893・7・8 政
ジュペ(仏)　❾ 1994・3・31 政
守邦(僧)　❸ 1449・6・6 社
シュミット(西独)　❾ 1978・10・10 政
寿命(刀工)　❺-1 1677・8月 文／1680・10・3 文
シュメル，メスット　❾ 2010・6・18 政
殊牧(絵師)　❹ 1540・7・26 文
寿誉鐘的(僧)　❺-1 1710・11月 社
寿礼給智(琉球)　❸ 1391・9・1 政／1393・1・18 政
珠来居士　❺-2 1787・2・29 文
朱里エイコ　❾ 2004・7・31 文
ジュリア(徳川家康の奥女中)　❺-1 1612・3・20 社
ジュリアーニ(指揮者)　❽ 1960・12・5 文
ジュリアノ中浦⇨中浦(なかうら)ジュリアン
取龍(僧)　❹ 1483・3・6 政／4・6 政
シュルツ(米)　❾ 1987・3・9 政
シュレーダー(独)　❾ 2000・7・19 政／2005・5・9 政
受連(僧)　❹ 1561・11・24 社／1563・12・5 社／1566・9・29 社／1567・3・7 社
シュワルナゼ(ソ連)　❾ 1986・1・15 政／1988・12・18 政／1990・9・4 政
春阿(僧)　❸ 1419・9・12 社
春阿弥　❹ 1461・6・20 文
順意(僧)　❺-1 1685・6・6 社
俊一(平曲)　❹ 1488・2・21 文
順一(平曲)　❸ 1416・10・27 文
春雨亭　❺-2 1808・是年 文
俊恵(僧)　❷ 1178・8・23 文
順恵(僧)　❹ 1462・10・9 政
順永(僧)　❸ 1441・10・8 政
俊円(僧)　❷ 1165・10・27 社／1166・8・28 社
春鶯(厚誉)(僧)　❺-2 1726・是年 文
峻翁令山(僧)　❸ 1408・3・6 社
春屋宗園(僧)　❹ 1600・12・23 社／❺-1 1611・2・9 社
春屋妙葩(智覚普明国師)　❸ 1359・8月 社／1363・7・20 社／11・8 社／1364・2・20 社／1367・6・7 政／1371・2・23 社／10・15 社／1372・9・24 社／1373・10・1 政／1378・是春 政／1379・

4·13 文／④·15 社／9·17 社／10·10 社／12·28 社／**1380**·4·15 社／6·15 社／8·1 文／8月 文／**1381**·10·7 社／**1382**·2·16 社／5·10 社／**1383**·9·30 社／**1388**·7月 政／8·13 社／**1396**·是年 文
春柯(僧)　❶ **923**·7月 社
俊賀(絵師)　❷ **1225**·7·15 文／**1229**·5·27 文／**1231**·3月 文
俊賀(僧)　❸ **1341**·5·5 社
俊雅(僧)　❸ **1332**·3·8 政／4·10 政
淳海(僧)　❺-1 **1636**·9·9 社
俊寛(僧)　❷ **1177**·6·1 政／6月 政／**1179**·9月 政
春夏亭草露　❺-2 **1798**·6月 社
春華門院⇨昇子(しょうし)内親王
俊岩永秀　❺-2 **1725**·7·7 社
俊鏡(僧)　❸ **1327**·3·15 文
俊劦(僧)　❹ **1525**·8月 社
俊堯(僧)　❷ **1186**·3·25 社
春旭斎⇨宮川(みやがわ)長春
舜慶(仏師)　❸ **1316**·5·13 文／**1375**·3月 文／**1380**·4·23 文
舜慶(仏師)　❹ **1502**·6·1 文
順慶(仏師)　❸ **1355**·12·3 文
春慶(仏師)　❹ **1463**·1·16 文／11·16 文／**1496**·7·24 文／**1499**·8·6 文
春賢(僧)　❷ **1208**·9·15 社／**1218**·12·18 社
俊源(僧)　❷ **1120**·7·8 文
俊厳(僧)　❷ **1254**·11·29 社
春江(遣朝鮮使)　❹ **1546**·10·2 政
春耕(俳人)　❺-2 **1756**·是年 文
俊豪(僧)　❷ **1115**·8·15 社
順弘(僧)　❸ **1435**·4·20 政
春光園花丸　❺-2 **1799**·是年 文
春江紹蓓(僧)　❹ **1499**·3·26 社
春谷(僧)　❸ **1450**·3·5 政／**1451**·1·4 政
遵西(僧)　❷ **1207**·2·18 社
俊才(僧)　❸ **1353**·10·2 社
春斎耕甫(七代目)　❺-2 **1820**·2·27 文
淳算(僧)　❷ **1164**·3·29 文
俊士次郎　❷ **1242**·2·9 社
俊子内親王　❶ **824**·10·11 社
俊子内親王　❷ **1069**·2·9 社／**1132**·④·5 政
淳子内親王　❷ **1073**·2·16 社
姰子(じゅんし·恂子·徇子)内親王　❷ **1127**·4·6 社／**1132**·10·16 政／**1168**·8·27 社／**1172**·5·3 政
珣子内親王(新室町院)　❸ **1333**·12·7 政／**1337**·1·16 政／5·12 政
純子内親王　❶ **863**·1·21 政
春秋庵白雄　❺-2 **1791**·9·13 文
春秋軒一葉　❼ **1896**·3·14 文
順助法親王　❸ **1320**·10·14 政
春笑(僧)　❺-1 **1698**·是年 文
俊証(僧)　❷ **1192**·3·17 社
俊章(僧)　❷ **1188**·10·17 政
俊芿(僧)　❷ **1198**·10·16 社／**1199**·4月 社／**1212**·10月 社／**1217**·是春 政／**1218**·是夏 社／**1219**·3月 社／10月 文／**1220**·2·10 社／2·26 社／**1224**·7·1 社／10月 社／**1226**·是年 社／**1227**·3·22 文／③·8 社／❺-2 **1726**·3·8 社／
春盛(僧)　❹ **1489**·4·11 社
順昌(僧)　❶ **841**·是秋 文／**843**·12·9 政
春荘宗椿(僧)　❹ **1512**·12·5 文
春松丸(絵所)　❹ **1463**·1·16 文
順水(僧)　❺-1 **1694**·是年 文／**1695**·是年 文
俊政(宋商人)　❷ **1060**·8·7 政
潤清(新羅)　❶ **870**·2·20 政
遵西(僧)　❷ **1206**·2·14 社
順盛(成身院僧)　❹ **1499**·12·18 政／**1506**·7·24 政／**1507**·9月 政
淳盛(僧)　❹ **1554**·2·12 文
春雪(僧)　❺-2 **1814**·10月 社
春暹(僧)　❶ **964**·10·17 社
春全(僧)　❸ **1394**·3·12 文
春澤永恩(僧)　❹ **1488**·12·22 社
淳達(僧)　❶ **865**·3·23 文
春知(棋士)　❺-1 **1612**·2·13 文
俊超(遣朝鮮使)　❹ **1459**·12·26 政／**1462**·3·29 政／**1463**·7·14 政
舜天(琉球王)　❷ **1237**·是年 政
春伝(僧)　❹ **1508**·9·11 文
春登(僧)　❺-2 **1817**·是年 文／**1818**·是年 文
春藤源七郎　❺-1 **1609**·3·26 文
春藤六郎次郎(斎藤新八郎)　❺-1 **1686**·8·2 文
春藤大夫　❹ **1517**·6·18 文
俊徳(高句麗)　❶ **680**·5·13 政
舜徳(僧)　❹ **1476**·是年 社
順徳天皇(守成親王·佐渡院)　❷ **1197**·9·10 政／**1200**·4·15 政／**1208**·12·25 政／**1210**·11·25 政／12·5 政／**1213**·2·27 政／**1221**·4·20 政／7月 文／**1235**·1·18 政／**1238**·是年 文／**1242**·9·12 政
淳和太皇太后⇨正子(せいし)内親王
淳和天皇(大伴親王)　❶ **823**·4·16 政／4·27 政／**833**·2·28 政／**834**·4·21 文／10·5 文／**835**·3·12 政／**840**·5·8 政
順如(僧)　❹ **1483**·5·29 社
准如(僧)　❹ **1593**·⑨·16 社／❺-1 **1602**·是年 社／**1630**·11·29 社
純如知譔　❹ **1494**·10·13 社
淳仁天皇(大炊王·淡路廃帝)　❶ **757**·4·4 政／**758**·8·1 政／**762**·5·23 政／**764**·10·9 政／**765**·10·22 政／**778**·3·23 政
春風亭栄橋　❾ **2010**·1·12 文
春風亭柳橋　❼ **1930**·10·11 文
春風亭柳好　❽ **1956**·3·14 文
春風亭柳枝(初代)　❻ **1868**·7·17 文
春風亭柳枝(三代目)　❼ **1900**·11·14 文
春風亭柳枝(四代目)　❼ **1927**·4·20 文
春風亭柳枝(六代目)　❼ **1932**·3·1 文
春風亭隆昇　❾ **2003**·6·16 文
潤甫(僧)　❺-1 **1691**·是年 文
春浦宗熙(僧)　❹ **1496**·1·14 社
春密(僧)　❷ **1230**·10·27 文
舜馬順熙(中山王)　❷ **1248**·是年 政
春瑜(僧)　❸ **1426**·8·9 文
春幽(僧)　❶ **947**·2·28 社
淳祐(僧)　❶ **953**·7·2 社
春陽景杲(僧)　❹ **1492**·5·11 社
春来(俳人)　❺-2 **1756**·是年 文
春林周藤(僧)　❹ **1463**·1·6 社
順礼(力士)　❺-1 **1604**·7·17 社
俊列(僧)　❸ **1439**·2·22 政
順和君(朝鮮王子)　❹ **1592**·7·23 文禄の役／**1593**·2·9 文禄の役／6·2 文禄の役
汝　阿圭　❸ **1439**·1·1 政
徐　一貫　❹ **1593**·4·18 文禄の役／5·8 文禄の役／6·28 文禄の役／7·22 文禄の役
徐　九方　❸ **1323**·6月 文
徐　光啓(明)　❺-2 **1716**·10月 社
徐　光範　❻ **1882**·10·13 政
徐　賛(元)　❷ **1275**·9·7 政
徐　樹錚　❼ **1920**·7·12 政
徐　俊植　❾ **1988**·5·25 政
徐　潤陽　❺-1 **1653**·是年 文
徐　称(高麗)　❷ **1271**·9·6 政
徐　勝　❾ **1990**·2·28 社
徐　仁満　❶ **983**·8·1 政
徐　善行(新羅)　❶ **885**·4·12 政
徐　相雨　❻ **1885**·2·20 政
徐　忠(明)　❸ **1425**·5·20 政
尚　裕　❾ **1997**·8·30 政
除　富祥　❺-1 **1690**·10·6 政
徐　葆光(清)　❺-2 **1719**·6·1 政／**1720**·是年 政
徐　本元(明通事)　❸ **1403**·2·19 政
徐　立徳(台湾)　❾ **1994**·10·4 政
徐　礼元　❹ **1592**·4·17 文禄の役／**1593**·7·20 文禄の役
ジョアン原胤信　❺-1 **1623**·10·13 社
ジョアン平尾半右衛門　❺-1 **1614**·10·27 社
樵隠悟逸(僧)　❸ **1335**·11月 文
尚　育(琉球)　❺-2 **1827**·7·1 政／**1828**·3·8 政／**1847**·9·17 政／**1848**·5·8 政
蔣　渭水　❼ **1923**·1·30 政
尚　允紹(明)　❹ **1556**·1·3 政
蕭　雲従(清)　❺-1 **1657**·是年 文
庄　永(宋)　❷ **1120**·7·8 文
尚　永(琉球)　❹ **1573**·11·29 政／**1574**·12·21 政／**1575**·4·10 政／是年 政／**1576**·1·21 政／**1577**·8·21 政／12·1 政／**1578**·4·5 政／是年 政／**1579**·6·5 政／**1580**·12·22 政／**1581**·5·7 政／11·5 政／**1588**·8·12 政／11·25 政
松　永年　❷ **1073**·7·5 政
尚　益(琉球)　❺-1 **1689**·11·20 文／**1692**·6·4 政／**1712**·6月 政／7·15 政
尚　円(琉球)　❹ **1470**·8·28 政／**1471**·3·11 政／3·14 政／**1472**·2·21 政／是年 政／**1473**·4·7 政／**1474**·4·2 政／6·20 政／**1475**·3·10 政／**1476**·3·5 政／7·28 政／**1477**·3·5 政／**1483**·12·18 政／**1493**·6·6 政
章　応龍(明)　❹ **1595**·3·3 文禄の役
尚　温(琉球)　❺-2 **1794**·4·8 政／**1798**·4·21 文／**1802**·7·11 政
蔣　介石(中正·瑞元)　❼ **1927**·8·29 政／11·5 政／**1932**·6·10 政／❽ **1937**·7·17 政／7·24 政／11·2 政／

12·10 政／1938·12·29 政／1949·12·10 政／1957·5·20 政／1964·2·23 政／❾ 1967·9·8 政
尚　金福　❸ 1449·10·13 政／1452·3·8 政／是年 政／1453·3·10 政／4·18 政／1454·是年 政
荘　敬(明)　❸ 1416·6·7 政
尚　敬(琉球)　❺-1 1715·4·5 政／5·3 政／❺-2 1718·是年 文／1752·1·29 政
尚　賢(琉球)　❺-1 1641·是年 政／1647·4·21 政／9·22 政／1663·6·25 政
尚　健(伊江王子)　❻ 1857·11·3 政／1872·7·11 政／9·14 政
尚　元(琉球)　❹ 1555·6·25 政／1556·10·3 政／1558·4·1 政／1559·是年 政／1561·⑤·9 政／1562·6·1 政／1570·3·2 政／1571·2·23 政／1572·4·1 政
向　元模(琉球)　❺-2 1846·12·22 政
尚　宏(琉球)　❺-1 1609·4·1 政／5·15 政
尚　灝(琉球)　❺-2 1808·5·17 政／1827·7·1 政／1828·3·8 政／1834·5·29 政
尚　宏勲　❻ 1853·6·20 政／1854·6·7 政
蔣　袞　❶ 947·⑦·27 政
蔣　作賓　❼ 1935·10·7 政
承　察度(琉球)　❸ 1383·1·1 政／1384·1·1 政／1385·1·1 政／1387·12·1 政／1392·12·14 政
庄　三郎光次　❹ 1591·是年 政
尚　思志　❸ 1424·2·12 政
尚　思紹(琉球)　❸ 1406·是年 政／1407·3·1 政／1408·3·26 政／1409·4·11 政／9·21 政／1410·3·5 政／10·19 政／1411·4·3 政／1412·2·20 政／1413·1·16 政／1414·⑨·5 政／11·25 政／12·25 政／1415·3·19 政／1416·1·27 政／是年 政／1417·4·28 政／1418·2·14 政／1419·1·23 政／1420·5·6 政／1421·是年 政／1422·是年 政／1425·2·1 政
尚　之信(清)　❺-1 1678·7·27 政
尚　思達(琉球)　❸ 1444·10·24 政／1447·2·12 政／3·25 政／1448·1·15 政／1449·3·1 政／10·13 政／1450·1·12 政／1451·2·23 政／1452·3·8 政
尚　室(琉球)　❺-1 1648·9·2 政／1652·5·2 政／1668·11·17 政
尚　質　❺-1 1668·8·1 政
尚　順　❻ 1893·9·15 文
肖　尚　❾ 1972·8·13 政
蔣　承勲　❶ 936·7·13 政／938·8·23 政／953·7月 政
尚　象賢(向賢·羽地朝秀)　❺-1 1650·是年 文／1666·是年 政／1668·是年 社／1669·是年 社／1672·9·25 政／10·5 政／1673·2月 政／是年 社／1675·11·20 政
尚　志魯　❸ 1454·是年 政
尚　真(琉球)　❹ 1477·2月 政／1478·4·13 政／1479·3·18 政／1480·3·11 政／3·24 政／1482·3·13 政／1484·3·18 政／1486·4·6 政／是年 政／1487·12·3 政／1489·是年 政／1490·3·29 政／1491·是年 政／1492·4·3 政／是年 社／1494·4·4 政／1496·4·9 政／1500·2·2 政／3·28 政／1507·3·13 政／4·7 政／是年 政／1508·3·12 政／1509·2·7 政／1511·4·1 政／1521·6·15 政／1526·12·11 政／1532·5·16 政
章　仁祖(宋)　❷ 1026·9·9 政／1027·8·10 政／9·8 政
尚　清(琉球)　❹ 1526·12·11 政／1527·8·1 政／1528·4·9 政／1530·3·14 政／1532·5·16 政／1534·3·2 政／7·2 政／1536·1·9 政／1542·5·26 政／1543·11·16 政／1550·1·20 政／1555·6·25 政／1558·4·1 政
尚　成(琉球)　❺-2 1803·12·26 政／1804·6·1 政
荘　清次郎　❼ 1926·12·25 政
蔣　世徳(琉球)　❺-1 1634·是年 文
尚　宣威(琉球)　❹ 1476·7·28 政／1477·2月 政／8·4 政
城　泉太郎　❼ 1936·1·8 文
承　存(高麗)　❷ 1227·2月 政
尚　泰(琉球)　❺-2 1848·5·8 政／10月 政
尚　泰　❻ 1872·9·14 政／1879·1·8 政／6·8 政／❼ 1901·8·19 政
尚　泰久(琉球)　❸ 1453·4·18 政／1455·2·14 政／4·16 政／8·25 政／❹ 1456·3·5 政／是年 政／1457·2·24 政／1458·1·9 政／6·3 政／8·8 政／是年 政／1459·2·26 政／1460·3·4 政／6·5 政／1461·2·19 政／1462·3·25 政
荘　大椿(宋)　❷ 1173·5·25 政
勝　太明　❷ 1175·是年 政
尚　忠(琉球)　❸ 1422·是年 政／1442·1·27 政／1443·是年 政／1444·2·30 政／10·24 政／1445·1·17 政／1446·2·12 政／1447·2·12 政
尚　貞(琉球)　❺-1 1660·7·16 政／1668·8·1 政／1669·是年 政／1670·1·11 政／5·15 政／8·1 政／1673·2月 政／1681·5·16 政／1692·6·4 政／1698·3月 社／1709·7·13 政
尚　哲(琉球)　❺-2 1773·6·5 政
尚　徳(琉球)　❹ 1460·6·5 政／1461·12·2 政／是年 政／1462·3·25 政／1463·2·9 政／1464·3·20 政／1465·3·20 政／1466·2·28 政／③·4 政／是年 政／1467·3·20 政／1468·2·20 政／1469·2·23 政／4·22 政／1470·4·2 政／1471·3·11 政／1472·是年 政／1479·5·3 政／1480·6·7 政
尚　寧(琉球)　❹ 1588·11·25 政／1589·5·7 政／1590·2·28 政／8·21 政／1591·8·21 政／10·24 文禄の役／是年 政／1593·12月 政／1594·6·10 政／1597·5·22 政／❺-1 1604·1·8 政／2·24 政／1606·4月 政／6·21 政／9·17 政／9月 政／1609·4·5 政／5·14 政／5月 政／9·12 政／1610·5·16 政／8·14 政／1611·9月 政／10月 社／1613·9·24 政／1614·是年 政／1615·6月 政／1616·6·15 政／1620·3·10 政／9·19 政
尚　寧(浦添王子、琉球)　❺-2 1827·3·8 政／7·1 政／1834·5·29 政／1842·11·19 政／1846·10·3 政
尚　巴志(琉球)　❸ 1406·是年 政／1415·3·19 政／1416·是年 政／1417·4·28 政／1422·是年 政／1423·8·10 政／1424·是年 政／1425·2·1 政／1426·3·21 政／1427·4·13 政／1428·8·21 政／1429·1·18 政／是年 政／1430·6·4 政／1431·8·19 政／1432·3·10 政／1433·2·16 政／1434·3·8 政／1435·1·18 政／1436·1·2 政／9·15 政／1437·5·8 政／1438·2·25 政／1439·3·7 政／4·20 政／1440·2·21 政
尚　弼　❻ 1875·7·14 政
尚　武　❹ 1465·3·20 政
尚　布里　❸ 1454·是年 政
尚　豊(佐敷朝昌)　❺-1 1620·9·19 政／1621·4·11 政／1624·3·17 社／1625·12·8 政／1626·11·12 政／1629·6·2 政／1633·6·9 政／1634·⑦·9 政／1638·5·16 島原の乱／1639·2·11 政／1640·5·4 政
向　邦正(琉球)　❺-2 1840·9·1 政
尚　穆(琉球)　❺-2 1754·是冬 政／1756·7·8 政／1794·4·8 政
勝　佑寿　❸ 1389·9月 政
章　友三　❽ 1940·3·7 政
邵　友濂　❻ 1895·1·30 日清戦争
胥　要徳　❶ 739·7·13 政
紫陽素隠　❺-1 1637·是年 文
城　顕盛　❷ 1274·3月 政
城　数馬　❼ 1905·10·14 社
城　左門　❼ 1931·9月 文
城　十郎太郎(肥後)　❹ 1588·8·12 政
城　資家　❷ 1201·1·23 政
城　資永　❷ 1181·2·25 政／8·13 政／9·3 政
城　資正　❷ 1201·1·23 政
城(平)　助職　❷ 1181·6·13 政／8·15 政
城(平)　資盛　❷ 1180·5·21 社／12·2 政／1181·10·11 文／1183·7·21 政／1184·2·5 政／1185·3·24 政／1201·4·3 政
城　卓矢　❾ 1989·5·9 文
城　武顕　❸ 1362·9·21 政
城　達也　❾ 1995·2·25 文
城　親賢　❹ 1580·3·4 政／10·15 政
城　常太郎　❻ 1891·是夏 社／❼ 1897·7·4 社／1905·7·26 社
城　朝茂　❺-1 1652·9·13 政
城　長景⇨安達(あだち)長景
城　長成　❷ 1181·6月 政
城　長茂　❷ 1180·9·7 政／1188·9·14 政／1201·1·23 政
城　永用　❷ 1182·10·9 政
城　彦六　❸ 1373·7月 政
城　久基　❹ 1587·4·13 政
城　宗景　❸ 1282·2月 政
城　泰盛　❷ 1244·6·17 政
城　頼岑　❹ 1505·12月 政
昌阿(僧)　❸ 1431·6·12 文
浄阿(真観、僧)　❸ 1311·是年 社／

1341·④·29 社／6·2 社／**1377**·11·4 文／**1379**·4·5 文
浄阿(僧) ❸ **1445**·9·2 社
成阿(僧) ❸ **1390**·7·8 文
昌阿弥 ❸ **1367**·11·22 文
丞阿弥 ❹ **1474**·5·24 文
正阿弥 ❹ **1517**·11·11 文
照阿弥陀仏 ❷ **1243**·12·21 社
請安(僧) ❶ **640**·10·11 政
正安(尼) ❸ **1312**·5 月 文
昌庵(僧) ❸ **1441**·8·23 社
常安(僧) ❶ **645**·8·8 社
静安(僧) ❶ **847**·承和年間 社
貞安(僧) ❹ **1579**·5·27 社
祥庵梵雲(僧) ❸ **1403**·2·19 政
常庵龍崇(僧) ❹ **1536**·9·5 社
勝意(僧) ❷ **1156**·3·29 文
浄意(僧) ❸ **1305**·12·3 社
静意(僧) ❷ **1133**·9·13 文
静伊(僧) ❸ **1354**·12·21 社
祥一(平曲)⇨森岡(もりおか)祥一
乗一(平曲) ❹ **1488**·2·21 文
松一大夫 ❹ **1486**·1·10 文
相一(平曲) ❸ **1420**·6·9 文
乗壱(僧) ❸ **1321**·3·13 文／**1422**·4·10 文
聖一国師⇨弁円円爾(べんえんえんに)
証印(僧) ❷ **1153**·是夏 文／**1187**·7·12 社
松蔭(天龍寺僧) ❹ **1490**·2·29 政
承胤法親王 ❸ **1377**·4·9 社
常胤法親王 ❺-1 **1621**·6·11 社
性雲(明) ❸ **1418**·6·15 政
正運(三淵伊賀入道、僧) ❹ **1461**·是年 社／**1490**·9·23 政
祥雲(僧) ❹ **1573**·4·3 政
照運(僧) ❺-1 **1665**·是年 社
松雲(仏師) ❺-1 **1699**·是年 文
承雲(僧) ❶ **860**·⑩月 政／**876**·6·1 社
静運(僧) ❸ **1290**·10·29 社
定運(僧) ❸ **1296**·9·9 文
松雲元慶(僧) ❺-1 **1695**·7 月 社／8·1 文／**1710**·7·11 文
笑雲瑞訢(僧) ❸ **1451**·10·26 政／❹ **1458**·1·8 政
笑雲清三(僧) ❹ **1512**·6·18 文／**1525**·9·15 文／**1530**·是年 文／**1534**·7·5 文
聖恵(僧) ❷ **1130**·6 月 社
勝恵(僧) ❸ **1299**·2·8 社
性恵(僧) ❸ **1437**·12 月 社
聖恵(僧) ❸ **1346**·5·12 社
定恵(僧) ❶ **653**·5·12 政／**926**·12·28 文
浄恵(藤原盛実、僧) ❷ **1226**·3·14 社
浄恵(僧) ❺-1 **1695**·是年 文
浄恵⇨少弐(しょうに)経資
成恵(僧) ❸ **1315**·12·23 社／**1327**·3·13 文
成恵(仏師) ❸ **1327**·3·23 文
正栄(僧) ❸ **1353**·1·21 社
昌讌(僧) ❹ **1459**·9·17 政
松栄(僧) ❹ **1579**·6 月 文
正永尼(淀殿の使者) ❺-1 **1615**·3·13 大坂夏の陣
聖恵法親王 ❷ **1137**·2·11 社
定恵法親王 ❷ **1168**·4·25 社／**1196**·4·18 社
静恵法親王 ❷ **1203**·3·13 社
勝延(僧) ❶ **901**·2·10 社
勝円(仏師) ❷ **1149**·3·20 文
承円(僧) ❷ **1218**·9·16 社／**1236**·10·16 社
性円(僧) ❷ **1224**·10·6 社
証円(絵師) ❷ **1237**·是年 文
証円(僧、兵庫県摂津) ❸ **1332**·9·15 社
昌円(仏師) ❷ **1253**·12 月 文／**1256**·5·16 文／**1257**·12·29 文／**1265**·是年 文／**1266**·是年 文
昭円(一條院僧) ❸ **1437**·9·3 社
性円法親王 ❸ **1328**·5·16 社／**1347**·3·7 社
定縁(僧、近江高嶋荘) ❶ **983**·8·1 政
浄円(僧) ❸ **1339**·9·1 社
浄円(僧)⇨斎藤長定(さいとうながさだ)
浄円(鋳師) ❸ **1352**·7·25 文／**1355**·是年 文
静円(僧) ❷ **1074**·5·11 社
静円(東大寺僧) ❸ **1351**·1·19 社
定円(絵師) ❷ **1154**·7·13 文／**1157**·9·2 文
定円(僧) ❷ **1201**·7·18 文／**1216**·5·9 社
定円(仏師) ❷ **1257**·12·23 文／❸ **1291**·8·18 文
貞円(僧) ❷ **1217**·6·8 文
定宴(預所代) ❷ **1247**·10·29 政／**1254**·11·23 政
常円(尾張万徳寺僧) ❷ **1254**·是年 社
常円(天野周防入道、僧) ❸ **1389**·11 月 政
成円(僧) ❸ **1296**·9·14 文
乗円(仏師) ❸ **1362**·8·24 文／**1365**·9·19 文／**1369**·是年 文／**1371**·6·8 文／12 月 文／**1374**·是年 文
鼎王(晶王) ❸ **1335**·11·19 政／**1338**·6 月 政
将応(刀匠) ❺-2 **1791**·8 月 文
松屋(僧) ❹ **1537**·10·13 政
性我(僧) ❷ **1192**·11·25 社
定果(僧) ❶ **983**·6·9 社
常嘉⇨小早川則平(こばやかわのりひら)
浄賀(僧) ❸ **1295**·10·12 文
浄賀(康楽寺僧) ❸ **1356**·2·13 社
乗賀(仏師) ❸ **1351**·3 月 文
性海(僧、円仁弟子) ❶ **846**·是年 政／**860**·⑩月 政
性海(僧) ❸ **1383**·是年 文
性海(勧進僧) ❸ **1289**·9·29 社／**1291**·5 月 文
勝快(僧) ❷ **1111**·11·11 社／**1112**·11·11 社
聖戒(僧) ❸ **1299**·8·23 文／**1323**·2·15 社
承快(僧) ❺-1 **1609**·8·20 社
定海(僧) ❷ **1131**·2·2 社／**1134**·3·11 文／**1136**·5·27 社／6·6 社／**1137**·1·14 社／2·9 社／**1140**·7·9 社／**1149**·4·12 社
定快(仏師) ❷ **1268**·2·3 文／❸ **1288**·2·26 文
浄戒(僧) ❷ **1203**·5·28 社
定戒(仏師) ❸ **1288**·4·27 文／**1308**·8·24 文
庄垣内正弘 ❾ **2011**·4·12 文
性海霊見(僧) ❸ **1342**·是秋 政／**1351**·5 月 政／**1379**·1 月 文／7 月 文／**1384**·6 月 文／**1393**·是年 文／**1395**·是年 文／**1396**·3·21 社
勝覚(僧) ❷ **1125**·7·20 社／**1129**·4·1 社
定覚(仏師) ❷ **1195**·3·22 文／8 月 文／**1196**·12·10 文
聖覚(僧、妙心抄) ❷ **1221**·8 月 文／**1235**·3·5 社
聖覚(僧、原中最秘抄) ❸ **1313**·8 月 文
昭覚(僧) ❸ **1359**·是年 文／**1384**·9·11 社
仍覚(僧) ❹ **1545**·是年 文
正覚院豪盛(僧) ❹ **1584**·5·1 社
性覚法親王 ❸ **1297**·9·26 社／**1360**·是春 社
静覚法親王 ❹ **1503**·7·15 社
松花堂昭乗 ❺-1 **1632**·9·24 文／**1633**·1·19 文／**1639**·9·18 文
証観(僧) ❷ **1104**·12·25 社／**1105**·1·1 社／**1129**·6·26 政／**1137**·2·11 社
勝愷(僧) ❶ **953**·7·13 文
勝寛(僧) ❷ **1104**·5·29 社
定鑒(僧) ❷ **1266**·11·28 社
浄願(僧) ❶ **690**·9·23 政
称願房(僧) ❷ **1268**·2 月 文
聖基(僧) ❷ **1267**·12·9 社
昌宜(遣明使) ❸ **1408**·12·15 政
召其(僧) ❸ **1443**·1·1 政
紹喜⇨快川紹喜(かいせんじょうき)
勝義(僧) ❷ **1132**·1 月 社
常輝(百済僧) ❶ **685**·10·4 社
定基(僧) ❷ **1033**·4·11 社
定喜(僧、伊予弓削荘) ❷ **1260**·7·20 社
定喜(仏師) ❸ **1302**·是年 文
浄喜(僧) ❸ **1291**·1·21 文
章義門院⇨誉子(よし)内親王
昌休(連歌·天水抄) ❹ **1561**·11·8 文
昌休⇨里村(さとむら)昌休
常久⇨細川頼之(ほそかわよりゆき)
勝暁(僧) ❶ **720**·12·25 社
性慶(仏師) ❸ **1324**·4·21 文
静経(僧) ❷ **1152**·6·22 社
常暁(遣唐学問僧) ❶ **838**·7·5 文／**839**·9·5 文／**840**·6·3 社／**866**·11·30 社
常暁(金剛峯寺僧) ❷ **1223**·是年 社
定暁(僧) ❷ **1195**·10·26 文／**1217**·5·11 社
貞暁(僧) ❷ **1231**·2·22 社
浄業(僧) ❷ **1241**·是年 社／**1259**·2·21 社
浄業(僧、遣明使) ❸ **1374**·6·1 政
松旭斎天一 ❻ **1888**·11·1 社／**1891**·1·11 社／❼ **1905**·9·2 社／**1908**·1·1 社／**1910**·1·1 社／**1912**·6·14 社
松旭斎天勝 ❼ **1910**·1·1 社／❽ **1944**·11·11 社
松旭斎天二 ❼ **1910**·1·1 社

松琴(俳人) ❺-2 1724·是年 文
性均(僧) ❺-2 1748·是年 文
紹瑾(僧) ❸ 1313·是年 社
称愚(僧) ❹ 1518·5·19 社
丈愚(僧) ❺-1 1679·是年 文
性空(伊予三島社僧) ❶ 984·3·21 社／985·是年 社／986·7·22 社／988·是年 社
性空(書写山僧) ❷ 1007·3·10 社
証空(善慧、僧) ❷ 1237·是年 文／1247·11·26 社
承勲(唐越商) ❶ 935·9月 政
昭訓門院⇨藤原瑛子(ふじわらえいし)
紹継(僧) ❶ 802·是年 社
聖慶(仏師) ❷ 1257·8·11 文
性慶(仏師) ❸ 1334·12月 文／1346·6·1 文
性慶(仏師) ❺-1 1701·10·17 文／1705·9·15 文
性慶(僧、即心念仏浄土弁) ❺-2 1729·是年 文
承桂(僧) ❸ 1443·9·23 政
祥啓 ❹ 1506·是秋 文
聖冏(僧) ❸ 1385·3月 文／1387·7月 文／1393·12月 社
定慧(僧) ❶ 707·慶雲年間 社
貞慶(解脱上人) ❷ 1183·是年 社／1186·是秋 社／1198·4·19 文／1202·8月 文／1204·4·10 社／1212·1·11 社／1213·2·3 社／1225·是年 文／1269·3月 社
定慶(仏師) ❷ 1184·2月 文／1196·5·15 文／7·5 文／1201·12月 文／1224·5·4 文／1226·2月 文／1242·4·13 文／1256·3·28 文／9·19 文／是年 文
静慶(仏師) ❷ 1212·是年 文
成慶(仏師) ❸ 1395·8·17 文
成慶(仏師) ❺-1 1605·7·15 文
昭慶門院⇨憙子(きし)内親王
松月堂不角⇨藤田理兵衛(ふじたりへえ)
勝憲(僧) ❷ 1162·4·9 社
聖賢(蓮華院僧) ❷ 1165·6月 社／1100·10·6 社
聖賢(仏師) ❷ 1232·2月 文
勝賢(僧) ❷ 1188·7·25 社／1191·5月 文／1192·10·8 社／1196·6·22 社
成賢(僧) ❷ 1221·3·15 社／1224·4月 文
承兼(僧) ❷ 1265·8·21 社
聖顕(僧) ❸ 1384·7·23 社
聖憲(僧) ❸ 1392·5·29 社
聖兼(僧) ❸ 1293·9·11 社
尚賢(僧) ❸ 1395·7·23 社
昭憲皇太后(一條美子) ❻ 1868·12·28 政／❼ 1914·4·11 政
荘厳(宋) ❷ 1104·是年 政
聖玄(僧) ❷ 1249·3月 社
聖玄(僧、朗詠要集) ❸ 1292·是年 文
照玄(僧) ❸ 1345·3月 社／1358·6·5 社
照源(僧) ❸ 1368·5·12 社
正源(僧) ❸ 1372·11·26 社
性源(僧) ❺-1 1689·8·11 社
正元(僧) ❺-1 1708·是年 社
定賢(僧) ❷ 1088·2·27 文
定兼(僧) ❷ 1140·8·24 社
定兼(僧、上総配流) ❷ 1175·4·17 社／1180·12·4 社
静賢(信西の息子) ❷ 1174·3·17 文／1179·11·16 政／1180·12·4 社／1183·⑩·20 政
成賢(三宝院僧) ❷ 1211·7·13 社／1216·1·6 文／1217·7·23 社／1231·9·19 社
定顕(僧) ❸ 1330·1·24 社
乗賢(仏師) ❸ 1351·3·13 文
定憲(僧) ❸ 1383·5·15 社
常見(商人) ❹ 1579·9·14 社
静厳(僧) ❸ 1299·1·7 社
浄元(僧) ❸ 1452·4·7 文
定厳浄戒(僧) ❸ 1402·是春 文
昌虎(僧) ❹ 1548·3·18 政
勝悟(勝廣、僧) ❶ 811·6·6 社
聖護院宮皇子 ❸ 1433·7·4 政
勝康(僧) ❶ 761·11·5 社
勝皎(僧) ❶ 890·5·22 社
聖弘(僧) ❷ 1187·3·8 政
韶硬(僧) ❸ 1366·10·20 社
聖皐(僧) ❸ 1402·6·28 社
正広(僧) ❸ 1452·4·7 文
昌興(僧) ❹ 1573·4·3 政
称光天皇(躬仁·実仁親王) ❸ 1401·3·29 政／1411·11·25 政／1412·8·29 政／1414·⑨·10 政／12·19 政／1417·7·23 政／1425·6·27 政／1428·7·20 政
浄光(僧) ❷ 1238·3·23 社 文／1239·9月 社／1242·6·12 社
浄高(僧) ❸ 1325·5·15 文
定弘(僧) ❸ 1413·5月 社
定康(仏師) ❸ 1443·是年 文
定豪(僧) ❷ 1238·3·13 文／9·24 社
浄業(僧) ❷ 1228·2月 文
常高院(初·藤子、浅井長政の娘) ❹ 1583·4·23 政／❺-1 1614·12·18 大坂冬の陣／1615·3·13 大坂夏の陣／4·24 大坂夏の陣／1633·8·27 政
常光院(徳川綱吉夫人) ❺-1 1709·2·20 社
照高院入道⇨興意(こうい)親王
松好斎半兵衛 ❺-2 1800·是年 文／1806·是年 文／1842·是年 文
梢工上佐(僧) ❷ 1279·8月 政
乗光房(僧) ❸ 1293·10·14 社
上光坊(僧) ❸ 1411·4·14 社
樵谷惟遷(僧) ❷ 1246·是年 政／1264·此頃 政
庄五郎(大覚寺) ❺-1 1644·7·25 社
蔣袞(呉越商) ❶ 945·6·4 政／7·26 政
勝厳(仏師) ❷ 1165·4·6 文
浄厳覚彦 ❺-1 1702·6·27 社
貞佐(俳人) ❺-2 1735·是年 文
常済(僧) ❶ 876·6·1 社
定済(僧) ❸ 1282·10·13 社
庄左衛門(草木屋) ❺-1 1653·3·20 社
尚左堂俊満 ❺-2 1800·是年 文
庄三郎(沖船頭) ❻ 1858·11·10 政
勝算(僧) ❷ 1011·10·29 社
祥山(僧) ❸ 1400·是年 社
正山(僧) ❺-1 1660·7·25 社
照山玄瑶(僧) ❺-2 1727·10·6 社
定山祖禅(僧) ❸ 1367·9月 文／1374·11·26 社
性獅(僧) ❺-1 1654·7·5 政
暲子内親王(しょうし·八條院) ❷ 1141·8·4 政／1161·12·16 政
頌子(しょうし)内親王 ❷ 1171·6·28 社／1184·9·20 社／1194·4月 社／1208·9·18 政
昇子内親王(しょうし·春華門院) ❷ 1203·2·20 政／1208·8·8 政／1209·4·25 政／1211·11·8 政
奨子内親王(達智門院) ❸ 1319·3·27 政／11·15 政／1339·是冬 文／1348·11·2 政
祥子内親王 ❸ 1333·12·28 社
庄司昭夫 ❾ 2011·3·23 政
庄司乙吉 ❽ 1944·11·3 政／11·27 政
庄司勝富 ❺-2 1720·是年 文／1738·是年 文
庄司吉之助 ❾ 1985·4·30 文
庄司元三 ❽ 1945·3·24 政
小路五一 ❼ 1909·3·21 社
庄司孝棋(正司·子寿) ❺-2 1833·是年 文
庄司紗矢香 ❾ 1999·10·10 文
召仕次郎 ❺-2 1791·是年 社
庄司甚右衛門 ❺-1 1612·是年 社／1617·3月 社／1618·11月 社／1644·11·18 社
庄司甚内 ❹ 1600·是年 社
東海林太郎 ❼ 1934·2·15 社／❽ 1951·1·3 社／❾ 1972·10·4 文
庄司虎九郎 ❺-2 1771·3·23 政
正司玲児 ❾ 2010·12·10 社
穠子内親王(じょうし·永安門院) ❷ 1251·11·13 政／1279·11·21 政
韶子内親王 ❶ 921·2·25 社／980·1·18 政
昌子内親王 ❶ 967·9·4 政／973·7·1 政／986·7·5 政／991·4·2 政／999·12·1 政
正直屋宗与 ❹ 1583·8·21 社
性竺(僧) ❹ 1474·1·20 政
城竺(平曲) ❸ 1422·11·18 文
昭日(僧) ❶ 960·8·11 社
静実(僧) ❷ 1110·5·19 社／7·6 政
乗実(僧) ❷ 1126·11·7 政
少室慶芳(僧) ❸ 1381·12·10 社
正実坊(納銭方、僧) ❹ 1465·1·12 政／1466·②·15 政
城島光力 ❾ 2012·10·1 政
聖守(僧) ❸ 1291·11·27 社
性守(僧、天台座主) ❸ 1325·5·21 社
性守(僧、大覚寺門主) ❹ 1530·11·24 社
聖寿(僧) ❸ 1339·3·17 社
松寿院(長氏) ❺-1 1605·是冬 政
祥秀(僧) ❸ 1404·7·2 社
蔣洲(宗信、明) ❹ 1555·11·11 政／1556·2月 政／11·3 政／1557·10月 政
証秀(僧) ❹ 1559·永禄2年 社／1560·2月 政
昌住(僧) ❶ 892·是夏 文／

900·昌泰年間 文
成修(絵師) ❷ 1239·5·1 文
浄宗(僧) ❸ 1434·5·21 文
城宗(平曲) ❹ 1475·8·28 文
城秀(座頭) ❺-1 1653·7·13 文
承秋門院⇨幸子(よしこ)女王
正宗龍統(僧) ❹ 1476·8月 文／1498·1·23 社
承俊(僧) ❶ 905·12·7 社
性春(遣明使) ❹ 1467·是年 政
松春(俳人) ❺-1 1692·是年 文
承順(面打) ❷ 1259·4·22 文／5·5 文
正惇(僧侶) ❻ 1863·3·18 社
定舜(僧) ❷ 1244·3·5 社／1248·6·22 社
浄俊(僧) ❸ 1334·12月 政
定順(絵師) ❷ 1206·是年 文
常順(僧) ❸ 1420·4·9 文
城順(平曲) ❸ 1425·4·25 文
昌準準怡(僧) ❹ 1490·11·8 社
勝如(僧) ❶ 866·8·15 社
性助法親王 ❸ 1282·12·19 社
城初(平曲) ❺-1 1609·3·17 文
定助(仏師) ❷ 1105·12·19 文
定助(東寺僧) ❸ 1334·1·8 社
定助(定法寺僧) ❸ 1432·6·15 社
浄助法親王 ❷ 1280·11·11 社
清浄(僧) ❶ 772·3·6 社
昭乗(僧) ❺-1 1615·是年 文
常勝(僧) ❶ 803·10·29 社
定昭(僧) ❶ 979·2·9 社／983·3·21 社
静昭(僧) ❷ 1003·1·8 社
定証(僧) ❸ 1305·嘉元年間 社
定照(僧) ❹ 1466·4·9 社
承章(僧) ❺-1 1637·4·4 文
上條(じょうじょう)定憲 ❹ 1530·11·6 政／1533·9·26 政／1534·5·21 政／1535·1·24 政／5月 政
上條政繁(宜順) ❹ 1582·11·1 政／1584·6·20 政
上條義真 ❹ 1584·6·20 政
性承親王 ❺-1 1678·2·29 政
性信(仁和寺僧) ❷ 1075·3·2 社
性信(僧) ❷ 1247·是年 文
性信⇨師明(もろあきら)親王
勝信(僧) ❷ 1281·2月 社
証真(僧) ❷ 1186·是秋 社
聖心(僧) ❷ 1229·9·7 社
勝信(僧) ❸ 1287·7·4 社
聖信(僧) ❸ 1327·3·12 社
正信(僧) ❹ 1459·長禄年間 政
尚真(琉球) ❹ 1479·是年 政
性真法親王 ❺-1 1696·1·5 社
聖尋(僧) ❸ 1332·3·8 政／1332·4·10 政
成真(仏師) ❶ 937·是年 文
定深(僧) ❷ 1106·2·23 社／1109·5·9 社／6·8 社／1120·11·22 社
定真(僧、法隆寺別当) ❷ 1110·11·12 社
定真(僧) ❷ 1220·是年 文／1233·10月 文
静真(仏師) ❷ 1127·2·23 文
浄心(僧) ❷ 1166·7·13 社
浄信(尼) ❷ 1233·4·26 社
定親(僧) ❷ 1239·10·10 文／1256·5·10 社／1266·9·9 社
浄真(僧) ❷ 1250·5·27 文／1215·6·6 社
静深(仏師) ❸ 1295·4月 文
定審(仏師) ❸ 1327·2月 文
常心(僧) ❹ 1530·2月 社
常辰(俳人) ❺-1 1660·是年 文
成尋(善慧大師、僧) ❷ 1070·1·11 政／1071·2·2 政／1072·3·15 政／6·2 社／10·7 社／1073·2·1 政／3·2 政·社／3·4 社／6·12 政／1081·10·6 社
成尋(僧、頼朝の使者) ❷ 1185·9·2 政
貞尋(僧) ❷ 1104·7月 社／1108·1·9 社／1118·2·15 社
定尋(僧) ❷ 1141·2·15 文
聖垂方炳 ❺-1 1693·是年 政
松水軒如扶 ❺-1 1682·是年 政
貞崇(僧) ❶ 942·12·19 社
性正(僧) ❶ 847·9·2 政
祥勢(僧) ❶ 895·7·7 社
勝清(僧) ❷ 1204·1·21 社
承誓(僧) ❸ 1291·9·19 社
性西(僧) ❸ 1300·5·25 政
静晴(僧) ❸ 1348·4·22 社／1361·6·5 社
紹清(僧) ❸ 1417·6·17 社
定清(延暦寺僧) ❷ 1039·2·18 政
定清(僧·庭師) ❷ 1250·8·7 文
定西(仏師) ❷ 1177·2月 文
城正(座頭) ❹ 1467·11·1 文
定勢(仏師) ❹ 1488·是年 文
昭西堂(僧) ❸ 1423·11·28 政／1424·2·7 政
証摂(尼) ❶ 852·4·7 社
丈雪 ❺-2 1721·是年 文
趙浙 ❹ 1577·10月 文
勝暹(僧) ❷ 1108·2·8 社
松泉 ❺-2 1728·是年 文
昌詵(僧) ❸ 1408·5·2 社
昌禅(僧) ❶ 943·4·16 社
静暹(仏師) ❷ 1088·3月 文
乗専(僧) ❸ 1352·10·19 文／1357·6·5 社
定泉(僧) ❸ 1452·4·26 政
常全(僧) ❶ 901·3·29 社
定禅(僧) ❷ 1242·9·21 文
貞禅(僧) ❸ 1384·11·1 文
章善門院⇨永子(えいし)内親王
尚祚(僧) ❷ 1225·3月 文
常訴(僧) ❸ 1411·7·9 社
聖聡(僧) ❸ 1393·12月 社／1414·7月 社／1436·⑤·27 文
浄蔵(僧) ❶ 952·7·15 社／954·是年 社／964·11·21 社
常叟宗室(不休斎) ❺-1 1704·5·14 文
定蔵房 ❸ 1415·6·3 社
成尊(僧) ❷ 1074·1·7 社
常尊(円満院) ❺-1 1671·7·2 社
聖尊法親王 ❸ 1370·9·27 社
浄存(僧) ❸ 1434·5·21 文
正田　昭 ❽ 1953·7·27 社
正田絢子 ❾ 2005·9·28 社
正田英三郎 ❾ 1999·6·18 政
勝田主計 ❼ 1916·12·16 政／1917·1·20 政／1918·4·30 政／1924·1·1 政／1928·5·22 政
正田健次郎 ❾ 1969·11·3 文
庄田定賢 ❹ 1554·3·13 社
荘田子謙 ❺-2 1754·3·10 文
庄田佐房 ❷ 1204·3·21 政
荘田泰蔵 ❽ 1957·4·19 政／1959·6·1 政
正田貞一郎 ❼ 1900·10·27 政／❽ 1961·11·9 政
正田富美子 ❾ 1988·5·28 社
庄田隼人 ❹ 1573·5·12 政
正田英三郎 ❽ 1958·11·27 政
荘田平五郎 ❻ 1881·7·8 政／1886·3·29 政／1894·11·21 政／❼ 1922·4·30 政
正田美智子 ❽ 1958·11·27 政／1959·4·10 政
庄田師房 ❷ 1204·3·21 政
庄田安利 ❺-1 1694·1·11 政／1705·9·10 政
小代詮重 ❸ 1370·11·12 政
小代重忠 ❹ 1533·11·10 政
小代重政 ❸ 1383·5·12 政
小代八郎 ❸ 1388·11·3 政
小代広行 ❸ 1399·11·20 政／1401·6·11 政
小代政氏 ❸ 1350·4·21 政
小代宗清 ❸ 1370·11·12 政
小代重俊 ❷ 1247·6·23 政
上代タノ ❽ 1955·11·11 政／1958·9·12 文
昌琢(僧) ❺-1 1617·是年 文／1629·5·4 文／1631·8·13 文
聖達(僧) ❷ 1252·是春 社
浄達(僧) ❶ 707·5·28 政
生智(僧) ❷ 1249·是年 政
紹智⇨藪内(やぶのうち)紹智
昌智(僧) ❺-1 1685·9·6 社
定智(仏師) ❷ 1145·10·23 文
乗智(僧) ❷ 1258·1·30 政／7·17 文
城竹(平曲) ❸ 1423·6·5 文／1424·2·22 文／1425·4·23 文／1432·10·28 文／1436·⑤·1 文
静忠(僧) ❷ 1263·10·2 社
定忠(僧) ❸ 1395·11·2 社
常忠(僧) ❸ 1406·9·10 社
浄忠(僧) ❹ 1556·12·20 社
承澄(僧) ❸ 1282·10·22 社／1299·是年 文
定澄(僧) ❷ 1015·11·1 社
定肇(僧) ❷ 1115·11·25 社
定朝(仏師) ❷ 1020·2·27 文／1022·7·16 文／1023·12·23 文／1026·8·17 文／10·10 文／1036·5·25 社／1039·5·19 政／1040·5·19 文／1041·2·23 文／1046·是夏 文／1048·1·13 文／3·2 社／1053·2·16 文／1054·5·3 文／1057·8·1 文／1067·2·25 文／1157·4·22 文／1176·9·13 文
成朝(仏師) ❷ 1185·5·21 文／10·25 社／1186·3·2 文
常朝(絵師) ❸ 1365·2月 文
定長(三本寺僧) ❹ 1572·6·15 政
乗朝法親王 ❸ 1407·7·3 社
昌倣(僧) ❶ 926·是年 社
聖珍(僧) ❸ 1364·11·24 社

聖珍法親王　❸ 1382·①·18 社
城椿(平曲)　❹ 1540·2·19 文
定珍(僧)　❹ 1572·5·14 文／1580·7·6 文
松亭金水　❺-2 1850·是年 文／❻ 1856·是年 文／1858·是年 文／1862·12·12 文
松笛(僧)　❺-1 1691·是年 文
正徹(清巌正徹·正清、歌人)　❸ 1395·是年 文／1416·6·19 文／1418·7·18 文／1420·2·17 文／1425·3月 文／1429·12月 文／1431·2·4 文／3·27 文／1432·1月 文／4·2 文／1433·1·12 文／1438·6·7 文／1440·3月 文／7月 文／11·27 文／1449·3·27 文／12·21 文／1450·11·8 文／12·9 文／1452·4·7 文／8·15 文／❹ 1456·9·23 文／1457·9·7 文／1459·5·9 文
承伝(遣朝鮮使)　❹ 1456·3·15 政
正憧(僧)　❸ 1350·3·15 政
勝道(僧)　❶ 769·是年 社／816·是年 社／817·3·1 社
常騰(僧)　❶ 815·9·4 社
松洞院兼昭(僧)　❸ 1436·10·3 社
正堂士顕　❸ 1328·是秋 政／1335·是年 政
承道法親王(僧)　❸ 1453·9·10 社
上東門院⇨藤原彰子(ふじわらしょうし)
肖得誠(朝鮮)　❹ 1462·2·16 政
聖徳太子(厩戸豊聡耳皇子)　❶ 574·是年／593·4·10／598·4·15／601·2月 政／604·4·3 政／606·7月 政／613·9·15 政／12·1 政／615·4·15 文／620·是年 政／622·2·22 政／623·3月 文／❷ 1203·5·28 社／1214·6·29 社／1265·7·22 社／❺-2 1743·④·1 社
称徳天皇⇨孝謙(こうけん)天皇(重祚)
章徳門院⇨璜子(こうし)内親王
庄内作右衛門　❺-1 1669·10·24 シャクシャインの蜂起
肖奈(王)福信　❶ 747·6·7 政／750·1·27 政
小那覇雲上安英　❺-2 1766·8·15 政
少弐(氏)　❷ 1281·8月 政
少弐景資　❷ 1274·10·19 政／1281·⑦·5 政／❸ 1284·4·12 政／1286·9·28 政
少弐景泰　❸ 1285·11·25 政
少弐賀摩兵衛尉　❷ 1185·2·1 政
少弐小法師丸　❸ 1430·1·17 政
少弐(武藤)貞経　❸ 1316·5·6 政／1321·9·12 政／1322·4·1 政／5·8 政／1332·2·1 政／1333·3·13 政／4·2 政／5·25 政／6·10 政／1334·1月 政／1335·1·12 政／1336·2·29 政
少弐貞頼　❸ 1316·2月 政／1397·1·8 政／是年 政／1398·④·25 政／10·16 政／1400·5·9 政／10·26 社／1404·4月 政／6·20 政
少弐資嗣(法師丸)　❸ 1430·7月 政／1431·10·3 政
少弐資時　❷ 1281·7·2 政
少弐資元　❹ 1498·2·24 政／1501·⑥·24 政／7·23 政／1504·是年 政／1506·3月 政／1507·3月 政／1508·2·20 政／1509·8月 政／1523·是年 政／1528·7·10 政／1530·4月 政／8·15 政／1532·8月 政／11·15 政／1533·2·11 政／4·3 政／1534·10·30 政／12·13 社／1535·12·29 政／1536·9·4 政
少弐(武藤)資能　❷ 1246·是年 政／1252·7·12 政／1259·3·9 政／12·7 政／1261·3·22 政／1268·1·1 政／①·18 政／1271·9·13 政／1272·2·11 政／6·24 政／8·11 政／1273·11·16 政／1274·10·13 政／1275·9·22 政／1281·6·6 政
少弐高経　❹ 1491·是年 政／1495·1月 政／1496·1月 政／1497·1月 政／3·15 政
少弐忠資　❸ 1359·8·6 政
少弐経資(浄恵)　❷ 1270·9·15 政／1274·10·19 政／1276·3·21 政／1280·8·27 政／11·7 政／1281·2·18 政／❸ 1282·8·10 政／1284·6·25 政／1286·7·16 政／10·19 政／1288·7·16 政／10·3 政／1289·3·12 政／1290·7·13 政
少弐直資　❸ 1359·8·6 政
少弐教直　❹ 1456·1·15 政
少弐教頼　❸ 1441·1·9 政／10·14 政／1442·6·15 政／12·15 政／1446·是年 政／1447·④·25 政／是年 政／1448·1月 政／是年 政／1449·9·18 社／1453·1·24 政／1454·3月 政／1455·1·4 政／是年 政／❹ 1457·1·10 政／1459·1·12 政／是年 政／1460·4·26 政／1461·1·4 政／1463·2·1 政／1464·1·1 政／1465·1·12 政／9·10 政／1466·1·2 政／1467·是年 政
少弐冬資　❸ 1361·2·12 政／8·6 政／1362·9·21 政／10·20 政／11·3 政／1367·7月 政／1370·11·26 政／1375·7·12 政／8·10 政／8·26 政／10·13 政
少弐冬尚(松法師丸)　❹ 1535·12·29 政／1536·是冬 政／12·13 社／1539·10·29 政／1541·是春 政／1545·1·22 政／2·29 政／4·16 政／1546·1·18 政／1547·8·5 政／10·16 政／1548·是春 政／1554·9·10 政／10·15 政／1558·11·15 政／1559·1·11 政
少弐法師丸⇨少弐資嗣(すけつぐ)
少弐政興　❹ 1562·是年 政
少弐政資(政尚·頼忠)　❹ 1469·1·2 政／5月 政／是年 政／1470·1·5 政／10·19 政／11·14 政／1471·12·26 政／1472·1·2 政／1473·1·6 政／1476·1·13 政／3·27 政／1478·9·16 政／10·3 政／1479·1·1 政／4·17 政／⑨·15 社／1480·3·7 政／1481·1·8 政／1482·1·1 政／9月 政／12月 政／是年 政／1483·10·25 政／1484·1·5 政／12月 政／1485·1·5 政／12·13 社／1487·12·10 政／1489·7·19 政／1491·是年 政／1492·5·2 政／1493·12月 政／1496·1月 政／12·13 政／是年 政／1497·1月 政／3·15 政／1498·2·24 政／7月 政／11·22 政／1499·1·8 政／1502·1·3 政／1504·1·9 政／1549·3·8 政
少弐満貞(満真)　❸ 1404·6·20 政／1414·2·1 政／1419·6·26 政／1423·是年 政／1424·3·4 政／1425·7·13 政／10·28 政／1428·1·7 政／12·7 政／1429·3·27 政／1430·1·17 政／5·22 政／1431·2·29 政／6·28 政／1432·3月 政／10·29 政／1433·3·5 政／8·16 政／1434·1·20 政
少弐盛氏　❸ 1299·1·27 政
少弐(武藤)盛経　❸ 1293·10·14 社／1294·3·27 政／1296·8·16 社／1299·4·10 政／1303·④·17 政
少弐嘉頼　❸ 1434·6·18 政／1435·8月 政／1436·2·15 政／6·1 政／12·26 政／1440·2·25 政／1441·1·9 政
少弐頼国　❸ 1361·7·5 政／8·6 政
少弐頼資(頼尚の子)　❸ 1355·8·18 政
少弐頼忠⇨少弐政資(まさすけ)
少弐頼尚　❸ 1334·3月 政／7·9 政／1335·12·14 政／1336·1·23 政／1338·⑦·1 政／8·4 政／10月 政／1340·3·23 政／8·19 政／1341·6月 政／1342·5·3 政／1344·3·8 社／10·19 政／11·12 政／1345·11月 政／1346·7·5 政／⑨·2 政／1349·9·10 政／1351·9·29 政／1352·11·25 政／1353·2·2 政／1354·2·12 政／1357·12·25 文／1359·4·16 政／8·6 政／10·19 政／11·10 政
少弐頼泰　❸ 1359·8·6 政
少弐⇨武藤(むとう)姓も見よ
証入(僧)　❷ 1245·7·7 社
浄入⇨大西(おおにし)浄入
証如(光教、本願寺僧)　❹ 1528·9·5 社／1532·6·5 社／6·15 政／8·2 政／8·11 政／1533·4·26 政／6·20 政／7·25 社／1534·8·11 政／10·20 政／11·21 政／1535·6·12 政／11月 政／1536·1·4 社／1·22 社／2·13 政／3·2 文／3·24 社／4·1 社／5·27 社／8·19 政／11·12 政／12·24 政／1537·3·15 政／4·4 政／5·13 政／12·28 社／1538·1·17 政／7·4 政／9·14 社／12·1 政／1539·4·27 政／8·14 政／12·5 社／1540·2·12 政／1541·9·3 政／1542·12·28 政／1543·6·17 政／8·3 政／11·14 社／1544·3·11 政／3·21 社／7·30 政／8·24 政／12·29 社／1546·10·29 社／1547·9·3 政／11·3 政／12·1 文／1548·8·15 政／12·7 社／12·5 政／1549·1·20 文／1月 社／12·15 政／1551·2·9 政／4·7 政／12·19 社／1552·9·25 政／12·7 政／1553·11·13 政／1554·8·13 社
承認(僧)　❶ 864·5·9 政
性忍(僧)　❸ 1329·12·9 社
承仁法親王　❷ 1197·4·27 社
性仁法親王　❸ 1304·8·10 政
成忍(仏師)　❷ 1226·是年 文／1230·是年 文／1243·4·21 文
乗忍(僧)　❷ 1254·2·3 文／1258·6·12 文
浄忍(僧)　❸ 1289·11月 政
定任(僧)　❸ 1309·7·27 社

定忍(仏師) ❸ 1370·是年 文
称念(東大寺僧) ❷ 1271·4月 社
称念(京都一念寺僧) ❹ 1554·是年 社
定然⇨藤原定嗣(ふじわらさだつぐ)
庄野英二 ❾ 1993·11·26 文
庄野潤三 ❾ 2009·9·21 文
庄野誠一 ❾ 1992·1·25 文
條野採菊(山々亭有人·伝平) ❻ 1872·2·21 文/❼ 1902·1·24 文
城ノ口みゑ ❽ 1955·1·27 文/❾ 2003·1·16 文
紹巴⇨里村(さとむら)紹巴
貞把(僧) ❹ 1574·12·7 社
肖柏(牡丹花) ❹ 1488·1·22 文/11·22 文/1491·10·20 文/1493·3·9 文/1501·6月 文/1503·10月 文/1505·8·15 文/1510·9·13 文/1511·7·14 文/1515·3月 文/1516·3·10 文/9月 文/1527·4·4 文
松伯(焼物師) ❺-1 1643·寛永年間 文
勝範(僧) ❷ 1070·5·9 社/1077·1·28 社
昌範(僧) ❷ 1209·6·13 社
正般(僧) ❸ 1452·4·7 文
定範(僧) ❷ 1213·7·26 社/1225·2·25 社/是年 社
乗範(西大寺僧) ❷ 1278·7·18 社
乗範(法隆寺僧) ❸ 1284·9月 社
笑福亭岐代松 ❾ 2006·9·15 文
笑福亭松鶴(四代目) ❼ 1912·5月 社
笑福亭松鶴(五代目) ❽ 1945·11·21 文
笑福亭松鶴(六代目) ❽ 1959·3·21 文/1961·2·1 文/❾ 1986·9·5 文
笑福亭松鶴(七代目) ❾ 1996·9·22 文
笑福亭仁鶴 ❽ 1961·2·1 文
笑福亭福松 ❼ 1904·10·14 文
成仏(僧) ❸ 1314·5·1 社
庄兵衛(会津桂林寺町) ❺-1 1682·6·1 社/10·13 社
勝弁(僧) ❷ 1189·是夏 社/是年 文
小辨(金阿弥の弟) ❸ 1405·7·26 文/1406·7·13 文
定遍(僧) ❷ 1185·8·28 社/12·18 社
静遍(僧) ❷ 1224·4·20 社
浄遍(僧) ❷ 1213·3·23 社
浄弁(僧) ❸ 1320·10·14 文/1322·6·8 文/1324·10·13 文/1326·4·20 文/1327·4·12 文/1333·1·15 文
聖宝(僧) ❶ 874·6·1 文/是年 社/875·10·24 社/890·8·11 社/895·12·29 社/908·2·21 文/909·7·6 社
章峰 ❺-1 1695·是年 文
上部乙麻呂 ❶ 746·1·28 社
勝峰大徹 ❼ 1911·2·16 社
正坊(僧) ❸ 1383·4·11 社
定豊(仏師) ❶ 945·9·22 文
成宝(僧) ❷ 1227·12·17 社
浄法(百姓) ❸ 1429·12·8 社
正法院八左衛門 ❺-2 1755·10月 政
城木(座頭) ❸ 1451·7·16 文
紹本(遣明使) ❹ 1460·7·13 政/8·24 政/1464·6·25 政/7·6 政/1467·是年 政
貞末(鋳仏師) ❷ 1150·2·25 文
邵弥(明画家) ❺-1 1640·是年 文
浄密(僧) ❷ 1223·7·9 社
昌明(僧) ❷ 1221·7·24 政
常明(絵仏師) ❷ 1156·是年 文
浄妙(尼) ❸ 1289·8月 社
浄妙(僧、陸奥名主代) ❸ 1300·5·21 政/1322·8·16 社/1323·2·24 政
証明院培子 ❺-2 1733·10·3 政
聖武天皇(首皇子·豊桜彦天皇) ❶ 701·是年 政/714·6·25 政/719·6·10 政/724·2·4 政/10·5 政/726·9·27 政/729·5·20 文/731·9·8 文/734·是年 文/740·10·29 政/756·4·14 政/5·2 政/❷ 1149·10·30 社
紹明南浦(僧) ❷ 1267·是年 政
章明親王 ❶ 961·③月 文/990·9·22 政
承明門院⇨源在子(みなもとざいし)
浄開覚 ❺-1 1646·是年 社
浄瑜(僧) ❸ 1325·9·16 社
正祐(使僧) ❸ 1419·5·29 政
成祐(僧) ❷ 1157·8月 社
定祐(僧) ❷ 1174·是年 文
定祐(仏師) ❷ 1248·4·18 文
定佑(仏師) ❸ 1444·是年 文
定有(仏師) ❸ 1301·9月 文
定有(興福寺僧) ❸ 1393·8·4 社
静祐(僧) ❸ 1346·10月 社
上祐史浩 ❾ 1995·10·7 社/1999·12·29 社
盛誉(僧) ❸ 1362·1·21 社
向誉(僧) ❺-2 1744·是年 文
松誉巌的 ❺-1 1705·是年 文
貞誉(僧) ❶ 942·是年 社
定誉(高野山僧) ❷ 1016·是年 社/1047·2·2 社
定誉(絵僧) ❸ 1307·3·4 文
承誉(僧) ❸ 1314·9月 社/1315·12·9 政/1324·3月 社/9月 社
正預(僧) ❸ 1450·6·4 社
浄耀(僧) ❸ 1354·10月 文
松葉軒才麿 ❺-1 1679·是年 文
正力 亨 ❾ 2011·8·15 政
正力松太郎 ❼ 1924·2·25 文/1931·11·7 社/1935·2·22 政/❽ 1944·10·28 政/1945·10·23 社/12·2 政/1947·9·1 政/1949·2·23 社/1951·8·6 政/1955·11·22 政/12·19 政/1956·3·31 文/5·19 文/1957·7·10 政/❾ 1969·10·9 政
浄力(僧) ❷ 1135·3·9 社
正龍(僧) ❹ 1499·是年 政
正龍斎南窓 ❺-2 1846·4月 文
松嶺智岳(僧) ❹ 1489·8·14 社
祥麟(僧) ❸ 1350·3·15 政
照鄰(僧) ❹ 1473·8·25 政
正琳(僧) ❹ 1588·是年 文
松林伯円(初代) ❻ 1855·10·2 文
松林伯円(若林義行·達弥、二代目) ❻ 1879·3·29 文/1888·5·17 文/❼ 1905·2·8 文
浄林⇨大西(おおにし)浄林
少林如春 ❸ 1411·4·5 社
城齢(検校) ❹ 1490·2·16 社
笑嶺宗訢(僧) ❹ 1583·11·29 社
松嶺道秀(僧) ❸ 1417·2·14 社
証蓮(僧) ❶ 961·7·11 社
浄蓮(走湯山僧) ❷ 1229·2·21 社
浄蓮(宋僧) ❸ 1292·12月 文
常蓮(地頭松熊丸代僧) ❷ 1274·7·25 社
静蓮(僧) ❸ 1327·9·10 社
乗蓮(延暦寺僧) ❸ 1426·11·22 社
乗蓮(性阿弥陀仏) ❸ 1353·3月 文
常楼(僧) ❶ 814·10·22 社
上臈局 ❹ 1600·2·27 社
小禄尚綱(琉球) ❺-1 1684·6月 政
昭和天皇(迪宮裕仁親王)⇨項目 [3] 天皇·皇室·皇居·改元「天皇(歴代)」
如雲(歌人) ❺-1 1684·是年 文
如雲(僧侶) ❻ 1863·9·25 社
如雲舎紫笛 ❺-2 1754·是年 文
ショー, バーナード ❼ 1933·2·27 文
ジョージ(英王孫第二王子) ❻ 1881·10·21 政
ジョージ川口 ❾ 2003·11·1 文
ジョージ親王(英国第四皇子) ❼ 1925·9·15 政/1926·11·18 政
ジョーダン, W ❼ 1923·2·27 政
ジョーレス(仏) ❻ 1864·7·27 政
ショーロホフ夫妻(ソ連) ❾ 1966·5·10 文
ジョーンズ, デビッド ❾ 2005·2·2 社
松鶴家千代菊 ❾ 1996·4·29 文
諸葛琴台 ❺-2 1810·11·17 文
諸葛信澄 ❻ 1872·5·29 文
助寛(僧) ❷ 1110·7·5 社
続 守信 ❶ 661·11月 社/663·2月 政/689·6·19 政/691·9·4 文/692·12·14 文
處謙(僧) ❸ 1330·5·2 社
初興(僧) ❸ 1414·5·18 社
助公(僧) ❷ 1189·12·28 政
如寂(僧) ❺-1 1677·是年 文
如真(僧) ❷ 1263·6月 政
如心斎宗左 ❺-2 1741·12·19 文
ジョスリング(英) ❻ 1863·6·22 政
処斎(僧) ❸ 1341·是年 社
如拙(僧) ❸ 1405·7月 文/1415·8·22 以前 文/1423·9·14 文/1430·是年 文
ジョセフ彦(ヒコ)⇨浜田彦蔵(はまだひこぞう)
助叟(俳人) ❺-1 1694·是年 文
恕中中誓(僧) ❸ 1434·8·23 政/1435·10·15 政/1436·2·4 政/6·26 政/1444·9·6 社
ジョッフル元帥(仏) ❼ 1922·1·20 政
ジョニー吉長 ❾ 2012·6·4 文
ショパン猪狩 ❾ 2005·11·13 文
除風(俳人) ❺-1 1704·是年 文
徐福(除市) ❶ BC219年
舒明天皇(田村息長足日広額尊·田村皇子) ❶ 628·2·27 政/9月 政/629·1·4 政/639·12·14 政/641·10·9 政/643·9·6 政

汝毛多老(太郎)　❸ 1447·④·25 政
ショヤ(庶野、アイヌ)　❹ 1515·6·22 政
汝霖妙佐(僧)　❸ 1368·12 月 政／1378·是春 政
汝霖妙佐(僧)　❹ 1457·2·3 政
ジョルダン(英公使)　❼ 1911·11·5 政／1921·10·2 政
ショルトル(玉突名人)　❻ 1879·7·19 社
ショロニマお春　❺-1 1666·11·4 社
ジョンジグラ(南洋キサイ島)　❼ 1915·7·28 社
ジョンソン(米大統領)　❻ 1867·3·11 社
ジョンソン(米)　❽ 1950·6·18 政
ジョンソン, アレクシス　❾ 1966·7·25 政／10·29 政／1997·3·24 政
ジョン万次郎⇨中浜(なかはま)万次郎
白相文吉　❼ 1910·10·11 社
ジラード, ウィリアム·S　❽ 1957·1·30 政
ジラール(米)　❻ 1859·8·10 政／1861·12·13 社／1862·1·20 社
白井　文　❾ 2002·11·7 社
白井雨山　❼ 1897·11·27 文／1912·10·13 文／1928·3·23 文
白井織部　❻ 1856·3·4 政
白井華陽　❺-2 1832·是年 文
白井喬二　❼ 1924·7·20 文／❽ 1938·9·11 文
白井浩司　❾ 2004·11·1 文
白井光太郎　❻ 1884·3·17 文／11·16 文／❼ 1932·5·30 文／7·19 文
白井治郎右衛門　❺-1 1668·是年 社
白井晨一　❾ 1983·11·22 文
白井宗因　❺-1 1664·是年 文／1670·是年 文／1674·是年 文
白井太郎　❷ 1226·4·20 政
白井太郎左衛門　❺-1 1684·9 月 社
白井鳥酔　❺-2 1769·4·4 文／是年 文
白井鉄造　❼ 1930·8·1 文／❾ 1983·12·22 文
白井平右衛門　❺-1 1714·3·5 社
白井松次郎　❼ 1902·1·1 文／5 月 文／❽ 1951·1·21 文
白井宗務　❺-2 1747·7·12 社
白井義男　❽ 1952·5·19 社／1954·5·24 社／12·26 社／1955·5·30 社／❾ 2003·12·26 社
白井練一　❻ 1889·3·22 文
白石一郎　❾ 2004·9·20 文
白石永仙　❹ 1599·12·8 政
白石加代子　❾ 1970·5·1 文
白石敬子　❾ 1976·9·1 文
白石研吉　❼ 1919·1·12 政
白石浩一　❾ 2012·5·16 文
白石鉱次郎　❾ 1994·3·28 社
白石権右衛門　❺-1 1699·5·7 社
白石正一郎　❻ 1861·9·11 政／1863·6·6 政
白石泰玄　❺-2 1849·是年
白石直治　❼ 1919·2·17 文
白石長実　❸ 1435·10·9 政
白石長忠　❺-2 1826·是年 文／1827·是年 文
白石春樹　❾ 1997·3·30 社
白石彦四郎入道　❸ 1418·4·26 政
白石通教　❽ 1945·8·15 政
白石元治郎　❼ 1912·6·8 政／❽ 1945·12·24 政
白石義明　❽ 1958·4 月 社
白石隆一　❽ 1944·是年 文
白糸(遊女)　❺-2 1716·是年 社
白猪胆津　❶ 574·10·9
白猪広成　❶ 719·⑦·11 政
白猪宝然(骨)　❶ 684·12·6 政／700·6·17 政
白魚時高(行覚)　❷ 1280·11·7 政／❸ 1285·10·29 政／1287·6·30 政／12·30 政／1288·10·29 政／1289·5·23 政／9·17 政／1291·6·29 政／1298·9·2 政／1301·是冬 政／1302·10·8 政／10·15 政／1305·4·6 政／1315·6·2 政
白尾国柱　❺-2 1793·9·3 文／1804·11 月 文
白髪一雄　❾ 2008·4·8 文
白金木左衛門　❹ 1590·4·26 社
白髪皇子　❶ 478·1·1 ／479·10·4
白髪部　鐙　❶ 650·是年 社
白髪部膳夫　❶ 481·2 月
白髪部舎人　❶ 481·2 月
白髪部富比女　❶ 763·10·16 文
白髪部靫負　❶ 481·2 月
白壁王⇨光仁(こうにん)天皇
白髪武広国押稚日本根子尊⇨清寧(せいねい)天皇
白川顕広王⇨顕広(あきひろ)王
白河行円　❸ 1290·7 月 文
白川　静　❾ 2004·11·3 文／2006·10·31 文
白川資顕　❺-2 1757·6·4 政
白川資忠王　❸ 1397·3·29 社／1415·7·16 社／1440·1·20 政
白川資益王　❹ 1468·7 月 文／1484·6·21 政
白川友一　❼ 1915·6·27 政
白川直朝　❹ 1460·10·21 政
白川業資王　❷ 1224·⑦·15 社
白川英樹　❾ 2000·10·10 文／11·3 文／11·6 文
白川方明　❾ 2008·3·19 政
白川雅喬王　❺-1 1688·10·15 社
白川雅陳王　❺-1 1663·2·16 政
白川政朝(陸奥の武将)　❹ 1470·6·12 政
白川雅朝(祭主)　❹ 1582·4·23 政／❺-1 1631·1·23 政
白川義員　❾ 1987·6·16 文
白河義親　❹ 1571·9·5 政／1572·7·13 政／1574·2·6 政／9·7 政／11·13 政／1575·6·9 政／1576·4·27 政／7·3 政／1577·⑦·5 政／1579·5·15 政／1585·11·17 政／1588·4·6 政／1589·7·26 政／1590·1·6 政／3·3 政／4·28 政／8·9 政
白河義典　❷ 1218·12·5 政／1219·2·6 政
白川義則　❼ 1923·5·10 文／1925·12·8 政／1927·4·20 政／1931·10·18 政／1932·4·29 政／5·26 政
白川王(忠富)　❹ 1501·1·25 文
白河天皇(貞仁親王·六條帝)　❷ 1053·6·19 政／1069·4·28 政／1072·12·8 政／1086·11·26 政／1091·2·17 政／1094·8·17 政／1096·3·15 政／1101·4·3 政／5·16 社／6·15 政／1102·3·18 政、文／6·19 文／1107·7·19 政／1108·2·4 文／9·26 文／11·17 文／1109·8·18 社／1110·3·12 文／5·11 文／6 月 社／是年 政／1111·1·10 政／3·11 社／4·28 政／5·21 社／6·19 文／9·23 社／1112·2·27 文／3·16 政／5·13 政／12·19 社／1113·③·2 政／4·21 政、社／6·8 政／1114·1·8 文／2·11 文／3·6 文／6·24 政／8·3 政／11·4 政／11·29 社／1115·2·2 政／3·28 文／9·21 文／11·2 政／12·26 政／1116·①·12 政／4·30 政／10·26 政／1117·1·13 政／3·12 社／7·2 政／10·22 政／11·6 社／1118·2·10 文／4·21 社／5·18 社／7·9 政／8·9 社／⑨·7 政／11·4 政／1119·3·25 政／9·4 社／9·27 政／10·9 社／11·27 文／1120·1·9 政／4·15 社／5·1 社／10·3 政／11·8 政／1121·5·26 政／6·14 社／1122·2·21 政／4·23 文／12·15 社／1123·12·1 文／1124·2·10 文／2·19 政／5·25 文／1125·3·6 政／5·23 社／11·9 政／1126·2·2 政／3·13 政／8·10 政／10·21 社／11·9 政／12·27 政／1127·1·12 社／10·30 政／是年 文／1128·2·13 政／3·22 政／5·11 政、文／10·21 社／10·29 政／1129·1·8 文／2·2 政／2·9 文／3·19 社／5·10 文／6·14 社／6·26 社／7·7 政／7·20 社／7 月 社／1130·7·2 社
白木義一郎　❾ 1967·2·13 政
白木博次　❾ 1966·3·9 社
白木保之　❻ 1878·6·17 政
新羅山人　❺-2 1755·是年 文
新良木舎前麻呂　❶ 763·8·24 政
シラク(仏)　❾ 1976·7·29 政／1996·11·18 政／1998·4·25 政／2000·7·19 政／2005·3·27 政
白子屋伊兵衛　❺-1 1681·是年 政
白子屋勘七　❺-2 1734·3·4 社／1741·9·16 社
白子屋甚兵衛　❺-1 1681·是年 政
白崎善吉　❻ 1893·1·28 社
志良守叡草　❶ 696·3·12 政
白洲次郎　❽ 1950·4·25 政
白須俊朗　❾ 2008·9·7 社
白瀬京子　❾ 1970·8·22 社
白瀬　矗(知教)　❼ 1910·7·5 社／11·29 社／1912·1·15 社／❽ 1946·9·4 社
白瀧幾之助　❼ 1897·10·28 文／是年 文
白戸栄次郎　❼ 1911·5·5 社
白戸兼吉郎　❻ 1863·5·23 文
白戸半次郎　❽ 1940·10·19 社
白土若狭守　❹ 1571·5·8 政
白鳥一雄　❽ 1952·1·21 社
白鳥庫吉(倉吉)　❼ 1934·10 月 文／❽ 1942·3·30 文
白鳥省吾　❼ 1924·3 月 文
白鳥村主　❶ 796·4·14 社

白鳥敏夫 ❽ **1945**·11·19 政
白仁　武 ❼ **1917**·7·31 政／**1924**·9·20 社／❽ **1941**·4·20 政
不知火諾右衛門 ❺-2 **1840**·11月 文／**1842**·是年 社／**1843**·⑨·25 社
不知火光右衛門 ❻ **1863**·10月 社／**1867**·4·16 社
白根専一(専八) ❻ **1892**·7·20 政／**1895**·10·9 政／❼ **1898**·6·14 政
白根勇蔵 ❺-2 **1817**·是年 社
白羽大介 ❾ **2005**·12·26 文
白羽ゆり ❾ **2005**·11·11 文
白浜　徴 ❼ **1906**·8·1 文／**1928**·4·8 文
白浜三之助 ❺-2 **1755**·5·23 政
白浜重政 ❹ **1586**·10·26 政
白浜仁吉 ❾ **1978**·12·7 政
白浜ワカ ❾ **1992**·6·16 社
白真弓肥太右衛門 ❻ **1853**·是冬 社
白面舎狸友 ❺-2 **1824**·6·7 社
白柳秀湖(武司) ❼ **1905**·9·10 文／❽ **1950**·11·9 文
白柳誠一 ❾ **2009**·12·30 社
白山松哉 ❼ **1906**·3·29 文／**1923**·8·7 文
脂利古(蝦夷) ❶ **689**·1·3 社
慈隆(僧侶) ❻ **1872**·11·24 社
子麟(唐僧) ❶ **935**·是年 政
シルヴァ(修道士) ❹ **1553**·是年 文
シルヴァ，リナルド·デ·リマ·エ ❼ **1925**·4·13 政
シルヴェイラ，ドン·ゴンサロ·ダ ❺-1 **1630**·7月 政／**1634**·1·28 政／2·15 政／9·20 政／**1635**·5·25 政／9·21 政／**1636**·7·8 政
シルバ，ドン·ファン·デ ❺-1 **1612**·6·1 社
しれん(尼) ❸ **1343**·6·20 社
慈蓮(僧) ❷ **1020**·1·7 文
持蓮(僧) ❷ **1276**·3·11 政
城井久右衛門 ❺-1 **1616**·4·1 政
城井秀房 ❹ **1469**·是春 政
城石　武 ❾ **2011**·1·7 政
四郎(宋石工) ❷ **1209**·3·7 文
四郎(四天王寺大工) ❸ **1333**·1·26 文
而羅(四郎) ❸ **1432**·5·23 政
次郎(宋石工) ❷ **1209**·3·7 文
次郎(傻士) ❷ **1242**·3·12 社
而羅音波(対馬) ❸ **1451**·1·4 政
時羅三甫羅(而羅三甫羅·次郎三郎か、対馬) ❸ **1426**·1·3 政／**1428**·8·13 政
時羅沙也(対馬) ❸ **1441**·1·11 政
時羅沙也文(而羅沙也文、対馬) ❸ **1443**·1·1 政／6·10 政
四郎与吉(浄瑠璃語り) ❺-1 **1651**·慶安年間 文
二郎左衛門(東保村) ❹ **1514**·2·13 社
二郎左衛門(鋳物師) ❹ **1569**·7·20 社
次郎右衛門宗久(大工) ❹ **1513**·2·12 文
四郎右衛門尉(能登) ❹ **1578**·8·22 社
次郎左衛門宗安(棟梁) ❹ **1539**·5·7 社
治郎左衛門宗清(奉行人) ❸ **1320**·元応年間 社
而羅時羅(次郎四郎、対馬) ❹ **1497**·1·7 政
四郎兵衛(巾着切り大将) ❺-1 **1642**·11·2 社
治郎兵衛(漁師) ❺-1 **1629**·是年 社
二郎兵衛(高田村) ❺-1 **1667**·3·9 政
城尾哲哉 ❾ **2007**·4·17 政
白銀屋与左衛門 ❺-2 **1762**·11·30 社
白崎八左衛門 ❺-1 **1640**·1·7 社
シロタ，ゴードン，ベアテ ❾ **2012**·12·30 政
白田山政慶 ❹ **1565**·10·18 社
城山三郎 ❽ **1958**·10月 文／❾ **1975**·2·16 文／6月 文／**1978**·1月 文／**2007**·3·22 文
城山静一 ❻ **1869**·8·23 政
シン(インド) ❾ **2005**·4·29 政／**2007**·8·19 政／**2012**·3·26 政
陣　佐左衛門 ❺-1 **1661**·8月 政
沈(しん)惟岳 ❶ **761**·8·12 政／**762**·1·6 政／5·19 政
沈　惟敬(明) ❹ **1592**·8·29 文禄の役／11·20 文禄の役／11·26 文禄の役／**1593**·4·18 文禄の役／5·8 文禄の役／8·29 文禄の役／12·24 政／**1594**·1·20 文禄の役／**1595**·1·30 文禄の役／4·27 文禄の役／**1596**·1·3 文禄の役／5·4 文禄の役／6·27 文禄の役／**1597**·6·27 慶長の役／7月慶長の役
慎　栄来 ❺-2 **1753**·1·6 政
仁　悦慈(琉球) ❸ **1392**·5·3 政
辛　基秀 ❾ **2002**·10·5 文
信　欣三 ❽ **1942**·2·21 文
普　勲助 ❸ **1289**·是年 文
辛　啓栄 ❺-1 **1624**·12·19 政
沈　敬瞻 ❺-2 **1780**·4·30 政
秦　耕耘 ❾ **2012**·11·20 社
申　思佺(高麗) ❷ **1268**·12·4 政
申　繻(朝鮮) ❺-1 **1643**·7·18 政
神　秋連 ❶ **937**·8·5 政
申　叔舟(朝鮮) ❸ **1443**·6·19 政
申　叔舟(明) ❹ **1471**·12月 文
申　青泉 ❺-2 **1719**·10·1 政
沈　石田 ❹ **1475**·是年 文
沈　荃 ❺-1 **1638**·2·28 島原の乱／**1677**·是年 文
神　善四郎(秤座、初代) ❺-1 **1611**·10·3 文／**1615**·3月 文
神　善四郎(秤座、三代目) ❺-1 **1660**·7·22 文
神　善四郎(秤座) ❺-2 **1744**·2·14 文／**1777**·8·23 文／**1804**·11·2 文／**1819**·5·4 文
沈　岱 ❹ **1592**·10·19 文禄の役
沈　大成 ❺-2 **1727**·6月 文／8·21 政
任　仲元 ❶ **866**·4·17 政／5·21 政
沈　道古 ❶ **838**·是年 文
秦　徳純 ❼ **1935**·6·5 政
沈　南蘋(衡之·衡斎·詮) ❺-2 **1716**·是年 文／**1731**·12·3 文／是冬 文／**1732**·是年 文／**1733**·9·18 文／**1748**·是年 文／**1756**·是秋 文／**1759**·是年 文
沈　爕庵 ❺-2 **1727**·12·9 文／**1731**·4·11 文
沈　満志 ❹ **1474**·4·2 政
沈　文殊 ❶ **575**·12·9
辛　泳洙 ❾ **1974**·7·22 政
申　砬 ❹ **1592**·4·27 文禄の役
辛　良(新羅) ❶ **824**·5·11 政
信阿(僧) ❷ **1161**·10·15 文
真阿(浄光明寺僧) ❷ **1251**·是年 社
真阿(十念寺僧) ❸ **1440**·7·2 社
真阿(地頭尼) ❷ **1276**·③月 社
心阿(尼、行綱娘) ❸ **1339**·9·1 社
心阿(僧、浄土本) ❺-1 **1713**·是年 文
仁位(じんい)孫一郎 ❻ **1867**·3·29 政
普一(僧) ❸ **1309**·是年 文
神咋(宇佐宮) ❸ **1313**·8月 文
神恵(僧) ❶ **890**·4·8 社
真恵(僧、東大寺別当) ❷ **1236**·11·4 社
真恵(僧、建武式目) ❸ **1336**·11·7 政
真恵(伊勢専修寺僧) ❹ **1527**·大永年間 社
神叡(僧) ❶ **693**·3·16 政
信永(僧) ❷ **1103**·3·25 社／**1118**·2·29 社
心越興儔(僧) ❺-1 **1677**·是年 政／是年 文／**1681**·是年 社／**1692**·是年 文
新右衛門(所司代の弟) ❹ **1462**·8·17 政
新右衛門(銅屋) ❹ **1520**·文亀·永正年間 社
甚右衛門(碑殿村) ❺-2 **1750**·1·15 社
新右衛門尉(琉球) ❹ **1477**·6·6 政
信円(僧、兼定弟) ❷ 1180·5·11 政／**1183**·⑩·28 政／**1224**·11·19 社
信円(金峰山僧) ❷ **1208**·④·25 社
真円(真如院僧) ❷ **1195**·1·16 社／**1204**·5·1 社
真円(崇福寺僧) ❺-1 **1620**·是年 社／**1624**·是年 社／**1648**·2月 社
親円(僧) ❸ **1299**·12·23 政
心苑(足利義政の使者) ❹ **1470**·8·25 政
尋円(僧、一條上皇出家) ❷ **1011**·6·19 政／**1031**·12·2 社
尋円(興福寺大乗院僧) ❹ **1570**·是年 社
真翁⇨藪内紹智(やぶのうちじょうち、二代目)
仁旺(宋) ❷ **1009**·9·8 政
真翁宗見(僧) ❹ **1516**·5·24 社
真雅(僧) ❶ **879**·1·3 社
真快(仏師) ❷ **1130**·是年 文／**1131**·是年 文
心海(僧) ❷ **1227**·③·1 文
親快(僧) ❷ **1244**·2月 文／**1245**·是年 文／**1276**·5·26 社
信海(絵師) ❷ **1278**·12·1 文／**1280**·11月 文
信海(僧) ❸ **1282**·9月 文
深快(僧) ❸ **1304**·3·22 社
新海竹蔵 ❼ **1925**·9·2 文／❽

1949·10·29 文／1951·9·1 文／❾ 1968·6·13 文
新海竹太郎　❼ 1903·1·28 社／1907·10·25 文／1910·10·14 文／1913·10·15 文／1917·6·11 文／1919·5·29 社／1926·10·16 文／1927·3·12 文
新開道善　❹ 1578·是年 政／1580·是年 政／1582·9·16 政
新開真行　❸ 1355·2·7 社／1362·7·23 政
新開之実　❹ 1465·9·16 政
新開遠江守　❸ 1356·2·7 社
真覚(僧)　❶ 915·12·1 社／978·是年 社
真覚(尼)　❷ 1232·9·7 文
深覚(僧)　❶ 998·12·16 社／❷ 1016·6·9 社／1018·5·11 社／1031·1·11 社／1043·9·14 社
信覚(僧)　❷ 1071·2·22 社／1082·8·13 社／1084·9·15 社
親覚(僧)　❷ 1213·9·29 社
心覚(僧)　❷ 1172·6·18 文／1182·6·24 社／是年 文
尋覚(僧)　❷ 1204·8·22 政
尋覚(僧)　❸ 1318·8·16 社
陣鐘寅吉　❺-2 1809·6·20 社
新川順庵　❺-2 1832·是年 文
深観(僧)　❷ 1047·7月 社／1050·6·15 社
真観(僧)　❷ 1264·12·9 文
真観⇨浄阿(じょうあ)
深寛(僧)　❸ 1287·1·17 社
尋観(僧)　❸ 1371·9·12 社
心巌周巳(僧)　❸ 1398·3·4 社
真喜(僧)　❶ 999·2·7 社／1000·2·7 社
真義(僧)　❶ 693·11·14 社
真教(僧)　❸ 1303·2月 社
真境性致(僧)　❹ 1488·1·20 政
信堯坊　❷ 1267·是年 文
真空(仏照寺僧)　❷ 1207·3·16 社
真空(僧、高僧伝)　❷ 1268·7·8 社
信空(白川松林房僧)　❷ 1228·9·9 社
信空(西大寺僧)　❸ 1290·是年 社
心空(僧、朗詠要抄)　❷ 1265·11·11 文
心空(僧、法華経音義)　❸ 1365·是年 文／1386·是年 文
新宮明継　❸ 1349·是年 政
新宮行蔵　❻ 1865·9·25 政
新宮時兼　❸ 1433·10·23 政
新宮時康　❸ 1418·1·24 政／1419·6·29 政
新宮長栄　❼ 1903·10·21 社
新宮盛俊　❸ 1413·12·1 政
新宮涼庭　❺-2 1819·是年 文／1839·3 文
神功皇后(気長足姫尊)　❶ 書紀·仲哀 2·1·11／仲哀 2·6·10／仲哀 9·3·17／10·3／神功 1·2月／神功 69·4·17／841·5·3 政
真空妙応　❸ 1351·10·25 社
甚九郎(板木屋)　❺-1 1694·1月 文
信慶(僧、僧綱)　❶ 998·是年 社
信慶(僧、兵範記)　❷ 1157·5·5 社
信慶(仏師)　❷ 1238·5·25 文
親慶(僧)　❷ 1224·7·24 社
心敬(連歌師)　❹ 1457·9·7 文／1463·3月 文／5月 文／1465·4月 文／1467·4月 文／8·30 文／1468·4·29 文／7·18 文／1469·初春 文／1471·3·29 文／1474·6·17 文／1475·4·16 文
真慧(僧)　❹ 1477·6·9 社／1512·10·22 社
信芸(僧)　❷ 1277·8月 文
真敬法親王　❺-1 1706·7·7 社
心月梵初　❹ 1489·7·28 政
心賢(僧)　❷ 1072·3·15 政／1073·6·12 政
深賢(仁和寺僧)　❷ 1195·4月 社
深賢(絵師)　❷ 1199·8月 文／是年 文／1201·是年 文
信賢(僧)　❷ 1216·12·8 社
真顕(僧)　❸ 1363·6·5 社
神彦(新羅僧)　❶ 893·3·3 政
信憲(僧)　❷ 1225·9·11 社
信厳(僧)　❷ 1104·12·8 社／1105·1月 社
親厳(僧)　❷ 1235·11·21 社／1236·11·2 社
親玄(僧)　❸ 1292·10·3 社／1322·3·16 社
心源(僧、大勧進)　❸ 1315·9·23 社
心源(僧、幕府使)　❸ 1431·11·28 政
尋憲(僧)　❹ 1570·是年 社／1581·12月 社／1584·8·13 社
心源希徹(僧)　❸ 1403·10·13 社
仁悟法親王　❹ 1515·②·12 社
信弘(仏子、僧)　❶ 997·9·20 文
信弘(僧、今川了俊の使者)　❸ 1377·8月 政／1378·6月 政／7月 政／11月 政／1379·6月 政
真興(僧)　❷ 1004·10·23 社
仁好(僧)　❶ 838·7·5 文
仁康(僧)　❶ 991·3·18 社
尋光(僧)　❷ 1011·6·19 社／1038·5·25 社
仁孝皇后(明)　❸ 1408·12·15 政
新国上総　❹ 1576·8·21 政
新五左衛門尉(番匠)　❹ 1575·12·6 社
真済(僧)　❶ 860·2·25 社
神西 清　❽ 1947·9月 文／1951·11月 文
新左衛門(大工)　❹ 1594·是年 社
新朔平門院⇨鷹司祺子(たかつかさやすこ)
新里銀三　❽ 1950·10·28 政
信三甫羅(倭寇)　❹ 1590·2·28 政
甚三郎(魚市場)　❺-1 1643·寛永年間 社
禛子(しんし)内親王　❷ 1130·11·8 社
真子内親王　❶ 870·5·5 政
進士氏行　❸ 1402·4·5 政
進士九郎(賢光)　❹ 1551·3·4 政
宍道恒太　❺-2 1852·12·8 社
心地覚心⇨無本覚心(むほんかくしん)
神子栄尊(じんしえいそん·僧)　❷ 1235·4月 政／1238·6月 社／1240·是年 社／1241·是年 社／1272·12·28 社
仁子内親王　❶ 889·1·24 政
新待賢門院⇨阿野廉子(あのれんし)
神日(僧)　❶ 916·10·27 社
仁実(僧)　❷ 1128·8月 政
信実(僧)　❷ 1158·7·17 政／1159·9·21 社
深子名(明)　❸ 1374·12·24 政
新沙汝文(対馬)　❺-1 1606·8·23 政
深守法親王　❸ 1391·4·15 社
神修(僧)　❶ 856·是年 社
真重(画工)　❹ 1560·11·1 文
審祥(僧)　❶ 740·10·8 社
真紹(僧)　❶ 853·10月 社
信昭(僧、土地購入)　❷ 1072·1·20 社
信昭(僧、華頂要略)　❸ 1286·6·14 社
信昭(法輪寺僧)　❸ 1312·3月 文／1348·1·15 政
信証(僧)　❷ 1142·4·8 社
真性(僧、天台座主)　❷ 1203·9·15 社／10·25 社／1230·6·14 社
真性(清原良兼)　❸ 1361·3·30 文
真照(僧)　❷ 1260·是年 政
心性(僧)　❸ 1306·6·1 文
深性法親王　❸ 1299·6·7 社
信静(僧)　❶ 940·6·2 社
新庄吉右衛門　❺-1 1666·是年 社
新庄蔵人　❹ 1584·10·7 社
新城新蔵　❽ 1938·8·1 文
新庄剛志　❾ 2000·12·11 社／2004·7·11 社
新庄直貞(常陸麻生領主)　❺-1 1612·12·19 政
新庄直定(奏者番)　❺-1 1618·4·21 政
新庄直時　❺-1 1676·7·2 政
新庄直頼　❹ 1582·是年 政／1594·2·21 文／1595·是年 政／❺-1 1612·12·19 政
真松斎春渓　❹ 1564·3月 文
新上西門院⇨鷹司房子(たかつかさふさこ)
真紹鎮玄(僧)　❹ 1495·3·26 社
新上東門院⇨勧修寺晴子(かじゅうじはれこ)
真助法印妻　❹ 1483·11·24 文
仁助法皇　❷ 1249·8·14 社
新四郎(相撲行事)　❸ 1375·3·10 社
新四郎(琉球)　❹ 1483·12·18 政
新四郎(相模新砂村)　❺-1 1659·是年 社
新時羅(新四郎、琉球)　❹ 1479·5·3 政
尋清(僧)　❷ 1049·12·28 社／1051·3·21 社／6·18 社
信瑞(僧)　❷ 1226·是年 文／1236·是年 文
芯蒭盤察　❺-1 1686·是年 文
新崇賢門院⇨櫛笥賀子(くしげよしこ)
甚介(大工)　❹ 1576·6·14 文
真盛(僧)　❹ 1485·12·8 文／1486·5·27 文／是年 社／1490·是年 社／1492·是年 社／1495·2·30 社
真済(僧)　❶ 835·10·2 文／836·8·20 政／9·13 文
信西⇨藤原通憲(ふじわらみちのり)
新清和門院⇨欣子(きんし)内親王
真説(僧)　❺-1 1646·是年 文
真然(僧)　❶ 887·是年 文／

891·9·11 社
真禅(曲舞)　❹ 1477·①·20 文
心前(連歌)　❹ 1564·5·12 文／1582·6·9 政
尋禅(僧)　❶ 985·2·27 社／990·2·17 社
任禅(僧)　❸ 1303·1·29 文
神仙門院⇨體子(たいし)内親王
真操(僧)　❸ 1441·9·5 政
仁宗(僧)　❶ 995·8·19 文
仁宗(明)　❸ 1424·是年 政
真尊(僧)　❸ 1428·6·1 文
信尊(大乗院僧)　❺-1 1676·4·3 社
尋尊(僧)　❹ 1456·2·10 社／1457·3·12 文／1458·3·7 社／10·18 文／1459·3·5 文／1460·3·4 文／12·9 文／1469·11·2 文／1471·5·1 文／1472·5·27 文／7·1 文／1477·5·13 文／1478·7·28 文／8·18 文／11·5 文／1479·4·16 文／1480·12·21 政／1482·1·20 社／1483·12·12 政／1484·2·12 文／1485·8·1 政／11·18 社／1490·8·27 文／1491·9·29 文／1495·2·20 文／1502·5·7 社／1505·5·4 政
進陀(百済)　❶ 554·2月
神代徳次郎　❺-2 1849·8·26 社
新待賢門院⇨正親町雅子(おおぎまちまさこ)
新谷寅三郎　❾ 1966·8·1 政／1972·12·22 政
新谷秀雄　❾ 1995·1·28 文
薪谷　翠　❾ 2005·9·8 社
新谷六左衛門　❺-2 1807·4·16 政
心知(尼)　❸ 1383·11·15 社
親智周智　❶ 611·8月 政
信忠(僧)　❸ 1322·10·19 社
信中以篤　❸ 1451·10·1 社
新中和門院⇨近衛尚子(このえひさこ)
信朝(僧)　❷ 1141·12月 社
真澄(大工)　❸ 1319·6月 文
真迢(僧)　❺-1 1637·是年 文／1659·11·2 社
森鉄(儒者)　❺-2 1784·是年 文
心田清播(僧)　❸ 1439·是年 社／1447·是年 社
神奴兼貞　❸ 1362·2·11 社
神道開元　❺-1 1690·1·11 社
進藤一馬　❽ 1943·10·21 政
新藤兼人　❾ 2002·11·3 文／2012·5·29 文
進藤喜平太　❻ 1877·11·7 社／1879·4月 政／❼ 1925·5·11 政
進藤三郎　❽ 1940·8·19 政
進藤純孝　❾ 1999·5·9 文
進藤武左衛門　❽ 1961·11·13 政
真藤　恒　❾ 1990·10·9 政／2003·1·26 政
進藤正次　❹ 1600·10月関ヶ原合戦
新藤義孝　❾ 2012·12·26 政
真道黎明　❼ 1933·9·3 文／❽ 1960·9·1 文
新藤五国光　❸ 1293·10·3 文
新内光翁大夫　❾ 2004·7·24 文
新内侍局　❺-2 1811·4·25 政
新鍋理沙　❾ 2012·7·27 社
真如(高岳親王)　❶ 809·4·14 政／810·9·13 政／9·16 政／835·1·6 政／3·21 文／855·9·28 文／860·10·15 社／861·3·30 社／8·9 政／862·6·14 政／7月 政／863·4月 政／5·11 政／864·5·21 政／865·1·27 政／873·11·14 政／879·⑩·3 政／881·10·13 政
信如(僧)　❷ 1274·2·26 文
しんにょろ(メディナ)　❺-1 1615·9·9 政
真仁法親王　❺-2 1787·4·26 文
深仁法親王　❺-2 1807·7·21 社
進奴(百済)　❶ 554·2月
真然(僧)　❶ 876·6·6 文
神野九兵衛　❻ 1892·10·1 社
シンハ(インド)　❾ 2003·1·7 政
辛波古知　❶ 814·10·27 政
信培(僧)　❺-2 1747·2·19 社
新場小安　❻ 1865·8·5 社
ジンバリスト(ヴァイオリニスト)　❼ 1922·5·1 文／1935·5·6 文
真範(僧、興福寺別当)　❷ 1044·6·25 社／1054·12·5 社
尋範(僧、護持僧)　❷ 1165·10·26 社／12·19 社／1167·3·10 政／1173·6·29 社／1174·4·9 社
甚謖志里(琉球)　❸ 1417·4·28 政／1419·1·23 政
秦筆(僧)　❶ 668·9·12 政
真福良王　❶ 839·1·11 政
新平太(悪党)　❷ 1238·8·19 社
新平太郎(賊)　❷ 1241·10·19 社
甚兵衛(京都歌舞伎座)　❺-1 1700·1·23 文
甚兵衛(百姓)　❺-2 1784·2·23 文
真弁(僧)　❷ 1262·6·10 政
神保氏張　❹ 1592·8·5 政
神保覚広　❹ 1572·6·15 政
神保光太郎　❽ 1944·3月 文／❾ 1990·10·24 文
神保小虎　❼ 1924·1·18 文
神保左兵衛　❻ 1856·3·1 政
神保茂明　❺-1 1650·9·19 政／1662·5·15 政
神保忠利　❺-1 1667·②·28 政
神保長誠　❹ 1493·6·29 政
神保長住　❹ 1581·3·24 政／10·9 社
神保長治　❺-1 1712·10·3 政
神保長職　❹ 1562·9月 政
神保信彦　❽ 1952·2·20 政
神保弥兵衛　❺-1 1666·11·27 政
神保与三左衛門　❹ 1478·8·11 政
神保良春　❹ 1560·3·26 政／10·17 政
神保良衡　❹ 1544·3·11 政
神保慶宗　❹ 1493·6·29 政／1506·7·17 社／1516·9·9 政／1518·7·10 政／1519·2·2 政／10·6 政／12·21 政／1520·6·13 政／12·21 政
神保蘭室　❺-2 1776·4·18 文
神保れい　❾ 1996·7·19 社／2000·9·15 社
神保　某(僧)　❸ 1423·11·28 政
神保越中守　❸ 1454·4·3 政
神保舎人　❺-2 1774·5·29 政
信法(僧)　❷ 1153·8·19 社
真房(大禰宜)　❷ 1162·②月 社／1164·6月 社
信法法親王　❷ 1143·9·29 政
新間正次　❾ 1993·8·31 政／1994·7·15 政／7·18 社
甚麻之里(琉球)　❸ 1413·1·16 政
陣幕久五郎　❻ 1867·1月 社／4·16 社／❼ 1903·10·21 社
新松忠義　❺-2 1724·是年 文
新見正興　❻ 1859·7·8 政／9·13 政／9·13 万延遣米使節／1869·7·18 政
新見正信　❺-1 1678·11·7 政
新見正路　❺-2 1829·4·15 社／1831·3·8 社
新名丈夫　❽ 1944·2·8 社／2·23 政
真牟貴文　❶ 543·9月
神武天皇(神日本磐余彦尊)　❶ 書紀·神武 1·1·1／神武 76·3·11
新村　出　❼ 1898·5月 文／1926·10·2 文／❽ 1938·5·28 文／1942·8·21 文／1955·5月 文／❾ 1967·8·17 文
新村　猛　❾ 1992·10·31 文
新村忠雄　❼ 1911·1·18 政
新室町院⇨珣子(じゅんし)内親王
新免長重　❹ 1480·6月 政
新免武蔵⇨宮本(みやもと)武蔵
新免加賀守　❸ 1364·11·15 社
信茂(絵師)　❷ 1134·4·21 社
真慕宣文　❶ 547·4月／548·1·3
新門(町田)辰五郎　❼ 1933·1·5 社
新屋元左衛門　❺-2 1800·是年 政
新屋庄左衛門　❺-1 1619·2月 社
新屋理与門　❻ 1871·11·24 社
心誉(僧)　❷ 1029·8·12 社
神予(僧)　❶ 934·2·20 社
新陽明門院⇨藤原位子(ふじわらいし)
新楽閑叟　❺-2 1797·是年 文
森羅亭万象(初代)　❺-2 1808·12·4 文
親鸞(僧)　❷ 1201·3月 社／是年 社／1207·2·18 社／1211·11·17 社／1214·是年 社／1224·1月 社／1230·5·25 文／1231·4月 社／1232·是年 社／1235·2月 社／6·19 社／1238·是年 社／1241·10·14 文／1243·12·21 社／是年 文／1246·3·14 社／1247·是年 文／1248·1·21 文／1250·10·16 文／1251·⑨·20 社／1252·2·24 社／3·4 文／1255·6·2 文／8·6 文／10·3 社／1256·5·29 社／7·25 文／1257·1·27 文／2·17 文／1258·6·28 文／1262·11·28 社／1280·10·25 社／❸ 1283·2·2 文／❹ 1477·2·15 文／1480·8·28 社／1519·11·10 文
深理(僧)　❷ 1029·②·9 社
真梁(僧)　❸ 1394·是年 社
心林(僧)　❸ 1446·4·15 文
心蓮(僧)　❷ 1181·4·18 社／1189·9·10 社
尋蓮(僧)　❷ 1221·5月 文

す

瑞　国公(安南)　❺-1 1605·9月 政
ズイ·チン，グエン(ベトナム)　❾

1978·12·14 政
随意(僧) ❺-1 1623·1·5 社
随縁(僧) ❸ 1307·6·18 社
翠園(俳人) ❺-2 1813·是年 文
遂翁元盧(僧) ❺-2 1789·12·20 社
水覚(水からくり) ❺-1 1636·是年 社／1655·5·28 社
瑞岩(僧) ❸ 1350·是年 社
随教(僧) ❸ 1291·12·17 社／1298·9·2 政
瑞渓周鳳(僧) ❸ 1439·2·19 政／1452·4·7 社／1454·11·12 文／1455·3·11 文／❹ 1456·2月 社／1457·2·3 政／9·18 政／1458·1·8 政／1459·8·1 政／1464·2·12 政／4·13 政／7·13 文／1467·是年 社／1470·12·23 文／1473·5·8 社／❺-1 1657·是年 文
瑞慶尊賀 ❺-1 1683·6·1 社
瑞巌龍惺(僧) ❹ 1460·⑨·5 社
推古天皇(豊御食炊屋姫尊) ❶ 576·3·10／586·5月／587·6·7／592·12·8／628·2·27 政／❷ 1060·6·2 政
推古天皇母 ❶ 612·2·20 政
瑞興(僧) ❹ 1479·4·17 政
瑞子女王(永嘉門院) ❸ 1302·1·20 政／1318·8·16 政／1323·7·21 政／1324·3·23 政／1329·8·29 政
綏子内親王 ❶ 925·4·2 政
帥升(倭国王) ❶ 107·是年
瑞書記 ❸ 1432·7·12 政
随心(僧) ❸ 1405·9·11 社
水心子政秀(初代) ❺-2 1809·9·27 文
綏靖天皇(神渟名川耳命) ❶ 書紀·神武 42·1·3／神武 76·3·11／綏靖 1·1·8／綏靖 33·5·10／安寧 1·10·11
瑞仙(僧) ❹ 1467·是年 社
水前寺清子 ❾ 1970·4·2 社
吹田草牧 ❼ 1923·11·20 文
瑞冲(僧) ❸ 1385·2·6 社
垂仁天皇(活目入彦五十狭茅尊) ❶ 書紀·崇神 29·1·1／崇神 48·4·19／垂仁 1·1·2／垂仁 99·7·1／❺-2 1844·是年 社
随芳(僧) ❹ 1490·是夏 社
瑞鳳⇨斯波義郷(しばよしさと)
随了(尼) ❸ 1324·5·3 文
遂良王(平　遂良) ❶ 884·3·8 政／885·9·1 文
崇　宗慶⇨宗経茂(そうつねしげ)
スウィート(英) ❻ 1862·5·29 政
崇嘉山(琉球) ❹ 1463·2·9 政
崇寛(僧) ❺-1 1697·3·19 社
崇喜(僧) ❸ 1321·5·2 社
崇九(僧) ❸ 1386·10月 文
崇源院(浅井達子·於江·小督·徳川秀忠妻) ❹ 1573·8·27 政／1583·4·23 政／1595·9·17 政／❺-1 1621·是年 文／1626·9·15 政／1675·9·15 社
崇賢門院⇨紀仲子(き·なかこ)
崇山居中(僧) ❸ 1309·是春 政／1318·是年 政／1323·是秋 政／1337·是年 社／1345·2·6 社
スースロフ(ソ連) ❾ 1968·1·30 政
崇統(僧) ❹ 1485·1·5 政／1486·1·17 政／1488·1·9 政／1490·1·10 政／1491·1·16 政／1492·2·21 政／1493·1·11 政／1495·1·19 政／1496·9·28 政／1502·1·3 政
崇睦(僧) ❹ 1476·1·13 政／1479·1·1 政／1480·3·7 政
崇明門院⇨禖子(ばいし)内親王
陶(多多良)　興房 ❹ 1514·9月 文／1518·11·7 社／1521·2·2 政／1525·6·26 政／8·6 政／1526·5·9 社／1527·8·9 政／11·27 政／1530·4·25 社／1532·11·15 政／1533·2·11 政／3·19 政／4·3 政／11·10 政／12月 政／1534·4·6 政／7·13 政／1535·12·29 政／1536·9·4 政／10·29 政
陶　鶴寿丸 ❹ 1557·4·2 政
陶　長房 ❹ 1540·10·4 政／11·22 政／1541·1·13 政／5·13 政／1542·7·27 政／1543·3·14 政／1548·6·18 政／1550·9·15 政／1551·5月 政／8·20 政／9·29 政／1557·3·3 政
陶　晴賢(隆房) ❹ 1552·2·28 社／3·1 政／6·18 社／1553·12·24 政／1554·3·3 政／4·17 政／5·12 政／5月 政／6·5 政／7·13 政／9·15 政／12月 政／1555·是春 政／4·8 政／5·13 政／6·8 政／9·21 政／1557·4·2 政／12·23 政
陶　弘詮 ❹ 1480·6月 文／1521·2·11 政
陶　弘氏 ❹ 1467·是年 政
陶　弘仲 ❹ 1484·12月 政／1492·5·2 政
陶　弘宣 ❸ 1392·7·29 政／9·28 社／10·23 社
陶　弘尚 ❹ 1475·1·10 政／1479·1·1 政
陶　弘正 ❹ 1465·11·1 政
陶　弘護 ❹ 1470·是春 政／12·22 政／1471·1月 社／2·10 社／12·26 政／1476·10·6 社／1478·10·24 政／1482·5·27 政
陶　美作守 ❹ 1525·是春 政
末岡日出徳 ❾ 1979·6·17 政
季兼(僧) ❸ 1333·12·16 社
末川　博 ❾ 1977·2·16 文
末田偉雄 ❾ 1990·12·8 社
尾高(すえたか)亀蔵 ❽ 1938·7·11 政
末武長安 ❹ 1498·11·7 政
末次七郎兵衛 ❺-1 1698·4·21 社
末続慎吾 ❾ 2003·5·5 社／9·29 社／2008·8·9 社
末次信正 ❼ 1930·1·21 政／❽ 1937·10·15 政／1940·5·7 政／1944·7·22 社／12·29 政
末次平蔵(政直) ❺-1 1604·8·26 政／1618·是年 政／1619·是年 政／1622·1月 政／1624·是年 政／1625·是年 政、社／1630·1·22 政／5·25 政
末次平蔵(茂房) ❺-1 1631·5·25 政／1632·1月 政／1633·12月 政／1636·11·3 政／1669·2月 政／1670·3·26 政／1671·7·29 政／1674·5·23 政／1675·2·5 社／5月 社
末次平蔵(茂朝) ❺-1 1676·1·9 政
末富東作⇨海音寺潮五郎(かいおんじちょうごろう)
季長(絵師) ❷ 1192·10·29 文
末永純一郎(鉄巌) ❼ 1913·12·31 文
末永甚左衛門 ❺-2 1809·2·25 文
末永雅雄 ❾ 1988·11·3 文／1991·5·7 文
末弘厳太郎 ❼ 1934·6·6 文／1935·1月 政／❽ 1946·3·15 政／1949·12·20 文／1951·9·11 文
末広恭二 ❼ 1932·4·9 文
末弘忠勝 ❸ 1435·10·14 政
末弘忠重 ❹ 1534·10·25 政
末広鉄腸(重恭·子倹) ❻ 1875·8·7 文／1879·10月 文／1881·4·30 政／1886·10·24 政／1887·10·3 政／1889·4·30 政／1890·11·25 文／❼ 1896·2·5 文
末弘ヒロ子 ❼ 1908·3·5 社
末広　誠 ❾ 1991·12·13 文
末広恭雄 ❾ 1988·7·14 文
末松謙澄(千松·線松·青萍) ❻ 1886·8月 文／10·6 文／1890·8·20 政／❼ 1898·1·12 政／2·26 文／1900·10·19 政／1904·2·4 日露戦争／1920·10·5 政
末松保和 ❾ 1992·4·10 文
末光又助 ❺-1 1688·7月 社
末本善三郎 ❾ 1991·12·5 文
陶山淳平 ❻ 1860·7·7 文／1861·11·5 文
陶山鈍翁 ❺-2 1732·6·24 政
末吉興一 ❾ 1999·1·31 社
末吉利方(勘兵衛) ❹ 1588·8·4 社／9·21 社／1594·12·2 政／❺-1 1601·5月 政／1607·3·5 政
末吉利隆 ❺-2 1787·3·12 政
末吉長方 ❺-1 1617·3·26 政
末吉孫九郎 ❺-1 1617·3·26 政／1664·11·8 政
末吉孫左衛門(吉康) ❺-1 1632·12·21 文／1633·12月 政
周防親家 ❸ 1336·3·9 政
周防親長 ❸ 1350·5·28 政
周防正遠 ❶ 959·是年 政
須賀敦子 ❾ 1998·3·20 文
菅　運吉 ❻ 1877·8·10 政
須賀古麻比留 ❶ 715·10·29 政
菅　周則 ❷ 1227·6·7 政
須賀龍郎 ❾ 2000·7·16 政
須賀不二男 ❾ 1998·7·20 文
菅　義偉 ❾ 2006·9·26 政／2007·3·6 政／2012·12·26 政
菅　蘭林斎 ❺-2 1718·8·26 文／1806·是年 文
菅　礼之助 ❽ 1947·4·15 政／1956·3·1 政／1958·4·2 政
スカーラ(チェコ) ❼ 1927·9·4 政
須貝快天(留吉) ❼ 1926·10·17 政／1929·7·11 社
菅井菊叟(渓斎英泉) ❺-2 1846·是年 社／1848·是年 社
菅井　汲 ❽ 1961·6·10 文／1962·6·14 文／❾ 1965·9·2 文／1996·5·4 文
菅井梅関(岳輔·正卿·東斎) ❺-2 1811·4月 文／1834·是年 文／1836·是年 文／1838·4月 文／1844·1·13 文

菅井覇陵 ❺-2 **1784**·7·22 文
菅井正朝 ❽ **1953**·6·8 社
菅井円加 ❾ **2012**·2·4 文
菅江真澄(白井英二·秀雄) ❺-2 **1796**·4·14 文／**1814**·1·20 文／**1829**·7·19 文
菅生大炊助 ❸ **1367**·12·27 政
菅田光則 ❹ **1552**·3 月 政
菅谷高政 ❺-1 **1679**·是年 文／**1680**·是年 文／**1681**·是年 文
酢香手姫皇女 ❶ **585**·9·19
菅沼斐雄 ❺-2 **1834**·8·25 文
菅沼定昭 ❺-1 **1643**·1·17 政／**1647**·9·21 政
菅沼定利 ❹ **1584**·3·21 政／**1585**·11·13 政
菅沼貞直 ❹ **1458**·4·6 政
菅沼忠久 ❹ **1568**·12·12 政
菅沼定盈 ❹ **1573**·2·17 政／**1584**·10·16 政
菅沼定村 ❹ **1556**·8·4 政
菅沼定芳 ❺-1 **1621**·7 月 政／**1634**·⑦·6 政／**1643**·1·17 政
菅沼定喜 ❺-2 **1789**·9·7 社／**1802**·5·27 政
菅沼定仍 ❺-1 **1601**·6 月 政
菅沼治大夫 ❺-1 **1672**·4·26 社
菅沼貞風(貞一郎) ❽ **1942**·12 月 文
菅沼弥三郎 ❺-2 **1749**·7·3 政
菅野覚兵衛 ❻ **1877**·1·29 政
菅野吟平 ❼ **1907**·9·17 文
菅野兼山 ❺-2 **1747**·5·17 文
菅野惟肖 ❶ **887**·5·13 文
菅野子徳 ❺-2 **1794**·4·27 文
菅野序遊(初代) ❺-2 **1823**·12·13 文
菅野序遊(藤次郎、四代目) ❼ **1907**·9·17 文／**1919**·9·23 文
菅野序遊(五代目) ❽ **1961**·8·20 文
菅野佐世 ❶ **880**·5·28 文
菅野　隆 ❾ **2012**·12·25 政
菅野高年 ❶ **843**·6·1 文／**846**·7·27 文
菅野卓雄 ❾ **2011**·11·4 文
菅野重忠 ❷ **1007**·7·1 政
菅野忠隆 ❺-1 **1626**·5·28 政
菅野親頼 ❷ **1031**·2·19 政
菅野継門 ❶ **849**·1·13 政
菅野道親 ❻ **1889**·4·13 政
菅野永岑 ❶ **837**·2·27 社／**839**·1·11 政
菅野成経 ❷ **1059**·12·16 社
菅野彦兵衛門 ❺-2 **1723**·11·15 文
菅野彦兵衛 ❺-2 **1723**·2 月 文
菅野弘邦 ❺-2 **1791**·是年 文
菅野博之 ❾ **2005**·10·25 社
菅野文信 ❷ **1009**·8·14 政／9·1 政
菅野平右衛門 ❹ **1584**·3·18 政
菅野政国 ❷ **1153**·12·1 政
菅野政義 ❷ **1057**·是年 社
菅野(津)真道 ❶ **790**·3·9 政／7·17 政／**793**·9·2 政／**794**·8·13 文／**797**·2·13 文／**803**·2·13 文／2·25 政／**805**·12·7 政／**814**·6·29 政
菅野宗範 ❶ **865**·1·27 政／**870**·1·25 政
菅野六郎左衛門 ❺-1 **1694**·2·11 社
清宮貴子内親王 ❽ **1959**·3·2 政
菅谷勝貞 ❹ **1516**·8·24 政
菅屋九右衛門 ❹ **1579**·1·29 社
菅谷忠次郎 ❺-2 **1725**·10·9 社
菅家利和 ❾ **2009**·6·4 社
菅屋長頼 ❹ **1581**·3·28 政／5·4 政／8·21 政／10·2 政
菅谷初穂 ❾ **2011**·1·1 社
菅谷平太夫 ❺-2 **1725**·10·9 社
菅原弥三郎 ❾ **1976**·7·17 社
蜾蠃(少子部連) ❶ **462**·3·7
スカルノ(ジャワ) ❽ **1943**·11·13 政／**1958**·1·29 政／**1959**·6·6 政／**1960**·5·24 政／**1963**·5·23 政／**1964**·1·15 政
須川栄三 ❾ **1998**·10·2 文
須川邦彦 ❽ **1943**·12·17 文
菅原秋緒 ❶ **877**·3·18 文
菅原淳茂 ❶ **909**·是年 文／**919**·是年 文／**922**·6·5 政／**925**·8·23 文／**926**·1·11 文
菅原淳高 ❷ **1219**·4·28 文／**1223**·1·20 文／**1232**·12·29 文／**1244**·1·17 文／**1250**·5·24 政
菅原在章 ❷ **1250**·9·16 文／**1253**·1·13 文／**1257**·3·14 政／**1260**·4·13 政／**1264**·2·28 政
菅原在淳 ❸ **1348**·12·17 文／**1350**·2·27 政／**1352**·9·27 政
菅原在音 ❸ **1356**·3·25 文
菅原在数 ❹ **1487**·7·20 政／**1492**·7·19 政
菅原(唐橋)在兼 ❸ **1288**·11·7 文／**1290**·2·7 文／**1309**·5 月 文／**1311**·3·28 政／**1321**·6·23 政
菅原在公 ❸ **1287**·4·19 文
菅原在茂 ❷ **1199**·4·27 政
菅原(唐橋)在輔 ❸ **1288**·12·20 文／**1290**·2·7 文／**1301**·1·26 文／**1313**·2·8 文／**1317**·2·3 政／**1320**·11·9 政
菅原在高 ❷ **1200**·10·26 文／**1204**·1·13 文／**1206**·3·1 文／**1225**·4·20 政／**1231**·9·24 文／**1232**·9·22 文
菅原在嗣 ❸ **1288**·4·28 政／**1293**·8·5 政／**1299**·4·25 政／**1301**·12·15 文／**1303**·8·5 政／**1306**·12·14 政
菅原在庸 ❺-1 **1681**·9·29 政
菅原在登 ❸ **1331**·8·9 政／**1350**·5·16 政
菅原在豊 ❸ **1429**·9·5 政
菅原在直 ❸ **1428**·4·27 政／**1444**·2·5 政
菅原在長 ❹ **1488**·9·5 文
菅原在成 ❸ **1345**·10·21 政／**1352**·10·9 文
菅原在秀 ❺-2 **1736**·4·28 政
菅原在熙 ❺-2 **1772**·11·16 政／**1801**·2·5 政
菅原在冬 ❸ **1288**·3·17 文
菅原在匡 ❷ **1274**·3·11 文／**1275**·4·25 政
菅原在躬 ❶ **944**·11 月 文
菅原在光 ❻ **1865**·4·7 政
菅原在宗 ❷ **1260**·10·10 文／**1267**·5·15 文／**1280**·6·2 文
菅原在良 ❷ **1104**·2·10 政／**1106**·4·9 政／**1113**·7·13 政／**1115**·7·5 文／**1118**·4·25 政／**1121**·3·26 政／10·23 文／**1122**·10·23 文／是年 文
菅原家高 ❸ **1319**·2 月 文
菅原氏女 ❸ **1369**·8 月 文
菅原衍子 ❶ **896**·11·26 政
菅原景行 ❶ **909**·7·11 政
菅原梶成 ❶ **840**·3·3 政／6·5 政
菅原清鑒 ❶ **939**·12 月 政
菅原清公 ❶ **805**·3·19 文／8·20 文／**814**·是年 文／**818**·6 月 文／**824**·1·5 政／**835**·7·14 文／**836**·2·7 政／**842**·10·17 文
菅原清能 ❷ **1130**·5·18 文
菅原公賢 ❷ **1157**·1·24 文／12·22 文
菅原公時 ❸ **1312**·4·10 文／**1338**·8·28 政／**1342**·10·22 政
菅原公長 ❷ **1273**·9 月 文
菅原公良 ❷ **1241**·1·21 文／**1243**·3·30 文／**1244**·4·5 文／**1256**·12·20 文
菅原厳実 ❷ **1118**·2·29 社
菅原玄同(得庵) ❺-1 **1628**·6·14 文
菅原是綱 ❷ **1107**·3·1 文
菅原是善 ❶ **845**·3·5 文／**853**·1·16 文／**854**·9·9 文／**857**·8·29 文／**858**·1·16 政／**860**·⑩·23 文／**869**·4·13 政／**871**·8·25 文／**875**·8·23 文／**877**·3·18 文／**880**·8·30 政
菅原在股 ❷ **1118**·2·29 社
菅原定賢 ❷ **1201**·7·18 文
菅原貞衡 ❷ **1160**·9·27 社／10·12 社／10·17 政／**1167**·3·29 政
菅原定義 ❷ **1035**·8·8 文／**1050**·7·21 政／**1054**·10 月 文／**1060**·11·26 文／**1062**·11 月 文／**1064**·12·26 文
菅原輔昭 ❶ **982**·是年 政
菅原資高 ❷ **1227**·12·10 政
菅原資忠 ❶ **989**·10·5 政
菅原資成 ❷ **1160**·10·17 政／**1164**·6·27 政
菅原輔正 ❶ **968**·12·18 文／**980**·6·1 政／**981**·1·29 政／**982**·7·9 政／**984**·8·27 政／❷ **1009**·12·24 政
菅原資宗 ❸ **1288**·4·7 文／**1291**·12·21 文／**1302**·6 月 文
菅原孝標 ❷ **1020**·9·3 政／**1032**·2·8 文
菅原孝標の娘 ❷ **1021**·4 月 文
菅原高嗣 ❸ **1361**·3·29 政
菅原高長 ❸ **1284**·11·27 文
菅原高視 ❶ **901**·1·25 政／**913**·是年 政
菅原高能 ❷ **1272**·7·11 文
菅原忠貞 ❷ **1032**·10 月 文
菅原胤長 ❺-2 **1789**·1·25 政
菅原為顕 ❺-2 **1830**·12·10 政
菅原為定 ❺-2 **1844**·12·27 政
菅原為経 ❺-1 **1615**·7·13 政
菅原為庸 ❺-1 **1655**·4·13 政／**1661**·4·25 政／**1673**·9·21 政
菅原為俊 ❺-2 **1781**·4·2 政
菅原為名 ❶ **947**·6·1 文
菅原為長 ❷ **1187**·10·6 文／**1204**·1·13 文／**1205**·1·11 文／**1211**·

3·9 政／1219·4·12 政／1222·4·13 政／1224·4月 文／1229·3·5 政／1232·4·2 政／1233·4·15 政／1238·2·29 文／1240·4·17 政／1242·7·4 文／1243·2·26 政／1246·3·28 政
菅原為紀　❷ 1002·11·16 文
菅原為範　❺-1 1704·3·13 政／❺-2 1751·10·27 政
菅原為適　❺-1 1648·2·15 政
菅原都々子　❽ 1951·1·3 社
菅原　努　❾ 2010·10·1 文
菅原恒長　❺-1 1684·2·21 政
菅原洞斎　❺-2 1806·10月 文／1821·4·13 文
菅原時登　❷ 1139·12·9 文
菅原時親　❸ 1368·2·18 政
菅原聡長(東坊城聡長)　❻ 1854·6·30 政／11·27 政／1857·12·29 政
菅原知長　❺-1 1644·12·16 政／1652·9·18 政
菅原豊長　❺-1 1658·7·23 政
菅原名明　❶ 946·8·6 政
菅原長員(年号勘文)　❸ 1336·2·29 政／1340·4·28 政／1350·2·27 政
菅原長量(年号勘文)　❺-1 1688·9·30 政
菅原長貞(文章博士)　❷ 1226·7·15 文
菅原長貞(年号勘文)　❸ 1332·4·28 政
菅原長親　❺-2 1818·4·22 政
菅原長嗣　❸ 1379·3·22 政
菅原長継　❺-1 1624·2·30 政
菅原長遠　❸ 1422·7·18 文
菅原長俊　❸ 1325·6·15 政
菅原長直　❹ 1489·8·21 政
菅原(高辻)長成　❷ 1251·12·9 文／1260·11·4 文／1269·10·17 政／1271·10·23 政／1281·12·15 文
菅原長守　❷ 1201·12·22 政／1203·11·13 文
菅原長香(義)　❺-2 1716·6·22 政／1741·2·27 政／1744·2·21 政
菅原陳経　❷ 1106·12·18 文
菅原宣義　❷ 1012·12·25 政／1017·4·22 政
菅原範兼　❷ 1156·2·2 文
菅原教子　❾ 1996·7·19 社
菅原白龍　❼ 1897·2·13 文／1898·5·24 文
菅原文時　❶ 949·3·11 文／是年 文／953·7月 政／955·9·17 文／957·5·1 文／6月 文／10·27 政／12·27 政／958·2月 文／961·2·16 政／964·7·10 政／981·9·8 政
菅原古人　❶ 785·12·23 文
菅原文太　❾ 1981·12·12 社
菅原雅規　❶ 979·8月 政
菅原益長　❸ 1441·2·17 政
菅原道真　❶ 855·是年 文／862·4·14 文／872·1·6 政／877·10·18 文／882·9月 文／883·5·5 社／5月 文／885·12·25 文／886·1·16 政／4·7 政／887·是秋 政／888·3·26 文／5·6 社／889·是年 文／890·是春 政／891·2·29 政／892·1·20 文／5·10 文／893·9·25 文／是年 文／894·8·21 政／9·14 政／895·是春 文／5·11 政／896·7·5 政／897·5·26 政／898·9·18 政／899·2·14 政／900·8·16 文／901·1·25 政／9·10 文／903·2·25 政／904·2月 社／905·8·19 社／923·4·20 政／6·26 政／926·2月 政／942·7·13 社／993·5·20 政／⑩·20 政／❷ 1066·3·28 文／1191·2·20 文／❺-1 1702·2·1 社
菅原光兼　❷ 1233·12·22 文
菅原峯嗣(岑嗣)　❶ 870·3·30 文
菅原以長　❺-2 1848·2·28 政
菅原師長　❷ 1016·2·7 政
菅原洋一　❾ 1970·12·31 社
菅原義資　❷ 1066·是年 社
菅原善綱　❶ 891·12月 文
菅原善主　❶ 852·11·7 政
菅原内親王　❶ 825·⑦·6 政
菅原⇨東坊城(ひがしぼうじょう)姓も見よ
杉　勇　❾ 1989·11·25 文
杉　右京　❹ 1472·10·16 政
杉　興連　❹ 1530·4月 政／8·15 政／1532·8月 政／1533·2·11 政／1546·1·18 政／1550·7·20 政／1551·9·29 政
杉　贋阿弥(諦一郎)　❼ 1905·5·11 文／1917·5·13 文
杉　亨二(純道)　❻ 1856·10月 文／1864·8·18 文／1873·9·1 文／1874·2月 文／1876·4·7 文／❼ 1917·12·4 文
杉　貞利　❾ 1966·1·26 文
杉　貞弘　❸ 1352·②·17 政
杉　重綱　❸ 1402·7月 政
杉　重信　❹ 1534·4·6 政／9·18 政
杉　重道　❹ 1478·10·24 政
杉　重良　❹ 1568·9月 政
杉　七郎　❹ 1470·6·25 政
杉　十郎　❹ 1472·10·16 政
杉　庄次郎　❺-1 1713·⑤·25 政
杉　荘兵衛　❺-2 1822·2·19 政
杉　武明　❹ 1499·2·16 政
杉　武勝　❹ 1475·11·13 社
杉　武道(大内家家臣)　❸ 1449·是年 文
杉　武道(正平版論語)　❹ 1499·8月 文
杉　徳次郎　❻ 1866·10·26 文
杉　徳輔　❻ 1864·7·22 政
杉　捷夫　❾ 1990·12·10 文
杉　彦三郎　❹ 1561·8月 政
杉　弘固　❹ 1499·7·25 政／8·29 政
杉　弘安　❹ 1478·1·9 政／1479·1·1 政
杉　孫七郎(聴雨·重華·忠次郎)　❼ 1920·5·3 政
杉　道助　❽ 1958·4·26 政／1964·12·14 政
杉　盛重　❸ 1411·10·7 社
杉　泰隆　❹ 1555·10·18 政
杉　葉子　❽ 1949·7·19 社
杉大夫　❹ 1534·12·3 文
杉井親倫　❺-1 1701·是年 文
杉浦糸子　❼ 1909·11·19 文
杉浦右衛門兵衛　❺-1 1668·2·19 政
杉浦勝誠　❻ 1868·4·12 政
杉浦啓一　❼ 1924·10·5 社
杉浦重剛(譲次郎)　❻ 1876·6·25 文／1881·10·10 文／1888·4·3 文／1889·8·22 政／1890·8·20 政／1891·5·9 文／1895·5·15 社／❼ 1914·5·23 文／1919·10·10 社／1924·2·13 政
杉浦乗意(永春)　❺-2 1761·9·24 文
杉浦正一郎(誠)　❻ 1862·5·15 文／1863·10·27 政／1866·1·18 政
杉浦正健　❾ 2005·10·31 政
杉浦喬也　❾ 2008·1·16 政
杉浦但馬　❺-2 1836·12·23 政
杉浦　忠　❽ 1958·10·9 社／❾ 2001·11·11 社
杉浦直樹　❾ 2011·9·21 文
杉浦非水　❾ 1965·8·18 文
杉浦日向子　❾ 2005·7·22 文
杉浦　誠　❼ 1900·5·30 文
杉浦正昭　❺-1 1668·6·10 政
杉浦正尹　❻ 1864·11·22 政
杉浦正友(市右衛門)　❺-1 1632·5·3 政／1642·3·3 政／8·16 政／1662·9·9 政
杉浦正則　❾ 1992·7·25 社
杉浦昌弘　❾ 2009·11·4 文
杉浦明平　❾ 2001·3·14 文
杉浦幸雄　❽ 1940·8·31 文／❾ 2004·6·18 文
杉浦行宗　❼ 1901·5·3 文
杉浦翠子　❽ 1960·2·16 文
杉浦六右衛門(六三郎)　❻ 1873·是年 社／1876·是年 社／❼ 1902·5月 社
杉江三郎　❾ 1968·11·30 文
杉江輔人　❻ 1888·4·3 文
杉岡華邨　❾ 1980·10·15 文／2000·11·3 文／2012·3·3 文
杉岡宗閑　❺-1 1699·是年 社
杉岡洋一　❾ 2009·11·28 文
杉岡能連　❺-1 1712·7·1 政／❺-2 1742·3·27 政
鋤柄嘉兵衛　❺-1 1652·5·21 社
杉木普斎　❺-1 1706·6·21 文
杉崎与右衛門　❺-2 1720·2·3 社
杉嶋　岑　❾ 2002·2·12 政
杉田一次　❽ 1954·8·20 政
杉田勝政　❺-1 1660·6·15 政
杉田力之　❾ 2008·3·30 政
杉田恭子　❾ 1999·3·30 文
杉田玄瑞(地学正宗)　❺-2 1851·是年 文
杉田玄端(小浜藩医)　❻ 1862·12·28 文／1875·4·11 文／1889·7·19 文
杉田玄白(翼·子鳳·鷧·九幸翁)　❺-2 1757·是年 文／1768·3月 文／1771·3·4 文／1773·1月 文／1774·8月 文／1790·是年 文／1792·11·24 文／1793·是年 文／1795·是年 文／1805·7·28 文／1807·是年 文／1810·是年 文／1815·4月 文／1817·4·17 文
杉田浩一　❾ 2003·1·11 文
杉田新兵衛　❺-2 1730·5·23 政
杉田　進　❻ 1888·5月 社
杉田成卿(梅里·天真楼)　❺-2 1851·是年 文／❻ 1856·4·4 文／1859·2·19 文
杉田忠次　❺-1 1632·7·26 政
杉田定一　❼ 1911·12·27 政／

1929·3·23 政
杉田日布 ❼ 1930·12·7 社
杉田 縫 ❻ 1874·10·4 社
杉立信吉 ❺-2 1817·4·15 社
杉田ばく ❺-2 1766·10·6 文
杉田望一 ❺-1 1667·是年 文
杉田勇次郎 ❼ 1920·是年 文
杉田立卿(甫仙) ❺-2 1815·是年 文／1822·8月 文／1845·11·2 文／❻ 1856·是年 文
杉渓言長 ❼ 1898·3·10 政
杉谷代水 ❼ 1912·2·2 文
杉谷善住坊 ❹ 1573·9·10 政
杉田屋新兵衛 ❺-2 1729·12·26 政
杉野駁華 ❺-2 1802·是年 文
杉野孫七 ❼ 1904·3·27 日露戦争
杉野芳子 ❼ 1926·11·2 社／❾ 1978·7·24 社
杉原荒太 ❽ 1955·3·19 政／7·21 政／❾ 1982·1·20 政
杉原家次 ❹ 1582·7·13 政／8·7 政／1583·2·26 社／1584·9·7 政
杉原賢盛⇨宗伊(そうい)
杉原重高 ❸ 1365·2月 社
杉原重長 ❺-1 1644·10·28 政
杉原七十郎 ❺-2 1764·是夏 社
杉原荘介 ❽ 1949·9·11 文／❾ 1983·9·1 文
杉原千畝 ❽ 1940·7·29 政／❾ 1986·7·31 政
杉原親俊 ❺-1 1613·是年 政
椙原親光 ❸ 1346·3·19 社／1347·6·10 社
杉原輝雄 ❾ 2011·12·28 社
杉原長重 ❺-1 1629·2·4 政
杉原長恒 ❹ 1481·3·23 政
杉原長房 ❺-1 1629·2·4 政
杉原就良 ❹ 1584·8·13 政
杉原則彦 ❾ 2010·4·9 政
杉原政孝 ❹ 1481·3·23 政
杉原盛重 ❹ 1567·3·22 社／1576·2·6 政
杉原紀伊守 ❺-1 1601·6·5 社
椙原民部丞 ❸ 1357·7·22 政
杉全(すぎまた) 直 ❽ 1949·是年 文／1960·是年 文
杉民部 ❹ 1557·4·2 政
杉村三郎左衛門 ❺-1 1710·9·27 政
杉村治兵衛 ❺-1 1681·是年 文／1684·是年 文
杉村章三郎 ❾ 1991·12·2 社
杉村楚人冠(広太郎) ❼ 1908·2·15 文／1911·6·1 文／1921·6·25 文／❽ 1945·10·3 文
杉村 隆 ❾ 1978·11·3 文
杉村伝五郎 ❺-2 1821·是年 文
杉村智広 ❺-1 1629·②·17 政
杉村直記(蕃祐) ❺-2 1800·④·20 政／1801·1·21 政
杉村春子 ❽ 1940·11·28 文／1945·4·11 文／1946·3·26 文／1948·8·21 文／1963·1·14 文／❾ 1997·4·4 文
杉村広蔵 ❼ 1935·7·9 文
杉村文一 ❻ 1878·5·14 政
杉村陽太郎 ❼ 1905·8·20 社／1933·6·7 社／❽ 1939·3·24 政
杉本安清 ❺-1 1678·4·12 社
杉本乙菊 ❻ 1878·5·14 政
杉本京太 ❼ 1915·10月 社／❾ 1985·4·18 社
杉本九十郎 ❺-1 1708·4·1 社
杉本健吉 ❾ 2004·2·11 文
杉本健三 ❾ 2012·10·6 文
杉本寂慶 ❹ 1481·3·2 文
杉本茂十郎 ❺-2 1809·2月 政／1813·4月 政／1819·6·25 政／6月 政
杉本重兵衛 ❻ 1879·10·13 社
杉本苑子 ❾ 1985·1·6 社／2002·11·3 文
杉本つとむ ❾ 1973·12月 文
杉本八右衛門 ❺-1 1676·是年 社
杉本八五郎 ❻ 1879·10·13 社
杉本広五郎 ❻ 1868·2·24 文
杉本正徳 ❻ 1881·7·8 政
杉本美香 ❾ 2012·7·27 社
杉本茂左衛門 ❺-1 1681·是春 社
杉本元政 ❺-1 1666·11·28 文
杉本保長 ❺-2 1758·是年 文
杉本良吉 ❽ 1938·1·3 社／1939·10·20 政／❾ 1989·4·15 社
杉森孝次郎(南山) ❼ 1921·9·17 政／❽ 1939·2·22 文
椙森多門 ❺-2 1723·是年 文
杉森久英 ❽ 1945·11月 文／❾ 1997·1·20 文
椙杜弘康 ❹ 1473·12·7 政
椙杜左京亮 ❹ 1555·10·8 政
杉山 愛 ❾ 1999·9·9 社／2003·3·2 社／6·8 社
杉山 彬 ❼ 1900·6·11 北清事変
杉山市郎右衛門 ❺-1 1671·7·27 社
杉山岩三郎 ❻ 1879·12·14 政
杉山嘉右衛門 ❺-2 1740·3·5 社
杉山吉良 ❾ 1988·12·12 文
杉山検校(和一) ❺-2 1770·⑥·4 社
杉山賢人 ❾ 1992·7·25 社
杉山公平 ❽ 1952·5月 文
杉山三八 ❻ 1863·10·18 文
杉山杉風(市兵衛) ❺-1 1680·是年 文／1683·是年 文／1689·3月 文／1700·是年 文／❺-2 1732·6·13 文
杉山繁輝 ❽ 1945·8·10 文
杉山七郎左衛門(丹後掾) ❺-1 1615·是年 文／1651·慶安年間 文／1652·是年 文
杉山四郎 ❾ 2005·8·15 文
杉山二郎 ❾ 2011·11·30 文
杉山晋輔 ❾ 2012·8·18 政／11·15 政
杉山精一(堯陳) ❺-2 1847·是年 文
杉山丹後掾⇨杉山七郎左衛門(しちろうざえもん)
杉山藤吉 ❺-1 1693·6·12 社
杉山登志 ❾ 1973·12·13 文
杉山 元 ❽ 1940·10·3 政／1941·9·6 政／1944·7·22 政／1945·4·8 政／9·12 政
杉山八兵衛 ❺-1 1669·9·8 シャクシャインの蜂起
杉山彦七郎 ❺-2 1746·2·3 政
杉山肥前 ❺-1 1665·4·30 文
杉山英樹 ❽ 1939·12月 文
杉山平助(氷川 烈) ❼ 1934·1·30 政／❽ 1938·9·11 文
杉山元治郎 ❼ 1922·4·9 社／1926·3·5 政／1927·3·1 社／1928·5·27 社／1936·1·17 社／❽ 1938·2·6 社／1964·10·11 文
杉山 寧 ❽ 1964·11·1 文／❾ 1968·11·14 文／1974·11·3 文／1993·10·20 文
杉山良治 ❺-1 1670·是年 文
杉山和一 ❺-1 1672·是年 文／1680·3·28 文／1681·是年 文／1685·8·5 文／1689·10·9 文／1692·5·9 文／12·1 社／1694·6·26 文
スクーンメーカー(青山学院) ❻ 1874·11·16 文
宿儺(飛騨) ❶ 書紀·仁徳 65·是年
村主淡斎 ❺-2 1772·8·5 文
勝 鳥養 ❶ 632·8月 政
村主章枝 ❾ 2003·2·15 社／2005·2·19 社／12·25 社
勝 益麻呂 ❶ 785·12·10 政
勝呂 忠 ❾ 2010·3·15 文
助右衛門(紀州) ❺-1 1623·元和年間 社
助五郎(大工) ❹ 1538·12·3 社
助左衛門(船頭) ❺-1 1607·4·1 政
助左衛門(画師) ❺-1 1646·是年 文
助左衛門尉 ❹ 1557·2·12 社
助貞(神主) ❸ 1413·8月 社
助貞(姓不詳·左衛門尉) ❸ 1431·8·7 社
資定王⇨源師房(みなもともろふさ)
助四郎(近江三上村) ❺-1 1606·1·17 社
祐季(禰宜) ❷ 1175·1·16 社／8·24 社
助高屋高助(三代目) ❻ 1853·11·4 文
助高屋高助(四代目) ❻ 1886·2·2 文
資忠(姓不詳·谷山郡司) ❸ 1300·7·2 社
資忠王⇨白川資忠(しらかわすけただ)王
助直(刀工) ❺-1 1680·2月 文
助長(仏師) ❹ 1522·6·3 文
習宜(中臣習宜)阿曾麻呂 ❶ 769·9·25 政／770·8·21 政
菅野(すげの) 鋭 ❽ 1942·6·26 社
習宜諸国 ❶ 697·10·28 政
輔仁親王 ❷ 1119·11·28 政
高仁(すけひと)親王 ❺-1 1626·11·13 政／1627·5·5 社／1628·6·11 政
典仁親王(閑院宮·慶光天皇) ❺-2 1779·10·29 政／1788·4月 政／1789·2月 政／1789·8月 政／1791·1·18 政／2·21 政／8·20 政／1792·10·4 政／1794·7·6 政
助房(刀工) ❺-1 1690·8月 文
資益王⇨白川資益(しらかわすけます)王
助松(長崎) ❻ 1862·7·18 社
助松屋理兵衛 ❺-1 1670·是年 政
助光(土佐) ❷ 1184·3·1 政
助光(刀工) ❸ 1301·12·12 文
助保(実検使) ❷ 1254·11·21 政
輔世王(助世王) ❶ 859·1·13 政／862·4·20 政／868·1·16 政
助義(備前刀工) ❸ 1331·3月 文
菅生王 ❶ 763·1·9 政／772·

10·5 社
崇光天皇(益仁·興仁親王)　❸ **1334**·4·22 政／**1338**·8·13 政／**1348**·10·27 政／**1351**·11·7 政／**1352**·6·2 政／**1353**·3·22 政／**1354**·3·22 政／**1368**·2·5 政／**1370**·3·26 文／9·14 政／**1371**·3·23 政／**1380**·8·1 文／**1384**·2·28 政／**1392**·11·30 政／**1396**·3·28 政／**1398**·1·13 政
朱雀天皇(寛明親王)　❶ **923**·7·24 政／**925**·10·21 政／**930**·9·22 政／11·21 政／**946**·4·20 政／12·3 政／**948**·1·21 文／**949**·2·28 文／3·11 文／4·25 社／**952**·8·15 政
スザンナ(荒木庄兵衛妻)　❺-1 **1626**·5·19 社
素子(百済)　❶ **630**·3·1 政
頭師孝雄　❾ **2005**·4·1 文
逗子八郎　❽ **1944**·3月 文
朱雀(巫女)　❷ **1142**·1·19 政
崇峻天皇(泊瀬部皇子)　❶ **587**·8·2／**592**·11·3
調所五郎　❼ **1932**·5·8 社
調所広丈　❻ **1883**·10·21 社
調所広郷(恒篤·友治·笑悦·笑左衛門)　❺-2 **1830**·12月 政／**1833**·3月 政／**1835**·11月 政／是冬 政／**1844**·3·3 政／7月 政／**1846**·⑤·25 政／**1847**·12月 政／**1848**·12·18 政
首信(百済)　❶ **588**·是年
崇神天皇(御間城入彦五十瓊殖尊·御肇国天皇)　❶ **書紀·開化 28**·1·5／**崇神 1**·1·13／**崇神 12**·9·16／**崇神 68**·12·5／**垂仁 1**·10·11
鈴江　懐　❾ **1988**·11·4 文
鈴江武彦　❾ **2010**·6·15 社
鈴江俊郎　❾ **1996**·1·18 文
鈴鹿定親　❺-1 **1675**·是年 文
鈴鹿甚右衛門　❻ **1856**·是年 社
鈴鹿王　❶ **731**·8·11 政／**737**·9·28 政／**740**·2·7 政／**745**·9·4 政
鈴川信一　❽ **1948**·2·14 文
鈴木章夫　❾ **2007**·10·27 文
鈴木明子　❾ **2012**·12·8 社
鈴木昭憲　❾ **2005**·11·3 文
鈴木　朖(常介·叔清·離屋·恒吉)　❺-2 **1816**·是年 文／**1820**·是年 文／**1821**·是年 文／**1824**·是年 文／**1828**·是年 文／**1837**·6·6 文
鈴木　章　❾ **2010**·10·6 文／11·3 文
鈴木市蔵　❽ **1964**·5·21 政／7·1 政
鈴木一朗⇨イチロー
鈴木岩次郎　❻ **1877**·是年 政
鈴木岩蔵　❼ **1918**·6·17 政
鈴木右近　❺-1 **1658**·10·17 政
鈴木梅四郎　❼ **1911**·11·25 社／**1929**·是年 社／❽ **1940**·4·15 政
鈴木梅太郎　❼ **1911**·1月 文／**1924**·7·1 文／❽ **1943**·4·29 文／9·20 文／❾ **1985**·4·18 社
鈴木浦八　❼ **1918**·10·30 社
鈴木栄暁　❼ **1903**·3·12 文
鈴木英敬　❾ **2011**·4·10 社
鈴木永二　❾ **1990**·10·31 政／**1994**·10·11 政
鈴木絵美子　❾ **2005**·7·23 社／**2008**·8·9 社
鈴木円六　❺-2 **1768**·是夏 社
鈴木織太郎　❻ **1868**·9·14 政
鈴木勘解由　❹ **1579**·6·20 社
鈴木鵞湖　❻ **1870**·5·22 文
鈴木和男(法歯学者)　❾ **2003**·8·28 文
鈴木和夫(凸版社長)　❾ **2011**·1·18 文
鈴木嘉助　❼ **1925**·9·14 文
鈴木和美　❾ **1996**·1·11 政／**2003**·6·29 政
鈴木華邨　❼ **1919**·1·3 文
鈴木貫一　❻ **1873**·是年 文／**1884**·2·9 政
鈴木甚左衛門　❺-2 **1801**·是年 政
鈴木勘助　❺-1 **1675**·6·8 社
鈴木貫太郎　❽ **1944**·8·10 政／**1945**·4·5 政／4·7 政／5·11 政／6·9 政／7·7 政／7·9 政／8·17 政／12·15 政／**1948**·4·17 政
鈴木其一　❻ **1858**·9·10 文
鈴木喜左衛門　❺-1 **1660**·11·16 文
鈴木喜三郎　❼ **1924**·1·1 政／**1927**·4·20 政／**1928**·2·19 政／**1931**·12·13 政／**1932**·5·20 政／**1933**·11·13 政／❽ **1937**·2·16 政／**1939**·4·28 政／**1940**·6·26 政
鈴木幾三郎　❼ **1927**·5·10 文
鈴木吉之助　❼ **1917**·12·26 政
鈴木久右衛門　❺-1 **1628**·11·6 政
鈴木久五郎　❼ **1906**·是年 政／❽ **1943**·8·16 政
鈴木久太夫　❻ **1891**·4·9 社
鈴木清為　❹ **1511**·11·24 社
鈴木金兵衛　❺-1 **1689**·8·2 社
鈴木熊蔵　❺-2 **1792**·9·3 政
鈴木恵一　❽ **1964**·1·29 社／❾ **1965**·2·24 社
鈴木桂治　❾ **2003**·9·12 社／**2004**·8·13 社
鈴木敬介　❾ **2011**·8·22 文
鈴木敬三　❾ **1992**·7·28 文
鈴木源内　❻ **1863**·8·14 政
鈴木源之丞　❺-2 **1764**·9·12 社
鈴木恒太郎　❻ **1867**·8·14 政
鈴木鼓村(卯作·映雄)　❼ **1931**·3·12 文
鈴木五郎衛門　❺-1 **1702**·12·21 政
鈴木聡美　❾ **2012**·7·27 社
鈴木三郎　❾ **1965**·5月 文
鈴木三郎左衛門　❺-1 **1707**·4·10 政
鈴木三郎助(泰助)　❼ **1908**·7·15 社／**1928**·10·22 政／**1931**·3·29 政
鈴木左馬助　❺-1 **1615**·5·2 社
鈴木三右衛門　❺-1 **1660**·5·30 社
鈴木三蔵　❼ **1915**·6·25 社
鈴木重勝　❹ **1561**·9·12 政／**1563**·5·22 社
鈴木成高　❾ **1988**·3·7 文
鈴木重胤　❺-2 **1845**·是年 文／**1846**·是年 文／**1851**·是年 文／❻ **1863**·8·15 文
鱸　重常　❺-1 **1629**·是年 文
鈴木重遠　❻ **1893**·10·1 政
鈴木重時　❹ **1568**·12·12 政
鈴木重辰　❺-1 **1659**·是年 政／**1664**·4·9 政
鈴木重直　❹ **1571**·4·19 政
鈴木重尚　❻ **1854**·是年 政
鈴木重成　❺-1 **1641**·10·20 政／**1647**·7·25 社／**1653**·10·15 政／**1659**·是年 政
鈴木重春　❺-2 **1721**·是年 文
鈴木重好　❹ **1600**·10·17 政
鈴木重義(縫殿·重睦·内蔵次郎)　❼ **1903**·1·30 政
鈴木七兵衛　❺-1 **1690**·12·6 政
鈴木十兵衛　❺-2 **1791**·是年 社
鈴木重嶺　❼ **1898**·11·26 文
鈴木俊一　❾ **1987**·4·12 政／**1991**·4·7 政／**2010**·5·14 政
鈴木順太郎　❾ **1994**·2·28 社
鈴木昌司　❻ **1889**·4·30 政
鈴木章治　❾ **1995**·9·10 文
鈴木正三　❺-1 **1655**·6·25 社／**1660**·是年 文／**1661**·是年 文／**1662**·是年 文
鈴木尚三　❼ **1908**·6·11 政
鱸(鈴木)松塘(元邦·彦之·東洋釣史·十髯叟堂)　❼ **1898**·12·24 文
鈴木松年　❼ **1918**·1·29 文
鈴木小蓮　❺-2 **1803**·9·20 文
鈴木荘六　❽ **1940**·2·20 政
鈴木四郎右衛門　❺-1 **1702**·12·12 社
鈴木鎮一　❾ **1998**·1·26 文
鈴木新三郎　❺-2 **1734**·9·5 政
鈴木甚蔵　❺-2 **1746**·2·7 社
鈴木信太郎　❼ **1935**·1·14 政／❽ **1949**·是年 文／**1955**·7·15 文／❾ **1970**·3·4 文／**1989**·5·13 文
鈴木静一　❽ **1938**·10·26 文
鈴木清三郎　❹ **1574**·⑪·24 文
鈴木青々　❾ **1990**·8·19 文
鈴木清風　❺-1 **1681**·是年 文／**1685**·6·2 文／是年 文
鈴木清兵衛(清之)　❻ **1861**·5·16 社
鈴木善一　❼ **1929**·11·26 政
鈴木善幸　❽ **1960**·7·19 政／**1964**·10·17 政／❾ **1966**·8·1 政／**1976**·12·24 政／**1980**·7·7 政／10·18 政／**1982**·6·9 政／**2004**·7·19 政
鈴木宗栄　❺-1 **1682**·2月 文
鈴木宗活　❺-2 **1784**·11·29 文
鈴木素行　❺-2 **1816**·11·21 文
鈴木その子　❾ **2000**·12·5 社
鈴木大拙　❼ **1921**·5月 社／❽ **1944**·12月 文／**1949**·11·3 文／❾ **1966**·7·12 文
鈴木大地　❾ **1988**·9·17 社
鈴木孝和　❾ **1979**·3·31 政
鈴木卓爾　❽ **1940**·3·7 政
鈴木竹雄　❾ **1989**·11·3 文／**1995**·12·9 文
鈴木太次右衛門　❺-2 **1727**·2月 政
鈴木忠雄　❾ **2010**·10·12 政
鈴木忠志　❾ **1966**·3·1 文／**1970**·5·1 文
鈴木忠侯　❺-2 **1790**·是年 文
鈴木辰三　❻ **1886**·6·11 政
鈴木楯夫　❼ **1907**·12·22 政
鈴木主税　❻ **1856**·2·10 政
鈴木竹柏　❾ **2007**·10·27 文
鈴木忠左衛門　❺-2 **1840**·7·21 社
鈴木忠治　❽ **1943**·3·18 政

鈴木長翁斎　❻ 1867·10·9 文
鈴木長吉(嘉幸)　❼ 1896·6·30 文／1919·1·29 文
鈴木長寿斎　❻ 1886·3·13 文
鈴木長二斎　❼ 1907·3·13 文
鈴木亜夫　❽ 1944·3·8 文
鈴木恒夫　❾ 2008·8·2 政
鈴木常司　❾ 2012·7·14 文
鈴木貞一　❽ 1941·9·6 政／10·18 政／❾ 1989·7·15 政
鈴木貞二郎　❻ 1883·5·8 社
鈴木天眼(力)　❼ 1926·12·10 文
鈴木伝蔵　❺-2 1764·4·7 政
鈴木藤吉郎　❻ 1857·3·2 政／1858·6·2 政
鈴木藤三郎(才助)　❼ 1900·12·10 政／1913·9·4 政
鈴木藤蔵　❻ 1872·5·7 社
鈴木東民　❽ 1945·10·23 社／1946·3·31 社／4·20 社／6·13 社
鈴木桃野　❺-2 1852·11·15 文
鈴木徳次郎　❻ 1870·3·22 社
鈴木徳太郎　❼ 1923·8·16 社
鈴木徳之助　❺-2 1843·是年 文
鈴木利雄　❺-1 1712·6·1 社／❺-2 1729·2·15 政
鈴木富五郎　❺-2 1801·8·26 社
鈴木知道(昭鳩)　❺-2 1811·5·7 文
鈴木豊次郎　❻ 1867·8·14 政
鈴木虎雄(子文)　❽ 1961·11·3 文／1963·1·20 文
鈴木直一　❼ 1923·9·4 政
鈴木尚之　❾ 2005·11·26 文
鈴木長頼　❺-1 1685·是年 文／1700·是年 文
鈴木南嶺　❺-2 1844·10·15 文
鈴木仁右衛門　❺-1 1670·5·27 政
鈴木紀夫　❾ 1987·10·7 社
鈴木八右衛門　❹ 1565·11·7 社
鈴木八五郎　❻ 1863·8·19 政
鈴木隼人　❹ 1578·是年 政
鈴木治雄　❾ 2004·7·3 政
鈴木春信(穂積·次郎兵衛·長栄軒·思古人)　❺-2 1753·是年 文／1763·是年 文／1764·是年 文／1765·是年 文／1766·是年 文／1767·是年 文／1768·是年 文／1770·6·15 文／是年 文／1771·是年 文／1775·是年 文
鈴木半之丞　❻ 1868·3·25 政
鈴木彦三郎　❺-1 1693·3·5 社
鈴木彦次郎　❼ 1924·10月 文
鈴木彦之進　❼ 1899·7·7 文
鈴木久章　❾ 2012·8·3 政
鈴木久男　❾ 2005·9·12 文
鈴木久弥　❻ 1893·1·28 社
鈴木英夫　❾ 2010·10·18 文
鈴木ひでる　❽ 1937·1·12 文
鈴木日向　❹ 1493·10·13 政
鈴木啓久　❽ 1963·5·8 政
鈴木　弘　❽ 1952·7·19 社
鈴木博美　❾ 1997·8·5 社
鈴木　福　❾ 2011·4·24 社
鈴木富士弥　❼ 1922·1·26 政
鈴木武助　❺-2 1825·8月 文
鈴木芙蓉　❺-2 1798·12月 文／1800·是年 文／1816·5·27 文
鈴木文吾　❾ 2008·7·6 社
鈴木文治　❼ 1912·8·1 社／1915·5·10 社／1917·12·3 社／1921·10·1 社／1924·4·12 政／1927·3·6 社／1932·4·29 社／1935·6·18 社／❽ 1940·2·2 政
鈴木文史朗　❽ 1945·4·11 政／1946·5·15 文／1949·6·17 文／1951·2·23 文
鈴木文太郎　❼ 1921·1·9 文
鈴木文平　❺-2 1731·是年 社
鈴木平兵衛　❺-1 1613·6·21 社
鈴木弁蔵　❼ 1919·6·1 社
鈴木牧之(儀三治·秋月庵·螺耳)　❺-2 1835·是年 文／1837·是年 文／1841·是年 文／1842·5·15 文
鈴木孫一　❹ 1570·7·21 政
鈴木雅明　❾ 2012·6·8 文
鈴木正夫　❽ 1951·1·3 社
鈴木正勝　❺-2 1777·2·3 社
鈴木政志　❾ 2005·5·13 政
鈴木正成　❾ 2011·12·10 文
鈴木真砂女　❾ 2003·3·14 文
鈴木雅次　❾ 1968·11·3 文／1987·5·28 文
鈴木正文　❽ 1949·2·16 政
鈴木政通　❺-2 1832·是年 文
鈴木馬左也　❼ 1919·12·24 政／1922·12·25 政
鈴木正恭　❼ 1898·1月 文
鈴木昌賀　❺-2 1767·11·17 文
鈴木　勝　❽ 1947·9月 社
鈴木マツ(妲己のお松)　❼ 1899·7·7 社
鈴木万太郎　❺-1 1707·4·10 政
鈴木万年　❻ 1893·6·30 文
鈴木三重吉　❼ 1906·10·8 文／1910·3·3 文／1918·7月 文／1936·6·27 文
鈴木三樹三郎　❻ 1868·1·15 政
鈴木通夫　❾ 1998·5·31 文
鈴木(佐佐木)光枝　❾ 2007·5·22 文
鈴木宗男　❾ 1997·9·11 政／2002·3·15 政／4·30 社／2003·8·29 政／2005·8·18 政／2010·9·7 政
鈴木六林男　❾ 2004·12·12 文
鈴木鳴門　❺-2 1840·9·16 文
鈴木茂三郎　❼ 1922·1·22 政／❽ 1937·2·21 政／12·15 政／1942·9·30 政／1946·1·31 文／1947·2·6 政／5·14 政／1948·2·5 政／1949·4·16 社／1950·1·19 政／1951·10·23 政／1962·1·13 政／❾ 1970·5·7 政
鈴木持久　❹ 1577·2·13 政
鈴木基之　❺-2 1820·是年 文
鈴木百年　❻ 1884·4·11 文／1891·12·26 文
鈴木守一　❻ 1889·3·13 文
鈴木主水(上野名胡桃城)　❹ 1589·10·23 政
鈴木主水(青山百人組)　❺-2 1716·是年 社
鈴木弥五郎　❹ 1565·12·3 社
鈴木安明⇨会田(あいだ)保明
鈴木安五郎　❺-2 1838·4·20 社
鈴木安蔵　❽ 1938·3月 文／1945·12·27 政／❾ 1983·8·7 文
鈴木安兵衛　❺-1 1675·6·8 社
鈴木康義　❼ 1917·8月 文
鈴木行義　❺-2 1770·是年 文
鈴木義明　❹ 1580·11·17 政
鈴木義男　❽ 1947·6·1 政／1948·3·10 政
鈴木義司　❾ 2004·7·17 文
鈴木善教　❻ 1856·是年 文
鈴木良徳　❾ 1991·9·14 社
鈴木慶則　❾ 2010·11·21 文
鈴木与次郎　❹ 1574·⑪·24 文
鈴木与惣右衛門　❺-1 1665·4·6 社
鈴木米次郎　❼ 1907·5·3 文
鈴木良三　❽ 1944·3·8 文
鈴木飛騨守　❺-2 1736·7月 社
薄田兼相　❺-1 1614·11·5 大坂冬の陣／11·19 大坂冬の陣／1615·5·6 大坂夏の陣
薄田泣菫(淳介)　❼ 1900·10月 文／1922·4·2 社／1933·8月 文／❽ 1945·10·9 文
薄田研二　❼ 1929·3·25 文／4·5 文／1934·10·25 文／❽ 1940·8·19 文／1942·12·3 文／1945·12·13 文／1946·3·1 文
薄野龍之　❻ 1871·是年 社
鈴木屋忠三郎　❺-2 1803·是年 政
鈴木屋文作　❻ 1859·3月 社
鈴田照次　❾ 1972·是年 文
鈴丸十次郎　❺-2 1801·是年 文
鈴蟲勘兵衛　❺-1 1704·是年 文
鈴切康雄　❾ 2012·9·21 政
須田一学　❺-2 1744·7·25 政
須田開代子　❾ 1969·6·22 社／1995·11·20 社
須田官蔵(佐蔵、二代目)　❺-2 1826·5·15 社／1836·12·2 社
須田国太郎　❼ 1931·是年 文／1934·3·20 文／❽ 1937·3·13 文／1950·是年 文／1961·12·16 文
須田剋太　❾ 1990·7·14 文
須田次郎太郎　❺-2 1820·1·28 社
須田哲造　❻ 1894·4·25 文
須田留之助　❺-2 1744·7·25 政
須田満主　❺-2 1773·7·1 政
須田満親　❹ 1585·10·10 政
須田盛昭(盛照)　❺-2 1823·11·15 社／1832·1·16 政
スタークウェザー，Ａ．Ｊ．　❻ 1877·2·10 文
スターマー(独)　❽ 1940·9·7 政／1943·1·3 政／1944·8·28 政
スターリン，ヨシフ　❽ 1941·4月 社／1945·2·4 政／7·17 政／8·15 政／1952·3·5 政
スターリング(英東洋艦隊)　❻ 1854·⑦·15 政／1855·3·24 政／8·28 政
スタニスラフ，ブーニン　❾ 1986·7·13 文／1987·10·11 文
スタルヒン，ビクトル　❽ 1955·9·4 社／1957·1·12 社
スチーブンス(米自転車)　❻ 1886·11·21 社
首智買　❶ 610·7月 政
スチムソン，ヘンリー　❼ 1929·3·3 政
スチュアート，ウィリアム·ロバート　❺-2 1798·6·10 政／1800·④·4 政／1803·7·8 政
スチンソン，カザリン　❼ 1916·12·15 社

スティーブンス(シエラレオネ)　❾ 1969·5·23 政
スティムソン，ヘンリー　❽ 1945·6·18 政／7·17 政
スティルフリート(写真家)　❻ 1871·是年 文
ステッセル(ロシア将軍)　❼ 1905·1·1 日露戦争
ステファノ，ジョルダノ·ディ·サン　❺-1 1634·9·21 社
ステュルレル，ヨハン·ド·ウィルレム　❺-2 1823·7·6 政／1825·6·22 政／1826·1·9 政
ステルテミウス，ピーテル　❺-1 1650·9·29 政
周東英雄　❽ 1948·10·19 政／1949·1·23 政／1960·12·8 政
須藤鉱作　❼ 1911·11·25 社
須藤五太夫　❺-2 1789·5·1 社
角藤定憲　❻ 1888·12·3 文／❼ 1907·1·20 文
首藤新八　❽ 1957·10·12 政
須藤惣左衛門　❹ 1589·12·30 社
須藤貞三郎　❼ 1901·11·3 社
須藤時一郎　❻ 1882·12·17 文
須藤隼太郎　❻ 1853·11·22 社／1854·2·6 社
周藤弥兵衛　❺-2 1752·12·18 社
須藤政雄　❽ 1939·10·20 政
首藤通時　❸ 1347·12·3 社
崇道天皇(早良親王)　❶ 781·4·4 政／785·5·28 政／9·28 政／792·6·10 政／797·5·20 社／800·7·23 政／805·1·14 社／10·25 文／806·3·17 政／810·7·27 社／863·5·20 社／❷ 1001·3·18 政
崇徳天皇(顕仁親王、讃岐院)　❷ 1119·5·28 政／1120·4·15 社／1123·1·28 政／2·19 政／1141·12·7 政／1147·6·19 政／1153·9·23 政／1156·7·23 政／1164·8·26 政／1167·是秋 政／1177·7·29 政／1185·1·9 政／1192·11·16 社
ストッダード(米教育視察団)　❽ 1946·3·5 文
ストライク，クリフォード　❽ 1947·2·18 政／8·10 政
ストラヴィンスキー(ソ連作曲家)　❽ 1959·4·5 文
ストラウス(米)　❾ 1977·4·6 政
ストレモフ(ロシア·アジア局長)　❻ 1866·8·18 政
ストレンジ(東大予備門)　❻ 1884·10·17 社
ストロエスネル(パラグアイ)　❾ 1972·4·14 政
スナイダー(米)　❽ 1949·11·17 政
直　川智　❺-1 1610·是年 社
須永　好　❼ 1926·12·9 政／1927·2·4 社／3·1 社
砂川野水　❺-2 1723·是年 文／1724·是年 文
砂澤クラ　❾ 1990·9·29 文
砂澤ビッキ　❾ 1989·1·25 文
砂田重民　❾ 1977·11·28 政／1990·2·28 政
砂田重政　❽ 1957·12·27 政
砂田松次郎　❼ 1907·11·15 社
砂原美智子　❽ 1947·2·13 文／1958·8·16 文／1959·10·3 文／❾ 1987·8·27 文
砂守勝巳　❾ 2009·6·23 文
スニガ，ペドロ·デ　❺-1 1620·7·6 政／1622·7·13 社
スネル(オランダ)　❻ 1863·是年 社／1868·3·23 政／6·1 政／1869·2月 政
洲之内　徹　❾ 1987·10·28 文
スノー，エドガー(米)　❾ 1968·4·13 文
スパーク·マツナガ　❾ 1990·4·15 政
スパーツ(米)　❽ 1945·7·17 政
寿原正一　❾ 1967·12·6 政
栖原豊太郎　❼ 1930·1·25 文
須原屋市兵衛　❺-2 1774·8月 文
須原屋茂兵衛　❻ 1868·2·23 政
スハルト(インドネシア)　❾ 1968·3·28 政／1992·9·27 政
スバンドリオ(インドネシア)　❽ 1960·5·24 政
スヒネ，イサーク·ファン　❺-1 1680·9·20 政
スピノラ，カルロ　❺-1 1612·10·16 文／1622·8·5 社
周布和兼　❸ 1446·2·16 政／1450·3·5 政／1451·1·4 政／1453·1·24 政／1455·1·4 政／❹ 1461·1·4 政／1464·1·1 政／1470·1·5 政／1472·1·2 政／1474·1·20 政／1477·1·15 政／1479·1·1 政／1484·1·5 政／1489·1·13 政／1490·1·10 政／1492·2·21 政／1493·1·11 政／1494·1·18 政／1502·1·3 政
周布兼氏　❸ 1372·3·1 政／1383·6·1 政／1385·7·22 政
周布兼貞　❸ 1438·1·16 政／1439·1·1 政／1447·④·25 政
周布兼仲(観心)　❸ 1389·11·3 政／1425·9月 政／1432·3·3 政／1437·1·6 政／1438·1·16 政
周布次郎　❹ 1490·8·30 政
周布武兼　❹ 1543·1·26 政
周布政之助　❻ 1858·6月 政／1861·6·11 政
周布元兼　❹ 1473·5·11 政
ズフテレン，アブラハム·ファン　❺-2 1750·11·27 政
スプリング(アイルランド)　❾ 1994·9·12 政
スペックス，ヤックス　❺-1 1609·8·22 政／1611·6·28 政／7·25 政／1614·6·29 政／1615·8·2 政／9·9 政／1630·6月 政
スペンサー(英軽気球)　❻ 1890·10·12 社
須磨久善　❾ 1996·12·2 文
須磨弥吉郎　❽ 1945·12·6 政／❾ 1970·4·30 政
須磨良川　❺-1 1710·12·22 文／❺-2 1779·8·4 社
スマイリーキクチ　❾ 2009·2·10 社
寿万宮　❻ 1860·8·13 政
鷲見四郎　❼ 1932·5·21 文
鷲見禅峰　❸ 1392·6·3 政
鷲見忠泰　❸ 1333·5月 政
鷲見忠保　❸ 1337·3·1 政
鷲見縫殿左衛門　❺-1 1658·9·12 社
寿美花代　❽ 1963·2·5 社
鷲見久枝　❼ 1908·3·5 社
鷲見保憲　❸ 1350·11·3 政／1351·8·19 政
角　梨枝子　❾ 2005·10·12 文
住井すゑ　❽ 1961·9月 文／❾ 1997·6·16 文
墨江武禅　❺-2 1806·1·29 文
澄川喜一　❾ 2008·11·4 文
澄川　久　❼ 1932·5·21 文
住木諭介　❽ 1938·12月 文／1944·2·1 文
スミス(東大教授)　❻ 1877·4·12 文
スミス，アート　❼ 1916·4·8 社／4·24 社
スミス，W.H.　❻ 1863·是年 社
スミス，トーマス　❻ 1866·9·21 社
スミス，ユージン　❾ 1973·4·13 文
澄田　智　❾ 2008·9·7 政
澄田信義　❾ 2003·4·13 社
住田又兵衛(笛師、二代目)　❼ 1903·11·3 文
角田美代子　❾ 2011·11月 社／2012·12·12 社
隅田川浪五郎　❻ 1866·10·17 政
住谷七之允　❻ 1870·2·24 社
隅谷正峯　❾ 1998·12·12 文
隅谷三喜男　❾ 1993·5·24 社／1998·5·18 社／2003·2·22 文
スミツ(米·盗人射殺)　❻ 1859·11·30 社
住友吉左衛門(友純、十五代目)　❻ 1879·是年 文／1894·8·4 政／1895·9·18 政／❼ 1912·2·23 政／1925·7·28 政／1926·3·2 政
住友邦子　❽ 1946·9·17 社
住友貞政　❺-1 1629·是年 文
住友友以　❺-1 1662·4·25 政
住友政友(理兵衛)　❺-1 1630·是年 社
住吉仲皇子　❶ 書紀·仁徳 87·1月
角倉玄達　❻ 1891·7·5 社
角倉庄左衛門　❺-1 1610·6·12 政
角倉甚平　❺-1 1698·12·21 社
角倉素庵(与一·玄之·貞順)　❺-1 1605·是年 文／1608·5月 文／1611·1·11 政／1612·8·18 政／1614·7·12 社／9·21 社／1615·5月 社／1616·是年 社／1617·5·20 政／是年 社／1619·12·17 政／1623·元和年間 社／1632·6·22 政／6·22 文
角倉帯刀　❺-2 1810·1·26 社／1813·8·5 社
角倉玄紀(はるのり)　❺-1 1634·1·10 政／1637·是年 社／1669·9·29 社
角倉玄之⇨角倉素庵(そあん)
角倉光好⇨角倉了以(りょうい)
角倉宗忠　❹ 1544·⑪·13 社
角倉与一⇨角倉素庵(そあん)
角倉了以(光好)　❺-1 1603·12月 政／1604·8·26 政／1605·9·3 政／1606·8·6 政／8月 社／1607·8月 社／1608·1·11 政／是年 社／1609·1·11 政／1610·1·11 政／1611·11月 社／1613·1·11 政／10·13 社／1614·3月 社／7·12 社
住谷磐根　❼ 1923·是年 文

住谷悦治　❾ 1987·10·4 文
住谷寅之介　❻ 1867·6·13 政
住世王　❶ 862·4·20 政
住吉具慶(広澄·広純)　❺-1 1679·6 月 文／1680·3 月 文／1685·3·26 文／1691·12·2 文／1705·4·2 文
住吉慶舟　❺-2 1793·1·29 文
住吉慶忍　❷ 1254·2·19 文
住吉広一　❼ 1901·11·7 文／1906·2·17 文
住吉如慶(広通)　❺-1 1644·5·18 文／1657·7·11 文／1670·6·2 文
住吉弘貫　❻ 1863·7·22 文
住吉広尚　❺-2 1828·7·21 文
住吉(板谷)広当　❺-2 1777·6·9 文
住吉広守(総次郎)　❺-2 1738·9·30 文／1777·10·21 文
住吉広保　❺-1 1711·是年 文／❺-2 1750·5·28 文
住吉広行(新之丞、五代目)　❺-2 1811·8·6 文
住吉綱主　❶ 805·2·10 政
住吉屋幸左衛門　❻ 1874·1 月 社
住吉屋新右衛門　❺-2 1744·8 月 政
住吉屋宗無　❹ 1577·9·1 文／10·30 文
住吉屋藤左衛門　❺-1 1619·2 月 社
須茂泉吉　❻ 1871·6 月 文
頭本元貞　❼ 1897·3·22 文
スモリック(石版彫刻家)　❻ 1874·6 月 文
陶山訥庵(庄右衛門·鈍翁)　❺-1 1695·是春 政／1700·9 月 社
須鎗和巳　❽ 1956·是年 文
スライマー，マッティ　❽ 1963·4·15 文
スラヴィン(ボクシング)　❼ 1902·1·9 社
スラユット(タイ)　❾ 2007·4·3 政
スラワルディ(パキスタン)　❽ 1957·4·23 政
スリエ(仏·曲馬)　❻ 1871·10·26 社／1874·是夏 社
駿河(仏師)　❸ 1418·7·25 文
駿河源左衛門尉　❷ 1232·9·11 政
須流枳　❶ 493·是年
須留田心了　❸ 1333·5 月 政
スレッジ，ユージン·B　❽ 1944·11 月 社
スレッジハンマー(ペリリュー島)　❽ 1944·11 月 社
スレドニー(ロシア)　❺-2 1816·6·28 政
諏訪有継　❸ 1400·6·11 社
諏訪勝義　❽ 1954·10·23 政
諏訪勘兵衛　❺-1 1694·1·20 社
諏訪貞通　❹ 1487·7·27 文
諏訪三郎　❸ 1324·9·24 政
諏訪繁治　❽ 1944·10·8 政／11·19 政
諏訪甚左衛門　❺-1 1642·4·2 政
諏訪忠厚　❺-2 1763·8·26 政
諏訪忠郷　❹ 1465·8·27 政
諏訪忠林　❺-2 1731·7·2 政／1763·8·26 政
諏訪忠虎　❺-1 1695·3·2 政／❺-2 1731·7·2 政
諏訪忠晴　❺-1 1676·9 月 文／1679·是年 文／1695·3·2 政
諏訪忠誠　❻ 1864·6·24 政
諏訪継満　❹ 1483·1·8 社／3·19 社／1484·5·6 政／1498·是年 政
諏訪継宗　❹ 1482·7·30 政
諏訪哲史　❾ 2007·7·17 文
諏訪時継　❸ 1335·7·14 政
諏訪虎王　❹ 1542·9·25 政
諏訪直頼　❸ 1351·1·17 政／12·10 政
諏訪根自子　❼ 1932·4·9 文／❽ 1937·5·20 文／1945·12·6 文／12·24 文／1946·10·3 文／❾ 2012·3·6 文
諏訪信祐　❹ 1520·8·28 政
諏訪秀三郎　❼ 1900·2·22 社
諏訪政満　❹ 1481·4·19 政／1482·7·30 政／1483·1·8 社
諏訪盛重　❷ 1253·11·29 社／1261·6·22 政
諏訪盛澄　❷ 1187·8·15 社
諏訪盛高　❸ 1333·5·21 政
諏訪盛就　❺-1 1713·5·29 社
諏訪師継　❹ 1498·是年 政
諏訪好武　❼ 1917·6·11 文
諏訪頼篤　❺-1 1714·8·15 社
諏訪頼蔭　❺-1 1696·3·28 政／1698·9·26 政
諏訪頼重(宮増丸)　❸ 1335·7·14 政／8·18 政／❹ 1537·10·13 政／1539·6·26 政／12·9 政／1540·11·29 政／1541·5·13 政／6·19 政／7·4 政／1542·3·9 政／7·2 政／9·25 政／1544·12·8 政
諏訪頼隆(諏訪社大祝)　❹ 1528·9·30 政／1530·4·18 社
諏訪頼隆(長崎奉行)　❺-1 1698·5·25 政
諏訪頼武　❺-2 1821·是年 文
諏訪頼忠　❹ 1577·11·25 社／1582·7·22 政／1584·3·21 政／❺-1 1605·8·11 政
諏訪頼嗣　❸ 1336·1·1 政
諏訪頼継(諏訪武将)　❸ 1340·6·24 政
諏訪頼継(信濃高遠)　❹ 1548·4·4 政
諏訪頼憲　❸ 1403·是年 政
諏訪頼水　❺-1 1641·1·14 政
諏訪頼満　❹ 1483·1·8 社／1484·12·28 社／1528·9·30 政／1531·1·21 政／4·12 政／1535·9·17 政／1539·12·9 政
諏訪頼保　❺-2 1783·7·3 政
周際凡葦原　❶ 779·6·23 社
諏訪刑部左衛門　❷ 1258·8·15 社
諏訪内晶子　❾ 1990·7·5 文
諏訪部菊松丸　❸ 1393·2·5 政
諏訪部定矩　❺-1 1634·3·28 政
諏訪部定久　❺-1 1634·3·28 政
諏訪部信恵　❸ 1351·8·21 政
諏訪部扶重　❸ 1337·3·2 政
スワルツ夫妻(尺八)　❻ 1894·2·26 文
駿岱正繁　❺-2 1792·8 月 文

せ

世阿弥元清(観世三郎)　❸ 1374·是年 文／1378·6·7 社、文／1394·3·13 文／1399·3·9 文／5·20 文／1400·是年 文／1410·6·11 文／1413·7·11 文／1414·⑦·11 文／1418·2·17 文／1419·6 月 文／1420·6 月 文／1421·7 月 文／1423·2·6 文／8·12 文／1424·1·18 文／4·17 文／6·1 文／1426·11·7 文／1427·10 月 文／11 月 文／1428·2 月 文／3·9 文／4·5 文／6·1 文／1429·5·13 文／1430·3 月 文／1432·9 月 文／1434·5·4 文／1436·2 月 文／6·8 文／1443·是年 文
済(倭王)　❶ 438·4 月／443·8 月／451·7 月
成　允文　❹ 1597·5·12 慶長の役
成　永(琉球)　❹ 1513·7·23 政
清　貞枝　❹ 1486·4·27 政
清　貞秀　❹ 1483·8·28 政
盛　子昭　❸ 1350·是年 文
清　信(新羅)　❶ 873·6·21 社
井　真成　❶ 734·1 月 文
清　石珍　❶ 816·10·13 政
盛　徳言　❶ 957·7·20 政／959·1·12 政
清　秀定　❸ 1431·7·20 政
西阿(僧)　❸ 1341·1·20 政／2·29 政
声阿(僧)　❸ 1369·正平年間 社
成阿(僧)　❸ 1383·3 月 文
聖阿(僧)　❸ 1445·是冬 文
清安(僧)　❸ 1350·3·15 政
西威王(琉球)　❸ 1336·3·11 政／1349·4·13 政
斎隠(宋僧)　❶ 988·1·15 文／❷ 1001·是年 文
清胤(僧)　❶ 995·5·8 社
清胤王　❶ 966·是年 政
西胤俊承(僧)　❸ 1422·11·5 社
盛胤法親王　❺-1 1680·6·26 社
セーウェル(辞典)　❺-1 1708·是年 文
清雲(僧)　❺-1 1636·3·18 社
聖雲法親王　❸ 1314·6·15 社
静栄(歌人)　❺-1 1704·是年 文
政円(講師)　❷ 1040·10·19 文
晴円(僧)　❷ 1229·7·16 社
勢円(仏師)　❷ 1257·⑤月 文／1265·是年 文／1266·是年 文
聖応(僧)　❺-2 1785·是年 文
清恩(僧)　❺-1 1684·10·23 社
青霞(明の秀才)　❹ 1490·是冬 文
清賀(僧、石清水縁起)　❸ 1372·11·8 文
清賀(大善寺僧)　❺-1 1609·是年 社
清海(僧)　❶ 996·10·23 文／❷ 1017·10·7 社
清覚(僧)　❸ 1395·8·25 政
西華門院⇨堀川基子(ほりかわきし)
盛化門院⇨近衛維子(このえこれこ)
清鑑(僧)　❹ 1483·9·13 政
清願(僧)　❶ 863·4·21 政
西巌(僧)　❷ 1255·是年 文
清巌(僧)　❹ 1587·是年 社
清閑寺凞定　❺-2 1817·11·28 政
清閑寺家俊　❸ 1440·7·19 政
清閑寺家房　❸ 1401·4·4 文／

1423·7·21 政
清閑寺資房　❸ 1344·11·4 政
清閑寺共綱　❺-1 1675·8·26 政
清閑寺共房　❺-1 1652·2·7 政／1655·9·13 政／1661·5·23 政／7·28 政
清閑寺秀定　❺-2 1759·10·23 政
清閑寺熙定　❺-1 1701·3·11 政／1686·10·10 政
清閑寺益房　❺-2 1803·7·15 政
星岩俊列(僧)　❸ 1439·2·19 政／1452·3·1 社
清厳正徹⇨正徹(しょうてつ)
清巌宗渭　❺-1 1661·11·21 社
清漢波(新羅)　❶ 812·3·1 政
静観房好阿　❺-2 1753·是年 文
西巌了恵(せいがんりょうえ・僧)　❷ 1260·5月 社／是夏 文
成器中玉(僧)　❸ 1375·9·2 文
青綺門院⇨二條舎子(にじょういえこ)
聖救(僧)　❶ 998·8月 社
正球(遣朝鮮使)　❹ 1474·10·27 政
清玉(阿弥陀寺僧)　❹ 1570·8·15 文／1572·6月 社
性空(僧)　❶ 988·是年 社
盛訓(僧)　❹ 1470·1·24 政
清家　清　❾ 2005·4·8 文
性慶(仏師)　❺-1 1701·10·17 文
清渓通徹(僧)　❸ 1373·8·20 政／1385·11·4 社
井月正司　❽ 1964·10·1 社
霽月堂丈竹　❺-1 1713·是秋 文
清賢(宋僧)　❷ 1014·6·25 文
清賢(僧)　❸ 1432·9·6 文
清賢(仏師)　❹ 1497·7·6 文
正倪(僧)　❹ 1540·12·18 政
清源(僧)　❷ 1101·10·22 文
清玄(仏師)　❸ 1373·10·19 文
盛元梵鼎(僧)　❸ 1437·9·8 社
成吽(僧)　❸ 1438·1·20 社
聖光⇨弁長(べんちょう)
清晃(喝食)⇨足利義澄(あしかがよしずみ)
世豪(範覚、僧)　❷ 1153·5·4 社
清五郎(船頭)　❻ 1862·6·6 社
盛算(僧)　❶ 983·8·1 政／❷ 1015·7月 社
清算(僧)　❸ 1362·11·14 社
西山策伝(僧)　❺-1 1623·是年 文
青山慈永(僧)　❸ 1369·10·9 社
成子(姓不明)　❷ 1008·10·1 社
正子内親王(淳和太皇太后)　❶ 827·2·28 政／860·5·7 政／874·4·27 政／876·2·25 社／879·3·23 政
正子内親王(絵合)　❷ 1050·4·26 文／1058·6·27 社／1069·7·27 社／1148·8·20 政
聖守(僧)　❸ 1294·是年 文
清寿(僧)　❷ 1014·2·26 社／1016·4·21 社
聖珠(喝食)　❹ 1459·7·15 社
清授(僧)　❹ 1557·10月 政
聖秀(僧)　❷ 1072·3·15 政
聖秀(喝食)　❹ 1459·7·15 社
成秀(大宝寺)　❹ 1465·4·13 政
静俊(僧)　❷ 1119·6·16 社
清舜(絵師)　❷ 1189·9·28 文
性春(遣朝鮮使、琉球)　❹ 1474·9·5 政／1475·6·7 政
清順(僧、遣朝鮮使)　❹ 1458·6·21 政／1549·6·16 社／1566·4·3 社／1600·9·13 関ヶ原合戦
清順(僧、補陀落渡海)　❺-1 1663·9·25 社
盛淳(長寿院僧)　❹ 1596·9·26 政／1600·9·13 関ヶ原合戦
清昭(僧)　❶ 961·③·22 社
聖承⇨小倉宮(おぐらのみや、二代目)
政紹(僧)　❹ 1491·12·27 社
盛正(小林右馬允、琉球)　❹ 1513·7·23 政
清成(僧)　❷ 1051·12·5 社／1052·6·8 社／1054·3·20 社／1055·3·20 社／1067·7·13 社
西笑承兌(僧)　❹ 1589·6·15 文／1591·5·29 政／8·6 政／1593·5·15 文禄の役／1595·3·26 文／1597·10·18 文／12·7 政／1598·6·27 慶長の役／1600·1·27 政／9·7 関ヶ原合戦／❺-1 1602·10·3 社／1605·3·5 政／1607·10·4 政／12·27 政
清次郎(大工)　❹ 1556·4月 社
勢深(仏師)　❷ 1096·2·20 文／1097·1·15 文
聖信(僧)　❸ 1325·6月 社
静深(僧)　❸ 1350·12·26 政
清真(僧)　❺-1 1693·11·26 社
棲心維那(宋僧)　❷ 1167·是年 政
誠拙周樗(僧)　❺-2 1820·6·28 社
清拙正澄　❸ 1326·6月 政／8月 政／是年 文／1327·1月 社／4·22 文／1329·3·10 文／9·15 文／1332·4·14 文／4·26 文／1336·1月 社／5月 文／是年 文／1337·12月 文／1339·1·17 社、文／1351·3·16 政
西泉中琮(僧)　❸ 1404·12·17 社
西素(呉服)　❶ 書紀·応神 41·応神天皇御代
成祖(明)　❸ 1404·10·4 政／12·2 政／是年 政／1405·5·1 政／1406·1·16 文／1407·5·25 政／1408·5·5 政／12·21 政／1411·2·23 政／1413·1·20 政／1415·5·13 政／1416·6·7 政
世祖(朝鮮)　❹ 1466·4·28 政
世宗(元)　❷ 1272·1·13 政
世宗(朝鮮)　❸ 1430·2·11 政／1431·6·28 政／11·9 政／1432·5·23 政／1439·2·20 社／1440·1·6 政
勢増(仏師)　❷ 1134·10月 文
西宗庵一翁　❺-2 1736·是年 文
正叟慧心(僧)　❷ 1279·是年 文
斎尊(僧)　❷ 1105·2·27 社
誓尊(僧)　❷ 1277·5·29 社
聖尊(僧)　❸ 1339·3·17 社
聖孫(僧)　❸ 1447·10·29 政
静尊法親王　❸ 1332·3·8 政／1333·4·8 政
井大郎(対馬)　❸ 1419·是年 政／1439·2·4 政／1441·1·11 政／1442·2·11 政／1444·3·14 政／1447·④·25 政／1450·3·5 政
井大郎兵衛　❸ 1428·1·7 政／1431·1·26 政／1435·1·14 政
西智(仏師)　❷ 1269·12·7 文
聖忠(僧)　❸ 1319·7·12 社
誠中中欽　❸ 1430·10·26 社
成典(僧)　❷ 1044·10·24 社
盛典(僧)　❺-2 1737·是年 文／1743·是年 文
聖徒明麟(僧)　❸ 1420·2月 文
静如(僧)　❺-2 1743·2·5 社
清仁(僧)　❷ 1073·9·22 社
誓忍(僧)　❹ 1565·12·12 文
清寧天皇(白髪武広国押稚日本根子尊)　❶ 478·1·1／479·10·4／480·1·15／482·9月／484·1·16
清範(僧)　❶ 999·③·22 社
静範(僧)　❷ 1063·3月 社／1066·7·2 政
清風与平　❻ 1893·9·25 文
セイフミムトホラムス(オランダ役人)　❺-2 1733·6·13 政
盛敞(伊舎堂親方)　❺-2 1771·8·19 政
政遍(僧)　❺-1 1610·3·24 社
勢豊(僧)　❶ 932·9·22 政
聖命(僧)　❷ 1042·7·2 社
成務天皇(稚足彦尊)　❶ 書紀·景行 51·8·4／成務 1·1·5／成務 60·6·11
静命(僧)　❷ 1130·5·17 社
聖明王(百済)　❶ 524·1月／538·10·12／541·4月／551·是年／552·10·13／554·12·9／❸ 1399·7·10 政
勢祐(僧)　❶ 961·3·29 社
盛宥(僧)　❹ 1524·11·28 社
聖誉(僧)　❹ 1543·10·8 文
勢誉(高野山僧)　❺-1 1612·3·23 社
誓誉(僧、信太白狐伝)　❺-2 1757·是年 文
勢誉愚底(大樹寺僧)　❹ 1516·4·11 社
西誉聖聡(僧)　❸ 1440·7·18 社
勢力富五郎　❺-2 1849·3·28 社
清亮(画家)　❻ 1869·12·19 文
西蓮⇨藤原能成(ふじわらよしなり)
清和天皇(惟仁親王)　❶ 850·11·25 政／858·8·27 政／11·7 政／876·11·29 政／12·8 政／877·②·15 政／3·24 社／879·5·4 政／5·8 政／880·3·19 政／8·23 政／11·25 政／12·4 政
セイン，ティン　❾ 2012·4·21 政
ゼーアデリヤン(デンマーク)　❻ 1871·6·25 政
セーシュ(仏提督)　❺-2 1844·3·11 政／1846·6·6 政
ゼームス・クック　❻ 1882·5·4 文
セーリス，ジョン　❺-1 1613·5·5 政／8·4 政／8·28 政／10·24 政／11·4 政／1614·是年 文
是円(僧)　❸ 1336·11·7 政
瀬尾乃武　❾ 1997·10·14 文
瀬川晶司　❾ 2005·11·6 文
瀬川菊三郎(初代)　❺-2 1753·7·21 文
瀬川菊之丞(路考、初代)　❺-2 1723·5·2 社／1730·10月 文／1731·2月 文／1734·是年 社／1749·9·3 文
瀬川菊之丞(王子路考、二代目)　❺-2 1749·9·3 文／1750·9月 文／1773·③·13 文
瀬川菊之丞(仙女路考、三代目)　❺-2

1787·9月 文／1788·8·16 文／1802·11·19 文／1810·12·4 文
瀬川菊之丞(路考、四代目)　❺-2 1820·5·5 文
瀬川昌坪　❺-1 1681·是年 文
瀬川如皐(初代)　❺-2 1794·1·23 文
瀬川如皐(二代目)　❺-2 1822·是年 文
瀬川如皐(三代目)　❺-2 1851·8·4 文／❻ 1853·3·14 文／1881·6·28 文
瀬川宗徳　❺-1 1648·3·25 文
瀬川美能留　❾ 1991·9·10 政
関　鑑子(小野鑑子)　❽ 1955·12·20 政／1956·5·31 文
関　衆利⇨森(もり)衆利
関　一楽翁　❺-2 1724·是年 文
関　市十郎　❺-1 1666·10·27 政
関　氏盛　❺-1 1618·7月 政／1650·9·19 政
昔　于老　❶ 233·7月／249·4月／253·是年／262·此頃
関　盈文　❺-2 1793·是年 文
石　乙(朝鮮)　❸ 1450·12月 政
関　和知　❼ 1925·2·18 政
関　一政　❹ 1584·3·12 政／❺-1 1610·7·15 政／1618·7月 政／1625·10·20 政
関　兼常　❹ 1571·7月 文
関　兼道　❹ 1570·4·19 文
関　寛治　❾ 1997·12·15 文
関　敬吾　❾ 1990·1·26 文
関　玄隆　❺-1 1667·是年 文
関　克明　❺-2 1835·4·28 文
関　左近　❺-1 1665·4·2 政
関　三右衛門　❺-2 1761·2·13 政
関　三十郎(三代目)　❻ 1870·12·18 文
関　重嶷　❺-2 1792·②月 文／1798·是年 文
関　淳一　❾ 2005·10·18 社／11·27 社
関　正伯　❺-2 1851·2·9 文
尺　振八　❻ 1886·11·28 文
関　清吉　❻ 1869·是年 社
石　石(朝鮮)　❸ 1450·12月 政
関　雪江　❻ 1877·10·24 文
関　善左衛門　❺-1 1714·5·13 政／6月 社
関　祖衡　❺-2 1735·是年 文
関　孝和(新助·子豹·自由亭)　❺-1 1674·是年 文／1680·是年 文／1683·是年 文／1685·是年 文／1686·是年 文／1697·是年 文／1704·11月 文／1708·10·24 文／1710·是年 文／1712·是年 文／❺-2 1721·是年 文
関　忠業　❸ 1429·2·1 政／3·1 政
関　種子(秋山種子)　❼ 1933·5·6 文／❽ 1944·6·21 文
関　胤盛　❹ 1480·8·27 政
関　竹泉　❺-2 1718·是年 文
関　勉　❽ 1962·2·4 文／❾ 1965·9·19 文／1967·2·5 文
関　鉄之介　❻ 1860·3·3 政
関　内記　❺-2 1741·7·21 政
関　直彦　❻ 1888·7·10 文／1890·2·22 文／❼ 1921·6·18 政／1927·6·3 政
関　長治　❺-1 1697·10·19 政
関　如来　❽ 1938·2·2 文
関　信兼　❷ 1181·1·21 政
関　一　❼ 1935·1·26 社／1·26 政
関　万鉄(盛信)　❹ 1584·3·12 政
関　弘子　❾ 2008·5·11 文
関　文兵　❺-2 1766·是年 文
関　兵馬　❾ 1972·5·1 社
関　鳳岡(思恭)　❺-2 1765·2·29 文／12·29 文
関　牧翁　❾ 1991·2·13 社
関　正成　❺-1 1633·12·20 文
関　政方　❺-2 1840·是年 文／1842·是年 文
関　光徳　❾ 1966·4·17 社
関　宗祐　❸ 1343·11·11 政
関　盛元　❹ 1470·9·22 政
関　保左衛門　❺-2 1844·5·29 文
関　行男　❽ 1944·10·20 政
関　行篤　❺-2 1852·8·10 社／❻ 1859·11·4 政／1861·10·20 政
昔　楊節　❶ 723·8·8 政
関　良助　❺-2 1822·8·29 政
関　亮輔　❻ 1864·3月 文
関　左馬之助　❹ 1600·9·14 政
関　兵衛丞　❹ 1559·2·12 政
瀬木博尚　❻ 1895·10·6 社／❽ 1939·1·22 政
石阿(手鞠芸)　❸ 1436·1·28 文
石阿弥(手鞠芸)　❸ 1447·3·22 文
関網屋七郎左衛門　❺-2 1800·是年 政
関岡氏隆　❸ 1455·8·29 政
関岡扇令　❾ 2010·11·6 社
石屋真梁(僧)　❸ 1423·5·11 社
関川慶定　❻ 1863·是年 文
碩干(高句麗使)　❶ 673·8·20 政
尺漢手纏　❶ 866·4·11 政
関口氏宗　❺-1 1670·3·7 社
関口晃一　❾ 2012·2·1 文
関口黄山(忠貞·世篤)　❺-2 1745·4·18 文
関口作左衛門　❺-1 1677·7·26 政
関口精一　❾ 2003·2·6 社
関口祐弘　❾ 2005·2·9 社
積口桃翁　❻ 1869·3月 社
関口義明　❾ 2012·8·16 文
関口義広(親永)　❹ 1557·1·15 政／1559·5·16 政
関澤明清　❼ 1897·1·9 社
石室善玖(僧)　❸ 1318·是年 政／1345·是年 政／1363·2·25 文／1389·9·25 社
昕叔(僧)　❺-1 1631·8·24 文／1637·5·11 文
石舟斎宗厳⇨柳生(やぎゅう)宗厳
石寿観秀国　❺-2 1762·是年 文
関田華亭　❼ 1920·12·26 文
石腸子(俳人)　❺-2 1751·5·10 文
石亭京鶴　❺-2 1832·是年 文
関戸億右衛門　❼ 1900·12·15 社
関戸弥太郎　❽ 1938·12·26 文
関戸吉信　❹ 1493·是年 政
石濤(清·画家)　❺-1 1694·是年 文／1699·7月 文
関根為宝　❺-2 1841·是年 文
関根雲停　❺-2 1829·是年 社／1831·是年 社／1832·是年 社／1836·是年 社
関根金次郎　❼ 1917·10·9 社／1924·9·8 文／❽ 1946·3·12 文／3·22 文
関根只誠　❻ 1883·1·6 文／1893·4·18 文
関根　忍　❾ 1972·8·26 社
関根正二　❼ 1917·是年 文／1918·9·9 文／是年 文／1919·6·16 文
関根史郎　❾ 2001·1·26 社
関根タカ　❼ 1901·9·18 社
関根痴堂　❻ 1890·9·21 文
関根常五郎　❻ 1893·12·25 社
関藤藤陰　❻ 1876·12·29 文
関根正直(又三郎·直三郎)　❻ 1889·4·16 文／❼ 1932·5·26 文
関根万吉　❺-2 1800·5·27 社
関根黙庵　❼ 1923·11·27 文
関根矢作　❼ 1896·7·30 社
関根祥人　❾ 2010·6·22 文
関野準一郎　❽ 1953·7·12 文
関野甚兵衛　❺-1 1697·4月 政
関野聖雲　❽ 1944·11·25 文／是年 文
関野　貞　❼ 1899·1月 文／1905·2月 文／1935·7·29 文
堰八安高　❺-1 1609·4·14 社
関目木一　❹ 1468·3·15 文
関本昌平　❾ 2005·10·21 文
関本忠弘　❾ 2007·11·11 政
関谷織之助　❼ 1926·5月 政
関谷勝利　❾ 1967·12·20 政
関谷清景(鉉太郎)　❻ 1876·6·25 文／❼ 1896·1·8 文
関谷勝嗣　❾ 1998·7·30 政
関谷四郎　❾ 1972·是年 文
関屋　晋　❾ 2005·4·9 文
関屋敏子　❼ 1930·2·26 文／1934·7·30 文／❽ 1938·6·3 文／1941·11·23 文
関矢孫左衛門(忠靖·恭卿)　❼ 1917·6·21 政
関谷正徳　❾ 1995·6·18 社
関山利一　❽ 1941·7·15 文
関山慶定　❺-2 1806·是年 文
石龍子(観相家)　❺-2 1812·5·25 社
石梁仁恭(元僧)　❸ 1299·10·8 政／1334·12·18 社
瀬古利彦　❾ 1978·12·3 社／1979·4·16 社／1986·4·20 社／1987·4·20 社
世古延世(格太郎)　❻ 1859·4·19 政／1872·8·12 文
世耕弘一　❽ 1947·7·9 政／1959·1·12 政
世耕政隆　❾ 1998·9·25 政
妹澤克惟　❼ 1927·3月 文
是算(僧)　❷ 1009·8·4 文／1018·3·15 社
セザンヌ(仏画家)　❼ 1922·5·1 文
瀬島龍三　❽ 1945·8·19 政／❾ 2007·9·4 政
瀬下敬豊　❺-2 1726·是年 文
セスペデス, グレゴリオ·デ　❹ 1594·是年 社
世尊寺経尹　❸ 1310·2·20 政

世尊寺行尹　❸ 1332·11·13 文／1350·1·14 政
世尊寺行俊　❸ 1401·3·23 文／1402·12·15 文／1407·4·10 政
世尊寺行豊　❸ 1415·11·21 文／1421·9·20 政／1428·7·12 政／1437·10·11 文
世尊寺⇨藤原(ふじわら)姓も見よ
瀬田孫左衛門　❹ 1521·12·30 文
赤　佳(琉球)　❸ 1405·3·9 政
雪庵(僧)　❸ 1403·10·10 政
絶海中津(仏智広照国師)　❸ 1368·12月 政／1376·1·16 政／1月 文／是年 政／1378·是春 政／1383·9·14 社／1386·2·3 社／1388·1·23 文／1392·12·27 政／1395·6·20 政／1397·2·28 社／1399·10·13 政／1401·7·16 社／1403·2·19 政／1405·4·5 社／1409·9·14 社／❹ 1457·2·3 政
雪岩永嵩(僧)　❹ 1459·12·5 社
絶岸可湘(僧)　❸ 1290·4·15 文
雪岑津興(僧)　❹ 1572·9月 政／1575·3·27 政
雪軒道成(明)　❸ 1403·8·14 政／11·17 政
雪坑斎　❺-2 1750·是年 文
雪江宗深(僧)　❹ 1486·6·2 社
雪江宗隆(僧)　❹ 1500·3·1 社
雪斎(僧)　❹ 1554·天文年間 社
絶際永中(僧)　❸ 1323·是年 文
セッジウィク(英医師)　❻ 1871·6·21 文
雪舟等楊(絵師·僧)　❹ 1461·是年 文／1465·是年 文／1467·是年 政／1468·6月 文／1469·是年 文／1472·是年 文／1474·1月 文／1476·是年 文／1479·11·15 文／是年 文／1486·11月 文／12月 文／1490·是冬 文／1491·是夏 文／1495·3月 文／1496·12·17 文／是年 文／1498·9月 文／1499·10月 文／1500·11·22 文／1501·是年 文／1502·是年 文／1505·6·20 文／1506·8·8 文／1507·是年 文
薛俊(僧)　❹ 1523·是年 文
雪心等栢(僧)　❹ 1459·8·1 政
雪成(俳人)　❺-2 1768·是年 文
雪窓(明画家)　❸ 1343·是年 文／1385·1·29 文／1417·1·14 文
雪叟宗尹(僧)　❹ 1532·5·2 社
雪村周継(僧)　❹ 1542·2月 文／1546·5月 文／1550·4月 文／1555·9月 文／1574·是年 文／1583·是年 文／1589·是年 文
雪村友梅(宝覚真空禅師)　❸ 1307·是年 政／1328·是年 政／1329·5月 政／1334·4·30 社／1335·11·1 社／1337·7·1 社／1346·12·2 社／1347·3·6 社
雪中庵完来　❺-2 1817·4·19 文
摂津之親　❹ 1464·10·28 文
摂津左衛門大夫　❸ 1358·11·18 政
摂津親鑒⇨中原(なかはら)親鑒
摂津親房　❸ 1339·4月 社
摂津満親　❸ 1446·7·10 政
摂津能連　❸ 1390·3·18 政
摂津能直　❸ 1367·7·29 政／1385·2·24 社
摂津⇨二階堂(にかいどう)姓も見よ
雪庭(僧)　❹ 1546·是年 社
拙道道徴(僧)　❺-1 1670·8·23 社
雪明(僧)　❹ 1497·1·7 政
碟礼(百済)　❶ 405·9月
雪嶺永瑾(僧)　❹ 1537·9·8 社
瀬戸就栄　❺-2 1842·10·10 政
瀬戸重次郎　❽ 1953·2·4 政
瀬戸重助　❻ 1871·2月 社
瀬戸団治　❽ 1949·10·29 文
瀬戸英一　❼ 1934·4·11 文
瀬藤象二　❾ 1973·11·3 文／1977·10·20 文
瀬戸内晴美(寂聴)　❽ 1962·7月 文／❾ 1973·1月 文／2006·11·3 文／2008·5·23 文
瀬戸川猛資　❾ 1999·3·16 文
瀬戸口藤吉　❼ 1897·是年 文／❽ 1937·11·3 社／1941·11·8 文／1951·是春 社
瀬戸山三男　❾ 1977·10·4 政／11·28 政
瀬名貞雄　❺-2 1796·10·4 文
瀬名鉄太郎　❻ 1863·10·18 文
瀬名富五郎　❻ 1863·10·18 文
瀬長亀次郎　❽ 1952·4·1 政／1956·12·25 政／1957·6·17 政／11·24 政／❾ 2001·10·5 政
セナナヤケ(セイロン)　❾ 1967·6·26 政
背奈(清奈)行文　❶ 721·1·27 文
銭高善造　❼ 1932·4·13 政
銭屋喜太郎　❻ 1853·2·3 政／12·6 政
銭屋五兵衛(茂助)　❺-2 1811·2月 政／1834·10·24 政／1836·7·11 社／1851·8月 政／1852·9·30 政／11·21 政／❻ 1853·12·6 政
銭谷藤九郎　❺-2 1785·12·28 社
銭屋要蔵　❻ 1853·12·6 政
瀬沼茂樹　❾ 1988·8·14 文
瀬上(せのうえ)景康　❹ 1585·11·17 政
妹尾景康　❷ 1183·6·1 政
妹尾兼康　❷ 1183·10·10 政
妹尾義郎　❽ 1961·8·4 社
瀬尾維賢　❺-2 1720·是年 文
妹尾作太郎　❽ 1944·3·30 政
瀬尾昌琢　❺-1 1686·2·28 政
瀬尾拙斎　❺-1 1712·是年 文
瀬尾兵衛太郎　❸ 1330·4·1 社
妹尾新兵衛尉　❹ 1581·12·21 政
ゼバリ(イラク外相)　❾ 2005·11·24 政
施前黒麻呂　❶ 749·8月 文
嶋君(嶋王·斯摩)⇨武寧(むねい)王
背虫喜右衛門　❺-1 1647·正保年間 社
施薬院全宗⇨施薬院「やくいん」全宗
世良修蔵　❻ 1867·7·7 政／8·14 政／1868·3·2 政／④·8 政／④·20 政
世良　譲　❾ 2004·2·17 文
セラシェ，ハイレ　❽ 1956·11·19 政
世良田有親　❸ 1403·是年 政
世良田清康⇨松平(まつだいら)清康(清秀)
世良田憲政　❸ 1381·4·1 社
世良田政義　❸ 1403·是年 政
世良田満義　❸ 1328·6·1 社
世良田義政　❸ 1364·7·28 政
芹澤勝助　❾ 1998·12·13 文
芹澤　鴨　❻ 1863·3·13 政／9·18 政
芹澤銈介　❽ 1960·是年 文／1962·是年 文／1963·是年 文／❾ 1974·是年 文
芹澤光治良　❽ 1942·1月 文／❾ 1993·3·23 文
芹澤長介　❽ 1949·8·2 文／9·11 文／❾ 2006·3·16 文
芹澤宏明　❾ 2001·3·9 文
芹澤良忠　❸ 1385·是年 政
芹澤伊賀守　❹ 1563·3·19 社
セルケイラ，ドン·ルイス·デ　❹ 1598·7·4 政／❺-1 1606·6月 社／1614·1·8 社
セルバンテス(スペイン作家)　❼ 1910·9月 文
ゼレンスキー(ロシア海軍医)　❻ 1859·是年 文
セワシリコレネニチ，ケレトフ　❺-2 1801·6月 政
仙(庭者)　❹ 1598·4·8 文
銭　大釣　❼ 1932·6·10 政
銭　惟正　❶ 733·8月 政
詹　景全　❶ 863·是年 社／864·是年 政／865·是年 政／867·是年 政／877·12·21 政
詹　景鳳　❹ 1591·是年 文
銭　弘俶　❶ 965·7·26 文
瞻　思丁(元)　❸ 1293·8月 政
千　玄室　❾ 2012·3·5 文
千　少庵(四郎左衛門)　❹ 1595·11·13 文
千　真之　❺-1 1697·是年 文
千　宗安　❾ 1999·8·19 文
千　宗員　❺-2 1751·6月 文
千　宗易(利休·抛筌斎·与四郎)　❹ 1537·2·13 文／9·13 文／1544·2·27 文／1554·12·12 文／1555·12·22 文／1567·12·26 文／1575·1·4 文／9·16 政／10·28 文／1576·1·4 文／1577·⑦·7 文／9·1 文／10·30 文／1580·12·9 文／1582·1·1 政／1583·6·20 政、文／8月 文／1584·10·14 文／1585·1·12 文／10·7 文／1587·1·12 文／1588·⑤·19 文／9·4 文／1589·1月 社／1590·7·9 文／8·9 文／10·20 文／1591·①·11 文／2·13 文／2·28 文
千　宗左(宗佐·江岑、四代目)　❺-1 1626·7月 文／1646·是年 文／1672·10·27 文
千　宗左(宗佐·良休、五代目)　❺-1 1691·7·19 文
千　宗左(如心斎·天然、七代目)　❺-2 1751·8·13 文
千　宗左(啐啄斎、八代目)　❺-2 1808·10·6 文
千　宗左(了々斎、九代目)　❺-2 1825·8·7 文
千　宗左(十代目)　❻ 1860·6·6 文
千　宗室(仙叟·臘月庵、四代目)　❺-1 1663·3月 文／1668·10·15 文／

1675·12·19 文／1697·1·23 文／1708·①·22 文
千　宗室(最々斎·宗乾·竺叟、七代目) ❺-2 1733·3·2 文
千　宗室(又玄斎·一燈、八代目) ❺-2 1771·2·2 文
千　宗室(不見斎·石翁、九代目) ❺-2 1801·9·26 文
千　宗室(忍得斎·柏叟、十代目) ❺-2 1826·8·24 文
千　宗室(十四代目) ❽ 1964·9·7 文
千　宗室(十五代目) ❾ 1997·11·3 文
千　宗守(一翁宗羽·似休斎、初代) ❺-1 1675·12·19 文
千　宗守(静々斎·真伯、三代目) ❺-2 1745·3·28 文
千　宗守(直斎·堅叟、四代目) ❺-2 1782·2·8 文
千　宗守(一啜斎·休翁、五代目) ❺-2 1838·4·16 文
千　宗守(好々斎、六代目) ❺-2 1835·1·22 文
千　宗淳(少庵) ❺-1 1608·2·25 文／1614·9·7 文
千　宗旦(元伯·咄々斎) ❺-1 1608·2·25 文／1626·7月 文／1641·5·8 文／1643·2·12 文／6·5 文／1646·是年 文／1648·5·28 文／1649·4·5 文／1653·12·18 文／1658·12·19 文
詹　仲和 ❹ 1513·5月 文
千　道安(貞政) ❺-1 1601·10·3 文／1603·10·12 文／1607·2·17 文
千　登三子 ❾ 1999·3·9 文
泉　必東 ❺-2 1764·12·10 文
全　魁(清) ❺-2 1756·7·8 政
全　海龍 ❽ 1937·2·26 社
全　継信(朝鮮) ❺-1 1606·10·20 政
膳　桂之助 ❽ 1951·11·25 政
全　進徳(朝鮮) ❺-1 1601·4·24 政
仙阿(僧) ❸ 1407·9·21 文
善阿(尼) ❸ 1297·8·5 社
善阿(僧) ❸ 1312·3月 文／1319·12·27 政
千阿弥 ❹ 1464·4·20 政／7·13 文／1466·4·5 政
善阿弥(作庭家) ❸ 1407·5·11 社／❹ 1460·6·22 文／12·8 文／1461·4·18 政／1463·6·14 文／1465·9·3 文／9月 文／1466·1·18 文／1471·7·4 文／1482·9月 文／1489·6·5 文
千阿弥陀仏(僧) ❷ 1248·2·21 文
禅安(僧) ❶ 914·3·3 社
善意(唐僧) ❶ 735·3·10 政／747·11·8 文
善意(僧) ❷ 1129·2·15 社
禅意(僧) ❷ 1089·是春 社
専一(平曲) ❸ 1406·3·29 文／1420·6·9 文／1422·4·10 文
千一(平曲) ❸ 1418·9·9 文／1451·8·4 文
仙一(平曲) ❸ 1455·11·3 文
泉胤(僧) ❷ 1140·3·25 文
専恵(絵師) ❸ 1297·2月 文
善恵(僧) ❷ 1073·3·4 社
善慧⇨証空(しょうくう)
善慧(僧) ❸ 1346·是年 政／1350·3·15 政
宣英(僧) ❺-1 1700·8月 文
禅睿(僧) ❷ 1181·10·6 社
禅英(僧) ❸ 1410·5·28 社
善慧大師⇨成尋(じょうじん)
善右衛門(船頭) ❺-2 1752·12·8 政
暹宴(僧) ❷ 1108·6月 文／1111·5·5 文
暹円(杉生坊僧) ❹ 1474·2·23 社
善円(仏師) ❷ 1221·5·15 文／是年 文／1240·4·26 文／1247·8·13 文／8·18 文／1249·5·7 文
善往(僧) ❶ 693·11·14 社／698·3·22 社
僊可(僧) ❹ 1538·是年 文
宣化天皇(檜隈高田武小広国押盾尊) ❶ 535·12月／539·2·10
暹賀(僧) ❶ 995·4·16 文／998·8·1 社
仙賀(僧) ❷ 1214·5·22 社
千賀信親 ❺-1 1614·11·16 大坂冬の陣
千賀道隆(久頼) ❺-2 1764·12·15 文
仙海(僧) ❸ 1307·12·20 社
全海(僧) ❸ 1379·④·19 社
全快(僧) ❸ 1384·8·14 社
禅海(僧) ❺-2 1750·是年 社
仙厓義梵(僧) ❺-2 1830年頃 文／1837·10·7 社
善愷(僧) ❶ 846·11·14 社
暹覚(僧) ❷ 1140·1月 社
仙覚(僧) ❷ 1246·7·14 文／1266·8·18 文／1269·是夏 文
仙角(棋士) ❺-1 1603·4·19 文／1612·2·13 文
禅覚(僧) ❷ 1193·是年 文／1220·10·7 社
善覚(宋僧) ❷ 1217·6月 社
仙岳宗洞(僧) ❹ 1585·10·7 文
仙華門院⇨曦子(ぎし)内親王
禅鑑(僧) ❸ 1355·11·18 社
善寛(僧) ❸ 1372·1·22 社
千岩元長 ❸ 1354·是夏 文
仙巌澄安(僧) ❹ 1473·11·26 社
禅喜(僧) ❶ 955·6·9 社
禅季(僧) ❸ 1297·8·5 社
善基(僧) ❸ 1421·10·27 文
千菊丸(久世荘) ❸ 1349·12·24 政
詮吉(僧) ❶ 690·2·11 政
善久(僧) ❷ 1072·3·15 政／1073·6·12 政
禅久(僧) ❹ 1465·4·13 政
禅教(僧) ❶ 965·5·24 社
禅暁(僧) ❷ 1220·4·15 政
善空(僧) ❹ 1475·5·13 文
千家国泰 ❹ 1478·6·8 社
千家高国 ❸ 1428·2·1 社／1430·5·3 社／1449·3·28 社
千家尊澄 ❻ 1856·是年 文
千家尊祀 ❾ 2002·4·17 社
千家尊福 ❼ 1898·3·10 政／1908·3·25 政／1918·1·3 政
千家孝宗 ❸ 1365·10·10 社／1371·12·19 社
千家高頼 ❹ 1478·6·8 社
千家豊俊 ❹ 1510·4·16 社
千家直国 ❸ 1371·12·19 社／1381·4·2 社／1425·12·25 社／1428·2·1 社
千家満鰭彦 ❺-2 1803·9·18 社
千家持国 ❸ 1449·3·28 社／❹ 1457·3·9 社
千家元麿 ❽ 1948·3·14 文
千家義広 ❹ 1569·10·19 社
暹慶(光浄院僧) ❹ 1573·2·14 政
善慶(仏師) ❷ 1249·5·7 文／11·9 文／1255·是春 文／1258·是夏 文／1267·7·25 文
禅慶(僧) ❸ 1285·是年 文
善佳古耶 ❸ 1396·1·10 政
宣堅(新羅) ❶ 870·2·20 政
仙賢(仏師) ❸ 1327·6·1 文
禅兼(僧) ❸ 1308·11·18 文
全玄(僧) ❷ 1186·⑦·16 政／1189·12·14 社／1192·12·13 社
善見坊(僧) ❺-1 1686·9·17 社／1687·8·11 社
善碁(日本国王子) ❶ 848·3月 政
善光(僧) ❶ 664·3月 政／756·5·20 文
善興(仏師) ❶ 937·是年 文
全皎(僧) ❸ 1354·12·9 文
全杲(遣明使) ❹ 1467·是年 政
千光房 ❷ 1188·8月 社／1189·1·13 政
宣光門院⇨藤原実子(ふじわらじっし)
仙石国包(刀工) ❺-1 1628·8月 文
千石興太郎 ❽ 1945·7·7 社／8·17 政
仙石左京 ❺-2 1821·7·29 政／1835·6·7 政／12·9 政
仙石佐多雄 ❻ 1863·2·22 社
仙石次右衛門 ❺-1 1683·3·12 政
千石正一 ❾ 2012·2·7 文
千石剛賢 ❾ 2001·12·11 社
仙石忠政 ❺-1 1614·5·6 政／1622·9·26 政／1628·4·20 政
仙石信郷 ❹ 1598·12·18 社
千石規子 ❾ 2012·12·27 文
仙石久俊 ❺-1 1674·2·11 政
仙石久利 ❺-2 1824·7·14 政
仙石久尚 ❺-1 1697·②·26 文／1709·11·25 政／1715·1·11 政
仙石久道 ❺-2 1785·10·14 政／1801·9·26 社／1814·9·20 政
仙石久行 ❺-2 1779·8·30 政／1782·2·28 文／1783·7·12 政／1785·10·14 政
仙石秀久(秀康) ❹ 1581·11·17 政／1583·4·21 政／是春 政／5·13 政／1585·3·17 政／3·25 政／6·16 政／8·6 政／8·10 社／1586·9·13 政／10·3 政／11·13 政／12·3 社／12·12 政／1594·2·19 社／3月 社／1597·2·6 社
仙石秀久(盛長) ❺-1 1614·5·6 政
仙石兵庫 ❺-2 1718·12·3 社
仙石政明 ❺-1 1706·1·28 政／6·25 文／❺-2 1717·6·6 政
仙石政和 ❺-2 1815·8·19 文
仙石政勝 ❺-1 1687·9·10 政
仙石政辰 ❺-2 1742·10·6 政／1775·8·1 文／1779·8·30 政
仙石政俊 ❺-1 1628·4·20 政
仙石正長 ❺-1 1602·11月 社
仙石政房 ❺-2 1717·6·6 政／1735·4·23 政

仙石政美　❺-2 **1814**·9·20 政／**1824**·7·14 政
仙石　貢　❼ **1924**·6·11 政／**1931**·10·30 政
仙石主水　❺-1 **1628**·1·5 社
仙石弥兵衛　❺-2 **1800**·12·19 文
仙石由夫　❾ **2010**·9·17 政
仙石由人　❾ **2009**·9·16 政／**2010**·6·8 政／11·22 政
仙石廬元坊　❺-2 **1728**·是年 文／**1737**·是年 文
善材　❹ **1492**·6·9 社
善左衛門(石切)　❹ **1575**·3·7 社
善左衛門(越中射水郡)　❺-1 **1624**·是年 社
善左衛門(酒屋)　❺-1 **1627**·7·2 政
善左衛門(奥州)　❺-2 **1742**·11月 政
仙算(仏師)　❹ **1504**·12·1 文／**1514**·5·24 文
沾山　❺-2 **1738**·是年 文
宣子内親王　❶ **913**·是年 文
嫥子(せんし)女王　❷ **1016**·2·19 社
選子(せんし)内親王　❷ **1009**·7·7 文／**1012**·8月 文／**1017**·7月 文／**1035**·6·22 政
善子(ぜんし)内親王　❷ **1089**·9·15 社／**1099**·10·20 社／**1132**·12·1 政
僐子(ぜんし)内親王　❷ **1169**·10·20 社
千紫千恵　❾ **2007**·11·8 文
善七郎(石切)　❹ **1575**·3·7 社
善謝(僧)　❶ **804**·5·18 社
善寂(僧)　❶ **862**·7月 政
宣守(僧)　❸ **1420**·7月 文
千手(女性)　❷ **1184**·4·20 政
千手興房　❸ **1399**·1·10 政
禅珠(僧)　❺-1 **1608**·1月 文／**1636**·4·20 社
善珠(僧)　❶ **797**·4·21 社 文
禅舜(僧)　❸ **1367**·4月 政
禅秀(僧)　❸ **1398**·是年 文
禅秀⇨上杉氏憲(うえすぎうじのり)
善住古耶(琉球)　❸ **1403**·3·9 政
善秀才　❶ **963**·3·19 文
千手丸(勝覚の童)　❷ **1113**·10·22 政
千寿丸(源頼家の子)　❷ **1213**·2·15 政
専順(連歌師)　❹ **1472**·12·16 文／**1476**·3·6 文／4·20 文
善春(仏師)　❷ **1263**·是夏 文／**1267**·7·25 文／**1268**·3·25 文／**1280**·8·26 文
善俊(僧)　❷ **1274**·文永年間 社
禅助⇨上杉朝宗(うえすぎともむね)
千丈(僧)　❺-2 **1822**·是年 文
禅勝(僧)　❸ **1356**·10·23 社
善祥(僧)　❹ **1492**·6·9 社
善常王　❶ **873**·11·12 政
専心(僧)　❹ **1564**·是年 社
全真(僧)　❷ **1185**·5·20 政
善信⇨三善康信(みよしやすのぶ)
善信(僧)　❸ **1295**·10·12 文／12·13 文
禅信(僧)　❸ **1427**·3·20 政
禅親(僧)　❹ **1465**·5·23 社
暹尋(僧)　❷ **1271**·4月 社
全仁親王　❸ **1367**·7·19 政
鮮仁軒　❺-2 **1756**·是年 文
善信尼　❶ **584**·9月／**587**·6·21／**588**·是年／**590**·3月
宣仁門院⇨藤原彦子(ふじわらげんし)
泉水新兵衛　❻ **1875**·1月 社
泉水　博　❾ **1988**·6·7 社
仙勢(僧)　❷ **1082**·9·5 政
瞻西(せんせい·僧)　❷ **1124**·7·19 文／**1127**·6·20 社／**1141**·7·19 文
宣政門院⇨懽子(かんし)内親王
善世豊永　❶ **857**·1·14 政
宣祖(朝鮮)　❹ **1587**·10月 文
宣宗(僧、北畠氏使者)　❸ **1342**·12·21 政
宣宗(明)　❸ **1432**·1·26 政
善聡(僧)　❶ **590**·是年／**754**·1·16 社
全宗⇨施楽院(やくいん)全宗
禅蔵尼　❶ **584**·9月
千田是也　❼ **1926**·12·6 文／**1929**·1·7 政／**1932**·3·26 文／**1933**·8·25 政／❽ **1940**·2·2 文／8·19 文／**1944**·2·10 文／**1946**·4月 文／**1950**·9·6 文／❾ **1994**·12·21 文
千田貞暁　❼ **1908**·4·23 政
千田大円堂　❺-2 **1729**·3·1 文
千田太郎　❸ **1335**·8·2 政
千田憲次　❹ **1526**·1·11 政
闡提正具　❸ **1329**·是年 文／**1341**·8·27 文
センタイン(アイヌ)　❺-1 **1648**·是年 政
苫雫舎(せんだしゃ)牙琴　❺-2 **1755**·是年 文
善智(絵師)　❸ **1290**·8·26 文
禅智(安芸福王寺僧)　❸ **1316**·正和年間 社
禅智(僧、遣朝鮮使)　❹ **1494**·4·10 政
善智恵　❶ **590**·是年
善智聡　❶ **590**·是年
禅智日好　❺-2 **1735**·是年 文
仙忠(僧)　❶ **905**·6·4 社
禅忠(僧)　❶ **827**·1·16 社
全長(僧、顕浄土伝戒論私記)　❺-1 **1705**·是年 文
全長(僧、以呂波字考録)　❺-2 **1736**·是年 文
善通(僧)　❶ **590**·是年
泉滴(僧)　❺-1 **1624**·是年 社
千到(僧)　❶ **989**·11·3 社
仙沓(僧)　❺-2 **1735**·享保年間 社
宣統帝　❼ **1924**·11·29 政
善統親王　❸ **1317**·3·29 政
善徳(大伴)　❶ **590**·是年
善徳(蘇我)　❶ **596**·11月
善徳宝　❸ **1434**·5·8 政
善内(庄屋)　❺-1 **1690**·9·19 政
禅爾(僧)　❸ **1325**·1·8 社
宣如(光従)　❺-1 **1658**·4·15 社／7·25 社
善如(宗康、僧)　❸ **1350**·11·21 社／**1360**·1·22 文
善如俊玄(僧)　❸ **1389**·2·29 社
禅仁(僧)　❷ **1130**·5·18 社
禅忍(僧)　❷ **1178**·⑥·13 文
禅念(僧)　❶ **862**·7月 政
千之丞(美少年)　❺-1 **1639**·3月 文
仙波宏祐　❾ **2011**·5·6 文
仙波太郎兵衛　❺-2 **1788**·10·20 政／**1836**·12·5 政
仙波盛直　❷ **1272**·2·11 政
千梅(作家)　❺-2 **1725**·是年 文
千攀(僧)　❶ **980**·1·4 社
千姫(天樹院、徳川秀忠娘·豊臣秀頼室)　❹ **1597**·5·10 政／❺-1 **1603**·5·15 政／7·28 政／**1615**·5·7 大坂夏の陣／**1616**·9月 政／**1626**·5·7 政／**1649**·2·15 政／**1657**·1·19 政／**1666**·2·6 政
善福(僧)　❶ **874**·10·19 社
善兵衛(江戸桜田)　❺-1 **1694**·8·30 文
善兵衛(奥州東大窪村)　❺-2 **1740**·8月 政
善芳(僧)　❷ **1062**·10·17 社／**1066**·7·6 社／**1069**·4·27 社
善峰(僧)　❹ **1468**·是年 政
前部宝公　❶ **747**·5·16 社
千満(僧)　❶ **958**·4·1 文／**960**·2·15 社／**964**·1·3 文
千幡⇨源実朝(みなもとさねとも)
全密(僧)　❹ **1457**·3·13 政
全密西堂(僧)　❹ **1461**·4·7 政
暹明(仏師)　❷ **1069**·7月 文
善妙(新羅)　❶ **590**·是年
善妙(僧)　❹ **1557**·10月 政
善明(遣朝鮮使)　❹ **1470**·4·12 文
仙也(僧)　❹ **1580**·6·28 文
専有(絵師)　❸ **1345**·2·5 文／**1367**·12·28 社
善祐(僧)　❶ **896**·9·22 政
船遊亭扇橋　❺-2 **1848**·是年 文
専誉(僧)　❺-1 **1604**·5·5 社
禅誉(僧)　❷ **1126**·3·17 社
宣陽門院⇨覲子(きんし)内親王
善誉了心　❺-1 **1602**·是年 社
善鸞(僧)　❷ **1256**·5·29 社

そ

蘇(宋船頭)　❷ **1228**·3·13 政
曾　毓雋　❼ **1920**·7·12 政
曾　一木(海賊)　❹ **1569**·3·24 政
蘇　因高⇨小野妹子(おのいもこ)
蘇　景(宋)　❷ **1120**·7·8 文
曾　聚(宋)　❷ **1072**·3·15 政
曾　周意(宋)　❷ **1128**·8月 政
祖　承訓　❹ **1592**·6·18 文禄の役／7·16 文禄の役
蘇　軾(宋)　❷ **1093**·7·10 文
蘇　世良(朝鮮)　❹ **1523**·6月 政
蘇　張六(宋)　❷ **1211**·2月 社
祖　庭芳　❸ **1333**·是年 政
曾　細麻呂　❶ **710**·1·29 政
蘇　陽信　❶ **687**·9·23 政
曾　令文(宋)　❶ **999**·7·19 政／**1000**·7·14 政／❷ **1005**·8·14 政／**1006**·10·20 政
祖阿(遣明使)　❸ **1401**·5·13 政／**1402**·8·1 政
素意(藤原重経、僧)　❷ **1083**·是年 社／**1094**·1月 社／2·29 社
祖一(勾当)　❸ **1416**·4·9 文
曾一(平曲)　❹ **1469**·7·9 文

宗　昭景(義智、僧)　❹ **1577**·是年 政／**1585**·3·2 社
惣　安子(琉球)　❹ **1480**·4·7 政／**1593**·11月 政
曹　彙(朝鮮)　❸ **1447**·3·16 政
宗　家茂　❸ **1436**·2·9 政
宗　馬次郎　❷ **1274**·10·5 政
宋　応昌　❹ **1496**·9·28 政／**1499**·1·8 政／**1593**·4·18 文禄の役／5·11 文禄の役
宋　応星　❺-2 **1771**·是年 文
相　懐機(琉球)　❸ **1417**·是年 文
宋　希璟(朝鮮)　❸ **1420**·2·15 政／6·16 政／10·8 政
宗　材盛(盛貞)　❹ **1492**·是年 政／**1502**·1·3 政／**1503**·4·1 政／**1504**·1·9 政／**1505**·是年 政／**1507**·1·16 政／3·6 政／**1508**·2·1 政
宗　久(琉球)　❹ **1458**·3·9 政
宋　居信(朝鮮)　❸ **1411**·⑫·13 政
宗　金(対馬)　❸ **1425**·1·9 政／**1428**·1·7 政／1·25 政／12·14 社／**1429**·3·27 政／**1430**·1·17 政／2·11 政／**1431**·1·26 政／8·10 政／**1439**·1·1 政／**1442**·2·11 政／**1446**·2·16 政／**1447**·④·25 政／**1450**·3·5 政／是年 政／**1452**·3·13 政／❹ **1458**·1·19 政
宗　国勝　❹ **1495**·1·19 政
宗　国次　❹ **1476**·5·2 政／**1480**·8·13 政／**1494**·1·18 政／**1495**·1·19 政／**1499**·1·8 政／**1502**·1·3 政
宗　国秀　❹ **1487**·2·7 政
宗　国満　❹ **1484**·1·5 政
宗　国幸　❹ **1476**·5·2 政／**1478**·1·9 政／**1479**·1·1 政／**1480**·3·7 政／**1482**·1·1 政／**1484**·1·5 政／**1488**·1·9 政／**1490**·1·10 政／**1491**·1·16 政／**1492**·2·21 政／**1493**·1·11 政／**1499**·1·8 政
宗　国吉　❹ **1469**·1·2 政／**1480**·3·7 政／**1485**·1·5 政／**1486**·1·17 政／**1488**·1·9 政／**1490**·1·10 政／**1491**·1·16 政／**1492**·2·21 政／**1493**·1·11 政
宋　君斐　❷ **1266**·8·15 政／11月 政／**1267**·1月 政
宗　左近　❾ **2006**·6·19 文
宗　貞勝　❹ **1472**·1·2 政
宗　貞国(彦七)　❸ **1451**·1·4 政／**1455**·1·4 政／❹ **1456**·1·15 政／**1457**·1·10 政／**1460**·4·26 政／**1465**·1·12 政／**1466**·1·2 政／**1468**·7·5 政／8月 政／**1469**·1·2 政／5·25 政／是年 政／**1470**·1·5 政／11·14 政／**1471**·1·11 政／是春 政／5·4 政／**1472**·1·2 政／**1473**·1·6 政／是年 政／**1474**·1·20 政／2·5 政／**1475**·1·10 政／**1476**·1·13 政／4·8 政／5·2 政／**1477**·1·15 政／5·24 政／**1478**·1·9 政／10·12 政／是年 政／**1479**·1·1 政／4·17 政／**1480**·3·7 政／4·7 政／5·16 政／8·13 政／**1481**·1·8 政／6·12 政／8·11 政／**1482**·1·1 政／是年 政／**1483**·1·15 政／**1484**·1·5 政／8·3 政／**1485**·1·5 政／**1486**·1·17 政／是年政、社／**1487**·1·7 政／2·7 政／**1488**·1·9 政／**1489**·1·13 政／**1490**·1·10 政／11·16 政／**1491**·1·16 政／4·6 政／**1492**·2·21 政／是年 政／**1493**·1·11 政／**1494**·1·18 政／6·1 政／**1495**·1·19 政
宗　貞茂　❸ **1398**·是年 政／**1399**·7月 政／9·10 政／**1400**·4·18 政／**1401**·4·29 政／9·29 政／**1402**·7月 政／**1404**·12月 政／**1405**·12月 政／**1406**·3·29 政／**1407**·3·16 政／10·19 政／**1408**·8·15 政／**1409**·1·8 政／**1410**·1·28 政／5·13 政／**1411**·1·9 政／9·11 政／**1412**·1·19 政／12·13 政／**1413**·1·4 政／6·16 政／**1414**·2·1 政／8·7 政／**1415**·2·30 政／**1416**·1·13 政／8·20 政／**1417**·1·4 政／12·9 政／**1418**·3·14 政／4·24 政／**1419**·1·3 政／**1420**·1·5 政
宗　貞澄　❸ **1408**·8·15 政／**1417**·1·4 政／**1425**·1·9 政／**1430**·1·17 政／**1432**·7·26 政
宗　貞長　❹ **1510**·4·4 政
宗　貞信　❹ **1494**·11·2 政
宗　貞秀　❹ **1460**·是年 政／**1461**·1·4 政／**1463**·2·1 政／**1465**·1·12 政／**1466**·1·2 政／**1467**·是年 政／**1468**·8月 政／**1470**·1·5 政／**1471**·1·11 政／**1472**·1·2 政／**1473**·1·6 政／**1475**·1·10 政／**1476**·1·13 政／**1477**·1·15 政／**1478**·1·9 政／**1479**·1·1 政／**1480**·3·7 政／**1481**·1·8 政／8·21 政／**1482**·1·1 政／**1483**·1·15 政／**1485**·1·5 政／**1487**·1·7 政／**1488**·1·9 政／**1489**·1·13 政／**1490**·1·10 政／**1491**·1·16 政／**1492**·2·21 政／**1493**·1·11 政／**1494**·1·18 政／6·1 政／**1495**·1·19 政
宗　貞盛(都都熊丸)　❸ **1418**·1·24 政／4·24 政／**1419**·1·3 政／6·20 政／7·17 政／9·20 政／**1420**·①·23 政／**1421**·2·23 政／4·6 政／**1422**·1·24 政／**1424**·3·4 政／**1425**·1·9 政／**1427**·1·13 政／**1428**·1·7 政／12·7 政／**1429**·3·27 政／**1430**·1·17 政／**1431**·1·26 政／**1432**·3·3 政／7·26 政／**1433**·2·28 政／7·4 政／**1434**·2·2 政／4·1 政／9·3 政／**1435**·1·14 政／2·6 政／9·9 政／**1436**·2·9 政／3·29 政／**1437**·1·6 政／**1438**·1·16 政／2·2 政／9·18 政／**1439**·1·1 政／5·14 政／10·20 政／11·25 政／**1440**·1·6 政／**1441**·1·11 政／11·22 政／**1443**·是春 政／**1444**·3·14 政／7·22 政／11·1 政／**1445**·2·7 政／5月 政／**1446**·2·16 政／是年 政／**1447**·④·25 政／**1448**·5·11 政／**1449**·2·25 政／3·29 政／6·24 政／**1450**·3·5 政／**1451**·1·4 政／**1452**·3·21 社／4·28 政／6·22 政／❹ **1457**·1·10 政／**1483**·2·18 政
宗　貞泰(晴康)　❹ **1542**·1月 政／**1546**·是年 政
宗　貞吉　❹ **1476**·1·13 政
宗　三郎　❸ **1452**·3·13 政
宋　山濂(明)　❸ **1376**·2月 文
宋　紫嵒　❺-2 **1760**·7·3 文
宗　茂秋　❸ **1428**·1·7 政
宗　茂家　❹ **1483**·1·15 政／**1484**·1·5 政／**1488**·1·9 政／**1489**·1·13 政／**1504**·1·9 政
宗　茂勝　❹ **1474**·11·10 政／**1475**·1·10 政／**1478**·1·9 政／**1481**·1·8 政／8·21 政／**1485**·1·5 政／**1486**·1·17 政／**1488**·1·9 政／3·6 政／**1491**·1·16 政／**1492**·2·21 政／**1493**·1·11 政／**1494**·1·18 政／**1495**·1·19 政／**1496**·9·28 政
宗　茂国　❹ **1499**·1·8 政
宗　茂実　❹ **1467**·是年 政
宗　茂次　❹ **1460**·是年 政／**1464**·1·1 政／**1466**·1·2 政／**1474**·1·20 政／**1475**·1·10 政／**1482**·1·1 政／**1485**·1·5 政／**1486**·1·17 政
宗　茂友　❹ **1468**·8月 政
宗　茂直　❸ **1431**·1·26 政／**1432**·3·3 政／**1433**·1·21 政／**1434**·2·2 政／**1435**·1·14 政／**1437**·1·6 政／**1438**·1·16 政／9·18 政／**1439**·1·1 政／2·4 政／**1440**·1·6 政／**1442**·2·11 政
宗　盛直　❹ **1466**·1·2 政
宗　茂信　❹ **1514**·11·1 政
宗　茂久　❹ **1481**·1·8 政／**1487**·1·7 政
宗　茂秀　❸ **1439**·2·4 政
宗　重正⇨宗義達(よしたつ)
宗　成職　❸ **1452**·6·22 政／**1453**·1·24 政／**1454**·1·9 政／12·7 政／**1455**·1·4 政／8·27 政／❹ **1456**·1·15 政／**1457**·1·10 政／**1458**·1·19 政／**1459**·1·12 政／9·17 政／**1460**·4·26 政／**1461**·1·4 政／6·14 政／**1463**·2·1 政／**1464**·1·1 政／6·14 政／**1465**·1·12 政／6·5 政／6·20 政／9·10 政／**1466**·1·2 政／**1468**·7·5 政
宗　茂世　❸ **1424**·3·4 政／**1449**·2·25 政／**1450**·3·5 政／**1451**·1·4 政／**1453**·1·24 政／❹ **1459**·1·12 政／**1460**·4·26 政／**1461**·1·4 政／**1465**·1·12 政／**1467**·是年 政／**1468**·8月 政／**1470**·1·5 政／**1472**·1·2 政／**1473**·1·6 政／**1474**·1·20 政／**1476**·1·13 政／**1478**·1·9 政
宗　茂　❾ 1978·2·5 社／**1979**·4·15 社
宋　紫崗　❺-2 **1850**·6·6 文
宋　紫山　❺-2 **1795**·是年 文／**1805**·11·19 文
宋　紫石(楠本雪渓)　❺-2 **1759**·2月 文／**1765**·9月 文／**1768**·5月 文／**1771**·4月 文／**1776**·3月 文／**1778**·5月 文／**1786**·3·11 文
宗　俊　❸ **1419**·1·3 政
宗　象賢　❹ **1592**·4·14 文禄の役
宋　昌世　❹ **1594**·8·12 文禄の役
宋　処倹(遣朝鮮使)　❹ **1459**·10·8 政／**1460**·3·28 政／**1463**·7·14 政
宋　子良　❽ **1940**·3·7 政
宗　四郎(対馬)　❸ **1434**·3·1 政／❹ **1471**·是春 政
宗　助国　❷ **1267**·12月 政／**1274**·10·5 政
宗　資茂　❸ **1436**·2·9 政
宗　澄茂　❸ **1378**·4·29 社

宗　星石　❼ **1923**·3·25 文
宋　素卿(明)　❹ **1498**·9·14 文／是年 政／**1509**·5 月 政／**1510**·2·3 政／**1523**·4·27 政／**1525**·4·14 政／6·11 政
宗　孝尚　❷ **1213**·10·18 社
宗　親次　❹ **1502**·1·3 政
宗　親光　❷ **1185**·3·4 政／5·23 政／6·14 政
宗　経茂(崇　宗慶)　❸ **1349**·是年 政／**1360**·6·29 政／**1368**·11·9 政
宋　哲元(明軒)　❼ **1935**·11·25 政／❽ **1937**·7·7 政
宋　濤　❾ **2010**·9·7 政
宗　知宗　❷ **1246**·是年 政
宗　智順　❺-1 **1621**·7·18 政／**1622**·1·22 政／**1635**·10 月 政
宗　成次　❹ **1473**·1·6 政
宗　久勝　❹ **1456**·1·15 政／**1482**·1·1 政／**1502**·1·3 政
宋　美齢　❼ **1927**·8·29 政
宋　文中　❸ **1391**·8·9 政／**1396**·2·13 政
宗　兵蔵　❻ **1893**·11·1 文／**1894**·12·19 文
宗　孫三郎　❹ **1538**·7·1 政
宗　政職　❹ **1462**·1·20 政
宗　将盛　❹ **1537**·3·5 政／**1573**·4·22 政
宗　方熙　❺-2 **1730**·11·6 政／**1732**·9·11 政／**1759**·11·29 政
宗　満茂　❸ **1416**·1·13 政／**1430**·1·17 政
曹　命釆　❺-2 **1748**·2·16 政／6·1 政
宗　職家　❹ **1468**·8 月 政／**1475**·1·10 政／**1485**·1·5 政／**1487**·1·7 政／**1488**·1·9 政／**1489**·1·13 政／**1490**·1·10 政／**1491**·1·16 政／**1492**·2·21 政／**1493**·1·11 政／**1495**·1·19 政／**1499**·1·8 政／**1502**·1·3 政
荘　元資　❹ **1491**·10·21 政／**1492**·3·28 政
宗　職永　❹ **1491**·4·6 政
宗　職盛　❹ **1470**·1·5 政／**1474**·1·20 政／**1475**·1·10 政
宗　盛明　❹ **1510**·4·4 政
宗　盛家　❸ **1442**·2·11 政／**1449**·2·25 政／**1451**·1·4 政／**1452**·是年 政／**1455**·1·4 政／❹ **1456**·1·15 政／**1457**·1·10 政／**1460**·4·26 政／**1461**·1·4 政／**1463**·2·1 政／**1465**·1·12 政／**1466**·1·2 政／**1470**·1·5 政／**1472**·1·2 政／**1473**·1·6 政
宗　盛国　❸ **1349**·是年 政／**1428**·1·7 政／**1433**·1·21 政／**1435**·1·14 政／**1437**·1·6 政／**1438**·1·16 政／9·18 政／**1439**·1·1 政／**1440**·1·6 政／**1441**·1·11 政／**1442**·2·11 政／**1443**·1·1 政／**1444**·3·14 政／8·17 政／**1449**·2·25 政
宗　盛貞⇨宗材盛(きもり)
宗　盛親　❹ **1502**·1·3 政／**1504**·1·9 政／**1510**·4·4 政
宗　盛俊　❹ **1468**·8 月 政／**1474**·1·20 政／**1475**·1·10 政／**1476**·1·13 政／**1477**·1·15 政／**1479**·1·1 政／**1480**·3·7 政／**1484**·1·5 政／**1488**·1·9 政／**1491**·1·16 政／**1493**·1·11 政／**1495**·1·19 政／**1496**·9·28 政／**1499**·1·8 政／**1502**·1·3 政／**1504**·1·9 政
宗　盛直　❸ **1451**·1·4 政／**1453**·1·24 政／**1454**·1·9 政／❹ **1457**·1·10 政／**1459**·1·12 政／**1460**·4·26 政／**1462**·1·20 政／**1464**·1·1 政／**1465**·1·12 政／**1467**·1·8 政／是年 政
宗　盛長　❹ **1523**·是年 政／**1531**·6·18 政／**1537**·5·22 政／**1539**·2·3 政／**1541**·1·6 政／**1547**·9·3 政／**1553**·③·10 政／**1555**·6·14 政／**1556**·4·1 政
宗　盛久　❹ **1491**·1·16 政
宗　盛秀　❹ **1515**·是年 政
宗　盛弘　❸ **1445**·2·8 政／是年 政／**1450**·3·5 政／**1453**·1·24 政／❹ **1457**·1·10 政／**1465**·1·12 政／**1466**·1·2 政／**1470**·1·5 政／**1475**·1·10 政／**1476**·1·13 政／**1477**·1·15 政／**1478**·1·9 政／**1479**·1·1 政／**1480**·3·7 政／**1482**·1·1 政／**1484**·1·5 政／**1485**·1·5 政／**1487**·1·7 政／**1488**·1·9 政／**1489**·1·13 政／**1490**·1·10 政／**1491**·1·16 政／**1493**·1·11 政／**1499**·1·8 政
宗　盛世　❸ **1437**·1·6 政／**1443**·1·1 政／**1444**·8·17 政
宗　盛順⇨宗義盛(よしもり)
宗　弥次郎　❷ **1274**·10·5 政
宗　熊寿　❸ **1421**·1·23 政
宋　裕養(朝鮮)　❺-1 **1696**·10 月 政
宗　義和　❺-2 **1846**·2 月 政／**1847**·9·22 政／❻ **1861**·4·13 ロシア艦対馬占拠事件
宗　義方　❺-1 **1694**·9·27 政／❺-2 **1717**·5·12 政／**1718**·9·5 政
宗　義質　❺-2 **1812**·10·2 政／**1813**·7 月 政／**1815**·12·6 政／**1816**·9·19 政／**1817**·2·28 政／**1822**·2 月 政／**1829**·10·6 政／**1834**·12·27 政
宗　義功(富寿)　❺-2 **1778**·1·5 政／**1785**·7·8 政／**1788**·3·7 政／**1789**·⑥·29 政／**1805**·7·16 政／**1809**·7·5 政／**1811**·12·25 政／**1812**·10·2 政／**1814**·4·12 政
宗　義貞　❺-1 **1655**·9·13 政／**1657**·10·26 政／**1660**·1 月 政／3·27 政／12 月 政／**1663**·3 月 政／**1666**·7·3 政／**1671**·6 月 政／**1675**·2 月 政／**1678**·8·11 政／**1686**·8·9 政／**1692**·6·27 政／**1694**·11·25 政／**1695**·10 月 政／**1698**·3·25 政／**1700**·11·2 政
宗　賀茂　❸ **1398**·是年 政／**1402**·7 月 政
宗　義調(義親·一鷗·彦七)　❹ **1542**·1 月 政／**1559**·是年 政／**1586**·3 月 政／6·16 政／**1587**·5·4 政／6·7 政／**1588**·12·12 政／**1591**·6 月 政
宗　義蕃　❺-2 **1752**·1·5 政／**1758**·2·13 政／**1762**·1·9 政／④·28 政／**1775**·8·12 政
宗　義純　❹ **1577**·是年 政
宗　義達(善之丞·重正)　❻ **1864**·3·17 政／10·13 政／**1867**·10·25 政／12 月 政／**1868**·5·10 政／7·2 政／**1869**·9·24 政／**1871**·7·29 政／❼ **1902**·5·25 政
宗　義親(彦七)⇨宗義調(よししげ)
宗　義倫　❺-1 **1692**·6·27 政／**1693**·12 月 政／**1694**·9·27 政
宗　義智　❹ **1588**·12·12 政／**1589**·3·28 政／6 月 政／11·8 社／**1590**·1·2 政／3 月 政／5·30 社／7·21 政／10·27 文／**1591**·1 月 政／1 月文禄の役／**1592**·2·27 文禄の役／4·12 文禄の役／5·5 文禄の役／6·7 文禄の役／**1593**·1·6 文禄の役／5·21 文禄の役／**1595**·4·26 文禄の役／**1596**·1·3 文禄の役／**1597**·5·1 慶長の役／**1598**·1·26 慶長の役／11·18 慶長の役／**1599**·6·1 政／是年 政／**1600**·2·23 政／9·1 政／❺-1 **1601**·4·24 政／6·28 政／8 月 政／**1602**·5·4 政／是年 政／**1603**·11 月 政／**1604**·2·23 政／7·11 政／12·27 政／**1605**·3·5 政／5·12 政／**1606**·1·26 政／5·9 政／7·4 政／8·23 政／11·6 政／**1607**·3·21 政／**1608**·6·7 政／**1609**·3·22 政／**1610**·是年 政／**1611**·是年 政／**1613**·3 月 政／是年 政／**1614**·4 月 政／7 月 政／是年 政／**1615**·1·3 政／是年 政／**1617**·1·22 政
宗　義知　❺-1 **1613**·9 月 政
宗　義知(昭景)　❺-2 **1732**·9·11 政
宗　義暢　❺-2 **1762**·④·28 政／**1763**·4·4 政／**1768**·4·29 政／**1772**·3 月 政／**1776**·3·4 政／**1778**·1·5 政
宗　義成　❺-1 **1615**·1·3 政／4 月 政／**1616**·12 月 政／**1618**·是年 政／**1621**·7·3 政／10·2 政／**1623**·10·4 政／**1624**·5·20 政／**1627**·5 月 政／**1628**·是年 政／**1629**·④·25 政／**1630**·1 月 政／8·4 政／8·21 政／**1632**·3·5 文／**1634**·10·20 政／**1635**·3·12 政／4·14 政／5 月 社／10 月 政／**1636**·1 月 政／2 月 政／**1639**·5 月 政／7·25 政／9 月 政／**1641**·10 月 政／**1642**·2 月 文／6 月 文／7·11 政／**1643**·2 月 政／7·10 政／9·2 社／**1645**·2·24 政／12·5 政／**1646**·8 月 政／**1647**·2 月 政／**1648**·6 月 政／**1649**·1 月 政／**1650**·1 月 政／**1657**·2 月 文／10·26 政
宗　義誠　❺-2 **1718**·9·5 政／**1719**·是年 文／**1728**·5 月 政／**1730**·11·6 政
宗　義盛(盛順)　❹ **1496**·9·28 政／**1499**·1·8 政／**1504**·1·9 政／**1505**·是年 政／**1509**·4 月 政／**1510**·4·4 政／**1511**·是年 政／**1516**·1·25 政／是年 政／**1519**·1·25 政／**1520**·3·18 政／12·6 政
宗　義如　❺-2 **1752**·1·5 政
宗　頼茂　❸ **1384**·是年 文
宗　順房　❹ **1472**·6·17 文
宗　霊鑑　❸ **1401**·1·25 政／9·29 政／**1406**·3·29 政
宗　伯耆守　❸ **1449**·6·24 政
臧　式毅　❼ **1932**·2·16 政
宋阿⇨早野巴人(はやのはじん)
相阿弥　❹ **1488**·5·8 文／

1498·⑩·28 文／**1509**·⑧·12 文／**1510**·4·12 文／**1511**·10·16 文／**1523**·9·13 文／**1525**·10·27 文
増阿弥(田楽) ❸ **1413**·4·9 文／**1419**·3·17 文／**1421**·12·2 文／**1422**·3·29 文
宗安(大工) ❸ **1284**·8·7 文
宗安(銭屋) ❺-1 **1613**·是年 社
宗意(僧) ❷ **1148**·5·19 社
宗伊(杉原賢盛、連歌師) ❹ **1475**·4·3 文／**1482**·2·5 文／**1485**·11·28 文
宗一(平曲) ❸ **1443**·5·1 文
相一(平曲) ❸ **1453**·1·20 文
摠一(平曲) ❹ **1461**·3·19 文
増一(平曲) ❹ **1468**·10·3 文
増壱(僧) ❶ **944**·7·3 社
宗胤(筑前大山寺僧) ❷ **1104**·12·8 社／**1105**·1月 社
宗胤(筑前崇福寺僧) ❸ **1349**·8·10 社
宗寅(僧) ❹ **1493**·3·15 社
宗印(仏師) ❺-1 **1605**·6·30 文
増允(僧) ❶ **886**·6·22 文
宗卯(僧) ❺-1 **1639**·3月 文
増運(僧) ❹ **1493**·11·26 社
宗叡(僧) ❶ **863**·5·11 政／**866**·是年 政／**884**·3·26 社
宗悦(怡雲、大徳寺僧) ❹ **1558**·⑥月 政／**1571**·3·29 文
宗円(僧、日光山座主) ❷ **1109**·是年 社
宗円(仏師) ❸ **1299**·10·1 文
宗延(僧) ❷ **1167**·2·15 社／**1168**·5·13 社
宗延(僧) ❹ **1494**·3月 文
総円⇨志玉(しぎょく)
宋縁(僧) ❸ **1371**·12·2 社／**1374**·11·5 社／**1375**·1·17 政／8·25 文
宗淵(雪舟弟子) ❹ **1500**·11·22 文
宗遠応世 ❸ **1363**·8·25 文
相応(僧) ❶ **887**·是年 社／**910**·是年 文／**918**·11·3 社
相応院新宮⇨説成(ときなり)親王
宋雅⇨飛鳥井雅縁(あすかいまさより)
増賀(僧、法華三昧) ❶ **964**·12·10 社／**974**·是年 文／**975**·2·29 社
増賀(僧、今昔物語) ❷ **1003**·6·9 社
増賀(僧、土地売却) ❸ **1286**·12·7 社
増賀(絵師) ❸ **1357**·3·1 文／**1363**·3·15 文／**1364**·6·18 文／**1365**·9·2 文／**1371**·3·4 文
相覚(僧) ❷ **1124**·4·29 社
宗覚(僧、土佐配流) ❷ **1167**·5·15 社
宗覚(絵僧) ❺-1 **1691**·是年 文／**1693**·11·18 文
宗関(片桐石州、僧) ❺-1 **1612**·是年 社
相閑真誉(僧) ❺-1 **1668**·是年 社
宗熙(僧) ❹ **1477**·2月 文
宗貴(僧) ❹ **1532**·11月 社
宗祇⇨飯尾(いのお)宗祇
宗喜(従者) ❺-1 **1615**·⑥·29 社
増基(僧) ❸ **1348**·7·17 社／**1349**·是年 社／**1352**·7·21 社
宗久(歌人) ❸ **1367**·是春 文
宗休(僧·獄門) ❺-2 **1716**·3·27 社
宗旭(僧) ❸ **1397**·12·1 社
増金(仏師) ❷ **1241**·4·29 文
宗倶(僧) ❸ **1395**·7·1 政
宗慶(仏師) ❷ **1196**·9·28 文／**1248**·8·8 文
宗慶(成身院僧) ❹ **1566**·9·25 政
宗桂(棋士) ❹ **1594**·3·12 文
増潔(僧) ❸ **1443**·10·13 社
相兼(僧) ❷ **1118**·6·16 文
宗賢(僧) ❷ **1168**·5·3 社
相厳(僧) ❸ **1419**·11·3 社
増賢(僧) ❷ **1118**·5·5 社
宗見信忠 ❹ **1470**·1·5 政
宗康⇨善如(ぜんにょ)
宗光(僧) ❸ **1367**·是秋 社
宗興(僧) ❸ **1382**·7·11 社
宗幸(僧) ❹ **1555**·7月 文
増皇(僧) ❶ **963**·3·20 社／**1000**·1·20 社
増孝(僧) ❺-1 **1644**·7·21 社
宗蔵(コジマ·シウリツ) ❺-2 **1728**·11·8 政
匝差末守(安房守) ❶ **843**·1·12 政
艸山隠士 ❺-1 **1695**·是年 文
蔵山順空(円鑑禅師、僧) ❷ **1262**·是年 政／**1270**·是年 社／❸ **1308**·5·9 社
操巵(落月堂) ❺-1 **1713**·是年 文／**1714**·是年 文
荘子(そうし)女王 ❶ **950**·10·20 政／**956**·3·29 文／**957**·2月 文／❷ **1008**·7·16 政
綜子内親王(そうし·月華門院) ❷ **1263**·7·27 政／**1269**·3·1 政
悰子(そうし)内親王 ❷ **1123**·11·8 社
聡子(そうし)内親王 ❷ **1071**·8·15 文／**1083**·2·27 社／**1131**·8·1 政／9·4 政
宗子内親王 ❶ **854**·3·20 政／**986**·7·21 政
宗竺⇨三井高平(みついたかひら)
宗実(僧) ❸ **1381**·5·25 社
宗殊(塩津留観龍寺僧) ❹ **1456**·1·15 政／**1459**·是年 政／**1464**·1·1 政／**1465**·1·12 政／**1470**·1·5 政／**1474**·1·20 政／**1476**·1·13 政／**1480**·3·7 政／**1485**·1·5 政／**1486**·1·17 政／**1492**·2·21 政／**1493**·1·11 政
摠集(僧) ❶ **707**·5·28 政
宗秀(僧) ❹ **1461**·1·4 政
相州磯部 ❺-2 **1832**·是年 文
宗住(平曲) ❹ **1485**·3·5 文／**1486**·8·18 文
宗舜(僧) ❸ **1343**·11·2 文／**1370**·8·18 社
宗春(僧) ❹ **1535**·12·3 社
宗順(僧、遣朝鮮使) ❸ **1392**·10·19 政
宗順(俳人) ❺-2 **1752**·是年 文
宗純(僧) ❹ **1507**·4·23 社
蔵俊(僧) ❷ **1145**·7·1 文／**1180**·5·27 社／9·27 文
増俊(僧) ❷ **1165**·2·11 社
宗助(僧) ❸ **1405**·10·3 社
宗性(僧) ❷ **1238**·是年 文／**1249**·是年 文／**1251**·10·1 文／**1268**·2月 文
宗昭⇨覚如(かくにょ)
宗昌(僧) ❸ **1377**·6·6 社
宗紹(足利義政の使者) ❹ **1470**·8·25 政
増昭(僧) ❷ **1005**·11·15 文
増勝(僧) ❸ **1367**·9·3 社
増賞法親王 ❺-2 **1770**·⑥·25 社
象初中爻(僧) ❸ **1453**·3·11 社
宗次郎(青方住人) ❸ **1305**·5·6 社
宗親(僧) ❺-1 **1665**·3·5 社
宗真西堂(甲州信州使節) ❹ **1458**·8·7 政
宗助(庄屋) ❻ **1863**·2·6 社
惣助(百姓) ❻ **1863**·2·7 政
宗清(僧、石清水社) ❷ **1217**·1·27 社／**1223**·10月 社／**1235**·9·12 文
宗砌⇨高山(たかやま)宗砌
宗碩(月村斎、連歌師) ❹ **1501**·6·7 文／**1502**·3·25 文／**1503**·7·23 文／**1506**·2·25 文／6·5 文／**1513**·11·16 文／**1516**·3·10 文／**1517**·2·7 文／6月 文／**1520**·8·12 文／**1521**·12·2 文／**1522**·8·4 文／**1524**·3·17 文／**1531**·6·13 文／**1533**·4·24 文
宗碩(僧) ❺-1 **1669**·是年 文
宗折(薩摩屋) ❹ **1542**·4·7 文
増全(僧) ❶ **906**·1·6 社
増善(仏師) ❷ **1102**·10·9 文
象先梵超(僧) ❸ **1413**·11·7 社
痩々亭骨皮 ❼ **1913**·1·19 文
宗存(僧) ❺-1 **1613**·1月 文
左右田喜一郎 ❼ **1927**·8·11 文
左右田金作 ❼ **1915**·3·26 政
早田左衛門大郎(左衛門太郎) ❸ **1419**·1·3 政／**1421**·2·23 政／10·18 政／**1422**·1·24 政／**1423**·1·1 政／10·25 政／**1424**·3·4 政／**1425**·1·9 政／9月 政／**1426**·1·4 政／**1427**·1·13 政／**1428**·1·7 政／1·25 政／12·7 政／**1429**·3·20 政
早田治部左衛門 ❹ **1488**·3·6 政
早田世伊知 ❸ **1429**·5·22 政
寒田親将 ❹ **1534**·4·6 政
早田藤九郎 ❸ **1443**·1·1 政
早田尚久 ❹ **1594**·12·6 文禄の役
早田彦八 ❸ **1451**·1·4 政
早田光軌 ❸ **1443**·1·1 政
早田六郎次郎 ❸ **1429**·3·27 政／**1430**·1·17 政／**1431**·1·26 政／9·19 政／**1432**·3·3 政／**1433**·1·21 政／**1434**·2·2 政／**1436**·2·9 政／**1438**·1·16 政／9·18 政／**1439**·2·4 政／5·15 政／**1443**·1·1 政
宗丹(吹工) ❹ **1533**·是年 社
増智(僧) ❷ **1135**·9·23 社
宗仲(僧) ❹ **1528**·10·1 文
増忠(僧) ❸ **1298**·1·24 社
宗長(柴屋軒僧·連歌師) ❹ **1479**·2月 文／**1488**·1·22 文／**1491**·10·20 文／**1493**·3·9 文／**1497**·1·1 文／**1503**·4·29 文／**1504**·10·25 文／**1508**·7·24 文／**1509**·7·16 文／12·5 文／**1516**·3·10 文／6·7 文／**1517**·3·2 政／12·26 文／**1518**·4·23 文／8·10 文／**1519**·5·10 文／**1520**·6月 文／**1522**·8·4 文／**1523**·4·10 文／

9·15 文／**1524**·4·11 文／**1525**·9 月 文／11·25 文／**1526**·3·27 文／8·15 文／**1528**·3·6 文／**1531**·9·13 文／**1532**·3·6 文
増珍(僧)　❷ **1109**·1·1 社
増珍(実相院僧)　❸ **1413**·1·30 社
宗貞(仏師)　❹ **1592**·2 月 文
宗哲(僧)　❹ **1523**·10·25 社
草土(俳人)　❺-1 **1709**·是年 文
宗如是観　❺-2 **1826**·是年 文
宗任(僧)　❸ **1358**·11 月 文
僧忍(僧)　❶ **653**·5·12 政
増仁(但馬浅間寺僧)　❷ **1145**·2·6 社
増仁(僧、愚管記)　❸ **1368**·6·11 社
宗坡(僧)　❹ **1502**·3·25 文
ソウパー(青山学院)　❻ **1878**·5·1 文
増範(僧)　❸ **1412**·5·8 文
ソウベイ(ジャカルタ日本人)　❺-1 **1663**·3·7 社
総兵衛(木曾商人)　❺-1 **1629**·2·8 社
藻璧門院⇨藤原竴子(ふじわらしゅんし)
双峰宗源(僧)　❸ **1335**·11·22 社
宗睦(浦庵宗睦、僧)　❹ **1479**·9·21 社／**1486**·文明年間 政
宗牧(谷　宗牧、連歌師)　❹ **1526**·6·1 文／**1529**·9·12 文／**1531**·11·26 文／**1536**·9 月 文／**1538**·是年 文／**1542**·3·21 文／**1544**·9·26 文／10·15 文／11·6 文／**1545**·3·4 文／9·22 文／**1555**·2·3 文
僧樸(僧)　❺-2 **1762**·9·23 社
相馬愛蔵　❽ **1954**·2·14 政
相馬顕胤　❹ **1521**·7·7 政／**1540**·6·20 政／**1543**·6 月 政／**1551**·12·5 社
相馬逸老　❺-2 **1852**·是年 文
相馬御風(昌治)　❼ **1903**·11 月 文／**1907**·3 月 文／**1914**·3·26 文／❽ **1950**·5·8 文
相馬黒光(星　良)　❽ **1955**·3·2 社
相馬定胤　❹ **1492**·是年 政
相馬貞胤　❺-1 **1673**·10·2 政／**1679**·11·23 政
相馬重胤　❸ **1335**·12·22 政／**1336**·4·16 政／**1436**·11·1 政
相馬雪香　❾ **2008**·11·8 社
相馬泰三　❼ **1912**·9 月 文
相馬高胤　❹ **1492**·是年 政
相馬隆胤　❹ **1460**·10·21 政／**1470**·6·12 政／6 月 政／**1590**·5·14 政
相馬尊胤　❺-1 **1709**·6·5 政／❺-2 **1765**·5·21 政
相馬忠胤　❺-1 **1651**·3·5 政／**1673**·10·2 政
相馬胤弘　❸ **1395**·10·21 政
相馬胤康　❸ **1334**·8·1 社
相馬胤頼　❸ **1362**·10·2 政
相馬親胤　❸ **1338**·6·24 政／**1341**·11·6 政／**1343**·10·2 政／11·18 政／**1344**·4·12 政／8·20 政／**1346**·2·9 政／**1351**·10·22 政／11·25 政
相馬利胤　❺-1 **1602**·10 月 政／**1611**·12·2 政／**1617**·2 月 政／**1625**·9·10 政
相馬順胤　❻ **1893**·10·24 社
相馬永胤　❻ **1880**·8 月 文
相馬信夫　❾ **1997**·10·6 社
相馬叙胤　❺-1 **1709**·6·5 政／**1711**·4·20 政
相馬信胤　❺-1 **1710**·2·25 政
相馬誠胤　❻ **1884**·3·11 社／**1892**·2·22 社／**1893**·10·24 社
相馬憲胤　❸ **1395**·10·21 政
相馬隼人　❻ **1860**·3·3 政
相馬半治　❼ **1906**·12·29 文
相馬昌胤　❺-1 **1679**·11·23 政／**1689**·3·2 政
相馬樹胤　❺-2 **1801**·3·25 政
相馬盛胤　❹ **1500**·6·6 社／**1521**·7·7 政／**1562**·8·15 政／**1564**·8 月 政／**1565**·5 月 政／**1577**·5·11 政／**1581**·5·1 政／**1589**·7·18 政
相馬盛胤(陸奥中将)　❺-1 **1601**·10·16 政
相馬恕胤　❺-2 **1765**·5·21 政／**1783**·12·2 政
相馬師常　❷ **1205**·11·15 政
相馬義胤　❹ **1582**·10·16 政／**1583**·2·6 政／7·10 政／**1584**·5 月 政／**1586**·7·16 政／**1588**·⑤·12 政／⑤·16 政／6·20 政／**1589**·3·30 政／7·18 政／**1590**·7·26 政／❺-1 **1601**·10·16 政／**1602**·10 月 政／**1635**·12·16 政／**1651**·3·5 政
相馬祥胤　❺-2 **1783**·12·2 政／**1784**·12·25 政／**1788**·5·13 政／**1801**·3·25 政
相米慎二　❾ **2001**·9·9 文
増命(静観僧正)　❶ **906**·10·17 社／**924**·3·14 社／4·5 社／**927**·2 月 文／11·11 社／12·27 社
増命(僧)　❷ **1050**·9·28 文
宗模(蒲庵宗睦、僧)　❹ **1479**·9·21 社／**1494**·11·4 政
総祐(僧)　❶ **934**·是年 社／**976**·1·30 社
宗猷(僧)　❸ **1351**·是年 政
宗融(僧)　❸ **1421**·8·29 社
相有(僧)　❺-1 **1712**·是年 文
増誉(僧、法成寺座主)　❷ **1103**·3·11 社／**1105**·2·14 社／**1116**·1·29 社
増誉(僧)　❺-1 **1707**·7·2 社
宗養(谷　宗養、連歌師)　❹ **1544**·9·26 文／**1549**·3·7 文／**1551**·12 月 文／**1554**·1 月 文／**1555**·2·3 文／8·14 文／**1556**·8·21 文／**1557**·1·7 文／**1558**·3·23 文／**1561**·9·15 文／11·8 文／**1562**·12·9 文／**1563**·2·25 文／11·18 文
宗庸(一鷗軒)　❹ **1589**·12·28 文
桑楊庵　光　❺-2 **1796**·4·12 文
増利(僧)　❶ **928**·7·13 社
僧隆(僧)　❶ **602**·⑩·15 社
倉了晴　❸ **1368**·7 月 文
宗林(僧)　❹ **1468**·8·16 政
宗礼(遣朝鮮使·明)　❹ **1468**·3·15 政／**1556**·1·3 政
宋濂(僧)　❸ **1361**·是年 文
桑老父(俳人)　❺-2 **1756**·2·3 文
蔵六(僧)　❺-1 **1655**·是年 文
宗和⇨金森(かなもり)宗和
曾益(僧)　❸ **1423**·4 月 政
副島種臣(次郎·龍種)　❻ **1869**·12·16 政／**1871**·5·13 政／**1872**·4·13 政／**1873**·2·28 政／10·14 政／12·23 政／**1874**·1·12 政／2·3 政／**1883**·6·10 文／**1888**·4·30 政／**1891**·5·9 文／**1892**·2·23 政／3·5 政／6·8 政／❼ **1905**·1·31 政
副島左馬允　❹ **1557**·10·16 政
添田唖蟬坊(平吉)　❽ **1944**·2·8 文
添田一郎治　❺-2 **1834**·2 月 政
副田欣一　❻ **1877**·3·15 社
添田寿一　❼ **1899**·7·5 政／**1902**·3·27 政／**1912**·7·3 政／**1915**·11·6 社
添田宗太夫　❺-2 **1752**·是年 文
添田知道　❽ **1943**·4·8 文
祖淵(僧)　❸ **1338**·1 月 社
祖応(僧)　❶ **863**·是年 文
ソーザ，アントニオ·デ(ポルトガル船長)　❹ **1568**·6·2 政
ソーザ，ディエゴ·デ(ルソン)　❹ **1597**·10·21 政
ソーザ，パスカル·コレア·デ(ポルトガル)　❺-1 **1642**·7·16 社／**1643**·2·2 社
ソーザ，フェルナン·デ(ポルトガル船長)　❹ **1561**·是年 政
ソーザ，レオネル·デ(ポルトガル)　❹ **1558**·是年 政
蘇我赤兄　❶ **658**·11·3 政／**669**·1·9 政／**671**·1·2 政／1·5 政／10·17 政／11·23 政／**672**·8·25 政
蘇我稲目　❶ **536**·2·1 ／**552**·10·13 ／**553**·7·4 ／**570**·3·1
蘇我入鹿　❶ **642**·1·15 政／**643**·10·12 政／**645**·6·12 政
蘇我馬子　❶ **572**·4 月／**583**·是年／**584**·9 月／**585**·2·15 ／6 月／**587**·6·7 ／**592**·11·3 ／**612**·1·7 文／**614**·8 月 社／**626**·5·20 政
蘇我蝦夷　❶ **626**·是年 政／**628**·9 月 政／**629**·1·4 政／**636**·7·1 政／**642**·是年 政／**643**·10·6 政
曾我乙房丸　❸ **1326**·5·27 社
蘇我韓子　❶ **465**·3 月／5 月
曾我京小次郎　❷ **1193**·8·20 政
曾我古祐　❺-1 **1633**·2·11 政／**1634**·7·29 社／**1635**·8·16 社／**1658**·3·19 社
曾我惟重　❷ **1222**·3·15 政
曾我貞光　❸ **1336**·1·7 政／7·11 政／8·1 政／**1337**·7·11 政／**1339**·3 月 政
曾我　茂　❾ **2005**·2·7 社
曾我蛇足　❹ **1456**·7 月 文
曾我紹仙　❹ **1523**·10 月 文
曾我蕭白(蛇足軒)　❺-2 **1759**·是年 文／**1760**·是春 文／**1762**·是夏 文／**1763**·是年 文／**1764**·是年 文／**1767**·9 月 文／**1768**·是年頃 文／**1777**·11 月 文／**1779**·是年 文／**1781**·1·7 文
曾我次郎(陸奥岩楯地頭職)　❷ **1224**·9·21 政
曾我次郎(南軍)　❸ **1361**·1·18 政
曾我祐重　❹ **1489**·3·2 政
曾我祐成　❷ **1193**·5·28 社
曾我祐信　❷ **1180**·10·18 政
曾我祐準(鹿之助·亀之助·準造)　❻ **1877**·11·2 政／❼ **1935**·11·30 政
曾我宗誉　❹ **1562**·8·21 文
曾我大介　❾ **1998**·8·17 文／

2002·9·17 社
蘇我田口川堀　❶ 645·9·3 政
曾我近祐　❺-1 1658·3·19 社／1661·9·13 政
曾我直庵(直安)　❺-1 1610·是年 文／1614·慶長年間 文
曾我時長　❸ 1349·12·24 政
曾我時致　❷ 1193·5·28 社
曾我二直庵　❺-1 1656·3月 文
蘇我果安　❶ 671·1·5 政／11·23 政／672·7·2 政／8·25 政
曾我ひとみ　❾ 2002·10·8 政／10·15 政／2004·5·22 政
蘇我日向　❶ 649·3·24 政
曾我日向子　❶ 654·10月 社
曾我広忠　❷ 1219·4·27 社
曾我又左衛門　❺-1 1637·11·8 島原の乱
曾我又次郎　❸ 1352·8·20 社
蘇我満智(麻知)　❶ 401·10月
曾我光高　❸ 1333·12·11 政／1334·1·1 政／3月 社／5·21 政
曾我光頼　❸ 1326·5·27 政
蘇我造媛(みやこのひめ·遠智媛)　❶ 649·3月 文
曾我ミヨシ　❾ 2002·10·8 政
蘇我連子　❶ 662·是年 文(囲み)／664·5月 政
蘇我理右衛門　❹ 1590·是年 政／❺-1 1630·是年 社
蘇我理兵衛　❺-1 1630·是年 社
曾我野一美　❾ 2012·11·23 文
蘇我倉山田(石川)麻呂　❶ 641·2月 社／645·6·12 社／6·14 政／649·3·24 政／664·5月 政
曾我廼家五郎　❼ 1904·2·11 文／1908·4·17 文／❽ 1948·11·1 文
曾我廼家五郎八　❽ 1948·12·1 文／❾ 1998·1·20 文
曾我廼家十吾　❼ 1928·9·1 文／❽ 1957·8月 文
曾我廼家玉太呂　❾ 2009·9·5 文
曾我廼家鶴蝶　❾ 2010·12·26 文
曾我廼家箱王(中島楽翁)　❼ 1907·4·15 文
曾我廼家明蝶　❽ 1948·12·1 文／❾ 1999·4·13 文
曾我廼家八十吉　❾ 2009·9·5 文
祖官(明)　❺-1 1612·8·15 政
素閑(僧)　❺-1 1674·是年 文
祖輝(僧)　❸ 1335·3·24 社
祖金(尼)　❸ 1379·4·13 社
足庵祖麟(僧)　❸ 1350·3·15 政
即非如一(僧)　❺-1 1657·2·16 政／1665·是年 社／1670·是年 文／1671·5·20 社
小斤(そくん、倭捕虜)　❸ 1430·8·25 政
素慶(僧、天台座主)　❶ 965·2·15 社
素慶(僧、古文尚書)　❸ 1322·是年 文
祖恵(僧)　❺-2 1718·7·21 社
祖継大智(僧)　❸ 1314·是年 政
素健(俳人)　❺-2 1804·8·4 文
祖元(仏光禅師)　❸ 1287·是年 文／1298·6·13 社／1333·5·22 文
素眼(素阿、僧)　❸ 1367·是年 文
素軒松菊　❺-1 1695·是年 文
十合伊兵衛　❻ 1877·是年 社
十河景滋　❹ 1526·12·4 政
十河一存(左衛門督)　❹ 1549·6·24 政／7月 社／1550·7·14 政／10·20 政／1554·10·12 政／1558·7·25 政／1561·3·18 政／5·1 政／1563·8·25 政
十河晋斎　❻ 1874·1·3 文
十河信二　❼ 1935·12·20 政／❽ 1959·4·20 社
十河祐元　❻ 1856·4·25 政
十河(三好)存保(義堅)　❹ 1577·是年 社／1582·8·28 政／9·21 政／1584·6·11 政／1585·8·6 政／1586·9·13 政／12·12 政
疎山(僧)　❺-2 1771·是年 社
素俊　❷ 1237·6·5 文
素舜⇨藤原資業(ふじわらすけなり)
楚相(僧)　❸ 1410·2·20 社
ソスコベツ(ロシア)　❾ 1994·11·27 政
素性(僧)　❶ 906·2·26 文／909·10·2 文
素性仁斯　❶ 717·6·1 社
楚石梵琦(僧)　❸ 1353·是冬 文／1363·3·22 文／1366·9月 文／1370·7·26 社
曾泉(僧)　❸ 1423·4月 政
素然(僧)　❶ 852·12·20 社
祖禅(僧)　❸ 1368·7·26 社／11·27 社
曾田和子　❽ 1944·11月 社
曾谷学川　❺-2 1786·是年 文
曾谷寿仙　❺-1 1614·11·8 文
率母(百済人)　❶ 677·5·3 文
祖冲(僧)　❺-1 1711·是年 文
襲津彦　❶ 書紀·神功 62·是年
祖庭(琉球天王寺僧)　❹ 1584·12·23 政／1585·4·29 政
ソテロ, ルイス　❺-1 1612·9·10 政／1613·9·15 政／1622·9月 社／1624·7·12 社
祚天(僧)　❺-1 1630·7·8 社
素堂(俳人)　❺-2 1735·是年 文
衣通郎姫⇨弟姫(おとひめ)
ソドノム(モンゴル)　❾ 1990·2·27 政
卒塔婆庄兵衛　❺-1 1679·3·21 社
ソトマヨール, ドン·ヌーノ　❺-1 1611·6·19 政／7·15 政
蘇那曷叱智　❶ 書紀·崇神 65·7月／垂仁 2·是年
曾禰荒助(寛三郎)　❻ 1890·10·1 政／❼ 1898·1·12 政／1901·9·4 政／1903·1·2 政／2·22 政／7·17 政／1904·10·1 政／1909·6·14 政／1910·9·13 政
曾禰伊賀牟志　❶ 761·9·4 政
曾禰　益　❽ 1953·1·6 政／1960·1·24 政
曾根源三　❺-1 1614·11·28 政
曾根静夫　❼ 1900·2·16 政
曾根純三　❼ 1927·4·27 社
曾根翔卿　❺-2 1852·9·2 文
曾根崇次　❺-1 1670·2·28 社／1680·2·23 社
曾禰達蔵　❻ 1890·9·12 社
曾禰遠頼　❷ 1275·10·18 政
曾根平兵衛　❺-1 1685·6·26 社
曾根次孝　❺-2 1830·11·8 社
曾根吉次　❺-1 1630·是年 政／1636·是年 政／1642·8·16 政
曾根原六蔵　❺-2 1810·10·4 政
曾野綾子　❽ 1959·9·7 社
曾乃牛養　❶ 793·2·10 政
園　国子　❺-1 1677·7·5 政
園　佐兵衛　❺-1 1638·2·2 文
園　広道　❾ 1977·3·26 文
園　光子(壬生院)　❺-1 1656·2·11 政
園　杢之助　❺-1 1642·8·27 文
園　基顕　❸ 1318·12·26 政
園　基有　❹ 1487·6·10 政
園　基音　❺-1 1638·1·24 政／1655·2·17 政
園　基香　❺-2 1726·9·17 政
園　基継　❺-1 1602·11·24 政
園　基任　❺-1 1613·1·14 政
園　基富　❹ 1485·1·21 文／1491·1·23 文
園　基成　❸ 1341·12·23 政
園　基秀　❸ 1445·4·18 政
園　基理　❺-2 1815·10·7 政
薗　六郎八郎　❷ 1248·3月 文
園井恵子(袴田トミ)　❽ 1945·8·19 政 文／8·21 文
園池公翰　❺-2 1836·9·28 政
園池房季　❺-2 1795·9·7 政
園田　勇　❾ 1976·7·17 社
園田孝吉　❻ 1894·11·21 政／❼ 1923·9·1 政
園田湖城　❽ 1948·10·20 文
園田五郎次　❻ 1861·是年 社
園田　直　❽ 1949·12·10 社／1951·1·16 政／❾ 1967·11·25 政／1976·12·24 政／1977·11·28 政／1978·12·7 政／1981·5·12 政
園田清兵衛　❻ 1875·3月 社
園田高弘　❽ 1950·9·30 文／❾ 1968·4月 文／2004·10·7 文
園田荻風　❺-2 1784·是年 文
園田道閑　❺-1 1667·3·9 政
園田博之　❾ 2010·4·10 政
園田兵八　❺-1 1667·3·9 政
園田万兵衛　❺-1 1667·3·9 政
園田安賢　❼ 1898·7·13 政
園田六太夫　❺-1 1667·3·9 政
薗部　澄　❾ 1996·3·5 文
園部　孝　❾ 2003·10·28 政
園部秀雄　❽ 1963·9·26 社／1964·9·29 社
園部宮内大輔　❹ 1494·是年 政
そのまんま東⇨東国原英夫(ひがしこくばるひでお)
曾山(大野)幸彦　❻ 1892·1·11 文
園山俊二　❽ 1956·8月 文／❾ 1993·1·20 文
園山善爾　❺-1 1690·11月 社
岨山春幸　❺-2 1747·是年 文／1752·是年 文
曾槃(占春·士攷、医師)　❺-2 1793·9·3 文／1799·是年 文／1804·11月 文／1806·是年 文／1834·2·20 文
祖父江五郎右衛門　❹ 1554·11·16 社
祖芳(僧)　❸ 1417·10月 文
杣川(遊女)　❺-2 1810·是春 社

ソマレ(パプアニューギニア) ❾ **1977**·12·6 政
曾宮一念 ❼ **1932**·9·3 文／❽ **1943**·12·17 文／❾ **1994**·12·21 文
染井源二 ❺-2 **1828**·是年 社
祖溟西堂 ❻ **1863**·4·22 社
染谷美佳 ❾ **2008**·8·9 社
曾谷教信 ❷ **1277**·是年 社
征矢野半弥 ❼ **1912**·2·9 文
曾山克己 ❾ **1969**·10·1 政
祖雄(僧) ❸ **1316**·是年 文
祖来(僧) ❸ **1370**·3月 政／**1371**·10·14 政／**1372**·是年 文
反田八郎二郎 ❹ **1571**·7·16 文
反町茂雄 ❾ **1991**·9·4 文
反町武兵衛 ❺-1 **1632**·11·29 文
反町無格 ❺-2 **1742**·9·11 社
ゾルゲ, リヒャルト ❽ **1941**·10·15 政／**1942**·5·16 政／**1944**·11·7 政／11·29 政／**1964**·11·5 政
祚蓮(僧) ❶ **681**·11月 社
曾呂利新左衛門 ❺-1 **1603**·是年 文
宋　日昊 ❾ **2012**·11·15 政
孫　永徳 ❹ **1552**·1·29 文
孫　吉(宋) ❷ **1068**·10·23 政
孫　基禎 ❼ **1935**·11·3 社／**1936**·8·1 社／❾ **2002**·11·15 社
孫　鉱差(明) ❹ **1595**·3·3 文禄の役
孫　興進 ❶ **778**·10·23 政／**779**·5·3 政
孫　俊明(宋) ❷ **1118**·3·15 政
孫　世貞(高麗) ❷ **1268**·5月 政
孫　忠(宋) ❷ **1077**·12·9 政／**1078**·10·25 政／是年 政／**1080**·5·27 政／8月 政／⑧·26 政／**1081**·3·5 政／10·25 政／**1082**·11·21 政／**1085**·10·29 政
孫　文(逸仙·中山·徳新·帝象·高野雄·載之·日新) ❼ **1912**·1·8 政／**1913**·1·13 政／2·13 政／8·5 政／**1915**·2·2 政／**1916**·2·20 政／4·16 政／**1924**·11·24 政
孫　文或(朝鮮) ❺-1 **1602**·12·18 政／**1603**·11月 政／**1604**·8月 政／12·27 政／**1605**·3·5 政
孫　平化 ❾ **1972**·8·13 政／**1997**·8·15 政
孫　正義 ❾ **1981**·9·3 政／**2001**·5·16 社
尊阿(僧) ❸ **1320**·3·11 政
尊意(僧) ❶ **876**·7·15 文
尊位(僧) ❶ **926**·5·11 社／**931**·12·1 社／**940**·2·24 社
尊胤親王 ❺-2 **1739**·12·26 社
尊胤法親王 ❸ **1352**·6·21 政／**1359**·5·2 社
尊雲(僧) ❸ **1325**·11·25 社
尊雲法親王⇨護良(もりよし)親王
尊恵(僧) ❸ **1418**·10·6 社
尊叡(僧) ❷ **1007**·是年 社
尊栄(仏師) ❷ **1221**·3·6 文
尊英法親王 ❺-2 **1752**·7·20 社
尊円(僧、法華経序品釈疏) ❸ **1351**·是年 文
尊円親王 ❸ **1326**·9·25 文／**1343**·是年 文／**1346**·5·22 文／**1349**·9·23 文／**1352**·11·14 文／**1353**·是年 文／**1356**·9·23 社
尊円法親王 ❷ **1231**·10·10 社
尊海(大勧進僧) ❸ **1307**·8·1 社
尊海(僧、遣朝鮮使) ❹ **1538**·2月 政／7·1 政／**1539**·5·9 政／**1543**·11·4 社
尊快法親王 ❷ **1246**·4·2 社
存海(僧) ❹ **1508**·8月 文
尊覚(園城寺僧) ❷ **1199**·4·4 社
尊覚(僧、前薩摩守) ❸ **1290**·10·4 政
尊覚(僧、律師) ❸ **1453**·3·12 社
存覚(僧) ❺-1 **1662**·是年 文
存覚光玄(僧) ❸ **1320**·是年 社／**1324**·1·12 文／**1338**·3月 社／**1356**·是年 文／**1360**·8·1 文／11·15 文／**1367**·11·2 文／**1372**·7·1 文／**1373**·2·28 社
尊覚法親王(順徳天皇皇子) ❷ **1264**·10·27 社
尊覚法親王(後陽成天皇皇子) ❺-1 **1661**·7·26 社
尊観(僧) ❸ **1316**·3·14 社
尊観法親王 ❸ **1396**·是秋 社
尊鏡(僧、大法師) ❶ **782**·7·21 社
尊鏡(僧、落書) ❷ **1191**·5·12 社
尊興(僧) ❸ **1424**·5·27 社
尊敬(僧) ❶ **772**·3·6 社
尊暁(僧) ❷ **1201**·2·1 社／**1205**·12·2 政／**1209**·9·15 社
尊慧(僧) ❺-1 **1702**·是年 文
尊憲(僧) ❸ **1311**·11·21 社
尊兼(僧) ❸ **1312**·7·12 社
尊光⇨大内高弘(おおうちたかひろ)
尊光法親王 ❺-1 **1668**·2·28 文／**1680**·1·5 社
尊孝法親王 ❺-2 **1748**·2·17 社
尊悟法親王 ❸ **1359**·7·29 社
尊子内親王 ❶ **980**·10·20 政／**984**·11月 文／**985**·5·1 政
存識(僧) ❺-1 **1661**·3·27 社
存秀(僧) ❺-1 **1658**·是年 社
尊守法親王 ❷ **1260**·10·23 社
尊俊(僧) ❺-1 **1682**·是年 政
尊純法親王 ❺-1 **1653**·5·26 社
尊助法親王(土御門上皇王子) ❷ **1268**·①·11 社／**1281**·4·8 社／❸ **1289**·11·1 社／**1290**·12·1 社
尊勝(僧) ❺-2 **1737**·8·13 文
尊性法親王(後高倉院第二皇子) ❷ **1230**·10·2 文／**1231**·9·3 社／**1232**·11·24 文／**1233**·6·5 文／**1239**·9·3 社
尊性法親王(後陽成天皇第五皇子) ❺-1 **1651**·3·22 社
尊信(僧) ❷ **1266**·4·4 社／❸ **1283**·7·13 社
尊信法親王 ❸ **1380**·4·21 社
尊真法親王 ❺-2 **1824**·3·17 社／3·27 社
尊勢(一乗院僧) ❺-1 **1612**·8·14 文／**1616**·5·3 社
尊清(光照院僧) ❺-1 **1669**·3·4 社
存清(僧) ❸ **1332**·3·21 社
ソンダース(英写真家) ❻ **1862**·是年 文
尊智(絵師) ❷ **1207**·5·14 文／**1222**·3·11 文／**1224**·4月 文
尊長(僧) ❷ **1227**·6·7 政
尊超入道親王 ❺-2 **1852**·7·7 社／8·21 社
尊澄法親王 ❸ **1330**·3·8 政／12·14 社／**1331**·8·27 政／9·29 政／12·27 政／**1332**·3·8 政／**1333**·6·22 社／**1337**·是春 政
尊朝法親王(邦輔親王第六王子) ❹ **1576**·9·6 社／**1584**·6·10 社／**1597**·2·13 社
尊澄法親王(宗良親王) ❺-1 **1694**·10·15 社
尊珍法親王 ❸ **1330**·12月 政
尊鎮法親王(青蓮院) ❹ **1523**·4月 社／**1527**·4·27 文／**1528**·12·2 文／**1532**·5·29 文／**1536**·6·2 文／**1538**·10·6 文／**1543**·11·15 文／**1545**·是年 文／**1546**·8·2 文／**1547**·2·6 文／**1550**·9·13 社／是年 文
尊通(僧) ❹ **1516**·8·2 社
存貞(僧) ❹ **1591**·天正年間 政
尊伝法親王 ❹ **1504**·1·27 社
尊統法親王 ❺-1 **1711**·5·18 政
尊道法親王 ❸ **1358**·6月 社／7·20 社／**1368**·7·26 社／**1389**·10·19 政／**1390**·③·21 社／**1398**·4·22 政／**1402**·10·9 社／**1403**·7·5 社
存如(僧) ❸ **1437**·9·25 社／**1438**·10·25 文／**1451**·8·16 文／❹ **1457**·6·18 社
尊応(僧) ❹ **1484**·3·28 文／**1489**·8月 文／**1514**·1·4 社
存応(そんのう·普光観智国師) ❺-1 **1608**·8·26 社／**1610**·7·19 社／**1620**·11·2 社
存把(僧) ❹ **1594**·11月 社
尊満(僧) ❸ **1393**·10·28 政
尊祐(僧) ❹ **1521**·11·1 文
尊祐(護国寺僧) ❺-1 **1714**·9·3 社
尊祐法親王 ❺-2 **1747**·9·26 社
尊誉(僧) ❸ **1324**·1·14 社
尊与(僧) ❺-1 **1661**·3·27 社
尊蓮(絵仏師) ❷ **1247**·2·5 文／**1253**·9月 文

た

他　魯毎(琉球) ❸ **1415**·3·19 政／5·13 政／**1416**·1·27 政／**1417**·4·28 政／**1424**·2·12 政／**1427**·4·13 政／**1429**·1·18 政／是年 政
他阿(真教、僧) ❸ **1301**·是年 社／**1306**·6·1 文／**1313**·3·9 文／**1319**·1·27 文
他阿(僧) ❹ **1484**·10·7 社／**1526**·5·17 社
ターキー⇨水の江瀧子(みずのえたきこ)
ダアヘットテルキマン(オランダ医師) ❺-2 **1726**·2·28 政／**1727**·①·28 政
他阿弥陀仏 ❸ **1399**·11·25 文
戴　天仇 ❼ **1927**·2·22 政
田井信高 ❸ **1335**·11·26 政
田井久治 ❻ **1871**·3月 社
太　勃奇(琉球) ❸ **1413**·1·16 政
大　金吉 ❶ **853**·7·15 政
大　刀主 ❶ **866**·7·15 政
台阿 ❹ **1486**·12·18 文
ダイアナ妃(英ウェールズ公妃) ❾

1986·5·8 政
大安(僧) ❸ 1429·2·15 政
大庵須益(僧) ❹ 1473·3·23 社
太蔭(僧) ❹ 1517·5·5 政
大院君 ❻ 1882·8·26 政
体運(僧) ❺-2 1718·4·27 社
大雲(僧) ❹ 1540·是年 社
大瀛(僧) ❺-2 1804·5·4 社
大奕(僧) ❹ 1570·10·1 社
大円(僧) ❸ 1431·6·12 文
大演性雲(僧) ❹ 1535·3月 文
泰翁(僧) ❹ 1573·5·19 社
大華(僧) ❸ 1443·嘉吉年間 社
大我(僧) ❺-2 1740·是年 文／1758·是年 文／1782·8·15 社
大岳(僧) ❹ 1492·是年 社
大覚(僧) ❺-1 1625·是年 文
泰岳永亨(僧) ❺-1 1686·③·5 社
大鶴庵塊翁 ❺-2 1823·是年 文
大岳周崇(僧) ❸ 1411·12·1 社／1423·9·14 社
大覚妙実(僧) ❸ 1364·4·3 社
タイ·カッブ(野球) ❼ 1928·11·2 社
大歇勇健(僧) ❸ 1383·9·4 社
大貫(明) ❹ 1556·是年 社
泰期(琉球) ❸ 1372·12·29 政／1374·10·28 政／1376·4·1 政／1377·1月 政／1382·2·15 政
大喜豊助 ❺-2 1842·11月 文
大義周敦(僧) ❸ 1392·12·1 社
大喜法忻(僧) ❸ 1368·9·24 社
大愚性智(僧) ❸ 1439·6·30 社
大休正念(宋僧) ❷ 1252·是年 政／1269·是夏 政／10月 社／1274·4月 文／1278·2·15 文／1280·12·1 文／❸ 1283·2月 文／1289·11·29 社
大休宗休(僧) ❹ 1523·3月 文／1549·8·24 社
大虚(明僧) ❹ 1485·2月 文
大極(僧) ❹ 1462·3·12 文
大愚(僧) ❺-1 1647·正保年間 社
大工　兼 ❻ 1863·6·25 社
台久用善 ❶ 671·2·23 政
大空玄虎(僧) ❹ 1503·是年 文／1513·是年 文
大工原銀太郎 ❼ 1934·3·9 文
ダイクマン，ヘンドリック(オランダ) ❺-1 1694·9·20 政／1696·9·20 政／1698·9·20 政／1700·9·20 政
大恵(僧) ❸ 1312·11·22 社
大慶直胤 ❻ 1857·4·28 文
大光禅師⇨復庵宗己(ふくあんそうき)
泰兼(僧) ❷ 1230·6·13 社
大堅(僧) ❺-2 1722·是年 社
大源伊豆守 ❹ 1535·1·24 政
太原崇孚(僧) ❹ 1549·11·9 政／1550·12·11 社／1554·3月 政／11月 文／1555·⑩·10 社
大原東堂(遣朝鮮使) ❹ 1522·2·13 政
待賢門院⇨藤原璋子(ふじわらしょうし)
大庫(シャム) ❺-1 1616·4·1 政
大虚元寿 ❸ 1328·是年 政
醍醐格太郎 ❼ 1899·5·23 社
醍醐兼潔 ❺-2 1755·1·29 政／1778·12·10 政
醍醐忠順 ❻ 1868·5·2 政
醍醐忠敬 ❻ 1868·2·26 政
醍醐経胤 ❺-2 1761·1·15 政／1781·1·15 政
醍醐輝弘 ❺-2 1847·6·15 政／❻ 1859·9·9 政
醍醐直幸 ❾ 2006·7·2 社
醍醐冬熙 ❺-2 1728·7·1 政／1745·3·23 政／1748·12·27 政／1756·10·9 政
醍醐冬基 ❺-1 1687·1·23 政／1697·7·14 政
醍醐天皇(敦仁親王) ❶ 893·4·2 政／897·7·3 政／930·9·22 政／9·26 政／9·29 政
大後友市 ❾ 2010·9·11 文
大功円中(僧) ❹ 1473·3·27 社
退耕(徳寧)行勇(僧) ❷ 1215·7·9 社／1241·7·15 社
大業徳基(僧) ❸ 1414·10·14 社
大黒常春(長左衛門) ❺-1 1605·12·2 政／1606·是年 政
大黒梅陰 ❺-2 1851·5·13 文
大黒屋勘兵衛 ❺-2 1725·是年 社／1782·12·9 政
大黒屋光太夫(幸太夫) ❺-2 1784·是年 文／1791·5·28 政／1792·9·3 政／1793·9·18 政／1794·6月 政／1828·4·15 政
大黒屋助左衛門 ❺-1 1604·12·16 政
大黒屋善四郎 ❺-1 1683·11·21 社／1684·9月 社
大黒屋太郎右衛門 ❻ 1872·5月 文
大黒屋長左衛門 ❺-2 1800·6·25 政
大黒屋(湯浅)常是(作兵衛) ❹ 1594·4·17 政／1598·12·28 政／❺-1 1601·5月 政
大黒屋(湯浅)常是 ❺-2 1751·5·24 政／1760·5·26 政／1770·12·17 政
大黒屋茂兵衛 ❻ 1866·11·26 文
大黒屋六兵衛 ❺-1 1661·9·19 政
台山宗敬(僧) ❸ 1368·是年 文
大旨(僧) ❺-2 1734·是年 文
太地覚左衛門 ❺-1 1663·是年 文
太地頼任 ❺-2 1751·3月 文
大室宗碩(僧) ❹ 1560·1·22 社
體子(体子)内親王(たいし·神仙門院) ❷ 1256·2·7 政／❸ 1301·12·17 政
代島倫蔵 ❻ 1870·8·27 文
大殊(僧) ❸ 1382·6·3 社
大周周奝(僧) ❸ 1419·7·24 社
泰舜(僧) ❶ 949·12·3 社
大淳(僧) ❺-2 1743·是年 文
大衝(僧) ❺-1 1693·是年 政
大成(僧) ❹ 1515·8·21 社
大掾宗味 ❺-1 1697·是年 文
大掾直政 ❺-1 1678·3月 文
大掾清幹 ❸ 1422·6·23 政
大掾高幹 ❸ 1341·7·1 政／1377·10·6 社
大掾忠幹 ❹ 1524·是年 政
大掾慶幹 ❹ 1494·是年 政／1546·是年 政
大掾国次 ❺-2 1752·是年 文
大聖寺元昌 ❺-1 1662·9·5 政
大昌泰 ❶ 798·12·27 政／799·4·15 政
大正天皇⇨項目 3 天皇·皇室·皇居·改元「天皇(歴代)」
大乗坊 ❺-1 1668·4·4 社
大初啓原(僧) ❸ 1352·是年 政／1407·3·1 社
大進局 ❷ 1186·2·26 政
太栖元奝(僧) ❹ 1530·9·4 社
大聖(僧) ❷ 1093·是年 社
大清宗渭(僧) ❸ 1382·12·9 社／1391·6·19 社
大拙祖能(僧) ❸ 1344·是秋 政／1358·6月 政／1377·8·20 社
泰山(僧) ❶ 811·3·25 文
泰善(僧) ❶ 975·3月 社
大賤汕(清僧) ❺-1 1694·是年 政
大川道通(僧) ❸ 1339·2·2 社
大善坊(僧) ❷ 1177·6·10 文
太祖(朝鮮王) ❸ 1392·9月 政
太宗(朝鮮王) ❸ 1407·2·26 政／1408·7·29 政／1416·1·27 政／1420·6·16 政
大相桓父 ❶ 679·2·1 政
泰叟宗愈(僧) ❹ 1479·⑨·10 社
タイソン，マイク ❾ 1988·3·21 社
太一(座頭) ❹ 1478·2·27 文
太一(勾当) ❹ 1506·2·23 文
太一(平曲) ❹ 1570·8·2 文
大智(僧) ❺-2 1736·是年 文
太地喜和子 ❾ 1992·10·13 文
大智勝観 ❼ 1916·9·10 文
大智祖継(素渓、僧) ❸ 1324·是年 政／1336·是年 文／1339·6·2 社／1344·1·21 政／1366·12·10 社
袋中⇨良定(りょうじょう)
泰澄(僧) ❶ 718·3月 社／767·3·18 社
大潮(月枝)元晧⇨元皓(げんこう)
大潮専誉(僧) ❺-1 1601·3月 社
大通(僧) ❹ 1489·1·10 社
大鉄(僧) ❺-1 1665·3·27 社
大徹宗令(僧) ❸ 1408·1·25 社
大典(顕常·梅荘顕常、僧) ❺-2 1772·是年 文／1774·是年 文／1775·是年 文／1787·是年 文／1788·11·7 政／1801·2·8 文／1807·是年 文
泰道(神主) ❷ 1265·7·5 社
大道安仁 ❼ 1908·6·15 社
大道一以(僧) ❸ 1370·2·26 社
大等一祐(僧) ❸ 1415·5·24 社
大同啓初(僧) ❸ 1357·11月 社／1368·6月 社
大島居集(僧) ❹ 1479·⑨·15 社
大燈国師⇨宗峰妙超(しゅうほうみょうちょう)
大童山文五郎 ❺-2 1804·6·3 社
大道寺直次 ❺-1 1651·10·11 政
大道寺隼人(直英) ❺-2 1791·1·28 政
大道寺政繁 ❹ 1582·5·23 政／1586·6·12 社／1587·10·24 政／1590·4·20 政／7·5 政／1591·天正年間 政
大道寺盛昌 ❹ 1547·10·2 社
大道寺友山(孫九郎) ❺-2 1730·11·2 政／1834·是年 文
戴斗子⇨葛飾北斎(かつしかほくさい)
泰那(琉球) ❹ 1492·是年 政
大弐(僧) ❸ 1297·7·5 文
大忍坊 ❻ 1870·12·26 政
大年祥登(僧) ❸ 1368·12月 政／

1376·4·20 文／1408·5·15 社
大梅居(俳人)　❺-2 1841·5·29 文
大梅法璞(僧)　❺-2 1757·9·29 社
太白真玄(僧)　❸ 1415·8·22 文
泰範(僧)　❶ 816·6·19 社
大樋長左衛門　❺-1 1666·3月 文
大朏東華　❺-2 1758·是年 文
太平妙準(僧)　❸ 1327·⑨·24 社／11月 文
太保(僧)　❶ 906·⑫·16 文
大鵬(清画僧)　❺-2 1721·7·22 文
大鵬幸喜　❽ 1960·11·27 社／1961·7·9 社／7·27 社／10·2 社／1963·5·26 社／❾ 1965·7·25 社／1967·1·29 社／1969·3·9 社／8·29 社／1971·5·14 社／10·2 社
大方源用(僧)　❸ 1390·7·13 社
太輔公(絵師)　❸ 1355·2月 文
大宝寺淳氏　❹ 1460·10·21 政
大宝寺千勝丸　❹ 1588·12·9 政
大宝寺成秀　❹ 1463·10·4 政
大宝寺義氏　❹ 1582·3·9 政
大鵬正鯤(僧)　❺-2 1774·10·25 社
大朴玄素(僧)　❸ 1320·元応年間 政／1333·正慶年間 政／1346·1·28 社
泰甫恵通(遣明正使)　❹ 1492·是夏 政／1499·7·28 政
泰本(僧)　❹ 1489·6·4 文
大本良中(僧)　❸ 1368·11·20 社
当麻秋継　❶ 876·10·22 社
当麻有業　❶ 919·7·16 政
当麻浦虫　❶ 859·8·10 政
当麻清雄　❶ 857·4·19 文／859·4·9 文／860·1·16 政／869·12·7 政
当麻長十郎　❻ 1894·明治26 社
当麻倫康　❷ 1182·12·19 政
当麻広嶋　❶ 671·6·26 政
当麻安氏　❶ 886·2·3 政
大松博文　❽ 1961·10·15 社／1963·6月 社／1950·8·4 政／❾ 1978·11·24 社
大名久敬　❺-2 1794·8·6 政
大明国師⇨普門(ふもん)
大文字屋宗味　❺-1 1637·3·10 文
大文字屋忠兵衛　❺-1 1615·9·9 政
大陽義冲(僧)　❸ 1352·1·11 社
平　明有　❸ 1343·7月 文
平　顕時　❷ 1278·2月 政
平　敦盛　❷ 1184·2·7 政
平　篤行　❶ 910·1月 政
平　有重　❷ 1267·6·16 政
平　有親　❷ 1261·1·4 政
平　有盛　❷ 1184·2·5 政
平　家貞　❷ 1134·⑫·12 政／1167·5·28 政
平　家次(平田冠者)　❷ 1180·12·1 政
平　家弘　❷ 1150·8·5 社
平　家盛　❷ 1149·3·15 政
平　景隆　❷ 1274·10·14 政
平　景経　❷ 1198·3·5 社
平　景時⇨梶原(かじわら)景時
平　景俊　❷ 1218·7·19 文
平　景正　❷ 1141·是年 社
平　景幹　❸ 1303·9·16 政
平　兼隆　❷ 1179·是年 政／1180·8·17 政
平　兼忠　❶ 980·7·23 政
平　兼倫　❷ 1085·2·4 政
平　兼盛　❶ 960·7·26 政／988·3·25 文／990·12月 政
平　公親　❷ 1021·5·11 政
平　公雅　❶ 942·是年 社
平　清綱　❷ 1180·12·2 政／1181·8·16 政／1187·4·18 政
平　清経　❷ 1180·5·21 社
平　清房　❷ 1180·12·11 政／1183·4·17 政
平　清宗　❷ 1185·3·24 政／4·26 政／6·21 政
平　清幹　❶ 945·5·19 政
平　清盛　❷ 1135·8·19 政／1137·1·30 政／1146·2·2 政／1147·6·15 社／6·28 社／1153·1·15 社／1154·是年 文／1156·4·29 文／1158·8·10 政／1159·2·19 政／2·22 文／5·23 社／12·4 政／1160·2·20 政／5·15 政／6·20 政／8·5 社／12·29 政／1161·1·23 政／1162·3·28 政／4·7 政／9·23 政／10·3 政／1163·11·10 社／1164·9·12 社／12·17 社／1165·1·23 政／8·17 政／1166·6·6 政／9·27 政／10·10 政／11·11 政／1167·2·11 政／4·12 政／5·17 政／⑦·21 政／8·10 政／1168·2·11 政／1169·3·20 政／1170·1·17 政／4·19 政／1171·6·13 文／7·26 政／1172·3·15 政／4·17 文／10·13 政／1173·3·3 政／是年 社／1174·2·5 政／3·16 政／是年 政／1175·10·11 政／1176·11·26 政／1177·5·27 政／6·1 政／6·9 社／7·9 政／10·13 政／1178·6·2 政／8月 政／11·13 社／1179·2·13 文／3·11 社／11·14 政／1180·2·20 社／5·10 政／6·2 政／6·3 政／9·21 政／11·5 政／11·29 政／12·18 政／1181·②·4 政
平　国香　❶ 935·2·2 政
平　国依　❷ 1206·10·3 文
平良幸一　❾ 1976·6·13 政
平　惟繁　❷ 1156·7·5 政
平　惟輔　❸ 1330·2·7 政
平　惟忠　❶ 987·9·4 文／❷ 1019·9·27 文／1263·1·21 政
平　惟継　❸ 1328·4·3 文／1335·1·13 文／1343·4·18 政
平　維綱　❷ 1145·7·9 社
平　継時　❶ 994·3·6 政／❷ 1018·5·15 社／1031·6·27 政
平　維敏　❶ 994·3·13 政
平　惟仲　❶ 991·3·25 政／997·4·24 社／❷ 1003·8·19 政／11·27 政／1004·2·9 政／6·8 政／12·28 政／1005·3·14 政
平　維叙　❷ 1016·5·15 政
平　惟範　❶ 888·1·27 政
平　維衡　❶ 998·12·14 政／999·3·26 政／12·27 政
平　惟衡　❷ 1006·3·19 政／6·13 政／1018·④·9 社
平　維将　❶ 981·是年 政
平　伊望　❶ 924·6·2 政／939·5·16 社／11·15 政
平　維盛(駿河守)　❷ 1069·8·1 社
平　維盛(平重盛の長男)　❷ 1174·11·13 政／1177·10·13 政／1178·12·15 政／1180·5·21 社／9·5 政／9·22 政／10·16 政／11·5 政／12·22 政／1181·1·20 政／3·10 政／10·3 政／1183·4·17 政／5·11 政／1184·3·28 社／1194·4·21 政
平　維良(佐良)　❷ 1003·2·8 政／6·5 政／1014·2·7 政／1022·4·13 政
平　左近(行智)　❷ 1279·9月 社
平　定家　❷ 1057·2·3 社
平　貞重　❷ 1028·5·23 社
平　定親　❷ 1041·1·25 文／1044·11·24 政／1053·1·11 政／1063·3·3 文
平　貞時　❶ 969·11·8 政
平　貞節　❶ 969·4·3 政
平　定俊　❷ 1183·7·21 政
平　定文(貞文)　❶ 905·是年 文／923·9·27 政
平　貞盛　❶ 938·2·29 政／940·2·1 政／2·13 政／947·2·18 政
平　貞能　❷ 1181·8·3 政／9·6 政／1182·4·11 政／1183·6·11 政／7·21 政
平　実雄　❶ 853·1·16 政
平　実親　❷ 1148·11·24 政
平　繁方　❷ 1039·2·18 政
平　滋子(しげこ·建春門院·小弁局·東御方)　❷ 1165·12·25 政／1167·1·20 政／1168·7·25 社／1169·4·12 政／10·15 政／1170·10·19 文／1172·5月 社／7·21 政／1173·10·21 社／1174·1·23 政／3·16 政／1175·是秋 政
平　繁貞　❷ 1038·10·27 社
平　重資　❷ 1224·11·30 政／1229·3·22 政
平　重経　❷ 1197·2·24 政／1210·2·9 政
平　繁成　❷ 1050·9月 政／是年 政
平　重成　❷ 1051·是年 政
平　重秀　❷ 1235·8·28 政
平　重衡　❷ 1166·1·10 社／1178·12·15 政／1180·5·21 社／12·25 政／12·28 政／1181·②·15 政／3·10 政／1182·5·15 政／1183·7·22 政／⑩·1 政／11·9 政／11·29 政／1184·2·9 政／3·10 政／3·27 政／4·20 政／1185·6·9 政／6·22 政
平　重広　❷ 1199·7·16 政
平　繁茂　❷ 1231·3·16 政
平　繁盛　❶ 987·1·24 社
平　重盛　❷ 1158·8月 政／1159·12·26 政／1165·5·9 政／1166·4·6 政／1167·5·10 政／1168·6·20 政／1170·4·21 政／7·5 政／10·21 政／1173·11·4 社／1175·11·28 政／1177·3·5 政／4·13 社／5·28 社／1178·10·27 政／1179·3·11 政／5·25 政／7·29 政／1180·11·23 政／1198·是秋 政
平　重康　❷ 1164·6·2 文／1227·9·7 政
平　庄司　❷ 1186·3月 社
平　季明　❶ 956·7·11 文
平　季長(東大寺俗別当)　❶ 880·3·29 社／881·10·11 政／888·9·13 社

／**896**·6·19 社／**897**·7·22 政
平　季長(領地訴訟)　❷ **1244**·7·16 政
平　季衡　❷ **1081**·是年 政
平　季基　❷ **1026**·此頃 社／**1029**·8·7 政／**1030**·1·23 政
平　季盛　❷ **1137**·12·12 政／**1143**·②·2 政
平　祐俊　❷ **1099**·3月 文
平　助道　❷ **1164**·8月 社
平　資宗　❸ **1293**·4·22 政
平　佐行　❷ **1177**·6·1 政／6月 政
平　住世　❶ **886**·6·13 政
平　孝信　❷ **1005**·1·25 社／2·28 社
平　高棟　❶ **867**·5·19 政
平　孝義　❷ **1025**·10·28 社／**1029**·9·5 政
平　忠景　❷ **1138**·11·15 社
平　忠清　❷ **1180**·10·17 政
平　忠貞　❷ **1156**·7·28 政
平　忠常　❷ **1027**·是年 政／**1028**·6·21 政／7·15 政／8·1 政／**1029**·2·5 政／6·13 政／**1031**·6·6 政
平　忠時　❷ **1281**·11·11 政
平　忠度　❷ **1180**·9·5 政／9·22 政／**1181**·3·10 政／9·28 政／**1183**·7·16 政／**1184**·2·7 政
平　忠光(陸奥武者)　❶ **986**·8·9 政
平　忠光(上総武者)　❷ **1192**·1·21 政
平　忠盛　❷ **1113**·3·14 政／4·24 社／4·29 政／9·30 社／**1120**·7·12 政／**1123**·7·18 社／9·12 政／**1129**·3月 政／12·28 社／**1130**·5·9 政／**1132**·3·13 政、文／**1133**·8·13 政／9·7 政／**1135**·6·8 政／8·19 政／**1139**·3·26 社／**1147**·6·28 社／**1148**·2·23 政／**1149**·4·2 文／**1153**·1·15 政
平　忠頼　❶ **986**·8·9 政
平良辰雄　❽ **1950**·10·31 政／11·4 政／**1958**·1·12 政
平　胤通　❷ **1207**·9月 社／**1209**·3·17 社
平　胤行　❷ **1218**·11·27 政
平　為盛　❷ **1181**·10·16 政
平　親国　❷ **1208**·1·7 政
平　周真　❷ **1100**·4·13 政
平　親輔　❷ **1215**·12·22 政
平　親継　❷ **1265**·是年 政
平　親長　❷ **1233**·5·24 政
平　親信　❷ **1010**·7·3 政／**1012**·5·20 政／9·2 政／**1013**·2·2 政／**1017**·6·12 政
平　親範　❷ **1174**·6·5 政／**1220**·9·28 政
平　親房　❷ **1181**·8·15 政
平　親宗　❷ **1174**·3·1 文／**1178**·4·24 文／**1179**·4·24 文／**1180**·7·8 政／**1185**·12·6 政／**1196**·3月 社／**1199**·7·27 政
平　遂良⇨遂良(すいりょう)王
平　土用　❷ **1232**·11·13 政
平　経章　❷ **1077**·8·29 政
平　経繁　❷ **1130**·6·10 社
平　常重　❷ **1215**·10月 文
平　経高　❷ **1240**·2·20 政／4·17 政／⑩·2 社／**1242**·1·19 社／**1255**·6月 政
平　経俊　❷ **1184**·2·7 政
平　経久　❷ **1233**·4·15 政
平　経正　❷ **1180**·3·17 政／**1181**·8·14 政／11·21 政／**1183**·4·17 政／**1184**·2·7 政
平　経盛　❷ **1167**·8月 文／**1179**·10·19 社／**1185**·3·24 政
平　貞蔵　❼ **1922**·4·1 政
平　時子　❷ **1168**·2·11 政／**1175**·3·9 社／**1177**·10·13 政／**1180**·10·6 政／**1185**·3·24 政
平　時実　❷ **1185**·5·20 政／11·3 政／11·6 政／12·1 政／**1186**·1·23 政／**1213**·1·29 政
平　時忠　❷ **1161**·9·15 政／**1165**·9·14 政／**1168**·1·11 政／**1178**·10·27 政／**1183**·7·28 政／8·10 政／**1184**·2·27 政／**1185**·3·24 政／4·26 政／5·20 政／9·23 政／**1189**·2·24 政
平　時継　❸ **1294**·7·10 政
平　時信　❷ **1149**·7·26 政
平　時範　❷ **1098**·7·9 政／**1099**·2·9 政／**1101**·9·25 政／**1104**·12·8 政／**1109**·2·10 政
平　時昌　❷ **1162**·6·23 政
平　時通　❷ **1025**·4·5 社
平　時村　❷ **1270**·10月 政
平　時望　❶ **938**·3·25 政
平　時幹　❷ **1229**·7·19 政
平　徳子(建礼門院)　❷ **1171**·12·2 政／**1172**·2·10 政／**1178**·10·10 文／11·12 政／**1180**·2·21 政／**1181**·11·25 政／**1183**·7·25 政／**1185**·3·24 政／4·12 政／5·1 政／6·21 政／10月 政／**1186**·4月 政／**1187**·2·1 政
平　俊職　❷ **1258**·8·15 社
平　知章　❷ **1184**·2·7 政
平　知忠　❷ **1196**·6·25 政
平　知信　❷ **1127**·是年 文／**1144**·2·19 政
平　知度　❷ **1180**·9·5 政／9·22 政／**1183**·4·17 政／5·12 政／7·22 政
平　朝秀　❷ **1247**·12·4 政
平　知広　❷ **1229**·4·7 政
平　友房　❷ **1266**·12·13 社
平　知盛　❷ **1176**·12·5 政／**1179**·10·19 社／**1180**·3·17 政／5·21 社／11·5 政／12·2 政／**1183**·4·13 政／7·22 政／**1185**·3·24 政
平　知康　❷ **1183**·1·11 社／11·21 政
平　直方　❷ **1028**·6·21 政／7·15 政／8·5 政／**1029**·6月 政／**1030**·9·2 政／**1038**·10·27 社／**1039**·2·18 政
平　中興　❶ **930**·是年 文
平　永基　❷ **1117**·5·5 政
平　成輔　❸ **1331**·8·25 政／**1332**·4·10 政／5·22 政
平　業忠　❷ **1212**·8·16 政
平　成俊　❸ **1292**·⑥·28 政
平　業房　❷ **1179**·11·18 政／12·2 政
平　生昌　❶ **999**·8·9 政／**1000**·12·15 政／❷ **1004**·1·27 政／8·21 政
平　業盛　❷ **1184**·2·7 政
平　信兼　❷ **1155**·2·1 政／**1184**·8·3 政／9·9 政
平　信国　❷ **1180**·4·24 政
平　信忠　❸ **1297**·1·7 社
平　信遠　❷ **1171**·9·21 社
平　信範　❷ **1158**·4·21 政／8·4 政／**1166**·9·27 政／**1167**·1·23 政／11·16 文／**1168**·6·4 文／**1187**·2·12 政
平　信正　❷ **1221**·6月 文
平　信基　❷ **1185**·5·20 政／**1189**·④·15 政
平　範家　❷ **1149**·11·22 社／**1161**·9·7 政
平　範輔　❷ **1235**·7·25 政
平　教経　❷ **1021**·是年 文／**1184**·1月 政／**1185**·3·24 政
平　教盛　❷ **1179**·10·3 社／**1180**·5·21 社／**1180**·6·3 政／**1182**·2·25 政／**1183**·11·29 政／**1184**·1月 政／**1185**·3·24 政
平　久佐　❶ **999**·7·16 政
平　秀忠　❷ **1262**·3·9 社
平　広幹　❷ **1266**·12·11 政
平　弘貞　❷ **1181**·4·20 政
平　広胤　❷ **1184**·1·8 社
平　広常　❷ **1180**·9·19 政／10·21 政／11·4 政／**1181**·2·1 政／**1183**·是冬 政／**1184**·1·8 社
平　房世　❶ **883**·8·21 政
平　牧某　❷ **1258**·8·15 社
平　将門　❶ **931**·是年 政／**935**·2·2 政／10·21 政／12·29 政／**936**·10·26 政／**937**·4·7 政／8·6 政／9·19 政／11·5 政／12·14 政／**938**·2·29 政／2月 政／**939**·3·3 政／5·2 政／11·21 政／12·2 政／12·27 政／**940**·2·1 政／**960**·10·2 政
平　正輔　❷ **1030**·3·29 政／**1031**·3·13 政／⑩·27 政
平　真澄　❷ **1119**·12·27 政
平　将武　❶ **938**·11·3 政
平　正盛　❷ **1097**·是年 政／**1100**·8·10 政／**1101**·9·23 社／**1102**·10·15 政／**1107**·12·19 政／**1108**·1·6 政／**1110**·6月 社／**1112**·2·17 社／11·8 社／**1113**·③·2 政／③·20 社／4·1 社／4·29 社／10·1 社／**1115**·4·30 政／**1119**·5·6 社／7·29 社／12·27 政
平　希世　❶ **930**·6·26 社
平　通隆　❷ **1187**·5·9 政
平　通盛　❷ **1180**·3·17 政／**1181**·1·20 政／7·18 政／8·14 政／9·6 政／10·3 政／11·21 政／**1183**·4·17 政／**1184**·1月 政／2·7 政／2·9 政／**1185**·12·17 政
平　光広　❷ **1247**·7·18 政
平　光盛　❷ **1184**·5·21 政／6·5 政
平　光泰　❸ **1295**·6·8 文
平　棟有　❸ **1389**·是年 政
平　致方　❷ **1032**·8·1 政
平　宗清　❷ **1160**·2·9 政

平　宗貞　❷ **1159**·是年 政
平　宗実　❷ **1126**·10·17 文／**1185**·12·17 政
平　宗綱　❸ **1291**·8·20 政／**1293**·4·22 政
平　致経　❷ **1021**·5·11 政／**1031**·3·13 政／⑩·27 政
平　宗経　❸ **1349**·2·13 政
平　宗信　❷ **1198**·10·16 社
平　宗宣　❷ **1214**·12·29 政／**1231**·5·11 政
平　棟範　❷ **1194**·⑧·30 政
平　宗秀　❸ **1421**·2·23 政
平　宗盛(下総守)　❷ **1106**·10·28 政
平　宗盛(清盛三男)　❷ **1167**·9·18 文／**1168**·1·11 政／**1175**·⑨·19 政／**1177**·2月 文／6·18 文／10·13 政／**1178**·12·15 政／**1180**·3·17 政／5·21 社／7·27 政／9·21 政／**1181**·1·8 政／2·26 政／4·14 政／8·1 政／9·28 政／10月 政／**1182**·8·5 社／10·3 政／**1183**·2·27 政／4·25 政／7·8 政／8·6 政／9月 政／10·20 政／11月 政／**1184**·1月 政／2·4 政／2·27 政／**1185**·2·18 政／3·24 政／4·12 政／4·26 政／5·7 政／6·9 政／6·21 政／12·17 政／**1187**·2·1 政
平　致頼　❶ **998**·12·14 政／**999**·3·26 政／❷ **1001**·是年 政／**1011**·10·2 政
平　基親　❷ **1206**·是年 政
平　元規　❶ **908**·是年 政
平　基盛　❷ **1156**·7·5 政／7·6 政
平　幹泰　❷ **1247**·12·4 政
平　盛兼　❷ **1129**·11·11 社／**1156**·6·1 政／7·5 政
平　盛国　❷ **1171**·11·9 政／**1186**·7·25 政
平　盛子　❷ **1179**·6·17 政
平　盛重　❷ **1113**·4·24 社
平　盛親　❷ **1226**·9·30 社
平　盛綱　❷ **1223**·3·12 政／**1247**·6·28 政
平　盛時　❷ **1191**·1·15 政／1·17 政／**1195**·1·16 社／**1204**·3·21 政／**1244**·5·5 政／**1246**·12·5 政／**1261**·6·22 政
平　盛俊　❷ **1179**·11·20 社／11月 社／**1181**·2·7 政／**1184**·2·7 政
平　守長　❸ **1385**·3·4 社
平　盛基　❷ **1093**·3·18 政／**1101**·7·23 社
平　師季　❷ **1094**·3·8 政
平　師妙　❷ **1094**·3·8 政
平　師盛　❷ **1183**·7·21 政／**1184**·2·7 政
平　康兼　❷ **1205**·7月 社
平　保業　❷ **1184**·6·5 政
平　保教　❷ **1221**·7·28 政
平　保行　❷ **1183**·10·11 政
平　康頼　❷ **1177**·6·1 政／6月 政／**1178**·7·3 政／是年 文／**1186**·⑦·22 社／**1190**·10·25 社
平　行綱　❷ **1203**·12·25 政／**1204**·2·10 政
平　行盛　❷ **1181**·9·28 政／11·21 政／**1183**·4·17 政／**1184**·12·7 政／**1185**·3·24 政
平　行義　❷ **1004**·7·17 政／**1017**·7·6 政
平　良兼　❶ **931**·是年 政／**936**·10·26 政／**937**·8·6 政／9·19 政／12·14 政／**939**·6月 政
平　吉貞　❸ **1323**·是年 社
平　良正　❶ **935**·10·21 政
平良良松　❾ **1968**·12·1 政
平　能盛　❷ **1171**·11·9 政
平　頼綱(杲円)　❷ **1271**·9·12 社／❸ **1285**·11·17 政／**1293**·4·22 政／5·3 政
平　随時(よりとき)　❶ **950**·1·20 政／**953**·12·18 政
平　頼盛　❷ **1159**·12·26 政／**1161**·9·15 政／**1166**·10·8 政／**1171**·6·13 文／**1172**·4·17 文／**1180**·5·21 社／6·3 政／**1181**·9·28 政／**1183**·7·22 政／10·17 政／**1184**·5·19 社／6·5 政／**1186**·6·2 政
平　頼義　❷ **1060**·12·6 政
平　六左衛門　❸ **1429**·8·11 政
平　六代　❷ **1185**·12·17 政／**1194**·4·21 政／6·15 政／**1198**·2·5 政
多伊良隆能　❸ **1336**·7·2 社
大楽源太郎　❻ **1858**·7·14 政／**1864**·5·5 文／**1871**·3·13 政
平吉毅州　❾ **1998**·5·28 文
大林(僧)　❹ **1556**·是年 社
大林正通　❹ **1467**·是年 社
大林宗套(僧)　❹ **1553**·11月 文／**1568**·1·27 社
大連(僧)　❸ **1420**·12·2 政
大路大膳大夫　❹ **1593**·9·27 文
ダヴィドフ(ロシア船長)　❺-2 **1807**·4·23 政
田上富久　❾ **2007**·8·9 政／**2008**·8·6 政
田内千鶴子　❽ **1963**·8·15 社／❾ **1968**·10·31 社
たうちん(船頭)　❸ **1418**·是年 社
タウト，ブルーノ　❼ **1933**·5·3 文
田岡一雄　❽ **1964**·6·25 文／❾ **1978**·7·11 社
田岡典夫　❽ **1943**·4·8 文
田岡嶺雲(佐代治)　❻ **1895**·2月 文／❼ **1896**·11月 文／**1912**·9·7 文
たか(仇討)　❻ **1853**·11·28 社
高　笠万呂　❶ **752**·4·9 文
竹　葉瀬(遣新羅使)　❶ **書紀·仁徳** 53·5月
多賀清忠　❹ **1459**·2·4 社
多賀蔵人　❹ **1564**·7·20 政
多賀三郎四郎　❺-1 **1669**·6·3 社
多賀重行　❷ **1192**·5·26 政
多賀高忠(出雲守)　❹ **1462**·8·21 政／**1463**·7·13 社／**1466**·6·7 社／**1469**·5·25 政／7·25 政／**1470**·6·10 政／9·22 政／是年 政／**1471**·1·11 政／3·21 政／**1472**·9·9 政／**1475**·10·28 政／**1479**·⑨·10 政／**1485**·5·2 社／8·4 社／**1486**·8·17 政
多賀高但　❺-2 **1768**·11·29 社
多賀主税高国　❺-2 **1716**·6·25 政
多賀忠太夫　❺-1 **1641**·是年 社
多賀朝湖⇨英一蝶(はなぶさいっちょう、初代)
多賀経長　❹ **1527**·3·11 社
多賀直方　❺-1 **1686**·11月 政
多賀秀種　❹ **1585**·6·29 政／⑧·25 政
多賀孫左衛門　❺-1 **1641**·是年 社
多賀政忠　❹ **1528**·6·8 社
多賀昌宗　❹ **1456**·2·23 社
多賀宗直　❹ **1486**·8·17 政／10·2 政／**1487**·5·1 政
多賀元龍　❹ **1571**·1·16 政
多賀出雲守⇨多賀高忠(たかただ)
高明皇子⇨源高明(みなもとたかあきら)
高井喜三郎　❻ **1869**·8·3 社
高井几董　❺-2 **1772**·是年 文／**1773**·是年 文／**1784**·是年 文／**1789**·10·23 文
高井鴻山　❻ **1883**·2·6 社
高井実徳　❺-2 **1820**·11·15 社
高井恒昌　❾ **2004**·7·19 政
高井貞二　❽ **1945**·11月 文
高井伝右衛門　❺-1 **1706**·6·7 社
高井道致　❻ **1860**·12·1 政
高井時茂　❷ **1277**·11·5 社
高井土佐(鍛冶)　❹ **1590**·是年 社
高井則安　❾ **1976**·1·25 文
高井白楊　❽ **1951**·7·22 文
高井安治　❼ **1903**·4·25 文
高井八穂　❺-2 **1818**·是年 文
高井蘭山(伴寛·思明)　❺-2 **1799**·是年 文／**1803**·是年 文／**1809**·是年 文／**1812**·是年 文／**1820**·是年 文／**1827**·是年 文／**1833**·9月 文／是年 文／**1834**·是年 文／**1838**·12·23 文
高井立志(二代目)　❺-1 **1704**·7月 文
高居王　❶ **862**·4·20 政
高家七右衛門　❺-2 **1770**·11·29 政
高石勝男　❼ **1928**·7·28 社／❾ **1966**·4·13 社
高石邦男　❾ **1988**·10·10 政／**1995**·12·8 政
高石左馬之助　❺-1 **1603**·11月 政
高石忠秀　❹ **1467**·是年 政／**1471**·1·11 政
高石与七　❹ **1563**·5·5 政
高市早苗　❾ **2006**·9·26 政
高内又七　❺-1 **1675**·2月 政／**1679**·2·9 政
高枝王　❶ **858**·5·15 政
高尾(遊女、二代目)　❺-1 **1660**·12·25 社
高尾(遊女、十代目)　❺-2 **1741**·6·4 社／10·13 政
高尾権太夫　❺-1 **1690**·12·6 政
高尾紳路　❾ **2005**·6·28 文
高尾次右衛門　❺-1 **1615**·9·9 政
高尾平兵衛　❼ **1923**·6·26 政
高大路家久　❸ **1398**·8月 文
高丘(楽浪)河内　❶ **721**·1·27 文／**746**·4·4 政
高岡実甫　❺-2 **1790**·是年 文
高岡三右衛門　❺-1 **1691**·6·12 政
高岡智照　❾ **1994**·10·22 社
高岡徳太郎　❽ **1955**·7·15 文
高岡寿成　❾ **2005**·2·13 社
高岡久太郎　❽ **1963**·9·15 文

高丘比良麻呂　❶ 768·6·28 政
高丘真岑　❶ 862·7月 政
高丘百興　❶ 859·1·13 政／863·2·10 政
高岳親王⇨真如(しんにょ)
高垣勝次郎　❽ 1953·12·9 政
高柿貞武　❾ 1991·7·23 政
高垣　佑　❾ 2009·5·24 政
高垣　眸　❼ 1935·1月 社
隆兼(姓不詳)　❹ 1488·8·10 文
高賀茂諸魚　❶ 782·2·7 政
高賀茂諸雄(諸魚と同一人か)　❶ 789·2·5 政
高狩清貞　❶ 852·1·15 政
高川　格　❽ 1952·9·1 文
高川秀格　❾ 1986·11·26 文
高木彬光　❾ 1995·9·9 文
高木　顕　❾ 1991·9·4 文
高木市左衛門　❺-1 1683·3·6 社
高木市之助　❾ 1974·12·23 文
高木兼寛(藤四郎)　❻ 1881·5·1 文／1888·5·7 文／1891·2·1 文／5·6 文／5·11 政／❼ 1920·4·13 文
高木亀蔵　❺-2 1808·3·15 社
高木勘右衛門(長崎頭人)　❹ 1587·是年 政
高木勘右衛門(長崎町年寄)　❺-2 1759·8月 社
高木休庵　❺-1 1634·4·15 政
高木久八　❺-2 1810·11月 社
高木酒之丞　❺-2 1732·6月 政
高木作右衛門(貿易家)　❺-1 1616·9·9 政／1628·4月 政／1676·9·18 政
高木作右衛門(長崎代官)　❺-2 1739·4·8 政／1806·是年 政
高木貞勝　❺-1 1659·4·29 社
高木定清　❺-1 1681·1·28 政
高木貞武　❺-2 1734·是年 文
高木貞友　❺-1 1642·8·24 社
高木貞元　❺-1 1659·4·29 社
高木貞衛　❻ 1890·6·1 社
高木三郎　❻ 1875·3月 社／❼ 1909·3·28 政
高木鹿之祐　❻ 1871·1月 文
高木寿穎　❻ 1878·7·18 文／1883·1·16 文
高城淳一　❾ 2011·8·18 文
高木祥吉　❾ 2005·11·10 政
高木昭作　❾ 2011·7·10 文
高木聖鶴　❾ 1980·10·15 文(囲み)／2006·11·3 文
高木正年　❼ 1921·11·12 政／1934·12·31 政
高来善三郎　❹ 1592·5·29 文禄の役
高木善助　❺-2 1828·11·13 文
高木太左衛門　❺-2 1741·12·25 政
高木殖家　❸ 1444·10·14 政
高城胤辰　❹ 1578·9·19 社
高木　剛　❾ 2005·10·5 社／2007·4·28 社／2009·4·29 社
高木貞治　❽ 1940·4·29 文／1960·2·28 文
高木敏雄　❼ 1912·5·5 文／1913·3·10 文
高木俊宜　❾ 2012·11·7 文
高木俊朗　❾ 1998·6·25 文
高木復亨　❼ 1934·4·18 政
高木　昇　❽ 1964·3·27 文
高木背水　❽ 1943·5·12 文
高木八兵衛　❺-1 1712·6·19 政
高木逸磨　❼ 1916·2·1 文
高木彦右衛門　❺-1 1696·9月 政／1697·11·12 政／1700·7·28 政／12·19 社／1715·正徳年間 政
高木久家　❸ 1393·4·28 政／1394·2·17 政
高木　均　❾ 2004·2·11 文
高木　弘　❼ 1918·2·22 社
高木文雄　❾ 2006·2·14 政
高木文平　❼ 1910·10·27 政
高木孫兵衛　❺-1 1650·5·4 政
高木正明　❾ 1995·8·8 政
高木正次　❺-1 1607·8·1 政／1623·8·6 政／1633·10·26 社
高木正得　❽ 1948·7·8 政
高木正朝　❺-2 1838·是年 文
高木正陳　❺-2 1727·6·13 社
高木正義　❼ 1898·11·12 社
高木　勝　❾ 2011·6·26 文
高木摩天　❼ 1921·12·15 文
高木壬太郎　❼ 1921·1·27 社
高木道之助　❺-2 1808·11·2 政
高木守勝　❺-1 1683·2·1 政
高木衛貞(五郎左衛門)　❺-1 1703·3·30 社
高木守久　❺-1 1659·7·19 社
高木八尺　❾ 1984·4·28 文
高木保之助　❼ 1920·10·13 文
高木義明　❾ 2010·9·17 政
高城六右衛門　❺-2 1819·是年 政
高木六兵衛　❺-1 1701·2·18 政
高木六郎　❷ 1271·12·29 政
高久靄厓(遠々·子遠·秋輔)　❺-2 1821·7月 政／1835·9月 文／1836·4·27 文／1841·是年 文／1843·4·8 文
高久隆古(隄古)　❻ 1858·8·26 文
高楠順治郎(電気)　❼ 1924·4月 文／❽ 1942·12·17 文／1944·4·29 文
高楠順次郎(仏教学者)　❽ 1945·6·28 文
高国英俊　❺-1 1661·是年 文
高窪　統　❾ 2009·1·14 社
高倉有通　❸ 1333·11·3 政
高倉　健　❽ 1959·2·16 社／1963·3·16 社／❾ 1987·5·21 社／1999·9·7 社／2006·11·3 文
高倉新一郎　❾ 1990·6·7 文
高倉経守　❸ 1291·是年 文／1317·2·22 政
高倉経康　❸ 1339·2·4 政
高倉テル　❽ 1938·4·27 文／1945·3·28 文／1949·12月 文／1950·6·8 政
高倉徳太郎　❼ 1934·4·3 社
高倉殿継(嗣)　❶ 804·1·24 政／806·1·28 政
高倉永敦　❺-1 1681·11·15 政
高倉永祜　❻ 1868·1·5 政
高倉永相　❹ 1575·3·20 社／1585·12·23 政
高倉永綱(連阿)　❸ 1366·9·6 文／10·3 文
高倉永福　❺-2 1725·4·4 政
高倉永秀　❸ 1392·2·18 政
高倉永房　❺-2 1755·5·11 政
高倉永藤　❸ 1427·6·27 社／1434·6·12 政／1436·1月 政
高倉永康　❹ 1512·4·16 政
高倉永行　❸ 1396·3·18 文／1399·4月 文／1416·8·3 政
高倉永慶　❺-1 1612·5·2 文／1664·9·5 政
高倉(背奈)福信　❶ 789·10·17 政
高倉天皇(憲仁親王)　❷ 1161·9·3 政／9·15 政／1165·12·25 政／1166·10·10 政／1168·2·19 政／3·20 政／1180·2·21 政／1181·1·14 政
高栗寛喬　❺-2 1802·6月 文
高桑次郎　❷ 1226·7月 政
孝子内親王(礼成門院)　❺-2 1725·6·26 政
隆子女王　❶ 970·9·8 社／974·⑩·16 社
崇子内親王　❶ 848·5·15 政
高子内親王　❶ 866·6·16 政
高佐日煌　❽ 1938·9月 社
高坂謙示　❻ 1888·1月 文
高坂昌信　❺-2 1794·是年 文
高坂王　❶ 672·6·24 政／683·6·6 政
高坂兵部大輔入道　❸ 1367·10·12 社
高崎有敬　❻ 1872·5月 社
高崎五十六　❻ 1886·3·9 政／1888·12·20 文／1889·6月 文
高碕達之助　❽ 1952·7·31 政／1954·12·10 政／1955·3·19 政／3·24 政／5·31 政／11·22 政／1958·6·12 政／1959·2·20 政／1962·11·9 政／1964·2·24 政
高崎長右衛門　❻ 1872·8·10 政
高崎芳宜　❻ 1875·7·26 文
高崎正風(左太郎·伊勢·左京)　❻ 1883·7·1 文／1888·6·6 文／12月 文／1889·6月 文／1890·11·22 文／1894·5·10 文／❼ 1897·10·3 文／1912·2·28 文
高砂浦五郎(初代)　❻ 1873·11月 社／1878·2·5 社／❼ 1900·8·14 社
高砂浦五郎(二代目)　❼ 1914·7·4 社
隆貞(刀工)　❺-1 1689·是年 文
高三隆達(たかさぶりゅうさく)　❺-1 1611·11·25 文
高澤忠順　❺-2 1794·2月 政
高澤寅男　❾ 1999·8·5 政
高澤省巳　❻ 1863·8·17 政
高志正嗣　❶ 815·7·20 文
高志養浩　❺-2 1747·是年 文
高階明順　❶ 996·6·9 政／998·5·5 文／999·12·16 政／❷ 1009·是年 政
高階石河　❶ 842·5·29 政
高階栄子(丹後局)　❷ 1182·12·4 社／1186·7·16 政／1190·11·12 政／1195·3·29 政／4·17 政／1210·6·12 社／1216·是年 政
高品　格　❾ 1994·3·11 文
高階貴子　❶ 996·10月 政
高階公俊　❷ 1097·①·16 政
高階重経　❸ 1311·9·14 政
高階重仲　❷ 1120·9·26 政
高階茂範　❶ 883·1·1 政／885·1·16 政

高階秀爾　❾ 2005·11·3 文／2012·11·3 文
高階菅根　❶ 860·1·16 政／870·1·25 政
高階成順　❷ 1025·7·14 政
高階隆兼　❸ 1309·3月 文／1312·9月 文／1330·⑥月中旬 文
高階為章　❷ 1100·5·23 政／12·9 政／1101·6·15 政／1103·12·20 政
高階為家　❷ 1079·4·23 社／1093·8·22 社／1094·6·8 政／1095·9·30 政／1104·7·24 文／1105·2·20 政／1106·11·17 政
高階為賢　❷ 1094·8·15 文／1103·4·21 政
高階為行　❷ 1107·5·13 政
高階経重　❷ 1062·是春 政
高階経仲　❷ 1180·7·8 政／1216·2·29 社
高階経成　❷ 1111·4月 政
高階遠成　❶ 806·1·28 政／818·3·21 政
高階仲章　❷ 1107·9·10 政
高階仲基　❷ 1210·9·6 文
高階成章　❷ 1028·5·23 社／1029·5·23 社／1044·2·28 政／1058·2·16 政
高階成忠　❶ 963·12月 政／964·是年 文／995·8·10 政／998·7月 政
高階業遠　❷ 1004·⑨·5 政／1010·4·10 政
高階業敏　❷ 1017·11·6 社／1018·12·7 政
高階成棟　❷ 1041·3·27 社
高階信順　❷ 1001·6·29 政
高階寛経　❸ 1355·12·28 政
高階順業　❷ 1027·7·18 社
高階岑緒(峯緒)　❶ 851·1·11 政／854·1·16 政／855·1·15 政／861·1·13 政／868·1·16 政
高階宗成　❸ 1300·4月 文
高階基実　❷ 1102·12·28 政
高階師尚　❶ 936·2·27 政／942·4·25 政
高階盛章　❷ 1156·⑨·25 政
高階積善　❷ 1013·是年 政
高階安親　❹ 1471·2·11 社
高階泰経　❷ 1183·8·14 政／1185·11·15 政／12·29 政／1186·3·29 政／1201·11·23 政
高階楊順　❺-1 1665·是年 文
高階良臣　❶ 980·7·5 政
高階能遠　❷ 1114·7·28 政
高島嘉右衛門(清三郎)　❻ 1870·12·7 社／1872·7月 政／9·29 社／11月 社／1893·8·11 政／❼ 1914·11·14 政
高島喜八　❺-2 1792·是年 社
高嶋健一　❾ 2003·5·18 文
高島小金治　❻ 1893·3·30 社
高島左近　❺-1 1642·2·26 政／1646·4·8 政
高島茂起(四郎太夫)　❺-2 1808·11·3 文／1835·7月 政／10·28 政
高島茂紀　❺-2 1812·6·14 政
高島秋帆(四郎太夫·茂敦·糾之丞·喜平)　❺-2 1835·7月 政／1840·9月 政／1841·3月 政／4·1 政／5·9 政／7·25 政／7月 政／1842·6·14 政／10·2 政／1846·7·25 政／❻ 1853·8·6 政／1861·5·16 社／1866·1·1 文／1·14 政
高島四郎兵衛(茂卿)　❺-1 1673·8·8 政
高島四郎兵衛(長崎町年寄)　❺-2 1808·11·3 文／1835·7月 政／10·28 政
高島象山　❽ 1959·11·23 社
高島忠夫　❽ 1963·2·5 社／9·1 文／1964·8·24 社
高島太郎　❻ 1860·7·7 文
高島竹雨女　❻ 1857·3·2 文
高島千春　❺-2 1823·是年 文／1828·是年 文／❻ 1859·11·12 文／1860·3月 文
高島轍士　❺-1 1694·是年 文
高島鞆之助(昭光)　❻ 1877·11·2 政／1892·7·27 政／❼ 1896·4·2 政／9·18 政／1897·1·29 政／1903·5月 社／1916·1·11 政
高島米峰(大円)　❼ 1899·2月 社／1912·6·28 社
高島北海　❼ 1910·是年 文／1915·是年 文／1931·1·10 文
高島正重　❺-1 1631·是年 文
高嶋良充　❾ 2010·3·18 政
高島良悦　❹ 1587·是年 政
高島屋伝右衛門　❹ 1591·4·27 社／5·24 社／1599·8·15 社
高島屋六郎兵衛　❺-1 1699·12·25 社
高須梅渓(芳次郎)　❼ 1897·7月 文
高杉一郎　❾ 2008·1·9 文
高杉早苗　❾ 1995·11·26 文
高杉晋作(谷　潜蔵·宍戸刑馬)　❻ 1862·4·29 政／12·12 政／1863·3·15 政／5·6 政／1864·8·5 政／12·16 政／1865·1·6 政／4·22 政／⑤·21 政／1866·3·21 政／6·6 政／9·16 政／1867·4·14 政
高砂長吉(五)郎　❺-1 1641·是年 文
高瀬学山　❺-2 1749·6·15 文
高瀬　清　❼ 1922·1·22 政
高瀬金弥　❺-1 1713·4·21 社
高瀬荘太郎　❾ 1966·9·4 政
高瀬真卿(羽皐·政吉·真之助)　❻ 1885·10·7 社／1886·10月 社／❼ 1897·7·10 文／1924·11·17 文
高瀬荘太郎　❽ 1949·2·16 政／1952·10·30 政
高瀬道甘　❺-1 1661·是年 文／1663·是年 文
高瀬梅盛　❺-1 1656·是年 文／1658·是年 文／1659·是年 文／1663·是年 文／1668·是年 文／1669·是年 文／1672·是年 文／1677·是年 文
高瀬愛実　❾ 2012·7·27 社
高瀬礼二　❾ 2011·4·4 政
高瀬屋新蔵　❺-1 1604·7·5 政
高相祐一　❾ 2009·8·3 社
高多久兵衛　❻ 1888·3·5 政
高田早苗　❻ 1882·3·14 政／1889·4·16 文／1892·5·30 政／❼ 1897·11·5 政／1903·5·29 政／❽ 1938·12·3 文
高田幹子　❾ 1978·3·18 社
高田　勇　❾ 1994·2·20 政
高田石成　❶ 689·11·8 政
高田悦志　❾ 1985·9·10 文
鷹田其石　❼ 1900·5·7 文
高田久比麻呂　❶ 715·8·28 政
高田敬輔　❺-2 1755·12·4 文
高田賢三　❾ 1970·4·17 社
高田源兵衛　❻ 1871·3·7 政
高田玄柳　❺-1 1683·是年 文
高田好胤　❾ 1967·11·18 社／1998·6·22 社
高田浩吉　❼ 1932·12·1 社／❾ 1998·5·19 文
高田小次郎　❼ 1912·3·28 政
高田重家　❷ 1190·7·30 政
高田茂右衛門　❺-2 1731·是年 社
高田正二郎　❽ 1944·3·8 文
高田信一　❽ 1945·2·21 文／1952·9·20 文
高田善蔵　❺-2 1780·2·14 政
高田宗賢　❺-1 1677·是年 文／1678·是年 文／1679·是年 文／1709·是年 文
高田　保　❽ 1952·2·20 文
高田足人　❶ 763·10·28 社
高田根麻呂　❶ 653·5·12 政／7月 政
高田与清⇨小山田(おやまだ)与清
高田新家　❶ 685·10·10 政
高田博厚　❼ 1931·是年 文／❾ 1987·6·17 文
高田平七　❺-2 1740·是年 文
高田雅夫　❼ 1929·5·24 文
高田昌彦　❾ 2003·2·17 社
高田又兵衛　❺-1 1671·1·23 政
高田光政　❾ 1965·8·6 社／1967·7·22 社
高田　実　❼ 1896·9月 文／1901·2·10 文／1903·2·11 文／1904·1·2 文／1905·1·2 文／1906·3·4 文／10·27 文／1910·10·31 文／1911·4·14 文／1916·5·24 文／9·24 文
高田元吉　❼ 1905·10·14 社
高田幹子　❾ 1979·3·18 社
高田盛員　❷ 1241·2·25 政
高田保馬　❼ 1916·2·27 文／❽ 1943·1·18 文
高田祐司　❾ 1976·7·17 社
高田ユリ　❾ 2003·12·24 社
高田　渡　❾ 2005·4·16 文
高田王　❶ 735·⑪·8 政
田形内親王　❶ 706·8·29 社／728·3·5 政
高玉浦右衛門　❺-1 1698·4·4 政
高玉義直　❹ 1589·5·4 政
高田屋嘉兵衛　❺-2 1799·7·18 政／1800·3月 政／1801·2·26 政／1813·5·26 政／6·21 政／9·11 政／1826·6·29 社／1827·4·5 政
高田屋金兵衛　❺-2 1831·9·13 政／1833·2·23 政
高知尾政重　❷ 1254·4·26 社
高津運記　❻ 1876·12·3 政
高津正道　❼ 1921·8·21 政／1923·6·5 政／1925·8·20 政
高津道性　❸ 1333·3·25 政／4·1 政

高津長幸　❸ **1336**·1·13 政／**1341**·2·18 政
高津孫左衛門　❺-1 **1687**·9·23 社
高津内親王　❶ **841**·4·17 政
鷹司和子　❽ **1950**·5·20 政／❾ **1989**·5·26 政
鷹司兼輔　❹ **1506**·4·16 政／**1507**·4·6 政／**1514**·8·12 政／**1515**·4·16 政／**1518**·3·27 政／4·21 政／**1552**·9·9 政
鷹司(北條)兼忠　❸ **1288**·10·27 政／**1289**·10·18 政／**1291**·12·25 政／**1296**·7·24 政／12·25 政／**1297**·6·19 社／**1298**·7·22 政／**1301**·8·25 政
鷹司兼平　❸ **1282**·1·24 社／2·1 社／8·8 社／12·17 政／**1287**·2·21 政／**1288**·10·27 文／**1294**·8·8 政
鷹司兼熙　❺-1 **1681**·7·10 政／**1683**·1·13 政／**1690**·12·26 政／**1703**·1·14 政／**1704**·1·10 政／**1705**·5·17 政／**1707**·11·27 政／❺-2 **1725**·11·20 政
鷹司伊頼　❸ **1283**·6·4 政
鷹司輔平　❺-2 **1756**·5·10 政／**1758**·5·6 政／**1759**·11·26 政／**1778**·12·10 政／**1787**·3·1 政／**1789**·11·12 政／是秋 政／**1791**·8·20 政／**1813**·1·8 政
鷹司輔熙　❺-2 **1848**·3·21 政／❻ **1857**·1·4 政／**1858**·3·1 政／8·8 政／**1859**·1·10 政／2·5 政／3·28 政／**1862**·4·30 政／**1863**·1·23 政／7·12 政／8·18 政／**1867**·5·23 政／**1869**·2·24 政／**1878**·7·9 政
鷹司孝子(本理院)　❺-1 **1623**·12·26 政／**1674**·6·8 政
鷹司忠冬　❹ **1537**·12·21 政／**1541**·1·12 政／**1542**·2·25 政／**1545**·7·13 社／**1546**·4·12 政
鷹司繁子(新皇嘉門院)　❺-2 **1817**·12·11 政／**1823**·4·3 政
鷹司経忠　❸ **1330**·1·26 政
鷹司平通　❽ **1950**·5·20 政
鷹司業平　❸ **1287**·8·11 政
鷹司信輔　❽ **1940**·12·19 文
鷹司信尚　❺-1 **1611**·3·12 政／**1612**·3·18 政／7·25 政／**1614**·1·14 政／7·17 政／**1621**·11·19 政
鷹司信姫(信子)　❺-1 **1709**·2·9 政
鷹司信平⇨松平(まつだいら)信平
鷹司信房　❺-1 **1606**·9·22 政／11·10 政／**1608**·12·26 政／**1623**·12·26 政／**1657**·12·15 政
鷹司教平　❺-1 **1632**·1·9 政／**1634**·10·7 文／**1640**·3·21 政／**1668**·10·3 政／**1669**·11·21 政
鷹司凞通　❻ **1884**·7·7 政
鷹司(藤原)房子(新上西門院)　❺-1 **1669**·11·21 政／**1683**·2·14 政／2·14 文／**1687**·3·25 政／**1712**·4·14 政
鷹司房輔　❺-1 **1658**·9·11 政／**1661**·5·23 政／**1663**·1·12 政／**1664**·9·27 政／**1666**·11·8 政／**1668**·3·16 政／**1673**·5·9 社／**1693**·2·24 政／**1700**·1·11 政
鷹司房平　❸ **1435**·4·22 政／**1438**·9·4 政／**1439**·①·2 文／**1440**·2·15 政／**1441**·7·5 政／**1446**·4·29 政／**1454**·6·30 政／**1455**·3·4 政／6·2 政／❹ **1471**·1·1 政／**1472**·11·16 政
鷹司房熙　❺-2 **1728**·7·1 政／**1730**·4·24 政
鷹司冬家　❸ **1411**·4·11 政／**1414**·12·15 政／**1428**·5·26 政
鷹司冬経　❸ **1319**·6·18 政
鷹司冬教　❸ **1324**·4·27 政／**1330**·8·25 政／**1334**·10·9 政／**1335**·2·16 政／11·19 政／**1337**·1·26 政
鷹司冬平　❸ **1299**·4·14 政／**1302**·11·22 政／**1305**·12·17 政／**1308**·11·10 政／**1309**·3·14 政／**1310**·12·13 政／**1311**·3·15 政／**1313**·7·12 政／**1315**·9·22 政／**1316**·8·19 政／8·23 政／**1323**·11·9 政／**1324**·12·27 政／**1325**·1·21 政／**1327**·1·19 政
鷹司冬通　❸ **1360**·9·30 政／**1362**·12·27 政／**1367**·8·27 政／**1369**·11·4 政／**1386**·6·19 政
鷹司冬基　❸ **1309**·6·29 政
鷹司政平　❹ **1470**·12·23 文／**1471**·1·1 政／**1475**·3·10 政／**1476**·8·28 政／**1479**·3·25 政／**1483**·2·24 政／**1485**·3·20 政／**1487**·2·9 政／**1488**·12·7 社／**1490**·⑧·18 政／**1517**·⑩·18 政
鷹司政熙　❺-2 **1789**·5·22 政／**1791**·11·28 政／**1795**·11·16 政／**1814**·9·16 政／**1817**·12·11 政／**1841**·2·7 政
鷹司政通　❺-2 **1815**·1·4 政／**1820**·6·1 政／**1823**·3·19 政／**1837**·4·9 政／**1842**·8·22 政／**1846**·2·13 政／**1847**·1·3 社／**1848**·9·22 政／❻ **1856**·8·8 政／**1859**·1·10 政／2·5 政／**1862**·4·30 政／**1868**·10·16 政
鷹司宗嗣　❸ **1292**·1·14 政／**1326**·5·4 政
鷹司宗雅　❸ **1389**·是年 政
鷹司基忠　❸ **1282**·2·1 社／**1285**·4·25 政／**1300**·7·10 政／**1309**·3月 文／**1313**·7·7 政
鷹司基輝　❺-2 **1743**·5·11 政
鷹司師平　❸ **1337**·7·12 政／**1339**·12·27 政／**1342**·11·1 政／**1343**·3·27 政／**1346**·2·29 政／**1353**·8·6 政
鷹司祺子(新朔平門院)　❺-2 **1825**·8·22 政／**1847**·10·10 政
鷹司院⇨藤原長子(ふじわらちょうし)
鷹司氏(徳川家祥妻有君)　❺-2 **1848**·6·10 政
鷹司⇨藤原(ふじわら)姓も見よ
高辻章長　❹ **1525**·1·4 政、文
高辻在治　❸ **1455**·7·25 政
高辻高長　❷ **1254**·9·6 文／**1260**·10·10 文
高辻継長　❸ **1455**·12·14 文／❹ **1457**·9·28 政／**1467**·3·5 政／**1475**·7·3 政
高辻豊長　❺-1 **1702**·6·22 政
高辻長員　❸ **1334**·1·29 政
高辻長直　❹ **1504**·2·30 政／**1522**·9·6 政、文
高辻長成⇨菅原(すがわら)長成
高辻長衡　❸ **1389**·8·16 文
高辻長雅　❹ **1532**·7·29 政／**1555**·10·23 政／**1558**·2·28 政／**1570**·4·23 政／**1573**·7·28 政／**1580**·9·10 政
高辻総長　❺-1 **1711**·4·25 政
高辻正己　❾ **1988**·12·30 政／**1997**·5·20 政
高辻益長　❸ **1455**·7·25 政
貴闘力　❾ **2000**·3·26 社
高遠菜穂子　❾ **2004**·4·8 政
高遠頼継　❹ **1542**·7·2 政／9·25 政／**1544**·12·8 政／**1545**·4·11 政
高鳥　修　❾ **1987**·11·6 政
高取稚成　❼ **1912**·是年 文／**1935**·1·30 文
鷹取秀次　❹ **1581**·是年 文
隆長(姓不詳)　❷ **1155**·4·21 社
高梨壮夫　❽ **1962**·10·24 社
高梨源三郎　❹ **1596**·4月 社
高梨沙羅　❾ **2012**·3·3 社
高梨将監　❹ **1595**·是年 社
高梨高朝　❹ **1484**·5月 政
高梨経頼　❸ **1337**·4·16 政
高梨哲四郎　❼ **1898**·5·7 政
高梨兵左衛門(野田醤油)　❹ **1574**·是年 社
高梨兵左衛門(野田醤油)　❺-1 **1661**·3月 社
高梨兵左衛門(野田醤油)　❺-2 **1764**·是年 社
高梨兵左衛門(野田醤油)　❺-2 **1772**·是年 社
高梨政盛　❹ **1484**·5月 政
高梨政頼　❹ **1524**·4·13 政／**1544**·4·20 政／**1547**·4月 政
高梨弥太郎　❹ **1465**·6·9 政
高梨弥八　❽ **1962**·6·17 社
高梨利右衛門　❺-1 **1666**·8月 社
高輪芳子　❼ **1932**·12·12 文
高根真象　❶ **831**·3·8 政
孝宮⇨鷹司和子(たかつかさかずこ)
高野岩三郎　❼ **1896**·4·26 社／**1919**·2·9 社／**1924**·10月 政／**1925**·3·22 政／**1928**·12·10 政／**1930**·1·15 政／**1935**·6·18 社／❽ **1945**·12·27 政／**1946**·1·22 文／**1949**·4·5 社
高野悦子　❾ **1971**·5月 文
鷹野勝忠　❹ **1470**·是年 政
高野喜久雄　❾ **2006**·5·1 文
高野源進　❽ **1945**·11·13 社
高野佐三郎　❽ **1950**·12·30 社
高野　茂　❻ **1893**·10·22 文
高野鎮雄　❾ **1992**·1·19 文
高野七右衛門　❺-1 **1689**·是年 文
高野七左衛門　❺-1 **1690**·5月 文
高野松山　❽ **1955**·1·27 文／❾ **1976**·3·5 文
高野新右衛門　❹ **1590**·8月 社／❺-1 **1606**·是年 社／**1636**·是年 社／**1674**·1·21 社
高野素十　❾ **1976**·10·4 文
高野隆古　❺-2 **1757**·6·4 政／**1758**·7·24 政
高野孟矩　❼ **1897**·10·1 政
高野長英(伊東瑞渓·瑞皐)　❺-2 **1827**·5·27 文／**1832**·是年 文／**1836**·

是年 文／1839·5·14 政／12·18 政／1847·4月 文／1848·4·2 文／1849·1月 文／1850·10·30 社、文
高野新笠 ❶ 789·12·28 政
高野百里(雷堂) ❺-2 1727·5·12 文
高野広八 ❻ 1867·3·11 社／6·30 社
高野房太郎 ❻ 1891·是夏 社／❼ 1897·4·6 社／5月 文／7·4 社／12·1 社／1904·3·12 社
高野　実 ❼ 1921·4月 文／❽ 1942·9·30 政／1946·1·20 社／1951·3·10 社／9·7 社／1955·7·26 社
高野保春 ❺-1 1700·6·28 政／1701·3·11 政／1712·5·26 政
高野保光 ❺-2 1740·⑦·21 政
高野蘭亭 ❺-2 1757·7·6 文
高野蓮養(僧) ❹ 1570·10·3 社
貴乃花(貴花田·花田光司) ❾ 1971·5·14 社／1975·3·23 社／1981·1·17 社／1991·5·12 社／1992·1·26 社／11·27 社／1993·1·24 社／1·27 社／7·18 社／1994·9·11 社／11·6 社／1996·7·19 社／2001·1·21 社／2003·1·20 社
崇象親王⇨保明(やすあきら)親王
高橋昭博 ❾ 2011·11·2 政
高橋アキラ ❾ 1996·9·27 社
高橋市右衛門 ❺-2 1821·3月 社
高橋市三郎 ❻ 1893·10·13 社
高橋市郎右衛門 ❺-1 1652·3·16 社
高橋牛養 ❶ 735·是年 政
高橋悦史 ❾ 1996·5·19 文
高橋円喜斎 ❺-1 1639·7月 社
高橋桜洲 ❼ 1904·11·8 社
高橋応真 ❼ 1901·7·12 文
高橋興光 ❹ 1529·5·2 政
高橋祖麻呂 ❶ 797·1·13 政
高橋　馨 ❾ 1996·7·19 社
高橋景保(作左衛門) ❺-2 1804·4·3 文／1807·12月 文／1809·7月 文／1810·是年 文／1811·5月 文／1812·1月 文／1814·2·3 文／1820·10·17 文／1821·7月 政／1826·1·9 文／4·9 文／11·29 文／是年 文／1828·8·9 政／1829·2·16 政／4·26 文／1830·3·26 文
高橋笠間 ❶ 701·1·23 政／702·8·4 文／710·1·11 政
高橋和枝 ❾ 1999·3·23 文
高橋和雄 ❾ 2005·1·23 社
高橋和利 ❾ 2006·8·28 文／2012·10·9 文
高橋克彦 ❾ 1992·1·16 文
高橋克也 ❾ 2012·2·2 社／6·15 社
高橋角左衛門 ❺-1 1651·7·21 社
高橋掃部 ❺-1 1606·6·12 政
高橋掬太郎 ❼ 1931·9·20 社
高橋亀台 ❺-2 1810·5·30 文
高橋杵三郎 ❻ 1876·11·12 文
高橋喜平 ❾ 2006·2·1 文
高橋清臣 ❻ 1866·3·13 政
高橋玉淵 ❽ 1943·9·1 文
高橋清野 ❶ 845·1·11 政／854·1·16 政
高橋国足 ❶ 746·4·4 政
高橋国光 ❽ 1961·5·14 社
高橋圭三 ❽ 1955·4·14 社／❾ 2002·4·11 文
高橋敬典 ❾ 2009·6·23 文
高橋兼吉 ❻ 1881·5月 文
高橋謙三郎(政晃·泥舟) ❻ 1861·5·16 社／1863·3·13 政／4·14 社
高橋健自(考古学者) ❼ 1922·1·5 文／1929·10·19 文
高橋健二(独文学者) ❾ 1998·3·2 文
高橋源助 ❺-1 1681·10·9 社
高橋健三 ❻ 1889·10月 文／❼ 1897·10·8 政
高橋浩一郎 ❾ 1991·8·21 文
高橋江春 ❻ 1887·1·8 文
高橋荒太郎 ❾ 2003·4·18 政
高橋幸八郎 ❾ 1982·7·2 文
高橋子老 ❶ 763·1·9 政
高橋是清 ❻ 1889·10·7 政／❼ 1904·2·24 政／1911·6·1 政／1913·2·20 政／4·4 政／1918·9·29 政／1921·11·12 政／1922·5·2 政／1924·1·15 政／6·11 政／1925·3·31 政／4·4 政／1927·4·20 政／6·2 政／1931·12·13 政／1932·5·16 政／1934·11·7 政／1936·2·26 政
高橋五郎(吾良) ❼ 1935·9·7 文
高橋作衛 ❼ 1897·3月 文／1903·6·10 政
高橋貞樹 ❼ 1933·6·7 政
高橋三郎 ❾ 2010·6·24 社
高橋三吉 ❽ 1942·3·20 政／❾ 1966·6·15 政
高橋重賢 ❺-2 1813·6·21 政／1814·3·21 政
高橋次太夫 ❺-2 1801·5·30 政
高橋修理 ❹ 1600·9·2 関ヶ原合戦
高橋ジョアンナ ❺-1 1613·8·23 社
高橋紹運(鎮種) ❹ 1558·6·23 政／1559·4·10 政／1560·是年 社／1562·1月 政／1566·11·18 政／1567·6月 政／11月 政／12·23 政／1568·9·24 政／1569·11月 政／1578·11·19 政／12·3 政／1579·3月 政／4·24 政／1580·7·19 政／10·18 政／1581·11·6 政／1582·9月 政／1583·2·8 政／2·17 政／4·23 政／1584·9·11 政／1586·1·5 文／7·6 政／7·27 政
高橋庄之助 ❻ 1894·7·4 政
高橋次郎 ❷ 1227·6·18 政
高橋礦一 ❾ 1985·8·6 文
高橋甚右衛門 ❺-2 1729·5·19 政
高橋新吉(九州鉄道) ❻ 1888·6·27 社
高橋新吉(詩人) ❾ 1987·6·5 文
高橋甚左衛門 ❺-1 1648·8· 社
高橋新左衛門尉 ❸ 1331·4·20 社
高橋信治 ❼ 1896·11·17 社／11·25 社
高橋信次 ❾ 1985·4·2 文
高橋進太郎 ❽ 1960·7·19 政
高橋　進 ❾ 1997·9·25 文
高橋素晴 ❾ 1996·9·13 社
高橋誠一郎 ❽ 1947·1·31 政／1956·12·1 文／❾ 1982·2·9 文
高橋政之助 ❺-2 1784·11·22 政
高橋節郎 ❾ 1997·11·3 文／2007·4·19 文
高橋箒庵(義雄) ❽ 1937·7·12 文／12·12 文
高橋宗一 ❹ 1592·7·9 文禄の役
高橋草坪(元吉) ❺-2 1826·是年 文／1828·是年 文／1830·3月 文／是年 文／1831·2月 文／1835·2·3 文
高橋大介(円周率) ❾ 2009·8·17 文
高橋大輔(フィギュアスケート) ❾ 2010·2·12 社／3·25 社／2012·12·8 社
高橋大斗 ❾ 2004·3·5 社
高橋たか子 ❾ 1972·2月 文
高橋鷹主 ❶ 778·2·23 文
高橋高見 ❾ 1989·5·10 政
高橋　孟 ❾ 1997·3·30 文
高橋竹之助(蘇門) ❼ 1909·9·7 政
高橋忠雄 ❽ 1959·3·1 社
高橋建之丞 ❻ 1864·5·26 政
高橋種統 ❺-1 1603·是秋 政
高橋太郎 ❼ 1936·2·29 政
高橋太郎左衛門 ❺-1 1632·10月 社
高橋周徳 ❻ 1876·11·12 文／1879·10月 文
高橋竹山 ❾ 1998·2·5 文
高橋常作 ❻ 1856·是年 文
高橋貞二 ❽ 1950·8·18 社
高橋泥舟(政晃·精一·謙三郎) ❼ 1903·2·13 政
高橋偵造 ❽ 1952·9·26 文
高橋道八(初代) ❺-2 1804·4·26 文
高橋道八(二代目) ❻ 1855·5·26 文
高橋道八(四代目) ❼ 1897·7·26 文
高橋徳元 ❹ 1597·是年 社
高橋尚子 ❾ 1998·12·6 社／2000·9·15 社／2001·9·30 社／2003·11·16 社／2005·11·20 社
高橋長綱 ❷ 1183·6·1 政
高橋長行 ❹ 1599·8·20 政
高橋展子 ❾ 1980·1·21 政／7·17 政／1990·9·25 政
高橋(高瀬·高勢)八右衛門⇨平成常(へいせいじょう)
高橋はな子 ❼ 1932·4·23 社
高橋はるみ ❾ 2003·4·13 社／2007·4·8 社／2011·4·10 社
高橋彦八郎 ❺-2 1717·10·22 政
高橋久子 ❾ 1994·1·13 社
高橋秀臣 ❼ 1897·2·28 社
高橋秀俊 ❽ 1958·3·28 文
高橋　等 ❽ 1964·7·18 政
高橋人足 ❶ 759·1·11 政／761·1·16 政
高橋弘厚 ❹ 1529·5·2 政
高橋寛光 ❺-2 1790·是年 政
高橋芙美子 ❽ 1947·11·27 文
高橋文吉 ❼ 1901·1·5 社
高橋文室麻呂 ❶ 864·2·2 政、文
高橋べん ❺-2 1771·4·13 社
高橋正衛 ❾ 1999·9·26 文
高橋正雄 ❾ 1995·9·10 文
高橋正重(土地売買) ❷ 1163·5·2 政
高橋政重(開拓者) ❺-1 1697·是年 社／1705·是年 社
高橋松三郎 ❻ 1878·4·1 文
高橋　衛 ❽ 1964·7·18 政
高橋麻呂 ❶ 698·7·25 政
高橋道夫 ❼ 1924·3·19 政
高橋みつ子 ❻ 1888·11·6 文

高橋光威 ❼ 1932·4·4 政
高橋虫麻呂 ❶ 732·9·17 文
高橋宗恒 ❺-1 1687·是年 文
高橋宗直(図南) ❺-2 1785·1·23 文
高橋統増(直次) ❹ 1585·9·23 政／1592·4·19 文禄の役／1593·1·26 文禄の役
高橋元種 ❹ 1586·10·4 政／11·15 政／1600·8·5 関ヶ原合戦／9·17 関ヶ原合戦／❺-1 1613·10·24 政
高橋元光 ❹ 1513·5·25 政／1515·3·29 政
高橋元義 ❻ 1883·3月 社
高橋主水 ❺-1 1613·8·23 社
高橋安雄 ❶ 856·1·12 政
高橋安麻呂 ❶ 724·3·25 政／738·12·4 政
高橋由一 ❻ 1862·9·5 文／11·20 文／1866·8·3 文／1871·12·9 文／1872·4月 文／1873·6月 文／1874·5月 文／1876·8·19 文／11·5 文／1877·10·6 文／1880·4月 文／1894·7·6 文
高橋友碩 ❺-2 1719·4月 文
高橋世犬丸 ❷ 1047·10·27 社
高橋義雄 ❾ 1992·1·16 文
高橋喜蔵 ❻ 1893·1·28 社
高橋吉隆(東京大学) ❾ 1993·7·10 政
高橋義孝(独文学者) ❾ 1995·7·21 文
高橋至時(東岡) ❺-2 1795·5月 文／1796·8·5 文／1797·10·19 文／1803·是年 文／1804·1·5 文
高橋良成 ❶ 913·2·23 政
高橋義信 ❼ 1920·11·1 政
高橋善通 ❶ 1000·8·4 文
高橋与衛門 ❺-2 1735·6·15 文／1795·11·14 文
高橋龍太郎 ❽ 1946·11·20 政／12·4 政／1951·7·4 政
高橋隆天 ❾ 2006·9·30 社
高橋丹波守 ❹ 1589·12·2 社
高畠華宵 ❾ 1966·7·31 文
高畠五郎 ❻ 1856·4·4 文／1864·9·5 文
高畑勘右衛門 ❺-2 1804·10·26 社
高畑総次郎 ❻ 1862·1·15 政
高畠達四郎 ❼ 1930·11月 文／❽ 1944·3·8 文／是年 文／❾ 1976·6·26 文
高畠通敏 ❾ 2004·7·7 文
高畠素之 ❼ 1911·1月 社／1915·9·1 文／1919·4·1 政／1920·6月 政／1928·12·23 社
高畠定吉 ❹ 1598·10·15 社
高畠甚九郎 ❹ 1530·10·19 政／1531·2·28 政
高畠遠言 ❹ 1558·9·3 政
高畠長直 ❹ 1542·2·1 政
高畠長信 ❹ 1539·⑥月 社
高浜(池内)虚子 ❼ 1896·1月 文／1898·3·25 文／1906·10·8 文／1928·4·21 文／❽ 1941·12·24 文／1954·11·3 文／1959·4·8 文
高浜鉄之助 ❻ 1866·8·3 政／9·3 政
高浜流光妙 ❾ 2005·12·7 文
高林謙三 ❻ 1885·4·18 政
高林直重 ❺-1 1665·1·14 政
高林信房 ❺-2 1745·10·25 政
高林方朗 ❺-2 1827·⑥·9 文
高林政末 ❺-1 1667·②·28 政
高林陽一 ❾ 2012·7·15 文
高林与惣左衛門 ❺-1 1701·11·11 政
高原須美子 ❾ 1989·8·9 政／2001·8·19 社
高原駿雄 ❽ 1955·4·9 社
高原平兵衛 ❺-1 1653·是年 文
高原王 ❶ 840·1·30 政／852·1·15 政
尊治(たかはる)親王⇨後醍醐(ごだいご)天皇
尊秀王 ❸ 1443·9·23 政
尊仁親王⇨後三條(ごさんじょう)天皇
孝仁親王(閑院宮) ❺-2 1824·2·10 政
高平(刀工) ❺-1 1623·3月 文
高平小五郎 ❼ 1903·5·9 政／1904·6·6 政／1905·1·22 日露戦争／4·3 日露戦争／6·1 日露戦争／7·2 日露戦争／1908·5·5 政／1926·11·28 政
高平慎士 ❾ 2008·8·9 社
尊成親王⇨後鳥羽(ごとば)天皇
高藤為重 ❸ 1347·2·29 文
高史　橘 ❶ 741·3·8 文
高史千嶋 ❶ 741·3·8 文
高踏王 ❶ 862·4·20 政
高間惣七 ❼ 1932·5·16 文
高間伝兵衛 ❺-2 1730·9·12 政／1731·7·10 政／1733·1·25 社／1745·2·7 政
高間行秀 ❸ 1333·1·29 政／2·13 政／3·21 政／6·2 政
高松笠麻呂 ❶ 763·1·9 政
高松和男 ❾ 1971·1·27 文
高松次郎 ❾ 1968·6·22 文
高松豊吉 ❻ 1878·4·26 文／❽ 1937·9·27 文
高松英郎 ❾ 2007·2·25 文
高松凌雲(権平·荘三郎) ❻ 1867·1·11 政／1879·3·3 社／❼ 1916·10·12 文
高松院⇨姝子(しゅし)内親王
高松宮宣仁親王 ❾ 1987·2·3 政
高円広世 ❶ 761·1·16 政／762·1·9 政／764·1·20 政／768·2·3 政／769·3·10 政
高円宮憲仁親王 ❾ 2002·11·21 政
鷹見明彦 ❾ 2011·3·23 文
高見三郎 ❾ 1971·7·5 政／1978·2·28 政
高見繁光 ❾ 1972·2·17 政
高見　順(高間芳雄) ❽ 1937·7月 文／1941·11月 文／1945·5·1 文／9·19 社／1946·4月 文／1955·2·14 文／❾ 1965·8·17 文
高見素直 ❾ 2009·7·5 社
鷹見爽鳩 ❺-2 1735·5·30 文
鷹見忠常(泉石) ❺-2 1849·是年 文
高見泰範 ❾ 1992·7·25 社
高見屋平 ❺-2 1829·12·5 社
鷹見由紀子 ❾ 2009·8·28 社
田上隼雄 ❽ 1944·是年 文
高見澤四右衛門 ❺-1 1678·9·27 社／1689·11·20 文
高見澤　宏 ❾ 2011·1·7 文
高道鯛釣 ❶ 839·1·11 政
高光(備州刀工) ❸ 1324·7月 文
隆光(絵師) ❸ 1419·7·22 文
高峰讓吉 ❻ 1887·8·10 社／1891·4月 社／❼ 1901·7·15 文／1902·2·4 文／4·2 文／1907·3·1 文／1909·4·24 文／1912·5·12 文／1913·6·23 文／1922·7·22 文／❾ 1985·4·18 社
高峯筑風 ❼ 1936·4·20 文
高嶺徳明 ❺-1 1690·9月 文
高嶺朝教 ❼ 1909·4·28 政
高嶺秀夫 ❻ 1875·7·18 文／❼ 1898·3·29 文／1910·2·22 文
高峰秀子 ❽ 1951·3·21 社／1955·2·25 社／❾ 2010·12·28 文
高峰三枝子 ❾ 1988·4·17 文／1990·5·27 文
高見山大五郎(ジェシー·クハウルア) ❽ 1964·3·4 社／❾ 1967·3·4 社／1972·7·16 社
高向大足 ❶ 703·1·2 政／716·4·27 政
高向公輔 ❶ 880·10·19 政
高向玄理(黒麻呂) ❶ 608·9·11 政／640·10·11 政／645·6·14 文／646·9月 政／647·是年 政／654·2月 政
高向色夫智 ❶ 709·11·2 政
高向利春 ❶ 919·5·23 政
高向人足 ❶ 720·10·9 政
高向麻呂 ❶ 685·5·26 政／702·5·21 政／705·4·17 政／708·3·13 政／⑧·8 政
高向家主 ❶ 770·5·9 政／775·9·13 政
高棟王 ❶ 825·7·6 政
高村　薫 ❾ 1993·7·15 文
高村倉太郎 ❾ 2005·11·21 文
高村光雲(光蔵·幸吉) ❻ 1886·11月 文／1889·7·12 文／1890·10·11 文／1893·5·1 文／❼ 1898·12·18 社／1900·7·10 文／1911·是年 文／1934·10·10 文
高村光太郎 ❼ 1899·11月 文／1906·2·3 文／1910·4·15 文／1912·3·1 文／10·15 文／1913·10·16 文／1918·是年 文／1923·9·1 文／1926·5·1 文／1932·是年 文／1935·是年 文／❽ 1941·8月 文／12·24 文／1942·4·13 文／1956·4·2 文
高村象平 ❾ 1989·5·11 文
高村退吾 ❺-2 1797·2·6 政
高村武主 ❶ 849·1·13 政
高村東雲 ❻ 1879·9·23 文
高村豊周 ❽ 1946·10·16 文／❾ 1972·6·2 文
高村正彦 ❾ 1997·1·1 政／2000·12·5 政／2003·9·8 政／9·20 政／2007·8·27 政／9·26 政／12·1 政
高村真夫 ❼ 1909·12月 文
高村和及 ❺-1 1691·是年 文
高群逸枝 ❽ 1964·6·7 文
高望王 ❶ 889·5·13 政
高本紫溟 ❺-2 1790·是年 文

高森碎巌　❼ 1917・10・25 文
高屋近文　❺-2 1716・是年 文／1727・是年 文
鷹屋武左衛門　❺-1 1711・10・11 社
高屋弥助　❹ 1527・8・2 社
多賀谷家重　❹ 1534・是年 政／1537・1月 政
多賀谷家稙　❹ 1483・是年 政
多賀谷市左衛門　❺-1 1671・11・6 政
多賀谷向陵　❺-2 1829・7・15 文
多賀谷重経(尊経)　❹ 1581・1月 政／1583・是年 政／❺-1 1618・11・9 政
多賀谷真稔　❾ 1995・4・9 政
多賀谷経貞　❺-1 1667・是年 文
多賀谷兵衛尉　❷ 1241・12・24 政
多賀谷宗親　❺-2 1811・3月 社
高安大嶋　❶ 699・1・27 文
高安亀叟　❼ 1903・11・19 文
高安月郊(三郎)　❼ 1901・10月 文／1902・5月 文／❽ 1944・2・26 文
高安高豊　❺-1 1688・1・25 文
高安王　❶ 719・7・13 政
高柳伊三郎　❼ 1902・6月 社
高柳楠之助　❻ 1867・4・23 社
高柳健次郎　❼ 1925・10月 文／1926・12・25 社／1928・11・28 社／1933・1・13 文／1936・5・1 社／❾ 1990・7・23 文
高柳賢三　❽ 1957・8・13 政／❾ 1967・6・11 文
高柳藤次郎　❻ 1863・9月 社
高柳光寿　❾ 1969・12・1 文
高柳芳一　❼ 1905・2月 社
高屋兄胲　❶ 750・5・15 社
高屋薬女　❶ 704・6・11 社
高屋枚人　❶ 776・11・28 文
高山アイコ　❽ 1960・8・1 社
高山亜樹　❾ 1992・7・25 社
高山岩男　❾ 1993・7・5 文
高山右近(友祥・重友・長房)　❹ 1563・是年 社／1574・3・13 社／7・20 政／1578・11・11 政／1582・6・12 政／1583・4・20 政／5・16 政／1585・⑧・21 政／1587・2・5 政／6・19 政／❺-1 1614・1・26 社／10・6 社／1615・1・5 政
高山英華　❾ 1999・7・23 文
高山勝成　❾ 2005・4・4 社
高山紀斎　❻ 1890・是年 文
高山公通　❼ 1912・1・29 政
高山幸助　❻ 1870・3・22 社／1880・5・29 社
高山重友(長房)⇨高山右近(うこん)
高山樹里　❾ 2000・9・15 社
高山正一　❽ 1945・1・9 政
高山象三　❽ 1945・8・16 文
高山甚太郎　❼ 1900・6・4 文／1914・10・23 文
高山宗砌(僧)　❸ 1440・10・15 文／1444・10・12 文／1445・8・15 文／1447・5・29 文／8・15 文／9・6 文／10・8 文／1448・2・5 文／6月 文／1450・是年 文／1452・是年 文／1455・1・16 社
高山辰雄　❽ 1947・10・16 文／1962・是年 文／❾ 1969・11・1 文／1972・11・1 文／1980・10・15 文／2007・9・14 文
高山誕一　❺-1 1613・6・22 文
高山長五郎　❻ 1886・12・10 社
高山樗牛(林治郎)　❻ 1894・4・15 文／❼ 1902・12・24 文
高山友照(ダリオ、飛騨守)　❹ 1581・11・25 社
高山友房　❹ 1585・3・21 政
高山彦九郎　❺-2 1764・是年 政／1783・1・1 政／1790・6・7 文／1793・6・27 政
高山北溟　❺-2 1777・8・25 文
高山　盈　❼ 1903・1・21 社
高山義三　❼ 1918・9・21 社／1920・11・30 政
高山義尋⇨足利義視(あしかがよしみ)
高山修理亮　❸ 1353・3・19 政
高善久美咩　❶ 766・4・29 社
尊良親王　❸ 1331・10・3 政／12・27 政／是年 文／1332・3・8 政／1333・3・14 政／5・26 政／1335・11・19 政／12・11 政／1336・10・10 政／1337・3・6 政
宝　山左衛門　❾ 2010・8・7 文
多嘉良宗常　❺-1 1639・是年 政
宝皇女⇨皇極(こうぎょく)天皇
宝井其角⇨榎本(えのもと)其角
宝井馬琴(三代目)　❼ 1928・12・27 文
宝山左衛門　❼ 1914・2・11 文
宝田屋太郎右衛門　❻ 1862・7月 社
財部　彪　❼ 1923・9・2 政／1924・6・11 政／1929・7・2 政／1930・1・21 政／10・2 政／❽ 1949・1・13 政
田河水泡(高見澤仲太郎)　❼ 1931・1月 社／1932・1月 社／❾ 1989・12・12 文
田川誠一　❾ 1976・6・12 政／1987・1・22 政／1993・2・26 政／2009・8・7 政
田川大吉郎　❼ 1921・2・4 政／1930・6・3 社
田川鳳朗　❺-2 1845・11・8 文
田河行文　❷ 1189・8・13 政
田川氏(鄭芝龍の妻)　❺-1 1645・是年 政
瀧　鶴台(長愷)　❺-2 1773・1・24 文
瀧　和亭(謙・子直)　❻ 1874・5月 文／1884・4・11 文／1893・9・25 文／❼ 1901・9・28 文
瀧　勘右衛門　❺-1 1681・11・15 政
多紀元簡(桂山)　❺-2 1810・12・2 文 1822・是年 文
多紀元堅(亦柔・鋼之進・安叔)　❺-2 1827・是年 文／1832・是年 文
多紀元孝(安元)　❺-2 1765・4・10 文／12・7 文／1766・6・20 文／1773・5・10 文／1775・5・18 文
多紀元悳(藍渓・安元・元徳・永寿院)　❺-2 1786・1・9 文／1792・9・6 文／1801・5・14 文
多木浩二　❾ 2011・4・13 文
田木　繁　❽ 1937・1月 文
瀧　精一　❽ 1945・5・17 文
多木　宜　❽ 1949・5・10 文
瀧　善三郎　❻ 1868・1・11 政
瀧　春一　❽ 1939・1月 文
瀧　実　❾ 2012・6・4 政／10・24 政
多喜茂左衛門　❺-2 1760・2・2 社
多紀元胤(弥生之助・奕禧)　❺-2 1831・是年 文
瀧　廉太郎　❼ 1897・10・26 文／1898・7・9 文／1901・4・6 文／1903・6・29 文／❽ 1947・6・29 文
瀧井アサ　❾ 1998・7・31 社
瀧井孝作　❽ 1938・9・11 文／1941・8・2 社
瀧井山三郎　❺-1 1664・8月 社
瀧井治三郎　❽ 1954・6・2 政
瀧井義高　❾ 2005・12・19 文
瀧川昭雄　❾ 2010・4・23 社
瀧川一益(彦衛門)　❹ 1567・4・18 社／是春 政／1574・9・29 政／1575・8・12 政／1577・8・8 政／1578・1・1 文／4・29 政／5・29 政／1579・10・15 社／1580・3・9 政／9・26 政／10・28 政／1582・3・11 政 社／3・23 政／5・4 政／5月 社／6・11 政／1583・2・6 政／8・1 政／1584・6・16 政／7・3 政／7・12 政／1586・9・9 政
瀧川雄利　❹ 1581・9・3 政／1584・4・7 政／1585・11・28 政／1594・2・21 文
瀧川亀太郎(資言)　❽ 1946・1・23 文
瀧川吉三郎　❺-2 1795・7・26 社
瀧川鯉之助　❺-2 1846・5月 社
瀧川忠征(忠往)　❹ 1594・1・3 政
瀧川太郎　❽ 1862・5・12 文
瀧川具章　❺-1 1696・1・15 社
瀧川具挙　❻ 1860・12・1 政／1867・12・28 政／1868・1・2 政
瀧川政次郎　❾ 1992・1・29 文
瀧川益重　❹ 1582・3・11 社
瀧川元長　❺-2 1732・5・25 政
瀧川幸辰　❼ 1933・4・11 文／❽ 1946・2・16 文／1955・6・3 文／1962・11・16 文
瀧川儀太夫　❹ 1583・4・17 政
薪屋九郎右衛門　❺-1 1670・是年 政
薪屋杢左衛門　❺-1 1670・是年 政
瀧口修造　❾ 1966・11・11 文
瀧口順平　❾ 2011・8・29 文
瀧口隆久　❾ 2010・7月 社
瀧口康彦　❾ 2004・6・9 文
瀧口入道(斎藤時頼)　❷ 1180・7月 社
瀧澤　修　❽ 1937・3・18 文／1940・8・19 文／1943・10・30 文／1945・12・13 文／1946・3・1 文／1947・3・1 文／7・28 文／1950・4月 文／12・22 文／1954・4・8 文／❾ 2000・6・22 文
瀧澤休右衛門　❻ 1857・10・9 社
瀧澤馬琴(曲亭馬琴・著作堂主人・笠翁・篁民・蓑笠漁隠・飯台陳人・玄同)　❺-2 1717・是年 社／1791・是年 文／1793・是年 文／1796・是年 文／1799・是年 文／1800・是年 文／1802・5・9 文／1803・是年 文／1804・是年 文／1805・是年 文／1806・是年 文／1807・1月 文／是年 文／1809・是年 文／1810・是年 文／1811・是年 文／1812・是年 文／1814・2月 文／1815・是年 社／1818・是年 文／1822・是年 文／1823・是年 文／1824・是年 文／1825・是年 文／1828・是年 文／1829・是年 文／1830・是年 文／1831・是年 文／1832・

是年 文／**1834**·是年 文／**1845**·是年 文／**1847**·是年 文／**1848**·11·6 文／是年 文
瀧澤秀明　❾ **2005**·1·9 社
瀧澤雅樹　❾ **1994**·11·5 文
手研耳命(たぎしみみのみこと)　❶ **書紀·神武 76**·3·11
田北鑑生　❹ **1557**·7·7 政
瀧田　修　❾ **1971**·8·22 政
瀧田　榮　❾ **1983**·1·9 社
田北鎮周　❹ **1578**·11·12 政
田北紹鉄　❹ **1580**·2·18 政／4·13 政
瀧田樗陰(哲太郎)　❼ **1925**·10·27 文
瀧田　実　❽ **1951**·9·7 社／**1953**·2·14 社／**1954**·4·22 社／❾ **1965**·7·10 社
瀧田ゆう　❾ **1990**·8·25 文
瀧田洋二　❾ **2009**·2·22 文
瀧平二郎　❾ **2009**·5·16 文
瀧亭鯉文　❺-2 **1823**·是年 文
瀧藤尊教　❾ **2010**·12·8 社
瀧野サヱ　❻ **1888**·4·4 文
瀧野専右衛門　❺-2 **1762**·6·18 社
瀧野乗昌　❺-1 **1641**·是年 文
瀧野元敬　❺-1 **1662**·是年 文
多紀(多奢·当耆)皇女　❶ **686**·4·27 社／**698**·9·10 社／**751**·1·25 政
当麻大名　❶ **716**·4·27 政
当麻乙麻呂(弟麻呂)　❶ **778**·2·4 政
当麻鏡麻呂　❶ **738**·8·10 政
当麻国見　❶ **699**·10·20 政
当摩蹶速　❶ **書紀·垂仁 7**·7·7
当麻桜井　❶ **689**·2·26 政／**705**·9·20 政／**708**·3·13 政
当麻高庭　❶ **763**·4·14 文
当摩　楯　❶ **681**·7·4 政
当麻智徳(智得)　❶ **692**·2·11 政
当麻得足(徳足)　❶ **783**·2·25 政
当摩豊浜　❶ **681**·2·30 政
当麻永嗣(永継·永副)　❶ **770**·5·9 政／**771**·③·1 政／**776**·1·19 政／**778**·2·4 政
当摩広麻呂　❶ **675**·4·8 政／**685**·5·19 政
当麻王　❶ **770**·5·9 政／**779**·2·23 政／**788**·1·14 政
当摩皇子　❶ **603**·4·1 政
瀧本金蔵　❼ **1899**·2·9 社
瀧本誠一　❼ **1932**·8·20 文
瀧本　誠　❾ **2000**·9·15 社
瀧谷一子　❼ **1930**·5·5 社
瀧屋常蔵　❼ **1907**·1 月 社
瀧屋善五郎　❺-2 **1801**·是年 政
瀧谷琢宗　❼ **1897**·1·31 社
宅　孝二　❽ **1952**·8 月 文
澤庵宗彭(僧)　❺-1 **1609**·2·5 社／**1628**·3·10 社／**1629**·7·26 社／**1632**·7·17 社／**1636**·7·2 社／**1637**·4·1 社／**1638**·4·27 社／**1639**·5·19 社／**1642**·2·16 社／5 月 文／**1645**·12·11 社／**1646**·是年 文／**1659**·是年 文
澤玄(僧)　❹ **1576**·5·21 社
澤彦宗恩(僧)　❹ **1553**·①·13 政
田鎖綱紀　❻ **1882**·10·28 文／**1885**·3 月 文／❼ **1896**·5·13 文／❽ **1938**·5·3 文
多久島貞信　❽ **1956**·6·6 社
タクシン(タイ首相)　❾ **2003**·12·11 政
卓洲胡僊　❺-2 **1833**·8·28 社
卓素(韓鍛)　❶ **書紀·応神 41**·応神天皇御代
託陁(たくた)真玉⇨記多真玉(きたのまたま)
田口逸所　❼ **1910**·3·2 文
田口卯吉(鼎軒·鉉·子玉)　❻ **1880**·5 月 文／**1882**·12·17 文／**1893**·3·11 政／❼ **1905**·4·13 文
田口運蔵　❼ **1918**·9 月 政
田口大戸　❶ **762**·1·9 政
田口和美　❼ **1902**·4·2 文／**1904**·2·4 文
田口掬汀　❼ **1915**·10 月 文／❽ **1943**·8·9 文
田口佐波主　❶ **842**·1·13 政／**847**·③·23 社
田口成直　❷ **1185**·2·21 政
田口成良　❷ **1183**·10 月 政
田口省吾　❽ **1943**·8·14 文
田口新左衛門　❹ **1585**·11·11 政
田口　壮　❽ **1938**·4 月 文
田口為友　❷ **1085**·4·14 政
田口俊平　❻ **1862**·9·11 文
田口年足　❶ **732**·9·5 政
田口業雄　❶ **865**·1·27 政
田口信教　❾ **1972**·8·26 社
田口範能　❷ **1197**·10 月 政
田口春員　❶ **1000**·11·22 政
田口富久治　❾ **1978**·12·5 政
田口房富　❶ **849**·1·13 政／**855**·④·28 政
田口益人　❶ **708**·3·13 政、文
田口水直　❶ **759**·1·11 政
田口統範　❶ **865**·1·27 政／**869**·1·13 政／**878**·1·11 政
田口八重子　❾ **2002**·9·17 社／**2009**·3·11 政
田口養年富　❶ **736**·11·3 政
田口善国　❾ **1998**·11·28 文
田口芳五郎　❾ **1978**·2·23 社
田口慶郷　❺-2 **1827**·9 月 社
田口良能　❹ **1548**·8·18 政
田口米作　❼ **1903**·1·18 文
田口柳所　❻ **1892**·6·27 文
田口留兵衛　❻ **1864**·6·28 社
田口蔵人佐　❹ **1550**·2·10 政
田口次郎右衛門尉(大工)　❹ **1581**·11·25 社
澤道(僧)　❺-1 **1608**·11·15 社
卓堂(僧)　❺-2 **1819**·是年 文
田久保英夫　❾ **2001**·4·14 文
詫磨一丸　❸ **1388**·6 月 政
詫磨氏直　❸ **1370**·9·12 政
詫磨貞政　❸ **1335**·12·30 政／**1338**·3·3 政
詫磨貞宗　❸ **1370**·9·12 政
宅間正一　❾ **1972**·是年 文
宅間勝賀　❷ **1191**·12·28 文
宅間忠次　❺-1 **1601**·是年 政
宅磨(宅間)為久　❷ **1184**·1·22 文／4·18 文／8·19 文／**1185**·8·23 文／10·11 文
詫磨為房　❸ **1455**·是年 政
宅磨為行　❷ **1231**·10·6 文
詫磨親家　❸ **1412**·10·19 政
田熊常吉　❽ **1953**·12·22 政
詫摩時秀　❷ **1267**·11·23 政／❸ **1286**·9·28 政
宅間朝勝　❸ **1332**·8·10 文
詑間樊六　❻ **1863**·8·17 政／**1866**·8·3 政
詫磨秀治　❸ **1302**·8·18 政
宅間　守　❾ **2001**·6·8 社
詫磨満親　❸ **1375**·9·26 政／**1400**·9·29 政
詫磨宗直　❸ **1339**·4·21 政／**1346**·12·3 政／**1349**·11·19 政／**1350**·4·21 政／**1352**·1·18 政
詫摩能秀　❷ **1267**·11·23 政
宅間了尊　❸ **1327**·9·2 文
宅間式部大夫　❸ **1330**·5·17 文
侘美　浩　❽ **1941**·12·8 政
託美越後守　❹ **1573**·8·13 政
ダグラス中佐(英)　❻ **1873**·7·27 政
ダグラス，アブラハム(オランダ商館長)　❺-1 **1701**·9·20 政
託龍(僧)　❺-2 **1761**·6·2 社
ダグロン(仏)　❻ **1872**·9 月 文
武　成允　❺-2 **1761**·是冬 政
武　振熊　❶ **書紀·神功 1**·3·5
武　豊　❾ **1993**·6·13 社／**1994**·9·4 社／**2004**·3·20 社／**2005**·10·23 社
多気義幹　❷ **1193**·6·22 政
武内確斎　❺-2 **1797**·是年 文
武井昭夫　❽ **1948**·9·18 文
武井周作　❺-2 **1831**·是年 社
武井助右衛門　❺-2 **1825**·是年 社
武井善八郎　❺-2 **1734**·9·5 政
武井　武　❼ **1930**·是年 文／**1935**·5·17 社
竹井博友　❾ **1991**·5·14 社／6·6 社／9·30 社
武井孫七　❺-2 **1734**·9·5 政
武井正直　❾ **2012**·2·3 政
武井守正　❻ **1893**·8·22 政／9·25 政／❼ **1912**·5·29 文／**1914**·10·15 社
武井保雄　❾ **2006**·8·10 政
武井夕庵(爾云)　❹ **1578**·1·1 文
武石浩玻　❼ **1913**·5·3 社
武石道倫　❸ **1351**·10·22 政
武市熊吉　❻ **1874**·1·14 政
武市半平太(瑞山)　❻ **1861**·8 月 政／**1862**·1·21 政／9·18 政／**1863**·9·21 政／**1864**·7·27 政／9·30 政／**1865**·⑤·11 政
竹一(平曲)　❹ **1465**·2·5 文
竹居の安五郎(吃安)⇨安五郎(やすごろう)
竹入義勝　❾ **1967**·2·13 政／**1972**·7·25 政／**1983**·9·2 政／**1986**·12·5 政
竹内勘左衛門　❺-2 **1763**·8·2 政
竹内久一(兼五郎)　❻ **1889**·2·1 文／**1890**·4·1 文／**1893**·5·1 文／❼ **1900**·7·10 文／**1916**·9·10 文
竹内玄同　❻ **1858**·5·7 文／7·3 文／**1861**·3·3 文／7 月 文／**1865**·6·19 文／**1880**·1·12 文
竹内　剛　❻ **1887**·12·26 政
竹内五藤左衛門　❺-2 **1747**·1 月 社

竹内　毅　❻ **1873**·2·25 文
竹内茂代　❼ **1908**·是年 文
竹内七右衛門　❺-2 **1796**·是年 政
竹内下総　❹ **1562**·7·21 社
竹内修敬　❺-2 **1852**·是年 文
竹内十郎兵衛　❺-2 **1794**·是年 社
竹内寿太郎　❼ **1933**·2·21 社
竹内四郎左衛門　❺-1 **1645**·9·6 社
竹内季治　❹ **1571**·9·18 政
竹内正兵衛　❻ **1864**·11·7 政
竹内栖鳳　❻ **1890**·4·1 文／**1891**·6·5 文／❼ **1896**·1·26 文／**1899**·10·15 文／**1900**·8·1 文／**1907**·10·25 文／**1909**·4·1 文／10·15 文／**1924**·11·1 文／**1925**·10·16 文／**1932**·是年 文／**1936**·11·6 文／是年 文／❽ **1937**·4·28 文／是年 文／**1942**·8·23 文
竹内節蔵　❻ **1869**·3·23 文
竹内善作　❼ **1908**·1·17 政
竹内　綱(万次郎·吉綱)　❻ **1877**·3·1 政／8·8 政／❼ **1903**·5·30 政／**1922**·1·9 政
竹内藤右衛門　❺-1 **1644**·4·1 政
竹内徳兵衛　❺-2 **1745**·5·16 政／**1753**·11·14 政
竹内智香　❾ **2012**·12·21 社
竹内　一　❽ **1942**·3·1 政
竹内久人　❼ **1901**·11·7 文
竹内久盛　❹ **1595**·6·30 社
竹内秀勝　❹ **1563**·1·11 文／**1571**·3·5 政
竹内　均　❾ **2004**·4·20 文
竹内　啓　❻ **1867**·11·29 政
竹内洋岳　❾ **2012**·5·26 社
竹内藤男　❾ **1993**·7·23 社
竹内平右衛門　❺-2 **1822**·2·19 政
竹内蓬廬　❺-2 **1816**·是年 文
竹内政右衛門　❺-2 **1796**·是年 政
竹内正志　❻ **1894**·6·30 政／❼ **1902**·1·24 政
竹内正信　❻ **1874**·5·2 文
武内操子　❼ **1908**·3·5 社
竹内道雄　❾ **2004**·2·27 政
竹内茂吉　❺-1 **1683**·10·12 社
竹内保徳(砲台築造)　❻ **1853**·8·2 政／**1854**·6·30 政／7·25 文／**1861**·3·23 政／10·13 政／12·22 政／**1863**·10·27 政
建内保典(日本石油)　❾ **2011**·1·7 政
竹内弥六　❺-2 **1767**·3·22 社
竹内幽山　❺-1 **1678**·是年 文
竹内良夫　❾ **2011**·8·9 政
武内義征　❾ **2007**·1月 社
竹内　好　❼ **1934**·4月 文／❽ **1944**·12月 文／**1960**·5·21 政、文／❾ **1977**·3·3 文
竹内理三　❽ **1943**·7月 文／❾ **1996**·11·3 文／**1997**·3·2 文
竹内良一　❼ **1927**·3·27 社
武内了温　❽ **1946**·2·19 社
武雄氏門　❸ **1401**·①·28 社
竹尾五右衛門　❻ **1873**·3·4 社
竹尾三次郎　❺-2 **1806**·4·19 政
武雄頼門　❸ **1307**·3·23 政
竹王丸　❸ **1356**·1·6 文
竹岡鶴代　❽ **1944**·8·6 文
竹岡信幸　❼ **1934**·2·15 社
竹岡太夫　❻ **1874**·12·1 文
竹岡時太夫　❻ **1874**·12·1 文
竹垣庄蔵　❺-2 **1826**·12·23 政
武上四郎　❾ **2002**·8·23 社
竹川久兵衛　❺-2 **1789**·5月 政
竹川竹斎　❻ **1854**·是年 文
竹川りん　❻ **1883**·4月 文
竹岸政則　❼ **1931**·9月 社
武黒一郎　❾ **2011**·3·11 社
竹腰正信　❺-1 **1612**·3·21 社／**1652**·是年 社
竹腰美代子　❽ **1954**·4·12 社
竹越与三郎　❼ **1910**·4·28 社
竹前小八郎　❺-2 **1727**·10月 社／是年 社／**1736**·6月 社
竹前権兵衛(屋栄)　❺-2 **1736**·6月 社
竹崎順子　❼ **1905**·3·7 文
竹崎季長　❷ **1275**·6·3 政／11·1 政／**1281**·6·6 政／❸ **1293**·1·23 文／**1314**·1·16 社／1·17 文
竹崎博允　❾ **2008**·11·25 政
竹崎安清　❹ **1487**·3·1 政
竹澤小藤治　❼ **1903**·9·12 社
竹澤藤治　❻ **1885**·4月 社
竹澤万治　❻ **1875**·2月 社
竹澤国三郎　❻ **1876**·8·26 文
竹澤藤次　❺-2 **1844**·2月 社
武内宿禰　❶ **書紀·景行 3**·2·1／**景行 25**·2·12／**景行 51**·8·4／**成務 3**·1·7／**仲哀 9**·2·6／**神功 1**·3·5／**応神 7**·9月／**応神 9**·4月／**仁徳 55**·是年
竹下越路太夫　❻ **1883**·6月 文
竹下清右衛門　❻ **1856**·2月 政
竹下　登　❾ **1971**·7·5 政／**1976**·1·15 政／**1986**·7·22 政／**1987**·5·14 政／10·2 政／11·6 政／**1988**·10·8 政／**2000**·6·19 政
竹下佳江　❾ **2012**·7·27 社
竹柴其水　❼ **1923**·2·10 文
竹柴繁蔵　❻ **1886**·7·13 文
竹柴晋吉　❼ **1901**·7·13 文
竹柴進三　❻ **1880**·4月 文
竹嶋幸左衛門　❺-1 **1695**·2月 文／**1703**·4·15 文／**1712**·11·24 文
竹嶋幸十郎　❺-1 **1695**·2月 文
武島七十郎　❺-2 **1744**·7·21 政
竹嶋継夫　❼ **1936**·2·29 政
武島羽衣　❾ **1967**·2·3 文
竹島芳一　❹ **1566**·2·13 文
竹城金弓　❶ **812**·9·3 政
竹城保司　❷ **1186**·4·28 政
竹添進一郎(光鴻·井々)　❻ **1884**·11·2 政／❼ **1917**·3·31 政
武田斐三郎(庄蔵·竹中庄蔵)　❻ **1860**·是年 政／**1861**·4·28 政／**1862**·4·11 社
武田有義　❷ **1184**·8·6 政／**1200**·1·20 政
竹田出雲(千前軒·奚疑、初代)　❺-2 **1724**·是年 文／**1725**·9·18 文／**1726**·5·5 文／**1741**·8·14 文／**1747**·11·16 文
竹田出雲(小出雲·千前軒·奚疑、二代目)　❺-2 **1756**·10·21 文
竹田出雲掾　❺-1 **1658**·⑫·1 文／**1705**·3月 文
武田氏信　❸ **1350**·5·28 政／6·2 政／**1352**·4·14 政／11·8 政／**1359**·2月 政／**1367**·是冬 政
竹田永翁　❺-1 **1615**·5·8 大坂夏の陣
竹田近江(三代目)　❺-2 **1742**·9·2 文
竹田近江(四代目)　❺-2 **1757**·6月 文／**1759**·是年 文
竹田近江掾　❺-1 **1662**·5·26 文
武田勝千世(勝千代)⇨穴山(あなやま)勝千代
武田勝長(於坊)　❹ **1581**·11·24 政
武田勝頼　❹ **1565**·11·13 政／**1568**·11月 社／**1570**·12·15 政／**1571**·3·6 社／4·19 政／**1572**·1·14 政／**1573**·4·12 政／7·30 社／8·20 政／11·1 政／12·26 社／**1574**·1·18 政／2·5 政／4·25 政／5·12 政／6·14 政／7·10 社／8·24 政／9·12 社／⑪·24 文／**1575**·4·14 政／5·21 政／8·24 政／9·5 政／10·1 社／11·21 政／12·6 社／**1576**·2·22 社／3·21 社／是春 政／6·11 政／6·17 社／7·23 政／8·13 社／10·3 政／**1577**·1·22 政／2·11 社／3·8 社／5·10 政／6·27 社／⑦·5 政／8月 政／11·25 社／**1578**·3·12 政／5·29 政／6·7 政／7·18 社／8·20 政／8·28 政／10·8 政／11·2 政／**1579**·1·7 政／2·21 社／4·25 政／5·11 社／6·24 社／7月 政／8·20 政／9·5 政／10·19 政／**1580**·2·11 社／3·15 政／4·19 社／5·5 政／6·30 政／8·14 政／10·3 社／**1581**·1·3 政／2·12 社／3·22 政／6·12 社／7·4 社／10·3 政／11·24 政／12·24 政／**1582**·2·2 政／3·3 政／3·11 政／10月 社
竹田柯亭　❺-2 **1776**·是年 文
竹田亀吉　❻ **1855**·2·18 社
竹田儀一　❽ **1948**·3·10 政／4·5 文
竹田吉文　❽ **1959**·8·14 社
武田国信　❹ **1471**·3·21 政／⑧·19 政／**1474**·5·7 政／9·15 社／**1477**·1·18 政／**1478**·12·17 政／**1483**·1月 政／**1486**·8·27 政／**1487**·9·12 政／**1488**·12·30 政／**1490**·6·21 政
武田五一　❼ **1909**·4·1 文／❽ **1938**·2·5 文
武田光雲　❾ **1976**·12·1 文
武田耕雲斎　❻ **1861**·3月 政／6·24 政／**1864**·7月天狗党の乱／**1865**·2·4 政
竹田耕清　❾ **1976**·5·15 文
竹田弘太郎　❾ **1991**·10·29 政
武田五郎　❸ **1333**·5·18 政
竹田定祐　❹ **1528**·8·8 文
竹田定加　❹ **1600**·6·17 文
竹田定盛　❹ **1490**·8·6 文／**1508**·6·20 文
竹田定良　❺-2 **1784**·2月 文
武田重信　❸ **1396**·1·25 政
竹田島蔵　❺-2 **1828**·2·2 社
タケダ(五兵衛)シモン　❺-1 **1603**·11·8 社
武田十右衛門　❺-1 **1644**·12·23 社
竹田春庵　❺-2 **1719**·是年 文

竹田潤二　❾ 2006·2·15 文
竹田昌慶(明室法印、医師)　❸ 1369·是年 文／1378·是秋 政／1380·5·25 文
竹田昭慶(医師)　❹ 1485·③·19 文／1533·是年 政／1536·12·27 政／1541·6·4 政／7·4 政／12·10 社／1542·2月 社／③·20 政
武田治郎　❾ 1970·8·22 社
武田信玄(晴信·太郎·勝千代)　❹ 1542·3·9 政／③·3 文／5月 社／7·2 政／8月 社／9·25 政／1543·5·12 社／9·9 政／1544·1月 社／11·1 政／1545·4·11 政／6月 政／8·11 政／9·14 政／10·6 社／1546·3·27 社／5·9 政／9·3 社／1547·6·1 政／⑦·26 政／8·11 政／1548·2·14 政／7·19 政／8·18 政／1549·8·13 政／10·20 政／11月 社／1550·3月中旬 文／7·2 政／9·1 政／12·2 社／1551·2·5 社／7·11 社／8·13 政／10·24 政／1552·6月 政／8·1 政／10·6 社／11月 政／1553·1·6 政／4·6 政／5·6 政／8·1 政／8·14 社／8月 政／11·28 政／1554·3月 政／5月 政／7·24 政／8·7 政／8·18 政／1555·3·19 政／7·19 政／⑩·15 政／12·12 社／1556·3·1 政／8·13 政／8·23 政／1557·1·20 社／2·15 政／4·18 政／7·5 政／8月 政／11·19 社／12·2 社／1558·3·2 社／⑥·10 社／9·25 社／是年 政／1559·3·28 社／4·14 政／5·2 社／6·26 政／9月 政／1560·2·2 社／3·26 政／5月 政／6·6 社／7·12 社／8·2 社／10·17 政／1561·2·14 政／5·7 政／6·7 政／7·2 社／9·10 政／11·2 社／12·15 政／1562·1·23 社／2·1 政／3·5 社／10·2 社／11·24 政／1563·2·4 政／3·30 社／4·4 社／6·16 社／12·5 社／1564·1·22 政／3·10 政／4·15 政／6·15 社／6·24 政／8·3 政／12·1 社／1565·1月 社／2·7 政／3·27 政／6·25 政／11·1 社／1566·5·9 政／8·26 政／9·29 政 社／1567·2·24 政／2·26 社／3·15 政／5·5 政／8·7 政／8·17 政／10·13 政／11·21 政／1568·3·6 政／3·13 政／4·21 社／5·17 社／6·25 政／7·10 政／11月 文／12·6 政／是年 社／1569·1·17 社／3·13 政／4·19 政／6·16 政／7·11 政／10·6 政／11·28 政／12·27 政／是年 文／1570·1·4 政／4·10 政／4·16 社／5·14 政／8·3 政／9·8 社／12·7 政／12·15 政／1571·1·16 政／2·23 政／是冬 政／3月 政／4·15 政／7·16 社／8·23 政／11·20 政／1572·1·14 政／①·3 政／3·17 社／4·23 社／5·13 政／6·3 社／8·11 政／10·3 政／11·14 政／11·20 政／12·3 政／1573·1·11 政／2·4 政／3月 政／4·12 政／5·23 政／1574·12·25 社／1581·11·24 政／1582·10月 社
武田真元　❺-2 1826·是年 文
武田信乗　❹ 1522·8·27 文
武田大作　❾ 2005·7·10 社
武田泰淳　❾ 1976·10·5 文
武田高信　❹ 1572·7·26 政／1573·7月 政
武田多則　❺-2 1845·是年 文
竹田忠憲　❻ 1853·8·30 政
武田竹塘　❻ 1880·1·28 政
武田長兵衛(四代目)　❻ 1895·是年 文
武田長兵衛(五代目)　❽ 1959·8·4 政
竹田恒和　❾ 2004·8·13 文
竹田常徳　❾ 1992·6·11 政
武田篤之進　❺-2 1820·是年 文／1829·文政末年
武田直信　❸ 1340·10·10 政
竹田縫之助　❻ 1855·2·18 社／1859·1月 社／1860·3·15 社／1862·12月 社／1864·3月 社／1866·1月 社
武田信明　❸ 1364·5·12 政
武田信家　❸ 1396·6·12 政
武田信恵　❹ 1494·3·26 政
武田信興　❺-1 1700·12·27 政
武田信懸　❹ 1503·是冬 文
武田信賢　❸ 1441·10·22 政／1445·7·19 政／1455·5·12 政／❹ 1456·6·1 政／1457·4·4 政／1467·5·25 政／5·26 政／7·11 政／1468·2月 政／7·27 政／1469·5·25 政／1470·1·5 政／1471·1·12 政／6·2 政／1473·1·6 政
武田信勝　❹ 1517·10·15 政
武田信廉　❹ 1553·6月 文／10月 文／1568·是年 文
武田信実　❹ 1540·6·9 政／11·9 政／1541·3·4 政／5·13 政
武田信重(甲斐前守護)　❸ 1429·2·21 政／1432·6·13 政／1434·11月 政／1435·3·30 政／1438·8·17 政／1447·3·12 社／1450·11·24 政
武田信繁(安芸守護)　❹ 1465·11·1 政／1558·4月 政／1561·9·10 政
武田信武　❸ 1335·12·2 政／12·26 政／1336·1·13 政／6·8 政／7·23 政／1341·6·6 政／1359·7·13 政
武田信親　❹ 1514·8·22 政
武田信嗣　❹ 1499·7·9 社
武田信縄(甲斐守護)　❹ 1494·3·26 政／1495·8月 政／1498·是年 政／1501·9·18 政／10·16 社／1507·2·14 政
武田信綱(勝瀬の臣)　❹ 1573·8·20 政
武田信時　❷ 1276·8·24 政
武田信豊　❹ 1538·7·10 政／1540·2·15 社／3·11 社／6·1 社／1552·9·25 政／1558·4月 政／5·11 文／1573·8·20 政／1578·5·29 政／1582·3·16 政
武田信虎(信直)　❹ 1507·2·14 政／1508·10·4 政／1510·是春 政／1515·10·17 政／1516·12·29 政／1517·3·9 社／4·3 政／1519·12·20 政／1520·3·29 社／5月 政／6·8 政／是夏 政／11·23 政／1521·11·23 政／1522·1·3 政／2月 政／10·2 文／1523·6·10 社／1524·1月 政／11·23 政／1525·2·10 政／8·2 社／是年 政／1526·7·30 政／是年 政／1527·6·3 政／7·8 社／是年 社／大永年間 社／1528·9·30 政／是年 政／1531·1·21 政／4·12 政／1532·9月 政／1533·8·27 社／是年 政／1535·6·5 政／8·16 政／9·17 政／是年 文／1536·12·27 政／1537·2·10 政／1538·8月 文／1540·5月 政／7·4 政／8·2 社／11·29 政／1541·5·13 政／6·4 政／1543·6·27 政／7·2 社／1558·⑥·15 文／1574·3·5 政
武田信長　❸ 1421·9月 政／1425·8·16 政／1426·6·26 政／8·25 政／1433·3·1 政／4·29 政／1454·12·27 政／❹ 1456·1·19 政／1464·3月 社
武田信成　❸ 1357·7·10 社／1380·1·20 社／1394·6·13 政／❺-1 1644·是年 文
武田信春　❸ 1365·⑨·21 社／1373·9·11 社／1413·10·23 政
武田晴信⇨武田信玄(しんげん)
武田信栄　❸ 1433·12·26 政／1436·1月 政／1440·5·14 政／7·23 政
武田信広(若挟)　❸ 1451·3·28 政／1452·3月 政／1454·8·28 政
武田信広⇨蠣崎(かきざき)信広
武田信広(医師)　❺-1 1691·7·19 文
武田信政(六波羅武士)　❷ 1235·6·3 社／1265·1·6 政
武田信昌(甲斐武士)　❹ 1465·3·6 政／1469·是年 社／1487·11月 社／1498·是年 政／1504·是春 政／1505·9·16 政
武田信政(椎津城主)　❹ 1552·11·4 政
武田信光(北條氏武士)　❷ 1221·5·22 政／1248·12·5 政
武田信満(府中城主)　❸ 1398·2月 政／1417·2·6 政
武田信宗　❸ 1330·11·9 政
武田信保　❹ 1537·5·16 政
武田信義(甲斐武将)　❷ 1180·9·10 政／10·14 政／10·20 政／1183·4·25 政／1186·3·9 政
武田信吉(信義、下総佐倉)　❺-1 1602·11·28 政／1603·9·11 政
武田典子　❽ 1951·10月 文
武田教実　❹ 1468·是年 政
武田範之　❼ 1911·6·23 社
武田英之　❽ 1944·7·21 政
竹田広貞　❺-1 1715·是年 文
武田文元　❸ 1351·6·29 政
竹田苞丸　❺-2 1844·3·10 文
武田孫四郎　❸ 1288·6·20 政
武田政明　❹ 1483·5·4 政
武田政信　❹ 1471·2·27 政
武田真元　❺-2 1838·是年 文
武田政義　❸ 1333·3·13 政／1336·1·1 政
竹田又六　❹ 1511·2·9 社
武田光和　❹ 1527·3月 政／5·5 政／1533·8·10 政／1540·6·9 政
武田美保　❾ 1996·7·19 社／2000·9·15 社／2001·7·20 社／2004·8·13 社
武田持明　❹ 1483·5·4 政
武田元実　❹ 1570·10·22 政

武田元繁　❹ 1515·是年 政／1517·10·22 政
武田元次　❹ 1566·8·29 政
武田基綱(元綱)　❹ 1467·9·1 政／1471·1·12 政
武田元信(房次郎)　❹ 1491·6·20 文／11·8 政／1496·1·16 政／6·16 社／1499·8·6 政／1500·10·28 政／1501·10·19 文／1502·6·20 政／9·9 政／1503·4·10 文／1505·是春 政／1506·4·27 政／6·16 政／1507·5·11 政／6·23 政／8·1 政／1508·12·27 社／1513·11·19 社／12·17 社／1517·6·2 政／8·7 政／1519·7·2 社／11·19 社／1521·12·3 政
武田元度　❹ 1502·6·20 政
武田元光　❹ 1521·4·18 政／7·2 社／9·3 政／1523·11·17 社／1525·3·1 社／1526·10·28 政／12·29 政／1527·2·12 政／1528·3·21 社／1532·3·21 社／1537·5·13 政／1538·7·10 政／1540·6·9 政
武田盛信　❹ 1561·5·7 政
竹田弥五郎　❺-1 1713·5·16 文
武田泰継　❸ 1288·6·20 社
武田保信　❹ 1525·2·26 政／1530·11·13 社／1533·9·24 政
竹田野坂⇨志太(しだ)野坂
武田祐吉　❽ 1958·3·29 文
武田　豊　❾ 2004·2·15 政
武田百合子　❾ 1993·5·27 文
武田義清　❷ 1149·7·23 政
武田義信(武蔵守)　❷ 1184·6·5 政
武田義信(武田信玄長子)　❹ 1552·11·27 政／1554·7·24 政／1565·9月 政／1567·8·17 政
武田義統　❹ 1560·12·13 社／1561·6·19 政／1566·8·29 政／1567·4·8 政
竹田慶安　❺-2 1792·4月 文
武田麟太郎　❼ 1933·10月 文／1936·3月 文／❽ 1941·11月 文／1946·3·31 文
岳田王　❶ 805·2·15 政
竹田王　❶ 681·3·17 文／689·2·26 政
竹田皇子　❶ 587·7月／628·9·20 政
竹田宮恒徳王　❼ 1931·2·10 政／❽ 1945·8·16 政
武田氏⇨見性院(けんしょういん)
竹田大夫⇨金春禅竹(こんぱるぜんちく)
竹谷金左衛門　❹ 1583·6·22 文
武谷勘弥　❺-1 1625·3·18 社
竹谷与次兵衛　❺-2 1801·是年 政
武谷三男　❾ 2000·4·22 文
武智鉄二　❽ 1949·12·7 文／1964·1月 文／❾ 1965·6·16 社／1988·7·26 文
武智文雄　❽ 1955·6·19 社
武知勇記　❽ 1954·12·10 政
高市金守　❶ 871·8·16 政
高市麻呂　❶ 768·2·18 文
高市皇子　❶ 672·6·26 政／679·5·5 政／690·7·5 政／692·1·4 政／696·7·10 政
竹杖為軽(森羅万象)　❺-2 1786·4·12 社
竹鶴(渋谷重経孫)　❷ 1278·6·3 政
武富勘右衛門　❺-1 1613·8·23 社
武富重隣　❺-1 1663·是年 社
武富団衛門　❺-1 1613·8·23 社
武富時敏　❼ 1913·1·19 政／1914·4·16 政／❽ 1938·12·22 政
竹友藻風　❽ 1954·10·7 文
竹虎(工芸)　❹ 1530·4·30 文／1600·9·19 関ヶ原合戦
竹中　郁　❽ 1944·2月 文
竹中栄助　❻ 1864·5·26 政
竹中　修　❾ 2005·3·3 文
竹中和順　❺-2 1774·1月 政
竹中邦香　❻ 1878·3·12 政
竹中源三郎　❺-1 1634·2·22 政
竹中定矩　❺-2 1722·4月 政／1756·12月 政
竹中重固　❻ 1872·1·6 政
竹中重門　❹ 1600·9·3 関ヶ原合戦／❺-1 1631·⑩·9 社／是年 文
竹中重次　❺-1 1625·8·1 政
竹中重利　❺-1 1607·9月 政／1608·是春 社
竹中重信　❺-1 1634·2·22 政
竹中重治(重虎)　❹ 1564·2·6 政／1572·1月 政／1577·12·3 政／1579·6·13 政
竹中重義　❺-1 1625·是年 社／1626·8月 政／1629·2·6 政／1631·5月 政／⑩·11 社／1632·1·23 政／7·3 政／1633·2·11 政／1634·2·22 政
竹中鐘五郎　❻ 1860·7·7 文
竹中隆重　❹ 1588·8·7 政
竹中恒三郎　❽ 1955·6·2 政
竹中平蔵　❾ 2003·9·22 政／2004·9·27 政／2005·10·31 政
竹中　労　❾ 1991·5·19 文
竹永惣一(平曲)　❹ 1462·3·30 文
竹西寛子　❾ 2012·11·5 文
武渟河別　❶ 書紀·崇神 10·9·9／崇神 60·7·14／垂仁 25·2·8
武野紹鷗(新五郎、茶会)　❹ 1513·3·21 文／1528·3·9 文／1530·3·21 文／11·17 文／1532·2·15 文／1542·4·8 文／1549·2·12 文／1553·12·9 文／1554·1·28 文／1555·10·29 文
武野宗瓦(信材·為久)　❹ 1577·9·1 文／10·30 文
竹野半兵衛　❺-2 1827·是年 文
竹内式部(敬持)　❺-2 1756·4·27 政／12月 政／1757·1·14 政／1·23 政／1758·5·6 政／1759·5·7 政／1760·4·29 政／1767·12·5 政／1778·6·25 政
竹内孝治　❺-1 1660·10·12 政
竹御所(源頼家の娘)　❷ 1230·12·9 政／1234·7·27 政／1235·5·27 文
竹野媛　❶ 書紀·垂仁 15·2·11
武信潤太郎　❻ 1856·10·18 政
武信由太郎　❼ 1898·4月 文
竹鼻弾正　❸ 1365·6·20 社
武埴安彦　❶ 書紀·崇神 10·9·27
竹林左五兵衛　❺-1 1689·7·2 政
竹林佐兵衛　❺-1 1689·7·2 政
武林無想庵(盛一)　❽ 1962·3·27 文
竹原春朝斎(信繁)　❺-2 1780·安永年間 社
竹原八郎　❸ 1332·6·26 政
武原はん　❾ 1982·5·12 文／1998·2·5 文
竹原弘景　❹ 1475·3·5 政
竹原文右衛門　❺-2 1789·9月 政
竹原弥兵衛　❻ 1868·2·11 政
竹原勇四郎　❻ 1860·7·7 文／8·23 文
竹久千恵子　❽ 1946·3·1 文
竹久夢二(茂次郎)　❼ 1905·6月 文／1912·11·23 文／1915·11月 文／1919·是年 文／1931·是年 文／1934·9·1 文
武淵季件　❺-1 1695·6·21 政
武生佐比乎　❶ 784·5·24 社
武生嶋守　❶ 772·9·21 政／773·10·13 政
建部綾足(綾太理·凌岱)　❺-2 1760·是年 文／1762·是年 文／1763·是年 文／1765·是年 文／1766·是年 文／1767·是年 文／1768·是年 文／1770·是年 文／1772·是年 文／1773·是年 文／1774·3·16 文／1775·是年 文／1778·是年 文／1794·是年 文／1798·是年 文
建部建弘　❺-2 1727·12·24 文
建部賢明　❺-1 1710·是年 文
建部賢弘(彦次郎·不休)　❺-1 1683·是年 文／1685·是年 文／1687·是年 文／1690·是年 文／1710·是年 文／❺-2 1718·是年 文／1720·11·22 文／1722·是年 文／1723·是年 文／1725·9·16 文／1727·5·27 文／1728·12·9 文／是年 文／1739·7·20 文
建部賢文　❹ 1579·1·10 文／1585·1·29 文
建部清綱　❷ 1222·8月 政／1224·4·14 政／1229·11·11 政
建部清元　❸ 1322·7·7 政
武部小四郎　❻ 1877·3·28 西南戦争
建部定長　❺-1 1664·是年 文
建部甚兵衛尉　❹ 1585·3月 社
建部清庵(由正·元策)　❺-2 1757·是年 文／1771·是年 文／1782·3·8 文／1788·7月 文
建部巣兆(英親)　❺-2 1801·是年 文／1814·11·17 文
建部高光　❺-1 1607·9·20 社
建部内匠　❺-1 1610·5月 文
武部　勤　❾ 2004·9·27 政／2005·10·31 政
建部半次郎　❺-2 1775·2·23 政
建部広般　❺-2 1781·1·25 社
建部広政　❺-1 1701·6·2 政
建部政長　❺-1 1614·9·18 大坂冬の陣
建部政宇　❺-1 1698·11·15 社
建部由正　❺-2 1833·9月 文
建部頼清　❷ 1121·6月 社
建部凌岱⇨建部綾足(あやたり)
建部(たけべ)⇨禰寝(ねじめ)姓も見よ
竹坊与次兵衛　❺-1 1650·10·25 文
竹俣清綱　❹ 1507·9月 政／1508·6·29 政
竹俣当綱(翁助·美作)　❺-2 1763·2·8 政／1773·7·1 政／1782·10·29 政
竹松(百姓)　❻ 1855·9·15 社
竹窓老人　❺-2 1836·是年 文

武麻呂(神殿大夫)　❶ 948·7月 社
武見太郎　❽ 1961·7·19 文／❾ 1971·6·1 文／1983·12·20 文
竹光忠棟　❹ 1600·8·27 関ヶ原合戦
武満　徹　❾ 1967·11·9 文／1973·5·23 文／1996·2·20 文
武光師兼　❸ 1288·10·3 政
武宮正樹　❾ 1988·9·3 文
武宮武蔵守　❹ 1586·12·7 政
竹村佐五兵衛　❺-2 1719·3月 社
竹村茂雄　❺-2 1845·是年 文
竹村惣左衛門　❺-1 1689·是年 社
竹村大鳳　❻ 1873·8·13 文
竹村　徹　❾ 2005·8·15 文
竹村俊秀　❻ 1870·4月 文
竹村梅斎　❺-2 1842·是年 文
竹村牧一　❹ 1479·2·20 文
武村正義　❾ 1993·6·18 政／8·9 政／12·7 政／1994·6·30 政／7·5 政／1995·8·8 政
竹村嘉勝　❺-1 1631·9·15 社
竹村良貞　❻ 1892·5·10 文
竹村嘉理　❺-1 1627·7·30 社／1628·3·15 社／1631·9·15 社
竹本相生太夫　❾ 1976·7·6 文／1999·3·26 文
竹本愛之助　❻ 1894·2·1 文
竹本綾瀬太夫　❼ 1898·4·11 文／1901·1·9 文／9·2 文
竹本綾太夫　❾ 2011·2·5 文
竹本綾之助(石山薗、初代)　❻ 1894·2·1 文／❼ 1898·4·11 文／❽ 1942·1·31 文
竹本綾之助(三代目)　❾ 1992·4·13 文
竹本越子　❻ 1894·2·1 文
竹本大隅太夫(大澤ハツエ、三代目)　❼ 1913·7·31 文
竹本織太夫　❼ 1900·8·12 文
竹本義太夫(清水五郎兵衛、筑後掾)　❺-1 1684·1月 文／2·1 文／1685·2·4 文／1705·3月 文／1714·9·10 文
竹本清駒　❻ 1894·2·1 文
竹本組太夫　❼ 1905·7·25 文
竹本越路太夫(二見金助、二代目)　❼ 1902·9·10 文／1905·1·1 文
竹本越路太夫(常子大夫·貴田常次郎、三代目)　❼ 1924·3·18 文
竹本越路太夫(四代目)　❾ 1989·5·21 文／2002·6·24 文
竹本小土佐　❾ 1977·1·1 文
竹本此太夫　❺-2 1748·8·14 文
竹本咲太夫(三代目)　❻ 1856·6·15 文
竹本三郎兵衛　❺-2 1766·10·6 文
竹本三四郎　❺-1 1678·3·29 社
竹本住大夫(三代目)　❺-2 1810·3·20 文／1850·5·5 文
竹本住大夫(四代目)　❻ 1889·1·22 文
竹本住大夫(六代目)　❽ 1955·1·27 文／1959·1·15 文
竹本住大夫(七代目)　❾ 2005·11·3 文
竹本摂津大掾(初代摂津大夫、二見金助)　❼ 1917·10·9 文
竹本伊達太夫　❾ 2008·5·25 文
竹本筑後掾　❺-2 1753·是年 文
竹本長三郎　❾ 1972·5·1 社
竹本対馬太夫　❻ 1865·是年 文
竹本津太夫(三代目)　❼ 1930·1·1 文
竹本津大夫(四代目)　❾ 1987·9·29 文
竹本綱太夫(六代目)　❻ 1883·9·24 文
竹本綱太夫(桜井源助、七代目)　❼ 1912·7·23 文
竹本綱太夫(八代目)　❽ 1955·1·27 文／1959·4·27 文／❾ 1969·1·3 文
竹本東猿　❼ 1904·8·12 文
竹本於伝(初代)　❺-2 1816·5·27 文
竹本土佐掾　❺-1 1680·4·10 文
竹本土佐廣　❾ 1992·7·27 文
竹本長尾太夫(初代)　❻ 1884·4·3 文
竹本長登太夫(三代目長門太夫)　❻ 1864·10·19 文
竹本長登太夫(四代目)　❻ 1890·10·23 文
竹本隼太　❻ 1892·11·30 文
竹本播磨太夫(四代目)　❻ 1888·5·17 文／❼ 1903·8·24 文
竹本播磨少掾(二代目)　❺-2 1744·7·25 文
竹本春太夫(五代目)　❻ 1877·2·15 文
竹本豊水　❼ 1925·2·14 文
竹本豊竹　❺-2 1804·是年 文
竹本正男　❽ 1952·7·19 社／1954·6·27 社／1956·11·22 社／1960·8·25 社／❾ 2007·2·2 社
竹本正興　❻ 1888·1·1 文
竹本政太夫　❺-2 1734·2·1 文
竹本正雅　❻ 1863·12·29 政
竹本正時　❺-1 1642·8·16 政
竹本　恵　❾ 1999·11·4 社／2001·3·28 社
竹本弥太夫(四代目)　❻ 1868·3·19 文
竹本弥太夫(五代目)　❼ 1906·10·30 文
竹本米太夫　❾ 1993·5·30 文
竹本理太夫　❺-1 1697·7·16 文
竹本柳適大夫　❻ 1884·1月 文
武谷勘弥　❺-1 1625·3·18 社
武谷三男　❾ 2000·4·22 文
竹屋光長　❺-1 1659·2·21 政
竹谷与次兵衛　❺-2 1801·是年 政
竹山重栄　❺-1 1674·是年 文
竹山道雄　❽ 1947·3月 文／1955·2·14 文
竹山祐太郎　❽ 1954·12·10 政／1955·3·19 政
竹山　裕　❾ 1998·7·30 政
建王　❶ 658·5月 政
健部人上　❶ 778·11·19 政
竹若伊右衛門　❹ 1591·天正年間 社
竹若忠太夫(重利)　❺-1 1614·10·17 文
竹脇昌作　❽ 1959·11·9 社
竹脇無我　❾ 2011·8·21 文
田源(細川晴元の被官)　❹ 1548·8·12 政
多胡　輝　❾ 1966·12月 文
たこ八郎　❾ 1985·7·24 文
田子一民　❽ 1963·8·15 政
田郷虎雄　❽ 1942·10·31 文
タゴール(インド)　❼ 1915·2月 文／1916·5·29 文／6·10 社／1917·1·3 文／1924·6·7 文／1929·3·25 文／5·12 文
蛸島彰子　❾ 1966·4·18 文
蛸文清達　❻ 1869·是年 社
太宰　治(津島修治)　❽ 1937·7月 文／1944·8月 文／1945·10·22 文／1947·3月 文／7月 文／12月 文／1948·5月 文／6·14 文／7月 文
太宰春台(純·紫芝園)　❺-2 1728·是年 文／1729·是年 政／1732·是年 文／1736·是年 文／1737·是年 文／1739·是年 文／1741·是年 文／1746·是年 文／1747·5·30 文／1748·是年 文／1749·是年 文／1752·是年 文／1753·是年 文／1758·是年 文／1782·是年 文
太宰久雄　❾ 1998·11·20 文
太左衛門(座元)　❺-1 1706·11·5 文
田坂具隆　❼ 1932·9·20 社
田崎草雲　❻ 1882·10·1 文／1884·4·11 文／1890·10·11 文／❼ 1898·9·1 文
田崎金蔵　❺-2 1792·是年 社
田崎広助　❾ 1975·11·3 文
田崎俊作　❾ 2011·4·26 政
田崎真也　❾ 1995·5·16 社
田崎勇三　❽ 1963·5·24 文
田澤吉郎　❾ 1976·12·24 政
田澤清雲道賀　❺-1 1624·6·8 文
田澤田軒　❽ 1952·11·8 文
田澤智治　❾ 1995·8·8 政／10·9 政
田澤昌言　❼ 1913·8·30 社
田澤義章　❺-2 1735·是年 文
田澤義鋪　❼ 1925·3·29 政／❽ 1944·11·24 政
田澤鐐二　❼ 1920·5·30 文
田道(竹葉瀬の弟)　❶ 書紀·仁徳53·5月／仁徳55·是年
多治(多治比·丹比·丹·丹墀)(氏)　❶ 884·11·23 文
多治有友　❶ 883·4·2 政
多治秋友　❶ 999·9·9 社
多治貞岑　❶ 874·11·9 文
多治広光　❶ 987·12·25 文
多治(多治比)藤善　❶ 885·1·16 政／886·2·3 政／5·18 政
多治安江　❶ 874·6·17 政／877·7·25 政
多治比(丹治比)県守　❶ 710·4·23 政／716·8·20 政／717·3·9 政／718·10·20 政／719·7·13 政／720·9·28 政／721·4·9 政／731·8·11 政／732·1·20 政／8·17 政／737·6·23 政
多治比文子　❶ 942·7·13 社
丹治比礼麻呂　❶ 757·7·4 政
多治比家継　❶ 804·4·8 文
多治比池守　❶ 708·9·30 政／715·5·22 政／717·2·10 政／718·3·10 政／721·1·5 政
多治比今麿(今麻呂)　❶ 820·12月 政／825·8·29 政
丹墀石雄　❶ 837·1·12 政／9·

21 政／850·1·15 政
多治比牛養　❶ 742·8·21 政／745·6·5 政／747·3·10 政
丹墀氏永　❶ 839·1·11 政
多治比宇美(宇佐美)　❶ 785·1·15 政／788·2·28 政
多治比占部　❶ 750·3·12 政
多治比大刀自　❶ 795·12·4 社
丹墀弟梶　❶ 849·1·13 政／4·20 政／861·1·13 政／4·9 政
丹比乙女　❶ 771·8·8 政
多治比乙安　❶ 776·7·15 政／779·9·18 政／784·3·14 政／790·10·2 政
多治比小耳　❶ 762·10·1 政／764·1·20 政
丹墀門成　❶ 850·1·15 政
多治比河古見　❷ 1019·7·7 政
多治比吉備　❶ 708·3·13 政
多治比木人　❶ 746·4·4 政／754·11·1 政／760·1·16 政
多治比公子　❶ 774·3·5 政
丹墀清貞　❶ 834·1·12 政／839·1·23 政
多治比(丹比)国人　❶ 750·3·12 政／755·2 月 政／757·6·16 政
多治比黒麻呂　❶ 777·1·3 政
多治比犢養　❶ 752·5·26 政／757·7·4 政
丹墀貞成　❶ 834·2·2 社
丹墀(多治)貞岑　❶ 850·1·15 政／856·8·28 文／868·1·16 政
多治真安　❷ 1135·1·23 社
多治比(丹比·多比)　嶋(志麻·志摩)　❶ 682·4·21 政 社／690·7·5 政／691·1·13 政／696·10·17 社／700·8·26 政／701·7·21 政
丹墀外成　❶ 843·1·12 政
多治比高子　❶ 826·3·2 政
丹治比(丹墀)鷹主　❶ 757·7·4 政／851·1·11 政
丹墀(多治)高棟　❶ 857·1·14 政／868·1·16 政
丹墀滝雄　❶ 866·1·13 政
多治比継兄　❶ 781·2·16 政
多治比時胤　❶ 999·9·9 社
多治比年主(歳主)　❶ 785·1·15 政
多治比年持　❶ 784·3·14 政
多治比豊長　❶ 787·5·25 政
多治比豊浜　❶ 772·4·19 政／774·3·5 政／775·7·11 政
多治比名負　❶ 774·3·5 政
多治比長野　❶ 772·4·19 政／776·3·5 政／779·9·18 政／781·2·16 政／784·3·14 政／786·1·24 政／789·12·22 政
多治比土作　❶ 743·3·6 政／754·4·5 政／770·7·20 政／771·6·10 政
多治比浜成　❶ 791·7·13 政
多治比人足　❶ 781·2·16 政
多治比広足　❶ 733·10·3 政／749·7·2 政／757·8·4 政／760·1·21 政
多治比(丹墀)広成　❶ 708·3·13 政／732·8·17 政／733·3·21 政／8 月 政／734·4 月 政／10 月 政／735·3·10 政／737·8·19 政／9·28 政／738·8·10 政／739·4·7 政
多治比全成　❶ 809·1·16 政
丹比真継　❶ 768·2·3 政
丹比麻呂　❶ 677·10·14 政
多治比三上　❶ 776·1·19 政／3·5 政
多治比水守　❶ 703·7·5 政／707·5·8 政／708·3·13 政／710·4·23 政
多治比三宅麻呂　❶ 703·1·2 政／708·2·11 政／719·9·8 政／722·1·20 社
丹墀棟臣　❶ 850·1·15 政
多治比家主(屋主)　❶ 723·9·17 政／746·4·4 政／763·10 月 文
多治比八千足　❶ 809·1·16 政
多治部備中四郎　❸ 1390·8·28 社
田治部昌範　❸ 1341·是年 社
田島英三　❾ 1998·10·10 文
但馬得継　❶ 877·1·3 社
田島佳子　❾ 2004·9·8 文
田島好一　❾ 1965·9·30 文
田島重賢　❹ 1550·4·14 政
田嶋清阿　❸ 1408·3·10 文
田島達策　❼ 1925·3·16 政
但馬道仙(道直)　❸ 1367·4·21 社、文／4·29 政
田島直人　❼ 1936·8·1 社／❾ 1990·12·4 社
田島寧子　❾ 2000·9·15 社
田島安太郎　❻ 1884·6·14 社
田嶋陽子　❾ 2002·10·7 政
田馬与兵衛　❺-2 1717·6 月 政
田島順輔　❻ 1856·4·4 文
田島れん　❻ 1859·6 月 社
丹比間人和珥麻呂　❶ 745·4·25 文
但馬内親王　❶ 708·6·25 政／719·6·19 政
田道間守　❶ 書紀·垂仁 90·2·1／景行 1·3·12
多島屋助三郎　❺-2 1741·4 月 政
多治見国長　❸ 1324·9·19 政
手白香皇女　❶ 507·3·5
田尻鑑種　❹ 1581·6·1 政／1583·7·21 政
田尻稲次郎　❻ 1888·5·7 文／1893·10·14 政／❼ 1906·9·14 文／1920·11·1 政／1923·8·14 政
田尻和宏　❾ 2008·5·22 文
田尻和美　❾ 1990·1·18 政
田尻種重　❸ 1286·⑫·22 政
田尻宗昭　❾ 1990·7·4 文
ダシルバ，ルラ　❾ 2005·5·26 政
田代顕綱　❸ 1350·11·3 政／11·28 政／1351·12·16 政／1369·2·18 政
田代栄助　❻ 1884·10·30 政／11·16 政
田代清久　❸ 1401·3·8 政
田代古崖　❼ 1936·8·26 文
田代松意　❺-1 1675·是年 文／1676·是年 文／1678·是年 文／1680·是年 文
田代次郎右衛門　❺-1 1651·8·14 政
田代季綱　❸ 1395·6·26 政
田代旋太郎　❽ 1944·3·31 文
田代　毅　❾ 1999·4·15 政
田代等甫　❺-1 1612·8 月 文
田代信綱　❷ 1185·4·29 政
田代普賢丸　❸ 1299·4·7 政
田代富士男　❾ 1988·1·18 政
田代孫三郎　❻ 1856·12·2 社
田代基氏　❸ 1328·12·21 政
田代基綱　❸ 1350·11·28 政
多須奈⇨鞍部(くらつくり)多須奈
田添鉄二　❼ 1906·2·24 政／1907·6·25 政／8·31 政
多田加助(嘉助)　❺-1 1686·10·14 社
多田　鼎　❽ 1937·12·7 社
多田勘兵衛　❺-2 1801·是年 文
多田吉左衛門　❺-1 1664·是年 社／1683·是年 社
多田源蔵　❸ 1340·6·5 政
多田小餘綾　❾ 2008·4·6 文／本文
多田左近将監　❸ 1345·11·4 政／1350·1·5 政／1352·3·11 政／1354·⑩·4 政
多田佐膳　❺-2 1794·11 月 政
多田貞綱　❸ 1334·4·13 政
多田三十郎　❺-1 1694·4·21 社
多田親愛　❼ 1905·4·18 文
多田助右衛門　❺-1 1689·是年 社
多田清左衛門　❺-2 1800·是年 政
多田宗菊　❺-2 1758·5·9 文
多田宗太郎　❺-1 1689·是年 社
多田帯刀　❻ 1862·11·15 政
多田智満子　❾ 2003·1·23 文
多田東渓　❺-2 1764·8·26 文
多田　徹　❾ 2011·5·18 文
多田富雄　❾ 2010·4·21 文
多田直種　❹ 1585·11·8 社
多田直洪　❺-2 1812·是年 文
多田南嶺(義俊)　❺-2 1755·是年 文／1757·是年 文
多田　駿　❼ 1935·9·24 政
多田文男　❾ 1978·3·15 文
多田昌綱　❺-1 1605·1·20 政
多田道太郎　❾ 2007·12·2 文
多田満仲　❺-1 1696·6·9 社
多田元吉　❻ 1877·2·9 社
多田基綱　❷ 1221·6·20 政
多田弥太郎　❺-2 1850·10·17 社
多田行綱　❷ 1185·11·5 政
多田与左衛門　❺-1 1693·5·13 政／9 月 政／11·1 政／1694·3 月 政／1695·5·15 政
多田義方　❺-2 1751·是年 文
多田義実　❸ 1435·10·9 政
多田義俊(秀樹)　❺-1 1656·是年 文
多田義平(五郎右衛門)　❺-1 1624·是年 社
忠臣王　❶ 887·2·2 政
但木土佐　❻ 1868·1·17 政
維城親王　❶ 889·12·28 政
忠子女王　❶ 904·5·12 政
忠子内親王　❶ 892·12·21 文／893·12·21 文／904·5·7 政
忠貞王　❶ 861·3·8 文／864·1·16 政
維蕃親王　❶ 889·12·28 政
忠相王　❶ 880·6·21 政
忠次(姓不詳)　❹ 1479·1·1 政
忠綱(刀工)　❺-1 1653·9 月 文／1692·8 月 文／1704·8 月 文
忠成王　❷ 1279·12·13 政

只野真葛(綾子)　❺-2 **1825**·6·26 文
政仁(ただひと)親王⇨後水尾(ごみずのお)天皇
正仁親王(ただひと·有栖川宮)　❺-2 **1716**·9·24 政
他田日奉春岳　❶ **885**·③·19 政
忠弘(姓不詳)　❸ **1299**·11·8 政／**1300**·7·25 政
忠広(刀工)　❺-1 **1625**·8月 文／**1627**·2月文／**1629**·2月 文／8月 文／**1630**·2月 文／**1631**·8月 文／**1639**·2月 文／**1663**·8月 文
忠房親王　❸ **1330**·1·6 文／**1347**·7月 政
唯道(姓不詳·大隅守護代)　❷ **1273**·7月 政／❸ **1287**·7·25 政
直道広公　❶ **836**·1·11 政／**838**·1·13 政／6·26 文／**853**·1·16 政
忠光(刀工)　❸ **1364**·6月 文
忠吉(肥前刀工)　❹ **1600**·8月 文／❺-1 **1607**·2月 文
忠義(刀匠)　❺-2 **1847**·8月 文
尹良王(ただよしおう)　❸ **1397**·2月 政／3月 政／**1398**·2月 政／5月 政／8·13 政／**1400**·是春 政／是夏 政／**1403**·10·7 政／是年 政
忠良親王　❶ **860**·1·16 政／⑩·4 社／**861**·2·3 政／**866**·11·18 政／**876**·2·20 政
忠世真直　❶ **862**·1·13 政／**863**·2·10 政
直世道主　❶ **865**·5·10 政
多多良伊賀　❸ **1451**·7·15 政
多多良観輪　❼ **1896**·9·1 社
多多良教之⇨大内(おおうち)教之
多多良弘保　❸ **1379**·1·28 政
多多良盛保　❷ **1178**·10·7 政
多智(絵師)　❸ **1438**·4·12 文
館　市右衛門　❺-2 **1844**·1·30 文
立　広作　❻ **1862**·4·11 社
立　作太郎　❽ **1943**·5·13 文
館　重興　❺-1 **1688**·是年 文
館　伝助　❺-1 **1660**·1·14 政
館　柳湾(枢卿·雄次郎·石香斎·三十六湾)　❺-2 **1844**·4·13 文
立川敬二　❾ **2007**·2·24 文
立川小兵衛　❺-2 **1763**·是年 文
立川談志　❾ **1983**·6·29 文
立川文都　❾ **2009**·10·29 文
太刀川正樹　❾ **1975**·2·15 政
太刀川瑠璃子　❾ **2008**·12·19 文
橘　安吉雄　❶ **855**·1·15 政
立花鑑任　❺-2 **1721**·5·13 政
立花鑑連⇨戸次(べっき)鑑連(道雪)
立花鑑載　❹ **1568**·2月 政／7·23 政
立花鑑虎　❺-1 **1667**·7月 政／**1688**·9·29 政／**1702**·6·23 政
立花鑑通　❺-2 **1746**·7·27 政／**1797**·⑦·22 政／12·9 政
立花鑑備　❺-2 **1846**·3·24 政
立花鑑寿　❺-2 **1797**·⑦·22 政
橘　曙覧　❻ **1868**·8·28 文
橘　海雄　❶ **846**·1·13 政／**857**·1·14 政
橘　在列　❶ **944**·10月 社
橘　入居　❶ **788**·1·14 政／**797**·1·13 政
橘　右近　❾ **1995**·7·3 文
橘　氏公　❶ **844**·7·2 政／**847**·承和年間 文／12·19 政
橘　氏人　❶ **841**·1·13 政
橘　枝主　❶ **854**·2·16 文
橘　大郎女　❶ **622**·是年 文
橘　興門　❶ **887**·2·2 政
橘　弟房　❶ **864**·1·16 政
立花一男　❾ **2011**·8·11 文
橘　数雄　❶ **851**·1·11 政
橘　数岑　❶ **850**·1·15 政
橘　方用　❶ **918**·9·29 政
橘　嘉智子(檀林皇后)　❶ **815**·7·13 政／**834**·8·3 政、文／8·9 文／**842**·7·17 政／**847**·承和年間 文／**849**·10·23 社／**850**·5·4 政／5月 社
橘　門雄　❶ **863**·2·10 政
橘　兼仲　❷ **1197**·3月 政
橘　菊丸　❺-2 **1811**·6月 社
橘(小鹿島)　公業　❷ **1184**·9·19 政／**1209**·12·11 政／**1231**·3月 政
橘　公頼　❶ **941**·2·20 政
橘　休蔭　❶ **887**·2·2 政
橘　行順　❷ **1018**·3·5 社
橘　清樹　❶ **899**·3月 政
橘　旭翁(初代)　❻ **1892**·是年 文
橘　清定　❷ **1158**·8·11 社
橘　清友　❶ **839**·6·5 政
橘　清仲　❷ **1152**·8月 政
橘　浄野　❶ **829**·12·19 政
橘　公統　❶ **909**·7·1 文／**925**·5·8 文／**926**·6·2 政／**929**·7·29 文
立花小一郎　❼ **1919**·4·12 政／**1921**·5·16 政
橘　功久(大森繁右衛門)　❺-2 **1793**·8·21 政
橘　孝三郎　❼ **1931**·4·15 文／**1934**·2·3 政
橘　越麻呂　❶ **768**·2·18 文
橘　是貞　❷ **1115**·4·18 文
橘　是茂　❶ **939**·6·21 政
橘　惟親　❶ **919**·12·5 政
橘　惟成　❺-2 **1786**·1月 文
橘　惟弘　❶ **999**·12·16 文／12·18 文
橘　惟広　❷ **1211**·1·10 政
橘　惟寧　❶ **956**·6·20 政
橘　惟行　❷ **1062**·12·28 政／**1064**·9·16 政
橘　惟頼　❶ **999**·12·13 社
橘　貞勝(都　万太夫)　❺-1 **1668**·12月 文／**1669**·1·8 文／**1676**·6月 文
橘　貞樹　❶ **883**·12·28 政
橘　貞俊　❸ **1368**·4·26 社
橘　貞根　❶ **850**·1·15 政／**873**·8·28 政
立花貞則　❺-2 **1746**·7·17 政
橘　定光　❷ **1278**·3·26 文
橘　繁延　❶ **969**·3·25 政／**975**·8·27 政
橘　重庸　❺-2 **1716**·是年 文
橘　茂実　❶ **892**·11·13 政
立花実山　❺-1 **1690**·①·21 文
橘　周太　❼ **1904**·8·28 日露戦争
橘　生斎　❺-1 **1661**·是年 文
橘　樸　❽ **1945**·10·25 文
橘　末茂　❶ **851**·1·11 政／**862**·1·13 政
橘　季任　❷ **1036**·5·24 政
橘　澄清　❶ **910**·5·29 政／**925**·5·6 政
橘　成政(岡部孫太夫)　❺-1 **1678**·1月 政
橘　成陳(井手弥六左衛門)　❺-1 **1663**·3月 政／**1666**·7月 政
橘　成般(寺田市郎兵衛)　❺-1 **1658**·10月 政／**1663**·3月 政
橘　雪勝(吉田作右衛門)　❺-1 **1687**·7月 政／**1688**·7月 政
立花銑三郎　❼ **1896**·2月 社
立花大亀　❾ **2005**·8·25 社
橘　孝親　❷ **1038**·7·12 文／**1040**·11·10 政
橘　高成　❶ **857**·1·14 政
橘　高宗　❶ **852**·2·21 社／**854**·1·16 政／**855**·1·15 政
橘　質信(小川丹下)　❺-2 **1841**·6·10 政
橘　忠範　❷ **1005**·4·14 政
橘　忠宗　❶ **862**·1·13 政／**865**·1·27 政／**866**·1·13 政
橘　忠幹　❶ **955**·⑨·11 政
立花種周　❺-2 **1799**·2·8 政／**1805**·11·19 政／12·27 政
立花種恭　❻ **1856**·3·25 社／**1857**·3·13 社／**1865**·9·13 政／**1867**·6·25 政／9·23 政
橘　為仲　❷ **1076**·9·11 政／**1085**·10·21 政
橘　為愷　❷ **1005**·7·8 政
橘　為義　❷ **1017**·10·26 政
橘　千蔭　❺-2 **1807**·是年 文／**1822**·是年 文
橘　近安　❶ **938**·5·23 政
橘　近保　❶ **942**·6·30 政
橘　次茂　❷ **1187**·12·10 政
橘　常子　❶ **817**·8·1 政
橘　常主　❶ **826**·6·2 政
橘　恒平　❶ **983**·11·15 政
橘　東一　❺-2 **1783**·6·25 文
橘　遠茂　❷ **1180**·8·25 政／10·14 政／**1187**·12·10 政
橘　遠保　❶ **941**·6·20 政／7·7 政／**944**·2·6 政
橘　時枝　❶ **843**·1·12 政／**852**·1·15 政
橘　時成　❶ **862**·1·13 政
橘　時舒　❶ **971**·4·5 政
橘　時望　❶ **978**·3月 政
橘　俊孝　❷ **1032**·9·27 政
橘　俊綱　❷ **1091**·10·25 社／**1093**·12·24 社／**1094**·7·14 文
橘　俊遠　❷ **1025**·11·20 政
橘　敏通　❶ **950**·5·24 政／**959**·1月 文
橘　俊宗　❷ **1083**·8·22 政
橘　伴雄　❶ **864**·1·16 政
立花寛治　❼ **1929**·2·5 政
橘　智正(井手弥六左衛門)　❹ **1600**·2·23 政／❺-1 **1602**·12·18 政／**1604**·2·23 政／**1614**·是年 政／**1615**·是年 政／**1617**·1·22 政／7·4 政
橘　友安　❸ **1295**·4·12 文／6·2 文
橘　虎助　❺-2 **1771**·3·23 政

橘　直幹(真幹)　❶ **947**·4·22 政／**948**·是年 文／**949**·3·11 文／是年 文／**954**·8·9 文／**960**·4·18 政
橘　長茂　❶ **885**·1·16 政／**886**·2·3 政／5·18 政
橘　永継　❶ **821**·3·24 政
橘　仲遠　❶ **964**·2·25 文
橘　永名　❶ **866**·5·10 政
橘　永範　❶ **844**·是年 社
橘　奈良麻呂　❶ **741**·7·3 文／**745**·9·4 政／**749**·7·2 政／**757**·7·4 政／**834**·10·4 文／**847**·10·5 政
橘　成員　❺-1 **1696**·是年 文
橘　成季　❷ **1254**·10·16 文
橘　成弘　❷ **1189**·11 月 政
橘　成元　❺-1 **1646**·8 月 政
橘　南谿(宮川春暉·惠風)　❺-2 **1783**·6·25 文／**1793**·7·20 文／**1795**·是年 文／**1805**·4·10 文
橘　主雄　❶ **887**·2·2 政
橘　信蔭　❶ **857**·1·14 政／**860**·1·16 政／**880**·1·6 政／3·16 政
橘　範明　❸ **1338**·2·6 社
橘　則隆　❷ **1023**·是年 政
橘　則長　❷ **1034**·4 月 文
橘　長谷麻呂　❶ **824**·2·9 政
橘　逸勢　❶ **810**·是年 文／**833**·9·21 文／**842**·7·17 政／7·23 政／8·13 政／**849**·10·26 政／**853**·5·25 政／**863**·5·20 社／**869**·11·23 以前 文
橘　春成　❶ **848**·1·13 政／**867**·1·12 政
橘　彦通　❺-2 **1806**·是年 文
橘　広相(博覧)　❶ **867**·2·11 文／**875**·8·23 文／10·24 社／**884**·5·26 文／**888**·1·27 政／5·15 政／10·13 政／**889**·7·7 文／**890**·5·16 政／是年 政／**926**·2 月 政
橘　武久(寺田市郎兵衛)　❺-1 **1699**·7 月 政
橘　方之(小川又三郎)　❺-1 **1703**·9 月 政
橘　撲　❼ **1924**·10·1 文
立花北枝(土井)　❺-1 **1691**·是年 文／**1701**·是年 文
橘　正明　❼ **1926**·5 月 政
橘　寂雄　❶ **858**·1·16 政
橘　正勝　❺-1 **1680**·寛文·延宝年間 文／**1691**·4·16 文
立花増実　❻ **1870**·7·19 政／**1871**·7·2 政
橘　真直　❶ **849**·1·13 政／**852**·6·20 政
橘　美柿丸　❶ **999**·8·18 社
立花幹也　❽ **1946**·7·23 文
橘　道貞　❷ **1004**·⑨·16 政／**1016**·4·16 政
橘　三千代　❶ **734**·1·11 文
橘　三夏　❶ **855**·1·15 政／**856**·1·12 政／**858**·1·16 政／**875**·2·9 社／**880**·1·13 政
橘　岑雄　❶ **858**·1·16 政／**859**·1·13 政
橘　峰継(岑継)　❶ **848**·1·13 政／**860**·10·29 政
橘　岑範　❶ **860**·2·14 文／**864**·1·16 政
橘　岑守　❶ **869**·1·13 政
立花美哉　❾ **1996**·7·19 社／**2000**·9·15 社／**2001**·7·20 社／**2004**·8·13 社
橘　岷江　❺-2 **1770**·是年 文
橘　宗一　❼ **1923**·9·16 政／**1926**·5·5 社
立花宗茂(立斎)　❺-1 **1603**·是秋 政／12·25 政／**1612**·1·5 政／**1620**·11·27 政／**1623**·1 月 社／**1642**·11·25 政
橘　宗重　❺-1 **1688**·是年 文
立花(戸次)統虎(宗茂·宗虎·正成)　❹ **1582**·4·16 政／**1583**·4·23 政／**1585**·9·11 政／**1586**·8·3 政／8·25 政／10·18 政／**1587**·4·5 政／**1590**·12·20 政／6·7 政／**1592**·4·19 文禄の役／7·9 文禄の役／8·18 文禄の役／**1593**·1·26 文禄の役／**1598**·1·4 慶長の役／11·18 慶長の役／**1599**·4·1 政／**1600**·9·3 慶長の役／11·22 関ヶ原合戦
橘　以綱　❷ **1113**·7·29 政／9·17 政／**1114**·9·7 政／**1115**·12 月 政
橘　以長　❷ **1147**·4·17 文
橘　元実　❶ **959**·12·26 社
橘　元重　❺-1 **1675**·④月 政
橘　本継　❶ **849**·1·13 政
橘　百枝　❶ **854**·4·2 政
橘　守雄　❺-2 **1734**·是年 文
橘　守国(惣兵衛·後素軒)　❺-2 **1734**·是年 文／**1735**·是年 文／**1740**·是年 文／**1748**·10·17 文／**1749**·是年 文
橘　守輔　❷ **1096**·6·24 政
橘　守部(飯田元輔·池庵·椎本·生薬園)　❺-2 **1838**·是年 文／**1839**·是年 文／**1840**·是年 文／**1841**·是年 文／**1842**·是年 文／**1844**·是年 文／**1847**·是年 文／**1848**·是年 文／**1849**·5·24 文／**1850**·是年 文
橘　諸兄(葛城王)　❶ **679**·7·17 政／**710**·是年 政／**729**·2·10 政／**731**·8·11 政／**736**·11·17 政／**737**·9·28 政／**740**·5·10 政／**742**·11·3 政／**743**·1·1 政／5·5 政／**746**·4·5 政／**756**·2·2 政／**757**·1·6 政
橘　保国　❺-2 **1792**·②·23 文
橘(柚谷)　康広　❹ **1573**·4·3 政
橘　安麻呂　❶ **791**·1·22 政／**805**·2·15 政／**821**·7·11 政
橘　安吉　❶ **864**·1·16 政／**869**·1·13 政
橘　祐典　❾ **2010**·9·22 文
橘　行長　❷ **1150**·8·25 政
橘　行平　❷ **1004**·此頃 社／**1005**·4·14 政／**1007**·7·23 政／10·29 政／12·25 政
橘　行房　❷ **1080**·12·22 政
橘　良殖　❶ **914**·3·5 社
橘　最雄　❶ **869**·1·13 政
橘　能貞(仏師)　❹ **1548**·是年 文
橘　良殖　❶ **920**·2·28 政
橘　好古　❶ **934**·12·21 文／**963**·3·25 文／**970**·1·25 政／**972**·1·12 政
橘　良実　❶ **869**·1·13 政
橘　義通　❷ **1067**·2·17 政
橘　良基　❶ **859**·8·23 社／**879**·9·4 政／**884**·5·26 政／**885**·12·22 政／**887**·6·8 政
橘　頼里　❷ **1098**·5·10 政
橘　倚平　❶ **974**·8·10 文
橘　李庵　❺-2 **1729**·⑨·25 文
橘　繕裳　❶ **770**·5·9 政
橘豊日尊⇨用明(ようめい)天皇
橘仲皇女(中比売命)　❶ **536**·3·8
橘戸高志麻呂　❶ **766**·2·4 社
橘家円喬　❼ **1912**·11·22 文
橘家円太郎(ラッパの円太郎、四代目)　❼ **1898**·11·4 文
立花家花橘　❼ **1906**·9·17 文
橘屋三郎五郎　❹ **1557**·10·21 社／**1571**·12·14 社
橘屋三郎左衛門　❺-1 **1602**·5·2 文
橘家太郎　❼ **1934**·4·25 社
立花家林喬　❼ **1898**·1·28 文
立花家六三郎　❼ **1934**·4·25 社
橘屋三郎左衛門尉　❹ **1575**·9·29 社／**1576**·9·11 社／**1581**·7·13 社／**1582**·3·13 社／**1585**·6·20 社／**1599**·③·10 社
立原杏所(子遠·任太郎·東軒·玉琤舎·香案小吏)　❺-2 **1804**·是年 文／**1809**·是年 文／**1820**·是年 文／**1835**·9 月 文／**1840**·5·20 文
立原春沙　❻ **1855**·11·3 文
立原翠軒(甚五郎·伯時·東里)　❺-2 **1823**·3·14 文
立原久太夫　❺-1 **1640**·1·7 社
立原正秋　❾ **1973**·3·30 文
立原道造　❽ **1937**·5 月 文／**1939**·3·29 文
太刀屋宗次　❹ **1521**·12·17 社
太刀山峰右衛門(老本弥次郎)　❼ **1911**·5 月 社／**1916**·5·25 社／❽ **1941**·4·3 社
達　相適　❶ **666**·10·26 政
立　縫彦麻呂　❶ **886**·4·3 社
達　福期(琉球)　❸ **1442**·1·27 政
達　勃期(琉球)　❸ **1415**·3·19 政
辰馬龍雄　❾ **1995**·1·17 政
龍岡真圭　❹ **1462**·2·5 社
タッカー，リチャード　❽ **1957**·6·3 文
立川洋三　❾ **2011**·10·11 文
妲己のお松⇨鈴木(すずき)マツ
田付四郎兵衛　❻ **1861**·5·16 社
田付円方　❺-1 **1660**·8·12 政／**1666**·9·8 政
田付景澄　❺-1 **1612**·是年 政／**1619**·10·14 社
田付主計　❺-2 **1847**·3·24 政／**1850**·2·29 政／❻ **1861**·5·16 社
田付四郎兵衛　❺-1 **1663**·2·11 政／**1692**·11·4 社／**1701**·4·3 社／❺-2 **1717**·1·24 政／**1727**·8·12 政／**1778**·7 月 社／**1787**·7·1 社／**1823**·5·22 政
田付鉄太郎　❺-2 **1847**·5·4 政
田付直平　❺-1 **1688**·7·12 社／**1693**·5·15 政
田附政次郎　❼ **1933**·4·26 政
達古是(琉球)　❹ **1464**·是年 政
達沙(高句麗)　❶ **656**·8·8 政
達増拓也　❾ **2007**·4·8 社

立田清士　❾ 2012·4·25 文
立田正明　❺-2 1843·12·3 政
立田正直　❻ 1862·4·25 社
立田録助　❻ 1863·10·27 政
ダッダ(モーリタニア)　❾ 1972·4·23 政
達智門院⇨奨子(しょうし)内親王
辰野金吾　❻ 1880·2·8 文／1888·2·6 文／❼ 1896·2·29 文／1906·6月 文／1914·3月 文／6·6 社／1915·11·25 社／1919·3·25 文
龍野周一郎　❼ 1903·5·8 政
辰野　隆　❽ 1945·9·27 文／1947·2·12 文／1964·2·28 文
立野保男　❽ 1943·3月 文
辰松八郎兵衛　❺-2 1719·11·18 文／11·25 文／1750·11·24 文／1797·11·8 文
辰巳久左衛門　❻ 1868·2·11 政
辰巳小二郎　❻ 1891·7·29 文
巽　悟朗　❾ 2003·12·23 政
巽　樹理　❾ 2000·9·15 社
立見辰雄　❽ 1959·10·31 文
辰巳八郎　❽ 1954·3·22 社
辰巳柳太郎　❾ 1987·9·7 文／1989·7·29 文
辰巳屋久左衛門　❺-2 1740·3·19 政／1761·12·16 政／1783·是年 政
龍村平蔵　❼ 1928·10·8 文／❽ 1943·12·17 文／1962·4·11 文
辰吉丈一郎　❾ 1991·9·19 社／1993·7·20 社
達魯(琉球)　❹ 1526·是年 政／1541·是年 政
達魯加尼(琉球)　❹ 1522·5·3 政
蓼　胡蝶(館　なか)　❽ 1958·7·2 文
伊達安芸(宗重)　❺-1 1671·3·27 政
伊達氏宗　❸ 1412·7·17 政
伊達景長　❺-1 1611·1·2 文
伊達景宗　❸ 1351·9·11 政／12·12 政／1352·8·20 政
伊達公子　❾ 1993·9·5 社／1994·1·17 社／1995·2·5 社／6·6 社／1996·4·28 社／7·2 社
伊達金三郎　❺-2 1733·4·23 政
伊達国王丸　❹ 1585·10·6 政
伊達邦成　❻ 1869·12月 政／1870·1月 政
伊達邦成(靫負·藤五郎)　❼ 1904·11·29 政
伊達邦直　❻ 1891·1·12 政
伊達邦宗　❹ 1494·4·12 政
伊達源一郎　❽ 1961·7·15 文
伊達小次郎　❹ 1590·4·5 政
伊達貞親　❹ 1460·6月 政
伊達貞綱　❸ 1333·12·5 社
伊達真信　❸ 1356·5·18 政／6·26 政／9·21 政
伊達実元　❹ 1542·6·20 政／1575·3·4 政
伊達三郎兵衛　❺-1 1665·8月 社
伊達治一郎　❾ 1976·7·17 社
伊達重村　❺-2 1756·5·26 政／1771·3月 文／1775·10·15 政
伊達次郎⇨伊達稙宗(たねむね)
伊達甚太郎　❼ 1913·7·25 社
伊達善恵　❸ 1334·7·2 政
伊達惣右衛門　❺-2 1846·7·22 政
伊達忠宗　❺-1 1626·5·28 政／1636·5·24 政／1637·11·12 島原の乱／1658·7·12 政
伊達稙宗(次郎)　❹ 1514·2·15 政／4·23 社／5·5 政／1517·3·9 政／10月 政／1520·6·21 政／1521·7月 社／12·7 政／1523·4·3 社／8·27 政／1528·4·13 政／1532·是年 政／1533·3·13 社／1534·是年 政／1536·4·14 政／4·29 社／6·21 政／1537·7·24 社／1538·9·3 政／1541·6月 政／7·13 政／1543·6月 政／1544·3·28 政／10·20 政／1546·6·1 政／1547·⑦月 政／1548·9月 政／1553·1·17 政／1565·6·19 政
伊達稙村　❹ 1542·6·20 政
伊達為顕　❸ 1335·8·13 政
伊達周宗　❺-2 1808·12·15 政／1812·2·7 政
伊達千広　❺-2 1848·是年 文
伊達綱宗　❺-1 1658·7·12 政／1660·2·10 社／7·18 政
伊達綱村(亀千代)　❺-1 1660·8·25 政／1671·4·6 政／1688·11·4 政／1695·7·6 政／1703·8·25 政
伊達輝宗(総次郎·受心)　❹ 1555·3·19 政／1564·1·22 政／1565·5月 政／是年 政／1566·1·10 政／1569·3·26 政／1570·5·8 政／1571·2·16 政／1574·2·6 政／3·13 政／4·15 政／5·11 政／10·15 政／1575·3·7 社／1577·5·11 政／⑦·23 政／1578·10·15 政／1579·是冬 政／1581·5·1 政／1582·1·7 文／3月 政／4·13 政／5·11 政／10·16 政／12月 政／1583·2·6 政／1584·5月 政／10月 政／1585·⑧·2 政／10·6 政
伊達時長　❷ 1189·8·8 政
伊達朝綱　❸ 1358·2·22 政
伊達直人　❾ 2011·1月 社
伊達尚宗　❹ 1487·9·25 政／1488·1月 政／1489·4·19 社／是年 政／1494·4·12 政／1503·7·20 政／1509·7·28 政／9·11 政／1510·7·24 政／8·1 政／1514·5·5 政
伊達成氏　❹ 1484·2·12 文
伊達斎邦　❺-2 1834·1·11 政
伊達成実　❹ 1585·10·6 政／1586·7·16 政／1588·2·12 政／7·4 政
伊達成実　❺-1 1602·12·30 政
伊達成宗　❹ 1469·1·8 政／10·2 政／1473·8·6 政／1483·10·10 政／11月 文／1487·9·25 政／1534·是年 政
伊達斎宗　❺-2 1812·2·7 政
伊達斎義　❺-2 1827·11·27 政
伊達範宗　❸ 1394·1·29 政／1399·9·26 政／1405·6·20 政
伊達晴宗　❹ 1541·4·26 政／7·13 政／1542·6·20 政／1543·3·23 政／5·2 政／6月 政／1544·3·28 政／7·29 政／1546·6·1 政／9·9 社／1547·⑦月 政／1548·9月 政／1553·1·17 政／是年 政／1564·8月 政／1565·7·19 政／是年 政／1570·5·8 政／1577·12·5 政
伊達秀宗　❺-1 1602·9·26 政／1618·是年 社／1620·6·30 政／1657·7·21 政／1658·6·8 政
伊達冬隆　❹ 1476·10·14 社
伊達政景⇨留守(るす)政景
伊達政宗(大膳大夫、伊達家九代目)　❸ 1377·10·10 政／1388·7·4 政／1391·6·27 政／1400·3·8 政／1402·5·21 政／9·5 政／11·30 政／1405·9·14 政／1406·7·30 社
伊達政宗(伊達家十七代目)　❹ 1579·是冬 政／1581·5·1 政／1582·3月 政／1583·2·6 政／7·10 政／1584·5月 政／10月 政／1585·1月 政／5·13 政／⑧·2 政／⑧·24 政／⑧·27 社／11·17 政／1586·2·13 政／7·16 政／1587·1·27 政／2·7 政／4·18 政／5·19 政／6·22 文／8·8 政／9·10 政／10·14 政／1588·1·17 政／3·10 政／4·5 政／⑤·11 政／6·12 政／7·4 政／1589·2·25 政／3·26 政／4·16 政／5·3 政／6·5 政／7·4 政／8·18 政／10·2 政／11·10 政／1590·1·6 政／3·3 政／4·5 政／5·9 政／6·1 政／7·13 政／8·18 政／9·28 政／10·16 政／11·15 政／12·26 政／1591·1·11 政／2·4 政／3·15 社／5·20 政／6·14 政／6·20 政／7·3 政／8·6 政／9·7 政／1592·1·5 文禄の役／3·17 文禄の役／1593·3·15 文禄の役／4·21 文禄の役／5·2 文／9·18 文禄の役／1594·2·21 文／1595·8月 政／是夏 政／9·8 政／10·1 文／1596·8·14 政／1599·1·19 政／③·8 政／4·5 政／8·20 社／1600·6·6 関ヶ原合戦／7·24 関ヶ原合戦／8·1 関ヶ原合戦／12·24 政／❺-1 1601·2·1 社／3月 政／4·21 政／7·7 政／10·12 政／12月 社／是年 政／1602·1月 政／3·16 社／12·30 政／是年 政／1605·是年 社／1606·5·5 社／1607·2·8 文／8·12 文／10·18 文／10·24 文／1608·1月 政／3月 社／1609·3·26 文／1610·5·23 文／10·16 文／1611·3·6 政／5·9 社／10·6 政／11·5 政／1612·1·5 政／9·10 政／1613·6·13 文／9·4 慶長遣欧使節／12·24 社／1614·10·15 大坂冬の陣／1615·1·19 大坂夏の陣／4·9 大坂夏の陣／5·6 大坂夏の陣／7·20 文／9·21 社／1616·8·20 政／1620·6·30 政／8·24 社／9·1 社／10·12 社／是年 社／1621·9·13 文／1623·2·16 社／3·16 文／6·20 文／1626·5·20 政／8·15 文／10·1 文／1627·1·17 文／1630·1·29 社／5·19 文／1632·3·5 文／5·24 政／1633·3·23 文／1634·6·2 政／1635·1·11 文／3·13 文／7·12 社／1636·5·18 政／5·24 政
伊達民三郎　❼ 1915·4·26 社
伊達牟宇姫　❺-1 1634·6·4 政
伊達宗興　❺-1 1671·4·3 政
伊達宗勝　❺-1 1660·8·25 政／1671·4·3 政／1679·11·21 政
伊達宗清　❺-1 1634·7·22 政
伊達宗純　❺-1 1657·7·21 政
伊達宗紀　❺-2 1844·7·16 政
伊達宗遠　❸ 1354·6·20 政／

1385·5·20 政
伊達宗利　❺-1 1658·6·8 政／1673·9·28 社
伊達宗成　❺-2 1844·7·16 政
伊達宗城(宇和島藩)　❺-2 1846·8·9 政／❻ 1856·10·6 政／1857·10·16 政／1863·2·19 政／11·3 政／12·30 政／1866·6·16 政／1867·2·13 政／4·15 政／5·14 政／5·23 政／6·16 政／12·26 政／1868·6·24 政／1869·6·24 政／1871·4·27 政／7·29 政／1892·12·20 政
伊達宗徳　❻ 1866·6·16 政
伊達宗春　❺-1 1701·3·11 政
伊達宗村　❺-2 1756·5·26 政
伊達宗贇　❺-1 1704·2·7 文／1708·5·14 政
伊達村候　❺-2 1735·5·28 政／1794·9·14 政
伊達村年　❺-2 1735·5·28 政
伊達村和　❺-1 1695·7·6 政／1698·7·18 社／1699·9·9 政／10·28 政
伊達村寿　❺-2 1794·10·20 政／1836·3·10 政
伊達持宗　❸ 1413·4·18 政／12·21 政／1416·10月 政／1441·是年 社／1455·6·3 政／❹ 1458·8·24 政／1460·10·21 政／1462·10·17 政／1469·1·8 政
伊達弥助(二代目)　❻ 1873·2·25 文／1890·10·2 文／1892·3·7 文
伊達行朝　❸ 1335·8·13 政／1348·5·9 政
伊達慶邦　❻ 1857·12·29 政／1868·3·2 政／3·10 政／④·11 政／④·21 政／7·1 政／1870·1·5 政
伊達吉村　❺-1 1703·8·25 政／❺-2 1751·12·24 政／1755·是年 政
伊達林右衛門　❻ 1856·11·19 社
立石一真　❾ 1991·1·12 政
立岩喜兵衛　❹ 1595·1·17 社
立石清重　❻ 1876·4·18 文
立石国長　❹ 1476·1·13 政／1479·1·1 政／1482·1·1 政／1484·1·5 政／1487·1·7 政／1490·1·10 政／1493·1·11 政／1502·1·3 政
立石国幸　❹ 1494·1·18 政／1502·1·3 政
立石得十郎　❻ 1857·1月 文
立石孫一郎　❻ 1864·12·18 社／1866·4·4 政
立石弥七左衛門　❹ 1566·8月 政
立石　諒　❾ 2012·7·27 社
立岩利夫　❾ 2010·7·22 文
楯岡光直　❺-1 1622·8·21 政
立川烏亭(二代目焉馬)　❻ 1862·7·23 文
立川焉馬(烏亭焉馬·立川談洲楼·談洲楼焉馬)　❺-2 1804·是年 文／1811·是年 文／1814·是年 文／1817·文化年間 社／1822·是年 文／1833·是年 文
立川金升　❺-2 1798·6月 社
立川金馬　❺-2 1813·4·21 社
立川銀馬　❺-2 1813·是年 文
立川三玉　❻ 1880·4·17 文
立川談志　❽ 1961·2·1 文／❾ 1999·4·21 文／2011·11·21 文
建川美次　❽ 1940·10·30 政／1941·4·13 政／6·11 政／1945·9·9 政
蓼倉友重　❹ 1578·10·24 政
立野斎庵　❺-1 1669·是年 文
立野春節　❺-1 1661·是年 文／1677·是年 文
立野千代里　❾ 1992·7·25 社
立野正岑　❶ 857·6·25 政／858·②·28 政
立野弥兵衛　❹ 1580·7月 政
館野芳之　❻ 1888·3·28 政
立野龍貞　❺-2 1820·是年 文
立羽不角　❺-1 1687·是年 文／1689·是年 文／1691·是年 文／1692·是年 文／1694·是年 文／❺-2 1736·是年 文／1738·是年 文／1753·7·21 文
建畠覚造　❽ 1943·12·17 文／1956·3·13 文／❾ 2006·2·16 文
建畠大夢　❼ 1911·10·14 文／1914·10·15 文／1921·12·15 文
立林何帛　❺-2 1745·6·1 文
舘林了庵　❺-1 1678·是年 文
竪部石前　❶ 721·1·27 文
建部身麻呂　❶ 753·10月 文／754·9·4 文
建部和歌夫　❼ 1935·11·21 文
立松弘臣　❾ 1968·是年 社
立松弘孝　❾ 1979·5·18 文
立松義寅　❻ 1883·12·16 文
立松和平　❾ 2010·2·8 文
伊達屋林右衛門　❺-2 1806·3·27 政
舘山源右衛門　❻ 1855·9·28 政
竪山辰美　❾ 2009·10·22 社
竪山利文　❾ 1979·3·9 社／2007·10·21 社
立入宗継　❹ 1564·9·28 政／1565·10·10 政／1567·11·9 政／1570·6·2 政／❺-1 1622·9·26 政
立入宗康　❹ 1500·9·28 政／1516·1·24 政
立入康善　❹ 1584·11·21 社／❺-1 1627·11·16 政
帯刀貞代　❾ 1990·3·31 社
田所兼信　❷ 1274·文永年間 社
田所壮輔　❻ 1864·9·29 政
田所輝明　❼ 1922·1·1 政
田中阿歌麿　❼ 1911·6·3 社
田中明夫　❾ 2003·1·19 文
田中明日菜　❾ 2012·7·27 社
田中飯麻呂　❶ 780·3·17 政
田中伊三次　❽ 1956·12·23 政／❾ 1966·12·3 政／1972·12·22 政
田中和泉　❾ 1991·10·9 社
田中一如　❺-2 1827·是年 文
田中市兵衛　❼ 1896·10·18 政／1910·7·25 政
田中一松　❾ 1983·4·19 文
田中一光　❾ 1965·11·12 文／2000·11·6 文／2002·1·10 文
田中意徳　❺-1 1641·6·19 政
田中稲城　❻ 1892·3·1 文／❼ 1897·4·27 文
田中栄一　❽ 1948·3·7 社
田中益信　❺-2 1800·是年 文
田中近江　❺-2 1721·6·2 社
田中大秀　❺-2 1831·是年 文／1847·9·16 文
田中介二　❼ 1917·4·18 文
田中塊堂　❾ 1976·2·1 文
田中角栄　❽ 1948·10·19 政／12·9 政／1952·10·1 政／1957·7·10 政／1961·7·19 文／1962·7·18 政／1963·2·6 政／7·18 政／1964·7·18 政／❾ 1965·5·21 政／1968·11·29 政／1971·7·5 政／1972·6月 政／7·7 政／12·22 政／1982·6·1 政／1989·10·14 政／1992·4·6 政／1993·12·16 政／1994·9·26 政／1996·4·3 社
田中　和　❺-2 1755·是年 文
田中一昭　❾ 2002·6·21 社
田中和仁　❾ 2012·7·27 社
田中克巳　❼ 1932·3月 文／❽ 1944·11月 文
田中河内介　❻ 1862·5·1 政
田中勘兵衛(教忠)　❼ 1930·11月 政
田中毅一　❼ 1935·7·15 政
田中義一　❼ 1918·9·29 政／1922·2·28 政／1923·9·2 政／1925·4·4 政／8·4 政／1926·1·14 政／3·4 政／1927·1·20 政／4·20 政／8·11 政／11·5 政／1929·4·17 政／6·10 政／9·29 政
田中喜一郎　❻ 1873·2·25 文
田中儀右衛門　❺-2 1824·6月 社
田中帰春　❺-2 1812·11·17 文
田中喜四郎　❽ 1937·7月 文
田中絹代　❼ 1932·12·1 社／❽ 1938·9·15 社／1944·是年 社／1950·1·19 社／❾ 1977·3·21 文
田中丘隅(休愚·窪島喜六)　❺-2 1721·是年 文／1726·5·25 社／1729·7·19 政／12·14 文
田中王堂(喜一)　❼ 1932·5·9 文
田中旭嶺　❾ 1977·12·28 文
田中希代子　❽ 1952·9·22 文／❾ 1996·2·26 文
田中清玄　❼ 1930·7·14 政／❽ 1963·2·24 政／11·9 社／❾ 1993·12·10 政
田中清人(浄人)　❶ 810·9·27 文
田中清房　❺-2 1828·是年 文
田中銀之助　❼ 1899·是年 社
田中邦衛　❾ 1981·10·6 社
田中国重　❼ 1933·5·16 政／❽ 1941·2·19 政
田中邦高　❺-2 1754·是年 文
田中熊五郎　❺-2 1808·7·19 政
田中軍太郎　❻ 1866·1·17 政
田中敬子　❽ 1954·6·27 社
田中慶秋　❾ 1988·10·10 政／2012·10·1 政
田中源五左衛門　❺-2 1852·6月 文
田中源十郎　❺-2 1721·6·2 社
田中玄順　❺-1 1686·是年 文
田中謙助⇨田中光顕(みつあき)
田中愿蔵　❻ 1864·6·6 天狗党の乱
田中源太郎　❼ 1922·4·3 政
田中玄蕃　❹ 1574·是年 社
田中耕一　❾ 2002·10·8 文／11·3 文／12·10 文／2011·11·8 文
田中幸清　❷ 1235·7·5 社

田中耕太郎　❽ 1941·2·26 文／1945·10·4 文／1946·2·21 文／5·22 政／1950·2·28 政／1960·11·3 文／11·16 政
田中幸若大夫　❸ 1450·2·18 文
田中小実昌　❾ 2000·2·27 文
田中五郎兵衛　❺-1 1694·9·29 政
田中佐一郎　❽ 1944·11·25 文
田中左源太　❺-2 1722·2·16 社
田中定安　❺-1 1702·2·23 政
田中聡子　❽ 1959·7·12 社／1960·8·25 社
田中　聰　❾ 2012·9·13 文
田中三郎　❼ 1919·7·11 文
田中瑳磨介　❻ 1862·5·1 政
田中止邱　❺-1 1662·是年 文
田中重雄　❾ 1992·1·18 文
田中茂穂　❾ 1966·8·1 政
田中次左衛門　❺-1 1649·3·4 社
田中七郎右衛門　❺-1 1647·正保年間 社
田中舎身　❼ 1915·4·7 社
田中周二　❾ 2011·10·23 文
田中従太郎　❺-2 1805·是年 文
田中　純　❼ 1919·11月 文
田中俊一　❾ 2012·9·19 政
田中順子　❾ 1996·7·19 社
田中春弥　❾ 2010·8·18 文
田中正右衛門　❻ 1879·是年 文
田中庄次郎　❺-1 1654·承応年間 政
田中勝介　❺-1 1610·6·13 政／1611·4·10 政／9·22 政
田中正造(兼三郎)　❻ 1892·5·25 政／❼ 1897·2·28 社／1900·2·15 政／1901·10·23 政／12·10 政／12·20 社／1913·9·4 政
田中正平　❻ 1892·9·21 文／❼ 1907·7月 文／1936·7·15 文
田中正平　❽ 1945·10·16 文
田中所左衛門　❺-1 1707·5·21 政
田中四郎　❸ 1334·11·24 社
田中次郎(ロシア留学生)　❻ 1865·4·8 文
田中二郎(憲法学者)　❼ 1900·是年 文／❾ 1982·1·16 政
田中次郎右衛門　❻ 1869·1·24 政
田中新一(カーバイト製造)　❼ 1902·1·31 社
田中新一(軍人)　❽ 1942·12·5 政
田中仁右衛門　❺-1 1683·5·17 政
田中信吾　❺-2 1849·④·8 政
田中親美　❾ 1975·11·24 文
田中新兵衛　❻ 1862·⑧·20 政／1863·5·20 政
田中慎弥　❾ 2012·1·17 文
田中晋六郎　❻ 1870·12·26 政
田中萃一郎　❼ 1923·8·13 文
田中澄江　❾ 2000·3·1 文
田中寿美子　❾ 1995·3·15 政
田中静壱　❽ 1942·9·29 政／1945·8·24 政
田中菁山　❼ 1934·4·18 文
田中静洲　❻ 1865·3·22 文
田中精助　❻ 1873·2·25 文／1878·6月 社
田中清六　❺-1 1601·6·1 社
田中善吉　❺-2 1736·是年 社
田中善左衛門　❹ 1500·明応年間 政
田中善蔵　❻ 1867·11·12 政
田中善之助　❼ 1910·12·21 文
田中千梅　❺-2 1759·是年 文
田中惣右衛門　❺-1 1683·5·17 政
田中宗慶　❹ 1595·9月 文
田中惣五郎　❽ 1961·9·4 文
田中大吉　❻ 1878·6月 社
田中大秀　❺-2 1828·是年 文
田中太右衛門　❺-1 1613·9·15 慶長遣欧使節
田中　卓　❽ 1963·2·3 文
田中沢二　❽ 1942·3·17 政
田中武雄　❽ 1945·10·9 政／1947·12·28 政
田中竹次郎　❻ 1892·5·17 社
田中忠雄　❽ 1945·11月 文
田中忠政　❺-1 1609·2·18 政／1620·8·7 政
田中多太麻呂　❶ 762·1·9 政／⑫·25 政／764·1·20 政／771·③·1 政／772·4·19 政／777·10·13 政
田中龍夫　❾ 1967·11·25 政／1976·12·24 政／1998·3·30 政
田中足麻呂　❶ 672·6·25 政／7·5 政／698·6·29 政
田中千禾夫　❽ 1948·8·1 文／❾ 1995·11·29 文
田中智学(源　義世)　❻ 1881·4·28 社／1885·1月 社／1888·8·3 文／1891·6·13 社／❼ 1914·11·4 政／1923·11·3 政
田中智学(巴之助)　❽ 1939·11·17 社
田中千香士　❾ 2009·1·19 文
田中千代　❽ 1963·2·14 社／❾ 1999·6·28 文
田中長兵衛(醤油製造)　❹ 1574·是年 社
田中長兵衛(実業家)　❼ 1896·8·1 政／1901·11·7 政
田中鉄斎　❼ 1903·11·1 文
田中伝左衛門(九代目)　❼ 1909·11·11 文
田中伝左衛門(赤田礼三郎、十代目)　❽ 1955·2·22 文
田中登仙　❺-1 1684·是年 文
田中藤六　❺-2 1771·10月 社
田中都吉　❼ 1927·10·14 政
田中徳三　❾ 2007·12·20 文
田中利明　❽ 1955·4·20 社／1957·3·7 社／❾ 1998·2·6 社
田中敏文　❽ 1955·4·23 社
田中訥言(虎頭)　❺-2 1798·2·30 文／1813·6·8 文／是年 文／1823·3·21 文
田中豊一　❾ 2000·5·20 社
田中直紀　❾ 2012·1·13 政／3·30 政
田中鳴門　❺-2 1784·是年 文
田中信昭　❽ 1956·3·30 文
田中信男　❽ 1944·7·3 社
田中徳祐　❽ 1944·6·15 政
田中法麻呂　❶ 687·1·19 政／689·1·8 政／699·10·20 政
田中　元　❾ 1970·5·20 社
田中八月麻呂　❶ 806·1·28 政
田中はる　❼ 1915·4·30 社
田中玄宰　❺-2 1787·2·20 政／1802·7·4 政／1808·8·7 政
田中彦右衛門　❻ 1864·5·15 政
田中久重(儀右衛門)　❺-2 1851·是春 文／❻ 1854·1月 文／1875·7·11 社／1878·4月 社／1881·11·7 文／1884·2月 社／❼ 1905·2·23 政
田中秀夫　❾ 2011·7·9 文
田中秀央　❾ 1972·6月 文
田中栄信　❺-2 1780·是年 文／1783·是年 文
田中秀征　❾ 1993·8·9 政／1996·1·11 政
田中英光　❽ 1940·9月 文／1944·2月 文／6月 文／1949·11·3 文
田中　均　❾ 2002·9·17 政／2004·2·11 政
田中不二麿　❻ 1874·2月 文／9·27 文／1880·2·28 政／1887·5·9 政／1891·6·1 政／1892·6·23 政／❼ 1909·2·1 政
田中文雄　❼ 1932·6·17 文
田中冬二　❾ 1980·4·9 文
田中文左衛門　❻ 1868·8·29 政
田中文助　❻ 1873·2·25 文
田中平八　❻ 1884·6·8 政
田中抱二　❻ 1885·1·22 文
田中真紀子　❾ 1994·6·30 政／2002·1·29 政／6·20 政／2003·10·22 政／2012·10·1 政／11·2 文
田中正子　❽ 1938·11·1 社
田中将大　❾ 2006·8·6 社
田中正文　❼ 1902·2·17 文
田中正巳　❾ 1974·12·9 政
田中雅美　❾ 2000·9·15 社
田中　勝　❼ 1936·2·29 政
田中松太郎　❽ 1949·3·10 文
田中　琢　❽ 1961·1·24 文
田中三上　❶ 738·4·22 政
田中道清　❷ 1206·1·3 社
田中路子　❾ 1988·5·18 文
田中美知太郎　❾ 1968·6·10 文／1978·11·3 文
田中道麿　❺-2 1784·10·4 文
田中光顕(謙助、浜田辰弥)　❻ 1862·4·23 政／1866·1·8 政／❼ 1898·2·9 政／1904·7·21 社／1909·6·16 政／❽ 1939·3·28 政／1944·7·23 政
田中光二　❼ 1921·9·14 文
田中　実(建築家)　❽ 1949·3·16 文
田中　京　❾ 1988·9·17 社
田中宗清　❷ 1218·9·16 社／1237·6·9 社
田中元陳　❺-2 1722·6·22 社／1737·是年 文
田中康夫　❾ 2000·10·15 社／2002·7·5 社／9·1 社／2005·8·21 政
田中靖郎　❾ 2010·11·3 文
田中安大夫　❺-1 1643·3·28 社
田中裕子　❾ 1976·3·17 社／1983·4·4 社
田中佑典　❾ 2012·7·27 社
田中有美(茂一)　❼ 1933·2·20 文／3·20 文
田中幸道　❾ 2005·6·25 文
田中友水子　❺-2 1742·是年 文
田中淑恵　❾ 1980·9·14 文
田中芳男　❻ 1869·5·1 文／

1870·9 月 文／**1871**·9 月 文／**1890**·10·1 政／❼ **1916**·5·22 政
田中好子　❾ **2011**·4·21 文
田中義隆　❺-2 **1753**·10·25 文
田中善立　❼ **1928**·9·7 政
田中義能　❼ **1920**·9·17 文
田中吉信　❺-1 **1606**·1·20 社
田中吉政(宗政·影政)　❹ **1585**·11·20 社／**1590**·3·28 政／**1595**·10·11 社／**1600**·8·12 関ヶ原合戦／8·23 関ヶ原合戦／9·21 関ヶ原合戦／❺-1 **1603**·1·11 文／**1604**·11·9 文／**1606**·1·20 社／**1609**·2·18 政
田中佳政　❺-2 **1717**·是年 文
田中義三　❾ **1996**·3·29 政／**2000**·6·27 政／**2003**·4·30 社／**2007**·1·1 社
田中頼庸　❼ **1897**·4·10 社
田中蘭陵　❺-2 **1734**·12·25 文／**1741**·是年 文
田中力蔵　❻ **1882**·是年 社
田中隆吉　❼ **1936**·11·14 政
田中隆三　❼ **1920**·11·12 社
田中良与　❺-2 **1744**·是年 文
田中六助　❾ **1978**·12·7 政／**1985**·1·30 政
田中王　❶ **771**·③·1 政／**777**·10·13 政／**778**·2·4 政
田中館愛橘　❻ **1886**·3·26 社／5 月 文／**1887**·6·23 文／❼ **1902**·11·14 社／**1906**·9·14 文／**1909**·7·31 政／**1925**·9·20 政／❽ **1942**·3·20 政／**1944**·4·29 文／**1952**·5·21 文
多那嶮(アイヌ)　❹ **1529**·3·26 政
棚瀬軍之佐　❼ **1909**·4·11 政
棚橋絢子　❽ **1939**·9·21 社
棚橋一郎　❻ **1888**·4·3 文／**1891**·7·29 文
棚橋小虎　❾ **1973**·2·20 社
棚橋松林　❻ **1893**·5·25 文
棚橋寅五郎　❽ **1955**·12·11 政
棚橋泰文　❾ **2004**·9·27 政
棚原隆子　❾ **1965**·6·11 政
棚原親方　❺-2 **1850**·8·28 政
田辺有栄　❻ **1891**·3 月 政／❼ **1911**·9·14 政
田辺一鶴　❾ **2009**·12·22 文
田辺伊予　❺-2 **1728**·4 月 文
田辺首名　❶ **700**·6·17 政
田辺　清　❽ **1960**·8·25 社
田辺浄足　❶ **782**·2·7 政
田辺源二　❻ **1890**·1 月 政
田辺源助　❻ **1890**·11·16 文／❼ **1907**·4·10 文
田辺五兵衛　❻ **1877**·是年 文
田辺朔郎　❽ **1944**·9·5 文
田辺三右衛門　❺-1 **1615**·⑥·5 社
田辺重真　❺-1 **1611**·2·4 社
田辺茂啓　❺-2 **1764**·是年 文／**1767**·是年 文
田辺治助　❺-2 **1761**·6 月 社
田辺静馬　❺-2 **1832**·6·19 社
田辺志摩　❺-2 **1723**·3·2 社
田辺淳吉　❼ **1926**·7·13 文
田辺誠一　❾ **1992**·12·24 政
田辺聖子　❾ **1973**·7 月 文／**1993**·3·5 文／**2000**·11·6 文／**2008**·11·3 文
田辺太一(定輔)　❻ **1857**·5·22 政／**1867**·1·11 政／**1871**·5·13 政／**1875**·10·22 政／**1888**·2·19 文／❼ **1912**·1·16 文／**1915**·9·16 文 政
田辺高額　❶ **745**·9·4 政
田南部　力　❾ **2004**·8·13 社
田辺貞斎　❺-2 **1773**·③·11 文
田辺哲夫　❾ **1995**·8·8 政
田辺伝三郎　❺-1 **1647**·9·27 社／**1663**·12·14 政
田鍋友時　❾ **2009**·6·19 社
田辺難波　❶ **737**·1·21 政
田辺南龍(初代)　❺-2 **1850**·5·5 文
田辺南龍(二代目)　❻ **1884**·12·10 文
田辺仁右衛門　❺-1 **1638**·是年 社
田辺信宏　❾ **2011**·4·10 社
田辺　元　❽ **1937**·12·15 文／**1950**·11·3 文／**1962**·4·29 文
田辺治通　❽ **1941**·7·16 政
田辺彦兵衛　❺-1 **1713**·1 月 文
田辺秀雄　❾ **2010**·9·15 文
田辺碧堂　❼ **1931**·4·18 文
田辺　誠　❾ **1991**·7·23 政
田名部匡省　❾ **1991**·11·5 政
田辺三重松　❽ **1941**·9·6 政／**1945**·11 月 文
田辺百枝　❶ **700**·6·17 政
田辺安正　❺-1 **1613**·是年 社／**1614**·4·4 社／**1615**·3·23 社
田辺陽子　❾ **1992**·7·25 社／**1996**·7·19 社
田辺良顕　❻ **1886**·9·10 社
田辺覧吉　❻ **1868**·④·20 政
田辺屋又右衛門　❺-1 **1605**·9·3 政／**1608**·7·25 政
田南岳璋　❼ **1928**·2·11 文
谷　暢夫　❽ **1944**·10·20 政
谷　一斎(儒者)　❺-1 **1695**·3·25 文
谷　一斎(象牙彫)　❻ **1894**·2·21 文
谷　エース　❾ **2004**·2·26 文
谷　幹々　❺-2 **1799**·7·23 文
谷　啓　❾ **2010**·9·11 文
谷　玄圃　❺-2 **1778**·11·29 文
谷　貞之丞　❺-1 **1711**·8·25 社
谷　重喜　❻ **1877**·3·1 政／8·23 政
谷　重遠　❺-2 **1717**·6·30 文／**1720**·是年 文／**1721**·是年 文
谷　重道　❺-1 **1637**·是年 文
谷　時中　❺-1 **1649**·12·29 文
谷　治兵衛　❺-2 **1770**·8·10 文／12·30 文
谷　十三郎　❺-2 **1736**·11·25 社
谷　水石　❻ **1877**·是年 政
谷　洗馬　❼ **1928**·8·1 文
谷　宗牧⇨宗牧(そうぼく)
谷　宗養⇨宗養(そうよう)
谷　素外　❺-2 **1775**·是年 文／**1823**·2·8 文
谷　干城(申太郎·守部)　❻ **1877**·11·2 政／西南戦争 2·22／**1880**·6·6 文／**1885**·12·22 政／**1887**·8·1 政／8 月 政／**1893**·10·14 政／**1894**·1·24 政／❼ **1897**·3·11 政／**1898**·12·10 政／**1911**·5·13 政
谷　恒生　❾ **2003**·7·9 文
谷　鉄蔵　❻ **1864**·10·16 天狗党の乱
谷　斗南　❺-2 **1820**·是年 文／**1839**·是年 文
谷　文一(痴斎)　❺-2 **1818**·3·8 文
谷　文二　❺-2 **1850**·5·11 文
谷　文晁(文朝·師陵·写山楼·画学斎·無二·一恕·文阿弥)　❺-2 **1778**·9·12 文／**1784**·8·26 文／**1790**·是年 文／**1791**·是年 文／**1792**·是年 文／**1793**·4 月 文／11 月 文／**1794**·2·22 文／**1796**·6·3 文／9·4 社／**1797**·是年 文／**1798**·是年 文／**1799**·3·27 文／10·6 文／是夏 文／**1800**·10·6 文／是年 文／**1802**·3·25 文／是年 文／**1803**·4 月 文／7 月 文／**1804**·3 月 文／7 月 文／11·7 文／是年 文／**1805**·12·23 文／**1807**·是春 文／**1810**·11·5 文／**1812**·是年 文／**1813**·是年 文／**1815**·6 月 文／**1817**·4 月 文／**1820**·6 月 文／9·20 文／**1821**·是年 文／**1826**·5·25 文／**1828**·8·27 文／**1829**·是年 文／**1831**·是年 文／**1832**·5·10 文／**1837**·6·23 文／**1840**·12·14 文
谷　木因　❺-1 **1681**·7·25 文／**1685**·3·26 文
谷　正之　❽ **1940**·6·4 政／**1942**·9·17 政／**1956**·9·7 政／**1962**·10·26 政
谷　真潮　❺-2 **1797**·10·18 文
谷　万太郎　❻ **1865**·1·8 政
谷　衛友(甚太郎)　❺-1 **1608**·6·29 社／**1627**·12·23 政
谷　衛好　❹ **1579**·9·10 政
谷　弥五郎　❻ **1893**·5·25 社
谷　彌次郎兵衛　❺-1 **1647**·7 月 政
谷　野主　❶ **808**·5·14 政
谷　豊(マレー半島のハリマオ)　❽ **1940**·6·19 政／6·24 政／**1942**·4·3 政
谷　洋一　❾ **2000**·7·4 政／**2011**·10·24 政
谷(田村)　亮子　❾ **1990**·12·9 社／**1992**·7·25 社／**1996**·7·19 社／**1999**·10·10 社／**2000**·9·15 社／**2001**·7·29 社／**2003**·9·12 社／**2004**·8·13 社／**2007**·9·16 社／**2008**·8·9 社
谷　麓谷　❺-2 **1809**·9·5 文
ダニー飯田　❾ **1999**·7·5 文
ダニー·ケイ(米)　❼ **1934**·3·1 文
谷内六郎　❽ **1955**·6·20 文
ダニエル·イノウエ(米上院議員)　❽ **1959**·7·29 政／❾ **2012**·12·17 政
谷岡郁子　❾ **2012**·7·17 政
谷岡ヤスジ　❾ **1999**·6·14 文
谷垣禎一　❾ **1997**·9·11 政／**2000**·2·26 政／**2003**·9·22 政／**2004**·9·27 政／**2005**·10·31 政／**2006**·9·20 政／**2007**·9·24 政／**2008**·8·2 政／**2009**·9·28 政／**2012**·12·26 政
谷風梶之助(金子与四郎)　❺-2 **1789**·11·19 社／**1791**·6·11 社／**1795**·1·9 社／**1800**·寛政年間 社
谷川親方　❾ **2011**·4·6 社
谷川和穂　❾ **1989**·6·2 政
谷川　雁　❾ **1995**·2·2 文
谷川寛三　❾ **1991**·11·5 政
谷川健一　❾ **2007**·10·27 文
谷川浩司　❾ **1992**·1·28 社／

1997·6·11 文／1999·6·17 文／2011·7月 文／2012·12·25 文
谷川助右衛門 ❺-1 1665·8月 社
谷川真理 ❾ 1991·11·17 社
谷川士清(養順·公介·淡斎) ❺-2 1762·是年 文／1772·是年 文／1776·10·10 文／1777·是年 文／1805·是年 文
谷川定吉 ❺-2 1819·是年 社
谷川徹三 ❽ 1945·10·4 文／❾ 1965·4·20 文／1989·9·27 文
谷川順祐 ❺-2 1818·是年 文／1820·是年 文
谷川利兵衛 ❺-1 1662·是年 社
谷口靄山(貞二·士幹) ❼ 1897·11·21 文／1899·12·30 文
谷口月窓 ❻ 1865·4·13 文
谷口元淡(大雅) ❺-2 1742·9·9 文／1748·是年 文
谷口香嶠 ❼ 1907·10·25 文／1915·11·9 文
谷口重以 ❺-1 1691·是年 文
谷口ジロー ❾ 2011·6·3 文
谷口仁兵衛 ❺-1 1610·3·15 政
谷口清太郎 ❾ 2011·10·17 政
谷口多膳(千秋·子春) ❺-2 1754·4·25 文
谷口維紹 ❾ 2009·11·4 文
谷口恒二 ❽ 1945·5·8 政
谷口腆二 ❼ 1916·2·1 文／❽ 1953·5·10 文
谷口田女 ❺-2 1779·7·20 文
谷口豊三郎 ❾ 1994·10·26 政
谷口直貞 ❻ 1876·6·25 文
谷口尚真 ❽ 1941·10·30 政
谷口直之 ❾ 2011·4·12 文
谷口浩美 ❾ 1990·4·22 社／1991·8·23 社
谷口房蔵 ❼ 1900·1月 政／1906·12月 政／1929·4·8 政
谷口蕪村⇨与謝(よさ)蕪村
谷口雅春(正治) ❼ 1930·3·1 社
谷口吉生 ❾ 2005·11·18 文
谷口喜道 ❹ 1573·2月 文
谷口吉郎 ❽ 1949·2月 文／❾ 1969·5·7 文／1973·11·3 文
谷口藍田 ❼ 1902·11·5 文
谷口楼川 ❺-2 1782·11·29 文
谷崎潤一郎 ❼ 1910·9月 文／1911·12月 文／1921·12月 文／1924·1月 文／3·20 文／1928·3月 文／12·4 文／1933·12月 文／❽ 1943·1月 文／1949·1月 文／11·3 文／11·16 文／1964·6·17 文／❾ 1965·7·30 文
谷崎精二 ❼ 1912·9月 文／1934·6月 文／❽ 1951·1月 文
谷崎千代子 ❼ 1930·8·18 社
谷崎松子 ❾ 1991·2·1 文
谷澤永一 ❾ 2011·3·8 文
谷島主人 ❺-1 1689·3月 文
谷中綾子 ❾ 2009·7·13 文
谷野大膳 ❹ 1576·5·3 社
谷村五郎 ❺-1 1665·4·13 文
谷村三蔵 ❺-1 1665·4·13 文
谷村　裕 ❾ 1996·10·22 政
谷本歩美 ❾ 2004·8·13 社／2008·8·9 社
谷本　清 ❽ 1955·5月 政
谷本源左衛門 ❺-1 1692·10·28 政
谷本正憲 ❾ 1994·3·27 政
谷元道之 ❻ 1869·8·8 政／1880·12·28 社
谷森善臣(菫壺·靖斎·松彦) ❺-2 1851·是年 文／❼ 1911·11·16 文
谷山隆信 ❸ 1337·4·26 政／1342·5·1 政／1347·1·7 政
谷山良香 ❸ 1355·4·12 政
タニン(タイ) ❾ 1977·9·7 政
田貫上野介(刀工) ❺-1 1612·2月 文
田沼意次 ❺-2 1747·9·15 政／1751·7·18 政／1758·9·3 政／1767·7·1 政／1769·8·18 政／1772·1·15 政／1777·4·21 政／1781·7·15 政／1783·1月 政／1784·5·22 政／1785·1·29 政／1786·2·6 政／8·27 政／1787·10·2 政／1788·3·28 政／6·24 政
田沼意知 ❺-2 1781·12·15 政／1783·11·1 政／1784·3·24 政
田沼意正 ❺-2 1823·7·8 政
田沼意致 ❺-2 1778·7·28 政
ダヌンツィオ ❼ 1913·1月 文
種子島恵時 ❹ 1542·③·7 政／1566·3·5 政
種子島清時 ❸ 1403·10月 政
種子島忠時 ❹ 1511·12·29 政／1512·3·27 政／1521·6·15 政／12·29 政
種子島時堯(直時) ❹ 1542·③·7 政／1543·8·25 政／1556·10·3 政／1579·10·2 政
種子島時寿 ❺-1 1641·10·12 政
種子島時基 ❸ 1351·4·22 政
種子島幡時 ❸ 1432·8·7 政／1436·8·7 政
種子島久時 ❹ 1499·1·8 政／1582·5·22 政／❺-1 1605·2·25 政／1610·2·25 政／1683·6月 社
種子島久基 ❺-1 1698·3月 社／❺-2 1722·9·4 政
種子島頼時 ❸ 1366·4·16 政
種田山頭火(耕畝正一) ❽ 1940·10·11 文
種田直之 ❾ 2011·2·3 文
種田政明 ❻ 1876·10·24 政
種久(仏師) ❺-1 1658·是年 文
胤仁(たねひと)親王⇨後伏見(ごふしみ)天皇
種媛(徳川家治娘) ❺-2 1786·2·21 政
種村季弘 ❾ 2004·8·29 文
タノム(タイ) ❾ 1968·5·14 政
田能村竹田(孝憲·畳仙史·竹田老圃·竹田邨民·秋心·随縁居士·九峰無戒衲子·紅荳詞人·田舎児·藍水狂客·三我主人·西野小隠·秋声館主人) ❺-2 1808·2月 文／是年 文／1811·4月 文／1813·3·13 文／⑪月 文／1814·10·3 文／1819·④·14 文／5月 文／是夏 文／是年 文／1823·8月 文／是年 文／1827·是年 文／1829·10月 文／1830·5·20 文／1831·7·15 文／11月 文／是年 文／1832·5月 文／1833·4·29 文／7·3 文／是年 文／1834·8月 文／是年 文／1835·6月 文／8·29 文／是年 文
田能村直入(小虎·竹翁·忘斎·煌斎·芋仙·布袋庵) ❻ 1854·4月 文／1880·7·1 文／1884·4·11 文／❼ 1897·11·21 文／1907·1·21 文
頼母木桂吉 ❼ 1936·3·9 政／❽ 1940·2·19 政
田畑源兵衛 ❺-2 1753·1·25 政
田畑茂二郎 ❾ 2001·3·8 文
田畑　忍 ❽ 1937·3·16 文／❾ 1994·3·14 文
田端荘右衛門 ❺-2 1731·8·11 政
田畑政治 ❾ 1984·8·25 社
田原貞成 ❹ 1461·1·4 政／是年 政／1463·2·1 政／1466·1·2 政／1472·1·2 政／1476·1·13 政／1482·1·1 政／1485·1·5 政／1491·是年 政／1501·是年 政／1504·1·9 政
田原　隆 ❾ 1991·11·5 政
田原親家 ❹ 1581·11·19 社／1584·4·3 社／7月 政
田原親賢(紹忍) ❹ 1561·7·15 政／1569·永禄年間 社／1576·是年 社
田原親貫 ❹ 1580·10·7 政
田原親虎 ❹ 1576·是年 社
田原親述 ❹ 1507·1月 政
田原親宗 ❹ 1494·5·24 政
田原直助 ❻ 1854·11月 文
田原常陸介 ❹ 1559·9·26 政
田原平左衛門 ❻ 1865·12·25 政
田原泰弘 ❷ 1276·3·8 政
田原良純 ❼ 1909·6月 文
田原天皇(志貴·施基·芝基皇子) ❶ 679·5·5 政／689·6·2 文／714·1·3 政／716·8·11 政／770·11·6 政／771·5·28 政
旅田卓宗 ❾ 1994·6·19 政／2003·1·6 社
田平円珪(平戸島) ❸ 1407·9·1 政／1408·7·29 政
田平　兼 ❹ 1591·6月 政
田平　省 ❸ 1422·1·24 政／1423·1·1 政／10·25 政
田平　久 ❹ 1487·1·7 政
田平　弘 ❸ 1454·1·9 政／❹ 1457·1·10 政／是年 政／1465·1·12 政／1470·1·5 政／1471·1·11 政／1474·1·20 政／1475·1·10 政／1476·1·13 政／1478·1·9 政／1479·1·1 政／1481·1·8 政／1483·1·15 政／1484·1·5 政／1486·1·17 政／1489·1·13 政／1490·1·10 政／1491·1·16 政／1494·1·18 政
田平融仙 ❸ 1428·1·7 政／1429·3·27 政
田総豊里 ❹ 1485·2·22 政
田布施源助(忠宗) ❹ 1537·4月 政
田臥勇太 ❾ 2004·11·1 社
田淵久美子 ❾ 2011·1·15 社
田淵源五郎 ❺-1 1672·9·14 社
田淵節也 ❾ 1991·6·20 政／2008·6·26 政
田淵俊夫 ❾ 2002·3·6 文
田淵豊吉 ❼ 1907·3·26 政
田淵安一 ❾ 2009·11·24 文
田淵義久 ❾ 1991·6·20 政
タフト(米) ❼ 1905·4·3 日露戦争

／7·25 政
田部足嶋 ❶ 769·3·10 政
田部連(名欠く) ❶ 629·4·1 政
田部井淳子 ❾ 1970·5·19 社／1988·6·14 社／1991·1·19 社／1992·6·28 社
田油津媛(たぶらつひめ) ❶ 書紀·仲哀 9·3·17
太兵衛(足軽) ❺-1 1654·12·22 社
田保橋　潔 ❽ 1945·2·26 文
玉井浅一 ❽ 1944·10·20 社
玉井覚道 ❸ 1364·6·11 社
玉井喜作 ❼ 1906·9·25 社
玉井権八 ❺-1 1687·貞享年間 文
玉井定義 ❺-2 1716·7·17 社
玉井助重 ❷ 1185·6·16 政
玉井弥太夫 ❺-2 1719·4·3 社
玉浦　納 ❹ 1499·是年 政／1513·是年 政
玉尾皓平 ❾ 2011·11·4 文
玉置　宏 ❽ 1958·5·4 社／❾ 2010·2·11 文
玉垣額之助 ❺-2 1790·2·3 社
玉楮(たまかじ)象谷 ❻ 1869·2·1 文
珠上琢弥 ❾ 1996·8·30 文
玉川主膳 ❺-1 1663·是年 文／1664·是年 文
玉川庄右衛門(二代目) ❺-1 1652·11 月 社
玉川庄右衛門(三代目) ❺-2 1739·7·27 社
玉川スミ ❾ 2012·9·25 文
玉川清右衛門(初代) ❺-1 1652·11 月 社
玉川清右衛門(二代目) ❺-2 1739·7·27 社
玉川千之丞 ❺-1 1659·是年 文／1661·是年 文／1665·是秋 文／1666·5 月 文／1681·是年 文
玉川彦十郎(太鼓櫓) ❺-1 1652·是年 文／1669·是年 文
玉川彦十郎(玉川座) ❺-2 1818·10 月 文
玉川福太郎 ❾ 2007·5·23 文
玉川王子 ❺-2 1850·6·2 政／11·19 政
玉川宮(長慶天皇の皇子) ❸ 1455·2·28 政
玉城　徹 ❾ 2010·7·13 文
玉置半右衛門 ❻ 1887·11·1 政
玉木正英(葦斎) ❺-2 1736·7·8 文／1739·是年 文
玉菊(名妓) ❺-2 1726·3·29 社
玉城(琉球) ❸ 1314·是年 政／1336·3·11 政
玉城朝薫(琉球) ❺-2 1718·是年 文／1719·9·9 文
玉城親方盛林 ❺-2 1811·6·9 政
玉澤徳一郎 ❾ 1994·6·30 政／1999·10·5 政
玉澤幸十郎 ❺-2 1727·5 月 文
玉澤林弥 ❺-1 1713·4·5 文
玉嶋主殿 ❺-1 1651·8 月 文
玉田玉秀斎 ❼ 1911·10 月 文
玉田成章 ❺-2 1787·是年 文
玉造宗幹 ❹ 1536·2·5 政
玉手安吉 ❶ 1000·11·22 政
玉錦三右衛門(西ノ内彌寿喜、横綱·力士) ❼ 1932·11·17 社／1936·1·10 社／❽ 1938·12·4 社
玉乃世履 ❻ 1886·8·7 政
玉の海正洋 ❾ 1970·1·26 社／1971·10·11 社
珠姫(徳川秀忠娘)⇨天徳院(てんとくいん)
玉陳 ❶ 602·10 月 文
玉松一郎 ❽ 1938·1·13 社
玉松　操 ❻ 1867·10·6 政／1868·2·22 文／3·28 文／1869·1·23 文
玉虫十蔵 ❺-2 1784·2 月 政
玉虫庄太夫 ❻ 1868·3·25 政
玉村季秀 ❸ 1402·2·11 政
玉村方久斗 ❽ 1951·11·7 文
玉村吉弥 ❺-1 1659·是年 文
玉村四一 ❽ 1963·4·10 社
玉藻山人 ❺-2 1848·是年 文
玉屋庄兵衛 ❾ 1995·8·23 文
玉屋正六 ❺-2 1800·寛政年間 社
玉利喜造 ❼ 1931·4·21 文
田丸稲之衛門 ❻ 1864·3·27 政／3·27 天狗党の乱
田丸謙二 ❽ 1944·8·5 文
田丸節郎 ❽ 1944·8·5 文
田丸卓郎 ❼ 1909·7 月 文／1932·9·22 文
田丸亭之助 ❼ 1911·是年 社
田丸直昌 ❹ 1600·2·1 政
田丸文次郎 ❺-2 1718·6·16 社
民　磯麻呂 ❶ 765·10·19 社
民　広宅 ❶ 863·9·15 文
民　総麻呂 ❶ 766·2·21 政
民　方宗 ❶ 863·9·15 文
ダミア(仏) ❽ 1953·4 月 文
民秋史也 ❾ 2010·8·17 社
民使日里 ❶ 770·3·10 社
田宮嘉右衛門 ❽ 1959·4·13 政
田宮軍次 ❺-2 1741·6·2 社
田宮健次郎 ❾ 2010·5·5 社
田宮如雲 ❻ 1871·4·19 政
田宮二郎 ❾ 1978·12·28 文
民屋四郎五郎 ❺-2 1718·是夏 文
田宮虎彦 ❾ 1988·4·9 文
田宮高麿 ❾ 1995·11·30 政
田宮猛雄 ❽ 1944·2·1 文／1961·6·1 文／1963·7·11 文
田宮仲宣 ❺-2 1803·是年 文
田宮　博 ❾ 1977·11·3 文
民吉(陶工) ❺-2 1807·是年 文
多武(高句麗使) ❶ 675·3 月 政
田向正健 ❾ 2010·3·5 文
田村秋子 ❼ 1930·6·27 文／1932·2·27 文
田村顕俊 ❹ 1588·⑤·16 政
田村顕允(新九郎) ❼ 1913·11·20 政
田村顕康 ❹ 1587·5·19 政／1588·6·20 政
田村運次郎 ❺-2 1786·1·20 政
田村栄秀 ❺-1 1705·是年 文
田村榮太郎 ❾ 1969·11·29 文
田村景澄 ❹ 1599·6 月 政
田村主計 ❺-2 1846·3·6 政
田村一男 ❾ 1997·7·10 文
田村清顕 ❹ 1572·7·13 政／1574·1·27 政／3·13 政／1575·5·13 政／1576·8·21 政／1579·是冬 政／是秋 政／1580·8·14 政／1581·5·9 政／1582·2 月 社／5·11 政／12 月 社／1584·4·6 政／4·16 政／5 月 政／1585·⑧·24 政
田村清包 ❸ 1395·9·26 政／1396·2·28 政／6 月 政
田村魚菜 ❾ 1991·3·25 文
田村金次郎 ❻ 1863·9 月 社
田村月斎 ❹ 1571·2·16 政
田村玄雄 ❺-2 1763·7·29 文
田村孝之介 ❽ 1944·3·8 文／11·25 文
田村権左右衛門 ❺-1 1655·6·26 文
田村三郎 ❾ 1999·11·3 文
田村三知 ❺-2 1741·12·19 文
田村十右衛門 ❺-2 1788·10·20 政
田村順之助 ❼ 1897·2·28 政
田村治部左衛門 ❺-2 1777·1·12 社
田村宗立 ❼ 1901·6·16 文
田村泰次郎 ❽ 1939·1 月 文／1947·3 月 文／8·1 文／1949·9·10 政
田村隆顕 ❹ 1532·是年 政／1541·4·26 政／1550·6·2 政／1551·7·11 政／1557·5 月 社／1560·2·29 政
田村高廣 ❾ 2006·5·16 文
田村建顕(宗永) ❺-1 1708·1·27 政
田村　孟 ❾ 1997·3·28 文
田村団四郎 ❺-2 1725·10·9 社
田村長頤 ❺-1 1605·10·9 文
田村長衛 ❺-1 1645·9·23 政
田村哲郎 ❾ 1991·12·6 文
田村伝吉⇨阪東妻三郎(ばんどうつまさぶろう)
田村俊子(佐藤とし) ❼ 1911·1·1 文／❽ 1945·4·16 文
田村虎蔵 ❼ 1900·6 月 文／❽ 1943·11·7 文
田村直臣 ❻ 1894·7·4 社／❼ 1901·12·27 社
田村仲宣 ❺-2 1825·是年 文
田村成義(猪之助·金一郎) ❼ 1920·11·8 文
田村仁左衛門 ❺-2 1841·是年 文
田村誠顕 ❺-1 1708·1·27 政
田村憲久 ❾ 2012·12·26 政
田村　元 ❾ 1972·7·7 政／1976·12·24 政／1987·11·6 政
田村治芳 ❾ 2011·1·1 文
田村半右衛門 ❺-2 1751·8·7 社
田村秀昭 ❾ 2008·1·4 政
田村　響 ❾ 2007·10·28 文
田村　宏 ❾ 2011·5·18 文
田村文吉 ❽ 1950·6·28 政
田村平治 ❽ 1946·是年 社
田村孫市 ❺-2 1725·8·16 社
田村又右衛門尉 ❹ 1568·6·27 社
田村又吉 ❼ 1921·10 月 社
田村宗良(右京) ❺-1 1660·8·25 政／1671·4·3 政
田村元長(西湖) ❺-2 1793·1·19 文
田村弥三郎 ❸ 1368·⑥·17 社
田村安清 ❹ 1574·2·6 政／1590·7·9 政
田村保寿 ❼ 1908·2·27 文

田村幸彦 ❼ **1931**·2·11 社
田村能次 ❻ **1882**·是年 社
田村藍水(坂上登·元雄·玄台·元台) ❺-2 **1737**·是夏 文／**1748**·是年 文／**1756**·是年 文／**1757**·9·7 文／**1758**·4月 文／**1762**·④·10 文／**1764**·是年 文／**1770**·是年 社／**1771**·是年 文／**1776**·3·23 文
田山利三郎 ❽ **1952**·是年 文
田村利七 ❼ **1911**·12·13 政
田村隆一 ❾ **1998**·8·27 文
田村亮子⇨谷(たに)亮子
田村皇子(田村息長足日広額尊)⇨舒明(じょめい)天皇
為国(大工) ❸ **1436**·2·25 社
為季(姓不詳) ❷ **1241**·9·6 社
為尊親王 ❶ **999**·③·5 政／❷ **1002**·6·13 政
為忠(姓不詳) ❶ **961**·10·14 政
為時法師 ❷ **1265**·6月 政／**1268**·9·10 政
為永一蝶 ❺-2 **1762**·是年 文
為永春江 ❻ **1878**·7月 文
為永春水(佐佐木貞高·越前屋長次郎·斎春水·狂訓亭主人·為永正輔·為永金龍、初代) ❺-2 **1819**·是年 文／**1822**·是年 文／**1823**·是年 文／**1824**·是年 文／**1825**·是年 文／**1826**·是年 文／**1827**·是年 文／**1829**·是年 文／**1832**·是年 文／**1833**·是年 文／**1834**·是年 文／**1835**·是年 文／**1836**·是年 文／**1837**·是年 文／**1838**·是年 文／**1840**·12·29 文／是年 文／**1841**·是年 文／**1842**·是年 文／**1843**·12·23 文／是年 文／**1845**·是年 文
為永春水(染崎延房、二代目) ❺-2 **1851**·是年 文／❻ **1886**·9·27 文
為永春雅 ❺-2 **1838**·是年 文
為仁親王⇨土御門(つちみかど)天皇
為平親王 ❶ **964**·2·5 社／❷ **1010**·11·7 政
為保(姓不詳·神宮) ❷ **1182**·5·16 社
為保(姓不詳·地頭代) ❷ **1261**·12·27 政
為山保定 ❺-2 **1849**·5月 文
田母神俊雄 ❾ **2010**·10·2 政
田本研造 ❻ **1859**·是年 文／**1869**·是年 文
田本博子 ❾ **2000**·9·15 社
田母野秀顕 ❻ **1883**·9·1 政
多門庄左衛門 ❺-1 **1666**·5月 文
多門二郎 ❼ **1933**·1·7 政
多門坊(僧) ❸ **1333**·8·3 政
田屋豊松 ❼ **1909**·9·5 政
田谷力三 ❼ **1918**·3月 文／**1927**·2·24 文／❾ **1987**·6·7 文／**1988**·3·30 文
太羊甲許母 ❶ **721**·1·27 文
田安郁之助 ❺-2 **1825**·2·6 政
田安亀之助⇨徳川家達(とくがわいえさと)
田安(徳川)治察 ❺-2 **1771**·6·4 政
田安　弘 ❹ **1473**·1·6 政
田安(徳川)宗武 ❺-2 **1742**·1·15 文／是年 文／**1746**·9·15 政／**1754**·11月 文／**1771**·6·4 政
田安(徳川)慶頼 ❻ **1868**·④·2 政
田山花袋(録弥) ❼ **1897**·4月 文／**1904**·11·22 文／**1906**·3月 文／**1907**·2·1 文／6·17 文／**1930**·5·13 文
田山力哉 ❾ **1997**·3·23 文
田吉女 ❶ **750**·1·8 社
太良未太 ❶ **588**·是年
ダライ·ラマ十四世 ❾ **1967**·9·25 政／**1998**·4·6 政
多羅尾光忠 ❺-1 **1667**·11·12 政
多羅尾光好 ❺-1 **1667**·11·12 政
多良木経頼 ❸ **1340**·3·23 政／6·24 政／8·19 政／**1341**·1·22 政
足仲彦尊⇨仲哀(ちゅうあい)天皇
ダラス(英) ❻ **1870**·11·23 社
多離困那(アイヌ) ❹ **1536**·6·23 政
ダリストン(ゼネラル病院) ❻ **1870**·11·22 文
樽　藤左衛門 ❻ **1857**·11·5 文
樽井藤吉 ❻ **1882**·4·18 政／**1883**·1·6 政／**1892**·11·6 政／❼ **1897**·4·3 社／**1899**·10·2 政／**1922**·10·25 政
垂井延正 ❺-1 **1609**·5·11 政
タルカット(神戸女学院) ❼ **1911**·11·1 文
樽床伸二 ❾ **2012**·10·1 政
善仁親王⇨堀河(ほりかわ)天皇
熾仁親王(有栖川宮·歓宮) ❺-2 **1848**·10·18 政
垂水繁昌 ❸ **1294**·10·29 政／**1295**·1月 社
垂水秀道 ❸ **1338**·3·30 政
垂水屋清右衛門 ❺-2 **1790**·9·3 政
樽屋吉五郎 ❺-2 **1824**·12·19 社
樽屋三郎兵衛 ❺-2 **1782**·4·17 文
樽屋三四郎 ❹ **1581**·5月 社／❺-1 **1602**·6·2 社(囲み)
樽屋藤左衛門(江戸町年寄) ❹ **1590**·8·15 社／9·12 文
樽屋藤左衛門(江戸町年寄) ❺-1 **1620**·3月 社／**1669**·2·28 文／**1670**·9·3 文／**1712**·9·4 文
樽屋藤左衛門(江戸町年寄) ❺-2 **1725**·8月 社／**1776**·2·29 文
樽屋与左衛門 ❺-2 **1795**·12·15 社／**1798**·12·24 社／**1814**·11·6 社
ダレス(米) ❽ **1950**·6·18 政／6·21 政／10·26 政／**1951**·1·10 政／1·25 政／3·2 政／4·16 政／6·5 政／**1953**·5·5 政
太郎右衛門(山造) ❹ **1554**·4·14 社
多郎古羅(太郎五郎か) ❸ **1439**·11·22 政
大郎左衛門(倭人) ❸ **1436**·2·9 政
太郎左衛門(長吏·鋳物師) ❹ **1555**·6·12 政／**1574**·1月 社
太郎左衛門(鋳物師) ❺-1 **1703**·是年 社
多羅時羅(太郎次郎か) ❸ **1439**·1·1 政
タワーソン，ガブリエル(英商館長) ❺-1 **1623**·2·9 政
多和田葉子 ❾ **1993**·1·13 文
田原氏直 ❸ **1353**·2·2 政
田原氏能 ❸ **1356**·4·13 政／**1360**·8·28 社／**1370**·6·26 政／**1371**·6·25 政／8·6 政／**1372**·2·3 政／**1373**·11·17 政／**1374**·9·6 政／11·26 政／**1375**·是年 社／**1377**·11·14 政
田原菊太郎 ❽ **1952**·1·19 文
俵　国一 ❽ **1946**·2·11 文／**1958**·7·30 文
俵　五郎左衛門⇨藤方元(とうほうげん)
田原貞広 ❸ **1353**·2·2 政
田原正曇 ❸ **1361**·2·22 政
田原　隆 ❾ **2012**·9·9 政
俵　恒子 ❼ **1931**·6·7 社
田原直平 ❸ **1337**·建武年間 社
田原法水 ❻ **1876**·5·25 社／**1878**·1月 社
俵　孫一 ❼ **1929**·7·2 政／❽ **1944**·6·17 政／6·21 政
俵　萌子 ❾ **2008**·11·27 文
田原基直 ❸ **1290**·7·13 政
田原泰弘 ❸ **1283**·3·8 政
田原谷弾正忠 ❸ **1397**·5·22 政
俵之船積(大湊舎) ❺-2 **1820**·10月 文
俵屋宗雪 ❺-1 **1642**·10·2 文／**1606**·11·11 文／**1621**·是年 文／**1630**·12·2 文／**1630**·9月 文
俵谷高七 ❼ **1907**·是年 社
タヲヘツトウテレンキンマ(オランダ医師) ❺-2 **1728**·2·28 政
タン·ズン，グエン(ベトナム) ❾ **2010**·10·3 政／10·31 政
譚　宗仁 ❹ **1593**·11月 政
炭　太祇(母徳·三停·不夜庵·宮商洞) ❺-2 **1771**·8·9 文
團　伊玖磨 ❽ **1950**·3·21 文／**1952**·1·29 文／**1957**·5·30 文／❾ **1975**·10·13 文／**1980**·10·5 文／**2001**·5·17 文
ダン·エドウィン ❻ **1894**·11·6 日清戦争／**1895**·2·16 日清戦争
団　鬼六 ❾ **2011**·5·6 文
団　景春 ❹ **1582**·2·14 政／3·29 政
檀　一雄 ❽ **1937**·7月 文／**1944**·12·17 文／**1963**·2月 文／❾ **1976**·1·2 文
団　勝磨 ❾ **1996**·5·18 文
段　祺瑞(芝泉) ❼ **1917**·7·20 政
団　源次郎 ❻ **1863**·5·23 文
段　志毎(琉球) ❸ **1393**·1·18 政
團　琢磨 ❼ **1917**·3·10 政／**1921**·10·15 政／**1922**·8·1 政／**1932**·3·5 政
段　楊爾 ❶ **513**·6月
団　藍舟 ❼ **1935**·12·13 文
団　令子 ❾ **2003**·11·24 文
湛睿(僧) ❸ **1319**·11·26 文／**1334**·是年 文
湛賀(仏師) ❸ **1320**·是年 文
湛雅(僧) ❷ **1004**·6·6 社
淡海(唐僧) ❷ **1154**·是冬 社
湛快(僧) ❷ **1172**·8·7 社
湛海(僧) ❺-1 **1701**·10·18 文
湛海(僧) ❺-2 **1716**·1·16 社
湛海聞陽(僧) ❷ **1237**·是年 政／**1238**·是年 政／**1244**·是秋 政／**1248**·12·15 文／**1255**·是年 政
湛覚(僧) ❷ **1180**·8月 政
湛季(僧) ❷ **1103**·3·25 社
タンギー，イヴ ❽ **1944**·是年 文
湛教(僧) ❷ **1182**·3·15 社

湛空(僧)　❷ 1233·1·25 社
耽空(僧)　❷ 1237·5 月 文
丹下うめ　❼ 1913·8·16 文
丹下キヨ子　❾ 1998·5·4 文
丹下健三　❽ 1949·2 月 文／1958·1·24 文／1964·12·8 社／❾ 1965·1·12 文／7·20 文／1966·6·4 文／2005·3·22 文
丹下神四郎　❹ 1532·11·16 社
丹下西念　❸ 1337·3·2 政
丹下清六　❹ 1523·是年 文
湛慶(仏師)　❷ 1225·4 月 文／8·14 文／1229·4·12 文／1237·10·4 文／1248·4·27 文／1254·1·23 文／1256·3·25 文
檀渓心涼(僧)　❸ 1374·8·8 社
檀渓全叢(僧)　❹ 1527·7·24 政
探賢(僧)　❺-2 1800·7·2 社
丹後七郎左衛門　❺-1 1682·5 月 文
湛幸(仏師)　❷ 1279·4·26 文／❸ 1294·12 月 文／1320·1·28 文／是年 文／1333·9·20 文
湛康(仏師)　❷ 1280·5·16 文／❸ 1285·10 月 文
湛幸(僧)　❸ 1333·9·20 文
丹好(仏師)　❸ 1307·5 月 文
段穀聖人　❶ 854·7·22 社
丹後局⇨高階栄子(たかしなえいし)
丹後屋市郎右衛門　❺-2 1720·是年 社
丹後屋勘助　❺-1 1689·1·2 社
弾左衛門(内記、長吏)　❻ 1868·1·13 政／1·29 政／2·2 文
弾左衛門頼兼(長吏)　❺-1 1667·②月 社
丹崎永一　❼ 1920·2 月 文
丹治氏女　❷ 1247·2·2 社
丹治庶智　❺-2 1770·是年 文
丹治久友　❷ 1260·11·22 文／1264·4·5 文／8·2 文
探守(僧)　❸ 1362·9·9 社
湛秀(仏師)　❸ 1367·5·25 文／1371·是年 文
湛昭(僧)　❶ 987·是年 社
湛勝(仏師)　❸ 1352·是年 文／1367·5·25 文／是年 文／1371·是年 文
弾松軒(閑窓)　❺-1 1686·是年 文
深勝房　❷ 1224·10·6 社
弾信(僧)　❷ 1175·4·17 社
団助(女歌舞伎)　❺-1 1606·是年 文
弾誓(僧)　❺-1 1613·5·25 社
湛然(僧)　❶ 984·3·21 社
湛宗(僧)　❷ 1172·8·7 社
湛増(僧)　❷ 1180·8 月 政／9 月 政／10·6 政／11·17 政／1181·9·6 政／1195·5·10 政
段谷長右衛門　❻ 1873·是年 社
湛澄(僧)　❺-1 1708·是年 文
ダンテ(伊詩人)　❼ 1917·1 月 文
談天門院⇨五辻忠子(いつつじちゅうし)
團藤重光　❾ 2012·6·25 政
湛念(僧)　❷ 1248·4·1 文
淡輪重政(六郎兵衛)　❺-1 1615·4·29 大坂夏の陣
淡輪正円　❸ 1333·5·11 政
淡輪助重　❸ 1347·11 月 政／1349·8 月 政／1350·7·23 政／1351·7·25 政／8·4 政
淡輪忠重　❸ 1355·8·12 政
淡輪光重　❸ 1380·9·17 政
淡輪左衛門大夫　❸ 1374·9·20 政
丹波篤直　❸ 1358·7·14 文
丹波有数　❶ 882·4·8 政
丹波氏祐　❺-2 1817·是年 文
丹波兼定　❷ 1091·11·15 社
但波公親　❷ 1024·11·2 政
丹波敬三　❼ 1927·10·19 文
丹波元簡　❺-2 1801·是年 文
丹波元徳　❺-2 1800·寛政年間 文
丹波重忠　❷ 1130·2·1 文／1144·2·12 文
丹波重長　❷ 1167·⑦·19 文／1172·10·4 文
丹波重成　❷ 1144·2·12 文
丹波重康　❷ 1119·2·10 文
丹羽正伯　❺-2 1723·5·26 文
丹波忠康(典薬頭)　❶ 997·1·13 文
丹波忠康(典薬頭)　❷ 1080·⑧·5 文／1104·8·21 文／1106·1·22 文
丹波為清　❷ 1055·1·23 文
丹波千足　❶ 711·12·2 政
丹波経基　❷ 1186·5·1 文
丹波哲郎　❾ 2006·9·24 文
丹波時長　❷ 1199·5·8 文／6·26 文
丹波知康　❷ 1145·3·23 文
丹波長基　❷ 1230·9·29 文
丹波長世　❷ 1266·8·9 文
丹波真養　❶ 783·3·13 政
丹波雅忠　❷ 1045·1·10 社／1080·⑧·5 文／10·28 文／1081·3·7 文／1088·2·18 文／❺-2 1796·是年 文
丹波雅康　❷ 1117·6·1 社／1129·8·26 文／1130·1·4 文
丹波光基　❷ 1244·1·25 文
丹波宗康　❹ 1528·5·12 文
丹波基康　❷ 1149·10·7 文
丹波盛長　❸ 1443·4·29 文
丹波保次郎　❼ 1928·11·1 文
丹波泰親　❷ 1001·3·4 政
丹波康頼　❶ 984·11·28 文／995·4·19 文
丹波良基　❷ 1240·9·8 文
丹波頼季　❷ 1244·1·25 文
丹波頼直　❹ 1532·2·8 文／1544·10 月 文
丹波頼基　❷ 1167·1·13 文／1168·是年 文／1194·9·22 文／1201·7·18 文
丹波道主命　❶ 書紀·崇神 10·9·9
丹波屋安兵衛　❺-1 1700·3·11 文
ダンビー(汽車模型)　❻ 1854·2·23 文
男平(禰宜)　❸ 1394·11·24 社
旦暮庵野巣　❺-2 1836·是年 文
単鳳翔(明)　❺-1 1621·6·12 政
堪明(画工)　❸ 1326·是年 文／1328·是冬 文
湛有(僧)　❷ 1195·2·8 社
湛誉(唐僧)　❶ 886·6·7 社／925·10·7 政
湛誉(仏師)　❸ 1294·12 月 文
澹林(清僧)　❺-1 1693·是年 政
檀林皇后⇨橘嘉智子(たちばなかちこ)

ち

池　湧奇(高麗)　❸ 1380·2 月 政
千秋晴季　❹ 1537·4·4 政
千秋　実　❽ 1946·5·1 文／❾ 1999·11·1 文
千秋持季　❸ 1435·7·5 社
チアノ(伊)　❽ 1937·11·6 政／1940·9·7 政
地井武男　❾ 2012·6·29 文
小子部鉏鉤　❶ 672·6·27 政／8·25 政
智印(僧)　❷ 1150·久安年間 社
智蘊(ちうん・蜷川親当)　❸ 1440·10·15 文／1447·5·12 政／8·19 文／1448·5·12 文
知恵(宋)　❸ 1296·1·10 文
ちゑ(江戸)　❺-2 1831·5·3 社
智永(絵師)　❷ 1189·9·28 文
智越(僧)　❸ 1358·5·21 社
チェニー，チャールス　❼ 1920·3·11 政
智恵野内子　❺-2 1807·6·20 文
チェホフ(桜の園)　❼ 1915·7·26 文／1933·12·26 文
チェルヌイ，イワン　❺-2 1766·是年 政
智淵(僧)　❶ 963·12·19 社
智演澄円(僧)　❸ 1317·是年 政／1372·7·25 社
チェンバレン·バジル·ホール　❻ 1873·5·29 文／❼ 1935·2·15 文
知恩(僧)　❺-1 1684·10·23 社
千賀玉斎　❺-1 1680·是年 文
千賀渕三　❻ 1854·8·7 社
千賀孫兵衛　❹ 1590·9 月 政
智海(僧)　❸ 1296·是年 社
致海(南泉軒僧)　❹ 1479·⑨·9 文
智愷(僧)　❶ 929·8·8 社
親兼王　❷ 1010·5·13 政
知覚普明国師⇨春屋妙葩(しゅんおくみょうは)
親子内親王　❶ 851·9·18 政
親助(織部佐)　❷ 1018·1·21 文
近角常観　❽ 1941·12·3 社
近田松之助　❻ 1864·6·2 政
親胤(姓不詳·細川清氏家臣)　❸ 1352·2·1 政
チカップ美恵子　❾ 2010·2·5 文
千門(姓不詳·暦博士)　❶ 911·5·27 文
近長(梶取)　❷ 1276·9·19 社
近成(仏師)　❸ 1374·11·28 文
親仁親王⇨後冷泉(ごれいぜい)天皇
親藤(僧)　❸ 1437·7·19 社
近松茂矩　❺-2 1778·2·17 政
近松秋江(徳田浩司)　❽ 1944·4·23 文
近松半二　❺-2 1766·10·6 文／1771·1·28 文／1780·9·28 文／1783·2·4 文／1787·3 月 文
近松門左衛門(杉森信盛)　❺-1 1683·是年 文／1686·2·4 文／是年 文／1687·是年 文／1689·3·23 文／是年 文／1693·3 月 文／1695·1 月 文／

1697·10·13 文／**1698**·1月 文／7月 文／**1699**·7·15 文／10月 文／**1700**·1·24 文／**1702**·1月 文／是年 文／**1703**·1月 文／5·7 文／是年 文／**1704**·是年 文／**1705**·是年 文／**1706**·6月 文／是年 文／**1707**·6·24 文／是年 文／**1708**·是年 文／**1709**·是年 文／**1710**·是年 文／**1711**·3·5 文／是年 文／**1712**·是年 文／**1713**·是年 文／**1714**·是秋 文／是年 文／**1715**·11·1 文／是年 文／❺-2 **1717**·8·22 文／是年 文／**1718**·是年 文／**1719**·是年 文／**1720**·12·6 文／是年 文／**1721**·是年 文／**1722**·是年 文／**1724**·1·15 文／11·21 文／是年 文／**1823**·11·22 文
近松麗江　❾ **1998**·10·2 文
千頭(ちかみ)清臣　❻ **1880**·7·10 文／**1881**·10·10 文／**1889**·8·22 政
親宗(日本商人)　❷ **1087**·3·20 政
近山五兵衛　❺-1 **1632**·5·13 社
近山安高　❺-1 **1667**·10·22 政
近行遠通　❺-1 **1677**·是年 文
親依(備前刀工)　❸ **1332**·是年 文
千柄菊旦　❺-2 **1801**·2·2 文
千観(僧)　❶ **963**·是夏 社／**969**·12·13 社
智侃(僧)　❸ **1322**·4·16 社
智鏡(唐僧)　❶ **913**·是年 政
知切光歳　❽ **1942**·6·20 文
竹　世士　❶ **610**·7月 政／**616**·7月 政
知久則直　❺-1 **1620**·9月 社
竹庵大縁　❸ **1439**·4·23 社
知空(僧)　❺-2 **1718**·8·13 社／**1729**·是年 文／**1776**·是年 文
竹居正猷(僧)　❹ **1461**·10·25 社
筑後有長　❷ **1221**·6·2 政
筑後三郎　❸ **1345**·10·16 政
筑後経尚　❸ **1340**·8·19 政
筑後知尚　❷ **1221**·6·14 政
千種顕経　❸ **1352**·②·15 政／**1354**·9·23 政
千種有功　❻ **1854**·8·28 文
千種有敬　❺-2 **1738**·3·30 政
千種有維　❺-1 **1684**·9·18 政／**1692**·11·29 政
千種有文　❻ **1862**·8·16 政／**1863**·1·28 政
千種有政　❺-2 **1793**·7·26 政／**1810**·5·22 政／**1812**·11·5 政
千種有能　❺-1 **1675**·5·18 政／**1687**·3·1 政
千艸亀之助　❻ **1868**·2·11 政
千種惟忠　❺-2 **1776**·7·2 社
千草左衛門　❸ **1413**·2·21 文
千種掃雲　❼ **1911**·是年 文
千草宗一郎　❾ **2007**·1·20 文
千種忠顕　❸ **1331**·9·29 政／10·3 政／**1332**·3·7 政／**1333**·3·17 政／4·8 政／5·3 政／5·7 政／8·10 社／**1335**·6·17 政／**1336**·1·1 政／1月 政／6·5 政
千種太郎　❻ **1864**·7·22 天狗党の乱
千種恒海　❺-2 **1811**·4·26 文
千種鉄十郎　❺-2 **1789**·6·25 政
千種具定　❹ **1460**·7月 政
筑紫哲也　❾ **2008**·11·7 文
筑前屋作左衛門　❺-2 **1720**·9月 政
竹亭(俳人)　❺-1 **1698**·是年 文
千熊長彦　❶ **書紀·神功 47**·4月／**神功 49**·3月／**神功 50**·5月／**神功 51**·是年／**神功 52**·9·10
竹林院公重　❸ **1349**·9·13 政／**1351**·4·10 政
智源(僧)　❹ **1517**·8·24 社
児　素仙　❺-2 **1736**·是年 社
智興(僧)　❶ **830**·10·19 社
痴兀大恵　❸ **1301**·5·1 文／**1312**·11·22 文
知蔣多犬(アイヌ)　❹ **1550**·是年 政
知古茂多尹(アイヌ)　❹ **1551**·是年 政
千坂景親　❹ **1586**·6·14 文
千坂高敦　❺-2 **1773**·7·1 政
千坂智次郎　❼ **1928**·1·18 政／**1936**·2·23 政
千坂満忠　❺-1 **1650**·5·17 社
チサノ(モザンビーク)　❾ **1988**·5·23 政
智積(百済)　❶ **642**·7·22 社
知首(僧)　❶ **754**·1·16 社
智周(僧)　❶ **703**·是年 政
致柔(僧)　❸ **1350**·3·15 政
智周房入(僧)　❸ **1347**·是年 政
智順(絵仏師)　❷ **1131**·7·8 文／**1152**·6·10 文／**1166**·9·21 文／**1167**·5·22 文
智春坊(僧)　❸ **1347**·9·6 社
智照(僧)　❸ **1285**·1月 文
千丈(僧)　❺-2 **1824**·是年 文
智祥(僧)　❹ **1516**·是年 文
遅松翁　❺-2 **1774**·12月 文
智証大師⇨円珍(えんちん)
智定房(下河辺行秀)　❷ **1180**·10·17 政／10·23 政／**1181**·7·20 社／**1185**·2·1 政／**1233**·3·7 社
智慎⇨細井広澤(ほそいこうたく)
痴絶道冲(ちぜつどうちゅう·僧)　❷ **1235**·4月 政／**1240**·是年 文／**1244**·7·4 文／**1246**·8·20 文／**1247**·6·19 文
智泉(尼)　❸ **1388**·11·25 社
智洗爾　❶ **623**·7月 政
知聡(僧)　❶ **653**·5·12 政
智聡(呉国)　❶ **562**·8月
智聡(豊智·僧)　❶ **853**·7·15 政／**863**·5·11 政／**877**·12·21 政
智宗(遣唐学問僧)　❶ **690**·9·23 政
智宗(僧)　❹ **1513**·4·17 政
智綜(唐僧)　❶ **925**·10·7 政
千田郁司　❾ **2003**·10·22 社
千田健太　❾ **2012**·7·27 社
智達(僧)　❶ **657**·是年 政／**658**·7月政、社
秩父季保　❺-2 **1807**·11月 政／**1808**·4·9 政
秩父高長　❸ **1336**·1·6 政
秩父宮勢津子　❾ **1995**·8·25 政
秩父宮雍仁親王　❼ **1928**·9·22 政／9·28 政／**1934**·6·5 政／❽ **1953**·1·4 政
千々石ミゲル(直員)　❹ **1582**·1·28 政
智通(僧)　❶ **658**·7月 社
智通(僧、美濃立政寺開山)　❸ **1354**·是年 社／**1403**·5·1 社
千束善右衛門　❹ **1600**·8·5 関ヶ原合戦
千鶴(島津娘)　❺-1 **1613**·6·24 政
智徹(僧)　❸ **1337**·建武年間 社
智哲(棋士)　❺-1 **1669**·⑩·20 文
智燈(入元僧)　❸ **1350**·3·15 政
智燈(僧)　❺-1 **1684**·是年 文
知童登誉(僧)　❺-1 **1639**·1·9 社
千歳谷豊三郎　❺-2 **1757**·7月 文
智努王(文室浄三·智努·珍努)　❶ **728**·11·3 政／**741**·9·8 政／**754**·4·5 政／**758**·6·16 政／**762**·8·20 社／**764**·7·13 社／**768**·10·24 政
茅根伊予之介　❻ **1859**·4·26 政
知念　孝　❾ **1992**·7·25 社
茅野桜蔭　❻ **1872**·9·10 文
千野乾弘　❺-2 **1767**·是年 文／**1768**·是年 文
千野　茂　❾ **1972**·是年 文
茅野蕭々(儀太郎)　❽ **1946**·8·29 文
茅野雪庵　❻ **1887**·7·12 文
茅野雅子　❽ **1946**·9·2 文
千野宜時　❾ **2004**·8·18 政
乳媛　❶ **645**·7·2 政
稚乃宮匂子　❽ **1940**·3·28 社
千葉郁太郎(田路玄桂)　❻ **1862**·5·1 政
千葉氏胤　❸ **1351**·1·15 政／**1365**·9·13 政／**1366**·9·13 政
千葉芸閣(玄之)　❺-2 **1776**·是年 文／**1777**·是年 文／**1792**·11·7 文／**1813**·是年 文
千葉興常　❹ **1507**·2·2 政／是年 政／**1515**·是年 政／**1540**·6·4 政
千葉勝胤　❹ **1492**·9·1 社／**1505**·8·19 政／**1532**·5·21 政／**1533**·5·21 政
千葉勝彦(北天祐)　❾ **2006**·6·23 社
千葉兼胤　❸ **1417**·2·6 政／11·25 社／**1421**·6月 社／**1429**·9·3 政／**1430**·6·17 政
千葉亀雄　❼ **1935**·10·4 文
千葉キヌイ　❼ **1901**·9·18 社
千葉景子　❾ **2009**·9·16 政／**2010**·2·24 社／6·8 政
千葉貞胤　❸ **1332**·3·7 政／**1333**·5·8 政／**1342**·3·13 社／**1351**·1·1 政
千葉実胤　❹ **1462**·4·22 政
千葉三郎　❽ **1954**·12·10 政
千葉重胤⇨東(とう)重胤
千葉　茂　❾ **2002**·12·9 社
千葉周作　❻ **1855**·12·10 社
千葉二郎　❸ **1355**·10·22 政
千葉新介　❸ **1451**·4·21 政
千葉輔胤　❹ **1492**·2·15 政
千葉資胤　❹ **1497**·3·15 政
千葉すず　❾ **2000**·4·24 社
千葉泰蔵　❻ **1887**·10·25 社／**1890**·11·1 社
千葉孝胤　❹ **1471**·6·24 政／**1478**·3·20 政／12·10 政／**1479**·1·18 政／**1492**·2·15 政／**1505**·8·19 政
千葉卓三郎　❻ **1881**·是年 政
千葉武国　❹ **1567**·11月 政
千葉胤勝　❹ **1514**·4月 政／

1516·5·3 政／1517·是春 政／1524·5·12 政／1530·4月 政／1546·1·18 政
千葉胤清 ❸ 1380·3·4 社
千葉胤貞 ❸ 1331·9·4 社／1334·12·1 政
千葉胤鎮 ❸ 1439·①·21 政／1444·是年 政／1445·8·17 政／1455·9·24 政
千葉胤繁 ❹ 1498·2·24 政
千葉胤資 ❹ 1491·是年 政／1498·2·24 政
千葉胤紹 ❸ 1443·2·11 社／1444·是年 政／1445·8·17 政
千葉胤綱 ❷ 1221·5·22 政／1228·5·28 政
千葉胤連 ❹ 1545·2·29 政／3月 政／1559·1·11 政
千葉胤富 ❹ 1564·3月 政／1566·3月 政
千葉胤朝 ❹ 1470·11·14 政／1486·10·3 政
千葉胤直 ❸ 1438·9·29 政／11·1 政／1439·2·10 政／1444·4·16 社／1455·3·20 政／8·12 政
千葉胤宣 ❸ 1455·8·12 政
千葉胤秀 ❺-2 1830·是年 文
千葉胤平 ❸ 1334·12·1 政
千葉胤正 ❷ 1190·2·12 政
千葉胤政 ❷ 1202·7·20 政
千葉胤将 ❹ 1470·11·14 政／1486·10·3 政／1491·是年 政
千葉胤棟 ❹ 1491·是年 政
千葉胤盛 ❷ 1215·6·13 政
千葉胤頼 ❷ 1180·6·27 政／1228·10·12 政
千葉胤頼 ❹ 1545·2·29 政／1553·10·13 社／1559·1·11 政
千葉為胤 ❷ 1272·12·12 社
千葉親胤 ❹ 1557·8·7 政
千葉常兼 ❷ 1126·6·1 政
千葉常重 ❷ 1126·6·1 政／1135·7·15 政／1143·是年 政
千葉常胤(相馬郡司) ❷ 1135·2月 政／1146·4月 政
千葉常胤(武将) ❷ 1180·9·17 政／10·3 政／10·21 政／1185·3·11 政／10·28 政／1186·12·1 政／1187·8·19 社／1189·7·17 政／8·12 政／1190·1·7 政／1192·8·5 政／1195·12·12 政／1199·12·18 政／1201·3·24 政／1251·是年 社
千葉歳胤 ❺-2 1768·是年 文
千葉直胤 ❺-2 1841·是年 文
千葉成胤 ❷ 1204·4·20 政／1218·4·10 政
千葉教胤 ❹ 1467·6·18 政／1469·6月 政
千葉秀胤 ❷ 1246·5·24 政／1247·6·6 政／7·14 政
千葉真子 ❾ 1997·8·5 社
千葉昌胤 ❹ 1532·5·21 政／1533·5·21 政
千葉満胤 ❸ 1376·6·6 社／1409·7·22 政／1426·6·8 政
千葉宗胤 ❸ 1283·11·18 政
千葉命吉 ❽ 1959·12·29 文
千葉元胤 ❸ 1455·9·24 政／❹ 1459·是年 政／1460·⑨·3 社／1462·11·8 社／1464·1·1 政／10·29 政／1470·1·5 政／1485·1·5 政／1490·1·10 政／1493·1·11 政／1499·1·8 政
千葉勇五郎 ❽ 1946·4·20 社
千葉雄次郎 ❽ 1945·9·14 社／❾ 1990·8·29 文
千葉喜胤 ❹ 1511·2月 政／1514·5月 政／1542·3·29 政
千葉頼胤 ❷ 1275·8·13 政
千葉自胤 ❹ 1456·1·19 政／1462·4·22 政／1479·1·18 政／1493·12·6 政
知花昌一 ❾ 1987·10·26 政／1996·4·1 政
千速　晃 ❾ 2007·1·22 政
千早定朝 ❻ 1878·2·16 文
千屋孝健(ちはやたかのり) ❻ 1862·10·21 社
千原大五郎 ❾ 1997·6·3 文／2002·9·17 社／2004·5·22 政
茅原　定 ❺-2 1808·是年 文
千春(俳人) ❺-1 1682·是年 社
智淵(僧) ❶ 698·3·22 社
智鳳(僧) ❶ 703·是年 政
知万(新羅) ❶ 651·是年 政
千村五郎 ❻ 1860·7·7 文／8·23 文
千村真之 ❺-1 1688·是年 文
千村鼎臣 ❺-2 1727·是年 文
千村夢沢 ❺-2 1721·是年 文／1722·是年 文
地村保志 ❾ 2002·10·15 政
千村良重 ❹ 1600·7·28 関ヶ原合戦／8·15 関ヶ原合戦
千村義年 ❺-1 1686·6·23 政
千村義直 ❺-1 1686·6·28 政
チメンバ(アイヌ) ❺-1 1669·7·28 シャクシャインの蜂起／是春シャクシャインの蜂起
千本福隆 ❻ 1889·2·1 文
道守王 ❶ 763·1·9 政
道守朝臣 ❶ 703·大宝年間 社
道守徳太利 ❶ 759·5·10 社
道守麻呂 ❶ 668·11·1 政
チャーチル・ウィンストン(英) ❽ 1941·2·24 政／1943·1·14 政／1945·2·4 政／7·17 政
チャーチル・ランドルフ(英) ❻ 1894·9·10 政
茶阿局(徳川家康側室) ❺-1 1621·6·12 政
チャールズ(英皇太子) ❾ 1986·5·8 政
チャールズ二世(英) ❺-1 1673·5·25 政
チャールズ・リカービイ(英) ❻ 1863·1·7 政
茶木　滋 ❾ 1998·11·1 文
嫡　德孫 ❶ 534·5月
適稽女郎⇨池津媛(いけつひめ)
北谷朝陽(ちゃたん、琉球) ❺-1 1652·5·2 政
チャチャイ(タイ) ❾ 1990·4·6 政
チャップリン(喜劇王) ❻ 1877·4·12 文／❼ 1932·5·14 文／1936·3·6 文
茶屋明延(四郎左衛門) ❹ 1591·5·25 社
茶屋小四郎(初代) ❺-1 1627·8·9 社
茶屋茂右衛門 ❺-1 1705·2·23 社
茶屋四郎次郎(四郎二郎・清延、初代) ❹ 1586·9·27 社／1590·2·8 社／1594·3·28 社／1596·⑦·27 社
茶屋四郎次郎(清次、三代目) ❺-1 1612·1·11 政／1622·7·16 社／1628·4·25 政／1629·是年 政／1633·12月 政／1675·3·14 政／1714·9·22 政
茶屋四郎次郎(五代目) ❺-2 1777·10·18 政
茶屋宗味 ❺-2 1770·6·6 社
茶屋長曾 ❺-1 1714·9·22 政
茶屋又四郎 ❺-1 1611·11·30 政
茶屋弥五郎 ❹ 1584·9·22 社
チャルダ(蘭印総督) ❽ 1941·1·2 政／6·17 政
チャン・チェン・キエム ❾ 1970·8·7 政
智踰(智由、指南車) ❶ 658·是年 社／666·是冬 社
チュアン(タイ) ❾ 1994·9·2 政
智雄(僧) ❶ 703·是年 政
中　官栄(明) ❹ 1471·3·11 政
中　丘弘(明) ❹ 1471·3·11 政
中　厳誠(明) ❸ 1455·4·16 政
忠阿(僧) ❹ 1520·永正年間 社
仲哀天皇(足仲彦尊) ❶ 書紀·成務 48·3·1／仲哀 1·1·11／仲哀 2·3·15／仲哀 8·1·4／仲哀 9·2·6／神功 2·11·8
仲安梵師(僧) ❸ 1437·是年 文
忠雲僧正(僧) ❸ 1351·11·2 政
仲英(僧) ❺-2 1722·是年 政
忠円(僧、熊野別当) ❶ 898·4·3 社
忠円(僧) ❸ 1330·7·13 政
忠縁(僧) ❷ 1115·3·26 政
仲円(僧) ❸ 1332·4·10 政
仲翁守邦(僧) ❸ 1394·是年 文／1443·是年 社
中穏(僧) ❸ 1412·9·22 社
忠戒(僧) ❶ 895·7·2 社
仲廻(僧) ❷ 1077·12·9 政／1078·1·25 政／是年 政／1081·6·2 政
忠快(僧) ❷ 1185·5·20 政／1227·3·16 社
宙外玄杲(僧) ❺-1 1628·11·26 社
中瓘(僧) ❶ 881·10·13 政／893·3月 政／894·7·22 政／909·2·17 政
忠観(僧) ❷ 1133·3·16 文
中巌円月(仏種慧済) ❸ 1318·是夏 政／1325·9月 政／1332·是夏 政／是年 政／1333·11月 文／1334·11月 政／是年 文／1339·12·3 社／1341·是年 文／1342·是夏 社／是年 政／1359·10·18 文／是年 文／1374·是夏 文／1375·1·8 社
中願寺雄吉 ❾ 2003·9·28 社
仲基(僧) ❸ 1351·4月 文
忠義王(南朝王子) ❸ 1455·7·18 社
仲教(僧) ❷ 1186·⑦·16 政
仲恭天皇(懐成·かねなり親王) ❷ 1218·10·10 政／11·26 政／1221·4·20 政／7·9 政／1234·5·20 政
中訓(僧) ❸ 1439·7·8 文
忠慧(僧) ❸ 1402·5月 文

忠元(新羅王子) ❶ **675**·4月 政
仲算(僧) ❶ **976**·10·19 社
中山法顕(僧) ❸ **1389**·11·7 社
中竺都文(僧) ❸ **1437**·6·14 社
忠守(僧) ❸ **1332**·2·6 政
忠春(僧) ❷ **1149**·1·28 社
忠勝(百済) ❶ **650**·2·15 政
忠助法親王 ❸ **1290**·8·17 社
仲乗(僧) ❸ **1314**·4·6 政
中條百合子⇨宮本(みやもと)百合子
仲璋光珪(僧) ❹ **1489**·6·24 政／7·28 政
中心(僧) ❹ **1476**·是年 政
忠尋(僧) ❷ **1115**·是年 社／**1137**·1·14 社／**1138**·10·14 社
中嵩(僧) ❸ **1410**·5·15 社
忠全(僧) ❶ **862**·7月 政／**863**·4月 政
中尊寺ゆつこ ❾ **2005**·1·31 文
忠貞王 ❶ **878**·1·11 政
中堂憲一 ❾ **1991**·12·19 文
中納言(待賢門院女官) ❷ **1142**·2·26 政
忠兵衛(油売り) ❺-2 **1811**·4·11 社
仲方円伊(僧) ❸ **1413**·8·15 社
仲芳中正(僧) ❸ **1401**·是年 政
中峰明本(僧) ❸ **1306**·是年 政／**1320**·8·14 社／**1354**·是年 文
中馬 馨 ❽ **1963**·4·17 政
中馬 庚 ❻ **1895**·2月 社
中馬弘毅 ❾ **2005**·10·31 政
中馬辰猪 ❾ **1976**·9·15 政
仲明(僧) ❸ **1438**·12·8 政
忠明(仏師) ❹ **1598**·8月 文
仲默慈弁(僧) ❸ **1455**·5·10 社
中佑(僧) ❸ **1439**·7·16 政／8·23 政
仲猷祖闡 ❸ **1372**·5·25 政／**1373**·6·29 政／8·20 政／8·29 政／**1374**·5月 政
忠誉法親王 ❺-2 **1788**·4·11 社
中林 ❹ **1537**·1·13 政／**1557**·1·15 政
中林望古(僧) ❹ **1525**·6·11 政
忠烈王(高麗) ❷ **1274**·11·27 政
中和門院⇨近衛前子(このえさきこ)
中性院(僧) ❺-1 **1685**·3·18 政
千代国一 ❾ **2011**·8·29 文
張 阿馬(明) ❸ **1391**·8·19 政
趙 安博 ❽ **1954**·10·30 政
趙 彝(高麗) ❷ **1265**·是年 政
張 乙夫 ❸ **1425**·9月 政
張 渭男(高麗) ❷ **1019**·4·29 政
張 蔭桓 ❻ **1895**·1·30 日清戦争
張 栩 ❾ **2005**·6·28 文／**2009**·10·15 文／**2010**·2·26 文
丁 有陀 ❶ **554**·2月
張 燕卿 ❼ **1935**·7·15 政
張 応麒(明) ❹ **1485**·7·16 文
張 覚済 ❶ **819**·是年 政
張 学良(漢卿) ❼ **1931**·1·21 政／**1932**·7·21 政／❾ **2001**·10·14 政
張 学礼 ❺-1 **1663**·6·25 政
長 景連 ❹ **1572**·3·19 政／11·20 政／**1573**·3·19 社／**1582**·5·22 政
趙 曮 ❺-2 **1764**·2·27 政
張 琦(明) ❺-1 **1642**·是年 文
張 喜燕 ❾ **2009**·2·26 社
趙 居任(明) ❸ **1403**·8·14 政／11·17 政／**1404**·5·12 政
趙 絅(朝鮮) ❺-1 **1643**·7·18 政
張 景恵(叙五) ❼ **1931**·9·28 政／**1932**·2·16 政
張 奚若 ❽ **1957**·4·22 政／**1962**·1·13 政
張 景恵(叙五) ❽ **1937**·7·22 政／**1943**·11·5 政／**1945**·4·23 政
張 継明 ❶ **834**·3·16 政
張 月樵 ❺-2 **1832**·6·22 文
趙 憲 ❹ **1592**·8·18 文禄の役
張 言 ❶ **866**·9·1 政
張 彦澄 ❶ **929**·5·17 政
張 洪(明) ❸ **1403**·8·14 政／11·17 政／**1404**·5·12 政
趙 珩(朝鮮) ❺-1 **1655**·10·8 政
張 光安(宋) ❷ **1218**·9·16 社
張 公恵 ❷ **1167**·4月 政
張 光啓(明) ❺-1 **1660**·7月 政
張 孝仁 ❺-1 **1635**·1月 政
張 公靖 ❶ **843**·12·9 政
張 国安(宋) ❷ **1197**·8·23 社
張 作霖(雨亭) ❼ **1916**·5·27 政／**1925**·12·8 政／**1927**·11·12 政／**1928**·5·15 政／6·4 政／9·9 政
長 三洲 ❻ **1895**·3·13 文
張 思恭 ❸ **1410**·2月 文
張 志軍 ❾ **2012**·9·25 政
張 斯桂 ❻ **1877**·12·28 政
張 四綱 ❷ **1241**·8·15 文
趙 子昂 ❸ **1311**·是年 文
長 子口(明) ❹ **1555**·5·20 政
趙 之瑞(朝鮮) ❹ **1477**·5·24 政
張 守中(宋) ❷ **1173**·5·25 政
張 修理 ❷ **1181**·2·23 文
張 守隆(宋) ❷ **1044**·7·27 政／8·11 政／**1050**·9·17 政
張 春(新羅) ❶ **818**·1·13 政
長 春堂(愛次郎) ❻ **1866**·10·11 文
張 翥(明) ❸ **1439**·5·1 政
張 祥(明) ❹ **1479**·是年 政／**1480**·3·11 政
趙 紫陽 ❾ **1982**·6·1 政
趙 尚志 ❼ **1936**·1月 政
趙 淞陽 ❺-2 **1726**·10·9 文
趙 新 ❻ **1866**·6·22 政
長 新太 ❾ **2005**·6·25 文
調 信仁 ❶ **655**·是年 政
張 成(宋) ❷ **1211**·①·13 文
張 仙寿 ❶ **778**·9·21 政／**779**·1·5 政
張 宗祥 ❼ **1918**·3·25 政
張 即之 ❷ **1253**·7·13 文
趙 泰億 ❺-1 **1711**·7·5 政
趙 大体 ❺-2 **1804**·8·19 社
張 鐸(元) ❷ **1272**·1·13 政／4·7 政／5月 政
長 胤連 ❸ **1355**·3·17 政
趙 治勲 ❾ **1983**·10·20 文／**1998**·7·15 文
趙 秩(明使) ❸ **1368**·11月 政／**1370**·3月 政／**1373**·10·1 政／**1374**·3·12 政／6·1 政／**1401**·是年 文
趙 仲穆 ❸ **1332**·是年 文
長 続連 ❹ **1577**·9·15 政
長 綱連 ❹ **1577**·9·15 政
長 連龍 ❹ **1579**·5·12 政／**1580**·③·24 政／**1581**·3·28 政／**1582**·5·22 政
長 連豪 ❻ **1878**·5·14 政
長 連頼 ❺-1 **1665**·4·2 政
長 尚連 ❺-1 **1686**·11月 政
張 寧 ❷ **1167**·4月 政
長 久連 ❷ **1251**·12·26 政
長 秀連 ❷ **1241**·2·25 政
張 富士夫 ❾ **2005**·2·9 政
趙 文楷 ❺-2 **1800**·5·12 政
張 文宣 ❻ **1895**·2·2 日清戦争
張 文旦 ❾ **2010**·4·28 政
超 宝英 ❶ **778**·10·23 政
張 宝高(保皐·弓福) ❶ **840**·12·27 政／**841**·2·27 政
長 政連 ❹ **1468**·3·20 政
張 蒙(唐) ❶ **881**·是年 政
趙 文瑞(明) ❹ **1464**·7·24 政
晁 有輝(画家) ❺-2 **1811**·7·4 文
張 友信 ❶ **847**·7·8 政／9·2 政／**851**·是春 政／**862**·7月 政／**863**·4月 政／**864**·8·13 政
長 好連 ❹ **1577**·3·7 政
趙 良弼(元) ❷ **1270**·12月 政／**1271**·1·15 政／9·6 政／9·19 政／**1272**·1·13 政／**1273**·3·20 政
調阿(僧) ❹ **1487**·10·30 政
長安(僧) ❶ **927**·1·23 政
長意(僧) ❶ **899**·10·8 社／**906**·7·3 社
重怡(僧) ❷ **1140**·9·7 社
調一(検校) ❸ **1419**·2·22 文
澄一(明僧) ❺-1 **1653**·是年 社
長雲庸吉 ❺-2 **1774**·是年 文
長運斎綱俊 ❻ **1869**·2月 文
頂雲霊峰(僧) ❸ **1348**·是春 文
長恵(僧) ❶ **823**·12·23 社
長恵(絵仏師) ❷ **1152**·9·20 文
長恵(僧) ❹ **1514**·4·3 文
超会(僧) ❶ **927**·1·23 政
澄恵(僧) ❹ **1516**·8·6 社
長栄(僧) ❷ **1181**·1月 社
朝栄(仏師) ❸ **1370**·11·3 文
長宴(僧) ❷ **1045**·是年 文／**1081**·4·2 社
長宴(僧) ❷ **1148**·⑥·12 文
長円(絵仏師) ❷ **1103**·4·1 文／**1105**·12·19 文／**1129**·3·24 文／11·11 社／**1130**·12·26 社／**1131**·12·20 文／**1134**·8·21 文／**1146**·4·15 社／4·27 文／是年 文／**1149**·3·20 文／**1150**·7·7 文
長円(僧) ❷ **1235**·是年 文
澄円(隆円、僧) ❷ **1240**·2·21 社
朝円(僧) ❷ **1255**·是年 文
重円(僧) ❸ **1392**·3·10 社
長恩(僧) ❷ **1168**·6·26 政
潮音道海(僧) ❺-1 **1670**·是年 文／**1681**·②月 文／**1695**·8·24 社
長嘉(僧) ❷ **1265**·是年 文
長賀(絵仏師) ❷ **1253**·12月 文
長快(仏師) ❷ **1256**·建長年間 文／3·28 文
澄海(僧) ❷ **1263**·是年 社
超海 ❺-2 **1743**·是年 文

鳥海定吉　❻ 1883·2月 社
鳥海青児　❽ 1958·5·15 文
鳥海恭　❺-2 1816·是年 文
澄覚(僧)　❶ 927·1·23 政
長覚(僧)　❷ 1106·12·30 社
長覚(僧)　❸ 1416·11·15 社
澄覚法親王　❷ 1265·3·19 社／1271·11·22 社／❸ 1289·4·28 社
蝶花楼馬楽　❼ 1914·1·19 文
朝鑒(僧)　❶ 998·8·28 社
澄観(僧)　❷ 1137·2·11 社
長暁(僧)　❷ 1173·12·28 社
長訓(僧)　❶ 855·9·23 社
長慶(仏師)　❸ 1372·11月 文
朝慶(琉球)　❹ 1540·是年 政
長慶天皇(寛成親王)　❸ 1368·3·11 政／12·24 政／1369·4月 政／1373·8·2 政／1379·3·21 社／1381·是冬 文／1383·10·27 政、社／1385·9·10 政、文／1394·8·1 政
澄月(僧)　❺-1 1659·是年 文
長兼(僧)　❷ 1145·9·11 社
澄憲(僧)　❷ 1183·11·10 政／1203·8·6 社
長賢(僧)　❷ 1221·9·10 社
超賢(僧)　❹ 1552·4·4 社／1582·5·2 政
重源(僧)　❷ 1167·是年 政／1168·9月 政／1173·1·24 社／1181·4月 文／7·23 文／8月 文／10·9 文／是年 政／1182·2·20 文／7·23 社、文／1183·1·24 政、文／是年 政／1184·1·5 文／1185·8·23 文／1186·3·23 社／4·10 文／4·26 社／是年 社／1187·4·23 文／9·8 社／10·2 文／12·28 社／1191·6·10 社／是年 社／1192·1·19 社／1193·4·10 政／1195·3·13 政、社／3·22 文／5·24 社／9·28 文／11·7 文／1196·4·28 社／6·3 社／8·15 文／1198·3·9 文／12·19 社、文／12月 社／1199·8·8 文／1200·8月 社／11月 文／1201·9·21 社／1202·是年 社／1203·5·17 社／此頃 文／1206·6·4 社
長源(僧)　❷ 1221·6·24 政／1228·7·16 社
超元(明僧)　❺-1 1651·是年 社／1658·是年 社
長幸(僧)　❷ 1173·8·13 社
張浩(元)　❸ 1296·是年 政
奝豪(僧)　❷ 1214·5·22 社
朝豪(僧)　❸ 1334·5·13 政
澄豪(僧)　❸ 1337·是年 文／1350·1·27 社／1406·9·10 社
帖佐信宗　❷ 1265·9·10 社
帖佐　裕　❽ 1944·是年 社
帖佐美行　❾ 1978·5·9 文
超済(僧)　❸ 1416·10·3 社
長左衛門(越中射水)　❺-1 1624·是年 社
長左衛門(上総長柄)　❺-1 1683·2·27 社
長三郎(塩沢村)　❺-1 1668·9月 社
長筭(僧)　❷ 1026·11·29 社
長算(僧)　❷ 1057·5月 社
長算(僧)　❸ 1350·是年 文
兆山岱朕(僧)　❹ 1529·8·28 社
長史(琉球)　❺-1 1606·9·17 政
丁字屋喜左衛門　❺-1 1625·是年 社／1643·是年 社
丁字屋平兵衛　❺-2 1841·12·29 文
寵寿(僧)　❶ 878·6·28 社
朝寿(僧)　❷ 1017·5·27 社
朝寿(琉球)　❺-1 1638·是年 政
長寿(僧)　❸ 1336·8·18 文／1343·10·29 社
長秀(平秀·唐僧)　❶ 920·是年 政／925·10·7 政／932·9·22 政／928·3·1 政／948·12·16 文
朝秀(僧)　❺-1 1643·寛永年間 社
澄祝(白山惣長吏)　❹ 1531·⑤·9 社
長俊(仏師)　❷ 1130·12·26 社／1134·1·29 文
長舜(僧)　❸ 1317·9·15 文
朝舜(観音寺僧)　❺-1 1661·4·5 社／1685·6·26 社
長順(仏師)　❷ 1170·是年 文
奝助(僧)　❸ 1290·12·26 社
澄助(僧)　❸ 1346·6·20 社
長助法親王　❸ 1361·2·8 社
長照(僧)　❷ 1057·10·15 社
長昭(僧)　❷ 1073·2·20 社
長昭(僧)　❷ 1175·10·5 文
朝照(僧)　❸ 1379·9·20 社
澄勝(僧)　❹ 1584·7·28 社
長次郎(船主)　❷ 1199·4月 社
長治郎(楽焼)　❹ 1592·9月 文
長次郎(陶工)　❺-1 1625·9月 文
長次郎(小倉庵主人)　❻ 1865·6·17 社
澄心(僧)　❷ 1012·9·22 社／1014·2·25 社
澄心(僧)　❸ 1312·3月 政
張進(元)　❸ 1296·是年 政
澄辰(僧)　❹ 1544·1·19 文
長信(僧)　❷ 1072·9·30 社
長信(仏師)　❷ 1239·9·28 文
長水　❺-2 1731·是年 文
鳥酔　❺-2 1749·是年 文
張政(魏)　❶ 247·是年
朝晴(僧)　❷ 1021·4·1 社
長勢(仏師)　❷ 1064·是年 文／1065·10·18 文／1077·12·18 社／1085·8·29 文／1091·11·9 文
聴雪　❹ 1521·12·2 文
長泉(僧)　❹ 1536·4·15 社
澄詮(僧)　❸ 1325·3·15 文
澄禅(僧)　❸ 1307·2·2 社
澄禅(僧)　❺-1 1668·是年 文
長増(僧)　❷ 1057·12·7 社
長宗我部盛親　❺-1 1614·10·6 大坂冬の陣／1615·5·6 大坂夏の陣／5·15 大坂夏の陣
長宗我部兼序　❹ 1509·5月 政
長宗我部国親　❹ 1536·7月 政／1547·是年 政／1549·是秋 政／1558·9·23 文／1560·5·26 政／6·15 政
長宗我部親貞　❹ 1563·3月 政
長宗我部親忠　❹ 1600·9·29 政
長宗我部親房　❹ 1563·是年 政
長宗我部信親　❹ 1586·9·13 政／12·12 政
長宗我部文兼　❹ 1471·9月 社
長宗我部元親　❹ 1558·9·23 文／1560·6·15 政／11·1 文／1562·9·16 政／1563·1·10 政／3月 政／5·5 政／是年 政／1564·4·7 政／1568·是冬 政／6·12 文／10月 文／1569·8·11 政／1571·3月 政／是年 政／1573·9·16 政／1574·2月 政／11·3 社／是秋 政／1575·3月 政／7·16 政／8月 政／12月 政／1576·8月 文／12·5 政／1577·2月 政／6·11 社／⑦·20 政／1578·是夏 政／是年 政／1579·4·29 政／1580·6·26 政／7·26 政／1581·2月 政／1582·2·9 政／8·28 政／9·3 政／10月 政／1583·1·13 政／4·21 政／5·13 政／1584·3·7 政／4·30 政／5·3 政／6·11 政／8·18 政／1585·是春 政／5·19 政／8·6 政／10·15 政／1586·9·13 政／10·3 政／11·13 政／12·12 政／1587·5·3 政／9月 政／1588·是冬 政／1590·2·27 政／4·1 政／1591·是年 政／1592·3·8 文禄の役／4月文禄の役／11·6 文禄の役／1593·6·29 文禄の役／1595·4·13 政／9·15 政／1596·8·26 政／1597·3·1 政／3·24 政／7·7 慶長の役／8·15 慶長の役／1599·1·21 政／③·13 社／4·1 社／5·19 政
長宗我部盛親　❹ 1597·3·24 政／1599·4·1 社／1600·9·15 関ヶ原合戦／9·29 政／10·12 関ヶ原合戦／10·17 政
長宗我部能重　❸ 1386·是年 社
重尊(僧)　❸ 1428·6·1 文
頂騰(僧)　❸ 1431·6·9 政
長仁(僧)　❷ 1046·10·28 社
澄仁(僧)　❷ 1106·9·30 政／10·27 社
奝然(僧)　❶ 972·②·3 文／982·8·15 社／11·17 政／983·12·21 政／985·3·2 政／986·8·27 社／11·7 政／987·1·17 政／988·2·8 政／989·7·10 社／997·10·12 文／❷ 1016·3·16 社
超然(僧)　❺-1 1629·是年 社／1635·是年 社／1644·是年 社
超然(僧侶)　❻ 1868·2·29 社
長範(僧)　❷ 1095·11·24 社
張斐(明)　❺-1 1686·7月 政
張風(明)　❺-1 1660·是年 文
聴福(僧)　❶ 811·11·21 文
長福院　❺-1 1676·4·27 政
長仏(僧)　❸ 1291·9·18 社
長府屋太兵衛　❺-2 1800·是年 政
鳥文斎栄之　❺-2 1783·是年頃 文／1800·是年 文／1814·是秋 文
長兵衛(江戸長崎町)　❺-1 1658·3·3 社
長遍(僧)　❸ 1302·7·9 社
長弁(仏師)　❸ 1340·8·27 文
朝法(仏師)　❷ 1026·8·17 文
朝明(僧)　❷ 1061·8·28 社
長明(僧、信濃戸隠山)　❶ 966·是年 社
長明(僧、信濃戸隠山)　❷ 1064·是年 社
長明(僧、成尋弟子)　❷ 1072·3·15 政
長祐(絵師)　❸ 1350·1·15 文
朝祐(仏師)　❸ 1411·是年 文／

1422・3・21 文
朝祐(僧)　❸ 1418・是年 文
長有(仏師)　❹ 1494・6・15 文
長楽門院⇨藤原忻子(ふじわらきんし)
長利(僧)　❶ 681・10・3 文
長齢(僧)　❸ 1398・10・13 社
直　海龍　❺-2 1755・是年 文
直阿(悪党)　❸ 1334・3・27 社
直海元周　❺-2 1759・是年 文
直子女王　❶ 889・2・16 社／892・12・1 社
直風(俳人)　❺-1 1692・是年 文
樗故斎　❺-2 1750・是年 文
千代大海　❾ 1999・1・24 社／2003・3・23 社／2005・1・23 社／2010・1・12 社
千代大夫　❹ 1483・11月 文
千代鶴(琵琶法師)　❸ 1371・7・9 文
千代の富士　❾ 1982・11・28 社／1988・11・27 社／1989・9・22 社／9・29 社／1990・3・17 社／1991・5・12 社
千代の山雅信　❽ 1951・5・27 社／6・8 社／❾ 1977・10・29 社
知誉幡随意　❺-1 1610・是年 社
千代姫(徳川家光娘)　❺-1 1637・6月 文／1639・9・21 政
千代松(八幡宮神人)　❸ 1339・3・17 社
千代松(安心院麟生の子)　❹ 1583・①・20 政
千代松丸　❸ 1308・2・10 社
千代夜叉丸(織田敏広の子)　❹ 1481・7・23 政
チョルヌイ，イヴァン(ロシア)　❺-2 1768・4・29 政
丁(中島)　一権(チョンイルグオン)　❾ 1967・3・10 政
鄭　香均(チョンテギュン)　❾ 2005・1・26 社
知楽院忠運　❺-1 1685・8・6 社
チラナナ(マダガスカル)　❾ 1965・11・15 政
智鸞(僧)　❶ 703・是年 政
知覧忠幸　❹ 1558・11・4 政
知覧忠世　❸ 1355・9・2 政
千里(俳人)　❺-1 1684・8月 文
知里幸恵　❼ 1923・8月 文
知里真志保　❽ 1953・4月 文／1961・6・10 文
智隆(僧)　❶ 687・9・23 政
智隆(僧侶)　❻ 1865・9・26 社
知蓮(僧)　❹ 1513・5・8 社
千輪性海　❻ 1888・8・17 社
血脇守之助　❼ 1900・2・12 文
陳　阿槌　❻ 1895・9・9 日清戦争
陳　外郎(医師)　❸ 1420・4・21 政
陳　外郎(祖田)　❹ 1481・6・26 政／1487・1・21 政／1488・10・7 政
陳　雲鴻(明)　❹ 1595・1・13 文禄の役
陳　詠(宋)　❷ 1048・是年 政／1065・是年 政／1069・是年 政
陳　延昌　❶ 734・2・8 文
陳　延祐(陳　宗敬、明)　❸ 1368・是年 文
陳　応昌　❺-1 1674・是年 政／1676・6・27 政
陳　苛(宋)　❷ 1091・7・21 政
陳　懐玉　❶ 734・9・10 政
陳　可願(明)　❹ 1556・2月 政／1560・2月 政
陳　可僖　❺-2 1743・是年 文
陳　侃(明)　❹ 1532・5・16 政／1534・5・25 政／7・2 政
陳　義(琉球)　❹ 1514・是年 政／1515・4・13 政／1517・3・24 政
陳　博(明)　❸ 1447・3・25 政
陳　賢(明)　❺-1 1636・是年 文／1654・是年 文
陳　彦祥(ジャワ)　❸ 1406・8・11 政／1411・7月 政／1412・1・19 政
陳　元贇　❺-1 1626・5月 文／1630・是年 文／1659・是年 社／1663・是年 文／1671・6・9 文
陳　浩　❺-1 1661・是年 文
陳　公博　❽ 1944・11・10 政
陳　采若　❺-2 1727・6・21 政／6月 文／1731・4月 文
陳　子厚(高麗)　❷ 1268・12・4 政
陳　七太(宋)　❷ 1191・2・19 政／6・12 政
陳　子貞(明)　❺-1 1610・12・16 政
陳　次明(宋)　❷ 1118・2・30 政
陳　秀芳(明)　❸ 1415・5・13 政
陳　舜臣　❾ 1975・7・1 文／1980・4・7 社
陳　紹英(明)　❺-1 1653・9月 文
陳(宇野)　定治　❹ 1504・是年 文
陳　申　❹ 1591・4月文禄の役
陳　振先　❺-2 1721・6月 文
陳　仁満　❶ 983・8・1 政
陳　誠　❼ 1932・6・10 政
陳　楚　❾ 1973・2・1 政／3・27 政
陳　宗奇(明)　❸ 1402・2・26 文
陳　曾国　❺-1 1647・4月 文
陳　祖田⇨陳外郎(ういろう)
陳　太信　❶ 856・是秋 政
陳　昌鉉　❾ 2012・5・13 文
陳　超霖　❽ 1940・3・7 政
陳　天相　❺-2 1761・是冬 政
陳　徳通　❾ 2009・7・28 社
陳　和卿(宋)　❷ 1182・7・23 社、文／1183・2月 文／4・19 文／1186・4・10 文／4・18 文／1190・12・12 政／1195・3・13 政、社／9月 社／1196・是年 文／1197・6・5 社／1201・7月 社／1206・4・15 社／1216・6・8 政／11・24 政／1217・4・17 政
陳　南(医師)　❺-2 1839・4・1 社
珍　則安　❷ 1134・5・3 政
陳　伯寿(明)　❸ 1370・9・22 文
陳　賓松(明)　❹ 1577・3月 政
珍　賓長　❶ 866・7・15 政
陳　賦(琉球)　❹ 1537・是年 政／1538・3・24 政／1543・11・16 政／1547・11・6 政
陳　仏寿(仏師)　❷ 1183・2月 文
陳　文祐(宋)　❷ 1026・9・9 政／1027・7・14 政／8・10 政／9・8 政
陳　明徳⇨穎川入徳(えがわにゅうとく)
陳　譔(明)　❸ 1452・是年 政
陳　孟才(明)　❸ 1370・9・22 文
陳　璘　❹ 1598・10・2 慶長の役
珍(倭王)　❶ 425・9・12／438・4月
珍阿　❸ 1448・1・21 文
椿一(平曲)　❸ 1416・6・8 文／1417・11・19 文
椿一(平曲)　❹ 1457・7・22 文／1458・9・25 文
珍一(平曲)　❸ 1418・9・9 文／1430・10・28 文／1444・4・3 文／1451・8・4 文／❹ 1457・8・28 文
珍海(僧)　❷ 1152・11・23 社／1153・11・22 社／1183・9・24 文／1202・10月 文
琛海(僧)　❸ 1308・6・26 社
チンギシェフ(キルギスタン)　❾ 1992・10・28 政
珍慶(僧)　❷ 1165・7・7 社
鎮源(僧)　❷ 1041・是年 文／1043・長久年間 文
陳光(僧)　❷ 1279・6・25 政
珍古楼主人　❺-2 1816・是年 社
珎子内親王　❶ 877・4・24 政
陳淳(僧)　❹ 1537・是年 文
鎮西翁　❺-2 1759・是年 文
鎮西大将　❸ 1367・12・25 政
珍田捨巳　❼ 1901・1・7 政／1913・5・10 政／1917・2・13 政／1918・1・1 政／6・21 政／1929・1・16 政
鎮朝(僧)　❶ 964・10・5 社
椿庭海寿(僧)　❸ 1350・是年 政／1372・5・25 政／是年 政／1373・6・29 政／1401・①・12 社
チンデマンス(ベルギー)　❾ 1978・9・19 政
沉徳　❹ 1597・8・4 政
珍那(新羅)　❶ 677・4・14 政

つ

津　秋主　❶ 764・1・20 政／773・5・19 文／⑪・15 文
津　傴僂　❶ 657・是年 政
津　主治麻呂　❶ 722・5・10 政／12・23 政
津　真麻呂　❶ 769・3・10 政／11・12 政
津　真道⇨菅野(すがの)真道
津　良友　❶ 856・1・12 政
ツァレスキー(ロシア)　❻ 1866・1・9 社
ツイギー(英モデル)　❾ 1967・10・18 社
築地資茂　❹ 1507・9月 政
築地忠基　❹ 1513・12月 政
堆朱伝次郎　❼ 1929・2・15 文
堆朱楊成(長宗・平十郎、八代目)　❺-1 1636・4月 文
堆朱楊成(長盛、十一代目)　❺-2 1735・9・30 文
堆朱楊成(長韻、十二代目)　❺-2 1765・5・22 文／1779・10・24 文
堆朱楊成(均長、十四代目)　❺-2 1812・3・2 政
堆朱楊成(長英、十六代目)　❻ 1854・7・24 文
堆朱楊成(長邦、十七代目)　❻ 1858・8・11 文
堆朱楊成(国平、十八代目)　❻ 1890・

3·8 文
堆朱楊成(経長、十九代目) ❼ 1896·11·8 文
都伊端都老 ❸ 1419·9·20 政
通一(平曲) ❸ 1401·1·24 文
ツーキー(英) ❻ 1870·2·2 政
通厳(僧) ❸ 1363·3·10 社
通玄(僧) ❺-1 1712·是年 文
通幻寂霊(僧) ❸ 1383·是年 社／1391·5·5 社
通竺(僧) ❸ 1396·3 月 政
通性 ❺-2 1733·是年 文
通知(僧) ❸ 1413·5·10 社
通徹(僧) ❸ 1378·5·14 社
通徳(僧) ❶ 700·8·20 政
通陽門院⇨三條厳子(さんじょうたかこ)
つかこうへい ❾ 2010·7·10 文
都賀庭鐘 ❺-2 1765·是年 文
栂井道敏 ❺-2 1770·是年 文
塚越賢爾 ❽ 1937·4·6 社
塚越停春楼 ❽ 1947·12·31 文
塚越元邦 ❻ 1857·7·24 政
塚田　攻 ❽ 1941·9·6 政／1942·12·18 政
塚田浩二 ❾ 2012·9·20 社
塚田光太郎 ❾ 2011·5·17 文
塚田十一郎 ❽ 1953·5·21 政／❾ 1997·5·23 政
塚田秀鏡 ❼ 1918·12·29 文
塚田正一 ❼ 1930·12·3 政
冢田大峰(虎) ❺-2 1788·是年 文／1794·是年 文／1803·是年 文／1829·是年 文／1832·3·21 文
塚田真希 ❾ 2004·8·13 社／2008·8·9 社／2009·8·26 社
塚田正夫 ❼ 1935·11·21 文／❽ 1947·6·7 文／1963·1·10 社
塚田与右衛門 ❺-2 1757·是年 文／1801·12·19 政
津金文左衛門 ❺-2 1801·5 月 社
津金又右衛門 ❺-1 1682·8·11 政
都加使主 ❶ 書紀·応神 20·9 月／応神 37·2·1
塚原九輪吉 ❻ 1884·12·17 政
塚原渋柿園(靖·縦死·蓼州·志かま·十四庵·時迂叟) ❼ 1917·7·5 文
塚原周造 ❼ 1896·9·28 政
塚原俊平 ❾ 1990·2·28 政／1996·1·11 政／1997·12·19 政
塚原俊郎 ❾ 1966·12·3 政／1972·1·15 社
塚原直貴 ❾ 2008·8·9 社
塚原直也 ❾ 2004·8·13 社
塚原卜伝 ❹ 1571·2·11 社
塚原光男 ❾ 1972·8·26 社／1976·7·17 社
塚原律子 ❻ 1890·4·1 文
塚本明毅 ❻ 1872·9 月 文
塚本快示 ❾ 1990·6·10 文
塚本貝助 ❼ 1897·12·6 文
塚本邦雄 ❾ 2005·6·9 文
塚本慶一 ❾ 2003·10 月 文
塚本幸一 ❽ 1949·11·1 社／❾ 1998·6·10 政
塚本三郎 ❾ 1985·4·23 政／1989·2·7 政
塚本三蔵 ❽ 1947·4·5 政
塚本善隆 ❾ 1980·1·30 文
柄本　弾 ❾ 2012·5·18 文
塚本哲三 ❼ 1917·9·1 社
塚本藤馬 ❺-2 1833·8·14 社
塚本寧海 ❻ 1885·2·5 政
塚本善紀 ❾ 2009·4·14 社
津軽承祐 ❻ 1855·7·28 社
津軽大熊 ❺-1 1609·1·21 政
津軽建広 ❺-1 1609·1·21 政
津軽(大浦)為信 ❹ 1571·5·5 政／1578·7·20 政／1585·8·10 政／1590·7·6 政／1594·8 月 政／❺-1 1601·是年 政／1604·是年 文／1607·12·5 政／1608·5 月 政／1609·1·21 政
津軽親足 ❺-2 1731·5·16 政／1809·4·5 政
津軽信著 ❺-2 1744·5·25 政
津軽信明 ❺-2 1784·①·8 政／1791·6·22 政
津軽信寿(信重) ❺-1 1695·10·17 政／1710·10·18 政／❺-2 1731·5·16 政／1746·1·20 政
津軽信枚 ❺-1 1607·12·5 政／1608·5 月 政／1609·1·21 政／1611·5 月 政／1612·1·5 政／1628·是年 政／1631·1·14 政
津軽信政 ❺-1 1655·11·25 政／1710·10·18 政
津軽信寧 ❺-2 1744·5·25 政／1766·2·7 社／1775·5·20 社／1784·①·8 政
津軽信順 ❺-2 1825·4·10 政／1827·4·25 政
津軽信義 ❺-1 1631·1·14 政／1655·11·25 政
津軽光信 ❹ 1526·10·8 政
津軽盛信 ❹ 1526·10·8 政
津軽寧親 ❺-2 1791·7·6 政／1808·12·18 政／1809·4·5 政／1822·8·29 政／1825·4·10 政
津軽順承 ❻ 1855·2·1 文
津軽義孝 ❾ 1994·8·22 文
津川雅彦 ❽ 1956·5·17 社
津川義冬 ❹ 1584·3·6 政
調　伊企儺 ❶ 562·7 月
調　古麻呂 ❶ 721·1·27 文
調　為善 ❶ 999·7·19 政
調　馬養 ❶ 757·6·16 政
調　老人 ❶ 689·6·2 文／700·6·17 政／703·2·15 政
調吉士(名欠く) ❶ 530·9 月
月岡耕漁 ❼ 1927·2·25 文
月岡雪斎(秀栄·太素) ❺-2 1839·2·1 文
月岡雪鼎(木田昌信·馬淵丹下·大渓·信天翁·月岡山人·露仁斎·錦童·桃漪) ❺-2 1772·是年 文／1773·是年 文／1786·12·4 文
月岡無正軒 ❺-2 1833·3 月 社
月岡芳年 ❻ 1892·6·9 文
月形龍之介 ❽ 1944·是年 社／❾ 1970·8·30 文
次貞(刀工) ❸ 1413·2 月 文
都岐沙羅柵造 ❶ 658·7·4 政
舂米広国 ❶ 698·4·13 文
月田藤三郎 ❼ 1923·4·19 社
次田大三郎 ❽ 1945·10·9 政
調田庭継 ❶ 807·2·14 社
月成　勲 ❼ 1935·12·16 政
月乃桂子 ❾ 1976·8·27 社
ツキノエ(国後酋長) ❺-2 1774·是年 政／1778·6·9 政／1782·是年 政
調使王 ❶ 783·2·25 政
槻橋近江守 ❹ 1483·9·24 政
槻本奈弖麻呂 ❶ 799·1·29 政
月山弥五郎 ❼ 1906·3·29 文
築山殿(関口義広の娘) ❹ 1557·1·15 政
継世王 ❶ 862·4·20 政
筑井高重 ❷ 1221·5·30 政
津久井龍雄 ❼ 1930·2·11 政／1931·9·7 政／1933·7·22 政／❾ 1989·9·9 政
津久井義年 ❺-2 1770·是年 文
筑紫葛子 ❶ 527·12 月
筑紫惟門 ❹ 1533·12 月 政／1556·9 月 政／1559·4·2 政
筑紫薩野馬(夜馬) ❶ 671·11·10 政
筑紫鎮恒 ❹ 1567·11 月 政
筑紫蘭右衛門 ❺-1 1694·3·11 社
筑紫団左衛門(浪人) ❺-1 1682·3 月 社
筑紫尚門 ❹ 1530·4 月 政
筑紫栄門 ❹ 1562·是年 政
筑紫広門(茂成) ❹ 1579·1·18 政／1582·9 月 政／1583·2·8 政／1585·9·23 政／1586·8·27 政／1592·4·19 文禄の役／7·9 文禄の役／1600·9·3 関ヶ原合戦／❺-1 1623·4·23 政
筑紫冬門 ❸ 1424·是年 政
筑紫正門 ❹ 1539·10·29 政
筑紫　益 ❶ 691·1·14 政
筑紫満門 ❹ 1491·是年 政／1521·是年 社／1523·③·27 社／是年 政／1524·1·18 政
筑紫尼 ❷ 1274·文永年間 社
佃　公彦 ❾ 2010·6·28 文
佃　光雄 ❾ 1981·9·1 文／2007·12·21 文
次直(備中刀工) ❸ 1357·11 月 文／1358·11 月 文／12 月 文
筑波潤朝 ❸ 1441·3·4 政
筑波澄子 ❽ 1951·是年 社
継仁親王 ❷ 1279·6·28 政
紹仁(つぐひと)親王⇨後光明(ごこうみょう)天皇
佃政(博徒の大親分) ❼ 1910·1·31 社
次光(刀工) ❸ 1446·8 月 文
嗣岑王 ❶ 850·1·15 政／855·④·28 政／857·1·16 政
津久見美作守 ❹ 1550·2·10 政
次吉(備中刀工) ❸ 1346·10 月 文／1350·10 月 文
作良王 ❶ 806·1·28 政
柘植彰常 ❺-2 1717·是年 文／1809·是年 文
柘植久右衛門 ❺-1 1670·8·5 社
柘植三郎左衛門 ❹ 1579·9·17 政
柘植文左衛門 ❺-2 1720·5·11 政
柘植平之丞 ❺-1 1707·1·15 政
柘植正明 ❺-1 1643·3·10 政
拓植正寔 ❺-2 1798·10·6 政
柘植正直 ❺-1 1655·4·15 社
闘鶏国造(つげのくにのみやつこ) ❶ 413·2·14

闘鶏御田(木工)　❶ 468·10·10
津坂幸一郎　❼ 1903·2·11 文
津阪東洋(孝綽·君裕)　❺-2 1809·是年 文／1824·是年 文／1825·8·23 文
津崎五介　❺-1 1641·4·26 政
津崎矩子(村岡局)　❻ 1873·8·23 政
都市牛利　❶ 238·6月
辻　章従　❺-2 1795·10月 文
辻　家種　❺-1 1618·12月 文
辻　維岳(将曹)　❻ 1867·9·3 政／10·8 政／12·8 政／1894·1·4 政
辻　勲　❾ 2003·9·13 文
辻　市左衛門　❺-1 1665·2·11 政
辻　嘉一　❾ 1988·11·17 社
都路華香　❼ 1916·10·14 文／1919·10·14 文／1920·是年 文
辻　勘四郎　❺-1 1665·3·27 社
辻　清明　❾ 1991·7·30 文
辻　邦生　❾ 1966·10月 文／1969·7 文／1972·10月 文／1999·7·29 文
辻　啓蔵　❽ 1942·6·26 社
辻　左源治　❺-2 1781·2·7 社
辻　佐保子　❾ 2011·12·24 文
辻　沢治　❺-2 1745·8·13 社
辻　静雄　❾ 1993·3·2 社
辻　潤　❽ 1944·11·24 文
辻　昇平　❾ 2012·6·7 政
辻　二郎　❼ 1926·5月 文
辻　次郎右衛門　❺-1 1704·2·20 政
辻　新次　❻ 1883·9·9 文／1893·10·18 文／❼ 1915·11·30 文
辻　仁成　❾ 1997·11·16 文
辻　晋堂　❾ 1966·是年 文／1981·8·18 文
辻　善之助　❼ 1929·7·9 文／❽ 1944·11月 文／1952·11·3 文／1955·10·13 文
辻　大膳　❺-2 1735·10·5 文
辻　孝　❾ 2007·2·19 文
辻　辰三郎　❾ 2004·8·28 政
辻　太郎　❼ 1916·12·22 政
辻　近郷　❺-2 1735·10·5 文
辻　輝子　❽ 1940·11·28 文／1945·9·6 文
辻　藤右衛門　❺-1 1652·3·13 政
辻　藤兵衛　❺-1 1680·3·15 社
辻　陳種　❺-1 1671·是年 文／1679·是年 文
辻　度昭(医師)　❺-1 1713·是年 文
辻　則承　❻ 1880·9月 文
辻　晩庵　❺-1 1701·是年 文
辻　久子　❽ 1938·11·19 文
辻　永　❼ 1916·是年 文
辻　宏　❾ 2005·12·22 文
都治弘行　❸ 1414·是年 政
辻　伯耆　❺-1 1638·2·2 文
辻　政信　❽ 1952·10·1 政／1961·4·4 政
辻　政也　❺-1 1662·5·3 文
辻　松子　❼ 1929·1·23 社
辻　守参　❺-1 1698·6·21 政
辻　弥五左衛門　❺-1 1700·8月 政
辻　豊　❽ 1956·4·30 社
辻　与次郎(大工)　❹ 1580·是年 文／1600·8·18 文
辻　与次郎(実久)　❺-1 1602·是年 文／1603·9月 文
辻　嵐外　❺-2 1845·3·26 文
辻井　喬　❾ 2012·11·5 文
辻井伸行　❾ 2009·6·7 文／2012·5·24 文
辻内刑部左衛門　❺-1 1666·12·26 文／1668·是年 社
辻内崇伸　❾ 2005·10·3 社
辻子掃部允　❸ 1311·⑥·8 社
辻原元甫　❺-1 1658·是年 文／1659·是年 文／1660·是年 文
辻原　登　❾ 1990·7·16 文
対馬堅石　❶ 706·8·21 政
対馬勝雄　❼ 1936·2·29 政
対馬完治　❼ 1914·6月 文
津島恭一　❾ 2005·8·24 政
津島恵子　❾ 2012·8·1 文
津島寿一　❽ 1945·8·17 政／1952·9·26 政／1957·7·10 政／❾ 1967·2·7 政
津島修治⇨太宰治(だざいおさむ)
対馬助丞　❸ 1417·1·4 政
津島忠恒　❺-1 1603·8·6 政
津島恒之進(如蘭)　❺-2 1751·是年 文
津嶋真鎌　❶ 714·10·13 政
津島　勝　❾ 2011·5·4 文
津島佑子　❾ 1971·5月 文
津島雄二　❾ 1990·2·28 政／2000·7·4 政
辻村庫太　❻ 1891·2·19 社
辻村松華　❼ 1929·1·31 文
辻村新兵衛　❷ 1223·3·16 政
辻村太郎　❾ 1983·7·15 文
辻村敏樹　❾ 1968·10月 文
辻村みちよ　❼ 1932·6·8 文
辻村深月　❾ 2012·7·17 文
辻元清美　❾ 2002·3·20 政／2003·7·18 政／2010·5·31 政／7·27 政
辻本七郎兵衛　❹ 1600·12·24 政
辻本史邑　❽ 1950·10·29 文
辻本福松　❼ 1898·是年 社
辻本三千代　❼ 1932·4·23 社
辻本満丸　❽ 1940·4·24 文
辻本嘉茂　❺-2 1724·是年 文
辻本嘉朗　❽ 1944·2·27 政
津泉甫(金工)　❺-2 1762·6·1 文
蔦　文也　❾ 2001·4·28 社
津田鑑緒　❹ 1540·3·18 政
津田梅子(むめ)　❻ 1871·11·12 文／1885·10·15 文／❼ 1900·9·14 文／1905·10·14 社／1929·8·16 文
津田越前　❹ 1582·6·14 政
津田応圭　❺-2 1780·11·22 文
津田景康　❹ 1600·9·15 関ヶ原合戦
津田恭介　❽ 1964·4·13 文／❾ 1999·6·17 文
津田玄仙(兼詮)　❺-2 1809·12·21 文／1823·是年 文
津田源兵　❺-1 1650·5·17 政
津田監物(算長)　❹ 1544·3·15 政
津田三蔵　❻ 1891·5·11 政／9·29 政
津打治兵衛　❺-1 1694·3月 文／❺-2 1747·延享年間 社
津田十郎右衛門　❺-2 1722·3·26 社
津田修理　❺-2 1843·8·19 政
津田真一郎(真道)　❻ 1857·5·4 文／1862·9·11 文／1865·12·28 文／1866·3·2 文／1873·9·1 文／1874·2月 文／1879·1·15 文／1884·12·25 社／1890·8·20 政
津田信吾　❽ 1948·4·18 政
津田新十郎　❻ 1868·2·8 政
津田助直　❺-1 1686·8月 文／1687·8月 文／1688·2月 文／1692·8月 文／1693·2月 文
津田助広　❺-1 1672·8月 文／1677·8月 文／1673·8月 文／1679·2月 文
津田正周　❽ 1938·4月 文
津田青楓　❼ 1914·10·1 文／❾ 1978·8·31 文
津田　仙　❻ 1873·2·25 文／1874·2月 文／1875·5·22 社／7月 文／1876·1·3 社／1月 社／9·4 社／❼ 1897·2·28 社／1908·4·24 文
津田左右吉　❽ 1938·11·20 文／1940·2·10 文／1946·6·10 文／1949·11·3 文／1950·3·23 文／1961·12·4 文
津田宗及　❹ 1569·2·11 文／1573·11·23 文／1574·2·3 文／3·8 文／1575·1·4 文／1576·8·3 文／11·11 文／1577·4·13 文／9·1 文／10·30 文／1578·1·11 文／1·12 文／4·2 文／10·27 文／1579·1·9 文／1·11 文／8·19 文／1580·1·9 文／8·25 文／12·9 文／1581·1·10 文／2·13 文／4·12 文／8·2 文／10·27 文／1582·1·1 政、文／6·1 文／1583·10·6 文／12·8 文／1584·10·14 文／1587·1·3 文／1591·4·20 文
津田宗達　❹ 1542·4·4 文／1548·12·6 文／1549·2·12 文／1553·12·9 文／1555·12·22 文／1566·8月 社
津田宗風　❺-1 1610·6·15 文
津田忠右衛門　❺-2 1767·是春 社
津田紹意　❺-1 1612·1·11 政
津田藤兵衛　❹ 1530·4·7 社／1546·4·6 社
津田友正　❺-1 1673·是年 文
津田永忠(重二郎)　❺-1 1666·10·7 文／1670·5·14 文／1672·10·28 文／1682·是年 政
津田信夫　❼ 1926·6月 文／❽ 1946·2·17 文
津田信勝　❹ 1588·5·6 政／1589·1·11 政／6·5 政／11·24 政
津田(織田)信澄　❹ 1574·1·11 政／1578·9月 政／1582·5·7 政／6·5 政
津田信成　❺-1 1607·12月 政
津田信盛　❹ 1582·5·29 政／1589·12·7 政
津田信之　❺-2 1770·11·17 文
津田隼人正　❹ 1589·7·21 政
津田半十郎　❺-1 1659·12·10 社
津田秀夫　❾ 1992·11·15 文
津田文吾　❾ 1967·4·15 政
津田正重　❺-1 1634·4月 社
津田正忠　❺-1 1686·11月 政
津田正路　❻ 1857·12·17 政／12·29 政
津田真道(喜久治)　❻ 1863·8月 文

／❼ **1903**·9·3 文
津田道秀　❺-1 **1673**·是年 社
津田米次郎　❼ **1916**·11·17 文
津田左馬允(助五郎)　❹ **1583**·8·6 政
津田将監　❺-1 **1704**·7 月 社
津高和一　❾ **1995**·1·17 文
蔦谷喜一　❾ **2005**·2·24 文
蔦谷龍岬　❼ **1933**·10·7 文
蔦屋重三郎(蔦唐丸柯理)　❺-2 **1791**·3 月 文／**1794**·5 月 文／**1797**·5·6 文
土蜘蛛津頰　❶ **書紀·景行 18**·4·3
土崎　一　❽ **1956**·4·30 社
土田英章　❺-2 **1848**·是年 文
土田杏村(茂)　❼ **1921**·7 月 文／**1934**·4·25 文
土田国保　❾ **1971**·12·18 政／**1999**·7·4 政
土田太郎左衛門尉　❸ **1356**·9·21 政
土田直鎮　❾ **1993**·1·24 文
土田麦僊(金二)　❼ **1910**·12·21 文／**1911**·5 月 文／10·14 文／**1915**·10·14 文／**1918**·11·1 文／**1921**·11·30 文／**1924**·11·30 文／是年 文／**1925**·5·1 文／**1926**·2·24 文／**1929**·10·16 文／**1930**·11·8 文／是年 文／**1931**·是年 文／**1932**·是年 文／**1933**·10·16 文／是年 文／**1936**·6·10 文／❽ **1937**·10·27 文
土田不染斎(初代)　❺-2 **1765**·5 月 文
土田正顕　❾ **2004**·1·30 政
槌田龍太郎　❽ **1939** 是年 文
土橋長兵衛　❼ **1910**·是年 社
土橋友直　❺-2 **1717**·5·5 文
土橋栄益　❹ **1551**·10·25 政
土橋八千太　❾ **1965**·3·11 文
土御門顕定　❸ **1283**·8·12 政
土御門顕実　❸ **1329**·3·19 政
土御門有宣　❹ **1514**·2·13 政
土御門有宗　❹ **1484**·5·3 文
土御門有盛　❸ **1433**·11·27 政
土御門有世　❸ **1405**·1·29 政
土御門亀寿丸　❹ **1534**·12·21 社
土御門定実　❸ **1296**·12·25 政／**1301**·6·2 政／**1302**·11·22 政／**1306**·3·30 政
土御門定具　❸ **1398**·2·20 政
土御門資家　❸ **1438**·3·3 政
土御門親定　❸ **1315**·7·1 政
土御門久脩　❹ **1579**·1·12 文／**1582**·1·29 文／❺-1 **1601**·1·30 社／**1625**·6·18 文
土御門藤子　❻ **1868**·1·15 政
土御門雅長　❸ **1316**·6·29 政
土御門雅房　❸ **1302**·9·28 政
土御門泰邦　❺-2 **1751**·10·4 文／**1753**·11·8 文／**1760**·4·22 社／**1784**·5·9 文
土御門泰重　❺-1 **1621**·8·23 文／**1626**·8·15 文／**1661**·8·19 政
土御門泰福　❺-1 **1683**·5·17 文／9·25 文／**1687**·8 月 社／❺-2 **1717**·6·17 文
土御門泰栄　❺-2 **1796**·8·25 政／10·5 政
土御門保光　❸ **1402**·8·13 政
土御門左京大夫　❹ **1564**·12·18 文
土御門天皇(為仁親王)　❷ **1195**·11·1 政／**1198**·1·11 政／3·3 政／**1210**·11·25 政／**1221**·⑩·10 政、社／**1223**·5·27 政／**1231**·10·11 政
土持景綱　❹ **1456**·11·22 政／**1457**·7 月 政
土持親成　❹ **1578**·4·10 政
土持時栄　❸ **1344**·3·3 政／**1361**·6·24 政
土持宣綱(信綱)　❹ **1456**·11·22 政
土持宣栄　❸ **1335**·12·13 政／**1336**·1·7 政／3·10 政／**1338**·9·20 政／**1344**·3·3 政
土持久綱　❹ **1587**·3·29 政
土持三河守　❸ **1370**·10·14 政
土本典昭　❾ **2008**·6·24 文
土屋篤直　❺-2 **1776**·5·20 政
土屋数直(定直)　❺-1 **1662**·2·22 政／**1665**·12·23 政／**1669**·6·25 政／**1679**·4·2 政
土屋廉直　❺-2 **1805**·10·9 政／**1806**·4·22 政
土屋邦敬　❻ **1878**·9·1 社
土屋公献　❾ **2009**·9·25 社
土谷幸司　❾ **2007**·11·14 政
土屋五郎　❺-1 **1668**·11·4 社
土屋五郎右衛門　❹ **1592**·2·1 社
土屋重成　❺-1 **1608**·是年 社／**1611**·7 月 社
土屋重政　❺-1 **1604**·是年 社
土屋秀栄　❼ **1907**·2·10 文
土屋純一　❽ **1946**·1·15 文
土屋蕭海(矢之助)　❻ **1859**·5·6 文
土屋四郎左衛門尉　❸ **1350**·7·8 政
土屋喬雄　❽ **1945**·11·4 文／**1946**·12·13 文／❾ **1988**·8·19 文
土屋隆夫　❾ **2011**·11·14 文
土谷　武　❾ **2004**·10·12 文
土屋忠直　❺-1 **1602**·7 月 政／**1612**·4·9 政
土屋縄直　❺-2 **1754**·5·3 文
土屋常二　❼ **1900**·4·10 社
土屋利直　❺-1 **1612**·4·9 政／**1634**·1·29 社／**1675**·④·24 政
土屋訥斎　❺-2 **1793**·7·7 文
土屋友左衛門　❹ **1568**·12·23 社
土屋寅直　❺-2 **1850**·9·1 政／❻ **1854**·12·23 社
土屋虎松　❺-2 **1811**·9·22 社
土屋延雄　❻ **1869**·1·5 政
土屋ノブ子　❼ **1908**·3·5 社
土屋宣時　❸ **1351**·1·3 政
土屋陳直　❺-2 **1719**·5·28 政
土屋半三郎　❺-2 **1734**·9·5 政
土屋半助　❺-2 **1725**·10·9 社
土屋半兵衛　❺-2 **1734**·9·5 政
土屋寿直　❺-2 **1776**·5·20 政
土屋英直　❺-2 **1790**·5·12 政／**1803**·8·12 政
土屋熙俊　❸ **1441**·10·11 政
土屋寛直　❺-2 **1803**·8·12 政
土屋文明　❾ **1986**·11·3 文／**1990**·12·8 文
土屋鳳州　❼ **1926**·3·15 文
土屋正方　❺-2 **1752**·2·15 政／**1753**·12·24 社／**1768**·5·19 政
土屋昌雄　❺-1 **1607**·④·8 政
土屋昌次　❹ **1575**·5·21 政
土屋政直(左門、老中)　❺-1 **1679**·4·2 政／**1682**·2·12 政／**1684**·7·10 政／**1685**·9·23 政／**1687**·10·13 政／10·21 政／**1693**·12·4 政／**1694**·12·26 政／**1705**·4·28 政／**1710**·9·27 政／❺-2 **1719**·5·28 政／**1722**·11·16 政
土屋正直(外国奉行)　❻ **1864**·2·24 政
土屋正延　❺-2 **1768**·5·19 政／**1778**·⑦·20 社／**1784**·7·26 政
土屋又三郎(時英)　❺-1 **1707**·是年 文／❺-2 **1717**·是年 文
土屋達直　❺-1 **1679**·8·7 政
土屋宗遠　❷ **1180**·9·20 政／**1209**·5·28 政
土屋宗信　❸ **1414**·是年 政
土屋宗光　❷ **1235**·5·15 政
土屋百三郎(秀元)　❻ **1879**·8 月 文
土屋守直　❺-2 **1783**·4·19 社
土屋安親(奈良弥五八)　❺-2 **1744**·9·27 文
土屋泰直　❺-2 **1790**·5·12 政
土屋由岐雄　❾ **1999**·7·3 文
土屋義清　❷ **1181**·2·28 政／**1212**·3·16 社／**1213**·5·2 政
土屋義彦　❾ **2008**·10·5 政
土屋頼直(直樹)　❺-1 **1675**·④·24 政／**1679**·8·7 政
土屋備前守　❸ **1353**·3·19 政
土屋豊前守　❹ **1571**·11·20 政
ツヅ，ジョアン·ロドリゲス　❹ **1598**·8·4 政／❺-1 **1601**·1 月 社／**1603**·1 月 社／**1604**·是年 社
土山宗次郎　❺-2 **1787**·10 月 政
筒井(名不詳)　❸ **1429**·9·18 政
筒井覚順　❸ **1430**·8·26 社／**1434**·8·14 政／**1435**·4·20 政
筒井寛秀　❾ **2010**·1·23 社
筒井敬玉　❾ **1996**·3·6 文
筒井敬介　❾ **2005**·1·8 文
筒井光宣　❹ **1467**·3·14 政
筒井定次　❹ **1584**·8·11 政／9·22 社／**1585**·⑧·18 政／**1587**·2·10 政／**1590**·2·27 政／**1592**·2·18 政／**1600**·7·29 関ヶ原合戦／❺-1 **1608**·6 月 政／7 月 政／**1609**·2·29 社／**1614**·3 月 政／**1615**·3·5 政
筒井順永　❸ **1431**·8·22 社／**1432**·9·24 政／11·30 政／12·19 政／**1443**·2 月 政／**1444**·2·28 政／4·26 政／**1445**·9·19 政／❹ **1457**·10·16 政／**1459**·5·27 政／7·1 政／**1460**·10·10 政／**1466**·8·25 政／**1469**·4·13 社／**1471**·2·8 文／**1472**·8·9 政／9·25 社／10·16 政／**1473**·11·3 政／**1476**·4·5 政
筒井舜覚　❹ **1475**·5·14 政／6·8 政
筒井順覚(僧)　❸ **1408**·7·29 政
筒井順慶(藤勝丸·藤勝·藤政)　❹ **1504**·9·21 政／9·30 政／10·2 政／**1505**·2·4 政／**1506**·7·24 政／**1507**·9 月 政／11·13 政／**1522**·11·29 社／**1549**·4·26 政／**1551**·11·9 政／**1559**·8·8 政／**1565**·11·18 政／**1566**·2·4 政／6·1 政／9·25 政／**1567**·2·5 社／4·6 政／4·24 政／6·5 政／**1568**·6·2 政／9·3 政／**1569**·4·16 政／

1570·7·27 政／10·13 政／1571·7·5 政／8·4 政／9·7 政／12·19 政／1572·3·16 政／4·29 政／1573·2·19 政／1574·1·11 政／2·21 政／6·29 社／7·22 政／1575·2·27 政／7·8 社／10·8 社／1576·2·10 文／4·14 政／5·10 政／1577·2·7 文／4·1 社／1578·4·29 政／5·29 政／8·22 政／9·1 政／10·7 政／1579·1·3 政／4·10 政／6·13 社／12·25 社／1580·3 月 社／③·17 社／7·5 政／8·2 政／11·7 政／1581·4·8 文／5·1 社／9·3 政／10·21 文／1582·3·5 政／6·10 政／7·11 政／8·18 政／9·13 政／9·27 政／10·23 政／11·5 政／1583·11·13 社／12·20 政／1584·1·16 文／2·2 社／4·7 政／8·11 政／1585·3·21 政

筒井順弘 ❸ 1441·10·8 政／1442·11·11 政／1443·2 月 政

筒井順興 ❹ 1489·7·22 政／1497·11·14 政／1498·4·5 政／1517·⑩·5 文／1520·10·9 政／1523·10·3 社／1524·4·2 政／1532·8·8 政／1533·10·12 社／1535·7·5 政

筒井順昭(藤松) ❹ 1535·7·5 政／1543·4·17 政／1544·7·29 政／1546·10·10 政／1547·5 月 政／1549·4·26 政／1550·6·20 政

筒井順盛 ❹ 1483·9·2 文／1497·10·7 政／1508·7·19 政／1513·5·16 社／1516·10·5 政／1518·9·3 社／11·19 社／1524·4·2 政

筒井順政 ❹ 1564·3·19 政

筒井順尊 ❹ 1477·6·28 政／12·21 政／1479·6·18 社／8·10 社／10·2 政／1480·9·12 社／1486·1 月 政／1488·10 月 政／1489·7·22 政

筒井四郎左衛門 ❺-1 1687·1·15 社

筒井竹雄 ❽ 1954·7·1 政

筒井忠雄 ❺-2 1769·7·12 政

筒井雅夫 ❾ 2010·3·23 政

筒井正次 ❺-1 1614·3 月 政／1615·4·26 大坂夏の陣

筒井政憲(右馬助·佐次右衛門) ❺-2 1821·1·29 社／1835·6·7 政／1836·2·8 社／1846·12·14 政／❻ 1853·6·15 文／11·8 政／1854·1·12 政／2·25 政／7·24 政／10·15 政／1855·6·5 文

筒井宗永 ❹ 1558·是年 政

筒井康隆 ❾ 1990·5·7 文／1994·11·7 文／1996·12·19 文

筒井順定 ❺-1 1615·3·5 政

筒井良舜 ❸ 1432·11·30 政

都築金吾 ❺-2 1806·10·22 社

続　訓弘 ❾ 1999·10·5 政

都筑馨六 ❼ 1923·7·6 政

都筑四郎 ❻ 1862·12·19 政

都築鉄三郎 ❼ 1911·1 月 社

都築富五郎 ❼ 1905·5·25 社

都築正男 ❽ 1945·8·10 文／1946·5·12 文／1961·4·5 文

都築道夫 ❾ 2003·11·27 文

都筑峯暉 ❻ 1864·2·4 政／7·6 政

都筑峰重 ❻ 1853·3·24 政

堤　礒右衛門 ❻ 1873·3 月 社

堤　三郎左衛門尉 ❸ 1441·6·26 社

堤　次兵衛 ❺-2 1832·是年 文

堤　俊作 ❾ 1978·9·13 文

堤　清六 ❼ 1907·6·4 社

堤　妙子 ❽ 1954·2·11 社

津津見忠季 ❷ 1196·9·1 政／1200·2·2 政

堤　朝風 ❺-2 1811·是年 文／1834·4·7 文／1836·是年 文

堤　剛 ❽ 1963·10·21 文

堤　ツルヨ ❽ 1949·12·10 社

堤　等琳 ❺-2 1800·是年 文

堤　正敏 ❺-2 1804·是年 文

堤　正巳 ❻ 1891·5·12 政

堤　松左衛門 ❻ 1862·12·19 政／1863·3·28 政

堤　弥三郎 ❺-2 1788·10·20 政

堤　康次郎 ❽ 1953·5·18 政／1964·4·26 政

堤　義明 ❾ 1993·5·20 政／2005·3·3 政

津奈調親 ❹ 1559·是年 政

綱島梁川(栄一郎) ❼ 1907·9·14 文

綱広(刀工) ❺-1 1604·是年 文

綱淵謙錠 ❾ 1972·8·11 文／1996·4·14 文

角南(つなみ)五兵衛 ❻ 1884·8 月 社

角鹿福貴子 ❶ 828·③·15 政

都努牛飼(牛甘) ❶ 685·5·26 政／9·15 政

角(都能·羽林)兄麻呂 ❶ 721·1·27 文／727·12·20 政

都努清貞 ❶ 862·2·11 文

都努福人 ❶ 841·1·13 政

角　家主 ❶ 732·1·20 政

常秋(姓不詳·兵庫頭) ❸ 1447·8·6 政

恒明親王 ❸ 1305·8·5 政／1351·9·6 政

常明親王 ❶ 944·11·9 政

恒敦親王⇨小倉宮(おぐらのみや、初代)

経家(刀工) ❸ 1437·2 月 文

常岡浩介 ❾ 2010·9·4 政

恒川兵左衛門 ❺-1 1681·5·26 社

恒川勇之丞 ❻ 1853·3·29 政

常木平内 ❺-1 1689·7·15 社

恒清(舎人) ❷ 1164·是年 社

常子内親王 ❺-1 1683·9·14 文／1689·7·18 文／1702·8·26 政

恒貞親王 ❶ 833·2·30 政／842·7·23 政／884·9·20 政

常田久仁子 ❾ 2010·11·3 文

経高(松岡荘下司) ❷ 1174·3·14 社

恒遠頼母 ❺-2 1847·是年 文

常俊(姓不祥) ❹ 1467·12·28 社

恒富兵衛尉 ❷ 1241·12·24 政

常ノ花寛市 ❼ 1924·3·16 社

恒仁親王⇨亀山(かめやま)天皇

恒弘(刀工) ❸ 1377·8 月 文

恒松制治 ❾ 2011·7·23 政

常道兄守 ❶ 850·1·15 政

経基(博士) ❷ 1183·⑩·18 文

常康親王 ❶ 851·2·23 政／863·4·11 社／884·9·10 社

経世王 ❶ 862·4·20 政

恒世親王 ❶ 823·4·18 政／826·5·1 政

恒良親王 ❸ 1332·3·8 政／1334·1·23 政／1336·10·10 政／1337·3·6 政／1338·4·13 政

常脇恒一郎 ❾ 2002·10·30 文

津野家時 ❸ 1336·1·7 政

津野勝興 ❹ 1571·是年 政

津野定勝 ❹ 1571·是年 政

津野元実 ❹ 1517·4·13 政

津野基高 ❹ 1543·7·10 政／1544·2·3 政

津野之高 ❸ 1450·10·22 政／❹ 1456·7·13 政／1478·8·3 政／1479·3·4 政

ツノウシ(アイヌ) ❺-1 1669·7·28 シャクシャインの蜂起

津江月良 ❻ 1870·6·24 文

角田喜右作 ❼ 1910·6·25 社

角田九華 ❺-2 1845·是年 文

角田忠行 ❼ 1918·12·15 社

角田達郎 ❾ 2006·2·20 文

角田竹冷(真平·聴雨窓) ❼ 1919·3·20 政

津野田知重 ❽ 1944·7 月 政

角田彦右衛門 ❻ 1864·4·12 政

角田房子 ❾ 2010·1·1 文

角田文衛 ❾ 2008·5·14 文

角田義一 ❾ 2007·1·26 政

津戸左次兵衛 ❺-1 1638·9·27 政

津野媛 ❶ 406·8·6

角山内麻呂 ❶ 724·2·22 社

椿井性慶 ❺-1 1701·10·17 文

椿井次郎(仏師) ❹ 1535·11·18 文／1539·7 月 文

椿　貞雄 ❼ 1915·是年 文

椿　貞良 ❾ 1993·9·21 政

椿　繁夫 ❽ 1938·2·1 政

椿　忠雄 ❾ 1965·6·12 社／1987·10·20 文

椿　椿山(琢華堂·休庵·四休庵·春松軒·碧蔭山房·羅渓·琢華道人) ❺-2 1827·是年 文／1831·11 月 文／1834·是秋 文／1837·4 月 文／8 月 文／1839·是年 文／1840·2·10 文／1842·3 月 文／8·8 文／是年 文／1843·5 月 文／6·7 文／1844·4 月 文／1845·是年 文／1846·是年 文／1848·是年 文／1849·1·21 文／是春 文／1850·是秋 文／是夏 文／1851·6·21 文／1852·7 月 文／是年 文／❻ 1854·9·10 文

津原左衛門尉 ❸ 1426·3·29 社

津原日向入道 ❸ 1434·9·3 政

円大使主⇨葛城円(かずらきつぶら)

円谷英二 ❽ 1954·11·3 社／❾ 1970·1·25 文

円谷幸吉 ❽ 1964·10·10 社／❾ 1968·1·9 社

坪井一郎 ❾ 1990·12·4 政

坪井円水 ❺-2 1827·是年 文

坪井菊治郎 ❼ 1903·9·20 社

坪井喜六 ❺-2 1784·4·19 社

坪井九右衛門 ❻ 1863·10·28 政

坪井九馬三(久米吉) ❼ 1936·1·21 文

坪井玄道 ❼ 1902·6 月 社／1903·是年 社／1922·11·2 文

坪井航三 ❻ 1894·7·19 日清戦争

壺井　栄　❽ 1944·2 月 文／❾ 1967·6·23 文
壺井繁治　❼ 1923·1 月 文／1928·5 月 文
坪井俊映　❾ 2010·9·6 社
坪井正五郎　❻ 1884·3·17 文／11·16 文／1887·8·5 文／是年 文／1888·11·24 文／1889·4·16 文／1892·10·28 文／1893·4 月 社／❼ 1912·5·5 文／1913·5·26 文
壺井惣左衛門尉　❹ 1574·9·11 社
坪井信道(誠軒)　❺-2 1848·11·8 文
坪井信良　❻ 1867·8·1 文
坪井洋文　❾ 1988·6·25 文
壺井義知(韶政·子安·安左衛門·鶴翁·鶴寿·温故軒)　❺-2 1716·是年 文／1729·是年 文／1735·10·24 文／1789·是年 文
坪内家定　❺-1 1645·7·20 政
坪内好一　❼ 1935·5·21 社
坪内定鑑　❺-1 1705·1·28 社
坪内定仍　❺-1 1655·12·15 社
坪内逍遙(春の屋おぼろ·勇蔵)　❻ 1877·11 月 文／1882·9·13 文／1889·12·21 文／1891·10 月 文／❼ 1897·10 月 文／1901·7·14 文／1904·2·27 文／1906·2·17 文／11·9 文／1909·5·1 文／12 月 文／1911·5·20 文／1912·3·15 文／1928·7·26 文／10·27 文／1930·1·25 文／1935·2·28 文
坪内鉄太郎　❻ 1882·4·13 政
坪内利定(喜太郎)　❹ 1565·11·3 政
坪内寿夫　❾ 1978·1·23 政／1999·12·28 政
坪内刑部左衛門　❺-1 1670·12·28 政
坪上貞二　❽ 1937·8·31 政
坪川信三　❾ 1968·11·30 政／1972·12·22 政
坪田譲治　❼ 1919·3 月 文／❽ 1938·1·1 文
坪谷善四郎　❽ 1949·3·24 文
つぼ屋惣吉　❺-1 1710·5 月 文
妻木松吉　❼ 1929·2·23 社
妻木光広　❺-2 1721·8·15 政
妻木頼保　❺-1 1701·3·18 文
妻木頼方　❺-1 1696·4·14 社
妻木頼熊(頼照)　❺-1 1660·6·21 社／1662·4·12 政
妻木頼利　❺-1 1633·6·8 社
妻木頼黄　❻ 1894·7·29 政／❼ 1916·10·10 文
妻木頼矩　❻ 1891·1·12 政
妻夫木　聡　❾ 2009·1·4 社
妻屋鉄兵衛　❺-2 1787·11·20 文
積殖王　❶ 783·2·25 政
津村記久子　❾ 2009·1·15 文
津村京村　❽ 1937·4·5 文
津村清史　❼ 1910·是年 文
津村重光　❾ 2006·1·29 社
津村重舎　❼ 1936·5·14 政／❾ 1997·7·12 政
津村淙庵(正恭)　❺-2 1788·11·15 文／1795·是年 文
津村敏行　❽ 1941·10·4 文
津村善知　❾ 2007·3·30 政
頭　光(岸文笑)　❺-2 1793·是年 文
頭霧唎耶陛　❶ 565·5 月
津守稲利　❶ 875·1·22 政
津守大海　❶ 642·2·22 政
津守吉祥　❶ 659·7·3 政／661·5·23 政
津守国量　❸ 1402·1·27 社
津守国助　❸ 1293·8·1 政／1299·3·19 社
津守国夏　❸ 1353·5·11 社
津守国久　❸ 1397·10·9 社
津守国冬　❸ 1320·6·17 社
津守国道　❸ 1328·8·25 社／是年 文
津守国基　❷ 1084·是年 社／1096·3·7 社／1102·7·7 社／是年 文
津守己麻奴跪　❶ 543·11·8
津守茂連　❶ 959·11·14 政
津守島子　❷ 1142·1·19 政
津守小吉　❶ 883·2·28 社
津守親継　❷ 1271·12·22 政
津守経国　❷ 1228·10·25 社
津守　通　❶ 714·10·13 政／721·1·27 文
津守守真　❸ 1306·是年 文
津屋維経　❷ 1278·6·24 政
露の五郎兵衛(初代)　❺-1 1683·是年 社／1691·是年 文／1697·是年 文／1698·是年 文／1699·是年 文／1701·是年 文／1705·是年 文／1707·是年 文
露の五郎兵衛(二代目)　❾ 2009·3·30 文
露村要吉　❺-2 1852·11·28 政
津吉栄範　❸ 1305·4·6 政
都羅(耽羅王子)　❶ 673·⑥·8 政／677·8·28 政
面懸左衛門尉　❸ 1334·8·3 政
州利即次(つりそくし)　❶ 516·9 月
州利曾爾　❶ 513·6 月
鐘(つりがね)　弥左衛門　❺-1 1678·11 月 社
都留重人　❽ 1957·3·26 文／1964·3 月 文／❾ 2006·2·5 文
鶴　飛驒　❺-2 1721·1·15 社／1731·3·27 社
鶴岡一人　❾ 2000·3·7 社
鶴岡慶雅　❾ 2005·6·25 文
鶴岡長次郎　❻ 1878·11·14 政
鶴岡稔彦　❾ 2005·10·25 社
鶴岡政男　❽ 1943·4·21 文／1949·是年 文／1960·是年 文
鶴岡芦水　❺-2 1801·是年 文
鶴賀新内(加賀歳、初代)　❺-2 1763·宝暦年間 文／1774·8·11 文／1786·3·22 文
鶴賀新内(鈴木貞次郎、五代目)　❼ 1907·6·24 文
鶴賀新内(鈴木重太郎、六代目)　❼ 1911·5·21 文
鶴賀鶴吉(三代目)　❼ 1920·11·1 文
剣山(大関)　❺-2 1843·⑨·25 社
鶴澤蟻鳳　❻ 1854·10·10 文
鶴澤清介　❾ 2009·6·30 文
鶴澤清六(三代目)　❼ 1911·12·7 文／1922·1·19 文
鶴澤清六(四代目)　❽ 1955·1·27 文／1960·5·8 文
鶴澤勇雛　❻ 1894·2·1 文
鶴澤探鯨　❺-2 1769·8·21 文
鶴澤探索　❺-2 1743·是夏 文／1797·7·13 文
鶴澤探山(守見·兼信)　❺-2 1729·7·13 文
鶴澤探泉　❺-2 1816·10·9 文
鶴澤探龍　❻ 1855·2·2 文
鶴澤友次郎(五代目)　❻ 1895·8·4 文
鶴澤友次郎(六代目)　❽ 1951·10·8 文
鶴澤文蔵(二代目)　❻ 1886·4·22 文
鶴田勝三　❻ 1895·7·4 社／❼ 1897·是春 社／1900·8·18 社
鶴田機水　❼ 1914·5·28 文
鶴田錦史　❾ 1995·4·4 文
鶴田浩二　❽ 1963·3·16 社／❾ 1987·6·16 文
鶴田吾郎　❽ 1944·3·8 文／是年 文／1945·10·14 文
鶴田左源次　❺-2 1817·是年 政
鶴田重成　❸ 1401·10·25 政
鶴田多右衛門　❺-1 1660·1·14 政
鶴田辰五郎　❺-2 1852·3·19 社
鶴田義行　❼ 1928·7·28 社／1932·7·30 社
鶴田六郎　❽ 1951·1·3 社
鶴原定吉　❼ 1914·12·2 政
鶴法師(遣朝鮮使)　❹ 1502·3·18 政
鶴松⇨豊臣(とよとみ)鶴松
鶴見和子　❾ 2006·7·31 文
鶴見修治　❽ 1960·8·25 社／1964·10·10 社
鶴見俊輔　❽ 1960·5·21 文／9·3 文
鶴見敏子　❽ 1939·1·28 社
鶴見虹子　❾ 2009·10·13 社
鶴見祐輔　❼ 1928·4·17 政／❽ 1945·11·16 政／12·10 政／❾ 1973·11·1 政
鶴見由次郎　❻ 1883·1·12 政
鶴見良行　❾ 1994·12·16 文
鶴峰戊辰(世霊·季尼)　❺-2 1826·是年 文／1833·是年 文／1836·是年 文／1847·是年 文／1848·是年 文
鶴峯戊申　❻ 1859·8·24 文／1863·是年 文
鶴屋権右衛門　❺-1 1629·6·16 政
鶴屋権左衛門　❺-1 1622·1·19 政
鶴屋団治⇨渋谷天外(しぶやてんがい、二代目)
鶴家団十郎　❼ 1909·3·6 文
鶴家鶴松　❼ 1933·9·16 社
鶴屋南北(初代)　❺-2 1736·9·9 文
鶴屋南北(三代目)　❺-2 1762·2·27 文／1763·12·23 文
鶴屋南北(四代目)　❺-2 1813·3·5 文／1825·7·26 文
鶴屋南北(五代目)　❺-2 1852·1·21 文
連枝宗吉　❶ 885·12·23 社
ツローン(英、トロンと同一人か)　❻ 1866·1·9 社
ツンベルグ, カール·ペーター　❺-2 1775·7·19 政／7·19 文／1776·1·15 政／4·1 政／10·23 政／是年 文

て

程　安(琉球)　❸ **1436**·1·2 政／**1447**·2·12 政
鄭　寅昌　❼ **1910**·1·5 政
鄭　永慶　❻ **1888**·4·13 社
鄭　永昌　❼ **1931**·10·4 政
丁　淵　❷ **1167**·4月 政
程　鸚　❹ **1462**·3·25 政
鄭　曄　❺-1 **1601**·8月 政
鄭　翰景　❽ **1949**·1·14 政
鄭　規　❹ **1498**·是年 政
鄭　基広(朝鮮)　❺-1 **1627**·2月 政／11·30 政
鄭　儀才(義才、琉球)　❸ **1416**·1·27 政／**1424**·2·12 政／**1426**·3·21 政／**1428**·8·21 政
鄭　希得　❹ **1597**·9·27 政
鄭　玖(琉球)　❹ **1491**·是年 政／**1496**·4·9 政／**1499**·是年 政／**1500**·3·28 政／**1506**·是年 政
鄭　苙(朝鮮)　❺-1 **1624**·12·19 政
鄭　玖程(琉球)　❹ **1504**·是年 政
鄭　経(台湾)　❺-1 **1663**·7月 政／**1675**·11月 政
鄭　起龍　❹ **1598**·7·6 慶長の役
鄭　欽之(朝鮮)　❸ **1428**·7·1 政
鄭　憲(琉球)　❹ **1563**·11·25 政／**1571**·11·23 政
鄭　元　❷ **1091**·9·14 政
鄭　元偉(琉球)　❺-2 **1840**·9·1 政
程　後(琉球)　❸ **1398**·3·1 政
程　鴻(琉球)　❸ **1453**·3·10 政／❹ **1458**·1·9 政
鄭　昊(琉球)　❹ **1518**·是年 政／**1519**·是年 政
鄭　逅(琉球)　❺-1 **1602**·10·6 政
丁　好寛(朝鮮)　❺-1 **1606**·9·15 政／**1607**·2·8 政／3·21 政／5·6 政
鄭　后僑　❺-2 **1719**·10·1 政
鄭　彩(明)　❺-1 **1649**·5月 政
鄭　作(宋)　❷ **1175**·是年 政
程　錫庚　❽ **1939**·4·9 政
鄭　若曾(明)　❹ **1562**·是年 文
鄭　舜功(明)　❹ **1556**·7月 政
程　順則(思武太·寵文)　❺-1 **1708**·是年 文／❺-2 **1734**·12·8 政
鄭　縄(琉球)　❹ **1523**·是年 政
丁　汝昌　❻ **1891**·7·10 政／**1895**·2·2 日清戦争
鄭　芝龍(明)　❺-1 **1612**·8·15 政／**1645**·是年 政／**1646**·8·13 政／10·16 政
鄭　子良(高麗)　❷ **1019**·9·19 政／**1020**·2·16 政／4·11 政
鄭　次良(朝鮮)　❸ **1453**·7·15 文
鄭　心(宋)　❷ **1091**·9·14 政
鄭　信(宋)　❷ **1118**·3·15 政
鄭　仁卿(高麗)　❸ **1283**·5·26 政(囲み)
程　邃(明)　❺-1 **1657**·是年 文
鄭　誠謹　❹ **1487**·5·2 政
鄭　成功　❺-1 **1630**·是年 政／**1648**·是年 政／**1649**·10月 政／**1654**·7·5 政／**1658**·6·24 政／**1661**·6·9 政
鄭　世謨(琉球)　❺-2 **1817**·6·11 政
鄭　枻(安南)　❺-1 **1624**·6·5 政／**1632**·4·25 政
鄭　泰　❺-1 **1658**·是年 政／**1663**·7月 政／**1675**·11月 政
鄭　大威　❺-2 **1728**·6·13 社
鄭　孝徳　❺-2 **1758**·是冬 文
鄭　沢(明)　❹ **1510**·2月 文
鄭　地(高麗)　❸ **1377**·2月 政／**1382**·2月 政／**1383**·5月 政／**1387**·1月 政
鄭　廸(琉球)　❹ **1591**·是年 政
鄭　仁徳　❶ **986**·7·9 政／**988**·2·8 政
鄭　撥　❹ **1592**·4·12 文禄の役
丁　範(宋)　❷ **1085**·10·29 政
程　復　❸ **1396**·1·10 政
鄭　文質(琉球)　❹ **1492**·是年 政
鄭　文孚　❹ **1592**·10月文禄の役／11·15 文禄の役／**1593**·1·29 文禄の役
鄭　秉夏　❼ **1896**·2·11 政
鄭　秉哲　❺-2 **1757**·是春 政
程　鵬(琉球)　❹ **1457**·2·24 政／**1466**·③·4 政／**1468**·2·20 政／**1470**·4·2 政／**1475**·3·10 政／**1477**·3·5 政／**1484**·3·18 政／**1488**·4·14 政
鄭　民甫　❺-2 **1748**·是冬 政
鄭　夢周(高麗)　❸ **1377**·9月 政／**1378**·7月 政
丁　雄万　❶ **838**·7·5 文
鄭　良弼(琉球)　❺-2 **1837**·是秋 政
鄭　麟趾(朝鮮)　❸ **1452**·8·23 文
鄭　礼(琉球)　❹ **1564**·是年 政／**1578**·是年 政／**1587**·10·27 政／**1591**·11·29 政／是年 政
程　璉(琉球)　❹ **1497**·是年 政／**1502**·3·21 政
鄭　禄(琉球)　❹ **1563**·11·25 政
貞安聖誉　❺-1 **1615**·7·17 社
定一(平曲)　❸ **1371**·3·15 文
ディートリッヒ，マレーネ　❾ **1970**·9·5 文
ディーフェンベーカー(カナダ)　❽ **1961**·10·27 政
定胤(僧)　❶ **939**·9·4 社
ディエゴ(殉教)　❺-1 **1620**·6·25 社
ディエゴ⇨日比野了珪(ひびのりょうけい)
ディエゴ(加賀山)興長　❺-1 **1619**·9·11 社
デイエゴ(中島)九兵衛　❺-1 **1630**·9·23 社
ディエゴ·コイチ　❺-1 **1624**·9·20 社
ディエゴ·コリャード　❺-1 **1622**·10月 社
ディエゴ進藤　❺-1 **1633**·7·12 社
ディエゴ·デ·サンフランシスコ　❺-1 **1626**·3·13 社／**1629**·8月 社
ディエゴ·デ·モラレス　❺-1 **1642**·7·16 社／**1643**·2·2 社
ディエゴ結城　❺-1 **1614**·4·12 社／**1636**·1·19 社
ディオール，クリスチャン　❽ **1955**·2·2 社
ディオダティ，ルーロフ　❺-2 **1720**·9·20 政
ディオニジオ(殉教)　❺-1 **1622**·9·28 社
定雅(作家)　❺-2 **1783**·是年 文
庭観(僧)　❷ **1117**·7·15 社
貞幹(僧)　❺-2 **1763**·是年 文
貞閑尼佐香穂(遊女)　❺-1 **1645**·11月 社
禎喜(僧)　❷ **1166**·6·26 社／**1170**·4·19 政／**1177**·12·6 社／**1183**·10·1 社
廷貴(琉球)　❹ **1540**·是年 政
提挙王君治(元僧)　❸ **1283**·8月 政
定継(僧)　❸ **1290**·8·25 文
定景(僧)　❸ **1399**·7·21 社
定賢(僧)　❷ **1060**·是年 社
貞極(僧)　❺-2 **1756**·6·2 社
貞山(俳人)　❺-2 **1738**·是年 文
禎子内親王(ていし·陽明門院)　❷ **1018**·5·5 文／**1027**·3·23 政／**1028**·11·9 政／**1034**·7·18 政／**1037**·2·13 政／3·1 政／**1069**·2·17 政／**1077**·1·11 政／**1094**·1·16 政
禎子内親王(前斎院)　❷ **1156**·1·5 政
媞子内親王(ていし·郁芳門院)　❷ **1077**·1·1 政／**1078**·8·2 社／**1083**·10月 文／**1090**·11·29 政／**1091**·1·22 政／**1093**·1·19 政／5·5 文／**1095**·6·26 政／**1096**·8·7 政
諦子内親王(ていし·明義門院)　❷ **1235**·12·21 政／**1236**·12·21 政／**1243**·3·29 政
梯儁(魏帯方郡)　❶ **240**·是年
貞舜(僧)　❸ **1422**·1月 社／**1427**·応永年間 社
定助(僧)　❶ **957**·4·13 社
貞心尼　❺-2 **1835**·是年 文
貞崇(僧)　❶ **944**·7·23 社
貞素(僧)　❶ **825**·是年 政
ティチング(オランダ商館長)　❺-2 **1779**·10·22 政／**1780**·1·15 政／**1781**·6·23 政／10·22 政／**1782**·1·15 政／**1783**·是年 政／**1784**·是年 社／**1791**·是年 政／**1807**·4·2 文
ディック·ミネ　❽ **1940**·3·28 社／❾ **1991**·6·10 文
ディットリヒ(オーストリア)　❻ **1888**·11·4 文／**1890**·3·11 文／**1894**·4·1 文／6·15 文
提点永扶(遣明使)　❹ **1467**·是年 政
諦忍(僧)　❺-2 **1764**·是年 文／**1779**·是年 文
ディブウスキー(東大教授)　❻ **1877**·4·12 文
貞芳(僧)　❶ **977**·12·26 社
ティボー，ジャック　❼ **1928**·5·26 文
ディマジオ，ジョー　❽ **1950**·11·1 社／**1951**·10·17 社／**1954**·2·1 社
貞明皇后(九條節子)　❼ **1900**·5·10 政／❽ **1943**·1·1 政／**1944**·1·1 政
テイラー(学理的事業管理法)　❼ **1913**·1月 政
ディラン，ボブ　❾ **1978**·2·20 文／**1994**·5·20 文
ディルク，スヌーク　❺-1 **1648**·10·24 政／是年 政
ディルク，デ·ハース　❺-1 **1676**·9·20 政／**1678**·9·20 政／**1679**·2·5 政
ディルク，ファン·リール　❺-1 **1661**·9·20 政
ディルクセン(独)　❽ **1937**·11·2 政
デヴィリャナ，アントニオ·マヌエル

❹ 1573·6·28 政
デーニッツ ❽ 1945·5·7 政
デーニッツ, ウキルヘルム ❻ 1875·9·23 文
デービス(英) ❾ 1972·6·3 政
テーラー, エリザベス ❾ 2011·3·23 文
テーラー, チャーレー ❼ 1901·2·20 文
デーリョ, ドン・フランシスコ ❹ 1596·10·15 政
テーリョ, ファン ❺-1 1606·9·3 政
テオー(仏女優) ❻ 1894·7·28 文
手柄岡持(朋誠堂喜三二) ❺-2 1813·5·20 文
迪斎道允 ❺-1 1664·是年 文
出来島隼人 ❺-1 1607·10月 文
的良(行者) ❶ 853·7·15 政
出口晴三 ❾ 1993·9·14 社
出口王仁三郎(喜三郎) ❼ 1921·2·12 社／1935·12·8 社
出口なお ❻ 1894·11·11 社／❼ 1918·11·6 社
出口(度会)延佳 ❺-1 1648·12·28 文／1666·是年 文／1687·是年 文／1688·是年 文／1690·1·18 文／1696·是年 文
出久根達郎 ❾ 1993·1·13 文
デクラーク(南アフリカ) ❾ 1992·6·3 政
デグロン・アンリ ❻ 1862·7·20 社／1865·6·16 社
勅使河原蒼風 ❼ 1928·5·5 文／1929·1月 文／❽ 1952·2·23 文／❾ 1970·1·20 社
勅使河原 宏 ❾ 2001·4·14 文
手品市左衛門 ❺-1 1687·貞享年間 文
手島 栄 ❽ 1962·7·18 政
手島精一(銀次郎·淳之助) ❻ 1890·3·25 文／❼ 1918·1·23 文
手島堵庵(上河喬房·近江屋源右衛門·応元·東郭) ❺-2 1761·9月 文／1765·11月 文／1773·是年 文／1775·是年 文／1779·5月 文／是年 文／1782·是春 文／1786·2·9 文／1789·是年 文
豊嶋弥左衛門 ❾ 1978·1·3 文
手島和庵 ❺-2 1806·是年 文
手島冠者 ❷ 1180·11·22 政／12·1 政
弟子丸龍助 ❻ 1862·4·23 政
テスト・ウイド ❻ 1889·5月 文
デ・ソーザ, アントニオ ❺-1 1633·9·16 社
デタマジヨウル(仏) ❻ 1866·9·29 政
鉄庵道生(僧) ❸ 1331·1·6 社
徹翁(僧) ❸ 1337·5·15 文
手塚治虫 ❽ 1950·10月 社／1953·1月 社／❾ 1977·11·10 社／1989·2·9 文／7·20 文／1990·7·20 文
手塚岸衛 ❼ 1920·6·9 文／1922·1·13 文／1936·10·7 文
手塚帯刀左衛門尉 ❹ 1538·11·27 社
手塚敬義 ❺-2 1843·是年 文
手塚猛昌 ❻ 1894·10·5 社
手塚敏郎 ❼ 1922·3·31 政
手塚富雄 ❾ 1983·2·12 文
手塚律蔵 ❻ 1856·4·4 文／是年 文
デッカー(米) ❽ 1949·4·12 社
てっかい(唐人) ❹ 1589·10·3 政
哲岩祖濬(僧) ❸ 1405·8·17 社
鉄牛(僧) ❷ 1239·延応年間 社
鉄牛(大内政弘の使者) ❹ 1487·6·16 政
鉄牛景印(僧) ❸ 1323·元亨年間 政／1332·是年 政
鉄牛道機(僧) ❺-1 1700·8·20 社
鉄眼道光(僧) ❺-1 1670·是年 社／1678·7·17 文／1681·是年 文／1682·3·20 社／1695·7月 社
鉄虎(僧) ❺-1 1694·是年 文
鉄五郎(職人) ❻ 1856·11·1 社
鉄五郎(盗賊) ❻ 1857·10·2 社
佚斎潭北 ❺-2 1735·是年 文
佚斎樗山 ❺-2 1742·是年 文
鉄山宗鈍(僧) ❺-1 1617·10·8 社
徹岫宗九(僧) ❹ 1553·12·8 政／1557·4·13 社
鉄舟徳済(円通大師) ❸ 1341·是年 政／1343·是年 政／1366·9·15 社
鉄心道印(僧) ❺-1 1680·1·28 社
出尻清兵衛 ❺-2 1751·12·12 社
徹通義介(僧) ❷ 1259·是年 政／❸ 1309·9·14 社
徹翁義亨(てっとうぎこう) ❸ 1369·5·15 社／5月 文
徹翁義亨(僧) ❺-1 1638·11·15 社
鉄砲光三郎 ❾ 2002·6·2 文
鉄屋喜兵衛 ❺-2 1763·宝暦年間 社
鉄屋庄左衛門 ❺-2 1761·12·16 政
鉄割熊蔵 ❺-2 1831·是年 社
鉄割福松 ❻ 1866·9·21 社
鉄割弥吉 ❺-2 1851·是冬 社
デトリング(独) ❻ 1894·11·26 日清戦争
デニソン, ヘンリー=ウィラード ❼ 1914·7·3 政
デニング(英) ❻ 1885·2·2 文
出淵勝次 ❼ 1926·8·25 政
テブネ(仏) ❼ 1898·3月 社
デミタ(伊) ❾ 1989·3·31 政
デミレル(トルコ) ❾ 1992·12·1 政
出目助左衛門 ❺-1 1603·5·18 文
出目洞水(満矩) ❺-2 1729·是年 文
出目洞白(満喬) ❺-1 1715·9·10 文
出目甫閑(満猶) ❺-2 1750·是年 文
出目満永(元休) ❺-1 1672·是年 文
出目元休(満永) ❺-2 1812·12·25 文
出目吉次(幾斎) ❺-1 1643·是年 文／1665·3月 文
出目吉満(是閑、能面師) ❺-1 1616·是年 文
デューイ(米) ❼ 1919·2·9 文／❽ 1959·5·18 政
デュッペル(米) ❽ 1949·2·3 文
デュマ(仏作家) ❼ 1934·3·2 文
デュランバジェン(エクアドル) ❾ 1994·3·14 政
デュルフェン, ヘンドリック ❺-2 1721·9·20 政／1724·6·7 政
デ・ヨング・メイエル ❻ 1866·4·27 文
デ=ラ=ツール ❻ 1867·5·11 政／1868·1·15 政
寺 久左衛門 ❺-2 1808·11·2 政
寺井喜左衛門 ❺-1 1669·是年 社
寺井直次 ❾ 1998·3·21 文
寺内大吉 ❾ 2008·9·6 文
寺内寿一 ❼ 1936·3·9 政／❽ 1937·1·21 政／1·23 政／9·11 政／1944·7·22 社／1946·6·12 政
寺内正毅 ❼ 1898·1·22 政／1902·3·27 政／1903·6·23 政／1906·1·7 政／9·25 社／1908·7·14 政／1910·5·30 政／7·12 政／8·22 政／10·1 政／1911·1月 政／11·7 政／1912·1·23 政／1916·6·24 政／7·6 政／10·4 政／1917·1·15 政／5·25 政／6·2 政／1918·6·1 政／9·21 政／1919·11·3 政
寺尾 聰 ❾ 1981·12·31 社
寺尾左馬助 ❺-1 1632·7月 社
寺尾庄十郎 ❻ 1867·10·8 政
寺尾善右衛門 ❺-1 1699·4·27 社
寺尾 亨 ❼ 1897·3月 文／1903·6·10 政／1906·11·23 政／1925·9·15 政
寺尾俊彦 ❾ 2012·10·21 文
寺尾信夫⇨宇野重吉(うのじゅうきち)
寺尾 寿 ❻ 1884·6·7 文／1888·6·1 文／❼ 1898·4·26 文／1923·8·6 文
寺尾 博 ❼ 1921·是年 社／❽ 1961·7·16 文
寺尾文子 ❼ 1926·10·22 社
寺尾孫之丞 ❺-1 1645·5·12 政
寺尾 豊 ❽ 1958·6·12 政
寺尾与兵衛 ❺-1 1608·是年 社
寺門静軒(子温·弥五左衛門·克己·蓮湖) ❺-2 1831·是年 文／1832·是年 文／1838·是年 文／1842·8·23 文／1850·是年 文／❻ 1868·3·24 文
寺川 綾 ❾ 2011·7·16 社／2012·7·27 社
テラサキ・グエン ❾ 1990·12·15 文
寺崎広業(忠太郎) ❻ 1891·11·21 文／❼ 1896·5·5 文／9·20 文／1897·10·25 文／1898·3·29 文／1899·1·1 文／10·15 文／1909·10·15 文／1917·6·11 文／1919·2·21 文
寺崎紫白女 ❺-1 1700·是年 文
寺崎太郎 ❽ 1940·11·25 政
寺崎盛永 ❹ 1581·5·4 政／7·17 政
寺澤堅高 ❺-1 1633·4·11 政／1637·10·29 島原の乱／1638·4·12 島原の乱／1647·11·18 政
寺澤定政 ❹ 1592·11·6 文禄の役
寺澤忠二郎 ❹ 1588·8·27 社
寺澤藤右衛門 ❹ 1584·11·20 社
寺澤 徹 ❽ 1963·2·17 社
寺澤広高⇨寺澤正成(まさなり)
寺澤弘政 ❹ 1591·8·3 社
寺澤正成(広高) ❹ 1592·3·22 文禄の役／1593·1·25 社／1594·11月 社／1595·1·16 文禄の役／1597·9月 政／1598·1·22 慶長の役／9月 政／10·12 慶長の役／11·18 慶長の役／

1599·1·27 政／8·20 政／9·5 政／**1600**·1·27 政／2·23 政／8·5 関ヶ原合戦／❺-1 **1601**·2月 政／**1603**·是年 政／**1633**·4·11 政
寺澤友太夫　❺-1 **1707**·是年 文
寺澤芳男　❾ **1994**·4·28 政
寺澤六右衛門　❺-1 **1680**·11月 政
寺師次郎右衛門　❻ **1864**·3·18 社
寺島儀蔵　❽ **1939**·10·20 政
寺島　健　❽ **1941**·10·18 政
寺島しのぶ　❾ **2010**·2·20 文
寺島紫明　❽ **1946**·10·16 文／**1950**·是年 文
寺島宗意　❺-1 **1702**·是年 文
寺島忠三郎　❻ **1862**·2·27 政
寺島尚彦　❾ **2004**·3·23 文
寺島梅里山人(仲巳·陶梅里)　❺-2 **1798**·6·23 文
寺島宗則(松木陶蔵·広庵)　❺-2 **1851**·是年 文／❻ **1856**·4·4 文／**1863**·6·22 政／**1865**·3·22 文／**1869**·7·12 政／12·18 政／**1872**·10·14 政／**1874**·1·21 政／**1877**·11·2 政／**1878**·2·9 政／11·21 政／**1888**·4·30 政／**1892**·3·5 政／**1893**·6·6 政
寺島吉左衛門　❺-1 **1703**·8月 社
寺島良安(尚順·杏林堂)　❺-1 **1712**·是年 文／❺-2 **1723**·是年 文
寺田市郎兵衛⇨橘成般(たちばなせいはん)
寺田市郎兵衛⇨橘武久(たちばなぶきゅう)
寺田稲次郎　❼ **1929**·11·26 政
寺田重徳　❺-1 **1671**·是年 文／**1672**·是年 文／**1691**·是年 文
寺田春弌　❽ **1946**·是年 文
寺田治郎　❾ **2002**·3·17 政
寺田甚与茂　❼ **1931**·11·23 政
寺田典城(すけしろ)　❾ **2001**·4·15 社／**2005**·4·17 政
寺田崇憲　❽ **1961**·1·24 文
寺田輝介　❾ **1997**·1·1 政
寺田　透　❾ **1995**·12·21 文
寺田寅彦(吉村季彦·藪柑子)　❼ **1902**·11·14 社／**1906**·10·8 文／**1913**·1月 文／**1917**·7·1 文／**1935**·12·31 文
寺田　登　❼ **1936**·8·1 社
寺田　博　❾ **2010**·3·5 文
寺田光隆　❺-2 **1780**·是年 文
寺田保正　❾ **2011**·1·27 文
寺田与右衛門　❺-2 **1737**·是年 文
寺田臨川　❺-2 **1744**·11·4 文
寺田采女正　❹ **1570**·4·25 政
寺田入道　❷ **1281**·⑦·11 政
寺田法印(悪党)　❸ **1315**·10·29 社
寺地強平　❻ **1856**·11·10 政
寺西封元(重次郎·畔松)　❺-2 **1793**·7月 社
寺西正勝　❹ **1594**·2·21 文
寺野精一　❼ **1923**·1·8 政
寺原時親　❸ **1350**·6·8 政
寺町又三郎　❹ **1468**·10·19 政／**1469**·9·21 社
寺松国太郎　❽ **1943**·12·5 文
寺村左膳(道成)　❻ **1867**·9·3 政
寺本　清　❾ **2005**·4·6 政
寺本八左衛門　❺-1 **1641**·4·29 政
寺本義久　❻ **1876**·10·29 政
テリー伊藤　❾ **2007**·12·22 政
デリトルレス神父　❺-1 **1626**·④·26 社
暉峻康隆　❽ **1951**·1月 文／**1962**·3月 文／❾ **2001**·4·2 文
暉峻義等　❼ **1921**·7·1 社
照国万蔵(横綱)　❽ **1942**·6·7 社／**1943**·1·10 社／**1953**·1月 社／❾ **1977**·3·20 社
テルシャック(オーストリア)　❻ **1890**·3·11 文
昭仁親王⇨桜町(さくらまち)天皇
輝広(刀工)　❺-1 **1639**·2月 文／**1643**·8月 文
照屋忠盛　❽ **1939**·10·20 政
照屋林助　❾ **2005**·3·10 文
テレサ·テン(鄧　麗君)　❾ **1995**·5·8 文
テレジィナ(スペイン)　❼ **1932**·1·26 文
テレシコワ，ワレンチナ　❽ **1946**·5·15 政／**1963**·6·16 政／❾ **1965**·10·26 政
テレビヤンコ(ソ連)　❽ **1946**·11·13 政／**1949**·12·21 政／**1950**·5·2 政／5·27 政
デロバート(ナウル大統領)　❾ **1970**·5·11 政／11·17 政
デ·ロング　❻ **1869**·2·29 政／**1870**·1·6 政／**1871**·7·4 政
出羽祐盛　❹ **1531**·2·12 政
出羽経氏　❸ **1339**·5·3 政／**1341**·1·20 政
出羽宮鶴　❹ **1490**·8·30 政
出羽太祐　❹ **1470**·2·5 政
出羽錦(元関脇)　❾ **2005**·1·1 社
出羽海谷右衛門　❼ **1922**·6·19 社
出羽海秀光　❽ **1957**·5·4 社
田　義民　❹ **1471**·是春 政
田　健治郎(梅之助)　❼ **1916**·10·9 政／**1919**·10·9 政／10·29 政／**1923**·9·2 政／12·22 政／**1930**·11·16 政
田　英夫　❾ **1977**·9·26 政／**1978**·3·26 政／**2009**·11·13 政
伝阿(僧)　❸ **1413**·12·5 文
天庵懐義(僧)　❸ **1361**·3月 社
天安周賢(僧)　❹ **1457**·9·18 政
天庵妙受(僧)　❸ **1345**·10·21 社
伝育(奥坊主)　❺-2 **1832**·6·18 政
天一坊(無宿宝沢)　❺-2 **1728**·8月 社
天隠龍沢(僧)　❹ **1456**·6·17 文／**1483**·9·2 文／**1491**·3·17 社／**1500**·9·6 社
天英院⇨近衛熙子(このえひろこ)
天英周賢(僧)　❹ **1459**·8·1 政
天応瑞嘉(僧)　❹ **1485**·12·7 社
天海(南光坊僧)　❹ **1588**·是年 社／❺-1 **1610**·9·18 社／**1611**·是年 社／**1612**·4·19 社／**1613**·是年 社／**1614**·7·8 政／8·6 文／**1615**·7·20 文／**1616**·4·1 政／7·26 社／10·24 社／**1617**·4·8 政／**1624**·是年 社／**1625**·11月 社／**1626**·12·30 社／**1630**·2·21 社／**1631**·12·16 政／是年 文／**1632**·7·17 社／**1636**·4·10 社／**1637**·3·17 文／**1638**·12·17 文／**1639**·11·25 文／**1640**·4·17 文／**1643**·9·17 社／10·2 社／11·1 社
天外志高(僧)　❸ **1343**·8·1 社
天華和尚　❻ **1881**·7·22 文
天顔(琉球)　❺-1 **1633**·是年 社
天願朝行　❽ **1953**·4·1 政
天岸慧広(仏乗禅師)　❸ **1319**·是年 政／**1329**·5月 政／**1335**·1月 文／3·8 社
天鑑存円(僧)　❸ **1396**·4·11 社
伝吉(通訳)　❻ **1860**·1·7 政
天牛新一郎　❾ **1991**·6·2 文
伝教大師⇨最澄(さいちょう)
天境霊致(僧)　❸ **1381**·8月 文
天狗太郎　❾ **1995**·11·10 文
天狗堂転蓬　❺-2 **1716**·是年 文
天荊(僧)　❹ **1579**·1·8 政
天桂伝尊　❺-2 **1735**·12·10 社／是年 文
天広丸(狂歌)　❺-2 **1809**·3·28 文
伝左衛門(上野三波川村)　❺-1 **1685**·10·15 政
伝三郎(足軽息子)　❺-1 **1654**·12·22 社
腆支王⇨直支(とき)王
恬子内親王　❶ **859**·10·5 社／12·25 社／**860**·8·25 社／**913**·6·8 政
天秀尼(豊臣秀頼娘)　❺-1 **1615**·5·21 大坂夏の陣／**1645**·2·7 政
天竺賢実　❹ **1469**·8·3 政
天竺徳兵衛　❺-1 **1707**·是年 文
天竺冠者　❷ **1207**·4·29 社
天樹院⇨千姫(せんひめ)
天秀(刀匠)　❺-2 **1822**·3月 文
天十郎(舞人)　❹ **1528**·是年 文／**1555**·2·23 文／3·21 文
天章(琉球、僧)　❹ **1494**·3·19 政／5·11 政
天璋院篤姫　❻ **1883**·11·12 政
天十郎(唱聞師)　❹ **1566**·7·10 文
天真(僧)　❸ **1399**·9月 政／**1400**·8月 政／**1401**·9·29 政
天真法親王　❺-1 **1690**·3·1 社
天瑞院(なか·大政所·豊臣秀吉母)　❹ **1586**·9·26 政／11·12 政／**1588**·1·16 政／**1589**·12·7 政／**1590**·4月 文／5·1 政／5·4 政／**1592**·6·20 文禄の役／7·22 文禄の役／8·4 社
伝蔵王(僧)　❺-1 **1606**·10·10 社
天琢玄球(僧)　❸ **1377**·6·25 社
天琢宗球(僧)　❹ **1502**·9·28 社
天澤等恩(僧)　❹ **1491**·3·12 政／**1492**·6·6 政／7·19 政／**1493**·2·13 政
転智(僧)　❶ **960**·是秋 文
テンチ(米)　❽ **1945**·8·28 政
天池徳兵衛　❻ **1885**·7·17 文
天智天皇(中大兄皇子·中大兄天命開別尊)　❶ **644**·1·1 文／**645**·6·12 政／**646**·3·20 政／**653**·是年 政／**658**·10·15 政／**660**·5月 文／**661**·7月 政／**667**·8月 政／**668**·1·3 政／**671**·12·3 政
天中軒雲月　❾ **1995**·3·31 文
田疇象耕　❺-2 **1777**·3月 文
伝通院(お大の方)　❺-1 **1602**·8·28 政

天童荒太　❾ 2009·1·15 文
天童頼澄　❹ 1577·3·17 政
天徳院(珠姫·前田利常室)　❺-1 1601·9·30 政／1622·是年 社
天南(僧)　❺-1 1630·7·8 社
天王寺屋五兵衛　❺-1 1628·是年 政／1670·是年 政
天王寺屋作兵衛　❺-1 1670·是年 政
天王寺屋忠次郎　❺-2 1835·⑦·4 政
天富(僧)　❹ 1556·10·19 政／1557·1·15 政
田奉(朝鮮)　❸ 1433·7·4 政
転法輪　奏　❾ 1998·10·3 政
転法輪⇨三條(さんじょう)姓も見よ
天甫存佐(僧)　❹ 1517·5·5 社
椽磨(でんま、耽羅)　❶ 667·7·11 政／⑪·11 政
天満屋久兵衛　❺-2 1731·10·11 政
天満屋曲全　❺-2 1761·7·14 文
天満屋治兵衛　❺-1 1704·2·20 政
天武天皇(大海人皇子)　❶ 661·1·6 政／664·2·9 政／671·10·17 政／672·5月 政／673·2·27 政／686·9·9 政／688·11·11 政／703·12·17 政／❸ 1293·4月 社
天命宣吉　❹ 1513·5月 文
天目(僧)　❸ 1285·是年 社
天友(遣朝鮮使)　❹ 1553·3·14 政
天与清啓(僧)　❸ 1455·3·11 文／❹ 1460·7·13 政／1461·11·26 政／1464·2·12 政／4·3 政／7·6 政／1465·7·23 政／10·7 政／1466·2·10 社／5·25 政／1469·1·26 政
忝頼(琉球)　❸ 1407·3·1 政
天龍三郎(元大関)　❼ 1932·1·5 社／❽ 1937·12·4 社／❾ 1989·8·20 社
天龍道人　❺-2 1809·8·21 文
天倫道彝　❸ 1402·8·1 政／9·5 政／1403·2·19 政
天嶺性空　❺-2 1738·是年 文

と

杜　三策(明)　❺-1 1633·6·9 政
杜　世忠(元)　❷ 1275·2·9 政／4·15 政／7·21 政／8月 政／9·7 政／1280·2·17 政
都　魯丁　❷ 1275·4·15 政／9·7 政
十朱久雄　❾ 1985·12·18 文
土居市太郎　❼ 1924·9·8 文
土井市之進　❼ 1916·3月 政
土井大炊守　❺-2 1816·5·25 政
土居清良　❹ 1579·5·21 政／1580·7·26 政
土居光華　❼ 1918·12·11 文
土居光知　❽ 1937·6·10 文／❾ 1979·11·26 文
土井定包　❾ 2009·4·14 政
土井正三　❾ 2009·9·25 社
土井隆雄　❾ 1997·11·19 文／2008·3·12 文
土井たか子　❾ 1986·9·8 政／1989·1·18 政／9·6 政／1991·6·24 政／1993·8·6 政／2000·1·21 政／2002·10·7 政／2003·11·15 政
土井武夫(航空機)　❽ 1957·4·19 政
土居健郎(精神科医)　❾ 2009·7·5 文
土井辰雄　❽ 1960·3·3 社／❾ 1970·2·20 社
土井種世　❸ 1351·1·8 政
土井利厚　❺-2 1801·7·11 政／1802·10·19 政／1822·7·7 政
土井利謙　❺-2 1794·3·13 政
土井利勝　❺-1 1610·1·23 政／是年 政／1614·12·5 大坂冬の陣／1615·4·22 大坂夏の陣／1616·7·6 社／1617·5月 政／9·3 政／1618·11·12 政／1621·4·7 政／⑧·3 政／1626·4·15 政／1630·2·21 社／9·16 政／1631·2·14 政／8月 文／1632·4·10 政／1633·4·7 政／1634·10·20 政／1638·11·7 政／1644·7·10 政
土井利里　❺-2 1744·7·18 政／1745·4·1 社／1759·10·2 社／1762·9·30 政／1769·8·18 政／1777·8·14 政
土井利実　❺-1 1713·⑤·25 政／❺-2 1723·9月 文
土井利貞　❺-2 1805·11·8 政
土井利隆　❺-1 1635·10·29 政／1644·7·10 政／1646·5·28 政／1685·2·28 政
土井利忠　❺-2 1843·7月 文／❻ 1868·12·3 政
土井利見　❺-2 1777·8·14 政
土井利庸　❺-2 1724·④·27 政
土井利恒　❻ 1868·3·29 政
土井利位　❺-2 1832·是年 文／1834·4·11 政／1837·5·16 政
土井利知　❺-1 1683·5·25 政／1708·①·9 社／1712·2·2 社／❺-2 1743·3·9 政／1745·2·8 政／1777·8·14 政
土井利延(唐津城主)　❺-2 1744·7·18 政
土井利信(刈屋城主)　❺-2 1747·2·11 政／1767·8·18 政
土井利徳　❺-2 1767·8·18 政／1787·12·16 政
土井利制　❺-2 1787·12·16 政／1791·6·10 政／1794·3·13 政
土井利義　❺-2 1805·11·8 政
土井利久　❺-1 1675·④·29 政
土井利寛　❺-2 1743·3·9 政
土井利房　❺-1 1663·8·16 政／1673·5·22 政／1679·7·10 政／1681·2·21 政／5·16 政／1682·3·16 政／1683·5·25 政
土井利益　❺-1 1675·④·29 政／1681·2·25 政／1691·2·9 政／1713·⑤·25 政
土井利意　❺-2 1720·12·25 政／1724·④·19 政
土井晩翠　❽ 1937·6月 文／1949·5·2 社／1950·11·3 文／1952·10·19 文
土井正治　❾ 1997·5·3 政
土井　勝(料理研究家)　❾ 1995·3·7 社
土居まさる(アナウンサー)　❾ 1999·1·18 文
土居通夫(万之助·保太郎)　❻ 1895·10·18 社／❼ 1917·9·9 政
土居通増　❸ 1321·2·13 政／1333·2月 政／②·11 政／3·11 政／5·7 政／1335·2·22 政
土居通吉　❸ 1435·6·29 政
土井陽子　❾ 2012·2·5 文
土井垣　武　❾ 1999·1·24 社
戸板康二　❾ 1993·1·23 文
戸井田三郎　❾ 1989·8·9 政
十一屋太右衛門　❺-1 1683·是年 文
ドイル，コナン　❼ 1912·7·3 文／1916·2月 文
トインビー，アーノルド·J　❽ 1956·10·1 文
藤　清益(阿比留弥三兵衛)　❺-1 1675·2月 政
藤　成幸(三浦内蔵丞)　❺-1 1661·3月 政
藤　成尚(浅井平右衛門)　❺-1 1680·9月 政／1683·4月 政
藤　時信(黒木権六)　❺-1 1678·11月 政
藤　智縄(有田杢兵衛)　❺-1 1631·12月 政／1634·12·8 政／1640·9·19 政
藤　永正　❺-1 1630·2·6 政
藤　信尚　❺-1 1606·7·4 政
藤　方元(俵　五郎左衛門)　❺-1 1707·7月 政
唐　陸璣　❺-1 1698·1月 文
董　一元(明)　❹ 1597·2·11 慶長の役／1598·9·19 慶長の役／10·1 慶長の役／10·13 慶長の役
東　氏数　❸ 1425·3月 文／1433·1·12 文／❹ 1468·9·6 政
董　九如　❺-2 1800·是年 文／1802·7·23 文
藤　九左衛門(鉄匠)　❹ 1544·2月 政
唐　景崧　❻ 1895·5·15 日清戦争
藤　賢(降倭)　❸ 1406·1·26 政／1419·7·17 政／9·20 政
藤　元調　❸ 1428·1·7 政
藤　元良　❺-2 1797·是年 文
滕　孔栄　❺-2 1769·是年 文
陶　仵虎　❶ 550·是年
藤　伊久　❸ 1395·5·25 政
藤　昆(降倭)　❸ 1406·1·26 政
藤　茂喬　❺-2 1812·是年 文
東(千葉)　重胤　❷ 1206·11·18 政
陶　十二郎　❶ 841·是秋 政
董　守宏(明)　❸ 1452·是年 政
東　常知　❹ 1481·2·18 文
鄧　小平　❾ 1978·10·22 政／10·23 政
藤　二郎　❷ 1279·2·12 社
東　素明⇨東益之(ますゆき)
東　忠右　❸ 1441·2·19 文
東　胤行　❷ 1247·6·6 政
藤　経光　❸ 1375·1月 政
東　常顕　❸ 1394·10·3 政
東　常縁　❸ 1441·4·3 政／1450·12·9 文／1452·2月 文／1455·11·7 文／11·13 政／❹ 1456·1·19 政／1469·5·12 文／1471·1·28 文／8·15 文／1472·6·17 文／8·15 文／1473·1·7 文／4·18 文／1477·5·20 文／1480·5月 文／1482·11·16 社、文／1486·3·16 文／1492·12·19 文／1494·4·18 文

藤　貞幹(藤井叔蔵・子冬)　❺-2 1781・是年 文／1791・是年 文／1794・是年 文／1795・是年 文／1797・8・19 文／是年 文
東　尚盛　❹ 1498・2・24 政／1511・2月 政／1514・4月 政／1516・5・3 政
東　素経　❹ 1533・1・23 文
董　阜成　❼ 1908・5・11 社
東　益之(素明)　❸ 1421・11・27 文／1433・1・12 文／1441・4・3 政
董　旻(明)　❹ 1478・4・15 政／1479・是年 政／1480・3・11 政
滕　木吉　❷ 1002・是年 政
東　素純　❹ 1515・8・3 文
東　師氏　❸ 1394・10・3 政／1426・10・12 政
等　悶意(琉球)　❹ 1469・是年 政
東　義久　❹ 1590・5・27 政
東　頼数　❹ 1486・2・19 政／5月 文
藤　陸(降倭)　❸ 1406・1・26 政
稲⇨稲生(いのう)姓も見よ
道阿弥(犬王・犬王大夫)　❸ 1382・5・1 文／1389・3月 文／1396・8・15 政／1408・3・10 文／1413・5・9 文
道阿弥⇨山岡景友(やまおかかげとも)
桃庵(天龍寺僧)　❹ 1589・5・7 政／8・21 政／9・24 政
道安(検校)　❷ 1025・是年 社
道安(琉球、僧)　❸ 1453・3・11 政／1455・8・25 政／❹ 1456・8月 政／1457・7・14 政／1458・7月 政／1459・1・10 政／1468・8月 政
道意(僧)　❸ 1356・11・17 社
道意(僧・歌人)　❸ 1399・3・11 文／1429・10・15 社
ド・ウィット(オランダ)　❻ 1860・11・3 政／1861・2・13 政
道意房(僧)　❷ 1277・是年 政
洞院公定　❸ 1359・1・28 政／1372・4・10 政／1377・3・8 文／1395・3・24 政／9・12 政／1396・7・24 政／1398・12月 政／1399・6・15 政
洞院公尹　❸ 1299・12・10 政
洞院公為　❸ 1359・1・28 政
洞院公敏　❸ 1332・4・10 政／5月 政／1352・2・4 政
洞院公賢　❸ 1309・10・21 文／1311・2月 文／是年 文／1321・4・16 文／1330・2・26 政／1332・4・10 政／1333・6・12 政／8・10 政／1334・9・9 政／1335・2・16 政／1336・1・11 政／1343・4・10 政／1345・4・17 文／1346・4・26 文／6・12 政／1347・7・5 社／1348・9・27 文／10・22 政／1350・7・7 文／9・11 文／1351・11・8 社／11・13 政／1352・2・3 政／②・22 文／1353・7・27 政／1359・1・18 文／1360・4・6 政
洞院公守　❸ 1290・1・4 政／12・20 政／1291・7・2 政／1299・10・13 政／1317・7・10 政
洞院実夏　❸ 1363・3・29 政／1364・2・19 政／1367・6・1 政
洞院実信　❸ 1412・11・26 政
洞院実熙　❸ 1446・1・16 政／1450・5・7 政／1454・6・30 政／1455・8・27 政／❹ 1457・4・11 政
洞院季房　❸ 1332・5月 政
洞院実守　❸ 1367・8月 政／1372・4・11 政
洞院実泰　❸ 1315・3・13 政／1316・10・21 政／1317・6・21 政／1318・3・1 政／8・15 政／1321・12・15 政／1323・6・14 政／1327・8・15 政
洞院実世　❸ 1331・8・25 政／1332・4・10 政／1335・12・23 政／1352・5・11 政／1358・8・19 政
洞院満季　❸ 1424・4・20 政／1426・5・14 文／1431・3・24 政
洞院⇨藤原(ふじわら)姓も見よ
棠蔭玄召(僧)　❺-1 1635・5・12 政／1643・4・29 社
道隠昌樹(僧)　❸ 1379・是年 文
ドゥーフ(ヅーフ)，ヘンドリック　❺-2 1799・6・16 政／1800・5・25 政／1803・7・6 政／1805・5・1 政／1806・1・15 政／3・15 政／1808・2・29 政／3・2 政／1809・6・29 政／1814・2・28 政／6・23 政／1815・9月 政／是年 文／1817・7・4 政／1833・是年 文
東雲一鶚(遣朝鮮使)　❹ 1523・6月 政
東雲西堂(僧)　❹ 1528・7・3 政
道恵(僧)　❸ 1341・8・27 政
道恵法親王　❷ 1168・4・25 社
道栄(僧)　❶ 720・12・25 社／729・8・5 政
道永(対馬)　❸ 1418・1・24 政
道璿(僧)　❶ 735・3月 社／736・5・18 政／751・4・22 社／760・④・18 社
藤栄軒如蟹　❺-1 1699・是年 文
等悦雲峰　❹ 1474・1月 政
藤右衛門(漁師)　❺-1 1629・是年 社
道円(仏師)　❸ 1365・9・19 文
道淵(僧)　❸ 1384・12・16 社
道淵(遣明使)　❸ 1433・5・2 政／7・24 政／1434・5・21 政／6・19 政
道円法親王　❷ 1240・6・13 政／1281・⑦・15 社
道円法親王　❸ 1385・3・14 社
道応法親王　❹ 1510・6・16 社
ドヴォルツェヴォイ，セルゲイ　❾ 2008・10・18 文
道果(僧)　❸ 1381・5・26 文
道賀(刀匠)　❺-2 1835・2月 文
道我(僧)　❸ 1343・10・19 社
東海(僧)　❺-2 1717・10・3 社
燈外(俳人)　❺-1 1690・是年 文／1692・是年 文
道海(僧)　❸ 1309・1・8 社
道覚(茶売)　❸ 1403・4月 社／1404・4・3 社
道覚法親王　❷ 1249・8・14 社／1250・1・11 社
桃岳瑞見(僧)　❹ 1518・6・21 社
東岳澄昕(僧)　❸ 1455・3・11 文／❹ 1461・12・3 政／1462・2・12 政
東岸(僧)　❺-1 1677・是年 政
道観(遣唐学問僧)　❶ 653・5・12 政
道観(僧、尾張安食荘)　❸ 1333・11・5 社
道寛親王　❺-1 1676・3・8 社
道願(僧)　❸ 1324・2・30 政
東巌慧安(僧)　❷ 1257・是年 社／1266・6・29 文／1270・5・26 政／1271・7・18 政／9・15 社／1273・⑤・2 文／1277・11・3 社
等貴(万松軒僧)　❹ 1506・4・5 社
道基(陰陽博士)　❶ 692・2・11 文
道喜(僧)　❶ 898・8・8 社／901・是年 社／904・是年 社／965・7・26 文
東儀　幸　❾ 2009・10・12 文
東儀左兵衛　❺-1 1642・8・27 文
東儀季凞　❻ 1880・10・25 文
東儀季吉　❻ 1880・是年 文
東儀秀芳　❻ 1879・5・22 文／1880・是年 文
東儀彭質　❻ 1880・9月 文
東儀筑後　❺-1 1642・8・27 文
東儀鉄笛(季治)　❼ 1906・11・9 文／1907・10・20 文／1911・5・20 文／9・22 文／1913・1月 文／1925・2・4 文
東儀俊美　❾ 2011・4・20 文
東儀幸次郎　❺-2 1849・3月 社
道熙晦巖(僧)　❺-1 1687・是年 文／1693・是年 文
東帰光松(僧)　❹ 1488・10・7 政／1489・5・17 社／1491・5・9 政／1503・2・26 社
刀伎浄浜　❶ 833・12・6 文
道基法親王　❸ 1380・7・11 社
道球(僧)　❹ 1528・⑨・14 社
道鏡(僧)　❶ 762・6・7 文／764・9・20 政／769・1・3 政／770・8・21 政／772・4・6 政
道教(僧)　❷ 1236・5・26 社
道教(地頭代)　❸ 1299・11・10 社
道鏡慧端(正受老人、僧)　❺-2 1721・10・6 社
道行(新羅僧)　❶ 668・是年 政
道行(僧)　❸ 1352・8・5 社
東京ローズ⇨アイバ・戸栗(とぐり)・ダキノ
道誾(僧)　❹ 1467・1・8 政
道久(僧)　❶ 671・11・10 政
藤九郎(倭人)　❸ 1444・6・2 政／1448・12・23 政／1450・3・5 政
峠　三吉　❽ 1951・9月 文／1953・3・10 文／1963・6・6 文
道家忠義　❽ 1957・9・5 政
等慶(僧)　❹ 1497・2・29 政
道慶(僧)　❸ 1285・6・28 社
道慶(僧)　❸ 1324・8・21 社
道契(僧侶)　❻ 1876・7・23 社
東渓宗牧(僧)　❹ 1517・4・19 政
桃渓徳悟(僧)　❷ 1279・是年 政／❸ 1306・12・6 社
等堅(僧)　❹ 1486・8・4 政／1487・4・27 政
稲懸庵万古　❻ 1857・8・2 文
唐犬権兵衛　❺-1 1654・承応年間 社
桃源瑞仙(僧)　❹ 1485・7・9 文／1489・10・28 社／❺-1 1626・是年 文
道顕(僧)　❶ 710・是年 社
道賢(僧)　❶ 925・是年 文
道賢⇨宇都宮信房(うつのみやのぶふさ)
道言(僧)　❷ 1093・2・19 文
道元(僧)　❷ 1214・是年 社／1217・是年 社／1223・2・21 政／5・4 社／1227・是冬 政／是年 文／1228・

是年 政／1231·8月 文／1233·是春 社／7·15 文／1234·3月 文／1235·12月 文／1236·10·15 社／1240·10·18 文／是年 文／1244·7·18 社／1246·3月 文／6·15 社／1247·8·3 社／1249·1月 文／是年 文／1253·8·28 社／❻ 1879·11·22 社
道玄(泉涌寺僧) ❷ 1246·10·1 文／1267·是春 文
道玄(僧) ❸ 1304·11·13 社
道玄(明王院僧) ❺-1 1697·6·19 社
道厳(僧) ❸ 1285·12·28 政
唐寅 ❹ 1512·是年 文
道光(僧) ❶ 653·5·12 政／678·9·19 社
道光(陰陽博士) ❶ 969·6·24 社
道幸(僧) ❸ 1374·6·1 政
道興(聖護院僧) ❹ 1468·8·8 政／1470·4·26 政／1486·6·16 社／1487·3月 文／5·21 文／1493·8·13 文／1501·9·23 社
道綱(天方山城守) ❺-1 1628·2月 文
道合⇨上杉憲方(うえすぎのりかた)
東郷和彦 ❾ 2002·4·2 政
東郷茂徳 ❽ 1941·10·18 政／1942·9·1 政／1945·4·7 政／4·11 政／5·11 政／6·20 政／6·23 政／7·20 政／8·11 政
東郷重理 ❹ 1487·11·5 政
東郷青児(鉄春) ❼ 1915·是年 文／1916·10·12 文／1917·9·9 文／❽ 1945·10月 文／1949·9·19 文／❾ 1978·4·25 文
東郷民安 ❾ 2003·5·10 政
東郷晴子 ❾ 2011·3·3 文
東郷半助 ❺-2 1819·是年 政
東郷平八郎 ❼ 1901·10·1 政／1903·12·28 政／1904·5·26 日露戦争／1905·6·3 日露戦争／1907·4·19 政／1934·5·30 政
東岡周嶧(僧) ❸ 1450·4·26 社
道香後家(茶売) ❸ 1403·4月 社／1404·4·3 社
東皐心越(僧) ❺-1 1677·1·22 政／1695·9·30 文
道晃法親王 ❺-1 1659·4·14 文／1679·6·18 社
ド·ゴール, シャルル ❾ 1970·11·9 政
藤五郎(長浜) ❹ 1590·4·23 政
東渾(僧) ❹ 1467·7·13 政
東厳(僧) ❸ 1413·3·23 文
道欣(僧) ❶ 609·4·4 政
道厳(僧) ❶ 588·是年／653·5·12 政
道山(僧) ❸ 1439·1·1 政
道残(僧) ❹ 1592·2·2 文
道三一渓 ❺-1 1623·元和年間 文
東子女王 ❶ 850·7·9 政
統子内親王(とうし·恂子、上西門院) ❷ 1134·12·5 文／1143·9·29 政／1158·2·3 政／1159·2·13 政／1189·7·20 政
当子(とうし)内親王 ❷ 1012·12·4 社／1014·9·20 社／1017·4·11 政／1022·9·12 政
道慈(僧) ❶ 701·1·23 政／是年 政／702·6·29 文／718·12·13 文／是年 社／736·2·22 社／737·4·8 社／744·10·2 社
道叱(天王寺屋) ❹ 1575·1·4 文／1580·8·25 文／1581·2·13 文
等洙(僧) ❸ 1431·3·6 政
藤寿(手鞠芸) ❸ 1436·1·28 文
道宗(僧) ❷ 1183·10·21 政
道周法親王 ❺-1 1634·11·28 政
東洲斎写楽 ❺-2 1794·5月 文／1800·是年 文
藤十郎(江戸桶町) ❺-1 1696·6月 政
藤十郎(京都歌舞伎座) ❺-1 1700·1·24 文
藤十郎(盗賊) ❻ 1855·3·6 社／1857·5·13 社
等祝監寺(僧) ❹ 1461·3·27 政
洞叔寿仙(僧) ❺-1 1635·5·12 政／1639·是年 政
等春 ❹ 1506·是年 文
洞春(僧) ❹ 1529·是年 社
道春(僧) ❺-1 1684·2·25 社
道順(僧) ❷ 1218·10月 文
道順(僧) ❸ 1321·12·28 社
道順(僧、天台座主) ❸ 1404·9·24 社
東恕(俳人) ❺-2 1721·是年 文
道助(僧) ❷ 1217·7·23 社
道助法親王 ❷ 1249·1·16 社
等障(僧) ❹ 1465·5·2 政
等定(僧) ❶ 794·3·5 社
道昭(道照、僧) ❶ 646·是年 社／653·5·12 政／655·8·1 政／662·3月 政／700·3·10 社／877·12·16 社
道昌(僧) ❶ 836·1·21 社／是年 社／847·承和年間 社／864·2月 社／875·2·9 社
道勝(僧) ❷ 1273·7·13 社
道昭(僧) ❸ 1314·2·14 社／1355·12·22 社
道祥(僧) ❸ 1424·7月 文／1426·5·8 文
道性(僧) ❸ 1430·2·11 政／1439·1·1 政
同照(僧) ❹ 1467·7·13 政
道乗(僧) ❷ 1273·12·11 社
東條英庵(礼蔵) ❺-2 1847·2·27 文／❻ 1856·4·4 文／1864·9·5 文
東條(平)景信 ❷ 1264·11·11 社
東條義門 ❺-2 1827·是年 文／1836·是年 文／1843·8·15 文／是年 文
東條琴台 ❻ 1878·9·27 文
東條国氏 ❹ 1476·9·12 政／1477·9·24 政
東城子言 ❶ 547·4月
東條信耕 ❺-2 1842·是年 文
東條常政 ❸ 1445·6·9 政
東條英機 ❽ 1938·12·9 政／1940·7·17 政／7·22 政／9·6 政／1941·1·8 政／2·4 政／7·8 政／7·16 政／8·4 政／9·6 政／10·16 政／10·18 政／10·29 社／11·17 政／1942·1·21 政／2·16 政／3·30 社／7·23 政／7·27 政／9·25 文／1943·1·1 政／1·10 社／3·31 政／4·20 政／4·22 文／5·5 政／6·14 政／6·30 政／9·21 政／11·1 政／12·1 政／1944·2·19 政／2·21 政／2·23 政／6·16 政／6·23 政／7·2 政／7·12 政／7·13 政／7·17 政／7·18 政／7·22 社／7月 政／1945·2·7 政／9·11 政／1946·1·19 政／1948·12·23 政
東條英教 ❼ 1912·10月 文
東條平左衛門⇨宝生正俊(ほうしょうまさとし)
東條政右衛門 ❺-1 1693·10·23 社
東條　操 ❼ 1927·3月 文／❾ 1966·12·18 文／12·19 文
洞松院(赤松政則未亡人) ❹ 1512·6·18 政
東沼周巌 ❹ 1462·1·2 社
藤四郎(弓工) ❺-1 1651·8·14 政
塔二郎(塔次郎、対馬) ❷ 1269·2·24 政／9·17 政
藤次郎(対馬) ❸ 1431·1·26 政
道信(僧) ❶ 689·1·9 社
道深(僧) ❶ 554·2月
道深法親王 ❷ 1225·是年 社／1246·4·15 政／1249·7·28 社
洞水満昆 ❺-2 1723·3月 文
桃水雲渓(僧) ❺-1 1683·9·19 社
藤助(上新田村) ❺-2 1777·1·12 社
東是久貫 ❺-2 1848·是年 社
道清(僧) ❷ 1204·1·21 社
道石(道碩、棋士) ❺-1 1603·4·19 文／1610·9·9 文／1612·2·13 文
道設(草部屋) ❹ 1581·2·13 文
道詮(僧) ❶ 873·3·2 社
道禅(僧) ❷ 1235·11·15 社／1253·4·28 社／1256·8·8 社
道全(大工) ❸ 1359·12·20 文
東漸健易(僧) ❸ 1423·4·17 社
道叟(僧) ❸ 1356·是年 社
道蔵(百済僧) ❶ 688·7·11 社／721·6·23 社
道増(聖護院僧) ❹ 1526·1·22 社／1551·12·5 社／1563·1·27 政／1571·3·1 社
道尊(僧) ❷ 1228·8·5 社
道知(僧) ❺-1 1604·9月 社
道忠(僧) ❶ 805·延暦年間 社
桃中軒雲右衛門(山本幸蔵·岡本峰吉) ❼ 1907·6·7 文／1908·3·1 文／1912·1·25 文／7·15 文／1914·7·4 社／1916·11·7 文
道超(国司) ❸ 1355·10·22 政
道重(僧) ❸ 1382·4·3 政
道澄(聖護院僧) ❹ 1560·9·19 政／1594·9·28 政／❺-1 1608·6·28 社
道朝法親王 ❸ 1446·2·22 社
道珍(僧) ❶ 825·4·3 文
道通(僧) ❶ 653·5·12 政
東徹(相模海蔵寺) ❹ 1510·1月 社
東伝士啓(僧) ❸ 1374·4·11 社
道登(僧) ❶ 645·8·8 社／646·是年 文
導道(医師) ❹ 1537·2·19 文
桃東園(道隆) ❺-2 1757·11·28 文
藤堂真二 ❾ 1995·11·12 政
藤堂高堅 ❺-1 1715·6·14 政
藤堂高敦 ❺-2 1770·⑥·2 政
藤堂高桑 ❺-2 1775·5·20 社／

12·26 政
藤堂高興 ❺-2 1775·12·26 政／1777·3·12 政
藤堂高克 ❻ 1853·是年 社
藤堂高潔 ❻ 1866·11·7 政
藤堂高嶷 ❺-2 1806·8·26 政
藤堂高兌(沢卿) ❺-2 1806·8·26 政／1807·是年 政
藤堂高睦 ❺-1 1703·4·29 政／1708·10·9 政
藤堂高悠 ❺-2 1770·1·23 政／⑥·2 政
藤堂高次 ❺-1 1625·8·2 社／1630·9·24 政／10·5 政／1631·⑩·16 社／1633·1月 文／1676·11·16 政
藤堂高敏 ❺-1 1708·10·9 政／1709·7·24 社／1710·3·23 社／❺-2 1728·4·24 政
藤堂高豊(高朗) ❺-2 1735·8·2 政／1742·10·6 政／1785·4·10 政
藤堂高虎 ❹ 1581·是年 政／1586·11·1 政／1587·4·17 政／6·5 政／1592·4·10 文禄の役／4·19 文禄の役／5·7 文禄の役／7·15 文禄の役／1593·1·7 文禄の役／1595·6·19 政／7·22 政／1597·7·15 慶長の役／9·23 政／1598·1·25 政／10月慶長の役／11·12 慶長の役／1599·1·19 政／1·21 政／3·11 政／1600·8·23 関ヶ原合戦／9·11 関ヶ原合戦／10·2 関ヶ原合戦／❺-1 1601·6月 政／1602·1·1 政／1604·⑧·14 政／是年 政／1605·7·28 社／是冬 政／1606·3·1 政／1608·是春 政／8·25 政／10·2 社／1609·9月 政／10·2 文／12·16 文／1610·7·15 政／1612·8·14 文／1614·8月 政／10·1 大坂冬の陣／10·8 大坂冬の陣／11·18 大坂冬の陣／12·8 大坂冬の陣／1615·4·22 大坂夏の陣／5·6 大坂夏の陣／7·20 文／1616·10·24 社／1619·9·5 政／1623·1·20 政／1625·2·27 政／8·2 社／11月 社／1626·11·2 社／1627·6·25 文／9·17 社／1628·1·18 文／9·15 文／1630·10·5 政
藤堂高陳 ❺-1 1715·6·14 政
藤堂高治 ❺-2 1728·4·24 政／1735·8·2 政
藤堂高久 ❺-1 1684·8月 社／1703·4·29 政
藤堂高衡 ❺-2 1777·3·12 政
藤堂高文(子樸·東山·魚目道人·大樸) ❺-2 1748·是年 文
藤堂高泰 ❻ 1879·3·11 政
藤堂高猷 ❻ 1868·1·2 政／1895·2·9 政
藤堂高吉 ❺-1 1604·是年 政
藤堂梅花 ❺-2 1844·3·7 文
藤堂巴陵 ❺-2 1797·10·29 文
藤堂正高 ❹ 1596·是年 政
藤堂良直 ❺-1 1681·7·6 社／1692·3·23 政
藤堂良長 ❺-1 1688·4·9 政
藤堂良宗 ❺-1 1667·②·28 政
藤堂凌雲 ❻ 1886·11·30 文
道徳(僧) ❷ 1185·11·22 政
道徳弸中(僧) ❹ 1511·4·13 政／8·9 政／1512·是年 政／1513·3·10 政
道忍(僧) ❸ 1316·2·21 社
道仁法親王(園城寺) ❷ 1263·1·14 社
道仁法親王(梶井門跡) ❺-2 1733·5·19 社
道寧(百済僧) ❶ 685·8月 社
道念(僧) ❸ 1295·5·2 政
道然(僧) ❸ 1301·12·6 社
同念(僧) ❹ 1580·2月 社
東野卯之松 ❼ 1906·9月 社
東野英治郎 ❽ 1944·2·10 文／1946·3·19 文／1947·5·3 文／❾ 1994·9·8 文
東野芳明 ❾ 1966·11·17 文／2005·11·19 文
東野辺　薫 ❽ 1944·2·7 文
道破(僧) ❹ 1482·是年 社
東畑精一 ❽ 1949·8·2 政
藤八郎(日本商人) ❸ 1376·5·29 政
道範(僧) ❷ 1212·5·23 政／1243·1·25 社／1252·5·22 社
道福(僧) ❶ 653·5·12 政
東福門院⇨徳川和子(とくがわかずこ)
道富丈吉 ❺-2 1821·8·16 政
道仏⇨惟宗忠時(これむねただとき)
藤兵衛(紀州瀧川原村) ❺-1 1634·是年 社
道弁(僧) ❸ 1296·7·21 社
東浦(僧) ❺-1 1608·10·27 社
道宝(僧) ❷ 1277·1·12 社／1281·8·7 社
道芳(僧) ❸ 1408·3·29 社
道昉(唐僧) ❶ 847·9·2 政
唐坊新五郎⇨平一好(へいいっこう)
唐坊忠右衛門 ❺-1 1673·12月 政
道法法親王(僧) ❷ 1214·11·21 社
東睦(僧) ❺-2 1814·是年 文
道本(僧) ❸ 1391·10·21 政
道本(僧侶) ❻ 1857·8·28 社
答㶱(塔本)春初 ❶ 665·8月 政
当間重剛 ❽ 1956·10·25 政／1958·6·25 政
堂前孫三郎 ❼ 1916·8·26 社
東松照明 ❽ 1957·1月 文／1962·8·2 文／❾ 2012·12·14 文
東明慧日(とうみょうえにち) ❸ 1308·12·8 政／1309·是年 社／1335·8月 社／1340·10·4 社
道命(僧) ❷ 1016·1·18 社／1020·7·4 社
東黙(一宙、僧) ❺-1 1623·3·19 社
堂本暁子 ❾ 2001·3·25 社／2005·3·13 社
堂本印象(三之助) ❼ 1921·是年 文／1925·10·16 文／1930·是年 文／❽ 1944·7·1 文／1948·10·20 文／1961·11·3 文／❾ 1975·9·5 文
堂本元次 ❾ 2010·1·4 文
堂本光一 ❾ 2011·3·1 文
堂本誉之進 ❼ 1907·是年 社
堂本尚郎 ❽ 1959·10·12 文／❾ 2007·10·27 文
唐本屋清兵衛 ❺-1 1712·1月 文
東門貞望 ❸ 1371·11·2 文
藤八尾八 ❺-2 1809·是春 文
東家嘉幸 ❾ 1991·11·5 政
道薬(僧) ❶ 714·2·26 文
陶山訥庵 ❺-2 1725·是秋 社
頭山秀三 ❼ 1934·2·3 政／❽ 1952·7·21 政
頭山　満(乙次郎·八郎) ❻ 1877·11·7 社／1879·4月 政／1889·8·1 政／❼ 1900·9·24 政／1903·8·9 政／1911·10·17 政／12·27 政／1912·1·8 政／❽ 1944·10·5 政
道瑜(僧) ❸ 1309·7·2 社
道雄(僧) ❶ 819·是年 社／851·6·8 社
道祐(入宋僧) ❷ 1237·嘉禎年間 政／1256·2·5 社
道祐(僧、和泉若松荘) ❸ 1331·2·25 政／1364·5月 文／1406·9·10 社
道祐(東大寺僧) ❹ 1461·8月 政
道融(僧) ❷ 1274·11·2 社／1281·⑦·15 社
道猷⇨一色範氏(いっしきのりうじ)
道祐法親王 ❺-1 1690·12·18 社
東誉(僧) ❹ 1541·是年 文
道要(僧) ❶ 999·10月 政
道耀(僧) ❸ 1304·12·2 社
東曜利寅(僧) ❹ 1485·2月 文
東陽英朝(僧) ❹ 1501·11·27 文／1504·8·24 社／1537·1·13 政／4·24 政
東陽西堂(僧) ❹ 1516·6·23 政
東洋允澎 ❸ 1451·10·26 政／1452·8·18 政／1453·3·30 政／1454·2·18 政／5·19 政
東陽徳輝(とうようてひ) ❸ 1339·3·2 文
東里山人(鼻山人) ❺-2 1814·是年 文／1817·是年 文／1818·是年 文／1821·是年 文／1822·是年 文／1823·是年 文／1824·是年 文／1825·是年 文／1827·是年 文／1830·是年 文
ドウリットル(米) ❽ 1942·4·18 政
東里徳会(元僧) ❸ 1308·是年 政
東龍斎清寿 ❻ 1876·12·18 文
東陵永璵(とうりょうえいよ) ❸ 1351·3·16 政／1352·4·8 社／1365·5·6 社
道輪(僧) ❶ 801·7·17 文
道林(僧) ❸ 1420·1·5 政
桃林子 ❺-2 1720·11月 文
桃林亭東玉(初代) ❺-2 1849·8·19 社
桃林堂蝶麿(桃林軒) ❺-1 1693·是年 文／1695·是年 文／1697·是年 文／1700·是年 文
東嶺円慈(僧) ❺-2 1792·②·19 社
東暦(僧) ❺-1 1703·6·18 文
藤六(疚六·倭寇) ❸ 1398·2·17 政
東麓破衲(僧) ❸ 1444·6月 文
湯和(明) ❸ 1387·是年 政
遠井吾郎 ❾ 2005·6·27 社
遠坂文雍 ❺-2 1850·8月 文
遠城重広 ❺-1 1715·11·4 社
遠城惣左衛門 ❺-1 1715·11·4 社
ドーソン(蒙古史) ❼ 1909·5月 文
遠田澄庵 ❻ 1858·7·3 文
ドーダライン(独) ❻ 1880·8·15 文
十市清矩 ❹ 1516·10·5 政
十市遠景 ❸ 1379·11·22 政
十市遠勝 ❸ 1435·10·9 政
十市遠勝 ❹ 1562·3·5 政／1568·2·20 政

十市遠清　❹ **1463**·4·24 政／**1471**·1·23 政／**1475**·5·14 政
十市遠重　❸ **1406**·2·15 政／4·28 政
十市遠忠　❹ **1545**·3·16 政
十市遠長　❹ **1574**·2·11 政／7·22 政／**1575**·11·13 政
十市遠成　❹ **1575**·7·25 政
十市遠治　❹ **1505**·2·4 政／**1506**·7·24 政／**1507**·11·13 政
十市遠相　❹ **1479**·8·10 政／**1486**·2 月 政
十市遠康　❸ **1379**·1·6 政
十市良佐　❶ **930**·7·24 文／**950**·5·24 政
十市皇女　❶ **675**·2·13 社／**678**·4·7 文
十市部以忠　❶ **945**·7·19 文
遠津閼男辺　❶ **書紀·景行 56**·8 月
遠野孫次郎　❹ **1579**·7·25 社
遠胆澤秋雄　❶ **880**·11·3 政
遠武(とおぶ)秀行　❻ **1880**·8·10 社
トーマ，アルベール(ILO)　❼ **1928**·12·5 社
トーマス庄右衛門　❺-1 **1614**·2·5 社
トーマス宗信　❺-1 **1626**·12·25 社
遠丸　立　❾ **2009**·12·30 文
遠江十郎左衛門　❷ **1277**·12·25 社
遠江時基　❷ **1263**·1·10 文
遠山雲如　❺-2 **1851**·是年 文
遠山景朝　❷ **1221**·7·5 政
遠山景房　❸ **1352**·3·11 政
遠山景晋(かげみち、金四郎·左衛門尉·楽土)　❺-2 **1804**·12·28 政／**1805**·2·29 政／3·6 政／7·16 政／**1806**·10·4 政／**1807**·3·29 政／**1809**·2·4 政／7·5 政／**1814**·10 月 社
遠山景元(左衛門少尉·金四郎)　❺-2 **1840**·3·2 社／**1843**·2·24 政／**1845**·3·15 社／**1852**·3·24 社
遠山景行　❹ **1572**·12·28 政
遠山荷塘　❺-2 **1831**·7·1 文
遠山甲子　❻ **1885**·7·20 文
遠山五郎　❼ **1928**·2·27 文
遠山茂樹　❾ **2011**·8·31 文
遠山七之丞　❺-1 **1699**·10·8 社
遠山正瑛　❾ **2004**·2·27 文
遠山為庸　❺-1 **1648**·12·10 文
遠山綱景　❹ **1535**·8·7 社／**1554**·8·2 社
遠山利景　❺-1 **1601**·是春 政
遠山知明　❺-2 **1753**·6·1 政
遠山友清　❺-2 **1753**·6·1 政／**1777**·11·8 政
遠山友信(友政)　❹ **1574**·2·5 政
遠山友将　❺-2 **1722**·4·21 政
遠山友随　❺-2 **1777**·11·8 政
遠山友由　❺-2 **1722**·4·21 政
遠山直景　❹ **1564**·1·8 政／**1585**·10·2 政
遠山信武　❺-1 **1686**·是年 文／**1696**·是年 文
遠山半九郎　❺-1 **1662**·6·25 政
遠山半左衛門　❺-2 **1844**·7·22 政
遠山　啓　❽ **1960**·11 月 文／**1962**·1·10 文
遠山平左衛門　❺-1 **1692**·2·9 政
遠山北湖　❺-2 **1720**·是年 文
遠山　満　❼ **1927**·5·7 文
ドガ(仏画家)　❼ **1922**·5·1 文
渡海紀三朗　❾ **2007**·9·26 政
渡海元三郎　❾ **1971**·7·5 政／**1978**·12·7 政
富樫家教　❸ **1446**·是年 政
富樫家尚　❷ **1263**·是年 社
富樫茂春　❸ **1446**·7·10 政／**1447**·5·17 政／❹ **1459**·10·7 政／**1460**·10·2 政／**1462**·6·8 社
富樫植泰　❹ **1489**·是年 政／**1493**·6·10 政
富樫教家　❸ **1433**·⑦·10 政／**1441**·6·18 政／**1443**·2·28 政／**1446**·9·13 政
富樫広蔭　❺-2 **1829**·是年 文
富樫昌家　❸ **1369**·9·29 政／**1370**·3·16 政／**1372**·7 月 政／**1378**·6·7 社／**1379**·1·6 政／2·12 政／**1387**·4 月 政／**1395**·3·21 社
富樫政親　❹ **1467**·5·25 政／**1473**·7·9 政／**1474**·7·26 政／10·14 政／11·1 政／**1475**·3 月 政／**1483**·9·24 政／**1485**·9·21 政／**1487**·9·12 政／12 月政、社／**1488**·5·26 政／6·5 政
富樫満茂　❸ **1418**·11·24 政
富樫満成　❸ **1419**·2 月 政
富樫満春　❸ **1427**·6·9 政
富樫持春　❸ **1430**·5·28 政／⑪·19 社／**1433**·⑦·10 政
富樫泰高(安高·泰高)　❸ **1441**·6·18 政／**1443**·2·28 政／**1446**·7·10 政／9·13 政／**1447**·5·17 政／❹ **1464**·8·8 政／**1489**·是年 政／**1532**·8·20 政
富樫幸千代　❹ **1474**·7·26 政／10·14 政
富樫幸世　❹ **1476**·9·14 政
富樫洋一　❾ **2006**·2·7 社
渡嘉敷親雲上真富　❺-2 **1749**·1·11 政
栂野吉仍　❹ **1562**·8·21 文
栂尾殿(絵師)　❸ **1443**·9·22 文
外狩素心庵　❽ **1944**·4·24 文
戸川逵安　❹ **1600**·8·23 関ヶ原合戦
戸川鉾三郎(安愛)　❻ **1865**·12·28 政
戸川残花(浜男·安宅)　❼ **1897**·4 月 文／**1924**·12·8 文
戸川秋骨　❻ **1893**·1 月 文／❽ **1939**·7·9 文
十川惣助　❺-2 **1775**·9·2 社
登川直樹　❾ **2010**·2·5 文
戸川忠愛　❻ **1864**·11·7 政
戸川秀安　❹ **1467**·5·25 政／6·8 政／**1468**·8 月 政／**1473**·2·21 政／10·11 政／**1474**·7·13 政／**1475**·10·28 政／**1477**·11·11 政／**1478**·7·10 政／**1481**·10·6 社／**1597**·8·6 政
戸川正安　❺-1 **1638**·5·28 社
戸川達富　❺-1 **1679**·11·27 政
戸川安風　❺-1 **1679**·11·2 政
戸川安清(安恵·蓮仙·蓬庵)　❺-2 **1835**·⑦·26 政／10·28 政
戸川安鎮　❺-2 **1846**·7·25 政／**1850**·2·29 政
戸川安論(安倫·曲直瀬·藤十郎)　❺-2 **1800**·2·16 政／**1802**·2·23 政／**1803**·2·15 政／**1807**·10·24 政／**1808**·4·5 政
戸川安広　❺-1 **1694**·1·11 政／**1699**·4·14 政
戸川幸夫　❽ **1956**·12·25 文／❾ **2004**·5·1 文
土岐詮直　❸ **1379**·4·1 政／**1388**·5·9 政／**1389**·2·23 政／**1399**·11 月 政
土岐市左衛門　❺-2 **1775**·是年 社
土岐一平　❺-2 **1839**·7·1 社
土岐右衛門　❸ **1350**·11·6 政
土岐　甥　❶ **700**·6·17 政
刀岐(刀伎)雄貞　❶ **839**·3·16 社／**840**·2·14 政
土岐源吾(蓑虫山人)　❻ **1887**·4 月 文
土岐定富　❺-2 **1786**·9·20 政／**1790**·6·20 政
土岐定吉　❺-2 **1786**·9·20 政
土岐定義　❺-1 **1617**·是年 政
土岐定経　❺-2 **1755**·3·25 政／**1781**·⑤·11 政／**1782**·8·20 政
土岐浄皎　❸ **1364**·10·10 社
土岐善静　❼ **1906**·6·5 文
土岐善麿(哀果)　❼ **1913**·9 月 文／**1924**·4 月 文／❾ **2005**·7·8 文
土岐周済　❸ **1350**·7·28 政／8·20 政／8·28 政／11·6 政
土岐二三　❺-2 **1731**·1·6 文
土岐直氏　❸ **1366**·9·24 社／**1379**·④·1 政／**1380**·11·14 政
土岐成頼　❹ **1473**·10·11 政／**1482**·7·4 政／**1483**·8·26 政／**1488**·12·5 政／**1489**·3·26 政／**1491**·10·18 社／12·18 政／**1492**·9·15 政／**1495**·1·14 政／9·5 政／10 月 政／**1496**·5·30 政／**1497**·4·3 政
土岐八夫　❾ **1997**·5·21 文
土岐治頼　❹ **1512**·11·3 文
土岐孫三郎　❸ **1351**·1·20 政
土岐政房　❹ **1490**·⑧·5 政／**1494**·9·22 政／**1495**·9·5 政／**1496**·5·30 政／**1506**·8 月 社／**1511**·12·27 社／**1512**·7·16 社／8·12 社／**1517**·12 月 政／**1518**·7 月 社／8·10 政／11·7 社／**1519**·6·16 政
土岐政康⇨世保(よやす)政康
土岐満貞　❸ **1387**·12·25 政／**1388**·6·21 社
土岐光親　❹ **1536**·2·17 政
土岐満康　❸ **1388**·5·9 政
土岐持益　❸ **1415**·4·7 政／**1428**·8·11 政／**1429**·3·1 政／**1444**·7·10 政／**1447**·7·19 社／❹ **1458**·6·21 政／**1460**·3·10 政／**1465**·5·7 文／**1474**·9·7 政
土岐(世保)持頼　❸ **1418**·6 月 政／**1420**·是春 政／**1428**·7·19 政／8·3 政／12·21 政／**1429**·3·1 政／10·28 政／**1431**·2·17 政／8·7 政／**1433**·7·22 政／10·23 社／**1434**·4·13 政
土岐元氏　❺-2 **1800**·4·3 政
土岐元頼　❹ **1495**·6·14 政／7·5 政
土岐(世保)康政　❸ **1393**·1·8 政／**1418**·6 月 政／9·14 政

土岐康行　❸ **1373**·12月 政／**1388**·5·9 政／**1389**·2·23 政／**1390**·③·6 政／**1404**·10·6 政
土岐与左衛門　❺-1 **1652**·9·13 政
土岐義行　❸ **1379**·2·22 政
土岐頼秋　❸ **1427**·6·25 政
土岐頼香　❹ **1548**·11月 社
土岐頼員　❸ **1324**·9·19 政
土岐頼兼　❸ **1324**·9·19 政
土岐頼貞　❸ **1339**·2·22 政
土岐頼純　❹ **1549**·11·17 文
土岐頼殷(よりたか、頼隆)　❺-1 **1691**·1·11 政／**1692**·2·23 政／**1712**·5·15 政／❺-2 **1722**·9·22 政
土岐頼武(政頼·恵胤)　❹ **1517**·12月 政／**1518**·8·10 政／**1519**·9月 政
土岐頼忠　❸ **1375**·8·10 社／**1379**·4·1 政／**1392**·6·3 政／**1397**·8·11 政
土岐頼遠　❸ **1335**·12·11 政／**1338**·1·2 政／**1341**·9·18 政／**1342**·6·7 政／9·6 政／12·1 政
土岐頼稔　❺-2 **1730**·7·11 政／8·4 政／**1734**·6·6 政／**1742**·6·1 政／12月 文／**1744**·9·12 政
土岐頼芸(よりのり)　❹ **1517**·12月 政／**1518**·8·10 政／**1519**·6·16 政／**1522**·12·19 社／**1525**·6·19 社／9月 社／**1533**·6月 社／**1535**·7·21 政／7·29 文／**1540**·8月 政／9·16 社／**1543**·11·14 社／**1548**·是年 政／**1552**·是年 政／**1572**·8·9 政／**1582**·12·4 政
土岐頼布　❺-2 **1790**·6·20 政
土岐頼熙　❺-2 **1744**·9·10 政／**1755**·3·25 政
土岐頼昌　❺-1 **1653**·⑥·16 社
土岐頼益　❸ **1389**·2·23 政／**1401**·2·17 政／**1402**·2·17 政／7·4 社／**1403**·2月 社／7·18 社／**1414**·4·4 政
土岐頼旨　❺-2 **1841**·5·13 政／**1845**·7·5 政／❻ **1857**·7·24 政
土岐頼康　❸ **1341**·9·18 政／**1342**·9·6 政／12·1 政／**1351**·4·2 政／7·21 政／**1352**·4·25 政／6·16 政／10·5 政／11·3 政／**1353**·3·5 政／3·23 政／4·2 政／5·16 政／8·7 政／**1354**·1·23 政／**1356**·3·27 社／**1358**·7·22 政／**1360**·9·17 社／**1362**·5月 政／**1364**·6·23 社／**1365**·5·10 政／**1367**·5·24 政／**1368**·1·28 政／**1370**·12·15 政／**1372**·12·17 政／**1373**·12·12 社／12月 政／**1374**·文中年間 社／**1375**·8·10 社／**1376**·10·4 社／**1379**·1·6 政／2·22 政／3·18 政／**1380**·6·13 政／**1387**·12·25 政
土岐頼之　❺-1 **1627**·3·14 政
土岐頼行(内膳)　❺-1 **1628**·2月 政
土岐頼世　❸ **1360**·9·17 社／**1373**·12·12 社
土岐和多利　❺-2 **1762**·10·16 社
土岐豊前守　❺-2 **1818**·1·5 社
直支王(腆支王·百済太子)　❶ **書紀·応神 8**·3月／**応神 25**·是年／**397**·5月／**405**·9月／**429**·是年
土宜法龍　❻ **1893**·9·11 社
時枝誠記　❾ **1967**·10·27 文
時国藤左衛門　❺-1 **1619**·2·1 社
時貞(法師)　❷ **1216**·8·16 政
時実新子　❾ **2007**·3·10 文
時重(隠岐国司)　❷ **1021**·12·16 政
時太山　❾ **2007**·6·26 社
時谷移五郎　❺-2 **1831**·1·28 社
時津風(定次、十二代目)　❽ **1941**·2·7 社／❾ **1968**·12·16 社
時津風(豊山、十四代目)　❾ **1998**·1·1 社
時津風(双白龍、十五代目)　❾ **2007**·6·26 社
時任為基　❻ **1875**·10·2 政／**1883**·10·21 社
説成親王(相応院新宮·護聖院宮、後村上天皇皇子)　❸ **1408**·12·27 社／**1415**·8·16 政／**1433**·4月 政／12·20 政
礪杵道作　❶ **686**·10·2 政
時原興宗　❶ **905**·7·5 文
時原春風　❶ **866**·5·29 文／11·13 文
言仁親王⇨安徳(あんとく)天皇
時宗王　❶ **853**·1·16 政
時統諸兄　❶ **863**·2·10 政
時康親王⇨光孝(こうこう)天皇
土橋亭里う馬　❺-2 **1850**·5·5 文
世良(ときよし)親王　❸ **1330**·9·17 政／10·25 社
斎世親王　❶ **889**·12·28 政／**896**·2·13 文／**898**·11·21 文／**914**·5·2 社／**927**·9·10 政
時郎古羅(朝鮮)　❸ **1428**·8·13 政
常盤(御前)　❷ **1186**·6·6 政
常盤(女太夫)　❺-1 **1617**·4·20 文
常磐大定　❼ **1921**·1月 文／❽ **1945**·5·11 文
常盤潭北　❺-2 **1726**·是年 文／**1733**·是年 文／**1737**·是年 文
常葉範貞　❸ **1321**·11·22 政
常盤光長(絵師)　❷ **1173**·7·12 文／8·23 文／9·9 文
常磐井堯猷　❼ **1900**·11·27 文
常盤津兼太夫(初代)　❺-2 **1775**·是春 文
常磐津兼太夫(三代目)　❺-2 **1814**·7·27 文
常盤津兼太夫(渡辺徳次郎、七代目)　❽ **1944**·8·18 文
常盤津菊三郎　❾ **1976**·9·27 文
常磐津小文字大夫(富本節、初代)　❺-2 **1749**·8月 文
常磐津小文字太夫(八代目)　❻ **1889**·10·12 文
常磐津千東勢太夫　❾ **1978**·8·27 文
常磐津豊後大掾　❼ **1930**·2·15 文
常磐津松尾太夫　❽ **1947**·7·13 文
常盤津文字太夫(初代)　❺-2 **1736**·2月 文／**1762**·是春 文／**1765**·是春 文／**1781**·2·1 文
常磐津文字太夫(二代目)　❺-2 **1799**·7·8 文
常磐津文字太夫(四代目)　❺-2 **1844**·是年 文
常磐津文字太夫(六代目)　❼ **1926**·5·27 文
常磐津文字太夫(常岡鉱之助、七代目)　❽ **1951**·5·4 文
常磐津文字太夫(常岡　晃、八代目)　❾ **1991**·3·19 文
常磐津文字兵衛(初代)　❼ **1905**·1·16 文
常磐津文字兵衛(鈴木金太郎、二代目)　❼ **1924**·10·29 文
常磐津文字兵衛(文字翁、四代目)　❽ **1960**·8·6 文
常磐津林中(石川忠助、初代)　❼ **1902**·8·11 文／**1906**·5·6 文
徳　自珍　❶ **691**·12·2 文
徳　善治郎　❸ **1377**·8月 社
徳　頂上　❶ **671**·1月 文
徳　林(朝鮮使)　❸ **1409**·6·18 政
ドク(ベトナム)　❾ **1986**·6·19 文
徳姫(織田信長の娘)　❹ **1567**·5·27 政
督姫(徳川家康の娘)　❹ **1582**·10·29 政／**1583**·8·15 政
独庵玄光(僧)　❺-1 **1662**·是年 文／**1676**·是年 文／**1677**·是年 文
徳韶(僧)　❶ **953**·是年 社
徳雲軒⇨施薬院全宗(やくいんぜんそう)
とく夷(アイヌ)　❺-1 **1665**·7·15 政／**1667**·是年 文
徳円(僧)　❶ **817**·3·6 社
禿翁(僧)　❺-1 **1678**·4月 社
徳王(蒙古)　❼ **1936**·5·12 政／**1936**·11·14 政／❽ **1937**·10·27 政／**1939**·9·1 政
徳岡神泉　❼ **1927**·是年 文／❾ **1966**·11·3 文／**1968**·11·14 文
徳川昭武(昭徳)　❻ **1866**·11·28 政／12·28 政／**1867**·1·11 政／6·11 社／❼ **1910**·7·3 政
徳川家定(家祥)　❻ **1853**·5·15 社／6·22 政／10·23 政／**1858**·7·6 政
徳川家祥(家定)　❺-2 **1852**·12·21 政
徳川家達(田安亀之助)　❻ **1868**·4·4 政／④·10 政／5·1 社／5·24 政／6月 政／8·8 政／**1884**·7·7 政／**1887**·10·31 文／**1891**·8·6 政／❼ **1919**·12·22 政／**1921**·7·11 政／11·12 政／**1929**·3·1 政／**1933**·6·9 政／❽ **1940**·6·5 政
徳川家重　❺-2 **1727**·3·21 社／**1731**·12·15 政／**1733**·1·25 政／**1734**·3·4 政／**1743**·2·5 政／**1745**·9·25 政／11·2 政／**1753**·8·3 文／**1754**·6·5 社／**1757**·6·25 社／**1760**·4·1 政／5·13 政／**1761**·6·12 政／**1762**·1·9 政
徳川家継(鍋松)　❺-1 **1709**·7·3 政／**1712**·10·14 政／12·16 文／**1713**·1·1 政／4·5 政／4·9 文／**1714**·12·2 政／12·4 文／**1715**·5·11 政／9·25 政／❺-2 **1716**·2·5 政／4·30 政
徳川家綱(竹千代)　❺-1 **1641**·8·3 政／**1645**·4·23 政／**1646**·12·1 政／**1651**·4·20 政／8·13 政／**1655**·是春 文／10·8 政／**1656**·6·15 社／9·18 政／12·12 文／12·15 政／**1657**·1·19 政／12·3 文／**1658**·2·10 文／4·6 文／9·13 社／**1659**·9·5 政／**1660**·1·7 文／3·13 文／**1661**·1·15 文／6·3 政／**1662**·1·7 政／3·5 文／6·10 政／**1663**·4·13 政／5·19 文／**1664**·1·24 政／**1665**·1·5 文／2·

26 文／**1666**·1·6 文／6·15 社／7·17 社／11·28 文／**1667**·1·6 文／7·28 文／**1670**·3·9 社／7·27 文／10·17 文／**1671**·7·28 政／9·2 政／10·30 文／**1672**·6·18 社／9·5 政／**1674**·6·25 社／11·24 文／**1675**·4·20 政／**1676**·1·29 文／8·5 政／**1677**·⑫·5 文／**1678**·6·15 社／12·1 文／**1680**·3·28 文／4·10 文／5·6 政／5·8 政／**1692**·4·28 社／**1704**·6·2 社

徳川家斉(豊千代)　❺-2 **1773**·10·5 政／**1781**·⑤·18 政／12·2 政／**1786**·11·24 文／**1787**·2·6 社／3月 政／4·15 政／**1788**·3·4 政／11·17 文／**1789**·3·25 政／11·17 文／**1790**·6·14 政／11·17 文／**1791**·4·6 社／6·2 社／11·17 文／**1792**·11·17 文／**1793**·9·18 政／11·1 政／11·17 文／**1794**·9·19 社／11·17 文／**1795**·3·5 社／11·17 文／**1796**·11·17 文／**1797**·3·1 政／3·4 政／5·16 政／⑦·25 政／11·17 文／**1798**·11·17 文／**1799**·10·22 文／12·2 政／**1800**·11·17 文／**1801**·4·20 文／7·7 政／11·17 文／**1802**·11·17 文／**1803**·11·19 文／**1804**·9·6 文／10·16 社／11·17 文／**1805**·7·28 文／11·17 文／**1806**·11·23 政／**1809**·11·17 文／**1811**·5·11 政／**1813**·11·18 文／**1815**·4·28 文／**1816**·4·2 政／**1822**·3·1 政／**1826**·3·25 政／**1827**·2·16 政／3·18 政／7·2 政／**1828**·4·6 政／**1833**·11·30 文／**1836**·9·4 政／**1837**·4·2 政／**1841**·①·30 政

徳川家斉末姫　❺-2 **1823**·6·18 政

徳川家宣(綱豊·松平虎松)　❺-1 **1676**·12·11 政／**1678**·9·14 政／**1680**·9·16 政／**1697**·8月 社／**1701**·6·2 政／**1702**·2·19 文／**1704**·12·5 政／**1709**·1·10 政／1·14 政／4·19 文／5·1 政／7·3 政／9·5 政／**1710**·1·5 文／4·27 文／6·23 政／9·15 社／11·18 政／**1712**·9·15 社／9·25 政／10·14 政／11·12 文

徳川家治(竹千代)　❺-2 **1737**·5·22 政／10·7 社／**1738**·7·5 社／8·26 政／**1751**·12·11 文／**1754**·12·1 政／**1760**·5·13 政／9·2 政／11·17 文／**1762**·4·13 政／7·23 社／11·13 文／**1763**·7·23 政／11·17 文／**1764**·2·27 政／11·21 政／**1765**·5·11 文／11·17 文／**1766**·4·7 政／**1767**·11·17 文／**1768**·11·17 文／**1769**·11·17 文／**1770**·11·17 文／**1771**·11·17 文／**1775**·10·28 文／11·17 文／**1776**·4·13 政／5·13 文／11·10 政／11·17 文／**1777**·11·17 文／**1778**·6·15 社／**1779**·2·21 政／5·1 社／11·17 文／**1780**·1·27 社／6·15 社／**1781**·8·25 文／10·21 社／11·17 文／**1782**·2·4 社／4·5 文／6·15 社／8·7 社／**1783**·11·17 文／**1784**·6·7 政／8·13 政／11·17 文／**1785**·11·17 文／**1786**·9·8 政／**1793**·2·4 社

徳川家正　❽ **1946**·3·21 政／**1963**·2·18 政

徳川家光(竹千代)　❺-1 **1604**·7·17 政／**1620**·9·6 政／**1621**·3·21 社／⑧·3 政／**1622**·11·10 政／**1623**·4·13 政／6·28 政／7·13 政／7·27 政／8·6 政／⑧·8 政／12·26 政／**1624**·4·5 政／9·8 政／**1625**·7·13 政／11·30 政／**1626**·5·20 政／5月 文／7·12 政／8·18 政／9·6 政／9·12 政／9·25 政／**1627**·3·2 文／6·26 社／10·1 政／11·5 政／**1628**·1·18 文／8·3 政／**1629**·②·2 社／②·4 文／4·13 政／4·26 政／9·19 政／10·22 文／**1630**·4·18 文／6·10 政／**1631**·1·1 文／1·16 文／11·25 政／**1632**·4·10 政／5·24 政／9·9 社／**1633**·3·11 社／8·11 文／9·11 社／11·25 政／**1634**·1·14 政／2·17 文／3·28 社／4·15 政／6·20 政／7·23 社／⑦·3 政／8·5 政／9·1 社／10·7 文／12·8 政／**1635**·1·7 政／3·1 政／4·20 社／6·2 社／8·3 文／9·19 文／10·7 社／**1636**·1·15 政／5·18 政／7·2 社／8·10 社／11·1 政／**1637**·4·1 社／7·14 文／8·27 政／12·2 社／**1638**·1·24 政／4·27 社／6·3 文／8·3 政／**1639**·1月 政／2·14 社／4·22 社／5·20 政／5·26 政／6·15 社／8·2 社／9·21 政／10·20 政／**1640**·4·5 政／10·15 社／**1641**·2·20 文／3·10 社／12·12 社／12·22 政／**1642**·2·16 社／3·18 文／**1643**·2·12 政／7·10 政／**1644**·5·21 社／6·15 政／11·1 文／**1645**·8·27 政／9·25 文／**1646**·3·10 政／10·1 政／**1647**·2·18 社／3·11 社／6·9 社／**1648**·4·13 政／**1651**·4·20 政／**1661**·2·2 政／**1665**·4·30 文／**1675**·4·19 社／**1683**·4·13 社／❻ **1866**·12·5 政

徳川家茂(慶福)　❺-2 **1849**·3·1 政／❻ **1858**·5·1 政／6·25 政／10·25 政／**1860**·4·1 政／**1862**·2·11 政／9·7 政／**1863**·3月 社／8·3 政／10·10 政／12·27 政／**1864**·1·8 政／4·29 政／5·3 政／5·16 政／**1865**·3·25 政／5·16 政／⑤·22 政／7·8 政／9·13 政／9·15 政／**1866**·1·22 政／3·20 政／7·20 政／8·20 政／9·2 政／**1867**·8·16 政／12月 政／❽ **1959**·2·5 文

徳川家基　❺-2 **1766**·4·7 政／**1768**·4·29 政／**1776**·11·10 政／**1779**·2·21 政

徳川(松平)家康(松平竹千代·元康·元信)　❹ **1542**·12·26 政／**1547**·10·19 政／**1549**·11·9 政／**1555**·3月 政／**1556**·6·21 社／**1557**·1·15 政／5·3 社／**1558**·2·5 政／是年 政／**1559**·5·16 政／11·28 政／**1560**·5·10 政／5·23 政／**1561**·2·6 政／是春 政／8月 政／**1562**·1月 政／2·4 政／**1563**·3·2 政／5·12 政／7·6 政／10月 社／11·25 政／是秋 政／是年 政／**1564**·1·11 政／2·13 政／5月 社／6·20 政／**1565**·3·7 政／6·7 社／12·30 政／**1566**·3月 社／12·29 政／**1567**·1·2 文／5·27 政／11·7 社／**1568**·1·11 政／4月 政／9·7 政／12·12 政／**1569**·1·3 政／3·8 政／5·15 政／6月 政／7·8 政／9·16 政／**1570**·2·30 政／6·21 政／10·2 政／**1571**·4·19 政／7·16 社／8·1 政／**1572**·12·22 政／**1573**·1·11 政／2·4 政／5月 政／8·20 政／9·8 政／11·11 社／12·21 社／**1574**·1·18 政／2·6 政／4·6 政／**1575**·1·20 文／2·15 政／5·13 政／6·2 政／8·24 政／9·5 政／12·24 政／**1576**·是春 政／7月 政／10·3 政／**1577**·5月 政／8月 政／**1578**·3·12 政／7·3 社／8·21 政／11·2 政／**1579**·1·2 文／1·18 政／3·21 社／4·25 政／7·16 政／9·5 政／10·19 政／**1580**·3·16 政／7月 社／8·14 政／10·22 政／12·20 政／**1581**·3·22 政／4·5 政／6·11 政／12·20 政／**1582**·2·3 政／2·18 政／3·1 政／4·3 政／5·11 政／6·4 政／7·3 政／8·29 政／9·13 政／10·29 政／11·19 社／12·12 政／**1583**·1·18 政／①·1 政／2·13 政／3·17 政／4·1 社／5·3 社／6·5 社／10·5 社／12·30 社／**1584**·2月 政／3·3 政／5·3 政／6·12 政／7·3 政／8·18 政／9·7 政／11·15 政／**1585**·⑧·14 社／**1586**·2·8 政／3·9 政／10·26 政／11·28 文／**1587**·1·21 政／2·13 政／8·5 政／8·8 政／10·28 政／**1588**·1·29 社／2·3 社／3·1 政／4·14 政／5·6 政／⑤月 社／8·8 政／8·22 政／9·1 政／10·26 政／是年 社／**1589**·1·28 政／2·13 政／3·7 政／4·9 社／6·7 政／8·27 社／**1590**·1·21 政／2·2 政／3·8 政／7·10 政／8·1 政／8·15 政／10·20 政／11·6 政／12·15 政／**1591**·1·5 政／①·3 政／3·3 政／5·2 政／6·20 政／7·19 政／8·6 政／10·29 政／是年 政／天正年間 政／**1592**·1·2 文／2·2 文禄の役／3·15 文／3·17 文禄の役／6·2 文禄の役／**1593**·1·5 政／2·12 文禄の役／8·29 文禄の役／9·15 社／⑨·13 政／10·26 政／11·16 社／12月 政／**1594**·1·27 政／2·12 政／3·12 文／4·8 政／5·3 政／6·7 政／9·21 政／11·3 文／**1595**·3·11 政／5·3 政／7月 政／**1596**·5·8 政／5·13 政／8·1 文禄の役／**1597**·3·8 政／9·24 文／9·25 社／10·11 政／11·13 文／**1598**·3·4 社／5·1 政／7·15 政／8·5 政／8·25 慶長の役／9·3 政／10·1 慶長の役／10·15 慶長の役／11·18 政／**1599**·1·3 政／1·21 政／2·5 政／3·11 政／③·4 政／4·2 政／6·1 政／7月 政／8·14 政／9·7 政／11·7 政／12·8 社／是年 政／**1600**·6·2 関ヶ原合戦／7·17 関ヶ原合戦／8·5 関ヶ原合戦／9·1 関ヶ原合戦／9·15 関ヶ原合戦／9·27 関ヶ原合戦／❺-1 **1601**·1·18 政／2月 政／3·23 政／4·8 政／5·15 政／6月 政／7·24 政／8·7 政／9月 社／10·12 政／11·5 政／12·28 政／是年 政／是年 社／**1602**·1·6 政／2·14 政／3·14 政／4·11 政／5·1 政／6·1 政／7月 政／8·5 政／9·15 政／10·2 政／11·16 政／12·25 政／12月 政／**1603**·1·2 政／2·6 政／2·12 政／3·21 政／4·4 文／5月

文／7·1 社／8·1 社／10·16 政／**1604**·2月 政／3·1 政／5月 政／7·15 社／8·14 政／⑧·12 社／12·6 文／是年 文／**1605**·1·9 政／3·5 政／3月 文／4·7 政／4·16 政／5·10 政／7·21 文／8·6 政／9·15 政／9月 政／11·17 社／是年 政／**1606**·1月 政／3·15 政／4·6 政／5·9 政／6·17 政／7·4 政／7月 文／8·2 文／9·17 政／10·20 政／10·26 政／11·8 政／12·7 政／**1607**·1月 政／2·29 政／④·20 政／④月 社／7·3 政／10·18 文／11·1 社／12·12 政／**1608**·1·2 政／1·24 社／2·27 政／3·11 政／是春 文／5·20 社／6月 政／7·25 政／7月 社／8·6 政／9·12 政／10月 政／11·12 社／12·2 政／**1609**·2月 社／3·14 文／5·26 政／7·7 政／8·28 社／9·27 政／10·1 政／10·6 政／11·7 政／12·9 政／**1610**·1·9 政／2·12 政／②·17 政／3·24 社／4·18 政／5月 社／6·12 政／7·1 政／8·14 政／8·18 文／8·8 政／9·5 文／9月 政／10·21 政／11·21 政／**1611**·1·1 政／2·28 政／3·6 政／3·28 政／4·14 文／5·23 政／7·1 政／7·15 政／8·20 政／9·16 政／9·20 文／9月 政／10·6 文／11·9 社／是年 政／**1612**·1·5 社／2·3 社／3·26 政／4·22 文／4月 社／5·28 社／6·8 政／7·1 政／7·25 政／8·2 政／9·10 政／10·8 政／⑩·2 政／此頃 政／是年 社／**1613**·1·1 政／3·13 社／3月 政／5·5 社／6·3 文／7·23 社／8·5 政／9·5 政／9·17 政／11·18 社／12·3 政／是年 政／**1614**·1·1 政／2·22 政／3·28 政／4·5 文／5·21 社／6·1 社／7·18 政／8·8 社／9·1 政／9·7 社／9·24 政／10·6 大坂冬の陣／11·1 社／11·4 大坂冬の陣／12·2 大坂冬の陣／是年 政／**1615**·1·1 政／3·22 大坂夏の陣／3·30 社／4·4 政／4·6 大坂夏の陣／5·1 政／5·5 大坂夏の陣／6·15 政／⑥·17 政／7·17 政／8·4 政／9·9 文／10·15 政／**1616**·1·21 社／3·16 政／3·21 政／4·1 政／**1617**·2·21 社／3·15 政／**1628**·3·22 政／4·16 社／**1632**·11·9 政／**1636**·4·17 社／**1645**·11·3 政／**1665**·4·30 文／❺-2 **1735**·5月 文／❻ **1865**·4·16 社

徳川家慶　❺-2 **1797**·3·1 政／**1802**·9·18 社／**1809**·12·1 政／12·9 文／**1816**·4·2 政／**1837**·4·2 政／8·5 政／9·2 政／9·4 文／**1842**·10·23 社／11·10、14 政／**1843**·4·13 政／5·2 文／**1845**·2·28 政／5·18 政／**1849**·3·18 社／❻ **1853**·6·6 政／6·22 政

徳川和子(東福門院)　❺-1 **1608**·9·26 政／**1614**·3·8 政／**1618**·6·21 政／**1619**·9·5 政／**1620**·5·8 政／6·18 政／7·28 文／8·18 政／**1621**·10·21 文／**1622**·11·23 文／**1623**·11·19 政／**1624**·4·16 政／11·28 政／**1625**·3·6 文／**1626**·3·10 文／9·6 政／11·13 政／**1629**·9·10 政／11·9 政／**1634**·是年 社／**1638**·1·9 政／**1660**·5·12 文／**1664**·3·16 文／**1666**·4·14 文／**1667**·3·12 文／9·6 文／**1668**·3·21 文／**1673**·3·13 文／**1677**·10·11 政／**1678**·6·15 政／**1684**·4·6 社

徳川国松⇨徳川忠長(ただなが)

徳川玄同(げんどう·茂徳)　❻ **1865**·4·12 政／5·13 政／⑤·22 政／**1866**·1·5 政

徳川五郎太　❺-1 **1713**·7·26 政

徳川重倫　❺-2 **1765**·2·25 政／**1775**·2·3 政／**1829**·6·2 政

徳川重好　❺-2 **1758**·12·2 政／**1759**·12·15 政／**1795**·7·8 政

徳川武定　❽ **1957**·11·29 文

徳川竹千代⇨徳川家綱(いえつな)

徳川竹千代⇨徳川家光(いえみつ)

徳川竹千代⇨徳川家治(いえはる)

徳川忠長(国松)　❺-1 **1616**·9·13 政／**1620**·9·6 政／**1622**·9·26 政／**1623**·7月 社／**1624**·7·20 政／**1626**·7·21 政／**1627**·是年 文／**1628**·1·5 社／**1630**·9月 社／**1631**·2·14 政／5·28 政／12·16 政／**1632**·10·12 政／10·20 政／**1633**·12·6 政

徳川周丸　❺-2 **1789**·3·25 政

徳川千代松⇨徳川光圀(みつくに)

徳川継友　❺-2 **1730**·11·27 政

徳川綱條　❺-1 **1690**·10·14 政／**1700**·9·25 政／**1710**·8·21 文／❺-2 **1718**·9·11 政

徳川綱重(長松)　❺-1 **1644**·5·24 政／8·3 文／**1661**·⑧·9 政／**1676**·12·11 政／**1678**·9·14 政

徳川綱豊⇨徳川家宣(いえのぶ)

徳川綱誠　❺-1 **1675**·11·6 社／**1693**·4·25 政／**1699**·6·5 政

徳川綱教　❺-1 **1698**·4·22 政／**1705**·5·14 政

徳川綱吉(徳松)　❺-1 **1646**·1·8 政／**1658**·1·10 政／**1661**·⑧·9 政／**1680**·5·6 政／5·7 政／7·10 政／8·3 政／8·23 政／9·11 文／11·27 政／**1681**·2·29 文／5·8 社／6·21 政／12·20 政／**1682**·1·1 文／2·18 政／4·11 政／8·18 政／**1683**·7·25 政／**1684**·2·28 政／**1685**·11·29 文／**1686**·2·28 政／③·21 文／**1687**·11·16 政／**1688**·11·4 社／**1689**·8·3 政／**1690**·2·10 文／8·21 文／**1691**·2·11 文／3·22 政／**1692**·2·13 文／9·22 文／11·11 政／**1693**·2·22 文／4·21 文／6·15 社／10·3 政／**1694**·2·15 文／**1695**·3·1 文／3·21 文／**1696**·1·13 政／5·21 文／**1697**·4·11 政／7·28 社／9·12 文／11·14 政／**1699**·⑨·23 政／**1700**·9·25 政／11·21 文／**1701**·11·26 政／**1702**·3·12 文／**1704**·12·5 政／**1705**·11·2 文／**1706**·3·4 政／**1709**·1·10 政／2·16 政／❺-2 **1722**·12月 政

徳川徳松(松平、徳川綱吉世子)　❺-1 **1632**·8月 政／**1683**·⑤·28 政

徳川豊千代⇨徳川家斉(いえなり)

徳川虎松(綱豊)⇨徳川家宣(いえのぶ)

徳川徳成(ながなり·義宜)　❻ **1866**·1·5 政／**1868**·1·12 政

徳川長松⇨徳川綱重(つなしげ)

徳川鍋松⇨徳川家継(いえつぐ)

徳川斉昭(烈公)　❺-2 **1829**·10·4 政／**1830**·是年 政／**1832**·2月 政／⑪·4 政／**1838**·3月 文／8·1 政／**1839**·6·20 政／**1841**·3月 政／7·3 政／**1843**·7月 社／**1844**·5·6 政／**1846**·2·1 政／8·1 政／11·20 政／**1852**·6月 文／❻ **1853**·6·6 政／7·3 政／7·10 社／11·1 政／**1854**·4·30 政／6·5 政／7·24 政／**1855**·1·16 政／6·30 政／**1857**·7·23 政／**1858**·6·24 政／**1860**·8·15 政

徳川(一橋)斉敦　❺-2 **1836**·3·13 政

徳川斉彊(家斉二十一男)　❺-2 **1827**·10·10 政／**1849**·3·1 政

徳川(一橋)斎位　❺-2 **1830**·6·19 政

徳川斎省　❺-2 **1827**·7·2 政

徳川斎荘(なりまさ、名古屋)　❺-2 **1839**·3·26 政

徳川斉朝(なりとも)　❺-2 **1799**·12·20 政／**1850**·5·13 政

徳川斉脩(斉修)　❺-2 **1829**·10·4 政

徳川(一橋)斉礼　❺-2 **1830**·6·19 政

徳川斉温　❺-2 **1839**·3·26 政

徳川斉順(なりゆき)　❺-2 **1824**·6·6 政／**1846**·3·5 政

徳川治察　❺-2 **1774**·9·8 政

徳川(一橋)治済　❺-2 **1764**·12·22 政／**1773**·10·5 政／**1775**·2·3 政／**1781**·⑤·18 政／**1786**·⑩·6 政／**1789**·10·26 政／**1802**·11·3 社／**1821**·12·7 政／**1825**·8·7 政／**1827**·2·20 政／3·15 社

徳川治紀　❺-2 **1805**·11·6 政／**1809**·1月 社／12·24 文／**1810**·是年 文／**1816**·⑧·23 政

徳川治宝(岩千代)　❺-2 **1789**·10·26 政／**1819**·3·14 文／**1824**·6·6 政／**1852**·12·7 政

徳川治保　❺-2 **1766**·2·14 政／**1805**·11·6 政／**1819**·1·13 文

徳川秀忠(長丸)　❹ **1589**·12·10 政／**1590**·1·13 政／1·21 政／**1592**·10·6 政／**1593**·1·29 政／12月 政／**1595**·5·3 政／9·17 政／10·1 文／**1597**·5·10 政／**1598**·8·8 政／**1600**·7·19／8·24 関ヶ原合戦／9·20 関ヶ原合戦／9·27 関ヶ原合戦／❺-1 **1601**·3·24 政／3·28 政／9·11 政／**1602**·1·2 政／6·14 政／10月 政／**1603**·1月 政／**1604**·3·20 文／7·17 政／10·16 社／**1605**·2·24 政／3·21 政／4·7 政／4·16 政／5·3 政／11·25 社／**1606**·1·25 政／9·22 政／9·23 政／**1607**·1·7 文／4·17 文／④月 社／5·6 政／6·2 政／10·18 文／**1608**·1·2 政／2·15 文／是春 文／7·14 政／8·25 政／9·3 政／是年 社／**1609**·1·1 政／5·26 政／**1610**·1·22 政／1月 社／2·24 政／②·16 社／4·18 政／5·4 政／8·28 政／9·3 政／**1611**·1·1 政／5·15 政／9·22 政／**1612**·1·1 政／3·11 政／5月 文／7·10 政／9·25 政／⑩·20 社／**1613**·1·1 政／5·5 政／12·21 政／**1614**·1·1 政／2·2 文／3·9 政／9·11 政／10·1 大坂冬の陣／11·11 大坂冬の陣／12·2 大坂冬の陣／**1615**·1·19 大坂夏の陣／

4·4 大坂夏の陣／4·10 大坂夏の陣／5·7 大坂夏の陣／5·9 大坂夏の陣／7·7 政／7·19 政／10·11 政／**1616**·1·21 社／2·1 政／8·1 政／9·13 政／9月 政／11月 社／**1617**·1·22 政／4·12 政／4·29 文／5·6 文／6·14 政／7·21 政／8·24 政／9·13 政／**1618**·③·20 文／4·30 文／6·21 政／8·10 政／9·21 政／10·29 社／11·21 文／11·23 文／**1619**·5·8 政／8·26 政／9·5 政／9·18 政／**1620**·1·16 社／5·8 政／6·18 政／9·6 政／10·21 政／**1621**·1月 政／2·24 文／⑧·1 政／是年 政／**1622**·1·22 政／4·12 政／5·1 文／11·10 政／**1623**·2·13 文／3·10 社／4·26 社／5·12 政／7·27 政／⑧·1 政／9·13 政／**1624**·1·22 社／是春 社／4·6 政／4·16 政／7·20 政／9·22 政／**1625**·1·8 社／12·6 政／**1626**·3·13 政／5·20 政／8·2 政／8·18 政／9·25 政／10·6 政／是年 社／**1627**·6·25 文／11·5 政／**1628**·1·18 文／3·22 文／4·13 政／8·2 政／**1629**·8·2 政／是年 政／**1630**·4·18 文／5·1 文／**1631**·2·20 政／是春 社／8·13 文／**1632**·1·24 政／2·9 政／7月 政／**1634**·2·2 文／**1638**·1·24 政／**1642**·9·15 社／**1658**·1·24 社

徳川正利　❾ **1990**·9·23 政

徳川通春⇨徳川宗春(むねはる)

徳川光圀(千代松·義公、水戸)　❺-1 **1636**·7·6 政／**1648**·6月 文／**1657**·2·27 文／**1661**·7·29 政／**1665**·7月 文／12月 社／是年 文／**1666**·7·19 社／**1678**·1月 文／**1680**·3月 文／4·29 文／**1683**·8·26 文／**1685**·12·22 文／**1686**·4·26 文／**1690**·10·14 政／**1692**·2·16 文／8月 文／12·21 文／**1694**·4·26 文／11·23 政／**1699**·5月 文／**1700**·12·6 政／**1710**·8·21 文／❺-2 **1832**·5·24 政

徳川光貞　❺-1 **1667**·5·22 政／**1672**·8·17 文／**1697**·4·11 政／**1698**·4·22 政／**1705**·8·8 政

徳川光友　❺-1 **1639**·9·21 政／**1650**·2·12 政／5·7 政／**1668**·1·4 政／**1693**·4·25 政／**1700**·10·16 政

徳川夢声(福原駿雄)　❼ **1933**·4·1 文／❽ **1939**·9·5 社／**1949**·6月 文／**1950**·2·20 文／**1954**·12·14 社／**1958**·3·3 社／❾ **1965**·3·18 文／**1971**·8·1 文

徳川宗勝　❺-2 **1761**·6·24 政

徳川宗堯　❺-2 **1718**·9·11 政／**1720**·10·29 文／**1727**·6·12 文／**1730**·4·6 政

徳川宗武(田安宗武)　❺-2 **1730**·11·10 政

徳川(一橋)宗尹　❺-2 **1740**·11·18 政／**1746**·9·15 政／**1761**·6·24 政／**1764**·12·22 政

徳川宗睦(子和·熊五郎)　❺-2 **1733**·3·22 政／**1761**·6·24 政／**1783**·4月 文／**1787**·10·19 政／**1799**·12·20 政

徳川宗直　❺-2 **1733**·3·22 政／**1757**·7·2 政

徳川宗将　❺-2 **1740**·7·25 文／**1757**·7·2 政／**1765**·2·25 政

徳川宗春(通春)　❺-2 **1730**·11·27 政／**1731**·9月 政／**1732**·5·25 政／**1739**·1·12 政／**1764**·10·8 政

徳川宗翰　❺-2 **1730**·4·6 政／**1734**·10·6 文／**1747**·10月 政／**1766**·2·14 政

徳川宗敬　❽ **1951**·8·18 政／❾ **1989**·5·1 社

徳川茂承(頼久)　❻ **1864**·2·11 政／8·2 政／**1865**·4·12 政／5·13 政／11·7 政／**1866**·6·2 政／9·2 政／❼ **1906**·8·20 政

徳川義礼(よしあきら)　❼ **1908**·5·16 政

徳川慶篤　❺-2 **1844**·5·6 政／❻ **1856**·4·25 政／**1858**·6·24 政／7·5 政／8·28 政／**1863**·3·7 政

徳川慶恕(慶勝)　❻ **1853**·2·28 文／**1856**·10·6 政／**1857**·12·29 政／**1858**·6·24 政／7·5 政／**1860**·9·4 政／**1862**·4·25 政／**1863**·1·8 政／**1864**·4·20 政／8·7 政／10·24 政／11·7 政／12·27 政／**1865**·1·17 政／**1867**·10·27 政／11·15 政／12·8 政／12·9 政／12·28 政／**1868**·1·12 政／**1870**·12·10 政／**1871**·1月 政／**1877**·5·21 政／**1883**·8·1 政

徳川義親　❼ **1917**·7月 文／❽ **1941**·9·13 文／❾ **1976**·9·6 政

徳川好敏　❼ **1910**·10·8 社／12·14 社／**1911**·4·8 社／6·9 社／10·26 社／**1912**·4·28 社／❽ **1963**·4·17 政

徳川慶福⇨徳川家茂(いえもち)

徳川義直　❺-1 **1603**·1·28 政／3·1 社／9·21 社／**1606**·10·19 社／**1607**·④·26 政／**1608**·8·25 政／**1610**·3·5 文／**1611**·3·11 政／**1614**·11·19 大坂冬の陣／**1615**·2·10 政／4·4 政／**1616**·7·28 政／**1618**·2月 政／**1620**·9·1 社／**1621**·1·24 社／**1627**·6·25 文／**1631**·4·19 文／**1632**·是冬 文／**1634**·7月 文／**1635**·1·11 文／**1637**·3·6 社／**1646**·4·17 文／**1650**·2·12 政／5·7 政

徳川慶喜(昭致)　❺-2 **1847**·9·1 政／12·1 政

徳川(一橋)慶喜　❻ **1856**·10·6 政／**1857**·10·16 政／**1858**·7·5 政／**1860**·9·4 政／**1862**·6·7 政／7·6 政／12·15 政／**1863**·1·5 政／3·5 政／4·21 政／5·3 政／10·26 政／11·20 政／12·30 政／**1864**·2·20 政／3·30 政／4·3 政／6·1 政／7·11 社／7·23 政／11·18 政／**1865**·9·13 政／10·1 政／10·8 政／**1866**·1·22 政／7·20 政／8·16 政／11·7 政／12·5 政／**1867**·2·5 政／3·5 政／5·14 政／5·23 政／7·24 政／9·21 政／11·15 政／12·5 政／**1868**·1·2 政／1·11 政／2·3 政／2·12 政／3·7 政／4·4 政／④·29 政／7·19 政／**1869**·9·28 政／**1870**·1·5 政／❼ **1898**·3·2 政／**1913**·11·22 政

徳川義宣(尾張徳川家)　❾ **2005**·11·23 政

徳川義寛　❾ **1996**·2·2 政

徳川吉通　❺-1 **1699**·6·5 政／**1713**·7·26 政

徳川吉宗(頼方·新之助)　❺-1 **1697**·4·11 政／**1705**·9·8 政／10·21 政／❺-2 **1716**·4·30 政／5·1 政／6月 文／7·18 政／8·13 政／是年 政／**1717**·1·2 政／2·28 政／4·29 政／5·11 社／**1718**·5·13 文／是年 文／**1719**·6·20 政／7·26 社／11·17 文／**1720**·4·22 社／是年 文／**1721**·1·14 文／2·9 政／2·28 政／4·4 政／⑦·14 政／9·26 政／**1722**·2·22 政／3·15 政／3·18 社／6·19 文／11·17 文／**1723**·6·5 社／**1724**·4·11 社／**1725**·3·27 政／7·23 政／11·27 文／**1726**·3·27 社／**1727**·3·1 政／6·15 社／**1728**·4·13 政／**1729**·6月 政／7·6 政／10·2 文／**1730**·2·28 政／**1731**·5月 政／6·11 政／12·15 政／**1732**·4·7 文／5·25 政／9·21 政／11·19 文／**1733**·1·21 政／6·15 社／**1734**·3·4 政／9·15 社／是年 社／**1735**·③·1 政／7·8 政／**1736**·10·25 文／**1737**·3·10 社／**1738**·2·9 社／2·28 政／**1739**·6·15 社／10·1 文／是年 文／**1742**·1·15 文／8·23 政／**1743**·2·5 政／**1744**·是年 文／**1745**·7·7 政／9·1 政／10·14 文／**1750**·1月 文／**1751**·6·20 政

徳川慶頼　❻ **1858**·8·8 政／**1868**·2·12 政

徳川頼貞　❼ **1918**·8月 文

徳川頼重　❺-1 **1639**·7·13 政

徳川頼宣　❺-1 **1603**·11·7 政／**1604**·12月 政／**1608**·8·22 文／**1609**·12·12 政／**1611**·4·11 文／**1616**·1·21 社／**1618**·2月 政／**1619**·7·19 政／8月 文／**1622**·是年 政／**1624**·2·15 社／**1627**·是夏 社／**1628**·1·18 文／**1638**·4·1 文／**1657**·2·9 政／**1665**·是年 社／**1667**·5·22 政／9月 政／**1670**·2·28 文／**1671**·1·10 政

徳川頼房　❺-1 **1605**·11·21 政／是年 政／**1609**·12·12 政／**1616**·1·21 社／**1618**·2月 政／**1622**·9·26 政／**1627**·6·25 文／**1629**·②·1 政／是年 政／**1633**·4·21 政／8·11 文／**1634**·3·28 社／4月 文／**1658**·4·18 政／**1661**·7·29 政

徳川頼倫　❼ **1911**·12·10 文

徳川頼職　❺-1 **1697**·4·11 政／**1705**·5·14 政／9·8 政

得巌(僧)　❸ **1434**·8·23 政

得業隆円(僧)　❷ **1236**·12·29 政／**1247**·2·5 社

徳倹(仏燈国師)　❸ **1320**·4月 社

徳源(琉球)　❹ **1461**·5·30 政／**1462**·5月 政

独言(明僧)　❺-1 **1654**·7·5 政

徳敷(僧)　❷ **1247**·5月 政

督儒(新羅)　❶ **669**·9·11 政

独秀乾才(僧)　❹ **1513**·是年 文／**1514**·8·7 社

徳宿三郎　❹ **1486**·是年 政

徳俊白英(僧)　❸ **1403**·8·12 社

独吼(どくしょう、明僧)　❺-1 **1654**·7·5 政

徳祥正麟　❸ **1423**·7·13 政

得清(徳清、僧)　❶ 772·是年 政
徳操(僧)　❶ 876·6·27 政
禿箒子　❺-2 1763·是年 文／1764·是年 文／1765·是年 文／1766·是年 文／1767·是年 文／1768·是年 文／1769·是年 文／1775·是年 文
徳蔵主　❸ 1333·是年 政
徳叟周佐(僧)　❸ 1376·10月 政／1400·3·12 社
徳率次　❶ 583·12·30
得田章房　❸ 1371·5·13 政
徳田敦子　❾ 1978·3·18 社／1992·8·25 社
徳田球一　❼ 1922·1·22 政／1923·6·5 政／1925·1月 政／1926·12·4 政／1928·3·15 政／❽ 1941·12·27 政／1945·10·10 政／10·20 政／11·21 社／12·1 政／1949·6·18 政／1950·1·18 政／6·6 政／6·8 政／7·14 政／12·4 政／1952·7·15 政／1953·10·14 政
徳田金一　❼ 1913·3·28 社
徳田玄秀　❺-2 1764·12·15 文
徳田浩司⇨近松秋江(ちかまつしゅうこう)
徳田秋声(末雄)　❼ 1907·6·17 文／1911·8·1 文／1913·1月 文／1915·9·16 文／1918·7月 文／1933·7·10 文／❽ 1941·6·28 文／1943·11·18 文
徳田八十吉(三代目)　❾ 1984·是年 文／2003·是年 文／2009·8·26 文
徳大寺家時　❸ 1368·10·18 文
徳大寺公城　❺-2 1757·6·4 政／1758·5·6 政
徳大寺公有　❹ 1460·8·27 政／1462·8·5 政／1486·1·26 政
徳大寺公純　❻ 1859·2·5 政／1860·6·18 政／1862·9·21 政／1883·11·7 政／12·23 政
徳大寺公清　❸ 1346·2·18 政／1347·8·16 政／1360·6·8 政
徳大寺公孝　❸ 1291·12·25 政／1292·8·8 政／1299·12·20 政／1302·8·22 政／11·22 政／1305·7·12 政
徳大寺公胤　❹ 1521·7·1 政／1523·3·9 政／1526·9·29 政／10·12 政
徳大寺公継　❹ 1554·5·18 文
徳大寺公維　❹ 1488·3月 文／1580·2·21 政／6·28 文／1588·5·19 政
徳大寺公俊　❸ 1418·12·2 政／1420·①·13 政／3·16 政／1428·6·19 政
徳大寺公信　❺-1 1655·1·25 政／1660·1·13 政／1668·9·1 政／1684·7·21 政
徳大寺公全　❺-1 1712·6·29 政／❺-2 1719·11·30 政／12·2 政
徳大寺実淳　❹ 1481·1·25 政／1485·3·24 政／1487·8·29 政／1509·12·19 政／1510·2·18 文／1511·2·19 政／1533·8·24 政
徳大寺実孝　❸ 1322·1·17 政
徳大寺実時　❸ 1382·1·26 政／1388·5·26 政／1392·12·26 政／1394·6·5 政／1395·6·20 政／1404·2·27 政
徳大寺実憲　❺-2 1733·2·1 文
徳大寺実則　❻ 1891·2·21 政／12·26 政／❼ 1903·7·8 政
徳大寺実久　❺-1 1609·11·7 政
徳大寺実維　❺-1 1682·9·11 政
徳大寺実雅　❺-1 1671·8·1 政
徳大寺実堅　❺-2 1831·1·20 政／1848·2·11 政／3·21 政
徳大寺実通　❹ 1545·4·9 政
徳大寺実祖　❺-2 1798·7·19 政／1815·1·4 政／1819·1·28 政
徳大寺実盛　❸ 1428·4·23 政
徳大寺　伸　❾ 1995·7·19 文
徳大寺⇨藤原(ふじわら)姓も見よ
徳田屋五郎兵衛　❺-2 1790·9·3 政
独湛性瑩(僧)　❺-1 1654·7·5 政／1675·3·1 文／1706·1·26 社
徳智(僧)　❶ 463·2月／476·6月
渡久地政信　❾ 1998·9·13 文
徳中等懋(僧)　❸ 1446·12·26 社
徳珍(僧)　❸ 1311·⑥·8 社
徳亭三孝　❺-2 1812·是年 文
徳道(僧)　❶ 724·3·2 社
徳富蘇峰(猪一郎)　❻ 1876·1·30 社／1887·2·15 政／1888·9·8 文／1890·2·1 文／1891·7·29 文／❼ 1897·8·26 政／1911·5·17 文／1918·12·1 文／1921·6·25 文／❽ 1942·5·26 文／6·18 文／12·23 文／1943·4·29 文／1947·9·1 政／1957·11·2 文
徳冨蘆花(健次郎)　❼ 1898·11·29 文／1906·4·4 文／1910·3·12 文／1911·2·1 文／1927·9·18 文
徳永織人　❻ 1871·7·2 政
徳永熊雄　❼ 1901·12·22 政
徳永兼一郎　❾ 1996·5·17 文
得永源五郎　❸ 1359·10·19 政
徳永耕治　❾ 1992·7·25 社
徳永　敏　❻ 1880·7·23 社
徳永重康　❽ 1940·2·8 文
徳永新左衛門　❹ 1497·12·15 政
徳永　直　❽ 1938·11·7 文／1939·1月 文／1958·2·15 文
徳永寿昌　❹ 1598·8·25 慶長の役／10·1 慶長の役／1600·8·16 関ヶ原合戦／9·27 関ヶ原合戦
徳永昌重　❺-1 1628·2·28 政
徳永昌崇　❺-1 1667·②·28 政
徳永街子　❾ 2004·12·10 文
徳永善也　❾ 2004·8·17 文
徳永頼母　❺-1 1707·2·25 政
徳爾(百済)　❶ 583·12·30
徳尼(藤原秀衡の妹)　❷ 1160·3月 文
徳如(僧)　❷ 1241·1·23 文
得能通綱　❸ 1333·2月 政／②·11 政／5·7 政／1337·3·6 政
得能良介　❻ 1879·5·1 文／1883·12·27 政
徳富(高句麗)　❶ 676·11·23 政
徳兵衛(手代)　❺-1 1703·4·7 社
特峰妙奇(僧)　❸ 1350·3·15 政／1378·3·8 社
独芳清曇(僧)　❸ 1375·是年 文
特芳禅傑(僧)　❹ 1506·9·10 社
徳本(僧)　❺-2 1814·7月 社／1818·10·6 社
独本性源(僧)　❺-1 1689·8·11 社
徳間康快　❾ 2000·9·20 文
徳増丸(沙弥正曇の嫡孫)　❸ 1353·11·16 政
徳光和夫　❾ 1979·3·5 社
徳模(僧)　❸ 1443·12·11 政／1446·6·18 政
徳安実蔵　❽ 1964·7·18 政
徳山敬猛　❺-2 1826·是年 社
徳山五兵衛　❺-1 1659·是年 社
徳山重俊　❺-1 1702·4·9 政
徳山重政　❺-1 1660·3·25 政／1661·5·21 政
徳山秀現(則秀)　❹ 1579·12·19 政／1583·4·22 政
徳山　璉　❽ 1940·7月 文
徳山直政　❺-1 1628·2·6 政／1631·1·24 社
徳山秀起　❺-2 1839·9·10 社
徳山昌守　❾ 2004·1·3 社／2005·7·18 社／2006·2·27 社
得么(僧)　❹ 1476·8月 文
徳陽(僧)　❹ 1557·10月 政
都仇羅(壱岐)　❸ 1439·2·4 政
土倉庄三郎(丞之助)　❼ 1917·7·19 社
戸倉勝城　❾ 1997·6·6 社
徳力貫蔵　❺-2 1800·10·9 社
徳力善秀　❺-1 1636·8·2 文
徳力善雪　❺-1 1636·8·2 文／1672·12·2 文／1675·是年 文／1679·7月 文／1680·7·29 文
徳力良顕(恭軒·子原·十之丞)　❺-2 1718·12·15 文／1738·5·10 文
独立性易(僧)　❺-1 1653·是年 社／1672·11·6 社
徳龍(僧)　❻ 1858·1·23 社
渡慶次(とけいじ)カマ　❻ 1854·5·17 政
都甲惟親　❷ 1274·12·7 政／1277·6·15 政
都甲次郎三郎　❸ 1371·9·26 政
都甲惟孝　❸ 1350·11·3 政
都甲惟世　❸ 1337·11·12 政／1338·9·15 政
土光敏夫　❽ 1954·4·2 政／1960·7·1 政／❾ 1974·5·24 政／1975·10·16 政／1983·5·23 政／1988·8·4 政
十河章浩　❾ 1992·7·25 社
刀古島一雄　❼ 1925·5·28 政
床次竹二郎(竹熊)　❼ 1918·9·29 政／1924·1·15 政／6·24 政／1925·8·4 政／12·5 政／1927·1·20 政／1928·8·1 政／1931·12·13 政／1934·7·8 政／1935·9·8 政
床次徳二　❾ 1968·11·30 政
床次正精　❻ 1883·12月 文／1887·9月 社
土佐清賢　❸ 1438·8·26 文
土佐光文　❻ 1879·11·9 文
土佐隆兼　❸ 1321·3·4 文
土佐徳悦　❺-1 1628·9·15 文
土佐広周　❸ 1439·10·25 文／是年 文／❹ 1471·4·3 文
土佐広澄　❺-1 1683·8月 文

土佐広通　❺-1 **1659**·是年 文／**1663**·5月 文／**1670**·6·2 文
土佐光淳　❺-2 **1764**·12·6 文
土佐光起　❺-1 **1654**·3·10 文／是年 文／**1682**·4月 文／**1685**·4·12 文／**1691**·9·25 文
土佐光清　❻ **1862**·11·21 文
土佐光貞　❺-2 **1806**·2·4 文
土佐光孚　❺-2 **1852**·4·5 文
土佐光重　❸ **1389**·12·3 文／**1390**·是年 文
土佐光茂　❹ **1523**·12·3 文／**1529**·8·12 文／12·7 文／**1531**·10月 文／**1532**·6·9 文／8·17 文／**1534**·3·4 文／**1536**·10·10 文／**1544**·11·5 文／**1545**·8·12 文／**1546**·是年 文／**1549**·9·11 文／**1550**·⑤·15 文／**1553**·1·13 文／**1554**·1·20 文／**1559**·12·7 文／**1560**·6·5 文／**1561**·9·22 文／**1572**·10·10 文
土佐光祐　❺-1 **1710**·7·9 文
土佐光時　❺-2 **1819**·8·17 文
土佐光禄　❺-2 **1849**·9·16 文
土佐光成(左近将監)　❺-1 **1710**·3·21 文
土佐光信　❹ **1465**·是年 文／**1469**·10·9 文／**1475**·1·23 文／**1479**·5·16 文／**1482**·4·1 文／**1485**·4·4 文／**1489**·12·23 文／**1490**·1·13 文／**1491**·3·24 文／**1492**·4·27 文／**1495**·6·8 文／11·29 文／**1496**·12·5 文／**1497**·10·11 文／**1501**·9·18 文／10·4 文／**1502**·8月 文／**1503**·2·18 文／**1504**·5·15 文／**1506**·11·22 文／**1509**·10·5 文／**1512**·5·4 文／**1517**·9·17 文／**1519**·5·28 文／**1525**·5·20 文
土佐光則　❺-1 **1638**·1·16 文
土佐光弘　❸ **1443**·6·9 文
土佐光元　❹ **1541**·2·2 文／**1560**·11·5 文／**1569**·8月 文
土佐光吉　❹ **1567**·5月 文／❺-1 **1609**·9月 文／**1613**·5·5 文
土佐光芳　❺-1 **1710**·7·4 文／❺-2 **1772**·8·27 文
土佐行秀　❸ **1413**·2·9 文／**1414**·4·8 文／**1419**·1·29 文／是年 文／**1430**·是年 文／**1436**·是年 文／**1438**·5·26 文／8·26 文
土佐行広(将監)　❸ **1342**·12·8 文／**1406**·10·29 文／**1407**·8·18 文／**1408**·6·2 文／7·2 文／**1434**·3·11 文／**1436**·11·1 文／**1443**·4·9 文
土佐行光　❸ **1360**·12月 文／**1367**·7月 文／**1368**·4·15 文／**1389**·12·3 文
土佐礼子　❾ **2006**·11·19 社／**2007**·8·25 社
戸坂　潤　❼ **1932**·10·23 文／❽ **1938**·3月 文／11·29 文／**1945**·8·9 文
戸崎淡園(允明·子明·哲夫·五郎太夫)　❺-2 **1764**·是年 文／**1777**·是年 文／**1806**·11·14 文
土佐坊昌俊　❷ **1185**·10·9 政／10·26 政
戸澤千代鶴　❺-1 **1648**·①·22 政
戸澤正勝　❺-2 **1737**·12·6 政
戸澤正産　❺-2 **1765**·9·20 政／**1780**·10·7 政
戸澤正胤　❺-2 **1833**·10月 政
戸澤正親　❺-2 **1796**·9·21 政
戸澤正庸　❺-2 **1737**·12·6 政／**1755**·12·27 政
戸澤正誠　❺-1 **1710**·2·16 政／❺-2 **1722**·2·3 政
戸澤正諶　❺-2 **1765**·9·20 政
戸澤正礼　❺-2 **1796**·9·12 政
戸澤政盛　❹ **1599**·11·20 政／❺-1 **1602**·9·26 政／**1622**·9·26 政／**1648**·①·22 政
戸澤正養　❺-1 **1710**·2·16 政
戸澤正良　❺-2 **1780**·10·7 政
戸澤充則　❾ **2012**·4·9 文
戸澤盛安　❹ **1590**·3·10 政
敏相王　❶ **880**·6·21 政
都子内親王　❶ **981**·10·21 政
俊清(姓不詳)　❷ **1150**·9·16 社
智忠親王(八條宮)　❺-1 **1642**·9月 文／**1649**·5·30 文／**1661**·8·15 文／**1662**·7·7 政
俊直(姓不詳·左衛門大夫)　❸ **1384**·8月 文
俊長(刀工)　❸ **1360**·是年 文
俊長(紀伊国造)　❸ **1375**·3·30 社
寿長(刀匠)　❺-2 **1790**·8月 文
利英(刀工)　❺-1 **1635**·4月 文
智仁親王(八條宮·桂宮)　❺-1 **1609**·11月 文／**1610**·11·21 政／**1616**·6·27 文／**1618**·7·4 文／**1620**·6·18 文／**1625**·是年 文／**1629**·4·3 政／**1663**·11·22 政／**1676**·3·26 文
豊島　修　❾ **1990**·1·1 文
外島景秀　❸ **1446**·7·5 政
豊島清光　❷ **1180**·10·2 政
豊嶋才人　❶ **990**·是冬 政
豊島資義　❹ **1526**·1·11 政
豊島朝綱　❷ **1201**·7·10 政
豊島泰明　❹ **1477**·3·18 政
豊島泰経　❹ **1477**·3·18 政／**1478**·1·5 政
豊嶋頼継　❹ **1560**·7·21 社
豊島冠者　❷ **1185**·11·5 政
俊光(姓不詳)　❷ **1205**·5·23 政
利光鑑教(宗魚)　❹ **1586**·12·7 政
利光鶴松　❼ **1900**·11·15 政／**1923**·5·1 政／❽ **1945**·7·4 政
利基王　❶ **866**·1·23 政
ドストエフスキー(ロシア作家)　❼ **1914**·9月 文／**1917**·6月 文
杜爽(唐)　❶ **663**·9·7 政
戸田　斎(いつき)　❺-2 **1760**·4·15 文／**1761**·是年 文
戸田氏西　❺-1 **1684**·6·7 政
戸田氏鉄(重氏)　❺-1 **1617**·7月 政／**1635**·7·28 政／**1637**·11·27 島原の乱／12·29 島原の乱／**1638**·1·4 島原の乱／**1655**·2·14 政
戸田氏定　❺-1 **1684**·6·7 政／**1694**·4月 政／❺-2 **1723**·4·23 政
戸田氏共　❻ **1868**·1·10 政
戸田氏庸　❺-2 **1723**·4·23 政／**1806**·4·25 政
戸田氏長　❺-2 **1723**·4·23 政／**1735**·8·10 政
戸田氏教(栄之進)　❺-2 **1768**·4·23 政／**1790**·11·16 政／**1804**·5·26 政／6·2 政／**1806**·4·25 政
戸田氏徳　❺-2 **1826**·是年 文
戸田氏英　❺-2 **1735**·8·10 政／**1768**·4·23 政／**1825**·9·19 文／**1849**·2月 社
戸田氏房　❺-2 **1759**·10·23 政
戸田氏元　❺-2 **1759**·10·23 政
戸田氏栄　❺-2 **1848**·2·17 政／❻ **1853**·6·4 政
戸田采女正　❺-2 **1836**·7·3 政
戸田一西(かずあき)　❺-1 **1601**·2月 政／**1603**·7·25 政
戸田勝重　❹ **1590**·3·28 政
戸田勝隆　❹ **1588**·4·2 社／**1592**·4月 文禄の役／**1594**·9·29 文禄の役
戸田勝直　❺-1 **1614**·12·12 大坂冬の陣
戸田勘兵衛　❺-1 **1661**·3·12 社
戸田亀太郎　❼ **1913**·8·13 社
戸田旭山　❺-2 **1751**·是年 文／**1760**·是年 文／**1769**·2·28 文
戸田欽堂　❻ **1884**·6·23 文
戸田左門　❺-1 **1623**·元和年間 社
戸田三次郎　❺-2 **1838**·是年 政
戸田重昌　❺-1 **1670**·是年 政
戸田七之助　❺-1 **1683**·5·17 政
戸田城聖(甚一)　❼ **1930**·11·18 社／❽ **1943**·6·20 社／**1946**·1·1 社／**1951**·5·3 社／**1958**·4·2 社
戸田次郎右衛門　❺-1 **1663**·10·3 政
砥田宿禰　❶ **書紀·仁徳 17**·9月
戸田惣右衛門　❻ **1861**·2·3 ロシア艦対馬占拠事件
戸田尊次　❺-1 **1601**·11月 政
戸田忠夫　❼ **1933**·6·17 社
戸田忠真(主善)　❺-1 **1699**·9·10 政／**1701**·6·14 政／**1710**·⑧·15 政／**1714**·9·6 政／❺-2 **1720**·5·2 政／**1729**·10·28 政
戸田忠次　❹ **1590**·4·22 政／8·1 政
戸田忠利　❺-1 **1689**·7·26 政
戸田忠翰　❺-2 **1805**·是年 文
戸田忠温　❺-2 **1832**·4·5 政／**1845**·3·18 政／**1848**·2·22 社／2·26 政／**1851**·7·26 政
戸田忠寛　❺-2 **1754**·7·25 政／**1774**·6·8 政／**1784**·5·11 政／5月 社／**1787**·12·16 政
戸田忠昌(忠治)　❺-1 **1647**·1·3 政／**1664**·5·9 政／**1676**·4·3 政／**1681**·11·15 政／**1682**·2·15 政／**1686**·1·21 政／**1693**·12·4 政／**1699**·9·10 政
戸田忠盈　❺-2 **1754**·7·25 政／**1781**·7·28 政
戸田忠恕　❻ **1868**·6·4 文
戸田忠至　❻ **1883**·3·30 文
戸田忠余　❺-2 **1729**·10·28 政
戸田忠能　❺-1 **1626**·5·28 政／**1647**·1·3 政
戸田頼母(頼　暢明)　❺-2 **1798**·12·19 政／**1803**·②月 政
戸田貞三　❽ **1955**·7·31 文
戸田直武　❺-1 **1688**·11·14 政／**1689**·4·18 政

富田(とだ)長繁 ❹ **1572**·8·8 政／**1574**·1·19 政
戸田鍋五郎 ❺-2 **1789**·6·5 政
戸田宣成 ❹ **1506**·11·12 政
戸田憲光 ❹ **1506**·11·12 政／**1508**·6·19 政
戸田海笛 ❼ **1931**·3·25 文
戸田八郎右衛門 ❺-1 **1615**·5·2 社
戸田八郎左衛門 ❻ **1861**·5·16 社
戸田彦之進 ❺-2 **1823**·4·22 政
戸田平左衛門 ❺-2 **1834**·9·8 社
戸田蓬軒 ❻ **1855**·10·2 政
戸田北逢 ❼ **1926**·10·16 文
戸田政峰 ❺-2 **1720**·4·1 政
戸田光雄 ❺-2 **1732**·8·12 政
戸田(松平)光重 ❺-1 **1634**·5·12 政／**1639**·3·3 政／**1652**·5·16 政／**1668**·7·30 政
戸田光慈 ❺-2 **1732**·8·12 政
戸田光永 ❺-1 **1668**·7·30 政／**1705**·2·29 政
戸田光熙 ❺-1 **1705**·2·29 政
戸田光行 ❺-2 **1800**·2·23 政
戸田宗光(初代) ❹ **1494**·3·7 社／**1500**·7月 文／**1501**·8月 政／**1508**·6·19 政
戸田宗光(康光、二代目) ❹ **1526**·1·17 社／**1528**·8·10 社／**1529**·5·28 政／**1536**·2·23 社／**1546**·10月 政／**1547**·9·5 政／10·19 政
戸田茂睡(露寒軒) ❺-1 **1683**·是年 文／**1692**·是年 文／**1694**·是年 文／**1700**·是年 文／**1706**·4·14 文
戸田盛和 ❾ **2010**·11·6 文
戸田康直 ❺-1 **1633**·4·7 政／**1634**·5·12 政
戸田康長 ❹ **1579**·10·26 政／❺-1 **1616**·7月 政／**1617**·3·7 政
戸田弥生 ❾ **1993**·6·6 文
戸田養恬 ❺-2 **1770**·是年 文
戸田芳美 ❾ **1991**·8·29 文
戸田与次郎 ❹ **1572**·8·8 政
戸田露寒軒⇨戸田茂睡(もすい)
戸高一成 ❾ **2005**·4·25 文
戸高公徳 ❽ **1957**·3·13 社
栃赤城(元関脇) ❾ **1997**·8·18 社
栃東(元大関) ❾ **2003**·11·23 社
栃木平四郎 ❺-2 **1730**·5·23 政
栃木山春日野剛史 ❽ **1959**·10·3 社
栃木山守也 ❼ **1918**·2·1 社
都築(僧) ❷ **1172**·2·28 社
栃内曾次郎 ❼ **1932**·7·12 政
栃錦春日野清隆 ❽ **1954**·10·6 社／**1955**·3·20 社／**1958**·5·4 社／**1959**·7·5 社／**1960**·3·20 社／❾ **1990**·1·10 社
栃ノ海晃嘉 ❽ **1964**·2·1 社／❾ **1966**·11·19 社
戸塚静海(静春院·杏春院) ❺-2 **1827**·5·27 文／**1851**·9·29 政／❻ **1857**·8月 文／**1858**·5·7 文／7·3 文／**1861**·3·3 文／7月 文／**1876**·1·29 文
戸塚忠栄 ❺-2 **1832**·6·28 社
戸塚　宏 ❾ **1975**·9·21 社／**1992**·7·25 社
戸塚文海 ❻ **1867**·8·1 文／**1875**·4·11 文／❼ **1901**·9·9 文
戸塚文卿 ❽ **1939**·8·17 文
戸塚洋二 ❾ **2004**·11·3 文／**2008**·7·10 文
戸塚九一郎 ❽ **1952**·10·30 政
独孤淳朋(僧) ❸ **1331**·7月 文
ドッジ(米) ❽ **1949**·2·1 政／**1950**·10·7 政／**1951**·10·28 政／11·24 政
鳥取光忠 ❹ **1457**·6·26 政
とつぱ(南都禰宜) ❹ **1598**·5·7 文
百百俊道 ❺-2 **1798**·3月 文
都都逸坊扇歌(初代) ❺-2 **1842**·是年 社／**1852**·10·25 文
都都逸坊扇歌(二代目) ❻ **1867**·6月 文
都都逸坊扇歌(三代目) ❻ **1880**·4·5 文
十時梅厓(顧亭·清夢軒·天臨閣) ❺-2 **1803**·是年 文／**1804**·1·23 文／**1805**·是年 文
都都熊丸⇨宗貞盛(そうさだもり)
ドドネウス，エルベルッス(植物) ❺-1 **1608**·是年 文／**1644**·是年 文／**1682**·是年 文
魚屋北渓 ❺-2 **1834**·是年頃 文
都鳥英喜 ❼ **1906**·3·2 文
轟　賢二郎 ❾ **2004**·8·13 社
轟　夕起子 ❽ **1944**·是年 社／**1949**·10·7 文／❾ **1967**·5·11 文
渡名喜(となき)元完 ❾ **1997**·1·24 社
渡名喜親方 ❻ **1856**·1·12 政
礪波(利波)志留志 ❶ **747**·9·2 社／**767**·3·20 社／**779**·2·23 政
トニー　谷 ❾ **1987**·7·16 文
利根一郎 ❾ **1966**·12·1 社／**1991**·12·16 文
利根はる恵 ❾ **2005**·4·27 文
利根川　進 ❾ **1987**·10·12 文／**1997**·11·30 文
利根川教豊 ❺-2 **1783**·是年 文
止弥若虫 ❶ **799**·12·5 政
利根山光人 ❾ **1994**·4·14 文
舎人糠虫 ❶ **682**·2月 政
舎人福長 ❶ **825**·3·22 社
舎人姫王 ❶ **603**·7·3 政
舎人王 ❶ **680**·7·26 政
舎人親王 ❶ **704**·1·11 政／**714**·1·3 政／**719**·10·17 政／**720**·5·21 文／8·4 政／**729**·4·3 政／**735**·11·14 政／**759**·6·16 政
殿内義雄 ❻ **1863**·3·24 社
外岡秀樹 ❾ **1982**·7·3 文
外村　彰 ❾ **2002**·10·30 文／**2012**·5·2 文
外村吉之介 ❾ **1993**·4·15 文
外村　茂(繁) ❼ **1925**·1月 文／❽ **1961**·7·2 文
外村大吉 ❺-2 **1766**·9·29 社
殿村常久 ❺-2 **1830**·是年 文
主殿允　某(強盗) ❷ **1205**·5·4 社
外谷鉦次郎 ❻ **1894**·9月日清戦争
殿山泰司 ❾ **1989**·4·30 文
鳥羽小篠次郎 ❹ **1462**·9·17 社
鳥羽　薫 ❾ **2000**·10·10 政
鳥羽僧正⇨覚猷(かくゆう)
鳥羽天皇(宗仁親王) ❷ **1103**·1·16 政／8·17 政／**1107**·7·19 政／**1123**·1·28 政／**1124**·10·2 政／**1126**·1·17 社／**1127**·12·18 文／**1128**·5·11 政／7·20 社／10·21 社／**1129**·7·7 政／8·3 社／8·26 文／12·28 社／**1130**·5·1 文／**1131**·6·20 社／**1141**·7·14 社／**1142**·5·4 政／**1147**·6·19 政／**1152**·3·7 政／**1153**·9·23 政／**1156**·7·2 政、文
土橋長兵衛 ❼ **1909**·是年 社
土橋友直 ❺-1 **1703**·是年 文
土橋亭りう馬(初代) ❺-2 **1851**·6·10 文
鳥羽屋彦七 ❺-1 **1622**·是年 社
戸張孤雁(亀吉) ❼ **1909**·此頃 文／**1916**·是年 文／**1917**·是年 文／**1927**·12·9 文
戸張富久 ❺-2 **1825**·3·5 文
戸張半兵衛 ❺-1 **1636**·6·5 社
土肥市兵衛 ❺-2 **1767**·9月 社
土肥霞洲(源四郎) ❺-2 **1757**·8·14 文
土肥惟光 ❷ **1200**·11·4 政
土肥実平 ❷ **1180**·8·17 政／8·24 政／8·27 政／11·14 社／**1184**·2·6 政／3·8 政／3·25 政／4·29 政／7月 政／12·16 社／**1185**·4·26 政／10·29 政
土肥経平(典膳·吉五郎) ❺-2 **1782**·10·20 文
土肥遠平 ❷ **1189**·2·30 社
土肥豊隆 ❺-2 **1732**·1·6 文
土肥元成 ❺-2 **1721**·1·14 文
土肥鹿鳴 ❺-2 **1816**·2·13 文
土肥春曙(庸元) ❼ **1901**·4·6 文／**1910**·3·27 文／**1911**·9·22 文／**1913**·1月 文／**1915**·3·2 文
土肥原賢二 ❼ **1931**·11·8 政／**1935**·6·5 政／❽ **1948**·12·23 政
飛田穂洲 ❾ **1965**·1·26 社
飛松謹一 ❼ **1929**·3月 社
戸平和夫 ❾ **1975**·3·5 政／**2000**·3·17 政
土仏(僧) ❺-1 **1684**·是年 文
ドブロイ(ベルギー) ❼ **1909**·4·3 社
戸部銀作 ❾ **2006**·1·7 文
戸部正清 ❷ **1119**·12月 政
戸部良熙 ❺-2 **1762**·是年 文
土平治(牧野村) ❺-2 **1787**·12·22 社
とびたけ(蝦夷) ❺-1 **1710**·是年 政
トマス(朝鮮) ❺-1 **1642**·7·16 社／**1643**·2·2 社
トマス源三郎 ❺-1 **1620**·7·18 社
トマス辻 ❺-1 **1627**·7·27 社
トマス西堀 ❺-1 **1633**·6·17 社
トマス平兵衛 ❺-1 **1612**·12·8 社
トマス神父(イエズス会) ❺-1 **1679**·3·7 政
戸町俊能 ❸ **1318**·6·6 政
苫米地義三 ❽ **1947**·6·1 政／**1948**·3·10 政／**1950**·4·28 政／**1951**·7·23 政／8·18 政／**1959**·6·29 政
苫米地英俊 ❾ **1966**·5·5 政
苫屋久兵衛 ❺-2 **1784**·11·6 政／**1785**·12·30 政／**1786**·9·7 政
登美直名 ❶ **846**·11·14 社／**849**·12·13 政／**850**·3·18 政
登美藤津 ❶ **814**·7·1 政
富井くらら ❻ **1885**·10·15 文

富井　堅　❽ 1939·1·28 社
富井政章　❻ 1892·10·7 政／❼ 1903·6·10 政／1935·9·14 文
富尾似船　❺-1 1665·是年 文／1676·是年 文／1681·是年 文／1689·是年 文／1694·是年 文
富岡永洗　❼ 1899·10·15 文／1905·8·3 文
富岡佐平次　❺-2 1848·5月 政
富岡重朝　❹ 1563·⑫·5 政
富岡周蔵　❼ 1900·是年 社
富岡鉄斎(猷輔·道昴·道節·百錬·無倦·鉄人·鉄史·鉄崖)　❼ 1896·8月 文／1897·11·21 文／1904·是年 文／1905·是年 文／1906·12月 文／1912·5月 文／1916·是年 文／1917·6·11 文／是年 文／1923·是年 文／1924·12·31 文
富岡光江　❽ 1964·12·10 社
富尾木知桂　❼ 1907·9·17 文
富川吟雪(房信)　❺-2 1764·是年 文／1774·是年 文
富川親方　❻ 1879·1·8 政
富木常忍　❷ 1273·11·3 社
富来彦十郎　❸ 1350·11·3 政
豊見城朝匡　❺-1 1710·7·18 政／11·18 政／1711·1·8 政
豊見城王子朝春　❺-2 1832·6·8 政
福子内親王　❺-1 1707·7·3 政
富坂涼仙　❺-2 1756·是年 文
富崎春昇(左門·吉倉助次郎)　❽ 1955·1·27 文
富澤有以男　❽ 1938·9·11 文
富澤純一　❾ 2000·11·6 文
富澤辰十郎　❺-2 1777·9·9 文
富澤千砂子　❾ 2007·6·2 文
富茂　昌　❺-1 1670·是冬 政
冨重利平　❻ 1866·是年 文／1869·是年 文
富島吉右衛門　❺-1 1620·是年 社
富島健夫　❾ 1998·2·5 文
富島宗利　❹ 1498·7·25 政
富十郎(森田座)　❺-2 1774·1月 文
戸水寛人(辛太郎)　❼ 1903·4月 政／6·10 政／1905·8·25 文／1935·1·20 文
富蔵(盗賊)　❻ 1855·3·6 社／1857·5·13 社
富田淡路　❹ 1492·4·12 政
富田一右衛門　❹ 1544·8·24 政
富田一白⇨富田知信(とものぶ)
富田迂斎　❺-2 1783·12·27 文
富田氏実　❹ 1572·7·13 社／1582·11·1 政
富田景周　❺-2 1819·是年 文／1820·12·28 政
富田銀蔵⇨仕立屋銀次(したてやぎんじ)
富田渓仙(鎮五郎·隆鎮·雪仙·渓山人)　❼ 1912·10·13 文／1915·10·11 文／1916·9·10 文／1917·9·10 文／1918·9·10 文／1919·是年 文／1920·9·1 文／1928·9·3 文／1936·6·12 文／7·6 文
富田健治　❽ 1941·9·6 政
富田高慶　❺-2 1845·12·1 政
富田幸次郎　❽ 1938·3·22 政／3·23 政
富田三右衛門　❹ 1591·7·1 社
富田庄蔵　❺-1 1709·3·7 社
富田甚平　❼ 1927·3·3 社
富田高慶　❻ 1890·1·5 社
富田辰五郎　❼ 1909·9·1 社
富田常雄　❽ 1949·8月 文／❾ 1967·10·16 文
富田常次郎　❻ 1882·6·5 社
富田鉄之助　❻ 1874·10·4 社／1882·10·10 政／1890·10·1 政／❼ 1916·2·27 政
富田富五郎　❺-2 1800·寛政年間 文
富田知信(一白)　❹ 1588·4·6 政／5·6 政／1589·1·11 政／6·5 政／6·16 政／7·13 政／7·21 政／11·10 政／12·7 政／1595·7·3 政
富田信高　❹ 1600·8·24 関ヶ原合戦／❺-1 1608·8·22 政／1613·10·24 政／1614·7·27 政
富田秀貞　❸ 1351·7·25 社
冨田洋之　❾ 2004·8·13 社／2005·11·24 社／2008·8·9 社
富田正文　❾ 1993·8·27 文
富田　満　❽ 1961·1·15 社
富田宗資　❷ 1184·7·18 政
富田基度　❷ 1204·3·21 政
富田勇太郎　❼ 1936·12·7 政
富田好礼　❺-2 1785·8·22 政
富塚三夫　❾ 1976·7·23 社
富鳥風堂　❼ 1926·5·1 文
富永家政　❹ 1564·1·8 政
冨永和重　❽ 1953·6·8 社
富永九八郎　❺-2 1737·10·4 社
富永恭次　❽ 1945·1·17 政
富永君巌　❺-2 1766·11·11 文
富永健一　❾ 2008·11·4 文
富永作弥　❺-1 1659·是年 文
富永主膳　❺-1 1632·6·25 政
富永仁兵衛　❺-1 1700·3·22 政
富永直樹　❾ 1989·11·3 文
富永仲基(道明寺屋吉兵衛)　❺-2 1744·是年 文／1746·8·28 文／1780·是年 文
富永平兵衛　❺-1 1680·11月 文／1696·7·15 文／是春 文
富永芳春(道明寺屋吉左衛門)　❺-2 1724·5月 文
富永右馬助　❹ 1571·9·25 社
ドミニコ(殉教)　❺-1 1633·2·18 社
ドミニコ松尾　❺-1 1620·12·23 社
ドミニコ山口　❺-1 1617·10·4 社
ドミニコ，ヨハネ·デ·サン　❺-1 1619·10·22 社
富野暉一郎　❾ 1984·11·11 政
富小路公脩　❸ 1337·2·17 政
富小路資直　❹ 1515·12·16 文／1535·12·1 文
富小路俊通　❹ 1496·11·26 文／1513·3·5 政
富小路秀直　❺-1 1621·1·19 政
富小路敬直　❻ 1862·8·16 政
富仁(とみひと)親王⇨花園(はなぞの)天皇
富部信連　❸ 1333·5·25 政／10·5 政／10·9 政
富松哲博　❾ 2008·6·14 文
富松正安　❻ 1884·9·23 政／1886·7·2 政
富本斎宮大夫(清元延寿大夫)　❺-2 1814·11·9 文
富本延寿斎　❺-2 1802·5·18 文
富本憲吉　❽ 1955·1·27 文／1961·11·3 文／1963·6·8 文
富本豊前太夫(豊前掾、初代)　❺-2 1764·10·22 文
富本豊前太夫(二代目)　❺-2 1822·7·17 文
富本豊前太夫(豊珠、三代目)　❻ 1876·5·2 文
富本豊前太夫(豊洲、四代目)　❻ 1874·12·1 文
富本豊前太夫(六代目)　❻ 1889·9·7 文
富本豊前太夫(阪田らく、八代目)　❼ 1933·8·3 文
富本豊前太夫(とく、九代目)　❽ 1952·11·30 文
富本豊前太夫(十代目)　❾ 1970·9·6 文
富本豊前太夫(十一代目)　❾ 1983·1·21 文
富安風生(謙次)　❽ 1944·3月 文
富山元十郎(保高)　❺-2 1801·2月 政／6月 政
富山秀意　❺-2 1749·是年 社
富山清翁　❾ 2008·9·3 文
富山義良　❷ 1185·7·22 政
富吉栄二　❽ 1948·3·10 政／1949·4·21 社
ドミンゴ，フランシスコ　❺-1 1613·8·22 政
ドミンゴス(殉教)　❺-1 1632·10·30 社
トムソン(米)　❻ 1864·10月 文
トムソン，ポリー　❽ 1937·4·15 社
ドムニッキー(ソ連)　❽ 1955·1·25 政
戸村一作　❾ 1979·11·2 文
外村　繁(茂)　❽ 1961·7·28 文
戸村十太夫　❺-2 1717·10月 政
戸村よしお　❽ 1950·3·9 社
戸村林兵衛　❺-2 1840·12·18 文
留岡清男　❽ 1937·5·18 文
留岡幸助　❻ 1891·3月 社／❼ 1899·11月 社／1914·8·24 社／1915·11·10 社／1934·2·5 社
伴(氏)　❶ 884·11·23 文
伴　秋実　❶ 866·③·10 政／883·12·26 社
伴　有仁　❶ 839·3·16 社／840·2·14 政
伴　有世　❶ 886·2·3 政
伴　弥嗣　❶ 823·7·22 政
伴　枝雄　❶ 885·1·16 政
伴　叔孫　❶ 876·6·8 政
伴　金雄　❶ 883·11·26 政
伴　河男　❶ 854·1·16 政／2·16 政／863·2·10 政／866·③·10 政
伴　清貞　❶ 843·1·12 政
伴　清縄　❶ 866·③·10 政
伴(大伴)　国道　❶ 828·2·27 政／11·12 政
伴　元孫　❶ 876·6·8 政
伴　氏上(このかみ)　❶ 834·8·4 社／836·9·25 社
伴　健岑　❶ 842·7·17 政／7·

23 政／**850**·5·15 政／**865**·5·13 政
伴　貞道　❶ **878**·3·29 政
伴　貞宗　❶ **887**·2·2 政
伴　始満　❶ **838**·7·5 文
伴　須賀雄　❶ **867**·1·12 政
伴　高吉　❶ **866**·③·10 政
伴　武道　❷ **1178**·⑥·24 社
伴　忠行　❶ **904**·3·2 政
伴　龍男　❶ **846**·1·13 政／**849**·⑫·21 政／**854**·1·16 政／**858**·②·22 政
伴　友足　❶ **843**·1·5 政
伴　中庸　❶ **866**·③·10 政／**871**·8·13 政／**876**·6·8 政／**877**·6·9 政／**881**·7·13 政
伴　夏影　❶ **866**·③·10 政
伴　成正　❶ **954**·是年 政
伴　成益　❶ **834**·2·2 社／**852**·2·10 政
伴　春雄　❶ **877**·1·28 政／**878**·1·27 社／**885**·2·20 政／**886**·2·3 政
伴　春範　❶ **866**·③·10 政
伴　春宗　❶ **858**·1·16 政
伴　久永　❶ **916**·6·10 政
伴　冬満　❶ **866**·③·10 政
伴　真臣　❶ **832**·5·24 政
伴　益友　❶ **862**·1·13 政
伴　三宗　❶ **854**·8·16 政
伴　宗　❶ **855**·1·28 文
伴　宗安　❷ **1204**·12·18 文
伴　盛兼　❺-1 **1667**·②·28 政
伴　保平　❶ **942**·7·1 政／**954**·4·16 政
伴　善男　❶ **851**·1·11 政／**854**·1·16 政／**855**·2·17 文／**862**·10·7 社／**866**·③·10 政／**875**·11·15 社／**879**·4·7 社
伴宿禰(名欠く)　❶ **834**·1·19 社
朝兼(姓不詳·代官)　❸ **1334**·8·3 政
友清歓真　❼ **1928**·是年 社
友清又次郎　❸ **1286**·8·27 政
誠子内親王　❺-1 **1686**·12·2 政
智子内親王⇨後桜町(ごさくらまち)天皇
和子(ともこ)内親王　❶ **885**·4·14 政
友貞(姓不詳·相本荘住人)　❷ **1169**·2·11 社
友季(姓不詳)　❷ **1128**·5·26 社
友田興藤　❹ **1524**·5·20 政／**1529**·3·24 社／**1530**·2·10 社／**1541**·1·12 政／4·5 政
友田恭助(伴田五郎)　❼ **1929**·3·25 文／**1930**·6·27 文／**1932**·2·27 文／❽ **1937**·10·6 文
友竹正則　❾ **1993**·3·23 文
朝永次郎兵衛　❺-1 **1617**·10·6 社
朝永振一郎　❼ **1935**·9·20 文／❽ **1944**·6月 文／**1952**·11·3 文／**1957**·7·29 社／❾ **1965**·10·21 文
友永庸久　❺-2 **1766**·是年 文
友永英夫　❽ **1943**·4·27 政／**1945**·3·24 政
伴野右膳　❺-2 **1837**·12·26 政
友野数馬　❺-2 **1850**·4·26 社
友野遠久　❷ **1221**·6·18 文
友野与右衛門(重之)　❺-1 **1663**·2·13 社
友野与左衛門　❺-1 **1656**·6·26 社
友納友次郎　❼ **1921**·1·4 文
友野二郎兵衛尉　❹ **1553**·2·14 社／**1567**·11·1 社
伴林光平　❻ **1864**·2·16 政
朝英(姓不詳·豊前守)　❸ **1386**·11·3 文
知仁(ともひと)親王⇨後奈良(ごなら)天皇
兼仁親王⇨光格(こうかく)天皇
具平親王　❶ **990**·12·4 文／❷ **1007**·9月 政／**1009**·7·28 政
友部達夫　❾ **1996**·11·12 政／**1997**·1·27 政
伴部安崇　❺-2 **1733**·是年 文／**1740**·7·14 社
共理(姓欠く·尾張守)　❶ **939**·8·11 政
友松円諦(春太郎·諦春)　❼ **1934**·3·1 社
倫光(備前刀工)　❸ **1341**·是年 文／**1366**·2月 文／**1369**·8月 文
友行(刀工)　❺-1 **1663**·1月 文
伴良田定信　❶ **978**·9·7 政
伴良田宗定　❶ **977**·4·12 政
友寄景文　❺-1 **1634**·是年 社
刀母離余叡色奈　❶ **713**·6·19 社
土門　拳　❽ **1960**·4·11 文／❾ **1990**·9·15 文
鳥谷部春汀　❼ **1908**·12·21 文
外山亀太郎　❼ **1918**·3·29 文
外山脩造(寅太)　❼ **1898**·11·26 社／**1916**·1·13 政
外山道機　❺-1 **1691**·是年 文
外山八郎　❾ **1996**·1·19 社
外山正一　❻ **1866**·10·26 文／**1878**·9·21 文／**1882**·5月 文／8月 文／**1884**·1·26 文／1·27 文／**1888**·5·7 文／**1890**·5月 文／10·1 政／**1895**·9月 文
外山正一(捨八)　❼ **1898**·4·30 政
外山光顕　❺-2 **1738**·4·13 政
外山光輔　❻ **1871**·3·7 政
外山雄三　❽ **1960**·8·29 文
台与⇨壱与(いよ)
十世王　❶ **888**·1·27 政／**916**·7·3 政
豊井王　❶ **845**·1·11 政／**855**·1·15 政／**858**·1·16 政／**862**·11·25 社／**863**·7·16 政
豊浦左衛門　❸ **1362**·5·18 政
豊岡資時　❺-1 **1703**·10·21 社
豊岡健資　❻ **1863**·2·13 政
豊岡真黒麿　❶ **846**·1·13 政
豊岡　豊　❾ **2012**·11·30 文
豊川団平　❻ **1883**·6月 文
豊川光長　❼ **1923**·9·1 文
豊川良平(小野春弥)　❼ **1917**·3·10 政／**1920**·6·12 政
豊川親方正栄　❺-2 **1766**·8·15 政
豊川里之子親雲上忠秀　❺-2 **1766**·8·15 政／**1785**·10·7 社
豊城(入彦)命　❶ **書紀·崇神 48**·4·19
豊国秋篠　❶ **770**·5·9 政
豊国女王　❶ **705**·3·7 政
豊国法師　❶ **587**·4·2
豊崎　稔　❽ **1941**·4月 文
豊前王　❶ **840**·1·30 政／**848**·1·13 政／**853**·1·16 政／**861**·1·13 政／**865**·2·2 政
豊桜彦天皇⇨聖武(しょうむ)天皇
豊澤猿二郎　❾ **1975**·12·13 文
豊澤団平(広助、初代)　❻ **1879**·10月 文／**1884**·1月 文
豊澤団平(加古仁兵衛、二代目)　❼ **1898**·4·1 文
豊澤団平(植畑九市、三代目)　❼ **1921**·5·5 文
豊澤広助(五代目)　❼ **1904**·2·18 文
豊澤広助(六代目)　❼ **1924**·3·19 文
豊階安人　❶ **856**·7·13 文／**861**·9·24 政
豊島久真男　❾ **2001**·11·3 文
豊島左兵衛　❺-2 **1785**·6·10 社／10·7 社
豊島治佐衛門　❺-2 **1733**·是年 文
豊島主膳　❺-1 **1628**·8·11 政
豊島忠松　❺-1 **1640**·10·15 社
豊島信満　❺-1 **1628**·8·10 政
豊島豊洲　❺-2 **1812**·是年 文
豊島与志雄　❼ **1914**·2月 文／**1933**·7·10 文／❽ **1946**·4·20 文／**1955**·6·18 文
豊鍬入姫命　❶ **書紀·崇神 6**·9月
豊住永貞　❶ **860**·1·16 政
豊田謙次　❻ **1865**·12·25 政
豊田五左衛門　❺-1 **1689**·1·19 政
豊田小太郎　❻ **1866**·9·2 政
豊田五郎三郎　❺-1 **1686**·6·24 政
豊田佐吉　❻ **1892**·10月 政
豊田伝右衛門　❺-2 **1824**·是年 文
豊田天功(彦次郎)　❻ **1864**·1·21 文
豊田長敦　❻ **1876**·1·3 文
豊田楢松　❸ **1445**·9·19 政
豊田信貞　❺-1 **1715**·是年 文
豊田英雄　❻ **1876**·11·14 文
豊田文景(有馬頼僮)　❺-2 **1769**·是年 文
豊田　貢　❺-2 **1829**·12·5 社
豊田師親　❸ **1319**·7·7 社
豊田章男　❾ **2010**·1·21 政／1·27 社
豊田喜一郎　❼ **1925**·8·10 社／**1933**·9·1 政／❽ **1952**·3·27 政
豊田耕児　❽ **1957**·6·21 文
豊田佐吉　❼ **1898**·8·1 社／**1899**·12月 政／**1906**·1月 社／10·10 社／12月 政／**1911**·10月 政／**1929**·12·21 政／❾ **1985**·4·18 社
豊田三郎　❼ **1933**·10月 文
豊田　穣　❽ **1944**·7·6 政／❾ **1994**·1·30 文
豊田章一郎　❾ **1994**·5·27 政／**2005**·3·24 社
豊田四郎　❾ **1977**·11·13 文
豊田副武　❽ **1944**·5·12 政／10·20 政／**1945**·4·25 政／12·2 政／**1949**·9·6 政／**1957**·9·22 政
豊田　武　❾ **1980**·3·29 文
豊田達郎　❾ **1994**·9·2 政
豊田貞次郎　❽ **1941**·7·16 政／7·25 政／8·4 政／9·6 政／**1943**·3·18 政／**1945**·4·7 政／**1961**·11·21 政
豊田正子　❽ **1937**·8月 文／**1938**·3·6 文／❾ **2010**·12·9 文
豊田利三郎　❼ **1926**·11·18 政／❽

1937·8·27 政
豊竹巌太夫　❼ **1928**·12·5 文
豊竹岡太夫　❻ **1874**·12·1 文
豊竹古靱太夫(初代)　❻ **1877**·12·6 文／**1878**·2·24 文
豊竹此太夫　❺-2 **1840**·是年 文
豊竹咲大夫　❾ **2009**·6·30 文
豊竹十九大夫　❾ **2007**·11·25 文
豊竹団司　❾ **1989**·11·3 文
豊竹時太夫　❻ **1874**·12·1 文
豊竹一二三　❻ **1894**·2·1 文
豊竹山城掾　❻ **1881**·10·22 文
豊竹山城少掾(金杉彌太郎·二代目豊竹古靱太夫)　❼ **1911**·12·7 文／❽ **1955**·1·27 文／❾ **1967**·4·22 文
豊竹呂糸　❻ **1894**·2·1 文
豊竹呂昇(永田仲)　❼ **1898**·9·1 文／**1905**·7·1 文／**1924**·4·5 文／**1925**·6·4 文／**1930**·6·7 文
豊竹呂大夫(五代目)　❾ **2000**·9·9 文
豊竹呂調　❻ **1894**·2·1 文
豊竹若太夫(初代)　❺-1 **1703**·7月 文
豊竹若太夫(十代目)　❾ **1967**·4·18 文
豊竹肥前掾　❺-2 **1734**·8月 文
豊臣国松　❺-1 **1615**·5·21 大坂夏の陣
豊臣鶴松(棄)　❹ **1589**·5·27 政／**1590**·7·29 政／11·18 社／**1591**·8·5 政
豊臣(三好)秀次(信吉)　❹ **1571**·10·15 政／**1584**·4·9 政／6·21 政／**1585**·3·21 政／6·16 政／**1588**·11·26 社／**1591**·12·4 政／**1592**·1·2 文／**1593**·1·6 文禄の役／3·25 社／4·3 文／4·28 社／5·22 文／8·1 社／9·5 社／9·11 文／12·19 政／**1594**·3·16 文禄の役／3·16 政／4·7 政／5·24 文／11·3 文／**1595**·3·26 文／4·15 社／5·16 文／6·3 文／7·3 政／7·15 政／8·5 政
豊臣秀長　❹ **1588**·9·1 政／**1589**·4·19 社／**1593**·1·22 文
豊臣秀保　❹ **1594**·3·29 文／6·1 文／9·4 政
豊臣(木下·羽柴)秀吉(日吉丸·藤吉郎)　❹ **1537**·2·6 政／**1558**·9·1 政／**1565**·11·3 政／**1566**·9·24 政／**1568**·9·7 政／10·26 政／**1569**·8·13 政／**1570**·4·25 政／6·4 社／6·28 政／10·2 政／11·5 政／**1571**·1·2 社／5·6 政／8·18 政／**1572**·1月 政／**1573**·8·27 政／9·24 政／11·5 政／12月 政／**1574**·1·19 政／2·20 社／3·19 政／5·20 政／11·13 政／**1575**·8·12 政／8·28 政／**1576**·2·18 社／3·6 文／7·15 政／**1577**·3·21 政／7·23 社／8·8 政／10·23 政／11·9 社／12·3 政／**1578**·1·1 文／2·23 政／3·29 政／5·4 政／6·21 政／7·20 政／10·22 政／12·11 政／**1579**·2·6 政／3·26 政／6·28 政／9·4 政／9·10 政、社／11·26 社／12·10 社／**1580**·1·17 政／2·3 社／2·14 政／③·12 政／4·24 政／4月 政／5·21 政／6·5 政／9·19 政／10·6 社／10·28 社／10·29 社／12·8 政／**1581**·2·16 社／3·28 社／是春 政／6·25 政／10·25 政／11·17 政／12·27 文／**1582**·1·18 文／1月 政／3月 社／4·4 政／4·14 政／5·2 政／5·19 社／6·4 政／6·11 社／7·8 政／8·7 政／9·13 政／10·3 政／11·2 政／12·4 政／12·9 政／**1583**·1·1 政／1月 社／①·4 政／2·9 政／3·15 社／3·17 政／4·2 政／5·7 政／6·1 政／7·7 政／8·1 政／8·28 政／8月 社／9·1 政／10月 政／11·1 政／12·3 政／**1584**·1·2 政／2·1 政／3·6 政／3·8 政／4·11 政／5·1 政／6·21 政／7·9 政／8·8 政／9·2 政／9·7 政／10·4 社、文／11·15 政／**1585**·1·25 政／2·13 政／3·10 政／5·28 社／6·18 政／7·11 政／9·9 政／是年 政／**1586**·2·8 政／5·14 政／9·17 政／9·26 政／11·1 政／12·19 政／**1587**·1·1 政／1·13 政／2·5 政／2·8 政／3·1 政／4·13 政／5·3 政／5·29 政／6·7 政／7·14 政／8·5 政／8·10 政／9·5 政／10·13 政／10·14 政／**1588**·1·6 政／2·20 政／3·29 政／4·2 社／5·6 政／⑤·14 政／6·15 政／7·5 政／7·8 政／8·5 政／9·2 政／10·26 政／12·9 政／**1589**·1·2 政／2·22 政／3·11 政／4·19 政／5·7 政／5·20 政／6·7 政／7·4 政／8·27 政／9·1 政／9·24 政／10·1 社／**1590**·1·8 政／2·30 政／3·1 政／4·1 政／5·1 政／6·9 政／7·2 政／8·1 政／9·1 政／9·3 社／10·19 政／11·4 政／12·15 政／**1591**·1月 政／①·4 政／2·1 政／3·13 政／5·3 政／6·1 政／7·29 文／9·3 政／10·18 文／10·24 社／11·4 政／12·5 政／**1592**·3·13 社／**1593**·1·3 文禄の役／1·5 政／2·1 社／2·5 文禄の役／3·5 文／4·3 文禄の役／4·9 文／5·1 文禄の役／5·22 社／6·2 文禄の役／7·22 政／7·27 文禄の役／8·6 文禄の役／8·25 政／9·4 政／⑨·7 政／⑨·26 文禄の役／10·1 政／10·13 社／11·2 政／11·29 文禄の役／12·20 政／是年 文／**1594**·1·3 政／1·16 文禄の役／2·14 政／3·3 政／4·7 政／4·13 文禄の役／6·1 政／8·1 政／9·21 政／10·18 社／11·13 政／12·2 政／12·6 文禄の役／**1595**·1·3 社／1·17 社／2·1 社／3·2 政／4·2 社／5·29 政／6·3 政／7·3 政／8·3 政／**1597**·1·1 慶長の役／2·7 社／2·21 慶長の役／3·8 政／4·12 政／5·1 慶長の役／5·4 政／6·13 慶長の役／6·15 社／7·10 慶長の役／7·27 政／8·17／9·1 慶長の役／9·28 社／10·5 政／10·7 政／11·13 文／12·1 文／12·4 政／**1598**·1·10 政／1·22 慶長の役／2·9 政／3·2 政／4·2 政／5·5 政／6·17 政／7·15 政／8·5 政／8·18 政／**1599**·③·13 政／8·18 文
豊臣秀頼(拾丸)　❹ **1593**·8·3 政／**1595**·3·2 政／7·12 政／7·20 政／**1596**·5·13 政／12·17 政／**1597**·3·1 文／5·4 政／9·24 文／**1598**·3·15 社／4·18 文／5·1 政／7·15 政／8·5 政／8·18 政／9·3 政／**1599**·1·1 政／2·5 政／4·17 社／5·7 社／7月 政／9·7 政／**1600**·3·18 社／8·2 文／9·27 関ヶ原合戦／❺-1 **1601**·3·27 政／4·21 政／10·3 政／⑪·2 社／**1602**·1月 政／3·14 政／5月 社／6·11 社／6月 文／9·3 社／11·23 社／**1603**·1·1 政／2·8 政／4·22 政／5·1 社／7·28 政／11·19 政／**1604**·8·14 社／⑧·22 政／是秋 社／是年 社／是年 文／**1605**·4·12 政／10·8 文／11·17 社／**1606**·4·28 社／6·24 文／7·5 文／8·25 文／9·15 社／9·21 文／是年 文／**1607**·1·11 政／2·25 政／2·26 文／12·13 文／**1608**·1·2 政／2·24 政／5·24 文／6·23 社／是秋／10月 政／是年 社／**1609**·1·1 政／3·24 社／3·28 文／10·22 社／**1610**·5月 文／10·15 文／**1611**·1·1 政／3·28 政／**1612**·1·2 政／8月 政／11·19 文／是年 政／是年 文／**1613**·1·1 政／9·3 文／11月 文／**1614**·4·16 文／5·7 政／7·18 政／9·18 政／9·23 大坂冬の陣／11·29 大坂冬の陣／12·5 大坂冬の陣／12·17 大坂冬の陣／**1615**·1·1 政／3·13 大坂夏の陣／3·21 社／4·5 大坂夏の陣／4·23 社／5·2 社／5·8 大坂夏の陣
豊名賀造酒太夫　❺-2 **1763**·宝暦年間 文
豊永伊佐馬　❻ **1863**·7·4 政
豊永弥兵衛　❺-1 **1641**·9·19 社
豊野秋篠　❶ **768**·2·3 政
豊野出雲　❶ **761**·1·16 政／**768**·2·3 政／**770**·5·9 政
豊野奄智　❶ **772**·4·19 政／**781**·2·16 政
豊野尾張　❶ **767**·2·28 政
豊階安人　❶ **858**·2·28 文
豊原有秋　❶ **970**·5·8 文
豊原兼秋　❸ **1317**·8月 文
豊原国周　❼ **1900**·7·1 文
豊原惟秋　❸ **1359**·4·28 文
豊原重秋　❸ **1438**·3·18 文
豊原繁秋　❹ **1487**·6·29 文／**1493**·9·26 文／**1496**·6·11 文／**1501**·3·20 文
豊原重時　❷ **1145**·10·10 文
豊原忠秋　❷ **1226**·8·6 文
豊原龍秋　❸ **1363**·①·9 文
豊原為時　❷ **1018**·3·23 政
豊原為永　❷ **1033**·4·2 政
豊原時秋　❷ **1136**·12·10 文／**1175**·11·15 文
豊原時元　❷ **1123**·6·21 文
豊原利秋　❷ **1212**·1·18 文
豊原成秋　❸ **1364**·3·19 文
豊原信秋　❸ **1368**·5·28 文／**1379**·2·9 文／**1380**·8·27 文／**1381**·8·27 文／**1382**·3·26 文
豊原久秋　❸ **1435**·12·29 文／**1438**·3·18 文／**1443**·9·15 文
豊原尚秋　❸ **1446**·12·29 社
豊原秀秋　❺-1 **1634**·2·9 文
豊原総秋　❹ **1527**·9·21 文
豊原政秋　❸ **1295**·11·17 文
豊原統秋　❹ **1491**·7·28 文／

1495·2·27 文／1500·1·23 文／1502·2·11 文／1509·6·20 社／⑧月 文／1512·7月 文／1524·8·20 文
豊原守秋　❹ 1566·5·7 文
豊原衆秋　❹ 1508·6·23 文
豊原泰重　❷ 1233·1·5 文／4·19 文
豊原頼秋　❸ 1438·3·18 文
豊原縁秋　❹ 1470·11·19 文／1476·10·17 文
豊平良顕　❾ 1990·1·27 文
豊福知徳　❽ 1960·是年 文
豊政(刀工)　❺-1 1650·8月 文
豊増　昇　❽ 1949·10·2 文／❾ 1975·10·9 文
豊見城按司　❻ 1857·10·10 政
豊御食炊屋姫尊⇨推古(すいこ)天皇
豊村家長　❶ 803·4·2 政
ドラウト(米)　❽ 1940·11·25 政
トラウトマン(独)　❽ 1937·11·2 政
トラウベル, ヘレン　❽ 1952·4·24 文
虎尾俊哉　❾ 2011·1·5 文
虎屋永閑　❺-1 1703·貞享·元禄年間 文
虎屋喜太夫　❺-1 1638·是年 文／1657·是年 文／1676·6月 文
虎屋源太夫　❺-1 1651·慶安年間 文／1672·寛文年間 文
虎屋織江大黒長左衛門　❺-2 1755·10月 政
トラワックス, マヌエル　❹ 1569·是年 政
鳥居景近　❹ 1573·8·13 政
鳥居九兵衛　❺-2 1730·9·12 政
鳥居清貞　❼ 1901·2·14 文
鳥居清忠(三代目)　❻ 1875·6·15 文
鳥居清忠(四代目)　❽ 1941·9·20 文
鳥居清忠(五代目)　❾ 1976·7·13 文
鳥居清種　❻ 1890·11·18 文
鳥居清経　❺-2 1771·是年 文／1774·是年 文
鳥居清長(初代)　❺-1 1698·3月 文
鳥居清長(二代目)　❺-2 1754·4月 文
鳥居清長(四代目)　❺-2 1784·是年 文／1787·是年 文／1815·5·21 文
鳥居清信　❺-1 1693·是年 文／1700·是年 文／❺-2 1729·7·28 文
鳥居清広　❺-2 1753·是年 文
鳥居清倍(初代)　❺-2 1716·5·25 文／1738·是年 文
鳥居清倍(二代目)　❺-2 1763·11·2月 文
鳥居清満(三代目)　❺-2 1785·4·3 文
鳥居清満(五代目)　❻ 1868·11·21 文
鳥居清満(六代目)　❻ 1892·8·19 文
鳥居清元　❺-2 1806·是年 文
鳥居駒吉　❻ 1889·11月 社
鳥居治右衛門　❺-2 1755·10月 政
鳥居鎮夫　❾ 2012·4·29 文
鳥居志摩　❻ 1862·12·22 政
鳥井信一郎　❾ 2004·7·5 政
鳥井信治郎　❼ 1899·2月 社／❽ 1962·2·20 政
鳥居清峰　❻ 1867·10·9 文
鳥居瀬兵衛　❻ 1864·10·16 天狗党の乱
鳥居素川　❼ 1919·11·25 文
鳥居忠瞭　❺-2 1716·3·21 政
鳥居忠意(忠孝)　❺-2 1786·⑩·1 政／1794·7·18 政
鳥居忠恒　❺-1 1628·9·5 政／1636·7·7 政／7·21 政
鳥居忠英　❺-1 1695·5·15 政／1711·6·27 政／1712·2·26 政／1713·1月 文
鳥居忠燾　❺-2 1794·8·18 政
鳥居忠耀(耀蔵·忠輝)　❺-2 1839·2月 政／4·18 政／1841·12·28 社／12·28 政／1843·6·10 政／1844·9·6 社／1845·10·3 政／❻ 1874·10·3 政
鳥居忠則　❺-1 1663·8·1 政／1689·8·10 政
鳥居忠春　❺-1 1636·7·21 政／1654·7·4 政／1663·8·1 政
鳥居忠秀　❺-1 1689·8·10 政
鳥居忠英　❺-2 1716·3·21 政
鳥居忠広　❹ 1564·2·28 政
鳥居忠政　❺-1 1602·6·14 政／1622·9·26 政／1623·元和年間 政／1628·9·5 政
鳥居忠以　❺-1 1667·②·28 政
鳥居忠吉　❹ 1549·3·6 政
鳥居千葉之允　❻ 1862·12·22 政
鳥居平七⇨成田正之(なりたまさゆき)
鳥井道夫　❾ 2011·2·6 政
鳥居元忠　❹ 1582·8·12 政／1585·8月 政／⑧·2 政／1590·4·26 政／8·15 政／1600·6·17 政／7·17 関ヶ原合戦／7·19 関ヶ原合戦／8·1 関ヶ原合戦
鳥居龍蔵　❻ 1895·8月 文／❼ 1904·10·2 文／❽ 1953·1·14 文
鳥居丹羽守　❺-2 1797·6·5 政
鳥尾小弥太(一之助·百太郎·敬孝)　❻ 1877·2·14 西南戦争／1888·1月 社／11·21 政／❼ 1905·4·13 政
鳥飼翠雅　❺-2 1762·是年 文
鳥飼洞斎　❺-2 1806·是年 文
鳥養道晣　❹ 1594·是年 文
鳥養利三郎　❽ 1945·11·19 文
鳥飼愛幸大夫　❸ 1441·4·25 文
鳥飼繁三郎　❼ 1902·2月 社
鳥養道晣　❺-1 1601·3·5 文
鳥養兵部丞　❹ 1553·7·16 社
鳥潟小三吉　❻ 1876·8·1 社
鳥潟右一　❼ 1923·6·5 文
鳥越梅圃　❺-2 1814·是秋 文
鳥越マリ　❾ 1983·4·2 社
鳥子屋才衛門　❺-1 1602·9·10 社
鳥浜トメ　❾ 1992·4·22 社
鳥原掃部助　❹ 1584·11·9 政
鳥や次郎吉　❺-1 1651·慶安年間 文
鳥山　明　❾ 1980·1·5 社
鳥山伊織　❺-2 1756·12·22 社
鳥山啓作　❼ 1897·是年 文
鳥山検校　❺-2 1778·12·25 政
鳥山精俊　❺-1 1601·是年 社
鳥山芝軒(輔寛·碩夫·佐太夫·鳴春)　❺-2 1719·是年 文
鳥山崧岳　❺-2 1769·是年 文／1773·是年 文
鳥山棄三　❻ 1874·2·2 文
鳥山石燕　❺-2 1764·是年 文／1774·是年 文／1776·是年 文／1788·8·3 文
鳥山　啓　❽ 1951·是春 社
鳥山輔寛　❺-1 1683·是年 文
ドリンクマン, ダフィト　❺-2 1734·9·20 政
ドルーアン·ド·リュイ　❻ 1863·12·29 政
トルーマン(米)　❽ 1945·6·18 政／7·17 政／8·15 政／8·16 政／9·6 政
トルストイ(ロシア作家)　❼ 1914·3·26 文
トルドー(カナダ)　❾ 1970·5·25 政／1976·10·20 政
ドルフ(ビリヤード)　❻ 1883·1·31 社
ドルフィンガー(英)　❼ 1906·6·3 社
トルレス, コスメ·デ　❹ 1549·7·3 社／1552·8·28 社／12·10 社／1554·是年 社／1556·4月 社／1562·6·14 政／1563·4·28 社／1565·6月 政／1568·12·12 社／1570·9·3 社
トレイシイ(英士官)　❻ 1867·9·26 政／11·24 政
ドレイパー(米)　❻ 1854·2·24 文
ドレーク(英)　❻ 1886·10·24 政
ドレーパー(米)　❽ 1947·9·19 政／1948·3·20 政
トレビシック(タンク機関車)　❻ 1892·10月 社
トレペッキ(機関士)　❻ 1879·1·29 社
トレンチ(英)　❻ 1885·2月 社
トロン(英)　❻ 1865·10·21 社
ドロン, アラン(仏)　❽ 1963·3·29 文／❾ 1965·4·18 文
遁(高句麗)　❶ 666·10·26 政
ドン·パウロ⇨志賀親次(しがちかつぐ)
ドン·パウロ(ポルトガル船船長)　❺-1 1602·12·4 社
ドン·フェルナンド·デ·メネーゼス　❹ 1546·是年 政／1550·⑤月 政
ドン·フランシスコ, デ·カステロ·アランコ(マカオ)　❺-1 1637·12·23 政
ドン·ロドリゴ(ルソン)　❺-1 1609·10·2 政
頓阿(僧)　❸ 1330·9月 文／1342·3·20 文／1351·5·27 文／9·9 文／1352·8·28 文／1353·3·18 文／1358·5·25 文／1360·2·16 文／1364·2月 文／10·27 文／1367·1·19 文／1372·3·13 文／1431·10·25 文
遁庵(僧)　❺-1 1695·是年 文
曇慧(僧)　❶ 554·2月
曇英慧応(僧)　❹ 1504·10·14 社
呑海(僧)　❸ 1301·是年 社
断谿妙用(どんきょうみょうよう·僧)　❷ 1269·是年 文
断橋妙倫(どんきょうみょうりん·僧)　❷ 1258·是年 政
頓沙文(対馬)　❸ 1442·6·15 政／1445·2·12 政
曇静(僧)　❶ 754·1·16 社
頓書記(画僧)　❸ 1423·7·19 文
鈍仲全鋭(僧)　❸ 1440·3·2 社
曇仲道芳(僧)　❸ 1409·③·29 政
曇徴(僧)　❶ 610·3月 文

頓所好勝　❽ **1937**·3 月 社
鈍夫全快(僧)　❸ **1369**·7·24 社
呑柄(僧)　❺-1 **1656**·7·29 社
曇芳周応(僧)　❸ **1401**·9·7 社
呑龍(上野新田大光院開山僧)　❺-1 **1623**·8·9 社
呑龍(僧)　❺-1 **1683**·5·18 社
呑龍(僧)　❺-2 **1811**·3 月 社／**1812**·10 月 社
曇龍(僧)　❺-2 **1771**·4·17 社

な

ナイエンローデ，コルネリス・ファン　❺-1 **1623**·9·29 政／是年 政／**1629**·6·22 政／**1632**·12·22 政
名出保太郎　❼ **1923**·12 月 社
内藤顕勝　❹ **1545**·7·27 政
内藤昌氏　❾ **2012**·10·23 文
内藤　濯　❾ **1977**·9·19 文
内藤家長　❹ **1590**·5·18 政／**1600**·6·17 政／7·17 関ヶ原合戦
内藤恵美　❾ **2000**·9·15 社
内藤興盛　❹ **1540**·10·4 政
内藤弌信(かずのぶ)　❺-1 **1705**·4·22 政／**1712**·5·15 政／❺-2 **1725**·2·18 政
内藤勘兵衛　❺-1 **1632**·是年 社
内藤喜右衛門　❺-1 **1651**·4·11 社
内藤希顔　❺-1 **1692**·5·21 文
内藤季哲　❺-2 **1776**·是年 文
内藤清枚　❺-1 **1690**·11·27 政／**1698**·是年 社／**1712**·2·2 社／**1714**·4·16 政
内藤清次　❺-1 **1605**·12·2 政／**1616**·5·29 政／是年 政／**1617**·7·1 政
内藤清長　❹ **1542**·12·24 政
内藤清成　❹ **1599**·是年 政／❺-1 **1601**·2·28 社／12·5 社／**1602**·6·1 社／**1606**·1·25 政／**1608**·10·20 政
内藤清政　❺-1 **1617**·7·1 政
内藤国貞　❹ **1526**·10·21 政／**1531**·3 月 社／**1533**·2·17 社／**1538**·11·10 政
内藤九郎兵衛　❺-2 **1831**·12 月 政
内藤湖南(虎次郎·炳卿)　❼ **1934**·6·26 文
内藤佐助　❺-2 **1836**·12·5 政
内藤貞顕　❺-1 **1689**·是年 文
内藤定次郎　❺-2 **1844**·9·27 政
内藤貞正　❹ **1508**·3·17 政／**1520**·1·10 政
内藤重次　❺-1 **1627**·是年 政
内藤重頼　❺-1 **1660**·11·18 社／**1684**·12·10 政／**1685**·9·27 政／**1687**·10·13 政／**1690**·11·27 政
内藤七郎　❹ **1482**·2·17 文／3·21 文
内藤主馬　❺-1 **1689**·7·15 社
内藤如安(忠俊·小西如庵)　❹ **1593**·6·20 文禄の役／8·29 文禄の役／**1594**·12·6 文禄の役／12·20 文禄の役／**1595**·1·30 文禄の役／4·28 文禄の役／11·21 文禄の役／❺-1 **1614**·1·26 社／10·6 社／**1631**·2·4 政
内藤丈草(懶窩)　❺-1 **1704**·2·24 文
内藤四郎兵衛　❺-2 **1768**·1·12 社
内藤　晋　❽ **1951**·2·10 社
内藤新五左衛門　❺-2 **1720**·是年 社
内藤甚三　❹ **1543**·8·10 政
内藤甚之丞　❺-1 **1654**·5·6 社
内藤清五　❽ **1945**·9·29 文
内藤清兵衛　❺-1 **1685**·9·12 社
内藤大助　❾ **2007**·10·11 社／**2008**·3·8 社
内藤大八　❺-2 **1720**·是年 社
内藤誉三郎　❾ **1986**·3·16 政
内藤孝敏　❾ **2010**·11·8 文
内藤隆世　❹ **1557**·4·2 政
内藤武俊　❾ **2012**·8·21 文
内藤忠明　❺-2 **1849**·9·24 政
内藤忠興　❺-1 **1615**·3·25 政／**1627**·1·4 政／**1643**·3·28 社／**1652**·5·16 政／**1654**·8·25 政
内藤忠勝　❺-1 **1673**·7·11 政／**1680**·6·26 政
内藤忠重(忠長)　❺-1 **1623**·是年 政／**1630**·2·21 社／**1633**·3·18 政／**1653**·4·23 政
内藤忠成　❺-1 **1667**·12·27 社
内藤忠広　❺-1 **1681**·1·28 政
内藤忠政　❺-1 **1653**·4·23 政／**1673**·7·11 政
内藤多仲　❽ **1958**·12·23 社
内藤弾正左衛門　❸ **1392**·6·19 社
内藤耻叟(湯沢·正直·弥大夫)　❻ **1886**·5 月 文／**1889**·4·16 文／❼ **1903**·6·7 文
内藤長七郎　❺-1 **1641**·4·26 政
内藤信照　❺-1 **1649**·10·25 政／**1652**·5·16 政／**1665**·1·19 政
内藤東甫(閑水·朽庵)　❺-2 **1788**·8·5 文
内藤朝親　❷ **1205**·9·2 文
内藤長好　❺-2 **1791**·11·5 政
内藤信敦　❺-2 **1781**·1·19 政／**1822**·9·3 政／**1825**·4·6 政
内藤信興　❺-2 **1725**·10·25 政／**1780**·5·5 政
内藤信周　❺-2 **1808**·1·7 政
内藤信親　❺-2 **1850**·7·28 政／9·1 政／**1851**·12·21 政／❻ **1853**·9·15 政／**1862**·2·24 政
内藤信輝　❺-2 **1725**·2·18 政／10·25 政
内藤信成　❺-1 **1601**·2 月 政／**1606**·4 月 政／**1612**·7·24 政
内藤信広　❺-1 **1648**·6·26 政
内藤信正　❹ **1600**·9·17 関ヶ原合戦／❺-1 **1601**·4·26 社／**1615**·3 月 大坂夏の陣／**1617**·7·14 政／**1619**·8 月 政／**1626**·4·28 政
内藤信良　❺-1 **1665**·1·19 政
内藤信凭　❺-2 **1781**·1·19 政
内藤矩佳　❺-2 **1820**·3·15 社／**1840**·7·27 政
内藤初穂　❾ **2011**·10·20 文
内藤春治　❽ **1946**·10·16 文
内藤半十郎　❺-1 **1613**·9·15 慶長遣欧使節
内藤彦七　❹ **1531**·5·23 政／**1553**·7·28 政
内藤尚賢　❺-2 **1842**·是年 文
内藤久寛　❻ **1888**·5·10 政
内藤弘矩　❹ **1472**·8·11 政／**1482**·5·27 政／**1488**·10 月 政／**1495**·1·2 政
内藤弘春　❹ **1497**·9·5 政
内藤風虎⇨内藤義泰(よしやす)
内藤藤時　❸ **1352**·②·17 政
内藤平兵衛　❺-1 **1662**·6·19 政
内藤孫四郎　❹ **1468**·3·20 政
内藤政陽　❺-2 **1756**·10·21 政／**1768**·2 月 文／**1781**·⑤·21 政
内藤正勝　❺-1 **1694**·8·7 政
内藤政樹　❺-2 **1747**·3·19 政／**1756**·10·21 政
内藤正清　❺-1 **1660**·6·18 社
内藤政里　❺-2 **1733**·4·6 政／**1746**·4·30 政
内藤正重　❺-1 **1631**·2·4 政
内藤政親(正親)　❺-1 **1690**·7·10 政／**1694**·4·23 政
内藤正次　❺-1 **1641**·11·25 政
内藤政韶　❺-2 **1790**·8·20 政／**1802**·7·30 政
内藤正友　❺-1 **1694**·8·7 政／**1703**·8·14 政
内藤政和　❺-2 **1802**·7·30 政
内藤昌豊　❹ **1569**·10·6 政
内藤政長　❺-1 **1615**·3·25 政／**1622**·9·26 政／**1626**·5 月 文／**1632**·7·22 政
内藤政脩　❺-2 **1783**·7·12 政／**1790**·8·20 政
内藤正範　❺-2 **1805**·⑧·1 政
内藤政苗　❺-2 **1746**·4·30 政／**1749**·2·6 政
内藤政森　❺-1 **1702**·7·4 政／**1705**·1 月 政／❺-2 **1733**·4·6 政
内藤正吉　❺-1 **1658**·9·8 社／**1668**·2·6 政
内藤鳴雪(助之進·師克·素行)　❼ **1926**·2·20 文
内藤元長　❹ **1600**·6·17 政
内藤盛家　❷ **1227**·8·1 政
内藤八右衛門　❺-1 **1641**·是年 社
内藤泰廉　❹ **1471**·1·12 政
内藤泰子　❾ **1979**·7·8 政
内藤誉三郎　❾ **1978**·12·7 政
内藤ヨシ子　❼ **1908**·3·5 社
内藤義孝　❺-1 **1685**·9·19 政
内藤頼卿　❺-1 **1714**·4·16 政／❺-2 **1735**·2·27 政
内藤義英(露沾·政栄)　❺-1 **1675**·是年 文／**1677**·3 月 政／❺-2 **1733**·9·14 文
内藤義概　❺-1 **1677**·3 月 政
内藤義泰(風虎)　❺-1 **1677**·⑫·5 文／**1685**·9·19 政／❺-2 **1718**·5·29 文
内藤頼尚　❺-2 **1776**·2·4 政
内藤頼以　❺-2 **1791**·11·5 政
内藤頼由　❺-2 **1735**·2·27 政／**1776**·2·4 政
内藤ルネ　❾ **2007**·10·24 文
内藤魯一　❻ **1880**·12·15 政／**1884**·3·13 政／**1889**·4·30 政／❼ **1911**·6·29 政
内藤六左衛門　❺-1 **1662**·6·19 政
内藤佐渡守　❹ **1527**·2·12 政
内藤備前守　❹ **1552**·10·2 政／**1565**·8·2 政

内藤大和入道　❹ 1524·12·9 社
ナイルス，チャールス　❼ 1915·12·11 社／1916·1·15 社
ナウマン(独)　❻ 1875·8·17 文／1876·12·27 文／1877·4·12 文
苗木久兵衛　❹ 1582·2·2 政
苗村市之丞　❺-1 1668·10·14 社
苗村三郎　❼ 1901·9·14 社
苗村七郎　❾ 2012·11·20 政
苗村松軒　❺-1 1697·是年 文／1705·是年 文
苗村丈伯　❺-1 1687·是年 文／1692·是年 文／1693·是年 文／1694·是年 文
直江景綱　❹ 1568·6·25 政／1573·5·12 政／1575·6·28 政／1577·3·5 政／1582·3月 社
直江兼続(樋口重光)　❹ 1581·9·1 政／1582·3月 社／1586·5·16 政／1593·5月 社／1595·1·17 社／2·9 社／1597·1·20 社／2·10 社／1599·8·14 社／1600·3月 政／4·1 政／7·14 関ヶ原合戦／8·4 関ヶ原合戦／9·13 関ヶ原合戦／9·15 関ヶ原合戦／10·1 関ヶ原合戦／❺-1 1601·7·1 政／1602·2·27 文／1604·⑧·2 社／1607·3·8 文／1609·5·28 文／1614·11·28 政／1618·11月 文／1619·12·19 政
直江喜多右衛門　❻ 1861·5·16 社
直江助政(刀匠)　❺-2 1815·8月 文
直江信綱　❹ 1581·9·1 政
直勝(刀匠)　❺-2 1835·是冬 文／1848·8月 文
直兼(姓不詳·豊前守護代)　❸ 1300·⑦·1 政
直木三十五(植村宗一)　❼ 1926·1月 文／1930·6·12 文／1932·2·5 文／1934·2·24 文
直島正行　❾ 2009·9·16 政／2010·6·8 政
直胤(刀匠)　❺-2 1828·2月 文／1830·是秋 文／1834·2月 文／1835·8月 文／1836·2月 文／1848·5月 文／10月 文／1852·8月 文
直次(備中刀工)　❸ 1335·11月 文／1342·是年 文
直都(座頭)　❺-1 1698·11·25 社
直野碧玲瓏　❼ 1905·6·5 文
直仁親王(崇光天皇)　❸ 1348·10·27 政／1351·11·7 政／1352·5·11 政／6·2 政／1353·3·22 政／1357·2·18 政／1398·5·14 社
直仁親王(秀宮)　❺-1 1710·6·23 政／8·11 政
尚仁親王(員宮)　❺-1 1689·8·6 政
直道王　❶ 873·11·12 政
直世王　❶ 834·1·4 政
直良信夫　❼ 1931·4·18 文
仲　夷治郎　❺-2 1744·是年 文
仲　石伴　❶ 760·1·16 政／761·10·22 政
中　勘助　❼ 1913·4·8 文／❽ 1937·10月 文／❾ 1965·5·3 文
中　恒吉　❻ 1894·是年 社
那珂梧楼(通高)　❻ 1879·5·10 文
中　天遊　❺-2 1835·3·26 文
那珂通世　❻ 1875·3月 文／1886·3·22 文／❼ 1900·4·16 文／1908·3·2 文
仲　みどり　❽ 1945·8·16 文
那嘉明泰(琉球)　❹ 1463·8·4 政
那珂盛時　❷ 1250·3·1 政
奈賀王　❶ 757·6·16 政
長明親王　❶ 933·3·27 文／953·①·17 政
中井一夫　❾ 1991·10·18 社
中井勘介　❹ 1583·8·6 社
中井銀次郎　❼ 1928·4·3 社
中井敬所(兼之·資同)　❼ 1906·3·29 文／1909·9·30 文
中井甃庵(誠之·叔貴·忠蔵)　❺-1 1713·8月 文／❺-2 1730·7月 文／1758·6·17 文
中井庄五郎　❻ 1867·12·7 政
中井新右衛門　❺-2 1788·10·20 政
中井竹山(積善·子慶·関子·渫翁·雪翁)　❺-2 1726·6·7 文／1776·是年 文／1784·是年 文／1789·是年 文／1796·是年 文／1800·1月 文／1804·2·5 文
中井長吉郎　❺-1 1619·1·21 文
中井董堂(敬義)　❺-2 1821·7·26 文
中井信彦　❾ 1990·11·27 文
中井信之　❾ 1999·8·5 文
中井英夫　❾ 1993·12·10 文
中井　弘　❻ 1878·4·28 文／1890·10·1 政／1894·10·10 政
中井　洽　❾ 1994·5·3 政／2009·9·16 政／2010·6·8 政
中井穂徳　❺-2 1803·是年 文
中井正一　❽ 1952·5·17 文
中井正清　❺-1 1610·6·18 政／1614·7·3 政／8·2 政／8·8 社／8·17 政／9·21 社／11·4 大坂冬の陣／12·13 大坂冬の陣／1619·1·21 文
中井正知　❺-1 1635·9·7 社／1698·11·7 政
中井光次　❽ 1951·4·23 政／1955·4·23 社／1959·4·23 政
中井主水(大工職)　❺-1 1663·12·15 社
中井主水(大工職)　❺-2 1759·2·10 社
中井養三郎　❼ 1903·5月 政
中井履軒(積徳·処叔·徳二·幽人)　❺-2 1781·是夏 文／1800·1月 文／1817·2·15 文
中井励作　❼ 1934·1·29 政
中井王　❶ 842·8·29 社
永井白元　❺-1 1604·2·4 社／1612·10月 社
長井　韋　❺-2 1852·是年 文
永井隠求　❺-2 1740·7·28 文
長井雅楽　❻ 1861·3·28 政／5·15 政／6·2 政／1862·1·3 政／2·24 政／5·12 政／6·5 政／1863·2·6 政
長井雲坪　❼ 1899·6·29 文
長井勝一　❾ 1996·1·5 文
永井荷風(壮吉·金阜山人·断腸亭主人)　❼ 1909·3月 文／9·22 文／1910·5月 文／1911·11月 文／1916·4月 文／8月 文／❽ 1937·4·16 文／1944·3·31 文／1945·11·1 文／1948·5·8 社／1952·11·3 文／1954·4·25 社／1959·4·30 文／1963·5·18 文
長井堪兵衛　❺-1 1649·4·9 政
永井久一郎　❼ 1912·1·16 文
長井九八郎　❺-1 1700·8·23 政
永井清史　❾ 2008·8·9 社
長井金風　❼ 1926·8·23 文
永井建子　❼ 1905·8·1 文／1910·5·14 文
長井健司　❾ 2007·9·27 政
永井建子　❽ 1940·3·13 文
永井健三　❽ 1940·6·21 社
長井源兵衛　❺-1 1655·8·11 政
長井貞重　❸ 1319·12·5 政／1320·8月 政／1331·2·12 文
長井貞広　❸ 1374·1·23 政／1375·3·27 政／8·29 政
長井定宗　❺-1 1698·是年 文／1703·5·19 政
長井貞頼　❸ 1349·9·25 社
永井三蔵　❻ 1862·8·28 文
永井茂左衛門　❺-1 1694·5·19 社
永井　繁　❻ 1871·11·12 文
長井聖願　❸ 1300·5·25 政
永井如瓶子　❺-2 1731·7·28 文
永井　潜　❼ 1933·6·20 社
永井走帆　❺-2 1730·是年 文
永井素岳　❼ 1907·9·17 文／1915·5·14 文
永井　隆　❽ 1948·9月 文／1951·5·1 文
永井孝信　❾ 1996·1·11 政
長井高冬　❸ 1331·11·5 政
永井龍男　❼ 1924·1月 文／❾ 1985·11·1 文／1990·10·12 文
永井長十郎　❺-1 1621·9月 政
永井長治郎　❽ 1952·3·11 文
長井長太郎　❺-1 1649·4·9 政
長井綱英(刀匠)　❺-2 1816·2月 文
長井時秀　❷ 1257·10·13 政
長井利隆　❹ 1508·6月 社／1511·3月 社／1538·9·1 政
永井智雄　❾ 1991·6·17 文
永井尚方　❺-2 1746·7·21 政／1752·1·11 政
永井直勝　❺-1 1617·10·15 政／1619·6·2 政／1622·8·18 政／12·8 政／1625·12·29 政
永井直清　❺-1 1641·6·29 文／1649·7·4 政／1653·6·23 政／1662·2·15 社
永井尚服　❻ 1867·6·25 政
永井直期　❺-2 1748·1·16 政
永井直敬　❺-1 1677·3·27 政／1687·10·21 政／1702·9·1 政／1704·10·1 政／1706·1·28 政／1711·6·3 政
永井直孟　❺-1 1659·8·21 社
永井尚庸　❺-1 1664·7·28 文／1670·2·14 政／3·21 政／5·27 政／6·12 文／1671·2·6 社／1675·7·3 政／1676·4·3 政／1677·3·27 政
永井尚年　❺-1 1711·6·3 政
永井尚長　❺-1 1673·11·11 政／1680·6·26 政
永井直陳　❺-2 1756·5·21 政／1762·8·7 政／11·26 政
永井直進　❺-2 1770·11·17 政
永井尚徳　❺-2 1844·12·27 社
永井直引　❺-2 1790·9·8 政

永井尚政　❺-1 1622·是年 政／1625·12·29 政／1629·6·2 文／1632·1·24 政／1633·3·23 政／1637·是年 社／1650·是年 社／1653·6·23 政／6·30 政／1668·9·11 政／1669·2·25 政／1682·是年 政
永井直又　❺-1 1698·4·28 社
永井直允　❺-1 1702·1·11 社
永井尚備　❺-2 1762·8·7 政
永井尚征　❺-1 1673·11·11 政
永井直行　❺-2 1749·1·16 政／1758·4·23 政
永井尚志(玄蕃)　❻ 1855·7·29 政／10·24 政／1857·7·24 政／1858·7·4 政／1859·6·10 文／1865·12·18 政／12·28 政／1868·10·12 政／11·1 政／12·15 政／1872·1·6 政
永井直珍　❺-2 1758·4·23 政／1770·11·17 政
長井長弘　❹ 1530·1·13 政
長井長義(朝吉·直安)　❻ 1888·5·7 文／1892·2月 文／❼ 1929·2·20 文
永井如瓶(如瓶子)　❺-1 1682·是年 政／1701·是年 文／1702·是年 文
長井規秀⇨斎藤道三(さいとうどうさん)
永井白衆　❺-2 1791·11·20 政
永井久清(来旦)　❺-2 1808·是年 社
永井　潜　❽ 1957·5·17 文
長井広秀　❸ 1351·2·5 政／1402·7·29 政
長井真琴　❽ 1953·2·18 社
永井正流　❺-1 1707·是年 文
永井松三　❼ 1935·11·4 政
永井道雄　❾ 1974·12·9 政／2000·3·17 文
永井路子　❾ 1979·1·7 社
長井道利　❹ 1565·9·28 政
長井泰重　❷ 1264·4·26 社
永井安愛　❻ 1865·11·20 政
長井泰秀　❷ 1243·2·26 政／1252·3·19 政
長井頼元　❸ 1349·9·25 社
永井柳太郎　❼ 1911·4·3 文／1920·7·8 政／1932·5·26 政／❽ 1937·6·4 政／11·25 文／1939·8·30 政／1943·10·18 文／1944·12·4 政／1949·5·27 政
永井了吉　❼ 1920·12·25 文
長井甲斐守　❹ 1561·5·14 政
長井式部少輔　❸ 1444·12·3 政
仲井真弘多　❾ 2006·11·19 政／2010·4·25 政／11·28 政／2012·2·26 政／5·15 政／6·23 政
中氏彦六　❺-1 1645·是年 社
中内　功　❾ 1967·8·2 政／1999·1·20 政／2000·10·10 政／2005·9·19 政／2012·12·15 政
中浦ジュリアン　❹ 1582·1·28 政／❺-1 1663·9·16 社
中江丑吉　❽ 1942·8·3 文
中江員継　❹ 1516·3·10 文
中江実孝　❽ 1950·11·25 政
中江兆民(竹馬)　❻ 1869·5月 文／1874·10·5 文／1881·3·18 政／1886·10·24 政／1887·12·26 政／1888·1·15 文／1890·1·21 政／1891·2·21 政／3·1 文／❼ 1901·12·13 文
中江藤樹　❺-1 1628·是年 文／1648·8·25 文／1667·是年 文／❺-2 1795·是年 文
中江俊夫　❾ 1972·6月 文
中江岷山　❺-2 1726·6·10 文
中江良夫　❽ 1942·2·21 文
永江一夫　❽ 1948·3·10 政
長江重景　❸ 1384·9·16 社／1442·4·15 社
長江高景　❸ 1444·7·10 政
長江裕明　❾ 2009·2·6 社
仲右衛門(江戸築地)　❺-1 1715·正徳年間 社
中尾栄一　❾ 1987·11·6 政／1996·1·11 政／2000·6·30 政／2002·10·16 政
中尾勝男　❼ 1926·12·4 政／1933·6·7 政
中尾仇難而羅(弾正)　❸ 1450·3·5 政／1453·1·24 政
中尾健次　❾ 2012·6·19 社
中尾五郎(対馬)　❹ 1468·是年 政
中尾佐助　❾ 1993·11·20 文
中尾茂続　❹ 1467·是年 政
中尾秀一　❾ 1991·3·1 政
中尾順子　❼ 1908·3·5 社
中尾純利　❽ 1952·7·1 社
中尾隆行　❾ 1965·4·19 社
中尾辰義　❾ 2012·12·20 政
中尾都山　❼ 1896·2·15 文
中尾広徳　❺-2 1750·7·7 文
中尾美樹　❾ 2000·9·15 社
仲雄王　❶ 818·6月 文
長尾顕景　❹ 1571·2·28 政
長尾顕忠　❹ 1501·⑥·29 政
長尾顕長　❹ 1585·1·1 政
長尾いく子　❼ 1911·2·26 社
長尾景明　❺-2 1773·7·1 政
長尾景人　❹ 1467·是年 文
長尾景友　❸ 1356·10·21 政
長尾景虎(虎千代·政虎·輝虎·平三)⇨上杉謙信(うえすぎけんしん)
長尾景仲(景重)　❸ 1440·3·4 政／7·4 政／1448·是年 社／1450·4·20 政／10月 政／1451·4·21 政／1454·12·22 政／1455·1·21 政／④月 政／❹ 1463·8·26 政
長尾景長⇨長尾房景(ふさかげ)
長尾景信　❹ 1471·4·15 政／6·24 政／1472·5月 社／1473·6·23 政
長尾景春　❹ 1473·6·23 政／1476·6月 政／1477·1·18 政／5·14 政／7月 政／10·2 政／1478·1·5 政／3·20 政／1479·11·29 政／1480·1·4 政／2·25 政／1487·11·1 政／1496·5月 政／1511·是年 政／1514·8·24 政
長尾景英　❹ 1514·8·24 政
長尾景人　❸ 1436·2月 文
長尾景房　❹ 1528·1·24 政
長尾景誠　❹ 1528·1·24 政
長尾景行　❹ 1519·12月 社
長尾金村　❶ 774·3·5 政
長尾邦景　❸ 1426·10月 政／1428·10·16 政／1435·1·29 政／1450·11·12 政
長尾憲彰　❾ 2012·10·11 社
長雄耕雲(半右衛門)　❺-2 1749·1·22 文
長尾幸春(顕忠の妻)　❹ 1509·11·20 社
長尾小兵衛　❻ 1861·5·16 社
長尾定景　❷ 1180·10·23 政
長尾定景　❸ 1435·4·19 社
長尾実景　❸ 1441·4·16 政／5·2 政／1450·11·12 政／1453·6·25 政
長尾重景　❹ 1482·2·25 政
長尾仁右衛門　❺-2 1830·5·29 政
長尾高景　❸ 1427·12·26 社
長尾孝景　❹ 1495·12·26 政
長尾忠景　❹ 1461·4·26 政／1473·6·23 政／1501·⑥·29 政
長尾忠政　❸ 1438·8·14 政／11·1 政
長尾為景　❹ 1477·10·2 政／1507·8·2 政／9月 政／1508·6·29 政／8·17 社／11·6 政／1509·7·28 政／9·11 政／1510·4·15 政／5月 社／6·20 政／8·3 政／10·10 社／1513·8·1 政／10·13 政／12月 政／1514·1·16 政／5·26 政／1516·9·9 政／1517·9·6 社／1518·7·10 政／1519·2·2 政／3月 政／10·6 政／12·21 政／1520·6·13 政／8·3 政／12·21 政／1521·2·13 政／4·3 政／1524·4·13 政／11·23 政／1525·2·10 政／12·13 社／1526·1·11 政／9·5 政／1527·6·13 社／12·12 政／1528·12·12 政／1530·2·5 政／10·8 政／11·6 政／1531·1月 政／2·27 政／1533·9·26 政／10·24 社／1535·5月 政／6·13 政／1536·2·10 政／8·3 政／12·24 政
長尾為宗　❷ 1180·10·23 政
長尾俊景　❹ 1512·1·23 政
長尾憲景(戦国武将)　❸ 1440·1·13 政
長尾憲景(上野白井城主)　❹ 1571·9·26 政
長尾憲長　❹ 1524·10·16 政
長尾(上杉)晴景(道一)　❹ 1527·12·12 政／1536·8·3 政／9·27 政／1543·1·16 社／8·18 政／1547·4月 政／1548·12·30 政／1553·2·10 政
長尾房景(景長)　❹ 1495·12·26 政／1498·3·1 政／1514·9·27 政／1519·2·2 政／1521·4·3 政
長尾房長　❹ 1512·1·23 政／1537·5·7 政
長尾藤景　❹ 1560·12·27 社
長尾分哲　❺-2 1726·10·18 文
長尾　真　❾ 2008·11·4 文
長尾政景　❹ 1547·4月 政／1550·12·28 政／1551·2·21 政／8·1 政／1552·5·24 政／1556·8·17 政／1561·8·29 政／1563·12·4 社／1564·4·6 政／7·5 政
長尾当長　❹ 1552·1·10 政
長尾無量　❻ 1894·11·3 文
長尾　靖　❾ 2009·5·2 文
長尾能景　❹ 1493·4·10 社／1494·12月 社／1497·7·21 社／1498·⑩·10 社／1504·10月 政／1506·7·17 社／9·19 政
長尾米継　❶ 880·7·29 社
長尾立子　❾ 1996·1·11 政
長尾利藤太　❺-2 1792·3月 文

長尾因幡入道　❸ **1443**·4·11 社
長尾弾正　❸ **1442**·3·23 政
長尾備中守　❸ **1455**·6·5 政
中岡艮一　❼ **1921**·11·4 政
中岡慎太郎　❻ **1865**·⑤·15 政／**1867**·1·9 政／2月 政／5·21 政／6·22 政／7·29 政／11·15 政／**1870**·8·15 政
中岡豊洲　❺-2 **1814**·11·7 文
永岡伊三郎　❺-2 **1836**·12·5 政
長岡岡成　❶ **787**·2·5 政
長岡外史　❼ **1904**·9·7 日露戦争／**1909**·7·31 政／**1912**·8·5 社／**1925**·5·10 政／**1933**·4·21 政
長岡純子　❾ **2011**·1·18 文
長岡忠興⇨細川(ほそかわ)忠興
長岡忠英　❺-2 **1754**·是年 文
永岡鶴蔵　❼ **1902**·5·12 社／**1903**·12·12 社／**1904**·4月 社／**1906**·1·1 社／**1908**·3·15 社／**1914**·2·10 社
長岡泥亀　❺-1 **1668**·是年 社
長岡輝子　❼ **1931**·2·10 文／❾ **2010**·10·18 文
長岡半太郎　❼ **1904**·2月 文／**1906**·9·14 文／**1931**·4·30 文／5·1 文／❽ **1937**·4·28 文／**1940**·8·8 文／**1950**·12·11 文
永岡久茂　❻ **1876**·10·29 政
長岡秀雄　❶ **864**·1·16 政／**865**·1·27 政
長岡藤孝(幽斎)⇨細川幽斎(ほそかわゆうさい)
長岡元知　❺-1 **1669**·10·6 政
長岡護美　❻ **1880**·1·25 社／2·13 文
長岡往来　❻ **1894**·2·25 社
永岡洋治　❾ **2005**·8·1 政
長生舎主人　❺-2 **1836**·是年 社
中垣国男　❽ **1962**·7·18 政
中賀野義長　❸ **1337**·5·18 政／10·4 政
長壁用秀　❺-2 **1759**·是年 文
中神琴渓(生生堂)　❺-2 **1817**·是年 文／**1833**·8·4 文
中上健次　❾ **1973**·6月 文／**1990**·5·7 文／**1992**·8·12 文
中神順次　❺-2 **1846**·12·26 社
中上(藤本)英雄(完全試合)　❽ **1950**·6·28 社／❾ **1968**·10·12 社／**1997**·4·26 社
中川一郎　❾ **1977**·11·28 政
中川乙由　❺-2 **1739**·8·8 文
中川一政　❼ **1921**·9·9 文／❾ **1975**·11·3 文／**1991**·2·5 文
中川勝実　❻ **1876**·4·6 文
中川嘉兵衛　❻ **1861**·是年 社／**1867**·6月 社／**1872**·5月 政／**1879**·8·17 社／❼ **1897**·1·4 政
中川亀三郎　❻ **1878**·4·1 文／**1879**·2·15 文／10月 文／❼ **1903**·10·13 文
中川亀之助　❻ **1872**·1月 政
中川喜雲　❺-1 **1658**·7月 文／**1659**·是年 文／**1667**·是年 文／❺-2 **1752**·是年 文
中川儀右衛門　❺-2 **1830**·10·26 文
中川紀元　❼ **1920**·是年 文／**1922**·10月 文
中川　清　❽ **1961**·8·14 社／❾ **1977**·3·11 文
中川清秀(瀬兵衛)　❹ **1579**·9·12 政／**1582**·6·5 社／6·12 政／**1583**·4·20 政
中川恵一　❾ **2009**·7·28 社
中川憲斎　❻ **1867**·1·10 文
中川三郎　❾ **2003**·10·24 文
中川重政　❹ **1571**·9·1 政
中川成慶　❺-1 **1713**·10·23 政
中川修亭　❺-2 **1815**·是年 文
中川修之助　❻ **1863**·10·18 文
中川淳庵(純安·玄鱗·攀卿)　❺-2 **1771**·3·4 文／**1773**·1月 文／**1776**·3月 文／**1786**·6·7 文
中川昭一　❾ **1998**·7·30 政／**2003**·9·22 政／**2004**·9·27 政／**2005**·1·12 社／2·18 政／7·14 政／9·20 政／10·2 政／10·31 政／**2008**·9·24 政／**2009**·2·13 政／10·4 政
中川紹益(初代)　❺-1 **1622**·6·16 文
中川浄益(二代目)　❺-1 **1670**·8月 文
中川紹益(三代目)　❺-2 **1718**·10月 文
中川紹益(四代目)　❺-2 **1761**·12月 文
中川紹益(五代目)　❺-2 **1791**·8月 文
中川浄益(七代目)　❻ **1859**·7月 文
中川志郎　❾ **2012**·7·16 社
中川清三郎　❺-2 **1727**·3月 政
中川善之助　❾ **1975**·3·20 文
中川宗瑞(白兎園)　❺-2 **1744**·7·30 文／**1751**·是年 文
中川　武　❾ **2005**·6·3 文
中川忠英(子信·駿臺)　❺-2 **1795**·6·5 政／**1799**·是年 文／**1804**·6·2 政／**1806**·1·30 政／**1807**·6·6 政
中川忠順　❼ **1928**·3·22 文
中川辰之助　❼ **1903**·8月 社
中川智正　❾ **2003**·10·29 社
中川内膳正　❺-2 **1783**·11月 政
中川信夫　❾ **1984**·6·17 文
中川　元　❻ **1883**·9·9 文
中川八兵衛　❺-1 **1610**·②·17 社
中川八郎　❼ **1922**·8·3 文
中川八郎左衛門　❺-1 **1682**·11·21 政
中川久昭　❻ **1862**·11·28 社
中川久夫　❾ **1969**·是年 文
中川久清(瀬兵衛)　❺-1 **1653**·3·18 政
中川久貞　❺-2 **1768**·4·5 社／**1790**·5·20 政
中川久忠　❺-1 **1710**·2·28 政／**1712**·2·2 社／❺-2 **1742**·10·13 政
中川久恒　❺-1 **1668**·10·15 社／**1695**·6·15 政
中川久通　❺-1 **1695**·6·15 政／**1697**·是年 文／**1708**·4·29 社／**1710**·2·28 政／❺-2 **1726**·是年 文
中川久持　❺-2 **1790**·5·20 政／**1798**·9·18 政
中川久盛　❺-1 **1619**·9·16 政／**1643**·是年 文／**1653**·3·18 政
中川久慶　❺-2 **1742**·10·13 政
中川秀直　❾ **1996**·1·11 政／**2000**·7·4 政／10·27 政／**2005**·10·31 政
中川秀政　❹ **1573**·4·2 政／**1585**·⑧·21 政／**1590**·3·28 政／**1592**·4月文禄の役／10·24 文禄の役
中川墨湖　❻ **1861**·1·17 文
中川　信　❾ **2011**·12·31 社
中川誠人　❾ **2009**·3·24 文
中川正春　❾ **2011**·9·2 政
中川益太郎　❻ **1878**·10·4 社
中川万次郎　❼ **1905**·6·20 社
中川安五郎　❼ **1900**·是年 社
中川祐俊　❾ **2005**·8·28 社
中河与一　❼ **1924**·10月 文／**1930**·7·27 文／❽ **1937**·7·17 文／❾ **1994**·12·12 文
中川義雄　❾ **2010**·4·10 政
中川芳瀧　❼ **1899**·6·28 文
中川由義　❺-2 **1825**·8·9 文
中川米造　❾ **1997**·9·30 文
中川州男　❽ **1944**·4·26 政／11·22 政
中川健蔵　❽ **1939**·4·12 政
中川小十郎　❽ **1944**·10·7 政
中川俊思　❽ **1954**·8·18 政
中川末吉　❽ **1959**·4·9 政
中川衷三　❽ **1956**·是年 文
中川政治　❽ **1939**·1·28 社
中川周防　❺-1 **1618**·8·10 政
中川主税　❺-1 **1603**·7·5 社
中川宮尊融朝彦親王⇨朝彦(あさひこ)親王
中川屋嘉兵衛　❻ **1866**·是年 社
中川屋長兵衛　❺-2 **1779**·9·7 社
中河原弥右衛門尉　❹ **1568**·5·17 社
中北千枝子　❾ **2005**·9·13 文
中城朝寿　❺-1 **1639**·是年 政
中城王子　❻ **1879**·6·8 政
中城王子尚育　❺-2 **1827**·7·1 政
中口秀平　❻ **1874**·10·10 文
長久保赤水(玄珠·源兵衛)　❺-2 **1775**·3月 文／**1779**·是年 文／**1785**·是年 文／**1801**·7·23 文／**1811**·是年 政
中隈敬蔵　❻ **1880**·7·10 文／❼ **1924**·3·21 政
長倉三郎　❾ **1990**·11·3 文
長倉純一郎　❻ **1882**·5·2 政
永倉新八　❻ **1864**·5·20 政
長倉祐庸　❻ **1871**·9月 文／**1876**·是年 文
長倉義成　❸ **1435**·8·28 政／10·28 政／11月 政
長倉能登守　❹ **1534**·2·19 政
良子(ながこ)内親王　❷ **1029**·12·13 政／**1036**·11·28 社／**1038**·3·17 文／**1040**·5·6 文／**1077**·8·26 政
長坂庄兵衛　❻ **1856**·是年 社
永坂石埭　❼ **1924**·8·24 文
長坂善七郎　❹ **1574**·⑪·24 文
長坂禎次　❻ **1863**·7·20 政
長坂信次　❺-1 **1646**·9·10 政
長坂信時　❺-1 **1616**·7·6 政
長坂光堅　❹ **1582**·3·11 社
長崎英造　❽ **1951**·2·9 政／**1953**·4·29 政
長崎円喜　❸ **1333**·5·21 政
長崎克之　❺-2 **1724**·5月 文

長崎刑部左衛門　❺-1 1652·9·13 政
長崎金右衛門　❻ 1885·3·28 社
長崎純景　❹ 1574·3 月 政
長崎駿河四郎　❸ 1353·5·20 政
長崎惣右衛門　❺-1 1606·8·11 政
長崎惣之助　❽ 1955·5·11 社
長崎高貞　❸ 1331·5·5 政／9·5 政／1334·3·21 政
長崎高資　❸ 1331·8·6 政
長崎高綱　❸ 1308·8 月 政／1310·2·7 政
長崎宏子　❾ 1982·7·29 社
長崎光綱　❸ 1291·8·20 政
長崎珍蔵　❺-2 1801·1 月 社
長崎嘉安　❺-1 1605·12·2 政
長崎屋源右衛門　❺-2 1735·3·6 文／1794·5·4 文
中里介山(弥之助)　❼ 1905·9·10 文／1913·9·12 文／1925·1·16 文／❽ 1944·4·28 文
中里重次　❽ 1940·6·7 政
中里恒子　❽ 1939·2·12 文／❾ 1987·4·5 文
中里逢庵(太郎右衛門、十三代目)　❾ 2009·3·12 文
長郷泰輔　❼ 1911·7·15 文
中澤家康　❼ 1916·6·18 政
中澤岩太　❻ 1878·4·26 文／❼ 1899·11·1 文／1902·10·18 文／1906·3·2 文
中澤啓治　❾ 1999·1·16 文／2012·12·19 文
中澤三郎左衛門(丹波大山荘)　❸ 1395·3 月 社
中澤三郎左衛門(豊後岡藩)　❺-2 1744·9 月 政
中澤新一　❾ 1988·3·25 文
中澤善三郎　❹ 1599·8·14 社
中澤道二(義道·亀屋久兵衛)　❺-2 1791·4 月 文／10·23 文／1792·7 月 文／1794·1 月 文／1795·是年 文／1803·6·11 文
中澤弘光　❼ 1907·10·25 文／1909·10·15 文
中澤不二雄　❽ 1951·9·2 社
中澤弁次郎(弁治郎)　❼ 1927·1·15 政／1928·5·27 社
中澤孫三郎　❺-2 1727·10·14 社
中澤基員　❸ 1287·12·10 社
中澤之綱　❹ 1491·1·8 政
中澤臨川(重雄)　❼ 1920·8·10 文
中澤掃部允　❸ 1353·8·10 政
長澤規矩也　❾ 1980·11·21 文
長澤　節　❾ 1999·6·23 文
永澤伝左衛門　❺-1 1681·是年 政
長澤東海(素位·不怨斎)　❺-2 1745·10·18 文
長澤道寿　❺-1 1681·是年 文
永澤万右衛門　❺-1 1681·是年 政
長澤美津　❾ 2005·4·26 文
長澤義遠　❹ 1578·9 月 政
長澤蘆洲(呑江)　❺-2 1847·10·24 文
長澤蘆雪(政勝·氷計·引裾·主計·千洲漁者·千緝)　❺-2 1781·3 月 文／1782·6 月 文／1786·是年 文／1787·是年頃 文／1789·是冬 文／1792·5 月 文／1794·是冬 文／1797·5 月 文／1799·6·8 文／1799·是年頃 文
中路定年　❺-2 1731·是年 文
中路融人　❾ 2012·11·5 文
永塩七郎左衛門　❺-1 1656·9·12 社
長塩弥次郎　❸ 1415·8·11 社
長塩弥六　❹ 1493·10·4 社
長塩備前入道　❸ 1411·7·9 社／1446·7·19 社
長重(刀工)　❸ 1334·是年 文
中蒂姫　❶ 454·2 月
中島　敦　❽ 1942·2 月 文／12·4 文／1943·2 月 文
中島氏種　❺-1 1615·5·7 大坂夏の陣
中島歌子　❼ 1903·1·31 文
中嶋一貴　❾ 2012·10·12 社
中島勝義(子彬)　❼ 1932·7·15 文
中島河太郎　❾ 1999·5·5 文
中島勘九郎　❺-2 1847·6·1 文
中島勘左衛門(芝楽園、初代)　❺-2 1716·4·21 文
中島莞爾　❼ 1936·2·29 政
中嶋久右衛門　❺-1 1632·4·14 社
中島行敬　❺-2 1794·6·25 政
中島京子　❾ 2010·7·15 文
中島仰山　❻ 1882·3·20 社
中島久万吉　❼ 1922·8·1 政／1923·7·6 政／1926·7·8 政／1932·5·26 政／1933·12·20 政／1934·2·3 政／❽ 1947·5·28 政／1960·4·25 政
中島兼吉　❻ 1862·9·11 文
中島健蔵　❽ 1940·10·31 文／1946·4·20 文
中島源太郎　❾ 1987·11·6 政／1992·2·7 政
中島　嵩　❼ 1897·3·6 文
中嶋幸之助　❻ 1881·3·21 文
中島孤島　❼ 1909·4·24 文
中嶋五兵衛　❺-1 1667·7·29 社
中島五郎兵衛　❺-1 1706·6·25 文
中島斎宮　❺-2 1728·6·23 社
中島佐一　❼ 1902·是年 文
中嶋　悟　❾ 1986·7 月 社
中島三郎助　❻ 1853·6·3 政／1855·8·10 政
中島三甫右衛門(初代)　❺-2 1762·2·23 文
中嶋重蔵　❼ 1932·4·24 社
中島重次　❹ 1576·10·3 政
中島　重　❼ 1922·6 月 文
中島治平　❻ 1861·4·1 社
中島新介　❹ 1563·5·5 政
中島新太郎　❼ 1909·6 月 文
中島隋流　❺-1 1692·是年 文
中島純利　❼ 1928·6·13 社
中島誠一　❽ 1937·是年 文
中島棕隠(規·景寛·安穴道人)　❺-2 1825·是年 文／1839·是年 文／❻ 1855·6·28 文
中島大賚　❺-2 1830·是年 文
中島　隆　❾ 2012·11·6 政
中島田鶴子　❾ 1992·3·1 文
中島知久平　❼ 1916·4 月 政／1917·5 月 政／6 月 政／12·20 政／1918·7·23 政／1919·12·1 政／❽ 1937·2·28 政／6·4 政／1939·4·28 政／1944·10·21 政／1945·8·17 政／12·2 政／1947·9·1 政
中島千嶋　❶ 748·11·10 文
中島槌四郎　❼ 1915·10·21 社
中島常幸　❾ 1983·12 月 社
中島董一郎　❼ 1925·3 月 社
中島藤右衛門　❺-2 1776·是年 社
中島徳蔵　❼ 1902·12·13 文／❽ 1940·5·31 文
中島(岸田)俊子　❻ 1882·6·25 政／1883·10·12 政／❼ 1901·5·25 政
中島敏次郎　❾ 2011·12·13 政
中嶋朋子　❾ 1981·10·6 社
中島尚俊　❾ 2011·9 月 社
中島信行　❻ 1881·10·18 政／11·22 政／1887·10·3 政／12·26 政／1890·11·25 政／1891·11·21 政／❼ 1899·3·26 政
中島宣長　❷ 1239·9·21 政
中島治康　❽ 1938·11·12 社／❾ 1987·4·21 社
中島秀吉　❽ 1955·1·27 文
中島　宏　❾ 1988·1·14 政
中島広足(惟清·春臣·嘉太郎·橿園·田翁)　❺-2 1839·是年 文／1843·是年 文／1850·是年 文／1851·是年 文／❻ 1864·1·21 文
中島浮山(義方·正佐·訥所·孤山)　❺-2 1727·6·10 文
中島　誠　❾ 2012·1·14 文
中島正樹　❾ 1970·5·7 文／1996·4·5 文
中島真宰　❺-2 1846·3·24 政
中嶋又三郎　❸ 1332·1·11 政
中島待乳　❻ 1886·6·19 文
中島康直　❻ 1893·7 月 社
中島与一郎　❻ 1864·11·24 政
中島洋次郎　❾ 1998·10·29 政／1999·1·12 政／2000·9·28 政
中島吉太郎　❺-2 1836·3·13 政
中島来章　❻ 1866·是年 文／1871·7·15 文
中島楽翁　❼ 1910·4 月 文
中島らも　❾ 2004·7·26 文
中島力造　❼ 1896·3 月 文／1918·12·21 文
中島理帆　❾ 1996·7·19 社
中島隆碩　❺-2 1721·1·16 社
永島かおる　❽ 1947·4·21 文
長島銀蔵　❽ 1947·11·17 社
長島圭一郎　❾ 2010·2·12 社
長嶋茂雄　❽ 1957·12·7 社／1958·4·5 社／10·9 社／❾ 2001·9·28 社／2004·3·5 社
永島慎二　❾ 1969·6·22 社／2005·6·10 文
永島須磨子　❼ 1898·11 月 社
永島直之丞　❻ 1865·12·12 政
長島直之　❾ 1999·7·23 政
長島久子　❽ 1957·6·17 文
長島秀雄　❾ 1969·10·1 政
長島隆二　❽ 1940·10·8 政
長島屋源右衛門　❺-2 1717·3·6 文
中條詮秀　❹ 1458·11·15 政
中條景泰　❹ 1582·6·3 政
中條国与　❹ 1458·11·15 政
中條定資　❹ 1487·4·3 政
中條定房　❹ 1488·8·11 政
中條静夫　❾ 1994·10·5 文
中條泰安　❺-1 1712·6·21 文
中條直景　❺-2 1725·11·27 文

中條信慶　❺-1 1659·3·1 社
中條藤資　❹ 1507·9月 政／1508·5·23 政／1513·8·1 政／12月 政／1514·1·16 政／1518·7·10 政／1526·9·5 政／1547·4月 政
中城ふみ子　❽ 1954·7月 文／8·3 文
中條政恒　❻ 1870·1·1 政／1873·3月 社／❼ 1900·3·14 社
中條光威　❸ 1369·10·27 政
中條伊豆守　❸ 1395·4·5 文
中條玄蕃允　❹ 1551·2·21 政
中條左馬助　❸ 1447·8·6 政
中條⇨藤原(ふじわら)姓も見よ
中庄司(中小路·琵琶法師)　❹ 1569·永禄年間 文
仲小路　廉　❼ 1912·12·21 政／1916·10·9 政／1924·1·17 政
長洲一二　❽ 1956·9·13 文／❾ 1975·4·13 政／1978·5·23 政／1987·4·12 政／5·8 社／1999·5·4 政
永末英一　❾ 1989·2·7 政／1994·7·10 政
中瀬卓也　❾ 2008·8·9 社
永瀬清子　❾ 1995·2·17 文
長勢甚遠　❾ 2006·9·26 政
永瀬　隆　❾ 2011·6·21 社
長瀬富郎(富二郎)　❻ 1887·是年 社／❼ 1911·10·26 社
長瀬英男　❾ 2012·9·2 政
長瀬博之　❾ 2008·11·12 文
長瀬真幸(七郎平·田廬·双松園)　❺-2 1794·是年 文／1799·是年 文／1835·5·28 文
永瀬義郎　❾ 1978·3·8 文
仲宗根玄雅(琉球)　❹ 1500·2·2 政
仲宗根筑登之親雲　❺-2 1775·是年 社
仲宗根　弘　❽ 1958·8·8 社
中曾根弘文　❾ 1999·10·5 政／2000·3·17 政／2008·9·24 政
仲宗根真常　❺-2 1777·是年 文
中曾根康弘　❽ 1959·6·18 政／❾ 1967·11·25 政／1970·1·14 政／1972·7·7 政／12·22 政／1974·11·30 政／1978·11·26 政／1989·5·31 政／1991·4·26 政／2003·10·23 政／2005·1·20 政
長曾禰興正(刀工)　❺-1 1675·5·19 文／8·6 文
長曾禰興里(刀工)　❺-1 1660·12月 文／1661·2·21 文／1665·11·11 文
中薗英助　❾ 2002·4·9 文
中田厚仁　❾ 1993·4·8 政
中田　薫　❽ 1946·2·11 文／❾ 1967·11·21 文
中田久美子　❾ 1983·3·6 社
仲田光成　❾ 2003·7·20 文
中田茂男　❾ 1968·10·12 社
中田重治　❽ 1939·9·24 社
中田正一　❾ 1991·10·28 社
中田聖観　❾ 2010·7·30 社
中田潜龍子　❺-2 1733·是年 文
中田敬義　❼ 1902·7·16 政
中田留吉　❼ 1919·是年 社
中田豊治　❼ 1927·是年 社
中田英寿　❾ 1998·9·13 社
中田　宏　❾ 2002·3·31 社／2010·4·18 政
中田善枝　❽ 1963·5·1 社
中田喜直　❾ 2000·5·3 文
中田ラケット　❾ 1997·2·5 文
永田氏弘　❹ 1544·10·15 文
長田大翁主(琉球)　❹ 1500·2·2 政
長田和也　❾ 2007·1·22 社
永田克彦　❾ 2000·9·15 社
永田観鵞　❺-2 1769·是年 文
長田喜八郎　❹ 1559·11·28 政
長田銈太郎　❻ 1883·2月 社
永田耕衣　❾ 1997·8·25 文
永田権助　❻ 1867·9·26 政
永田佐吉(覚翁)　❺-2 1789·10·10 文
長田三郎次郎　❺-2 1725·4·10 社
長田重男　❻ 1884·3月 文
長田重一　❾ 2001·10·30 文
永田重種　❺-1 1681·1·28 政
長田秀次郎(大番)　❺-2 1771·12·23 政
永田秀次郎(作家)　❼ 1923·5·25 政／1925·12·7 社／1926·2·11 社／7·28 政／❼ 1936·3·9 政
長田新右衛門　❺-2 1725·4·10 社
永田善吉(亜欧堂田善)　❺-2 1822·5·7 文
永田善斎　❺-1 1664·4·3 文
永田　武　❽ 1955·11·4 文／1957·1·29 文／10·21 文／❾ 1974·11·3 文／1991·6·3 文
長田忠一　❼ 1902·7·16 政
永田鉄山　❼ 1931·3·20 政／1932·1·17 政／1934·3·5 政／1935·8·12 政／9·4 政
長田徳本　❺-1 1630·2·21 文
長田留吉　❼ 1902·是年 社
永田(佐佐木)七恵　❾ 2009·6·27 社
長田秀雄　❼ 1909·10月 文／1911·6·1 文／1919·6·16 文／❽ 1940·8·19 文／1949·5·6 文
永田広志　❽ 1947·9·7 文
永田法順　❾ 2010·1·24 文
永田雅一　❼ 1934·8·29 文／❽ 1957·11·28 社／1961·9·20 政／❾ 1985·10·24 文
永田正貞　❹ 1578·8·15 社
永田政純　❺-2 1720·6·16 文
永田正道　❺-2 1811·4·26 社／1813·⑪月 社／1819·4月 社
長田幹彦　❼ 1913·1月 文／1933·1月 社／❽ 1964·5·6 文
長田元隣　❺-2 1727·10·22 社
長田余一　❸ 1299·2·10 政
永田洋子　❾ 1972·2·17 政／1986·9·26 政／1993·2·19 政／2011·2·5 社
永田良雄　❾ 1998·8·22 政
永田敬生　❾ 1998·2·9 政
長田与助　❹ 1559·11·28 政
永田隆三郎　❺-2 1828·2月 文
長田王　❶ 712·4月 社／716·10·20 政／737·6·16 政／833·3·24 政／834·1·12 政
長田入道　❷ 1180·10·14 政
長田豊前守　❸ 1396·9·22 社
仲代達矢　❾ 1980·4·26 社／5·26 文／1985·11·3 文／2007·10·27 文
長隆長章　❸ 1293·2·9 文
中舘久平　❽ 1949·8·30 社
中谷彰宏　❾ 2008·6·25 社
中谷一郎　❾ 2004·4·1 文
中谷顧山(無尽斎)　❺-2 1721·是年 文／1835·是年 文
永谷宗円　❺-2 1738·是年 社
中谷孝雄　❼ 1925·1月 文／❽ 1938·9·11 文／❾ 1995·9·7 文
中谷藤右衛門　❺-1 1688·8·4 政
中谷雄英　❽ 1964·10·10 社
仲谷義明　❾ 1975·2·9 政
永谷　博　❾ 2011·5·26 社
永谷武蔵　❾ 1977·7·10 社
永谷嘉男　❾ 2005·12·28 社
仲地カマト　❼ 1913·2·19 社
中地熊造　❽ 1964·11·10 社
中津新六　❺-1 1708·6·27 文
中津徳右衛門　❺-1 1653·6月 文
中津広昵　❺-2 1819·8·18 文
中塚一宏　❾ 2012·10·1 政
長塚　節　❼ 1899·3·14 文／1903·6月 文／1910·6·13 文／1915·2·8 文／❽ 1937·10·9 文
長塚智広　❾ 2004·8·13 社
中務顕貴　❾ 1992·8·21 社
中司　清　❾ 1990·5·1 政
中務定興　❸ 1298·10·28 社
中津河勘解由左衛門　❸ 1358·4·14 政
中津川祐見　❺-1 1694·2·11 社
仲嗣王　❶ 845·1·11 政／855·1·15 政
仲姫　❶ 書紀·応神 2·3·3
長妻　昭　❾ 2009·9·16 政／2010·6·8 政
永積安明　❽ 1944·11月 文
長門景国　❷ 1186·2·26 政
長門広益　❹ 1548·是春 政
長門裕之　❾ 2011·5·21 文
長門美保　❽ 1940·11·28 文／❾ 1973·11·16 文／1994·11·11 文
中戸川朝人　❾ 2011·11·12 文
中臣伊加麻呂　❶ 763·12·29 政
中臣大嶋　❶ 681·3·17 文／683·12·13 政／690·1·1 政／691·11·1 政
中臣臣麻呂(意美麻呂)　❶ 686·10·2 政／689·2·26 政／699·12·20 政／708·3·13 政／711·⑥·22 政
中臣楫取　❶ 759·7·16 政
中臣勝海　❶ 585·3·1／587·4·2
中臣　金　❶ 670·3·9 社／671·1·5 政、社／10·17 政／11·23 政／672·8·25 政
中臣(藤原)鎌足(鎌子)　❶ 644·1·1 政、文／645·6·12 政／6·14 政／654·1·5 政／656·是年 社／657·是年 社／669·10·10 政
中臣(大中臣)清麻呂　❶ 747·3·10 政／762·8·11 政／12·1 政／763·1·9 政／768·2·18 政／769·6·19 社／771·3·13 政／779·5·3 政／788·7·28 政／❷ 1264·11·19 社
中臣　国　❶ 623·是年 政
中臣国行　❷ 1196·4·15 社
中臣志斐安善　❶ 881·2·4 文
中臣祐臣　❸ 1342·11·22 文

中臣助重　❷ 1142·11·6 社／1162·②月 社／1175·8月 社
中臣祐資　❷ 1275·3月 文
中臣祐弥　❹ 1508·11·16 社
中臣助康　❷ 1186·6月 社
中臣祐世　❷ 1275·3月 文
中臣鷹主　❶ 762·3·1 政／763·1·9 政／782·2·7 政
中臣　常　❶ 768·2·3 政／790·3·9 政
中臣朝親　❸ 1284·12·24 政／1298·2·3 社
中臣名代　❶ 732·8·17 政／734·10月 政／736·5·18 政／8·23 政／11·3 政
中臣逸志　❶ 867·1·24 社
中臣春継　❶ 870·8·23 文
中臣比登　❶ 787·2·5 政
中臣人足　❶ 708·9·30 政
中臣政親　❷ 1221·5·30 政
中冨正義　❾ 2011·11·23 政
中臣真助　❶ 763·12·29 政
中臣宗直　❷ 1221·⑩·23 社
中臣頼親　❸ 1284·12·24 政
中臣丸張弓　❶ 753·5·5 文／754·4·5 政／764·1·20 政
永富和子　❾ 2010·8·17 文
中臣習宜阿曾麻呂⇨習宜(すげ)阿曾麻呂
中臣宮処東人　❶ 729·2·10 政／738·7·10 社
中臣宮地烏麻呂　❶ 608·4月 政
中臣丸浄兄　❶ 788·5·23 政
中臣部若子　❶ 671·3月 社
長友重光　❽ 1943·7·7 政
中西伊之助　❼ 1924·6月 文／1925·12月 政／1927·5月 文／❽ 1958·9·1 政
中西一善　❾ 2005·3·10 社
中西敬二郎　❼ 1921·2月 社
中西啓介　❾ 1993·12·1 政
中西　功　❽ 1942·6·29 政
中西香爾　❾ 2007·10·27 文
中西耕石　❻ 1884·1·9 文
中西惟忠　❺-2 1790·是年 文
中西実清　❺-1 1601·是年 社
中西重忠　❾ 2006·11·3 文
中西準子　❾ 2010·11·3 文
中西信太郎　❾ 1976·6·3 文
中西清一　❼ 1919·4·12 政／1921·6·4 政
中西績介　❾ 1996·1·11 政
中西宗助　❺-2 1733·8·19 社
中西子彦　❻ 1869·1·10 文
中西敬房　❺-2 1777·是年 文
中西淡淵　❺-2 1752·7·15 文
中西忠太　❺-2 1801·2·17 社
中西六郎　❹ 1488·1·21 文／3·9 文／1489·10·3 文／1491·5·7 文／1492·2·26 文
中西利雄　❼ 1936·7·25 文／❽ 1948·10·6 文
中西正好　❺-1 1684·是年 文
中西美重蔵　❼ 1897·3·22 文
中西悠子　❾ 2005·7·23 社
中西陽一　❾ 1994·2·2 政
中西　龍　❾ 1998·10·29 文
なかにし　礼　❾ 2000·1·14 文
中沼了三　❻ 1869·1·23 文／1871·3·22 政
長沼国郷(四郎左衛門)　❺-2 1767·7·24 政
長沼　健　❾ 2008·6·2 社
長沼賢海　❾ 1980·7·14 文
長沼実国　❹ 1520·4·23 政／1532·是年 政
長沼時宗　❷ 1230·8·13 政／1241·11·29 政
長沼長政　❸ 1336·1·22 政
長沼憲秀　❸ 1417·3·27 政
長沼秀光　❸ 1394·是年 政
長沼秀宗　❸ 1440·4·10 政
長沼妙佼　❽ 1957·9·10 社
長沼宗親　❸ 1383·3·6 政
長沼(小山)宗政　❷ 1207·3·10 社／1210·8·12 社／1213·9·19 政／1221·6·25 政／1230·8·13 政／1236·7·17 社／1240·11·19 政
長沼盛勝　❹ 1558·12月 社
長沼守敬　❻ 1887·8·14 文／1889·2·1 文／6·16 文／1892·1·16 文／❼ 1898·7·11 文／是年 文／1900·4·14 文／❽ 1942·7·18 文
長沼義秀　❸ 1418·5·10 政
中根市之丞　❻ 1863·8·19 政
中根一郎　❼ 1936·1·15 社
中根快友　❺-1 1675·1·28 社
中根九郎兵衛　❺-1 1694·11·12 社
中根元圭(元璋·丈右衛門·元珪·律襲·律聚)　❺-1 1685·是年 文／1689·是年 文／1691·是年 文／1692·是年 文／1693·是年 文／1714·是年 文／❺-2 1727·5·27 文／1732·5月 文／是年 文／1733·1月 文／5·29 文／9月 文／1739·是年 文／1776·是年 文
中根彦循(保之丞·法舳)　❺-2 1738·是年 文
中根貞彦　❼ 1933·9·12 政
中根千枝　❾ 2001·11·3 文
中根長十郎　❻ 1863·5·29 社／10·23 政
中根東里(若思·敬夫·貞右衛門)　❺-2 1765·2·7 文
中根　紀　❺-2 1762·是年 文
中根春定　❺-1 1622·11·5 社
中根半嶺　❼ 1914·6·23 文
中根正章　❺-1 1667·②·28 政
中根正輝　❺-2 1740·7·4 政
中根正和　❺-1 1689·①·21 社
中根正包　❺-1 1705·8·5 社
中根正武　❺-1 1681·1·28 政
中根正俊　❺-2 1740·7·4 政
中根保之丞　❺-2 1743·是年 文
中根雪江(靱負)　❻ 1863·5·16 政／1867·12·5 政／12·8 政
中野有光　❼ 1921·2·8 政
中野撝謙(完翁)　❺-2 1720·7·23 文
中野盤雄　❽ 1944·10·20 政
中野寛成　❾ 1994·6·8 政／2011·1·14 政
中野金次郎　❼ 1926·7·8 政／❽ 1957·10·30 政
中野桂樹　❽ 1949·10·29 文
中野梧一　❻ 1879·9·15 政／1883·9·19 政
中野浩一　❾ 1977·8·31 社／1983·8·28 社／12月 社／1986·9·1 社
中野孝三郎　❾ 1995·2·3 政
中野孝次　❾ 2004·7·16 文
中野重治　❼ 1926·4月 文／1932·3·24 文／❽ 1938·3月 文／1945·12·30 文／1946·2·21 文／1962·2·5 政／❾ 1969·1月 文
中野重平　❽ 1956·11·29 政
中野重弘　❺-1 1633·8·22 社
中野シツ　❾ 2007·8·19 社
中野順三　❼ 1936·9·3 政
中野笑雲　❺-1 1601·是年 文
中野叔賢　❺-2 1792·②·4 文
中野四郎　❾ 1978·12·7 政
中野二郎三郎　❼ 1918·9·4 政
中野神右衛門　❺-1 1603·11月 社
中野水竹　❻ 1886·1·5 文
中野資弘　❷ 1180·11·13 社
中野正剛(甚太郎)　❼ 1921·11·12 政／1926·3·4 政／1929·1·25 政／1932·12·22 政／1933·10月 政／1936·5·25 政／❽ 1942·5·23 政／1943·1·1 政／10·21 政／10·27 政
中野大輔　❾ 2004·8·13 社
中野健明　❻ 1871·5·22 社
中野為泰　❷ 1265·④·18 政
中野太良左衛門　❺-1 1665·是年 文
中野筑後　❺-2 1723·2·11 政
中野友礼　❾ 1965·12·10 政
中野長風　❺-2 1849·11月 社
中野初子　❼ 1911·6·1 文
中野英明　❻ 1892·5·29 文
中野弘吉　❺-1 1659·5·6 社
中野武営(権之助·作造)　❼ 1917·11·1 政／1918·10·8 政
中野不二男　❽ 1944·8·5 政
中野三敏　❾ 2010·11·3 文
中野友礼　❼ 1920·2·10 政
中野好夫　❽ 1955·12·17 政
中野義一　❾ 1998·7·23 文
中野能成　❷ 1203·9·23 政／11·6 政
中野与之助　❽ 1949·4月 社
中野頼慶　❸ 1335·8·21 社
仲野王　❶ 830·8·4 政
仲野親王　❶ 838·1·13 政／861·1·13 政／3·23 社／863·2·10 政／867·1·17 政
長野公足　❶ 761·1·16 政／762·1·9 政
永野浄津　❶ 833·6·16 社
永野真雄　❶ 881·12·19 社
永野吉雄　❶ 879·9·4 社
永野氏郷　❷ 1264·5·10 社
永野采女　❺-1 1681·②月 文
長野宇平治　❻ 1895·12·15 政／❽ 1937·12·14 文
永野修身　❼ 1935·11·4 政／1936·1·10 政／3·9 政／❽ 1941·9·6 政／11·5 政／12·19 政／1943·1·4 政／1947·1·5 政
永野快山　❺-2 1719·4月 文
永野一男　❾ 1985·6·15 社
永野　健　❾ 2008·5·12 政
永野重雄　❽ 1958·3·20 政／❾ 1968·4·17 政／1969·9·18 政
永野茂門　❾ 1994·4·28 政／5·3 政／2010·1·4 政

長野鎮辰　❹ **1580**·2·18 政
長野鎮展　❹ **1588**·8·12 政
長野主膳(義言)　❻ **1858**·9月 社／**1862**·8·27 政／11·15 政
長野次郎兵衛　❺-1 **1634**·4月 社
長野甚五兵衛　❺-1 **1650**·5·17 政
長野季光　❸ **1350**·11·3 政／11·19 政
長野善五郎　❼ **1910**·11·1 政
長野善太夫　❺-2 **1746**·5月 社
長野草風　❽ **1949**·2·6 文
永野忠之　❺-2 **1731**·3·18 政
長野親成　❹ **1576**·11·25 政
長野垤志　❾ **1977**·7·14 文
長野友秀　❺-1 **1603**·是年 政／**1618**·③·21 政
長野具藤　❹ **1576**·11·25 政
長野業尚　❹ **1501**·8·28 社
長野業正　❹ **1560**·5月 政／**1561**·6·21 政
長野業盛　❹ **1561**·6·21 政／**1566**·9·29 政
長野信業　❹ **1526**·5月 政
長野弘勝　❹ **1568**·9·4 政
長野藤定　❹ **1576**·1·8 政
長野豊山(孟確·友太郎)　❺-2 **1821**·是年 文／**1837**·8·22 文
長野孫兵衛　❺-1 **1662**·是年 社
長野政雄　❼ **1909**·2·28 社
長野政高　❹ **1479**·11·22 政／**1480**·8·27 政
長野政藤　❹ **1460**·12·19 政
永野　護　❽ **1958**·6·12 政／❾ **1970**·1·3 政
長野美波留　❺-2 **1811**·是年 文／**1819**·是年 文
長野盛景　❷ **1228**·8·17 政
長野泰一　❾ **1998**·2·9 文
長野行種　❹ **1469**·是春 政
長野義言(主馬·主膳)　❺-2 **1850**·是年 文
長野義虎　❻ **1893**·7·12 社
長野喜三　❹ **1580**·12·12 社
長野利平　❾ **1978**·3·25 文
永野王　❶ **839**·1·11 政
長野左衛門九郎　❹ **1469**·5·25 政
長野女王　❶ **817**·5·27 政
中院定清　❸ **1335**·11·26 政／12·12 政
中院親光　❸ **1377**·4·11 政
中院具忠　❸ **1351**·11·24 政
中院具通　❸ **1377**·1·26 文
中院具光　❸ **1335**·10·15 政
中院通顕　❸ **1332**·10·14 政／**1333**·5·8 政／**1343**·12·20 政
中院通淳　❸ **1451**·11·28 政
中院通氏　❸ **1393**·11·15 社／**1395**·7·6 政
中院通勝　❹ **1585**·8·28 文／**1588**·11·28 文／**1596**·6月 文／**1598**·6·19 文／❺-1 **1610**·3·25 政
中院通重　❸ **1319**·⑦·28 政／**1322**·9·15 政
中院通茂　❺-1 **1670**·9·15 政／**1671**·7·8 政／**1675**·2·26 政／10·10 文／是年 文／**1703**·9·21 文／**1704**·2·23 政／**1710**·3·21 政
中院通純　❺-1 **1653**·4·8 政
中院通為　❹ **1565**·9·3 政
中院通躬　❺-2 **1718**·10·28 政／**1726**·9·15 政／**1738**·1·24 政／**1739**·12·3 政
中院通成　❸ **1286**·12·23 政
中院通秀(通時)　❹ **1479**·6·1 政／**1481**·8·21 文／**1482**·10·5 政／**1483**·2·2 文／3·30 文／**1484**·4·16 文／**1485**·3·24 政／**1494**·6·22 政
中院通冬　❸ **1363**·①·25 政
中院通雅　❺-2 **1758**·7·24 政
中院通村(通貫)　❺-1 **1612**·5·2 文／**1615**·1·6 文／7·20 文／**1616**·4·22 文／**1623**·10·28 政／**1626**·3·28 文／**1627**·3·4 文／**1630**·9·15 政／**1647**·7·3 政／**1649**·3·18 文／**1653**·2·29 政／**1668**·是年 文
中院通守　❸ **1418**·2·10 政
中院通世　❹ **1503**·4·29 文
中院光顕　❸ **1404**·1·9 政
中院光忠　❸ **1331**·2·18 政
中院義定　❸ **1343**·5·29 政／**1348**·2·6 政
中大兄皇子(中大兄天命開別尊)⇨天智(てんち)天皇
中ノ島法印山津　❻ **1874**·12·1 文
中坊源吾　❹ **1586**·11·13 文
中坊長兵衛　❺-1 **1641**·6·29 文
中坊伝吉　❹ **1599**·8·27 文
中坊時祐　❺-1 **1638**·8·10 社／**1644**·3·9 文／**1646**·12·22 文／**1647**·7·23 文
中坊秀祐　❺-1 **1609**·2·29 社
中坊秀政　❺-1 **1613**·5·11 社／**1614**·10·8 大坂冬の陣／12·4 大坂冬の陣／**1619**·8·26 社／**1638**·8·10 社
長親王(ながのみこ)　❶ **714**·1·3 政／**715**·6·4 政
長則(刀工)　❸ **1305**·是年 文
中橋徳五郎　❼ **1906**·10·25 政／**1918**·9·29 政／**1922**·3·2 政／**1924**·1·15 政／**1925**·12·29 政／**1927**·4·20 政／**1931**·12·13 政／**1934**·3·25 政
中橋基明　❼ **1936**·2·29 政
長橋局　❹ **1559**·8·27 社／**1569**·9·10 社／**1583**·2·20 社
永畑道子　❾ **2012**·6·24 文
中浜東一郎　❼ **1916**·11·10 文
中浜万次郎(ジョン万次郎)　❺-2 **1841**·1·7 政／**1851**·1·3 政／**1852**·4·3 政／7·11 政／9·15 文／12·4 文／❻ **1853**·11·7 政／**1857**·11·17 社／**1860**·1·13 万延遣米使節／❼ **1898**·11·12 文
長浜源八郎　❺-1 **1695**·2·4 文
長浜五郎　❸ **1348**·4·16 政
長浜博行　❾ **2012**·10·1 政
中浜屋利助　❺-2 **1839**·7·29 社
中林梧竹(隆経·彦四郎·子達)　❼ **1913**·8·4 文／**1915**·8·4 文
中林　仙　❽ **1937**·3·19 文
中林竹渓　❻ **1854**·是秋 文／**1867**·4·22 文
中林竹洞(成昌·伯明)　❺-2 **1818**·是年 文／**1837**·是年 文
中林沖岳　❻ **1890**·10·13 文
中原秋家　❷ **1193**·6·9 政
中原章澄　❷ **1267**·8·22 政
中原章継　❷ **1264**·3·10 政
中原章兼　❸ **1330**·4·1 社
中原章信　❸ **1330**·4·1 社
中原章房　❸ **1314**·4·6 政／**1327**·5·7 社／**1330**·4·1 社
中原秋道　❷ **1223**·7·16 政
中原氏女　❷ **1270**·5月 社
中原景康　❷ **1237**·7·8 文
中原景良　❷ **1192**·7·12 政
中原清景　❸ **1335**·6·22 政
中原清弘　❷ **1162**·10·6 社／**1163**·1·29 政
中原貞清　❷ **1021**·1月 文
中原早苗　❾ **2012**·5·15 文
中原重継　❷ **1218**·3·18 政
中原淳一　❾ **1983**·4·19 文
中原季時　❷ **1194**·5·4 社／**1205**·10·10 政／**1206**·9·25 社／**1211**·2·22 社／**1212**·2·23 社
中原資清　❷ **1111**·9·10 文
中原(摂津)親鑒　❸ **1317**·4·7 政／4·9 社
中原親能　❷ **1183**·11·4 政／**1184**·10·6 政／**1188**·11·25 社／**1195**·3·13 社／5月 政／**1199**·3·8 社／6·25 政／**1200**·3·27 社／**1202**·1·29 政／**1204**·3·22 政／**1207**·9·5 政／**1208**·12·18 政
中原中也　❼ **1933**·12月 文／❽ **1937**·10·22 文
中原(卜部)月雄　❶ **877**·2·3 政／**888**·5·15 政／**891**·是年 文
中原連岳　❶ **895**·1·22 政
中原貞七　❻ **1891**·7·29 文
中原悌二郎　❼ **1918**·9·10 文／**1919**·9·1 文／是年 文／**1921**·3·28 文
中原遠章　❷ **1151**·11·2 政
中原時元　❷ **1177**·7月 文／8月 文
中原友景　❷ **1238**·2·7 社
中原朝定　❷ **1212**·11·11 社
中原知親　❷ **1180**·8·19 政
中原長国　❷ **1044**·8·7 政
中原仲業　❷ **1191**·1·15 政／**1216**·4·11 政
中原業倫　❷ **1150**·8·30 文／**1152**·5·1 社／**1163**·1·29 政
中原業長　❷ **1174**·10·1 社
中原成昌　❺-2 **1836**·是年 文
中原成道　❷ **1028**·6·21 政
中原如意丸　❷ **1222**·2·8 政
中原信房⇨宇都宮(うつのみや)信房
中原信康　❷ **1185**·4·4 社
中原章明　❸ **1315**·4月 社
中原章香　❸ **1314**·4·6 政／**1332**·9·15 社
中原章右　❸ **1314**·4·6 政
中原範政　❷ **1085**·2·4 政／**1105**·6·14 社／10·10 政／**1106**·6·2 文
中原尚雄　❻ **1877**·2·13 西南戦争
中原久経　❷ **1185**·2·5 社／7·12 政／7·22 政
中原広忠　❷ **1118**·4·25 政
中原久光　❷ **1118**·2·15 政
中原広宗　❷ **1118**·4·25 政

中原広元⇨大江(おおえ)広元
中原　誠　❾ 1972·6·8 社／1976·6·10 社
中原真重　❷ 1070·7·3 文
中原政経　❷ 1199·2·14 政
中原政連　❸ 1308·8月 政
中原美紗緒　❾ 1997·7·8 文
中原光家　❷ 1191·1·15 政
中原光氏　❷ 1262·12月 社／1266·12·13 社
中原基兼　❷ 1177·6·1 政／6月 政
中原致時　❶ 991·5·8 社／996·7·8 文／❷ 1011·7·8 文
中原宗記　❷ 1153·4·27 社
中原宗道　❷ 1224·2·25 政
中原職忠　❺-1 1660·6·16 文
中原基広　❷ 1175·7·11 社／1183·10·21 政
中原職宗　❷ 1268·4·18 文
中原師香　❸ 1388·1月 文
中原師景　❷ 1181·2·23 文
中原師員　❷ 1225·12·18 政／1232·7·10 政／1235·1·18 政／1240·1·18 政／1243·2·26 政
中原師茂　❸ 1367·7·11 政／1378·7·7 文
中原師重　❷ 1221·7·20 文
中原師右　❸ 1345·2·6 政
中原師胤　❸ 1396·6·26 社
中原師連　❷ 1263·8·9 政／1264·11·15 政／❸ 1283·5·4 政
中原師遠　❷ 1118·4·25 政／1123·11·26 文／1130·8·7 政
中原師直　❷ 1198·11·6 文
中原師長　❷ 1139·6月 社
中原師夏　❸ 1322·1·23 文
中原師範　❷ 1041·3·27 社
中原師尚　❷ 1183·1·22 文／1197·5·2 文
中原師秀　❷ 1268·8·3 文
中原師平　❷ 1091·9·17 政
中原師冬　❸ 1287·3月 文
中原師元　❷ 1175·5·21 文
中原師守　❷ 1063·2·27 文
中原師守　❸ 1339·是年 文／1340·2·4 文／1362·12·6 社／1364·8·11 政／1366·7·21 文
中原師安　❷ 1118·4·25 政／1154·9·25 文
中原師世　❸ 1410·10·23 社／1415·6·3 社
中原康定　❷ 1183·10·13 政／11·11 政／1192·7·12 政
中原康隆　❸ 1330·7·9 文
中原康富　❸ 1401·5·4 社／是年 文／1420·11·10 文／1423·10月 文／1429·8·27 文／1433·4·28 文／8·29 文／1448·5·5 文／6·24 文／8·15 社／8月 社／1454·7·3 文／1455·4·7 文／9·3 文
中原嘉左右　❻ 1881·2·19 政
中原頼成　❷ 1084·4月 政
中原和郎　❾ 1976·1·21 文
永原慶二　❾ 2004·7·9 文
長原孝太郎　❼ 1896·6·6 文／1909·12月 文／1930·12·1 文
永原最弟麻呂　❶ 812·1·12 政
永原重賢　❹ 1561·7·28 政
永原重澄　❹ 1561·11·24 政
永原善次郎　❺-2 1776·7·20 政
永原宗会　❺-1 1648·3·25 文
永原忠藤　❶ 954·是年 政
永原吉重　❹ 1481·是春 文
良仁(ながひと)親王⇨後西(ごさい)天皇
中平　康　❾ 1978·9·11 文
永平親王　❶ 988·10·13 政
長広敏雄　❾ 1990·11·28 文
長渕　剛　❾ 1995·1·24 社／2004·8·21 文
中部幾次郎　❻ 1880·是年 政／❼ 1905·是年 社／❽ 1946·5·19 政
中部銀次郎　❾ 2001·12·14 社
中坊公平　❾ 1996·7·26 政／1999·4·1 政／2000·3·7 政／3·9 社／10·10 社
中坊徹次　❾ 2010·12·15 社
中間市右衛門　❺-2 1775·4·18 社
仲間　均　❾ 2010·12·10 政／2012·1·3 政
中摩行光　❺-1 1696·2月 文
名嘉間親雲上(琉球)　❺-1 1677·8月 政
長政(西坊城)　❹ 1483·6·14 社
長町竹石　❺-2 1806·是年 文
永松武雄　❼ 1930·4月 社
長松日扇　❻ 1857·1·12 社
中丸伊左衛門　❺-2 1792·11·7 社
中丸精十郎　❻ 1871·是年 文
中丸忠雄　❾ 2009·4·23 文
永見貞武　❺-1 1607·④·8 政
永見重直　❺-1 1696·1·11 社／1701·8·18 社
永見大蔵　❺-1 1674·1·29 政／1679·10·19 政／1680·7·22 政／1681·6·21 政
永見伝三郎　❼ 1899·8·27 政
中御門実寛　❸ 1340·5·27 政
中御門資熙　❺-1 1707·8·21 政
中御門為方　❸ 1306·12·13 政
中御門為行　❸ 1314·6·10 政
中御門経季　❸ 1346·9·8 政
中御門経任　❸ 1297·1·19 政
中御門経宣　❸ 1340·5·6 政
中御門経之　❻ 1866·8·30 政／1867·10·6 政／10·8 政／12·9 政
中御門俊輔　❸ 1436·2月 政／1439·2·6 政
中御門宣明　❸ 1334·8·10 政／1365·6·3 政
中御門宣顕　❺-2 1740·8·22 政
中御門宣忠　❹ 1555·7·2 政
中御門宣胤　❹ 1480·2·24 文／4·15 文／是年 文／1481·2·13 文／5·5 文／1503·1·19 文／1517·2·12 文／1519·5·28 文／1525·11·17 政
中御門宣秀　❹ 1531·7·9 政
中御門宣順　❺-1 1664·5·3 政
中御門尚良　❺-1 1641·8·23 政
中御門冬定　❸ 1337·8·17 政
中御門宗顕　❺-2 1728·4·28 政
中御門宗條　❺-1 1688·2·1 政
中御門宗継　❸ 1452·12·27 政
中御門宗長　❺-2 1778·1·19 政
中御門宗信　❺-1 1609·11·7 政
中御門宗冬　❸ 1311·1·19 政
中御門⇨藤原(ふじわら)姓も見よ
中御門天皇(慶仁親王·長宮)　❺-1 1701·12·17 政／1708·2·16 政／1709·6·21 政／1710·11·11 政／❺-2 1726·2·21 文／1735·3·21 政／1737·4·11 政
中上川(宮下)アキ　❾ 1967·8·8 政
中上川彦次郎　❻ 1881·4·25 政／10·11 政／1882·3·1 文／1888·1·4 社／1891·8·14 政／1894·11·21 政／1895·12·3 政／❼ 1901·10·7 政
中道随流　❺-1 1673·是年 文
中道　瞳　❾ 2012·7·27 社
仲嶺忠師　❾ 2012·1·3 政
長嶺嘉左衛門　❺-1 1707·12·10 社
長峰(長岑)茂智麻呂　❶ 833·9·29 政
長峰(長岑)高名　❶ 835·2·2 政／837·9·21 社／840·1·30 政／843·1·12 政／850·1·15 政／856·1·12 政／857·9·3 政
長峰　正　❾ 2011·1·22 政
長峰忠義　❷ 1005·12·28 社／1007·7·2 政
長峰(長岑)恒範　❶ 866·1·13 政
永峰　肇　❽ 1944·10·20 政
長峰(長岑)秀名　❶ 855·1·15 政
長岑望通　❶ 929·1·13 政／3·25 政
長岑諸近　❷ 1019·7·7 政
中牟田倉之助　❻ 1869·4·6 政／1875·10·27 政／1881·6·16 政／❼ 1916·3·30 政
長宗(仏師)　❷ 1237·4·17 文
長棟はる　❼ 1908·6·1 社
長統王　❶ 851·1·11 政
中村(人吉藩)　❻ 1865·9·25 政
ナカムラ(パラオ)　❾ 1994·10·26 政
中村秋香　❼ 1910·1·27 文
中村明遠　❺-2 1747·是年 文／1750·是年 文／1757·是年 文／1759·是年 文
中村彰彦　❾ 1994·7·13 文
中村家好　❹ 1575·5·21 文
中村磯吉　❺-2 1819·7·26 社
中村一郎　❾ 2011·10·17 政
中村一平　❼ 1928·9·10 社
中村歌右衛門(大関栄蔵、初代)　❺-2 1759·是春 文／1766·7·15 文／1768·11·1 文／是年 文／1791·10·29 文
中村歌右衛門(芝翫·市兵衛·玉助、三代目)　❺-2 1808·3·23 文／4月 文／1814·6·18 文／是年 文／1818·2月 文／1819·8·19 文／1838·7·25 文
中村歌右衛門(吉太郎、四代目)　❺-2 1839·10·10 文／1852·2·17 文
中村歌右衛門(五代目)　❼ 1934·10·25 文／❽ 1940·9·12 文／1955·7·2 文／1961·6·24 文
中村歌右衛門(六代目)　❾ 1967·7·30 文／1978·2·28 文／1990·10·4 文／10月 文／2001·3·31 文
中村梅吉　❽ 1956·12·23 政／1960·12·8 政
中村梅之助　❾ 1970·7·12 社
中村円一郎　❼ 1915·4·26 社
中村円太　❻ 1865·1·28 政
中村魁車　❽ 1941·10·27 文

中村覚純　❸ 1347·5·29 政
中村岳陵　❼ 1933·9·3 文／❽ 1939·6·8 文／1940·7·9 文／1950·10·29 文／1951·10·28 文／1960·3·10 文／1962·11·3 文／❾ 1968·11·14 文／1969·11·20 文
中村一氏　❹ 1583·11 月 政／1584·1·1 政／3·22 政／11·1 政／1585·3·17 政／3·25 政／5·8 政／1590·3·10 政／3·28 政／1599·1·21 政／2·5 政／1600·5·7 政
中村主計　❻ 1862·5·1 政
中村一雄　❾ 2008·12·17 社
中村一直　❹ 1557·11·9 社
中村議聞　❻ 1882·4·13 政
中村勝五郎　❽ 1953·1·31 政
中村　要　❸ 1395·⑦·13 政／1396·3·10 政／1398·④·25 政
仲村亀二　❾ 2004·5·20 社
中村歌六　❻ 1859·7·1 文
中村翫右衛門(初代)　❻ 1863·11·14 文
中村翫右衛門(二代目)　❼ 1919·4·27 文
中村翫右衛門(三代目)　❼ 1930·1·27 文／1931·5·22 文／❽ 1949·3·7 文／1952·9·28 社／1955·11·4 文
中村勘九郎(五代目)　❾ 1991·10·1 文／1994·6 月 文／2000·11·3 文／2004·7·17 文
中村勘九郎(六代目)　❾ 2012·2·2 文
中村勘五郎　❺-1 1633·是年 文
中村勘左衛門(二代目)　❺-2 1762·8·5 文
中村勘三郎(猿若道順、初代)　❺-1 1624·2·5 文／1632·4 月 文／1657·5·1 文／1658·2·9 文
中村勘三郎(二代目)　❺-1 1666·是年 文／1667·8 月 文／1674·8·26 文
中村勘三郎(三代目)　❺-1 1678·8·11 文
中村勘三郎(四代目)　❺-1 1713·10·25 文
中村勘三郎(八代目)　❺-2 1744·2·15 文／1777·11·25 文
中村勘三郎(十代目)　❺-2 1787·4 月 文
中村勘三郎(十一代目)　❺-2 1787·4 月 文／1796·8·28 文／1804·4·20 文／1823·4·17 文
中村勘三郎(十三代目)　❺-2 1850·4·17 文
中村勘三郎(十七代目)　❽ 1955·7·2 文／1960·5·27 文／❾ 1965·9·28 文／1967·2·28 文／1971·3 月 文／1988·4·16 文
中村勘三郎(十八代目)　❾ 2005·3·3 文／2007·7·17 社／2012·12·5 文
中村翫雀(二代目)　❻ 1861·1·7 文
中村翫雀(三代目)　❻ 1881·2·3 文
中村翫雀(四代目)　❽ 1941·10·27 文
中村翫雀(五代目)　❾ 2003·10·2 文
中村鴈治郎(林玉太郎、初代)　❼ 1935·2·1 文
中村鴈治郎(二代目)　❽ 1947·10·3 文／❾ 1990·11·1 文
中村勘太郎(初代)　❺-1 1659·是年 文
中村翫太郎(二代目)　❻ 1873·3·3 文／❾ 1991·10·1 文
中村勘兵衛　❻ 1864·1·24 社
中村勘六(岡崎屋勘亭)　❺-2 1805·2·3 文
中村喜四郎　❾ 1989·6·2 政／1994·1·5 社／3·8 政／1997·10·1 政／2001·4·25 社
中村吉右衛門(佐野川万菊の弟·佐野川屋、初代)　❺-2 1770·6·17 文
中村吉右衛門(播磨屋、初代)　❼ 1897·5·10 文／1921·3·9 文／6 月 文／❽ 1941·9 月 文／1951·11·3 文／1954·9·5 文
中村吉右衛門(播磨屋、二代目)　❾ 1990·6·4 文
中村吉治　❾ 1986·12·10 文
中村吉蔵(常治)　❼ 1918·11·6 文／❽ 1941·12·24 文
中村吉兵衛　❺-1 1715·宝永·正徳年間 文
中村汲斎(二代目)　❺-1 1705·10 月 文
中村精男　❼ 1909·7·31 政／1930·1·3 文
中村金三郎　❺-2 1803·4 月 文
中村錦之助　❽ 1961·11·27 社
中村草田男　❾ 1983·8·5 文
中村国香　❺-2 1800·寛政年間 文
中村粂太郎　❺-2 1748·12 月 文
中村内蔵助　❺-1 1704·3 月 文／1714·5·13 政／6 月 社
中村九郎　❻ 1864·11·7 政
中村九郎右衛門　❺-1 1701·3·9 政
中村経一　❼ 1932·10·6 政
中村啓次郎　❽ 1937·5·22 政
中村敬輔(正直·敬宇)　❻ 1862·3·11 文／1865·⑤·15 政／1866·9·6 文／1873·9·1 文／1874·2 月 文／3·13 文／1875·3 月 文／5·22 社／1879·1·15 文／1880·6·6 文／1888·5·7 文／1890·3·25 文／1891·3·8 社／6·7 文
中村敬甫⇨中村惕斎(てきさい)
中村研一　❽ 1939·4·14 文／1942·3 月 文／12·17 文／1944·3·8 文／11·25 文
中村憲吉　❼ 1934·5·5 文
中村元碩　❺-2 1719·4 月 文
中村兼三　❾ 1996·7·19 社
中村源太郎　❺-1 1714·1·12 社
中村原哲(豹斎、五代目)　❺-2 1811·7 月 文
中村小市郎　❺-2 1801·5·30 政
中村幸治　❼ 1901·10·21 社
中村孝太郎　❽ 1937·2·2 政／1947·8·29 政
中村孝也　❾ 1970·2·5 文
中山高陽　❺-2 1776·是年 文
中村惟冬　❹ 1580·10·15 政
中村五郎(山城美豆牧)　❸ 1371·4·5 社
中村五郎(新撰組)　❻ 1867·6·15 社
中村左衛門　❸ 1444·是年 政
中村鷺助　❻ 1853·10·10 文
中村定行　❸ 1362·3·28 政
中村聡志　❾ 2006·8·22 文／2007·10·7 政
中村三統　❺-1 1671·12·3 政
中村三之丞　❽ 1957·7·10 政
中村芝翫⇨中村歌右衛門(うたえもん、三代目)
中村芝翫(大芝翫·初代中村福助、四代目)　❻ 1872·6·3 文／❼ 1899·1·16 文
中村芝翫(五代目)　❼ 1904·2·27 文
中村芝翫(九代目)　❾ 2006·11·3 文／2011·10·10 文
中村重助(初代)　❺-2 1755·8·30 文
中村重助(二代目)　❺-2 1803·9·20 文
中村重助(三代目)　❺-2 1805·12·12 文
中村重助(四代目)　❺-2 1841·7·29 文
中村　茂　❾ 2012·12·19 政
中村七三郎(初代)　❺-1 1682·5 月 文／1686·3 月 文／1698·1·23 文／1708·2·3 文
中村史邦　❺-1 1696·是年 文
中村雀右衛門(二代目)　❻ 1895·7·20 文
中村雀右衛門(三代目)　❼ 1927·11·15 文
中村雀右衛門(四代目)　❾ 2001·10·30 文／2004·11·3 文／2012·2·23 文
中村若沙　❾ 1978·2·28 文
中邨秋香　❻ 1889·7·6 文／1895·9 月 文
中村修二　❾ 2001·8·23 文／2002·9·19 文／2004·1·30 文／2005·1·11 文
中村修二郎　❾ 1999·1·19 文
中村寿三郎　❼ 1896·8·30 文
中村春雨(吉蔵)　❼ 1902·5·13 文／1910·4·29 文
中村正三郎　❾ 1998·7·30 政／1991·11·5 政／1999·1·4 政
中村正妙　❸ 1286·9·10 政
中村四郎右衛門　❺-1 1714·5·13 政／6 月 社
中村四郎兵衛　❺-2 1729·5·19 政
中村真一郎　❾ 1997·12·25 文
中村進午　❼ 1903·6·10 政
中村進治郎　❼ 1932·12·12 文
中村震太郎　❼ 1931·6·27 政
中村甚之丞　❺-1 1692·是年 文
中村晋也　❾ 2002·10·30 文／2007·10·27 文
中村助五郎(初代)　❺-2 1763·7·13 文
中村助三郎　❹ 1530·6·29 政
中村祐庸　❼ 1925·2·18 文
中村祐友　❹ 1484·2·5 政
中村　進　❾ 2008·10·2 社
中村清吉　❻ 1886·3·3 社
中村星湖(将為)　❼ 1919·6·18 文／1924·3 月 文
中村清五郎　❺-1 1707·1·24 文／3·5 社
中村清三郎　❼ 1905·9·14 文
中村清二　❽ 1960·7·18 文
中村清治　❾ 2011·11·24 文
中村清六　❾ 2011·1·12 文
中村善右衛門　❺-2 1846·是年 文

中村善五郎　❺-1 1681·是年 文
中村善策　❾ 1968·11·1 文
中村扇雀(初代)　❽ 1947·10·3 文／1955·7·2 文／1959·10·5 文
中村扇雀(二代目)　❾ 1982·5·1 文／1988·6·3 文／1990·11·1 文
中村千弥　❺-2 1717·是年 社
中村宗見　❻ 1865·3·22 文
中村宗十郎(末広屋)　❻ 1873·9月 文／1878·4·28 文／1881·7月 文／1885·4·22 文／12·24 文／1889·10·8 文
中村宗三　❺-1 1664·是年 文
中村宗哲(三代目)　❺-2 1776·1月 文
中村宗哲(四代目)　❺-2 1791·8月 文
中村苑子　❾ 2001·1·5 文
中村大三郎　❽ 1947·9·14 文
中村岱佐　❻ 1857·1·19 政
中村竹三郎(初代)　❺-1 1714·6·7 文
中村武志　❾ 1966·1·16 社／11·16 社／1969·4·13 社／1992·12·11 文
中村竹弥　❾ 1990·5·28 文
中村　互　❸ 1395·⑦·13 政
中村忠一　❺-1 1603·11·14 政／1609·5·11 政
中村　允　❸ 1282·8·10 政
中村龍夫　❾ 2012·11·18 政
中村達太郎　❽ 1942·7·28 文
中村胤明　❹ 1470·11·14 政
中村胤直　❸ 1439·①·21 政
中村太八郎　❼ 1897·4·3 社／7月 政／1905·8·25 政
中村たま　❻ 1874·12·1 文
中村玉七　❻ 1860·2·15 文
中村為一　❺-2 1823·是年 文
中村太郎　❾ 1987·11·6 政／1989·8·9 政／2011·4·22 政
中村太郎左衛門　❻ 1881·5月 社
中村(中林)竹洞　❻ 1853·3·20 文
中村仲蔵(初代)　❺-2 1790·4·23 文
中村仲蔵(二代目)　❺-2 1796·11·7 文
中村長十郎　❺-2 1828·7·28 社
中村長助　❼ 1927·是年 政／❾ 1989·2·10 政
中村　続　❸ 1294·3·27 政／1296·7·29 政／1303·④·17 政／1304·12·29 政
中村　傳　❾ 2012·12·21 文
中村　彝　❼ 1910·10·14 文／1911·10·14 文／1916·10·14 文／1917·是年 文／1920·10·13 文／1924·12·24 文
中村常右衛門　❻ 1865·12·12 政
中村鶴助　❺-2 1851·2·5 文／❻ 1892·9·22 文
中村貞以　❽ 1948·10·20 文／❾ 1965·9·1 文
中村汀女　❽ 1944·1月 文／❾ 1988·9·20 文
中村惕斎(敬甫·之欽)　❺-1 1666·是年 文／1695·是年 文／1701·是年 文／1702·7·26 文／1703·是年 文／1704·是年 文／❺-2 1789·3月 文
中村テル　❾ 2009·5·3 社
中村輝夫(李光輝)　❾ 1974·12·25 政
中村伝九郎(初代)　❺-1 1688·3·21 文
中村道碩⇨井上因碩(いのうえいんせき)
中村とうよう　❾ 2011·7·21 文
中村時万　❻ 1857·5·20 政
中村時蔵(三代目)　❽ 1959·7·12 文
中村時蔵(四代目)　❽ 1962·1·28 文
中村時蔵(五代目)　❾ 1989·9·29 文
中村俊男　❾ 1998·12·23 政
中村富十郎(初代)　❺-2 1751·是年 社／1753·1·15 文／1786·8·3 文
中村富十郎(二代目)　❻ 1855·2·13 文
中村富十郎(三代目)　❼ 1901·2·21 文
中村富十郎(四代目)　❽ 1960·10·17 文
中村富十郎(五代目)　❾ 1988·10·11 文／1990·10·4 文／2008·11·4 文／2011·1·3 文
中村富平　❺-1 1710·是年 文
中村友三　❻ 1861·3·16 文
中村寅吉　❼ 1904·是年 文／❽ 1957·10·24 社／❾ 2008·2·11 社
中村寅太　❾ 1971·7·5 政／1978·2·14 政
中村虎助　❺-1 1698·12月 社
中村直勝　❾ 1976·2·23 文
中村直躬　❺-2 1800·是年 文
中村仲蔵(三代目)　❻ 1878·4·28 文／1886·12·24 文
中村仲蔵(秀鶴、四代目)　❼ 1916·1·31 文
中村伸郎　❽ 1945·4·11 文／1946·3·26 文／1963·1·14 文／❾ 1991·7·5 文
中村信成　❽ 1946·3·26 文
中村　登　❽ 1944·11·29 政
中村法道　❾ 2010·2·21 社
中村梅玉(笹木徳数、二代目)　❼ 1921·6·8 文／❽ 1948·2·18 文／3·18 文
中村橋之助　❾ 2003·10·2 文／2004·7·17 文
中村　元　❾ 1977·11·3 文／1999·10·10 文
中村八大　❽ 1959·12·27 社／1961·7·21 社／❾ 1992·6·10 文
中村八郎右衛門　❺-1 1664·11月 社
中村春二　❼ 1912·4·3 文／1924·2·21 文
中村春続　❹ 1580·5·21 政
中村彦左衛門　❺-1 1661·是年 文
中村英夫　❾ 2002·6·21 社
中村栄孝　❾ 1984·1·4 文
中村紘子　❾ 1965·3·15 文
中村福助(成駒屋、三代目)　❻ 1887·4·26 文
中村福助(慶次、五代目)　❼ 1922·2·26 文／1933·8·11 文／❾ 1969·1·1 文／2005·6·5 文
中村福之助　❺-2 1803·4月 文
中村不折(鈼太郎)　❼ 1897·8月 文／1898·是年 文／1936·11·3 文／❽ 1943·6·6 文
中村仏庵　❺-2 1834·1·7 文
中村文則　❾ 2005·7·14 文
中村武羅夫　❼ 1927·12·1 文／1930·3·13 文／❽ 1949·5·13 文
中村平吉　❺-2 1729·是年 文
中村芳章　❼ 1931·9·25 文
中村芳中　❺-2 1800·是年 文／1802·是年 文／1819·是年 文
中村睦峰　❺-2 1724·5月 文
中村真衣　❾ 2000·4·23 社／9·15 社
中村政一　❼ 1933·6·17 社
中村正尊　❺-2 1786·是年 文
中村正春　❾ 2008·4·10 社
中村政栄　❺-1 1691·是年 文／1702·是年 文
中村正也　❽ 1957·1月 文
中村又五郎　❾ 2009·2·21 文
中村美里　❾ 2008·8·9 社／2010·2·6 社
中村三近子(平五)　❺-2 1731·是年 文／1732·是年 文／1735·是年 文／1749·是年 文
中村道太　❻ 1881·7·8 政
中村光夫　❽ 1939·8月 文／1958·10月 文／❾ 1974·7·27 文／1988·7·12 文
中村　稔　❾ 2010·11·3 文
中村弥次郎　❸ 1332·2·1 政
中村弥六　❻ 1894·1·22 政／❼ 1899·7·19 政
中村祐丞　❹ 1457·12·2 政
中村雄次郎(関東都督)　❼ 1917·7·31 政／1921·2·10 政
中村勇二郎(雄次郎、伊勢型紙)　❽ 1955·1·27 文
中村行成　❾ 1996·7·19 社
中村幸彦　❾ 1998·5·7 文
中村与左衛門　❺-1 1658·是年 文
中村良顕　❼ 1900·9·12 文
中村義雄　❼ 1932·5·15 政
中村是公(柴野·登一)　❼ 1906·11·26 政／1927·3·1 政
中村蘭台　❼ 1915·11·18 文
中村蘭林(子晦·玄晦·玄春·深蔵)　❺-2 1761·9·3 文
中村立行　❾ 1995·3·30 文
中村良詮　❺-1 1691·是年 文
中村良之進　❼ 1913·1月 文
中村礼子　❾ 2004·8·13 社／2005·7·23 社／2008·6·6 社／8·9 社
中村六三郎　❻ 1875·11·1 文
中村六郎左衛門尉　❸ 1353·7·27 政
中村佐渡入道　❸ 1432·4·14 社
中村親雲上　❺-1 1604·9·27 政
中村屋平右衛門　❺-1 1692·11·9 社
中室浄人　❶ 771·③·9 社
仲基(僧)　❷ 1210·9·6 文
中元勝義　❾ 2008·4·10 社
中本健太郎　❾ 2012·7·27 社
中本　浩　❾ 1992·7·25 社
長盛(住吉社神宮)　❷ 1187·4·23 社
中森明菜　❾ 1985·12·31 社／1986·12·31 社／1989·7·11 社
中谷宇吉郎　❽ 1938·12·26 文／1962·4·11 文
中屋徳兵衛　❻ 1870·12·7 社
仲谷　昇　❽ 1963·1·14 文／❾ 2006·11·16 文
中矢　力　❾ 2012·7·27 社

永屋(肝煎)　❺-1 **1667**·3·9 政
長屋顕景　❹ **1485**·3·17 社
長屋元定　❹ **1571**·1·16 政
長屋王　❶ **718**·3·10 政／**721**·1·5 政／10·13 政／**724**·2·4 文／**728**·5·15 文／**729**·2·10 政
永易将之　❾ **1969**·10·8 社／11·28 社
中山彰規　❾ **1968**·10·12 社／**1972**·8·26 社
中山篤親　❺-2 **1716**·9·6 政
中山敦仁　❾ **2009**·7·13 文
中山市之丞　❺-1 **1672**·4·20 政
中山伊知郎　❾ **1967**·3·7 政
中山雅楽助　❺-1 **1603**·是秋 社
中山勘解由　❺-1 **1685**·5·24 政
中山兼親　❺-2 **1719**·12·23 政／**1734**·10·25 政
中山勘蔵　❻ **1891**·5·12 政
中山喜右衛門　❺-2 **1721**·2·28 政
中山義秀　❾ **1969**·8·19 文
中山久蔵　❻ **1873**·是年 政
中山恭子　❾ **2004**·9·29 政／**2008**·8·2 政
中山九郎兵衛　❹ **1589**·10·23 政
中山源蔵(利及)　❺-2 **1760**·11·24 政
中山小一郎　❼ **1924**·是年 社
中山江民　❼ **1924**·4·15 文
中山恒明　❾ **2005**·6·20 文
中山高陽(阿波屋清右衛門·高陽山人·玩世道人·酔墨山人·酔墨子·松石斎)　❺-2 **1769**·是年 文／**1772**·是秋 文／**1775**·是春 文／**1776**·是春 政／**1777**·是春 文／**1778**·是年 文／**1780**·3·12 文
中山こかん　❻ **1853**·是年 社
中山胡民　❻ **1870**·1·8 文
中山作三郎　❺-2 **1790**·9·6 文／**1808**·2·6 文
中山定親　❸ **1401**·是年 文／**1425**·6·27 政／**1426**·11·16 文／**1436**·10·17 政
中山定宗　❸ **1371**·3·15 政
中山三柳　❺-1 **1670**·是年 文／**1672**·是年 文／**1682**·是年 政
中山修一　❾ **1997**·4·30 文
中山譲治　❻ **1869**·1月 社
中山正善　❾ **1967**·11·14 社
中山晋平　❼ **1914**·3·26 文／**1928**·4月 文／**1929**·5·1 社／**1933**·是夏 社／❽ **1952**·12·30 文
中山誠一郎　❺-2 **1850**·8·24 社
中山素平　❾ **2005**·11·19 政
中山大三郎　❾ **2005**·4·7 文
中山旗郎　❻ **1861**·5·16 社
中山　巍　❼ **1931**·1·11 文／**1933**·3·10 文／❽ **1944**·11·25 文／**1950**·是年 文
中山孝親　❹ **1578**·1·16 政
中山竹通　❾ **1987**·12·6 社／**1990**·2·28 政
中山忠尹　❺-2 **1809**·12·19 政／12·20 政
中山忠光　❻ **1863**·8·14 政／**1864**·11·15 政
中山忠能　❻ **1858**·3·12 政／**1859**·2·5 政／**1861**·10·20 政／**1862**·12·9 政／**1863**·1·22 政／**1867**·1·25 政／10·8 政／11·29 政／12·4 政／12·9 政／**1888**·6·12 政
中山太郎兵衛(馬栄宇)　❺-1 **1627**·是年 文
中山親通　❹ **1462**·5·25 政
中山親綱　❹ **1590**·5·2 政／**1598**·11·28 政
中山親雅　❸ **1395**·6·20 政／**1402**·5·27 政
中山千夏　❽ **1959**·3·1 文／10·5 文
中山悌一　❽ **1957**·3·26 文／❾ **2009**·9·29 文
中山廷冲　❺-2 **1778**·是年 文
中山伝右衛門　❺-1 **1706**·6·7 社
中山時庸　❺-2 **1746**·1·11 文／**1750**·3·11 政／**1755**·7·23 政／**1757**·8·5 政
中山時春　❺-1 **1698**·4·28 社／**1699**·4·14 社／**1702**·11·28 政／**1707**·6·3 社／**1709**·7·24 社／**1713**·3·2 政／**1714**·1·28 社
中山直右衛門(北山進士)　❺-2 **1774**·是年 政
中山直守　❺-1 **1683**·1·23 政／**1685**·5·24 政
中山成彬　❾ **2004**·9·27 政／**2008**·9·28 政
中山愛親　❺-2 **1768**·1·24 文／**1788**·4月 政／**1792**·10·4 政／**1793**·1·26 政／**1814**·8·18 政
中山信明　❺-2 **1779**·是年 文
中山信勝　❺-2 **1794**·6·25 政
中山宣親　❹ **1485**·1·21 文／**1504**·③月 政／**1517**·10·4 政
中山信名(平四郎·勘四郎·柳洲)　❺-2 **1836**·11·10 文
中山美石　❺-2 **1814**·是年 文
中山秀雄　❼ **1935**·11·9 政
中山秀三郎　❼ **1936**·11·19 文
中山秀司　❻ **1867**·7·23 社
中山英親　❺-1 **1674**·2·18 政
中山文七　❺-2 **1758**·12·22 文／**1765**·3·10 社
中山平次郎　❼ **1917**·是年 文
中山マサ　❽ **1960**·7·19 政
中山正暉　❾ **1987**·11·6 政／**1999**·10·5 政
中山雅史　❾ **1998**·4·29 社
中山みき　❺-2 **1838**·10·26 社／❻ **1887**·2·18 社
中山満親　❸ **1421**·4·26 政
中山茂純　❺-2 **1851**·12月 文
中山元親　❺-1 **1639**·8·26 政
中山茂兵衛　❺-1 **1693**·10·3 政
中山弥助　❺-2 **1837**·是年 社
中山安兵衛(高田馬場仇討)　❺-1 **1694**·2·11 社
中山安兵衛(海浜ホテル開業)　❻ **1887**·7月 社
中山百合子　❼ **1936**·1·9 社
中山慶子(明治天皇生母)　❺-2 **1852**·9·22 政／❼ **1907**·10·5 政
中山慶親　❺-1 **1618**·4·10 政
中山栄親　❺-2 **1771**·5·22 政
中山良守　❺-1 **1686**·12·3 政
中山律子　❾ **1969**·6·22 社／**1970**·8·21 社
中山備前守　❺-2 **1791**·9月 社
中山⇨藤原(ふじわら)姓も見よ
長山県治郎　❼ **1922**·5·19 政
長山孔寅　❺-2 **1849**·9·27 文
永山光幹　❾ **2010**·3·22 文
永山武臣　❾ **2006**·12·13 文
永山時雄　❾ **1999**·7·11 政
長山直厚　❼ **1923**·6·26 政
永山則夫　❾ **1968**·10·11 社／**1969**·4·7 社／**1981**·8·21 社／**1983**·7·8 社／**1987**·3·18 社／**1990**·5·7 文／**1997**·8·1 社
長山政幹　❹ **1522**·是年 政
長山幹総　❹ **1522**·是年 政
永山盛輝　❻ **1892**·1·17 政
永山弥一郎　❻ **1877**·2·15 西南戦争
中山口四郎兵衛　❺-1 **1659**·8·1 社
長与称吉　❼ **1910**·9·5 文
長与専斎　❻ **1857**·9·26 文／**1860**·1月 文／**1868**·10·17 文／**1873**·3·23 文／**1875**·4·11 文／**1890**·4·1 文／10·1 政／❼ **1902**·9·8 文
長与又郎　❼ **1908**·4·20 文／**1934**·5·20 文／❽ **1937**·12·10 政／**1941**·8·16 文
長与善郎　❼ **1916**·9月 文／**1923**·1月 文／❽ **1944**·9月 文／**1961**·10·29 文
仲能(姓不詳)　❷ **1134**·是年 政
長義(備前刀工)　❸ **1352**·8月 文／**1360**·5月 文
長吉(刀工)　❸ **1366**·是年 文
長良孫三郎　❸ **1374**·4·3 社
長柄王　❶ **873**·9·27 政
半井明茂　❹ **1483**·7·6 政
半井明英　❹ **1540**·3·9 文
半井　清　❽ **1959**·4·23 政
半井金陵　❺-2 **1777**·是年 文
半井梧庵　❺-2 **1852**·是年 文
半井重種　❹ **1508**·11·8 文
半井宗玄　❺-2 **1833**·9月 文
半井利長　❹ **1507**·1·5 文
半井成近　❺-1 **1639**·3·8 文
半井卜養(慶友)　❺-1 **1678**·12·26 文
半井卜養(瑞之)　❺-1 **1691**·7·26 社
流　政之　❾ **1975**·是年 文
奈河亀輔　❺-2 **1776**·12·2 文／**1785**·3·26 文
奈紀王(奈貴王)　❶ **763**·1·9 政／**771**·③·1 政
今帰仁宗能　❺-1 **1628**·7·19 政
今帰仁王子　❺-2 **1752**·6·4 政／12·15 政
名草逸峰　❻ **1889**·4·22 文
名草高根女　❶ **742**·10·17 社
名草道主　❶ **810**·10·2 文
那久野(名護屋)頼永　❹ **1467**·是年 政／**1473**·1·6 政／**1474**·1·20 政／**1475**·1·10 政／**1476**·1·13 政／**1477**·1·15 政／**1479**·1·1 政／**1480**·3·7 政／**1484**·1·5 政／**1485**·1·5 政／**1486**·1·17 政／**1489**·1·13 政／**1491**·1·16 政／**1492**·2·21 政／**1494**·1·18 政
南雲忠一　❽ **1941**·11·26 政／**1944**·7·6 政／7·8 政
名倉竹次郎　❼ **1933**·11·1 社

名倉忍斎　❺-2 **1850**·12·8 文
名倉正博　❾ **2009**·4·14 社
名護朝充　❺-1 **1682**·2·6 政／4·11 政／**1670**·8·1 政
奈古又太郎　❷ **1241**·9·3 政
名護良豊　❺-1 **1609**·3·20 政／3·26 政／**1613**·8·26 政
名護良員　❹ **1578**·4·5 政
名越兼藤　❸ **1288**·7·29 政
名越公時　❸ **1293**·10 月 政
名越高家　❸ **1320**·3·11 政／**1333**·4·16 政／4·27 政
名越時家　❸ **1292**·11·24 政／**1293**·4·7 政／7·24 政
名越時兼　❸ **1335**·8·18 政
名越時如　❸ **1334**·11·19 政
名越通鑒　❸ **1293**·5·24 政／8·3 政
名越宗長　❸ **1309**·7·23 政
名越(浪越)三昌　❺-1 **1638**·8 月 文／是年 文
名越南渓(時中·克敏·子聡·居簡斎)　❺-2 **1777**·5·16 文
名古屋　章　❾ **2003**·6·24 文
名古屋玄医(閬甫)　❺-1 **1671**·4 月 文／**1673**·是年 文／**1679**·是年 文／**1688**·是年 文／**1696**·4·18 文
奈古屋玄蕃　❺-2 **1716**·4·13 政
ナゴヤ三左　❺-1 **1615**·6·24 文
名古屋山左衛門　❹ **1569**·永禄年間 文
名古屋山三郎　❹ **1561**·是年 文
那師姑(琉球)　❸ **1387**·12·1 政／**1391**·9·1 政／**1395**·1 月 政
難升米(なしめ、倭)　❶ **239**·6 月／**245**·是年／**247**·是年
梨元　勝　❾ **2010**·8·21 社
梨本宮守正王　❽ **1945**·12·2 政／**1951**·1·1 政
名城信男　❾ **2007**·5·3 社
那須韋提　❶ **700**·1·2 政
那須氏資　❸ **1429**·8·18 政／**1435**·6·13 政
那須芝山　❺-2 **1832**·1·5 文
那須真吾　❻ **1862**·4·8 政／**1863**·8·14 政
那須資景　❺-1 **1610**·6·19 政
那須資実　❹ **1494**·1·24 政
那須(森田)資胤　❹ **1567**·2·17 政／**1571**·9·5 政／**1574**·2·6 政／9·7 政／**1578**·5·28 政
那須資親　❹ **1516**·6·7 政
那須資永　❹ **1516**·6·7 政
那須資徳　❺-1 **1687**·6·25 政／10·14 政
那須資晴　❹ **1583**·2 月 政／❺-1 **1610**·6·19 政
那須資久　❹ **1516**·6·7 政
那須資房　❹ **1463**·7·7 政／**1494**·1·24 政／**1516**·6·7 政／**1521**·11·4 政
那須資藤　❸ **1355**·3·12 政
那須資持　❸ **1455**·4·19 政
那須資弥　❺-1 **1665**·10·24 政／**1681**·2·25 政／**1687**·6·25 政
那須高資　❹ **1539**·9·21 政／**1549**·9·27 政／**1551**·1·21 政
那須忠己　❾ **2012**·11·29 政
奈須恒徳(士常)　❺-2 **1822**·是年 文
那須博之　❾ **2005**·2·27 文
那須政資　❹ **1520**·8·12 政／**1539**·9·21 政／**1546**·7·23 政
那須良輔　❽ **1940**·8·31 文／❾ **1989**·2·22 文
那須川瑞穂　❾ **2009**·3·22 社
ナセル(クウェート)　❾ **2007**·4·27 政
ナタール(伊)　❻ **1860**·9·17 政
灘尾弘吉　❽ **1956**·12·23 政／**1958**·6·12 政／12·10 政／**1963**·7·18 政／❾ **1967**·11·25 政／**1994**·1·22 政
那多利　❶ **530**·9 月
夏　夕介　❾ **2010**·1·27 文
夏井昇吉　❽ **1956**·5·3 社
夏井透玄　❺-1 **1688**·是年 文
長束正家　❹ **1589**·10·10 政／**1593**·1·23 文禄の役／3·3 文禄の役／**1594**·3·20 政／12·11 社／**1595**·6·8 政／**1598**·3·11 社／7·16 文／8·5 政／10·8 慶長の役／**1599**·2·2 政／**1600**·3·5 社／5·7 政／6·18 関ヶ原合戦／7·17 関ヶ原合戦／8·5 関ヶ原合戦／8·24 関ヶ原合戦／9·15 関ヶ原合戦／9·30 関ヶ原合戦
名塚秀二　❾ **2004**·10·10 社
夏川静江　❼ **1932**·11·24 文／❾ **1999**·1·24 文
ナッシュ(ニュージーランド)　❽ **1959**·2·19 政
納所弁次郎　❼ **1900**·6 月 文
夏目伊織　❺-1 **1642**·2·29 社
夏目左近将監　❺-2 **1835**·3·16 社
夏目貞良　❼ **1921**·12·15 文
夏目漱石(金之助)　❼ **1900**·9·8 文／**1905**·1 月 文／**1906**·4 月 文／10·8 文／**1907**·4·2 文／6·23 文／**1908**·1 月 文／2·15 文／7·25 文／**1909**·6·27 文／**1911**·1 月 文／2·21 文／**1912**·1·2 文／**1913**·1 月 文／**1914**·4·20 文／**1916**·5·26 文／12·9 文／❽ **1947**·6·27 社
夏目久男　❾ **1999**·4·5 社
夏目不随斎成美　❺-2 **1816**·11·19 文
夏目雅子　❾ **1978**·10·1 社／**1985**·9·11 文
夏目吉信　❹ **1563**·是秋 政
名手教治　❸ **1337**·1·14 政
名取洋之助　❼ **1933**·8 月 文／❽ **1962**·11·23 文
名取礼二　❾ **1986**·11·3 文
七尾伶子　❽ **1943**·10·3 文
七掬脛(料理係)　❶ **書紀·景行 40**·7·16
難波胡床　❶ **650**·是年 社
浪花一九　❺-2 **1811**·是年 文
難波大形　❶ **681**·3·17 文
難波　神　❶ **600**·是年
浪花亀吉　❺-2 **1842**·4 月 社
難波清宗　❶ **858**·4·2 政
難波国勝　❶ **656**·是年 政
浪花千栄子　❽ **1948**·12·1 文
難波徳摩呂　❶ **609**·4·4 政
浪波松之助　❺-2 **1842**·4 月 社
難波薬師奈良　❶ **758**·4·28 文
難波吉成　❶ **730**·3·27 文
難波小野王　❶ **485**·1 月
難波小野皇后　❶ **489**·9 月
難波薬師奈良　❶ **758**·4·28 文
難波根子武振熊　❶ **書紀·仁徳 65**·是年
難波田春夫　❽ **1945**·11·4 文
浪花亭峰吉　❼ **1911**·12·15 文
難波内親王　❶ **772**·3·2 政／**773**·10·14 政
難波皇子　❶ **587**·7 月
難波吉士(名欠く)　❶ **535**·9·3
難波吉士木蓮子　❶ **575**·4·6／**591**·11·4／**600**·是年
難波部子刀自売　❶ **827**·1·25 社
名主惣十郎　❺-2 **1809**·6·21 社
那波佐方　❸ **1328**·2·27 社
ナバレテ，アロン(ドミニコ会)　❺-1 **1617**·4·26 社
ナバレテ·フェハルド，ドン·ルイス　❹ **1597**·7·24 政
ナバロ，ペトロ·パウロ(神父)　❺-1 **1622**·9·28 社
ナフタリー·エ(オーストリア)　❻ **1890**·11 月 社
鍋井克之　❼ **1924**·4 月 文／❾ **1969**·1·11 文
鍋島有熙　❺-2 **1770**·⑥·10 政
鍋島勝茂(信茂·清茂)　❹ **1597**·1·13 慶長の役／**1600**·8·24 関ヶ原合戦／❺-1 **1611**·1 月 政／3·6 政／**1612**·6·1 社／⑩·21 政／**1613**·8 月 政／10·6 政／**1615**·9·21 社／**1626**·5·3 社／**1638**·6·29 島原の乱／**1655**·3 月 政／**1657**·3·24 政
鍋島茂里　❹ **1592**·7·21 文禄の役
鍋島重茂　❺-2 **1760**·11·26 政／**1770**·⑥·10 政
鍋島忠茂　❺-1 **1624**·8·4 政
鍋島綱茂　❺-1 **1706**·12·2 政
鍋島直温　❺-2 **1784**·9·6 文
鍋島直條　❺-1 **1705**·4·30 政
鍋島直員　❺-2 **1744**·9·10 政
鍋島直堅　❺-1 **1705**·4·30 政
鍋島直茂(信昌·信生)　❹ **1570**·8·20 政／**1582**·7·11 政／**1586**·10·4 政／**1588**·4·2 社／11·28 政／**1590**·1·8 政／2·27 政／**1591**·7·1 政／**1592**·3·20 文禄の役／4·17 文禄の役／4·20 文禄の役／4·28 文禄の役／5·3 文禄の役／5·27 文禄の役／6·7 文禄の役／6·24 文禄の役／7·18 文禄の役／9·7 文禄の役／**1593**·2·9 文禄の役／2·29 文禄の役／4·18 文禄の役／7·10 社／**1596**·9·7 政／**1597**·8·15 慶長の役／11·22 政／**1599**·3·23 政／**1600**·11·22 関ヶ原合戦／❺-1 **1601**·9 月 政／**1603**·11 月 社／**1604**·11·9 文／**1605**·7·1 政／**1606**·是年 社／**1607**·2·7 政／**1618**·6·3 政
鍋島直孝　❺-2 **1843**·10·10 社
鍋島直紹　❾ **1967**·11·25 政
鍋島直英　❺-2 **1744**·9·12 政
鍋島直大(淳一郎·茂実)　❻ **1868**·4·2 政／④·1 政／**1874**·1·16 政／**1880**·1·25 社／**1884**·7·10 文／**1886**·7·10 文／❼ **1921**·6·7 政
鍋島直房　❺-1 **1601**·9 月 政

鍋島直正(閑叟·斎正·貞丸)　❺-2 1819·12月 政／1836·3·13 政／1837·2·11 政／1844·9·19 政／❻ 1854·8·26 政／1858·6·3 政／1863·1·7 政／1866·8·17 政／1869·7·13 政／1871·1·18 政
鍋島直愈　❺-2 1770·1·23 政／1791·3·12 社
鍋島直之　❺-2 1725·4·28 政
鍋島直彬(熊次郎)　❻ 1879·4·4 政／❼ 1915·6·13 政
鍋島斎直　❺-2 1808·11·9 政／1830·2·7 政／1839·1·28 政
鍋島斎正　❺-2 1830·2·7 政
鍋島信茂⇨鍋島勝茂(かつしげ)
鍋島信昌　❹ 1557·1·1 政
鍋島治茂　❺-2 1781·12月 文
鍋島法師丸(高房)　❹ 1588·11·28 政
鍋島正茂　❺-1 1624·8·4 政
鍋島幹夫　❾ 2011·7·20 文
鍋島光茂　❺-1 1657·3·24 政／1700·5·16 政
鍋島宗茂　❺-2 1730·3·18 政／1738·12·9 政／1754·11·25 政
鍋島宗教　❺-2 1738·12·9 政／1760·11·26 政／1780·2·2 政
鍋島元武　❺-1 1713·8·20 政
鍋島吉茂　❺-1 1706·12·2 政／1708·是年 文／❺-2 1730·3·18 政
鍋田三善(晶山)　❺-2 1850·是年 文
鍋屋甚八　❺-2 1804·是年 社
鍋屋宗円　❺-1 1631·是年 政
鍋山貞親　❼ 1926·12·4 政／1929·4·16 政／1933·6·7 政
ナポレオン三世　❻ 1863·12·29 政／1867·1·11 政／6·26 社
生江孝之　❽ 1957·7·31 社
奈末智　❶ 623·7月 政
波　和二　❾ 2009·2·5 社
浪上為次郎　❻ 1892·1月 社
並河　永(誠所·五一·五市郎·宗永)　❺-2 1729·4·22 文／1734·是年 文／1735·5月 文／是年 文／1736·是年 文／1738·3·10 文
並河寒泉　❻ 1879·2·6 文
並河成資　❽ 1937·10·14 社
濤川惣助　❻ 1893·5·1 文／❼ 1896·6·30 文／1910·2·9 文
並河天民(亮)　❺-2 1718·4·8 文／1719·是年 文
並河萬里　❾ 2006·5·7 文
並河靖之　❼ 1896·6·30 文／1927·5·24 文
並河魯山　❺-1 1710·11·29 文
並木五瓶(五兵衛、初代)　❺-2 1794·2·14 文／1801·是年 文／1808·2·2 文
並木五瓶(正二·篠田金治、二代目)　❺-2 1819·7·7 文／1840·3·5 社 文
並木五瓶(三代目)　❺-2 1850·是年 文／❻ 1855·10·14 文
並木正三(久太·久太郎、初代)　❺-2 1753·12月 文／1757·4·5 文／1758·12·22 文／1770·2·2 文／1773·2·17 文
並木正三(二代目)　❺-2 1807·7·25 文
並木宗輔(千柳)　❺-2 1726·4·8 文／1748·8·14 文
並木路子　❽ 1945·10·11 社／❾ 2001·4·8 文
並木良輔　❼ 1918·是年 文
浪越徳治郎　❾ 2000·9·25 社
濤崎　忍　❾ 1996·6·6 政
名見崎徳寿斎(六代目)　❼ 1907·9·17 文
波乃久里子　❾ 1972·6月 文
比宮(なみのみや·邦永親王娘)　❺-2 1731·12·15 政
浪松八郎兵衛　❺-2 1812·5·9 文
並山王　❶ 860·1·16 政／863·2·15 政
並世王　❶ 862·4·20 政
名村　市　❺-2 1729·6月 文
名村五八郎　❻ 1854·3·25 政
名村五兵衛　❺-2 1719·2·28 政
名村泰蔵(子之松·元健)　❼ 1907·9·6 政
名村勝右衛門　❺-2 1728·2·28 政
名村八右衛門(長崎通詞目付)　❺-2 1726·2·28 政／1738·8·23 文
名村八右衛門(元オランダ通詞)　❺-2 1819·4·15 文
名村八左衛門　❺-1 1640·是年 文／1641·是年 文／1714·2·28 政
名村元次郎　❺-2 1788·1·15 政
行方久兵衛(正成)　❺-1 1663·5·1 社
行方清渓　❺-2 1774·是年 文
行方松王丸　❷ 1262·3·19 政
名女川善之丞　❺-1 1708·6·27 文
名女川政章　❺-1 1706·4·23 文
滑川真勝　❼ 1900·是年 文
名本敏之　❾ 2005·3·2 社
納屋幸喜　❾ 2009·11·4 文
菜屋(納屋)助右衛門　❹ 1594·7·20 政
奈良武次　❽ 1962·12·21 政
奈良利寿　❺-2 1736·12·14 文
奈良　博　❾ 2009·1·20 政
奈良光枝　❽ 1949·7·19 社
奈良由繹　❺-1 1687·是年 文
奈良美作守　❸ 1421·8·7 政
奈良岡正夫　❾ 2004·5·5 文
楢崎教子　❾ 2000·9·15 社
楢崎剛十郎　❻ 1866·4·4 政
楢崎達之助　❾ 2012·2·29 政
楢崎宗重　❾ 2001·7·18 文
楢崎弥之助　❾ 1977·9·26 政／2012·2·29 政
奈良許知麻呂　❶ 714·11·4 社
楢橋　渡　❽ 1959·6·18 政／1961·9·20 政
楢林栄建　❺-2 1849·10月 文
楢林栄左衛門　❻ 1858·7月 文
楢林栄哲　❺-2 1808·5·17 文
奈良林一徳　❺-2 1846·是年 文
楢林兼時　❸ 1284·3·11 社
楢林久三郎　❺-2 1804·6月 文
楢林重兵衛　❺-2 1790·9·6 政／1797·9·23 文
楢林春育　❺-1 1706·9月 文
楢林宗建(孔昭)　❺-2 1847·是年 文／1849·10月 文／1852·10·6 文
楢林高美　❺-2 1814·是年 文
楢林鎮山(時敏)　❺-1 1711·3·29 文
楢林定一郎　❺-2 1848·12月 文
楢林豊重(新五兵衛)　❺-1 1656·是年 文／1666·是年 文／1698·是年 文
楢林彦四郎(鎮山)　❺-2 1808·2·6 文
楢原東人　❶ 747·3·10 政／750·3·10 社
奈良原喜左衛門　❻ 1862·8·21 政
奈良原喜八郎　❻ 1862·4·23 政
楢原健三　❾ 1999·8·14 文
楢原　覚　❾ 2005·10·8 政
奈良原三次(繁·喜八郎)　❻ 1872·1·5 政／1887·4·10 社／1890·10·1 政／❼ 1909·7·31 政／1911·5·5 社／1918·8·13 政
楢原　静　❽ 1952·1·31 社
楢原六右衛門　❻ 1856·11·19 社／1857·10·21 社
楢原屋角兵衛　❺-2 1782·4·25 社
楢原屋甚右衛門　❺-2 1806·3·27 政
奈良松(声聞師)　❹ 1553·8·18 文
楢村新五兵衛　❺-1 1656·是年 文
楢村長教　❺-1 1706·是年 文
楢村孫九郎　❺-1 1628·11·6 政
楢村孫七郎　❺-1 1613·是年 政
奈良本辰也　❾ 1978·5·23 政／2001·3·22 文
奈良屋市右衛門(江戸町年寄、初代)　❹ 1590·8·15 社／❺-1 1602·6月 社
奈良屋市右衛門(江戸町年寄)　❺-2 1722·7月 社／1725·8月 社／1796·2·9 文／4·5 社／1798·7·19 文
奈良屋市右衛門(江戸町年寄)　❺-2 1824·12·19 社／1842·1·17 社
奈良屋茂左衛門(勝豊·安休、四代目)　❺-1 1714·2·29 社
奈良屋茂左衛門(広璘、五代目)　❺-2 1725·9·3 政
奈良屋与三　❹ 1485·2·25 社
奈良屋与二郎　❹ 1540·8·16 文
成明親王⇨村上(むらかみ)天皇
成家(備前刀工)　❸ 1365·12月 文
成田一徹　❾ 2012·10·14 文
成田氏長　❹ 1580·12·12 社
成田氏宗　❺-1 1623·2·18 政
成田きん　❾ 1992·2月 社／2000·1·23 社
成田三休　❺-1 1680·4·5 社
成田重兵衛　❺-2 1814·是年 社
成田寿仙　❺-2 1763·宝暦年間 社／1766·1·24 文
成田次郎左衛門　❺-1 1632·5·13 社
成田千空　❾ 2007·11·17 文
成田蒼虬(利定·久左衛門·槐庵·南無庵·対塔庵)　❺-2 1842·3·13 文
成田忠久　❼ 1929·6月 文
成田達輝　❾ 2012·5·27 文
成田知巳　❽ 1962·11·27 政／1964·12·8 政／❾ 1966·1·19 政／12·6 政／1970·12·2 政
成田長氏　❹ 1590·7·16 政
成田長弘　❹ 1555·5·28 文
成田長泰　❹ 1560·11月 社
成田修久　❾ 1997·6·1 社
成田兵蔵　❺-1 1615·5·7 大坂夏の陣
成田文男　❾ 2011·4·21 社
成田正之(鳥居平七·正右衛門)　❺-2 1843·3月 政／1847·8·20 政／❻ 1854·11月 文

成田益親　❹ 1502·8月 文
成田真由美　❾ 2000·10·18 社
成田夢露　❾ 2005·2·26 社／3·9 社
成田泰次　❸ 1335·10·24 政
成田泰直　❸ 1364·6·11 社
成田　豊　❾ 2011·11·20 政
成田頼時　❸ 1336·7·11 政
成田六郎左衛門　❸ 1336·1·7 政
成田屋庄之助　❺-2 1836·7·17 社
成恒鎮家　❹ 1579·1·10 政
成恒種定　❸ 1351·1·8 政
成恒種隆　❸ 1400·5·9 政
成恒道円　❸ 1299·11·1 政／1300·⑦·1 政／11·1 政
成富兵庫　❺-1 1634·9·18 政
躬仁(なりひと・体仁)親王⇨近衛(このえ)天皇
成松孝安　❾ 2012·10·5 社
成康親王　❶ 853·4·18 政
成良親王　❸ 1332·3·8 政／1333·12·14 政／1335·7·23 政／8·1 政／1336·11·14 政／1338·4·13 政／8·13 社／1344·1·6 政
業良親王　❶ 868·1·11 政
成井　弘　❾ 1999·3·27 文
成石勘三郎　❼ 1911·1·18 政
成岡忠俊　❷ 1272·4·3 政／4·17 政
成岡熊寿丸　❷ 1272·4·3 政
鳴尾房　❸ 1385·3·4 社
鳴川十郎左衛門　❺-2 1735·5月 文
成澤玲川　❽ 1962·10·20 文
奈留繁　❹ 1484·1·5 政／1485·1·5 政／1600·是年 社
成島道筑(道竹・信遍・錦江・鳳卿)　❺-2 1723·4·10 文／1737·11·30 社／1751·7·12 文
成島信遍　❺-2 1760·9·19 文
成島峰雄(衡山)　❺-2 1795·6·5 文
成島司直(豊之助・邦之助・東岳)　❺-2 1795·5·16 文／1841·8·20 文／1843·12·22 文
成島柳北(甲子太郎)　❻ 1865·12·19 政／1867·2·18 政／6月 社／11·18 政／1868·6月 社／1874·9·23 文／1876·8·18 文／1877·1·4 文／1879·5·30 文／1882·12·17 文／1884·11·30 文
成瀬映山　❾ 2001·10·30 文／2007·7·16 文
成瀬喜右衛門　❺-1 1618·1·2 政
成瀬正一　❼ 1916·2月 文
成瀬錠五郎　❻ 1866·10·26 文
成瀬仁蔵　❼ 1897·3·25 文／1901·4·20 文／1912·6月 社／1915·11·10 社／1919·3·4 文
成瀬太左衛門　❺-2 1741·6·2 社
成瀬隼人正　❺-1 1607·5月 社
成瀬　弘　❾ 2010·6·23 社
成瀬正勝(涀)　❽ 1961·3·22 文
成瀬正定(小吉・正存)　❺-2 1797·4·4 社
成瀬正住　❺-2 1840·5月 文
成瀬正武　❺-1 1614·7·27 文／1615·11·27 政／1625·1·17 政／1626·1·14 政
成瀬正虎　❺-1 1625·1·17 政
成瀬正成　❹ 1600·是年 政
成瀬正肥(鉄之助・小吉・公亮)　❻ 1864·11·7 政／❼ 1903·2·4 政
成瀬巳喜男　❼ 1936·3·1 社／❾ 1969·7·2 文
成瀬　有　❾ 2012·11·18 文
成瀬之成　❺-1 1622·12·8 政
成瀧万助(万屋九兵衛)　❺-2 1820·7·27 社／1824·4·27 社
鳴門隆の里　❾ 2011·11·7 社
鳴海兵庫　❺-1 1641·3月 政
名和顕興　❸ 1369·11·17 社／1391·是秋 政
名和顕孝　❹ 1587·4·17 政／1588·8·12 政
名和顕忠　❹ 1483·是年 政／1484·3·7 政／1502·8月 政／1504·2·7 政
那波活所(信吉・道円)　❺-1 1648·1·3 文／1667·是年 文
那波三郎右衛門　❺-2 1828·4月 政
名和(赤松)清左衛門　❺-1 1692·是年 社／1700·是年 文
名和高重　❸ 1354·3·9 政
名和武顕　❹ 1511·4·24 政／1516·12·13 政／1535·3·21 政／1546·6·12 政
名和彤璧　❺-2 1775·是年 文
那波直治　❹ 1582·是年 政
名和長顕　❹ 1519·4·5 社
名和長年　❸ 1333·②·24 政／4·12 政／1335·4·21 社／1336·1·1 政／2·3 政／6·30 政／1356·2·9 社
名和秀雄　❾ 2003·2·9 文
那波木庵　❺-1 1683·9·23 文／1687·是年 文
名和　靖　❼ 1896·4月 文／1926·8·30 文
名和義高　❸ 1335·4·21 社
那波魯堂(師曾・孝卿・主膳・鉄硯道人)　❺-2 1789·9·11 文
縄田久太郎　❻ 1883·是年 社
縄田國武　❾ 2011·1·5 政
那波屋常有　❺-1 1664·是年 文
南　漢宸　❽ 1964·4·8 政
南　元順　❺-1 1670·是年 文
南　者　❸ 1432·3·10 政
南　泰耆　❺-2 1748·2·16 政／6·1 政
南　忠元　❺-1 1601·6·28 政
南　都妹　❸ 1392·12·14 政
南　龍翼(朝鮮)　❺-1 1655·10·8 政
南英周宗(僧)　❸ 1438·4·15 社
南瓜与惣兵衛　❺-1 1687·貞享年間 文
南海宝洲(僧)　❸ 1382·11·29 社
南化玄興　❺-1 1604·5·20 社
南木芳太郎　❼ 1931·1月 文
南宮大湫(喬卿・弥六・大湫)　❺-2 1778·3·3 文
南源性派　❺-1 1654·7·5 政／1686·是年 文
南湖(遣朝鮮使)　❹ 1514·11·1 政
南郷三郎　❽ 1942·1·27 政
南郷茂光　❻ 1893·8·22 政
南郷与左衛門　❺-1 1641·4·26 政
南郊翁　❺-2 1818·是年 文
南江宗沅(宴洪、相国寺僧)　❸ 1420·5·25 文
南江宗沅(僧)　❹ 1463·是夏 社
南光坊天海⇨天海(てんかい)
南斎敬吉　❻ 1870·12·26 政
南山士雲(僧)　❸ 1335·10·7 社
ナンシー梅木　❽ 1958·3·26 文
ナンシー関　❾ 2002·6·12 文
南京お条(チーハ賭博常習者)　❻ 1894·5·2 社
南條郡平　❺-2 1792·9·3 政
南條七郎次郎　❷ 1229·9·9 文
南條季継　❹ 1457·5·14 政
南條宗右衛門　❺-1 1642·7·8 政
南條宗鑑　❹ 1546·是年 文
南條高直　❸ 1331·5·5 政
南條徳男　❽ 1956·12·23 政／1960·7·19 政
南條範夫　❾ 2004·10·30 文
南條文雄(碩果・松坡・恪丸・恪順)　❻ 1876·6·14 文／1885·1·26 文／1887·1月 文／❼ 1900·11·27 文／1902·10·5 政／1927·11·9 文
南條元続　❹ 1580·3月 文／8·13 政
南條守右衛門　❺-2 1765·11·16 政
南條安右衛門　❺-1 1643·3·16 政
南條　某　❹ 1489·1月 政
南杣笑楚満人　❺-2 1795·是年 社／1807·3·9 文
南宗士綱(僧)　❸ 1401·10·1 社
南忠(僧)　❶ 860·⑩月 政
南都大夫　❼ 1911·12·7 文
楠藤吉右衛門⇨佐藤(さとう)吉右衛門
難波吾平　❺-2 1738·是年 文
難波奨二　❾ 2007·10·22 社
難波大韓　❺-2 1808·11月 文
難波大助　❼ 1923·12·27 政
難波多慧子　❽ 1959·3·27 社
難波宗勝　❺-1 1609·7·14 政／11·7 政／1612·是年 政
難波宗城　❺-2 1805·2·22 政
難波宗建　❺-2 1746·5·4 文
難波宗教　❷ 1248·9·9 文／10·6 文
難波基房　❸ 1368·6·17 政
難波康子　❾ 1996·5·10 社
難波田善銀　❹ 1546·4·20 政
難波田龍起　❽ 1937·2·12 文／1956·3·13 文／❾ 1997·11·8 文
難波田春夫　❽ 1952·6·10 政
南原　繁　❽ 1944·11·26 文／1945·8·27 文／12·6 文／1946·1·9 文／1948·11·5 文
南部□次郎　❸ 1332·12·13 政
南部球吾　❻ 1875·7·18 文
南部重直　❺-1 1632·8·18 政／1634·6·4 政／1636·4·13 政／是年 文／1664·9·12 政／12·6 政
南部重信　❺-1 1664·9·12 政／12·6 政／1665·7·15 政／1683·5·9 政／1692·6·27 政
南部助政　❸ 1445·9·24 政／1448·5·10 政
南部草寿(立庵)　❺-1 1669·是年 文／1677·是年 文
南部高信　❹ 1571·5·5 政
南部忠平　❼ 1931·10·27 社／1932·7·30 社／❾ 1997·7·23 社

南部時長 ❸ 1333·5月 社／1334·10·6 政
南部時政 ❹ 1462·1·23 政／1465·4·13 政
南部利明 ❺-2 1825·9·24 政
南部利雄 ❺-2 1779·12·11 政
南部俊三郎 ❻ 1867·8·23 政
南部利敬 ❺-2 1808·12·18 政／1813·12·22 政
南部利済 ❺-2 1825·9·24 政
南部利直 ❹ 1591·4·13 政／6·9 政／1600·6·16 関ヶ原合戦／9月 政／❺-1 1601·5·24 政／1602·11·19 社／1604·是年 社／1612·1·5 政／12·20 社／1616·5·21 社／1617·是年 社／1626·5·28 政／1632·8·18 政
南部利剛 ❻ 1870·1·5 政／❼ 1896·10·30 政
南部利正 ❺-2 1779·12·11 政／1784·5·25 政
南部利視 ❺-2 1725·6·4 政
南部利幹 ❺-1 1708·4·29 社／❺-2 1725·6·4 政
南部直房 ❺-1 1664·9·12 政／12·6 政／1668·6·24 政
南部直政 ❺-1 1668·6·24 政／1686·6·6 政／1688·11·12 政／1699·3·16 政
南部長経 ❸ 1387·3·29 政／1393·是春 政
南部南山(景衡) ❺-1 1713·3·7 文
南部信恩 ❺-1 1702·10·11 政
南部信興 ❺-2 1741·5·2 政／1765·5·29 政
南部信敬 ❺-2 1784·5·25 政
南部信時 ❹ 1501·12·3 政
南部信直 ❹ 1587·6·29 政／1590·7·6 政／9·28 政／1591·2·24 政／4·13 政／9·8 政／1592·3·17 文禄の役／1593·1·7 社／1597·是年 政／1600·9月 政
南部信政 ❸ 1345·3·26 政／1347·4月 政
南部信真 ❺-2 1838·10·7 政
南部信光 ❸ 1350·8·15 政／1355·3·15 政／1356·11·19 政／1360·6·5 政／1362·1·17 政
南部信義 ❹ 1503·5·24 政
南部信依 ❺-2 1765·5·29 政
南部広信 ❺-2 1716·8·24 政／1741·5·2 政
南部政長 ❸ 1333·5月 社／1334·5·3 政／1335·3·10 政／1336·1·7 政／11·15 政／1339·3月 政／1340·6·25 政／11·7 政／12·20 政／1341·5·16 政／1342·9·8 政／1345·2·18 政／1346·4·10 政／1350·6·18 政／8·15 政
南部政栄 ❹ 1567·1·14 政
南部政光 ❸ 1384·8·15 政／1393·是春 政
南部政持 ❸ 1367·6·25 政
南部政盛 ❸ 1445·9·24 政
南部政康 ❹ 1503·5·24 政／1507·2·10 政
南部政行 ❸ 1388·11·18 政
南部通信 ❺-1 1699·3·16 政／❺-2 1716·8·24 政
南部光経 ❸ 1407·4·28 政
南部光政 ❸ 1448·5·10 政／❹ 1462·1·23 政
南部守行 ❸ 1418·8·10 政／1432·10·21 政／1437·4·9 政
南部師行 ❸ 1334·2·2 社／2·26 文／3·3 政／3·21 社／4·13 政／6·12 政／8·2 政／12·15 社／1335·3·23 政／8·13 政／10·24 政／1336·1·7 政／11·15 政／1338·5·22 政
南部安信 ❹ 1507·2·10 政
南部安政 ❹ 1539·6·14 政
南部行信 ❺-1 1692·6·27 政／1702·10·11 政
南部陽一郎 ❾ 1978·11·3 文／2008·10·7 文／2012·7·4 文
南部義政 ❸ 1440·7·12 政／1442·是秋 政
南部芳松 ❽ 1955·1·27 文
南部伊予守 ❸ 1353·1·18 政
南部屋嘉右衛門 ❺-2 1773·9·25 政
南坊宗啓 ❹ 1593·2·28 文／❺-1 1690·①·21 文
南豊亭栄助 ❺-2 1809·是年 文
南方宮(上野宮)御子 ❸ 1423·8·3 政／8月 政／1458·8月 政
南北喜太夫 ❺-1 1651·慶安年間 文
南浦紹明(僧) ❷ 1259·是年 政／1270·10·28 政／❸ 1296·3月上旬 文／1301·10月 文／1307·8月 文／1308·12·29 社
南摩綱紀 ❼ 1909·4·13 文
南米(琉球使者) ❸ 1435·1·18 政
南溟 ❺-2 1731·是年 文／1737·是年 文／1743·是年 文
南溟昌運(僧) ❸ 1412·9·4 社
南要(僧) ❹ 1470·5·19 社
南里文雄 ❾ 1975·8·4 文
楠里亭其楽 ❺-2 1831·是年 文
南隣宗頓(僧) ❺-1 1626·④·23 社
南嶺子越(僧) ❸ 1363·9·11 社／1454·4·1 文

に

ニアバラ，ルイス(ルソン) ❺-1 1601·8·26 社
新居 格 ❼ 1933·7·10 文／❽ 1945·9·27 文／1951·11·15 文
仁位格兵衛⇨平成直(へいせいちょく)
仁位求馬 ❺-2 1808·1·4 政
仁位助之進⇨平成勝(へいせいしょう)
二井関成 ❾ 2009·7·21 社
仁位孫右衛門⇨平成之(へいせいし)
新国貞通 ❹ 1584·6·13 政
新倉イワオ ❾ 2012·5·9 文
新里彦右衛門 ❺-1 1642·7·8 政
新島 襄(七五三太·敬幹) ❻ 1864·6·14 文／1866·11·24 社／1874·11·26 文／1875·11·29 文／1890·1·23 文／❼ 1915·11·10 社
新島八重子 ❻ 1877·2·10 文／❼ 1932·6·14 文
新関八州太郎 ❽ 1958·8·5 政／❾ 1978·5·30 政
仁井田碓嶺(小蓑庵) ❺-2 1846·4·23 文
仁井田南陽(好古) ❺-2 1806·8月 文／1848·6·14 文
仁井田 陞 ❾ 1966·6·22 文
新井田 豊 ❾ 2006·2·27 社
新田部米麻呂 ❶ 658·11·5 政
新田部皇女 ❶ 699·9·25 政
新田部親王 ❶ 714·1·3 政／731·11·22 政／735·9·30 政
新津景資 ❹ 1526·1·11 政
新津三左衛門 ❹ 1568·6·24 社
新津 宏 ❾ 1990·4·25 文
新妻信明 ❾ 1969 是年 文
新妻弥右衛門 ❺-2 1744·是年 社
二位局(淀殿の使者) ❺-1 1615·3·13 大坂夏の陣／4·24 大坂夏の陣
新治子公 ❶ 767·3·26 社
新治伸治 ❾ 2004·5·4 社
新治博江 ❾ 2011·9·7 社
新見有弘 ❹ 1543·3·16 社／1558·6·17 社
新美卯一郎 ❼ 1911·1·18 政
新見貞直 ❸ 1350·5·24 政
新美南吉(正八) ❽ 1943·3·22 文
新見英夫 ❼ 1935·8·12 政
新見正朝 ❺-2 1837·是年 文
新見正栄 ❺-2 1765·1·26 政
新見又十郎 ❺-2 1761·2·13 社
新宮正春 ❾ 2004·8·28 文
新村理々愛 ❾ 2011·10·29 文
新村礼子 ❾ 2011·3·23 文
新山屋仁右衛門 ❺-1 1634·是年 社
ニール(英) ❻ 1862·5·15 政／⑧·19 政／1863·2·19 政／5·20 政／6·22 政／8·16 政／9·28 政／1864·1·17 政
新納(にいろ)刑部(中三) ❻ 1865·3·22 文／8·26 政／1867·11·9 政
新納忠臣 ❸ 1448·10月 政
新納実久 ❸ 1398·1·14 政
新納真助 ❺-2 1848·4月 政
新納忠勝 ❹ 1523·8·7 政／1526·5·20 政／1528·5·1 政／1536·8·11 政／1538·1·4 政／7·27 政
新納忠清 ❺-1 1631·10·28 政
新納忠堯 ❹ 1583·6·13 政
新納忠武 ❹ 1494·是春 政／1506·8·6 政／1508·2·15 政／1519·12·8 政
新納忠続 ❹ 1484·10月 政／11·14 政／1485·1·22 政
新納忠常 ❹ 1524·9·29 政
新納忠朝 ❺-1 1611·1·21 政
新納忠元 ❹ 1580·5·15 政／10·15 政／1581·8·20 政／1586·1·23 政／1587·3·12 政／5·26 政／❺-1 1610·12·3 政
新納忠之介 ❽ 1954·4·13 文
新納時升 ❺-1 1687·2月 文
新納久仰 ❻ 1854·1·14 政
新納久治 ❺-1 1619·7·21 政
新納康久 ❹ 1542·③·7 政／1600·10·10 関ヶ原合戦
新納旅庵 ❹ 1600·7·17 関ヶ原合戦／❺-1 1602·3·27 政
丹生馬允 ❷ 1227·6·30 政
丹生 潔 ❾ 1975·2·2 文

丹生友家　❷ 1234·11·15 社
贄　正寿(市之丞)　❺-2 1793·5·23 社
贄田物部年足　❶ 783·4·20 社
仁右衛門(蕎麦屋)　❺-2 1815·4·28 社
二加四郎左衛門　❸ 1357·9·7 社
二階俊博　❾ 1999·10·5 政／2003·11·10 政／2005·10·31 政／2007·9·24 政／2008·8·2 政／9·24 政
二階堂　暹　❾ 2006·9·15 社
二階堂兼藤　❸ 1334·12·28 政
二階堂行恵⇨二階堂貞衡(さだひら)
二階堂行珍　❸ 1334·2·18 政
二階堂行貞　❸ 1301·1·18 政／1329·2·2 政／1400·3·30 政／1405·是冬 政／1406·2月 政
二階堂行忠(行一)　❸ 1283·6·30 政／12·18 政／1290·11·21 政
二階堂貞雄　❸ 1333·5·12 政
二階堂貞衡(行恵)　❸ 1329·5·19 政／1332·1·7 政
二階堂貞藤(道蘊)　❸ 1330·是年 社／1331·9·5 政／1332·1·24 政／1333·1·29 政／②·1 政／1334·12·28 政／1335·1·25 社
二階堂　進　❾ 1966·12·3 政／1972·7·7 政／12·22 政／1987·5·14 政／2000·2·3 政
二階堂忠行　❸ 1449·4·26 政
二階堂道蘊⇨二階堂貞藤(さだふじ)
二階堂(摂津)道厳　❸ 1296·是年 政
二階堂時綱　❸ 1351·1·10 政
二階堂政貞　❸ 1394·是年 政
二階堂政元　❸ 1353·1·5 政
二階堂政行　❹ 1503·7·10 政
二階堂盛隆　❹ 1575·6·5 政
二階堂盛綱　❸ 1288·1·19 政／1330·11·6 政
二階堂盛秀　❸ 1431·7·19 政
二階堂盛義　❹ 1484·9·8 政／1565·7·19 政／1574·1·27 政／1575·6·5 政
二階堂泰行　❸ 1294·12·27 政／1297·12·10 政
二階堂行雄　❸ 1351·6·2 政
二階堂行景　❸ 1294·12·27 政／1297·12·10 政／1309·1·6 政
二階堂行門　❸ 1360·3·23 政
二階堂行健　❺-2 1844·7月 政
二階堂行照　❸ 1392·4·26 政
二階堂行朝　❸ 1338·8·10 政／1353·9·25 政
二階堂行直　❸ 1348·6·5 政
二階堂行藤　❸ 1301·11·25 政／1302·8·22 政
二階堂行通　❸ 1351·3·2 政
二階堂行光　❸ 1421·6月 政
二階堂行宗　❸ 1286·4·11 政
二階堂行康　❸ 1368·9·19 政
二階堂頼綱　❸ 1282·2月 政
二階堂信濃守　❸ 1428·7·16 社
二階堂⇨藤原(ふじわら)姓も見よ
仁賀保挙長　❹ 1577·8·19 政
仁賀保挙誠　❺-1 1602·9·26 政
仁木悦子　❾ 1986·11·23 文
二木謙三　❼ 1916·2·1 文
和田(にぎた)助家　❸ 1324·10·3 政／1331·9·14 政／1333·4·28 政／1338·11·18 政／1350·11·3 政
和田⇨和田(みぎた·わだ)姓も見よ
ニクソン(米大統領)　❽ 1953·11·15 政／❾ 1967·4·5 政
ニクソン，ルシール(米)　❽ 1957·1·11 文
ニコライ(ロシア正教会)　❻ 1861·5·25 社／1872·1月 社／1874·12月 社／❼ 1904·2·11 社／1906·4月 社／1912·2·16 社
ニコラオ，ジョバンニ　❹ 1592·是年 文
ニコレエフ(米)　❾ 1965·10·26 政
仁左衛門(魚市場)　❺-1 1643·寛永年間 社
仁坂吉伸　❾ 2006·12·17 政
爾散南阿破蘇　❶ 792·7·25 政
爾散南沢成　❶ 858·5·19 政
西　周(周助·魚人·修亮)　❻ 1856·是年 文／1857·5·4 文／1862·9·11 文／1863·8月 文／1865·12·28 文／1866·3·2 文／1867·7月 文／1868·12·8 文／1870·11·4 文／1873·9·1 文／1874·2月 文／1878·9·21 文／1879·1·15 文／6·15 文／1881·9·18 文／1883·10·22 文／1884·12·25 社／1888·12月 文／1890·10·1 政／❼ 1897·1·31 文
西　ウルスラ　❺-1 1613·7·1 社
西　栄左衛門　❺-2 1757·是年 文
西　寛二郎　❼ 1904·8·14 日露戦争／1912·2·27 政
西　毅一(伯毅·久之助)　❼ 1904·3·28 政
西　義一　❽ 1941·4·15 政
西　吉十郎　❻ 1858·7月 文
西　吉太郎(オランダ語大通辞)　❺-2 1804·6月 文
西　吉兵衛(オランダ語指南)　❺-1 1616·是年 文／1640·是年 文／1641·7·1 文(囲み)／1643·寛永年間 文
西　吉兵衛(オランダ語指南)　❺-2 1797·9·23 文
西　謙蔵　❻ 1870·9·8 文
西　玄甫　❺-1 1669·是春 文
西　幸吉　❻ 1890·6·26 文／❼ 1931·3·15 文
西　紳六郎　❼ 1933·10·16 政
西　助次郎　❺-1 1695·11·8 文
西　晴雲　❼ 1917·是年 文／❽ 1946·是年 文／1962·是年 文
西　竹一　❼ 1932·7·30 社
西　常道　❺-2 1780·是年 文
西　道庵　❺-1 1710·2月 文
西　徳二郎　❼ 1898·1·12 政／3·19 政／1900·5·3 北清事変／1912·3·14 政
西　春彦　❾ 1986·9·20 政
西　雅雄　❼ 1922·1·1 政／1923·6·5 政／1924·5·1 政／❽ 1942·9·21 政
西　正文　❾ 1992·7·25 社
西　又市(又一)　❺-1 1609·10·20 社／1613·7·1 社
西　ルイス(類子)　❺-1 1612·8·4 政／1614·4·8 政／1615·9·9 政
西内蔵太　❺-2 1828·5·23 社
西尾三次郎　❺-2 1737·1月 社
西尾庄左衛門　❼ 1915·7·2 社
西尾末広　❼ 1916·8·26 政／1919·6月 社／1932·2·3 社／❽ 1940·2·2 政／1946·9·28 政／11·13 政／1947·6·1 政／1948·3·10 政／6·1 政／1959·7·19 政／9·12 政／1960·1·24 政／10·12 政／1964·3·25 政／❾ 1967·3·5 政／5·6 政
西尾忠照(忠昭)　❺-1 1634·1·29 社／1654·10·26 政
西尾忠尚　❺-2 1746·5·15 政／1752·4·23 政／1760·3·10 政
西尾忠永　❺-1 1618·8月 政
西尾忠成　❺-1 1654·10·26 政／1682·3·9 政／1712·2·2 社／1713·10·13 政
西尾忠需　❺-2 1760·3·10 政／1789·6·30 政
西尾忠移　❺-2 1801·3·27 政
西尾忠善　❺-2 1801·4·3 政
西尾寿造　❽ 1939·9·4 政／9·23 政／1960·10·26 政
西尾八兵衛　❺-1 1687·11·12 社
西尾政氏　❺-1 1654·5·6 社
西尾正保　❺-1 1633·12·20 文
西尾光教　❹ 1600·9·17 関ヶ原合戦／❺-1 1602·8·22 文／1606·是年 政／1609·10·2 文
西尾　実　❽ 1948·12·20 文／1949·1·31 文
西尾守一　❼ 1915·5·15 社
西尾嘉教　❺-1 1623·4·2 政
西尾柳喜　❼ 1909·1·29 社
西岡恭蔵　❾ 1999·4·3 文
西岡京治　❾ 1992·3·21 社
西岡常一　❾ 1995·4·11 文
西岡武夫　❾ 1989·6·2 政／1994·1·4 政／2010·7·30 政／2011·11·5 政
西岡利晃　❾ 2011·4·8 社
西岡虎之助　❾ 1970·2·26 文
西岡楢二郎　❾ 1978·2·7 文
西岡秀雄　❾ 2011·8·1 社
西栫良二　❽ 1944·12·1 社
西川伊三郎　❺-2 1846·8·11 文／❻ 1883·9·16 文／1884·3·15 文
西川石松　❼ 1935·10·28 文
西川一誠　❾ 2007·4·8 社／2011·4·10 社／2012·6·8 政
西川喜洲(高橋はな、初代)　❼ 1931·12·29 文
西川　潔　❾ 1994·4·5 政
西川鯉三郎　❺-2 1841·是年 文／❼ 1899·2·25 文
西川光二郎　❼ 1901·4·28 政／5·18 政／1902·4月 文／1903·10·20 政／1904·1·14 政／1905·11·20 社／12·6 政／1906·1·14 政／2·24 政／1907·6·2 政／8·31 政／1908·2·16 政／❽ 1940·10·22 政
西川古柳　❼ 1897·9月 文
西川　純　❾ 1975·3·5 政／1997·11·18 政
西川春洞(元譲·子謙·如瓶人·大夢道人·茄古山民·謙慎書主人)　❼ 1915·8·10 文

西川正治　❼ 1917·7·1 文／1932·11·16 文／❽ 1951·11·3 文／1952·1·6 文
西川如見(忠英·次郎右衛門·恕軒·求林斎·金梅庵·淵梅軒)　❺-1 1695·3月 文／1700·是年 文／1708·是年 文／1714·是年 文／❺-2 1718·4月 文／1719·7月 文／是年 文／1720·是年 文／1724·8·10 文／1731·是年 文
西川真吉　❼ 1935·1·31 社
西川甚五郎　❽ 1960·7·19 政
西川祐尹(祐蔵·得祐斎)　❺-2 1758·12·17 文／1762·8·15 文
西川祐信(自得斎·庄七郎·宇右衛門·福助·孫右衛門·右京·文華堂など)　❺-1 1693·是年 文／1711·4月 文／1713·是年 文／❺-2 1718·是年 文／1724·是年 文／1730·是年 文／1733·是年 文／1736·是年 文／1738·是年 文／1739·是年 文／1741·是年 文／1742·是年 文／1743·是年 文／1744·5月 文／1747·是年 文／1750·7·19 文／是年 文
西川祐代　❺-2 1761·是年 文
西川扇蔵(初代)　❺-2 1756·7·8 文
西川扇蔵(四代目)　❺-2 1841·是年 文
西川大輔　❾ 1988·9·17 社／1992·7·25 社
西川太一郎　❾ 1999·10·20 政
西川哲治　❾ 2010·12·15 文
西川藤吉　❼ 1909·6·22 政
西川虎吉　❻ 1880·是年 文／1884·是年 文／❼ 1907·是年 文
西川八右衛門　❹ 1590·7·2 政
西川秀之　❼ 1898·12·7 文
西川房任　❹ 1485·1·19 政
西川文子　❼ 1920·2·14 政
西川正勝　❾ 1992·1·5 社
西川正休(忠治郎)　❺-2 1740·11·23 文／元文年間 文／1744·7·12 文／1745·10·14 文／1747·1·20 文／1750·2·3 文／1751·1·14 文／10·4 文／1753·11·8 文／1754·10·19 文／1763·宝暦年間 文
西川升吉　❻ 1862·12·9 政
西川　寧　❾ 1980·10·15 文／1989·5·16 文
西川安蔵　❼ 1907·是年 文
西川善文　❾ 2005·11·10 政／2006·1·23 政
西川練造　❻ 1861·12·14 社
西側よしみ　❾ 1970·12·16 社
西川屋久右衛門　❺-2 1774·是年 社
錦　実貫　❶ 953·7·13 文
錦　文流　❺-1 1703·是年 文／1705·是年 文／1706·是年 文／❺-2 1721·是年 文
西木正明　❾ 1988·7·13 文
錦木太夫　❺-1 1678·11月 社
西木戸国衡　❷ 1189·8·7 政／8·10 政
錦小路頼徳　❻ 1863·8·19 政
錦部重行　❸ 1303·2·10 社
西口　彰　❽ 1963·10·18 社／1964·1·3 社
錦織十郎衛門　❺-1 1688·1·4 社
錦織弥五郎　❺-1 1688·1·4 社
錦織　圭　❾ 2012·10·7 社
錦織霞城　❼ 1911·3·13 文
錦織河内　❶ 751·1·16 文
錦織久僧　❶ 610·7月 政
錦織三郎　❷ 1185·10·9 政
錦織剛清　❻ 1884·3·11 社／1893·10·24 社／1894·5·3 社
錦織麻呂　❶ 754·9·23 文
錦部定安那錦　❶ 463·是年
錦部刀良　❶ 707·5·26 社
西座真治　❻ 1888·2月 社
西阪専慶　❾ 1977·2·13 文
西崎　緑　❼ 1930·是年 文／❽ 1945·10·24 文／1953·7·14 文／1957·2·18 文
西里　蒲　❻ 1893·是年 政
西里龍夫　❽ 1942·6·29 政
西澤一風(義教·与四)　❺-1 1698·是年 文／1700·是年 文／1701·是年 文／1702·是年 文／1703·是年 文／1705·是年 文／1709·是年 文／❺-2 1716·是年 文／1718·是年 文／1726·4·8 文／1727·是年 文／1729·是年 文／1731·5·24 文
西澤一鳳(綺語堂·李叟·狂言綺語堂·秋倉庵滄々)　❺-2 1852·12·2 文
西澤和江　❾ 1990·8·28 文
西澤貞陳　❺-1 1687·是年 文
西澤周平　❾ 1990·12·11 文
西澤潤一　❾ 1989·11·3 文
西澤富夫　❽ 1943·5·11 政
西澤祐吏　❾ 2011·12·7 文
西澤揚太郎　❽ 1947·11月 文
西澤隆二　❼ 1926·4月 文／❽ 1958·4·19 政
西下経一　❽ 1944·11月 文
西島和彦　❾ 2009·2·15 文
西嶋定生　❾ 1998·7·25 文
西島　大　❾ 2010·3·3 文
西島長孫　❺-2 1828·是年 文
西島八兵衛　❺-1 1631·2·15 社／1655·1月 社
西島紋兵衛　❺-1 1675·2·5 社
西島蘭渓　❺-2 1828·是年 文／1840·是年 文／1847·是年 文
西住小次郎　❽ 1938·5·17 政
西田篤弘　❾ 2012·11·5 文
西田幾多郎　❼ 1910·8·31 文／1911·1月 文／1917·5月 文／❽ 1937·5月 文／12·15 文／1940·4·29 文／1945·6·7 文
西田修平　❾ 1997·4·13 社
西田信一　❾ 1970·1·14 政
西田先右衛門　❺-1 1624·4·27 政
西田隆男　❽ 1954·12·10 政／1955·3·19 政
西田龍雄　❾ 1975·是年 文／2008·11·4 文／2012·9·26 文
西田　司　❾ 1998·7·30 政／2000·7·4 政
西田維則　❺-2 1768·是年 文
西田天香　❼ 1904·是年 社／1921·7月 社
西田東作　❾ 2012·9·1 政
西田利貞　❾ 2011·6·7 社
西田直養　❺-2 1838·是年 文／❻ 1865·2·23 文
西田直五郎　❻ 1862·4·23 政
西田　守　❾ 2005·10·31 社
西田　税　❼ 1926·5月 政／1927·2月 政／1936·3·4 政／❽ 1937·8·14 政
西田元和　❺-1 1658·是年 文
西田リウ　❻ 1893·10·24 社
西代義治　❼ 1932·10·6 政
西谷啓治　❾ 1990·11·24 文
西塚勝幸　❾ 2012·8·22 政
西塚泰美　❾ 1988·11·3 文／2004·11·4 文
似実軒酔茶　❺-2 1776·是年 文
西出大三　❾ 1974·是年 文／1995·7·8 文
西洞院大夫入道(絵師)　❸ 1418·9·1 文
西鳥居兼尤　❸ 1351·1·3 政
仁科関夫　❽ 1944·8·1 政
仁科盛家　❷ 1179·11·28 文
仁科盛員　❹ 1585·2·12 社
仁科盛国　❸ 1376·6·26 文
仁科盛朝　❷ 1221·6·2 政
仁科盛直　❹ 1513·7·22 政
仁科盛信　❹ 1582·3·2 政／3·5 政
仁科守弘　❷ 1183·4·17 政
仁科盛房　❸ 1396·2·27 文
仁科盛政　❹ 1567·8·7 政
仁科盛宗　❸ 1354·5·21 政
仁科芳雄　❼ 1932·11·16 文／1935·9·20 文／❽ 1940·是年 文／1942·1月 文／7·8 文／1945·8·8 文／1946·2·11 文／1948·3·1 文／12·12 文／1949·3·1 文／9·14 文／1951·1·10 文
西野恵之助　❼ 1928·10·20 政
西野文太郎　❻ 1889·2·11 政
西野与三　❺-1 1604·4·11 政
西ノ海嘉治郎(牧瀬休八·近藤休八·源氏山大五郎、二代目)　❻ 1890·3月 社／❼ 1916·2·5 社／1923·4·29 社／1931·1·27 社
西ノ海嘉治郎(松山伊勢助、三代目)　❼ 1933·7·28 社
西御方(女御)　❷ 1229·6月 政
西洞院時当　❹ 1566·4·19 政
西洞院時名　❺-2 1757·6·4 政／1758·7·24 政
西洞院時成　❺-2 1717·4·29 政／1724·④·9 政
西洞院時秀　❹ 1559·3·6 文／是年 文／1560·9·19 政
西洞院時慶(時通)　❹ 1593·11·6 文／1600·6月 文／9·7 関ヶ原合戦／❺-1 1603·2·20 社／4·1 文／1609·3·17 文／1639·11·20 政
西洞院時良　❺-1 1653·2·7 政
西の丸殿⇨淀殿(よどどの)
西宮甚右衛門　❺-2 1794·12·27 政
西宮甚左衛門　❺-2 1730·9·12 政／1751·9·7 社
西宮新六　❺-2 1816·是年 文
西野目宇右衛門　❺-2 1850·8·24 社
西原一策　❽ 1940·6·25 政
西原亀三　❼ 1917·1·20 政／1918·4·30 政／❽ 1954·8·22 政
西原鈴子　❾ 2010·6·7 文
西原柳雨　❼ 1930·4·27 文

西広整輝　❾ 1995・12・4 政
西部　邁　❾ 1988・3・25 文
西坊城遂長　❺-1 1624・10・14 政
西堀栄三郎　❼ 1936・是年 文／❽ 1957・1・29 文／2・15 文／❾ 1989・4・13 文
西村伊作　❼ 1921・4・24 文／❽ 1943・4・12 文／1963・2・11 文
西村市郎右衛門　❺-1 1683・是年 文／1684・是年 文／1685・是年 文／1686・是年 文／1687・是年 文
西村英一(自民党)　❽ 1949・1・23 政／1962・7・18 政／❾ 1966・12・3 政／1971・7・5 政／1976・12・24 政
西村栄一(民社党)　❽ 1953・2・28 政／❾ 1965・10・27 政／1967・6・19 政／1971・2・8 政
西村近江　❺-2 1787・2月 社／是年 政
西村勝三　❻ 1870・3・15 社／1871・5月 社／1872・10月 社／1874・1・12 社／1876・4・4 社／是年 社／1884・2・21 社／8・20 社／1885・5・28 社／❼ 1899・11月 社／1903・6・25 社／1907・1・31 政
西村勝郎　❻ 1870・12・7 社
西村勘九郎⇨斎藤道三(さいとうどうさん)
西村嘉之助　❺-2 1718・⑩・14 社
西村久左衛門　❺-1 1693・1・17 社
西村賢太　❾ 2011・1・17 文
西村玄道　❼ 1897・4・3 社
西村源六　❺-2 1799・1・2 社
西村　晃　❾ 1997・4・15 文
西村紅華　❽ 1952・2・28 文
西村孝次　❽ 1939・8月 文
西村公朝　❾ 2003・12・2 文
西村五雲(源次郎)　❼ 1907・10・25 文／1931・10・16 文／1932・10・16 文／❽ 1938・9・16 文
西村左平次　❻ 1868・2・15 政／2・24 文
西村茂樹　❻ 1853・9月 政／1873・9・1 文／1874・2月 文／1875・3月 文／1876・4・7 文／1880・3・9 文／1884・4月 文／12・25 社／1888・5月 社／12月 文／1890・10・1 政
西村重長　❺-2 1753・是年 文／1756・6・27 文
西村七右衛門　❻ 1871・9・7 社
西村重慶　❺-1 1687・是年 文
西村春香　❻ 1878・3・16 文
西村真悟　❾ 1997・1・23 政／5・6 政／1999・10・20 政／2005・11・28 社
西村新三郎　❺-2 1289・11月 社
西村太郎右衛門　❺-1 1647・3月 文
西村尚治　❾ 1976・9・15 政
西村天囚(時彦・碩園)　❻ 1894・6・7 文／❼ 1924・7・29 文
西村伝兵衛　❺-1 1649・是年 文
西村遠里(得一・居行)　❺-2 1761・是年 文／1763・9・1 文／1775・是年 文／1776・是年 文
西村時乗(権右衛門)　❺-1 1698・3月 社
西村登美江　❽ 1952・1・31 社
西村虎四郎　❻ 1889・5・23 政
西村直己　❽ 1960・12・8 政
西村楠亭　❺-2 1832・6・20 文／1834・6・20 文
西村仁兵衛　❼ 1898・是年 社／1906・9・1 社
西村藐庵　❺-2 1825・是年 文
西村白鳥　❺-2 1770・是年 文／1773・是年 文
西村隼人　❺-1 1606・9・21 政／1607・8・28 政
西村玄道　❻ 1881・4・30 政
西村彦馬　❼ 1913・8・5 政
西村秀昭　❾ 2012・6・19 政
西村秀雄　❾ 1978・5・22 文
西村昌樹　❾ 1972・8・26 社
西村道仁(国次)　❹ 1579・是年 文／1593・是年 文
西村陽吉　❼ 1917・10月 文／1920・1月 文
西村了全　❺-2 1841・1・12 文
西銘順治　❾ 1978・12・10 政／1990・11・18 政／2001・11・10 政
西本正二郎　❾ 2009・1・29 社
西元徹也　❾ 1995・2・19 政
西本智美　❾ 2011・5・7 文
西本幸雄　❾ 2011・11・25 社
西山卯三　❾ 1994・4・2 文
西山織部　❺-2 1836・8・13 政
西山一宇　❾ 1992・7・25 社
西山毅一　❺-2 1852・4月 社
西山健甫　❺-1 1688・10・3 文
西山志澄　❼ 1903・5・30 政／1911・5・23 政
西山翠嶂　❼ 1920・10・13 文／1921・10・14 文／1923・是年 文／❽ 1944・7・1 文／1958・3・30 文
西山宗因(次郎作・梅翁・一幽)　❺-1 1661・1・11 文／1665・2月 文／1668・9月 文／1671・11月 文／1672・1・17 文／8月 文／11月 文／12月 文／1673・是年 文／1674・8月 文／是年 文／1675・5月 文／1676・4月 文／是年 文／1677・是年 文／1678・1・21 文／是年 文／1679・7・25 文／1680・是年 文／1681・1・10 文／3月 文／是秋 文／1682・3・28 文
西山太吉　❾ 1972・4・4 政／2007・3・27 政
西山　卓　❾ 2005・8・29 文
西山哲二　❼ 1912・4・7 文
西山登志雄　❾ 2006・10・9 社
西山梅翁　❺-1 1674・是年 文
西山英雄　❾ 1989・1・21 文
西山兵庫助　❸ 1380・11・23 政
西山芳園　❻ 1867・11・8 文
西山昌勝　❺-1 1623・5・12 政
西山将士　❾ 2012・7・27 社
西山正治　❾ 1993・2・27 文
西山志澄　❻ 1879・3・27 政
西山嘉太夫　❺-1 1670・9月 社
西山柳造　❽ 1955・5・15 政
西山　麗　❾ 2008・8・9 社
二條昭実　❹ 1577・11・20 政／1579・1・20 政／1584・12月 政／1585・2・12 政／7・11 政／❺-1 1615・7・28 政／1619・7・14 政
二條舎子(青綺門院)　❺-2 1740・8・2 政／8・3 政／1750・6・26 政／1790・1・29 政
二條英印　❸ 1384・9・1 文
二條兼基　❸ 1291・7・2 政／12・25 政／1296・12・25 政／1298・12・20 政／1299・4・14 政／10・13 政／1300・4・19 政／12・16 政／1305・4・12 政／1334・8・25 政
二條寛斎　❻ 1863・7・26 政
二條重良　❺-2 1768・7・2 政
二條資季　❸ 1285・12・22 文／1289・1・22 政
二條資高　❸ 1304・6・22 政
二條尹房　❹ 1518・3・27 政／5・28 政／1521・7・1 政／1523・3・2 政／1525・4・4 政／1534・12・14 政／1536・⑩・21 政／1551・8・20 政
二條(御子左)為明　❸ 1324・9月 文／1362・3月 文／1363・2・29 文／1364・2月 文／4・20 文／10・27 文
二條(御子左)為定　❸ 1324・7・17 文／1325・12・18 文／1338・是春 文／1345・1・20 文／是冬 文／1350・8・5 文／1356・6・11 文／1359・4・28 文／1360・3・14 文
二條(御子左)為重　❸ 1361・10・26 文／1375・8・25 文／1382・3・17 文／1383・10・28 文／1384・12月 文／1385・2・15 文
二條為右　❸ 1385・4・5 文／1396・4・22 文
二條為忠　❸ 1373・12・18 政
二條(御子左)為親　❸ 1341・6・4 政
二條(御子左)為藤　❸ 1316・8・15 文／1322・6・8 文／1323・7・2 文／1324・7・17 文／1325・12・18 文
二條(御子左)為遠　❸ 1367・2・21 文／1368・6・10 文／1375・6・26 文／8・25 文／1381・8・27 政／10・28 文
二條為冬　❸ 1335・12・12 政
二條(御子左)為道　❸ 1299・5・2 政
二條(御子左)為世　❸ 1293・8・27 文／1303・12・19 文／1306・4・28 文／1310・1・24 文／1313・7・20 政／1315・3・15 文／1318・10・30 文／1319・4・19 文／1320・7・16 文／1322・11・24 文／1324・10・13 文／1329・8・25 政／1338・8・5 政
二條綱平　❺-1 1704・2・26 政／1708・1・21 政／1715・8・12 政／❺-2 1722・1・13 政／1726・6・1 政／1732・2・6 政
二條経良　❸ 1289・12・28 政
二條斎信　❺-2 1815・1・4 政／1820・6・1 政／1824・1・5 政／1847・4・26 政
二條斎通　❺-2 1797・3・27 政
二條斎敬　❻ 1858・3・1 政／1859・2・5 政／3・28 政／1862・1・4 政／12・9 政／1863・8・18 政／12・23 政／1864・7・20 政／10・24 政／1865・9・13 政／1866・8・30 政／1867・1・9 政／4・17 政／5・23 政／11・29 政／12・8 政／12・9 政
二條治隆　❺-2 1791・11・28 政
二條治孝　❺-2 1796・4・24 政／1826・10・6 政
二條晴良　❹ 1545・6・2 政／1546・3・13 政／1547・2・17 政／1548・

12·27 政／1552·12·28 政／1555·⑩·27 文／1568·12·16 政／1571·4·25 社／1576·4·10 政／1578·4·4 政／1579·4·29 政／1580·5·21 文

二條尚基　❹ 1491·4·5 政／10·18 社／1497·5·10 政／6·18 政／10·10 政

二條冬実　❸ 1364·12 月 政

二條(飛鳥井)雅孝　❸ 1353·5·17 政

二條政嗣　❹ 1466·2·16 政／1468·1·11 政／1470·7·19 政／1471·1·1 政／1475·2·11 政／1476·5·13 政／1480·9·2 政

二條道平　❸ 1306·12·6 政／1309·10·15 政／1313·12·26 政／1316·8·23 政／10·21 政／1317·8·2 政／1318·12·29 政／1324·8·26 政／1325·7·9 社／1327·2·12 政／1330·1·26 政／1332·4·10 政／1333·5·17 政／1335·2·4 政

二條光平　❺-1 1642·1·19 政／1647·7·3 政／1652·2·21 政／1653·9·21 政／1661·1·15 政／6·3 政／1663·1·12 政／1682·11·12 政

二條満基　❸ 1403·8·19 政／1409·3·4 政／1410·12·27 政／1424·4·20 政

二條宗熙　❺-2 1737·6·29 政／1738·1·24 政／6·18 政

二條宗基　❺-2 1745·⑤·24 政／1748·3·9 政／1749·11·15 政／1754·1·18 政

二條持通　❸ 1446·4·29 政／1453·4·28 政／1454·3·17 政／6·30 政／1455·3·4 政／6·5 政／❹ 1458·7·25 政／12·5 政／1460·6·27 政／1463·4·3 政／1467·5·10 政／1478·11·27 社／1485·③·16 政／1493·1·12 政

二條持基　❸ 1420·①·13 政／1424·8·18 文／1425·是年 政／1427·是年 政／1428·7·28 政／1430·4·20 文／1432·7·25 政／8·13 政／10·26 政／1433·2·26 政／3·23 政／1435·5·3 政／1436·2 月 政／1439·①·2 文／1443·10·20 文／1445·11·3 政

二條基弘　❻ 1884·7·7 政／1894·1·24 政

二條師基　❸ 1336·1·3 政／7·5 政／1351·12·28 政／1353·7·11 政／1365·1·26 政

二條師忠　❸ 1287·8·11 政／1288·6·26 政／1289·4·13 政／1303·2·24 社／1341·1·14 政

二條師嗣　❸ 1375·11·18 政／1378·8·27 政／1379·8·23 政／1382·4·11 政／1388·6·12 政／1392·10·3 政／1394·12·25 政／1398·1·10 社／3·9 政／1399·4·17 政／1400·11·22 政

二條師良　❸ 1366·8·29 政／1367·9·29 政／1369·11·4 政／1370·3·16 政／1375·12·27 政／1378·4·6 政／1382·5·1 政

二條康道　❺-1 1621·1·2 政／1629·9·13 政／1632·12·28 政／1635·10·10 政／1637·12·12 政／12·24 政／1647·1·3 政／1666·7·28 政

二條吉忠　❺-1 1715·8·12 政／❺-2 1719·11·30 政／1722·5·3 政／1726·9·15 政／1736·8·27 政／1737·8·3 政

二條良教　❸ 1287·7·4 政

二條良基　❸ 1336·8·15 政／1340·7·19 政／1343·4·10 政／4·11 文／1345·3 月 文／1346·2·29 政／1347·3·19 社／9·16 政／1349·7·17 文／1353·7·11 政／7·27 政／是年 文／1356·3·25 文／1357·⑦·11 文／1358·7 月 文／1363·3·10 文／5·11 文／6·27 政／1365·是秋 文／1366·5·8 社／12·22 文／1367·是春 文／8·27 政／1368·6·12 社／1369·是年 文／1372·12 月 文／1373·6·1 文／8·6 社／1374·是年 文／1376·1·1 政／8·20 文／1378·11·28 政／1379·4·13 政／5·17 文／5 月 文／9·17 社／1380·1·29 文／1381·7·23 政／1382·2·10 文／4·11 政／8·16 社／1383·9·17 文／10·29 文／1385·8·28 政／1386·11·7 文／1387·1·8 政／2·7 政／11·12 文／1388·1·24 文／4·8 政／6·13 政／❹ 1489·11·17 文／❺-1 1701·是年 文

二條⇨藤原(ふじわら)姓も見よ

二條院⇨章子(あきこ)内親王

二條天皇(守仁親王)　❷ 1143·6·17 政／1153·9·23 政／1155·9·23 政／1158·8·11 政／12·20 政／1165·6·25 政／7·28 政

二鐘亭半山　❺-1 1643·是年 文／❺-2 1781·是年 社

西吉太夫　❺-2 1719·5 月 政

西四辻公業　❼ 1899·10·7 政

西依成斎　❺-2 1797·⑦·4 文

螺邏稀阿犬(ニシラケアイン)　❺-1 1615·6 月 政

西脇順三郎　❾ 1982·6·5 文

西脇悌二郎　❻ 1881·7·8 政

西脇利忠　❺-1 1697·是年 文／1714·是年 文

仁杉五郎左衛門　❺-2 1841·12·21 社

仁田　勇　❽ 1964·4·13 文／❾ 1966·11·3 文／1984·1·16 文

二谷英明　❾ 2012·1·7 文

仁多見　巌　❽ 1944·4·2 文

仁太夫(乞胸頭)　❺-2 1796·2 月 社

日意(僧)　❹ 1458·1 月 社／1519·2·3 社

日印(僧)　❸ 1297·是年 社

日忍(僧)　❹ 1585·4·2 社

日運(僧)　❸ 1408·5·21 社／1425·12·13 文

日慧(僧)　❷ 1181·12·11 社

日慧(僧、本蓮寺創建)　❺-1 1620·是年 社

日栄(僧)　❺-2 1732·是年 文

日延(僧)　❶ 953·是年 社／957·是年 政／967·康保年間 社

日宴(僧)　❷ 1055·12·14 社

日縁(僧)　❸ 1358·是年 社

日円(僧)　❹ 1591·天正年間 政

日円(僧)　❻ 1875·9·8 社

日遠(僧)　❺-1 1609·是年 社／1619·是年 文／1630·2·21 社／7·7 社／1642·3·5 社／1710·是年 文

日応(僧)　❹ 1508·9·22 社

日奥(僧)　❹ 1595·9·24 社／1596·1·29 社／⑦月 社／是年 社／1599·11·20 社／❺-1 1612·1·5 社／1621·3 月 社／1630·2·21 社／3·10 社

日穏(僧)　❹ 1585·4·2 社

日我　❹ 1559·12·10 文

日学(僧)　❷ 1274·3 月 社

日覚(僧)　❺-2 1838·7·16 社

日行(僧)　❷ 1277·6·16 社

日堯(僧、前本圀寺住持)　❹ 1506·5·27 社

日堯(僧、駿河妙覚寺)　❺-1 1665·12·3 社

日銀(僧)　❹ 1591·天正年間 政

日具(僧)　❹ 1501·2·12 社

日源(僧、駿河実相寺)　❷ 1150·久安年間 社

日源(僧、筑後福王寺)　❺-1 1609·10·14 社

日彦(僧)　❺-2 1721·6·12 社

日郷(日号、僧)　❸ 1335·是年 社／1344·康永年間 社／1353·4·25 社

日持(僧)　❸ 1282·10·8 政／1283·是年 社

日持(仏師)　❸ 1288·6·8 文

日実(僧)　❸ 1378·3 月 社

日樹(僧)　❺-1 1626·10·22 社／1629·2·26 社／1630·2·21 社／7·2 社

日寿(僧)　❻ 1875·9·8 社

日秀(駿河滝泉寺)　❷ 1279·9 月 社

日什(僧)　❸ 1381·是年 社／1382·是年 社／1383·5 月 社／1384·2·15 社／1389·是年 社／1392·2·28 社

日重(僧)　❺-1 1623·⑧·6 社／1670·是年 文

日充(僧)　❺-1 1630·2·21 社

日遵(僧、伊豆玉沢妙法華寺)　❺-1 1630·2·21 社

日遵(僧、東叡山六院家)　❺-2 1777·5·5 社

日順(僧)　❺-1 1670·是年 社

日浄(仏師)　❸ 1288·6·8 文

日常(僧)　❸ 1299·3·4 社

日静(僧)　❸ 1338·是年 社／1345·3·10 社／1369·6·27 社

日陣(僧)　❸ 1406·2 月 社

日仁(僧)　❸ 1408·5·21 社

日税(僧)　❺-1 1630·7·2 社

日善(僧)　❺-1 1698·11·12 社

日像(僧)　❸ 1294·4·24 社／1297·4 月 社／1307·5·20 社／1310·3·8 社／1321·11·8 社／是年 社／1334·5·17 社／1342·11·13 社

日代(僧)　❸ 1325·10·13 社／1394·4·18 社

日大(僧)　❸ 1369·2·12 社

日伝(僧)　❸ 1409·4·1 社

日伝(僧、甲斐久遠寺)　❹ 1522·2 月 政

日道(僧)　❺-2 1803·7·29 社

日附(僧)　❺-1 1698·11·12 社

日妙(僧)　❸ 1331·7·13 政

日明(僧)　❹ 1471·11·1 社

日祐(僧)　❸ 1325·5·17 文／

1331·9·4 社／**1359**·6·17 社／**1374**·5·19 社／5月 文
日与(僧)　❹ **1471**·11·1 社
日要(僧)　❹ **1502**·11·7 社
日耀(僧)　❻ **1875**·9·8 社
日羅(僧)　❶ **583**·7·1／12·30
日隆(僧、鏡忍寺開創)　❷ **1281**·3月 社
日隆(本能寺僧)　❸ **1423**·是年 社／**1429**·是年 社／**1433**·4·2 社／**1451**·2·1 社／❹ **1463**·5·13 社／**1464**·2·25 社
日侶(僧)　❹ **1542**·12·3 社
日亮(僧)　❺-1 **1621**·是年 社
日了(僧)　❺-1 **1665**·12·3 社
日遼(僧)　❺-1 **1698**·11·12 社
日輪(僧)　❸ **1334**·5·17 社／**1359**·4·4 社
日礼(僧)　❺-2 **1798**·是年 文
日蓮(僧)　❷ **1238**·4·4 文／**1253**·4·28 社／**1254**·6·25 文／**1260**·2月 文／7·16 政、文／8·27 社／**1261**·5·12 社／6·4 社／**1263**·2·22 社／5月 社／**1264**·11·11 社／**1266**·1·6 文／**1268**·①·18 社／4·5 文／10·11 社／**1269**·12·8 文／**1271**·6·18 社／10·5 文／10·10 社／**1272**·1·16 社／**1273**·4·25 文／11·3 社／**1274**·1·14 文／2·14 社／5·12 社／**1275**·6·16 文／**1276**·7·21 文／**1278**·2·28 文／3·21 文／7·28 文／**1279**·7·13 文／10月 文／**1280**·5月 文／7·2 文／❸ **1282**·9·8 社／10·8 社／10·13 社／**1358**·是年 社／❹ **1531**·10·11 社／❺-1 **1609**·2·20 社／❼ **1922**·10·13 社
日朗(僧)　❷ **1271**·9·12 社／**1273**·⑤·28 社／❸ **1282**·10·8 政／10·13 社／**1320**·1·21 社／**1358**·是年 社
日海⇨本因坊算砂(ほんいんぼうさんさ)
日覚(僧)　❷ **1095**·2·12 文
日覚(本成寺僧)　❹ **1550**·11·16 社
日観(僧)　❸ **1291**·是年 文
日閑(僧)　❺-1 **1668**·6·19 社
日寛(僧)　❺-2 **1838**·7·16 社
仁木氏忠　❸ **1413**·11·22 政
仁木国行　❸ **1433**·4·5 政
仁木三郎　❸ **1360**·9月 政
仁木高長　❹ **1508**·3·17 政
仁木満長　❸ **1376**·9·10 政
仁木満将　❸ **1442**·10月 政
仁木義有　❸ **1337**·4·21 政
仁木義員　❸ **1399**·12月 政
仁木義尹　❸ **1368**·4·28 政／9·19 政／**1370**·9·3 社
仁木義長　❸ **1336**·3·11 政／4·20 政／5·16 政／8·18 文／**1340**·1·29 政／8·24 政／**1342**·7月 社／**1343**·1·16 政／3·21 政／**1344**·8·15 社／**1350**·12·7 政／**1351**·1·15 政／4·2 政／7·21 政／11·7 政／**1353**·4·2 政／8·7 政／**1354**·2·25 社／**1355**·4·20 政／**1356**·10·19 政／**1358**·7·22 政／**1360**·7·5 政／**1361**·是年 政／**1372**·3月 政／**1376**·9·10 政／**1389**·3·1 政
仁木義広　❹ **1528**·11·16 政
仁木頼章　❸ **1336**·5·29 政／**1339**·6·2 政／**1343**·12·2 政／**1351**·1·15 政／4·2 政／10·21 政／**1352**·10·12 社／**1358**·5月 政／**1359**·10·13 政
仁木頼夏　❸ **1360**·10·3 政
仁木遠江守　❸ **1352**·3·11 政
仁木　某　❸ **1429**·2·4 政
日経(僧)　❺-1 **1608**·11·15 社／**1609**·1·7 社／2·20 社
日鏡(僧)　❺-1 **1698**·11·12 社
日華(僧)　❸ **1334**·8·16 社
日啓(品川本光寺僧)　❺-1 **1642**·2·16 社
日啓(僧、下総中山知泉院)　❺-2 **1841**·10·5 社
日賢(僧)　❸ **1338**·3·17 社
日賢(僧、下総中山法華経寺)　❺-1 **1626**·10·22 社／**1630**·2·21 社
日乾(僧)　❺-1 **1630**·2·21 社
日興(僧)　❸ **1282**·10·8 社／**1288**·12月 社／**1289**·1月 社／**1290**·10月 社／**1298**·2·15 社／是年 社／**1325**·10·13 社／**1333**·2·7 社
日高(僧)　❸ **1302**·3月 社
日向(僧)　❸ **1282**·10·8 政／**1314**·5·3 社
日珖(僧)　❹ **1575**·10·25 社／**1585**·6月 社／**1590**·5·18 文／**1593**·11·16 社／**1598**·8·27 社
日弘(僧)　❺-1 **1630**·2·21 社／**1687**·7·12 社
日秀(僧)　❸ **1334**·1·10 社
日祝(僧)　❹ **1513**·4·12 社
日昭(僧)　❷ **1253**·是年 社／❸ **1282**·10·8 政／**1323**·3·26 社
日惺(僧)　❹ **1584**·7·30 社
日正(僧)　❹ **1584**·7·30 社
日性(僧)　❺-1 **1614**·2·26 社／**1696**·是年 文
日章(如竹)　❺-1 **1655**·5·15 社
日尚(僧、陸奥会津若松妙法寺)　❺-1 **1660**·12·21 社
日尚(僧、知泉院日啓悴)　❺-2 **1841**·10·5 社
日祥(僧、千駄谷)　❺-1 **1698**·11·12 社
日祥(僧、房州)　❺-1 **1698**·11·12 社
日省(僧)　❺-2 **1720**·是年 文
日妙(僧)　❺-2 **1735**·是年 社
日唱(僧)　❺-2 **1777**·5·5 社
日照(僧)　❺-2 **1838**·7·16 社
日進(僧)　❸ **1334**·12·8 社
日進(僧、妙耀寺)　❺-1 **1630**·2·21 社／**1698**·11·12 社
日新(僧)　❹ **1470**·是年 文
日真(僧)　❹ **1488**·是年 社
日辰(僧)　❹ **1550**·3·19 社
日親(僧)　❸ **1427**·2·8 社／**1438**·3·26 社／**1439**·是年社 文／**1440**·2·6 社／❹ **1460**·⑨·3 社／**1462**·11·8 社／**1487**·1·19 社／**1488**·9·17 社
日深(僧)　❺-1 **1627**·12·28 社
日成(僧)　❸ **1378**·3月 社／**1413**·6·13 社
日靚(僧)　❹ **1524**·2·30 社
日霽(僧)　❸ **1393**·7·8 社／**1405**·11·4 社
日成(僧)　❹ **1552**·是年 社
日勢(僧)　❺-1 **1669**·2·1 社
日誓(僧)　❺-2 **1794**·9·29 社
日暹(僧)　❺-1 **1629**·2·26 社／**1630**·2·21 社
日尊(僧、実相寺建立)　❸ **1301**·是年 社／**1304**·是年 社
日尊(僧、南朝王子孫)　❹ **1470**·12·6 政／12·27 政
日尊(僧)　❺-1 **1603**·3·16 社
新田邦光(竹澤寛三郎)　❼ **1902**·11·25 社
新田貞氏　❸ **1416**·12·18 政
新田貞員　❸ **1346**·3·6 政／5·4 政
新田昌玄　❾ **2004**·11·18 文
新田次郎　❾ **1971**·9月 文
新田甚右衛門　❺-2 **1792**·是年 社
新田宿弥　❶ **750**·5·6 社
新田忠常　❷ **1203**·6·3 社／9·2 政
新田千里　❻ **1868**·9·14 政
新田経家　❸ **1324**·4·27 社
新田時兼　❷ **1226**·9·15 政
新田徳寿丸⇨新田義興(よしおき)
新田富夫　❾ **2007**·1·7 社
新田昌純　❹ **1503**·8·4 社
新田政義　❷ **1244**·6·17 政
新田宗氏　❸ **1322**·10·27 社
新田行政　❹ **1567**·1·14 政
新田義顕　❸ **1337**·3·6 政
新田義氏　❸ **1339**·7·5 政／**1340**·8·18 政
新田義興(徳寿丸)　❸ **1338**·1·2 政／**1352**·②·15 社／②·18 政／3·2 政／3·15 政／**1358**·10·10 政／❺-2 **1744**·2月 社
新田義貞　❸ **1318**·10·6 政／**1333**·3·11 政／5·2 政／6·2 政／8·5 政／11·3 社／12·5 社／**1335**·11·2 政／11·18 政／12·11 政／**1336**·1·1 政／1·6 政／2·8 政／3·10 政／5·25 政／6·25 政／10·10 政／**1337**·1·1 政／3·6 政／**1338**·⑦·2 政／❻ **1875**·3·22 社
新田(源)義重　❷ **1157**·3·8 政／**1172**·11·29 社／**1180**·12·22 政／9·30 政／**1202**·1·14 政／1·29 政／❺-1 **1611**·3·22 政／❺-2 **1801**·1·14 社
新田義続　❸ **1395**·1月 政
新田義則　❸ **1383**·是年 政／**1385**·3月 政／**1396**·6月 政／**1398**·8·13 政／**1403**·4·25 政
新田義治　❸ **1368**·7月 政
新田義宗　❸ **1340**·8·20 政／**1352**·②·18 政／**1353**·11·5 政／**1354**·9·23 政／**1368**·7月 政
新田右馬允　❸ **1341**·5·28 政
新田左馬助　❸ **1336**·4·8 政
新田禅師　❸ **1340**·3·12 政
新田武蔵守　❸ **1409**·7·22 政
新田綿打入道　❸ **1340**·1·24 政
日泰(僧、山城妙満寺)　❹ **1506**·1·19 社
日泰(僧、深川妙栄寺)　❺-1 **1698**·9·6 社
日達(僧)　❺-2 **1738**·是年 文／

1747·2·26 社
日忠(僧)　❺-1 1603·4·25 社
日頂(僧)　❸ 1282·10·8 政
日朝(僧)　❹ 1478·9·23 文／1497·8·6 文／1500·6·25 社
日長(僧)　❺-1 1630·2·21 社
日澄(僧)　❺-1 1632·是年 文
日潮(僧)　❺-2 1731·是年 文
日庭(僧)　❺-1 1687·7·12 社
日典(僧)　❹ 1593·11·16 社
日東(僧、下総藻原)　❺-1 1630·2·21 社
日東(僧)　❺-2 1838·7·16 社
日等(僧)　❺-2 1725·12·3 社
日東祖旭(僧)　❸ 1413·4·5 社
入戸野又兵衛　❺-1 1691·6月 政
日表(僧)　❺-1 1698·11·12 社
日法(僧、甲斐立正寺創建)　❷ 1276·是年 社／❸ 1341·1·5 社
日峰宗舜(僧)　❸ 1432·是年 社／1448·1·26 社
日峰宗峰(僧)　❹ 1473·是年 社
二出川延明　❼ 1936·1·5 社／❾ 1989·10·16 社
二斗庵幸雄　❺-2 1826·是年 文
新渡戸稲造　❼ 1900·是年 文／1906·9·28 文／1911·2·1 文／1912·10月 文／1918·4·30 文／1926·7·28 政／1930·6·3 社／1933·10·15 文
蜷川式胤　❻ 1871·2月 文／1882·8·21 文
蜷川親孝　❹ 1523·6月 文／1525·11·17 政
蜷川親俊　❹ 1539·1月 文／1568·11·14 政
蜷川親長　❺-1 1610·7·8 政
蜷川親熙　❺-1 1689·10·26 政
蜷川親文　❺-2 1780·8·8 社
蜷川親当⇨智蘊(ちうん)
蜷川親元　❹ 1465·10·7 政／1473·8·7 政／1481·8·29 政／1488·5·25 政
蜷川虎三　❽ 1950·2·8 政／4·20 政／1958·4·12 社／❾ 1966·4·12 政
蜷川八右衛門　❺-2 1755·11·29 政
蜷川幸雄　❾ 1985·1·3 文／1998·8·28 文／2000·9·5 文／2005·7·28 文／2010·11·3 文
蜷川蔵人　❹ 1458·6·21 政
爾南志礼初　❶ 835·6·27 社
蜷淵有相　❶ 940·1·30 政
二の丸殿⇨淀殿(よどどの)
二宮氏泰　❸ 1387·6·9 政
二宮和弘　❾ 1976·7·17 社
二宮熊次郎　❼ 1916·12·17 文
二宮敬作　❺-2 1827·5·27 文／❻ 1862·3·12 文
二宮彦可　❺-2 1807·是年 文
二宮是随　❸ 1397·7·2 社
二宮尊徳　❺-2 1822·2月 社／3月 社／1823·3月 社／❻ 1853·2·13 政／1856·10·20 社
二宮種氏　❸ 1387·⑤·28 政
二宮忠八　❻ 1893·10月 社／❼ 1936·4·8 社
二宮就辰　❹ 1589·4·15 政
二宮治重　❽ 1944·7·22 政／8·1 政
二宮政人　❾ 2008·6·14 文
二宮わか　❻ 1881·12·1 文／❼ 1905·2月 社
二宮隠岐守　❹ 1554·4·17 政
二宮信濃入道　❸ 1376·5·14 社
爾波移　❶ 書紀·神功 46·3·1
丹生誠忠　❼ 1936·2·29 政
ニブロ(米·スクエアダンス)　❽ 1946·12·23 社
仁平次(手代)　❻ 1864·2·23 社
仁保十郎　❹ 1470·是春 政
仁保隆慰　❹ 1559·9·26 政
仁保隆康　❹ 1561·6·10 政
仁保弘有　❸ 1455·4·13 政／❹ 1469·10月 社／12·19 政／1470·5·19 政
仁保護郷　❹ 1498·8·27 政／1501·⑥·24 政
二星温子　❾ 1998·8·26 社
日本左衛門(友五郎)⇨浜島庄兵衛(はましましょうべえ)
二本柳和雄　❾ 1977·4·16 社
仁万弥太郎　❸ 1353·1·22 政
荷見安右衛門　❺-2 1837·2·3 社
ニミッツ(米)　❽ 1944·11·22 政／1945·3·26 政／4·5 政
若徳(高句麗)　❶ 630·3·1 政
丹山陸郎　❻ 1873·2·25 文
二山義長　❺-2 1721·是年 政
入阿(僧)　❷ 1144·8·18 文
乳井　貢(建富)　❺-2 1753·1·11 政
乳井美作　❺-1 1635·2·9 政
入田宗和　❹ 1586·10·22 政
ニュートン(英軍医)　❻ 1868·4·12 文／1871·5·23 文
鳰原貴光　❾ 2009·10·24 社
如意大夫　❷ 1270·7·28 文
如意道人　❺-2 1792·是年 文
如覚(僧)　❶ 994·3·10 社
如願⇨藤原秀能(ふじわらひでよし)
如空(僧)　❸ 1321·3·6 社
如源(僧)　❷ 1021·4·18 社
如幻明春　❺-1 1695·是年 文／1696·是年 文
如春(僧)　❹ 1593·5·20 社／⑨·16 社
如性(僧)　❸ 1333·11·3 社
如定(僧)　❺-1 1632·是年 社／1657·是年 社
如信(僧)　❸ 1300·1·4 社
如心斎(七代目)　❺-2 1751·6月 文
如心中恕(僧)　❸ 1368·12月 政
如是斎宗瑛(六代目)　❺-2 1840·1·27 文
如川(僧)　❹ 1550·7·6 政
如泉(真珠庵僧)　❺-1 1689·是年 文
如竹⇨日章(にっしょう)
如道(僧)　❸ 1311·8月 社
如宝(僧)　❶ 774·是年 社
如法寺氏信　❸ 1391·10·8 政
如法寺親武　❹ 1587·10·2 政
如無(僧)　❶ 938·8·9 社
如聞(僧)　❸ 1344·是年 政
如瑤(僧)　❸ 1371·是年 政／1381·7·15 政／1384·是春 政／1386·是年 政
仁礼景範　❻ 1892·8·3 政／1893·3·7 政／❼ 1900·11·22 政
仁礼敬之　❻ 1894·2·25 社
楡井頼重　❸ 1352·12·3 政／1357·1·27 政
楡井頼仲　❸ 1340·是年 社／1351·7·25 政／8·3 政／1352·12·3 政／1353·7·12 政／1354·2·24 政／1357·1·27 政
二連木九左衛門　❺-2 1755·10月 政
丹羽宇一郎　❾ 2010·9·7 政／2012·8·27 政
丹羽氏明　❺-1 1686·3·2 政
丹羽氏音　❺-1 1686·3·2 政／1702·6·22 政
丹羽氏勝　❹ 1580·8·17 政
丹羽氏定　❺-1 1646·5·11 政／1657·4·16 政
丹羽氏識　❹ 1551·是年 政
丹羽氏純　❺-1 1657·4·16 政
丹羽氏信　❺-1 1638·4·24 政／1646·5·11 政
丹羽氏秀(五郎左衛門)　❹ 1551·是年 政／1570·11·16 社
丹羽氏栄　❺-2 1757·5·22 政
丹羽雲厳(若丸)　❷ 1151·3月 社
丹羽閑斎　❻ 1880·1·20 文
丹羽喬四郎　❾ 1971·7·5 政
丹羽　潔　❾ 1971·8·16 文
丹羽玄喜　❺-1 1693·6·12 社
丹羽貞機　❺-2 1729·2·29 文
丹羽薫氏　❺-2 1721·4月 文／1722·4·1 文／1757·5·22 政
丹羽純一郎　❻ 1879·6月 文
丹羽淳太郎(賢)　❻ 1867·12·8 政
丹羽正伯(元機·貞機·称水斎、物産家)　❺-2 1723·3月 文／1734·3·21 文／1735·4·3 文／1738·5·30 文／1747·12·5 文／1752·1·4 文
丹波正伯(医師·本草家)　❺-2 1756·4·14 文
丹羽二郎右衛門　❺-1 1642·8·8 社
丹羽精蔵　❻ 1867·3·13 政
丹羽高庸　❺-2 1745·5·9 政
丹羽高寛　❺-2 1745·5·9 政
丹羽樗山　❺-2 1728·是年 文／1729·是年 文
丹羽桃渓　❺-2 1815·是年 社／1822·10·15 文
丹羽長祥　❺-2 1796·3·27 政
丹羽長国　❻ 1868·7·24 政
丹羽(惟住)長重　❹ 1585·4·16 政／1590·4·1 政／❺-1 1612·1·5 政／1622·1·21 政／1625·1月 政／1627·2·10 政／1637·③·4 政
丹羽長次　❺-1 1698·6·26 政
丹羽(惟住)長秀　❹ 1568·9·7 政／10·26 政／1570·10·2 政／1571·2·17 政／8·18 政／9·1 政／1573·2·26 政／5·15 社／9·24 政／1574·2·21 社／1575·7·3 政／8·12 政／1577·3·21 政／8·8 政／1578·1·1 文／3·4 政／1579·4·10 政／1581·7·6 政／1582·6·5 政／6·16 政／9·13 政／10·16 政／12·4 政／1583·4·20 政／6月 社／1584·8·19 政／1585·4·16 政
丹羽長守　❺-1 1695·2·5 政／1702·⑧·15 社

丹羽長之 ❺-1 1698·6·26 政／8·28 文／1700·12·7 政
丹羽長貴 ❺-2 1775·5·20 社／1796·3·27 政
丹羽秀延 ❺-1 1700·12·7 政
丹羽兵助 ❾ 1990·10·21 社
丹羽文雄 ❽ 1937·8月 文／12月 文／1938·9·11 文／1939·1月 文／1942·11月 文／1943·4·1 文／1947·2月 文／1955·1·21 文／❾ 1977·11·3 文／2005·4·20 文
丹羽正庸 ❻ 1873·是年 社
丹羽正治 ❾ 1992·1·11 政
丹羽光重 ❺-1 1637·③·4 政／1643·7·4 政
丹羽弥右衛門 ❺-1 1643·5·30 政
丹羽保次郎 ❼ 1928·8·13 文／1929·12·27 社／❽ 1959·11·3 文／❾ 1985·4·18 社
丹羽雄哉 ❾ 1999·10·5 政
丹羽嘉言(彰甫·新次郎·章甫·謝庵·福善斎·聚珍堂·名士閣) ❺-2 1786·3·16 文
丹羽龍之助 ❻ 1870·10月 文
丹羽礼介 ❽ 1951·1·13 文
丹波瀬清左衛門(格庵) ❺-2 1827·2 政
庭田(源)幸子(敷政門院) ❸ 1448·3·4 政／4·13 政
庭田重條 ❺-1 1708·12·13 政
庭田重資 ❸ 1389·8·13 政
庭田重孝 ❺-2 1745·⑫·20 政
庭田重具 ❹ 1598·6·17 政
庭田重通 ❹ 1594·5·25 文
庭田重保 ❹ 1575·3·20 社／1580·7·17 社／1582·4·23 政／1595·8·6 政
庭田資子(対の御方) ❸ 1398·12·29 政
庭田浄喜 ❸ 1430·⑪·4 政
庭田朝子 ❹ 1492·7·20 政
庭田経有 ❸ 1398·5·18 文／1412·5·15 政
庭田長賢 ❹ 1487·1·18 政
庭田雅行 ❹ 1495·2·20 政
庭野日敬 ❾ 1970·10·16 社／1999·10·4 社
丹波宗雄 ❶ 880·8·15 社
庭山慶一郎 ❾ 2012·12·7 政
任　絖(朝鮮) ❺-1 1636·10·12 政
任　守軒 ❺-1 1711·7·15 政
仁阿弥道八(二代目) ❺-2 1811·是年 文／1832·是年 文
仁意(僧) ❶ 930·延長年間 文
仁意(興福寺僧) ❷ 1104·10·3 社
仁恵(僧) ❷ 1247·7·16 社
仁円(僧) ❷ 1051·10·16 社
任雅(僧) ❷ 1218·11·10 社
仁海(僧) ❷ 1007·10·11 社／1018·6·4 社／1028·4·12 社／1033·5·14 社／1038·3·5 社／1043·5·8 社／1046·5·16 社
忍海(僧侶) ❻ 1863·9·25 社
仁覚(東大寺僧) ❷ 1102·3·28 社／1150·3·11 社
任覚(僧) ❷ 1181·2·11 政
仁観(仁観、醍醐寺僧) ❷ 1113·10·5 政／1114·3·23 政／1129·6·25 政
忍基(僧) ❶ 763·是春 文
仁慶(僧) ❷ 1229·4·22 社
忍慶(仏師) ❸ 1364·3·15 文
仁源(僧) ❷ 1102·5·8 社／1109·3·9 社
仁賢天皇(億計王) ❶ 481·11月／482·1·1／4·7／484·12月／488·1·5／498·8·8
仁好(僧) ❶ 843·3·3 文／12·9 政／844·7·2 政／847·7·8 政
仁斅(僧) ❶ 949·6·22 社
仁皎(僧) ❶ 959·11·21 社
仁浩(僧) ❸ 1321·是年 政
仁豪(僧) ❷ 1110·5·5 社／1113·5·7 社／6·28 社／1116·6·26 社／1121·10·4 社
仁孝天皇(寛宮·恵仁親王) ❺-2 1800·2·21 政／1809·3·24 政／1817·3·22 政／9·21 政／1846·1·26 政
仁谷宗腆(僧) ❹ 1540·10·13 政
仁済(僧) ❶ 841·是秋 文
仁算(僧) ❶ 863·是年 文／864·是年 文
仁実(僧) ❷ 1114·2·11 社／1123·12·18 社／1131·6·8 社
忍寂(僧) ❷ 1226·4·27 政
仁秀(僧) ❶ 808·3月 社
仁叔(僧) ❹ 1524·8·27 政
仁照(僧) ❶ 930·是年 文
仁証(僧) ❷ 1134·9·11 社
忍性(僧) ❷ 1240·3月 社／1241·11·18 社／1242·1·25 社／3·25 社／1243·2·25 社／1252·3月 社／1262·5·1 社／1271·6·18 社／7·22 社／1274·是年 社／1275·7月 文／10·8 社／1281·7·24 社／❸ 1287·是年 社／1294·是年 社／1298·是年 社／1303·7·12 社／1328·5·26 社
忍照(二階堂行景後家尼) ❸ 1294·12·27 政／1305·8·29 政／1309·1·6 政
忍照(僧) ❺-2 1732·7·18 政
仁如集堯(僧) ❹ 1572·7·25 文／1574·7·28 社
任助親王 ❹ 1583·9·20 文／1584·11·29 社
仁真(僧) ❷ 1259·是年 文
忍誓(僧) ❸ 1440·10·15 文／❹ 1457·8月 文
任禅(絵師) ❸ 1305·5·19 文
仁宗(僧) ❶ 982·5·16 文
仁叟(琉球) ❹ 1470·6·29 政
仁増(仏師) ❷ 1134·10月 文
仁叟浄熙 ❸ 1364·10·18 社
忍澂(金毛老人) ❺-1 1711·11·10 社
忍澄(僧) ❺-2 1819·是年 文
仁統(僧) ❷ 1015·7·8 文
仁徳天皇(大鷦鷯尊) ❶ 書紀·応神 40·1·24／応神 41·是年／仁徳 1·1·3／仁徳 4·2·6／仁徳 87·1·16／10·7
仁和寺宮嘉彰親王(小松宮彰仁親王)⇨嘉彰(よしあき)親王
仁明天皇(正良親王) ❶ 823·4·18 政／833·2·28 政／3·6 政／850·3·21 政
仁誉(僧) ❷ 1106·7·7 政
仁隆(僧) ❷ 1205·1·7 社

ぬ

柔(百済使) ❶ 635·6·10 政
ぬい(放火犯) ❺-1 1666·4·16 社
縫田曄子 ❾ 1977·10·2 文
ヌイツ, ピーテル ❺-1 1627·6·20 政／9·17 政／1628·5·28 政／1632·7·29 政／10·1 政／1636·3·28 政／5·1 政／11·1 政
縫殿助(地頭代) ❸ 1337·10月 社
額賀福志郎 ❾ 1998·7·30 政／2000·12·5 政／2003·9·21 政／2005·10·31 政／2007·8·27 政
額田部金 ❶ 678·12月 政
額田千足 ❶ 721·1·27 文
額田人足 ❶ 703·10·25 政
額田六福 ❼ 1926·1月 文
額田義亮 ❸ 1421·6月 政
額田六福 ❽ 1948·12·21 文
額田王 ❶ 637·12·14 文／658·是年 文／668·5·5 文
額田大中彦皇子 ❶ 書紀·仁徳 62·是年
額田部　林 ❶ 700·6·17 政
額田部比羅夫 ❶ 608·8·3 政／610·7月 政
糟麻呂(奴) ❶ 750·3·6 社
額賀十郎兵衛 ❺-2 1809·10·8 政
貫名海屋(吉井苞·子善·君茂·海仙·海客·林屋·海叟·摘菘翁·菘翁·菘叟·方竹山人·須静主人·三緘主人) ❺-2 1829·9月 文／1832·是年 文／1834·是年 文／1835·10·15 文／1836·是夏 文／是年 文／1838·是年 文／1841·是年 文／1842·是年 文／1852·是年 文／❻ 1856·8月 文／1863·5·6 文
抜山平一 ❼ 1935·9·26 文
温井景隆 ❹ 1577·9·15 政／1581·3·28 政／1582·6·26 政
温科国親 ❹ 1499·8·6 政
奴氏大舎 ❶ 561·是年
努登国依 ❶ 773·是年 文
渟名城入姫命 ❶ 書紀·崇神 6·是年
渟中倉太珠敷尊⇨敏達(びだつ)天皇
渟名底仲媛命 ❶ 書紀·安寧 3·1·5
沼波瓊音 ❼ 1927·7·19 文
布川通璞 ❺-2 1852·是年 政
布師　磐 ❶ 671·11·10 政
布田保之助 ❺-2 1852·12月 社
布屋重三郎 ❺-2 1761·12·16 政
渟葉田瓊入媛 ❶ 書紀·垂仁 15·2·11
沼　泰三 ❼ 1909·4月 社
沼間守一 ❻ 1873·9月 政／1878·9·21 文／1879·10月 文／11·18 文／1880·12·15 政／1881·8·23 政／10·15 政／1882·3·14 政／1890·5·17 政
沼賀茂一郎 ❻ 1859·6月 社
沼尻墨僊 ❺-2 1799·是年 文
沼尻龍涯 ❺-2 1822·7·15 文
沼尻龍典 ❾ 1990·9·7 文
沼田荷舟 ❼ 1901·2·23 文
沼田月斎 ❻ 1864·6·29 文
沼田耕山 ❻ 1884·8·25 文
沼田五郎 ❷ 1223·3·12 政
沼田五郎八 ❺-2 1814·是冬 社

沼田庄一　❼ 1930·5·1 社
沼田四郎　❷ 1226·4·20 政
沼田次郎　❾ 1994·6·29 文
沼田伴蔵　❺-2 1725·是年 社
沼田　真　❾ 2001·12·30 文
沼田安之助　❺-2 1814·是冬 社
沼田順義(道意·楽水堂)　❺-2 1830·是年 文／1833·是年 文／1849·12·17 文
沼田義明　❾ 1967·6·15 社／12·14 社
沼田頼輔　❼ 1934·11·27 文
沼田多稼藏　❽ 1961·11·15 政
沼間右京　❺-2 1823·4·22 政
沼間清許　❺-1 1645·6·24 社
怒唎斯致契(姫氏)　❶ 552·10·13
漆部伊波　❶ 760·1·16 政
漆部君足　❶ 729·2·10 政
漆部道麻呂　❶ 700·8·22 政
奴流枳　❶ 493·是年

ね

ネ·ウィン(ビルマ)　❾ 1966·9·19 政
根井行親(太郎)　❷ 1181·9·4 政／1184·1·19 政
ネール，ジャワハルラル　❽ 1957·10·4 政／1964·5·27 政
根上　淳　❾ 2005·10·24 文
根岸英一　❾ 2010·10·6 文／11·3 文
根岸喜兵衛　❺-1 1678·3·29 社
根岸重明　❺-1 1682·8·18 社
根岸　隆　❾ 2006·11·3 文
根岸鉄太郎　❼ 1936·12·24 文
根岸莵角　❹ 1593·9·15 社
根岸直利　❺-1 1705·是年 文
根岸長利　❺-1 1670·8·4 文
根岸衛奮(肥前守)　❻ 1861·9·12 政／10·14 政／1864·12·21 政／1865·5·3 政／11·2 政／1876·8·3 政
根岸鎮衛(銕蔵·九郎左衛門)　❺-2 1780·12·5 社／1783·8·25 社／1798·11·11 社／1815·11·4 政
根岸吉松　❻ 1888·1·10 社
寝語軒美鄰　❺-2 1791·是年 文
根来上総(勢之祐)　❻ 1863·9·13 政
根来之白　❺-1 1713·6·1 文
根来東叔　❺-2 1741·是年 文
根来広光　❾ 2009·11·27 社
根来盛重　❺-1 1622·12·8 政
禰寝(ねじめ)清有　❸ 1357·4·10 政
禰寝清武　❸ 1333·6·15 政
禰寝清忠　❷ 1217·8·22 政
禰寝清種　❸ 1331·12·29 政／1351·8·12 政
禰寝(建部)清親　❸ 1288·10·3 政／1304·8·19 政
禰寝清成　❸ 1336·3·5 政／1337·3·17 政／1351·7·25 政／8·3 政／1352·6·2 政／1354·2·24 政
禰寝(建部)清治　❸ 1304·8·19 政
禰寝清平　❸ 1397·6·15 政／1403·11·29 政／1408·10·19 政／1411·10·9 政
禰寝清増　❸ 1351·8·12 政／1357·1·27 政
禰津貞直　❸ 1327·3月 社
禰寝重清　❸ 1441·12·12 政
禰寝茂清　❹ 1494·是春 政
禰寝重種　❸ 1357·1·27 政
禰寝(根占)重張　❹ 1583·4·22 政
禰寝重良　❹ 1571·11·20 政
禰寝助清　❸ 1378·2·22 政
禰寝親治　❸ 1283·11·18 政
禰寝久清　❸ 1375·10·5 政／1376·7·3 政／⑦·27 政／1377·12·13 政／1379·11·11 政／1380·6·26 政／7·14 政／10·2 政／1381·6·1 政／1383·6·1 政／1384·9·3 政／1385·2·10 政／1390·6·12 政／7·18 政／1393·4·28 政
鼠小僧次郎吉　❺-2 1832·5·5 社
根立助七郎　❻ 1862·4·29 政
根津嘉一郎　❼ 1923·11·22 政／❽ 1940·1·1 政
禰津神平　❹ 1574·3·5 政
禰津信光　❹ 1582·7·14 政
根津　一　❼ 1927·2·18 文
根津美治郎　❽ 1949·1·8 政
禰津宗貞　❸ 1351·6·29 政
根津和三郎　❺-2 1847·9·28 政
ネットー(東大教授)　❻ 1877·4·12 文
ネトルシップ(米)　❻ 1892·11月 文
禰禰(武田信虎の娘)　❹ 1540·11·29 政
寧々⇨高台院(こうだいいん)
根使主(根臣)　❶ 書紀·安康 1·2月／470·4·1
禰覇親方盛征　❺-2 1765·6·27 政
根本樵谷　❼ 1913·1·8 文
根元常南　❺-2 1811·4月 文
根本　進　❾ 2002·1·7 文
根本隆夫　❾ 1999·4·30 社
根本　匠　❾ 2012·12·26 政
根本　正　❼ 1906·11·23 政／1933·1·5 社
根本通明　❼ 1906·10·3 文
根本奈美　❾ 1992·3·2 社
根本武夷　❺-2 1764·12·2 文
根本陸夫　❾ 1998·4·30 社
根本龍太郎　❽ 1951·7·4 政／7·27 政／1954·12·10 政／1955·3·19 政／11·22 政／1957·7·10 政／❾ 1970·1·14 政／1990·3·19 政
ネリ，フェリノ　❽ 1955·5·31 政
練木喜三　❼ 1910·3·22 社
ネルソン·ニュートン　❻ 1870·11·22 文
ネルソン·レー　❻ 1869·11·11 政／1870·6·1 政
ネレテ，オラシオ　❺-1 1612·9·1 政
念阿(僧)　❷ 1235·2月 社
念救(宋僧)　❷ 1003·8·25 政／1013·9·14 政／1015·5·7 政／6·20 政
念空宗純(僧)　❹ 1515·3·9 社
念房(僧)　❷ 1030·6·1 社

の

盧　武鉉　❾ 2005·1·13 政／3·23 政／6·20 政／11·18 政／2007·1·13 政／11·20 政
野明弘幸　❾ 1996·3·1 社
能阿　❹ 1458·7·17 文／1466·1·24 文／1469·3·1 文
能阿弥　❸ 1431·9·9 文／1436·11·2 文／1437·10·21 文／1443·8·3 文／❹ 1457·10·5 文／1469·是年 文／1471·8月 文／是年 文／1476·3·12 文
ノヴィコフ(ソ連)　❽ 1945·8·19 政
能因法師　❷ 1035·5·16 文／10月 文／1066·2·6 政
能恵(東大寺僧)　❷ 1169·4·18 社
能恵(僧)　❷ 1248·3·20 文
能円(僧)　❷ 1185·5·20 政／1199·8·24 社
能円(僧)　❸ 1306·3·24 文
能光(仏師)　❷ 1141·是夏 文
能算(僧)　❷ 1093·2·19 文／1094·6·27 社
能春(僧)　❷ 1080·3·10 社／1183·12·10 政
能順(僧)　❷ 1172·8·13 社
能順(連歌師)　❺-1 1706·11·28 文
能臣(僧)　❷ 1214·2·30 社
能信(僧)　❸ 1291·9·18 社
能信(僧)　❸ 1354·⑩·25 社
納富(のうとみ)介次郎　❻ 1873·2·25 文／❼ 1918·3·9 文
納富十右衛門　❺-2 1825·8月 政
能忍(僧)　❷ 1189·是夏 社／1194·7·5 社
能忍⇨源国挙(みなもとくにたか)
農巴魯尼　❸ 1419·1·23 政
仍楽(僧)　❷ 1170·2·13 社
能婁(高句麗)　❶ 666·1·11 政
南野知恵子　❾ 2004·9·27 政
野上　彰　❽ 1946·4·20 文
野上臼川　❼ 1912·7月 文
野上資直　❷ 1272·4·23 政／1275·6·5 政／9·22 政／❸ 1284·6·19 政／1285·3·27 政
野上資盛　❸ 1320·2·28 政
野上太郎　❸ 1423·12·13 政
野上親成　❸ 1392·2·26 政
野上豊一郎　❼ 1918·7月 文／❽ 1937·4·27 文／1950·2·23 文
野上正義　❾ 2010·12·22 文
野上弥生子　❾ 1971·11·3 文
野上隠岐守　❹ 1557·4·2 政
ノガミの森のお雪　❽ 1948·11·22 社
野上屋吉兵衛　❺-1 1659·是年 社
野川喜三郎　❺-2 1791·6·11 社
乃木静子　❼ 1912·9·13 社
野木道玄　❺-1 1702·是年 社
乃木希典(無人·源三·頼時·文蔵·静堂·秀顕·石樵)　❻ 1877·2·22 西南戦争／1882·8月 社／❼ 1896·10·14 政／1904·5·29 日露戦争／8·16 日露戦争／1905·1·5 日露戦争／1906·1·12 政／1907·1·31 文／1909·11·28 社／1912·9·13 社／❽ 1937·5·10 社
ノグチ·イサム⇨イサム·ノグチ
野口雨情(英吉)　❼ 1907·3月 文／1928·4月 文／❽ 1945·1·27 文／1946·2·27 文
野口援太郎　❼ 1923·8·3 文／❽ 1941·1·11 文

野口男三郎 ❼ 1905·5·28 社
野口勝一 ❻ 1889·2·10 文／❼ 1905·11·23 文
野口兼資(政吉) ❽ 1948·8·21 文／1953·10·4 文
野口　健 ❾ 1999·5·13 社
野口　遵 ❼ 1927·5·2 政／❽ 1944·1·15 政
野口小蘋 ❼ 1904·4·16 文／1912·是年 文／1917·2·17 文
野口二郎 ❾ 2007·5·21 社
野口聡一 ❾ 1996·5·29 文／2005·7·26 文／2009·12·21 文／2010·4·5 文／6·2 文
野口孝行 ❾ 2004·6·28 政
野口寧斎 ❼ 1905·5·12 社
野口英世(清作) ❼ 1915·9·5 文／1927·4·19 文／1928·5·21 文
野口冨士雄 ❾ 1993·11·22 文
野口正章 ❻ 1873·3月 社／1875·3·10 社
野口みずき ❾ 2003·1·26 社／2004·8·13 社／2005·9·25 社
野口安治 ❼ 1901·10月 文
野口弥太郎 ❼ 1932·是年 文／❾ 1976·3·23 文
野口幽谷(続·己之助) ❻ 1884·4·11 文／1889·6·1 文／1893·9·25 文／❼ 1898·6·26 文
野口幽香 ❼ 1900·1·10 文／❽ 1950·1·20 社
野口米次郎 ❽ 1947·7·13 文
野国総管 ❺-1 1605·是年 社
野坂昭如 ❾ 1968·3月 文
野坂浩賢 ❾ 1994·6·30 政／1995·8·8 政／2004·4·18 政
野坂参三(小野参弌·岡野進·野坂鉄嶺·野坂鉄) ❼ 1923·6·5 政／1924·3·1 社／1928·3·15 政／1936·2·10 政／❽ 1941·5·15 政／1945·4月 政／1946·1·12 政／2·24 政／3·15 政／5·24 政／1950·1·6 政／2·6 政／6·8 政／1955·7·27 政／8·18 政／1958·7·21 政／❾ 1970·7·1 政／1992·9·20 政／12·27 政／1993·11·14 政
野坂　龍 ❽ 1939·10·20 政
野崎公胤 ❼ 1896·8·1 社
野崎武吉郎 ❼ 1915·10·21 社
野崎太郎 ❸ 1412·2·21 政
野崎藤次郎 ❻ 1876·10·26 政
野崎抱青 ❼ 1899·12·20 文
野崎正朝 ❻ 1877·8·23 政
野崎真澄 ❻ 1874·1·23 政
野崎通慶 ❺-2 1764·12·15 文
野崎理左衛門 ❺-1 1669·6·11 社
野里梅園 ❺-2 1825·是年 文／1828·是年 文
野里親方安在 ❺-2 1783·7·27 政
野里屋四郎左衛門 ❺-1 1619·2月 社
野澤卯之吉 ❻ 1879·7·1 政
野澤喜左衛門 ❾ 1976·5·9 文
野澤吉兵衛(三代目) ❻ 1862·7·28 文
野澤吉兵衛(鈴木繁造、五代目) ❼ 1911·2·22 文
野澤吉兵衛(松井福松、六代目) ❼ 1924·6·4 文
野澤吉兵衛(七代目) ❽ 1942·5·23 文
野澤吉弥 ❼ 1905·1·1 文
野澤喜八郎(畑中芝之助、八代目) ❼ 1922·1·3 文／1932·11·30 文
野澤錦糸 ❾ 1988·11·14 文／11·19 文
野澤如洋 ❼ 1932·是年 文
野澤酔石 ❺-2 1823·是年 文
野澤太三 ❾ 2003·9·22 政
野澤提雨 ❼ 1917·4·3 文
野澤　尚 ❾ 2004·6·28 文
野澤凡兆 ❺-1 1691·5·23 文
野澤松之輔 ❾ 1975·1·13 文
野地豊前 ❹ 1591·是年 社
野島康三 ❽ 1964·8·14 文
野島清左衛門 ❺-2 1730·1·28 政
野島新左衛門 ❺-1 1714·11·29 政
野島里山 ❻ 1887·11·10 文
野尻(僧) ❸ 1291·12·10 社
野尻清彦⇨大仏次郎(おさらぎじろう)
野尻抱影 ❾ 1977·10·30 文
野城真淵 ❺-2 1777·是年 文
能勢朝次 ❽ 1955·2·25 文
能勢源五郎 ❹ 1518·11·28 社
能勢小十郎 ❺-2 1752·7·26 社／1763·7·26 社
能勢半左衛門 ❺-2 1817·7月 政
能勢兵五左衛門 ❺-2 1787·12·23 政
能勢之彦 ❾ 2011·10·13 文
能勢頼一 ❺-2 1744·6·11 政
能勢頼寛 ❺-1 1688·5·3 社／1690·12·23 社
能勢頼宗 ❺-1 1655·3·5 社／1671·10·28 政
野副鉄男 ❽ 1958·11·3 文／❾ 1996·4·4 文
野添ひとみ ❾ 1995·5·4 文
及位野衣(のぞきやえ) ❾ 1976·7·25 社
莅戸(のぞきど)善政(太華) ❺-2 1771·12·7 社／1791·1·29 政
野田愛子 ❾ 1987·1·27 社／2010·6·19 社
野田伊太郎 ❼ 1922·9·17 政
野田卯一 ❽ 1951·7·4 政／❾ 1997·1·29 政
野田卯太郎 ❼ 1917·2·24 政／1918·9·29 政／1925·4·4 政／1927·2·23 政／❽ 1944·10月 文
野田喜兵衛 ❺-1 1641·4·26 政
野田九浦 ❼ 1907·10·25 文
野田清堯(繁慶) ❺-1 1610·2月 文／1611·8月 文／1612·10月 文／1613·5月 文／1624·是年 文
野田敬明 ❺-2 1825·3·1 文
野田忠粛 ❺-1 1705·是年 文
野田高梧 ❾ 1968·9·23 文
野田青葭 ❺-2 1850·是年 社
野田聖子 ❾ 1998·7·30 政／2008·8·2 政／9·24 政
野田宗畔 ❺-1 1677·1·29 社
野田武夫 ❾ 1968·11·30 政
野田　毅 ❾ 1989·6·2 政／1991·11·5 政
野田敏明 ❺-2 1820·是年 文
野田俊豪 ❸ 1450·3·26 社
野田成亮 ❺-2 1812·9·3 社
野田半三 ❼ 1912·6·9 文
野田久忠 ❺-1 1700·3·21 政
野田英夫 ❼ 1935·9·3 文／❽ 1939·1·12 文
野田　実 ❾ 1998·5·25 政
野田持忠 ❸ 1441·4·17 政
野田盛重 ❸ 1352·②月 政
野田泰忠 ❹ 1469·3·16 政／1474·3月 政
野田義夫 ❼ 1921·11·9 文
野田義長 ❹ 1468·是年 政
野田佳彦 ❾ 2010·6·8 政／9·17 政／2011·8·29 政／9·2 政／2012·1·13 政／3·26 政／5·13 政／6·4 政／8·10 政／9·13 政／9·20 政
野田右衛門大夫 ❹ 1568·2月 政
野津鎮雄 ❻ 1877·11·2 政／2·24 西南戦争／1880·7·22 政
野津道貫 ❻ 1894·8·30 日清戦争／❼ 1904·6·30 日露戦争／1906·1·12 政
ノックス(米国務長官) ❼ 1911·2·21 政
ノット(英) ❻ 1883·9·5 文／1884·10·17 社／1887·6·23 文
能登馬身龍 ❶ 660·3月 政
能登内親王 ❶ 781·2·17 政
野中　至(到) ❻ 1895·10·1 文／❽ 1955·2·28 文
野中英二 ❾ 1989·6·2 政
野中金右衛門 ❺-2 1796·是年 社
野中兼山(良継) ❺-1 1626·2·28 政／1649·3·5 政／1655·是年 社／1662·12·2 政／1663·7·26 政／8·13 社／12·15 政／1664·3·2 社
野中鎮兼 ❹ 1579·1·10 政
野中千代子 ❻ 1895·10·1 文
野中広務 ❾ 1994·6·30 政／1998·7·30 政／2000·4·5 政／12·1 政／2003·9·9 政
野中マツ ❽ 1952·9·11 社
野長瀬晩花 ❼ 1911·4·15 文／1916·是年 文
乃南アサ ❾ 1996·7·17 文
野野口隆正 ❺-2 1841·是年 文
野野口立圃(親重·立甫·松翁) ❺-1 1633·是年 文／1637·是年 文／1665·是年 文／1669·9·30 文／1672·3·17 文
野野辺優次 ❻ 1869·3·10 政
野宮定功 ❻ 1862·11·7 政／1863·2·11 政／1867·4·17 政
野宮定俊 ❺-2 1757·3·30 政
野宮定祥 ❺-2 1847·4·25 社
野宮定業 ❺-2 1816·6·22 文
野宮定逸 ❺-1 1652·2·7 政／1658·2·15 政
野宮定晴 ❺-2 1781·9·3 政
野宮定基(親重) ❺-1 1711·6·29 政／6·29 文
野宮定之 ❺-2 1782·2·26 政
野宮初枝 ❾ 1978·4·2 政
野野村一雄 ❽ 1942·9·21 政
野野村一男 ❾ 2008·2·11 文
野野村仁清 ❺-1 1655·9·26 文／1657·4月 文／1666·是年 文／1699·

8·13 文
野野村信武　❺-1 1682·是年 政
野野山兼綱　❺-1 1640·6·2 政
野野山兼寛　❻ 1858·8·7 政／1861·7·20 ロシア艦対馬占拠事件
野野山緱山　❺-2 1847·12·18 文
野野山瀬兵衛　❺-1 1671·7·29 政
野野山孫助　❺-2 1755·10月 政
野野山光家　❹ 1535·9月 社
野原一夫　❾ 1999·7·31 文
野原正勝　❾ 1970·1·14 政
ノビレ(極地探検家)　❼ 1927·2·22 社／4·6 政
信利右衛門　❺-1 1662·5·12 社
信章(姓不詳)　❷ 1168·3·1 社
信夫清三郎　❾ 1992·10·10 文
信国(刀工)　❸ 1366·10月 文／1385·12月 文／1403·8月 文／1417·2月 文／1425·8月 文／1427·2月 文
信国(刀工)　❺-1 1632·8月 文／1663·12·11 文
宣子内親王　❶ 915·7·19 社／920·⑥·9 社
信貞(絵師)　❷ 1108·10·2 文／1112·10·19 政
信重(冷泉津)　❹ 1489·1·13 政／1492·2·21 政
信高(刀工)　❺-1 1616·11月 文
延時(大鋳師)　❷ 1239·6·6 文
信時　潔　❽ 1937·10·13 社／1942·12·15 文／❾ 1965·8·1 文
延時種忠　❸ 1302·8·28 政
信長(倭人)　❹ 1554·12·18 政
延永春信　❹ 1507·5·11 政／1517·5·25 政／6·2 政／8·7 政
延原正孝　❼ 1901·8·18 社
順仁親王⇨六條(ろくじょう)天皇
信慶(姓不詳·目代)　❸ 1324·2·29 社
信吉(大工)　❸ 1455·4·2 文
野辺市三郎　❺-2 1762·10·16 社
野辺庄九郎　❺-1 1695·5·23 社
延沢信景　❹ 1577·3·17 政
野辺地慶三　❾ 1973·2·16 文／1978·6·25 文
延原伊平次　❺-2 1720·5·8 政
昇　曙夢　❽ 1958·11·22 文
野間安節　❺-1 1690·9·21 文
野間玄琢(成岑)　❺-1 1645·11·14 文
野間佐和子　❾ 2011·3·30 文
野間三竹(静軒子苞)　❺-1 1642·是年 文／1658·是年 文／1659·是年 文／1663·是年 文／1666·是年 文／1667·是年 文／1669·是年 文／1676·8·17 文
野間省一　❾ 1969·3·14 文
野間清治　❼ 1925·1月 社／❽ 1938·10·16 文
野間仁根　❽ 1955·7·15 文
野間　宏　❽ 1946·4月 文／1950·2·26 社／1960·5·31 文／1964·10·14 政／1964·11·9 政／❾ 1973·3 文／1976·7月 文／1991·1·2 文
野見錠之助　❺-2 1831·12月 政
乃美宗勝　❹ 1569·11·21 政／1577·⑦·20 政
乃美元信　❹ 1582·5·2 政
野溝　勝　❽ 1948·3·10 政／1949·4·21 社／1957·9·10 社
野見宿禰(土部臣)　❶ 書紀·垂仁 7·7·7／垂仁 32·7·6
野見山暁治　❾ 2000·11·6 文
野見山朱鳥　❾ 1970·2·26 文
野村　温　❺-2 1844·是年 文
野村宇十郎　❼ 1925·4·23 文
野村一成　❾ 2010·3·5 文
野村克也　❾ 1965·10·21 社／1980·10·4 社
野村兼太郎　❽ 1950·11·10 文／1960·6·22 文
野村観斎　❺-1 1659·3月 文
野村義一　❾ 2008·12·24 社
野村吉三郎　❼ 1932·4·29 政／❽ 1939·9·25 政／11·4 政／11·30 政／12·28 政／1940·11·27 政／1941·1·23 政／2·14 政／4·16 政／6·21 政／7·21 政／8·4 政／11·7 政／11·26 政／12·7 政／1942·7·22 政／8·20 政／1951·11·22 政／1964·5·8 政
野村久兵衛　❺-1 1685·9·6 社
野村玉渓　❺-2 1792·3·21 文
野村内蔵助　❺-1 1682·4·4 社／8·14 社
野村軍記　❺-2 1819·6·29 政
野村光一　❾ 1988·5·22 文
野村耕作　❽ 1950·是年 文
野村厚生　❽ 1940·1·9 文／1941·12·8 政
野村胡堂　❽ 1963·4·14 文
野村権兵衛　❺-1 1668·是年 社
野村沙知代　❾ 2001·12·5 社
野村三郎次　❺-2 1824·7·28 社
野村治左衛門　❺-1 1660·7·22 文
野村七兵衛　❺-1 1643·2月 文
野村七郎左衛門　❺-1 1672·11·24 社
野村シハンラム　❼ 1903·5·1 文
野村淳治　❼ 1935·5·3 文
野村次郎　❼ 1932·3·24 文
野村新兵衛　❺-1 1664·11·8 政
野村是兵衛　❺-1 1685·9·6 社
野村専次　❻ 1894·是年 社
野村惣右衛門　❺-1 1681·10·22 社
野村増右衛門(吉正)　❺-1 1710·5·30 政
野村泰亨　❼ 1935·10·19 文
野村忠敦　❹ 1586·7·6 政
野村忠宏　❾ 1996·7·19 社／2000·9·15 社／2004·8·13 社
野村哲也⇨佐藤(さとう)哲也
能村登四郎　❾ 2001·5·24 文
野村東馬　❻ 1867·7·6 政
野村徳七(初代)　❼ 1907·9·30 政／❽ 1945·1·15 政
野村徳七(信之助、二代目)　❼ 1917·6·12 文／1918·5·17 政
野村俊夫　❽ 1944·是年 社
野村豊和　❾ 1972·8·26 社
野村直邦　❽ 1944·7·17 政／7·22 社／1953·7·3 政
野村尚房　❺-2 1723·是年 文
野村忍助　❻ 1877·6·15 西南戦争
野村泊月　❽ 1944·8月 文
野村秀雄　❽ 1961·6·8 政／1964·6·20 文
野村浩将　❽ 1938·9·15 社
野村文夫　❻ 1877·3·14 文
野村文綱　❹ 1586·10·26 政
野村文挙　❼ 1910·是年 文／1911·1·24 文
野村芳亭　❼ 1934·8·23 文
野村又三郎　❾ 2007·12·12 文
野村　萬(萬蔵·太良、七代目)　❾ 2008·11·4 文
野村萬斎(初代)　❽ 1938·1·14 文
野村萬斎(二代目)　❾ 1995·10·7 文／2006·3·2 文／2008·5·23 文
野村萬作　❾ 2006·3·2 文
野村萬蔵(六代目)　❽ 1963·5·6 文／❾ 1967·3·28 文／1974·3·4 文／1978·5·6 文
野村萬之丞　❾ 2004·6·10 文
野村萬之介　❾ 2010·12·25 文
野村宗貞　❺-1 1666·是年 社
野村無名庵　❽ 1944·4月 文
野村素介(素軒·範輔)　❻ 1890·10·1 政／❼ 1927·12·23 政
野村望東尼　❻ 1865·是年 文／1867·11·6 文
野村弥吉⇨井上勝(いのうえまさる)
野村　靖(靖之助·桜井藤太)　❻ 1867·7·7 政／1887·1·24 政／1888·10·5 政／1892·6·10 政／❼ 1896·2·3 政／9·18 政／1909·1·24 政
野村裕一　❼ 1914·1·3 社
野村与作　❼ 1901·2·5 文
野村芳国　❻ 1891·7·9 社／❼ 1896·8·12 社
野村佳子　❾ 2003·11·29 文
野村芳太郎　❾ 2005·4·8 文
野村芳兵衛　❾ 1986·11·4 文
野村柳吉　❺-2 1802·是年 社／1803·9月 社／1805·2月 社／1820·2月 社／7·23 社
野村龍太郎(満鉄総裁)　❼ 1913·12·19 政／1919·4·12 政／❽ 1943·9·18 政
能村龍太郎(太陽工業会長)　❾ 2006·1·19 文
野村親方朝厚　❺-2 1839·6·7 政／1850·6·2 政
野村屋五郎兵衛　❺-2 1760·3·3 政
野村屋甚兵衛　❺-2 1725·11·24 政
野茂英雄　❾ 1990·10·26 社／1995·1·9 社／7·11 社／1996·9·17 社／2001·4·4 社／2003·3·31 社
野本行秀　❸ 1352·12·3 政／1354·2·24 政
野本行心　❸ 1298·2·3 社
野本恭八郎　❼ 1936·12·4 社
野本謙作　❾ 2002·7·20 文
野本品吉　❽ 1946·9·25 政
野本道元　❺-1 1680·是年 文
野本茂兵衛　❻ 1876·12·20 社
野山平八　❺-2 1787·11·20 文
野依良治　❾ 2000·11·3 文／2001·10·10 文
式明親王　❶ 966·12·17 政
法木徳翁(徳兵衛)　❼ 1908·2·16 社
則定　衛　❾ 1999·4·13 政
乗重(刀匠)　❺-2 1828·是年 文
則忠(硫黄島)　❹ 1556·12·2 政／1562·11·5 政／1565·12·27 政
則長(刀工)　❸ 1319·是年 文

紀宮 ❾ 2005·11·15 社
憲仁親王⇨高倉(たかくら)天皇
憲平親王⇨冷泉(れいぜい)天皇
則光(刀工) ❸ 1431·2月 文／1439·8月 文／1440·8月 文
義良(のりよし)親王⇨後村上(ごむらかみ)天皇
野呂昭彦 ❾ 2003·4·13 社／2007·4·8 社
野呂栄太郎 ❼ 1933·11·28 政／1934·2·19 政
野呂介石(班石·十友窩·澄湖·混斎·台岳樵者·第五隆·矮梅居·四碧斎·四碧道人·悠然野逸) ❺-2 1780·是年 文／1804·是年 文／1806·是年 文／1809·是夏 文／1811·是年 文／1812·是年 文／1819·是年 文／1826·是年 文／1828·1月 文／3·14 文
野呂景義 ❼ 1923·9·8 政
野呂邦暢 ❾ 1980·5·7 文
野呂元丈(源次·実夫·連山) ❺-2 1720·3月 文／1739·10·1 文／1740·是年 文／1741·是年 文／1742·3·1 文／1743·3·1 文／1744·3·1 文／1746·是年 文／1747·6·18 文／1748·是年 文／1750·是年 文／1761·7·6 文
野呂松盧 ❺-2 1846·是年 文
野呂天然 ❺-2 1813·是年 文
野呂田芳成 ❾ 1995·8·8 政
野呂松勘兵衛 ❺-1 1671·是年 文／1680·寛文·延宝年間 文

は

馬　栄宗(明) ❸ 1404·8·28 政
馬　建忠 ❻ 1882·8·24 政
馬　権度(琉球) ❸ 1449·3·1 政／1450·1·12 政
馬　三魯(琉球) ❹ 1536·是年 政
馬　俊 ❸ 1455·2·14 政
馬　仁(琉球) ❹ 1490·3·29 政
馬　琉(宋) ❷ 1084·2·8 政
馬　良才 ❻ 1854·6·7 政
バー·モウ(ビルマ) ❽ 1943·3·18 政／8·1 政
パーカー(英) ❻ 1863·是年 文
パーカスト(米教育者) ❼ 1924·4·2 文
バーク，アーレイ(米) ❽ 1950·10·2 政
パークス(英公使) ❻ 1865·⑤·10 政／⑤·16 政／9·13 政／1866·2·5 政／6·16 政／9·28 政／10·11 社／1867·3·5 政／4·13 政／6·5 社／10·26 政／11·24 政／1868·1·11 政／1·15 政／2·30 政／④·1 政／11·23 政／1869·8·1 政／1870·9·6 政
ハーゲナー(オランダ) ❽ 1953·7·24 政
バース，ランディ ❾ 1988·6·27 社
ハーゼ，フランソワ·ド ❺-1 1669·9·20 政
パーソン(東大教授) ❻ 1877·4·12 文
ハーター(米国務長官) ❽ 1960·1·19 政
バーチェット(英) ❽ 1945·9·3 政
バーテン，ハンネス·ファン ❺-2 1722·7·2 政
バード·ロバート ❻ 1864·10·22 政
バーブ佐竹 ❾ 2003·12·5 文
ハーフインキ(オランダ) ❻ 1861·3·28 政
ハーブリール，ハッパルト ❺-1 1653·9·19 政／11·6 政／1654·1·28 政
ハーヘナール，ヘンドリック ❺-1 1635·11·5 政
パーマー(ニュージーランド) ❾ 1990·7·26 政
ハアルントスワルト(オランダ) ❺-2 1718·2·28 政／1719·2·28 政／1721·2·28 政
パーレビ(イラン) ❽ 1958·5·19 政
ハーン，ラフカディオ⇨小泉八雲(こいずみやくも)
バーンズ(米) ❽ 1945·8·12 政／9·5 政
裴　璆(渤海) ❶ 908·1·8 政／919·11·18 政／920·5·8 政／5月 文／929·12·24 政／930·3·2 政
裴　世清 ❶ 608·4月 政／8·3 政
裴　頲(渤海) ❶ 882·11·14 政／883·5·5 社／894·5月 政／895·5·11 政
裴　孟厚(朝鮮) ❹ 1475·是年 政
梅　思平 ❽ 1938·11·20 政
梅　文鼎 ❺-1 1701·是年 文
梅隠鞠塢 ❺-2 1812·是年 社
梅印元沖(僧) ❺-1 1605·7·24 社
パイエ，プロパンシャル·フランソワ ❺-1 1607·④月 社
梅園惟朝 ❺-1 1684·是年 文
梅谷中薌(僧) ❹ 1465·9·24 社
梅岳承芳⇨今川義元(いまがわよしもと)
梅岩昌霖 ❸ 1373·10·1 政
拝郷縫殿 ❺-2 1844·1·30 政
梅国(僧) ❺-1 1712·是年 文
売茶翁(月海元昭)⇨柴山元昭(しばやまもとあき)
梅山聞本(僧) ❸ 1417·9·7 社
禖子内親王(後朱雀天皇皇女) ❷ 1039·8·19 政／1046·3·24 社／1053·5·21 文／1058·4·3 社／1064·12·29 文／1068·12·22 文／1096·9·13 政
禖子内親王(崇明門院) ❸ 1331·10·21 政
梅墻(土倉) ❹ 1457·10·27 政
梅性(僧) ❺-1 1702·是年 文
梅笑軒自笑 ❺-2 1842·是年 文
梅心正悟(僧) ❺-1 1613·7·13 社
パイス，フランシスコ ❹ 1585·7·5 政
ハイスフォールン，マルテン ❺-2 1760·10·5 政
梅荘顕常 ❺-2 1801·2·8 社
灰外達夫 ❾ 2012·7·20 文
灰谷健次郎 ❾ 2006·11·23 文
梅亭金鵞(瓜生政和·吉田政和) ❻ 1893·6·30 文／7·30 文
バイテンヘム，ヘンドリック·ファン ❺-1 1684·9·20 政／1687·9·20 政／1690·9·20 政／1692·9·20 政
バイニング，エリザベス(米) ❽ 1946·8·26 政／❾ 1999·11·27 文
ハイネ(画家) ❻ 1853·6·9 文
ハイネマン(西独) ❾ 1970·5·9 政
バイバコフ(ソ連) ❾ 1968·1·24 政
ハイフェッツ(ヴァイオリニスト) ❽ 1954·4·9 文
灰屋三郎助 ❻ 1874·6·23 政
灰屋紹益(清定) ❺-1 1631·8月 社／1691·11·12 文
灰屋(佐野)紹由(承由) ❺-1 1622·3·16 社
梅鄰庵五璉 ❺-2 1779·9·2 文
梅林軒風黒 ❺-1 1682·是年 政
梅林霊竹(僧) ❸ 1371·2·27 社
ハイルブロン(英) ❽ 1944·10·30 文
梅嶺礼忍 ❸ 1437·12·6 社
ハイレセラッシェ(エチオピア) ❾ 1970·5·23 政
ハインリヒ(独) ❻ 1879·5·28 政／6·4 文／1880·2·7 政
はう(華宇) ❺-1 1616·1·11 政
ハウ(米) ❻ 1889·10·22 文
ハウエル(英) ❻ 1869·12·21 文
ハウエル，アルフレッド(デント商会) ❻ 1866·1·9 社
ハウカセ(アイヌ) ❺-1 1669·2月 政
ハウス(東京タイムズ) ❼ 1901·12·18 文
ハウスクネヒト(独) ❻ 1887·1·9 文
ハウプトマン(独作家) ❼ 1918·7月 文
パウロ内堀(作右衛門) ❺-1 1626·12·25 社／1627·1·3 社
パウロ五世(ローマ) ❺-1 1620·7·22 政／9·23 社
パウロ斎藤 ❺-1 1633·8·29 社
パヴロワ，アンナ ❼ 1922·9·4 文
バエズ，ジョーン(米) ❾ 1967·1·11 文
芳賀一品 ❺-1 1683·是年 文／1687·是年 文／1704·4·28 文／1708·4·1 文
垪和(はが)右京亮 ❸ 1441·8·19 政
芳賀興綱 ❹ 1526·12·6 政
芳賀景高 ❹ 1512·4·2 政
芳賀五郎 ❼ 1910·3·15 社
芳賀高家 ❸ 1364·8·16 政
芳賀高貞 ❸ 1364·8·16 政
芳賀(羽賀)高定 ❹ 1549·9·27 政／1551·1·21 政／7·12 社／1555·7·13 社／1557·12·23 政
芳賀高経 ❹ 1538·是年 政
芳賀高名 ❸ 1363·8·20 政
垪和為昌 ❼ 1914·11·21 文
垪和元為 ❹ 1472·7·7 文
芳賀矢一 ❼ 1900·9·8 文／1908·5·25 文／1927·2·6 文
芳賀伊賀守 ❸ 1351·12·29 政
博多宗伝 ❹ 1585·1·12 文
博多長之 ❺-2 1808·3月 社
博多奥弥次大夫 ❸ 1437·6·2 社
ハガチー(米) ❽ 1960·6·10 政
伯徳広道 ❶ 763·8·24 政
袴田　巌 ❾ 1966·6·30 社
袴田里見 ❼ 1933·12·23 政／1935·3·4 政／❽ 1951·12·4 政／

1958·4·19 政／❾ 1978·1·4 政／1990·5·10 政
袴田トミ⇨園井恵子(そのいけいこ)
葉上照澄 ❾ 1989·3·7 社
萩岡松韻 ❼ 1936·1·27 文
萩崎繁博 ❾ 2000·9·7 政
萩野公介 ❾ 2012·7·27 社
萩野春庵 ❺-1 1666·11·28 文
萩野孝弘 ❾ 2007·11·14 政
萩野常義 ❸ 1369·10·5 社
萩野　昇 ❽ 1957·12·1 社／❾ 1990·6·26 文
萩野孫三郎 ❸ 1325·4·24 政
萩野由之(平作·礼卿) ❻ 1890·3月 文／❼ 1924·1·30 文
萩原大麓 ❺-2 1811·5·8 文
萩原王 ❶ 828·③·27 政
萩元晴彦 ❾ 2001·9·4 社
萩山輝男 ❽ 1944·是年 社
萩原麻未 ❾ 2010·11·18 文
萩原英一 ❽ 1954·6·21 文
萩原延寿 ❾ 2001·10·24 文
萩原乙彦 ❻ 1866·是秋 文／1874·3月 文
萩原員従 ❺-1 1665·11·10 社
萩原恭次郎 ❼ 1923·1月 文／❽ 1938·11·19 文
萩原敬作 ❻ 1880·8·25 社
萩原謙吉 ❻ 1876·10·26 政
萩原健司 ❾ 1993·2·18 社
萩原朔太郎 ❼ 1916·6月 文／❽ 1937·3月 文／1942·5·11 文
萩原佐五右衛門 ❺-1 1659·2·20 政
萩原秋巌 ❻ 1877·2·19 文
萩原専平 ❻ 1878·8月 社
萩原尊禮 ❾ 1977·4·18 文／1999·11·14 文
萩原盤山 ❺-2 1846·4·13 文
萩原広道 ❺-2 1846·是年 文／1849·是年／1851·是年 文
萩原又六 ❺-1 1647·1·7 社
萩原宗固 ❺-2 1784·5·2 文
萩原元克 ❺-2 1786·是年 文／1805·7·9 文
萩原雄祐 ❽ 1954·11·3 文
萩原葉子 ❾ 1966·3月 文／1976·7月 文／2005·7·1 文
萩原美雅 ❺-1 1712·7·1 政／❺-2 1722·1·28 社
萩原鐐太郎 ❼ 1916·7·31 政
百　佳尼(琉球) ❸ 1450·1·12 政
栢　志貞(唐) ❶ 883·是年 政
白　逾桓 ❼ 1935·5·2 政
朴　正熙 ❾ 1967·6·30 政
白隠慧鶴(僧) ❺-2 1751·是夏 文／1753·是年 文／1754·是年 文／1759·是秋 社／1764·11·1 文／1766·是年 文／1768·12·11 社／1841·是年 文
白雲慧暁(僧) ❷ 1266·是年 政／1269·1·17 文／1279·5月 文／是年 政
白雲恵暁(僧) ❸ 1297·12·25 社
伯英徳俊(僧) ❸ 1368·12月 政／1376·4·20 文
伯顔(元) ❸ 1293·是年 政
白眼居士⇨北條団水(ほうじょうだんすい)
白玄(僧) ❺-1 1700·7·2 社
栢古(琉球) ❹ 1513·是年 政／1516·是年 政
柏舟宗超 ❹ 1477·11·27 社
伯珣昭浩(僧) ❺-2 1722·是年 政
柏心周操(僧) ❸ 1439·①·24 政／①·25 政／6·9 政
白石契珣(僧) ❸ 1333·是年 政
白石子 ❺-1 1688·是年 文
莫是龍 ❹ 1576·是年 文
柏庭清祖(僧) ❸ 1398·6·28 社
伯兎(俳人) ❺-1 1715·是年 文
白道(僧) ❺-1 1603·是年 社
白鵬(ムンフバト·ダヴァジャルガル) ❾ 2006·3·29 社／5·21 社／2007·5·13 社／11·11 社／2008·1·28 社／9·14 社／2009·3·15 社／3·29 社／7·12 社／11·15 社／2010·3·14 社／5·23 社／7·11 社／9·12 社／11·13 社／2011·1·9 社／9·11 社／2012·3·11 社
白(自)味淳 ❶ 588·是年
白面舎狸友 ❺-2 1820·5月 社／是夏 社
羽倉簡堂(用九·外記) ❺-2 1826·12·23 政／1829·是年 文／1838·2·30 政／1840·6·27 政／1843·⑨·13 政／❻ 1862·7·3 文
羽倉東之進⇨荷田在満(かだありまろ)
羽倉秘救 ❺-2 1798·6·25 政／1806·是年 政
羽栗馬長 ❶ 810·5·27 文
羽栗　翼 ❶ 780·是年 文／781·6·25 社／798·5·27 政
羽栗吉麻呂 ❶ 735·3·10 政
伯倫(僧) ❸ 1438·12·5 社
白露(作家) ❺-2 1762·是年 文
羽黒養潜 ❺-1 1702·1·11 文
羽黒与次郎宗久(仏師) ❹ 1538·是年 文
白露山(バトラズ·フェーリクソヴィッチ·ボラーゾフ) ❾ 2008·8·18 社
羽黒山政司 ❽ 1941·6·13 社／1943·1·10 社／1944·5·7 社／1945·11·16 社／❾ 1969·10·14 社
箱島信一 ❾ 2005·8·29 文
箱田弘貞 ❸ 1402·7月 政
箱田六輔 ❻ 1879·4月 政／12·8 政
箱守平造 ❽ 1939·10·20 政
箱屋惣兵衛 ❻ 1863·9·22 社
硲　伊之助 ❼ 1912·10·15 文／1936·12·20 文／❾ 1977·8·16 文
間　寛平 ❾ 2008·12·17 社
羽佐間重彰 ❾ 1992·7·21 社
間　重富(五郎兵衛·大業·長涯) ❺-2 1795·6·8 文／1798·是年 文／1816·3·24 文
間　十次郎 ❺-1 1702·12·15 政
波佐見親平 ❸ 1297·⑩·16 政／1313·9月 政
橋　おりう(女太夫) ❺-2 1822·2·22 社
橋　守部 ❺-2 1831·是年 文／1834·是年 文
橋　幸夫 ❾ 1966·12·24 社
土師磐村 ❶ 587·6·7
土師　甥 ❶ 684·12·6 政
土師大麻呂 ❶ 697·10·28 政
土師　位 ❶ 771·③·1 政
土師娑婆 ❶ 643·11·1 政
土師嶋村 ❶ 764·3·22 社
土師清二 ❼ 1926·1月 文／❽ 1938·7·12 文
土師為元 ❷ 1018·12·7 政
土師千村 ❶ 732·9·5 政
土師長左衛門 ❺-1 1663·3月 文
羽地朝秀⇨尚象賢(しょうしょうけん、向賢)
土師道雲 ❺-1 1658·是年 文
土師豊麻呂 ❶ 724·8·21 政／725·5·23 政
土師根麻呂 ❶ 689·2·26 政／4·20 政／699·10·20 政
土師信貞 ❶ 904·2月 社
土師信定 ❸ 1311·⑥月 文
土師古人 ❶ 781·6·25 政
土師真敷 ❶ 682·3月 政
土師馬手 ❶ 672·6·26 政／698·1·19 社／711·2·26 政
土師宗友 ❷ 1223·10·26 文
橋和泉承(船頭) ❹ 1590·11·28 政
パシェコ，フランシスコ(イエスズ会) ❺-1 1607·6月 文／1625·11·20 社／1626·④·26 社
パシェコ，ルイス·パイス(船長) ❺-1 1626·6·17 政／1640·5·17 政
箸尾為妙(僧) ❸ 1406·4·28 政／1408·7·29 政
箸尾商春 ❹ 1567·6·17 政
箸尾次郎左衛門 ❸ 1432·10·13 政／11·30 政／1439·4·2 政
箸尾為国 ❹ 1475·5·14 政／1505·2·4 政／1506·7·24 政
箸尾為綱 ❹ 1559·7·15 政／1562·7·16 政／1570·7·29 政／1571·6·12 政／7·18 政
箸尾長政 ❹ 1547·5月 政
箸尾　某 ❸ 1431·8·22 社／1438·8·28 政
橋岡九馬 ❾ 2004·3·19 文
初鹿野源五郎 ❹ 1561·9·10 政
初鹿野伝右衛門 ❹ 1548·2·14 政
初鹿野信興 ❺-2 1788·9·10 社／1789·9·16 政／1791·12·20 政
橋口五葉(清) ❼ 1921·2·25 文
橋口壮介 ❻ 1862·4·23 政
橋口忠藤 ❹ 1467·7月 政
橋口伝蔵 ❻ 1862·4·23 政
橋田邦彦 ❼ 1935·1·17 文／❽ 1940·7·22 政／8·2 文／1941·7·16 政／10·18 政／1945·9·14 政
橋田壽賀子 ❾ 1981·1·11 社／1983·4·4 社／2008·7·1 社
波志多犬(波志多尹、アイヌ) ❹ 1550·是年 政／1551·是年 政
端館紫川 ❼ 1921·9·8 文
橋谷市蔵 ❺-1 1641·4·26 政
橋爪明男 ❽ 1945·11·4 文
橋爪四郎 ❽ 1952·7·19 社
橋詰相忠 ❻ 1880·5·23 政
橋爪頼助 ❺-2 1817·3·16 政
橋爪芳賀将監 ❸ 1453·3·16 政
羽柴於次(次)⇨羽柴秀勝(ひでかつ)
羽柴(瀧川)雄利 ❹ 1590·6·24 政／7·5 政／7·13 政
羽柴長秀⇨羽柴秀長(ひでなが)

羽柴秀勝(於次・次・秀次・三好孫七郎) ❹ 1582・6・24 文／10・13 政／10・15 政／1583・10・6 文／12・8 文／1584・4・11 政／10・17 文／1585・⑧・21 政／12・10 政／1586・6月 社／1587・3・1 政／4・1 政／1589・3・17 政／12・5 政／1590・3・6 政／7・13 政／10月 社／11・9 政／12・15 政／1591・6・20 政／7・5 政／8・6 政／10・19 文／12・28 政／1592・3・6 社／1593・1・6 文禄の役
羽柴秀俊 ❹ 1594・11・13 政
羽柴秀長(長秀) ❹ 1584・4・7 政／1585・1・25 政／2・8 文／5・8 政／6・16 政／7・25 政／⑧・18 政／9・3 政／1586・8・5 政／8・28 政／10・9 文／11・28 文／1587・1・16 社／1・19 政／2・10 政／3・28 政／4・6 政／5・3 政／6・5 政／7・22 政／8・8 政／9・10 社／10・28 文／11・7 社／1588・5・26 文／6・9 社／7・30 政／8・8 政／1589・1・7 政／2・5 文／是春 政／6・12 社／8・18 文／1590・4・26 社／10・19 政／1591・1・22 政
羽柴秀保 ❹ 1591・1・22 政／1592・3・8 文禄の役／5・18 文禄の役／1593・10・15 文禄の役／12・29 政／1594・11・10 文／1595・1・13 文／4・16 政
羽柴秀吉⇨豊臣(とよとみ)秀吉
間人大蓋 ❶ 663・3月 政／675・4・10 社
間人皇女 ❶ 621・12・21 政／623・3月 文／645・7・2 政／665・2・25 政／3・1 社／667・2・27 政
間人御廐 ❶ 657・是年 政
橋辺判五郎 ❺-1 1697・4月 政
橋村助左衛門 ❺-1 1707・7・4 社
橋本市蔵 ❻ 1882・2・7 文／❼ 1924・1・11 文
橋本稲彦(保次郎・稲蔵・中台・琴廼舎) ❺-2 1807・是年 文／1813・是年 文
橋本宇太郎 ❽ 1948・2・16 文／1950・5・19 社／9・22 文／❾ 1994・7・24 文
橋本永邦 ❽ 1944・5・6 文
橋本雅邦(千太郎・長卿) ❻ 1882・10・1 文／1884・4・11 文／1889・2・1 文／1890・4・1 文／10・11 文／1893・5・1 文／1895・4・1 文／❼ 1896・5・5 文／1897・10・25 文／1898・3・29 文／10・15 文／1899・是年 文／1903・11・1 文／是年 文／1908・1・13 文
橋本鑒三郎 ❽ 1964・3・26 文
橋本関雪(貫一・関一) ❼ 1914・10・15 文／1920・10・13 文／1930・是年 文／1933・10・16 文／1934・12・3 文／1936・6・12 文／❽ 1945・2・26 文
橋本凝胤 ❾ 1978・3・25 社
橋本欣五郎 ❼ 1930・9月 政／1931・3・20 政／10・17 政／1936・10・17 政／❽ 1940・11・3 政／1957・6・29 政
橋本金作 ❺-1 1656・是年 文
橋本金二 ❽ 1949・5・30 社
橋本公夏 ❹ 1495・6・9 政／1522・是年 文
橋本国彦 ❽ 1949・5・6 文
橋本圭三郎 ❽ 1939・7・5 政
橋本元一 ❾ 2005・1・28 社
橋本堅太郎 ❾ 2011・11・4 文
橋本香坡 ❻ 1865・10・10 政
橋本五郎左衛門 ❸ 1393・12・20 社
橋本権之助 ❺-1 1702・10・13 社
橋本佐吉 ❺-2 1844・1・30 社
橋本左内(景岳・綱紀) ❺-2 1848・是年 文／1851・6・5 文／❻ 1857・8・20 政／1858・9・7 政
橋本実麗 ❻ 1863・2・13 政／1868・1・15 政／4・4 政
橋本実久 ❺-2 1846・⑤・10 政
橋本実文 ❺-2 1779・4・16 政
橋本実村 ❺-1 1624・10・14 政
橋本実梁 ❻ 1867・12・9 政／1868・1・5 政／1・12 政／1・15 政／4・4 政
橋本三兵衛 ❺-2 1836・12・23 政
橋本　忍 ❽ 1958・10・31 文
橋本周延 ❼ 1912・9・29 文
橋本十左衛門(太田資信) ❺-1 1632・7・28 政／1633・12月 政
橋本昌二 ❾ 2009・12・2 文
橋本信一 ❾ 2011・6・17 文
橋本進吉 ❽ 1945・1・30 文
橋本真也 ❾ 2005・7・11 社
橋本助右衛門 ❺-1 1666・5・19 社
橋本聖子 ❾ 1983・1・11 社／1985・1・10 社／1988・2・14 社／1990・2・11 社／1992・2・8 社／3・8 社／1996・5・12 社
橋本静水 ❼ 1907・是年 文／❽ 1943・9・11 文
橋本宗吉(曇斎・直政・鄭・伯敏) ❺-2 1811・是年 文／1819・是年 文／1836・5・1 文
橋本大二郎 ❾ 1991・12・1 政／1995・9・25 政／1996・2・20 政／2003・11・30 政／2004・10・8 政／11・28 社
橋本多佳子(多満) ❽ 1963・5・29 文
橋本剛俊 ❾ 1994・6・7 文
橋本朝秀 ❽ 1948・10・20 文
橋本綱常 ❻ 1886・11・17 文／1888・5・7 文／1891・5・6 文／❼ 1909・2・18 文
橋本経亮 ❺-2 1805・是年 文／1808・4・10 文
橋下　徹 ❾ 1999・4・14 社／2008・10・1 社／2010・4・29 政／2011・11・27 政／2012・3・24 政／9・11 政／9・28 政／10・16 政／11・17 政
橋本登美三郎 ❽ 1949・1・23 政／1960・7・19 政／❾ 1966・8・1 政／1970・1・14 政／1977・3・5 政／1990・1・19 政
橋本紀子 ❽ 1957・8・14 社
橋本伯寿(徳・保節) ❺-2 1810・是年 文
橋本平八 ❼ 1922・9・5 文／1930・是年 文／1931・9・3 文／1934・是年 文
橋本正茂 ❸ 1338・⑦・22 政
橋本正督 ❸ 1375・8・25 政／1378・11・2 政／12・15 政／1379・1・22 政／1380・7・17 政
橋本正高 ❸ 1369・3・18 政
橋本昌方 ❺-2 1830・是年 文／1833・是年 文
橋本増治郎 ❼ 1911・4月 政／❽ 1944・1・18 政
橋本万之助 ❽ 1946・2・1 社
橋本明治 ❽ 1940・7・9 文／1951・10・28 文／❾ 1968・11・14 文／1974・11・3 文／1991・3・25 文
橋本八百二 ❼ 1932・5・16 文
橋本喜屋 ❺-2 1817・是年 社
橋本蘭斎 ❺-2 1852・是年 文
橋本龍太郎 ❾ 1978・12・7 政／1989・8・9 政／1990・2・28 政／1991・10・14 政／1993・7・30 政／1994・6・30 政／10・24 政／1995・8・8 政／8・21 政／9・22 政／10・2 政／1996・1・11 政／1997・12・24 政／1998・4・9 政
橋本龍伍 ❽ 1951・7・4 政／1958・6・12 政／1959・1・12 政
橋本右京亮 ❹ 1587・2・25 政
パシャ, オスマン ❻ 1890・6・13 政／9・16 政
橋山蛾山 ❼ 1900・10・19 政
巴静(太田) ❺-2 1749・是年 文
羽白熊鷲 ❶ 書紀・仲哀 9・3・17
バス, ガスパルド ❺-1 1627・7・17 社
バズ, ミゲル ❹ 1568・是年 社
巴水(俳人) ❺-1 1693・是年 文
蓮池家綱 ❷ 1182・9・25 政／11・20 政
蓮池　薫 ❾ 2002・9・17 社／10・15 政／2004・5・22 政
蓮尾辰雄 ❾ 1974・9・1 文
バスケス, ロレンソ ❺-1 1612・5月 文
蓮田修吾郎 ❾ 1991・11・3 文／2010・1・6 文
蓮田善明 ❽ 1938・7月 文
蓮田大二 ❾ 2007・2・5 社
蓮田東三 ❻ 1857・11・27 政
蓮田兵衛 ❹ 1462・9・11 社
パステルナーク(作家) ❽ 1959・2月 文
蓮沼門三 ❼ 1906・2・11 社／❾ 1980・6・6 社
蓮見喜久子 ❾ 1972・4・4 政
蓮見　敏 ❽ 1950・1・8 社
長谷九兵衛 ❺-1 1683・3・9 社
長谷伍平 ❾ 1975・2・9 政
長谷時充 ❺-1 1669・11・11 社
長谷信篤 ❻ 1867・12・9 政／1868・3・3 政／④・24 政
波瀬満子 ❾ 2012・4・19 文
長谷合弥七 ❻ 1887・3・6 文
長谷井昭雄 ❾ 1993・2・23 社
長谷川昭道(元亮・深美) ❼ 1897・1・30 文
長谷川伊左衛門 ❺-2 1739・8・3 社
長谷川　泉 ❾ 2004・12・10 文
長谷川禹功 ❺-2 1774・10月 文
長谷川栄作 ❽ 1944・10・6 文
長谷川栄三 ❽ 1962・8・30 政
長谷川一夫(林　長二郎) ❽ 1937・11・12 社／1942・3・1 文／1955・7・2 文／1964・10・5 文／❾ 1984・4・19 社
長谷川嘉竹 ❹ 1594・2・21 文
長谷川かな女 ❼ 1930・9月 文／❾ 1969・9・22 文

長谷川兼子 ❻ 1889·7·6 文
長谷川勘平 ❺-1 1681·12·26 社
長谷川勘兵衛(大道具師) ❺-2 1825·9·19 文／1841·8月 文
長谷川勘兵衛(源次郎、十六代目) ❽ 1964·1·16 文
長谷川雉郎 ❻ 1870·8·27 文
長谷川久一郎 ❻ 1861·5·16 社
長谷川久左衛門 ❺-1 1697·10·11 社
長谷川久三郎 ❺-1 1663·9·10 文
長谷川久蔵⇨長谷川等伯(とうはく)
長谷川玉峰 ❻ 1879·10·20 文
長谷川 清(海軍) ❽ 1937·8·25 政／❾ 1970·9·2 政
長谷川 潔(画家) ❾ 1965·3月 文
長谷川 鴻 ❾ 2000·8·17 社
長谷川幸延 ❾ 1977·6·27 文
長谷川権兵衛 ❺-1 1694·9·19 社
長谷川権六⇨長谷川藤正(ふじまさ)
長谷川左近 ❺-1 1630·是年 文
長谷川三郎 ❽ 1937·2·12 文／1953·6月 文
長谷川三郎兵衛 ❻ 1868·9月 社
長谷川左兵衛⇨長谷川藤広(ふじひろ)
長谷川時雨(ヤス) ❼ 1912·4·24 文／❽ 1940·11·20 文／1941·1·4 文／8·22 文
長谷川滋利 ❾ 1997·1·10 社／2003·7·6 社
長谷川 峻 ❽ 1943·10·21 政／❾ 1974·12·9 政／1988·12·30 政／1992·10·19 政
長谷川彰一 ❾ 1965·6·16 文
長谷川松山 ❺-2 1815·是年 文
長谷川四郎 ❾ 1968·11·30 政／1972·1·24 政／1976·12·24 政／1987·4·19 文
長谷川 伸(伸二郎) ❼ 1924·2月 文／1926·1月 文／1931·6月 文／❽ 1938·8·25 文／1945·6·9 文／1949·5月 文／1963·6·11 文
長谷川 信 ❾ 1990·2·28 政
長谷川甚左衛門 ❺-1 1642·7·14 政
長谷川甚丞 ❺-1 1638·6月 文
長谷川菅緒 ❺-2 1817·是年 文
長谷川誠也 ❼ 1920·1月 文
長谷川雪洞 ❺-2 1780·9·5 文
長谷川雪旦 ❺-2 1833·是年 文／1834·是年 文／1843·1·28 文
長谷川雪堤 ❻ 1882·3·15 文
長谷川雪嶺 ❺-2 1800·是年 文
長谷川千四 ❺-2 1733·4·20 文
長谷川宗仁 ❹ 1578·1·1 文／1589·10·1 社／1592·7·21 政／1593·11·2 政／❺-1 1606·2·9 文
長谷川宗也 ❺-1 1657·2月 文／1664·⑤月 文／1667·8·6 文
長谷川 泰(泰一郎·多一) ❻ 1876·4月 文／1878·7·10 文／1891·7·29 文／1892·5·31 社／❼ 1912·3·11 文
長谷川太一郎 ❽ 1955·1·29 政
長谷川忠実 ❹ 1591·2·26 社
長谷川多仲 ❺-2 1811·9·4 文
長谷川知仙 ❺-2 1719·4月 文
長谷川チヨノ ❾ 2011·12·2 社
長谷川恒男 ❾ 1977·2·16 社／1978·3·9 社／1991·10·10 社
長谷川天渓 ❽ 1940·8·30 文
長谷川等園 ❺-1 1629·是年 文
長谷川等真 ❺-1 1687·5月 文
長谷川等伯(信春·久蔵·又四朗) ❹ 1564·是年 文／1565·7月 文／1566·是年 文／1569·是年 文／1572·5·12 文／1573·4·12 文／1589·12·5 文／是年 文／1590·8·8 文／1592·4·17 文／1593·6·15 文／是年 文／1595·9·24 文／1599·4·26 文／❺-1 1604·4·10 文／1606·是年 文／1607·是年 文／1608·1·16 文／6月 文／1609·是年 文／1610·2·24 文
長谷川利行 ❼ 1930·9·4 文／1931·是年 文／❽ 1940·10·12 政
長谷川智子 ❾ 1988·9·17 社
長谷川豊吉 ❼ 1909·4·11 政
長谷川長綱 ❺-1 1604·4·12 政
長谷川如是閑(山本万次郎) ❼ 1919·2·11 文／1931·6·27 文／1933·5·13 文／❽ 1948·11·2 文／❾ 1969·11·11 文
長谷川宣昭 ❺-2 1822·是年 文
長谷川宣雄 ❺-2 1772·10·15 社
長谷川信春 ❺-1 1616·4·13 文
長谷川信彦 ❾ 2005·11·7 社
長谷川周重 ❾ 1998·1·3 政
長谷川憲正 ❾ 2005·8·24 政
長谷川馬光 ❺-2 1742·是年 文
長谷川半三郎 ❺-1 1697·10·11 社
長谷川秀一 ❹ 1589·1·2 政／1592·6·3 文禄の役／8·7 文禄の役／10·6 文禄の役
長谷川深造 ❼ 1900·11·15 政
長谷川藤継 ❺-1 1613·1·11 政／1614·11·27 大坂冬の陣
長谷川藤広(左兵衛) ❺-1 1606·3·27 政／4月 政／1609·1月 政／12·9 政／12月 政／1610·12·16 政／1611·8·20 政／9·3 政／10·3 政／是年 政／1612·3·21 社／1613·8·8 政／1614·11·27 大坂冬の陣／12·24 政／1615·6·18 社／⑥·3 社／1617·10·26 政／是年 社
長谷川藤正(権六·尚之) ❺-1 1610·1·11 政／1611·9·20 文／1615·9·9 政／1617·10·26 政／1618·12·28 社／1620·8·12 政／是年 社／1621·4·7 政／是年 社／1622·8·24 政／1624·是年 政／1625·是年 政
長谷川豊前 ❺-1 1619·是年 文
長谷川平蔵(宣以·銕三郎) ❺-2 1771·10·17 政／1788·10·2 政／1790·2·19 社／1795·5·19 政／1843·3·29 政
長谷川穂積 ❾ 2005·4·16 社／2006·11·13 社／2007·5·3 社／2009·7·14 社／12·18 社／2010·11·26 社／2011·4·8 社
長谷川正明 ❾ 2012·6·12 文
長谷川町子 ❽ 1942·4月 文／1946·4·22 社／❾ 1969·10·5 社／1992·5·27 文／7·7 社
長谷川松治 ❽ 1948·12月 文
長谷川真弘 ❾ 2005·12·13 文
長谷川道可 ❺-1 1699·12·18 文
長谷川光信(庄蔵·松翠軒·柳翠軒) ❺-2 1724·是年 文／1730·是年 文／1752·是年 文／1797·是年 文
長谷川守勝 ❺-1 1655·3·5 社
長谷川安清 ❺-1 1690·7月 文／1701·12·25 文
長谷川良雄 ❼ 1910·是年 文
長谷川義雄 ❽ 1960·2·15 政
長谷川芳之助 ❻ 1875·7·18 文／1888·5·7 文
長谷川好道 ❼ 1913·4·17 政／1924·1·27 政
長谷川鄰完 ❺-1 1612·9·10 政／1691·是年 文
長谷川零余子(れいよし) ❼ 1921·10月 文
長谷川路可 ❼ 1921·是年 文／❽ 1954·2·7 文／10·10 文
支倉常長(六右衛門·長経) ❺-1 1613·9·15 政／1620·8·26 政／1622·7·1 政
支倉新右衛門 ❹ 1544·1·26 政
長谷場純孝 ❻ 1894·5·3 政／7·4 政／❼ 1911·8·30 政／1914·3·15 政
長谷部尼麻呂 ❶ 752·10月 文
丈部有光 ❶ 999·8·18 社
丈部牛養 ❶ 781·1·15 社
丈部大麻呂 ❶ 787·2·5 政
長谷部国重(刀工) ❸ 1355·8月 文
長谷部国重(刀工) ❺-1 1648·11月 文／1668·8月 文
丈部黒狛 ❶ 751·10月 文
長谷部言人 ❽ 1939·2·9 文／❾ 1969·12·3 文
丈部小広刀自女 ❶ 799·2·21 社
丈部鷹長 ❶ 876·10·22 社
丈部智積 ❶ 715·3·25 社
丈部得麻呂 ❶ 739·11·15 文
長谷部信経 ❸ 1338·11·7 社
長谷部信連 ❷ 1180·治承年間 社／5·15 政／1186·4·4 政／1218·10·27 政
丈部浜足 ❶ 759·9·27 文/772·2·24 社
丈部保成 ❷ 1088·2·22 社
長谷部安春 ❾ 2009·6·14 文
長谷部恕連(よしつら、甚平) ❻ 1873·11·17 政／1875·9·19 政
羽田 晧 ❾ 2012·6·25 社
秦 阿古吉 ❶ 896·2·25 社
秦 有時 ❶ 969·2·29 社
秦 有世 ❶ 896·2·25 社
秦 逸三 ❼ 1916·5月 社
秦 伊呂具(伊侶具) ❶ 711·2·7 社
秦 伊波多気 ❶ 774·3·5 政
秦 氏継 ❶ 841·1·13 政
秦 氏吉 ❶ 896·2·25 社
秦 馬長 ❶ 785·1·15 政
畑 英次郎 ❾ 1993·8·9 政／1994·4·28 政
畑 英太郎 ❼ 1930·5·31 政
秦 大魚 ❶ 746·4·4 政
秦 大麻呂 ❶ 735·5·7 文
波多 納 ❸ 1455·1·4 政／❹ 1460·4·26 政／1464·1·1 政／1465·1·12 政／1473·1·6 政／1474·1·20 政／1475·1·10 政／1477·1·15 政／1478·1·9 政／1479·1·1 政／1481·1·8 政／1484·1·5 政／1485·1·5 政／1486·1·17 政／1488·1·9 政／1489·

1·13 政／1490·1·10 政／1491·1·16 政／1492·2·21 政／1493·1·11 政／1499·1·8 政
秦　乙麻呂　❶ 832·6·28 社
波多海蔵　❻ 1875·是年 社
畑　鶴山　❺-2 1804·是年 文
秦　景重(仏師)　❸ 1405·4·2 文
波多　重　❹ 1566·8月 政／1569·是年 政
畑　和　❾ 1996·1·26 政
秦　兼方　❷ 1111·是冬 社／6月 社
秦　河勝　❶ 622·是年 社／644·7月 社
秦　吉子　❷ 1035·5·2 社
秦　公春　❷ 1145·12·17 社
秦　清正　❶ 999·8·18 社
畑　金鶏　❺-2 1800·是年 文
畑　銀鶏　❺-2 1832·是年 文／1833·9月 文
秦　公貞　❷ 1131·1·2 文
八田桂三　❾ 1995·6·13 文
畑　継龍　❺-2 1809·是年 文
秦　維興　❶ 940·6·3 文
秦　酒公　❶ 471·是年
秦　貞氏　❸ 1303·2·10 社
秦　貞雄　❶ 868·10·28 政
秦　貞成　❶ 883·10·25 社
秦　佐八郎　❼ 1910·4·19 文／❽ 1938·11·22 文
秦　滋景　❶ 929·1·13 政／3·25 政
秦　重時　❷ 1045·5·18 政
秦　重仲　❺-2 1723·2·28 政
秦　嶋主　❶ 823·12·8 政
秦　嶋麻呂　❶ 747·3·10 政／6·4 政
畑　俊六　❽ 1939·8·30 政／1940·1·16 政／7·4 政／1941·3·1 政／1944·7·22 社／1945·4·8 政／1962·5·10 政
旗　昭二　❽ 1957·6·21 社
秦　末時　❷ 1157·8月 社
秦　星池　❺-2 1823·3·8 文
波多潜哉　❻ 1871·8·21 文
畑　仙齢　❼ 1929·3·30 文
秦　宗巴　❺-1 1607·12·14 文
秦　高範　❶ 900·昌泰年間 文
秦　田来津　❶ 661·9月 政
秦　武忠　❷ 1100·6·28 社
秦　武元　❷ 1098·8月 社
波多　正　❹ 1569·是年 政
秦　為辰　❷ 1075·4·28 社
波多足人　❶ 754·4·5 政
秦　智麻呂　❶ 767·8·29 文
秦　朝元　❶ 721·1·27 文／730·3·27 文
羽田　孜　❾ 1991·11·5 政／1993·6·23 政／8·9 政／1994·4·25 政／4·28 政／1995·12·8 政／1996·12·26 政／1998·4·27 政
秦　綱手　❶ 680·5·21 政
秦　恒松　❷ 1134·5·3 政
秦　都理　❶ 701·是年 社
秦　テルヲ　❼ 1910·12·21 文／1911·是年 文／1919·是年 文
秦　童子丸　❶ 997·4·29 社
羽田登喜雄　❾ 2008·2·10 文
畑　時能　❸ 1341·2·27 政／10·22 政
秦　徳山　❷ 1019·11·20 社
秦　徳鱗　❺-1 1631·5·20 文
秦　刀良　❶ 770·3·19 社
秦　友足　❶ 672·7·9 政
秦　豊吉　❽ 1947·1·15 社／1951·2·6 文／1956·7·5 文
秦　豊助　❼ 1921·8·2 社／1931·12·13 政
秦　成重　❷ 1055·9·12 社
秦　成安　❷ 1073·8·3 社
秦　信勝　❺-1 1658·5·27 文
波多信時　❹ 1586·3月 政／1593·5·1 文禄の役
秦　彦三郎　❽ 1944·5·2 政／1945·8·19 政／8·22 政／8·29 政
秦　広助　❶ 919·12·5 政
秦　広庭　❶ 702·4·10 社
秦　正雅　❶ 960·4·18 政
秦　真成　❶ 767·11·20 社
秦　蓑守　❶ 774·3·5 政
羽田(波田·八多·八代)　斎　❶ 689·6·2 文
波多牟後(胡)閇　❶ 700·10·15 政／701·6·11 文
秦　致貞(絵師)　❷ 1069·2月 文／5月 文
秦　守重　❸ 1291·2·13 政
秦　盛幸　❹ 1457·是年 政／1460·4·26 政／1462·1·20 政／1463·2·1 政／1464·6·14 政／1472·1·2 政／1473·1·6 政／1477·1·15 政／1478·1·9 政／1479·1·1 政／1481·1·8 政／1484·1·5 政／1485·1·5 政
羽田矢国(八国)　❶ 672·7·2 政／683·12·13 政／686·3·25 政
羽田(波田·八多·八代)矢代　❶ 書紀·応神 3·是年
波多　泰　❹ 1472·11·18 政
羽田雄一郎　❾ 2012·6·4 政／8·15 政
秦　豊　❾ 1977·9·26 政／2003·7·29 文
秦　吉継　❶ 916·3·19 社
畠　義基　❽ 1954·8·27 政
秦　頼秀　❶ 933·是年 社
畑　柳安　❺-2 1762·是年 文
畑　柳恭　❺-2 1832·4·10 文
畑　柳敬(維龍)　❺-2 1827·10·8 文
幡文　通　❶ 704·10·9 政／705·5·24 政
秦井出乙麻呂　❶ 743·6·30 政
秦岐大子　❷ 1074·6·20 社
畠田好章　❾ 1992·7·25 社
畠山在氏　❹ 1537·11·13 社／1540·11·9 社／1542·3·20 政／1543·5·9 社／11·9 社
畠山一清　❼ 1914·1·29 社
畠山賢良　❸ 1448·11·13 文
畠山勝王　❹ 1518·7·10 政
畠山箕山　❺-1 1678·是年 文
畠山牛庵　❺-1 1656·8·21 文
畠山錦成　❼ 1936·11·6 文
畠山国詮　❸ 1384·6·15 社／1391·6·27 政／1413·4·18 政／12·21 政
畠山国氏　❸ 1346·4月 政／6·27 政／1347·7·21 政／1351·2·12 政／10·12 政
畠山国王丸　❹ 1586·7·16 政
畠山国清　❸ 1337·1·2 政／1338·7·14 社／9·25 政／1339·6·2 社／1341·④·21 政／1347·3·27 社／8·9 政／1350·11·3 政／11·21 政／11·23 政／1351·1·1 政／1352·3·15 政／1353·7·28 政／1358·10·10 政／1359·11·6 政／12·19 政／1360·3·10 政／④·10 政／7·5 政／8·4 政／1361·9·15 政／11·23 政／1362·2·21 政／9月 政
畠山国祐　❺-2 1749·8·10 社
畠山元悦　❺-1 1703·6·27 社
畠山好庵　❺-1 1703·6·27 社
畠山貞清　❸ 1389·3·4 政
畠山貞政　❹ 1577·2·13 政
畠山重忠　❷ 1180·8·24 政／10·4 政／1186·4·8 文／1187·11·15 政／1189·7·17 政／8·8 政／1195·4·5 社／1199·12·18 政／1205·6·22 政／1210·5·14 政
畠山重保　❷ 1205·6·22 政
畠山修羅法師　❹ 1483·11·14 政
畠山匠作　❸ 1431·8·22 政
畠山常操　❺-2 1837·是年 文／1841·12·4 文
畠山次郎(風流踊)　❹ 1571·7·19 文
畠山次郎⇨畠山政長(まさなが)
畠山鈴香　❾ 2006·5·17 社
畠山泰全　❺-2 1721·是年 文
畠山高国　❸ 1336·1·7 政／1351·2·12 政／10·12 政
畠山高政　❹ 1552·8·12 社／1553·7·28 政／1558·11·30 政／1559·8·1 政／1560·6·29 政／7·3 政／8·7 政／10·24 政／1561·7·28 政／12·25 政／1562·3·5 政／4·5 政／5·14 政／5·20 政／6·2 政／8·25 政／8月 政／1566·2·17 政／1567·9·5 政／1568·6·20 政／1576·10·15 政
畠山稙長　❹ 1520·2·16 政／3·16 政／5·9 政／1522·7·17 政／1524·11·13 政／1527·4·19 政／10·25 政／11·2 政／1528·11·11 政／1529·2·10 社／1532·11月 社／12·12 社／1533·10·28 社／1544·3·11 政／1545·5·15 政
畠山直顕　❸ 1336·11·21 政／1345·8·27 政／9·5 政／1348·1·12 政／1351·4·22 政／8·3 政／8·12 政／1352·12·3 政／1354·2·24 政／9·18 政／1355·4·25 政／7·9 政／1357·1·21 政／3·29 社／4·10 政／9·30 政
畠山直宗　❸ 1349·8·13 政
畠山長経　❹ 1541·8月 政
畠山順光　❹ 1517·4·27 政／1518·3·17 文／1519·2·28 文／1527·1·20 政
畠山教元　❹ 1465·8·27 政
畠山教之　❹ 1467·8·25 政
畠山尚国　❹ 1551·7·11 政
畠山尚順(尚慶)　❹ 1489·3·26 政／1493·4·23 政／④·22 政／7月 政／1495·10月 政／1496·10·5 政／

1497·10·7 政／11·13 政／1498·8·3 政／12·25 社／1499·1·10 政／5·3 政／6·13 社／9·5 政／12·20 政／1500·8·28 政／9·2 政／1504·9·25 政／12·18 政／1505·11·27 政／1506·1·26 政／1507·12·4 政／1508·1·17 政／4·27 政／7·19 政／1513·8·24 政／1515·②·28 社／1519·10·6 政／1521·5月 政／10·23 政／1522·7·17 政
畠山尚誠 ❹ 1552·6·28 社
畠山久尚 ❽ 1938·10月 文
畠山尚慶⇨畠山尚順(ひさのぶ)
畠山総光 ❹ 1531·⑤·19 社
畠山政家 ❹ 1466·12·27 社
畠山政国 ❹ 1470·10·5 政／1538·7·4 政／1545·5·15 政／1546·8·20 政／9·3 政／1548·4·22 政／1550·8·12 政
畠山政長(次郎) ❸ 1451·4月 政／1454·4·3 政／8·21 政／12·14 政／1455·2·7 政／5月 政／6·12 政／9·8 政／❹ 1459·7·23 政／1460·9·16 政／⑨·9 政／1461·1·2 政／1·23 政／1462·3·8 政／5·12 政／7·23 社／1463·3·14 政／4·15 政／8·6 政／12·24 政／1464·1·14 政／3·27 政／4·5 文／9·21 政／1465·1·5 文／12·29 政／1466·1·5 政／4·17 政／8·25 政／1467·1·2 政／5·25 政／6·7 政／6·17 政／10·3 政／1469·9·20 政／1470·8·4 政／12·6 政／1473·12·19 政／1474·7·1 政／1475·5·26 文／1476·是年 文／1477·10·7 政／12·25 政／1478·3·8 政／4·20 政／8·18 政／1479·8·10 政／1480·8·18 政／1481·7·10 政／11·3 社／1482·3·8 政／6·19 政／8·10 政／1483·1月 政／4·16 政／6·14 政／8·13 政／1484·6·26 政／12·3 政／1485·7·1 政／10·14 政／11·25 政／12·11 社／1486·3·13 政／7·7 政／1488·1·2 政／1490·7·12 政／8·15 政／⑧·27 政／1493·2·15 政／④·7 政
畠山満家 ❸ 1399·11·8 政／1409·③·30 社／5·13 社／12·6 社／1410·6·9 政／1412·9·11 社／1415·7·19 政／1417·11·18 社／1418·4·24 社／1419·2月 政／1421·7·29 政／1422·3·10 文／1423·7·10 政／12·27 社／1425·1·2 政／1426·2·3 政／6·26 政／1427·1·2 政／11·3 政／1428·1·2 政／1·17 政／7·12 政／7·19 政／9·22 政／1429·8·24 政／1430·8·11 政／10·16 社／1431·1·10 社／6·11 政／8·22 社／1432·5·19 政／6·3 政／1433·3·2 社／4·4 社／⑦·3 社／9·19 政
畠山満慶(満則) ❸ 1415·6·24 政／1416·1·29 社／1418·6月 政／1432·6·27 政
畠山満理 ❸ 1421·12·7 社
畠山持氏 ❸ 1433·11·25 文
畠山持国 ❸ 1430·1·29 政／2月 政／1432·10·13 政／11·30 政／12·19 政／12·23 政／1433·9·19 政／11·25 文／1434·2月 政／1437·5·14 政／7月 政／1441·1·29 政／7·4 政／7·14 政／8·3 政／1442·6·29 政／10·13 政／1443·2·28 政／5·6 政／7·21 政／8·30 政／10·13 政／1445·3·24 政／1447·12·22 政／1448·1·10 政／1449·10·5 政／1450·1·2 政／6·26 政／1452·1月 社／11·16 政／1454·4·3 政／8·21 政／9·29 社／1455·3·26 政
畠山持純 ❸ 1431·2·4 文
畠山持永 ❸ 1441·1·29 政／3·15 文／6·24 政／7·4 政／8月 政
畠山持平 ❸ 1418·8·28 社
畠山基家 ❹ 1490·12·12 政／1491·2·11 文／3·12 社／5·16 社／12·6 社／1492·1·24 政／12·27 政／1493·2·15 政／④·22 政／10·4 政／1494·12·5 社
畠山基国 ❸ 1370·2·9 政／1379·2·22 政／1389·3·4 政／12·3 文／1390·是春 政／1391·3·3 文／12·25 政／12·30 政／1392·1·4 政／1·18 政／2·26 政／11·11 社／1394·7月 政／1398·④·23 政／11·16 社／1399·11·8 政／12月 政／1400·8·23 政／12·5 社／1401·2·17 政／1402·1·2 政／3·16 政／8·1 政／1404·3·14 社／1405·7·25 政／1406·1·17 政
畠山基玄 ❺-1 1689·12·6 政
畠山勇子 ❻ 1891·5·20 社
畠山義顕 ❸ 1338·3·30 政／7·11 政／1339·4·13 政／8·27 政
畠山義堯⇨畠山義宣(よしのぶ)
畠山義勝 ❹ 1470·1·5 政／1473·8·25 政／9·2 政／1474·1·20 政／1480·3·7 政／7·5 政
畠山義国 ❹ 1579·是秋 政
畠山義純 ❷ 1210·10·7 政
畠山義忠 ❸ 1432·1月 文／1434·11·3 政／1455·是年 政／❹ 1457·1·10 政／1458·1·19 政／1460·4·26 政／1463·8·21 政
畠山義続 ❹ 1544·3·11 政／1548·8·2 社／1551·2·9 政
畠山義継 ❹ 1575·3·4 政／1585·10·6 政
畠山義綱 ❹ 1557·2·18 政／1562·9月 政
畠山義豊 ❹ 1495·3·16 政／1496·10·5 政／1497·10·7 政／11·13 政／1499·1·10 政
畠山義就 ❸ 1450·6·26 政／1451·4月 政／1454·4·3 政／12·14 政／1455·2·7 政／6·12 政／7·26 社／11·20 政／❹ 1459·7·17 政／1460·4·26 政／5·8 社／9·16 政／10·7 政／1461·1·2 政／6·12 政／6·21 政／7·16 政／8·28 政／1462·5·12 政／10·23 政／1463·3·14 政／3·21 政／4·6 政／8·6 政／9·28 政／12·24 政／1465·1·12 政／11·7 政／1466·1·2 政／8·25 政／9·17 政／12·25 政／1467·1·2 政／1·5 政／3·3 政／3·14 政／5·20 政／5·25 政／9·1 政／10·5 政／1469·1·2 政／1470·2·5 政／3·8 政／5·11 政／6·11 政／10·5 政／1472·8·2 政／1473·3月 社／4·13 政／10·23 政／1474·1·20 政／3·29 社／4·23 政／⑤·5 政／7·13 政／是年 政／1477·7月 政／9·21 政／10·7 政／1478·8·18 政／1479·8·10 政／1480·8·2 文／1481·2·25 文／1482·1·14 文／3·8 政／4·29 社／6·7 政／6·19 政／6·25 社／8·10 政／12·3 政／12·26 政／1483·1·19 政／4·15 社／4·16 政／8·13 政／1484·6·26 政／9月 政／12·3 政／1485·7·1 政／10·14 政／11·25 政／12·11 社／1486·3·13 政／1488·1·2 政／1490·7·12 政／8·15 政／8·30 政／⑧·27 政／12·12 政
畠山義成(杉浦弘蔵) ❻ 1865·3·22 文
畠山義宣(義堯) ❹ 1523·3·18 社／5·27 社／1527·1·20 政／1531·8·20 政／1532·5·19 政／6·15 政
畠山義信 ❻ 1871·2月 社
畠山義英 ❹ 1498·8·3 政／1499·1·30 政／9·14 政／1500·9·16 政／1503·5·10 文／6·10 文／1504·12·18 政／1505·11·27 政／1506·1·26 政／7·24 政／1507·12·4 政／1508·1·17 政／1513·8·24 政／1518·9·24 政／1519·12月 社／1520·2·16 政／3·16 政／5·9 政／1521·10·23 政／1524·11·13 政
畠山義深 ❸ 1360·4·9 社／1366·8月 政／1368·4·5 政／1379·1·12 政
畠山義総 ❹ 1516·1·26 社／1519·3月 政／1520·3月 社／1521·2·13 政／1531·10·26 政／1535·7·21 政／1545·7·12 政
畠山義宗 ❹ 1464·4·5 文
畠山義統 ❸ 1455·6·12 政／11·20 政／❹ 1467·5·25 政／1477·11·11 政／1478·7·10 政／8·11 社／1490·是年 社／1497·8·20 政
畠山義元 ❹ 1497·8·20 政／1509·10·19 社／1513·12·17 社／1514·12·5 政／12·26 社／1515·7·21 社／是年 政
畠山義寧 ❺-2 1717·4·29 政
畠山中務大輔 ❺-2 1829·8·10 社
旅籠屋五左衛門 ❺-2 1747·5月 社
幡崎　鼎(藤市·藤平) ❺-2 1833·3 政／1842·7·2 文
秦前大魚 ❶ 741·12·10 政
畑下熊野 ❻ 1887·9·8 文
畑瀬　聡 ❾ 2006·7·2 社
幡津次郎左衛門尉 ❸ 1353·7·27 政
畑中和文 ❾ 1994·9·14 社
畠中観斎(銅脈·頼母) ❺-2 1769·是年 文／1781·是年 文
畑中清詞 ❾ 1991·2·3 社
畑中健二 ❽ 1945·8·15 政
畑中浩一 ❾ 2012·9·23 政
畠中西蛾 ❼ 1901·2·14 文
畑中良輔 ❾ 2000·11·6 文／2012·5·24 文
畑中蓼坡 ❼ 1919·6·16 文
歯田根命 ❶ 469·3月
波多野秋子 ❼ 1923·6·9 文
秦野　章 ❾ 2002·11·6 政

波多野勤子 ❽ **1950**·10月 文／❾ **1978**·9·15 文
波多野右衛門 ❹ **1560**·10·12 政
波多野 鼎 ❽ **1947**·11·4 政／12·13 政
波多野完治 ❾ **2001**·5·23 文
波田野晃一 ❾ **1976**·7月 社
波多野古渓(承五郎) ❼ **1915**·4·25 文
波多野須美 ❾ **2011**·8·21 社
波多野精一 ❽ **1950**·1·17 文
波多野祖父之助 ❺-2 **1746**·2·7 社
羽田野敬雄(常陸·栄木·栄樹園) ❺-2 **1840**·是年 文／**1848**·9月 文／**1849**·5·8 文
波多野高道 ❸ **1361**·11·23 政／**1362**·3·28 政
波多野忠綱 ❷ **1213**·5·4 政
波多野稙通(孫右衛門) ❹ **1526**·10·21 政／**1527**·3·22 政／12·17 社／**1528**·1·17 政
波多野経朝 ❷ **1227**·3·9 政
波多野鶴吉 ❼ **1918**·2·23 政
波多野伝三郎(友弥) ❼ **1907**·2·13 政
波多野朝定 ❷ **1218**·2·10 政
泰膳(はたの)信季 ❷ **1078**·10·16 社
波多野晴通 ❹ **1532**·10月 政／**1533**·10·21 政／**1552**·4·25 政／**1553**·9·18 政／**1566**·2·26 政
波多野秀忠 ❹ **1538**·11·10 政／**1539**·7·14 政／**1540**·3·23 文／**1541**·8·12 政／**1546**·9·11 社／**1576**·1·15 政／**1578**·3·4 政／**1579**·6·2 政
波多野秀尚 ❹ **1579**·6·2 政
波多広足 ❶ **703**·9·22 政／10·25 政／**704**·8·3 政
波多広庭 ❶ **623**·是年 政
波多野孫右衛門⇨波多野稙通(たねみち)
波多野 勝 ❽ **1944**·9·11 社
波多野宗貞 ❹ **1579**·5·5 政
波多野宗長 ❹ **1579**·5·5 政
波多野元秀 ❹ **1527**·2·12 政／2月 社
波多野元喜 ❸ **1401**·2·17 政
波多野敬直 ❼ **1903**·9·22 政
波多余射(与射) ❶ **703**·1·2 政／**718**·9·19 政
波多野義重 ❷ **1244**·7·18 社／**1250**·是年 社
波多野義常 ❷ **1180**·10·17 政
波多野善大 ❽ **1962**·7·5 文
旗野 倫 ❾ **2010**·6·16 文
幡梭皇女 ❶ **454**·2月
幡媛 ❶ **534**·⑫月
ハタミ(イラン) ❾ **2000**·10·31 政
畑山 博 ❾ **1972**·8·11 文
八右衛門(武蔵葛飾) ❺-1 **1643**·寛永年間 社
バチェラー·ジョン ❻ **1877**·6月 社／**1889**·6月 文／**1892**·3·8 社／12月 文／❽ **1944**·4·2 文
歯力鬼右衛門 ❺-2 **1841**·9月 社
八條清季 ❸ **1349**·9·12 政
八條公興 ❸ **1419**·12·16 政
八條季興 ❸ **1395**·6·20 政
八條為敦 ❸ **1402**·是年 政
八條院⇨暲子(しょうし)内親王
八條宮⇨智忠(としただ)親王
八條宮⇨智仁(としひと)親王
蜂須賀家政(蓬庵·小六) ❹ **1585**·6·2 政／6·16 政／8·6 政／**1586**·5·22 政／11·20 政／12·9 社／**1587**·12·7 社／**1588**·5·26 政／6·19 文／**1590**·3·28 政／4·5 政／**1591**·2月 政／**1592**·4月文禄の役／**1593**·4·3 社／12·20 社／**1594**·4·26 社／**1595**·4·13 政／**1597**·2·11 社／9·14 慶長の役／9·27 政／12·25 政／**1598**·1·26 慶長の役／**1599**·1·19 政／1·21 政／3月 社／**1600**·1月 政／❺-1 **1604**·1·8 社／**1632**·2·23 文／**1638**·12·30 政
蜂須賀越後入道(僧) ❸ **1391**·9·26 政
蜂須賀重喜 ❺-2 **1735**·6·7 政／**1765**·12·14 政／**1768**·12·1 政／**1769**·10·30 政
蜂須賀隆重 ❺-1 **1678**·7·30 政
蜂須賀忠隆 ❺-1 **1652**·4·4 政
蜂須賀忠英 ❺-1 **1620**·2·26 政／**1622**·4·16 社／**1627**·1·26 政／**1637**·③·1 政／**1652**·4·4 政
蜂須賀綱矩 ❺-1 **1678**·7·30 政／❺-2 **1728**·1·23 政／**1730**·11·7 政
蜂須賀綱通 ❺-1 **1666**·5·27 政／**1678**·7·30 政
蜂須賀豊雄 ❹ **1600**·1月 政
蜂須賀斎裕 ❻ **1856**·10·6 政／**1857**·10·16 政／12·29 政／**1862**·12·18 政／**1866**·7·18 政／**1868**·1·13 政
蜂須賀正氏 ❽ **1943**·11·30 政
蜂須賀正勝(小六) ❹ **1566**·9·24 政／**1582**·9·26 政／10·21 政／**1583**·12·3 政／**1584**·1·2 政／3·11 政／**1585**·1·17 政／6·16 政／8·6 政／**1586**·5·22 政
蜂須賀光隆 ❺-1 **1661**·6·25 文／**1666**·5·27 政
蜂須賀茂韶 ❻ **1866**·11·7 政／**1869**·4·8 政／**1871**·1月 政／**1879**·11·5 社／**1890**·5·19 政／❼ **1896**·9·18 政／**1918**·2·10 政
蜂須賀至鎮 ❺-1 **1603**·2·24 政／**1609**·11·17 社／是年 社／**1613**·1·10 文／**1614**·11·19 大坂冬の陣／12·17 大坂冬の陣／**1615**·⑥·3 政／**1618**·1·1 政／**1620**·2·26 政
蜂須賀斎昌 ❺-2 **1813**·9·7 政
蜂須賀治昭(千代丸) ❺-2 **1769**·10·30 政／**1813**·9·7 政
蜂須賀(佐竹)政胤 ❺-2 **1754**·7·12 政
蜂須賀宗員 ❺-2 **1728**·1·23 政／**1735**·6·7 政
蜂須賀宗鎮 ❺-2 **1739**·12·22 政／**1754**·5·22 政／**1770**·2·26 政／**1780**·8·27 政
蜂須賀宗英 ❺-2 **1739**·12·22 政／**1743**·2·30 政
蜂須賀至央 ❺-2 **1754**·5·22 政／7·12 政
八戸順叔 ❻ **1867**·3月 政
八戸二郎 ❹ **1593**·1·7 社
八戸政経 ❹ **1457**·2月 政
八戸政栄 ❹ **1591**·2·24 政
八戸宗暘 ❹ **1542**·4·4 文／4·8 文／**1553**·8·8 政／**1557**·1·1 政
八兵衛(長唄) ❺-1 **1663**·3月 文
八文字自笑(安藤、初代) ❺-2 **1716**·是年 文／**1720**·是年 文／**1735**·是年 文／**1736**·是年 文／**1737**·是年 文／**1738**·是年 文／**1739**·是年 文／**1740**·是年 文／**1741**·是年 文／**1742**·是年 文／**1743**·是年 文／**1744**·是年 文／**1745**·11·11 文／**1746**·是年 文／**1747**·是年 文／**1748**·是年 文／**1750**·9·12 文／**1752**·是年 文／**1753**·是年 文／**1754**·是年 文／**1759**·是年 文
八文字自笑(興邦、三代目) ❺-2 **1765**·是年 文／**1769**·是年 文／**1771**·是年 文／**1790**·是年 文／**1805**·是年 文
八文字瑞笑 ❺-2 **1757**·是年 文
八文字李秀 ❺-2 **1759**·是年 文
蜂屋定氏 ❺-1 **1622**·11·5 社
蜂屋紹佐 ❹ **1559**·4·22 文／**1567**·12·26 文
蜂谷真一⇨金勝一(きむすんいる)
蜂屋新五郎 ❺-2 **1797**·11月 社／**1814**·是年 社
蜂屋虎寿丸 ❸ **1354**·⑩·11 政
蜂屋直政 ❺-1 **1608**·6·29 社
蜂谷又玄 ❺-2 **1751**·是年 文
蜂谷真由美⇨金賢姫(きむひょんひ)
蜂谷道彦 ❽ **1945**·9·11 文
蜂谷又玄 ❺-1 **1695**·是年 文
蜂屋頼隆 ❹ **1573**·4·2 政／9·24 政／**1577**·9·25 文／**1583**·5月 社
蜂屋六左衛門 ❺-1 **1671**·3·27 政
鉢呂吉雄 ❾ **2011**·9·2 政
八郎次郎(茶売) ❸ **1403**·4月 社
八郎兵衛(鋳工) ❸ **1415**·是年 文
帕 尼芝(琉球) ❸ **1383**·12·15 政／**1384**·1·1 政／**1385**·1·1 政／**1388**·1·1 政
初井言栄 ❾ **1990**·9·21 文
初岡敬二 ❻ **1871**·3·7 政
初雁五郎 ❸ **1336**·5·5 政
羽月元真 ❸ **1336**·1·23 政
ハック(独) ❽ **1945**·4·23 政
バック, パール ❽ **1960**·4·24 文／❾ **1966**·10·31 文
御肇国天皇⇨崇神(すじん)天皇
バックハウス(ピアニスト) ❽ **1954**·4·9 文
バッケ(スウェーデン) ❽ **1945**·4·11 政
初坂重春 ❺-1 **1657**·是年 文
ハッサン(インド) ❽ **1943**·4·27 政
末士善信 ❶ **691**·9·4 文
抜隊得勝(僧) ❸ **1380**·1·20 社／**1387**·2·20 社
泊瀬王(長谷王·泊瀬仲王·長谷部王·近代王) ❶ **685**·10·12 政
長谷部内親王 ❶ **741**·3·28 政
泊瀬部皇子⇨崇峻(すしゅん)天皇
ハッタ(ジャワ) ❽ **1943**·11·13 政
八田愛王大夫 ❸ **1435**·8月 文／**1437**·3·13 文
八田一郎 ❼ **1932**·4·7 社
八多(波田·羽田)清直 ❶ **886**·1·16 政
八田久吉岑 ❶ **885**·12·23 政
八多貞紀 ❶ **916**·7·13 文

八田達也　❼ 1916·6·4 社
八田知家　❷ 1180·11·27 政／1188·5·20 政／1189·7·17 政／1192·8·22 政／1193·5·1 文／6·22 政／1221·5·22 政
八田知定　❷ 1247·6·12 政
八田知紀(彦太郎·喜左衛門·桃岡)　❺-2 1831·是年 文／❻ 1854·11 月 文／1873·9·2 文
八田祐次郎　❻ 1893·7 月 社
八田與一　❼ 1920·是年 政／❽ 1942·5·8 政／❾ 2011·5·8 政
八田嘉明　❽ 1939·1·5 政／1943·11·1 政
発智六郎右衛門　❹ 1493·8·15 政
伐智(新羅)　❶ 463·2 月
パッテン，クリストファー(香港)　❾ 1992·11·25 政／1994·12·13 政
パット・モリタ　❾ 2005·11·24 文
服部浅之助　❻ 1864·6·26 文
服部一三　❻ 1880·4·26 文／❼ 1903·5·24 社
服部入也　❺-1 1664·是年 社
服部宇之吉　❼ 1903·2 月 文／1921·6·25 文／1926·4·1 文／1927·3 月 文／❽ 1939·7·11 文
服部永錫　❺-2 1781·是夏 文
服部英太郎　❽ 1945·11·19 文
服部右衛門　❺-2 1725·4·10 社
服部寛斎　❺-2 1721·6·3 文
服部帰一(綾雄·常純)　❻ 1861·12·4 政／1862·4·25 社
服部吟照　❺-2 1741·是年 文
服部金太郎　❻ 1881·是年 社／1892·5 月 社／❼ 1930·10·9 文／1934·3·1 政
服部邦友　❺-1 1609·5·11 政
服部外記　❺-2 1791·10·18 政
服部幸三　❾ 2009·10·8 文
服部石仙　❼ 1920·7·12 文
服部惟恭　❺-2 1789·是年 文
服部権左衛門　❺-1 1645·4·13 社
服部左衛門　❻ 1865·9·4 政
服部左次兵衛　❺-1 1658·11·6 政
服部貞治　❺-1 1681·1·28 政
服部之総　❼ 1932·10·23 文／❽ 1938·11·29 文／1946·4 月 文／1956·3·4 文
服部持法　❸ 1327·7·2 社
服部庄六　❺-2 1754·②·18 社
服部四郎　❾ 1995·1·29 文
服部　伸　❾ 1974·12·14 文
服部図書　❺-1 1682·是年 政
服部誠一　❻ 1876·8·18 文／❼ 1908·8·15 文
服部雪斎　❺-2 1844·3 月 文
服部宗巴　❺-1 1673·5·22 文
服部沾圃　❺-1 1698·5 月 文
服部高顕　❾ 1993·3·24 政
服部　隆　❼ 1917·5·31 社
服部卓四郎　❽ 1953·3 月 文／1960·4·30 政
服部　正　❽ 1937·4 月 文
服部知恵子　❽ 1946·8·9 文
服部ちよ　❻ 1886·12·5 社
服部辻之進　❻ 1857·7·28 社
服部図南　❼ 1908·5·24 社
服部中庸(義内)　❺-2 1824·3·14 文
服部南郭(子遷·芙蓉館·周雪·観翁)　❺-2 1843·11 月 文
服部波山　❻ 1894·10·10 文
服部春安　❹ 1595·7·15 政
服部半三郎　❺-1 1633·3·22 社
服部半蔵(正就·正成)　❺-1 1605·12·2 政
服部半八　❺-1 1609·9·30 文
服部政重　❺-1 1619·是年 社
服部正成(半三)　❹ 1582·9·15 政
服部政信　❺-1 1619·是年 社
服部　学　❽ 1963·1·9 政
服部満彦　❾ 1965·8·6 社
服部茂左衛門　❺-1 1658·是年 社
服部元喬　❺-1 1626·是年 文
服部保一　❽ 1947·2·14 文
服部安司　❾ 1977·11·28 政／2011·3·9 政
服部保秀　❹ 1600·7·30 関ヶ原合戦
服部保正　❺-1 1611·8·3 社
服部幸雄　❾ 1968·3 月 文
服部義高　❺-2 1810·是年 文
服部剛丈　❾ 1992·10·17 社
服部善郎　❾ 2011·8·22 社
服部嵐雪　❺-1 1687·是秋 文／1688·是年 文／1690·是年 文／1695·是年 文／1701·是年 文／1707·10·13 文
服部良一　❼ 1936·6·1 社／❽ 1947·9 月 社／❾ 1993·1·30 文
バットン(ハープ)　❻ 1895·1·12 文
初音耳作　❺-2 1778·是春 社
八波むと志　❽ 1964·1·4 文
ハッパルト(オランダ商館長)　❺-1 1654·6·21 政
ハツヒロ(狄)　❺-1 1678·11·27 政
破衲聡達(僧)　❸ 1312·9·27 文
鳩山威一郎　❾ 1976·12·24 政／1993·12·19 政
鳩山一郎　❼ 1922·1·26 政／1925·12·29 政／1926·1·15 政／1929·6·27 社／1930·4·25 政／1931·12·13 政／1934·2·15 政／·3·3 政／❽ 1937·2·28 政／1945·9·18 文／11·9 政／1946·4·30 政／1951·8·6 政／1953·3·14 政／11·17 政／1954·9·19 政／11·1 政／12·10 政／1955·3·19 政／11·6 政／11·22 政／1956·4·5 政／1959·3·7 政
鳩山和夫　❻ 1875·7·18 文／1882·10·21 文／1888·5·7 文／❼ 1896·12·22 政／1902·10·19 文／1908·1·18 政／1911·10·3 政
鳩山邦夫　❾ 1991·11·5 政／1994·4·28 政／1996·9·9 政／2007·8·27 政／2009·6·12 政／2010·5·30 政
鳩山春子　❽ 1938·7·12 文
鳩山由紀夫　❾ 1996·9·28 政／2000·8·21 政／2002·9·23 政／11·29 政／2005·9·17 政／2007·12·7 社／2009·7·19 政／2010·1·21 政／6·2 政／2012·3·23 政／11·21 政
バトラー(英)　❽ 1964·5·1 政
羽鳥春隆　❻ 1884·1·20 文
ハドロー(英)　❻ 1870·11·22 文
花　江戸住　❺-2 1805·6 月 文
はな太郎右衛門　❺-1 1619·11·11 政
ハナ肇　❽ 1961·6·4 社／❾ 1993·9·10 文
花井浅之丞　❺-1 1659·是年 文
花井健吉　❻ 1856·是年 文
花井鯤斎　❻ 1860·12·27 文
花井定義　❺-1 1670·8·4 文
花井卓蔵　❼ 1897·10·7 社／1902·2·12 政／1906·12·20 文／1931·12·3 政
花井正八　❾ 1995·6·10 政
花岡堅而　❾ 1982·4·10 文
花岡真節　❻ 1884·10·7 文
華岡青洲(雲平·随賢)　❺-2 1804·10·13 文／1835·10·2 文／是年 文
花岡理英子　❾ 1998·9·17 社
花香恭次郎　❻ 1883·9·1 政
花籠平五郎(釣鐘)　❺-2 1818·3 月 文
花籠平五郎(相撲年寄)　❼ 1910·6·23 社
花形源次郎　❺-2 1785·10·19 社
花川小鶴　❻ 1868·是春 社
花木チサヲ　❽ 1947·4·21 文
花澤徳衛　❾ 2001·3·7 文
花園実廉　❺-2 1761·10·20 政
花薗侍従房　❸ 1341·④·21 政
花園天皇(富仁親王)　❸ 1297·7·25 政／1301·8·24 政／1308·8·26 政／11·16 政／1313·6·3 政／1318·2·26 政／3·10 政／1319·9·6 政／1333·5·9 政／5·28 政／1335·6·17 政／11·22 政／1342·11·12 政／1345·12·3 社／1348·11·11 政
花園宮(満良親王)　❸ 1340·1·24 政
花田紀凱　❾ 1995·1·30 文
花田清輝　❽ 1961·6 月 文／7·8 政／1962·2·5 政／❾ 1971·1 月 文
花田光司⇨貴乃花(たかのはな)
花田大五郎　❾ 1967·7·26 文
花田長太郎　❼ 1935·11·21 文／❽ 1937·12·7 文／1948·2·28 文
花田藤左衛門吉次　❹ 1501·7 月 文
花田比露思　❼ 1921·10 月 文
花田　満　❾ 2005·5·30 社
花田柳之進　❺-2 1776·9·11 社
花原　勉　❽ 1964·10·10 社
花菱アチャコ　❼ 1930·5 月 社／1931·12·1 社／❽ 1940·3·14 文／1959·3·1 文／7·2 文
英　一珪　❺-2 1843·12·21 文
英　一舟　❺-2 1768·1·23 文
英　一笑(五代目)　❻ 1858·8·12 文
英　一蜻　❼ 1916·2·24 文
英　一川　❺-2 1778·1·28 文
英　一蝶(多賀朝湖·安雄·信香·北窓翁、初代)　❺-1 1688·8 月 文／1692·12·3 文／1698·12 月 文／1699·5 月 文／1702·7·12 文／1703·7 月 文／1709·9 月 文／11 月 社／❺-2 1718·1 月 文／1724·1·13 文
英　一蝶(二代目)　❺-2 1737·⑪·12 文／1760·是年 文
英　一蜂(初代)　❺-2 1760·4·28 文
英　一蜂(二代目)　❺-2 1788·6·12 文
花房五郎右衛門　❺-2 1773·4·7 政
花房豊之助　❺-1 1694·9·19 社

花房秀三郎　❾ 2009·3·15 文
花房正盛　❺-1 1633·10·26 社
花房職之　❹ 1571·是年 政
英　百合子　❼ 1917·8月 文
花房職補　❻ 1864·11·22 政
花房義質　❻ 1872·5·28 政／9·16 政／1874·3·11 政／1877·9·10 政／1878·11·18 政／1879·3·14 政／1880·12·17 政／1881·2·28 政／1882·7·23 政／1887·5·20 文／❼ 1917·7·9 政
花房柳外　❼ 1902·4·11 文
花村菊江　❾ 2011·9·29 文
花村四郎　❽ 1954·12·10 政／1955·3·19 政
花村仁八　❾ 1997·1·4 政
花村萬月　❾ 1998·7·16 文
花森安治　❾ 1978·1·14 文
花屋玉栄　❹ 1594·7月 文
華屋与兵衛　❺-2 1829·文化文政年間 社
花柳一駒　❼ 1934·4·25 社
花柳喜章　❾ 1978·1·3 文
花柳小菊　❾ 2011·1·26 文
花柳寿輔(芳次郎·寿助、初代)　❻ 1861·5月 文／1887·10·20 文／❼ 1903·1·28 文
花柳寿輔(芳三郎、二代目)　❼ 1924·4·24 文／❾ 1970·1·22 文
花柳寿輔(若葉、三代目)　❾ 2007·5·23 文
花柳寿楽　❾ 2007·1·7 文
花柳(青山)章太郎　❼ 1921·5·29 文／1927·6月 文／1936·8·1 文／❽ 1938·10月 文／1939·9月 文／1960·2·23 文／❾ 1965·1·6 文
花柳寿南海　❾ 2005·11·3 文
花柳寿美(大橋勇、初代)　❼ 1925·10·14 文／1930·是年 文／❽ 1940·6·27 文
花柳武始　❾ 2003·7·27 文
花柳珠実　❼ 1930·是年 文／❽ 1940·6·27 文
花柳徳兵衛　❾ 1968·5·24 文
花柳禄寿　❾ 1976·4·19 文
花山信勝　❾ 1995·3·20 社
花山成勧　❺-2 1830·是春 社
放駒(魁傑)　❾ 2010·8·1 社
放駒長吉　❼ 1910·2·20 社
塙　次郎(忠宝)　❻ 1862·2·21 文／12·22 文
塙　保己一(寅之助·辰之助·多聞房·千弥·保木野一)　❺-2 1779·是年 文／1783·3·24 文／1786·是年 文／1791·7·13 社／1793·7·23 文／1795·9·6 文／1798·5月 文／1815·4·28 文／1820·是年 文／1821·9·12 文／❼ 1901·4·6 社
塙　政茂　❸ 1333·5·16 社
塙信濃入道　❸ 1435·5·3 社
羽仁五郎　❼ 1928·10月 文／❾ 1968·7月 文
羽仁説子　❽ 1946·3·15 政／❾ 1987·7·10 文
羽仁信家　❸ 1352·6·20 政
羽仁もと子　❼ 1903·4月 社／1921·4·15 文／❽ 1957·4·7 文
埴原正直(政直)　❼ 1911·12·18 政／1912·2·6 政／1934·12·20 政
埴谷雄高　❾ 1997·2·19 文
羽生三七　❼ 1924·3·17 政
羽生　慎　❼ 1901·2·2 文
埴生盛兼　❷ 1181·9·21 政
羽生結弦　❾ 2012·12·8 社
バニューシキン(ソ連)　❽ 1950·2·1 政
波禰五郎左衛門　❸ 1364·11·15 社
刎石駿河守　❹ 1587·3·3 政
羽川珍重　❺-2 1754·7·22 文
羽田健太郎　❾ 2007·6·2 文
羽田　亨　❼ 1927·3月 文／❽ 1953·11·3 文／1955·4·13 文
羽田龍助　❺-2 1850·8·24 社
羽田壱岐入道　❸ 1432·2·27 政
羽林(はねばやし)兄麻呂⇨角(つぬの)兄麻呂
馬場詮国　❸ 1383·11·28 社／1385·是年 政／1386·3·26 政
馬場鑑周　❹ 1559·3月 政
馬場　当　❾ 2011·6·29 文
馬場鍈一　❼ 1936·3·9 政／❽ 1937·6·4 政／8·2 政／12·21 政
馬場永寿　❸ 1386·4·29 社
馬場和夫　❽ 1938·4月 文
馬場勘四郎　❺-2 1720·3·25 社
馬場源蔵　❹ 1568·12·23 社
馬場源八郎　❼ 1925·3·21 社
馬場孤蝶(勝弥)　❼ 1912·3·2 文／1919·7·7 文／❽ 1940·6·22 文
馬場佐十郎(貞由·職夫)　❺-2 1808·③月 文／1809·2·25 文／是年 文／1810·是年 文／1811·5月 文／1812·1月 文／是年 文／1813·1月 文／1814·是年 文／1822·7·27 文
馬場三郎左衛門　❺-2 1767·4·24 政
馬場茂明　❾ 2004·3·27 文
馬場春水　❺-2 1748·8·14 文
馬場信意　❺-2 1728·3·8 文
馬場新八　❻ 1877·5·21 社
馬場資幹　❷ 1193·6·22 政
馬場存義　❺-2 1773·是年 文／1782·10·30 文／是年 文
馬場大助(紫欄)　❺-2 1844·是年 文
馬場辰猪　❻ 1876·9月 政／1878·9·29 文／1881·4·25 政／4·30 政／9·8 社／1882·9·17 政／1885·11·21 政／1888·11·1 政
馬場為八郎　❺-2 1808·2·29 文／1809·2·25 文
馬場恒吾　❽ 1941·2·26 文／1945·10·1 文／1956·4·5 政
馬場利重　❺-1 1636·5·19 政／8·6 政／1637·6·20 政／1638·11·10 政／1639·9·11 政／1647·6·25 政／1652·1·28 社
馬場尚繁(公繁)　❺-2 1746·7·21 政
馬場仲達　❻ 1868·9·10 文
馬場信意　❺-1 1710·是年 文／1711·是年 文／1712·是年 文
馬場信武　❺-1 1705·是年 文／1706·是年 文
馬場信春　❹ 1551·3月 政
馬場のぼる　❾ 2001·4·7 文
馬場八左衛門　❺-1 1613·12·6 政
馬場文耕(中井·左馬次·文右衛門)　❺-2 1754·是年 文／1757·是年 文／1758·9·16 文／12·25 社
馬場政員　❹ 1545·3月 政
馬場政直　❺-1 1602·7月 政
馬場元治　❽ 1937·9·11 社／1955·11·22 政
馬場幽閑　❺-1 1698·是年 文
馬場幸利　❺-1 1706·4·23 文
馬場頼周　❹ 1524·1·18 政／1545·1·22 政／3月 政
波々伯部源次郎　❹ 1515·10·9 社
波々伯部宗量　❹ 1499·7·20 政
波々伯部兵庫　❹ 1531·6·4 政
波波左(細川晴元の被官)　❹ 1548·8·12 政
羽原又吉　❾ 1969·3·19 文
ハビヤリマナ(ルワンダ)　❾ 1988·3·21 政
馬武(百済)　❶ 550·2·10
土生(はぶ)玄碩(義寿·久馬·玄道·碩·翁·九如)　❺-2 1848·8·17 文
土生玄碩　❻ 1853·8·17 文
羽生富士夫　❾ 1994·2·5 文／2010·8·17 文
羽生善治　❾ 1994·12·9 文／1996·2·14 文／6·4 文／2012·7·5 文
バブチスタ, フライ·ペドロ　❹ 1593·4·20 政／6月 政／1594·8·20 社／8月 政
羽太正養(庄左衛門)　❺-2 1799·1·16 政／1801·2·25 政／1802·1·25 文／1803·2·15 政／1807·4·7 政／10·24 政／是年 文
祝(はふり)　辰巳　❼ 1908·5·25 政
祝　恒富　❷ 1087·4·20 社
祝　盛次　❷ 1191·2·21 社
祝　安親　❸ 1333·②·11 政／3·11 政／5·7 政／1335·2·22 政／4·2 政
祝　甲斐守　❹ 1553·7·23 政
祝部成仲　❷ 1172·3·19 文
祝部成茂　❷ 1254·8月 社
祝部行丸　❹ 1582·11月 文／1588·5月 文
バブル(オランダ医師)　❺-2 1768·3月 文
ハマーショルド(国連事務総長)　❽ 1955·1·12 政／1958·7·30 政
浜碇(はまいかり)定吉　❻ 1867·3·11 社
浜渦武生　❾ 2005·5·30 政
浜尾　新　❻ 1889·2·1 文／❼ 1924·1·13 政／1925·9·25 政
浜尾文郎　❾ 2007·11·8 社
浜尾文左衛門　❺-2 1791·2·28 政
浜尾　実　❾ 2006·10·25 政
浜岡光哲　❼ 1936·12·6 政
浜口雄幸　❼ 1924·6·11 政／1925·4·7 政／1926·6·3 政／1927·6·1 政／1928·2·17 政／8·3 政／1929·7·2 政／11·21 政／1930·11·14 政／1931·4·4 政／8·26 政
浜口吉右衛門　❼ 1908·1·20 政／1911·4·5 政
浜口儀兵衛(醤油製造)　❷ 1234·文暦年間 社
浜口儀兵衛(醤油製造)　❹ 1574·是年 社
浜口儀兵衛(醤油製造)　❺-1 1645·是

年 社
浜口儀兵衛(梧陵)　❻ **1854**·11·5 社／**1885**·4·21 社／是年 社／**1894**·10·5 社
浜口京子　❾ **2003**·9·14 社／**2004**·8·13 社／**2008**·8·9 社
浜口庫之助　❾ **1990**·12·2 文
浜口博之　❾ **2012**·8·10 社
浜口陽三　❽ **1937**·2·12 文／**1938**·4 月 文／**1953**·7·12 文／**1957**·9·16 文／**1961**·6·10 文／**1962**·10·6 文
浜崎政頼　❸ **1451**·8·29 政
浜地常康　❼ **1921**·5·30 社
浜島市大夫　❺-2 **1818**·12·15 社
浜島庄兵衛(日本左衛門)　❺-2 **1746**·10 月 社／**1747**·1·18 社
浜島無手右衛門　❹ **1600**·7·24 関ヶ原合戦
浜住六右衛門　❺-2 **1730**·9·12 政
浜田伊左衛門　❺-2 **1771**·7·12 社
浜田糸衛　❾ **2010**·6·13 文
浜田音四郎　❽ **1950**·是年 社
浜田景隆　❹ **1588**·1·17 政
浜田和幸　❾ **2011**·6·27 政
浜田　観　❾ **1977**·10·30 文
浜田杏堂　❺-2 **1814**·12·12 文
浜田国太郎　❼ **1916**·4·10 社／❽ **1958**·3·15 社
浜田国松　❽ **1937**·1·21 政／**1939**·9·6 政
浜田幸一　❾ **2012**·8·5 政
浜田耕作　❼ **1917**·6·2 文／**1924**·9 月 文／**1927**·3 月 文／❽ **1938**·7·25 文
浜田純一　❾ **2012**·1·20 文
浜田庄司(象二)　❽ **1955**·1·27 文／**1959**·10 月 文／**1962**·是年 文／❾ **1968**·11·3 文／**1978**·1·5 文
浜田泰介　❾ **1997**·10·12 文／**1999**·1·28 文
浜田剛史　❾ **1986**·7·24 社
浜田辰弥⇨田中光顕(たなかみつあき)
浜田珍碩(酒堂)　❺-1 **1690**·是年 文／**1693**·是年 文
浜田寅彦　❾ **2009**·10·15 文
浜田彦蔵(ジョセフ彦·アメリカ彦蔵·彦太郎)　❺-2 **1850**·10·29 政／❻ **1854**·9·9 社／**1858**·5·20 政／**1859**·5·17 文／**1864**·6 月 文／**1865**·3 月 文／❼ **1897**·12·12 文
浜田広介(広助)　❽ **1942**·12·17 文／**1955**·5·7 文
浜田平右衛門　❻ **1854**·4·27 政
浜田未知　❽ **1944**·4 月 文
浜田光顕　❻ **1863**·9·21 政
浜田靖一　❾ **2008**·9·24 政
浜田弥兵衛　❺-1 **1623**·元和年間 社／**1627**·9·17 政／**1628**·3·3 政
浜名政信　❸ **1385**·11·6 社
浜中慶子　❽ **1960**·10·7 社
浜野規随　❺-2 **1787**·8·29 文
浜野定四郎　❻ **1864**·6·26 文
浜野清吾　❾ **1972**·7·7 政
浜野正男　❼ **1936**·10·5 社
浜野政随　❺-2 **1769**·10·26 文
浜野弥四郎　❼ **1932**·12·30 社
浜松歌国(氏助·八重垣·布屋清兵衛·颯々亭南水)　❺-2 **1815**·是年 社／**1827**·2·19 文／**1833**·是年 文
浜村蔵六(篆刻、初代)　❺-2 **1794**·11·4 文
浜村蔵六(篆刻、五代目)　❼ **1909**·11·25 文
浜村大解　❻ **1895**·2·24 文
浜村秀雄　❽ **1955**·4·19 社
浜村貫斎　❺-2 **1819**·7·18 文
浜村孫兵衛　❺-2 **1835**·是冬 政
浜本　浩　❽ **1938**·2·18 文／9·11 文
浜本富貴恵　❾ **2002**·9·17 社／10·15 政
浜本万三　❾ **1994**·6·30 政
浜谷　浩　❽ **1957**·1 月 文／❾ **1986**·4·16 文／**1999**·3·6 文
浜四津敏子　❾ **1994**·4·28 政／**1998**·11·7 政
羽室嘉右衛門　❼ **1896**·5·1 政
葉室定顕　❸ **1401**·3·6 政
葉室親善　❸ **1382**·是年 政／**1384**·7·4 政
葉室鉄夫　❼ **1936**·8·1 社／❾ **2005**·10·31 社
葉室長顕　❸ **1390**·2·21 政
葉室長隆　❸ **1344**·3·8 政
葉室長光　❸ **1365**·⑨·7 政
葉室教忠　❹ **1493**·4·23 政／**1494**·10·13 政
葉室光資　❸ **1367**·4·29 政／5·9 政
葉室光忠　❹ **1492**·7·10 政／**1493**·2·2 文
葉室宗顕　❸ **1409**·11·4 政
葉室頼孝　❺-1 **1709**·8·4 政
葉室頼胤　❺-2 **1734**·11·7 政／**1740**·3·21 文／**1776**·5·2 政
葉室頼親　❸ **1306**·2·5 政
葉室頼要　❺-2 **1794**·6·3 政
葉室頼業　❺-1 **1675**·6·24 政
葉室頼宣　❺-1 **1610**·8·4 政
葉室頼房　❹ **1576**·6·24 政
葉室頼藤　❸ **1292**·12·16 政／**1336**·5·14 政
葉室　麟　❾ **2012**·1·17 文
葉室⇨藤原(ふじわら)姓も見よ
ハメッド·ザヒル·シャー　❾ **1969**·4·9 政
ハメル, ヘンドリック　❺-1 **1666**·8·10 政
羽茂高信　❹ **1584**·8·22 政
早石　修　❾ **1972**·11·3 文
早川　勇　❼ **1899**·2·13 政
早川　清　❽ **1947**·11 月 文
早川紀代秀　❾ **1995**·12·13 社
早川尚古斎　❾ **1975**·11·13 文／**2011**·12·7 文
早川丈石　❺-2 **1751**·是年 文
早川新九郎(木地師)　❹ **1568**·6·24 社
早川新次郎(主人殺害)　❺-1 **1702**·1·12 政
早川正斎　❺-1 **1680**·是年 文
早川雪洲(金太郎)　❼ **1922**·6·30 文／**1930**·9·1 文／❽ **1937**·2·3 社／❾ **1973**·11·23 文
早川千吉郎　❼ **1922**·10·12 政
早川　崇　❽ **1963**·7·18 政／❾ **1966**·12·3 政／**1976**·9·15 政
早川卓之丞　❻ **1863**·8·17 政
早川弥五左衛門　❻ **1857**·1·19 政／**1858**·3·19 政
早川伝五郎　❺-2 **1719**·11·20 文
早川虎市　❺-2 **1801**·1 月 社／**1821**·11·22 社／**1822**·10·29 社
早川長政　❹ **1593**·⑨·13 政／**1597**·9·17 慶長の役
早川八之丞　❺-1 **1671**·9·7 社
早川雅雄　❾ **2009**·10·24 社
早川正紀　❺-2 **1796**·是春 文／**1797**·11 月 文／**1799**·3 月 政／**1803**·3 月 文
早川松之助　❺-2 **1793**·是年 社
早川茂左衛門　❺-1 **1708**·是年 政／**1713**·是年 政
早川弥左衛門　❽ **1939**·7·3 文
早川幸男　❾ **1992**·2·5 文
早川良雄　❾ **2009**·3·28 文
早川嘉春　❾ **1975**·2·15 政
早川　漣　❾ **2012**·7·27 社
早岐邦政　❹ **1477**·2·29 社
早岐光円　❸ **1388**·6 月 政
早岐正心　❸ **1314**·3·10 政
早雲(早蜘)長吉　❺-1 **1646**·7·6 文／**1669**·1·8 文／**1694**·11·13 文
早雲小金　❺-2 **1788**·5·12 社
早坂茂三　❾ **2004**·6·20 政
早坂文雄　❽ **1942**·3·16 文／**1946**·7·23 文
林　韑(復斎)　❻ **1853**·6·15 文／**1854**·2·1 政／**1857**·7·24 政／**1859**·9·17 文／**1862**·8·28 文
林　東人　❶ **810**·12·4 政／**811**·10·2 政
林　郁夫　❾ **1998**·5·26 社
林　伊佐緒　❽ **1951**·1·3 社／❾ **1995**·9·29 文
林　以成　❺-2 **1769**·是年 文
林　市右衛門　❺-1 **1686**·10·7 政
林　逸郎　❾ **1965**·2·5 政
林　稲麻呂　❶ **782**·2·7 文／**785**·1·15 文／9·23 政
林　歌子　❼ **1916**·4·21 社
林　英一　❾ **1999**·3·31 文
林　永喜　❺-1 **1616**·5·3 社
林　鶯渓　❻ **1874**·1·10 文
林　紀(研海)　❻ **1862**·9·11 文／**1873**·10·14 文／**1882**·8·30 文
林　遠里(彦四郎·策兵衛)　❼ **1906**·1·30 社
林　海洞　❺-1 **1666**·9·1 文
林　確軒⇨林信智(のぶとも)
林　学斎　❻ **1865**·5·29 文
林　鶴梁　❻ **1878**·1·16 文
林　勝澄　❺-1 **1670**·6·12 文
林　勝正　❺-1 **1631**·1·24 社／**1637**·11·7 島原の乱／11·16 島原の乱
林　要　❽ **1938**·3 月 文
林　包明　❼ **1920**·6·17 政
林　鵞峰(春斎·春勝)　❺-1 **1641**·2·7 文／**1652**·5 月 文／**1655**·是春 文／是年 文／**1657**·1·23 文／**1658**·7·8 文／是年 文／**1662**·10·3 文／是年 文／**1663**·12·26 文／是年 文／**1664**·10·22 文／11·1 文／是年 文／**1665**·

12月 文／是年 文／1667·9月 文／1668·4·30 文／1669·是年 文／1670·6·12 文／10·23 文／1671·是夏 文／1680·2·23 文／5·5 文
林　義卿　❺-2 1751·是年 文
林　義端　❺-1 1695·是年 文／1696·是年 文／1698·是年 文／1701·是年 文／1704·是年 文
林　吉右衛門　❺-1 1646·是年 文
林　久治郎　❼ 1928·7·19 政／1931·9·19 政／❽ 1964·7·23 政
林　錦峯(信敬)　❺-2 1790·5·24 政
林　玖十郎　❻ 1868·2·9 政
林　国雄　❺-2 1819·2·27 文／1838·是年 文
林　景苑　❺-1 1711·是年 文
林　敬三　❽ 1950·10·9 政／1954·7·1 政／❾ 1991·11·12 文
林　健(壮軒)　❻ 1853·6·15 文
林　健太郎　❾ 2004·8·10 文
林　晃　❻ 1853·6·15 文
林　惟保　❺-2 1792·2·14 文
林　五郎三郎　❻ 1864·9·15 天狗党の乱
林　権助　❼ 1900·3·28 政／1903·8·26 政／1904·2·23 政／1919·4·12 政／1922·8·14 政／❽ 1939·6·27 政
林　左衛門　❺-2 1819·6·4 社
林　左門　❻ 1867·12·23 政
林　三官　❺-1 1604·8·26 政／1605·9·12 政／1606·8·15 政／1607·8·3 政
林　四官　❺-2 1761·是冬 政
林　茂淳　❻ 1883·5·5 文／1884·1·27 文／1894·2·11 文
林　茂右衛門　❹ 1592·6·11 文禄の役
林　重信　❺-1 1626·7·15 政
林　重煕　❺-2 1721·5·25 文
林　自見　❺-2 1764·是年 文
林　治左衛門　❺-2 1788·天明年間 社
林　倭衛　❽ 1945·1·26 文
林　子平(友直·六無斎)　❺-2 1786·5月 政／是年 文／1792·5·16 政／1793·6·21 政／❻ 1856·7月 文／1892·6·21 社
林　述斎(衡·熊蔵·叔紞·徳詮·蕉軒·蕉隠·大内記)　❺-2 1793·12·16 文／1804·6·2 政／10月 政／1807·3·29 政／12月 文／1811·1·27 政／1828·是年 文／1838·9月 政／1840·7·27 政／1841·7·14 文
林　春益(信如)　❺-2 1718·5·18 文／9·3 文／1721·7·24 文
林　春斎⇨林鵞峰(がほう)
林　春勝⇨林鵞峰(がほう)
林　春常⇨林鳳岡(ほうこう)
林　春徳⇨林読耕斎(どっこうさい)
林　昌二　❾ 2011·11·30 文
林　譲治　❽ 1948·10·19 政／1949·2·16 政／1952·7·1 政／1953·1·19 政／1960·4·5 政
林　正十郎　❻ 1861·6·10 文
林　甕臣　❼ 1900·3·6 文
林　正之助　❾ 1991·4·24 文
林　如清　❺-2 1784·11·29 文
林　白刀自女　❶ 745·7·6 文
林　信龍　❺-2 1733·是年 政
林　瑞茂　❺-2 1796·8·29 政
林　銑十郎　❼ 1931·9·21 政／1934·1·22 政／7·8 政／8·6 政／1935·9·4 政／❽ 1937·1·25 政／2·2 政／5·26 文／5·31 政／1942·3·20 政／1943·2·4 政
林　宗二　❹ 1581·7·11 社
林　宗甫　❺-1 1681·是年 文
林　衡⇨林述斎(じゅっさい)
林(木木)　髞(高太郎)　❾ 1969·10·31 文
林　武　❼ 1930·11月 文／1935·3·6 文／❽ 1949·是年 文／❾ 1967·11·3 文
林　忠明　❽ 1952·1·31 社
林　忠旭　❺-2 1843·6·10 政
林　忠和　❺-1 1683·2·1 政／1699·6·28 政／1703·11·15 社／1705·1·28 社
林　忠勝　❺-2 1725·4·12 政
林　忠五郎　❻ 1864·6·16 政
林　董(信五郎·董三郎)　❻ 1866·10·26 文／1895·11·8 日清戦争／❼ 1896·7·21 政／10·19 政／1899·4·11 政／1901·3·18 政／10·16 政／1902·1·30 政／1904·9·26 政／1906·5·19 政／1907·11·16 政／1911·8·30 政／1913·7·10 政
林　忠範　❶ 879·12·21 政
林　忠英　❺-2 1839·3·18 政／1841·4·17 政
林　忠恕　❻ 1877·8·21 文
林　忠村　❺-2 1717·5·8 政
林　達夫　❽ 1946·4月 文
林　忠彦　❾ 1990·12·18 文
林　忠四郎　❾ 1986·11·3 文／2010·2·28 文
林　主計　❺-1 1626·1·25 社
林　長右衛門　❺-1 1604·是年 文
林　長二郎⇨長谷川一夫(はせがわかずお)
林　鶴一　❼ 1911·6·5 文／1935·10·4 文
林　貞庵　❺-1 1687·是年 文
林　檉宇(皝)　❺-2 1840·7·27 政／1843·12·22 文／1846·12·6 文
林　哲　❽ 1941·5·15 政
林　天風　❼ 1918·是年 政
林　道栄　❺-1 1678·3月 文／1699·8·27 政、文
林　洞海　❻ 1856·是年 文／1858·5·7 文／1861·3·3 文／1862·3·3 文／1863·文久年間 社
林　東舟⇨林信澄(のぶずみ)
林　道春⇨林羅山(らざん)
林　東太郎　❻ 1895·6·21 社
林　東溟　❺-2 1780·9·25 文
林　読耕斎(守勝·春徳)　❺-1 1660·是年 文／1661·3·12 文
林　徳之助　❺-1 1672·4·15
林　友幸(周次郎·半七)　❻ 1877·2·6 西南戦争／❼ 1907·11·8 政
林　直弘　❸ 1338·5·29 政
林　仲之助　❼ 1902·5·13 政
林　就長　❹ 1583·12·15 政
林　信徴⇨林鳳譚(ほうたん)
林　信篤⇨林鳳岡(ほうこう)
林　叔勝　❺-1 1629·6·19 文
林　信勝⇨林羅山(らざん)
林　信澄(東舟)　❺-1 1629·12·30 文／1630·2·21 社／1637·7·14 文／1638·8·19 文
林　信智(確軒)　❺-2 1716·7·12 文／1717·7·11 政／1720·12·29 文
林　信充⇨林榴岡(りゅうこう)
林　信如⇨林春益(しゅんえき)
林　梅洞　❺-1 1668·是年 文
林　八郎　❼ 1936·2·29 政
林　遠雄　❶ 827·12·29 政
林　光　❾ 2012·1·5 文
林　秀彦　❾ 2010·11·19 文
林　裕章　❾ 2005·1·3 社
林　博太郎　❼ 1935·8·2 政／❾ 1968·4·28 政
林　広守(栄之助·広金)　❻ 1879·11月 文／1880·10·25 文／❼ 1896·4·5 文
林　房雄　❽ 1937·7·17 文／8月 文／1963·9月 文／❾ 1975·10·9 文
林　鮒主　❺-2 1823·是年 文
林　不忘　❼ 1934·8月 文
林　芙美子　❼ 1928·8月 文／1936·5·18 文／❽ 1938·9·11 文／1940·11·20 文／1951·6·28 文
林　兵左衛門　❺-1 1637·10·25 島原の乱
林　平馬　❽ 1947·6·1 政
林　鳳岡(信篤·春常·弘文院)　❺-1 1670·6·12 文／1680·2·23 文／9·11 文／9·17 文／10·16 文／1681·2·29 文／1683·11·12 文／1684·2·30 政／4月 文／1685·4·26 文／1686·9·5 文／1687·2·11 文／1688·11·21 文／1691·1·13 文／❺-2 1716·5·10 政／1717·7·11 政／1720·5月 文／1723·2·9 文／1724·④·22 文／1732·6·1 文
林　鳳谷(信言·信武)　❺-2 1753·7·29 文／1773·12·11 文
林　鳳潭(信徴)　❺-2 1785·7·27 政／8·4 文／1787·1·13 文
林　正武　❹ 1583·5月 政
林　多直　❺-2 1717·5·8 政
林　正盛　❺-1 1665·是年 社
林　真須美　❾ 1998·7·25 社
林　又一郎　❹ 1589·是年 社／1596·是年 社
林　真理子　❾ 1988·4·10 社
林　通勝(秀貞)　❹ 1555·11·26 政／1556·8·24 政／1578·1·1 文／1580·8·17 政
林　光明　❷ 1183·5·2 政
林　三好　❾ 1967·10·4 文
林　幹雄　❾ 2008·8·2 政／2009·7·1 政
林　守篤　❺-2 1721·是年 文
林　守勝⇨林読耕斎(どっこうさい)
林　諸鳥(林居士)　❺-2 1794·8·19 文
林　門利(門入、囲碁)　❺-2 1719·4月 文／1737·5月 文
林　泰男　❾ 1996·12·3 社／2000·6·29 社／2003·12·5 社

林　山主　❶ 832·7·28 政
林　祐一　❾ 1972·12·18 政
林　雄二郎　❾ 2011·11·29 文
林　有造　❻ 1874·8·15 政／1877·3·1 政／8·8 政／1887·12·26 政／1891·2·24 政／❼ 1898·2·6 政／1900·10·19 政／1903·5·30 政／1921·11·29 政／12·29 政
早矢仕有的(丸屋善七)　❻ 1863·3·30 社／1869·1·1 文／1871·8·21 文／1876·11·20 文／1878·1·8 政／1879·7·1 社／1881·7·8 政／❼ 1901·2·18 政
林　与次右衛門　❺-1 1655·9·2 社
林　義雄　❾ 2010·12·9 文
林　芳正　❾ 2008·8·2 政／2009·7·1 政／2012·9·26 政／12·26 政
林　由郎　❾ 2012·1·2 社
林　義郎　❾ 1989·8·5 政／8·8 政
林　与平治　❹ 1587·9·24 政
林　与兵衛　❻ 1877·9·7 社
林　頼三郎　❼ 1936·3·9 政／❽ 1958·5·7 政
林　羅山(道春·信勝)　❹ 1590·是年 文／❺-1 1603·11 月 文／1605·7·21 文／1606·6·15 社／1607·3·8 文／4·17 文／1608·是年 文／1611·9·16 政／1613·6·3 文／1614·9·21 社／10·24 文／是年 文／1615·3·21 文／6·30 文／1616·1·19 文／1618·11 月 文／1620·是年 文／1621·是夏 社／是年 文／1624·是春 文／4·11 文／1629·12·30 文／是年 文／1630·2·21 社／是冬 文／是年 文／1632·是冬 文／1633·2·10 文／1635·1 月 政／1636·1 月 文／1637·7·14 文／1638·是年 文／1639·7 月 文／1641·2·7 文／是年 文／1642·是年 文／1644·10 月 文／11·1 文／是年 文／1647·是年 文／1655·是春 文／1656·12·12 文／1657·1·23 文／1659·是年 文／1660·是年 文／1662·是年 文／1666·是年 文／1667·是年 文／1668·是年 文／1669·是年 文
林　蘭軒　❺-2 1836·是年 社
林　理右衛門　❺-1 1681·8·29 社
林　利玄　❺-1 1607·2·8 文
林　理左衛門　❺-1 1651·8·14 政
林　律子　❽ 1961·7·22 文
林　榴岡(信充)　❺-2 1717·7·11 政／1720·12·29 文／1723·2·9 文／1724·④·22 文／1728·11·12 文／1729·是年 文／1741·4·11 政／1743·10·4 文／1753·7·29 文／1756·11·23 社／1758·11·11 文
林　良適　❺-2 1729·是年 文
林崎忠昌　❺-1 1708·4·4 文
林田衛太郎　❻ 1868·2·30 政
林田亀太郎　❼ 1927·12·1 政
林田五郎　❼ 1934·4·25 社
林田春潮　❼ 1909·4·24 文
林田助右衛門　❺-1 1613·8·23 社
林田ディエゴ　❺-1 1613·8·23 社
林田英樹　❾ 2007·1·20 文
林田マグダレナ　❺-1 1613·8·23 社
林田マルタ　❺-1 1613·8·23 社
林田悠紀夫　❾ 1987·11·6 政
林戸右衛門　❺-1 1652·9·13 政
林屋亀次郎　❽ 1952·10·30 政
林屋正蔵(初代)　❺-2 1826·是年 文／1827·6·6 社／是年 文／1829·是年 文／1833·是年 文／1842·6·5 社
林家正蔵(七代目)　❼ 1930·10·11 文
林家正蔵(こぶ平、九代目)　❾ 2005·3·13 文
林家正楽　❾ 1998·7·2 文
林家染語楼　❾ 2005·3·29 文
林家染団治　❼ 1934·4·25 社
林家染丸　❽ 1952·11·11 文／1961·2·1 文
林屋辰三郎　❽ 1945·11·1 文／1963·2·1 文／❾ 1998·2·11 文
早瀬渡平　❺-2 1826·7 月 社
早瀬来山　❻ 1890·2·5 文
早瀬蘭川　❺-2 1837·6·13 文
早田卓次　❽ 1964·10·10 社
早田八右衛門　❺-2 1737·7·3 社
早田雄二　❾ 1995·3·3 文
早竹虎吉　❻ 1857·1·29 社／1862·3 月 社／8 月 社／1867·8·21 社／1875·7·16 社
早友文夫　❾ 1977·7·31 社
早野巴人(宋阿)　❺-2 1742·6·6 文／1755·是年 文
隼別皇子　❶ 書紀·仁徳 40·2 月
早船恵吉　❽ 1950·4·19 社／5·11 文
早船ちよ　❾ 2005·10·8 文
羽山三太夫　❺-1 1688·8·4 政
葉山　峻　❾ 2010·3·13 政
葉山利行　❾ 2005·8·2 社
羽山　昇　❾ 2012·3·13 文
葉山宗頼　❷ 1189·10·28 政
葉山嘉樹　❽ 1938·11·7 文／1945·10·18 社
葉山良二　❾ 1993·1·3 文
早間玲子　❾ 2005·2·1 文
速水　融　❾ 2000·11·6 文／2009·11·3 文
速水右近　❹ 1560·6·18 政
速水御舟(蒔田栄一)　❼ 1915·2 月 文／1918·9·10 文／1920·9·1 文／1923·是年 文／1925·9·2 文／是年 文／1926·5·1 文／1927·是年 文／1928·9·3 文／1929·9·3 文／1931·9·3 文／是年 文／1932·9·3 文／1933·是年 文／1934·是年 文／1935·3·20 文
速水堅曹　❼ 1913·1·18 政
速水春暁斎　❺-2 1802·是年 文
早速整爾(米吉)　❼ 1925·8·2 政／1926·6·3 政／9·13 政
速水宗達(希棟·滌源居、初代)　❺-2 1809·10·27 文
速水　力　❾ 2009·5·16 社
速水恒章　❺-2 1823·7·10 文
速水正憲　❾ 1990·7·18 文
速水　優　❾ 1998·3·16 政／3·20 政／2003·2·24 政／2009·5·16 政
早水光代　❾ 1995·12·30 社
速水守久　❺-1 1615·5·8 大坂夏の陣
速水与次右衛門　❺-1 1661·1 月 社
羽床和泉　❷ 1352·4·20 政
羽床資載　❹ 1579·4·29 政
原　阿佐緒　❼ 1921·8·2 社／❾ 1969·2·21 文
原　市之進　❻ 1867·8·14 政
原　芸庵(うんあん)　❺-2 1775·12·22 文
原　英了　❽ 1946·8·9 文
原　覚之丞　❺-2 1792·是年 社
原　梶成　❶ 853·6·2 文
原　冠山　❺-2 1821·4·21 文
原　清　❽ 1942·1·26 政
原　邦道　❽ 1952·12·1 政
原　久美子　❾ 2005·10·17 文
原　敬三　❼ 1921·5·16 政
原　敬仲　❺-2 1793·8·11 文
原　源左衛門　❸ 1396·9 月 社
原　健作　❾ 2002·2·7 文
原　健三郎　❾ 1968·11·30 政／1971·7·5 政／1972·1·15 社／1989·6·1 政／2004·11·6 政
原　源次郎　❺-2 1833·1·4 社
原　元麟　❺-2 1798·是年 文
原　更山(羊遊斎)　❺-2 1845·12·24 文
原　広琢　❺-2 1719·是年 社
原　五郎兵衛　❺-2 1830·7 社
原　在照　❻ 1871·12·21 文
原　在泉　❼ 1897·是年 文
原　在中(致遠·子重·臥遊)　❺-2 1837·11·15 文
原　在明　❺-2 1844·6·15 文
原　三郎左衛門　❹ 1589·是年 社
原　三渓(富太郎)　❼ 1899·2·18 政／1915·4·25 文／❽ 1939·8·16 政
原　三信　❺-1 1687·9 月 文
原　志免太郎　❾ 1991·6·18 社
原　舟月　❺-2 1803·享和年間 社
原　浄一　❼ 1922·10·14 政
原　如童　❻ 1890·9·28 文／1892·8·30 文
原　新助　❺-2 1800·1·14 政
原　石鼎(鼎)　❽ 1951·12·20 文
原　節子　❽ 1937·2·3 社
原　善三郎　❻ 1879·2·13 政／1881·9·1 政／❼ 1899·2·6 政
原　善兵衛　❺-1 1689·8 月 政
原　双桂(公瑶·三右衛門·尚庵)　❺-2 1767·⑨·20 文／1794·是年 文／1817·是年 文
はらたいら　❾ 2006·11·10 文
原　敬(健次郎)　❻ 1879·4 月 社／1893·10·14 政／❼ 1900·11·22 政／1903·12·3 政／1904·12·8 政／1905·3·21 政／8·14 政／1906·1·7 政／1908·1·14 政／1911·8·30 政／1912·2·25 社／1913·2·20 政／1914·6·18 政／1916·5·24 政／1917·1·15 政／6·2 政／1918·9·29 政／1920·1·4 政／4·16 政／1921·10·12 政／11·4 政
原　卓也　❾ 2004·10·26 文
原　敕晁　❾ 2002·9·17 社
原　辰徳　❾ 2001·9·28 社
原　胤昭(弥三郎)　❻ 1874·是年 文／1883·10 月 社／1884·是年 社／❼ 1897·1 月 社／❽ 1942·2·23 社
原　胤貞　❹ 1564·3 月 政／

1566·3月 政
原　胤房　❸ 1455·8·12 政／11·13 政／❹ 1456·6·14 社
原　胤保　❸ 1455·3·20 政
原　民喜　❽ 1947·6月 文／1951·3·13 文
原　太郎　❾ 1988·11·15 文
原　丹橋　❼ 1901·8·14 文
原　坦山　❻ 1884·1·26 文／1892·7·27 社
原　智恵子　❼ 1932·6·29 文／是年 文／1933·2·9 文／❽ 1937·2·21 文／1944·9·21 文／1945·12·24 文／❾ 2001·12·9 文
原　千代海　❾ 2005·4·13 文
原　富太郎⇨原三渓(さんけい)
原　直鉄　❻ 1870·12·26 政
原　長頼　❹ 1595·10月 政
原　南陽(昌克·叢桂亭)　❺-2 1804·是年 文
原　念斎(公道·三右衛門)　❺-2 1806·3·19 文／1816·是年 文／1820·3·19 文
原　信子　❽ 1938·5·21 文／❾ 1979·2·15 文
原　半左衛門　❺-2 1800·1·14 政
原　ひさ子　❾ 2005·12·4 文
原　彪　❽ 1953·5·18 政
原　兵庫　❸ 1376·11·29 社／1377·12·15 社
原　弘胤　❹ 1533·5·1 社
原　弘　❾ 1986·3·26 文
原　撫松　❼ 1906·12月 文／1907·是年 文
原　文兵衛　❾ 1999·9·7 政
原　昌克　❺-2 1805·是年 文
原　正樹　❾ 2011·6·5 文
原　マルチノ　❹ 1582·1·28 政
原　穫　❻ 1853·11·22 社
原　百代　❾ 1991·8·12 文
原　主水　❺-1 1603·1月 政／1614·9·13 社
原　八重　❻ 1888·4·4 文
原　弥二右衛門(弥次右衛門)　❺-1 1605·11·6 政／1606·9·19 政
原　弥十郎　❻ 1867·7·6 社
原　安民　❼ 1929·1·6 文
原　保太郎　❻ 1895·3·27 日清戦争
原　友軒　❺-1 1668·是年 文
原　行朝　❹ 1517·10·15 政
原　嘉道　❼ 1927·4·20 政／❽ 1940·7·17 政／1941·9·6 政／1944·8·7 政
原　亮三郎　❼ 1919·12·8 文
原　六郎(長政·俊三郎)　❻ 1882·7·14 社／❼ 1933·11·14 政
バラ(宣教師)　❻ 1865·9·17 社／1875·7·10 社
ハラー(米)　❻ 1864·10月 文
ハラール(ノルウェー)　❾ 1978·2·8 政
原口　証　❾ 2004·9·25 文／2005·7·2 文
原口一博　❾ 2009·9·16 政／2010·6·8 政
原口　要　❻ 1888·5·7 文／1889·12·9 社
原口兼済　❼ 1904·3·11 日露戦争／1905·7·7 日露戦争／7·30 日露戦争
原口幸市　❾ 2009·10·4 政
原口幸隆　❾ 1966·12·17 社
原島宏治　❽ 1964·11·17 政／12·9 政
原田興種　❹ 1496·12·22 政／1533·是秋 政
原田甲斐(宗輔)　❺-1 1663·是年 政／1671·3·27 政
原田喜右衛門　❹ 1592·7·21 政
原田きぬ(夜嵐お絹)　❻ 1871·7月 社
原田休伯　❺-1 1665·7·25 文
原田金之祐　❼ 1912·3·2 政
原田慶吉　❽ 1950·9·1 文
原田敬策(一道)　❻ 1856·4·4 文
原田　憲　❾ 1968·11·30 政／1997·1·29 政
原田好太郎　❽ 1955·9·1 政
原田五郎　❹ 1588·8·12 政
原田早穂　❾ 2005·7·23 社／2008·8·9 社
原田重方　❻ 1866·3·13 政
原田重吉(兵士)　❻ 1894·9·15 日清戦争／❼ 1900·2·3 社
原田十二郎　❺-1 1641·4·26 政
原田昌吉(競泳)　❼ 1899·8·12 社
原田譲二　❼ 1905·11月 文
原田昇左右　❾ 1989·8·9 政／2006·7·2 政
原田二郎　❼ 1930·5·5 政
原田助七郎　❺-2 1826·6·5 社
原田隆種　❹ 1533·1·5 政／1553·4·16 政／1554·1月 政
原田武一　❼ 1926·8·26 社
原田　助　❽ 1940·2·21 文
原田忠俊　❸ 1285·9·17 政／1288·7·1 政／1290·6·30 政／1292·⑥·15 政／1293·7·10 政／1294·7·30 政
原田種昭　❸ 1333·2·7 政
原田種貞　❸ 1339·11·10 政
原田種直　❷ 1181·2·29 政／4·10 政／1183·8·28 政
原田親仁　❾ 2010·12·23 政
原田貞吉　❻ 1880·1月 文
原田敏明　❾ 1983·1·18 文
原田伴彦　❾ 1983·12·8 文
原田直次郎　❻ 1887·是年 文／1889·6·16 文／1890·4·1 文／❼ 1897·是年 社／1899·12·26 文
原田(塙)直政　❹ 1574·5月 政／1575·3·23 政／4·27 政／7·26 政／8·12 政／1576·2·10 文／4·14 政／5·3 政
原田信種　❹ 1586·12·20 政
原田兵部　❺-2 1727·①月 社
原田孫七郎　❹ 1591·9·15 政／1592·5·29 政／1593·11·2 政
原田政右衛門　❺-2 1849·4月 社
原田正純　❾ 2012·6·11 文
原田雅彦　❾ 1993·2·18 社／1998·1·1 社／2·7 社
原田　稔　❾ 2006·11·9 社
原田宗時　❹ 1589·8·25 政
原田守次　❺-1 1629·2·8 社
原田泰夫　❾ 2004·7·11 文
原田康子　❽ 1956·12月 文／1957·是年 社／❾ 2009·10·20 文
原田弥兵衛　❺-2 1725·7·5 政
原田与右衛門　❺-1 1655·9·2 社
原田芳雄　❾ 2011·7·19 文
原田義種　❹ 1561·7·15 政
原田淑人　❼ 1925·9·28 文／1927·3月 文／❽ 1947·12·28 文
原田了栄　❹ 1569·11月 政／1579·8·14 政／9·15 政／1582·2月 政
ハラタマ(オランダ化学者)　❻ 1866·4月 文／10月 文／1867·4·24 文／1869·5·1 文
原中勝征　❾ 2010·4·1 文
バラバス(ロシア)　❻ 1875·9·19 政
孕石和泉守　❹ 1579·10·21 社
バリー(仏海軍)　❻ 1866·1·7 政
パリー(英)　❻ 1869·1·17 文
針生一郎　❽ 1961·7·8 政／❾ 2010·5·26 文
針尾九左衛門　❻ 1867·1·3 政
ハリス，Ｊ.Ｈ.　❾ 2004·8·16 文
ハリス，タウンゼント　❻ 1856·7·21 政／8·27 政／1859·10·7 政／1861·2·23 政／11·5 政／1862·3·28 政／4·12 政
ハリス，リチャード　❾ 1990·9·23 政
針立庄七　❺-2 1720·7·28 社
ハリファ(アラブ首長国連邦)　❾ 2007·4·27 政
ハリファックス(英)　❽ 1940·7·27 政
播磨大郎姫(針間、稲日大郎女)　❶ 書紀·景行 2·3·3／景行 52·5·4
播磨乙安　❶ 730·3·27 文
播磨観薬　❷ 1037·12·8 社
播磨守家　❷ 1006·4·5 文
播磨屋音次郎　❻ 1854·是春 文
播磨屋嘉介　❺-2 1785·3·15 社
播磨屋新右衛門　❺-2 1773·4·18 政／1784·1·22 政
播磨屋又右衛門　❺-1 1662·是年 社
ハリマン(米)　❽ 1950·8·6 政
張本　勲　❾ 1980·5·28 社
榛谷(はりや、はんや)重氏　❸ 1418·4·26 政／1419·5·6 政
針屋浄貞　❹ 1557·4·19 文
針谷平七　❺-2 1732·4·25 政
馬麟(僧)　❷ 1254·是年 文
パル(インド·判事)　❾ 1966·10·17 政
ハル，コーデル　❼ 1934·2·21 政／5·17 政／12·3 政／❽ 1937·8·23 政／1938·12·31 政／1941·4·16 政／6·21 政／8·4 政／10·2 政／11·7 政／11·26 政／12·8 政
春枝王　❶ 843·1·12 政／855·1·15 政／856·9·13 政
バルガス(フィリピン)　❽ 1942·1·23 政
春木南華　❻ 1866·6·16 文
春木南湖　❺-2 1839·4·25 文
春木南渓　❼ 1929·2·13 文
春木南溟　❻ 1878·12·12 文
春木義彰(雄吉)　❼ 1904·12·17 政

バルコ(コロンビア)　❾ **1989**·12·5 政
春雨亭　❺-2 **1808**·是年 文
春澄魚水　❶ **884**·3·9 政
春澄高子　❶ **873**·9·9 社
春澄善縄　❶ **843**·2·10 文／**847**·5·11 文／5·27 文／**848**·1·13 政／**852**·1·15 政／**854**·9·9 文／**855**·2·17 文／**856**·11·3 文／**857**·1·14 政／**864**·1·16 政／**869**·8·14 文／**870**·1·25 政／2·19 政
春田九皐　❻ **1862**·2·11 文
春田検校　❺-1 **1653**·7·13 文
春田五郎　❹ **1599**·③·13 社
春田長兵衛　❺-1 **1625**·4·17 社／**1638**·4·17 政
春田永年(播磨·静甫·甲寿·平山·寿廉堂)　❺-2 **1800**·5·29 文
春滝春岳　❶ **879**·12·21 政
バルタザール加賀山　❺-1 **1619**·9·11 社
バルタザール, スウェーアス　❺-1 **1689**·9·20 政
バルデ, ヤコブ　❺-2 **1746**·9·20 政／**1748**·10·22 政
ハルデス(製鉄所)　❻ **1859**·2·9 政
ハルト(オランダ)　❽ **1937**·4·9 政
把瑠都(凱斗、カイド·ホーヴェルソン)　❾ **2012**·1·8 社
ハルトツホ, ヨハン·ド　❺-2 **1725**·9·20 政
ハルトレー(英)　❻ **1877**·12·14 政／**1878**·2·20 社
バルトロメオ馬場　❺-1 **1626**·12·25 社
バルトロメオ·ラルレル　❺-1 **1627**·7·17 社／**1632**·7·19 社
ハルトロメレスハンイル(オランダ)　❺-2 **1728**·2·28 政
はるな　愛　❾ **2009**·10·31 社
春名忠成　❺-2 **1754**·是年 文
ハルヌルトエヒフルト(オランダ外科医)　❺-2 **1730**·2·28 政
明宮嘉仁(はるのみやよしひと)親王(大正天皇)⇨項目 [3] 天皇·皇室·皇居·改元「天皇(歴代)」
ハルバート(米)　❼ **1907**·6月 政
春原五百枝(五百枝王)　❶ **810**·9·10 政／**815**·1·10 政／**829**·12·19 政
治仁王(伏見宮)　❸ **1417**·2·11 政
日馬富士(公平、ダワーニャミーン·ビャンバドルジ)　❾ **2009**·5·10 社／**2011**·7·10 社／**2012**·7·8 社／9·9 社
春見文勝　❾ **1998**·10·17 文
パルミエリ(伊)　❻ **1875**·10·2 文
春道吉備成　❶ **836**·⑤·8 文
春道列樹　❶ **920**·是年 政
春谷以察　❺-2 **1764**·12·15 文
春山藤人　❾ **1976**·3·29 文
春山弁三　❻ **1862**·5·7 社
春山泰雄　❽ **1948**·6·17 文
春山行夫　❾ **1994**·10·10 文
パレット, ルイ　❹ **1559**·5月 政
バレト(イエズス会)　❹ **1555**·10·1 政／**1556**·6月 政
ハレル(宣教医)　❻ **1884**·3月 文
バレロ, エドウィン　❾ **2007**·5·3 社
バレンタイン(米)　❽ **1946**·6·9 社
バローゾ(欧州委員会)　❾ **2005**·5·2 政
パワーズ(米)　❽ **1945**·8·28 政／**1947**·11月 文
ハワード(オーストラリア)　❾ **2007**·3·13 政／9·8 政
攀　安知(琉球)　❸ **1397**·2·3 政／12·15 政／**1398**·1·8 政／**1403**·3·9 政／**1404**·3·18 政／**1405**·3·9 政／**1415**·3·19 政／**1416**·是年 政
坂　市太郎　❻ **1888**·是年 社
潘　栄(明)　❹ **1462**·4·26 政／**1463**·是年 政
潘　懐清(宋)　❷ **1068**·10·23 政／**1069**·是年 政／**1070**·12·7 政／是年 政
藩　欽星　❼ **1925**·是年 社
潘　賜(明)　❸ **1433**·5·2 政
潘　純仁　❷ **1088**·4·6 文
韓　昇洲　❾ **1994**·4·3 政
潘　仙童　❶ **754**·1·16 社
范　文虎　❷ **1279**·6·25 政／**1280**·8·26 政／**1281**·6·6 政／⑦·16 政
潘　量豊　❶ **554**·2月
潘　基文　❾ **2005**·4·7 政／10·27 政／**2010**·8·6 政／**2011**·9·20 政／**2012**·9·19 政
伴　蒿蹊(資芳·閑田蘆)　❺-2 **1774**·是年 文／**1777**·是年 文／**1790**·是年 文／**1805**·是年 文／**1806**·7·25 文／**1816**·是年 文／**1818**·是年 文
伴　十兵衛　❺-1 **1670**·9月 社
伴　資規　❺-2 **1806**·是年 文
伴　資芳　❺-2 **1807**·是年 文
晩　成斎　❺-2 **1754**·是年 文
伴　団十郎(団左衛門)　❺-1 **1689**·3月 文
阪　哲朗　❾ **1995**·9·20 文／**2005**·2月 文
范　道生(清·仏師)　❺-1 **1660**·是年 文／**1662**·是年 文／**1663**·9·13 文／**1664**·5·18 文／是年 文／**1670**·11·2 文／**1668**·是年 文
伴　道雪　❺-1 **1621**·是年 社
伴　道与　❺-1 **1690**·9·21 文
塙　直政⇨原田(はらだ)直政
塙　直之(団右衛門)　❺-1 **1614**·12·17 大坂冬の陣／**1615**·4·29 大坂夏の陣
伴　信友(惟徳·鋭五郎·州五郎)　❺-2 **1812**·是年 文／**1826**·是年 文／**1835**·是年 文／**1845**·是年 文／**1846**·10·14 文／**1847**·是年 文／**1850**·是年 文
阪　正臣　❻ **1895**·9月 文／❼ **1931**·8·26 文
判阿弥　❹ **1509**·10·26 政
範円(僧)　❷ **1223**·2·7 社／**1227**·2·22 社／**1231**·9·24 社
範覚(僧)　❷ **1180**·9·7 政
板額(城資盛の乳母)　❷ **1201**·4·3 政
万巻上人　❶ **749**·是年 社
撈空(ばんくう·仏師)　❷ **1019**·10·26 文
バンクロフト(米大使)　❼ **1925**·7·28 政
パンゲ, モーリス(仏)　❾ **1991**·4·18 文
繁慶⇨野田清堯(のだきよたか)
盤珪永琢(仏智弘済禅師·大宝正眼国師)　❺-1 **1693**·9·3 社／❺-2 **1758**·是年 文／**1798**·是年 文
範憲(僧)　❸ **1339**·12·17 社
範玄(僧)　❷ **1177**·7·17 社／**1199**·6·1 社
盤五家次　❷ **1207**·9·5 政
ハンサード(英)　❻ **1861**·5·15 文／10·21 文／**1863**·9·14 文
万歳弁盛　❹ **1475**·6·8 政
半左衛門(京都歌舞伎座)　❺-1 **1700**·1月 文
盤察(僧)　❺-1 **1715**·是年 文／❺-2 **1721**·是年 文／**1722**·是年 文
範子内親王(はんし·坊門院)　❷ **1176**·6·27 社／**1198**·3·3 政／**1206**·9·2 政／**1210**·4·12 政
班子女王　❶ **896**·3·2 社／**897**·7·26 政／**900**·4·1 政
繁子内親王　❶ **851**·12·9 政／**884**·3·22 社／**886**·7·15 社／**916**·5·26 政
万秋門院⇨藤原頊子(ふじわらぎょくし)
範俊(絵師)　❷ **1067**·2·25 文
範俊(僧)　❷ **1101**·9·23 社／**1102**·8·5 社／**1110**·11·26 文／**1112**·4·24 社
範舜(仏師)　❷ **1116**·是年 文
範助(仏師)　❷ **1169**·4·8 文
範信(僧)　❷ **1223**·3·4 社／**1226**·12·24 社
万似道坦(三河霊岩寺)　❺-2 **1775**·6·9 社
幡随意智誉(僧)　❺-1 **1612**·3·21 社
幡随意白道(僧)　❺-1 **1615**·1·5 社
幡随院長兵衛　❺-1 **1650**·4·13 社／**1657**·7·18 政／❺-2 **1849**·4月 社
ハンスマルウンケイズルサンキ(オランダ)　❺-2 **1726**·2·28 政
反正天皇(瑞歯別皇子)　❶ 書紀·仁徳 **87**·1月／**401**·1·4／**406**·1·2／**410**·1·23／**416**·11·11
ハンセン(デンマーク)　❽ **1957**·2·26 政
藩多(日本国人)　❷ **1012**·8·3 政
吐田(はんだ)有賢(筑前法眼)　❹ **1492**·6·5 文
半田孝淳　❾ **2007**·2·1 社／**2009**·6·15 社
判田(半田)五右衛門　❺-1 **1663**·5·21 文／**1671**·4·21 政
伴田五郎⇨友田恭助(ともたきょうすけ)
吐田重有(絵師)　❸ **1436**·11·19 文／❹ **1458**·3·17 文
半田春平　❻ **1870**·11·29 社
吐田長有　❹ **1471**·10·23 文／**1472**·8·27 文
繁田満義　❼ **1920**·2·25 社
半田良平　❼ **1914**·6月 文
半田良平　❽ **1945**·5·19 文
ハンター, エドワード　❻ **1881**·4·1 政／❼ **1917**·6·2 政
バンダラナイケ(スリランカ)　❾ **1976**·11·12 政
範智(僧)　❷ **1180**·9月 政
ハンデルタツク(オランダ)　❻ **1865**·

5月 政
バンデンバーグ(米)　❽ **1950**·7·13 政
坂東家橘　❻ **1893**·3·18 文
半藤一利　❽ **1944**·10·20 社／**1954**·9·24 文
坂東国男　❾ **1972**·2·17 政／2·19 社
坂東重太郎　❺-2 **1810**·9·21 文
坂東秀調(二代目)　❼ **1901**·9·29 文／**1910**·12·2 文
坂東寿三郎(三代目)　❼ **1932**·12·1 社／❽ **1941**·10·27 文
坂東玉三郎(三代目)　❼ **1904**·4·7 文／**1905**·2·15 文
坂東玉三郎(五代目)　❾ **1976**·2·4 文／**1983**·3·2 文／**1989**·3·1 文／9·29 文／**1991**·10·1 文／**2012**·7·20 文
坂東団十郎　❺-2 **1827**·7·26 文
阪東妻三郎(田村伝吉)　❼ **1923**·4月 文／❽ **1942**·5·14 社／**1944**·是年 社／**1953**·7·7 文
坂東彦三郎(初代)　❺-2 **1751**·1·1 文
坂東彦三郎(二代目)　❺-2 **1755**·11·8 文／**1768**·5·24 文
坂東彦三郎(三代目)　❺-2 **1828**·2·18 文
坂東彦三郎(亀蔵、四代目)　❻ **1872**·6·3 文／**1873**·11·14 文
坂東彦三郎(五代目)　❻ **1877**·10·13 文
坂東彦三郎(六代目)　❽ **1938**·12·28 文
坂東彦十郎　❺-2 **1800**·2·12 文
坂東真砂子　❾ **1997**·11·16 文
坂東又九郎　❺-1 **1700**·4·10 文
坂東又三郎　❼ **1899**·8·31 文／**1906**·2·6 文
坂東又太郎　❺-1 **1694**·3月 文
坂東三津五郎(初代)　❺-2 **1782**·4·10 文
坂東三津五郎(三代目)　❺-2 **1813**·3·5 文／**1814**·3·7 文／6·18 文／**1820**·9月 文／11·15 文／**1827**·7·26 文／**1831**·12·27 文
坂東三津五郎(十一代目宇田勘彌、四代目)　❻ **1863**·11·18 文
坂東三津五郎(守田　寿、七代目)　❼ **1911**·2·17 文／❽ **1955**·1·27 文
坂東三津五郎(九代目)　❾ **1975**·1·16 社／**1999**·4·1 文／**2003**·10·2 文
板東簑助(四代目坂東三津五郎、二代目)　❺-2 **1820**·5·5 文
坂東蓑助(三津五郎、八代目)　❽ **1947**·10·3 文／**1949**·12·7 文
鑁阿(ばんな·僧)　❷ **1183**·6·18 社／**1187**·5·1 社／**1190**·6·25 社／**1194**·7·7 政／**1207**·是年 社
万安英種(僧)　❺-1 **1654**·8·21 社
坂野兼通　❼ **1931**·8·12 政
伴野十左衛門　❺-1 **1666**·1·13 社
伴野弥五左衛門　❺-1 **1702**·4·27 政
伴野六郎　❹ **1509**·5·3 政
万能丸五郎兵衛　❺-1 **1678**·3·9 文
潘阜(はんぷ·高麗)　❷ **1267**·8·23 政／9·23 政／12月 政／**1268**·1·1 政／5月 政／12·4 政／**1269**·3·7 政／**1281**·⑦·16 政
パンペリー(英)　❻ **1862**·1月 社／**1863**·是年 社
半村　良　❾ **2002**·3·4 文
範命(僧)　❷ **1208**·8·4 社
鑁也(僧)　❷ **1230**·1月 社
範曜(僧)　❶ **760**·12·22 社
蕃良豊茂　❶ **863**·2·10 政
蕃良豊持　❶ **864**·1·16 政
万里集九(僧)　❹ **1467**·是年 社／**1485**·10·2 文／**1486**·10·23 文／**1488**·8·14 文／**1506**·此頃 文
晩柳(俳人)　❺-1 **1701**·是年 文

ひ

氷　老人　❶ **653**·5·12 政
裴　克廉(高麗)　❸ **1377**·2月 政／**1378**·1月 政
費　錫章(清)　❺-2 **1808**·5·17 政
皮　尚宜(朝鮮)　❸ **1452**·⑧·4 政
日　良麻呂　❶ **876**·6·7 社
ピアーソン(米艦長)　❻ **1860**·1·10 政
ビアード(東京市政)　❼ **1923**·3·13 政／10·6 政
ピアソン(カナダ)　❽ **1950**·1·30 政
ピアテイゴルスキー(チェロ)　❼ **1936**·10·8 文
ビートたけし⇨北野(きたの)武
ビートラー，ロバート(米)　❽ **1952**·2·29 政
ビートルズ(ザ·ビートルズ)　❾ **1966**·6·29 文
日吉源四郎　❹ **1483**·2·6 文／8·26 文
日吉大善　❺-1 **1697**·②·2 政
日吉安清　❹ **1458**·8·4 文
稗田阿礼　❶ **712**·1·28 文
稗田一穂　❾ **2001**·10·30 文
薭田親王　❶ **781**·12·17 政
日吉大夫　❹ **1581**·8·28 文／❺-1 **1609**·4·29 文／**1618**·2·2 文／**1654**·6·25 文
ヒエロニモ，ヨハネ(修士)　❺-1 **1632**·7·19 社
ヒエロニモ，ルイス(火刑)　❺-1 **1636**·1·19 社
日尾荊山　❺-2 **1835**·是年 文／❻ **1859**·8·12 文
日置猪右衛門　❺-1 **1672**·10·28 文
日置　益　❼ **1906**·4·12 政／**1914**·12·3 政／**1915**·1·7 政／**1925**·10·26 政／**1926**·10·22 政
日置兼儔　❺-2 **1808**·4·9 政
日置昌一　❽ **1960**·6·10 文
日置忠弘　❸ **1346**·8·27 政
日置忠光　❹ **1565**·5·1 政
日置弘純　❷ **1272**·8·11 政
日置友尽斎　❺-1 **1688**·是年 文
ピオ九世(ローマ)　❻ **1862**·5·11 社
ピオ十二世(ローマ)　❽ **1952**·4·13 社
比嘉春潮　❾ **1977**·11·1 文
比嘉カズ(和子)　❽ **1950**·11·6 社／**1951**·6·26 社
比嘉秀平　❽ **1951**·4·1 政／**1952**·4·1 政／8·31 政／**1956**·10·25 政
比嘉正一　❽ **1951**·6·26 社
比嘉正子　❾ **1992**·11·12 社
樋貝詮三　❽ **1949**·2·16 政
檜垣貞昌　❸ **1382**·6·3 社
檜垣益人　❾ **1990**·8·5 社
日影丈吉　❾ **1991**·9·22 文
日影皇女　❶ **541**·3月
樋笠一夫　❽ **1956**·3·25 社
日笠勝之　❾ **1994**·4·28 政
東　恵美子　❽ **1950**·9·6 文
東　善八郎　❻ **1868**·9·16 政／**1869**·3·10 政
東　崇一　❻ **1867**·8·23 政
東　八百蔵　❽ **1939**·5·11 政
日下志(ひがし)八十次郎　❻ **1863**·6·13 政
東　由多加　❾ **2000**·4·20 文
東一條院⇨藤原立子(ふじわらりっし)
東浦はな子　❼ **1929**·8·7 社
東恩納寛惇　❽ **1963**·1·24 文
東京極院⇨勧修寺婧子(かじゅうじただこ)
東久世通積　❺-2 **1759**·5·8 政
東久世通禧(保丸)　❻ **1862**·5·11 政／**1863**·2·13 政／8·19 政／**1864**·11·7 政／**1865**·1·14 政／**1867**·12·19 政／**1868**·1·15 政／3·20 政／4·2 政／④·1 政／5·6 政／6·17 政／12·23 政／**1869**·7·13 政／**1888**·4·30 政／**1890**·10·24 政／❼ **1912**·1·4 政
東久邇成子(照宮成子内親王)　❽ **1943**·10·13 政
東久邇宮稔彦王　❽ **1941**·8·5 社／10·15 政／**1944**·6·23 政／**1945**·3·16 政／8·17 政／8·23 政／8·28 政／8·31 政／9·5 政／9·15 政／10·4 政／11·11 政／**1960**·6·7 政／❾ **1990**·1·20 政
東久邇宮盛厚王　❽ **1943**·10·13 政
東国原英夫(そのまんま東)　❾ **2007**·1·21 社／11·3 社
東三條院⇨藤原詮子(ふじわらあきこ)
東園基敬　❻ **1863**·2·13 政／7·11 政
東園基量　❺-1 **1710**·1·26 政
東園基雅　❺-2 **1728**·6·11 政
東二條院⇨藤原公子(ふじわらこうし)
東野圭吾　❾ **2006**·1·17 文／**2011**·9·5 文
東坊城和長　❹ **1476**·10·17 文／**1494**·3·27 社／**1499**·5·24 文／**1500**·9·28 政／**1501**·2·29 政／12·23 政／**1518**·6·18 文／**1528**·8·20 政／**1529**·12·20 政／❺-1 **1603**·2·8 文
東坊城言長　❸ **1401**·2·29 政
東坊城為嗣　❸ **1404**·12月 文
東坊城綱忠　❺-2 **1781**·6·26 政
東坊城恒長　❺-1 **1700**·10·12 政
東坊城聡長(ときなが)　❺-2 **1811**·4·25 政／❻ **1854**·6·30 政
東坊城長淳　❹ **1548**·3·23 文
東坊城長清　❹ **1469**·4·28 政／**1470**·5·2 社／**1471**·1·4 政、文
東坊城長維　❺-1 **1659**·3·14 政
東坊城長綱　❸ **1353**·10·29 文／**1354**·8·13 文／**1355**·5·25 文／**1357**·1·24 文／**1359**·1·24 文／**1365**·1·25

文／1371·4·29 文／1375·8·5 文／1392·6·15 政
東坊城長政 ❸ 1453·是年 政
東坊城(菅原)秀長 ❸ 1387·8·23 政／1389·2·9 政／1393·1·28 文／1394·2·7 政／1398·6·22 文／1401·5·13 政／8·1 文／1404·12月 文／1411·8·6 政
東坊城任長 ❻ 1869·1·23 文
東坊城(菅原)益長 ❸ 1441·2·17 政／1443·3·3 文／❹ 1474·12·18 文
東坊城盛長 ❹ 1592·12·8 政／❺-1 1607·12·23 政
東山アキヱ ❽ 1950·3·9 社
東山魁夷 ❽ 1943·4月 文／1947·10·16 文／1950·10·29 文／❾ 1968·11·14 文／1969·11·3 文／1980·10·15 文／1999·5·6 文
東山千栄子(河野せん) ❼ 1932·11·30 文／❽ 1944·2·10 文／1946·3·19 文
東山紀之 ❾ 2012·11·10 文
東山天皇(朝仁親王) ❺-1 1675·9·3 政／1682·3·25 政／12·2 政／1683·2·9 政／1687·1·23 政／3·21 政／1693·11·26 政／1709·6·21 政／7·2 政／8·23 文(囲み)／12·17 政
ピカソ, パブロ ❼ 1912·是年 文
氷上川継(河継) ❶ 782·1·16 政／①·11 政／796·12·29 政／805·3·23 政／812·1·12 政
氷上塩焼(塩焼王) ❶ 742·10·12 政／10·17 社／745·4·15 政／762·1·9 政／12·1 政／764·9·11 政
氷上志計志麻呂 ❶ 769·5·25 政
氷上夫人 ❶ 682·1·18 政
氷川 烈⇨杉山平助(すぎやまへいすけ)
檜皮屋助右衛門 ❺-1 1605·9·10 政
檜皮屋孫兵衛 ❺-1 1604·12·18 政
飛来(ひき)一閑(朝雪、初代) ❺-1 1657·11·20 文
飛来一閑(ひき、四代目) ❺-2 1733·7·9 文
飛来一閑(五代目) ❺-2 1741·11·5 文
比企朝宗 ❷ 1184·6·22 社／1186·9·20 政／1189·9·9 社
比企宗員 ❷ 1203·9·2 政
比企能員 ❷ 1189·7·17 政／8·13 政／1190·1·7 政／1195·2·12 政／1203·9·2 政
引佐新兵衛 ❺-2 1785·4·29 政
疋田妙玄 ❸ 1344·4·15 政
樋口一葉(夏子·奈津) ❻ 1895·9月 文／❼ 1896·11·23 文
樋口岩之丞 ❺-2 1784·4月 社
樋口有柳 ❺-2 1829·是年 文
樋口可南子 ❾ 1991·2·5 社
樋口兼続⇨直江(なおえ)兼続
樋口兼次 ❺-1 1671·是年 文
樋口兼光 ❷ 1184·1·16 政／2·2 政
樋口勘次郎 ❼ 1917·12·13 文
樋口季一郎 ❼ 1930·9月 政／1931·3·20 政
樋口清之 ❾ 1997·2·21 文
樋口圀登⇨日夏耿之介(ひなつこうのすけ)
樋口久米右衛門⇨平方利(へいほうり)
樋口軍吾 ❺-2 1831·4月 政
樋口謙之亮 ❻ 1863·4·20 政
樋口権右衛門 ❺-1 1648·是年 文
樋口惣左衛門 ❺-1 1666·6·5 政
樋口探月 ❺-2 1849·3月 文
樋口鉄四郎 ❻ 1868·12·11 政
樋口 伝 ❼ 1906·1·14 政
樋口銅牛 ❼ 1932·1·15 文
樋口直房 ❹ 1574·8·18 政
樋口久子 ❾ 1967·10·25 社／1976·8·7 社／1977·6·12 社／2003·5·1 社／10·20 社
樋口秀雄 ❼ 1911·4·3 文／1928·9·7 政
樋口広太郎 ❾ 2012·9·16 政
樋口宗武 ❺-2 1754·11·17 文
樋口杢左衛門尉 ❹ 1582·7·7 政
樋口基康 ❺-2 1780·6·27 政
樋口芳男 ❽ 1946·9·17 社
樋口嘉種 ❼ 1916·6·18 政／9·16 政
樋口好古 ❺-2 1785·是年 文
日暮小太夫 ❺-1 1676·6月 文
日暮又左衛門尉 ❹ 1590·2·10 社
引田東人 ❶ 712·11·20 政
引田祖父 ❶ 703·7·5 政
引田(阿倍)邇閉 ❶ 708·3·13 政／712·11·20 政
引田比羅夫⇨阿倍(あべ)比羅夫
引田広目 ❶ 703·6·5 政
引田船人 ❶ 712·11·20 政
引田虫麻呂 ❶ 728·2·16 政／730·8·29 政／741·12·10 政／743·6·30 政
引田⇨阿倍(あべ)も見よ
髭の久吉(京都室町) ❺-1 1647·正保年間 社
ピケリー(仏) ❻ 1868·2·8 政
ビゲロー(米) ❻ 1889·10月 文
肥後(仏師) ❷ 1071·是年 文
肥後清時 ❸ 1408·10·8 政
肥後七左衛門 ❺-2 1851·是春 政
肥後壮七 ❻ 1870·11·23 社
肥後種顕 ❸ 1355·4·12 政／8·18 政
肥後種久 ❸ 1355·4·12 政
肥後八之進 ❺-2 1830·9·4 政
肥後盛昌 ❺-1 1683·9·5 政
肥後盛良 ❻ 1885·1·9 政
肥後法橋(定慶か、仏師) ❷ 1235·5·27 文
彦右衛門(皮作) ❹ 1562·3·23 社
彦右衛門(陶工) ❹ 1593·4·1 文
彦右衛門(塩田) ❺-1 1626·是年 社
ビゴー(画家) ❻ 1882·1·15 文
彦国 葺 ❶ 書紀·垂仁 25·2·8
彦五郎(鳴振) ❸ 1447·4·30 文
彦五郎(曲舞) ❹ 1463·3·13 文
彦五郎(屋根葺) ❹ 1543·5·26 社
彦坂重紹 ❺-1 1661·11·11 社／1677·9·13 社／1683·2·1 政
彦坂重治 ❺-1 1673·1·21 政
彦坂紹芳 ❺-2 1816·5·1 社
彦坂光景 ❹ 1600·9·17 関ヶ原合戦
彦坂光正 ❺-1 1609·7月 社
彦坂元正(元成) ❹ 1590·8月 社／❺-1 1601·1月 社／2·28 社／6·25 社／1603·3·17 政／1604·9·23 政／1606·1·2 社
彦狭嶋王 ❶ 書紀·景行 55·2·5
皮古沙只(降倭) ❸ 1406·1·26 政
ひこ三郎(売主) ❸ 1446·11·27 政
皮古三甫羅(彦三郎、倭人) ❹ 1482·3月 文／1489·12·17 政
彦三郎安種(安芸厳島社) ❹ 1471·是年 文
彦四郎(対馬) ❸ 1434·3·1 政
彦四郎(久世舞) ❹ 1493·3·5 文
彦次郎(朝鮮使) ❸ 1415·2·30 政
皮古時老(朝鮮使) ❸ 1438·1·16 政
皮古而羅(彦次郎、対馬) ❹ 1503·3月 政
皮古汝文(対馬·壱岐) ❹ 1459·1·10 政／10·9 政／1519·1·25 政
彦根善意(二代目) ❺-2 1804·3·13 文
彦根善意(三代目) ❻ 1857·11·22 文
彦根善寿 ❻ 1863·8·14 文
彦根善仙(四代目) ❺-2 1814·3·5 文
彦根善仙(六代目) ❼ 1902·8·21 文
彦根善三 ❺-2 1792·②·19 文
彦八(杣) ❺-2 1836·1月 社
彦仁(ひこひと)親王⇨後花園(ごはなぞの)天皇
彦岑(俳人) ❺-1 1711·是年 文
皮古老古(倭人) ❸ 1427·1·13 政
皮久斤 ❶ 550·4·16
久明親王 ❸ 1289·10·1 政／12·9 文／1305·是年 社／1308·8·4 政／1328·10·14 政
久板栄二郎 ❽ 1937·3·18 文／1940·8·19 文／1946·7·23 文
久生十蘭 ❽ 1957·10·6 文
日坂周助 ❻ 1891·3·14 社
久貝正方 ❺-1 1699·1·13 文
久貝正俊 ❺-1 1619·2·2 社／1635·8·16 社
久河与七郎 ❹ 1571·7·16 文
久田玄哲 ❺-1 1658·是年 文
久田厚比斎 ❺-2 1765·1·12 文
久田宗全 ❺-1 1707·5·6 文
久田長考 ❺-2 1805·12·27 政
久田宗利 ❺-1 1643·2·12 文
久武親直 ❹ 1584·9·11 政
久武親信 ❹ 1579·5·21 政／1581·1·6 政／1583·1·13 政
久次(船頭) ❺-1 1619·2·1 社
久永源兵衛 ❺-1 1668·4·1 政
久永重勝 ❺-1 1611·8·3 社
久永重之 ❺-1 1662·6·25 政
久永平左衛門 ❺-1 1664·9·8 社
久野浩平 ❾ 2010·1·1 文
久野鳳湫 ❺-2 1765·10月 文
久信(刀工) ❸ 1308·10·6 文／1310·12·6 文
久仁(ひさひと)親王⇨後深草(ごふかくさ)天皇
久松五十之助 ❺-2 1847·3·14 社
久松喜代馬 ❻ 1862·8·2 政
久松鉱太郎 ❼ 1909·4月 社
久松定昭 ❻ 1867·9·23 政／1868·1·29 政
久松定郷 ❺-2 1732·2·2 政／1744·9·28 社

久松定喬　❺-2 1733·5·21 政
久松定範　❸ 1423·1·27 政
久松定久　❺-1 1659·11·6 政
久松定英　❺-2 1733·5·21 政
久松定基　❺-2 1732·2·2 政
久松定行⇨松平(まつだいら)定行
久松静児　❾ 1990·12·28 文
久松潜一　❾ 1976·3·2 文
尚世王　❶ 862·4·20 政
ピサロ(仏画家)　❼ 1922·5·1 文
媄子(びし)内親王　❷ 1008·5·25 政
土方雄隆　❺-1 1684·7·21 政
土方雄久　❹ 1585·11·28 政／1599·10·2 政
土方勝政　❺-2 1835·4月 政
土方玄碩　❺-2 1826·4月 文／1828·8·9 政／1829·12·26 文
土方成美　❽ 1939·1·25 文
土方　巽　❾ 1986·1·21 文
土方定一　❽ 1954·5·15 文
土方歳三　❻ 1863·3·13 政／1867·6月 社／1868·3·1 政／1869·5·11 政
土方久徴　❼ 1929·11·21 政／❽ 1942·8·25 政
土方久功　❽ 1949·10·29 文
土方久元(大一郎)　❻ 1887·9·17 政／1889·9·14 文／❼ 1896·7·1 文／1918·11·4 政
土方与志(久敬)　❼ 1896·2月 文／9·20 文／是年 文／1897·3·15 文／10·25 文／1898·3·29 文／10·15 文／1899·10·15 文／1901·是年 文／1902·2月 文／1904·2·10 文／是年 文／1905·是年 文／1924·6·13 文／1929·4·5 文／1934·8·17 文／8·28 政／❽ 1946·3·1 文／4·28 文／5·22 文／6·6 文／1947·11·8 文／1959·6·4 文
菱刈重豊　❹ 1557·4·15 政
菱刈重栄　❺-1 1631·10·30 政
菱刈重之　❺-2 1722·9·4 政
菱刈茂栄　❺-1 1630·12·19 政
菱刈隆秋　❹ 1568·3·23 政／1569·5·6 政
菱刈　喬(隆·幸吉)　❽ 1952·7·31 政
菱刈久隆　❸ 1399·12·3 政
菱川吉兵衛　❺-1 1672·是年 文
菱川春草　❺-2 1785·是年 文
菱川孫兵衛　❺-1 1647·3月 文
菱川師宣　❺-1 1660·是年 文／1672·是年 文／1676·是年 文／1677·是年 文／1678·是年 文／1679·是年 文／1680·是年 文／1681·是年 文／1682·是年 政／1683·是年 文／1684·是年 文／1685·是冬 文／是年 文／1687·9月 文／1689·是年 文／1690·是年 文／1691·是年 文／1694·6·4 文／1695·是年 文／1715·正徳年間 文／❺-2 1782·是年 文
菱木屋喜兵衛　❺-2 1734·3·4 社／1741·9·16 社
比志島国貞　❹ 1583·1·6 政／❺-1 1605·8·15 政
比志島佐範(祐範)　❷ 1272·6·24 政／1277·1·27 政／1279·10月 政／❸ 1284·④·21 政／1285·1·1 政
比志島忠範　❸ 1289·4·5 政／12·15 政／1290·12·15 政／1291·12·23 政／1294·7·30 政／1298·12·8 政／1310·12·15 政／1320·10·30 社
比志島太郎　❷ 1264·1·2 政
比志島時範　❷ 1281·6·29 政／7·7 政
比志島範平　❸ 1347·1·7 政／1349·8·18 政／1357·1·21 政／4·14 政
比志島彦太郎　❸ 1331·10·10 社
比志島久範　❸ 1413·12·8 政／1414·3·23 政
菱田春草(三男治)　❻ 1895·是年 文／❼ 1906·11月 文／是年 文／1907·10·25 文／1909·10·15 文／12月 文／1910·10·14 文／1911·9·16 文／是年 文
菱沼五郎　❼ 1932·3·5 政
菱屋宇兵衛　❺-1 1692·是年 文
菱屋清右衛門　❺-2 1779·5·7 政
菱屋平七　❺-2 1802·8月 文
泥谷文景　❽ 1948·是年 文
菱山修三　❾ 1967·8·7 文
備州山　❽ 1945·6·7 社
ビジンスキー(ソ連)　❽ 1950·10·28 政
ビスカイノ, セバスチャン　❺-1 1611·5·10 政／9·1 政／11·5 政／1612·5月 文／6·20 政／8·16 政
ピストン堀口　❼ 1933·11·26 社／❽ 1950·10·24 社
肥前忠広　❺-1 1631·8月 文
肥前忠吉　❺-1 1628·8月 文／1630·8月 文
備前雲次(仏師)　❸ 1315·10月 文
備前屋久兵衛　❺-1 1681·是年 政
備前屋惣右衛門　❺-1 1617·是年 社
備前屋弥兵衛　❺-2 1745·8月 文
備前屋与兵衛　❺-1 1671·是年 社
斐太(玉造工)　❶ 743·9·13 社
日田詮永　❸ 1375·8·29 政
肥田昭作　❻ 1881·7·8 政
飛驒季定　❹ 1546·3·5 政
肥田忠親　❺-1 1634·4月 社
肥田浜五郎　❻ 1860·1·13 万延遣米使節／1862·5·7 社／1864·10·18 政／1865·9·2 政／9·27 社／1866·5·7 政／1883·7·1 文／1889·4·27 社
肥田彦左衛門　❹ 1570·9·12 政
飛驒可重　❹ 1600·7·16 関ヶ原合戦
肥田頼常　❺-2 1803·7·8 政
肥田理吉　❼ 1929·7·24 政
飛驒祖門　❶ 783·12·2 政
肥田豊後守　❺-2 1815·6·15 政
比田井天来(常太郎)　❽ 1939·1·4 文
日高栄三郎　❼ 1910·是年 社
日高亀市　❼ 1910·是年 社
日鷹吉士　❶ 493·9·4
日高新介　❹ 1582·9·17 政
日高藤吉郎　❻ 1891·8·11 文
日高敏隆　❾ 2009·11·14 文
日高八郎　❾ 1997·1·10 文
日高　胖　❽ 1952·12·24 文
日高与一左衛門　❺-2 1819·6·14 政
日高　喜　❹ 1567·是年 政
日高六郎　❽ 1956·9·13 文
日高但馬守　❹ 1563·2·28 政
日高(氷高)皇女⇨元正(げんしょう)天皇
肥田瀬持康　❸ 1422·2·23 政
常陸満幹　❸ 1429·12·13 政
常陸大掾高幹　❸ 1352·10月 政
常陸局(但馬地頭職)　❷ 1221·8·25 政
常陸山谷右衛門(市毛谷)　❼ 1899·1·17 社／1903·6·13 社
敏達天皇(訳語田渟中倉太珠敷尊)　❶ 554·1·7／572·4·3／585·8·15／591·4·13
飛驒屋久兵衛　❺-2 1773·9·18 政
左　幸子　❾ 2001·11·7 文
左　甚五郎　❺-1 1634·4·28 文
ヒッチコック, アルフレッド　❽ 1955·12·12 文
備中屋彦五郎　❹ 1467·12·28 社
ヒットラー(独)　❽ 1938·5·27 社／1940·7月 政／9·7 政／1941·3·12 政／1944·6·10 文／7·2 政／1945·4·30 政
ヒッポドロム(英)　❼ 1909·8·1 社
樋爪季衡　❷ 1189·9·15 政／10·19 社
樋爪俊衡　❷ 1189·9·15 政／10·19 社
ヒデ(松本秀人)　❾ 1998·5·2 文
ヒデオン, タント　❺-1 1703·9·20 政
ビデオン, パウダーン　❺-1 1715·9·22 政
栄清(検校)　❸ 1319·4·5 社
秀子内親王　❶ 850·2·25 政
秀島　巧　❾ 2007·11·14 政
秀嶋藤左衛門　❺-1 1641·是年 文
秀島敏行　❾ 2005·10·23 社
栄永(僧)　❸ 1333·5·26 政
秀良親王　❶ 832·5·29 文／834·10·4 文／835·1·11 政／836·5·26 政／842·1·13 政／895·1·23 政
秀宮⇨直仁(なおひと)親王
秀ノ山伝五郎(初代)　❺-2 1823·7·18 社
栄仁親王⇨栄仁「よしひと」親王
英仁親王⇨後桃園(ごももぞの)天皇
秀光(備前刀工)　❸ 1343·2月 文／1371·10月 文
秀康(姓不詳)　❷ 1216·2·11 社
秀保(姓不詳)　❷ 1224·5·21 政
秀世王　❶ 885·2·20 政
美当一調　❼ 1902·7·23 社
尾藤景綱　❷ 1224·⑦·29 政／1230·2·30 政／1232·2·26 社
尾藤甚右衛門知宣　❹ 1584·3·26 社
尾藤　公　❾ 2011·3·6 社
尾藤太知宣　❷ 1184·2·21 政
尾藤内左衛門　❸ 1291·2·3 政
尾藤二洲(志尹·良佐·孝肇)　❺-2 1787·是年 文／1791·9·21 文／是年 文／1792·8·16 文／1800·是年 文／1812·3·11 文／1813·12·14 文
尾藤光房　❹ 1586·12·24 政
人田明雲　❼ 1908·3·23 政
一木権兵衛　❺-1 1679·6·10 社
一橋慶喜⇨徳川(とくがわ)慶喜
一松定吉　❽ 1946·5·22 政／1947·6·1 政／1948·3·10 政
一柳右近将監　❹ 1595·7·15 政

一柳末安(直末)　❹ 1580·9·21 政／1584·6·10 政／1585·2·13 政／5·4 政／9·3 政／1586·2·8 政／1590·3·28 政／3·29 政
一柳直家　❺-1 1605·是年 政
一柳直興　❺-1 1665·7·29 政
一柳直末⇨一柳末安(すえやす)
一柳直盛　❹ 1600·8·9 関ヶ原合戦／8·23 関ヶ原合戦／8·27 関ヶ原合戦／❺-1 1605·是年 政／1636·6·1 政／8·19 政
一柳米来留　❽ 1964·5·7 政
一柳嘉言　❺-2 1830·是年 文
人見恩阿　❸ 1333·2·22 政
人見一太郎　❼ 1924·9·29 文
人見勝太郎(寧)　❻ 1868·12·15 政
人見淇堂　❻ 1894·3·17 文
人見絹枝　❼ 1926·8·27 社／1927·5·8 社／1928·5·5 社／7·28 社／1929·7·12 社／1930·9·6 社／1931·8·2 社
人見竹洞(宜卿·義卿)　❺-1 1670·6·12 文／1680·9·11 文／10·16 文／1683·11·12 文／1696·1·14 文
人見道西　❺-1 1629·3·29 文
人見道生(卜幽軒)　❺-1 1670·7·8 文／1686·是年 文
人見東明　❼ 1905·11月 文／1907·3月 文／1909·4月 文／1910·10月 文
人見　徹　❽ 1949·5·10 文
人見直養　❺-2 1716·是年 文
人見行充(桃原)　❺-2 1718·9·3 文
日名子実三　❼ 1926·9月 文／❽ 1945·4·25 文
日向喜之助　❺-1 1699·7·9 社
日向三右衛門　❺-1 1608·是年 社
日向政成　❺-1 1604·是年 社／1614·12·11 大坂冬の陣／1617·是年 政
日夏耿之介(樋口圀登·国登·夏黄眠·黄眠道人·黄眠堂主人)　❼ 1912·12月 文／1925·2月 文／❽ 1950·5·24 文／❾ 1971·6·13 文
日夏繁高　❺-1 1714·是年 文
日沼頼夫　❾ 2009·11·3 文
日根野景盛　❹ 1542·12·13 政／1543·10·1 政
日根野十介　❺-1 1695·12·12 政
日根野対山　❻ 1856·是年 文／1869·3·13 文
日根野盛治　❸ 1333·5月 政／1337·1·14 政／1347·11·30 政
日根野吉明　❺-1 1634·7·29 政／1636·8月 社／1637·11·9 島原の乱／1646·11·10 社／1647·6·25 政／1656·3·26 政
日野(人吉藩)　❻ 1865·9·25 政
火野葦平(五井勝則)　❽ 1937·10月 文／1943·5·11 文／1945·9·11 文／1960·1·24 文
日野有光　❸ 1420·8月 政／1423·1·29 政／1432·4月 社／1443·9·23 政
日野家秀　❸ 1432·6·1 政
日野市朗　❾ 1996·1·11 政／2003·7·6 政
日野氏光　❸ 1335·6·22 政／8·2 政
日野内光(高光)　❹ 1502·7·27 社／1512·3·17 文／1527·2·12 政
日野(藤原)勝光　❹ 1458·8·4 政／1460·12·21 政／1467·2·6 政／3·17 文／6·1 政／9·13 政／1469·2·27 文／1474·⑤·5 政／1476·5·13 政／6·15 政
比野勘六　❺-2 1811·是年 文
日野邦光　❸ 1340·8·16 政／1341·2·18 政／1350·10·21 政／1363·是年 政
日野熊蔵　❼ 1909·7·31 政／1910·12·14 社
日野啓三　❾ 2002·10·14 文
日野康子⇨藤原(ふじわら)康子
日野重子　❹ 1458·8·4 政／1460·8·19 文／1463·8·8 政
日野茂直　❸ 1320·6·25 社
日野(裏松)重政　❸ 1441·7·5 政／1443·11·22 政
日野重光　❸ 1394·7·5 政／1406·12·1 政／12·2 政／1408·10·22 文／1409·4·4 社／1412·4·7 文／6·12 政／1413·3·16 政
日野資子⇨藤原(ふじわら)資子
日野資勝(蔵人)　❸ 1425·7·24 社
日野資勝(武家伝奏)　❺-1 1630·9·15 政／9·16 政／1639·6·15 政
日野資枝　❺-2 1801·10·10 政
日野資茂　❺-1 1666·3·4 文
日野資親　❸ 1443·9·23 政
日野資時　❺-2 1742·10·26 政
日野資朝　❸ 1318·3·10 政／1319·⑦·4 文／1321·2·23 政／1323·11·6 政／1324·9·19 政／10·4 政／11月 社／1325·2·9 政／8月 政／1331·5·21 文／1332·4·10 政／6·2 政
日野資名　❸ 1310·4·7 文／1335·6·22 政／1338·5·2 政
日野資愛(南洞)　❺-2 1836·8·27 政／1837·4·9 政／1846·3·2 政
日野資教　❸ 1381·4·3 社／1401·2·29 政／1428·5·1 政
日野資衡　❸ 1389·3·4 政
日野資宗　❻ 1867·4·19 政
日野資基　❹ 1470·9·8 政
日野資康　❸ 1390·3·26 政／8·10 政
日野宣子　❸ 1381·3·11 政
日野宗子　❸ 1447·4·29 政
日野草城　❽ 1956·1·29 文
日野対山　❺-2 1852·2月 政
日野高光⇨日野内光(うちみつ)
日野忠光　❸ 1379·1·19 文
日野種範　❸ 1321·4·18 文
日野鼎哉(暁碧)　❺-2 1849·10·16 文／11·7 文
日野輝資(唯心)　❹ 1570·4·20 政／1583·8·16 社／1593·4·13 文／1595·6·3 文／❺-1 1612·8·14 文／1615·9·9 文／1623·⑧·2 政
日野輝光　❺-1 1693·5·16 文／1714·6·12 文／❺-2 1717·1·5 政
日野時光　❸ 1367·9·25 政
日野俊光　❸ 1298·11·20 文／1309·11·24 文／1321·10·22 政／12·9 政／1322·12·22 文／1324·3·23 政／1326·5·15 政
日野俊基　❸ 1323·6·16 政／1324·9·19 政／10·4 政／11月 社／1325·2·9 政／8月 政／1331·4·29 政／5·5 政／1332·4·10 政／6·3 政
日野富子　❸ 1379·6·18 文／1455·8·27 政／❹ 1459·1·18 政／1464·4·5 文／1467·9·12 政／1471·8·3 政／1477·7月 政／1481·1·6 政／3·28 社／1483·6·19 政／10·10 政／1484·6月 政／1485·3·13 文／1486·3·18 文／3·28 社／1488·12·13 政／1489·4·18 文／1490·1·1 社／4·27 政／1496·4·17 文／5·20 政
日野苗子　❹ 1491·6·21 政
日野業子　❸ 1378·3·27 政／1381·3·11 政／1382·6·14 政／1405·7·11 政
日野晴光　❹ 1555·9·18 政
日野栄子　❸ 1419·2·30 文／1420·12·9 社／1421·3·16 政／1431·7·27 政
日野弘資　❺-1 1670·9·15 政／1671·7·8 政／1675·2·10 政／1687·8·27 政
日野政資　❹ 1479·7·2 政／12·7 政／1495·9·7 政
日野正晴　❾ 2000·7·1 政
日野光栄　❺-2 1744·3·22 文
日野光慶　❺-1 1615·7·17 政／1621·11·7 文
日野持光　❸ 1416·11·9 政／1418·2·13 政
日野元彦　❾ 1999·5·13 文
日野唯心⇨日野輝資(てるすけ)
日野(裏松)義資　❸ 1428·1·18 政／2·11 政／1434·2月 政／6·9 政
日野氏(足利義澄の妻)　❹ 1505·3·5 政
日野⇨藤原(ふじわら)も見よ
檜屋利兵衛　❺-2 1801·2·27 社
檜前篤房　❷ 1162·5·15 社
檜前貞則　❶ 931·7·15 文
檜隈高田武小広国押盾尊⇨宣化(せんか)天皇
檜隈民使博徳　❶ 464·2月／468·4·4
ビノグラードフ(ソ連)　❾ 1965·5·26 政
日野西国盛　❸ 1449·2·25 政
日野西資国　❸ 1428·3·25 政
日野西資宗　❹ 1466·7·11 政
日野原重明　❾ 2005·11·3 文
日野原節三　❽ 1948·6·23 政／1962·4·13 政
日野町資藤　❸ 1409·6·5 政
日野屋吉右衛門　❺-2 1720·是年 社
檜山義慎　❺-2 1806·是年 文／1819·是年 文／1823·是年 文
火箱芳文　❾ 2011·6·30 政
日葉酢媛命　❶ 書紀·垂仁 15·2·11／8·1／垂仁 32·7·6
火鉢屋吉右衛門　❺-1 1651·慶安年間 文
日比恵美子　❼ 1935·2·3 政
日比翁助　❼ 1904·12·21 社／1931·2·22 政
日比　遜　❻ 1884·5·15 政

日比野光鳳　❾ 2011·11·4 文
日比野五鳳　❾ 1980·10·15 文
日比野正吉　❻ 1895·8月 社
日比野士朗　❽ 1944·7月 文
日比野　進　❾ 2005·6·16 文
日比野恒次　❾ 1989·2·21 政
日比野白圭　❼ 1914·3·30 文
日比野文仙　❼ 1912·3·17 文
日比野雷風　❼ 1908·1·20 社
日比野(屋)了珪(了慶・ディエゴ)　❹ 1561·7·7 社／8月 社
日比野下野守　❹ 1561·5·14 政
日比谷平左衛門(吉次郎)　❼ 1907·1·26 政／1921·1·9 政
美福門院⇨藤原得子(ふじわらとくし)
美福門院加賀　❷ 1193·2·13 政
ピブン，ソンクラム(タイ)　❽ 1939·6·24 政／1941·12·21 政／1955·4·17 政／1957·12·2 政
ビベーロ，ドン・ロドリゴ・デ(ルソン)　❺-1 1609·9·3 政／1610·5·4 政
日奉全吉　❶ 874·10·19 社
日奉夜恵　❶ 755·10月 文
卑弥呼(卑弥弓呼)　❶ 147·是年／173·5月／178·是年／238·6月／12月／239·6月／是年／241·是年／247·是年
氷室冴子　❾ 2008·6·6 文
姫井由美子　❾ 2008·8·28 政
姫神(星吉昭)　❾ 2004·10·1 文
姫田真左久　❾ 1997·7·29 文
姫太郎男　❸ 1331·10·10 社
白加(びゃくか)　❶ 588·是年
白涯宝生(僧)　❸ 1414·9·7 社
百拙(明僧)　❺-1 1646·是年 社
百拙(僧)　❺-2 1748·1·20 社
百武兼行　❻ 1884·12·24 文
百武源吾　❽ 1945·3·1 文
百武三郎　❽ 1963·10·30 政
百武裕司　❾ 1996·1·31 社／2002·4·10 文
百多楼団子　❺-2 1827·9·21 文
百度踏揚(琉球)　❹ 1458·是年 政
白香(僧)　❸ 1436·10·5 社
檜山忠兵衛　❺-1 1646·3·19 社
日向通良　❷ 1159·是年 政／1160·5·15 政
日向元秀(陶庵)　❺-2 1764·12·15 文／1765·7·3 文
日向方斎　❾ 1993·2·16 政
日向太夫　❺-1 1656·8月 文／1658·5·22 文
日向王　❶ 699·6·23 政
ヒューゲッセン(英)　❽ 1937·8·26 政
ヒューズ(ラジオドラマ)　❼ 1925·8·13 文
ヒュースケン(オランダ)　❻ 1856·7·21 政／1860·12·5 政
ビューツォフ(ロシア)　❻ 1865·12·18 政／1867·8·22 社／1872·4·13 政
ビュルゲル(オランダ)　❻ 1861·3·28 政
憑　京第(明)　❺-1 1647·6月 政／1648·是年 政／1649·10月 政
馮　玉祥　❽ 1948·9·1 政
憑　虚子　❺-1 1686·是年 文
馮　子振(元)　❸ 1327·9·1 文／是年 文
馮　仲纓　❹ 1593·2·5 文禄の役／2·14 文禄の役
憑　六(明)　❺-1 1604·是年 文
表阿多羅(兵安太郎、倭人)　❸ 1429·3·27 政
瓢我(落語)　❺-2 1798·6月 社
表具又四郎　❺-1 1703·貞享・元禄年間 文
兵衛太郎　❸ 1283·3·19 政
兵庫政行　❸ 1284·6·25 政
表沙貴(倭人)　❸ 1418·8·14 政
表時羅(兵次郎、倭人)　❸ 1429·3·27 政
表温而羅(兵次郎か、対馬)　❸ 1421·1·23 政
平勢(僧)　❶ 872·11·10 社
平山処林　❸ 1361·5·15 社
兵衛四郎助大夫　❹ 1544·2月 政
馮堂(明)　❹ 1595·2·11 文禄の役
兵頭精子　❼ 1921·11·29 社／1922·3·31 社／4月 社
兵頭　精　❾ 1980·4·23 社
兵藤秀子⇨前畑(まえはた)秀子
兵藤林静　❻ 1879·12·9 文
兵部(大工)　❸ 1329·7月 文
兵部卿親王(護良親王王子)　❸ 1351·3·14 政
猫遊軒伯知　❼ 1932·3·6 文
ピョートル大帝　❺-1 1696·是年 政／1705·10·28 政／❺-2 1721·是年 政
ピョトール・リコルド　❺-2 1812·8·3 政
日吉吉左ヱ門　❻ 1874·12·1 文
日吉小三八　❾ 1995·2·16 文
日吉ミミ　❾ 2011·8·10 文
平　幹二朗　❾ 1976·2·4 文
平井市九郎　❺-2 1827·⑥·12 社
平井外記　❺-2 1827·⑥·12 社
平井一正　❾ 1976·7·17 社
平井楳仙　❼ 1919·10·14 文
平井久右衛門　❹ 1582·1·25 社
平井顕斎　❻ 1856·4·13 文
平井権八　❺-1 1679·11·3 社
平井収二郎　❻ 1863·6·8 政
平井城一　❾ 1994·8·28 政／1999·7·29 政
平井丈一郎　❽ 1957·10·19 文
平井祥助　❸ 1399·是年 文
平井照敏　❾ 2003·9·25 文
平井伸治　❾ 2007·4·8 社／2011·4·10 社
平井晴次郎　❻ 1875·7·18 文
平井卓志　❾ 2009·7·16 政
平井澹所　❺-2 1819·8·19 文
平井経則　❹ 1525·是年 政
平井経治　❹ 1560·12·19 政／1564·2月 政／1574·2月 政／12·20 政
平井伝三郎　❼ 1912·3·6 社
平井晩村　❽ 1944·10·5 政
平井兵左衛門　❺-1 1710·7月 社
平井満右衛門　❺-2 1765·6月 社
平井保喜　❼ 1936·11·14 文
平井義篤　❺-2 1842·11月 文
平井義男　❾ 1994·12·25 社
平泉鬼貫　❺-1 1679·是年 文／1690·是年 文
平泉　澄　❾ 1984·2·18 文
平泉　渉　❾ 1971·7·5 政
平出久太郎　❺-1 1645·2·3 社
平岩　巌　❼ 1923·6·26 政
平岩外四　❾ 1990·12·21 政／1991·1·21 政／2007·5·22 政
平岩治郎　❾ 1973·5·23 社
平岩次郎太夫　❻ 1861·5·16 社
平岩親庸　❺-1 1712·9·25 政
平岩親吉　❹ 1582·12·12 政／1585·8月 政／1590·4·26 政／6·25 政／8·15 政／❺-1 1601·2月 政／1603·1·28 政／1607·④·26 政／1611·12·30 政
平岩愃保　❼ 1933·7·26 社
平内安房　❺-2 1833·是年 文
平内廷臣　❺-2 1840·是年 文
平尾貴四男　❽ 1942·2·1 文／3·16 文
平生釟三郎　❼ 1929·5·9 文／1936·7·4 文／❽ 1940·11·23 社／1941·4·26 政／1945·11·27 政
平尾不孤　❼ 1900·10月 文
平尾昌章　❽ 1958·2·8 社
平岡篤頼　❾ 2005·5·18 文
平岡円四郎　❻ 1864·6·16 政
平岡啓二郎　❻ 1886·11月 文
平岡浩太郎　❻ 1881·2月 政／❼ 1906·10·24 政
平岡十左衛門　❺-1 1715·4·3 政
平岡定海　❾ 2011·11·26 社
平岡四郎兵衛(準)　❻ 1863·5·29 社
平岡資模　❺-2 1785·是年 文
平岡為尚　❸ 1297·6·22 政
平岡為政　❸ 1302·10·8 政
平岡道益　❺-1 1674·2月 政
平岡成幹　❸ 1293·1月 政
平岡秀夫　❾ 2008·4·27 政／2011·9·2 政
平岡拓晃　❾ 2012·7·27 社
平岡　凞(吟舟)　❻ 1872·是年 政
平岡正明　❾ 2009·7·9 文
平岡通義　❼ 1917·4·2 文
平岡　都　❾ 2009·10·26 社
平岡養一　❽ 1939·6·2 社／1945·9·6 文／9·12 文／❾ 1981·7·13 文
平賀興貞　❹ 1536·是年 政／1540·6·16 政
平賀勝定　❻ 1860·4·28 政
平賀勝足　❺-2 1845·7·5 政／1846·⑤·6 政
平賀玄順　❺-1 1666·11·28 文
平賀源内(鳩渓・風来山人・福内鬼外・貧家銭内)　❺-2 1757·9·7 文／1759·8·18 文／1762·④·10 文／是年 文／1763·是年 文／1764·2月 社／1765·是年 文／1768·是年 文／1770·是年 文／1773·6·29 文／是年 社／1774·是年 文／1775·11·24 文／1776·11月 文／是年 文／1778·是年 文／1779·12·18 文／1780·是年 文
平賀権太夫　❺-2 1775·11·24 文
平賀左近大夫　❸ 1356·10·10 政
平賀貞愛　❺-2 1806·8·12 社
平賀蕉斎　❺-2 1795·是年 文／

1801·是年 文
平賀新左衛門 ❸ 1371·7·23 政
平賀隆宗 ❹ 1542·7·27 政／1549·4·17 政
平賀隆保 ❹ 1551·9·4 政
平賀中南 ❺-2 1779·是年 文
平賀朝雅 ❷ 1203·10·3 政／1204·3·21 政／1205·6·22 政／⑦·19 政／⑦·26 政
平賀兵衛蔵人 ❸ 1347·11·28 政／12·14 政
平賀弘保 ❹ 1536·是年 政
平賀普民 ❺-2 1789·是年 文
平賀元義 ❻ 1865·12·28 文
平賀保秀 ❺-1 1683·8·3 文
平賀　譲 ❽ 1938·12·20 文／1939·1·25 文／1943·2·17 文
平賀義信 ❷ 1195·7·16 政
平賀頼宗 ❸ 1422·12·12 政
平方忠吉(忠能) ❹ 1460·4·26 政／1462·1·20 政／1463·2·1 政／1472·1·2 政／1473·1·6 政／1474·1·20 政／1475·1·10 政／1476·1·13 政／1478·1·9 政／1481·1·8 政／1483·1·15 政／1484·1·5 政／1486·1·17 政／1489·1·13 政／1490·1·10 政／1492·2·21 政／1493·1·11 政／1494·1·18 政
平方吉久(朝鮮使) ❸ 1419·11·20 政
平刈あがた ❾ 1992·9·6 文
平川唯一 ❽ 1946·2·1 文／❾ 1993·8·25 文
平川彦三郎(平皮古三甫羅) ❹ 1494·5·11 政
平川宏子 ❾ 1970·5·19 社
平川　南 ❾ 1999·8·26 文
平木白星 ❼ 1915·1·2 文
平木理化 ❾ 1997·6·7 社
平木隆三 ❾ 2009·1·2 社
平櫛田中 ❼ 1907·3·20 文／11月 文／1920·是年 文／1931·12·6 文／1934·12·10 文／❽ 1942·12·17 文／1944·2·1 文／1958·9·1 文／1962·11·3 文／1963·9·1 文／❾ 1965·9·1 文
平子重有 ❸ 1308·4·25 政
平子重房 ❸ 1384·7·2 政／1397·9·10 政
平子重頼 ❸ 1308·4·25 政
平子鐸嶺(尚) ❼ 1911·5·10 文
平子朝政 ❹ 1507·8·2 政
平子孫太郎 ❹ 1552·5·24 政
平澤和重 ❾ 1975·9·18 政
平澤旭山(元愷·元凱) ❺-2 1789·是年 文／1791·1·15 文
平澤計七 ❼ 1923·9·4 政
平澤　興 ❾ 1989·6·17 文
平澤貞次郎 ❾ 1991·8·20 文
平澤貞通 ❽ 1950·7·24 社／1955·4·6 社／1963·1·26 文／❾ 1987·5·10 社
平澤左内 ❺-2 1763·宝暦年間 社
平澤勝栄 ❾ 2004·4·1 政
平澤平格⇨朋誠堂喜三二(ほうせいどうきさんじ)
平澤　勝 ❺-2 1845·是年 文
平嶋七兵衛 ❺-1 1666·9·28 社
平島松尾 ❻ 1883·9·1 政
平住周道 ❺-1 1714·是年 文
平住専庵(専安) ❺-2 1719·是年 文／1726·是年 文
平瀬伊右衛門 ❻ 1870·5·7 政
平瀬作五郎 ❼ 1896·10月 文／1925·1·4 文
平瀬徹斎(輔世) ❺-2 1797·是年 文
平瀬与一郎 ❼ 1907·1·20 文
平田秋夫 ❾ 2010·9·28 政
平田篤胤(胤行·気吹舎·真菅乃屋·玄琢·神霊能真柱大人など) ❺-2 1806·是年 文／1811·是年 文／1813·是年 文／1818·是年 文／1819·是年 文／1820·是年 文／1822·是年 文／1824·是年 文／1825·是年 文／1826·是年 文／1827·是年 文／1831·是年 文／1832·是年 文／1836·是年 文／1837·6·1 政／是年 文／1838·是年 文／1839·是年 文／1840·是年 文／1843·⑨·11 文
平田家継 ❷ 1184·7·18 政
平田大江 ❻ 1865·11·11 政
平田オリザ ❾ 2010·8·21 文
平田鋳胤 ❻ 1868·2·22 文／3·28 文／1869·1·23 文／1880·10·25 文
平田兼宗 ❹ 1495·4·15 政
平田清明 ❾ 1995·3·1 文
平田源右衛門 ❺-2 1728·9·21 政
平田権次郎 ❻ 1877·8·20 文
平田公愷 ❺-2 1829·1·9 文
平田郷陽 ❽ 1955·1·27 文
平田斎宮⇨平成久(へいせいきゅう)
平田三之助(四代目) ❺-2 1827·1·23 文
平田三之助(六代目) ❻ 1890·8·29 文
平田重太郎 ❼ 1926·2·21 文
平田所左衛門 ❺-1 1675·7月 政／1678·5月 政
平田純正 ❺-1 1656·是年 文
平田精耕 ❾ 2008·1·9 社
平田太右衛門 ❺-1 1672·10·6 社
平田隆夫 ❾ 2011·6·12 文
平田為之丞 ❺-2 1850·4·27 政
平田典通 ❺-1 1671·是年 文
平田東助 ❻ 1881·9·18 文／1890·10·1 政／❼ 1903·2·22 政／7·17 政／1908·7·14 政／1909·8·21 政／12·13 政／1910·10·18 政／1912·12·2 政／1917·9·21 文／1922·9·18 政／1925·4·14 政
平田道仁 ❺-1 1614·慶長年間 文
平田禿木 ❻ 1893·1月 文／❽ 1942·3·13 文
平田俊遠 ❷ 1182·9·25 政／11·20 政
平田隼人 ❺-2 1791·7月 政／1795·2月 政／1796·8·29 政／1800·④·20 政
平田隼之允 ❺-1 1660·3·11 政
平田　信 ❾ 2011·12·31 社
平田正輔 ❺-2 1754·2·27 社
平田昌宗 ❹ 1574·9·25 政
平田増宗 ❺-1 1609·2·26 政／3·28 政／1610·6·19 政／1634·4·12 政
平田又左衛門 ❺-2 1792·8·16 文／1795·5·22 政
平田深木 ❺-2 1844·8·4 社
平田光宗 ❹ 1583·9·18 政／1585·10·7 政
平田宗弘 ❺-1 1639·2·9 政
平田宗幸(惣之助) ❼ 1917·6·11 文／1920·2·25 文
平田主水 ❻ 1865·11·11 政
平田靫負 ❺-2 1755·5·25 政
平田義正 ❽ 1964·4·13 文
平田米吉 ❼ 1898·是年 政
平館利雄 ❽ 1943·5·11 政
平田屋惣右衛門 ❹ 1590·1·2 社
平塚運一 ❾ 1997·11·18 文
平塚常次郎 ❽ 1946·5·22 政
平塚藤左衛門 ❺-2 1737·8月 社
平塚八兵衛 ❽ 1963·3·31 社
平塚柾緒 ❽ 1944·11·22 政
平塚光雄 ❾ 2012·12·17 政
平塚らいてう(雷鳥·明子·奥村明) ❼ 1908·3·24 社／1911·6·1 文／1913·1月 文／1920·3·29 文／❽ 1955·11·11 政／1956·4·3 政
平塚三郎兵衛尉 ❹ 1580·9·19 政
平出　修 ❼ 1909·1月 文
平出鏗二郎 ❼ 1911·11·19 社
平出幸太郎 ❼ 1927·8月 文
平手汎秀 ❹ 1572·12·22 政
平手政長 ❺-1 1672·是年 文
平手政秀 ❹ 1543·2·14 政／1553·①·13 政
平亭銀鶏 ❺-2 1835·是年 文
平戸茂松 ❹ 1470·1·5 政
平戸助大夫 ❺-1 1604·8·26 政
平戸伝助 ❺-1 1604·⑧·12 政
平戸豊久 ❹ 1474·1·20 政／1475·1·10 政／1477·1·15 政／1478·1·9 政／1479·1·1 政／1481·1·8 政／1484·1·5 政／1485·1·5 政／1487·1·7 政／1488·1·9 政／1489·1·13 政／1490·1·10 政／1491·1·16 政／1493·1·11 政／1499·1·8 政
平戸　義 ❹ 1456·是年 政／1463·2·1 政／1485·1·5 政／1490·1·10 政
平戸廉吉 ❼ 1921·12月 文
平沼騏一郎 ❼ 1936·3·13 政／❽ 1939·1·4 政／1·5 政／8·28 政／1940·7·17 政／12·21 政／1941·7·16 政／1942·9·22 政／1944·7·17 政／7·22 社／1945·2·7 政／12·2 政／12·15 政／1952·8·22 政
平沼専蔵 ❼ 1907·1·26 政／1913·4·6 政
平沼赳夫 ❾ 1995·8·8 政／2000·7·4 政／12·5 政／2010·4·10 政
平沼蕩平 ❺-2 1821·是年 文
平沼淑郎 ❽ 1938·8·14 文
平沼亮三 ❼ 1925·3·8 社／❽ 1951·4·23 政／1955·4·23 社／11·3 文／1959·2·13 社
平野岩五郎 ❼ 1902·12·1 社
平野永太郎 ❻ 1891·是夏 社
平野金華(玄中·玄仲·子和·源右衛門) ❺-2 1728·是年 文／1732·7·23 文

平野国臣　❻ 1858・11・16 政／1863・3・29 政／10・9 政／10・12 政／1864・7・20 政
平野啓一郎　❾ 1999・1・14 文
平野　謙　❾ 1978・4・3 文
平野謙次郎　❺-1 1615・9・19 社
平野五岳　❻ 1893・3・3 文
平野庫太郎　❽ 1948・6・7 政
平野(屋)五兵衛　❻ 1868・2・11 政
平野三郎　❾ 1976・12・11 政
平野左兵衛　❺-1 1695・3・22 政
平野早矢香　❾ 2012・7・27 社
平野将監　❸ 1333・2・27 政／②・1 政
平野升朔　❺-1 1690・9・21 文
平野達男　❾ 2011・6・20 政／9・2 政／2012・2・10 政
平野千恵子　❽ 1939・4・4 文
平野藤左衛門　❺-1 1664・11・8 政
平野藤次郎　❺-1 1632・1月 政／1633・12月 政／1689・4・29 政
平野道是　❹ 1581・5・23 文
平野富二　❻ 1870・3月 文／1873・7月 文／1879・4・24 社／12月 政／1892・12・3 政
平野仁右衛門　❻ 1869・10・22 社
平野庭火　❶ 983・10・1 社
平野万里　❼ 1899・11月 文／1909・1月 文
平野博文　❾ 2009・9・16 政／2012・1・13 政
平野平右衛門　❻ 1879・4・14 社
平野平左衛門　❺-1 1644・5・10 政／1664・11・8 政
平野孫左衛門　❺-1 1604・7・5 政／1605・5・16 政／9・10 政／1606・8・15 政／1607・6・26 政／1609・1・11 政／1610・1・11 政／1611・1・11 政
平野安澄　❺-2 1825・是年 文
平野幸久　❾ 2005・2・17 社
平野庸脩　❺-2 1762・是年 文
平野義太郎　❼ 1930・5・20 政／1936・7・10 政／❽ 1946・1・27 文／1947・9・19 文
平野力三　❼ 1919・10・18 政／1928・12・10 政／1933・4・5 政／❽ 1939・11・29 社／1942・3・17 政／1947・2・12 社／6・1 政／11・4 政／1948・1・13 政／1951・2・10 政／1954・2・1 政
平野龍一　❾ 2004・7・16 文
平野龍太郎　❻ 1881・4・1 政
平野王　❶ 813・1・10 政／829・6・19 政
平野屋吉右衛門　❺-2 1744・2・17 社
平野屋五兵衛　❺-1 1635・是年 政
平野屋五兵衛　❺-2 1761・12・16 政
平野屋庄右衛門　❺-1 1688・12・17 政
平野屋甚兵衛　❺-2 1818・10・13 社
平野屋平四郎　❺-1 1664・11・8 政
平畑静塔　❾ 1997・9・11 文／9・8 文
平林鴻三　❾ 2000・7・4 政
平林初之輔　❼ 1924・3月 文／6月 文／1931・6・15 文
平林孫左衛門　❺-1 1666・6・5 政
平林正在　❺-2 1773・7・1 政
平林正恒　❺-1 1609・5・28 文
平林米吉　❾ 1986・6・27 文
平林頼宗　❷ 1236・7・28 政
平林力助　❺-2 1767・8・16 社
平原綾香　❾ 2006・9・9 文
平福百穂(貞蔵)　❼ 1900・3・5 文／1909・此頃 文／1915・4月 文／1916・5月 文／1922・是年 文／1925・是年 文／1926・10・16 文／1929・10・16 文／1930・11・8 文／1933・10・30 文
平福穂庵　❻ 1890・12・11 文
平松庚三　❾ 2006・1・16 政
平松古道　❺-2 1730・是年 文
平松伝之丞　❺-2 1824・7・6 社
平松時章　❺-2 1828・9・19 政
平松時厚　❼ 1911・8・22 政
平松時庸　❺-1 1654・7・12 政
平本定智　❺-1 1669・是年 文
平本主膳　❺-1 1612・是年 社
平山郁夫　❽ 1959・9・1 文／1961・是年 文／1962・9月 文／1964・9・1 文／是年 文／❾ 1965・9・1 文／1969・9・1 文／1972・9・1 文／1982・是年 文／1990・12・31 文／1998・11・3 文／2001・1・1 文／2009・12・2 文
平山英三　❻ 1873・2・25 文
平山清次　❽ 1943・4・8 文
平山紘一郎　❾ 1972・8・26 社／1976・7・17 社
平山弘蔵　❺-2 1806・2・17 政
平山五郎　❻ 1863・9・18 政
平山　周　❼ 1901・2・3 政
平山省斎　❻ 1890・5・22 社
平山子龍(行蔵)　❺-2 1828・12・24 政
平山　信　❼ 1900・3・6 文
平山甚太　❻ 1877・11・3 社
平山清次　❼ 1918・10・12 文
平山　雄　❾ 1968・10・13 文／1995・10・26 文
平山忠知　❺-1 1683・9・5 政
平山弾右衛門　❺-2 1766・10・24 政
平山近久　❹ 1520・8・1 政／1598・7・4 政
平山常陳　❺-1 1620・7・6 政／1622・7・13 社
平山鉄五郎　❻ 1873・4・17 社
平山輝男　❾ 2005・8・17 文
平山藤次郎　❼ 1910・5・11 文
平山成信　❼ 1911・9・2 政／1912・5・29 文／1929・9・11 政
平山梅人(採茶翁)　❺-2 1801・1・14 文
平山八左衛門　❺-2 1833・6月 社
平山秀幸　❾ 1999・3・12 文
平山兵介　❻ 1862・1・15 政
平山マサ　❾ 1976・5・4 社
平山征夫　❾ 2000・10・22 政
平山敬忠　❻ 1867・2・10 政／3・29 政／4・24 政／9・28 政／10・25 政
平山式部少輔　❸ 1338・7・11 政
平山三河入道　❸ 1427・5・13 政
比留勘右衛門　❺-1 1695・5・23 社
ヒルズ(米)　❾ 1989・10・12 政
蛭田玄仙(至徳)　❺-2 1817・1・3 文
比留間賢八　❼ 1901・6月 文
昼間　弘　❽ 1949・10・29 文
比留間正房　❺-1 1695・10・29 社
美麗仁右衛門大夫　❺-1 1603・1・11 文
鰭崎英朋　❼ 1901・6・6 文
ヒレス(レンガ職人)　❺-1 1638・2・7 島原の乱
ビレンドラ(ネパール)　❾ 1967・4・26 政
広　慶太郎　❾ 1998・10・20 政
熙明親王　❸ 1348・1・8 政
寛明親王⇨朱雀(すざく)天皇
広井　脩　❾ 2006・4・15 社
広井宗以　❺-2 1789・12・16 文
広井辰太郎　❼ 1902・6・15 社
広井朝方　❺-2 1784・11・24 文
広井吉之助　❽ 1946・是年 文
広井女王　❶ 859・10・23 文
広池千九郎　❽ 1938・6・4 文
広氏(姓不詳・地頭代)　❸ 1300・5・25 政
広海正連　❶ 1000・11・22 政
広江永貞　❺-2 1833・是年 文
広岡宇一郎　❼ 1921・3・15 政／❽ 1941・4・8 政
広岡古那可智　❶ 759・7・5 政
弘岡左京　❹ 1521・1月 政
広岡子之次郎　❻ 1860・3・3 政
広岡宗信　❺-1 1675・是年 文
広上王　❶ 774・8・15 社
広川　獬(子典・龍淵・広門・瑶池斎)　❺-2 1782・是年 文／1800・9月 文／1814・是年 文
広川喜右衛門　❺-1 1670・7・25 社
広川弘禅　❽ 1950・6・28 政／1951・12・26 政／1953・2・28 政／3・14 政／❾ 1967・1・7 政
広川太一郎　❾ 2008・3・3 文
広川信隆　❾ 2000・1・24 文
広川拝一(平曲)　❹ 1509・8・15 文
広川王(広河王)　❶ 774・3・5 政／777・10・13 政／779・2・23 政
広木松之介　❻ 1860・3・3 政
尋来津開麻呂　❶ 763・9・21 社
寛清親王(寛済)　❺-1 1681・5・1 政／10・28 政／1682・10・28 政
広貞(刀工)　❺-1 1649・8月 文
広澤五郎　❸ 1343・4・14 政
広澤実高　❷ 1213・6・25 政
広澤虎造(二代目)　❽ 1963・6・28 文／1964・12・29 文
広澤尚俊　❹ 1489・3・30 政
広澤尚正　❹ 1483・12・1 文
広澤広助　❻ 1868・4・28 政
広澤瓢右衛門　❾ 1990・2・17 文
広澤兵助(真臣)　❻ 1866・9・2 政／10・15 政／1867・9・26 政／10・8 政／10・13 政／10・17 政／1868・2・9 政／4・28 政／1869・4・8 政／1871・1・9 政
広澤平兵衛　❺-1 1678・11・21 政
広澤真臣⇨広澤兵助(へいすけ)
広重(刀工)　❺-1 1669・3・12 文／1676・6月 文
広階忠光　❷ 1168・是年 社
広島滉人　❽ 1951・12・16 文
広島三朗　❾ 1997・8・20 社
広末　保　❾ 1993・10・26 文
広末涼子　❾ 2012・7・10 文
広瀬惟然　❺-1 1711・2・9 文
広瀬阿常　❻ 1875・2・6 社
広瀬勝貞　❾ 2007・4・8 社／

2011·4·10 社
広瀬勝平 ❼ 1920·3·1 文
広瀬久兵衛(土五郎·正蔵·嘉貞·士礼·扶木) ❺-2 1823·8·4 社／1825·12月 社／1829·9·23 社／1841·1·23 政／1842·1·23 政／❻ 1871·9·29 政
広瀬国定 ❺-1 1690·8·15 文
広瀬国重 ❺-1 1690·8·15 文
広瀬国平 ❸ 1297·⑩·16 政
広瀬　敬 ❾ 2011·4·12 文
弘世　現 ❾ 1996·1·10 政
広瀬元恭 ❻ 1856·是年 文／1867·8·24 社／1870·10·27 文
弘瀬健太 ❻ 1863·6·8 政
広瀬宰平(駒之助·新右衛門) ❼ 1914·1·31 政
広瀬作内 ❹ 1593·11月 社
広瀬自慤(じかく) ❻ 1876·9·12 社
広瀬式部大夫 ❺-1 1703·貞享·元禄年間 文
広瀬治助 ❻ 1879·是年 社
弘世助三郎 ❼ 1913·11·17 政
広瀬素牛 ❺-1 1694·是年 文
広瀬武夫 ❼ 1904·3·27 日露戦争
広瀬淡窓(寅之助·求馬·建·廉卿·子基·青渓) ❺-2 1805·8月 文／1817·2月 文／1818·11·8 文／1837·是年 文／1840·是年 文／1841·是年 文／1849·是年／❻ 1856·11·1 文
広瀬　典(以寧·仁重·蒙斎) ❺-2 1816·是年 文
広瀬東畝 ❼ 1930·1·27 文
広瀬久忠 ❽ 1939·1·5 政／1944·7·22 政／1955·7·11 政
広瀬豊作 ❽ 1945·4·7 政／1964·4·12 政
広瀬正雄 ❾ 1971·7·5 政
広瀬政次 ❽ 1952·9·8 政
広瀬又次郎 ❹ 1544·1月 社
広瀬宗信 ❺-1 1663·9·11 政
広瀬　芽 ❾ 2008·8·9 社
広瀬元恭 ❺-2 1852·是年 文
広瀬盛正 ❼ 1925·10月 社
広瀬仁紀 ❾ 1995·1·15 文
広瀬林外 ❻ 1874·5·14 文
広瀬王(広湍王) ❶ 681·3·17 文／684·2·28 政／692·2·11 政／722·1·28 政
広瀬(広湍·広背)女王 ❶ 765·10·22 政
広瀬屋利兵衛 ❺-2 1831·5·3 社
広田章次 ❻ 1862·11·2 政
広田源太夫 ❺-1 1652·10月 社
広田弘毅(丈太郎) ❼ 1932·8·13 政／1933·9·14 政／1934·2·21 政／7·8 政／1935·1·25 政／10·7 政／1936·1·21 政／3·9 政／❽ 1937·1·23 政／6·4 政／7·20 政／11·2 政／1938·5·25 政／1940·7·17 政／1942·3·20 政／6·30 政／1945·2·7 政／6·3 政／6·23 政／12·2 政／1948·12·23 政
広田　順 ❾ 2003·9·10 社
広田精一 ❼ 1900·8·22 社
広田信武 ❻ 1877·8·23 政
広田はま ❼ 1911·9·22 文
広田彦左衛門尉 ❺-1 1623·2·16 社
広田寿一 ❽ 1949·7·1 政
広田善朗 ❻ 1887·9·8 文
広田理太郎 ❻ 1886·3·26 社
弘田龍太郎 ❽ 1943·5·28 文／1944·7·17 政／1952·11·17 文
広田王 ❶ 778·2·4 政／779·2·23 政
広津和郎 ❼ 1912·9月 文／1928·6·13 文／1934·3·16 社／❾ 1968·9·21 文
広津弘信 ❻ 1873·2·12 政／5·21 政
広津柳浪(直人·金次郎) ❼ 1900·2·11 文／1907·6·17 文／1928·10·15 文
弘中隆兼 ❹ 1552·10·2 政／1544·1月 政／1555·是春 政
広中平祐 ❾ 1970·9·1 文／1975·11·3 文
熙成(ひろなり)親王⇨後亀山(ごかめやま)天皇
広庭王 ❶ 797·1·13 政
広根諸勝 ❶ 787·2·5 政
広野了頓 ❹ 1594·5·11 文
熙宮⇨孝明(こうめい)天皇
広橋勝胤 ❺-2 1781·8·9 政
広橋兼賢 ❺-1 1669·5·26 政
広橋兼勝 ❹ 1575·3·20 社／1582·6·14 政／1595·6·3 文／1600·9·7 関ヶ原合戦／11·7 政／❺-1 1603·1·21 政／2·12 政／1610·4·18 政／1614·3·8 政／12·17 大坂冬の陣／12·29 政／1616·3·27 政／1618·6·21 政／11·14 政／1622·12·17 政
広橋兼郷 ❸ 1436·10·17 政／1441·7·5 政／1446·4·12 政
広橋兼胤 ❺-2 1750·6·21 政
広橋兼綱 ❸ 1381·9·26 政
広橋兼宣 ❸ 1387·是年 文／1401·4·23 社／1416·9月 政／1420·8月 政／1421·9·14 政／1429·9·13 政
広橋兼秀 ❹ 1522·5月 文／1536·2·10 政／1544·5·13 政／1557·9·2 政／1567·8·5 政
広橋国光 ❹ 1568·11·12 政
広橋伊光 ❺-2 1803·12·22 政／1813·9·15 政／1823·4·4 政
広橋貞光 ❺-1 1699·7·21 政
広橋胤定 ❺-2 1817·8·12 政／1831·1·20 政／1832·⑪·11 政
広橋胤保 ❻ 1867·4·17 政
広橋綱光 ❹ 1466·2·28 政／1477·2·14 政
広橋経泰 ❸ 1336·3·8 政／1337·3·10 政／1388·3·13 政
広橋仲光 ❸ 1371·12·2 社／1406·2·12 政
広橋総光 ❺-1 1602·6·11 文／1613·2·2 政／1629·9·14 政
広橋光成 ❻ 1857·4·27 政／12·29 政／1859·2·5 政
広橋守光 ❹ 1502·7·27 社／1513·3月 文／1526·4·1 政
広橋⇨勘解由小路(かげゆこうじ)姓も見よ
広橋⇨藤原(ふじわら)姓も見よ
広幡前豊 ❺-2 1775·⑫·2 政
広幡忠礼 ❻ 1858·3·12 政／1863·7·12 政／1867·11·30 政／❼ 1897·2·18 政
広幡忠幸 ❺-1 1663·11·22 政／1669·⑩·16 政
広幡経豊 ❺-2 1824·1·5 政／1838·6·23 政
広幡豊忠 ❺-2 1723·2·1 政／1737·8·1 政
広幡基豊 ❻ 1857·1·4 政／5·29 政
熙仁(ひろひと)親王⇨伏見(ふしみ)天皇
裕仁親王(昭和天皇)⇨項目 [3] 天皇·皇室·皇居·改元「天皇(歴代)」
広姫 ❶ 575·1·9／11月
広平親王 ❶ 971·9·10 政
広正(姓不詳) ❸ 1436·4·2 社
広松　渉 ❾ 1994·5·22 文
広光(相模刀工) ❸ 1356·4月 文／1359·7月 文／1360·8月 文
広峰則長 ❸ 1351·12·21 政
広宗(大工) ❹ 1515·②·4 社
広宗糸継 ❶ 859·1·13 政
広宗安人 ❶ 863·5·26 政
弘宗王 ❶ 841·1·13 政／852·仁寿2～4年 社／1·15 政／857·1·16 政／860·1·16 政／863·2·10 政／865·1·27 政／871·10·23 政
広本　進 ❾ 1991·10·15 文
広屋三之助 ❺-2 1805·是年 政
弘山晴美 ❾ 2006·3·12 社
ヒロン，アビラ ❺-1 1607·5·13 政
日和佐新左衛門 ❸ 1357·7·22 政
檜皮姫(北條時頼の妹) ❷ 1247·5·13 政
ヒワダヤ孫左衛門 ❺-1 1606·8·15 政
樋渡八兵衛 ❻ 1860·12·5 政
閔　黯(朝鮮) ❺-1 1693·11·18 政
敏覚(僧) ❷ 1177·10·7 社／1181·10·2 社
閔妃 ❻ 1895·10·8 政
平石如砥(ひんせきにょし、僧) ❸ 1337·是年 文／1340·是夏 文／1349·是秋 文
ビンセント·カルバリオ ❺-1 1632·7·19 社
ヒンデミット(指揮者) ❽ 1956·4·9 文
ピント，ガスパール·コレヤ ❹ 1573·6·28 政
ピント神父(殉教) ❺-1 1632·7·19 社
ビンラディン(アルカイダ指導者) ❾ 2011·5·1 政

ふ

武(倭王) ❶ 462·4月／477·11·29／478·7月／是年／479·是年／482·11月／是年／502·是年
武　弘毅(琉球) ❺-2 1825·9·22 政
ファーザードラウト(米) ❽ 1940·11·25 政
ファーブル(昆虫記) ❼ 1930·2月 文
ファイサル(サウジアラビア) ❾

1971·5·20 政
ファイティング原田　❽ 1962·10·10 社／❾ 1965·5·18 社
ファハド(サウジアラビア)　❾ 1997·11·8 政
ファビウス(オランダ)　❻ 1854·7·6 政
富阿弥　❸ 1445·3·25 文
ファリア，ジョルジ·デ　❹ 1545·是年 政
ファルケンブルグ(米)　❻ 1866·9·28 政／1868·1·15 政／11·23 政
ファレンテイン(オヴィディウス全集)　❺-1 1698·是年 文
ブアン(米)　❼ 1901·6·29 社
ファン，コーボ，フライ　❹ 1592·7月 政／1593·4·20 政
黄　長燁　❾ 1997·2·12 政
ファン·デル·ベル，ヘンドリック　❺-2 1732·9·20 政／1733·4·15 政／6·13 政
ファン·デル·ワーイエン，ヤコブ　❺-2 1740·9·20 政／1742·9·20 政／1743·9·20 政／1744·9·28 政
ファン，ポーブレ　❹ 1584·6·28 政
ファン·ホムート，ヘンドリック　❺-2 1749·10·30 政／1751·10·2 政／1753·9·20 政
ファン·レーデ　❺-2 1788·4·13 文
ファン·ディーメン　❺-1 1636·11·3 政
蕪庵葛里　❺-2 1817·9·15 文
ファンデンブルック(オランダ)　❾ 1989·4·20 政
フィッセル(オランダ)　❺-2 1822·1·15 政
フーヴァー(スイス)　❽ 1945·9·10 文
フヴォストフ(ロシア)　❺-2 1807·4·23 政
風外(僧)　❺-1 1712·1·11 社
風外本高(僧)　❺-2 1832·9月 文／是年 文／1847·6·22 社
ブーケリッチ，ブランコード　❽ 1941·10·15 政／1944·11·29 政
フーザ(英)　❻ 1890·12月 社
ブース(米)　❽ 1958·5·1 政／1960·12·2 政
ブース，ウィリアム　❼ 1907·4·16 社／1926·10·14 社
プーチン(ロシア)　❾ 2000·7·19 政／9·3 政／2005·5·9 政／2007·6·5 政／2009·5·11 政
ブーニン(ソ連)　❾ 1988·12·4 文
風白(俳人)　❺-1 1695·是年 文
フーフェランド(オランダ)　❺-2 1851·6·5 文
ブーヘリオン，ヨアン　❺-1 1655·9·24 政／1657·9·20 政／1659·9·20 政
プーマ(ラオス)　❽ 1958·3·6 政／1962·8·1 政／❾ 1966·4·4 政／1969·9·29 政
風来山人⇨平賀源内(ひらがげんない)
風鈴山人⇨大田南畝(おおたなんぽ)
ブーレー(仏)　❻ 1863·文久年間 社
ブーレン，ダフィト　❺-2 1752·11·1 政／1754·9·20 政／1756·9·20 政
武衛市郎左衛門　❺-1 1696·2·26 社
フェイオ，アンドレ　❹ 1574·是年 政
フェイト，アレント·ウィルレム　❺-2 1771·10·4 政／1773·10·10 政／1775·10·5 政／1776·1·15 政／1777·10·13 政／10·23 政／1780·10·10 政
フェイルケ(オランダ医師)　❺-2 1810·是年 文／1814·是年 文
フェーラン(英)　❻ 1869·3·28 社
フェスカ(地質調査)　❻ 1882·11月 文
笛野式賢　❷ 1229·3·8 文
フェノロサ，アーネスト　❻ 1878·8·10 文／1881·10·23 文／1884·2月 文／是年 文／1886·9·11 文／1888·5·5 文／9·27 文／1889·10月 文／1890·7月 文
フェラー，ヨハン·ハインリッヒ　❽ 1945·3·24 政
フェリックス·メイラン，ヘルマン　❺-2 1826·6·30 政／7·1 政
フェルステーヘン，ウィルレム　❺-1 1646·9·19 政／10·26 政
フェルステル，マイエル　❼ 1913·2·1 文
フェルテカンフ(オランダ)　❻ 1861·3·28 政
フェルト(太平洋軍司令官)　❽ 1960·9·8 政
フェルナンデス，ジョアン　❹ 1549·7·3 社／1552·12·10 社／1557·是秋 社／1564·是年 文／1567·5·20 社
フェルビースト，フェルディナンド　❺-1 1674·是年 文
フェルフーヘン(オランダ)　❺-1 1611·6·28 政
フェルマー(指揮者)　❽ 1944·6·21 文／11·14 文
フェレイラ，クリストファル　❺-1 1633·9·16 社
フェレッチ(美術学校)　❻ 1878·9·30 文／11·11 文
フェントン(軍楽隊)　❻ 1869·9月 文／1871·9月 文
フォイヤーマン(チェロ)　❼ 1934·10·4 文
フォード(米大統領)　❾ 1974·11·18 政
フォートリエ，ジャン　❽ 1944·是年 文
フォーリー，トーマス　❾ 1997·8·29 政
フォールズ(英)　❻ 1875·5·22 社
フォーレスタル，ジェームス　❽ 1945·6·18 政
フォス，グスタス　❾ 1990·3·19 文
フォス，ピーテル·ド　❺-1 1697·9·20 政／1699·9·20 政
ブオノ(インドネシア)　❾ 1966·5·28 政
フォペル(ケルン)　❹ 1536·是年 文
フォルカード(宣教師)　❺-2 1844·3·11 政
フォルヘル，ウィルレム　❺-1 1663·9·19 政／1665·9·20 政
普薗寺左馬介　❸ 1339·2月 政
フォンダ，ジェーン　❾ 1971·12·7 文
フォンタネージ(伊)　❻ 1878·9·30 文
富加　抃　❶ 672·5·28 政
深井英五　❼ 1935·6·4 政／❽ 1945·10·21 政
深井志道軒　❺-2 1735·享保年間 社／1748·是年 文／1763·宝暦年間 社／1765·3·7 文
深浦加奈子　❾ 2008·8·25 文
深江遠広　❻ 1890·5月 文
深江庄左衛門　❺-1 1714·5·13 政／6月 社
深江種長　❸ 1340·3·12 政
深江蘆舟(庄六)　❺-2 1757·4·8 文
深川湖十(老鼠)　❺-2 1738·7·27 文
深川八郎右衛門　❹ 1596·是年 社
深川元儁(もととし)　❻ 1856·5·4 文
深川弥作　❻ 1881·11·18 社
深草(四世王)　❶ 793·10·6 社
深草検校　❺-2 1735·享保年間 文
深坂良源　❸ 1436·6·18 社
深作欣二　❾ 2003·1·12 文
深澤有経　❸ 1294·12·2 政
深澤勝興　❻ 1883·2·1 政
深澤勝幸　❺-1 1684·是年 社
深澤儀太夫　❺-1 1662·是年 社／1663·是年 社
深澤恒造　❼ 1910·10·31 文
深澤権八　❻ 1881·是年 政
深澤定八　❺-2 1738·是年 社
深澤七郎　❽ 1956·11月 文／1958·4月 文／1960·11·10 文／❾ 1987·8·18 文
深澤俊平　❷ 1250·3·1 政
深澤巳吉　❻ 1878·8·23 政
深栖三郎入道　❸ 1331·9·29 政
深瀬周一郎　❼ 1921·6·6 文
深瀬団右衛門　❺-2 1718·5月 政
深瀬昌久　❾ 2012·6·9 文
深瀬洋春　❻ 1857·6·3 文／1858·2·8 文
深田長治　❼ 1931·2月 社
深田千代(円応教)　❼ 1931·2月 社
深田千代子(円応教)　❼ 1919·7·16 社
深田久弥　❽ 1938·9·11 文
深谷　徹　❾ 1992·2·27 文
深津絵里　❾ 2010·9·6 文
深津尚子　❾ 1965·4·25 社
深津八九郎　❹ 1564·1·11 政／❺-1 1613·11·18 社
深津正国　❺-1 1698·6·23 社
深津正貞　❺-1 1619·是年 文
深津正吉　❺-1 1625·是年 政／1627·7·29 政
深根輔仁　❶ 918·9·17 文／921·8·22 文／922·延喜年間 文
深根宗継　❶ 867·2·11 文
深野孫兵衛　❻ 1863·5·8 政
深野能登守　❹ 1590·8·28 政
深堀官左衛門　❺-1 1715·正徳年間 政
深堀清綱　❸ 1350·9·16 政
深堀三右衛門　❺-1 1700·12·19 社
深堀時願　❸ 1302·5·24 政
深堀純賢　❹ 1574·3月 政／1588·6·15 政

深堀時明(孫房丸)　❸ 1302・5・24 政／1313・11月 政／1318・6・6 政／1347・5・11 政／1349・9・10 政
深堀時清　❸ 1384・8・15 政
深堀時仲　❷ 1280・8・27 政／❸ 1287・11・29 政／1288・5・29 政／1289・3・12 政／11月 政
深堀時広　❸ 1342・3・20 社／1372・2・13 政／1374・8・3 政
深堀時通　❸ 1339・5・15 政／1340・6・26 政
深堀時元　❸ 1342・3・20 社
深堀仲家　❸ 1313・11月 政
深堀広綱　❸ 1350・9・16 政
深堀政綱　❸ 1338・2・9 政／1347・5・11 政／1350・9・16 政
深堀行光　❷ 1258・10・2 社
深町　純　❾ 2010・11・22 文
深町式部大夫　❸ 1316・9・25 社
深水宗方(長智)　❹ 1579・8・2 政
深見有隣(松之助・久大夫・新兵衛・右翁)　❺-2 1745・⑫・12 文／1773・2・15 文
深見玄岱(子新・天)　❺-1 1710・2・25 文
深見自休　❺-2 1730・3・18 社
深見七左衛門　❺-1 1667・7月 政
深見弾右衛門⇨平成紀(へいせいき)
深見弾左衛門　❺-1 1688・8・20 政
深見延賢　❺-2 1837・是年 社
深緑夏子(夏代)　❽ 1946・4・22 文／❾ 2009・8・31 文
深谷駒吉　❼ 1900・10・18 社
深谷隆司　❾ 1990・2・28 政／1995・8・8 政／1999・10・5 政
深谷盛房　❺-2 1831・8・8 社
深谷盛吉　❺-1 1619・1・17 政
府川博樹　❾ 2007・12・7 社
富干(高句麗使)　❶ 675・3月 政
普貫(僧)　❸ 1410・2・1 社
普寛(僧)　❺-2 1792・6・10 社／1801・9・10 社
不管斎宗俊(四代目)　❺-2 1805・6・27 文
不干斎ハビアン　❹ 1592・12・10 文／❺-1 1605・是年 文／1606・6・15 社／1620・1・17 社
蕗谷虹児　❾ 1979・5・6 文
ブキャナン(米大統領)　❻ 1860・③・28 万延遣米使節
普求　❺-2 1759・是年 文
浮玉(僧)　❸ 1383・3・25 社
フグ, アンディ　❾ 2000・8・24 社
復庵宗己(大光禅師)　❸ 1310・是年 政／1318・是年 政／1330・是年 政／1334・1・21 社／1346・是年 政／1358・9・26 社／1360・9・9 社
福井アイ　❽ 1950・3・9 社
福井昭雄　❾ 2006・10・2 社
福井浅右衛門　❺-1 1689・5・16 社
福井伊右衛門　❺-1 1683・12・11 政
福井久蔵　❼ 1926・8月 文
福井九兵衛　❼ 1903・9・20 社
福井謙一　❽ 1952・4・月 文／❾ 1998・1・9 文
福井玄蕃　❹ 1517・4・13 政
福井江亭　❼ 1900・3・5 文／1901・11・7 文／1909・9・9 文／❽ 1937・3・14 文
福井作左衛門　❺-1 1634・是年 文／1669・2・28 文
福井三郎　❾ 1998・1・11 文
福井春水　❺-2 1832・是年 文
福井敏雄　❾ 2005・4・27 文
福井俊彦　❾ 2003・2・24 政／2008・3・19 政
福井八郎兵衛　❺-1 1683・3・12 政
福井楓亭(大車・柳介)　❺-2 1792・是年 文
福井茂兵衛　❼ 1902・9月 文
福井弥五左衛門　❺-1 1664・是年 文
福因(医)　❶ 623・7月 文
福内鬼外　❺-2 1770・1・16 文
福王和幸　❾ 2005・7・8 文
福王雪岑　❺-2 1785・3・18 文
福王寺法林　❾ 2004・11・3 文
福岡宗也　❾ 2000・4・11 政
福岡孝弟(藤次)　❻ 1867・6・22 政／10・3 政／10月 社／1868・3・14 政／1881・4・1 政／10・21 政／12・17 文／1883・12・12 政／1888・4・30 政／❼ 1919・3・6 政／❾ 2005・7・12 文
福岡丹波　❺-1 1627・6・5 社
福岡健良　❼ 1896・8・1 政
福岡正信　❾ 2008・8・16 社
福岡石見守　❹ 1570・5・11 政
福嘉(高句麗)　❶ 693・6・1 社
福来大夫　❸ 1435・2・21 文／1454・9・22 文
福澤一郎　❼ 1931・1・11 文／1936・4・25 文／❽ 1939・5・17 文／❾ 1991・11・3 文／1992・10・16 文
福澤英之助　❻ 1866・10・26 文
福澤憲治　❺-2 1785・是年 文／1834・是年 文
福澤桃介　❼ 1919・11・8 政／1921・9月 政／1926・3・5 政／❽ 1938・2・15 政
福澤幸雄　❾ 1969・2・12 社
福澤諭吉　❻ 1854・2月 文／1855・3・9 文／1858・10月 文／1859・是年 文／1864・6・26 文／10・6 文／1867・1・23 政／1868・6月 文／1869・1・1 文／11月 文／1872・2月 文／1874・2月 文／6・27 文／10・4 社／1875・2・6 社／1878・9・21 文／1879・1・15 文／3・20 政／1883・10・16 社／1885・3・16 政／1892・1・27 文／1893・10・29 社／❼ 1898・7・1 文／1901・1・1 文／2・3 文
福士明夫　❾ 2005・4・13 社
副士甚左衛門　❺-1 1666・4・10 政
福島伊織　❺-1 1697・②・2 政
福島金馬　❻ 1890・11・8 社
福島慶道　❾ 2011・3・1 社
福島玄清　❺-1 1663・是年 文
福嶋滋雄　❾ 1998・6・1 社
福島順碁　❺-2 1804・是年 文
福島譲二　❾ 1989・8・9 政／1999・1・31 社／2000・2・25 政
福島　紳　❽ 1960・10・10 社／❾ 1968・2・9 社
福島新吉　❼ 1934・3・9 政
福島忠勝　❺-1 1614・11・29 大坂冬の陣
福島丹波　❺-1 1619・6・2 政
福島千里　❾ 2009・6・7 社／2010・4・29 社／11・12 社
福島ヒサコ　❾ 1975・11・19 社
福島秀子　❽ 1956・3・13 文
福島正夫　❾ 1989・12・14 文
福島正利　❺-1 1624・7・13 政
福島正則(政則)　❹ 1587・9・5 政／1590・3・28 政／4・5 政／1592・4月文禄の役／5・27 文禄の役／1593・1月文禄の役／2・8 文禄の役／1594・1・22 文禄の役／9・29 文禄の役／1595・5・24 政／7・15 政／7月 政／10・8 政／1598・8・28 社／1599・1・19 政／1・21 政／③・4 政／1600・7・24 関ヶ原合戦／8・12 関ヶ原合戦／8・13 関ヶ原合戦／8・23 関ヶ原合戦／9・15 関ヶ原合戦／9・17 関ヶ原合戦／9・19 政／9・23 関ヶ原合戦／❺-1 1601・是年 政／1602・5月 文／10・14 政／12・28 政／1604・6・2 政／1606・12・8 社／1607・是冬 政／1608・2・24 政／1609・7・29 政／1613・是年 政／1619・1・24 政／6・2 政／1624・7・13 政
福島正之　❺-1 1607・是冬 政
福島又四郎　❺-2 1789・6・2 政
福島瑞穂　❾ 2003・11・15 政／2009・9・16 政
福島安正　❻ 1892・2・11 政／1893・6・28 政／❼ 1902・7・7 政／1912・4・26 政／1919・2・19 政
福島よね　❼ 1912・10・13 社
福島柳圃　❻ 1889・10・22 文
福島隣春　❻ 1882・9・16 文
福寿太郎(大工)　❸ 1310・3・12 社
復初本礼(僧)　❸ 1329・是年 政
福住正兄　❻ 1892・5・20 社
福田昭夫　❾ 2000・11・19 社／11・20 政
福田阿佐美　❾ 2008・11・4 文
福田一郎　❾ 2003・9・4 文
福田市郎兵衛　❺-1 1666・7・6 社
福田和子　❾ 1996・8・19 社／1997・7・29 社
福田歓一　❾ 2007・1・7 文
福田勘介　❹ 1597・10・3 社
福田甲子雄　❾ 2005・4・25 文
福田行誡　❻ 1888・4・25 社
福田京鉄　❼ 1902・9・10 文
福田俠平　❻ 1867・10・17 政
福田清人　❽ 1939・1月 文／1940・10・31 文／❾ 1995・6・13 文
福田敬子　❾ 2011・7・28 社
福田玄蕃　❹ 1543・6月 政
福田定良　❾ 2002・12・11 文
福田繁雄　❾ 1965・11・12 文／2009・1・11 文
福田重義　❼ 1912・4月 社
福田次兵衛　❺-1 1688・12・17 政
福田宗一　❽ 1940・11月 文
福田孝行　❾ 1999・4・14 社
福田赳夫　❽ 1948・9・10 政／1952・10・1 政／1959・6・18 政／❾ 1966・8・1 政／1968・11・30 政／1970・1・14 政／1971・7・5 政／1972・7・5 政／12・22 政／1974・11・30 政／12・9 政／1976・12・24 政／1978・8・15 政／11・26 政／1995・7・5 政／2007・10・1 政／10・30 政／11・2 政／11・16 政／12・11 政

福田太郎　❻ 1890·10·3 政
福田恆存　❽ 1958·10月 文／1959·11·4 文／1963·1·14 文／❾ 1994·11·20 文
福田廷臣　❺-2 1820·是年 文
福田徳三　❼ 1918·12·23 政／1930·5·8 文
福田篤泰　❽ 1963·7·18 政／❾ 1976·9·15 政
福田豊四郎　❼ 1925·10·16 文／1926·10·16 文／1933·9·1 文／❽ 1938·2·11 文／1942·3月 文／1944·11·25 文／1951·9·10 文／❾ 1970·9·27 文
福田信之　❾ 1994·11·27 文
福田　一　❽ 1962·7·18 政／1963·7·18 政／❾ 1972·7·7 政／1974·12·9 政／1976·12·24 政／1977·10·4 政／1997·9·2 政
福田半香　❺-2 1845·2月 文／❻ 1864·8·23 文
福田英子⇨景山(かげやま)英子
福田広重　❾ 1965·5·11 文
福田宏年　❾ 1997·6·8 文
福田　復　❺-2 1843·是年 文
福田平八郎　❼ 1921·10·14 文／1924·10·15 文／1928·6·28 文／❽ 1945·4·13 文／1947·10·16 文／1953·11·29 文／1961·11·3 文／❾ 1968·11·14 文
福田雅太郎　❼ 1923·9·3 政／1924·9·1 政／1932·6·1 政
福田道直　❻ 1868·4·11 政
福田道昌　❻ 1864·3·13 政
福田康夫　❾ 2000·10·27 政／12·5 政／2007·9·23 政／9·25 政／2008·9·1 政／12·1 社
福田夕咲　❼ 1909·4月 文
福田与一　❹ 1579·1·29 社
福田陽一郎　❾ 2010·4·11 文
福田蘭童　❼ 1934·3·16 社／❾ 1976·10·8 文
福田良三　❽ 1945·9·9 政
福田露言　❺-1 1691·4·10 文
福田和五郎　❼ 1916·1·12 政
福城匂当　❹ 1579·9·18 文
福地源一郎(桜痴·八十吉·万世)　❻ 1865·4·25 政／1877·2·22 西南戦争／1878·3·12 政／1879·3·20 政／1881·8·23 政／10·15 政／1882·3·18 政／1886·8月 文／1888·7·10 文／1894·5·8 文／❼ 1906·1·4 文
福知上陳　❺-1 1639·是年 政
福地信世　❼ 1934·5·22 文
福地曠昭　❽ 1944·6·29 政
福地泡介　❾ 1995·1·5 文
福地復一　❼ 1901·11·7 文
福富孝季　❻ 1880·7·10 文
福富文喬　❺-2 1805·是年 文
福富平左衛門　❺-1 1663·6月 社／1668·3·5 政
福富味身　❶ 588·是年
福留　繁　❽ 1944·5·12 政
福永健司　❽ 1952·7·1 政／1961·7·18 政／❾ 1977·11·28 政
福永謙三　❻ 1866·12月 文
福永章一　❼ 1911·3·27 社
福永祐禺　❹ 1533·8·28 政
福永武彦　❾ 1979·8·13 文
福永法源　❾ 1999·12·1 社
福永陽一郎　❽ 1957·4·9 文／6·6 文
福永丹波守　❹ 1577·12·11 政
福西虎一　❾ 1978·2·25 文
福羽逸人　❻ 1885·是年 社／❼ 1921·5·19 文
福羽美静(美黙)　❻ 1862·12·14 社／1871·8·8 社／1881·4月 文／1887·5·9 政／1894·5·10 文／❼ 1907·8·14 政
福原　愛　❾ 2011·5·8 社／2012·7·27 社
福原有信　❻ 1872·5月 文／1888·5月 社
福原越後　❻ 1864·6·17 政／7·14 政／10·27 政／11·7 政
福原乙之進　❻ 1863·11·25 政
福原五岳(元素·子絢·大助·玉峰·楽聖堂)　❺-2 1773·是年 文／1799·11·17 文
福原貞俊　❹ 1550·7·20 政／1557·12·2 政
福原三洞　❺-2 1797·7·22 文
福原信三　❽ 1948·11·4 文
福原直高　❹ 1595·7·15 政
福原長堯　❹ 1600·9·14 関ヶ原合戦／9·17 関ヶ原合戦
福原信辰　❽ 1946·9·29 文
福原信久　❻ 1862·10·21 社
福原灞水(敬蔵·子復)　❺-2 1806·12·28 文
福原広俊　❹ 1532·7·13 社／1600·9·14 関ヶ原合戦／❺-1 1605·12·13 政
吹原弘宣　❾ 1965·4·23 政
福原芳山　❻ 1882·8·17 政
福原元俊　❹ 1583·12·15 政
福原鐐二郎　❼ 1932·1·17 文
福原式部大輔　❹ 1465·3·29 政
福間就辰　❺-1 1633·2·23 社
福見友子　❾ 2009·8·26 社
福光尚次　❾ 1996·9·20 政
福光瑞筑　❺-2 1764·12·15 文
福村長右衛門　❺-1 1677·7·26 政
福本和夫　❼ 1926·2月 政／12·4 政／1928·3·15 政
福本和也　❾ 1997·1·1 文
福本九郎二郎　❹ 1553·11·9 社
福本古葉　❼ 1910·12·21 文
福本　章　❾ 2011·7·6 文
福本新八　❺-2 1725·10·9 社
福本日南　❼ 1921·9·2 文
福元美穂　❾ 2012·7·27 社
福屋是兼　❹ 1479·10·26 政
福屋隆兼　❹ 1561·11月 政
福山哲郎　❾ 2011·3·11 社
福山敏男　❾ 1995·5·20 文
福山道庵　❺-1 1666·11·28 文
福山雅治　❾ 2010·1·4 社
譜久山親方　❻ 1858·4·16 政
福楊(僧)　❶ 684·④·24 社
福良連経　❹ 1576·12·5 政／1586·11·25 政／1588·4·14 政
福利(通事)　❶ 608·9·11 政／609·9月 政
福亮(僧)　❶ 638·是年 文／645·8·8 社／657·是年 社
袋屋伊右衛門　❺-1 1692·是年 社
福家俊明　❾ 2009·12·27 社
扶公(僧)　❷ 1035·7·7 社
普済善救(僧)　❸ 1408·1·12 社
成仁(ふさひと)親王⇨後土御門(ごつちみかど)天皇
普子内親王　❶ 947·7·11 政
孚子内親王　❶ 958·4·28 政
ふじ(女中)　❺-1 1681·3月 社
ふじ(芸妓)　❻ 1857·10·14 社
藤　明里　❾ 2010·7·9 社
布師勝士丸　❶ 967·5·7 社
富士勘右衛門　❺-1 1682·3·21 政
藤　重蔵(守重)　❺-2 1826·10·6 政
藤　茂喬　❺-2 1812·是年 文
藤　四郎　❻ 1865·6·24 政／1866·9·16 政
富士祐本　❹ 1465·6·25 社
藤　猛(ポール·タケシ·藤井)　❾ 1967·4·30 社／1968·12·12 社
富士忠時　❹ 1465·6·25 社
藤　平典　❾ 2011·2·24 政
富士正晴　❾ 1987·7·15 文
富士又左衛門　❺-1 1665·8·9 政
藤　道子　❽ 1943·10·3 文
不二洋子　❼ 1934·是年 社
藤　洋作　❾ 2005·3·25 政
藤　好静　❻ 1877·6·15 西南戦争
布志井三郎左衛門　❸ 1333·8·3 政
藤井有次　❷ 1093·3·18 政
藤井以正　❺-2 1752·是年 文
藤井右門(吉太郎·直明)　❺-2 1767·8·22 政
藤井乙男　❽ 1945·5·23 文
藤井勝志　❾ 1977·11·28 政
葛井(ふじい)河守(川守)　❶ 767·2·28 政
藤井咸斎　❺-2 1823·是年 文
藤井吉五郎　❼ 1906·6·26 社
葛井清明　❶ 918·5·25 文
藤井清重　❷ 1017·1·11 社
藤井国方　❷ 1163·5·2 政
藤井内蔵助　❺-2 1747·11月 政
藤井健次郎　❽ 1950·11·3 文／1952·1·11 文
藤井浩祐　❼ 1912·10·13 文／1914·10·15 文／1926·9·4 文
藤井貞幹⇨藤(とう)貞幹
藤井三郎　❺-2 1847·是年 文
藤居重啓　❺-2 1815·是年 文
藤井勝吉　❾ 2009·8·3 社
藤井常板　❺-2 1786·是年 文
藤井甚太郎　❽ 1958·7·9 文
藤井誠司　❾ 1997·10·4 社
藤井総四郎　❾ 2010·12·17 社
藤井孝男　❾ 1997·9·11 政／2003·9·8 政／9·20 政／2010·4·10 政
藤井高尚(忠之丞·小膳·松屋·松舎)　❺-2 1803·是年 文／1805·是年 文／1811·是年 文／1813·是年 文／1815·是年 文／1818·是年 文／1824·是年 文／1826·是年 文／1828·是年 文／1829·是年 文／1832·是年 文／1840·8·15 文
藤井拓郎　❾ 2008·8·9 社
藤井但馬　❻ 1859·1·9 政

藤井忠固(忠優) ❺-2 1848·10·18 政
葛井立足 ❶ 768·2·3 政
藤井 環⇨三浦(みうら)環
藤井竹外 ❻ 1866·7·21 文
藤井長之助 ❺-2 1718·1·14 文
藤井嗣孝 ❸ 1419·12·16 政
藤井伝一 ❺-1 1612·⑩·17 文
藤井俊長 ❷ 1191·1·15 政
藤井友武 ❷ 1074·6·20 社
藤井直次郎 ❺-2 1787·是年 文
藤井尚澄 ❺-2 1850·是年 文
藤井直好 ❺-1 1696·是年 文／1699·是年 文
藤井日達 ❼ 1917·2·8 社
葛井根主 ❶ 764·1·20 政／785·1·15 政
葛井根道 ❶ 763·12·29 政／780·3·17 政
藤井徳昭(紋大夫) ❺-1 1694·11·23 政
藤井則和 ❽ 1952·1·31 社
藤井治芳 ❾ 2003·10·24 政
藤井半知⇨遠近道印(おちこちどういん)
藤井久任 ❷ 1090·8·21 社
藤井秀樹 ❾ 2010·5·3 文
藤井秀二 ❼ 1930·2·20 文
藤井 斎 ❼ 1932·2·5 政
藤井 啓 ❺-2 1845·是年 文
藤井裕久 ❾ 1993·8·9 政／1994·4·28 政／2009·9·16 政／2010·1·7 政
葛井広成 ❶ 743·3·6 政／6·30 政
藤井丙午 ❾ 1968·12·17 社
藤井孫四郎 ❸ 1401·7·8 政
藤井真信 ❼ 1934·7·8 政／11·7 政／1935·1·31 政
藤井正美 ❾ 1972·是年 文
藤井真澄 ❼ 1919·3月 文
藤井松太郎 ❾ 1988·2·14 政
藤井瑞希 ❾ 2012·7·27 社
葛井道依 ❶ 785·1·15 政
藤井 実 ❼ 1902·11·14 社／1906·11·10 社
藤井宗氏 ❷ 1278·5月 政
葛井宗之 ❶ 862·2·8 文
葛井諸会 ❶ 711·3·5 文／745·4·25 文／747·3·10 政
藤井由宮子 ❾ 2000·9·15 社
藤井能三 ❻ 1878·5·11 社
藤井好直 ❺-2 1847·是年 文
藤井与次兵衛 ❹ 1584·3·23 政
葛井善宗 ❶ 861·1·28 政
藤井来夏 ❾ 1996·7·19 社／2000·9·15 社
藤井懶斎 ❺-1 1687·是年 文／1688·是年 文／1715·是年 文
藤井藍田 ❻ 1865·⑤·13 政
藤井良節 ❻ 1862·9·30 政
藤井林右衛門 ❼ 1910·11·16 社
藤井林太郎 ❾ 2007·1·11 社
葛井親王 ❶ 834·1·12 政／840·1·30 政／847·是年 社／850·1·15 政／4·2 政
藤植検校 ❺-2 1791·7·13 社
藤江邦良(東江) ❺-2 1746·6·14 文
藤江又十郎 ❺-1 1652·9·13 政
藤枝 晃 ❾ 1998·7·23 文
藤枝外記(教行·安十郎) ❺-2 1785·8·13 政
藤枝静男 ❾ 1966·9月 文／1968·4月 文／1993·4·16 文
藤枝泉介 ❽ 1961·7·18 政／❾ 1966·12·3 政
藤枝方教 ❺-1 1697·8月 社／❺-2 1720·4·1 政
藤尾正行 ❾ 1986·7·22 政／9·5 政 ／2006·10·22 政
藤岡市助 ❻ 1888·是年 社／1889·8·12 社／❼ 1918·3·5 文
藤岡月尋 ❺-1 1714·是年 文／1715·2·21 文
藤岡謙次郎(登山家) ❾ 1969·8·21 社／1985·4·14 文
藤岡謙次郎(歴史·地理学者) ❾ 1985·9·14 文
藤岡作太郎 ❼ 1910·2·3 文
藤岡茂元 ❺-1 1657·是年 文
藤岡俊一郎 ❽ 1944·3·8 文
藤岡祥三 ❾ 1990·11·12 社
藤岡大吉 ❺-2 1733·9·13 文／1757·9·14 文
藤岡琢也 ❾ 2006·10·20 文
藤岡由夫 ❽ 1955·12·19 政／❾ 1976·3·13 文
藤家虹二 ❾ 2011·10·24 文
藤懸静也 ❽ 1958·8·2 文
藤懸弾正 ❸ 1367·7·11 政
藤蔭静枝(静樹) ❼ 1917·5·29 文／❽ 1940·6·27 文／❾ 1966·1·2 文
藤方具俊 ❹ 1576·11·25 政
藤川栄子 ❽ 1949·9·19 文
藤川吉右衛門 ❺-1 1668·5·12 社
藤川座角 ❺-2 1808·1月 文
藤川重守 ❺-1 1700·3·21 政
富士川十郎 ❻ 1867·6·15 社
藤河甚左衛門 ❺-1 1622·是年 社
富士川英郎 ❾ 2003·2·10 文
藤川武左衛門 ❺-1 1683·2月 文
藤川真弓 ❾ 1970·6·23 文
富士川 游 ❽ 1940·11·6 文
藤川勇造 ❼ 1909·10·15 文／1932·9·3 文／1935·6·15 文
伏木和雄 ❾ 2012·7·28 政
藤木敦直 ❺-1 1749·1·4 文
藤木九三 ❼ 1929·7·20 社
藤木麻祐子 ❾ 1996·7·19 社
藤木 悠 ❾ 2005·12·19 文
藤倉修一 ❽ 1946·6·3 社／❾ 2008·1·11 文
藤倉善八 ❻ 1893·1月 社
藤子不二雄 ❽ 1956·8月 文／1964·2·28 社／❾ 1965·8·29 社／1984·6月 社／1996·9·23 文／2005·4·15 社／2011·9·5 文
藤崎久長 ❹ 1589·5·19 政
藤里 要 ❾ 2005·9·28 社
藤澤浅二郎 ❻ 1891·2·5 文／❼ 1898·8·13 文／1901·4·6 文／1906·3·4 文／10·27 文／1910·10·31 文／1911·4·14 文
藤澤幾之輔 ❽ 1940·4·3 政
藤澤 周 ❾ 1998·7·16 文
藤澤周平 ❾ 1997·11·26 文
藤澤四郎 ❸ 1301·是年 社
藤澤次郎 ❽ 1950·4·19 社
藤澤桓夫 ❾ 1989·6·12 文
藤澤辰次郎 ❼ 1931·6·15 社
藤澤南岳(恒·君成) ❼ 1920·1·31 文
藤澤縫殿之助 ❺-1 1649·4·3 社
藤澤秀行 ❾ 1977·2·8 文／2009·5·8 文
藤澤政頼 ❸ 1336·1·1 政
藤澤元造 ❼ 1911·2·4 政
藤澤頼親 ❹ 1542·9·26 政／1545·4·11 政／6月 政／1548·6·10 政／1582·7·15 政／11月 政
藤澤利喜太郎 ❻ 1889·7月 社／❼ 1925·9·20 政／1933·12·23 文
藤澤里菜 ❾ 2010·4·1 文
富士山春賀丸 ❹ 1461·1·22 文
藤重匹龍 ❺-2 1808·是年 文
藤嶋 昭(光化学) ❾ 2010·11·4 文
藤島 昭(判事) ❾ 2010·11·21 政
藤島一造 ❻ 1889·8·1 政
藤島宇内 ❾ 1997·12·2 文
藤島亥治郎 ❾ 1967·7·18 文
藤島泰輔 ❾ 1997·6·28 文
藤島桓夫 ❾ 1994·2·1 文
藤島武二 ❼ 1896·6·6 文／9·11 文／1902·9·20 文／1909·10·15 文／1915·10·14 文／1934·12·3 文／❽ 1937·4·28 文／1943·3·19 文
藤島常興 ❻ 1873·2·25 文
藤島正敏 ❾ 2005·7·25 文
藤島るてりき(狄) ❺-1 1694·11·22 社
富士上人(僧) ❷ 1149·4·16 社
藤代素人 ❼ 1900·9·8 文
藤瀬半兵衛(兵五郎) ❻ 1865·是年 社
藤瀬政次郎 ❼ 1920·4·15 政
藤田敦史 ❾ 2000·12·3 社
藤田和夫 ❽ 1942·5月 文
藤田吉左衛門 ❺-1 1706·6·25 文
藤田喬平 ❾ 2004·9·18 文
藤田謙一 ❼ 1928·4·10 政／1933·5·16 政
藤田顕蔵 ❺-2 1829·12·5 社
藤田呉江 ❻ 1885·5·22 文
藤田小四郎 ❻ 1864·3·27 政／3·27 天狗党の乱
藤田小女姫 ❾ 1994·2·23 社
藤田梧郎(棋士) ❽ 1948·2·16 文
藤田貞資(定資·定賢·彦太夫·權平·子證·雄山) ❺-2 1781·是年 文／1789·是年 文／1795·是年 文
藤田里子 ❻ 1892·12·23 社
藤田三庵 ❺-2 1762·11·1 社
藤田春庵 ❺-2 1850·6·10 社／1851·5·26 社
藤田湘子 ❾ 2005·4·15 文
藤田省三 ❾ 2003·5·28 文
藤田四郎 ❼ 1902·7·3 政／1911·10·25 政
藤田愼一郎 ❾ 2011·5·20 文
藤田 進 ❽ 1944·是年 社
藤田清右衛門 ❻ 1874·1·12 社
藤田大五郎 ❾ 2008·11·15 文
藤田大助 ❺-2 1797·10·29 政
藤田喬平 ❾ 2002·11·3 文
藤田たき ❽ 1958·8·22 政／❾ 1993·1·4 文
藤田嗣治(レオナール·フジタ) ❼

1918·是年 文／**1919**·是年 文／**1923**·是年 文／**1925**·是年 文／**1927**·2·1 社／❽ **1939**·4·14 文／**1940**·7·7 文／**1941**·9·13 文／**1942**·3月 文／**1943**·9·1 文／**1944**·3·8 文／11·25 文／**1945**·10·14 文／10·28 文／**1950**·2·4 文／❾ **1968**·1·29 文
藤田哲也 ❾ **2007**·4·9 社
藤田　田 ❾ **2004**·4·21 社
藤田伝三郎(六太郎·六三郎) ❻ **1877**·4月 社／**1879**·9·15 政／**1880**·10月 政／**1884**·12·25 社／**1889**·5·16 政／**1893**·12月 政／❼ **1912**·3·30 政
藤田東湖(彪·斌卿·虎之助·誠之進·梅庵) ❺-2 **1838**·3月 文／**1844**·是年 文／**1846**·是年 文／**1849**·是年 文／❻ **1853**·7·3 政／**1855**·10·2 政／**1856**·是年 文
藤田道伯 ❺-2 **1778**·是年 文
藤田敏八 ❾ **1997**·8·29 文
藤田留治郎 ❼ **1922**·3·17 政
藤田豊八 ❼ **1929**·7·15 文
藤田信夫 ❽ **1942**·9·9 政
藤田信吉 ❹ **1600**·3月 政
藤田晴子 ❽ **1938**·4·9 文
藤田尚徳 ❾ **1970**·7·23 政
藤田秀太郎 ❼ **1922**·3·31 文
富士田楓江(吉次) ❺-2 **1771**·3·29 文
藤田文蔵 ❻ **1886**·1·19 文／**1889**·2·1 文／❼ **1901**·4·1 文
藤田方策 ❻ **1876**·11·12 文
藤田まこと ❾ **2010**·2·17 文
藤田孫之進 ❺-1 **1693**·1·17 政
藤田正明 ❾ **1976**·12·24 政／**1996**·5·27 政
藤田松阿弥 ❺-2 **1755**·5·26 文
藤田茂吉(鳴鶴) ❻ **1881**·8·23 政／**1882**·12·17 文
藤田元司 ❾ **2006**·2·9 社
藤田元春 ❽ **1958**·4·16 文
藤田康雄 ❾ **2003**·5·30 文
藤田安正 ❺-2 **1831**·是年 文
藤田屋武助 ❺-2 **1726**·4·25 社
藤田幽谷(一正·熊之介·与介·次郎左衛門·子定) ❺-2 **1799**·是年 文／**1826**·12·1 文
藤田雄蔵 ❽ **1938**·5·13 政／**1939**·2·1 政
藤田良雄 ❽ **1938**·2月 文
藤田吉勝 ❺-1 **1673**·是年 文
藤田嘉言 ❺-2 **1789**·是年 文／**1798**·是年 文／**1807**·是年 文
藤田理兵衛(松月堂不角) ❺-1 **1687**·是年 文／**1690**·是年 文
藤田亮策 ❽ **1948**·4·1 文／**1960**·12·12 文
藤田左近 ❹ **1574**·2·11 政
藤谷為茂 ❺-1 **1713**·6·13 政
藤谷俊雄 ❽ **1945**·11·1 文
富士谷成章(専右衛門·仲達) ❺-2 **1767**·是年 文／**1773**·是年 文／**1778**·是年 文／**1779**·10·2 文／**1786**·是年 文／**1794**·是年 文
富士谷御杖(成寿·成元·北辺·北野·源吾·千右衛門) ❺-2 **1791**·是年 文／**1793**·是年 文／**1795**·是年 文／**1804**·是年 文／**1808**·是年 文／**1816**·是年 文／**1817**·是年 文／**1822**·是年 文／**1823**·12·16 文
富士谷弥平 ❼ **1909**·3·21 社
武実(琉球) ❹ **1473**·4·7 政
藤塚知直 ❺-2 **1743**·是年 文
藤富検校 ❺-1 **1713**·3·2 文
藤永真司 ❾ **2007**·3·30 政
藤永元作 ❽ **1963**·是年 社
藤浪　鑑 ❼ **1904**·10月 文／**1934**·11·18 文
藤波有直 ❹ **1463**·11·13 政
藤波景忠 ❺-2 **1723**·2·28 政
藤波重満 ❾ **2009**·7·27 文
藤波四郎太郎 ❸ **1333**·2·26 政
藤波孝生 ❾ **1988**·10·10 政／**1989**·5·17 政／**1994**·9·27 政／**1999**·10·21 政／**2007**·10·28 政
藤沼　貴 ❾ **2012**·1·9 文
藤波友忠 ❺-1 **1653**·⑥·27 社
藤沼　昇 ❾ **2012**·7·20 文
藤波秀忠 ❹ **1491**·是年 社
藤波与兵衛(初代) ❻ **1872**·是頃 文／❼ **1906**·10·14 文
藤波与兵衛(二代目) ❼ **1921**·2·15 文
藤浪与兵衛(三代目) ❽ **1952**·12·25 文
藤沼栄四郎 ❼ **1924**·12·20 社
藤沼時房 ❺-2 **1753**·4·27 政
藤野氏春 ❺-2 **1752**·是年 文
藤野貞雄 ❾ **2010**·11·28 政
藤野正三郎 ❾ **2012**·2·13 文
藤野清八 ❻ **1892**·11月 社
冨士野高嶺 ❾ **2011**·7·22 文
藤野千夜 ❾ **2000**·1·14 文
藤野恒三郎 ❾ **1992**·8·15 文
藤野孫一(吉左衛門) ❺-2 **1719**·是年 社
藤野政彦 ❾ **2004**·6·22 政
藤野和気清麻呂⇨和気(わけ)清麻呂
藤林益三 ❾ **1976**·5·24 政／**2007**·4·24 政
藤林鬼一郎 ❻ **1863**·10·15 社
藤林宗源(直良) ❺-1 **1641**·1·10 文
藤林泰助(普山) ❺-2 **1810**·是年 文
藤平正夫 ❾ **2003**·11·23 社
藤間勘右衛門(勘翁、二代目) ❻ **1887**·10·20 文／❼ **1925**·1·23 文
藤間勘右衛門(五代目) ❾ **1987**·3·28 文
藤間勘吉郎(山口光子郎) ❾ **2011**·2·10 文
藤間勘十郎(七代目) ❾ **1990**·12·5 文
藤間勘素娥 ❼ **1930**·是年 文
藤間静波 ❾ **2007**·12·7 社
藤間藤子 ❾ **1998**·10·14 文
藤間　紫 ❾ **2009**·3·27 文
藤巻卓次 ❾ **1990**·8·3 社
藤巻美代 ❽ **1962**·4·14 政
節松嫁嫁 ❺-2 **1810**·1·9 文
富士松加賀太夫(小林文太郎、七代目) ❼ **1930**·10·4 文
富士松加賀太夫(小林鎌吉、八代目) ❼ **1934**·4·19 文
富士松薩摩掾(初代) ❺-2 **1747**·是春 文
富士松薩摩掾(小林かつ、二代目) ❽ **1939**·10·25 文
富士松春太夫 ❼ **1934**·9·21 文
富士松長門大夫 ❾ **1991**·10·1 文
伏見康治 ❾ **2008**·5·8 文
伏見為信 ❺-1 **1704**·1·15 社
伏見俊昭 ❾ **2004**·8·13 社
伏見広綱 ❷ **1182**·11·10 社
伏見万治郎 ❼ **1905**·11月 社
伏見天皇(熙仁親王、持明院殿) ❷ **1265**·4·23 政／**1275**·10·18 政／11·5 政／**1280**·10·5 文／❸ **1287**·10·21 政／**1288**·3·15 政／**1290**·2·11 政／**1295**·9·14 政／**1298**·7·22 政／**1300**·1·22 政／**1304**·8月 文／**1311**·10·3 文／**1313**·10·14 政／**1314**·5·20 政／**1316**·10·2 政／**1317**·8·2 政／9·3 政／**1318**·3·10 政／**1436**·8·28 文
伏見宮邦永親王⇨邦永(くになが)親王
伏見宮邦頼親王⇨邦頼(くにより)親王
伏見宮貞敬親王⇨貞敬(さだたか)親王
伏見宮貞建親王⇨貞建(さだたけ)親王
伏見宮貞愛親王 ❼ **1923**·2·4 政
伏見宮貞行親王⇨貞行(さだゆき)親王
伏見宮博恭王 ❽ **1946**·8·16 政
伏見宮嘉彰親王⇨嘉彰(よしあき)親王
伏見屋七兵衛 ❺-1 **1697**·是年 社
伏見屋十左衛門 ❺-1 **1683**·⑤·19 社
伏見屋四郎兵衛 ❺-1 **1692**·是年 政／**1695**·8·29 政
伏見屋徳兵衛 ❺-1 **1681**·是年 政
伏見屋吉兵衛 ❺-1 **1681**·是年 政
藤村一角 ❺-1 **1674**·10月 文
藤村　修 ❾ **2011**·9·2 政／**2012**·10·24 政
藤村如皐 ❺-2 **1775**·是年 社
藤村紫朗 ❻ **1890**·10·1 政
藤村新一 ❾ **2000**·11·5 文／**2001**·10·5 文
藤村　作 ❼ **1924**·5月 文／❽ **1946**·6·15 文
藤村富美男 ❽ **1955**·4·12 社／❾ **1992**·5·28 社
藤村半太夫 ❺-1 **1659**·是年 文／**1714**·3月 文
藤村秀夫 ❼ **1921**·5·29 文
藤村正員 ❺-2 **1733**·7·28 文
藤村　操 ❼ **1903**·5·22 社
藤村庸軒(反古庵) ❺-1 **1699**·⑨·17 文／**1701**·是年 文
藤村義朗 ❼ **1919**·11·25 文／**1924**·1·1 政
藤本アキラ ❾ **2007**·11·14 政
藤本一郎 ❾ **1998**·8·28 政
藤本義一 ❾ **2012**·10·30 文
藤本源右衛門(稠賀) ❺-1 **1685**·5·19 文
藤本交雲 ❺-2 **1764**·12·15 文
藤本定義 ❽ **1945**·11·23 社／12·1 社
藤本　聡 ❾ **2000**·10·18 社
藤本佐文 ❽ **1950**·9·22 社
藤本治一郎 ❾ **1995**·7·19 社
藤本清次郎 ❼ **1903**·5·21 社
藤本清兵衛 ❼ **1902**·5·1 政
藤本孝雄 ❾ **1987**·11·6 政
藤本長養斎 ❼ **1934**·2·2 文
藤本　強 ❾ **2010**·9·10 文

藤本鉄石　❻ 1863·8·14 政
藤本東一郎　❾ 1998·9·17 文
藤本藤陰　❻ 1888·10月 文
藤本道賀　❺-2 1727·①·12 社
藤本智美　❾ 2007·1·22 社
藤本尚則　❽ 1944·10·5 政
藤本寿吉　❻ 1881·2月 文
藤本久徳　❾ 2010·1·17 文
藤本英雄⇨中上(なかがみ)英雄
藤本索子　❾ 2008·8·9 社
藤本勇司　❾ 2007·12·17 社
藤本有紀　❾ 2012·1·8 社
藤本能道　❾ 1992·5·16 文
藤本吉郎　❾ 1995·4·16 社
フジモリ，アルベルト(ペルー)　❾ 1966·8·1 政／1990·6·10 政／7·1 政／1992·3·15 政／1994·6·5 政／1997·1·1 政／2000·11·27 政
藤森恭助　❻ 1858·10·4 政
藤森弘庵(大雅·淳風·恭助·天山·如不及斎)　❺-2 1847·是年 文／❻ 1862·10·8 文
藤森普山　❺-2 1848·是年 文
藤森成吉　❼ 1926·6月 文／1927·1月 社／4·15 文／1929·1·7 政／1930·11·6 文／❽ 1937·4·27 文
藤森素檗　❺-2 1795·是年 文
藤森良蔵　❼ 1917·9·1 社
富士屋宇之吉(福士成豊)　❻ 1864·6·14 文／1872·7·23 文
藤屋六兵衛　❺-1 1699·12·25 社
普寂(僧)　❺-2 1781·10·14 社
藤山愛一郎　❽ 1951·3·12 政／7·31 政／1956·9·6 政／1957·7·10 政／1958·6·12 政／1959·2·12 政／6·18 政／1960·1·6 政／1961·7·18 政／1962·4·13 政／5·12 文／❾ 1966·11·4 政／1968·11·27 政／1970·3·10 政／1971·2·11 政／1972·6·1 政
藤山一郎(増永丈夫)　❼ 1931·9·20 社／❽ 1949·7·19 社／1951·1·3 社／❾ 1992·4·9 文／1993·8·21 文
藤山寛美　❾ 1990·5·21 文
藤山種広　❻ 1873·2·25 文
藤山常一　❼ 1936·1·4 政
藤山直美　❾ 2009·9·5 文
藤山雷太　❻ 1893·11·17 政／❼ 1922·8·1 政／❽ 1938·12·19 政
藤山王　❶ 873·9·27 政
扶秀(僧)　❶ 978·3·1 社
普順(茶人、六代目)　❺-2 1834·2·13 文
富春軒仙渓　❺-1 1688·是年 文
無準師範(ぶしゅんしはん·宋僧)　❷ 1235·4月 政／1237·10月 文／1241·1·23 文／1242·是年 社／1244·是年 政／1247·2·3 文／5月 政／是年 政／1248·是年 文
普照(僧)　❶ 733·4·3 文／742·10月 政
普定(僧)　❺-1 1638·是年 社
藤原顕家(大宰大弐)　❷ 1067·7·1 政／1071·3月 政
藤原顕家(放氏)　❸ 1292·1·14 政
藤原詮子(あきこ·東三條院)　❶ 978·8·17 政／986·7·5 政／7·7 文／991·9·16 政／998·10·29 政／❷ 1001·10·8 政／10·9 文／⑫·22 政
藤原顕実　❷ 1110·⑦·13 政
藤原顕季　❷ 1095·4·20 社／1096·12·2 政／1102·1·11 政／3·22 社／1104·3·17 社／1108·2·4 文／1109·7月 文／11月 文／1110·11月 文／1118·6·16 文／1123·9·6 文
藤原顕輔　❷ 1113·③月 文／1134·9·13 文／1138·11·16 政／1144·6·2 文／1146·6月 文／1151·是年 文／1155·5·7 政
藤原明孝　❷ 1017·2·12 社
藤原顕隆　❷ 1094·8·15 文／1103·1·16 政／3·11 社／1105·3·4 文／1129·1·15 政
藤原顕忠　❶ 960·8·22 政／962·7·3 文／965·4·24 政
藤原顕綱　❷ 1103·6·27 政
藤原秋常　❶ 845·7·19 政／851·1·11 政
藤原章経　❷ 1066·8·25 政
藤原顕時　❷ 1162·4·7 政／1167·3·14 政
藤原顕俊　❷ 1229·6·21 政
藤原顕朝　❷ 1266·9·20 政
藤原顕仲　❷ 1114·3·29 文／1126·12·25 文／1129·1·3 政
藤原顕長　❷ 1034·7·15 政／1126·3·7 社／1138·2·10 文／1143·8·11 文／1160·1·6 政／1162·9·23 政
藤原顕業　❷ 1135·4·27 政／1147·3·27 文／12月 文／1148·5·14 政
藤原顕信　❷ 1007·11·15 社／1012·1·19 政／1027·5·14 政
藤原章信　❷ 1031·7·21 政／1040·1·21 政
藤原明範(大宰府)　❷ 1019·4·8 政
藤原明範(文章博士)　❸ 1283·4·5 文／1287·6·23 文／1301·9·23 文
藤原明衡　❷ 1032·7·14 文／1051·4·22 文／1061·3·3 文／1062·11·11 文／1064·天喜·康平年間 文／1066·是年 文
藤原顕広　❷ 1167·12·24 文
藤原顕光　❶ 988·6·13 社／996·1·25 政／6·13 社／7·20 政／❷ 1016·1·25 政／1017·3·4 政／1021·5·25 政
藤原穎基　❶ 855·1·15 政
藤原顕盛　❷ 1134·1·25 政
藤原顕保　❷ 1145·4·4 政
藤原顕世　❸ 1288·2·7 政
藤原顕能　❷ 1116·7·13 政
藤原顕頼　❷ 1125·是年 社／1131·9·5 政／1134·3月 社／1135·1·16 政／1139·1·24 政／1148·1·5 政
藤原　彰　❾ 2003·2·26 文
藤原　昭　❾ 2005·7·31 政
藤原明子　❶ 864·1·7 政／868·11·11 政／882·1·7 政／900·5·23 政
藤原(恵美)朝猟(朝狩)　❶ 757·6·16 政／761·11·17 政／762·12·1 政
藤原朝光(大納言)　❶ 980·11·22 政／988·1·29 政／995·3·20 政
藤原朝光(伊賀前司)　❷ 1215·9·14 政
藤原敦家　❷ 1090·7·13 政
藤原敦兼　❷ 1103·12·30 政／1127·1·12 文／1138·3·14 社
藤原敦輔　❷ 1094·5·25 政
藤原敦隆　❷ 1120·7月 政
藤原敦忠　❶ 943·3·7 政
藤原敦周　❷ 1183·3·19 文
藤原敦継　❸ 1298·4·9 文
藤原敦綱　❷ 1195·4月 社
藤原敦任　❷ 1144·5·9 社／1177·11·14 文
藤原敦敏　❶ 947·11·17 政
藤原敦俊　❷ 1122·6·14 社／1125·2·10 政
藤原厚載　❶ 915·2·10 政
藤原淳範　❸ 1293·12·13 文／1315·9·7 文
藤原敦通　❷ 1240·12·13 文
藤原敦光　❷ 1107·1月 文／1116·5·11 文／1121·6·1 文／1126·1·22 政／1128·3·13 文／10·21 文／1129·9·28 文／1131·1·29 政／1132·8·11 政／1135·7·27 政／1141·7·3 文／1144·10·28 政／是年 文
藤原敦宗　❷ 1083·12月 文／1096·3·1 文／1111·9·16 文
藤原敦基　❷ 1088·12月 文／1094·1·30 政／1097·11·21 政／1106·7月政、文
藤原敦頼　❷ 1172·3·19 文／12·8 文
藤原当興　❶ 884·3·9 政／886·2·3 政／5·18 政
藤原有家　❷ 1201·7·27 文／11·3 文／1205·3·26 文／12·7 文／1216·4·11 政
藤原有陰(有蔭)　❶ 858·1·16 政
藤原在兼　❸ 1302·2月 文
藤原有国(在国)　❶ 989·9·29 社／991·2·2 政／❷ 1011·7·11 政
藤原有子　❶ 866·5·28 政
藤原有貞　❶ 862·1·13 政／866·1·13 政／873·3·26 政
藤原有定　❷ 1094·3·18 政
藤原有実　❶ 904·12·19 社／914·5·12 政
藤原在茂　❷ 1177·11·14 文
藤原有相　❶ 959·5·9 政
藤原有佐　❷ 1131·9·20 政
藤原在嗣　❷ 1277·2·14 文
藤原有綱　❷ 1075·8·20 文／9·10 文／1078·6月 文
藤原有経　❷ 1119·3·24 社
藤原有年　❶ 856·1·12 政／867·2·16 政、文／869·1·13 政
藤原有俊　❷ 1102·1·5 政
藤原有富　❺-1 1693·5·16 文
藤原有業　❷ 1132·5·15 政
藤原有信　❷ 1099·7·11 政
藤原有度　❶ 902·9·5 政
藤原(五條)有範　❷ 1205·⑦·26 政／1221·7·2 政
藤原有範(儒者)　❸ 1351·8月 政
藤原在衡　❶ 914·是年 文／940·6·21 政／969·3·13 文／3·25 政／970·1·27 政／10·10 政
藤原有房　❷ 1178·8月 文

藤原在房 ❷ **1253**·12月 文
藤原有文 ❶ **878**·2·15 文
藤原有穂 ❶ **907**·12·21 政
藤原有正 ❸ **1324**·12·9 政
藤原有道 ❷ **1033**·8·21 政／**1034**·⑥·27 政
藤原有光 ❷ **1177**·11·4 文
藤原有行 ❶ **950**·5·5 政
藤原安子 ❶ **946**·5·27 政／**950**·2·29 文／**957**·4·25 文／**958**·10·27 政／**964**·4·29 政
藤原安津 ❶ **878**·1·11 政
藤原家明 ❷ **1144**·2·7 社／**1172**·12·21 政
藤原家雄 ❶ **832**·3·20 政
藤原家定 ❷ **1100**·2·11 政
藤原(近衛)家実 ❷ **1199**·6·22 政／**1200**·3月 文／**1203**·7·7 文／**1204**·12·14 政／**1206**·3·10 政／8·20 文／12·8 政／**1207**·1·30 政／9月 社／11·27 文／**1209**·11·25 政／**1221**·4·20 政／7·8 政／12·20 政／**1223**·5·27 政／12·14 政／**1227**·5·24 社／**1229**·12月 政／**1242**·12·27 政
藤原(名越·奈越)家澄 ❷ **1182**·6·28 政
藤原家隆 ❷ **1186**·是年 文／**1187**·是春 文／11月 文／**1201**·7·27 文／11·3 文／**1205**·3·26 文／**1212**·12·2 文／**1222**·4·29 文／**1226**·4·21 文／**1232**·3·25 文／**1233**·7月 文／**1245**·是冬 文／5月 文
藤原家忠 ❷ **1094**·8·15 文／**1096**·3·22 文／**1122**·12·17 政／**1131**·12·22 政／**1136**·5·24 政
藤原(吉田)家次 ❷ **1189**·文治年間 社
藤原家次(供御人) ❹ **1574**·6·13 社
藤原家次(鐘鋳造) ❺-1 **1713**·5·1 文
藤原(大炊御門)家嗣 ❷ **1271**·7·8 政
藤原家経(文章博士) ❷ **1026**·10·26 文／**1042**·是年 文／**1058**·5·18 文
藤原(一條)家経(摂政) ❷ **1216**·6月 政／**1268**·12·2 政／**1269**·4·23 政／**1274**·6·20 政／**1275**·9·13 文／10·21 政
藤原家経(書札礼) ❸ **1285**·12·22 文
藤原家俊 ❷ **1094**·5·20 文
藤原(中條)家長 ❷ **1195**·1·8 政／**1203**·是年 政／**1225**·12·21 政／**1228**·5·23 政／**1236**·8·25 政
藤原(大炊御門)家長 ❷ **1274**·7·2 政
藤原家成 ❷ **1132**·10·7 文／**1135**·8·22 文／**1136**·3月 文／**1151**·7·16 政／**1153**·3·28 文／**1154**·5·29 政
藤原家平 ❷ **1205**·5·6 政
藤原家衡 ❷ **1245**·6·2 政
藤原家房 ❷ **1196**·7·22 政
藤原家政(修理左京城使) ❷ **1075**·④·23 社／**1115**·4·8 政
藤原家政(陸奥地頭職) ❸ **1288**·4·23 政／**1295**·7·23 社
藤原家通(正四位下) ❷ **1116**·1·25 政
藤原(近衛)家通(左大臣) ❷ **1187**·11·1 政／**1218**·12·2 政／**1219**·3·4 政／**1221**·⑩·10 政／**1224**·8·11 政
藤原(日野)家光 ❷ **1234**·11·5 政／**1236**·12·14 文／**1261**·2·20 政
藤原家宗(造東大寺大仏長官) ❶ **858**·4·19 文／**859**·7·23 文／**877**·2·10 政
藤原家宗(筑後地頭職) ❷ **1193**·6·19 政／**1211**·10·10 政
藤原(近衛)家基 ❷ **1275**·12·22 政／**1281**·2·12 社
藤原家保 ❷ **1107**·12·19 政／**1119**·7·16 社／**1128**·4月 政／**1129**·⑦·1 文／**1130**·7·2 社／**1134**·6·16 社／**1136**·8·14 政
藤原家良 ❷ **1262**·9月 文／**1265**·12·26 文
藤原家依 ❶ **769**·3·10 政／**771**·③·1 政／**777**·10·13 政／**781**·2·16 政／**785**·6·20 政
藤原伊織 ❾ **1996**·1·11 文／**2007**·5·17 文
藤原育子 ❾ **1973**·9·3 社／**1978**·8·25 社
藤原育子 ❷ **1161**·12·17 政／**1162**·2·19 政／3·7 文／**1168**·10·9 政／**1172**·2·10 政／**1173**·8·15 政
藤原威子(藤壺中宮) ❷ **1012**·⑩·27 政／**1018**·4·28 政／**1031**·9·6 政／**1032**·8·28 政／**1036**·9·6 政
藤原苡子 ❷ **1098**·10·29 政／12·8 政／**1103**·1·25 政／**1104**·1·27 政／**1107**·12·13 政
藤原懿子 ❷ **1143**·6·17 政／**1158**·8·11 政
藤原(鷹司)位子(新陽明門院) ❷ **1275**·2·22 政／3·28 政／❸ **1296**·1·22 政
藤原伊勢雄 ❶ **839**·1·11 政
藤原伊勢人 ❶ **796**·是年 社／**806**·1·28 政／**812**·1·12 政／**827**·3·13 政
藤原板野麻呂 ❶ **840**·1·30 政
藤原今川 ❶ **790**·3·9 政／**791**·1·22 政／**808**·5·14 政／**814**·7·20 政
藤原胤子 ❶ **896**·6·30 政／**925**·8·23 文
藤原愔子(玄輝門院) ❸ **1288**·12·16 政／**1329**·8·30 政
藤原魚名 ❶ **758**·4·14 政／**759**·1·11 政／**768**·2·18 政／**770**·5·9 政／**771**·3·13 政／**777**·10·13 政／**778**·3·3 政／**781**·6·27 政／**782**·6·14 政／**783**·7·25 政
藤原承之 ❶ **815**·1·10 政
藤原氏江 ❶ **886**·6·13 政
藤原氏雄 ❶ **840**·1·30 政／**858**·1·16 政
藤原氏重 ❷ **1204**·3·20 社
藤原氏宗 ❶ **853**·1·16 政／**855**·5·23 文／**859**·1·13 政／**865**·6·5 政／**869**·4·13 政、文／**870**·1·13 政／**871**·8·25 文／**872**·2·7 政
藤原氏女 ❷ **1150**·4·8 社(囲み)／**1177**·9·27 社
藤原氏女(信阿·地蔵御前) ❷ **1270**·5月 社／**1279**·2·30 社
藤原氏女(若狭太良荘預所) ❸ **1299**·2月 社
藤原内麻呂 ❶ **782**·1·16 政／**786**·1·24 政／**806**·1·28 政／5·19 政／**812**·10·6 政
藤原宇比良古 ❶ **762**·6·23 政
藤原産子 ❶ **795**·3·25 社
藤原宇合(馬養) ❶ **716**·8·20 政／**719**·7·13 政／**724**·3·25 政／11·29 政／**726**·10·26 政／**729**·2·10 政／**731**·8·11 政／11·22 政／**732**·8·17 政／**737**·8·5 政
藤原瑛子(昭訓門院) ❸ **1301**·3·19 政／**1336**·6·26 政
藤原枝良 ❶ **917**·5·27 政
藤原延子(えんし) ❷ **1019**·4·10 政／**1042**·3·26 政／10·9 政／**1060**·4·20 政／**1095**·6·9 政
藤原大嶋 ❶ **686**·1月 政
藤原大津 ❶ **842**·1·13 政／**850**·1·15 政
藤原大継 ❶ **806**·1·28 政
藤原興蔭 ❶ **865**·5·10 政
藤原興邦 ❶ **856**·2·8 文／**858**·1·16 政／**863**·1·5 政
藤原興範 ❶ **911**·9·16 政／**917**·11·1 政
藤原興方 ❶ **943**·3·7 政／**960**·3月 政
藤原興世 ❶ **851**·1·11 政／**860**·1·16 政／**869**·1·13 政／**878**·3·29 政／**891**·7·14 政
藤原小黒麻呂 ❶ **764**·1·20 政／**768**·2·3 政／**771**·③·1 政／**777**·3·29 政／10·13 政／**779**·12·30 政／**780**·9·23 政／**781**·1·10 政／6·1 政／8·25 政／**784**·1·16 政／5·16 政／**787**·2·5 政／**790**·2·27 政／**794**·7·1 政
藤原長方 ❷ **1191**·3·10 政
藤原雄滝 ❶ **845**·1·11 政／**860**·1·16 政
藤原雄田麻呂⇨藤原百川(ももかわ)
藤原緒嗣 ❶ **802**·6·19 文／**804**·1·24 政／**805**·12·7 政／**806**·1·28 政／**808**·5·14 政／**810**·9·10 政／**812**·1·12 政／**815**·7·20 文／**819**·是年 文／**825**·12·7 政／**832**·4·5 政／11·2 政／**835**·4·29 政／**840**·12·9 文／**843**·7·23 政
藤原弟貞(山背王) ❶ **757**·6·16 政／**762**·12·1 政／**810**·9·10 政
藤原雄敏 ❶ **862**·5·27 政
藤原乙縄(弟縄) ❶ **770**·5·9 政／**774**·3·5 政／**776**·⑧·20 政／**781**·6·6 政
藤原乙麻呂(弟麻呂) ❶ **750**·3·12 政／10·1 政／**757**·6·16 政／**760**·7·16 政
藤原乙牟漏 ❶ **783**·2·7 政／4·18 政／**790**·③·10 政
藤原雄友 ❶ **783**·2·25 政／**789**·2·5 政／**797**·1·13 政／**811**·4·23 政
藤原緒夏 ❶ **855**·10·11 政
藤原帯子 ❶ **794**·5·28 政
藤原雄依 ❶ **768**·2·3 政／**771**·③·1 政／**774**·3·5 政／**776**·3·5 政／**778**·2·4 政／**785**·9·23 政
藤原温子 ❶ **888**·10·6 政／**897**·7·26 政／**898**·4·25 政／**901**·3

月 政／**903**·8·20 政／**905**·5·15 政／**907**·6·8 政
藤原穏子　❶ **923**·3·26 政／**954**·1·4 政
藤原懐子　❶ **967**·9·4 政／**975**·4·3 政
藤原楓麻呂　❶ **758**·1·5 政／9·3 政／**760**·1·21 政／**764**·1·20 政／**767**·2·28 政／**769**·3·10 政／**771**·③·1 政／**772**·4·19 政／**775**·11·27 政／**776**·6·13 政
藤原景家　❷ **1180**·11·20 政
藤原景澄　❶ **980**·9·13 政
藤原景斎　❶ **988**·⑤·8 社／❷ **1023**·7·17 政
藤原景基　❷ **1231**·4·17 社
藤原梶長　❶ **878**·6·7 政
藤原和兼　❹ **1499**·1·8 政
藤原佳珠子　❶ **873**·11·26 政
藤原数守　❶ **859**·1·13 政／**867**·1·12 政
藤原方隆　❶ **998**·7月 政
藤原方正　❷ **1021**·5月 政
藤原勝光⇨日野(ひの)勝光
藤原葛野麻呂　❶ **801**·8·10 政／**803**·4·2 政／**804**·3·28 政／12·25 政／**805**·7·1 政／**813**·10·25 文／**818**·11·10 政
藤原兼家　❶ **969**·2·7 社／**975**·1·26 政／**978**·5·19 政／10·2 政／**983**·10·25 社／11·27 社／**986**·6·24 政／7·25 政／**987**·7·21 政／10·24 文／**988**·3·25 政／4·20 社／9·16 政／10·27 政／**989**·5·25 社／9·26 社／12·20 政／**990**·5·5 政／5·10 社／7·2 政
藤原兼方　❷ **1004**·⑨·5 社
藤原兼子(かねこ)　❷ **1204**·3·11 政／**1213**·9·3 社／**1226**·6月 社／**1229**·8·16 政
藤原(九條)兼実　❷ **1163**·12·26 文／**1164**·⑩·23 政／**1166**·11·11 政／**1170**·④·16 文／**1171**·6·5 文／**1172**·3·2 政／9·12 文／**1173**·1·24 社／3·1 文／4·8 文／12·7 文／**1174**·5·5 文／6·30 社／7·24 社／**1175**·7·23 文／⑨·7 文／⑨·17 文／10·10 文／**1176**·9·13 文／11·30 文／**1177**·3·7 文／6·10 文／**1178**·3·20 文／5·25 社／**1179**·7·25 政／9·4 文／10·18 文／**1180**·4·29 文／7·11 文／8·23 文／11·16 社／**1181**·2·2 文／2·23 文／②·17 文／6·26 文／8·25 文／**1182**·2·18 文／3·15 社／4·16 文／**1183**·1·24 政／3·29 社／6·6 政／7·26 政／8·7 政／8·20 政／⑩·25 文／**1184**·1·5 文／2·29 文／3·1 政／5·17 社／**1185**·3·10 文／6·28 文／8·20 文／12·6 政／12·28 政／12·29 政／**1186**·3·12 政／5·20 政／6月 社／9·16 社／12·13 文／**1187**·4·26 社／5·3 社／9月 社／**1188**·1·29 文／5·22 社／**1189**·9·28 文／12·14 政／**1190**·1·11 政／3·25 文／4·19 政／**1191**·7·11 文／10·7 文／11·19 文／12·17 政／**1192**·4·9 文／**1193**·10·25 社／**1194**·1·28 文／5月 社／7·6 社／8·16 社／9·22 社／**1195**·1·6 文／3·12 社／5·22 政／**1196**·3·5 文／11·25 政／**1199**·12·2 文／**1200**·②·21 文／12·9 文／**1202**·1·27 社／**1204**·4·23 政／**1207**·4·5 政／**1270**·11月 文
藤原兼輔　❶ **917**·9月 文／**933**·2·18 政
藤原兼隆(中納言)　❷ **1006**·4·7 文／**1013**·8·9 社／**1035**·1·8 政／**1053**·10月 政
藤原兼隆(中宮大進)　❷ **1214**·12·29 政
藤原兼高(蔵人)　❷ **1233**·1·17 政／**1239**·11·6 政
藤原兼高(早歌)　❸ **1322**·4·6 文
藤原懐忠　❷ **1020**·11·1 政
藤原懐尹　❷ **1027**·6·19 政
藤原兼忠　❸ **1283**·6·26 文
藤原兼親　❷ **1005**·4·14 政／**1007**·1·22 政
藤原兼綱(紀伊守)　❷ **1058**·7·29 政
藤原兼綱(歌人)　❸ **1375**·11·24 文
藤原(近衛)兼経(参議)　❷ **1043**·5·2 政
藤原(近衛)兼経(前摂政·太政大臣)　❷ **1231**·3·17 社／4·26 政／**1235**·10·2 政／**1237**·3·10 政／**1238**·3·28 政／6·18 政／**1240**·2·20 政／12·14 政／**1241**·12·20 政／**1242**·1·20 政／3·25 政／**1245**·5月 社／**1246**·④·9 文／**1247**·1·19 政／9·13 文／**1248**·12·10 文／**1252**·10·3 政／**1254**·3·1 社／**1255**·3·13 文／**1259**·5·4 政
藤原兼倫　❸ **1287**·1·13 文
藤原(広橋)兼仲　❷ **1274**·是年 文／❸ **1283**·6·19 文／**1284**·8·12 社／**1286**·4·30 政
藤原兼長　❷ **1154**·11·22 社／**1158**·1月 政
藤原兼業　❷ **1069**·10·7 社
藤原兼紀　❷ **1258**·1·21 政
藤原兼平(伊予地頭)　❶ **930**·是年 社／**935**·7·28 政
藤原兼平(権大納言)　❷ **1205**·5·6 政
藤原(鷹司)兼平　❷ **1241**·4·17 政／**1244**·6·13 政／**1246**·2·1 政／12·24 政／**1247**·8·2 政／**1252**·10·3 政／11·3 政／**1253**·11·8 政／**1254**·12·2 政／**1257**·12·9 政／**1261**·4·29 政／**1262**·10·25 文／**1266**·6·29 文／**1275**·10·21 政／**1276**·12·14 政／**1277**·4·26 政／**1278**·12·7 政／**1279**·3·3 社／7·25 政／10·25 政／**1281**·⑦·7 社
藤原懐平　❶ **998**·11·30 社／❷ **1003**·10·7 文／**1006**·6·29 政／**1012**·4·27 政／**1017**·4·18 政
藤原兼衡　❷ **1095**·3·6 文
藤原兼房　❷ **1054**·是秋 文／**1069**·6·16 政／**1118**·⑨·13 社／**1180**·5·11 政／**1190**·7·17 政／**1191**·3·28 政／**1217**·2·8 政
藤原(花山院)兼雅　❷ **1179**·6·23 社／**1189**·7·10 政／**1190**·7·17 政／**1198**·11·14 政／**1199**·6·22 政／**1200**·7·18 政
藤原兼通(忠義公)　❶ **972**·11·27 政／12·28 社／**974**·2·28 政／**977**·10·11 政／11·4 政／11·8 政
藤原兼光　❷ **1171**·9·21 社／**1179**·10·9 文／**1181**·6·15 文／**1185**·8·14 政／12·29 政／**1186**·12·1 文／**1190**·4·1 文／**1196**·4·23 政
藤原(中山)兼宗　❷ **1194**·2·27 文／**1233**·3月 政／**1242**·9·3 政
藤原兼茂　❶ **923**·3·7 政
藤原兼良　❷ **1221**·1·3 政
藤原兼頼　❷ **1063**·1·11 政
藤原釜足　❽ **1940**·3·28 社
藤原鎌足⇨中臣(なかとみ)鎌足
藤原佳美子　❶ **898**·7·28 政
藤原河主　❶ **799**·1·29 政
藤原寛子(重明親王室)　❶ **945**·1·18 政
藤原寛子(四條宮)　❷ **1050**·12·22 政／**1051**·2·13 政／**1061**·10·25 社／**1066**·5·5 文／**1068**·4·17 政／**1069**·7·3 政／**1079**·12·24 政／**1084**·9·12 政／**1089**·3·29 政／**1110**·3·4 社／**1116**·6·20 社／**1118**·⑨·22 社／**1127**·8·14 政
藤原歓子　❷ **1047**·10·14 政／**1048**·7·10 政／**1051**·6·24 政／**1068**·4·17 政／**1073**·8·19 社／**1074**·12月 社／**1102**·8·17 政
藤原貴子　❶ **962**·10·18 政
藤原嬉子(藤原道長六女)　❷ **1007**·1·5 社／**1021**·2·1 政／**1025**·8·5 政／**1261**·6·20 政／8·20 政／**1266**·12·6 政／**1268**·12·6 政／❸ **1318**·4·25 政／7·28 政
藤原禧子(礼成門院·後京極院)　❸ **1319**·8·7 政／**1332**·2月 文／5·20 政／**1333**·10·12 政
藤原(洞院)季子(顕親門院)　❸ **1326**·2·7 政／**1336**·2·13 政
藤原義子　❶ **996**·8·9 政／❷ **1053**·⑦月 政
藤原吉子(桓武天皇夫人)　❶ **783**·2·7 政／**807**·10·28 政／**810**·7·27 社／**819**·3·21 政／**823**·7·25 政／**863**·5·20 社
藤原姞子(大宮院)　❷ **1242**·6·3 政／**1246**·1·26 政／**1247**·6·19 政／**1248**·6·18 政／**1271**·10月 文／❸ **1292**·9·9 政
藤原(洞院)佶子(京極院)　❷ **1260**·12·22 政／**1261**·2·8 政／8·20 政／**1271**·8·9 政／**1272**·8·9 政／**1274**·1·26 政
藤原公利　❶ **912**·4·8 文
藤原公世　❸ **1323**·8·23 文
藤原清河　❶ **743**·6·30 政／**749**·7·2 政／**750**·9·24 政／**752**·3·3 政／**759**·1·30 政／**760**·2·20 政／**761**·8·12 政／**763**·1·9 政／**764**·1·7 政／**770**·3·4 政／**774**·3·4 政／**779**·2·4 政／**836**·5·10 政
藤原頊子(万秋門院)　❸ **1320**·2·26 政／**1338**·3·26 政
藤原清輔　❷ **1153**·仁平年間 文／**1157**·5月 文／**1159**·10·3 文／**1160**·7月 文／**1165**·是年 文／**1169**·7月 文／**1172**·3·19 文／**1175**·7·23 文／⑨·17 文／**1177**·6·20 文／❺-1 **1685**·是年 文

藤原清隆(蔵人)　❷ 1107·7·1 社／1129·⑦·1 文／1162·4·17 政
藤原清隆(詩人)　❸ 1320·8·15 文
藤原清岳　❶ 809·1·16 政
藤原清忠　❸ 1327·⑨·20 文
藤原清綱　❷ 1077·8·29 政
藤原清経　❶ 915·5·22 政
藤原清縄　❶ 812·1·12 政
藤原清貫　❶ 914·10·14 政／927·2·25 文／930·6·26 社
藤原清範　❷ 1201·7·27 文／1221·7·13 政
藤原(清原)清衡　❷ 1091·11·15 政／1092·6·3 政／1096·此頃 政／1104·7·16 政／1105·2·15 社／1107·3·15 社／1108·是年 文／1111·10·28 政／1112·10·16 政／1118·8月 政／1126·3·24 社、文／1127·12·15 政／1128·7·13 政／1129·7·13 文
藤原清正　❶ 958·7月 政
藤原清政　❺-1 1672·寛文年間 文
藤原浄本　❶ 830·7·21 政
藤原清保　❶ 878·1·11 政／887·2·2 政
藤原公家　❹ 1468·是年 政
藤原(三條)公氏　❷ 1237·9·15 政
藤原公量　❸ 1361·是年 政
藤原公方　❶ 981·10·21 文
藤原公国　❷ 1218·9·10 政
藤原公定　❷ 1094·8·15 文／1099·7·1 政／1206·9·18 政
藤原公実　❷ 1094·8·15 文／1103·康和年間 文／1107·11·14 政
藤原忻子　❷ 1155·10·20 政／1156·10·27 政／1159·2·21 政／1172·2·10 政
藤原忻子(長楽門院)　❸ 1302·2·1 政／8·22 政／1303·9·24 政／1310·12·19 政／1352·2·1 政
藤原公重　❷ 1178·9月 政
藤原銀次郎　❼ 1898·2·10 社／1921·10·15 政／❽ 1939·6·17 文／1940·1·16 政／1943·3·18 政／1944·7·22 政／8·23 政／1945·12·2 政／1951·8·6 政／1960·3·17 政
藤原公季　❶ 997·7·5 政／❷ 1005·3·8 政／1007·4·20 社／1017·3·4 政／1021·7·25 政／1029·10·17 政
藤原(西園寺)公相(西園寺実氏の二男)　❷ 1252·11·3 政／1254·12·25 政／1259·3·20 政／11·14 政／1261·2·27 政／12·15 政／1262·7·2 政／1267·10·12 政
藤原公隆　❷ 1153·6·20 政
藤原公孝　❸ 1302·7·18 文
藤原公親(前参議)　❷ 1159·7·10 政
藤原(三條)公親　❷ 1159·3·20 政／7·10 政／1261·3·27 政
藤原(三條)公親(内大臣)　❷ 1259·3·20 政／7·10 政／1261·3·27 政
藤原(徳大寺)公継　❷ 1185·8·20 文／1200·6·25 政／1209·4·10 政／1211·10·4 政／1221·⑩·10 政／1224·12·25 政／1227·1·30 政
藤原(西園寺)公経(主殿頭)　❷ 1099·7·23 文
藤原(西園寺)公経(西園寺家の実質的な祖)　❷ 1208·5·15 社／1217·11·8 政／1221·5·14 政／⑩·10 政／1222·8·13 政／1223·4·2 政／1224·12·2 社／1225·4·11 文／7·18 政／1227·3·20 文／1229·是春 文／6·27 文／1230·1·27 文／3·1 社／1231·2·7 文／9·15 政／1238·②·3 文／1239·8·14 社／1240·9·13 文／1241·2·15 社／1242·1·20 政／7·4 政／12·21 文／1244·8·29 政
藤原公任(四條大納言)　❷ 1008·是年 文／1013·是年 文／1015·11·16 政／1020·長和·寛仁年間 文／1023·3月 文／1025·1·25 政／1026·1·4 政／1039·⑫·6 文／1041·1·1 政／1054·2·16 政／9·22 政／1057·3·29 政／1070·12·17 政／1164·3·29 文／❹ 1527·12·11 文
藤原公時　❷ 1188·1·29 文／1197·3月 政／1220·4·23 政
藤原公長　❸ 1385·1月 政
藤原公成　❷ 1043·6·19 政／6·24 政
藤原公業　❷ 1025·3·25 社／1035·8·8 文
藤原公信　❷ 1013·9·3 社／1026·5·15 政
藤原(姉小路)公宣　❷ 1225·5·27 政
藤原公教　❷ 1157·8·19 政／1160·7·9 政
藤原公秀　❸ 1307·8·13 政
藤原公衡(正三位)　❷ 1190·7·9 文／1193·2·21 政
藤原(西園寺)公衡(左大臣)　❷ 1279·是年 文／❸ 1288·8·20 政
藤原公房(参議)　❷ 1102·8·29 政
藤原(三條)公房(太政大臣)　❷ 1215·12·10 政／1218·10·9 政／1221·12·20 政／1249·8·19 政
藤原公房(北軍)　❸ 1343·12·16 政
藤原公藤　❷ 1281·5·21 政
藤原公雅(上総)　❶ 940·2·19 政／3·18 政
藤原公雅(権大納言)　❷ 1248·3·20 政
藤原公通　❷ 1172·是年 文／1173·4·9 政
藤原公光(前左衛門督)　❷ 1178·1·12 政
藤原(滋野井)公光(前中納言)　❷ 1255·11·10 政
藤原(洞院)公宗　❷ 1263·3·21 政
藤原公持　❷ 1268·10·28 政
藤原公基(周防守)　❷ 1063·10·3 文／11月 文／1075·2月 政
藤原(西園寺)公基(右大臣)　❷ 1254·12·25 政／1257·11·26 政／1258·10·22 政／1274·12·14 政
藤原公保　❷ 1176·9·27 政
藤原公行　❷ 1142·7·12 政／1148·6·22 政
藤原公義　❷ 1054·3·13 文
藤原公能　❷ 1150·1·10 政／1160·8·11 政／1161·8·11 政
藤原公頼　❷ 1250·11·24 政
藤原薬子　❶ 809·4·3 政／810·9·10 政
藤原(恵美)久須麻呂(訓儒麻呂)　❶ 759·1·11 政／761·1·16 政／762·8·11 政／12·1 政／763·1·9 政／764·9·11 政
藤原国章　❶ 975·10·11 社／976·1月 政／985·6·23 政
藤原国明　❷ 1104·12·27 政／1105·4·17 政
藤原国門　❸ 1309·6月 政
藤原国重　❷ 1208·④·27 政／1221·⑩·12 政／1232·7·26 政
藤原国資　❷ 1105·7·6 政／1126·7·8 政
藤原国綱　❷ 1043·9·9 文
藤原邦綱　❷ 1158·4·21 政／1167·2·19 文／1177·4·28 政／1180·6·23 政／11·23 政／1181·②·23 政
藤原国経　❶ 885·1·16 政／894·4·14 政／908·6·29 政
藤原邦恒　❷ 1031·7·21 政／1067·8·19 政
藤原郡直　❶ 892·11·13 政
藤原国永　❸ 1304·4·8 文
藤原国成　❷ 1032·7·14 文／1037·4月 文／1053·1·11 政
藤原国紀　❶ 958·9·10 政／961·8·21 政
藤原国久　❷ 1240·10·19 文
藤原邦通　❷ 1180·6·22 文／8·22 政／1184·4·20 政／10·6 政／1186·9·9 文
藤原国通　❷ 1222·7·25 文／1259·4月 政
藤原国光　❶ 972·1月 政／977·是年 社
藤原邦基　❶ 919·11·25 政／923·10·25 政／932·3·8 政
藤原国幹　❶ 1000·6·19 政
藤原国行　❷ 1199·5·10 文
藤原国善　❹ 1458·6·19 文
藤原蔵下麻呂(倉下麻呂)　❶ 758·1·5 政／764·1·20 政／9·20 政／771·③·1 政／774·3·5 政／775·7·1 政
藤原蔵規　❷ 1015·2·12 政／1104·2·9 政
藤原黒麻呂⇨藤原是公(これきみ)
藤原勲子⇨藤原泰子(たいし)
藤原　啓　❾ 1983·11·12 文
藤原慶子(藤原実頼の娘)　❶ 941·2·22 政／7·16 政
藤原慶子(安芸法眼の娘)　❸ 1399·5·8 政／1428·1·18 政
藤原研司　❾ 2012·11·4 文
藤原妍子　❷ 1010·2·20 政／1011·8·23 政／1012·1月 政／2·14 政／1021·1·3 文／9·10 社／10·14 政／1022·1月 文／1026·1·20 文／1027·9·14 政
藤原賢子　❷ 1071·3·9 政／1073·7·23 政／1074·6·20 政／12·26 政／1078·5·18 政／1079·7·9 政／1084·9·22 政／1104·8·1 政
藤原兼子　❷ 1133·7·13 政、文
藤原原子(道隆の娘)　❶ 993·3·27 政／995·1·19 政／❷ 1002·8·3 政
藤原元子(顕光の娘)　❶ 996·12·

2 政／❷ **1020**·8·18 政
藤原嫄子　❷ **1037**·3·1 政／**1038**·4·21 政／**1039**·8·19 政
藤原彦子(宣仁門院)　❷ **1241**·12·17 政／**1243**·2·23 政／**1262**·1·5 政
藤原顕昭　❷ **1185**·11·17 文
藤原小忌古曾　❷ **1031**·8·8 社
藤原幸三郎　❼ **1904**·5·1 社
藤原媓子(中宮)　❶ **973**·2·20 政／4·7 政／7·1 政／**979**·6·3 政
藤原幸子(藤原頼長室)　❷ **1155**·6·1 政
藤原公子(東二條院)　❷ **1256**·11·17 政／**1257**·1·29 政／**1259**·12·19 政／❸ **1304**·1·21 政
藤原(日野)康子(北山院)　❸ **1402**·3·16 政／**1406**·5·9 政／10·19 政／12·27 政／**1407**·2·18 政／3·5 政／4·5 政／5·17 政／**1419**·11·11 政
藤原光明子⇨光明(こうみょう)皇后
藤原古子(女御)　❶ **850**·7·9 政
藤原護子(典侍)　❶ **967**·是年 社
藤原巨勢麻呂　❶ **759**·1·11 政／**762**·11·16 政
藤原尹明　❷ **1185**·5·20 政
藤原伊家　❷ **1084**·7·17 政
藤原惟家　❷ **1246**·11·7 政
藤原尹風　❶ **957**·5·4 政
藤原惟方　❷ **1156**·7·2 政／**1159**·12·9 政／**1160**·1·6 政／2·20 政／3·11 政／**1166**·3·29 政／**1189**·2月 文
藤原是公(黒麻呂)　❶ **764**·1·20 政／**768**·2·3 政／**777**·1·3 政／**778**·2·4 政／6·26 社／**781**·9·3 政／**783**·7·19 政／**784**·3·14 政／**789**·9·19 政／**790**·3·9 政
藤原是子　❶ **850**·7·9 政
藤原伊定　❸ **1300**·4·8 政
藤原伊実　❷ **1159**·4·2 政／**1160**·9·2 政
藤原是助　❶ **947**·2·14 政
藤原伊祐　❶ **990**·10·23 政
藤原伊相　❶ **994**·6月 政
藤原伊尹(謙徳公)　❶ **951**·10·30 文／**970**·1·27 政／5·20 政／**971**·11·2 政／**972**·11·1 政／**983**·7·1 社
藤原維幾　❶ **939**·11·21 政
藤原伊周　❶ **992**·8·28 政／12·7 政／**993**·12·27 社／**994**·8·28 政／**995**·1·9 政／3·9 政／**996**·1·16 政／10·10 政／**997**·4·5 政／5·15 政／12月 政／❷ **1001**·⑫·16 政／**1005**·3·26 政／3·29 文／11·13 政／**1008**·12·20 文／**1009**·2·20 政／6·19 政／**1010**·1·28 政
藤原是綱　❷ **1093**·2·19 文
藤原惟常　❷ **1129**·8·21 政
藤原伊経　❷ **1177**·7·2 文／**1227**·1·3 政
藤原惟遠　❶ **974**·2·5 社
藤原伊時　❷ **1237**·4月 政
藤原惟成　❶ **986**·6·23 政／**989**·11·1 政
藤原惟信　❷ **1100**·6·28 社／**1102**·5·13 政／**1106**·10·28 政
藤原惟憲　❷ **1027**·是年 社／**1028**·5月 政／10·10 政／**1029**·7·10 政／**1033**·3·26 政
藤原維範　❷ **1207**·6·29 文
藤原是比　❶ **881**·1·15 政
藤原是人　❶ **778**·6·26 社／**785**·1·15 政
藤原尹衡　❶ **920**·7月 政／**938**·12·17 政
藤原(鷹司)伊平　❷ **1262**·12·27 政
藤原伊房　❷ **1066**·3·22 文／**1092**·10·22 政／**1093**·2·19 政／10·15 政／**1094**·2·29 政／5·25 政／**1096**·9·22 政
藤原伊通(孝経)　❶ **894**·2·2 文
藤原伊通(学生)　❸ **1433**·4·19 政
藤原尹通(参議)　❷ **1101**·10·27 文／**1107**·1·10 政／**1130**·10·6 政／**1131**·12·5 政／**1144**·1·24 社／**1150**·4·28 政／**1156**·9·13 政／**1157**·8·19 政／**1160**·8·11 政／**1165**·2·3 政／2·15 政
藤原惟基　❷ **1182**·10·9 政
藤原是行　❶ **878**·1·11 政／**886**·9·4 政
藤原伊行　❷ **1159**·11·23 文／**1160**·4·2 文
藤原惟繕　❾ **2002**·12·28 文
藤原斎延　❺-1 **1698**·是年 文
藤原(近衛)宰子　❷ **1266**·6·20 政
藤原　盛　❹ **1469**·是年 政
藤原咲平　❽ **1950**·9·22 文
藤原貞章　❷ **1057**·8·18 政
藤原定家　❷ **1181**·4月 文／**1182**·8·6 文／**1186**·3·6 文／是年 文／**1187**·是春 文／11月 文／**1188**·9·29 文／**1189**·是春 文／**1190**·6月 文／9·13 文／**1196**·9·18 文／**1199**·4〜5月 文／5·10 文／7·29 社／**1201**·5月 文／7·27 文／10·5 政／11·3 文／**1202**·1·13 文／3·22 文／3·30 社／⑩·24 文／**1203**·2·25 文／11·29 文／**1204**·3·11 政／8·7 文／**1205**·2·24 文／3·26 文／12·7 文／**1206**·11·4 社／**1207**·5·25 文／**1209**·7·5 文／8·13 文／**1212**·1·5 政／9·2 政／12·2 文／**1213**·1·17 文／6·11 社／10·18 社／11·8 政、文／**1214**·3·13 文／**1217**·2·10 文／6·13 文／**1218**·11·27 社／**1219**·7·2 文／**1220**·2·13 文／**1221**·3·28 文／5·21 文／6·2 文／**1222**·9月 文／**1223**·7·22 文／**1224**·4月 文／**1225**·1·3 文／9·25 社／**1226**·5·26 文／8月 文／9·26 社／10·16 政／**1227**·1·19 文／③·2 社／③·12 文／8·19 文／是年 文／**1229**·3·8 文／6·23 文／9·19 政／**1230**·3·27 文／7·14 文／**1231**·8·20 社／9·12 文／**1232**·3·25 文／10·2 文／是年 文／**1233**·3月 政／10·11 文／10·30 文／**1234**·1月 文／3·2 文／6·3 文／7·10 社／8·3 社／**1235**·5·13 文／**1237**·10月 文／❸ **1294**·是年 文／❹ **1555**·10·2 文／**1584**·5·28 文
藤原貞雄　❶ **833**·3·24 政
藤原定員　❷ **1246**·5·24 政
藤原定方　❶ **916**·5·22 社／**924**·1·22 政／**927**·9月 文／**932**·8·4 政
藤原貞包　❷ **1138**·10·21 文
藤原貞公　❶ **834**·1·12 政／**838**·1·13 政
藤原定清　❸ **1446**·7·1 政
藤原定国(右大将)　❶ **905**·2·10 文／**906**·7·3 政
藤原定国(流人)　❷ **1170**·5·18 政
藤原定実　❷ **1119**·1月 政／**1131**·2·1 政
藤原(二條)定輔(上野介)　❷ **1017**·10·21 政
藤原定輔(権大納言)　❷ **1194**·3·1 文／**1200**·3·14 文／**1205**·1·16 文／**1218**·8·7 文／**1227**·7·9 政
藤原定隆　❷ **1170**·10·2 政
藤原(二條)定高　❷ **1238**·1·22 政
藤原貞種　❷ **1192**·2·28 政
藤原貞嗣(貞継)　❶ **803**·4·28 社／**806**·1·28 政／**810**·9·10 政／**824**·1·4 政
藤原(葉室)定嗣(定然)　❷ **1230**·是年 文／**1246**·11·3 政／12·24 文／**1247**·6·11 政／9·4 文／**1248**·⑫·1 社／**1250**·8·14 社／**1271**·6·26 政
藤原定綱　❷ **1067**·3·15 文／**1092**·是年 政
藤原定経　❷ **1231**·2·13 政／❸ **1285**·12·22 文
藤原定任　❷ **1040**·4·10 政／11·5 政
藤原貞敏　❶ **838**·9·7 文／**867**·10·4 政、文
藤原定俊　❷ **1052**·3·19 政
藤原定友　❷ **1168**·2·16 政
藤原貞朝　❸ **1349**·8·27 社
藤原定長　❷ **1182**·8·29 文／**1186**·3·6 文／**1187**·2·28 政／5·29 社／10·6 文／**1189**·3·21 文／**1200**·3·27 社
藤原貞成　❹ **1469**·是年 政／**1486**·1·17 政／**1487**·1·7 政／**1488**·1·9 政／**1489**·1·13 政／**1490**·1·10 政／**1492**·2·21 政
藤原貞主　❶ **844**·9·16 政
藤原貞根　❶ **839**·1·11 政
藤原定信　❷ **1121**·3·26 政／**1129**·②·25 文／**1134**·4·30 文／**1140**·10·22 文／**1147**·7·26 文／**1151**·10·7 文／**1155**·6·22 文／**1156**·1·18 政
藤原貞憲　❷ **1159**·12·10 政
藤原定房(前美濃守)　❷ **1095**·9·9 政／**1252**·11·3 政
藤原定房(南曹弁)　❸ **1296**·9·26 政
藤原定文　❶ **907**·10·17 文
藤原(花山院)定雅　❷ **1244**·6·13 政／**1252**·7·20 政／11·3 政／**1265**·12·7 政
藤原　定　❽ **1944**·1月 文
藤原貞幹　❶ **885**·1·16 政
藤原貞守　❶ **840**·1·30 政／**848**·1·13 政／**854**·1·16 政／**859**·5·1 政
藤原貞吉(刀工)　❸ **1317**·2月 文／**1324**·10·18 文
藤原貞吉(備前·卯島津代官)　❹ **1467**·是年 政
藤原定能　❷ **1176**·12·5 政／

1209·8·23 政
藤原定頼(中納言) ❷ **1018**·12·27 社／**1020**·9·19 政／**1045**·1·19 政
藤原定頼(権大納言) ❷ **1203**·1·29 政
藤原(恵美)薩雄 ❶ **759**·1·11 政
藤原さとむま丸 ❸ **1305**·3·25 政
藤原実明 ❷ **1223**·8·16 政
藤原実有 ❷ **1260**·4·17 政
藤原実家 ❷ **1118**·6·29 文／**1179**·3·29 政／**1185**·12·29 政／**1193**·3·16 政
藤原(西園寺)実氏 ❷ **1231**·4·26 政／**1235**·10·2 政／**1236**·4·18 政／**1246**·3·4 政／10·13 政／11·3 政／**1247**·2·27 文／8·18 政／**1249**·2·1 政／**1256**·11·17 政／**1259**·11·26 政／**1268**·2·5 政／**1269**·6·7 政
藤原(清水谷)実材 ❷ **1267**·2·9 政
藤原(山階)実雄 ❷ **1257**·11·26 政／**1258**·11·1 政／**1259**·3·20 政／**1261**·3·27 政／**1264**·3·4 社／**1273**·8·16 政
藤原実香 ❸ **1325**·4·19 政
藤原実方(陸奥守) ❶ **998**·11·13 政
藤原実方(詩人) ❷ **1178**·2·2 文
藤原(西園寺)実兼(蔵人) ❷ **1105**·3·4 文／**1112**·4·3 政
藤原実兼(東宮大夫) ❷ **1271**·9·2 政／**1274**·7·9 社／❸ **1282**·7·4 政／12·5 政
藤原実清(流人) ❷ **1162**·3·7 政
藤原実清(正二位) ❸ **1292**·12·25 政
藤原実国 ❷ **1170**·5·29 文／**1175**·1·4 文／**1179**·3·29 政／**1183**·1·2 政
藤原実定 ❷ **1170**·9·13 文／**1179**·3·29 政／**1180**·6·9 政／**1183**·4·5 政／8·20 政／11·21 政／**1184**·1·22 政／**1185**·12·29 政／**1186**·10·29 政／**1189**·7·10 政／**1190**·7·17 政／**1191**·⑫·16 政
藤原実季 ❷ **1073**·3·9 政／**1091**·12·24 政／**1114**·2·24 政
藤原(小野宮)実資 ❶ **982**·5·16 文／**985**·7·18 文／**990**·12·28 社／**992**·12·7 政／**995**·4·25 政／9·5 政／**999**·8·1 社／10·28 文／❷ **1005**·1·7 文／是年 文／**1012**·4·16 政／**1013**·3·30 文／9·23 政／**1014**·2·10 社／6·25 文／**1018**·5·11 社／12·30 社／**1019**·9·12 社／**1021**·7·25 政／**1023**·7·15 政／7·20 社／⑨·18 政／10·29 文／11·25 文／**1025**·3·25 社／10·14 政／**1028**·10·10 政／**1029**·3·2 政／8·2 政／**1031**·3·2 文／3·10 文／7·6 政／**1032**·3·26 社／**1038**·10·12 政／**1043**·11·2 政／**1046**·1·18 政
藤原実隆 ❷ **1127**·10·16 政
藤原(三條)実親 ❷ **1263**·10·4 政
藤原実綱(大宰府使者) ❷ **1045**·10·6 政／是年 文／**1047**·12·7 文／**1053**·1·11 政／**1065**·8·2 政／**1066**·2·6 政
藤原実綱(権中納言) ❷ **1168**·5·21 社／**1177**·11·14 文／**1180**·8月 政／12·19 政
藤原実経(近江守) ❷ **1045**·7·10 政
藤原(一條)実経(関白) ❷ **1240**·10·20 政／11·27 文／**1244**·6·13 政／**1245**·10·29 文／12·5 文／**1246**·1·28 政／**1247**·1·19 政／**1255**·6·2 社／是年 文／**1257**·4月 社／**1265**·4·18 政／4·28 文／9·12 政／11·19 社／12·7 政／**1267**·12·9 政
藤原実遠 ❸ **1308**·2·15 政
藤原実直 ❷ **1251**·9·10 政
藤原実仲 ❷ **1061**·10月 政
藤原実長 ❷ **1182**·12·27 政
藤原実成 ❷ **1034**·8·22 政／**1036**·3月 文／**1037**·5·15 政／8·9 政／**1038**·5·19 政／**1040**·5·2 政／**1044**·12·10 政
藤原(滋野井)実宣 ❷ **1228**·11·22 政
藤原実信 ❷ **1130**·9·8 政
藤原実範 ❷ **1029**·②月 文／**1053**·1月 文／**1054**·11月 文／**1058**·8·29 政／**1059**·8·18 文／**1062**·8·16 文／10·8 文
藤原実教 ❷ **1190**·10·22 文
藤原実衡 ❷ **1117**·2·13 政／**1120**·7·21 政／**1142**·2·8 政
藤原実熙 ❺-1 **1688**·是年 文
藤原(三條)実房 ❷ **1168**·5·21 社／**1169**·3·29 社／**1178**·3·15 文／**1179**·3·29 政／**1185**·12·29 政／**1189**·7·10 政／**1190**·7·17 政／**1196**·3·23 政／**1225**·8·17 政
藤原(西園寺)実藤 ❷ **1264**·4·6 政
藤原実政 ❷ **1040**·12·20 文／**1067**·3·3 文／**1069**·2月 文／**1073**·8·19 文／**1084**·6·23 政／**1087**·是冬 社／**1088**·2·1 政／3·23 社／8·25 政／**1093**·2·18 政
藤原(一條)実雅 ❷ **1222**·7·3 文／**1224**·⑦·3 政／**1228**·4·29 政
藤原実躬 ❸ **1289**·9·30 文／**1307**·8·13 政
藤原実通 ❷ **1119**·7·8 文
藤原実光 ❷ **1121**·3月 文／**1133**·4·28 文／**1134**·1·22 政／**1135**·7·7 文／**1141**·7·10 政／**1142**·4·1 文／**1147**·5·21 政
藤原実宗(陸奥守) ❷ **1102**·2·3 政／**1103**·10·4 政
藤原(西園寺)実宗(内大臣) ❷ **1205**·11·24 政／**1206**·3·13 政／10·27 政／**1212**·12·8 政
藤原実持 ❷ **1256**·5·8 政
藤原(徳大寺)実基 ❷ **1246**·11·3 政／12·24 政／**1247**·9·4 文／**1250**·4·27 政／**1253**·11·24 政／**1254**·2·11 政／**1267**·8·22 政／**1273**·2·14 政
藤原実保 ❷ **1207**·11·16 政
藤原実行 ❷ **1112**·5·13 政／**1116**·6·4 文／**1118**·6·19 文／**1138**·3月 文／**1149**·7·28 政／**1150**·8·21 政／**1157**·8·9 政／**1160**·是年 社／**1162**·7·28 政
藤原(姉小路)実世 ❷ **1264**·11·1 政
藤原実義 ❷ **1106**·9·11 文
藤原実能 ❷ **1147**·6·5 社／**1150**·8·21 政／是年 政／**1156**·9·13 政／**1157**·5·30 政／9·3 政
藤原実頼(摂政·太政大臣) ❶ **917**·3·6 文／**933**·6·17 政／**939**·5·27 社／**941**·2·22 政／**944**·4·9 政／5·10 文／**947**·4·26 政／⑦·27 政／**949**·10·24 政／**959**·1·27 社／**962**·4·24 社／**967**·2·28 文／6·22 政／12·13 政／**969**·8·13 政／**970**·5·18 政
藤原実頼(美作守) ❷ **1031**·1·4 政
藤原治右衛門 ❺-1 **1698**·12月 社
藤原辛加知 ❶ **764**·1·20 政
藤原茂明 ❷ **1107**·5·5 文／是年 文／**1113**·是年 文／**1144**·2·23 政
藤原重家 ❷ **1001**·2·4 社／**1162**·5·8 政／**1175**·3月 文／8·10 文／**1178**·7·3 文／**1179**·10·18 文／**1180**·12·21 政／**1215**·6·15 社
藤原重氏 ❷ **1277**·12·9 政
藤原茂包 ❶ **961**·12·9 政
藤原滋実 ❶ **901**·是年 政
藤原重隆 ❷ **1104**·5·21 文／**1110**·12·12 社／**1112**·1·3 社／**1118**·⑨·1 政
藤原重尹 ❷ **1005**·11·15 政／**1042**·1·29 政／**1043**·8·14 政／**1045**·10·6 政／**1046**·2·26 政／**1051**·3·7 政
藤原重次 ❺-1 **1655**·12·15 文
藤原重経⇨素意(そい)
藤原繁時 ❶ **943**·6·6 文
藤原重朝 ❹ **1495**·1·19 政
藤原誠信 ❶ **991**·5·19 文
藤原茂範 ❷ **1264**·1·13 文／**1271**·9·5 文／**1278**·2·29 政
藤原重房 ❷ **1113**·1·5 政／**1172**·3·2 政
藤原繁正 ❶ **962**·4·2 政
藤原重通 ❷ **1161**·6·5 政
藤原重光 ❶ **983**·3·2 社
藤原滋幹 ❶ **931**·是年 政
藤原重能 ❷ **1217**·8·22 政
藤原重頼 ❷ **1188**·9·3 政
藤原怟子(弘徽殿女御) ❶ **984**·11·7 政／**985**·7·18 政
藤原祉子 ❷ **1073**·5·6 政
藤原師子 ❷ **1119**·9·30 社
藤原(日野)資子(光範門院) ❸ **1421**·3·16 政／**1425**·7·29 政／**1440**·9·8 政
藤原(正親町)実子(宣光門院) ❸ **1338**·4·28 政／**1340**·9·8 文／**1360**·9·5 政
藤原(三條)秀子(陽禄門院) ❸ **1352**·10·29 政／11·28 政
藤原充子 ❷ **1121**·4·16 政
藤原重子(修明門院) ❷ **1207**·6·7 政／**1210**·4·20 政／**1264**·8·29 政
藤原従門 ❺-2 **1729**·是年 文
藤原淑子 ❶ **889**·3·25 社／**897**·1·3 社／**906**·5·28 政
藤原述子 ❶ **946**·11·29 政
藤原(九條)竴子(しゅんし·藻壁門院) ❷ **1229**·11·16 政／**1230**·2·16 政／**1231**·8月 政／**1232**·10·4 政／**1233**·4·3 政／6·5 文／9·18 政
藤原順子 ❶ **851**·是年 社／**854**·4·26 政／**861**·2·25 政／2·29 政／**864**·1·7 政／**868**·12·22 政／**871**·9·28 政
藤原遵子 ❶ **978**·4·10 政／**982**·3·11 政／**990**·10·5 政／**997**·3·

19 政／1000·2·25 政／❷ 1012·2·14 政／1017·6·1 政
藤原正子 ❶ 854·4·26 政／860·5·7 政
藤原彰子(上東門院) ❶ 999·2·9 政／9·25 政／11·1 政／1000·2·25 政／❷ 1006·3·4 政／1007·1·5 社／1008·1·2 文／4·13 政／9·11 政／1009·1·30 政／1012·2·14 政／9·6 社／1015·9·30 文／1022·1月 文／10·13 社／1026·1·19 政／1027·1·3 政／1028·12·28 文／1031·9·6 政／9·25 政／1033·是年 政／1035·3·25 文／1036·4·17 政／1037·10·23 政／1041·12·19 政／1044·10·9 社／1057·3·14 社／1070·11·7 社／1074·10·3 政／1123·1·28 政／1155·7·24 政
藤原璋子(待賢門院) ❷ 1105·12·29 政／1117·12·13 政／1118·1·26 政／5·18 社／10·26 文／1119·11·27 文／1124·11·24 政／1125·3·6 政／1126·11·7 政／1127·9·11 政／1131·8·24 政／1132·2·18 社／1133·6·11 社／9·13 文／1134·1·13 政／10·20 政／1138·2·23 政／1141·2·28 社／1142·2·26 政／1143·9·29 政／10·11 政／1145·8·22 政
藤原昭子 ❷ 1069·4·7 政
藤原(西園寺)鏱子(永福門院) ❸ 1288·6·8 政／8·20 政／1298·8·21 政／1314·2·9 政／1316·6·23 政／1342·5·7 政
藤原浄弁 ❶ 758·1·5 政／768·8·19 社
藤原殖子(七條院) ❷ 1183·8·20 政／1190·4·22 政／1195·3·12 社／1196·2·2 政／1197·4·22 政／1202·5·18 社／1228·9·16 政
藤源(原か)次郎 ❹ 1456·是年 政／1461·1·4 政
藤原信子(嘉楽門院) ❹ 1488·4·28 政
藤原真子(じんし) ❷ 1087·12·15 政
藤原信西(通憲) ❸ 1324·3·25 文
藤原季家 ❷ 1194·2·25 政
藤原季方 ❷ 1109·2·16 政
藤原季兼 ❷ 1101·10·7 政
藤原季清 ❷ 1110·11月 社
藤原須恵子 ❶ 866·12·25 社
藤原季定 ❸ 1356·3·20 政
藤原末茂 ❶ 779·2·23 政／790·3·9 政
藤原季助 ❷ 1172·2·29 文
藤原季孝 ❶ 885·4·5 政／985·是年 社
藤原季隆 ❷ 1190·5·19 政
藤原季縄 ❶ 919·3月 政
藤原季綱 ❷ 1093·10·2 政／1096·12·29 政
藤原季経 ❷ 1188·8·27 文／1221·⑩·4 政
藤原季時 ❷ 1236·4·6 政
藤原季仲 ❷ 1097·3·3 文／1102·3·28 社／6·23 政／1105·5月 政／8·29 政／10·10 政／12·29 政／1106·2·17 政／1119·6·1 政
藤原季成 ❷ 1165·2·1 政
藤原季平 ❶ 983·6·11 政
藤原季通 ❷ 1117·10月 政／1153·6月 政
藤原季光 ❹ 1471·7·7 文
藤原季行 ❷ 1156·7·23 社
藤原季能 ❷ 1180·5·14 政／1211·6·21 政
藤原季頼 ❸ 1293·11·14 政
藤原菅雄 ❶ 845·1·11 政
藤原菅継 ❶ 789·2·5 政
藤原菅根 ❶ 892·1·8 政／899·2·11 文／5·11 文／901·1·26 政／906·5·16 文／908·10·7 政
藤原宿奈麻呂⇨藤原良継(よしつぐ)
藤原祐家 ❷ 1088·7·28 政
藤原資賢 ❷ 1179·3·29 政
藤原資門 ❸ 1296·8月 政
藤原扶樹 ❶ 955·3月 政
藤原(日野)資実 ❷ 1199·1·20 社／1201·10·22 政／12·22 政／1207·10·25 政／1214·12·25 政／1223·2·20 政
藤原資高(大宰大弐高遠の子) ❷ 1014·12·22 文
藤原資高(白馬節会) ❸ 1292·1·14 政
藤原佑忠(佐忠) ❶ 964·是年 社／966·10·20 政
藤原資忠 ❶ 983·4·15 政／986·10·10 文
藤原輔尹 ❷ 1009·12·28 政／1021·是年 政
藤原祐胤 ❸ 1306·10月 社
藤原資親 ❷ 1184·3·25 政
藤原輔嗣 ❶ 840·1·30 政／855·1·15 政
藤原(吉田)資経 ❷ 1233·5·28 文／1251·7·15 政
藤原資経 ❸ 1296·是年 文
藤原資仲 ❷ 1047·1·22 文／1072·1·17 政／12·2 政／1073·2月 政／1082·是年 社／1087·11·12 政
藤原資長 ❷ 1156·9·16 文／1171·4·21 政／1195·10·6 政
藤原(日野)資業(素舜) ❷ 1017·8·30 文／1021·11·2 政／1022·2·27 社／1023·12·23 政／1044·11·24 政／1051·2·16 社
藤原佐貫 ❷ 1108·5·18 政
藤原(日野)資信 ❷ 1120·7·21 政／1149·10·4 文／1151·6·17 政／1276·③月 文
藤原資栄 ❸ 1313·4·18 文
藤原資平 ❷ 1013·9·3 社／1028·10·10 政／1067·12·5 政
藤原助広 ❷ 1192·12·10 政
藤原資房 ❷ 1025·11·13 社／1038·10·12 政／1040·1·21 政／1053·1·27 政／1054·5·3 文／1057·1·24 政
藤原祐房 ❷ 1135·8·29 社
藤原佐理 ❶ 961·1·28 文／967·7月 社／970·11·17 文／977·7·8 文／983·是年 文／984·8·9 文／991·1·27 政／5·19 文／992·9·20 文／994·10·23 政／995·10·18 政／998·7·30 政／❷ 1033·是年 文
藤原佐理の娘 ❷ 1013·4·13 文／1033·11·28 文
藤原相通 ❷ 1031·8·8 社
藤原佐光 ❷ 1005·4·20 社
藤原資光 ❷ 1114·1·11 文／1126·2·22 文／1132·2·17 文
藤原扶幹 ❶ 925·1·30 政／938·7·10 政
藤原資康 ❸ 1384·2·27 政
藤原相如 ❶ 995·5·29 政
藤原佐世 ❶ 879·4·26 文／884·3·9 文／885·9·14 文／888·5·15 政／894·2·2 文／898·10·27 文／❷ 1143·5·14 文
藤原資良 ❷ 1064·是年 文
藤原資能 ❷ 1232·8·13 政
藤原(葉室)資頼 ❷ 1023·11·3 政／1232·8·13 政／1245·1月 文／1246·1·29 政／1255·10·18 政
藤原純友 ❶ 936·6月 政／939·12·17 政／940·1·30 政／941·1·15 政／5·19 政／6·20 政／7·8 文
藤原惺窩(肅·歛夫) ❹ 1583·2·22 文／1591·3月 文／1593·是秋 文／12月 文／是年 文／1596·6·28 社／1598·是秋 文／1599·是年 文／❺-1 1619·9·12 文／1621·是年 文／1630·是年 文／1639·是年 文／1662·是年 文
藤原娍子 ❷ 1012·4·27 政／1013·3·20 政／1019·3·25 政／1025·3·25 政
藤原生子 ❷ 1039·⑫·13 政／1041·2·12 文／1053·3月 政／1057·11·28 社／1068·8·21 政
藤原聖子(皇嘉門院) ❷ 1129·1·9 政／1130·2·21 政／12·9 文／1141·12·27 政／1150·2·27 政／1156·10·11 政／1170·④·16 文／1171·5·24 社／1174·2·25 政／1175·5·12 政／1180·5·11 政／1181·9·20 文／12·4 政／1182·1·18 社／1194·8·16 社
藤原成子 ❷ 1230·11月 政
藤原関雄 ❶ 849·6·22 文／850·3·2 文／853·2·14 政 文／863·9·6 社
藤原関主 ❶ 848·1·13 政／852·1·15 政／861·1·13 政／868·1·16 政
藤原鮮子 ❶ 915·4·30 政
藤原詮子⇨藤原詮子(あきこ)
藤原宣子 ❸ 1321·2月 政
藤原全子 ❷ 1111·6月 社／1145·12·24 社／1150·11·5 政
藤原佺子 ❷ 1253·9·19 政
藤原曹司 ❶ 777·8·11 政
藤原桑子 ❶ 921·4·23 政
藤原宗子 ❷ 1155·9·14 政／10·26 社
藤原琮子 ❷ 1157·10·11 政／1173·6·12 政／1231·4月 政
藤原備雄 ❶ 858·1·16 政
藤原園人 ❶ 781·2·16 政／785·1·15 政／789·2·5 政／791·1·22 政／812·12·5 政／814·6·1 文／815·7·20 文／818·12·19 政
藤原尊子(そんし) ❷ 1022·12·25 政
藤原泰子(たいし·勲子、高陽院) ❷ 1133·6·29 政／1134·3·19 政／1139·

7·27 政／7·28 政／**1141**·2·22 政／5·5 政／**1155**·12·16 政
藤原平子　❶ **833**·9·21 社
藤原隆章　❸ **1351**·10·30 文
藤原隆家　❶ **992**·12·7 政／**996**·1·16 政／**997**·4·5 政／❷ **1009**·4·24 社／**1012**·4·27 政／**1014**·11·7 政／**1015**·9·23 政／**1016**·11·9 政／**1037**·8·9 政／**1044**·1·1 政
藤原高子　❶ **881**·5·7 文／**882**·1·7 政／3·27 政／**896**·9·22 政／10·23 政／**910**·3·24 政／**943**·5·27 政
藤原鷹養　❶ **812**·1·12 政
藤原高風　❶ **917**·4·11 政
藤原挙賢　❶ **974**·9·16 政
藤原多賀幾子　❶ **850**·7·9 政
藤原隆国　❷ **1044**·7·8 政
藤原尊子　❶ **1000**·8·20 政
藤原厳子⇨三條(さんじょう)厳子
藤原高定(阿波守)　❷ **1042**·10·2 政
藤原(堀河)高定(権中納言)　❷ **1280**·8·23 政
藤原高実　❷ **1248**·8·1 政
藤原隆季　❷ **1175**·11·15 文／**1182**·12·10 社／**1185**·1·11 政
藤原隆佐　❷ **1037**·5·15 政／**1052**·是年 社／**1074**·是年 政
藤原隆資　❷ **1099**·11·1 政
藤原高堪　❶ **932**·10月 政
藤原孝忠　❶ **1000**·6·19 政
藤原隆忠　❷ **1202**·⑩·20 政／**1204**·12·14 政／**1207**·2·10 政／**1211**·9·22 政／**1245**·5·23 政
藤原(四條)隆親　❷ **1231**·10·9 社／**1257**·3·2 政／**1279**·9·6 政
藤原高経　❶ **884**·4·10 文／**888**·1·27 政／**893**·5·19 文
藤原隆経　❷ **1071**·是年 政
藤原高遠　❷ **1004**·12·28 政／**1005**·4·14 政／4·22 政／**1009**·8·14 政／**1013**·5·16 政／**1014**·12·22 文
藤原隆時　❷ **1097**·8·21 政／**1102**·3·28 社
藤原乙叡　❶ **788**·1·14 政／**790**·3·9 政／**797**·1·13 政／**801**·8·11 政／**808**·6·3 政
藤原高朝　❷ **1274**·10·20 政
藤原鷹取　❶ **772**·9·25 政／**775**·6·19 政／**778**·11·19 政／**781**·2·16 政／**784**·3·14 政／5·10 政
藤原高直　❶ **847**·2·10 政／**848**·1·13 政
藤原(四條)隆仲　❷ **1229**·12·21 政
藤原隆長(頼長の子)　❷ **1150**·1·12 文
藤原隆長(検非違使別当左兵衛督)　❸ **1320**·9·10 社
藤原隆成　❷ **1052**·3·19 政
藤原隆信　❷ **1173**·8·23 文／9·9 文／**1188**·是年 文／**1201**·7·27 文／**1205**·2·27 政
藤原孝理　❷ **1013**·11·17 政
藤原孝範　❷ **1194**·9·21 文／**1222**·5·30 文／**1233**·8月 文
藤原隆教　❸ **1301**·8·14 文
藤原高衡　❷ **1189**·9·15 政
藤原(四條)隆衡　❷ **1212**·8·13 社／**1224**·5·21 政／**1254**·12·18 政
藤原隆博⇨九條(くじょう)隆博
藤原高房　❶ **827**·是年 社／**849**·1·13 政／**852**·2·25 政
藤原隆房　❷ **1209**·是年 政
藤原高藤　❶ **900**·1·28 政／3·12 政
藤原隆方　❷ **1078**·12·18 政
藤原隆雅　❷ **1207**·4·4 政
藤原隆昌　❸ **1351**·10·30 文／**1352**·2月 文
藤原孝道　❷ **1237**·10·23 政
藤原高光　❶ **961**·12·5 政／**994**·3·10 文
藤原隆宗(近江守)　❷ **1102**·3·4 政
藤原(四條)隆宗(従三位)　❷ **1229**·8·21 政
藤原隆行　❷ **1259**·3·20 政／**1263**·3·25 政
藤原隆能　❷ **1155**·12·29 政
藤原(一條)高能　❷ **1198**·9·17 政
藤原沢子　❶ **839**·6·30 政
藤原岳守　❶ **838**·是年 文／**848**·1·13 政／**851**·9·26 政、文
藤原多子(たし)　❷ **1150**·1·10 政／3·14 政／**1158**·2·3 政／**1160**·1·26 政／**1201**·12·24 政
藤原　助　❶ **837**·1·12 政／**838**·3·24 政／6·22 政／**843**·4·21 社／**845**·1·11 政／**847**·1·12 政／**851**·1·11 政／**853**·1·16 政／5·29 政
藤原忠家(大納言)　❷ **1072**·12·2 政／**1081**·10·26 政／**1091**·11·7 政
藤原(九條)忠家(内大臣)　❷ **1244**·6·13 政／**1246**·12·14 政／**1252**·7·20 政／**1273**·5·5 政／**1274**·1·26 政／6·20 政／**1275**·6·9 政
藤原忠雄　❶ **862**·1·13 政
藤原忠景　❷ **1170**·5·18 政
藤原(姉小路)忠方　❷ **1268**·12·30 文
藤原忠君　❶ **968**·是年 政
藤原忠清(散位)　❷ **1094**·8·15 文
藤原忠清(上総介)　❷ **1181**·8·16 政／**1185**·5·10 政
藤原忠定　❷ **1233**·3月 政
藤原忠実　❷ **1092**·2·6 社／**1094**·8·15 文／**1096**·2·14 文／**1099**·8·28 政／10·6 政／**1100**·7·17 政／10·28 政／11·27 政／**1101**·2·12 社／10·24 社／**1102**·5·8 社／7·5 文／8·23 社／**1103**·9·16 文／11·28 文／**1104**·1·14 社／7·16 政／12·8 政／**1105**·②·20 文／②·26 文／4·19 社／7·6 政／12·25 政／**1106**·3·29 社／4·29 社／8·28 政／10·28 政／12·16 政／**1107**·3·28 文／5·3 政／7·19 政／⑩·9 政／**1108**·9·20 社／11·22 政／**1109**·7·5 社／**1110**·3·27 政／4·8 政／6·21 政／7·5 社／8·16 社／**1111**·3·8 文／10·9 政／11·28 政／12·16 政／**1112**·5·26 社／6·4 社／10·9 政／12·14 政／12·28 社／**1113**·3·9 社／4·14 政／4·15 社／6·8 政／9·17 政／**1114**·3·30 社／9·7 政／10月 社／是年 文／**1115**·3·28 文／6·14 社／8·27 政／9·9 文／**1116**·7·13 政／8·13 社／9月 文／10·13 社／11·16 政／12·12 社／**1117**·2·10 文／7·2 政／8·25 文／9·15 政／11·20 文／**1118**·3·15 社／4·21 社／11·1 社／**1119**·3·25 政／5·12 政／**1120**·1·2 政／11·8 政／**1121**·1·17 政／**1129**·10·22 政／**1130**·1·29 政／2·8 社／**1131**·11·17 政／**1132**·1·14 政／9·26 文／**1133**·3·18 文／**1136**·3·4 政／**1140**·6·5 政／7·13 政／10·2 政／**1142**·5·5 政／**1144**·2·13 社／**1145**·4·18 政／6·8 文／**1148**·5·12 文／7·17 政／**1150**·10·12 政／**1151**·1·3 文／**1153**·4·27 文／**1155**·10·20 社／**1162**·6·18 政
藤原忠重　❷ **1162**·10·6 社／**1163**·1·29 政
藤原忠季　❷ **1196**·1·20 政
藤原忠輔　❶ **980**·6·1 政／**986**·8·13 文／❷ **1013**·6·4 政
藤原忠隆　❷ **1111**·10·25 政／**1116**·7月 文／**1150**·8·3 政
藤原(中山)忠親　❷ **1152**·8·25 文／**1156**·2·12 社／**1179**·2·12 社／**1180**·3·21 社／10·10 文／**1185**·1·19 文／12·29 政／**1191**·3·28 政／**1194**·7·26 政／**1195**·3·12 政
藤原忠嗣　❷ **1226**·6月 社
藤原忠綱　❷ **1205**·5·4 社／**1212**·12月 政／**1219**·3·8 政
藤原忠経　❷ **1206**·3·28 政／**1207**·2·10 政／**1208**·5·28 政／**1214**·4·3 政
藤原忠任　❷ **1029**·10·22 社
藤原忠倫　❷ **1243**·3·29 文
藤原忠長　❷ **1114**·3·12 文
藤原縄主　❶ **817**·9·16 政
藤原忠主　❶ **887**·2·2 政
藤原忠信(紀伊守)　❶ **999**·12·1 社
藤原忠信(蹴鞠)　❷ **1214**·2·10 文／**1215**·6·2 文／**1221**·6·12 政／7·23 政／**1236**·7月 文
藤原忠紀　❶ **905**·5·2 文
藤原忠教(尾張守)　❷ **1093**·10·2 政／**1096**·4·8 政
藤原忠教(大納言)　❷ **1141**·3·10 政／10·25 政
藤原(九條)忠教(右大臣)　❷ **1275**·12·22 政
藤原忠平　❶ **912**·2月 政／**914**·8·25 政／是年 文／**916**·2·10 社／**918**·8·11 文／**920**·6·26 政／9·11 社／**921**·12·14 政／**924**·1·22 政／6·2 政／11·15 政／**925**·5·18 社／10·21 政／**927**·12·10 政／**928**·3·1 政／**929**·3·23 文／9·17 社／**930**·9·22 政／**931**·2·26 政／3·11 政／**932**·2·29 政／4·28 政／**933**·10·3 社／**936**·8·2 政／8·19 政／**937**·1·25 政／**938**·8·8 政／**939**·2·15 政／8·20 文／12·9 社／**940**·5·27 政／12·9 社／**941**·8·26 社／11·8 政／**945**·1·4 政／7·29 政／**946**·2·23 文／10·28 政／**947**·9·2 政／**948**·5·20 政／7·1 政／8·23 文／**949**·8·14 政
藤原忠衡　❷ **1189**·6·26 政
藤原忠房(右京大夫)　❶ **894**·8·21 政／**906**·是年 文／**920**·是年 文／**928**·12·1 政

藤原(松殿)忠房　❷ 1273·3·20 政
藤原忠文　❶ 940·1·19 政／5·15 政／941·5·19 政／947·6·26 政
藤原忠雅　❷ 1156·2·25 社／1157·3·8 政／1167·2·11 政／1168·8·10 政／1193·8·26 政
藤原縄麻呂(ただまろ)　❶ 759·1·11 政／764·9·11 政／766·3·26 政／771·3·13 政／779·12·13 政／791·1·22 政／797·1·13 政／804·1·24 政／808·5·14 政／821·9·21 政
藤原忠通　❷ 1109·4月 文／1110·10·25 文／1111·10·28 政／11·25 文／1115·4·28 政／6·27 文／8·10 社／10·26 文／1117·2·13 政／5·9 文／9·15 政／1118·4·21 社／8·19 文／10·2 文／1119·3·9 文／7·8 文／1120·1·2 政／1121·1·22 政／3·5 政／9·12 文／1122·12·17 政／1124·4·9 文／1126·8·8 文／1128·12·17 政／12·18 社／1129·4·10 政／7·1 政／1130·9·20 文／1131·11·7 政／1132·2·28 社／8·28 政／1134·7·29 文／1135·3·23 文／1136·9·17 社／1139·6·4 文／1140·4·18 社／1141·12·7 政／1142·9·13 文／1143·5·5 社／是頃 社／1146·12·16 政／1147·11·10 政／1148·7·17 社／1149·10·25 政／1150·3·13 政／9·26 政／12·9 政／1151·9·20 政／1155·7·24 政／8·27 政／1156·7·11 社／1157·4·22 文／1158·4·21 政／7·14 社／8·4 政／8·11 政／10·14 政／1159·12·25 政／1162·6·8 政／1163·12·26 文／1164·2·19 政／1171·9·7 文／1189·9·6 文
藤原忠光　❸ 1356·3·28 政／1361·2·1 文／1375·2·27 政
藤原忠満　❹ 1467·是年 政
藤原忠岑　❶ 851·1·11 政
藤原忠宗(権中納言)　❷ 1133·9·1 政／9月 政
藤原忠宗(梵鐘)　❸ 1369·8月 文
藤原忠幹　❶ 945·6·23 文
藤原忠基　❷ 1156·7·30 政
藤原忠行　❶ 906·11月 政
藤原忠能(参議)　❷ 1129·3·9 文／9·6 社／1158·3·6 政
藤原忠能(信濃地頭)　❷ 1249·12·26 政
藤原忠良　❷ 1225·5·16 政
藤原(一條)忠頼　❷ 1180·9·10 政／10·17 政／1184·6·16 政
藤原辰忠　❶ 905·10·3 政
藤原達成　❶ 916·7·5 政
藤原龍也　❾ 2005·7·28 文
藤原子高　❶ 939·12·26 政
藤原種継　❶ 768·2·3 政／771·③·1 政／778·2·4 政／780·3·17 政／781·2·16 政／782·3·26 政／784·1·16 政／5·16 政／785·9·23 政
藤原旅子　❶ 786·1·17 政／788·5·4 政／858·3·13 政
藤原田麻呂　❶ 762·3·1 政／763·1·9 政／7·14 政／766·7·22 政／771·③·1 政／776·10·23 政／780·2·1 政／781·6·27 政／782·6·21 政／783·3·19 政
藤原多美子　❶ 866·1·13 政／880·12·4 文／886·10·29 政
藤原為明　❹ 1475·3月 文
藤原為家　❷ 1213·6·6 社／1214·2·8 文／1217·10·19 文／1223·8月 文／1227·12·28 文／1236·8·29 文／1246·11·6 文／1248·7·25 文／1251·10·27 文／1259·3·16 文／1261·是年 文／1263·7·5 文／1265·12·26 文／1269·11·18 文／1275·5·1 政
藤原(二條)為氏　❷ 1260·7·5 文／1276·7·22 文／1277·10月 政／1279·12·27 文／❸ 1286·9·14 政
藤原為方　❸ 1287·9·2 文
藤原為賢　❸ 1449·7·28 政
藤原為兼　❷ 1107·1·28 文
藤原為定(文章得業生)　❷ 1069·4·18 文／1075·8·11 政／1078·6·18 政
藤原為定(権中納言)　❸ 1332·4·10 政／1368·11·16 文
藤原為貞　❸ 1348·12·14 社
藤原為理　❸ 1316·12·15 政
藤原為輔　❶ 955·2·7 政／986·8·26 政
藤原為資　❷ 1193·4·16 政
藤原為佐　❷ 1243·2·26 政／1246·5·24 政
藤原(冷泉)為相　❷ 1277·10月 政／1278·是年 文
藤原為隆　❷ 1106·6·28 文／1109·3·30 文／1110·3·12 文／12·2 文／1111·11·17 文／1127·10·17 社／12·12 社／1130·9·8 政
藤原為忠　❷ 1124·11·17 政／1134·1月 社／6月 文／7月 文／1136·是年 文
藤原為継　❷ 1265·5·20 政
藤原為綱　❷ 1175·⑨·29 社
藤原為経(寂超)　❷ 1143·5·10 政
藤原(吉田)為経(中納言)　❷ 1233·5·28 文／1235·12·22 社／1236·4·15 文／1246·11·3 政／1250·8·10 社／1256·6·9 政
藤原為時　❶ 996·2月 政／是夏 文／❷ 1016·4·29 政、文／1018·1·21 文
藤原為長　❶ 985·4·24 社／986·4·28 政
藤原為信(越後守)　❶ 968·是年 文
藤原為信(従三位)　❸ 1304·3·22 政／1311·6·13 文
藤原(京極)為教　❷ 1279·5·24 文
藤原為房　❷ 1086·8·12 文／1091·7·21 政／8·17 文／9·4 政／1092·9·18 政／9·28 政／1102·2·24 社／1112·11·30 社／1115·4·2 政
藤原為文　❷ 1001·5·20 政
藤原為通　❷ 1154·6·13 政
藤原為光　❶ 973·7·1 政／979·1月 文／983·8·1 文／986·7·20 政／989·2·8 社／991·9·7 政／992·6·16 政／995·2·7 政
藤原為守　❸ 1347·2·29 文
藤原為保　❷ 1179·11·21 政
藤原為行　❷ 1179·11·21 政
藤原為頼　❶ 998·是年 政、文
藤原近臣　❶ 878·1·11 政
藤原親賢　❷ 1128·8·28 政
藤原(吉田)親清　❷ 1192·12·21 社／1200·3·27 社
藤原親子　❷ 1093·10·21 政
藤原睦子　❷ 1114·2·24 政
藤原親定　❷ 1238·6·12 政
藤原親実　❷ 1215·8·10 政／1235·5·9 政
藤原親成　❷ 1239·2·9 政
藤原懐季　❷ 1106·2·17 政
藤原親澄　❸ 1294·3·28 社
藤原親隆　❷ 1147·12·21 政／1165·8·23 政
藤原懐忠　❷ 1017·12·9 社
藤原親忠　❷ 1153·5·21 政
藤原親綱　❷ 1213·10·29 政
藤原親経　❷ 1187·2·28 政／1201·2·13 文／1204·2·20 政／3·29 文／1210·11·11 政／1240·4·17 政
藤原親任　❷ 1026·4·23 政
藤原親俊　❷ 1226·10月 文／1230·7·17 文／1258·11·8 政
藤原愛発　❶ 842·7·23 政／843·9·16 政
藤原近成　❶ 883·6·3 政／885·12·23 政
藤原親信　❷ 1197·7·12 政
藤原親範(後白河法皇使者)　❷ 1164·12·17 社
藤原親範(壱岐守)　❸ 1292·8·10 文
藤原懐範(厳島神社頭和歌)　❷ 1222·7·2 政
藤原親雅　❷ 1210·9·23 政
藤原親政　❸ 1303·4·14 政
藤原親致　❷ 1278·2月 政
藤原親盛　❶ 935·12·3 政
藤原親能　❷ 1191·1·15 政／1207·11·22 政
藤原周頼　❷ 1019·9·3 政
藤原親頼　❸ 1298·2·11 政
藤原千常　❶ 968·12·18 政／979·5·22 政
藤原千夏　❶ 903·2·27 文
藤原千尋　❶ 750·3·12 政
藤原仲子　❷ 1109·12·22 社
藤原忠子⇨五辻(いつつじ)忠子
藤原超子　❶ 968·10·14 政／12·7 政／982·1·28 政
藤原姚子　❶ 984·12·25 政／989·5·21 政
藤原(近衛)長子(鷹司院)　❷ 1226·6·19 政／7·29 政／1229·4·18 政／1246·1·10 文／1275·2·11 政
藤原長兵衛　❺-1 1707·是年 文
藤原陳子(北白河院)　❷ 1222·7·11 政／1238·10·3 政
藤原遂忠　❶ 928·6月 政
藤原継業　❶ 842·7·5 政
藤原継蔭　❶ 886·2·3 政／887·2·2 政
藤原継縄　❶ 764·1·20 政／766·7·22 政／771·③·1 政／780·2·1 政／783·7·19 政／785·1·15 政／787·8·24 政／790·2·27 政／794·8·13 文／796·7·16 政
藤原継業　❶ 799·4·11 文／806·1·28 政／808·5·14 政
藤原継彦　❶ 782·①·11 政／

810·9·10 政／828·2·26 政
藤原嗣宗 ❶ 840·1·30 政／849·11·29 政
藤原綱継 ❶ 815·1·10 政／847·7·26 政
藤原綱手 ❶ 740·11·1 政
藤原経家(権中納言) ❷ 1068·5·25 政
藤原経家(正三位) ❷ 1209·9·19 政
藤原経雄 ❸ 1323·是年 政
藤原経臣 ❶ 932·2·23 文
藤原経清 ❷ 1063·2·16 政
藤原経邦 ❶ 958·9月 政
藤原経国 ❷ 1016·8·25 政
藤原経定 ❷ 1156·1·29 政
藤原経実 ❷ 1112·6·4 社／1131·10·21 政
藤原経季 ❷ 1036·10·10 文／1053·1·27 政／1086·8月 政
藤原恒佐 ❶ 921·2·14 政／931·⑤·5 文／937·1·22 政／3·5 社／11·14 文／938·5·5 政
藤原経輔 ❷ 1019·4·19 社／1030·12月 文／1036·1·3 政／1081·8·7 政
藤原経忠 ❷ 1102·9·12 政／1128·1·24 政／1138·7·16 政
藤原常嗣 ❶ 834·1·12 政／1·19 政／836·2·9 政／5·9 社／837·2·13 政／838·12·15 政／839·3·5 政／4·5 政／7·23 政／9·16 政／840·4·23 政
藤原(中御門)経任(権中納言) ❷ 1050·8·29 政／1052·12月 政／1066·2·16 政
藤原経任(勧学院別当) ❷ 1268·4·13 政／12月 文／1281·⑦·2 社
藤原(吉田)経俊 ❷ 1237·是年 文／1263·3·25 政／1276·10·18 政
藤原(世尊寺)経朝 ❷ 1270·8·11 文／1274·2·23 文／1275·6·26 文／1276·2·12 政
藤原経仲 ❷ 1028·10·26 政
藤原常永 ❶ 846·1·13 政／863·2·10 政
藤原(吉田)経長 ❷ 1267·是年 文／1270·8·22 政／1271·9·6 文／1279·7·25 政／❸ 1302·10·19 社
藤原経範 ❷ 1230·4·14 文／1232·12·30 文／1233·12·22 文／1239·2·7 政／1244·1·17 文／3·18 文／1247·2·28 政／1256·10·5 政
藤原経衡 ❷ 1072·6·20 政
藤原(衣笠)経平(大宰大弐) ❷ 1078·9·18 社／1081·3·5 政／1085·是年 政／1091·7·4 政
藤原経平(中納言) ❷ 1274·5·7 政
藤原(吉田)経房 ❷ 1174·3·17 文／9·24 文／1183·6·18 文／1185·12·29 政／1186·10·22 文／1190·1·24 政／1195·1·20 文／1198·10·16 文／1199·12·24 社／1200·②·11 政
藤原経通 ❷ 1046·2·26 政／7·7 文／是年 文／1047·2·26 文／1050·5月 政／1051·8·16 政
藤原(広橋)経光 ❷ 1225·1·1 政／1226·9·17 文／是年 文／1227·9·9 文／1233·3·2 文／1246·11·6 文／1249·3·18 政／1260·5·14 文
藤原経宗 ❷ 1159·12·9 政／1160·1·6 政／2·20 政／3·11 政／1162·3·7 政／1164·⑩·23 政／1166·11·11 政／1179·2·12 社／3·29 政／1181·2·2 文／1183·6·6 政／8·20 政／1185·7·22 政／8·28 社／1187·3·4 政／1189·2·28 政
藤原常行 ❶ 868·1·16 政／875·2·17 政
藤原経頼⇨冷泉(れいぜい)経頼
藤原連貞 ❶ 974·5·23 政
藤原連真 ❶ 974·是年 政
藤原鶴寿女 ❷ 1150·8·25 政
藤原貞子 ❶ 851·2·23 政／864·8·3 政
藤原諟子 ❶ 984·12·25 政／❷ 1041·1·1 政
藤原定子 ❶ 990·1·25 政／996·5·1 政／6·9 政／997·6·22 政／1000·2·25 政／12·15 政
藤原禎子 ❷ 1029·12·13 政／1034·7·18 政／1035·6·21 政／1068·4·17 政
藤原諟子
藤原呈子(九條院) ❷ 1150·4·28 政／6·22 政／1156·10·27 政／1158·2·3 政／1168·3·14 政／1176·9·19 政
藤原登子 ❶ 975·3·29 政
藤原道子 ❷ 1069·8·22 政／1073·7·23 政／1075·12·28 政／1132·8·17 政
藤原遠規 ❶ 953·3·14 政
藤原遠度 ❶ 989·3·24 政
藤原遠政 ❷ 1235·7·23 社
藤原遠基 ❶ 974·5·27 政
藤原時柄 ❶ 931·2·7 文
藤原説貞 ❷ 1056·8·3 政
藤原説孝 ❶ 996·12·8 社
藤原時忠 ❷ 1119·2·29 政
藤原時経 ❷ 1063·9·29 文
藤原時長 ❶ 885·1·16 政／886·2·3 政／5·18 政
藤原時登 ❷ 1133·4·28 文
藤原時叙(寂源) ❷ 1024·3·2 政
藤原時教 ❶ 995·7·23 社
藤原時姫 ❶ 980·1·15 政
藤原時平 ❶ 886·1·2 政／889·11·21 社／892·5·1 文／898·9·19 社／10·8 社／899·2·14 政／是年 社／901·8·2 文／8·19 政／9·15 文／905·8月 政／907·11·15 政／908·是年 社／909·4·4 政
藤原説雅 ❷ 1119·7·16 政
藤原時光 ❷ 1015·10·4 政
藤原得子(とくし・美福門院) ❷ 1139·5·18 政／8·27 政／1140·2·23 政／1141·2·21 政／2·25 政／3·7 政／8·4 政／12·7 政／12·27 政／1142·1·19 政／1149·8·3 政／1152·3·19 政／1154·1·13 政／1155·8·15 政／1156·6·12 政／1159·7·1 文／11·3 社／1160·11·23 政／12·2 社
藤原徳風 ❺-2 1826·是年 文
藤原俊家(権中納言) ❶ 995·7·27 社
藤原俊家(右大臣) ❷ 1036·1·3 政／1044·1·30 政／1062·5·6 文／1080·8·14 政／1082·10·2 政
藤原俊兼 ❷ 1191·1·15 政
藤原俊忠(紀伊守) ❷ 1030·是年 政
藤原俊忠(大宰権帥) ❷ 1104·5·26 文／1107·9·17 政／1121·6·26 政／1123·7·9 政
藤原俊経 ❷ 1047·3·28 政／1158·11·26 文／1165·6·5 政／9月 文／1170·1·27 文／1173·11·4 社／1174·3月 文／1175·7·28 政／1182·5·27 政／1191·1·22 政
藤原俊成(武蔵守) ❷ 1170·10·9 文／1172·10·17 文／12·8 文／1175·9·18 文／1176·9·28 文／1178·是夏 文／1179·3·15 文／10·18 文／1183·2月 文／1184·12·28 文／1186·3·6 文／1187·9·20 文／1188·4·22 文／8·27 文／1190·是春 文／1195·1·20 文／1197·7·20 文／是年 文／1201·7·27 文／1203·11·23 文／❸ 1313·10·17 文
藤原俊信 ❷ 1100·12月 文／1105·2·1 文
藤原俊憲 ❷ 1156·10·13 政／1159·12·10 政／1160·2·22 政／1167·4·10 政
藤原俊秀 ❸ 1448·1·29 文
藤原利平 ❶ 914·是年 政
藤原俊弘 ❷ 1227·12·25 社
藤原俊房 ❷ 1095·5·11 政
藤原俊光 ❸ 1292·1·14 政／1296·9·26 政／1301·8·14 文／1308·10·9 政／1315·10·28 政
藤原利基 ❶ 887·2·2 政
藤原敏行 ❶ 875·8·23 文／877·1·28 政／878·1·11 政／885·12·25 文／892·6·24 政／901·是年 政
藤原富綱 ❷ 1278·12·8 社
藤原富総 ❷ 1279·1·20 政
藤原知章 ❷ 1013·是冬 政
藤原(九條)知家(蓮性) ❷ 1105·4·13 政／1229·3·17 文／1248·9月 文
藤原朝方 ❷ 1183·11·28 政／1201·2·16 政
藤原友清 ❷ 1061·2·27 社
藤原友実 ❷ 1097·11·27 政
藤原朝隆 ❷ 1129·7·30 文／1159·10·3 政
藤原朝忠 ❶ 954·1·25 政／966·12·2 政
藤原(宇都宮)朝親 ❷ 1250·10·14 政
藤原朝経 ❷ 1012·9·22 文／1029·7·4 政
藤原朝時 ❷ 1179·1·13 政
藤原朝俊 ❷ 1221·6·12 政／6·14 政
藤原友永 ❶ 855·1·15 政
藤原朝成 ❶ 973·7·1 政／974·4·5 政
藤原知信 ❷ 1094·5·2 社／1096·8·7 政／是年 政／1097·是秋 文
藤原朝春 ❸ 1374·9·29 社
藤原友人 ❶ 811·4·5 政／822·8·16 政
藤原知房 ❷ 1112·2·18 政
藤原智美 ❾ 1992·7·15 文
藤原知通 ❷ 1141·11·21 政

藤原知光　❷ 1012·12·9 政
藤原朝基　❷ 1218·5·1 政
藤原倫寧　❶ 954·是年 政／977·是年 政
藤原友行(刀工)　❸ 1364·是年 文
藤原豊成　❶ 743·5·5 政／746·4·5 政／748·3·22 政／757·7·4 政／764·9·14 政／765·4·15 政／11·27 政
藤原豊淵　❶ 883·9·23 社
藤原豊本　❶ 867·9·12 社
藤原(恵美)執棹　❶ 764·1·20 政
藤原直方　❶ 883·10·27 社
藤原直吉　❹ 1467·是年 政
藤原直縄　❶ 834·1·12 政
藤原直継　❶ 822·2·24 政
藤原直道　❶ 859·1·13 政／863·2·10 政
藤原直世　❶ 845·1·11 政
藤原長明　❷ 1104·10·6 社
藤原長家　❷ 1064·11·9 政／1068·12·28 政
藤原長岡　❶ 843·1·12 政／849·2·6 政
藤原長方　❷ 1179·10·9 文
藤原(三條)長兼　❷ 1204·4·2 文／1206·2·14 社／1207·11·27 文
藤原長川　❶ 780·3·17 政
藤原中清　❷ 1008·2·27 政／10·20 文
藤原永清　❷ 1096·4·20 政
藤原永貞　❶ 814·7·26 文
藤原長定　❷ 1213·3·28 文
藤原仲実　❷ 1092·9·18 政／1094·3·5 政／8·15 文／1100·5·5 文／1104·3·29 社／1108·2·20 政／1116·7·21 文／1118·3·26 政／1121·12·23 政／是年 文
藤原永実　❷ 1112·1月 文／1119·11·12 文／1129·3·28 政
藤原長実　❷ 1114·8·3 政／1121·⑤·21 文／1123·12·20 政／1129·5·11 社／1131·10·29 政／1132·12·26 政／1133·1·27 政／8·19 政
藤原長重　❷ 1132·8·26 政
藤原長季　❷ 1077·5·3 政
藤原長輔　❷ 1017·1·22 社／1156·1·14 政／1230·6·26 文
藤原長相　❸ 1292·1·14 政
藤原長隆　❷ 1107·⑩·20 政
藤原長忠　❷ 1124·7·27 社／1129·11·3 政
藤原永親　❷ 1083·1月 政
藤原長親　❸ 1357·2月 文／1385·1月 政
藤原仲継　❶ 785·1·15 文
藤原永綱　❷ 1077·9·17 政
藤原長経　❷ 1205·2月 文
藤原仲経　❷ 1236·12·27 政
藤原永手　❶ 752·5·26 政／766·1·8 政／769·2·3 政／770·9·7 政／12·7 政／771·2·22 政
藤原仲直　❶ 867·1·12 政／878·7·13 政
藤原仲成　❶ 799·1·29 政／806·1·28 政／809·11·12 政／810·9·10 政
藤原永主　❶ 833·6·16 社
藤原長沼　❷ 1221·7·20 政
藤原永範　❷ 1129·3·28 政／1139·12·16 文／1142·4·1 文／4·28 政／1145·7·22 政／1152·12·18 文／1160·2·22 政／1170·9·13 文／1172·3·19 文／1173·3·3 政／1174·2·5 政／9·30 文／1178·2·2 文／1180·11·9 文
藤原脩範　❷ 1160·2·22 政
藤原仲平　❶ 915·是年 社／917·1·29 政／919·是年 社／924·3·1 政／928·1·29 政／933·2·13 政／937·1·22 政／940·7月 政／945·9·1 政
藤原長房　❷ 1093·2·27 政／1094·5月 政／1099·9·9 政／1243·1·16 政
藤原仲文　❶ 743·5·5 政／745·9·4 政／746·4·5 政／992·2月 政
藤原仲麻呂(恵美押勝)　❶ 746·7·11 社／749·7·2 政／8·10 政／752·4·9 政／756·10·23 社／757·5·4 政／7·4 政／⑧·17 社／758·8·25 政／759·1·3 政／760·1·4 政／762·2·2 政／763·1·3 政／764·9·2 政／9·11 政／768·5·28 社
藤原仲光　❸ 1381·2·24 政
藤原長光　❷ 1156·10·13 政
藤原仲統　❶ 849·1·13 政／865·1·27 政／870·1·25 政／875·6·6 政
藤原(日野)長用　❷ 1244·7·16 政
藤原長基　❶ 854·1·16 政
藤原長山　❶ 778·2·23 文／779·2·23 政
藤原仲義　❷ 1128·6·5 政
藤原長能　❷ 1009·是年以降
藤原永頼　❶ 974·5·23 政／8·23 政／❷ 1010·②·27 政
藤原長良　❶ 834·1·12 政／850·1·15 政／856·7·3 政／877·1·29 政
藤原並藤　❶ 847·1·12 政
藤原斉明　❶ 985·1·20 政／4·5 政
藤原成家　❷ 1220·6·4 政／1231·3·12 政／1251·9·2 政
藤原成国　❶ 954·4·20 政
藤原業実　❷ 1186·2·9 文
藤原成佐　❷ 1151·1·2 政
藤原成孝　❷ 1139·6月 社
藤原成親　❷ 1161·9·28 政／11·29 政／1162·3·7 政／1169·12·17 政／1170·4·21 政／1171·11·3 社／1173·3·12 政／1177·5·29 政／6·1 政／7·9 政
藤原成経　❷ 1177·6·1 政／6月 政／1178·7·3 政／1202·3·19 政
藤原登任　❷ 1051·是年 政
藤原済時　❶ 967·7·16 政／993·1·13 政／995·4·10 政
藤原業時　❷ 1225·12·21 政
藤原斉敏　❶ 973·2·14 政／981·4·16 文
藤原斉信　❶ 997·4·16 社／1000·3·19 文／❷ 1007·1·5 社／1009·4·24 社／1012·7·25 文／1013·1·16 政／1021·12·18 社／1023·2·15 社／1029·4·7 文／1031·9·19 文／1035·3·23 政
藤原成信　❷ 1206·4·2 文
藤原成範　❷ 1160·2·22 政／1187·3·17 政／此頃 文
藤原成平　❷ 1105·②·26 文
藤原成房　❷ 1183·3·14 文
藤原成通　❷ 1142·12·13 政／1159·10·15 政
藤原成光　❷ 1177·11·14 文／1180·7·18 文
藤原成宗　❷ 1176·7·29 政
藤原縄麻呂⇨藤原縄麻呂「ただまろ」
藤原仁善子　❶ 964·4月 政
藤原任子(宜秋門院)　❷ 1190·1·11 政／4·26 政／1191·7·11 文／1192·1·8 文／1196·11·25 政／1200·6·28 政／1204·4·23 政／1270·11月 文
藤原寧子⇨西園寺(さいおんじ)寧子
藤原年子　❶ 850·7·9 政
藤原能子　❶ 913·10·8 政／964·4·11 政
藤原野風　❶ 887·2·2 政
藤原後生　❶ 964·7·10 政／968·8·13 政／970·3·25 政／7·12 文
藤原信家(権大納言)　❷ 1035·是年 政／1059·4·13 政／1061·4·13 政
藤原信家(山城守)　❷ 1179·2·14 政
藤原(坊門)信清　❷ 1211·10·4 政／1216·3·14 政
藤原信実　❷ 1218·8·13 文／1221·7·8 文／1227·12·28 文／1230·10·2 文／1231·2·6 政／1233·8·12 文／1239·1·19 文／1265·12·15 文
藤原宣孝　❶ 985·7·13 社／❷ 1001·4·25 政
藤原陳隆　❷ 1033·8·21 政
藤原信隆　❷ 1161·9·28 政／11·29 政／1179·11·17 政
藤原尹忠　❶ 989·8·2 政
藤原信親　❷ 1170·5·16 政
藤原宣経　❷ 1251·9·3 政
藤原信俊　❷ 1159·12·28 政
藤原信長　❷ 1068·6·26 政／1069·8·22 政／1080·8·14 政／1094·9·3 政／1106·9·30 政
藤原信成　❷ 1221·5·29 政／1225·10·16 社
藤原信範　❷ 1170·5·23 社
藤原宣房　❷ 1214·是年 政
藤原信通　❷ 1025·12·18 社／1120·10·21 政
藤原信盛　❷ 1226·2·14 社／1270·8月 政
藤原信行　❸ 1288·7·29 政
藤原(一條)信能　❷ 1219·②·29 政／1221·6·24 政／7·5 政
藤原信頼　❷ 1105·3·24 社／1158·4·21 政／12·26 政／1159·11·15 政／12·9 政／12·14 政／12·27 政／1160·2·22 政
藤原教明　❸ 1303·4·25 政
藤原教家　❷ 1224·是年 文／1233·是春 社／1255·4·28 政
藤原憲方　❷ 1077·7月 政／1160·5·4 政
藤原範兼　❷ 1165·4·26 政、文

藤原(飛鳥井)教定　❷ **1266**·4·8 政
藤原(九條)教実　❷ **1225**·3·8 文／**1226**·1·22 文／2·21 文／**1229**·3·23 文／**1231**·4·26 政／7·5 政／**1232**·4月 文／10·4 政／**1233**·5·4 政／**1235**·1·18 政／3·28 政／4·6 政
藤原範茂　❷ **1221**·6·12 政
藤原範季　❷ **1205**·5·10 政
藤原憲輔　❷ **1079**·7·8 政
藤原説孝　❷ **1004**·2·26 政
藤原範隆　❷ **1129**·12·28 社／**1133**·8·27 政
藤原則忠　❷ **1097**·是年 政
藤原範忠　❷ **1162**·6·23 政
藤原教経　❸ **1292**·1·14 政
藤原範朝　❷ **1237**·6·22 政
藤原範永　❷ **1025**·8·11 政／**1065**·6·13 政
藤原教長　❷ **1142**·1·18 文／**1154**·5·18 政／**1156**·8·3 政／**1162**·3·7 政／**1172**·是冬 文／**1173**·3·3 政／**1177**·7·2 文／9月 文／是年 文
藤原憲長　❸ **1288**·6·4 社
藤原教成　❷ **1239**·4·13 政
藤原憲房　❷ **1073**·10·7 政
藤原教雅　❷ **1234**·7·2 社
藤原教通　❷ **1007**·11·15 社／**1008**·11·28 社／**1015**·4·13 社／**1017**·9·14 政／10·23 政／**1021**·7·25 政／**1025**·11·26 社／**1026**·11·26 社／**1031**·9·25 社／**1040**·10·22 政、文／**1047**·8·1 政／**1058**·⑫·27 政／**1060**·7·17 政／**1064**·12·13 政／**1066**·11·26 政／**1068**·4·17 政／**1069**·8·13 政／**1070**·3·23 政／**1071**·8·10 政／**1072**·12·16 政／**1075**·9·25 政
藤原教通の室(公任娘)　❷ **1024**·1·5 政
藤原範光　❷ **1206**·4·27 政／**1213**·4·5 政
藤原範宗　❷ **1233**·6·18 政
藤原範茂　❷ **1221**·7·18 政
藤原範基　❷ **1066**·7·7 政
藤原浜成(浜足)　❶ **772**·4·19 政／5·7 文／**774**·3·5 政／**781**·2·16 政／6·16 政／**790**·2·18 政
藤原浜主　❶ **814**·7·26 文／**840**·1·30 政／**845**·1·4 政
藤原春岡　❶ **862**·1·13 政
藤原春景　❶ **861**·1·28 政
藤原玄上　❶ **933**·1·21 政
藤原春津　❶ **857**·1·14 政／**859**·1·13 政／7·13 政
藤原春海　❶ **902**·7月 文／**904**·8·21 文／是年 文／**906**·⑫·17 文
藤原晴基　❷ **1268**·是年 社
藤原範子　❷ **1200**·8·4 政
藤原秀雄　❶ **853**·1·16 政／**861**·1·13 政
藤原秀郷　❶ **916**·8·12 政／**929**·5·20 政／**940**·2·13 政／3·5 政／4·25 政／11·16 政
藤原秀澄　❷ **1221**·5·19 政／5·26 政／6·12 政／9·25 政
藤原秀遠　❷ **1183**·10·20 政
藤原秀衡　❷ **1170**·5·25 政／**1181**·4·28 政／8·13 政／10·16 政／是年 政／**1183**·⑩·5 政／12·15 政／**1184**·6·23 文／**1186**·4·24 政／10·1 政／**1187**·2月 政／4月 政／9·4 政／10·29 政／**1195**·9·29 政／**1200**·8·10 政
藤原秀衡の妻　❷ **1177**·5月 文
藤原秀道　❶ **848**·1·13 政
藤原秀康　❷ **1210**·7·20 政／**1213**·7·11 社／**1221**·6·2 政／6·12 政／6·19 政／9·25 政
藤原秀行　❷ **1162**·8·23 文
藤原秀能(如願)　❷ **1201**·6·30 文／**1212**·5月 政／**1216**·2·11 社／**1240**·5·21 文
藤原秀吉　❸ **1297**·2·27 文
藤原広家　❹ **1468**·是年 政
藤原弘蔭　❶ **886**·2·21 文／**887**·2·2 政／**904**·3·3 文
藤原博定　❷ **1103**·12·8 政
藤原弘達　❾ **1969**·12·13 文／**1999**·3·3 政
藤原広嗣　❶ **738**·4·22 政／**740**·8·29 政／9·3 政／10·9 政／11·1 政
藤原広綱　❷ **1182**·5·12 政／**1192**·12·21 社
藤原弘経　❶ **883**·1·15 政
藤原広敏　❶ **812**·1·12 政／**837**·5·28 政
藤原広業　❷ **1008**·10·30 文／**1017**·4·23 政／**1022**·5·19 文／7·14 文／**1026**·12·13 文／**1028**·4·13 政
藤原熙久　❹ **1495**·1·19 政／**1499**·1·8 政
藤原広栄　❸ **1333**·8·2 社
藤原博文　❶ **902**·10·6 文／**908**·1·8 政／**926**·1月 文／**929**·9·9 政
藤原弘道(甲斐守)　❶ **866**·1·13 政
藤原弘道(文章博士)　❷ **1008**·4·22 文
藤原広基　❶ **875**·6·29 社
藤原広守　❶ **865**·1·27 政／**868**·10·28 政
藤原福当麻呂　❶ **814**·7·1 政
藤原房雄　❶ **867**·1·12 政／**878**·12·11 政／**879**·1·15 政／**880**·5·13 政
藤原房前　❶ **703**·1·2 政／**709**·9·26 政／**721**·10·13 政／**732**·8·17 政／**737**·4·17 政／**739**·4·10 社
藤原総継　❶ **885**·9·15 政
藤原房通　❹ **1527**·10·4 文
藤原藤嗣　❶ **810**·9·10 政／**817**·3·25 政
藤原藤成　❶ **815**·1·10 政／**822**·5·4 政
藤原藤主　❶ **833**·6·16 社
藤原藤範　❸ **1326**·4·26 政／**1335**·1·13 文／**1336**·2·29 政
藤原富士麻呂　❶ **850**·2·16 政
藤原藤宗　❶ **878**·1·11 政／**887**·2·2 政
藤原二起　❶ **797**·2·15 文
藤原夫人　❶ **760**·1·29 政
藤原不比等(史)　❶ **689**·2·26 政／**696**·10·22 政／**700**·6·17 政／**705**·7月 社／**706**·10月 社／**707**·4·15 政／10月 社／**708**·3·13 政／**709**·10月 社／**710**·3月 社／**718**·是年 政／**720**·8·3 政／**732**·2·15 政／**760**·8·7 政／**770**·12·22 政
藤原文貞　❶ **927**·8·2 政
藤原文隆　❷ **1018**·12·7 政
藤原文信　❶ **989**·2·5 政／4·1 政
藤原文範　❶ **996**·3·5 政
藤原文正　❶ **958**·3·25 政
藤原文元　❶ **939**·12·26 政／**941**·9·19 政／9·22 政／10·19 政
藤原文山　❶ **798**·5月 社
藤原文行　❷ **1006**·6·16 社
藤原冬緒　❶ **855**·1·15 政／**860**·⑩·23 文／**861**·1·13 政／**870**·2·23 政／**877**·3·18 文／**890**·5·23 政
藤原冬季　❸ **1292**·1·14 政
藤原(大炊御門)冬忠　❷ **1265**·10·5 政／**1267**·1·19 政／**1268**·9·9 政
藤原冬嗣　❶ **811**·1·29 政／**812**·11·19 政／**814**·4·28 文／**817**·9·30 社／**818**·6月 文／**819**·是年 文／**821**·1·9 政／1·30 政／9·6 政／是年 文／**824**·1·24 政／**825**·4·5 政／**826**·7·24 政／**850**·7·17 政
藤原冬良　❸ **1292**·1·14 政
藤原法壱　❶ **782**·①·11 政
藤原芳子　❶ **697**·7·29 政／**956**·5·29 文／**958**·10·28 政
藤原穆子(ぼくし)　❷ **1016**·7·26 政
藤原真書　❶ **804**·1·24 政
藤原真数　❶ **851**·1·11 政／**860**·1·16 政
藤原真川　❶ **806**·1·28 政／**810**·9·10 政／**812**·1·12 政
藤原(飛鳥井)雅有　❷ **1269**·是年 文／**1280**·10·5 文
藤原正家　❷ **1069**·4·18 文／**1074**·8·23 政／**1087**·12·24 文／**1093**·2·19 文／**1099**·8·28 政／**1111**·10·12 政
藤原真雄　❶ **808**·5·14 政／**810**·9·10 政／**811**·7·8 政
藤原正雄　❶ **841**·1·13 政
藤原雅量　❶ **951**·8·27 政
藤原正和　❾ **2010**·2·28 社
藤原理兼　❶ **986**·2·26 社
藤原(恵美)真先　❶ **761**·1·16 政／**762**·1·6 政
藤原真材　❶ **921**·6·21 社
藤原雅材　❶ **984**·永観年間 文
藤原雅子　❻ **1856**·7·6 政
藤原昌子　❾ **1973**·9·3 社／**1978**·8·25 社
藤原雅実　❷ **1104**·6·24 政
藤原正輔　❷ **1006**·6·16 社
藤原雅隆　❷ **1120**·8·16 政
藤原理忠　❷ **1019**·4·7 政
藤原(飛鳥井)雅経　❷ **1201**·7·27 文／11·3 文／**1205**·3·26 文／**1211**·10·13 政／**1212**·是年 文／**1221**·3·11 政、文
藤原雅俊　❷ **1094**·8·15 文
藤原政友　❷ **1169**·12·17 政
藤原雅長　❷ **1176**·12·5 政／**1185**·12·29 政／**1196**·7·26 政
藤原誠信　❷ **1001**·9·3 政

藤原正範　❶ 879·9·4 政
藤原雅教　❷ 1149·6·9 政／1173·2·11 政
藤原政尚　❹ 1486·1·17 政／1487·1·7 政／1488·1·9 政／1489·1·13 政／1490·1·10 政／1491·1·16 政／1492·2·21 政／1493·1·11 政／1494·1·18 政／1496·9·28 政
藤原正妃　❶ 967·7·25 政
藤原雅藤　❸ 1289·2·25 政
藤原㝡実　❶ 884·3·9 政
藤原当道　❶ 837·1·12 政／9·21 政
藤原正光　❷ 1009·4·24 社／1014·2·29 政
藤原真岑　❶ 849·1·13 政
藤原正宗　❷ 1170·3·11 文
藤原当幹　❶ 941·11·4 政
藤原雅行　❷ 1186·3·6 文
藤原正世　❶ 849·1·13 政／851·1·11 政
藤原理能　❶ 995·8·25 政
藤原全雄　❶ 829·11·11 社
藤原真楯(八束)　❶ 752·4·15 政／762·12·1 政／766·1·8 政／3·12 政
藤原松影　❶ 849·1·13 政／851·1·11 政／855·1·22 政
藤原真作　❶ 785·1·15 政
藤原真友　❶ 785·1·15 政／797·6·25 政
藤原真夏　❶ 830·11·10 政
藤原真庭　❶ 863·2·10 政
藤原真野麻呂　❶ 799·1·29 政
藤原真冬　❶ 859·1·13 政
藤原真道　❶ 859·3·22 政
藤原　衛　❶ 842·8·15 政／855·1·15 政／857·11·5 政
藤原真理　❾ 1978·7·3 文
藤原麻呂　❶ 721·6·26 政／731·8·11 政／11·22 政／737·1·21 政／7·13 政
藤原真鷲　❶ 785·7·29 文／786·1·24 政
藤原満子　❶ 937·10·13 政
藤原御楯　❶ 759·6·16 政／761·1·16 政／764·6·9 政
藤原道明　❶ 917·11·3 文／920·6·17 政
藤原通家　❷ 1038·4·8 政
藤原(九條)道家　❷ 1210·9·6 文／1212·6·29 政／1215·12·10 政／1217·9月 文／1218·12·2 政／1220·4·23 文／1221·4·20 政／7·8 政／1225·2·8 文／1226·4·3 社／1229·1·20 社／11·2 社／1230·①·13 社／2·27 政／3·27 文／6·7 文／7·14 文／7·24 文／1231·5·2 政／7·5 政／9·15 政／10·10 社／1232·6·20 文／6·29 社／8·15 文／1233·3·29 政／1234·3·2 文／1235·1·18 政／3·28 政／1236·2·28 政／4·29 社／1237·3·10 政／4·16 社／1239·3·19 政／10·4 社／11·25 政、文／1240·1·18 政／2·21 政／4·26 社／1242·1·9 政／11·9 社／1243·1·19 社／2月 社／8月 社／1246·6·10 政／10·13 政／11月 社／是年 文／1250·11月 政／1251·8·10 社／1252·2·21 政
藤原(九條)道家　❹ 1484·11·14 文
藤原道雄(上総守)　❶ 806·1·28 政／823·9·22 文
藤原道雄(花山院皇女殺害)　❷ 1025·7·25 政
藤原道風　❶ 988·⑤·8 社
藤原道方　❷ 1012·12·16 政
藤原道兼　❶ 991·9·7 政／993·9·19 政／994·8·28 政／995·4·27 政／5·8 政
藤原通清　❷ 1115·1·11 文
藤原道子　❾ 1983·4·26 政
藤原通季　❷ 1128·6·17 政
藤原道輔　❷ 1095·4·24 政
藤原道隆　❶ 989·2·23 政／990·5·8 政／991·5·8 社／6·3 政／992·7·27 社／993·3·27 政／3·30 政／4·22 政／994·11·16 政／995·1·9 政／3·9 政／4·10 政
藤原道忠　❶ 885·9·1 文
藤原道継　❶ 812·1·12 政／815·1·10 政
藤原(九條)道嗣　❷ 1242·7·13 政
藤原道綱　❶ 970·10·26 社／995·5·2 文／997·7·5 政／❷ 1007·3·24 社／4·20 社／1009·4·24 社／1020·10·15 政
藤原道綱母　❶ 974·此夏 文
藤原(近衛)道経　❷ 1207·2·10 政／1208·7·9 政／1238·7·29 政
藤原通任　❷ 1012·4·27 政／1023·⑨·23 社／1039·6月 政
藤原通俊　❷ 1079·9·16 文／1080·2·16 政／1086·9·16 文／1087·8月 文／1094·8·15 文／1099·8·16 政
藤原道長　❶ 987·12·16 政／988·1·9 政／3·3 文／991·11·3 政／995·5·11 政／6·19 政／996·7·20 政／11·1 政／997·4·16 社／9·2 文／999·2·9 政／8·9 政／是年 文／❷ 1002·1·16 政／3·1 社／8·18 文／10·3 政／1003·5·27 文／10·15 政／12·30 政／1004·1·17 政／1005·2·10 政／5·4 社／1006·12·26 社／1007·2·28 政／4·20 社／8·2 政／10·1 社／1008·4·19 社／10月 社／1009·5·19 文／1010·8·29 文／10·20 政／1011·3·27 社／8·23 政／1012·5·23 社／1013·9·16 政／12·16 社／1014·2·9 政／2·10 社／1015·8月 政／12·26 政／1016·6·10 政／12·7 政／12·8 文／1017·5·3 社／10·21 政／12·4 政／1018·1·15 文／1019·1·24 文／3·21 政／9·29 政／1020·⑫·23 文／1021·2·29 社／1023·5月 文／6·18 政／10·17 政／1027·10·28 政／12·4 政／1028·1·22 社
藤原道信　❶ 994·7·11 政
藤原通憲(信西)　❷ 1141·3·10 文／1143·8·11 文／1144·7·22 社／12·19 文／1145·6·7 文／1148·9·20 文／1150·是冬 文／1151·5·30 文／1156·2·2 文／1158·8月 社／1159·11·5 文／11·15 政、文／12·13 政
藤原通房　❷ 1043·11·2 政／1044·4·24 政
藤原道雅(右京大夫)　❷ 1010·1·28 政／1017·4·11 政／1027·7·18 社／1054·7·20 政
藤原(花山院)通雅(太政大臣)　❷ 1260·4·20 文／1268·4·13 社／12·2 政／1269·4·23 政／1276·3·29 政／5·4 政／1275·8·27 政
藤原通宗　❷ 1072·3·19 文／1084·4·13 政
藤原通基(侍従)　❷ 1040·12·8 政
藤原通基(大蔵卿)　❷ 1136·10·15 社
藤原通幸　❸ 1339·3·16 政
藤原(二條)道良　❷ 1250·12·15 政／1252·7·20 政／11·3 政／1259·11·8 政
藤原道頼　❶ 992·12·7 政／995·6·11 政
藤原光昭　❶ 982·4·2 政
藤原光景　❷ 1248·10·5 政
藤原光兼　❷ 1265·是年 政
藤原光国　❸ 1414·4·8 文
藤原美都子　❶ 828·9·4 政
藤原光季　❷ 1212·9·15 政
藤原光輔　❷ 1190·4·11 政
藤原光隆　❷ 1201·8·1 政
藤原光高　❷ 1267·5月 文
藤原光忠　❷ 1171·6·6 政
藤原(葉室)光親　❷ 1221·6·24 政／7·12 政
藤原光嗣　❸ 1313·4·25 社
藤原光経　❷ 1158·7·25 社／1179·10·18 文
藤原三辰　❶ 941·1·21 政
藤原光俊　❷ 1221·7·25 政／1223·3·17 文／1249·12·12 文／1250·4·18 文／1260·12·21 文／1262·9月 文／1265·12·26 文／1276·6·9 政
藤原光朝　❷ 1224·3·26 文
藤原光長　❷ 1173·7·15 社／1186·3·16 文／1195·6·2 政
藤原充長　❺-2 1779·是年 文
藤原光成　❶ 830·4·30 文
藤原光業　❷ 1030·3·27 政
藤原光信　❷ 1259·10月 社
藤原光範(文章博士)　❷ 1174·4·26 文／1177·8·4 政／1184·4·16 政／1185·是年 文／1187·2·27 文／1192·6·15 文／1194·9·21 文／1209·11·1 政
藤原光範(羽賀寺寄進)　❸ 1341·3月 社
藤原光房　❷ 1154·11·10 政
藤原光雅　❷ 1195·9·1 政／1200·3·9 政
藤原光増　❸ 1383·2月 文／1388·6月 文
藤原光守　❶ 830·10·7 文
藤原光盛　❷ 1181·②·17 文
藤原光泰　❸ 1292·1·14 政
藤原光能　❷ 1176·12·5 政／1183·2·27 政
藤原光吉　❹ 1481·1·8 政
藤原光頼　❷ 1173·1·5 政
藤原三寅⇨藤原頼経(よりつね)
藤原三藤　❶ 860·1·16 政
藤原三守　❶ 833·10·24 社／838·1·10 政／840·7·7 政

藤原宮子 ❶ **697**·8·20 政／**724**·2·6 政／**754**·7·19 政
藤原宮房 ❶ **840**·1·30 政／**841**·1·13 政／**848**·1·13 政
藤原宗家 ❷ **1179**·11·21 政／**1185**·12·29 政／**1189**·④·22 政
藤原武智麿(武智麻呂) ❶ **718**·9·19 政／**721**·1·5 政／**731**·9·27 政／**734**·1·17 政／**737**·7·25 政
藤原宗景 ❷ **1281**·2月 政
藤原棟和 ❶ **972**·4·27 社
藤原宗重 ❷ **1131**·10·11 社
藤原宗扶 ❶ **885**·12·23 政
藤原宗輔 ❷ **1096**·9·27 社／**1156**·9·13 政／**1157**·8·19 政／**1160**·7·20 政／**1161**·4·28 文／**1162**·1·30 政 社
藤原宗隆 ❷ **1205**·3·28 政／**1226**·8·18 文
藤原宗忠(流罪) ❶ **999**·12·13 社／12·27 政
藤原(中御門)宗忠 ❷ **1091**·是年 文／**1094**·6·25 政／8·15 文／**1097**·9·20 文／**1098**·3·24 社／4·19 社／12·29 文／**1102**·10·15 政／**1106**·8·21 社／**1107**·4·14 社／**1108**·1·29 社／7·7 文／**1109**·10·26 社／11·1 社／**1111**·3·8 文／**1112**·4·16 社／**1113**·4·30 社／**1114**·3·6 文／3·29 文／6·24 政／9·25 文／**1118**·2·10 文／7·25 政／⑨·15 文／**1119**·3·25 政／6·27 社／12·5 社／**1120**·2·12 文／3·30 文／6·17 文／8·22 社／10·19 社／**1126**·10·16 社／**1129**·2·10 社／**1131**·3·22 文／12·22 政／**1136**·12·9 政／**1137**·4·2 文／**1138**·2·26 政／**1141**·4·20 政
藤原宗親 ❸ **1300**·10月 文
藤原宗継(宗嗣) ❶ **785**·1·15 政／**786**·1·24 政
藤原宗次 ❹ **1506**·是年 文／**1511**·7·9 文
藤原致遠 ❶ **997**·3·26 社
藤原致時 ❷ **1112**·3·3 文
藤原棟利 ❶ **989**·3·30 社
藤原宗俊 ❷ **1094**·8·15 文／**1097**·5·5 政
藤原宗長(前下野守) ❷ **1153**·6月 政
藤原(松井)宗長(頼朝の家人) ❷ **1188**·8·5 社
藤原宗長(刑部卿) ❷ **1225**·8·26 政
藤原宗成(伊予親王事件) ❶ **807**·10·28 政
藤原宗成(因幡守) ❷ **1119**·7·3 政／**1134**·12·28 政／**1138**·4·26 政
藤原宗業 ❷ **1201**·2·13 政
藤原宗久 ❸ **1453**·4·4 文
藤原宗弘 ❷ **1135**·7·17 文
藤原宗房 ❷ **1230**·3·7 政
藤原宗冬 ❸ **1292**·1·14 政
藤原宗政 ❷ **1221**·7·20 政
藤原宗通 ❷ **1092**·7·13 政／**1094**·8·15 文／**1111**·6·23 社／**1112**·4·26 文／**1113**·③·16 社／**1120**·7·22 政
藤原宗光 ❹ **1482**·8·3 文
藤原宗基 ❷ **1240**·12·13 文
藤原(中御門)宗行 ❷ **1104**·2·2 文／**1221**·6·24 政／7·10 文／7·14 政
藤原宗善 ❶ **855**·1·15 政／**858**·4·16 政
藤原宗能 ❷ **1161**·9·13 政／**1164**·⑩·13 政
藤原宗頼 ❷ **1196**·2·1 文
藤原武良志(武良士·武良自) ❶ **754**·11·1 政／**757**·6·16 政／**759**·1·11 政
藤原　連 ❶ **865**·5·10 政
藤原村椙 ❶ **890**·10·15 文
藤原茂子(もし) ❷ **1062**·6·22 政／**1073**·5·6 政
藤原盛方 ❷ **1075**·是年 文／**1178**·11·12 政
藤原以親 ❷ **1049**·4·28 社／9·5 社
藤原基家(陸奥守) ❷ **1088**·1·25 政／**1092**·6·3 政／**1093**·9·17 政
藤原(九條·持明院、内大臣)基家 ❷ **1214**·2·26 政／**1224**·1·19 文／**1225**·3·29 文／**1226**·2·18 文／**1229**·9·2 文／**1233**·是年 文／**1237**·12·25 政／**1245**·是冬 文／**1262**·9月 文／**1280**·7·11 政
藤原職家 ❹ **1475**·1·10 政／**1480**·3·7 政
藤原本雄 ❶ **862**·1·13 政／**868**·1·16 政
藤原元方(浴殿始) ❶ **923**·7·24 政／**926**·6·2 政／**940**·6·21 政／**953**·3·21 政
藤原元方(大納言) ❷ **1010**·1·28 政
藤原基兼 ❷ **1104**·7·17 政
藤原基貞 ❷ **1047**·1月 政
藤原基実(筑前守) ❷ **1108**·8·28 政
藤原(近衛)基実 ❷ **1157**·8·19 政／12·17 社／**1158**·8·11 政／10·3 社／12·17 社／**1159**·11·20 文／12·25 政／**1160**·8·11 政／**1161**·12·9 政／**1162**·②月 社／**1163**·7·4 社／**1164**·6月 社／⑩·17 政／**1165**·6·25 政／**1166**·7·26 政／9·1 社／**1167**·7·26 文／7·27 社／**1178**·7·15 文
藤原元輔 ❶ **975**·10·17 政
藤原基隆 ❷ **1117**·4·20 政／**1127**·3·19 社／**1132**·3·19 政
藤原基忠(権中納言) ❷ **1094**·8·15 文／**1098**·11·17 政
藤原(鷹司)基忠(関白) ❷ **1262**·1·26 政／**1265**·10·5 政／**1268**·12·2 政／**1271**·9·7 政／12·9 政／**1273**·5·5 政
藤原基綱 ❷ **1114**·3·6 文
藤原基経 ❶ **865**·1·27 政／**871**·是年 文／**872**·3·9 文／8·25 政／**873**·9·2 社／**876**·11·29 政／**878**·7·17 政／**879**·11·3 文／**880**·11·8 政／12·4 政／**881**·是冬 文／**882**·1·28 政／2·1 政／**884**·元慶年間 社／5·25 政／6·5 政／是年 政／**885**·3·25 政／5·25 文／12·25 文／**887**·11·21 政／**888**·2·19 政／10·13 政／**890**·10·30 社／**891**·1·13 政
藤原基利 ❶ **880**·1·11 政
藤原基俊 ❷ **1116**·11·2 文／**1119**·此頃 文／**1133**·11·18 文／**1142**·1·16 文
藤原元利万呂 ❶ **870**·11·13 政
藤原元名 ❶ **965**·4·18 政
藤原元仲 ❷ **1008**·2·17 政
藤原元命 ❶ **988**·11·8 政／**989**·2·5 政
藤原基長 ❷ **1098**·12·12 政
藤原資長 ❷ **1169**·4·8 政
藤原基成 ❷ **1143**·6·29 政／**1188**·2·21 政／10·12 政／**1189**·8·21 政
藤原基業 ❷ **1191**·11·19 文
藤原元範 ❷ **1065**·12·25 政
藤原基範 ❷ **1267**·1·7 政
藤原基衡 ❷ **1129**·8·21 政／**1138**·5·16 文／**1140**·7·11 文／**1153**·9·14 政／**1157**·3·19 政
藤原(近衛)基平 ❷ **1258**·11·1 政／**1259**·3·20 政／**1261**·3·27 政／**1265**·1·14 文／10·5 政／**1266**·12·19 文／**1267**·12·9 政／是年 文／**1268**·11·9 政／**1275**·2·22 政
藤原基房(前常陸介) ❷ **1064**·是年 政
藤原基房(関白忠通二男) ❷ **1156**·8·29 社／**1160**·8·11 政／**1161**·9·13 政／**1164**·⑩·23 政／**1166**·7·27 政／10·20 社／11·4 政／**1168**·1·28 文／11·20 政／**1169**·4·26 文／11·26 文／**1171**·3·2 政／4·20 政／9·21 社／11·30 社／**1172**·12·21 政／12·27 政／**1173**·7·15 社／**1174**·4·24 社／6·30 社／**1175**·8月 社／**1176**·10·22 社／**1177**·2·20 文／11·14 文／**1179**·6·6 文／11·18 政／**1180**·12·2 政／**1183**·7·26 政／11·21 政／**1230**·12·28 政
藤原基政 ❷ **1267**·6·23 政
藤原基通(陸奥の官人) ❷ **1058**·12·26 政
藤原(近衛)基通(公卿) ❷ **1069**·是年 政／**1071**·8·27 政／**1180**·2·21 政／4·28 社／5·17 社／5·25 社／**1181**·2·2 文／7·24 社／**1182**·6·13 文／6·27 政／**1183**·5·22 政／7·25 政／8·20 政／11·21 政／**1184**·1·22 政／3·1 政／12·16 社／**1186**·3·12 政／**1194**·3·5 文／**1196**·11·25 政／**1197**·10·20 社／**1198**·1·11 政／**1200**·4·17 社／**1201**·8·22 社／**1202**·5·7 社／10·26 文／**1220**·是年 政／**1233**·5·29 政
藤原基光 ❷ **1099**·12·13 社／**1100**·3·17 政
藤原(二階堂)元行 ❷ **1221**·7·12 政
藤原基良 ❷ **1276**·12·23 政
藤原基頼 ❷ **1103**·康和年間 政／**1104**·5·3 政／**1110**·10月 社／**1122**·5·27 政
藤原百川(雄田麻呂) ❶ **768**·2·3 政／3·1 社／**769**·3·10 政／10·30 政／**770**·3·28 文／**771**·3·13 政／**772**·12·19 文／**779**·7·9 政／**783**·2·5 政
藤原盛方 ❷ **1178**·11·12 政
藤原百能 ❶ **782**·4·17 政
藤原盛兼 ❷ **1245**·1·5 政
藤原盛重 ❷ **1131**·8·1 政
藤原盛隆 ❷ **1040**·11·5 政

藤原守綱　❸ **1384**·8·15 政
藤原(四條)盛経　❷ **1218**·10·23 社／**1235**·是年 政
藤原守仲　❷ **1031**·6·3 社
藤原盛久　❹ **1456**·1·15 政／**1457**·1·10 政／**1463**·2·1 政／**1464**·1·1 政／**1466**·1·2 政／**1476**·1·13 政／**1502**·1·3 政／**1504**·1·9 政
藤原盛房　❷ **1274**·2·20 政
藤原守文　❶ **951**·3·20 政
藤原守光　❷ **1173**·8·7 社
藤原守義　❶ **974**·2·4 政
藤原諸姉　❶ **786**·6·29 政
藤原(松殿)師家(右京弁)　❷ **1058**·9·4 政
藤原師家(摂政)　❷ **1183**·11·21 政／**1184**·1·22 政／**1238**·10·4 政
藤原諸氏　❶ **841**·1·13 政
藤原師氏　❶ **970**·7·14 政
藤原諸蔭　❶ **902**·10·6 文／**903**·7·28 文
藤原諸葛　❶ **895**·6·20 政
藤原師兼(参議)　❷ **1076**·3·2 政
藤原師兼(春宮大夫)　❸ **1388**·是年 政
藤原師実　❷ **1059**·3·20 政／**1060**·3·8 文／7·17 政／11·16 政／**1065**·6·3 政／**1066**·10·13 社／**1068**·3·5 政／**1069**·8·22 政／**1075**·9·26 政／10·15 政／**1076**·1·25 政／是秋 文／**1077**·12·15 政／**1078**·9·23 政／**1079**·4·23 社／**1080**·2·9 政／4·23 政／⑧·24 文／10·9 政／**1081**·2·11 政／5·17 文／**1083**·1·19 政／10·12 政／**1084**·9·12 政／**1086**·11·26 政／**1087**·8·9 政／**1089**·6·15 政／**1090**·5·6 文／8·21 政／12·20 政／**1091**·7·14 文／**1092**·1·6 社／11·19 社／**1093**·11·24 政／**1094**·3·9 政／4·14 社／8·15 文／**1095**·6·18 社／12·6 社／**1096**·2·22 政／7·11 文／12·26 社／**1097**·10·17 社／**1099**·2·13 政／8·16 社／**1101**·2·13 政
藤原師季　❷ **1120**·7·19 政
藤原師輔　❶ **945**·3·28 政／**947**·4·26 政／**948**·12·16 文／**949**·10·25 文／**953**·7月 政／**954**·10·18 社／**957**·4·25 文／**959**·2·25 社／3·25 社／11·23 社／**960**·5·4 政
藤原師高　❷ **1177**·1·30 社／4·13 社／6·9 社
藤原師尹　❶ **960**·7·27 政／**966**·9·3 社／**967**·12·13 政／**969**·2·7 社／3·25 政／10·15 政
藤原(二條)師忠　❷ **1269**·11·28 政／**1271**·3·27 政／**1275**·12·22 政
藤原(花山院)師継　❷ **1260**·4·20 文／4·22 文／**1271**·3·27 政／**1281**·4·9 政
藤原師綱　❷ **1172**·9·6 政
藤原師経(大蔵卿)　❷ **1066**·3·11 政
藤原(大炊御門)師経(加賀目代)　❷ **1177**·1·30 社／3·29 政
藤原(大炊御門)師経(右大臣)　❷ **1222**·8·13 政／**1224**·12·25 政／**1259**·1·15 政
藤原師長　❷ **1081**·11月 政／**1164**·6·27 政／**1168**·11·20 政／**1175**·11·28 政／**1177**·3·5 政／4·5 社／**1179**·11·17 政／11·18 政／12·11 政／**1181**·3月 政／**1183**·2·9 社／**1192**·7·19 政
藤原諸成　❶ **849**·1·13 政／**856**·4·18 政
藤原師成　❷ **1067**·2·12 政／**1081**·9·2 政
藤原諸主　❶ **806**·1·28 政
藤原師信　❷ **1092**·4·28 政／**1094**·1·10 政
藤原諸房　❶ **887**·2·2 政
藤原師房　❷ **1073**·8·19 社／**1079**·2·2 社
藤原(二條)師通　❷ **1062**·9·11 社／**1083**·1·26 政／**1084**·4·11 政／**1086**·9·19 文／**1087**·11·2 文／**1088**·3·13 文／7·15 社／**1091**·3·3 文／6·27 文／7·14 文／10·25 社／12·28 文／**1093**·3·10 文／12·27 政／**1094**·3·9 政／4·14 社／8·15 文／**1096**·2·2 社／7·11 文／**1099**·6·28 政／**1271**·3·27 政
藤原師光(西光)　❷ **1173**·3·10 社／**1177**·6·1 政
藤原師基　❷ **1077**·2·10 政
藤原宅美　❶ **774**·3·5 政／**776**·3·5 政
藤原保家　❷ **1210**·2·29 政
藤原保方　❶ **947**·是年 政
藤原綏子　❷ **1004**·2·7 政
藤原保実　❷ **1102**·1·23 政／3·4 政
藤原泰重　❷ **1231**·3·26 文
藤原保季　❷ **1200**·3·27 社
藤原保輔　❶ **985**·3·27 政／**988**·6·13 社
藤原安直　❹ **1467**·1·8 政
藤原保忠　❶ **905**·1·22 文／**936**·7·14 政
藤原安親　❶ **396**·3·28 政
藤原寧親　❶ **1000**·7·24 社／❷ **1005**·10·1 政
藤原泰経　❷ **1185**·2·16 政
藤原安永　❶ **848**·1·13 政
藤原康業　❷ **1205**·2月 文
藤原保信　❺-1 **1703**·7·18 文
藤原保則　❶ **877**·12·21 社／**878**·3·29 政／**879**·3·2 政／**880**·4月 政／**887**·2·2 政／**888**·7·23 政／**895**·4·21 政
藤原泰憲　❷ **1053**·5月 文／**1072**·12·2 政／**1081**·1·4 政
藤原泰衡　❷ **1187**·10·29 政／**1188**·2·21 政／10·12 政／**1189**·2·15 政／④·30 政／6·26 政／8·7 政／9·2 政／12·6 政／**1200**·8·10 政／**1211**·5·10 文
藤原保房　❷ **1084**·3·22 政／**1093**·12·25 社
藤原保昌　❷ **1005**·8·13 政／**1013**·4·16 政／**1017**·3·8 政／**1018**·④·9 社／**1025**·10·14 政／**1028**·10·13 政／**1036**·9月 政
藤原泰通　❷ **1210**·9·30 政
藤原康光　❷ **1213**·6·6 社
藤原安嶺　❶ **867**·1·12 政
藤原安棟　❶ **860**·1·16 政／**867**·1·12 政
藤原泰盛　❷ **1277**·8月 文
藤(原)　安吉　❹ **1461**·1·4 政
藤原康能　❸ **1295**·12·3 政
藤原八束⇨藤原真楯(またて)
藤原山蔭(山陰)　❶ **867**·1·12 政／**876**·貞観年間 社／**884**·2·12 文／**888**·2·4 政
藤原山主　❶ **833**·6·16 社
藤原山人　❶ **808**·5·14 政／**810**·9·10 政
藤原　雄　❾ **2001**·10·29 文
藤原有子(安喜門院)　❷ **1223**·2·25 政／**1226**·7·29 政／**1227**·2·20 政／❸ **1286**·2·6 政
藤原(二階堂)行章　❷ **1270**·5月 政／**1274**·3月 政／4·15 政
藤原(二階堂)行有　❷ **1270**·10月 政／**1277**·2·29 政
藤原行家(文章博士)　❷ **1054**·11月 文／**1079**·11月 文／**1081**·2·10 政／**1090**·12·14 社／**1091**·1·13 社／2·29 社／**1106**·2·19 文
藤原行家(歌人)　❷ **1260**·5·14 文／**1262**·9月 文／**1265**·12·26 文
藤原(二階堂)行氏　❷ **1263**·11·22 政／**1271**·6·7 政
藤原行氏(改元勘文)　❸ **1329**·8·29 政／**1334**·1·29 政
藤原行雄　❶ **864**·1·16 政
藤原(二階堂)行方　❷ **1249**·12·9 政／**1252**·2·20 政／**1259**·9月 政／**1267**·6·8 政
藤原(二階堂)行清　❷ **1275**·12·13 政／**1277**·4·2 政
藤原行実(武蔵守)　❷ **1103**·8·14 政
藤原(二階堂)行実(政所執事)　❷ **1263**·11·9 政／**1269**·7·13 政
藤原(二階堂)行佐　❷ **1270**·5月 政
藤原行隆　❷ **1181**·3·17 文／6·26 文／**1184**·1·5 文／6·23 文／**1187**·3·17 政
藤原(二階堂)行忠　❷ **1264**·4月 政／**1275**·5·12 政／10·18 政
藤原行尹　❸ **1352**·11·14 文
藤原(二階堂)行綱　❷ **1249**·12·9 政／**1264**·4月 政／**1269**·7月 政
藤原行経　❷ **1046**·1·28 政／**1050**·⑩·14 政
藤原行任　❷ **1044**·8·7 政
藤原行直　❶ **926**·10·2 政
藤原行長　❸ **1319**·12·1 文
藤原行成　❶ **997**·10·12 文／**998**·11·30 社／12·16 文／**999**·7·19 政／7月 文／**1000**·2·3 文／3·16 文／7·16 文／8·24 文／❷ **1001**·1·16 文／2·7 社／5·15 文／**1002**·8·18 文／**1003**·3·23 文／7·3 文／7月 文／**1004**·1·26 文／4·26 文／9·7 文／**1005**·1·24 文／2·10 文／8·25 文／**1006**·1·9 文／2·21 文／4·2 文／**1007**·1·1 文／6·26 文／**1009**·3·1 文／4·24 社／5·1 社／8·4 文／**1010**·1·3 文／2·20 文／②·8 文／3·1 文／**1011**·6·8 文／11·20 文／**1015**·10·2 文／**1017**·6·11 文／**1018**·2·6 文／**1019**·12·21 政／**1020**·11·29 政／**1023**·10·13 文／**1026**·是年 文／

1027·12·4 政／**1028**·1·22 社／**1140**·10·22 文
藤原行成の娘　❷ **1021**·3·19 文
藤原行縄　❶ **840**·1·30 政
藤原行範　❷ **1035**·7·18 政
藤原之憲　❺-2 **1815**·是年 文
藤原(二階堂)行久　❷ **1249**·7 月 政／**1261**·3·20 政／**1266**·12·17 政
藤原行人　❶ **846**·1·13 政
藤原行広　❸ **1414**·4·8 文
藤原行房　❷ **1101**·6·4 政／**1194**·7·20 政
藤原行房⇨一條(いちじょう)行房
藤原行雅　❷ **1179**·12·12 政
藤原(二階堂)行政　❷ **1184**·10·6 政／**1191**·1·15 政／**1203**·建仁年間 政
藤原行道　❶ **853**·1·16 政／**854**·12·19 政
藤原(二階堂)行光(改所)　❷ **1203**·10·9 政／**1212**·9·15 政／**1216**·4·11 政／**1219**·2·13 政／9·6 政／9·8 政
藤原行光(年号撰進)　❸ **1350**·2·27 政
藤原(二階堂)行村　❷ **1205**·12·24 政／**1212**·9·15 政／**1218**·7·22 政／**1225**·12·21 政／**1238**·2·16 政
藤原(二階堂)行盛(文章博士)　❷ **1122**·12 月 文／**1134**·11·22 文
藤原行盛(評定衆)　❷ **1223**·5·27 政／**1224**·⑦·29 政／**1225**·12·21 政／**1243**·2·26 政／**1253**·12·9 政
藤原(二階堂)行泰　❷ **1249**·12·9 政／**1254**·4·29 政／**1265**·10·2 政
藤原(二階堂)行義　❷ **1238**·4·2 政／**1242**·1·19 政／**1243**·2·26 政／**1252**·3·19 政／**1268**·①·25 政
藤原(二階堂)行頼　❷ **1262**·12·11 政／**1263**·11·10 政
藤原弓主　❶ **781**·2·16 政
藤原世数　❶ **843**·1·12 政／**850**·1·15 政／**859**·1·13 政
藤原令明　❷ **1117**·5·12 文
藤原吉家　❹ **1467**·是年 政
藤原義江　❼ **1923**·5·6 文／**1927**·9·4 文／**1928**·8·19 社／**1930**·2·26 文／**1934**·6·7 文／**1935**·12·24 文／❽ **1940**·11·28 文／**1941**·11·25 文／**1944**·是年 社／**1945**·9·6 文／**1947**·7·12 文／11·8 文／**1948**·8·21 文／**1949**·4·6 文／**1952**·8·14 文／**1959**·10·3 文／❾ **1976**·3·22 文
藤原刷雄　❶ **774**·3·5 政／**780**·3·17 政／**788**·6·8 文
藤原(二階堂)義賢　❷ **1280**·7·29 政
藤原良兼　❷ **1105**·9·25 政／**1127**·12·15 政
藤原能兼　❷ **1119**·3·29 文
藤原忯子　❶ **968**·12·7 政
藤原義理　❶ **1000**·9·13 政
藤原能実　❷ **1094**·③·17 文／**1096**·5·3 文／**1108**·5·3 社／**1132**·9·10 政
藤原(二條)良実　❷ **1233**·7·29 文／**1235**·10·2 政／**1236**·6·9 政／**1238**·3·28 政／**1242**·3·25 政／**1244**·6·1 政／**1246**·1·28 政／**1261**·4·29 政／**1264**·11·19 政／**1265**·4·18 政／4·28 文／7·16 政
藤原令茂　❷ **1101**·10 月 政
藤原能季　❷ **1072**·12·2 政／**1077**·8·1 政
藤原良佐　❶ **948**·5·21 文
藤原(九條)能輔　❷ **1150**·8·21 政／**1200**·2·25 文／**1204**·6·22 文／**1208**·7·9 政／**1209**·4·10 政／**1211**·10·4 政
藤原(九條)良輔　❷ **1212**·1·5 政／**1218**·11·11 政
藤原義孝(右近衛少将)　❶ **974**·9·16 政
藤原義孝(伊勢守)　❷ **1060**·6·11 社／8·3 社
藤原良孝　❷ **1029**·8·2 政
藤原義忠　❹ **1469**·是年 政
藤原良縄　❶ **858**·1·16 政／**859**·1·13 政／**862**·2·16 社／**864**·1·16 政／**868**·2·18 政
藤原義忠　❷ **1020**·⑫·23 文／**1025**·5·5 文／**1037**·4·21 政／**1038**·6·25 文／**1040**·12·20 文／**1041**·10·11 政
藤原良近　❶ **870**·7·2 社／**875**·9·9 社
藤原義懐　❷ **1008**·7·17 政
藤原良継(宿奈麻呂)　❶ **746**·4·4 政／**752**·5·26 政／**761**·1·16 政／**764**·1·20 政／**770**·7·20 政／**771**·3·13 政／**777**·1·3 政／7·16 社／9·18 政／**866**·10·23 政
藤原良綱　❷ **1056**·12·29 政
藤原良経(皇后宮権大夫)　❷ **1058**·8·2 政
藤原(九條)良経(摂政)　❷ **1187**·11·21 文／**1190**·9·14 文／12·15 文／**1191**·8·13 文／10·3 文／**1192**·9·13 文／**1193**·是秋 文／**1194**·3·4 文／8·15 文／是夏 文／10·3 文／**1195**·11·10 政／**1196**·3·1 文／6·21 文／**1198**·是年 文／**1199**·是冬 文／6·11 文／6·22 政／8·11 文／**1200**·1·25 文／2·18 政／**1201**·2·13 文／7·27 文／8·7 文／**1202**·1·16 文／**1203**·7·16 政／是年 文／**1204**·1·24 文／11·16 政／12·14 政／**1205**·1·16 文／4·27 政／6·15 文／**1206**·3·7 政
藤原良積　❶ **883**·10·9 政
藤原吉廸　❺-2 **1806**·是年 文
藤原善時　❶ **969**·3·25 政
藤原善友　❶ **869**·1·13 政
藤原義友　❷ **1100**·7·24 政
藤原義永　❹ **1499**·1·8 政／**1502**·1·3 政
藤原能長　❷ **1053**·11·6 政／**1056**·2·3 政／**1065**·7·7 政／**1067**·4·27 政／**1069**·8·22 政／**1080**·8·14 政／**1081**·3·5 政／**1082**·11·14 政
藤原良成　❷ **1185**·11·3 政
藤原(鷹司)能成(西蓮)　❷ **1238**·7·5 政／**1268**·7·16 文
藤原吉野　❶ **842**·7·23 政／**845**·3·25 政／**846**·8·12 政
藤原良載　❶ **936**·10 月 政
藤原良信　❶ **999**·8·18 社
藤原能信　❷ **1013**·1·19 社／**1014**·12·25 社／**1022**·3·23 政／**1065**·2·9 政／**1073**·5·6 政
藤原良尚　❶ **860**·3·29 政／**875**·1·13 政／**877**·3·10 政
藤原吉久　❻ **1887**·2·26 社
藤原良仁　❶ **860**·8·5 政
藤原(九條)良平　❷ **1213**·8·7 政／**1224**·12·25 政／**1240**·3·17 政
藤原良房　❶ **839**·1·11 政／**848**·1·10 政／**851**·3·10 社／**853**·2·30 文／**855**·2·17 文／**857**·2·19 政／**858**·11·7 政／**859**·7·13 政／**864**·2·25 政、文／**865**·1·25 政／**866**·③·10 社／8·19 政／**869**·8·14 文／**871**·4·10 政／**872**·3·7 政／9·2 政／12·13 政
藤原良相　❶ **840**·1·30 政／**842**·7·23 政／**843**·1·12 政／**857**·2·19 政／5·26 政／**859**·2·11 社／4·18 政／**866**·3·23 政、文／**867**·2·23 政／10·10 政
藤原(九條)良通　❷ **1171**·3·7 社／**1179**·6·23 社／11·20 政／**1180**·5·11 政／**1184**·2·29 文／**1185**·1·27 文／8·4 文／**1186**·5·1 文／10·29 政／**1188**·2·20 政
藤原能茂　❷ **1239**·2·22 政
藤原良基　❷ **1067**·3·3 文／**1071**·4·9 政／**1075**·④·19 政
藤原(一條)能保　❷ **1184**·4·4 文／6·5 政／**1186**·1·28 政／2·27 政／3·23 政／5·6 政／**1188**·5·22 社／**1191**·1·15 政／3·17 文／**1196**·6·25 政／**1197**·10·13 政
藤原慶幸　❶ **940**·2·22 政
藤原良世　❶ **891**·3·19 政／**896**·7·16 政／12·28 政／**900**·6·26 文／11·18 政
藤原良頼　❷ **1048**·6·4 政
藤原世嗣　❶ **831**·3·10 政
藤原米造　❼ **1928**·4·17 政
藤原頼明　❷ **1006**·3·28 文
藤原頼方　❷ **1053**·2·5 政
藤原頼定　❷ **1181**·3·18 政
藤原頼実　❷ **1176**·10·22 社／**1198**·11·14 政／**1199**·6·22 政／**1204**·12·7 政／**1208**·4·13 文／12·17 政／**1213**·6·8 文／**1225**·3 月下旬 社
藤原(難波)頼輔　❷ **1143**·1·12 政／**1175**·4·5 文／**1176**·11·30 政／**1178**·8 月 文／**1179**·11·20 政／**1185**·3·10 文／**1186**·4·5 政
藤原(四辻)頼資　❷ **1226**·4·13 文／**1231**·1·16 文／3·3 文／8·17 文／**1235**·9·19 政／**1236**·2·30 政
藤原頼隆(勧学院別当)　❷ **1225**·9·14 社
藤原頼隆(前参議)　❸ **1329**·4·13 政
藤原頼忠(右大臣)　❶ **971**·11·2 政／**977**·4·24 政／8·16 文／10·11 政／**978**·4·10 政／10·2 政／**980**·7·25 政／**981**·7·7 政／**982**·1·10 政／**984**·8·27 政／**986**·6·24 政／**989**·6·26 政
滕(藤)原頼忠(日本国使)　❷ **1056**·10·1 政
藤原(葉室)頼親(左近衛中将)　❷ **1010**·11·9 政
藤原頼親(参議)　❷ **1278**·7·22 社／7·27 社
藤原(二階堂)頼綱　❷ **1281**·7 月 政

藤原頼経(刑部卿) ❷ **1185**·12·29 政／**1186**·3·29 政／**1189**·3·11 政／**1216**·12月 政
藤原(九條)頼経(三寅) ❷ **1219**·6·3 政／**1222**·2·6 政／**1223**·1·2 文／9·16 文／**1225**·12·29 政／**1226**·1·27 政／10·18 社／**1228**·3·9 政／**1229**·1·20 社／9·17 社／10·26 文／**1230**·①·23 社／2·6 文／12·9 政／**1232**·1·4 文／11·29 文／**1233**·4·17 文／**1235**·2·9 政／**1236**·8·4 政／**1237**·8·15 文／8·16 政／**1238**·1·28 政／2·17 社／2·29 政／②·3 文／4·16 社／5·4 政／8·2 政／10·13 政／**1239**·8·10 文／8·16 社／11·21 政／**1241**·1·23 社／9·13 文／11·5 政／**1243**·9·5 文／**1244**·1·1 政／4·21 政／4·28 政／**1245**·7·5 政／10·11 文／**1246**·5·24 政／6·10 政／7·11 政／8·27 政／12·2 政／**1247**·2·23 社／12·10 社／**1248**·4·20 社／10·6 文／10·25 社／**1250**·2·26 政／5·20 文／5·27 文／6·15 文／8·18 政／**1251**·3·10 文／8·21 政／**1252**·2·20 政／4·2 政／**1256**·8·11 政／9·25 政
藤原頼任 ❷ **1019**·6·19 政／**1023**·是年 政
藤原頼長 ❷ **1131**·1·2 文／**1134**·1·10 文／2·10 文／**1135**·11·11 政／**1136**·11·1 文／11·7 政／12·9 政／**1139**·5·21 文／**1142**·2·16 社／5·9 文／9·12 文／12·30 政／**1143**·3·8 政／6·30 政／9·28 政／11·16 文／**1144**·8·21 文／11·6 政／12·19 文／**1145**·4·18 政／6·7 文／⑩·25 文／12·17 社／**1146**·1·20 社／5·21 文／**1147**·2·16 政／3·19 政／4·1 政／6·17 文／6·19 政／7·7 文／**1148**·4·5 政／9·20 文／**1149**·7·28 政／**1150**·9·26 政／**1151**·1·10 政／2·23 社／4·14 政／**1153**·是冬 文／5·28 政／9·14 政／11·26 政／**1154**·5·18 政／6·8 文／**1155**·2·1 政／3·20 文／9·29 文／12·11 政／**1156**·2·2 政／5·18 文／7·14 政／**1157**·3·29 政／**1177**·7·29 政／**1183**·12·29 政／❸ **1324**·2·13 文
藤原頼永 ❹ **1466**·1·2 政／4·28 政／**1504**·1·9 政
藤原頼業 ❷ **1134**·11·26 文
藤原頼久 ❸ **1395**·5·25 政
藤原頼衡 ❷ **1189**·2·15 政
藤原(鷹司)頼平 ❷ **1230**·8·15 政
藤原頼通(関白) ❷ **1003**·2·20 政／**1004**·2·6 文／**1007**·11·15 社／**1009**·3·4 政／4·24 社／是年 社／**1011**·2·15 社／**1014**·7·9 社／**1017**·3·4 政／**1019**·12·22 政／**1020**·9·1 政／10·2 政／12·26 政／**1021**·7·25 政／10·2 政／**1023**·5·20 政／6·18 政／**1024**·9·19 政／**1025**·1月 政／2·16 文／**1026**·此頃 社／**1028**·2·16 文／3·7 社／**1029**·3·2 文／5·28 政／**1030**·5·26 社／7·6 社／10·29 社／**1031**·4·29 政／9·6 政／9·25 社／10·20 社／**1032**·8·13 政／9·20 文／**1033**·10·10 文／11·28 政／**1034**·2·25 政／3·25 社／6·23 社／9·23 社／**1035**·2·9 政／**1036**·5·17 社／**1037**·1·29 政／**1040**·12·13 政／**1041**·3·23 社／**1042**·⑨·27 社／**1048**·10·15 政／**1049**·7·1 政／**1050**·3·15 社／**1051**·10·10 文／12·25 社／**1052**·3·28 社／**1053**·3·4 社／8·20 政／**1054**·5·23 社／**1058**·3·30 社／**1059**·2·8 政／3·6 社／8·2 政／10·12 社／**1061**·9·21 政／12·13 政／**1062**·5·2 政／8·29 社／9·2 政／**1064**·12·13 政／**1067**·10·5 政／12·5 政／**1068**·3·23 政／10·25 社／**1069**·5·29 社／**1072**·1·29 政／8·28 社／**1074**·2·2 政
藤原頼通(下総国司) ❷ **1135**·7·15 政
藤原頼宗 ❷ **1007**·11·15 社／**1060**·4·20 政／7·17 政／**1065**·2·3 政
藤原頼資 ❷ **1217**·9·30 文
藤原(四條)頼基 ❷ **1277**·6·16 社
藤原頼行 ❷ **1013**·1·19 社／**1014**·12·25 社
藤原頼子 ❶ **936**·9·23 政
藤原立子(りっし·東一條院) ❷ **1209**·3·23 政／**1210**·12·29 政／**1211**·1·22 政／**1222**·3·25 政／**1247**·12·21 政
藤原(松殿)良基(僧) ❷ **1266**·6·20 政
藤原量子 ❸ **1406**·5·15 政
藤原倫子 ❶ **987**·12·16 政／**1000**·4·15 社
藤原麗子(れいし·陰明門院) ❷ **1205**·4·7 政／7·11 政／**1210**·3·19 政／**1213**·6·8 文／**1243**·9·18 政
藤原(九條)伶子 ❷ **1240**·2·21 政
藤原廉子⇨阿野(あの)廉子
藤原和香子 ❶ **735**·11月 政
藤原鷲取 ❶ **774**·3·5 政／**779**·2·23 政
藤原氏 ❷ **1229**·9月 社
普嵩(僧) ❶ **863**·4·21 政
ブスケ(仏) ❻ **1874**·3月 文
普須古(琉球) ❹ **1461**·12·2 政
ブストス, イサック ❾ **2005**·4·4 社
布施　明 ❾ **1980**·2·18 社
布勢尾張麻呂 ❶ **808**·5·14 政
布施管兵衛 ❺-1 **1607**·5·18 政
布勢清直 ❶ **778**·12·17 政／**781**·6·24 政
布施公保 ❹ **1478**·8·15 社
布勢国足 ❶ **731**·5·14 政
布施　健 ❾ **1988**·2·25 政
布施貞基 ❸ **1448**·5·16 社／❹ **1458**·5·18 政／**1465**·3·22 政／**1471**·4·5 社
布施昌椿 ❸ **1375**·5·22 社
布施資連 ❸ **1372**·1·11 政／3·12 政
布施善十郎 ❹ **1485**·12·26 政
布勢園公 ❶ **885**·2·20 政
布施辰治 ❼ **1921**·8月 政／**1923**·6月 社／**1933**·8·25 政
布施太郎兵衛 ❺-1 **1705**·3·17 社
布施矩道(松翁) ❺-2 **1814**·是年 文
布施英基 ❹ **1481**·11·6 政／**1485**·5·15 政／5·23 政／12·26 政
布勢人主 ❶ **754**·3·17 政／4·5 政／4·18 政／**760**·1·21 政／**764**·1·20 政／**769**·3·10 政
布勢真継 ❶ **870**·1·25 政
布勢御主人⇨阿倍(あべ)御主人
布施耳麻呂 ❶ **668**·9·12 政／**702**·1·17 政
布施康朝 ❹ **1587**·4·6 社
布施(布勢)内親王 ❶ **799**·9·2 社／**812**·11·27 社／**813**·9·30 社
布施民部丞 ❸ **1380**·1·16 政
普済国師⇨夢窓疎石(むそうそせき)
フセイン(ヨルダン) ❾ **1976**·3·10 政
フセイン·オン(マレーシア) ❾ **1977**·9·18 政
伏原賢忠 ❺-1 **1647**·2·1 文／**1666**·9·6 政
伏原宣通 ❺-2 **1727**·3·24 文
伏原宣香 ❺-2 **1727**·3·24 文
伏屋素狄(琴坂·正宜·万町権之助) ❺-2 **1805**·11月 文／**1811**·11·26 文
豊前八郎 ❸ **1302**·8·18 政
豊前六郎蔵人 ❸ **1347**·11·28 政／12·14 政
豊前左京亮 ❹ **1554**·7·28 文
不遷法序(僧) ❸ **1383**·12·4 社
布田惟暉 ❺-2 **1846**·是年 文
負田木右衛門 ❺-1 **1610**·1·11 政
布田保之助(惟暉) ❻ **1854**·8月 社／**1873**·4·3 社
二木謙三 ❽ **1955**·11·3 文／❾ **1966**·4·27 文
二木与助 ❺-2 **1802**·是年 政
二子山勝治 ❾ **1988**·1·24 社
布谷徳太郎 ❻ **1894**·是年 社
二葉あき子 ❽ **1951**·1·3 社／❾ **2011**·8·16 文
双羽黒(元横綱) ❾ **1987**·12·27 社
二葉亭四迷(長谷川辰之助) ❻ **1887**·6月 文／❼ **1907**·10·30 文／**1909**·5·10 文
双葉山定次(穐吉·十二代目時津風) ❼ **1936**·5·14 社／❽ **1937**·1·15 社／5·26 社／11·13 社／**1938**·1·13 社／**1939**·1·15 社／**1941**·2·7 社／**1942**·1·25 社／**1943**·1·10 社／5·9 社／**1945**·11·25 社／**1946**·1·19 社／**1947**·1·21 社／❾ **1968**·12·16 社
二見敏雄 ❼ **1935**·11·6 政
二見虎三郎 ❻ **1868**·5·2 政
二見伸明 ❾ **1994**·4·28 政
渕　一博 ❾ **2006**·8·13 文
淵上郁太郎 ❻ **1864**·6·5 政／**1867**·2·18 政
淵上謙三 ❻ **1866**·11·10 政
渕上貞雄 ❾ **1989**·2·12 政
淵上白陽 ❽ **1960**·2·8 文
淵田美津雄 ❽ **1941**·12·8 政／❾ **1976**·5·30 政
淵辺義博 ❸ **1335**·7·23 政
淵辺徳蔵 ❻ **1862**·2·23 政
プチャーチン, エヴフィーミィ ❻ **1853**·7·18 政／12·5 政／**1854**·1·2 政／3·23 政／8·30 政／9·18 政／**1855**·3·22 政／**1857**·9·7 政／**1858**·6·16 政／7·4 政

物　志麻(琉球)　❸ 1433·2·16 政
物　忠宗　❶ 853·7·15 政
仏海慧遠(宋)　❷ 1175·是年 政
仏眼禅師(僧)　❷ 1254·是年 文
ブック，ニルス　❼ 1931·9·12 社
仏光国師⇨無学祖元(むがくそげん)
仏厳(僧)　❷ 1176·11·30 文／1180·2·8 社
仏慈(僧)　❸ 1359·2·16 文
仏釈(僧)　❶ 752·5·1 文
ブッシュ，ジョージ(米)　❾ 1973·3·6 政／1992·1·7 政／2001·9·25 政／2002·6·25 政／9·12 政／2003·4·16 政／2005·2·3 政／3·9 政／11·16 政／2007·4·27 政／6·5 政／9·8 政／11·16 政
仏種慧済⇨中巌円月(ちゅうがんえんげつ)
仏乗禅師⇨天岸慧広(てんがんえこう)
ブッセ(仏)　❻ 1869·1·17 文
ブッセ·ルドウイヒ　❻ 1887·1·9 文
仏智広照国師⇨絶海中津(ぜっかいちゅうしん)
仏智禅師⇨恵雲(えうん)
仏通(僧)　❸ 1301·9·1 文
仏徹(僧)　❶ 736·5·18 政
プット(パキスタン)　❾ 1996·1·17 政
仏統国師⇨夢窓疎石(むそうそせき)
仏道房(肥後)　❷ 1276·2·20 政
プットマンス(高砂国総督)　❺-1 1636·4月 政
仏忍(僧)　❷ 1170·4·7 文
仏念(僧)　❸ 1324·2·30 政
仏姫(中岡テイ、尼僧)　❹ 1538·是年 文
プティジャン(仏宣教師)　❻ 1865·2·20 社
不鉄(僧)　❺-1 1627·10·29 社
不鉄桂文　❺-1 1677·是年 文
普天間親雲上朝典　❺-2 1832·6·8 政／1832·⑪·4 政
不動堂聖人(塔造り名人)　❷ 1115·8月 社
船井王　❶ 772·4·19 政
船右衛門(呂宋渡海)　❺-1 1615·1·16 政
舟川采女　❺-1 1640·4·12 社
舟木秋麻呂　❶ 753·10月 文
船木馬養　❶ 781·2·16 政
船木和喜　❾ 1998·1·1 社／2·7 社
舟木重雄　❼ 1912·9月 文
舟木藤二郎　❸ 1296·9·7 社
船木村政(与次兵衛)　❺-1 1624·是年 文
舟木藻雅堂　❺-2 1799·是年 文
船木頼重　❸ 1335·11·26 政
船越英二　❾ 2007·3·17 文
船越景保　❻ 1873·7月 社
船越義彰　❽ 1944·8·22 社
船越敬祐　❺-2 1838·是年 文
舟越源左衛門　❹ 1583·12·12 社
船越清蔵(小出勝雄)　❻ 1862·8·8 政
船越為景　❺-1 1681·10·30 社
船越永景　❺-1 1633·6·8 社／1665·11·8 文
船越保武　❽ 1948·10·20 文／1950·是年 文／1964 是年 文／❾ 2002·2·5 文
浮那姑是(琉球)　❸ 1425·2·1 政／1427·4·13 政
舩坂公夫　❾ 2010·11·28 政
船坂　弘　❽ 1944·11·22 政
船田享二　❽ 1948·3·10 政
船田耕山　❺-2 1762·10·3 文
船田玉樹　❽ 1938·4月 文
船田　中　❽ 1945·12·18 政／1955·11·22 政
船田義昌　❸ 1333·5·29 政
船津釜太郎　❻ 1867·12·7 政
船津圭三　❾ 1990·3·3 社
船津西兵衛　❸ 1437·12月 社
船津伝次平(市蔵)　❼ 1898·6·15 社／1918·是年 文
船渡　健　❾ 2005·8·24 政
船戸与一　❾ 2000·7·14 文
道祖王　❶ 756·5·2 政／757·3·29 政／7·4 政
船所正利　❷ 1185·3·21 政
船　副使麻呂　❶ 863·8·7 文
船　恵尺　❶ 645·6·13 文
船　王平　❶ 608·4月 政
船　王後　❶ 641·12·3 文／668·12月 文
布奈太利古　❶ 651·7·10 文
船　秦勝　❶ 700·8·22 政
船　吉実　❶ 928·7·6 文
船　龍　❶ 609·4·4 政
船　秦勝　❶ 716·4·27 政
船親王　❶ 761·10·11 政／764·10·9 政
船橋随庵　❺-2 1848·10月 社
船橋聖一　❽ 1948·1月 文／1949·1·1 文／1961·3·22 文／❾ 1970·8·31 文／1976·1·13 文
船橋長庵(玄晧)　❺-1 1690·9·21 文／1691·7·19 文／12·2 文
船橋業忠⇨清原(きよはら)業忠
船橋半左衛門　❺-1 1635·2·9 政
船橋秀賢　❺-1 1602·8·23 文／1603·2·8 文／8·13 文／9·13 文／10·22 文／1604·4·16 政／1609·11月 文／1610·1·6 文／1611·9·25 政／10·11 社／1614·6·28 文
船橋求己　❾ 1971·2·22 社
船橋元美　❺-2 1811·是年 文
船橋良賢　❸ 1444·10·28 文
船橋⇨清原(きよはら)姓も見よ
船村　徹　❾ 2008·11·4 文
舟本弥七　❺-1 1614·1·11 政／1615·1·16 政
舟本弥七郎(顕定)　❺-1 1604·8·6 政／1605·8·28 政／9·18 政／1607·8·28 政／1613·1·11 政／1616·1·11 政／1618·10·12 政／1620·2·7 政
舟本弥平太　❺-1 1673·4·24 政
船山　馨　❽ 1946·12·17 文／1948·7·12 文
船山輔之　❺-2 1798·是年 文
船山巳之作　❽ 1939·6·10 政
舟山康江　❾ 2012·7·17 政
武寧(琉球)　❸ 1390·1·26 政／1391·2·22 政／1392·5·3 政／1395·9月 政／1398·2·16 政／1400·10月 政／1404·2·21 政／是年 政／1405·3·9 政／1406·是年 政／1407·3·1 政
フハンネエ(独)　❻ 1876·8·1 社
史部虫麻呂　❶ 724·2·22 社
フボストフ，ニコライ　❺-2 1806·9·11 政
書　県　❶ 639·7月 社
文　馬養　❶ 745·9·4 政／757·6·16 政
書　薬　❶ 672·6·26 政
書(文)　根麻呂(禰麻呂)　❶ 672·7·2 政／707·9·21 文
文　博士(博勢)　❶ 695·3·23 政／698·4·13 政／699·11·4 政
文　広田　❶ 721·1·27 文
書　麻呂　❶ 654·2月 政
文　義忠　❷ 1025·7·14 政
文姫(徳川家斉十一女)　❺-2 1826·11·27 政
プミボン(タイ)　❽ 1963·5·27 政
普門(大明国師)　❸ 1291·是年 社／1323·是年 社
普門　暁　❼ 1920·9·16 文
普門利清　❸ 1335·12·12 政
不聞契聞(僧)　❸ 1325·9月 政／1333·是年 政／1368·7·12 社
フューレ(仏)　❻ 1865·1·24 社
冬木善太郎　❺-2 1729·12·26 政／1730·5·23 政／8·13 政
冬木彦六　❺-2 1729·12·26 政／1730·5·23 政
冬木三男　❾ 2008·9·5 政／2009·10·16 社
冬柴鐵三　❾ 1998·11·7 政／2004·4·29 政／2006·9·26 政／2007·4·20 政／8·27 政／2011·12·5 政
扶余忠勝　❶ 663·是年 政
扶余　隆　❶ 663·是年 政
武陽隠士　❺-2 1816·是年 文
芙蓉花(一本亭)狂歌　❺-2 1783·1·26 文
ブラームス(独作曲家)　❽ 1944·8·6 文
ブラウン(米宣教師)　❻ 1859·10·7 社／1862·2月 文／1863·1·1 社／8月 文／1873·8月 文
ブラウン(英大佐)　❻ 1866·2·5 政
ブラウン(英)　❾ 1968·1·7 政
ブラウン(米)　❾ 1978·11·8 政
ブラウン，ネサン(宣教師)　❻ 1886·1·1 社
ブラガ(ポルトガル·帳簿)　❻ 1871·6·15 社
ブラキストン(英)　❻ 1875·8·4 社／1883·是年 文
豊楽門院⇨勧修寺藤子(かじゅうじとうし)
ブラコムブ(英)　❼ 1926·5·5 文
プラサド(インド)　❽ 1958·9·27 政
プラチャテイ·ポック(シャム)　❼ 1931·4·7 政
プラチャリネ(伊)　❻ 1894·11·24 文
ブラック(英)　❻ 1870·5·1 文／1872·2·8 文／6·15 社／1880·6·11 文
ブラック(快楽亭)　❻ 1893·4·19 社
ブラック(世界銀行)　❽ 1957·5·6 政
ブラッドレー(米)　❽ 1950·6·18 政
プラド(ペルー)　❽ 1961·5·10 政

プラド，ペレス(マンボ)　❽ 1956·9·8 社
フラナガン，エドワード·J(少年の町)　❽ 1947·4·23 社
フランキー堺　❽ 1958·10·31 社／❾ 1996·6·10 文
フランク永井　❽ 1961·7·20 社／❾ 1985·10·21 社／2008·10·27 文
フランコ，アポリナリオ　❺-1 1617·6·5 社／1622·8·7 社
ブランコ，カステル　❺-1 1638·7月 政
フランシスコ(宣教師)　❺-1 1620·12·23 社／1639·⑪·13 社／12·19 社
フランシスコ，ジョアン　❹ 1577·1月 社／是年 社
ブラント·フォン(北独)　❻ 1868·1·15 政／11·23 政／1871·3·12 政
ブランド，マーロン　❽ 1956·4·3 社
ブラントン(英下士官)　❻ 1867·9·26 政
ブリアム(米)　❽ 1947·6·26 社
フリーア，チャールズ　❼ 1911·4·25 文
フリート(オランダ商館長)　❺-1 1637·是年 政
フリートウッド·ペリュー　❺-2 1808·8·15 政
フリーマン(米)　❻ 1860·万延年間 文
フリジウス，アンドリース　❺-1 1649·8·13 政
ブリジェンス·R·P　❻ 1867·7·10 社／1868·8月 文／1871·11·14 社
ブリチェット(英)　❻ 1870·2·2 政
ブリト，レオネル·デ　❹ 1579·7·2 政
振姫(徳川家康の娘)　❹ 1596·12·28 政
ブリュイン(米)　❻ 1862·3·27 政／4·19 政／10·15 政
フリューエリン，ビル　❾ 1977·7·23 社
ブリューナ(仏)　❻ 1872·10·4 社
不磷斎　❺-2 1763·4·15 文
フリントン，ウーウォン　❾ 2007·11·23 政
布留(氏)　❶ 837·2·10 社
布瑠有平　❶ 944·12·20 政
布瑠清貞　❶ 864·1·16 政
布瑠清野　❶ 860·8·10 文
布留高貞　❶ 843·1·12 政
布瑠高庭　❶ 840·12·9 文
布瑠道永　❶ 871·8·25 文
古井鉄之助　❺-2 1817·7·28 社
古井喜実　❽ 1960·12·8 政／❾ 1969·4·6 政／1970·3·10 政／1978·12·7 政／1995·2·3 政
古市胤仙(僧)　❸ 1444·1·6 文／2·28 政／1453·6·24 政
古市喜仙(僧)　❸ 1444·1·6 文
古市公胤　❹ 1520·6·12 政
古市公威　❻ 1875·7·18 文／1888·5·7 文／1890·10·1 政／❼ 1909·8·18 政／1914·9·15 文／1920·8·26 文／1934·1·28 文
古市庄左衛門　❺-1 1639·是年 文
古市胤重　❹ 1543·4·17 政
古市胤栄　❹ 1471·1·23 政／1474·6·27 政／7·18 政／1475·5·14 政／1505·11·7 政
古市澄胤　❹ 1469·5·23 文／1473·7·17 社／1478·6·5 文／1479·⑨·29 政／1480·9·12 社／1481·9·9 社／10·30 政／1483·10·7 社／1485·7·5 社／1487·6·11 政／1488·1·21 社／1490·10·20 社／1493·3·20 政／9·11 政／1497·10·7 政／11·14 政／1501·4·14 社／1504·9·21 政／1508·7·19 政／1516·10·5 政／1517·4·27 政／1518·9·3 社／11·19 社
古市南軒　❺-2 1722·8·6 文
古市播磨守　❹ 1558·是年 政
ブルーウェル，ダフィト　❺-2 1743·9·20 政
ブルーゲル(英)　❻ 1859·1·12 政
ブルーワー，ヘンドリック　❺-1 1612·8·2 政／10·8 政／1614·9·1 政
古尾谷雅人　❾ 2003·3·25 文
ブルガー，フリッチ　❼ 1935·1·31 社
ブルガコフ(ロシア国防次官)　❾ 2011·1·20 政
古河家次　❹ 1468·8月 政／1472·1·2 政／1473·1·6 政／1474·1·20 政／1478·1·9 政／1479·1·1 政／1481·1·8 政
古河市兵衛(幸助·木村巳之助)　❻ 1872·6月 社／1877·3·15 社／1884·10·1 社／12·23 社／1885·4·14 社／1888·6月 社／1889·5·23 政／❼ 1900·9·28 社／1903·4·5 政
古川　薫　❾ 1991·1·16 文
古川兼定　❼ 1903·3·28 文
古川きん　❼ 1927·5·29 社
古河孝七　❻ 1885·4·1 社
古川古松軒(正辰·子曜·平次兵衛)　❺-2 1793·是年 文
古川阪次郎　❽ 1941·3·2 文
古川　聡　❾ 2011·6·8 文
古川三蝶　❺-2 1800·是年 文
古川次右衛門⇨平成通(へいせいつう)
古川主馬之介　❻ 1861·5·28 政
古河潤吉　❼ 1905·3·21 政
古川俊平　❻ 1859·是年 文
古川松軒(古杉軒)　❺-2 1807·11·10 文
古川庄八　❻ 1862·9·11 文
古川図書(平　功載)　❺-2 1788·3·7 政／1789·⑥·29 政／1805·10·13 政／1806·6·25 政
古川高晴　❾ 2012·7·27 社
古川(古河)太四郎　❻ 1875·是年 文／1878·5·24 文／❼ 1907·12·26 文
古河　勤　❹ 1493·3·11 政
古川智次　❺-1 1627·3月 政
古河虎之助　❼ 1917·9·10 政／❽ 1940·3·30 政
古川正雄　❻ 1875·5·22 社
古川　勝　❽ 1956·9·8 社／❾ 1993·1121 社
古川躬行　❻ 1862·12·14 社
古河職次　❹ 1491·1·16 政
古川元久　❾ 2011·9·2 政
古川　康　❾ 2007·4·8 社／2011·4·10 社
古川良範　❽ 1938·3·6 文
古川持熙　❹ 1536·6·21 政
古河力作　❼ 1911·1·18 政
古川緑波(ロッパ·郁郎)　❼ 1933·4·1 文／❽ 1940·1月 文／7月 文／1945·12·31 社／1951·2·6 文／11·29 文／1954·3·11 文／12·14 社／1961·1·16 文
古河治部少輔　❹ 1481·6·12 政
古木彦五郎　❸ 1337·6·11 政
古郡重年　❺-1 1674·是年 社
古郡重政(孫大夫)　❺-1 1640·是年 社／1664·5·22 社
古澤　滋(迂郎)　❼ 1911·12·22 政
古澤憲吾　❾ 1997·11·16 文
古澤　滋　❻ 1874·1·17 政
古澤経光　❹ 1577·7·10 政
古澤南洋　❻ 1863·9·21 政
古島敏雄　❾ 1995·8·29 文
古荘嘉門(火海)　❼ 1915·5·11 政
古田　晃　❽ 1940·6月 文
古田敦也　❾ 1992·7·19 社
古田織部(重勝·重然)　❹ 1585·是年 文／1590·7·9 文／1591·2·13 文／1594·3·12 文／5·11 文／1595·8·8 社／1596·3·9 文／1599·2·28 文／1600·8·24 関ヶ原合戦／❺-1 1601·1·24 文／1605·5·25 文／1606·6·16 政／1607·4·11 文／1610·9月 文／1612·8·14 文／1615·6·11 文／6·11 大坂夏の陣
古田佐次右衛門　❺-1 1693·3·5 社
古田重恒　❺-1 1648·6·19 政
古田重治　❺-1 1606·6·16 政／1620·11月 政／1623·8·16 社
古田重広　❺-1 1615·6·11 大坂夏の陣
古田俊之助　❽ 1953·3·23 政
古田大次郎　❼ 1924·9·1 政
古田　肇　❾ 2005·1·23 社
古田昌幸　❾ 1999·7·30 社
古田龍三　❼ 1936·11·20 政
古田良一　❾ 1967·7·12 文
古谷蒼韻　❾ 1980·10·15 文／2010·11·3 文
フルタニマサエ　❾ 2005·8·15 文
ブルツ，アレクサンダー　❾ 2012·10·12 社
フルツェヴァ(ソ連)　❾ 1973·8月 文
ブルック，マティス·テン　❺-1 1620·7·13 政
ブルックス(米)　❻ 1877·2月 社
古野伊之助　❽ 1945·9·10 文
古野元軌　❺-1 1702·是年 文
古橋新左衛門　❺-2 1834·是年 文
古橋広之進　❽ 1946·9·7 社／1947·8·9 社／❾ 2008·11·3 文／2009·8·2 社
古橋又玄　❺-1 1663·是年 文
古畑種基　❼ 1926·6·20 文／❽ 1944·1·20 社／12·17 文／1949·8·30 社／❾ 1975·5·6 文
降旗徳弥　❽ 1948·10·19 政／1950·3·23 文／1956·11·3 文
古畑正秋　❾ 1988·11·23 文
古林見宜　❺-2 1721·5·25 文
古人大兄(皇子)　❶ 645·6·12 政／

645·9·3 政
ブルファンドリアン·ファン·デル ❺-1 **1651**·11·15 政
古部清信 ❷ **1150**·8·17 文
フルベッキ(米) ❻ **1859**·10·7 社／**1864**·6·16 文／**1866**·4·6 社／是年 文／**1869**·4月 文／❼ **1898**·3·10 政
古海(ふるみ)忠之 ❽ **1963**·3·12 政
フルムーレン, ヘルベルト ❺-2 **1755**·9·20 政／**1757**·9·20 政
古家　新 ❽ **1945**·11月 文
古屋　鼎 ❺-2 **1796**·是年 文
古屋国広 ❹ **1586**·8月 文
古屋圭司 ❾ **2012**·12·26 政
古屋佐久左衛門 ❻ **1868**·3·1 政
古屋昔陽 ❺-2 **1806**·4·1 文
古谷惣吉 ❾ **1965**·12·12 社
古谷綱正 ❾ **1989**·5·11 文
古谷哲也 ❾ **2008**·1·26 文
古谷伝次郎 ❼ **1902**·是年 社
古屋徳兵衛 ❼ **1911**·7·30 社
古山高麗雄 ❾ **1972**·10月 文
古山左膳 ❺-2 **1772**·是年 社
古山満藤 ❸ **1391**·12·19 政
ブレア(英) ❾ **2000**·7·19 政
富鈴(俳人) ❺-2 **1743**·是年 文
フレイ(チリ) ❾ **1994**·11·16 政
ブレイザー, ドン ❾ **2005**·4·13 社
フレイベルヘ, クリスティアーン·ファン ❺-2 **1717**·9·20 政
ブレーク(米) ❻ **1862**·1月 社
ブレークニー(米) ❽ **1963**·3·4 社
フレーザー, マルコム ❾ **1976**·6·15 政／**1978**·4·19 政
プレグラン(仏) ❻ **1872**·9·29 社
フレザー(自動車) ❼ **1910**·12·20 社
武烈王⇨金春秋(きんしゅんじゅう)
武烈天皇(小泊瀬稚鷦鷯尊) ❶ **494**·1·3／**498**·8月／12月／**506**·12·8／**508**·10·3
プレッキマン(仏) ❻ **1863**·12·29 政
フレッド·コレマツ ❾ **2005**·3·30 政
フレデリック(デンマーク皇太子) ❼ **1930**·3·18 政
ブレンワルト(スイス) ❻ **1863**·7·5 文
フロイス, ルイス(ポルトガル) ❹ **1563**·6·6 政／**1564**·11·29 社／**1565**·7·5 社／**1567**·8·12 社／**1568**·是年 社／**1569**·3·11 社／4·1 社／5·17 社／**1570**·是年 政／**1571**·9·13 政／**1581**·2·4 社／2·23 社／4·17 政／**1586**·3·16 政／**1587**·1·2 社／6·10 社／**1588**·11·26 社／**1592**·9·4 政／**1595**·5月 社／7·15 社／**1597**·5·24 社
浮勝王嘉(シャム) ❺-1 **1605**·9·19 政
ブロウクホルスト, ファン·アントニオ ❺-1 **1649**·10·1 政／**1650**·3·7 政
不老斎柏児 ❺-2 **1755**·是年 文
ブロートン(英) ❺-2 **1796**·8·14 政／**1797**·7·7 政
ブローディ(EU) ❾ **2000**·7·19 政
フロート, フェルディナント·ド(オランダ) ❺-1 **1702**·9·20 政／**1704**·9·20 政／**1706**·9·20 政
フローン(英) ❻ **1864**·10月 文
プロコフィエフ(ロシア) ❼ **1918**·7·6 文
ブロムホフ, ヤン·コック ❺-2 **1817**·10·2 政／是秋 文／**1822**·1·15 政／①·26 文
フロリヘラール(仏) ❻ **1866**·9·29 政
フロレス, ルイス ❺-1 **1620**·7·6 政／**1621**·10·3 政／**1622**·7·13 社
フロンディシ(アルゼンチン) ❽ **1961**·12·13 政
不破勝光(直光) ❹ **1582**·11·2 政／**1583**·4·22 政
不破哲三 ❾ **1970**·7·1 政／**1978**·12·5 政／**1997**·9·22 政／**2000**·11·24 政／**2003**·2·14 政
不破広綱 ❹ **1584**·6·10 政
不破万作 ❹ **1595**·7·15 政
不破光治 ❹ **1577**·3·2 政／5月 文
不破内親王(厨厨女·くりやのくりやめ) ❶ **769**·5·25 政／7·10 政／**782**·①·11 政／**795**·12·22 政
フン·セン(カンボジア) ❾ **1992**·3·21 政／**1997**·11·7 政
文　五峰(伯仁、明) ❹ **1571**·是春 文
文　成鷟 ❹ **1493**·3·11 政
文　徴明(明) ❹ **1540**·是年 文／**1554**·是年 文
文　伯仁(明) ❹ **1551**·是夏 文／**1571**·是春 文
文　元貞 ❶ **730**·3·27 文
豊　時隣 ❼ **1909**·8·26 文
文英清韓(僧) ❹ **1597**·3·21 慶長の役／❺-1 **1614**·4·16 政／8·18 政／**1615**·10·14 政／**1616**·3·20 政／**1620**·9·13 文／**1621**·3·25 社
文翁(僧) ❺-2 **1804**·5月 社
文嘉(僧) ❹ **1569**·是年 文
文海(僧) ❸ **1355**·4·7 社
文我老圃 ❺-2 **1837**·是年 文
文慶(僧) ❷ **1046**·7·2 社
文渓(僧) ❸ **1447**·是年 政
文渓周允(僧) ❸ **1374**·3·12 政
文渓正祐(僧) ❸ **1448**·4·27 政／6·21 政／6月 文
文珪庭用(僧) ❸ **1376**·4·1 政
豊後重高 ❹ **1552**·11月 政
文豪(僧) ❷ **1066**·5·15 社
豊後屋団右衛門 ❺-1 **1669**·1·8 文
文子(宋) ❷ **1248**·12·10 文
文之玄昌(僧) ❺-1 **1610**·是年 社／**1620**·9·30 社
文守(僧) ❺-1 **1641**·是春 社／**1643**·是年 文
文拾(僧) ❹ **1492**·是年 社
文治郎(薬商) ❺-2 **1770**·12·30 文
文成(玉泉寺僧) ❸ **1425**·5·19 政
文清(僧) ❸ **1452**·9月 文／❹ **1457**·10月 文
ブンゼン(プロシア) ❻ **1860**·12月 社
文智尼(梅宮) ❺-1 **1619**·6·20 政／**1655**·3·13 文／**1697**·1·13 社
豊道春海(寅吉) ❽ **1948**·10·20 文／❾ **1970**·9·26 文
糞得斎 ❺-2 **1759**·是年 文
文嚢(宋) ❷ **1020**·8·25 政／9·14 政
文伯元郁(僧) ❹ **1481**·3·26 社
文々舎蟹子丸 ❺-2 **1837**·2·9 文
文命(僧) ❷ **1045**·2·13 社
文室秋津 ❶ **834**·1·27 政／**840**·1·30 政／**842**·7·23 政／**843**·3·2 政
文室有真 ❶ **840**·1·30 政／**856**·1·12 政／**877**·3·18 文
文室氏雄 ❶ **840**·1·30 政
文室海田麻呂 ❶ **849**·1·13 政／**858**·1·24 政
文室大市(大市王) ❶ **706**·11·8 政／**761**·1·16 政／**766**·7·22 政／**768**·10·24 政／**771**·3·13 政／**780**·11·28 政
文室忍坂麻呂 ❶ **771**·③·1 政／**779**·9·18 政／**783**·3·12 文／**786**·1·24 政
文室於保 ❶ **777**·1·3 政／**784**·3·14 政／**787**·2·5 政
文室笠科 ❶ **839**·1·11 政／**854**·1·16 政／**861**·1·13 政
文室浄三(智努)⇨智努(ちぬ)王
文室子老 ❶ **786**·1·24 政／**789**·2·5 政
文室如正 ❷ **1001**·1月 文
文室助雄 ❶ **840**·1·30 政／**849**·9·7 社／**856**·1·12 政／**858**·3·14 政
文室高嶋 ❶ **782**·1·16 政
文室智努(珍努)⇨智努(ちぬ)王
文室那保企⇨文室与企(よき)
文室波多麻呂 ❶ **795**·4·14 政／**797**·5·8 社
文室真老 ❶ **774**·3·5 政／**778**·2·23 文／**784**·3·14 政
文室巻雄 ❶ **878**·1·11 政／**887**·8·7 政
文室正嗣 ❶ **809**·1·16 政／2·13 文／**811**·4·5 政
文室益善 ❶ **859**·1·13 政／**860**·1·16 政
文室真室 ❶ **843**·1·12 政／**850**·1·15 政
文室道世 ❶ **854**·8·17 政
文室水通 ❶ **775**·9·13 政
文室宮田麻呂 ❶ **840**·1·30 政／**843**·12·22 政／**863**·5·20 社／8·15 社
文室綿麻呂 ❶ **810**·9·16 政
文室八嶋 ❶ **790**·3·9 政
文屋康秀 ❶ **877**·1·15 文／**879**·5·28 文
文室与企(与岐·那保企) ❶ **784**·2月 政／3·14 政／**790**·3·9 政
文室能雄 ❶ **865**·1·27 政
文室善友 ❶ **894**·9·17 政
文室綿麻呂 ❶ **810**·9·10 政／**811**·3·20 政／4·17 政／10·13 政／⑫·11 政／**813**·5·30 政／**823**·4·26 政
文雄⇨文雄「もんゆう」
文露(俳人) ❺-2 **1719**·是年 文
文六(番匠) ❹ **1543**·7·22 社

へ

ペ・ヨンジュン(韓国)　❾ 2004・11・26 社
ベアト(ワーグマン商会)　❻ 1865・是年 文
ベアトリックス(オランダ)　❽ 1963・4・2 政
平　家久(対馬)　❹ 1468・是年 政
平　一好(唐坊新五郎)　❺-1 1697・3月 政／1699・7月 政
平　一正(島雄八左衛門)　❺-1 1690・7月 政／1692・6月 政
平　景直　❺-1 1613・7月 政
平　行(古川弥市右衛門)　❺-1 1651・8月 政
平　清久(遣朝鮮使)　❹ 1559・8・9 政
平　国忠　❹ 1479・4・17 政／1481・8・21 政
平　国総(対馬)　❹ 1502・3・18 政
平　国幸　❹ 1495・1・19 政
平　原海(医師)　❸ 1406・1・5 文
平　功載⇨古川図書(ふるかわずしょ)
閉伊佐衛三郎　❸ 1339・5・15 政
平　定信(乾守之輔、対馬)　❺-2 1849・12・26 政
閉伊三郎左衛門十郎　❸ 1285・1・23 政
平　重家　❹ 1467・是年 政
平　茂続(倭人)　❹ 1470・4・12 政／1476・5・2 政／1489・12・17 政
平　時成　❺-2 1723・2・28 政
平　質明(幾度八郎左衛門)　❺-2 1838・2月 政
平　尚知(平田所左衛門)　❺-1 1709・9月 政
平　成為　❺-1 1675・2月 政
平　成貫　❺-1 1646・8月 政
平　成紀(深見弾右衛門)　❺-1 1688・7月 政／1690・7月 政
平　成久(平田斎宮)　❺-1 1683・4月 政／1685・7月 政
平　成広(志賀甚五左衛門)　❺-1 1684・2月 政
平　成之(仁位孫右衛門)　❺-1 1664・11月 政／1667・10月 政／1671・6月 政／12・3 政
平　成尚(吉川六郎右衛門)　❺-1 1661・⑧・27 政／1663・3月 政／1664・11月 政／1675・7月 政
平　成勝(幾度大右衛門)　❺-1 1685・7月 政／1687・7月 政
平　成勝(仁位助之進)　❺-1 1692・6月 政
平　成常(高橋・高瀬・高勢八右衛門)　❺-1 1673・12月 政／1675・7月 政／1695・是春 政
平　成辰(唐坊忠右衛門)　❺-1 1664・1・3 政／1670・2月 政／1673・12月 政
平　成直(仁位格兵衛)　❺-1 1658・10月 政／1661・3月 政
平　成通(古川次右衛門)　❺-1 1660・3・27 政
平　成稔(幾度判右衛門)　❺-1 1667・10月 政／1670・2月 政
平　成扶(佐護式右衛門)　❺-1 1655・3月 政
平　成友(内山郷左衛門)　❺-1 1680・9月 政
平　成倫　❺-1 1650・1月 政
平　宗寿(板倉美濃入道)　❸ 1416・1・13 政／1417・1・4 政／1418・1・24 政／1420・1・5 政
平　宗秀　❸ 1420・1・5 政
平　丹(細川晴元の被官)　❹ 1548・8・12 政
平　道全(降倭)　❸ 1407・3・16 政／1410・2・27 政／1411・9・11 政／1415・8・5 政
平　智長　❺-1 1617・7・4 政
平　長親　❹ 1555・5・21 政
平　信重　❹ 1486・1・17 政／1491・1・16 政
平　信豊(内野権兵衛)　❺-1 1660・3・11 政／1697・3月 政
平　信好　❺-2 1775・是年 文
平　房清　❹ 1488・6月 社
平　望古(降倭)　❸ 1410・2・27 政
平　方正(島雄八左衛門)　❺-1 1701・8月 政／1703・9月 政
平　方利(樋口久米右衛門)　❺-1 1707・7月 政
平　松次　❹ 1555・5・21 政
平　元胤　❹ 1502・1・3 政／1504・1・9 政
平　守道(大浦徳之進)　❺-2 1841・6・10 政
平　能忠　❹ 1502・1・3 政
米　元章　❷ 1102・是年 文
米一(平曲)　❸ 1423・2・14 文
塀内市郎右衛門　❺-1 1697・12・26 文
平内正信(政信)　❺-1 1608・8月 文／是年 文／1619・是年 文
平右馬新左衛門尉　❹ 1465・5・21 社
平慶(仏師)　❶ 1000・7・15 文
平源(僧)　❶ 949・5・2 社
平興(仏師)　❶ 937・是年 文
陃巷子　❷ 1247・5月 文
平左衛門(大工)　❺-1 1658・5・8 社
平佐衛門尉(佐藤)信重　❹ 1471・11・2 政
兵三郎(駕籠舁)　❺-1 1702・3・16 社
平山(僧)　❶ 997・9・20 文
平思(僧)　❶ 889・1・26 社
平子内親王　❶ 865・8・3 文／877・2・14 政
平七(米倉村)　❺-2 1750・7・19 社
平秀⇨長秀(ちょうしゅう)
兵治郎(大野村)　❺-2 1750・1・15 社
平心処斎(僧)　❸ 1369・12・29 社
平崇(僧)　❶ 961・7・23 社／990・3・19 社／❷ 1001・4・8 社
平城天皇(安殿親王)　❶ 785・11・25 政／788・1・15 政／792・6・10 政／804・1・25 文／806・3・17 政／5・18 政／809・4・1 政／824・7・7 政
平珍(僧)　❶ 933・11・27 社／937・是春 社
ベイツ(米)　❻ 1860・是年 文
平伝(僧)　❷ 1004・8・28 社
平田慈均(僧)　❸ 1364・9・16 社
平統(僧)　❶ 977・12・26 社
平仁(僧)　❶ 938・是年 社
ベイリー(米)　❻ 1866・11・26 文
ヘイワード(米)　❽ 1948・8・7 政
ペインター(米)　❻ 1870・11・22 文
ベーカー(米、日本に帰化)　❻ 1892・10・15 政
ベーカー(米)　❾ 1991・11・11 政
ベーカー，ジョセフイン　❽ 1954・4・13 文
ベークランド　❼ 1915・是年 社
ページ(指揮者)　❽ 1962・9・26 文
ヘーシンク，アントン　❽ 1961・12・2 社
ヘーステレコフト(ロシア)　❻ 1869・5・18 政
ベートーヴェン(独作曲家)　❼ 1899・4・21 文／❽ 1944・8・6 文／12・31 文
ヘーレ，ヘリット・ド　❺-1 1693・9・20 政
ヘーレン(独)　❻ 1889・10・7 政
ベーレント(独)　❽ 1960・12・7 文
日置(へき)衣守　❶ 879・12・15 社
日置弟弓　❶ 767・6・22 社
日置是雄　❶ 879・12・15 社
日置郷明　❶ 965・6・26 文
日置須太売　❶ 706・3・13 社
日置帯刀　❻ 1868・1・11 政
日置久季　❸ 1334・5・4 政
日置毗登乙虫　❶ 765・8・25 社
日置道形　❶ 772・9・25 政
日置蓑麻呂　❶ 768・2・3 政／774・3・5 文
日置頼続　❸ 1296・8・30 政
ペギー葉山　❽ 1958・12・8 社
碧山本如(僧)　❹ 1468・11・6 文
碧湛(僧)　❺-1 1697・是年 文
碧潭周皎(僧)　❸ 1374・1・5 社
ベギュー・ルイ　❻ 1882・12月 社
ヘキリハ(狄)　❺-1 1678・8・23 社
平群宇志　❶ 623・是年 政
平群子首　❶ 681・3・17 文
平群是麻呂　❶ 808・9・19 文
平群　鮪　❶ 498・11・11
平群木菟(都久)　❶ 書紀・応神 3・是年／応神 16・8月／401・10月
平群豊麻呂　❶ 731・4・27 政
平群人足　❶ 753・4・22 政
平群広成　❶ 734・10月 政／738・3月 政／739・7・13 政／10・27 政／752・5・26 政／753・1・28 政
平群広道　❶ 805・2・15 政
平群真常　❶ 808・5・14 政
平群真鳥　❶ 456・11・13／498・11・11
平群虫麻呂　❶ 764・1・20 政
平群安麻呂　❶ 709・11・2 政／714・10・13 政
平敷屋朝敏　❺-2 1734・6・29 政
ヘスース，ヘロニモ・デ　❹ 1597・9月 政／1598・11・9 政／1600・1・26 政
ベススメルトヌイフ(ソ連外相)　❾ 1991・3・29 政
ベズロードニー(ソ連)　❽ 1957・3・1 文
ベゼドフスキー(ソ連)　❼ 1926・8・25 政
ベチェカ，シンピウェ　❾ 2007・5・3 社
別木庄左衛門　❺-1 1652・9・13 政

戸次犬飼 ❺-2 **1812**·是年 文
戸次(立花)鑑連(道雪) ❹ **1526**·3·20 政／**1535**·8·22 政／**1556**·6·3 政／**1557**·7·7 政／**1558**·6·23 政／**1561**·7·15 政／**1562**·10·13 政／**1567**·7·7 政／9·3 政／12·23 政／**1569**·11 月 政／**1570**·4·23 政／**1571**·1 月 政／7·13 政／**1575**·5·28 政／**1578**·11·19 政／12·3 政／**1579**·8·14 政／9·15 政／**1580**·③·18 政／7·19 政／**1581**·11·6 政／**1582**·2 月 政／**1583**·4·23 政／**1584**·9·11 政／**1585**·9·11 政
戸次貞直 ❸ **1299**·1·27 政
戸次道雪⇨戸次鑑連(あきつら)
戸次朝直 ❸ **1347**·6·1 政
戸次統常 ❹ **1586**·12·12 政
戸次統虎⇨立花宗茂(たちばなむねしげ)
戸次弥三郎 ❸ **1360**·8·28 社
戸次頼時 ❸ **1347**·6·1 政／**1368**·6·18 政
ヘック，リチャード ❾ **2010**·10·6 文
別宮貞雄 ❾ **2012**·1·12 文
べっけい(唐人) ❺-1 **1614**·9·9 政
ヘッケルプ(デンマーク) ❽ **1964**·1·12 政
別源(僧) ❺-1 **1643**·寛永年間 社
別源円旨 ❸ **1319**·是年 政／**1330**·是年 政／**1342**·是年 社／**1364**·10·10 社
別山祖智 ❷ **1257**·是年 文
別所汪太郎 ❾ **1998**·9·18 政
別所毅彦 ❾ **1999**·6·24 社
別所常治 ❺-1 **1702**·10·15 政
別所友久 ❹ **1461**·8 月 政
別所長治 ❹ **1573**·11 月 政／**1575**·10·20 政／**1578**·2·13 政／2·23 政／3·29 政／4·1 政／10·22 政／**1579**·2·6 政／**1580**·1·17 政
別所就治 ❹ **1530**·5·15 政／7·27 政
別所則治 ❹ **1484**·2·9 政／**1486**·8·17 社／**1513**·10·15 政
別所治定 ❹ **1578**·10·22 政
別所村治 ❹ **1539**·4·8 政／11·25 政
別所弥四郎 ❺-2 **1741**·7·11 政
別所吉治 ❺-1 **1628**·2·28 政
ペッソア，アンドレ ❺-1 **1609**·12·9 政
平秩東作(懐之·子玉·嘉穂·東鞠·東蒙山人) ❺-2 **1765**·是年 文／**1783**·是年 文／**1789**·3·8 文
ベッテルハイム(英) ❺-2 **1846**·4·5 政／**1847**·5 月 文／7 月 文／**1849**·1·20 政／是年 文／**1850**·8·28 政／❻ **1854**·6·7 政
別当 薫 ❽ **1957**·11·28 社／❾ **1999**·4·16 社
別府忠種 ❸ **1398**·1·14 政
別府輝彦 ❾ **2012**·11·5 文
鼈峰(僧) ❸ **1364**·8·8 社
別峰大殊(僧) ❸ **1402**·8·2 社
別役 実 ❾ **1966**·3·1 文／**1969**·4 月 文
ベト(ベトナム) ❾ **1986**·6·19 文
ペトルス·テオドルス·シャッセ ❺-2 **1790**·10·7 政
ペトレリー(ローマ法王) ❼ **1916**·2·2 社
ペトロ(殉教) ❺-1 **1622**·9·28 社
ペドロ(朝鮮) ❺-1 **1614**·10·21 社／**1633**·2·18 社／9·16 社
ペトロ荒木庄兵衛 ❺-1 **1626**·5·19 社
ペトロ岐部(粕井·葛西) ❺-1 **1639**·6·4 社／6 月 社
ペドロ九兵衛 ❺-1 **1630**·9·23 社
ペトロヴィチ·スパンベルク，マルティン ❺-2 **1739**·5·23 政
ヘナウケ(アイヌ) ❺-1 **1643**·是年 政
紅 泰熙(琉球) ❺-2 **1825**·9·22 政
紅粉 勇 ❾ **1990**·10·10 政
紅粉屋又左衛門 ❻ **1863**·8 月 社
紅屋久左衛門 ❺-2 **1783**·11·22 社
ペニャローサ(呂宋総督) ❹ **1582**·是年 政
ベニョフスキー，モウリッツ ❺-2 **1771**·6·8 政／6·20 政／是年 政
ベネディクト(米) ❽ **1948**·12 月 文
戸弁麻呂 ❶ **745**·4·25 文
辺春親行 ❹ **1587**·12·6 政
ヘフト(ビール醸造所) ❻ **1870** 是年 社
ヘプラー(米) ❽ **1948**·12·20 社
ヘボン(米) ❻ **1859**·9·23 文／**1861**·是春 文／**1864**·10 月 文／**1869**·9 月 文／**1870**·11·22 文／**1873**·11·30 文／**1874**·6·4 文／**1888**·1·29 社／**1890**·10·27 社／**1892**·10·15 社／❼ **1911**·9·21 社
ベラフォンテ，ハリー ❽ **1960**·7·1 文／8·14 文
ベラン(仏) ❻ **1872**·10·4 社
ペリー(ペルリ)·マッシュー·カルブレース ❺-2 **1852**·8·17 政／❻ **1853**·4·19 政／**1854**·1·10 政／2·1 政／6·7 政
ペリー(米国務長官) ❾ **1996**·4·12 政
ベリヤ，ラヴレンチー ❽ **1945**·8·19 政
ベル(米少将) ❻ **1867**·12·17 政
ベル，アレキサンドル ❼ **1898**·10·5 社
ベルガー，エルナ ❽ **1952**·11·16 社
ベルクール·ドゥ ❻ **1859**·8·10 政／**1860**·4·7 政／**1862**·5·27 政／**1864**·3·22 政
ベルケル(独) ❻ **1874**·6·5 文
ベルシオール(曲直瀬正盛) ❹ **1584**·10 月 社
ベルショル(日本人信者) ❹ **1553**·是年 文
ベルスライケン(オランダ) ❻ **1857**·8·4 政
ベルソン(東大教授) ❻ **1877**·4·12 文
ベルタン(仏) ❻ **1886**·2·2 政／**1887**·1·19 政
ベルツ，エルヴィン·フォン ❻ **1876**·6·7 文／❼ **1913**·8·31 文
ベルティーニ，ガリー ❾ **2005**·3·17 文
ベルトラン，ルイス ❺-1 **1627**·6·17 社
ヘルナアルトウ(宣教師) ❺-1 **1639**·⑪·13 社
ベルナルドュス·コープ·ア·フルーン ❺-2 **1735**·9·20 政
ベルナルドュス，ヘラルドュス ❺-2 **1737**·9·20 政
ベルペッキ(日本白十字協会) ❻ **1888**·1·29 社
ベルメルシュ(ベルギー) ❽ **1959**·3·10 社
ペルリ⇨ペリー·マッシュー·カルブレース
ペレイラ，ギリェルメ ❹ **1558**·是年 政
ペレイラ，ジェロニモ ❹ **1588**·是年 政
ペレイラ，ドン·ジョアン ❺-1 **1638**·7 月 政
ペレイラ，マノエル·デ·アギャル ❺-1 **1685**·6·2 政
ペレイラ，ロレンソ ❹ **1551**·10·24 政／**1553**·9·12 政／**1554**·3 月 政
ヘレナ(フランシスコの妻) ❺-1 **1620**·12·23 社
辺 安烈(高麗) ❸ **1382**·2 月 政
辺 以中 ❹ **1593**·1 月文禄の役
遍 光高 ❶ **608**·4 月 政
卞(べん) 延郁(朝鮮) ❺-1 **1696**·10 月 政
卞 孝文(朝鮮) ❸ **1442**·12·24 政／**1443**·是春 政／6·19 政／是秋 政
弁阿(僧) ❷ **1205**·元久年間 社
弁円(僧) ❷ **1175**·8·24 社
弁円円爾(聖一国師) ❸ **1311**·12·26 社
弁応(仏師) ❸ **1355**·12·16 文
弁雅(僧) ❷ **1201**·2·17 社
弁海(僧) ❷ **1173**·12 月 社
弁覚(僧) ❷ **1213**·9·19 政
便覚(易者) ❹ **1587**·6·5 社
弁基(僧) ❶ **703**·是年 社
遍救(僧) ❷ **1013**·4·2 社／**1030**·10·12 社
弁暁(僧) ❷ **1202**·6·27 社／7·11 社
弁慶(僧) ❷ **1182**·4·28 社
遍斅(僧) ❶ **976**·6·29 社
弁豪(僧) ❷ **1214**·5·22 社
辺三甫羅(倭人) ❸ **1423**·1·1 政
媞子内親王(寿成門院) ❸ **1320**·8·23 政／**1362**·5·20 政
遍照(良岑宗貞) ❶ **882**·6·3 社／**884**·元慶年間 社／9·10 社／**850**·3·28 社／**885**·12·18 文／**886**·3·14 社／**890**·1·19 社
遍照(僧) ❷ **1087**·11·22 文
遍照(僧) ❷ **1179**·11·21 文
弁正(僧) ❶ **653**·5·12 政／**701**·1·23 政
辺信(明) ❸ **1403**·8·8 政
弁進(僧) ❷ **1168**·3·8 社
弁盛(僧) ❸ **1322**·8·16 社
弁成(厳島一乗坊) ❺-2 **1790**·11·8 社
弁禅(僧) ❷ **1169**·6·23 政

弁蔵(仏師)　❺-1 1613·6月 文
ベンダサン，イザヤ(山本七平の筆名)　❾ 1970·5月 社
遍智(僧)　❸ 1287·11·2 社
弁長(聖光、僧)　❷ 1175·是春 社／1204·8月 社／1228·11·28 社／1238·②·29 社
弁澄(金輪院僧)　❸ 1435·2·4 社
弁通(僧)　❶ 693·3·16 政／696·11·10 社
ヘンテレキタンソン(オランダ医師)　❺-2 1733·6·13 政
ヘンテレキトムケン(オランダ医師)　❺-2 1731·2·28 政／1732·2·28 政
ヘンデレキドルフ(オランダ商館長)　❺-2 1723·2·28 政
ヘンテレキハンアラストル(オランダ)　❺-2 1734·2·28 政
ヘンテレキハンテンハル(ヘンドリック＝ファン＝デル＝ベル、オランダ商館長)　❺-2 1733·6·13 政
ヘンテレキレキマン(オランダ)　❺-1 1715·2·28 政／❺-2 1721·2·28 政
ベント·フェルナンデス(殉教)　❺-1 1633·8·29 社
弁内侍　❸ 1388·1·24 文
弁髪(僧)　❸ 1303·4月 社
弁房(僧)　❸ 1314·12·3 社
逸見有朝　❸ 1350·5·28 政
逸見有直　❸ 1439·①·13 政
辺見じゅん　❾ 2011·9·21 文
逸見次郎　❼ 1912·5·11 文
逸見忠栄　❺-2 1744·12·15 政／1746·9·11 政／1748·12·27 政
逸見　広　❼ 1934·6月 文
逸見孫六　❸ 1351·1·17 政
逸見勝亮　❽ 1944·6·30 文
逸見昌紀　❹ 1561·6·19 政
逸見弥四郎　❸ 1346·2·27 社
逸見猶吉　❼ 1935·5月 文
辺見　庸　❾ 1991·7·15 文
逸見上総守　❹ 1585·5·13 政
逸見河内守　❹ 1517·6·2 政
逸見駿河　❹ 1474·9·15 社
辺見遠江　❹ 1544·10·20 政
逸見⇨逸見(いつみ)も見よ
ヘンミイ，ヘースベルト(オランダ)　❺-2 1792·9·29 政／1798·4·24 政
ヘンリー大江　❽ 1964·7·7 社
ヘンリー杉本謙　❾ 1990·5·8 文
弁蓮(俄名人)　❺-2 1816·是年 文

ほ

保　閑(朝鮮)　❸ 1443·是春 社
歩　平　❾ 2006·12·26 文
歩　馬(琉球)　❸ 1429·1·18 政／1432·3·10 政／1434·3·8 政／1440·2·21 政
慕　晏誠(宋)　❷ 1037·④月 政／1040·4·27 政／5·2 政
慕　感徳　❶ 818·4·5 政
ボアード(米)　❻ 1854·5·17 政
帆足(ほあし)杏雨　❺-2 1845·4月 文／❻ 1865·10月 文／1884·6·9 文
帆足　計　❽ 1952·4·5 政／6·1 政／7·7 政／❾ 1989·2·3 政
帆足　隆　❾ 2005·6·4 政
帆足万里(里吉·鵬卿·文簡·愚亭)　❺-2 1832·7·3 政／是年 文／1836·是年 文／1844·是年 文／1847·是年 文／1852·6·14 文
帆足広道　❷ 1242·2·18 政
帆足まり子　❾ 2003·12·27 文
帆足道国　❷ 1242·2·18 政
ボアソナード(仏)　❻ 1874·3月 文／4·9 文／1877·6月 文／1887·6·1 政／8月 政／1892·11·20 社／1895·2·17 文／❼ 1910·6·27 政
ボアンヴィル(建築家)　❻ 1881·5·30 文
蒲庵宗睦(僧)⇨宗睦(そうぼく)
ボイク，ニコラース(オランダ使節)　❺-1 1609·6·26 政／7·15 政
ボイス，ヨーゼフ　❽ 1950·是年 文
穂井田忠友(久間·次郎·靫負·源助)　❺-2 1847·9·19 文
穂田元清⇨毛利(もうり)元清
甫一(平曲)　❹ 1575·5·21 文
ホイットニー(米·簿記)　❻ 1875·8月 文
ホイットニー(米)　❽ 1946·2·13 政
ホイットフィールド(米)　❺-2 1841·1·7 政
ホイットリー(英、ホワイトテリーと同一人か)　❻ 1866·1·9 社
ホイラー(建築家)　❻ 1878·10·16 文
ホイラー(米)　❾ 1969·10·8 政
方　以智　❺-1 1664·是年 文
豊　加那(琉球)　❹ 1530·8·9 政
茅　国科(明)　❹ 1600·1·27 政／❺-1 1601·5月 政
坊　秀男　❾ 1966·12·3 政／1976·12·24 政
豊安(僧)　❶ 830·是年 文／831·6·11 文／835·6·11 文／840·9·13 社
法員(僧)　❶ 693·11·14 社
法印(僧)　❸ 1379·2月 政
法印東千　❻ 1874·12·1 文
法印平岡　❻ 1874·12·1 文
法音尼(伊豆走湯山)　❷ 1180·8·18 社
法雲(光宅、僧)　❺-2 1830·③月 社
宝云広禅　❸ 1435·1·14 政
法恵(僧)　❶ 864·8·13 政
峯延(僧)　❶ 920·⑥·20 社
法縁(僧)　❶ 981·是年 社
法円(僧)　❷ 1010·2·4 社
法円(僧)　❸ 1369·8月 文
法延(僧)　❸ 1363·10·2 社
芳円(僧)　❺-1 1679·是年 文
朋円房(僧)　❷ 1173·4·20 文
峰翁祖一(僧)　❸ 1357·3月 社
豊芥子　❺-2 1833·是年 文
宝覚真空禅師⇨雪村友梅(せっそんゆうばい)
幇間一其　❺-1 1700·11月 文
峯基(僧)　❶ 897·3·11 社
法義(僧)　❶ 772·3·6 社
伯耆朝保　❸ 1333·6·9 政
伯耆桴麻呂　❶ 785·9·23 政
伯耆方眼(仏師)　❸ 1353·11月 文
放牛光林(僧)　❸ 1318·10月 政／1324·是年 政／1373·8·9 社
放牛舎桃林　❼ 1897·8·14 文
法鏡(僧)　❶ 693·1·16 社
宝鏡寺理豊　❺-2 1745·5·12 社
方鏡楼千梅　❺-2 1739·是年 文
法均⇨和気広虫(わけひろむし)
宝桂(僧)　❹ 1460·4·26 政
宝月圭吾　❾ 1978·4·1 文／1987·9·13 文
房玄(僧)　❸ 1348·是年 文／1351·4·4 社／10·15 社
法眼健作　❾ 1998·2·3 政
峯斅(僧)　❶ 908·4·29 社
法載(僧)　❶ 754·1·16 社
謀盛　❺-1 1661·3·27 社
宝山□鉄　❷ 1246·是年 政
宝山左衛門(二代目、二代目まで「ほう」、三代目以降「たから」)　❼ 1910·12·20 文
宝山常右衛門　❺-2 1817·文化年間 社
包子内親王　❶ 889·4·22 政
法若真　❺-1 1676·是年 文／1682·是年 文
法守法親王　❸ 1354·2·24 社／1391·9·19 社
宝寿(僧)　❸ 1311·是年 文
宝寿(尼僧)　❺-2 1833·4月 社
宝樹院(徳川家綱母)　❺-1 1652·12·2 政
宝洲(僧)　❸ 1345·貞和年間 政／1383·11·29 社
法住(僧)　❸ 1307·6·18 社
房酋(南蛮)　❹ 1551·是年 政
宝洲宗衆(僧)　❹ 1474·12·6 社
彭叔守仙(僧)　❹ 1555·10·12 社
房淳(僧)　❸ 1401·2·21 社
芳春院(前田利長母)　❺-1 1614·8月 文
報春斎宗羽(五代目)　❺-2 1820·7·22 文
逢春門院⇨櫛笥隆子(くしげたかこ)
法助(僧)　❸ 1284·11·21 社／1380·9·7 政
豊璋(豊章、糺解·百済王子)　❶ 631·3·1 政／643·是年 社／650·2·15 政／660·10月 政／661·4月 政／663·8·27 政
宝性(僧)　❶ 942·3·30 文
宝松(僧)　❹ 1492·6·9 社
法定(僧)　❶ 610·3月 文
宝生　新(朝太郎·忠英)　❽ 1944·6·10 文
宝生金五郎(九代目)　❼ 1905·2·21 文
宝生九郎(知栄、十六代目)　❻ 1858·12·2 文／1869·7·29 文／1876·4·4 文／1878·7·5 文／1881·4·16 文／❼ 1917·3·9 文
宝生九郎(重英、十七代目)　❾ 1974·7·18 文
宝生重友　❺-1 1663·7·22 文
宝生重房　❺-1 1631·6·24 文
宝生新朔(八代目)　❼ 1898·3·11 文
宝生新之丞　❺-1 1697·5·8 文
宝生道奇　❹ 1593·⑨·16 文
宝生英雄　❾ 1995·9·14 文
宝生英照　❾ 2010·4·17 文
宝生正俊(東條平左衛門)　❺-1 1707·

11·30 文
宝生大夫　❺-1 1609·4·29 文／1663·7·26 文／1687·7·22 文
宝生太夫　❺-2 1848·2·6 文
北條顕家　❹ 1496·②·18 政
北條(金澤)顕時　❷ 1274·文永年間 社／1278·9·22 文
北條有時　❷ 1270·3·1 政
北條(大仏)家時　❸ 1329·10·11 政／1333·1月 政／②·1 政
北條氏興　❺-2 1785·7·27 政／7·28 政
北條氏勝　❹ 1590·3·29 政／6·21 政／7·12 政／❺-1 1611·3·24 政
北條(藤田)氏邦　❹ 1567·11·1 社／1568·12·6 社／1569·7·11 政／1572·3·23 社／1574·9·1 社／1575·6·10 政／1581·8月 政／1582·5·23 政／1586·3·15 社／1587·6月 政／1588·8·18 社／1589·10·3 政／1590·6·14 政
北條氏繁(康成)　❹ 1577·10·22 社
北條氏重　❺-1 1619·是年 政／1635·3·21 政／1644·3·18 政／1648·①·21 政／1658·10·1 政
北條氏堯　❹ 1555·6·12 政／1559·2·4 社／1561·③·22 社／1571·4·30 社／1581·6·3 社
北條氏忠　❹ 1582·8·12 政
北條氏綱(伊勢新九郎)　❹ 1504·9·6 社／1515·2·10 社／1518·10·8 政／10·28 社／1519·8·15 政／1520·2·25 社／5·6 社／6·5 社／1521·4·12 社／12·23 社／1522·9·11 社／1523·6·12 社／9·13 文／1524·1·13 政／7月 社／10·16 政／11·23 政／1525·2·4 政／2·10 政／1526·7·30 政／1528·是年 文／1530·4·23 政／6·12 政／1531·5·17 社／12·15 社／1532·7·23 社／10·22 社／12·21 社／1533·2·9 社／3·18 社／7·27 政／8月 社／10·29 政／11·29 社／1534·4·6 政／1535·8·16 政／10·13 政／1536·5月 政／1537·2·10 政／5·16 政／6·25 社／7·11 政／1538·2·2 政／3·9 社／5·16 政／8·6 社／9·3 社／10·4 政／1539·7·29 政／8·13 政／10·22 社／1540·4·3 社／11·28 政／1541·2·22 社／7·19 政
北條氏照　❹ 1561·2·28 社／1562·6·20 社／1565·4·28 社／12·3 社／1569·永禄年間 社／1571·5·19 政／1574·7·27 政／9·3 社／1578·4·18 政／9·12 政／1579·6·6 政／8·12 社／1580·7·2 社／1583·4·11 社／1587·12·24 政／1588·1·8 政／1589·1·8 社／8·29 政／1590·6·23 政／7·5 政／7·11 政
北條氏朝　❺-1 1696·5·29 政／❺-2 1735·9·30 政
北條氏直(新九郎)　❹ 1569·5·15 政／1582·6·11 政／6·19 政／7·18 政／8·1 政／8·29 政／10·29 政／1583·2·19 政／3·17 政／4·18 社／8·15 政／12·2 政／1584·1·13 政／2月 政／3·21 社／6·5 政／7·15 政／1585·1·29 社／3·7 政／7·15 政／10·28 政／11·3 社／1586·2·13 政／7·25 社／1587·1·5 政／2·21 社／4·26 社／10·20 社／11·12 社／1588·1·7 政／3·24 社／8·22 政／12·19 社／1589·1·11 政／2·14 社／6·5 政／7·21 政／8·29 政／9·13 社／10月 政／11·24 政／1590·2·12 社／3·3 政／3·7 政／4·5 政／7·5 政／1591·8·24 政／11·4 政／1592·11·4 政
北條氏長(正房)　❺-1 1649·3·28 政／1650·是年 政／1651·11月 文／是年 政／1653·11·3 政／1657·1·27 文／1658·4月 政／1659·6·23 政／1662·6·23 社／1670·5·29 政
北條氏規　❹ 1588·8·7 政／8·22 政／1589·是年 社／1590·3·29 政／6·24 政／7·12 政／1591·11·4 政／1600·2·8 政
北條氏治　❺-1 1696·5·29 政
北條氏秀(上杉景虎、上杉謙信養子)　❹ 1570·4·5 政／1578·3·24 政／4·26 政／5·5 政／8·20 政／9·12 政／10·24 政／1579·2·1 政／3·17 政
北條氏秀　❺-1 1710·宝永年間 文
北條氏英　❺-1 1709·4·6 社／❺-2 1724·3·7 政／1735·8·10 政
北條氏平　❺-1 1681·4·6 社
北條氏房⇨太田(おおた)氏房
北條氏政(新九郎)　❹ 1554·3月 政／12月 政／1560·2·30 政／6·7 文／是冬 政／1561·3·7 政／1564·1·8 政／7·20 政／9·20 社／10·24 政／1565·3·2 政／1566·7·10 文／9·5 政／12·4 社／1567·2月 政／8·23 政／10·24 政／11·21 社／1568·6·6 社／6·28 社／12·12 政／1569·1·26 政／3·13 政／4·24 政／5·15 政／⑤·6 社／6·9 政／7·20 社／10·6 政／11·13 政／1570·4·20 政／5·14 政／8·3 政／1571·2·23 政／是冬 政／5·16 社／5·19 政／6·10 社／7·7 政／9·2 社／1572·8·11 政／12·29 政／1573·3·22 政／3·30 社／1574·2·6 政／3·10 政／7·27 政／9·8 政／9·13 社／⑪·19 政／1575·2·6 社／3·5 社／5·20 社／1576·3·30 社／6·23 社／6月 政／8·6 政／9·24 社／1577·5·6 社／⑦·5 政／8·6 社／是夏 政／9·24 政／1578·5·28 政／5·29 政／9·12 政／1579·1·14 社／2·10 社／5·26 社／6·20 社／9·5 政／10·25 政／1580·3·9 政／5·5 政／7·23 政／8·3 政／1581·8·15 社／10·4 社／1582·2·3 政／2·28 政／3·26 社／4·27 社／6·11 政／8·12 政／9·13 政／12·9 社／1583·1·26 社／2·19 政／12·2 政／1585·10·1 政／1586·3·9 政／11·15 政／1587·12·11 社／1588·10·7 社／1589·6·5 政／11·24 政／1590·4·5 政／6·29 政／7·5 政／7·11 政／1591·天正年間 政
北條氏光　❹ 1576·4·10 社／1577·8·23 社／1581·6·3 社／12月 政
北條氏盛(助五郎)　❹ 1600·2·8 政
北條氏康(新九郎)　❹ 1530·6·12 政／1538·7·16 政／10·4 政／1539·8·13 政／1541·7·19 政／1542·3·10 社／4·6 社／6月 社／7·2 社／1543·2·2 社／6·11 社／12·27 社／1544·9·24 政／11·3 社／12·1 社／1545·7·24 政／8·16 政／9·14 政／10·10 社／10·27 政／1546·4·20 政／5·10 社／是年 文／1547·12·13 政／1548·1·18 政／3·11 政／5·1 社／7·3 社／1549·7·23 社／1550·4·1 政／6·18 社／是年 社／1551·7·17 社／9·1 社／9·20 社／1552·1·10 政／1553·4·1 社／11·9 社／11·15 社／1554·3月 政／7月 政／11·7 政／12月 政／1555·2·23 文／3·13 社／5·28 社／是年 政／1556·3·19 社／4·5 政／11·18 社／12·15 政／1557·5·10 社／9·22 政／11·15 社／12·23 政／1558·2·27 社／4·11 政／1559·2·12 政／1560·1·20 政／2·23 社／是冬 政／6·7 文／7月 社／8·29 政／9·3 政／10·17 政／1561·3·7 政／11·2 社／11·27 政／12·15 政／1562·1·26 政／3·23 社／11·24 政／12·3 政／12·16 社／1563·2·4 政／6·10 社／6·16 社／1564·1·8 政／3·10 政／6·24 政／7·20 政／8·3 政／1565·3·23 政／6·25 政／10·4 政／1566·3·29 政／4·3 政／5·9 政／⑧·6 社／⑧·7 社／9·5 政／1567·2·24 政／1568·3·6 政／1569·⑤·3 政／6·9 政／11·13 政／1570·3·5 政／1571·4·15 政／10·3 政
北條映月　❾ 1972·9·1 文
北條景広　❹ 1572·4·28 政
北條霞亭(子譲·景陽·譲四郎)　❺-2 1823·8·17 文
北條兼忠⇨鷹司(たかつかさ)兼忠
北條兼時　❷ 1280·6·5 政／❸ 1283·3·8 政／5·3 政／1284·1·29 社／12·3 政／1292·11·24 政／1293·1·18 政／3·7 政／4·7 政／5·3 政／1294·3·6 政／3·27 政／1295·4·23 政／5·11 政／9·18 政
北條菊寿丸　❸ 1302·9·30 政
北條公時　❷ 1273·6·21 政／❸ 1294·12·28 政
北條邦時　❸ 1333·5·29 政
北條国増丸　❹ 1569·6·9 政
北條幻庵(長綱·宗哲、僧)　❹ 1562·12·16 社／1589·11·1 政
北條玄養　❺-2 1792·7月 文
北條(大仏)維貞　❸ 1305·5·6 政／1324·8·17 政／1326·4·24 政／1327·9·7 政
北條貞時　❸ 1284·7·7 政／1285·1·23 政／4·18 政／5·24 文／11·17 政／是年 社／1289·5·12 社／1293·4·22 政／1296·是年 社／1300·⑦·1 社／1301·7·8 社／8·7 文／8·23 政／1303·2·12 社／1304·3·12 社／1305·3·29 政／4·22 政／1308·8月 政／1309·是年 社／1311·10·26 政／1323·是年 社
北條貞時母　❸ 1306·10·9 政
北條貞知　❸ 1424·6·13 政
北條(大仏)貞直　❸ 1331·9·5 政／

1333·5·17 政
北條貞規 ❸ 1319·6·14 政
北條貞房 ❸ 1309·12·2 政
北條定宗 ❸ 1295·8·19 政
北條(金澤)実時 ❷ 1243·7·17 政／1251·12·7 政／1253·2月 政／1262·1·25 文／1264·10·25 政／1266·6·20 政／1267·4月 政／1269·4·27 政／1273·3·29 社／⑤·29 政／1274·文永年間 社／1275·5月 政／1276·10·23 政
北條(金澤)実政 ❷ 1275·11月 政／❸ 1294·7·27 政／1295·9月 政／1299·2·6 社／4·10 政／5·21 社／1300·7·10 政／1301·3·27 政／8·23 社／9月 政／1302·12·7 政
北條三郎 ❹ 1570·4·5 社
北條重時 ❷ 1219·7·28 政／1230·2·19 社／3·11 政／1231·是年 政／1237·11·29 政／1242·5·12 政／1246·7·11 政／是年 文／1247·7·27 政／1249·6·14 政／1250·6·15 文／1252·3·19 政／1253·4·26 社／1256·3·11 政／1259·是年 社／1261·11·3 政
北條茂時 ❸ 1330·7·9 政／1332·12·9 政
北條茂盛 ❸ 1300·9·28 社
北條時鄰 ❺-2 1824·是年 文
北條新九郎⇨北條氏直(うじなお)
北條新九郎⇨北條氏政(うじまさ)
北條新九郎⇨北條氏康(うじやす)
北條資時 ❷ 1237·4·11 政／1249·12·9 政／1251·5·5 政
北條輔広 ❹ 1523·3·1 社／1533·9·26 政
北條早雲(影虎·長氏·伊勢新九郎·伊勢宗瑞) ❹ 1476·6月 政／1491·是年 政／1493·是年 政／1494·是秋 政／1495·2·16 政／8月 政／9月 政／1501·9·18 政／是年 政／1504·9·27 政／是年 文／1506·9·21 政／10·18 政／1508·10月 政／1510·7·11 政／1511·10·17 政／是年 政／1512·8·13 政／1513·1·29 社／7·17 社／9·29 政／1515·5·8 社／1516·7·11 政／1518·2·3 社／1519·8·15 政／是年 政／1570·4·5 社
北條高時 ❸ 1311·1·17 政／1315·3·8 社／1316·7·10 政／1317·3·10 政／1318·5·21 社／1319·10·3 社／10月 政／1322·是春 政／1324·8·26 政／1325·1·3 政／1326·3·13 政／10·17 政／1327·10·1 社／1328·12·29 社／1329·1·29 政／8月 社／1330·2·7 政／2月 社／1331·2月 社／5·5 政／8·6 政／1332·2·14 社／9·21 政／1333·4·1 政／4·17 政／5·21 政／7·23 政／1365·5·22 社
北條(大仏)高直 ❸ 1334·3·21 政
北條忠時 ❸ 1284·10·2 政
北條民雄 ❽ 1937·12·5 文
北條為時 ❸ 1282·是年 政／1286·10·6 政／1287·12·30 政
北條団水(白眼居士) ❺-1 1687·是年 文／1688·是年 社／是年 文／1690·是年 文／1692·是年 文／1707·是年 文／1708·是年 文／1709·是年 文／1712·是年 文／1713·是年 文
北條継貞 ❸ 1306·7·4 政
北條綱成 ❹ 1538·7·16 政／1545·9·26 政／1546·4·20 政／1551·5·26 社／1553·4·3 社／1564·1·8 政／1566·2·21 社／1571·6·1 社
北條経時(藻上) ❷ 1240·是年 社／1241·6·28 政／11·25 政／1242·6·15 政／1243·5·3 社／7·18 政／1246·3·23 政／④·1 政／1271·8·10 政／1230·是年 政
北條(赤橋)登子 ❸ 1365·5·4 政／1394·9·4 文
北條(名越)時章 ❷ 1263·11·22 政／1269·4·27 政／1272·2·11 政／9·2 政
北條時敦 ❸ 1310·7·25 政／8·13 政／1315·6·27 政／1320·5·24 政
北條時氏 ❷ 1221·6·18 文／1226·10·18 社／1228·是年 政／1229·9月 社／1230·6·18 政
北條時興 ❸ 1336·2·15 政
北條時兼 ❷ 1252·5·11 政
北條時国 ❷ 1275·12·13 政／❸ 1284·6·20 政／10·3 政
北條時定(兼時の子) ❷ 1186·5·12 政／6·16 政／1189·1·13 政／1193·2·25 政
北條時定(時氏の子) ❸ 1282·3·2 政／1283·3·19 政／1284·12·5 社／1287·1·29 政／1290·10·15 政
北條時実 ❷ 1227·6·18 政
北條時茂 ❷ 1256·4·27 政／1257·6·22 政／1267·10·23 政／1270·1·27 政
北條時輔 ❷ 1272·2·11 政／1274·10·29 政
北條時高 ❸ 1304·9·25 政
北條時連 ❸ 1293·12·3 政／1296·是年 政／1300·是年 政
北條時直 ❸ 1299·1·27 政／1305·12·3 社／12·21 社／1311·6·2 社／1333·②·11 政／3·12 政／5·25 政
北條時仲 ❸ 1298·8·11 政
北條時長 ❷ 1252·8·26 政
北條時範 ❸ 1307·8·14 政
北條(大仏)時広 ❷ 1265·6·11 政／1269·4·27 政／1275·6·25 政
北條時房 ❷ 1207·1·14 政／3·20 政／1209·12·11 政／1211·①·7 社／1212·2·14 政／1218·2·4 政／1219·3·15 政／11·21 社／1221·5·22 政／5·30 政／6·13 政／6·16 政／7·8 政／9·25 政／1222·3·3 政／1224·7·17 政／1237·11·29 政／1238·1·28 政／1240·1·24 政／4·12 政
北條時政 ❷ 1180·8·17 政／8·24 政／9·15 政／10·14 政／1181·2·1 政／1184·3·1 政／1185·5·15 政／11·24 政／12·1 政／12·17 政／1186·1·9 政／2·25 社／3·1 政／3·18 政／3·23 政／4·13 政／5·3 文／1189·6·6 社／1198·12·15 社／1199·4·12 政／1203·9·2 政／9·10 政／10·9 政／10·27 政／1204·8·29 社／1205·6·22 政／⑦·19 政／1215·1·6 政
北條時益 ❸ 1330·7·20 政／1333·5·7 政
北條時光 ❷ 1281·8月 政
北條時宗 ❷ 1251·5·15 政／1261·4·25 社／1263·12月 政／1264·8·11 政／1265·7·24 政／1266·6·20 政／1268·3·5 政／1269·12·29 社／1270·4·19 政／1271·12月 政／1272·2·11 政／1276·1·20 政／③月 文／1277·6·13 政／7·4 政／1278·4月 社／12·23 政／1279·8·20 社／1281·1月 社／4·14 社／❸ 1282·3·3 社／12·8 社／1283·7·18 政／1284·4·4 政
北條時村(行念、時房の子) ❷ 1225·10月 文／1277·7·4 政／1281·9·16 政
北條時村(政村の子) ❸ 1282·8·23 政／1293·3·24 政／10月 政／1295·10·24 政／1301·8·23 政／8·25 社
北條時基(近江守) ❷ 1258·5·8 政
北條時基(評定衆) ❷ 1278·3·16 政／❸ 1295·10·24 政
北條時盛 ❷ 1242·5·12 政／1266·7·4 政／1267·11月 政／1275·12·12 政／1277·5·2 政
北條(名越)時幸 ❷ 1246·5·24 政
北條時行(亀寿丸) ❸ 1333·5·21 政／1335·7·14 政／7·22 政／9·22 政／1338·1·2 政／1340·6·24 政／1353·5·20 政
北條時頼 ❷ 1237·7·19 政／8·16 政／1246·3·23 政／5·24 政／9·1 政／12·2 政／1247·4·11 政／5·27 政／6·1 政／8·3 社／1248·3·11 政／8·1 文／9·9 文／1249·6·14 政／是年 社／1250·2·26 政／3·26 政／5·27 文／6·15 文／1252·3·19 政／1254·是冬 社／4·18 社／⑤·1 政／1255·2·21 文／1256·11·22 政／是年 社／1257·4·15 文／11·28 社／是年 社／1258·8·15 社／1260·文応年間 社／7·16 政／1262·10·5 社／10·16 政／1263·3·17 社／11·22 政／12·10 政／1271·8·10 政
北條(大仏)朝貞 ❸ 1325·1月 社
北條(名越)朝時 ❷ 1212·5·7 政／1221·5·22 政／5·30 政／6·20 政／1223·10·1 政／1224·2·29 政／1228·8·17 政／1229·11·11 政／1231·9·27 政／1236·9·10 政／1245·4·6 政
北條(大仏)朝直 ❷ 1243·7·18 政／1249·12·9 政／1256·7·20 政／1264·5·3 政
北條朝房 ❸ 1295·1月 政
北條仲時 ❸ 1330·12·27 政／1333·5·7 政
北條長時 ❷ 1247·7·18 政／1251·是年 社／1256·6·23 政／7·20 政／1264·8·21 政
北條業時 ❷ 1277·5·30 政／7·19 政／1280·11·4 政／❸ 1283·4·16 政／1284·8·8 政／1287·6·18 政／6·26 政
北條(大仏)宣時 ❷ 1277·7·19 政／❸ 1287·8·19 政／1289·6·23 政／

1301·9·4 政／**1305**·是年 政／**1323**·6·30 政
北條範貞 ❸ **1324**·10·3 政
北條(名越)教時 ❷ **1270**·9月 政／**1272**·2·11 政
北條治條 ❹ **1494**·是年 政
北條久時 ❸ **1293**·3·23 政／**1298**·4·9 政／**1302**·9·11 政／**1304**·3·6 政／9·25 政／**1307**·11·28 政
北條秀司 ❽ **1944**·8·5 文／❾ **1983**·11·14 文／**1996**·5·19 文
北條(赤橋)英時 ❸ **1321**·12·25 政／**1323**·4·17 政／9·5 政／**1324**·2·29 社／8·10 政／**1326**·3·8 社／**1328**·6·9 政／**1331**·9·4 社／**1333**·2·7 政／3·13 政／4·2 政／5·25 政
北條　浩 ❽ **1964**·11·17 政／❾ **1967**·2·13 政
北條熙時 ❸ **1304**·9·25 政／**1307**·1·9 政／**1311**·10·3 政／**1312**·6·2 政／8·26 政／**1315**·7·12 政／7·18 政
北條　誠 ❽ **1946**·12·17 文／❾ **1976**·11·18 文
北條(金澤)政顕 ❸ **1301**·11·2 政／**1302**·8·18 政／**1304**·12·10 社／**1305**·8·2 政／11·11 政／**1307**·10·22 政／**1309**·2·26 政／**1312**·12·2 政
北條政子 ❷ **1180**·10·11 政／**1181**·12·7 政／**1182**·8·11 政／11·10 社／**1185**·1·21 社／**1186**·1·2 政／4·8 政／**1187**·9·9 文／**1192**·8·9 政／**1193**·5·8 政／**1195**·4·17 政／**1199**·4·12 政／7·16 政／**1200**·②·13 社／7·6 社／**1202**·1·29 政／**1203**·9·7 政／11·6 政／**1205**·⑦·19 政／**1208**·10·10 政／**1210**·8·16 社／**1218**·2·4 政／4·29 政／11·13 政／**1219**·②·29 政／7·19 政／12·27 文／**1221**·1·27 社／**1223**·1·23 政／5·5 文／7·26 政／是年 社／**1224**·7·17 政／10月 社／**1236**·4·5 社／**1238**·3·28 社
北條政長 ❸ **1284**·8·8 政
北條政範 ❷ **1204**·11·5 政
北條正房⇨北條氏長(うじなが)
北條政村 ❷ **1224**·⑦·3 政／**1246**·5·24 政／**1249**·12·9 政／**1251**·2·24 文／**1252**·3·19 政／**1256**·3·30 政／**1257**·6·22 政／**1264**·8·11 政／**1268**·3·5 政／**1273**·5·27 政／⑤·29 政
北條造酒之助(三木之助) ❺-1 **1673**·5·16 社／**1682**·5·2 社
北條道雄 ❸ **1304**·9·25 政
北條(名越)光時 ❷ **1246**·5·24 政／8·27 政
北條光広 ❹ **1534**·5·21 政
北條宗方 ❸ **1297**·6·23 政／**1300**·12·28 政／**1301**·8·25 政／**1304**·9·25 政／**1305**·4·23 政
北條宗時 ❷ **1180**·8·24 政
北條宗長 ❸ **1301**·是年 社
北條(大仏)宗宣 ❸ **1293**·10月 政／**1295**·10·24 政／**1296**·是年 政／**1297**·7·10 政／**1300**·10月 政／**1301**·9·27 政／**1302**·1·17 政／8月 政／**1303**·4·11 政／8·27 政／**1304**·9·25 政／**1305**·4·23 政／7·22 政／**1311**·10·3 政／**1312**·6·12 政
北條宗房 ❷ **1281**·4月 政
北條宗政 ❷ **1272**·10月 政／**1277**·6·17 政／7·19 政／**1281**·8·9 政
北條宗泰 ❸ **1304**·9·25 政
北條宗頼 ❷ **1276**·1·11 政／3·8 政／**1279**·6·5 政
北條藻上⇨北條経時(つねとき)
北條基氏 ❸ **1364**·3·8 文
北條基時 ❸ **1301**·6·7 政／**1315**·7·12 政／11·20 政／**1333**·5·21 政
北條(赤橋)守時 ❸ **1311**·6·5 政／**1316**·是年 政／**1326**·4·24 政／**1330**·2·7 政／**1332**·12·9 政／**1333**·5·17 政
北條盛房 ❸ **1288**·2·4 政／**1297**·7·9 政
北條師時 ❷ **1281**·⑦·30 政／❸ **1287**·弘安年間 社／**1293**·5·30 政／10月 政／**1300**·5·30 政／**1301**·8·22 政／9·27 政／**1311**·9·22 政
北條泰家 ❸ **1333**·5·15 政
北條康成⇨北條氏繁(うじしげ)
北條泰時(金剛) ❷ **1192**·5·26 政／**1201**·10·6 政／**1212**·2·14 政／**1213**·5·4 政／12·18 社／**1218**·7·22 政／**1219**·1·22 政／11·13 政／**1221**·5·22 政／6·13 政／6·16 政／7·1 政／10·23 社／**1224**·7·17 政／8·28 政／9·21 政／10月 社／12·2 政／**1225**·8·16 文／8·27 政／**1227**·5·2 社／7·11 文／**1228**·5·21 政／**1229**·9·9 文／**1230**·1·26 政／2·30 政／6·9 政／**1231**·3·19 政／**1232**·3·9 政／5·14 政／8·10 政／9·11 政／11·13 社／**1233**·4·17 文／**1235**·3·16 政／**1236**·2·14 文／**1237**·7·19 政／**1238**·1·28 政／7·11 社／**1239**·3·28 社／7·15 社／**1241**·4·5 社／11·25 政／12·30 社／**1242**·5·9 政／6·15 政／**1260**·5·4 政／**1262**·5·23 政
北條雄之助 ❺-2 **1840**·6月 政
北條(阿曾)随時 ❸ **1318**·6·6 政／7·2 社／**1319**·9·6 政／**1320**·2·28 政／**1321**·6·23 政
北條　譲 ❺-2 **1810**·是年 文
北條義景 ❷ **1244**·6·13 政
北條(江間)義時 ❷ **1181**·4·7 政／**1185**·2·1 政／**1194**·8·19 政／**1203**·9·2 政／**1204**·7·24 政／**1205**·6·22 政／⑦·19 政／**1209**·11·7 政／**1212**·5·7 政／**1213**·2·27 政／3·25 政／5·2 政／5·5 政／**1215**·10·1 政／**1216**·9·20 政／**1218**·12·2 文／**1219**·1·27 政／4·27 社／7·19 政／**1221**·5·15 政／8·10 政／**1222**·3·15 政／8·16 政／**1223**·6·20 社／**1231**·1·14 社
北條義政 ❷ **1267**·11月 政／**1269**·4·27 政／**1270**·5·20 政／**1273**·6·17 政／7·1 政／**1277**·4·4 政／**1281**·11·27 政
北條義宗 ❷ **1272**·2·11 政／**1276**·12·4 政／**1277**·6·17 政／8·17 政
北條義村⇨三浦(みうら)義村
北條義盛 ❷ **1195**·1·8 政
北條頼時 ❸ **1318**·3·19 社
北條治部権少輔 ❸ **1350**·6·8 政
北條⇨金澤(かねざわ)も見よ
坊城在登 ❸ **1334**·1·29 政
坊城俊明 ❺-2 **1845**·10·22 政／❻ **1853**·6·15 政
坊城俊克 ❺-2 **1833**·10·18 文／❻ **1859**·2·5 政
坊城俊周 ❾ **2011**·5·31 文
坊城俊清 ❺-2 **1722**·2·10 文／**1743**·6·30 政
坊城俊定 ❸ **1310**·12·4 政
坊城俊実 ❸ **1350**·2·23 政
坊城俊任 ❸ **1376**·5·3 政
坊城俊逸 ❺-2 **1757**·6·4 政／**1758**·5·6 政／**1773**·1·27 政
坊城俊秀 ❹ **1460**·10·2 社／**1465**·6·6 政
坊城俊広 ❺-1 **1702**·3·3 政
坊城俊完 ❺-1 **1662**·1·2 政
坊城俊冬 ❸ **1367**·3·23 政
法城寺康定 ❺-2 **1719**·7·28 文
奉書政(ほうしょのまさ) ❻ **1882**·11·14 社
法進(僧) ❶ **754**·1·16 社／**756**·5·24 社／**778**·是年 社
房信(僧) ❸ **1289**·10月 社
法心(僧) ❸ **1291**·7·26 社
法水(僧) ❺-1 **1625**·此頃 文
宝瑞(俳人) ❺-2 **1716**·是年 文
法成(僧) ❶ **754**·1·16 社
法西(僧) ❹ **1468**·3·24 社
朋誠堂喜三二(平澤平格·常富·月成) ❺-2 **1788**·1月 文
宝積(僧) ❸ **1287**·9月 文
房仙(僧) ❸ **1363**·①·24 社
豊然(僧) ❶ **798**·是年 社
法全(僧) ❶ **855**·是年 文
法蔵(百済僧) ❶ **685**·10·8 文
法蔵(陰陽博士) ❶ **692**·2·11 文
法蔵(僧) ❶ **969**·2·3 社
宝蔵院胤風(四代目) ❺-2 **1731**·12·6 社
法尊(僧) ❸ **1418**·2·15 社
鳳潭(僧) ❺-1 **1701**·是年 文／**1704**·是年 文／**1707**·是年 文／❺-2 **1720**·是年 文／**1724**·是年 文／**1738**·2·26 社
鳳丹元匊(僧) ❹ **1494**·4·10 政
豊智⇨智聡(ちそう)
法竹(俳人) ❺-2 **1716**·是年 文
房忠(僧) ❶ **893**·7·21 社
弸中(遣朝鮮使) ❹ **1501**·9·17 政／**1502**·1·19 政
芳仲(朝鮮) ❹ **1597**·是年 文
抱亭五清 ❺-2 **1817**·是年 文
法定照 ❶ **590**·是年
法灯円明国師⇨無本覚心(むほんかくしん)
法忍浄業(僧) ❷ **1214**·是春 政／**1233**·是年 政
法然(源空、円光大師) ❷ **1150**·9月 社／**1175**·是春 社／是年 社／**1185**·是春 社／**1186**·是秋 社／**1191**·是年 社／**1198**·3月 社／**1201**·3月 社／**1204**·11·7 社／**1205**·9月 社／**1206**·

2·14 社／10·27 政／**1207**·2·18 社／12·8 社／**1210**·承元年間 社／**1211**·11·17 社／**1212**·1·25 社／1月 社／2·16 文／**1217**·3·18 社／**1227**·6·21 社／**1228**·1·25 社／❹ **1539**·10月 社／❺-1 **1697**·1·18 社／❺-2 **1811**·1·18 社／❻ **1861**·1·18 社
豊文(僧)　❹ **1548**·是年 文
法弁(僧)　❶ **668**·9·12 政
法穆(僧)　❸ **1361**·12·13 社
法明(尼)　❶ **656**·是年 社
法明(僧)　❸ **1321**·11月 社
包毛加羅(琉球)　❸ **1429**·8·15 政
坊門清国　❸ **1337**·7·4 政
坊門清忠　❸ **1333**·7·17 文／**1338**·3·21 政
坊門忠世　❸ **1291**·10·24 政
坊門為名　❸ **1395**·是年 政
坊門院⇨範子(はんし)内親王
坊屋三郎　❽ **1937**·9月 社
法薬(僧)　❷ **1104**·10·6 社／**1113**·5·3 文
豊祐(僧)　❶ **916**·是年 社
宝林(僧)　❶ **686**·5月 文
鳳林承章(僧)　❺-1 **1639**·1·15 文／**1640**·11·4 文／**1641**·5·8 文／**1643**·6·5 文／**1644**·2·1 文／**1648**·5·28 文／**1649**·5·30 文／**1650**·4·24 社／**1652**·1·2 文／**1653**·3·20 社／12·18 文／**1658**·⑫·17 文／**1659**·4·14 文／**1666**·7·19 文／**1668**·5·1 文／8·24 社
ホウレススイモンス(ホウレススヒモニス、オランダ)　❺-2 **1718**·2·28 政／**1719**·2·28 政
ホウレススイランス(オランダ)　❺-1 **1712**·3·1 政／**1714**·2·28 政
法蓮(僧)　❶ **703**·9·25 文／**721**·6·3 文
法蓮(僧、孝恩寺建立)　❷ **1274**·文永年間 社
歩雲子(俳人)　❺-1 **1690**·是年 文
保栄茂親方　❺-1 **1672**·7·1 政
穂瓮　君　❶ **491**·5月
ボーア，ニールス　❽ **1937**·4·15 社
ボーヴォワール(仏作家)　❾ **1966**·9·18 文
ホーキング(米)　❾ **1991**·6月 文
ボーケスティン，ピーテル(ヒイトルホウコステイン)　❺-2 **1726**·9·20 政／**1727**·①·28 政／**1728**·9·21 政／**1730**·9·20 政／**1731**·2·28 政／**1732**·2·28 政
ホーケル(オランダ)　❻ **1868**·8·1 社
ホース(米領事)　❻ **1874**·3月 文
ボース，ラス=ビバリ　❼ **1915**·6月 政／11·28 政／❽ **1942**·3·20 政／3·28 政／6·15 政／**1943**·7·4 政／**1945**·1·21 政
ボース，チャンドラ　❽ **1943**·4·27 政／6·14 政／6·23 政／7·4 政／10·21 政／**1944**·11·1 政
ボードウィン(オランダ医師)　❻ **1862**·⑧·22 文／11·18 文／**1863**·5·15 文／**1866**·7·14 文／**1869**·2·17 文
ポートマン・アルセ　❻ **1865**·6·24 政／9·13 政／11·23 文／**1867**·1·5 文／10·23 政／12·23 社／**1869**·2·29 政
ボオドレエル(仏詩人)　❼ **1919**·10月 文
ボードワン(ベルギー)　❽ **1964**·1·20 政／❾ **1974**·11·2 政／**1987**·12·6 政
ホーヒー(アイルランド)　❾ **1989**·4·23 政
ホープ，ボブ　❽ **1950**·10·14 社
ボーマン，ダン　❾ **1967**·12·8 社
ホール(英船長)　❺-2 **1816**·7·25 政
ポール牧　❾ **2005**·4·22 文
ボールドウィン・ジョージ　❻ **1864**·10·22 政
ホールン，ヨアン・ファン・ニコラース　❺-1 **1710**·9·20 政／**1712**·9·20 政／**1714**·9·20 政／**1715**·2·28 政
ポーレー(米)　❽ **1945**·11·13 政／12·7 政／**1946**·5·10 政／6·21 政
ボーン(米)　❼ **1900**·8·18 社
ボカサ(中央アフリカ)　❾ **1970**·8·1 政
外間守善　❾ **2012**·11·20 文
甫顔(僧)　❺-1 **1638**·是年 文
北　助知　❶ **690**·2·11 政
朴　安期(朝鮮)　❺-1 **1643**·7·26 政
朴　安臣(朝鮮)　❸ **1424**·1·1 政／3月 政／5·21 政／8·6 政
朴　葳(高麗)　❸ **1389**·2月 政／6月 政
朴　寅(高麗)　❷ **1227**·是年 政／**1228**·11月 政
朴　泳孝　❻ **1882**·10·13 政／10·19 政／**1884**·12·4 政／**1893**·11·24 文
朴　億徳　❶ **692**·11·8 政
朴　於屯(朝鮮)　❺-1 **1693**·4·17 政／9月 政
朴　義　❷ **1280**·6·11 政
朴　熙中(朝鮮)　❸ **1422**·12·20 政／**1423**·4·4 政／5月 政／11·20 政
朴　球　❷ **1228**·11月 政／**1280**·11·22 政／12·3 政
朴　勤脩　❶ **675**·3月 政
朴　慶業(朝鮮)　❺-1 **1614**·7月 政
朴　敬元　❼ **1933**·8·7 政
朴　慶後(朝鮮)　❺-1 **1682**·6·18 政／8·27 政
朴　慶植　❾ **1998**·2·12 文
朴　原廷　❸ **1397**·5·15 政
朴　好(新羅人質)　❶ **417**·是年
朴　泓　❹ **1592**·4·14 文禄の役
朴　強国　❶ **695**·3·2 政
朴　弘信(朝鮮)　❸ **1419**·6·26 政
朴　好仁　❹ **1593**·6·29 文禄の役／**1596**·12·21 政
朴　弘長　❹ **1596**·⑦·4 文禄の役
朴　居士　❸ **1379**·是年 政
朴　娑覧　❶ **390**·是年
朴　梓　❺-1 **1617**·7·4 政／8·20 政
朴　子安(朝鮮)　❸ **1397**·4·1 政
朴　実(朝鮮)　❸ **1426**·4·16 政
朴　刺破　❶ **677**·5·7 政／8·27 政
朴　俊漢　❺-2 **1796**·8·29 政
朴　春琴　❼ **1932**·2·21 政
朴　春瑞　❺-2 **1738**·9·5 政
朴　尚淳　❺-2 **1754**·7·14 政
朴　仁貴(高麗)　❸ **1397**·1·3 政
朴　仁桂(高麗)　❸ **1375**·1月 政／**1376**·1月 政
朴　瑞正(朝鮮)　❸ **1428**·12·7 政／**1429**·6·19 政／12·3 政
朴　生(降倭)　❸ **1406**·1·26 政
朴　正熙　❽ **1961**·11·11 政
朴　詮(朝鮮)　❹ **1509**·3·24 政
朴　礎(朝鮮)　❸ **1413**·6·16 政
朴　致検(朝鮮)　❺-2 **1803**·②月 政
朴　堤上　❶ **418**·是秋
朴　道洵(朝鮮)　❺-2 **1783**·6·13 政
朴　敦之(惇之·朝鮮)　❸ **1398**·8月 政／**1399**·5月 政／是年 文
朴　賁(朝鮮)　❸ **1413**·12·1 政
朴　平意(苗代川)　❹ **1598**·是年 文／❺-1 **1604**·3月 文
朴　別将　❺-1 **1679**·7月 文
朴　孟弼(朝鮮)　❹ **1531**·6·24 政
朴　茂陽(朝鮮)　❸ **1419**·6·26 政
睦　来善　❺-1 **1693**·11·18 政
朴　烈(準植)　❼ **1925**·10·20 政／**1926**·3·25 政／7·29 政
卜一(平曲)　❸ **1453**·7·5 文／❹ **1464**·7·27 文／**1465**·4·8 文／**1466**·②·23 文／**1467**·3·25 文／**1468**·10·3 文／**1475**·5·1 文
牧翁了一　❸ **1341**·2月 文
穆算(僧)　❷ **1008**·12·26 社
穆子内親王　❶ **884**·3·22 社／**903**·12·5 政
北叱智　❶ **611**·8月 政
北庭筑波　❻ **1871**·是年 文
睦哲(朝鮮)　❸ **1402**·6·14 政
朴堂祖淳(僧)　❹ **1459**·4·24 社
北勝海(保志信芳)　❾ **1987**·5·27 社／**1990**·3·25 社／**1991**·1·27 社／**1992**·5·8 社
北陸宮(以仁王の子)　❷ **1182**·8·11 政／**1230**·7·8 政
朴和(日本通信使)　❸ **1408**·3·14 政／4·29 政
法華津則延　❹ **1575**·12月 政
ホコウカイ(狄)　❺-1 **1697**·2·13 社
保坂光亭　❾ **1997**·3·13 文
星　新一　❽ **1944**·10·16 文／**1962**·12·13 文／**1963**·3月 文／❾ **1997**·12·30 文
星　セント　❾ **2004**·7·22 文
星　亨(浜吉·登)　❻ **1884**·9·20 政／**1886**·10·24 政／**1887**·10·3 政／12·26 政／**1892**·5·2 政／**1893**·1·7 政／7·1 政／11·25 政／❼ **1897**·6·17 政／**1898**·10·29 政／**1899**·7·29 政／**1900**·6·1 政／10·19 政／11·15 政／**1901**·6·21 政
星　奈津美　❾ **2012**·7·27 社
保志信芳⇨北勝海(ほくとうみ)
星　ルイス　❾ **2005**·3·10 文
輔子内親王　❶ **992**·3·3 社
星合具枚　❺-1 **1633**·12·20 文
ポシエット(ロシア)　❻ **1856**·10·11 政
星加　要　❽ **1951**·9·7 社
星川清雄　❼ **1923**·9·1 文
星川麻呂　❶ **680**·5·27 政

星川光正　❾ **2007**·11·24 文
星川王　❶ **479**·8·7
星子　勇　❼ **1917**·4 月 社
星島二郎　❽ **1946**·5·22 政／**1947**·1·31 政／**1951**·8·18 政／**1958**·10·8 政
星島貴徳　❾ **2008**·4·25 社
星出彰彦　❾ **2008**·3·12 文／**2012**·7·15 文
保科容頌　❺-2 **1718**·是年 文
保科孝一　❽ **1955**·7·2 文
保科善四郎　❾ **1991**·12·24 政
保科武雄　❼ **1932**·2·4 社
保科太郎　❷ **1184**·7·25 政
保科春子　❺-1 **1658**·7·26 政
保科正景　❺-1 **1661**·11·1 政／**1662**·2·15 社
保科正容　❺-1 **1681**·2·19 政／11·12 政／**1688**·12·15 文
保科正貞　❺-1 **1635**·5·23 政／**1648**·6·26 政／**1661**·11·1 政／**1630**·8·4 政
保科正経　❺-1 **1669**·4·27 政／**1675**·2·8 社／12·9 文／**1681**·2·19 政／11·12 政
保科正直　❹ **1582**·11 月 政／**1584**·3·21 政／7 月 政／**1585**·12·13 政
保科正光　❺-1 **1620**·是年 政／**1631**·10·7 政
保科正之　❺-1 **1631**·10·7 政／**1636**·7·21 政／**1638**·6 月 社／**1639**·1 月 政／**1643**·7·4 政／是年 文／**1645**·是年 文／**1651**·4·20 政／8·18 政／12·10 政／**1652**·4·2 政／**1655**·是年 政／**1657**·明暦年間 社／**1658**·7·3 政／7·26 政／**1664**·8·9 政／**1665**·3 月 文／**1668**·4·11 社／是年 文／**1669**·4·27 政／**1672**·12·18 政／是年 文／**1675**·12·9 文
保科松子　❺-1 **1658**·7·26 政
星野英一　❾ **2007**·10·27 文／**2012**·9·27 文
星野斧右衛門　❺-2 **1794**·是年 政
星野千之　❻ **1864**·7·24 政
星野閑斎　❺-1 **1616**·5·3 社
星野勘左衛門(茂則)　❺-1 **1669**·5·2 社
星野勘太郎　❾ **2010**·11·25 社
星野実宣　❺-1 **1672**·是年 文
星野定五郎　❻ **1873**·是年 社
星野成美　❻ **1867**·6 月 政
星野重泰　❹ **1507**·3 月 政
星野　錫　❼ **1913**·8·28 政
星野二郎八郎　❺-2 **1732**·6·22 政
星野立子　❼ **1930**·6 月 文
星野親忠　❹ **1533**·1 月 政／**1534**·①·16 政／9·18 政
星野長吉郎　❻ **1886**·6·19 文
星野長太郎　❻ **1876**·1 月 政／❼ **1908**·11·27 政
星野哲郎　❾ **2010**·11·15 文
星野輝興　❽ **1957**·10·14 政
星野天知　❻ **1893**·1 月 文
星野直樹　❽ **1940**·7·22 政／**1955**·12·13 政／❾ **1978**·5·29 政
星野　恒　❻ **1889**·11·1 文
星野益一郎　❽ **1945**·11 月 社
星野道夫　❾ **1996**·8·6 文／8·8 社
星野弥吉　❻ **1870**·12·26 政
星野夕影　❻ **1893**·1 月 文
星野行則　❼ **1913**·1 月 政
星野良悦(範寧·子康·柳子)　❺-2 **1790**·9·12 文／**1793**·是年 文／**1800**·11 月 文
保志場又一　❻ **1889**·1 月 社
慕施蒙(渤海王)　❶ **752**·9·24 政／**753**·5·25 政
星山仲次　❹ **1595**·是年 文
慕秀(僧)　❺-1 **1638**·3·5 社
保春院(伊達政宗母)　❹ **1588**·7·10 政
保性大夫　❹ **1550**·3 月中旬 文
補静(僧)　❷ **1014**·1·20 文
保清(僧)　❸ **1424**·7·13 社
保泉市衛門　❺-1 **1687**·4·10 社
細合半斎(方明)　❺-2 **1779**·1·27 文
細井勝為　❺-2 **1748**·1·7 社／**1754**·1·11 政／**1757**·8·27 政
細井勝久　❺-1 **1611**·8·3 社
細井九皐　❺-2 **1782**·5·4 文
細井九助　❺-2 **1755**·5·22 政
細井錦城　❺-2 **1808**·10·11 文
細井金兵衛　❺-1 **1611**·8·24 社
細井広澤(智慎·知慎·公謹·玉川·思胎斎·蕉林庵·奇勝堂)　❺-1 **1699**·是年 文／❺-2 **1724**·5·19 文／是年 文／**1727**·是年 文／**1735**·12·23 文／是年 文／**1756**·是年 文／**1757**·是年 文
細井貞雄　❺-2 **1815**·是年 文／**1823**·9·2 文
細井芝山　❺-1 **1697**·8·22 政
細井竹岡　❺-2 **1795**·2·13 文
細井藤十郎　❺-2 **1755**·10 月 政
細井敏彦　❾ **1990**·7·6 文
細井宣麻　❺-2 **1785**·是年 文
細井藤長　❺-2 **1732**·⑤·2 政
細井平洲(徳民·甚三郎·世馨)　❺-2 **1759**·是年 文／**1764**·是年 文／**1771**·5·2 文／**1776**·4·18 文／**1782**·1·7 文／**1783**·4 月 文／**1792**·是年 文／**1800**·是年 文／**1801**·6·29 文／**1809**·是年 文／**1835**·是年 文
細井正成　❹ **1600**·是年 社
細井安勝　❺-1 **1674**·2 月 政
細井和喜蔵　❼ **1925**·7 月 社／8·18 文
細江英公　❾ **2010**·11·3 文
細江茂光　❾ **2006**·1·29 社
細江敏廣　❾ **2010**·11·3 文
細川顕氏　❸ **1338**·3·8 政／**1341**·2·29 政／7·2 政／11·13 社／**1347**·8·9 政／8·19 政／8·24 政／9·17 政／11·26 政／**1350**·11·16 政／12·21 政／**1351**·1·22 政／2·14 政／3·3 政／8·6 政／**1352**·4·25 政／7·5 政
細川昭元(聡明丸·信良)　❹ **1552**·1·23 政／6·5 政／**1553**·8·22 政／**1558**·2·3 政／**1566**·3·17 政／**1568**·7·11 社／**1572**·4·13 政／12·20 政／**1573**·2·27 政／7·21 政／**1580**·③·3 文
細川有孝　❺-1 **1690**·6·4 政
細川家氏　❸ **1361**·9·23 政
細川氏綱　❹ **1542**·12·13 政／**1543**·7·21 政／8·3 政／**1545**·5·6 政／**1546**·8·20 政／9·3 政／9 月 社／**1547**·7·21 政／**1549**·7·9 政／**1551**·2·9 政／**1552**·2·26 政／**1559**·8·1 政／**1560**·1·15 政／**1563**·2·25 文／12·20 政
細川氏春　❸ **1356**·6·24 社／**1372**·12·17 政／**1373**·3·28 政／8·10 政
細川氏久　❸ **1430**·1·26 政／❹ **1460**·5·24 政
細川興秋　❺-1 **1615**·6·6 大坂夏の陣
細川興隆　❺-1 **1647**·7·13 社
細川興栄　❺-1 **1691**·12·25 政
細川興文(興周)　❺-2 **1763**·是年 文
細川興昌　❺-1 **1619**·3·18 政
細川興元　❺-1 **1619**·3·18 政
細川和氏　❸ **1333**·4·16 政／5 月 政／**1339**·8 月 社／**1340**·是秋 社
細川勝氏　❹ **1468**·2 月 政
細川勝久　❹ **1491**·10·21 政／**1492**·3·28 政
細川勝益　❹ **1467**·12·7 政／**1495**·11·21 社／**1501**·1 月 社／**1502**·6·4 政
細川勝元　❸ **1442**·8·4 政／**1445**·3·24 政／**1446**·是年 政／**1449**·10·5 政／**1450**·6·2 社／11·8 文／**1451**·7 月 政／9·27 政／**1452**·11·16 政／**1453**·4·7 社／7·7 社／8·11 政／11·28 社／**1454**·4·3 政／7·5 政／8·21 政／9·14 政／11·2 政／12·11 政／**1455**·7·26 社／10·13 政／12·29 政／❹ **1456**·2·16 政／4·11 政／**1457**·10·27 政／12·29 社／**1458**·11·27 政／**1460**·⑨·9 政／12 月 社／**1461**·1·23 政／**1462**·9·14 政／12·27 政／**1463**·1·23 政／10·15 政／12·27 政／**1464**·1·23 政／3·27 政／4·5 文／5·27 政／9·21 政／**1465**·1·12 文／6·25 政／10·22 政／**1467**·1·5 政／2 月 政／3·3 政／4·7 政／5·10 政／6·1 政／6·13 政／8·23 政／9·13 政／**1468**·1·1 政／2·21 政／7·10 政／⑩·11 政／**1469**·2·10 政／3·16 政／5 月 政／9·21 社／**1470**·2·9 政／**1471**·8·3 政／⑧·22 政／**1472**·1·15 政／12 月 文／**1473**·5·11 政／是年 社
細川ガラシア(珠·玉·玉子)　❹ **1600**·7·17 社／7·17 関ヶ原合戦／❺-1 **1607**·7·14 社
細川嘉六　❽ **1942**·8 月 政／9·14 政／**1943**·5·11 政／**1944**·7·10 文／**1962**·12·2 政
細川清氏　❸ **1350**·11·16 政／**1351**·4·2 政／**1352**·2·1 政／**1354**·9·9 政／**1355**·3·12 政／4·20 政／9·21 社／**1356**·5·2 政／**1357**·6·15 政／**1358**·10·10 政／**1360**·5·9 政／7·5 政／**1361**·9·23 政／10·27 政／12·8 政／**1362**·1·13 政／3·13 政／7·23 政
細川国慶　❹ **1538**·10·16 社／**1546**·8 月 社／9 月 社／**1547**·1·11 社／⑦·5 政／10·6 政

細川玄旨⇨細川幽斎(ゆうさい)
細川三斎⇨細川忠興(ただおき)
細川重賢(銀台)　❺-2 **1747**·10·4 政／**1748**·12·13 政／**1754**·是年 文／**1784**·1·22 政／**1785**·10·26 政
細川繁氏　❸ **1355**·10·12 政／**1356**·9·18 社／**1359**·6·6 政
細川成賢　❸ **1452**·6·25 政
細川慈忠　❸ **1403**·7·24 政
細川成之　❸ **1449**·12·17 政／❹ **1462**·3·8 政／5·12 政／**1464**·4·5 文／**1467**·5·26 政／6·11 政／**1468**·5·2 政／**1471**·1·23 政／**1475**·11·13 社／**1478**·9·5 社／**1485**·10·12 政／**1505**·5月 政
細川茂之(道空)　❹ **1489**·8月 文／**1511**·9·12 政
細川潤一郎　❻ **1884**·4·11 文
細川潤次郎(元)　❻ **1863**·10·18 文／**1888**·2·19 文／❼ **1907**·4·28 文／**1923**·7·20 政
細川定禅　❸ **1335**·11·26 政／**1336**·1·7 政／1·10 政／**1339**·11·24 政
細川四郎(頼之弟)　❸ **1372**·8·5 政／**1376**·5·17 社
細川四郎(尼崎城)　❹ **1473**·12·7 政
細川澄賢　❹ **1513**·1·23 政／**1519**·8·20 政／**1521**·8·22 政／**1526**·12·15 政
細川澄元　❹ **1503**·5·20 政／**1506**·2·19 政／4·21 政／10·12 政／**1507**·4·27 政／6·23 政／7·8 政／8·1 政／12·4 政／**1508**·1·17 政／3·17 政／**1511**·6·14 政／7·13 政／8·16 政／**1516**·10月 社／**1519**·11·3 政／**1520**·1·10 政／2·3 政／3·16 政／5·1 政／6·10 政／10·14 政／**1524**·10·2 政
細川澄之(聡明丸)　❹ **1504**·12·10 政／**1506**·4·27 政／9·24 政／**1507**·5·29 政／6·23 政／7·8 政／8·1 政
細川駿河四郎　❹ **1496**·1·16 政
細川千仭　❽ **1948**·2·16 文
細川聡明丸⇨細川昭元(あきもと)
細川聡明丸⇨細川澄之(すみゆき)
細川聡明丸⇨細川晴元(はるもと)
細川聡明丸⇨細川政元(まさもと)
細川高国(道永)　❹ **1506**·11·3 政／**1507**·6·23 政／7·8 政／8·1 政／**1508**·1·17 政／3·17 政／4·27 政／5·10 政／6·6 政／7·18 政／是年 政／**1509**·2·11 文／6·17 政／8·2 政／12·22 文／**1510**·1·17 文／1·29 政／5·28 社／8·1 政／**1511**·1·2 政／7·13 政／8·16 政／**1512**·2·15 文／3·17 文／4·14 社／6·18 政／7·7 文／**1513**·3·17 政／4·12 政／6·29 文／**1514**·10·27 社／**1515**·3·3 文／10·9 社／**1517**·1·27 政／4·17 文／8·5 社／**1518**·是冬 政／9·24 政／**1519**·2·10 文／11·3 政／**1520**·2·3 政／4·28 政／5·5 政／⑥·17 政／8·13 社／**1521**·3·7 政／3·22 政／4·18 政／7·6 政／8·14 政／10·23 政／**1522**·6·18 政／8·4 文／**1523**·7·26 社／8·27 政／11·14 社／12·3 文／是年 政／**1524**·7·23 社／**1525**·4·21 政／6·14 政／8·5 政／**1526**·2·29 政／10·21 政／**1527**·1·5 政／2·12 政／3·17 社／8月 社／11·2 政／**1528**·1·17 政／5·14 政／11·16 政／**1529**·1·23 政／5·25 政／9·16 政／**1530**·6·29 政／8·27 政／10·19 政／11·6 政／**1531**·1·11 政／1·13 社／2·28 政／3·6 政／⑤·13 政／6·4 政
細川たかし　❾ **1982**·12·31 社／**1983**·12·31 社
細川高基　❹ **1520**·8·12 文
細川(長岡)忠興(三斎)　❹ **1574**·1·11 政／**1582**·1·11 社／3·5 政／6·3 政／6·9 政／9·8 政／12·13 政／**1585**·3·21 政／**1586**·是年 社／**1588**·6·2 社／**1590**·3·28 政／4·5 政／**1591**·2·13 文／**1592**·6·3 文禄の役／8·7 文禄の役／10·6 文禄の役／**1593**·⑨·13 政／**1598**·12·17 社／**1599**·1·21 政／2·29 政／③·4 政／10·24 政／**1600**·1·25 政／2·7 政／7·20 関ヶ原合戦／8·12 関ヶ原合戦／8·23 関ヶ原合戦／❺-1 **1601**·7·7 文／**1602**·11月 政／**1603**·是年 社／**1604**·8·26 政／**1605**·3·7 政／是年 社／**1607**·5·27 文／**1610**·7·3 社／**1611**·1·11 政／8·24 政／**1612**·1·11 政／**1613**·11·16 文／**1614**·2·2 文／6·2 社／12·21 大坂冬の陣／**1615**·6·6 大坂夏の陣／**1616**·7·6 社／8·10 文／**1617**·5·26 政／7·23 社／8·15 社／**1620**·8·18 社／**1626**·8·21 文／**1629**·11·9 政／**1637**·8·15 文／10·5 文／**1640**·4·17 文／8月 文／**1645**·12·2 政
細川尹賢　❹ **1512**·7·7 文／**1520**·8·12 文／**1526**·7·12 政／10·21 政／**1527**·2·12 政／**1528**·5·14 政／**1531**·⑤·13 政／7·24 政
細川忠利(忠辰)　❹ **1600**·1·25 政／❺-1 **1604**·8·26 政／**1605**·4·9 文／**1613**·1·10 文／**1621**·7·27 政／**1622**·是年 政／**1626**·8·21 文／9·26 文／10·1 文／**1627**·是年 社／**1632**·10·4 政／是年 文／**1635**·12·23 社／**1637**·11·12 島原の乱／**1639**·是夏 社／**1640**·9·28 文／**1641**·3·17 政
細川立礼(斉茲)　❺-2 **1787**·9·16 政／**1835**·10·23 政
細川立政(斉護)　❺-2 **1826**·2·12 政
細川稙国　❹ **1525**·4·21 政／6·14 政／10·23 政
細川ちか子　❽ **1940**·2·2 文／8·19 文
細川綱利(六丸)　❺-1 **1649**·12·26 政／**1668**·10·15 社／**1702**·12·15 政／**1712**·7·11 政／**1714**·11·12 政
細川常有　❸ **1450**·4·27 政／7·17 政／**1453**·5月 政／❹ **1467**·10·20 政／**1477**·6·2 社／**1480**·10·7 政
細川天竺禅門(伊予湯月城)　❸ **1365**·1·27 政
細川桃庵　❺-2 **1722**·11·28 文／**1724**·是年 文
細川道永⇨細川高国(たかくに)
細川道空⇨細川茂之(しげゆき)
細川利恭　❺-2 **1727**·6·29 社
細川利昌　❺-1 **1708**·①·9 社
細川俊之　❾ **2011**·1·14 文
細川尚春　❹ **1505**·5月 政／**1507**·6·23 政／8·1 政／**1511**·7·13 政
細川業氏　❸ **1368**·4·15 政／**1375**·8·25 文
細川斎樹　❺-2 **1826**·2·12 政
細川成春　❹ **1467**·10·20 政／**1469**·6·11 社／**1478**·9·5 社／**1485**·5·15 政
細川業秀　❸ **1375**·8·25 政／**1378**·11·2 政／12·13 政／12月 政
細川斎護　❻ **1860**·4·17 政
細川宣紀　❺-1 **1712**·7·11 政／❺-2 **1732**·6·26 政
細川信良(六郎)　❹ **1570**·7·21 政
細川信良⇨細川昭元(あきもと)
細川教春　❸ **1438**·9·21 政／**1441**·8·18 政／**1442**·11月 文／**1447**·8·8 社／**1450**·4·27 政／7·17 政
細川　一　❽ **1956**·5·1 社
細川晴賢　❹ **1539**·12·5 社／**1549**·2·18 政／6·24 政
細川晴国　❹ **1518**·1·9 政／**1532**·4月 社／10月 政／**1533**·5·26 政／6·18 政／10·21 政／12·10 政／12·25 政
細川晴総　❹ **1536**·8·29 政
細川治年　❺-2 **1785**·10·26 政／**1787**·9·16 政
細川晴元(聡明丸·信良)　❹ **1520**·6·10 政／**1526**·10·21 政／**1527**·3·22 政／8·13 政／**1528**·1·17 政／2·6 政／**1529**·8·10 政／**1530**·5·10 政／7·14 政／10·17 社／**1531**·2·21 政／3·10 政／5·23 政／6·26 政／8·20 政／**1532**·1·22 政／6·15 政／8·2 政／9·3 社／9·7 政／11·13 社／12·23 政／**1533**·2·11 政／4·7 政／6·20 政／7·23 社／10·22 政／**1534**·1·28 社／5·12 社／8·11 政／**1535**·6·12 政／11月 政／是年 社／**1536**·8·29 政／9·24 政／10·20 社／11·19 文／**1537**·4·19 政／8·1 政／10·3 社／**1538**·2·13 文／3·5 政／4·24 文／5·10 社／9·8 政／**1539**·⑥·13 政／7·14 政／8·27 社／9·6 政／**1540**·1·25 文／2·16 社／5·12 社／7·16 社／**1541**·6·20 社／8·12 政／10·29 政／11·4 政／12·8 政／**1542**·1·21 政／3·6 政／③·28 文／**1543**·7·21 政／8·16 政／**1544**·2月 政／3·27 社／7·6 政／7·30 政／8·11 社／**1545**·5·6 政／**1546**·2·1 文／8·10 政／8·20 政／9·3 政／10·21 政／11·13 政／**1547**·3·29 政／6·25 政／7·12 政／⑦·5 政／10·6 政／**1548**·1·26 政／**1549**·4·18 政／**1550**·4·17 政／6·9 政／7·14 政／10·20 政／**1551**·2·28 政／12·19 社／**1552**·1·23 政／4·25 政／8·26 政／10·2 政／11·28 政／**1553**·2·20 政／3·17 政／7·14 政／7·28 政／8·1 政／**1554**·11·11 政／**1557**·4·17 政／**1558**·2·3 政／3·13 政／5·3 政／**1561**·5·6 政／**1563**·3·1 政
細川晴元の娘　❹ **1544**·7·30 政

細川尚春　❹ 1485·5·15 政／1517·9·18 政／1519·5·11 政
細川藤賢　❹ 1552·2·29 政／1558·12·5 政／1561·3·30 政／1566·8·14 政／1568·6·29 政／1569·3·3 文
細川藤孝⇨細川幽斎(ゆうさい)
細川政有　❹ 1462·10·23 政／1480·4·24 政
細川正氏　❸ 1372·6·13 政／1375·11月 政／1380·6·7 政／11·23 政／1381·5·6 社
細川政賢　❹ 1496·3·3 政／1504·10·2 政／1507·7·8 政／8·1 政／1511·7·13 政／8·16 政／8月 社
細川政国　❹ 1468·10·7 政／1474·3月 政／5·7 政／1485·6·15 政／7·9 文／1487·2·14 社／1490·2·29 政／1493·2·4 文／6·20 文／1495·8·24 政
細川政資　❹ 1499·9·14 政
細川政春　❹ 1504·10·2 政／1515·10·26 政／1517·6月 社／1518·1·9 政
細川政益　❹ 1502·6·4 政／1505·5月 政
細川政元(聡明丸)　❹ 1473·5·11 政／1474·4·3 政／1477·9·3 社／1478·2·28 政／1480·2·25 政／1481·1·20 文／1482·3·8 政／5月 社／6·19 政／6·25 社／1483·2·26 文／1484·3·9 社／8·23 政／11·3 社／11·14 社／1485·3·1 社／5·2 社／6·11 社／1486·3·13 政／4·3 政／7·7 政／8·24 社／1487·2·28 政／8·9 政／9·12 政／1488·7·4 社／9·2 社／1489·3·26 政／12·16 社／1490·2·29 政／5·12 文／7·3 社／7·5 政／8·23 政／⑧·10 政／12·3 政／1491·2·7 政／3·3 政／7月 文／8·24 政／1492·1·24 政／3·14 政／10·6 政／11·8 社／12·3 政／1493·2·4 文／2·13 政／3·20 政／4·22 政／4·23 政／④·7 政／④·22 政／6·29 政／7·7 社／10·17 文／1494·5·21 文／12·20 政／1495·3·13 政／7·23 政／7·28 政／10·28 政／1497·12·27 政／1498·11·28 政／12·4 社／12·16 政／1499·1·24 文／2·21 政／5·3 政／6·26 文／9·6 社／9·20 社／12·20 政／1500·4·3 文／1501·1·30 社／5·24 社／6月 政／1502·2·17 政／6·16 政／8·4 政／1503·1·1 政／3·24 政／5·20 政／7·6 政／1504·1·10 政／1·28 文／3·9 政／5·29 政／6·27 政／7·28 文／9·4 政／10·2 政／12·10 政／1505·1·19 社／2·4 政／3·14 政／5月 政／6·10 政／9·3 政／11·27 政／1506·4·5 社／7·24 政／11·3 政／1507·4·27 政／5·11 政／6·23 政／1509·5月 政
細川政之　❹ 1479·5·23 文／1485·10·12 政／1488·7·26 政
細川真之　❹ 1576·12·5 政／1577·3·28 政
細川政誠　❹ 1494·11·26 政
細川道賢　❹ 1461·4·15 文
細川満国　❸ 1407·12·9 政／1408·9·30 政
細川光高　❺-1 1641·3·17 政／1637·12·13 島原の乱
細川光尚　❺-1 1649·12·26 政
細川満久　❸ 1430·9·28 政／1432·6·3 政
細川満元　❸ 1397·5·7 政／1399·9·24 政／1403·⑩·5 政／1415·1·2 政／2·16 政／1418·8·27 社／1421·6·14 社／7·29 政／1425·3·3 政／1426·10·14 政
細川満之　❸ 1389·10·11 社／1405·12·15 政
細川宗孝(六丸)　❺-2 1732·6·26 政／1742·10·6 政／1747·8·15 政
細川持有　❸ 1411·5·25 政／8·21 政／1438·9·21 政
細川持賢　❸ 1440·3·17 政／1441·⑨·21 政／❹ 1462·11·8 社／1468·10·7 政／1489·12·19 文
細川持国　❸ 1443·是秋 政
細川持隆　❹ 1534·是年 政／1538·7·17 政／1539·4·8 政／10·28 政／1552·8·19 政／1553·6·17 政
細川持親　❸ 1441·8·19 政
細川持常　❸ 1432·1·13 文／1440·5·14 政／1441·7·11 政／8·19 政／1447·②·20 文／1448·8·8 政／1449·12·17 政
細川持春　❸ 1426·10·14 政／1431·9·28 政／1441·8·19 政／⑨·21 政／1446·10·8 社／❹ 1466·2·10 政
細川持久　❹ 1464·3·16 社／1467·8·26 政／10·20 政／1472·6·24 社／1473·9月 社
細川持益　❸ 1446·2·25 社／❹ 1467·12·7 政
細川持元　❸ 1428·9·22 政／1429·4·25 社／7·14 政
細川持之(右京大夫)　❸ 1429·7·14 政／11·21 政／1430·3·6 文／1431·6·11 政／1432·5·19 政／6·3 政／10·10 政／1433·1·2 政／1434·1·30 政／6·15 政／1435·11·29 政／1437·5·14 政／1438·9·21 政／9·28 社／1440·5·19 政／1441·1·10 政／7·4 政／8·1 政／9·29 社／1442·1·22 政／6·29 政／8·4 政
細川持頼　❸ 1421·1·29 文
細川元有　❹ 1480·4·24 政／1500·8·28 政／9·2 政／1531·6·4 政
細川元氏　❸ 1352·10·5 政
細川元常　❹ 1535·11月 政／1541·8·2 社／1542·12·13 政／1554·6·16 政
細川基之　❸ 1441·7·11 政／1442·11月 文／1448·10·12 政
細川守和　❸ 1336·2月 政
細川護貞　❽ 1944·7·12 政／❾ 2005·10·3 政
細川護立　❼ 1910·4月 文／❾ 1970·11·18 政
細川守治　❺-2 1788·9·11 政
細川護熙　❾ 1992·5·7 政／1993·8·9 政／1994·1·1 政／1997·6·18 政／1998·4·30 政
細川師氏　❸ 1348·2·2 社／1388·10·11 社
細川幽斎(長岡藤孝·玄旨)　❹ 1556·6月 文／1565·7·28 政／12·5 政／1568·6·20 政／10·10 政／10·22 政／1570·10·22 政／1571·2·5 文／3·15 文／1572·1·18 政／7·3 社／12·6 文／1573·1·9 文／3·25 政／4·2 政／8·2 政／1574·6·17 文／9·18 政／1575·3·22 政／1576·4·14 政／1577·10·1 政／1578·1·1 文／3·4 政／9月 政／1579·1·16 文／6·17 文／7月 政／1580·7月 文／8·2 政／8·21 政／1581·4·12 文／1582·6·9 政／12·13 政／1583·9·28 政／1584·8·20 文／10·4 文／1586·1·11 政／4·25 文／8月 文／1587·6·3 政／1588·8·16 文／1589·1·21 政／6月 文／1590·1·1 文／2·28 政／11·18 文／1591·2·16 文／9·11 文／1592·1·21 文禄の役／1594·3·12 文／3月 文／1595·4·5 文／1596·1·19 文／8·3 文／12月 文／1597·4·13 文／10·13 文／1598·1·20 文／5·4 文／8·4 文／11·25 文／1599·6·27 文／10·24 文／1600·1·21 文／7·18 関ヶ原合戦／7·27 文／9·3 政／❺-1 1610·8·20 政／8·20 文／1631·是年 文／1661·是年 文／1668·是年 文／1669·是年 文
細川行孝　❺-1 1646·是年 社／1674·是年 文／1690·6·4 政
細川之持　❹ 1511·7·25 社
細川喜延(護久)　❻ 1868·1·12 政／1893·8·30 政
細川義春　❹ 1494·10月 政／12·21 政／1503·5·20 政
細川義晴(亀王丸)　❹ 1521·4·18 政
細川義之　❸ 1395·8·12 文／1397·8·13 社／1402·12·12 政／1422·2·1 政
細川頼有　❸ 1352·3·24 政／4·20 政／5·6 政／6·27 政／1354·8·25 政／1356·3·10 政／1368·⑥·17 社／1369·8月 政／1373·4·22 政／1375·3·11 社／1381·10·16 社／1382·10·16 社／1387·11·26 政／1388·2·10 社／1391·9·9 政
細川頼和　❸ 1360·10·3 政／1361·9·23 政
細川頼重　❸ 1397·3·11 社／1405·10·29 政／1414·4·14 社／1429·2·28 政／1430·1·25 政／1442·3·17 政
細川頼直　❺-2 1796·是年 文
細川頼長　❸ 1394·2·13 社／1400·3·23 政／10·2 政／1408·8·29 政／1411·5·25 政
細川頼春　❸ 1337·8·14 政／1342·5月 政／8·5 社／9·3 政／1346·6·11 社／1349·3·14 社／1350·2月 社／11·16 政／1351·7·21 政／9·5 政／11·20 社／12·15 政／1352·②·20 政／1364·2·20 社
細川頼益　❸ 1408·10·24 政
細川頼基(頼元)　❸ 1367·7·25 社／1368·4·15 政／6·26 社／1369·3·16 政／4·2 政／1371·5·8 政／8·13 政／11·5 政／1373·12·25 政／1374·

4·3 社／1375·8·13 社／1376·11·29 社／1377·9·27 社／12·15 社／1378·3·10 政／11·2 政／1380·12·29 政／1381·3·8 政／6·5 政／6·22 文／1384·5·10 社／1389·3·4 政／1391·4·8 政／9·8 政／12·25 政／1392·1·4 政／3·2 政／1393·2·21 社／6·5 政／1395·6·18 社／6·20 政／8·12 文／1397·5·7 政
細川頼之(常久)　❸ 1351·1·4 政／7·28 政／1352·3月 政／6·27 政／10·13 政／12·22 政／1354·10·16 社／1355·2·6 政／1356·2·7 社／4·30 政／5·2 政／7·10 政／10·10 政／1357·7·22 政／8·21 社／9·7 社／1358·8·9 政／1360·④·1 政／1361·10·5 社／1362·3·13 政／4·2 政／7·23 政／1363·①·12 政／4月 社／7·20 社／1364·2·20 社／11·6 政／1365·4·10 政／是春 政／12·13 政／1366·12·8 社／1367·1月 政／9·7 政／10·4 社／11·25 政／12·8 政／12·29 政／1368·1·28 政／4·15 政／⑥·17 社／10·24 政／1369·4·2 政／4·20 社／8·11 政／11·27 政／是年 政／1370·11·12 社／12·15 政／1371·2·23 社／3·2 政／③·12 政／4·4 社／4·5 社／5·19 政／8·13 政／10·23 政／11·1 政／1372·2·3 政／3·1 政／4·10 政／9·24 政／12·17 政／1373·12·8 政／1374·5·12 社／9·28 社／1375·3·27 政／6·27 政／8·25 政／11·20 政／1376·4·26 政／5·17 社／1377·3·20 社／6月 政／8·8 政／11·14 政／1378·11·28 政／12·6 文／1379·2·20 政／3·18 政／④·14 政／9·5 政／11·6 政／12·3 政／1381·11·15 政／1383·6·18 社／9·30 社／1384·2·20 社／1385·11·24 社／是秋 社／1386·是年 政／1390·3·18 政／7月 政／9·12 社／1391·4·3 政／4·8 政／12·25 政／1392·3·2 政
細川六丸⇨細川綱利(つなとし)
細川律夫　❾ 2010·9·17 政
細川隆一郎　❾ 2009·8·25 政
細川隆元　❾ 1983·8·31 政／1994·12·19 政
細川林谷(広瀬·痩仙·氷壺·忍冬菴·三生翁·白髪小児·天然画仙)　❺-2 1828·是年 文／1839·8月 文／1842·6·19 文
細川蓮丸　❹ 1587·10月 文
細川六郎　❹ 1503·5·20 政
細川越中守　❺-2 1746·8·15 政
細川中務少輔(土佐金剛頂寺)　❸ 1402·8·27 社
細川民部少輔(頼之弟)　❸ 1371·③·22 政
細迫兼光　❼ 1929·8·8 政
細田(鳥文斎)栄之　❺-2 1829·7·2 文
細田重雄　❾ 2005·3·16 政
細田民樹　❽ 1937·4月 文
細田時敏(時俊)　❺-2 1756·3·2 政
細田時徳　❺-1 1667·10·22 政
細田博之　❾ 2004·9·27 政
細田守時　❺-2 1736·5·12 政
細田安兵衛　❻ 1856·是年 社／1858·是年 社
細田義勝　❼ 1936·3·20 社
細谷松茂　❻ 1889·3·20 文
細野完爾⇨菊池契月(きくちけいげつ)
細野豪志　❾ 2011·3·11 社／6·27 政
細野正文　❼ 1912·4·15 社
細見綾子　❾ 1997·9·6 文
細見華岳　❾ 2012·1·1 文
細見則夫　❾ 2009·12·14 社
細谷英二　❾ 2012·11·4 政
細屋喜斎　❺-1 1604·8·6 政
細谷省吾　❽ 1944·2·1 文
細谷太郎左衛門　❺-1 1714·5·13 政
細谷千博　❾ 2011·9·21 文
細谷弥次右衛門　❺-1 1673·5·8 文
細谷琳瑞　❻ 1867·10·18 社
細山田三郎　❸ 1351·7·25 政
菩提(百済)　❶ 545·9月
菩提仙那(僊那)　❶ 751·4·22 社／760·2·25 社
保高徳蔵　❼ 1933·1月 文
帆足通俊　❸ 1285·3·27 政
牡丹花肖柏⇨肖柏(しょうはく)
法花(宋)　❸ 1294·7·12 文
墨渓(僧)　❹ 1465·3月 文
法性寺為盛　❸ 1405·11·13 文
堀田一知　❺-2 1832·3·29 政
堀田一通　❺-1 1633·1·9 社
堀田自諾　❺-2 1724·3·22 社
堀田璋左右　❼ 1899·4月 文
堀田庄三　❾ 1990·12·18 政
堀田甚左衛門　❺-1 1634·4月 社
堀田瑞松　❻ 1885·4·18 政
堀田清治　❼ 1932·5·16 文
堀田正昭　❽ 1937·11·6 政
堀田正敦　❺-2 1799·1·15 文／12·18 社／1807·6·6 政／1812·2·26 文／1832·6·16 政
堀田政一　❻ 1877·5·13 西南戦争
堀田正邦　❺-2 1753·10·4 政
堀田正亮　❺-2 1745·11·13 政／1746·1·23 政／1749·9·28 政／1750·10·1 政／1759·9·15 政／1761·2·8 政
堀田正時　❺-2 1805·7·5 政／1811·4·4 政
堀田正俊　❺-1 1667·6·8 政／1670·2·22 政／1679·7·10 政／1680·5·6 政／8·3 政／⑧·3 政／1681·1·15 政／2·25 政／5·16 政／12·11 政／1682·1·21 政／8·28 政／9·18 政／1684·8·28 政／10·10 政
堀田正虎　❺-1 1694·7·6 政／1700·1·11 政／❺-2 1728·10·7 政／10·8 政／1729·1·22 政
堀田正仲　❺-1 1683·11·12 文／1684·2·30 政／10·10 政／1685·6·22 政／1686·7·13 政／1694·7·6 政
堀田正信　❺-1 1660·9·28 政／10·9 政／1677·6·14 政／1680·5·20 政
堀田正陳　❺-2 1753·10·4 政
堀田正順　❺-2 1761·2·8 政／1787·4·19 政／1792·8·27 政／1798·11·6 政／1805·7·5 政
堀田正春　❺-2 1729·1·22 政
堀田正篤⇨堀田正睦(まさよし)
堀田正盛　❺-1 1631·是年 政／1633·3·6 政／3·23 政／1635·3·1 政／1638·3·8 政／9·17 文／1639·5·20 政／1642·7·16 政／1649·3·18 社／1651·4·20 政
堀田正休　❺-1 1661·11·3 社／❺-2 1731·7·12 政
堀田正養　❻ 1890·9·22 政／❼ 1908·3·25 政
堀田正穀　❺-2 1799·1·15 文
堀田正愛　❺-2 1836·10月 文
堀田正睦(正篤)　❺-2 1837·5·16 政／7·9 政／1841·3·24 政／1843·6月 文／❻ 1853·9月 政／1855·10·9 政／1856·10·17 政／1857·3·26 政／12·2 政／1858·1·5 政／3·1 政／4·24 政／6·23 政／1864·3·21 政
堀田正義　❼ 1909·4·17 政
堀田弥一　❼ 1936·10·5 社
堀田善衛　❾ 1998·9·5 文
堀田豊前守　❺-2 1784·1·3 社
ホッフナーゲル＝C＝J　❻ 1860·是年 社
穂積五百枝　❶ 672·6·26 政
穂積以貫　❺-2 1731·是年 文／1738·是年 文
穂積伊助　❺-1 1715·是年 文
穂積押山　❶ 512·4·6／513·6月／529·3月
穂積　老　❶ 703·1·2 政／710·1·1 政／718·9·19 政／722·1·20 社
穂積小東人　❶ 759·1·11 政
穂積重遠　❼ 1931·7·1 文／1934·12·22 文／❽ 1951·7·29 文
穂積七郎　❾ 1995·12·10 政
穂積忠彦　❾ 1997·8·14 社
穂積　保　❺-2 1804·是年 文
穂積東藤　❺-1 1695·是年 文
穂積陳重　❻ 1876·6·25 文／1881·8·31 文／1888·5·7 文／❼ 1902·5月 文／1926·4·7 文
穂積　実　❺-2 1849·4月 文
穂積虫麻呂　❶ 686·1月 政
穂積百足　❶ 672·6·26 政
穂積八束　❻ 1891·8月 文／1892·10·7 政／❼ 1896·9月 文／1906·9·14 文／1912·10·5 文
穂積山守　❶ 689·2·26 政
穂積皇子　❶ 691·1·13 政／705·9·5 政／715·7·27 政
没倫紹等　❹ 1492·5·16 社
ほての市右衛門　❺-1 1702·8·26 社
ボテリュ，アイレス　❹ 1560·是年 政
ボナ(オリエンタルホテル開業)　❻ 1872·是年 社
ボナール(仏画家)　❼ 1922·5·1 文
ボナベンツーラ，アントニオ・デ・サン　❺-1 1628·6·7 社
骨皮道賢　❹ 1468·3·15 政
ポノマリョフ(ソ連)　❽ 1945·10·31 政
ホフマン(独医師)　❻ 1870·2月 文
保房(医師)　❹ 1504·是年 文
誉津別命(皇子)　❶ 書紀·垂仁 5·10·1／垂仁 23·11·2
保村利八　❺-2 1804·是年 社

帆山唯念　❻ 1882·10·1 文
富羅母智　❶ 書紀·神功 5·3·7
ポラード(印刷師)　❻ 1874·6月 文／1876·2月 文
洞口(ほらぐち)孝治　❾ 1999·6·25 社
ホランド(ニュージーランド)　❽ 1956·5·30 政
堀　一郎　❻ 1861·12·4 政
堀　栄蔵　❾ 2005·6·9 文
堀　興昌　❺-2 1722·9·4 政
堀　景光　❷ 1186·9·20 政
堀　勝名(平太左衛門)　❺-2 1752·7·27 政
堀　吉五郎　❺-1 1606·5·26 政
堀　杏庵(敬夫)　❺-1 1635·7·22 文／1636·是年 文／1642·11·20 文
保利耕輔　❾ 1990·2·28 政／1999·10·5 政
堀　左近⇨お六(ろく)
保利　茂　❾ 1967·11·25 政／1968·11·30 政／1970·1·14 政
堀　七郎　❻ 1868·9·16 政
堀　浄栄　❺-1 1617·是年 文
堀　庄次郎　❻ 1864·9·5 政
堀　次郎四郎　❸ 1353·2·30 社
堀　真五郎　❻ 1890·10·1 政
堀　甚左衛門　❺-2 1808·4·9 政
堀　武芳　❾ 1966·1·24 政
堀　忠俊　❺-1 1610·②·2 政
堀　辰雄　❼ 1926·4月 文／1930·5月 文／1933·5月 文／1936·12月 文／❽ 1937·12月 文／1941·3月 文／1953·5·28 文
堀　達之助　❻ 1860·7·7 文
堀　親家　❷ 1180·8·17 政／1184·4·21 政
堀　親賢　❺-1 1697·3·27 政／1715·11·28 政
堀　親貞　❺-1 1673·7·16 政／1685·11·8 政
堀　親寚　❺-2 1796·5·2 政／1842·4·29 文／1843·12·22 政／1845·4·29 政／9·2 政
堀　親蔵　❺-2 1746·2·13 政
堀　親忠　❺-2 1784·7·9 政
堀　親民　❺-2 1796·5·2 政
堀　親常　❺-1 1685·11·8 政／1697·3·27 政
堀　親長　❺-2 1746·3·18 政
堀　親昌　❺-1 1672·⑥·1 政／1673·7·16 政
堀　親幸　❺-2 1784·7·9 政
堀　親良　❺-1 1627·3·16 政
堀　悌吉　❽ 1959·5·12 政
堀　藤次郎　❷ 1184·6·27 政
堀　利賢　❺-2 1836·11·8 社
堀　利雄　❺-1 1679·12·11 政
堀　利重　❹ 1599·是年 政／❺-1 1630·8·4 政／1635·11·9 文
堀　利喬　❺-2 1721·1·23 政
堀　利忠(利熙)　❻ 1854·1·22 政／6·12 政／8·27 政／10·1 政／1858·7·4 政／1860·11·6 政
堀　豊彦　❽ 1948·11·5 文
堀　直方　❺-1 1713·5·29 社／❺-2 1795·10·6 政
堀　直定　❺-1 1639·6·29 政／1641·10·16 社／1642·3·2 政
堀　直堯　❺-2 1740·2·20 政
堀　直為　❺-1 1712·2·2 社／❺-2 1740·2·20 政
堀　直太郎　❻ 1867·10·6 政
堀　直次　❺-1 1610·②·2 政
堀　直時　❺-1 1631·是年 文／1641·10·16 社
堀　直利　❺-1 1676·10·25 政
堀　直知　❺-2 1738·2·27 政
堀　直虎　❻ 1868·1·17 政
堀　直教　❺-2 1795·10·6 政
堀　直起　❺-2 1804·10·27 政
堀　直英　❺-2 1767·8·27 政
堀　直政　❹ 1598·4·2 政／1600·3月 政／6·6 関ヶ原合戦
堀　直之　❺-1 1631·9·22 社／1637·11·26 社
堀　直行　❺-1 1638·5·16 社
堀　直吉　❺-1 1676·10·25 政
堀　直寄　❹ 1590·11·4 政／1600·6·6 関ヶ原合戦／8·1 関ヶ原合戦／❺-1 1610·②·2 政／1616·7月 政／1618·4·9 政／1626·5·28 政／1639·6·29 政
堀　直依　❺-1 1667·②·28 政
堀　麦水　❺-2 1773·是年 文
堀　秀治　❹ 1590·5·27 政／1597·4·28 社／6·5 社／1598·4·2 政／1599·2·5 政／6月 政／8月 社／是年 政／1600·6·6 関ヶ原合戦／❺-1 1606·5·26 政
堀　秀政　❹ 1577·3·2 政／1578·8·15 社／12·8 政／1581·4·20 政／9·3 政／1582·6·14 政／10·6 政／10·16 政／1583·4·5 政／1584·5·1 政／10·4 社／是年 社／1585·6·29 政／⑧·21 政／⑧·25 政／9·2 社／1590·4·1 政／5·27 政
堀　秀村　❹ 1571·5·6 政
堀　寛　❾ 2010·9·12 政
堀　文左衛門　❼ 1911·2·16 社
堀　真琴　❽ 1938·3月 文
堀　正光　❹ 1578·3·5 社
堀　通周　❺-1 1679·12·4 政
堀　基　❻ 1889·11·18 社
堀　主水　❺-1 1639·4·16 政／1641·3·15 政
堀　弥太郎　❷ 1185·11·6 政
堀　之敏　❻ 1860·9·14 政
堀　吉重　❹ 1562·8·21 文
堀　慶末　❾ 2007·8·24 社
堀　愛生　❺-2 1793·9·3 文
堀　与兵衛(真澄)　❻ 1865·3月 文
堀　頼庸　❺-1 1715·11·28 政
堀　柳女　❽ 1955·1·27 文
堀　六郎　❻ 1866·7·9 政
堀井元仙　❺-2 1742·是年 文
堀井新治郎　❻ 1894·3·12 文／1895·3·12 文／❼ 1910·5·23 文
堀井専助　❺-2 1788·1·28 文
堀井利勝　❾ 1966·7·31 社
堀井裕貴　❾ 2007·11·14 政
堀井　学　❾ 1994·2·12 社／1996·1·7 社
堀井雄二　❾ 1986·5·27 社
堀井好信　❺-2 1810·是年 文
堀池宗叱　❹ 1542·3·5 文
堀池久道　❺-2 1831·是年 文／1838·是年 文
堀内岩雄　❽ 1964·10·10 社
堀内氏善　❹ 1576·是夏 政
堀内雲鼓　❺-1 1693·是年 文／❺-2 1728·5·2 文
堀内粂之丞　❺-2 1800·5·25 政
堀内敬三　❽ 1939·3·26 文／1941·5·26 文／12月 文／1942·5·27 文／1946·12·3 文／1949·1·4 文
堀内謙介　❽ 1940·7·26 政／7·31 政／8·22 政
堀内塩八　❻ 1874·2·19 社
堀内仙鶴(範斎)　❺-2 1748·⑩·21 文
堀内宗心(方合斎、四代目)　❺-2 1816·2·11 文
堀内干城　❽ 1951·5·28 政
堀内恒夫　❾ 1965·11·17 社／1966·6·22 社
堀内桃源斎　❺-2 1767·1·7 文
堀内俊夫　❾ 1987·11·6 政／2009·10·26 政
堀内正和　❾ 2001·4·13 文
堀内光雄　❾ 1989·6·2 政／1997·9·11 政
堀内元信　❻ 1875·5·27 社
堀内右京　❺-1 1648·10·13 文
堀内左京進　❹ 1551·12·2 社
堀江景忠　❹ 1567·3·18 政／1574·7·20 政
堀江景用　❹ 1488·6·5 政
堀江帰一　❼ 1921·9·17 政／1926·11·4 政
堀江鍬次郎　❻ 1859·是年 文
堀江謙一　❽ 1662·8·12 社／❾ 1989·8·30 社／1993·2·13 社／2002·5·12 社／7·17 社／2005·6·7 社
堀江宗親　❹ 1579·3·17 政
堀江貴文　❾ 2006·1·16 政／2011·4·25 政
堀江芳極(荒四郎)　❺-2 1741·4·2 政／1744·6月 政／1748·1·7 社
堀江道元　❺-2 1790·是年 文
堀江秀清　❸ 1327·1·17 政
堀江邑一　❽ 1942·9·21 政／❾ 1991·11·24 政
堀江芳之助(久保善助)　❻ 1857·11·27 政
堀江林鴻　❺-1 1691·是年 文／1693·是年 文／1694·是年 文／1697·是年 文
堀尾貫務　❼ 1921·4·24 社
堀尾忠氏　❹ 1600·8·23 関ヶ原合戦／❺-1 1603·4·18 社／1604·8·4 政
堀尾忠晴　❺-1 1604·8·4 政／1633·9·20 政
堀尾正雄　❾ 1996·12·21 文
堀尾吉晴(可晴·吉直)　❹ 1582·11·12 社／1584·3·8 政／1585·⑧·21 政／1590·3·28 政／1599·1·21 政／2·5 政／11·9 文／11·22 社／1600·5·7 政／8·1 関ヶ原合戦／❺-1 1601·4·26 政／1602·2·7 社／1611·6·17 政／是年 政
ホリオーク(ニュージーランド)　❾ 1965·6·30 政／1968·10·17 政／1970·7·6 政

堀岡七郎左衛門　❺-1 **1648**·10·20 文
堀金十郎　❺-2 **1842**·11·25 政
堀河(待賢門院女官)　❷ **1142**·2·26 文
堀川顕世　❸ **1309**·4·21 政
堀川(源)基子(西華門院)　❸ **1308**·12·2 政／**1355**·8·26 政
堀川正太郎　❼ **1897**·1·29 政
堀川新三郎　❼ **1898**·是年 社
堀川具言　❸ **1418**·11 月 政
堀川具親　❸ **1339**·12·27 政／**1340**·7·8 政
堀川具俊　❸ **1303**·10·26 政
堀川具雅　❸ **1340**·7·2 政
堀川具守　❸ **1313**·12·26 政／**1314**·12·2 政／**1316**·1·19 政
堀川弘通　❾ **2012**·9·5 文
堀川光継　❸ **1335**·9·3 政
堀川光藤　❸ **1325**·11·9 政
堀河紀子　❻ **1862**·7 月 社／8·16 政
堀川基俊　❸ **1319**·4·3 政
堀川基具　❸ **1289**·8·29 政／**1290**·3·13 政
堀川　恭　❾ **1972**·是年 文
堀河天皇(善仁親王)　❷ **1079**·7·9 政／**1083**·4·16 社／**1086**·11·26 政／12·19 政／**1107**·7·19 政、文／⑩·20 政
堀木鎌三　❽ **1957**·7·10 政
堀切善次郎　❽ **1945**·10·9 政／❾ **1979**·11·1 政
洞口孝治　❾ **1999**·6·25 社
堀口貞政　❸ **1335**·8·20 政
堀口貞満　❸ **1333**·5·18 政
堀口大学　❼ **1925**·2 月 文／**1935**·11·26 文／**1936**·4·7 文／❽ **1939**·2·18 文
堀口敏宏　❾ **1999**·8·25 文
堀越菜陽　❺-2 **1772**·8·12 文／**1778**·2·18 文
堀越二郎　❼ **1935**·1 月 政／2·4 政／❽ **1939**·4·1 政／**1957**·4 月 政
堀籠胆水　❺-2 **1835**·是年 文
堀米ゆず子　❾ **1980**·5·31 文
堀米庸三　❾ **1975**·12·22 文
堀之内久男　❾ **1989**·6·2 政
堀畑裕也　❾ **2011**·7·16 社
堀部因入　❺-2 **1719**·4 月 文
堀部魯九　❺-1 **1704**·是年 文
堀本律雄　❾ **2012**·1·14 社
堀本礼造　❻ **1882**·7·23 政
ボルキア(ブルネイ)　❾ **2007**·6·18 政
ボルゲス, マノエル　❺-1 **1633**·7·12 社
ポルスブルック·ファン　❻ **1865**·9·13 政／**1866**·12·7 政／**1867**·3·5 政／5·20 政／**1868**·1·15 政／2·30 政／9·27 政
ホルマン(セロ)　❼ **1923**·4·18 文
ホルランド(英)　❻ **1894**·7·25 日清戦争
ボロテール夫人(英)　❻ **1862**·8·21 政
ホロヒチニーカノフ, イワン　❺-2 **1769**·是年 政
ホロビッツ, ウラジミール　❾ **1983**·6·11 文
ホワイトテリー(英、ホイットリーと同一人か)　❻ **1865**·10·21 社
本阿弥　❸ **1380**·10·23 文
本阿弥光悦　❺-1 **1606**·11·11 文／**1608**·5 月 文／**1615**·是年 文／**1619**·7·5 文／12·27 文／**1627**·10 月 文／**1629**·6 月 文／**1633**·9 月 文／**1636**·9 月 文／**1637**·2·3 文
本阿弥光作　❺-1 **1619**·是年 文
本阿弥光室　❺-1 **1622**·7·20 文／**1625**·11·26 文
本阿弥光徳　❹ **1594**·6·14 文
本阿弥光甫　❺-1 **1682**·7·24 文
本阿弥光宝　❺-1 **1619**·是年 文
本阿弥日洲　❾ **1996**·7·13 文
本阿弥又三郎　❺-1 **1615**·6·29 文
本阿弥妙本　❸ **1353**·4·3 社
本因坊察元(日義)　❺-2 **1765**·11·17 文／**1770**·11·17 文
本因坊算悦　❺-1 **1633**·8·11 文／**1635**·12·1 文
本因坊算砂(日海、棋士)　❹ **1582**·6·1 文／**1588**·⑤·18 文／❺-1 **1603**·4·19 文／**1607**·2·8 文／**1608**·1·10 文／是春 文／**1610**·9·9 文／**1612**·2·13 文／3·3 文／**1613**·3·1 文／**1616**·4·9 文／**1618**·5·16 文／**1623**·5·16 文
本因坊秀栄(十七代目)　❻ **1886**·7·29 文／❼ **1904**·8·21 文／**1906**·6·8 文
本因坊秀哉　❼ **1908**·2·27 文／**1926**·9·27 文
本因坊秀策　❻ **1862**·8·10 文
本因坊道策(四代目)　❺-1 **1669**·⑩·20 文／**1670**·10·17 文／**1682**·4·11 政／4·26 文／**1701**·3·26 文
梵賀(僧)　❹ **1480**·5·16 政
本覚大師⇨益信(やくしん)
ホンカン, マルセロ=ティ　❼ **1933**·4·8 政
梵信(僧)　❸ **1431**·6·28 政
本暁房霊果(僧)　❷ **1279**·6·25 政
本空(僧)　❸ **1383**·7·17 社
梵継(僧)　❸ **1437**·9·8 政
梵慶(僧)　❹ **1493**·6·6 政
梵桂(僧)　❸ **1441**·5·25 政／❹ **1463**·6·28 文
ボンゴ(ガボン大統領)　❾ **1975**·7·3 政
本光⇨以心崇伝(いしんすうでん)
本好(僧)　❺-2 **1721**·6·12 社
本郷意伯　❺-1 **1634**·11·19 社
本郷織部　❺-1 **1634**·11·19 社
北郷数久　❹ **1494**·是春 政
本郷かまと　❾ **2002**·3·18 社／**2003**·10·31 社
本郷元朝　❺-1 **1666**·11·28 文
本郷貞泰　❸ **1351**·2·17 政／8·5 政
本郷　新　❽ **1944**·12·17 文／**1959**·5·9 文／**1962**·是年 文
北郷将監　❹ **1547**·12·13 政
本郷善九郎(本郷村)　❺-2 **1773**·4·1 社
北郷忠相　❹ **1520**·7·6 政／**1522**·4·4 政／**1524**·5·5 政／**1526**·5·20 政／9·4 政／**1528**·5·1 政／**1529**·12·28 政／**1532**·11·27 政／**1534**·①·6 政／**1535**·8·14 政／**1536**·2·25 政／12 月 政／**1538**·1·4 政／7·27 政／**1542**·8·20 政／**1543**·5·10 政／**1549**·11·24 政
北郷忠親⇨島津(しまづ)忠親
北郷忠虎　❹ **1583**·3·29 政
北郷忠通　❸ **1394**·2·17 政
北郷忠能　❹ **1599**·7·13 政
北郷時久　❹ **1558**·3·19 政／**1566**·5·18 政／**1585**·10·7 政
北郷敏久　❹ **1484**·11·14 政
本郷知久　❸ **1412**·9·25 政
北郷尚久　❹ **1523**·11·8 政
本郷長泰　❺-1 **1656**·6·5 政
北郷久家　❹ **1522**·4·4 政
北郷久利　❹ **1530**·是年 政
北郷久秀　❸ **1394**·2·17 政
北郷久加　❺-1 **1640**·7·25 社／**1642**·1·14 社
本郷房太郎　❼ **1931**·3·20 政
本郷正豊　❺-1 **1709**·是年 文
本郷政泰　❹ **1511**·3·24 政
本郷泰光　❸ **1336**·1·18 政
北郷弥内　❺-1 **1678**·3·29 社
北郷誼久(よしひさ)　❸ **1376**·12 月 政／**1377**·2·28 政／**1394**·2·17 政
北郷義久(誼久)　❹ **1477**·4·16 政
北郷弥惣右衛門　❺-1 **1666**·9·28 社
梵高(遣朝鮮使)　❹ **1463**·7·14 政
梵光一鏡(僧)　❷ **1279**·6 月 政
本澤清右衛門　❺-1 **1681**·是年 政
品治部広耳　❶ **757**·4 月 社
品治部真金　❶ **801**·6·27 社
ほん祝(茶会)　❹ **1549**·2·12 文
本叔都寺(僧)　❹ **1461**·3·27 政
梵珣(僧)　❸ **1408**·4·21 社
梵舜(僧)　❹ **1590**·6·3 文／**1593**·4 月 文／**1595**·9·13 文／**1597**·5·26 文／❺-1 **1603**·9·3 社／**1605**·4·13 文／9·2 社／**1608**·4·3 文／**1613**·3·15 文／**1616**·5·3 社／**1632**·11·18 社
本庶　祐　❾ **2000**·11·6 文
本浄(僧)　❸ **1375**·7·27 社
本庄顕長　❹ **1569**·3·26 政
本城　格　❾ **1991**·5·27 文
本庄喜介　❺-1 **1641**·4·26 政
本庄(本城)繁長　❹ **1568**·3·13 政／5·4 政／6·2 政／7·10 政／**1569**·1·9 政／3·26 政／**1577**·⑦·23 政／**1582**·5·3 政／**1588**·12·9 政／**1600**·11·3 関ヶ原合戦
本庄　繁　❼ **1931**·9·18 政／❽ **1945**·11·19 政／11·20 政
本庄資俊　❺-1 **1699**·8·16 政／**1702**·9·12 政／**1709**·7·24 社／❺-2 **1723**·7·14 政
本庄資訓　❺-2 **1723**·7·14 政
本庄宗緩(実乃)　❹ **1547**·4 月 政／**1554**·3·13 社
本庄宗慶　❼ **1924**·12·26 文
本荘(本城)常光　❹ **1543**·5·7 政／**1558**·9·3 政／**1562**·6·8 政／11·5 政
本庄時長　❹ **1507**·9 月 政
本城　一　❹ **1486**·1·17 政／**1493**·1·11 政
本庄(本城)秀綱　❹ **1578**·10·24 政／**1580**·4·22 政

本庄房長　❹ 1489·4·18 政／1493·8·15 政／1531·8·20 政
本庄巳之助　❺-2 1781·2·17 社
本庄宗発　❺-2 1826·11·23 政／1828·11·22 政／1831·5·25 政／1840·9·18 政
本荘宗城　❸ 1379·2·29 政
本庄宗資　❺-1 1692·11·11 政／1699·8·16 政
本庄宗武　❻ 1868·1·10 政
本庄宗允　❺-2 1816·6月 政
本庄宗秀　❻ 1862·6·30 政／1864·8·18 政／1865·1·17 政／1866·5·9 政／1873·11·20 政
本庄茂平次　❺-2 1846·8·6 社
本庄氏⇨桂昌院(けいしょういん)
本盛(僧)　❺-1 1683·5·18 社
梵勝(僧)　❸ 1455·2·28 政
本松斎一得　❺-2 1820·1·1 文
梵靖都寺(僧)　❹ 1461·3·27 政
梵節(僧)　❸ 1402·是年 文
梵倉(僧)　❸ 1429·9·3 政
本多顕直　❺-1 1631·是年 政
本田　存　❼ 1923·11·1 社
本田伊織　❺-2 1823·4·22 政
本田　功　❽ 1944·4月 文
本多猪四郎　❽ 1954·11·3 社／❾ 1993·2·28 文
本多市郎　❽ 1949·2·16 政／1952·10·30 政
本田氏親　❸ 1377·9月 政
本多勝一　❽ 1963·7·1 文
本多勝行　❺-1 1639·3·3 政
本田兼親　❹ 1487·11·26 政／1522·8·5 政／1526·5·20 政／1530·是年 政
本多刑部　❺-1 1694·1月 政
本多錦吉郎　❻ 1889·6·16 文／❼ 1921·5·26 文
本田啓吾　❾ 1969·4·15 社
本田圭佑　❾ 2010·6·10 社
本多月楽　❺-2 1746·是年 文
本多健一　❾ 2011·2·26 文
本多源五右衛門　❺-1 1694·1月 政
本田幸介　❼ 1930·4·20 文
本多光太郎　❼ 1916·4·1 文／1918·2·22 社／1922·5·4 文／8·9 文／❽ 1937·2·14 文／4·28 文／1949·5·2 社／1954·2·12 文／❾ 1985·4·18 社
本多光彬　❺-2 1751·7·10 政
本田重親(島津氏之の将)　❸ 1377·2·28 政
本田董親(島津忠広の将)　❹ 1542·③月 政／11·13 政／1548·5·24 政／8·30 政／9·9 政／10·9 政
本多重次(作左衛門)　❹ 1563·是秋 政／1565·3·7 政／1568·12月 社／1577·8·12 政／1582·3·5 政／8·14 政／1589·7·7 政／1590·4·1 政／1596·7·16 政
本田重経　❸ 1435·10·14 政
本多重益　❺-1 1694·12·26 社／1695·3·22 政
本田　茂　❾ 1993·6·29 政
本田次作(治作)　❼ 1911·是年 社
本多七左衛門　❺-1 1681·6·22 政
本多秋五　❾ 2001·1·13 文
本多重平　❼ 1934·11·16 社
本多助受　❺-2 1774·2·5 政
本多助盈　❺-2 1774·2·5 政
本多助芳　❺-1 1699·6·13 政／❺-2 1717·2·11 政／1725·4·14 政
本田清兵衛　❺-2 1824·是年 文
本多静六　❻ 1893·5月 社／❽ 1952·1·29 文
本田宗一郎　❽ 1946·是年 政／1948·9·1 政／❾ 1991·8·5 政
本田武史　❾ 2003·2·15 社
本田竹広　❾ 2006·1·12 文
本多忠粛　❺-2 1777·5·8 政
本多忠興　❺-2 1766·7·15 政
本多忠顕　❺-2 1790·8·26 政
本多忠寿　❺-2 1787·7·17 政／1790·4·16 政
本多忠勝(平八郎)　❹ 1585·5月 政／1590·2·2 政／4·26 政／6·25 政／8·15 政／1593·是年 政／1600·8·4 関ヶ原合戦／8·23 関ヶ原合戦／9·14 関ヶ原合戦／9·27 関ヶ原合戦／11·3 関ヶ原合戦／❺-1 1601·2月 政／1609·4·8 政／1610·10·18 政
本多忠国　❺-1 1679·4·24 政／6·26 政／1682·2·12 政／1703·10·28 社／1704·3·21 政
本多忠相　❺-1 1657·2·11 政
本多忠純　❺-1 1631·12·13 政／❺-2 1732·是年 文
本多忠孝　❺-1 1704·3·21 政／5·28 政／1707·12·1 社／1709·9·21 政
本多忠民　❻ 1856·8·23 政／1857·8·11 政／1858·6·26 政／1860·6·25 政／1862·3·15 政／1864·10·13 政
本田忠親　❸ 1390·6·12 政／1398·6·1 社
本多忠次　❺-1 1700·5·8 政
本多忠常　❺-1 1695·10·15 政／1709·4·17 政
本多忠典(ただつね)　❺-2 1777·5·8 政／1790·8·26 政
本多忠烈　❺-2 1722·11·1 政／1723·12·6 政／1767·⑨·16 政／1769·11·18 政
本多忠刻　❺-1 1616·9月 政／1626·5·7 政
本多忠利　❺-1 1623·9·25 政／1645·2·10 政／1700·5·8 政
本多忠粛(ただとし)　❺-2 1777·5·3 政
本多忠朝　❺-1 1601·2月 政／1615·5·7 大坂夏の陣
本多忠直　❺-1 1709·4·17 政
本多忠央　❺-2 1749·2·6 政／1758·10·28 政
本多忠永　❺-2 1760·10·13 政
本多忠徳　❺-2 1845·7·5 政／❻ 1853·6·18 政／1855·3·16 政／1856·10·20 政
本多忠晴　❺-1 1702·6·10 政／1715·4·12 政
本多忠敞　❺-2 1759·1·15 政／7·10 政
本多忠英　❺-1 1679·6·26 政
本多忠平　❺-1 1681·7·27 政／1685·6·22 政／1695·10·15 政
本多忠京(忠奝)　❺-2 1766·7·15 政／1777·5·8 政／1803·1·22 政
本多忠政(平八郎)　❹ 1600·8·24 関ヶ原合戦／❺-1 1609·4·8 政／1614·10·6 大坂冬の陣／12·21 大坂冬の陣／1615·5·6 大坂夏の陣／1617·7·14 政／1618·是年 政／1626·5·7 政／是年 文／1631·8·10 政
本多忠通　❺-1 1715·4·12 政
本多忠盈　❺-2 1759·7·10 政／1766·2·7 社／1767·⑨·16 政
本多忠統(猗蘭)　❺-2 1732·4·1 政／1750·11·19 政／1757·2·29 政
本多忠村　❺-2 1722·3月 政／11·1 政
本多忠如　❺-2 1746·9·25 政
本多忠義　❺-1 1639·3·3 政／1644·3·8 政／1649·6·9 政
本多忠良　❺-1 1709·9·21 政／1710·5·23 政／5月 社／12·15 政／1712·7·12 政／❺-2 1716·5·16 政／1734·6·6 政／1735·5·23 政
本田親男　❽ 1952·11·1 社
本田親貞　❹ 1585·10·7 政／1587·5·7 政
本田親尚　❹ 1529·12·28 政
本田親政　❺-1 1609·5·15 政／1611·1·17 政
本多藤内　❺-2 1721·⑦·17 社
本多利明(長五郎·三郎右衛門·北夷·魯鈍斎)　❺-2 1798·是年 文／1820·12·22 文
本多俊次　❺-1 1621·2·7 政／7月 政／1636·6·23 政／1651·4·4 政／11·25 政
本多利長　❺-1 1645·2·10 政／1682·2·22 政
本多富正　❺-1 1612·11·28 政／1630·9月 文
本多豊国　❾ 1999·4·8 文
本多成重　❺-1 1622·10·8 政
本多日生　❼ 1931·3·16 社
本多信俊　❹ 1582·6·18 政
本多信吉　❺-1 1639·7·8 文
本多紀品　❺-2 1767·9·10 政
本多紀恵　❺-2 1838·4·9 社
本多広孝　❹ 1564·6月 政／1600·10·2 関ヶ原合戦
本多正意　❺-2 1800·7·13 政
本田雅和　❾ 2005·1·12 社
本多政勝　❺-1 1638·11·20 政／1639·3·3 政／1670·7·27 文／1671·10·30 政
本多政材　❽ 1944·8·1 政
本多正純(弥八郎)　❹ 1600·是年 政／❺-1 1602·6·11 文／1605·7·28 政／9月 政／1608·10·10 政／1610·②·10 政／12·16 政／1611·7·15 政／1612·2·23 政／9·1 政／10·29 政／1614·2·2 政／7·8 政／8·6 政／9·7 政／10·1 大坂冬の陣／10·2 政／12·3 大坂冬の陣／12·8 大坂冬の陣／1615·4·22 大坂夏の陣／8·29 政／1616·4·1 政／7·6 社／10·24 社／1617·4·8 政／5月 政／9·3 政／1618·11·12 政／1619·是年 政／1621·7·18 政／⑧·3 政／1622·8·18

政／10·1 政／**1623**·10·18 政／**1624**·8月 政／**1637**·3·10 政
本多政武 ❺-1 **1637**·7·13 政
本多正武 ❺-1 **1711**·5·19 政／❺-2 **1721**·2·21 政／**1730**·7·28 政
本多政利 ❺-1 **1671**·12·13 政／**1679**·6·26 政／**1682**·2·22 政／**1693**·6·13 政
本多政朝 ❺-1 **1617**·9·18 政／**1631**·8·10 政／**1638**·11·20 政
本多政長 ❺-1 **1638**·11·20 政／**1671**·12·13 政／**1679**·4·24 政／**1686**·11月 政
本多正永 ❺-1 **1688**·11·14 政／**1696**·10·1 政／**1703**·5·3 政／**1704**·9·27 政／**1711**·4·2 政／5·19 政
本多正信(正行) ❹ **1564**·2·28 政／**1599**·是年 政／**1600**·8·24 関ヶ原合戦／9·27 関ヶ原合戦／11·3 関ヶ原合戦／❺-1 **1601**·8·24 政／12·22 政／**1602**·3·27 政／6·14 政／**1604**·1·14 社／**1605**·3·5 政／**1606**·1·25 政／**1607**·1月 政／**1608**·9·5 政／**1610**·12·24 文／**1614**·10·19 大坂冬の陣／11·18 大坂冬の陣／12·5 大坂冬の陣／**1615**·4·22 大坂夏の陣／**1616**·6·7 政
本多正矩 ❺-2 **1735**·8·17 政
本多正温 ❺-2 **1800**·7·13 政
本田雅春 ❽ **1942**·1·2 政
本多正盛 ❺-1 **1617**·4月 政
本多正訥 ❻ **1862**·11·14 文／**1863**·2·5 文
本多政遂 ❺-1 **1631**·12·13 政
本多正之 ❺-1 **1677**·3·18 政
本多正珍 ❺-2 **1735**·8·17 政／**1745**·11·29 政／**1746**·10·25 政／**1758**·9·2 政／**1786**·8·27 政
本多光重 ❺-1 **1604**·2·4 社
本田美奈子 ❾ **2005**·11·6 文
本田　実 ❽ **1947**·11·14 文／**1948**·12·3 社／**1962**·4·29 文／❾ **1990**·8·26 文
本多康明 ❺-2 **1725**·4·14 政
本多康重 ❺-1 **1601**·2月 政／**1611**·3·22 政
本多康匡 ❺-2 **1771**·8·29 政
本多康恒 ❺-2 **1747**·8·24 政／**1765**·1·25 政／**1769**·6·18 政
本多康俊 ❺-1 **1601**·2月 政／**1617**·是年 政／**1621**·2·7 政
本多康敏 ❺-2 **1719**·11·30 政／**1722**·3月 政／**1747**·8·24 政
本多康伴 ❺-2 **1765**·10·30 政／**1771**·8·29 政
本多康命 ❺-2 **1719**·11·30 政
本多康紀 ❺-1 **1614**·12·21 大坂冬の陣／**1623**·9·25 政
本多養春 ❺-2 **1764**·12·15 文
本田靖春 ❾ **2004**·12·4 文
本多安英 ❺-2 **1850**·2·29 政／8·24 社
本多康政 ❺-2 **1765**·1·25 政／10·30 政
本多庸一(徳蔵) ❻ **1874**·10·3 社／**1894**·7月 文／❼ **1912**·3·26 社
本田善郎 ❽ **1947**·7·24 社
本多良之助 ❺-2 **1840**·7·21 社
誉田屋弥右衛門 ❺-1 **1670**·是年 政
誉田別皇子⇨応神(おうじん)天皇
梵仲(僧) ❸ **1455**·2·28 政
梵超(僧) ❸ **1374**·3·12 政
梵盪(僧) ❸ **1368**·1·17 政
本堂茂親 ❺-1 **1602**·9·26 政
本名　武 ❾ **1972**·7·7 政
炑日比子 ❶ **671**·1月 文
ポンピドー(仏) ❽ **1964**·4·6 政／**1974**·4·5 政
ポンペ，ファン＝メーデルフォールト(オランダ医師) ❻ **1856**·8月 文／**1857**·8·4 政／9·26 文／**1858**·3·15〜18 政／**1859**·2·9 政／8·13 文／是年 文／**1862**·9·10 文
本間一夫 ❾ **2003**·8·1 文
本間権三郎 ❺-2 **1724**·10·28 社
本間佐兵衛 ❺-1 **1657**·1·5 社
本間重直 ❹ **1518**·7·10 政
本間俊太郎 ❾ **1993**·9·27 政／**1997**·3·21 政
本間資貞 ❸ **1333**·2·22 政
本間精一郎 ❻ **1862**·⑧·20 政
本間高統 ❹ **1584**·8·22 政
本間鉄五郎 ❺-2 **1767**·10·9 政
本間寅雄 ❾ **2006**·1·4 文
本間長治 ❻ **1893**·1·28 社
本間長世 ❾ **2002**·10·30 文／**2012**·9·15 文
本間秀高 ❹ **1582**·4·24 政
本間雅晴 ❽ **1946**·4·3 政
本間光丘(久治·友治郎·久四郎·四郎三郎) ❺-2 **1758**·是年 社／**1776**·10月 政／**1781**·5月 政
本間光則 ❻ **1893**·1·28 社
本間元忠 ❷ **1227**·6·30 政
本間頼長 ❸ **1435**·2·30 政
本間近江守 ❹ **1478**·3·20 政
本間三河守 ❹ **1589**·6·16 政
梵明(朝鮮使僧) ❸ **1394**·7·13 政／**1397**·10·1 政
本目親信 ❺-1 **1704**·5·3 文
本望信人 ❾ **2007**·5·3 社
品誉(僧) ❺-1 **1651**·慶安年間 社
梵良(僧) ❹ **1543**·是年 政
本理院⇨鷹司孝子(たかつかさたかこ)
本良(僧) ❺-2 **1743**·是年 文
梵鏐(僧) ❸ **1368**·1·17 政
梵齡(僧) ❸ **1423**·11·20 政／**1424**·1·1 政／9月 政／**1432**·5·4 政

ま

馬　栄宇⇨中山太郎兵衛(なかやまたろうべえ)
馬　喜富(琉球) ❺-1 **1612**·9·9 政
馬　元馭 ❺-1 **1705**·是年 文
馬　勝連 ❺-1 **1626**·1·3 政
馬　審礼 ❹ **1487**·12·3 政
馬　占山 ❼ **1932**·2·16 政
麻　勃都(琉球) ❹ **1490**·3·29 政
馬　良弼(琉球) ❹ **1580**·10·29 政
マーガレット(英王女) ❾ **1969**·9·26 政
マーシャル(生麦事件) ❻ **1862**·8·21 政
マーシャル，ジョージ(米) ❽ **1945**·6·18 政／**1951**·6·8 政
マータイ(ケニア) ❾ **2005**·2·16 政
マーダバン，ナイル，アイヤパンピライ ❾ **1990**·4·22 政
マーテル，チャーリー ❾ **2012**·5·5 社
摩阿姫 ❺-1 **1605**·10·13 政
マーフィー(米) ❽ **1952**·4·16 政／4·28 政／**1953**·1·5 政
マーホフ(牧師) ❻ **1859**·是年 社
毎　歩(琉球) ❸ **1398**·3·1 政
邁　益紗(琉球) ❹ **1543**·是年 政
マイオール(ロシア) ❻ **1868**·9·16 政
マイオリカ，ジロラモ(宣教師) ❺-1 **1622**·是年 社
舞木持広 ❸ **1440**·1·13 政
マイク正岡 ❾ **1991**·6·26 政
マイソル(オランダ) ❻ **1861**·3·28 政
蒔田　貞 ❺-2 **1844**·是年 文
蒔田久勝 ❹ **1584**·11·20 社
真板康貞 ❸ **1402**·是夏 社
米谷美久 ❽ **1959**·10月 社
舞鶴駒吉 ❻ **1859**·是冬 社
昧部広河 ❶ **815**·7·20 文
舞舞幸鶴大夫 ❹ **1578**·7·20 文
舞舞大夫 ❹ **1588**·12·18 文
舞舞与三 ❹ **1593**·4·16 文
マイヤー(米) ❾ **1969**·6·24 政／**1971**·6·3 政
マイヨール，ジャック ❾ **2001**·12·23 社
マウリシモ(オランダ) ❺-1 **1612**·10·8 政
前　大峰 ❾ **1977**·6·8 文
前　登志夫 ❾ **2008**·4·5 文
前新　透 ❾ **2012**·4·6 文
前尾繁三郎 ❽ **1949**·1·23 政／**1957**·7·10 政／❾ **1966**·8·1 政／**1968**·11·1 政／11·27 政／**1971**·7·5 政
前岡力雄 ❻ **1869**·1·5 政
前川国男 ❽ **1947**·5·25 文／**1949**·2月 文／**1955**·6·1 文／**1961**·4·7 文／❾ **1968**·5·28 文／**1986**·6·26 文
前川佐美雄 ❾ **1990**·7·15 文
前川誠郎 ❾ **2010**·1·15 文
前川太郎兵衛 ❼ **1896**·2·15 政
前川千帆 ❽ **1960**·11·17 文
前川暢夫 ❾ **2012**·12·2 文
前川春雄 ❾ **1986**·4·7 政／**1987**·4·23 政／**1989**·9·22 政
前川博之 ❾ **2009**·7·28 社
前川文太郎 ❺-2 **1845**·是年 社
前川雄寿 ❺-2 **1739**·10·1 文
前沢篤助 ❽ **1950**·1·20 社
前嶋信次 ❾ **1983**·6·3 文
前島武夫 ❽ **1939**·10·20 政
前島延行 ❾ **1966**·5·28 社
前島秀行 ❾ **2000**·2·10 政
前島寅之助 ❺-2 **1789**·10·2 政
前島　密 ❻ **1870**·5·10 社／**1881**·10·11 政／**1882**·3·14 政／12·17 文／**1888**·3·21 社／**1889**·6月 文／❼ **1896**·11·19 政／**1900**·4·16 文

／1919·4·27 政
前田和橋(柄井川柳、九代目)　❼ 1904·4·11 文／11·20 文
前田　一　❾ 1978·5·2 政
前田　愛　❾ 1987·7·27 文
前田敦子　❾ 2012·8·24 文
前田勲男　❾ 1994·6·30 政
前田犬千代⇨前田利家(としいえ)
前田雲洞　❺-2 1819·8·6 文
前田慧雲　❼ 1930·4·29 社／是年 文
前田下学　❻ 1890·10·3 政
前田一雄　❾ 2011·6·29 政
前田和浩　❾ 2009·3·22 社
前田佳都男　❾ 1972·12·22 政
前田寛治　❼ 1923·是年 文／1925·是年 文／1930·4·16 文
前田完治　❾ 2011·3·29 文
前田菊姫　❹ 1583·8·21 文／1584·8·21 政
前田吉兵衛　❻ 1853·6·8 社
前田久八　❼ 1896·7·4 文
前田清照　❻ 1889·11·16 社
前田九一　❺-1 1635·9·19 文
前田玄以　❹ 1583·1·11 社／5·21 政／6·25 政／9·5 政／10·19 社／11·18 社／12·19 社／1584·1·11 社／2·12 社／8·3 社／10月 社／1585·12·13 社／1586·3·5 社／1587·3·9 社／1589·2·15 社／3·7 政／4·28 社／9·25 社／1590·10月 社／12月 社／1591·8·3 社／1592·1·28 文／1593·1·9 社／3·15 文禄の役／3·15 社／9·6 文／1594·3·20 政／1595·7·3 政／8·5 政／1596·8·3 社／1597·1月 社／1598·3·11 社／5月 社／8·5 政／9·18 社／10·8 慶長の役／1599·2·2 政／3月 社／7·12 文／1600·1·25 文／2月 社／3·5 社／5·7 政／7·17 関ヶ原合戦／7·29 関ヶ原合戦／❺-1 1602·5·7 政
前田憲一　❾ 1995·10·14 文
前田憲舒　❺-1 1673·是年 文
前田玄道　❻ 1858·是年 文
前田直作　❺-1 1686·11月 政
前田茂勝　❺-1 1602·5·7 政／1608·6月 政
前田重教　❺-2 1771·4·23 政／1785·8·22 政
前田重熙(利安)　❺-2 1746·12·12 政／1750·2·14 政／1753·4·12 政／10·25 政
前田定右衛門　❺-1 1712·6·19 政
前田真三　❾ 1998·11·21 文
前田図南　❺-1 1709·是年 文
前田誠一　❻ 1870·1·14 政
前田清次　❼ 1907·8·14 社
前田青邨　❼ 1911·是年 文／1915·10·11 文／1916·9·10 文／1917·9·10 文／1927·9·3 文／1929·9·3 文／1930·1·25 文／1936·2·25 文／6·12 文／❽ 1944·7·1 文／1947·9·1 文／1954·10·2 文／1955·11·3 文／1959·9·1 文／1960·5·28 文／1963·3·20 文／1964·9·1 文／10·26 文／❾ 1966·是年 文／1967·9·1 文／1968·11·14 文／1969·9·1 文／1970·9·1 文／1977·10·27 文
前田孝貞(孝憲)　❺-1 1686·11月 政
前田隆志　❾ 1995·6·18 社
前田孝行　❺-1 1686·11月 政
前田武彦　❾ 1969·10·7 社／2011·8·5 文
前田多門　❽ 1945·8·18 政／10·9 政／1946·5·7 政／1952·8·1 文／1955·9·30 社／11·11 政／1962·6·4 政
前田竹房斎(二代目)　❾ 1972·是年 文
前田長吉　❽ 1943·6·6 社
前田綱紀(綱利)　❺-1 1645·4·5 政／1658·7·26 政／1663·3月 文／1665·7·29 政／1669·3·25 政／1670·5·25 政／1671·12月 文／1680·11·27 文／1682·是年 文／1685·11月 文／1686·8·15 文／1687·5·3 文／1689·8·9 政／1691·2·17 文／1692·9·21 政／1695·2·12 政／1696·5·16 文／1702·4·26 政／❺-2 1718·12·3 社／1719·9·11 文／1723·5·9 政／1724·5·9 政
前田恒彦　❾ 2009·5·26 社／2010·12·24 政
前田鉄之丞　❻ 1863·10·18 文
前田鉄之助　❽ 1944·3月 文
前田　享　❼ 1911·10·5 政
前田利明　❺-1 1660·4·21 政／1692·5·13 政
前田利章　❺-2 1737·9·7 政
前田利精　❺-2 1778·5·25 政／1782·8·21 政
前田利見(重靖)　❺-2 1753·4·12 政／10·5 政
前田利家(犬千代)　❹ 1561·5·14 政／1569·10月 政／1581·3·24 政／8·21 政／10·2 政／1582·3·11 政／6·17 政／11·2 政／1583·4·22 政／4·25 政／8·29 政／1584·6·16 社／7月 社／8·28 政／9·5 政／1585·2·24 政／7·28 政／8·20 政／1587·3·1 政／6·19 政／1588·10·24 社／11·6 政／1589·是冬 政／6·16 政／7·13 政／12·5 政／1590·2·20 政／4·20 政／5·2 社／5·20 政／6·5 政／9·15 政／1591·5·24 社／11·3 社／1592·1·2 文／2月文禄の役／3·16 文禄の役／6·2 文禄の役／1593·3·2 政／4·7 社／5·24 社／8月文禄の役／⑨·28 政／10·5 文／11月 政／1594·2·30 社／4·7 政／7月 社／9·28 政／10月 社／1595·7·20 政／1596·1·13 文／4·10 社／8·1 文禄の役／1597·7·9 社／11·13 文／1598·4·20 政／6·3 社／7·15 政／8·5 政／8·25 慶長の役／9·3 政／10·15 慶長の役／10·15 社／11·12 慶長の役／1599·1·19 政／2·5 政／3·11 政／③·3 政
前田利興　❺-1 1706·4·19 政／❺-2 1724·7·18 政
前田利定　❼ 1922·6·9 政／1924·1·1 政／❽ 1944·10·2 政
前田利高　❺-1 1709·4·12 政
前田利隆　❺-2 1724·7·18 政
前田利物　❺-2 1782·8·21 政
前田利次　❺-1 1639·6·20 政／1674·7·7 政
前田利嗣　❼ 1900·6·14 政
前田利常(利光)　❺-1 1601·9·30 政／1607·是年 政／1614·1·26 社／12·4 大坂冬の陣／1615·1·19 大坂夏の陣／5·7 大坂夏の陣／1616·4·1 政／是年 社／1618·2月 社／1619·7·13 社／1624·是年 社／1629·4·26 政／1631·11·25 政／1632·5·24 政／1633·4月 社／1639·6·20 政／1646·8·1 文／1648·3月 文／1658·10·12 政
前田利与　❺-2 1762·9·4 政／1773·6·1 文／1775·5·20 社／1777·11·8 政／1794·8·22 政
前田利直　❺-1 1692·5·13 政
前田利長(利勝)　❹ 1584·9·11 政／1585·8·20 政／1587·4·1 政／1588·5·23 社／1588·10·1 社／1590·2·20 政／1591·4·27 社／1593·4·1 文／1597·10·7 社／1598·4·20 政／8·8 政／1599·8·28 政／10·3 政／11·3 政／1600·5·17 政／6·6 関ヶ原合戦／8·1 関ヶ原合戦／8·3 関ヶ原合戦／12·10 社／❺-1 1601·1·28 社／5·17 社／9·30 政／1602·1月 政／5·4 政／12·7 社／1604·是年 社／1606·5·7 社／1607·3·2 社／1612·4·18 社／5·8 社／1613·是春 社／是年 社／1614·5·20 政／1630·是年 文
前田利謙　❺-2 1787·8·7 政
前田利治　❺-1 1639·6·20 政／1660·4·21 政
前田利久　❺-2 1777·11·8 政／1787·8·7 政
前田利政　❹ 1600·8·3 関ヶ原合戦
前田利昌　❺-1 1709·2·16 政
前田利益　❺-1 1605·11·9 政
前田利道　❺-2 1737·9·7 政／1778·5·25 政
前田利光⇨前田利常(としつね)
前田利保　❺-2 1836·9·25 文／1839·是年 文／1841·是年 文
前田利安⇨前田重熙(しげひろ)
前田利幸　❺-2 1762·9·4 政
前田利義　❻ 1854·是年 文
前田留吉　❻ 1866·8月 社／1888·5月 社
前田虎雄　❼ 1933·7·10 政
前田直勝　❺-1 1673·2·12 政／1692·3·23 政
前田直作　❺-1 1686·11月 政
前田直親　❺-1 1686·11月 政
前田直躬　❺-2 1734·1·1 政
前田長敦　❺-2 1769·8·10 社
前田長種　❹ 1584·6·16 政／6·23 政
前田夏蔭(健助)　❺-2 1829·是年 文／❻ 1862·12·22 文
前田斎広　❺-2 1802·3·9 政／1824·7·10 政
前田斎泰(利侯·利康·利泰)　❺-2 1827·11·27 政、文／1849·3·17 社／❻ 1863·2·13 政／8·12 政／1881·4·16 文
前田治脩(時次郎·利有)　❺-2 1771·4·23 政／1802·3·9 政／1810·1·9 政

前田半十郎　❺-2 **1801**·1月 社
前田伴次郎　❺-2 **1762**·6·21 政
前田久吉　❽ **1957**·5·8 社
前田秀樹　❻ **1892**·5·30 政
前田秀継　❹ **1584**·10月 政／**1585**·11·29 政
前田美波里　❾ **1966**·5·27 社／**1969**·是年
前田普羅(忠吉)　❽ **1954**·8·8 文
前田正男　❾ **1976**·9·15 政
前田正甫　❺-1 **1674**·7·7 政／**1683**·是年 文／**1706**·4·19 政
前田正名　❻ **1883**·2月 社／**1884**·12·26 政／**1893**·3·11 政／**1894**·4·14 政／12·1 社／❼ **1921**·8·11 政
前田又四郎　❻ **1861**·6·29 文
前田松韻　❽ **1944**·4·11 文
前田光高　❺-1 **1639**·6·20 政／9·27 社／**1645**·4·5 政
前田宗辰　❺-2 **1745**·6·12 政／7·25 政／**1746**·12·12 政
前田安勝　❹ **1590**·2·10 社／**1591**·2·17 社／**1592**·2·18 文禄の役
前田夕暮(洋造)　❼ **1905**·4月 文／**1911**·4月 文／**1924**·4月 文／❽ **1951**·4·20 文
前田　豊　❾ **1997**·1·11 社
前田陽一　❾ **1987**·11·22 文／**1998**·5·3 文
前田吉徳(又左衛門·利挙·利興·吉治)　❺-2 **1723**·5·9 政／**1745**·6·12 政／7·25 政
前田慶寧　❻ **1866**·11·7 政／**1869**·6·17 政
前田与十郎　❹ **1584**·6·16 政／6·18 政／7·3 政
前田米蔵　❼ **1931**·12·13 政／**1936**·3·9 政／❽ **1937**·2·28 政／10·15 政／**1939**·1·5 政／**1944**·7·22 政／**1954**·3·18 政
前田与平次　❹ **1584**·6·16 政／6·18 政
前田利右衛門　❺-1 **1705**·是年 社／❺-2 **1719**·7·5 文
前田　隣　❾ **2009**·2·19 文
前田林外　❼ **1903**·11月 文
前田蓮山(又吉)　❽ **1961**·9·12 政
前田信濃守　❺-2 **1791**·9月 社
前田河広一郎　❽ **1957**·12·4 文
前田山英五郎　❽ **1944**·11·10 社／**1947**·6·29 社
前野槙水　❺-2 **1731**·是年 文
前野助左衛門　❺-1 **1637**·7·1 政
前野長重　❹ **1595**·7·15 政
前野長泰(長康)　❹ **1583**·8·28 政／**1592**·6·3 文禄の役／**1595**·7·15 政
前野政長　❻ **1877**·8·23 政
前野光保　❾ **1976**·3·23 社
前野良沢(谷口·子悦·蘭化)　❺-2 **1768**·3月 文／**1771**·3·4 文／**1774**·8月 文／**1785**·8月 文／是年 文／**1789**·是年 文／**1790**·是年 文／**1791**·是年 文／**1794**·是年 文／**1803**·10·17 文
前場一也　❾ **2000**·10·18 社
前庭勝秀　❺-1 **1614**·10·22 大坂冬の陣
前場清右衛門　❺-1 **1707**·6·20 政
前波(桂田)長俊(吉継)　❹ **1562**·8·21 文／**1572**·8·8 政／**1573**·8·20 政／**1574**·1·19 政
前波吉継⇨前波長俊(ながとし)
前畑(兵藤)秀子　❼ **1929**·8·7 社／**1933**·8·20 社／**1936**·8·1 社／❾ **1995**·2·24 社
前原一誠　❻ **1862**·2·27 政／**1876**·10·28 政／12·3 政
前原誠司　❾ **2005**·9·17 政／**2009**·9·16 政／**2010**·6·8 政／9·17 政／10·16 政／10·28 政／**2012**·10·1 政
前原丸一　❾ **2010**·10·14 政
前山清一郎　❻ **1868**·5·18 政
麻加尼(琉球)　❹ **1515**·是年 政
マカパガル(フィリピン)　❽ **1964**·6·13 政
真壁氏幹　❹ **1567**·1月 政
真髪成道　❶ **881**·10·16 社
真髪部安雄　❶ **881**·3·7 社
マカリオス(キプロス)　❾ **1970**·11·4 政
勾大兄皇子(勾大兄広国押武金日尊)⇨安閑(あんかん)天皇
曲淵景忠　❺-2 **1767**·6·25 政
曲淵景漸(景衡)　❺-2 **1764**·4·18 政／**1765**·12·7 社／**1767**·12·23 社／**1769**·8·15 政／**1784**·11·17 文／**1785**·11·17 文／**1787**·6·1 政
曲淵英元　❺-2 **1758**·10·28 政
マカロフ(ロシア)　❼ **1904**·4·13 日露戦争
麻貴(明)　❹ **1597**·2·11 慶長の役／**1598**·9·21 慶長の役
牧　阿佐美　❾ **2008**·11·4 文
槇　有恒　❼ **1921**·9·10 社／**1925**·7·21 社／❽ **1956**·5·9 社／❾ **1989**·5·2 社
真木和泉　❻ **1861**·3月 政／**1864**·6·17 政／7·18 政
真木　和　❾ **1992**·5·3 社
牧　逸馬(長谷川海太郎)　❼ **1935**·6·29 文
巻　捬山　❻ **1869**·9·25 文
真木菊四郎　❻ **1865**·2·14 政
牧　圭次　❾ **2012**·2·26 政
牧　健二　❾ **1989**·7·24 文
真木貞邦　❹ **1519**·4·29 政
真木　準　❾ **2009**·6·22 文
牧　二郎　❾ **2005**·5·31 文
牧　清兵衛　❺-1 **1614**·12·16 大坂冬の陣
牧　只右衛門　❺-1 **1670**·5·21 政
牧　嗣人　❽ **1940**·11·28 文
牧　俊高　❽ **1940**·6·14 文
真木長義　❻ **1871**·5·8 政
牧　冬吉　❾ **1998**·6·27 文
牧　墨仙　❺-2 **1824**·4·8 文
牧　宗親　❷ **1182**·11·10 社
真木保臣(和泉守)　❺-2 **1852**·5·17 政
牧　勇吉　❾ **1977**·10·18 文
牧　義制　❺-2 **1850**·11·29 政
巻　菱湖　❺-2 **1843**·4·7 文
牧内良太郎　❼ **1915**·2·11 政
槇枝元文　❾ **1971**·7·26 文
牧口荘三郎　❻ **1888**·5·10 政
牧口常三郎(長七)　❼ **1930**·11·18 社／❽ **1937**·是年 社／**1943**·6·20 社／**1944**·11·18 社
牧志朝忠　❻ **1858**·9·2 政／**1862**·7·19 政
槙島昭武　❺-1 **1698**·是年 文／**1706**·是年 文／❺-2 **1717**·是年 文
真木嶋昭光　❹ **1571**·7·11 文／**1583**·3·4 政
槙島玄蕃　❺-1 **1614**·11·12 大坂冬の陣／**1615**·4·28 大坂夏の陣
マキゼンシャ(殉教)　❺-1 **1614**·6·8 社
牧田らく　❼ **1913**·8·16 文／**1916**·7·17 文
牧田　和　❼ **1924**·7·3 政
蒔田勘左衛門　❺-1 **1667**·7月 政
蒔田権之助　❺-1 **1689**·7·2 政
牧田　環　❼ **1933**·4·1 政／❽ **1937**·6·5 政／**1943**·7·6 政
蒔田広孝　❻ **1864**·4·26 政
蒔田文幸　❾ **2008**·2·1 社
牧田吉明　❾ **1982**·5·25 政
牧野明成　❺-2 **1737**·10·2 政
牧野英一　❽ **1950**·11·3 文／❾ **1970**·4·16 文
牧野織部　❺-2 **1755**·5·22 政
牧野克次　❼ **1901**·6·16 文／**1903**·6·1 文
牧野鉅野(履)　❺-2 **1814**·是年文／**1827**·10·25 文
牧野源氏　❺-1 **1622**·11·5 社
牧野惟成　❺-2 **1783**·6·12 政
牧野貞長(道五郎·沢翁·友月庵常山)　❺-2 **1749**·9·18 政／**1777**·9·15 政／**1781**·⑤·11 政／**1784**·5·11 政／**1788**·3·28 政／**1790**·2·2 政／**1792**·3·21 政
牧野貞通(貞道)　❺-2 **1742**·3·27 政／6·1 政／**1747**·3·19 政／**1749**·9·13 政
牧野貞喜　❺-2 **1792**·3·21 政
牧野成賢　❺-2 **1784**·3·12 政
牧野成熙　❺-2 **1718**·是秋 社
牧野茂敬　❻ **1868**·8·23 政
牧野周一　❾ **1975**·5·3 社
槙野周蔵　❺-2 **1783**·6·25 文
牧野昭一　❾ **2010**·6·2 文
牧野省三　❼ **1909**·12·1 社
牧野正蔵　❼ **1921**·6月 文／**1923**·4月 文／**1929**·7·25 文／**1933**·6·11 社／**1935**·9·15 社
牧野信一　❼ **1936**·3·24 文
牧野信之助　❽ **1939**·9·25 文
牧野助右衛門　❺-1 **1609**·11·16 政
牧野助左衛門　❺-2 **1818**·9·26 政
牧野隆守　❾ **1999**·10·5 政／**2008**·1·11 政
牧野武雄　❽ **1938**·2·18 文
牧野忠精(新次郎·萬亭·乾々斎)　❺-2 **1766**·6·30 政／**1792**·8·27 政／**1798**·11·6 政／12·29 政／**1801**·7·11 政／**1819**·6·25 政／**1831**·4·18 政／7·14 政
牧野忠訓　❻ **1868**·8·21 政
牧野　正　❾ **2009**·1·29 社
牧野忠貴　❺-1 **1688**·10·13 政

牧野忠敬(兵部·老之助)　❺-2 1748·6·29 政
牧野忠周　❺-2 1735·10·2 政
牧野忠辰　❺-1 1674·5·27 政／❺-2 1721·8·25 政／1722·8·6 政
牧野忠利　❺-2 1748·6·29 政／1755·7·24 政
牧野忠寿　❺-2 1721·8·25 政／1735·10·2 政
牧野忠成(忠盛)　❺-1 1616·7 月 政／1618·4 月 政／1626·5·28 政／1642·是年 政／1654·12·16 政／1674·5·27 政
牧野忠寛　❺-2 1755·7·24 政／1766·6·30 政
牧野忠雅　❺-2 1831·4·18 政／1840·1·13 政／11·1 政／1843·11·3 政／1845·7·5 政
牧野忠恭　❻ 1862·8·24 政／1863·9·5 政
牧野親成　❺-1 1652·8·11 政／1654·11·28 政／1656·1·26 社／1659·10·23 文／1661·6·3 政／1668·5·16 政／5·21 政／1677·9·23 政
牧野伝蔵　❹ 1529·5·28 政
牧野富太郎(誠太郎)　❻ 1889·2 月 文／❼ 1899·1 月 文／❽ 1953·10·1 社／1957·1·18 文
牧野富成　❺-1 1693·8·6 政
牧野虎雄　❼ 1920·是年 文／1924·10·15 文
牧野虎次　❽ 1964·2·1 社
牧野直隆　❾ 2006·7·18 社
牧野成賢　❺-2 1768·5·26 社／1780·8·8 社
牧野成貞　❺-1 1681·12·11 政／1682·1·21 政／1683·9·2 政／1689·4·25 文／1690·2·10 文／1712·6·5 政
牧野成純　❺-1 1637·11·7 島原の乱／11·16 島原の乱
牧野成綱　❺-2 1848·11·8 社
牧野成時　❹ 1505·是年 政／1506·11·12 政
牧野成央　❺-1 1707·4·26 政／1712·2·2 社／7·12 政
牧野成春　❺-1 1705·10·30 政／1707·4·26 政
牧野伸顕(是利)　❼ 1906·3·27 政／1911·8·30 政／1913·2·20 政／1918·11·27 政／1919·1·13 政／1921·2·10 政／1925·3·29 政／1935·12·26 政／❽ 1945·2·7 政／1949·1·25 政
牧野信成　❺-1 1615·是春 大坂夏の陣／1625·8 月 政／1644·3·18 政／1650·4·11 政
牧野宣成　❺-2 1783·6·12 政
牧野義珍　❺-2 1819·12·8 社
牧野英成　❺-1 1693·8·6 政／1712·2·2 社／❺-2 1724·12·15 政／1737·10·2 政
マキノ雅広　❾ 1993·10·29 文
マキノ光雄(多田光次郎)　❽ 1957·12·9 文
牧野康重　❺-1 1702·9·12 政
牧野康周　❺-2 1758·1·8 政
牧野康儔　❺-2 1800·8·26 政
牧野康長　❺-2 1800·8·26 政
牧野保成　❹ 1538·12·3 社
牧野康成　❹ 1579·9·19 政
牧野康政　❹ 1600·8·24 関ヶ原合戦
牧野康満　❺-2 1758·1·8 政
牧野良三　❽ 1940·2·2 政／1945·11·21 社／1955·11·22 政／1961·6·1 政
牧野大隈守　❺-2 1777·是年 社
牧野大和守　❺-2 1815·6·15 政
牧の方(北條時政妻)　❷ 1205·⑦·19 政
槙原寛己　❾ 1994·5·18 社
末錦旱岐　❶ 書紀·神功 46·3·1
槙村正直(安之進·半九郎)　❼ 1896·4·21 政
真喜屋実清　❺-1 1671·是年 社
牧山　武　❹ 1476·1·13 政
牧山　正　❹ 1473·1·6 政／1476·1·13 政／1477·1·15 政／1479·1·1 政／1481·1·8 政／1484·1·5 政／1486·1·17 政／1487·1·7 政／1488·1·9 政／1489·1·13 政／1490·1·10 政／1491·1·16 政／1492·2·21 政／1493·1·11 政
マキューン(米)　❽ 1962·7·17 政
間切漢那(琉球)　❺-1 1627·是年 社
莫古(百済)　❶ 書紀·神功 47·4 月
マクシミリアン，ル·メール(オランダ)　❺-1 1640·11·2 政／1641·2·5 政／6·17 政
マクスウェル(英)　❺-2 1816·7·25 政
マグダレナ，ガブリエル·デ·ラ(修士)　❺-1 1632·7·19 社
マグダレナ清田　❺-1 1627·7·7 社
マグダレナ，マリア　❺-1 1634·8 月 社
マクドナルド(米)　❺-2 1848·5·27 文
マクナマウ(世銀総裁)　❾ 1971·11·4 政
マクロアー，ロバート·B　❽ 1950·7·27 政
マクワ(アイヌ)　❺-1 1669 年·7·28 シャクシャインの蜂起
馬加(まくわ)康胤　❸ 1455·8·12 政／11·13 政
曲子光男　❾ 2011·7·19 文
真毛津(縫衣工女)　❶ 書紀·応神 14·2 月
マコ岩松(米日系俳優)　❾ 2006·7·21 文
孫九郎(仏師)　❹ 1559·是年 文
孫三郎(番匠)　❹ 1568·6·28 社
馬越喜七　❼ 1916·4 月 政
馬越恭平(化生·伍助·仁三郎)　❻ 1879·4 月 政／1881·9·1 政／❼ 1898·5·7 政／1906·3·26 社／1915·4·25 文／1933·4·20 政
孫七(問屋)　❺-1 1694·4·14 社
望古時羅(倭寇)　❹ 1590·2·28 政
孫惣(農民)　❺-2 1765·12 月 社
孫太郎(水夫)　❺-2 1771·6·16 政
孫兵衛伝蔵　❺-1 1635·是年 文
馬込為助　❻ 1870·8·27 文
馬込政義　❾ 2007·12·17 社
馬込勘解由(伝馬役)　❺-1 1606·是年 社／1638·是年 社
馬込勘解由(伝馬町名主)　❺-2 1792·5·27 社
雅明親王　❶ 926·10·19 文／929·10·23 政
正井宗味　❺-2 1717·7·17 社
正岡　容　❽ 1944·9 月 文／1958·12·7 文
正岡子規(常規·処之助·升)　❻ 1892·6·26 文／12·1 文／1895·2 月 社／❼ 1896·4·21 文／1898·2·12 文／1902·5·5 文／9·19 文／1905·1 月 文
正景(刀匠)　❺-2 1838·3 月 文
正木惣右衛門　❺-1 1682·4 月 文
正木段之進(俊允·利允·庄左衛門·団之進·太郎太夫)　❺-2 1776·4·5 社
正木千冬　❽ 1941·1 月 政
真崎長右衛門　❺-1 1615·5·22 文
正木輝雄　❺-2 1815·是年 文
正木時茂　❹ 1572·①·16 社
正木時綱　❹ 1533·7·27 政
真崎知生　❾ 2005·11·3 文
正木直彦(政吉)　❼ 1901·8·9 文／1909·1 月 文／❽ 1940·3·2 文
正木長秀　❺-2 1815·是年 文
真崎秀樹　❾ 2001·11·14 文
正木ひろし(昊)　❽ 1937·4 月 政／1944·1·20 社／❾ 1975·12·6 政
正木風状　❺-2 1750·是年 文
正木不如丘(俊二)　❼ 1926·12 月 文
正木良明　❾ 1972·7·25 政
真崎甚三郎　❼ 1931·3·20 政／1935·7·16 政／❽ 1945·11·19 政／1956·8·31 政
真崎仁六　❻ 1887·是年 文／❼ 1903·3·27 文
間崎哲馬　❻ 1863·6·8 政
真崎照郷　❻ 1888·3·30 社
正木弾正　❸ 1445·6·9 政／1446·1·27 政
正清(刀工)　❺-1 1714·2 月 文
正清(刀匠)　❺-2 1727·8 月 文
正子内親王⇨正子「せいし」内親王
正繁(刀匠)　❺-2 1792·8 月 文／1801·2 月 文
真貞王(まさだおう)　❶ 853·1·16 政
政綱(姓不詳)　❸ 1323·5·7 社
正戸豹之助　❻ 1887·9·4 文
昌俊(姓不詳)　❸ 1339·6·18 政
政長(刀工)　❹ 1506·11 月 文
雅成親王　❷ 1219·2·13 政／1221·7·24 政／1255·2·10 政
正秀(刀匠)　❺-2 1786·5 月 文／1787·2 月 文
雅仁親王⇨後白河(ごしらかわ)天皇
正広(刀工)　❸ 1399·10 月 文
正広(肥前刀工)　❺-1 1663·7 月 文／1666·6·30 文／1685·4·27 文／1689·8 月 文
正房(刀工)　❺-1 1627·6·10 文
正躬王　❶ 839·1·11 政／841·1·13 政／844·1·11 政／845·1·11 政／846·11·14 社／853·1·16 政／855·1·15 政／863·5·1 政
正路(刀匠)　❺-2 1850·2 月 文
正道王　❶ 840·1·30 政／841·6·11 政

政光(備前刀工) ❸ 1361·11月 文
正宗得三郎 ❼ 1916·10·12 文／❽ 1962·3·14 文
正宗白鳥(忠夫) ❼ 1907·2·1 文／1934·1·29 文／❽ 1945·9·27 文／1950·11·3 文／1962·10·28 文
正村一忠 ❾ 1971·2·28 文
正村竹一 ❽ 1948·是年 社／❾ 1975·10·18 社
昌谷 忠 ❽ 1945·4·11 政
正幸(刀匠) ❺-2 1790·2月 文／1798·8月 文／1801·2月 文／1805·2月 文／8月 文／1812·8月 文／1813·8月 文／1814·8月 文／1817·2月 文／1827·2月 文
正行(刀匠) ❺-2 1845·2月 文／1846·2月 文
正行王 ❶ 838·1·13 政／858·7·10 政
当世(まさよ)王 ❶ 855·8·13 政
正良(刀匠) ❺-2 1774·2月 文／1784·是年 文
正良親王⇨仁明(にんみょう)天皇
マジェット(米野球) ❻ 1872·是年 政
真境名由康 ❾ 1982·2·2 文
増岡博之 ❾ 2011·7·24 政
増子輝彦 ❾ 1994·4·15 政
真下武男 ❾ 2009·11·15 政
増田大学助 ❺-1 1608·3·15 社
増田長盛(仁右衛門) ❹ 1587·10·14 政／1590·1月 社／8·22 政／1591·8·3 社／8月 政／1592·1·28 文／6·3 文禄の役／7·16 文禄の役／1593·1·21 文禄の役／3·3 文禄の役／3·15 文禄の役／5·8 文禄の役／7·22 政／1594·3·20 政／12·11 社／1595·6·8 政／7·3 政／8·17 政／1596·8·26 政／9·7 政／1597·10·24 政／1598·1·25 政／3·11 社／8·5 政／10·8 慶長の役／1599·2·2 政／1600·5·7 政／7·12 関ヶ原合戦／7·17 関ヶ原合戦／10·2 関ヶ原合戦／1601·是年 政
真島一男 ❾ 2001·11·22 政
馬島 倜 ❼ 1930·2·1 社
摩島松南 ❺-2 1839·4·29 文／1844·是年 文
馬島瑞伯 ❺-2 1764·12·15 文
馬島友甫 ❺-2 1747·10·6 政
間島彦太郎 ❹ 1456·12·20 政
間島冬道 ❻ 1890·9·30 文
真島利行 ❽ 1949·11·3 文／1962·8·19 文
麻州(琉球) ❸ 1393·1·18 政
増井 清 ❼ 1925·4月 社
増井熊太 ❻ 1864·9·5 政
増井惣八郎 ❺-2 1823·是年 社
増井経夫 ❾ 1995·5·17 文
増井光子 ❾ 2010·7·13 文
増井弥左衛門 ❺-2 1720·1·28 政
増岡誉吉 ❻ 1870·12·26 政
増岡 浩 ❾ 2002·1·13 文
益川敏英 ❾ 2001·10·30 文／2008·10·7 文
馬杉青琴 ❼ 1910·2·23 文
馬杉復三 ❼ 1931·10月 文
真杉門太夫 ❺-1 1695·11·2 社
増子菊善 ❼ 1935·11·21 社
増子金八 ❻ 1860·3·3 政
益子九郎 ❼ 1932·5·21 文
益子内親王 ❺-2 1738·1·2 政
増澤政吉 ❻ 1873·4·15 文
増島蘭畹 ❺-2 1811·是年 文
増島六一郎 ❻ 1885·9·19 文
益頭峻南 ❼ 1909·是年 文
舛添要一 ❾ 2007·8·27 政／12·11 政／2008·8·2 政／9·24 政
増田明美 ❾ 1982·2·21 社
益田右衛門介 ❻ 1864·10·27 政／11·7 政
増田英二 ❻ 1891·7·29 文
益田王城 ❼ 1909·9·9 文
益田織部 ❺-1 1710·12·27 社
益田鶴楼 ❺-2 1751·6·3 文／1775·12·3 文
益田克徳 ❻ 1878·9·7 政／1883·11·20 政
益田兼理 ❸ 1426·7·13 政
増田甲子七 ❽ 1947·1·31 政／1948·10·19 政／1949·2·16 政／❾ 1966·12·3 政
益田兼堯 ❸ 1450·8·19 政／1452·10·26 政／❹ 1470·2·4 政／1473·5·11 政／1477·9·27 政／1479·10·26 政／1485·5·23 政
益田兼利 ❾ 1970·11·25 政
益田兼長 ❸ 1316·2·21 社
益田兼見 ❸ 1352·6·20 政／1359·5·2 政／1375·11·20 政／1383·8·10 政／1391·9·14 政
益田兼光 ❸ 1439·11·14 政
益田兼世 ❸ 1400·7·2 政
増田義一 ❼ 1897·6·10 文／1925·5·10 政
益田喜頓 ❽ 1937·9月 社／❾ 1993·12·1 文
増田金太(繁亭) ❺-2 1824·是年 社／1828·是年 社
益田遇所 ❻ 1860·3·16 文
益田香遠 ❼ 1921·1·3 文
升田幸三 ❽ 1957·7·24 社／1963·1·10 社／❾ 1991·4·5 文
増田五郎右衛門 ❺-2 1816·11·23 社
益田勤斎 ❺-2 1833·5·23 文
益田金鍾 ❶ 685·10·8 文
益田貞兼 ❹ 1461·8·28 政／1470·1·22 政／1477·9·27 政／1484·7·5 政
益田静方 ❻ 1876·12·3 政
増田重兵衛 ❻ 1873·5·4 文
増田四郎 ❾ 1997·6·22 文
益田甚兵衛(時貞の父) ❺-1 1637·10·30 島原の乱／11·8 島原の乱／12·3 島原の乱／1638·2·1 島原の乱
増田宗太郎 ❻ 1877·3·31 西南戦争
益田 孝(鈍翁) ❻ 1873·是年 政／1876·7·1 政／12·2 文／1877·12·27 政／1878·3·4 政／8·1 政／1880·8·10 社／1881·9·1 政／1882·7·14 社／1883·11·20 政／1888·1·4 文／1889·5·23 政／1893·10·14 政／1895·12·3 政／❼ 1896·11·19 政／1898·12·13 政／1909·10·11 政／1915·4·25 文／❽ 1938·12·28 政
益田鷹之助 ❻ 1861·12·4 政
益田時貞⇨天草四郎(あまくさしろう)
益田直彦 ❽ 1943·5·11 政
増田長盛(仁右衛門) ❺-1 1601·是年 政
益田縄手 ❶ 769·4·23 文
増田寛也 ❾ 2003·4·13 社／2007·8·27 政／2008·8·2 政
益田藤兼(藤包) ❹ 1563·3·25 政／1565·9·20 政
増田三男 ❾ 2009·9·7 文
益田宗兼 ❹ 1513·5·25 政／1515·1·26 政
益田元祥 ❺-1 1605·3·14 社／12·13 政
益田弥右衛門 ❺-1 1661·8月 政
増田弥五左衛門 ❺-2 1724·7·19 政
益田弥二郎 ❸ 1336·1·13 政
益田義信 ❽ 1946·6·5 文
増田吉若 ❻ 1865·7·21 政
増田礼作 ❻ 1876·6·25 文
増田大学助 ❺-1 1608·3·15 社
益谷秀次 ❽ 1948·10·19 政／1949·2·16 政／1951·7·4 政／1959·6·18 政
益戸行成 ❸ 1377·5·7 社
益富又左衛門 ❺-2 1725·是年 社
枡富安左衛門 ❾ 1995·12·15 文
マストリリ，マルチェロ・フランチェスコ(イエスズ会) ❺-1 1637·8·1 社
増永丈夫⇨藤山一郎(ふじやまいちろう)
益野王 ❶ 846·5·27 文
増原恵吉 ❽ 1964·7·18 政／❾ 1971·7·5 政／8·1 政／1972·7·7 政／12·22 政
益仁(ますひと)親王⇨崇光(すこう)天皇
増淵利行 ❾ 1982·5·25 政
増淵まり子 ❾ 2000·9·15 社
増淵 穣 ❽ 1945·12·1 社
増穂残口 ❺-2 1742·9·26 文
十寸見河東(真丈、初代) ❺-2 1725·7·12 文
十寸見河東(二代目) ❺-2 1734·3·5 文
十寸見河東(三代目) ❺-2 1745·7·21 文
十寸見河丈(九代目) ❻ 1871·3·20 文
十寸見沙洲 ❺-2 1817·10·26 文
升味準之輔 ❾ 2010·8·13 文
十寸見蘭洲 ❺-2 1731·6·25 文
益満休之助 ❻ 1867·12·25 政／1868·3·9 政／5·13 政
桝本卯平 ❼ 1919·10·4 政
升本喜兵衛 ❾ 1968·2·13 文
桝本 清 ❼ 1910·11·23 文
増本 健 ❾ 2000·11·6 文
増本 量 ❽ 1955·11·3 文／❾ 1987·8·12 文
増元るみ子 ❾ 2002·9·17 社
升屋善太郎 ❺-2 1784·2·10 社
増山三郎 ❽ 1941·2·18 文
益山四郎 ❸ 1337·6·11 政
増山正贇 ❺-2 1776·4·5 政
増山雪園 ❺-2 1840·7月 文
増山雪斎(正賢) ❺-2 1776·4·5 政／1791·是年 文／1819·1·29 文
増山正寧 ❺-2 1842·4·29 文
増山正任 ❺-2 1722·7月 文／

1742·4·7 政
増山正利　❺-1 1647·12·5 政／1659·2·3 政
増山政弥(正弥)　❺-1 1663·7·11 政／1665·10·24 政／1702·9·1 政
益之宗箴　❹ 1464·6·20 政／7·13 文
益世王　❶ 862·4·20 政
益善王　❶ 846·1·13 政
ませ(仇討)　❻ 1853·7·14 社
間瀬市右衛門　❺-2 1830·8·13 政
真世王　❶ 810·9·10 政
マゼソン(英)　❺-2 1849·④·8 政
真苑雑物　❶ 834·1·12 政
マタ, ヒル・デ・ラ(イエスズ会)　❹ 1591·12·20 社／1592·9·4 政
マタアフア(西サモア)　❾ 1968·6·17 政
又右衛門(尾崎商人)　❺-1 1646·5·17 文
末多王　❶ 479·4 月
又木元右衛門　❻ 1857·6 月 文
間武玄蕃　❺-2 1767·4·24 政
又左衛門(塩田)　❺-1 1626·是年 社
又三郎(大和)　❹ 1580·7·18 社
又三郎(魚市場)　❺-1 1643·寛永年間 社
真立王　❶ 764·1·20 政
俣野景久　❷ 1180·8·25 政
股野景尚　❷ 1183·6·1 政
俣野景平　❸ 1325·是年 社
俣野健輔　❽ 1954·3·31 政
又野誠治　❾ 2004·3·23 文
俣野中務丞　❸ 1347·11·28 政／12·14 政
俣野彦太郎　❸ 1333·2·26 政
真玉橋親方邦泰　❺-2 1846·5·15 政
全見挙章　❶ 997·是年 社
マダム・コーラ(米)　❻ 1888·12·18 社
又吉栄喜　❾ 1996·1·11 文
又吉康和　❽ 1949·3·1 政／4·5 文／5·14 文
斑島　納　❸ 1357·8·25 政
斑島　淳　❷ 1277·3·1 政
斑目泰基　❸ 1288·8·11 政
万智(百済)　❶ 662·6·28 政
町　春草　❾ 1995·11·13 文
町　資広　❹ 1469·11·12 政
町　経秀　❸ 1371·8·1 社
町　弘光　❹ 1504·6·15 政
町井徹郎　❾ 2004·10·4 社
町田　章　❾ 2011·7·29 文
町田梅之進　❻ 1877·5·30 西南戦争
町田円斎　❺-2 1775·12·24 文
町田曲江　❼ 1907·10·25 文
町田経宇　❼ 1925·10·20 政／❽ 1939·1·10 政
町田小助　❺-1 1697·4·6 社
町田新五郎⇨新門辰五郎(しんもんたつごろう)
町田　樹　❾ 2012·11·3 社
町田忠治　❻ 1895·11·15 文／❼ 1926·6·3 政／1929·7·2 政／1934·7·8 政／11·1 政／1935·1·20 政／❽ 1937·10·15 政／1944·7·22 政／1945·11·16 政／1946·11·12 政
町田東五郎　❺-2 1782·8·29 政
町田久成　❻ 1865·3·22 文／1872·8·12 文／1876·1 月 文／❼ 1897·9·13 文
町田久信　❹ 1587·5·6 政
町田久則　❺-1 1634·3·17 政／4·12 政
町田久倍　❹ 1585·10·7 政／1587·3·12 政
町田久用　❹ 1536·3·7 政
町田平吉　❻ 1884·2 月 文
町田房造　❻ 1869·6 月 社
町田宗賀　❹ 1587·是年 政
町田　康　❾ 2000·7·14 文
町野⇨三善(みよし)姓も見よ
町野鑑豊　❹ 1538·5·29 政
町野詮康　❸ 1405·5·4 政
町野市三郎　❺-1 1670·5·25 社
町野越前入道　❸ 1372·1·11 政
町野加右衛門　❺-1 1693·1·17 政
町野惣右衛門　❺-2 1751·5·24 政
町野武馬　❾ 1968·1·10 政
町野長門　❺-1 1629·1·18 社
町野持基　❸ 1413·3·29 政
町野幸和　❺-1 1616·3·16 政
町野幸宣　❺-1 1658·9·8 社
町村金五　❽ 1959·4·23 政／1963·4·17 政／❾ 1992·12·14 政
町村信孝　❾ 1997·9·11 政／2000·12·5 政／2004·9·27 政／2005·3·17 政／4·7 政／5·2 政／10·18 政／2007·8·27 政／9·26 政／2008·8·2 政／2012·9·26 政
町谷元悦　❺-2 1781·12·13 文
マチャード, ヨハネ・バプチスタ　❺-1 1617·4·18 社
マチャス小市　❺-1 1612·是年 社
マチャス七郎兵衛　❺-1 1614·2·5 社
摩仲周賀　❸ 1425·8 月 社
マチュニン(ロシア)　❻ 1875·10·2 政
末都師父　❶ 668·4·6 政
松　たか子　❾ 1999·1·2 文
松　忠敦　❺-2 1797·是年 文
松会平陵　❺-2 1813·12·6 文
松井　明　❾ 1965·3·22 政
松井一郎　❾ 2011·11·27 政／2012·9·28 政
松井石根　❽ 1937·9·15 政／1939·4·14 文／1945·11·19 政／1948·12·23 政
松井興長　❺-1 1655·是年 社
松井一美　❾ 2011·4·10 社
松井可楽　❺-2 1720·是年 文
松井菊治郎　❻ 1867·3·11 社
松井喜三雄　❾ 1969·8·21 社
松井輝星　❺-2 1845·是年 文
松井国三郎　❼ 1932·4·12 社
松井慶四郎　❼ 1924·1·1 政
松井今朝子　❾ 2007·7·17 文
松井源水(曲独楽)　❺-2 1726·12 月 社／1754·6·5 社
松井源水(曲独楽)　❻ 1867·1·7 社／6·20 社
松井源水(曲独楽、十五代目)　❼ 1907·1·26 社
松井元泰　❺-1 1713·是年 文
松井壺峰　❺-1 1684·是年 文
松井貞宗　❹ 1539·⑥·1 政
松井庄五郎　❼ 1912·8·20 社
松居松葉(松翁・真玄)　❼ 1901·10·2 文／1904·1·14 文／1908·1·14 文／1911·4·14 文／1913·1 月 文／1933·7·14 文
松井新左衛門　❺-2 1755·10 月 政
松井助宗　❸ 1338·5·27 政／7·23 政
松井図書　❺-2 1836·6 月 政
松井須磨子　❼ 1911·5·20 文／9·22 文／1914·3·26 文／1915·6·9 文／1918·11·6 文／1919·1·5 文
松井宗旦　❺-1 1693·9·17 文
松井民治郎　❼ 1901·11 月 社
松井兎睡　❺-2 1716·是年 文
松井直吉　❻ 1875·7·18 文／❼ 1911·2·1 文
松井中務　❻ 1863·8·12 政
松井　昇　❼ 1896·11·10 文
松井秀喜　❾ 2002·11·1 社／2003·1·14 社／3·31 社／7·6 社／2004·3·31 社／2006·5·11 社／2009·11·5 社
松井兵次郎　❻ 1888·1·10 社
松井宗信　❹ 1529·7·14 政／1530·5·10 政／1533·1·2 政
松井元仲　❺-2 1815·是春 文
松井守男　❾ 2004·10·27 文
松井康重　❺-1 1619·7·22 政
松井康成　❾ 2003·4·11 文
松井康英　❻ 1868·9·11 社
松井康之(新助・甚助)　❹ 1581·9·16 政／1600·2·7 政／8·4 関ヶ原合戦／8·13 関ヶ原合戦／9·9 関ヶ原合戦／9·13 政／❺-1 1601·4·11 社／1612·1·23 政
松井友閑　❹ 1575·10·21 政／1576·11·18 社／1580·1·26 文／7·17 社／1581·3·29 文／1582·6·11 社／1584·11·10 社／1586·6·14 政
松井幸隆　❺-1 1696·是年 文／1712·是年 文
松井由利夫　❾ 2009·2·19 文
松井嘉久　❺-2 1732·是年 文
松井米太郎　❽ 1946·10·16 社
松内純隆　❾ 2007·12·13 政
松内則三　❼ 1928·1·12 社
松浦亀太郎(松田和介・浦無窮)　❻ 1862·4·13 政
松浦晃一　❾ 2006·8·22 文
松浦五兵衛　❼ 1909·4·11 政
松浦佐用彦　❻ 1877·9·16 文
松浦鎮次郎　❽ 1940·1·16 政
松浦周太郎　❽ 1956·12·23 政／1964·7·18 政
松浦　直　❷ 1151·8·7 政
松浦竹夫　❾ 1998·11·22 文
松浦武四郎(北海道人)　❺-2 1845·是年 政／1846·5 月 政／1849·是年 政／❻ 1856·10·13 政／是年 文／1858·4·1 文／1863·是年 文／1888·2·10 政
松浦　剛　❾ 1994·3·25 社
松浦輝夫　❾ 1970·5·11 社
松浦豊明　❽ 1959·6·27 文
松浦信寔　❻ 1868·3·5 政
松浦寿輝　❾ 2000·7·14 文

松浦正敬　❾ 2005·4·24 社
松江維舟　❺-1 1633·是年 文／1647·是年 文／1664·是年 文／1672·是年 文／1674·是年 文
松会市良兵衛　❺-1 1654·承応年間 文
松会三四郎　❺-1 1688·是年 政
松江重頼　❺-1 1680·6·29 文
松枝久左衛門　❺-1 1677·1·29 社
松枝　一　❾ 1990·8·22 文
松江隆仙　❹ 1573·11·23 文／1581·2·13 文
松右衛門(非人頭)　❺-1 1687·3·26 社
松尾暁子　❽ 1946·8·9 文
松尾伊兵衛　❻ 1873·2·25 文
松尾卯一太　❼ 1911·1·18 政
松尾和子　❾ 1992·9·25 文
松尾克俊　❾ 2002·3·12 社
松尾儀助　❻ 1879·3·15 文／❼ 1902·1·15 文
松尾浩也　❾ 2010·11·3 文
松尾臣善　❼ 1903·10·20 政／1911·6·1 政／1916·4·8 政
松尾静磨　❾ 1972·12·31 政
松尾信太郎　❻ 1873·2·25 文
松尾宗二(茶人)　❺-1 1658·5·24 文
松尾宗二(楽只斎)　❺-2 1736·2·28 文／1749·5·11 文／1752·9·5 文
松尾宗俊(不管斎、四代目)　❺-2 1805·6·27 文
松尾　武　❾ 2005·1·12 社
松尾武雅　❺-2 1775·12·25 社
松尾忠右衛門　❺-1 1674·是年 文
松尾朝春　❼ 1930·8·26 文
松尾徹人　❾ 2003·11·30 社
松尾桃青⇨松尾芭蕉(ばしょう)
松尾トシ　❽ 1948·12·13 政
松尾敏男　❾ 2000·11·6 文／2012·11·3 文
松尾智保　❺-1 1635·3·12 政／10月 政
松尾芭蕉(桃青)　❺-1 1652·9·24 政／1672·是年 文／1676·是年 文／1678·是年 文／1681·是春 文／7·25 文／是年 文／1684·8月 文／是年 文／1685·是年 文／1686·是年 文／1687·是秋 文／10·25 文／是年 文／1688·4月 文／12·17 文／是年 文／1689·3·27 文／4·24 文／8月 文／12·25 文／是年 文／1690·4·6 文／6月 文／8·15 文／1691·4·18 文／5·10 政／9·23 文／是年 文／1692·10·3 文／1693·1月 文／7·7 文／1694·5·11 文／5月 文／7月 文／10·12 文／1704·是年 文／1709·是年 文／❺-2 1780·是年 文
松尾寿之　❾ 2010·11·3 文
松尾巳代治　❻ 1879·4月 政
松尾雄治　❾ 1992·4·4 社
松尾葉子　❾ 1982·9·14 文
松尾慶政　❷ 1227·3·24 社
松岡　剛　❻ 1882·12·1 文
松岡明義　❻ 1883·1·6 文／1890·6·22 文
松岡　功　❾ 2007·1月 社
松岡映丘(輝夫)　❼ 1904·是年 文／1912·7月 文／1916·5月 文／1921·5·8 文／1927·是年 文／1932·10·16 文／❽ 1938·3·2 文
松岡環翠　❻ 1887·7·12 文
松岡国男⇨柳田(やなぎだ)国男
松岡元知　❺-1 1708·4·4 文
松岡好一　❻ 1888·6·18 社／❼ 1921·6·29 政
松岡荒村(悟)　❼ 1904·7·23 文
松岡駒吉　❼ 1918·10·10 社／1936·1·15 社／❽ 1940·9·28 社／1945·10·10 社／1946·1·17 社／7·31 社／8·1 社／11·13 政／1948·2·21 政／1950·11·30 社／1951·3·28 社／1958·8·14 社
松岡貞子　❾ 2010·12·20 文
松岡静雄　❼ 1936·5·23 文
松岡修造　❾ 1995·6·6 社
松岡恕庵(玄達·成章·怡顔斎·苟完居·埴鈴翁·真鈴潮翁)　❺-2 1717·6月 社／1726·是年 文／1730·是年 文／1746·7·11 文／1750·是年 文／1757·是年 文／1759·是年 文／1760·是年 社／1761·11月 文／是年 文／1768·是年 文／1772·是年 社／1776·是年 文
松岡四郎次郎　❻ 1868·12·15 政
松岡千代　❼ 1906·1·31 社
松岡辰方(子弁·平次郎·梅軒·双松軒)　❺-2 1800·是年 文／1801·是年 文／1815·是年 社／1840·是年 文／1841·是年 文
松岡利勝　❾ 2006·9·26 政／2007·1·3 政／3·5 政
松岡梅軒　❺-2 1843·5·1 文
松岡盤吉　❻ 1860·1·13 万延遣米使節
松岡　寿　❻ 1869·是年 文／1871·是年 文／1878·11·11 文／1880·7·9 文／1888·10·6 文／1889·6·16 文／1892·1·16 文／7·1 文／❽ 1944·4·28 文
松岡英夫　❾ 1983·3·10 政
松岡布政　❺-2 1742·是年 文
松岡平次郎　❺-2 1802·10·23 文
松岡政保　❽ 1964·6·13 政／10·31 政／❾ 1966·3·16 政／1967·11·2 政
松岡康毅(毅之進)　❼ 1906·1·7 政／1923·9·1 政
松岡佑子　❾ 1999·12月 文／2002·10·23 文
松岡　譲　❼ 1916·2月 文
松岡洋子　❽ 1946·3·16 政
松岡洋右　❼ 1927·7·20 政／1931·1·23 政／1932·10·11 政／11·4 政／1933·2·24 政／12·8 政／1935·8·2 政／❽ 1937·10·15 政／1940·7·17 政／7·22 政／8·1 政／8·22 政／9·6 政／1941·1·20 政／2·24 政／3·12 政／4·7 政／4·13 政／4月 社／1945·11·19 政
松岡能一　❺-2 1806·是年 文／1821·是年 文
松岡　万　❻ 1863·4·14 社
マッカーサー，ダグラス　❽ 1937·1·31 政／1945·8·16 政／8·28 政／8·30 政／9·3 政／9·8 政／9·9 政／9·12 政／9·27 政／10·4 政／10·11 政／10·13 政／11·26 文／11·29 政／12·1 政／1946·1·1 政／4·30 社／5·31 政／1947·3·17 政／5·6 政／1948·1·1 政／9·1 政／1949·1·1 政／1950·6·21 政／12·5 政／1951·1·1 政／3·24 政／4·11 政／4·16 政／5·3 政／1956·12·4 政／1960·1·6 政／9·8 政／1961·7·12 政／1964·4·5 政
マッカーサー，ダグラス二世　❾ 1997·11·15 政
松風助左衛門　❺-1 1614·11·28 政
松風瀬兵徳能忠　❺-1 1715·正徳年間 社
松風正忠　❺-1 1618·是年 政
松方　巌　❼ 1927·11·29 政
松方幸次郎　❼ 1926·2·24 文／1927·7·20 政／1932·9·23 政／❽ 1950·8·24 政
松方三郎　❾ 1973·9·15 社
松方正雄　❼ 1936·1·24 社
松方正熊　❼ 1910·10·3 政
松方正義(金次郎·助左衛門)　❻ 1875·11·4 政／1879·11·5 社／1880·2·28 政／1881·10·21 政／1882·3·1 政／1885·11·11 政／12·22 政／1888·4·30 政／1889·12·24 政／1890·4·17 政／1891·1·8 政／4·9 政／5·6 政／1892·6·8 政／7·30 政／1895·3·17 政／8·27 政／❼ 1896·8·16 政／9·18 政／1897·3·3 政／10·19 政／1898·1·12 政／1901·5·5 政／1903·6·23 政／1912·8·13 政／12·2 政／1914·9·24 政／1917·5·2 政／1924·7·2 政
松川久兵衛　❻ 1870·12·15 社
松川勾当　❺-2 1751·是年 文
松川貞嗣　❶ 835·2·2 政
松河四郎太郎　❸ 1337·1·15 政
松川弁之助　❻ 1856·9·30 社
松木　薫　❾ 2002·9·17 社
松木幹一郎　❼ 1911·8·1 社
松木謙治郎　❾ 1986·2·21 社
松木広庵⇨寺島宗則(てらしまむねのり)
松木五郎兵衛　❺-1 1601·7·28 政
松木三郎五郎　❺-1 1686·7·26 政
松木重雄　❾ 2010·6·18 文
松木庄左衛門　❺-1 1639·10月 社／1652·5·16 社
松木次郎三郎(二郎三郎)　❹ 1569·10·26 社／1577·2·30 社
松木宗子(敬法門院)　❺-1 1687·3·21 政／1711·12·23 政／❺-2 1732·8·30 政
松木淡淡(伝七)　❺-2 1761·11·2 文
松木忠作　❺-1 1613·9·15 慶長遣欧使節
松木長右衛門　❻ 1878·10·28 社
松木弘蔭　❺-2 1845·是年 文
松木正守　❻ 1882·12·17 政
松木宗顕　❺-2 1726·9·15 政
松木宗條　❺-1 1700·6·24 政
松木宗量　❸ 1413·6·29 政
松木宗綱　❹ 1525·8·2 政
松木与左衛門尉(駿河御用商人)　❹ 1561·11·28 社
松木与三左衛門尉(駿河御用商人)　❹ 1565·7·3 社

真継久直　❹ 1543·3·16 社／6·11 社／1549·3月 社／1553·3月 社／1558·6·17 社
マッギー夫人(篤志看護婦)　❼ 1904·4·22 文
松倉勝家　❺-1 1630·11·11 政／1637·10·25 島原の乱／11·1 島原の乱／1638·4·12 島原の乱／7·19 島原の乱
松倉三弥　❺-1 1638·7·19 島原の乱
松倉重政　❹ 1600·7·29 関ヶ原合戦／❺-1 1608·7月 政／1616·8·24 政／1617·是年 社／1625·是年 社／1627·是年 社／1630·11·11 政／1631·6·20 政
松倉重頼　❺-1 1638·7·19 島原の乱
松倉嵐蘭　❺-1 1692·是年 文
マックロイ，ジョン　❽ 1945·6·18 政
マッコイ(米将軍)　❼ 1932·2·29 政
松坂慶子　❾ 1985·1·6 社
松坂七郎兵衛　❺-1 1661·是年 政
松坂丈左衛門　❻ 1865·8·13 政
松坂大輔　❾ 2006·11·15 社
松坂春久　❼ 1918·11·1 文
松阪広政　❽ 1944·7·22 政／1945·4·7 政／1960·1·5 政
松坂有祐　❾ 1972·5·1 社
松阪屋弥兵衛　❻ 1867·10·14 社
松崎観海(惟時·君脩·才蔵)　❺-2 1775·12·23 文
松崎キミ代　❽ 1959·3·27 社
松崎源吉　❼ 1904·1·14 政
松崎慊堂(復·明復)　❺-2 1802·是年 文／1844·4·21 文
松崎渋右衛門　❻ 1869·9·8 政
松崎純倹(柳浪)　❻ 1854·1·15 政
松崎晋二　❻ 1874·4·12 文／5月 文
松崎堯臣(白圭·観瀾·子允)　❺-2 1724·是年 文／1753·5·12 文
松崎天一(平曲)　❹ 1541·12·22 文
松崎直宗　❺-2 1845·2月 文
松崎半三郎　❼ 1917·9·1 社
松崎平吉　❻ 1875·4·16 社
松崎芳伸　❾ 1997·11·6 政
松崎吉久　❺-1 1643·12·2 社
松崎蘭谷(祐之)　❺-1 1713·是年 文／1715·是年 文／❺-2 1735·7·9 文／1799·是年 文
松崎利碩　❺-2 1719·4月 文
松澤　昭　❾ 2010·8·13 文
松澤九郎兵衛　❺-1 1677·2·4 社
松澤卓二　❾ 1997·9·8 政
松澤成文　❾ 2003·4·13 社／2007·4·8 社
松澤孫八　❺-2 1788·10·20 政
松澤雄蔵　❾ 1974·12·9 政
松澤老泉　❺-2 1820·是年 文
松重美人　❽ 1946·7·5 政／❾ 2005·1·16 文
松下井知夫　❽ 1940·8·31 文
松下樹子　❽ 1946·8·9 文
松下軍治　❼ 1912·3·15 文／1915·10·23 文
松下源太左衛門　❺-1 1671·9·7 社
松下見林(秀明·慶摂)　❺-1 1665·是年 文／1669·是年 文／1671·是年 文／1683·是年 文／1688·是年 文／1693·是年 文／1694·是年 文／1696·是年 文／1698·1月 文／是年 文／1703·12·7 文
松下幸之助　❼ 1918·3·7 政／❽ 1962·5·1 社／❾ 1979·6·21 政／1989·4·27 政／11·29 社
松下葵岡　❺-2 1823·12·13 文
松下重綱　❹ 1591·12·5 政／❺-1 1603·2·19 政／1627·10·2 政
松下重長　❺-2 1721·是年 政
松下芝堂　❾ 2009·5·25 文
松下昭永　❺-2 1767·11·17 文
松下真一　❾ 1990·12·25 文
松下真山　❺-2 1746·9·19 文
松下助左衛門　❺-2 1730·6·27 政
松下助三郎　❺-1 1671·9·7 社
松下清兵衛　❺-1 1636·6·5 社
松下大三郎　❼ 1900·12月 文／1935·5·2 文
松下忠洋　❾ 2012·6·4 政／9·10 政
松下長綱　❺-1 1627·10·2 政／1628·1·22 政／1644·4·10 政
松下正寿　❽ 1957·3·30 政／❾ 1986·12·24 文
松下正治　❾ 2012·7·16 政
松下宗之　❾ 1999·2·9 文
松下康雄　❾ 1994·11·10 政／12·17 政／12·27 政／1998·3·16 政
松下保綱　❺-2 1797·11·26 社
松下要助　❺-2 1727·8·12 政
松下龍一　❾ 2004·6·17 文
松島詩子　❽ 1938·6·27 文／1951·1·3 社／❾ 1996·11·19 文
松島栄美子　❼ 1922·4月 社
松島剛蔵　❻ 1860·7·8 政
松島寿三郎　❾ 2007·10·19 文
松嶋庄五郎(四代目)　❻ 1890·3·7 文
松嶋　岑　❾ 2002·2·12 政
松島　肇　❼ 1921·8·26 政／1922·9·4 政
松島白虹　❽ 1937·2·22 文
松島半二(初代)　❺-2 1829·4·14 文
松島茂平　❺-2 1765·10·6 文
松島親方朝常　❺-2 1814·7·15 政
松代松之助　❼ 1897·11月 社
松代柳枝　❺-2 1716·是年 文
松瀬青青　❼ 1915·11月 文／❽ 1937·10·16 文
松園茂栄　❺-2 1847·是年 文
松田幾之助　❼ 1902·1·1 文
松田岩男(中京大)　❾ 1992·2·18 社
松田岩夫(政治家)　❾ 2005·10·31 政
松田英二　❾ 1978·2·12 文
松田嘉次郎　❺-2 1795·10·19 社
松田数秀　❹ 1466·11·20 社／1485·9·21 政／1486·3·18 文／1488·10·7 政
松田克之　❻ 1884·3·27 政
松田　鼎　❻ 1864·5·22 政
松田亀七　❼ 1931·2·3 文
松田毅一　❾ 1997·5·18 文
松田亀玉　❺-2 1814·2·25 文
松田公順　❹ 1467·是年 政
松田金兵衛　❻ 1876·是年 社
松田玄玄堂　❻ 1867·11·28 文
松田源治　❼ 1929·7·2 政／1934·7·8 政／1936·2·1 政
松田元助　❺-2 1741·是年 社
松田耕平　❾ 2002·7·10 政
松田権六　❽ 1950·10·29 文／1955·1·27 文／2·15 文／1960·是年 文／❾ 1966·是年 文／1976·11·3 文／1986·6·15 文
松田定勝　❺-1 1632·6·25 政
松田貞清　❸ 1444·4·26 政
松田貞長　❹ 1469·12·30 政
松田貞秀　❸ 1372·3·18 政／1378·12·12 政／1380·10·1 文／12·15 社／1387·11·12 文
松田定平　❺-1 1646·12·1 社
松田貞寛　❸ 1452·9·9 文
松田貞康(貞頼)　❹ 1484·7·29 政
松田三左衛門　❺-1 1673·6·16 社
松田重助　❻ 1864·6·5 政
松田松黒　❺-2 1779·是年 文
松田正平　❾ 2004·5·15 文
松田仁三郎　❺-2 1803·是年 政
松田聖子　❾ 1980·4·1 社／1998·5·25 社
松田善蔵　❺-2 1739·是年 政
松田武雄　❽ 1947·7·24 社
松田丈志　❾ 2005·7·23 社／2008·6·6 社／8·9 社／2011·7·16 社／2012·7·27 社
松田竹千代　❽ 1955·3·19 政／1959·6·18 政
松田親秀　❹ 1475·6·26 政
松田直兄　❺-2 1823·是年 文
松田恒次　❾ 1970·11·15 政
松田定次　❾ 2003·1·20 社
松田伝十郎(仁三郎·元敬)　❺-2 1808·4·13 政／1809·4·9 政
松田トシ　❾ 2011·12·7 文
松田知幸　❾ 2010·8·1 社
松田直樹　❾ 2011·8·4 社
松田直久　❾ 2006·2·6 社
松田尚之　❾ 1995·3·29 文
松田長秀　❹ 1510·5·28 社／1517·8月 政
松田奈良一　❼ 1916·是年 社
松田憲秀　❹ 1590·4·5 政／6·8 政／6·16 政／7·5 政
松田彦右衛門　❺-2 1751·8·24 社
松田秀興　❹ 1478·6·20 政／1481·4·20 政
松田秀雄　❹ 1568·9·6 社
松田秀任　❺-1 1656·是年 文
松田英致　❹ 1518·7·23 政
松田正隆　❾ 1996·1·18 文
松田昌士　❾ 2002·6·21 社
松田正則　❺-1 1681·是年 文
松田正久(猪吉郎·大之進·又之輔)　❻ 1880·12·15 政／1893·7·1 政／❼ 1898·2·6 政／10·20 政／1900·10·19 政／1901·12·19 政／1903·12·3 政／1904·3·18 政／1906·1·7 政／1908·1·14 政／1911·8·30 政／1913·2·20 政／1914·3·5 政
松田誠保　❹ 1563·8·13 政／1569·9月 政
松田政行　❺-1 1606·5·27 政
松田道雄　❾ 1998·6·1 文

松田道之　❻ 1875·5·9 政／7·14 政／1878·4·28 文／12·27 政／1879·1·8 政／12·12 政／1882·7·6 政
松田光弘　❾ 2008·5·17 文
松田盛朝　❸ 1353·7·25 政
松田盛秀　❹ 1545·6·11 社／1555·1·11 社／1563·1·23 政
松田弥助　❺-2 1792·5月 社
松田康長　❹ 1590·3·29 政
松田優作　❾ 1989·11·6 文
松田義一　❽ 1946·5·30 社
松田頼康　❹ 1545·4·14 政
松田緑山　❻ 1875·2月 文
松田六右衛門　❺-1 1672·⑥·1 政
松田六郎左衛門　❺-1 1618·1·2 政
松田掃部入道　❸ 1405·10·13 社
松田修理進　❸ 1352·3·1 政
松田修理亮　❸ 1379·6·21 社
松田丹後守　❹ 1489·9·17 文
松田筑前守　❹ 1559·2·12 政
松平明矩　❺-2 1729·8·14 政／1741·11·1 政／1748·11·17 政
松平浅五郎　❺-2 1721·2·7 政／1726·11·11 政
松平　敦　❺-2 1752·是年 文
松平家清　❺-1 1601·2月 政
松平家忠　❹ 1578·7·3 社／9·18 文／1579·1·18 政／9·19 政／10·26 政／1580·2·25 文／1581·4·5 政／6·11 政／12·20 政／1583·6·22 文／1584·9·1 政／10·16 政／1587·1·21 政／1590·2·21 社／3·13 文／8·29 政／9·9 社／1591·1·2 社／3·6 社／6·27 社／1592·2·19 政／3·21 社／6·20 社／1593·1·29 政／4·16 文／9·1 文／⑨·15 文／1600·6·17 政／8·1 関ヶ原合戦
松平家次　❹ 1558·3·7 政／1563·是秋 政／1564·2·28 政
松平家信　❺-1 1601·2月 政／1635·2·28 政
松平家乗　❺-1 1614·2·19 政
松平家広　❹ 1561·是春 政
松平家康(竹千代)⇨徳川(とくがわ)家康
松平勇雄　❾ 1966·12·3 政
松平市正　❺-1 1681·8·16 社
松平一伯⇨松平忠直(ただなお)
松平右京大夫　❺-2 1777·是年 社
松平永芳　❾ 2005·7·10 社
松平織部正　❺-2 1761·1·18 政
松平上総介　❻ 1864·是年 政
松平一生　❺-1 1602·7月 政／1604·4·25 政
松平容住　❺-2 1805·7·23 政／12·27 政
松平容貞　❺-2 1731·9·10 政／1750·9·27 政
松平容詮　❺-2 1782·8·29 政
松平容敬　❺-2 1822·2·29 政／1849·4·18 政／5·14 政／❻ 1856·是年 文
松平容頌(容綏·容清)　❺-2 1750·9·27 政／1764·6·21 政／1784·3·16 政／1787·10·4 社／1788·3·24 政／1805·7·23 政
松平容衆　❺-2 1805·12·27 政／1809·4·16 文／1820·11月 政／12·28 政／1822·2·29 政
松平容大　❻ 1869·11·4 政
松平容保　❻ 1862·⑧·1 政／12·24 政／1863·2·11 政／4·11 政／8·18 政／8·19 政／10·9 文／12·30 政／1864·2·11 政／4·7 政／7·14 政／7·18 政／8·19 政／11·18 政／1865·9·13 政／10·1 政／12·22 政／1867·10·14 政／12·8 政／12·9 政／1868·1·2 政／2·4 政／9·22 政／11·2 政／1870·1·5 政／1872·1·6 政／1893·12·5 政
松平勝隆　❺-1 1635·11·9 文／1639·1·28 政
松平勝政　❺-1 1603·2·6 政／1619·8月 政／1634·10·13 政
松平勘敬　❺-2 1724·3·7 政
松平冠山(池田定常)　❺-2 1822·11·27 文
松平左京大夫　❺-1 1704·是年 社
松平清定　❹ 1539·11·27 政
松平(越智)清武　❺-1 1706·1·9 政／1707·1·11 政／❺-2 1724·9·16 政
松平清直　❺-1 1609·10·27 政
松平(世良田)清康(清秀、家康祖父)　❹ 1523·是年 政／1524·5·28 政／是年 政／1529·5·28 政／7·17 政／1530·12月 政／1531·8月 社／11·9 政／1533·11月 社／1535·12·4 政／❺-1 1641·12·12 社
松平近韶　❺-2 1845·7·5 政
松平欽次郎　❼ 1927·7·6 政
松平内蔵(信敏·大内蔵)　❻ 1867·1·2 社／6月 政
松平君山(秀雲·士瀧·弥之助·太郎右衛門·瀧吟子·富春山人·吏隠亭·群芳洞·盍簪窩主人)　❺-2 1759·1·18 社／1764·是年 文／1776·是年 文／1783·4·18 文
松平外記　❺-2 1823·4·22 政
松平月潭　❺-2 1811·9月 文
松平克平　❽ 1940·2·2 文
松平斎之助　❺-1 1672·3·19 社
松平定敬(鉞之助)　❻ 1864·4·11 政／1865·9·13 政／1867·10·14 政／12·9 政／1868·1·2 政／3·16 政／8·21 政／10·12 政／1872·1·6 政／❼ 1908·7·21 政
松平定勝　❺-1 1601·2月 政／1607·④·29 政／1617·7·14 政／1621·7月 政／1624·3·14 政
松平定静　❺-2 1765·2·11 政／1779·7·14 政
松平定邦(白河藩主)　❺-2 1770·7·12 政／1790·6·7 政
松平定国(伊予松山藩主)　❺-2 1779·7·14 政／1804·6·16 政
松平定郷　❺-2 1763·4·19 政
松平定重　❺-1 1689·1·20 政／3·2 政／1710·⑧·15 政／1712·9·7 政／❺-2 1717·10·26 政
松平定芝　❺-2 1824·6·5 政
松平定喬　❺-2 1763·3·21 政
松平定綱　❺-1 1605·12·2 政／1616·7月 政／1619·7·22 政／1633·3·23 政／1635·7·28 政／1651·12·25 政／1652·2·23 政／1659·6·23 政
松平定常　❺-2 1827·是年 文
松平定輝　❺-2 1718·9·10 政／1725·10·1 政
松平定時　❺-1 1676·8·19 政
松平定朝　❺-2 1849·是年 政
松平定知　❺-1 1649·2·28 政
松平定直　❺-1 1702·12·15 政
松平定永　❺-2 1823·3·24 政／是年 文
松平定長　❺-1 1662·1·22 政
松平定功　❺-2 1765·2·11 政
松平定信(賢丸·楽翁·花月翁·風月翁·白河楽翁)　❺-2 1774·3·11 政／1783·12·18 政／1784·是年 文／1786·⑩·6 政／1787·6·19 政／7·17 政／1788·1·2 政／3·4 政／3·22 政／5·9 政／6·9 社／6·25 政／8月 文／9·24 政／1789·3月 社／7月 政／9·1 政／11·12 政／1790·9月 文／1791·11·26 政／1792·7·15 政／8·13 政／8·30 政／10·20 政／11·17 政／11·26 政／12·14 政／1793·2月 文／3·13 政／7·23 政／1800·是年 文／1804·是年 文／1812·4·6 政／1817·文化年間 文／1821·是年 文／1826·是年 文／1827·是年 文／1828·是年 文／1829·5·13 政
松平定陳　❺-1 1676·8·19 政
松平定儀　❺-2 1725·10·1 政／1727·9·25 政
松平定教　❻ 1868·1·12 政
松平定則　❺-2 1804·6·16 政
松平定英　❺-2 1724·3·29 社
松平定房　❺-1 1635·7·28 政／1665·6·18 政／1676·6·28 政
松平定政(定次)　❺-1 1635·7·28 政／1649·2·28 政／1651·7·9 政
松平賢丸⇨松平定信(さだのぶ)
松平定逵　❺-1 1712·9·7 政／❺-2 1718·9·10 政
松平定通　❺-2 1832·5·23 政
松平定基　❺-2 1759·7·13 政
松平定休　❺-2 1763·4·19 政
松平定安　❻ 1866·11·7 政
松平(久松)定行　❺-1 1624·3·14 政／1635·7·28 政／1649·4·7 政／1651·7·9 政／1661·10月 社／1668·10·19 政
松平定良　❺-1 1652·2·23 政
松平定賢(高田藩主)　❺-2 1727·9·25 政／1741·11·1 政
松平定賢(白河藩主)　❺-2 1770·7·12 政
松平定能　❺-2 1813·是年 文
松平定剛(今治藩主)　❺-2 1824·6·5 政
松平定頼　❺-1 1662·1·22 政
松平里子　❼ 1927·2·24 文
松平三左衛門　❺-1 1647·2·18 社
松平重勝　❺-1 1616·7月 政／1619·10·20 政／10月 政／1620·12·14 政／1684·11·10 政
松平重忠　❺-1 1620·12·14 政／1622·9·26 政／1626·7·11 政
松平重次(重継)　❺-1 1648·2·16 社
松平重富　❺-2 1799·9·18 政
松平重直　❺-1 1626·7·11 政／1632·10·11 政
松平重成　❺-1 1603·2·6 政

松平重信 ❺-1 **1656**·1·12 政
松平重休 ❺-1 **1715**·8·10 政
松平重良 ❺-1 **1688**·7·27 政／**1690**·1·22 政
松平重栄 ❺-1 **1696**·10·1 政
松平重喜 ❺-2 **1768**·4·5 社
松平秀雲⇨松平君山(くんざん)
松平小吉 ❺-1 **1605**·5·26 社
松平甚三郎 ❺-1 **1623**·5·12 政
松平真乗 ❹ **1569**·9·16 政
松平資尹 ❺-2 **1765**·7·23 政
松平資承(資永) ❺-2 **1765**·7·23 政／**1800**·8·18 政
松平資俊 ❺-1 **1714**·4·12 政
松平典信 ❺-1 **1672**·11·20 政
松平資訓(本荘) ❺-2 **1729**·2·15 政／**1749**·10·15 政／**1752**·3·26 政
松平資昌(本荘) ❺-2 **1758**·12·27 政
松平清六 ❺-1 **1613**·6·21 社
松平節子(勢津子) ❼ **1928**·1·18 政／9·28 政
松平仙千代⇨松平光長(みつなが)
松平宗衍 ❺-2 **1782**·10·4 政
松平貴強 ❺-2 **1787**·10·12 社／**1798**·9·25 政
松平武厚(斎厚) ❺-2 **1784**·3·26 政／**1831**·6·1 政
松平武郷 ❺-2 **1737**·9·11 政
松平武寛 ❺-2 **1779**·7·25 政／**1784**·3·26 政
松平武雅 ❺-2 **1724**·9·16 政
松平武元 ❺-2 **1728**·9·22 政／**1746**·9·25 政
松平忠明(鶴松) ❺-2 **1798**·12·27 政／**1799**·1·16 政／2·28 政／**1800**·10·15 政／11·15 政／**1801**·2·25 政／**1802**·5·27 政
松平直亮 ❼ **1915**·4·25 文
松平忠明 ❺-1 **1603**·1月 政／**1610**·7·27 政／**1612**·3·26 政／**1614**·10·6 大坂冬の陣／11·5 大坂冬の陣／12·21 大坂冬の陣／**1615**·5·6 大坂夏の陣／7·6 社／9·19 社／**1616**·7月 政／**1617**·是年 社／**1619**·7·22 政／**1639**·3·3 政／**1644**·3·25 政
松平忠昭 ❺-1 **1633**·9·16 政／**1634**·⑦·6 政／**1658**·2·27 政／**1683**·⑤·4 政
松平忠暁 ❺-2 **1736**·2·14 政
松平忠名 ❺-2 **1751**·3·20 政／**1766**·12·26 政
松平忠篤 ❺-2 **1848**·2·26 政
松平忠和 ❺-2 **1793**·11·28 政
松平忠固 ❻ **1855**·8·4 政／**1857**·9·13 政／**1858**·6·23 政
松平忠勝 ❺-1 **1681**·10·30 社
松平忠功 ❺-2 **1786**·12·10 政／**1793**·11·28 政
松平忠清 ❺-1 **1612**·4·20 政
松平忠国(篠山藩主) ❺-1 **1620**·8·1 政／**1649**·7·4 政／**1659**·2·20 政
松平忠国(忍藩主) ❺-2 **1849**·12·23 政
松平忠学 ❺-2 **1812**·5·5 政／**1830**·5·20 政
松平忠愛 ❺-2 **1728**·4·30 政／**1732**·5·18 政／**1758**·3·6 政
松平忠重 ❺-1 **1635**·8·4 政／**1639**·2·12 政
松平忠隆 ❺-1 **1632**·1·5 政
松平忠喬 ❺-1 **1696**·5·26 政／**1706**·1·28 政／❺-2 **1751**·3·20 政／**1756**·2·5 政
松平忠堯 ❺-2 **1823**·2·24 政／8·2 社
松平忠周(忠固) ❺-1 **1683**·⑤·4 政／**1685**·6·21 政／**1686**·1·21 政／**1692**·4·14 社／**1697**·2·11 政／8月 文／**1706**·1·28 政／**1709**·1·17 政／❺-2 **1717**·9·27 政／**1720**·3月 社／**1724**·12·15 政／**1728**·4·30 政
松平忠睦(忠陸·忠隆) ❺-2 **1753**·3·3 政
松平忠告 ❺-2 **1766**·12·26 政
松平忠恒 ❺-2 **1736**·2·14 政／**1748**·⑩·1 政／**1767**·⑨·28 政／**1768**·11·9 文／**1769**·是年 政
松平忠輝 ❺-1 **1602**·11·28 政／**1603**·2月 政／4·1 社／**1609**·10·27 政／**1610**·②·3 政／**1614**·7·5 政／**1616**·7·6 政／**1618**·3·5 政／**1626**·4·24 政／**1632**·5·28 政／8月 政／**1683**·7·3 政
松平忠刻 ❺-2 **1738**·3·20 政／**1746**·6·20 政／**1749**·4·28 政／5·10 政／**1771**·6·14 政／**1782**·12·27 政
松平(大給)忠利 ❺-1 **1601**·2月 政／**1602**·是年 社／**1612**·11·12 政／**1614**·11·11 政／**1632**·8·11 政／**1651**·10月 社
松平忠敏 ❻ **1862**·12·9 政／**1863**·4·14 社
松平忠福 ❺-2 **1768**·11·9 文／**1799**·5·22 政
松平忠俱 ❺-1 **1636**·3·3 政／**1696**·5·26 政
松平忠直(一伯) ❺-1 **1612**·11·28 政／**1614**·12·4 大坂冬の陣／**1622**·3·19 文／10·8 政／**1623**·2·10 政／**1626**·1月 政／**1650**·9·10 政
松平忠栄 ❺-2 **1829**·8·27 政
松平忠憲 ❺-1 **1647**·8·23 政
松平忠誨 ❺-2 **1829**·8·27 政
松平忠晴 ❺-1 **1644**·3·18 政／**1648**·①·19 政／**1669**·3·23 政
松平忠啓(桑名藩主) ❺-2 **1771**·6·14 政
松平忠啓(忍藩主) ❺-2 **1786**·12·10 政
松平忠弘 ❺-1 **1644**·3·25 政／**1648**·6·14 政／**1661**·11·3 政／**1668**·8·3 政／**1681**·7·27 政／**1692**·7·21 政
松平忠恕(島原藩主) ❺-2 **1774**·6·8 政／**1792**·4·27 政
松平忠恕(上州小幡藩主) ❻ **1865**·12月 社
松平(大給)忠房 ❺-1 **1632**·8·11 政／**1649**·2·28 政／**1669**·6·8 政／**1672**·8·5 政／**1700**·10·1 政
松平忠冬 ❺-1 **1680**·2·26 社／**1684**·12·12 文／**1702**·5·1 政
松平忠政 ❺-1 **1610**·7·27 政／**1639**·2·12 政／3·3 政
松平忠昌 ❺-1 **1618**·3月 政／**1619**·3月 政／**1622**·2·18 政／**1624**·4·15 政／**1645**·8·1 政
松平忠雅 ❺-1 **1700**·1·11 政／**1710**·⑧·15 政／❺-2 **1746**·6·20 政
松平忠祇 ❺-2 **1749**·5·10 政
松平忠済 ❺-2 **1783**·2·8 政／**1812**·5·5 政
松平忠優(忠固) ❺-2 **1830**·5·20 政／**1840**·7·27 政／**1845**·3·18 政／**1847**·6·14 政／**1848**·10·18 政
松平忠俔 ❺-2 **1738**·3·20 政
松平忠倫 ❹ **1547**·10·19 政
松平忠充 ❺-1 **1702**·8·21 政
松平忠之 ❺-1 **1686**·7·22 政／**1693**·11·26 政
松平忠吉(忠康、陸軍奉行並) ❹ **1581**·12·20 政／**1592**·2·19 政／❺-1 **1601**·5·20 社／7·9 社／**1602**·4·4 文／12·4 文／**1604**·5·10 社／**1607**·3·5 政
松平忠良 ❺-1 **1616**·1·25 政／7月 政／**1624**·5·18 政
松平忠恵 ❺-2 **1799**·5·22 政
松平忠頼 ❺-1 **1601**·2月 政／**1609**·9·30 文
松平忠順 ❺-2 **1783**·2·8 政
松平帯刀 ❻ **1868**·1·12 政
松平太郎(正親) ❻ **1868**·10·12 政／11·1 政／12·15 政／❼ **1909**·5·24 政
松平近昭 ❺-2 **1718**·1·28 政
松平近明 ❺-2 **1728**·10·15 政
松平親宅 ❺-1 **1601**·是年 社
松平親賢 ❺-2 **1785**·5·23 政／**1802**·9·28 政
松平近訓(閑山) ❺-2 **1841**·1·23 政
松平近貞 ❺-2 **1725**·8·24 政
松平親貞 ❺-2 **1767**·8·14 政／**1785**·5·23 政
松平親純 ❺-1 **1715**·8·10 政／❺-2 **1739**·2·16 政
松平親忠 ❹ **1475**·2·22 社／**1488**·7·22 政／**1489**·1·25 社／**1490**·7·22 社／**1493**·10·13 政／**1496**·7·15 社／**1497**·7·25 社／**1500**·8·10 政
松平近朝 ❺-2 **1728**·10·15 政
松平近直 ❻ **1853**·8·2 政／**1854**·7·24 政
松平近形 ❺-2 **1761**·12·11 政
松平親正(三河の武将) ❹ **1526**·3·19 政
松平親正(延沢銀山奉行) ❺-1 **1642**·⑨·10 社
松平近正(伏見城留守居) ❹ **1600**·6·17 政
松平親盈 ❺-2 **1739**·2·16 政／**1767**·8·14 政
松平近宗 ❹ **1496**·7·18 政
松平近禎 ❺-2 **1725**·8·24 政
松平主税 ❻ **1861**·5·16 社
松平綱賢 ❺-1 **1674**·1·29 政／1·30 政
松平綱国(万徳丸) ❺-1 **1674**·1·29 政
松平綱隆 ❺-1 **1666**·2·3 政／**1675**·④·1 政
松平綱長 ❺-1 **1702**·9·13 政
松平綱紀⇨前田(まえだ)綱紀
松平綱矩 ❺-1 **1706**·6·25 文

松平綱昌　❺-1 1686·③·6 政
松平綱政　❺-1 1708·4·4 文
松平恒雄　❼ 1922·9·4 政／❽ 1939·7·15 政／1945·6·4 政
松平露姫　❺-2 1822·11·27 文
松平輝和　❺-2 1749·1·15 政／1781·9·25 政／1794·8·9 政／1798·12·8 政／1800·9·20 政
松平輝貞(武綱)　❺-1 1691·⑧·12 政／1692·2·23 政／1694·8·27 政／1695·5·10 政／1705·11·2 文／1709·1·17 政／1710·5·23 政／❺-2 1717·2·11 政／1730·7·11 政／1745·12·11 政／1747·9·14 政
松平輝澄⇨池田(いけだ)輝澄
松平輝高(大河内)　❺-2 1749·2·9 政／1756·5·7 政／12月 政／1758·10·18 政／1761·12·1 政／1781·9·25 政
松平輝綱(主殿)　❺-1 1662·3·16 政／1671·12·12 政
松平輝延(大河内)　❺-2 1800·9·20 政／1815·4·15 政／1822·7·1 政／1823·11·13 政／1825·2·17 政
松平輝規　❺-2 1745·12·11 政／1749·2·9 政／1756·2·29 政
松平光通　❺-1 1674·3·24 政
松平時之助　❻ 1868·8·17 政
松平徳千代　❺-1 1632·5·28 政
松平徳松⇨徳川(とくがわ)徳松
松平利興　❺-1 1706·6·25 文
松平朝矩　❺-2 1749·1·15 政／1767·⑨·15 政／1768·3·15 政／6·12 政
松平豊房　❺-1 1704·10·21 社
松平虎松⇨徳川家宣(とくがわいえのぶ)
松平直明　❺-1 1678·6·26 政／1682·3·16 政／1701·10·25 政
松平直温　❺-2 1843·8月 政
松平直員　❺-2 1750·7·1 社
松平直克　❻ 1863·10·11 政／12·27 政／1864·4·20 政
松平直純　❺-2 1743·2·20 政／1752·12·14 文／1764·3·25 政
松平長孝　❺-2 1735·10·13 政／1762·④·4 政
松平直周　❺-2 1786·4·12 政／1816·9·14 政
松平直常　❺-1 1701·10·25 政／1704·4·1 社／❺-2 1743·2·20 政／1744·5·10 政
松平直恒　❺-2 1768·6·12 政
松平直哉(悦之進)　❼ 1897·12·31 政
松平直矩(大和守)　❺-1 1648·8·15 政／1649·6·9 政／1658·1·7 文／5·22 文／1659·9·14 文／1667·6·19 政／1671·7·17 文／9·18 文／11·2 文／1673·7·15 文／1675·3·28 政／1678·3·9 文／1682·2·10 政／1686·7·13 政／1692·7·27 政／1694·5·8 社／⑤·22 文／1695·4·15 政
松平直久　❺-1 1624·6·8 政
松平直泰　❺-2 1764·3·25 政／1784·10·10 政
松平直政　❺-1 1624·6·8 政／1633·4·22 政／1638·2·11 政／1666·2·3 政
松平直道　❺-2 1750·7·1 社
松平直基　❺-1 1624·6·8 政／1635·8·1 政／1644·3·8 政／1648·8·15 政
松平直之　❺-2 1784·10·10 政／1786·4·12 政
松平直良　❺-1 1635·8·1 政／1638·是年 文／1644·3·8 政／1678·6·26 政
松平　仲　❻ 1861·5·16 社／1862·12·1 政
松平長家　❹ 1540·6·6 政
松平長親　❹ 1501·8月 政／1518·4·23 文／1527·1·14 社／1528·2·3 社／1544·8·21 政
松平長矩　❺-1 1698·1·15 政／11·12 社
松平長熙　❺-2 1726·11·11 政／1735·10·13 政
松平斉厚(武厚)　❺-2 1836·3·12 政
松平斉省(家斉二十五男)　❺-2 1827·7·2 政
松平(大給)成重　❺-1 1604·4·25 政／1621·1·11 政／7月 政／1633·9·16 政
松平斉貴(斉斎)　❺-2 1828·7·5 文
松平斉貴(直貴)　❻ 1863·3·14 政
松平斉孝　❺-2 1831·11·22 政
松平斉民　❺-2 1831·11·22 政／❻ 1868·2·12 政
松平斉韶　❺-2 1816·9·14 政
松平斎承　❺-2 1819·11·29 政
松平斉典(矩典)　❺-2 1840·11·1 政／1846·⑤·28 政／1849·12·13 政
松平斉恒(月潭)　❺-2 1811·9月 政
松平斉宣(家斉二十六男)　❺-2 1827·7·2 政／1840·11·1 政／1844·5·10 政
松平信明　❺-2 1788·2·2 政／4·4 政／1794·11月 政／1795·5·22 政／1798·2·1 文／2·7 文／7·22 社／1799·2·14 政／1801·1·21 政／1806·5·25 政／1808·10·29 政／1811·10·10 政／1817·8·29 政
松平信興　❺-1 1682·2·19 政／1687·10·13 政／1690·12·26 社／1691·⑧·12 政／❺-2 1846·是年 文
松平信一　❺-1 1601·2月 政
松平信子　❾ 1969·5·8 政
松平信定　❹ 1529·7·17 政／1535·12·28 政／1536·9·10 政／1539·11·27 政
松平信愛　❺-2 1796·10·14 政
松平信志　❺-2 1802·9·27 政／1816·6·10 政
松平宣維　❺-1 1705·9·6 政／❺-2 1724·3·29 社
松平信孝(松平広忠の叔父)　❹ 1543·8·10 政／1547·1月 政／1548·4·15 政
松平信孝(若年寄)　❺-1 1689·5·3 政／1690·9·29 政
松平信彰　❺-2 1791·8·18 政／1802·9·27 政
松平信宝　❺-2 1833·10月 政
松平信忠　❹ 1512·2·1 社／1523·7月 社／是年 政
松平信綱(正永)　❺-1 1633·3·23 政／5·4 政／5·16 社／10·18 政／1637·11·27 島原の乱／12·14 島原の乱／12·29 島原の乱／1638·1·4 島原の乱／2·1 島原の乱／3·1 島原の乱／3·27 政／4·5 島原の乱／1639·1·2 政／8·14 政／1642·8·14 社／1646·10·16 政／1650·3·22 文／1653·6·29 政／1657·2·9 政／1660·7·5 政／10·9 政／1661·1·20 社／1662·3·16 政
松平信庸(政信·信慈)　❺-1 1697·4·19 政／1714·9·6 政／❺-2 1717·5·10 政
松平信庸(彦四郎)　❼ 1918·3·5 政
松平信享　❺-2 1796·9·12 政
松平信輝　❺-1 1671·12·12 政／1680·是年 社／1694·1·7 政／1709·6·18 政
松平信祝(信税)　❺-1 1709·6·18 政／1710·12·19 社／1712·7·12 政／1714·4·12 政／❺-2 1729·2·2 政／2·15 政／1730·7·11 政／1744·4·18 政
松平信利　❺-1 1672·11·20 政
松平信敏　❺-2 1841·10·17 社
松平宣富　❺-2 1721·2·7 政
松平信復　❺-2 1744·4·18 政／1749·10·15 政／1768·9·22 文
松平信直　❺-2 1781·⑤·27 政
松平信礼　❺-2 1768·9·22 文
松平信古　❺-2 1796·10·14 政
松平信豪　❺-2 1816·6·10 政
松平(鷹司)信平　❺-1 1650·11·12 政／1654·3·10 政
松平信通　❺-1 1697·9·15 政
松平信道　❺-2 1781·⑤·27 政／1791·8·18 政
松平信光　❸ 1440·8月 社／❹ 1458·4·6 政／1478·8月 文／1488·7·22 政
松平信岑　❺-2 1717·5·10 政／1748·8·3 政
松平(岡崎)信康(竹千代)　❹ 1563·3·2 政／1567·5·27 政／1570·6月 政／1571·8·26 文／1577·8月 政／1578·8·21 政／11·2 政／1579·7·16 政／9·15 政
松平信之　❺-1 1659·2·20 政／1679·6·26 政／1685·6·10 政／6·22 政／1686·7·22 政
松平信吉　❺-1 1617·是年 政／1619·10·20 政／1620·8·1 政
松平信義　❻ 1863·2·12 政／9·5 政
松平信順　❺-2 1831·5·25 政／1834·4·11 政／1837·5·16 政
松平乗賢(乗堅)　❺-2 1716·12·25 政／1723·3·6 政／1745·9·25 政／1746·5·8 政
松平乗譲⇨大給恒(おぎゅうゆずる)
松平乗包　❺-1 1712·6·19 政
松平乗清　❹ 1526·3·19 政
松平乗邦　❺-1 1712·5·18 政
松平乗完　❺-2 1769·9·4 政／1787·3·12 政／12·16 政／1789·4·11 政／1793·8·19 政
松平乗邑　❺-1 1691·2·9 政／1710·1·26 政／1712·6·19 政／❺-2 1717·11·1 政／1722·3月 政／1723·4·21 政／5·1 政／1737·6·14 政／

1742·4·11 政／6·16 文／1745·3·18 政／1746·4·16 政
松平乗佑(乗裕)　❺-2 1746·1·23 政／1764·6·21 政／1769·9·4 政
松平乗紀　❺-1 1702·9月 文／❺-2 1716·12·25 政
松平乗次　❺-1 1603·1月 政／1687·8·1 政
松平乗命　❻ 1867·11·10 政
松平乗寿　❺-1 1614·2·19 政／1638·4·24 政／1642·12·19 政／1644·2·28 政／1654·1·26 政
松平乗成　❺-1 1687·8·1 政／1695·10·16 政
松平乗春　❺-1 1686·7·17 政
松平乗久　❺-1 1654·1·26 政／1678·1·23 政／1686·7·17 政
松平(大給)乗寛　❺-2 1793·8·19 政／1818·8·2 政／1822·9·3 政／1824·9·21 政
松平乗薀　❺-2 1746·5·8 政／1781·4·22 政／1783·7·6 政
松平乗保　❺-2 1781·4·22 政／1806·10·12 政／11·12 政／1810·6·25 政／1826·6·26 政
松平乗全　❻ 1855·8·4 政／1858·6·23 政／1860·4·28 政／1870·7月 政
松平憲良　❺-1 1624·5·18 政／9月 政／1636·5·22 社
松平紀義　❼ 1897·4·26 社
松平治郷⇨松平不昧(ふまい)
松平晴忠　❹ 1531·10·17 社
松平治好　❺-2 1799·9·18 政
松平久信　❺-2 1834·是年 文
松平英親　❺-1 1645·7·14 政
松平広忠　❹ 1535·12·28 政／1536·9·10 政／⑩·7 政／是年 政／1537·6·25 政／1541·是年 政／1542·是春 社／12·26 政／1543·3·7 社／8·10 政／1544·9月 政／11·6 文／1545·9·20 政／1546·4·5 社／9·6 政／10月 政／1547·1月 政／9·5 政／10·19 政／1548·3·19 政／是年 政／1549·3·6 政／1550·11·19 社／❺-1 1611·3·22 政
松平熙房　❺-2 1816·是年 政
松平武右衛門　❺-2 1730·10·17 社
松平不昧(治郷)　❺-2 1767·11·27 政／1770·是年 文／1787·是年 文／1790·是春 文／1811·9月 政／1818·4·24 政
松平正升　❺-2 1803·5·23 政
松平昌勝　❺-1 1664·7·23 政／1693·7·27 政
松平正貞⇨大河内(おおこうち)正貞
松平正容　❺-2 1731·9·10 政
松平政種　❺-1 1666·10·7 文
松平昌親(吉品)　❺-1 1674·3·24 政／1686·③·6 政／1710·7·5 政／1711·9·12 政
松平(大河内)正綱　❺-1 1618·是年 社／1620·8·11 政／是秋 社／1625·7·25 社／1627·8·13 社／1632·5·3 政／1638·8·11 政／1640·7·6 文／1642·5·17 社／1648·4·17 社／6·22 政
松平正直(幕府巡検使)　❺-1 1667·②·28 政
松平正直(源太郎)　❼ 1915·4·20 政
松平正温　❺-2 1749·1·29 政
松平正久　❺-1 1703·2·10 政／❺-2 1720·5·6 政
松平昌平　❺-1 1693·7·27 政／1708·5·14 政／❺-2 1721·12·4 政
松平正路　❺-2 1803·5·23 政
松平昌安　❹ 1524·5·28 政
松平正之　❻ 1864·11·22 政／1865·2月 政
松平万千代　❺-1 1645·8·1 政／1647·2·18 社
松平万徳丸⇨松平綱国(つなくに)
松平光和　❺-2 1759·1·8 政
松平光重(三河大草武将)　❹ 1508·2·20 政
松平光重⇨戸田(とだ)光重
松平光慈　❺-2 1717·9·4 政／11·1 政／1725·10·18 政
松平光雄　❺-2 1756·11·1 政
松平(戸田)光年　❺-2 1803·9·2 政
松平光長(仙千代)　❺-1 1623·2·10 政／1624·4·15 政／1674·1·29 政／1679·10·19 政／1681·6·21 政／1687·10·24 政／1707·11·17 政
松平光徳　❺-2 1756·11·1 政／1759·1·8 政
松平光熙　❺-2 1717·9·4 政
松平宗発　❺-2 1808·8·6 政
松平宗允　❺-2 1804·4·13 社／1808·8·6 政
松平宗衍(幸千代)　❺-2 1767·11·27 政
松平宗矩　❺-2 1724·4·27 政／1749·10·21 政
松平宗昌　❺-2 1724·4·27 政
松平基知　❺-1 1695·4·15 政／❺-2 1729·8·14 政
松平元信(元康)⇨徳川家康(とくがわいえやす)
松平康員　❺-1 1709·9·18 政
松平康国　❹ 1590·2·20 政
松平康貞(康定、上野藤岡城)　❹ 1590·8·15 政
松平康定(康貞、石見浜田藩士)　❺-2 1789·2·8 政
松平康重(康次)　❹ 1584·12·28 社／1590·6·22 政／❺-1 1601·11月 政／1602·6·14 政／1608·9·25 政／1609·9月 政／1640·6·27 政
松平康孝(守山崩れ)　❹ 1535·12·4 政
松平康爵　❺-2 1836·3·12 政／12·23 政
松平康孝(五百石加増)　❺-2 1817·10·7 政
松平康隆　❾ 2011·12·31 社
松平康忠　❹ 1531·10·17 社
松平泰親　❸ 1436·9·23 政
松平康親　❹ 1582·9·15 政／1583·6·17 政／❺-1 1617·2·23 政
松平康哉　❺-2 1762·④·4 政
松平康映　❺-1 1640·6·27 政／9·11 政／1649·8·12 文／1674·12·30 政
松平康任　❺-2 1810·10·9 社／1822·7·1 政／1825·5·15 政／1826·11·23 政／1835·12·9 政
松平康福(団之助·弥三郎)　❺-2 1735·12·5 政／1759·1·15 政／1762·9·30 政／12·9 政／1763·12·11 政／1769·11·18 政／1785·1·29 政／1788·3·28 政／1789·2·8 政
松平康豊　❺-2 1735·12·5 政
松平康直(康英)　❻ 1859·9·19 政／1861·4·12 政／1863·10·27 政／1864·6·29 政／11·20 政／1865·4·12 政／11·20 政／1867·5·12 政／6·29 政
松平康長　❺-1 1601·11月 政／1602·1·2 政／1612·6月 政
松平康信　❺-1 1649·7·4 政
松平康東　❽ 1958·9·29 政／1961·2·21 政
松平康英(長崎奉行)　❺-2 1808·8·15 政
松平康英(康直、外国奉行)　❼ 1904·7·5 政
松平康官　❺-1 1674·12·30 政
松平康致　❺-2 1765·6·18 文
松平康正(大弐)　❻ 1862·4·25 政／4·25 社／1864·4·26 政／8月 政
松平康昌　❽ 1944·7·2 政
松平康元(勝元)　❺-1 1602·8·29 社／1603·8·14 政
松平康安　❹ 1590·是年 政／❺-1 1622·10·14 政
松平行隆　❺-1 1638·1·1 島原の乱
松平義明　❺-2 1802·9·28 政
松平義淳　❺-2 1739·1·12 政
松平好景　❹ 1561·是春 政
松平義方　❺-1 1713·⑤·20 政
松平吉邦　❺-1 1710·7·5 政／❺-2 1721·12·4 政
松平吉品⇨松平昌親(まさちか)
松平善甫　❺-2 1786·5·9 文
松平義堯　❺-2 1767·5·18 政
松平吉透　❺-1 1705·9·6 政
松平慶永(春岳)　❻ 1853·7·22 政／1856·10·6 政／1857·8·20 政／10·16 政／12·19 政／1858·6·24 政／7·5 政／1860·9·4 政／1862·4·25 政／5·7 政／6·7 政／1863·1·22 政／2·11 政／10·18 政／12·30 政／1864·2·15 政／4·7 政／1867·4·15 政／5·14 政／5·23 政／6·16 政／11·8 政／11·15 政／12·5 政／12·8 政／12·9 政／12·26 政／1868·1·12 政／1869·8·11 政／8·20 文／1890·6·2 政
松平喜徳　❻ 1868·2·4 政
松平慶憲　❼ 1897·11·8 政
松平義春　❹ 1556·2·20 政
松平義昌　❺-1 1713·⑤·20 政
松平吉村　❺-1 1706·6·25 文
松平義行(信濃高取藩)　❺-1 1681·8·13 政／1700·3·25 政／1715·8·3 政
松平慶行(鳥取藩)　❺-2 1843·6·10 政
松平頼亮　❺-2 1763·10·28 政／1801·1·14 文
松平頼淳　❺-2 1753·7·29 政
松平頼雄　❺-1 1697·5·14 政／8·14 政

松平頼貞　❺-1 1700·9·25 政／1715·5·15 社
松平頼真　❺-2 1771·7·18 政／1780·1·15 文
松平頼重　❺-1 1642·2·29 政／1668·是年 社／1670·4·28 文／1695·4·12 政
松平頼純　❺-1 1670·2·18 政／1711·10·7 政
松平頼隆　❺-1 1700·9·25 政
松平頼恭(大助)　❺-2 1771·7·18 政
松平頼桓　❺-2 1735·10·20 政
松平頼胤　❺-2 1819·12月 政
松平頼常(斎民)　❺-1 1702·是年 文／1704·2·11 政／4·3 政
松平頼則　❽ 1954·6·3 文／❾ 1987·11·3 文／2001·10·25 文
松平頼聡　❻ 1868·1·10 政／1871·9·8 社／❼ 1903·10·17 政
松平頼豊　❺-1 1704·2·11 政／❺-2 1735·10·20 政／1754·是年 文
松平頼徳　❻ 1864·10·5 政
松平頼壽　❽ 1944·9·13 政
松平頼寛　❺-2 1757·是年 文／1760·是年 文／1762·10·28 政／1763·10·28 政
松平頼恕(熊次郎·昶之助·容民)　❺-2 1839·6·22 文
松平頼致　❺-1 1711·10·7 政
松平頼邑　❺-2 1753·7·29 政
松平頼啓(西條藩)　❺-2 1818·7·14 政
松平　亘　❺-2 1836·12·23 政
松平淡路守　❺-2 1827·11·27 文
松平越中守　❺-2 1792·6·13 社
松平但馬守　❺-1 1673·6·16 社
松平大和守⇨松平直矩(なおのり)
松谷寿覚　❺-1 1663·8·1 政
松谷天光光　❽ 1949·12·10 社／1951·1·16 政
松谷みよ子　❽ 1960·8·20 文／❾ 1967·是年 文
松谷与二郎　❼ 1931·11·5 政／1934·4·29 政
松亭金水　❺-2 1839·是年 文
松戸覚之助　❼ 1898·是年 社
松殿忠嗣　❸ 1377·5·12 政
松殿道昭　❺-1 1646·6·12 政
松殿⇨藤原(ふじわら)姓も見よ
松永伍一　❾ 2008·3·3 文
松永思斎　❺-1 1681·是年 文
松永尺五(昌三·年)　❺-1 1628·是年 文／1648·是年 文／1657·6·2 文
松永タセ　❾ 1998·11·18 社
松永貞徳(勝熊·逍遊軒)　❹ 1596·是冬 文／❺-1 1629·11月 文／1640·8·20 文／1643·寛永年間 文／1653·11·15 文／1655·是年 文／1659·是年 文／1662·是年 文／1677·是年 文／1682·是年 政／1684·是年 文
松永　東　❽ 1957·7·10 政／❾ 1968·1·22 政
松永共広　❾ 2008·8·9 社
松永長頼　❹ 1553·9·18 政／1557·2·26 社／1559·6·26 政／1560·10·12 政／1561·6·19 政／1562·4月 社
松永信雄　❾ 2011·12·1 政
松永　光　❾ 1989·8·9 政／1998·1·25 政
松永久秀　❹ 1551·7·14 政／1552·1·23 政／1553·3·17 政／8·22 政／9·18 政／1554·1·28 文／1556·2·11 政／7·10 文／1558·5·19 政／9·9 文／12·18 政／1559·8·8 政／1560·2月 社／3·5 政／7·24 政／1561·1·24 政／2·1 政／7月 社／11·24 政／12·4 社／是年 政／1562·3·5 政／5·14 政／5·20 政／6·22 政／8月 社／9·11 政／1563·1·27 政／1564·3·16 政／5·9 政／1565·5·19 政／7·5 社／11·15 政／12·21 政／1566·2·4 政／4·4 政／5·24 政／6·1 政／8·24 政／9·5 政／1567·4·6 政／5·2 政／6·27 政／7·11 政／8·2 政／9·28 社／10·10 政、社／12·2 政／1568·9·3 政／9·26 社／10·10 政／1569·4·16 政／10·29 社／1570·3·27 政／5·23 社／6·6 政／7·21 政／8·17 政／9·8 政／10·13 政／是年 社／1571·5·6 政／6·12 政／7·18 政／8·4 政／10·15 政／1572·1·30 社／是冬 社／4·13 政／11·19 政／1573·2·27 政／3·6 政／7·21 政／12·26 政／1574·12·24 政／1575·4·27 政／1577·8·17 政／10·1 政／10·10 政
松永久通　❹ 1570·5·23 社／6·6 政／1571·5·6 政／8·4 政／1573·2·19 政／7·21 政／12·26 政／1575·7·25 政／11·13 政／1576·2·10 文／2·25 政／1577·8·17 政／10·10 政
松永昌三⇨松永尺五(せきご)
松永政行　❾ 1992·7·25 社
松永安左ヱ門(亀之助)　❼ 1922·6·26 政／❽ 1947·12·1 文／1949·11·4 政／❾ 1971·6·16 政
松長有慶　❾ 2009·6·15 社
松永良弼(平八郎·権平·安右衛門·東岡·探玄子)　❺-1 1715·是年 文／❺-2 1716·是年 文／1726·是年 文／1729·是年 文／1732·是年 文
松永喜久　❾ 1998·11·1 文
松永和風(三代目)　❼ 1916·10·15 文
松永和風(四代目)　❽ 1962·9·26 文
松波勘十郎(良利、水戸藩士)　❺-1 1706·8月 政／1709·1·20 社
松波勘十郎(水戸藩士)　❺-2 1756·1·24 社
松浪健四郎　❾ 2003·4·15 政
松浪健太　❾ 2012·9·11 政
松浪権之丞　❻ 1861·12·4 政
松波茂興　❺-2 1801·是年 文
松波仁一郎　❼ 1932·12·13 文
松波正春　❺-2 1736·8·12 社
松波升次郎　❻ 1863·10·18 文
松波遊仁　❹ 1555·是年 社
松波義親　❹ 1577·9·25 政
松根東洋城(豊次郎)　❼ 1915·2月 文／❽ 1964·10·28 文
松根光広　❺-1 1622·8·21 政
松野霞城　❼ 1927·7·7 文
松野勘助　❺-1 1612·7·13 社
松野菊太郎　❽ 1952·1·25 社
松野クララ　❻ 1876·11·14 文
松野舟雲　❺-2 1774·10·13 文
松野庄兵衛　❻ 1871·是年 社
松野助勝　❺-1 1650·5·4 政
松野助義　❺-1 1701·8·18 社／1704·10·1 社／1707·4·22 政
松野鶴平　❽ 1940·1·16 政／1961·6·3 政／1962·10·18 政
松野貞一郎　❻ 1891·7·29 文
松野伝四郎　❼ 1907·3·4 文
松野　友　❽ 1947·5·10 政／❾ 1997·7·21 社
松野　礀　❼ 1908·5·14 文
松野八重子⇨水谷(みずたに)八重子
松野頼久　❾ 2012·9·11 政
松野頼三　❽ 1959·6·18 政／❾ 1966·8·1 政／2006·5·10 政
松林(伊藤)桂月(篤·子敬·香外·玉江漁人)　❼ 1906·7月 文／1935·是年 文／❽ 1958·11·3 文／1963·5·22 文
松林山人　❺-2 1792·8·12 文
松林宗恵　❾ 2009·8·19 文
松林孫市郎　❺-2 1724·5·12 政
松林廉三郎　❻ 1867·1·3 政
松原岩五郎　❻ 1892·11·11 文
松原一枝　❾ 2011·1·31 文
松原且一郎　❻ 1870·10月 文
松原謙一　❾ 2006·11·3 文
松原玄順　❺-2 1851·6·12 文
松原佐久(彦一郎)　❼ 1910·5·31 政
松原定吉　❽ 1955·1·27 文
松原三五郎　❼ 1901·6·16 文
松原　仁　❾ 2012·1·13 政／8·15 政
松原泰道　❾ 2009·7·29 社
松原武久　❾ 2005·4·24 社
松原内膳　❺-2 1763·7·16 社／1792·10·28 政
松原亘子　❾ 1997·6·13 政
松原彦八　❻ 1857·1月 社
松原正之　❽ 1960·8·25 社
松原　操　❽ 1938·3·2 社／1939·4·7 社／12·17 社
松久宗琳　❾ 1992·3·15 文
松久朋琳　❽ 1951·4·27 文／1963·2·20 文／3·25 文
松姫(武田信玄の娘)　❹ 1567·11·21 政
松法師(細川頼有嫡子)　❸ 1387·11·26 政
松前章広　❺-2 1799·1·16 政／9·28 政／1802·7·24 政／1807·3·22 政／1831·10·29 政／1833·7·25 政
松前氏広　❺-1 1641·7·8 政／1648·8·25 政
松前景広　❺-1 1646·9·19 政
松前勘解由　❻ 1854·4·15 政
松前義左衛門　❺-1 1669·6月末シャクシャインの蜂起
松前公広(茂広·武広)　❺-1 1616·10·12 政／1617·12·16 政／1618·是年 社／1620·是年 社／1624·1·22 社／1631·4·11 政／1634·5·2 政／1637·3·28 政／1641·7·8 政
松前邦広　❺-2 1720·12·21 政／1743·④·8 政
松前作左衛門　❺-1 1669·6月末シャクシャインの蜂起／8·15 シャクシャインの蜂起

松前重義　❾ 1991·8·25 文
松前資広　❺-2 1743·④·8 政／1765·3·19 政
松前高広　❺-1 1648·8·25 政
松前崇広　❺-2 1849·6·9 政／7·10 政／❻ 1864·7·7 政／1865·9·9 政／9·13 政／1866·4·25 政
松前利広　❺-1 1618·7·26 政／1643·是年 政
松前矩広　❺-2 1719·1·15 政／1720·12·21 政
松前徳広　❻ 1868·9·14 政／10·12 政／11·19 政
松前広純　❺-2 1822·4·10 政
松前広隆　❺-2 1735·1·9 政
松前広政　❺-2 1807·4·16 政
松前昌広　❺-2 1849·4·24 政／6·9 政
松前道広　❺-2 1765·3·19 政／1792·10·28 政／1832·6·20 政
松前盛広　❺-1 1608·1·21 政／1669·8·10 シャクシャインの蜂起／10·11 シャクシャインの蜂起／1670·7月 シャクシャインの蜂起
松前泰広　❺-1 1672·6·26 シャクシャインの蜂起
松前慶広　❺-1 1603·是冬 政／1604·1·27 政／8·16 社／1606·8月 政／1608·4月 社／1610·1·8 政／2·16 文／5月 社／1612·5·3 社／1614·12·26 大坂冬の陣／1615·8月 政／1616·10·12 政
松前嘉広　❺-1 1697·4·14 社
松前良広　❺-2 1834·9·25 政／1839·7·26 政
松前順広　❺-2 1756·11·3 社
松前⇨蠣崎(かきざき)姓も見よ
松前屋五郎兵衛　❺-1 1715·3·24 社
松丸殿　❹ 1598·3·15 社
松宮観山(俊仍·左司馬)　❺-2 1748·是年 文／1755·是年 文／1769·是年 文／1780·6·24 文
松村明仁　❾ 2001·9·28 文
松村英一　❼ 1914·6月 文／❾ 1981·2·25 文
松村栄子　❾ 1992·1·16 文
松村介石　❼ 1896·9·26 社／1897·2·28 社／7·4 社／1907·10月 社／❽ 1939·11·29 社
松村吉太郎　❼ 1915·6·27 社
松村九山　❺-2 1811·是年 文
松村巨湫　❼ 1935·1月 文
松村景文(子藻·華渓·要人·直二)　❺-2 1802·是年 文／1829·6月 文／1835·4·1 文／1843·4·26 文
松村月渓⇨呉春(ごしゅん)
松村元綱(君紀·翠崖)　❺-2 1771·是年 文／1772·12月 文／1774·是年 文
松村謙三　❽ 1945·3·30 政／8·17 政／8·18 政／10·9 政／12·10 政／1954·9·19 政／1955·3·19 政／1959·1·24 政／1960·3·1 政／1962·9·19 政／❾ 1966·5·17 政／1970·3·10 政／1971·8·21 政
松村孝司　❾ 2005·8·31 文
松村公嗣　❾ 2012·9·1 文
松村権兵衛　❺-1 1712·12月 政
松村茂清　❺-1 1684·是年 文
松村主膳　❺-2 1832·是年 社
松村淳蔵　❻ 1878·1·16 政
松村浄心　❺-1 1663·2·13 社
松村松年　❼ 1898·10月 文
松村太仲　❺-2 1847·2·27 文
松村達雄　❾ 2005·6·18 文
松村任三　❻ 1877·9·16 文／❼ 1928·5·4 文
松村梅叟　❼ 1912·4·1 文
松村春雄　❺-2 1845·是年 文
松村博司　❾ 1990·10·30 文
松村福一(平曲)　❹ 1517·5·7 文
松村昌直　❺-2 1797·2月 文
松村又一　❽ 1944·7月 文
松村松年　❽ 1960·11·7 文
松村宗直　❻ 1873·7月 社
松村主馬　❺-1 1678·7·13 社
松室　致　❼ 1912·12·21 政／1916·10·9 政
松室綱然　❺-2 1723·2·28 政
松室松峡　❺-2 1747·10·2 文
松室陸奥　❺-2 1818·1·11 政
松本(茶会)　❹ 1548·12·6 文
松本(人吉藩)　❻ 1865·9·25 政
楽本一洋　❼ 1928·10·16 文／❽ 1952·3·9 文
松本伊兵衛　❻ 1888·5月 社
松本氏興　❹ 1575·5·13 政
松本右馬　❹ 1524·是年 政
松本右馬允　❸ 1451·7·15 政／1453·3·16 政／9·17 政
松本宇門　❹ 1521·6·16 政
松本興世　❺-2 1784·11·24 文
松本　薫　❾ 2012·7·27 社
松本景繁　❹ 1566·10·11 政／1568·10·20 政
松本克平　❽ 1940·8·19 文
松本幹一　❼ 1901·11·7 文
松本きく子　❼ 1934·10·26 社
松本喜三郎　❻ 1854·1月 社／1855·2·18 社／1856·2月 社／1860·3·15 社／1871·6月 文／1891·4·30 文
松本久吉(僧)　❹ 1536·3·3 社
松本鏡一　❹ 1592·1·2 文
松本京子　❾ 2006·11·20 政
松本金太郎　❼ 1914·12·16 文
松本愚山　❺-2 1828·是年 文
松本熊太郎　❻ 1863·12·17 政
松本蔵人　❹ 1521·6·16 政
松本君平　❼ 1898·10·15 文
松本玄々堂　❼ 1903·10·31 文
松本健次郎　❽ 1963·10·17 政
松本源蔵　❹ 1510·6·26 政
松本幸右衛門　❾ 2011·6·27 文
松本剛吉　❼ 1917·6·15 政／1929·3·5 政
松本交山　❻ 1866·10·10 文
松本幸四郎(久松小四郎、初代)　❺-2 1730·3·25 文
松本幸四郎(瀬川錦次→市川武十郎→初代市川染五郎→二代目市川高麗蔵→四代目松本幸四郎→男女川京十郎·錦江、四代目)　❺-2 1779·11·1 文／1780·5·5 文／1802·6·27 文
松本幸四郎(市川純蔵→三代目市川高麗蔵→五代目松本幸四郎、五代目)　❺-2 1816·3月 文／1827·3月 文／1835·11·13 文／1838·5·10 文
松本幸四郎(松本錦子→五代目市川高麗蔵→六代目松本幸四郎→松本錦升、六代目)　❺-2 1849·11·3 文
松本幸四郎(藤間勘右衛門、七代目)　❼ 1912·1·5 文／10月 文／❽ 1942·2月 文／1943·12·22 文／1945·11·4 文／1949·1·27 文
松本幸四郎(八代目)　❽ 1959·4·27 文／1961·3·1 文／❾ 1970·5·5 文／1972·4·1 文／1982·6·8 文
松本幸四郎(九代目)　❾ 1990·9月 文／1994·4·2 文／2012·11·5 文
松本作兵衛　❺-1 1642·7·14 政
松本治一郎(次一郎)　❼ 1896·10·18 政／1926·11·12 政／1933·6·3 政／❽ 1946·2·19 社／1948·1·21 政／1952·9·2 政／1953·1·6 政
松本重治　❾ 1989·1·10 政
松本治太夫　❺-1 1703·貞享·元禄年間 文
松本秀雲　❺-2 1770·是年 文
松本重太郎　❻ 1884·6月 社／1895·10·24 社／❼ 1913·6·20 政
松本十郎(開拓使大判官)　❻ 1873·1·17 政
松本十郎(防衛庁長官)　❾ 1989·8·9 政／2011·11·21 政
松本　順⇨松本良順(りょうじゅん)
松本俊一　❽ 1955·1·25 政／6·1 政／10·1 政／❾ 1968·10·19 政
松本順乗　❻ 1892·3·15 社
松本竣介　❽ 1941·4月 文／1943·4·21 文／1948·是年 文
松本淳三　❼ 1927·5月 文
松本烝治　❽ 1945·10·9 政／10·11 政／12·8 政／1946·2·13 政／1950·12·15 政／1954·10·8 文
松本新右衛門　❹ 1583·6·25 政
松本清一　❾ 2011·12·15 社
松本清張　❽ 1953·1·22 文／1957·2月 文／1959·5月 文／1960·1月 文／5·17 文／❾ 1982·1·9 社／1992·8·4 文
松本誠也　❾ 1999·5·1 政
松本碩生　❼ 1901·6·16 文
松本川斎　❺-2 1731·是年 文
松本善三　❾ 2010·9·28 文
松本善甫　❺-1 1680·延宝年間 社
松本荘一郎　❻ 1870·8·27 文／1888·5·7 文／❼ 1903·3·19 政
松本大圓　❾ 2012·8·19 社
松本孝弘　❾ 2011·2·13 文
松本駝堂　❺-2 1751·1·15 文
松本智津夫⇨麻原彰晃(あさはらしょうこう)
松本対馬　❹ 1500·1·12 政
松本哲男　❾ 2012·11·15 文
松本当四郎　❼ 1905·5·11 文
松本恵雄　❾ 2003·2·5 文
松本甫信　❺-2 1734·8·2 文
松本留吉　❻ 1893·1月 社
松本虎雄　❼ 1919·11·20 社
松本直美　❾ 2000·9·15 社
松本　長　❼ 1935·11·28 文
松本名左衛門(狂言尽)　❹ 1594·是年

文
松本名左衛門(芝居名代)　❺-1 1652·是年 文
松本苦味　❼ 1911·1·31 文
松本信広　❾ 1981·3·8 文
松本白鸚　❾ 1982·1·11 文
松本白華(隼丸)　❼ 1926·2·5 社
松本彦七郎　❾ 1975·9·1 文
松本彦次郎　❽ 1958·1·14 文
松本寿太夫　❻ 1867·1·23 政／4月 社
松本英雄　❾ 2012·7·1 文
松本英彦　❾ 2000·2·29 文
松本秀持(十郎兵衛)　❺-2 1783·7·6 社／10·29 社／1784·5·22 政／10·14 政／1786·2·6 政／1786·8·27 政
松本弘子　❽ 1963·2·14 社／❾ 2003·6·20 社
松本武一郎　❼ 1899·6月 社
松本楓湖(敬忠·藤吉郎)　❻ 1874·5月 文／1895·4·1 文／❼ 1923·6·22 文
松本文吉　❻ 1879·2·19 社
松本奉山　❾ 2010·1·5 文
松本孫右衛門　❼ 1918·3·5 政
松本孫六　❺-2 1800·④月 政
松本政雄　❼ 1903·2·11 文
松本亦太郎　❽ 1943·12·24 文
松本　学　❼ 1934·1·29 文／❽ 1937·7·17 文／1938·8·25 文／❾ 1974·3·27 政
松本光行　❺-2 1793·3·9 文
松本民之助　❽ 1960·11·12 文
松本宗豊　❸ 1410·8·17 文
松本盛光　❷ 1204·3·21 政
松本行輔　❹ 1584·6·13 政
松本与作　❽ 1938·11月 文
松本与三左衛門　❹ 1567·11·5 社
松本　龍　❾ 2010·9·17 政／2011·6·27 政
松本龍澤　❺-2 1834·9·23 文
松本隆太郎　❾ 2012·7·27 社
松本良順(順)　❻ 1857·5·22 政／9·26 文／1859·8·13 文／是年 文／1861·8·17 文／1862·⑧·4 文／1863·5·15 文／7月 文／1871·7·5 文／1875·4·11 文／9·16 社／1890·10·1 政／❼ 1907·3·12 文
松本良甫　❻ 1861·3·3 文
松本図書頭　❹ 1558·4·16 政
松本筑前守　❸ 1453·3·16 政
松本備前　❹ 1495·11·19 政
松本備中守　❹ 1585·5·13 政
松本豊前守　❹ 1498·5·26 政
松本坊文光　❺-2 1791·是年 社
松屋市左衛門　❺-2 1818·2·9 政
松屋加兵衛　❺-1 1714·6·25 社
松屋佐吉　❺-2 1836·5·21 社
松屋三左衛門　❺-1 1711·是夏 社
松屋新九郎　❺-1 1697·是年 社
松屋甚四郎　❺-2 1804·是年 社
松屋惣右衛門　❺-1 1623·元和年間 社
松屋惣八　❺-2 1825·5·22 社
松屋久重　❺-1 1608·2·25 文／1637·10·5 文／1641·1·10 文／6·29 文／1646·12·22 文／1648·3·25 文／1649·4·5 文
松屋久政　❹ 1533·3·20 文／1537·9·12 文／9·13 文／1542·4·4 文／4·8 文／1543·2·27 文／1544·2·27 文／1555·3·12 文／1556·3·9 文／1557·4·19 文／1559·4·22 文／1563·1·11 文／1567·12·26 文／1586·11·13 文
松屋久松　❹ 1599·8·27 文
松屋久好　❹ 1590·8·9 文／1596·3·9 文
松屋久好　❺-1 1603·10·12 文
松屋与四兵衛　❺-1 1662·是年 社
松夜叉丸(興福寺児童)　❷ 1278·3月 社
松山英太郎　❾ 1991·1·11 文
松山円応　❺-2 1751·是年 文
松山金嶺　❽ 1953·12·20 社
松山恵子　❾ 2006·5·7 文
松山ケンイチ　❾ 2012·1·8 社
松山省三　❼ 1911·3月 社
松山新介　❹ 1562·3·5 政
松山精一　❺-2 1844·是年 文
松山善三　❽ 1955·2·25 社
松山知雲　❻ 1887·10·1 社
松山忠二郎　❽ 1942·8·16 文
松山天姥　❺-2 1783·11·4 文
松山棟庵　❻ 1871·8·21 文
松山直義　❺-2 1805·10·9 政／1806·4·22 政／1811·1·27 政
松山基範　❼ 1932·10·11 文
松山夕貴子　❾ 2011·2·13 文
松山理兵衛　❺-2 1755·10月 政
松浦　詮　❼ 1908·4·13 政
松浦篤信　❺-2 1719·10月 文／1724·3·29 社／1727·①·2 政／1728·8·25 政
松浦石志四郎壱　❸ 1287·12·18 政
松浦大嶋小次郎　❸ 1344·6·6 政／1350·4·21 政
松浦興定　❹ 1515·6·15 政
松浦興信　❹ 1513·是年 政／1517·是春 政／1541·8·13 政／1543·7·21 政／10·1 政
松浦　清(静山·英三郎)　❺-2 1775·2·16 政／1779·11·20 文／1841·6·29 政
松浦交翠軒　❺-1 1707·9·27 文
松浦幸松丸　❹ 1498·12·23 政
松浦是興(一庵)　❹ 1458·6·20 政／7·15 政
松浦　盛　❹ 1502·1·3 政
松浦誠信　❺-2 1728·8·25 政／1775·2·16 政
松浦鎮信(宗信、法印)　❹ 1568·4月 政／1574·1·18 政／1586·12·3 政／1591·9·3 政／1592·3·12 文禄の役／4·12 文禄の役／1593·1·6 文禄の役／12·14 社／1594·5·3 文禄の役／1595·2·23 社／1599·8·20 政／1600·8·5 関ヶ原合戦／❺-1 1603·2·24 政／1604·11·27 政／1605·4·26 政／7·28 政／1607·3·10 社／6·26 政／1611·1·11 政／1614·5·26 政／1616·11·8 政
松浦鎮信(重信·天祥)　❺-1 1637·5·24 政／10·7 社／1638·1·5 政／1639·7·25 政／1689·3·2 政／1703·10·6 政
松浦佐志次郎　❹ 1503·4·1 政
松浦静山⇨松浦清(きよし)
松浦　棟(任)　❺-1 1689·7·3 政／1708·4·29 社／1713·9·20 政／9·22 政
松浦隆信(道可)　❹ 1541·8·13 政／1555·10·1 政／1558·是夏 社／1564·8月 政／1565·6月 政／是年 政／1567·是年 政／1568·是夏 政／1586·3月 政／1587·6·7 政／1589·10·3 政／1594·11·11 社／1599·③·6 政
松浦隆信(源三郎)　❺-1 1602·9·9 政／1613·是年 政／1618·3·3 政／1619·9·16 政／1621·7·27 政／8·6 政／1622·4·16 社／1623·6·30 政／1629·6·22 政／1630·1·22 政／1635·12·28 政／1636·11·26 政／1637·4·1 政／5·24 政
松浦　忠　❺-2 1815·3·8 社
松浦　連　❷ 1204·8·22 社
松浦東渓　❺-2 1811·是年 文
松浦信程　❺-2 1787·3·12 政
松浦延年　❺-2 1776·是年 文
松浦信正　❺-2 1740·4·3 政／1746·4·28 政／1753·2·23 政
松浦久信(平戸藩士)　❹ 1574·1·18 政／❺-1 1602·9·9 政
松浦久信(家相図解)　❺-2 1789·是年 文／1808·是年 文／1840·是年 文
松浦弘定　❹ 1498·12·23 政／1499·是年 政／1515·6·15 政
松浦　正　❹ 1491·12·28 政
松浦　昌　❺-1 1689·7·3 政
松浦宗金　❹ 1565·是年 政
松浦　黙　❺-1 1685·是年 文
松浦　義(一庵)　❹ 1460·5·8 政／1462·6·14 社／1470·3·18 政
マテオス，ロペス　❽ 1962·10·11 政
万里小路(までのこうじ)充房　❹ 1587·4·28 社／❺-1 1626·9·12 政
万里小路淳房　❺-1 1709·11·10 政
万里小路栄子　❹ 1522·10·10 政
万里小路賢房　❹ 1503·1·19 文／1507·10·19 政
万里小路桂哲　❺-1 1619·9·18 政／1620·6·27 政
万里小路惟房　❹ 1558·⑥·15 文／1567·11·9 政／1573·6·9 政
万里小路季房　❸ 1332·4·10 政／1333·5·20 政
万里小路輔房　❹ 1563·4·14 文／1573·8·5 政
万里小路稙房　❺-2 1764·10·10 政
万里小路嗣房　❸ 1396·7·24 政／9·17 政／10·5 政／1398·8·6 政
万里小路時房　❸ 1428·2·11 政／5·26 社／1429·2·25 政／8·27 文／1441·1·12 政／9·19 社／10·17 社／1445·12·29 政／1446·1·16 政／1455·是年 文／❹ 1457·11·20 政
万里小路仲房　❸ 1350·4·14 文／1388·6·2 政
万里小路宣房　❸ 1324·9·23 政／1326·是年 文／1328·9·10 政／1331·8·25 政／1332·4·10 政／1336·1月 政
万里小路春房　❹ 1486·2·5 政
万里小路秀房　❹ 1546·3·13 政／

1563·11·12 政
万里小路博房　❻ 1867·12·9 政／1868·2·19 政／1884·2·22 文
万里小路藤房　❸ 1331·9·29 政／1332·4·10 政／5月 政／1333·5·19 政／6·13 政／1334·10·5 政
万里小路冬房　❹ 1475·12·22 社
万里小路雅房　❺-1 1679·6·23 政
万里小路政房　❺-2 1788·1·11 政／1793·1·26 政／1801·11·26 政
万里小路正房　❻ 1858·5·1 政／8·8 政／1859·2·5 政
万里小路通房　❻ 1874·9·20 文
まどみちお　❾ 1994·4·2 文
麻呇二郎(遣明使)　❹ 1468·11·26 社
円方女王　❶ 774·12·24 政
真砥野媛(円野比売)　❶ 書紀·垂仁 15·2·11
的場平次　❻ 1894·7·4 政
マドンナ(米)　❾ 1987·6·11 社
真名井純一　❼ 1902·7·16 政
間中雲飄　❻ 1893·1·12 文
麻那君　❶ 504·10月
曲直瀬君端　❺-2 1748·3·25 文
曲直瀬玄朔⇨曲直瀬道三(どうさん、二代目)
曲直瀬玄順　❺-1 1666·11·28 文
曲直瀬玄理　❺-1 1637·7·14 文
曲直瀬正琳(養安)　❺-1 1611·8·9 文
曲直瀬正珪　❺-2 1746·3·25 文
曲直瀬道策　❻ 1867·5·25 文
曲直瀬道三(正慶·正盛、初代)　❹ 1563·1·11 文／是年 文／1564·是春 文／1566·⑧·13 文／1567·2·9 文／1574·11月 文／1584·10月 社／1595·1·4 文／❺-1 1601·1·24 文／1608·4·4 文／1663·是年 文／1673·是年 文
曲直瀬道三(正紹·玄朔、二代目)　❹ 1586·是年 文／1592·9·24 文／1593·3·15 文／1594·1·4 文／❺-1 1631·是年 文
マナブ·マベ(間部　学)　❾ 1997·9·22 文
間部詮勝(間部の青鬼·慈郷)　❺-2 1814·9·22 政／1837·7·9 政／1838·4·11 政／1840·1·13 政／❻ 1858·6·23 政／8·28 政／9·3 政／11·4 政／12·30 政／1884·11·28 政
間部詮允　❺-2 1814·9·22 政
間部詮房(右京·宮内)　❺-1 1706·1·9 政／1709·4·15 政／1710·5·18 政／5·23 政／1713·1·1 政／❺-2 1716·5·16 政／1717·2·11 政／1720·7·16 政
間部詮方　❺-2 1742·10·6 政
間部詮信　❽ 1943·11·30 政
間部詮言　❺-2 1720·7·16 政／8·12 政
真鍋栄子　❽ 1950·4·19 社
真鍋儀十　❽ 1957·10·12 政／10·30 政
真鍋呉夫　❾ 2012·6·5 文
真鍋賢二　❾ 1998·7·30 政
間部源十郎　❺-2 1823·4·22 政
真辺仲庵　❺-1 1674·是年 文
曲直部寿夫　❾ 1996·12·17 文
真鍋　博　❾ 2000·10·31 文
眞鍋政義　❾ 2012·7·27 社
真鍋良一　❽ 1946·6·5 文
真鍋真入斎　❹ 1584·3·18 政
間庭末吉　❼ 1918·9月 政
間庭　政　❻ 1888·4·4 文
マヌエル，トレス·ヤギ·ホセ　❾ 2005·11·22 社
真野　毅　❾ 1986·8·28 政
真野弟子　❶ 612·是年 文
真野鉄太郎　❺-2 1829·10月 社
真野時縄　❺-1 1698·是年 文／1715·是年 文／❺-2 1716·是年 文
真野正勝　❺-1 1652·10·26 社
真野安代　❺-2 1791·是年 文
真野頼包　❺-1 1615·5·7 大坂夏の陣
真野王　❶ 830·8·7 社
マノエル(殉教)　❺-1 1620·6·25 社
マハティール(マレーシア)　❾ 1988·10·7 政／1994·10·20 政
マハトマ·ガンジー　❾ 1948·1·30 政
真人興能　❶ 780·2·19 政
馬淵嘉平　❺-2 1843·9月 政／11·23 政
馬淵源三郎　❸ 1362·11·28 社
馬淵澄夫　❾ 2010·9·17 政
馬淵対岳　❼ 1914·12·27 文
馬淵てふ子　❼ 1934·10·26 社
馬淵道達　❸ 1363·12·8 社
馬淵晴子　❾ 2012·10·3 文
馬布度(琉球)　❹ 1518·是年 政
摩文仁按司朝健　❺-2 1848·3·16 政
摩文仁親方　❻ 1857·9·13 政
真船　豊　❽ 1942·9·21 文／1943·1·6 文／10·1 文／❾ 1977·8·3 文／1984·11·18 文
マフラフリン，ジョン　❺-2 1832·10·11 政
マヘンドラ(ネパール)　❽ 1960·4·18 政
麻勃都(琉球)　❹ 1489·是年 政
馬勃度(琉球)　❹ 1519·是年 政
麻美子(琉球)　❹ 1518·是年 政
間宮敦信　❺-1 1685·12·25 社
間宮勘右衛門　❺-1 1676·8·17 政
間宮左衛門　❺-1 1607·是年 社
間宮諸左衛門　❺-1 1642·8·18 社
間宮新左衛門　❹ 1599·是年 社
間宮高則　❹ 1590·9月 政
間宮綱信　❹ 1580·3·9 政
間宮虎之助　❺-1 1632·6·25 政
間宮直元　❺-1 1613·是年 社／1614·4·4 社／12·11 大坂冬の陣
間宮永好　❻ 1872·2·19 文
間宮康俊　❹ 1590·3·29 政
間宮八十子　❻ 1891·2·19 文
間宮芳生　❾ 1966·3·14 文
間宮林蔵(倫宗)　❺-2 1808·4·13 政／是年 文／1809·4·9 政／7·2 政／1810·是年 文／1844·2·26 文
間宮播磨守　❺-1 1707·1月 政
真村芦江　❺-2 1795·4·24 文
豆蔵(力持ち)　❺-1 1703·是年 社
豆葉屋四郎左衛門　❺-1 1605·12·2 政
真許三枝子　❼ 1933·1·9 社
マヤ片岡　❽ 1951·11·19 社
摩弥牛入道　❸ 1334·3月 社
真山青果(彬)　❼ 1919·5月 文／1924·9月 文／❽ 1941·3月 文／12·17 文／1948·3·25 文
真山美保　❾ 2006·3·12 文
真山元輔　❺-1 1650·7·24 政
黛　敏郎　❽ 1953·11·27 文／1954·12·9 文／1958·4·2 文／1963·3·20 文／❾ 1966·4·3 文／1983·8·31 政／1997·4·10 文／2011·11·20 文
真弓　永　❸ 1454·1·9 政／1455·1·4 政／❹ 1456·1·15 政／1459·1·12 政／1464·1·1 政
真弓　武(壱岐)　❹ 1468·是年 政／1473·1·6 政／1475·1·10 政／1476·1·13 政／1478·1·9 政／1480·3·7 政／1481·1·8 政／1482·1·1 政／1485·1·5 政／1486·1·17 政／1488·1·9 政／1489·1·13 政／1490·1·10 政／1492·2·21 政／1499·1·8 政／1502·1·3 政
眉輪王　❶ 454·2月／456·8·9
マラ(フィジー)　❾ 1988·2·27 政
マラドーナ(アルゼンチン)　❾ 1987·1·24 社
マリア·トール(ソプラノ)　❽ 1937·5·5 文
マリク(ソ連)　❽ 1945·6·3 政／6·23 政／1950·10·26 政
真里谷道環　❹ 1471·3·15 政
マリニャス，ゴメス·ペレス·ダス　❹ 1592·5·2 政／1593·4·20 政
丸尾九兵衛　❺-2 1785·9·26 社
丸尾文六　❼ 1896·5·1 社
円尾孫右衛門　❹ 1574·是年 社
丸岡　修　❾ 1987·11·21 社
丸岡莞爾　❼ 1898·3·6 文
丸岡九華　❻ 1885·2月 文／5·2 文
丸岡　桂　❼ 1919·2·12 文
丸岡はる　❻ 1881·7月 社
丸岡秀子　❾ 1990·5·25 文
丸岡比呂史　❼ 1920·11·2 文
マルガレーテ(デンマーク)　❽ 1963·12·12 政
丸木位里　❽ 1950·是年 文／1953·6·19 文／❾ 1995·10·19 文
丸木　俊　❾ 2000·1·13 文
丸木利陽　❼ 1914·6月 文
マルクス(資本論)　❼ 1920·6月 政／1921·12月 政／1922·5月 政／1924·10月 政
マルクリー(仏)　❻ 1872·4·11 政
マルケス，フランシスコ　❺-1 1642·7·16 社／1643·5·27 社
丸子石虫　❶ 784·3·4 社
丸子牛麻呂　❶ 753·6·8 政
丸子廻毛　❶ 848·2·10 政
マルコ賀兵衛　❺-1 1623·12·13 社
丸子豊嶋　❶ 753·6·8 政
マルコス(フィリピン)　❾ 1966·9·28 政／1977·4·25 政
マルコニー(無線)　❼ 1933·11·16 文
マルシャル(チェロ)　❼ 1935·10·30 文
マルセ太郎　❾ 2001·1·22 文
マルソー，マルセル　❽ 1955·12·14 文

丸田明彦 ❾ 2005·2·26 社
マルタン(仏) ❽ 1940·8·1 政
マルチノ，デ·サン·ニコラス ❺-1 1632·10·30 社
マルティンス，ペドロ ❹ 1596·7·21 社／9·2 政／9·27 政／1597·2·4 政
マルドーン(ニュージーランド) ❾ 1976·4·22 政
丸根家勝 ❹ 1501·8·16 社
丸野頼成 ❸ 1394·1·19 政
丸橋忠弥 ❺-1 1651·7·23 政
丸目頼書 ❸ 1394·1·19 政
丸毛兼利 ❹ 1600·8·16 関ヶ原合戦
丸茂重貞 ❾ 1976·9·15 政
丸毛政良 ❺-2 1782·11·25 社
丸屋伊右衛門 ❺-2 1782·4·25 社
丸屋九左衛門 ❺-2 1723·是年 文
丸谷才一 ❾ 1966·10月 文／1972·4月 文／2006·11·3 文／2011·11·3 文／2012·10·13 文
丸屋三郎兵衛 ❺-2 1784·2·10 社
丸屋半之助 ❺-2 1726·11·27 文
丸山明宏⇨美輪(みわ)明宏
円山応挙(夏雪·仙嶺) ❺-2 1763·8月 文／1764·是年 文／1765·5月 文／是春 文／是年 文／1767·是春 文／是年 文／1768·8月 文／1769·4月 文／1770·3月 文／是冬 文／1771·是夏 文／11月 文／1772·1月 文／4·26 文／1773·是春 文／是年 文／1775·2月 文／9月 文／1776·6月 文／7月 文／9月 文／12月 文／是年 文／1777·是年 文／1779·是年 文／1780·2月 文／是年 文／1782·6月 文／1783·8月 文／是年 文／1784·①月 文／是年 文／1785·12月 文／是年 文／1786·8月 文／1787·1月 文／6·16 文／7月 文／12月 文／是年 文／1788·6月 文／是年 文／1791·12月 文／1792·是年 文／1794·8月 文／是年 文／1795·4月 文／6月 文／7·17 文／是年 文／1800·是年 文／1803·9月 文／1837·是年 文
円山応震(仲恭) ❺-2 1838·8·3 文／1840·2·17 文
円山応瑞(儀鳳) ❺-2 1829·3·19 文
円山応端 ❺-2 1803·9月 文
円山応立 ❻ 1866·是年 文
丸山　薫 ❽ 1937·7月 文／1940·10·14 文
丸山和博 ❾ 2005·9·5 文
丸山可澄 ❺-1 1686·4·26 文
丸山活堂(仲活·雲平·混斎) ❺-2 1731·5·11 文
丸山勝広 ❾ 1992·2·28 文
丸山桂里奈 ❾ 2012·7·27 社
丸山幹治 ❽ 1955·8·16 文
丸山圭三郎 ❾ 1993·9·16 文
円山恵正 ❼ 1915·5月 文
丸山左衛門太郎 ❹ 1582·9·30 社
丸山作楽(勇太郎·盤之屋) ❻ 1869·8·8 政／12·24 政／1870·1·22 政／1871·3·22 政／1880·1·7 政／1882·3·18 政／1883·6·10 文／1890·10·1 政／❼ 1899·8·19 政
丸山定夫 ❼ 1929·3·25 文／4·5 文／❽ 1942·12·3 文／1945·8·6 文／8·16 文
丸山重俊 ❼ 1905·2·3 政
丸山次左衛門 ❺-1 1669·10·29 社
丸山二郎 ❽ 1948·9·10 政
丸山千里 ❾ 1976·11·29 文／1992·3·6 文
丸山哲郎 ❾ 1992·12·26 政
丸山照雄 ❾ 2011·6·13 社
丸山徳弥 ❺-2 1791·是年 社／1827·10·17 社
丸山寅吉 ❼ 1907·是年 社
丸山名政 ❼ 1922·11·21 政
丸山晩霞 ❼ 1901·11·21 文／1906·1月 文／1913·6·3 文／❽ 1942·3·4 文
丸山仁也 ❾ 1967·3·3 社
丸山　博 ❾ 1996·10·10 社
丸山真男 ❽ 1945·11月 文／1948·11·5 文／❾ 1996·8·15 文
丸山安次 ❻ 1895·是年 社
丸山　豊 ❽ 1944·8·1 政
丸山良夫 ❽ 1962·6·20 社
マルロー，アンドレ ❽ 1958·12·8 文／1960·2·22 文
マレー，ジャン ❽ 1956·4·10 社
麻呂(蝦夷) ❶ 689·1·3 社
客　狛麻呂 ❶ 746·4·4 政
マロー(仏作家) ❼ 1911·7·12 文
マロカッソー(ロシア) ❻ 1858·10·5 政／11·29 政
万　祥(明) ❸ 1447·3·25 政
謾(漫)泰来(琉球) ❸ 1429·1·18 政／1432·3·10 政
万阿 ❹ 1490·9·8 政
万阿弥陀仏(僧) ❷ 1206·10·3 文
万尾時春 ❺-2 1722·是年 文
満願(僧) ❶ 763·12·20 社
万却法師 ❸ 1327·3·21 社
満済(三宝院僧·准后) ❸ 1379·5·13 文／1395·11·2 社／12·29 社／1398·④·4 社／1406·9·10 社／1408·8·27 社／1409·7·24 社／1410·3·20 社／1423·7·4 社／1425·3·3 政／12·29 社／1426·7·25 政／1428·4·20 政／6·25 文／7·12 政／1429·4·19 政／1430·4·2 政／1431·6·11 政／8·12 政／1432·2·29 政／4·4 政／6·3 政／7·8 政／12·30 政／1434·1·19 政／6·9 文／6·15 政／1435·6·13 政
万歳大和守 ❹ 1560·7·24 政
卍山道白 ❺-1 1715·8·19 社
万字屋又右衛門 ❺-2 1731·10月 社
万字屋茂吉 ❺-2 1851·3月 社
マンジョウ(東大教授) ❻ 1877·4·12 文
万時羅(万次郎、倭人) ❸ 1423·1·1 政
満真⇨少弐満貞(しょうにみつさだ)
マンスダーレ，ヤスペル·ファン ❺-1 1708·9·20 政
マンスフィールド，マイク ❾ 1988·11·14 政／2001·10·5 政
マンスフェルト(オランダ) ❻ 1866·7·14 文
万宗(絵所) ❸ 1367·4·10 文
満叟(僧) ❸ 1452·是年 社
万宗中淵(僧) ❸ 1410·1·6 社
万田家資 ❸ 1357·⑦·12 政
茨田(まんだ)勝男泉 ❶ 841·8·4 社
茨田貞額 ❶ 878·3·29 政
茨田重方 ❷ 1015·7·5 社
茨田刀自女 ❶ 721·1·27 文
茨田枚麻呂 ❶ 745·4·25 文／749·2·27 政
茨田王 ❶ 747·3·10 政
万多(茨田)親王 ❶ 804·1·2 政／814·6·1 文／815·7·20 文／819·4·3 文／830·4·21 政
万多親王 ❺-1 1668·是年 文
万代順四郎 ❽ 1945·9·25 政
万代屋長左衛門 ❺-1 1687·9·23 社
マンチニ(伊) ❻ 1870·2·2 政
万亭応賀(服部応賀) ❺-2 1845·是年 文／❻ 1873·3月 文／1890·8·30 文
マンデラ，ネルソン ❾ 1990·10·27 政／1995·7·2 政
政所助左衛門 ❺-1 1657·2·8 社
万年(朝鮮) ❸ 1450·12月 政
万福(僧) ❶ 754·9·19 文
万福丸 ❹ 1573·8·27 政
万見重元 ❹ 1578·8·15 社／1578·12·8 政
満誉尊照(僧) ❺-1 1620·6·25 政
万力善次 ❺-2 1801·是夏 社
マンリケ，フランシスコ ❹ 1584·6·28 政

み

未　斤達(高麗) ❷ 1019·5·29 政
御井王 ❶ 812·1·12 政
三池鎮実 ❹ 1575·3·20 政／1579·3月 政
三池康親 ❸ 1397·4·20 政／1398·10·29 政
三浦介雄 ❻ 1877·3·1 政
三浦明喬 ❺-1 1714·4·12 政
三浦明次(其次) ❺-2 1756·7·3 政／1764·6·21 政／是年 文
三浦明敏 ❺-1 1712·7·12 政
三浦明敬 ❺-1 1682·9·6 政／1689·2·6 政／1692·2·23 政
三浦綾子 ❽ 1964·7·10 文／12·9 文／❾ 1967·4·24 文／1999·10·12 文
三浦按針(アダムス·ウィリアム) ❺-1 1605·此頃 政／1609·6·26 政／1611·9·18 政／1612·是年 文／1613·7·2 政／8·5 政／1614·9·9 政／11·27 政／1615·5·6 政／5·23 社／7·29 政／10·27 政／1616·6·27 政／1617·1·6 政／1620·4·24 政／1633·12月 政／❼ 1912·6·16 社
三浦家村 ❷ 1238·1·10 社／1241·11·29 政／1247·6·14 政
三浦和夫 ❻ 1880·10·4 社
三浦員久 ❹ 1572·5·20 政
三浦員村 ❷ 1247·6·14 政
三浦和義(ロス疑惑) ❾ 1988·5·5 社／1994·3·31 社
三浦知良(サッカー) ❾ 1994·6·17 社／1998·7·1 社／2003·3·6 社／2008·2·22 社

三浦亀吉　❻ **1882**·10·4 社
三浦喜一　❼ **1932**·7·1 文
三浦休太郎(安)　❻ **1867**·12·7 政／**1878**·6·26 社／**1895**·12·10 政
三浦清宏　❾ **1988**·1·13 文
三浦謹之助　❼ **1906**·9·14 文／**1920**·4 月 文／❽ **1949**·11·3 文／**1950**·10·11 文
三浦一雄(くにお)　❽ **1958**·6·12 政
三浦内蔵丞⇨藤成幸(とうせいこう)
三浦敬三　❾ **2006**·1·5 社
三浦源蔵　❺-2 **1816**·是年 社
三浦乾也　❻ **1889**·10·7 社
三浦庚妥　❺-2 **1723**·是年 文／**1727**·是年 文
三浦小平二　❾ **2006**·10·3 文
三浦梧門　❺-2 **1832**·是年 文／❻ **1860**·10·8 文
三浦梧楼(観樹·五郎)　❻ **1877**·11·2 政／**1890**·11·4 政／**1895**·8·17 政／10·8 政／❼ **1899**·4·24 政／**1911**·10·17 政／**1914**·8·11 政／**1916**·5·24 政／**1924**·1·18 政／**1926**·1·28 政
三浦貞弘　❹ **1575**·1·22 政
三浦貞盛　❹ **1569**·7·21 政
三浦成義　❹ **1600**·9·14 関ヶ原合戦
三浦十郎　❻ **1874**·1·27 社
三浦十郎兵衛　❺-1 **1701**·2·18 政
三浦朱門　❾ **1973**·1 月 文
三浦浄心(茂正·五郎左衛門)　❺-1 **1614**·是年 文／**1641**·是年 文／**1644**·3·12 社
三浦盛連　❷ **1249**·8·10 政
三浦しをん　❾ **2006**·7·13 文
三浦高継　❸ **1335**·9·27 政／**1338**·2·5 政
三浦高遠　❸ **1367**·9·10 社
三浦帯刀　❻ **1863**·11·12 政
三浦胤村　❷ **1247**·6·20 政
三浦胤義　❷ **1220**·11·25 政／**1221**·6·2 政／6·12 政
三浦(柴田·藤井)　環　❼ **1903**·3·14 文／7·23 文／**1910**·6·5 文／**1911**·7·1 文／**1912**·2·2 文／6·1 文／**1914**·5·20 文／**1922**·5·15 文／**1932**·是年 政／**1936**·6·27 文／❽ **1937**·8·22 文／**1938**·6·3 文／11·18 文／**1939**·11·16 文／**1946**·5·26 文
三浦前次(ちかつぐ)　❺-2 **1816**·4·29 政
三浦竹渓　❺-2 **1756**·5·9 文
三浦竹泉　❼ **1915**·3·19 文
三浦哲郎　❾ **1967**·1 月 文／**1973**·6 月 文／**2010**·8·29 文
三浦哲翁　❺-1 **1703**·元禄年間 文
三浦毗次　❺-2 **1816**·4·29 政
三浦時高　❸ **1438**·10·3 政／11·1 政／❹ **1456**·1·19 政／**1462**·3·29 政／**1494**·9·23 政
三浦友和　❾ **1980**·3·7 社
三浦梅園(辰次郎·晋)　❺-2 **1738**·1 月 文／**1742**·是年 文／**1763**·9·1 文／**1766**·1·20 文／**1767**·10 月 文／**1773**·是年 文／**1775**·是年 文／**1778**·是年 文／**1784**·是年 文／**1786**·是年 政／**1787**·是年 文／**1789**·3·14 文
三浦周行(禄之助)　❼ **1931**·9·6 文
三浦文治　❻ **1884**·9·23 政／**1886**·7·2 政
三浦瓶山　❺-2 **1751**·是年 文／**1776**·是年 文
三浦彭旭　❺-2 **1747**·是年 文
三浦正子　❺-2 **1791**·12·23 社
三浦政為　❺-1 **1709**·9·24 社
三浦正次　❺-1 **1633**·3·23 政／**1638**·11·7 政／**1639**·1·14 政／**1641**·10·27 政
三浦正俊　❹ **1563**·5·12 政
三浦光雄　❽ **1956**·10·24 文
三浦光村　❷ **1241**·11·29 政／**1245**·4·21 政／**1247**·6·14 政
三浦光盛　❷ **1249**·8·10 政
三浦みどり　❽ **1960**·10·16 文
三浦基綱　❷ **1238**·1·10 社
三浦桃之助　❻ **1884**·5·15 政
三浦衛貞　❺-2 **1773**·6·1 文
三浦　安　❼ **1910**·12·11 政
三浦安次　❺-1 **1641**·10·27 政／**1682**·9·6 政
三浦泰綱　❷ **1243**·2·26 政
三浦泰村　❷ **1237**·11·17 政／**1238**·4·2 政／**1240**·4·12 政／**1241**·11·29 政／**1243**·2·26 政／**1246**·9·1 政／**1247**·5·21 政／5·27 政／6·1 政／6·14 政
三浦弥太郎　❹ **1525**·10 月 社
三浦雄一郎　❾ **1970**·5·6 社／**1983**·12·9 社／**2003**·5·22 社／**2008**·5·26 社
三浦　豊　❽ **1939**·7·25 政
三浦義明　❷ **1180**·8·26 政
三浦義同(道寸)　❹ **1494**·9·23 政／**1512**·8·13 政／**1513**·1·29 社／**1516**·7·11 政
三浦義勝　❸ **1333**·5·15 政
三浦義鏡　❹ **1579**·9·19 政
三浦義澄　❷ **1180**·6·27 政／8·24 政／10·21 政／**1182**·2·14 政／**1185**·1·26 政／3·22 政／**1195**·1·16 社／**1199**·12·18 政／**1200**·1·23 政
三浦義武　❺-1 **1650**·6·12 政
三浦義理　❺-2 **1747**·2·11 政／**1756**·7·3 政
三浦義信　❺-1 **1631**·是年 文
三浦(北條)義村　❷ **1199**·12·18 政／**1200**·1·20 政／**1203**·8·4 政／**1205**·⑦·19 政／**1210**·6·3 政／**1211**·5·19 政／**1213**·5·4 政／**1216**·4·11 政／**1218**·7·22 政／**1219**·1·27 政／11·13 政／**1221**·5·22 政／**1224**·7·17 政／9·5 社／**1225**·12·21 政／**1228**·7·24 政／**1229**·2·21 社／**1231**·7·9 文／**1232**·7·10 政／**1233**·3 月 政／**1238**·1·10 社／**1239**·12·5 政
三浦義意　❹ **1516**·7·11 政
三浦義盛　❷ **1180**·8·26 政
三浦義休　❺-1 **1650**·6·12 政
三浦頼盛　❸ **1290**·11 月 政
三浦屋又左衛門　❺-1 **1642**·7·14 政
三重野　康　❾ **1989**·12·17 政／**1994**·12·17 政／**2012**·4·15 政
三重ノ海剛司　❾ **1979**·7·17 社
ミオラ·ピート(伊)　❻ **1874**·是夏 社
ミカエル(殉教)　❺-1 **1620**·6·25 社
ミカエル伊東　❺-1 **1612**·是年 社
ミカエル薬屋　❺-1 **1633**·6·17 社
ミカエル左衛門　❺-1 **1632**·10·30 社
ミカエル中島　❺-1 **1628**·11·30 社
ミカエル藤蔵　❺-1 **1626**·④·26 社
ミカエル与吉兵衛　❺-1 **1627**·4·3 社
三笠宮崇仁親王　❼ **1935**·12·2 政／❽ **1947**·4·1 政
三笠宮寛仁親王　❾ **1980**·11·7 政／**2012**·6·6 政
三ヶ島葭子　❼ **1927**·3·26 文
甕襲(丹波国桑田村)　❶ **書紀·垂仁 87**·2·5
三方範忠　❸ **1418**·11·1 政
御方広名　❶ **784**·3·14 政
三ヶ田礼一　❾ **1992**·2·8 社
三方王(三形王)　❶ **757**·6·23 文／**772**·8·18 政／**774**·3·5 政／**782**·3·26 政
甿玉大魚売　❶ **750**·7·18 社
三ヶ月　章　❾ **1993**·8·9 政／**2005**·11·3 文／**2007**·10·27 文／**2010**·11·14 政
三門　博　❾ **1998**·10·12 文
御巫(みかなぎ)清直　❻ **1894**·7·4 文
御巫清泰　❾ **2012**·7·7 政
三上家季　❷ **1185**·10·9 政
三上於菟吉　❼ **1926**·1·7 文／**1932**·2·5 文／**1934**·1·29 文／❽ **1944**·2·7 文
三上源右衛門尉　❺-1 **1673**·7 月 文
三上参次(三次)　❻ **1891**·1·31 文／❼ **1909**·11·28 文／❽ **1939**·6·7 文
三上如幽　❺-1 **1703**·是年 文
三上千那(明式)　❺-2 **1723**·4·17 文
三上　卓　❼ **1932**·5·15 政
見上　彪　❾ **1990**·7·18 文
三上チヨ　❽ **1957**·6·17 文
三上超順　❻ **1868**·9·14 政
三上次男　❾ **1975**·2·1 文／**1987**·6·6 文
三上　誠　❽ **1948**·3 月 文
三神美和　❾ **2010**·12·21 文
三上元安　❹ **1595**·11·26 文禄の役
三神八四郎　❼ **1916**·5·31 社
三河口八蔵　❺-2 **1820**·12·16 政
美川憲一　❾ **1984**·7·2 社
三河舎翁　❺-2 **1847**·是年 文
見川鯛山　❾ **2005**·8·5 社
参河義臣　❸ **1374**·11·26 政
参河王(三川王)　❶ **761**·1·16 政／**764**·1·20 政／**771**·③·1 政
三河屋円車　❼ **1907**·2·1 文
三河屋幸三郎　❻ **1889**·5·5 社
美幾(みき·遊女)　❻ **1869**·8·14 文
美気敦種　❷ **1185**·2·1 政
三木鮎郎　❾ **1997**·6·6 文
三木　清　❼ **1928**·10 月 文／**1930**·5·20 政／**1933**·5·13 文／7·10 文／❽ **1939**·2·22 文／**1941**·8 月 文／**1945**·3·28 文／9·26 文
三木重村　❸ **1367**·3·23 政
三木　淳　❾ **1992**·2·22 文
三木宗山　❽ **1945**·11·28 文
三鬼　隆　❽ **1952**·4·9 政 社
三木たかし　❾ **2009**·5·11 文
三木武夫　❽ **1947**·3·8 政／6·1

政／1952·2·8 政／1954·12·10 政／1955·3·19 政／1958·6·12 政／12·10 政／1960·3·1 政／1961·7·18 政／❾ 1966·12·3 政／8·1 政／1968·11·27 政／1972·7·5 政／7·7 政／12·22 政／1974·7·12 政／11·30 政／12·9 政／1988·11·14 政
三木竹二　❼ 1900·1·31 文／1908·1·10 文
三木探月斎　❺-2 1815·是年 社
御木徳近　❼ 1936·9·27 社／❽ 1946·9·29 社
御木徳一　❼ 1924·10·26 社／1936·9·27 社
三木富雄　❾ 1965·10·1 文／1978·2·15 文
三木鶏郎　❾ 1994·10·7 文
三木成為　❺-2 1740·是年 文
三木のり平　❽ 1954·12·14 社／❾ 1999·1·25 文
三木武吉　❽ 1951·6·20 政／1952·10·24 政／1953·1·19 政／3·14 政／11·17 政／1954·9·19 政／1955·4·12 政／5·15 政／11·6 政／1956·7·4 政
三木　勝　❻ 1870·12·26 政
三木松盛　❺-2 1755·10月 政
三木　稔　❾ 2011·12·8 文
三木睦子　❾ 2012·7·31 政
三木露風(操)　❼ 1907·3月 文／1914·2月 文／❽ 1964·12·29 文
三岸好太郎　❼ 1924·是年 文／1929·4月 文／1930·11月 文／1932·是年 文／1933·3·10 文／1934·3·20 文
三岸節子　❾ 1999·4·18 文
和田(みぎた)愛松　❸ 1392·7·10 政
右田因幡　❺-1 1641·4·27 政
和田景茂　❸ 1353·11·5 政
和田賢秀　❸ 1348·1·5 政
和田助氏　❸ 1351·7·25 政／8·4 政／1369·3·28 政
和田助朝　❸ 1372·9·21 政
和田助康　❸ 1333·4·28 政
右田伝八　❺-2 1771·是年 文
右田寅彦　❼ 1905·5·11 文／1920·1·11 文
右田年英　❼ 1925·2·4 文
右田(陶)弘詮　❹ 1522·9·5 文
右田弘量　❹ 1498·11·7 政
和田正存　❸ 1444·10·14 政
和田正興　❸ 1338·⑦·22 政
和田正武　❸ 1370·11月 政／1371·8·13 政
和田正利　❸ 1428·12月 政
和田盛助　❸ 1441·8·18 政
右田能明　❷ 1281·12·2 政
和田義成　❸ 1353·11·5 政
和田⇨和田(にぎた·わだ)姓も見よ
三木谷浩史　❾ 1997·2·7 政／2001·5·16 社
御木本幸吉　❻ 1893·2月 社／7月 社／❼ 1899·3月 社／1936·11·15 社／❽ 1954·9·21 政／❾ 1985·4·18 社
三国一朗　❾ 2000·9·15 文
三国久八　❺-2 1817·文化年間 文
三国小太夫　❺-2 1716·2·4 社
三国　準　❺-2 1834·是年 文
三国広見　❶ 784·3·14 政／785·11·8 政
三国幽眠　❻ 1872·5月 文
三熊思孝(花顚)　❺-2 1794·8·26 文／1798·是年 文／1800·是年 文
三雲成賢　❺-1 1633·12·20 文
見雲重村　❺-1 1672·6·6 社
三栗　満　❹ 1488·1·9 政／1489·1·13 政／1491·1·16 政／1493·1·11 政
三栗野　納　❹ 1471·1·11 政
三栗野　満　❹ 1457·1·10 政／1460·4·26 政／1465·是年 政／1472·1·2 政／1474·1·20 政／1477·1·15 政／1479·1·1 政／1484·1·5 政／1485·1·5 政
ミケランジェリ, アルトゥール, ベネディッティ　❾ 1965·3·8 文
ミゲル(殉教)　❺-1 1614·10·21 社
御子柴克彦　❾ 1999·12·24 文
御子左(みこひだり)⇨二條(にじょう)姓も見よ
ミコヤン(ソ連)　❽ 1941·6·11 政／1961·8·16 政／1964·5·14 政
三坂実時　❸ 1282·8·10 政
三崎亀之助　❼ 1906·3·16 政
三崎嘯輔　❻ 1869·5·1 文
三崎千恵子　❾ 2012·2·13 文
見砂直照　❾ 1990·6·20 文
美里朝禎　❺-1 1710·7·18 政／11·18 政／1711·1·8 政
三澤為清　❹ 1543·5·7 政
見澤知廉　❾ 2005·9·7 文
三澤哲夫　❾ 2012·7·5 社
三澤光晴　❾ 2009·5·13 社
三澤茂登右衛門　❻ 1881·3·7 社
微叱許智(波珍干岐)　❶ 書紀·神功 5·3·7
末斯欣(美海、微叱己知·新羅王弟)　❶ 書紀·仲哀 9·10·3／390·是年／402·3月／417·是年／418·是秋／425·是年
末叱子(新羅)　❶ 571·8·1
三品影英　❾ 1971·12·19 文
三科真澄　❾ 2008·8·9 社
三嶋安曇　❶ 778·2·4 政
三嶋大湯坐　❶ 788·1·14 政
三島検校　❺-1 1694·8·19 社
三島元太郎　❾ 2003·12·15 文
三島貞成　❹ 1473·1·6 政／1474·1·20 政／1475·1·10 政／1476·1·13 政／1477·1·15 政／1481·1·8 政／1484·1·5 政
三島貞光　❸ 1298·12·16 政
三島貞盛　❹ 1484·1·5 政
三嶋嶋継　❶ 823·3·8 文／834·8·4 社
三島助左衛門　❺-2 1762·10·4 社
三島清左衛門　❹ 1526·3·20 社
三島　毅　❼ 1903·2月 文
三島徳七　❽ 1950·11·3 文／❾ 1975·11·19 文／1985·4·18 社
三嶋名継　❶ 786·1·24 政／790·3·9 政／797·1·13 政／806·1·28 政／810·4·11 政
三島　一　❽ 1949·7·14 文
三島政興　❺-2 1722·4月 政
三島政行　❺-2 1829·是年 文
三島通庸(弥兵衛)　❻ 1867·10·6 政／1882·1·25 政／5·12 政／1886·12月 政／1888·10·23 政
三嶌通良　❻ 1895·5·22 社
三嶋宗麻呂　❶ 776·3·5 政
三島安一　❺-1 1709·5·27 社
三島弥太郎　❼ 1913·2·23 政／1919·3·7 政
三島弥彦　❼ 1911·11·18 社／1912·7·6 社
三嶋猶千代丸　❸ 1400·9·10 社
三島由紀夫(平岡公威)　❽ 1944·10月 文／1948·3月 文／1949·7月 文／1956·10月 政／1958·10月 文／1960·1月 文／11·12 文／1961·1月 文／3·15 社／❾ 1965·4月 文／1966·11·28 社／1968·4·3 文／9月 文／1970·11·25 政／1972·12·3 文／1999·10·18 文／2005·7·28 文
三島芳五郎　❻ 1854·2·4 社
三島良績　❾ 1997·1·12 文
三嶋治部　❹ 1528·3·16 文
三須錦吾　❼ 1910·7·2 文
深須五郎　❸ 1331·9·29 政
ミス·コロンビア(歌手)　❽ 1940·3·28 社
三須道喜　❸ 1378·12·12 政
ミス·ハワイ(漫才師)　❾ 1998·12·13 文
ミス·ワカナ(漫才師)　❽ 1938·1·13 社／1940·3·28 社
水井精一　❻ 1864·2·26 政
水尾佐左衛門　❺-1 1674·6月 社
水上　勉　❽ 1961·4月 文／❾ 2004·9·8 文
水上泰生　❽ 1951·2·21 文
水木歌仙(初代)　❺-2 1779·7·20 文
水木歌仙(三代目)　❻ 1873·7·15 文
水木菊之丞　❺-2 1728·3月 文
水木京太　❽ 1948·7·1 文
水木しげる　❾ 2010·11·3 文
水木竹十郎　❺-2 1720·是冬 文
水木辰之助(花蝶、初代)　❺-1 1691·3月 文／1695·11月 文／1710·宝永年間 政／❺-2 1745·9·23 文
水木富之助　❺-2 1728·5·11 文
水木美成　❻ 1884·7·28 文
水木洋子　❾ 2003·4·8 文
水口薇陽　❼ 1923·11·10 文
御輔永道(長道)　❶ 855·2·15 文／860·9·26 文
御輔真男　❶ 841·1·13 政／843·1·12 政
水越松南　❼ 1924·是年 文／1927·是年 文／❽ 1951·10·28 文／1952·是年 文
水澤耕一　❾ 2000·10·18 社
水品楽太郎　❻ 1865·4·25 政
水島幸庵　❺-2 1781·5·28 政
水島宏一　❾ 1988·9·17 社
水島貞右衛門　❺-1 1682·5·7 社
水島三一郎　❽ 1961·11·3 文
水嶋四郎兵衛　❺-1 1696·7·15 文
水島広雄　❾ 2001·5·25 社
水島　弘　❾ 2005·6·19 文
水島道太郎　❾ 1999·3·23 文

水島三四造　❻ **1867**·9·1 政
水田吉太夫　❺-1 **1668**·5·12 社
水田西吟　❺-1 **1681**·是年 文／**1685**·是年 文／**1688**·是年 文
水田竹岡　❽ **1958**·7·11 文
水田三喜男　❽ **1956**·12·23 政／**1960**·7·19 政／12·8 政／**1962**·6·6 政／❾ **1966**·12·3 政／**1971**·7·5 政／**1976**·12·22 政
水渓居秀　❺-2 **1719**·是年 文
水谷勝隆　❺-1 **1606**·6·3 政／**1642**·7·28 政／**1664**·⑤·3 政
水谷勝比　❺-2 **1722**·4月 政
水谷勝時　❺-1 **1693**·10·6 政
水谷勝俊　❺-1 **1606**·6·3 政
水谷勝宗　❺-1 **1664**·⑤·3 政
水谷勝美　❺-1 **1693**·10·6 政
水谷隆勝　❺-1 **1639**·4·16 政
水谷竹四郎　❻ **1869**·3·23 文
水谷竹紫　❼ **1924**·2·7 文／**1935**·9·14 文
水谷長三郎　❼ **1918**·9·21 社／❽ **1940**·2·2 政／**1947**·6·1 政／6·30 社／**1948**·3·10 政／**1950**·1·19 政／**1960**·12·17 政
水谷不倒　❼ **1906**·6月 文
水谷豊文(伯献·助六·鉤致堂)　❺-2 **1809**·是年 文／**1825**·是年 文／**1826**·1·9 文／**1833**·3·20 文／**1835**·3·15 文
水谷光勝　❺-1 **1617**·是年 政
水谷満直　❺-1 **1643**·12·2 社
水谷(松野)八重子　❼ **1924**·2·7 文／**1927**·9·21 社／❽ **1946**·2月 文／❾ **1972**·6月 文
水谷山三郎　❺-1 **1651**·1·16 政
水谷　豊　❾ **1978**·10·6 社
水谷良重　❽ **1958**·2·8 社／❾ **1972**·6月 文／**1995**·11·1 文
水谷六之助　❺-1 **1648**·9·13 社
水足博泉　❺-2 **1732**·10·14 文
水鳥寿思　❾ **2004**·8·13 社／**2005**·11·24 社
水野伊左衛門　❺-2 **1819**·4月 社
水野　勲　❾ **2005**·2·19 政
水野市兵衛(元朗)　❺-1 **1661**·8·30 政
水野　修　❽ **1944**·9·25 社
水野勘解由　❺-2 **1819**·7·1 社
水野勝起　❺-2 **1763**·4·6 政／**1783**·4·13 政
水野勝剛　❺-2 **1783**·4·13 政／**1800**·④·9 政
水野勝貞　❺-1 **1655**·2·21 政／**1662**·10·29 政
水野勝前　❺-2 **1763**·4·6 政
水野勝種　❺-1 **1662**·10·29 政／**1689**·3·2 政
水野勝俊　❺-1 **1655**·2·21 政
水野勝知　❻ **1868**·3·25 政
水野勝直　❺-1 **1696**·6·11 社
水野勝長　❺-1 **1698**·5·1 政／**1700**·10·28 政／**1703**·1·9 政
水野勝成　❹ **1582**·8·12 政／**1600**·9·17 関ヶ原合戦／❺-1 **1607**·10月 文／**1608**·5月 文／**1615**·5·6 大坂夏の陣／7·19 政／**1619**·7·22 政／**1651**·3·15 政
水野勝彦　❺-2 **1739**·9·1 社／**1740**·12·3 政
水野勝岑　❺-1 **1698**·5·1 政
水野勝愛　❺-2 **1800**·④·9 政
水野　清　❾ **1989**·8·9 政
水野清忠　❹ **1509**·5·29 政
水野久右衛門　❹ **1593**·5·1 文禄の役
水野源左衛門　❺-1 **1645**·是年 文
水野健次郎　❾ **1999**·4·15 政
水野皓山　❺-2 **1799**·5·17 文
水野高次郎　❻ **1877**·8·23 政
水野小左衛門　❺-1 **1688**·12·17 政
水野貞五郎　❺-2 **1819**·4月 政
水野佐門　❺-1 **1654**·12·6 政
水野重明　❺-2 **1840**·7·27 政／**1846**·12·15 社
水野成夫　❼ **1924**·5·1 政
水野重仲(重央)　❺-1 **1621**·11·12 政
水野十郎左衛門(成之)　❺-1 **1650**·4·13 社／**1657**·7·18 政／**1661**·4·9 社／**1664**·3·26 社
水野俊吾　❾ **2007**·11·14 政
水野正太夫　❻ **1861**·4·28 政
水野新右衛門　❺-2 **1822**·11·17 政
水野大膳　❺-1 **1658**·5·26 政
水野忠暁　❺-2 **1829**·是年 文／**1832**·是年 社
水野忠成(午之助·吉太郎)　❺-2 **1802**·9·19 政／**1817**·8·23 政／**1818**·8·2 政／**1821**·11·11 政／**1834**·2·28 政
水野忠篤　❺-2 **1839**·3·18 政／**1841**·4·17 政／**1852**·4·15 政
水野忠一　❺-2 **1842**·8·6 社
水野忠鼎　❺-2 **1775**·9·23 政
水野忠清　❺-1 **1605**·12·2 政／**1632**·8·11 政／**1642**·7·28 政／**1647**·5·28 政
水野忠精　❺-2 **1845**·是年 文／❻ **1862**·3·15 政／**1863**·2·13 政／12·27 政／**1866**·5·13 政
水野忠邦(三河刈屋藩主)　❺-1 **1616**·4·3 政
水野忠邦(於菟五郎、唐津藩主)　❺-2 **1812**·8·5 政／11·15 政／**1817**·9·14 政／**1825**·5·15 政／**1826**·11·23 政／**1827**·10·8 文／**1828**·11·22 政／**1834**·3·1 政／**1839**·3·18 政／**1841**·4·17 政／5月 文／8·16 政／12·22 政／**1842**·4·29 文／12·29 文／**1843**·6·22 政／⑨·13 政／**1844**·6·21 政／7·22 政／**1845**·2·22 政／4·29 政／9·2 政／**1851**·2·10 政
水野忠貞　❺-1 **1647**·3·3 政／6·23 政／**1653**·6·23 政
水野忠定　❺-2 **1723**·3·6 政／**1748**·6·26 政
水野忠実　❺-2 **1828**·5·26 政
水野忠重　❹ **1581**·1·3 政／**1585**·2·12 政
水野忠武(啓次郎·惣兵衛)　❺-2 **1843**·6·10 政
水野忠胤　❺-1 **1609**·9·30 文
水野忠周(信濃松本藩主)　❺-1 **1713**·5·23 政／❺-2 **1718**·10·28 政
水野忠周(惣兵衛、安房北條藩主)　❺-2 **1748**·6·26 政
水野忠見　❺-2 **1775**·8·19 政
水野忠恒(為千代·修理)　❺-2 **1723**·5·10 政／**1724**·12月 文／**1725**·7·28 政
水野忠経　❺-2 **1845**·11·30 政
水野忠輝　❺-2 **1730**·7·6 政／**1737**·7·2 政
水野忠任(新十郎)　❺-2 **1751**·11·11 政／**1762**·9·30 政／**1775**·9·23 政／**1811**·12·30 政
水野忠韶　❺-2 **1775**·8·19 政／**1828**·5·26 政
水野忠辰(忠欣·織部)　❺-2 **1737**·7·2 政／**1751**·11·11 政
水野忠友　❺-2 **1777**·4·21 政／11·6 政／**1781**·9·18 政／9·27 政／**1785**·1·29 政／**1788**·3·28 政／**1802**·9·19 政
水野忠直　❺-1 **1668**·6·26 政／**1713**·5·23 政
水野忠央(丹鶴·鶴峰)　❺-2 **1848**·2·5 文
水野忠伸(虎之助·采女)　❺-2 **1738**·7·23 政／**1742**·3·27 政／**1744**·12·15 政
水野忠徳(忠篤)　❻ **1853**·4·28 政／**1854**·8·23 政／**1855**·6·5 文／**1857**·8·29 政／9·7 政／**1858**·7·4 政／**1861**·9·19 政／12·4 政／**1862**·4·25 政
水野忠敬(吉太郎)　❼ **1907**·8·17 政
水野忠春　❺-1 **1676**·8·29 政／**1684**·4·13 政／**1692**·10·15 政
水野忠央(鍵吉)　❺-1 **1704**·是年 文
水野忠政　❹ **1541**·是年 政／**1543**·7·12 政
水野忠増　❺-1 **1671**·9·1 政
水野忠通　❺-2 **1792**·②·25 政／**1798**·3·21 社
水野忠盈　❺-1 **1692**·10·15 政
水野忠光　❺-2 **1812**·8·5 政
水野忠元　❺-1 **1606**·11月 政／**1617**·是年 政
水野忠職　❺-1 **1647**·5·28 政／**1652**·5·16 政／**1668**·6·26 政
水野忠幹　❺-2 **1718**·10·28 政／**1723**·5·10 政
水野忠守　❹ **1581**·1·3 政
水野忠之　❺-1 **1702**·12·15 政／**1711**·12·23 政／**1714**·9·6 政／10·28 政／**1715**·11月 社／❺-2 **1717**·9·27 政／**1719**·5月 政／**1722**·5·15 政／**1730**·7·6 政
水野忠善　❺-1 **1634**·1·29 社／**1635**·8·4 政／**1642**·7·28 政／**1645**·7·14 政／**1676**·8·29 政
水野忠順(勘定奉行)　❺-1 **1712**·10·3 政／**1713**·10·23 政
水野忠順(鶴巻藩主)　❺-2 **1843**·天保年間 文
水野太郎左衛門　❹ **1562**·2月 社／**1571**·1月 社／6·23 社
水野丹後　❺-2 **1852**·5·17 政
水野藤三郎　❺-2 **1791**·3·1 政
水野年方(粂次郎)　❼ **1908**·4·7 文
水野敏之丞　❼ **1896**·3月 文
水野舎人　❺-2 **1840**·6月 政
水野寅次郎　❻ **1882**·3·18 政
水野成治(源左衛門)　❺-1 **1647**·10·

29 文
水野信元　❹ 1543·7·12 政／1544·9月 政／1558·是年 政／1561·2·6 政／1569·7·8 政／1575·12·27 政
水野範直(仏師)　❹ 1555·是年 文
水野晴郎　❾ 2008·6·10 文
水野半三郎　❺-1 1645·2·3 社
水野弘士　❾ 2005·12·7 文
水野広徳　❼ 1922·1·8 文／❽ 1941·2·26 文／1945·10·13 政／10·18 政
水野平十郎　❺-2 1751·11·11 政
水野平馬　❺-2 1844·1·30 政
水野平六郎　❺-1 1659·6·26 政
水野真紀　❾ 2012·8·11 文
水野孫右衛門　❺-1 1659·2·20 政
水野正篤　❺-2 1813·12·24 社
水野正名　❻ 1871·3·13 政
水野勝種　❺-1 1662·10·29 政／1689·3·2 政
水野元勝　❺-1 1664·8月 文／1681·是年 社
水野元重　❺-1 1664·11·1 政／1665·5月 政
水野元綱　❺-1 1645·6·28 政
水野元知　❺-1 1667·5·28 政
水野元政　❺-1 1687·4·28 社
水野百助　❺-1 1664·3·26 社
水野守重　❺-1 1681·1·28 政
水野守信(信古)　❺-1 1619·2·2 社／1626·④·26 社／1627·是年 社／1628·5月 社／1629·2·6 政／1632·12·17 政
水野守政　❺-1 1659·8·21 社／1665·11·1 社／1666·是年 政／1686·11·28 政
水野好美　❻ 1895·7·6 文／❼ 1898·8·13 文／12·7 文
水野　龍　❼ 1933·11·3 政
水野錬太郎　❼ 1918·4·23 政／1919·8·12 政／1922·6·9 政／1924·1·1 政／1927·6·2 政／❽ 1943·2·8 社
水野廬朝　❺-2 1816·是年 文／1836·1·22 文
水野分長　❺-1 1601·4·8 政
水野出羽守　❺-2 1828·3月 政
水野備中守殿　❺-2 1725·是年 社
端江浦嶋子　❶ 478·7月
水の江瀧子(三浦ウメ·愛称ターキー)　❼ 1928·10·12 文／1930·5·9 文／9·11 文／1933·6·15 社／❽ 1939·10·19 文／1940·6·10 社／7·10 社／1945·12·31 社／1953·6·6 文／❾ 2009·11·16 文
水谷正村(政村)　❹ 1546·1·23 政
水原　茂　❼ 1933·10·22 社／❾ 1982·3·26 社
水原秋桜子(豊)　❽ 1937·2月 文／5月 文／6月 文
水原敏博　❾ 1992·7·20 政
水原　弘　❽ 1959·12·27 社／❾ 1978·7·5 文
水原吉一　❺-1 1615·5·14 大坂夏の陣
水原宗梁　❺-2 1849·是年 文
瑞歯別皇子⇨反正(はんぜい)天皇
水間権右衛門　❺-2 1739·4·26 政
水間沾徳(友兼·沾葉·合歓堂)　❺-1 1705·是年 文／❺-2 1721·是年 文／1726·6·30 文
水町袈裟六　❼ 1934·7·10 政
水町右馬允　❹ 1557·10·16 政
三角兼連　❸ 1350·6·21 政
三角　寛　❾ 1971·11·8 文
三隅貞信　❹ 1515·1·26 政
三角錫子　❼ 1910·1·23 社
三隅伝八　❻ 1871·7·2 政
三隅長信　❹ 1477·9·27 政
三隅信兼　❸ 1440·8·15 政
三隅能登守　❸ 1439·11·14 政
水本成美　❻ 1870·10·9 政
水本光任　❾ 1991·11·16 文
三添卯之助　❻ 1878·8·23 政
溝江大炊介　❹ 1582·5·19 政
溝上　恵　❾ 2010·1·4 文
溝口右近　❺-1 1704·8·25 政
溝口勝如　❻ 1861·8·28 政／4·6 ロシア艦対馬占拠事件／5·7 ロシア艦対馬占拠事件／1873·5·25 政
溝口桂厳　❼ 1897·1·26 文
溝口健二　❼ 1934·8·29 文／1936·3·1 社／❽ 1944·是年 社／1955·10·25 社／1956·8·24 文
溝口重雄　❺-1 1698·7·18 社／1706·7·19 政
溝口重元　❺-1 1706·7·19 政
溝口千谷　❺-2 1760·8·2 文
溝口善兵衛　❾ 2007·4·8 社
溝口宗文　❽ 1945·5·26 文
溝口素丸　❺-2 1773·是年 文
溝口直諒(駒之助)　❺-2 1802·9·8 政
溝口直温　❺-2 1761·1·23 政
溝口直候　❺-2 1802·9·8 政
溝口直養(亀次郎)　❺-2 1761·1·23 政／1766·2·7 社
溝口宣勝　❺-1 1610·9·28 政／1626·5·28 政／1628·10·29 政
溝口信勝　❺-1 1667·②·28 政
溝口宣直　❺-1 1628·10·29 政
溝口紀子　❾ 1992·7·25 社
溝口半左衛門　❺-1 1694·⑤·21 政
溝口秀勝　❹ 1592·10·6 文／1598·4·2 政／1600·6·6 関ヶ原合戦／6·14 政／❺-1 1610·9·28 政
溝口政親　❺-1 1687·8·25 政
溝口幹樹　❼ 1898·8·13 社
溝手顕正　❾ 2006·9·26 政
御園　繁　❻ 1887·3·25 文
御園生圭輔　❾ 1995·8·25 文
美空ひばり　❽ 1948·5·1 社／1950·5·16 社／1952·4·28 社／1957·1·13 社／1962·11·5 社／1964·6·25 文／❾ 1965·12·25 社／1988·4·11 社／1989·6·24 社
三田五瀬　❶ 701·8·7 社
三田氏宗　❹ 1511·11·20 社／1512·4·14 文
三田純市　❾ 1994·9·1 文
三田浄久　❺-1 1679·7月 文
三田庸子　❽ 1946·4·1 社
三田誠広　❾ 1977·7·14 文
御田耜⇨犬上(いぬかみ)御田鍬
御立清道　❶ 730·3·27 文
三谷青子　❾ 1977·10·30 文
三谷景久　❹ 1508·8月 政
三谷三九郎(商替商)　❺-2 1788·10·20 政
三谷三九郎(両替高破産)　❻ 1875·2·7 政
三谷新九郎　❺-2 1784·1·22 政
三谷宗鎮(義方·良朴·丹下·南川斎)　❺-2 1727·是年 文／1741·5·12 文
三谷太一郎　❾ 2005·11·3 文／2011·11·3 文
三谷隆正　❽ 1944·3月 文
三谷十糸子　❽ 1947·10·16 文／1948·10·20 文／❾ 1974·11·1 文／1976·10·30 文／1992·2·11 文
三谷友佐　❺-1 1713·是年 文
三谷　樸　❺-2 1813·是年 文
三谷礼二　❾ 1991·3·20 文
三田村鳶魚(玄龍)　❽ 1952·5·14 文
三田村熊吉　❻ 1885·5·2 文
三田村四郎(四朗)　❼ 1929·4·16 政／1933·6·7 政／❽ 1964·6·20 社
三田村篤志郎　❼ 1935·10·21 文
御手洗幹一郎　❻ 1865·4·19 社
御手洗定重　❺-1 1656·11·5 政
御手洗富士夫　❾ 2006·5·24 政
道　宇奈岐　❶ 859·3·26 社
道　宇夜古　❶ 859·3·26 社
道　首名　❶ 700·6·17 政／712·9·19 政／713·8·10 政／8·26 政／718·4·11 政
道　勝石　❶ 761·2·3 社
道　公千前麻呂　❶ 830·10·5 社
道　重信　❼ 1934·1·29 社
路　年継　❶ 827·6·24 政
路　迹見(登美)　❶ 685·9·15 政／687·12·10 政
路　永名　❶ 845·1·11 政／847·1·12 政
道　全成　❶ 805·10·25 社
道君(名欠く)　❶ 570·5月
道尾秀介　❾ 2011·1·17 文
道川茂作　❼ 1927·7·17 社
道言(暦)　❷ 1093·2·19 文
道島五郎兵衛　❻ 1862·4·23 政
道嶋嶋足　❶ 767·12·8 政／778·2·4 政／780·3·17 政／783·1·8 政
道嶋三山　❶ 767·12·8 政
道嶋御楯　❶ 802·12·8 政
道辰(刀工)　❺-1 1701·8月 文
道臣　❶ 書紀·神武 2·2·2
路野上(斎宮寮長官)　❶ 746·8·23 社
道野王　❶ 855·3·13 政
迪宮裕仁親王⇨項目 ③ 天皇·皇室·皇居·改元「天皇(歴代)」、昭和(しょうわ)天皇
盈仁親王　❺-2 1830·11·23 社
方仁(みちひと)親王⇨正親町(おおぎまち)天皇
道益(僧)　❶ 804·3·28 政
道康親王⇨文徳(もんとく)天皇
美ち奴　❾ 1996·5·29 文
満井嘉右衛門　❺-1 1666·7·6 社
三井甲之　❼ 1925·11·7 文
満井佐吉　❾ 1967·2·16 政
三井三郎助(土地購入)　❺-1 1714·6·25 社
三井三郎助(高喜)　❺-2 1818·11·16

政／❻ 1867·12·30 政／1868·1·19 社／2·11 政／1869·1·24 政／1894·3·11 政
三井三郎助(高善の長男)　❼ 1911·12·16 政／1912·4·6 政
三井資平　❷ 1266·4·15 社
三井高蔭　❺-2 1816·是年 文
三井高利(宗竺·八郎兵衛)　❺-1 1673·8月 社／1686·是年 政／1687·10月 政／是年 社／1691·2月 政／1694·5·6 政
三井高富　❺-1 1709·5·5 社
三井高平(宗竺·初代八郎右衛門)　❺-2 1737·⑪·27 政
三井高祐(六代目八郎右衛門)　❺-2 1797·6·20 政
三井高房(三代目八郎右衛門)　❺-2 1728·是年 文／1748·10·17 政
三井高棟　❼ 1909·10·11 政
三井高保(辰之助)　❻ 1893·9·12 政／❼ 1909·10·11 政／1922·1·4 政
三井高行(室町家四代目)　❺-2 1763·是年 社
三井武之助　❻ 1876·7·1 政
三井　環　❾ 2005·2·1 社
三井親和(龍湖)　❺-2 1782·3·7 文／1831·3·7 文
三井長右衛門　❺-2 1834·9·8 社
三井八郎右衛門(高清、五代目)　❺-2 1761·12·16 政
三井八郎右衛門(次郎右衛門高福、八代目)　❻ 1868·8·26 社／1869·1·24 政／1876·7·1 政／1885·12·20 政／1894·8·1 政
三井八郎右衛門(高朗、九代目)　❻ 1859·6·11 政／1869·2月 政／3·15 社／5·24 政／1871·10·10 社
三井八郎右衛門(高公、十二代目)　❾ 1992·11·13 政
三井八郎次郎(松籟·高弘)　❼ 1896·2·9 文／1909·10·11 政／1915·4·25 文／1919·9·30 政
三井三千風⇨大淀(おおよど)三千風
三井元之助(高生)　❻ 1869·1·24 政
三井行顕　❸ 1323·7·5 文
三井養之助　❻ 1876·7·1 政
三井良龍　❺-2 1740·12·28 社
三井吉正　❺-1 1603·1月 政
三井辨雄　❾ 2012·10·1 政
光家(林大夫)　❷ 1154·9·7 社
光家(姓不詳·加賀守)　❸ 1397·9·23 文
三石屋藤兵衛　❺-2 1786·9·9 社
密雲環渓　❻ 1884·12·7 社
光岡威一郎　❼ 1897·6·10 文
光包(刀工)　❸ 1309·2月 文
満川亀太郎　❼ 1918·10·9 政
三木(みつき)新九郎　❹ 1540·8月 政
三木直頼　❹ 1521·是年 政／1528·2·27 社／7·12 政／1540·8月 政／10·13 政
三木久頼　❹ 1471·8·7 政
三ツ木文蔵　❺-2 1833·7·1 社
三木通秋　❹ 1580·4·26 社
三木良頼　❹ 1546·10月 文／1558·1·10 政／1572·11·12 政
三木自綱　❹ 1572·11·12 政／1575·10·20 政
ミッキー安川　❾ 2010·1·18 文
三木善右衛門尉　❹ 1576·6·17 社
三木宗大夫　❹ 1512·8·27 文
箕作佳吉　❼ 1909·9·16 文
箕作奎吾　❻ 1866·10·26 文
箕作阮甫(貞一·虔儒·痒西·紫川·逢谷)　❺-2 1839·6·11 文／1842·是年 文／1848·是年 文／1850·是年 文／1851·是年 文／❻ 1855·1·18 文／8·12 文／1856·4·4 文／1857·8月 文／1858·5·7 文／1861·9·25 文／1862·12·28 文／1863·6·17 文
箕作秋吉　❼ 1930·4·28 文
箕作秋坪　❻ 1860·4·16 文／1864·10·6 文／1873·9·1 文／1874·2月 文／1879·1·15 文／1886·12·3 文
箕作省吾(寛·玉海)　❺-2 1844·是年 文
箕作大六⇨菊池大麓(きくちだいろく)
箕作貞一郎　❻ 1863·10·18 文
箕作麟祥(勇太郎)　❻ 1861·6·29 文／1863·3·25 文／1864·10·6 文／1867·1·11 政／1868·2·24 文／1869·5月 文／1871·12·2 文／1874·2月 文／1888·5·7 文／1890·10·1 政／1893·3·22 政／❼ 1897·11·29 文
三越得右衛門　❻ 1886·11·24 政／1887·2·13 政
三津田　健　❽ 1946·3·26 文／❾ 1997·11·28 文
光田健輔　❼ 1930·11·20 文／❽ 1951·11·3 文／1964·5·14 文
満田久輝　❾ 1994·11·3 文／2006·3·10 社
満谷国四郎　❼ 1898·是年 文／1900·4·14 文／1901·11·21 文／1912·是年 文／1936·7·12 文
密庵咸傑(宋僧)　❷ 1179·8月 文
三土忠造　❼ 1927·4·20 政／6·2 政／1931·12·13 政／1932·5·26 政／❽ 1939·4·28 政／1946·1·13 政
三塚　博　❾ 1989·6·2 政／1991·10·5 政／10·27 政／1996·11·7 政／1997·9·11 政／2004·4·25 政
光長(刀工)　❸ 1322·2月 文
光永百太　❻ 1889·12月 社
光永星郎(喜一)　❼ 1901·7·1 社／❽ 1945·2·20 文
光永道三　❽ 1942·6·27 文
三橋成方　❺-2 1800·4月 政
三橋成烈　❺-2 1797·是年 文
三橋敏雄　❾ 2001·12·1 文
三橋虎蔵　❻ 1861·5·16 社
三橋成方　❺-2 1799·1·16 政
三ツ林隆志　❾ 2010·8·2 政
三林亮太郎　❽ 1949·4·6 文
光久(絵師)　❸ 1415·11·21 文
秀仁(みつひと)親王⇨四條(しじょう)天皇
満仁親王　❸ 1426·10·8 政
光房(刀工)　❷ 1280·10月 文
三淵藤英　❹ 1573·7·3 政／8·2 政
三潴(みつま)謙三　❻ 1894·12·29 文
三潴　信　❽ 1937·3·19 文
光村弥兵衛　❻ 1873·5月 社／1879·5月 社
光本幸子　❾ 1972·6月 文
三森松江　❼ 1899·12·3 文
密門(僧)　❺-2 1797·是年 社
三ツ矢歌子　❾ 2004·3·24 文
三谷善次郎　❺-2 1751·是年 政
三矢宮松　❼ 1925·6·11 政
光吉心蔵　❸ 1351·1·4 政
弥州流(百済)　❶ 書紀·神功 47·4月
三戸サツエ　❾ 2012·4·7 文
水戸将史　❾ 2012·9·11 政
水戸参雄　❼ 1932·1·3 政
水戸光圀⇨徳川(とくがわ)光圀
三戸頼顕　❸ 1336·3·9 政
見藤隆子　❾ 2012·11·20 文
三富朽葉　❼ 1917·8·2 文
三刀屋菊松　❸ 1392·7·29 政
三刀屋久扶　❹ 1543·5·7 政／1562·12月 政
翠川秋子　❼ 1935·8·20 社
緑川興時　❺-2 1796·是年 文
美土路昌一　❾ 1973·5·11 政
南井良一郎　❾ 1991·9·15 文
南小柿洲吾　❻ 1874·9·13 社
南小柿寧一　❺-2 1826·是年 文
南方英二(楠本喜八郎)　❾ 2010·2·26 文
南方熊楠　❻ 1893·10·5 文／❼ 1914·1月 文／❽ 1941·12·29 文
御長近人　❶ 859·1·13 政／860·1·16 政
御長仲継　❶ 806·1·28 政
御長広岳　❶ 810·9·10 政／817·3·27 政
水上源一　❼ 1936·2·29 政
水上源蔵　❽ 1944·8·4 政
水上左大夫　❺-1 1694·3·16 社
水上重太夫　❻ 1866·2·23 政
水上助三郎　❻ 1895·是年 政／❼ 1922·7·30 政
水上瀧太郎(阿部章蔵)　❼ 1922·7·15 文／❽ 1940·3·23 文
水上正純　❺-1 1694·3·12 政
皆川おさむ　❾ 1969·是年 社
皆川雅舟　❾ 2011·8·13 文
皆川淇園(愿·文蔵·伯恭·有斐斎)　❺-2 1774·是年 文／1784·11月 文／是年 文／1786·是年 文／1788·11·7 政／1791·是年 文／1792·是年 文／1797·是年 文／1799·是年 文／1800·是年 文／1805·6·1 文／1807·5·16 文／1813·是年 文／1820·是年 文
皆川月華　❾ 1978·6·27 文
皆川成郷　❺-1 1645·2·5 政／6·4 政
皆川隆庸　❺-1 1645·2·5 政
皆川盤水　❾ 2010·8·29 文
皆川広照(山城守)　❹ 1573·2·13 政／1581·11·1 政／1584·7·15 政／1585·是夏 政
皆川広照(武将)　❺-1 1603·2月 政／1609·10·27 政／1621·是年 政／1627·12·22 政
皆川文蔵　❽ 1960·5·21 政
南川正雄　❻ 1879·12·8 政
皆川睦雄　❾ 2005·2·6 社
皆川芳造　❼ 1927·1月 文
皆川ヨ子　❾ 2007·8·13 社
水無又兵衛　❺-1 1629·1·18 社

水無瀬氏孝　❺-2 1741·12·7 政
水無瀬氏信　❺-1 1690·7·15 政
水無瀬景兼　❸ 1349·7·19 社
水無瀬兼俊　❺-1 1656·1·1 政
水無瀬兼成　❹ 1582·1·27 文／1595·10·1 文／❺-1 1602·9·18 政
水無瀬三左衛門　❺-1 1647·4·1 政
水無瀬英兼　❹ 1535·8·16 文
湊　省太郎　❻ 1886·6·11 政
湊　葆州　❾ 2006·7·24 社
湊　祐介　❾ 2009·2·26 社
港川親方孟平　❺-2 1756·9·2 政
男女ノ川登三(坂田供次郎)　❼ 1936·1·31 社／❽ 1942·1·25 社／5·2 社
南　梅吉　❼ 1922·3·3 政
南　薫造　❼ 1909·是年頃 文／1912·10·13 文／1913·6·3 文／❽ 1950·1·6 文
南　五郎左衛門　❺-1 1603·11·8 社
南　三郎　❷ 1274·文永年間 社
南　次郎　❼ 1931·4·14 政／8·4 政／1935·7·15 政／1936·8·5 政／❽ 1937·10·2 政／1945·3·30 政／11·19 政／1955·12·5 政
三波伸介　❾ 1982·12·8 文
南　助松　❼ 1902·5·12 社／1903·12·12 社
見並惣太夫　❺-2 1792·3月 政
南　孝宣　❾ 2010·4·28 政
南　鼎三　❼ 1923·11·22 政
南　利明　❾ 1995·1·13 文
三波春夫　❽ 1961·8·1 文／❾ 2001·4·14 文
南　弘(哲郎)　❼ 1932·5·26 政
南　博　❽ 1964·3月 文
南　文蔵　❻ 1894·是年 社
南　将之　❾ 2000·4·7 社
南　美江　❾ 2010·8·6 文
南　安雄　❾ 2012·8·21 文
南　陽子　❾ 1975·8·25 政
南　好雄　❽ 1960·7·19 政
三並義忠　❽ 1955·12月 社／1957·8·7 社／1959·10·3 社
南遠江守　❸ 1350·5·24 政
南淵弥継　❶ 850·1·15 政
南淵請安　❶ 608·9·11 政
南淵年名　❶ 841·1·13 政／850·1·15 政／867·1·12 政／869·4·13 政／870·1·25 政／871·8·25 文／是年 文／875·4·27 文／877·3·18 文／4·8 政
南淵永河　❶ 845·1·11 政／851·1·11 政／853·1·16 政／857·10·12 政
南淵弘貞　❶ 824·1·5 政／833·9·19 政
南川継遷　❺-2 1770·是年 文
南田洋子　❾ 2009·10·21 文
源　顕兼　❷ 1215·2月 文
源　明国　❷ 1111·11·4 政／1128·8·28 政／1129·6·25 政
源　顕国　❷ 1121·5·29 政
源　顕定　❷ 1023·8·4 政
源　顕資　❸ 1317·5·2 政
源　顕親　❷ 1160·7·15 政
源　章任　❷ 1026·10·7 社／1044·8·7 政
源　顕仲　❷ 1116·12·20 文／1128·8·29 文／9·21 文／1138·3·29 政
源　顕信　❷ 1207·是年 政
源　昭平⇨昭平(あきひら)親王
源(藤原)　顕房　❷ 1056·5月 文／1067·10·22 文／1072·12·2 政／1074·10·23 社／1083·1·26 政／1094·9·5 政
源　顕雅　❷ 1136·10·13 政
源　顕通　❷ 1115·4·10 文／1122·4·8 政
源　顕基　❷ 1036·4·22 社／1047·9·3 政
源(土御門)　顕良　❷ 1273·5·5 政／1280·5·29 政
源　明　❶ 838·1·13 政／839·1·11 政／842·1·13 政／847·1·12 政／848·1·13 政
源　朝任　❷ 1034·9·16 政
源　与　❷ 1171·12·9 政
源　敦有　❸ 1329·7·18 政
源　当純　❶ 901·7·25 政
源　有章　❷ 1064·10·2 政
源　有賢　❷ 1094·8·15 文／1139·5·5 政
源　有資　❷ 1272·7·20 政
源(伊豆)　有綱　❷ 1186·6·16 政
源　有教　❷ 1254·8·6 政
源　有仁　❷ 1122·12·17 政／1131·12·22 政／1136·12·9 政／1138·10·26 政／1147·1·30 政／2·13 政／1151·9·22 政
源　有雅　❷ 1221·6·12 政／6·24 政／7·29 政
源　有宗　❷ 1080·11·23 文
源　有頼⇨綾小路(あやのこうじ)有頼
源　家賢　❷ 1095·8月 政
源　家時　❷ 1094·8·15 文
源　家房　❸ 1338·5·25 政
源　家宗　❷ 1069·8·1 社／⑩·4 社
源　家棟　❷ 1257·3·20 社
源　生　❶ 843·1·12 政／854·1·16 政／861·1·13 政／867·1·12 政／872·8·2 政
源　効　❶ 875·10·27 政
源　一幡　❷ 1203·8·27 政／9·2 政
源　氏女　❸ 1369·8月 文
源　興基　❶ 882·2·3 政／891·9·10 政
源　興　❶ 857·1·14 政／859·1·13 政／860·1·16 政／861·1·13 政／864·1·16 政／869·1·13 政／872·11·19 政
源　修　❶ 960·7·7 文
源　覚子(かくし)　❷ 1226·5·26 文／1227·③·12 文
源　翔　❷ 1212·5·23 政／1214·2·30 社
源　囲　❷ 1192·6·2 政
源　重　❸ 1421·2·23 政
源　計　❶ 948·是年 政／958·8月 文／971·11·2 政／975·8·13 社
源　固　❷ 1228·7·3 政
源　兼　❷ 1260·6·17 政
源　兼明(兼明親王)　❶ 977·4·21 政
源　兼相　❷ 1001·2·24 政
源　兼資　❷ 1002·8·6 政
源　兼澄　❷ 1006·4·4 文／1012·11·22 文／1019·7·19 文
源　兼忠(参議)　❶ 958·7·1 政
源　兼忠(前権中納言)　❷ 1209·3·17 政
源　兼綱　❷ 1180·5·15 政
源　兼長　❷ 1057·12·25 政
源　兼行　❷ 1034·12·16 文／1039·⑫·6 文／1072·4·3 文
源　兼善　❶ 879·4·25 政
源　兼能　❷ 1175·7·9 政
源　基子(源基平の娘)　❷ 1071·3·27 政／1072·12·1 政／1134·7·2 政
源　基子⇨堀川(ほりかわ)基子(西華門院)
源　競　❷ 1178·1·12 社／⑥·24 社
源　吉祥子　❷ 1227·10·12 政
源　公忠　❶ 948·10·28 政
源　清蔭　❶ 949·1·23 政／950·7·3 政
源　清鑒　❶ 936·4·14 政
源　清邦　❶ 993·5·5 政
源　清時　❶ 962·是年 政
源　清長　❷ 1096·9·13 政
源　清延　❶ 996·1月 政
源　潔姫　❶ 856·6·25 政
源　清平　❶ 945·1·13 政
源　清盛　❷ 1164·9·12 社
源　公輔　❶ 956·6·20 政
源　公盛　❷ 1081·11·29 政
源　国定　❶ 977·2月 政
源　国挙(能忍)　❷ 1010·10·3 文／1023·9·20 政
源　国俊　❷ 1099·3·18 政
源　邦利　❸ 1344·7·6 社
源　国仲　❷ 1063·9·29 文
源　国信　❷ 1094·8·15 文／1100·4·28 文／1105·2·19 社／1110·6·27 社／1111·1·10 政
源　国紀　❶ 909·9·12 政
源　国教　❷ 1144·1·5 政
源　国広　❸ 1334·6月 社
源　国房　❷ 1079·6·23 政／9·22 政／1100·1·6 政／1106·7·7 政
源　国基　❷ 1226·2·3 政
源　国盛　❶ 996·2月 政
源　慶　❸ 1398·7·27 政
源　謙子　❶ 924·2·26 政
源　妧子　❷ 1108·10·10 政
源　幸子⇨庭田(にわた)幸子
源　五七郎　❷ 1194·6·10 社
源　好　❶ 867·1·12 政
源　肥　❶ 979·5·22 政
源　惟清　❷ 1094·8·17 政
源　是茂　❶ 935·12·17 政／941·6·10 政
源　是忠　❶ 885·1·16 政
源　伊陟　❶ 995·5·22 政
源　是恒　❶ 907·7·28 政
源　惟正(参議)　❶ 980·4·29 政
源　惟正(源頼盛と争う)　❷ 1143·6·13 政
源　惟康⇨惟康(これやす)親王
源　伊行　❷ 1010·10·3 文

源　在子(承明門院)　❷ **1198**·1·11 政／**1202**·1·15 政／**1257**·7·5 政
源　盛(さかん)　❸ **1333**·3·17 政／**1358**·12·13 政
源　貞暁　❷ **1186**·2·26 政
源　定季　❷ **1042**·10·2 政
源　貞恒　❶ **885**·1·16 政／**908**·8·1 政
源　定平　❸ **1333**·4·3 政
源　定房　❷ **1188**·7·17 政
源(土御門)　定通(少納言)　❷ **1110**·4·30 文／**1115**·8·24 政
源(土御門)　定通(内大臣)　❷ **1236**·6·9 政／**1237**·12·18 政／**1246**·11·3 政／**1247**·9·28 政
源　定　❶ **838**·1·13 政／**848**·1·13 政／**863**·1·3 政
源　穎　❶ **866**·1·13 政／**867**·1·12 政
源　覚　❶ **879**·10·20 政
源　実朝(千幡)　❷ **1192**·8·9 政／**1203**·7·7 政／8·27 政／9·7 政／10·8 政／11·6 政／**1204**·1·12 文／2·12 政／6·1 文／7·26 政／8·15 文／11·26 文／12·10 政／**1205**·4·12 文／⑦·19 政／**1206**·10·20 政／12·29 政／**1207**·3·1 社／**1209**·7·5 文／11·4 政／**1210**·2·5 社／5·6 文／6·3 政／10·15 文／11·24 社／**1211**·1·5 政／5·10 文／7·4 政／10·19 文／12·10 政／**1212**·2·28 社／4·18 社／6·24 文／11·8 文／12·10 政／**1213**·1·1 社／2·2 文／2·27 政／3·23 社／4·17 社／8·20 政／9·19 政／**1214**·1·3 社／2·4 文／6·3 社／**1215**·8·16 政／10·1 政／**1216**·1·17 政／4·9 政／5·10 文／6·15 政／8·16 政／9·18 政／11·24 政／12·1 政／**1217**·3·10 文／4·17 政／5·20 政／**1218**·10·9 政／11·27 政／12·2 政／**1219**·1·27 政／2·2 政／12·24 政／**1236**·4·5 社／**1270**·5·10 社
源　実朝の室(本願禅尼)　❷ **1204**·12·10 政／**1272**·8月 社／**1274**·9·20 政
源　重実　❷ **1109**·2·8 政／**1137**·12·29 政
源　重資　❷ **1117**·12·30 政／**1121**·3·8 社／⑤月 政／**1122**·10·10 政
源　重時　❷ **1109**·2·16 政／**1113**·4·24 社／4·29 政／9·30 社／10·5 政／**1125**·3·18 社／**1142**·10·4 政
源　重俊　❷ **1147**·1·1 社
源　重信　❶ **991**·9·7 政／**994**·3·8 政／8·28 政／**995**·5·8 政
源　成信　❷ **1001**·2·4 社
源　重平　❷ **1205**·1·9 政
源　重文　❶ **999**·7月 政
源　重光　❶ **974**·2·17 政／**984**·11·24 社／**998**·7·10 政
源　重宗　❷ **1079**·6·23 政／7·1 政／8·17 政／9·19 政
源　重之　❶ **1000**·是年 政
源　師子　❷ **1148**·12·14 政
源　順　❶ **935**·是年 文／**949**·是年 文／**951**·10·30 文／**961**·是年 文／**966**·5·5 文／**976**·1·28 政／**979**·10月 文／**983**·是年 政
源　従英⇨源俊賢(としかた)
源　周子　❶ **935**·是冬 政
源　順子　❶ **925**·1·25 社／4·4 政
源　深子　❶ **917**·8·15 政
源　季兼　❷ **1143**·10·4 政
源　季実　❷ **1156**·7·5 政
源　末利　❷ **1187**·2·11 社
源　季範　❸ **1351**·11·10 文
源　季房　❷ **1156**·10·29 政
源　季宗　❷ **1086**·8·21 政
源　季頼　❸ **1292**·10·6 文
源　允明　❶ **942**·7·5 政
源　資賢　❷ **1162**·6·23 政／**1164**·6·27 政／**1179**·11·18 政／**1180**·7·8 政／**1188**·2·26 政
源　資国　❷ **1255**·8·15 社
源　資綱　❷ **1079**·8月 社／**1181**·2·23 文
源　資時　❷ **1180**·7·8 政
源　資平　❸ **1282**·12·17 政／**1283**·3·11 政／**1284**·9·23 政
源　資通　❷ **1050**·9·17 政／**1056**·2·3 政／**1060**·8·17 政
源　相職　❶ **943**·4·9 政
源　扶義　❶ **991**·3·25 政／**998**·7·25 政
源　冷(すずし)　❶ **850**·1·15 政／**853**·1·16 政／**856**·1·12 政／**857**·1·14 政／**861**·1·13 政／**868**·1·16 政／**890**·2·25 政
源　進　❶ **878**·8·14 文／**885**·1·16 政
源　淳夏　❾ **2000**·9·15 社
源　全姫　❶ **880**·12月 文
源　善哉⇨公暁(くぎょう)
源　高明(高明皇子)　❶ **920**·12·28 文／**948**·2·17 政／**966**·1·16 政／**967**·12·13 政／**968**·2·1 政／**969**·3·25 政／4·1 政／**971**·10·29 政／**972**·4·20 政／8·18 文／**982**·12·16 政
源　隆国　❷ **1043**·6·19 政／**1077**·3月 政／7·9 政
源　隆子(たかこ·藤原頼道の室、隆姫女王)　❷ **1009**·是年 社／**1040**·10·20 社／**1087**·11·22 政
源(堀川)　高定　❷ **1280**·8·23 政
源　高実　❷ **1106**·5·23 政
源　高重　❸ **1343**·6·1 社
源　隆綱　❷ **1074**·1·28 政／9·26 政
源　隆俊　❷ **1075**·3·13 政
源　隆仲　❷ **1101**·10·1 政
源　隆長　❷ **1261**·8·29 政
源　高房　❷ **1077**·9·13 政
源　高雅　❷ **1009**·8·27 政
源　孝道　❷ **1001**·12·2 政
源　高行　❷ **1116**·3·13 政／**1129**·6·25 政
源　孝行　❷ **1229**·9月 社
源　隆頼　❷ **1185**·8·5 政
源　湛　❶ **874**·11·10 文／**909**·1·11 政／**915**·5·21 政
源　忠清(参議)　❶ **988**·2·21 政
源　忠清(大和守)　❷ **1144**·11·6 政
源　忠清(左衛門尉)　❷ **1179**·5·3 社
源　正　❶ **845**·1·11 政
源　忠　❶ **931**·2·12 政
源　忠隆　❷ **1002**·4·20 社
源　忠久　❸ **1376**·2·7 政
源　忠良　❶ **992**·11·30 政
源　為明　❶ **961**·6·21 政
源　為兼　❷ **1011**·8月 社
源　為経　❷ **1168**·2·16 政
源　為時　❸ **1291**·9月 社
源　為朝　❷ **1154**·11·26 政／**1155**·4·3 政／**1156**·8·26 政／**1170**·4月 政／**1177**·3·6 政
源　為長　❷ **1161**·10·11 政／**1163**·4·8 社／6·3 社
源　為憲　❶ **970**·12·27 文／**984**·11月 文／**999**·12·13 社／❷ **1007**·8·17 文
源　親治　❷ **1156**·7·6 政
源　為弘　❷ **1168**·2·16 政
源　為文　❷ **1010**·6·21 政
源　為善　❷ **1042**·10·1 政
源　為義　❷ **1109**·2·17 政／**1113**·③·20 社／4·1 社／**1123**·7·18 社／**1128**·5·26 社／**1129**·1·7 社／11·11 社／**1130**·5·12 政／**1143**·6·13 政／6·30 政／**1146**·1·23 政／**1154**·11·26 政／**1156**·7·10 政／7·30 政
源　保　❶ **884**·3·9 政
源　親房　❸ **1320**·3·22 社
源　親元　❷ **1105**·11·7 政
源　近康　❷ **1141**·1·3 社
源　親行　❷ **1226**·6·6 社／**1236**·2·3 文／**1254**·12·18 文／**1255**·7·7 文／**1260**·9·10 政
源　近善　❶ **884**·6·2 政／**918**·7·14 政
源　秩子　❶ **887**·2·9 政
源　通魏　❺-2 **1760**·是年 文
源　包　❶ **878**·1·11 政
源　勤　❶ **851**·1·11 政／**855**·1·15 政／**859**·1·13 政／**881**·5·16 政
源(渡辺)　綱　❷ **1025**·2·15 政
源　経季　❷ **1031**·8·28 社
源　経相　❷ **1022**·1·28 政／**1025**·10·29 政／**1039**·10·7 政
源　経仲　❷ **1076**·10月 文／**1077**·11月 文
源　経長　❷ **1044**·1·30 政／**1056**·2·3 政／**1070**·1·26 政／**1071**·6·6 政
源　経成　❷ **1018**·11·22 政／**1050**·9·25 政／**1066**·7·11 政
源　経信(歌人)　❶ **927**·2·21 文
源　経信(参議)　❷ **1068**·12·20 政／**1073**·2·21 文／**1074**·6·28 社／**1080**·9·3 政／**1081**·3·5 政／**1083**·7·13 文／**1086**·9·16 文／**1088**·3·13 文／**1090**·5·6 文／**1093**·11·24 政／**1094**·6·13 政／8·15 文／10·26 政／**1095**·7·22 政／**1097**·①·6 政／❸ **1436**·8·28 文
源　経房　❷ **1002**·4·20 社／**1009**·4·24 社／**1020**·11·29 政／**1021**·3·7 政／**1023**·10·12 政
源　経光　❷ **1146**·3·9 政

源　経基　❶ **938**·2月 政／**939**·3·3 政／**941**·9·6 政／**946**·11·21 政／**961**·11·4 政
源　経頼　❷ **1028**·2·2 文／2·16 文／**1031**·5·17 政／8·25 社／9·18 文／11·16 文／**1039**·8·24 政
源　連　❶ **969**·4·3 政
源　道義⇨足利義満(あしかがよしみつ)
源　遠資　❶ **987**·7·26 社
源　融　❶ **842**·1·13 政／**847**·1·12 政／**854**·1·16 政／**859**·1·13 政／**860**·1·16 政／11·3 政／**866**·11·29 政／**872**·8·25 政／**873**·4·16 政／**880**·8·23 文／**888**·5·15 政／**895**·8·25 政／**926**·7·4 社
源　時綱　❷ **1043**·9·9 文
源　時中　❷ **1001**·12·30 政
源　時光　❷ **1228**·3·7 社
源　常　❶ **833**·10·23 政／**840**·8·8 政／12·9 文／**844**·7·2 政／**854**·6·13 政
源　俊　❶ **939**·6·7 政／**941**·12·29 政
源　俊明　❷ **1110**·7月 文／**1114**·12·2 政
源　俊臣(渋川道鎮弟)　❸ **1423**·1·1 政
源　俊賢(従英)　❶ **997**·4·16 社／❷ **1008**·9月 政／**1019**·9·23 政／**1027**·6·13 政
源　俊方　❷ **1175**·5·22 社／10·30 社／12月 社
源　俊兼　❷ **1112**·4·24 政
源　俊実　❷ **1080**·⑧·14 政／**1091**·4·19 政／7·14 政／**1110**·6·20 文／**1119**·6·8 政／**1120**·1·10 政
源　俊親　❷ **1152**·2·29 政
源　俊房　❷ **1057**·9月 政／**1060**·12·11 社／**1062**·5·6 文／是年 文／**1067**·5·12 政／**1072**·12·2 政／**1076**·9·11 政／**1077**·7·29 文／8·13 文／**1079**·5·15 文／**1080**·2·16 政／9·26 文／**1082**·12·9 政／**1083**·1·26 政／**1090**·3·11 文／**1093**·11·28 社／**1094**·8·15 文／**1102**·是年 文／**1104**·6·24 政／12·25 文／**1107**·6月 社／**1109**·2·8 政／**1110**·12·20 社／是年 政／**1111**·6·19 文／**1113**·8·6 文／**1120**·11·12 政／**1121**·2·26 政／11·12 政
源　俊雅　❷ **1149**·9·20 政
源　俊頼　❷ **1127**·是年 文／**1129**·11月 文
源　具顕　❷ **1280**·10·6 文
源(堀川)　具定　❷ **1236**·3·5 政
源(堀川)　具実　❷ **1250**·5·17 政／**1277**·4·26 政
源　具忠　❸ **1352**·5·11 政
源　具親　❷ **1201**·7·27 文
源(中院)　具房　❷ **1275**·2·1 文／**1279**·4·19 社
源　具守　❸ **1302**·4·11 政
源　具行　❸ **1331**·9·29 政／**1332**·4·10 政／5月 政／6·19 政
源　豊重(仏師)　❸ **1387**·5·24 文
源　豊宗　❾ **2001**·1·17 文
源　直(備中守)　❶ **875**·1·13 政／**887**·6·2 社／**899**·12·26 政
源　直(備前平戸)　❷ **1228**·3·13 政
源　仲章　❷ **1200**·11·4 政／**1203**·7·16 政／**1211**·12·10 政／**1217**·1·11 社／**1218**·2·19 文／**1219**·1·27 政
源　長猷　❶ **918**·9·29 政
源　仲清　❷ **1226**·3·27 政
源　仲国　❷ **1206**·5·20 社
源　永　❶ **865**·5·10 政
源　長継　❷ **1257**·3·20 社
源　仲綱　❷ **1180**·5·26 政
源　仲経　❸ **1287**·7·3 社
源　長経　❷ **1017**·9·14 政
源　仲正　❷ **1108**·5·18 政／**1118**·2·5 政、社／**1123**·11·1 政
源　仲宗　❷ **1092**·12·6 政／**1097**·是年 政／**1098**·3·29 政／**1099**·5·18 政
源　済政　❶ **1000**·7·24 社／❷ **1028**·5·23 社／**1029**·5·23 社／**1041**·是年 政
源　成雅　❷ **1143**·1·12 政
源　斎頼　❷ **1057**·12·25 政／**1058**·4·25 政
源　希　❶ **902**·1·19 政
源　信明　❶ **970**·是年 政
源　信淳　❸ **1356**·1·6 文
源　信敦　❸ **1386**·11·3 文
源　宣方　❶ **998**·8·23 文
源　信賢　❷ **1180**·7·8 政
源　信経　❸ **1294**·10·27 政
源　信成　❷ **1024**·2·7 政
源　信平　❷ **1175**·12月 社
源　延光(中納言)　❶ **973**·2·25 政／**974**·8·11 文／**976**·6·17 政
源　信光(伊豆守)　❷ **1232**·3·21 社
源　信宗　❷ **1074**·6·30 政
源　信康　❷ **1173**·1·5 政
源　舒　❶ **860**·12·30 政／**876**·7·14 社／**881**·11·29 政
源　昇　❶ **918**·6·29 政／**932**·1·21 社
源　乗方　❷ **1004**·10·3 文
源　憲清　❷ **1034**·1·10 文
源　典国　❶ **938**·8·23 政
源　憲定　❷ **1017**·6·2 政
源　則忠　❷ **1004**·6·3 政／**1006**·10·5 政／**1007**·9·21 政
源　則種　❷ **1214**·12·17 政
源　則遠　❷ **1149**·12·27 政
源　憲俊　❷ **1149**·7·29 政
源　則理　❷ **1035**·12·25 政
源　範頼　❷ **1183**·是冬 政／**1184**·1·8 政／2·5 政／5·21 政／6·5 政／8·6 政／9·2 政／11·14 政／**1185**·1·6 政／3·1 政／3·14 政／4·12 政／6·14 政／7·12 政／9·26 政／10·20 政／**1193**·8·17 政／8·20 政
源　光　❶ **865**·1·27 政／**901**·1·25 政／**909**·6·19 社／**910**·7·7 社／**913**·3·12 政
源　英明　❶ **939**·是春 政
源　秀房　❷ **1110**·2·28 政
源　英房　❸ **1343**·4·19 政
源　等　❶ **951**·3·10 政
源　博雅　❶ **980**·9·28 政
源　弘　❶ **833**·3·24 政／**835**·1·11 政／**836**·1·11 政／**845**·1·11 政／**863**·1·25 政、文
源　啓　❶ **856**·1·12 政／**859**·1·13 政／**863**·2·10 政／**869**·1·13 政／8·27 政
源　寛　❶ **839**·1·11 政／**842**·1·13 政／**852**·1·15 政／**857**·1·14 政／**870**·1·25 政／**876**·5·27 政
源　広綱　❷ **1104**·5月 文／**1184**·5·21 政／6·5 政
源　淵　❶ **886**·6·13 政
源　信　❶ **815**·6·19 文／**835**·1·11 政／**841**·1·13 政／**857**·2·19 政／**866**·③·10 政／11·18 政／**868**·⑫·28 政
源　雅顕　❸ **1349**·5·12 政
源　正明　❶ **958**·3·9 政
源　雅賢　❷ **1180**·7·8 政／**1192**·9月 政
源　雅兼　❷ **1106**·7·7 文／**1107**·8·21 文／**1133**·9月 政／**1143**·11·8 政
源　雅清　❷ **1230**·4·2 政
源　雅言　❸ **1300**·10·26 政
源　雅定　❷ **1118**·1·10 文／**1139**·5·27 文／**1149**·7·28 政／**1150**·8·21 政／**1154**·5·28 政／**1162**·5·27 政
源　雅実　❷ **1090**·11·4 社／**1100**·7·17 政／**1105**·1·20 文／**1106**·7·11 文／9·29 政／10·2 社／**1107**·2·11 社／**1108**·2·15 政／**1115**·4·28 政／7·21 社／8·25 政／**1116**·8·17 政／**1117**·3·15 政／**1122**·12·17 政／**1124**·7·7 政／11·29 政／**1127**·2·15 政
源　雅重　❷ **1140**·4·3 政／**1163**·12·8 政
源(中院)　雅忠　❷ **1272**·8·3 政
源　雅親　❷ **1249**·12·5 政
源　雅綱　❷ **1143**·3·27 政
源　当時　❶ **921**·5·4 政
源　雅俊　❷ **1111**·12·7 社／**1122**·4·12 政
源　雅具　❷ **1221**·⑩·10 政
源　政長　❷ **1094**·8·15 文／**1097**·①·4 政
源　正長　❺-2 **1773**·是年 文
源　政成　❷ **1082**·是年 政
源　雅信　❶ **882**·4·28 社／**977**·4·24 政／**978**·10·2 政／**993**·5·2 政／7·29 政／**988**·4·20 社
源　雅憲　❸ **1287**·9·2 文／**1326**·2·5 政／**1347**·2·22 政
源　方弘　❷ **1015**·6·22 政
源　雅通　❶ **988**·4·20 社／❷ **1017**·7·10 政／**1168**·8·10 政／11·20 政／**1175**·2·27 政
源　雅光(中右記)　❷ **1127**·10·3 政
源(久我)　雅光(頼行の子)　❷ **1267**·6·17 政
源　正光(権中納言)　❷ **1157**·7·16 政
源　雅職　❷ **1117**·9·15 政
源　雅行　❷ **1206**·10·3 文
源　雅頼　❷ **1156**·7·5 政／7·11 文／**1190**·8·3 政
源　多　❶ **850**·1·15 政／

853·1·16 政／**858**·1·16 政／**861**·1·13 政／**868**·1·16 政／**873**·4·3 政／**882**·1·10 政／**888**·10·17 政
源　益　❶ **883**·11·10 政
源　全姫　❶ **882**·1·25 政
源　松苗　❺-2 **1825**·3 月 文
源　護　❶ **935**·2·2 政／12·29 政
源　希義　❷ **1160**·3·11 政／**1182**·9·25 政
源　通家　❷ **1162**·6·23 政／**1167**·7·26 政
源　道方(権中納言)　❷ **1013**·2·2 政／**1029**·1·24 政／**1044**·9·25 政
源(中院)　通方(大納言)　❷ **1236**·9·13 文／**1238**·12·28 政
源　通賢　❸ **1405**·8·3 政／11·9 政
源　通子　❷ **1242**·1·20 政
源　通資　❷ **1205**·7·8 政
源　道済　❷ **1019**·是年 政
源　通忠　❷ **1250**·11·24 政
源(土御門)　通親　❷ **1179**·7·25 政／**1180**·6·9 政／**1185**·12·29 政／**1186**·2·9 文／11·18 政／**1188**·7·7 文／**1191**·2·1 社／**1198**·1·5 政／**1199**·1·5 政／6·22 政／**1201**·7·27 文／**1202**·10·21 政
源　道時　❷ **1120**·8·22 政
源(堀川)　通具　❷ **1201**·7·27 文／11·3 文／**1205**·3·26 文／**1224**·12·27 社／**1225**·4·2 文／**1226**·5·6 社／10 月 社／**1227**·9·2 政
源(中院)　通成　❷ **1269**·4·23 政
源　方理　❷ **1009**·2·20 政／**1010**·12·29 政
源(久我)　通平　❷ **1226**·8 月 政
源(久我)　通光　❷ **1216**·是夏 文／**1217**·8·15 文／**1219**·3·4 政／**1221**·7·3 政／**1230**·7·7 社／**1246**·12·24 政／**1248**·1·18 政
源　通宗　❷ **1198**·5·6 政
源(土御門)　通行　❷ **1270**·6·30 政
源　道良　❷ **1111**·4·24 政
源　通能　❷ **1174**·12·24 政
源　光清　❷ **1029**·7·16 政／**1030**·12·29 政／**1031**·1·13 政／**1034**·7·15 政
源　光国　❷ **1110**·3·27 政／**1113**·4·1 社／4·29 政／**1117**·12·23 社／**1147**·12·12 政
源　光実　❷ **1110**·7·6 政
源　光忠　❷ **1237**·11·25 文
源　光綱　❷ **1079**·5·17 政
源　光経　❸ **1287**·7·2 政
源　光遠　❸ **1365**·⑨·30 政
源　満仲　❶ **960**·10·2 政／**961**·5·10 社／**965**·7·21 社／**969**·3·25 政／**973**·4·24 社／**982**·天元年間 社／**983**·是年 社(囲み)／**986**·8·15 政／**997**·8·27 政
源　光長　❷ **1180**·5·15 政／**1183**·11·20 政
源　光信　❷ **1129**·1·7 社／**1130**·11·12 政／11·23 政／**1135**·11·2 政／**1143**·1·27 政／**1145**·10·4 政
源　満正　❶ **994**·3·6 政／**999**·10·26 社
源　光正　❷ **1237**·是年 文
源　光基　❷ **1132**·5·25 社
源　光保　❷ **1130**·11·23 政／**1156**·6·1 政／7·5 政／**1159**·12·17 政／**1160**·6·14 政
源　光行　❷ **1184**·4·14 政／**1191**·3·3 文／**1204**·10 月上旬 文／**1223**·是年 文／**1244**·2·17 政
源　実　❶ **900**·是年 政
源　迎　❸ **1406**·4·16 政
源　致方　❶ **989**·3·10 政
源　宗明　❸ **1404**·是年 政
源　宗賢　❷ **1142**·2·26 政
源　宗城　❶ **933**·5·12 社
源　宗清　❷ **1153**·12·24 社
源　宗佐　❷ **1056**·4·23 社
源　致親　❷ **1038**·2·19 政／5·19 政
源　宗綱　❷ **1180**·5·26 政／**1281**·11·11 政
源　致遠　❶ **980**·7·25 政
源　宗雅　❷ **1204**·7·14 政
源　宗于　❶ **939**·11·23 文
源　連　❷ **1228**·3·13 政
源　明子(高松殿)　❷ **1049**·7·22 政
源　持定　❸ **1338**·5·25 政
源　基清　❷ **1080**·5·8 政／**1081**·8·28 政／**1082**·11·22 政
源　基綱　❷ **1107**·3·30 文／**1110**·4·26 政／**1116**·11·7 政／12·30 政／**1117**·12·30 政
源　基俊　❷ **1118**·6·14 政
源　基仲(禎覚、右京権大夫)　❸ **1317**·3·30 政
源　基平　❷ **1054**·5·6 社／**1056**·2·3 政／**1064**·5·15 政
源　旧鑑　❶ **886**·1·16 政／**908**·2 月 政
源　基宗　❷ **1075**·④·28 政／**1078**·6·18 政
源　基頼　❷ **1108**·12·30 政
源　守清　❶ **981**·6·29 文／**992**·6·14 政
源　盛邦　❷ **1153**·12·21 政
源　盛重　❷ **1113**·9·30 社／10·5 政
源　守隆　❷ **1023**·⑨·23 社
源　盛雅　❷ **1127**·3·12 社
源　盛行　❷ **1142**·1·19 政
源　盛頼　❷ **1130**·是年 文
源　庶明　❶ **955**·5·20 政
源　師賢　❷ **1081**·7·2 政
源　師重　❷ **1124**·5·21 政
源　師重(検非違使)　❸ **1296**·11·29 政
源　師隆　❷ **1134**·2·19 政
源　師忠　❷ **1114**·9·25 政
源　師親　❸ **1315**·10·6 政
源　師時　❷ **1096**·5·3 文／**1109**·4 月 文／**1119**·11·27 文／12·27 社／**1130**·5·17 社／**1131**·8·12 文／**1132**·6·26 社／**1133**·4·18 文／9 月 政／**1134**·12·5 文／**1135**·7·21 文／**1136**·4·6 政／**1139**·5·21 文
源　師俊　❷ **1117**·6·4 政／**1133**·9 月 政／**1141**·12·7 政
源　師仲(権中納言)　❷ **1142**·9·12 文／**1160**·3·11 政／**1166**·3·29 政／**1172**·5·16 政
源　師房(資定王)　❷ **1020**·12·26 政／**1035**·是年 政／**1038**·9·13 文／10·16 文／**1062**·9·11 社／**1065**·6·3 政／**1068**·3·5 政／**1069**·8·22 政／**1077**·2·17 政
源　師能　❷ **1155**·2·3 政
源　師頼　❷ **1107**·4·2 政／**1109**·是冬 文／**1119**·11·14 社／**1133**·4·28 文／**1139**·12·4 政
源　泰清　❶ **999**·4·11 政
源　安　❶ **850**·1·15 政／**853**·4·28 政
源　康季　❷ **1130**·3·14 政
源　康忠　❷ **1184**·2 月 政
源　安信　❺-1 **1684**·7 月 文
源　泰衡⇨藤原(ふじわら)泰衡
源　保光　❶ **956**·6·20 政／**995**·5·8 政
源　佑鎮　❸ **1413**·1·4 政
源　行有　❶ **875**·1·13 政／**885**·1·16 政／**887**·6·20 政
源　行家　❷ **1180**·4·9 政／4·27 政／11·7 政／**1181**·1·28 政／3·10 政／**1183**·5·12 政／6·1 政／7·22 政／8·10 政／⑩·22 政／11·8 政／**1184**·1·16 政／2·2 政／**1185**·8·4 政／9·2 政／10·6 政／10·11 政／11·3 政／12·6 政／**1186**·2·30 政／5·6 政／5·12 政
源　行国　❷ **1153**·9·26 政
源　行綱　❷ **1177**·5·29 政／**1183**·7·22 政
源　行任　❷ **1031**·7·7 社
源　善　❶ **901**·1·25 政
源　義明　❷ **1109**·2·3 政
源　能有　❶ **866**·1·13 政／**892**·5·1 文／**895**·是春 文／12·3 政／**896**·7·16 政／**897**·6·8 政
源　義家　❷ **1057**·11 月 政／**1063**·2·27 政／**1064**·是年 政／**1069**·是年 政／**1071**·8·27 政／**1079**·8·17 政／**1081**·2 月 社／10·14 政／12·4 政／**1083**·9 月 政／**1085**·是年 政／**1086**·10·7 政／**1087**·9·23 政／12·26 政／**1091**·6·12 政／8·15 社／**1096**·12·15 政／**1098**·10·23 政／**1104**·10·30 社／**1105**·2·15 社／**1106**·7 月 政
源　義家　❺-2 **1754**·7 月 社
源　義賢　❷ **1155**·8·16 政
源　義国　❷ **1106**·6·10 政／**1150**·是年 政／**1151**·2·15 社
源　吉国　❷ **1227**·1·21 文
源　義重⇨新田(にった)義重
源　義資　❷ **1168**·2·16 政
源　義高(強盗逮捕)　❷ **1118**·是年 社
源　義高⇨志水(しみず)義高
源　義隆　❷ **1159**·12·26 政
源　義忠　❷ **1109**·2·3 政／2·8 政
源　義親　❷ **1101**·7·5 政／**1102**·2·20 政／12·28 政／**1107**·12·19 政／12·30 政／**1108**·1·6 政／**1117**·5·5 政／8·1 政／**1118**·2·5 政／**1123**·11·1 政／**1129**·9·5 政／**1130**·10·13 政／11·12 政
源　義綱　❷ **1063**·2·27 政／

1086·9·28 政／**1091**·6·12 政／**1094**·3·8 政／**1095**·10·23 政／是年 政／**1104**·10·30 社／**1107**·10·6 社／**1109**·2·3 政

源　義経(牛若丸)　❷ **1174**·3·3 政／**1183**·11·4 政／11·21 政／**1184**·1·8 政／2·4 政／3·27 政／5·2 社／7·3 政／8·3 政／9·14 政／11·14 政／**1185**·1·10 政／3·22 政／3·24 政／4·4 政／5·7 政／6·9 政／8·16 政／9·2 政／10·6 政／10·26 政／11·3 政／12·6 政／**1186**·2·30 政／5·6 政／⑦·16 政／11·18 政／11·25 政／**1187**·2·10 政／3·6 社／9·4 政／10·29 政／**1188**·2·21 政／10·12 政／**1189**·④·30 政／12·9 社

源(山本)　義経　❷ **1176**·12·30 社／**1180**·12·2 政／**1183**·12·10 政

源　能遠　❶ **989**·9·29 社

源　能俊　❷ **1114**·8·3 政／**1120**·4·21 文／11·8 政／**1130**·5·9 政

源　義朝　❷ **1143**·是年 政／**1144**·9·8 政／**1145**·3·4 社／3·11 社／**1155**·10·13 政／**1156**·6·1 政／**1159**·6·1 社／12·9 政／**1160**·1·4 政／**1184**·8月 政／**1185**·8·30 社／10·24 社／**1191**·9·3 社／**1200**·②·13 社

源(木曾)　義仲　❷ **1155**·8·16 政／**1180**·9·7 政／11·13 社／12·25 政／**1181**·6月 政／8·14 政／**1182**·2·25 政／4·19 政／10·9 政／**1183**·3月 政／4·17 政／5·9 政／6·1 政／6·6 政／8·10 政／9·20 政／10·10 政／10·20 政／11·19 政／12·3 政／**1184**·1·8 政／**1185**·3·3 政

源　義業　❷ **1128**·11·25 社／**1133**·2·27 政

源　義成　❷ **1129**·11·11 社

源　義信　❷ **1184**·5·21 政／**1211**·11·3 社

源　良姫　❶ **850**·2·3 政

源　義平　❷ **1155**·8·16 政／**1160**·1·19 政

源　義広　❷ **1183**·⑩·22 政／**1184**·1·19 政／5·4 政

源　義光　❷ **1087**·9·23 政／**1102**·2·3 政／**1106**·6·10 政／9·25 社／**1111**·10·9 政／**1112**·10·9 政／**1114**·7·21 社／**1127**·10·20 政／**1128**·11·25 社

源　義宗　❷ **1161**·1月 社

源　奉職　❷ **1008**·7·9 政

源　義基　❷ **1163**·7·25 社／**1165**·8·12 社／**1180**·是冬 政／**1181**·2·9 政

源　義康　❷ **1156**·6·1 政／**1157**·5·29 政

源　慶安　❺-2 **1719**·是年 文／**1720**·是年 文

源　自明　❶ **958**·4·17 政

源　頼家　❷ **1053**·8月 文／**1182**·8·11 政／**1190**·4·11 政／**1193**·5·8 政／**1197**·2·3 文／**1198**·1·30 政／**1199**·1·26 政／2·6 政／3·5 政／4·1 政／6·26 文／7·16 政／9·17 政／11·8 文／**1200**·1·10 文／②·8 政／7·9 政／8·10 政／10·10 政／11·9 政／12·28 政／**1201**·1·23 政／4·3 政／6·1 社／9·7 政／**1202**·1·29 政／3·8 文／3月 社／5·2 政／7·23 政／9·21 政／**1203**·1·2 文／5·19 政／6·1 政／8·27 政／9·2 政／11·6 政／**1204**·7·18 政

源　頼方　❷ **1150**·8·5 社／**1156**·7·30 政

源　頼賢　❷ **1155**·5·15 政／8·16 政

源　頼清　❷ **1145**·3·4 社

源　頼国　❷ **1013**·10·1 社／**1058**·是年 政

源　頼定　❷ **1020**·6·11 政

源　頼資　❷ **1062**·12·28 政／**1064**·9·16 政／**1066**·7·2 政／8·24 政

源　頼隆　❷ **1160**·2月 政

源　頼親　❶ **986**·7·13 社／**994**·3·6 政／❷ **1006**·6·20 政／7·13 政／**1031**·1·28 社／7·6 政／**1049**·12·28 政／**1050**·1·25 政

源　頼綱　❷ **1097**·①·27 政

源　頼経　❷ **1228**·7·24 政

源　頼時　❷ **1212**·9·2 政

源　頼俊　❷ **1069**·是年 政

源　頼朝　❷ **1159**·2·19 政／6·28 政／**1160**·2·9 政／3·11 政／**1180**·4·27 政／6·19 政／9·1 政／10·3 政／11·1 政／12·4 社／**1181**·1·1 政／4·7 政／4·28 政／6·13 政／8·1 政／**1182**·1·28 政／8·11 政／11·20 政／**1183**·2·27 社／3月 政／4·25 政／9月 政／10·1 社／11·4 政／12·3 政／**1184**·1·3 社／2·4 政／3·1 政／4·3 政／5·1 政／6·16 政／7·2 社／8·3 政／9·14 政／10·6 政／11·14 政／12·16 社／**1185**·1·6 政／2·5 社／3·2 政／4·12 政／4·27 政／6·9 政／7·12 政／8·4 政／9·2 政／10·3 社／12·1 政／**1186**·1·2 政／3·2 社／4·4 政／6·1 社／7·24 文／12·1 政／**1187**·2·1 政／3·3 社／4·1 政／5·9 政／7·28 社／9·4 政／11·15 政／**1188**·1·20 政／2·2 政／3·17 政／6·11 政／9·3 政／10·17 政／12·8 社／**1189**·1·5 政／2·9 政／4·7 文／6·25 政／7·17 政／7·18 社／8·7 政／9·2 政／10·1 政／11·7 政／12·6 政／12·9 社／**1190**·1·7 政／2·22 政／3·15 政／7·15 社／8·16 政／10·3 政／11·9 政／12·4 政／**1191**·1·15 政／3·4 政／7·28 政／9·3 社／12·16 政／**1192**·1·21 政／2·28 政／3·19 社／4·10 社／5·26 政／7·12 政／11·25 政／**1193**·1·1 政／2·10 政／3·15 政／5·8 政／8·17 政／10·28 政／**1194**·3·15 文／6·15 政／7·20 文／9·22 文／11·9 政／12·2 社／**1195**·1·25 政／2·14 政／3·12 社／3·13 政／4·1 政／8·10 政／**1198**·12·27 政／**1199**·1·13 政／**1204**·4·20 政／9·13 社／**1206**·1·27 政／**1227**·③·17 政／**1238**·3·28 社／**1245**·5·9 政

源　頼仲　❷ **1156**·7·30 政／**1242**·3·21 政

源　頼信　❶ **994**·3·6 政／❷ **1030**·9·2 政／**1031**·1·13 政／4·28 政／6·6 政／7·1 政／**1032**·2·8 政／**1046**·是年政 文／**1048**·4·17 政／**1167**·6·15 社／❺-2 **1754**·7月 社

源　頼憲　❷ **1153**·⑫·1 政

源　頼治　❷ **1090**·12·10 政／**1095**·10·24 政／**1100**·9月 社／**1105**·6·30 政

源　頼春　❸ **1336**·2月 政

源　頼秀　❸ **1402**·9·8 政

源　頼房　❷ **1076**·是年 政

源　頼政　❷ **1166**·12·30 政／**1171**·12·9 政／**1172**·3·19 文／**1175**·7·23 文／⑨·17 文／**1177**·4·13 社／**1178**·10·7 社／12·24 政／**1179**·10·18 文／11·28 政／**1180**·4·9 政／5·21 社／8·2 政／9月 政／**1181**·4·24 政

源　頼光　❶ **988**·9·16 政／**990**·3月 社／❷ **1018**·6·20 政／**1021**·7·19 政

源　頼茂　❷ **1219**·7·13 政

源　頼盛　❷ **1143**·6·13 政／**1152**·3·14 政

源　頼行　❷ **1157**·7·16 政

源　頼義　❷ **1051**·是年 政／**1053**·是年 政／**1056**·8·3 政／12·17 政／12·29 政／**1057**·7·26 政／9·2 政／11月 政／12·25 政／**1062**·是春 政／7月 政／8·9 政／9·5 政／9·17 政／10·29 政／是年 社／**1063**·2·16 政／4·3 社／8月 社／**1064**·3·29 政／4·13 政／**1065**·8·15 社／是年 政／**1075**·7·13 政／❺-2 **1762**·10月 文

源　悦　❶ **893**·3·16 社／**911**·4月 政／**930**·1·8 政

源　隆子(源顕房の室)　❷ **1089**·9·28 政

源　倫子(りんし)　❷ **1007**·1·5 社／**1010**·3·25 社／**1014**·9月 文／**1016**·6·10 政／**1017**·9·22 文／**1021**·2·28 政／12·1 社／**1028**·6·19 文／**1033**·11·28 政／**1053**·6·11 政

源　麗子(れいし)　❷ **1059**·3·20 政／**1062**·9·11 社／**1084**·9·12 政／**1108**·6·23 文／**1114**·4·3 政

源　和子　❶ **947**·7·21 政

源⇨久我(こが)姓も見よ

美努岡万呂(岡万)　❶ **701**·1·23 政／**730**·10·20 文／❻ **1872**·11·11 文

美努清名　❶ **847**·1·20 文／**872**·1·6 政／3·14 政

美努(美弩)浄麻呂　❶ **706**·8·21 政／**707**·5·28 政／**708**·3·13 政

美努貞宣　❶ **982**·1·17 社

美努智麻呂　❶ **769**·11·2 文

美努真香　❶ **953**·6·13 文

水主内親王　❶ **737**·8·20 政

水間　君　❶ **466**·9·4

峰　源藤五郎　❸ **1305**·5·6 社

嶺　春泰　❺-2 **1793**·10·6 文

峯　弘道　❾ **1968**·3·5 文

峰　弘　❹ **1491**·12·28 政

峯　幸松　❼ **1928**·9·9 政

峰　幸代　❾ **2008**·8·9 社

峰井芳庵　❺-2 **1745**·3·7 政
峰岸幸作　❼ **1912**·9月 文
峰岸正吉　❺-2 **1814**·9月 社／**1815**·是年 社
峰岸　徹　❾ **2008**·10·11 文
嶺田楓江　❻ **1883**·12·28 文
嶺藤　亮　❾ **1990**·8·15 社
ミネドンク，アブラハム　❺-2 **1727**·9·20 政／**1729**·9·20 政／**1731**·6·1 政
岑成王(美能王)　❶ **844**·10·23 政／**849**·1·13 政
御野清庭　❶ **843**·1·12 政
美濃太郎左衛門　❺-1 **1657**·明暦年間 社
蓑　豊昌(笠之助)　❺-2 **1736**·是年 文
美濃真玉虫　❶ **768**·6·6 政
美濃之二郎兵衛　❺-1 **1612**·10·15 社
美濃王(三野王·御野王·弥努王·美奴王·美弩王·美努王)　❶ **673**·12·27 社／**675**·4·10 社／**681**·3·17 文／**682**·3·1 政／**684**·2·28 政／**694**·9·22 政／**702**·1·17 政／**708**·5·30 政
箕浦猪之吉　❻ **1868**·2·15 政／2·24 文
箕浦勝人　❻ **1876**·9月 文／**1882**·2·12 政／❼ **1897**·11·2 政／**1913**·1·19 政／**1926**·2·28 政／**1929**·8·30 政
箕浦定俊　❸ **1362**·8·17 政／**1364**·9·18 社
箕浦保寿庵　❺-2 **1720**·5·18 文
蓑笠庵梨　❺-2 **1778**·是年 文
箕底用一　❾ **2010**·12·10 政
箕田牛山　❺-2 **1812**·12·19 文
蓑田胸喜　❼ **1925**·11·5 政／**1934**·6·6 文
簀秦恵師笠麻呂　❶ **812**·1·8 文
美濃部勘兵衛　❺-1 **1659**·是年 社
美濃部権兵衛　❺-1 **1636**·6·5 社
美濃部左伝次　❺-2 **1746**·7·16 政
美濃部茂勝　❺-1 **1622**·12·24 社
美濃部達吉　❼ **1912**·3月 政／8月 文／**1920**·9·17 文／**1923**·4月 政／**1935**·4·9 政／5·3 文／**1936**·2·21 政／❽ **1945**·11·9 政／**1948**·5·23 文
箕部兵衛三郎　❸ **1350**·11·3 政
美濃部茂育　❺-2 **1841**·4·17 政
美濃部洋次　❽ **1953**·2·28 政
美濃部亮吉　❽ **1938**·2·1 政／❾ **1967**·4·15 政／**1975**·4·13 政
美濃坊(対馬峰権現社宮司)　❸ **1451**·1·11 政
三野村利左衛門　❻ **1871**·7月 政／**1876**·7·1 政／**1877**·2·21 政
三野村利助　❼ **1901**·1·3 政
美濃屋忠右衛門　❺-2 **1720**·是年 社
御法川直三郎　❼ **1922**·是年 社／**1930**·9·11 政
箕輪対岳　❻ **1872**·9·1 社
箕輪　登　❾ **2006**·5·14 政
箕輪蕃昌　❺-2 **1750**·是年 文
ミハエロウィッチ，ゲオルギー　❼ **1916**·1·11 政
三揹　進　❼ **1914**·1·3 社
三橋達也　❾ **2004**·5·15 文
三橋成方　❺-2 **1798**·3·14 政／**1811**·6·8 社
三橋美智也　❾ **1996**·1·8 文
三原朝雄　❾ **1976**·12·24 政／**1978**·12·7 政
三原朝主　❶ **851**·1·11 政
三原　脩　❽ **1949**·4·14 社
三原弟平　❶ **813**·1·10 政／**815**·7·20 文
三原重種　❺-1 **1611**·9·10 政
三原種延　❷ **1253**·5·3 政
三原永道　❶ **851**·1·11 政／**859**·1·13 政／**865**·1·27 政
三原麻里　❾ **2012**·9·9 文
三原王　❶ **752**·7·10 政／**873**·9·27 政
三原屋清三郎　❺-1 **1704**·2·20 政
三春是行　❷ **1148**·4·15 社
御春内雄　❶ **865**·4·1 政
ミヒェルスゾーン，フェルディナンド　❺-1 **1606**·10·10 政
実仁(みひと·躬仁)親王⇨称光(しょうこう)天皇
壬生晨照　❹ **1465**·7·16 政／**1466**·4·17 政
壬生家門　❷ **1277**·4·9 社
壬生五百足(壬玉五百虫)　❶ **707**·5·26 社
壬生稲主　❶ **861**·10·28 社
壬生宇太麻呂　❶ **736**·2·28 政／**737**·1·26 政／**750**·3·12 政
壬生少家主　❶ **768**·6·6 政
壬生吉志福正　❶ **845**·3·23 社
壬生国依　❶ **724**·2·22 社
壬生黒成　❶ **841**·8·4 社
壬生季連⇨小槻(おづき)季連
壬生匡遠⇨小槻(おづき)匡遠
壬生忠見　❶ **960**·是年 政
壬生忠岑　❶ **945**·10月 文
壬生綱雄　❹ **1526**·12·6 政／**1557**·12·23 政
壬生信道　❷ **1114**·10·19 文
壬生晴富　❹ **1496**·4月 文
壬生雅久　❹ **1476**·4·1 文
壬生道忠　❸ **1350**·6·8 政
壬生宮万　❶ **753**·10月 文
壬生基修　❻ **1863**·8·19 政／**1864**·11·7 政／**1865**·1·14 政／**1867**·12·19 政／**1869**·10·3 社
壬生元泰　❹ **1515**·6·1 政
壬生諸石　❶ **696**·4·27 政
壬生于恒　❹ **1523**·3·28 社
壬生義雄　❹ **1578**·4·18 政／5·28 政
壬生院⇨園光子(そのみつこ)
三淵忠彦　❽ **1947**·8·4 政
御船氏主　❶ **836**·是年 文
三船久蔵　❽ **1945**·5·25 社／❾ **1965**·1·27 社
御船佐世　❶ **858**·8·19 文
御船高相　❶ **909**·11·27 政
御船千鶴子　❼ **1910**·9·14 社／**1911**·1·19 社
御船伝説　❶ **697**·是年 政
三船敏郎　❽ **1946**·6月 社／**1950**·8·26 社／**1961**·9·3 社／❾ **1997**·12·24 文
御堀耕助　❻ **1867**·7·7 政／8·14 政
三巻秋子　❾ **1993**·1·10 社
御牧篤好(重次郎·赤報)　❺-2 **1823**·5 政／**1824**·2·20 政
御牧静江　❻ **1867**·2·15 社
御牧忠蔵(直斎)　❺-2 **1788**·天明年間 文
御間城入彦五十瓊殖尊⇨崇神(すじん)天皇
御間城姫　❶ **書紀·崇神 1**·2·16
美作朝親　❷ **1209**·12·11 政
美作彦四郎　❸ **1357**·7·5 社
味摩之　❶ **612**·是年 文
三益愛子　❼ **1933**·4·1 文／❽ **1957**·4·25 文／**1959**·10·5 文
三桝大五郎(四代目)　❻ **1859**·5·13 文
三増紋也　❾ **2011**·7·26 文
三升屋勝次郎　❼ **1906**·3·6 文
三升屋小勝(二代目)　❼ **1906**·4·7 文
三升屋四郎　❺-2 **1837**·5·28 文
三升屋助十郎　❺-2 **1725**·3·26 文
三升屋二三治　❺-2 **1844**·是年 文
三松順平　❺-2 **1819**·是冬 社
観松彦香殖稲尊⇨孝昭(こうしょう)天皇
弥武(新羅)　❶ **655**·是年 政
三棟今嗣　❶ **805**·7·1 政
三統公忠　❶ **949**·是年 政
三統理平　❶ **895**·1·22 政／**910**·2月 文／**926**·4·4 政
三統真浄　❶ **853**·1·16 政
三統元夏　❶ **950**·5·24 政／**960**·2月 文／**964**·是年 文
三村家親　❹ **1566**·2·5 政／5·10 政
三村家成　❹ **1566**·5·10 政
三村島蔵　❼ **1935**·7·26 社
三村森軒(陳富)　❺-2 **1722**·是年 社／**1762**·11·3 文
三村申吾　❾ **2007**·6·3 社
三村惣左衛門　❺-2 **1750**·10·26 政
三村政親　❹ **1575**·1·1 政
三村元親　❹ **1543**·7·14 政／**1575**·5·22 政／**1584**·6·25 政
三村　豊　❼ **1916**·5·27 政
御室今嗣　❶ **810**·9·10 文／**811**·4·5 政／**819**·6·21 文
御室安常　❶ **867**·1·12 政
三室戸誠光　❺-1 **1678**·9·6 文
三諸大原　❶ **804**·1·24 政／**805**·2·15 政
御諸別王　❶ **書紀·景行 56**·8月
宮　柊二　❾ **1986**·12·11 文
宮　史郎　❾ **2012**·11·19 文
宮　甚右衛門　❺-2 **1731**·是年 政
宮　直信　❹ **1534**·7·3 政
宮　信徳　❻ **1853**·是年 社
宮　光寄　❹ **1552**·7·23 政
宮　元盛　❹ **1534**·7·3 政
宮　盛方　❷ **1180**·8·19 政
宮　盛重　❸ **1346**·3·19 社／**1347**·6·10 社
宮居眼左衛門(相撲)　❹ **1570**·2·25 社
宮井伝右衛門　❺-1 **1706**·6·29 社
宮石女(出雲大野荘内禰宇村地頭の息女)　❸ **1320**·6·25 社
宮内三郎　❷ **1273**·12·5 社
宮内隼人　❹ **1579**·1·14 社

宮内亮治　❾ 2006·1·16 政
宮尾すすむ　❾ 2011·7·12 文
宮尾登美子　❾ 1988·9·1 文／2008·1·6 社／2009·11·4 文
宮負定雄(門蔵·佐平)　❺-2 1826·是年 文／1828·9月 文
宮岡　宏　❾ 2006·11·14 文
宮川三郎　❻ 1861·10·20 文／1862·4·11 社
宮川経輝　❻ 1876·1·30 社／❼ 1914·1·6 社／1936·2·2 社
宮川信吉　❻ 1867·12·7 政
宮川保全　❻ 1886·3·22 文
宮川　敦　❾ 1997·6·1 社
宮川一笑　❺-2 1752·10月 社
宮川一夫　❾ 1999·8·7 文
宮川香山　❼ 1896·6·30 文／1916·5·20 文
宮川竺一(平曲)　❹ 1479·1·5 文／1486·6·16 文／1496·9·10 文
宮河純達　❺-2 1808·5·18 文
宮川松堅　❺-2 1726·2·23 文
御矢川主税　❺-2 1731·5·4 社
宮川哲夫　❾ 1966·12·1 社
宮川長春(春旭斎)　❺-2 1752·11·13 文
宮川南谿⇨橘(たちばな)南谿
宮川　泰　❾ 2006·3·20 文
宮川房長　❹ 1554·6·5 政／9·15 政
宮川舩夫　❽ 1945·8·19 政
宮川道達　❺-1 1686·是年 文／1688·是年 文／1694·是年 文
宮木喜久雄　❼ 1926·4月 文
宮木宗賦　❹ 1585·2·15 政
宮木豊盛　❹ 1586·8·3 政／1598·10·1 慶長の役／8·25 慶長の役
宮城　淳　❽ 1955·8·28 社
宮城家業　❷ 1200·8·21 政
宮木男也　❽ 1959·4·1 政
宮城音弥　❾ 2005·11·26 文
宮城和甫　❺-1 1645·2·23 社／1650·⑩·10 社
宮城和澄　❺-1 1687·8·11 政
宮城和充　❺-1 1686·11·4 政
宮城清行　❺-1 1695·是年 文
宮城けんじ　❾ 2005·10·19 文
宮城浩蔵　❻ 1880·12·3 文
宮城春意　❺-1 1667·是年 文
宮城壮太郎　❾ 2011·3·24 文
宮城千賀子　❾ 1996·8·7 文
宮城忠左衛門　❻ 1873·2·25 文
宮城長五郎　❽ 1939·8·30 政／1942·6·25 政
宮城二十郎　❺-2 1764·是夏 社
宮城彦助　❻ 1863·8·27 政
宮城まり子　❽ 1958·4·1 文／❾ 1968·4·6 文
宮城(菅)道雄　❼ 1909·是年 文／1914·是年 文／1920·11·27 文／1921·10·20 文／是年 文／1930·2·14 文／❽ 1950·2·20 文／1954·5·28 文／1956·6·25 文
宮城与徳　❽ 1941·10·15 政／1944·11·29 政
宮城谷昌光　❾ 1991·7·15 文
宮城山福松　❼ 1922·5·5 社／1927·1·5 社／❽ 1943·11·19 社
宮口精二　❽ 1945·4·11 文／1946·3·26 文
都国太夫半中⇨宮古路豊後掾(みやこじぶんごのじょう、初代)
三宅一生　❾ 2005·11·18 文／2010·11·3 文
三宅入石　❶ 675·7·7 政
三宅石床　❶ 672·6·25 政／680·7·23 政
三宅笠雄麻呂　❶ 784·10·21 社
三宅花圃　❽ 1943·7·9 文
三宅環翠　❺-2 1726·是年 文
三宅観瀾(緝明·用晦·九十郎)　❺-1 1699·是年 文／1711·3·25 文／❺-2 1718·8·26 文
三宅邦子　❾ 1992·11·4 文
三宅国秀　❹ 1516·6·1 政／1533·9·16 政／1534·9·16 政／1536·9·16 政
三宅国村　❹ 1536·8·29 政／1541·8·12 政／11·4 政／1546·9·3 政／1547·3·22 政
三宅建治　❺-2 1732·是年 文／1737·是年 文
三宅源之丞　❺-2 1852·是年 文
三宅賢隆　❺-1 1699·是年 文
三宅呉暁　❼ 1919·8·26 文
三宅克己　❼ 1898·是年 文／1916·8月 文／❽ 1954·6·30 文
三宅艮斎　❻ 1857·8月 文／1858·5·7 文
三宅権左衛門　❺-1 1707·8·7 政
三宅実久　❷ 1106·8·9 社
三宅子幹　❺-2 1845·是年 文
三宅重利　❺-1 1637·10·29 島原の乱／11·14 島原の乱
三宅　秀　❼ 1908·4·2 文／❽ 1938·3·16 文
三宅周太郎　❾ 1967·2·14 文
三宅庄市　❻ 1878·7·5 文
三宅正一　❼ 1926·12·9 政／❽ 1938·2·6 社／1939·11·29 社／❾ 1982·5·23 政
三宅得許　❶ 684·12·6 政
三宅尚絅　❺-1 1689·是年 文
三宅尚斎(重固·実操·儀左衛門·丹治)　❺-1 1707·5月 文／❺-2 1730·是年 文／1741·1·29 文
三宅嘯山(芳隆·葎亭·滄浪居·橘斎)　❺-2 1760·是年 文／1787·是年 文／1789·是年 文
三宅正太郎　❼ 1929·10·18 社
三宅四郎兵衛　❺-1 1652·3·13 政
三宅新七　❺-1 1665·4·2 政
三宅精一　❾ 1965·是年 社／1967·3·18 社
三宅石庵(正名·実父·新次郎·石庵·万年)　❺-1 1713·8月 文／❺-2 1719·8月 文／1724·5月 文／1730·7·16 文／7月 文
三宅雪嶺(雄叔·雄二郎)　❻ 1884·1·26 文／1888·4·3 文／1893·3·11 政／1895·5·15 社／❼ 1900·4·16 文／1908·2·15 文／❽ 1943·4·29 文／1945·11·26 文
三宅善烝　❺-1 1665·4·2 政
三宅辰介　❺-1 1608·12月 社
三宅帯刀　❺-1 1695·是年 文
三宅澹庵　❺-1 1659·8·15 文
三宅恒方　❼ 1921·2·2 文
三宅董庵　❺-2 1849·9·21 文
三宅籐九郎　❾ 1990·12·19 文
三宅長盛　❹ 1582·6·26 政
三宅春恵　❽ 1944·8·6 文
三宅久之　❾ 2012·11·15 社
三宅　秀　❻ 1888·5·7 文
三宅宏美　❾ 2012·7·27 社
三宅藤麻呂　❶ 714·2·10 文
三宅平六　❺-1 1652·9·13 政
三宅亡羊(寄斎)　❺-1 1649·6·18 文
三宅真継　❶ 793·8·22 社
三宅弥市郎　❺-2 1721·7·27 社
三宅矢柄助　❺-2 1836·12·23 政
三宅泰雄　❽ 1957·7·3 文／❾ 1990·10·16 文
三宅康勝　❺-1 1664·5·9 政／1687·8·9 政
三宅康雄　❺-2 1726·10·6 政
三宅康邦　❺-2 1785·9·21 政／1792·3·23 政
三宅やす子　❼ 1932·1·18 文
三宅康敬　❺-2 1726·2·18 政
三宅康武　❺-2 1785·9·21 政
三宅康友　❺-2 1792·3·23 政
三宅康徳　❺-2 1726·10·6 政
三宅康盛　❺-1 1636·5·18 政
三宅康之　❺-2 1780·11·29 政
三宅也来　❺-2 1731·是年 文
三宅揚心　❺-2 1779·10·3 文
三宅嘉子　❾ 1972·6·15 社
三宅義信　❽ 1960·8·25 社／1963·9·8 社／1964·10·10 社／❾ 1966·10·16 社／1968·10·12 社
三宅義行　❾ 1968·10·12 社／1969·9·22 社
三宅米吉　❻ 1888·7·14 文／1895·4·28 文／❼ 1912·5·5 文／1929·11·11 文
三宅　諒　❾ 2012·7·27 社
三宅　廉　❽ 1951·10月 文
三宅浄心(僧)　❸ 1291·7·26 社
三宅入道　❸ 1351·12·26 社
都　一いき　❾ 1997·1·21 文
都　一中(都　嘉六、初代)　❺-1 1703·元禄年間 文／1710·宝永年間 文／1715·是年 文／❺-2 1718·11·20 文／1724·5·14 文
都　一中(五代目)　❺-2 1822·7月 文
都　一中(八代目)　❻ 1874·12·1 文／1877·8·28 文
都　一中(伊藤楳太郎、十代目)　❻ 1888·5·17 文／1889·10·12 文／❼ 1907·9·17 文／1928·2·6 文
都　右近　❺-1 1680·4·18 文
宮古信作　❼ 1913·2·11 社
都　塵舎　❺-2 1737·是年 文
ミヤコ蝶々　❾ 2000·10·12 文
都　伝内　❺-1 1657·9月 文／1660·7·27 文
都　腹赤　❶ 824·1·5 政
都　はるみ　❾ 1976·12·31 社／1984·2·31 社
都　広田麻呂　❶ 829·3·13 政
都　文憲　❶ 847·6·9 文
都　万太夫⇨橘貞勝(たちばなさだかつ)

都　御西　❶ **864**·1·16 政／**880**·3·16 政／**883**·6·3 政／**885**·12·23 政
都　良香　❶ **865**·2·5 文／**871**·是年 文／**872**·5·25 文／**874**·7·23 文／**879**·2·25 文／**926**·2 月 政
宮腰喜助　❽ **1952**·4·5 政／6·1 政／7·7 政
宮古路加賀太夫　❺-2 **1746**·1 月 文
宮古路蘭八　❺-2 **1771**·宝暦·明和年間 文
都路華香　❼ **1899**·4·1 文
宮古路豊後掾(都国太夫半中、初代)　❺-2 **1718**·11·20 文／**1730**·是年 文／**1732**·是春 文／**1739**·9·21 文／**1740**·9·1 文
宮古路豊後掾(三代目)　❺-2 **1763**·宝暦年間 文
都田の吉兵衛　❻ **1861**·1·15 社
都菜(俳人)　❺-2 **1742**·是年 文
都の錦(宍戸与一)　❺-1 **1702**·是年 文／**1711**·是年 文／**1712**·是年 文
都屋都楽(初代)　❺-2 **1852**·12·27 文
都家文雄　❼ **1934**·4·25 社
宮坂五郎　❽ **1944**·12·7 社
宮坂　学　❾ **1996**·1·31 政
宮坂宥勝　❾ **2011**·1·11 文
宮崎あおい　❾ **2008**·1·6 社
宮崎　敦　❾ **2011**·11·9 政
宮崎有成　❺-2 **1803**·是年 文
宮崎　勇　❾ **1995**·8·8 政
宮崎一雨　❼ **1922**·1 月 社
宮崎市定　❾ **1995**·5·24 文
宮崎市兵衛　❺-1 **1663**·2·13 社
宮崎奕保　❾ **2008**·1·5 社
宮崎和澄　❺-1 **1681**·5·12 政
宮崎寒鶏　❺-1 **1712**·2 月 文
宮崎寒雉(初代)　❺-1 **1685**·是秋 文
宮崎恭子　❾ **1996**·6·27 文
宮崎筠圃　❺-2 **1774**·12·10 文
宮崎邦次　❾ **1997**·6·29 政
宮崎車之助　❻ **1876**·10·26 政
宮崎光太郎　❻ **1874**·是年 社
宮崎康平　❾ **1967**·1 月 文
宮崎湖処子　❼ **1897**·4 月 文／**1922**·8·9 文
宮崎定範　❷ **1221**·6·2 政
宮崎三昧　❼ **1919**·3·22 文
宮崎重清　❺-1 **1681**·1·28 政
宮崎重成　❺-1 **1668**·7·13 社／**1680**·2·23 社
宮崎十四郎(初代)　❺-2 **1723**·2·5 文
宮崎十四郎(二代目)　❺-2 **1769**·1·9 文
宮崎春昇　❽ **1958**·2·2 文
宮崎辰雄　❾ **2000**·2·22 社
宮崎民蔵　❼ **1902**·4·6 政
宮崎太郎兵衛　❸ **1333**·4·4 政
宮崎　勤　❾ **1989**·7·23 社／**1997**·4·14 社／**2001**·6·28 社／**2006**·1·17 社／**2008**·6·17 社
宮崎　輝　❾ **1992**·4·17 政
宮崎伝吉　❺-1 **1687**·貞享年間 文
宮崎滔天(虎蔵·寅蔵)　❼ **1902**·10·1 文／**1922**·12·6 政
宮崎知子　❾ **1988**·2·9 社
宮崎虎之助　❼ **1899**·6 月 社
宮崎信夫　❾ **1968**·8·8 文
宮崎　駿　❾ **2002**·2·17 文／**2005**·2·9 文／9·9 社／**2012**·11·5 文
宮崎政泰　❺-1 **1673**·1·23 政
宮崎道三郎　❼ **1928**·4·18 政
宮崎道次　❺-1 **1669**·10·19 政
宮崎道常　❺-1 **1669**·10·19 政
宮崎道直　❺-1 **1669**·10·19 政
宮崎道正　❻ **1889**·8·22 政
宮崎夢柳　❻ **1889**·7·23 文
宮崎元伸　❾ **2007**·11·28 政
宮崎安貞　❺-1 **1696**·是年 文／**1697**·7·23 社／7·23 文／8 月 文／❺-2 **1787**·1 月 文
宮崎康二　❼ **1932**·7·30 社
宮崎友禅　❺-1 **1707**·是年 文／❺-2 **1736**·6 月 文
宮崎義一　❾ **1998**·5·20 文
宮崎龍介　❼ **1918**·12·7 政／**1920**·5·28 社／**1921**·10·20 社／**1926**·12·4 政／**1930**·1·15 政／❽ **1937**·7·24 政
宮崎柳太郎　❻ **1881**·8·16 社
宮崎　亮　❾ **2012**·12·31 社
宮崎隠岐守　❹ **1561**·12·25 政
宮迫千鶴　❾ **2008**·6·19 文
宮廻世明　❾ **2011**·9·7 文
宮里　藍　❾ **2004**·3·7 社／**2005**·2·11 社／**2010**·6·20 社
宮里美香　❾ **2004**·6·26 社／**2012**·8·19 社
宮澤岡右衛門　❺-2 **1722**·3·4 社
宮澤喜一　❽ **1962**·7·18 政／**1963**·7·18 政／❾ **1966**·12·3 政／**1967**·10·11 政／**1970**·1·14 政／**1974**·12·9 政／**1977**·11·28 政／**1984**·9·10 政／**1986**·7·22 政／**1987**·10·2 政／11·6 政／**1988**·10·8 政／12·9 政／**1989**·5·29 政／**1991**·10·5 政／10·27 政／**1998**·7·30 政／**1999**·10·5 政／**2003**·10·23 政／**2007**·6·28 政
宮澤賢治　❼ **1933**·9·21 文
宮澤胤勇　❽ **1956**·12·23 政
宮澤太郎平　❺-2 **1844**·4 月 政
宮澤俊義　❼ **1935**·5·3 文／❽ **1958**·6·8 政／❾ **1965**·4·20 文／**1976**·9·4 政
宮澤信雄　❾ **2012**·10·11 文
宮澤　弘　❾ **1995**·10·9 政
宮澤正之　❾ **2010**·12·15 社
宮澤安雄　❽ **1960**·10·16 社
宮澤りえ　❾ **1992**·11·27 社／**1993**·1·27 社
宮路(奥女中)　❺-1 **1714**·1·12 社
宮治　昭　❾ **2011**·4·4 文
宮地嘉六　❽ **1958**·4·10 文
宮地茂春　❻ **1887**·12·26 政
宮地直一　❼ **1910**·12 月 文
宮地新五郎　❺-1 **1704**·11 月 文
宮地伝三郎　❽ **1956**·10·17 文／❾ **1988**·10·21 文
宮路年雄　❾ **1998**·5·9 社
宮地　裕　❾ **1971**·12 月 文
宮地茂平　❻ **1881**·11·8 社
宮地惟友　❽ **1956**·9·19 社
宮重忍斎　❺-2 **1737**·8·20 文
宮下アキ⇨中上川(なかみがわ)アキ
宮下　昭　❾ **2005**·7·19 政
宮下純一　❾ **2008**·8·9 社
宮下善爾　❾ **2012**·4·24 文
宮下創平　❾ **1991**·11·5 政／**1994**·8·12 政／**1998**·7·30 政
宮下太吉　❼ **1910**·5·25 政／**1911**·1·18 政
宮下玉吉　❽ **1939**·6·10 政
宮道尭時　❶ **982**·1·10 政
宮道吉備麻呂　❶ **843**·1·12 政
宮道忠用　❶ **941**·2·9 政
宮道弘氏　❶ **973**·4·24 社
宮道列子　❶ **907**·10·17 文／11·28 社
宮島義勇　❾ **1998**·2·21 文
宮島清次郎　❽ **1963**·9·6 政
宮島幹之助　❽ **1944**·12·11 文
宮島王積一(平曲)　❹ **1534**·9·16 文
宮庄親輔　❺-2 **1723**·是年 文
都城秋穂　❾ **2008**·7·24 文
宮代七之助　❼ **1898**·9·5 社
宮簀媛　❶ **書紀·景行 40**·是年
宮瀬三右衛門⇨劉龍門(りゅうりゅうもん)
宮園浩平　❾ **2011**·4·12 文
宮園清八　❻ **1888**·12·24 文
宮田朝彦　❾ **2003**·11·13 政
宮田勝貞　❺-2 **1718**·3 月 文
宮田金沢　❺-2 **1744**·是年 文
宮田権右衛門　❺-1 **1605**·12·2 政
宮田早苗　❾ **2011**·1·27 政
宮田重雄　❽ **1945**·10·14 文
宮田四郎兵衛　❺-2 **1801**·4·4 政
宮田　輝　❾ **1990**·7·15 文
宮田時清　❸ **1399**·11 月 政
宮田　登　❾ **2000**·2·10 文
宮田教信　❹ **1469**·10 月 社
宮田秀明　❾ **2011**·4·12 文
宮田文子　❾ **1966**·6·25 文
宮田雅之　❾ **1997**·1·5 文
宮田光雄　❼ **1929**·6·25 政
宮武外骨(亀四郎)　❻ **1889**·3·4 社／❼ **1907**·6·1 政
宮武三郎　❽ **1956**·12·11 社
宮武紹翁　❺-2 **1848**·1·12 文
宮丈丸(呪師)　❷ **1154**·1·13 文
宮舘文左衛門　❺-1 **1610**·3·15 政
宮谷理香　❾ **1995**·10·20 文
宮千代(猿楽)　❹ **1514**·4·24 文／**1515**·10 月 文／**1517**·4·24 文
宮津昭彦　❾ **2011**·1·10 文
宮津　博　❼ **1928**·5·3 文／❾ **1998**·7·21 文
宮永少左衛門　❺-1 **1641**·4·26 政
宮永スエキク　❾ **1998**·6·20 社
宮成公建　❹ **1561**·7·18 政
宮腰屋久右衛門　❺-2 **1834**·10·24 政
宮原昭夫　❾ **1972**·8·11 文
宮原　清　❽ **1949**·2·16 政
宮原二郎　❼ **1897**·12·27 社／**1918**·1·15 政
宮原龍山　❺-2 **1811**·6·17 文
宮部金吾　❽ **1946**·2·11 文／**1951**·3·16 文
宮部継潤　❹ **1581**·10·25 政／**1587**·4·6 政／4·17 政／**1593**·⑨·13 政／**1598**·3·11 社
宮部鼎蔵　❻ **1864**·6·5 政

宮部長熙(長房)　❹ 1593·1·26 文禄の役／⑨·13 政
宮部　襄(伝四郎·勝之介)　❼ 1923·9·5 政
宮部又四郎　❺-1 1606·是年 社
宮部みゆき　❾ 1999·1·14 文
宮部保範　❾ 1996·1·7 社
宮部行範　❾ 1992·3·8 社／1995·3·11 社
宮部義正　❺-2 1792·1·21 文
宮部藤左衛門　❹ 1583·10·6 文／12·8 文
宮間あや　❾ 2012·7·27 社
深山宇平太　❺-2 1801·2月 政／6月 政
三山玄伯　❺-1 1671·12·3 政
宮増太夫　❹ 1478·8·18 文
宮松重七　❻ 1877·12·1 社
宮本伊織　❺-1 1651·6·18 文
宮本小一(守成)　❼ 1916·10·16 政
宮本包則　❼ 1906·3·29 文
宮本鏡太郎　❻ 1886·6·11 政
宮本邦彦　❾ 2007·2·6 社
宮本　研　❾ 1969·9月 文／1988·2·28 文
宮本顕治　❼ 1933·12·23 政／1935·1·28 社／❽ 1945·12·1 政／1950·1·18 政／6·6 政／6·8 政／1958·7·21 政／❾ 1966·3·29 政／1970·7·1 政／1973·5·13 政／1984·12·11 政／1997·9·22 政／2007·7·18 政
宮本兼太郎　❻ 1864·1·24 社
宮本孝之助　❻ 1885·4·18 政
宮元作之左衛門　❺-2 1766·5月 社
宮本三郎　❽ 1942·3月 文／1944·3·8 文／11·25 文／1947·4·28 文
宮本重右衛門　❻ 1872·7·3 社
宮本準龍　❺-2 1808·是年 文
宮本四郎左衛門　❺-1 1652·1·9 社／5·21 社
宮本善八　❺-2 1738·12月 社
宮本　輝　❾ 1988·1·3 文
宮本徳蔵　❾ 2011·2·2 文
宮本留吉　❼ 1927·5·28 社
宮本直毅　❾ 2012·10·26 文
宮本正慎　❻ 1884·9·23 政
宮本又次　❾ 1991·3·12 文
宮本美智子　❾ 1997·6·13 文
宮本武蔵(新免武蔵)　❺-1 1641·2·1 文／1643·10月 文／1645·5·12 政／5·19 社／5·19 文
宮本無二(武蔵義父)　❺-1 1613·9·28 社
宮本(中條)百合子　❼ 1931·6·27 文／1935·1·28 社／❽ 1937·2月 文／1938·3月 文／1945·12·30 文／1946·9月 文／1947·10月 文／1951·1·21 文
宮森美代子　❼ 1931·3·6 社
宮良頭職　❺-2 1775·9·26 政
宮良与人　❺-1 1638·4·15 政
宮脇朝男　❽ 1949·4·21 社／❾ 1978·5·2 政
宮脇俊三　❾ 2003·2·26 文
宮脇長吉　❽ 1938·3·3 政
宮脇　檀　❾ 1998·10·21 文
宮脇陽一　❾ 2008·12·11 文
ミューラー(スイス)　❻ 1870·6·22 社／1871·8月 社
幸(みゆき)　五郎兵衛　❺-1 1706·4·10 文
ミュルレル(独)　❻ 1870·2月 文
繆　斌　❽ 1945·3·16 政
妙阿(尼)　❸ 1293·3月 文
妙阿(僧)　❸ 1327·8·10 社
明阿(高師冬の妻)　❸ 1355·8·23 社
明庵栄西⇨栄西(えいさい)
明一(平曲)　❸ 1363·2·25 文
妙一(平曲)　❸ 1422·11·25 文
明雲(僧)　❷ 1167·2·15 社／1177·5·5 社／1179·11·25 政／1180·5·24 社／1183·11·19 政
妙運都寺(僧)　❹ 1461·3·27 政
明恵(高弁、僧)　❷ 1192·12·23 文／1195·4·5 社／1196·是年 文／1198·10·8 社／1203·建仁年間 文／1205·是春 社／1206·11月 社／1212·11·23 社／1215·4月 文／1217·是年 文／1220·9·30 文／1221·9·21 文／1228·12·26 文／1229·5·15 社／1230·11·6 文／1231·4·17 社／1232·1·19 社／1239·2·24 社／❸ 1302·是年 文／1319·11·26 文
明栄(僧)　❹ 1484·10·18 社
明円(宣円、仏師)　❷ 1166·9·7 社／1176·11·16 文／1179·10·29 社／1182·11·13 文／1194·7月 社
明円(僧)　❸ 1327·3·30 社／1328·2·27 社／1332·8·9 社
妙円(尼)　❸ 1369·8月 文
明応(仏日常光国師)　❸ 1392·8·22 社
明快(僧)　❷ 1053·10·26 社／1059·9·15 社／1070·3·18 社
明快(僧)　❸ 1378·5·14 社
明懐(僧)　❷ 1072·8·2 社
妙海(仏師)　❸ 1317·6·5 文／1318·是年 文／1322·4月 文／10·27 文／1323·1·14 文／10·2 文／1332·2·2 文
妙海(堀部安兵衛の後家)　❺-2 1778·2·25 社
妙快(僧)　❸ 1378·5·14 社
明覚(僧)　❷ 1106·是年 社
妙覚(宇佐定基)　❸ 1315·6月 社
明観(僧)　❷ 1021·10·8 社
妙環(僧)　❸ 1354·2·18 社
明観智鏡(月翁、僧)　❷ 1238·是年 政
明基(僧)　❷ 1183·10·21 政
妙吉(僧)　❸ 1349·8·13 政
妙暁⇨月林道皎(げつりんどうこう)
妙愚(僧)　❸ 1350·3·15 政
妙空(僧)　❶ 989·11·10 社
明空(僧)　❸ 1296·2·3 文／1301·8月 文／1306·3月 文／1314·3·5 文／1319·2月 文／1322·6月 文
明空志玉(僧)　❸ 1403·2·19 政
明慶(僧)　❹ 1493·12·26 社
明憲(僧)　❷ 1021·10·14 社
明賢(僧)　❷ 1243·1·25 社
妙謙(僧)　❸ 1368·是年 社
明見(僧)　❸ 1410·6·3 社
明源(絵仏師)　❷ 1130·10·25 社
明源(僧)　❸ 1413·5·13 文
妙厳(僧)　❺-2 1810·是年 社
明源房(僧)　❸ 1379·5·13 文
妙光(僧)　❶ 590·是年
明豪(僧)　❷ 1002·8·23 社
明済(代官)　❸ 1393·12·20 社
明算(僧)　❷ 1106·11·11 社
明実(僧)　❷ 1093·7·13 社
明実(絵師)　❷ 1171·是年 文
明室梵亮(僧)　❸ 1404·7·8 政／10·4 政
明寂(僧)　❷ 1125·天治年間 社
明舜(絵仏師)　❷ 1101·3·29 文
明舜(僧)　❷ 1278·12·8 社／1279·1·20 政／❸ 1287·11·27 社
命俊(僧)　❸ 1356·是年 文
明順(絵師)　❷ 1114·11·29 社
明順(僧)　❷ 1234·4·8 政
明承法親王　❸ 1396·4·2 社
妙心(僧)　❷ 1126·11·7 政
明信(僧)　❷ 1217·是冬 政
妙深(僧)　❷ 1249·4·15 文
妙清(僧)　❸ 1304·8·24 社
妙汐斎(棋士)　❹ 1556·12·6 文
明詮(僧)　❶ 868·5·16 社
妙善(僧)　❷ 1185·2·16 社
明全(僧)　❷ 1223·2·21 政／1225·5·27 社
明禅(僧)　❷ 1242·5·2 社
明聡(僧)　❶ 689·6·20 社
妙増(遣明使·僧)　❹ 1460·8·24 政／1464·7·6 政／1467·是年 政
明叟斉哲　❸ 1318·是年 政／1326·6月 政／1346·是年 政／1347·7·2 社
明尊(僧)　❷ 1038·10·27 社／1039·2·17 社／5·7 政／1048·8·11 社／1052·3·28 社／1054·是年 社／1063·6·26 社／1077·2·5 社
妙沢(絵師)　❸ 1378·1·8 文／4·19 文／1379·10·4 文／1382·5月 文／1385·9月 文／1386·3·16 文／1387·12·25 文
妙長(尼)　❶ 854·7·26 社
明澄(僧)　❸ 1314·4·6 政
明珍(僧)　❶ 936·11·29 社／938·是年 社／950·3·30 社／953·3·20 社／954·1·21 社
明珍恒男　❽ 1940·3·18 文
明珍信家(甲冑製作)　❹ 1520·永正の頃 政／1536·是年 文
妙徳(僧)　❶ 590·是年
明任(僧)　❷ 1229·5·6 社
妙忍(尼)　❸ 1335·8·25 社
明忍(僧)　❺-1 1607·7·16 政／1610·6·7 社
明仁法親王(僧)　❸ 1444·10·13 社
妙然(僧)　❹ 1564·11月 文
明範(僧)　❷ 1092·9·13 政／1093·2·19 政／1094·2·29 政／5·25 政
明美(絵師)　❷ 1174·3·17 文
明普(僧)　❷ 1006·4·7 社
明福(僧)　❶ 848·8·24 社
明遍(僧)　❷ 1186·是秋 社／1224·6·16 社
妙法尼　❸ 1326·11·18 社
妙法尼　❹ 1598·9·22 文

妙茂(遣明使)　❹ 1475·8·28 政／1477·9·27 政
明陽(仏師)　❷ 1171·7·30 文
命蓮(僧)　❶ 910·是年 社／922·延喜年間 社
明蓮(僧)　❷ 1003·8·25 政／1015·5·7 政
妙蓮(尼)　❷ 1278·5·18 社／8·16 政
三善　晃　❾ 2001·10·30 文
三好伊平次　❼ 1902·8·7 社／1903·7·26 社
三好氏家　❹ 1513·5·25 政
三善氏吉　❶ 859·1·13 政
三好栄子　❼ 1917·4·18 文
三善長道　❺-1 1675·8·11 文
三吉覚弁　❸ 1357·⑦·12 政
三好一秀　❹ 1531·6·4 政
三好勝長　❹ 1526·12·15 政／1527·2·12 政
三好京三　❾ 2007·5·11 文
三善清行　❶ 886·5·26 文／900·5·15 文／10·11 政／11·21 政／901·2·9 政／2·22 政／3·15 文／是年 政／907·3·1 文／914·4·28 政、文／917·12·25 社／918·12·7 政
三善国経　❷ 1079·5·17 政
三好軍太郎　❻ 1866·1·8 政
三吉寛弁　❸ 1353·1·10 政
三善茂明　❷ 1008·7·10 文
三好重存⇨三好義継(よしつぐ)
三好重臣　❻ 1877·11·2 政／2·24 西南戦争
三好十郎　❼ 1928·5月 文／❽ 1937·1月 文／1940·3·23 文／1942·10·16 文／1943·3·24 文／7·9 文／10·20 文／1944·7·7 文／1958·12·16 文
三吉正一(忠輔)　❼ 1896·8·1 政
三好松楽(松洛)　❺-2 1747·11·16 文／1748·8·14 文／1766·10·6 文
三好汝圭　❺-2 1842·6·18 文
三好四郎右衛門　❺-1 1671·是年 政
三好新五郎　❹ 1520·5·5 政
三好晋六郎　❼ 1910·1·28 文
三好宗三(長政)⇨三好政長(まさなが)
三好想山　❺-2 1850·是年 文
三好退蔵　❻ 1874·9·20 文／1891·5·12 政
三好達治　❽ 1941·10月 文／1944·6月 文／1946·4月 文／1952·8月 文／1964·4·5 文
三善為清　❷ 1229·5·4 政
三善為徳　❸ 1394·是年 文
三善為長　❷ 1081·8·3 文／1109·4月 文
三好為三⇨三好政勝(まさかつ)
三善為康　❷ 1109·4月 文／1114·12月 文／1116·是年 文／1122·3·18 文／1123·此頃 文／1130·是年 文／1138·是年 文／1139·8·4 文
三好遠江　❹ 1577·⑦·20 政
三善時連　❸ 1283·是年 政／1285·12·28 政
三好利長⇨三好長慶(ながよし)
三善倫重　❷ 1225·12·21 政／1244·6·4 政
三好倫長　❷ 1273·2·15 政
三好豊一郎　❾ 1992·12·12 文
三好長輝⇨三好之長(ゆきなが)
三好長則　❹ 1520·5·5 政
三好長治　❹ 1572·永禄·元亀年間 政／1575·10·25 社／1576·12·5 政／1577·3·28 政
三好長秀　❹ 1509·8·2 政
三好長光　❹ 1520·5·5 政
三好長逸(長縁)　❹ 1550·7·14 政／1552·1·23 政／1554·8·29 政／1558·5·19 政／6·2 政／1564·7·4 政／1565·11·15 政／12·21 政／1566·4·4 政／7·13 政／8·3 政／1567·2·16 政／8·12 社／1568·1·17 政／6·2 政／1569·1·5 政／1570·7·21 政
三好長慶(千熊丸·仙熊·範長·利長·孫次郎)　❹ 1532·6·15 政／8·9 社／1533·6·20 政／8·11 政／1534·8·11 政／10·20 政／1536·3·26 政／11·19 文／1539·1·14 政／6·2 政／⑥·13 政／⑥·16 社／7·14 政／8·14 政／1540·1·25 文／1541·7·19 政／8·12 政／9·6 政／10·2 政／1543·8·16 政／1545·5·27 社／7·27 政／1546·8·20 政／9·25 社／1547·3·22 政／7·21 政／1548·4·22 政／8·12 政／9月 社／12月 社／1549·1·11 政／2·18 政／4月 社／6月 社／7·9 政／8·24 政／10·14 政／1550·2·22 文／3·28 政／7·10 社／11·21 政／1551·1·30 政／2·24 政／3·4 政／6月 社／11月 社／1552·1·23 政／2·26 政／4·25 政／6·5 政／10·2 政／11·28 政／12月 社／1553·1·28 政／①·15 政／2·20 政／3·8 政／5·7 文／7·28 政／8·1 政／11·13 政／1554·4·12 政／5·4 社／6·28 政／8·29 政／10·12 政／1555·1·13 政／2·19 政／5·26 社／8·2 社／10月 社／1556·2·11 政／4月 社／5月 社／6·15 社／10·24 政／12·20 社／是年 社／1557·6月 社／10·16 政／10·26 社／11·9 社／1558·3月 社／7·14 政／9月 社／11·27 政／12·18 政／1559·2·2 政／3·3 政／4·12 文／5·19 社／6·26 政／6月 社／8·1 政／8·17 社／是年 社／1560·1·15 政／3·5 政／4·8 政／6·29 政／7·3 政／8·7 政／10·15 政／1561·5·6 政／7·28 政／11·10 社／1562·5·20 政／6·2 政／8·25 政／12·4 社／12·9 文／1563·1·24 政／1564·5·9 政／7·4 政／1566·6·24 社／1571·2·22 社
三好長縁⇨三好長逸(ながゆき)
三善成重　❷ 1149·12·27 政
三善宣衡　❷ 1191·1·15 政
三善信連　❸ 1334·10月 政
三好信吉(咲蔵)⇨豊臣秀次(とよとみひでつぐ)
三芳梅庵　❺-2 1725·是年 文
三吉秀経　❸ 1352·12·16 政／1353·1·10 政
三好秀穂　❾ 2009·9·11 社
三好英之　❽ 1952·4·19 政／1954·12·10 政
三善文江　❶ 904·7月 文
三善文衡　❸ 1335·6·22 政／8·2 政
三好冬康(鴨冬)⇨安宅(あたぎ)冬康
三好孫七郎⇨羽柴秀勝(はしばひでかつ)
三好政勝(為三)　❹ 1551·3·15 政／7·14 政／1553·7·28 政／9·18 政／1570·9·12 政
三好政長(長政·宗三)　❹ 1526·12·15 政／1534·8·3 政／10·20 政／1536·7·29 政／1538·11·10 政／1539·6·5 社／⑥·13 政／7·14 政／10·28 社／1541·7·19 政／8·12 政／9·6 政／1545·5·6 政／7·27 政／1546·9·3 政／1547·3月 社／7·21 政／1548·8·12 政／1549·1·24 政／2·12 文／4·28 政／6·24 政
三好政成　❹ 1561·12·25 政
三好(町野)政康　❷ 1275·12·13 政／❸ 1289·2·28 政
三好政康(長慶の将)　❹ 1563·10·16 政／1564·7·4 政／1566·4·4 政／1567·2·16 政／1568·5·22 政／1569·1·5 政／1570·7·21 政
三善道統　❶ 963·3·19 文／969·是年 文
三吉致高　❹ 1516·1·2 政
三好元長　❹ 1527·2·2 社／3·22 政／10·4 政／11·18 社／1528·1·17 政／2·6 政／6·18 社／1529·8·10 政／1531·2·21 政／3·10 政／⑤·13 政／6·4 政／8·20 政／1532·1·22 政／6·15 政
三善康有　❷ 1262·3·28 政／6·5 政／1277·7·19 政／❸ 1282·12·27 政／1290·5·11 政
三善康清　❷ 1180·6·19 政／1191·1·15 政／1203·1·2 文
三善康連　❷ 1225·12·21 政／1237·6·22 政／1246·8·1 政／1256·9·30 政／10·3 政
三善(町野)康俊　❷ 1221·8·6 政／1225·12·21 政／1231·1·14 政／1238·6·10 政／6·14 政
三好康長(笑巌)　❹ 1532·1·22 政／1558·7·25 政／1560·3·5 政／1561·6月 社／1562·5·14 政／1563·10·16 政／1567·12·16 政／1568·6·29 政／9·3 政／1574·4·2 政／1575·4·8 政／10·21 政／1582·2·9 政／5·7 政／6·3 政／8·28 政
三善康信(善信)　❷ 1180·6·19 政／8·22 政／1184·4·14 政／10·20 政／1185·5·8 政／1191·1·15 政／1194·6·11 文／1199·4·1 政／1200·12·28 政／1211·12·10 政／1212·10·11 文／1216·4·11 政／1221·8·6 政／8·9 政
三善康衡　❸ 1315·6·3 政
三善(町野·太田)康宗　❷ 1256·9·30 政／1262·3·28 政／1265·3·22 政
三善(町野)康持　❷ 1243·2·26 政／1246·5·24 政／1257·10·26 政
三好之長(長輝)　❹ 1485·6·11 社／1504·9·25 政／1506·2·19 政／9·7 政／10·12 政／1507·4·27 政／5·29 政／6·23 政／8·1 政／1508·3·17 政／1509·6·17 政／8·2 政／1511·6·14 政／1517·9·18 政／1519·5·11

政／11·6 政／1520·2·3 政／3·15 政／4·26 社／5·5 政／1526·5月 文／1527·2·2 社
三善行倫　❷ 1194·10·1 政
三好之康⇨三好義賢(よしかた)
三好弓介　❹ 1551·3·15 政
三好義有(義定)　❹ 1582·9·8 政
三好慶興⇨三好義長(よしなが)
三好義賢(之康·之虎·元康·実休)　❹ 1546·10·21 政／12·10 社／1547·3·22 政／7·21 政／1551·9月 社／1552·8·19 政／1553·6·17 政／1554·10·12 政／12月 社／1558·7·25 政／12·18 政／1560·3·5 政／4·8 政／6·29 政／10·24 政／1562·3·5 政
三好義継(義重·重存·熊王丸)　❹ 1563·8·25 政／1564·7·4 政／1565·5·19 政／7·5 社／11·15 政／1566·5·24 政／是年 社／1567·2·16 政／4·6 政／11月 社／1568·1·7 政／3·25 政／1569·1·5 政／1570·3·5 政／8·17 政／9·8 政／1571·10·15 政／1572·4·13 政／12·20 政／1573·2·27 政／3·6 政／7·3 政／11·16 政
三好義長(義興·慶興)　❹ 1553·8·22 政／1558·12·5 政／1559·2·2 政／3·3 政／12·18 政／1560·1·15 政／1561·1·24 政／2·1 政／1562·3·5 政／5·14 政／5·20 政／6·22 政／8·25 政／9·11 政／1563·8·25 政／1582·5·7 政
三善善信⇨三善康信(やすのぶ)
三吉河立式部大夫　❸ 1363·①·12 政
三好式部少輔　❹ 1472·8·13 社
三好下野守　❹ 1526·12·4 政
三好遠江守　❹ 1531·8·20 政／1532·5·19 政
三吉兵庫助　❸ 1357·7·22 政
三芳野(遊女)　❺-2 1769·7·3 社
ミラー，ロバート(米)　❼ 1899·7·17 社
ミランダ·アイレス，ゴンサルヴェス·デ(ポルトガル)　❹ 1583·6·17 政
ミルン(日本地震学会)　❻ 1876·12·27 文／1880·4·26 文
ミロウイッチ(ピアニスト)　❼ 1918·6·2 文
美輪(丸山)明宏　❾ 1968·4·3 文
大神興志　❶ 713·8·26 政
三輪花信斎　❺-2 1797·4·27 文
三輪嘉六　❾ 2005·10·16 文
三輪希賢(執斎)　❺-2 1727·是年 文／1731·是年 文／1744·1·25 文
三輪君色　❶ 649·5·1 政
三輪君逆(大三輪)　❶ 586·5月
三輪光三郎　❻ 1864·6·26 文
三輪子首　❶ 672·6·25 政／7·2 政
三輪茂雄　❾ 2007·10·22 文
三輪壽雪　❾ 2012·12·11 文
三輪寿壮　❼ 1922·4·1 政／1924·6·28 政／1926·12·9 政／1930·7·20 政／❽ 1940·9·28 社／1956·11·14 政
三輪妙子　❽ 1938·3·19 社
三輪　隆　❾ 1992·7·25 社
三輪(大神)高市麿　❶ 692·2·11 政
三輪晃勢　❾ 1967·11·1 文
三輪知雄　❾ 1973·9·28 文
三輪根麻呂　❶ 663·3月 政
三輪信庸　❻ 1854·3·16 政
美和土生　❶ 778·2·4 政
三輪久之丞　❻ 1863·10·18 文
神王　❶ 774·3·5 政／776·⑧·20 政／780·3·16 政／790·3·9 政／797·6·9 政／798·8·16 政／806·4·24 政
三輪田綱一郎　❻ 1863·2·22 社
三輪田真佐子　❼ 1927·5·3 文
三輪引田難波麻呂　❶ 684·5·28 政
神人継道　❶ 861·10·28 社
神服貞氏　❶ 880·3·11 政
旻(僧)　❶ 632·8月 政／637·2·23 社／645·6·14 文／8·8 社／653·6月 文
珉(琉球)　❸ 1395·1·1 政
閔　宗植　❼ 1906·5·19 政／1921·2·16 政
閔　洪九　❾ 1988·12·16 政
明極楚俊(みんきそしゅん)　❸ 1319·是秋 文／1329·5月 政／7·3 文／1330·2月 社／1333·元弘年間 政／1335·12·3 文／1336·9·27 社／1343·2·18 文／是冬 文／1344·12·19 文／1345·是年 文／1355·2·5 文
明兆⇨吉山(きっさん)明兆
明天暁堂(僧)　❺-1 1630·3·20 社

む

牟　恂(朝鮮)　❸ 1443·7·26 政
向　徳宏　❻ 1876·12·6 政
無為(僧)　❸ 1431·6·9 政
無逸克勤(むいつこくごん)　❸ 1372·5·25 政／1373·6·29 政／8·20 政
無隠元晦　❸ 1310·是年 政／1318·是年 政／1326·6月 政／1335·11·1 社／1358·10·17 社
無因宗因(僧)　❸ 1398·12·25 文／1410·6·4 社
ムーア(米)　❽ 1957·7·4 政
ムウィニ(タンザニア)　❾ 1989·12·17 政
無雲義天(僧)　❸ 1367·5·27 社
向井亜紀　❾ 2006·9·29 社／2007·3·23 社
向井右衛門　❺-1 1632·6·25 政
向井勝幸　❼ 1907·5·8 文
向井去来(兼時·元淵·義焉子·落柿舎)　❺-1 1677·11·1 文／1688·4月 文／1691·是年 文／1694·10·10 社／1704·9·10 文／❺-2 1773·是年 文／1775·是年 文／1778·是年 文／1850·是年 文
向井元升(玄松)　❺-1 1647·是年 文／1654·是年 文／1658·是年 文／1671·12月 文／1677·11·1 文／1684·是年 文
向井玄瑞(元瑞)　❺-1 1677·11·1 文
向井　敏　❾ 2002·1·4 文
向井潤吉　❽ 1939·4·14 文／1944·3·8 文／是年 文／1945·11·5 文／❾ 1995·11·14 文
向井忠勝(将監)　❺-1 1601·是年 政／1614·11·16 大坂冬の陣／1615·4·28 大坂夏の陣／1624·1·11 政／1631·12月 政／1632·6·25 政／7·7 政／1635·6·2 社
向井忠晴　❽ 1940·11·12 政／1945·12·14 政／1952·10·30 政
向井忠宗　❺-1 1642·4月 政
向井千秋　❾ 1994·7·8 文／1998·10·29 文
向井政興　❺-1 1667·②·28 政
向井正方　❺-1 1650·9·19 政／1662·5·15 政
向井正重　❹ 1579·9·19 政
向井正綱　❹ 1582·8·14 政／1590·4·1 政／9月 政／是年 政
向井政暉　❺-2 1732·5·7 社／1739·7·2 政
向井正俊　❺-1 1656·6·25 政
向井元成(魯町)　❺-1 1685·是年 文／❺-2 1727·2·9 文
向井良吉　❽ 1960·是年 文／❾ 2010·9·4 文
無外円方(僧)　❸ 1372·1·6 文／1408·1·5 社
無外如大(僧)　❸ 1286·12·7 文
無涯仁浩(僧)　❸ 1345·是年 政／1358·4·5 社／1359·1·5 社
向坊　隆　❾ 2002·7·4 文
向山光昭　❾ 1997·11·3 文
無涯亮倪(僧)　❸ 1419·11·20 政／1420·1·6 政
無学祖元(宋僧·子元祖元·仏光国師)　❷ 1279·5·26 政／6月 政／8·20 社／11·1 文／12·8 文／1280·5月 文／1281·1月 社／是年 文／❸ 1282·12·8 社／1283·7·18 政／1285·5·24 文／1286·6·9 文／7·25 文／9·3 社／1342·4·15 社／1368·6·1 文
無格良標(僧)　❸ 1342·是年 政
武笠玉之助　❼ 1908·6·4 社
無我省吾(僧)　❸ 1348·是春 政／1357·8月 政／1363·是年 政／1381·2·15 社
ムガベ(ジンバブエ)　❾ 1989·11·15 政
武川忠一　❾ 2012·4·1 文
夢巌祖応(僧)　❸ 1369·5月 文／1374·11·2 社／1422·是年 文
無関普門(僧)　❷ 1251·是年 政／1262·是年 政／❸ 1291·12·12 社
無及徳詮(僧)　❷ 1278·12·23 政
無極志玄(僧)　❸ 1345·1·12 文／1346·3·18 社／1351·8月 文／1359·2·16 社
無琴道人　❺-2 1818·9·2 文
椋　鳩十　❾ 1987·12·27 文
無空(僧)　❶ 894·是年 社／916·6·26 社
無求周伸(僧)　❸ 1413·12·18 社
椋梨一雪　❺-1 1660·是年 文／1663·是年 文／1666·是年 文／1672·是年 文／1676·是年 文
椋梨藤太　❻ 1865·5·28 政
椋木　潜　❼ 1912·1·11 文
六車卓也　❾ 1987·3·29 社
身毛　広　❶ 672·6·22 政
無礙妙謙(僧)　❸ 1369·7·13 社
向田邦子　❾ 1980·12月 文

向山一履(黄村)　❻ 1866·9·27 政／1867·1·11 政／1880·2·22 文
向山源太夫　❻ 1856·10·13 政
向山黄村(欣文·一履·栄五郎·隼人正)　❼ 1897·8·12 政
無骨法師　❶ 999·6·14 社
身狭　青　❶ 464·2月
武蔵弟総　❶ 795·12·15 政
武蔵三郎　❸ 1341·6·11 政
武蔵石寿　❻ 1860·11·25 文
武蔵武芝　❶ 938·2月 政
武蔵秀盈　❺-2 1762·7·2 政
武蔵不破麻呂　❶ 767·12·8 政
武蔵川(五十四代目横綱三重ノ海)　❾ 2008·8·18 社／2010·8·12 社
武蔵川喜偉　❾ 1987·5·30 社
武蔵坊弁慶　❷ 1185·11·3 政
武蔵丸光洋　❾ 1994·7·17 社／1999·5·26 社／11·21 社／2001·1·21 社／2003·11·15 社
武蔵屋初五郎　❻ 1867·1·1 社
武蔵山武(横山　武)　❼ 1935·5·24 社／❾ 1969·3·15 社
牟佐相模(左大臣舎人)　❶ 710·7·7 社
身狭村主青(むさのすぐりあお)　❶ 466·9·4／468·4·4／470·1·13
牟自毛礼(新羅)　❶ 693·2·30 政
虫明亜呂無　❾ 1991·6·15 文
武者小路公共　❼ 1936·11·25 政
武者小路公野　❺-2 1743·12·6 政
武者小路実篤　❼ 1910·4月 文／1927·11·15 文／1928·6·13 文／❽ 1941·1·24 文／1948·7月 文／1949·1月 文／1951·11·3 文／❾ 1976·4·9 文
武者小路実陰　❺-2 1738·5·24 文／9·30 政／1787·是年 文
武者小路資俊　❸ 1398·2·27 政
武者小路資世　❹ 1490·6·12 政
武者小路俊宗　❸ 1448·是年 政
武者小路縁光　❹ 1524·8·24 政
ムシャラフ(パキスタン)　❾ 2005·4·29 政
無住(僧)　❷ 1279·是年 文／❸ 1299·4月 文
無住(仏師)　❸ 1303·是年 文
先住遷逸　❺-1 1697·是年 文／❺-2 1729·是年 文
無住道暁(一円)　❸ 1305·3·7 文／7·18 文／1312·10·10 社
無上(明僧)　❺-1 1654·7·5 政
無象静照(僧)　❷ 1252·是年 政／1265·是年 政／1277·10·24 社／❸ 1299·5月 社／1306·5·15 社
無色軒三白　❺-1 1686·是年 文
席田邇近　❶ 715·7·27 政
ムスクルス(オランダ医師)　❺-2 1743·3·1 文／1744·3·1 文
無声一清(僧)　❸ 1350·3·15 政
ムセベニ(ウガンダ)　❾ 1994·9·7 政
無染浄善(僧)　❺-2 1764·5·17 社
夢窓疎石(夢窓国師·普済国師·仏統国師)　❸ 1301·2月 社／1302·10·11 社／1313·是年 社／1318·5月 社／1319·5月 社／1325·8月 社／1327·2月 社／1329·8月 社／1330·10·25 社／是年 社／1331·2月 社／1333·7·23 社／1334·9月 社／10·10 社／是年 文／1335·10·11 社／1336·1月 社／1339·4月 文／8月 社／1340·是秋 社／是年 社／1341·12·23 政／1342·3·1 政／9月 文／1344·10·8 文／1345·7·8 社／1346·2·26 文／3·18 社／是春 文／11·25 社／1349·8·25 政／是年 文／1350·2·26 文／4·25 文／1351·3·11 政／8·15 社／9·30 社／1357·7月 文／1358·9·6 社／1376·2月 文／1383·9·30 社／1450·9·27 社／❹ 1531·4·27 文
牟田悌三　❾ 2009·1·8 文
務台光雄　❾ 1991·4·30 政
務台理作　❾ 1974·7·5 文
牟田口元学　❼ 1920·1·13 政
牟田口廉也　❽ 1937·7·7 政／1944·5·10 政／6·6 政／6·10 政／❾ 1966·8·2 政
ムタロフ(ウズベキスタン)　❾ 1992·10·28 政
無著道忠(僧)　❺-1 1684·是年 文／❺-2 1744·12·23 社
無著妙融(僧)　❸ 1375·是年 社／1393·8·12 社
陸奥宗光(小次郎·陽之助·牛麿)　❻ 1869·1·20 政／1878·6·10 政／1888·11·30 政／1890·5·17 政／1891·5·6 政／1892·3·14 政／8·3 政／1893·1·18 政／7·8 政／10·18 文／1895·2·14 日清戦争／❼ 1897·8·24 政
正月王(牟都伎王)　❶ 776·3·5 政／781·2·16 政／782·2·7 政／784·3·14 政
六瀬行弘　❷ 1237·3·28 政
ムッソリーニ(伊)　❽ 1941·3·12 政／1943·9·12 政
無底良韶(僧)　❸ 1348·是年 社／1361·6·14 社
武藤　章　❽ 1941·9·6 政／1948·12·23 政
武藤運十郎　❽ 1948·1·29 政
武藤景頼　❷ 1249·12·9 政／1252·2·20 政／1259·9月 政／1263·11·22 政／1267·8·4 政
武藤嘉文　❾ 1990·2·28 政／1993·4·6 政
武藤　清　❾ 1989·3·12 文
武藤金吉　❼ 1928·4·22 政
武藤幸逸　❻ 1878·4月 社／❼ 1914·8·20 社
武藤五郎右衛門　❹ 1570·9·12 政
武藤資時　❸ 1338·3·3 政／1339·12·12 政
武藤山治　❼ 1919·9·15 社／10·4 政／1923·4·23 政／1927·2·25 政／1934·3·9 政／❾ 1986·2·15 政／2·21 政
武藤信一　❾ 2010·1·4 政
武藤資能⇨少弐(しょうに)資能
武藤資頼　❷ 1191·1·17 政／1226·10月 政／1227·7·21 政
武藤武雄　❽ 1951·3·10 社
武藤武全　❻ 1891·是夏 社
武藤友益　❹ 1570·4·20 政／10·22 政
武藤信義　❼ 1932·8·8 政／9·15 政／1933·7·27 政
武藤秀信　❺-1 1681·1·28 政
武藤正敏　❾ 2012·8·10 政
武藤道之助　❻ 1864·1·24 社
武藤盛資　❸ 1298·8·18 政
武藤安成　❺-1 1606·9·21 政
武藤康秀　❹ 1579·7·23 社
武藤嘉子　❽ 1938·11·1 社
武藤嘉文　❾ 2009·11·4 政
武藤頼景　❸ 1292·1·9 政
武藤⇨少弐(しょうに)姓も見よ
無等周位(画僧)　❸ 1345·1·12 文／1349·是年 文／1351·9月 文
無等周住(僧)　❸ 1380·12·25 文
武徳(百済)　❶ 630·3·1 政
無徳至孝(僧)　❸ 1363·1·11 社
六人部(むとべ)東人　❶ 755·7·23 文
六人部津根麻呂　❶ 861·6·20 社
六人部永継　❶ 868·4·23 文
六人部福貞⇨善淵永貞(よしぶちながさだ)
六人部是香　❻ 1863·11·28 文
六人部王　❶ 729·1·11 政
身人部王　❶ 699·1·27 政
胸形(宗形)赤麻呂　❶ 721·1·27 文
宗像氏顕　❸ 1418·1·24 政
宗像氏国　❷ 1198·是秋 政
宗像氏貞　❹ 1557·4月 政／1567·10·25 政／11月 政／1569·11月 政／1576·5·13 政／1578·5·28 文／1583·4·23 政／1586·3·4 政
宗像氏郷　❹ 1462·1·20 政／1464·1·1 政／1465·1·12 政／1466·1·2 政／1470·1·5 政／1471·1·11 政／1473·是年 政／1475·1·10 政／1476·1·13 政／1477·1·15 政／1478·1·9 政／1479·1·1 政／1480·3·7 政／1481·1·8 政／1485·1·5 政／1486·1·17 政／1488·1·9 政／1489·1·13 政／1492·2·21 政／1493·1·11 政／1494·1·18 政／1499·1·8 政／1503·4·1 政／1504·1·9 政
宗像氏実　❷ 1164·6·29 社／1187·8·7 社
宗像氏重　❸ 1400·10·26 社
宗像氏佐　❹ 1498·12·5 社
宗像氏澄　❷ 1248·是年 社
宗像氏経(地頭職)　❷ 1223·9·13 社
宗像氏経(朝鮮への使者)　❸ 1412·1·19 政／1424·3·4 政
宗像氏俊(南軍)　❸ 1362·11·3 政
宗像氏俊(宗像社務)　❹ 1467·是年 政
宗像氏長　❷ 1250·2月 文
宗像氏業　❷ 1253·5·3 政／1264·5·10 社
宗像氏信　❷ 1144·7月 社
宗像氏延　❹ 1532·9·19 政
宗像氏範　❸ 1335·1·12 政
宗像氏房　❷ 1132·9·11 社
宗像氏平　❷ 1132·9·11 社／1144·7月 社
宗像氏政　❸ 1454·11月 政
宗像氏正　❸ 1455·1·4 政／❹ 1458·1·19 政
宗像氏盛　❸ 1313·1·9 政
宗像氏能　❶ 979·2·14 社
宗像氏頼　❸ 1365·10·9 政

胸形(宗像)大神 ❶ 書紀・応神41・2月
宗像嘉兵衛 ❺-1 1641・5・2 政
棟方志功 ❽ 1940・3・27 文／1952・4・10 文／5月 文／1955・6月 文／7・2 文／1956・6・11 文／1960・是年 文／❾ 1970・11・3 文
宗像誠也 ❽ 1964・6・4 文
棟方悌二 ❼ 1913・1月 文
宗像鳥麻呂 ❶ 738・2・19 政
宗形深津 ❶ 767・8・4 社
宗形妙忠 ❷ 1025・2・7 政／1029・3・2 政
宗像吉太夫 ❺-1 1641・5・2 政
宗形王 ❶ 779・2・23 政／790・3・9 政
無羅加多(宗像か) ❸ 1412・1・19 政
巫　別 ❶ 書紀・応神15・是年
無爾可宣(宋僧) ❷ 1268・4月 文
ムニョス，アレクサンデル ❾ 2007・5・3 社
ムニョス，アロンソ ❺-1 1606・9・3 政／1607・是年 社
武寧王(百済・嶋君) ❶ 461・6・1／523・5・7
宗兼(姓不詳) ❷ 1277・9・20 社
宗貞(大工) ❹ 1593・2月 文
棟貞王 ❶ 864・1・16 政／865・1・27 政
棟田　博 ❽ 1942・12・17 文
棟田康幸 ❾ 2003・9・12 社
宗尊親王 ❷ 1252・2・20 政／3・17 政／3・19 政／8・17 社／1253・11・5 文／1256・8・16 政／1258・6・11 政／7・4 文／1260・1・12 政／11・28 社／12・21 文／1261・7・22 文／1263・6・23 政／6・24 文／7・5 文／8・11 文／1264・12・9 文／1265・7・24 政／8・16 政／1266・3・30 文／7・4 政／11・6 政／1274・8・1 政
宗近(鍛冶) ❷ 1111・6・3 文
宗次(刀工) ❺-1 1630・2月 文
宗具(姓不詳・少将) ❸ 1284・3・9 文
宗延(流人) ❷ 1167・7・18 社
宗信(姓不詳・地頭左衛門尉) ❸ 1287・2・13 政
宗仁親王⇨鳥羽(とば)天皇
統仁親王⇨孝明(こうめい)天皇
致平親王 ❶ 981・5・11 政／❷ 1041・2・20 政
宗弘(侍) ❷ 1142・5・9 文
宗弘(太郎大夫) ❸ 1431・8・7 社
宗広(大工) ❹ 1515・②・4 社
宗政(姓不詳) ❷ 1277・9・20 社
宗村宗二 ❾ 1968・10・12 社
宗康親王 ❶ 868・6・11 政
宗良親王 ❸ 1337・是春 政／1338・1・2 政／9月 政／1339・12・17 政／1341・是春 政／1342・是春 政／1344・是春 政／1349・3・10 文／1352・②・6 政／1353・11・5 政／1354・9・23 政／1355・4・2 政／8・20 政／1357・是年 文／1360・9月 政／1371・9・20 文／1374・是冬 政／1377・是春 文／7・13 文／是冬 政／1381・10・13 文／12・13 文／1385・8・10 政
ムバラク(エジプト) ❾ 1999・4・12 政／2007・4・27 政
無比単況(僧) ❸ 1364・1月 文
務布察度(琉球) ❹ 1465・8・15 政
無辺(僧) ❹ 1580・3・20 社
無夢一清(僧) ❸ 1303・是年 政／1368・5・24 社
無本覚心(心地覚心・法灯円明国師、僧) ❷ 1249・3・28 政／1254・6月 政／1256・是年 社／1259・8・15 政／1260・9・1 社／❸ 1285・10・20 文／1291・是年 社／1298・10・12 社
無明慧性 ❷ 1237・是年 文
無門慧海(宋僧) ❷ 1256・是年 社／1259・8・15 政／1260・9・1 社
無文元選(僧) ❸ 1343・是年 政／1373・7月 文／1390・③・22 社
無文元通 ❸ 1343・是年 政
夢遊軒 ❺-1 1687・是年 文
村　東人 ❶ 713・7・6 文
村井関節 ❺-2 1764・12・15 文
村井喜右衛門(信重) ❺-2 1799・2月 社
村井吉兵衛 ❻ 1894・3月 社／❼ 1926・1・2 政
村井倉松 ❼ 1932・4・29 政
村井弦斎(寛) ❼ 1902・5月 社／1904・是年 社／1927・7・30 文
村井小藤次 ❺-1 1699・5・7 社
村井貞勝 ❹ 1568・7・13 政／10・26 政／1573・3・30 政／7・21 政／8・17 社／1575・12・29 社／1576・1・12 社／7・5 政／8・2 政／1577・2・1 社／3・12 社／7・7 社／1578・3・13 社／1579・4・5 文／10・9 社／1580・2・21 政／1581・3・29 文／6・7 社／8・28 文／1582・2・28 政／5・25 社／6・2 政
村井三右衛門 ❺-2 1724・9・3 社
村井真庵 ❺-1 1700・10・16 文
村井中漸 ❺-2 1770・是年 文／1784・是年 文／1792・是年 文
村井長庵 ❺-2 1717・6・28 社
邑井貞吉 ❻ 1886・是年 文
村井藤七 ❺-1 1714・2・9 文
村井主殿 ❺-1 1710・2・26 政
村井知至 ❼ 1898・10・18 政
村井長穹 ❺-2 1778・4・27 政
邑井　一 ❼ 1910・4・8 文
村井秀夫 ❾ 1995・4・23 社
村井正直 ❾ 2010・10・20 社
村井政礼 ❻ 1867・12・12 政
村井正誠 ❽ 1937・2・12 文／❾ 1999・2・5 文
村井昌弘(大輔) ❺-2 1733・是年 文／1794・是年 文
邑井　操(お獅子) ❼ 1905・7・26 文
村井三四之助 ❻ 1873・是年 社
村井弥五左衛門 ❺-1 1653・3・15 社
村井嘉浩 ❾ 2005・10・23 政
邑井吉瓶 ❼ 1905・4・21 文
村井量令 ❺-2 1827・是年 文
村井長門守 ❹ 1573・7月 社
村井播磨守 ❹ 1584・4・17 文
ムラヴィヨフ(ロシア) ❻ 1859・5・23 政／7・20 政
村尾元融 ❺-2 1849・是年 文
村尾笑栖 ❺-1 1608・8・19 政
村岡正歳 ❶ 882・8・1 文
村岡(津崎矩子、近衛家老女) ❻ 1859・3・10 政
村岡国世 ❸ 1413・11・22 政
村岡兼造 ❾ 1989・6・2 政／1997・9・11 政
村岡左京 ❺-2 1801・1・21 政
村岡貞一 ❼ 1935・10・23 文
村岡静五郎 ❼ 1923・3・23 社
村岡長太郎 ❼ 1929・7・1 政
村岡花子 ❽ 1945・9・27 文
村岡範為馳 ❻ 1884・6・7 文
村岡彦九郎 ❹ 1549・8・7 社
村岡良郷 ❺-2 1794・3・16 文
村岡(渋谷)良弼(櫟斎・五郎) ❺-2 1794・3・16 文／❼ 1917・1・4 文
村垣定行(佐太郎・左太夫、淡路守) ❺-2 1788・9・11 政／1805・7・16 政／1806・10・4 政／1807・3・29 政／10・24 政／1808・1・7 政／1832・6・9 文
村垣範正 ❻ 1854・1・14 政／6・12 政／1856・7・28 政／12・17 政／1858・4・13 政／4・15 政／1859・9・13 政／9・13 万延遣米使節／1861・8・20 政／5・10 ロシア艦対馬占拠事件
村上顕胤 ❹ 1530・9月 社
村上　勇 ❽ 1955・11・22 政／1959・6・18 政／❾ 1974・12・9 政
村上委山 ❼ 1898・2・26 文
村上長参 ❾ 1977・8・7 政
村上織部 ❺-2 1769・是年 文
村上華岳(震一) ❼ 1911・4・15 文／10・14 文／1919・11・1 文／是年 文／1920・11・2 文／1933・是年 文／1935・是年 文／❽ 1939・11・11 文
村上格一 ❼ 1924・1・1 政／1927・11・15 政
村上掃部左衛門 ❺-1 1635・是年 政
村上勘兵衛 ❻ 1868・2・23 政／1872・5月 文
村上義一 ❽ 1951・12・26 政
村上鬼城(荘太郎) ❽ 1938・9・17 文
村上国清 ❹ 1573・1・1 政
村上国重(芸州海賊大将) ❹ 1462・1・20 政／1463・2・1 政／1464・1・1 政／是年 政／1470・1・5 政／1473・1・6 政／1477・1・15 政／1478・1・9 政／1480・3・7 政／1481・1・8 政／1483・1・15 政／1488・1・9 政／1489・1・13 政／1490・1・10 政／1491・1・16 政／1493・1・11 政／1502・1・3 政／1504・1・9 政
村上久米太郎 ❼ 1934・9・2 政
村上元三 ❽ 1949・12・1 文／1951・10・1 文／❾ 2006・4・3 文
村上源之丞 ❺-2 1836・3・2 社
村上三郎右衛門 ❺-1 1694・2・11 社
村上三太夫 ❺-1 1686・7・26 政
村上三島 ❾ 1980・10・15 文／1998・11・3 文／2005・11・23 文
村上茂樹 ❾ 2010・11・3 文
村上重国 ❹ 1474・1・20 政
村上七郎 ❾ 2007・9・18 文
村上島之丞 ❺-2 1798・7・27 政
村上庄左衛門 ❺-1 1694・2・11 社
村上松堂 ❺-2 1841・9・24 文
村上新左衛門 ❹ 1526・是年 政
村上真輔 ❻ 1862・12・9 政
村上新蔵 ❺-2 1825・5・22 社
村上誠一郎 ❾ 2004・9・27 政

村上正順　❺-2 **1736**·4·11 社
村上誠之丞　❻ **1861**·11·5 文
村上石田　❺-2 **1803**·是年 文
村上専精　❻ **1894**·4 月 文／❼ **1896**·9·26 社／**1900**·11·27 文／**1906**·11·23 政／**1917**·9 月 文／**1929**·10·31 文
村上惣右衛門　❺-1 **1672**·5·10 社
村上大進　❺-2 **1783**·6·25 文
村上　隆　❾ **2008**·5·14 文
村上高重　❸ **1333**·3·17 政
村上多喜雄　❽ **1951**·5·25 文
村上武次郎　❽ **1956**·11·3 文／❾ **1969**·7·29 文
村上忠勝　❹ **1598**·4·2 政／❺-1 **1617**·是年 政
村上輝夫　❽ **1959**·3·27 社
村上伝右衛門　❺-1 **1697**·2·5 政
村上等安　❺-1 **1619**·10·26 政／是年 政
村上冬嶺　❺-1 **1705**·8·29 文
村上朝一　❾ **1973**·5·9 政／**1976**·5·24 政
村上直次郎　❾ **1966**·9·17 文
村上浪六(信·亀太郎)　❼ **1896**·12 月 文／❽ **1944**·2·1 文
村上仁助　❺-1 **1611**·是年 政
村上信夫　❾ **2005**·8·2 社
村上信貞　❸ **1335**·9·22 政／12·23 政／**1336**·1·13 政／2·15 政／10·12 政
村上春樹　❾ **1987**·9 月 文／**2009**·5·29 文／**2010**·4·16 文
村上英俊　❺-2 **1848**·5 月 文／❻ **1866**·12 月 文／**1890**·1·10 文
村上兵衛　❾ **2003**·1·6 文
村上　弘　❾ **1988**·9·8 政
村上博信　❾ **2010**·6·27 政
村上文祥　❾ **1999**·4·17 文
村上政国　❹ **1504**·是春 政
村上正邦　❾ **2008**·3·27 政
村上政儀　❹ **1513**·6·27 政
村上雅則　❽ **1964**·8·31 社
村上雅房　❹ **1456**·12 月 文／**1505**·2 月 文
村上又四郎　❺-2 **1721**·5·19 社
村上又兵衛　❺-1 **1676**·6 月 文
村上道太郎　❾ **1992**·1·28 文
村上満信　❸ **1400**·9·24 政／**1403**·7·24 政
村上光保　❻ **1874**·是年 社
村上茂助　❺-2 **1762**·6·21 政
村上元三　❾ **1966**·1·2 社
村上守太郎　❺-2 **1850**·6·14 政
村上幸史　❾ **2009**·8·18 社
村上義明　❹ **1600**·6·6 関ヶ原合戦／❺-1 **1618**·4·9 政
村上世彰　❾ **2005**·9·27 社
村上義雄　❺-2 **1808**·1·7 政
村上義清　❹ **1541**·5·13 政／7·4 政／**1542**·3·9 政／10·23 政／**1546**·3·14 政／**1548**·2·14 政／4·5 政／**1550**·⑤·25 政／9·1 政／**1551**·3 月 政／5·26 政／**1553**·4·6 政／8·1 政／8 月 政／**1573**·1·1 政
村上義隆　❸ **1333**·②·1 政
村上義長　❹ **1584**·9·7 文
村上義礼　❺-2 **1792**·11·11 政／**1793**·3·2 政／6·8 政／7·13 政／11·1 政／**1796**·9·28 社
村上義光　❸ **1333**·②·1 政
村上頼清　❸ **1436**·是年 政／**1437**·8·18 政
村上頼国　❸ **1387**·5·28 政／⑤·28 政
村上　龍　❾ **1976**·7·5 文
村上六郎　❻ **1871**·2·29 社
村上天皇(成明親王)　❶ **926**·6·2 政／**932**·2·23 文／**942**·5·17 文／12·13 政／**943**·12·8 政／**944**·4·22 政／**946**·4·20 政／4·28 政／**967**·5·25 政
村上肥前守　❺-2 **1764**·5·26 政
村上兵部少輔　❹ **1465**·6·9 政
村川市兵衛　❺-1 **1618**·5·16 政／**1689**·4·26 政／**1692**·2·11 政
村川堅太郎　❾ **1991**·12·23 文
村河直方　❻ **1867**·10·11 政
村木厚子　❾ **2009**·5·26 社／**2010**·12·24 政
村木源次郎　❼ **1906**·5·1 社／**1924**·9·1 政
村木潤次郎　❾ **2012**·10·27 社
村木助次郎　❹ **1462**·8·21 政／**1600**·8·13 関ヶ原合戦
村木良彦　❾ **2008**·1·21 文
村木与四郎　❾ **2009**·10·26 文
村国悪人　❶ **798**·2·1 社
村国男依(雄依·小依)　❶ **672**·6·22 政／7·2 政／**676**·7 月 政
村国子老　❶ **764**·1·20 政／**774**·3·5 政
村国春沢　❶ **885**·4·1 社
村越其栄　❻ **1867**·7·22 文
村越直吉　❹ **1600**·是年 政／❺-1 **1614**·1·14 政
村越吉勝　❺-1 **1656**·1·29 社／**1659**·2·9 社
村越吉展　❽ **1963**·3·31 社
村社講平(むらこそ)　❾ **1998**·7·8 社
紫　式部　❶ **996**·是夏 文／**998**·是春 文／❷ **1008**·11·1 文／12·29 政／**1016**·4·29 政 文
村崎義正　❾ **1990**·2·23 社
紫屋八郎兵衛　❺-2 **1780**·12·18 政
村澤新五兵衛　❺-2 **1775**·9·11 政
村澤　牧　❾ **1999**·9·8 政
村下孝蔵　❾ **1999**·6·24 文
村島内蔵進　❻ **1863**·3 月 社
村島利助　❺-2 **1725**·8·16 社
牟良叔舎(船長)　❹ **1543**·8·25 政
村瀬玉田　❼ **1917**·10·12 文／**1918**·10·12 文
村瀬栲亭(之熙·君績·掃部·嘉右衛門)　❹ **1571**·是春 文／❺-2 **1779**·是年 文／**1807**·是年 文
村瀬幸子　❽ **1937**·12·2 文／❾ **1993**·10·9 文
村瀬三造　❻ **1861**·5·16 社
村瀬秀甫　❻ **1879**·2·15 文／10 月 文／**1886**·7·29 文
村瀬清司　❾ **2004**·7·23 政
村瀬敬之　❺-2 **1818**·是年 文
村瀬房矩　❺-2 **1722**·4 月 政
村瀬通吉　❺-2 **1831**·11·1 政／**1836**·11·14 政
村瀬己之市　❼ **1935**·5·21 社
村瀬百蔵　❼ **1901**·12·15 社
村瀬義益　❺-1 **1673**·是年 文
村瀬六兵衛　❺-1 **1632**·8·14 社
村田　昭　❾ **2006**·2·3 政
村田一斎　❺-1 **1683**·4·11 文
村田雲渓　❻ **1860**·3·4 文
村田栄清　❺-1 **1693**·是年 文
村田永孚　❼ **1899**·2·10 文
村田一男　❾ **1990**·11·18 文
村田勝志　❽ **1963**·12·8 社
村田刑部　❺-1 **1642**·4·2 政
村田蔵助　❹ **1543**·6 月 政
村田九郎右衛門　❺-1 **1651**·9 月 文
村田敬次郎　❾ **2003**·4·2 政
村田寂順　❼ **1905**·10·29 社
村田珠光　❹ **1468**·2·2 文／**1491**·7 月 社／**1502**·5·15 文
村田省蔵(省三)　❽ **1940**·5·11 政／7·22 政／**1941**·7·16 政／**1952**·8·7 政／**1954**·9·22 政／**1957**·3·15 政
村田如巌　❸ **1339**·6·1 政
村田新八　❻ **1862**·4·11 政／**1864**·1 月 政／**1866**·1·8 政／**1867**·7·7 政／12·4 政／**1874**·6 月 政／**1877**·2·15 西南戦争
村田允益　❺-2 **1742**·是年 文
村田清風(亀之助·四郎左衛門·織部·順之·松斎·梅堂)　❺-2 **1812**·9·4 政／**1838**·8 月 政／**1840**·7·7 政／**1843**·4 月 政
村田(木村)整珉(総次郎·北玉叟)　❺-2 **1837**·11·24 文
村田善九郎　❹ **1543**·5·1 社
村田宗珠　❹ **1526**·7·22 文／8·15 文／**1531**·9·6 文／**1532**·9·6 文
村田蔵六⇨大村益次郎(おおむらますじろう)
村田武雄　❾ **1997**·3·16 文
村田　保　❻ **1890**·10·1 政／❼ **1896**·3·26 社
邨田丹陵　❽ **1940**·1·26 文
村田忠庵　❺-1 **1700**·10·16 文
村田忠三郎　❻ **1862**·8·2 政
村田長右衛門　❺-2 **1793**·3·2 政
村田長兵衛　❺-1 **1628**·5·1 社
村田経定　❹ **1559**·3·3 政
村田恒光　❺-2 **1834**·是年 文／**1835**·是年 文／**1842**·是年 文
村田経芳　❻ **1875**·1·18 社／**1876**·8 月 政／**1880**·3·30 政／**1891**·11 月 政／❼ **1921**·2·9 政
村田泥牛　❽ **1946**·12·17 文
村田鉄太郎　❺-2 **1792**·6·4 社／**1795**·3 月 社／4·14 社
村田梅月　❻ **1860**·5·24 文
村田春門(宮崎·田鶴舎)　❺-2 **1820**·是年 文／**1836**·11·24 文
村田春郷(忠何·長蔵·君観·顕義堂)　❺-2 **1768**·9·18 文
村田春海(平四郎·士観·織錦斎·琴後翁)　❺-2 **1793**·是年 文／**1794**·是年 文／**1795**·是年 文／**1801**·是年 文／**1807**·是年 文／**1808**·是年 文／**1810**·是年 文／**1811**·2·13 文／**1814**·是年 文
村田春道(尚古堂)　❺-2 **1769**·7·21 文
村田英雄　❾ **2002**·6·13 文

村田政矩(若狭)　❻ **1866**·4·6 社
村田巳三郎(氏寿)　❻ **1863**·5·16 政
村田　実　❼ **1912**·10·19 文／**1932**·9·20 社／**1936**·3·1 社
村田宗清(洞簫曲)　❺-1 **1669**·是年 文
村田宗清(絵具問屋)　❻ **1875**·是年 文
村田吉隆　❾ **2004**·9·27 政
村田了阿(高風·小兵衛)　❺-2 **1843**·12·14 文
村田諒太　❾ **2012**·7·27 社
村田林谷　❺-2 **1843**·10·18 文
村高左兵衛　❺-1 **1686**·1·3 政
村中孝次　❼ **1934**·11·20 政／**1935**·7·11 政／**1936**·2·18 政／❽ **1937**·8·14 政
村西とおる　❾ **1988**·4·28 社
村野四郎　❽ **1940**·10·14 文
村野宗右衛門　❹ **1560**·2·23 社
村野常右衛門　❼ **1927**·7·30 政
村野藤吾　❽ **1954**·8·6 社／❾ **1967**·11·3 文
村正(刀工)　❹ **1513**·10·13 文
村松愛蔵　❻ **1884**·12·6 政／❽ **1939**·4·11 政
村松　明　❾ **1971**·10月 文
村松猪右衛門　❻ **1863**·10·29 政
村松亀一郎　❼ **1928**·9·22 政
村松謙三　❽ **1964**·4·19 政
村松貞吉　❺-2 **1774**·是年 文
村松茂清　❺-1 **1663**·是年 文
村松梢風(義一)　❼ **1926**·9·27 文／❽ **1937**·10月 文／**1961**·2·13 文
村松新右衛門　❹ **1586**·3·24 社
村松民太郎　❼ **1897**·2月 社
村松恒一郎　❼ **1919**·3·8 政
村松　剛　❾ **1994**·5·17 文
村松貞次郎　❾ **1997**·8·29 文
村松藤吉郎　❺-2 **1852**·2·17 社
村松友視　❾ **2005**·是年 文
村松治夫　❾ **2003**·11·24 政
村松福一　❹ **1534**·10·6 社
村松政克　❻ **1877**·6·15 西南戦争
村松正俊　❼ **1927**·5月 文
村松万三郎　❼ **1908**·1·25 文
村松光磨　❾ **1970**·4·10 政
村松民弥　❺-2 **1825**·是年 社
村本一生　❽ **1939**·6·14 政
村本周三　❾ **2011**·11·27 政
村本博之　❾ **2010**·4·10 政
村山　緯　❺-2 **1787**·是年 文
村山市蔵　❺-1 **1613**·1·11 政
村山槐多　❼ **1917**·是年 文
村山可寿江　❻ **1862**·11·15 政
村山喜一　❾ **1996**·8·16 政
村山葵郷　❽ **1944**·10月 文
村山吉兵衛　❺-1 **1659**·是春 文
村山小平次　❺-1 **1639**·3月 文
村山維精　❻ **1894**·9月 日清戦争
村山左近太夫　❺-1 **1638**·3月 文
村山秋安　❺-1 **1616**·3·29 政
村山俊太郎　❽ **1940**·2·6 文
村山四郎次　❺-1 **1697**·1月 文／**1713**·1·12 文
村山宗兵衛　❺-1 **1607**·4月 社
村山素行　❺-2 **1835**·11·16 文
村山隆直　❸ **1355**·3·4 政
村山達雄　❾ **1977**·11·28 政／**1988**·12·27 政／**1989**·6·2 政／**2010**·5·20 政
村山伝兵衛(市太郎·兵右衛門、三代目)　❺-2 **1813**·1·8 社／**1818**·9月 政
村山等安(東安·東庵)　❺-1 **1603**·1月 社／**1605**·7月 政／**1615**·9·9 政／**1616**·3·29 政／**1617**·3月 政／**1619**·10·26 政／是年 政
村山富市　❾ **1993**·9·25 政／**1994**·6·29 政／11·14 政／**1995**·8·15 政／**1996**·1·19 政／1·22 政／**2000**·3·4 政／**2005**·1·24 政
村山知義　❼ **1923**·7·28 文／**1927**·11·18 文／❽ **1940**·8·19 文／**1946**·1·19 文／**1948**·9·13 文／❾ **1977**·3·22 文
村山直義　❹ **1510**·5·20 政
村山長挙　❽ **1952**·6·2 社／**1963**·12·24 政
村山春奈　❾ **2010**·6·23 社
村山平右衛門　❺-1 **1694**·9月 文
村山平十郎　❺-1 **1686**·3月 文
村山正明　❼ **1902**·5·13 政
村山政隆　❻ **1856**·是年 文
村山雅美　❾ **2006**·11·5 文
村山又三郎　❺-1 **1634**·2·17 文／3·18 文／**1652**·4·7 文
村山又八　❹ **1594**·是年 文
村山又兵衛　❺-1 **1653**·3月 文／**1656**·是年 文／**1659**·是年 文／**1668**·3·1 文／**1669**·1·8 文
村山　実　❾ **1998**·8·22 社
村山吉重　❺-1 **1683**·5·17 文
村山義隆　❸ **1453**·6·25 政
村山義直　❷ **1180**·9·7 政
村山リウ　❾ **1994**·6·17 文
村山龍平(直輔·真木太)　❻ **1888**·7·10 文／**1890**·11·25 文／❼ **1918**·8·17 文／9·28 政／**1919**·8·1 文／**1933**·11·24 政 文
無量海(行人)　❺-1 **1704**·2·23 社
牟礼慶子　❾ **2012**·1·29 文
牟礼五郎次郎　❸ **1352**·4·20 政
牟礼二郎　❹ **1490**·2·29 政／**1573**·8·20 政
室　鳩巣(直清·師礼·新助·又滄浪)　❺-1 **1711**·3·25 文／**1713**·是年 文／❺-2 **1719**·10·28 文／**1721**·1·14 文／**1725**·12·11 文／**1732**·是年 文／**1734**·8·14 文／**1748**·是年 文／**1761**·是年 文
室　勿軒(忠三郎·洪謨·孔彰)　❺-2 **1739**·10·23 文
室井其角　❺-1 **1692**·是年 文
室生犀星(照道)　❼ **1916**·6月 文／**1934**·1·29 文／❽ **1939**·12·21 文／**1943**·12月 文／**1962**·3·26 文
室賀信俊(一葉軒)　❹ **1573**·9·8 政
室賀正之　❺-2 **1766**·2·7 社／**1768**·3·19 社／**1780**·11·18 社
牟田橘尓　❺-1 **1701**·是年 文
室田日出男　❾ **2002**·6·15 文
室田老樹斎　❼ **1930**·8·4 文
牟漏(無漏)女王　❶ **736**·2·22 文／**746**·1·27 政
室原知幸　❽ **1960**·6·20 社
室伏広治　❾ **2003**·6·29 社／**2004**·8·13 社／**2008**·12·13 社／**2011**·8·29 社／**2012**·7·27 社
室伏重信　❾ **1981**·6·21 社
室伏高信　❽ **1939**·2·22 文／**1940**·7月 政
室伏哲郎　❾ **2009**·10·26 文
室町実藤　❸ **1298**·10·13 政
室町雅継　❷ **1277**·6·16 政
室町院⇨暉子(きし)内親王
ムンク，エドヴァルト(ノルウェー)　❼ **1896**·是年 文

め

目明し得五郎　❻ **1869**·6·29 社
目明し文吉　❻ **1862**·⑧·29 社
明嵐(めあらし)次郎　❼ **1920**·是年 社
メイ牛山　❾ **2007**·12·13 社
明　泰(琉球)　❸ **1442**·1·27 政
梅　蘭芳　❼ **1919**·5·1 文／**1930**·1·20 文／❽ **1956**·5·30 文
メイア(イスラエル)　❽ **1962**·1·18 政
明一(明壱、僧)　❶ **798**·3·27 社
明遠俊哲(僧)　❸ **1455**·④·7 社
明遠宗智(僧)　❸ **1439**·是年 社
明懐(僧)　❷ **1062**·8·1 社
明覚(僧)　❷ **1093**·是年 文
明寛(僧)　❷ **1157**·3·29 政
明義門院⇨諦子(ていし)内親王
明救(僧)　❷ **1020**·7·5 社
明悟(僧)　❸ **1380**·9·7 政
明豪(僧)　❶ **999**·7·27 社／**1000**·4·14 社
明治天皇(睦仁親王)⇨項目 [3] 天皇·皇室·皇居·改元「天皇(歴代)」
明子内親王　❶ **854**·9·5 政
明寿(刀工)　❺-1 **1617**·3月 文
明叔玄晴(僧)　❸ **1420**·10·22 社
明舜(丹後講師)　❷ **1095**·6·9 文
明順(仏師)　❷ **1118**·9·6 文
明正天皇(興子内親王)　❺-1 **1623**·11·19 政／**1628**·8·2 政／**1629**·5·7 政／11·8 政／**1630**·9·12 政／**1642**·6·18 政／**1662**·11·4 政／**1667**·9·6 文／**1669**·3·27 文／**1673**·3·13 文／**1692**·9·26 政／**1696**·11·10 政
蓂瑞等階(等持院院主)　❹ **1490**·1·11 社
命禅(僧)　❷ **1040**·是年 社
明宗(僧)　❸ **1425**·10·14 政
命尊(絵師)　❸ **1341**·是年 文
明達(僧)　❶ **941**·4月 社／**955**·9·22 社
明昶(僧)　❸ **1413**·11·13 社
名東紀代子　❾ **1997**·6·5 社
明窓妙光(僧)　❸ **1415**·6·22 社
メイプルソープ，ロバート　❾ **2008**·2·19 文
明峰素哲(僧)　❸ **1350**·3·28 社
明祐(僧)　❶ **961**·2·18 社
明誉古礀(虚舟)　❺-2 **1716**·11月 文／**1717**·5·23 文
メイラー，ノーマン　❽ **1950**·1月

文／2·17 文
明了(僧)　❹ 1588·是年 社
明琳(僧)　❶ 888·是年 社
メージャー(英)　❾ 1993·9·19 政
メーソン(米)　❻ 1880·3·2 文／9月 文／是年 文／1882·7·1 文
メーテルリンク(ベルギー作家)　❼ 1920·2·11 文
メービー, ハミルトン(米)　❼ 1912·12·2 文
メール・マティルド(仏)　❻ 1872·6月 社
メーロ, ローケ・デ(ポルトガル)　❹ 1591·7·1 政／1592·9·4 政
目賀田芥庵　❻ 1880·4·27 文
目賀田種太郎　❻ 1870·8·27 文／1878·4·8 文／❼ 1917·9·13 政／1926·9·10 政
目加田 誠　❾ 1994·4·30 文
愛姫(めごひめ・伊達政宗の妻)　❹ 1579·是冬 政
メシアン(仏)　❽ 1962·6·20 文
馬次文(百済)　❶ 549·6·7
メチンスキ, アルベルト(神父)　❺-1 1642·7·16 社／1643·2·2 社
メッケル(独)　❻ 1884·2·16 政／1885·3·18 政／1888·2月 政／1894·12月 政
滅宗(僧)　❸ 1348·是年 社
目頬子(めづらこ)　❶ 530·10月
メディナ, バルトロメ(ルソン)　❺-1 1614·1·11 政／1615·1·16 政
メドベージェフ(ロシア)　❾ 2010·11·1 政／11·13 政／2012·3·26 政
目取真 俊　❾ 1997·7·17 文
メナウケ(アイヌ)　❺-1 1643·是年 政
メニューイン, ユーディ　❽ 1951·9·18 文／❾ 1987·3·7 文
メネーゼス, ディオゴ・デ　❹ 1565·是年 政
メネゼス, ドン・ドワルテ　❹ 1591·①·8 文
馬武(百済)　❶ 544·1月
馬武(蝦夷)　❶ 658·7·4 政
目盛兵衛　❺-2 1825·是年 社
米良四郎右衛門　❹ 1578·2·21 政
米良新三郎　❺-2 1746·1·22 政
米良筑後守　❹ 1566·10·26 政
メルケル(独)　❾ 2007·6·5 政／8·29 政
メレツコフ(ソ連)　❽ 1945·8·19 政
面 均(僧)　❶ 894·9·17 政
綿谷(僧)　❹ 1467·是年 社
綿谷周瓞(僧)　❹ 1472·2·22 社
面山瑞方(肥後永福庵)　❺-2 1769·9·17 社
メンジース(オーストラリア)　❽ 1950·8·13 政／1957·4·11 政
毛受(めんじゅ)勝介(荘介・勝照)　❹ 1583·4·21 政
メンシング, ヘルマヌス　❺-1 1705·9·20 政／1707·9·20 政／1709·9·20 政
免田 栄　❽ 1948·12·29 社
メンチャカ(ロシア)　❻ 1865·4·28 政
メンデス(ポルトガル)　❹ 1596·是年 文
メンデレス(トルコ)　❽ 1958·4·21 政
メンデンホール(米)　❻ 1878·10月 文／1879·1·11 文
メンドンサ, シマン・デ(ポルトガル)　❹ 1560·是年 政／1566·6月 政／1574·是年 政
メンドンサ, マヌエル・デ(ポルトガル)　❹ 1561·10月 政

も

模 結習(琉球)　❸ 1383·12·15 政
慕 昌禄　❶ 773·2·20 政
模 都(琉球)　❸ 1410·10·19 政
模 都古(琉球)　❸ 1426·3·21 政
模 都蒲(琉球)　❸ 1411·4·3 政
モイセイヴィッチ(ピアニスト)　❼ 1927·9·26 文
孟 玉潤　❸ 1326·是年 文
毛 景昌　❺-2 1780·是冬 政
毛 継祖(琉球)　❺-1 1604·1·8 政
毛 元翼　❺-2 1754·是冬 政
孟 紅　❽ 1938·10·19 社
毛 盛良(琉球)　❺-1 1612·是年 文
毛 泰久(琉球)　❺-1 1648·11月 政
蒙庵元聡(僧)　❷ 1199·4月 社
蒙山智明(僧)　❸ 1366·8·20 社
孟子内親王　❶ 878·6·2 政
毛実(琉球)　❹ 1536·1·9 政
毛是(琉球)　❹ 1515·是年 政／1540·是年 政
毛切(高句麗)　❶ 682·6·1 政
毛治(医)　❶ 650·2·15 文
毛都里(対馬)　❸ 1443·6·10 政
卯問(高句麗)　❶ 680·5·13 政／681·4·17 政
モーラ(神父)　❹ 1588·11·26 社
毛利興元　❹ 1500·3·29 政／1506·1·21 政／1512·10·18 政／1515·2·3 社／6·1 政／是年 政／1516·1·2 政／8·25 政
毛里和子　❾ 2011·11·4 文
毛利勝永　❺-1 1615·5·8 大坂夏の陣
毛利勝信⇨森吉成(もりよしなり)
毛利亀若丸　❸ 1385·10·6 政
毛利空桑(倹・慎甫)　❺-2 1824·是年 文
毛利匡広(元平)　❺-2 1729·9·19 政
毛利蔵人　❾ 1997·11·13 文
毛利幸松丸　❹ 1516·8·25 政／1518·8·30 政／1523·6·13 政／7·15 政
毛利壺邱　❺-2 1788·11·7 政
毛利定広(広封)　❻ 1861·5·15 政／1863·3·15 政／11·4 政／1864·8·22 政／10·27 政／1865·1·15 政／9·8 政／1866·1·22 政／5·1 政／1867·9·6 政／10·13 政／10·14 政／11·13 政／1877·5·21 政
毛利重輔　❼ 1901·7·13 社
毛利重就(元房・匡敬)　❺-2 1766·2·7 社／1789·10·7 政
毛利重広　❹ 1494·9·16 社
毛利重能　❺-1 1622·是春 文
毛利七兵衛　❺-1 1676·8·17 政
毛利十郎　❹ 1553·7·12 政
毛利十郎左衛門　❺-1 1672·8·19 政
毛利末広　❽ 1944·6·18 政
毛利隆景(徳寿丸)　❹ 1544·11月 政／1549·2·14 政／1561·12·8 政
毛利高重　❺-1 1664·8·3 政
毛利高標(寛龍・培松・霞山)　❺-2 1777·5·1 文／1779·是年 社／1781·5月 文
毛利敬親(猷之進・教明・慶親)　❺-2 1840·7·7 政／1846·4·23 政／1849·11·11 政／1850·10月 政
毛利高直　❺-1 1637·11·8 島原の乱／1664·8·3 政
毛利高成　❺-1 1628·11·16 政
毛利敬信(大膳)　❻ 1865·4月 社
毛利高政　❺-1 1628·11·16 政
毛利高翰(栄菊)　❺-2 1828·2·27 文
毛利(大内)隆元(少輔太郎)　❹ 1537·12·1 政／1544·3·11 政／1548·6·18 政／1549·2·14 政／1551·9·4 政／1552·5·3 政／1553·12·24 政／1554·7·13 政／9·10 政／1555·5·13 政／9·21 政／1556·4月 文／9·22 政／10·12 社／1557·3·3 政／8·12 社／10·22 社／11·25 社／12·23 政／是年 社／1558·5·20 政／1559·5·13 政／1560·2·12 政／3月 政／1561·10·10 政／1562·1月 政／6·12 政／8·6 政／9·19 政／1563·3·24 政／8·4 政／1564·是年 社
毛利内匠(藤内)　❻ 1867·9·6 政／11·25 政／12·4 政
毛利高慶　❺-1 1704·3月 文
毛利親衡　❸ 1350·6·8 政／1352·4·14 政／11·8 政／1375·8月 政
毛利筑前　❻ 1867·9·6 政
毛利千代熊　❺-1 1651·1·5 政
毛利綱広　❺-1 1689·4·17 政
毛利綱元　❺-1 1653·7·2 政／1702·12·15 政／1709·3·1 政
毛利経光　❷ 1270·7·15 政
毛利貞斎　❺-1 1679·是年 文／1683·是年 文／1691·是年 文／1692·是年 文／1699·是年 文／1703·是年 文／1704·是年 文
毛利輝元(幸鶴丸)　❹ 1563·8·4 政／1564·是春 政／7·27 政／1565·2·16 政／4·28 政／1566·12月 文／1567·8·4 社／1568·2·14 社／3·3 社／10·26 社／1569·3·5 社／6·9 社／12·16 政／1570·1·28 政／2·14 政／4·17 政／7·28 社／8·17 政／1571·4·3 政／4·11 政／1572·5·28 社／7·26 政／10·29 政／11·22 社／12·1 政／1573·2·13 社／6·12 社／6·13 政／7·24 政／8·1 政／8·28 社／9·7 政／1574·2·7 政／6·18 社／9月 政／1575·1·1 政／5·10 文／5·28 政／1576·2·8 政／3·10 社／5·3 政／6·11 政／7·13 政／8·2 政／10·10 政／1577·3·1 政／⑦·20 政／9·12 政／1578·2·13 政／8·3 政／11·4 政／12·23 政／1579·1·7 政／3·26 政／7·30 政／8·26 政／1580·4·14 政／11·5 社／是年 政／1582·

5·7 政／6·4 政／7·17 政／10·21 政／1583·2·13 政／3·4 政／4·6 政／5·7 政／11·1 政／12·3 政／1584·1·2 政／9·9 政／1585·1·17 政／2·9 政／3·17 政／1586·4·10 政／8·16 政／10·1 政／1587·2·28 社／6·7 政／9·7 政／1588·3·23 文／⑤·13 政／7·19 政／7·24 社／8·2 政／9·4 政／9·12 政／1589·4·15 政／5·3 政／6·10 社／1590·1·28 政／1591·1·11 政／①·11 文／3·13 政／1592·1·24 文禄の役／2·28 文禄の役／4·19 文禄の役／5·20 文禄の役／5·27 文禄の役／1593·5·1 文禄の役／8·6 文禄の役／是年 政／1594·5·11 文／1595·4·1 社／6·3 政／7月 政／11·26 文禄の役／11·28 社／1596·1·16 社／8·9 社／1597·3·13 文／7·27 慶長の役／10·5 政／1598·4·13 社／8·6 政／11·8 文／1599·1·19 政／3月 文／③·21 政／7·2 政／12·8 社／1600·7·12 関ヶ原合戦／7·29 関ヶ原合戦／8·2 文／8·4 関ヶ原合戦／8·17 関ヶ原合戦／9·17 関ヶ原合戦／9·19 政／10·10 関ヶ原合戦／❺-1 1601·9·28 政／1603·5·7 政／9·21 政／1604·6·1 政／11·11 政／是年 政／1605·7·20 社／12·13 政／1606·3·23 社／1607·2·18 社／1608·4·2 社／1613·是年 政／1614·10·11 大坂冬の陣／1625·4·27 政／1643·2·21 文

毛利天智　❼ 1915·9·13 社

毛利時親　❷ 1270·7·15 政／❸ 1335·是年 政

毛利豊元　❸ 1451·8·28 政／1453·9·11 政／❹ 1456·7·13 政／1457·4·4 政／1461·6·12 政／7·16 政／1463·4·6 政／5·9 政／6·20 政／1464·1·2 政／1465·3·29 政／1467·12·11 政／1471·⑧·19 政／1475·10·23 社／1476·6·28 政

毛利直広　❸ 1376·2·5 政／4·16 政

毛利就勝(吉広)　❺-1 1694·2·7 政／1699·7·9 政／1707·10·13 政

毛利就隆　❺-1 1679·8·8 政

毛利就信　❺-1 1665·9·28 文

毛利斎熙(熙成·憲熙·蘭斎·柏堂)　❺-2 1809·2·22 政／1836·5·14 政

毛利斎広　❺-2 1823·6·18 政／1836·5·14 政

毛利斎房(義二郎·善次郎·維房)　❺-2 1791·6·19 政／1809·2·22 政

毛利斎元(房昌·弾正)　❺-2 1832·7·19 政

毛利就馴(就友·佐兵衛佐·政翁·泰翁)　❺-2 1797·9·24 政

毛利梅園(元寿·楳園·写生斎·写真斎·攢華園)　❺-2 1835·是年 社／1837·是年 社

毛利治親(岩之允·徳元·治元·治親)　❺-2 1790·9·6 政／1791·6·12 政

毛利(小早川)秀包(行包·元総·元綱·幸鶴丸)　❹ 1536·2月 政／1538·2月 政／10月 政／1540·1·9 政／1564·7·27 政／1583·11·1 政／1585·2·18 政／1587·6·7 政／9·7 政／1592·4·19 文禄の役／7·9 文禄の役／1593·1·21 文禄の役／1595·8·17 文／❺-1 1601·3·23 政

毛利秀公　❹ 1581·9·1 政／1600·10·10 関ヶ原合戦

毛利秀就　❹ 1600·7·17 関ヶ原合戦／❺-1 1601·9·28 政／1603·8·6 政／1615·9·21 社／1618·是年 政／1631·10·5 政／1651·1·5 政

毛利秀元　❹ 1592·12·5 文禄の役／12·5 社／1593·6·29 文禄の役／1597·7·17 慶長の役／7·28 慶長の役／8·4 慶長の役／8·15 慶長の役／9月慶長の役／10·8 政／12·25 政／1598·1·1 慶長の役／8月 政／1600·7·23 関ヶ原合戦／8·5 関ヶ原合戦／9·7 関ヶ原合戦／❺-1 1602·12·1 社／1631·10·5 政／1635·1·11 文／1640·9·16 文／1650·⑩·3 政

毛利秀頼　❹ 1582·3·29 政／1590·2·20 政

毛利広鎮(就寿·兵庫頭)　❺-2 1797·9·24 政

毛利寛龍⇨毛利高標(たかすえ)

毛利弘親　❸ 1392·8·5 社

毛利広春　❹ 1529·4·11 社

毛利広房　❸ 1376·2·5 政／3·4 政／1381·1·13 政

毛利熙房　❸ 1438·6·17 政／1444·12·20 政

毛利広宗　❸ 1352·4·14 政

毛利熙元　❸ 1403·4·28 政／1451·8·28 政／9·27 政／1454·12·11 政／❹ 1463·6·20 政／1464·2·5 政

毛利弘元　❹ 1476·6·28 政／1482·3·10 政／1489·8·5 政／1493·2·7 政／1495·8·3 政／1499·8·6 政／1500·3·29 政／4·10 政／1502·8·22 政／1506·1·21 政

毛利広世　❸ 1381·1·13 政／1399·10·28 政

毛利房衆　❺-2 1803·是年 文

毛利房裕　❺-2 1805·2月 文

毛利匡邦　❺-2 1787·是年 文

毛利匡敬　❺-2 1751·2·4 政

毛利匡時　❸ 1376·2·5 政／3·4 政／4·16 政

毛利政苗(匡平)　❺-2 1764·2·4 政／1781·7·23 政

毛利宗広(維広)　❺-2 1731·9·13 政／1742·10·6 政／1751·2·4 政

毛利匡芳(政次郎·匡豊)　❺-2 1791·6月 文

毛利　衛　❾ 1990·4·24 文／1992·9·12 文／2000·2·11 文／2012·8·25 政

毛利光広　❺-1 1650·⑩·3 政／1653·7·2 政

毛利光房　❸ 1414·5·18 社／1436·是年 政

毛利元功　❻ 1867·12·10 政／1868·1·12 政

毛利元賢　❺-1 1679·8·8 政

毛利(穂田)元清　❹ 1576·5·3 政／1581·2·21 政／1589·4·15 政

毛利元堯(亀次郎·百次郎·元国·就久·就清)　❺-2 1719·5·28 政

毛利元次(亀之助·賢富·賢充)　❺-1 1710·是年 文／1711·是年 文／❺-2 1716·4·13 政

毛利元敏　❼ 1908·4·23 政

毛利元朝　❺-1 1709·3·1 政

毛利元就　❹ 1517·10·22 政／1523·6·13 政／7·15 政／1524·5·20 政／1525·6·26 政／1527·3月 政／7·12 政／1529·5·2 政／1530·7·15 政／7·24 政／11·28 政／12·11 政／1531·2·12 政／3·3 社／1532·7·13 社／1533·8·10 政／1534·7·3 政／是夏 政／1535·3月 政／是年 政／1536·是年 政／1537·3·7 政／12·1 政／1539·9·17 政／1540·6·16 政／9·4 政／10·4 政／1541·1·13 政／3·4 政／5·13 政／8·14 社／1542·5·5 政／7·27 政／1543·3月 政／5·7 政／6·27 政／8·18 政／1544·3·11 政／11月 政／1547·4·28 政／5月 政／⑦·22 政／1548·8·15 政／1549·2·14 政／9·4 政／1550·7·13 政／9·27 政／1551·9·4 政／1552·3月 政／5·3 政／7·23 政／9·25 政／10·2 政／1553·4·12 政／5·6 政／7·23 政／10·19 政／12·24 政／1554·4·17 政／5·12 政／6·5 政／7·11 社／7·13 政／9·15 政／10·15 政／1555·是春 政／6·8 政／9·21 政／10·18 政／1556·3·14 政／5月 政／6·3 政／9月 政／1557·3·3 政／4·2 政／4·18 社／9·15 社／10·22 社／11·25 社／12·2 政／1558·2·27 政／5·20 政／8·25 政／1559·1·1 政／7月 政／1560·2·12 政／4·4 政／1561·6·10 政／11月 政／12·8 政／1562·2·6 政／6·8 政／6·12 政／7·3 政／11·5 政／12·10 政／1563·1·27 政／3·24 政／7·3 政／8·4 政／10·29 政／11·15 政／1564·2·5 社／4·17 政／5·19 政／是春 文／7·27 政／1565·4·12 社／9·3 政／1566·4·20 社／4·21 政／11·19 政／12月 文／1567·2·9 文／3·2 政／12·23 文／1568·2·14 社／2月 政／5·7 社／9·24 政／10·26 社／1569·1·13 政／3·16 政／4·26 政／5月 政／8·13 政／10·12 政／1570·3·18 政／7·28 社／8·26 政／1571·4·11 政／6·14 政／12·27 文／1572·2月 文／1591·2·14 文／❺-1 1660·9·14 政

毛利元矩(那波·仁八郎)　❺-2 1718·3·20 政

毛利元徳(大江·広封)　❻ 1870·4·25 政／1871·7·14 政／1884·7·7 政／❼ 1896·12·23 政

毛利元春(安芸)　❸ 1336·10·12 政／1352·4·14 政／1371·3·21 政／1373·7月 政／1374·8·3 政／1376·2·5 政／1377·7·30 政／1378·7·4 政／1381·1·13 政

毛利元春(毛利元就次男)⇨吉川(きっかわ)元春

毛利元平(匡広)　❺-2 1718·3·20 政

毛利元康　❹ 1576·2·6 政／1592·6·20 文禄の役／1593·1·26 文禄の役／1600·9·3 関ヶ原合戦

毛利元運(専之助·就馴·就友·佐兵衛佐·

政翁・泰翁) ❺-2 1841・9・21 政／1852・2・20 政
毛利元賀 ❹ 1509・9・21 政
毛利元義(梅廼門真門) ❺-2 1841・9・21 政
毛利元倚 ❺-1 1707・11・23 政
毛利師就(百助・財之丞・親就) ❺-2 1725・7・28 政／1729・9・19 政
毛利慶親(敬親) ❻ 1853・8・29 社／1862・6・5 政／7・27 政／⑧・27 政／10・4 政／1863・2・6 政／4・16 政／6・23 政／11・4 政／1864・6・18 政／8・22 政／9・25 政／10・3 政／10・27 政／11・7 政／1865・1・15 政／3・23 政／9・8 政／1866・1・22 政／3・24 政／5・1 政／1867・6・16 政／9・6 政／10・13 政／10・14 政／10・17 政／12・24 政／1869・12月 政／1870・11・25 政／1871・3・28 政
毛利可長 ❺-1 1713・2・1 文
毛利吉成 ❹ 1587・6・7 政／1591・7・1 政／1592・1・18 文禄の役／1596・9・7 政／1597・9・14 慶長の役／1598・1・22 慶長の役
毛利吉就 ❺-1 1687・7・11 文／1694・2・7 政
毛利義乗 ❹ 1593・5・1 文禄の役
毛利吉政 ❹ 1599・3・23 政
毛利吉元(又四郎・右京大夫・元猗) ❺-1 1711・11月 文／❺-2 1731・9・13 政
毛利頼隆 ❷ 1180・9・17 政
毛利氏 ❹ 1578・6・21 政
モース(米) ❻ 1877・6・17 文／9・16 文
モース，ピーター ❾ 1993・1・3 文
モーニッケ(オランダ医師) ❺-2 1848・6・20 文／1849・7・19 文
モーニング娘。 ❾ 1998・1・30 社
モール，カピタン ❹ 1569・是年 政
モールス(東大教授) ❻ 1877・4・12 文
モールス(米、京仁鉄道) ❼ 1896・3・29 政／4・17 政
最上家親 ❹ 1595・8・10 政／❺-1 1614・1・18 政／10月 社／1617・3・6 政
最上助之進 ❺-1 1669・10・24 シャクシャインの蜂起
最上徳内(高宮元吉・常矩) ❺-2 1786・5・5 政／1791・5・4 政／1792・5・5 政／是年 政／1798・7・27 政／1804・12月 政／是年 文／1826・1・9 文／3・10 文／1836・9・5 文
最上直家 ❸ 1410・1・6 政
最上満家 ❸ 1443・5・29 政
最上満氏 ❹ 1494・7・14 政
最上満直 ❸ 1413・8・3 政
最上　洋 ❼ 1936・3・20 社
最上義光(よしあき) ❹ 1570・1月 社／1574・4・15 政／5・11 政／1577・3・17 政／1585・⑧・27 社／1587・10・14 政／1588・7・10 政／1589・4・16 政／1590・6月 政／7・26 政／1594・1・28 文／1595・8・10 政／1600・6・6 関ヶ原合戦／7・23 関ヶ原合戦／7・29 関ヶ原合戦／9・13 関ヶ原合戦／9月 政／9・15 関ヶ原合戦／10・1 関ヶ原合戦／❺-1 1602・5月 政／7・16 政／1612・1・5 政／3・15 社／1614・1・18 政
最上義淳 ❹ 1494・7・14 政／1504・9・9 政
最上義定 ❹ 1504・9・9 政／1514・2・15 政／1520・2・2 政
最上義時 ❹ 1574・5・11 政／❺-1 1631・10・28 政
最上義俊 ❺-1 1617・3・6 政／1620・3・18 政／9・12 政／1622・8・21 政／1631・11・22 政
最上義知 ❺-1 1631・11・22 政
最上義春 ❸ 1443・5・29 政／❹ 1460・10・21 政
最上義守 ❹ 1520・2・2 政／6・21 政／1574・5・11 政／1580・5・17 政
最上義康 ❹ 1595・8・10 政／❺-1 1602・7・16 政
茂木重次郎 ❻ 1881・3・1 社
茂木七左衛門(醤油製造) ❹ 1574・是年 社
茂木七左衛門(醤油製造) ❺-2 1765・是年 社
茂木七郎右衛門 ❺-2 1764・是年 社
茂木春太 ❻ 1881・3・1 社
茂木盛朴 ❻ 1870・12・26 政
茂木惣兵衛(初代) ❻ 1879・2・13 政／1886・4月 社／1894・8・21 政
茂木惣兵衛(三代目) ❼ 1935・4・16 政
茂木徳兵衛 ❻ 1881・9・1 政
茂木知氏 ❸ 1285・3・15 政
モギレフスキー(ヴァイオリニスト) ❼ 1926・11・26 文／❽ 1945・12・24 文
穆(もく)麟徳(ドイツ人モルレンドルフ) ❻ 1885・2・20 政
木阿(僧) ❸ 1452・5・6 政
黙庵(僧) ❸ 1333・12月 文／1341・是年 文
黙庵周諭(僧) ❸ 1373・6・17 社
木庵性瑫(銭屋宗訥、僧) ❺-1 1664・9・4 社／1671・是年 社／1684・1・20 社
木一(平曲) ❹ 1458・9・25 文
杢右衛門(船頭) ❺-1 1611・1・11 政
黙子如定(僧) ❺-1 1634・是年 文
木食義高(僧) ❺-2 1718・6・7 社
木食上人観正 ❺-2 1808・是年 文／1819・2・11 社
木食諦念 ❻ 1859・3月 文
木喰明満 ❺-2 1779・是年 文／1810・6・5 文
木食応其(応其興山、僧) ❺-1 1608・10・1 社
木食義高(僧) ❺-1 1710・是年 社
杢助(僧) ❸ 1291・9・20 政
木素貴子 ❶ 663・9・7 政
木素丁武(呪禁博士) ❶ 691・12・2 文
木丹(俳人) ❺-2 1787・1・16 文
杢兵衛(中間) ❺-1 1661・7・21 政
木羅斤資(百済) ❶ 書紀・神功 62・是年
木劦今敦 ❶ 552・5・8
木劦不麻甲背(百済) ❶ 516・5月
木劦文次(百済) ❶ 554・1・9／3・1
望古羅(対馬) ❹ 1469・2・6 政
望古多羅 ❹ 1557・1・15 政
門司氏 ❸ 1347・5・14 社
文字太夫(四代目) ❻ 1862・⑧・8 文
万代常閑(浄閑) ❺-1 1683・是年 文
物集和子 ❼ 1911・6・1 文
物集高見 ❼ 1928・6・23 文
物集高世 ❻ 1883・1・2 文
物集女太郎左衛門 ❹ 1555・5・26 社
モゾロ(写真術) ❻ 1873・2・25 文
持田四郎左衛門 ❹ 1587・6月 政
持田若佐 ❼ 1903・5・8 政
望月鹿門⇨望月三英(さんえい)
望月玉蟾(重勝・藤兵衛・守静・玉仙) ❺-2 1726・是年 文／1755・8・3 文／是年 文／1795・5・10 文
望月玉泉 ❻ 1891・6・5 文／❼ 1896・1・26 文／1904・4・16 文／1913・9・16 文／
望月金鳳 ❼ 1898・2・26 文／1915・6・18 文
望月圭介(三郎) ❼ 1927・4・20 政／1928・5・23 政／1935・12・23 政／❽ 1937・5・21 政／1941・1・1 政
望月源次 ❼ 1926・12・9 政
望月小太郎 ❼ 1927・5・19 政
望月三英(秉・鹿門) ❺-2 1724・是年 文／1733・6・7 文／1734・6・15 文／1753・是年 文／1769・11・4 文／1775・是年 文
望月三作 ❺-2 1800・12・19 文
望月重隆 ❷ 1194・8・15 社／1195・8・15 社
望月茂輝 ❼ 1930・5・5 社
望月　茂 ❽ 1943・12・17 文
望月信成 ❾ 1990・5・28 文
望月善左衛門(藤左衛門)尉 ❹ 1543・5・1 社／1562・4・15 社
望月拓郎 ❾ 2011・4・12 文
望月太左衛門(七代目) ❽ 1938・5・19 文／1946・9・13 文
望月太左衛門(安倍金三郎、八代目) ❼ 1926・5・26 文
望月太左衛門(十代目) ❾ 1987・5・12 文
望月長孝(長好・兼友) ❺-2 1780・是年 文
望月春江 ❽ 1938・4・12 文
望月百里(雷山・草庵) ❺-2 1743・4・6 文
望月兵左衛門 ❺-1 1682・6・11 社
望月豊作 ❼ 1928・8・15 社
望月百合子 ❾ 2001・6・9 文
望月与三兵衛尉 ❹ 1577・7・13 社
持永只仁 ❾ 1999・4・1 文
持永豊次 ❺-1 1687・是年 文
以仁王(もちひとおう) ❷ 1165・12・16 政／1180・4・9 政／5・15 政／9月 政／12・28 政
以仁王王女 ❷ 1196・1・14 政
持丸常夫 ❽ 1957・1・30 社
持山金左衛門 ❺-1 1687・1・21 政
持山六郎左衛門 ❺-1 1687・1・21 政
茂忠(僧) ❷ 1266・12・3 社
牧谿法常(僧) ❸ 1362・11・20 文／1375・4・21 文／1379・11・15 文／1382・11・26 文／1385・4・16 文／1436・6・27 文／❹ 1542・4・4 文
物外可什(僧) ❸ 1319・是年 政／1329・5月 政／1363・12・8 社

物初大観(もっしょたいかん·僧) ❷ 1267·是秋 文／1268·是春 文／1274·是春 文
モッセ(内閣顧問) ❻ 1887·1·24 政
物先周格(僧) ❸ 1397·8·19 社
茂木敏充 ❾ 2003·3·3 政／2008·8·2 政／2012·12·26 政
元 木網(元木阿弥) ❺-2 1794·是年 文／1804·是年 文／1811·6·28 文
本 国廉 ❷ 1193·11·23 政
基兄王 ❶ 857·1·14 政／865·1·27 政／881·11·22 政
基王(皇太子) ❶ 727·⑨·29 政／11·2 政／728·9·13 政
本居内遠 ❻ 1855·10·4 文
本居大平(藤垣内) ❺-2 1820·是年 文／1824·是年 文／1827·是年 文／1833·9·11 文／1851·是年 文
本居貴美 ❾ 1972·12·15 社
本居春庭(健蔵) ❺-2 1816·是年 文／1828·11·7 文／是年 文／1829·是年 文／1832·是年 文
本居豊穎 ❻ 1886·4月 文／❼ 1913·2·15 文
本居長世 ❼ 1914·4·1 文／12·27 文／1920·11·27 文／❽ 1945·10·14 文
本居宣長(芝蘭·瞬庵·春庵·栄貞) ❺-2 1756·8·9 文／1763·5·25 文／是年 文／1764·是年 文／1767·5·9 文／1771·是年 文／1772·是年 文／1773·是年 文／1776·是年 文／1777·12月 文／1779·是年 文／1780·是年 文／1782·是年 文／1784·是年 文／1786·是年 文／1787·12月 政／是年 文／1789·是年 文／1790·是年 文／1791·是年 文／1792·是年 文／1794·是年 文／1795·是年 文／1796·4·15 文／是年 文／1797·6·13 文／是年 文／1798·6·13 文／是年 文／1799·是年 文／1800·是年 文／1801·9·29 文／1802·是年 文／1803·是年 文／1806·8月 文／1816·是年 文／1825·是年 文／1835·是年 文／1843·是年 文／❽ 1944·10·20 社
本木正栄(庄左衛門) ❺-2 1787·是年 文／1788·1·15 政／1795·1月 文／1798·是年 社／1802·是年 文／1808·2·6 文／是年 政／是年 文／1809·2·25 文／3月 文／是年 政／1811·9月 文／是年 文／1814·是年 文／1817·是年 文／1819·4·15 文／1822·3·15 文／1852·是年 文
本木昌造(永久·作之助·元吉·昌三·笑三·咲三) ❺-2 1848·12月 文／1851·是年 文／❻ 1856·是年 文／1859·是年 文／1869·6月 文／1870·3月 文／1875·9·3 文
本木庄太夫(良意) ❺-1 1695·11·8 文
本木道平 ❺-2 1835·是年 文
本木雅弘 ❾ 2009·2·22 文
本木良永(栄之進·仁太夫·士清·蘭皐) ❺-2 1771·是年 文／1772·12月 文／1774·是年 文／1776·是年 文／1778·是年 文／1781·是年 文／1788·是年 文／1790·9·6 文／9月 文／1792·10月 文／是年 文／1795·1月 文
基子内親王 ❶ 831·3·20 政
基定(持明院) ❺-1 1646·3·10 政
基貞親王 ❶ 830·3·11 政／846·1·13 政／849·1·13 政／869·9·21 政
本島 等 ❾ 1988·12·7 政／1990·1·18 政
元嶋(本嶋)長兵衛 ❺-1 1686·是年 文
元田作之進 ❼ 1923·12月 社／1928·4·16 社
元田 直 ❻ 1888·2·19 文
元田永孚 ❻ 1871·5·30 文／1877·9·6 政／1878·5·16 政／1879·8月 文／1882·12·2 文／1891·1·22 政
元田 肇(政右衛門) ❻ 1890·8·20 政／❼ 1913·2·20 政／1920·5·15 政／1924·1·15 政／❽ 1938·10·1 政
元利栄満 ❺-1 1705·是年 文
元利親王 ❶ 964·6·17 政
元永定正 ❾ 2011·10·3 文
元長親王 ❶ 976·9·10 政
本野一郎 ❼ 1899·7·29 政／1907·2·4 政／1910·3·19 政／7·4 政／1916·2·18 政／11·21 政／1918·2·5 政／3·25 政／9·17 政
本野盛亨 ❻ 1877·12·14 政／❼ 1909·12·10 文
本野盛幸 ❾ 2012·8·24 政
基信(持明院) ❹ 1470·7·1 政
本橋浩一 ❾ 2010·10·26 文
本林伊祐 ❺-1 1678·是年 文
幹仁(もとひと)親王⇨後小松(ごこまつ)天皇
元姫(徳川家斉十五女) ❺-2 1820·11月 政
元平親王 ❶ 958·5·23 政
本部按司朝英 ❺-2 1804·6·1 政
本松平右衛門 ❺-1 1664·1月 社
本宮 良⇨石垣(いしがき)永将
基棟王 ❶ 863·2·10 政／895·10·1 政
本村哲郎 ❾ 2010·12·31 政
毛登屋九兵衛 ❻ 1856·12·8 社
本康寿仙 ❺-1 1715·11·1 文
元休満茂 ❺-2 1719·是年 文
元休満総 ❺-2 1758·是年 文
本康親王 ❶ 850·1·15 政／869·1·13 政／901·12·14 政
本山英子 ❼ 1931·2·5 社
本山茂辰 ❹ 1557·2·20 政／1562·9·16 政／1563·1·10 政／5·5 政／1564·4·7 政
本山茂久 ❽ 1960·5·16 社
本山茂宗 ❹ 1509·5月 政
本山親茂 ❹ 1562·9·16 政
本山荻舟 ❼ 1926·1月 文
本山彦一 ❼ 1918·8·17 文／1932·12·30 文
元山茂樹 ❼ 1902·11·9 社
本山政雄 ❾ 1973·4·22 政
本山将監 ❹ 1568·是冬 政
資行(姓不詳·院庁官) ❸ 1431·11·10 政
本行(刀匠) ❺-2 1721·8月 文
基良親王 ❶ 831·6·14 政
元良親王 ❶ 936·3·13 文／937·12·12 文／943·7·26 政
基世王 ❶ 862·4·20 政
元良勇次郎 ❼ 1898·11·12 社／1906·9·14 文／1912·12·13 文
茂中貞次 ❻ 1875·12·14 文
茂庭綱元 ❺-1 1603·12·25 社
物部秋持 ❶ 755·2月 政
物部麁鹿火 ❶ 507·2·4／527·8·1／531·2月／536·2·1／7月
物部伊莒弗 ❶ 401·10月
物部伊勢父根 ❶ 529·3月
物部巳波美 ❶ 840·3·12 社
物部菟代 ❶ 474·8·10
物部朴井椎子 ❶ 645·9·3 政
物部兄麻呂 ❶ 633·是年 政
物部大前 ❶ 453·10月
物部雄君 ❶ 676·6月 政
物部尾輿 ❶ 534·⑫月／539·12·5／540·9·5／570·是年
物部奇非 ❶ 544·3月
物部 薬 ❶ 696·4·27 政
物部邦忠 ❶ 990·10·23 政
物部国光 ❸ 1286·9·18 文
物部 熊 ❶ 661·8月 政
物部毛虫咩 ❶ 714·5·27 社
物部古麿(麻呂) ❶ 755·2月 政
物部貞守 ❶ 876·2·28 社
物部重光 ❷ 1255·2·21 文
物部季重 ❷ 1264·7·15 文
物部建麿 ❶ 803·4·28 社
物部為里 ❷ 1186·4·18 文
物部至至 ❶ 515·2·4／4月／516·5月
物部十千根 ❶ 書紀·垂仁 25·2·8／垂仁 26·8·3／垂仁 87·2·5
物部長穂 ❼ 1922·9·30 文
物部日向 ❶ 672·6·26 政
物部広泉 ❶ 860·10·3 文
物部冬男 ❶ 861·10·28 社
物部麻奇牟 ❶ 543·9月
物部摩呂 ❶ 676·10·10 政／677·2·1 政
物部道吉 ❶ 850·7·9 社
物部 目 ❶ 456·11·13／474·8·10
物部(弓削)守屋 ❶ 572·4月／585·3·1／3·30／586·5月／587·4·2／7月
物部用奇多 ❶ 545·5月
物部依網乙等 ❶ 623·是年 政
物部依羅人会 ❶ 746·4·4 政
物部匝瑳熊猪 ❶ 834·5·19 政
物部 連 ❶ 516·9月
モハメッド，アリ ❾ 1976·6·26 社
茂範(僧) ❺-2 1752·是年 文
モハンシン(インド) ❽ 1942·3·28 政
モブ·ノリオ(作家) ❾ 2004·7·15 文
モブツ(コンゴ) ❾ 1971·4·6 政
茂兵衛(手代) ❺-1 1683·11·5 社
毛麻利叱智 ❶ 書紀·神功 5·3·7
文斤王(汶州王·百済) ❶ 479·4月
桃 裕行 ❾ 1986·12·26 文
桃井伊豆 ❹ 1464·8·8 政
桃井源蔵 ❺-2 1798·是年 文
桃井左京亮 ❸ 1350·7·29 政
桃井貞綱 ❸ 1403·是年 政
桃井貞直 ❸ 1337·4·11 政
桃井春蔵 ❻ 1861·5·16 社

桃井直和　❸ **1362**·1·23 政／**1369**·9·29 政／**1370**·3·16 政
桃井直継　❹ **1500**·9·5 文
桃井直綱　❸ **1398**·5月 政
桃井直常　❸ **1338**·1·2 政／2·14 政／5·27 政／6月 社／**1341**·3·24 政／**1351**·1·4 政／1·15 政／4月 社／7·21 政／**1352**·6·6 政／**1353**·4·5 政／**1354**·12·24 政／**1355**·1·16 政／**1362**·5·22 政／**1367**·5·26 政／**1368**·2·24 政／**1369**·4·12 政／**1370**·3·16 政／**1371**·7·18 政／8·8 政
桃井直信　❸ **1338**·8·2 政／**1350**·11·19 政／**1352**·6·6 政／**1353**·4·5 政／**1355**·1·16 政
桃井直詮(幸若丸)⇨幸若大夫(こうわかだゆう、初代)
桃井　寅　❺-2 **1792**·是年 文
桃井宣義　❸ **1418**·5·10 政／**1423**·8·2 政
桃井憲義　❸ **1440**·4·10 政
桃井　真　❾ **2004**·4·18 文
桃井(幸若)安正　❹ **1508**·3·20 文
桃井(幸若)安義　❹ **1512**·2·18 文
桃井(幸若)義重　❹ **1516**·10·13 文
桃井義久　❼ **1908**·3·6 文
桃井義盛　❸ **1336**·3·9 政
百川茂左衛門　❻ **1854**·2·10 社
百川治兵衛　❺-1 **1622**·是年 文／**1630**·是年 文
桃川如燕　❻ **1890**·6·26 文／**1892**·7·9 社／❼ **1898**·2·28 文／**1929**·9·30 文
百川忠兵衛　❺-1 **1641**·是年 文／**1655**·是年 文
百川正次　❺-1 **1655**·是年 文
桃川　実　❼ **1905**·8·15 文
百瀬耕関　❺-2 **1852**·7·13 文
百瀬耕元　❺-2 **1814**·6·18 文
百瀬晋六　❾ **1997**·1·21 社
百瀬博教　❾ **2008**·1·27 文
百々瀬三代一検校　❻ **1857**·5·6 文
桃園天皇(遐仁親王)　❺-2 **1741**·2·29 政／**1746**·1·21 政／**1747**·3·16 政／5·2 政／9·21 政／**1758**·5·6 政／**1762**·7·12 政
百田宗治(宗次)　❽ **1955**·12·12 文
桃田柳栄(幽香斎)　❺-1 **1698**·1·13 文
百武安兵衛　❻ **1871**·是年 社
桃原与人　❺-2 **1775**·9·26 政
藻寄鉄五郎　❼ **1903**·5·8 政
モライス(日本府内司教)　❹ **1588**·6·28 社
モラエス(ポルトガル領事)　❼ **1929**·7·1 政
モラレス, フランシスコ　❺-1 **1602**·5·14 社
森　敦　❾ **1973**·7月 文／**1989**·7·29 文
森(関)　衆利(あつとし)　❺-1 **1697**·6·20 政／8·2 政
森　有礼　❻ **1865**·3·22 文／**1869**·5·18 政／**1870**·⑩·2 政／**1872**·10·14 政／**1873**·9·1 文／**1874**·2月 文／**1875**·2·6 社／11·10 政／**1876**·1·6 政／**1878**·6·27 政／**1879**·9·19 政／11·6 政／**1881**·7·23 政／**1885**·12·22 政／**1887**·5·9 政／**1888**·2·11 文／4·30 政／**1889**·2·11 政
森　有正　❾ **1976**·10·18 文
森　岩雄　❽ **1947**·11·8 文／❾ **1979**·5·14 文
森　英治郎　❼ **1911**·5·20 文／9·22 文
森　英介　❾ **2008**·9·24 政
森　絵都　❾ **2006**·7·13 文
森　鷗外(林太郎)　❻ **1884**·8·24 文／**1888**·9·8 文／**1889**·1月 文／8月 文／10月 文／**1890**·1月 文／2·22 文／❼ **1896**·1月 文／**1902**·9月 文／**1904**·4·1 文／**1906**·9·23 文／**1907**·3月 文／6·17 文／**1909**·7月 文／11·27 文／**1911**·5·17 文／**1913**·1月 文／3·3 文／**1915**·1月 文／**1916**·1·13 文／**1917**·10·30 文／**1918**·2月 文／7月 文／**1919**·9·5 文／**1921**·6·25 文／**1922**·7·9 文
守　大石　❶ **658**·11·5 政／**661**·8月 政／**665**·是年 政
森　槐南(泰次郎·公泰)　❼ **1911**·3·7 文
森　恪　❼ **1927**·8·14 政／**1931**·7·7 政／12·13 政／**1932**·12·11 政
森　学機　❺-1 **1703**·是年 文
森　赫子　❾ **1986**·4·14 文
森　覚蔵　❺-2 **1822**·4·10 政／**1823**·4·22 政
森　和夫　❾ **2011**·7·14 政
森　克己　❾ **1981**·4·26 文
森　嘉兵衛(カンボジア)　❺-1 **1642**·是年 社
森　嘉兵衛(日本史)　❾ **1981**·4·8 文
守　苅田　❶ **687**·1·19 政
森　寛斎　❻ **1882**·10·1 文／**1886**·7月 文／**1890**·10·11 文／**1894**·6·2 文
森　九右衛門　❺-1 **1614**·慶長年間(囲み)
森　杏庵　❺-1 **1659**·是年 文
森　清　❾ **1966**·8·1 政／**1990**·11·14 文
森　金七郎　❺-2 **1836**·7·17 社
森　琴石　❼ **1921**·2·24 文
森　月城　❼ **1911**·4·15 文
森　健一　❾ **2006**·11·3 文
森　元治郎　❽ **1947**·6月 社
森　幸安　❺-1 **1703**·是年 文
森　高雅　❻ **1864**·5·4 文
森　広蔵　❽ **1944**·1·12 政
森　幸太郎　❽ **1948**·10·19 政／**1949**·2·16 政
森　小七郎　❹ **1597**·9·27 政
森　五六郎　❻ **1860**·3·3 政
森　作右衛門　❺-1 **1698**·12月 社
森　作左衛門　❺-1 **1677**·2·4 社
森　作太郎　❻ **1893**·8·2 社
森　暁　❾ **1982**·2·12 政
森　三郎右衛門　❹ **1512**·7·7 文
森　重郎　❻ **1893**·1·28 社
森　重文　❾ **1990**·8·21 文
森　茂好　❾ **1991**·2·7 文
森　治左衛門　❺-2 **1807**·1·15 社
森　静男　❼ **1896**·4·5 文
森　周峰　❺-2 **1823**·6·26 文
森　守拙　❺-2 **1837**·是年 文
森　守明　❽ **1951**·7·11 文
森　春渓　❺-2 **1820**·是年 文
森　春濤　❻ **1888**·11·21 文／**1889**·11·21 文
森　省一郎　❾ **1965**·9月 文
森　尚謙　❺-1 **1706**·是年 文／❺-2 **1721**·3·12 文
森　詳介　❾ **2005**·3·25 政
森　四郎左衛門　❸ **1342**·9·8 政
森　進一　❾ **1968**·12·7 文／**1986**·10·1 社
森　新三郎　❺-2 **1775**·2·4 社
森　澄雄　❾ **2005**·11·3 文／**2010**·8·18 文
森　聖二　❾ **2009**·10·18 文
森　正道　❼ **1896**·4·20 文
森　清範　❾ **2009**·12·11 社
森　雪翁　❺-2 **1742**·是年 文
森　荘已池　❽ **1944**·2·7 文
森　滄州　❺-2 **1773**·11·7 文
森　宗兵衛　❺-1 **1625**·10·30 社
森　狙仙(如寒斎·霊明庵)　❺-2 **1814**·3月 文／**1816**·是年 文／**1817**·是年 文／**1821**·7·21 文
森　泰吉郎　❾ **1993**·1·30 政
守　大助　❾ **2001**·1·6 社
森　隆　❻ **1892**·11·6 政
森　赳　❽ **1945**·8·15 政
森　忠右衛門　❺-2 **1778**·11·29 社
森　忠興　❺-2 **1777**·是年 文／**1780**·8·6 政
森　正　❾ **1987**·5·4 文
森　忠賛　❺-2 **1780**·8·6 政
森　忠政　❺-1 **1603**·2·6 政／**1604**·是春 政／**1634**·7·7 政
森　忠政　❹ **1590**·3·28 政／**1599**·1·21 政／**1600**·2·1 政／7·24 関ヶ原合戦
森　主税　❻ **1862**·12·9 政
森　長見　❺-2 **1787**·是年 文
森　恒夫　❾ **1972**·2·17 政／**1973**·1·1 政
森　毅　❾ **2010**·7·24 文
森　徹山　❺-2 **1841**·5·6 文
森　伝之丞　❺-2 **1767**·3·22 社
森　東渓　❻ **1857**·9·24 文
森　利真　❺-2 **1763**·2·8 政
森　直之進　❺-2 **1815**·6·4 社
森　長定　❹ **1582**·3·29 政
森　長孝　❺-2 **1722**·8·24 政
森　長武　❺-1 **1676**·4·25 政
森　長継　❺-1 **1634**·7·7 政
森　長俊　❺-1 **1676**·4·25 政／**1697**·10·19 政
森　長直　❺-1 **1697**·10·19 政／**1706**·1·28 政／❺-2 **1722**·8·24 政
森　長成　❺-1 **1695**·10·14 社／**1697**·6·20 政
森　長生　❺-2 **1731**·6·26 政
森　長可　❹ **1582**·2·14 政／是冬 政／3·7 政／3·29 政／4·5 社／5·4 政／**1584**·3·17 政／3·26 社／4·9 政
森　二鳳　❻ **1891**·1·12 文
森　矗昶　❼ **1928**·10·22 政／❽ **1939**·6·1 政／**1940**·9·16 政／**1941**·3·1 政／**1947**·3·1 文／**1947**·7·28 文

森　伸之　❾ 1985·7月 社
森　英恵　❾ 1989·7·15 社／1996·11·3 文
森　陽信　❺-2 1808·是年 文
森　繁之丞　❺-2 1845·8月 社
森　秀光　❹ 1577·10·1 政
森　文祥(蘭斎)　❺-2 1778·是年 文／1800·是年 文／1801·9·18 文
森　文四郎　❺-2 1775·是年 文
森　鳳声　❼ 1933·10·4 文
森　万紀子　❾ 1971·6月 文
森　孫三郎　❻ 1868·④·25 社
森　孫六　❻ 1862·9·23 政
護　雅夫　❾ 1996·12·23 文
森　雅子　❾ 2012·12·26 政
森　雅志　❾ 2005·4·24 社
森　正洋　❾ 2005·11·12 文
森　政房　❺-2 1731·6·26 政
森　雅之　❼ 1931·2·10 文／❽ 1946·3·1 文／❾ 1973·10·7 文
森　茉莉　❾ 1967·2月 文／1987·6·6 文
森　光子　❽ 1961·10·20 文／❾ 1970·2·4 社／1990·9·23 文／1999·12·17 文／2005·11·3 文／2012·11·10 文
森　稔　❾ 2012·3·8 政
森　瑶子　❾ 1993·7·6 文
森　要蔵　❻ 1865·5·13 社
森　容甫　❺-1 1699·12·18 文
森　可成　❹ 1570·3·20 政／9·12 政
森　吉成(毛利勝信)　❹ 1586·11·11 政／1587·12·28 政／1590·8·22 政／1592·3·20 文禄の役／4·17 文禄の役／4·26 文禄の役／5·3 文禄の役／5·27 文禄の役／6·5 文禄の役／6·19 文禄の役
森　喜朗　❾ 1993·7·30 政／1995·8·8 政／2000·4·5 政／12·5 政／2007·12·21 社
森　頼定　❷ 1257·1·13 政
森　蘭斎⇨森文祥(ぶんしょう)
森　蘭丸(長定)　❹ 1581·4·20 政／1582·5·27 社／6·2 政
森　理世　❾ 2007·6·10 社
森　六兵衛　❺-1 1658·7·月 文
森　亘　❾ 2012·4·1 文
森氏　❹ 1555·12·23 社
盛明皇子　❶ 923·是年 政
盛明親王　❶ 986·5·8 政
森井忠良　❾ 1995·8·8 政／2011·4·23 政
守家(長舟、刀工)　❷ 1272·2·25 文
盛氏(刀工)　❸ 1385·8月 文
森内俊之　❾ 1996·6·4 文
森岡栄治(社会運動)　❼ 1908·1·17 政
森岡栄治(ボクシング)　❾ 1968·10·12 社
森岡吉兵衛　❻ 1872·6·2 政
森岡祥一(平曲)　❹ 1536·3·2 文／1539·6·28 文
森岡昌純(清左衛門)　❻ 1890·10·1 政／❼ 1898·3·27 政
盛景(備前刀工)　❸ 1367·11月 文
森上豊松　❻ 1888·10·16 政
森川久右衛門　❻ 1861·5·16 社
森川許六(百仲)　❺-1 1688·是年 文／1693·是春 文／1696·9月 文／是年 文／1698·是年 文／1702·是年 文／1704·8月 文／1705·是年 文／1706·9月 文／1712·是年 文／1715·8·26 文／是年 文
森川源三郎　❼ 1926·6·7 社
森川五郎右衛門　❺-2 1789·9月 政
森川重俊　❺-1 1628·10·11 政／1632·1·24 政
森川曾文(英絢·士倩)　❻ 1893·5·1 文／❼ 1896·1·26 文／1902·12·27 文
森川忠右衛門　❺-1 1689·9·1 社
森川長左衛門　❺-1 1644·5·10 政
森川杜園　❻ 1894·7·15 文
森川世貫(竹窓)　❺-2 1819·是年 文
森川俊尹　❺-2 1800·④·8 社
森川馬谷　❺-2 1791·2·8 文
森川兵部少輔　❺-2 1736·8·9 社
森川昌子　❼ 1929·8·7 社
森川幸雄　❽ 1937·11·3 社
森川之俊　❺-1 1657·1·20 政
森川李由　❺-1 1696·是年 文
森木　勝　❽ 1944·8·5 政
森口華弘　❾ 2008·2·20 文
森口五郎　❾ 1992·6·7 政
森口繁一　❾ 1969·4·13 文
森口尚史　❾ 2012·10·11 文
守邦親王　❸ 1308·8·4 政／1327·12·21 政／1330·2·7 政／1333·5·21 政／8·16 政
森久保作蔵　❼ 1926·11·4 政
森崎忠右衛門　❺-2 1817·文化年間 社
森作湖仙　❼ 1925·9·2 文
盛貞(姓不詳·地頭代)　❸ 1323·4·17 政
守貞(刀匠)　❺-2 1747·8月 文
守貞親王⇨後高倉(ごたかくら)院
もりさね(姓不詳·豊前守護代)　❸ 1300·⑦·12 政
森澤城文(平曲)　❹ 1503·4·28 文
森重曾門　❺-2 1812·9·4 政
森繁久彌　❽ 1951·2·6 文／1954·12·14 社／1957·4·25 文／1959·10·1 文／❾ 1967·9·10 文／1991·11·3 文／2009·11·10 文
森下雨村　❽ 1938·7·12 文
森下亀太郎　❼ 1923·11·22 政
森下広一　❾ 1992·7·25 社
森下禎之助　❺-2 1852·1月 社
森下道誉　❹ 1580·5·21 政
森下　博(茂三)　❼ 1905·2·11 社／❽ 1943·3·20 政
森下正明　❽ 1942·5月 文
森下弥吉　❼ 1922·12·15 政
森下洋一　❾ 1993·2·23 社
森下洋子　❾ 1980·6·10 文
守島伍郎　❾ 1970·6·4 政
森嶋玄勝　❺-1 1707·是年 文
森島中良(森羅万象)　❺-2 1785·是年 文／1787·是年 文／1790·是年 文／1794·5·4 文／是年 文／1810·12·4 文
森島松兵衛　❻ 1887·7·20 文
森嶋通夫　❾ 1976·11·3 文／2004·7·13 文
森末義彰　❽ 1946·9·5 文／❾ 1977·12·17 文
守住貫魚　❻ 1884·4·11 文／1890·10·11 文／1892·2·26 文
森園正彦　❾ 2010·3·9 政
モリソン(英長崎駐在領事)　❻ 1861·5·28 政
モリソン(貿易商)　❼ 1931·11·22 政
盛田昭夫　❽ 1946·5·7 政／1960·2·15 政／❾ 1966·5月 文／1994·11·25 政／1999·10·3 政／2011·4·23 政
森田一義　❾ 1982·10·4 社
森田勘弥(太郎兵衛、初代)　❺-1 1660·5月 文／1668·3月 文／1679·2·25 文
森田勘弥(二代目)　❺-2 1734·6·19 文
森田勘弥(四代目)　❺-2 1743·9·17 文
森田勘弥(六代目)　❺-2 1780·5·19 文
森田勘弥(八代目)　❺-2 1813·5·20 文／1814·2·24 文
守田勘弥(十二代目、十一代目から「森田」を「守田」に改める)　❻ 1878·4·28 文／1879·7·8 文／❼ 1897·8·21 文
守田勘弥(十三代目)　❼ 1919·4月 文／1932·6·16 文
守田勘弥(十四代目)　❾ 1975·3·28 文
森田　清　❺-1 1643·是年 社
森田吟夕　❺-1 1706·是年 文／1715·是年 文
森田久万人　❻ 1876·1·30 社
森田源五右衛門　❺-2 1725·4·10 社
森田健作　❾ 2005·3·13 社／2009·3·29 政
森田耕一郎　❾ 2012·5·7 文
森田曠平　❽ 1960·9·1 文／❾ 1974·9·1 文
森田小平次　❺-2 1742·是年 社
森田作兵衛　❺-2 1730·9·12 政
森田茂吉郎　❺-2 1820·6月 文
森田重時　❺-1 1688·1·25 文
森田　茂　❾ 2009·3·6 文
森田思軒(文蔵)　❻ 1888·9·8 文／1889·1月 文／9·14 文／❼ 1896·3月 文／1897·11·14 文
守田治兵衛　❻ 1862·是年 社／1871·1月 文／1872·11月 文／❼ 1912·10·17 政
森田浄因　❹ 1586·10·28 政
森田庄兵衛(能楽者)　❺-1 1609·3·26 文
森田庄兵衛(交友倶楽部)　❼ 1912·12·24 政
森田子龍　❾ 1998·12·1 文
森田資胤⇨那須(なす)資胤
森田草平(米松)　❼ 1908·3·24 社／1909·1·1 文／11·25 文／1913·5·1 文／❽ 1940·6·28 文／1949·1月 文／12·14 文
森田たま　❾ 1970·10·31 文
森田太郎兵衛　❺-1 1668·3月 文
森田長助　❺-1 1644·是年 文
森田恒友　❼ 1907·5月 文／

1916·9·10 文／1922·1·14 文／1933·4·8 文
森田恒幸 ❾ 2003·9·4 文
森田道意 ❻ 1863·7·11 政
森田智己 ❾ 2004·8·13 社
森田　一 ❾ 2000·7·4 政
守田文治(有秋) ❼ 1900·5·12 社
森田必勝 ❾ 1970·11·25 政
守田又七 ❻ 1895·12·9 政
森田茂吉 ❼ 1919·9·8 政
森田ヨシ子 ❼ 1908·3·5 社
森田芳光 ❾ 2011·12·20 文
守田来三 ❻ 1865·是年 文
守尊親王 ❷ 1271·6月 文
森瀧市郎 ❾ 1994·1·25 社
森近運平 ❼ 1906·2·24 政／1907·6·1 政／1911·1·18 政
守次(備前刀工) ❸ 1357·8月 文／12月 文
盛綱(姓不詳) ❸ 1319·7·7 社
盛綱(刀工) ❺-1 1700·8月 文
森戸修理亮 ❹ 1487·12·10 政
森戸辰男 ❼ 1920·1·10 文／❽ 1947·6·1 政／1948·3·10 政／1963·4·1 文／❾ 1968·11·18 文／1984·5·28 政
盛俊(刀匠) ❺-2 1841·12月 文
モリナ，ファン・バプティスタ・デ ❺-1 1609·10·2 政
盛永(対馬) ❹ 1504·5·15 政
森永太一郎 ❼ 1899·8·15 社／❽ 1937·1·24 政
森永貞一郎 ❾ 1974·12·17 政
護良親王 ❻ 1868·5·25 社
守成親王⇨順徳(じゅんとく)天皇
森野藤助 ❺-2 1729·11月 文
森乃福郎 ❽ 1961·2·1 文
森野米三 ❾ 1992·11·3 文／1995·10·24 文
森の石松 ❻ 1860·6·1 社
森林黒猿 ❼ 1906·1·6 文
盛久(姓不詳・播磨) ❹ 1474·1·20 政／1475·1·10 政／1477·1·15 政／1478·1·9 政／1480·3·7 政／1482·1·1 政／1483·1·15 政／1485·1·5 政
守仁親王⇨二條(にじょう)天皇
盛姫(徳川家斉十六女) ❺-2 1819·12月 政
守平親王⇨円融(えんゆう)天皇
守部牛養 ❶ 741·12·10 政
守部(鍛冶)大隅 ❶ 728·8·8 政
守部道盛 ❸ 1308·1·16 社
守部光盛 ❷ 1277·7·5 政
守部盛時 ❷ 1277·7·5 政
守部盛通 ❷ 1277·7·5 政
守政(刀工) ❸ 1365·8月 文
守光(奈良大工) ❸ 1348·2·29 社
守光(刀工) ❸ 1435·8月 文
盛光(刀工) ❸ 1394·2月 文／1404·2月 文／1421·2月 文／1424·2月 文
森村市左衛門(市太郎) ❻ 1876·是年 政／❼ 1904·1·1 社／1919·9·11 政／1933·5·12 政
守邨抱儀 ❻ 1862·1·16 文
森村　豊 ❻ 1876·是年 政
森本厚吉 ❼ 1903·8·25 文
森本右近太夫(一房) ❺-1 1632·1·20 社
森本　薫 ❽ 1938·3·25 文／1943·4·1 文／1944·5·1 文／10月 文／1945·4·11 文／1946·10·6 文
森本吉左衛門 ❺-2 1797·3月 社
盛本玄宣 ❺-2 1783·6·25 文
森本晃司 ❾ 1994·4·28 政
森本孝順 ❾ 1995·6·19 社
森本公誠 ❾ 2011·10·9 文
森本後凋 ❼ 1905·5·18 文
森本　敏 ❾ 2012·6·4 政
森本為時 ❸ 1349·4·22 政
森本　駿 ❼ 1909·4·11 政
森本舞舞大夫 ❹ 1583·3·27 文
森本雅樹 ❾ 2010·11·16 文
森本六爾 ❼ 1927·7·17 文
森本茂吉 ❻ 1868·2·24 文
杜本基長 ❸ 1352·3·17 政
守屋源次郎 ❼ 1922·1·13 文
守屋権之丞 ❺-2 1827·4·28 社
森谷清三郎 ❻ 1873·5·4 文
守屋宋屋 ❺-2 1798·10·28 文
守屋武昌 ❾ 2007·11·8 政
守屋多々志 ❽ 1963·3·20 文／❾ 2001·11·3 文／1989·8·9 政
守矢満実 ❹ 1480·8·12 政
守屋元泰 ❺-2 1781·是年 文
森安なおや ❾ 1999·5·21 文
森安秀光 ❾ 1993·11·23 社
森山栄之助(多吉郎) ❺-2 1848·5·27 文／❻ 1855·1·18 文／1862·2·23 政
森山喜之助 ❼ 1899·6月 社
森山休右衛門 ❺-2 1808·4·9 政
森山欽司 ❾ 1978·12·7 政／1987·5·2 政
森山　啓 ❽ 1943·4·8 文
森山弘七郎 ❺-1 1624·是年 社
森山　茂 ❻ 1869·12·6 政／1870·2·22 政／1874·5·15 政／12·28 政／1875·4·15 政／❼ 1919·2·6 政
森山信吾 ❾ 1984·6·1 政
森山新五左衛門 ❻ 1862·4·23 政
森山新蔵 ❻ 1862·4·11 政
森山大道 ❾ 1999·9·22 文
森山　隆 ❾ 1971·1月 文
森山孝盛(熊五郎・源五郎) ❺-2 1802·是年 文／1815·5·14 文
森山太吉 ❺-1 1695·11·8 文
守山恒太郎 ❼ 1900·5·10 社
森山吐虹 ❼ 1929·7·20 文
森山白十郎 ❻ 1887·3·6 文
守山又三 ❼ 1936·3·19 社
森山真弓 ❾ 1989·8·25 政
森山　豊 ❽ 1962·12·22 文
森山美昭 ❾ 1994·1·25 文
森山芳平 ❼ 1915·2·27 政
森山良子 ❾ 1967·是年 文／1969·是年 社
盛之 ❺-1 1660·是年 文
模稜舎百子 ❺-2 1742·是年 文
守吉(刀工) ❸ 1347·10月 文
護良親王(大塔宮・尊雲法親王) ❸ 1327·12·6 政／1329·2·11 政／12·14 政／1330·3·8 政／4·17 政／1332·4月 政／6·6 社／6·8 社／11月 政／12·9 政／1333·1·10 政／2·5 政／3·3 社／4·1 政／4·20 政／6·13 政／8·18 政／1334·6·7 政／10·22 政／12月 政／1335·7·23 政／1347·4月 政／7·23 社
森脇将光 ❽ 1954·1·26 政／2·19 政／❾ 1965·7·7 社／1972·1·5 社／1991·6·2 政
モルガンおゆき⇨加藤(かとう)ゆき
モルガン，ジョージ ❼ 1902·3·5 社
モルレー(米) ❻ 1873·6·30 文
モレホン，ペドロ ❺-1 1603·是春 政
毛呂権蔵(義郷) ❺-2 1774·是年 文
毛呂季綱 ❷ 1193·2·10 政
毛呂季光 ❷ 1195·1·8 政
茂呂蓬雪 ❺-2 1847·11·3 文
師明親王(性信) ❷ 1018·8·29 政／1072·4月 社
諸井貫一 ❽ 1946·4·30 政／1947·5·19 政／1948·4·12 政
諸井　虔 ❾ 2006·12·29 政
諸井幸助 ❺-2 1729·5·19 政
諸井恒平 ❼ 1923·1·30 政／❽ 1941·2·14 政
諸井時三郎 ❼ 1899·9月 政
師岡節斎(正胤) ❻ 1863·2·22 社
師岡千牧 ❻ 1870·12·26 政
師岡正胤(豊輔) ❼ 1899·1·23 政
師岡裕助 ❻ 1878·6月 社
諸君鞍男 ❶ 720·1·23 政
諸熊奎治 ❾ 2012·11·5 文
師貞親王⇨花山(かざん)天皇
師季(下野守) ❷ 1083·5·2 政
両住虎定 ❹ 1561·9·10 政
師綱(姓不詳) ❷ 1121·7·10 文
諸戸清六 ❼ 1906·11·12 政
モロトフ(ソ連) ❽ 1940·6·9 政／1941·4·7 政／4·13 政／1943·6·4 政／9·10 政／1944·9·16 政／1945·4·5 政／8·8 政
諸橋康介 ❽ 1958·9·29 社
諸橋轍次 ❽ 1955·11月 文／❾ 1965·11·3 文
師久(新田宮) ❷ 1243·8·10 社
師仁親王⇨光格(こうかく)天皇
諸星清左衛門 ❺-1 1713·⑤·25 政
諸星忠直 ❺-1 1688·7·27 政
師光(刀工) ❸ 1381·8月 文／1393·明徳年間 文
文阿弥 ❹ 1525·3·10 文／1526·2·10 文
閔意(琉球) ❹ 1468·5·16 政／1470·6·29 政
文覚(遠藤盛遠、僧) ❷ 1168·是年 社／1173·4·29 社／5·16 政／1182·4·26 社／1183·9月 政／1184·8月 政／1185·1·19 社、文／8·30 社／1194·4·21 政／1196·是年 文／1197·9·21 社／是年 文／1199·2·14 政／3·19 政／1200·1·10 政／1203·7·21 社／1205·是年 政
文観⇨弘真(ぐしん)
文貴(姐弥) ❶ 515·2·4
汶休帯山(百済) ❶ 553·8·7
汶休麻那(百済) ❶ 547·4月
文賈古子(百済) ❶ 588·是年
聞渓良聡(僧) ❸ 1372·7·5 社
モンコン(シャム) ❻ 1881·4·26 政
文寿(明) ❸ 1383·4·19 文

文殊九助　❺-2 1785·9·26 社／1788·3·6 政
聞証(僧)　❺-1 1688·5·27 社
文清　❹ 1478·是年 文
門田甚兵衛　❺-2 1794·11·16 社
モンタン，イヴ　❽ 1961·1·11 文／1962·4·25 文
モンティロ，イグナシオ(ポルトガル)　❹ 1576·是年 政／1591·是年 文
モンティロ，ドミンゴス(ポルトガル)　❹ 1577·5月 政／1578·是年 政
モンデール(米副大統領)　❾ 1977·1·30 政
文徳天皇(道康親王)　❶ 850·3·21 政／4·11 政／4·17 政／851·2·13 社／858·8·27 政／859·8·21 社
モントヤ，カルロス　❽ 1959·3·27 文
門奈宗勝　❺-1 1619·是年 社
門奈茂二郎　❻ 1884·9·10 政
門入(棋士)　❺-1 1610·9·9 文／1669·⑩·20 文
文奴(百済)　❶ 588·是年
モンブラン(仏)　❻ 1865·8·26 政／1867·11·9 政
文武天皇(軽皇子·珂瑠皇子)　❶ 697·2·16 政／8·1 政／701·9·18 政／707·6·15 政
文雄(もんゆう·清原良賢、僧)　❺-2 1744·是年 文／1748·是年 文／1752·是年 文／1754·是年 文／1763·9·22 文
モンラベル(仏)　❻ 1855·3·4 政／3·23 政
モンロー，マリリン　❽ 1954·2·1 社

や

椰　末度(琉球)　❹ 1521·是年 政
ヤーコプ，プライス　❺-1 1664·9·20 政
屋井先蔵　❻ 1893·10·13 社
矢板　武　❼ 1922·3·12 政
やいちえもん　❺-1 1615·9·9 政
弥市郎(一揆)　❺-2 1750·1·15 社
八重樫茂生　❾ 2011·5·2 社
八重崎屋源六　❺-2 1749·3·8 文
八重山赤蜂　❹ 1500·2·2 政
八尾玄長　❺-1 1666·是年 文
八尾徳右衛門(正明)　❻ 1855·7·29 政／8·29 文
八百屋お七　❺-1 1683·3·29 社
八百屋久兵衛　❺-1 1683·3·29 社
八百屋善四郎　❺-2 1803·享和年間 社／1835·是年 文
屋垣王　❶ 676·9·12 政
家仁親王(京極宮)　❺-2 1767·12·6 政
宅媛　❶ 534·3·6
矢加部勝美　❾ 2010·12·16 社
宅部皇子　❶ 587·6·7
矢上快雨　❺-2 1840·是年 文
矢上　行　❺-2 1841·是年 文
矢上高澄　❸ 1337·10·18 政
薬鑵平五郎　❺-2 1849·5·19 社
八木一夫　❽ 1959·10月 文／❾ 1979·2·28 文
八木源之丞　❻ 1863·3·13 政
八木玄立　❺-1 1683·3·6 社
八木実通　❼ 1924·是年 社
八木茂時　❺-2 1739·2·13 政
八木重治　❻ 1884·12·6 政
八木　茂　❾ 2002·10·1 社
八木治左衛門　❸ 1358·2·22 政
八木柊一郎　❾ 2004·6·14 文
八木重吉　❼ 1927·10·26 文
八木主馬　❺-2 1725·10月 社
八木奘三郎　❻ 1893·4·22 文／❽ 1942·6·17 文
八木信一　❼ 1919·11·9 社
八木豊次　❺-1 1662·2·29 政／
八木仁右衛門　❺-1 1688·6·14 政
八木秀次　❼ 1926·8·13 社／❽ 1956·11·3 文／❾ 1976·1·19 文／1985·4·18 社
八木守直　❺-1 1638·4·27 社
矢木弥次郎　❸ 1334·1·6 政
八木祐四郎　❾ 2001·9·9 社
八木義徳　❾ 1999·11·9 文
八木隆一郎　❽ 1937·7·31 文／1941·10月 文／1947·11月 文／1956·11·3 文
八木澤安兵衛　❺-2 1799·是年 政
焼塩屋権兵衛　❹ 1593·是年 文
柳生三厳⇨柳生十兵衛(じゅうべえ)
柳生十兵衛(三厳)　❺-1 1639·2·14 社／1646·3·26 政／1650·3·21 社
柳生俊方　❺-1 1689·4·13 政
柳生利厳(兵庫助)　❺-1 1650·1·16 社
柳生久包　❺-2 1840·7·27 政
柳生久寿　❺-2 1753·3·19 政
柳生久通(玄蕃)　❺-2 1787·9·26 社／1788·9·11 政／1804·6·2 政／1807·3·29 政
柳生宗在　❺-1 1675·9·29 政／1689·4·13 政
柳生宗任　❺-1 1682·9·21 政
柳生宗矩(新左衛門)　❹ 1600·7·29 関ヶ原合戦／❺-1 1601·9·11 政／1613·12·24 社／1621·3·21 社／1632·12·17 政／1633·3·23 文／5·16 社／1636·8·14 政／1638·是年 社／1639·9·8 政／1640·4·29 政／1646·3·26 政
柳生宗春　❺-1 1672·9·5 政
柳生宗冬(俊矩·主膳·内膳)　❺-1 1656·9·18 政／1672·9·5 政／1675·9·29 政／9·29 文／❼ 1927·6·16 社
柳生宗厳(新助·新次郎·石舟斎)　❹ 1594·5·3 政／1600·7·29 関ヶ原合戦／❺-1 1601·2月 文／1606·4·19 政／1638·是年 社
八切止夫　❾ 1968·4·29 文
灼　莫古　❶ 516·9·14
約庵徳久(僧)　❸ 1376·9·24 社
施薬院(やくいん)全宗(徳雲軒)　❹ 1582·6·14 政／1584·5·1 社／1589·6·16 政／1590·6·5 政／1594·2·21 文／1595·8月 政／1599·12·10 文
約翁徳倹(僧)　❷ 1265·此頃 政／❸ 1296·3·27 社／1310·2·8 社／1320·5·19 社
薬王品尼　❷ 1026·7·15 社
薬海(僧)　❶ 871·是年 文／877·8·22 社
灼干那　❶ 550·4·16
薬師寺宇右衛門　❺-1 1665·3·5 政
薬師寺久左衛門　❺-2 1791·8·7 政／1797·6·23 政
薬師寺国経　❹ 1500·9·16 政
薬師寺国長(万徳丸)　❹ 1507·7·8 政／1527·1·28 政／1532·9·28 政／1533·1·18 政／5·26 政／6·18 政
薬師寺国盛　❹ 1530·9·21 政／11·6 政
薬師寺九郎左衛門　❹ 1565·8·8 政
薬師寺寿軒　❺-2 1800·是年 文
薬師寺長忠　❹ 1504·9·4 政／1507·6·23 政／7·8 政／8·1 政
薬師寺元一　❹ 1473·11·3 政／1503·5·20 政／1504·3·9 政／6·27 政／9·4 政
薬師寺元長　❹ 1482·⑦·9 政／1501·12·17 政
薬師寺元房　❹ 1546·9·14 社／1547·6·25 政
薬師寺保栄　❾ 1993·12·23 社／1995·7·30 社
薬師寺出雲入道　❸ 1433·7·18 社
益守(僧)　❸ 1335·3·15 社
益信(僧)　❶ 896·是年 社／899·10·24 政／901·12·13 社／906·3·7 社
益信(本覚大師)　❸ 1308·2·3 社／1309·6月 社
八口音橿　❶ 686·10·2 政
矢口洪一　❾ 1985·11·5 政／2006·7·25 政
矢口　純　❾ 2005·4·30 文
矢口　達　❼ 1912·12月 文
矢口陽子　❽ 1944·是年 社
籥舞(明将軍)　❺-1 1646·3月 政
矢倉広治　❾ 1978·1·31 文
屋蔵与一　❸ 1334·7·12 政
矢車喜八　❺-2 1778·7·14 社
夜気王(益気王)　❶ 716·11·3 政
弥源次(船頭)　❸ 1292·10·14 社
弥五七(召使)　❺-1 1666·5·19 社
陽侯王　❶ 783·2·25 政
陽侯(やこ)久爾曾⇨恵俊(えしゅん)
陽胡(陽侯)真身　❶ 722·2·27 文／730·3·27 文／738·4·22 政／741·8·9 政
陽侯麻呂　❶ 720·2·29 政
陽侯(陽胡)玲璆　❶ 759·1·11 政／760·11·11 政／763·1·9 政／781·2·16 政
ヤコブレフ(ソ連)　❾ 1989·11·12 政
弥五郎(観世座)　❹ 1460·7·24 文
弥権大夫　❹ 1572·5·28 社
八坂因幡守　❸ 1366·9·24 社
八坂入媛　❶ 書紀·景行 4·2·11／景行 52·7·7
矢崎茂四　❼ 1929·8·1 文
矢崎為一　❽ 1940·是年 文
矢崎千代二　❼ 1900·是年 文
矢崎政継　❹ 1483·1·8 社／3·19 社
弥三郎(船守)　❷ 1261·6·4 社
矢澤弦月　❽ 1952·1·26 文
谷澤龍造　❻ 1891·5·12 政
矢島伊太夫　❺-2 1724·11·5 政

矢嶋楫子(勝)　❻ 1893·4·3 社／❼ 1911·4·9 社／7·8 社／1915·11·10 社／1925·6·16 社
矢嶋権兵衛　❺-1 1660·3·7 社
矢島藤五郎　❻ 1863·8·2 社
八島春信　❺-2 1824·是年 文
矢島満清　❹ 1542·9·25 政
矢島満安　❹ 1577·8·19 政
香具屋信濃　❺-1 1701·12·25 文
夜叉丸　❸ 1335·8·25 社
八代亜紀　❾ 1980·12·31 社
矢代秋雄　❾ 1976·4·9 文
八代英太　❾ 1999·10·5 政
八代国治　❼ 1924·4·2 文
八代　駿　❾ 2003·6·25 文
矢代静一　❾ 1998·1·11 文
屋代忠位(ただたか)　❺-1 1645·7·20 政／1711·11·2 社／1712·7·21 政
屋代忠正　❺-1 1645·7·20 政
屋代龍岡　❺-2 1786·8·27 文
八代教信　❹ 1459·是年 政／1460·4·26 政／1477·1·15 政／1478·1·9 政／1479·1·1 政／1480·3·7 政／1481·1·8 政／1482·1·1 政／1484·1·5 政／1485·1·5 政／1488·1·9 政／1489·1·13 政／1491·1·16 政／1492·2·21 政／1493·1·11 政
屋代弘賢(太郎吉·輪池·詮虎)　❺-2 1779·是年 文／1792·10月 文／1794·是年 文／1799·是年 文／1813·是年 文／1817·是年 文／1821·是年 文／1841·①·18 文
矢代　操　❻ 1880·12·3 文
八代祐吉　❽ 1942·2·1 政
矢代幸雄　❽ 1960·10·31 文／❾ 1975·5·25 文
八代六郎　❼ 1914·4·16 政／1930·6·30 政
八代長門守　❹ 1532·11·27 政
弥二郎(弥次郎、対馬)　❷ 1269·2·24 政／9·17 政／1272·1·13 政
耶次郎(弥二郎か、琉球)　❹ 1483·12·18 政／1491·12·2 政
弥次郎(鋳工)　❹ 1485·5·28 文
弥次郎(ヤジロー)⇨アンジロウ
也次郎(琉球)　❹ 1493·6·6 政
夜須行家　❷ 1182·9·25 政
夜須行宗　❷ 1187·3·10 社
保明(崇象)親王　❶ 904·2·10 政／911·11·1 政／923·3·21 政
安在(刀匠)　❺-2 1756·是年 文
安井英二　❼ 1935·1·14 政／❽ 1937·6·4 政／1940·7·22 政／❾ 1982·1·9 政
安井　郁　❽ 1954·8·6 社／1955·9·19 社／1958·9·5 政／1963·2·28 政／❾ 1980·3·2 政
安井かずみ　❾ 1994·2·1 文
安井九兵衛　❺-1 1615·9·19 社／1621·是年 社／1626·是年 社／是年 文／1657·11·24 社／1665·5月 文
安井敬七郎　❻ 1878·是年 文
安井　謙　❽ 1960·12·8 政／❾ 1986·3·10 政
安井謙吉　❼ 1908·4月 政
安井小太郎　❼ 1910·6·19 文／❽ 1938·4·2 文
保井コノ　❼ 1927·4·20 文
安井定次　❹ 1584·9·6 政
安井実一　❾ 1991·9·1 政
安井算英　❻ 1876·11·12 文／❼ 1903·1·28 文
安井算知(棋士)　❺-1 1657·6·26 文／1659·4·26 文／1668·10·19 文／1669·⑩·20 文／❻ 1876·11·12 文
安井算哲(六蔵、初代)　❺-1 1633·8·11 文／1635·9·18 文／1652·1·9 政／1657·6·26 文／1659·4·26 文／1670·10·17 文／1671·是年 文／1673·6月 文
安井算哲(二代目)⇨渋川春海(しぶかわはるみ)
野州井修理亮　❹ 1538·3·11 文／1539·2·19 文
保井庄吉　❼ 1922·2·12 文
安井新八郎　❻ 1866·10·26 文
安井誠一郎　❽ 1947·4·5 政／1951·4·23 政／1955·4·23 社／1962·1·19 政
安井正義　❼ 1925·是年 社
安井仙角　❺-2 1719·4月 文／1737·5月 文
安井滄洲(朝完)　❺-2 1827·10·12 文
安井曾太郎　❼ 1911·是年 文／1930·9·4 文／是年 文／1931·9·3 文／1932·9·3 文／1934·9·3 文／1936·12·20 文／❽ 1937·11·26 文／1944·7·1 文／是年 文／1946·3·1 文／1948·是年 文／1949·6·26 文／1950·是年 文／1955·12·14 文
安井息軒　❻ 1876·9·23 文
安井琢磨　❾ 1971·11·3 文／1995·12·17 文
安井　武　❾ 2011·7·1 文
安井長左衛門　❺-1 1665·3·27 社
安井てつ(哲子)　❼ 1918·4·30 文／❽ 1945·12·2 文
野洲井宣助　❹ 1511·12·21 社
安井藤治　❽ 1945·4·7 政／1950·是年 文／1952·11·3 文
安井秀直　❻ 1895·8月 社
安井政章　❺-2 1845·12月 社
安井与左衛門　❻ 1853·6·19 社
安威性威　❸ 1371·8·1 政
安江不空　❼ 1903·6月 文
安江良介　❾ 1998·1·6 文
保岡興治　❾ 2000·7·4 政／2008·8·2 政
安岡嘉助　❻ 1862·4·8 政
安岡勘馬　❻ 1864·3·10 政
安岡章太郎　❽ 1953·7·20 文／❾ 1979·10月 文／2001·10·30 文
安岡正篤　❼ 1927·4月 文／1932·1·17 政／❾ 1983·12·13 社
安岡雄吉　❼ 1920·11·1 政
安岡力也　❾ 1984·7·2 社／2012·4·8 文
保岡龍門　❼ 1917·10·16 文
安岡良亮　❻ 1876·10·24 政
安川加寿子　❽ 1941·4·24 文／1959·7·22 文／❾ 1996·7·12 文
安川敬一郎　❼ 1934·11·30 政
安川繁成　❼ 1906·8·29 政
安川第五郎　❽ 1957·11·1 政／❾ 1976·6·25 政
安川　寛　❾ 1999·2·18 政
安川雄之助　❼ 1926·1·12 政／❽ 1944·2·13 政
八杉貞利　❾ 1966·2·26 文
八杉峰吉　❻ 1887·6·9 社
八杉龍一　❾ 1997·10·27 文
晏子内親王　❶ 850·7·9 社／851·8·26 社／900·7·20 社
康子内親王　❶ 957·6·6 政
保子内親王　❶ 987·8·21 政
安五郎(竹居の吃安)　❻ 1853·6·8 社／1862·10·6 社
安定(姓不詳·薩摩守護代)　❸ 1289·2·3 政
安定(刀工)　❺-1 1659·3·8 文／1660·8·7 文／1661·6·15 文
安里親方安郁(琉球)　❺-2 1830·5·20 政
安代(刀匠)　❺-2 1728·8月 文／1749·10·5 文
康資王　❷ 1090·9·20 政
安田蛙文(佐助)　❺-2 1726·4·8 文
安田右京　❺-1 1710·5月 文
安田景元　❹ 1533·9·26 政／1534·5·21 政
安田勘次郎　❻ 1889·4·1 社
安田喜藤太　❺-2 1819·6·14 政
安田君七　❽ 1943·6·11 社／1945·10·28 文
安田幸吉　❾ 2003·10·6 社
安田実秀　❹ 1513·12月 政
安田周三郎　❾ 1976·10·30 文
安田純平　❾ 2004·4·14 政
安田常全　❸ 1407·12·23 政
安田せい　❼ 1932·3·18 社
安田善三郎　❼ 1907·7·26 文／1909·6·1 政／1912·1·1 政／1930·1·10 政
安田善次郎　❻ 1872·2·22 政／1876·11·3 政／1880·1·1 政／1894·11·21 政／❼ 1896·11·19 政／1903·6·5 政／1904·7·6 政／1907·2·4 社／1912·1·1 政／1921·9·28 政／1923·11·1 政／1925·5·9 政／7·6 文／1936·10·23 政
安田善介　❹ 1593·4·14 文禄の役
保田宗雪　❺-1 1651·12·15 社／1662·2·8 社／6·23 社
保田隆芳　❾ 2009·7·1 社
安田　武　❾ 1986·10·15 文
安田忠兵衛　❼ 1896·4·23 政
安田長兵衛　❺-2 1739·是年 社
安田轍三　❻ 1861·11·20 社
安田鋳之助　❼ 1933·7·10 政
安田田騏　❺-2 1827·4·11 文
安田徳太郎　❾ 1983·4·22 政
安田長秀　❹ 1507·9月 政／1581·11·19 社
保田成信(文蔵)　❺-2 1753·9·27 政
保田久成　❻ 1876·10·9 文／❼ 1904·2·5 文
安田漫々　❺-2 1830·5·4 文
保田宗郷(宗易)　❺-1 1681·1·28 政／1696·1·15 社／1698·12·1 社／1704·10·1 政
安田元久　❾ 1996·1·23 文
安田安昌　❺-1 1628·6·14 文
安田安之　❾ 1972·5·30 政

安田由貴子　❽ 1962・10・20 文
安田靫彦　❼ 1898・1月 文／1900・10月 文／1912・10・13 文／1916・9・10 文／1918・9・10 文／1920・9・1 文／1925・9・2 文／1929・9・3 文／1930・11・8 文／是年 文／1932・9・3 文／❽ 1937・9・2 文／1939・6・8 文／1941・12・17 文／1942・3月 文／1944・11・25 文／1947・9・1 文／1948・11・3 文／1959・9・1 文／❾ 1965・9・1 文／1970・9・1 文／1972・9・1 文／1978・4・29 文
安田　優　❼ 1936・2・29 政
安田義定　❷ 1180・8・25 政／10・20 政／1181・2・27 政／3・14 政／1182・5・16 社／1183・8・16 政／1186・4・21 政／1190・1・24 政／1191・3・29 社／8・27 文／1193・11・28 政／1194・8・19 政
安田義資　❷ 1185・8・16 政／1193・11・28 政
安田能元　❺-1 1601・3月 社／1602・2・27 文
保田与重郎　❼ 1932・3月 文／❾ 1972・10月 文／1981・10・4 文
安田雷洲(尚義・信甫・定吉・茂平・文華軒・馬城)　❺-2 1844・是年 文
安田老山　❻ 1882・8・24 文
安田上総介　❹ 1600・2・2 政
泰孝(姓不詳・出雲国造)　❸ 1307・12・5 社
安武太郎右衛門　❺-1 1652・1・9 社／5・21 社
安田村佐次兵衛　❺-1 1701・3・30 政
康継(刀匠)　❺-2 1801・是冬 文
安恒良一　❾ 1992・3・16 政
康遠(姓不詳・地頭)　❸ 1319・7・7 政
安俊(姓不詳・祝)　❸ 1300・3・18 社
安富行位(僧)　❸ 1292・12・6 政
安富二郎左衛門尉　❹ 1457・10・27 政
安富種家　❹ 1469・1・2 政
安富智安　❹ 1461・8月 社
安富道轍　❸ 1374・2・22 社
安富政保　❹ 1529・7・2 社
安富元家　❹ 1486・10・2 社／1492・3・29 政／1493・④・7 政／1495・2月 社／1498・12・4 社／1499・9・6 社／1502・2・17 政
安富元綜　❹ 1467・10・3 政
安富盛方　❹ 1540・1・25 政
安富弥三郎　❸ 1327・5・25 政
安富泰重　❸ 1352・11・18 政／1353・2月 政
安富泰長　❸ 1319・9・6 政
安富頼泰　❸ 1293・3・19 政／5・9 政／1305・7・9 政／1319・9・6 政
安富掃部　❸ 1432・4・4 政
安富丹後守　❹ 1581・是年 政
安富筑後守智栄　❸ 1430・3・6 文／1434・8・23 政
安富筑前守　❹ 1543・11月 政
安永勾当　❺-2 1751・是年 文
安永武一郎　❾ 1998・10・17 文
安永蕗子　❾ 2012・3・17 文
安永正次　❻ 1892・1月 文
安成貞雄　❼ 1912・3・2 文／1924・7・23 文
泰成親王　❸ 1387・7・4 政
安野検校　❺-1 1645・9・6 社
安野豊道　❶ 855・2・17 文
安野八郎左衛門　❺-2 1729・11・29 政
安野真継　❶ 831・8・10 文
安延多計夫　❽ 1944・10・20 政
安典王　❶ 885・2・28 政
安場保和　❻ 1891・4・24 社／1892・7・20 政
安原　顕　❾ 2003・1・21 文
安原高長　❸ 1289・3・17 政
安原貞室　❺-1 1656・是年 文／1663・是年 文／1673・2・7 文
安原伝兵衛　❺-1 1603・是年 文
安原美穂　❾ 1997・3・20 政
安原因繁　❺-1 1603・8・1 社
康秀(新田宮)　❷ 1243・8・10 社
康仁親王　❸ 1331・11・8 政／1333・5・7 政／6・5 政／1352・4・29 政／1355・4・29 政
隠仁親王(八條宮)　❺-1 1665・10・3 政
懐仁親王⇨一條(いちじょう)天皇
慶仁親王⇨中御門(なかみかど)天皇
溶姫(やすひめ・ようひめ・偕子・景徳院)　❺-2 1827・11・27 政
安福大次郎　❻ 1863・8・3 政
安保尚子　❾ 2011・4・16 文
安松吉実　❺-1 1655・2月 社
八隅景山　❺-2 1810・是年 文
安見元道　❺-1 1691・8・27 文
安見新七郎　❹ 1572・4・13 政
八住利雄　❼ 1931・9・20 文／❾ 1991・5・22 文
安見直政(美作)　❹ 1551・5・5 政／1552・11・28 政／1553・7・14 政／8・22 政／1558・11・30 政／1559・6・26 政／8・1 政／1560・3月 社／6・29 政／7・3 政／8・7 政／10・12 政／10・24 政／1562・3・5 政
安満欽一　❼ 1925・5月 政
康光(刀工)　❸ 1395・是年 文／1423・2月 文／1424・8月 文／1427・3月 文／1430・8月 文／1440・2月 文
安村親方(琉球)　❺-2 1796・12・6 政
安村喜左衛門　❺-1 1713・7・2 社
安村検校　❺-2 1754・是年 文
矢集大唐　❶ 776・3・5 政
箭集(矢集)虫万呂　❶ 721・1・27 文／722・2・27 文
保持研子　❼ 1911・6・1 文
安本亀八　❻ 1893・1・1 社／❼ 1899・7・3 文
安本源太　❼ 1911・5・23 社
安本末子　❽ 1958・11月 文
安本善蔵　❻ 1854・1月 社
安本亮一　❽ 1950・11・6 文
保世王　❶ 862・4・20 政
安脇御庵　❸ 1387・10・27 社
夜雪庵金羅(初代)　❺-2 1794・1・5 文
夜雪庵金羅(四代目)　❻ 1894・10・3 文
也速答児　❸ 1298・是年 政
八十島市郎兵衛　❺-1 1626・是年 文
八十島義之助　❾ 1998・5・9 文
八十宮⇨吉子(よしこ)内親王
八多(氏)　❶ 837・7・8 文
八多清雄　❶ 837・7・8 文
八多桑田麻呂　❶ 815・1・10 政
矢田一嘯　❼ 1896・是年 文
矢田貞重　❹ 1483・1・15 政
矢田挿雲(義勝)　❼ 1920・6・16 文／1925・10・15 文／❽ 1961・12・13 文
矢田忠重　❹ 1466・1・2 政／1467・是年 政／1473・1・6 政／1475・1・10 政／1476・1・13 政
矢田立郎　❾ 2005・10・23 政
矢田根麻呂　❶ 752・10月 文
矢田義康　❷ 1183・7・22 政
八田愛王大夫　❸ 1416・3・10 文
八田(矢田)皇女　❶ 書紀・仁徳 30・9・11／仁徳 38・1・6
箭田珠勝大兄皇子　❶ 552・4月
矢田部氏永　❶ 881・4・28 社
矢田部　老　❶ 764・9・11 政
矢田部公望　❶ 921・5・13 文／936・12・8 文
矢田部勁吉　❽ 1944・8・6 文
矢田部造麻呂　❶ 761・11・5 社
矢田部名実　❶ 900・是年 政
矢田部根麻呂　❶ 752・10月 文
矢田部益足　❶ 763・10・16 文
矢田部良吉　❻ 1870・10月 文／1877・4・12 文／1878・10・20 文／1882・8月 文／1888・5・7 文／1891・1・13 文／❼ 1899・8・8 文
矢田部造(名欠く)　❶ 614・6・13 政／615・9月 政
弥太坊主(謎解き)　❺-2 1770・3・11 社
矢田堀函陵　❻ 1887・11・17 政
矢田堀景蔵(鴻)　❻ 1855・10・24 政／1858・12・14 政
八千草　薫　❽ 1959・10・5 文
谷津義男　❾ 2000・12・5 政
矢次一夫　❽ 1958・5・19 政
八綱田　❶ 書紀・垂仁 5・10・1
八橋(遊女)　❺-1 1696・12・14 社
八橋検校　❺-1 1657・是年 文／1685・6・12 文
八釣魚(蝦夷)　❶ 689・7・23 政
八釣白彦皇子　❶ 456・8・9
弥刀(高麗に帰化)　❶ 999・10月 政
矢頭献一　❾ 1978・2・23 文
弥藤三(釜座)　❸ 1289・是年 文
宿屋光則　❷ 1260・7・16 政
宿屋飯盛⇨石川雅望(いしかわまさもち)
柳井伸作　❾ 1992・10・15 政
柳内義之進　❻ 1894・7・4 政／❼ 1899・6月 社
箭内　亘　❼ 1926・2・10 文
矢内原伊作　❾ 1989・8・16 文
矢内原忠雄　❽ 1937・12・1 文／1938・1月 文／11・20 文／1941・2・26 文／1945・11・4 文／1955・9・30 社／1961・12・25 文
柳川淳光　❹ 1597・8・11 政
柳川一蝶斎(初代)　❻ 1871・1月 社／1876・7月 社／1892・7・9 社
柳川一蝶斎(青木治三郎、二代目)　❼ 1909・2・17 社
柳川検校　❺-1 1657・是年 文
梁川紅蘭(景婉・道華)　❺-2 1841・是年 文／❻ 1879・3・29 文
柳川調興　❺-1 1613・3月 政／1621・1月 政／7・18 政／1622・11・28

政／1623·10·4 政／1624·5·20 政／1626·7月 政／1627·5月 政／1634·10·20 政／1635·3·12 政／10月 政／1684·10·1 政
柳川調信 ❹ 1579·1·8 政／1580·11·13 政／12·24 政／1589·6月 政／1590·10·27 文／1591·1月 文禄の役／1月 政／4·29 文禄の役／1592·5·14 文禄の役／6·7 文禄の役／1596·1·3 文禄の役／4·19 文禄の役／8·29 文禄の役／1599·7·14 政／❺-1 1601·6·28 政／8月 政／12·1 政／1605·9·29 政／1607·1月 政
柳川重信 ❺-2 1832·⑪·28 文
柳川(柳河)春三 ❻ 1863·3·25 文／1865·7·19 文／1866·8·11 文／1867·10月 文／1868·1·14 政／2·24 文／9·12 文／1869·3·7 文／3·23 文／1870·2·20 文
柳川春葉(専之) ❼ 1918·1·3 文
梁川星巌(新十郎·伯兎·孟緯·公図) ❺-2 1840·是年 文／❻ 1858·7·14 政／9·2 文
柳川藤内 ❹ 1590·10·27 文
柳川智永(景直) ❺-1 1606·1·26 政／5·9 政／1608·1月 政／1609·3·22 政／5月 政／1610·1·15 政／1611·12·27 文
柳川ともよ ❺-2 1776·是夏 社
柳川直政 ❺-2 1757·10·20 文
柳川平助 ❽ 1937·11·5 政／12·10 政／1938·12·16 政／1940·12·21 政／1941·7·16 政／1945·1·22 政
柳川政次 ❺-2 1721·2·15 文
柳　永二郎 ❼ 1921·5·29 文／❽ 1938·10月 文／1939·9月 文
柳　兼子 ❽ 1937·5·5 文／❾ 1984·6·1 文
柳　敬助 ❼ 1923·5·16 文
柳　ジョージ ❾ 2011·10·10 文
柳　宗理 ❾ 2002·10·30 文／2011·12·25 文
柳　楢悦 ❻ 1871·7·28 文／1877·9月 文
柳　宗悦 ❼ 1910·4月 文／1920·6月 政／1936·10·24 文／❽ 1961·5·3 文
柳澤淇園(柳里恭·貞貴·広美·公美·竹渓·玉桂·権大夫) ❺-2 1753·12月 文／1758·9·5 文／1843·是年 文
柳澤慎一 ❽ 1957·10·20 社
柳澤信著 ❺-2 1769·7·21 政
柳澤信尹 ❺-1 1709·11·22 政
柳澤信鴻 ❺-2 1745·9·6 政／1755·8·30 社
柳澤伯夫 ❾ 1998·7·30 政／10·23 政／2000·12·5 政／2006·9·26 政／2007·1·27 政／4·28 社
柳澤久貴 ❺-2 1798·9·18 政
柳澤文徳 ❽ 1962·1·10 社
柳澤元政 ❹ 1585·1·24 政／4·26 政／1597·7·1 社／1598·1·17 社
柳澤保恵(利丸·光敏) ❼ 1902·9·15 政
柳澤吉里(兵部·安暉·安貞) ❺-1 1709·6·3 政／❺-2 1724·3·7 政／是年 文／1745·9·6 政
柳澤吉保(保明) ❺-1 1680·11·3 政／1682·1·1 文／1688·11·12 政／1690·3·26 政／1691·3·22 政／1692·9·22 文／11·13 政／1694·1·7 政／11·25 政／12·8 政／1695·4·2 政／4·21 文／1697·7·1 社／7·26 政／11·14 政／1698·7·21 政／8·11 社／1699·⑨·23 政／1701·11·26 政／1702·3·9 政／1704·12·21 政／1705·3·12 政／④·15 政／7·14 政／1706·1·11 政／7·4 政／10月 文／1709·1·14 政／6·3 政／1714·11·2 政
柳澤米吉 ❽ 1951·10·31 政
柳田　泉 ❾ 1969·6·7 文
柳田(松岡)国男 ❼ 1897·4月 文／1904·11·22 文／1907·2·1 文／1913·3·10 文／1934·1月 文／❽ 1949·4·8 文／1951·11·3 文／1961·7月 文／1962·8·8 文／❾ 1975·7·28 文
柳田謙十郎 ❽ 1950·4·22 文
柳田元三 ❽ 1944·5·10 政
柳田聖山 ❾ 2006·11·8 文
柳田誠二郎 ❽ 1952·7·1 政／1953·8·1 政
柳田泰雲 ❾ 1990·3·25 文
柳田充弘 ❾ 2011·11·3 文
柳田　稔 ❾ 2010·9·17 政／11·16 政
柳谷謙太郎 ❻ 1885·6·16 政
柳本賢治 ❹ 1524·10·2 政／1526·10·21 政／1527·1·28 政／2·12 政／2月 社／3·22 政／4·19 政／9·3 政／11·16 社／1528·1·17 政／7·17 社／⑨·5 政／11·11 政／12·30 政／1529·1·26 政／4·27 政／5·7 社／7·14 政／8·16 政／11·21 政／1530·2·21 文／3·18 政／5·10 政／6·29 政
柳本新三郎 ❹ 1529·1·11 社
柳本神二郎 ❹ 1532·1·22 政
柳本信堯 ❹ 1532·8·24 政／9·28 政
柳本秀俊 ❹ 1565·10·12 社
柳本元俊 ❹ 1539·⑥·25 社
柳屋嘉兵衛 ❺-2 1739·是年 社
柳家金語楼 ❼ 1928·3·2 社／1929·3月 社／1930·10·11 文／1934·4·25 社／1936·1月 文／❽ 1938·1·13 社／1940·3·14 文／1954·3·11 文／❾ 1972·10·22 社
柳家小ゑん ❽ 1961·2·1 文
柳家小さん(二代目) ❼ 1898·7·3 文
柳家小さん(三代目) ❼ 1930·11·29 文
柳家小さん(四代目) ❽ 1947·9·30 文
柳家小さん(五代目) ❾ 1995·4·14 文／2002·5·16 文
柳家小せん ❼ 1919·5·26 文
柳家とし松 ❾ 2012·7·4 文
柳家三亀松 ❽ 1940·3·14 文／❾ 1968·1·20 文
柳屋(石崎)友少 ❺-1 1695·11·8 文
柳家雪枝 ❼ 1934·4·25 社
柳屋与兵衛 ❺-2 1788·7·4 文
柳原淳光 ❹ 1563·1·27 政
柳原和子 ❾ 2008·3·2 文
柳原極堂(正之) ❼ 1897·1月 文
柳原小大夫 ❹ 1466·4·3 文
柳原前光 ❻ 1868·4·4 政／5·2 社／1870·6·29 政／9·19 政／1872·2·2 政／1873·2·28 政／6·21 政／1874·7·12 政／1877·2·26 西南戦争／1894·9·2 政
柳原茂光(業光) ❺-1 1612·10月 社／1654·10·6 政
柳原資明 ❸ 1353·7·27 政
柳原資綱 ❹ 1456·2·16 政／1501·⑥·27 政
柳原資廉 ❺-1 1684·12·27 政／1701·3·11 政／1712·9·25 政
柳原資行 ❺-1 1679·8·12 政
柳原業光⇨柳原茂光(しげみつ)
柳原隆光 ❺-2 1851·7·9 政
柳原忠秀 ❸ 1443·3·12 政
柳原忠光 ❸ 1353·12·29 文／1362·4·21 文／9·23 政／1368·4·27 政／1371·12·2 社／1375·11·24 文／1377·2·18 社／1378·6·17 政／1379·1·19 政
柳原愛子(なるこ) ❽ 1943·10·16 政
柳原紀光(綱丸·光房·藤蔓·暁寂) ❺-2 1791·是年 文／1796·8·25 政／1798·是年 文／1800·1·3 文
柳原白蓮 ❼ 1921·10·20 社／❾ 1967·2·22 文
柳原光綱 ❺-2 1747·12·19 政／1760·9·28 政
柳原光愛 ❻ 1857·9·30 政
柳原宗光 ❸ 1347·6·12 政
柳原義達 ❽ 1946·是年 文／1951·9·10 文／❾ 2004·11·11 文
柳原義光 ❼ 1921·10·20 社
簗瀬亀之介 ❺-1 1668·4·18 社
簗瀬勘兵衛 ❺-1 1668·4·18 社
簗瀬勝吉 ❻ 1870·12·26 政
柳瀬正夢(正六) ❼ 1923·7·28 文／1924·6月 文
梁瀬次郎 ❾ 2008·3·13 政
梁瀬長太郎 ❼ 1915·5月 社
柳瀬常七 ❻ 1868·2·24 文
柳瀬美仲(方塾) ❺-2 1740·5·17 文
梁田蛻巌(邦彦·邦美·景鸞) ❺-2 1746·是年 文／1757·7·17 文／1780·是年 文
簗田高助 ❹ 1539·8·13 政／1543·3·21 政
簗田藤左衛門 ❹ 1577·10月 社
簗田藤左衛門尉 ❹ 1589·7·13 社
簗田晴助 ❹ 1558·4·11 政／1559·4·11 社／1570·12·7 政／1574·7·27 政／⑪·19 政
簗田孫八郎 ❺-1 1620·4·17 社／1625·10·30 社
簗田政信 ❹ 1561·③·4 政
簗田持助 ❸ 1450·11·14 社／❹ 1478·1·5 政／1574·⑪·19 政
屋主忍男武雄心命 ❶ 書紀·景行 3·2·1
矢野勘治 ❼ 1902·3·1 社
矢野喬子 ❾ 2012·7·27 社
矢野玉洲 ❺-2 1782·12·28 文
矢野慶一 ❾ 1972·5·1 社
矢野健太郎 ❾ 1993·12·25 文
矢野五左衛門 ❺-1 1615·10月 政／1682·2·2 社
矢野絢也 ❾ 1967·2·13 政／

1986·12·5 政／**1989**·5·17 政
矢野庄太郎　❽ **1947**·6·1 政
矢野仁一　❾ **1970**·1·2 文
矢野拙斎(義道)　❺-2 **1732**·1·12 文
矢野弾左衛門　❺-1 **1708**·3·10 文
矢野長左衛門　❺-2 **1771**·4·13 社
矢野恒太　❼ **1902**·9·15 政／**1924**·10·25 政／❽ **1942**·3·20 政／**1951**·9·23 政
矢野哲郎(大分県教育委員会)　❾ **2008**·6·14 文
矢野哲朗(副外相)　❾ **2010**·4·22 政
矢野藤右衛門　❺-1 **1653**·是年 政
矢野　暢　❾ **1999**·12·14 文
矢野　徹　❾ **2004**·10·13 文
矢野倫経　❷ **1277**·7·19 政
矢野玄道　❻ **1868**·2·22 文／3·28 文／**1871**·3·22 政
矢野安雄　❻ **1871**·7·2 政
矢野　裕　❾ **1996**·7·7 社
矢野容斎　❺-2 **1764**·7·11 文
矢野雍斎　❺-2 **1822**·3·24 文
矢野吉重　❺-1 **1641**·是年 文／**1644**·是年 文
矢野利右衛門　❺-2 **1764**·1·14 政
矢野龍渓(文雄)　❻ **1874**·6·27 文／**1881**·4·25 政／10·11 政／**1882**·2·12 政／3·14 政／**1886**·8月 文／**1890**·1·10 社／1·16 文／**1891**·5·9 文／❼ **1899**·3·11 政／**1906**·12月 文／**1931**·6·16 文
矢野兵庫助　❹ **1477**·3·18 政
ヤノフスキー，スラフ　❾ **1991**·3·9 社
矢野目源一　❼ **1925**·2月 文
矢作栄蔵　❼ **1933**·12·18 文
矢作左衛門尉　❷ **1251**·12·26 政
矢萩丹治　❼ **1932**·4·29 社
谷萩那華雄　❽ **1942**·9·14 政
矢矧屋長右衛門　❺-1 **1690**·7·27 社
矢幅健吾　❼ **1925**·是年 社
八尋俊邦　❾ **2001**·10·27 政
藪　慎庵　❺-2 **1744**·3·29 文
藪　嗣孝　❺-1 **1682**·5·27 政
藪　嗣良　❺-1 **1619**·9·18 政／**1653**·4·17 政
矢吹慶輝(朝治)　❽ **1939**·6·10 社
矢吹幸太郎　❽ **1952**·11·5 社
藪田数直　❺-2 **1716**·8·23 政
藪田忠左衛門　❻ **1863**·9月 政
藪田貞治郎　❽ **1938**·12月 文／**1944**·2·1 文／**1964**·11·3 文
藪中三十二　❾ **2004**·2·16 政
藪内紹智(剣仲、初代)　❺-1 **1627**·5·7 文
藪内紹智(真翁、二代目)　❺-1 **1655**·1·6 文
藪内紹智(剣翁、三代目)　❺-1 **1674**·12·13 文
藪内紹智(六代目)　❺-2 **1800**·7·3 文
藪内宗和　❹ **1578**·10·25 文
矢部大炊助　❸ **1441**·4·17 政
矢部喜好　❼ **1921**·12月 社
矢部定謙(彦五郎)　❺-2 **1833**·7·8 社／**1836**·9·20 政／**1841**·4·28 社／12·21 社
矢部定房　❺-1 **1668**·2·6 政
矢部　隆　❾ **2006**·11·9 文
矢部貞治　❾ **1967**·5·7 文
矢部直澄　❷ **1244**·7·16 政
矢部長克　❽ **1953**·11·3 文／❾ **1969**·6·23 文
矢部白雨　❼ **1901**·10月 文
矢部孫三郎　❹ **1554**·8·28 社
矢部但馬守　❹ **1572**·4·23 社
弥兵衛(江戸桶町)　❺-1 **1664**·7·27 社
山　城吉　❹ **1456**·1·15 政
山　春永　❶ **866**·7·15 政
山井主膳　❺-1 **1642**·8·27 文
山井藤範　❸ **1334**·1·29 政
山泉和子　❽ **1959**·3·27 社
山入氏義　❹ **1490**·⑧·27 政／**1500**·是年 政／**1502**·是年 政
山入祐義　❸ **1423**·7·10 政／**1425**·⑥·11 政
山入義知　❸ **1411**·5·16 政
山入義藤　❹ **1490**·⑧·27 政
山入⇨佐竹(さたけ)姓も見よ
山内氏勝　❹ **1589**·8·25 政／**1590**·1·13 政
山内額太郎　❻ **1863**·11·12 政
山内一豊　❹ **1584**·5·1 政／**1585**·6·2 政／**1590**·3·28 政／**1591**·12·5 政／**1593**·7·25 社／是年 政／**1594**·9·21 政／**1600**·10·17 政／❺-1 **1601**·1·8 政／3·1 社／**1603**·8·21 政／11月 政／**1605**·9·20 政
山内一弘　❾ **2009**·2·2 社
山内舜通　❹ **1556**·8·13 政
山内敬斎　❼ **1932**·6·12 文
山内　賢　❾ **2011**·9·24 文
山内香雪　❻ **1860**·2·3 文
山内作左衛門　❻ **1865**·4·8 文
山内左近　❹ **1503**·7·20 政
山内禎子　❽ **1942**·2·2 社
山内重経　❸ **1369**·11·15 社
山内重勝　❹ **1578**·2·15 政
山内信濃　❹ **1473**·是年 政
山内庄蔵⇨山岡荘八(やまおかそうはち)
山内四郎　❼ **1916**·3·17 政
山内　普　❺-2 **1845**·是年 文
山内清男　❾ **1970**·8·29 文
山内素行　❼ **1913**·1月 文
山内隆通　❹ **1543**·5·7 政
山内忠豊　❺-1 **1663**·7·26 政／**1664**·11·24 政／**1669**·8·5 政
山内忠義　❺-1 **1605**·9·20 政／**1613**·是年 政／**1617**·11·21 政／**1619**·9·16 政／**1622**·8·10 政／**1625**·12·21 政／**1643**·寛永年間 社／**1664**·11·24 政
山内多門　❼ **1911**·是年 文／**1932**·5·30 文
山内忠蔵　❺-2 **1722**·9·5 社
山内経俊　❷ **1180**·10·23 政／**1184**·7·18 政
山内堤雲　❼ **1897**·6·1 政
山内俊範　❹ **1558**·4·16 政
山内俊政　❹ **1558**·4·16 政
山内俊安　❹ **1531**·11·3 政
山内豊明　❺-1 **1689**·5·3 政／8·3 政
山内豊興　❺-2 **1808**·2·5 政／**1809**·3·21 政
山内豊策　❺-2 **1789**·6·24 政／**1808**·2·5 政／**1825**·8·3 政
山内豊成　❹ **1468**·8·3 政／**1469**·2·10 政
山内豊資　❺-2 **1809**·3·21 政／**1843**·3·7 政
山内豊隆　❺-1 **1706**·6·7 政／❺-2 **1720**·4·14 政
山内豊武　❺-2 **1818**·1·5 社
山内豊雍　❺-2 **1767**·11·19 政／**1789**·6·24 政
山内豊常　❺-2 **1720**·4·14 政
山内豊熙　❺-2 **1843**·3·7 政
山内豊敷　❺-2 **1765**·2·18 政／**1767**·11·19 政
山内豊範　❻ **1862**·10·4 政／**1867**·11·15 政
山内豊徳　❾ **1990**·12·5 社
山内豊房　❺-1 **1700**·9·14 政／**1706**·6·7 政
山内豊昌　❺-1 **1700**·9·14 政
山内直通　❹ **1532**·8·8 政／**1534**·是年 政／**1535**·是年 政
山内　肇　❽ **1960**·1·29 政
山内政綱　❹ **1460**·9·13 政
山内将経　❸ **1395**·2·3 社
山内雅人　❾ **2003**·4·7 文
山内正文　❽ **1944**·5·10 政
山内通氏　❸ **1357**·7·22 政
山内通忠　❸ **1390**·③·3 政
山内通継　❸ **1357**·7·22 政
山内通藤　❸ **1325**·6·12 社
山内通宗　❸ **1325**·6·12 社
山内通基　❷ **1205**·⑦·26 政
山内盛通　❸ **1425**·8·22 文
山内容堂(豊信)　❻ **1860**·9·4 政／**1863**·1·8 政／2·11 政／6·8 政／12·28 政／12·30 政／**1864**·2·20 政／12·20 社／**1866**·7·30 政／8·17 政／**1867**·2·13 政／5·1 政／6·16 政／9月 社／10·3 政／10月 社／11·15 政／12·2 政／12·9 政／**1868**·1·12 政／11·19 政／**1872**·6·21 政／**1877**·5·21 政
山内能俊　❷ **1277**·12·18 政
山内駿河守　❹ **1468**·⑩·11 政
山浦景麿　❻ **1854**·11·4 文
山浦玄蕃(市正)　❺-1 **1653**·11·12 社
山尾庸三　❻ **1862**·12·22 文／**1863**·5·12 文／**1865**·⑤·3 社／**1871**·9月 文／**1880**·2·28 政／❼ **1917**·12·21 政
山岡景顕　❺-1 **1713**·5·29 社
山岡景助　❺-1 **1648**·3·1 社／**1687**·2·18 政
山岡景隆　❹ **1582**·6·2 政／**1583**·5·16 政／**1585**·5·16 政
山岡景友(道阿弥)　❺-1 **1603**·12·20 文
山岡景猶　❹ **1571**·9·1 政
山岡景信　❺-1 **1644**·8·2 社
山岡景以　❺-1 **1618**·③·21 政
山岡恭安　❺-2 **1778**·是年 文
山岡賢次　❾ **2011**·9·2 政
山岡元隣(徳甫)　❺-1 **1657**·是年 文／**1662**·是年 文／**1669**·是年 文／**1670**·是年 文／**1671**·是年 文／**1672**·⑥·27 文／是年 文／**1685**·是年 文／❺-2 **1795**·是年 文

山岡山三郎　❻ 1869・3月 社
山岡茂松　❼ 1910・10・1 文
山岡浚明(佐次右衛門・明阿弥)　❺-2 1753・是年 文／1778・是年 文／1780・10・15 文
山岡荘八(山内庄蔵)　❽ 1942・12・17 文／1950・3・29 文／❾ 1978・9・30 文／1983・1・9 社
山岡鉄太郎(鉄舟)　❻ 1863・2・6 政／4・14 社／1868・3・9 政、社／1888・1月 社／7・19 政
山岡友次郎　❻ 1869・3月 社
山岡久澄　❺-2 1773・5・15 政
山岡久乃　❾ 1999・2・15 文
山岡米華　❼ 1906・7月 文／1914・5・19 文
山岡墨仙　❻ 1881・10・9 文
山岡孫吉　❼ 1917・是年 社／1921・是年 社／1933・12・23 社／❽ 1957・10・6 文／1962・3・6 政
山岡万之丞　❾ 1968・6・22 政
山鹿高輔　❺-2 1851・是年 文
山鹿資時　❷ 1249・6・26 政
山鹿清華　❾ 1978・5・9 文
山鹿素行(高祐・子敬)　❺-1 1665・是冬 文／是年 文／1666・10・3 政／1669・是年 文／1675・④・24 社／1681・是年 文／1685・9・26 文
山鹿時家　❷ 1249・6・26 政
山家光家　❹ 1481・4・19 政
山角総十郎　❹ 1589・9・22 社
山形(安芸の南軍)　❸ 1350・5・28 政
山県有朋(辰之助・小助・小輔・狂介)　❻ 1867・6・16 政／1868・④・19 政／1871・7・14 政／1872・2・28 政／1873・4月 政／1874・2・1 政／1876・1・6 政／1877・2・19 西南戦争／1882・8・15 政／1883・12・12 政／1885・11・11 政／12・22 政／1886・9月 政／1887・1・24 政／1888・2・13 政／4・30 政／12・2 政／1889・10・2 政／12・24 政／1890・5・17 政／7・10 政／1891・4・9 政／1892・8・3 政／1893・3・7 政／10・18 文／1894・8・30 日清戦争／1895・3・7 日清戦争／❼ 1896・2・21 政／5・26 政／6・9 政／1898・1・20 政／11・8 政／1901・5・5 政／1903・2・22 政／6・23 政／6・24 政／1904・6・20 日露戦争／7・12 日露戦争／1905・3・14 日露戦争／3・23 日露戦争／12・20 政／1906・9・23 文／1907・9・21 政／1909・11・17 政／1912・8・13 政／12・24 社／1914・9・24 政／1916・1・31 政／8・1 政／1921・3・21 政／1922・2・1 政
山形　勲　❾ 1996・6・28 文
山県伊三郎　❼ 1906・1・7 政／1908・1・14 政／1910・5・30 政／1921・5・16 政／1927・9・24 政
山県一雄　❼ 1936・10・5 社
山県勝見　❽ 1952・10・30 政／1953・5・21 政
山県小太郎　❻ 1868・9・22 政
山県重房　❹ 1515・2・3 社
山県二丞　❻ 1879・1・10 文
山県周南(次公・少助・孝孺)　❺-2 1752・8・12 文／1755・是年 文／1760・是年 文
山形素真　❻ 1862・6・25 文
山県大弐(昌貞・子恒・柳荘・洞斎)　❺-2 1759・2月 文／1767・8・22 政
山県武光　❽ 1939・5・11 政
山形為継　❸ 1350・6・8 政
山県悌三郎　❻ 1895・8月 文
山県豊太郎　❼ 1920・4・21 社
山形仲藝(なかき)　❼ 1915・7・14 文
山県就相　❹ 1554・5月 政
山片蟠桃(谷川芳秀・升屋小右衛門)　❺-2 1802・6月 文／1803・是年 文／1821・2・28 文
山県昌夫　❾ 1967・11・3 文
山県昌景　❹ 1569・10・6 政／1573・8・25 政／1575・5・21 政
山県元次　❾ 1973・10・15 社
山形女王　❶ 745・8・27 政
山形屋伊右衛門　❺-1 1712・1月 文
山川浦路　❼ 1911・5・20 文
山川菊栄　❼ 1921・4・24 社／❽ 1947・8・30 政／❾ 1980・11・2 社
山川健次郎　❻ 1871・1・1 文／1884・6・7 文／1888・5・7 文／❼ 1896・3月 文／1928・4・1 社／1931・6・26 文
山川庄助　❺-2 1729・5・19 政
山川庄兵衛　❺-1 1618・是年 社
山川捨松　❻ 1871・11・12 文
山川惣治　❾ 1992・12・17 文
山川智応(伝之助)　❽ 1956・6・2 社
山川登美子　❼ 1899・11月 文
山川八郎　❸ 1443・2・28 政
山川　均　❼ 1900・5・12 社／1907・8・20 文／1908・1・17 政／6・22 政／1916・1月 文／1917・5・1 社／1919・4・21 政／5・1 政／1920・12・9 政／1922・1・1 政／8月 政／1923・6・5 政／1927・12・6 政／1928・2月 政／❽ 1937・12・15 政／1946・1・15 文／3・15 政／1958・3・23 政
山川　浩　❻ 1886・3・6 文／1890・10・1 政／❼ 1898・2・4 政
山川二葉　❼ 1909・11・14 文
山川墨湖　❺-2 1800・6・4 文
山川真以　❾ 2009・7・13 文
山川方夫　❾ 1965・2・20 政
山川義太郎　❼ 1933・1・27 文
山川讃岐守　❹ 1577・7・10 政
山岸　章　❾ 1994・10・6 社
山岸絵美　❾ 2010・2・6 社
山岸荷葉(惣次郎)　❼ 1907・10・12 文
山岸実司　❼ 1923・9・4 政
山岸　純　❾ 1976・10・30 文
山岸章二　❾ 1979・7・19 文
山岸泉琳　❾ 1998・3・2 文
山岸徳平　❽ 1961・3・22 文／❾ 1987・5・22 文
山岸半残　❺-1 1691・5・10 政
山岸　宏　❼ 1932・5・15 政
山岸巳代蔵　❽ 1961・5・3 文
山極勝三郎　❼ 1916・3・18 文
山際七右衛門　❺-2 1817・3・16 政
山際淳司　❾ 1995・5・29 文
山際啓之　❽ 1950・9・22 社
山際正道　❽ 1956・11・30 政／1964・12・17 政
山口観弘　❾ 2012・9・15 社
山口　明　❼ 1913・4・4 社
山口　晃　❾ 2006・是年 文
山口文象　❾ 1978・5・19 文
山口安固　❺-2 1761・是年 文
山口稲床　❶ 859・12・27 政
山口采女　❻ 1861・5・16 社
山口兄人　❶ 714・②・1 社
山口大口　❶ 650・是年 文
山口大麻呂　❶ 700・6・17 政
山口二矢　❽ 1960・10・12 政
山口　薫　❽ 1937・2・12 文／1950・9月 文／❾ 1968・5・19 文
山口華楊　❼ 1934・10・16 文／❽ 1937・是年 文／❾ 1968・11・1 文／1972・11・1 文／1974・11・1 文／1976・10・30 文
山口儀右衛門　❺-1 1688・1・4 社
山口喜久一郎　❽ 1949・2・16 政／1958・6・12 政／❾ 1965・12・20 政
山口喜三郎　❽ 1939・7・1 政
山口吉郎兵衛　❽ 1951・10・2 政
山口圭司　❾ 1996・5・21 社
山口銈太郎　❻ 1857・4・13 政
山口剛斎　❺-2 1786・1月 文
山口幸十郎　❺-2 1819・9月 政
山口孤剣(義三)　❼ 1905・9・10 文／11・20 社／1907・3・27 社／1908・6・22 政
山口定雄　❻ 1892・7・23 文／❼ 1907・10・3 文
山口沙弥麻呂(佐美麻呂・沙美麻呂・佐弥麻呂)　❶ 761・1・16 政／770・3・10 社
山口小夜子　❾ 2007・8・14 文
山口佐和子　❾ 2007・4・1 政
山口重直　❺-1 1660・11・18 社
山口二三　❾ 1968・3・5 政
山口シヅエ　❾ 2012・4・3 政
山口将吉郎　❽ 1944・12・17 文
山口信章(公高)⇨山口素堂(そどう)
山口瑞雨　❼ 1933・4・18 文
山口錫次郎　❻ 1864・2・9 政
山口誓子　❽ 1937・6月 文／1944・12月 文／❾ 1994・3・26 文
山口青邨　❾ 1988・12・15 文
山口雪渓(宗雪・梅庵・白隠)　❺-1 1708・2・12 文／❺-2 1724・是年 文／1727・是年 文／1732・9・4 文
山口善右衛門　❺-2 1814・是年 社
山口仙二　❾ 1982・6・24 政
山口仙之助　❻ 1878・7・15 社／❼ 1906・2・11 社／9・1 社
山口善八　❺-2 1823・7・2 政
山口宗季(呉師虔)　❺-1 1715・4月 文／是夏 文／❺-2 1743・2・2 文
山口宗倫　❺-1 1691・10・22 文
山口素絢(武次郎・山斎・伯後)　❺-2 1792・5月 文／是年 文／1795・2月 文／1813・1月 文／1818・10・24 文／1837・是年 文
山口素堂(重五郎・勘兵衛・市右衛門・信章・子普・公商・公高)　❺-1 1676・是年 文／1687・是秋 文／❺-2 1716・8・15 文
山口長男　❽ 1938・12・3 文／❾ 1983・4・27 文
山口武彦　❼ 1914・2・20 政
山口剛彦　❾ 2008・11・18 社
山口武秀　❽ 1946・1・15 社

山口忠居　❺-2 1764·是年 文
山口辰之介　❻ 1860·3·3 政
山口田主　❶ 721·1·27 文／730·3·27 社
山口弾正　❼ 1899·10·2 政／1905·8·25 政
山口　彊　❾ 2010·1·4 政
山口常光　❽ 1948·3月 文
山口鶴男　❾ 1994·6·30 政／1995·12·6 政
山口鉄五郎　❺-2 1785·2月 政／4·29 政
山口敏夫　❾ 1995·2·13 政／12·27 政
山口直清　❺-2 1795·7·16 社
山口直邦　❻ 1862·12·1 政
山口直亮　❻ 1865·11·2 政／1866·8·5 政
山口直毅　❻ 1861·8·20 政／1865·11·2 政／1868·1·23 政／2·8 政
山口直友　❹ 1600·12·13 関ヶ原合戦／❺-1 1601·8·24 政／是年 社／1608·2·27 政／1611·5·26 政／8·19 政／1612·⑩·2 社／1614·6·21 社／9·24 社／1615·⑥·16 政／1622·9·27 政
山口直久　❺-1 1608·8·19 政／9·19 政
山口尚芳　❻ 1869·6·21 政／1871·10·8 政／11·12 政／1877·2·14 西南戦争／1894·6·12 政
山口修弘　❹ 1599·2·5 政／1600·8·3 関ヶ原合戦
山口西成　❶ 849·2·1 政／864·1·17 政
山口信夫　❾ 2010·9·14 政
山口八九子　❼ 1924·10·15 文
山口春方　❶ 851·1·11 政
山口半六　❻ 1876·6·25 文
山口彦五郎　❸ 1357·⑦·12 政
山口　永　❽ 1947·4·21 政
山口人麻呂(人成)　❶ 752·1·25 政
山口　瞳　❽ 1961·10月 文／❾ 1995·8·30 文
山口武兵衛　❺-1 1715·11·4 社
山口豊山　❼ 1900·2·25 文
山口蓬春(三郎)　❼ 1912·7月 文／1926·10·16 文／1932·10·16 文／❽ 1947·10·16 文／1949·10·29 文／是年 文／❾ 1965·11·3 文／1968·11·14 文
山口　舞　❾ 2012·7·27 社
山口昌男　❾ 2011·11·4 文
山口政利　❼ 1918·10·10 社
山口正之　❾ 1999·3·20 政
山口美江　❾ 2012·3·5 文
山口美知子　❾ 2008·11·18 社
山口光秀　❾ 2004·7·26 政
山口岑世　❶ 887·2·2 政
山口宗永　❹ 1600·8·3 関ヶ原合戦
山口百恵　❾ 1980·3·7 社
山口安次郎　❾ 2010·2·7 文
山口八十八　❻ 1887·是年 社／1894·是年 社／❼ 1908·5月 社
山口雄基　❾ 2007·11·14 政
山口義和　❾ 2007·10·22 社
山口淑子⇨李香蘭(りこうらん)
山口良忠　❽ 1947·10·11 社
山口良治　❾ 2001·1·7 社
山座円次郎　❼ 1911·12·1 政／1914·5·28 政
也馬沙其(やまさき・也馬沙只)　❸ 1445·2·7 政／1447·2·17 政
山崎晃嗣　❽ 1949·7·4 社
山崎闇斎　❺-1 1655·是年 文／1656·是年 文／1658·是年 文／1660·是年 文／1665·3月 文／4月 文／1667·是年 文／1668·是年 文／1669·是年 文／1677·是年 文／1681·是年 文／1682·9·16 文／1683·是年 文／1714·是年 文／❺-2 1721·是年 文／1772·是年 文
山崎家治　❺-1 1617·7月 政／1638·4·13 島原の乱／1641·9·10 政／10·10 政／1648·3·17 政
山崎伊兵衛　❺-2 1831·10·4 政
山崎　巌　❽ 1945·8·17 政／1960·7·19 政／❾ 1968·6·26 政
山崎梅吉　❻ 1871·8月 社
山崎栄二　❼ 1930·5月 文
山崎興盛　❹ 1557·3·3 政
山崎塊一　❻ 1888·5月 社
山崎覚次郎　❼ 1896·4·26 社
山崎菊三郎　❺-2 1768·10·18 政
山崎旭萃　❾ 1995·4·14 文
山崎金太郎　❻ 1871·8月 社
山崎今朝弥　❼ 1920·12·9 政／1921·8月 政／1924·4·27 政／6·28 政／❽ 1954·7·29 社
山崎幸太　❺-2 1771·4·29 社
山崎三郎　❽ 1939·11月 文
山崎重政　❺-1 1660·3·25 政／1661·5·21 政
山崎紫紅　❼ 1908·3·3 文／❽ 1939·12·22 文／1949·11·24 政
山崎治左衛門　❻ 1877·7·24 社
山崎秀仙　❹ 1581·9·1 政
山崎正一　❾ 1997·8·17 文
山崎新七郎　❹ 1582·1·17 政
山崎善四郎　❺-2 1736·2·2 政
山崎宗鑑(連歌師)　❹ 1553·是年 文／❺-1 1643·是年 文
山崎　隆　❽ 1946·是年 文／1948·3月 文／1949·5·14 文
山崎　拓　❾ 1989·6·2 政／1991·11·5 政／1995·9·22 政／1999·9·9 政／2000·11·11 政／2004·4·1 政／4·2 政／2005·4·24 政
山崎　猛　❽ 1950·6·28 政／1951·12·26 政／1957·3·15 政／12·12 社
山崎龍男　❾ 1989·6·2 政
山崎達之輔　❼ 1934·7·8 政／1935·12·23 政／❽ 1937·2·2 政／1943·4·20 政／11·1 政
山崎種二　❾ 1983·8·10 政
山崎為徳　❻ 1876·1·30 社
山崎忠次郎　❺-2 1736·2·2 政
山崎朝雲(春吉)　❼ 1896·6·4 文／1907·11月 文／1911·10·14 文／1934·12·3 文／❽ 1954·6·4 文
山崎　努　❾ 1980·4·26 社／5·26 文
山崎薫烈　❺-2 1837·1·29 文
山崎俊家　❺-1 1648·3·17 政
山崎敏光　❾ 2009·11·4 文
山崎富栄　❽ 1948·6·13 文
山崎豊子　❽ 1958·1月 文／7·21 文／1960·2·24 文／❾ 1965·7月 文／1984·1·8 社／1991·1月 文
山崎直子　❾ 2010·4·5 文
山崎直方　❼ 1929·7·26 文
山崎治頼　❺-1 1657·3·9 政
山崎範古　❻ 1867·9·23 政
山崎浩子　❾ 1992·8·25 社
山崎広之助　❺-2 1725·8·16 社
山崎武平治　❺-2 1788·9月 文
山崎文仙　❺-2 1758·是年 文
山崎弁栄(啓之介)　❼ 1920·12·4 社
山崎方代　❾ 1985·8·19 文
山崎北華　❺-2 1744·是年 文
山崎正和　❾ 2006·11·3 文
山崎正友　❾ 1980·10·25 社
山崎正信　❺-1 1642·10·26 政／1647·7·13 政／1649·4·7 政／1650·10·17 政
山崎正導　❺-2 1784·7·26 政
山崎又八郎　❻ 1893·6·9 社
山崎峯次郎　❼ 1923·是年 社／1930·5月 社
山崎　泰　❾ 2001·4·12 社
山崎保代　❽ 1943·5·12 政
山崎吉家　❹ 1555·9·8 政／1567·3·18 政／1570·5·11 政／1573·8·13 政
山崎美成(新兵衛・久作・久卿・好問堂・北峰)　❺-2 1819·是年 文／1821·是年 文／1828·是年 文／1840·是年 文／1842·是年 文／1843·是年 文／1850·是年 文／1851·是年 文／1852·是年 文／❻ 1856·7·20 文／是年 文
山崎与助　❻ 1892·12·16 政
山崎理子　❾ 2005·10·17 社
山崎甲斐守　❺-1 1640·9·25 政
山崎右京進　❹ 1557·3·3 政
山前王　❶ 723·12·20 政
山崎屋新四郎　❹ 1567·9·25 社
山澤静吾　❼ 1897·3·30 政
山三(四郎次)　❺-1 1689·3月 文
山路愛山　❼ 1903·1·1 文／1905·8·25 政／1917·3·15 文
山路金之丞　❻ 1860·7·2 文
山路主住　❺-2 1764·11·17 文
山道襄一　❼ 1932·12·22 政
山路新右衛門　❺-2 1755·1·8 社
山地　進　❾ 2005·5·27 政
山路典子　❾ 2000·9·15 社
山路ふみ子　❾ 2004·12·6 文
山地元治　❼ 1897·10·3 政
山路弥左衛門(諧孝)　❺-2 1829·4·26 文／1844·7·16 文／❻ 1855·8·4 文
山地悠紀夫　❾ 2009·7·28 社
山路曜生　❾ 2010·5·12 文
山路徳風　❺-2 1790·8·8 文／1796·8·5 文
山下　勇　❾ 1994·5·6 政
山下岩吉　❻ 1862·9·11 文
山下宇右衛門　❺-2 1740·3·5 社
山下氏勝　❺-1 1627·8·12 文
山下氏則　❶ 884·6·23 政
山下鋭三郎　❻ 1871·2·29 社

山下和夫　❾ **1996**·5·25 政
山下元利　❾ **1978**·12·7 政／**1994**·3·14 政
山下亀三郎　❽ **1944**·12·13 政
山下　清　❽ **1954**·1·10 文／❾ **1971**·7·12 文
山下金作(初代)　❺-2 **1728**·是春 文／**1750**·7·3 文
山下金作(二代目)　❺-2 **1799**·9·12 文
山下金作(四代目)　❻ **1858**·12·23 文
山下熊吉　❻ **1879**·4·14 社
山下敬吾　❾ **2010**·2·26 文／**2011**·10·28 文
山下敬二郎　❽ **1958**·2·8 社／❾ **2011**·1·5 文
山下検校　❺-1 **1671**·10·30 文
山下源助　❺-2 **1746**·2·7 社
山下源太郎　❼ **1931**·2·18 政
山下現有　❼ **1934**·4·11 社
山下幸内(広内)　❺-2 **1721**·9月 政／11·2 政
山下定則　❽ **1949**·7·4 政
山下佐知子　❾ **1991**·3·3 社／8·23 社
山下治助　❺-2 **1792**·11月 社
山下新太郎　❼ **1911**·10·14 文／**1913**·11·5 文／**1914**·10·1 文／**1915**·10·13 文／**1936**·12·20 文／❽ **1937**·6·11 文／❾ **1966**·4·11 文
山下助左衛門　❺-1 **1664**·1月 社
山下静観　❻ **1894**·9·15 文
山下宗琢　❺-1 **1638**·10·29 文／**1646**·6·6 社
山下太郎　❽ **1955**·5·15 政／**1957**·6·21 政／**1958**·2·5 政／❾ **1967**·6·9 政
山下筑後　❹ **1579**·3·27 政
山下千代雄　❼ **1929**·2·4 政
山下徳夫　❾ **1989**·8·9 政／8·25 政／**1991**·11·5 政
山下徳治　❼ **1930**·8·19 文／❾ **1965**·7·10 文
山下俊彦　❾ **2012**·2·28 政
山下寿郎　❾ **1983**·2·2 文
山下　昇　❽ **1956**·是年 文
山下紀子　❾ **1976**·1·31 社
山下春江　❽ **1948**·12·13 政
山下治広　❽ **1964**·10·10 社
山下半左衛門　❺-1 **1680**·是年 文
山下秀之　❽ **1944**·12·7 社
山下奉文　❼ **1931**·3·20 政／❽ **1941**·12·8 政／**1945**·9·3 政／12·7 政／**1946**·2·23 政
山下摩起　❼ **1933**·是年 文／❽ **1960**·3·10 文
山下まゆみ　❾ **2000**·9·15 社
山下　実　❾ **1995**·4·4 社
山下陸奥　❽ **1937**·2月 文
山下飯之助　❺-2 **1805**·9·5 社
山下弥五左衛門　❺-1 **1642**·5·22 政／7·8 政
山下泰裕　❾ **1977**·4·29 社／**1978**·2·9 社／**1984**·9·28 社／**1985**·4·29 社
山下芳太郎　❼ **1920**·10月 文
山下留美　❾ **2000**·8·18 社
山科家豊　❸ **1431**·1·4 政
山科元幹　❺-2 **1846**·是年 文
山科厚安　❺-2 **1729**·1·15 文
山科定言(猿菊丸)　❹ **1478**·11·19 社
山階(洞院)実雄⇨藤原(ふじわら)実雄
山科季英　❸ **1408**·10·16 文
山科堯言　❺-2 **1751**·12·5 政
山科忠言　❺-2 **1813**·9·15 政／**1814**·是年 政／**1822**·6·22 政／**1833**·2·26 政
山科茶子　❹ **1501**·⑥·4 文
山科嗣教　❸ **1416**·10·30 政
山科道安(元内)　❺-2 **1734**·2·24 文
山科言緒　❺-1 **1603**·3·3 文／**1611**·9·25 政／**1612**·7·11 社／**1620**·2·25 政
山科言音　❺-1 **1612**·5·2 文
山科言国　❹ **1478**·2·27 文／10·23 文／**1482**·4·7 文／**1488**·1·10 文／**1494**·7·28 社／**1498**·10·13 文／**1501**·⑥·4 文／**1503**·2·28 政／11·6 社
山科言継　❹ **1527**·1·26 文／7·27 文／11·18 社／12·11 文／**1528**·3·18 社／**1529**·2·26 社／**1530**·9·12 政／**1531**·10·18 文／**1532**·10·30 文／**1533**·7·9 文／**1542**·1·22 文／3·3 政／**1544**·1·19 文／9·27 文／**1548**·2·8 文／4·5 文／**1549**·11·15 文／12·13 社／**1550**·2·22 文／⑤·15 文／**1552**·11·21 社／**1553**·1·13 文／5·7 文／6·20 文／7·16 社／8·18 文／11·12 社／12·2 文／**1554**·1·20 文／4·23 文／5·21 社／6·15 文／**1556**·9·11 政／**1559**·1·8 文／3·4 文／8·27 社／**1563**·2·25 文／**1564**·6·15 社／**1567**·7·24 社／11·25 文／**1568**·2·8 政／**1569**·7·8 政／11·12 社／**1570**·4·14 文／5·23 社／**1571**·7·22 政／**1579**·3·2 政
山科言経　❹ **1579**·1·6 文／**1585**·6·19 政／**1588**·4·21 文／**1592**·2·25 文／3·5 文／**1594**·3·12 文／5·11 文／**1595**·3·26 文／6·3 文／10·1 文／**1596**·1·13 文／**1597**·2·4 文／❺-1 **1602**·2·20 政／12·3 文／**1603**·4·1 文／**1611**·2·27 政
山科言総　❺-1 **1661**·11·27 政
山科言行　❺-1 **1665**·4·25 政
山科直治　❾ **1997**·10·28 社
山科教興　❸ **1418**·7·19 政
山科教繁　❸ **1381**·6·22 文
山科教高　❸ **1416**·10·30 政／11·9 政／**1418**·2·13 政
山科教言　❸ **1395**·6·20 政／**1405**·5·14 社／6·13 文／11·20 社／是年 文／**1406**·4·8 文／5·4 文／7·13 文／7·30 社／9·8 社／10·29 文／**1408**·9·17 社／10·16 文／**1409**·3·12 文／11月 社／**1410**·12·15 政
山科教豊　❸ **1410**·8·29 文／**1416**·9·23 文
山科教冬　❸ **1381**·10·7 社／**1409**·7·12 政
山階芳麿　❾ **1989**·1·28 文
山階宮晃親王　❻ **1864**·4·3 政／**1866**·8·30 政／**1867**·12·9 政／❼ **1896**·7·1 文
山代氏益　❶ **841**·12·25 政
山背(山背部)小田　❶ **672**·6·26 政
山城葛野　❶ **862**·2·16 社
山城兼光　❸ **1334**·9·13 政
山城九郎左　❸ **1305**·3月 文
山代　栄　❸ **1282**·3·2 政／**1283**·3·19 政
山城新伍　❾ **2009**·8·12 文
山代忠久　❺-1 **1617**·4月 政
山城綴喜　❶ **877**·4·13 政
山背日並立(日主)　❶ **602**·10月 文
山背百足　❶ **676**·10·10 政
山代真作　❶ **728**·11·25 文
山背王⇨藤原弟貞(ふじわらおとさだ)
山背大兄王　❶ **622**·是年 社／**643**·10·12 政
山背姫王　❶ **686**·4·27 社
山城屋安右衛門　❺-2 **1766**·是年 社
山城屋清兵衛　❻ **1854**·是春 文
山城屋和助　❻ **1872**·11·29 政
山住正巳　❾ **2003**·2·1 文
山勢松韻　❻ **1880**·4月 文
山瀬春政　❺-2 **1758**·是年 文
山田県麿(麻呂)　❶ **773**·3·9 文
山田顕義(市之允)　❻ **1867**·12·4 政／**1869**·4·6 政／**1877**·11·2 政／**1881**·10·21 政／**1883**·12·12 政／**1885**·11·11 政／12·22 政／**1888**·4·30 政／**1889**·12·24 政／**1890**·6·26 文／**1891**·5·6 政／**1892**·11·11 政
山田　憲　❼ **1919**·6·1 社
山田浅右衛門(吉時、初代)　❺-2 **1720**·5·2 政
山田浅右衛門(源五郎·吉睦、五代目)　❺-2 **1789**·5·1 社
山田浅右衛門(吉豊、八代目)　❻ **1881**·7月 社
山田有方　❼ **1903**·3·12 文
山田有信　❹ **1578**·11·12 政／**1585**·2月 社／9·12 政／**1587**·4·6 政
山田有栄　❹ **1600**·9·13 関ヶ原合戦
山田有盛　❹ **1481**·8·20 政
山田伊右衛門　❺-1 **1688**·8·27 社
山田猪三郎　❼ **1900**·5月 政／**1910**·9·8 社
山田伊助　❺-2 **1851**·8·22 社
山田五十鈴　❼ **1934**·8·29 文／❽ **1942**·3·1 文／**1950**·2·26 社／❾ **1983**·11·14 文／**2000**·11·3 文／**2012**·7·9 文
山田市太郎　❾ **1995**·4·13 社
山田雲窓　❺-2 **1825**·10·18 文
山田恵諦　❾ **1994**·2·22 社
山田乙三　❽ **1941**·9·11 政／**1949**·12·24 政／**1956**·6·9 政
山田弟分　❶ **808**·5·14 政／**809**·1·16 政
山田案山子　❺-2 **1837**·是年 文
山田景隆　❹ **1553**·3·17 社
山田和男　❽ **1942**·2·1 文／4·29 文／5·2 文／12·26 文／**1943**·3·25 文／**1944**·4·26 文／12·13 文／**1945**·1·24 文／3·14 文／**1949**·12·8 文／**1950**·6·23 文
山田一雄　❾ **1991**·8·13 文
山田和樹　❾ **2009**·9·19 文／

2010·9·22 文
山田嘉膳　❻ 1864·7·1 政
山田方見　❶ 743·8·29 文
山田勝次郎　❽ 1964·10·14 文
山田兼松　❼ 1929·6·23 社
山田かん　❾ 2003·6·8 文
山田寒山　❼ 1918·12·28 文
山田鬼斎　❼ 1901·2·20 文
山田宮常　❺-2 1793·12·27 文
山田金兵衛　❻ 1854·7·26 社
山田邦子　❾ 1981·5·16 社
山田敬蔵　❽ 1953·4·20 社
山田敬中　❼ 1897·10·25 文／1898·3·29 文／1925·是年 文／1934·1·21 文
山田源一郎　❼ 1904·2月 文
山田検校　❺-2 1831·4·10 文
山田鯉兵衛(嘉充)　❺-2 1802·是冬 政／1803·是年 政
山田耕作(耕筰)　❼ 1909·12·25 文／1914·2·13 文／1915·5·23 文／1917·12·17 文／1919·6·22 文／1920·3·31 文／1925·3月 文／1926·10·5 文／1936·10·13 文／❽ 1940·11·28 文／1941·9·13 文／9·18 文／1945·6·15 文／9·21 文／9·27 文／9·29 文／12·23 文／1950·2·20 文／1951·3·30 文／1956·11·3 文／❾ 1965·12·29 文
山田浩二　❼ 1912·10·15 社
山田沙知子　❾ 2004·2·14 社
山田左内　❺-2 1726·4·25 社
山田三良　❼ 1897·3月 文／❽ 1954·7·14 文／❾ 1965·12·17 文
山田三十郎　❹ 1595·7·15 政
山田重厚　❺-2 1722·7·18 政
山田重雄　❾ 1798·2·5 社
山田重隆　❷ 1190·7·30 政
山田重忠　❷ 1221·6·2 政／6·12 政
山田重次　❺-1 1619·是年 社
山田重辰　❺-1 1609·10·27 政
山田重英　❹ 1575·4·5 政
山田七右衛門　❺-1 1699·8·19 社
山田十竹　❼ 1901·8·26 文
山田宗也(四代目)　❺-2 1804·4·1 文
山田寿之助　❺-2 1832·8·29 政
山田純三郎　❼ 1915·2·2 政
山田順治　❹ 1502·1·3 政／1504·1·9 政
山田潤二　❼ 1921·3·5 政
山田昌殷　❺-1 1674·是年 文
山田常山　❾ 2005·10·19 文
山田抄太郎　❽ 1955·1·27 文
山田二郎左衛門　❹ 1534·是年 政／1586·2·7 政／7·25 社／1587·9·27 政／1588·1·13 政／1589·12·30 社
山田新一　❽ 1944·是年 文
山田季治　❼ 1897·3·22 文
山田　晋　❼ 1923·8·21 政
山田精一　❽ 1942·5·10 政／❾ 1991·2·13 政
山田政右衛門　❻ 1877·8·23 政
山田精吾　❾ 1996·2·10 社
山田清三郎　❽ 1941·7·27 文
山田千里　❾ 2004·4·12 文
山田宗引　❺-2 1724·3·29 文
山田宗悦　❺-2 1826·6·14 社
山田宗円　❺-2 1757·3·20 文
山田宗俊　❺-2 1835·1·3 文
山田宗純　❺-2 1737·11·30 社
山田宗徧　❺-1 1690·是年 文／1691·是年 文／1708·4·2 文
山田大円　❺-2 1816·是年 政
山田大吉　❺-2 1803·2·5 文
山田太一　❾ 1983·5·27 社
山田隆弘　❾ 1988·9·17 社
山田　卓　❾ 2007·11·2 文
山田忠真　❷ 1279·3月 政
山田忠継　❷ 1265·9·20 政
山田忠能　❸ 1351·7·26 政
山田龍兵衛　❻ 1868·9·23 社
山田周枝　❼ 1935·7·13 政
山田長三郎　❼ 1935·10·5 政
山田道安(順清、初代)　❹ 1571·8·4 文
山田道安(順清、二代目)　❹ 1572·2·17 文／4·29 文／1573·3·22 社／10·21 文
山田道慶　❸ 1303·3·24 政
山田桃作　❼ 1899·7·20 社
山田藤三郎　❻ 1873·2·25 文
山田敏夫　❼ 1928·4月 社
山田俊雄　❾ 2005·7·16 文
山田利延　❺-2 1750·3·11 政
山田利安　❹ 1599·③月 政
山田図南(正珍·宗俊)　❺-2 1764·是年 文／1787·2·8 文／1791·是年 文
山田斗養一(初代)　❺-2 1809·是年 文／1817·4·10 文
山田長政(仁左衛門)　❺-1 1621·4·7 政／⑧·3 政／1624·10·20 政／1626·2·7 文／4·15 政／1629·9·19 政／1630·是秋 政／1631·是秋 政／❽ 1937·9·26 政
山田信道　❼ 1897·11·8 政／1900·3·12 政
山田春城　❶ 834·是年 文
山田久就　❾ 1977·11·28 政
山田英俊　❾ 2010·7·20 社
山田美妙(武太郎)　❻ 1885·2月 文／5·2 文／1887·7月 文／11·20 文／1888·9月 文／10月 文／1889·1月 文／1890·1月 文／1892·7月 文／❼ 1910·10·24 文
山田　宏　❾ 2010·4·18 政
山田弘宗　❶ 871·8·25 文
山田風太郎　❾ 2001·7·28 文
山田文男　❾ 2012·4·8 政
山田古嗣　❶ 853·12·21 政
山田文静　❺-2 1826·是年 文／1827·是年 文
山田平左衛門　❻ 1877·3·1 政
山田平三郎　❻ 1872·5·25 社
山田方谷　❻ 1877·6·26 文
山田正亮　❾ 2010·7·18 文
山田正重　❺-1 1656·是年 文／1659·是年 文
山田真恒　❺-2 1759·2月 政
山田正信　❺-1 1669·11·14 社
山田正彦　❾ 1991·11·25 社／2010·6·8 政
山田ます　❻ 1876·5·14 社
山田又七　❻ 1892·是年 政
山田又助　❺-2 1839·是年 文
山田亦介　❻ 1864·12·19 政
山田御形(御方·三方)　❶ 692·10·11 社／707·4·29 文／710·4·23 政／721·1·27 文／722·4·20 政
山田美葉　❾ 2000·9·15 社
山田無久　❺-1 1672·是年 文
山田宗久　❸ 1330·11·16 政
山田無文　❾ 1988·12·24 社
やまだ紫朗　❾ 2009·5·5 文
山田以文(阿波介·伊豆·錦所)　❺-2 1835·2·24 文／是年 文
山田元義　❹ 1549·是秋 政
山田盛太郎　❼ 1930·5·20 政／1936·7·10 政／❽ 1945·11·4 文／1946·9·3 文
山田康之　❾ 2012·11·3 文
山田与市　❺-2 1734·9·5 政
山田洋次　❾ 1968·10·3 社／1994·3·17 文／2012·11·3 文
山田孝雄　❽ 1937·12·15 文／1945·8·17 文／1958·11·20 文
山田義考　❻ 1876·4·28 社
山田与七　❻ 1884·是年 政
山田吉彦⇨きだみのる
山田好之　❺-2 1744·是年 文
山田麟嶼(大佐)　❺-2 1735·3·19 文
山田　聯　❺-2 1810·是年 文
山田六郎　❸ 1334·3·21 社
山田わか　❼ 1920·3·29 文／❽ 1957·9·6 社
山田雅楽助　❹ 1597·2·16 社
山高(金子)しげり　❼ 1930·2·1 社／❽ 1945·8·25 社／1952·7·9 社
山高信雄　❻ 1879·3·15 文／❼ 1907·3·16 文
山田屋勘左衛門　❺-1 1699·12·25 社
山田屋太兵衛　❺-2 1791·2·28 政
山田屋彦兵衛　❺-2 1763·11·12 社
山手樹一郎　❽ 1944·12·17 文／❾ 1978·3·16 文
山手馬鹿人　❺-2 1779·是年 文
山手満男　❾ 1966·8·1 政
和(やまと)　赤麻呂　❶ 723·是年 社
倭　吾子籠　❶ 書紀·応神 41·応神天皇御代／仁徳 62·5月
和　家麻呂　❶ 796·3·1 政／804·4·27 政
大倭五百足　❶ 697·10·28 政
和　入鹿麻呂　❶ 806·1·28 政
和　氏継　❶ 806·1·28 政
大倭小東人⇨大和長岡(やまとながおか)
大和球士　❾ 1992·3·4 社
和　国守　❶ 787·2·5 政
大和慶庵　❺-1 1665·8月 社
大和権之助　❺-1 1671·1·10 文
日本斯那奴阿比多　❶ 516·9·14
大和宗恕　❹ 1579·12·20 政
和　建男　❶ 809·1·16 政
養徳　楯　❶ 745·4·25 文
和　建男　❶ 813·1·10 政
大和太郎(仏師)　❸ 1447·是年 文
和　豊永　❶ 862·3·19 政
大和長岡(大倭小東人)　❶ 717·3·9 文／722·2·27 文／753·4·22 政／759·1·11 政／769·10·29 政／791·3·6 政
大倭果安　❶ 714·11·4 社
倭　福因　❶ 608·9·11 政
倭　武助　❶ 743·6·30 文

大和吉直　❶ 846·1·13 政／858·1·16 政
大和淡路守　❹ 1576·8·6 政
日本足彦国押人尊⇨孝安(こうあん)天皇
日本武尊(日本童子)　❶ 書紀·景行 27·10·13／景行 28·2·1／景行 40·7·16／景行 43·是年／景行 53·8·1
倭迹迹日百襲姫命　❶ 書紀·崇神 7·2·15
東漢直(名欠く)　❶ 677·6 月 政
倭漢県　❶ 650·是年 社
東漢駒　❶ 592·11·3／11 月
東漢掬直　❶ 479·8·7
東漢長阿利麻　❶ 659·7·3 政
東漢末賢　❶ 622·是年 文
倭漢比羅夫　❶ 645·7·14 政
倭漢文麻呂　❶ 645·9·3 政
倭画師種麻呂　❶ 769·5·27 文
倭彦王　❶ 506·12·21
倭彦命　❶ 書紀·垂仁 28·10·5
倭姫王　❶ 668·2·23 政
倭姫命　❶ 書紀·崇神 66·12·1／垂仁 25·3·10
大和屋源左衛門　❺-1 1699·12·25 社
大和屋庄兵衛　❻ 1863·8·14 社
大和屋甚兵衛　❺-1 1653·3 月 文／1704·1·10 文／1713·是年 社
大和屋助五郎　❺-1 1616·是年 社
大和屋善左衛門　❺-1 1627·8 月 政
大和屋正通　❹ 1567·12·26 文
大和屋与治右衛門　❺-1 1619·2 月 社
山名留熙⇨山名祐豊(すけとよ)
山名氏家　❸ 1391·12·23 政／1392·2·26 政
山名氏清　❸ 1378·11·2 政／12·20 政／1379·1·22 政／1380·7·17 政／8·23 政／9·7 政／1381·9·9 政／1382·①·24 政／1385·12·15 政／1388·是春 政／1390·3·17 政／是春 政／1391·10·11 政／12·19 政／12·27 政／1401·是年 社
山名氏冬　❸ 1364·3·16 政／1366·8·8 政／1370·1·5 政／1400·8·19 社
山名氏政　❹ 1538·7 月 政／1575·1·11 政／5·28 政
山名氏幸(氏之)　❸ 1390·3·17 政／1391·12·29 政／1392·1·4 政／1393·4·11 政
山名勝豊　❹ 1459·4·14 政
山名兼義　❸ 1347·11·26 政
山名義鶴　❼ 1932·5·29 政
山名玉山　❺-1 1694·11·15 文
山名金吾⇨山名持豊(もちとよ)
山名是豊　❹ 1461·6·12 政／7·16 政／1463·4·6 政／5·9 政／1464·12·26 政／1469·2·10 政／10·16 政／11·16 政／12·19 政／1470·1·5 政／4·14 政／1471·4·16 政／8·28 社
山名左内　❺-2 1723·2·7 社
山名宗峰⇨山名持豊(もちとよ)
山名新九郎　❹ 1489·1 月 政
山名祐豊(留熙)　❹ 1528·2·14 政／1540·10·9 政／1541·6·29 政／1569·8 月 社／1575·1·11 政／5·28 政／10·20 政
山名澄之　❹ 1479·7·19 政／1521·1·24 社
山名禅高　❺-1 1612·3·20 文／1626·10·7 政
山名宗全⇨山名持豊(もちとよ)
山名忠興　❹ 1538·7 月 政
山名忠義　❹ 1469·是年 政
山名忠次郎　❻ 1863·6·2 社
山名常熙　❸ 1402·7·19 政／1434·1·30 政
山名貫義　❻ 1884·4·11 文／❼ 1896·6·30 文／1900·是年 文／1902·6·11 文
山名時氏　❸ 1341·3·24 政／1343·12·2 政／1347·9·27 政／11·26 政／1348·6·5 政／1351·1·7 政／8·5 政／8·21 政／1353·6·3 政／6·6 政／6·9 政／7·23 政／1355·1·22 政／2·6 政／11·19 政／1362·11·16 政／1363·9·10 政／1364·8·25 政／1367·7·1 社／1368·8·29 社／1369·10·5 社／11·2 社／1371·2·28 政
山名時清　❸ 1392·1·13 政
山名時熙　❸ 1367·是秋 社／1390·3·17 政／③·3 政／1391·12·29 政／1392·1·4 政／1399·11·8 政／1400·11·28 社／1402·8·1 政／1416·12 月 政／1418·6 月 政／1427·10·26 政／1432·2·14 社／3·17 政／8·11 政／1433·4·5 政／4·20 政／8·9 政／1434·6·19 政／1435·7·4 政
山名時義　❸ 1364·3·16 政／1376·7·20 社／1378·12·27 政／1379·8 月 政／12·3 政／1389·5·4 政
山名時豊　❹ 1494·5·4 政
山名俊豊　❹ 1474·4·15 政／1483·11·7 政／1491·7·23 政／1493·2·7 政／7·13 政／1494·11·10 社
山名知兼　❸ 1374·2·22 社
山名豊興　❹ 1542·10·9 社
山名豊数　❹ 1560·3·23 政
山名豊国(元豊)　❹ 1573·7 月 政／10 月 政／1574·9 月 政／1580·5·21 政
山名豊定　❹ 1560·3·23 政
山名豊時　❹ 1489·11 月 政／1491·7·23 政／1492·5·4 政／1502·4·9 政
山名豊之　❹ 1473·1·13 政
山名誠豊　❹ 1512·是年 政／1515·9·6 社／1517·3·13 社／1521·9·3 社／10·16 社／1522·7·7 社／11·11 政／1523·11·19 政／1527·5·6 政／1528·2·14 政
山名誠通　❹ 1527·5·6 政／1534·2·27 社／1541·6·29 政
山名教清　❸ 1441·⑨·21 政／1443·9·22 社
山名矩豊　❺-1 1657·3·2 政
山名教豊　❸ 1441·8·19 政／1443·9·22 社／1455·4·28 政／8·27 政／❹ 1459·1·12 政／9·2 政／是年 政／1460·10·26 政／1467·9·9 政／1470·1·5 政／1473·1·6 政
山名教之　❸ 1439·9·28 社／1441·⑨·21 政／❹ 1459·6·19 政／1462·4·15 政／1467·6·8 政／1472·6·12 政／1473·1·13 政
山名八郎　❸ 1454·12·11 政
山名尚之　❹ 1500·5 月 政
山名熙貴　❸ 1439·11·14 政
山名文成　❺-2 1784·是年 文
山名(杉原)理興　❹ 1543·5·7 政／6·27 政／1547·4·28 政／1548·6·18 政／1549·4·17 政／9·4 政
山名政清　❸ 1445·6·13 政／❹ 1467·5·20 政
山名政実　❹ 1488·8·24 政／1489·11 月 政
山名政豊　❹ 1467·9·9 政／1470·5·19 政／1472·8 月 政／1473·10·23 政／1474·4·3 政／7·13 政／1475·2 月 政／10·22 文／1477·6·15 社／12·13 政／1478·4·20 政／1479·9 月 社／⑨·3 政／1480·9·14 政／1483·8 月 政／1484·1·21 政／2·5 政／4·29 社／1485·2·22 政／3·29 社／6·4 政／1486·1·6 政／1487·3·10 政／1488·4·9 政／7·18 政／1490·2·7 政／1493·7·13 政／1495·8·3 政／1499·1·23 政
山名政之　❹ 1481·8·30 政／1483·1·28 社／1489·1 月 政／1491·7·23 政
山名満氏　❸ 1392·1·13 政／1404·8·3 政／9·23 政／1406·3·15 政
山名満幸　❸ 1389·3·4 政／1390·3·17 政／1391·10·11 政／11·8 政／12·19 政／1392·1·10 政／1393·2·5 政／1394·11·24 政／1395·3·10 政／3·20 政
山名致豊　❹ 1459·11·24 政／1479·7·19 政／1499·1·23 政／1500·5 月 政／1505·6·2 政／1508·2·20 政／1512·是年 政／1536·7·3 政
山名持豊(宗全·宗峰·右衛門督·金吾入道)　❸ 1431·8·22 政／1433·8·9 政／1437·7·30 政／12 月政、社／1438·3·10 文／1440·3 月 社／9·22 政／1441·6·24 政／7·11 政／9·5 政／⑨·21 政／10·11 政／1442·1·22 政／是春 文／11·28 政／1443·7·28 政／1444·1·22 政／10·25 政／1445·1·20 政／6·13 政／1446·7·19 社／1450·3·4 社／1454·8·21 政／11·2 政／1455·4·28 政／❹ 1458·8·9 政／1460·⑨·9 政／10·26 政／1462·8·21 政／9·14 政／1464·4·5 文／1465·6·12 政／1466·12·25 政／1467·1·5 政／2 月 政／3·3 政／4·7 政／5·20 政／6·1 政／7 月 社／9·13 政／10·5 政／1468·3·18 社／4·14 政／6·8 政／1469·3·14 政／1471·5 月 社／1472·1·15 政／8 月 政／1473·3·18 政
山名持熙　❸ 1431·8·22 社
山名持頼　❸ 1418·6 月 政
山名元豊⇨山名豊国(とよくに)
山名元之　❹ 1478·3·20 社／1481·8·30 政
山名師氏　❸ 1355·2·6 政
山名師義　❸ 1352·4·25 政／11·16 政／1367·12·25 政／1373·12·8 政／1376·3·11 政

山名義尹　❸ **1372**·8月 政
山名義理　❸ **1378**·11·2 政／**1379**·1·22 政／2·9 政／3月 政／**1388**·3·13 政／**1391**·12·24 政／**1392**·2·13 政
山名義範　❷ **1185**·8·16 政
山名義幸　❸ **1379**·12·3 政
山名王　❶ **839**·1·11 政／**840**·1·30 政
山名刑部少輔　❸ **1437**·7·30 政
山名蔵人　❹ **1480**·6月 政
山中　笑(笑吉)　❼ **1928**·12·10 文
山中かく　❾ **2008**·4·5 社
山中　鑽　❾ **1999**·9·26 政
山中橘六　❸ **1399**·11·28 社
山中源三郎　❹ **1534**·7·3 社
山中源四郎　❺-2 **1759**·9·2 政
山中古洞　❼ **1901**·6·6 文／**1902**·10·1 文
山中貞雄　❽ **1938**·9·17 文
山中貞則　❾ **1970**·1·14 政／**1971**·7·5 政／**2004**·2·20 政
山中三右衛門　❺-1 **1633**·3·22 社
山中鹿介(鹿助)⇨山中幸盛(ゆきもり)
山中恕之(天水)　❺-2 **1792**·是年 文
山中甚作　❺-2 **1807**·9·10 文
山中新十郎　❻ **1877**·9·9 政
山中伸弥　❾ **2006**·8·28 文／**2007**·11·20 文／**2009**·9·14 文／11·25 文／**2010**·9·6 文／11·3 文／**2012**·10·8 文／11·3 文
山中宗古　❺-2 **1724**·5月 文
山中為俊　❹ **1507**·6·23 政
山中太郎右衛門　❺-2 **1719**·4月 文
山中智恵子　❾ **2006**·3·9 文
山中忠左衛門　❺-1 **1698**·是年 文
山中　毅　❽ **1956**·11·22 社／**1958**·5·24 社／**1959**·7·12 社／7·26 社／**1960**·8·25 社／**1961**·8·14 社
山中天水　❺-2 **1790**·9·6 文
山中藤左衛門　❹ **1540**·11·7 社
山中俊信　❷ **1226**·3·10 政
山中長俊　❹ **1590**·8·22 政／**1593**·3·3 文禄の役／❺-1 **1607**·12·24 政
山中仁兵衛　❺-2 **1817**·7·3 社
山中信夫　❾ **1973**·是年 文
山中　登　❾ **1979**·12·19 文
山中半左衛門　❺-1 **1654**·4·26 社
山中平九郎　❺-1 **1714**·11月 文／❺-2 **1724**·5·15 文
山中政三　❼ **1905**·2·13 社
山中峯太郎　❼ **1917**·3·25 社／**1930**·4月 社／❾ **1966**·4·28 文
山中宗利(宗誠)　❺-2 **1732**·3·6 文
山中安左衛門　❺-2 **1802**·1·3 政
山中幸盛(鹿介·鹿助)　❹ **1563**·8·13 政／**1565**·9·20 政／**1569**·5月 政／**1570**·2·14 政／**1571**·8·18 政／**1573**·7月 政／11月 政／**1574**·2·7 政／9月 政／**1577**·12·3 政／**1578**·4·18 政／7·3 政
山中隣之助　❻ **1882**·12·17 文
山梨勝之進　❾ **1967**·12·17 政
山梨胤次　❺-1 **1632**·11·6 政
山梨稲川(治憲·玄度·叔子·東平)　❺-2 **1821**·是年 文／**1826**·7·6 文／是年 文
山梨半造　❼ **1920**·7·31 政／**1922**·6·9 政／**1923**·9·20 政／**1927**·12·10 政／**1929**·7·24 政／**1931**·2·23 政／❽ **1944**·7·2 政
山成喬六　❼ **1932**·6·15 政
山錦(相撲)　❽ **1937**·12·4 社
山根赤鬼　❾ **2003**·6·24 文
山根恵理奈　❾ **2012**·7·27 社
山根　清　❺-2 **1769**·是年 文
山根銀二　❽ **1945**·12·23 文
山根吾一　❼ **1905**·8·25 政
山根徳太郎　❾ **1973**·7·28 文
山根敏子　❽ **1950**·3·14 政
山根有三　❾ **2000**·11·6 文／**2001**·5·22 文
山猫ずんど兵衛　❺-2 **1780**·2月 社
山野愛子　❾ **1995**·7·31 社
山野　大　❾ **1999**·2·6 社
山野忠彦　❾ **1998**·9·25 社
山野千枝子　❼ **1923**·3月 社／**1929**·3·4 社
山井景範　❹ **1516**·12月 文
山井景理　❹ **1566**·5·7 文
山井景通　❹ **1516**·12月 文
山井崑崙(小伝次·善六·重鼎·君彝)　❺-2 **1728**·1·28 文／**1731**·是年 文
山井清渓　❼ **1912**·5·29 文
山井藤範　❸ **1334**·1·29 政
山井基清　❾ **1970**·12·8 文
山上憶良　❶ **701**·1·23 文／**702**·6·29 文／**704**·7·1 文／**716**·4·27 政／**724**·7·7 文
山上宗二　❹ **1558**·9·9 文／**1580**·12·9 文／**1581**·1·10 文／2·13 文／**1583**·①·5 文／**1588**·2·27 文／**1589**·2月 文／**1590**·4·21 文
山上船主　❶ **776**·3·5 文／**780**·3·17 政／**782**·3·26 政
山之内一次　❼ **1923**·9·2 政／**1932**·12·21 政
山内(やまのうち)⇨山内(やまうち)姓を見よ
山之口　貘　❽ **1963**·7·19 文
山辺春日　❶ **793**·8·21 社
山辺丈夫(虎槌)　❼ **1914**·6·26 政／**1920**·5·14 政
山野辺義忠　❺-1 **1622**·8·21 政
山野辺義観　❺-2 **1836**·5·7 政
山辺皇女　❶ **686**·10·2 政
山の八　❺-1 **1682**·是年 政／**1683**·是年 文／**1689**·是年 文
山羽虎夫　❼ **1904**·5·7 社
山葉寅楠　❻ **1887**·7月 文／**1889**·3月 文／❼ **1897**·10·12 文／**1916**·8·6 文
山端庸介　❽ **1956**·3·23 社
山花貞夫　❾ **1993**·1·6 政／**1999**·7·14 政
山家公頼　❺-1 **1620**·6·30 政
山部源蔵　❺-1 **1670**·8·5 社
山辺小嶋子　❶ **469**·3月
山部王　❶ **672**·7·2 政
山辺王　❶ **774**·3·5 政／**780**·3·17 政
山部親王⇨桓武(かんむ)天皇
山道裏一　❽ **1941**·5·10 政
山道津守　❶ **750**·5·26 社
山道三中　❶ **750**·5·26 社
山宮維深　❺-2 **1748**·是年 文
山村姉子　❷ **1080**·3·10 社
山村栄知　❺-1 **1648**·3·25 文
山村賀一(平曲)　❹ **1533**·4·23 文
山村耕花　❼ **1901**·6·6 文／**1902**·10·1 文／**1925**·9·2 文／❽ **1942**·1·25 文
山村才助(昌永·子明)　❺-2 **1802**·是年 文／**1803**·是年 文／**1806**·是年 文／**1807**·9·19 文／**1848**·是年 文
山村　聡　❾ **2000**·5·26 文
山村新治郎　❽ **1963**·7·18 政／❾ **1970**·4·1 政／**1989**·6·2 政／**1992**·4·12 政
山村甚兵衛(良勝)　❹ **1600**·7·28／8·15 関ヶ原合戦／❺-1 **1608**·5·1 社／**1628**·12·23 社
山村助正　❷ **1097**·7·16 文
山村惣左衛門　❺-2 **1719**·8·8 文
山邑大三郎　❼ **1923**·11·22 政
山村良旺(たかあきら)　❺-2 **1773**·7·18 社／**1777**·12·5 政
山邑太左衛門　❺-2 **1840**·是年 社
山村長太夫　❺-1 **1714**·3·5 社
山村暮鳥(志村·土田八九十)　❼ **1924**·12·8 文
山村正次(政次)　❹ **1532**·7·28 政／8·7 政／8·10 政／8·24 政
山村政連　❷ **1100**·6·15 文
山村昌永⇨山村才助(さいすけ)
山村美紗　❾ **1996**·9·5 文
山村雄一　❾ **1970**·11·29 文／**1990**·6·10 文
山村遊園　❺-1 **1691**·是年 文
山村良勝⇨山村甚兵衛(じんべえ)
山村吉貞　❷ **1100**·6·15 文
山村楽正　❾ **2008**·12·8 文
山村良安　❺-1 **1611**·4·2 社
山村王　❶ **759**·1·11 政／**764**·9·11 政／10·9 政／**765**·2·5 政／**766**·2·21 政／**767**·11·17 政
山村宮　❸ **1351**·是年 政
山室軍平　❼ **1896**·1月 社／**1915**·11·10 社／❽ **1940**·3·13 社
山室光史　❾ **2012**·7·27 社
山室　静　❾ **2000**·3·23 文
山室法師　❻ **1890**·9·28 文
山本西武　❺-1 **1629**·11月 文／**1657**·是年 文
山本五十六　❽ **1939**·1·6 政／7·15 政／**1940**·2·11 政／**1941**·9·29 政／12·8 社／**1943**·4·18 政／**1944**·11·25 文
山本一太　❾ **2012**·12·26 政
山本一清　❼ **1920**·9·25 文／❽ **1959**·1·16 文
山本一成　❾ **2011**·5·10 文
山本宇平　❺-2 **1835**·7·13 社
山本英一郎　❾ **2006**·5·26 社
山本英輔　❽ **1962**·7·27 政
山本乙吉　❻ **1879**·6·18 政
山本槐之助　❺-2 **1847**·9·28 政
山本覚右衛門　❺-1 **1623**·6·30 政
山本学治　❾ **1969**·5·10 文
山本角太夫　❺-1 **1680**·寛文·延宝年間 文
山本覚太郎(瀧蔵)　❼ **1905**·11·7 社
山本覚馬　❻ **1875**·11·29 文

山本格安　❺-2 **1743**·是年 文／**1748**·是年 文／**1751**·是年 文
山本荷兮　❺-1 **1693**·是年 文／**1694**·是年 文／**1699**·是年 文
山本嘉次郎　❽ **1942**·12·3 社／**1944**·是年 社／❾ **1973**·9·21 文
山本和夫　❽ **1944**·9 月 文
山本一樹　❾ **2007**·10·27 社
山本克彦　❾ **2007**·10·27 社
山本　鼎　❼ **1907**·5 月 文／**1915**·是年 文／**1916**·是年 文／**1919**·3 月 文／4·27 文／**1920**·5·28 文／12·26 文／**1922**·1·14 文／❽ **1946**·10·8 文
山本加兵衛　❻ **1854**·10·1 社
山本久三郎　❼ **1912**·5 月 文
山本丘人　❽ **1943**·4 月 文／**1944**·12·17 文／**1948**·1·28 文／❾ **1977**·11·3 文／**1986**·2·10 文
山本竟山(由定·右兵衛)　❼ **1934**·1·24 文
山本公尹　❺-2 **1747**·9·13 政
山本軍助　❺-1 **1612**·是年 文
山本懸蔵　❼ **1928**·3·15 政／**1936**·2·10 政
山本兼一　❾ **2009**·1·15 文
山本健吉　❽ **1939**·8 月 文／❾ **1988**·5·7 文
山本元順　❺-2 **1783**·6·25 文
山本懸蔵　❽ **1939**·10·20 政
山本玄通　❺-1 **1676**·是年 文
山本好阿(静観房)　❺-2 **1752**·1 月 社／是年 文
山本光一　❼ **1903**·10·7 文
山本幸一　❽ **1964**·10·1 社／❾ **1966**·12·6 政／**1996**·2·17 政
山本浩二　❾ **1983**·12 月 社
山本小鉄　❾ **2010**·8·28 社
山本五兵衛　❺-2 **1755**·1·8 社
山本惟命　❺-2 **1744**·7·9 文
山本五郎　❻ **1879**·3·15 文
山本権兵衛　❼ **1900**·10·19 政／**1901**·12·19 政／**1903**·2·22 政／6·23 政／**1912**·12·2 政／**1913**·2·10 政／2·20 政／**1914**·5·11 政／**1923**·9·2 政／**1933**·12·8 政
山本　栄　❽ **1944**·10·20 社／11·25 文
山本作兵衛　❾ **2011**·5·26 文
山本薩夫　❽ **1950**·2·26 社
山本　悟　❾ **2006**·12·17 政
山本実彦　❽ **1945**·9·27 文／12·18 政／**1946**·5·24 政／**1952**·7·1 文
山本実吉　❼ **1919**·4 月 文
山本(舁地)三郎　❽ **1954**·4·4 文
山本三右衛門(小十組人)　❺-1 **1663**·12·14 政
山本三右衛門　❺-2 **1835**·7·13 社
山本繁一　❽ **1956**·11·29 政
山本茂実　❾ **1998**·3·27 文
山本慈昭　❾ **1990**·3·15 社
山本七平　❾ **1991**·12·10 文
山本七羊　❺-2 **1811**·是年 文
山本若麟　❺-2 **1803**·1·4 文
山本周五郎(清水三十六)　❽ **1942**·6 月 文／**1943**·1 月 文／8·2 文／**1954**·7·20 文／❾ **1967**·2·14 文
山本秋水(伝蔵)　❺-2 **1773**·8·29 文
山本周三　❺-2 **1791**·4·20 文
山元春挙　❼ **1896**·1·26 文／**1899**·4·1 文／**1909**·4·1 文／10·15 文／**1913**·10·15 文／**1917**·6·11 文／**1925**·10·16 文／**1930**·是年 文／**1931**·是年 文／**1933**·7·12 文
山本春正　❺-1 **1666**·是年 文／**1682**·9·8 文
山本小勘　❺-1 **1659**·是年 文
山本昌二　❾ **1985**·8·7 社
山本譲司　❾ **2001**·2·28 政
山本庄助　❺-1 **1706**·6·25 文
山本條太郎　❼ **1919**·10·10 政／**1927**·7·20 政／11·12 政／**1928**·5·15 政／**1936**·3·25 政
山本湘桃　❺-2 **1831**·12·16 文
山本少兵衛　❺-1 **1699**·7·26 社
山本序周　❺-2 **1719**·是年 文
山本紫朗　❾ **1995**·3·1 文
山本次郎左衛門尉　❸ **1356**·9·21 政
山本次郎則正　❼ **1902**·11·24 文
山本新五左衛門　❺-1 **1602**·是年 社
山本信次郎　❽ **1940**·11·25 政／**1942**·2·28 政
山本仁太夫(乞胸頭)　❺-2 **1813**·⑪月 社
山本瑞雲　❽ **1941**·3·13 文
山本錫夫　❻ **1864**·2·20 文
山本正誼　❺-2 **1800**·是年 文
山本清渓　❺-2 **1823**·9·14 文
山本聖子　❾ **2003**·9·14 社
山本清三郎　❺-1 **1661**·5·15 政
山本清二郎　❾ **1995**·12·12 政
山本積善　❺-2 **1834**·是年 文
山本世孺(亡洋)　❻ **1853**·6 月 文／**1859**·11·27 文
山本宣治　❼ **1929**·3·5 政
山本善兵衛　❺-1 **1715**·正徳年間 社
山本惣右衛門　❺-1 **1687**·9·3 政
山本倉丘　❾ **1974**·11·1 文
山本宗節　❺-2 **1825**·12·16 文
山本素軒　❺-1 **1687**·2·12 文／**1692**·9·26 文／**1696**·5 月 文／**1706**·9·2 文
山本素堂　❻ **1866**·4·26 文
山本泰順　❺-1 **1658**·是年 文
山本旗郎　❻ **1867**·6·13 政／**1870**·2·24 社
山本貴司　❾ **2004**·8·13 社
山本貴志　❾ **2005**·10·21 文
山本隆史　❾ **2007**·12·22 政
山本　孝　❾ **2012**·10·9 文
山本隆博　❾ **2005**·11·28 社
山本　拓　❾ **1994**·4·18 政
山本卓真　❾ **2012**·1·17 政
山本猛夫(山善)　❾ **1991**·6·16 政
山本武光　❻ **1870**·6 月 文
山本　正　❾ **2012**·4·15 政
山本達雄(日銀総裁)　❼ **1898**·10·20 政／**1903**·10·20 政／**1911**·8·30 政／**1913**·2·20 政／**1918**·9·29 政／**1924**·1·15 政／**1932**·5·26 政／❾ **2004**·5·11 政
山本達郎(原爆の火)　❽ **1962**·7·5 文／❾ **1998**·11·3 文／**2001**·1·24 文
山本太郎　❾ **1988**·11·5 文
山本竹雲　❻ **1888**·4·27 文
山本知候　❺-1 **1683**·2·26 文
山本治斎　❺-1 **1683**·是年 文
山本貞一郎　❻ **1858**·8·29 政
山本悌二郎　❼ **1927**·4·20 政／**1931**·12·13 政／❽ **1937**·12·14 政
山本哲助　❻ **1868**·2·24 文
山本哲也　❾ **2007**·11·14 政
山本伝九郎　❺-2 **1729**·11·29 政
山本洞雲　❺-1 **1676**·是年 文
山本陶秀　❾ **1994**·4·22 文
山本東次郎(則正、初代)　❼ **1902**·11·28 文
山本東次郎(則忠、二代目)　❼ **1903**·3·1 文／**1935**·9·1 文
山本東次郎(則重、三代目)　❽ **1964**·7·26 文
山本東次郎(則寿、四代目)　❾ **2012**·7·20 文
山本東籬　❺-2 **1791**·2 月 文
山本主殿(とのも)　❹ **1595**·7·15 政
山本富雄　❾ **1990**·2·28 政／**1995**·3·16 政
山本与彦　❻ **1887**·12·26 政
山本豊市　❼ **1925**·9·2 文／❽ **1948**·是年 文／**1951**·10·1 文／❾ **1987**·2·2 文
山本直純　❾ **1981**·12·12 社／**2002**·6·18 文
山本直三　❾ **1985**·7·1 文
山本直忠　❽ **1937**·8·22 文
山本直成　❻ **1894**·11·21 政
山本夏彦　❾ **2002**·10·23 文
山本仁大夫　❺-2 **1807**·4 月 社
山本如春　❺-2 **1781**·是年 文
山本信有　❺-2 **1775**·是年 文
山本則直　❾ **2010**·4·23 文
山本梅逸(春園·親亮·明卿·玉禅居士·梅華主人)　❺-2 **1809**·是年 文／**1842**·是年 文／**1844**·是年 文／**1845**·2 月 文／**1847**·10 月 文／**1848**·是年 文／**1851**·5 月 文／是年 文／**1852**·4 月 文／是年 文／❻ **1856**·1·2 文
山本梅痴　❻ **1854**·1·28 文
山本梅所　❻ **1873**·11·7 文
山本秀煌　❽ **1943**·11·21 社
山本兵部　❺-1 **1652**·10·3 社
山本　広　❾ **1989**·3·19 社
山本　博　❾ **2004**·8·13 社
山本宏美　❾ **1994**·2·12 社
山本富士子　❽ **1950**·4·22 社
山本文夫　❾ **2012**·6·22 文
山本平兵衛　❺-1 **1681**·8·16 社
山本芳翠(為之助)　❻ **1887**·7·12 文／**1888**·是年 文／**1889**·6·16 文／**1892**·3·20 文／7·1 文／❼ **1896**·6·6 文／**1904**·1·14 文／**1906**·11·5 文
山本亡羊(永吉·仲直·世儒)　❺-2 **1799**·5·17 文／**1838**·是年 文
山本北山(喜六·憙六·考経楼主人·学半堂逸士·奚疑翁·竹堤隠逸)　❺-2 **1782**·是年 文／**1796**·是年 文／**1797**·是年 文／**1800**·是年 文／**1812**·5·18 文／**1850**·是年 文
山本政夫　❽ **1946**·2·19 社
山本昌信　❺-2 **1780**·2·15 文
山本政弘　❾ **2005**·8·11 政
山本正路　❺-2 **1850**·是年 文

山本復一　❼ **1912**·1·16 文
山本万里子　❾ **2000**·3·17 政
山本万次郎⇨長谷川如是閑(はせがわにょぜかん)
山本美香　❾ **2012**·8·20 政
山本道子　❾ **1973**·3月 文
山本無兵衛　❻ **1854**·10·1 社
山本明清　❺-2 **1823**·是年 文／**1831**·是年 文
山本森之助　❼ **1905**·9·23 文／**1909**·10·15 文／**1928**·12·19 文
山元護久　❽ **1964**·4·6 文
山本守礼　❺-2 **1784**·是春 文／**1790**·2·26 文
山本弥次郎　❸ **1443**·2·8 社
山本安英(千代)　❼ **1929**·3·25 文／4·5 文／**1934**·10·25 文／❽ **1937**·10·9 文／**1946**·3·1 文／**1947**·4·8 文／**1948**·3·4 文／9·13 文／**1950**·10·19 文／**1957**·7·12 政／❾ **1993**·10·20 文
山本ヤヲ　❽ **1955**·3·8 文
山本友我　❺-1 **1647**·8·18 文／**1648**·6·9 文
山本遊学　❺-1 **1683**·是年 文
山本有二　❾ **2006**·9·26 政
山本有三(勇造)　❼ **1914**·2月 文／**1924**·1月 文／**1933**·6·3 文／❽ **1937**·1·1 文／**1945**·10·4 文／❾ **1965**·11·3 文
山本幸彦　❼ **1903**·5·30 政／**1913**·5·24 政
山本陽子　❾ **1984**·8·29 文
山本榕室　❻ **1862**·5·9 文
山本洋祐　❾ **1988**·9·17 社
山本善雄　❽ **1951**·10·31 政
山本由方　❻ **1891**·是年 社
山本吉勝　❺-1 **1672**·6·4 社
山本良高　❺-2 **1843**·5月 政
山本義経⇨源(みなもと)義経
山本義信　❺-2 **1758**·是年 文
山本善太　❺-2 **1825**·是年 文／**1828**·是年 文
山本由古　❺-2 **1748**·是年 文
山本蘭洲　❺-2 **1778**·7·4 文
山本利兵衛　❼ **1908**·4·9 文
山本良吉　❽ **1942**·7·12 文
山本緑陰　❺-2 **1793**·是年 文
山本和泉守　❹ **1547**·6·7 社
山本対馬守　❹ **1573**·7·21 政
楊梅兼親　❸ **1389**·是年 政
楊梅兼豊　❸ **1422**·3·8 社
楊梅兼英　❸ **1422**·3·8 社
山屋他人　❽ **1940**·8·10 政／9·10 政
山吉豊守　❹ **1570**·4·5 社
山吉久盛　❸ **1426**·10月 政
山吉正盛　❹ **1511**·9·17 社
山脇玄心　❺-1 **1643**·是年 文／**1678**·10·8 文
山脇信徳　❽ **1952**·1·21 文
山脇道円　❺-1 **1669**·是年 文
山脇道作　❺-2 **1747**·1·13 文
山脇東門(大鋳·玄侃、方学居士)　❺-2 **1771**·12·25 文／**1775**·8月 文／**1776**·3月 文
山脇東洋(移山·尚徳·飛·子飛)　❺-2 **1754**·②·7 文／**1759**·是年 文／**1762**·8·8 文
山脇敏子　❽ **1960**·11·4 文
山脇　玄　❻ **1883**·10·22 文
山脇房子　❼ **1927**·4·29 社／**1935**·11·19 文
山脇元清　❼ **1903**·3·1 文
山脇洋二　❽ **1946**·10·16 文
屋山種速　❹ **1579**·1·18 政
屋山中務　❹ **1583**·2·8 政／2·17 政
屋良朝苗　❽ **1960**·4·28 政／❾ **1968**·11·10 政／**1971**·11·18 政／**1972**·6·25 政／**1997**·2·14 政
鎗田倉之助　❼ **1907**·9·17 文
鑓田研一　❽ **1938**·11·7 文
弥留九郎右衛門　❺-1 **1676**·1·9 政
弥六(楫取)　❸ **1331**·4·20 社
弥六(久世)　❹ **1478**·8·11 政
弥六(長浜)　❹ **1590**·4·23 政
ヤロシェビッチ(ポーランド)　❾ **1978**·11·18 政
八幡宗安　❸ **1333**·3·20 政
八幡屋宇兵衛　❻ **1858**·7·14 社
八幡屋卯兵衛　❻ **1863**·7·26 社
楊　逸(ヤンイー)　❾ **2008**·7·15 文
ヤン·ウィレム·フレドリック·シッテルス(オランダ)　❺-2 **1830**·6·14 政／9·16 政
ヤン·エイリヤスロエイル(オランダ)　❺-2 **1731**·2·28 政
ヤン·クランス(オランダ)　❺-2 **1763**·10·3 政／**1765**·9·25 政／**1767**·9·29 政
ヤン·ド·フォス(オランダ)　❺-1 **1634**·6·4 文
ヤン·ハンテムコロイス(オランダ)　❺-2 **1730**·2·28 政
ヤン·ピーテルスゾーン(オランダ)　❺-1 **1629**·7·17 政
ヤン·ファン·エルセラック(オランダ)　❺-1 **1641**·9·28 政／11·2 政／**1643**·6·17 政
ヤン·ファン·デル·クライセ(オランダ)　❺-2 **1736**·9·20 政
ヤン·ヘンドリック·ドンケル·クルチウス(オランダ)　❺-2 **1852**·6·5 政
ヤン·ホイスウアル(オランダ)　❺-1 **1712**·3·1 政
ヤン·ホウクトハンテルワイフ，アラテレ(オランダ)　❺-1 **1715**·2·28 政
ヤン·ヨーステン(耶楊子)　❹ **1600**·3·16 政／❺-1 **1612**·1·11 政／9·9 政／**1613**·9·9 政／**1623**·是夏 政
ヤン·ルイス·ド·ウィン(オランダ)　❺-2 **1747**·9·25 政
ヤング，チック(米)　❽ **1949**·1·1 社
ヤング，ロバート(USスチール)　❽ **1960**·1·21 政
ヤンセン(オランダ)　❻ **1861**·3·28 政
ヤンセン(ヤンスゾーン)，ウィルレム　❺-1 **1629**·7·17 政／**1630**·11·12 政／**1631**·2·10 政／**1632**·10·2 政／11月 政

ゆ

兪　吉濬　❻ **1881**·6·8 文
兪　士吉　❸ **1406**·5·29 政／6·11 政
兪　瑒(朝鮮)　❺-1 **1655**·10·8 政
愈　仁秀　❶ **945**·7·26 政
愈　図南　❺-1 **1649**·是冬 政
兪　忭(明)　❸ **1443**·是年 政
愈　豊(通事)　❸ **1379**·⑤月 政
兪　良甫(明)　❸ **1374**·10月 文
湯浅一郎　❼ **1903**·是年 文／**1909**·是年頃 文／**1931**·2·23 文
湯浅　巌　❼ **1936**·10·5 社
湯浅吉郎　❼ **1902**·5月 文／**1909**·4·1 文
湯浅倉平(石川倉之丞)　❼ **1933**·2·15 政／**1936**·3·6 政／❽ **1939**·1·4 政／7·15 政／**1940**·2·24 政
湯浅重慶　❺-1 **1687**·是年 文
湯浅十兵衛　❺-1 **1660**·2月 社
湯浅十郎兵衛　❺-2 **1800**·6·25 政
湯浅常山(元禎·士祥)　❺-2 **1724**·是年 文／**1739**·是年 文／**1765**·是年 文／**1781**·1·8 文／**1782**·是年 文／**1784**·是年 文
湯浅常是⇨大黒屋(だいこくや)常是
湯浅定仏　❸ **1332**·12月 政
湯浅治郎　❼ **1932**·6·7 政
湯浅次郎左衛門　❸ **1354**·11·28 政
湯浅湛快　❷ **1159**·12·10 政
湯浅得之　❺-1 **1676**·是年 文
湯浅年子　❽ **1949**·3·10 文
湯浅凡平　❼ **1919**·3·8 政／**1921**·11·12 政
湯浅　誠　❾ **2009**·4·29 社
湯浅将宗　❹ **1578**·12·23 政／**1585**·4·17 政
湯浅宗顕　❸ **1334**·2·26 社
湯浅宗重　❷ **1184**·2·4 政
湯浅宗親　❷ **1275**·10·28 社
湯浅宗業　❷ **1262**·4·25 社
湯浅宗光　❷ **1210**·2·10 政／**1219**·8·16 社／**1221**·⑩·12 政
湯浅元禎⇨湯浅常山(じょうざん)
湯浅芳子　❾ **1990**·10·24 文
湯浅理兵　❻ **1884**·5·15 政
湯浅治部大輔　❹ **1577**·3·1 政
油井亀美也　❾ **2009**·2·25 文
油井正一　❾ **1998**·6·8 文
由井(由比)正雪　❺-1 **1651**·7·23 政
由比忠之進　❾ **1967**·11·11 政
油井夫山　❼ **1934**·10·10 文
唯一(明僧)　❺-1 **1654**·7·5 政
唯円(僧)　❸ **1288**·2·6 社
唯雅(僧)　❷ **1170**·是年 政
惟雅(僧)　❺-1 **1604**·8月 政
唯心(僧)　❸ **1321**·4·16 文
唯善(僧)　❷ **1280**·10·25 社
唯範(僧)　❷ **1096**·2·3 社
由　必都(明)　❹ **1569**·12·23 政
柳　美里　❾ **1997**·11·16 文／**2001**·2·15 文／**2002**·4·17 文
由阿(僧)　❸ **1365**·是秋 文／**1366**·5月 文／**1368**·是年 文／**1374**·是秋 文／**1375**·11·25 文
有阿弥(有阿弥陀仏)　❹ **1478**·1·28 文
祐位(僧)　❹ **1502**·1·3 政／**1504**·1·9 政

有意(僧)　❹ 1556・是年 社
ユーイング(英)　❻ 1878・10月 文
有雲(僧)　❸ 1431・2・29 政
有栄(僧)　❸ 1453・5・29 政／6・24 政
宥衛(僧)　❺-2 1718・7・15 社／1737・11・30 社
猷円(僧)　❷ 1232・10・25 社
祐円(僧)　❸ 1359・是年 文／1367・6・3 社／1384・11・24 文／1392・9・20 文
祐円(僧)　❺-1 1614・慶長年間(囲み)
祐縁(僧)　❸ 1298・6・12 社
融円(遣朝鮮使)　❹ 1468・3・15 政
宥快(僧)　❸ 1374・是冬 文／1416・7・17 社
祐海(僧)　❺-1 1658・是年 文
祐海(僧、二代目)　❺-2 1760・1・2 社
有覚(僧)　❷ 1113・6・23 文
宥覚(僧)　❸ 1336・1・2 政
祐覚(僧)　❸ 1449・3・29 政
友閑満庸(面打)　❺-1 1652・是年 文／❺-2 1726・是年 文
結城顕朝　❸ 1345・4月 政／1351・2・12 政／11・25 政
結城顕頼　❹ 1520・8・12 政
結城氏朝　❸ 1397・10・21 政／1417・5・27 政／1420・11・15 社／1424・6・13 政／1425・10・24 社／1428・12・17 政／1429・2・21 政／6・3 政／8・18 政／9・3 政／1430・1・11 社／1439・10・10 政／1440・3・4 政／4・10 政／7・25 政／1441・4・16 政
結城氏広　❹ 1472・2・3 政／1481・3・29 政
結城長朝　❹ 1462・12・29 政
結城成朝　❹ 1462・12・29 政
結城昌治　❾ 1996・1・24 文
結城雪斎　❾ 1997・12・13 文
結城素明(貞松)　❼ 1900・3・5 文／1907・3・20 文／10・25 文／1909・9・9 文／1915・10月 文／1916・5月 文／1934・10・16 文／❽ 1944・是年 文／1957・3・24 文
結城(白河)直朝　❹ 1458・11・6 社／1492・是年 社
結城忠直　❺-1 1607・④・8 政
結城忠正　❹ 1558・12・5 政
結城親朝　❸ 1335・3月 政／5・12 政／1338・11・6 政／1339・3・20 政／4・12 政／7・26 政／9・28 政／1340・4・3 政／5・16 政／11・18 政／1341・2・18 政／5・4 政／10・16 政／11・28 政／1342・4・27 政／12・21 政／1343・2・25 政／4・19 政／5・6 政／7・3 政／8・19 政／11・18 政／1344・1・13 政／1346・6・27 政
結城親光　❸ 1333・10・9 政／1335・4・21 社／1336・1・1 政
結城天童　❾ 2011・5・14 文
結城朝胤　❸ 1351・2・12 政／3・4 政
結城朝常　❸ 1351・11・26 政／1353・6・17 政／1424・4・26 政
結城朝広　❷ 1221・5・22 政／1226・4・27 政／1241・11・29 政／1251・1・4 文／1257・3・1 政
結城(小山)朝光　❷ 1181・4・7 政／1185・5・15 政／10・25 政／1189・8・8 政／8・10 政／9・2 政／1195・4・1 政／1199・12・18 政／1215・7・19 社／1221・5・22 政／1235・5・22 政／1247・6・29 政／1248・4・6 社／1254・2・24 政
結城豊太郎　❼ 1933・11・18 政／❽ 1937・2・2 政／2・9 政／1939・7・15 政／1940・9・21 政／1943・3・18 政／1951・8・1 政
結城寅寿　❻ 1856・4・25 政
結城直親　❸ 1451・3・23 政／8・29 政
結城直朝　❸ 1343・4・2 政／1439・2・13 社／1451・6・1 政／8・29 政／1454・6・1 政／1455・8・27 政／11・7 政
結城直光　❸ 1375・2・17 社／1396・1・17 政
結城晴綱　❹ 1545・10月 社／1551・7・11 政／1560・9・3 政／1571・2・16 政
結城晴朝　❹ 1556・11・25 社／1559・8・1 政／9・6 政／1571・7・22 政／1574・2・6 政／11・13 政／1577・7・10 政／1578・1・19 政／1584・2月 政／1590・5・24 政／❺-1 1614・7・20 政
結城尚豊　❹ 1489・2月 文／3・30 政
結城(羽柴・松平)秀康(於義丸)　❹ 1584・12・12 政／1590・6・1 政／11・6 政／1594・11月 社／1595・10・1 文／1600・7・24 関ヶ原合戦／❺-1 1601・7・24 政／8・8 政／1602・3・5 社／5・2 文／是年 政／1603・10月 社／1604・7・17 社／1606・7・2 政／1607・④・8 政
結城孫三郎(初代)　❺-1 1665・7月 文
結城孫三郎　❺-2 1811・6・12 文／1852・是年 文
結城正明　❻ 1889・2・1 文／❼ 1904・3・6 文
結城政勝　❹ 1537・1月 政／1539・3月 政／9・21 政／1546・1・23 政／1548・4・10 社／1556・4・5 政／1559・8・1 政
結城政胤　❹ 1489・3・30 政
結城政朝　❸ 1454・6・1 政／❹ 1470・6月 政／1474・1・20 政／1481・3・23 文／3・29 政／1489・是年 政／1495・8・15 社／1509・7・10 社／1510・9・9 政／1526・12・6 政／1548・11・18 文
結城政藤　❹ 1479・⑨・26 政
結城参河七郎　❸ 1392・1・11 政
結城満朝　❸ 1391・5・30 政／1397・10・21 政／1400・3・8 政／4・8 政／9・28 政／1411・10・11 政／1413・8・3 政／1417・9・20 社
結城光秀　❸ 1423・7・10 政
結城満藤　❸ 1394・6・29 社／10・25 社／11・1 社／1396・8・15 政 文／1399・8・10 政／1401・1・17 政
結城宗俊　❹ 1491・10・11 社
結城宗広　❸ 1333・4・1 政／4・17 政／4・27 政／6・9 政／10・5 政／1335・1・18 政／8・9 政／1337・1・1 政／2・3 政／3・16 政／5・14 政／1338・9月 政
結城持朝　❸ 1441・4・16 政
結城基光　❸ 1386・8・5 政／1387・8・5 社
結城盛広　❸ 1335・8・9 政
結城(小峰)義親　❹ 1567・1月 政／3・15 政／1571・2・16 政／1574・⑪・7 政／1577・⑦・8 政／1582・2・10 政／1586・11・22 政
結城林蔵　❼ 1923・4月 文
遊義門院⇨姈子(れいし)内親王
夕霧大夫(舞)　❹ 1539・3・6 文
夕霧太夫(名妓)　❺-1 1678・是年 社
猷継(僧)　❶ 862・7月 政
有慶(僧)　❷ 1071・2・21 社
有慶(地頭代)　❸ 1299・5・21 社
有慶(日本商人)　❸ 1306・4・25 政
祐慶(僧)　❹ 1594・2・21 文
猷憲(僧)　❶ 893・2月 社／3・25 社／894・8・22 社
尤虔(通事)　❸ 1374・6・1 政／1379・⑤月 政
祐賢(僧)　❹ 1581・8月 社
宥憲(山伏)　❻ 1853・7・14 社
祐言(本主)　❸ 1431・12・27 社
祐綱(神主)　❷ 1221・9・10 社
祐豪(雑掌)　❸ 1299・3・23 政
結崎清次　❸ 1406・5・15 文
結崎元雅　❹ 1459・10・9 文
友賛(琉球)　❸ 1397・2・3 政／12・15 政
友山士偲(僧)　❸ 1328・是秋 政／1345・7月 政／1370・6・1 社
祐子(ゆうし)内親王　❷ 1038・4・21 政／1105・11・7 政
祐実(僧)　❷ 1281・8・30 社
猷秀(僧)　❸ 1433・7・19 社
宥照(僧)　❺-2 1722・6・7 社
猷乗(僧)　❷ 1164・1・3 社
祐真(僧)　❶ 919・2月 社
祐信(僧)　❸ 1284・5・16 社
友水庸久　❺-2 1736・4月 文
有瑞(遣明使)　❸ 1433・⑧・3 政
宥西(僧)　❸ 1299・11・23 政
融清(石清水僧)　❸ 1422・6・30 社／1424・7・13 社／1432・7・8 政
祐清(僧)　❹ 1463・8・25 社
宥清(僧)　❹ 1464・12・7 社
有節周保　❹ 1595・3・26 文
有節瑞保(鹿苑院僧)　❹ 1591・8・6 政／9・18 政／1592・12・27 文／❺-1 1633・11・7 社
幽仙(僧)　❶ 900・2・27 社
有全(僧)　❷ 1233・9・17 政
友善(僧)　❺-2 1718・4・27 社／1723・11・7 社
有尊(絵師)　❸ 1367・12・28 社
祐尊(僧)　❸ 1377・1・13 社／10月 社
祐尊(高麗)　❸ 1377・4・22 社
祐尊(仏師)　❸ 1441・7・12 文／11月 社
友仲(琉球)　❹ 1458・3・9 政
祐椿(僧)　❸ 1443・11・18 政／是秋 政
有月龍珊　❺-1 1615・7・20 社

祐定(刀匠) ❺-2 **1723**·2月 文
祐天(僧) ❺-1 **1711**·12·6 社／❺-2 **1718**·7·15 社／**1719**·是年 社
祐天(山本)仙之助 ❻ **1863**·10·15 社
融伝(僧) ❸ **1440**·永享年間 政
由南(琉球) ❸ **1431**·8·19 政
融然(僧) ❸ **1386**·6·16 文
祐能(僧) ❹ **1582**·12·12 社
友梅(僧) ❸ **1340**·9·13 社
宥範(僧) ❸ **1333**·元弘年間 社
宥範(僧) ❺-1 **1704**·是年 文
熊斐⇨熊代(くましろ)熊斐
雄風王 ❶ **855**·6·26 政
宥遍(僧) ❸ **1392**·11月下旬 文
祐弁(僧) ❷ **1278**·8·4 社
宥弁(僧) ❺-1 **1687**·是年 文
雄万(僧) ❶ **853**·7·15 政
ユーリ海老原 ❾ **1992**·6·23 社／10·20 社
雄略天皇(大泊瀬幼武皇子) ❶ **453**·11月／**454**·2月／**456**·11·13／**479**·8·7／**480**·10·9／**492**·2·5
有鄰(俳人) ❺-2 **1724**·是年 文
油煙斎貞竹 ❺-2 **1734**·是年 文／**1735**·是年 文
油煙斎貞柳(由縁斎·良因·永田貞柳) ❺-2 **1729**·是年 文／**1758**·是年 文
湯川玄洋 ❼ **1935**·8·10 文
湯川スミ ❾ **2006**·5·14 社
柚川千阿 ❹ **1483**·4·11 政
湯川直光 ❹ **1562**·5·14 政
湯川春信 ❹ **1559**·8月 社
湯川秀樹 ❼ **1935**·2月 文／是年 文／❽ **1937**·7月 文／**1943**·4·29 文／**1948**·7·2 文／9·2 文／**1949**·11·3 文／**1955**·11·11 政／12·19 政／**1956**·4·3 政／**1957**·7·29 社／**1958**·3·18 文／10·13 文
油川錬三郎 ❻ **1868**·1·10 政
由紀さおり ❾ **2012**·2月 文
由起しげ子 ❽ **1949**·8月 文／❾ **1969**·12·30 文
柚木　進 ❾ **1997**·10·22 社
柚木太淳 ❺-2 **1796**·10·1 文／**1797**·是年 文
湯木貞一 ❾ **1997**·4·7 文
湯木博恵 ❾ **1977**·3·26 社
行明親王 ❶ **948**·5·27 政
由木尾平兵衛 ❼ **1929**·7·28 文
ユキタイヘン(狄) ❺-1 **1678**·8·23 社
行忠(絵所預) ❸ **1374**·是年 文
幸俊(仏師) ❸ **1334**·6·4 文
行長(姓不詳·左近蔵人) ❸ **1298**·9·1 政
行長(石工) ❸ **1375**·8·1 文
行秀(刀匠) ❺-2 **1846**·5月 文／**1849**·2月 文／**1850**·8月 文
幸仁親王(ゆきひと·有栖川宮) ❺-1 **1672**·6·8 政／**1680**·3·4 政／**1699**·7·25 政
行平 ❹ **1461**·12月 文
行弘(刀工) ❸ **1350**·8月 文
行弘(刀工) ❺-1 **1670**·是年 文
行広(刀工) ❺-1 **1689**·12·22 文
行正(刀鍛冶) ❷ **1159**·是年 文
行光(姓不詳·楽人) ❷ **1152**·9·2 文
行光(鍛冶) ❷ **1280**·是年 文
行光(刀工) ❺-1 **1677**·4·3 文
行宗定宗 ❹ **1526**·12月 政
雪村いづみ ❾ **1966**·3·1 文
行康(姓不詳·河井村) ❸ **1306**·3·25 社
行世王 ❶ **862**·4·20 政
弓削秋佐 ❶ **888**·6·23 社
弓削秋麻呂 ❶ **769**·3·10 政
弓削浄人 ❶ **764**·1·20 政／9·11 政／**768**·2·18 政／**770**·8·21 政／**781**·6·18 政
弓削爻雲 ❹ **1550**·8月 文
弓削塩麻呂(万呂) ❶ **775**·9·13 政
弓削　達 ❾ **2006**·10·14 文
弓削豊穂 ❶ **465**·2月
弓削女王 ❶ **782**·3·26 政
弓気多七之助 ❺-1 **1624**·6·16 政
弓削田弥右衛門 ❺-2 **1802**·1·7 政
弓削部虎麻呂 ❶ **799**·2·21 社
遊佐国助 ❹ **1460**·10·17 政
遊佐国継 ❸ **1441**·6·14 社
遊佐国長 ❸ **1391**·12·19 政／**1435**·10·15 政／**1439**·5·4 政
遊佐助国 ❸ **1400**·6月 社
遊佐祐信 ❸ **1429**·6·24 社
遊佐続光 ❹ **1577**·9·15 政
遊佐長直 ❹ **1466**·9·17 政／**1477**·9·27 政／10·7 政／**1478**·8·11 政／**1480**·8·18 政
遊佐長教 ❹ **1541**·8月 政／**1542**·3·17 政／**1546**·8·20 政／10·21 政／**1547**·7·21 政／**1548**·4·22 政／**1549**·2·18 政／6月 社／**1550**·3·28 政／**1551**·5·5 政
遊佐長護 ❸ **1406**·8·15 社／**1412**·12·19 政
遊佐信教 ❹ **1574**·4·2 政
遊佐順盛 ❹ **1520**·3·16 政／10·9 政／**1527**·10·4 政
由佐秀助 ❸ **1351**·8·19 政
遊佐兵庫助 ❸ **1436**·是冬 政
遊佐盛光 ❹ **1577**·10·25 社
遊佐弥六左衛門 ❹ **1495**·10·30 社
遊佐豊後入道(僧) ❸ **1431**·10·8 政
遊佐豊後守 ❹ **1460**·5·8 社
湯澤三千男 ❼ **1935**·1·14 政／❽ **1963**·2·21 政
杠(ゆずりは)日向守 ❹ **1487**·12·10 政
由性(僧) ❶ **915**·2·15 社
湯田玉水 ❼ **1929**·4·2 文
湯田重昌 ❺-1 **1606**·8·11 社
寛明(ゆたあきら)親王⇨朱雀(すざく)天皇
寛成(ゆたなり)親王⇨長慶(ちょうけい)天皇
油谷倭文子 ❺-2 **1752**·7·18 文
柚谷弥介 ❹ **1600**·是年 政
柚谷康広(康弘) ❹ **1587**·9月 政
寛宮⇨仁孝(にんこう)天皇
茂仁(ゆたひと)親王⇨後堀河(ごほりかわ)天皇
豊仁親王⇨光明(こうみょう)天皇
湯漬瓢水 ❺-1 **1710**·是年 文
ユドヨノ(インドネシア) ❾ **2007**·8·19 政
ユトリロ(画家) ❼ **1922**·5·1 文
柚木(ゆのき)玉粋 ❻ **1891**·7·16 文
由之軒政房 ❺-1 **1688**·是年 文
湯瀬十右衛門 ❺-1 **1668**·10·14 社
湯原元一 ❼ **1921**·11·9 文
湯原春綱 ❹ **1571**·6·4 政／**1580**·2·14 政／**1585**·5·1 政
湯原元綱 ❹ **1585**·5·1 政
由布美作 ❹ **1578**·12·3 政
ユマシェフ(ソ連) ❽ **1945**·8·19 政
夢路いとし ❾ **2003**·9·25 文
夢野市郎兵衛 ❺-1 **1653**·⑥·27 社／**1654**·承応年間 社
湯元健一 ❾ **2008**·8·9 社
湯元進一 ❾ **2012**·7·27 社
湯本武比古 ❼ **1925**·9·27 文
湯本弥十郎 ❺-2 **1728**·6·23 社
湯屋源左衛門 ❺-2 **1741**·7·24 社
湯山八重子 ❼ **1932**·5·8 社
由良国繁(国千代) ❹ **1574**·4·25 政／**1575**·9·5 政／**1578**·9·15 政
由良貞繁 ❺-1 **1621**·2·23 政
由良(横瀬)成繁 ❹ **1552**·1·10 政／**1553**·4·26 政／**1563**·6·24 社／**1565**·2·22 政／**1566**·8·24 政／9·5 政／**1570**·4·5 社／**1574**·3·10 政／4·25 政／9·8 政／**1578**·6·30 政
由良守応 ❻ **1886**·7·28 政
由利公正(三岡八郎) ❻ **1867**·12·23 政／**1868**·1·23 政／3·14 政／④·19 政／**1871**·7·23 政／**1874**·1·17 政／**1878**·6·26 社／**1893**·4·22 政／❼ **1909**·4·28 政／❾ **2005**·7·12 文
由利維平 ❷ **1189**·12·23 政
由利　敬 ❽ **1946**·1·7 政／4·26 政
由利　徹 ❾ **1999**·5·20 文
由利安牟 ❺-1 **1651**·是年 政
ユリヤンテイホウコル(オランダ) ❺-1 **1714**·2·28 政
由蓮(僧) ❶ **886**·7·4 社
与湾大親(奄美大島) ❹ **1537**·2·18 政
尹　基福 ❾ **1973**·7·30 文
尹　光雄 ❾ **2005**·1·13 政
尹　秀吉 ❾ **1976**·1·26 政
ユンカー(ルクセンブルグ) ❾ **2005**·5·2 政
ユンケル(指揮者) ❽ **1942**·1·31 文

よ

余　自信(自進) ❶ **660**·9·5 政／**663**·9·7 政／**669**·是年 政／**671**·1月政、文
余　怒(百済) ❶ **583**·12·30
余　秦勝 ❶ **721**·1·27 文
余　豊(百済王子)⇨豊璋(ほうしょう)
夜嵐のアケミ ❽ **1947**·4·22 社
ヨアン(オランダ商館医) ❺-1 **1654**·是年 文
与一左衛門(船主) ❹ **1581**·10·23 社
洋(金地院僧) ❺-1 **1617**·9·3 政
ヨウ(米) ❾ **1976**·8·12 政
楊　栄(宋) ❷ **1191**·2·19 政／6·12 政
楊(揚)　永慶 ❶ **758**·9·18 政／**759**·1·3 政／1·30 政

楊　雅(通辞)　❺-2 1797·12·18 文
陽　咸二　❼ 1929·是年 文
陽　貴文　❶ 588·是年
楊　潔篪　❾ 2007·12·1 政／2010·9·10 政／2012·7·11 政／9·24 政
楊　元(明)　❹ 1597·2·11 慶長の役
楊　鎬(明)　❹ 1596·5·13 文禄の役／1597·2·11 慶長の役／5·16 慶長の役／1598·1·1 慶長の役
楊　載(明)　❸ 1369·1·20 政／1372·1·16 政
楊　三綱　❷ 1191·7月 社
楊　士琦　❼ 1913·8·11 政
楊　春枝　❺-1 1667·是年 文
楊　春栄　❺-1 1667·是年 文
楊　祥(元)　❸ 1291·9·18 政／1292·3月 政
楊　少棠(清)　❺-2 1849·2月 政／❻ 1856·4月 政
楊　仁紹　❶ 990·是年 政／992·3月 政
楊　成規　❶ 871·12·11 政／872·5·15 政
楊　宣(明)　❹ 1556·7月 政
陽　其二　❼ 1906·9·24 文
楊　泰師　❶ 758·9·18 政
楊　中遠　❶ 876·9·13 政／12·26 政／877·4·18 政
楊　道真　❺-1 1657·2·15 文／3·15 文／是年 文
楊　伯淵(高麗)　❸ 1370·2·9 政
養　埠(琉球)　❸ 1405·3·9 政
楊　布勃也　❸ 1434·3·8 政
楊　方亨(明)　❹ 1594·12·20 文禄の役／1595·1·30 文禄の役／4·28 文禄の役／10·10 文禄の役／1596·4·19 文禄の役／6·15 文禄の役／9·7 政／1597·3·9 慶長の役
楊　名時　❾ 2005·7·3 社
楊　宥(宋)　❷ 1082·8·3 政
楊　掄(明)　❺-1 1633·6·9 政
栄叡(僧)　❶ 733·4·3 文／742·10月 政／748·是年 社
永縁(僧)　❷ 1125·4·5 社
栄快(仏師)　❷ 1256·3·28 文
永観(僧)　❷ 1100·5·24 社
永観(僧)　❷ 1248·2月 文
楊貴氏　❶ 739·是年 文
栄賢(僧)　❷ 1232·3月 政
甬戸(ようこ)朝守　❷ 1221·⑩·14 政
栄西⇨栄西(えいさい)
楊子内親王　❶ 914·2·23 政
養珠院(徳川頼宣·頼房母)　❺-1 1653·8·22 政
謡春庵周可　❺-1 1671·是年 文
揚誦(僧)　❷ 1110·6·11 政
陽勝仙人　❶ 930·是年 社
用書記　❹ 1469·是年 政
要時老亐羅　❸ 1440·1·6 政
楊心(僧)　❺-1 1625·9月 文
要津東梁(僧)　❹ 1520·8·6 社
楊清(唐商)　❶ 876·7·14 政
耀清(僧)　❷ 1244·11·1 文
陽生(僧)　❶ 989·12·27 社／990·8·22 社
陽成天皇(貞明親王)　❶ 869·2·1 政／876·11·29 政／877·1·3 政／884·2·4 政／913·9·9 文／949·9·29 政
用銛(宋)　❷ 1003·7·20 政
養川(画家)　❺-2 1793·是年 文
養叟宗頤(僧)　❹ 1458·6·27 社
栄朝(僧)　❷ 1233·是年 政／1247·9·26 社
用堂(僧)　❸ 1396·8·8 社
用堂中材(僧)　❹ 1458·11·8 社
陽徳門院⇨媖子(えいし)内親王
瑤甫恵瓊⇨恵瓊(えけい)
陽満⇨小早川弘景(こばやかわひろかげ)
用明天皇(橘豊日尊)　❶ 585·9·5／587·4·9／593·9月／607·是年 文
陽明門院⇨禎子(ていし)内親王
楊雄王　❶ 885·9·21 政
瓔珞(僧)　❺-2 1754·是年 文
養老瀧五郎(二代目)　❼ 1904·9·14 文
陽禄門院⇨藤原秀子(ふじわらしゅうし)
与右衛門(番匠)　❹ 1577·⑦·19 社／1579·2·8 社／1597·5·8 慶長の役／7月 慶長の役／8·13 慶長の役／12·22 政
与衛門(シャム)　❺-1 1604·8·25 政
与右衛門(下総羽生)　❺-1 1647·8·11 社
与可心交　❸ 1437·6·27 社
吉河彦太郎　❹ 1576·2·22 社
与九郎(織田一族)　❹ 1488·11月 政
余慶(僧)　❶ 981·11·28 社／989·9·29 社／12·27 社／991·②·18 社
余宜受(百済)　❶ 655·是年 政
除村吉太郎　❾ 1975·11·3 文
余語古庵　❺-2 1847·1·3 社
余語守三　❺-1 1691·7·22 文
横井金谷　❺-2 1807·是年 文／1832·1·10 文
横井軍平　❾ 1997·10·4 社
横井　璨　❺-2 1837·是年 文
横井庄一　❾ 1972·1·24 政／1997·9·22 社
横井小楠　❻ 1853·11月 政／1858·4月 文／1862·12·19 政／1869·1·5 政
横井関左衛門　❺-2 1784·6·3 政
横井玉子　❼ 1903·1·4 文
横井時雄(又雄)　❻ 1876·1·30 社／❼ 1897·4·15 社／1904·2·11 文／1909·4·11 政
横井時敏　❺-2 1761·2·18 文
横井時文　❺-2 1736·是年 文
横井時冬　❼ 1906·4·18 文
横井時泰　❹ 1600·8·16 関ヶ原合戦
横井時敬　❼ 1927·11·1 文
横井也有(時般·辰之丞·孫右衛門)　❺-2 1770·是年 文／1782·是年 文／1783·6·16 文／1787·是年 文
横井春野　❼ 1917·12月 文
横井英樹　❽ 1954·3·31 政／1956·1·14 政／1958·6·11 社／❾ 1998·11·30 政
横内正明　❾ 2007·1·21 社
横尾昭平　❺-2 1753·4·27 政
横尾修理　❹ 1587·4·18 政
横尾忠則　❾ 1965·11·12 文／1969·10·2 文
横尾　龍　❽ 1950·6·28 政
横尾芳月　❼ 1926·10·16 文
横川省三(勇治)　❼ 1904·4·21 日露戦争
横河民輔　❻ 1893·11·1 文／❼ 1902·11·17 社／1911·3·1 文／1915·9月 文
横澤三郎　❽ 1945·11·23 社／12·1 社／❾ 1995·11·28 社
横澤　彪　❾ 2011·1·8 文
横澤丹波　❺-1 1635·12·18 社
横澤由貴　❾ 2004·8·13 社
横澤吉久(将監)　❺-1 1616·8·20 政
横島昭武　❺-2 1719·是年 文
横瀬国繁　❹ 1472·5月 社
横瀬平十郎　❺-2 1801·11·6 社
横瀬夜雨(虎寿)　❼ 1934·2·14 文
横田栄松　❺-2 1746·1·11 文
横田景胤　❺-1 1662·2·29 政
横田喜三郎　❽ 1941·2·26 文／1960·10·25 政／❾ 1966·8·5 政／1993·2·17 政
横田舜道　❹ 1543·7·21 政
横田金馬　❻ 1888·12·3 文
横田国臣　❼ 1923·2·22 政
横田内蔵之助　❻ 1867·11·8 政
横田郷助　❼ 1923·4·5 政
横田重松　❺-2 1718·1·28 政
横田正午　❼ 1934·3·31 文
横田甚右衛門　❺-1 1632·6·25 政
横田千之助　❼ 1924·6·11 政／10·10 政／1925·2·4 政
横田宗甫　❺-2 1811·是年 文
横田高松　❹ 1547·8·6 政／1550·9·1 政
横田友次郎　❻ 1863·10·9 政
横田虎彦　❻ 1888·10·14 政
横田内膳　❺-2 1728·7·21 社
横田成年　❽ 1953·1·11 文
横田秀雄　❽ 1938·11·16 政
横田　寛　❽ 1944·8·1 政
横田平左右衛門　❺-2 1727·①·28 政
横田正俊　❾ 1966·8·5 政
横田村詮　❹ 1594·2·6 社／1599·8月 社／1600·2·20 社／❺-1 1603·11·14 政
横田めぐみ　❾ 2002·9·17 社／2004·9·25 政／2005·1·26 政／2·10 政
横田基太郎　❽ 1937·12·5 政
横田由松　❺-1 1709·11·22 政／1710·3·4 政
横岳鎮貞　❹ 1559·3月 政／1575·3·20 政
横岳頼房　❸ 1434·1·20 政
横地次郎左衛門　❺-1 1666·6·5 政
横地四郎兵衛　❹ 1476·2月 政
横堀武夫　❾ 2000·11·6 文
横堀角次郎　❼ 1917·是年 文
横溝重頼　❸ 1334·9·12 政
横溝資為　❸ 1305·4·6 政
横溝正史　❾ 1971·4月 文
横溝孫二郎　❸ 1334·9·12 政／12·7 政
横溝孫六　❸ 1334·7·2 政
横溝正寿　❾ 1969·9·10 社

横路節雄 ❾ 1967·6·14 政
横路孝弘 ❾ 1987·4·12 政／1988·4·10 政／2005·9·21 政／2009·9·16 政
横道萬里雄 ❾ 2011·11·4 文／2012·6·20 文
横道権之丞 ❹ 1569·9月 政
横光利一 ❼ 1923·1月 文／1924·10月 文／1933·7·10 文／1934·1·29 文／❽ 1937·4·13 文／1938·8·23 文／1940·5·6 文／10·14 文／1941·8·2 社／1944·12·25 文／1947·12·30 文
横森良造 ❾ 2012·8·27 文
横谷玄圃 ❺-2 1780·是年 文
横谷宗珉 ❺-2 1733·8·6 文
横谷友信 ❺-2 1779·是年 文
横山一郎 ❽ 1945·8·19 政
横山雲南 ❻ 1880·4·28 文
横山英一 ❾ 1994·12·16 文
横山エンタツ ❼ 1930·5月 社／1931·12·1 社／❽ 1938·1·13 社／4·4 社／1940·3·14 文
横山崋山 ❺-2 1823·是秋 文／1825·是秋 文／1826·是秋 文／1837·3·16 文
横山勝也 ❾ 2010·2·21 文
横山公男 ❽ 1964·4·1 文
横山久太郎 ❻ 1886·10·16 社
横山軍次郎 ❺-2 1758·8·21 社
横山源之助 ❼ 1898·4·27 社／1915·6·3 文
横山湖山 ❺-2 1848·是年 文
横山五郎兵衛 ❹ 1574·是年 社
横山佐次兵衛 ❺-2 1744·7·26 社
横山潤之助 ❼ 1926·是年 文
横山庄右衛門 ❺-1 1653·⑥·16 社
横山昭二 ❾ 1995·10·25 社
横山正太郎 ❻ 1870·7·27 政
横山勝太郎 ❼ 1921·8月 政
横山進一郎 ❼ 1899·6月 社
横山甚助 ❺-2 1811·11·18 社／1812·1·2 社
横山信六 ❻ 1884·9·10 政／9·23 政／1886·7·2 政
横山　卓 ❻ 1875·7月 社
横山祐永(刀匠) ❺-2 1826·2月 文／1831·是年 文／1840·8月 文／1841·2月 文／1842·2月 文
横山祐成(刀匠) ❺-2 1844·8月 文
横山助成 ❼ 1935·1·14 政
横山大観(秀麿·秀蔵) ❻ 1893·7·10 文／❼ 1896·2月 文／5·5 文／9·20 文／1897·3·15 文／10·25 文／是年 文／1898·3·29 文／10·15 文／1899·1·1 文／10·15 文／是年 文／1900·4·1 文／10·25 文／1902·10·1 文／1904·2·10 文／是年 文／1905·是年 文／1906·11月 文／1907·10·25 文／是年 文／1909·10·15 文／1910·10·14 文／是年 文／1911·10·14 文／是年 文／1912·10·13 文／是年 文／1915·10·11 文／1917·9·10 文／是年 文／1918·9·10 文／1919·9·1 文／1921·9·1 文／是年 文／1922·9·5 文／1923·9·1 文／1924·9·2 文／1925·9·2 文／1926·9·4 文／是年 文／1930·是年 文／1931·6·30 文／1932·是年 文／1936·6·12 文／❽ 1937·4·28 文／9·2 文／1940·4·3 文／1943·5·18 文／1944·2·1 文／7·15 文／是年 文／1946·9·1 文／10·16 文／是年 文／1947·9·1 文／是年 文／1948·是年 文／1949·9·1 文／是年 文／1950·9·1 文／1952·9·1 文／1955·5·13 文／9·1 文／1958·2·26 文
横山大寿 ❼ 1932·2·21 文
横山泰三 ❾ 1965·8月 社／2007·6·10 文
横山隆興 ❼ 1916·4·11 政
横山隆兼 ❷ 1113·3·4 政
横山　武⇨武蔵山(むさしやま)武
横山　保 ❽ 1940·8·19 政／9·12 政
横山当永 ❺-1 1707·是年 文
横山時兼 ❷ 1213·5·2 政
横山俊彦 ❻ 1876·10·28 政
横山富次郎 ❼ 1900·11·15 政
横山長知 ❹ 1599·11·3 政／❺-1 1602·5·4 政
横山南郊 ❺-2 1799·11·5 文
横山ノック ❾ 1995·4·9 政／1999·4·9 社／12·13 社／2007·5·3 社
横山白虹 ❼ 1933·9月 文／❽ 1937·1月 文
横山英盛 ❺-1 1686·11月 政
横山博文 ❾ 2011·3·11 社
横山孫一郎 ❼ 1906·9·1 社
横山正房 ❺-1 1669·3·25 政／1686·11月 政
横山又吉 ❼ 1917·2·18 政
横山又次郎 ❽ 1942·1·20 文
横山又兵衛 ❺-1 1641·是年 文
横山松三郎(文六) ❻ 1861·是年 文／1868·是年 文／1871·2月 文／1873·是年 文／1878·4月 文／1881·6月 社／1884·10·15 文
横山　操 ❾ 1968·是年 文
横山美智子 ❾ 1986·9·30 文
横山光輝 ❾ 2004·4·15 文
横山やすし ❾ 1996·1·21 文
横山康玄 ❺-1 1631·12·10 政
横山与三右衛門 ❺-1 1641·是年 文
横山由清 ❻ 1879·12·2 文
横山隆一 ❼ 1936·1·25 社／❽ 1940·8·31 文／❾ 2001·11·8 文
与謝(谷口)蕪村(四明·朝滄·春星·夜半翁·三菓堂·雪斎·碧雲洞·落日庵) ❺-2 1755·是年 文／1758·是秋 文／1760·12·15 文／1763·4月 文／8月 文／1764·6月 文／11月 文／1766·3月 文／是年 文／1767·是年 文／1768·4月 文／1769·是年 文／1771·8月 文／1773·3月 文／1774·是秋 文／是年 文／1777·2·13 文／是夏 文／是年 文／1778·5月 文／7月 文／11月 文／1779·10月 文／11月 文／1780·是年 文／1781·5·28 文／1782·1月 文／是年 文／1783·12·25 文／1797·是年 文／1799·是年 文／1822·是年 文
誉謝(与謝)女王 ❶ 702·10·10 文
与左衛門(唐人) ❺-1 1669·1·8 文
与謝野(鳳)晶子 ❼ 1899·11月 文／1904·9月 文／1912·2月 文／1921·4·24 文／❽ 1940·11·20 文／1942·5·29 文
与謝野　馨 ❾ 1994·6·30 政／1998·7·30 政／2004·9·27 政／2005·10·31 政／2007·8·27 政／2008·8·2 政／9·10 政／9·24 政／2010·4·10 政／2011·1·14 政
与謝野鉄幹(寛) ❻ 1894·5·10 文／❼ 1896·7月 文／1897·1·4 文／1899·11月 文／1900·2月 文／4月 文／1928·6·13 文／1935·3·26 文
依網稚子 ❶ 657·是年 政
与二(余次)経光 ❸ 1334·3月 社／5·21 政
嘉彰(よしあき)親王(彰仁親王·仁和寺宮·伏見宮·小松宮) ❻ 1867·12·9 政／1868·1·2 政／4·12 政／1877·2·15 政／5·1 文／1895·1·26 政／3·16 日清戦争
代明親王 ❶ 737·3·29 政／931·4·20 文
吉井　勇 ❼ 1899·11月 文／1907·3月 文／1909·1月 文／1919·11月 文／1924·1月 文／❽ 1944·2月 文／3月 文／1960·11·19 文
吉井雲鈴 ❺-1 1703·是年 文／1715·是年 文
吉井源太 ❼ 1908·1·10 社
吉井淳二 ❽ 1945·10月 文／❾ 1989·11·3 文／2004·11·23 文
吉井四郎 ❻ 1868·9·23 社
吉井友実(仁左衛門·幸輔) ❻ 1859·11·5 政／1864·1月 政／9·11 政／10·24 政／1867·2·13 政／5·21 政／1869·1·18 政／1881·8·1 社／1888·4·30 政
吉井長広 ❷ 1244·7·16 政
能井久重 ❹ 1587·4·1 政
吉井英勝 ❾ 1988·2·28 政
吉植庄一郎 ❽ 1943·3·9 文
吉植庄亮 ❽ 1944·4月 文／1958·12·7 政
吉浦宅助 ❺-1 1698·8·26 政
吉江茂高 ❹ 1552·5·24 政
吉江資堅 ❹ 1573·4·30 政
吉江喬松 ❼ 1924·3月 文／❽ 1940·3·26 文
吉江忠景 ❹ 1566·2·21 政
良枝朝生 ❶ 836·⑤·8 文
良枝(大戸)清上 ❶ 836·⑤·8 文
良枝貞行 ❶ 878·12·2 社
吉雄永保 ❺-2 1814·是年 文
吉雄耕牛(幸作·永章·定次郎·幸左衛門·養浩斎) ❺-2 1765·是年 文／1782·是年 文／1790·9·6 文／1797·9·23 文／1800·8·16 文
吉雄幸載 ❺-2 1827·5·27 文
吉雄権之助(尚貞·如淵) ❺-2 1811·1月 文
吉雄定之助 ❺-2 1804·6月 文
吉雄常三 ❺-2 1843·是年 政
吉雄忠次郎(永賀) ❺-2 1825·是年 文／1828·8·9 政
吉雄六次郎 ❺-2 1809·2·25 文
吉岡荒太 ❼ 1900·12·5 文
吉岡右近 ❺-1 1604·4·13 社

吉岡英一　❾ 1999·8·22 政
吉岡　治　❾ 2010·5·17 文
吉岡華堂　❼ 1917·2·27 文
吉岡九(久)左衛門　❺-1 1630·11·11 政／1631·6·20 政
吉岡堅二　❼ 1933·10·16 文／❽ 1938·2·11 文／1948·1·28 文／❾ 1990·7·15 文
吉岡憲法　❺-1 1614·8·21 社
吉岡郷一　❼ 1921·11·9 文
吉岡重継　❺-1 1644·1·24 文
吉岡助光(備前刀工)　❸ 1322·3月 文
吉岡禅寺洞　❼ 1918·7月 文
吉岡隆徳　❼ 1933·9·23 社／1935·6·9 社／❾ 1984·5·5 社
吉岡長増　❹ 1557·7·7 政／1560·3月 政
吉岡初子　❾ 2005·4·21 社
吉岡隼人　❺-1 1601·11·21 社
吉岡秀隆　❾ 1981·10·6 社
吉岡弘毅　❻ 1870·9·18 政／12·1 政
吉岡芳陵　❼ 1921·6·3 文
吉岡増隆　❹ 1560·3月 政
吉岡　実　❾ 1990·5·31 文
吉岡茂平　❻ 1886·4·11 社
吉岡弥生　❼ 1900·12·5 文／1906·10·1 社／1928·7·20 社／1935·7月 文／❽ 1959·5·22 文
吉賀主膳　❺-2 1800·④·20 政
吉賀大眉　❾ 1991·10·13 文
吉賀兵右衛門　❹ 1590·1·2 政
芳川顕正　❻ 1882·7·6 政／1887·1·24 政／1890·5·17 政／1891·5·6 政／1893·10·18 文／1894·8·29 政／❼ 1898·1·12 政／1899·2·23 政／1904·2·20 政／7·21 社／1905·9·16 政／1920·1·10 政
吉川逸治　❽ 1958·10月 文
吉川英治(英次)　❼ 1926·8·11 文／1934·1·29 文／1935·8·23 文／❽ 1937·8月 文／1938·9·11 文／1939·9·5 社／1941·12·24 文／1944·12·5 文／1950·4·2 文／1955·10·25 社／1958·1·18 文／1960·11·3 文／1962·9·7 文
芳川鎌子　❼ 1917·3·7 政
吉川儀右衛門　❺-1 1681·7·18 政
吉川吉五郎　❺-2 1766·2·7 社
吉川　清　❽ 1952·6·9 政
吉川君渓　❻ 1884·11·22 文
吉川源蔵　❺-1 1685·4·3 政
吉川幸次郎(善之)　❽ 1952·8月 文
芳川公真　❼ 1908·7·17 文
吉川惟足(元成)　❺-1 1667·7·28 文／1682·12·25 社／1692·9·21 政／1694·11·16 文
吉川　哲　❼ 1919·8·3 社
吉川静夫　❾ 1999·4·10 文
吉川精一　❽ 1940·1·19 社
吉川泰次郎　❻ 1895·11·12 政
吉川貴久　❽ 1960·8·25 社／1964·10·10 社
吉川長三郎　❼ 1907·9·30 政
吉川経永　❺-2 1742·10·6 政
芳川笛村　❼ 1920·1·11 文
吉川知信　❺-2 1771·11·1 文
吉川仁三郎　❻ 1880·8·27 社
吉川日鑑　❻ 1886·1·14 社
吉川初之丞　❺-1 1675·10·25 文
吉川半七　❻ 1872·6月 文／❼ 1902·12·4 文
吉河彦太郎　❹ 1582·11·26 文
吉川英信　❺-2 1811·9·7 文
吉川表次郎　❺-2 1804·9·13 社
吉川弘道　❼ 1918·8·30 文
吉川弘之　❾ 2000·1·24 文
吉川広嘉　❺-1 1673·10·1 社
吉川やま　❼ 1903·7·23 文
吉川芳男　❾ 2000·7·4 政
吉国(姓不祥)　❹ 1469·是年 政
吉子内親王(八十宮)　❺-1 1715·7·9 政／9·25 政
幸子女王(承秋門院)　❺-1 1708·2·27 政／❺-2 1720·2·10 政
芳子内親王　❶ 838·12·26 政
宜子女王　❶ 828·2·12 社
誉子内親王(章義門院)　❸ 1307·6·22 政／1336·10·10 政
吉阪隆正　❽ 1960·2·22 文／❾ 1980·12·17 文
吉崎波次郎　❼ 1902·8·7 社
芳澤(斎藤)あやめ(橘屋権七·春水、初代)　❺-1 1714·3月 文／❺-2 1729·7·15 文／1774·11·18 文
芳澤あやめ(四代目)　❺-2 1810·8·26 文
芳澤円次郎　❺-2 1801·10月 文
芳澤謙吉　❼ 1924·5·15 政／1927·4·6 政／1931·12·31 政／1932·1·14 政／❽ 1939·4·28 政／1941·1·2 政／6·17 政／❾ 1965·1·5 政
吉澤好謙　❺-2 1771·是年 文
吉澤主計　❺-1 1606·是年 社／1636·是年 社
吉澤保幸　❾ 1998·3·11 政
吉澤八十八　❺-2 1816·7月 社
吉澤義則　❽ 1949·10·29 文／1954·11·5 文
善滋為政　❷ 1021·1月 文／2·2 政／1024·7·13 政
慶滋保胤　❶ 972·9·11 社／974·9·10 文／982·10月 文／11·17 政／986·寛和年間 文／997·是年 文／❷ 1002·10·21 政
吉住小三郎(二代目)　❻ 1854·2·11 文
吉住小三郎(四代目)　❼ 1902·8·19 文
与住秋水　❺-2 1818·4月 社
吉副左近　❹ 1599·是年 政
吉田明一　❾ 2008·6·21 社
吉田意庵⇨吉田宗桂(そうけい)
吉田　郁　❾ 1983·1·30 文
吉田石松　❼ 1913·8·13 社／1935·3·21 社／❽ 1961·4·11 社／1963·2·28 社／4·20 社
吉田位清　❹ 1517·2·14 政
吉田五十八　❽ 1962·12·12 文／1964·11·3 文／❾ 1974·3·24 文
吉田宇白　❺-2 1723·是年 文
吉田栄三(柳本栄次郎、初代)　❽ 1945·12·9 文
吉田盈板　❺-2 1724·5月 文
吉田えり　❾ 2009·3·27 社
吉田追風　❺-1 1699·5·28 社
吉田大蔵(茂氏)　❺-1 1644·是年 社
吉田和生　❾ 2009·6·30 文
吉田嘉助　❼ 1903·11·20 社
吉田一保　❺-2 1770·是年 文／1815·是年 文
吉田カツ　❾ 2011·12·18 文
吉田かづ　❼ 1929·8·7 社
吉田勝三郎　❻ 1874·5·24 政
吉田勝之助　❻ 1861·5·16 社
吉田かね　❻ 1889·3·4 文
吉田兼敦　❸ 1408·6·26 社
吉田兼和⇨吉田兼見(かねみ)
吉田兼連　❺-1 1675·11·25 政
吉田兼富　❸ 1420·10·28 社
吉田兼倶(兼敏)　❹ 1477·11月 文／1479·12月 文／1480·10·21 文／是年 文／1481·2·11 文／1484·11·24 社／1489·12·13 文／1491·12·30 文／1497·2·9 社／1511·2·19 社／1521·11月 文
吉田兼永　❹ 1534·11·15 文
吉田兼熙　❸ 1366·12·5 文／1402·2·11 政／5·3 社
吉田兼将　❹ 1524·4月 文
吉田兼見(兼和)　❹ 1571·6·10 文／1573·4·1 政／1576·5·19 文／1579·1·6 文／1580·6·28 文／1582·6·6 政／6·7 政／1583·2·22 文／12·2 政／1586·4·25 文／1587·3·10 文／7·4 社／1590·4月 社／1591·10·18 文／❺-1 1606·12·4 文／1610·9·2 社
吉田兼右　❹ 1533·12·30 社／1534·11·15 文／1545·9·29 社／1553·是夏 文／1558·5·11 文／12·5 政／1566·1·22 文／1571·6·10 文／12·27 文／1573·1·10 文
吉田勘右衛門　❺-1 1664·是年 社
吉田亀寿　❻ 1894·是年 社
吉田漢官　❺-2 1791·是年 文
吉田吉右衛門　❺-1 1667·3月 社
吉田享一　❽ 1951·4·28 文
吉田清成　❻ 1865·3·22 文／1874·8·17 政／1878·7·25 政／1879·3·7 政／1891·8·3 政
吉田熊次　❽ 1964·7·15 文
吉田健一　❽ 1939·8月 文／1958·10月 文／❾ 1977·8·3 文
吉田厳覚　❸ 1350·7·8 政／8·13 政／1356·2·6 社
吉田健吉　❼ 1929·3·25 文
吉田(卜部)兼好(兼方·懐賢)　❸ 1286·是年 文／1302·4月 文／1313·9·1 社／1319·8·13 社／1322·4·27 社／1336·3·21 文／1337·3·25 文／1350·4·8 文／❺-1 1644·2·15 文／1664·是年 文
吉田玄水　❺-2 1771·是春 社／是年 社
吉田玄理　❺-2 1783·6·25 文
吉田篁墩(坦蔵·竹門)　❺-2 1798·9·1 文
吉田篁洎　❺-2 1826·是年 文
吉田権之丞　❺-1 1657·明暦年間 社
吉田才次　❻ 1873·8·4 文
吉田沙保里　❾ 2003·9·14 社／2004·8·13 社／2005·9·28 社／2008·

8·9 社／2012·7·27 社／9·28 社／10·23 社
吉田作右衛門⇨橘(たちばな)雪勝
吉田作兵衛 ❺-1 1661·4月 文
吉田左次兵衛 ❺-1 1681·3·22 社
吉田定資 ❸ 1330·7·11 政
吉田定房 ❸ 1293·是年 文／1304·5·15 文／1318·3·1 政／1321·4·23 文／10·16 政／12·9 政／12·15 政／1324·9·24 政／1331·4·29 政／1334·9·9 政／1338·1·23 政
吉田佐太郎 ❺-1 1603·7·5 社
吉田真重 ❹ 1588·5·7 政
吉田三郎(六左衛門、町人) ❻ 1867·2·27 社
吉田三郎(彫塑) ❼ 1919·是年 文／1933·4·23 政／❽ 1948·10·20 文
吉田芝渓 ❺-2 1794·是年 文
吉田重治 ❺-1 1619·7·19 政
吉田 茂(米内内閣、目白の吉田) ❽ 1940·1·16 政
吉田 茂(首相、大磯の吉田) ❼ 1927·8·4 政／1936·3·6 政／❽ 1942·3·20 政／1945·9·17 政／10·9 政／10·19 政／1946·2·13 政／5·22 政／8·18 政／1947·1·1 政／5·21 政／1948·2·21 政／3·15 政／1949·2·10 政／2·16 政／1950·3·1 政／1951·8·18 政／1952·10·21 政／10·30 政／1953·1·19 政／5·19 政／9·27 政／1954·11·28 政／1957·2·1 政／1964·2·23 政／4·25 政／❾ 1967·10·20 政／2009·3·22 社
吉田子方(円斎) ❺-2 1794·2·28 文
吉田収庵 ❻ 1861·3·3 文
吉田集而 ❾ 2004·6·22 文
吉田松陰(虎之助·大次郎·寅次郎·矩方·義卿·二十一回猛士) ❺-2 1849·7·4 政／1850·8·25 社／1851·1·28 政／5·24 政／1852·12·8 社／❻ 1853·6·4 政／1854·3·27 社／1856·8·22 文／9月 文／1857·11·5 文／1858·12·5 政／1859·4·19 政
吉田浄慶 ❹ 1594·3·12 文
吉田庄左衛門 ❺-1 1680·是年 政
吉田浄仙 ❺-1 1699·12·18 文
吉田浄珍 ❺-1 1621·5·15 文
吉田真太郎 ❼ 1902·8月 社
吉田季元 ❶ 784·3·14 政
吉田精一 ❽ 1940·12·28 文
吉田清蔵 ❺-2 1771·11·11 社
吉田成堂 ❾ 2010·3·22 文
吉田盛方院 ❺-1 1700·10·16 文／1702·5·22 文
吉田雪荷 ❹ 1490·11·11 政
吉田雪勝⇨橘(たちばな)雪勝
吉田善吾 ❽ 1939·8·30 政／12·28 政／1940·1·16 政／7·17 政／7·22 政／❾ 1966·11·14 政
吉田善左衛門 ❺-2 1789·11月 社
吉田素庵 ❺-1 1632·6·22 文
吉田宗意 ❺-2 1848·1·22 文
吉田宗賀 ❻ 1871·7·11 文
吉田宗桂(意庵、遣明使) ❹ 1539·4·19 政、文／1547·2·21 政／1572·10·20 文
吉田宗恂(意庵) ❹ 1598·是年 文／❺-1 1610·4·17 文／1641·是年 文
吉田大治 ❽ 1952·2·12 社
吉田大八 ❻ 1868·④·4 政
吉田孝清 ❹ 1491·1·1 政
吉田隆長 ❸ 1350·2·22 政
吉田拓郎 ❾ 2006·9·23 文
吉田忠雄 ❼ 1934·是年 政／❾ 1993·7·3 政
吉田 正 ❾ 1998·6·10 文
吉田只次 ❼ 1906·5·1 社
吉田辰五郎(三世) ❻ 1890·8月 文
吉田玉男 ❾ 2000·11·6 文／2006·9·24 文
吉田玉五郎 ❾ 1996·5·13 文
吉田玉助(初世) ❻ 1886·7·3 文
吉田玉助(二代目) ❼ 1902·8·11 文
吉田玉助(三代目) ❾ 1965·2·22 文
吉田玉造(初代) ❻ 1883·6月 文／❼ 1905·1·12 文
吉田玉造(二代目) ❼ 1907·3·23 文
吉田玉造(三代目) ❼ 1926·9·9 文
吉田玉松 ❾ 2010·3·18 文
吉田千秋 ❾ 2007·1·30 文
吉田忠兵衛 ❺-1 1712·1月 政
吉田てふ ❼ 1911·9·22 文
吉田長庵 ❺-1 1666·11·28 文
吉田経長 ❸ 1301·是年 政／1302·11·18 政／1309·6·8 政
吉田哲郎 ❾ 2011·12·20 文
吉田東伍 ❼ 1900·3月 文／1918·1·22 文
吉田洞谷 ❻ 1892·8·26 文
吉田藤左衛門 ❹ 1526·3·20 社
吉田東八 ❻ 1861·5·16 社
吉田東洋 ❻ 1854·6·11 政／1857·12·21 政／1862·4·8 政
吉田俊男 ❾ 1991·9·14 社
吉田富次郎 ❼ 1915·2·7 社
吉田富三 ❼ 1932·1·4 文／1935·5月 文／❽ 1944·10月 文／1959·11·3 文／❾ 1973·4·27 文
吉田友兵衛 ❺-1 1665·4·2 政
吉田豊彦 ❼ 1934·11·1 政
吉田虎之助 ❺-1 1699·5·28 社
吉田直次郎 ❻ 1861·5·16 社
吉田直人 ❻ 1863·8·17 政
吉田長善 ❽ 1951·1·27 社
吉田奈良丸(竹廼家養徳斎、初代) ❼ 1908·2·11 文／1915·1·1 文
吉田奈良丸(二代目) ❾ 1967·1·20 文
吉田奈良丸(炭田嘉一郎、三代目) ❾ 1978·11·12 文
吉田徳春 ❹ 1468·8·16 文
吉田二位 ❺-1 1604·9·2 社
吉田令世 ❺-2 1827·是年 文／1843·是年 文
吉田 一 ❼ 1923·6·26 政
吉田春男 ❽ 1944·11·11 政
吉田半十郎 ❻ 1876·11·12 文
吉田半兵衛 ❺-1 1686·是年 文
吉田彦右衛門 ❺-2 1769·1·13 社
吉田斐太麻呂 ❶ 771·③·1 文
吉田秀雄 ❽ 1963·1·27 政
吉田秀和 ❽ 1957·8·10 文／❾ 2006·11·3 文／2012·5·22 文
吉田秀仲 ❸ 1363·7·19 政
吉田秀彦 ❾ 1992·7·25 社
吉田博文 ❼ 1901·11·21 文
吉田(上田) 博 ❽ 1950·4·5 文
吉田広典 ❹ 1566·1月 文
吉田文之 ❾ 2004·12·19 文
吉田文吾 ❺-2 1827·8·25 文
吉田文五郎 ❽ 1962·2·21 文
吉田文三郎 ❺-2 1748·8·14 文／1759·是年 文
与志多分宣 ❺-1 1674·是年 文
吉田平九郎(池岳) ❻ 1859·8·24 文
吉田平三郎 ❺-1 1652·10·26 社
吉田平之助 ❻ 1862·12·19 政
吉田牧庵(僧) ❹ 1571·3·29 文
吉田穂高 ❽ 1962·10·6 文
吉田政重 ❹ 1593·6·29 文禄の役
吉田正春 ❻ 1880·4·1 政／1887·12·26 政
吉田雅美 ❾ 2003·11·17 文
吉田昌郎 ❾ 2011·3·11 社
吉田 学 ❾ 2011·6·7 政
吉田三雲左衛門 ❹ 1562·3·6 政
吉田光邦 ❾ 1991·7·30 文
吉田光由(与七) ❺-1 1627·8月 文／是年 文／1641·是年 文／1644·是年 文／1672·11·21 文
吉田 満 ❽ 1949·6月 文／❾ 1979·9·17 文
吉田蓑助 ❾ 2007·3·18 文／2009·11·4 文
吉田宗房 ❸ 1392·10·25 政／⑩·2 政
吉田元俊 ❺-1 1680·是年 文
吉田守房 ❸ 1350·12·26 政
吉田邑琴 ❺-1 1694·是年 文
吉田友次 ❺-1 1671·是年 文
吉田裕史 ❾ 2005·11·8 文
吉田靫負 ❺-2 1796·8·5 文
吉田与三右衛門 ❹ 1526·3·20 社
吉田与次 ❹ 1521·1·29 文
吉田義勝 ❽ 1964·10·10 社
吉田善彦 ❽ 1963·9·1 文／❾ 1974·9·1 文
吉田好正 ❽ 1938·1·3 社
吉田頼景 ❸ 1335·1·12 政
吉田頼幹 ❸ 1307·4·17 政
吉田蘭香 ❺-2 1799·6·9 文
吉田理兵衛 ❺-2 1773·6·29 文
吉田蓼園 ❼ 1900·1·2 文
吉田林庵 ❺-2 1721·3·4 文
吉田若狭守 ❸ 1442·10·25 政
吉田⇨藤原(ふじわら)姓も見よ
吉武(刀工) ❺-1 1692·3·13 文
吉武(刀匠) ❺-2 1717·2月 文
吉武恵市 ❽ 1949·1·23 政／1951·12·26 政／1964·7·18 政
吉武泰水 ❾ 2003·5·26 文
吉武輝子 ❾ 2012·4·17 文
良尹王 ❸ 1347·4月 政
由谷義治 ❽ 1939·11·29 社
良種(僧) ❶ 947·6·9 社
吉田矢健治 ❾ 1998·11·6 文
吉田屋源六 ❺-2 1801·是年 政
吉田屋伝右衛門 ❺-2 1823·是年 文
嘉太夫(伊勢) ❺-1 1687·天和·貞享年間 文
与七(農民) ❺-2 1780·12·22 社
能近(良親、絵師) ❷ 1028·9·27 文
吉次(備中刀工) ❸ 1326·3月 文／

1330·5月 文
善積武太郎 ❼ 1907·是年 社
吉富簡一(美之助·藤兵衛·篤敬) ❻ 1873·是年 政／❼ 1914·1·18 政
吉富次郎 ❷ 1276·③·5 政
善友穎主 ❶ 847·2·11 文／851·6·19 政
吉永小百合 ❾ 2010·11·3 文
吉成 儀 ❾ 2012·10·1 政
良成親王 ❸ 1369·2·15 政／12·13 政／1374·8·3 政／1375·10·3 政／1376·是夏 政／1377·1·13 政／1378·9·29 政／1383·4·14 政／1384·11·21 社／1385·2·10 政／11·15 政／1386·11·27 政／1388·10·13 政／1389·3·18 政／1390·1·18 政／1391·9·26 政／是年 政／1392·⑩·10 政／1393·2·9 政／3·12 政／1394·12·19 政／1395·10·20 政
吉野宇之吉(め組の頭) ❼ 1907·1·20 社
良野華陰 ❺-2 1770·4·3 文
吉野臥城 ❼ 1904·2月 文／1909·8月 文
吉野数之助 ❻ 1854·9·29 政／1861·4·12 ロシア艦対馬占拠事件
吉野作造(作蔵) ❼ 1916·1月 政／1918·1月 政／11·23 政／12·23 政／1921·9·17 政／1924·11月 文／1926·1·20 社／11·4 政／1933·3·18 文
吉野信次 ❼ 1935·7·25 政／1936·5·27 政／❽ 1937·6·4 政／1955·11·22 政
吉野末昭 ❺-2 1740·是年 文
吉野末益 ❺-1 1679·是年 文
吉野せい ❾ 1977·11·4 文
吉野俊彦 ❾ 2005·8·12 政
吉野秀雄 ❾ 1967·7·13 文
吉野秀政 ❺-2 1736·是年 文
吉野雅邦 ❾ 1972·2·17 政
吉野政長 ❺-2 1771·是年 文
吉野松石 ❾ 2003·11·11 文
芳野満彦 ❾ 2012·2·5 社
吉野みゆき ❽ 1940·3·28 社
吉野裕子 ❾ 2008·5·18 文
芳野愉閑 ❺-1 1679·是年 文
芳野立蔵(金陵) ❻ 1862·12·12 文／1863·2·5 文／1878·8·5 文
吉野王 ❸ 1435·10·9 政
吉野太夫 ❺-1 1631·8月 社
芳の里淳三 ❾ 1999·1·19 社
能信(姓不詳·地頭尼代) ❸ 1295·5·2 政
歓宮⇨熾仁(たるひと)親王
吉野屋□右衛門 ❺-1 1619·2月 社
吉則(刀工) ❸ 1417·12月 文
吉葉山潤之輔 ❽ 1954·1·24 社／2·3 社／❾ 1977·11·26 社
能原兼信 ❶ 982·2·23 政
吉原(囲碁) ❸ 1431·6·12 文
吉原健二 ❾ 2008·11·18 社
吉原幸子 ❾ 2002·11·28 文
葭原滋男 ❾ 2000·10·18 社
吉原重俊 ❻ 1882·7·18 文／10·10 政／1883·7·1 文
吉原治良 ❽ 1938·12·3 文
吉原敏雄 ❽ 1937·8月 文
吉原秀雄 ❻ 1888·8·7 文
善原内親王 ❶ 863·7·21 政
能久(神主) ❷ 1221·9·10 社
能久(よしひさ)親王(北白川宮·輪王寺宮·公現親王) ❻ 1868·3·7 政／5·3 政／5·13 政／1891·5·11 政／1895·10·28 政／❼ 1896·8·1 社
良秀王 ❶ 868·1·16 政
義仁親王 ❸ 1398·5月 政／1413·1·24 政
栄仁親王(伏見宮) ❸ 1398·5·26 政／12·29 政／1401·7·4 政／1406·9月 文／1416·11·20 政
好仁親王(高松宮) ❺-1 1638·6·3 政
美仁親王(閑院宮) ❺-2 1818·10·6 政
吉弘鑑理 ❹ 1557·7·7 政／1569·11月 政
吉弘氏直 ❹ 1534·4·6 政
吉弘鎮信(宗凰) ❹ 1571·7·13 政／1578·11·12 政
吉弘入道正堅 ❸ 1375·12月 政
善淵(六人部)愛成 ❶ 1·16 文／864·8·2 文／871·是年 文／879·5·7 文／888·10·9 文／890·3月 文
善淵永貞(六人部福貞) ❶ 861·8·6 文／873·是年 文／879·4·26 文／885·12·11 文
好島隆衡 ❸ 1451·6·1 政
好島盛隆 ❸ 1290·9·12 政
吉益東洞(為則·周助·東庵) ❺-2 1759·是年 文／1773·9·25 文／1800·是年 文
吉益亮子 ❻ 1871·11·12 文
好間大夫 ❹ 1580·2·5 文／❺-1 1601·⑪·21 文
吉松育美 ❾ 2012·10·21 社
吉松義彦 ❾ 1988·7·5 社
吉見詮頼 ❸ 1398·5·3 社
吉見氏頼 ❸ 1346·3·6 政／5·4 政／1352·6·6 政／1353·4·5 政／1369·4·12 政／1370·9·2 政／1371·5·13 政／7·18 政／8·8 政／1375·8·25 文／1379·1·6 政／2·12 政
吉見円忠 ❸ 1333·5·24 政
吉見治右衛門 ❺-2 1836·10月 文
吉見栄茂 ❼ 1902·4·8 社
吉見長左衛門(左膳·伊能交鷗) ❻ 1858·9·7 政
吉水(よしみ)経和(錦翁) ❻ 1877·是年 文／1878·是年 文／❼ 1910·2·6 文
吉見信頼 ❹ 1470·12·22 政／1482·5·27 政
吉見範直 ❸ 1421·9月 政
吉見半之丞 ❺-1 1653·3·15 社
吉見昌清 ❸ 1413·1·4 政／1418·1·24 政／1419·1·3 政／1420·1·5 政／1423·1·1 政／1424·3·4 政／1425·1·9 政／1426·1·4 政
吉見正頼 ❹ 1553·12·24 政／1554·3·3 政／4·17 政／5·12 政／12月 政／1555·2·11 政／1557·11·26 社
吉見元頼 ❹ 1592·3·8 文禄の役／6·20 文禄の役
吉見幸和(定之助·定右衛門·恭軒·風水翁·囊玄子·龍洞亭) ❺-2 1761·4·26 文
吉見義明 ❾ 1992·1·11 政
吉見義隆 ❹ 1495·7·28 政
吉見義世 ❸ 1296·11·20 政
吉見頼顕 ❸ 1369·9·29 政
吉見頼隆 ❸ 1340·7·11 政／8·1 政／1341·1·29 政／7·23 政／1344·10·25 政／1345·7·11 政
吉見頼見 ❸ 1382·10月 政
吉見頼行 ❸ 1333·3·29 政
吉見蘆月 ❼ 1909·3·16 文
吉見兵部大輔 ❸ 1371·5·13 政
善道継根 ❶ 861·1·13 政／867·1·12 政
善道根莚 ❶ 870·1·25 政
善道真貞 ❶ 831·8·10 文／844·3·22 政／845·2·20 政
吉光(刀工) ❸ 1300·8·6 文
義光(備前刀工) ❸ 1337·12月 文
良岑木連 ❶ 849·6·28 政
良岑清風 ❶ 862·1·13 政
良岑経世 ❶ 867·1·12 政／875·5·19 政
良岑高行 ❶ 841·1·13 政
良岑長松 ❶ 846·1·13 政／858·1·16 政／879·11·10 政
良岑宗貞⇨遍昭(へんじょう)
良峰衆樹 ❶ 920·9·24 政
良岑安世 ❶ 813·1·10 政／815·1·10 政／821·1·30 政／827·5·14 文／830·7·6 政
良岑行正 ❶ 966·是年 文
良岑義方 ❶ 941·12·17 文／957·是年 政
吉向治兵衛 ❺-2 1834·3·20 文／1836·6·18 文
義宗(姓不詳) ❷ 1064·12·14 政
義宗(刀工) ❽ 1943·10·5 文
能宗(姓不詳) ❷ 1200·6·25 社
令宗允亮 ❶ 1000·7·17 社
吉村 昭 ❾ 1966·8月 文／9月 文／1967·5月 文／2006·7·31 文
芳村伊三郎(四代目) ❺-2 1847·6·16 文
芳村伊三郎(五代目) ❻ 1874·12·1 文
芳村伊三郎(中村万吉、六代目) ❼ 1902·5·10 文
芳村伊三郎(七代目) ❼ 1920·8·20 文
芳村伊十郎(六代目) ❼ 1935·10·3 文
吉村氏吉 ❹ 1583·2·6 政／1585·2·12 政
吉村和江 ❾ 1996·6·5 政
芳村観阿 ❺-2 1848·6·19 文
吉村貫阿 ❻ 1855·7·19 文
吉村九郎 ❺-2 1824·7·9 政
吉村公三郎 ❾ 2000·11·7 文
吉村作治 ❾ 2005·1·21 文
吉村三郎助 ❺-1 1624·9·19 文
吉村茂樹 ❾ 1985·4·16 文
吉村周圭 ❺-2 1786·是年 文
吉村順三 ❽ 1955·6·1 文／❾ 1973·4·28 文／1997·4·11 文
吉村昌一 ❾ 1991·1·25 政
吉村甚兵衛 ❻ 1872·6月 社

吉村助右衛門　❺-1 1624·9·19 文
吉村大志郎　❾ 2003·11·1 社
吉村孝敬(蘭陵)　❺-2 1813·11 月 文／1822·是年 文／1836·7·16 文
吉村武太夫　❺-2 1746·5·8 政
吉村忠夫　❽ 1952·2·17 文
吉村徳則　❾ 2012·3·7 政
吉村寅太郎　❻ 1863·8·14 政
吉村寿人　❾ 1990·11·29 文
吉村平吉　❾ 2005·3·1 文
吉村昌弘　❽ 1956·11·22 社
吉村又右衛門　❺-1 1662·是年 社
吉村萬壱　❾ 2003·7·17 文
吉村光治　❼ 1923·9·4 政
吉村弥右衛門　❺-1 1650·是年 政
吉村雄輝　❾ 1998·1·29 文
吉村義節　❻ 1876·12·3 政
吉村蘭洲　❺-2 1783·6·25 文／1798·2·13 文
義村王子朝顕(琉球)　❺-2 1827·7·1 政
吉目木春彦　❾ 1993·7·15 文
吉本せい　❽ 1950·3·14 社
吉本隆明　❾ 2012·3·16 文
吉本善興　❺-2 1842·8 月 文
吉屋信子　❼ 1919·12·23 文／1920·1·1 文／❽ 1937·1 月 文／8 月 文／1938·9·11 文／1940·11·9 文
吉行淳之介　❽ 1954·7·21 文／1958·10 月 文／❾ 1969·1 月 文／1994·7·26 文
吉行理恵　❾ 2006·5·4 文
余昌(僧)　❶ 554·12·9
与四郎(河原者)　❹ 1598·6·3 文
余時羅(余次郎か·対馬)　❹ 1508·2·1 政
与次郎(大工)　❹ 1534·2·14 文／1577·2 月 文
与次郎(釜師)　❺-1 1610·6·18 文
与二郎(職人)　❹ 1575·12·24 政／1591·是年 文
与二郎(釜師)　❹ 1590·是年 文
吉原雅風　❼ 1929·12·25 文
吉原清治　❼ 1930·8·20 政
与住秋水　❺-2 1818·12 月 社
与惣右衛門　❺-1 1626·是年 社
世襲足媛　❶ 書紀·孝昭 29·1·3
依田学海(朝宗)　❻ 1875·3 月 文／1878·4·28 文／1883·1·6 文／1886·8 月 文／10·16 文／1888·9·8 文／❼ 1909·12·27 文
依田恵三郎　❺-2 1812·3·11 文
依田玄春　❺-1 1691·12·2 文／1699·12·18 文
依田貞清　❺-1 1660·6·18 社
依田竹谷　❺-2 1843·4·7 文
依田竹村　❻ 1866·11·28 文
依田徳雲　❻ 1894·6·28 政
依田信蕃　❹ 1575·6·2 政／1579·10·21 社／1582·2·18 政／9·28 政／9·30 社／10 月 政／11·4 政／1583·1 月 政／2·22 政
依田信守　❹ 1575·6·2 政
依田信幸　❹ 1583·2·22 政
依田政次　❺-2 1753·4·7 社／1764·9·19 社／1769·8·15 政
依田亨信　❹ 1456·8·1 政
依田　実　❾ 2010·11·29 政
依田(松平)康国　❹ 1584·2·2 政／1559·11·29 文／1560·4·5 文／是年 文／1590·3·18 政
依田雄太郎　❻ 1867·8·14 政
依田義賢　❾ 1991·11·14 文
与津江朝清　❺-1 1602·2·27 文
四竈(よつかまど)訥治　❻ 1890·9·25 文
四ツ車大八　❺-2 1809·4·3 社
四辻公万　❺-2 1824·7·6 政
四辻公遠　❹ 1595·4·19 文／8·13 政
四辻公音　❹ 1540·7·17 政
四辻公理　❺-1 1677·6·27 政
四辻実仲　❹ 1511·12·17 政
四辻実成　❸ 1405·3·5 政
四辻季顕　❸ 1395·6·20 政
四辻季継　❺-1 1619·9·18 政／1639·5·20 政
四辻季経　❹ 1524·3·29 政
四辻季遠　❹ 1559·12·13 文／1562·8·21 文／1575·8·2 政
四辻季俊　❹ 1485·1·24 政
四辻季春　❹ 1483·2·6 政
四辻季保　❸ 1430·6·26 文／1442·6·8 文／1452·⑧·1 政
四辻善成　❸ 1362·貞治年間 文／1388·6·13 文／1394·6·5 政／1395·7·20 政／8·29 政／1402·9·3 政
四辻頼資⇨藤原(ふじわら)頼資
四辻大納言　❹ 1555·4 月 文／1573·8·27 政
ヨッフェ(ソ連)　❼ 1922·9·4 政／11·11 政／1923·1·29 政／2·1 政／5·6 政
四本(よつもと)亀次郎　❻ 1855·10·8 文
四家文子　❽ 1946·4·27 文／❾ 1981·7·16 文
淀　かおる　❾ 1993·9·19 文
淀井敏夫　❾ 2001·11·3 文／2005·2·14 文
淀川長治　❾ 1998·11·11 文
淀川富五郎　❺-2 1841·3·28 社
淀殿(浅井茶々·二の丸殿·西の丸殿)　❹ 1583·4·23 政／1590·5·7 政／7·10 政／1593·8·3 政／1598·3·15 社／❺-1 1603·8·13 文／1605·5·10 政／11·19 文／1614·9·18 政／11·29 大坂冬の陣／12·15 大坂冬の陣／1615·5·8 大坂夏の陣
淀屋个庵(こあん)　❺-1 1622·是年 社／1643·寛永年間 政
淀屋太左衛門　❺-1 1664·11·8 政
淀屋辰五郎(岡本三郎右衛門)　❺-1 1705·5·16 政
淀屋与右衛門　❺-1 1647·是年 政
米内光政　❽ 1937·2·2 政／1939·1·5 政／7·5 政／1940·1·16 政／1944·7·12 政／7·17 政／7·20 政／7·22 政、社／8·23 政／1945·4·7 政／5·11 政／8·17 政／10·9 政／1948·4·20 政
与那城朝直　❺-1 1714·9·9 政／12·2 政
与那原親方　❻ 1858·4·16 政／1879·1·8 政
与那原親方良応　❺-2 1804·5·25 政
与那嶺　要　❾ 2011·2·28 社
与那嶺　貞　❾ 2003·1·30 文
米井源治郎　❼ 1919·7·20 政
米川操軒　❺-1 1678·8·19 文
米川敏子　❾ 2005·12·13 文
米川文子　❾ 1995·5·31 文
米川正夫　❼ 1914·9 月 文／1917·6 月 文／❽ 1953·6·27 文／❾ 1965·12·29 文
米津田政　❺-1 1604·3·6 社／1624·11·22 社
米津田盛　❺-1 1624·11·22 社
米津親勝　❺-1 1613·5·2 政
米津政武　❺-1 1688·10·2 政
米窪満亮　❽ 1947·6·1 政／8·30 政／1951·1·16 政
米倉一平　❻ 1878·3·12 政／❼ 1904·6·1 政
米倉丹後　❹ 1550·是年 政
米倉半左衛門　❺-1 1694·9·26 政
米倉弘昌　❾ 2010·5·27 政
米倉昌明　❺-1 1702·4·25 政
米倉斎加年　❾ 1977·3·2 文
米倉昌尹(昌忠)　❺-1 1696·3·28 政／1698·4·23 社／1699·7·12 政
米倉昌縄　❺-1 1627·3·8 社
米倉昌照　❺-1 1702·4·25 政
米倉昌寿　❺-2 1836·12·2 政
米倉よし子　❾ 1978·1·29 社
米倉六左衛門　❺-1 1694·9·26 政
米澤成二　❾ 2004·1·29 文
米澤　隆　❾ 1989·2·7 政／1994·6·8 政
米澤天崖　❾ 1996·1·2 文
米澤彦八(初代)　❺-1 1703·是年 文／1714·6·3 社
米澤彦八(二代目)　❺-2 1722·是年 社／1743·是年 文／1768·是年 社
米澤久喜　❺-2 1789·4 月 政
米澤嘉圃　❾ 1993·7·29 文
米田　功　❾ 2004·8·13 社
米田建三　❾ 1994·4·18 政
米田　富　❼ 1933·6·3 政
米田祐子　❾ 2000·9·15 社
米田容子　❾ 2000·9·15 社
米田義郎　❾ 1972·5·1 社
米津親勝(よねきつ)　❹ 1600·是年 社
米津政懿　❺-2 1844·1·18 政
米津松造　❻ 1868·是年 社
米津恒二郎(よねづ)　❻ 1882·10 月 社
米長邦雄　❾ 1976·6·10 社／1993·5·21 社／2012·1·14 文／12·18 文
米原雲海　❼ 1910·10·14 文／1925·3·25 文
米原綱寛　❹ 1571·3·19 政
米原永邦　❹ 1522·4 月 社
米原万里　❾ 2006·5·25 文
米満達弘　❾ 2012·7·27 社
米村嘉一郎　❼ 1923·6·26 政
米村喜男衛　❼ 1913·是秋 文
米村権右衛門　❺-1 1615·3·24 大坂夏の陣
米村庄右衛門　❺-1 1683·3 月 社
米村所平　❺-1 1704·7 月 社／

❺-2 **1739**·2·21 社
米元響子　❾ **2006**·11·29 文
米屋伊太郎　❻ **1868**·2·11 政
米屋勘兵衛　❺-1 **1682**·2·17 政
米屋喜兵衛　❻ **1868**·2·11 政
米屋新右衛門　❺-1 **1613**·1·11 政
米屋長七郎　❻ **1868**·2·11 政
米屋平右衛門　❻ **1868**·2·11 政
米屋弥一右衛門　❺-1 **1619**·2月 社
米山いよ　❼ **1927**·5·29 社
米山梅吉　❼ **1924**·3·25 政／**1934**·4·4 文／❽ **1946**·4·21 政
米山久大夫　❺-2 **1794**·5·19 社
米山忠雄　❽ **1944**·是年 社
米山俊直　❾ **2006**·3·9 文
米山利之助　❼ **1910**·3·15 社
米山秀雄　❻ **1876**·10·26 政
米山　弘　❼ **1928**·7·28 社
米山朴庵　❼ **1928**·12·25 文
米山宗隆　❺-1 **1689**·是年 社
ヨハキム·ケンド(殉教)　❺-1 **1628**·11·30 社
ヨハキム·シンド(進藤)　❺-1 **1614**·2·5 社
ヨハキム渡辺次郎右衛門　❺-1 **1606**·7·23 社
ヨハネ(殉教)　❺-1 **1628**·11·30 社
ヨハネ(パタニ人)　❺-1 **1642**·7·16 社／**1643**·2·2 社
ヨハネ明石次郎兵衛　❺-1 **1617**·2·12 社
ヨハネ秋雲　❺-1 **1619**·10·18 社
ヨハネ榎浦　❺-1 **1630**·9·23 社
ヨハネ松竹庄三郎　❺-1 **1627**·4·3 社
ヨハネス·エドウィン·ニーマン(オランダ)　❺-2 **1834**·6·29 政
ヨハネス·テーデンス(オランダ)　❺-2 **1723**·9·20 政
ヨハネス·ライノウツ(オランダ)　❺-2 **1758**·10·12 政／**1761**·10·4 政
ヨハノステハルトク(オランダ商館長)　❺-2 **1726**·2·28 政／**1764**·11·21 政
ヨハン(西洋人)　❺-1 **1714**·3·1 社
世仁(よひと)親王⇨後宇多(ごうだ)天皇
呼子　高　❸ **1449**·2·25 政／**1451**·1·4 政／**1453**·1·24 政／**1454**·1·9 政／**1455**·1·4 政／❹ **1457**·1·10 政／**1464**·1·1 政
呼子　実　❹ **1461**·1·4 政
呼子(源)　義　❸ **1450**·3·5 政／❹ **1465**·1·12 政／是年 政／**1466**·1·2 政／**1467**·是年 政／**1473**·1·6 政／**1485**·1·5 政／**1490**·1·10 政／**1495**·1·19 政／**1502**·1·3 政／**1504**·1·9 政／**1509**·7·6 政
読谷山王子朝恒　❺-2 **1764**·6·20 政
四方赤良⇨大田南畝(おおたなんぽ)
四方髪祐甫　❺-2 **1806**·1月 社
四方田草炎　❾ **1981**·1·20 文
四方田瀧口左衛門　❷ **1272**·2·11 政／9·2 政
世保(土岐)政康　❹ **1467**·5·10 政／**1468**·7·28 政
世保⇨土岐(とき)姓も見よ
頼顕紀予入道　❸ **1369**·4月 政
依岡左京　❹ **1581**·1·6 政
頼兼(弾左衛門)　❺-1 **1667**·②月 社
依上宗義　❸ **1424**·6·13 政
頼輔(検非違使別当)　❷ **1169**·是夏·秋頃 文
頼近美津子　❾ **2009**·5·17 文
頼任(右衛門権佐)　❷ **1016**·1·2 文
頼友(姓不詳)　❷ **1140**·是年 社
順宮厚子内親王　❽ **1952**·10·10 政
頼仁(放火犯)　❷ **1167**·7·18 社
頼仁親王　❷ **1219**·2·13 政／**1221**·7·25 政／**1264**·5·23 政
職仁親王(よりひと·有栖川宮)　❺-2 **1753**·11·4 文／**1756**·9·16 文／**1760**·2·19 文／**1765**·9·11 政／**1767**·2·14 文／**1769**·10·22 政
依藤資頼　❸ **1412**·5·16 社
依藤弥三郎　❹ **1484**·2·5 政
依光　隆　❾ **2012**·12·18 文
寄本勝美　❾ **2011**·4·2 政
頼泰(西方領所式部)　❸ **1290**·9·12 政
鎧作名床　❶ **722**·3·10 社
萬　鉄五郎　❼ **1912**·10·15 文／是年 文／**1913**·3·11 文／**1917**·9·9 文／**1918**·9·10 文／**1922**·1·14 文／**1925**·3·6 文／**1926**·2·27 文／9·4 文／**1927**·5·1 文
万尾時春(六兵衛)　❺-2 **1725**·是年 文／**1726**·是年 文
万屋伊兵衛　❺-1 **1680**·延宝年間 政
万屋甚兵衛　❻ **1868**·2·11 政
万屋忠兵衛　❻ **1868**·2·11 政
万屋八郎兵衛　❺-2 **1817**·3·23 社
万屋兵四郎　❻ **1860**·11·4 文
萬屋錦之介　❽ **1961**·11·27 社／❾ **1997**·3·10 文
ヨワノステイテンス(オランダ商館長)　❺-2 **1724**·2·28 政／**1725**·2·28 政
ヨワノスホロンスウェンケル(オランダ役人)　❺-2 **1727**·①·28 政
ヨワンヲウウル(オランダ商館長)　❺-2 **1719**·2·28 政
ヨンケル(医師)　❻ **1872**·11·1 文
ヨンストン·J(動物図説)　❺-1 **1663**·3·1 文／❺-2 **1805**·是年 社

ら

ラ·アルヘンチーナ(スペイン舞踏家)　❼ **1929**·1·23 文
羅　可温(朝鮮)　❸ **1397**·4·1 政
ラ·クロア(世界地理全図)　❺-1 **1705**·是年 文
羅　興儒(高麗)　❸ **1376**·10月 政
羅　世(高麗)　❸ **1380**·2月 政
羅　福星　❼ **1923**·12·16 政
ラージ(カナダ)　❻ **1890**·4·4 社
ラープ(オーストリア)　❽ **1959**·1·8 政
ラーマン(マレーシア)　❽ **1958**·5·21 政／**1963**·5·30 政／**1964**·6·14 政／❾ **1967**·5·23 政／**1970**·7·27 政
ラーマン(バングラデシュ)　❾ **1973**·10·18 政
来　金道　❺-1 **1678**·2月 文
頼　杏坪(惟柔·万四郎·千祺·春草)　❺-2 **1829**·是年 文／**1834**·7·23 文／是年 文
来　国次　❸ **1332**·11·5 文
来　国俊(刀工)　❸ **1315**·10·23 文／**1316**·11月 文／**1319**·8月 文／**1321**·1月 文
来　国光　❸ **1327**·2月 文／**1330**·是年 文
頼　山陽(襄·子成·三十六峯外史)　❺-2 **1800**·9·5 政／**1818**·11·8 文／**1819**·是年 文／**1820**·3月 文／**1821**·是年 文／**1823**·是年 文／**1827**·5·21 文／**1829**·8月 文／**1830**·是年 文／**1831**·2·3 文／**1832**·9·23 文／**1838**·是年 文／**1845**·是年 文
雷　春(明)　❸ **1433**·5·2 政／**1434**·5·21 政／8·23 政
頼　春水(惟完·惟寛·千秋·伯栗·霞崖·拙巣·和亭)　❺-2 **1816**·2·19 文
頼　春風(惟彊·叔義·千齢)　❺-2 **1825**·9·12 文／**1841**·是年 文
礼　塞敦　❶ **553**·1·12
雷　任民　❽ **1955**·3·29 政
来　久道　❺-1 **1696**·8月 文
来　孫太郎　❸ **1292**·8·13 文
頼　三樹三郎　❻ **1858**·7·14 政／**1859**·1·9 政／10·7 文
頼印(僧)　❸ **1392**·4·26 社
頼恵(僧)　❷ **1235**·⑥·28 社
頼栄(僧)　❸ **1343**·7月 文
頼円(講師)　❷ **1071**·是年 文
頼円(手画僧)　❷ **1074**·8·25 文
頼円(僧)　❸ **1294**·3·29 文／**1346**·7·19 社
頼円(仏師)　❸ **1353**·7·1 文／**1354**·3·20 文
頼縁(僧)　❷ **1072**·3·15 政／**1073**·6·12 政
頼賀(雑掌)　❸ **1379**·9·17 社
頼観(僧)　❷ **1102**·4·6 社
頼暁(僧)　❸ **1398**·10月 文
頼慶(僧)　❸ **1335**·4·15 社
頼慶(僧)　❺-1 **1610**·3·24 社
頼賢(僧)　❷ **1052**·5·15 社
頼賢(仏師)　❷ **1086**·8月 文
頼兼(僧)　❷ **1261**·7·18 社／**1278**·7·18 社
頼憲(僧)　❸ **1368**·⑥月 社／**1380**·2·24 社
雷憲(朝鮮)　❺-1 **1696**·6·4 政
頼源(僧)　❷ **1061**·10·4 文
頼源(絵仏師)　❷ **1149**·3·20 文／**1155**·8·15 文／**1166**·9·15 文／**1168**·7·4 文
頼源(僧)　❸ **1333**·5月 社
ライケン·ペルス　❻ **1855**·10·24 政
頼豪(僧)　❷ **1074**·12·26 社／**1084**·5·4 社
頼厳(仏師)　❷ **1142**·10·21 文／**1144**·11·14 社／**1146**·是年 文
頼似(僧)　❸ **1327**·7月 社
頼実(僧)　❷ **1114**·5月 社
ライシャワー，エドウィン　❽ **1961**·3·14 政／**1964**·3·24 政／❾ **1966**·7·25 政／**1990**·9·1 政
頼重(僧)　❸ **1384**·8·21 社
頼俊(絵仏師)　❷ **1135**·6·21 文
頼俊(僧)　❸ **1303**·8·19 社
礼春(僧)　❹ **1472**·8·15 文
頼助(仏師)　❷ **1113**·6·7 文／

1149·3·20 文
頼助(僧)　❷ **1281**·4·14 社／❸ **1296**·2·28 社
頼昭(僧)　❸ **1332**·3·21 社
頼勝(僧)　❸ **1395**·3月 社／**1396**·9月 社／**1402**·4·23 社
頼乗(僧)　❸ **1372**·1·22 社
頼信(僧)　❷ **1066**·11·25 社／**1076**·6·27 社
頼信(絵仏師)　❷ **1131**·7·8 文
頼尋(僧)　❷ **1092**·9·4 社
ライス(箱館貿易事務官)　❻ **1857**·4·5 政
ライス(米国務長官)　❾ **2005**·5·2 政
頼勢(仏師)　❷ **1036**·是年 文
頼清(僧)　❷ **1101**·1·3 社
頼成(僧)　❷ **1191**·9·27 文
頼暹(頼秀、仏師)　❷ **1117**·6·14 文／**1247**·是年 文／**1265**·是年 文
頼暹(僧)　❸ **1385**·10·22 社
頼禅(僧)　❸ **1292**·6·15 社
頼尊(僧)　❷ **1050**·10月 文
頼尊(興福寺僧)　❷ **1096**·2·2 社／**1100**·7·24 社
頼尊(絵仏師)　❸ **1292**·2·25 文
頼尊(僧)　❸ **1314**·③·3 社
頼仲(僧)　❸ **1355**·10·2 社／**1367**·4月 社
頼調(仏師)　❸ **1293**·6月 文
雷電為右衛門(関　太郎吉)　❺-2 **1770**·11月 社／**1800**·7·12 社／**1825**·2·11 社
雷電為右衛門⇨阿武松緑之助(あぶのまつみどりのすけ)
ライト(救世軍)　❻ **1895**·9·3 社
ライト(建築)　❼ **1922**·9·1 文
ライト，エダ(救ライ)　❽ **1950**·2·26 社
頼如(絵仏師)　❷ **1129**·12·6 文
頼宝(僧)　❸ **1330**·7·9 社
ライマン(地質学者)　❻ **1872**·11·7 文／**1877**·3月 社
ライマン，ロバート　❾ **2005**·11·18 文
頼瑜(僧)　❷ **1266**·文永2または3年 文／❸ **1288**·3月 社／**1304**·1·1 社
頼祐(僧)　❸ **1312**·3月 政
頼与(仏師)　❷ **1171**·1·15 文
頼誉(僧)　❷ **1280**·12·7 社
ラウレル(マニラ)　❽ **1943**·10·14 政／**1945**·6·23 政
羅延(対馬)　❹ **1507**·1·16 政
ラオス(イスラエル)　❾ **1989**·11·7 政
楽　一入　❺-1 **1696**·3·22 文
楽　吉左衛門　❾ **1980**·5·6 文
楽　左入(六代目)　❺-2 **1739**·9·25 文
楽　宗慶(陶工)　❹ **1593**·是年 文
楽　宗入(陶工)　❺-2 **1716**·9·3 文
楽　旦入　❺-2 **1819**·3·14 文
楽　道入(吉左衛門)　❺-1 **1656**·2·25 文
ラグーザ(彫刻)　❻ **1881**·是年 文／**1882**·6·30 文
ラグーザ玉　❽ **1939**·4·6 文
ラグーナ(宣教師)　❹ **1588**·11·26 社
駱漢中(唐)　❶ **877**·12·21 政／**955**·7·17 社
落月堂操巵⇨操巵(そうし)
楽只斉⇨松尾宗二(まつおそうじ)
楽子内親王　❶ **998**·9·16 社
ラクスマン(ロシア)　❺-2 **1792**·9·3 政／**1793**·3·2 政／6·8 政／9·18 政
ラクチョーおとき　❽ **1947**·4·22 社
ラクロット(修道女)　❻ **1872**·6月 社
ラゴス(チリ)　❾ **2005**·11·18 政
ラザール·レヴィ　❽ **1950**·10·10 文
ラザク(マレーシア)　❾ **1971**·10·13 政
ラスク(仏)　❽ **1952**·1·26 政／**1962**·11·1 政／**1964**·1·27 政
ラスク(米)　❾ **1966**·12·5 政
ラスコイト(オランダ技師)　❻ **1861**·3·28 政
ラスティ·カノコギ　❾ **2009**·11·21 社
ラストボロフ(ソ連)　❽ **1953**·1·24 政／**1954**·2·1 政／8·14 政
ラスプチン(ロシア)　❼ **1917**·1月 政
ラスンプション，ペドロ·デ(イエスズ会)　❺-1 **1617**·4·18 社
ラッセル，バートランド　❼ **1921**·7·17 文
ラッド，ケビン　❾ **2010**·12·15 政
ラッフルズ(英)　❺-2 **1813**·6·28 政／**1814**·6·23 政
ラナリット(カンボジア)　❾ **1994**·3·9 政
ラビ，イジドール　❽ **1948**·11·28 文
ラピエール，ニコラス　❾ **2012**·10·12 社
ラビン(イスラエル)　❾ **1994**·12·12 政
ラビンスキー，ミハイロワ　❼ **1907**·7·7 文
ラミニ(スワジランド)　❾ **1978**·9·26 政
ラムズフェルド(米)　❾ **2005**·6·4 政
ラモス(フィリピン)　❾ **1993**·3·11 政
ラモス瑠偉　❾ **2005**·5·15 社
ラモント，トーマス·W　❼ **1927**·10·3 政
ラルディン，コルネリス　❺-1 **1711**·9·20 政／**1712**·2·25 政／3·1 政／**1713**·9·20 政／**1714**·2·28 政
ラルフ·ネーダー　❾ **1971**·1·12 社
ラロック·ルイ　❻ **1874**·3·7 社
欒(らん)　相忠(元)　❷ **1279**·6·25 政／是年 政
藍瑛(明)　❺-1 **1638**·8·10 文
懶牛融　❸ **1329**·5月 政
ラング(英·鉄艦製作)　❻ **1880**·11·27 社
ラングーラム(モーリシャス)　❾ **1973**·8·22 政
ラングトン(米大尉)　❼ **1921**·1·8 政
蘭渓道隆(宋僧)　❷ **1238**·是年 政／**1246**·是年 政／**1247**·2·10 文／12月 社／**1248**·12月 社／**1250**·7·15 文／**1253**·11·5 文／11·25 社／**1254**·7·13 文／**1259**·4·9 文／**1261**·是年 社／**1262**·4·9 文／**1271**·是年 文／**1276**·12·6 文／**1277**·11·24 文／**1278**·4月 社／7·24 社／是頃 文／❸ **1347**·3·12 社
鸞岡瑞佐(省佐、遣明使)　❹ **1519**·6月 政／**1520**·是春 政／**1523**·③·17 政／4·27 政
蘭谷元定(僧)　❺-1 **1707**·5·18 社
蘭洲良芳(僧)　❸ **1384**·12·6 社
鸞宿(僧)　❺-2 **1750**·10·15 社
蘭叔玄秀　❹ **1576**·3月 文
ランシング(米国務長官)　❼ **1917**·9·6 政
ランスダウン(英外相)　❼ **1902**·1·30 政
ランスト，コンスタンティン(オランダ)　❺-1 **1667**·9·20 政／**1683**·9·20 政／**1686**·9·20 政
ランデチョー(スペイン)　❹ **1596**·8·26 政
藍田崇瑛(僧)　❸ **1451**·8·16 社
蘭徳斎春童　❺-2 **1800**·是年 文
ランバート(米)　❽ **1949**·6·27 政
ランバート，ジェームズ　❾ **1969**·1·28 政／**1972**·5·10 政
蘭坡景茝(僧)　❹ **1501**·2·28 社
ランバス(米·関西学院)　❻ **1889**·9·15 文

り

李　乙彦(高麗)　❸ **1381**·2月 政
李　殷(高麗)　❸ **1397**·1·3 政
李　纓　❾ **2008**·3·12 政
李　瑀(朝鮮)　❸ **1412**·1·19 政
李　瑋鐘　❼ **1907**·6月 政
李　芸(朝鮮)　❸ **1406**·6·1 政／**1408**·是年 政／**1410**·5·13 政／**1416**·1·27 政／**1418**·4·24 政／**1422**·12·20 政／**1423**·11·20 政／**1424**·1·1 政／3月 政／8·6 政／**1428**·12·7 政／**1429**·12·3 政／**1432**·7·26 政／**1433**·1·26 政／4·13 政
李　云牧(高麗)　❸ **1357**·9·26 政
李　雲龍　❹ **1597**·12·22 政
李　栄(琉球)　❹ **1477**·3·5 政／**1479**·3·18 政
李　英覚　❶ **856**·是秋 政／**858**·6·8 政
李　栄春　❹ **1595**·6月文禄の役
李　栄白　❹ **1594**·10·18 文禄の役
李　延孝(唐)　❶ **862**·7·23 政／**865**·1·27 政／7·27 政／**877**·12·21 政
李　坧(純宗)　❼ **1926**·4·25 政
李　曄(朝鮮)　❹ **1599**·4月 政
李　海(明)　❸ **1425**·5·20 政
李　恢成　❾ **1970**·2月 文
李　覚鐘　❽ **1937**·10·2 政
李　夏生(高麗)　❸ **1368**·7·11 政
李　适(朝鮮)　❺-1 **1624**·1月 政
李　完用(敬徳)　❼ **1910**·8·22 政
李　亀生(朝鮮)　❺-1 **1603**·3·3 政
李　季同(朝鮮)　❹ **1479**·4·1 政
李　堯夫　❸ **1317**·是年 文
李　居簡(宋)　❷ **1091**·8月 政

李　居正　❶ **861**·1·20 政／4·14 文／5·26 政
李　覿(遣朝鮮使)　❹ **1459**·10·8 政
李　金金(朝鮮)　❸ **1453**·1·24 政
李　金章　❼ **1910**·11·3 社
李　桂(明)　❸ **1421**·1·18 政
李　桂(仏大泥国)　❹ **1599**·7月 政
李　敬(琉球)　❸ **1435**·1·18 政／**1439**·3·10 政／**1452**·3·8 政／❹ **1459**·2·26 政
李　奎(明)　❸ **1439**·5·1 政
李　京秀　❾ **2012**·8·17 政
李　景稷(朝鮮)　❺-1 **1617**·7·4 政／8·20 政
李　継長　❹ **1523**·5·28 政
李　傑(琉球)　❸ **1425**·2·1 政
李　堅義(朝鮮)　❸ **1452**·⑧·4 政
李　彦鋼(朝鮮)　❺-1 **1682**·6·18 政／8·27 政
李　彦世　❹ **1587**·2·26 政
李　元泰　❶ **786**·9·18 政
李　元鎮　❺-1 **1645**·4月 政
李　元翼　❹ **1592**·8·1 文禄の役
李　浩(明)　❸ **1387**·是年 政
李　浩(琉球使)　❸ **1376**·4·1 政
李　洸　❹ **1592**·6·6 文禄の役
李　光輝⇨中村輝夫(なかむらてるお)
李　光源　❹ **1592**·8·7 文禄の役
李　鴻章　❻ **1871**·4·27 政／7·29 政／**1876**·1·6 政／**1879**·6·13 政／**1885**·2·24 政／**1894**·11·28 政／**1895**·2·19 日清戦争／11·8 日清戦争／❼ **1901**·11·7 政
李　興長　❶ **871**·12·11 政
李　香蘭(山口淑子)　❽ **1938**·10·19 社／**1941**·2·11 社
李　克均(朝鮮)　❹ **1494**·3·19 政
李　際春(明)　❹ **1558**·4·1 政／**1561**·⑤·9 政／**1592**·5·28 文禄の役
李　再晟　❺-2 **1779**·12·24 政
李　相高　❼ **1907**·6月 政
李　参平(陶工)　❺-1 **1616**·是年 文／**1655**·8·11 文
李　至(朝鮮)　❸ **1397**·4·1 政
李　自然　❶ **792**·5·10 社
李　士達(明)　❺-1 **1618**·是冬 文／**1619**·6月 文
李　充(宋)　❷ **1102**·是年 政／**1104**·是年 政／**1105**·8·20 政
李　秀文　❸ **1424**·是年 文
李　従茂(朝鮮)　❸ **1419**·6·19 政／6·26 政
李　守真　❶ **671**·1·13 政／7·11 政
李　学述(朝鮮)　❺-2 **1843**·3·22 政
李　儁　❼ **1907**·6月 政
李　春光　❾ **2012**·5·23 政
李　舜臣　❹ **1592**·5·7 文禄の役／7·7 文禄の役／9·1 文禄の役／**1593**·2·21 文禄の役／**1597**·1·2 慶長の役／9·15 慶長の役／**1598**·11·18 慶長の役
李　純達　❶ **972**·10·15 政
李　秉彝(明)　❹ **1456**·是年 政
李　子庸(高麗)　❸ **1378**·10月 政
李　址鎔　❼ **1904**·2·23 政
李　承英　❶ **819**·11·20 政
李　昌基　❺-2 **1768**·4·29 政
李　承薫(昇薫)　❼ **1919**·3·1 政
李　承敬　❼ **1896**·3月 文
李　少貞　❶ **832**·是年 政／**842**·1·10 政
李　承晩　❼ **1919**·4·10 政／❽ **1948**·10·19 政／**1950**·2·16 政／**1953**·1·5 政
李　如松(朝鮮)　❹ **1592**·12·7 文禄の役／**1593**·1·5 文禄の役／3·15 文禄の役
李　処人　❶ **842**·5·5 政
李　仁　❷ **1281**·⑦·16 政
李　人植　❼ **1905**·是年 社
李　信恵(新羅僧)　❶ **824**·是年 政
李　仁掊　❺-2 **1763**·10·6 政／**1764**·2·27 政
李　成桂(高麗)　❸ **1377**·2月 政／**1380**·2月 政／9月 政／**1385**·1月 政／**1391**·8·9 政
李　勣(唐)　❶ **668**·10月 政
李　石湖(朝鮮)　❺-1 **1655**·是年 文
李　侁(宋)　❷ **1110**·4·26 政／⑦月 政
李　善(明)　❸ **1374**·10月 文／**1392**·8·18 政
李　善溥(朝鮮)　❺-1 **1698**·3·25 政
李　宗実(従実、遣朝鮮使)　❹ **1459**·10·8 政／**1463**·7·14 政
李　宗城　❹ **1594**·12·20 文禄の役／**1595**·1·30 文禄の役／4·28 文禄の役／**1596**·4·2 文禄の役
李　宗仁(朝鮮)　❹ **1509**·3·20 政
李　宗誠　❹ **1599**·7·14 政
李　息(元)　❸ **1320**·是年 文
李　即斎　❸ **1410**·2月 文
李　晬光(朝鮮)　❺-1 **1614**·是年 政
李　台貴(朝鮮)　❸ **1407**·10·19 政
李　大源　❹ **1587**·2·26 政
李　大衡　❺-2 **1726**·9月 政
李　達(唐)　❶ **881**·是年 政
李　旦(明)　❺-1 **1625**·7·10 政
李　迪　❷ **1197**·是年 文
李　仲(琉球)　❸ **1390**·1·26 政
李　初梨　❽ **1941**·5·15 政
李　載完　❼ **1910**·10·7 政
李　肇星　❾ **2005**·4·17 政／5·7 政
李　珍宇　❽ **1958**·8·21 社
李　霆(朝鮮)　❺-1 **1606**·是年 文
李　鼎元　❺-2 **1800**·5·12 政
李　韜士(清)　❺-2 **1716**·2月 政／**1744**·是年 文
李　徳馨　❹ **1592**·5·2 文禄の役／6·7 文禄の役
李　徳全　❽ **1954**·10·30 政
李　仁山(清)　❺-2 **1744**·是年 文／**1747**·延享年間 文
李　勉求(朝鮮)　❺-2 **1811**·3·29 政／5·22 政
李　鵬　❾ **1989**·4·12 政
李　奉昌　❼ **1932**·1·8 政
李　密翳　❶ **736**·11·3 政
李　明彦(朝鮮)　❺-2 **1719**·6·20 政／10·1 政
李　夢麟(朝鮮)　❹ **1530**·3·10 政
李　命和　❺-2 **1787**·12·25 政
李　蒙古(高麗)　❸ **1357**·9·26 政
李　裕元　❻ **1882**·8·28 政
李　友曾(朝鮮)　❹ **1510**·4·4 政
李　友邦　❽ **1938**·1月 政
李　容九　❼ **1909**·12·4 政／**1912**·5·22 政
李　流芳　❺-1 **1619**·是年 文
李　亮元(朝鮮)　❹ **1479**·4·1 政
李　隣徳　❶ **846**·是年 政
リーガル千太　❽ **1938**·3·2 社
リーガル天才　❾ **2004**·12·22 文
リーガル万吉　❽ **1938**·3·2 社
リーサ，ティナ　❽ **1949**·是年 社
リーチ，バーナード　❼ **1909**·4月 文／**1912**·10·15 文／**1920**·6·25 文／❽ **1954**·11·16 文／**1961**·是年 文／**1963**·是年 文／**1964** 是年 文
リード(米)　❻ **1884**·是年 文
リーマ，イグナシオ·デ(ポルトガル)　❹ **1581**·是年 政
リーランド(米)　❻ **1878**·10·24 文
利右衛門(漁夫)　❺-1 **1625**·是年 社
理右衛門(加賀金山)　❺-1 **1630**·2·2 社
理円(僧)　❸ **1420**·是年 文
利音(新羅)　❶ **208**·4月
利加(台湾)　❺-1 **1627**·11·5 政
李下(芭蕉弟子)　❺-1 **1681**·是春 文
梨懐(唐)　❶ **896**·3·4 政
力武常次　❾ **2004**·8·22 文
力道山　❽ **1954**·2·19 社／12·22 社／**1955**·11·15 社／**1957**·10·7 社／**1958**·8月 社／**1960**·2月 社／**1961**·4·23 社／**1963**·12·8 社
力久辰斎　❽ **1947**·5月 社
力松(通訳)　❻ **1855**·3·12 政
力丸禅正　❺-2 **1806**·是年 文
リギンス(米)　❻ **1859**·3·30 社
陸　辞(琉球)　❸ **1454**·3·27 政
陸　仁(元)　❸ **1368**·4·28 政
陸　徵祥(子欣)　❼ **1912**·6·30 政
六字南無右衛門(女太夫)　❺-1 **1614**·慶長年間 文
陸治(僧)　❹ **1554**·是年 文
陸文斎(清医)　❺-1 **1703**·8·4 文
李敬(坂高麗左衛門)　❺-1 **1643**·2·21 文
利慶(僧)　❷ **1097**·8·12 社
理賢(僧)　❷ **1190**·10·11 社
利賢(棋士)　❺-1 **1612**·2·13 文
理源(僧)　❶ **907**·2·13 文
利玄(僧)　❷ **1236**·8·6 社
利玄(鹿塩利賢、僧)　❹ **1582**·6·1 文
利玄(棋士)　❺-1 **1603**·4·19 文／**1610**·9·9 文
理玄(碁打)　❹ **1594**·3·12 文
李国円子(琉球)　❹ **1480**·4·7 政
リコルド(ロシア)　❺-2 **1812**·4·6 政／8·13 政／**1813**·5·26 政
利子内親王(りし·式乾門院)　❷ **1226**·11·26 社／**1233**·6·20 政／**1239**·11·12 政／**1251**·1·2 政
利渉(僧)　❸ **1384**·9·13 社
裏浄(僧)　❸ **1350**·3·15 政
理諸般務事(カンボジア)　❺-1 **1627**·8月 政
理真(僧)　❷ **1196**·是年 社
リズレー(米)　❻ **1865**·5·4 社／是年 文／**1866**·1·10 社／2月 社／10·29

社
理清(壱岐州藤氏妻) ❹ 1478·1·9 政
リゼンドル(米) ❻ 1874·4·4 政
李達(唐) ❶ 882·7·15 政
理智円(僧) ❸ 1335·3·22 社
リチャード·ダカン ❻ 1859·9·29 文
リチャードソン(英) ❻ 1862·8·21 政
リチャードソン(米国連大使) ❾ 1998·2·13 政
履中天皇(去来穂別尊) ❶ 書紀·仁徳 31·1·15／履中 1·2·1／400·2·1／405·3·15
履仲元礼 ❸ 1413·10·10 社
理長寿巌 ❺-2 1764·11·11 社
立阿(僧) ❹ 1492·7·4 政
立阿弥 ❹ 1472·8·12 文／1506·3·5 文
立安(僧) ❺-1 1601·是年 文
栗柯亭木端 ❺-2 1736·是年 文／1740·是年 文／1746·是年 文／1750·是年 文／1770·是年 文
リッジウェイ(米) ❽ 1951·4·11 政／4·16 政／9·18 政
リットン(英) ❼ 1932·2·29 政
リッペンドロップ(独) ❼ 1936·11·25 政／❽ 1937·11·6 政／1939·1·6 政／8·21 政／1940·9·6 政／9·7 政／1941·3·12 政
律明(僧) ❸ 1320·6·26 社
利貞尼 ❹ 1551·是年 文
リデル，ハンナ(英) ❻ 1890·是年 社／❼ 1932·2·3 文
リトビーフ(ソ連) ❼ 1932·11·4 政／❽ 1938·6·25 政
リノ·ミカエル ❺-1 1614·6·8 社
リハチョフ(ロシア) ❻ 1861·8·20 政
リヒテル，スヴァトスラフ ❾ 1970·9·3 文
利兵衛(杣頭) ❺-2 1788·3月 社
劉 成日 ❾ 2012·8·29 政
柳 応秀 ❹ 1592·10月文禄の役／10·18 文禄の役
劉 瑾(明) ❹ 1510·2·3 政
劉 錦 ❹ 1523·4·27 政
劉 経光 ❺-2 1731·4月 文
劉 経先 ❺-2 1727·6月 文
劉 倹(明) ❸ 1455·4·16 政／❹ 1456·是年 政
劉 元(明) ❸ 1403·8·8 政
柳 洪(高麗) ❷ 1079·2·14 政
龍 公美 ❺-2 1754·是年 文
龍 骨大 ❺-1 1637·1·28 政
劉 琨(宋) ❷ 1081·2·28 政／10·25 政／1082·9·5 政
龍 粛 ❽ 1964·2·25 文
劉 寿山 ❺-2 1790·3·9 文
柳 順汀(対馬) ❹ 1510·4·4 政
柳 緒宗 ❹ 1539·8·10 政
劉 仁願 ❶ 663·7·17 政／664·5·17 政／667·11·9 政／671·1·13 政
劉 仁軌 ❶ 663·9·7 政
劉 仁蛋 ❶ 665·8·13 政
劉 慎言 ❶ 841·是秋 政
笠 信太郎 ❽ 1950·是年 文／❾ 1967·12·4 文
劉 清(新羅) ❶ 812·9·9 政
劉 暹(元) ❸ 1363·8·10 政
柳 忩(宋) ❷ 1085·10·29 政
劉 宗秩 ❸ 1379·⑤月 政
龍 草廬 ❺-2 1739·是年 文／1778·是年 文／1792·2·1 文
劉 遜(明) ❸ 1443·是年 政
笠 智衆 ❽ 1944·是年 社／1962·3·4 文／❾ 1993·3·16 文
劉 綎(明) ❹ 1593·10·3 文禄の役／1594·2·6 文禄の役／4·13 文禄の役／1597·2·11 慶長の役／1598·9·19 慶長の役／10·2 慶長の役／10·25 慶長の役
柳 廷顕(朝鮮) ❸ 1419·5·25 政
柳 定秀 ❻ 1881·6·8 文
龍 鉄也 ❾ 2010·12·28 文
柳 天隠(高麗) ❸ 1397·6·2 政
劉 天爵 ❹ 1598·10·25 慶長の役
劉 道詮 ❺-1 1655·8·9 社
劉 徳高 ❶ 665·9·23 政／是年 社
劉 日天 ❺-1 1696·6·4 政
劉 復亨 ❷ 1274·10·5 政／10·19 政／11·21 政(囲み)
柳 文卿 ❾ 1971·3·30 政
劉 文冲(宋) ❷ 1150·是年 文／1151·9·24 政
劉 歩蟾 ❻ 1895·2·2 日清戦争
柳 裕(宋) ❷ 1097·3·23 文
柳 里恭⇨柳澤淇園(やなぎさわきえん)
劉 龍門(宮瀬三右衛門) ❺-2 1771·1·4 文
劉 連仁 ❽ 1958·2·9 政
龍雲(琉球大慈寺僧) ❹ 1588·8·12 政／1589·8·21 政／❺-1 1608·8·19 政
隆栄(僧) ❹ 1510·3月 社
隆円(小松僧都) ❷ 1011·6·19 社／1015·2·4 社
隆円(仏師) ❷ 1243·3·27 文／4·27 文／1246·12·24 文／1251·5·1 文／1257·⑤·28 文／1265·是年 文
隆円(仏師) ❸ 1301·1·25 文
隆円(僧) ❸ 1331·12月 文／1338·是年 文／1379·5·17 社
隆円(僧) ❹ 1479·5·23 文
笠翁斎乱鳥 ❺-2 1803·12·17 文
龍王山 ❽ 1943·5·22 社
柳雅(江戸節) ❺-2 1817·文化年間 文
隆海(僧) ❶ 886·7·22 社
隆快(僧) ❷ 1115·9·12 文
隆快 ❹ 1539·1·25 文
隆覚(僧) ❷ 1139·3·8 社／11·9 社／12·2 社／1150·8·5 社／1158·6·6 社
隆覚(念仏僧) ❷ 1224·7·5 社
隆覚(僧) ❸ 1293·11月 社
柳下亭金員 ❺-2 1852·是年 文
柳下亭種員 ❺-2 1850·是年 文／1851·是年 文
隆観(僧) ❶ 703·10·26 文
隆観(僧) ❷ 1071·12·26 社／1113·6·8 政、社
隆寛(僧) ❷ 1227·7·6 社／12·13 社／1255·是年 文
隆寛(僧) ❺-1 1692·是年 文
隆暁(僧) ❷ 1206·2·1 社
隆堯(僧) ❸ 1419·6·1 文
隆慶(僧) ❷ 1211·4·2 社
龍渓(僧) ❺-1 1658·11·1 文
龍渓宗潜(性潜) ❺-1 1659·5·3 社／1670·8·23 社
隆憲(僧) ❸ 1433·5·7 社
隆兼(絵師) ❸ 1438·是年 文
龍巌徳真(僧) ❸ 1303·是年 政／1331·9·19 文
隆光(僧) ❶ 890·1·5 社
隆光(僧) ❸ 1414·4·8 文
隆光(僧) ❺-1 1693·2·9 社／1695·9·18 社／1707·2·25 社／1709·8·4 社／1715·是年 文
龍崎道輔 ❹ 1509·8·10 社／1511·8·15 社
龍山(僧) ❸ 1421·2·17 社
龍山徳見(元僧) ❸ 1305·是年 政／1307·是年 政／1329·是年 政／1350·3·15 政／1351·4月 政／1358·11·13 社
柳士(俳人) ❺-1 1708·是年 文
龍室道淵(僧) ❸ 1432·8·17 政／1433·6·6 文
龍室良従(僧) ❹ 1514·12·5 社
龍湫周沢(僧) ❸ 1371·2·23 社／1383·8·25 社／1387·3·26 文／1388·9·9 社
隆舜(僧) ❸ 1353·1·14 社
隆舜(興福寺大乗院僧) ❸ 1443·是年 社
隆助(僧) ❷ 1278·7·9 社
隆勝(僧) ❸ 1289·3·18 文／1314·11·26 社
龍尚舎 ❺-1 1691·是年 文
立信(僧) ❷ 1168·5·3 社
隆信(僧) ❷ 1081·10·6 社
柳水亭種清 ❻ 1880·2月 文
隆晴(僧) ❸ 1358·6月 社
龍惺(僧) ❸ 1411·是年 社
隆盛(僧) ❺-1 1615·⑥·5 社
龍西堂(僧) ❹ 1547·1·11 社
隆暹(僧) ❷ 1116·1·26 社
龍泉義英(刀匠) ❺-2 1838·3月 文
隆禅(僧) ❷ 1100·7·14 社
隆禅(僧) ❷ 1214·5·22 社
隆禅(僧) ❸ 1406·9·10 政
龍全(僧) ❹ 1478·是年 文
柳前斎蒼狐 ❺-2 1766·11·6 文
龍泉令淬(僧) ❸ 1365·12·11 社
龍崇(僧) ❹ 1531·4·27 文
龍造寺鑑兼 ❹ 1551·10·25 政
龍造寺家和 ❹ 1502·1月 政／1520·8月 政
龍造寺家門 ❹ 1534·7·13 政
龍造寺家兼(剛忠) ❹ 1524·5·12 政／1532·8·25 政／1534·4·2 政／7·13 政／10·30 政／1536·是冬 政／1537·4月 政／1541·是春 政／1545·1·22 政／3月 政／4·16 政／1546·3·10 政
龍造寺家清 ❸ 1282·7·1 政／1283·4·29 政／1284·1月 政／4·1 政／8·1 政／1292·9·30 政／1293·10·5 政
龍造寺家純 ❹ 1545·1·22 政

龍造寺家親　❸ 1291·9·30 政
龍造寺家晴　❹ 1587·10·13 政
龍造寺家房　❸ 1338·⑦·11 政
龍造寺家政　❸ 1347·5·11 政
龍造寺家益　❸ 1284·8·1 政
龍造寺家泰　❹ 1545·1·22 政
龍造寺熊龍丸　❸ 1372·2·13 政
龍造寺鎮賢⇨龍造寺政家(まさいえ)
龍造寺季家　❷ 1185·12·6 政
龍造寺季時　❷ 1281·7·2 政
龍造寺季利　❸ 1339·9·3 政／1348·1·10 政
龍造寺隆信(胤信)　❹ 1546·3·10 政／1548·3·22 政／1550·7·1 政／1551·10·25 政／1553·7·25 政／8·8 政／10·8 政／1554·10·15 政／1555·2 月 政／1556·9 月 政／1558·1·1 政／11·15 政／1559·1·11 政／3 月 政／1561·9·13 政／1563·6 月 政／1564·2 月 政／是冬 社／1565·4·24 政／1568·4 月 政／1569·3·23 政／1570·4·23 政／8·20 政／1574·1·3 政／2 月 政／12·20 政／1575·3·20 政／1576·2·6 政／3·23 政／6·16 政／9 月 政／1577·6 月 政／10·14 政／1578·3 月 政／11·19 政／1579·3 月 政／7·21 政／8·26 政／1580·7·19 政／10 月 政／是年 政／1581·2 月 政／4·21 政／5·27 政／是年 政／1583·6·13 政／7·21 政／1584·2·13 政／3·18 政
龍造寺高房(長法師丸)　❹ 1590·1·8 政
龍造寺胤信⇨龍造寺隆信(たかのぶ)
龍造寺胤久　❹ 1530·8·15 政／1539·8·3 政
龍造寺胤栄　❹ 1539·8·3 政／1546·1·18 政／3·27 政／1547·8·5 政／10·16 政／1548·3·22 政
龍造寺周家　❹ 1545·1·22 政
龍造寺信周　❹ 1574·12·20 政／1575·3·20 政
龍造寺伯庵　❺-1 1644·8·18 政
龍造寺政家(鎮賢·久家)　❹ 1579·6 月 政／1580·10 月 政／1584·4·11 政／9·27 政／1585·1·24 政／1586·4·6 政／10·4 政／1587·4·11 政／6·7 政／1588·11·28 政／1590·1·8 政／❺-1 1607·10·2 政
龍造寺盛家　❹ 1534·7·13 政
龍造寺康家　❹ 1485·4·13 社／1510·3·21 政
龍造寺頼純　❹ 1545·1·22 政
龍象房(僧)　❷ 1277·6·16 社
隆尊(僧)　❶ 751·4·22 社
隆尊(僧)　❷ 1082·9·5 政
隆尊(山臥)　❸ 1310·4·2 社
龍胆寺　雄　❼ 1930·3·13 文
龍潭宗濬(僧)　❸ 1400·10·29 社
隆澄(僧)　❷ 1265·7·2 文／1266·11·17 社
龍睬玄龍(僧)　❸ 1411·是年 社
柳亭左楽(三代目)　❻ 1859·12·28 文
柳亭種春　❺-2 1826·是年 文／1827·是年 文
柳亭種彦(高屋彦四郎·知久、初代)　❺-2 1807·是年 文／1812·是年 文／1813·是年 文／1816·是年 文／1817·文化年間 文／1819·是年 文／1820·是年 文／1821·是年 文／1822·是年 文／1823·是年 文／1824·是年 文／1825·是年 文／1826·是年 文／1828·是年 文／1829·是年 文／1831·是年 文／1832·是年 文／1833·是年 文／1834·是年 文／1835·是年 文／1836·是年 文／1841·是年 文／1842·7·19 文／是年 文／1849·是年 文
柳亭種彦(笠亭仙果·柳亭種秀、二代目)　❺-2 1825·是年 文／1833·是年 文／1834·是年 文／1844·是年 文／1849·是年 文／1850·是年 文／1852·是年 文／❻ 1864·是年 文／1868·2·9 文／1868·是年 文
柳亭種彦(高畠藍泉、三代目)　❻ 1875·4·17 文／1877·11·12 文／1878·7 月 文／1882·1·19 文／1885·11·18 文
柳亭痴楽(五代目)　❾ 1993·12·1 文／2009·9·7 文
瀧亭鯉丈(池田八右衛門)　❺-2 1841·6·10 文／1844·是年 文
柳堤居皆阿　❺-2 1755·是年 文
龍徳(朝鮮)　❸ 1437·7·20 政
龍呑(僧)　❺-1 1607·3·10 社
龍派禅珠(寒松)　❺-1 1606·11 月 文
隆範(僧)　❷ 1025·3·17 政／7·25 政
隆遍(僧)　❷ 1205·12·17 社
隆遍(僧)　❸ 1338·⑦·11 社
隆弁(若宮別当)　❷ 1265·10·19 文
隆弁(僧)　❸ 1283·8·15 社
龍芳信親　❹ 1561·5·7 政
龍峰宏雲(僧)　❷ 1275·是年 政／1279·是年 政／❸ 1283·是春 社
隆明(僧)　❷ 1098·是年 社
隆命(僧)　❷ 1104·9·14 社
龍邑徐勲(明)　❺-1 1623·1 月 社
リユシコフ, ゲンリッヒ(ソ連)　❽ 1938·6·13 政
リュトケ(ロシア)　❺-2 1828·5·1 政
リュプケ(独)　❽ 1963·11·6 政
呂　運亨　❼ 1919·11·27 政
梁　一東　❾ 1973·8·8 政
梁　允治　❺-2 1758·是冬 文
梁　応(琉球)　❹ 1472·2·21 政／1476·3·5 政／1478·4·13 政／1482·3·13 政
梁　回(琉球)　❸ 1428·8·21 政／1444·2·30 政／1445·1·17 政／1449·3·1 政／1450·1·12 政／1455·2·14 政
梁　寛(琉球)　❹ 1512·6·21 政
梁　煥清　❺-2 1799·是秋 政
陵　貴文　❶ 588·是年
梁　求保(琉球)　❸ 1436·1·2 政／1438·2·25 政／1439·3·10 政／1440·2·21 政／1442·1·27 政／1444·2·30 政
梁　顕(琉球)　❹ 1545·8·17 政／1549·是年 政／1550·1·20 政／1555·7 月 政／10·9 政
梁　炫(琉球)　❹ 1553·12·16 政／1560·是年 政
梁　広(琉球)　❹ 1500·11·12 政
梁　鴻志　❽ 1938·3·28 政
梁　光烈　❾ 2010·10·11 政
梁　燦(琉球)　❹ 1578·是年 政／1581·10·18 政
梁　梓(琉球)　❹ 1540·3·3 政
梁　爾寿(清)　❺-1 1685·7·26 政
梁　灼(琉球)　❹ 1559·是年 政／1565·12·13 政／1577·12·1 政
廖　承志　❽ 1954·10·30 政／1962·11·9 政／1964·4·19 政
良　水白　❶ 824·5·11 政
梁　成(朝鮮)　❹ 1462·2·16 政
梁　椿(琉球)　❹ 1500·11·12 政／1534·3·2 政
梁　德(琉球)　❹ 1489·是年 政／1491·是年 政／1492·4·3 政／1493·是年 政／1494·4·4 政
梁　得聲(琉球)　❺-1 1697·5·6 政
梁　能(琉球)　❹ 1493·是年 政／1509·2·7 政／1510·是年 政／1511·4·1 政／1513·是年 政／1516·3·29 政
梁　弘子　❾ 1985·1·17 文
梁　密祖　❸ 1429·1·18 政
梁　珉(明使)　❸ 1383·9·19 政
了　禄(朝鮮)　❸ 1450·12 月 政
良阿(僧)　❸ 1373·6·1 文
了阿(僧)　❸ 1398·8·1 文
了庵(僧)　❸ 1394·是年 社
了庵桂悟(遣明使·僧)　❹ 1498·9·14 文／1506·11·17 政／1507·3 月 政／是年 文／1510·1·11 政／11·24 政／1511·9 月 政／1512·2·28 政／4·15 政／5·20 政／6 月 政／1513·4 月 社／6 月 政／1514·2 月 文／3·12 政／6·1 文／9·15 社
了庵慧明(僧)　❸ 1411·3·27 社
了庵清欲(僧)　❸ 1329·12·25 文／1341·1·17 文／1347·是年 文／1363·8·25 社
令威(僧)　❶ 588·是年
良意(僧)　❷ 1103·11·15 社
良意(僧)　❺-1 1612·8·10 社／1614·2·9 社
了意(僧)⇨浅井(あざい)了意
良印(僧)　❷ 1222·5·12 社／1271·12·6 社
良胤(僧)　❸ 1291·5·26 社
霊雲(僧)　❶ 632·8 月 政／645·8·8 社
了雲(天王寺僧)　❹ 1579·1·9 文
良恵(僧)　❷ 1168·6·26 政
良恵(北林房)　❸ 1361·12·10 社
了恵(僧)　❷ 1274·12·8 文／1275·1·25 文
良永(僧)　❸ 1386·12·2 社
良悦(僧)　❸ 1340·是年 社
良円(僧)　❷ 1050·7·17 社
良円(仏師)　❷ 1131·6·26 文
良円(興福寺僧)　❷ 1199·6·11 文／1207·1·22 社／1218·12·12 社／1220·1·14 社
良円(僧)　❸ 1362·2·23 文／1371·6 月 文
良演(明僧)　❺-1 1654·7·5 政
了翁(僧)　❺-1 1682·9 月 文
良応法親王　❺-1 1708·6·21 社
良賀(絵師)　❷ 1217·6·23 文
良海(僧)　❷ 1218·8·29 社
良海(僧、和泉近木荘)　❸ 1300·⑦月

政
良海(僧)　❸ 1428·6·1 文
良快(僧)　❷ 1242·12·17 社
良懐⇨懐良(かねよし)親王
了海(僧)　❺-1 1714·11·15 社
良覚(僧)　❷ 1098·7·7 社
良覚(仏師)　❷ 1153·9·28 文
良覚(僧)　❷ 1249·11·26 社
良覚院栄真(僧)　❹ 1589·6·16 政
良鑑(良鑒、僧)　❷ 1144·是年 文／1148·6月 文
良観(僧)　❷ 1259·是年 社／1265·是年 社
良寛(歌人)　❺-2 1831·1·6 文
良喜(僧)　❷ 1201·8·18 社
良基(僧)　❸ 1296·11·20 政／1327·3·30 社／1332·8·9 社
良救(僧)　❸ 1388·7·16 社
良休宗左⇨千(せん)宗左(五代目)
了行(僧)　❷ 1251·12·26 政
良暁(僧)　❷ 1276·是年 社／❸ 1328·3·1 社
令開(僧)　❶ 588·是年
良恵(僧)　❷ 1268·11·24 社
了月(画僧)　❺-2 1758·10·17 文
良賢(仏師)　❷ 1241·4·29 文
良賢(僧)　❷ 1261·6·22 政
良賢(僧)　❸ 1436·7·7 文
良憲(僧)　❸ 1322·6·4 社
良兼(僧)　❸ 1414·9·23 社
亮賢(僧)　❺-1 1681·2·7 社
良源(僧)　❶ 937·是年 社／966·8·27 社／969·是年 社／970·7·16 社／972·5·3 文／5·16 社／是年 社／977·3·21 社／978·是年 社／979·是年 社／980·9·3 社／981·是年 社／984·是年 社／985·1·3 社／987·2·16 社
良源(僧)　❸ 1307·5·29 文
良元(仏師)　❷ 1163·6·28 文
了源(空性房)　❸ 1320·是年 社／1326·是年 文
了挙(僧)　❸ 1406·8月 文
了悟(僧)　❸ 1292·是年 文
良弘(僧)　❷ 1185·5·20 政／1188·3·30 社
龍江応宣　❷ 1246·是年 社
霊江周信(僧)　❸ 1341·11·20 政
両国梶之助　❺-1 1699·5·28 社／1702·4·3 社
両国屋喜兵衛　❺-1 1683·⑤·19 社
令斤(僧)　❶ 588·是年
良厳(僧)　❷ 1196·2月 社
良佐(僧)　❸ 1376·1·16 政
亮子(りょうし)内親王(殷富門院)　❷ 1156·4·19 社／1182·8·14 政／1187·6·28 政／1216·4·2 政
料治熊太　❾ 1982·2·1 文
料治直矢　❾ 1997·7·31 文
了実(僧)　❸ 1339·延元年間 社
良寂(僧)　❸ 1339·2·10 社
亮守(僧)　❸ 1351·是年 社
良寿(僧)　❸ 1292·8·2 社
良樹(僧)　❸ 1344·是年 政
梁需(朝鮮)　❸ 1410·2·4 政／1411·1·26 政
了寿(僧)　❺-1 1703·是年 文
良宗(僧)　❷ 1189·1·22 社
良秀(僧)　❸ 1405·6·12 社
良柔(僧)　❸ 1376·10月 政
良什(僧)　❹ 1460·6·4 社
良俊(僧)　❸ 1398·12·20 文
良俊(僧)　❹ 1479·1·1 政
良純(僧)　❹ 1554·7·23 文
良純法親王(知恩院)　❺-1 1607·11·27 社／1643·11·10 政／1659·6·27 社／1669·8·1 政
良諝(僧)　❶ 883·是年 政
了助(僧)　❸ 1453·8·6 社
良助法親王　❸ 1318·8·18 社
良恕法親王　❺-1 1603·2·8 文／1633·9月 文／1639·3·18 社／1643·7·15 政
聆照(僧)　❶ 588·是年
良昭(僧)　❷ 1064·3·29 政
良昭(僧)　❸ 1402·4·23 社
了性(僧)　❺-1 1650·10·25 社
亮性法親王　❸ 1340·10·6 政／1346·9·8 文／1363·1·30 社
良尚法親王　❺-1 1693·7·5 社
良常(別当)　❶ 982·8·2 社
良定(袋中)　❺-1 1605·4·15 社／1608·12·6 文／1624·是年 文／1639·1·21 社
良深(僧)　❷ 1077·8·21 社
良真(僧)　❷ 1096·5·13 社
良真(僧)　❷ 1204·是年 政
良信(僧)　❷ 1242·6·12 社
良心(僧)　❹ 1473·8·25 政／9·2 政／是年 文
良是(僧)　❷ 1236·9·3 文
了性(僧)　❸ 1326·是年 文
良精(経師)　❹ 1489·8月 文／1500·10·10 文／1512·3·17 文
亮盛(僧)　❺-2 1773·是年 文
了碩(僧)　❺-2 1754·6月 社／1757·8·3 社
霊仙(僧)　❶ 820·9·15 政／825·是年 政／826·2·25 政
霊仙(僧)　❷ 1072·6·2 政(囲み)
良暹(僧)　❷ 1180·8·25 政
良詮(僧)　❸ 1328·2月 文／1365·是年 文
良禅(僧)　❷ 1139·2·21 社
亮禅(僧)　❸ 1341·7·26 社
良全(絵師)　❸ 1349·是年 文／1352·3·7 文
良宣聞渓(僧)　❸ 1374·6·1 政
良尊(僧、奈良)　❷ 1066·1·7 社
良尊(円城寺僧)　❷ 1246·3·12 社
良尊(下総総寧寺僧)　❺-1 1629·6·22 社
霊智(僧)　❸ 1398·12月 政
良忠(鎌倉蓮華寺僧)　❷ 1240·3月 社／是年 社
良忠(殿法印)　❸ 1287·7·6 社／1293·7·6 社／1333·2·26 政／4·3 政
良仲(僧)　❹ 1558·是年 政
良朝(僧)　❷ 1095·7·8 社
良鎮(僧)　❹ 1487·11·25 文／1525·是年 社
良椿(経師)　❹ 1489·8月 文／1508·4·29 文／10·22 文／1512·3·17 文
良通(僧)　❷ 1171·3·7 社
亮貞(僧)　❸ 1371·是年 文
亮貞(僧)　❺-2 1719·9·17 社
了的(僧)　❺-1 1630·9·15 社
亮典(僧)　❺-1 1652·8·22 社
良如(僧)　❺-1 1639·是年 文
良忍(僧、大念仏寺)　❷ 1032·2·1 社
良忍(僧)　❷ 1103·8·10 文／1107·5·1 文／1109·4月 社／11月 社／1117·5·15 社／1124·6·9 社／1127·是年 社／1132·2·1 社
良忍(僧、極楽寺)　❷ 1267·8月 社
了忍(僧)　❸ 1343·1·13 社
亮仁法親王　❸ 1370·10月 社
了然(明僧)　❺-1 1628·是年 社
了然法明(高麗僧)　❷ 1247·是年 政／1251·3·18 社／1257·12·8 社
梁能　❹ 1498·是年 政
了派　❹ 1549·3·7 文
良範(僧、円教寺)❷ 1138·1·23 文
良範(僧、近江)　❷ 1205·5·23 政
良範(僧)　❺-1 1610·9·18 社
梁賓　❹ 1463·是年 政
良敏(僧)　❶ 737·8·26 社
良遍(僧)　❷ 1232·8·21 社／1252·12·28 社
良遍(僧)　❸ 1424·6·27 文
了遍(僧)　❸ 1311·3·29 社
良宝(僧)　❸ 1289·10月 社
良宝(絵仏師)　❸ 1381·是年 文
了本房(僧)　❸ 1333·3·14 政
良明(僧)　❷ 1070·7·8 政
良瑜(僧)　❸ 1397·8·21 社
良勇(僧)　❶ 923·3·6 社
良祐(色定法師、僧)　❷ 1187·4·11 文／1194·4·3 文／6月 文／1214·是夏 政／1227·是年 文／1241·11·6 社
良祐(僧)　❺-1 1652·8月 社
了誉聖冏(僧)　❸ 1410·4·8 文／1420·9·27 社／❺-1 1632·是年 文
良霖(僧)　❹ 1462·3·2 社
呂淵(明)　❸ 1417·10·3 政／1418·6·15 政／11·1 政／1419·6·20 政／7·19 政
緑亭川柳　❺-2 1847·是年 文
林　温　❸ 1396·12·9 政／1405·6·6 政／1406·1·26 政／1416·1·13 政
林　海峯　❾ 1965·9·19 文／1968·6·28 文／1988·9·3 文
林　賢(明)　❸ 1386·是年 政
林　献堂(朝琛)　❼ 1920·1·11 政／1921·10·17 政／1927·1·3 政
林　皐(宋)　❷ 1085·10·29 政
林　皐　❺-1 1647·3月 政
林　高　❺-1 1645·12月 政
林　国本　❾ 2003·10月 文
リン，ジャネット　❾ 1972·2·3 社
林　俊(宋)　❷ 1111·11·19 政
林　世功　❻ 1876·12·6 政
林　宗二(饅頭屋宗二)　❹ 1539·是年 文
林　忠義(明)　❸ 1405·4·23 政
林　庭幹　❶ 995·9·6 政
林　庭珪　❷ 1178·是年 文
林　道栄(欸雲)　❺-1 1708·10·22 文
林　得章(シャム)　❸ 1397·4·23 政
林　梅洞　❺-1 1655·是年 文
林　攀栄　❺-2 1779·12·15 政
林　密(朝鮮)　❸ 1413·1·20 政

林　友官(長崎の唐人)　❺-1 **1644**·12月 政
林　麟焻　❺-1 **1683**·6·26 政
倫円(僧)　❷ **1204**·3·11 社
琳円(絵師)　❹ **1552**·9·21 文
林懐(僧)　❷ **1025**·4·4 社
臨海君　❹ **1592**·7·23 文禄の役／**1593**·2·9 文禄の役／6·2 文禄の役
琳覚(僧)　❷ **1130**·10·25 社／**1214**·5·22 社
リンギウス，ヘルマン　❺-2 **1757**·是年 文
リンゲ(大学南校)　❻ **1870**·11·23 社
琳賢(林賢、庭師)　❷ **1130**·5·17 社／5月 文／**1150**·8·14 社
琳賢(絵師)　❹ **1536**·6·6 文／**1553**·6月 文／**1593**·11·27 文
琳賢(僧)　❺-1 **1614**·慶長年間 文
琳元(僧)　❷ **1048**·12·22 社
琳厳(僧)　❷ **1222**·8·14 文
琳弘(僧)　❸ **1292**·是年 文
林豪(僧)　❷ **1099**·7·1 社
琳豪(僧)　❷ **1258**·3·21 政
霊石如芝(りんしにょし)　❸ **1304**·12月 文／**1322**·是春 文／**1328**·是春 文／**1330**·1月 文
琳聖(朝鮮)　❸ **1399**·7·10 政
林助(町役人)　❻ **1863**·1·14 政
琳碩(僧)　❺-1 **1609**·2·20 社
輪雪(俳人)　❺-1 **1709**·是年 文
林叟徳瓊(僧)　❸ **1321**·10·10 社
リンチ(アイルランド)　❾ **1968**·8·12 政
淋朝(僧)　❸ **1322**·7·2 社
林通(宋)　❷ **1093**·4月 文
林鉄(僧)　❺-1 **1685**·9·6 社
リンドウ・ルドルフ　❻ **1859**·9·26 政
リンドバーグ(夫妻)　❼ **1931**·8·26 社
霖父乾逍(僧)　❹ **1493**·2·20 社
林養(宋)　❷ **1060**·8·7 政

る

ル・コルビュジェ(仏)　❽ **1955**·11·3 文
ル・ジャンドル(外交顧問)　❼ **1899**·9·1 政
ル・チュルジュ(仏宣教師)　❺-2 **1848**·7·28 政
ルイス笹田　❺-1 **1624**·7·12 社
ルイス志賀野　❺-1 **1632**·10·30 社
ルイス馬場　❺-1 **1624**·7·12 社
ルイス槇　❺-1 **1627**·7·27 社
ルー・テーズ　❽ **1957**·10·7 社
ルージン(ロシア)　❺-2 **1721**·是年 政
ルース(米駐日大使)　❾ **2010**·8·6 政／**2012**·5·15 政
ルーズベルト，エリノア(米)　❽ **1953**·5·22 政
ルーズベルト，セオドア(米)　❼ **1905**·6·5 日露戦争
ルーズベルト，フランクリン(米)　❽ **1941**·2·14 政／**1942**·2·19 政／**1943**·1·14 政／**1945**·2·4 政／4·12 政
ルーダオ，モーナ(台湾)　❼ **1930**·10·27 政
ルート(米国務長官)　❼ **1906**·12·28 文
ルービンシュタイン(ピアニスト)　❼ **1935**·4·2 文
ルーミス(米)　❻ **1874**·9·13 社
ルエダ神父(琉球)　❺-1 **1624**·是年 社
ルシファー(英)　❼ **1902**·1·19 社
ルシンチ(ベネズエラ)　❾ **1988**·3·6 政
留守家明　❸ **1307**·11·27 政／**1322**·7·27 政／**1324**·6·19 社
留守景宗　❹ **1524**·10·23 社
留守(国分寺)友兼　❸ **1288**·10·3 政
留守友信　❺-2 **1748**·是年 文／**1754**·是年 文
留守(伊達)政景　❹ **1572**·3·17 社／**1585**·10·6 政／**1588**·1·17 政／**1589**·6·13 政／**1600**·10·1 関ヶ原合戦
留守松法師　❸ **1355**·4·15 政
留守(余目)持家　❸ **1377**·10·10 政
留守上総介　❸ **1351**·10·7 政
留守但馬守　❸ **1351**·2·12 政
ルテルケ(狄)　❺-1 **1678**·8·23 社
ルドン(仏)　❼ **1922**·5·1 文
ルノワール(仏)　❼ **1912**·2·16 文
ルピノ，アントニオ(イエスズ会)　❺-1 **1642**·7·16 社／**1643**·1·27 政
ルフェーブレ，ジャックス(オランダ)　❺-1 **1620**·7·13 政
ルフロフテヨタアン(オランダ商館長)　❺-2 **1721**·2·28 政
ルルー(仏軍楽隊)　❻ **1884**·11月 文
ルンフィウス(アンボイナ奇品室)　❺-1 **1705**·是年 文

れ

藜　維新(安南)　❺-1 **1618**·10·12 政
黎　元洪　❼ **1916**·6月 政
令扆(僧)　❶ **941**·8·21 社
霊昱(僧)　❸ **1375**·是年 文
霊鑑(対馬)　❸ **1400**·4·18 政／9月 政
霊巌(僧)　❺-1 **1603**·是年 社／**1624**·是年 社／**1641**·9·1 社
礼源(僧)　❺-2 **1811**·是年 社
霊彦(僧)　❹ **1469**·是年 社／**1476**·8月 文
霊元天皇(識仁親王)　❺-1 **1663**·1·26 政／4·27 政／**1675**·11·25 政／**1676**·1·16 文／**1678**·9·6 文(囲み)／**1681**·5·1 政／**1682**·3·25 政／**1683**·4·16 文／**1685**·7·30 文／**1687**·3·21 政／3·27 政／**1693**·11·26 政／**1710**·是春 社(囲み)／**1713**·8·16 政／**1715**·7·9 政／❺-2 **1723**·2·28 政／**1726**·2·21 文／**1732**·8·6 政
霊源海脈　❺-1 **1693**·是年 政
令滓(僧)　❸ **1358**·12·8 文
霊彩(僧)　❸ **1435**·2·15 文／**1442**·4月 文
霊三(僧)　❺-1 **1608**·10·26 社
霊山道隠(元僧)　❸ **1319**·10月 政／**1325**·3·2 社
令子内親王　❷ **1078**·5·18 政／**1094**·4·14 社／**1099**·10·20 社／**1107**·12·1 政／**1129**·1·25 文／**1130**·7·26 政／**1134**·3·19 政／**1144**·4·21 政
礼子内親王(嘉陽門院)　❷ **1204**·6·23 社／**1214**·6·10 政／**1273**·8·2 政
姈子内親王(遊義門院)　❸ **1285**·8·19 政／**1291**·8·12 政／**1307**·7·24 政／**1323**·6·14 政
霊樹院(近衛内前妻)　❺-2 **1767**·是年 文
霊重(僧)　❺-1 **1709**·是年 文
霊春(僧)　❶ **757**·3·25 文
レイズ(米)　❽ **1943**·3·20 政
霊枢(僧)　❸ **1374**·6·1 政／**1376**·5·29 政
冷泉公泰　❸ **1359**·5·2 政
冷泉実清　❸ **1352**·5·11 政
冷泉隆豊　❹ **1542**·9·5 政
冷泉為和　❹ **1536**·2·5 文／**1538**·8月 文／**1549**·7·10 政
冷泉為勝　❹ **1578**·4·1 政
冷泉為清　❺-1 **1664**·7·28 社
冷泉為邦　❸ **1367**·3·23 文／**1397**·是年 文
冷泉為訓　❺-2 **1827**·4·13 政
冷泉為相　❸ **1305**·4·27 文／**1307**·3月 文／**1308**·⑧·17 文／**1313**·7·20 政／**1323**·10·4 政／**1328**·7·17 政／是年 文／**1334**·7·17 文
冷泉為純　❹ **1578**·4·1 政
冷泉為孝　❹ **1543**·2·18 政
冷泉為尹　❸ **1372**·6·11 文／**1395**·是年 文／**1415**·10·8 文／**1416**·5·18 文／**1417**·1·25 政
冷泉為恭(岡田為恭·晋三·永恭·心蓮)　❺-2 **1841**·12·18 文／**1843**·2·5 文／是年 文／**1847**·8月 文／**1848**·是冬 文／❻ **1864**·5·5 文
冷泉為綱　❺-1 **1685**·4·15 文／❺-2 **1721**·10·28 文／**1722**·3·6 政／**1723**·8·22 文
冷泉為経　❺-2 **1722**·10·4 政
冷泉為富　❹ **1472**·7·7 文／**1497**·11·26 政
冷泉為久　❺-2 **1723**·8·22 文／**1734**·11·7 政／**1740**·3·21 文／**1741**·8·29 政
冷泉為秀　❸ **1361**·5·16 文／**1365**·是秋 文／**1366**·5月 文／12·5 文／**1367**·3·23 文／7月 文／**1372**·6·11 政
冷泉為広　❹ **1499**·10·13 文／**1502**·8·15 文／**1503**·6·14 文／**1526**·7·23 政
冷泉為益　❹ **1570**·8·23 政
冷泉為満　❹ **1585**·6·19 政／**1592**·1月 文／❺-1 **1614**·3·29 文／7·1 文／**1617**·4·9 文／**1619**·2·14 政
冷泉為村　❺-2 **1774**·7·28 文
冷泉為守(暁月)　❸ **1313**·3·9 文／**1328**·11·8 文
冷泉為之　❸ **1428**·6·25 文／**1436**·2月 政／**1439**·①·15 文
冷泉(藤原)経頼　❷ **1277**·8·16 文／❸ **1293**·8·16 政

冷泉永宣　❹ **1514**·9月 文／**1530**·12·6 政
冷泉雅二郎(清雅·本清)　❼ **1902**·9·4 政
冷泉政為　❹ **1523**·9·21 政
冷泉持為　❸ **1429**·是年 文／**1432**·10月 文／**1437**·12·18 文／**1454**·9·1 政
冷泉元満　❹ **1590**·1·28 政
冷泉⇨藤原(ふじわら)姓も見よ
冷泉天皇(憲平親王)　❶ **950**·5·24 政／7·23 政／**967**·5·25 政／**969**·8·13 政／❷ **1008**·12·5 政／**1011**·10·24 政／**1012**·10·24 政
礼成門院⇨藤原禧子(ふじわらきし)
礼成門院⇨孝子(たかこ)内親王
霊全(僧)　❺-2 **1735**·享保年間 社
霊通(僧)　❸ **1410**·2月 文
嶺南秀恕　❺-2 **1742**·是年 文／**1752**·11·23 社
レイニール，ファン·ツム　❺-1 **1645**·10·12 政／11·18 政
レイノルズ，アール　❽ **1961**·9·24 政
霊苗天崖　❺-2 **1720**·是年 文
霊峰妙高(僧)　❸ **1355**·4·1 文
霊誉(僧)　❹ **1579**·5·27 社
麗々亭柳橋(初代)　❺-2 **1840**·4·21 社
麗々亭柳橋(三代目)　❻ **1875**·4月 文／**1894**·6·8 文
麗々亭柳橋(四代目)　❼ **1900**·8·21 文
レエ，トマス·ファン　❺-2 **1739**·9·20 政
レーウエン(オランダ)　❻ **1870**·12月 文
レーガン，ロナルド　❾ **1971**·10·17 政／**1983**·1·17 政／**1985**·1·2 政／10·23 政／**1986**·4·13 政／**1987**·4·30 政／9·21 政／**1989**·10·20 政
レーデッド·バルケレル，ヨハン·フレデリック·バロン·ファン(オランダ)　❺-2 **1785**·10·21 政／**1787**·10·22 政／**1789**·⑥·10 政
レード(米少佐)　❻ **1867**·12·17 政
レーニエ三世大公(モナコ)　❾ **1981**·4·13 政
レオ喜左衛門　❺-1 **1601**·9·22 政
レオ·シロタ　❽ **1945**·12·24 文
レオ竹富勘右衛門　❺-1 **1613**·8·23 社
レオ林田助右衛門　❺-1 **1613**·8·23 社
レオナール·フジタ⇨藤田嗣治(ふじたつぐはる)
レオナルド木村　❺-1 **1619**·10·18 社
レオナルド松田伝蔵　❺-1 **1627**·11·6 社
レオポルト，ウィルレム·ラス(オランダ)　❺-2 **1798**·4·1 政
レオムイ，ヨゼフ(殉教)　❺-1 **1633**·7·12 社
レザノフ，ニコライ(ロシア)　❺-2 **1804**·9·6 政／11·17 政／**1805**·3·6 政
レセップス(仏)　❻ **1866**·12·6 社
レパード玉熊　❾ **1990**·7·29 社
レフィスゾーン，ヨセフ·ヘンリー(オランダ)　❺-2 **1845**·6·20 政／10·2 政
レフィソーン(オランダ商館長)　❺-2 **1850**·3·15 政
レプセ(ソ連)　❼ **1925**·9·21 社
レベロ(宣教師)　❹ **1588**·11·26 社
レムニッツァー(米)　❽ **1957**·1·4 政
レルヒ(オーストリア)　❼ **1911**·1·5 社／4·16 社／**1912**·4·16 社
レルマ公(スペイン)　❺-1 **1610**·5·4 政
廉　承武　❶ **838**·9·7 文
蓮阿(僧)　❺-2 **1790**·是年 文
蓮一(平曲)　❹ **1566**·8·15 文
練覚(僧)　❷ **1164**·9·15 社
蓮願(僧)　❸ **1316**·⑩·18 社
蓮基(僧)　❷ **1184**·3·17 文
蓮慶(仏師)　❷ **1225**·12·1 文／**1231**·10月 文
蓮慶(僧)　❹ **1531**·11·18 社
蓮華浄上人　❷ **1176**·8·15 社
蓮舟(僧)　❶ **933**·2·23 社／7·16 社
蓮聖(僧)　❷ **1006**·6·20 政／7·13 社
蓮生(僧)　❷ **1229**·7·27 文
蓮生⇨宇都宮頼綱(うつのみやよりつな)
蓮性(安東平右衛門)　❸ **1303**·是年 社
蓮性⇨藤原知家(ふじわらともいえ)
蓮浄(僧)　❷ **1177**·6月 政
蓮浄(僧、尾張)　❸ **1325**·2·15 社
蓮体(僧)　❺-1 **1706**·是年 文
練中(僧)　❷ **1189**·是夏 社／是年 文
レンツ(西独)　❾ **1965**·11·8 文／**1971**·11·2 文
蓮如(兼寿·幸序、僧)　❸ **1429**·是年 社／**1449**·是年 社／**1451**·8·16 文／❹ **1460**·1·22 文／**1465**·1·10 社／**1467**·11·21 社／**1468**·3·28 社／5月 文／10月 文／**1469**·2月 社／**1471**·4月 社／5·2 社／7·27 社／是年 社／**1472**·1月 社／**1473**·9月 社／11月 社／12·8 文／**1475**·5·7 社／7·15 社／8·21 社／**1477**·2·15 文／**1478**·1·18 社／**1479**·1·5 文／4·28 社／是夏 社／**1483**·8·29 文／10·28 文／**1486**·1月 社／3·8 社／**1488**·7·4 社／12·26 文／**1489**·2·15 文／8月 社／**1496**·9·29 社／**1497**·4·16 文／**1499**·3·25 社
蓮舫　❾ **2010**·6·8 政／9·17 政／**2011**·6·27 政／9·2 政
蓮法(僧)　❷ **1279**·5·4 社
蓮妙(僧)　❷ **1278**·4·18 文
蓮妙(仏師)　❸ **1286**·4·18 文／7月 文／**1288**·9·3 文
蓮茂(僧)　❶ **969**·3·25 政
蓮誉(僧)　❶ **926**·12·28 文

ろ

路　允迪(宋)　❷ **1123**·是年 社
呂　義孫(朝鮮)　❸ **1404**·10·24 政／10·25 政／**1405**·3·28 政
呂　定琳(渤海使)　❶ **795**·11·3 政
呂　祐吉(朝鮮)　❺-1 **1606**·9·15 政／**1607**·2·8 政／3·21 政／5·6 政
廬　允武　❺-1 **1674**·是年 文
蘆　桂州　❺-1 **1687**·是年 文
盧　元坊　❺-2 **1731**·是年 文／**1732**·是年 文
呂　蔡曦(琉球)　❹ **1486**·4·6 政
驢　春常　❺-1 **1657**·是年 文
盧　草拙　❺-2 **1719**·7月 文／**1729**·9·9 文
魯　素節　❺-2 **1719**·2月 文
盧　智(明)　❸ **1398**·2·8 政
盧　朝宗(明)　❺-1 **1602**·6·18 政
蘆　東山⇨蘆野(あしの)東山
盧　範　❷ **1069**·4·4 政
驢庵　❺-1 **1612**·6·20 文
魯庵純拙(明僧)　❹ **1468**·6月 文
ロイヤル(米陸軍長官)　❽ **1948**·1·6 政／**1949**·2·1 政
ロイヤル小林　❾ **1976**·10·9 社
老　古甫(明)　❸ **1433**·7·4 政
朗慶(僧)　❸ **1324**·2·28 社
楼聖人　❷ **1120**·10·19 社
老仙元聃(僧)　❸ **1399**·2·9 社
廊全(僧)　❷ **1223**·2·21 政
老鼠肝永機　❺-2 **1852**·8·28 文
朗然居士(北條時頼か)　❷ **1271**·3月 文
良弁(僧)　❶ **740**·10·8 社／**746**·3·16 社／**751**·4·22 社／**752**·5·1 社／**756**·5·24 社／**760**·7·23 社／**773**·⑪·24 社
良弁(仏師)　❸ **1442**·2·7 文
蠟山昌一　❾ **2003**·6·19 文
蠟山政道　❼ **1931**·7·1 文／**1933**·10·1 政／❽ **1946**·4·20 社
朗誉(僧)　❷ **1276**·6·4 社
ロエスレル(内閣法律顧問)　❻ **1887**·4·30 政
廬円(遣朝鮮使·通事·朝鮮)　❹ **1458**·8月 政／10·12 政／**1475**·6·7 政／9月 政
ローウィ，レイモンド(米)　❽ **1952**·2·11 社
ローカル岡　❾ **2006**·1·16 文
ローゼン(ロシア)　❼ **1898**·3·19 政／**1903**·10·3 政／**1904**·1·6 政
ローゼンストック，ヨーゼフ　❼ **1936**·8·16 文／❽ **1937**·5·5 文／**1938**·12·26 文／**1939**·12·4 文／**1940**·5·5 文／9·25 文／12·31 文／**1941**·1·22 文／12·3 文／**1942**·9·23 文／**1943**·3·25 文／6·2 文／6·18 文／**1945**·10·24 文／11·16 文／12·17 文／**1951**·5·23 文
ローマン·モフェト　❻ **1859**·7·27 政
ロカール(仏)　❾ **1990**·7·19 政
ロキイルテラアヘルトシ(オランダ商館長)　❺-2 **1734**·2·28 政
鹿苑院周麟　❹ **1499**·10·13 文／**1593**·11·6 文
六郷政乗　❺-1 **1602**·9·26 政／**1623**·10·18 政
六郷新三郎　❼ **1927**·1·6 文
六郷政林　❺-2 **1754**·8·8 政／**1785**·3·10 政

六郷政長　❺-2 **1754**·8·8 政
六郷政守　❺-2 **1733**·3·7 政
六郷光実　❺-2 **1785**·3·10 政
六樹園飯盛(遠藤春足)⇨石川雅望(いしかわまさもち)
六條有起　❺-2 **1778**·9·9 政
六條有容　❻ **1867**·4·17 政
六條有和　❺-1 **1686**·③·23 政／
六條有定　❸ **1448**·10·18 政
六條有純　❺-1 **1644**·7·13 政
六條有忠　❸ **1325**·①·8 政／**1338**·12·27 政
六條有綱　❺-1 **1671**·1·15 社
六條有庸　❺-2 **1810**·5·22 政／**1811**·是年 政／**1817**·8·12 政／**1829**·3·23 政
六條有広　❹ **1593**·⑨·21 文／❺-1 **1616**·5·19 政
六條有房　❸ **1319**·6·27 政／7·2 政
六條有光　❸ **1344**·9·5 文／**1357**·4 月 政
六條輔氏　❸ **1350**·12·26 政
六條隆博　❸ **1293**·8·27 文
六條仁衛門　❺-1 **1605**·12·2 政
六條二兵衛　❺-1 **1604**·12·18 政
六條院宣旨(源頼国の娘)　❷ **1129**·是年 文
六條帝⇨白河(しらかわ)天皇
六條天皇(順仁親王)　❷ **1164**·11·14 政／**1165**·6·25 政／7·27 政／**1168**·2·19 政／**1176**·7·17 政
六蔵(棋士)　❺-1 **1612**·2·13 文
六谷紀久男　❽ **1955**·1·27 文
六郎(宋石工)　❷ **1209**·3·7 文
六郎左衛門尉(遠州)　❹ **1547**·7·21 政
芦航至広(僧)　❸ **1455**·6·2 社
ロシェ(仏写真家)　❻ **1859**·是年 文
ロジェ·ド·ラヴェ　❺-2 **1733**·9·20 政
ロジェストウェンスキー(ロシア)　❼ **1905**·6·3 日露戦争
ロジャーズ(米)　❾ **1969**·7·30 政／**1970**·7·8 政／**1971**·6·9 政／6·17 政
ロス, リース(英)　❼ **1935**·9·6 政
ロスタン(白野弁十郎)　❼ **1926**·1 月 文
ロゾフスキー(ソ連)　❽ **1943**·3·25 政
ロダン(彫刻)　❼ **1908**·2·14 文／**1912**·2·16 文／**1922**·5·1 文
六角氏綱　❹ **1514**·2·19 政／**1516**·8 月 政／**1518**·7·9 政
六角氏頼⇨佐佐木(ささき)氏頼
六角亀寿丸⇨六角満高(みつたか)
六角(佐佐木)定頼　❹ **1520**·4·24 社／6·13 政／**1522**·3·3 政／3·26 政／7·20 政／**1523**·8·5 社／**1524**·7·27 社／**1525**·5·24 政／7·16 政／8·5 政／9·17 社／⑪·26 社／**1526**·12·27 政／**1527**·5·26 社／7·13 政／10·4 政／**1528**·1·17 政／5·28 政／**1529**·7·3 社／11·10 社／**1531**·4·6 政／**1532**·8·11 政／10·20 政／**1533**·5·10 政／**1534**·2·5 社／**1535**·2·20 政／**1536**·7·23 政／11·12 政／**1537**·4·19 政／7·22 政／8·10 政／**1538**·3·27 政／6·4 政／9·12 政／**1539**·4·27 政／⑥·13 政／7·14 政／8·14 政／12·7 文／**1542**·1·21 政／2·1 政／6·8 政／**1544**·3·21 社／7·6 政／**1546**·12·22 文／**1547**·6·11 社／7·12 政／**1550**·3·26 社／6·20 文／10·20 政／**1551**·12·18 政／**1552**·1·2 政
六角重任　❺-2 **1781**·是年 文
六角紫水　❻ **1893**·7·10 文／❼ **1898**·3·29 文／**1930**·10·16 文／❽ **1950**·4·15 文
六角承禎⇨六角義賢(よしかた)
六角次郎　❹ **1582**·4·3 政
六角高頼(行高)　❹ **1460**·7·28 政／**1461**·11·5 政／**1467**·5·25 政／6·8 政／10·18 政／**1468**·3·28 政／11·5 政／**1471**·1·23 政／11·12 政／**1472**·9·9 政／**1475**·8·6 政／9·7 政／10·28 政／11·6 政／**1478**·2·27 政／**1479**·⑨·10 政／**1482**·4·18 社／**1487**·7·23 政／8·9 政／9·12 政／**1491**·4·21 政／8·22 政／11·18 政／**1492**·9·15 政／10·16 政／11·15 政／**1494**·10·19 政／11·26 政／12·9 政／**1495**·6·27 政／**1496**·5·30 政／9·20 政／12·7 政／**1497**·1·7 政／12·20 社／**1499**·11·22 政／**1500**·8·13 文／**1502**·9 月 社／10·11 政／**1503**·3·24 政／**1514**·4·28 文／**1520**·8·21 政／10·29 政
六角時綱　❸ **1445**·1·28 政／**1446**·3·22 政／9·5 政
六角虎千代　❹ **1492**·12·14 政
六角就綱　❹ **1491**·11·3 政／**1494**·10·19 政／12·9 政
六角久頼　❸ **1446**·3·22 政／9·5 政／❹ **1456**·10·2 政
六角広胖　❺-2 **1810**·10·29 政
六角政高　❹ **1460**·7·28 政／**1492**·12·14 政
六角政堯　❹ **1469**·3·12 社／**1471**·11·12 政
六角政綱　❹ **1491**·11·3 政
六角(佐佐木)満高(亀寿丸)　❸ **1370**·6·7 政／**1375**·7·16 政／**1377**·9·25 政／**1379**·2·29 政／3·6 政／**1391**·12·26 政／**1392**·10·15 政／12·18 政／**1399**·11·28 社／**1411**·8·23 政／**1415**·6·13 社
六角満綱　❸ **1432**·3·8 社／**1434**·8·18 社／8·23 社／9·27 社／**1445**·1·28 政
六角宗房　❹ **1565**·8·8 政
六角持綱　❸ **1444**·7·1 政／**1445**·1·28 政
六角行高⇨六角高頼(たかより)
六角(佐佐木)義賢(承禎)　❹ **1549**·6·24 政／**1551**·2·10 政／**1552**·1·2 政／4·19 政／11·22 社／**1553**·7·11 社／**1554**·4·23 社／**1557**·4·17 政／**1558**·5·3 政／7·25 政／11·27 政／**1559**·4·10 社／**1561**·3 月 政／7·28 政／**1562**·3·6 政／4·20 政／4·29 社／6·2 政／8·25 政／**1565**·12·2 政／**1566**·8·13 政／9·9 政／**1567**·4·18 政／5·4 社／**1568**·8·5 政／9·7 政／**1570**·4·25 政／6·4 政／11·21 政／**1572**·1·23 社／**1574**·4·13 政／**1598**·3·12 政
六角義弼⇨六角義治(よしはる)
六角義堯　❹ **1578**·1·7 政
六角義治(義弼·次郎)　❹ **1561**·3 月 政／**1563**·10·1 政／**1566**·9·9 政／**1567**·4·18 政／5·4 社／**1568**·9·7 政／**1570**·6·4 政／11·21 政／**1572**·1·23 政／**1573**·4·2 政／**1582**·4·3 政
ロッキー青木　❾ **2008**·7·10 社
ロッシュ, レオン(仏)　❻ **1864**·3·22 政／11·10 社／12·9 政／**1865**·3 月 政／6·24 政／9·13 政／**1866**·6·16 政／9·28 政／10·24 政／**1867**·2·6 政／6·13 社／7·26 政／8·28 政／12·16 政／**1868**·1·15 政／2·15 政
ロティ, ピエール(仏)　❻ **1885**·11·3 社
ロドリゲス(日本大文典)　❺-1 **1604**·是年 文
ロドリゲス(メキシコ大統領)　❼ **1935**·9·12 政
ロドリゲス, アウグスティン(ルソン)　❹ **1594**·7·12 政
ロドリゲス, ジョアン(通詞)　❹ **1596**·9·27 政
魯認　❹ **1597**·8·13 慶長の役／**1599**·3·15 政
ロバーツ, ジョン(英)　❼ **1901**·4·30 社
ロバートソン(英·東洋銀行)　❻ **1869**·6·24 政／**1870**·11·22 文
ロバノフ(ロシア)　❼ **1896**·5·24 政
ロビンソン(米宇宙飛行士)　❾ **2005**·7·27 文
ロブソン(英士官)　❻ **1867**·9·26 政
ロブソン, A.ウィリアム　❾ **1967**·12·16 政
ロペス(メキシコ)　❾ **1978**·10·30 政
ロペス, アントニオ(イエスズ会)　❹ **1587**·是年 社
ロヘルツ(曲芸)　❻ **1879**·7·19 社
露鵬幸生(ポラーゾフ·ソスラン·フェーリクソヴィッチ)　❾ **2008**·8·18 社
ロレンシオ·デ·サン·ニコラス(殉教)　❺-1 **1630**·9·23 社
ロレンス(英作家)　❽ **1950**·4 月 文
ロレンソ(日本人イルマン)　❹ **1554**·是年 社／**1559**·7·28 社／**1577**·1 月 社／**1581**·2·23 社／**1583**·8 月 社
ロンベルフ(オランダ商館長)　❺-2 **1788**·1·15 政

わ

ワアカマンス, ウィロム(オランダ外科)　❺-1 **1712**·3·1 政／**1714**·2·28 政／**1715**·2·28 政
ワーグマン(英画家)　❻ **1858**·是年 文／**1862**·是春 文／**1865**·是年 文／**1866**·8·3 文／**1872**·是年 文／**1891**·2·8 文
ワーヘナール(オランダ商館長)　❺-1 **1656**·12·5 政
ワイエンフルーク(長崎製鉄所)　❻ **1861**·3·28 政
和井内貞行　❼ **1902**·是年 社／

1922·5·16 社
ワインガルトナー(夫妻、指揮者)　❽ 1937·5·31 文
ワインバーガー，キャスパー　❾ 1987·6·28 政
和右衛門(南部釜石)　❺-1 1644·8·11 政
和賀忠親　❹ 1600·9月 政
和賀基義　❸ 1352·3·26 社／10·7 政
和賀義勝　❸ 1352·②月 政
和賀義綱　❸ 1354·7·16 政
稚綾姫皇女　❶ 541·3月
若井鍬吉　❻ 1864·10·24 政
若井謙三郎　❻ 1879·3·15 文
若泉　敬　❾ 1994·5月 文／1996·7·27 政
若泉五郎左衛門　❹ 1516·8·24 政
若江薫子　❻ 1881·10·11 文
若江王　❶ 767·8·29 文
若枝部豊見　❶ 874·10·19 社
若江屋久右衛門　❺-1 1697·5·1 文
若尾幾造(二代目)　❼ 1928·4·29 政
若尾逸平　❻ 1862·是年 社／❼ 1913·9·7 政
若生文十郎　❻ 1868·3·25 政
若王子信行　❾ 1986·11·15 政／1987·3·31 政
若麻績東人善光　❶ 602·4·8 社／642·是年 社
若桑みどり　❾ 2007·10·3 文
若狭忠季　❷ 1200·是年 政
若狭得治　❾ 1992·9·12 政／2005·12·27 政
若狭又次郎　❸ 1336·8·28 政
稚狭王　❶ 678·9月 政
若狭掾(操り)　❺-1 1648·2·27 文
若狭局　❷ 1178·2·15 社
若狭法眼(仏師)　❸ 1386·5·13 文
若崎辛助　❺-2 1757·7月 文
稚桜部五百瀬　❶ 672·6·26 政
若狭屋宗可　❹ 1563·1·11 文
若狭屋忠右衛門　❺-2 1744·6·19 社
若芝一山　❺-2 1726·10·15 文
若次郎(姓不詳)　❷ 1280·6·23 社
若杉五十八　❺-2 1791·5月 文／1805·1·17 文
若杉春后　❺-2 1750·10·26 政
若杉長英　❾ 1996·11·11 文
若杉　弘　❾ 1968·10·22 文／1982·8·1 文／1990·8·28 文／2009·7·21 文
若杉雄三郎　❽ 1944·是年 社
若田光一　❾ 1996·1·11 文／2000·10·11 文／2009·3·15 文
若大夫　❹ 1468·2·27 文
稚武彦命　❶ 書紀·孝霊 36·1·1
稚足彦尊⇨成務(せいむ)天皇
若月紫蘭　❼ 1929·2·8 文
若月チセ　❼ 1923·是年 社
若月俊一　❾ 2006·8·22 文
若槻元隆　❹ 1492·3·29 政
若槻礼次郎　❼ 1912·12·21 政／1914·4·16 政／1924·6·11 政／10·10 政／1925·8·13 政／1926·1·26 政／1927·1·20 政／4·6 政／1930·1·21 政／1931·4·14 政／1933·11·21 政／1934·11·1 政／❽ 1940·7·17 政／1945·2·7 政／1949·11·20 政
我妻　栄　❽ 1958·6·8 政／1964·11·3 文／❾ 1973·10·21 文
若鶴(芸妓)　❻ 1878·5·9 文
若菜五郎　❷ 1204·3·21 政
若菜三男三郎　❻ 1856·12·21 政
若島権四郎　❼ 1905·4·6 社
若乃花(初代幹士、勝治)　❽ 1955·3·20 社／1958·2·3 社／7·6 社／1959·7·5 社／1960·3·20 社／1962·5·1 社／❾ 2010·9·1 社
若乃花(花田　勝、三代目)　❾ 1978·5·24 社／11·28 社／1983·1·14 社／1993·3·14 社／3·28 社／7·18 社／1996·7·19 社／1998·5·24 社／2000·3·16 社
若ノ鵬寿則(ガグロエフ·ソスラン·アレキサンドロヴィッチ)　❾ 2008·8·18 社
若林　奮　❾ 2003·10·10 文
若林悦二郎　❻ 1863·6·25 社
若林玵蔵　❻ 1883·5·5 文／1884·7月 文／1885·1月 文／7月 文
若林銀次郎　❻ 1878·6月 社
若林敬順　❺-2 1784·11·29 文／1819·是年 文
若林重喜　❾ 1992·7·25 社
若林繁太　❾ 2007·7·27 文
若林進居　❺-2 1723·是年 文
若林素文　❻ 1884·5·2 文
若林忠志　❼ 1936·6·27 社／12·11 社／❾ 1965·3·5 社
若林利朝　❺-1 1688·是年 文
若林秀信　❸ 1336·1·23 政／1344·3·3 政
若林正俊　❾ 2006·9·26 政／2007·8·1 政／9·3 政／2010·3·31 政
若林正直　❺-1 1662·8·19 社
若林宗氏　❺-1 1688·是年 文
若林長門守　❹ 1580·11·17 政
若原平内　❺-1 1707·7·4 社
若藤常右衛門　❺-2 1796·12·5 社
若松(琵琶法師)　❸ 1366·11·12 文
若松(讃岐)　❹ 1572·是冬 社
若松健司　❾ 2010·9·20 文
若松孝二　❾ 2010·2·20 文／2012·10·17 文
若松賤子　❼ 1896·2·10 文
若松忠兼　❸ 1319·11·1 社／1324·8·10 政
若松平治　❺-2 1768·2·20 社
若松孫太郎　❸ 1362·3·3 政
若松美貴　❾ 2012·8·1 文
若松若太夫　❽ 1948·11·24 文
若松屋利右衛門　❺-2 1743·4·12 政
若三杉彰晃　❾ 1978·5·24 社
若宮左衛門　❸ 1363·7·19 政
若宮藤六　❹ 1486·9·13 社
若宮正則　❾ 1990·11·22 社
和歌森太郎　❾ 1977·4·7 文
若柳吉三次　❾ 2012·7·14 文
若柳寿童　❼ 1917·7·22 文
若山　彰　❽ 1960·3·2 社
若山儀一　❻ 1885·6·16 政
若山喜志子　❾ 1968·8·19 文
若山鉉吉　❻ 1895·5·5 社／❼ 1899·1·13 政
若山五郎兵衛　❺-1 1703·貞享·元禄年間 文
若山セツ子　❽ 1946·6 社
若山徳次郎　❾ 2010·5·14 社
若山富三郎　❾ 1992·4·2 文
若山秀一　❹ 1528·10·19 文
若山牧水(繁)　❼ 1905·4月 文／1910·3月 文／1928·9·17 文
若山美子　❾ 1967·7·19 社
稚日本根子彦大日日尊⇨開化(かいか)天皇
若倭部身麿　❶ 755·2月 政
若山屋勘右衛門　❺-2 1783·11·22 社
若和部真常　❶ 801·6·27 社
脇坂安興　❺-2 1722·2·9 政／1747·8·10 政
脇坂安宅　❺-2 1851·12·21 政／❻ 1855·3·26 政／1857·8·11 政／1862·5·23 政／9·6 政
脇坂安清　❺-2 1722·2·9 政
脇坂安実　❺-2 1757·7·18 政／1759·7·21 政
脇坂安董　❺-2 1784·4·13 政／1804·6·2 政／1807·3·29 政／1808·1·4 政／是春 政／1811·1·27 政／5·22 政／6·19 政／1814·是年 文／1837·7·9 政／1841·①·23 政
脇坂安親　❺-2 1759·7·24 政／1766·2·7 社／1784·4·13 政
脇坂安照　❺-2 1722·9·19 政
脇坂安治(甚内)　❹ 1585·5月 政／8月 政／1586·11·20 政／1587·4·28 政／1590·2·27 政／4·1 政／4·24 政／7·6 政／1592·4·7 文禄の役／4·19 文禄の役／6·6 文禄の役／7·7 文禄の役／7·14 文禄の役／1593·2·21 文禄の役／1597·7·15 慶長の役／1599·③·4 政／1600·8·1 関ヶ原合戦／❺-1 1609·9月 政／1626·8·6 政
脇坂安弘　❺-2 1747·8·11 政／1757·7·18 政
脇坂安政　❺-1 1672·5·14 政
脇坂安元　❺-1 1617·7月 政／1626·5·28 政／1636·10·8 政／1653·12·3 政
脇坂安吉　❺-1 1653·2·3 政
脇田　和　❼ 1936·7·25 文／❾ 2005·11·27 文
脇田功一　❻ 1878·5·14 政
脇田茂一郎　❻ 1889·10月 文
脇田赤峰　❺-2 1808·12·19 文
脇田晴子　❾ 2005·11·3 文／2010·11·3 文
脇水鉄五郎　❼ 1909·7月 社／❽ 1942·8·10 文
脇村義太郎　❽ 1938·2·1 政／10·6 文／1945·11·4 文／❾ 1968·11·26 政／1997·4·17 文
脇本作左衛門　❺-1 1689·8·28 文
脇屋愚山　❺-2 1813·是年 文
脇屋義助　❸ 1333·5·18 政／1335·12·11 政／1336·1·10 政／5·27 政／1339·12·17 政／1340·9·13 政／1341·9·18 政／1342·5月 政
脇屋義治　❸ 1352·②·18 政／1353·11·5 政／1354·9·23 政／1355·4·2 政
和久宗是　❹ 1590·4·20 政／

12·26 政
和久半左衛門 ❺-1 1638·8·21 文
和久宗友 ❺-1 1614·10·15 大坂冬の陣
和久頼基 ❸ 1334·3·12 政
湧井藤四郎 ❺-2 1768·9·19 社
涌井紀夫 ❾ 2009·12·17 政
湧井まつ ❽ 1950·11·29 社
湧川朝喬 ❺-2 1764·6·20 政
稚子直(名欠く) ❶ 534·4·1
和国 守 ❶ 781·10·4 文
ワグネル(プロシア) ❻ 1870·4 月 文／1892·11·8 文
和久屋源左衛門 ❺-2 1731·7 月 政
和気相家 ❷ 1185·12·6 社
和気兼済 ❶ 949·11·19 政
和気清成 ❷ 1244·11·24 文
和気巨範 ❶ 862·1·13 政
和気(藤野)清麻呂 ❶ 765·3·13 政／769·9·25 政／770·9·6 政／771·3·29 政／773·1·2 社／783·2·25 政／788·6·7 社／793·10·6 社／799·2·21 政／❺-2 1851·3·15 社
和気定親 ❷ 1191·7·11 文
和気貞成 ❷ 1167·⑦·19 文
和気定成 ❷ 1188·4·20 文
和気定丹 ❷ 1172·10·4 文
和気定康 ❷ 1186·10·21 社
和気時雨 ❶ 965·3·17 文
和気郷成 ❸ 1425·是夏 政
和気相法 ❷ 1023·9·7 文
和気高作 ❶ 865·3·9 文
和気種成 ❷ 1269·是年 文
和気嗣成 ❸ 1350·4·25 文
和気彝範 ❶ 865·4·1 政／870·7·2 社／876·10·20 文／883·7·8 政／884·3·9 政
和気時成 ❷ 1219·12·13 文
和気豊永 ❶ 848·1·13 政
和気仲延 ❷ 1012·⑩·16 社
和気仲世 ❶ 838·1·13 政／839·1·11 政／841·1·13 政
和気斉之 ❶ 848·12·4 政／853·5·13 政
和気久成 ❷ 1277·7·24 社
和気広成 ❸ 1391·是年 文
和気(藤野)広虫(法均) ❶ 769·9·25 政／770·9·6 政／799·1·20 政
和気広世(弘世) ❶ 799·1·29 政／是年 文／802·1·19 社／805·2·15 政／809·是年 文
和気正業 ❶ 994·6·26 文
和気雅文 ❶ 932·1·27 政
和気正基 ❷ 1219·1·5 文
和気正世 ❷ 1013·2·2 文
和気真菅 ❶ 840·1·30 政
和気真綱 ❶ 829·是年 社／833·4·5 社／7·4 社／10·24 社／844·1·11 政／846·9·27 政／11·14 社
和気基成 ❷ 1243·1·22 文
和気保成 ❸ 1425·是夏 政
和気柳斎 ❻ 1853·4·26 文
和気王 ❶ 763·1·9 政／764·1·20 政／9·11 政／10·9 政／765·8·1 政
分林保三 ❾ 2003·2·23 文
分部信政 ❺-1 1689·4·18 政
分部又四郎 ❺-1 1627·8 月 政
分部光実 ❺-2 1785·6·1 文
分部光嘉 ❺-1 1601·11·29 政
過去(卓淳) ❶ 書紀·神功 46·3·1
和光晴生 ❾ 1974·9·13 政／1998·5·1 社／2000·3·17 政
和国太夫 ❼ 1928·12·5 文
和佐大八(範遠) ❺-1 1687·4·26 社
植田宮 ❸ 1377·8·12 政
ワシーリィ·マホフ ❻ 1859·5·25 社
鷲尾(わしお)悦也 ❾ 1997·10·3 社／2012·2·25 社
鷲尾国茂 ❹ 1468·是年 政
鷲尾順敬 ❻ 1894·4 月 文
鷲尾隆敦 ❸ 1406·4·20 政
鷲尾隆量 ❺-1 1638·1·24 政／1662·8·22 政
鷲尾隆職⇨四條(しじょう)隆職
鷲尾隆右 ❸ 1404·11·17 政
鷲尾隆建 ❺-2 1804·2·13 政
鷲尾隆尹 ❺-1 1684·9·1 政
鷲尾隆聚 ❻ 1867·12·8 政／1868·6·3 政／1877·3·10 西南戦争
鷲尾隆遠 ❹ 1457·10·9 政
鷲尾隆尚 ❺-1 1608·3·13 政
鷲尾隆長 ❺-2 1717·4·29 政
鷲尾隆広 ❸ 1376·2·24 社
鷲尾隆熙 ❺-2 1774·9·20 政／10·20 政
鷲尾隆康 ❹ 1512·3·17 文／1517·1 月 文／⑩·1 文／11·11 文／1525·3·10 文／1526·6·17 文／1531·9·6 文／1533·3·6 政
鷲津毅堂 ❻ 1882·10·5 文
鷲塚 諫 ❽ 1964·3 月 文
鷲塚泰光 ❾ 2010·9·16 文
鷲尾(わしのお)隆聚 ❼ 1912·3·9 政
鷲尾よし子 ❼ 1920·2·14 政
輪島(花籠親方、大士) ❾ 1973·5·30 社／1985·12·21 社／1986·11·1 社
和島岩吉 ❾ 1990·5·13 社
輪島功一 ❾ 1971·10·31 社／1975·1·21 社／1976·2·17 社
鷲見春岳 ❻ 1893·6·24 文
ワシレフスキー(ソ連) ❽ 1945·8·19 政／8·29 政
倭隋(倭使) ❶ 425·是年／438·4 月
ワスケス，ペドロ ❺-1 1624·7·12 社
ワスソン(米) ❻ 1873·7 月 文
早稲田柳右衛門 ❽ 1954·2·1 政
和田以悦 ❺-1 1657·是年 文／1678·是年 文／1713·是年 文
和田 勇 ❾ 2001·2·12 社
和田 巌 ❼ 1923·2·14 社
和田 英 ❼ 1929·9·26 社
和田英作 ❼ 1896·6·6 文／1897·10·28 文／1900·是年 文／1903·3·1 文／9·16 文／1934·12·3 文／❽ 1940·7·9 文／1943·4·29 文／1959·1·3 文
和田覚右衛門(頼治) ❺-1 1677·是年 社／1684·是年 社
和田カツ ❾ 1993·4·28 政
和田勝一 ❽ 1944·11·20 文
和田喜久夫 ❾ 1972·8·26 社
和田久太郎 ❼ 1924·9·1 政
和田 清 ❽ 1963·6·22 文
和田耕作 ❽ 1941·1 月 政
和田惟政 ❹ 1568·7·13 政／10·10 政／10·22 政／1569·3·11 社／1570·8·17 政／是年 政／1571·6·10 政／7·21 政／8·28 政
和田小六 ❽ 1948·1·15 文／1952·6·12 文
和田三造 ❼ 1905·9·23 文／1907·10·25 文／❾ 1967·8·22 文
和田茂実 ❸ 1343·12·16 政／1352·②·16 政／8·8 政
和田茂資 ❸ 1354·9·23 政／1355·4·2 政
和田寿郎 ❾ 1968·3 月 文／8·8 文／2011·2·14 文
和田春庵 ❺-2 1765·是年 文
和田正覚 ❸ 1394·2·17 政
和田信賢 ❽ 1946·12·3 文
和田新五郎 ❹ 1544·8·11 社
和田愼二 ❾ 2011·7·2 文
和田助直 ❹ 1477·9·27 政
和田助弘 ❷ 1144·9·8 政
和田清七 ❻ 1884·3·2 文
和田颷翃 ❺-1 1696·9 月 文
和田宗允 ❺-1 1670·是年 文／❺-2 1795·是年 文
和田大園 ❻ 1888·8·17 社
和田忠親 ❺-1 1601·5·24 政
和田胤長 ❷ 1203·6·1 社／1213·2·15 政／3·9 政
和田太郎 ❷ 1144·9·8 政
和田維四郎 ❻ 1882·2·13 文／❼ 1920·12·20 文
和田常盛 ❷ 1212·3·16 社
和田 伝 ❽ 1938·2·18 文／11·7 文／1939·1 月 文
和田篤太郎 ❼ 1899·2·24 文
和田敏一 ❽ 1947·12·7 社
和田豊治 ❼ 1918·7·19 政／1922·8·1 政／1924·3·4 政
和田 寧(豊之進·子永) ❺-2 1825·是年 文
和田英松 ❽ 1937·8·20 文
和田秀盛 ❹ 1565·7·28 政
和田兵太夫 ❺-2 1791·5·4 政／是年 政／1792·5·5 政
和田博雄 ❽ 1941·4·8 政／1946·5·22 政／1947·6·1 政／1964·12·8 政／❾ 1967·3·4 政
和田 弘 ❾ 2004·1·5 文
和田 勉 ❾ 2011·1·14 文
和田正子 ❼ 1931·2·5 社
和田持義 ❺-1 1706·4·10 文
和田雄治 ❼ 1917·7 月 文
和田芳恵 ❾ 1977·10·5 文
和田義茂 ❷ 1181·4·7 政／9·7 政／9·16 政
和田義重 ❷ 1213·2·15 政
和田義直 ❷ 1213·2·15 政
和田義睦 ❻ 1886·3·26 社
和田義盛 ❷ 1180·9·4 政／11·17 政／12·12 政／1181·2·28 政／1185·1·12 政／1186·6·11 政／1189·3·20 文／1191·1·15 政／1194·8·21 政／1195·1·8 政／3·12 社／1200·1·25 政／2·5 政／1203·9·6 政／1204·2·10 政／1210·2·29 社／6·3 政／1212·6·24 文／1213·3·9 政／

5·2 政／6·25 政／1214·11·12 政
和田義郎　❻ 1874·1·1 文
和田頼元(忠兵衛)　❺-1 1606·是年 社
和田⇨和田(にぎた·みぎた)姓も見よ
和泉国大島郡和田荘の荘官を「みぎた·みきた·にきた·にぎた」と呼称。
綿井永寿　❾ 1998·5·30 文
和田垣謙三　❻ 1880·7·10 文／1885·6·16 政／❼ 1919·7·20 文
渡瀬重詮　❹ 1595·7·15 政
渡瀬庄三郎　❼ 1929·3·8 文
和達清夫　❼ 1927·6月 文／❾ 1995·1·5 文
海(わたつみ)正行　❷ 1124·12·5 政
弘原海　清　❾ 2011·1·3 文
渡辺　照　❸ 1351·2·21 政
渡辺暁雄　❾ 1978·4·1 文／1990·6·22 文
渡辺暁斗　❾ 2009·2·26 社
渡辺　昭　❾ 2005·7·23 社
渡辺　明　❾ 2007·3·21 文
渡辺暁雄　❽ 1952·9·20 文／1956·3·30 文／9·23 文
渡辺在綱　❻ 1868·1·12 政
渡辺重石丸(重任·与吉郎·哲次郎)　❼ 1915·10·19 文
渡邊　格　❾ 2007·3·23 文
渡辺　巌　❽ 1950·1·8 社
渡部雲碩　❺-2 1748·4·26 文
渡邊恵進　❾ 1997·1·20 社
渡辺絵美　❾ 1979·12·23 社
渡辺桜誠　❽ 1938·3·19 社
渡辺長男　❼ 1899·12·1 文／1910·5·29 社／❽ 1952·3·3 文
渡辺　治　❻ 1893·10·15 文
渡辺長武　❽ 1964·10·10 社
渡部斧松　❺-2 1821·4月 社／是年 社／❻ 1856·6·4 社
渡辺海旭　❼ 1899·2月 社／1906·7月 文／1924·4月 文／1933·1·26 社
渡辺偕年　❾ 2010·2·5 文
渡辺崋山(登·華山·全楽堂·寓画堂)　❺-2 1802·4月 文／1815·12·11 文／是春 文／1818·11·13 文／1819·3·20 文／1821·6月上旬 文／7月 政／1822·是年 文／1823·4·12 文／5月 文／1824·8·9 文／是年 文／1825·是年 文／1826·6月 文／9月 文／1827·6·11 文／1829·是年 文／1834·是年 文／1836·是年 文／1837·4·4 文／6月 文／11·30 文／是年 文／1838·3·12 文／6·10 文／8·25 文／9·6 文／是年 文／1839·3月 文／5·14 政／12·18 政／是年 文／1840·8·4 文／是年 文／1841·6·5 文／7·11 文／8月 文／10·11 政
渡辺一夫　❾ 1975·5·10 文
渡辺数馬　❺-1 1634·11·7 社
渡辺和三　❾ 1992·7·25 社
渡辺和郎　❾ 2011·12·10 社
渡辺華石　❼ 1930·11·6 文
渡辺捷昭　❾ 2005·2·9 政／2007·12·21 社
渡部勝美　❾ 1992·7·25 社
渡辺霞亭(甲子太郎·勝)　❼ 1909·10·31 文／1926·4·7 文
渡辺　鼎　❻ 1885·7月 社
渡辺掃部　❺-1 1604·12·2 社
渡辺寒鷗　❾ 2009·2·1 文
渡辺　清　❻ 1863·5·7 文
渡辺潔綱　❺-2 1843·天保年間 文
渡辺金三郎　❻ 1862·9·23 政
渡辺金蔵　❻ 1866·1·7 政
渡辺金兵衛　❼ 1903·6·29 社
渡辺邦男　❽ 1946·11·22 文
渡辺国武　❻ 1891·5·9 文／1892·8·3 政／1893·1·12 政／1894·8·18 政／1895·3·17 政／8·27 政／❼ 1900·10·19 政／1901·4·15 政／1919·5·11 政
渡辺久美奈　❾ 2007·11·14 政
渡辺鍬太郎　❼ 1896·11·10 文
渡辺玄古　❺-1 1666·11·28 文
渡辺源蔵　❺-1 1646·9·26 社
渡辺源太夫　❺-1 1630·10月 社／1634·11·7 社
渡辺幸庵　❺-1 1708·12月 社
渡辺香涯　❼ 1900·3·5 文
渡辺洪基　❻ 1880·2·13 文／1885·6·15 政／1886·3·9 政／1887·11·2 文／1888·2·6 文／1889·6·16 文／❼ 1896·11·19 政／1897·3·15 政／1901·5·24 文
渡辺恒三　❾ 1989·8·9 政／1991·11·5 政／1996·11·7 政
渡辺好太郎　❻ 1891·9月 政
渡辺広太郎　❽ 1939·2·1 政
渡辺小左衛門　❺-1 1637·10·30 島原の乱
渡辺吾仲　❺-1 1702·是年 文
渡辺　栄　❾ 2003·9·15 文
渡辺　魁　❻ 1891·2·19 社
渡辺三郎五郎　❹ 1574·4·1 政
渡辺三左衛門　❺-2 1828·3月 政
渡辺茂夫　❾ 1999·8·13 文
渡辺重名(造酒·堅石·楽山·二幸楼)　❺-2 1830·12·23 文
渡辺　茂(二條城番)　❺-1 1625·4·2 政／1635·5·23 政
渡辺　茂(大学校長)　❾ 1992·3·10 文
渡辺始興(景靄·環翠·環翠軒)　❺-2 1743·是夏 文／1746·是冬 文／1750·2月 文／1751·12月 文／1755·7·29 文
渡辺七郎衛門　❺-1 1702·12·12 社
渡辺秀岳　❺-2 1734·9·18 文
渡辺秀彩　❺-2 1761·2·29 文
渡辺秀実　❺-2 1828·是年 文／1830·9·26 文
渡辺秀石(元章)　❺-1 1672·是年 文／1707·1·16 文
渡辺秀詮　❺-2 1824·5月 文／1824·8月 文
渡辺秀朴　❺-2 1756·7月 文
渡辺淳一　❾ 1997·2月 文
渡辺順三　❼ 1934·3月 文
渡辺小華　❻ 1884·7月 文／1887·12·29 文
渡辺浄慶　❹ 1565·10·30 文
渡辺省三　❾ 1998·8·31 社
渡辺錠太郎　❼ 1935·7·16 政／1936·2·26 政
渡辺二郎　❾ 1982·4·8 社
渡辺　晋　❾ 1987·1·31 社
渡辺　仁　❽ 1937·11·10 文／1938·11月 文
渡辺紳一郎　❽ 1946·12·3 文
渡辺新之助　❻ 1866·7·14 政
渡辺晨畝　❽ 1938·2·11 文
渡辺水巴(義)　❽ 1946·8·13 文
渡辺　驥　❻ 1890·10·1 政／❼ 1896·6·24 政
渡辺捨次郎　❻ 1882·5·20 社／10·2 社
渡辺省亭　❻ 1889·1月 文／1893·5·1 文／❼ 1918·4·2 文
渡辺赤水　❺-2 1833·10·29 文
渡辺節子　❾ 1970·5·11 社
渡辺善重　❼ 1906·2·2 社
渡辺宗覚(三郎太郎)　❺-1 1604·5月 政
渡部惣治　❺-2 1821·4月 社
渡辺湊水　❺-2 1767·8·3 文
渡辺宗太郎　❼ 1935·4月 文／5·3 文
渡辺大極　❽ 1949·9·30 文
渡辺泰輔　❽ 1964·5·17 社
渡辺多市　❺-2 1802·是年 政
渡辺　孝　❻ 1888·7·1 文
渡辺武男　❽ 1957·是年 文
渡辺　武　❾ 1966·12·19 政／2010·8·23 政
渡辺忠雄　❾ 2005·4·3 政
渡辺忠四郎　❺-1 1657·1·5 社
渡辺　糺　❺-1 1615·5·7 大坂夏の陣
渡辺辰五郎　❼ 1907·5·26 文
渡辺　保　❾ 2011·10·10 文
渡辺千秋(鍋太郎)　❻ 1895·4·17 社／❼ 1910·3·31 政／1921·8·27 政
渡辺治水　❼ 1904·10月 社
渡辺千冬　❼ 1929·7·2 政／❽ 1940·4·16 政
渡辺　番　❷ 1185·11·5 政
渡辺　胤　❺-2 1798·3·14 政
渡辺綱貞　❺-1 1656·1·29 社／1657·1·27 文／1661·4·12 社／1673·1·23 政／1681·6·27 政
渡辺恒雄　❾ 2007·12·22 政
渡辺東河　❺-2 1815·6·25 文
渡辺　暢　❼ 1906·11·23 政
渡辺徳次郎　❽ 1944·8·18 文
渡邊朋幸　❾ 2005·11·17 社
渡辺寅次郎　❼ 1898·是年 社
渡辺直秀　❸ 1370·8·6 社
渡辺永倫　❺-2 1727·①·15 政
渡辺南岳　❺-2 1813·1·4 文
渡辺如軒　❺-2 1764·12·15 文
渡辺信春　❺-1 1650·5·17 社
渡辺修孝　❾ 2004·4·14 政
渡辺　昇　❻ 1870·7·19 政／❼ 1909·是年 社／1913·11·10 政
渡辺白泉　❾ 1969·1·30 文
渡辺白民　❼ 1903·3·12 文
渡辺はま(タクシー運転手)　❼ 1917·9·27 社／1933·5·13 社
渡辺はま子(歌手)　❼ 1936·3·20 社／❽ 1938·3·2 社／1951·1·3 社／❾ 1999·12·31 文
渡辺春江　❼ 1922·10月 社

渡辺春雄　❼ **1918**·9月 政
渡辺秀央　❾ **1991**·11·5 政
渡辺　均　❺-1 **1681**·1·28 政
渡邉兵力　❾ **2005**·9·6 社
渡辺浩子　❾ **1998**·6·12 文
渡辺広康　❾ **2004**·1·31 政
渡辺備後　❺-1 **1606**·6·18 社
渡辺文雄　❼ **1900**·12月 文／❾ **2004**·8·4 文
渡辺文三郎　❻ **1887**·3·25 文／❼ **1936**·2·1 文
渡辺政香(助太夫·三善)　❺-2 **1823**·2月 文／**1836**·是年 文
渡辺政之輔　❼ **1924**·10·5 社／**1926**·12·4 政／**1928**·10·6 政
渡辺美恵　❽ **1941**·10·13 社
渡辺美智雄　❾ **1976**·12·24 政／**1978**·12·7 政／**1991**·10·5 政／10·27 政／11·5 政／**1992**·12·11 政／**1993**·4·6 政／**1994**·4·17 政／**1995**·6·3 政／9·15 政
渡辺道子　❾ **2010**·1·28 社
渡辺茂十郎　❺-2 **1776**·7·20 政
渡辺守綱　❺-1 **1620**·4·9 政
渡辺守正　❺-1 **1656**·6·5 政
渡辺弥三郎　❺-2 **1810**·5·10 社
渡辺　寧　❽ **1944**·6月 文
渡辺弥之助(勝)　❺-1 **1641**·4·19 社
渡辺葉子　❾ **2004**·7·15 文
渡辺容之助　❾ **2012**·4·2 文
渡辺義雄(写真家)　❽ **1938**·3·21 文
渡辺義雄(厚相)　❾ **2000**·7·21 文
渡辺良夫　❽ **1959**·6·18 政
渡辺義知　❼ **1932**·是年 文
渡辺義美　❽ **1944**·是年 社
渡辺喜美　❾ **2007**·8·27 政／**2009**·1·13 政／8·8 政
渡辺世祐　❽ **1957**·4·28 文
渡辺与平　❼ **1912**·6·9 文
渡辺龍伯　❺-2 **1755**·3·2 文
渡辺了慶　❺-1 **1645**·2·15 文
渡辺良斉　❼ **1909**·9·10 文
渡辺れん　❻ **1872**·5·25 社
渡辺廉吉(正吉)　❼ **1925**·2·14 政
渡辺右衛門尉　❹ **1538**·7·1 政
渡辺左馬允　❸ **1366**·12·30 政
綿貫明久　❸ **1450**·11·16 政
綿貫幸助　❻ **1873**·9月 社
綿貫民輔　❾ **1990**·2·28 政／**2005**·8·17 政／10·21 政
渡部市左衛門　❺-1 **1686**·9·29 社
渡部恒明　❾ **1965**·8·6 社
綿屋市左衛門　❺-1 **1619**·2月 社
綿屋甚兵衛　❺-1 **1619**·2月 社
綿矢りさ　❾ **2004**·1·15 文
度会家行　❸ **1320**·1月 文／**1351**·8·28 社
度会常彰　❺-2 **1739**·是年 文
度会朝棟　❸ **1333**·8·15 文／**1334**·8·15 文
度会直方　❺-2 **1749**·是年 文
度会延明　❸ **1305**·1·21 文
度会延経　❺-1 **1694**·是年 文
度会延佳⇨出口(でぐち)延佳
渡井八太郎　❻ **1875**·8·18 社／**1893**·10·28 社
渡会春彦　❶ **944**·1·9 社
度会光倫　❷ **1181**·10·20 社
度会行忠　❸ **1305**·是年 社
亘理元庵　❹ **1589**·7·18 政
亘理重宗　❹ **1589**·7·18 政
和多利志津子　❾ **2012**·12·1 文
亘理綱宗　❹ **1543**·3·23 政
和智恒蔵　❽ **1952**·1·27 政
和知鷹二　❽ **1946**·2·17 政／❾ **1978**·10·30 政
和智誠春　❹ **1563**·8·4 政
和辻哲郎　❼ **1910**·9月 文／**1917**·5月 文／**1935**·1·17 文／❽ **1937**·12·15 文／**1944**·7月 文／**1945**·10·4 文／**1960**·12·26 文
和徳門院⇨義子(ぎし)内親王
ワトソン, アルバート(米)　❽ **1964**·8·1 政
王仁(わに)　❶ **書紀·応神 15**·8·6／**応神 15**·是年／**応神 16**·2月
和邇大田麿　❶ **865**·10·26 文
和仁親実　❹ **1470**·1·15 文／**1587**·12·6 政
和仁貞吉　❽ **1937**·12·3 政
和邇宅貞　❶ **864**·8·8 文
和邇宅守　❶ **864**·8·8 文
鰐淵賢舟　❽ **1944**·12·13 文
和珥部(丸部)君手　❶ **672**·6·22 政／7·2 政／**697**·9·9 政
丸部福雄　❶ **879**·11·14 文
丸部安沢　❶ **920**·6·19 政
ワヒド(インドネシア)　❾ **1999**·11·15 政
和葉(歌人)　❺-2 **1720**·是年 文
藁谷惣蔵　❺-1 **1645**·2·3 社
蕨　橿堂　❽ **1947**·2·15 文
ワリントン, ウィリアム(ロシア)　❺-2 **1739**·5·23 政
ワルデナール, ウィレム(オランダ)　❺-2 **1800**·④·4 政／5·25 政／**1803**·7·6 政
ワレサ(ポーランド)　❾ **1994**·12·6 政
ワンチュク(ブータン国王)　❾ **2011**·11·14 政

1　政治

政治関係出版·放送

『赤旗·アカハタ』　❽ **1945**·10·20 政／**1949**·1·12 政／8·1 政／**1950**·6·26 政／7·18 政／**1952**·5·1 政

『解放新聞』　❽ **1947**·4·1 文

『球根栽培法』　❽ **1952**·2·28 政

『公明新聞』　❽ **1962**·4 月 文

『今週の日本』　❾ **1968**·10·7 政

『週刊アンポ』　❾ **1969**·11·17 政

『自由思想』　❼ **1909**·5·25 政

『週報』　❼ **1936**·7·1 政／10·14 政

『政治研究』　❼ **1924**·6·28 政

『政論』　❻ **1888**·6·1 政

『前衛』　❼ **1922**·1·1 政

『ソヴェート友の会』　❼ **1931**·6·27 文

『朝鮮の動乱とわれらの立場』(外務省)　❽ **1950**·8·19 政

『日本新聞』(日本人抑留捕虜)　❽ **1945**·9·15 文

『二六新報』　❼ **1904**·3·16 政

『マルクス主義』　❼ **1924**·5·1 政

『民権自由論』　❻ **1879**·4 月 文

自由日本放送(中国から日本向け短波放送)　❽ **1952**·5·1 文

アイヌ⇨「蝦夷(えぞ)」「樺太」「北海道」も見よ　❸ **1287**·9 月 政／❺-2 **1731**·是夏 政／**1772**·6·25 政／**1776**·2·25 政／**1805**·6·9 政／❻ **1857**·2·16 政／**1872**·5·21 社／5·22 文／**1892**·3·8 社／❾ **1991**·4·9 政／**2008**·6·6 政／**2011**·6·24 政

アイヌ援助金　❻ **1875**·6·5 社

アイヌ強制移住　❻ **1875**·9 月 政／**1876**·4·26 政／**1884**·7·15 政

アイヌ孤児養育料　❻ **1870**·1 月 社

アイヌ語弁論大会　❾ **1989**·1·16 文

アイヌ人口　❺-2 **1822**·是年 政／❻ **1854**·是年 政／**1882**·1 月 政

アイヌ人内紛　❺-1 **1648**·是年 政

アイヌ姓名　❻ **1876**·7·19 政

アイヌ展示資料館爆破事件　❾ **1972**·10·23 政

アイヌの演説　❻ **1892**·3·8 社

アイヌ文化振興·伝統普及法　❾ **1997**·5·8 政／10·24 文

アイヌ墳墓発掘事件　❻ **1865**·10·21 社／**1866**·1·9 社

アイヌへの伝道　❻ **1877**·6 月 社

アイヌ蜂起　❹ **1512**·4·18 政／**1529**·3·26 政

アイヌ耳環·入墨厳禁　❻ **1876**·9·24 社

アイヌ民族文化祭　❾ **1989**·3·13 社／**1994**·7·19 政

近文アイヌ土地収奪事件　❼ **1900**·4 月 文

国際先住民年　❾ **1992**·12·10 政／**1993**·1·1 文

世界先住民族会議　❾ **1989**·8·14 政／**1993**·8·19 文

和人風俗(アイヌ)　❺-2 **1800**·1·11 社

悪党·山賊·海賊

悪党　❷ **1208**·5·26 政／**1227**·4·23 政／6·30 政／7·21 政／**1233**·5 月 社／**1246**·2·29 政／12·17 社／**1248**·4·30 政／10·27 政／11·18 政／**1250**·3·5 社／**1258**·8·20 政／9·21 政／**1259**·12·7 政／**1261**·3·22 政／**1265**·6 月 政／**1273**·8·3 政／**1280**·2·3 政／❸ **1282**·10·29 社／**1283**·3·25 社／**1285**·3 月 社／**1286**·2·5 政／3·2 政／**1287**·2·18 社／**1291**·9 月 社／12·10 社／**1293**·8·3 政／**1295**·1 月 社／**1296**·5·20 政／**1299**·4·10 政／9 月 政／**1300**·⑦月 政／**1301**·9·20 社／10·25 社／**1302**·正安·乾元年間 政／**1309**·7 月 政／**1315**·1·27 政 社／10·29 社／11 月 政／**1316**·9·25 社／正和年間 社／**1319**·是春 政／12·5 政／**1322**·9 月 政／10·29 政／**1324**·2·29 政／**1326**·8·12 政／**1327**·4 月 社／6 月 社／7·2 社／**1331**·2·25 政／**1332**·8·9 社／**1334**·3·27 社／**1340**·4 月 社／**1347**·1·22 社／**1395**·7·23 社

悪党追放満寺衆議(東大寺)　❸ **1327**·11·6 社

海賊　❶ **838**·2·10 政／**862**·5·20 政／**866**·4·11 政／**867**·11·10 政／**869**·7·5 政／**881**·5·11 政／**931**·1·21 政／**932**·12·16 政／**933**·12·17 政／❷ **1114**·5·9 政／8·16 政／**1135**·3·14 政／4·8 政／**1167**·5·10 政／**1243**·11·26 政／**1244**·10·9 政／**1246**·3·18 社／**1251**·9·20 社／**1259**·6·18 政／❸ **1282**·11·9 政／**1307**·3·25 政／**1308**·3·25 政／**1309**·6·29 政／**1319**·是年 政／**1324**·4·27 社／**1325**·9·16 社／**1350**·6·3 政／**1405**·4·23 政／11·9 政／**1434**·1·19 政／❺-1 **1601**·12·1 政／**1602**·6·14 政／**1605**·9·18 政／❺-2 **1733**·2·20 社

海賊(藤原純友)横行　❶ **936**·3·5 政／6 月 文／**939**·12·17 政

海賊船　❸ **1298**·1·2 社

海賊追討　❶ **982**·2·7 政

「黒田庄悪党縁者落書交名」　❸ **1327**·9·10 社

山賊　❷ **1069**·8·1 社／**1244**·10·9 政

奄美·小笠原·尖閣·竹島·島嶼

菴美(奄美·阿麻弥·海見)　❶ **657**·7·3 政／**682**·7·25 政／**699**·7·19 政／**714**·12·5 政／**997**·10·1 社

奄美大島(日本政府の施政権停止)　❽ **1946**·1·29 政

奄美群島(知事·議会選挙)　❽ **1950** 7·10 政／9·17 政

奄美群島(本土復帰運動)　❽ **1950**· 17 政／**1951**·2·14 政／8·4 政／9· 政／9·23 政／12·5 政／**1952**·5·28 政／11·20 政／**1953**·8·8 政／12·2 政

奄美群島(政府)　❽ **1950**·11·25 政

硫黄島調査　❻ **1887**·11·1 政

伊豆大島　❺-2 **1764**·4 月 社

伊豆諸島支配　❺-2 **1840**·6 月 政

伊豆七島　❻ **1881**·4·18 政／**1887**·4·16 政

伊豆七島(東京府移管)　❻ **1878**·1· 政

大黒神島(瀬戸内海)　❾ **2003**·1·30 政

大島諸運上仕方書　❺-2 **1747**·11 月 政

小笠原諸島　❻ **1876**·3·10 政／10·17 政／**1880**·10·8 政／**1886**·10·7 ／❺-2 **1727**·是年 政／**1733**·1·7 政／**1827**·6 月 政／**1830**·7·16 政／❽ **1952**·11·20 政／**1953**·11·7 政／❾ **1967**·1·31 政／**1968**·1·18 政／4·5 政／6·26 政／**1969**·12·8 政／**2011** 6·25 文

小笠原諸島(旧島民への補償)　❽ **1961**·6·8 政

小笠原諸島(日本政府の行政権停止)　❽ **1946**·1·29 政

小笠原諸島巡検　❺-1 **1673**·6·21 政／**1674**·5·23 政／**1675**·④·5 政／❻ **1875**·10·22 政

小笠原諸島領有宣言　❻ **1861**·12·4 政

小笠原島移住　❻ **1862**·8 月 社／**1879**·3 月 社／**1883**·1·20 政

小笠原島開拓用掛　❻ **1861**·9·19 政

小笠原島地所下渡規則　❻ **1883**·5· 政

小笠原島民引揚げ　❽ **1944**·4·6 政

小笠原島出稼ぎ禁止　❻ **1879**·7·10 社

小笠原島役人引揚　❻ **1863**·5·9 政

沖ノ鳥島(小笠原諸島)　❾ **1987**·9· 政／**1988**·4·22 政／**1989**·11·4 政／**2010**·5·26 政

鬼界島(貴海島·きかいがしま)征討　❷ **1187**·9·22 政／**1188**·2·21 政

喜界島(奇界島·鬼界島)遠征　❹ **1461**·是年 政／**1466**·2·28 政／**159** 是年 文

鬼界島置目條々　❺-1 **1623**·⑧·24

喜界島四十二か條の申渡書　❺-2 **1830**·4·5 社

塩飽島(大坂町奉行所支配)　❺-2 **1796**·6 月 政

尖閣沖中国船衝突ビデオ　❾ **2010**·

11·1 政
尖閣諸島(石油埋蔵)問題　❼ 1920·5月 政／❾ 1969·5月 政／1970·8·10 政／8·16 政／8·31 政／9·10 政／1971·4·9 政／6·11 政／12·30 政／1972·3·3 政／5·3 政／1977·2·5 政／1978·4·12 政／8·12 政／1979·1·16 政／5·21 政／1992·3·17 政／1996·9·11 政／1997·5·6 政／2003·1·1 政／10·9 政／2004·3·24 政／2005·2·9 政／2006·3·29 文／2008·6·10 政／12·8 政／2010·9·23 政／12·10 政／2012·1·3 政／3·2 政／4·16 政／8·15 政／8·19 政／9·11 政／9·19 政／9·25 政／11·29 政／12·13 政
尖閣諸島開拓の日を定める條例　❾ 2010·12·17 政
竹島(韓国名独島)　❼ 1903·5月 政／1904·9·29 政／1905·1·28 政／1906·3·22 政／1920·5月 政／❽ 1952·1·19 政／1953·2·27 政／3·5 政／6·23 政／6·27 政／7·12 政／10·6 政／10·22 政／1954·1·18 政／5·1 政／7·29 政／9·3 政／11·21 政／11·30 政／1961·11·9 政／1962·9·3 政／1964·4·24 政／❾ 1965·6·22 政／1971·9·6 政／1972·10·26 政／1977·2·5 政／1978·5·8 政／1996·2·8 政／3·1 政／1997·11·6 政／1998·12月 政／1999·1·22 政／2002·8·12 政／2004·1·16 政／2005·8·26 政／2006·3·29 文／4·14 政／2008·7·14 文／2011·3·15 政／8·1 政／2012·5·12 政／8·10 政／8·21 政
竹島の日　❾ 2005·3·16 政
竹島密貿易事件　❺-2 1836·6月 政／12·23 政／1837·2月 政
島嶼　❻ 1889·1·17 政
南島の碑　❶ 754·2·20 政
西之島新島　❾ 1973·5·30 政／12·20 社
八丈島　❾ 1968·1·24 政
道之島(奄美諸島)　❺-1 1626·10·11 政
三ツ子島　❾ 2010·2·9 社
明神礁　❽ 1952·9·17 社
八重山島　❺-1 1647·1·12 政／❺-2 1844·是年 社
離島振興会　❽ 1953·7·22 社
慰安婦問題(従軍慰安婦·実態調査)　❾ 1990·6·6 政／1991·8·14 社／12·6 政／1992·1·11 政／7·8 政／1993·3·13 政／4·2 政／7·26 政／1994·8·31 政／1995·8·7 社／1996·1·5 政／6·4 政／6·22 政／6·27 文／1998·3·18 政／4·27 政／2007·7·30 政／9·7 政／2010·10·23 政
委員会·会議
安全保障会議　❾ 2012·3·30 政
安保特別委員会　❽ 1960·6·8 政
APEC 財務相会議　❾ 2001·9·9 政
沖縄市町村土地特別委員会　❽ 1953·6·16 政
沖縄問題特別調査委員会　❽ 1955·1·29 政
海軍軍縮全権国民歓迎大会　❼ 1930·7·1 政
学生思想問題調査委員会　❼ 1931·7·1 文
干害対策会議　❾ 1967·6·3 社
官業整理調査委員会　❼ 1915·6·11 政
関西連合憲政擁護大会　❼ 1913·3·16 政
行政改革会議　❾ 1996·11·19 政／1997·8·18 政
金融危機管理審査委員会　❾ 1998·2·26 政
金融再生委員会　❾ 1998·12·15 政／2001·1·5 政
金曜会講演会　❼ 1907·9·6 政／1908·1·17 政
国の機関等移転推進連絡会議　❾ 1988·2·25 政／1989·8·24 政
経済財政諮問会議　❾ 2001·1·6 政
経済戦略会議　❾ 1998·8·24 政
原子力環境整備推進会議　❾ 1983·6·15 政
減税要求国民行動会議　❾ 1976·2·21 政
憲政擁護連合大会　❼ 1912·12·19 政／1913·1·24 政／2·9 政
憲法発布記念祝典　❼ 1908·2·11 政／1918·2·11 政／1919·2·11 政
元老会議　❼ 1898·6·24 政／1904·1·12 政
公安審査委員会　❽ 1952·3·27 政
考査特別委員会　❽ 1949·3·29 政
高村外相プリマコフ首相会談　❾ 1998·10·17 政
高村防衛相、曹剛川中国国防相会談　❾ 2007·8·30 政
国民食糧会議　❾ 1975·5·26 政
五相会議(首·外·蔵·陸·海の各相)　❼ 1933·10·3 政／❽ 1938·6·10 政
国家戦略会議　❾ 2011·10·21 政
下田会議　❾ 1977·9·1 政
情報委員会(内閣)　❼ 1936·7·1 政
人身取引対策関係省庁連絡会議　❾ 2004·12·7 政
水郷·水都全国会議　❾ 1985·5·19 社
枢密院普選精査委員会　❼ 1925·2·12 政
税制国民会議　❾ 1987·2·24 社
政務調査委員会官制　❼ 1902·3·17 政
世界経済フォーラム年次総会(ダボス会議)　❾ 2009·1·29 政
全国記者大会　❼ 1913·1·17 社／1916·10·12 政
総合安全保障関係閣僚会議　❾ 1980·12·2 政／1982·5·20 政／1989·12·1 政
総合規制改革会議　❾ 2001·12·11 政
対華問題国民大会　❼ 1913·9·7 政
太平洋·島サミット　❾ 2000·4·22 政／2003·5·17 政／2006·5·26 政／2009·5·22 政／2010·10·16 政／2012·5·25 政
太平洋問題調査会大会　❼ 1929·10·28 政
知識人会議(平和会議)　❾ 1980·11·8 政
地方長官会議　❼ 1916·10·28 政／1918·5·20 政
中央統計委員会　❼ 1920·10·27 文
テレビ会議　❾ 1976·4·23 社
電子会議システム　❾ 1990·7·3 文
東京市公民大会　❼ 1900·12·8 社
土木会議　❼ 1933·8·11 政
内政会議　❼ 1933·11·7 政
日米安全保障　❾ 1980·4·1 政／1986·5·27 政／1991·10·16 政
日米構造問題協議　❾ 1990·4·6 政／6·25 政
日本原子力産業会議　❾ 1968·2·21 政
日本財界人会議　❾ 1982·7·8 政
日本·中国·韓国首脳会談　❾ 2008·12·13 政
日本自由主義会議　❾ 1983·8·31 政
日本人口会議　❾ 1974·7·2 政
ノーベル平和賞受賞者世界サミット　❾ 2010·11·12 政
反核·軍縮-非核地帯設置のための東京国際会議　❾ 1982·5·14 政
非戦演説会　❼ 1903·10·8 政
物価安定推進会議　❾ 1967·3·7 政／1969·5·20 政／8·12 政／1973·8·31 政
防務会議　❼ 1914·6·23 政
無産各党共同内閣打倒民衆大会　❼ 1928·4·29 政
無産者大会　❼ 1920·2·15 政
無産婦人大会　❼ 1933·1·29 政
遺骨収集·慰霊事業　❾ 2012·8·9 政
アッツ·キスカ島戦跡慰霊巡拝団　❾ 1978·7·22 政
阿波丸の遺骨　❽ 1945·4·1 政／❾ 1979·4·27 社／7·4 政
硫黄島戦歿者　❽ 1952·1·27 政／❾ 1966·5·18 政／1968·8·4 政／1969·6·27 政／1977·12·10 政／1979·10·4 政／1983·9·9 政／2·19 政／1995·6·4 政／2005·6·19 政／2010·12·14 政
遺骨(アッツ島)　❽ 1953·7·2 政／1964·7·21 政
遺骨(シンガポール·マレー戦犯)　❽ 1955·3·6 政
遺骨(西ニューギニア·ボルネオ)　❽ 1956·8·22 政
遺骨(ビルマ)　❽ 1956·2·6 政
遺骨(フィリピン)　❽ 1949·1·9 政
遺骨移送列車　❽ 1937·12·29 社
遺骨慰霊船(南方)　❽ 1953·1·31 社
遺骨収集政府派遣団(ソロモン諸島方面)　❽ 1955·1·12 政
遺骨収集船(英豪)　❽ 1955·3·18 政
遺骨引取り問題　❽ 1946·8·1 政／1952·2月 社
インドネシア遺骨収集団　❾ 1965·1·26 政／1999·8·25 政
英豪地域戦歿者追悼式(南東方面)　❽ 1955·3·19 社
英霊　❽ 1937·12·29 社
小笠原墓参団　❾ 1966·5·18 政
沖縄慰霊の日　❾ 1965·6·23 政
沖縄久米島具志川村痛恨之碑　❾ 1974·8·20 政
沖縄戦戦歿者　❽ 1946·4·4 社／1952·2·4 政／3·15 政／1961·2·22

政／10·31 政／❾ **1966**·6·23 政／**1967**·3·25 政／**1971**·6·23 政／**1973**·1·17 政／**1979**·2·25 政／**1990**·6·23 政／**2011**·6·23 政／**2012**·6·23 政
沖縄戦戦歿者追悼式 ❽ **1946**·4·4 社／**1964**·6·22 政
樺太墓参団 ❾ **1966**·9·12 政
きけわだつみの像(戦歿学生記念像) ❽ **1950**·12·4 文
北朝鮮慰霊墓参 ❾ **2012**·8·27 政
グアム島派遣調査団 ❽ **1964**·9·18 政／11·15 政
空爆死歿者慰霊塔 ❽ **1956**·6 月 社
サハリン墓参 ❾ **1965**·7·27 政／**1967**·9·21 政／**1991**·5·3 政
シベリア墓参 ❽ **1961**·8·15 政／❾ **1965**·6·1 政／**1991**·6·22 政／8·7 政／10·21 政
終戦時自決烈士顕彰慰霊祭 ❽ **1955**·8·14 社
政府派遣戦跡慰霊巡拝団 ❾ **1977**·3·1 政
全国戦歿者追悼式 ❽ **1949**·10·6 社／**1952**·5·2 政／**1957**·4·17 政／**1963**·1·18 政／5·14 政／8·15 政／**1964**·8·15 政／❾ **1965**·8·15 政／**1967**·8·15 政／**1971**·8·15 政／**1973**·8·15 政／**1974**·8·15 政／**1975**·8·15 政／**1980**·8·15 政／**1981**·7·28 政／8·15 政／**1982**·4·13 政／8·15 政／**1985**·8·15 政／**1988**·8·15 政／**1989**·8·15 政／**1990**·8·15 政／**1991**·8·15 政／**1993**·8·15 政／**1994**·8·15 政／**1997**·8·15 政／**1998**·8·15 政／**1999**·8·15 政／**2001**·8·15 政／**2002**·8·15 政／**2004**·8·15 政／**2005**·8·15 政／**2008**·8·15 政／**2009**·8·15 政／**2010**·8·15 政／**2011**·8·15 政／**2012**·8·15 政
戦争犠牲者遺族同盟 ❽ **1946**·6·9 社
戦歿学徒記念館若人の広場 ❾ **1968**·12·8 政
ソ連地域死歿者 ❽ **1962**·8·30 政
ソ連捕虜遺族の墓参 ❽ **1961**·4·10 政／**1962**·8·21 政
ソ連本土墓参団 ❾ **1965**·7·23 政
ソ連領内戦死·死歿者 ❾ **1966**·6·2 政／**1990**·12·5 政
大学合同戦歿者慰霊祭 ❽ **1942**·10·4 社
太平洋戦争中の戦歿者 ❽ **1945**·是年 政
高砂義勇隊慰霊碑 ❾ **2006**·2·8 政
千鳥ヶ淵戦歿者墓苑 ❽ **1959**·3·28 社／❾ **1965**·3·28 政／**1976**·5·15 政
中国東北·華北地区慰霊巡拝 ❾ **1981**·9·18 政
中部太平洋マーシャル諸島など遺骨収集 ❾ **1967**·4·23 政
中部南太平洋方面戦歿遺骨収集団 ❾ **1972**·12·29 政
東京大空襲慰霊碑 ❾ **2005**·3·9 社
東京都戦歿者追悼式 ❽ **1952**·5·14 政
南方諸島戦歿者追悼式 ❽ **1953**·3·20 政
日中遺骨送還訪中団 ❾ **1973**·6·23 政
日中戦争戦歿者慰霊祭 ❽ **1937**·11·18 政
日本遺族厚生連盟 ❽ **1947**·11·17 社
歯舞·色丹へ墓参 ❽ **1964**·9·8 政
ハルピン地区死亡者名簿 ❽ **1956**·7·7 政
ひめゆりの塔 ❽ **1946**·4·4 社
フィリピン島戦慰霊団 ❾ **1967**·11·26 政／**1973**·3·28 政
米国戦歿者慰霊祭(メモリアル·デー) ❽ **1948**·5·31 政
ペリリュー島遺骨収集団 ❾ **1967**·5·16 政
北方領土墓参団 ❾ **1966**·8·23 政／**1970**·9·23 政／**1986**·7·1 政／**2011**·7·6 政
マリアナ諸島·カロリン諸島戦歿者遺骨収集団 ❾ **1972**·11·11 政
南太平洋戦歿者慰霊団 ❾ **1965**·7·31 政
モンゴル墓参団 ❾ **1966**·8·25 政
レイテ遺骨収集団 ❾ **1966**·8·11 政
移民
アマゾン開拓青年団 ❼ **1931**·5·19 政
アマゾン計画移民 ❽ **1952**·11·8 政
アメリカ移民 ❻ **1891**·11 月 社／❼ **1900**·8·2 政／**1903**·6·9 政／**1911**·2·21 政
アメリカ移民(若松コロニー) ❻ **1869**·2 月 政／4·16 文／**1871**·是年 社
アルゼンチン移民 ❽ **1958**·2·5 政
移住教養所官制 ❼ **1932**·11·11 政
移住局(外務省) ❽ **1955**·7·11 政
移民(鹿児島県) ❽ **1956**·4·3 政
移民(広島県) ❼ **1934**·是年 政
移民(北海道) ❽ **1945**·6·4 政／7·6 社
移民会社 ❻ **1891**·12 月 政
移民数 ❾ **1984**·4·16 政
移民船〈以呂波丸〉 ❻ **1854**·3 月 政
移民船〈にっぽん丸〉 ❾ **1973**·2·14 政
移民船〈ぶらじる丸〉 ❾ **1972**·11·24 政
移民保護規則 ❻ **1894**·4·13 政
移民保護法 ❼ **1896**·4·8 政
オーシャン島日本人契約移民 ❼ **1905**·9 月 政
オーストラリア·クイーンズランド移民 ❻ **1892**·11 月 政
海外移住五か年計画 ❽ **1958**·9·11 政
海外移住事業団 ❽ **1963**·7·15 政
海外在留邦人調査 ❾ **1982**·6·12 政
開拓民(国内帰国者) ❽ **1947**·10·8 政／**1948**·4 月 社
ガドループ島(中米)移民 ❻ **1894**·是年 政
カナダ移民 ❼ **1899**·5·15 政／**1900**·8·2 政／**1907**·9·7 政／**1914**·是年 政
カリフォルニア州外国人土地法 ❼ **1934**·1·8 政
グアム移民 ❻ **1868**·4·10 社／**1871**·3·5 政
神戸国立移民収容所 ❼ **1928**·3·7 政
在米日本人会 ❼ **1926**·3·27 政
シャム(タイ)移民 ❻ **1895**·1 月 政
殖民協会 ❻ **1893**·3·11 政
拓士·移民(用語) ❽ **1939**·2·2 政
タコマ日本人会(米) ❼ **1903**·6·1
多摩川女子拓務訓練所 ❽ **1939**·6· 社
渡航希望者 ❻ **1869**·4 月 政
ドミニカ共和国移住者損害賠償訴訟 ❾ **2006**·6·7 社
南米移民団 ❽ **1955**·9·27 政／**1961**·3·4 政／❾ **1973**·7·3 政
南米拓殖会社 ❼ **1913**·1·13 政
南洋拓殖挺身隊 ❽ **1941**·1·6 社
日本移民協会 ❼ **1914**·2·11 社
日本海外移住振興株式会社 ❽ **1955**·8·5 政
日本開拓者連盟全国大会 ❽ **1951**·9·26 社
ニューカレドニア移民 ❻ **1892**·1·2 政
農業移民法 ❽ **1941**·12·31 政
哈達河(ハタホ)開拓団婦女子強制集団自 ❽ **1950**·2·3 政
パラグアイ移民 ❽ **1954**·12 月 政／**1959**·7·22 政／**1960**·3·4 政／5·4
ハワイ移民 ❻ **1868**·3·30 文／④月 社／**1869**·9·28 政／**1886**·2·2 政／**1893**·7·17 政／**1894**·6·29 政／❼ **1897**·2·27 政／3·31 政／6·17 政／**1899**·12·5 政／**1900**·1·20 政／**1901**·11·3 政／**1908**·1·23 政／**1909**·5·10 政／**1935**·2·17 政
ハワイ移民召還使節 ❻ **1869**·9·2 政
ハワイ移民の批判 ❻ **1868**·④月 社
ハワイ移民の評判 ❻ **1868**·4 月 文
ハワイ移民百年祭 ❾ **1968**·6·17 政／9·10 政
ハワイ官約移民の始め ❻ **1885**·1 27 政
フィリピン移民 ❼ **1903**·1·8 政
ブラジル移民 ❼ **1908**·4·28 政／**1909**·2 月 政／10 月 政／**1910**·5·4 政／**1924**·5·29 政／**1933**·11·3 政／❽ **1952**·1·10 政／11·9 政／12·28 政／**1953**·5·9 政／**1955**·4·4 政／8 4 政／12·30 政／**1957**·12·31 社／**1958**·2·5 政／6·18 政／**1959**·12·4 政／**1960**·11·14 政／❾ **1966**·8·10 政／**1967**·10·24 政／**1978**·6·18 政／**1979**·11·8 政
ブラジル移民「勝ち組」「負け組」 ❽ **1946**·6·2 政／7·20 政／**1947**·是年 政／**1948**·8·13 政／**1949**·6·16 政
ブラジル·コチアバタタ生産者産業組合(サンパウロ) ❼ **1927**·12 月 政
ペルー移民 ❼ **1899**·2·28 政／❽ **1955**·4·4 政
ペルー移民および外国人営業制限令 ❼ **1936**·6·26 政
ペルー移民八十周年 ❾ **1979**·8·1 政
ボリビア移民 ❽ **1954**·6·19 政／**1955**·3 月 政／**1956**·9·2 政

マニラ日本人会　❼ 1904·3·18 政
マレー半島ブギ·クボン村移住　❼ 1896·5月 政
満韓移民集中論　❼ 1909·2·2 政
満洲移住·開拓計画　❽ 1939·2·12 政／12·3 政／1942·9·21 政
満洲開拓移民　❼ 1932·1月 政／10·3 政／1933·7·5 政／7·20 政／1934·3·4 政／10·21 政／11·4 社
満洲開拓民審議会官制　❽ 1939·8·3 政
満洲天理村開拓　❼ 1934·11·4 社
満蒙開拓青少年義勇軍　❽ 1938·4·8 社／1939·6·7 政
メキシコ移住組合　❼ 1897·1月 政
メキシコ榎本移民　❻ 1892·3月 政／❼ 1897·1月 政
メキシコ契約移民　❼ 1901·11月 政／1935·4·25 社／9月 政／1936·2·11 政／3月 社／5·9 政

印·花押

葵御紋　❺-1 1672·12月 社／1683·9·28 社／❺-2 1722·12月 社／1723·2·7 社／1825·8·16 社／1832·9·10 社
和泉監印　❶ 716·5·28 政
伊勢斎宮主神司印　❶ 864·1·29 社
印鑑　❶ 702·2·28 政／939·11·21 政
印章彫刻の制　❺-1 1694·9月 政
花押·印判　❸ 1383·9·15 政／1449·4·2 政
　花押禁止　❻ 1873·7·5 政
　公家方花押　❸ 1383·9·15 政／❹ 1530·10·8 政
　版刻花押　❸ 1295·5·12 政
　武家方花押　❸ 1383·9·15 政
画指(かくし)　❶ 749·11·2 政／818·3·10 社／❷ 1080·3·10 社／1202·1·18 社
傘連判　❸ 1451·9月 政
官符捺印の制　❶ 908·5·26 政
菊紋　❺-2 1766·7·1 社
菊花紋章　❹ 1579·12·20 政
桐紋章　❹ 1561·2·1 政
金印　❹ 1492·7·4 政
金印紫綬　❶ 238·12月／239·6月／241·是年
銀印青綬　❶ 238·12月
京職印　❶ 715·5·9 社
国印(諸国)　❶ 704·4·9 政
　安芸国印　❶ 878·9·8 政
　伊賀国印　❶ 849·3·10 政
　伊勢国印　❶ 873·9·25 政
　石見国印　❶ 884·6·23 政
　織部司印　❶ 850·3·8 社
　尾張国印　❶ 860·4·25 政
　出羽国印　❶ 887·6·5 政
　土左国印　❶ 882·10·10 政
　肥後国印　❶ 879·10·15 政
　肥前国印　❶ 898·9·27 政
　美作国印　❶ 859·8·1 政
　武蔵国印　❶ 874·3·7 政
　陸奥国印　❶ 869·3·16 政
国書印「喜山」　❹ 1485·10·16 政
国書印「徳有隣」　❹ 1462·2·29 政／1485·10·16 政
左相撲司印　❶ 847·7·2 社
自署·実印制　❻ 1877·7·7 政
実印　❻ 1873·7·5 政
実印取扱法　❻ 1872·7·10 政
指紋　❷ 1280·5月 文
朱印状　❹ 1512·3·24 社
青銅印(元)　❷ 1277·9月 文
節度使印　❶ 732·10·11 政
僧綱印　❶ 716·5·28 政
造兵司印　❶ 869·9·14 政
大宰府印　❷ 1193·11·28 政
太政官印　❶ 720·5·21 政／❺-2 1743·7·25 政
多褹島印　❶ 714·4·25 政
中宮印　❶ 958·12·4 政／❷ 1243·1·11 政
中台印　❶ 877·②·27 政
朝鮮図書印(銅造)　❹ 1520·1月 政
爪印禁止　❻ 1873·7·5 政
春宮職印　❶ 858·12·2 政
東市司印　❶ 848·7·2 社／861·3·7 社
虎印判の使用條規　❹ 1518·10·8 政／1570·2·27 政／1572·4·21 社
内印の制　❶ 720·8·7 政／764·9·11 政
日明貿易船印　❹ 1584·10月 文
日本国王印　❸ 1404·5·12 政／❹ 1475·8·28 政
隼人司印　❶ 866·4·1 政
武家印判　❹ 1487·10·20 政
拇印　❷ 1147·3·16 政
木印　❶ 692·9·14 社
紋章　❹ 1458·6·21 政／1485·5·28 文
暦世の朱印　❺-1 1664·3·7 政

氏(うじ)姓(かばね)·系図

赤松氏略系図　❸ 1441·6月 社
足利氏略系図　❸ 1358·4·30 政
朝臣　❶ 684·10·1 政／11·1 政
稲置(伊尼翼)　❶ 書紀·成務5·9月／413·2·14／600·是年／684·10·1 政
忌寸(伊美吉)　❶ 684·10·1 政／685·6·20 政／759·10·8 政
氏姓を正す　❶ 415·9·28／846·3·9 政
氏上を定める　❶ 664·2·9 政／681·9·8 政／682·12·3 政／702·4·13 政／8·1 政／757·6·9 政／❺-1 1680·7·18 政
氏長者　❷ 1121·3·5 政／1150·9·26 政／1156·7月 政／1196·11·25 政
大内氏朝鮮後裔論　❸ 1441·10·22 政
大内氏略系図　❸ 1352·3·6 政
大連　❶ 507·2·4／531·2月／536·2·1／539·12·5／572·4·1
織田信長一族系図　❹ 1580·是年
改姓禁止　❶ 905·12·29 政
改名禁止　❶ 798·8·8 政
姓(かばね)を与える　❶ 745·5·2 政
烏羽の表　❶ 572·5·15
冠位十二階　❶ 603·12·5 政
冠位十三階　❶ 647·是年 政
冠位十九階　❶ 649·2月 政
冠位二十六階　❶ 664·2·9 政
冠位四十八階　❶ 701·3·21 政
冠位六十階　❶ 685·1·21 政
官使の制　❶ 825·5·10 政
勘籍人　❶ 826·5·27 政
勘籍の書式(蔭子孫·位子)　❶ 739·8·11 政／838·6·9 政
桓武平氏　❶ 825·7·6 政／889·5·13 政／9·13 政
菊池氏略系図　❸ 1333·3月 政
北畠氏略系図　❸ 1338·1月 政
九等戸　❶ 713·2·19 社
公験(身分証明書)　❶ 821·7·13 政
『旧唐書』倭国日本国伝に見る日本　❶ 646 社(囲み)
国·県の制　❶ 書紀·成務4·2·1
君公　❶ 759·10·8 政
継嗣の制　❶ 706·2·16 政
系譜　❺-2 1789·11·22 文／1791·5·15 文／1799·4·9 文／1812·2·26 文／8·20 文／1842·10·18 文
系譜調査(伊勢津藩)　❺-1 1684·2·23 政
源氏(嵯峨源氏)　❶ 814·5·8 政
源氏(醍醐源氏)　❶ 922·11·22 政
源氏(村上源氏)　❷ 1020·12·26 政／1093·12·27 政
源氏長者　❸ 1383·1·14 政／1413·10·23 政／❹ 1483·12·23 政／❺-1 1623·7·27 政
国帳⇨帳(正税帳·税帳)
御所記録　❶ 815·1·28 文
後醍醐天皇と皇子たち　❸ 1327·1月 社
賜姓　❶ 787·2·5 政／799·12·5 政／814·5·8 政／825·3·24 政／7·6 政／920·12·28 政
持明院統と大覚寺統　❸ 1304·是年 政
朱器大盤　❷ 1075·10·3 政
宿禰　❶ 684·10·1 政／12·2 政
受領名(武蔵守、天下一など)　❺-1 1682·7·16 社／1707·8月 社／9月 社／1708·8月 社／1710·4月 社
第一尚氏略系図　❸ 1439·4·20 政
帯刀許可(御用達町人)　❺-1 1668·3·20 政
少子部連　❶ 462·3·7
長者宣　❷ 1110·6·21 政
町人の苗字禁止　❺-1 1713·7·29 政
通称·実名　❻ 1872·5·7 政
藤氏長者　❷ 1075·10·3 政
徳川家康の正室·側室と子供たち　❺-1 1626·是年
徳川将軍家系図　❺-1 1604·是年
徳川姓　❹ 1569·1·3 政
豊臣姓　❹ 1585·9·9 政
豊臣秀吉一族系図　❹ 1585·是年
中村姓　❾ 1980·2·9 社
秦氏系図　❺-1 1679·2·10 文
百姓改名禁止　❶ 804·2·11 政
真人　❶ 684·10·1 政
苗字(所領の地名)　❹ 1558·12·2 政
　苗字·帯刀·乗馬　❺-2 1716·7·16 社／1717·3·10 社／1744·1·22 社／1748·11·3 社／1767·12·3 社／1770·11·29 政／1780·3月 社／1782·8·29 政／1784·11·22 社／1786·6·8 政／1792·4·27 文／1798·2·6 文／1801·1月 政／7·19 政／1824·12·19 社／1829·7·20 政
　苗字許可　❻ 1870·9·19 政／1975·2·13 政

苗字禁止(町人)　❺-2 1754･6月 政
苗字実名　❻ 1871･10･12 政
連(むらじ)　❶ 646･2･15 政／684･10･1 政
森氏系図　❹ 1583･3月 社
八色の姓　❶ 684･10･1 政
山内上杉氏　❸ 1394･10･24 政
結城氏略系図　❸ 1339･是年 政
琉球系図　❺-1 1670･12･18 政／1689･是年 政
度会氏系図　❸ 1329･9･11 文
蝦夷⇨「アイヌ」「樺太」「北海道」も見よ
得撫島(ウルップ･猟虎島)のロシア人　❺-2 1766･是年 政／1768･4･29 政／是年 政／1769･是年 政／1770･是年 政／1771･是年 政／1772･6･25 政／是年 政／1773･是年 政／1774･是年 政／1775･7月 政／1776･是年 政／1777･9･22 政／1778･8･16 政／1779･8･17 政／1780･4月 政／1781･是年 政／1783･是年 政／1785･是年 政／1795･是年 政／1801･6月 政／1803･是年 政／1805･6･9 政／1828･是年 政
蝦夷救済交易　❺-2 1792･是年 政
蝦夷仕置　❺-1 1669･6･26 シャクシャインの蜂起
蝦夷(えぞ･えみし)　❶ 書紀･応神 3･10･3／483･8･7／540･3月／637･是年 政／642･9･21 政／651･是年 政／655･7･11 政／是年 政／658･7･4 政／659･3･17 政／660･3月 政／667･7月 政／671･8･18 政／682･3･2 政／688･11･5 政／696･3･12 政／697･10･19 政／698･6･14 政／10･23 政／699･4･25 政／715･1･15 政／10･29 政／718･8･14 政／722･4･16 政／723･9･17 政／730･1･26 政／769･1･2 政／770･8･10 政／772･1･16 政／773･1･14 政／774･1･20 政／778･12･26 政／792･1･11 政／7･25 政／⑪･3 政／811･2･8 政／837･2･8 政／858･5･19 政／866･11･10 政／❹ 1565･1･10 政
蝦夷人江戸召喚　❺-2 1791･8･18 政／1792･8･18 政
蝦夷人風俗改め　❺-2 1799･2･10 政／1802･3･26 政
蝦夷征討　❶ 書紀･景行 40･6月／景行 56･8月／仁徳 55･是年／479･是年／581･②月／658･4月 政／659･3月 政／720･9･28 政／724･3･25 政／774･7･25 政／783･4･15 政／6･6 政／785･4･7 政／786･8･8 政／788･3･2 政／7･6 政／12･7 政／789･3･9 政／6･3 政／7･17 政／8･30 政／9･8 政／790･③･4 政／10･19 政／791･1･18 政／7･13 政／792･1･11 政／7･25 政／793･⑪･3 政／794･1･11 政／6･13 政／795･1･29 政／801･2･14 政／9･27 政／804･1･19 政
蝦夷政府　❻ 1868･11月 政
蝦夷地　❺-1 1609･11･7 政／1651･寛永･慶安年間 政／1685･是春 政
蝦夷地上地案　❺-2 1800･10･15 政
蝦夷地移住許可　❻ 1855･10･14 政
蝦夷地入用費　❺-2 1802･4･8 政／1804･7･20 政
蝦夷地開墾地割与制　❻ 1869･11月 政
蝦夷地開拓　❺-2 1718･4･8 文／1786･⑩月 政／1830･是年 政／1834･11･3 政／❻ 1869･3月 社
蝦夷地開拓御用掛　❻ 1869･5･22 政
蝦夷地廻浦巡視　❻ 1856･12･17 政
蝦夷地経営　❺-2 1802･6･5 政
蝦夷地警備　❺-2 1792･7･15 政／1799･11･2 政／1807･5･18 政／1814･是年 政
蝦夷地交易所　❺-2 1751･是年 政／1754･是年 政／1763･8･12 政／1765･11･16 政／1773･9･18 政／1785･12･30 政／1790･是年 政／1792･5･5 政／1806･9･11 政／1807･4･7 政／1831･2･18 政
蝦夷地交易　❺-2 1784･6･3 政
蝦夷地御用聞(商人)　❺-2 1800･是年 政／1801･是年 政／1803･是年 政／1805･是年 政
蝦夷地御用金元払仕訳　❺-2 1823･是年 政
蝦夷地御用定雇船頭　❺-2 1801･2･26 政
蝦夷地在住命令　❺-2 1800･2･28 政／1804･8･2 政
蝦夷千島探検　❺-2 1721･是年 政
蝦夷地巡見　❺-1 1670･5･21 政／❺-2 1784･10･14 政／1785･2月 政／4･29 政／1786･2･6 政／1798･3･14 政／4･15 政／6月 政／7･17 政／1799･2･28 政／1800･2･16 政／1801･2･25 政／1806･10･4 政／1807･8･2 政／1845･是年 政／1849･是年 政／❻ 1854･2･8 政／1858･4･15 政
蝦夷地新田畑開発　❺-2 1786･2･6 政／1800･1･14 政
蝦夷地全土直轄　❻ 1855･2･22 政
蝦夷地探検　❺-1 1613･8･5 政／1688･2･3 政／❻ 1856･11･10 政
蝦夷地土地支給　❻ 1869･7･22 政
蝦夷地取締　❺-2 1792･12･14 政
蝦夷地取締方改正　❺-2 1790･8･6 政
蝦夷地取締御用掛　❺-2 1798･12･27 政／1799･1･16 政／1800･2･21 社
蝦夷地用掛　❻ 1854･1･14 政
蝦夷地を二分　❹ 1551･是年 政
蝦夷地統治規則　❺-1 1604･1･27 政／1617･12･16 政／1710･是年 政／❺-2 1790･4･21 政
蝦夷渡海･通商規則　❺-2 1719･1･15 政
蝦夷叛乱(出羽)　❸ 1322･3月 政
蝦夷福山問屋　❺-2 1722･12月 政
蝦夷防衛総督　❺-2 1807･6･6 政
蝦夷蜂起　❸ 1318･5･21 社／1320･是年 政／1325･6･6 政／1327･6･14 政／1328･10月 政／❹ 1456･是夏 政
蝦夷和睦(交易)　❹ 1551･是年 政
択捉(エトロフ)島　❺-2 1766･是年 政／1801･2月 政／1802･12･24 政／是年 政／1803･是年 政／1805･6･9 政／1807･4･23 政
択捉島のロシア人　❺-2 1766･是年 政／1780･是年 政／1791･5･4 政／1797･11月 政／1801･1･11 政／1802･是年 政／1806･5･24 政
北蝦夷地巡見　❻ 1856･10･13 政
北蝦夷地ロシア国境を北緯五十度内外とする　❻ 1856･11･18 政
国後(クナシリ)騒動　❺-2 1789･9･1 政／1799･1･16 政
耕作奨励･和語使用　❺-2 1799･2･10 政
ゴロヴニン幽囚事件　❺-2 1811･6･4 政／1812･3･24 政／8･3 政／8･13 政／1813･5･26 政／6･21 政／8･17 政／9･11 政
大日本恵登呂府　❺-2 1798･7･27 政
天長地久大日本属島　❺-2 1801･6月 政
東西蝦夷地　❺-2 1799･9･28 政／11･2 政／1802･7･24 政／1807･3･22 政／1820･是年 政／1821･12･7 政／1822･是年 政／1835･是年 政
西蝦夷地見分　❺-2 1805･7･16 政
東蝦夷地会所　❺-2 1799･是年 政
東蝦夷地当分御用　❺-2 1789･1･6 政
東蝦夷地ノッシャム蝦夷騒動　❺-2 1759･是年 政
文化丁卯の変　❺-2 1807･4･23 政
文化丙寅の変(ロシアの攻撃)　❺-2 1806･9･11 政
松前藩　❹ 1599･11･7 政／❺-1 1604･1･27 政／1617･12･16 政／1641･7･8 政／1665･7･5 政／1710･是年 政／❺-2 1720･12･21 政／1743･④･8 政／1790･4･21 政／1792･10･2 政／1797･10月 政／1807･3･22 政／7･27 政／1821･12･7 政／1822･2･19 政／1831･10･29 政／1849･4･24 社／❻ 1866･4･25 政／1868･10･12 政
松前藩に土地還付　❻ 1864･7･7 政
間宮海峡　❺-2 1809･6･26 政
役土人･平土人(蝦夷人)　❻ 1856･5･21 政
ラショア島蝦夷人　❺-2 1805･6･9 政
猟虎(ラッコ)島⇨得撫(ウルップ)島
ロシア人江戸召喚　❺-2 1791･8･18 政／1792･8･18 政
沖縄 ⇨ [5] 外交「琉球」、[6] 軍事「沖縄」も見よ
沖縄･北方特別委員会　❾ 1970･8･10 政
沖縄･琉球列島(日本政府の行政権停止)　❽ 1946･1･29 政／1962･3･9 政
沖縄議会　❽ 1949･3･1 政／10･22 政
沖縄基地無期限保持　❽ 1950･1･31 社／2･10 政／3･22 政／1954･1･7 政／1955･1･17 政／1956･1･16 政
沖縄基地問題(プライス勧告)　❽ 1956･6･9 政
沖縄軍事基地化　❽ 1949･10･1 政
沖縄軍政長官　❽ 1948･5･5 政／1950･7･27 政
沖縄群島政府　❽ 1950･8･4 政／11･4 政
沖縄軍用地問題(代理署名)　❾ 1995 9･28 政／1996･3･11 政
沖縄県　❻ 1879･4･4 政
沖縄県庁　❻ 1880･6･21 政
沖縄高等弁務官　❽ 1957･6･5 政／7･4 政／1960･12･2 政／1964･8･1 政

／❾ 1966·11·1 政／1969·1·28 政／1972·6·10 政
沖縄国政参加　❾ 1968·10·9 政
沖縄国政参加選挙　❾ 1970·5·7 政／11·15 政
沖縄黒党、帰島　❻ 1890·8月 社
沖縄サミット　❾ 2000·7·21 政
沖縄諮詢会　❽ 1945·8·15 政／8·29 政／1946·4·22 政／1951·3·31 政
沖縄施政権返還(二月一日決議)　❽ 1962·2·1 政
沖縄振興特別措置法　❾ 1998·3·30 政／2012·3·30 政
沖縄中央政府　❽ 1946·4·22 政／10·17 政／12·1 政／1949·8·25 政
沖縄調査団(米政府)　❽ 1961·10·5 政／1962·6·15 政
沖縄調査報告(米軍用地)　❽ 1955·1·13 政
沖縄デー　❾ 1969·2·8 政／1977·5·15 政
沖縄に関する日米協議委員会　❾ 1967·3·1 政
沖縄日本の潜在主権　❽ 1962·3·19 政
沖縄の軍政　❽ 1946·7·1 政
沖縄復帰運動·問題　❽ 1947·6·5 政／1951·3·18 政／4·29 政／7·23 政／8·27 政／1953·1·18 政／11·7 政／1955·11·27 政 1956·3·18 政／7·4 政／8·9 政／8·23 政／9·20 政／1957·1·17 政／4·13 政／1959·7·1 政／1960·4·28 政／1961·4·28 政／10·18 政／1962·4·23 政／1963·4·28 政／1964·4·28 政
沖縄復帰記念式典　❾ 1972·5·15 政／1982·5·15 政／1992·5·15 政／1997·5·15 政／1999·5·15 政／2002·5·19 政／2012·5·15 政
沖縄復帰要求デモ(大会)　❾ 1966·4·28 政／1967·4·27 政／8·1 政／11·2 政／11·20 政／1968·4·28 政／1969·4·28 政／11·13 政／1970·4·28 政／1971·6·15 政／11·10 政／11·13 政
沖縄不平士族　❻ 1891·4月 政
沖縄米軍基地所在市町村に関する懇談会　❾ 1996·8·26 政
沖縄米民政府　❾ 1972·5·10 政
沖縄返還(繊維問題)
沖縄返還協定·日米沖縄返還協定　❾ 1971·6·9 政／6·17 政／11·13 政／1972·3·15 政／5·15 政
沖縄返還·復帰　❾ 1965·4·28 政／1966·3·10 政／1967·1·31 政／1968·1·27 政／2·29 政／5·27 政／12·7 政 1969·3·10 政／5·27 政／6·2 政／7·30 政／11·12 政／1970·3·3 政／3·17 政／11·20 政／1972·3·27 政／4·28 政
沖縄密約事件(外務省秘密文書漏洩事件)　❾ 1971·6·12 政／1972·4·4 政／1981·5·17 政／2010·3·9 政／4·9 政
沖縄民政議会　❽ 1949·10·22 政
行政主席間接選挙　❾ 1966·3·16 政
全沖縄土地を守る会連合会　❾ 1967·5·28 政
外国人登録法　❾ 1992·5·20 政／2005·6·17 政
外国人登録指紋押捺問題　❾ 1982·2·13 政／1983·7·5 政／1984·4·2 政／1985·2·6 政／5·14 政／1987·1·20 政／1991·12·26 政／1993·1·8 政／1994·4·27 政／1995·12·15 政／1999·8·13 政／2010·1·25 政
外国人登録者数·在日本外国人　❾ 1984·12·9 政／1992·2·4 社／1993·5·29 政／2004·5·27 政／2006·1·6 政／2008·6·3 政／2012·7·9 政
外国人の数(横浜)　❻ 1883·5月 政
外国人の帰化後姓名　❾ 1983·7·16 政
外国人弁護士　❾ 1985·12·9 政
雇い外国人(諸官庁)の数　❻ 1872·4月 政／1879·11·19 政
核実験·核兵器
インド地下核実験　❾ 1974·5·18 政／1998·5·13、政
英国水爆実験　❽ 1957·5·15 政
核実験中止　❽ 1957·4·29 政
核実験停止案　❽ 1957·9·23 政
核兵器禁止·被爆者援護世界大会　❾ 1978·8·1 政
核兵器廃絶平和都市　❾ 1985·7·3 政
核兵器持込み問題　❾ 1974·8·13 政
北朝鮮地下核実験　❾ 2006·10·9 政
水素爆弾実験　❽ 1952·11·1 政
スリーマイル島原発事故シンポジウム　❾ 1979·10·24 政
ソ連核実験　❽ 1954·9·18 政／1961·10·30 政
第五福龍丸(保存問題)　❾ 1968·3·12 政／1975·9·12 政／1976·6·10 政
チェルノブイリ原発事故　❾ 1986·4·26 政
中国核実験　❾ 1973·6·28 政／1995·8·17 政／1996·6·8 政／7·29 政
ビキニ環礁原子·水爆実験と被災　❽ 1946·6·23 政／1954·3·1 政／5·15 政／5·22 社／1955·1·4 政／1959·3·1 政
家法·分国法　❹ 1493·4·21 政／1518·5月 政／1526·4·14 政／1536·4·14 政／1553·2·26 政／1555·2·7 政／1556·11·25 政／1567·4·18 政／1595·11·25 政
置文(掟·置手)　❸ 1426·7·13 政
置文(上杉氏)　❸ 1387·9·20 政
置文(宇都宮家式條)　❸ 1283·是年 政
置文(近江奥嶋·津田荘)　❸ 1342·2月 社／1346·9月 社／1449·2·13 社／❹ 1942·是年 社
置文(近江菅浦荘地下法度)　❹ 1491·9·8 社
置文(近江菅浦荘惣荘)　❹ 1461·7·13 社
置文(菊池武重)　❸ 1338·7·25 社
置文(相良氏)　❸ 1311·3·5 政
置文(渋谷重経)　❷ 1277·10·21 政
置文(益田兼見)　❸ 1383·8·10 政
置文(益田藤兼)　❹ 1596·11·28 政
国中申出條々　❹ 1576·3·3 社
軍中法度　❹ 1557·12·2 政
間杖　❹ 1587·6月 文
甲·信両州国掟　❹ 1582·3月 社
甲州法度之次第　❹ 1554·5月 政
相模国下中村上町分検地帳　❹ 1550·7·17 政
相良家領内法度　❹ 1545·2·5 政
相良氏法度　❹ 1555·2·7 政
地下掟(紀伊東村)　❹ 1491·10·24 社
地下制法(紀伊粉河寺)　❹ 1502·8·27 社
宗法(細川政元·分国法)　❹ 1501·6月 政
塵芥集(伊達稙宗)　❹ 1536·4·14 政
新加制式(三好長治)　❹ 1572·永禄·元亀年間 政
信玄家法　❹ 1553·5月 政
駿河瑞光院道音年貢書　❹ 1547·9月 政
制札·高札(現存するもの)　❹ 1467·7月 社／1471·是年 社／1473·3月 社／1478·8·18 社／1480·4·28 社／1482·5月 社／1484·8月 社／1485·9·4 社／1486·4·29 政／是年 社／1487·9·3 社／1491·8·27 社／9·17 社／1492·10·6 社／1504·1月 社／1505·11月 社／1516·6月 社／1519·3月 社／1521·2·18 社／9月 社／1529·8·22 社／1531·3月 社／7月 社／1547·2·3 社／3·3 社／1553·4·1 社／1555·5月 社／1556·6·21 社／1560·7·9 社／9月 社／1561·6月 社／1562·12·21 社／1563·10月 社／1564·5月 社／10月 社／1566·5月 社／10·5 政／1567·9月 社／10月 社／1568·8月 社／9月 社／1569·6月 社／1571·11·3 社／1575·8月 社／是年 社／1577·2月 社／11·9 社／1579·6·24 社／6·28 政／7·19 社／1580·2·3 社／5·12 社／9月 社／10·29 社／1582·8·6 社／9月 社／11月 社／12月 社／1583·1月 社／6月 社／1584·7月 社／1585·⑧·14 社／❺-1 1643·8·12 社／1668·3·3 政／1682·7·18 政／1711·5月 社／1713·9·6 社／❺-2 1721·7·26 社／⑦·17 社／1728·6·14 社
制札価格　❹ 1521·1月 社／1568·10·23 政
惣百姓法度　❹ 1599·8月 社
大名·公家法度　❹ 1595·8·3 政
丹後国惣田数帳　❹ 1459·5·3 政
長宗我部氏百か條　❹ 1597·3·24 政
賃借等の法　❹ 1466·5·26 政
殿中掟(幕府)　❹ 1569·1·14 政
天文縄　❹ 1543·是年 政
東国法度十五か條　❹ 1582·4·11 政
遠江吉美之郷年貢定　❹ 1577·8·12 政
成田家分限帳　❹ 1582·是年 政
人別改め　❹ 1569·12·27 政
伏見城中掟　❹ 1597·4·20 政
政所方沙汰條目　❹ 1486·12月 政
御教書·奉書條々　❹ 1477·8·27 政
武蔵国符川郷検地帳　❹ 1577·5·26 政
棟別(むなべち)銭徴収台帳　❹ 1542·8·12 政
役人(贄役·細工所·木屋)の掟　❹ 1485·11·5 政

山城東九條御領内田畠屋敷等注進状　❹ **1499**·9 月 政
山之仕置　❹ **1587**·6 月 社
結城氏新法度　❹ **1556**·11·25 社
洛中法制　❹ **1568**·9·26 社
領地相続法　❷ **1244**·12·12 政

樺太(唐太)

カラフト　❺-1 **1646**·9·19 政／**1669**·是年 政
樺太(日·露両属雑居地)　❻ **1867**·2·25 政
樺太·北蝦夷地探検·調査　❺-2 **1763**·是年 政／**1786**·9 是夏 政／**1790**·是年 政／**1792**·是年 政／**1800**·11·15 政／**1801**·5·30 政／**1802**·是年 政／**1808**·4·13 政／**1809**·4·9 政／6 月 政
樺太·千島交換條約調印　❻ **1875**·5·7 政／9·19 政／10·2 政
樺太アイヌ　❻ **1875**·9 月 政／**1876**·4·26 政／**1879**·11 月 政
樺太開拓使　❻ **1870**·2·13 政
樺太開発奨励　❻ **1867**·11·23 社
樺太官費移民　❻ **1874**·7·5 政
樺太官有財産管理規則　❼ **1911**·12·22 政
樺太国有土地管理規則　❼ **1907**·3·29 政
樺太国境交渉　❻ **1856**·11·18 政／**1861**·10·13 政／**1863**·7 月 政／**1866**·8·18 政／**1867**·2·25 政／**1869**·8 月 政／**1871**·5·13 政／**1872**·4·13 政／**1874**·1·18 政
樺太施政三十周年　❼ **1936**·8·23 政
樺太巡検　❻ **1869**·8·23 政
樺太石炭採掘権交渉　❻ **1869**·3·10 政
樺太占領　❼ **1905**·6·5 日露戦争／6·17 日露戦争
樺太庁　❼ **1907**·3·15 政／3·20 政／**1908**·8·13 政／**1918**·6·6 政／❽ **1943**·3·27 政
樺太調査　❻ **1863**·6 月 政／**1864**·4 月 政
樺太島仮規則　❻ **1867**·2·25 政
樺太島境界画定書　❼ **1908**·4·10 政
樺太島のロシア人　❺-2 **1790**·5 月 政／**1791**·6·1 政
樺太に軍政　❼ **1905**·7·7 日露戦争
樺太日本領事館　❻ **1876**·1·18 政
樺太の内地編入　❽ **1943**·1·20 政
樺太の北緯五十度以南をロシアより受領　❼ **1906**·6·1 政
樺太北部引渡　❼ **1905**·10·21 政
北蝦夷地⇨樺太(唐太)
北樺太石油購入契約　❼ **1928**·9·5 政
北樺太日ソ利権協約　❼ **1925**·12·14 政
南樺太　❽ **1955**·6·6 政

議会(貴族、衆参両院)

『官報』による公布　❻ **1885**·12·28 政
『官報』発行　❻ **1883**·5·10 政
国会解散
食逃げ解散　❽ **1937**·3·31 政
GHG 解散　❽ **1945**·12·18 政
バカヤロー解散　❽ **1953**·2·28 政
話合い解散　❽ **1958**·4·25 政
議会開設五十周年式典　❽ **1940**·11·29 政
議会·議員保護法　❻ **1889**·11·8 政
議会條例改正　❻ **1882**·6·3 政
議会制度審議会　❽ **1938**·6·10 政／**1945**·9·28 政
貴族院　❽ **1946**·3·21 政／12·25 政
貴族院議員　❻ **1890**·6·10 政／7·10 政／10·1 政
貴族院議長　❼ **1896**·10·3 政
貴族院互選規則　❻ **1889**·6·5 政
貴族院制度調査会　❼ **1936**·11·9 政
貴族院調査委員会　❼ **1924**·10·10 政
貴族院令　❻ **1889**·2·11 政／❼ **1905**·3·22 政／**1918**·3·25 政
偽党(立憲改進党)攻撃　❻ **1883**·4·23 政
国会(衆参両院·通常·臨時·特別)　❾ **1965**·7·22 政／10·5 政／12·20 政／**1966**·7·11 政／11·30 政／12·27 政／**1967**·2·15 政／7·27 政／12·4 政／12·27 政／**1968**·8·1 政／12·10 政／12·27 政／**1969**·11·29 政／**1970**·1·14 政／11·29 政／12·26 政／**1971**·7·14 政／10·16 政／12·29 政／**1972**·7·6 政／10·27 政／12·22 政／**1973**·12·1 政／**1974**·7·24 政／12·27 政／**1975**·9·11 政／12·27 政／**1976**·9·16 政／12·24 政／12·30 政／**1977**·7·27 政／9·29 政／12·7 政／12·19 政／**1978**·1·21 政／9·18 政／12·6 政／12·22 政／**1979**·8·30 政／10·30 政／11·26 政／12·21 政／**1980**·7·17 政／9·29 政／**1981**·9·24 政／12·21 政／**1982**·11·26 政／12·28 政／**1983**·1·24 政／7·18 政／9·8 政／12·26 政／**1984**·12·1 政／**1985**·10·14 政／**1986**·6·2 政／7·22 政／9·11 政／12·29 政／**1987**·7·6 政／11·6 政／11·27 政／12·26 政／**1988**·12·30 政／**1989**·8·7 政／9·28 政／12·25 政／**1990**·2·27 政／10·12 政／12·10 政／**1991**·5·8 政／8·5 政／11·5 政／**1992**·8·7 政／10·30 政／**1993**·1·22 政／8·5 政／**1995**·1·20 政／8·4 政／9·29 政／**1996**·1·11 政／1·22 政／9·27 政／11·7 政／11·29 政／**1997**·1·20 政／9·29 政／**1998**·1·14 政／**1999**·1·19 政／10·29 政／**2000**·1·20 政／7·4 政／9·21 政／**2001**·9·27 政／**2002**·7·31 政／10·18 政／**2003**·1·20 政／9·26 政／11·19 政／**2004**·1·19 政／7·30 政／10·12 政／**2005**·1·21 政／9·21 政／**2006**·1·20 政／9·26 政／**2007**·1·25 政／8·7 政／**2008**·9·24 政／**2010**·1·18 政／7·30 政／**2011**·1·24 政／9·13 政／10·20 政／**2012**·1·24 政／12·26 政
国会改革法　❾ **1999**·7·26 政
国会開設運動　❻ **1879**·7·1 政／**1880**·1 月 政／6·7 政／**1881**·3 月 政
国会開設の詔勅　❻ **1881**·10·12 政
国会議員資産公開　❾ **1974**·12·26 政／**1984**·1·24 政／3·31 政／12·1 政／**1988**·7·19 政／**1991**·2·8 政／**1993**·6·14 政
国会期成同盟　❻ **1880**·3·15 政／11·10 政
国会中継放送　❽ **1952**·1·23 政
国会等移転調査会·審議会　❾ **1995**·12·13 政／**1999**·12·20 政
国会法　❽ **1947**·4·30 政
国会乱闘　❽ **1947**·11·20 政
国家学会　❻ **1887**·2 月 文
「国家非常の時」演説　❻ **1895**·1·8 政
こども議会(台東区)　❽ **1949**·8·29 社
衆議院⇨「帝国議会」「貴族院」「議会」も見よ
衆議院議会　❻ **1872**·5·15 政／**1891**·12·25 政／**1892**·5·2 政／**1893**·12·19 政／**1894**·1·24 政／5·31 政／❼ **1896**·12·22 政／**1897**·12·21 政／**1898**·5·14 政／11·7 政／**1899**·11·2 政／**1900**·12·22 政／**1901**·12·7 政／**1902**·12·6 政／**1903**·5·8 政／12·5 政／**1904**·3·18 政／11·28 政／**1905**·12·25 政／**1906**·12·25 政／**1907**·12·25 政／**1908**·12·22 政／**1909**·12·22 政／**1910**·12·20 政／**1911**·12·23 政／**1912**·8·21 政／12·24 政／**1913**·12·24 政／**1914**·5·4 政／6·20 政／9·3 政／12·5 政／**1915**·5·17 政／11·29 政／**1916**·12·25 政／**1917**·6·21 政／12·25 政／**1918**·12·25 政／**1919**·12·24 政／**1920**·6·29 政／12·25 政／**1921**·1·2 政／12·24 政／**1922**·2·1 政／12·25 政／**1923**·12·10 政／12·27 政／**1924**·6·25 政／12·24 政／**1925**·12·25 政／**1926**·12·24 政／12·26 政／**1927**·5·3 ／12·24 政／**1928**·4·20 政／12·24 政／**1929**·12·23 政／**1930**·1·21 政／4·21 政／12·24 政／**1931**·12·23 政／**1932**·3·18 政／5·2 政／8·22 政／12·24 政／**1933**·12·23 政／**1934**·11·27 政／12·24 政／**1935**·12·24 政／**1936**·5·1 政／12·2 政／❽ **1937**·7·23 政／9·3 政／12·24 政／**1938**·12·24 政／**1939**·12·23 政／**1940**·12·24 政／**1941**·11·15 政／12·15 政／12·24 政／**1942**·5·25 政／12·24 政／**1943**·6·15 政／10·25 政／12·24 政／**1944**·9·6 政／12·24 政／**1945**·6·8 政／9·1 政／11·26 政／**1946**·5·16 政／6·20 政／11·25 政／12·27 政／**1947**·3·31 政／5·20 政／12·10 政／**1948**·1·21 政／10·11 政／11·8 政／12·1 政／**1949**·2·11 政／3·31 政／10·25 政／12·4 政／**1950**·7·12 政／11·21 政／12·10 政／**1951**·8·16 政／10·10 政／12·10 政／**1952**·8·26 政／10·24 政／**1953**·5·18 政／10·29 政／11·30 政／12·10 政／**1954**·11·30 政／12·10 政／**1955**·3·18 政／11·22 政／12·20 政／**1956**·11·12 政／12·20 政／**1957**·11·1 政／12·20 政／**1958**·6·10 政／9·29 政／12·10 政／**1959**·6·22 政／10·26 政／12·29 政／**1960**·10·17 政／12·5 政／12·26 政／**1961**·9·25 政／12·9 政／**1962**·5·7 政／8·4 社／12·8 政／12·24 政／**1963**·10·15 政／12·4 政／12·

20 政／1964・11・9 政／12・21 政
衆議院解散につき首相に抗議 ❻ 1894・1・24 政
衆議院議長不信任動議 ❻ 1893・11・29 政
衆議院女子傍聴禁止 ❻ 1890・10・20 政
衆議院予算委員会 ❻ 1890・12・5 政
枢密院議事堂 ❻ 1891・12・12 政
選挙⇨「選挙」
速記録 ❻ 1890・12・3 政
帝国議会(衆議院と貴族院) ❻ 1890・10・9 政／11・25 政／1891・11・21 政／1892・11・25 政／1893・11・25 政／1894・12・22 政／1895・12・25 政
帝国議会議事堂全焼 ❻ 1891・1・20 政／11・15 政／❼ 1925・9・18 政／1936・9・29 政／11・7 政
帝国議会特別議会 ❻ 1894・5・12 政／1894・9・22 政／10・15 政
同志会(貴族院) ❻ 1890・11・4 政
レコード録音機(衆議院本会議場) ❽ 1937・1・15 政

政治に関する法令・規則・裁判

『和蘭刑法及刑事訴訟法』(西洋法律書の翻訳) ❺-2 1848・是年 文
『科條類典』(幕府) ❺-2 1767・7・8 政
「仕置例類集」(幕府) ❺-2 1845・8・9 政
『法規分類大全』 ❻ 1889・11 月 文
『法令全書』 ❻ 1885・9 月 政／1887・10 月 文
秋田藩法度 ❺-1 1619・4 月 政
朝倉孝景家訓 ❹ 1481・7・26 政
預金・買掛訴訟不受理 ❺-1 1685・7・19 政
預証文のない訴訟 ❺-1 1710・5 月 政
阿片法 ❼ 1897・3・30 政
安永の新律(越後新発田藩) ❺-2 1780・5・15 政
位階令 ❼ 1926・10・21 政
意見封事 ❶ 759・5・9 政／901・是年 政／914・2・15 政／4・28 文／942・3・10 政／944・1・28 政／945・1・4 政／954・7・28 政／957・12・27 政／962・2・19 政／965・2・29 政／966・6・23 政／975・8・10 政／984・12・28 政／987・7・28 政／❷ 1110・是年 政／1187・5・23 政
禁式(いさめののり)九十二條 ❶ 681・4・3 社
位子の制 ❶ 708・4・11 政／739・8・16 政
意匠法 ❼ 1899・3・1 文／1909・4・5 社
遺跡相続の制 ❺-1 1668・6 月 政／1675・3・3 政
一座の宣旨 ❶ 986・7・25 政
今川家法 ❹ 1553・2・26 政
請取沙汰(係争中の物件を有力者に寄進、保護されること) ❹ 1501・6 月 政
請人 ❹ 1591・8・21 社
岩国家中法度 ❺-2 1723・3・15 政
永地売買條目 ❸ 1455・12・6 政
江戸市中に法度 ❺-1 1648・12 月 社
近江今堀郷惣掟 ❹ 1460・11・1 社／1489・11・4 社／1502・3・9 社
大坂式目 ❺-1 1648・12・16 社
大坂市中諸法度 ❺-1 1648・4・5 社／6・5 社／1697・1 月 社
大坂城中法度 ❹ 1600・1・5 政
大島置目條々 ❺-1 1623・⑧・24 政
大友家條々 ❹ 1530・12・6 政
大友義長條々 ❹ 1515・12・23 政
屋外集会・示威運動届出制 ❻ 1887・11・10 政
御定書(黒羽藩) ❺-2 1768・是年 政
御仕置御規定(信濃松代藩) ❺-2 1825・是年 政
織田信長異見十七か條 ❹ 1572・9 月 政
越訴(おっそ) ❷ 1264・10・25 政／❸ 1286・7・16 政／1290・9・29 政／1294・12・2 政／1297・11・29 政／1299・7 月 政／1309・4・16 政
越訴の期限 ❸ 1294・7・2 政
越訴の停止 ❸ 1297・7・22 政／1300・10・9 政
越訴の復活 ❸ 1298・2・28 政
御取締筋御改革 ❺-2 1827・2 月 政／1829・2 月 政
御刑罰御定(弘前藩) ❺-2 1775・是年 政
御定三十五條(和歌山藩) ❺-1 1677・10 月 政
恩領売却の禁止 ❸ 1286・8 月 政
戒厳令 ❻ 1882・8・5 政
改定律例 ❻ 1873・6・13 政
甲斐法度之次第 ❹ 1547・6・1 政
海洋基本法 ❾ 2007・4・20 政
家訓(今川了俊) ❸ 1412・2・30 政
家訓(会津藩) ❺-1 1668・4・11 政
家憲(播磨姫路藩) ❺-2 1766・3 月 政
科銭 ❹ 1569・3・16 社
過怠(銭) ❹ 1591・8・21 社
家中掟(高知藩) ❺-1 1631・8・27 社
家中掟・番士掟(福井藩) ❺-1 1654・7・23 政
家中掟書・百姓衣服の制(会津藩) ❺-1 1659・6・9 政
家中欽之覚(越後新発田藩) ❺-2 1716・4・9 政
家中統制法度(名古屋藩) ❺-2 1732・3・3 政
家中法度(仙台) ❺-1 1626・④・3 政／1638・3・13 政
家中法度(徳山藩) ❺-1 1653・是年 社
家中法度(福岡藩) ❺-1 1672・9・5 政
家中法度・百姓法度(信濃上田藩) ❺-1 1669・3 月 社
家中制法(出雲松江藩) ❺-2 1752・4・1 政
家督相続令(江戸町人) ❺-1 1651・7・18 社／1670・8・13 社
壁書(大内家) ❹ 1459・5・22 政
壁書(肥後) ❹ 1493・4・22 政
鎌倉幕府訴訟 ❷ 1202・5・2 政
借物の返済法 ❸ 1430・11・6 社
家禄賞典禄地処分法 ❼ 1897・11・1 政
寛永御條目(出羽米沢) ❺-1 1641・6・2 政
寛政刑典(幕府) ❺-2 1790・3・27 政
寛政律(津軽・弘前藩) ❺-2 1791・是年 政／1797・是年 政
関東裁許状 ❷ 1278・12・27 政
管領御教書(みぎょうしょ) ❸ 1428・1・30 政
議院法 ❻ 1889・2・11 政
棄損令(きえんれい) ❸ 1403・3 月 政
吉川氏法度 ❺-1 1617・4・26 政
給金未払い訴訟 ❺-2 1770・10・20 社
給人・農民定書 ❺-1 1603・10 月 社
旧領回復令 ❸ 1333・6・15 政
教條書・解釈帳(下野宇都宮藩) ❺-2 1748・2 月 政
兄弟の訴訟 ❷ 1202・5・2 政／1248・5・16 政
京都警備命令 ❻ 1863・4・17 政
京都市中取締り ❻ 1868・3・4 政
享和御條目(二本松藩) ❺-2 1802・是年 政
金銀訴訟(相対済令) ❺-2 1719・7・20 政／11・15 政／1720・2 月 政／1726・10・23 政／1729・12・10 政／1736・5・20 政／1742・3・15 政／1746・3・24 政／1762・5 月 政／1770・5 月 政／1797・9・12 政／1805・2・22 政／1843・12・14 政
金銀訴訟不受理 ❺-1 1702・⑧・28 政
金銀貸借利足 ❺-2 1842・9・30 政
「禁制」の語初見 ❶ 709・10・14 政
禁制(赤松満祐) ❸ 1428・10・23 社
禁制(近江今堀郷) ❸ 1383・1 月 社／1403・2 月 社／1425・11 月 社／1448・11・14 社
禁制(播磨) ❸ 1393・8・1 社
禁制五か條 ❸ 1367・4・28 社／12・29 政
公家新制四十一條 ❷ 1263・8・13 政
公事方御定書 ❺-2 1742・3・27 政／4・6 政／1767・5 月 政／1778・是年 政／1790・3・27 政
公事訴訟(証拠のない) ❺-1 1659・11・27 政
公事訴訟の制 ❺-2 1740・12 月 社／1741・5 月 政／1750・9 月 政／1751・1・12 政／1759・2・14 政／9 月 社／1761・4 月 社／1763・3・18 政
公事人腰掛茶屋(町奉行所前) ❺-2 1797・11・7 文
公事宿禁止令 ❺-1 1702・⑧・28 政
曲事(くせごと) ❹ 1591・8・21 社
国中掟(高知藩) ❺-1 1662・12・2 政
口入禁止 ❸ 1287・5・27 政
口入地 ❸ 1299・2 月 政
郡方法度(阿波徳島藩) ❺-1 1674・7 月 政
郡中仕置(出羽米沢藩) ❺-1 1647・8・23 社
郡中諸事書付六十四か條(萩藩) ❺-1 1705・11・13 政／1706・5・1 政
郡中諸法度(広島藩) ❺-1 1620・1 月 社
郡中法度(徳山藩) ❺-1 1715・1・15 社
郡中法度(豊前中津藩) ❺-2 1752・2

月 政
郡中法令(岡山藩) ❺-1 1655・1・21 政
郡役・郡法改正(陸奥二本松藩) ❺-2 1734・3・12 政
刑事訴訟法 ❼ 1922・5・5 政
「刑典科律」(琉球) ❺-2 1786・是年 政
「刑罰式」(秋田藩) ❺-2 1812・8月 政
刑法(高松藩) ❺-2 1747・7・10 政
刑法改定 ❺-2 1722・10月 政/1745・10・5 政
「刑法草書」(肥後藩) ❺-2 1754・是年 政
外題安堵の令 ❸ 1303・6・12 政
闕所訴訟の法 ❸ 1408・11・3 政
闕所の土地占有禁止 ❸ 1429・12・7 政
建治式 ❷ 1278・是年 文
県治條例 ❻ 1871・11・27 政
建武式目の制定 ❸ 1336・11・7 政
元禄大定目(高知藩) ❺-1 1690・3月 政
高札・榜示札 ❸ 1396・10・12 社
公式令 ❼ 1907・2・1 政
郷宿(公事宿) ❺-2 1789・12月 社/1790・8月 社
弘長新制 ❷ 1261・5・11 政
高等官官等俸給令 ❻ 1886・3・17 政
高等試験令 ❼ 1918・1・18 政
公武合体勅書 ❻ 1858・12・24 政
公文式 ❻ 1886・2・26 政
公用土地買上規則 ❻ 1875・7・28 政
御恩地沽却の制 ❸ 1444・9・26 政
御感御教書(足利尊氏) ❸ 1336・8月 社
後家・女子知行の鎮西所領 ❸ 1329・12・25 政
御家人の訴訟 ❷ 1233・5・1 政
五爵を定める ❻ 1884・7・7 政
戸主権廃止 ❽ 1947・12・22 政
御成敗式目(関東式目・貞永式目)五十一か條 ❷ 1232・5・14 政/7・10 政/8・10 政/9・11 政/1237・6・25 政
御制法書(筑後久留米藩) ❺-1 1646・6・23 政
戸籍編成・調査(台湾総督府) ❼ 1896・8・6 政
御当地品定(細密な位階制) ❺-2 1729・是年 政
事書十三か條(宗像氏) ❸ 1313・1・9 政
御領分在々御條目事(福井藩) ❺-1 1687・11月 政
裁決勧進の期間 ❷ 1243・2・15 政
西国雑訴 ❷ 1259・6・18 政
裁判の公正 ❹ 1458・5・18 政
裁判法二十か條 ❸ 1285・11・13 政
雑事二十一か條 ❷ 1214・12・25 政
雑訴決断所 ❸ 1333・10・9 政/1334・1月 政/8月 政
雑訴法 ❸ 1341・11・16 政/1371・9・26 政/10・3 社
雑訴法(文殿) ❸ 1314・11・13 政
雑訴法二十か條(暦応) ❸ 1340・5・14 政
三條規(幕府) ❸ 1375・1月 社
山川・原野に関する掟 ❺-1 1666・2・2 社
三代制符 ❷ 1273・4・2 政
三府の制 ❻ 1869・7・17 政
讒謗律(ざんぼうりつ) ❻ 1875・6・28 政
示威運動届出制 ❻ 1887・11・10 政
地下仕置條々 ❺-1 1643・12・1 社
寺社の訴訟制度 ❺-2 1782・2・13 社
地所質入・書入規則 ❻ 1873・1・17 政
地所売買法 ❻ 1875・6・18 政
下地中分 ❷ 1264・5・10 社/❸ 1294・10・23 社/1299・12・14 社
下地を渡さない者の罪科 ❸ 1343・4・11 政
質地弁償法 ❷ 1240・4・20 政/1248・7・10 政/1258・7・10 政
私闘・私合戦の禁止 ❸ 1414・6・20 政
自分仕置令(その領国内限りの犯罪のみの自由科刑) ❺-1 1697・6月 政
司法警察規則 ❻ 1874・1・28 政
島津綱貴教訓 ❺-1 1702・6・25 政
集会・政社法 ❻ 1890・7・25 政/1893・4・14 政
集会條例 ❻ 1880・4・5 政
集会届出制 ❻ 1887・11・10 政
手火(鉄火起請、裁判) ❺-1 1606・3・27 社/1619・9月 社/1620・5・27 社
主従の訴訟禁止 ❷ 1258・12・10 政
主従の訴訟不受理 ❷ 1248・7・29 政/⑫・23 政
主従の対訴 ❷ 1247・11・27 政/1248・5・15 政
荘園の訴訟 ❷ 1202・8・23 政
定法度條々(高知藩) ❺-1 1612・⑩・22 社
証文類提出(幕府) ❺-1 1684・1・22 政
職務規程(金沢藩) ❺-1 1659・6・1 政
諸国郷村農民法度三十二か條 ❺-1 1649・2・26 社
諸士法度 ❺-1 1605・8・10 政/1624・8月 政/1632・9・29 政/1635・12・12 政/1641・12・13 政/1710・4・16 政
諸人訴訟法 ❷ 1243・5・17 政/1281・4・23 政/❸ 1429・7・22 政/1430・9・30 政
諸土倉質物盗難弁償の法 ❸ 1433・10・3 社
庶民の直訴禁止 ❷ 1250・4・29 政
庶民の訴訟を禁止 ❷ 1250・8・26 政
所領質入れの禁 ❷ 1273・7・12 政
所領相論 ❹ 1583・11・13 政
所領相論出訴の法 ❷ 1226・10・9 政
所領男子相続の制 ❸ 1286・7・25 政
所領抵当売却禁止 ❷ 1267・12・15 政
所領の訴訟 ❷ 1237・8・17 政
所領の入質売買禁止 ❸ 1300・7・5 政
所領没収の制 ❷ 1274・6・1 政
新御式目 ❸ 1284・5・20 政
新集科律(琉球) ❺-2 1831・是年 政
人身売買禁止 ❷ 1245・2・16 社
人身誘拐の罪科 ❷ 1248・6・5 社
新制五か條 ❶ 987・5・5 政
新制七か條 ❷ 1116・7・12 政/1156・⑨・18 政/1187・12・2 政
新制九か條 ❷ 1145・7・28 政
新制十一か條 ❶ 999・7・25 政/12・13 政
新制十三か條 ❸ 1292・7月 政
新制十四か條 ❷ 1132・9・10 政
新制十六か條 ❸ 1453・8・11 政
新制十七か條 ❷ 1178・⑥・17 政/1191・3・22 政
新制十八か條 ❷ 1253・7・12 政
新制二十五か條 ❷ 1273・9・27 政/❺-1 1675・2月 政
新制三十二か條 ❷ 1179・8・30 政
新制三十六か條 ❷ 1225・10・29 政
新制四十一か條 ❷ 1261・2・29 政
新制四十二か條 ❷ 1231・11・3 政
新制六十か條 ❷ 1261・2・20 政
親族忌避退座法 ❷ 1240・4・25 政
新律(新発田藩) ❺-2 1784・12・23 政
請願令 ❼ 1917・4・5 政
成敗柱(武蔵多摩郡) ❺-2 1831・12月 社
成敗法十六か條 ❷ 1232・11・29 政
成敗を不易(康元元年から弘安七年) ❸ 1290・9・29 政
窃盗・贓物賠償の法 ❷ 1248・5・15 社
撰格式 ❷ 1265・1・10 政
雑人沙汰 ❷ 1258・5・10 政
雑人訴訟法 ❷ 1250・6・10 政
惣百姓出合相定法度之事(武蔵高麗領本郷村) ❺-1 1674・1・26 社
惣無事令
全国惣無事令 ❹ 1589・11・24 政
奥州惣無事令 ❹ 1587・12・3 政/1588・4・6 政/10・26 政
関東惣無事令 ❹ 1586・11・15 政
関東・奥両国惣無事令 ❹ 1587・12・3 政
総領・庶子の訴訟 ❸ 1299・1・10 政/1307・徳治年間 政
相論の文書 ❷ 1241・3・20 政
訴訟・裁判(養子を含む)
訴訟・裁判の法度 ❺-1 1632・7・5 政
訴訟裏書の制 ❺-1 1668・7・22 政
訴訟召還法 ❷ 1248・5・20 政
訴訟状の書式見本 ❺-1 1670・12・25 政
訴訟数受付数 ❺-2 1720・是年 政/1744・1・12 政
訴訟対審 ❷ 1241・8・28 政
訴訟手続(貸金銀・売掛) ❺-2 1718・9月 政/1822・1・29 政
訴訟の規則 ❹ 1476・8・24 政
訴訟の制 ❸ 1286・12・3 政/1300・是年 政/1428・10・11 政/1442・10・13 政
訴訟の請託 ❺-2 1765・5・27 政
訴訟の法 ❷ 1245・5・3 政
訴訟法(徳島藩) ❺-1 1635・1・2 社
訴訟法規則 ❺-1 1648・6・11 社/1714・2月 政
訴訟法七か條 ❹ 1509・5・9 政
祖父母への訴訟を禁止 ❷ 1240・4・4 政
祖父および父母に敵対相論する事を禁止 ❸ 1292・10・4 政
大倹令十二條(出羽米沢城) ❺-2 1767・4・24 政
代々相伝土地 ❸ 1288・1・20 社
大犯三か條 ❸ 1346・12・13 政

弾例(刑法)　❻ 1869·9·8 政
地界争論　❷ 1237·9·1 政
地方定目(高知藩)　❺-1 1969·12月 政
知行安堵·意見の事條々　❹ 1479·10月 政
知行国制廃止　❸ 1333·6月 政
地上権に関する法律　❼ 1900·3·26 政
地代店賃の滞納訴訟　❺-2 1725·2·6 政
長子相続権廃止　❽ 1947·12·22 政
賃借証券訴訟不受理　❸ 1437·10·13 政
賃借弁償の法　❸ 1436·5·22 政
鎮西御家人の訴訟　❸ 1290·是年 政
庭中(訴訟)　❸ 1309·4·16 政／1382·11·6 政／1436·6·3 政／1439·10·15 政
出羽米沢家中式目　❺-1 1603·10月 政
天下の政道につき論ず　❷ 1186·4·30 政
盗人罪科　❷ 1248·7·10 政
盗犯人遺跡処分法　❷ 1237·8·5 政
瀆職法　❼ 1901·4·13 政
特許法·意匠法·商標法　❼ 1899·3·2 政
土民仕置　❺-1 1643·3·11 政
長崎地所規則　❻ 1859·8·15 政／1860·8·15 政
二條城の條規　❺-1 1640·3·7 政
農民訴訟法　❺-1 1646·3·17 社
農民統制令　❺-1 1609·8·4 社／1624·1·15 社／1631·3·13 社／1640·1·27 社／1641·12·23 社／1644·1·18 社／1654·是年 政／1664·1月 社／1669·⑩·13 社／1670·8·13 社／1677·3·14 政／1678·8·19 社／1680·8·16 政／1682·5月 社／1698·12月 社
敗訴者に納税させる　❷ 1250·9·18 政
幕領·私領の境界訴訟　❺-2 1737·11·14 政
八丈島·青島管理処務規則　❺-1 1653·⑥·18 政／1667·5月 政／1669·5月 政／1714·6·19 政
法度書(会津藩)　❺-2 1817·7·7 政
犯罪人成敗十七か條　❷ 1233·8·15 政
藩士の跡目相続(宇都宮藩)　❺-1 1685·9月 政
被害回復給付金支給法　❾ 2006·6·13 社
火起請　❺-1 1614·3·28 社／1622·11·16 社
引付衆規則十一か條　❸ 1284·8·17 政
飛騨·越中境界論　❺-1 1672·8·27 社
百姓·町人の訴訟法　❺-1 1666·7月 政
百姓の訴訟(幕府)　❺-2 1719·12月 政
百姓法度(上野安中藩)　❺-2 1750·7月 政
平戸藩天祥公御代御法度　❺-1 1681·6·1 政
不易法　❸ 1290·9·29 政／1294·12·2 政
不穏思想予防鎮圧取締·不穏文書臨時取締法　❼ 1933·9·15 政／1936·6·15 政
奉行條目(仙台)　❺-1 1661·1·28 政
奉行所公事人(町奉行)　❺-2 1791·4·15 政
武家諸法度　❺-1 1615·7·7 政／1616·10月 政／1617·6月 政／1629·9·6 政／1663·5·23 政／1683·7·25 政／1710·4·15 政／❺-2 1717·3·11 政／1746·3·21 政／5月 政／1761·2·21 政／1787·9·21 政／1838·2·21 政
負債償還(幕府)　❺-2 1759·4·10 政
負債の証書·返済　❸ 1433·10·13 社
負債の年記　❸ 1440·10·26 社
不実の乱訴を禁止　❸ 1300·7·5 政
藤原(九條)兼実十三か條　❷ 1186·5月 政
負物および訴訟　❷ 1260·4·30 政
父母遺財管理法　❷ 1267·是年 政
「文化律」(諸藩)　❺-2 1808·7月 政／1809·8·20 政／1810·2·27 政／1852·是年 政
文政法令(伊予大洲藩)　❺-2 1820·8·25 政
弁護士法改正　❼ 1933·5·1 社
保安條例　❻ 1887·12·25 政／1888·1月 政／❼ 1898·6·25 政
奉公人出仕の規制　❸ 1429·8·20 政
法制審議会　❼ 1929·5·13 政
法令(和歌山藩)　❺-1 1668·9月 政
法令二十三か條(蜂須賀至鎮)　❺-1 1618·1·1 政
保釈條例　❻ 1877·2·9 政
松前御條目　❺-1 1664·4·5 政
万石以下法度　❺-1 1693·11·9 政
万治制法(防長両国)　❺-1 1660·9·14 政
政所方訴訟　❹ 1494·8·26 政
政所公人(幕府)　❹ 1523·4·3 政
政所寄人訴訟　❹ 1494·8·26 政
御教書(みぎょうしょ)違反の罪科　❷ 1253·8·2 政
見質(みじち)　❷ 1273·7·12 政
民政十五か條(金沢)　❺-1 1631·5·2 社
民政十九か條(金沢)　❺-1 1601·5·17 社
民政に関する覚書(幕府)　❺-1 1609·2·2 社
民撰議院設立建白書　❻ 1874·1·17 政／2·3 政／1877·6·10 政
無音難渋の咎　❸ 1320·6·25 社
陸奥平藩條規　❺-1 1659·6·1 政
目安　❷ 1224·12·2 政
目安箱　❹ 1551·是年 政／❺-1 1603·3·27 社／1633·7·19 政／1645·是年 社／1654·8·11 政／❺-2 1721·⑦·25 政／8·2 政／9月 政／是年 政／1722·4月 政／1725·7·5 政／1726·11·12 政／1727·9月 政／1732·7·12 政／1733·1·21 政／1735·10·23 政／11·21 政／1736·4·29 政／8月 政／1740·2月 政／1741·7月 政／1743·③月 政／1746·是年 政／1758·2·18 政／1759·8·19 政／1762·3·5 政／④·1 政／1769·11·23 政／1788·5·1 政／是年 政／1791·3·15 政／1847·6·21 社
役夫工米·訴訟·安堵など所務沙汰　❸ 1422·7·26 政
山問答·水問答　❺-1 1621·2·2 社
養子停止(御家人)　❷ 1240·5·25 政／1276·7·7 文
養子の制　❷ 1267·是年 政／❹ 1460·11·25 社／1495·8月 社／❺-1 1629·4月 社／1642·12·10 政／1651·12·11 政／1663·8·5 政／1665·2·18 政／1667·9·27 政／1669·5·1 政／1683·7·25 政／1696·2·20 政／1699·10·21 政／1710·7·20 政／❺-2 1716·2·26 政／②·27 政／1717·12·20 政／1719·8·1 政／1720·4·4 政／8·3 政／1722·5·9 政／1727·3·8 政／11·9 政／1730·8·27 政／1731·2月 政／2·28 政／6·11 政／1732·3·23 政／1733·4·7 政／10·7 政／12·18 政／1734·2·15 政／1735·10·20 政／1736·8·25 政／9·24 政／1738·2·12 政／1744·5·15 政／1751·4·24 政／1753·11·21 政／1754·6·3 政／1755·6·28 政／11·29 政／1756·5·27 社／1757·11·6 政／1758·2·28 政／11·21 政／1759·11·25 政／1760·5·11 政／1762·6·25 政／1784·9·11 政／1836·2·28 政／1840·10·26 政／❻ 1853·7·21 社／1864·5·29 政／❼ 1898·7·11 社／❾ 1988·1·1 社
養子の制(弘前藩)　❺-1 1668·6月 政／1676·12·21 政
養子の売買禁止　❷ 1245·2·16 政
用水·川除普請訴訟取扱方(幕府)　❺-2 1776·11·11 政
万定(秋田藩)　❺-1 1652·是年 政
律·令·格·式
飛鳥浄御原令·天武令　❶ 681·2·25 政／682·8·1 政／689·6·29 政
延喜格　❶ 901·8月 政／905·11月 政／907·11·15 政／908·12·27 政／909·10·23 政／927·12·26 政
延喜交替式　❶ 911·5·4 政
延喜式　❶ 905·8月 政／912·2月 政／913·8·29 政／924·11·15 政／925·8月 政／927·12·26 政／967·7·9 政／968·1·17 政
延暦格　❶ 797·6·9 政
延暦交替式　❶ 803·2·25 政
近江(朝廷)令　❶ 662·是年 政／667·是年 政／668·是年 政／671·1·6 政
改正格式　❶ 840·4·22 政
勘解由格式　❶ 830·11·17 政
蔵人式　❶ 890·是年 政
交替式　❶ 803·2·25 政／911·5·4 政
弘仁格　❶ 820·4·21 政
弘仁格式　❶ 830·10·7 文／11·17 政
刪定令格　❶ 791·3·6 政／797·6·9 政
左右京格式　❶ 830·11·17 政
左右兵庫格式　❶ 830·11·17 政
貞観格　❶ 869·4·13 政／9·7 政

貞観交替式(新定内外官交代替式) ❶ 868·⑫·20 政
貞観式 ❶ 871·8·25 文／10·22 政
神祇格式 ❶ 830·11·17 政
大宝律令 ❶ 700·3·15 文／6·17 政／701·3·21 政／4·7 政／6·1 社／6·8 政／8·3 政／702·2·1 政／7·10 政／10·14 政
弾正格式 ❶ 830·11·17 政
東宮格式 ❶ 830·11·17 政
内外交替式 ❶ 868·⑫·20 政／921·1·25 政
八省格式 ❶ 830·11·17 政
養老律令 ❶ 718·是年 政／722·2·27 政／757·5·20 政／12·9 政
六衛格式 ❶ 830·11·17 政
令義解 ❶ 833·2·15 政／834·12·5 政
令集解 ❶ 864·是年 政
良吏 ❶ 824·8·20 政
禄の支給法(品位) ❶ 711·10·23 政
領内法度(松本藩) ❺-2 1726·4月 政
領内諸法度(亀山藩) ❺-1 1669·5·25 社
留守中城法度(佐賀藩) ❺-1 1641·3·18 政
和解手続き ❻ 1884·6·24 政
和与(わよ) ❷ 1273·7·12 政／1278·12·8 社／❸ 1284·5·27 政／1290·2·12 社／11·9 政／1294·4月 社／1296·3月 社／1302·6·23 社／1308·4·25 政
和与物 ❷ 1205·11·20 政／1240·6·11 政

検閲 ❽ 1941·12·19 政／1945·9·10 文／1948·7·15 文／1949·10·24 文／1952·3·22 文

演劇に対する検閲 ❽ 1943·7·8 文
執筆禁止者名簿 ❽ 1941·2·26 文
新聞事前検閲 ❽ 1945·10·9 文
プレス·コード ❽ 1945·9·10 文
放送委細検閲 ❽ 1949·10·18 文

原子力·原爆問題
『原子力白書』 ❽ 1964·7·24 政／❾ 1975·9·5 政／1976·12·7 社／1988·12·2 政／1994·11·25 政
『放射能白書』 ❽ 1959·5·6 政
ウラン鉱·金属ウラン ❽ 1955·6·24 政／11·12 政／1956·6·1 文／1957·5·27 政／1958·5·15 政／1959·1·27 政／3·18 政／1961·4·28 政
エノラゲイ(米爆撃機) ❾ 1995·1·30 政
核原料物質·核燃料物質および原子炉の規制 ❽ 1956·5·4 政／1957·6·10 政
核燃料加工会社 JCO ❾ 1999·9·30 政／2000·2·3 政／4·27 政
核燃料リサイクル開発機構 ❾ 1998·10·1 政
核物質売却協定 ❽ 1962·11·29 政
原子燃料公社 ❽ 1956·5·4 政／10·20 政
原子の火 ❽ 1957·8·27 政／1962·10·12 政
原子爆弾 ❽ 1942·1月 文／7·8 文／1945·6·1 政／7·17 政／1945／7／25 政／8·6 政／8·9 政／1950·11·30 政
原子爆弾対策 ❽ 1945·8·11 社
原子爆弾と原子病 ❽ 1945·9·11 文
原子爆弾被害調査 ❽ 1945·8·10 文／1947·3月 文／1951·8·1 政／❾ 1967·2·4 政
原子爆弾被爆者特別措置法 ❾ 1968·5·20 政
原子力中心のエネルギー供給源 ❾ 1976·2·19 政
原子力企画本部 ❾ 1988·4·20 政
原子力基本法 ❽ 1955·12·19 政／❾ 1978·6·7 政
原子力災害対策特別措置法 ❾ 1999·12·13 政／12·17 政
原子力三法 ❽ 1956·5·4 政
原子力事故国際評価尺度 ❾ 2011·4·12 政
原子力船むつ ❾ 1968·11·27 政／1969·6·12 政／1974·8·21 政／10·15 政／1975·6·18 政／1977·4·30 政／1978·5·12 政／10·16 政／1979·7·9 政／1981·5·24 政／6·1 政／1982·8·31 政／1988·1·27 政／1990·7·10 政／1992·2·14 政／1995·4·25 政／5·10 政
原子力船母港むつ市 ❾ 1967·9·5 政
原子力の日 ❽ 1964·10·26 政
原子力発電 ❽ 1963·10·26 政
原子力発電所設置に関する住民投票条例 ❾ 1982·7·19 政
原子力発電電力量 ❾ 1978·7月 政
原子炉等規制法 ❾ 1999·12·13 政
原水爆禁止世界大会 ❽ 1961·8·9 政／1962·8·6 社／1963·8·5 政／1964·7·30 政
原水爆禁止運動 ❽ 1954·5·9 社／9·22 政／1955·8·6 政／9·19 社／1956·2·9 政／8·6 政／1957·3·15 政／4·12 政／8·6 政／1958·4·18 政／7·20 政／8·6 社／1959·3·1 政／7·1 政／8·5 政
原爆犠牲者援助促進会 ❽ 1951·12·13 政
原爆記録フィルム ❾ 1982·1·21 文
原爆攻撃に良心の呵責なし ❽ 1958·2·2 政
原爆死歿者数 ❾ 1990·5·15 政
原爆傷害者更生会 ❽ 1951·8·27 政
原爆展 ❽ 1951·7·10 政／1952·8·6 政／❾ 1970·5·12 政／1978·5·23 政／1983·7·19 政／1995·1·30 政
原爆投下後の爆心地写真 ❽ 1946·7·5 政
原爆投下は賢明な処置 ❽ 1947·8·14 政
原爆投下命令 ❾ 2010·7·25 政
原爆ドーム(世界遺産) ❾ 1966·7·11 政／1967·7·17 政／8·8 政／1989·10·31 社／1996·12·5 社
原爆の子像 ❽ 1958·5·5 政
原爆被災乙女 ❽ 1952·9·12 政／1955·5·5 政／5月 政／1956·6·17 政／8·8 社
原爆被爆者の医療法 ❽ 1957·3·31 文
高レベル放射能廃棄物積載輸送船 ❾ 1998·3·10 政
国外在住被爆者 ❾ 2002·12·5 政
在北朝鮮被爆者 ❾ 2001·3·17 政
サイクロトロン ❽ 1957·9·30 政
使用済み核燃料再処理工場 ❾ 1975·4·24 政／1983·2·19 政／1984·7·18 政／2004·12·21 政
シンクロトロン ❽ 1954·9·24 政／1961·12·16 政
水爆製造 ❽ 1950·1·30 政
第五福龍丸 ❽ 1954·3·1 政／9·24 政／1955·1·4 政／1956·8·13 政／1964·2·17 政／❾ 1963·3·12 政／1975·9·12 政／1976·6·10 政
低レベル放射性廃棄物海洋投棄計画 ❾ 1979·11·19 政／1980·7·10 政／1992·8·24 政／12·8 政
東海村再処理工場 ❾ 1977·4·4 政／6·2 政／1981·1·17 政
日米英原子力動力協定 ❽ 1958·6·16 政
日米原子力協定(ウラン貸与協定) ❽ 1955·6·21 政／1956·11·23 政
日米原子力産業 ❽ 1961·12·5 政
日米特殊核物質(濃縮ウラン)賃貸協定 ❽ 1961·5·19 政／1964·10·30 政
人形峠試験製錬所 ❽ 1964·7·25 政
濃縮ウラン ❾ 1969·3·31 政／1976·6·2 政／1978·5·13 政／1979·9·12 社／1988·4·25 政／8·10 政／1992·3·27 政／1994·2·8 政／2003·11·11 政／2006·3·31 政／2009·7·16 政
発電用原子炉容器輸出 ❾ 1984·5·6 政
非核三原則 ❾ 1967·12·11 政／1968·2·24 文／1971·11·24 政／1979·4·10 政／1981·6·5 政
非核専守防衛国家 ❾ 1971·3·16 政
非核·平和都市宣言 ❾ 1983·9·30 政
被災資料 ❾ 1973·5·10 政
一坪反戦地主会 ❾ 1985·6·15 政
被爆者援護法 ❾ 1994·10·26 政／12·9 政／2001·12·26 政
被爆者手帳 ❽ 1957·3·31 政
被爆者と広島·長崎 ❾
非武装中立 ❾ 1994·7·20 政
広島·長崎原爆記念式典(原爆死歿者慰霊式) ❾ 1965·8·6 政／1970·8·6 政／1971·8·6 政／1973·8·6 政／1974·8·6 政／1975·8·6 政／1976·8·6 政／1977·8·6 政／1981·8·6 政／1983·8·6 政／1985·8·6 政／1988·8·6 政／1989·8·6 政／1991·8·6 政／1992·8·6 政／1993·8·6 政／1994·8·4 政／1995·8·6 政／1997·8·6 政／1998·8·6 政／1999·8·6 政／2002·8·1 政／2003·8·6 政／2004·8·6 政／2005·8·6 政／8·9 政／2006·8·6 政／8·9 政／2007·8·6 政／2008·8·6 政／2009·8·6 政／2010·8·6 政／8·9 政／2011·8·6 政／2012·8·6 政／8·9 政
ヒロシマの惨状 ❽ 1945·9·3 政
広島平和記念資料館 ❽ 1955·8·24 政

プルサーマル計画(発電)　❾ **1991**·8·2 政／**1997**·2·14 政／**1999**·6·17 政／**2000**·1·7 政／**2006**·2·7 政／**2010**·9·23 政
プルトニウム　❾ **1968**·5·16 文／10·2 文／**1977**·11·7 政／**1978**·12·25 政／**1980**·11·14 政／**1988**·10·18 政／**1992**·5·26 政／11·7 政／**1993**·1·5 政／4·6 政／**1994**·6·24 政
平和祈念展示資料館(東京·新宿)　❾ **2000**·11·30 政
ベトナム原子力発電所建設計画　❾ **2010**·10·31 政
放射性廃棄物(六ヶ所村)　❾ **1985**·4·18 政／**1990**·11·15 政／**1991**·3·15 社／**1996**·9·12 政
放射性廃棄物処理の基本方針　❾ **1976**·10·8 政
放射性廃棄物放棄　❾ **1993**·4·2 政／10·17 政
放射能(大気中)　❽ **1956**·9·26 社
放射能雨　❽ **1954**·6·26 文／**1958**·3·18 社
放射能対策本部　❽ **1961**·10·31 政
放射能対策要綱　❽ **1961**·11·21 政

原子力研究·調査

核兵器禁止平和建設国民会議　❽ **1961**·11·15 政
核融合懇談会　❽ **1958**·10·13 文
原子核研究所　❽ **1955**·7·1 文／11·30 政／**1956**·4·6 政／5·4 政／6·15 政／**1959**·4·3 文／**1961**·11·21 政／**1963**·4·1 文／8·22 政
原子核研究将来計画シンポジウム　❽ **1961**·2·11 文
原子核特別委員会　❽ **1952**·6·27 社／**1954**·3·18 文
原子爆弾災害調査研究特別委員会　❽ **1945**·9·14 文
原子力委員会　❽ **1955**·12·19 政／**1956**·1·1 政／**1964**·8·26 政
原子力(規制)委員会　❾ **2012**·9·19 政
原子力(安全)委員会　❾ **1978**·10·4 政／**1991**·8·2 政
原子力海外調査団　❽ **1954**·12·24 政
原子力開発長期計画シンポジウム　❽ **1960**·1·18 文
原子力研究　❽ **1947**·1·30 文
原子力研究総合発表会　❽ **1960**·2·11 文
原子力公開資料センター　❾ **1997**·1·14 政
原子力国際管理決議案　❽ **1954**·4·1 政
原子力調査団訪英　❽ **1957**·1·17 政
原子力平和利用のためのアジア·太平洋諸国会議　❽ **1963**·3·11 政
原子力利用審議会　❽ **1954**·5·11 政
原水爆禁止世界大会　❾ **1965**·2·1 政／7·27 政／**1967**·8·7 政／**1968**·8·14 政／**1973**·8·5 政／**1975**·8·3 政／**1977**·8·3 政／**1979**·7·31 政／**1980**·8·2 政／**1982**·8·1 政／8·5 政／**1983**·8·1 政／**1984**·8·1 政／**1985**·8·2 政／**1988**·8·1 政／**1989**·7·31 政／**2011**·8·4 政
工業技術院原子力課　❽ **1955**·4·11 政
住友原子力研究所　❽ **1957**·11·12 政
東京都原子力平和利用対策協議会　❽ **1956**·12·17 政
東大ヘリオトロン核融合研究センター　❾ **1980**·6·14 文
動力炉·核燃料開発事業団　❾ **1967**·7·20 政／**1990**·3·14 政
日本原子力研究開発機構　❾ **2005**·10·1 政
日本原子力研究所　❾ **1980**·6·2 文／**1989**·5·30 政
日本原子力研究所第二号実験炉　❽ **1960**·10·1 政
日本原子力産業会議　❽ **1956**·3·1 政
日本原子力船開発事業団　❽ **1963**·8·17 政
日本原水爆被害者団体協議会　❽ **1956**·8·10 政
日本原燃サービス会社　❾ **1980**·3·1 政
被爆者国際シンポジウム　❾ **1977**·7·22 政
米原爆傷害調査委員会(ABCC)　❽ **1948**·1月 文／ 1951·12·9 政
放射線影響シンポジウム　❽ **1958**·12·5 文

原子力発電所　❾ **1969**·4·4 政／**1973**·12·11 政／**2012**·1·6 政

芦浜原子力発電所　❾ **2000**·2·22 政
伊方原子力発電所(四国電力)　❾ **1973**·8·27 政／**1977**·1·29 政／**1984**·12·14 社／**1988**·2·12 政／**1992**·10·29 政
大飯原子発電所(関西電力)　❾ **1979**·3·27 政／7·14 政／**2012**·5·30 政／**2012**·7·1 政
大間原子力発電所　❾ **1995**·7·11 政
女川原子力発電所　❾ **1084**·6·1 政
柏崎刈羽原子力発電所　❾ **2002**·8·23 政／**2003**·7·22 政／**2007**·7·18 政
玄海原子力発電所(九州電力)　❾ **1975**·6·10 政／10·15 政／**2006**·2·7 政／**2009**·11·5 政／**2011**·7·4 政
志賀原子量発電所(北陸電力)　❾ **1993**·7·30 政／**1994**·8·25 政／**2006**·3·24 政／**2007**·3·15 社
島根原子力発電所(中国電力)　❾ **1974**·3·29 政
珠洲原子力発電所(石川)　❾ **2003**·12·5 政
川内原子力発電所(九州電力)　❾ **1984**·7·4 政
高浜原子力発電所(関西電力)　❾ **1974**·11·14 政／**1979**·11·3 政／**1999**·6·17 政
敦賀原子力発電所(関西電力)　❾ **1967**·5·2 政／**1969**·10·3 政／**1981**·4·18 政／5·11 政／**1987**·2·17 政／**1991**·4·25 政／**1994**·8·16 政／**1999**·7·12 政
東海原子力発電所　❾ **1965**·11·10 政／**1966**·7·25 政／**1967**·10·5 政／**1999**·9·30 政／**2005**·12·8 政
東海事業所核燃料再処理工場　❾ **1997**·3·11 政
泊原子力発電所(北海道電力)　❾ **1988**·7·21 政／**1989**·6·22 政／**2012**·5·5 政
浜岡原子力発電所(中部電力)　❾ **1976**·3·17 政／**2001**·11·7 政／**2011**·5·6 政
福島原子力発電所(東京電力)　❾ **1966**·12·8 政／**1971**·3·26 政／**1973**·9·18 政／**1989**·2·2 政／**1990**·11·5 政／**1992**·10·29 政／**2003**·4·15 政／**2010**·9·23 政／**2011**·3·11 社／12·16 政／**2012**·7·5 政／7·23 政
巻原子力発電所(新潟)　❾ **2003**·12·19 政
美浜原子力発電所(福井、関西電力)　❾ **1970**·8·8 政／11·28 政／**1974**·7·17 政／**1976**·12·1 政／**1991**·11·25 政／**2004**·8·9 政／**2006**·5·26 政
国際原子力発電所　❽ **1962**·3·28 政

原子力発電炉

核融合実験装置 JFT2(トカマク型)(日本原子力研究所)　❾ **1972**·3·10 文／**1985**·4·4 文
核融合実験装置 JT60(日本原子力研究所)　❾ **1987**·10·30 政／**1992**·9·10 政
関西研究用原子炉　❽ **1964**·6·25 社
原子炉　❽ **1963**·8·22 政
原子炉「高温工学試験研究炉」(日本原子力研究所)　❾ **1998**·11·10 政
原子炉「ふげん」(福井敦賀)　❾ **1978**·3·20 政／**1997**·4·14 政
原子炉建造補助費　❽ **1954**·3·2 社
原子炉実験所　❽ **1963**·3·31 文
原子炉実験装置点火　❽ **1961**·1·25 政
高速増殖原型炉「もんじゅ」(福井敦賀)　❾ **1991**·4·25 政／5·18 政／**1992**·9·22 政／**1994**·4·5 政／**1995**·8·29 政／**1996**·1·8 政／**2000**·1·27 政／3·22 政／**2010**·5·6 政
高速増殖実験炉「常陽」(茨城県大洗町)　❾ **1977**·4·24 政／**2001**·10·31 政
コールダーホール型発電原子炉　❽ **1957**·10·29 政／**1959**·12·14 政
小型実験用原子炉(湯沸し型)　❽ **1955**·9·9 政
国産第一号原子炉　❽ **1959**·1·14 政
新型転換炉(ATR)(コスト高で建設計画中止)　❾ **1995**·8·25 政

検地·検田·検注·田文

稲作検見法　❺-2 **1744**·是年 社
畝合検地　❺-2 **1719**·7·10 政
大田文(阿波)　❹ **1573**·2·18 政
大田文(但馬)　❸ **1285**·12月 政
大田文(常陸)　❸ **1306**·8·10 政／**1361**·5·3 文
大田文提出令　❸ **1372**·7·11 政
田文　❸ **1285**·2·20 政
田文·大田文　❷ **1066**·是年 政／**1189**·9·14 政／**1197**·6月 政／**1199**·11·30 政／**1200**·12·28 政／**1210**·3·14 政／**1211**·12·27 政／**1221**·9·6 政／**1223**·3月 政／4·30 政／**1265**·11月 政／**1272**·10·9 政／11·20 政／**1279**·是年 政
検見竿(船手竿)　❺-1 **1652**·是年 政／**1672**·8·28 政
検使心得　❺-2 **1781**·5·13 政
検使接待禁止　❺-2 **1832**·8·19 政
検視役(甲斐)　❺-2 **1734**·9·8 政

検地・指出・人口 ❹ **1543**・是年 政／**1552**・是年 政／**1553**・3・20 政／**1557**・是年 社／**1568**・10月 政／**1570**・3・6 政／**1580**・9・26 政／**1581**・4・20 政／**1584**・8・17 政／11・6 政／**1585**・5・13 政／**1586**・3・21 政／6・20 政／**1587**・8・1 社／**1588**・8・7 政／**1597**・3・1 政／**1600**・10・20 政／❺-2 **1724**・9月 政
検地(会津) ❹ **1589**・7・14 政／❺-1 **1665**・是年 政
検地(安房) ❹ **1597**・10・24 政
検地(淡路) ❺-1 **1627**・1・26 政
検地(阿波徳島) ❺-1 **1625**・是年 政
検地(生駒氏領内) ❺-1 **1677**・是年 政
検地(和泉) ❺-1 **1677**・是年 政
検地(出雲) ❺-1 **1601**・4・26 政
検地(伊予) ❹ **1587**・是秋 政
検地(伊予宇和島) ❺-1 **1647**・是年 政／**1671**・是年 政
検地(越後) ❹ **1487**・4・10 政／**1595**・8月 政／❺-1 **1610**・8・26 政／**1657**・8月 政
検地(越前) ❹ **1577**・是年 政／**1598**・7・16 社
検地(延宝) ❺-1 **1678**・是年 政
検地(近江) ❹ **1584**・9・2 政
検地(近江今堀) ❹ **1583**・11・13 政
検地(隠岐) ❹ **1599**・是年 政
検地(尾張) ❺-1 **1608**・7・20 政
検地(甲斐) ❹ **1589**・是年 政／**1596**・是年 政／❺-1 **1601**・是年 政／**1703**・貞享・元禄年間 政／❺-2 **1735**・享保年間 政
検地(甲斐恵林寺) ❹ **1563**・11月 政
検地(加賀・越前) ❹ **1598**・1・25 政
検地(加賀・能登) ❺-1 **1616**・是秋 政
検地(河内) ❹ **1589**・是年 政
検地(関東諸国) ❺-1 **1601**・3月 政／**1638**・9・15 政
検地(上野) ❺-1 **1650**・7月 政
検地(上野高崎) ❺-1 **1635**・4月 政
検地(上野館林) ❺-1 **1646**・9月 政／11月 政
検地(上野沼田) ❺-1 **1686**・3月 政
検地(佐賀) ❺-1 **1611**・1月 政
検地(相模) ❹ **1542**・是年 政
検地(相模足柄) ❺-1 **1640**・3月 政
検地(相模小田原) ❺-1 **1660**・3・1 政
検地(薩摩) ❺-2 **1722**・9・4 政／**1727**・是年 政
検地(薩摩・大隅・日向) ❺-1 **1611**・10・23 政／**1652**・是年 政
検地(佐渡) ❺-1 **1693**・3・19 政
検地(信濃) ❹ **1595**・8月 政／❺-1 **1690**・2・9 政
検地(信濃松本) ❺-1 **1649**・是年 政
検地(下総沼田) ❺-2 **1742**・12・28 政
検地(周防徳山) ❺-1 **1665**・是年 政
検地(摂津・河内) ❺-1 **1612**・是年 政
検地(仙台) ❺-1 **1640**・7・1 政／❺-2 **1725**・1・11 政
検地(相馬) ❺-1 **1655**・是年 政
検地(丹波篠山) ❺-1 **1639**・是年 政／**1653**・是年 政／**1675**・是年 政
検地(筑後柳川) ❺-1 **1687**・3月 政
検地(筑前大野島) ❺-1 **1678**・11・1 政
検地(長州・萩) ❺-2 **1761**・是年 政／**1763**・5・14 政
検地(津軽) ❺-1 **1671**・8月 政／**1684**・3月 政
検地(出羽) ❷ **1189**・10・24 政／❺-1 **1613**・4月 政／**1623**・元和年間 政／**1638**・6・28 政／**1646**・5・22 政／**1652**・是年 政／**1672**・4・13 政
検地(遠江) ❹ **1524**・是年 政
検地(遠江浜松) ❺-1 **1653**・是年 政／**1689**・是年 社
検地(土佐) ❹ **1587**・9月 政／**1588**・是年 政
検地(長門萩) ❺-1 **1625**・8・13 政／**1685**・2・20 政／**1686**・2・20 政
検地(名古屋) ❺-1 **1607**・10月 政
検地(幕領) ❺-1 **1649**・2月 政／**1677**・3月 政／**1679**・6・15 政／是年 政
検地(播磨) ❹ **1580**・4月 政
検地(播磨三木) ❺-1 **1678**・12・25 政
検地(肥後) ❹ **1587**・是年 政／**1588**・1・19 政／5・26 政／❺-1 **1633**・9・9 社／❺-2 **1757**・6月 政
検地(備前岡山) ❺-1 **1699**・12月 政
検地(備前福山) ❺-1 **1699**・1・23 政
検地(飛驒) ❺-1 **1694**・4月 政／7月 政
検地(常陸) ❺-1 **1602**・8月 政／**1630**・是年 政
検地(常陸・下野) ❹ **1596**・是年 政
検地(常陸土浦) ❺-1 **1634**・是年 政
検地(備中松山) ❺-1 **1695**・6・7 政
検地(備後) ❺-1 **1601**・是年 政
検地(福島潟百町歩) ❺-2 **1746**・9・19 政
検地(伯耆) ❺-2 **1726**・4・3 政
検地(三河) ❺-1 **1603**・是年 政
検地(三河刈谷) ❺-2 **1735**・4・25 政
検地(三河田原) ❺-1 **1630**・5月 政
検地(三河・遠江・駿河・信濃・甲斐) ❹ **1589**・是年 政
検地(水戸) ❺-1 **1641**・1・11 政／❺-2 **1840**・7・20 政／**1844**・10月 政
検地(美濃) ❺-1 **1609**・7月 社／**1610**・8・26 政／**1646**・9月 政
検地(武蔵) ❹ **1555**・是年 政
検地(武蔵・相模) ❺-1 **1612**・是年 政／**1614**・8月 政
検地(陸奥) ❺-1 **1657**・3月 政／**1666**・是年 政／**1696**・是年 政
検地(陸奥信夫・伊達) ❺-1 **1671**・3月 政
検地(陸奥白河) ❺-1 **1650**・是年 政
検地(陸奥弘前) ❺-1 **1665**・是年 政／**1671**・是年 政／**1682**・10月 政／**1684**・2月 政／**1686**・是年 政
検地(毛利) ❹ **1589**・5・3 政
検地(山城) ❹ **1582**・7・8 政／**1585**・11・21 政／❺-1 **1611**・7・13 政／7・23 政
検地(洛中) ❹ **1589**・11・22 政
検地(琉球) ❺-1 **1610**・3月 政／**1611**・8・9 政／12・15 政／❺-2 **1722**・12月 政／**1737**・是年 政／**1750**・是年 政
検地(琉球宮古島) ❺-1 **1611**・1・17 政
検地(若狭) ❹ **1583**・是年 政
検地起請文 ❺-1 **1713**・7・18 政
検地條目 ❹ **1491**・9・13 政
検地條目(新田) ❺-2 **1726**・8・29 政
検地條目(美濃) ❹ **1589**・是年 政
検地條目(陸奥二本松藩) ❺-2 **1718**
2月 政
検地帳の書き方 ❹ **1580**・9・26 政
検地法(八戸藩) ❺-2 **1724**・4月 政
検注 ❸ **1443**・5・2 政／❹ **1491**・11・18 社
検注(名寄) ❷ **1259**・9月 政
検注(大和) ❷ **1158**・11・17 社
検注と田文 ❷ **1201**・12・28 政
検注名人 ❷ **1200**・12・3 社
検注目録 ❷ **1229**・11・25 政
検田(近江石山寺領) ❷ **1197**・11・26 文
検田(薩摩・下総・香取) ❸ **1291**・11月 政
検田勘料 ❷ **1241**・4・24 政／**1269**・12・12 政
国検 ❷ **1227**・9・25 政
国検(佐渡) ❸ **1286**・8・14 政
国検(武蔵) ❷ **1196**・是年 政
古検と新検 ❺-1 **1623**・元和年間 政
諸国石高改 ❺-2 **1792**・12月 政／**1831**・12・3 政／**1832**・4月 政／7月 政
田数帳 ❸ **1288**・8月 政
取帳 ❸ **1296**・12月 政／**1349**・3・6 政／**1384**・12・7 政
内検 ❷ **1227**・2月 政
免田 ❷ **1227**・2月 政／4・24 政
目録 ❷ **1261**・3・1 政／**1274**・7月 社
憲法・憲法改正
日本国憲法 ❽ **1945**・10・4 政／10・11 政／10・21 政／10・27 政／11・1 政／11・11 政／11・22 政／12・8 政／12・27 政／12・28 政／**1946**・1・4 政／1・21 政／2・1 政／2・3 政／2・14 政／3・6 政／4・17 政／5・13 政／6・8 政／6・20 政／6・25 政／8・2 政／10・7 政／10・17 政／11・3 政／10・29 政／**1952**・5・3 政／11・3 政／**1955**・1・7 政／5・3 政
憲法構成の骨子(共産党) ❽ **1945**・11・11 政
憲法施行二周年記念式典 ❽ **1949**・5
3 政
憲法草案(帝国憲法) ❻ **1876**・9・6 政／**1880**・12・27 政／**1888**・4・5 政／**1889**・1・13 政
憲法第九條第二項 ❽ **1946**・6・25 政／**1951**・1・8 政／**1952**・11月 社／**1961**・5・25 政
憲法調査委員会 ❾ **1997**・5・23 政／**1999**・3・1 政
憲法調査会 ❽ **1956**・2・11 政／6・1 政／**1957**・8・13 政／**1961**・6・25 政／7・7 政／12・13 政／**1962**・2・24 政／**1964**・7・3 政
憲法調査会(改進党) ❽ **1954**・4・7 政
憲法発布五十年記念祝賀会 ❽ **1938**
2・11 政
憲法発布式 ❻ **1889**・1月 社
憲法松本試案 ❽ **1945**・12・8 政／**1946**・2・1 政／2・8 政／2・13 政

憲法問題研究会　❽ **1958**·6·8 政／❾ **1976**·4·23 政
憲法問題担当大臣　❽ **1946**·6·19 政
憲法問題調査委員会　❽ **1945**·10·30 政／12·8 政／**1946**·6·28 政
憲法擁護国民大会　❽ **1954**·1·15 政／2·15 政
私擬憲法案(交詢社)　❻ **1881**·4·25 政
自主憲法期成議員同盟　❽ **1955**·7·11 政
自主憲法制定　❾ **1969**·5·3 政／**1975**·5·3 政／**1980**·8·27 政／**1994**·11·3 政／**2005**·1·20 政
自由党憲法調査会　❽ **1954**·3·12 政
人権指令　❽ **1945**·10·4 政
人民共和国憲法草案　❽ **1946**·6·28 政
新律提綱制定　❻ **1870**·10·9 政
枢密院議事堂　❻ **1891**·12·12 政
戦争放棄　❽ **1950**·1·23 社
大日本帝国憲法発布　❻ **1889**·2·11 政
　憲法草案　❻ **1876**·9·6 政／**1880**·12·27 政／**1888**·4·5 政／**1889**·1·13 政／1月 社
　私擬憲法法案(交詢社)　❻ **1881**·4·25 政
　日本国憲法草案(植木枝盛)　❻ **1881**·8月 政
　日本帝国憲法草案　❻ **1887**·4·30 政／5月 政
　日本国憲按　❻ **1876**·9·6 政
米軍憲法草案(GHQ 草案)　❽ **1946**·2·13 政／3·2 政
平和憲法を守る大会　❾ **1980**·11·27 政
公務員
官員の商業兼業禁止　❻ **1875**·4·23 社
官吏遺族扶助法　❻ **1890**·6·21 政
官吏演説禁止令解除　❻ **1889**·1·24 政
官吏恩給制度の始め　❻ **1884**·1·4 政／**1890**·6·21 政
官吏辞職後就職禁止　❻ **1887**·4·19 政
官吏新聞寄稿禁止　❻ **1875**·7·7 政
官吏懲戒例　❻ **1876**·4·14 政
官吏の口ひげ流行　❻ **1874**·8月 政
官吏の政談演説会禁止　❻ **1879**·5·1 政
官吏非職條例　❻ **1884**·1·4 政
官吏服務紀律　❻ **1887**·7·30 政
教育公務員特例法　❽ **1949**·1·12 文／**1954**·2·1 文
国家公務員　❾ **2005**·11·14 政
国家公務員給与　❾ **1974**·10·22 政／**1981**·8·7 政／11·13 政／**1991**·8·7 政／**2003**·9·16 社／**2012**·2·29 政
国家公務員人員整理　❽ **1953**·11·22 政
職員の職名に関する規則　❾ **1971**·4·1 政
国家公務員制度改革基本法　❾ **2008**·6·6 政
国家公務員総定員法　❾ **1967**·12·5 政／**1969**·4·10 政
国家公務員争議行為　❾ **1969**·4·2 政／**1973**·4·25 社
国家公務員分限処分　❾ **2006**·10·13 政
国家公務員法　❽ **1947**·10·21 政／**1948**·11·9 政／11·30 政／**1949**·1·16 政
国家公務員法(60 歳定年制)　❾ **1981**·6·11 政／11·13 政
国家公務員倫理法　❾ **1999**·8·9 政
国家公務員制度審議会　❾ **1973**·9·3 政
出庁·退庁時刻制　❻ **1873**·6·10 政
上級職公務員試験　❽ **1950**·1·15 政
戦時官吏服務令　❽ **1944**·1·4 政
地方公務員法　❽ **1950**·12·13 政
戸籍·戸口調査　❶ **540**·8月／**569**·1·1／**645**·8·5 政／9·10 政／**652**·4月 政／**670**·2月 政／**695**·是年 政／**701**·2·23 政／**702**·8·1 政／是年 政／**721**·是年 政／**726**·是年 政／**733**·7·12 政／**757**·4·4 政／**758**·是年 政／**785**·6·24 政／**902**·是年 政／❻ **1869**·3·8 政／**1970**·9月 政／**1872**·2·1 政／**1880**·1·1 政
外国籍　❾ **1997**·8·22 社
京畿貫付禁止　❶ **800**·11·26 政
甲寅戸籍　❶ **689**·⑧·10 政／**690**·9·1 政／**691**·3·22 政
庚午年籍　❶ **670**·2月 政／**689**·8·10 政／**690**·9·1 政／**703**·7·5 政／**711**·8·4 政／**727**·7·27 政／**806**·7·11 政／**811**·8·28 政／**820**·5·4 政／**837**·7·13 政／**839**·7·13 政
国際結婚　❾ **1983**·2·1 政
国籍條項　❾ **1996**·2·20 政／4·30 政／5·16 政
戸籍(周防国玖珂郷)　❶ **908**·是年 政
戸籍(秦人·漢人)　❶ **540**·8月
戸籍庫　❶ **832**·4·5 政
戸籍帳　❶ **828**·5·29 政
戸籍法·国籍法　❼ **1898**·6·21 政／**1899**·3·16 政／**1924**·7·22 政／❽ **1947**·2·8 文／12·22 政／❾ **1976**·6·15 政／12·1 政／**1984**·5·18 政／**2004**·11·1 政
戸長役場　❻ **1879**·2·21 政
五比籍　❶ **806**·7·11 政／**811**·8·28 政
三比籍　❶ **863**·8·23 政
住民基本台帳(住基ネット)　❾ **1967**·7·25 社／**1986**·6·1 社／**1995**·3月 政／**1999**·8·12 政／**2002**·8·5 政／12·28 文／**2003**·8·15 政／**2005**·5·30 政／**2006**·6·9 政／11·30 政／**2008**·3·6 政
主帳　❶ **646**·1·1 社
出勤日数·上日(出勤日)の制　❶ **730**·6·1 政／**790**·12·10 政／**792**·10·27 政
請印の例　❶ **941**·5·8 政
鍾匱(しょうき)の制　❶ **645**·8·5 政／**646**·2·15 社
昇殿　❶ **920**·5·5 政／**961**·1·28 政
諸司公粮申請文書　❶ **745**·是年 政
除名(じょみょう)処分の制　❶ **706**·2·16 政／**727**·12·20 政
人材登庸の詔　❶ **673**·5·1 政
壬申戸籍　❻ **1871**·4·4 政／❾ **1968**·1·5 政／3·4 政
辛未年籍　❶ **671**·是年 政／**820**·5·4 政
日本国籍　❾ **1995**·1·27 政／**2005**·4·13 社／**2008**·6·4 政／12·5 政
非嫡出子　❾ **1993**·6·23 社／**1994**·11·30 社／12·15 社／**1995**·7·6 社／**2004**·3·2 社／**2007**·5·7 社／**2011**·8·24 社／12·21 社
夫婦別姓　❾ **1986**·1·20 社／**1988**·10·15 社／**1994**·7·12 政／**1996**·2·26 社
父系優先主義　❾ **1981**·3·30 社
無戸籍　❾ **2008**·7·1 政
名籍(田部)　❶ **574**·10·9
御前会議·大本営·最高戦争指導会議
御前会議　❽ **1938**·1·11 政／11·30 政／**1940**·11·13 政／**1941**·7·2 政／9·6 政／11·5 政／12·1 政／**1942**·12·21 政／**1943**·9·30 政／**1945**·6·9 政／8·9 政／8·14 政
最高戦争指導会議　❽ **1944**·8·19 政／9·5 政／**1945**·5·11 政／6·6 政／6·18 政／6·22 政／7·10 政／8·9 政／8·14 政／8·22 政
大本営　❽ **1937**·11·18 政／**1938**·1·11 政／**1940**·7·27 政／**1945**·9·13 政
大本営政府連絡会議　❽ **1940**·7·27 政／**1941**·11·10 政／12·24 政／**1943**·5·31 政
大本営報道部　❽ **1937**·11·20 文／**1945**·5·9 文
裁判·法制　❺-2 **1718**·3·25 政／**1721**·4·13 政／5·28 政／**1737**·5·8 政／**1801**·7月 政
『司法白書』　❾ **1974**·3·31 文
『全国民事慣例類集』　❻ **1880**·7月 社
斡旋利得処罰法　❾ **2000**·11·22 政／**2002**·7·19 政
遺産相続妻の法定相続分　❾ **1980**·5·9 社
遺失物法　❾ **2007**·12·10 社
大阪市公文書公開條例　❾ **2003**·11·11 社
外国人女性弁護士　❽ **1949**·6·27 政
会社法　❾ **2005**·6·29 政／**2006**·5·1 政／**2007**·5·1 政／**2012**·3·11 社
外人裁判権　❽ **1950**·10·18 政
改正土地収用法　❼ **1900**·3·7 政
海賊対処法案　❾ **2009**·6·19 政
過激社会運動取締法案反対新聞同盟　❼ **1922**·3·3 政
貸金業(規制)法　❾ **1999**·12·15 政／**2003**·7·25 政／**2006**·12·13 政／**2007**·12·19 政
家事審判法　❽ **1947**·12·6 社
過疎地域対策緊急措置法　❾ **1970**·4·24 政／**1980**·3·31 社
家庭裁判所　❽ **1948**·12·7 社
家電リサイクル法　❾ **1998**·6·5 社
貨物検査特別措置法　❾ **2010**·5·28 政
樺太裁判所　❼ **1907**·3·28 政
監獄法　❾ **1966**·11·1 社
官製談合防止法　❾ **2006**·12·8 政
姦通罪　❽ **1947**·10·26 政

議員証言法 ❾ 1988·11·26 政
行政執行法 ❼ 1900·6·2 政
供託法 ❼ 1899·2·8 政
共通法(内外地間の法令調整法) ❼ 1918·4·17 政
漁業水域設定法 ❾ 1965·12·17 政
緊急勅令 ❽ 1945·9·20 政
金融商品取引法 ❾ 2007·9·30 政
勤労婦人福祉法 ❾ 1985·6·1 政
警察法 ❾ 2000·11·29 政
刑事施設受刑者処遇法 ❾ 2005·5·17 社
刑事訴訟法 ❽ 1948·7·10 政／1958·4·30 政／❾ 1999·8·9 政／2007·6·20 社
刑法 ❼ 1907·4·24 政／❽ 1947·10·26 政／1954·4·1 政／7·1 政／1958·4·30 政／1959·5·18 政／1960·5·16 政／1964·6·30 政／❾ 1968·7·20 政／1973·6·22 政／1974·5·29 政／1994·6·20 文／2003·7·11 政／2005·6·16 政／2007·5·17 政
検察審査会 ❽ 1948·7·12 政
検察庁法 ❽ 1947·4·16 政／5·3 政
建築基準法 ❾ 2006·6·14 社／2007·6·20 社
公安維持に関する條例 ❽ 1948·7·7 政
公安條例 ❽ 1950·7·3 政
公益事業令 ❽ 1950·11·24 政
公益通報者保護法 ❾ 2004·3·9 政／6·18 社／2006·4·1 政
公証人法 ❼ 1908·4·14 社
更生保護法 ❾ 2007·6·8 社
公認会計士法 ❾ 2007·6·20 政
公務員制度開設関連法 ❾ 2007·6·30 政
国際緊急援助隊派遣法 ❾ 1987·9·16 政
国際刑事裁判所協力法 ❾ 2007·4·27 政
国際捜査共助法 ❾ 1980·10·1 政
国葬令 ❼ 1926·10·21 政
国有財産法 ❼ 1921·4·8 政／❽ 1948·6·30 政
個人情報保護法 ❾ 1984·7·4 社／10·1 政／1988·12·15 政／2003·5·23 政／2004·2·16 政／2005·4·1 社
国家総動員法 ❽ 1938·3·3 政／4·1 政／5·4 政／1941·3·3 政／1945·12·20 政
国家賠償法 ❽ 1947·10·26 政
国境取締法 ❽ 1939·4·1 政
子供手当法·高校無償化法 ❾ 2010·4·1 社
雇用対策法 ❾ 2007·6·1 社
最高裁長官 ❾ 1973·5·9 政／1976·5·25 政／1977·8·26 政／1985·11·4 政／1990·2·20 政／2008·11·25 政
最高裁判所 ❽ 1947·4·16 政／8·4 政／1949·1·23 政／11·11 政
再審請求 ❻ 1877·7·6 政
財政構造改革法 ❾ 1997·11·28 政
財政投融資制度改革関連法案 ❾ 2000·5·24 政
財政法 ❽ 1947·3·31 政
最低賃金法 ❾ 2007·11·28 政
裁判員制度 ❾ 2001·6·12 政／2004·1·29 政／2009·5·21 政
裁判所法 ❽ 1947·4·16 政
裁判迅速化法 ❾ 2003·7·9 政
サリン防止法 ❾ 1995·4·19 社
産業活力再生特別措置法 ❾ 1999·8·6 政
産金法 ❽ 1937·8·11 政
公文書管理法 ❾ 2009·6·24 文
実用新案法 ❾ 1970·5·22 政
司法研修所 ❽ 1947·12·1 政
司法試験 ❾ 2006·5·19 文
司法保護制度 ❽ 1939·9·13 社
下地中分 ❸ 1299·12·14 社／1323·2·5 社／1393·9·8 社
社会保障·税一体改革関連法 ❾ 2003·7·25 政／2012·6·26 政／8·10 政
自由人権協会 ❽ 1947·11·23 政
自由法曹団 ❽ 1945·10·8 社
住民登録法 ❽ 1951·6·8 社／1952·7·1 社
出資法 ❾ 1999·12·15 政／2007·1·20 政
出入国管理·難民認定法 ❾ 1981·6·12 政／1989·4·28 政／12·15 政／2005·5·16 政／2006·3·13 政／2007·11·20 政
省エネルギー法 ❾ 1979·10·1 政
少子化社会対策基本法 ❾ 2003·7·23 社
少年法 ❼ 1922·4·20 社／❾ 2000·11·28 社／2007·5·25 社
商法 ❼ 1896·12·29 政／❽ 1951·6·8 政／❾ 1966·6·14 政／1974·4·2 政／1981·6·9 政／1982·10·1 政／1990·6·29 政／1991·4·1 社／1993·10·1 政／1997·5·16 政／11·28 政／2000·5·24 政
情報公開 ❾ 1980·11·27 政／1982·3·11 政／1984·10·1 政／1985·1·4 政／4·1 政
情報公開條例(公文書條例) ❾ 1982·10·7 社／1984·10·1 政／1998·6·16 政／6·19 政／1999·2·12 政／2001·4·1 政
食糧管理法 ❾ 1994·8·12 政
庶政委任 ❻ 1863·2·19 政
庶政改革布達 ❻ 1862·6·1 政
女性検事 ❽ 1949·11·2 政
女性裁判官 ❾ 1972·6·15 社
女性弁護士逮捕 ❻ 1883·10·12 政
諸願規則 ❻ 1882·12·12 政
人権擁護施策推進法 ❾ 1996·12·26 社
新事業創出促進法 ❾ 1999·12·14 政
信託法 ❾ 2006·12·8 政
新テロ対策措置法 ❾ 2007·10·17 政／2008·1·11 政
新土地収用法 ❽ 1951·6·9 政
新律提綱制定 ❻ 1870·10·9 政
請願法 ❽ 1947·3·13 政
生産緑地法 ❾ 1974·8·31 社
政治改革関連三法案 ❾ 1991·7·10 政
政治資金規正法 ❽ 1948·7·29 政／❾ 1999·12·15 政／2007·6·29 政／12·21 政
政治的暴力行為防止法(政防法) ❽ 1961·5·13 政
戦時刑事特別法 ❽ 1942·2·24 社／1943·3·13 政
戦傷病者戦歿者遺族等援護法 ❽ 1952·4·30 政
船舶油濁損害賠償保障法(油賠法) ❾ 2005·3·1 政
総合法律支援法 ❾ 2008·4·16 社
総動員業務事業設備令 ❽ 1939·7·1 政／7·26 政
訴願法 ❻ 1890·10·10 政
組織犯罪処罰法 ❾ 2005·10·4 政／2006·6·13 社
訴訟手続法典(沖縄) ❽ 1959·5·18 政
大都市地域特別区設置法 ❾ 2012·8·29 政
多極分散型国土形成促進法 ❾ 1988·6·14 政
男女雇用機会均等法 ❾ 1985·5·17 政／6·1 政
団体規制法 ❾ 1999·12·3 政
団体等規正令 ❽ 1949·4·4 政
治安維持対策要領 ❽ 1942·8·21 社
治安維持の為にする罰則に関する件(流言浮説取締令) ❼ 1923·9·7 政
治安維持法 ❼ 1925·1·5 政／2·19 政／3·7 政／4·22 政／1928·6·3 政／1929·3·5 政／❽ 1941·3·10 政／1942·是年 社／1945·10·13 政
治安警察法 ❼ 1896·1·17 政／1900·3·10 政／❽ 1945·11·21 政
地域改善対策特別措置法 ❾ 1982·3·31 政
地球温暖化対策推進法 ❾ 2005·6·1 社
千葉県公文書公開條例 ❾ 2003·11·11 社
中央省庁等改革基本法 ❾ 1998·6·9 政／1999·7·8 政
中小企業事業活動活性化法 ❾ 1999·12·14 政
中小企業者等金融円滑化臨時措置法 ❾ 2009·11·30 政
中小企業分野調整法 ❾ 1977·6·25 政
中心市街地活性化法 ❾ 1998·5·27 政
駐留軍用地返還特措法 ❾ 2012·3·3 政
通信傍受法 ❾ 1999·8·9 政／8·12 社
テロ資金供与処罰法 ❾ 2002·6·5 政
テロ対策特別措置法 ❾ 2001·10·1 政／2003·10·3 政／2005·10·4 政
東京裁判所 ❼ 1896·10·3 社
東京弁護士会 ❼ 1923·5·21 社
独占禁止法 ❾ 1977·6·3 政／1993·1·15 政／1997·6·18 政
特定調停法 ❾ 1999·12·13 政
特別減税関連法 ❾ 1998·5·29 政
都市再開発法 ❾ 1969·6·3 政
土地再評価法 ❾ 1998·3·31 政
特許法 ❾ 1970·5·22 政
日本弁護士連合会 ❽ 1949·9·1 政
日本弁護士連合会報酬基準 ❾ 1975·3·28 政
パート労働法 ❾ 2007·5·25 政

ハイジャック防止法　❾ 1977·11·8 政
陪審法　❼ 1923·4·18 政／1928·10·1 政／10·23 政／1929·4·5 政／❽ 1943·4·1 社
排日土地法　❽ 1952·4·17 政
破壊活動防止法　❽ 1952·3·27 政／7·4 政／7·21 政
「判決」の語のはじめ　❻ 1878·10·26 社
犯罪収益移転防止法　❾ 2008·3·1 社
被災者生活再建支援法　❾ 1998·5·15 社／2007·11·2 政
非常徴発令　❼ 1923·9·2 政
人質による強要行為処罰法　❾ 1978·5·16 社
秘密保護法　❽ 1954·6·9 政／7·1 政
不敬罪　❽ 1947·10·26 政
不正競争防止法　❾ 2002·2·11 政
不動産登記法　❼ 1899·2·24 政
武力攻撃事態法(有事三法案)　❾ 2003·5·15 政
弁護士法　❽ 1949·6·10 政
弁護人抜き裁判　❾ 1978·5·2 政
傍聴メモ制限訴訟　❾ 1987·2·12 社
法テラス(日本司法支援センター)　❾ 2006·10·2 社
本人確認法施行令　❾ 2007·1·4 政
民活法　❾ 1986·5·30 政
民事再生法　❾ 1999·12·14 政／2000·4·1 政／2003·7·9 政
民事執行法　❾ 1979·3·30 政
民事訴訟法　❻ 1890·3·21 政／❾ 1996·6·11 政
民事訴訟傍聴許可　❻ 1875·2·22 社／4·9 社
民法　❻ 1890·3·21 政／❼ 1896·4·27 政／12·29 政／❽ 1942·2·12 政／1947·12·22 政／1957·1·1 社／1962·3·29 政／❾ 1971·6·3 政／1976·6·15 政／1980·5·17 政／1981·1·1 社／1987·9·26 社／1999·12·1 社
民法·商法施行延期問題　❻ 1892·5·27 政／10·7 政／11·24 政
民法編纂局　❻ 1880·6·1 政／1886·3·31 政
民法編纂総裁　❻ 1880·4·30 政
領海外国船舶航行法　❾ 2008·6·5 政
領海法(案)　❾ 1976·2·2 政／1977·3·29 政／5·2 政／7·1 政／1992·2·25 政
旅券改正法　❾ 1992·4·17 政
臨時法制審議会　❼ 1919·7·9 政
労働安全衛生法　❾ 1972·6·8 社
労働基準法　❾ 1988·4·1 社／1993·6·2 社／1998·9·28 社／1999·4·1 社
労働契約法　❾ 2007·11·28 政

想

思想(係)検事　❼ 1928·7·24 政／1934·4·25 政
思想局(文部省)　❼ 1934·6·1 文
思想研究班(憲兵司令部)　❼ 1929·12·26 政
思想善導方策具体案　❼ 1933·8·10 文
思想犯前歴者ノ措置　❽ 1942·7·7 政
思想犯保護観察法　❼ 1936·5·29 政／❽ 1945·10·13 政
思想問題講習会　❼ 1928·8·1 文／1935·10·20 政

地頭·守護·代官·御家人

御家人　❷ 1180·6·24 政／1193·1·1 政／1205·7·29 政／1234·5·1 政／1235·1·26 政／1245·6月 政／1267·12·26 政
地頭　❷ 1186·3·1 政／❸ 1314·3·10 政
地頭(西国)　❷ 1253·4·25 政／10·13 政
地頭·遺跡の相続　❸ 1290·4·18 政
地頭一円地法　❷ 1247·11·1 政／11·11 政
地頭職(安芸千与末)　❷ 1222·4·19 社
地頭職(伊賀壬生野郷)　❷ 1184·5·24 社
地頭職(関西三十八か国)　❷ 1203·8·27 政
地頭職(関東二十八か国)　❷ 1203·8·27 政
地頭職(忽那島)　❷ 1208·④·27 政
地頭職(薩摩阿多郡)　❷ 1192·8·25 政
地頭職(下野国茂木郡)　❷ 1180·11·27 政
地頭職(但馬多々良岐荘)　❷ 1194·⑧·12 政
地頭職(肥前龍造寺)　❷ 1194·2·25 政
地頭代官禁止(山門僧徒)　❷ 1240·5·25 政
地頭の所務　❷ 1200·8·10 政／1248·12·12 政
地頭不法禁制の要求を斥ける　❷ 1188·2·2 政
守護(西国)　❷ 1208·④·26 政
守護·地頭制　❷ 1185·7·12 政／11·12 政／11·28 政／1186·7·16 政／1207·6·24 政／1222·5·18 政／1231·5·13 政／1250·2·5 政
守護職(畿内西国)　❷ 1221·7·26 政
守護職(諸国)　❷ 1263·12·10 政／1264·4·12 社
守護所大番　❷ 1195·8·25 政
守護人　❷ 1194·3·17 政
守護人(西国)　❷ 1245·2·16 政／5·9 政／1253·4·25 政
受領官符　❶ 995·8月 政
受領功過定　❶ 959·12·9 政
承久没収地　❷ 1243·⑦·6 社
叙爵成功推挙の法　❷ 1238·9·27 政
新恩地を給与　❷ 1192·6·3 政
新地頭　❷ 1253·10·11 政
新補地頭　❷ 1222·4·26 政／1223·1·23 政／6·15 政／7·6 政／1231·4·21 政／1232·4·7 政
新補守護　❷ 1223·1·23 政
辛酉革命　❷ 1021·1月 文／1081·2·10 政／1201·6·27 社
受領功過　❷ 1006·1·22 政
受領名官途推挙　❷ 1277·6·16 政
善政の状(善状)　❶ 715·5·14 政／❷ 1012·12·9 政／1017·8·5 政／1024·8·21 政／1028·8·23 政／1029·2·11 政
奏事目録　❷ 1257·5·8 政
大宰府雑使　❶ 800·1·16 政
大宰府の非法雑事二十か條　❷ 1009·9·8 政
分一徳政令　❹ 1457·12·5 社／1480·12·2 政／1481·7·10 政／1511·9·27 政／1520·2·12 政／1526·12·2 政
武器の夜間携帯禁止　❹ 1487·4·20 社
武家分一徳政令　❹ 1504·9·11 政

消費者問題

消費者安全法　❾ 2012·8·29 政
消費者行政推進策　❾ 1967·8·19 社
消費者契約法　❾ 2007·6·7 社
消費者生活アドバイザー資格認定　❾ 1980·11·30 社
消費者団体訴訟制度　❾ 2006·5·31 政／2007·6·7 社
消費者保護基本法　❾ 1968·5·30 社
日本消費者連盟　❾ 1974·5·18 社

人権

『地名総鑑』　❾ 1975·12·9 社
『部落解放』　❾ 1968·8·14 文
国際婦人デー　❼ 1923·3·8 社
少数同胞の融和促進·差別待遇一掃　❼ 1927·12·7 政
女子の選挙権　❻ 1885·4月 政
女性のためのアジア平和国民基金　❾ 1995·6·14 政／7·18 政／1996·4·7 政／1997·1·11 政／1998·7·15 政／2002·9月 政／2005·1·24 政／2007·3·31 政
人権擁護局·委員会　❽ 1948·2·15 政／1949·5·31 社
人種的差別撤廃期成大成大会　❼ 1919·2·5 政
人身保護法　❽ 1948·7·30 政／9·28 政
関東水平社　❼ 1923·3·23 社
水平社歴史館　❾ 1998·5·1 文
全国水平社　❽ 1938·6月 社
全国水平社大会　❼ 1922·3·3 政／1923·3·2 政／11·1 政／1924·3·3 社
全国同和教育研究協議会　❽ 1953·5·6 文
全国部落解放運動連合会　❾ 1976·3·15 社
全国融和事業協会　❼ 1935·6·25 政
全国融和デー　❼ 1928·11·3 社
大日本同胞差別撤廃大会　❼ 1922·2·21 社
大日本同胞融和会　❼ 1903·7·26 社
大日本平等会　❼ 1922·2·21 社
中央融和事業協会　❼ 1914·6·7 社／1925·9·25 社
同和対策　❾ 1968·3·30 政／1981·6·29 社／12·10 政／1989·7·8 政
同和対策事業特別措置法　❾ 1969·7·10 政／1978·10·20 政／11·13 政／1991·12·11 社
同和対策審議会　❽ 1960·8·13 政／❾ 1965·8·11 社
同和対策の現況　❾ 1973·12·25 政
被差別者の糾弾権　❾ 1975·6·3 社
被差別部落差別撤廃要求　❼ 1899·11月 社／1923·3·26 政／1933·6·3 政

婦女子を守る会　❽ **1952**·11·9 社
婦人参政権問題　❼ **1920**·7·18 政／**1923**·1·27 政／2·2 政／**1924**·11·25 政／12·13 政／**1925**·1·17 政／3·10 政／4·19 政／**1928**·2·12 政／**1929**·3·1 政／**1931**·2·28 政／❽ **1945**·11·27 政／12·17 政
婦人時局懇談会　❽ **1939**·2·18 社
婦選獲得同盟　❽ **1940**·9·21 政
部落問題研究全国集会　❽ **1963**·6·1 政
部落解放研究所　❾ **1968**·8·14 文
部落解放奨学生全国集会　❾ **1969**·11·2 文
部落解放全国大会　❽ **1946**·2·19 社／**1947**·12·15 社
部落解放中央国民大集会　❾ **1967**·10·19 政
部落解放同盟　❾ **1970**·6·6 社／**1994**·3·4 社
部落問題解決政策要綱　❽ **1957**·10·10 政
村八分　❽ **1952**·6·23 社／7·1 政／**1958**·7·3 社
融和教育　❽ **1938**·8·29 政
八鹿高校紛争　❾ **1974**·11·22 文／**1990**·11·30 文
人口·戸口·町数⇨[2]地方自治「人口·戸数」
政治政策
『厚生白書』　❾ **1996**·5·24 社／**1999**·8·10 政
宇宙開発事業団　❾ **1968**·5·2 政／**1969**·6·23 文／10·1 政
えりも岬緑化事業　❽ **1953**·是春 社
汚職防止　❾ **1968**·5·31 政
科学技術基本計画　❾ **2006**·3·22 政
カナダ日系人強制収容補償問題　❾ **1988**·9·22 政
期待される人間像　❾ **1965**·1·14 文／**1966**·10·31 文
基本国策要綱　❽ **1940**·7·26 政
九州地方開発促進法　❽ **1959**·3·30 政
宮中閣議　❽ **1944**·2·22 政
行政査察規程　❽ **1943**·3·18 政
行政整理方針　❽ **1948**·1·27 政／**1949**·5·4 政／5·31 政
行政不服審査会　❽ **1962**·9·15 政
近畿圏整備法　❽ **1963**·7·10 政
決戦非常措置要綱　❽ **1944**·2·25 政／**1945**·1·25 政
ケビン·メア米国務省日本部長講義録　❾ **2011**·3·8 政
航空幕僚長田母神俊雄懸賞論文応募　❾ **2008**·10·31 政
河野談話　❾ **1993**·8·4 政
公務員制度改革大綱　❾ **2001**·12·25 政
国体護持·全国民総懺悔　❽ **1945**·8·28 政
国体の本義(パンフ)　❽ **1937**·3·30 政
国土計画設定要綱　❽ **1940**·9·24 政
国土総合開発法　❽ **1950**·5·26 政／**1951**·8·1 政
国土調査法　❽ **1951**·6·1 政
国民勤労動員　❽ **1944**·1·18 社／3·1 社／**1945**·3·6 社／8·16 社
国民勤労報国協力令　❽ **1941**·11·22 政／**1943**·6·19 政
国民資産倍増計画　❾ **1987**·8·1 政
国民精神作興·総動員　❽ **1937**·8·24 政／9·11 社／10·12 社／**1938**·11·7 社／**1939**·2·9 政／3·28 社／6·16 社／**1940**·8·1 社／10·23 社
国民総決起運動　❽ **1944**·3·17 社／5·14 社
国民徴用令　❽ **1939**·7·8 政／**1943**·7·21 政
国民の誓　❽ **1938**·是年 社
国民保護計画　❾ **2006**·1·20 政
御前会議　❽ **1938**·1·11 政／6·15 政／11·30 政／**1940**·11·13 政／**1941**·7·2 政／9·6 政／11·5 政／12·1 政／12·2 政／**1942**·12·10 政／12·21 政／12·31 政／**1945**·8·14 政
国家行政組織法　❽ **1948**·7·10 政／**1952**·7·31 政
「今後執るべき戦争指導の大綱」　❽ **1942**·3·7 政／**1943**·9·30 政／**1944**·8·19 政／**1945**·1·18 政／6·6 政
在イラク大使館勤務日本人外交官襲撃　❾ **2003**·11·29 政
最高戦争指導会議　❽ **1943**·9·4 政／**1944**·8·5 政／**1945**·8·22 政
参議院議員資産内容公表　❾ **2002**·1·7 政
三党連立政権合意書　❾ **2009**·9·9 政
三位一体改革　❾ **2004**·10·5 政／11·18 政
参与判事補制度　❾ **1972**·9·13 政
事業仕分け　❾ **2009**·11·11 政／**2010**·5·20 政
四国地方開発促進　❽ **1960**·4·28 政
資産倍増論　❾ **1984**·5·7 政
自自公連立政権　❾ **1999**·7·7 政
自自政権　❾ **1998**·11·19 政／**1999**·1·14 政
自社さ三与党体制　❾ **1998**·6·1 政
自主防衛権　❾ **1968**·1·7 政
次世代育成支援対策推進法　❾ **2003**·7·9 政
市民オンブズマン制度　❾ **1990**·7·6 社
社会·公明両党連合政権構想　❾ **1980**·1·10 政
社公中軸路線　❾ **1979**·10·15 政／11·9 政
社公民連合路線　❾ **1981**·5·4 政
自由民権百年全国集会　❾ **1981**·11·21 政
首都機能移転問題懇談会　❾ **1992**·2·26 政／7·21 政
情勢の推移に伴う帝国国策要綱　❽ **1941**·7·2 政
新江田ビジョン　❾ **1970**·3·23 政
新エネルギー総合開発機構　❾ **1980**·10·1 政
新自由クラブ·民主連合　❾ **1981**·9·21 政／**1983**·9·7 政／**1994**·9·6 政
森林開発公団　❽ **1956**·4·27 社
政治改革　❾ **1989**·5·19 政／**1993**·11·16 政／**1994**·1·21 政／1·29 政／1·31 社／3·4 政／11·21 政
政治献金(企業)　❾ **1966**·1·31 政／**1970**·6·24 政／**1974**·8·7 政／**1975**·2·23 政／**2003**·5·12 政／**2004**·1·2
政／**2009**·7·7 政／**2011**·3·6 政
政治資金(規正法ほか)　❾ **1967**·4·
政／**1975**·7·15 政／**1982**·9·9 政／**1988**·9·6 政／**1989**·9·8 政／**1992**·
11 政／❾ **2005**·10·26 政
政治資金収支報告書　❾ **2001**·9·14 政／**2004**·9·10 政
政治倫理要綱　❾ **1985**·4·11 政
政党献金　❾ **2010**·3·8 政
政党交付金　❾ **2001**·9·14 政／**2009**·4·20 政
政令二〇一号(公務員は団体交渉権を有しない)公布·施行　❽ **1948**·7·31 政／11·30 政
世界平和度指数　❾ **2010**·6·8 政
積雪寒冷単作地帯振興　❽ **1951**·3·
政
瀬戸内海総合開発懇談会　❽ **1964**·
7 政
全国総合開発計画　❽ **1961**·7·18 社／**1962**·10·5 政
戦後五十年首相談話(村山談話)　❾ **1995**·8·15 政、社
戦後五十年に向けての首相談話　❾ **1994**·8·31 政
戦後政治のあり方　❽ **1945**·10·31
戦後政治の総決算　❾ **1986**·1·27 政
戦後六十年決議　❾ **2005**·8·2 政
戦後六十年談話　❾ **2005**·8·15 政
戦時行政職権特例　❽ **1943**·3·18 政
戦時行政特例法　❽ **1943**·3·18 政
戦時緊急措置法　❽ **1945**·6·21 政
戦争経済基本方略　❽ **1941**·11·10
創共協定　❾ **1974**·12·28 政／**1094**
4·10 政
総合海洋政策本部　❾ **2009**·3·24 政
増税なき財政再建　❾ **1982**·7·30 政
総理官邸、落成　❾ **2002**·4·22 政
タイ洪水被害　❾ **2011**·10·16 政
竹田発言　❾ **1981**·2·1 政
田中法相外国人献金問題　❾ **2012**·10·23 政
単一民族国家論　❾ **1986**·10·3 政
小さな政府·増税なき財政再建　❾ **1981**·7·10 政
治水五か年計画　❽ **1947**·10·11 社
治山治水緊急措置法　❽ **1960**·3·31 社
地方行政協議会　❽ **1943**·7·1 政
中国大使、国旗奪われ事件　❾ **201**
8·27 政
中国地方開発促進法　❽ **1960**·12·2
政
中国·天安門事件　❾ **1976**·4·5 政／**1989**·6·4 政
低開発地域工業開発促進法　❽ **196**
11·13 政
敵基地攻撃と自衛権　❽ **1959**·3·19 政
東亜新秩序建設　❽ **1938**·11·3 政
東北開発促進法　❽ **1957**·5·17 政
「当面の戦争指導上作戦と物的国力との調整並に国力の維持増進に関する件」　❽ **1942**·12·10 政
土地収用令(沖縄)　❽ **1953**·4·3 政
土地使用特別措置法　❽ **1952**·5·15 政

南進政策 ❽ 1940·7·27 政
南方経済対策要綱 ❽ 1941·11·28 政／12·12 政
南方施策促進に関する件 ❽ 1941·6·25 政
南方占領地行政実施要綱 ❽ 1941·11·10 政
南洋群島に於ける旧俗習慣 ❽ 1939·3月 文
虹作戦·天皇暗殺未遂事件 ❾ 1974·8·14 政
日米同盟 ❾ 1979·4·30 政／1981·5·6 政／2005·10·29 政
日満一体·生産力拡充·国際収支 ❽ 1937·6·15 政
日韓友情年 ❾ 2005·1·25 政
日本共産党市長 ❾ 1967·4·28 政
日本列島改造論 ❾ 1972·6月 政／7·14 政
望ましい生活の未来像 ❾ 1966·9·30 政
復興国土五か年計画 ❽ 1946·9·2 政
ふるさと創生 ❾ 1987·11·27 政／1988·11·28 政
米軍の日本駐留を希望 ❽ 1949·5·7 政
北陸地方開発促進法 ❽ 1960·12·27 政
骨太方針 ❾ 2001·5·18 政／6·21 政
緑の一週間 ❽ 1947·4·1 社
南ベトナム在留邦人 ❾ 1968·6·10 政
民主党連立政権 ❾ 2007·11·2 政
民主の風 ❾ 1994·5·20 政
明治百年記念 ❾ 1966·3·25 政／1968·10·23 政
元日本将兵の捕虜 ❾ 1990·6·20 政
友好の家(ムネオハウス) ❾ 2002·4·30 社
予算(案) ❾ 1973·1·15 政／1975·11·7 政／1976·1·23 政／5·8 政／1978·2·28 政／4·4 政／1979·4·3 政／12·29 政／1980·4·4 政／12·29 政／1981·3·5 政／4·2 政／4·23 政／12·28 政／1982·3·9 政／1983·4·4 政／7·12 政／1984·4·10 政／1985·4·5 政／1986·12·30 政／1988·4·5 政／1989·1·24 政／4·28 政／12·29 政／1990·3·26 政／12·29 政／1992·12·26 政／1993·3·31 政／1994·2·15 政／2·23 政／4·1 政／5·20 政／6·23 政／12·25 政／1995·5·18 政／12·25 政／1996·3·27 政／12·25 政／1997·1·31 政／12·25 政／1999·2·19 政／12·9 政／12·24 政／2000·3·17 政／2001·11·16 政／2005·2·1 政／2007·2·6 政／2008·2·6 政／10·16 政／2009·1·13 政／3·27 政／5·29 政／12·25 政／2010·1·28 政／3·24 政／12·24 政／2011·5·2 政／7·5 政／2012·4·5 政
予算案削減問題 ❻ 1891·2·20 政／3·2 政
予算案修正問題 ❻ 1892·5·31 政
ライフサイクル(生涯設計)計画 ❾ 1975·8·19 政
臨時行政調査会 ❽ 1962·2·15 政

政治事件·問題·叛乱·テロ
古代·平安時代
阿衡の紛議 ❶ 887·11·26 政／888·5·15 政／10·13 政
直浦主の叛乱 ❶ 857·6·25 政／858·②·28 政／12·8 政
敦成親王呪詛事件 ❷ 1009·1·30 政
敦道親王と和泉式部の恋 ❷ 1010·11·9 社
奄美人来襲 ❶ 997·10·1 社
有馬皇子事件 ❶ 658·11·3 政
安和の変 ❶ 969·3·25 政
伊治呰麻呂の叛乱 ❶ 780·3·22 政
板振(持)鎌束事件 ❶ 763·10·6 社
夷俘の叛乱(出羽) ❶ 878·3·15 政／8·29 政／879·3·2 政
伊予親王の謀叛 ❶ 807·10·28 政／863·5·20 社
磐井の乱 ❶ 527·6·3
石見国府襲撃事件(武装百姓) ❶ 884·6·23 政／886·5·12 政
永久の陰謀事件 ❷ 1113·10·5 政
蝦夷の叛乱(東国) ❶ 書紀·景行 40·6月
延喜聖代 ❶ 922·11·22 政
王臣家子孫 ❶ 797·4·29 政
応天門火災 ❶ 866·③·10 政／11·4 社
王禄(時服)の受給者(王) ❶ 870·2·20 政
大隅守射殺事件 ❷ 1007·7·1 政
大津皇子の謀叛 ❶ 686·10·2 政
大野夏貞の謀叛 ❶ 905·7·28 政
下名(おりな) ❶ 963·⑫月 文
蔭位(おんい)の制 ❶ 703·12·8 政／706·2·16 政
蔭子孫叙位法 ❶ 800·12·19 政
女の侍所 ❷ 1088·3·9 政
鑰(かぎ) ❶ 692·9·14 社
鍵(屯倉) ❶ 884·6·23 政
麛坂(かごさか)王·忍熊王が播磨で叛く ❶ 書紀·神功 1·2月／3·5
花山院事件 ❶ 996·1·16 政
上総国俘囚叛乱 ❶ 883·2·9 政
甲子(かっし)の改革 ❶ 664·2·9 政
元慶の乱 ❶ 878·3·29 政／是年 政／879·3·2 政／6·26 政／880·2·17 政／881·4·25 政／6·28 政／882·7·15 政
官舎修理処分 ❶ 820·①·20 政／825·5·27 政
官制改革 ❶ 896·9·7 政
『魏志』倭人伝に記載される中国と倭国との距離 ❶ 663·是年 社／664·是年 社
雉の輿行列 ❶ 650·2·12 文
畿内の制 ❶ 646·1·1 政
吉備国の叛乱 ❶ 479·8月
行信·大神多麻呂事件 ❶ 755·11·15 政
記録荘園券契所 ❷ 1069·⑩·11 政／1070·1·26 政
記録所寄人(よりうど) ❷ 1156·10·13 政／1188·5·20 政
禁制木簡 ❶ 906·4·13 政
公卿評議 ❶ 865·6·5 政
公家新制 ❶ 947·11·13 政
薬子の変 ❶ 810·9·10 政／824·8·9 政
『旧唐書』倭国日本国伝に見る日本 ❶ 646 社(囲み)
国·県の制 ❶ 書紀·成務 4·2·1
熊襲の叛乱·平定 ❶ 書紀·景行 12·5月／7月／景行 13·5月／景行 27·8月／10·13／仲哀 2·3·15
毛野臣の悪政 ❶ 530·9月
解由状(げゆ·不与状) ❷ 1025·3·21 政／1026·1·22 政／1031·1·22 政
　解由状(不与)の制 ❶ 807·4·6 政／815·10·4 政
　解由状制度 ❶ 733·4·5 政／782·12·4 政／802·11·7 政／920·6·19 政／934·12·21 政
憲法十五條 ❶ 807·8·15 政
　十七條憲法 ❶ 604·4·3 政
五位以上の者畿外外出禁止 ❶ 807·2·1 政
考唱不参者の処遇制 ❶ 726·2·20 政
庚申の乱 ❶ 840·3·26 政
交替政延期解文 ❶ 818·6·13 政
公地公民の制 ❶ 646·1·1 政
国郡境界 ❶ 書紀·仁徳 41·3月／683·12·13 政／684·10·3 政
国政陳述 ❶ 681·10·25 政
国府(出羽) ❶ 887·5·20 政
国利民福の道 ❶ 680·11·7 政
後三年の役 ❷ 1083·9月 政
御所記録 ❶ 815·1·28 文
薩末の乱 ❶ 700·6·3 政
狭穂彦王の謀叛計画 ❶ 書紀·垂仁 4·9·23／垂仁 5·10·1
塩焼王の乱 ❶ 742·10·12 政
鹿ヶ谷事件 ❷ 1177·5·29 政／6·1 政
下総国騒乱 ❶ 909·7·1 政
僦馬(しゅうば)の党 ❶ 899·9·19 社／900·5·28 社
寿永二年十月宣旨 ❷ 1183·10·14 政／⑩·22 政
上宮法王家、滅亡する ❶ 643·11·1 政
承平天慶の乱 ❶ 935·2·2 政⇨人名索引の平将門·藤原純友も見よ
承和の変 ❶ 842·7·17 政
新羅人の叛乱(遠江·駿河) ❶ 820·2·13 政
壬申の乱 ❶ 672·6·22 政
制札(現存するものなど) ❷ 1185·12月 文／1221·8·21 社／❸ 1323·2·13 社／1324·8·13 社／1333·5·18 社／5·25 社／6·5 政／6月 社／1336·8·29 社／1337·10月 社／1400·11月 社／1441·8·25 社／8月 社
成務天皇陵盗掘事件 ❷ 1063·3月 社
前九年の役平定 ❷ 1062·9·17 政
蘇我石川麻呂の変 ❶ 649·3·24 政
蘇我入鹿の変(乙巳の変) ❶ 645·6·12 政
蘇我蝦夷の叛乱 ❶ 637·是年 政／644·11月 政
平惟良の乱 ❷ 1003·2·8 政／8·5 政
平忠常の乱 ❷ 1027·是年 政／1028·6·21 政／8·5 政／1029·2·5 政／6月 政

武埴安彦・吾田姫の謀叛　❶ 書紀・崇神 10・9・27
大宰権帥平惟仲の非法　❷ 1004・2・9 政／3・24 政／12・28 政
橘奈良麻呂の乱　❶ 757・7・4 政／770・11・27 政
帯刀刃傷事件　❶ 985・3・6 社
筑後守殺害事件　❶ 883・6・3 政／885・12・23 政
土蜘蛛を平定　❶ 書紀・景行 12・10 月
恒貞親王廃皇太子事件　❶ 842・7・17 政
出羽志波村賊の叛乱　❶ 776・5・2 政／11・26 政／777・12・14 政／778・6・25 政
刀伊(女真族)の賊　❷ 1019・3・27 政／4・7 政／6・29 政
道鏡神託事件　❶ 769・9・25 政
東宮御所刃傷事件　❷ 1011・9・29 政
匿名投書禁止　❶ 749・2・21 政
登美直名(豊後権守)の謀叛　❶ 849・12・13 政
中井王の騒動　❶ 842・8・29 政
長屋王大夫人事件　❶ 724・2・6 政
長屋王の変　❶ 729・2・10 政
南島の碑　❶ 754・2・20 政
廃后事件(藤原高子)　❶ 896・9・22 政
隼人の叛乱　❶ 720・2・29 政／721・7・7 政／722・4・16 政
氷上川継の謀叛　❶ 782・①・11 政／6・14 政
非受業人　❶ 883・12・25 政
日次御贄(ひなみみにえ)　❶ 911・12・20 社
備辺式　❶ 732・是年 政
兵杖を帯びることを禁止　❷ 1099・5・3 政／1110・6・21 社／1114・7・6 政／1131・2・13 社／1139・4・13 政／4・18 政／1151・2・23 社／1156・11・18 社／1163・3・3 社／1189・2・22 社／1228・11・28 社／1229・9 月 社／1230・4・27 社／1235・1・27 社／1239・4・13 社／1265・4・7 社
風俗巡視　❶ 482・9 月
賦役令の役の制　❶ 706・2・16 政
賦役令の調の制　❶ 706・2・16 政
不改常典　❶ 707・7・17 政
服御常膳　❶ 932・12・19 政／947・2・27 政／960・9・19 社／970・3・15 政／976・6・9 政／980・11・28 政／984・是年 政／986・7・26 政／987・5・29 政
武士の狼藉を禁止　❷ 1184・4・24 社／1221・7 月 社
俘囚の叛乱(出雲・荒橿の乱)　❶ 814・5・18 政／11・9 政／818・1・30 政／939・4・17 政
俘囚の叛乱(上総・丸子廻毛)　❶ 848・2・10 政／870・12・2 政
俘囚の叛乱(下総)　❶ 875・5・10 政
俘囚の叛乱(出羽)　❶ 939・4・17 政／6・20 政／7・15 政
俘囚の叛乱(渡島蝦夷)　❶ 875・11・16 政
藤原伊周大宰権帥事件　❶ 996・4・24 政
藤原忠実の内覧中止　❷ 1120・11・12 政
藤原種継暗殺事件　❶ 785・9・23 政／806・3・17 政
藤原千常の乱　❶ 968・12・18 政
藤原仲麻呂(恵美押勝)の乱　❶ 764・9・11 政／770・11・27 政
藤原秀郷の乱　❶ 929・5・20 政
藤原広嗣の乱　❶ 740・9・3 政／10・23 政／11・1 政／741・1・22 政
藤原信頼・源義朝追討宣旨　❷ 1058・12・26 政
藤原宮子称号事件　❶ 724・2・6 政
藤原基通(陸奥)の乱　❷ 1070・是年 政
平家没官領　❷ 1183・8・18 政／1184・3・7 政／4・5 政／9・9 政／11・23 政／1185・2・16 政／3・7 政／1186・7・19 政
平氏の所領五百　❷ 1184・3・7 政
平治の乱(原因)　❷ 1158・8・11 政／1159・12・9 政
兵農分離　❶ 780・3・16 政
傍示札(加賀)　❶ 850・是年 政
保元の乱　❷ 1156・7・11 政
星川王の謀叛　❶ 479・8 月
補償法　❶ 725・3・17 社
源国房の乱　❷ 1079・6・23 政
源義家、私財で論功行賞　❷ 1087・12・26 政
源義家に田畠公験寄付禁止令　❷ 1091・6・12 政
源義親追討　❷ 1107・12・19 政
民衆の集会禁止　❶ 729・2・15 社
武蔵国造の内乱　❶ 534・⑫月
陸奥越後征討　❶ 709・3・6 政
陸奥蝦夷平定　❶ 781・8・25 政
門籍　❶ 852・4・28 政
日本武尊の東征　❶ 書紀・景行 40・7・16
吉野の会盟　❶ 679・5・5 政
四度使(よどのつかい・四度公文使)　❶ 822・⑨・20 政／869・10・7 政／881・2・23 政／884・9・5 政／896・11・20 政
率分勾当の初見　❶ 956・6・20 政
倭国の大乱　❶ 147・是年／178・是年／247・是年
渡島蝦夷(出羽)騒動　❶ 893・⑤・15 政
渡島の荒狄叛乱　❶ 875・11・16 政
朝廷(古代)
院御所評定　❷ 1278・12・6 政
内舎人(うどねり)　❷ 1158・1・30 政
小朝拝(おちょうはい)　❶ 905・1・1 政／919・1・1 政／❷ 1181・1・1 政
賀の儀　❶ 825・11・28 政
官政復興　❷ 1147・4・1 政
議奏公卿　❷ 1185・12・6 政
勤務制　❷ 1087・6・22 政
公卿僉議(せんぎ)　❷ 1012・8・17 政
公卿の過半を源氏が占める　❷ 1102・6・23 政
公事竪義　❷ 1211・7・20 政
建暦の宣旨　❷ 1212・3・22 政
後院庁始　❷ 1179・12・14 政
御前定　❷ 1068・12・20 政／1104・6・24 政
在庁官人の語初見　❶ 910・是年 政
産業巡視(文武天皇)　❶ 701・9・9 政
侍従所の壁書　❷ 1034・12・16 文
治政善悪報告書　❶ 727・3・3 政
時政の是非　❶ 862・4・15 政
除目(じもく)作法　❷ 1212・1・5 政
爵位号改定　❶ 685・1・21 政
笏紙(しゃくし)　❷ 1155・1・1 政
十條断例　❶ 821・1・5 政
主帳　❶ 646・1・1 社
出勤日数・上日(出勤日)の制　❶ 73 6・1 政／790・12・10 政／792・10・27 政
請印の例　❶ 941・5・8 政
鍾匱(しょうき)の制　❶ 645・8・5 政／646・2・15 社
仗座(陣座)　❷ 1028・6・21 政
詔使　❷ 1028・12・14 政
詔書覆奏の制　❷ 1121・是年 政
昇殿(院昇殿・内昇殿)　❶ 920・5・5 ／961・1・28 政／❷ 1098・10・23 政
諸司公粮申請文書　❶ 745・是年 政
除名(じょみょう)処分の制　❶ 706 2・16 政／727・12・20 政
人材登庸の詔　❶ 673・5・1 政
新弾例　❶ 792・⑪・1 政
陣定(じんのさだめ)　❷ 1002・4・10 政／1005・4・14 政／1112・10・9 政／1127・12・26 政
辛酉革命(『日本書紀』に見る紀年と辛酉命)　❶ 608・是年 社
世俗の得失　❶ 862・4・15 政
撰格所起請十三條　❶ 868・6・28 政
籤符歴式　❶ 870・8・20 政
造宮省　❶ 782・4・11 政
雑色員数　❶ 867・5・8 政
雑事三か條　❶ 1000・6・5 政
造法令殿　❶ 682・8・1 政
訴状受理制　❶ 766・7・27 政
大化改新の詔　❶ 646・1・1 政
内裏儀式　❶ 815・1・23 政
内裏式　❶ 821・1・30 政／833・2・19 政
朝会の例　❶ 818・3・23 社
朝賀の儀(唐風)　❶ 701・1・1 政／715・1・1 文／796・1・1 政／910・1・1 政／914・1・1 政／916・1・1 政／949 1・1 政
朝儀の礼　❶ 698・8・26 政
朝勤の制　❶ 683・12・17 政／689・4 27 政
朝集　❶ 715・5・1 政
聴政　❶ 822・4・27 政
朝廷の綱紀粛正　❷ 1212・3・22 政
朝堂の礼　❶ 690・7・9 政
重任　❷ 1086・10・21 政
朝礼　❶ 604・9 月 政
勅謚号　❶ 866・7・12 社／872・9・4 政／921・10・21 社／927・12・27 社／949・8・18 政／971・11・10 政／977・11・20 政
勅使の制　❶ 825・5・10 政
勅書偽造　❶ 759・7・16 社
司召(つかさめし)　❷ 1023・2・11 政
殿閣諸門の号を改める　❶ 818・4・2 文
天下徳政論議　❶ 805・12・7 政
殿上人　❷ 1098・10・23 政
転任・交替の制　❶ 706・2・16 政
銅鏡百枚　❶ 239・6 月
唐風官名　❶ 764・9・22 政

鳥羽上皇の四人近臣　❷ **1133**·9月 政
内宴　❶ **852**·1·22 文／**854**·1·21 文／**860**·1·21 文
内覧の宣旨　❶ **858**·11·7 政／**995**·3·9 政／5·11 政／❷ **1075**·9·26 政／**1098**·8·23 政／**1099**·8·28 政／**1121**·1·17 政／**1151**·1·10 政／**1185**·12·6 政／**1265**·7·16 政
七色十三階の冠　❶ **646**·是年 政
七日関白　❶ **995**·4·27 政
女位記　❶ **964**·1·10 政
女院号　❶ **991**·9·16 政
任符記載法　❶ **885**·10·13 政／**886**·2·15 政
百官朝参の時刻　❶ **647**·是年 政
中世
浅原為頼宮中乱入事件　❸ **1290**·3·9 政／3·10 政
足利尊氏、関東下向　❸ **1335**·8·2 政
阿野時元の乱　❷ **1219**·2·11 政
安藤氏の叛乱(津軽)　❸ **1322**·是春 政
伊賀氏の変　❷ **1224**·⑦·3 政
泉親衡の乱　❷ **1213**·2·15 政
伊勢平氏の乱　❷ **1204**·3·21 政／**1206**·7·1 政／**1207**·9·5 政
一門評定　❸ **1306**·1月 政
稲村御所　❸ **1299**·是春 政
宇都宮幕府　❷ **1225**·12·5 政
永久の強訴　❷ **1113**·③·20 政
奥州藤原氏滅亡　❷ **1189**·9·15 政
大内守護源頼茂叛乱　❷ **1219**·7·13 政
大原御幸　❷ **1186**·4月 政
梶原氏の乱　❷ **1200**·1·20 政
鎌倉大倉郷の新邸　❷ **1180**·12·12 政
鎌倉陥落　❸ **1333**·5·21 政
鎌倉騒動　❷ **1212**·12·28 政／**1213**·6·12 政／11·5 政／**1224**·5·20 政／7·17 政／**1246**·4·18 政／**1247**·3·16 政／**1252**·1·7 政
鎌倉幕府　❷ **1191**·3·4 政／6·7 政／7·28 政／**1236**·8·4 政
関東調伏の祈禱　❸ **1331**·4·29 政
関東事施行之始　❷ **1180**·8·19 政
鬼界島(貴海島·きかいがしま)征討　❷ **1187**·9·22 政／**1188**·2·21 政
建久七年の政変　❷ **1196**·11·25 政
合議裁決制　❷ **1199**·4·12 政
御恩地の制　❷ **1272**·12·11 政
小御所(幕府)　❷ **1243**·12·2 政
腰越状(源義経)　❷ **1185**·5·24 政
作手行為を禁止(武士)　❷ **1239**·9·16 社
侍所刃傷事件　❷ **1212**·6·7 政
霜月騒動　❸ **1285**·11·17 政
住人等解(美濃東大寺領茜部莊)　❷ **1053**·7月 社
承久の乱(役)　❷ **1221**·8·10 政／9·16 政／**1223**·4·8 政／**1236**·9·3 政／**1241**·9·3 政
承久の例　❸ **1331**·9·2 政
将軍家の知行国　❷ **1186**·3·13 政
将軍御所　❷ **1213**·8·20 政
将軍親裁　❷ **1216**·10·5 政
将軍代始の善政　❷ **1203**·11·19 政
将軍宗尊親王、京都進発　❷ **1263**·8·9 政
城氏の乱　❷ **1201**·1·23 政
正中の変　❸ **1324**·9·19 政／**1325**·8月 政
白鬚党(紀伊)　❸ **1333**·8·18 政／**1392**·7·29 政／**1400**·8·23 政
僧重慶の謀叛　❷ **1213**·9·19 政
大犯三か條　❷ **1227**·③·17 政
聴断の制　❷ **1266**·3·5 政
鎮西神領興行回復令　❸ **1284**·6·25 政
鎮西の所領(後家·女子)　❸ **1292**·正応年間 政
田数注文(能登)　❷ **1221**·9·6 政
徳政　❶ **805**·12·7 政／**869**·10·23 社／❷ **1187**·4·26 社／**1230**·6·9 政／**1235**·3·16 政／5·8 政／**1240**·1·16 政／2·7 政／**1244**·10·28 政／**1245**·2·10 政／**1246**·8·27 政／11·3 政／**1247**·6·11 政／**1248**·12·20 政／**1264**·1·3 政／**1265**·12·26 政／**1268**·3·14 政／❸ **1286**·12·3 政／**1287**·2·21 政／**1297**·7·22 政／**1298**·10·28 社／**1300**·7·5 政
徳政⇨室町幕府·戦国時代の「徳政」も見よ
徳政の語　❸ **1441**·是年 社
徳政令(永仁)　❸ **1297**·3·6 政
名寄　❸ **1296**·12月 政
二月騒動　❷ **1272**·2·11 政／9·2 政
幕府騒動　❷ **1228**·5·21 政
浜御所(鎌倉)　❷ **1194**·7·29 文
比企(ひき)氏の乱　❷ **1203**·9·2 政
平賀朝政の乱　❷ **1205**·7·19 文
備後の賊徒　❷ **1213**·6·25 政
福原新都に移り京都荒廃　❷ **1180**·6·15 社
伏見天皇の親政　❸ **1290**·3·26 政
俘囚の叛乱　❷ **1268**·是年 政
文保の和談　❸ **1317**·4·9 政
平安京還都　❷ **1180**·11·23 政
平禅門の乱　❸ **1293**·4·22 政
北條氏の余党挙兵　❸ **1334**·10月 政
北條氏滅亡　❸ **1333**·5·21 政
北條宗方の乱　❸ **1305**·4·23 政
北條館(伊豆)　❷ **1215**·1·6 政
北條義時追討　❷ **1221**·5·14 政
北條義時追討の院宣(宣旨)　❷ **1221**·5·15 政／6·15 政
三浦氏の乱　❷ **1247**·6·1 政
三日平氏　❷ **1204**·3·21 政
源国房の乱　❷ **1079**·6·23 政
源実朝の暗殺　❷ **1219**·1月 社
源頼朝の暗殺　❷ **1192**·1·21 政
源頼朝花押の下文　❷ **1192**·8·5 政
宮騒動　❷ **1246**·5·24 政
謀叛人追討　❷ **1222**·4·26 政
吉見義世の謀叛　❸ **1296**·11·20 政
寄物功物　❷ **1234**·3·1 政
落書(院御所)　❷ **1258**·4·10 社／**1260**·1·17 政
琉球王　❷ **1237**·是年 政／**1248**·是年 政
良賢(りょうけん)の謀叛　❷ **1261**·6·22 政
領地相続法　❷ **1244**·12·12 政
歴代制符　❷ **1273**·5·1 政
六波羅第　❷ **1203**·10·29 政／**1221**·6·22 政／7·8 政／**1235**·7·23 政／**1256**·12·20 政／**1277**·12·19 政
六波羅探題の創置　❷ **1221**·6·16 政
若宮禅師公暁の乱　❷ **1226**·4·27 政
和田義盛の乱　❷ **1213**·5·2 政／**1214**·11·13 政
南北朝時代·問題
足利尊氏·直義講和　❸ **1351**·2·20 政
足利尊氏·直義の論功行賞　❸ **1336**·7月 政
足利尊氏追討の軍勢催促　❸ **1335**·11·28 政
足利尊氏に応ずる叛乱　❸ **1335**·11·26 政
足利直冬挙兵　❸ **1350**·10·16 政
足利直冬追討の命　❸ **1349**·11·14 政／**1350**·11·16 政／**1354**·10·18 政
足利直義、義詮と不和　❸ **1351**·7·19 政
足利直義、南朝側に降伏　❸ **1350**·11·23 政
足利直義と高師直の対立　❸ **1349**·8·13 政
上杉能憲挙兵　❸ **1350**·11·12 政
王道再興の綸旨　❸ **1333**·3·14 社
恩賞の公平　❸ **1352**·9·18 政
懐良親王·菊池武光追討の綸旨　❸ **1359**·11·7 政
観応の騒乱　❸ **1350**·10·26 政
九州三分す　❸ **1350**·5月 社
九州南朝宮方の再興　❸ **1393**·2·9 政
楠木一族挙兵　❸ **1415**·7·19 政
元弘の変　❸ **1331**·5·5 政／**1333**·5·17 政
高麗人送夫催促使雑事　❸ **1378**·6·2 政
康安の政変　❸ **1361**·9·23 政
光厳天皇ら捕えられる　❸ **1333**·5·9 政
康暦の政変　❸ **1366**·8·8 政／**1379**·2·20 政
後醍醐天皇、笠置山に移る　❸ **1331**·8·27 政
後醍醐天皇親政　❸ **1333**·5·25 政
後醍醐天皇新政批判(丹心の蓄懐)　❸ **1338**·5·15 政
後醍醐天皇と皇子たち　❸ **1327**·1月 社
後南朝　❸ **1410**·11·27 政／**1416**·9月 政
持明院統と大覚寺統　❸ **1304**·是年 政
除目の制　❸ **1322**·2·12 政
正平一統　❸ **1351**·10·24 政／11·2 政／11·7 政
諸将士の論功　❸ **1333**·8·5 政
白旗一揆　❸ **1381**·1·18 政／11·16 政
仁政内談　❸ **1341**·3·10 政
政道に関する起請文　❸ **1342**·8·10 政
大覚寺統と持明院統　❷ **1272**·2·17 政
朝廷の討幕計画　❸ **1324**·9·19 政／**1331**·4·29 政
討幕令旨(護良親王)　❸ **1332**·6·6 政／**1333**·2·21 政
中先代の乱　❸ **1335**·7·14 政

南軍追討の軍法　❸ **1333**·1月 政
南軍入京　❸ **1352**·②·20 政／**1353**·6·9 政／**1355**·1·22 政／**1361**·12·8 政
南朝皇胤の断絶　❸ **1434**·8月 政
南朝の余党蜂起と降伏　❸ **1430**·1·29 政／**1439**·5·4 政／❹ **1456**·12·5 社／**1470**·3·8 政
南方王蜂起　❹ **1458**·6月 政
南北朝講和の風聞　❸ **1366**·9·5 政
南北朝正閏問題　❼ **1911**·1·19 文／2·4 政／7·21 社
南北朝和議　❸ **1348**·1·15 政／**1350**·12·13 政／**1351**·2·5 政／3·11 政／4·27 政／5·15 政／11·2 政／**1357**·7·20 政／**1360**·1·30 政／**1365**·4·24 政／**1366**·9·5 政／**1367**·4·29 政／5·9 政／**1392**·10·5 政／10·13 政／⑩·2 政／11·13 文
南北両朝統一請文(承諾書)案　❸ **1392**·11·13 文
南北両朝の並立　❸ **1336**·12·21 政
新田義貞追討　❸ **1335**·11·2 政
花園天皇御管領　❸ **1312**·12月 政
平一揆(武蔵)　❸ **1368**·2月 政／5·21 政／6·11 政
陸奥の南軍平定　❸ **1347**·7·21 政
目安状　❸ **1345**·9月 社
髻の綸旨(もとどりのりんじ)　❸ **1333**·4·29 政／**1351**·5·14 政
山城騒動　❸ **1345**·5·3 政／**1349**·⑥·2 政／**1440**·6·1 社
吉野御所陥落　❸ **1348**·1·24 政
来浦の騒乱(豊後)　❸ **1328**·6·9 政
林賢事件　❸ **1386**·是年 政

室町幕府·戦国時代

赤松家再興　❹ **1457**·12月 政
赤松教直の乱　❸ **1443**·7·28 政
赤松満祐追討　❸ **1441**·7·4 政／8·1 政
赤松満政追討令　❸ **1445**·1·27 政
浅井氏の滅亡　❹ **1573**·8·27 政
朝倉氏の滅亡　❹ **1573**·8·20 政
足利成氏追討　❸ **1455**·3·28 政／**1458**·11·15 政／**1460**·10·21 政／❹ **1458**·11·15 政／**1460**·10·21 政
足利高氏、幕府に反旗　❸ **1333**·4·29 政
足利持氏追討　❸ **1438**·9·16 政
足利義尹、近江坂本に出陣　❹ **1499**·11·22 政
足利義政·足利義視、講話　❹ **1478**·7·10 政
足利義政第の造作費　❹ **1463**·4·3 政
足利義満、明僧と会見　❸ **1402**·4·23 政
足利義満追討　❸ **1399**·10·28 政
油木の立置き禁止(播磨·摂津)　❸ **1446**·7·19 社
天草平定　❹ **1589**·11·8 政
尼子氏討伐　❹ **1542**·1·6 政
尼子氏滅亡　❹ **1578**·7·3 政
奄美大島征討　❹ **1537**·2·18 政／**1571**·2·23 政
イエズス会宣教師の日本武力征服計画　❹ **1599**·是年 政
石田三成殺害計画　❹ **1599**·③·4 政
伊集院忠真征討　❹ **1599**·6·3 政
一揆(出雲)　❹ **1470**·是年 社
一揆(梅北)　❹ **1592**·6·15 政
一揆(浦戸)　❹ **1600**·10·15 社
一揆(大崎·葛西)　❹ **1590**·10·16 政
一揆(釜石)　❺-1 **1601**·7·7 政
一揆(蒲御厨)　❹ **1456**·1·16 社
一揆(熊野)　❹ **1586**·8·28 政
一揆(薩摩)　❹ **1470**·是年 社
一揆(仙北)　❺-1 **1603**·10·17 政
一揆(祖谷山·岩倉山·曾江山)　❹ **1585**·8月 社
一揆(根来·雑賀)　❹ **1584**·1·1 政／3·18 政／3·22 政／**1585**·1·17 政／3·21 政
一揆(肥後)　❹ **1587**·8·7 政／10·14 政／12·6 政／**1588**·1·19 政／⑤·13 政
一揆(三沢)　❹ **1585**·⑧·16 政
一揆(陸奥·角館)　❺-1 **1602**·10·5 社
一揆(山城)　❹ **1485**·12·11 社／**1486**·2·13 政／4·21 政／**1487**·⑪月 社／**1493**·3·8 社／8·3 政／9·11 政
一揆(和賀)　❹ **1600**·9月 政
一揆契約状　❸ **1347**·6·1 政／**1351**·10·3 政／11·21 政／**1355**·2·25 政／5·18 政／**1366**·8·22 政／**1377**·10·10 政／**1382**·4·3 政／**1384**·2·23 政／8·15 政／❹ **1457**·6·26 政／**1392**·7·5 政／**1404**·9·23 政／**1410**·2·30 社／**1432**·8·7 政／**1449**·8·15 社／**1451**·9月 政
一揆契約状(肥前五島列島)　❸ **1411**·5·16 文／**1413**·5·10 社／**1414**·12·11 社
一揆契約状(肥前松浦党)　❸ **1436**·12·29 政
一揆契約状(山城宇陀)　❹ **1532**·6·29 社
一向一揆　❹ **1476**·11·4 政／**1481**·3月 政／**1488**·5·26 政／6·5 政／**1506**·3月 社／7·17 社／**1531**·10·26 政／**1532**·6·5 社／6·15 政／8·5 政／**1535**·1月 社／6·12 政／8·13 社／9月 社／⑩月 政／11月政、社／**1536**·8·19 政／11·12 政／**1564**·1·11 政／2·13 政／**1571**·5·12 政／**1572**·8·18 政／**1573**·8·10 政／8·17 社／9·24 政／**1574**·1·19 政／7·12 政／9·29 政／**1576**·8·21 政／**1580**·③·9 政
一向一揆(永正)　❹ **1506**·3月 社／7·17 社
一向一揆(越前)　❹ **1575**·8·12 政
一向一揆(加賀)　❹ **1580**·11·17 政
一向一揆(畿内)　❹ **1532**·6·5 社／**1535**·1月 社／8·13 社／9月 社／11月 政／**1536**·8·19 政／11·12 政／**1539**·4·3 社／**1563**·10月 社
一向一揆(三河)　❹ **1563**·是秋 政
夷狄(いてき)の乱　❹ **1456**·是春 政
伊東氏内紛　❹ **1533**·8·28 政
井原御所　❸ **1441**·9·10 政
今川貞世の九州探題解任理由　❸ **1395**·⑦·28 政
今川氏、遠江を平定　❹ **1517**·8·19 政
今出川第(幕府)　❹ **1465**·3·15 政
上杉謙信、関東へ出陣　❹ **1552**·5·24 政／**1562**·11·24 政
上杉謙信·信長·家康同盟　❹ **1572**·11·20 政
上杉·武田同盟　❹ **1578**·6·7 政
上杉輝虎と北條氏康との人質交換成立　❹ **1570**·3·5 政
上杉·北條同盟　❹ **1569**·⑤·3 政／**1571**·是冬 政
永享の乱　❸ **1438**·8·14 政
越後永正の乱　❹ **1507**·9月 政
越·相和睦　❹ **1569**·⑤·3 政
越中飛驒帰服　❹ **1585**·8·20 政
江戸証人(人質)　❹ **1596**·是年 政
応永の外寇　❸ **1419**·6·20 政／7·15 政／8·7 政
応永の乱　❸ **1399**·10·13 政
応仁の乱　❹ **1467**·1·5 政／**1477**·11·20 政／**1478**·1·14 政
大内·大友氏和睦　❹ **1540**·3·18 政
大内·陶氏和談　❹ **1525**·3月 政
大内氏の滅亡　❹ **1551**·8·20 政
大内政弘追討　❹ **1465**·10·22 政
大内盛見追討　❸ **1400**·7·11 政
大内義興追討　❹ **1501**·⑥·10 政／8·10 政
大内義弘追討　❸ **1399**·10·26 政／11·8 政
大友二階崩れの変　❹ **1550**·2·10 政
大山口の乱　❹ **1483**·12·25 政
小河殿(幕府)　❹ **1474**·3·3 政／**1476**·11·13 政／**1482**·5·1 政／**1484**·6月 政／**1488**·12·13 政／**1489**·3·26 政／**1490**·4·27 政／5·18 政
織田·武田同盟　❹ **1565**·11·13 政
御館の乱　❹ **1578**·3·24 政
織田·徳川同盟　❹ **1561**·是春 政
織田信長、足利義昭と和解　❹ **1570**·1·23 政
織田信長、叡山焼討　❹ **1571**·9·1 政
織田信長、本願寺顕如と和睦　❹ **1575**·10·21 政
織田信長上京　❹ **1573**·3·25 政
織田信長邸　❹ **1572**·3·24 社
小田原征討　❹ **1589**·11·24 政
越智家教追討　❹ **1514**·6·28 政
尾張統一　❹ **1562**·11·1 政
海賊停止令(八幡船取締令)　❹ **1573**·5·12 政／**1588**·7·8 社／**1589**·1·21 政／10·3 政／**1599**·4·1 政／8·20 政
嘉吉の乱　❸ **1441**·6·24 政
覚鑁大師号勅許一件　❹ **1540**·10·20 社／**1541**·1·5 社／3·6 社
春日社盟約　❹ **1505**·2·4 政／8·12 政
刀狩·刀さらえ(令)⇨6軍事·戦争「武器」
官称を勝手にかたることを禁止　❹ **1486**·6月 政
関東静謐　❸ **1400**·7·4 社
紀伊雑賀征討　❹ **1577**·2·13 政
喜界島(奇界島·鬼界島)遠征　❹ **1461**·是年 政／**1466**·2·28 政／**1593**·是年 文
北山の変　❹ **1457**·12·2 政
吉川家、毛利氏の一門に入る　❹ **1550**·9·27 政
九州征討　❹ **1586**·4·10 政／5·22 政／6·7 政／6·28 政／9·27 政／

12·4 政／**1587**·3·1 政／4·21 政／5·8 政
享徳の乱　❸ **1454**·12·22 政
享禄天文の乱　❹ **1530**·11·6 政
享禄の錯乱　❹ **1531**·⑤·9 社
清洲会談　❹ **1582**·6·27 政
銀閣造営　❹ **1482**·2·4 政
禁闕の変　❸ **1443**·9·23 政／**1449**·7·3 政
金吾騒動　❸ **1399**·11 月 政
国一揆(海道五郡)　❸ **1410**·2·30 政
国一揆(契約)　❸ **1336**·1·11 政／**1339**·11·5 政／**1350**·12·10 政／**1351**·10·2 政／11·21 政／**1354**·5·9 政／**1355**·2·25 政／5·18 政／**1356**·8·22 政／**1372**·7·21 政／**1373**·5·6 政／**1377**·10·28 政／**1383**·7·1 政／**1384**·2·23 政／**1388**·6·1 政／**1391**·3·4 社／**1392**·7·5 政／**1395**·12·18 社／**1398**·7·6 政
国一揆(薩摩·大隅·日向)　❸ **1432**·7 月 社
国一揆(信濃)　❸ **1400**·9·24 政
国一揆(山城)　❸ **1441**·9·3 社
甲·駿同盟　❹ **1537**·2·10 政
甲相弓矢　❹ **1569**·1·26 政
甲尾同盟　❹ **1565**·11·13 政
高麗に出兵　❹ **1586**·6·16 政
国政に関する意見十四か條(大友宗麟)　❹ **1584**·4·3 社
コシャマインの乱　❹ **1457**·5·14 政／**1458**·4 月 政
後陽成天皇、聚楽第行幸　❹ **1588**·4·14 政
相良氏の台頭と菊池氏の衰退　❹ **1485**·12 月 政
佐竹氏の陰謀　❸ **1422**·⑩月 社
佐竹義重、北條氏政と和睦　❹ **1574**·⑪·19 政
薩摩·大隅·日向三国の乱　❸ **1394**·1·19 政
里見家内紛　❹ **1533**·7·27 政
私曲誓約　❸ **1431**·10·28 政
四国出陣·平定(秀吉)　❹ **1585**·5·8 政／**1585**·8·6 政
斯波義廉と斯波義敏の争い　❹ **1466**·7·23
島津·龍造寺氏和睦　❹ **1584**·9·27 政
島津氏征討　❹ **1587**·1·1 政
淳和·奨学両院別当　❹ **1483**·12·23 政
称光天皇と後小松上皇の不和　❸ **1425**·6·27 政
諸城を破壊(信長、秀吉)　❹ **1580**·8·2 政／**1585**·7·28 政
所務職請文　❸ **1363**·2·4 社
駿河の乱　❸ **1433**·7·11 政
駿·甲·相の三国同盟(善徳寺の会盟)　❹ **1554**·3 月 政
駿·甲·相一和(今川·武田·北條各氏同盟)　❹ **1568**·12·6 政
大陸侵攻計画　❹ **1587**·5·4 政／10·14 政
禅秀の乱　❸ **1416**·10·2 政／**1417**·1·10 政
賊船の禁止　❸ **1434**·6·17 社
大文字一揆　❸ **1400**·9·24 政
大陸征討　❹ **1586**·8·5 政／**1587**·4·21 政
内裏の大坂移転　❹ **1583**·是年 政
武田·北條同盟　❹ **1577**·1·22 政
武田氏滅亡　❹ **1582**·3·11 政
武田晴信の悪行　❹ **1564**·6·24 政
伊達·最上氏和睦　❹ **1574**·5·11 政
伊達政宗·蘆名義広·佐竹義重の和睦　❹ **1588**·7·10 政
治罰の綸旨(りんじ)　❹ **1553**·4·12 政
中国の役　❹ **1576**·5·3 政
長享の乱　❹ **1488**·2·5 政
朝鮮出兵　❹ **1587**·6·15 政／**1596**·9·2 文禄の役／**1597**·1·1 慶長の役
朝鮮に講和要請　❹ **1600**·9·1 政
朝鮮の講和使節の日本派遣を要求　❹ **1600**·2·23 政
都治騒動　❸ **1414**·是年 政
庭中(ていちゅう、中世の訴訟手続の方法)　❸ **1439**·10·15 政
敵味方供養碑　❸ **1418**·10·6 文／❹ **1599**·6 月 社
戸石崩れ　❹ **1550**·9·1 政
東軍と西軍　❹ **1467**·5·20 政／**1468**·11·6 政／**1472**·5·26 政／**1473**·4·13 政／**1474**·4·3 政／⑤·5 政／**1476**·9·14 政
土岐成頼討伐の命令　❹ **1473**·10·11 政
徳川家康·信雄会談　❹ **1584**·3·13 政
徳川家康·秀吉対面　❹ **1586**·10·26 政
徳川·北條同盟　❹ **1582**·10·28 政
徳政　❸ **1304**·11·29 政／**1334**·5·3 政／**1345**·9 月 社／**1354**·是年 社／**1355**·9·11 社／**1381**·4·9 社／**1404**·2 月 社／**1441**·8 月 社／9·12 政／是年 社／**1455**·10·2 社／11·29 政／❹ **1456**·9·19 社／**1459**·11·7 社／**1465**·11·11 社／**1466**·9·9 社／**1472**·10·30 社／**1476**·10·6 社／**1478**·10·6 社／**1480**·9 月 政／**1482**·⑦·13 社／**1485**·7·30 社／**1500**·5·9 社／**1503**·8 月 社／**1504**·10·22 政／**1512**·5·15 社／**1526**·5·9 社／12·19 社／**1528**·是年 政／**1530**·12·19 政／**1531**·5·15 社／**1538**·5·10 社／9·21 社／**1539**·7·23 政／8·27 社／9·6 社／10·28 社／**1547**·12·24 社／**1560**·2·30 政／3·26 社／是年 政／**1561**·3·11 社／10·15 政／11·10 社／12·4 社／**1562**·3·10 政／3·18 社／4·20 政／8·28 社／**1564**·是年 社／**1566**·10·5 政／**1571**·8·25 社／**1572**·4·25 社／5·8 社／10 月 社／**1575**·4·1 政／7·24 政／**1576**·是年 社／**1580**·6·19 社／**1582**·8·24 政／**1583**·7 月 社／12·20 政／**1584**·3·3 政／**1585**·3 月 社／6 月 社／**1587**·6·11 社
徳政⇨中世の「徳政」も見よ
徳政禁制　❸ **1452**·8·18 政／**1454**·9·29 政
徳政の條々　❹ **1481**·7·10 政／**1485**·8·20 政／**1504**·10·2 政／**1520**·3·8 政／**1529**·3·24 社／**1531**·9·17 政／**1546**·10·30 政／**1570**·9·23 社／**1575**·3·14 政
豊臣秀吉·徳川家康·織田信雄、講和　❹ **1584**·11·15 政
豊臣秀吉·徳川家康の和議　❹ **1586**·2·8 政
豊臣秀吉の金配り　❹ **1582**·5 月 政／**1585**·是年 政／**1589**·5·20 政／**1598**·7·25 政
豊臣秀吉の四国征伐　❹ **1585**·6·16 政
豊臣秀頼に誓書　❹ **1598**·7·15 政
長尾景春の乱　❹ **1477**·1 月 政
日本人奴隷の取引禁止　❹ **1571**·是年 政／**1587**·是年 政
能登の争乱　❹ **1551**·2·9 政
幕府会所　❹ **1460**·4·11 政
幕府、鎌倉府と和睦　❸ **1424**·2·5 政
幕府修理費　❹ **1501**·10·5 政
幕府高倉第　❹ **1460**·11·8 政／**1465**·3·15 政／**1515**·7·5 政
畠山氏内紛　❸ **1454**·4·3 政／8 月 政
畠山基家追討　❹ **1493**·2·15 政
畠山義就攻撃倫旨　❹ **1463**·9·28 政
畠山義就追討　❹ **1488**·1·2 政／**1490**·8·30 政
花蔵(城)の乱　❹ **1536**·5 月 政
鼻塚　❹ **1597**·9·28 社
ばはん(八幡)船⇨海賊(かいぞく)
日向の乱　❹ **1542**·8·20 政
平戸宮前事件　❹ **1561**·是年 政
伏見騒動　❹ **1599**·1·21 政
文永·元弘の役⇨元寇(げんこう)
文正の政変　❹ **1466**·9·6 政
奉加銭横領事件　❹ **1461**·4·7 政
奉公人·百姓·年貢·斗·堤防·衣服等の條規　❹ **1586**·1·19 社
細川家争乱終結　❹ **1552**·1·23 政
細川澄元を擁立　❹ **1504**·9·4 政
細川政元挙兵　❹ **1493**·4·22 政
細川政元、畠山義就と和睦　❹ **1482**·6·19 政
細川頼之追討教書　❸ **1379**·9·5 政
本一揆(上総)　❸ **1418**·4·26 政／5·28 政／**1419**·1·19 政／3·3 政
本能寺の変　❹ **1582**·6·2 政
前田利長討伐計画　❹ **1599**·10·3 政
鈎(まがり)の陣　❹ **1487**·10·5 政
水島の変　❸ **1375**·8·26 政
南一揆(武蔵)　❸ **1418**·4·28 政／**1419**·8·15 政／**1427**·5·13 政
南白旗一揆　❸ **1368**·5·21 政
三好三人衆　❹ **1564**·7·4 政
三好長慶暗殺未遂事件　❹ **1551**·3·4 政
室町幕府滅亡　❹ **1573**·7·3 政
明応の政変　❹ **1493**·4·22 政
明徳の乱　❸ **1390**·3·17 政／**1391**·12·19 政／**1392**·1·4 政
毛利·大友氏和睦　❹ **1564**·7·27 政
毛利·村上盟約　❹ **1570**·9·20 政
八重山赤蜂の叛乱　❹ **1500**·2·2 政
山内時通注進状案　❸ **1432**·12 月 社
山名氏討伐　❹ **1467**·10·3 政
山名満幸討伐　❸ **1395**·3·20 政
山内上杉氏、長尾景虎を頼る　❹ **1552**·1·10 政
結城·蘆名·佐竹三氏同盟　❹ **1582**·2·10 政
遊覧(丹後天橋立、足利義満)　❸ **1386**·10·20 政
遊覧(富士、足利義満)　❸ **1388**·9·16

政
遊覧(富士、足利義教)　❸ **1432**·9·10 政
遊覧(若狭·丹後)　❸ **1395**·5·9 政
由利十二党　❹ **1467**·是年 政
琉球遠征計画　❹ **1533**·9·16 政
琉球の位階　❹ **1509**·是年 政
連署起請文　❹ **1550**·7·20 政
六角高頼征伐　❹ **1487**·8·9 政／9·12 政／**1491**·8·22 政／11·18 政

江戸(幕府)時代

会津騒動　❺-1 **1639**·4·16 政／**1641**·3·15 政／**1643**·5·2 政
秋田佐竹家中騒動　❺-2 **1717**·10 月 政
上知(上地、あげち·じょうち、江戸·大坂·新潟)　❺-2 **1843**·6·1 政／9·18 政
赤穂浪士　❺-1 **1701**·3·14 政／**1702**·12·4 政／**1703**·2·4 政／**1704**·2·28 政
アヘン戦争　❺-2 **1843**·7·9 政
アロー号事件　❻ **1857**·2·1 政
安政の大獄　❻ **1858**·9·5 政／**1858**·9 月 社／**1859**·8·27 政／**1859**·安政の大獄(特集ページ)
アンボイナ事件　❺-1 **1623**·2·9 政
家康隠居所　❺-1 **1615**·11·29 政
家康と秀頼の対面と世間の安堵　❺-1 **1611**·3·28 社
生田万の乱　❺-2 **1837**·6·1 政
池内大学斬奸状　❻ **1863**·1·22 社
諫早藩主蟄居　❺-2 **1750**·10·26 政
夷人討伐　❺-1 **1665**·是夏 政
出雲母里藩お家騒動　❺-2 **1766**·10·24 政
一国一城の制　❺-1 **1615**·⑥·13 政
稲葉騒動　❺-1 **1648**·9·20 政／**1656**·8·16 政
稲葉堀田一件　❺-1 **1684**·8·28 政
猪熊騒動　❺-1 **1609**·7·4 政
岩槻藩主お家騒動　❺-1 **1684**·7·21 政
植崎九八郎上書　❺-2 **1783**·7 月 政／是年 文
丑歳の騒動(人吉藩)　❻ **1865**·9·25 政
浦野事件(金沢藩)　❺-1 **1665**·4·2 政／**1667**·2·15 政／3·9 政／8·19 政
エスピリッツ·サント号事件　❺-1 **1602**·8·9 政
越後騒動　❺-1 **1674**·1·29 政／**1679**·10·19 政／**1680**·7·22 政／**1681**·6·21 政
越前松平御家騒動　❺-1 **1612**·11·28 政
江戸在勤期間　❺-1 **1642**·5·9 政／9·1 政
江戸城総出仕　❻ **1862**·12·13 政／**1867**·10·21 政
江戸殿中刃傷事件　❺-1 **1621**·9 月 政／**1624**·6·16 政／**1627**·11·6 政／**1646**·9·18 政／❺-2 **1716**·6·25 政／**1725**·7·28 政／**1747**·8·15 政／**1784**·3·24 政／❻ **1857**·4·13 政
江戸幕府滅亡　❻ **1867**·10·14 政
江戸へ人質(妻子)を置く　❺-1 **1624**·11·13 政／**1634**·8·4 政／**1665**·7·13 政
大奥の法度　❺-2 **1716**·11·28 政／**1721**·4 月 政／**1744**·9·29 政／**1841**·10·5 社
大塩平八郎の乱(檄文も)　❺-2 **1837**·2·19 政
小笠原長行独断支払問題　❻ **1863**·5·20 政／5 月 社／**1872**·8·4 政
岡本大八事件　❺-1 **1610**·12·9 政／**1612**·2·23 政／3·18 政
おこぜ組事件(土佐·高知藩)　❺-2 **1843**·9 月 政／11·23 政
お由良騒動·高崎崩れ　❺-2 **1849**·12·4 政
恩貸(江戸幕府)　❺-1 **1635**·7·7 政／**1658**·4·18 政／7·3 政／**1668**·11·23 政／**1669**·5·1 政／**1675**·2·8 政／3·9 政／**1679**·12·12 政／**1696**·8·5 社／**1703**·11·7 政／**1709**·7·24 政／❺-2 **1718**·9·8 政／12·1 政／**1723**·2·16 政／**1725**·4·12 政／**1728**·4 月 社／6 月 政／10·5 政／**1731**·10 月 政／**1732**·5·26 政／**1734**·5·23 政／**1736**·12·6 社／**1737**·6·30 社／**1738**·3·6 社／**1740**·4 月 政／**1759**·4·10 社／**1766**·1·29 政／5·12 政／6·19 政／8·11 政／8·17 政／12·6 政／**1767**·7·10 政／**1772**·3·26 政／**1773**·7·30 政／8·1 政／10·13 政／11·20 政／**1774**·1·12 政／9·19 政／9·21 政／12·22 政／**1775**·⑫·28 政／**1776**·6·9 政／**1778**·4·5 政／9·21 政／10·9 政／**1780**·7·25 政／11·12 政／**1782**·10·4 政／**1786**·8·2 政／11·6 政／**1788**·1·30 政／**1792**·7·29 社／**1794**·⑪·9 政／**1795**·4·23 政／11·27 政／**1798**·11·6 政／12·29 政／**1799**·1·26 政／12·16 政／**1800**·4·15 政／**1802**·5·27 政／11·4 政／**1804**·10·27 政／11·28 政／**1805**·6·2 政／7·16 政／⑧·1 政／**1806**·3·26 政／11·12 政／**1808**·10·29 政／**1809**·3·16 政／9 月 政／11·11 政／**1810**·12·6 政／**1812**·7·2 政／**1813**·12·22 政／**1814**·4·16 政／**1815**·10·16 政／**1817**·12·27 政／**1821**·9·12 政／**1824**·3·10 政／4·8 政／**1825**·4·26 政／5·16 政／**1826**·11·4 政／**1828**·7·12 政／**1829**·4·28 政／7·27 政／7·29 政／10·24 政／**1830**·11·21 政／12·28 政／**1831**·6·25 政／7·21 政／10·21 政／12·21 政／**1832**·3·10 政／3·14 政／3·29 政／4·26 政／**1834**·12·24 政／12·27 政／**1836**·12·2 政／**1837**·2·7 政／2·15 政／3·29 政／8·9 政／10·26 政／**1838**·7·5 政／**1839**·12·5 政／12·22 政／**1842**·5·14 政／7·2 政／**1844**·1·18 政／**1845**·7 月 政／**1846**·1·15 政／3·20 政／12·19 政／**1847**·4·23 政／6·14 政／8·7 政／9·6 政／**1848**·2·26 政／4·2 政／5·13 政／8·12 政／10·26 政／11 月 政／**1850**·3·23 政／4 月 政／7 月 政／8·14 政／12 月 政／**1851**·6 月 政／12·20 政／**1852**·6·2 政／11·3 政
加賀騒動　❺-2 **1746**·7·2 政
各役所定額経費(一年間)　❺-2 **1750** 12·8 政
加地子地事件(佐賀藩)　❺-2 **1841**·8 月 政
和宮降嫁　❻ **1860**·2 月 政／4·1 政／5·11 政／8·13 政／11·1 政／**1861**·1·28 政／4·19 政／8·27 社／10·20 政／**1862**·2·9 政／2·11 政 1／**1877**·9·2 政
椛札(かせぎふだ)制度の開始　❺-2 **1753**·2·13 政
加藤大弐一件　❺-2 **1730**·10·17 政
寛文印地(朱印状)　❺-1 **1664**·3·5 政／4·28 政
貫文制から石高制(検地)　❺-1 **1639** 是年 政
帰農令·旧里帰農奨励　❺-2 **1790**·1 月 政／11·28 社／**1791**·12 月 政／**1793**·4·23 政／**1842**·11·13 社
九州のかくし目付　❺-1 **1669**·6·8 政
宮中乱行事件　❺-1 **1609**·11·7 政
旧幕臣家名再興許可　❻ **1883**·2·12 政
急務十策(佐久間象山)　❻ **1853**·7 月 政
恭順の誓書　❺-1 **1614**·2·14 政
享保の改革·政治　❺-2 **1719**·4·25 政／**1722**·5·15 政／**1787**·7·1 政／**1788**·1·2 政
享保の国分け　❺-2 **1722**·9·24 社
銀·銀箔私売買禁止　❺-2 **1785**·12·2 政
近思録崩れ(鹿児島藩)　❺-2 **1807**·1 月 政／**1808**·4·9 政
公卿堂上処罰　❻ **1857**·9·30 政／**1859**·2·5 政
栗山大膳騒動　❺-1 **1633**·3·15 政
車一揆　❺-1 **1602**·7 月 政
黒田長政三か條　❺-2 **1727**·9·23 政
国縫(くんぬい)川の決戦　❺-1 **1669** 8·4 シャクシャインの蜂起
慶安の変(由井正雪の乱)　❺-1 **1651**·7·23 政
芸術見分けの令　❺-2 **1787**·7 月 政
結党を禁止(鹿児島)　❺-2 **1808**·6 月 社
献上品の規定　❺-2 **1761**·10·16 政
元禄の地方直(じかたなおし)　❺-1 **1697**·7·26 政
航海遠略策(萩藩)　❻ **1861**·3·28 政／**1862**·2·24 政／6·5 政
公武御合体　❺-1 **1715**·8·25 政／9·25 政
黒龍江調査(水野正大夫)　❻ **1861**·4·28 政
米十五万石増貢(朝廷)　❻ **1864**·4·29 政
ゴロヴニン幽囚事件　❺-2 **1811**·6·4 政／**1812**·3·24 政／8·3 政／8·13 政／**1813**·5·26 政／6·21 政／8·17 政／9·11 政
西国大名証人の始め　❺-1 **1604**·6·20 政
財政改革(対馬藩)　❺-1 **1658**·是年 政
坂下門外の変　❻ **1862**·1·15 政
佐賀藩火術局·精煉局　❻ **1853**·11 月 政

桜田門外の変 ❻ **1860**·3·3 政
佐土原騒動 ❺-1 **1686**·7·26 政／❺-2 **1824**·2·20 政
猿ヶ辻の変 ❻ **1863**·5·20 政
参勤(江戸) ❺-1 **1603**·2·21 政／是春 政
参勤交替の制 ❺-1 **1615**·7·7 政／**1629**·9·6 政／**1635**·6·21 政／**1642**·5·9 政／**1653**·2·7 政／**1680**·4·5 政／**1684**·2·27 政／**1704**·3·23 社／**1712**·4·23 政／❺-2 **1716**·8·1 政／**1718**·2月 政／**1721**·9·26 政／10月 政／**1730**·4·15 政／**1777**·7·30 政／**1841**·9·1 政／**1850**·2·15 政／3·17 政／❻ **1862**·⑧·22 政／**1864**·9·1 政
三藩主不時登城 ❻ **1858**·6·24 政／7·5 政
仕上世座 ❺-1 **1611**·是年 政
シーボルト事件 ❺-2 **1829**·2·16 政／9·25 政／**1830**·3·26 文
地方知行制廃止 ❺-1 **1675**·4·15 政
四奸二嬪(しかんにひん)弾劾事件 ❻ **1862**·8·16 政
時政得失の進言 ❺-2 **1731**·5月 政
島津·佐竹両氏上洛せず ❺-1 **1601**·1月 政
島津氏、石田三成に応ずる ❹ **1600**·7·17 関ヶ原合戦
島原·天草地方移住 ❺-1 **1642**·5·16 社
島原攻城戦論功行賞 ❺-1 **1661**·8月 政
下関事件 ❻ **1863**·5·10 政／6·1 政／**1874**·7·31 政
下関新地会所攻撃(高杉晋作) ❻ **1864**·12·16 政
下関戦争 ❻ **1864**·7·27 政／8·5 政／9·6 社
シャクシャインの乱 ❺-1 **1669**·是春 政／**1669**·シャクシャインの蜂起／**1672**·7月シャクシャインの蜂起
赦律(幕府) ❺-2 **1851**·5月 政
出張費用の制(代官·手代) ❺-2 **1743**·2月 政
朱引内、外(江戸御府内·御府外) ❺-2 **1818**·9·26 政
叙位の儀 ❺-1 **1601**·1·6 政
攘夷緩和の宸翰 ❻ **1864**·1·8 政
攘夷期限日布告 ❻ **1863**·4·20 政
攘夷禁止(水戸藩) ❻ **1864**·4·2 政
攘夷督促勅使 ❻ **1862**·10·12 政
攘夷方針布告(幕府) ❻ **1862**·12·13 政
承応事件 ❺-1 **1652**·9·13 政
将軍家光上洛 ❺-1 **1634**·6·29 政
将軍家御心得十五の條 ❺-2 **1788**·8月 政
将軍(征夷大将軍)の印章(印文) ❻ **1857**·11·18 政
将軍拝謁作法 ❺-2 **1722**·7·13 社
〈昌光丸〉沈没 ❻ **1863**·7·3 政
上疏覚書(水野忠邦) ❺-2 **1841**·5月 文
正徳のお船揃 ❺-1 **1711**·3·23 政
庄内藩御家騒動 ❺-1 **1646**·9·25 政
職制改革(秋田藩) ❺-1 **1676**·2月 政
諸大名拝謁の順序 ❺-1 **1643**·8·1 政
諸大名に江戸府内に宅地 ❺-1 **1603**·2·21 政
人材登用令 ❺-2 **1787**·9月 政
真忠組挙兵 ❻ **1863**·11·12 政
新百姓取立て ❺-2 **1833**·8月 政
政治改革令(幕府) ❺-2 **1843**·11·15 政
関札一件 ❺-2 **1836**·3·13 政
絶家·領地収公(理由)
絶家(自殺) ❺-1 **1617**·4月 政
絶家(発狂) ❺-1 **1679**·8·7 政／12·11 政／**1693**·11·26 政／**1694**·10·7 社／**1697**·6·20 政／**1698**·9·15 社／**1702**·2·23 政／**1705**·12·3 政
絶家(無子·無嗣子) ❺-1 **1602**·10·18 政／**1603**·9·11 政／**1607**·3·5 政／**1611**·10·6 政／12·30 政／**1612**·4·20 政／**1613**·9·27 政／**1621**·2·23 政／**1622**·6·19 政／**1623**·4·2 政／**1626**·5·7 政／**1627**·1·4 政／**1632**·1·5 政／**1633**·9·20 政／**1634**·8·18 政／**1636**·7·7 政／**1637**·6·12 政／**1638**·8·1 政／**1641**·9·6 政／**1642**·3·2 政／**1647**·6·4 政／8·23 政／9·21 政／**1648**·6·19 政／**1650**·5·17 政／**1656**·2·19 政／3·26 政／**1657**·3·9 政／**1675**·④·29 政／**1679**·4·1 政／11·2 政／**1680**·6·26 政／**1692**·5·9 政／**1693**·10·6 政／**1696**·6·15 政／10·22 政／**1698**·5·1 政／**1702**·2·23 政／❺-2 **1716**·9·6 政／**1723**·12·6 政／**1726**·11·11 政
銭屋五兵衛、毒を流し処刑との噂 ❻ **1853**·12·6 政
芹澤鴨暗殺 ❻ **1863**·9·18 社
仙石騒動 ❺-2 **1835**·6·7 政／12·9 政
相馬大作事件 ❺-2 **821**·4月 政／**1822**·8·29 政
尊号一件(閑院宮典仁親王) ❺-2 **1788**·4月 政／**1789**·8月 政／11·12 政／**1791**·8·20 政／**1792**·1·18 政／10·4 政／11·12 政／**1793**·1·23 政／1·26 政／2月 文
大臣の転任の謝礼使 ❺-1 **1640**·12·25 政
太平天国の乱 ❻ **1854**·3月 政
大名の進物制 ❺-1 **1667**·4·29 政
台湾遠征 ❺-1 **1616**·3·29 政
高島秋帆釈放 ❻ **1853**·8·6 政
高松藩(讃岐)騒動 ❺-1 **1640**·7·26 政
滝山騒動 ❺-1 **1603**·11月 政
竹内式部事件 ❺-2 **1778**·6·25 政
他国出稼制限令 ❺-2 **1789**·12月 社
但馬生野の変 ❻ **1863**·10·9 政
太政官符(朝廷から幕府へ) ❻ **1854**·12·23 政
辰巳屋事件 ❺-2 **1740**·3·19 政
伊達騒動 ❺-1 **1660**·7·18 政／**1671**·3·27 政
知行方朱印状 ❺-1 **1634**·⑦·16 政
知行相続 ❺-1 **1647**·4·19 政
知行判物改 ❺-2 **1764**·8·7 政
朝廷勤仕制 ❻ **1863**·4·20 政
朝廷の幕政への干渉 ❺-2 **1846**·8·29 政
長府藩の断絶と復興 ❺-2 **1718**·3·20 政
出羽山形お家騒動 ❺-1 **1622**·6·21 政
天一坊事件 ❺-2 **1729**·4·21 社
天誅の貼紙 ❻ **1863**·8·2 社
天和の改革 ❺-1 **1681**·12·20 政
転封法度 ❺-1 **1608**·9·25 政／**1617**·7·21 政／**1622**·8·5 政
天保の改革 ❺-2 **1841**·5·22 政
土井利勝謀判怪文書事件 ❺-1 **1632**·4·10 政
登城の時間制 ❺-1 **1644**·10·8 政
東禅寺事件 ❻ **1861**·5·28 政／**1862**·5·29 政
盗賊御仕置定御定(寛政改革) ❺-2 **1794**·10月 政
徳川家定(将軍)継嗣問題 ❻ **1856**·10·6 政
徳川家光の傅 ❺-1 **1616**·5·29 政
徳川家茂·和宮の婚儀 ❻ **1862**·2·11 政1
徳川家茂の宮中献上品 ❻ **1863**·3月 社
徳川家茂の上洛 ❻ **1862**·9·7 政／**1863**·2·13 政／3·4 政／6·3 政／10·10 政／12·27 政／**1864**·1·8 政／5·16 政
徳川家康、太閤法度に背く ❹ **1600**·7·17 関ヶ原合戦
徳川家康の遺金 ❺-1 **1616**·是年 政
徳川家に献金 ❻ **1873**·5·25 政
徳川斉昭建議書 ❻ **1853**·7·10 社
徳川秀忠上洛 ❺-1 **1626**·5·28 政
徳川宗春を蟄居 ❺-2 **1739**·1·12 政
徳川慶喜入京 ❻ **1863**·1·5 政
内海警備の地 ❻ **1854**·1·16 政
長井雅楽自刃 ❻ **1863**·2·6 政
長崎丸事件 ❻ **1863**·12·24 政／**1865**·6·18 政
生麦事件 ❻ **1862**·8·21 政／**1863**·2·19 政／5·7 政
二の丸騒動(信濃諏訪藩) ❺-2 **1783**·7·3 政
農村統治令 ❺-2 **1720**·5·12 政／**1721**·⑦·23 政
農村復興策 ❺-2 **1789**·7月 政
幕府艦攻撃(徳島藩) ❻ **1863**·7·20 政
幕府問責使暗殺 ❻ **1863**·8·19 政
浜田弥兵衛、ヌイツ拉致事件 ❺-1 **1628**·5·28 政／**1632**·10·2 政
浜松藩主の乱行 ❺-2 **1816**·9月 政
番入の制 ❺-1 **1659**·6·25 政
蛮社の獄 ❺-2 **1839**·5·14 政／12·18 政
判物·朱印改 ❺-2 **1745**·11·29 政
非常警戒令(江戸·横浜) ❻ **1863**·5·4 社
備中松山池田長幸事件 ❺-1 **1632**·4·6 政
人返令 ❺-2 **1790**·11·28 社／**1842**·11·13 政／**1843**·3·26 政
秘命騒動(柏原藩御家騒動) ❺-2 **1823**·是年 政
病死者看病後の出仕規則 ❺-1 **1714**·11·25 政

平山常陳事件 ❺-1 **1620**·7·6 政／**1621**·10·3 政
広島城無断修理事件 ❺-1 **1619**·1·24 政／6·2 政
広幡家創設 ❺-1 **1663**·11·22 政
ふいご祭(鍛冶屋·刀工·鋳物師などが仕事を休んで稲荷神社に詣で、「鞴祭り」を行った) ❺-1 **1706**·11 月 社
武器密輸の計画 ❺-1 **1676**·1·9 政
不行跡公家を処罰する ❺-1 **1619**·9·18 政
福山騒動 ❺-1 **1698**·6·13 政
武家の官位 ❺-1 **1606**·4·28 政／**1611**·是年 政／**1615**·1·17 政
武士の堕落 ❺-2 **1740**·是年 政
豊前小倉藩騒動 ❺-2 **1814**·11·16 政
譜代身分(幕府) ❺-2 **1722**·6·7 政
服忌令 ❺-2 **1735**·3·24 政／**1736**·9·15 政
文化丁卯の変 ❺-2 **1807**·4·23 政
文武講習所 ❻ **1853**·8·5 文
文武を奨励 ❺-2 **1841**·7·4 政／**1845**·7·27 政
米船攻撃(萩藩) ❻ **1864**·6·7 政
兵賦金 ❻ **1862**·12·3 政／**1867**·1·4 政／10·3 政
ヘスヒリーン号(米)難破 ❻ **1859**·8·7 政
宝永の総御番入 ❺-1 **1709**·4·6 政
方広寺大仏鐘銘事件 ❺-1 **1614**·6 月 政
宝暦事件(明和事件) ❺-2 **1756**·12 月 政／**1757**·1·23 政／6·4 政／**1758**·5·6 政／**1759**·5·7 政／**1760**·4·29 政／**1767**·5·22 政／8·22 政／**1778**·6·25 政
宝暦治水事件 ❺-2 **1755**·5·25 政
本圀寺事件 ❻ **1863**·8·17 政
マードレ·デ·デウス号事件 ❺-1 **1609**·5·25 政／12·9 政／**1610**·12·9 政／**1612**·2·23 政／3·18 政
牧志事件 ❻ **1857**·9·2 政／10·10 政
松平定政事件 ❺-1 **1651**·7·5 政
三河岡崎藩騒動 ❺-2 **1751**·11·11 政
三河形原騒動 ❺-1 **1712**·6·19 政
水戸·名古屋·福井三藩主不時登城 ❻ **1858**·6·24 政／7·5 政／**1860**·9·4 政
メナシの夷人蜂起 ❺-1 **1653**·是年 政
目安箱 ❻ **1868**·2·24 社／7·19 社／**1873**·6·10 政
毛利氏、防·長二か国安堵 ❹ **1600**·10·10 関ヶ原合戦
最上家騒動 ❺-1 **1620**·3·18 政
柳川一件(朝鮮と国交回復交渉) ❺-1 **1606**·7·4 政／8·23 政／11·3 政／**1607**·1 月 政／2·8 政／3·21 政／④·20 政／**1609**·3·22 政／**1634**·12·20 政／**1635**·3·11 政／4·14 政／5·12 政／10 月 政
山形城主逃込む ❺-1 **1620**·9·12 政
山下幸内上書 ❺-2 **1721**·11·2 政
大和郡山松平甲斐守家騒動 ❺-2 **1733**·6·21 政
吉田松陰密航失敗 ❻ **1854**·3·27 社
蘭文誤訳事件 ❺-2 **1790**·9·6 政
離村禁止令(幕府) ❺-2 **1780**·9 月 政
琉球大島征討計画 ❺-1 **1606**·4·2 政／6·17 政／9·1 政／**1609**·2·26 政
龍造寺家再興の訴訟 ❺-1 **1644**·8·18 政
領地朱印状(諸社寺) ❺-1 **1665**·8·8 社
領地判物朱印状 ❺-2 **1717**·9·11 政／**1746**·10·11 政
領地没収(苛政) ❺-1 **1710**·2·25 政
領地没収(酒乱) ❺-1 **1687**·8·25 政
領地没収(妻を傷つけ) ❺-1 **1667**·5·28 政
例月登城の制 ❺-1 **1632**·3·28 政
浪士組 ❻ **1863**·2·6 政／3·13 政／4·7 社

明治維新

青松葉事件 ❻ **1868**·1·12 政
池田屋騒動 ❻ **1864**·6·5 政
乙丑の大獄(福岡藩) ❻ **1865**·10·23 政
英国、新政府を承認 ❻ **1868**·④·1 政
江戸鹿児島藩邸襲撃 ❻ **1867**·12·25 政
江戸攻撃中止 ❻ **1868**·3·9 政
江戸城総攻撃 ❻ **1868**·3·4 政
江戸幕府滅亡 ❻ **1867**·10·14 政
榎本武揚、幕府艦を率いて品川出港 ❻ **1868**·8·19 政
絵堂の戦闘(萩藩内戦) ❻ **1865**·1·6 政
奥羽人民告諭 ❻ **1869**·2·20 政
奥羽列藩会議 ❻ **1868**·④·21 政
王政復古の大号令 ❻ **1867**·12·9 政
王政復古方策 ❻ **1867**·10·6 政
王政復古派公卿赦免 ❻ **1867**·3·29 政
王政復古論功行賞 ❻ **1869**·9·26 政
大坂遷都建議 ❻ **1868**·1·23 政
大村騒動(肥前大村藩) ❻ **1867**·1·3 政
海援隊·亀山社中(高知) ❻ **1865**·5 月 政／**1867**·4 月 政
鹿児島·萩·高知三藩出兵協定 ❻ **1867**·11·13 政
鹿児島·萩·広島三藩連盟 ❻ **1867**·9·18 政
鹿児島藩出兵告諭 ❻ **1867**·11·1 政
鹿児島藩率兵上京 ❻ **1867**·10·17 政
偽勅と真勅 ❻ **1863**·8·26 政
旧幕府組織解体 ❻ **1868**·1·23 政
京都遷都計画 ❻ **1870**·8 月 政
局外中立(戊辰戦争) ❻ **1868**·1·25 社
禁裡守衛総督 ❻ **1864**·3·25 政
神戸事件 ❻ **1868**·1·11 政
五箇條の御誓文 ❻ **1868**·3·14 政／❽ **1946**·1·1 政
小御所会議 ❻ **1867**·12·9 政
五傍の掲示 ❻ **1868**·3·15 社
近藤勇処刑 ❻ **1868**·4·3 政
西郷·山岡鉄舟会見 ❻ **1868**·3·9 政
西郷·勝会談 ❻ **1864**·9·11 政／**1868**·3·9 政
西郷·木戸体制成立 ❻ **1871**·6·25 政
西郷·サトウ会見 ❻ **1866**·12·9 政
西郷隆盛暗躍 ❻ **1867**·9·1 政
西郷隆盛赦免 ❻ **1864**·1 月 政
西郷隆盛と犬 ❻ **1876**·5 月 政
西郷、萩藩と交渉 ❻ **1864**·10·24 政
堺事件 ❻ **1868**·2·15 政
坂本龍馬暗殺 ❻ **1867**·11·15 政
相良総三斬刑 ❻ **1868**·3·3 政
佐久間象山暗殺 ❻ **1864**·7·11 政
鎖港交渉 ❻ **1863**·8·10 政
鎖国復帰勅書 ❻ **1858**·12·24 政
薩長倒幕会談 ❻ **1867**·8·14 政
薩長連合 ❻ **1865**·6·24 政／**1866**·1·21 政
薩土盟約 ❻ **1867**·6·22 政
参朝参勤 ❻ **1870**·10·13 政
四国連合艦隊(萩藩攻撃) ❻ **1864**·7·27 政／8·5 政
四国連合艦隊、兵庫来航 ❻ **1865**·9·13 政
七卿都落ち ❻ **1863**·8·19 政
島田左近梟首 ❻ **1862**·7·20 政
島津久光挙兵上京 ❻ **1867**·3·25 政
島津久光建言事件 ❻ **1874**·5·15 政
島津久光上京猶予令 ❻ **1863**·7·12 政
攘夷緩和の宸翰 ❻ **1864**·1·8 政
攘夷期限日布告 ❻ **1863**·4·20 政
攘夷禁止(水戸藩) ❻ **1864**·4·2 政
攘夷督促勅使 ❻ **1862**·10·12 政
攘夷方針布告(幕府) ❻ **1862**·12·13 政
上州遷都建議 ❻ **1886**·12 月 政
新政府を英国が承認 ❻ **1868**·④·1 政
親幕派公卿追放 ❻ **1867**·4·17 政
静寛院宮書簡 ❻ **1868**·1·20 社
征韓論 ❻ **1867**·3 月 政／**1871**·3·22 政／**1873**·5·21 政／7·29 政／**1875**·11 月 政
政権委任(幕府) ❻ **1864**·6·1 政
船中八策(高知藩) ❻ **1867**·6·9 政
草莽崛起論(吉田松陰) ❻ **1859**·4·7 政
大政一新の詔 ❻ **1868**·2·28 政
大政委任 ❻ **1864**·4·20 政
大政返上 ❻ **1863**·2·19 政
大政奉還 ❻ **1867**·10·3 政／10·14 政
大藩·中藩·小藩の制 ❻ **1868**·2·11 政
対フランス借款契約 ❻ **1866**·8·20 政
脱籍無産者復籍規則 ❻ **1870**·9·4 政
朝敵処分 ❻ **1868**·1·10 政
勅使江戸派遣 ❻ **1862**·5·8 政／6·7 政
勅書返納問題 ❻ **1860**·5·15 政
寺田屋事件 ❻ **1866**·1·23 政
寺田屋騒動 ❻ **1862**·4·23 政
天狗党の乱 ❻ **1864**·3·27 政
天誅組の乱 ❻ **1863**·8·14 政／**1864**·2·16 政
倒幕協議 ❻ **1867**·11·29 政
倒幕決定(萩藩) ❻ **1865**·5·22 政
倒幕詔書 ❻ **1867**·10·13 政
倒幕親征の詔 ❻ **1868**·2·3 政
倒幕の勅命(密勅) ❻ **1867**·10·8 政／10 月 政
徳川家処分 ❻ **1868**·5·24 政

徳川慶喜、江戸城帰還　❻ 1868·1·11 政
徳川慶喜親征の詔　❻ 1868·2·3 政
徳川慶喜蟄居　❻ 1868·2·12 政
徳川慶喜追討令　❻ 1868·1·7 政
徳川慶喜討薩表　❻ 1868·1·2 社
徳川慶喜入京　❻ 1863·1·5 政
中岡慎太郎暗殺　❻ 1867·11·15 政
二十二卿列参　❻ 1866·8·30 政
偽官軍　❻ 1868·1·12 政／3·3 政
農商布告　❻ 1868·1·10 文
農民土地所有許可　❻ 1868·12·18 政
農民の職業変更許可　❻ 1872·8·12 政
萩·水戸両藩提携成立　❻ 1860·7·8 政
萩藩恭順　❻ 1864·11·7 政
萩藩処分　❻ 1866·1·22 政／5·1 政
萩藩嘆願書(朝廷)　❻ 1864·7月 社
萩藩追討軍撤兵　❻ 1864·12·27 政
萩藩追討の命　❻ 1864·7·22 政
萩藩と鹿児島藩協調　❻ 1866·10·15 政
萩藩藩是決定会議　❻ 1864·9·25 政
萩藩兵上京　❻ 1864·6·17 政
幕府(旧幕府)関係者赦免　❻ 1872·1·6 政
幕府旧領地を政府直轄地とする　❻ 1868·1·10 政
八月十八日の政変　❻ 1863·8·18 政
浜殿(浜御殿)　❻ 1868·1·11 政／1869·7·9 政
パリ万国博覧会　❻ 1866·2·28 社／4·5 社／1867·2·27 政／1878·5·1 文
万機親裁布告　❻ 1868·④·22 政
藩制改革(政府要求)　❻ 1870·9·10 政
版籍奉還　❻ 1869·1·20 政／6·17 政
非義勅命の手紙　❻ 1865·9·23 社
非常警戒令(江戸·横浜)　❻ 1863·5·4 社
広澤真臣暗殺　❻ 1871·1·9 政
武家·華族東京移住命令　❻ 1870·11·20 政
仏像梟首(水戸浪士)　❻ 1864·2·14 社
兵賦金納制　❻ 1867·10·3 政
別手組　❻ 1861·1·18 政／1870·7·24 政／1872·8·14 政
戊午の密勅事件　❻ 1858·8·8 政·社／11·4 政／1859·11·19 政·社／12·16 政／1860·2·23 政
政始(まつりごとはじめ)　❻ 1874·1·4 政
水戸藩へ勅諚　❻ 1858·8·8 政／11·4 政／1857·11·19 政／12·16 政／1860·2·23 政
水戸浪士取締令　❻ 1862·2·9 政
美作浜田藩兵叛乱　❻ 1870·1·14 政
山口藩(萩藩)脱隊兵叛乱　❻ 1870·1·26 政／1871·3·13 政
禄制改革　❻ 1869·12·2 政
禄制改革(米沢藩)　❻ 1869·是年 政
和熟の治国　❻ 1863·11·15 政

明治·大正時代

青森県知事失言事件　❻ 1888·9·5 政
赤旗事件　❼ 1908·6·22 政
秋月の乱　❻ 1876·10·27 政／12·3 政
阿部守太郎刺殺事件　❼ 1913·9·4 政
阿片問題　❼ 1921·2·8 政
〈亜米利加丸〉、婦人凌辱事件　❼ 1901·7·25 政
飯田事件　❻ 1884·12·6 政
井伊直弼斬奸趣意書　❻ 1860·3月 社(囲み)
井伊大老追罰　❻ 1862·11·24 政
石井定七事件　❼ 1922·2·28 政
板垣意見書　❻ 1887·8·12 政
板垣退助外遊(批判)　❻ 1882·9·17 政／11·11 政
一厘裁判　❼ 1910·10·11 社
伊藤枢密院議長辞任事件　❻ 1889·10·11 政
伊藤博文暗殺　❼ 1909·10·26 政／1910·1·5 政
伊藤博文首相横転事件　❻ 1892·11·27 政
伊藤博文政党組織案　❻ 1892·1·22 政
稲田騒動　❻ 1870·5·13 政
岩倉具視襲撃事件　❻ 1874·1·14 政
ウィーン万国博覧会　❻ 1873·2·25 文／1874·3·20 社
浦役場　❻ 1876·12·21 政
戎座演説事件　❻ 1881·9·10 政
〈エルトグロール号〉(トルコ)遭難事件　❻ 1890·9·16 政／10·16 政
延遼館　❻ 1869·9·18 政
延遼館大舞踏会　❻ 1886·3·18 政
大浦事件　❼ 1915·9·22 政
大久保利通の威厳　❻ 1878·4月 政
大隈重信外相襲撃事件　❻ 1889·10·15 政／12·14 政
大隈重信外相就任問題　❻ 1887·8·14 政
大蔵省事件　❻ 1873·5·14 政
大阪会議　❻ 1875·1·8 政／2·11 政
大阪事件　❻ 1885·11·23 政／1888·3·28 政
大阪松島遊郭移転疑獄事件　❼ 1926·2·28 政
大津事件　❻ 1891·5·11 政／5·11 社／5·12 政／9·29 政
岡山県財田小学校差別事件　❼ 1924·5·29 社
愛宕(おたぎ)通旭事件　❻ 1871·3·7 政
お控えなさい問題　❼ 1897·2·26 政
改姓広告　❻ 1880·10·4 社
海防十か條(徳川斉昭)　❻ 1853·7·8 政
鹿児島の状況　❻ 1879·1月 社
勝井騒動(対馬藩)　❻ 1864·10·13 政
加藤高明暗殺未遂事件　❼ 1925·4·10 政
加波山事件　❻ 1884·9·23 政／1886·7·2 政
加茂事件　❻ 1884·7·24 政
カヤルテ号事件　❻ 1868·7·20 政
家禄·賞典禄　❻ 1875·9·7 政
家禄奉還を停止　❻ 1875·8·24 政
川上音二郎演説会　❻ 1883·8·1 政
川路聖謨自殺　❻ 1868·3·15 政
咸鏡道防穀令損害賠償事件　❻ 1891·12·7 政／1892·8·4 政／1893·2·25 政／5·4 政
間島日本領事館分館馬賊襲撃事件　❼ 1922·6·28 政
官有森林原野など処分規則　❻ 1890·4·5 社
官有地払下貸下規則　❻ 1885·6·25 政
官吏減俸事件　❼ 1897·3·30 政／1929·10·15 政／1931·5·16 政／6·1 政
偽党(立憲改進党)攻撃　❻ 1883·4·23 政
岐阜県町村役場吏員辞表提出事件　❻ 1893·10·26 政
機密費横領事件　❼ 1926·3·4 政
九州全土大運動会　❻ 1888·1·7 政
旧幕臣家名再興許可　❻ 1883·2·12 政
行政改革に伴う官制の改廃　❼ 1903·3·20 政
京大学連事件　❼ 1926·1·15 政
京都赤旗事件　❼ 1920·11·30 政
京都府疑獄事件　❼ 1918·4·23 政
暁民共産党事件　❼ 1921·8·21 政／11·12 政
共和演説事件　❼ 1898·8·21 政／10·24 政
局外中立(日清戦争)　❻ 1894·8·3 政
漁船〈三重丸〉事件　❼ 1908·7·24 政
勤倹の勅語　❻ 1879·3·10 政
熊本鎮台暴動　❻ 1873·12·21 政
雲井龍雄処刑　❻ 1870·12·28 政
黒田清隆右大臣任用問題　❻ 1885·11·11 政
群馬県世良田村未解放部落襲撃　❼ 1925·1·18 社
群馬事件　❻ 1884·5·13 政
刑事訴訟法　❻ 1890·10·7 政
京城事変　❻ 1895·10·8 政
刑法草案審査局　❻ 1877·12·25 政
血税反対一揆批判論　❻ 1873·5月 政
ゲルマン倶楽部　❻ 1888·12·28 政
元勲優遇　❻ 1891·5·6 政
元勲優遇詔書　❻ 1889·11·1 政
憲政の本義　❼ 1916·1月 政
江華島事件　❻ 1875·9·20 政
耕地区画整理事業　❻ 1888·3·5 政
国安妨害演説禁止　❻ 1879·5月 政
国際無産青年デー　❼ 1925·9·6 政
国事犯　❻ 1870·6·8 政
国内統計表　❻ 1872·4月 政
国法会議　❻ 1870·11·27 政
国防会議　❻ 1885·4·10 政／1886·3·18 政
国民協会　❻ 1892·6·22 政
護憲運動　❼ 1924·1·10 政／2·1 政
小作慣行調査　❻ 1885·4·6 政
国家予算公表　❻ 1873·6·9 政
子供売買禁止　❻ 1872·2·25 政
在留日本人取締規則(清国·朝鮮国)　❻ 1883·3·10 政
酒田豪商不敬事件　❻ 1893·1·28 社
佐賀の乱　❻ 1874·2·1 政
酒屋会議　❻ 1881·11·11 政／1882·4·26 政／5·4 政

サマーズ不敬事件　❻ **1890**·5·7 政
茶話会　❻ **1893**·8·22 政
三大事件建白書　❻ **1887**·10 月 政／12·15 政
山旦地漂着(倉内忠右衛門)　❻ **1859**·4·2 政
思案橋事件　❻ **1876**·10·29 政／12·3 政
シーメンス事件　❼ **1914**·1·23 政／2·10 政／5·28 政／**1917**·4 月 政
死刑廃止問題　❻ **1888**·9 月 社／**1891**·3 月 政
四国会議　❻ **1869**·4·19 政／**1870**·8·28 政
静岡事件　❻ **1886**·6·11 政
静岡の三大工事　❻ **1884**·4 月 政
施政方針演説　❻ **1890**·12·6 政
島根·鳥取両県合併反対(島根市)　❼ **1914**·12·16 政
車夫政談演説会　❻ **1882**·11·24 社
自由民権田舎まで浸透　❻ **1881**·6 月 政
省卿兼任問題　❻ **1880**·2·28 政／**1881**·10·21 政
証拠法の設定　❻ **1876**·6·10 政
上州遷都建議　❻ **1886**·12 月 政
人身担保金銭貸借禁止　❻ **1875**·8·14 政
神風連の乱　❻ **1876**·10·24 政／12·3 政
辛未政表　❻ **1872**·4 月 政
枢密院諮詢事項　❼ **1900**·4·9 政
政治演説会禁止　❻ **1878**·7·12 政
政体書の発布　❻ **1868**·④·21 政
政談演説会届出制　❻ **1878**·12·9 政
政談大演説会　❻ **1885**·1·11 社
政党結成の始め　❻ **1874**·1·12 政
政党三派合同　❻ **1890**·5·5 政
制度取調所　❻ **1869**·5·18 政／**1884**·3·17 政
西南戦争　❻ **1877**·西南戦争(特集ページ)
政府と民党の対立　❻ **1891**·1·8 政
政府要人は薩·長·土·肥が中心　❻ **1888**·5 月 政
政務会議　❻ **1869**·4·18 政
政務研究会　❻ **1890**·9·22 政
赤化防止団事件　❼ **1924**·6·26 社
世良修蔵暗殺　❻ **1868**·④·20 政
選挙干渉事件　❼ **1915**·4·1 政
前米大統領グラント来日　❻ **1879**·6·21 政／7·4 政／8·25 社／**1880**·6·7 政
壮士　❻ **1883**·11·16 政／**1889**·4·13 政／11·8 政／**1891**·1·13 政
壮士懇親会　❻ **1887**·9·7 政
壮士取締り　❻ **1891**·10·14 政／**1892**·5·21 政
大学生政談演説会傍聴禁止　❻ **1883**·2·9 政
大逆罪　❼ **1925**·10·20 政
大逆事件　❼ **1910**·5·25 政／12·10 政／**1911**·1·18 政／1·28 社／2·1 文／❽ **1961**·1·18 社
代言人(弁護士)の数　❻ **1887**·7 月 政
対等條約会　❻ **1890**·10·3 政
大同団結運動　❻ **1886**·10·24 政／**1887**·10·3 政／**1888**·4·22 政／7·5 政
〈第二辰丸〉事件　❼ **1908**·2·5 政
代人規則　❻ **1873**·6·18 政
対米問題演説会　❼ **1907**·2·27 政／**1924**·5·18 政／6·5 政
高田早苗議員襲撃事件　❻ **1892**·5·30 政
高田事件　❻ **1883**·3·20 政
竹橋騒動　❻ **1878**·8·23 政／10·15 政
多数決原理(区町村)　❻ **1876**·10·17 政
脱亜論　❻ **1885**·3·16 政
チェスボロー号(米)遭難　❻ **1889**·10·30 社
地価修正大会　❻ **1892**·2·5 政
治罪法　❻ **1890**·10·7 政
秩父事件　❻ **1884**·10·31 政／11·16 政／❾ **1974**·11·3 社
秩禄奉還　❻ **1873**·12·27 政
〈千歳丸〉シベリア銃殺事件　❼ **1897**·10·6 社
地方改良事業講習会　❼ **1909**·7·12 社
中央交渉部　❻ **1892**·4 月 政
懲役法　❻ **1875**·4·8 政
「超然主義」演説　❻ **1889**·2·12 政
徴発令　❻ **1882**·8·12 政
対馬藩援助要請　❻ **1863**·4·20 政／5·12 政
寺内正毅暗殺計画　❼ **1911**·1 月 政／**1912**·1·23 政
天皇機関説問題　❼ **1912**·3 月 政／8·13 政／**1935**·1 月 政／2·18 政／3·7 政／3·23 政／4·9 政／4·23 政／8·3 政／**1936**·1·10 政
登記法　❻ **1886**·8·13 政
東京在留外国人遊歩規程　❻ **1870**·⑩·12 社
東京市会汚職事件　❼ **1900**·11·15 政／**1922**·3·30 政
東京帝国大学教授戸水寛人　❼ **1905**·8·25 文
東京弁護士会　❻ **1893**·5·16 政
東方会議　❼ **1921**·5·16 政／**1927**·6·27 政／8·14 政
東洋自由新聞事件　❻ **1881**·3·18 政
徳川家に献金　❻ **1873**·5·25 政
徳島藩士、藩政不満騒動　❻ **1870**·5·7 政
都市計画調査会官制　❼ **1918**·5·22 政
トラック島王子来日　❻ **1893**·5·22 政
トルコ艦遭難事件　❻ **1890**·9·16 政／10·16 政
内閣反対全国新聞雑誌記者大会　❼ **1897**·12·14 政
中江兆民議員辞任問題　❻ **1891**·2·21 政
長崎事件(清国水兵)　❻ **1886**·8·13 政
長崎フランス水兵殺害事件　❻ **1888**·10·16 政
名古屋事件　❻ **1884**·12·17 政
七重村租借事件　❻ **1869**·2·19 政
七博士事件　❼ **1903**·6·10 政
南極探検隊　❼ **1910**·7·5 社／11·29 社／**1912**·1·15 社
　開南湾と命名　❼ **1912**·1·15 社
二重橋事件　❼ **1924**·1·5 政
二十六世紀事件　❼ **1896**·11·14 政
日清戦争賠償金　❼ **1896**·5·7 政／**1897**·5·8 政／**1898**·5·7 政
日糖疑獄事件　❼ **1909**·1·10 政／4·11 政
日本改造法案大綱　❼ **1923**·5·9 政
日本銀行·朝鮮政府借款契約　❻ **1895**·3·30 政
日本倶楽部　❻ **1889**·8·22 政／9·27 政
日本倶楽部(ニューヨーク)　❻ **1886**·2·11 政
日本軍艦の朝鮮派遣　❻ **1875**·4·15 政
日本人線路工夫(オレゴン)迫害事件　❻ **1893**·3 月 政
日本·朝鮮海底電線設置條約　❻ **1885**·12·21 政
日本童子外国売渡禁止　❻ **1870**·8·13 政
〈布引丸〉事件　❼ **1899**·7·19 政
農商務省汚職問題　❻ **1893**·12·4 政
農民協会　❻ **1894**·3·25 政
農民商業兼業許可　❻ **1872**·8·30 社
『農務顛末』　❻ **1888**·6 月 社
ノルマントン号遭難事件　❻ **1886**·10·24 政
廃藩置県　❻ **1871**·1 月 政／7·14 政
萩の乱　❻ **1876**·10·28 政／12·3 政
破産宣告　❻ **1890**·10·8 政
八戸順叔事件　❻ **1867**·3 月 政
白虹貫日事件　❼ **1918**·8·17 政
八甲田山遭難事件　❼ **1902**·1·23 政
閥族打破·憲政擁護　❼ **1913**·1·13 政
馬蹄銀横領事件　❼ **1902**·1·30 政
馬場辰猪逮捕　❻ **1885**·11·21 政
〈ハヤマル号〉遭難　❻ **1869**·5·8 社
パリ宣言　❻ **1886**·10·30 政
万国赤十字條約　❻ **1886**·6·5 政／11·16 文
反清集会　❻ **1885**·1·18 政
蛮勇演説(樺山海相)　❻ **1891**·12·22 政
日比谷焼討ち事件　❼ **1905**·9·5 社
福岡藩金札偽造事件　❻ **1870**·7·19 政
福島事件　❻ **1882**·5·12 政／11·28 政／**1883**·9·1 政
福島少佐単独シベリア横断　❻ **1892**·2·11 政／**1893**·6·28 政
福州水戸事件　❼ **1932**·1·3 政
武家地·町地　❻ **1871**·12·27 社／**1873**·11·2 政
府県会規則　❻ **1878**·7·22 政
布告·布達·告示·達の区別　❻ **1873**·7·19 政／**1881**·12·3 政
藤田組贋札事件　❻ **1879**·9·15 政
復興局疑獄事件　❼ **1924**·8·20 政
文官試験　❻ **1887**·7·25 政／**1890**·2·4 政／**1893**·10·31 政
文官任用令　❻ **1893**·10·31 政
文相·法相·海相辞任事件　❻ **1893**·3·7 政
文政審議会官制　❼ **1924**·4·15 政

文武官俸給一割国庫納入　❻ **1893**·2·10 政
米軍艦〈オマハ〉長崎池島事件　❻ **1887**·3·4 政
米国国旗引下し逃走　❼ **1924**·7·1 政
平和克復の大詔　❻ **1895**·4·21 政
報公義会　❻ **1894**·8·4 政
法律六十三号問題　❼ **1896**·3·14 政
鳳輦遮断事件　❼ **1896**·6·29 社
ボードウィン社(和)借入契約　❻ **1869**·3·25 政
北清事変賠償金　❼ **1902**·6·14 政
北陸軍港の秘密地図売却事件　❼ **1908**·6·11 政
星亨暗殺事件　❼ **1901**·6·21 政
松方蔵相辞任事件　❻ **1895**·8·27 政
宮古島サンシイ事件　❻ **1879**·7·22 政
宮古島島政改革要求問題　❻ **1893**·是年 政
無産階級運動の方向転換　❼ **1922**·8月 政
明治十四年の政変　❻ **1881**·10·11 政
明治神宮参道工事疑獄事件　❼ **1920**·11·1 政
明治六年の政変　❻ **1873**·10·14 政
森有礼暗殺事件　❻ **1889**·2·11 政
森戸事件　❼ **1920**·1·10 政
八幡製鉄所疑獄事件　❼ **1917**·9·25 政／**1918**·2·9 政
山県有朋暗殺未遂事件　❼ **1912**·12·24 社
山中峯太郎偽電事件　❼ **1917**·3·25 社
予戒令　❻ **1892**·1·28 政
横井小楠暗殺　❻ **1869**·1·5 政
横浜築港疑獄事件　❻ **1893**·3·28 政
ラッコ密猟船(米)漂着　❻ **1893**·5月 社
陸軍増師問題　❼ **1912**·11·22 政
陸軍大臣暗殺未遂事件　❼ **1897**·1·29 政
立志社武器購入事件　❻ **1877**·8·8 政
リベレートル(英)漂着　❻ **1877**·4·1 政
臨時軍事費(日清戦争)　❼ **1896**·3·7 政
臨時制度整理局官制　❼ **1911**·12·9 政
路傍演説　❻ **1878**·11月 政
昭和時代
相澤事件　❼ **1935**·8·12 政
愛知県警千種署派出所巡査襲撃事件　❾ **1982**·10·27 社
愛知大事件　❽ **1952**·5·7 政
暁に祈る事件　❽ **1958**·5·24 政
朝霞瀧田事件　❾ **1971**·8·22 政
浅草国際マーケット殴打事件　❽ **1951**·3·21 政
浅沼稲次郎社会党委員長刺殺事件　❽ **1960**·10·12 政
旭川市警察合同庁舎時限爆弾　❾ **1977**·3·8 政
朝日新聞阪神支局襲撃事件　❾ **1987**·5·3 社
〈浅間丸〉事件　❽ **1940**·1·21 政／1·28 政／1·29 政
足利尊氏論　❼ **1934**·2·3 政
芦原金次郎(芦原将軍)　❽ **1937**·2·2 社
愛宕山事件　❽ **1945**·8·22 社
熱海事件　❼ **1932**·10·30 政
阿南惟幾陸相割腹自殺　❽ **1945**·8·15 政
アニキエフ狙撃事件　❼ **1931**·3·16 政
アビ事件(ボルネオ叛乱)　❽ **1943**·10·10 政
アリソン殴打事件　❽ **1938**·1·26 政
〈阿波丸〉事件　❽ **1949**·4·6 政／**1950**·7·31 政
飯田橋事件　❽ **1951**·4·5 政
飯守事件　❾ **1970**·12·22 政
イールズ旋風　❽ **1949**·7·19 文／**1950**·5·2 文
伊江島土地収用事件　❽ **1955**·3·13 政
池子爆弾庫跡地住宅問題　❾ **1986**·3·2 政／**1987**·5·8 社／**1994**·11·17 社
泉山三六議員泥酔事件　❽ **1948**·12·13 政
糸山英太郎派金権選挙事件　❾ **1974**·7·7 政
〈インディギルカ号〉漂着　❽ **1939**·12·12 政
ウェーク島会談(トルーマン·マッカーサー)対日講和　❽ **1950**·10·14 政
〈浮島丸〉事件　❽ **1945**·8·24 政／❾ **2001**·8·23 社
英国排撃市民大会　❽ **1939**·7·12 政
江田ビジョン論争　❽ **1962**·7·27 政／11·27 政
恵庭事件　❾ **1966**·11·10 政
エルサルバドル日本人社長誘拐　❾ **1978**·5·17 政／**1990**·8·29 政
宴会行政事件　❾ **1986**·2·27 政
王崗事件　❽ **1941**·1月 政
欧州戦争に不介入声明　❽ **1939**·9·4 政
青梅事件　❾ **1968**·3·30 政
大北勝三直訴　❼ **1928**·1·8 政
大阪タクシー汚職　❾ **1967**·12·6 政／**1983**·2·10 社
大阪府警第二機動隊舎火炎弾　❾ **1985**·2·17 政
大島英三郎直訴　❼ **1928**·10·1 政
大須事件　❽ **1952**·7·7 政／❾ **1978**·9·5 政
オールロマンス事件　❽ **1951**·12·14 政
荻窪会談　❽ **1940**·7·17 政
沖縄人民党事件　❽ **1954**·8·27 政
沖縄デー事件　❾ **1969**·4·28 政
沖縄批准協定反対集会·デモ　❾ **1971**·11·14 政
Occupied Japan　❽ **1949**·12·5 政
海外派兵が問題化　❽ **1955**·8·29 政
外国人居住許可　❽ **1952**·4·2 政
外国人スパイ容疑者一斉逮捕　❽ **1940**·7·27 政
海相米内光政暗殺計画　❽ **1939**·7·15 政
改造事件編集者　❽ **1942**·8月 政
火炎びん(使用等処罰法)　❾ **1972**·4·24 政／**1975**·9·12 政
火炎瓶闘争　❽ **1951**·11·8 政
学園は治外法権ではない　❽ **1952**·3·18 文
革マル派　❾ **1974**·12·16 文／**1975**·3·16 文／6·4 文／7·17 文／**1980**·10·30 社／**1998**·5·20 文
革マル派·反革マル派衝突　❾ **1973**·1·19 文
鹿地亘拉致事件　❽ **1951**·11·25 政
片岡蔵相失言事件　❼ **1927**·3·14 政
金城トミ轢殺事件　❾ **1970**·9·18 政
河合栄次郎事件　❽ **1938**·10·5 文
川口放送所占拠事件　❽ **1945**·8·24 政
川島芳子事件　❽ **1948**·3·25 政
韓国小型軍用機不時着　❽ **1955**·1·28 政
神田カルチェラタン　❾ **1969**·1·18 社
企画院事件　❽ **1939**·1·7 政／**1941**·1月 政
企業連続爆破事件　❾ **1974**·8·30 政／**1979**·11·12 政／**1987**·3·24 政／**2002**·7·4 社／**2004**·5·11 社
岸信介首相襲撃事件　❽ **1960**·7·14 政
北朝鮮〈ズ·ダン号〉事件　❾ **1987**·1·20 政
北原泰作二等兵天皇直訴事件　❼ **1927**·11·19 政
北富士演習場返還要求　❾ **1971**·2·10 政
議長の椅子一千万円売買事件　❾ **1966**·12·7 社
鬼頭判事補ニセ電話事件　❾ **1976**·8·4 政／**1977**·2·1 政
キャラウェイ旋風　❽ **1961**·2·16 政
宮城事件　❽ **1945**·8·15 政
宮城録音盤事件　❽ **1945**·8·14 政
九大構内墜落米ジェット機　❾ **1968**·6·2 政／**1969**·1·5 文
共産党幹部獄中転向事件　❼ **1933**·6·7 政
共産党国際部長宅盗聴事件　❾ **1986**·11·27 社／**1994**·9·6 社
共産党スパイ事件　❾ **1976**·1·27 政
共産同赤軍派　❾ **1970**·5·9 政
共産党特殊資金部トラック部隊　❽ **1957**·8·22 政
共産党ピストル強盗　❼ **1935**·11·6 政
共産党リンチ事件　❼ **1934**·1·15 政
行政改革　❾ **1977**·11·28 政／**1980**·8·9 政／**1981**·1·21 政／**1982**·1·5 政／7·30 政／**1983**·3·14 政／5·23 政／12·2 政／**1984**·1·25 政／**1986**·6·10 政／12·19 政／**1987**·4·21 政／**1988**·5·23 政／**1990**·3·20 政／10·31 政／**1991**·6·12 政／**1993**·10·27 政／**1994**·1·21 政／**2006**·3·7 政
京大事件　❼ **1933**·4·11 文
京大同学会事件　❽ **1951**·11·12 政
京大俳句事件　❽ **1940**·2·14 文
共和(鉄骨メーカー)汚職事件　❾ **1992**·1·13 政／**1993**·5·17 政／**2000**·3·23 政
共和製糖事件　❾ **1966**·9·27 政／**1967**·2·8 政／3·18 政
極東の範囲　❽ **1960**·2·8 政

錦旗事件　❼ **1931**·10·17 政
金鍾泌来日阻止羽田闘争　❽ **1964**·3·20 政
近鉄上本町駅コインロッカー爆発　❾ **1974**·2·18 社
クアラルンプール事件　❾ **1975**·8·4 政
宮内省怪文書事件　❼ **1926**·8·3 政
久米島島民虐殺事件　❽ **1945**·6·27 政
クリスマスツリー爆弾事件　❾ **1980**·3·8 社
軍の外交干渉　❼ **1931**·8·4 政
警視総監公舎爆弾事件　❾ **1983**·3·9 政
警職法改悪反対国民会議　❽ **1958**·10·13 政
経団連会館襲撃事件　❾ **1977**·3·3 政
KDD 事件　❾ **1979**·10·2 社／**1980**·2·24 社
京浜安保闘争(爆弾製造工場)　❾ **1971**·2·17 政／**1972**·1·8 政
血盟団事件　❼ **1932**·1·31 政／2·9 政
ケネディ大統領(米)追悼国民大会　❽ **1963**·12·17 政
原子戦争準備反対学生総決起デー　❽ **1957**·5·17 政
憲兵隊事件　❽ **1949**·1·3 政
五井産業事件　❽ **1950**·2·13 政
皇居火炎弾発射事件　❾ **1986**·3·25 政
航空自衛隊佐渡島基地内反戦ビラ　❾ **1969**·11·22 政
荒神橋事件　❽ **1953**·11·11 社
皇太子沖縄訪問阻止闘争　❾ **1975**·7·17 政／**1987**·10·24 社
ゴーストップ事件　❼ **1933**·6·17 社
国際スパイ事件　❽ **1942**·5·16 政
国際青年学生反植民地闘争デー　❽ **1950**·1·21 文
国際動乱犠牲者救済デー　❽ **1956**·12·5 社
国際反戦·反軍国主義デー　❼ **1931**·8·1 政／**1932**·8·1 政／8·27 政
国際連盟脱退事件　❼ **1933**·3·27 政
国体明徴　❼ **1935**·1·9 政／3·23 政／8·3 政／10·15 政
国鉄同時多発ゲリラ　❾ **1985**·11·29 政／**1986**·9·24 社
国場君事件　❽ **1963**·2·28 政
「国防ノ本義ト其強化ノ提唱」　❼ **1934**·10·1 政
国民栄誉賞　❾ **1977**·9·3 社／**1984**·9·28 社／**1987**·6·13 社／**1989**·9·29 社／**1992**·5·27 文／7·7 社／**2011**·8·18 社／**2012**·10·23 社
五私鉄疑獄事件　❼ **1929**·11·29 政
五千万円受領念書事件　❾ **1981**·1·11 政
児玉邸飛行機突入事件　❾ **1976**·3·23 社
児玉誉志夫直訴事件　❼ **1929**·11·3 政
国家改造計画綱領　❼ **1933**·10月 政
国家総動員演習　❼ **1929**·6·24 政
五·一五事件　❼ **1932**·1·31 政／5·15 政／**1933**·5·17 政／9·11 政／**1934**·2·3 政
五·三〇事件　❽ **1950**·5·30 政
小林多喜二虐殺事件　❼ **1933**·2·20 政
コム·アカデミー事件　❼ **1936**·7·10 政
西園寺公望襲撃未遂事件　❼ **1934**·12·5 政
斎藤隆夫の反軍演説　❽ **1940**·2·2 政
在米同胞安全祈願祭　❽ **1944**·6·7 社
在米日本資産を凍結　❽ **1941**·7·25 政
桜田門事件　❼ **1932**·1·8 政
佐分利貞男中国公使自殺事件　❼ **1929**·11·29 政
三月事件　❼ **1931**·3·6 政／3·20 政／**1935**·7·11 政
「三光」販売中止事件　❽ **1957**·5·4 社
三十二年テーゼ　❼ **1932**·7·10 政
三無事件　❽ **1964**·5·30 政
椎名裁定　❾ **1974**·11·30 政
自衛官刺殺事件　❾ **1982**·8·8 政
自衛戦力は違憲にあらず　❽ **1952**·3·6 政
ジェット燃料輸送　❾ **1975**·10·11 社
士官学校事件　❼ **1934**·11·20 政
指揮権発動　❽ **1954**·4·21 政
私鉄買収疑獄事件　❼ **1929**·9·26 政
司法官の赤化事件　❼ **1932**·11·12 政／**1933**·4·6 政
島徳事件　❼ **1929**·4·6 政
自民党本部、火炎放射装置　❾ **1984**·9·19 政
下山事件　❽ **1949**·7·6 社
社会運動　❽ **1940**·是年 政
社会教育局　❼ **1929**·7·1 社
ジャカルタ日本大使館に迫撃砲攻撃　❾ **1986**·5·30 政
爵位返上事件　❼ **1927**·11·29 政
上海共同租界　❽ **1943**·8·1 政
上海虹口公園爆弾事件　❼ **1932**·3·29 政
十一月事件　❼ **1934**·11·20 政
集会·デモの全国的禁止　❽ **1950**·6·2 政／6·16 政
集会所営業取締規則　❽ **1944**·3·24 社
十月事件　❼ **1931**·10·17 政／**1935**·7·11 政
集団自決　❽ **1945**·3·28 政／6·18 政／8·22 社／**1950**·2·3 政
十二月事件　❽ **1946**·12·20 社
粛軍演説　❼ **1936**·5·7 政
巡視船〈さど〉銃撃事件　❽ **1954**·2·20 政
将校侮辱演説　❼ **1936**·5·14 政
消費者米価値上げ反対国民総決起大会　❾ **1967**·9·9 社
昭和三十八年度統合防衛図上研究(秘匿名·三矢研究)　❽ **1963**·6·10 政
昭和三大疑獄(五私鉄·売勲·合同毛織)　❼ **1933**·5·16 政
昭和電工疑獄事件　❽ **1948**·4·27 政／6·23 政／9·10 政／10·6 政／12·7 政／**1949**·4·26 政／**1962**·4·13 政
ジラード事件　❽ **1957**·1·30 政
白鳥警部事件　❽ **1952**·1·21 政／**1963**·10·17 政
シンガポール石油製油所ゲリラ襲撃　❾ **1974**·1·30 政
人工衛星(ソ連)　❽ **1957**·10·4 政
新興仏教青年同盟検挙　❼ **1935**·12· 政
新左翼内ゲバ殺人事件　❾ **1970**·8·4 文
神社本庁爆発事件　❾ **1977**·10·27 政／**1983**·5·16 政
新宿駅騒乱事件　❾ **1968**·10·21 政
人身売買問題　❽ **1949**·1月 社
新生不敬事件　❼ **1935**·5月 政
「真相はかうだ」　❽ **1945**·12·9 社
新東京国際空港(成田·三里塚)反対　❾ **1966**·2·7 社／6·28 政／**1967**·8·15 政／10·10 政／**1968**·2·26 政／3·10 政／4·18 政／**1969**·7·6 社／9·28 政／**1970**·9·30 政／**1971**·2·11 社／9·16 政／**1974**·10·10 政／**1975**·10·12 政／**1976**·10·3 政／**1977**·4·17 政／5·6 政／**1978**·3·26 政／**1982**·3·13 政／**1985**·9·29 政／10·20 政／**1991**·5·28 政／11·21 社／**1993**·6·16 政／**1995**·1·21 社／**1996**·4·29 社／**1998**·5·18 社
新日本建設国民運動　❽ **1947**·6·20 政
神兵隊事件　❼ **1933**·7·10 政
人民艦隊事件　❽ **1958**·3·22 政／4·12 政
人民戦線事件　❽ **1937**·12·15 政／**1938**·2·1 政／**1942**·8·24 政／9·30 政／**1946**·1·15 政
「臣民の道」　❽ **1941**·7·21 文
吹田事件　❽ **1952**·6·24 政／**1968**·7·25 政
〈末広丸〉モロ族解放戦線乗取り　❾ **1975**·8·25 政／9·26 社
杉並アピール　❽ **1954**·5·9 社
菅生スパイ事件　❽ **1952**·6·2 政／**1958**·6·9 政／**1960**·12·16 政
スマラン事件　❽ **1945**·10·15 政
政界ジープ事件　❽ **1956**·3·13 政
生活学校事件　❽ **1940**·2·6 文
星条旗(硫黄島戦勝記念)　❾ **1968**·3·25 政
政府広報汚職　❾ **1988**·5·11 政
政友会総裁三百万円問題訴訟事件　❼ **1926**·1·14 政
政友会総裁鈴木喜三郎暗殺計画　❼ **1933**·11·13 政
赤軍派M作戦　❾ **1971**·3·27 政
赤色革命から日本を守る国民大会　❽ **1961**·1·30 政
赤色ギャング事件　❼ **1932**·10·6 政
赤報隊　❾ **1987**·6·3 政／**1988**·3·12 政
石油ガス税法審議汚職事件　❾ **1967**·12·20 政
セブ島事件　❽ **1951**·1·31 政
戦旗派·共産同　❾ **1986**·3·25 政
全購連収賄事件　❽ **1957**·3·2 政
戦時宰相論　❽ **1943**·1·1 政
潜水艦〈なだしお〉事件　❾ **1988**·7·23 政／**1989**·7·25 政／**1990**·8·10 政／**1992**·12·10 政／**1994**·2·28 政
鮮台同胞　❽ **1945**·4·1 政

造船疑獄　❽ **1954**·1·7 政／1·26 政／2·19 政／3·11 政／4·21 政／7·30 政
早大乱闘事件　❽ **1952**·5·8 政
ソウル地下鉄車輛輸出問題　❾ **1977**·2·17 政／**1978**·2·8 政
ゾルゲ事件　❽ **1941**·10·15 政／**1942**·5·16 政／6·29 政／**1944**·11·7 政
尊属殺人罪、憲法違反判決　❾ **1973**·4·4 社
第一球陽丸事件　❽ **1962**·4·3 政
大韓航空 858 便爆発　❾ **1987**·11·29 政
第三次大戦　❽ **1948**·11·9 政
大地の牙　❾ **1974**·12·10 政
タイ排日運動　❾ **1972**·11·20 政
大菩薩峠軍事訓練事件　❾ **1969**·11·5 政
平事件　❽ **1949**·6·30 政／**1958**·6·30 政
瀧川事件　❼ **1933**·4·11 政／❽ **1945**·11·19 文
拓殖訓練所　❼ **1933**·4·28 政
ダグラス·グラマン疑惑事件　❾ **1979**·1·4 政／2·1 政／2·9 政／5·15 政
助合い運動　❽ **1952**·3·12 社
ダッカ日航機ハイジャック事件　❾ **1977**·9·28 政／**1988**·6·7 社
辰野事件　❽ **1952**·4·30 社
田中角栄金脈問題　❾ **1974**·10·9 政／10·18 政／11·11 政／12·19 政／**1975**·2·27 政／6·6 政／**1977**·11·1 社
田中角栄元首相付運転手自殺事件　❾ **1976**·8·2 政
田中(義一)上奏文　❼ **1927**·7·25 政
田中義一陸相機密費横領事件　❼ **1926**·3·4 政
田中彰治代議士詐欺事件　❾ **1966**·8·5 政
炭管疑獄事件　❽ **1948**·10·19 政
炭鉱国家管理法贈収賄事件　❽ **1948**·11·12 政
血のメーデー事件　❽ **1952**·5·1 社／❾ **1970**·1·28 政
チャハル事件　❼ **1935**·6·5 政
中核派(革命軍)　❾ **1983**·6·7 政／**1984**·11·27 政／**1985**·1·9 政／4·12 政／**1986**·3·25 政／9·24 社／10·11 政／**1988**·9·10 政／**1990**·2·27 社／9·28 社
中核派全学連　❾ **1968**·7·8 文／**1974**·12·16 文／**1975**·3·16 文／9·4 政
中核派と革マル派内ゲバ　❾ **1972**·12·4 文
中国新政権樹立　❽ **1939**·12·8 政
中国留学生寮問題　❾ **1987**·2·26 政／**2007**·3·27 政
中国領事館銃撃事件　❾ **1988**·3·11 政
張作霖爆死事件　❼ **1928**·6·4 政／9·9 政／❽ **1946**·7·2 政
朝鮮疑獄事件　❼ **1929**·11·17 政
朝鮮人労働者争議　❼ **1932**·4·28 政
朝鮮戦争に関するスパイ容疑事件　❽ **1951**·5·11 政
朝鮮戦争の義勇兵　❽ **1950**·6·29 政
朝鮮総連スパイ容疑事件　❾ **1974**·4·24 政
通州事件　❽ **1937**·7·29 政
津田左右吉筆禍事件　❽ **1940**·2·10 文
土田邸爆弾事件　❾ **1983**·3·24 政
帝国人絹会社疑獄事件　❼ **1934**·1·17 政／4·18 政／7·3 政／❽ **1937**·12·16 政
テルアビブ空港襲撃事件　❾ **1972**·5·30 政
天願当選無効事件　❽ **1951**·4·1 政／**1953**·4·1 政
天津イギリス租界事件　❽ **1939**·4·9 政
天皇在位五十年式典反対過激派　❾ **1976**·10·12 政
天ぷらや御殿事件　❽ **1947**·12·28 政
倒閣国民大会　❼ **1931**·3·19 政
東急観光時限爆弾爆破　❾ **1977**·2·21 政
東京裁判国際シンポジウム　❾ **1983**·5·28 政
東京サミット反対爆弾発射事件　❾ **1986**·5·4 政
東京大証事件　❾ **1966**·10·25 政／12·2 政
東京都議会汚職事件　❾ **1965**·3·16 政
東京西新橋郵便局小包爆発　❾ **1971**·10·18 社
同志社事件　❽ **1937**·3·16 文
東芝機械ココム違反事件　❾ **1987**·3·19 政
東條英機暗殺計画　❽ **1944**·7月 政
統帥権問題　❼ **1930**·6·10 政
東大全共闘安田講堂攻防戦　❾ **1969**·1·15 政
東大ポポロ事件　❽ **1952**·2·20 政
東方会議　❼ **1921**·5·16 政／**1927**·6·27 政／8·14 政／❽ **1940**·10·22 政
東方会全国大会　❽ **1941**·5·1 政
東北振興調査会　❼ **1934**·12·26 政
東洋電機事件　❽ **1961**·6·20 政
徳田要請事件　❽ **1950**·2·12 政／4·6 政
ドバイ事件　❾ **1973**·7·20 政
トマホーク寄港反対　❾ **1984**·6·24 政
泊事件·横浜事件　❽ **1942**·9·14 政／**1943**·5·11 政／**1944**·7·10 文／❾ **1986**·7·3 文／**1988**·3·31 政／**1994**·7·27 文／**1998**·8·14 社／**2003**·4·15 政／**2005**·3·10 社／**2006**·2·9 政／**2009**·3·30 政／**2010**·2·4 社
土龍山事件　❼ **1934**·3·4 政
ドル買い事件　❼ **1931**·9月 政
内閣要人暗殺計画　❽ **1961**·12·12 政
ナイキ反対沖縄返還要求国民総決起大会　❽ **1960**·1·23 政
長崎中国国旗引下げ事件　❽ **1958**·5·2 政
永田鉄山軍務局長刺殺事件　❼ **1935**·8·12 政／9·4 政
長沼ナイキ裁判(自衛隊違憲裁判)　❾ **1969**·9·14 政／**1970**·1·23 政／4·18 政／**1973**·9·7 政／**1976**·8·5 政／**1983**·9·9 政
長野県教員赤化事件　❼ **1933**·2·4 政
中野正剛割腹自殺事件　❽ **1943**·10·27 政
中村大尉事件　❼ **1931**·6·27 政
南京事件　❽ **1937**·12·10 政／❾ **1994**·5·3 政
南京毒酒事件　❽ **1939**·6·10 政
二·二六事件　❼ **1936**·2·26 政／2·29 ／7·17 政／**1936**·8·28 政／❽ **1937**·8·14 政／❾ **1966**·2·26 社
ニクソン·ドクトリン　❾ **1969**·7·25 政
西尾末広国務相献金受領事件　❽ **1948**·6·1 政
日大紛争　❾ **1968**·4·14 文／5·27 文／6·11 文／9·4 文／11·22 政／**1969**·2·18 文
日韓条約批准阻止国会請願デモ　❾ **1965**·10·12 政
日共官庁スパイ事件　❽ **1957**·12·27 政
日共山村工作隊　❽ **1952**·3·29 政
日航エアバス乗取り　❾ **1974**·3·12 政
日航機よど号ハイジャック　❾ **1970**·3·31 政／**1972**·5·1 政／**1988**·5·6 政／**1995**·11·30 政／**2000**·6·27 政／**2003**·4·30 社／**2004**·7·5 政
日航ジャンボ機乗取り　❾ **1973**·7·20 政／**1974**·7·15 政
日通事件　❾ **1968**·4·8 政
日本委任統治領(新南群島、米国単独信託統治領)　❽ **1938**·12·23 政／**1947**·4·2 政
日本人ここにあり事件　❼ **1934**·9·2 政
日本人·外国での誘拐·拉致　❾ **1970**·3·11 政／**1978**·5·17 政／**1985**·10·29 政／**1986**·11·15 政／**1989**·3·1 政／**1990**·5·29 政／**1991**·4·4 政／8·27 政／**1992**·3·14 政／**1998**·9·22 政／**1999**·8·23 政／**2001**·3·9 政／**2003**·10·9 政／**2004**·4·8 政／4·14 政／10·26 政／**2005**·3·14 政／**2008**·8·26 政
日本赤軍(赤軍派)　❾ **1969**·4·5 政／9·12 政／11·5 政／**1971**·2·26 政／3·9 政／3·27 政／7·23 政／**1973**·7·20 政／**1974**·1·31 政／9·13 政／**1975**·8·4 政／**1977**·9·28 政／**1986**·5·24 政／**1996**·3·29 政／6·5 政／**1997**·2·18 政／11·18 政／**2000**·3·17 政／6·27 政／**2006**·2·23 政
日本赤軍Gメン　❾ **1977**·11·25 政
日本石油本館内郵便局小包爆発　❾ **1971**·10·18 政
日本独立　❽ **1952**·4·28 政
日本に許される生活水準　❽ **1948**·3月 政
日本兵の遺骨持帰り事件　❽ **1944**·5月 政
日本労農学校　❽ **1941**·5·15 政
野坂参三批判(ソ連)　❽ **1950**·1·6 政
野呂栄太郎獄死事件　❼ **1934**·2·19 政

ノロノロ牛歩戦術　❽ **1947**·11·20 政
ハーグ事件　❾ **1974**·9·13 政
売勲疑獄事件　❼ **1929**·8·29 政／**1930**·5·2 政
ハイジャック防止法　❾ **1977**·11·8 政
売春汚職事件　❽ **1957**·10·12 政
博多駅·佐世保事件　❾ **1968**·1·10 政／**1969**·8·28 社
ハガチー事件　❽ **1960**·6·10 政
袴田事件　❾ **1966**·6·30 社／**1994**·8·12 政／**2004**·8·27 社
爆弾三勇士爆死事件　❼ **1932**·2·22 政
爆弾爆発事件　❾ **1967**·3·31 社／**1971**·8·7 政／**1974**·2·17 政／**1978**·1·1 社／**1982**·10·29 社
葉煙草汚職事件　❽ **1958**·9·22 政
哈達河(ハタホ)開拓団婦女子強制集団自決　❽ **1950**·2·3 政
花岡鉱山事件　❽ **1945**·6·30 政／**1950**·4·16 政／❾ **1990**·7·5 政／**1994**·3·29 社／**1995**·6·28 政／**1997**·12·10 政／**2000**·11·29 政
〈パネー号〉(米)事件　❽ **1937**·12·12 政／**1938**·3·21 政
羽田空港事件　❽ **1960**·1·16 政
羽田闘争　❾ **1967**·10·8 政／11·12 政
ハバロフスク事件　❽ **1955**·12·19 政
浜口雄幸首相狙撃事件　❼ **1930**·11·14 政
浜田幸一カジノ借金事件　❾ **1980**·3·6 政
腹切り問答事件　❽ **1937**·1·21 政
反英デモ　❽ **1939**·7·17 政
反植民地デー　❽ **1952**·2·21 政
「番町会を暴く」　❼ **1934**·1·17 政
反帝国主義民族独立支持同盟日本支部　❼ **1929**·11·7 政
般若苑マダム事件　❽ **1959**·3·27 政
万博拒否建築家総決起集会　❾ **1968**·11·17 文
B52 撤去要求　❾ **1968**·3·3 政／12·14 政／**1969**·1·31 政／2·4 政
ピース缶爆弾事件　❾ **1969**·10·24 社／**1982**·5·25 政
ピオニール(赤色少年団)運動　❽ **1950**·9·8 文
東アジア反日武装戦線　❾ **1974**·11·25 政／**1975**·4·19 政／5·29 政／8·14 政／**1976**·3·2 政／**1982**·7·12 政
東本願寺大師堂消火器爆弾爆発　❾ **1977**·11·2 政
「非常時と国民の覚悟」　❼ **1933**·7·8 社
日の丸久保田梯団　❽ **1950**·2·8 政
平賀粛学事件　❽ **1939**·1·25 政
吹原産業不正融資事件　❾ **1965**·4·23 政
福岡連隊爆破陰謀事件　❼ **1926**·11·12 政／**1927**·6·6 政
福島県政汚職　❾ **1976**·8·1 政
福田ドクトリン　❾ **1977**·8·6 政
福本イズム　❼ **1926**·1月 政／5月 政
藤山·ダレス会談　❽ **1958**·9·11 政
武州鉄道汚職　❽ **1961**·9·20 政
部族戦線(過激派)　❾ **1978**·1·1 政
文相鳩山一郎収賄事件　❼ **1934**·2·15 政
米英撃滅国民大会　❽ **1941**·12·10 社／**1943**·6·9 社
米軍王子病院(開院、デモ)　❾ **1968**·1·24 政／3·3 政
米軍機ソ連軍機と交戦　❽ **1953**·2·16 政／**1960**·7·11 政
米軍地下弾薬庫爆発事件　❽ **1947**·11·16 政
米·ケネディ大統領追悼国民大会　❽ **1963**·12·17 政
米工業視察団　❽ **1947**·8·10 政
米国同時多発テロ　❾ **2001**·9·11 政
米ソ二重スパイ事件　❾ **1969**·6·26 政
米兵日本人ハウスボーイを射殺　❾ **1972**·9·20 政
ベトナム戦争·作戦　❾ **1966**·2·7 政／**1966**·5·7 文／5·31 政／**1967**·8·28 政／**1973**·2·6 政
防衛庁スパイ事件　❾ **1980**·1·18 政
防衛秘密漏洩容疑　❾ **1980**·1·18 政
北支処理要綱(第三次)　❽ **1937**·2·20 政
北大事件　❽ **1952**·3·18 政
朴韓国大統領夫人暗殺事件　❾ **1974**·8·15 政／9·19 政
保守合同構想　❽ **1954**·3·28 政／7·25 政／**1955**·4·12 政／5·15 政／11·6 政
北海事件　❼ **1936**·8·24 政／9·3 政
北海道警察本部時限爆弾爆発　❾ **1975**·7·19 政
北海道庁爆破事件　❾ **1976**·3·2 政／**1983**·3·29 政／**1994**·7·13 社
北海道鉄道·東大阪電軌両会社の疑獄　❼ **1929**·8·29 政
堀田ハガネ事件　❾ **1981**·1·2 政
ポツダム勅令·政令　❽ **1945**·9·20 政／**1950**·10·31 政／**1951**·5·1 政／**1952**·4·11 政／5·7 政
麻山事件　❾ **1984**·10·15 政
松江騒擾事件　❽ **1945**·8·23 政
マッカーサー暗殺計画事件　❽ **1946**·4·30 社
松川事件　❽ **1959**·8·10 政
松島遊廓疑獄事件　❼ **1926**·2·28 政
〈松生丸〉銃撃事件　❾ **1975**·11·19 政
マルコス大統領円借款汚職事件　❾ **1986**·4·13 政
満洲開拓政策基本要綱　❽ **1939**·12·22 政
満洲皇帝　❼ **1934**·3·1 政／❽ **1940**·6·27 政／**1945**·5·8 政／**1946**·8·6 政／**1957**·12·10 社／**1967**·10·17 政
満鉄事件　❽ **1942**·9·21 政
満鉄調査部員検挙事件　❽ **1942**·6·29 政
三島由紀夫割腹事件　❾ **1970**·11·25 政
三井アルミ鉱業社長宅時限爆弾　❾ **1977**·6·30 政
三井物産ビル爆発　❾ **1975**·11·21 政
三矢研究　❽ **1963**·6·10 政
美濃部達吉襲撃事件　❼ **1936**·2·21 政
宮本共産党委員長スパイ査問事件　❾ **1976**·9·28 政／**1978**·4·28 政
ミンダナオ島沖ゲリラ襲撃事件　❾ **1975**·11·7 政
武藤山治射殺事件　❼ **1934**·3·9 政
明治公園爆弾事件　❾ **1971**·6·17 政
メーデー事件　❽ **1952**·5·1 社／❾ **1970**·1·28 政
蒙古連合自治政府(徳王)　❽ **1941**·2·15 政
八海事件　❾ **1968**·10·25 社
文部省と自民党本部火炎瓶同時ゲリラ　❾ **1982**·9·7 政
矢内原事件　❽ **1937**·12·1 文
八幡製鉄政治献金事件　❽ **1963**·4·5 政
山本宣治代議士刺殺事件　❼ **1929**·3·5 政
やみのつちぐも　❾ **1977**·1·1 政
由美子ちゃん事件　❽ **1955**·9·3 政
横浜事件⇨泊(とまり)事件
与論町空港建設反対　❾ **1972**·5·23 政
四·一六事件　❼ **1929**·4·16 政
ライシャワー米駐日大使刺傷事件　❽ **1964**·3·24 政
ラストボロフ事件　❽ **1954**·2·1 政／8·14 政
ラロック退役海軍少将証言　❾ **1974**·10·6 政
ラングーン爆弾テロ事件　❾ **1983**·11·7 政
陸運疑獄　❽ **1954**·2·25 政
陸軍機密費事件　❼ **1926**·3·4 政
陸軍パンフレット事件　❼ **1934**·10· 政
陸上自衛隊の上陸阻止闘争(沖縄那覇商港　❾ **1968**·7·6 政
リクルート事件　❾ **1988**·6·18 政／9·9 政／**1989**·1·24 政／**1990**·10·9 政／**1994**·9·27 政／**1995**·12·8 政／**1997**·3·24 政／**1999**·10·21 政／**2003**·3·4 政
臨時軍事費　❽ **1937**·9·10 政／**1941**·12·14 政／**1942**·1·24 政／**1943**·2·9 政／**1946**·2·28 政
レインボー事件　❽ **1958**·3·25 政
レフチェンコ KGB 事件　❾ **1983**·4·13 政
連合赤軍浅間山荘事件　❾ **1971**·7·1 政／11·5 政／**1972**·2·17 政／2·19 社／2·28 政／**1982**·6·18 政／**1986**·9·26 政／**1993**·2·19 社
ロイヤル演説　❽ **1948**·1·6 政
労働争議につき違法行為は断固処罰　❽ **1946**·2·1 社
盧山声明(蔣介石)　❽ **1937**·7·17 政
ロッキード事件　❾ **1975**·2·23 政／**1976**·2·4 政／3·8 政／7·27 政／是年 政／**1977**·1·21 政／**1980**·3·6 政／**1981**·10·28 政／11·5 政／**1982**·6·8 政／**1983**·1·26 政／10·12 政／**1986**·5·14 政／**1987**·7·29 政／**1988**·1·28 政／**1992**·9·12 政／**2004**·6·24 社
鹵簿誤導事件　❼ **1934**·11·16 政
ロングプリー事件　❽ **1958**·9·7 政

ワシントン会議暗号電報漏洩事件 ❼ **1931**·7·19 政
わだつみ像 ❽ **1953**·11·11 社
渡辺政之輔共産党委員長自殺事件 ❼ **1928**·10·6 政
「我らは何をなすべきか」(小冊子) ❽ **1937**·10·1 社

成時代

慰安婦問題(従軍慰安婦·実態調査) ❾ **1990**·6·6 政／**1991**·8·14 社／12·6 政／**1992**·1·11 政／7·8 政／**1993**·3·13 政／4·2 政／7·26 政／**1994**·8·31 政／**1995**·8·7 社／**1996**·1·5 政／6·4 政／6·22 政／6·27 文／**1998**·3·18 政／4·27 政／**2007**·7·30 政／9·7 政／**2010**·10·23 政
愛知県公共工事収賄事件 ❾ **1994**·5·29 政
阿久根市市長リコール ❾ **2010**·12·5 社
アジア·太平洋地域防衛当局者フォーラム ❾ **1996**·10·29 政
彩福祉グループ収賄事件 ❾ **1996**·11·18 社
一億円闇献金事件 ❾ **2008**·7·14 政
イトマン疑惑事件 ❾ **1991**·1·25 政／4·24 社／**1992**·9·12 政／**1999**·9·9 社／**2000**·3·7 社／**2005**·10·11 社
違法操業中国船逮捕 ❾ **2011**·11·6 政
イラククウェート侵攻 ❾ **1990**·5·29 政／**1990**·8·2 政
イラクの自由作戦 ❾ **2003**·3·20 政
イラク人質事件 ❾ **1990**·8·22 政／9月 社／11·3 政
イラン人家族不法滞在 ❾ **2003**·9·19 社
インターネット政治献金事件 ❾ **2009**·7·7 政
右翼団体「大悲会」朝日新聞役員室に籠城 ❾ **1994**·4·1 文
英軍捕虜問題 ❾ **1998**·1·9 政
栄典制度 ❾ **2002**·8·7 政
愛媛県玉串訴訟 ❾ **1997**·4·2 社
〈えひめ丸〉沈没事故 ❾ **2001**·2·10 政／**2002**·12·15 社
大蔵省贈収賄事件 ❾ **1998**·2·16 社
大阪阿倍野国家公務員住宅駐車場爆発 ❾ **1990**·5·21 政
沖縄ノート訴訟 ❾ **2011**·4·22 政
外交機密情報提供強要 ❾ **2004**·5·6 政
外務省裏金づくり ❾ **2001**·11·13 政
外務省機密費流用事件 ❾ **2001**·1·25 政／**2006**·2·28 社
学歴詐称問題(古賀潤一郎) ❾ **2004**·1·19 政
カナダ·バンクーバー「絹子ラスキー」銅像 ❾ **2009**·10·24 政
川西市(兵庫県)市長汚職騒動 ❾ **1990**·9·24 政
官官接待 ❾ **1995**·9·25 政／12·15 政／**1996**·2·23 社／8·13 政
韓国哨戒艦沈没事件 ❾ **2010**·3·26 政／5·10 政
関西新空港護岸工事談合事件 ❾ **1989**·9·6 政
機密漏洩(外務省)事件 ❾ **2007**·3·27 政
救難飛行艇開発汚職 ❾ **2000**·9·28 政
国後島ディーゼル発電施設工事談合 ❾ **2002**·7·3 社
国後島友好の家、不正入札 ❾ **2003**·7·28 社
警察庁長官狙撃事件 ❾ **1995**·3·30 社
警察庁長官狙撃事件(国松孝次) ❾ **2004**·7·9 社
公金私的流用 ❾ **2001**·8·13 政
航空測量談合 ❾ **1994**·3·17 社
コートジボアール日本大使館襲撃事件 ❾ **2011**·4·6 政
国際航業株売買事件 ❾ **1990**·6·13 政／12·17 政／**1991**·1·8 政
国民の声 ❾ **1997**·12·28 政
個人資産世界一 ❾ **1993**·6·20 政
佐川急便事件 ❾ **1991**·7·11 社／**1992**·1·4 政／**1993**·1·29 政／**1994**·4·8 政
参議院議員選挙定数違憲 ❾ **1996**·9·11 政
シール印刷談合容疑 ❾ **1992**·10·13 政
『週刊朝日』橋下徹大阪市長記事 ❾ **2012**·10·16 政
収賄厚生省事務次官岡光序治事件 ❾ **1996**·11·18 社
首相元秘書自殺事件 ❾ **1989**·4·22 政
食糧費公開訴訟 ❾ **1997**·2·27 政
新テロ対策措置法 ❾ **2007**·10·17 政／**2008**·1·11 政
鈴木宗男斡旋収賄·受託収賄事件 ❾ **2004**·11·5 政
政策評価白書 ❾ **2004**·6·11 政
政治資金規正法違反(小澤一郎)事件 ❾ **2011**·1·31 政／**2012**·4·26 政
政党交付金虚偽申告 ❾ **1999**·1·12 政
世界貿易センタービル倒壊、死亡·行方不明者 ❾ **2001**·9·11 社
接待費 ❾ **1995**·7·4 政
ゼネコン汚職 ❾ **1993**·6·29 政／**1994**·1·5 社／**1996**·9·9 政／**1997**·1·22 政／**2003**·1·16 政
選挙違反事件(鹿児島県議会議員) ❾ **2007**·3·10 政
前厚生事務次官収賄容疑 ❾ **1996**·12·4 政
全国遊技業組合連合会(パチンコ業) ❾ **1989**·10·10 政
全米バターン·コレヒドール防衛兵の会 ❾ **2009**·5·30 政
タウンミーティング不正問題 ❾ **2006**·11·7 政
宝島社銃撃事件 ❾ **1994**·2·23 社
タグボートによる海賊襲撃事件 ❾ **2005**·3·14 政
建物に対するテロ·爆弾·放火 ❾ **1990**·2·27 政／**1992**·1·17 社／10·13 社／**1993**·2·20 政／4·24 社／**1994**·4·21 社／**1999**·3·12 社／12·24 社／**2000**·1·11 社／**2009**·2·22 政
田中康夫知事不信任決議案 ❾ **2002**·7·5 政
中国トロール漁船、領海侵犯事件 ❾ **2010**·9·7 政
中国民航機ハイジャック ❾ **1989**·12·16 政
椿発言政治問題事件 ❾ **1993**·9·21 政
テロ資金供与処罰法 ❾ **2002**·6·5 政
テロ対策特別措置法 ❾ **2001**·10·1 政／**2003**·10·3 政／**2005**·10·4 政
特別防衛秘密漏洩事件 ❾ **2007**·12·13 政
特許(技術)料問題 ❾ **2004**·1·29 文／1·30 文／2·24 文／4·7 政／11·11 政／**2005**·1·11 文／2·1 文／10·3 文／**2006**·10·17 政／**2012**·4·25 政
長崎市長伊藤一長襲撃事件 ❾ **2007**·4·17 政
長崎市長本島等銃撃事件 ❾ **1989**·1·18 政
731部隊 ❾ **2002**·8·27 政／**2005**·7·19 政
奈良県警汚職事件 ❾ **2001**·4·18 社
西松建設違法企業献金 ❾ **2009**·3·3 政
二風谷ダム訴訟 ❾ **1997**·3·27 政
日本歯科医師会橋本派一億円提供事件 ❾ **2001**·7·2 政／**2004**·4·14／7·14 政／**2005**·5·31 政
日本飛行機専務宅火災 ❾ **1990**·4·12 社
ハーグ仏大使館占拠事件 ❾ **2000**·11·8 社
発電施設現金疑惑事件 ❾ **2002**·8·27 政
鳩山由紀夫首相「友愛政経懇話会」偽装献金事件 ❾ **2009**·12·24 政／**2010**·1·21 政
バリ島テロ ❾ **2005**·10·1 社
東大阪市長公正証書不実記載事件 ❾ **1998**·4·23 社
日の丸焼捨て事件(沖縄) ❾ **1987**·10·26 政／**1993**·3·23 政
百人斬り競争 ❾ **2005**·8·23 社
フィリピン·ネグロス島民間海外援助団体職員誘拐 ❾ **1990**·5·29 政
平成の首相 ❾ **2008**·9·1 政
ペルー日本大使公邸占拠事件 ❾ **1996**·12·17 政／**1997**·1·1 政／4·22 政
ベルリンの壁崩壊 ❾ **1989**·11·10 政
防衛庁情報データ通信システム重要資料流出 ❾ **2002**·11·4 社
細川前首相に拳銃発射事件 ❾ **1994**·5·30 政
北海道開発局発注工事受託収賄事件 ❾ **2010**·9·7 政
北海道教職員組合違法献金 ❾ **2010**·3·1 政
堀江送金指示メール事件 ❾ **2006**·2·8 政
マルチ·スズキ事務所放火(インド) ❾ **2012**·7·18 政
ミツトヨ無許可輸出 ❾ **2006**·2·13 政
箕面遺族会補助金訴訟 ❾ **1999**·10·21 社
宮崎県串間市長連座制問題 ❾ **2002**·6·6 社

宮本顕治宅盗聴事件　❾ **1985**·4·22 政／ **1988**·4·27 政
村木厚子厚生省偽証明書作成事件　❾ **2009**·5·26 政
元近畿郵政局長公職選挙法違反事件　❾ **2001**·8·26 社
元労相山口敏美不正融資事件　❾ **2006**·12·4 政
山田洋行横領有印私文書偽造事件　❾ **2007**·11·8 政
米沢市置賜農業共済組合不祥事　❾ **2007**·9·3 政
ヨルダン空港手荷物金属爆発　❾ **2003**·5·1 政
陸山会土地購入事件　❾ **2009**·3·3 政／ **2010**·1·15 政
歴史を教訓に平和への塗息を新たにする決議　❾ **1995**·6·9 政
ロシア国防相択捉島軍事演習　❾ **2010**·7·7 政
ロシア秘密情報漏洩事件　❾ **2000**·9·8 政

政党·政治団体　❻ **1878**·7·12 政／ **1880**·2 月 政／❾ **1976**·4·27 政
愛国学生連盟　❼ **1931**·12·17 政
愛国勤労党　❼ **1930**·2·11 政
愛国交親社　❻ **1880**·7·15 政
愛国公党　❻ **1874**·1·12 政／ **1889**·12·19 政／ **1890**·5·5 政／ 8·4 政
愛国社　❻ **1875**·2·22 政／ **1878**·4·5 政／ 9·11 政／ **1879**·3·27 政／ 11·7 政／ 12·10 政／ **1880**·3·15 政／ 4·17 政／❼ **1928**·8·1 政
愛国正理社　❻ **1883**·4 月 政
愛国有志同盟　❻ **1887**·10·16 政
新しい日本を考える会　❾ **1976**·2·18 政／ **1977**·1·29 政
維新会　❼ **1917**·6·15 政
一夕会　❼ **1929**·5·19 政
右翼救国運動全国協議会　❽ **1953**·9·22 政
王師会　❼ **1928**·2 月 政
嚶鳴(おうめい)社　❻ **1873**·9 月 政
大阪維新の会　❾ **2010**·4·29 政／ **2012**·2·10 政／ 9·11 政
大阪青年倶楽部　❼ **1913**·2·11 政
沖縄共和党　❽ **1950**·10·28 政
沖縄社会党　❽ **1958**·2·10 政
沖縄自由民主党　❽ **1959**·10·5 政
沖縄人民党　❽ **1947**·7·20 社／❾ **1973**·4·15 政／ 10·31 政
沖縄民主党　❽ **1964**·12·26 政
沖縄民主同盟　❽ **1947**·6·15 政
改革　❾ **1994**·1·4 政／ 4·8 政／ 9·28 政
改革クラブ　❾ **1997**·12·28 政／ **1998**·1·1 政
改新　❾ **1994**·4·25 政
改進党　❽ **1952**·2·8 政
革共同革命的マルクス主義(革マル派)　❽ **1963**·2·8 政
革新倶楽部　❼ **1922**·3·25 政／ 9·1 政／ 11·8 政／ **1923**·1·21 政
革新党　❼ **1927**·6·3 政
革新同盟大会　❼ **1925**·5·24 社
学生社会科学連合全国大会　❼ **1925**·7·16 政
火曜会　❼ **1927**·11·12 政
関西民衆党　❼ **1926**·10·17 政
関東学生自由擁護同盟　❼ **1928**·5·4 政
議員倶楽部　❽ **1941**·11·12 政
貴族院研究会　❼ **1909**·4·17 政
貴族院談話会　❼ **1909**·4·17 政
貴族院帝国学士院会員議員　❼ **1925**·9·20 政
九州改進党　❻ **1882**·3·12 政／ **1885**·5·8 政
九州同志会　❻ **1890**·4·15 政／ 8·4 政
九州民権党　❼ **1925**·4·6 政
九條の会　❾ **2004**·6·10 政
共産主義グループ　❼ **1925**·8 月 政
共産党⇨日本共産党
行地社　❼ **1925**·2·11 政
協調会　❼ **1919**·12·22 政
協同倶楽部　❻ **1891**·3·6 政
協同党　❽ **1946**·3·19 政
協同民主党　❽ **1946**·5·24 政
協和少年団　❽ **1939**·3 月 政
協和青年団　❽ **1939**·3 月 政
勤労国民党　❽ **1940**·5·7 政
勤労日本党　❼ **1934**·4·29 政
国づくり懇談会　❽ **1962**·10·26 政
グループ新世紀　❾ **1994**·5·16 政
軍事顧問団(白団)　❽ **1949**·9·10 政
軍事顧問団(米)　❽ **1954**·5·1 政
軍縮国民同盟　❼ **1931**·1·19 政
軍備縮小同志会　❼ **1921**·9·17 政
経世会　❾ **1987**·7·4 政
建国会　❼ **1926**·1·11 政
原水爆禁止沖縄県協議会　❾ **1965**·5·12 政
憲政一新会　❼ **1928**·9·7 政
憲政会　❼ **1920**·5·1 政
憲政作振会　❼ **1912**·12·13 政
憲政党　❼ **1898**·6·16 政／ 10·29 政／ 11·16 政／ **1900**·5·31 政／ 9·13 政
憲政本党　❼ **1898**·10·29 政／ **1900**·12·18 政／ **1902**·12·4 政／ **1909**·2·24 政／ **1910**·3·13 政
憲政擁護会　❼ **1914**·1·5 政／ 2·5 政
建設者同盟　❼ **1919**·10·18 政
玄洋社　❻ **1881**·2 月 政
原理日本社(右翼団体)　❼ **1925**·11·5 政
興亜議員同盟　❽ **1941**·11·12 政
興亜総本部　❽ **1943**·5·26 政
興亜錬成所　❽ **1941**·5·1 政
庚寅倶楽部　❻ **1890**·6·17 政
公益法人　❾ **1997**·2·2 政
恒久平和研究所　❽ **1945**·10·1 社
高志会　❾ **1994**·7·15 政
庚申倶楽部　❼ **1920**·6·23 政
公正会　❼ **1919**·6·5 政
皇道会(平野力三ら)　❼ **1933**·4·5 政
公道協会(名古屋)　❻ **1884**·7 月 政
皇道派(陸軍内の派閥)　❼ **1934**·11·20 政
興南錬成院　❽ **1942**·11·2 政
神戸暁明会　❼ **1919**·10·25 政
公明会　❽ **1962**·7·11 政
公明政治連盟　❽ **1961**·11·27 政／ **1962**·1·17 政／ **1964**·11·17 政
公明党　❾ **1967**·2·13 政／ **1970**·5·
政／ 6·25 政／ **1993**·7·29 政
公明党平和五原則　❾ **1971**·6·15 政
交友倶楽部　❼ **1912**·12·24 政／ **1915**·11·27 政／ 12·27 政
向陽社(民権政社)　❻ **1879**·4 月 政／ **1881**·2 月 政
国維会　❼ **1932**·1·17 政
国桂会　❼ **1914**·11·4 政
国際軍縮促進議員連盟　❾ **1981**·5·1 政
国際児童年事業協会　❾ **1978**·12·1 社
国際勝共連合　❾ **1968**·4·1 政
国際反帝同盟日本支部　❼ **1929**·1·7 政
国策研究会　❼ **1921**·9·16 政／ **1936**·6·10 政
黒色青年連盟　❼ **1926**·1·31 政
国粋会⇨大日本国粋会(だいにほんこくすいかい)
国粋大衆党　❼ **1931**·2·23 政
国土総合開発審議会　❾ **1968**·4·30 政
国本社　❼ **1924**·3 月 政
国民議会　❾ **1976**·8·21 政
国民協会(明治 25 年設立、会頭西郷従道)　❼ **1896**·2·15 政／ **1897**·12·20 政／ **1899**·7·4 政
国民協会(右翼団体、赤松克麿設立)　❼ **1933**·7·22 政
国民協会　❽ **1961**·7·15 政
国民協同党　❽ **1947**·3·8 政／ **1949**·
5·9 政
国民新党　❾ **2005**·8·17 政／ **2009**·9·9 政／ **2012**·4·6 政
国民政治協会　❾ **1975**·2·6 政／ 12 月 政
国民政府(汪兆銘政権)　❽ **1940**·3·3
政／ 11·30 政／ **1943**·1·9 政
国民党　❼ **1914**·4·2 政／ 12·4 政／ **1919**·3·8 政／ 4·3 政／❽ **1946**·9·2
政
国民同盟会　❼ **1900**·9·24 政／ **1902**·4·27 政／ **1932**·8·8 政／ 12·22 政
国民の声　❾ **1998**·1·1 政
国民の生活が第一　❾ **2012**·7·11 政
国民民主党　❽ **1950**·4·28 政
国友会　❻ **1881**·4·30 政
黒龍会　❼ **1901**·2·3 政／❽ **1945**·8·
25 政
護国同志会　❽ **1945**·3·11 政
国家社会党　❼ **1905**·8·25 政
在米日本人社会主義者団　❼ **1918**·9
月 政
細民部落改善協議会　❼ **1912**·11·7 社
さきがけ　❾ **1993**·6·18 政／ 7·29 政／ **1994**·6·29 政／ **1998**·10·20 政
桜会　❼ **1930**·9 月 政／ **1931**·3·20 政
サラリーマン同盟　❾ **1983**·5·8 政
参議院の会　❾ **1983**·7·8 政
三四倶楽部　❼ **1901**·2·18 政
自助社　❻ **1874**·9 月 政
志帥会　❾ **1999**·3·18 政

自治政研究会　❻ 1888・10・5 政
自民党(総裁)　❾ 1975・11・29 政／1978・11・1 政／1985・11・15 政／1993・7・30 政／1994・6・29 政／1995・9・22 政／1999・9・8 政／2001・4・23 政／2003・9・8 政／2006・9・20 政／2007・9・23 政／2008・9・10 政／2009・9・28 政／2012・9・26 政
社会改革新党　❽ 1949・5・9 政
社会クラブ　❽ 1959・10・15 政
社会主義協会　❼ 1900・1・28 政／1902・9・1 政／1903・4・5 政／10・8 政／1904・1・23 社／11・2 政／11・16 政
　社会主義協会全国大会　❾ 1978・2・19 政
社会主義研究会　❼ 1898・10・18 政
社会主義政談演説会　❼ 1910・6・27 政
社会主義大演説会　❼ 1904・1・14 政
社会主義同志会　❼ 1907・8・31 政
社会大衆党　❼ 1932・7・24 政／❽ 1937・11・12 政／1939・2・9 政／1940・7・6 政
社会大衆党(沖縄、社大党)　❽ 1950・10・31 政
社会党⇨日本社会党(1996 年に社会民主党に改名)
車会党　❻ 1882・10・4 社
社会平民党　❼ 1901・6・3 政
社会民衆党　❼ 1926・12・5 政／1927・2・11 政／12・4 政／1929・12・10 政
社会民主党　❼ 1901・4・28 政／5・18 政／6・3 政／❽ 1948・3・26 政／1951・2・10 政
社会民主党(社民党)　❾ 1996・1・19 政／1997・4・19 政／2005・12・2 政／2006・2・11 政／2009・9・9 政
社会民主連合(社民連)　❾ 1977・5・25 政／1978・1・22 政／2・26 政／1993・7・29 政／1994・5・22 政
社会問題研究会　❼ 1897・4・3 社
衆議院安保特別委員会　❽ 1960・2・19 政／5・13 政
衆議院議員倶楽部　❽ 1940・12・20 政／1941・9・2 政
衆議院政治倫理協議会　❾ 1984・2・6 政
衆議院同志会　❽ 1960・1・30 政
自由倶楽部　❻ 1891・2・24 政
自由国民連合　❽ 1959・12・9 政
衆参婦人懇談会　❽ 1958・7・2 政
自由人連盟　❼ 1920・5・24 政／5・28 社
自由青年連盟(下伊那)　❼ 1922・9・24 社／1924・3・17 政
自由大運動会　❻ 1887・11・20 政
自由党(板垣退助ら)　❻ 1881・10・1 政／10・18 政／11・8 政／1882・12・17 政／1883・1 月 政／4・23 政／1884・3・13 政／9・10 政／10・29 政
自由党(大井憲太郎)　❻ 1889・12・19 政／1890・1・21 政／5・5 政／8・4 政
自由党(小澤自由党)　❾ 1994・4・18 政／1997・12・28 政／1998・1・1 政／2003・7・23 政
自由党(吉田自由党)　❽ 1946・4・30 政／5・14 政／8・18 政／1950・3・1 政／1953・11・17 政／1955・11・6 政
自由党(立憲自由党)　❻ 1891・3・19 政／5・29 政／10・15 政／1893・1・7 政／7・1 政／10・15 政／1894・12・15 政／❼ 1897・1・10 政／12・18 政／1898・6・16 政
自由党員(旧自由党)　❻ 1886・9 月 政／1887・4・26 政／5・15 政
自由党員爆弾事件　❻ 1884・9・10 政
自由党代議士会　❻ 1895・7・17 政／1895・11・22 政
自由党・立憲改進党の連合　❻ 1891・11・8 政
自由法曹団　❼ 1921・8 月 政
自由民主党　❽ 1954・7・25 政／1955・11・6 政／1957・2・1 政／1962・7・14 政／❾ 1983・12・18 政／1996・1・11 政／2003・11・27 政／2009・9・28 政／2012・12・16 政
奨匡社(民権政社)　❻ 1880・4・11 政
昭和会　❼ 1935・12・23 政／❽ 1937・5・21 政
昭和研究会　❼ 1933・10・1 政
殖民学会　❼ 1910・4・28 社
士林荘　❼ 1927・2 月 政
新安保條約・行政協定　❽ 1957・6・19 政／1958・9・11 政／1959・4・8 政／10・26 政／1960・1・19 政／5・20 政／6・19 政／6・23 政
新安保調印全権団　❽ 1960・1・16 政
新安保不承認要求国会請願　❽ 1960・4・19 政
新幹会　❼ 1927・2・15 政
新社会党　❾ 1996・1・1 政
新自由クラブ　❾ 1976・6・13 政／6・25 政／1978・2・26 政／1983・9・3 政／1984・3・31 政／6・23 政
新自由党　❼ 1897・2・28 政
新人会　❼ 1918・12・7 政／1919・1・31 政／1921・11・30 文／1928・4・17 文
新進党　❾ 1994・11・24 政／12・10 政／1995・12・27 政／1997・12・27 政
新政会　❼ 1917・10・15 政
新政倶楽部　❼ 1924・1・22 政
新正倶楽部　❼ 1925・5・10 政／5・30 政
新政クラブ　❽ 1947・5・12 政
新政治協議会　❽ 1947・12・5 政／1949・5・9 政
新生党　❾ 1993・6・23 政／7・29 政／1994・11・16 政
新体制促進同志会　❽ 1940・8・8 政
新党改革　❾ 2010・4・22 政
新党きづな　❾ 2011・12・28 政
新党倶楽部　❼ 1928・8・1 政
新党大地　❾ 2005・8・18 政
新党平和　❾ 1997・12・28 政／1998・1・1 政
新党みらい　❾ 1994・4・15 政
新党友愛　❾ 1997・12・28 政／1998・1・1 政
新日米安保條約改定阻止運動　❽ 1959・3・28 政／4・15 政／6・25 政／7・19 政／11・27 政／1960・4・15 政／4・26 政／5・14 政／5・20 政／5・26 政／6・4 政／6・15 政／6・18 政
新日本国民同盟　❼ 1932・5・29 政
新日本同盟　❼ 1925・3・29 政
進歩党　❼ 1896・3・1 社／11・1 政／1897・11・2 政／12・18 政／❽ 1946・4・19 政
新民会　❼ 1920・1・11 政
神武会　❼ 1932・2・11 政
新緑風会　❾ 1994・2・4 政
新労農党　❼ 1929・8・8 政
水曜会　❼ 1921・6・7 政
政界革新同盟　❼ 1930・1・24 政
政界革新不戦同盟　❼ 1920・11・4 政
政党政治期成会　❼ 1915・2・11 政
政治研究会　❼ 1924・6・28 政
政治更新連盟　❼ 1926・3・28 社
政治センター　❾ 1999・5・22 社
政治同友会　❾ 1978・1・21 政
政治倫理協議会　❾ 1984・5・9 政
政治倫理審査会　❾ 1984・8・2 政
聖戦貫徹議員連盟　❽ 1940・3・25 政
政党・協会その他の団体の結成禁止等に関する勅令　❽ 1947・3・15 政
政党解消連盟　❼ 1933・12・8 政
革新自由連合　❾ 1977・4・26 政
政党交付金　❾ 1995・6・25 政
政党助成法　❾ 1994・2・4 政
青年自由党　❻ 1882・5・2 政
青年文化同盟　❼ 1919・10・10 社
青年法律家協会　❽ 1954・4・23 政
政友会　❼ 1903・2・22 政／1911・1・26 政／1914・4・2 政／❽ 1939・4・28 政
政友会・憲政本党の提携　❼ 1902・12・3 政
政友倶楽部　❼ 1903・5・8 政
政友有志会　❻ 1895・6・15 政
青嵐会　❾ 1973・7・17 政
清和倶楽部　❼ 1918・2・15 政
全学連共産党　❽ 1958・6・1 政
選挙革正会　❼ 1928・1・27 政
全国サラリーマン新党　❾ 1983・5・8 政
全国戦災障害者連絡会　❾ 1979・7・29 社
全国大衆党　❼ 1930・7・20 政／12・1 政
全国被爆二世団体連絡協議会　❾ 1988・12・21 政
全国無産者大会　❼ 1920・7・6 社
全国無産政党組織準備協議会　❼ 1925・8・10 政
全国労農大衆党　❼ 1931・7・5 政
せんたく議員連合　❾ 2008・3・3 政
全日本学生社会科学連合会　❼ 1924・9・14 政
全日本青年婦人会議　❽ 1953・8・15 政
全日本無産青年同盟　❼ 1926・8・1 政／1928・4・10 政
全満洲日本人大会　❼ 1927・6・12 政
善隣同志会　❼ 1911・12・27 政
ソヴェート友の会　❼ 1931・6・27 文
創政会　❾ 1985・1・27 政／2・7 政
尊攘同志会員　❽ 1945・8・22 社
大亜細亜協会　❼ 1924・7・10 政
対外硬同志会　❼ 1898・4・4 政
大衆社　❼ 1921・5・21 政
大成会　❻ 1890・8・20 政

大政翼賛会　❽ **1940**·10·12 政／12·14 政／**1942**·5·15 政／**1945**·6·13 政
大同協和会　❻ **1889**·4·30 政／**1890**·1·21 政
大同倶楽部　❻ **1889**·4·30 政／**1890**·5·5 政／8·4 政／❼ **1905**·12·23 政
大東塾　❽ **1939**·4·3 政／**1945**·8·22 社
大日本協会　❻ **1893**·10·1 政／❼ **1897**·5 月 社
大日本興亜同盟　❽ **1941**·7·6 政
大日本国粋会　❼ **1919**·10·10 社／**1920**·12·15 社／**1931**·8·18 政
大日本国家社会党　❼ **1934**·3·10 政
大日本生産党　❼ **1931**·6·28 政／❽ **1954**·6·28 政
大日本政治会　❽ **1945**·3·30 政／9·14 政
大日本青年党　❼ **1913**·1·28 社／**1936**·10·17 政
大日本赤誠会　❼ **1936**·10·17 政／❽ **1940**·11·3 政
大日本党　❽ **1940**·7·1 政
太陽党(羽田孜)　❾ **1996**·12·26 政／**1998**·1·1 政
太陽の党(石原慎太郎)　❾ **2012**·11·17 政
対露同志会　❼ **1903**·8·9 政／12·16 政／**1905**·8·17 政
大和同志会　❼ **1912**·8·20 社
台湾文化協会　❼ **1921**·10·17 政／**1927**·1·3 政
台湾民衆党　❼ **1931**·2·18 政
拓南塾　❽ **1941**·5·5 政
たちあがれ日本　❾ **2010**·4·10 政
楯の会(三島由紀夫)　❾ **1968**·10·5 政／**1969**·11·3 政／**1970**·11·25 政
筑前共愛会　❻ **1879**·12·8 政
地方無産政党　❼ **1925**·3·16 政
中央倶楽部　❼ **1910**·3·1 政
中央省庁等改革推進本部　❾ **1998**·6·9 政／**1999**·1·26 政
中央政社　❻ **1894**·6·30 政
中国進歩党　❻ **1894**·4·3 政
中正会　❼ **1913**·12·19 政
中正倶楽部　❼ **1924**·5·30 政
中ピ連　❾ **1972**·6·14 社／**1977**·7·12 政
朝鮮共産党　❼ **1925**·4·17 政
朝鮮青年総同盟　❼ **1924**·4 月 社
丁亥倶楽部　❻ **1887**·10·3 政
帝国公道会　❼ **1913**·7·26 社／**1914**·6·7 社
帝国党　❼ **1899**·11·18 政／**1900**·12·19 政
丁酉懇話会　❼ **1897**·1·28 政
天剣党規約　❼ **1927**·2 月 政
東亜研究会　❼ **1915**·6·12 政
東亜同文会　❼ **1898**·11·2 政
桐花会　❼ **1913**·5·14 政
同気倶楽部　❼ **1899**·1·20 政
東京無産党　❼ **1929**·12·25 政
同志クラブ(幣原喜重郎)　❽ **1947**·11·28 政
同志倶楽部(大東義徹)　❼ **1902**·12 月 政
同人倶楽部　❽ **1941**·11·12 政
同成会　❼ **1919**·11·15 政
統制派　❼ **1934**·1120 政
東方会　❼ **1936**·5·25 政／❽ **1939**·2·9 政／**1942**·5·23 政
東北同盟会　❼ **1897**·10·10 政
東北七州自由党懇親会　❻ **1892**·8·28 政
東北二十四州会　❻ **1893**·9·25 政
東北有志会　❻ **1881**·3·4 政
同盟政社　❻ **1894**·1·22 政
東洋議政会　❻ **1882**·2·12 政
東洋社会党　❻ **1882**·4·18 政／5·25 政／**1883**·1·6 政
東洋自由党　❻ **1892**·11·6 政／**1893**·12 月 政
同和奉公会　❽ **1941**·6·25 政
独立倶楽部　❻ **1891**·3·6 政
独立労働党　❼ **1911**·11·7 政
土地復権同志会　❼ **1902**·4·6 政
巴倶楽部　❻ **1891**·3·6 政
七日会(田中派)　❾ **1972**·9·12 政
21 世紀クラブ　❾ **1978**·5·23 政
日本愛郷連盟　❽ **1953**·7·3 政
日本アナーキスト連盟　❽ **1946**·2 月 政
日本維新の会　❾ **2012**·9·28 政／11·17 政
日本遺族厚生連盟全国大会　❽ **1952**·1·20 政
日本革新党　❽ **1940**·7·1 政
日本共産主義者団　❽ **1937**·12·5 政／**1938**·9·13 政
日本共産党(共産党)　❼ **1922**·1·22 政／7·15 政／**1923**·2 月 政／4·5 政／**1924**·3 月 政／**1925**·1 月 政／**1926**·12·4 政／**1927**·12·1 政／**1928**·3·7 政／4·15 政／**1929**·4·16 政／**1930**·1·26 政／5·20 政／7·14 政／**1933**·6·7 政／12·23 政／**1934**·1·15 政／❽ **1945**·12·1 政／**1946**·3·19 政／**1947**·12·21 政／**1948**·2·6 政／4 月 政／**1949**·1·15 文／1·20 社／3·7 文／6·18 政／7·16 政／**1950**·1·6 政／1·18 政／6·6 政／7·15 政／**1951**·10·16 政／**1955**·7·27 政／**1956**·7·15 政／**1957**·9·29 政／**1958**·7·21 政／**1961**·7·8 政／7·25 政／**1962**·2·5 政／❾ **1966**·10·24 政／10·26 政／**1968**·1·30 政／**1970**·7·7 政／**1972**·7·15 政／**1975**·12 月 政／**1997**·9·22 政／**1998**·6·8 政／**2006**·1·14 政
　共産党関係正常化の共同宣言　❾ **1979**·12·17 政
　共産党幹部転向事件　❼ **1933**·6·7 政／**1934**·1·30 政
　共産党三十一年テーゼ　❼ **1931**·4·22 政
　共産党五十年テーゼ　❽ **1950**·5·1 政
　共産党宣言　❼ **1904**·11·13 政
　共産党婦人行動綱領　❽ **1945**·12·5 政
　日本共産党機関紙『赤旗』　❼ **1923**·4·3 政
　日本共産党事件　❼ **1923**·6·5 政／**1925**·8·20 政
日本協同党　❽ **1945**·12·18 政
日本勤労奉公連盟　❽ **1940**·8·18 社
日本経済団体連合会(日本経団連)　**2002**·5·28 政
日本国民党　❼ **1929**·11·26 政
日本国家社会主義研究所　❼ **1931**·9·7 政
日本再建連盟　❽ **1952**·4·19 政
日本社会主義同盟　❼ **1920**·12·9 政／**1921**·5·9 政
日本社会党(1996 年に社会民主党に改名)　❼ **1906**·1·14 政／2·24 政／**1911**·10·25 政／❽ **1945**·11·2 政／**1946**·1·16 政／3·19 政／5·13 政／7·14 政／9·28 政／**1948**·1·16 政／7·7 政／10·8 政／**1950**·1·19 社／**1951** 1·19 政／10·23 政／**1955**·10·13 政／**1957**·1·17 政／**1959**·9·12 政／**1961**·2·5 政／❾ **1966**·1·19 政／12·6 政／**1967**·8·19 政／**1968**·9·11 政／**1984**·2·27 政／**1990**·4·3 政／**1991**·7·30 政／9·12 政／**1993**·7·29 政／**1994**·4·25 政／6·29 政／7·20 政／**1996**·1·19 政
　社会党(沖縄)　❽ **1947**·9·10 政
日本社会平民党　❼ **1907**·6·25 政
日本自由党(鳩山一郎)　❽ **1945**·11· 政／**1946**·2·22 政／3·19 政／**1948** 3·15 政
日本女性党　❾ **1977**·7·12 政
日本新党　❾ **1992**·5·7 政／**1993**·7·29 政／**1994**·9·26 政／10·30 政
日本進歩党　❽ **1945**·11·16 政
日本人民反戦同盟　❽ **1939**·12·25 政
日本青年共産同盟　❽ **1946**·2·3 政
日本創新党　❾ **2010**·4·18 政
日本大衆党　❼ **1926**·12·9 政／**1928**·12·20 政
日本中小企業政治連盟　❽ **1956**·4·1 政
日本農民党　❼ **1925**·10·17 政／**1926**·10·17 政
日本農民労働党　❼ **1925**·12·1 政
日本の声同志会　❽ **1964**·7·1 政
日本フェビアン協会　❼ **1924**·4·27 政
日本平和協会　❼ **1906**·11·23 政
日本みどりの党　❾ **1983**·3·13 政
日本未来の党　❾ **2012**·11·27 政
日本民主青年同盟　❽ **1955**·5·5 政
日本民主党　❽ **1954**·11·1 政
日本民主法律家協会　❽ **1961**·10·7 社
日本無産党　❽ **1937**·12·22 政
日本労農党　❼ **1927**·11·27 政／**1933**·9·13 政
ニュー社会党　❾ **1984**·2·27 政
ネットワーク·デモクラシー研究会　❾ **1995**·6·21 政
農民運動研究会　❽ **1953**·2·5 政
農民協同党　❽ **1952**·2·8 政
農民新党　❽ **1949**·5·9 政
八·二六事件(共産党員大検挙)　❼ **1931**·8·26 政
反民主主義活動対策協議会　❽ **1954** 9·15 政
婦人民主クラブ　❽ **1946**·3·16 政
扶桑立憲政党　❻ **1882**·4·13 政
武力闘争方針　❽ **1951**·2·23 政

フロムファイブ　❾ 1997·12·26 政
平民協会　❼ 1907·12·22 政
平民社　❼ 1903·11·15 政／1905·10·9 政
べ平連(ベトナムに平和を！　市民文化団体連合)　❾ 1965·4·24 政／11·16 政／1966·8·11 政／1968·1·25 政／5·2 政／8·16 政／9·16 政／1969·8·7 政／10·10 政／12·24 社／1971·11·17 政／1973·10·6 政／1974·1·16 社／1·26 政
保守新党　❾ 2002·12·26 政
戊申倶楽部　❼ 1908·7·25 政
松下政経塾　❾ 1979·6·19 政
満洲国協和会　❼ 1932·7·25 政
満洲撤兵問題同志懇親会　❼ 1903·4月 政
満蒙研究会　❼ 1926·10·10 政
みどりの風　❾ 2012·7·17 政
民社クラブ　❽ 1959·11·25 政
民社党　❾ 1967·6·19 政／1977·10·31 政／1985·4·23 政／1990·4·16 政／1993·7·29 政／1994·12·9 政
民主改革連合　❾ 1993·7·29 政
民主化同盟　❽ 1952·10·24 政
民主社会党　❽ 1960·1·24 政
民主自由党　❽ 1948·3·15 政／1950·3·1 政
民主人民連盟　❽ 1946·3·15 政／4·3 政／7·21 政
民主主義を守る全国学者研究者の会　❽ 1960·5·24 政
民主新党クラブ　❾ 1994·9·26 政
民主党　❽ 1947·3·23 政／1949·3·7 政／12·24 政／❾ 1996·9·9 政／1998·4·27 政／7·12 政／1999·9·25 政／2000·6·25 政／2001·7·29 政／2002·9·23 政／2003·7·23 政／11·9 政／2004·5·10 政／7·11 政／2005·9·17 政／2006·4·7 政／2007·7·29 政／8·7 政／11·2 政／2009·9·9 政／2010·1·16 政／9·14 政／2011·8·29 政
民人同盟会　❼ 1919·2·21 政
民政党　❾ 1998·1·23 政
民党合同同志大懇親会　❼ 1898·6·16 政
みんなで民主主義を守る会　❽ 1960·7·9 社
みんなの党　❾ 2009·8·8 政
民友社　❻ 1887·2·15 政
無産大衆党　❼ 1928·7·15 政／1930·1·15 政
無所属クラブ　❾ 1977·10·7 政
無所属団　❼ 1915·4·2 政
無党派クラブ　❾ 1982·12·20 政
無名倶楽部　❼ 1903·11·26 政
明十社　❻ 1877·10月 政
明政会　❼ 1928·4·17 政
木曜会　❼ 1898·3·10 政
木曜クラブ　❾ 1980·10·23 政
山下倶楽部　❼ 1898·5·7 政
猶興会　❼ 1906·12·20 政
又新会　❼ 1908·12·21 政
八日会　❽ 1943·6·14 政
翼賛議員同盟　❽ 1941·9·2 政
翼賛政治会　❽ 1942·5·20 政／1945·3·30 政
翼壮議員同志会　❽ 1945·3·10 政／9·6 政
理想選挙同盟会　❼ 1912·4·1 政
立憲改進党　❻ 1882·3·14 政／1886·4·3 政／1887·4·2 政／1889·8·25 政
　立憲改進党と自由党の対立　❻ 1892·11·21 政
立憲革新党　❻ 1894·5·3 政
立憲国民党　❼ 1910·3·13 政／1922·9·1 政
立憲自由党　❻ 1890·6·17 政／8·4 政／9·15 政／1891·3·19 政⇨自由党(立憲自由党)
立憲政体詔書　❻ 1875·4·14 政
立憲政党　❻ 1881·11·22 政／1883·3·15 政
立憲青年団　❼ 1913·2·20 政
立憲政友会　❼ 1900·8·25 政／9·15 政／1902·12·4 政／1908·1·18 政
立憲大同連盟　❼ 1925·10·4 政
立憲帝政党　❻ 1882·10·13 政／3·18 政／10·13 政／1883·9·24 政
立憲同志会　❼ 1913·12·23 政
立憲民政党　❼ 1927·6·1 政／❽ 1940·8·15 政
立憲養生会　❽ 1942·3·17 政
立憲養正会　❼ 1923·11·3 政
立志社　❻ 1874·4·10 政
　立志社事件　❻ 1877·3·1 政／1877·8·8 政
琉球社会党　❽ 1947·10·13 政
琉球民主党　❽ 1952·8·31 政
緑風会　❽ 1947·5·17 政
黎明会　❼ 1918·12·23 政／1919·1·18 文
黎明クラブ　❾ 1997·12·28 政／1998·1·1 政
老壮会　❼ 1918·10·9 政
労働農民党(労働者農民党)　❼ 1926·3·5 政／12·12 政／1929·11·1 政／1930·8·29 政　❽ 1948·12·2 政／1957·1·16 政／3·16 政
浪人会　❼ 1918·11·23 政
労農大衆党　❼ 1929·1·17 政
労農民衆党　❼ 1927·1·15 政
若い日本の会　❽ 1960·5·30 政
選挙
　海外在住者選挙権　❾ 2005·9·14 政
　議員定数不均衡·選挙格差問題　❾ 1980·12·23 政／1984·9·28 政／1987·9·8 政／2004·1·14 政／2011·3·23 政／2012·10·17 政
　公職選挙法　❽ 1950·4·15 政／1962·5·10 政／❾ 1966·6·1 政／1970·12·24 政／1975·7·15 政／1978·6·20 政／1981·4·7 政／1982·7·16 政／8·18 政／1983·11·29 政／1986·5·21 政／1989·12·19 政／1992·12·1 政／2000·1·27 政／2002·7·18 政／2007·2·21 政
　国民投票法　❾ 2007·5·14 政
　在外日本人有権者投票制度　❾ 1998·5·6 政
　参議院議員選挙　❽ 1947·2·24 政／4·20 政／1950·6·4 政／1953·4·24 政／1956·7·8 政／1959·6·2 政／1962·7·1 政／❾ 1965·7·4 政／1968·7·7 政／1971·6·27 政／1974·7·7 政／1977·7·10 政／1983·4·27 政／6·26 政／1989·7·23 政／1992·7·26 政／1995·7·23 政／1998·7·12 政／2001·7·29 政／2004·7·11 政／2007·7·29 政／2010·7·11 政
　参議院定数　❽ 1964·2·5 政
　衆議院議員選挙法　❻ 1889·2·11 政／❼ 1899·1·9 政／2·8 政／12·12 政／1900·3·29 政／1902·4·5 政／1903·6·30 政／1912·2·24 政／3·30 政／1915·2·15 政／1916·11·27 政／1925·5·5 政／1934·6·23 社／❽ 1945·11·27 政／12·17 政／1947·3·25 政
　衆議院議員総選挙　❻ 1890·7·1 政／1892·2·15 政／1894·3·1 政／❼ 1898·3·15 政／8·10 政／1902·8·10 政／1903·3·1 政／1904·3·1 政／1908·5·15 政／1912·5·15 政／1915·3·25 政／1917·4·20 政／1920·5·10 政／1924·5·10 政／1928·2·20 政／1930·1·20 政／1932·2·20 政／1936·2·20 政／❽ 1937·4·30 政／1942·4·30 政／1946·4·10 政／1947·2·7 政／4·25 政／1949·1·23 政／1952·10·1 政／1953·4·19 政／1955·2·27 政／1958·5·22 政／1960·11·20 政／1963·11·21 政／❾ 1967·1·29 政／1969·12·27 政／1972·12·10 政／1976·12·5 政／1979·9·17 社／10·7 政／1980·6·22 政／1983·12·18 政／1986·7·6 政／1990·2·18 政／1993·7·18 政／1996·10·20 政／2000·6·25 政／2003·11·9 政／2005·9·11 政／2009·8·30 政／2012·12·16 政
　衆議院総選挙テレビ開票速報　❽ 1955·2·27 政
　小選挙区比例代表並立制　❾ 1993·9·17 政
　小選挙区法　❽ 1956·3·19 政／1956·4·30 政
　政見放送　❽ 1946·3·14 政／1952·3·4 政
　政見放送(テレビ)　❾ 1969·9·17 政／1971·6·27 政／1972·11·27 政
　制限連記制　❽ 1945·12·17 政
　選挙違反監視摘発本部　❽ 1962·6·7 政
　選挙運動(公明党)　❽ 1953·3·24 政
　選挙干渉(品川内相)　❻ 1892·2·23 政／5·11 政／7·20 政
　選挙開票速報(ラジオ)　❼ 1930·2·21 政
　選挙権(年齢)　❼ 1930·9·25 政
　選挙権(学生)　❽ 1953·6·18 政
　選挙権(婦人参政権)　❻ 1885·4月 政／❽ 1945·10·11 政
　選挙粛清(委員会、中央連盟)　❼ 1935·5·8 政／6·18 政
　選挙制度改革　❾ 1973·5·11 政
　選挙制度調査会·審議会　❽ 1949·5·31 政／1961·6·8 政
　全国選挙管理委員会　❽ 1947·12·7 政
　大選挙区制　❽ 1945·12·17 政
　電子投票　❾ 2001·11·30 政／2002·

6·23 政／**2005**·7·8 政
統一地方選挙　❽ **1947**·4·5 政／4·30 政／**1951**·4·23 政／**1955**·4·23 社／**1959**·4·23 政／**1963**·4·17 政／❾ **1967**·4·15 政／**1971**·4·11 政／**1975**·4·13 政／**1979**·4·8 政／**1983**·4·10 政／**1987**·4·12 政／**1991**·4·7 政／**1995**·4·9 政／**1999**·3·25 社／4·11 政／4·25 社／**2003**·3·27 社／4·13 社／**2007**·4·8 社／**2011**·4·10 社
比例代表選挙　❾ **1998**·4·24 政
普通選挙　❼ **1897**·7月 政／**1899**·9·21 政／10·2 政／11·20 政／**1902**·2·12 政／**1905**·12·6 政／**1906**·2·11 政／**1908**·3·6 政／**1911**·3·11 政／**1919**·2·9 政／12·12 政／12·15 政／**1920**·1·31 政／2·1 政／**1921**·11·12 政／**1922**·2·5 政／2·23 政／10·20 政／**1923**·2·23 政／**1925**·3·2 政／**1926**·7·28 政／9·3 政／**1927**·9·12 政／**1928**·1·22 政／2·20 政／**1932**·2·23 社
翼賛選挙法　❽ **1941**·1·20 政／**1942**·2·18 政
リコール投票　❽ **1948**·5·25 政
琉球立法院選挙　❽ **1954**·3·14 政／**1956**·3·11 政／**1958**·3·16 政
レコードによる政見発表　❼ **1915**·2·14 政

田畑·土地

永小作·田地売買　❺-1 **1698**·12月 社
隠田禁止　❺-1 **1657**·是年 政
改作法(金沢藩)　❺-1 **1651**·是年 政／**1654**·7·29 政／**1656**·6月 政／**1657**·是年 政／**1679**·是年 政
木庭作(焼畑)　❺-2 **1725**·是秋 社
三世一身の法　❶ **723**·4·17 政／**743**·5·27 政
財産権(区町村)　❻ **1876**·10·17 政
山林藪沢独占禁止令　❶ **706**·3·14 政／**784**·12·13 政／**806**·⑥·8 社
地子地の貸借禁止　❺-1 **1649**·10·14 社
質入田畑質(訴訟)　❺-2 **1718**·8·11 政／**1722**·4·6 政／10·14 社／**1730**·3·4 政／**1740**·4·7 政／⑦·5 政／**1742**·12·2 社
壬申地券　❻ **1872**·7·4 政
地券発行　❻ **1871**·12·27 政
地坪制度(伊予今治)　❺-1 **1689**·2月 政
田畑の称復活　❻ **1877**·10·4 政
田畑荒地の復興奨励　❺-1 **1649**·11·17 社
田畑永代売買禁止令　❺-1 **1643**·3·11 政／3·14 政／**1666**·11·11 社／**1671**·8·18 政／**1673**·是年 政／**1678**·10·18 社／**1683**·是年 政／**1686**·4·20 政／**1687**·3月 政／4·11 政／是年 政／**1695**·6月 政／7·16 政／❺-2 **1716**·4·8 政／8·8 政／**1744**·6月 政
田畑勝手作許可　❻ **1871**·9·7 政
田畑寄付·譲与禁止　❺-2 **1762**·2·18 政
田畑石高の称廃止　❻ **1873**·6·8 政
田畑制御定法(平戸藩)　❺-2 **1723**·2月 政
田畑調査　❺-2 **1721**·6·21 政／**1758**·是年 政
田畑売買·質入　❺-2 **1737**·2月 政／**1746**·5·8 政／**1753**·8月 社／**1819**·8·24 社
田畑·屋敷相続令　❺-2 **1754**·3月 政
田圃質入禁止　❺-1 **1707**·10·13 政
田地相続分配(会津藩)　❺-1 **1706**·是年 社
土地永代売買禁止令解除　❻ **1872**·2·15 政／8·12 政
土地貸借禁止　❺-1 **1648**·6·11 社
土地台帳規則　❻ **1889**·3·23 政
土地の名称　❻ **1873**·3·25 政
土地売却　❺-1 **1714**·6·25 社
土地売買譲渡規則　❻ **1880**·11·30 政
土地は農民のもの　❻ **1869**·12·18 政
百姓地　❺-1 **1713**·⑤月 政
分地制限令　❺-1 **1673**·6月 政／**1677**·是年 政／**1693**·8月 政／**1710**·是年 政／**1713**·7月 政／❺-2 **1721**·7月 政／**1722**·11月 政／**1734**·4月 政／**1738**·1·20 政／**1748**·是年 社
流質地禁止令　❺-2 **1721**·12月 政／**1723**·8·26 政

帳·絵図

青苗簿(帳)　❶ **717**·5·22 政／**842**·6·9 政／**845**·9·10 政
阿淡郷村民数帳　❺-1 **1674**·是年 社
安堵下文(下知状)　❸ **1303**·6·12 政／**1309**·5·27 政／**1346**·12·7 政
伊豆国大島差出帳　❺-2 **1789**·是年 政
一村限帳　❺-2 **1756**·10·15 政
大税賑給歴名帳(出雲)　❶ **739**·是年 文
大税(おおちから)負死亡帳(備中)　❶ **739**·是年 文
隠岐郷帳　❺-1 **1688**·是年 政
会赦帳　❶ **842**·8·27 政／**843**·7·10 政／**862**·7·15 政
加賀国郷村高辻帳　❺-1 **1711**·6·18 政
欠落御帳面　❺-2 **1748**·⑩·26 政
家内定法帳　❺-2 **1736**·1月 社
義倉帳　❶ **730**·是年 政／**750**·10·20 政
切米帳姓名終身調　❺-1 **1622**·是年 政
公廨処分帳　❶ **881**·2·19 政
公験紛失状　❷ **1046**·10·28 社
熊本藩「人畜改帳」　❺-1 **1633**·5月 政
桑漆帳(くわうるしちょう)　❶ **730**·5·6 政
郡計帳(右京三條·八條)　❶ **733**·是年 政
郡計帳(山背)　❶ **733**·是年 政
郡稲帳(越前)　❶ **733**·3·6 政
計会帳　❶ **733**·是年 政／**734**·8·20 政／**798**·2·5 政
計会帳(出雲ほか)　❶ **754**·10·18 政
計帳(大帳)　❶ **646**·1·1 政／**726**·是年 政／**732**·是年 政／**847**·7·9 政／**876**·6·3 政／**928**·10·5 政／**934**·4·19 政／**942**·12·29 政／**948**·7·1 政
計帳使　❶ **815**·11·28 政／**818**·6·17 政
検田帳(因幡国高庭帳)　❶ **905**·9·10 文
交易帳(相模)　❶ **735**·⑪·10 文
郷方仕組帳(筑後柳河藩)　❺-2 **1824** 4月 政
郷計帳　❶ **724**·是年 文／**740**·是年 文
交替実録帳　❶ **826**·是年 文／**872**·8·8 政
郷帳の作製·提出　❺-1 **1702**·是年 政
郷帳の作製(幕府)　❺-2 **1728**·9月 政／**1834**·是年 政
校田帳　❶ **862**·6·5 政
沽価帳　❶ **871**·8·14 政
小倉城主人畜御改之帳　❺-1 **1622**·是年 政
戸口損益帳　❶ **708**·是年 政
五人組帳　❺-2 **1734**·4月 政／**1769** 是年 社／**1808**·3月 社
佐賀藩法「鳥の子帳」　❺-1 **1657**·明暦年間 政
四季帳　❶ **717**·5·22 政
四度公文帳(大計帳·正税帳·調帳·朝集帳)　❷ **1109**·8月 政
資財帳(定額寺)　❶ **825**·5·27 社／**863**·9·25 政
地子帳　❶ **914**·8·8 政
信濃佐久郡検地帳　❺-1 **1657**·10月 政
下総武井村「名寄帳」　❺-1 **1637**·是年 政
下野国安蘇郡岩崎村「年貢割付状」　❺-1 **1702**·7月 政
主税寮返帳　❶ **949**·12·19 政
正税帳　❶ **815**·11·28 政／**894**·9·29 政
正税帳(伊賀)　❶ **730**·是年 文
正税帳(伊豆)　❶ **739**·是年 文
正税帳(伊予)　❶ **736**·8·6 文／是年 政
正税帳(隠岐)　❶ **732**·是年 政／**733**·2·19 文
正税帳(尾張)　❶ **730**·是年 文／**734**·12·24 文
正税帳(紀伊)　❶ **730**·是年 文
正税帳(左京)　❶ **738**·是年 文
正税帳(薩摩)　❶ **736**·是年 政
正税帳(佐渡)　❶ **736**·是年 政
正税帳(周防)　❶ **735**·7·3 文／**738**·是年 文
正税帳(駿河)　❶ **738**·是年 文
正税帳(摂津)　❶ **736**·是年 政／❷ **1120**·是年 政
正税帳(但馬)　❶ **737**·12·8 文
正税帳(筑後)　❶ **738**·是年 文
正税帳(長門)　❶ **737**·12·8 文
正税帳(豊後)　❶ **737**·12·8 文
正税帳(大倭)　❶ **730**·12·20 政
正税返帳　❶ **861**·6·21 政
正税返却帳　❶ **880**·4·29 政
省帳(陸奥·出羽)　❷ **1189**·9·14 政
正保郷帳　❺-1 **1644**·12·25 政／**1645**·是年 政
定免一村限帳　❺-2 **1756**·10·15 政
諸王歴名帳　❶ **881**·5·10 政
諸国公文調査　❷ **1059**·9·18 政
神社帳　❶ **863**·9·25 政
神税帳　❶ **847**·7·2 政

出挙帳　❷ **1010**·12 月 政／**1120**·是年 政

周防岩国「田帳·屋敷帳」　❺-1 **1704**·2·11 政

税帳　❶ **814**·9·20 政／**834**·4·15 政／**847**·7·9 政／**937**·5·5 政／10·16 政／**939**·⑦·5 政

税帳(大宰府)　❶ **928**·10·5 政／**934**·4·19 政

税帳·租帳　❷ **1010**·12 月 政／**1011**·12·26 政／**1120**·是年 政

摂津富田林村家数人数万改帳　❺-1 **1644**·7 月 政

租帳(京戸口分田)　❶ **963**·6·7 政

杣山法式帳(琉球)　❺-2 **1737**·3 月 社

大計帳　❶ **717**·5·22 政

大計帳(摂津)　❷ **1120**·是年 政

大税帳　❶ **729**·是年 文／**731**·2·17 文／2·26 文

地券　❷ **1221**·6 月 文

調帳　❶ **847**·7·9 政／**881**·5·11 政／**915**·7·7 政

調帳(摂津)　❷ **1120**·是年 政

帳面(村々の収支)　❺-2 **1740**·9·10 政

田記(土地の記録)　❶ **713**·4·17 政

田数帳(弘福寺)　❶ **743**·4·22 文

田地·在家検注目録　❷ **1273**·6·4 政

取帳(検田)　❷ **1246**·2·19 政／**1259**·9 月 政／**1261**·3·1 政

名寄帳　❺-2 **1721**·4·21 政

新潟地子帳　❺-1 **1656**·12 月 社

人数改之帳(宗門人別改帳)　❺-1 **1634**·7 月 社

人別書·人別帳·人別改帳　❺-2 **1721**·10·19 政／**1728**·3·19 政／**1747**·12·11 政／**1754**·②·22 政／3·23 政／**1755**·8·28 政／**1789**·2·11 政／**1790**·1·26 政／**1792**·②月 政／**1796**·4·25 政

奴婢帳(観世音寺)　❶ **758**·12·22 文

奴婢見来帳(東大寺)　❶ **751**·3·3 文

年貢·算用状

年終帳(要劇·番上の田)　❶ **889**·12·25 政

農務帳　❺-2 **1734**·8 月 政

隼人計帳(山背)　❶ **735**·是年 文

班田受口帳　❶ **879**·5·23 政

秘密契約隠置文　❷ **1262**·10·11 社

百姓の分限帳改　❺-2 **1740**·2·11 政

平戸藩町方御仕置帳　❺-1 **1681**·6·1 政

分一粥之帳　❺-1 **1615**·5 月 社

俘囚計帳　❶ **811**·3·11 政

分限帳明細書　❺-2 **1790**·12·29 政

松前島郷帳　❺-1 **1700**·1 月 政

未進帳(諸国)　❶ **842**·9·22 政

村差出明細帳　❺-2 **1756**·10·15 政

目録　❷ **1118**·1·30 政／**1221**·9·6 政／**1247**·11·27 政／❸ **1287**·12·10 社／**1296**·12 月 政／**1300**·7·2 社

籾穀帳　❶ **723**·7·9 文

文書目録(伊賀玉瀧杣)　❷ **1126**·6·19 政

文書目録(金剛峰寺官符等奉納状)　❷ **1159**·7·1 政

文書目録(大和栄山寺文書奉納状)　❷ **1160**·10·20 政

山城高八郡村名帳　❺-2 **1729**·是年 社

山城村郷帳　❺-1 **1700**·是年 政

山奉行規模帳仕次　❺-2 **1751**·6 月 社

山奉行所規模帳(琉球)　❺-2 **1737**·3 月 社

山奉行所公事帳　❺-2 **1751**·6 月 社

輸租帳　❶ **717**·5·22 政／**729**·是年 文／**740**·11·20 文

徭帳　❶ **808**·8·6 政

徭散帳　❶ **902**·11·27 政／**926**·5·27 政

用度帳　❶ **856**·3·8 政／4·27 政／**897**·6·19 政

四度公文帳(よどのくもんちょう)　❷ **1109**·8 月 政

里計帳　❶ **726**·是年 政

「安芸沼田荘検田目録」　❷ **1243**·2 月 政

「足守荘絵図」(備中国)　❷ **1169**·12 月 文

「和泉国近木荘上番馬上取帳」　❸ **1424**·10·16 政

「和泉日根野荘絵図」　❸ **1316**·6·17 文

「和泉日根野村年貢算用状」　❹ **1484**·12 月 政

「伊勢国石榑御厨年貢算用状案」　❸ **1428**·3 月 政

「伊勢国曾禰荘年貢以下請文」　❸ **1347**·9·4 政

「因幡国高庭荘検田帳」　❶ **905**·9·10 文

「伊予国分寺免田」　❷ **1255**·10 月 社

「伊予国弓削庄検田目録」　❷ **1188**·9·29 政

「伊予弓削荘検注帳」　❷ **1189**·5 月 社

「伊予弓削島荘領家方年貢塩送文案」　❷ **1269**·8·28 社

「石見国交替実録帳」　❷ **1031**·1·25 政

「石見国田数注文」　❷ **1223**·3 月 政

「小田原衆所領役帳」　❹ **1559**·2·12 政

「尾張海東荘検田帳」　❷ **1204**·12 月 政

「甲斐鮎沢郷棟別帳」　❹ **1555**·11 月 政

「春日庄検田帳」　❷ **1125**·10 月 社

「香取御神領検田取帳」　❸ **1399**·是年 政

「香取神領田数目録」　❷ **1278**·是年 政

「加判周防国阿弥陀寺田畠注文」　❷ **1200**·11 月 文

「河上宮神田注文」(肥前)　❷ **1176**·6 月 社

「観世音寺堂舎損色注文」　❷ **1148**·⑥·16 文

「紀伊国荒川荘検注帳」　❷ **1135**·12·29 社

「紀伊国垰田荘四至牓示注文並絵図」　❹ **1491**·3 月 文

「九條兼実惣処分状」　❷ **1204**·4·23 文／**1280**·5·6 文

「口分田図」(越前)　❶ **766**·10 月 文

「建久図田帳」　❷ **1197**·是年 政

「交替使実録帳」(伊予)　❷ **1022**·10·28 政

「高野山四至結界絵図」　❸ **1335**·12·2 文

「近衛家所領目録」　❷ **1253**·10·21 政

「西大寺三宝料田畠目録」　❷ **1276**·11·10 文

「讃岐国入野郷戸籍」　❷ **1004**·是年 政

「讃岐国善通曼荼羅寺寺領注進状」　❷ **1145**·12 月 社

「主税寮出雲国正税返却帳」　❷ **1078**·12·30 文

「昭慶門院御領目録」　❸ **1306**·6·12 政

「諸国荘荘文書并絵図」　❷ **1130**·3·13 文

「周防国阿弥陀寺田畠注文」　❷ **1200**·10 月 文

「周防国与田保検注小物徴符注文案」　❸ **1301**·12 月 政

「摂津垂水西牧榎坂郷田畠取状」　❷ **1189**·3 月 社

「摂津八部郡奥平村条里図」　❷ **1162**·4 月 文

「宣陽門院御領目録」　❸ **1407**·3·18 政

「造内裏段銭并国役引付」　❹ **1456**·是年 政

「醍醐寺文書目録」　❷ **1186**·4·8 文

「大山荘年貢帳」　❸ **1398**·11·10 政

「大平郷年貢結解状」　❸ **1317**·12 月 政

「但馬国御家人交名」　❷ **1197**·7 月 政

「田畠検注目録」　❸ **1307**·是年 政

「太良庄実検取帳」　❷ **1254**·11·23 政

「筑後国交替実録帳」　❷ **1241**·5 月 政

「筑前糟屋西郷·那珂西郷坪付帳」　❷ **1187**·8 月 政

「筑前国観世音寺資財帳」　❷ **1092**·是年 社／**1096**·是年 文

「筑前国観世音寺修理米用途帳」　❷ **1037**·是年 文

「長講堂所領注文」　❷ **1192**·10 月 社

「東寺公文所明済跡負物方注文」　❸ **1413**·9·16 政

「東寺荘園斗升増減帳」　❸ **1455**·是年 社

「東寺損色検注帳」　❷ **1179**·6 月 文

「東大寺印蔵文書目録」　❷ **1147**·4·17 文

「東大寺荘園文書目録」　❷ **1153**·4·29 文

「東大寺出納目録」　❷ **1220**·6·15 文

「東大寺領荘園文書目録」　❷ **1175**·8·7 政

「東大寺領周防国宮野庄田畠等立券文」　❷ **1195**·9 月 文

「東福寺領肥前国彼杵荘重書目録」　❸ **1329**·7·3 社

「豊受大神宮文書目録」　❷ **1194**·11 月 社

「長門国分寺領惣田数注進状」　❸ **1334**·1 月 社

「名寄帳」　❸ **1338**·2·6 社
「能登国諸橋六郷田数目録」　❷ **1261**·6·13 政
「播磨矢野荘供僧方年貢等算用状」　❸ **1405**·2·13 政
「肥前国郡郷等田数注進状案」　❷ **1266**·6 月 社
「備前国安仁社免田」　❸ **1367**·9·1 政
「備前国租帳」　❷ **1001**·12·25 政
「備中国新見荘地頭方田地実検取帳」　❸ **1325**·2·22 政
「備中国新見荘領家方正検取帳案」　❷ **1271**·2·8 政
「豊後一宮八幡賀来社三十三年一度遷宮料御服所·雑具注文」　❸ **1346**·11·15 社
「豊後国図田帳」　❸ **1285**·9·30 政
「伯耆国大帳」　❷ **1118**·2·15 政
「伯耆国調庸帳」　❷ **1118**·2·15 政
「伯耆国東郷荘下地中分絵図」　❷ **1258**·11 月 文
「法隆寺領播磨国鵤庄絵図」　❸ **1329**·4 月 文
「水無瀬荘文書目録」　❷ **1133**·6·27 政／**1169**·10·26 政
「武蔵寺尾荘図」　❸ **1334**·5·12 文
「陸奥国岩切分荒野七町絵図」　❷ **1275**·是年 文
「山城上桂庄検注目録」(東寺)　❷ **1229**·11·25 社／**1245**·12 月 政
「山城久世荘年貢算用状」　❸ **1405**·2 月 政
「山城国禅定寺田畠流記帳」　❷ **1001**·4·8 文
「山城国上野荘実検目録」　❸ **1316**·11·27 政
「大和池田荘丸帳」　❷ **1186**·12 月 政
「大和出雲荘検注目録」　❷ **1186**·12 月 政
「大和国南寺敷地図帳」　❸ **1334**·5·15 文
「大和国水間杣検帳丸目録」　❷ **1150**·11·28 政
「若狭倉見庄内御賀尾浦年貢注進状」　❸ **1356**·3 月 社
「若狭太良荘所当米·地子銭徴符」　❸ **1319**·2·19 政
「若狭東寺領太良荘地頭方散用状」　❸ **1424**·7·22 政
「若狭国御家人交名注進」　❷ **1196**·6 月 政
「若狭国惣田数帳」　❷ **1265**·11 月 政
内閣
『職員録』(内閣官報局)　❻ **1886**·12 月 政
芦田均内閣　❽ **1948**·3·10 政／10·7 政
麻生太郎内閣　❾ **2008**·9·24 政
阿部信行内閣　❽ **1939**·8·30 政／9·13 政／**1940**·1·16 政
安倍晋三内閣　❾ **2006**·9·26 政／**2007**·9·12 政／**2012**·12·26 政
池田勇人内閣　❽ **1960**·7·19 政／12·8 政／**1961**·6·19 政／7·18 政／**1962**·7·18 政／**1963**·7·18 政／12·9 政／**1964**·7·18 政／11·9 政
石橋湛山内閣　❽ **1956**·12·29 政／**1957**·2·23 政
一日内閣　❽ **1962**·10·6 政／**1963**·9·7 政／**1964**·8·22 政／❾ **1965**·9·26 政／**1966**·11·5 政／**1968**·9·13 政／**1969**·9·25 政／**1970**·9·21 政／**1971**·10·6 政
伊藤博文内閣(元勲内閣)　❻ **1885**·12·22 政／**1892**·8·3 政／❼ **1896**·2·15 政／**1898**·1·12 政／**1900**·10·19 政／**1901**·5·2 政
犬養毅内閣　❼ **1931**·12·13 政
宇野宗佑内閣　❾ **1989**·6·6 政／6·2 政／6·18 社／6·27 政
大隈重信内閣　❼ **1898**·6·30 政／**1915**·7·30 政
大平正芳内閣　❾ **1978**·12·7 政／**1980**·5·16 政
岡田啓介内閣　❼ **1934**·7·8 政
小渕恵三内閣　❾ **1998**·7·30 政／**1999**·1·14 政／10·4 政
海部俊樹内閣　❾ **1989**·8·9 政／**1990**·2·28 政／12·29 政
片山哲三党連立内閣　❽ **1947**·5·24 政／6·1 政／**1948**·2·10 政／2·10 政
片山首相、マッカーサー元帥訪問　❽ **1947**·5·24 政
桂太郎内閣　❼ **1901**·5·2 政／6·2 政／**1903**·6·24 政／**1905**·12·21 政／**1908**·7·14 政／**1912**·12·21 政／**1913**·2·11 政／2 月 政
加藤高明内閣(護憲三派内閣)　❼ **1922**·6·9 政／**1924**·1·1 政／6·11 政／**1925**·8·2 政
菅直人内閣　❾ **2010**·6·8 政／9·17 政
岸信介内閣　❽ **1957**·2·25 政／7·10 政／**1958**·6·12 政／**1959**·6·18 政／**1960**·7·19 政
岸首相外国訪問　❽ **1957**·5·20 政／6·16 政／11·18 政／**1959**·7·11 政
清浦奎吾内閣　❼ **1924**·1·1 政／6·7 政
黒田清隆内閣　❻ **1888**·4·30 政
元勲内閣　❻ **1892**·8·3 政
元勲優遇　❻ **1891**·5·6 政
元勲優遇詔書　❻ **1889**·11·1 政
小泉純一郎内閣　❾ **2001**·4·26 政／**2002**·9·30 政／**2003**·9·22 政／**2004**·9·27 政／**2005**·9·21 政
メールマガジン　❾ **2001**·6·14 文
小磯國昭内閣　❽ **1944**·7·22 政／**1945**·4·5 政
後継内閣指名の権利(マッカーサー発言)　❽ **1946**·1·6 政
近衛文麿内閣　❽ **1937**·6·4 政／**1938**·5·26 政／12·22 政／**1939**·1·4 政／**1940**·7·22 政／**1941**·7·16 政／10·16 政
近衛声明　❽ **1938**·11·3 政
西園寺公望内閣　❼ **1904**·12·8 政／**1906**·1·7 政／**1908**·7·4 政／**1911**·8·30 政
斎藤実内閣　❼ **1932**·5·26 政
佐藤栄作内閣　❾ **1966**·8·1 政／**1967**·2·17 政／**1968**·11·30 政／**1970**·1·14 政／**1972**·6·17 政／7·6 政
佐藤栄作沖縄訪問　❾ **1965**·8·19 政
佐藤·マイヤー駐日米大使会談　❾ **1971**·6·3 政
国連総会演説　❾ **1970**·10·21 政
日米首脳会談　❾ **1967**·11·12 政／**1969**·11·19 政／**1970**·10·21 政／**1972**·1·5 政
ノーベル平和賞　❾ **1974**·12·10 政
ブッシュと会談　❾ **2001**·9·25 政／**2002**·6·25 政／9·12 政／**2003**·4·16 政
三條実美内閣　❻ **1889**·10·15 政
幣原喜重郎内閣　❽ **1945**·10·9 政／**1946**·1·13 政／5·22 政
鈴木貫太郎内閣　❽ **1945**·4·7 政／8·17 政／❾ **1980**·7·17 政／**1981**·11·30 政
竹下登内閣　❾ **1987**·11·6 政／**1988**·12·27 政
田中角栄内閣　❾ **1972**·7·7 政／12·22 政／**1973**·11·25 政
仏ポンピドー大統領国葬出席　❾ **1974**·4·5 政
田中義一内閣　❼ **1927**·4·20 政／**1929**·7·2 政
寺内正毅僚内閣　❼ **1916**·10·9 政
東條英機内閣　❽ **1941**·10·18 政／**1943**·4·20 政／**1944**·2·19 政／7·12 政／7·17 政／7·22 政
内閣官制　❻ **1889**·12·24 政
内閣審議会　❼ **1935**·5·11 政
内閣制度発足　❻ **1885**·12·22 政
内閣制度創始百周年記念式典　❾ **1985**·12·22 政
内閣総理大臣　❻ **1888**·4·30 政
内閣調査局　❼ **1935**·5·11 政
内閣不信任案　❾ **1969**·7·29 政／**1979**·9·7 政／**1980**·5·16 政／**1983**·11·28 政／**1994**·6·23 政／**2000**·11·21 政
内閣法　❽ **1947**·1·16 政
内閣法制局設置　❻ **1885**·12·23 政
内閣陸海軍大臣現役制　❼ **1913**·4·1 政／**1936**·3·18 政
中曾根康弘内閣　❾ **1983**·12·27 政／**1984**·11·1 政／**1985**·12·28 政／**1986**·7·22 政
中曾根·レーガン会談(ロン·ヤス外交)　❾ **1983**·1·17 政／**1985**·1·2 政／10·23 政／**1986**·4·13 政／**1987**·4·30 政／9·21 政
ネクストキャビネット(影の内閣)　❾ **1999**·10·8 政
野田佳彦内閣　❾ **2011**·9·2 政
橋本龍太郎内閣　❾ **1996**·1·11 政／11·7 政／**1997**·9·11 政
羽田孜内閣　❾ **1994**·4·28 政
鳩山一郎内閣　❽ **1954**·12·10 政／**1955**·3·19 政／11·22 政／**1956**·12·20 政／❾ **2009**·9·16 政
浜口雄幸内閣　❼ **1929**·7·2 政／9·7 政
林銑十郎内閣　❽ **1937**·2·2 政／5·31 政
原敬内閣　❼ **1918**·9·29 政
東久邇宮稔彦王内閣　❽ **1945**·8·17 政／10·4 政

平沼騏一郎内閣　❽ **1939**・1・5 政／8・30 政
広田弘毅内閣　❼ **1935**・10・4 政／**1936**・3・9 政／8・7 政／8・25 政／❽ **1937**・1・23 政／2・2 政
福田赳夫内閣　❾ **1976**・12・24 政／**1977**・11・28 政
福田・鄧会談　❾ **1978**・10・23 政
福田康夫内閣　❾ **2007**・9・26 政／**2008**・8・2 政
細川護熙内閣　❾ **1993**・7・29 政／8・9 政／**1994**・4・25 政
松方正義内閣　❻ **1891**・5・6 政／❼ **1896**・9・18 政／**1897**・12・21 政
幻の宇垣内閣　❽ **1937**・1・25 政
三木武夫内閣　❾ **1974**・12・9 政／**1976**・9・15 政
三木おろし　❾ **1976**・5・7 政
宮澤喜一内閣　❾ **1991**・11・5 政／**1992**・12・12 政
内閣不信任決議案　❾ **1993**・6・18 政
村山富市連立内閣　❾ **1994**・6・30 政／**1995**・8・8 政
韓国大統領会談　❾ **1994**・7・23 政
戦後五十年村山談話　❾ **1995**・8・15 政
森喜朗内閣　❾ **2000**・4・5 政／7・4 政／12・5 政
山県有朋内閣　❻ **1889**・12・24 政／**1890**・5・17 政／**1891**・4・9 政／❼ **1898**・11・8 政／11・16 政／**1900**・9・26 政
山本権兵衛内閣　❼ **1913**・2・20 政／**1914**・3・24 政
吉田茂内閣　❽ **1946**・5・22 政／11・4 政／**1947**・1・31 政／5・20 政／**1948**・10・15 政／**1949**・2・16 政／**1950**・5・6 政／6・28 政／**1951**・7・4 政／12・26 政／**1952**・10・30 政／**1953**・5・21 政／**1954**・4・24 政
米内光政内閣　❽ **1940**・1・16 政／7・16 政／7・22 政
若槻礼次郎内閣　❼ **1926**・1・30 政／6・3 政／**1931**・4・14 政
難民　❾ **1993**・10・19 政
インドネシア難民　❾ **1979**・7・18 政／**1983**・3・31 政／4・13 政
難民定住センター　❾ **1979**・4・28 政
難民認定法　❾ **1989**・4・28 政／12・15 政／**2003**・3・4 政
難民の地位に関する條約　❾ **1981**・6・5 政
姫路定住促進センター　❾ **1979**・12・11 政
ベトナム難民　❾ **1979**・4・23 政／6・16 政／6・27 政／7・30 政／**1980**・12・11 政／**1985**・7・19 政／**1989**・5・29 政／**1993**・12・11 政
幕府御所その他
大津御所　❹ **1574**・2月 政
烏丸第　❸ **1449**・3・11 政
北小路第　❹ **1456**・4・2 政／**1476**・11・13 政／**1479**・7・2 政
北野第　❸ **1419**・12・12 社
北山第(金閣)　❸ **1397**・1月 社／4・16 政／**1401**・2・17 政／**1402**・9・5 政／**1403**・10・29 政／**1409**・2・10 政／10・26 政
小弓御所　❹ **1517**・10・15 政／**1538**・10・4 政
篠川(ささがわ)御所　❸ **1299**・是春 政／**1440**・6月 政
三條坊門殿会所　❸ **1429**・11・13 政
聚楽第　❹ **1586**・2・21 政／**1587**・9・13 政／**1595**・8月 政
醍醐寺三宝院宸殿　❹ **1599**・是年 文
二條御所　❹ **1547**・2・5 政／**1569**・2・2 政／4・14 政／**1577**・⑦・6 政／**1579**・11・2 政／11・22 政／**1582**・6・2 政
幕府の造営　❸ **1327**・12・21 政
幕府政所・問注所　❸ **1315**・3・8 政／**1319**・5・5 政／**1325**・1・3 政／**1347**・12・3 政
万里小路第(北小路)　❸ **1449**・3・11 政
室町第　❸ **1368**・2・5 政／**1378**・3・10 政／12・23 政／**1379**・7・6 政／**1383**・10・14 政／**1401**・2・29 政／**1406**・7・23 政／**1410**・3・4 政／6・11 政／**1429**・8・16 政／**1431**・8・22 政／**1432**・1・19 政／2・24 政／**1437**・10・21 政／**1449**・11・21 政
室町第(室町殿・花の御所)　❹ **1458**・11・27 政／**1459**・1・15 政／2・21 政／5・15 社／**1464**・11・7 政／**1470**・3・23 文／5・22 文／12・27 政／**1474**・3・3 政／**1475**・1・1 政／3・3 社／**1476**・1・1 政／11・13 政／**1477**・①・22 政／**1478**・5・26 政／12・12 政／**1481**・6・5 政／**1483**・6・20 政／**1525**・12・13 政／**1539**・2・3 政／**1559**・1・5 政／**1565**・5・19 政
室町殿(義満)　❸ **1339**・7・8 政
室町殿御所移転費用　❸ **1431**・8・3 政
反日デモ
韓国ソウル反日デモ隊　❾ **1974**・9・6 政
韓国独立要求・反日の万歳示威運動　❼ **1926**・6・10 政
尖閣諸島問題(中国)反日デモ　❾ **2010**・10・16 政／**2012**・8・19 政／9・13 政
タイ排日運動　❾ **1972**・11・20 政
反日節約運動(韓国政府)　❽ **1955**・6・28 政
反日デモ・暴動(中国)　❾ **2005**・4・2 政／4・17 政
東日本大震災　❾ **2011**・3・11 社
海外からの支援　❾ **2011**・3・11 政／3・14 政／3・24 政／4・11 政
消防殉職者等全国慰霊祭　❾ **2011**・11・29 社
震災追悼式　❾ **2012**・3・11 政
震災の人的被害　❾ **2011**・12・30 社
天皇陛下メッセージ　❾ **2011**・3・16 政
農林水産関係被害　❾ **2011**・5・11 政
復興構想会議　❾ **2011**・4・11 政
米国軍救援協力(トモダチ作戦)　❾ **2011**・3・11 社
米国人自主的国外退避　❾ **2011**・3・17 政
人・人間
『人種図譜』　❺-2 **1720**・是年 文
穴穂部　❶ **475**・3・13
海夫　❸ **1366**・5・8 社
海人部　❶ **書紀・応神 5**・8・13
居去(いざり)　❺-1 **1604**・8・15 社／8・16 文
夷人　❺-1 **1692**・8・29 社
異俗の人々　❶ **書紀・崇神 10**・是年
一領一疋衆　❹ **1505**・8・12 政
犬養部　❶ **535**・8・1
夷俘　❶ **758**・6・11 政／12・8 政／**777**・3月 政／**800**・5・21 政／11・6 政／**807**・3・9 政／**814**・12・1 政／**815**・1・15 社／**816**・10・10 政／**817**・9・10 政／**832**・7・27 社／**866**・4・11 政／**869**・12・5 政／**873**・12・23 政／**878**・3・29 政／**881**・6・27 社／**895**・3・13 政
夷俘専当　❶ **813**・11・24 政／**820**・4・7 政
夷俘長　❶ **812**・6・2 政
夷俘の帰降　❶ **798**・6・21 政
イルイ異形　❺-1 **1604**・8・15 社
氏長者(藤原氏)　❷ **1156**・7・11 政
牛持ち(力持ち)　❺-1 **1634**・是年 社／**1636**・是年 社／**1639**・是年 社
侑多利(ウタリ)　❹ **1457**・5・14 政
迂陵島(うりょうとう)人　❷ **1004**・3・7 政
役夫　❶ **809**・12・27 政
穢多　❺-1 **1604**・8・15 社／8・16 文／**1607**・12・18 社／❺-2 **1738**・4月 政／**1778**・10・16 社／**1803**・1月 政／**1838**・是年 社／**1845**・9・21 社／❻ **1867**・2・30 社／**1868**・1・13 政／**1871**・8・28 政
穢多仲間就法式申渡覚　❺-1 **1697**・是年 社
塩奴　❶ **253**・是年
王氏　❷ **1015**・9・8 社
民部(かきべ、民・部民・部曲)　❶ **473**・3・2／**646**・3・20 政／**664**・2・9 政／**675**・2・15 政
民部の私有禁止　❶ **646**・8・14 政／**647**・4・26 政
肩居　❷ **1208**・9・9 社
片輪者　❸ **1420**・①・13 政
葛城部　❶ **書紀・仁徳 7**・8・9
河上舎人部　❶ **458**・10月
皮剝　❺-1 **1604**・8・15 社
河原人　❷ **1016**・1・2 社
川原者・河原者　❸ **1371**・4・4 社／**1405**・6・11 社／**1428**・6・10 社／**1430**・⑪・18 文／❹ **1458**・①・3 文／**1461**・4・18 社／**1489**・5・20 文／**1491**・10・5 社
神戸(かんべ)　❶ **723**・5・15 社／**758**・9・8 社
守山(陵)戸　❶ **書紀・応神 5**・8・13／**710**・2・29 社／**715**・4・9 社
神賤　❶ **780**・12・22 社
神賤男　❶ **767**・4・21 社
神奴　❶ **758**・9・8 社
陵戸の制　❶ **691**・10・8 社／**766**・4・29 社
喜界島(きかいがしま)人　❷ **1111**・9・4 政
私部(きさいちべ)　❶ **577**・2・1
耆老　❶ **758**・7・3 社
公民　❶ **646**・8・14 政

高麗人　❷ 1269·5·2 政
黒人　❹ 1581·2·23 社
乞食　❷ 1241·是秋 社／1265·7·2 社／❹ 1457·6·15 社／1470·2·26 社／❺-1 1604·8·15 社／1680·8 月 社／1705·7·22 社／1709·3·2 社／1710·2·7 社／❺-2 1731·11·10 社／1783·8·27 社
腰引　❺-1 1604·8·15 社／8·16 文
子供売買禁止　❻ 1872·2·25 政
小人(伝説)　❸ 1431·7·28 政／❻ 1858·4·1 政
今良(ごんら、解放された官奴婢)　❶ 744·2·12 社／758·7·4 社／761·8·27 社／769·10·29 社／770·7·29 社
福草部(さえぐさべ)　❶ 487·4·13
座頭(盲人)　❸ 1287·1·11 社
散所(東寺)　❸ 1327·3·21 社／5·7 社／1334·9 月 社／1343·10·29 文／1380·9·5 社／1405·6·11 社／1414·6·27 社／1428·6·10 社／1439·①·6 文
散所(柳原)　❹ 1458·9·28 社／1462·4·5 社
散所法師　❹ 1456·2·23 社
信覚(しがき·石垣)　❶ 714·12·5 政
地下人(じげにん)　❷ 1098·10·23 政／❹ 1591·8·21 政
宍人部　❶ 458·10·6
士族　❻ 1869·6·25 政／12·2 政／1872·1·29 政
詰夫の條規　❹ 1597·2·10 社
新羅人　❶ 757·4·4 社／759·9·4 社／760·4·28 政／763·8·24 政／774·5·17 政／810·是年 政／812·3·1 政／9·9 政／813·2·29 政／814·8·23 政／816·10·13 政／817·2·15 政／818·1·13 政／819·是年 政／820·5·4 政／822·7·17 政／824·3·28 社／5·11 政／8·20 社／832·是年 政／834·2·2 政／842·1·10 政／845·12·5 政／856·3·9 政／858·5·15 政／863·4·21 政／11·17 政／是年 政／864·2·17 政／870·2·20 政／6·13 政／9·13 社／873·6·21 社／9·25 政／874·8·8 政／879·4·2 政／890·10·3 政／893·3·3 政／10·25 政
事力(じりき)　❶ 709·6·26 政／716·8·9 政／736·5·17 政／797·2·16 政／808·2·5 政／825·⑦·22 政／870·12·25 政
人身売買禁止(令)　❷ 1245·2·16 社／❸ 1288·5·1 社／1290·2·23 社／1293·5·25 政／❻ 1872·10·2 政
　自分を自分で売得　❸ 1443·是年 社
　人身売買文書(東大寺)　❶ 749·6·10 社
掃除人　❷ ★日付？
宋人　❷ 1108·2·9 政／1120·7·8 文／1127·12·26 政
卒(身分)　❻ 1869·12·2 政／1872·1·29 政
田夷　❶ 799·3·8 政
鷹(甘)部　❶ 書紀·仁徳 43·9 月／726·8·27 社
田刀(田堵·田都)　❶ 859·12·25 社／924·8·7 社／940·5·6 社／❷ 1012·1·22 社／1052·是年 社／1055·12·9 社／1098·10·15 社／1102·1·22 社／1103·7·28 社／1112·1·22 政／1121·⑤月 社／1146·8·25 社
多禰(種子·多褹)島人　❶ 677·2 月 政／682·7·25 政／683·3·19 政／699·7·19 政／805·10·23 社／807·10·23 政
田部　❶ 書紀·景行 57·10 月／書紀·垂仁 27·是年／534·10·15／569·1·1／574·10·9
茶筅　❺-2 1778·10·16 社
中男　❶ 757·4·4 政
朝鮮人(苗代川)　❺-1 1676·是年 政
春米部　❶ 書紀·仁徳 13·9 月
狄俘　❶ 880·2·25 社
鉄利(国人)　❶ 746·是年 政／779·9·14 政
天竺(崑崙)人　❶ 799·7 月 社／❸ 1374·12·17 政
東寺散所　❷ 1102·3 月 社
唐人　❶ 675·10·16 政／694·1·23 政／795·7·16 政／796·3·9 政／798·6·20 政／819·6·16 政／是年 政／820·1·22 政／4·27 政／871·8·13 政／903·11·20 社／❹ 1588·10·1 政
牒波人　❶ 754·1·16 社
唐俘　❶ 660·10 月 社
吐火羅(都貨羅·度感·堕羅·吐火羅·覩貨羅)人　❶ 654·4 月 政／657·7·3 政／659·3·10 政／660·7·16 政／675·1·1 政／678·1·22 政／699·7·19 政
解部　❶ 690·1·20 政
土人保護法案　❻ 1895·1·15 社
刀禰(とね)　❸ 1291·2·13 政／1296·3 月 社／1306·9·24 政
鳥養部　❶ 書紀·垂仁 23·11·2／467·10 月
南島人　❶ 700·7·19 政／720·11·8 政／727·11·8 政
南蛮人　❶ 998·9·14 政
贄土師部　❶ 472·3·2
女人貢進　❶ 680·8·1 政
庭掃　❹ 1461·4·18 社
奴婢　❷ 1239·3·24 社／1243·4·20 政／⑦·7 政／12·22 政／1251·7·10 政／1257·3·24 政
　奴婢の制　❶ 645·8·5 政／646·3·22 社／691·4·1 政／698·7·7 政／744·2·12 社／746·7·11 文／749·9·17 政／11·3 社／756·8·22 社／758·7·4 社／760·3·10 政／764·7·13 社／766·5·11 社／772·12·30 社／792·12·10 社
百姓(はくせい)　❶ 書紀·崇神 6·是年
秦人(はたひと)　❶ 540·8 月
祝部(はふりべ)　❷ 1050·1·20 社
隼人　❶ 480·10·9／483·8·7／540·3 月／682·7·3 政／687·5·22 政／695·5·13 政／5·21 社／709·10·26 政／713·7·5 政／714·3·15 政／722·4·16 政／723·5·17 政／729·6·21 政／735·7·26 政／743·7·3 政／749·8·21 政／764·1·16 政／771·3·11 政／783·1·28 政／792·8·20 政／793·2·10 政／805·11·10 社／808·12·5 政
　隼人貢進の交替年限　❶ 716·5·16 政
　隼人交替入京の制　❶ 801·6·12 政
　隼人司　❶ 767·9·12 政／808·1·20 政／8·1 政／877·12·17 政
膝(身分、奄美大島)　❻ 1871·是年 政
人質　❹ 1568·11 月 政
蛮(ひな)　❶ 695·3·23 政
非人　❷ 1158·9·7 社／1209·10 月 社／1213·4·20 社／1224·3·25 社／1244·2·25 社／3 月 社／4 月 社／1245·2·16 政／1264·6·22 社／12·3 社／1265·10·25 社／1266·12·3 社／1269·3·25 社／1272·2·11 社／1275 是年 社／1280·6·26 社／❸ 1282·10·22 社／1348·7·17 社／❺-1 1604·8·15 社／1654·11 月 社／1672·寛文年間 社／1674·11·22 社／1675·7·6 社／1682·4·2 社／1709·21 社／❺-2 1723·12·18 社／1724·3·29 社／1734·1·22 社／1739·2·25 社／1748·12 月 社／1778·10·16 社／1789·8 月 政／1796·9·27 政／1803·1 月 政／❻ 1871·8·28 政
　非人宿　❸ 1283·3·2 社
日祀部　❶ 577·2·1
閩人(びんじん·久米村人)　❸ 1392·是年 政
俘夷(ふい)　❶ 854·5·13 政
封戸(ふこ)·封⇨食封(へひと)
俘囚　❶ 725·①·4 政／736·4·29 政／738·是年 社／767·11·8 政／769·11·25 政／770·4·1 政／773·1·14 政／774·1·20 政／776·9·13 政／11·29 政／795·5·10 社／798·4·16 政／799·12·16 政／800·3·1 政／806·10·3 政／811·3·20 政／813·2·25 政／814·2·10 政／816·6·2 社／8·1 政／817·7·5 政／818·1·30 政／820·6·1 社／822·9·26 政／824·10·13 政／826·3·2 社／831·2·9 社／832·12·2 社／833·2·20 政／835·2·4 政／12·4 政／847·7·4 政／855·1·15 政／1·27 政／859·3·26 社／875·6·19 政／879·1·13 政／880·11·3 政／905·6·28 政／980·③·16 社／❷ 1054·是年 政／1056·8·3 政／12·17 政／1057·7·26 政／1062·7 月 政
　俘囚料　❷ 1004·11·20 政
藤原部　❶ 422·是年
史戸　❶ 458·10 月
浮浪人(浪人)　❶ 677·9·30 社／689·⑧·10 政／709·10·14 社／715·5·1 政／8·25 政／717·5·17 社／721·4·27 社／736·2·25 政／737·9·22 社／755·5·19 政／761·3·19 社／769·6·11 政／783·6·6 政／785·6·24 政／797·4·29 社／8·3 政／802·1·9 政／805·12·8 社／810·2·23 社／811·8·11 社／843·4·28 社／860·9·20 政／881·3·14 社／882·2·14 政／883·10·17 政／884·8·4 社／895·6·26 社／946·8·26 社／❷ 1247·8·20 社／1250·3·16 社／11·28 社／1259·2·9 社
平民　❻ 1872·1·29 政
食封(へひと·封戸·封)　❶ 647·9·20

社／676·8·2 政／679·4·5 社／682·3·28 政／686·5·14 社／690·1·23 社／691·1·13 政／693·3·5 文／706·2·16 政／714·1·3 政／727·11·21 政／734·3·15 社
部屋子 ❺-2 1757·4·24 社
波斯(ペルシャ)人 ❶ 736·8·23 政
放免 ❷ 1014·4·21 社
渤海(ぼっかい)人 ❶ 746·是年 政／779·9·14 政／873·7·8 政／874·6·4 政
誉津部(ほむつべ) ❶ 書紀·垂仁 23·11·2
勾舎人部 ❶ 535·4·1
勾靫部 ❶ 535·4·1
粛慎(みしはせ)人 ❶ 544·12月／658·是年 政／660·3月 政／676·11月 政／694·1·23 政／696·3·12 政
壬生部 ❶ 書紀·仁徳 7·8·9／607·2·1 社／686·9·27 政
盲者 ❷ 1031·8·28 社／1179·4·21 社
餅戸 ❶ 782·7·11 社
物イハズ ❺-1 1604·8·15 社
家部(やかべ)⇨民部(かきべ)
焼塩戸 ❶ 716·8·20 社
掖玖(屋久島)人 ❶ 616·3月 政／620·8月 政／629·4·1 政／630·9月 政／631·2·10 政／682·7·25 政／699·7·19 政／753·12·7 政
八瀬童子 ❸ 1336·2·20 社／❹ 1509·7·22 社／1565·6·3 社／1569·4月 社／❺-1 1611·10月 社／1710·7·12 社
野非人 ❺-2 1742·11·13 政／1851·5·18 社
山夷 ❶ 799·3·8 政
山階散所 ❷ 1119·5·12 社
遊民 ❺-2 1783·8·27 社
丁(よほろ)
　钁丁(くわのよほろ) ❶ 534·10·15
　仕丁 ❶ 646·1·1 政／8·14 政／738·12·15 社
　正丁 ❶ 757·4·4 政／864·1·25 政／984·12·5 政
　白丁 ❶ 718·4·9 政／739·5·25 政／6·22 政／757·1·5 政／797·4·13 政／865·5·25 社
　荷丁(もちよほろ) ❶ 692·4·5 政
　丁(よほろ·近江·越) ❶ 642·9·3 社
　老丁 ❶ 758·7·3 社
力者 ❹ 1492·6·9 社
力田の人(篤農者)推挙 ❶ 721·4·27 社
陵戸 ❷ 1100·7·17 政
良民 ❶ 756·8·22 社
　良民·賤民の基準 ❶ 645·8·5 政／691·3·22 政
膂力の人 ❶ 809·②·9 社／810·7·9 社
流人(諸国) ❸ 1421·2·18 社
牢人 ❸ 1448·5·16 社／1452·⑧·10 社／是年 社／❹ 1459·8·9 政／1479·⑨·11 政／1487·12·2 政
浪人⇨浮浪人(ふろうにん)
渡島(越の蝦夷) ❶ 658·4月／696·3·12 政
　渡島蝦狄 ❶ 780·5·11 政
　渡島狄 ❶ 802·6·24 政／810·10·27 政
日の丸(日章旗·国旗)·国歌·国名·紋章
　『日本統計年鑑』 ❻ 1882·6月 政
　黄綬褒章 ❽ 1955·2·15 政
　記章類似品禁止 ❻ 1895·8·16 政
　菊花紋章 ❻ 1876·11·15 政／12·2 政／1888·1·4 政／❼ 1900·8·18 社／❽ 1951·8月 政
　君が代(問題) ❼ 1929·12·18 文／❽ 1940·10·20 政／1945·12·8 政／1950·11·3 社／1952·2·1 社／4·28 社／1958·7·31 文／9·17 文／1960·11·6 政／1961·4·16 政／❾ 1974·3·14 政／1977·6·8 文／1979·5·8 社／1985·9·5 文／12·24 政／1987·1·13 文／11·27 文／1988·3·15 政／3·9 文／1999·3·23 文／6·29 政／2006·7·21 政／2011·1·28 政／6·3 政／2012·1·16 政
　旭日桐花大綬章 ❻ 1888·1·4 政
　錦旗 ❻ 1867·10·6 政／10·14 政／1868·1·3 政
　金鵄勲章 ❻ 1890·2·11 政／1894·9·29 政／1895·7·15 政
　金鵄勲章年金令 ❽ 1941·6·28 政
　勲章 ❻ 1876·11·15 政／1877·11·2 政
　勲章佩用式 ❻ 1888·11·17 政
　御真影(天皇) ❼ 1915·6月 文／1927·2·1 社／1928·10·2 文
　国旗·国歌法 ❾ 1999·8·9 政
　国旗掲揚·日の丸問題 ❻ 1858·1·26 政／7·9 政／1859·1·15 政／1860·11·6 政／1870·1·27 政／1871·2·27 政／1873·1·1 社／6·12 政／1877·7·7 政／❽ 1945·2·23 社／12·29 政／1946·11·13 政／1947·5·2 政／11·13 政／12·10 政／12·27 政／1948·2·8 政／3·4 政／4·4 政／9·17 政／1949·1·1 政／1·13 政／1950·10·17 文／1952·4·3 政／12·17 政／1953·4·25 政／1957·5·18 政／1958·9·17 文／1959·1·12 政／1960·12·28 政／1962·4·3 政／1964·8·13 政／9·7 政／❾ 1967·2·9 社／3·1 政／1969·11·10 政／12·18 政／1974·3·14 政／1985·9·5 文／1987·3·25 文／11·27 文／1988·3·8 文／3·15 政／1990·4·6 文／1991·6·30 文／7·24 文／7·26 文／11·24 政／12·13 文／1992·8·5 文／1994·7·20 政／9·9 文／1996·2·22 文／1998·3·9 文／2003·1·18 文／2006·7·21 政／2010·5·19 政／2011·3·25 政
　国旗の制式と掲揚の法 ❼ 1928·7·2 文／1930·12·15 政
　祝砲問題 ❻ 1854·1·24 社／1857·3·27 社／1862·4·12 政／9月 社
　賞勲局 ❻ 1890·9·20 政
　賞典禄 ❻ 1875·12·9 政
　賞牌制度 ❻ 1875·4·10 政
　叙勲制度 ❻ 1875·4·10 政／1883·1·4 政
　瑞宝章 ❻ 1888·1·4 政
　生存者叙勲 ❽ 1963·7·12 政／1964·4·29 政
　戦歿者叙位叙勲 ❽ 1964·1·7 政／4·25 政
　大勲位菊花章 ❻ 1888·1·4 政
　大勲位菊花大授章 ❻ 1876·12·2 政
　大日本帝国(呼称) ❼ 1936·4·18 政
　大日本帝国天皇(呼称) ❼ 1936·2·14 政／4·18 政
　帝国の語禁止 ❽ 1947·5·21 政
　帝室御用·東宮御用禁止 ❼ 1902·1·18 社
　帝室制度調査局 ❼ 1899·8·24 政
　日章旗⇨国旗掲揚·日の丸問題
　日本(国号) ❶ 670·是年 政／703·是年 政／❼ 1934·3·22 政／❽ 1946·7·6 政／❾ 1970·7·14 政／1990·4·6 文／1991·6·30 文／7·24 文／7·26 文／11·24 政／1992·8·5 文／1994·7·20 政／9·9 文／2005·8·21 政
　日本国総船印(白地旭日章旗) ❻ 1853·11·6 政／1854·7·9 政／1858·7·9 政／1859·1·15 政／1860·11·6 政
　日本国名、ニッポンは通用せず ❻ 1895·4月 政
　日の丸演説 ❻ 1871·12·14 政
　宝冠章 ❻ 1888·1·4 政
文書(ぶんしょ、もんじょ)
　阿刀家文書 ❾ 1983·4·4 文
　移(文) ❶ 963·6·7 政
　位記 ❶ 689·9·10 政／691·2·1 政
　過状 ❶ 909·7·11 政
　宮中文書 ❷ 1184·1·28 文
　結解状(けちげじょう) ❷ 1127·8·28 政
　血判書(菊池氏、現存最古) ❸ 1338·7·25 社
　五箇條の御誓文 ❾ 2005·7·12 文
　催促状(軍勢) ❸ 1332·12·9 政
　借用状 ❶ 750·5·6 社／758·10·6 社／772·12·25 社
　太政官符 ❶ 772·1·13 社／819·6·10 政／❷ 1169·4·8 文
　長者宣(氏長者の発する御教書形式の文書) ❷ 1110·6·21 政
　年月日(証書)記入制 ❻ 1873·6·14 政
　牒 ❶ 719·12·7 社
　判物·朱印改 ❺-2 1745·11·29 政
　百合文書 ❺-2 1685·11月 文／❾ 1967·3·8 文
　布達文平明化 ❻ 1874·5·27 政
　文書通達 ❷ 1016·2·5 政
　文書紛失処理法 ❸ 1327·8·10 社／1346·③·27 政
　返抄 ❶ 890·6·19 政／990·2·22 政
　方言禁止(公文書) ❻ 1875·3·25 政
　申文(個人が朝廷·所属官司に提出する上申の文書様式) ❷ 1002·2·19 文
　毛利家文書 ❺-2 1749·2月 文
　履歴書 ❽ 1956·6·20 社
　綸旨(りんじ·現存最古) ❶ 780·10·26 社／❷ 1028·4·12 社
平和問題 ⇨ 6 軍事·戦争「基地問題」も見よ
　安保反対デモ ❾ 1970·6·21 政
　オスプレイ反対県民大会 ❾ 2012·9·9 政
　核戦争の危機を訴える文学者の声明

❾ 1982·1·20 文
核の危機に関する東京セミナー　❾ 1985·2·4 政／2·4 文
核廃絶·戦争反対の集会(米ニューヨーク)　❾ 2010·5·2 政
基地内居住自衛隊員の住民登録受付問題　❾ 1972·12·5 政／1973·2·27 政
原水爆禁止国民平和大行進　❾ 2012·5·6 政
原発再開反対集会　❾ 2012·6·15 政
国際反戦デー　❾ 1969·10·21 政／1970·10·21 政／1971·10·21 政／1972·10·21 政／1973·10·21 政／1974·10·21 政／1979·10·20 政／1981·10·20 政
佐藤首相訪米抗議集会　❾ 1969·11·16 政
さようなら原発集会　❾ 2012·7·16 政
自衛隊配備反対県民総決起大会　❾ 1972·10·6 政
世界青年学生平和友好祭　❽ 1955·7·31 社
世界平和アピール七人委員会　❽ 1955·11·11 政
世界平和者会議　❽ 1954·4·1 政
全国から原発をとめよう一万人行動　❾ 1988·4·23 政
全国平和擁護日本大会　❽ 1951·8·14 社
総評·中立労連デモ　❾ 1968·10·21 政
ダイ·イン　❾ 1982·5·23 政
脱原発集会　❾ 2011·9·19 政
中国の核実験に抗議　❾ 1995·8·4 政
中国へ抗議デモ　❾ 2010·10·2 政
デモ規制　❾ 1975·9·10 政
戦争と平和を考える会合　❾ 1965·8·14 政
日本平和会　❻ 1889·11 月 政
日本平和擁護大会　❽ 1949·4·25 社
反安保集会　❾ 1969·3·16 政／1970·6·23 政
反核·軍縮·平和のための大阪行動　❾ 1982·10·24 政
反核燃料の日　❾ 1989·4·9 政
反原発全国集会　❾ 1975·8·24 政／1979·6·3 政
反自衛隊集会　❾ 1971·12·4 政
反戦カード　❾ 1967·2·2 政
反戦自衛官事件　❾ 1969·10·5 政
反戦フォークソング集会　❾ 1969·6·29 社
反トマホーク全国集会　❾ 1984·1·28 政
反日共系全学連　❾ 1968·11·7 政
平和アピール七人委員会　❽ 1956·4·3 政
平和祈念像　❽ 1955·8·8 社
平和行進　❽ 1958·6·20 政
平和祭(広島)　❽ 1947·8·6 政／1949·8·6 政／1950·8·6 政／1952·8·6 政／8·9 政／1954·8·6 政／1960·8·6 政
平和推進国民会議　❽ 1951·7·28 社
平和年宣言　❽ 1950·10·13 政
平和の鐘　❽ 1953·2·15 政／1954·6·8 政／1964·9·20 政
平和のこえ　❽ 1951·1·23 政／2·4 政
平和のための東京行動　❾ 1982·3·21 政／5·23 政
平和復興祭　❽ 1946·8·5 政
平和問題懇談会　❽ 1951·9·19 文
平和を守る会　❽ 1950·2·27 政
ベトナム侵略反対運動　❾ 1965·6·9 政／1966·10·21 政／1967·10·21 政
ベトナム向けM 48 戦車輸送反対デモ　❾ 1972·8·4 政

北海道　❻ 1869·8·15 政
『開拓雑誌』　❻ 1880·1 月 文
開拓使官有物払下問題　❻ 1881·7·21 政／8·1 政／10·11 政
開拓使創業費　❻ 1873·1·15 政
開拓使庁　❻ 1869·7·8 政
北海道移住　❻ 1869·12 月 政／1870·12 月 政／1879·4·30 政／1883·4·24 政／6·2 政
北海道送籍移住者渡航手続　❻ 1879·4·30 政／1883·4·24 政
北海道土地売貸規則　❻ 1872·9·20 政
北海道土地払下規則　❻ 1886·6·25 政
北方領土問題　❽ 1945·12·1 政／1946·1·29 政／2·20 政／1947·6·5 政／1950·3·8 政／1951·2·28 政／3·2 政／10·11 政／1955·2·18 政／4·24 政／6·21 政／9·21 政／9·24 政／1956·8·16 政／9·7 政／9·17 政／1957·5·23 政／1960·1·27 政／8·29 政／1961·8·22 政／9·29 政／11·15 政／1962·3·9 政／11·13 政／❾ 1967·12·29 政／1968·10·19 政／1969·3·14 政／5·22 政／8·1 政／9·4 政／1970·2·16 政／11·11 政／1972·2·12 政／1973·8·17 政／9·18 政／1975·10·8 政／1976·8·30 政／9·11 政／1977·2·5 政／1978·3·7 政／8·20 政／1979·1·29 政／2·20 政／12·4 政／1980·3·13 政／1981·8·6 政／8·19 政／9·3 政／1988·10·8 政／1989·9·19 政／11·12 政／1990·1·14 政／4·23 政／8·24 政／1991·3·24 政／4·16 政／1992·7·7 政／7·20 政／9·9 政／12·2 政／1993·10·11 政／1994·2·21 政／1996·4·19 政／1998·4·18 政／5·9 政／6·24 政／1999·5·29 政／2000·8·2 政／2004·9·2 政／2008·4·26 政／11·22 政／2009·5·1 政／5·11 政／2010·6·26 政／2011·2·7 政
歯舞·色丹水域日本漁船操業禁止　❾ 1966·6·21 政
北方対策本部　❾ 1972·5·15 政
北方領土特措法　❾ 2009·7·3 政
北方領土の日　❾ 1981·1·6 政／2·7 政
北方領土ビザなし渡航　❾ 1992·4·22 政

都·宮
朝倉橘広庭宮(福岡県)　❶ 661·1·6 政／7·24 政
味経宮(摂津)　❶ 650·1·1 政／651·12·30 社
芦守宮(備中国賀夜郡)　❶ 書紀·応神 22·9·6
飛鳥板蓋宮(大和)　❶ 655·1·3 政／是冬 政
飛鳥岡本宮(大和)　❶ 606·是年 社／630·10·12 政／636·6 月 政／672·9·15 政
飛鳥小墾田宮(大和)　❶ 603·10·4 政／642·12·21 政／655·10·13 政
飛鳥川原宮(大和)　❶ 655·是冬 政
飛鳥浄御原宮(大和)　❶ 672·是冬 政／686·7·20 政
穴門豊浦宮(山口県豊浦郡)　❶ 書紀·仲哀 2·9 月
穴穂宮(天理市)　❶ 453·12·14
廬戸宮(大和)　❶ 書紀·孝安 102·12·4
斑鳩宮(大和)　❶ 601·2 月 政／605·10 月／622·2·22 政／643·11·1 政
石上広高宮(大和)　❶ 488·1·5
磐瀬宮(筑前)　❶ 661·1·6 政／7·24 政
石湯行宮(伊予)　❶ 661·1·6 政
磐余池辺双槻宮(大和)　❶ 585·9·5
磐余玉穂宮(大和)　❶ 526·9·13／531·2·7
磐余甕栗宮(大和)　❶ 480·1·15
磐余吉野宮(大和)　❶ 書紀·応神 19·10·1／460·8·18／656·是年 政／679·5·5 政／689·1·18 政／690·2·1 政
磐余若(稚)桜宮(大和)　❶ 書紀·神功 3·1·3／履中 1·2·1／401·10 月／405·3·15
浮孔宮(大和)　❶ 書紀·安寧 2·是年
厩坂宮(大和)　❶ 640·4·16 政
応天門　❶ 866·6·3 社／868·2·13 政／871·10·21 政
近江遷都　❶ 667·3·19 政
大津宮(近江)　❶ 667·3·19 政
小郡宮⇨難波小郡(なにわおごおり)宮
弟国宮　❶ 518·3·9
檟日宮(筑紫)　❶ 書紀·仲哀 8·1·4
春日率川宮(大和)　❶ 書紀·開化 1·10·13
軽境原宮(大和)　❶ 書紀·孝元 4·1·11
蝦蟇行宮　❶ 646·9 月 政
綺宮(伊勢)　❶ 書紀·景行 53·10 月
樟勾宮　❶ 553·6 月
樟葉宮　❶ 507·2·4
百済大井宮　❶ 572·6 月
百済宮　❶ 639·7 月 政／640·10 月 政
恭仁·難波二京の都選択　❶ 744·①· 政
恭仁京　❶ 740·12·9 政／12·15 政／741·1·1 政／11·21 政／742·1·1 政／743·12·24 政／744·①·1 政
来目高宮(大和)　❶ 書紀·垂仁 5·10·1
倉橋宮(桜井市)　❶ 705·3·4 政
笥飯宮(敦賀市)　❶ 書紀·仲哀 2·2·6
甲賀宮　❶ 745·4·17 文
子代離宮　❶ 646·1 月 政
古代の遷都(本居宣長)　❶ 611·是年 社
幸玉宮(訳語田宮、大和)　❶ 575·是年

紫香楽宮　❶ 742·8·11 政／743·10·16 政／744·2·24 政／745·1·1 政／4·1 社
志賀高穴穂宮(近江)　❶ 書紀·景行 58·2·11／景行 60·11·7
磯城島金刺宮(大和)　❶ 540·7·14
磯城瑞籬宮(大和)　❶ 書紀·崇神 3·9 月
信濃行宮(信濃)　❶ 685·10·10 政
島宮　❶ 676·1·16 政／681·9·5 社
新益京 ⇨ 藤原京
朱雀大路　❶ 862·3·8 社
朱雀門　❶ 734·2·1 文／915·10·16 社／957·8·29 社
造東大宮所(長岡京)　❶ 789·1·17 政
高屋宮(日向国)　❶ 書紀·景行 12·11 月
田中宮(大和)　❶ 636·6 月 政
丹比柴籬(垣)宮(河内)　❶ 406·10 月／587·8·2
近飛鳥八釣宮(大和)　❶ 485·1·1／487·4·25
茅渟宮(大和)　❶ 420·2 月／8 月／10 月／421·1 月
筒城宮(山城)　❶ 書紀·仁徳 35·6 月／511·是年
遠飛鳥宮　❶ 412·12 月
徳勒津宮(和歌山市)　❶ 書紀·仲哀 2·3·15
豊浦宮(大和)　❶ 書紀·仲哀 9·2·6／592·12·8
長岡京　❶ 784·5·16 政／11·11 政／785·7·20 政／9·22 政／787·10·8 政／789·8·1 社／793·是年 政／795·4·14 政
長津宮(筑紫)　❶ 661·7 月 政
梨原宮(大和)　❶ 749·12·18 社
難波大郡宮⇨ [5] 外交「迎賓館」
難波大隅宮(摂津)　❶ 書紀·応神 22·3·5
難波小郡宮(摂津)　❶ 647·是年 政
難波高津宮(難波)　❶ 書紀·仁徳 1·1·3
難波長柄豊碕宮(摂津)　❶ 645·12·9 政／648·1·1 政／651·12·30 政／652·9 月 政
難波京　❶ 726·10·26 政／732·9·5 政／744·①·1 政／2·26 政／3·11 政
難波祝津宮　❶ 540·9·1
難波宮　❶ 654·10·1 政／660·12·24 政／683·12·17 政／685·4·14 政／686·1·14 政／699·1·27／727·2·9 政／744·3·11 政／745·8·28 政／747·1·14 社
列城宮(なみきのみや)⇨泊瀬(はつせ)列城宮
平城京(大和)　❶ 707·2·19 政／708·2·15 政／9·30 政／709·10·28 政／710·3·10 政／730·9·27 政／745·5·11 政／809·11·12 政／12·20 政／810·9·1 政
平城京残留禁止　❶ 741·③·15 政
後飛鳥岡本宮(大和)　❶ 656·是年 政
泊瀬朝倉宮(大和)　❶ 456·11·13
泊瀬柴籬宮(大和)　❶ 570·4·2
泊瀬列城宮(大和)　❶ 498·12 月／506·12·8
檜隈廬入野宮(大和)　❶ 536·1 月／539·2·10
藤原京(新益京)　❶ 690·10·29 政／12·19 政／691·10·27 政／692·1·12 政／693·8·1 政／694·12·6 政／702·1·17 政
藤原宮(大和)　❶ 418·12 月
二(両)槻宮(大和·多武峰の離宮)　❶ 656·是年 政／696·3·3 政／702·3·17 政
不破宮(野上行宮·美濃)　❶ 672·7·26 政
平安京　❶ 793·1·15 政／3·1 政／7·25 政／794·10·22 政／11·8 政／799·12·8 政／805·12·7 政／806·7·13 政／938·10·17 社／❷ 1180·11·23 政
保良宮(近江)　❶ 759·11·16 政／761·10·13 政
曲峡宮(大和)　❶ 書紀·懿徳 2·1·5
勾金箸(橋)宮(大和)　❶ 534·1 月
纏向珠城宮(大和)　❶ 書紀·垂仁 2·10 月
纏向宮(大和)　❶ 書紀·景行 54·9·19
纏向日代宮(大和)　❶ 書紀·景行 4·11·1
松狭宮(福岡県)　❶ 書紀·仲哀 9·3·17
甕原離宮(のち恭仁宮·大和)　❶ 713·6·23 政／727·5·4 政／741·③·9 政
宮地建設損害補償　❶ 770·1·12 政／784·5·16 政／793·3·1 政
宮地造営　❶ 650·10 月 社
武庫行宮(摂津)　❶ 647·10·11 政
室秋津嶋宮(大和)　❶ 書紀·孝安 2·10 月
倭飛鳥河辺行宮(大和)　❶ 653·是年 政／654·12·8 政
由義宮(弓削宮、河内)　❶ 769·10·30 政
掖上池心宮(大和)　❶ 書紀·孝昭元·7 月
蒙古
内蒙古軍(政府)　❼ 1936·5·12 政／11·14 政
内蒙古の東西分界線　❼ 1912·1·16 政
蒙古喀喇沁王室(河原操子)　❼ 1903·是秋 社
蒙古独立運動　❼ 1919·4·12 政
蒙古独立に関する契約　❼ 1912·1·29 政
蒙古連合自治政府(徳王)　❽ 1941·2·15 政
琉球 ⇨「沖縄(おきなわ)」も見よ　❷ 1243·9·19 政／❸ 1291·9·18 政／1292·3 月 政／1293·是年 政／1296·是年 政／1297·11·4 政／1314·是年 政／1336·3·11 政／1392·5·9 政／1408·3·26 政／1441·4·13 政／❺-2 1846·⑤·25 政
三嶼国(琉球か)　❸ 1293·是年 政
三山時代(沖縄島)　❸ 1314·是年 政
琉球奥地踏査隊(ペリー)　❻ 1853·4·23 社
琉球型大砲船　❻ 1855·1·23 社
琉球館(鹿児島)　❻ 1877·2 月 政／1879·9·7 政
琉球軍隊派遣　❻ 1876·7·4 政
琉球経済援助法　❽ 1960·7·12 政
琉球貢納米　❻ 1873·12·2 政
琉球支配　❺-1 1609·7·7 政／1611·9·19 政／1613·6·1 政／9·15 政／1628·8·10 政／1641·10·12 政／1710·是年 政
琉球処分　❻ 1872·7·11 政／9·14 政／1875·5·9 政／1878·12·27 政／1879·1·8 政／3·12 政／4·4 政／6·8 政／6·13 政
琉球人から日本人　❾ 1966·5·9 政
琉球人参府用掛　❻ 1858·5·16 政
琉球政府　❾ 1968·2·1 政／1972·5·12 政
琉球船台湾漂着　❻ 1871·11·7 政
琉球船漂着　❻ 1857·⑤·15 政
琉球占領報告　❽ 1947·3·3 政
琉球中央政府　❽ 1951·4·1 政／1952·2·29 政／4·1 政／1959·11·11 政
琉球中山王　❹ 1461·是年 政／1462·4·26 政／1463·是年 政／1526·8·1 政／ 1583·4·22 政／❺-1 1610·5·16 政／8·14 政／1636·是年 政／1641·是年 政／1712·6 月 政／❺-2 1719·6·1 政／1763·10·4 政／1794·4·8 政／1804·6·1 政／1834·5·29 政／1838·5·9 政／1847·9·17 政／1848·3·16 政／4 月 政／10 月 政／1872·7·11 政／9·14 政／1879·1·8 政／6·8 政
琉球独立論　❽ 1949·6·15 政
琉球の裁判·警察権　❻ 1876·5·17 政
琉球の冊封·進貢使·賀慶使廃止　❻ 1875·5·9 政
琉球の統一　❸ 1429·是年 政
琉球(旧)藩主上京　❻ 1879·6·5 政
琉球復興金融基金　❽ 1950·4·10 政
琉球文官民政官　❽ 1962·6·8 政
琉球立法院　❽ 1960·11·13 政／1962·11·11 政
琉球立法院議員総選挙　❾ 1965·11·14 政
琉球両属問題　❻ 1873·8·11 政／1875·5·9 政／7·14 政／1876·12·6 政／1878·11·21 政／9·3 政／1880·4·17 政
琉球旅券　❻ 1878·4·9 政
琉球列島民政長官　❽ 1951·4·11 政

2　地方自治

県主(あがたぬし)　❶ 書紀·成務 5·9 月
磯城県主　❶ 書紀·神武 2·2·2
猛田県主　❶ 書紀·神武 2·2·2
国府
国府(信濃)　❶ 944·9·2 政
国府(出羽)　❶ 887·5·2 政
国府(陸奥多賀)　❶ 894·2·2 文
豊後国府　❸ 1338·9·15 政
人口·戸数
会津藩、男女の増減調査　❺-1 1651·3·28 政
会津藩、村方人口　❺-1 1686·是年 政
阿波の戸口　❺-1 1670·是年 政
和泉堺町の人口·戸口　❺-1 1665·是年 政／1695·是年 政
伊予松山の町方人口　❺-1 1691·是年 政
蝦夷の和人人口　❺-1 1701·9 月 政
江戸の町数八百　❺-1 1679·是年 政／1713·是年 政
大坂三郷(大坂町)人口·戸数　❺-1 1665·是年 政／1669·是年 政／1679·是年 政／1689·是年 政／1692·是年 政／1697·是年 政／1699·是年 政／1709·是年 政／1713·是年 政
岡山の町方人口　❺-1 1667·是年 政
尾張の人口　❺-1 1674·是年 政／1702·是年 政
京中·洛外の人口·戸数　❺-1 1634·是年 政／1637·是年 政／1639·5·25 社／1661·是年 政／1665·是年 政／1674·是年 政／1683·是年 政／1690·是年 政／1700·是年 政／1715·是年 政
京中の町屋敷　❺-1 1634·7·23 社
熊本藩戸数改め　❺-1 1677·是年 政
国勢調査　❼ 1920·10·1 政／1925·10·1 政／1930·10·1 政／1935·10·1 政／❽ 1940·10·1 政／1945·11·1 政／1947·10·1 政／1948·12·27 政／1950·10·1 政／1955·10·1 政／1956·2·24 政／1960·10·1 政／❾ 1965·10·1 政／1970·10·1 政／1975·10·1 政／1980·10·1 政／1985·10·1 政／1990·10·1 社／1995·10·1 政／2000·12·22 政／2001·10·31 政／2005·10·1 政／2011·2·25 政
国勢調査法　❼ 1902·12·2 政／1910·5·27 政／1920·是年 政
国内総人口　❻ 1871·3·8 政／1872·2·1 政／1873·1·1 政／1880·1·1 政／1883·是年 政／1886·是年 政／1889·是年 政／❼ 1907·4 月 政／1912·12·31 政／❾ 1966·3·31 政／1982·5·2 政／1984·11·23 政／1989·8·15 政／1991·10 月 政／2004·3·12 政／2005·2·21 政／12·27 政／2006·10·31 政／2010·3·31 社／2011·8·9 政／2012·3·31 政
戸口·戸籍·田畝調査(諸国)　❺-2 1721·6·21 政／1723·3·30 政／1726·2·18 政／1738·2·22 政／1744·2·19 政／1750·2·27 政／1756·2·7 政／1762·3·26 政／1768·2·14 政／1786·4·11 政／1787·3·2 政／6·8 政／1792·12 月 政／1798·2 月 政／是年 政／1816·2·16 政／1822·2·16 政／1828·2·16 政／是年 政／1834·2·16 政／1835·2·25 政／1840·1·29 政／1843·3·26 政
戸口(阿波)　❺-2 1762·是年 政
戸口調査(古代)　❶ 書紀·崇神 12·9·16／540·8 月／645·9·19 政
在家数の調査(京中)　❷ 1181·2·7 社
在留外人数(東京)　❻ 1886·6 月 政
サンフランシスコの在留日本人　❻ 1884·7 月 政
人口(因幡)　❺-2 1721·12·3 政
人口(岩国)　❺-2 1814·是年 政
人口(宇治)　❺-2 1813·⑪·19 政
人口(江戸·東京)　❺-2 1721·是年 政／1722·3 月 政／1723·是年 政／1725·5 月 社／9 月 政／1734·是年 政／1735·是年 政／1743·是年 政／1746·7 月 政／是年 政／1791·5 月 政／是年 政／1798·是年 政／1832·是年 政／1837·是春 政／1841·是年 政／1844·是年 政／1845·5 月 政／1849·是年 政／1850·4 月 政／❻ 1853·嘉永年間 社／1871·10 月 政／1874·是年 政／1881·2 月 政／1886·3 月 政／❽ 1943·7·1 政／1945·6 月 社／11·1 政／1946·4·26 社／1952·6·1 政／1957·7·1 政／1959·5·1 政／1960·10·1 社
人口(大坂三郷)　❺-2 1719·是年 政／1729·是年 政／1739·是年 政／1749·是年 政／1759·是年 政／1765·是年 政／1769·是年 政／1779·是年 政／1780·是年 政／1781·是年 政／1782·是年 政／1783·是年 政／1784·是年 政／1785·是年 政／1786·是年 政／1787·是年 政／1804·是年 政／1843·10 月 政／❻ 1880·是年 政／❽ 1945·11·1 政
人口(尾張)　❺-2 1762·是年 政／1774·是年 政／1840·是年 政
人口(熊本)　❺-2 1734·是年 政／1774·5 月 政／1827·是年 政
人口(神戸)　❻ 1874·6 月 政
人口(周防·長門)　❺-2 1721·8·29 政／1762·是年 政
人口(敦賀)　❺-1 1679·是年 政
人口(徳山藩領内)　❺-1 1694·9 月 政
人口(名古屋城下)　❺-2 1750·是年 政
人口(萩藩)　❺-2 1750·8·21 政／1774·8·11 政／1780·9·19 政／1786·8·28 政／1793·8·26 政／1826·11 月 政
人口(箱館)　❻ 1867·2 月 政
人口(備中岡山町方)　❺-1 1707·是年 政
人口(福井)　❺-2 1717·6 月 政
人口(福山城下)　❺-2 1748·是年 政
人口(豊後佐伯)　❺-2 1810·是年 政
人口(松前)　❺-1 1701·是年 政／1707·是年 政／❺-2 1716·是年 政／1749·是年 政／1770·4 月 政
人口(盛岡藩)　❺-1 1683·是年 政
人口(米沢町人)　❺-1 1692·是年 政
人口(洛中洛外)　❺-2 1721·是年 政
人口(琉球)　❺-2 1749·是年 政／❻ 1873·是年 政
人口調査(全国)　❻ 1870·9 月 政／❼ 1897·是年 政／1903·12·31 政／1908·12·31 政／1912·12·31 政
人口動態統計調査　❻ 1879·12·31 政
世界の人口　❾ 1985·12·31 政
僧侶·山伏の人別調査　❺-2 1789·12 月 社
田畑人数(肥後人吉藩)　❺-2 1721·6 月 政
長崎竈数·人口　❺-1 1669·是年 政／1681·是年 政
名古屋城下町人口·戸数　❺-1 1669·是春 政／1689·是年 政／1694·是年 政
日本国土総面積　❾ 2011·2·1 政
農村人口(出羽庄内藩)　❺-1 1671·10·4 政
ハワイ在住日本人　❻ 1883·4 月 政
人掃(人口調査)令　❹ 1592·3·6 政
弘前藩人数改め　❺-1 1621·10·20 政
広島藩人馬家数改め　❺-1 1671·是年 政
宮古島人数改め　❺-1 1636·是年 政
横浜居留外国人　❻ 1883·5 月 政
地方官(国司·守護)
国·県の制　❶ 書記·成務 4·2·1
国造·造
阿波国造　❶ 783·12·2 政
出雲国造　❶ 659·是年 社／706·是年 政／716·2·10 政／738·2·19 政／746·3·7 政／750·2·4 政／764·1·20 政／773·9·8 政／788·2·6 政／790·4·17 政／798·10·11 政／801·①·15 政／812·3·15 政／826·3·29 政／830·4·2 政／❷ 1002·5·15 政／6·28 政／1149·12·28 社／1251·8 月 社／❸ 1428·2·社
出雲国造(兼杵築大社神主総検校)　❹ 1461·5·12 社
出雲国造職　❹ 1574·6·18 社

伊勢国造　❶ 768·6·6 政
因幡国造　❶ 771·2·9 政
尾張国造　❶ 747·3·3 政
紀伊国造　❶ 729·3·27 政／790·4·17 政／849·⑫·21 政／953·12·28 政／❸ 1340·8·5 政／1455·7·25 社
杵築国造　❸ 1392·8·21 社
吉備総領　❶ 671·6·26 政／672·6·26 政／700·10·15 政／757·⑧·27 政
上野国造　❶ 768·6·6 政
相模国造　❶ 768·2·3 政
駿河国造　❶ 791·4·18 政
丹波国造　❶ 783·2·25 政
筑紫(竺志·竹志)国造·総領　❶ 527·6·3／700·6·3 政／10·15 政
那須国造　❶ 689·4月 政／700·1·2 政
飛驒国造　❶ 783·12·2 政
常陸国造　❶ 768·6·6 政
美濃国造　❶ 768·6·6 政
武蔵国造　❶ 534·⑫月／633·是年 政／767·12·8 政／795·12·15 政
陸奥大国造　❶ 767·12·8 政／783·1·8 政
倭国造　❶ 書紀·神武 2·2·2

郡司　❶ 646·1·1 政／673·12·5 政／698·3·10 政／703·3·16 政／712·4·19 政／713·5·7 政／720·是年 政／729·4·10 政／734·4·26 政／735·5·21 政／742·5·27 政／749·2·27 政／752·11·7 政／786·4·19 政／787·7·25 政／788·12·23 政／798·8·15 政／811·2·14 政／812·6·26 政／822·12·18 政／825·8·14 政／844·7·26 政／855·1·28 政／883·12·25 政／893·11·21 政／895·9·27 政
擬郡司(副擬郡司)　❶ 798·2·15 政
郡司(薩摩加治木)　❸ 1300·6·21 政
郡司勘籍　❶ 931·9·10 政
郡司の定員数　❶ 739·5·23 政
郡司の善政　❶ 825·7·8 政
国郡司解任制(雑米未納)　❶ 774·⑪·23 政
国郡司の評定　❶ 716·4·20 社
親王任国　❶ 826·9·6 政

国司(国守·国造·造長)　❶ 書紀·神武 2·2·22／成務 5·9月／643·10·3 政／645·8·5 政／646·1·1 政／3·19 社／676·1·25 政／5·3 政／701·4·15 政／702·4·13 政／714·10·13 政／719·7·19 政／726·8·30 政／736·4·7 政／738·5·28 政／743·5·28 政／744·10·14 政／752·③·8 政／754·9·15 政／758·9·8 政／10·25 政／761·8·1 政／782·2·5 政／784·11·3 政／786·4·19 政／787·7·25 政／789·5·15 政／796·12·8 政／797·3·8 政／798·4·7 政／800·9·12 政／802·11·7 政／806·3·24 政／5·26 政／807·4·6 政／10·18 政／814·4·26 政／815·7·7 政／7·25 政／12·25 政／816·1·12 政／824·8·20 政／828·4·8 政／832·12·17 政／835·7·3 政／839·10·1 政／848·5·17 政／855·2·17 政／860·4·19 政／9·17 政／861·5·21 政／890·9·15 政／892·是年 政／895·11·7 政／896·6·28 政／9·5 政／897·4·19 政／902·3·13 政／903·3·22 政／904·7·11 政／905·11·26 政／915·12·8 政／922·2·2 政／927·12·26 政／932·7·3 政／945·9·2 政／949·6·13 政／950·7·26 政／953·6·13 政／❷ 1025·2·23 政／1026·2·29 政／⑤·8 政／1030·4·23 政／1186·2·24 政
国司(遙授)　❶ 990·2·22 政／2·23 政
国司官稲借貸制　❶ 734·1·15 政／738·3·9 政
国司解(近江)　❶ 746·7·11 文
国司解(下総)　❶ 751·5·21 文
国司解由状提出令　❶ 782·12·4 政／880·10·7 政
国司交替料　❶ 828·10·11 政
国司乗馬の制　❶ 758·7·19 政
国司·介の任期　❶ 835·7·3 政
国司の公廨　❶ 772·6·20 政
国司(員外)の廃止　❶ 774·3·18 政
国司の非法を戒める　❶ 799·11·24 政
国司(員外)の赴任禁止　❶ 766·10·4 政
国司の返抄　❶ 779·8·23 政
国司等の私田　❶ 807·7·24 政

国司·守(各国)
安芸守　❶ 720·10·9 政／732·9·5 政／753·4·22 政／757·6·16 政／768·2·3 政／771·③·1 政／774·3·5 政／775·9·13 政／779·2·23 政／783·2·25 政／785·1·15 政／789·2·5 政／797·1·13 政／806·1·28 政／810·9·10 政／812·1·12 政／840·1·30 政／848·1·13 政／849·1·13 政／850·1·15 政／854·1·16 政／858·1·16 政／861·1·13 政／865·1·27 政／869·1·13 政／886·1·16 政／913·2·23 政／❷ 1032·6·2 政／1102·9·12 政／1124·11·17 政／1146·2·2 政
安芸竹原地頭職　❸ 1425·9·16 政
秋田城専当国司　❶ 780·8·23 政
安房守　❶ 762·1·9 政／768·2·3 政／771·③·1 政／782·2·7 政／785·1·15 政／789·2·5 政／790·3·9 政／797·1·13 政／806·1·28 政／814·7·1 政／834·1·12 政／848·1·13 政／852·1·15 政／856·1·12 政／857·1·14 政／858·1·14 政／861·1·13 政／864·1·16 政／869·1·13 政／870·1·25 政／885·2·3 政／❷ 1013·11·10 政／1028·6·21 政／1030·3·27 政／1031·3·13 政／1105·11·7 政
阿波守　❶ 760·1·16 政／763·1·9 政／764·1·20 政／768·2·3 政／772·4·20 政／777·1·3 政／779·2·23 政／781·2·16 政／782·1·16 政／787·2·5 政／799·1·29 政／813·1·10 政／838·1·13 政／839·1·11 政／840·1·30 政／843·1·12 政／848·1·13 政／850·1·15 政／851·1·11 政／855·1·15 政／861·1·13 政／865·1·27 政／869·1·13 政／887·2·2 政／❷ 1042·10·2 政／1044·2·28 政／1057·8·18 政／1064·10·2 政／1106·5·23 政／1114·3·12 文
淡路守　❶ 764·1·20 政／769·3·10 政／776·3·5 政／841·1·13 政／859·1·13 政／863·2·10 政／867·1·12 政／887·2·2 政／999·7·18 政／❷ 1006·4·11 政／1024·2·7 政／12·24 文／1093·8·29 政／1094·3·18 政／1119·7·16 政／1120·4·6 政／1180·12·11 政／1230·8·13 政
伊賀守　❶ 764·1·20 政／767·2·28 政／769·3·10 政／772·2·7 政／774·3·5 政／778·2·4 政／780·2·23 政／787·2·5 政／791·1·22 政／799·1·29 政／804·1·24 政／808·5·14 政／812·1·12 政／839·1·11 政／843·1·12 政／852·1·15 政／856·1·12 政／860·1·16 政／865·1·27 政／866·1·13 政／870·1·25 政／878·1·11 政／885·1·16 政／❷ 1029·7·16 政／1034·7·15 政／1054·6·5 政／1055·12·9 社／1096·5·27 社／1123·9·12 政／1131·7·28 社／1274·3月 政
壱岐守　❶ 920·是年 政／939·11·21 政／❷ 1019·4·7 政／4·17 政／7·13 政／1035·7·18 政／1118·11·15 政／1222·7·2 政
伊豆守　❶ 764·1·20 政／770·5·9 政／772·4·20 政／774·3·5 政／777·1·3 政／779·3·17 政／782·2·7 政／784·3·14 政／788·1·14 政／806·1·28 政／811·1·12 政／834·1·12 政／840·1·30 政／845·1·11 政／849·1·13 政／852·1·15 政／856·1·12 政／857·1·12 政／861·1·13 政／862·1·13 政／870·1·25 政／887·2·2 政／❷ 1106·7·7 政／1127·3·12 文／1130·11·23 政／1185·8·16 政／1232·3·21 社
和泉守　❶ 759·1·11 政／760·1·16 政／764·1·20 政／771·③·1 政／777·1·3 政／778·7·3 政／782·1·16 政／783·2·25 政／787·2·5 政／788·1·14 政／789·2·5 政／851·1·11 政／855·1·15 政／859·1·13 政／862·3·10 政／867·1·12 政／887·2·2 政／❷ 1019·2·6 政／1050·7·21 政／1097·12·13 政／1105·9·25 政／1120·8·16 政／1198·10·16 社
出雲守　❶ 708·3·15 政／716·4·27 政／739·6·23 政／753·4·5 政／757·6·16 政／758·6·16 政／766·3·26 政／769·3·10 政／770·5·9 政／772·4·20 政／776·3·5 政／777·3·29 政／10·13 政／778·2·4 政／781·2·16 政／785·1·15 政／788·1·14 政／806·1·28 政／812·1·12 政／834·1·12 政／839·1·11 政／842·1·13 政／843·1·12 政／849·1·13 政／854·1·16 政／858·1·16 政／859·1·13 政／864·1·16 政／869·1·13 政／914·5·7 政／995·5·29 政／❷ 1027·5·15

文／**1032**·9·27 政／**1076**·10月 文／**1077**·11月 文／**1160**·6·14 政／**1179**·1·13 政

伊勢守　❶ **698**·7·25 政／**705**·9·20 政／**706**·11·8 政／**708**·3·13 政／**714**·10·13 政／**719**·7·13 政／**745**·4·24 政／**762**·1·9 政／**764**·1·20 政／**771**·③·1 政／**772**·2·7 政／**774**·3·5 政／**776**·3·5 政／**780**·2·9 政／**781**·2·16 政／**784**·3·14 政／**786**·1·24 政／**790**·1·22 政／3·9 政／**806**·1·28 政／**810**·9·10 政／**833**·3·24 政／**834**·1·12 政／**839**·1·11 政／**843**·1·12 政／**849**·1·13 政／**850**·1·15 政／**854**·1·16 政／**858**·1·15 政／**861**·1·13 政／**864**·1·16 政／**868**·1·16 政／**886**·2·3 政／**887**·2·2 政／**987**·9·7 社／❷ **1006**·3·19 政／6·13 政／**1026**·4·23 政／**1060**·6·11 社／8·3 社／**1089**·8·29 社／**1150**·7·6 政／**1181**·8·16 政

伊勢国司　❸ **1414**·⑨·5 政

因幡守　❶ **698**·3·10 政／**738**·8·10 政／**741**·12·10 政／**746**·4·4 政／**753**·4·5 政／**758**·6·16 政／**762**·1·9 政／**764**·1·20 政／**770**·5·9 政／**771**·③·1 政／**772**·2·7 政／4·20 政／**777**·10·13 政／**779**·2·23 政／**781**·1·16 政／**785**·1·15 政／**786**·1·24 政／**797**·1·13 政／**811**·1·12 政／**834**·1·12 政／**840**·1·30 政／**843**·1·12 政／**845**·1·11 政／**849**·1·13 政／**851**·1·11 政／**853**·1·16 政／**855**·1·15 政／**858**·1·16 政／**860**·1·16 政／**862**·1·13 政／**864**·1·16 政／**868**·1·16 政／**878**·1·11 政／**884**·3·9 政／**945**·5·19 政／❷ **1004**·此頃 社／**1007**·7·23 政／**1098**·7·9 政／**1099**·2·9 政／**1101**·10月 政／**1107**·12·19 政／**1119**·7·3 政

伊予守　❶ **703**·8·2 政／**708**·3·13 政／**709**·11·2 政／**714**·10·13 政／**716**·4·27 政／**719**·7·13 政／**738**·8·10 政／**745**·9·4 政／**752**·5·26 政／**756**·6·16 政／**763**·1·9 政／**772**·2·7 政／**777**·10·13 政／**778**·2·4 政／**781**·1·16 政／**784**·3·14 政／**785**·1·15 政／**790**·3·9 政／**799**·1·29 政／**808**·5·14 政／**810**·9·10 政／**840**·1·30 政／**848**·1·13 政／**851**·1·11 政／**854**·1·16 政／**855**·1·15 政／**857**·1·12 政／**861**·1·13 政／**865**·1·27 政／**867**·1·12 政／**870**·1·25 政／**887**·2·2 政／**910**·5·29 政／**936**·6月 政／❷ **1029**·9·2 政／**1031**·7·21 政／**1039**·1·22 政／**1063**·4·3 社／**1064**·3·29 政／**1066**·2·6 政／**1096**·6·24 政／**1104**·12·27 政／**1105**·4·17 政／**1127**·3·19 社／**1130**·7·2 社／**1183**·8·16 政／**1185**·8·16 政

石見守　❶ **763**·1·9 政／**768**·2·3 政／**770**·5·9 政／**774**·3·5 政／**777**·1·3 政／**782**·1·16 政／**785**·1·15 政／**789**·2·5 政／**797**·1·13 政／**806**·1·28 政／**815**·1·10 政／**840**·1·30 政／**843**·1·11 政／**849**·1·13 政／**850**·1·15 政／**854**·1·16 政／**858**·1·16 政／**862**·1·13 政／**865**·1·13 政／**867**·1·12 政／**886**·6·13 政／❷ **1072**·7·11 政／**1101**·10·1 政

越後守　❶ **706**·①·5 政／**707**·11·2 政／**708**·3·15 政／**746**·4·4 政／**753**·4·22 政／**759**·1·11 政／**762**·1·9 政／**768**·2·3 政／**772**·4·20 政／**775**·2·23 政／**776**·3·6 政／**779**·9·18 政／**783**·2·25 政／**785**·1·15 政／**790**·3·9 政／**799**·1·29 政／**804**·1·28 政／**808**·5·14 政／**810**·9·10 政／**811**·4·5 政／**839**·1·11 政／**843**·1·12 政／**845**·1·11 政／**849**·1·13 政／**850**·1·15 政／**854**·1·16 政／**858**·1·16 政／**860**·1·16 政／**863**·2·10 政／**867**·1·12 政／**868**·1·16 政／**887**·2·2 政／**902**·9·5 政／**916**·7·5 政／❷ **1014**·6·17 政／**1093**·10·2 政／**1096**·12·29 政／**1103**·12·30 政／**1181**·2·25 政／8·15 政／9·3 政／**1183**·8·10 政／**1185**·8·16 政／**1193**·11·28 政／**1277**·5·30 政／❸ **1301**·3·28 政／**1305**·6·6 政／**1310**·8·13 政／**1333**·8·5 政

越後城司　❶ **705**·11·16 政

越前守　❶ **708**·3·15 政／**745**·9·4 政／**746**·4·4 政／**747**·3·10 政／**752**·5·26 政／**755**·12·23 政／**759**·1·11 政／**762**·1·20 政／**764**·1·20 政／**772**·2·7 政／**776**·3·5 政／⑧·21 政／**785**·1·15 政／**786**·1·24 政／**797**·1·13 政／**806**·1·28 政／**808**·5·14 政／**823**·3·1 政／**840**·1·30 政／**849**·1·13 政／6·28 政／**852**·1·15 政／**857**·1·14 政／**859**·1·13 政／**860**·1·16 政／**865**·1·27 政／**869**·1·13 政／8·27 政／**870**·1·25 政／**878**·1·11 政／**884**·3·9 政／**952**·3·2 政／**996**·是夏 文／❷ **1010**·3·20 政／**1053**·8月 文／**1104**·6·19 政／**1105**·4·13 政／**1123**·9·12 政／**1131**·9·5 政／**1139**·2·19 政／**1181**·8·15 政／❸ **1356**·1·6 文

越中守　❶ **732**·9·5 政／**746**·4·4 政／**751**·7·17 政／**768**·2·3 政／**772**·4·20 政／**776**·3·5 政／**777**·10·13 政／**783**·2·25 政／**787**·2·5 政／**790**·1·22 政／**799**·1·29 政／**812**·1·12 政／**814**·7·1 政／**838**·1·13 政／**842**·1·13 政／**847**·1·12 政／**848**·1·13 政／**852**·1·15 政／**856**·1·12 政／**859**·1·13 政／**862**·1·13 政／**863**·2·10 政／**865**·1·27 政／**868**·1·16 政／**887**·2·2 政／❷ **1017**·8·5 政／**1081**·11·29 政／**1179**·11·20 社

近江守　❶ **708**·3·15 政／**716**·10·20 政／**741**·12·10 政／**745**·9·4 政／**766**·3·26 政／**771**·③·1 政／**776**·3·5 政／**781**·2·16 政／**786**·1·24 政／**789**·2·5 政／**808**·5·14 政／**810**·9·10 政／**812**·1·12 政／**821**·1·10 政／**835**·1·11 政／**839**·1·11 政／**842**·1·13 政／**845**·1·11 政／**847**·1·12 政／**848**·1·13 政／**851**·1·11 政／**853**·1·16 政／**857**·1·12 政／**860**·1·16 政／**864**·1·16 政／**868**·1·16 政／**870**·1·25 政／**885**·1·16 政／**932**·10月 政／**951**·5·22 政／❷ **1009**·8·27 政／**1013**·是冬 政／**1028**·5·23 社／**1031**·7· 社／**1033**·5·10 政／**1041**·是年 政／**1053**·5月 文／**1093**·8·22 社／**1102**·3月 社／**1104**·12·8 政／**1138**·11·16 政／❸ **1365**·3·24 社／**1375**·12·5 政

近江介　❶ **759**·1·11 政

大隅守　❶ **720**·2·29 政／**763**·12·29 政／**772**·4·20 政／**870**·1·25 政／**878**·1·11 政／❷ **1007**·7·1 政／**1010**·7·24 政／**1153**·12·1 政／❸ **1363**·7·6 政／**1377**·12·15 政

隠岐守　❶ **762**·1·9 政／**764**·1·20 政／**787**·2·5 政／**886**·2·3 政／**946**·3·13 政／❷ **1021**·12·16 政／**1238**·2·16 政／❸ **1333**·3·2 政

尾張守　❶ **672**·8·25 政／**703**·7· 政／**705**·5·8 政／**708**·3·15 政／**714**·10·13 政／**716**·6·20 政／**720**·10·9 政／**731**·5·14 政／**741**·8·9 政／**743**·6·30 政／**745**·9·4 政／**747**·3·10 政／**753**·4·5 政／**762**·1·9 政／**764**·1·20 政／**770**·5·9 政／**774**·3·5 政／**775**·9·13 政／**776**·3·5 政／**781**·2·16 政／**782**·2·7 政／**784**·3·14 政／**786**·1·24 政／**789**·2·5 政／**790**·3·9 政／**806**·1·28 政／**808**·5·14 政／**810**·9·10 政／**813**·1·10 政／**815**·1·10 政／**837**·1·12 政／**841**·1·13 政／**845**·1·11 政／**848**·1·12 政／**850**·1·15 政／**855**·1·15 政／**858**·1·16 政／**862**·1·13 政／**867**·1·12 政／**884**·3·9 政／**939**·8·11 政／**942**·3·7 政／**955**·2·7 政／**974**·5·23 政／**988**·11·8 政／**989**·4·1 政／❷ **1002**·是春 文／**1004**·10·14 文／**1008**·10·20 文／**1012**·12·9 政／**1016**·8·25 政／**1031**·7·15 政／**1093**·10·2 政／**1096**·4·8 政／**1117**·6·4 政／**1134**·1·25 政／**1147**·12·21 政／**1169**·12·17 政

甲斐守　❶ **764**·1·20 政／**770**·5·9 政／**772**·4·20 政／**780**·3·17 政／**782**·1·16 政／**784**·3·14 政／**789**·2·5 政／**790**·1·22 政／**805**·2·15 政／**812**·1·12 政／**833**·3·24 政／**839**·1·11 政／**843**·1·12 政／**851**·1·11 政／**853**·1·16 政／**857**·1·14 政／**860**·1·16 政／**862**·1·13 政／**866**·1·13 政／**870**·1·25 政／**878**·1·11 政／**884**·3·9 政／**885**·2·3 政／**886**·1·13 政／5·18 政／❷ **1012**·4·13 社／**1017**·9·17 政／**1025**·3·25 社／**1030**·9·2 政／**1031**·1·13 政／4·28 政／**1066**·8·25 政／**1083**·1月 政／**1100**·6·28 社／**1101**·10·23 政／**1102**·5·13 政／**1106**·10·28 政／**1120**·7·19 政／**1129**·12·28 社／**1133**·8·27 政／

1149·7·23 政／1162·10·6 社／1163·1·29 政／1268·9·10 政

加賀守　❶ 823·3·1 政／834·1·12 政／838·1·13 政／839·1·11 政／842·1·13 政／843·1·12 政／845·1·11 政／847·1·12 政／855·1·15 政／859·1·13 政／860·1·16 政／862·1·13 政／866·1·13 政／870·1·25 政／874·1·15 政／885·1·16 政／910·是年 政／973·是年 社／999·7月 政／❷ 1007·1·22 政／1014·6·16 政／1024·11·2 政／1050·1·25 政／1091·7·21 政／9·4 政／1176·7月 政／1177·1·30 社／1181·10·16 政

上総太守　❶ 836·1·11 政／837·1·13 政／842·1·13 政／846·1·13 政／849·1·13 政／850·1·15 政／861·1·13 政／867·1·12 政／869·1·13 政

上総守　❶ 708·3·15 政／731·5·14 政／733·10·3 政／741·12·10 政／746·4·4 政／749·2·27 政／753·4·5 政／759·1·11 政／762·1·9 政／764·1·20 政／768·2·3 政／770·5·9 政／771·③·1 政／774·9·4 政／777·1·3 政／779·2·23 政／780·3·17 政／789·2·5 政／799·1·29 政／806·1·28 政／815·1·10 政／❷ 1031·6·27 政／1034·10·24 政

上総介　❶ 846·1·13 政／850·1·15 政／853·1·16 政／854·1·16 政

河内守　❶ 703·7·5 政／706·5·8 政／708·3·15 政／760·1·16 政／762·1·9 政／769·3·10 政／770·5·9 政／774·3·5 政／775·9·13 政／779·9·18 政／781·2·16 政／785·1·15 政／788·1·14 政／790·3·9 政／797·1·13 政／806·1·28 政／837·1·12 政／9·21 政／843·1·12 政／851·1·11 政／853·1·16 政／854·1·16 政／858·1·16 政／859·1·13 政／861·1·13 政／863·2·10 政／864·1·16 政／869·1·13 政／878·1·11 政／885·1·16 政／❷ 1008·7·9 政／1025·6·7 政／1046·是年 政／1048·12·10 文／1088·3月 政／1096·7·5 政／1138·11·10 社／1184·6·5 政／1221·5·19 政／9·25 政／1254·12·18 文

紀伊守　❶ 745·9·4 政／753·4·22 政／759·1·11 政／764·1·20 政／766·3·26 政／770·5·9 政／771·③·1 政／779·2·23 政／9·18 政／782·1·16 政／786·1·24 政／790·3·9 政／834·1·12 政／846·1·13 政／849·⑫·21 政／850·1·15 政／854·1·16 政／858·1·16 政／859·1·13 政／860·1·16 政／863·2·15 政／864·1·16 政／865·1·27 政／867·1·12 政／869·1·13 政／885·2·20 政／886·2·3 政／966·3·16 政／999·11·17 政／❷ 1001·2·24 政／1030·是年 政／1058·7·29 政／1140·4·3 政／1161·10·11 政

上野太守　❶ 838·1·13 政／842·1·13 政／850·1·15 政／851·1·11 政／854·1·16 政／860·1·16 政／867·1·12 政／875·1·13 政／887·2·2 政／898·3·15 政／928·1·29 政／942·12·13 政／❸ 1324·3·12 政

上野守　❶ 708·3·15 政／709·11·2 政／714·10·13 政／746·4·4 政／752·5·26 政／759·1·11 政／762·1·9 政／763·1·9 政／764·1·20 政／771·③·1 政／779·2·23 政／9·18 政／781·2·16 政／786·1·24 政／788·1·14 政／806·1·28 政／812·8·5 政／815·1·10 政／❷ 1062·12·28 政／1106·7月 政

上野国司　❸ 1333·12·5 社

上野介　❶ 843·1·12 政／855·1·16 政／❷ 1017·10·21 政

相模守　❶ 743·6·30 政／747·3·10 政／752·5·26 政／757·6·16 政／764·1·20 政／774·3·5 政／779·2·23 政／780·3·17 政／784·3·14 政／787·2·5 政／788·1·14 政／790·1·22 政／810·9·10 政／842·1·13 政／848·1·13 政／850·1·15 政／852·1·15 政／853·1·16 政／857·1·12 政／859·1·13 政／863·2·10 政／867·1·12 政／868·1·16 政／875·1·13 政／887·2·2 政／❷ 1040·11·7 政／1060·2·17 政／1101·10·23 政／1117·9·15 政／1185·8·16 政／1237·11·29 政／1249·6·14 政／1257·6·22 政

薩摩守　❶ 702·10·3 政／732·5·24 政／760·1·16 政／764·1·20 政／765·2·4 政／862·1·13 政／863·2·10 政／865·1·27 政／869·1·13 政／❸ 1356·11·19 政

佐渡守　❶ 752·11·3 政／759·1·11 政／760·1·16 政／778·2·4 政／963·3·25 政／❷ 1027·2·27 政／1033·5·2 政／1128·8·28 政／1153·9·26 政

讃岐守　❶ 708·3·13 政／713·8·26 政／731·4·27 政／740·6·30 政／745·9·4 政／757·6·16 政／762·1·9 政／771·③·1 政／778·2·4 政／782·1·16 政／787·2·5 政／790·3·9 政／810·9·10 政／811·4·5 政／841·1·13 政／845·1·11 政／850·1·15 政／853·1·16 政／854·1·16 政／857·1·14 政／858·1·16 政／864·1·16 政／866·1·13 政／868·1·16 政／870·1·25 政／881·11·29 政／885·1·16 政／887·2·2 是秋 政／890·是春 政／❷ 1047·7·23 政／1076·8·30 政／1116·7·13 社／1129·⑦·1 文／1184·6·5 政

信濃守　❶ 708·3·15 政／714·10·13 政／731·5·14 政／746·4·4 政／747·3·10 政／757·6·16 政／764·1·20 政／766·3·26 政／769·3·10 政／772·4·20 政／774·3·5 政／778·2·4 政／7·3 政／781·2·16 政／786·1·24 政／790·3·9 政／813·1·10 政／833·3·24 政／835·1·11 政／840·1·30 政／851·1·11 政／852·1·15 政／853·1·16 政／858·1·16 政／862·1·13 政／864·1·16 政／867·1·12 政／874·1·15 政／878·1·11 政／884·5·26 政／885·12·22 政／887·2·2 政／944·9·2 政／❷ 1005·4·20 社／1096·4·20 政／1107·5·13 政／1131·8·1 政／1185·8·16 政／1274·3月 政／❸ 1367·是冬 政

志摩守　❶ 768·2·3 政／772·4·20 政

下総守　❶ 703·7·5 政／708·3·15 政／3·22 政／716·4·27 政／741·12·10 政／746·4·4 政／752·5·26 政／757·6·16 政／768·2·3 政／774·3·5 政／776·⑧·21 政／778·2·4 政／779·2·23 政／780·3·17 政／781·2·16 政／785·1·15 政／788·1·14 政／790·3·9 政／806·1·28 政／811·4·5 政／843·1·12 政／851·1·11 政／855·1·16 政／859·1·13 政／863·2·10 政／869·1·13 政／887·2·2 政／946·8·6 政／950·5·5 政／985·1·20 政／❷ 1003·2·8 政／1023·⑨·11 政／1081·是年 政／1083·5·2 政／1106·10·28 政／1118·2·5 政／1123·11·1 政／1135·7·15 政／1153·6月 政／12·21 政／1155·10·13 政／1162·3·7 社／1176·4·17 政／1190·1·24 政／1194·7·20 政

下野守　❶ 708·3·13 政／732·10·17 政／746·4·4 政／748·3·12 政／752·5·26 政／767·2·28 政／771·③·1 政／774·3·5 政／779·2·23 政／782·1·16 政／787·2·5 政／789·2·5 政／790·1·22 政／796·10·27 政／799·1·29 政／804·1·24 政／808·5·14 政／812·1·12 政／815·1·10 政／847·1·12 政／851·1·11 政／853·1·16 政／858·1·16 政／860·1·16 政／863·2·10 政／864·1·16 政／865·1·27 政／866·1·13 政／885·1·16 政／918·9·29 政／❷ 1038·4·8 政／1062·12·28 政／1064·9·16 政／1070·是年 政／❸ 1294·3·28 社／1364·9·14 政／1371·8·17 政／1382·7·6 政

周防守(総領)　❶ 700·10·15 政／759·1·11 政／764·1·20 政／768·2·3 政／769·3·10 政／772·4·20 政／774·3·5 政／777·1·3 政／779·2·23 政／784·3·14 政／785·1·15 政／788·1·14 政／799·1·29 政／810·9·10 政／811·4·5 政／812·1·12 政／841·1·13 政／849·1·13 政／853·1·16 政／854·1·16 政／859·1·13 政／861·1·13 政／4·9 政／865·1·27 政／868·1·16 政／885·1·16 政／928·6月 政／❷ 1025·11·20 政／1100·7·24 政

周芳総令所　❶ 685·11·2 社

駿河守　❶ 725·是年 政／747·3·10 政／749·3·10 政／750·3·10 政／767·2·28 政／768·2·3 政／772·4·20 政／774·3·5 政／782·1·16 政／786·1·24 政／788·1·14 政

／**790**·3·9 政／**797**·1·13 政／**804**·1·24 政／**810**·9·10 政／**813**·1·10 政／**815**·1·10 政／**834**·1·12 政／**839**·1·11 政／**840**·1·30 政／**848**·1·13 政／**850**·1·15 政／**851**·1·11 政／**854**·1·16 政／**856**·1·12 政／**858**·1·16 政／**859**·1·13 政／**863**·2·10 政／**867**·1·12 政／**884**·3·9 政／**990**·12 月 政／❷ **1029**·10·22 社／**1033**·6·27 政／**1129**·9·6 社／**1149**·6·9 政／**1184**·6·5 政／**1219**·1·22 政／11·13 政／**1270**·5·20 政／**1277**·6·17 政／**1280**·11·4 政／❸ **1284**·8·8 政

摂津職　❶ **793**·3·9 政

摂津守　❶ **720**·10·9 政／**727**·是年 社／**808**·5·14 政／**810**·9·10 政／**812**·1·12 政／**833**·3·24 政／**839**·1·11 政／**843**·1·12 政／**848**·1·13 政／**854**·1·16 政／**859**·1·13 政／**860**·1·16 政／**861**·1·13 政／**863**·2·10 政／**864**·1·16 政／**869**·1·13 政／**885**·1·16 政／**886**·2·3 政／5·18 政／6·13 政／**887**·2·2 政／**906**·是年 文／❷ **1004**·2·26 政／**1017**·9·14 政／**1021**·5 月 政／7·24 政／**1034**·11·8 政／**1075**·8·20 文／**1100**·2·11 政

但馬守　❶ **715**·5·22 政／**741**·8·9 政／**750**·1·8 政／3·12 政／**757**·6·16 政／**763**·1·9 政／**764**·1·20 政／**770**·5·9 政／**771**·③·1 政／**772**·4·20 政／**774**·3·5 政／**778**·2·4 政／**782**·2·7 政／**806**·1·28 政／**808**·5·14 政／**813**·1·10 政／**836**·2·7 政／**839**·1·11 政／**840**·1·30 政／**841**·1·13 政／**845**·1·11 政／**849**·1·13 政／**852**·1·15 政／**856**·1·12 政／**857**·1·14 政／**859**·1·13 政／**863**·2·10 政／**867**·1·12 政／**881**·1·15 政／**887**·2·2 政／**999**·8·9 政／❷ **1006**·10·5 政／**1023**·9·20 政／是年 政／**1035**·12·25 政／**1037**·12·9 社／**1044**·8·7 政／**1045**·8·10 政／**1097**·8·21 政／**1107**·9·10 政／**1108**·1·6 政／**1181**·11·21 政

種子(多褹)島守　❶ **765**·1·6 政／**770**·8·21 政／**824**·10·1 政

丹後守　❶ **727**·12·20 政／**745**·9·4 政／**749**·⑤·1 政／**753**·4·5 政／**759**·1·11 政／**763**·1·9 政／**764**·1·20 政／**767**·3·28 政／**771**·③·1 政／**778**·10·13 政／**779**·2·23 政／**783**·2·25 政／**787**·2·5 政／**790**·3·9 政／**806**·1·28 政／**810**·9·10 政／**812**·1·12 政／**815**·1·10 政／**840**·1·30 政／**842**·1·13 政／**843**·1·12 政／**845**·1·11 政／**848**·1·13 政／**852**·1·15 政／**857**·1·12 政／**861**·1·13 政／**887**·2·2 政／❷ **1058**·8 月 文／**1064**·是年 文／**1134**·1 月 社

丹波守　❶ **708**·3·13 政／**716**·4·27 政／**732**·9·5 政／**738**·4·22 政／**747**·3·10 政／**753**·4·22 政／**764**·1·20 政／**768**·2·3 政／**771**·③·1 政／**774**·3·5 政／**776**·3·5 政／**777**·10·13 政／**782**·2·7 政／**787**·2·5 政／**788**·1·14 政／**799**·1·29 政／**804**·1·24 政／**812**·1·12 政／**839**·1·11 政／**840**·1·30 政／**841**·1·13 政／**845**·1·13 政／**850**·1·15 政／**852**·1·15 政／**853**·1·16 政／**855**·1·15 政／**856**·1·12 政／**858**·1·16 政／**861**·1·13 政／**862**·1·13 政／**864**·1·16 政／**865**·1·27 政／**867**·1·12 政／**875**·5·19 政／**878**·1·11 政／**879**·9·4 政／**887**·2·2 政／**931**·2·12 政／❷ **1002**·9·19 政／**1004**·⑨·5 政／**1010**·6·8 政／**1019**·6·19 政／**1021**·11·2 政／**1022**·2·27 社／**1023**·12·23 政／是年 政／**1031**·7·1 政／**1100**·5·23 政／12·9 政／**1103**·8·14 政／12·20 政／**1106**·9·29 政／**1110**·2·28 政／**1119**·7·16 社／**1149**·8·1 政／**1156**·10·29 政

筑後守　❶ **713**·8·26 政／**718**·4·11 政／**745**·9·4 政／**753**·4·22 政／**767**·2·28 政／**768**·2·3 政／**770**·5·9 政／**775**·9·27 政／**778**·2·4 政／**780**·3·17 政／**783**·2·25 政／**784**·3·14 政／**790**·1·22 政／**811**·4·5 政／**815**·1·10 政／**841**·1·13 政／**846**·1·13 政／**851**·1·11 政／**856**·1·12 政／**865**·1·27 政／**870**·1·25 政／**883**·6·3 政／7·16 政／**932**·1·27 政／**944**·4·22 政／❷ **1009**·8·14 政／**1027**·6·19 政／**1060**·12·6 社／**1092**·12·6 政／**1134**·是年 政／**1159**·是年 政／**1167**·5·28 政／**1221**·7·2 政

筑前守　❶ **738**·4·22 政／**746**·4·4 政／**750**·1·10 政／**768**·3·10 政／**797**·是年 政／**808**·5·14 政／**840**·1·30 政／**841**·1·13 政／**846**·1·13 政／**851**·1·11 政／**856**·1·12 政／**859**·1·13 政／**860**·1·16 政／**861**·1·13 政／**862**·1·13 政／**863**·2·10 政／**867**·1·12 政／**878**·1·11 政／**885**·2·20 政／❷ **1252**·7·12 政／❹ **1533**·8·9 政

対馬守(司)　❶ **732**·5·24 政／**870**·1·25 政／3·16 政／**886**·2·3 政／❷ **1093**·10·15 政／**1101**·7·5 政／**1117**·5·5 政／**1185**·3·4 政／5·23 政／6·14 政／❸ **1287**·7·2 政

対馬権守　❷ **1102**·2·20 政

出羽守　❶ **723**·9·17 政／**737**·1·21 政／**763**·1·9 政／**766**·3·26 政／**774**·3·5 政／**776**·7·21 政／**779**·9·13 政／**785**·1·15 政／**797**·1·13 政／**804**·1·24 政／**812**·1·12 政／**840**·1·30 政／**845**·1·13 政／**851**·1·11 政／**860**·1·16 政／**865**·1·16 政／**868**·1·16 政／**885**·1·16 政／**1000**·9·12 政／❷ **1050**·9 月 政／**1057**·12·25 政／**1058**·4·25 政／**1064**·是年 政／**1094**·3·8 政／**1110**·3·27 政／**1144**·2·19 政／**1216**·2·11 社／**1229**·4·7 政／❸ **1300**·9·27 政／**1354**·⑩·4 政／**1363**·7·6 政

遠江守　❶ **702**·5·26 政／**708**·3·13 政／**738**·4·22 政／**741**·8·9 政／**757**·6·16 政／**759**·1·11 政／**762**·1·9 政／**764**·1·20 政／**768**·2·3 政／6·28 政／**772**·4·20 政／**774**·3·5 政／**779**·2·23 政／**784**·3·14 政／**786**·1·24 政／**788**·1·14 政／**806**·1·28 政／**811**·1·12 政／**813**·1·10 政／**839**·1·30 政／**843**·1·12 政／**845**·1·11 政／**846**·1·13 政／**851**·1·11 政／**855**·1·15 政／**859**·1·13 政／**860**·1·16 政／**864**·1·16 政／**865**·1·27 政／**869**·1·13 政／**870**·1·25 政／**878**·1·11 政／**887**·2·2 政／❷ **1010**·6·8 政／**1080**·5·8 政／**1081**·8·28 政／**1082**·11·22 政／**1105**·7·6 政／**1118**·3·29 社／6·14 政／**1158**·8 月 政／**1182**·5·16 社／**1190**·1·24 政／**1194**·8·19 政／**1243**·7·8 政／**1270**·9 月 政／❸ **1365**·⑨·30 政／❹ **1581**·8·23 政

土佐(左)守　❶ **743**·6·30 政／**746**·4·4 政／**759**·1·11 政／**768**·2·3 政／**770**·5·9 政／**771**·③·1 政／**774**·3·5 政／**777**·1·3 政／**781**·2·16 政／**782**·2·7 政／**784**·3·14 政／**785**·1·15 政／**797**·1·13 政／**805**·2·15 政／**808**·5·14 政／**839**·1·11 政／**843**·1·12 政／**845**·1·1 政／**849**·1·13 政／**852**·1·15 政／**855**·1·15 政／**859**·1·13 政／**861**·1·13 政／**862**·1·13 政／**864**·1·16 政／**867**·1·12 政／**885**·1·16 政／**930**·1 月 政／**944**·12·20 政／❷ **1025**·7·14 政

長門(穴門)守　❶ **650**·2·9 政／**702**·1·17 政／**708**·3·13 政／**746**·3·10 政／4·4 政／**750**·3·12 政／**762**·1·9 政／**767**·2·28 政／**770**·5·9 政／**771**·③·1 政／**776**·3·5 政／**780**·3·17 政／**784**·3·14 政／**785**·1·15 政／**789**·2·5 政／**790**·3·9 政／**799**·1·29 政／**818**·3·7 政／**841**·1·13 政／**845**·1·11 政／**849**·1·13 政／**853**·1·16 政／**857**·1·14 政／**861**·1·13 政／**867**·1·12 政／❷ **1017**·11·6 社／**1018**·12·7 政／**1114**·7·28 政

能登守　❶ **760**·1·16 政／**764**·1·20 政／**767**·2·28 政／**769**·3·10 政／**774**·3·5 政／9·4 政／**776**·3·5 政／**779**·9·18 政／**780**·3·17 政／**784**·3·14 政／**785**·1·15 政／**790**·1·22 政／**797**·1·13 政／**805**·2·15 政／**839**·1·11 政／**843**·1·12 政／**848**·1·13 政／**851**·1·11 政／**856**·1·15 政／**859**·1·13 政／**863**·2·10 政／**864**·1·16 政／**865**·1·27 政／**869**·1·13 政／**885**·1·16 政／**983**·是年 政／❷ **1024**·8·21 政／**1072**·3·19 文／**1085**·9·26 政／**1104**·7·17 政／**1127**·1·12 文／**1162**·5·8 政／**1221**·9·25 政

播磨守　❶ **661**·是年 政／**708**·3·13 政／**715**·5·22 政／**741**·8·9 政／**750**·3·12 政／**753**·4·22 政／**759**·1·11 政／**762**·1·20 政／**764**·1·20 政／**767**·2·28 政／**770**·5·9

政／**774**·3·5 政／**776**·3·5 政／**777**·1·3 政／**780**·3·17 政／**783**·2·25 政／**788**·1·14 政／**789**·2·5 政／**797**·1·13 政／**804**·1·24 政／**805**·2·15 政／**810**·9·10 政／**815**·1·10 政／**838**·1·13 政／**842**·1·13 政／**850**·1·15 政／**854**·1·16 政／**859**·1·13 政／**860**·1·16 政／**865**·1·27 政／**869**·1·13 政／**872**·3·29 政／**880**·1·6 政／**885**·1·16 政／**954**·4·29 政／**985**·是年 社／**996**·1月 政／❷ **1016**·12·10 社／**1052**·是年 社／**1079**·4·23 社／**1092**·是年 政／4·28 政／**1095**·4·20 社／**1129**·⑦·1 文／**1145**·4·4 政／**1159**·12·14 政／**1160**·7·15 政／**1212**·12月 政

播磨国司　❸ **1333**·11·3 社

肥後守　❶ **738**·4·22 政／**741**·12·10 政／**762**·1·9 政／**770**·5·9 政／**771**·③·1 政／**779**·2·23 政／**782**·2·7 政／**784**·3·14 政／**790**·3·9 政／**806**·1·28 政／**812**·1·12 政／**846**·1·13 政／**849**·1·13 政／**854**·1·16 政／**855**·1·15 政／**860**·1·16 政／**865**·1·27 政／**866**·1·13 政／**880**·5·13 政／**885**·1·16 政／**886**·2·3 政／5·18 政／**929**·10·2 政／**990**·6月 政／❷ **1005**·7·8 政／8·13 政／**1028**·5·23 社／**1040**·4·10 政／11·5 政／**1091**·9·17 政／**1117**·10月 政／**1137**·1·30 政／**1181**·8·4 政／**1183**·6·11 政／**1201**·7月 社

肥前守　❶ **754**·4·5 政／**759**·1·11 政／**762**·1·9 政／**763**·1·9 政／**764**·1·20 政／**769**·3·10 政／**771**·③·1 政／**774**·3·5 政／**778**·2·4 政／**780**·3·17 政／**782**·2·7 政／**788**·1·14 政／**790**·1·22 政／**806**·1·28 政／**840**·1·30 政／**841**·1·13 政／**845**·1·11 政／**849**·1·13 政／**850**·1·15 政／**855**·1·15 政／**856**·1·12 政／**858**·1·16 政／**862**·1·13 政／**866**·1·13 政／**887**·2·2 政／❷ **1144**·7·23 政

備前守　❶ **703**·7·5 政／**708**·3·13 政／**716**·11·3 政／**732**·9·5 政／**738**·4·22 政／**746**·4·4 政／**753**·4·5 政／**757**·6·16 政／**759**·1·11 政／**763**·1·9 政／**764**·1·20 政／**768**·2·3 政／**771**·③·1 政／**772**·4·20 政／**774**·3·5 政／**779**·3·17 政／**784**·3·14 政／**785**·1·15 政／**788**·1·14 政／**805**·2·15 政／**808**·5·14 政／**811**·4·5 政／**812**·1·12 政／**846**·1·13 政／**847**·1·12 政／**849**·1·13 政／**850**·1·15 政／**856**·1·16 政／**859**·1·13 政／**861**·1·13 政／**863**·2·10 政／**867**·1·12 政／**870**·1·25 政／**878**·1·11 政／**880**·1·11 政／**882**·2·3 政／**885**·1·16 政／**949**·11·19 政／**986**·2·26 政／**994**·3·13 政／**995**·8·25 政／❷ **1022**·1·28 政／**1025**·10·29 政／**1042**·10·1 政／**1119**·5·6 社／**1129**·3月 政／**1133**·8·13 政／**1135**·4·1 政／6月 政／**1183**·8·16 政

飛騨守　❶ **766**·3·26 政／**774**·3·5 政／**776**·3·5 政／**784**·3·14 政／**905**·10·3 政／**961**·12·9 政／❷ **1094**·11·12 社／❹ **1558**·1·10 政

常陸太守　❶ **834**·1·12 政／**838**·1·13 政／**840**·1·30 政／**848**·1·13 政／**860**·1·16 政／**864**·1·16 政／**867**·1·12 政／**868**·1·16 政／**884**·3·9 政／**939**·11·21 政

常陸守(常道頭)　❶ **700**·10·15 政／**708**·3·15 政／**714**·10·13 政／**719**·7·13 政／**737**·1·21 政／**746**·4·4 政／**752**·5·26 政／**758**·6·16 政／**762**·1·9 政／**764**·1·20 政／**777**·8·19 政／10·13 政／**782**·2·7 政／**804**·2·15 政／**806**·1·28 政／**810**·7·1 政／❷ **1025**·3·26 社／**1181**·4月 政

常陸介　❶ **838**·1·13 政／**845**·1·11 政／**849**·1·13 政

備中守　❶ **708**·3·13 政／**738**·8·10 政／**747**·3·10 政／**758**·4·14 政／**759**·1·11 政／**763**·1·9 政／**768**·2·3 政／**774**·3·5 政／**776**·3·5 政／**781**·2·16 政／**783**·2·25 政／**787**·2·5 政／**790**·1·22 政／**806**·1·28 政／**810**·9·10 政／**811**·4·5 政／**812**·1·12 政／**813**·1·10 政／**839**·1·11 政／**840**·1·30 政／**848**·1·13 政／**850**·1·15 政／**853**·1·16 政／**855**·1·15 政／**859**·1·13 政／**875**·1·13 政／**885**·1·16 政／**989**·7·30 政／❷ **1004**·1·27 政／8·21 政／**1031**·7·21 政／**1035**·1·8 政／**1097**·①·4 政／**1104**·3·29 社／**1105**·2·20 政／**1106**·11·17 政

日向守　❶ **762**·1·9 政／**763**·1·9 政／**765**·2·4 政／**769**·3·10 政／**774**·3·5 政／**784**·3·14 政／**787**·2·5 政／**815**·1·10 政／**841**·1·13 政／**845**·1·11 政／**850**·1·15 政／**855**·1·15 政／**860**·1·16 政／**865**·1·27 政／**870**·1·25 政／**885**·1·16 政／❷ **1057**·是年 社

備後守　❶ **708**·3·13 政／**716**·4·27 政／**719**·7·13 政／**732**·9·5 政／**743**·6·30 政／**747**·3·10 政／**753**·4·5 政／**759**·1·11 政／**764**·1·20 政／**768**·2·3 政／**774**·3·5 政／**779**·3·17 政／**782**·2·7 政／**784**·3·14 政／**787**·2·5 政／**789**·2·5 政／**804**·1·24 政／**808**·5·14 政／**841**·1·13 政／**843**·1·12 政／**846**·1·13 政／**849**·1·13 政／**855**·1·15 政／**856**·1·12 政／**863**·2·10 政／**866**·1·13 政／**870**·1·25 政／**884**·3·9 政／**997**·3·26 政／❷ **1003**·9·3 政／**1183**·8·10 政／❸ **1337**·3·12 政／**1359**·7·25 政

豊前守　❶ **746**·4·4 政／**764**·1·20 政／**766**·3·12 政／**774**·3·5 政／**775**·9·13 政／**780**·3·17 政／**786**·1·24 政／**790**·1·22 政／**799**·1·29 政／**804**·1·24 政／**812**·1·12 政／**813**·1·10 政／**838**·1·13 政／**839**·1·11 政／**840**·1·30 政／**841**·1·13 政／**845**·1·11 政／**850**·1·15 政／**855**·1·15 政／**858**·1·16 政／**859**·1·13 政／**860**·1·16 政／**864**·1·16 政／**867**·1·12 政／**878**·1·11 政／**883**·12·28 政／❷ **1141**·是年 社／**1152**·8月 政／❸ **1395**·6·26 政

豊後守　❶ **738**·4·22 政／8·10 政／**757**·6·16 政／**763**·1·9 政／**767**·2·28 政／**771**·③·1 政／**776**·3·5 政／**781**·2·16 政／**782**·2·7 政／**785**·1·15 政／**790**·1·22 政／**804**·1·24 政／**811**·4·5 政／**813**·1·10 政／**845**·1·11 政／**850**·1·15 政／**855**·1·15 政／**858**·1·16 政／**859**·1·13 政／**865**·1·27 政／**866**·1·13 政／**885**·1·16 政／**886**·2·3 政／5·18 政／6·13 政／❷ **1001**·3·4 政／**1013**·11·17 政／**1018**·11·22 政／**1033**·8·21 政／**1079**·5·17 政／**1143**·10·4 政／**1230**·8月 社／❸ **1395**·5·26 政

伯耆守　❶ **709**·11·2 政／**716**·4·27 政／**746**·4·4 政／**757**·6·16 政／**763**·1·9 政／**764**·1·20 政／**768**·2·3 政／**770**·5·9 政／**771**·③·1 政／**776**·3·5 政／**780**·3·17 政／**781**·2·16 政／**785**·1·15 政／**786**·1·24 政／**790**·3·9 政／**806**·1·28 政／**812**·1·12 政／**837**·1·12 政／9·21 政／**843**·1·12 政／**851**·1·11 政／**855**·1·15 政／**859**·1·13 政／**864**·1·16 政／**869**·1·13 政／**878**·1·11 政／**885**·1·16 政／**887**·2·2 政／**994**·6月 政／❷ **1023**·11·3 政／**1025**·2·20 政／8·11 政／**1093**·是年 政／**1183**·11·20 政

三河(参河)守　❶ **701**·1·23 政／**713**·8·26 政／**716**·4·17 政／**732**·9·5 政／**741**·12·10 政／**745**·9·4 政／**753**·4·22 政／**757**·6·16 政／**759**·1·11 政／**762**·1·9 政／**763**·1·9 政／**764**·1·20 政／**771**·③·1 政／**772**·4·20 政／**779**·2·23 政／**787**·2·5 政／**789**·2·4 政／**812**·1·12 政／**840**·1·30 政／**845**·1·11 政／**849**·1·13 政／**853**·1·16 政／**854**·1·14 政／**858**·1·16 政／**859**·1·13 政／**860**·1·16 政／**865**·1·27 政／**869**·1·13 政／**885**·1·16 政／❷ **1002**·3·15 政／**1094**·8·17 政／**1097**·①·27 政／**1134**·6·24 政／**1155**·12·29 政／**1184**·6·5 政／**1185**·6·14 政／❹ **1541**·9月 社

美濃守　❶ **698**·7·25 政／**706**·7·20 政／**708**·3·15 政／**719**·7·13 政／**745**·2·24 政／**750**·3·12 政／**753**·4·22 政／**763**·1·9 政／**764**·1·20 政／**769**·3·10 政／**771**·③·1 政／**772**·4·20 政／**777**·10·13 政／**781**·2·16 政／**785**·1·15 政／**790**·1·22 政／**806**·1·28 政／**808**·5·14 政／**810**·9·10 政／**812**·1·12 政／**815**·1·10 政／**841**·1·13 政／**846**·1·13 政／**848**·1·13 政／**849**·1·13 政／**853**·1·16 政／**857**·1·14 政／**862**·1·13 政／**865**·1·13 政／**867**·1·12 政／**885**·1·16 政／**987**·7·26 政／❷ **1009**·1·15 文／**1027**·3·7 社／**1032**·2·8 政／**1039**·10·7 政／

1071·是年 政／**1081**·11月 政／**1095**·9·9 政／10·23 政／**1112**·2·18 政
美作守 ❶ **714**·10·13 政／**738**·4·22 政／**741**·8·9 政／**745**·9·4 政／**749**·2·27 政／**757**·6·16 政／**760**·1·16 政／**762**·1·9 政／**764**·1·20 政／**768**·2·3 政／**770**·5·9 政／**772**·4·20 政／**774**·3·5 政／**776**·⑧·21 政／**778**·7·3 政／**782**·1·16 政／2·7 政／**783**·2·25 政／**787**·2·5 政／**790**·3·9 政／**805**·2·15 政／**836**·1·11 政／**840**·1·30 政／**843**·1·11 政／**851**·1·11 政／**853**·1·16 政／**854**·1·16 政／**859**·1·13 政／**861**·1·13 政／**862**·1·13 政／**863**·2·10 政／**865**·1·27 政／**869**·1·13 政／**870**·1·25 政／**875**·1·13 政／**885**·2·20 政／**947**·11·28 政／❷ **1031**·1·4 政／**1090**·12·14 社／**1139**·3·26 社／**1200**·1·24 政／❸ **1376**·2·7 政
武蔵守 ❶ **703**·7·5 政／**708**·3·13 政／**715**·5·22 政／**719**·7·13 政／**731**·5·14 政／**738**·6·1 政／8·10 政／**746**·4·4 政／**752**·5·26 政／**754**·4·5 政／**764**·1·20 政／3·9 政／**766**·3·26 政／**768**·2·3 政／**770**·5·9 政／**774**·3·5 政／**780**·3·28 政／**781**·2·16 政／**785**·1·15 政／**786**·1·24 政／**788**·1·14 政／**806**·1·28 政／**813**·1·10 政／**840**·1·30 政／**841**·1·13 政／**842**·1·13 政／**845**·1·11 政／**848**·1·13 政／**850**·1·15 政／**854**·1·16 政／**858**·1·16 政／**862**·1·13 政／**867**·1·12 政／**885**·1·16 政／**919**·5·23 政／**939**·5·17 政／12·29 政／**942**·是年 社／**958**·9月 政／❷ **1018**·3·23 政／**1032**·8·1 政／**1094**·是年 政／**1097**·是年 政／**1099**·11·1 政／**1101**·10·1 政／**1184**·6·5 政／**1207**·1·13 政／**1219**·11·13 政／**1243**·7·8 政／**1256**·7·20 政／**1273**·7·1 政／**1277**·6·17 政／❸ **1282**·8·23 政／**1307**·1·9 政／**1332**·2·16 社／**1333**·8·5 政／**1368**·4·15 政／**1371**·10·24 政
陸奥守 ❶ **708**·3·15 政／**709**·7·1 政／**743**·6·30 政／**746**·4·4 政／**752**·5·26 政／**757**·6·16 政／**762**·1·9 政／**764**·1·20 政／**769**·3·10 政／**771**·③·1 政／**781**·2·16 政／**785**·1·15 政／**796**·1·25 政／**812**·1·12 政／**815**·1·10 政／**841**·1·13 政／**842**·1·13 政／**846**·1·13 政／**851**·1·15 政／**856**·1·12 政／**859**·1·13 政／**861**·2·2 政／**867**·1·12 政／**885**·1·16 政／**901**·是年 政／**958**·9·10 政／**961**·8·21 政／**985**·4·24 社／❷ **1004**·7·17 政／⑨·16 政／**1005**·11·8 社／**1014**·2·7 政／**1017**·7·6 政／**1025**·10·28 社／**1029**·9·5 政／**1051**·是年 政／**1053**·是年 政／**1056**·12·17 政／**1057**·7·26 政／**1062**·是春 政／**1070**·是年 政／**1076**·9·11 政／**1083**·9月 政／**1087**·12·26 政／**1088**·1·25 政／**1089**·10·10 政／**1092**·6·3 政／**1094**·3·8 政／**1096**·12·15 政／**1098**·10·23 政／**1099**·3·18 政／**1102**·2·3 政／**1104**·5·3 政／7·16 政／**1106**·7月 政／**1108**·12·30 政／**1113**·7·29 政／**1114**·9·7 政／**1115**·12月 政／**1127**·12·15 政／**1143**·6·29 政／**1165**·8·18 政／**1176**·4·17 政／**1181**·8·15 政／10·16 政／**1187**·10·29 政／**1217**·12·12 政／**1222**·8·16 政／**1249**·6·14 政／**1256**·3·30 政／**1257**·6·22 政／**1267**·10·23 政／❸ **1283**·4·16 政／**1284**·8·8 政／**1287**·6·26 政／**1289**·6·23 政／**1301**·9·27 政／**1324**·8·17 政／**1333**·8·5 政／**1364**·5·12 政／❹ **1479**·12·30 政
陸奥国司 ❸ **1337**·8·11 政／**1350**·1·5 政
山城(背)守 ❶ **703**·7·5 政／**708**·3·13 政／**709**·11·2 政／**749**·2·27 政／**750**·3·12 政／**762**·1·9 政／**764**·1·20 政／**769**·3·10 政／**770**·5·9 政／**771**·③·1 政／**776**·3·5 政／**781**·2·16 政／**785**·1·15 政／**786**·1·24 政／**789**·3·9 政／**799**·1·29 政／**801**·8·11 政／**804**·1·24 政／**810**·9·10 政／**834**·1·12 政／**840**·1·30 政／**843**·1·12 政／**851**·1·11 政／**855**·1·15 政／**856**·1·12 政／**857**·1·14 政／**861**·1·13 政／**864**·1·16 政／**868**·1·16 政／**884**·3·9 政／**885**·2·20 政／**886**·2·2 政／❷ **1001**·4·25 政／**1154**·5·1 政／**1221**·7·2 政
大和(倭·大養徳)守 ❶ **706**·7·27 政／**708**·3·13 政／**732**·9·5 政／**738**·4·22 政／**743**·6·30 政／**749**·2·27 政／**752**·5·26 政／**762**·1·9 政／**765**·2·4 政／**768**·2·3 政／**769**·3·10 政／**770**·5·9 政／**778**·2·4 政／**782**·2·7 政／**786**·1·24 政／**788**·1·14 政／**797**·1·13 政／**806**·1·28 政／**808**·5·14 政／**810**·9·10 政／**834**·1·12 政／**839**·1·11 政／**841**·1·13 政／**843**·1·12 政／**849**·1·13 政／**850**·1·15 政／**853**·1·16 政／**857**·1·14 政／**858**·1·16 政／**860**·1·16 政／**863**·2·10 政／**864**·1·16 政／**868**·1·16 政／**878**·1·11 政／**882**·11·9 政／**887**·2·2 政／**942**·4·25 政／**961**·12·9 政／**986**·7·13 政／**1000**·5·8 政／❷ **1001**·5·20 政／12·2 政／**1006**·6·20 政／7·13 政／**1013**·4·16 政／**1017**·3·8 政／**1025**·10·14 政／**1028**·10·13 政／**1031**·1·28 社／7·6 政／**1041**·10·11 政／**1049**·12·28 政／**1050**·1·25 政／**1066**·7·7 政／**1072**·6·2 政／**1099**·12·13 社／**1142**·10·4 政／**1144**·11·6 政／**1252**·6·17 政
琉球守 ❹ **1586**·8·15 政
若狭守 ❶ **762**·1·9 政／**763**·1·9 政／**768**·2·3 政／**771**·③·1 政／**774**·3·5 政／**777**·1·3 政／**781**·2·16 政／**782**·1·16 政／**787**·2·5 政／**799**·1·29 政／**839**·1·11 政／**843**·1·12 政／**846**·1·13 政／**847**·1·12 政／**851**·1·11 政／**856**·1·12 政／**860**·1·16 政／**863**·2·10 政／**864**·1·16 政／**867**·1·12 政／**884**·3·9 政／❷ **1039**·8·7 政／**1102**·10·15 政／**1153**·5·21 政／**1183**·12·10 政／❸ **1334**·9·13 政
若狭国司 ❸ **1333**·8·10 政
守護(各国)
安芸守護 ❸ **1335**·12·2 政／**1340**·10·10 政／❹ **1560**·2·21 政
阿波守護 ❷ **1223**·5月 政／**1226**·2·13 政
淡路守護 ❷ **1221**·7·20 政
淡路·阿波·土佐三国の守護 ❷ **1200**·7·9 政
伊賀守護 ❷ **1184**·3·20 政／❸ **1356**·10·19 政
伊賀·伊勢両国守護 ❷ **1205**·9·20 政
壱岐守護 ❸ **1365**·10·9 政／❹ **1472**·11·18 政
伊豆守護 ❸ **1369**·10·3 政
伊豆·上野両国守護 ❸ **1395**·7·24 政／**1412**·12·29 政
和泉守護 ❸ **1378**·12·20 政／❹ **1513**·1·23 政
和泉半国守護 ❸ **1408**·8·29 政／**1411**·8·21 政
出雲守護 ❸ **1343**·8·20 政／**1366**·8·10 政／**1391**·1·8 政
出雲·隠岐守護 ❹ **1552**·6·28 政
出雲·隠岐·飛驒三国守護 ❸ **1413**·10·22 政／**1441**·12·20 政
出雲·隠岐·飛驒守護職 ❹ **1508**·10·25 政
伊勢守護 ❷ **1203**·12月 政／**1204**·2·10 政／3·21 政／**1222**·3· 政／❸ **1396**·7·12 政／**1418**·6月 政／**1420**·是春 政／**1426**·6·26 政／**1428**·7·19 政
因幡守護 ❹ **1488**·8·24 政
因幡·伯耆·備前·備後·備中·美作守護 ❹ **1552**·4·2 政
伊予守護 ❸ **1333**·②·11 政／3·11 政／**1362**·4·2 政／**1375**·8·15 政／**1380**·4·16 政／**1450**·8·19 政／**1455**·12·29 政
石見守護 ❸ **1376**·⑦·16 政／**1399**·11·15 政
蝦夷上之国守護 ❹ **1456**·是年 政
蝦夷松前守護 ❹ **1496**·11·26 政
越後守護 ❸ **1441**·6·13 政／❹ **1508**·11·6 政
越前守護 ❷ **1227**·10·15 政／❸ **1356**·1·9 政／**1357**·6·15 政／**1366**·8月 政／❹ **1471**·5·21 政／**1483**·4·30 政
越前守護代 ❹ **1573**·8·20 政
越前·尾張·遠江三国守護 ❹ **1466**·8·25 政
越中守護 ❸ **1335**·11·26 政
近江守護 ❷ **1193**·10·28 政／**1204**·1·21 政／7·22 社／❸ **1338**·4·14 政／**1351**·6·25 政／**1411**·8·23 政／❹ **1460**·7·28 政／**1490**·8·23 政／**1491**·8·30 政／**1492**·12·

政／**1537**·8·10 政
近江半国守護職 ❹ **1473**·9·30 政
近江·飛騨·出雲·石見·隠岐守護 ❸ **1401**·8·25 政
大隅守護 ❷ **1203**·9·2 政／**1222**·8月 政／❸ **1333**·4·28 政／**1334**·4·28 政／**1335**·3·17 政／**1341**·7·29 政／**1376**·8·12 政
大隅·薩摩·日向三国守護職 ❷ **1203**·9·2 政
隠岐守護 ❷ **1233**·是春 政
尾張守護代 ❹ **1483**·4·30 政
加賀守護 ❸ **1430**·5·28 政／**1443**·2·28 政／**1446**·9·13 政
加賀半国守護 ❸ **1447**·5·17 政
上総守護 ❸ **1355**·5·8 政／**1418**·9·15 政
紀伊守護 ❸ **1378**·12·20 政
京都守護 ❷ **1183**·7·30 政／**1186**·3·23 政／**1191**·1·15 政／**1204**·3·21 政／**1205**·10·10 政／**1219**·2·29 政
薩摩守護 ❷ **1265**·6·2 政／❸ **1293**·4·21 政／**1331**·8·9 政／**1333**·2·3 政／**1342**·6·20 政／**1376**·8·12 政／**1409**·9·10 政
薩摩·大隅両国の御家人奉行人(守護) ❷ **1197**·12·3 政
讃岐守護 ❷ **1199**·3·5 政／❸ **1351**·12·15 政
信濃守護 ❷ **1258**·11·13 政／❸ **1335**·9·3 政／**1400**·9·24 政／**1401**·2·17 政／**1425**·12·29 政
下野守護 ❸ **1423**·7·10 政
下野·越後両国守護 ❸ **1368**·8·2 政
周防·長門守護職 ❸ **1403**·7月 政
周防·長門·石見三国守護職 ❸ **1363**·是春 政
駿河守護 ❷ **1180**·10·20 政／**1186**·3·9 政／❸ **1353**·8月 政／**1395**·11·14 政／**1433**·6·27 政
駿河·遠江両国守護 ❸ **1400**·1·11 政
摂津守護 ❷ **1221**·6·25 政／❸ **1362**·10·7 政
摂津·河内両国守護 ❸ **1333**·8·5 政
但馬守護 ❸ **1285**·12月 政
但馬·備後·安芸·伊賀守護 ❸ **1433**·8·9 政
丹後守護 ❸ **1337**·4·21 政／**1351**·9·3 政
丹波守護 ❸ **1343**·12·2 政／**1352**·3·18 社
丹波守護使 ❷ **1227**·8·28 社
筑後守護 ❷ **1277**·7·4 政／❸ **1349**·11·19 政／**1363**·9·12 政
筑後守護職 ❹ **1465**·7·30 政／9·10 政
筑後半国守護 ❹ **1462**·10·25 政
筑前守護代 ❸ **1398**·是年 政／**1402**·7月 政
筑前·肥前両国守護 ❷ **1271**·9·13 政
対馬守護 ❷ **1185**·5·23 政／❸ **1398**·是年 政
遠江守護 ❷ **1180**·10·20 政／❸ **1376**·10·26 社／**1395**·8·25 政／❹ **1508**·7·13 政
遠江守護代 ❹ **1475**·2·11 政／**1483**·4·30 政
土佐守護 ❷ **1201**·7·10 政／**1203**·6·4 政／❸ **1363**·12·29 政／**1374**·是年 政／**1400**·10·2 政
長門守護 ❷ **1186**·7·13 政／**1195**·11·4 社／**1222**·是年 政／**1276**·1·11 政／**1280**·6·5 政／**1281**·7·30 政／❸ **1284**·12·3 政／**1285**·2·4 社／**1334**·5·14 政／**1348**·3·5 政／**1351**·10·10 政／12月 政／**1358**·6·23 政／**1401**·是年 政／**1432**·4·26 政／❹ **1562**·9·19 政
長門守護代 ❸ **1298**·8·11 政／❹ **1472**·8·11 政／**1497**·9·5 政
長門·石見両国守護 ❷ **1193**·10·28 政
播磨守護 ❷ **1199**·12·29 政／❸ **1343**·8·24 政／**1454**·11·2 政
播磨·摂津守護 ❸ **1284**·12·3 政
肥後守護 ❸ **1361**·2·22 政／**1362**·10·17 政／**1379**·9·6 政／**1385**·2·17 政
肥前守護 ❷ **1233**·11·18 政／**1270**·9·15 政／❸ **1282**·3·2 政／**1283**·3·19 政／**1301**·7·5 政／❹ **1543**·5·7 政／**1554**·8·16 政
飛騨守護 ❸ **1359**·8·4 政
常陸半国守護 ❸ **1425**·⑥·11 政
備中守護 ❹ **1515**·10·26 政
備中·備後守護 ❹ **1562**·8·6 政
日向守護職 ❸ **1333**·2·3 政／6·15 政／**1345**·9·5 政
日向·大隅·薩摩三国の守護 ❸ **1425**·8·28 政
備後守護 ❸ **1311**·7·12 政／**1319**·12·5 政／**1356**·3·10 政／**1379**·8月 政／**1402**·7·19 政
豊前守護 ❸ **1396**·4月 政／**1403**·7月 政
豊後守護 ❷ **1242**·1·15 社／**1244**·10·9 政／**1271**·9·13 政／❸ **1284**·6·19 政／**1394**·12·18 政／**1444**·7·19 政／❹ **1559**·6·26 政
豊後·越後守護 ❸ **1416**·11·13 政
豊後·筑後両国守護 ❸ **1364**·7·8 政
北陸道守護 ❷ **1223**·10·1 政
三河·伊勢守護 ❸ **1413**·3月 政
美濃守護 ❷ **1187**·3·3 社／❸ **1342**·9·6 政／**1376**·2·7 政／**1389**·2·23 政／❹ **1495**·9·5 政
陸奥守護 ❹ **1521**·12·7 政／**1523**·8·27 政
山城守護 ❸ **1399**·8·10 政／**1418**·10·24 政／**1434**·2月 政／❹ **1464**·12·26 政／**1478**·4·20 政／**1481**·7·10 政／**1483**·1月 政／**1486**·5·26 政／**1487**·11月 政／**1493**·3·8 政／8·3 政／**1495**·9·30 政／10·30 社／**1498**·11·30 政／**1572**·5·8 政／**1574**·5月 政
大和守護 ❷ **1236**·10·22 政／11·14 政／❹ **1575**·3·23 政
洛中守護 ❷ **1238**·5·24 政
若狭守護 ❷ **1196**·9·1 政／**1228**·是年 政／**1230**·是年 政／**1231**·是年 政／**1232**·是年 政／❸ **1305**·是年 政／**1333**·8·3 政／**1334**·3·12 政／**1336**·7·25 政／12·2 政／**1338**·5·27 政／9·16 政／**1339**·2·2 政／**1348**·6·5 政／**1351**·10·2 政／**1353**·7·27 政／**1354**·9·9 政／**1361**·10月 政／**1363**·8·7 政／**1366**·8月 政
若狭守護代 ❷ **1271**·是年 政
若狭国守護代 ❸ **1284**·1·4 社／**1285**·是年 政

大夫

右京大夫 ❶ **711**·4·23 政／**774**·3·5 政／**781**·2·16 政／**785**·1·15 政／**786**·1·24 政／**808**·5·14 政／**815**·1·10 政／❷ **1131**·2·1 政／❹ **1508**·7·18 政／**1537**·8·1 政
河内大夫 ❶ **769**·10·30 政
左京大夫 ❶ **702**·1·17 政／**709**·9·4 政／**720**·6·26 政／**743**·6·30 政／**770**·5·12 政／**774**·9·7 政／**776**·3·6 政／**781**·2·16 政／**784**·3·14 政／**785**·1·15 政／**787**·2·5 政／**789**·2·4 政／**808**·5·14 政／**815**·1·10 政／**860**·1·16 政／❷ **1007**·9·21 政／**1116**·12·20 文／**1155**·5·7 政／❸ **1432**·4·27 政／❹ **1482**·7·4 政／**1517**·3·9 政／**1530**·10·9 政／**1553**·①·27 政／**1555**·3月 政／**1568**·1·11 政
左京大夫(大崎探題) ❸ **1407**·4·28 政
摂津大夫 ❶ **677**·10·14 政／**702**·1·17 政／**708**·3·13 政／**709**·9·4 政／**713**·8·26 政／**738**·⑦·7 政／**745**·9·4 政／**750**·3·12 政／**752**·4·15 政／**754**·4·5 政／**756**·1·11 政／**757**·6·16 政／**762**·1·9 政／**764**·1·20 政／**767**·2·28 政／**774**·3·5 政／**775**·11·27 政／**776**·10·23 政／**779**·9·18 政／**781**·2·16 政／**783**·2·25 政

地方官(その他)

秋田城介 ❸ **1319**·1·30 政
安房国衙 ❷ **1028**·6·21 政
和泉国衙 ❷ **1187**·8月 政
和泉堺政所 ❹ **1586**·6·14 政
蝦夷大官 ❸ **1325**·6·6 政
奥州管領 ❸ **1351**·10·12 政
奥州総奉行 ❷ **1190**·3·15 政
奥州探題 ❸ **1347**·7·21 政
大割元 ❹ **1600**·是年 社
上総国衙 ❷ **1028**·7·15 政
鎌倉代官 ❹ **1586**·6·12 社
河内国衙(金剛寺領) ❷ **1190**·4月 社／❹ **1559**·11·20 政
肝煎(きもいり、名主) ❹ **1599**·8月 社
九州探題·鎮西探題 ❸ **1295**·9月 政／**1321**·12·25 政／**1356**·4·8 政／**1360**·3·14 政／**1361**·2·22 政／6月 政／10·13 政／**1363**·是春 政／**1365**·8·25 政／**1371**·2·19 政／**1376**·8·12 政／**1396**·2·30 政／**1424**·11·26 政／❹ **1559**·11·9 政
京職 ❶ **715**·5·9 社／**744**·①·9 社

／**801**·4·27 政／**815**·3·2 政／**816**·4·23 社／**829**·6·3 政／**842**·10·14 社／**850**·1·16 社／**865**·11·4 社／**869**·6·26 社／**874**·8·4 社／**881**·11·9 社／**884**·9·14 社／**899**·6·4 社／**908**·7·9 社／**925**·5·30 社／**930**·2·13 社／**934**·5·1 社／**948**·6·3 社／**952**·5·15 社／**957**·9·25 社／**999**·12·25 社／❷ **1023**·12·12 社／**1087**·8·29 社
公文職　❸ **1368**·4·26 社
上野国奉行　❷ **1212**·8·27 政
拒捍使(こかんし、山城)　❸ **1315**·4月 社
讃岐留守所　❷ **1249**·3月 社
大宰権少弐　❹ **1550**·7·20 政
大宰権帥(だざいのごんのそち)　❷ **1003**·8·19 政／**1005**·3·14 政／**1014**·11·7 政／**1015**·9·23 政／**1019**·12·21 政／**1021**·3·7 政／**1029**·1·24 政／**1036**·3月 文／**1037**·8·9 政／**1038**·2·19 政／**1042**·1·29 政／**1043**·8·14 政／**1046**·2·26 政／**1050**·5月 政／**1102**·1·23 政／6·23 政／**1105**·10·10 政／**1106**·3·11 政／**1133**·1·29 政／**1139**·1·24 政／**1162**·4·7 政／**1190**·1·24 政／**1263**·3·25 政
大宰少弐　❷ **1181**·4·10 政／**1226**·10月 政
大宰大弐　❶ **700**·10·15 政／**705**·11·28 政／**708**·3·13 政／**720**·6·26 政／**738**·12·4 政／**746**·4·4 政／**749**·⑤·1 政／**750**·3·12 政／**753**·4·5 政／4·22 政／**764**·1·20 政／**765**·1·6 政／**767**·2·28 政／**770**·5·9 政／**790**·3·9 政／**822**·3·20 政／**850**·1·15 政／**855**·1·15 政／**857**·1·16 政／**860**·1·16 政／**861**·1·13 政／**866**·1·13 政／**885**·1·16 政／**893**·5·11 政／**901**·1·25 政／**907**·5·1 政／**910**·4·20 政／5·29 政／**945**·10·4 政／**947**·1·9 政／5·2 政／**950**·1·20 政／**954**·1·25 政／**960**·9·28 政／**984**·8·27 政／**991**·1·27 政／**995**·10·18 政／**996**·4·24 政／❷ **1004**·12·28 政／**1005**·4·22 政／**1012**·5·20 政／9·2 政／**1013**·2·2 政／5·16 政／11·17 政／**1027**·是年 社／**1028**·5月 政／**1034**·8·22 政／**1050**·9·17 政／**1058**·2·16 政／**1067**·7·1 政／**1071**·3月 政／4·9 政／**1084**·6·23 政／**1085**·是年 政／**1087**·是冬 社／**1088**·2·1 政／**1093**·2·27 政／**1094**·5月 政／6·13 政／**1123**·12·30 政／**1134**·1·22 政／**1158**·8·10 政／**1160**·12·29 政／**1166**·10·8 政／❹ **1536**·5·16 政
大宰帥(筑紫大宰·率)　❶ **609**·4·4 政／**643**·4·21 政／**649**·3月 政／**668**·7月 政／**669**·1·9 政／**671**·6月 政／**672**·6·29 政／**676**·9·12 政／**677**·11·1 政／**685**·11·2 政／**686**·⑫月 政／**689**·1·9 政／6·1 政／⑧·27 政／**694**·9·22 政／**700**·6·3 政／10·15 政／**702**·8·16 政／**705**·11·28 政／**708**·3·13 政／**715**·5·22 政／**717**·2·10 政／**731**·10·27 政／**746**·4·5 政／**750**·9·24 政／**752**·5·26 政／**753**·4·22 政／**764**·1·20 政／**765**·2·4 政／**770**·5·9 政／**771**·3·13 政／③·1 政／**774**·3·5 政／**777**·10·13 政／**781**·2·16 政／6·27 政／**785**·1·15 政／**786**·1·24 政／**797**·1·13 政／**812**·1·12 政／**820**·12月 政／**830**·8·4 政／**835**·1·11 政／**840**·1·30 政／**845**·1·11 政／**850**·1·15 政／**863**·2·10 政／**893**·5·11 政／**943**·12·8 政／❷ **1007**·10·2 政／**1095**·7·22 政／**1097**·①·6 政／3月 政／**1098**·8·20 政／**1246**·1·29 政／❸ **1304**·3·7 政
大宰府　❶ **609**·4·4／**702**·3·30 政／**721**·7·25 社／**729**·9·3 社／**742**·1·5 政／**745**·6·5 政／**752**·1·1 政／**758**·12·10 政／**760**·8·7 政／**790**·4·5 政／**799**·4·13 政／**802**·11·7 政／**811**·2·15 政／**812**·8·4 政／**816**·3·5 政／**823**·2·22 政／**831**·9·7 政／**834**·2·2 政／**835**·3·12 政／**838**·6·21 政／**839**·7·17 政／**841**·8·19 政／**845**·12·5 政／**848**·5·14 社／**849**·12·13 政／是年 政／**855**·6·25 政／**856**·3·9 政／**861**·2·12 政／**862**·7·23 政／**865**·7·27 政／**866**·9·1 政／**869**·12·5 政／**878**·3·5 社／**879**·10·15 政／**885**·10·20 政／**894**·4·14 政／**895**·9·27 政／**903**·2·25 政／**909**·⑧·9 政／**918**·10·15 政／**934**·4·19 政／**935**·11·27 政／**936**·2·1 政／⑪·7 政／**942**·9月 社／**946**·12·7 政／**960**·9·19 文／**972**·9·23 政／**986**·7·9 政／**989**·10·25 社／**992**·9·20 政／**996**·12·8 政／❸ **1360**·4·11 政
　大宰府官人　❶ **780**·8·28 政
　大宰府公験　❶ **853**·2·11 文
　大宰府国司　❶ **780**·8·28 政
　大宰府守護所　❷ **1231**·4·16 政
　大宰府都府楼　❶ **940**·是年 政
丹波諸庄園総下司　❷ **1181**·2·7 政
鎮西九国奉行人(鎮西守護)　❷ **1186**·12·10 政／**1195**·5月 政
鎮西警固　❸ **1334**·9·10 政
鎮西探題　❹ **1500**·8·12 政
鎮西奉行　❷ **1186**·2·22 政／**1191**·1·15 政／**1232**·8·13 政／**1261**·3·22 政
筑紫大宰(帥)⇨大宰帥(だざいのそち)
対馬島都惣官　❸ **1399**·7月 政
出羽秋田城介　❷ **1051**·是年 政
出羽留守所　❷ **1189**·10·1 政
斗南藩　❻ **1869**·11·3 政
長崎惣中　❹ **1588**·⑤·15 社
長崎代官　❹ **1588**·4·2 社
長崎頭人　❹ **1587**·是年 政
長崎奉行　❻ **1868**·1·14 政
長門探題　❸ **1294**·7·27 政／**1333**·②·11 政／5·25 政／**1349**·4·11 政
南都奉行　❸ **1371**·12·18 政
博多代官　❹ **1461**·是年 政
箱館府　❻ **1868**·④·24 政／**1869**·7·8 政
箱館奉行　❻ **1854**·6·30 政／**1856**·7·28 政／**1868**·11·1 政
肥前奉行　❹ **1459**·2·21 政
肥前留守所　❷ **1196**·2月 社
備前留守所　❷ **1215**·12月 政
兵庫奉行　❻ **1864**·11·11 政
伏見代官　❹ **1589**·10·1 社
豊後検断使　❸ **1300**·11月 政
　保奉行　❷ **1240**·2·2 社／**1245**·4·2 社／**1250**·4·20 社／**1252**·2·10 社
　保奉行·地奉行帯刀禁止　❷ **1250**·4·20 社
　政所(陸奥山辺郡)　❸ **1335**·3·23 政
　三河奉行　❹ **1565**·3·7 政／**1568**·1 月 社
　武蔵国衙　❷ **1015**·3·4 政
　武蔵総検校職　❷ **1232**·12·23 政／**1251**·5·8 政
　武蔵留守所総検校職　❷ **1226**·4·10 政
　陸奥·出羽両国留守所　❷ **1200**·8·10 政
　陸奥管領　❸ **1356**·6·13 政／**1365**·10·3 社
　陸奥国衙　❸ **1333**·10·5 政
　陸奥出羽按察使　❸ **1450**·5·14 政
　陸奥東海道検断職　❸ **1362**·10·2 政
　陸奥留守職　❷ **1190**·3·15 政
　門司別当　❷ **1004**·⑨·5 社
　大和地頭　❸ **1304**·9·26 政／**1314**·7·28 政／8·8 政
地方條規·制度　❹
　近江堅田の條規　❹ **1569**·1·19 社
　郷司職　❷ **1212**·2·14 政
　郷誓約書(十津川十八郷)　❷ **1267**·6 4 社
　在郷の集会　❷ **1230**·8月 社
　地方官会議　❻ **1873**·4·12 政／**1874**·5·2 政／**1875**·6·20 政／**1878**·4·10 政／**1880**·2·5 政
　地方官官制　❻ **1886**·7·20 政
　地方税規則　❻ **1878**·7·22 政／**1880**·11·5 政／**1884**·5·7 政
　地方制度調査(ヨーロッパ)　❻ **1888** 12·2 政
　地方制度編纂委員会　❻ **1887**·1·24 政
　地方長官会議　❻ **1891**·10·29 政
　能登七尾町の條規　❹ **1596**·4·15 社
　八丈島年寄廃止　❻ **1889**·1·10 政
　飛騨古川商人町の條規　❹ **1589**·3·2 社
　村掟(紀伊東村)　❸ **1365**·10·14 社
都市
　江戸⇨「東京」も見よ
　　江戸開市　❹ **1600**·11·13 政／❻ **1867**·6·6 政／**1868**·5·24 政
　　江戸町民に銀五千貫を支給　❺-1 **1634**·9·1 社
　　江戸府　❻ **1868**·7·11 政
　　江戸府知事　❻ **1868**·5·24 政
　　惣之町人　❹ **1469**·6·26 社
　　町人　❹ **1532**·9·26 社
　　名主役(江戸)　❹ **1590**·8·1 社
　　町掟(武蔵松山本郷)　❹ **1571**·6·1 社
　　町会所(江戸、七分積金)　❺-2 **1776**·2·23 政／**1790**·8·16 社／**1791**·12·29 社／**1792**·1·24 政／3 26 政／8·2 政／**1834**·2·25 政／4·12 政／**1836**·2·8 社／12·29 政／**1841**·5·22 社／**1842**·5月 政／**1844**·1月 政／**1845**·5·12 社／❻ **1872**·3月 政／**1872**·5·29 社
　　町会所七歩積金　❻ **1868**·6·21 社
　　町組　❹ **1537**·1·3 政

町衆 ❹ 1462·是年 社／1527·11·18 社／1528·1·15 社／1529·1·11 社／1535·4·28 社／1565·4·6 社
町年寄 ❻ 1870·4·27 社／1871·4·27 社／1873·4·17 社
町名主 ❻ 1869·3·10 社
町法度の始め ❹ 1585·1月 社
町用掛 ❻ 1873·4·17 社

大坂(大阪)
大坂開市 ❻ 1867·6·6 政／12·7 政／1868·7·15 政
大坂裁判所 ❻ 1868·1·21 政／5·2 政
大坂三郷の制 ❺-2 1772·5月 政／❻ 1869·6·2 社
大阪市 ❼ 1898·6·28 政／10·1 政
大坂市街 ❺-1 1615·是年 社
大阪市庁舎 ❼ 1921·5·17 社
大坂戸口復古繁栄策 ❻ 1857·5·5 社
大阪都市計画案 ❻ 1887·1·6 政
大阪府 ❻ 1868·1·21 政／5·2 政／1869·7·17 政
大阪府(阪の公用語の最初) ❻ 1868·5·2 政
町中申合相定(大坂菊屋町) ❺-2 1824·5月 社

神奈川·横浜
神奈川裁判所 ❻ 1868·6·17 政
神奈川府 ❻ 1868·6·17 政
横浜開港時の状況 ❻ 1859·6月 社
横浜開港 150 周年 ❾ 2009·4·28 社
横浜居留外国人 ❻ 1883·5月 政
横浜居留地の状況 ❻ 1865·3月 政
横浜裁判所 ❻ 1868·3·10 政／4·2 政
横浜鎖港談判使節 ❻ 1863·9·14 政／12·29 政／1864·7·22 政
横浜町会所 ❻ 1859·10·10 社

京都
右京の衰微と左京の隆盛 ❶ 775·6·27 政／781·8·28 政
京都裁判所 ❻ 1868·1·21 政
京都市 ❼ 1898·6·28 政／10·1 政
京都守護職 ❻ 1862·⑧·1 政／1864·4·7 政／1867·12·9 政
京都府 ❻ 1868·1·21 政／④·24 政／1869·7·17 政
京都町組 ❻ 1868·8·25 社／1869·1·30 社
京都見廻役 ❻ 1864·4·26 政
京の町に自治 ❹ 1569·3·16 社
五町組(山城) ❹ 1537·1·3 社

東京
新宿町 ❼ 1920·4·1 社／1934·5·1 社
大銀座 ❼ 1930·3·4 社
大銀座祭 ❾ 1968·10·1 社
大東京都市計画 ❻ 1885·10·8 政
帝都復興審議会 ❼ 1923·9·19 政／11·24 政
東京区会議員選挙 ❻ 1879·2·14 社
東京裁判所 ❻ 1871·12·26 政
東京市·東京都 ❼ 1898·6·28 政／10·1 社／1932·10·1 社／❽ 1938·11·26 社／1942·10·1 社／1943·6·1 政／7·1 政／1946·9·27 社／1947·3·15 社／5·25 社／1952·10·1 社／1956·10·1 社
東京市街整理 ❻ 1872·4月 社
東京市政疑獄事件 ❼ 1928·12·21 政
東京市区改正條例 ❻ 1888·8·16 政
東京市区改正條例 ❼ 1918·4·17 政
東京市自治記念 ❼ 1922·10·1 社
東京市政刷新同盟 ❼ 1926·5·3 政
東京市政調査会 ❼ 1922·2·24 社／6·26 政
東京市内の町名大改正 ❼ 1910·6·7 社
東京市連合防護団 ❼ 1932·9·1 政
東京地価低落 ❻ 1882·7月 政
東京奠都祝賀会 ❼ 1898·4·10 社／1917·3·15 社／1919·5·9 社
東京都は二十三区 ❽ 1947·8·1 社
東京の区分 ❻ 1871·12·28 社
東京の煉瓦街 ❻ 1874·1月 文
東京百年祭 ❾ 1968·10·1 社
東京府 ❻ 1868·5·24 政／7·11 政／8·17 政／1869·7·17 政
東京府会 ❻ 1879·3·20 政
東京府会議員選挙 ❻ 1878·12月 政
東京府会議所 ❻ 1872·8·10 社
東京府区会議員選挙 ❻ 1879·2·14 社
東京府区郡制 ❻ 1878·11·2 社
東京府十五区六郡制 ❻ 1878·11·2 社
東京府と神奈川県の境界 ❼ 1912·3·27 社
東京府庁 ❻ 1894·7·29 政
東京六大区制 ❻ 1871·11·28 政
夏の銀座 ❼ 1930·7月 社
堺会合衆 ❹ 1546·8·20 政

長崎
長崎裁判所 ❻ 1868·1·22 政／2·2 政／2·14 政

函館
函館裁判所 ❻ 1868·3·10 政／4·12 政／④·24 政
函館府 ❻ 1868·④·24 政

都市計画
仙台開市三百年祭(宮城) ❼ 1899·5·23 社
筑波研究学園都市 ❾ 1966·8·31 政／1967·8·3 文／1970·5·19 文／1972·3·1 文
都区町村編成法 ❻ 1878·7·22 政
特別市制 ❻ 1889·3·23 政
都市計画(法·局) ❼ 1919·4·5 社／1922·5·19 政／1923·12·24 政／1924·2·2 政
富山城開市三百年祭 ❻ 1894·5·15 社
箱館地方を直轄とする ❻ 1854·6·26 政
広島政令指定都市 ❾ 1980·4·1 社
府県制·市制·郡制·町村制 ❼ 1899·3·16 政／1908·2·28 政／1911·4·7 政／1915·8·1 政／1921·4·12 政／1926·6·24 政／1927·8·28 社
平成の大合併(市町村の合併) ❾ 2003·4·1 政／2004·3·1 社／3·31 社／4·1 社／10·1 社／11·1 政／2005·2·13 社／2月 社／3月 社／4·1 社／4·24 政／7月 社
北海道郡区町村編成法 ❻ 1879·7·23 政
北海道百年記念祝典 ❾ 1968·9·2 政
舞鶴市(京都府)とソ連ナホトカ市姉妹都市宣言 ❽ 1961·6·21 政
六大都市行政監督法 ❼ 1922·3·20 政

都道府県·市町村

県庁·市庁ほか機関
大坂惣会所 ❺-2 1736·7月 社／1737·2·5 社／1740·是年 政／1779·9·11 政
大坂道修町町式目 ❺-2 1824·是年 社
沖縄県庁 ❻ 1880·6·21 政
埼玉県庁 ❽ 1948·10·26 政
長崎県庁 ❽ 1950·5·7 社
北海道開発庁 ❽ 1950·5·1 政
北海道会法 ❼ 1901·3·28 政
北海道旧土人保護法 ❼ 1899·3·2 政／5月 文／1932·4·12 政／1934·3·23 政
北海道国有未開地処分法 ❼ 1897·3·30 政／1908·7·1 政
北海道地方費法 ❼ 1901·3·30 政
北海道庁 ❻ 1886·1·26 政／❼ 1902·11·16 政／1909·1·11 政
北海道の区制 ❼ 1897·5·29 政

市区町村制 ❻ 1889·4·1 政／5·1 政
区町村会法 ❻ 1880·4·8 政／1884·5·7 政
区町村費 ❻ 1885·8·15 政
区務所 ❻ 1876·2·29 社
区役所 ❻ 1879·2·21 政
郡区町村編成法 ❻ 1878·7·22 政
郡制 ❻ 1890·5·17 政／1891·4·1 政
郡役所廃止 ❼ 1926·7·1 政
県治條例廃止 ❻ 1875·11·30 政
県の改廃 ❻ 1871·11·2 政
市制 ❻ 1889·2·2 政／4·1 政／5·1 政
市制·町村制 ❻ 1888·4·25 政
市政裁判所 ❻ 1868·5·19 政
地面差配人 ❻ 1869·10月 政
全国都市問題会議 ❼ 1927·5·19 社
町村制市制講究会 ❻ 1888·2·13 政
町用取扱所 ❻ 1869·6月 社

市·町村
明石町(兵庫) ❼ 1920·11·1 社
赤平市(北海道) ❾ 2008·9·30 政
あきる野市(東京) ❾ 1995·9·1 社
石狩市(北海道) ❾ 1996·9·1 社
石川市(沖縄) ❽ 1946·4·11 政
一宮市(愛知) ❼ 1925·4·1 政

今治市(愛媛)　❼ 1902·11·1 社／1920·2·11 社
いわき市(福島)　❾ 1966·10·1 政
上田町(長野)　❼ 1919·5·1 社
大分市　❼ 1925·4·1 政
大垣市(岐阜)　❼ 1918·4·1 社／1925·4·1 政
王瀧村(長野)　❾ 2008·9·30 社
岡崎市(愛知)　❼ 1916·7·1 社／1925·4·1 政
岡山市制　❻ 1889·6·1 政
沖縄県　❻ 1879·4·4 政
沖縄県および島嶼町村制　❼ 1907·3·16 政
沖縄県県会議員選挙　❼ 1909·5·11 政
沖縄県諸禄処分法　❼ 1910·4·29 政
沖縄県土地整理法　❼ 1899·3·11 政
沖縄県に関する府県制特例　❼ 1909·3·12 政
沖縄県の郡区制　❼ 1896·3·5 政
沖縄県間切·島(吏員)規定　❼ 1897·3月 政／1898·12·22 政
沖縄那覇市会　❼ 1925·4·10 政
香川県　❻ 1888·12·4 政
金沢市(石川)　❻ 1891·10·11 社／❼ 1923·6·15 社
唐津市(佐賀)　❼ 1932·1·1 社
樺太町　❼ 1922·1·23 政
川崎市(神奈川)　❼ 1924·7·1 社／❾ 1972·4·1 社
北九州市(福岡)　❽ 1963·2·10 政
北広島市(北海道)　❾ 1996·9·1 社
岐阜市制　❻ 1889·7·1 政
桐生市(群馬)　❼ 1921·4·1 社
熊本市　❾ 2012·4·1 政
高知市　❼ 1925·4·1 政
甲府市制(山梨)　❻ 1889·7·1 政
さいたま市　❾ 2001·5·1 社
佐賀県　❻ 1883·5·9 政
堺県　❻ 1881·2·7 政
佐世保市(長崎)　❼ 1925·4·1 政
札幌市(北海道)　❾ 1972·4·1 社
清水市(静岡)　❼ 1925·4·1 政
首里市(沖縄)　❼ 1921·5·20 社
白河市(福島)　❽ 1949·4·1 社
新庄市(山形)　❽ 1949·4·1 社
仙台市(宮城)　❾ 1989·4·1 社
高岡市(富山)　❼ 1925·4·1 政
高松市(香川)　❻ 1890·2·15 政／❼ 1925·4·1 政
千葉市　❾ 1991·10·15 社／1992·4·1 社
つくば市(茨城)　❾ 1987·11·31 社
津市(三重)　❼ 1925·4·1 政
徳島県　❻ 1880·3·2 政
徳島市　❻ 1889·10·1 政
鳥取市　❻ 1889·10·1 政
富山県　❻ 1883·5·9 政
豊田市(愛知)　❽ 1959·1·1 社
長岡市(新潟)　❼ 1925·4·1 政
長崎府　❻ 1868·5·4 政
長崎裁判所　❻ 1868·2·2 政／5·4 政
長野市　❼ 1925·4·1 政
名古屋市(愛知)　❻ 1876·3月 政／1889·10·1 政／❼ 1921·10·28 政／1930·10·10 政／❽ 1946·4月 社
那覇市(沖縄)　❼ 1921·5·20 社
奈良県　❻ 1887·11·10 政
奈良市　❼ 1898·2·1 社
新潟裁判所　❻ 1868·4·19 政
日南市(宮崎県)　❽ 1950·1·1 社
沼津市(新潟)　❼ 1923·7·1 社
函館税関　❻ 1873·2月 政
八王子市(東京)　❼ 1917·9·1 社
浜松市(静岡)　❼ 1911·7·1 社
ひたちなか市(茨城)　❾ 1994·11·1 社
兵庫県　❻ 1868·1·21 政
兵庫裁判所　❻ 1868·1·21 政
福井県　❻ 1881·2·7 政
福岡市　❾ 1972·4·1 社
別府市(大分)　❼ 1924·4·1 社
松本市(長野)　❼ 1925·4·1 政
松山市制(愛媛)　❻ 1889·12·15 政
三鷹市(東京)　❽ 1950·11·3 政
水俣市(熊本)　❽ 1949·4·1 社
三宅村(東京)　❾ 2004·7·20 社／2005·2·1 社
宮崎県　❻ 1883·5·9 政
都城市(宮崎)　❼ 1924·4·1 社
むつ市(青森)　❽ 1960·8·1 政
横浜市(神奈川)　❼ 1927·6·1 社／1930·4·23 社
夕張市(北海道)　❾ 2006·6·20 政／2007·3·6 政／2008·9·30 政
若松市(福島)　❻ 1891·7·6 社
和歌山市　❼ 1925·4·1 政
稚内市(北海道)　❽ 1949·4·1 社
道州制　❾ 2006·2·28 政
都道府県知事·市区町村長
愛知県知事　❾ 2011·2·6 社
青森県知事　❾ 2003·3·7 社／6·29 社
秋田県知事　❾ 2001·4·15 社／2005·4·17 社
秋田市長リコール　❾ 1972·12·14 政
尼崎市長　❾ 2002·11·17 社
愛媛県知事　❾ 2007·1·21 社
大阪市長　❾ 1971·12·20 社／1995·12·10 社
大阪府知事　❾ 1995·4·9 政／2011·11·27 政
大津市長　❾ 2012·1·22 社
沖縄県知事　❽ 1945·6·9 政／❾ 1972·6·25 政／1978·12·10 政／1982·11·15 政／1994·11·20 政／1998·11·15 政／2002·11·17 社／2006·11·19 政
沖縄市長　❽ 1945·9·17 政
香川県知事　❾ 2006·8·27 政
鹿児島県知事　❾ 2004·7·11 社／2008·7·13 社
宜野湾市市長(沖縄)　❾ 2012·2·12 政
岐阜県知事　❾ 2005·1·23 社
岐阜市長　❾ 2006·1·29 政
京都府知事　❽ 1950·4·20 政／❾ 1966·4·12 政／1978·4·9 政／1982·4·5 政／2006·4·9 社
区長選任制　❽ 1963·3·27 政
熊本県知事　❾ 2000·4·16 社
県令　❻ 1871·10·28 政
高知県知事　❾ 1991·12·1 政／1999·11·28 社／2003·11·30 社
神戸市長　❾ 1973·10·28 社
埼玉県知事　❾ 2003·7·12 社／8·31 社／2011·7·30 社
滋賀県知事　❾ 2006·7·2 政
女性知事　❾ 2000·4·16 社
逗子市長(神奈川)　❾ 1984·11·12 政／1994·12·25 社
村長リコール　❽ 1948·5·25 政／6·20 政
知事　❻ 1871·10·28 政
千葉県知事　❾ 2001·3·25 社／2005·3·13 社／2009·3·29 政
東京区長準公選条例　❾ 1972·11·12 社
東京市長·都知事·長官　❼ 1897·10·12 政／1903·6·24 政／1912·6·11 政／1916·6·15 政／1920·12·7／1923·5·25 政／1933·1·18 政／❽ 1942·8·3 社／1947·5·3 政／❾ 1991·4·7 社／1995·4·9 政／1999·2·12 社／2012·10·25 政
栃木県知事　❾ 2000·11·19 社／11·20 政
長崎県知事　❾ 2006·2·5 社／2010·2·21 社
長野県知事　❾ 2000·10·15 政／2002·7·5 社
名護市長(沖縄)　❾ 2010·1·24 政
名古屋市長　❾ 1973·4·22 政／2009·4·26 社／2011·2·6 社
那覇市長　❽ 1956·12·25 政／1958·1·12 政／1961·12·17 政／❾ 1968·12·1 政
奈良県知事　❾ 1999·11·7 社／2003·11·9 社
日米太平洋市長会議　❽ 1951·10·25 政
府知事　❻ 1871·10·28 政
福島県知事　❾ 2006·11·12 政
富津市長(千葉)　❾ 1979·4·22 政
宮城県知事　❾ 2005·10·23 政
宮崎県知事　❾ 1979·6·8 社／1997·10·26 政／2001·11·18 社／2007·1·21 政
山形県知事　❾ 2005·1·23 社
山梨県知事　❾ 2007·1·21 社
横浜市長　❾ 2002·3·31 社
和歌山県知事　❾ 1999·10·31 社
民政裁判所　❻ 1868·5·19 政
府県
諸府県施政大綱　❻ 1869·2·5 政
府県会議員懇親会　❻ 1883·2·2 政
府県会議員選挙規則　❻ 1889·2·26 政
府県会議員定数　❻ 1891·6·10 政
府県会規則　❻ 1878·7·22 政／1880·4·8 政／1882·12·28 政
府県会最初の会議　❻ 1879·3·20 政
府県裁判所　❻ 1876·9·13 政
府県施政順序　❻ 1869·2·5 政
府県職制　❻ 1875·11·30 政
府県制　❻ 1890·5·17 政／1891·7·1 政／❽ 1943·3·20 政／6·1 政

府県制・市制・町村制(改正) ❽ 1943・3・20 政／6・1 政
府県東京出張所 ❻ 1875・2・1 政
府県統廃合(三府三十五県) ❻ 1876・8・21 政
府県地方事務所 ❽ 1942・7・1 政

その他

大分一村一品株式会社 ❾ 1988・10・25 社
革新都政をつくる会 ❾ 1967・3・11 社
過疎対策マイクロバス ❾ 1972・3・14 社
神奈川非核兵器県宣言 ❾ 1984・7・5 政
近畿サミット ❾ 1979・7・18 政
研究学園都市(筑波山) ❽ 1963・9・6 政
こども都政協議会 ❽ 1954・5・5 社
市街の條令 ❺-1 1640・4・12 社
自治制発布五十年記念式典 ❽ 1938・4・17 政
自治体倒産 ❾ 1975・11・7 政
市町村数 ❾ 1975・4・1 政

姉妹都市・友好都市

姉妹都市第一号 ❽ 1955・12・7 社／1959・6・23 社／1960・2・29 社
東京・ソウル友好都市協定 ❾ 1988・9・3 社
東京とニューヨーク市 ❽ 1960・2・29 社
東京・北京友好都市 ❾ 1979・3・14 社

首都機能移転第一候補地 ❾ 1998・1・16 政
首都圏(建設・整備法) ❽ 1950・6・5 政／1956・4・26 政／1957・12月 政／1958・7・4 政／1963・8・13 政
新産業都市(建設促進法) ❽ 1962・5・10 政／1963・7・12 政
新市町村建設促進法 ❽ 1956・6・30 社
身障者モデル都市 ❾ 1973・7・29 社
すぐやる課 ❾ 1969・10・6 社
精神衛生都市 ❽ 1963・1・8 社／2・25 社
政令都市 ❾ 1971・8・24 政
戦災都市 ❽ 1946・10・9 政
地域改善対策事業 ❾ 1987・3・31 政
地方財政 ❽ 1955・12・29 政／1963・1・5 政／❾ 1975・10・2 政
地方自治研究全国集会 ❽ 1957・4・5 社
地方自治三十周年記念式典 ❾ 1977・10・6 政
地方自治体女性議員数 ❾ 1988・4・29 社
地方自治法 ❽ 1947・4・17 政／❾ 1967・11・17 政／1970・3・12 政／2006・5・30 政
地方制度調査会 ❽ 1937・8・3 政／1946・10・5 政
地方の時代 ❾ 1978・7・14 政／1982・11・11 政
地方文化協議会 ❽ 1941・3・11 社
地方分権改革推進法 ❾ 2006・12・8 政
地方分権推進法 ❾ 1995・5・19 政
中核市制度 ❾ 1996・4・1 政
中心市街地活性化本部 ❾ 2006・8・22 政
町村合併促進法 ❽ 1953・9・1 社
町内会 ❽ 1947・4・1 社
町名地番制度審議会 ❽ 1961・10・14 政
東京市町会 ❽ 1937・7・5 社
東京都議会議員選挙 ❾ 1965・7・23 政／1969・7・13 政／1977・7・10 政／1981・7・5 政／1984・5・17 政／1985・7・7 政／1989・7・2 政／2005・7・3 社／2009・7・12 政
都会地転入抑制緊急措置 ❽ 1946・3・9 社
都市計画法 ❾ 1968・6・15 社
都政をよくする婦人団体連絡会 ❾ 1965・7・31 社
中村姓 ❾ 1980・2・9 社
広島平和記念都市建設法 ❽ 1949・7・7 政／8・6 政
部落会 ❽ 1947・4・1 社
平和都市宣言 ❽ 1963・2・25 政

藩政改革・財政改革

就杣山物計條々(琉球) ❺-2 1751・6月 社
泉府方(出雲松江藩営金融機関) ❺-2 1750・是年 政
尊徳仕法 ❺-2 1822・2月 社／1835・是年 政／1836・是年 政／1838・12月 政／1843・4月 政／1845・12・1 政／1846・7・13 政／1850・是年 社
会津藩 ❺-2 1733・7・13 政／1767・4・25 政／1772・1・13 政／1785・12・7 政／1787・2・20 政／10・6 政／1788・1月 政／3・24 政／1797・是年 政／1820・12・18 政
秋田藩 ❺-1 1701・10・28 政／❺-2 1721・⑦・21 政／1788・9・4 政
出石藩 ❺-2 1821・7・29 政
伊勢津藩 ❺-2 1807・是年 政
潰百姓 ❺-2 1796・12・14 政
農政刷新 ❺-1 1677・2・23 社
藩士の由緒改め ❺-1 1703・2・25 政
伊勢久居藩 ❺-2 1807・1・20 政
伊予宇和島藩 ❺-2 1825・是年 政／1829・是年 政
越後高田藩 ❺-2 1782・10・4 政
越前勝山藩 ❺-2 1842・7月 政
近江彦根藩、布方仕法 ❺-2 1832・1月 社
岡山の町政改革 ❺-1 1654・12・22 社
鹿児島藩(薩摩藩) ❺-2 1807・11月 社／1827・是年 政／1828・11・21 政／1830・12月 政／1833・3月 政／1835・是冬 政／1844・3・3 政／1847・11・15 政
琉球国扶助料 ❺-2 1840・3・9 政
金沢大聖寺藩 ❺-2 1774・5・29 政
金沢藩 ❺-1 1670・5・25 政／1686・11月 政／❺-2 1748・10・25 政／1785・8・22 政／1794・2月 政／1820・12・28 政／1841・3・19 政
郡方人別取締 ❺-2 1804・1・26 政
亀山藩 ❺-2 1816・是年 政
議定書 ❺-2 1789・是年 政
唐津藩 ❺-2 1812・11・15 政／1827・1月 政
桐生藩、百姓の余業従事禁止 ❺-2 1842・10・14 社
熊本藩 ❺-2 1748・12・13 政／1752・7・27 政
久留米藩 ❺-2 1852・5・17 政
高知藩 ❺-2 1787・9・27 政／1825・7・7 政／1841・5・1 政／❻ 1853・9・8 政
領知規則(土佐・高知藩) ❺-2 1735・7・25 政
郷士登用 ❺-2 1735・7・25 政
佐賀藩 ❺-2 1733・5月 政／1772・9・27 政／1825・8月 政／1830・5・1 政／1839・2月 政
上方借銀返済 ❺-2 1772・12・21 政
農商分離 ❺-2 1844・5・12 社
讃岐高松藩 ❺-2 1814・是年 政
庄内藩 ❺-2 1781・5月 政
安永御地盤立 ❺-2 1776・10月 政
駿河小嶋藩 ❺-2 1759・是年 政
駿河田中藩 ❺-2 1831・是年 政
仙台藩 ❺-2 1719・2・6 政／1726・8月 政／1770・4・13 政
相馬藩 ❺-2 1817・9・4 政／是年 政
高鍋藩、農事を奨励 ❺-2 1754・2・8 政
津軽藩(弘前藩) ❺-2 1753・1・11 政／1791・1・28 政／1839・9・15 政
対馬藩 ❺-2 1772・3月 政／1800・④・20 政
津和野藩 ❺-2 1827・10月 政／1830・2・28 政
徳島藩 ❺-2 1759・2月 政／1765・12・14 政／1769・10・30 政／1770・1・26 政
鳥取藩 ❺-2 1753・9・27 政／❻ 1855・2・3 政
新潟会議所 ❻ 1868・6・1 政
二本松藩、地方支配法規 ❺-2 1737・9月 政
萩藩 ❺-1 1646・11・16 政／❺-2 1724・1・11 政／1759・3・5 政／1786・12月 政／1790・9・6 政／1803・8・9 政／1838・8月 政／1840・7・7 政／1858・6月 政
八戸藩 ❺-2 1819・6・29 政
肥前大村藩 ❺-2 1789・8・7 政／1814・3月 政／1838・9月 政
備前藩 ❺-1 1654・8・11 政
姫路藩 ❺-2 1808・12・1 政
日向延岡藩の負債 ❺-2 1766・9・4 政
日向高鍋藩 ❺-2 1844・是年 政
弘前藩、地方給人制 ❺-2 1798・5・15 政
広島藩 ❺-1 1712・1・29 政／❻ 1867・10・26 政
給地総地概し ❺-2 1736・1・16 政
福山藩 ❺-2 1790・是年 政
豊前中津藩、三役所制(郡奉行・町奉行・目付) ❺-2 1752・4月 政
豊後臼杵藩 ❺-2 1831・11・1 政／1836・11・14 政
豊後岡藩 ❺-2 1744・9月 政
豊後日出藩 ❺-2 1832・7・3 政

豊後府内藩　❺-2 **1841**·1·23 政／**1842**·1·23 政
松江藩　❺-2 **1767**·9·21 政
三河田原藩　❺-2 **1833**·12·27 政
水戸藩　❺-1 **1706**·8 月 政／**1709**·1·27 政／❺-2 **1745**·6·15 政／**1747**·10 月 政／**1749**·1·30 政／**1788**·是年 政／**1830**·1·16 政／**1844**·5·6 政
江戸仕掛け　❺-2 **1799**·5 月 政
四郡五代官制　❺-2 **1751**·1·28 政
美濃岩村藩　❺-2 **1827**·2 月 政
三春藩　❺-2 **1794**·12·15 政
美作津山藩　❺-2 **1759**·4 月 政／**1772**·8 月 政
陸奥白河藩　❺-1 **1713**·是年 政
陸奥棚倉藩　❺-1 **1701**·6 月 政
盛岡藩　❺-2 **1723**·2·11 政／**1731**·2 月 政／**1735**·3 月 政
山形藩　❺-2 **1736**·2·27 政
山口藩　❻ **1868**·5·10 政
米沢藩　❺-2 **1767**·5·1 政／**1773**·7·1 政／**1791**·1·29 政／❻ **1870**·1·1 政

町方·村方(古代)
乙名(おとな)百姓　❹ **1587**·10·20 社
京戸　❶ **833**·5·28 社／**880**·3 月 政／**963**·6·7 政
郡領　❶ **659**·3 月 政／**723**·11·6 社／**757**·1·5 政
結保帳　❶ **899**·6·4 政
郷長　❶ **715**·是年 社
評(こおり·督)の制　❶ **677**·12 月 政／**686**·5 月 文／**689**·4 月 政／**691**·10 月 政／**698**·4·13 政／**700**·6·3 政
五家(ごか)の制⇨保(ほ)の制
五十戸の制(里の制)　❶ **646**·1·1 政／**652**·4 月 政
五保長　❶ **867**·3·27 社
太守(国守)　❶ **826**·9·6 政
知河内和泉事　❶ **722**·3·7 政
筑紫総領　❶ **700**·6·3 政
刀禰　❶ **963**·9·22 社
保長　❶ **862**·3·15 政／**964**·9·22 社
保の制(五家の制)　❶ **652**·4 月 政／**862**·3·14 政／**867**·3·27 社／**963**·9·22 社
里·郷の制　❶ **646**·1·1 政／**652**·4 月 政／**715**·是年 政
里正　❶ **715**·是年 社
隣保　❶ **784**·10·30 社

町方·村方(江戸時代)
会所·役人·掟
家守(幕府)　❺-2 **1721**·10·19 社
伊賀上野町の掟　❺-1 **1628**·9·21 社
大庄屋　❺-2 **1717**·3·10 社／**1721**·1·24 政／**1734**·7 月 政／**1750**·4·12 政／**1758**·2·26 社／**1759**·⑦月 政／**1761**·8·16 政／**1781**·7 月 政／**1800**·6·22 政
大津支配　❺-2 **1767**·是年 政
大仲(京都上京)　❺-2 **1819**·④·23 社／**1820**·是年 社
書役(江戸各町)　❺-2 **1745**·5·18 社
肝煎　❹ **1599**·8 月 社
京都町代改義一件　❺-2 **1817**·7·3 社
京都町年寄五人組　❺-2 **1723**·11 月 社
組合村(御取締御改革)　❺-2 **1827**·2 月 政／7·28 政／10 月 政／**1836**·12 月 社
郡方請役(佐賀藩)　❺-2 **1851**·7·20 政
郷村掟·村掟　❺-2 **1736**·3 月 政／是年 政／**1756**·12·12 政／**1761**·12 月 社／**1814**·7 月 社／**1816**·是冬 社／**1818**·2·3 政／**1840**·是年 社
郷村掟(高知藩)　❺-1 **1673**·8·22 社／**1674**·4·27 社
郷村掟(幕府)　❺-1 **1602**·12·6 社／**1603**·3·27 社
郷村御仕置方(金沢藩)　❺-1 **1665**·9·27 社
郷村御触(幕府)　❺-1 **1643**·8·26 社
郷村高帳　❺-1 **1644**·12·25 政
郷村頭取(米沢藩)　❺-2 **1762**·3·27 政
郷中條目　❺-1 **1637**·10·26 社
郷中諸法度　❺-1 **1636**·3·2 社
郷役所(会津藩)　❺-2 **1781**·8·16 政
戸長·副戸長　❻ **1872**·4·9 政
五人組　❺-1 **1611**·是年 社／**1635**·7·18 社／**1637**·⑧·15 社／**1639**·是年 社／**1644**·5·10 政／**1648**·3·4 社／**1655**·10·13 社／**1666**·7·4 社／**1683**·9 月 社／**1694**·1 月 社／❺-2 **1734**·4 月 社／**1769**·是年 社／**1808**·3 月 社／❻ **1869**·6·8 社
市中取締掛　❺-2 **1841**·5 月 社／11·3 社／**1842**·1·17 社
十人組　❺-1 **1603**·12 月 社／**1612**·3·11 社／**1620**·1 月 社／**1628**·9·21 社／**1632**·3·22 社／**1635**·7·18 社／**1642**·1 月 社／❺-2 **1779**·7·18 社
庄屋　❻ **1872**·4·9 政
所付代官(名古屋藩)　❺-2 **1782**·10·13 政
草創名主組合·年番名主　❺-2 **1738**·3·21 社／**1809**·2·21 社
惣代(幕領)　❺-2 **1789**·1 月 政
惣年寄頭取制(近江八幡)　❺-2 **1791**·12 月 社
町代(江戸)　❺-2 **1721**·9·4 社
年寄　❻ **1872**·4·9 政
十村(とむら)　❺-2 **1734**·1·7 社／**1738**·1·20 政／**1740**·8 月 社／**1801**·1 月 政／**1819**·3·19 政／**1821**·6·28 政
名主·町名主(肝煎·組合·役料)　❺-2 **1722**·4·7 社／7 月 社／**1723**·6 月 社／**1738**·3·21 社／**1790**·10·6 政／**1791**·12 月 社／**1792**·1·24 政／**1809**·2·21 社／**1831**·12·26 社／**1849**·4 月 社／❻ **1872**·4·9 政
名主制度(伊豆諸島)　❼ **1920**·10·1 社
町触れ(幕府)　❺-2 **1754**·10·10 政
町役　❺-2 **1766**·11 月 社
村入用·必要経費　❺-2 **1848**·3 月 社

諸侯の移封·転封·減封(江戸時代)
会津若松　❺-1 **1601**·8·24 政／**1627**·1·4 政／2·10 政
安芸·備後·広島　❺-1 **1619**·6·19 政
秋田砥沢　❻ **1602**·5·8 政
天草　❺-1 **1641**·10·10 政／**1670**·是年 政
奄美諸島　❺-1 **1621**·是年 政／**1624**·是年 政
安房勝浦　❺-1 **1601**·2 月 政
安房勝山　❺-2 **1770**·是年 政
安房館山　❺-1 **1614**·9·9 政
淡路洲本　❺-1 **1609**·9 月 政／**1610**·2·23 政／**1615**·⑥·3 政
伊豆大島(凶作)　❺-2 **1764**·4 月 社
和泉岸和田　❺-1 **1619**·6·19 政
出雲松江　❺-1 **1634**·⑦·6 政／**1638**·2·11 政
伊勢安濃津城　❺-1 **1608**·8·25 政
伊勢亀山　❺-1 **1610**·7·15 政／7·27 政／**1636**·6·23 政／**1651**·4·4 政／**1669**·2·25 政／**1710**·1·26 政／❺-2 **1744**·3·1 政
伊勢神戸　❺-2 **1732**·3·1 政／4·1 政
伊勢桑名　❺-1 **1601**·2 月 政／**1617**·7·14 政／**1635**·7·28 政／**1710**·⑧·15 政／❺-2 **1823**·3·24 政
伊勢長島　❺-1 **1601**·6 月 政／**1621**·7 月 政／**1635**·7·28 政／**1649**·2·28 政／**1702**·9·1 政
因幡·伯耆　❺-1 **1617**·3·6 政／6 月 政
伊予今治　❺-1 **1608**·8·25 政／是春 政／**1635**·7·28 政
伊予大洲　❺-1 **1609**·9 月 政／**1617**·7 月 政
伊予西條　❺-1 **1636**·6·1 政／**1665**·7·29 政／**1670**·2·18 政
伊予松山　❺-1 **1603**·10 月 政／**1627**·2·10 政／**1635**·7·28 政
伊予吉田　❺-1 **1660**·7·21 政
岩城平　❺-2 **1747**·3·19 政
石見津和野　❺-1 **1617**·7 月 政
石見浜田　❺-1 **1619**·6·19 政／**1649**·8·12 政／❺-2 **1759**·1·15 政／**1769**·11·18 政／**1836**·3·12 政
石見温泉津(ゆのつ)　❺-1 **1605**·10·26 社
越後飯山　❺-1 **1610**·②·2 政
越後糸魚川　❺-1 **1691**·10·22 政／**1695**·5·1 政／**1699**·6·13 政／❺-2 **1717**·2·11 政
越後魚沼　❺-1 **1641**·是冬 社
越後三條　❺-1 **1616**·7 月 政
越後高田　❺-1 **1616**·7 月 政／**1619**·3 月 政／**1624**·4·15 政／**1685**·12·11 政／**1701**·6·13 政／**1710**·⑧·15 政／❺-2 **1741**·11·1 政
越後長岡　❺-1 **1616**·7 月 政／❺-2 **1840**·11·1 政
越後長嶺　❺-1 **1616**·7 月 政
越後福島　❺-1 **1618**·3 月 政
越後藤井　❺-1 **1616**·7 月 政
越後本庄　❺-1 **1618**·4·9 政
越後村上　❺-1 **1644**·2·28 政／

1649·6·9 政／1667·6·19 政／1704·5·28 政／1710·5·23 政／❺-2 1717·2·11 政／1720·8·12 政
越後与板 ❺-1 1702·9·1 政／1705·12·3 政
越前大野 ❺-1 1624·6·8 政／1635·8·1 政／1644·2·28 政／1682·3·16 政
越前勝山 ❺-1 1624·6·8 政／1635·8·1 政
越前北庄·福井(福居) ❺-1 1624·4·15 政／7月 社
越前木本 ❺-1 1624·6·8 政
越前鯖江 ❺-2 1720·9·12 政
越前野岡 ❺-1 1692·2·23 政
越前丸岡 ❺-1 1695·3·22 政／5·1 政
越中富山 ❺-1 1639·6·20 政
江戸小川町 ❺-1 1641·是年 社
江戸佃島 ❺-1 1613·8·10 社／1644·2月 社
近江大津 ❺-1 1601·2月 政
近江膳所(ぜぜ) ❺-1 1617·是年 政／1621·7月 政／1634·⑦·6 政／1651·4·4 政／11·25 政
近江長浜 ❺-1 1606·4月 政
近江水口 ❺-1 1682·6·19 政／1695·5·15 政／1712·2·26 政
隠岐 ❺-1 1687·12·23 政
尾張小河 ❺-1 1601·4·8 政
尾張清須 ❺-1 1607·④·26 政
尾張名古屋 ❺-1 1609·11·16 政
甲斐 ❺-1 1603·1·28 政／1607·④·26 政／1616·9·13 政／1618·1·11 政／1661·⑧·9 政
甲斐府中 ❺-1 1601·2月 政
加賀加賀郡 ❺-1 1671·7·12 政
加賀金沢 ❺-1 1616·是年 社／1628·8·23 社／1642·6月 社／1651·9·23 社
加賀大聖寺 ❺-1 1639·6·20 政
加賀白山 ❺-1 1668·8·10 政
上総·下総 ❺-1 1601·2月 政
上総大多喜 ❺-1 1601·2月 政／1617·9月 政／12月 政／1702·9·1 政／1703·2·10 政
上総勝浦 ❺-2 1751·10·12 政
上総久留里 ❺-1 1602·7月 政
上総佐貫 ❺-1 1639·1·28 政／1684·11·10 政／1710·5·23 政
河内九條島(大坂) ❺-1 1624·是年 社
河内富田林 ❺-1 1615·5·2 社
河内西代 ❺-2 1732·4·1 政
紀伊·伊勢 ❺-1 1619·6·19 政
鬼界島 ❺-1 1613·9·24 政
草戸千軒家(備後福山) ❺-1 1673·是年 社
上野安中(あんなか) ❺-1 1615·1·23 政／1667·6·8 政／1681·2·25 政／5·21 政／1702·7·4 政／❺-2 1749·2·6 政
上野伊勢崎 ❺-1 1601·6月 政
上野厩橋 ❺-2 1749·1·15 政／1767·⑨·15 政
上野大館 ❺-1 1601·是年 政
上野小幡 ❺-1 1616·4·3 政／❺-2 1767·⑨·15 政
上野里見 ❺-2 1767·⑨·15 政
上野白井 ❺-1 1602·1·2 政／1618·8月 政
上野高崎 ❺-1 1617·是年 政／1619·10·20 政／1695·5·1 政／1710·5·23 政／❺-2 1717·2·11 政
上野館林 ❺-1 1643·7·4 政／1644·2·28 政／1661·⑧·9 政／1707·1·11 政／❺-2 1728·9·22 政／1746·9·25 政／1836·3·12 政／1845·11·30 政
上野那波 ❺-1 1601·2月 政
上野沼田 ❺-1 1664·7·4 政／❺-2 1732·3·1 政
相模小田原 ❺-1 1614·1·19 政／1619·是年 政／1632·11·23 政／1685·12·11 政／1686·1·21 政
相模甘縄(かんなわ) ❺-1 1703·2·10 政
相模三浦·鎌倉両郡(会津藩) ❺-2 1811·5·13 政
薩摩·大隅·日向·琉球 ❺-1 1634·8·4 政
讃岐高松 ❺-1 1640·7·26 政／1642·2·28 政
讃岐丸亀 ❺-1 1641·10·10 政／1658·2·27 政
品川海岸 ❺-1 1655·3·5 社
信濃飯田 ❺-1 1617·7月 政／1672·5·14 政／⑥·1 政
信濃飯山 ❺-1 1603·2月 政／1616·7月 政／1639·3·3 政／1706·1·28 政／1711·2·11 政／❺-2 1717·2·11 政
信濃岩村田 ❺-1 1703·8·14 政
信濃上田 ❺-1 1622·9·26 政／1706·1·28 政
信濃川中島 ❺-1 1616·7月 政
信濃小諸(こもろ) ❺-1 1624·9月 政／1648·①·19 政／1662·6·4 政／1664·7·4 政／1679·9·6 政／1702·9·1 政
信濃坂木 ❺-1 1682·2·10 政
信濃高遠 ❺-1 1636·7·21 政／1699·2·4 政／1700·3·25 政
信濃高取 ❺-1 1681·8·13 政
信濃松代 ❺-1 1603·2·6 政／1619·3月 政／1622·9·26 政
信濃松本 ❺-1 1618·3·15 政／1633·4·22 政／1638·3·8 政／1642·7·16 政／❺-2 1725·10·18 政
志摩鳥羽 ❺-1 1633·3·18 政／1681·2·25 政／1691·2·9 政／1710·1·26 政／❺-2 1717·11·1 政／1725·10·18 政
下総小見川 ❺-1 1610·1·23 政／❺-2 1724·10·29 政
下総鹿沼 ❺-2 1724·10·29 政
下総古河 ❺-1 1602·1·2 政／1612·6月 政／1619·10·20 政／1622·12·7 政／1681·2·25 政／1685·6·22 政／1686·1·21 政／1693·11·26 政／1694·1·7 政／1712·7·12 政／❺-2 1759·1·15 政／1762·9·30 政
下総佐倉 ❺-1 1602·11·28 政／1603·2月 政／1610·1·23 政／1633·6·7 政／1635·2·28 政／1642·7·16 政／1661·⑧·3 政／1678·1·23 政／1701·6·13 政／❺-2 1723·5·1 政／1746·1·23 政
下総関宿 ❺-1 1616·7月 政／1619·10·20 政／1644·3·18 政／1656·8·5 政／1669·2·25 政／6·25 政／1683·9·2 政／1705·10·30 政
下総山川 ❺-1 1635·8·1 政
下総山崎 ❺-1 1609·8·4 政
下総結城 ❺-1 1700·9·28 政／1703·1·9 政
下野宇都宮 ❺-1 1601·12·28 政／1619·是年 政／1622·8月 政／1668·8·3 政／1681·7·27 政／1685·6·22 政／1697·2·11 政／1710·⑧·15 政／❺-2 1749·7·23 政／1774·6·8 政
下野鹿沼 ❺-1 1635·8·1 政／❺-2 1724·10·24 政
下野烏山 ❺-1 1672·⑥·1 政／1681·2·25 政／1687·10·21 政／1702·9·1 政／❺-2 1725·10·18 政
下野那須 ❺-1 1649·2·19 政／1681·2·25 政
下野皆川 ❺-1 1603·2月 政
下野壬生 ❺-1 1639·1·2 政／1692·2·23 政／1695·5·1 政／1712·2·26 政
下野真岡(もおか) ❺-1 1601·是年 政／1627·3·16 政
周防岩国 ❺-1 1617·是年 社
周防徳山 ❺-2 1719·5·28 政
駿河·甲斐·遠江幕府直轄領 ❺-1 1632·10·12 政
駿河·遠江 ❺-1 1609·12·12 政／1624·7·20 政／1634·8·15 社
駿河田中 ❺-1 1609·9月 政／1635·8·1 政／1644·3·18 政／1679·9·6 政／1682·2·10 政／1684·7·19 政／1705·4·22 政／1712·5·15 政
駿河沼津 ❺-1 1601·2月 政
駿河府中 ❺-1 1601·2月 政
諏訪湖 ❺-1 1604·是冬 社
駿府城下町 ❺-1 1609·是年 社
摂津尼崎 ❺-1 1617·7月 政／1635·7·28 政／1711·2·11 政
摂津河内郡代 ❺-1 1633·4·15 社
摂津岸和田 ❺-1 1640·9·11 政
摂津四貫島 ❺-1 1624·是年 社
摂津高槻 ❺-1 1617·是年 政／1636·6·23 政／1649·7·4 政
但馬出石 ❺-1 1613·2·29 政／1619·6·19 政／1697·2·11 政／1706·1·28 政／❺-2 1835·12·9 政
但馬豊岡 ❺-1 1668·5·21 政
丹後亀山 ❺-2 1717·11·1 政／1748·8·3 政
丹後田辺 ❺-1 1668·5·21 政
丹後宮津 ❺-1 1666·5·3 政／1669·2·25 政／1681·2·25 政／1697·2·11 政／1702·2月 社／❺-2 1717·2·11 政／1758·12·27 政
丹波綾部 ❺-1 1633·3·5 政
丹波柏原(かいばら) ❺-1 1695·4·10 政
丹波亀山 ❺-1 1609·8·4 政／1621·1·11 政／7月 政／1634·⑦·

6 政／**1648**·①·19 政／**1686**·1·21 政／**1697**·6·10 政／**1702**·9·1 政
丹波篠山(ささやま)　❺-1 **1619**·10·20 政／❺-2 **1748**·8·3 政
丹波三田(さんだ)　❺-1 **1626**·7·11 政／**1633**·3·5 政
丹波園部　❺-1 **1619**·6·19 政
丹波福知山　❺-1 **1621**·7月 政／**1624**·9月 政／**1649**·2·28 政／**1669**·6·8 政
丹波八上　❺-1 **1608**·9·25 政
筑後久留米　❺-1 **1620**·⑫·8 政
筑後柳川　❺-1 **1620**·11·27 政
出羽　❺-1 **1602**·5月 政
出羽秋田　❺-1 **1602**·5·8 政
出羽上山　❺-1 **1622**·9·26 政／**1626**·7·11 政／**1627**·3·14 政／**1628**·2月 政／**1692**·2·23 政／7·28 政／**1697**·6·10 政／9·15 政
出羽大山　❺-1 **1647**·12·11 政
出羽亀田　❺-1 **1623**·10·18 政
出羽庄内　❺-1 **1622**·8月 政／9·26 政／**1628**·2·28 政／**1632**·5·29 政／❺-2 **1840**·11·1 政
出羽新庄　❺-1 **1622**·9·26 政／**1628**·2·28 政
出羽福島　❺-1 **1679**·6·26 政
出羽本庄　❺-1 **1623**·10·18 政
出羽松山　❺-1 **1647**·12·11 政
出羽湊城　❺-1 **1602**·5·8 政
出羽最上　❺-1 **1648**·6·14 政
出羽山形　❺-1 **1622**·9·26 政／**1644**·2·28 政／**1668**·8·3 政／**1681**·11·22 政／**1685**·6·22 政／**1686**·7·13 政／**1692**·7·21 政／**1700**·1·11 政／❺-2 **1746**·1·23 政／**1764**·6·21 政／**1767**·⑨·15 政／**1845**·11·30 政
出羽米沢　❺-1 **1601**·8·24 政
遠江掛川　❺-1 **1601**·2月 政／**1617**·2·1 政／**1619**·6·19 政／**1625**·1·11 政／**1633**·2·3 政／**1639**·3·3 政／**1648**·①·19 政／**1659**·1·28 政／**1711**·2·11 政／**1714**·4·12 政／❺-2 **1746**·9·25 政
遠江久野城　❺-1 **1603**·2·19 政／**1619**·是年 政
遠江相良　❺-2 **1746**·9·25 政／**1749**·1月 政／**1823**·7·8 政
遠江浜松　❺-1 **1601**·2月 政／**1638**·4·24 政／**1644**·2·28 政／**1678**·8·18 政／**1702**·9·1 政／**1714**·4·12 政／❺-2 **1729**·2·15 政／**1749**·10·15 政／**1758**·12·27 政／**1817**·9·14 政／**1845**·11·30 政
遠江横須賀　❺-1 **1619**·10·20 政／**1682**·3·9 政
土佐高知　❺-1 **1610**·9月 社
能登下村　❺-1 **1695**·5·15 政
播磨明石　❺-1 **1617**·7月 政／**1633**·4·7 政／**1639**·3·3 政／**1649**·7·4 政／**1682**·3·16 政
播磨赤穂　❺-1 **1645**·6·13 政／**1702**·9·1 政／**1706**·1·28 政
播磨今津町　❺-1 **1601**·3·11 社
播磨宍粟(しそう)　❺-1 **1649**·10·5 政／**1679**·6·26 政
播磨龍野　❺-1 **1617**·9·18 政／**1633**·3·18 政／**1637**·6·12 政／**1672**·5·14 政
播磨姫路　❺-1 **1617**·7·14 政／**1639**·3·3 政／**1648**·6·14 政／**1649**·6·9 政／**1682**·2·10 政／**1704**·5·28 政／❺-2 **1741**·11·1 政／**1749**·1·15 政
播磨三日月　❺-1 **1697**·6·20 政
播磨山崎　❺-1 **1640**·9·11 政
肥後隈本(熊本)　❺-1 **1607**·是年 政／**1618**·8·10 政／**1632**·10·4 政
肥後五家荘　❺-1 **1685**·7·19 政
肥後椎葉山　❺-1 **1656**·4月 政
肥後富岡　❺-1 **1664**·5·9 政
肥前唐津　❺-1 **1601**·2月 政／**1649**·7·4 政／**1678**·1·23 政／**1691**·2·9 政／❺-2 **1762**·9·30 政／**1817**·9·14 政
肥前島原　❺-1 **1669**·6·8 政／❺-2 **1749**·7·23 政／**1774**·6·8 政
肥前長崎　❺-1 **1605**·7月 政／**1616**·1·11 政／**1677**·5·22 政
肥前日野江　❺-1 **1616**·8·24 政
備前　❺-1 **1603**·2·6 政／**1632**·6·18 政
常陸　❺-1 **1602**·5·8 政
常陸麻生　❺-1 **1676**·7·2 政
常陸五浦　❺-1 **1618**·8月 政
常陸太田　❺-1 **1602**·6·14 政
常陸笠間　❺-1 **1601**·11月 政／**1608**·9·25 政／**1612**·6月 政／**1617**·10·15 政／**1622**·12·7 政／**1645**·6·27 政／**1692**·11·11 政／**1702**·9·1 政／❺-2 **1747**·3·19 政
常陸小張　❺-1 **1603**·2·19 政
常陸宍戸　❻ **1602**·5·8 政
常陸志筑　❺-1 **1602**·9·26 政
常陸下館　❺-1 **1639**·4·16 政／**1663**·7·11 政／**1702**·9·1 政／**1703**·1·9 政／❺-2 **1732**·3·1 政
常陸下妻　❺-1 **1605**·11·21 政／**1616**·7月 政
常陸武田　❺-1 **1602**·9·26 政
常陸土浦　❺-1 **1601**·2月 政／**1649**·2·19 政／**1669**·6·25 政／**1682**·2·10 政／**1687**·10·21 政
常陸手綱　❺-1 **1602**·9·26 政
常陸府中　❺-1 **1602**·9·26 政／**1621**·是年 政
常陸松岡　❺-1 **1622**·9·26 政
常陸水戸　❺-1 **1602**·6·14 政／11·28 政
備中庭瀬　❺-1 **1683**·8·21 政／**1686**·1·21 政／**1693**·11·26 政／**1697**·9·15 政／**1699**·2·4 政
備中成羽　❺-1 **1617**·7月 政／**1639**·4·16 政
備中新見　❺-1 **1697**·6·20 政
備中西江原　❺-1 **1697**·6·20 政／**1706**·1·28 政
備中松山　❺-1 **1617**·3·6 政／是年 政／**1642**·7·28 政／**1695**·5·1 政／**1711**·2·11 政／❺-2 **1744**·3·1 政
日向延岡　❺-1 **1614**·7月 政／**1691**·10·22 政／**1692**·2·23 政／**1712**·7·12 政／❺-2 **1747**·3·19 政
備後神部　❺-1 **1619**·6·19 政
備後福山　❺-1 **1700**·1·11 政／**1710**·⑧·15 政
豊前杵築　❺-1 **1632**·10·11 政／**1645**·7·14 政
豊前小倉　❺-1 **1632**·10·11 政
豊前中津　❺-2 **1717**·2·11 政
豊前龍王　❺-1 **1632**·10·11 政
豊後亀川　❺-1 **1634**·⑦·6 政
豊後日出(ひじ)　❺-1 **1601**·4·16 政
豊後日田(ひた)　❺-1 **1616**·7月 政／9月 政／**1682**·2·10 政
豊後府内　❺-1 **1634**·7·29 政／**1658**·2·27 政
豊後森　❺-1 **1601**·2月 政
伯耆倉吉　❺-1 **1614**·9·9 政
伯耆黒坂　❺-1 **1610**·7·15 政
伯耆矢橋　❺-1 **1610**·7·15 政
伯耆米子　❺-1 **1610**·7·15 政
三河安中(あんなか)　❺-1 **1645**·6·28 政
三河岡崎　❺-1 **1601**·2月 政／**1645**·7·14 政／❺-2 **1762**·9·30 政／**1769**·11·18 政
三河刈谷(刈屋)　❺-1 **1616**·4·3 政／**1632**·8·11 政／**1702**·9·1 政／**1710**·5·23 政／**1712**·7·12 政／**1714**·4·12 政／❺-2 **1747**·2·11 政
三河挙母(ころも)　❺-1 **1636**·5·18 政／❺-2 **1749**·2·6 政
三河杉原　❺-1 **1601**·2月 政
三河田原　❺-1 **1664**·5·9 政
三河西尾　❺-1 **1601**·2月 政／**1621**·1·11 政／2·7 政／7月 政／**1638**·4·24 政／**1645**·6·23 政／**1659**·2·3 政／❺-2 **1747**·2·11 政／**1764**·6·21 政
三河深溝　❺-1 **1601**·2月 政／**1612**·11·12 政
三河吉田　❺-1 **1601**·2月 政／**1612**·11·12 政／**1632**·8·11 政／**1642**·7·28 政／**1645**·7·14 政／**1697**·6·10 政／**1705**·10·30 政／**1712**·7·12 政／**1714**·4·12 政／❺-2 **1729**·2·15 政／**1749**·10·15 政
美濃明智　❺-1 **1601**·是春 政
美濃岩村　❺-1 **1638**·4·24 政／**1702**·6·22 政／9·1 政
美濃大垣　❺-1 **1616**·7月 政／**1624**·9月 政／**1633**·3·18 政／3·23 政／**1635**·7·28 政
美濃加納　❺-1 **1610**·7·27 政／**1632**·1·11 政／**1639**·3·3 政／**1711**·2·11 政／❺-2 **1755**·2·4 政
美濃郡上　❺-1 **1692**·11·12 政／**1697**·6·10 政／❺-2 **1758**·12·27 政
美濃黒野　❺-1 **1610**·7·15 政
美濃清水　❺-1 **1607**·12月 政
美濃高須　❺-1 **1700**·3·25 政
美作　❺-1 **1603**·2·6 政
美作勝山　❺-2 **1764**·6·21 政
美作津山　❺-1 **1697**·6·20 政
武蔵赤松　❺-1 **1703**·8·14 政
武蔵稲毛　❺-1 **1601**·是年 社
武蔵岩槻　❺-1 **1619**·9月 政／10·20 政／**1624**·7月 政／**1681**·2·25 政／**1686**·1·21 政／**1697**·2·11 政／4·19 政／**1711**·2·11 政
武蔵忍(おし)　❺-1 **1633**·5·4 政／

1639・1・2 政／❺-2 1823・3・24 政
武蔵川越　❺-1 1601・是年 社／1609・9 月 政／1635・3・1 政／1694・1・7 政／1704・12・25 政／❺-2 1767・⑨・15 政／1840・11・1 政
武蔵騎西　❺-1 1601・11 月 政／1632・1・11 政
武蔵深谷　❺-1 1601・11 月 政／1602・11・28 政／1622・12・3 政
陸奥泉　❺-1 1702・7・4 政／❺-2 1746・9・25 政
陸奥今津　❺-1 1641・是冬 社／1643・7・4 政
陸奥下村　❺-2 1787・10・2 政／1823・7・8 政
陸奥白河　❺-1 1643・7・4 政／1649・6・9 政／1681・7・27 政／1692・7・21 政／❺-2 1741・11・1 政／1823・3・24 政
陸奥相馬・磐城・出羽湊　❺-1 1602・6・14 政
陸奥平　❺-1 1622・9・26 政
陸奥高岡・弘前　❺-1 1628・是年 政
陸奥棚倉　❺-1 1603・2 月 政／12・25 政／1622・1・21 政／1705・4・22 政／❺-2 1728・9・22 政／1746・9・25 政／1817・9・14 政／1836・3・12 政
陸奥中津山(仙台)　❺-1 1695・7・6 政
陸奥二本松　❺-1 1628・1・22 政／1643・7・4 政
陸奥弘前　❺-1 1611・5 月 政
陸奥福島　❺-1 1601・8・24 政／1686・7・13 政／1700・1・11 政／1702・12・21 政
陸奥三春　❺-1 1627・1・4 政／1628・1・22 政／1645・7・10 政
陸奥盛岡　❺-1 1617・是年 社／1683・5・9 政
陸奥柳川　❺-2 1807・3・22 政
山城三牧　❺-1 1607・12 月 政
山城淀　❺-1 1633・3・23 政／1638・是年 社／1669・2・25 政／❺-2 1717・11・1 政／1723・5・1 政
大和郡山　❺-1 1619・6・19 政／1639・3・3 政／1679・6・26 政／1685・6・22 政／❺-2 1724・3・7 政
若狭小浜　❺-1 1634・⑦・6 政
その他(年貢減免など)
安房勝山　❺-2 1770・是年 政
京都麩屋町　❺-2 1850・4・16 社

3　天皇・皇室・皇居・改元

院政　❸ 1287・10・4 政／1290・2・11 政／1298・7・22 政／1301・1・21 政／1308・8・26 政／1313・10・21 政／1318・2・28 政／1321・12・9 政／1322・4・9 政／1331・9・20 政／1333・5・25 政／1336・8・15 政／1351・11・7 政／1371・3・13 政／1374・1・18 政／1382・4・11 政／1393・4・26 政／1412・9・5 政／1433・10・20 政
亀山上皇　❷ 1274・1・26 政／1287・10・21 政
後嵯峨上皇　❷ 1246・1・29 政／1259・11・26 政／1272・2・17 政
後白河上皇　❷ 1158・8・11 政／1179・11・20 政／1180・12・18 政／1181・1・17 政／1192・3・12 政
後高倉上皇　❷ 1221・7・8 政／8・16 政／1223・5・14 政
後鳥羽上皇　❷ 1198・1・11 政／1・17 政／1221・7・8 政
後堀河上皇　❷ 1232・10・4 ／1234・8・6 政
白河上皇　❷ 1086・11・26 政／1108・3・27 政／1129・7・7 政
高倉上皇　❷ 1180・2・21 政／12・18 政／1181・1・14 政
鳥羽上皇　❷ 1129・7・7 政／1156・7・2 政
霊元法皇・光格上皇　❺-2 1732・8・6 政／1817・3・22 政／1840・11・19 政
院宣　❶ 929・7・14 政
院蔵人所　❷ 1073・1・23 政
院庁事始　❶ 984・10・17 政
改元・元号・年号・私年号
改元
安永と改元　❺-2 1772・11・16 政
安元と改元　❷ 1175・7・28 政
安政と改元　❻ 1854・11・27 政
安貞と改元　❷ 1227・12・10 政
安和と改元　❶ 968・8・13 政
永延と改元　❶ 987・4・5 政
永観と改元　❶ 983・4・15 政
永久と改元　❷ 1113・7・13 政
永享と改元　❸ 1429・9・5 政
永治と改元　❷ 1141・7・10 政
永承と改元　❷ 1046・4・14 政
永正と改元　❹ 1504・2・30 政
永祚と改元　❶ 989・8・8 政
永長と改元　❷ 1096・12・17 政
永徳と改元(北朝)　❸ 1381・2・24 政
永仁と改元　❸ 1293・8・5 政
永保と改元　❷ 1081・2・10 政
永万と改元　❷ 1165・6・5 政
永暦と改元　❷ 1160・1・10 政
永禄と改元　❹ 1558・2・28 政
永和と改元(北朝)　❸ 1375・2・27 政
延応と改元　❷ 1239・2・7 政
延喜と改元　❶ 901・7・15 政
延久と改元　❷ 1069・4・13 政
延慶と改元　❸ 1308・10・9 政
延享と改元　❺-2 1744・2・21 政
延元と改元(南朝)　❸ 1336・2・29 政
延長と改元　❶ 923・④・11 政
延徳と改元　❹ 1489・8・21 政
延文と改元(北朝)　❸ 1356・3・28 政
延宝と改元　❺-1 1673・9・21 政
延暦と改元　❶ 782・8・19 政
応安と改元(北朝)　❸ 1368・2・18 政
応永と改元　❸ 1394・7・5 政／1420・10・8 政
応長と改元　❸ 1311・4・28 政
応徳と改元　❷ 1084・2・7 政
応仁と改元　❹ 1467・3・5 政
応保と改元　❷ 1161・9・4 政
応和と改元　❶ 961・2・16 政
嘉永と改元　❺-2 1848・2・28 政
嘉応と改元　❷ 1169・4・8 政
嘉吉と改元　❸ 1441・2・17 政
嘉慶と改元(北朝)　❸ 1387・8・23 政
嘉元と改元　❸ 1303・8・5 政
嘉祥と改元　❶ 848・6・13 政
嘉承と改元　❷ 1106・4・9 政
嘉禎と改元　❷ 1235・9・19 政
嘉保と改元　❷ 1094・12・15 政
嘉暦と改元　❸ 1326・4・26 政
嘉禄と改元　❷ 1225・4・20 政
寛永と改元　❺-1 1624・2・30 政
寛延と改元　❺-2 1748・7・12 政
寛喜と改元　❷ 1229・3・5 政
寛元と改元　❷ 1243・2・26 政
寛弘と改元　❷ 1004・7・20 政
寛治と改元　❷ 1087・4・7 政
寛正と改元　❹ 1460・12・21 政
寛政と改元　❺-2 1789・1・25 政
寛徳と改元　❷ 1044・11・24 政
寛和と改元　❶ 985・4・27 政
寛仁と改元　❷ 1017・4・23 政
観応と改元(北朝)　❸ 1350・2・27 政／1351・11・7 政／1352・②・23 政／3・11 政
寛平と改元　❶ 889・4・27 政
寛文と改元　❺-1 1661・4・25 政
寛保と改元　❺-2 1741・2・27 政
久安と改元　❷ 1145・7・22 政
久寿と改元　❷ 1154・10・28 政
享徳と改元　❸ 1452・7・25 政
享保と改元　❺-2 1716・6・22 政
享禄と改元　❹ 1528・8・20 政
享和と改元　❺-2 1801・2・5 政
慶安と改元　❺-1 1648・2・15 政
慶雲と改元　❶ 704・5・10 政
慶応と改元　❻ 1865・4・7 政
慶長と改元　❹ 1596・10・27 政
建永と改元　❷ 1206・4・27 政
建久と改元　❷ 1190・4・11 政
乾元と改元　❸ 1302・11・21 政
建治と改元　❷ 1275・4・25 政

建長と改元　❷ **1249**・3・18 政
建仁と改元　❷ **1201**・2・13 政
建保と改元　❷ **1213**・12・6 政
建武と改元　❸ **1334**・1・29 政
建暦と改元　❷ **1211**・3・9 政
元永と改元　❷ **1118**・4・3 政
元応と改元　❸ **1319**・4・28 政
元亀と改元　❹ **1570**・4・23 政
元久と改元　❷ **1204**・2・20 政
元慶と改元　❶ **877**・4・16 政
元亨と改元　❸ **1321**・2・23 政
元弘と改元(南朝)　❸ **1331**・8・9 政
元弘と改元　❸ **1333**・5・25 政
　元弘の改元詔書　❸ **1331**・8・9 政
元治と改元　❻ **1864**・2・20 政
元中と改元(南朝)　❸ **1384**・4・28 政／**1392**・⑩・5 政／11・1 政／**1393**・2・9 政／**1394**・12・19 政／**1395**・10・20 政
元徳と改元　❸ **1329**・8・29 政
元和と改元　❺-1 **1615**・7・13 政
元仁と改元　❷ **1224**・11・20 政
元文と改元　❺-2 **1736**・4・28 政
元明と改元(噂)　❺-2 **1804**・2月 政
元暦と改元　❷ **1184**・4・16 政
元禄と改元　❺-1 **1688**・9・30 政
弘安と改元　❷ **1278**・2・29 政
康安と改元(北朝)　❸ **1361**・2・29 政
康永と改元(北朝)　❸ **1342**・4・27 政
康応と改元(北朝)　❸ **1389**・2・9 政
弘化と改元　❺-2 **1844**・12・2 政
康元と改元　❷ **1256**・10・5 政
興国と改元(南朝)　❸ **1340**・4・28 政
康治と改元　❷ **1142**・4・28 政
弘治と改元　❹ **1555**・10・23 政／**1558**・6・7 政
康正と改元　❸ **1455**・7・25 政
弘長と改元　❷ **1261**・2・20 政
弘仁と改元　❶ **810**・9・19 政
光文の年号(誤報)　❼ **1926**・12・25 政
康平と改元　❷ **1058**・8・29 政
康保と改元　❶ **964**・7・10 政
康暦と改元(北朝)　❸ **1379**・3・22 政
康和と改元　❷ **1099**・8・28 政
弘和と改元(南朝)　❸ **1381**・2・10 政
斉衡と改元　❶ **854**・11・30 政
治安と改元　❷ **1021**・2・2 政
治承と改元　❷ **1177**・8・4 政
至徳と改元(北朝)　❸ **1384**・2・27 政
寿永と改元　❷ **1182**・5・27 政
朱鳥と改元　❶ **686**・7・20 政
正安と改元　❸ **1299**・4・25 政
正応と改元　❸ **1288**・4・28 政
正嘉と改元　❷ **1257**・3・14 政
正慶と改元(北朝)　❸ **1332**・4・28 政／**1333**・5・25 政
正元と改元　❷ **1259**・3・26 政
正治と改元　❷ **1199**・4・27 政
昌泰と改元　❶ **898**・4・26 政
正中と改元　❸ **1324**・12・9 政
正長と改元　❸ **1428**・4・27 政／**1429**・是年 政／**1430**・5・3 社
正徳と改元　❺-1 **1711**・4・25 政
正平と改元(南朝)　❸ **1346**・12・8 政／**1351**・11・9 社／**1353**・6・9 政
正保と改元　❺-1 **1644**・12・16 政
正暦と改元　❶ **990**・11・7 政
正和と改元　❸ **1312**・3・20 政
昭和と改元　❼ **1926**・12・25 政
承安と改元　❷ **1171**・4・21 政
貞永と改元　❷ **1232**・4・2 政
貞応と改元　❷ **1222**・4・13 政
承応と改元　❺-1 **1652**・9・18 政
貞観と改元　❶ **859**・4・15 政
承久と改元　❷ **1219**・4・12 政
貞享と改元　❺-1 **1684**・2・21 政
貞元と改元　❶ **976**・7・13 政
承元と改元　❷ **1207**・10・25 政
貞治と改元(北朝)　❸ **1362**・9・23 政
承徳と改元　❷ **1097**・11・21 政
承平と改元　❶ **931**・4・26 政
承保と改元　❷ **1074**・8・23 政
承暦と改元　❷ **1077**・11・17 政
承和と改元　❶ **834**・1・3 政
貞和と改元(北朝)　❸ **1345**・10・21 政／**1351**・10・2 社
長暦と改元　❷ **1037**・4・21 政
神亀と改元　❶ **724**・2・4 政
神護景雲と改元　❶ **767**・8・16 政
大化と改元　❶ **645**・6・19 政
大正と改元　❼ **1912**・7・30 政
大永と改元　❹ **1521**・8・23 政
大治と改元　❷ **1126**・1・22 政
大同と改元　❶ **806**・5・18 政
大宝と改元　❶ **701**・3・21 政
長寛と改元　❷ **1163**・3・29 政
長久と改元　❷ **1040**・11・10 政
長享と改元　❹ **1487**・7・20 政
長元と改元　❷ **1028**・7・25 政
長治と改元　❷ **1104**・2・10 政
長承と改元　❷ **1132**・8・11 政
長徳と改元　❶ **995**・2・22 政
長保と改元　❶ **999**・1・13 政
長禄と改元　❹ **1457**・9・28 政
長和と改元　❷ **1012**・12・25 政
治暦と改元　❷ **1065**・8・2 政
天安と改元　❶ **857**・2・21 政
天永と改元　❷ **1110**・7・13 政
天延と改元　❶ **973**・12・20 政
天喜と改元　❷ **1053**・1・11 政
天慶と改元　❶ **938**・5・22 政
天元と改元　❶ **978**・11・29 政
天治と改元　❷ **1124**・4・3 政
天授と改元(南朝)　❸ **1375**・5・27 政
天承と改元　❷ **1131**・1・29 政
天正と改元　❹ **1573**・7・28 政
天長と改元　❶ **824**・1・5 政
天徳と改元　❶ **957**・10・27 政
天和と改元　❺-1 **1681**・9・29 政
天仁と改元　❷ **1108**・8・3 政
天応と改元　❶ **781**・1・1 政
天平と改元　❶ **729**・8・5 政
天平感宝と改元　❶ **749**・4・14 政
天平勝宝と改元　❶ **749**・7・2 政
天平神護と改元　❶ **765**・1・7 政
天平宝字と改元　❶ **757**・8・18 政
天福と改元　❷ **1233**・4・15 政
天文と改元　❹ **1532**・7・29 政
天保と改元　❺-2 **1830**・12・10 政
天明と改元　❺-2 **1781**・4・2 政
天養と改元　❷ **1144**・2・23 政
天暦と改元　❶ **947**・4・22 政
天禄と改元　❶ **970**・3・25 政
徳治と改元　❸ **1306**・12・14 政
仁安と改元　❷ **1166**・8・27 政
仁治と改元　❷ **1240**・7・16 政
仁寿と改元　❶ **851**・4・28 政
仁和と改元　❶ **885**・2・21 政
仁平と改元　❷ **1151**・1・26 政
白雉と改元　❶ **650**・2・15 政
文安と改元　❸ **1444**・2・5 政
文永と改元　❷ **1264**・2・28 政
文応と改元　❷ **1260**・4・13 政
文化と改元　❺-2 **1804**・2・11 政
文亀と改元　❹ **1501**・2・29 政
文久と改元　❻ **1861**・2・19 政
文治と改元　❷ **1185**・8・14 政
文正と改元　❹ **1466**・2・28 政
文政と改元　❺-2 **1818**・4・22 政
文中と改元(南朝)　❸ **1372**・4月 政
文和と改元(北朝)　❸ **1352**・9・27 政
文保と改元　❸ **1317**・2・3 政
文明と改元　❹ **1469**・4・28 政
文暦と改元　❷ **1234**・11・5 政
平治と改元　❷ **1159**・4・20 政
平成と改元　❾ **1989**・1・8 政
保安と改元　❷ **1120**・4・10 政
宝永と改元　❺-1 **1704**・3・13 政
保延と改元　❷ **1135**・4・27 政
宝亀と改元　❶ **770**・10・1 政
保元と改元　❷ **1156**・4・27 政
宝治と改元　❷ **1247**・2・28 政
宝徳と改元　❸ **1449**・7・28 政
宝暦と改元　❺-2 **1751**・10・27 政
万延と改元　❻ **1860**・3・18 政
万治と改元　❺-1 **1658**・7・23 政
万寿と改元　❷ **1024**・7・13 政
明応と改元　❹ **1492**・7・19 政
明治と改元　❻ **1868**・9・8 政
明徳と改元(北朝)　❸ **1390**・3・26 政／**1392**・⑩・5 政
明暦と改元　❺-1 **1655**・4・13 政
明和と改元　❺-2 **1764**・6・2 政
養老と改元　❶ **717**・11・17 政
養和と改元　❷ **1181**・7・14 政
暦応と改元(北朝)　❸ **1338**・8・28 政
暦仁と改元　❷ **1238**・11・23 政
霊亀と改元　❶ **715**・9・2 政
和銅と改元　❶ **708**・1・11 政

元号　❽ **1950**・2・21 政
　一世一元の制　❻ **1868**・9・8 政
　改元請願　❹ **1564**・3・16 政
　元号スクープ問題　❼ **1926**・12・25 政
　元号制　❾ **1975**・7・28 政／**1976**・10・28 政／**1978**・10・17 政／**1979**・4・24 政
　元号の始め　❶ **645**・6・19 政
　元号法制化促進国会議員連盟　❾ **1978**・6・14 政

皇紀　❻ **1872**・11・15 政

私年号
永伝　❹ 1490·是年 政
延徳　❹ 1461·12月 政
迎雲　❷ 1190·是年 政
朱雀　❶ 672·是年 社／686·是年 政
泰平　❷ 1172·⑫·10 政
白鳳　❶ 650·是年
福徳　❹ 1490·是年 政
法興　❶ 596·10月／621·是年
弥勒　❹ 1506·是年 政
命禄　❹ 1540·8·2 社／1542·3·3 文
和勝　❷ 1190·6·25 社
年号　❶ 書紀·景行 1·7·11
満洲国の年号(康徳)　❼ 1934·3·1 政
満洲国の年号(大同)　❼ 1932·3·1 政
明の年号(永楽)　❸ 1420·10·8 政
明の年号(成化)　❹ 1475·8·28 政
宮中行事
相嘗祭　❶ 676·10·3 政
白馬節会(あおうまのせちえ)　❶ 書紀·景行 51·1·7／697·1·7 政／811·1·7 社／834·1·7 社／864·1·7 社／910·1·6 社／913·1·7 社／944·1·7 文／❷ 1001·1·7 政／1015·1·7 社／1023·1·7 社／1031·1·7 社／1053·1·7 社／1055·1·7 社／1063·1·7 社／1064·1·7 社／1065·1·7 社／1066·1·7 社／1067·1·7 社／1072·1·7 社／1073·1·7 社／1077·1·7 社／1078·1·7 社／1079·1·7 社／1080·1·7 社／1081·1·7 社／1082·1·7 社／1083·1·7 社／1085·1·7 社／1086·1·7 社／1087·1·7 社／1088·1·7 社／1089·1·7 社／1090·1·7 社／1091·1·7 社／1092·1·7 社／1093·1·7 社／1094·1·7 社／1095·1·7 社／1096·1·7 社／1097·1·7 社／1098·1·7 社／1099·1·7 社／1100·1·7 社／1101·1·7 社／1102·1·7 社／1103·1·7 社／1104·1·7 社／1105·1·7 社／1106·1·7 社／1107·1·7 社／1109·1·7 社／1110·1·7 社／1111·1·7 社／1112·1·7 社／1113·1·7 社／1114·1·7 社／1115·1·7 社／1116·1·7 社／1118·1·7 社／1119·1·7 社／1120·1·7 社／1124·1·7 社／1125·1·7 社／1126·1·7 社／1127·1·7 社／1128·1·7 社／1129·1·7 社／1130·1·7 社／1131·1·7 社／1134·1·7 社／1135·1·7 社／1139·1·7 社／1143·1·7 社／1144·1·7 社／1145·1·7 社／1147·1·7 社／1148·1·7 社／1150·1·7 社／1181·1·6 社／1182·1·6 社／1184·1·7 社／1185·1·7 社／1186·1·7 社／1187·1·7 社／1188·1·7 社／1189·1·7 社／1200·1·7 社／1203·1·7 社／1246·1·7 社／1277·1·7 社／1278·1·7 社／❸ 1285·1·7 社／1292·1·7 社／1299·1·7 社／1323·1·7 社／1324·1·7 社／1326·1·7 社／1330·1·7 社／1332·1·7 社／1333·1·7 社／1334·1·7 社／1335·1·7 社／1337·1·7 社／1338·1·7 社／1339·1·7 社／1340·1·7 社／1341·1·7 社／1342·1·7 社／1343·1·7 社／1344·1·7 社／1345·1·7 社／1346·1·7 社／1347·1·7 社／1348·1·7 社／1349·1·7 社／1350·1·7 社／1351·1·7 社／1353·1·7 社／1354·1·7 社／1356·1·7 社／1357·1·7 社／1358·1·7 社／1359·1·7 社／1360·1·7 社／1361·1·7 社／1363·1·7 社／1364·1·7 社／1382·1·7 社／1383·1·7 社／1393·1·7 社／1395·1·7 文／❹ 1490·1·1 社／1538·1·7 社／1539·1·7 社／1540·1·7 社／❺-1 1601·1·7 社／1602·1·7 社／1603·1·7 社／1604·1·7 社／1605·1·7 社／1606·1·7 社／1607·1·7 社／1608·1·7 社／1609·1·7 社／1610·1·7 社／1611·1·7 社／1612·1·7 社／1613·1·7 社／1614·1·7 社／1615·1·7 社／1616·1·7 社／1617·1·7 社／1618·1·7 社／1619·1·7 社／1620·1·7 社／1622·1·7 社／1623·1·7 社／1624·1·7 社／1625·1·7 社／1626·1·7 社／1627·1·7 社／1628·1·7 社／1629·1·7 社／1630·1·7 社／1631·1·7 社／1632·1·7 社／1633·1·7 社／1634·1·7 社／1635·1·7 社／1636·1·7 社／1637·1·7 社／1638·1·7 社／1639·1·7 社／1640·1·7 社／1641·1·7 社／1642·1·7 社／1643·1·7 社／1644·1·7 社／1645·1·7 社／1646·1·7 社／1647·1·7 社／1648·1·7 社／1649·1·7 社／1650·1·7 社／1651·1·7 社／1652·1·7 社／1653·1·7 社／1654·1·7 社／1655·1·7 社／1656·1·7 社／1657·1·7 社／1658·1·7 社／1659·1·7 社／1660·1·7 社／1661·1·7 社／1662·1·7 社／1663·1·7 社／1664·1·7 社／1665·1·7 社／1666·1·7 社／1667·1·7 社／1668·1·7 社／1669·1·7 社／1670·1·7 社／1671·1·7 社／1672·1·7 社／1673·1·7 社／1674·1·7 社／1675·1·7 社／1676·1·7 社／1677·1·7 社／1678·1·7 社／1680·1·7 社／1681·1·7 社／1683·1·7 社／1684·1·7 社／1685·1·7 社／1686·1·7 社／1687·1·7 社／1688·1·7 社／1689·1·7 社／1690·1·7 社／1691·1·7 社／1692·1·7 社／1693·1·7 社／1694·1·7 社／1695·1·7 社／1696·1·7 社／1697·1·7 社／1698·1·7 社／1699·1·7 社／1700·1·7 社／1701·1·7 社／1702·1·7 社／1703·1·7 社／1704·1·7 社／1705·1·7 社／1706·1·7 社／1707·1·7 社／1708·1·7 社／1709·1·7 社／1711·1·7 社／1712·1·7 社／1713·1·7 社／1714·1·7 社／1715·1·7 社／❺-2 1716·1·7 社／1717·1·7 社／1718·1·7 社／1719·1·7 社／1720·1·7 社／1721·1·7 社／1725·1·7 社／1726·1·7 社／1727·1·7 社／1728·1·7 社／1729·1·7 社／1730·1·7 社／1731·1·7 社／1732·1·7 社／1733·1·7 社／1734·1·7 社／1735·1·7 社／1736·1·7 社／1737·1·7 社／1739·1·7 社／1741·1·7 社／1742·1·7 社／1743·1·7 社／1744·1·7 社／1745·1·7 社／1746·1·7 社／1750·1·7 社／1751·1·7 社／1752·1·7 社／1753·1·7 社／1754·1·7 社／1755·1·7 社／1756·1·7 社／1757·1·7 社／1758·1·7 社／1759·1·7 社／1760·1·7 社／1761·1·7 社／1762·1·7 社／1763·1·7 社／1764·1·7 社／1765·1·7 社／1766·1·7 社／1767·1·7 社／1768·1·7 社／1769·1·7 社／1770·1·7 社／1771·1·7 社／1772·1·7 社／1773·1·7 社／1774·1·7 社／1775·1·7 社／1776·1·7 社／1777·1·7 社／1778·1·7 社／1779·1·7 社／1848·1·7 社／1849·1·7 社／1850·1·7 社／1851·1·7 社／1852·1·7 社
県召除目(あがためしのじもく)　❹ 1475·1·25 政／1522·3·26 政／❺-1 1601·3·19 政／1628·2·2 政
園遊会　❽ 1953·11·5 政
賀表節会　❺-1 1711·1·7 政
吉書奏　❺-2 1740·1·3 政
結婚の儀(皇太子)　❾ 1993·6·9 政
皇族講話会　❼ 1901·2·9 政
御所内侍所の拝観日　❺-2 1789·1·3 社
五節の舞⇨30「演劇·舞踊·ダンス」
小朝拝(こちょうはい)　❹ 1517·1·1 政／1578·1·1 政／❺-1 1655·1·1 政
後七日法　❹ 1503·1·7 政／❺-1 1623·1·8 政
四方拝　❹ 1578·1·1 政／❺-1 1630·1·1 政／❼ 1928·1·1 政
植樹祭　❾ 2011·5·22 社／2012·27 政
新年祝賀の儀　❽ 1953·1·1 政
節会　❹ 1490·1·1 政／1517·1·1 政
大礼使官制　❼ 1915·4·12 政
朝拝　❼ 1928·1·1 政
殿上淵酔(てんじょうえんすい)　❺-1 1602·1·2 政
踏歌節会⇨31「音楽」
七瀬祓　❶ 963·7·21 社
政始(まつりごとはじめ)　❼ 1928·1·4 政
八十島祭　❷ 1013·10·23 社／1124·12·18 社
宮中事件
宮中某重大事件(色盲問題)　❼ 1920·12月 政／1921·2·10 政
皇室バッシング事件　❾ 1993·10·20 政
天皇宛て公開質問状(京大)　❽ 1951·11·12 政
葉山御用邸放火事件　❾ 1971·1·27 政
北朝五代は皇統とせず　❻ 1891·2·16 政
『美智子さま』出版事件　❽ 1963·3·11 政
行幸(昭和·今上天皇の各国訪問については⇨「天皇(歴代)」)
行幸啓人民心得方　❻ 1886·4·24 政
学校行幸　❻ 1872·3·13 文
歌舞伎行幸(明治天皇)　❻ 1887·4·26 文
徳川家達邸行幸　❻ 1887·10·31 文
石清水八幡行幸(孝明天皇)　❻ 1863·4·11 政
奥羽巡幸(明治天皇)　❻ 1876·6·2 政
小笠原·奄美大島行幸(昭和天皇)　❼ 1927·7·28 政
賀茂行幸(孝明天皇)　❻ 1863·3·11

- 社
- 九州行幸(大正天皇) ❼ 1916・11・10 政
- 九州・四国・中国行幸(明治天皇) ❻ 1872・5・23 政
- 京都行幸(明治天皇) ❻ 1887・1・25 政／1891・5・12 政
- 熊野御幸(宇多法皇) ❶ 907・10・2 政
- 山陰巡啓(大正天皇) ❼ 1907・5・10 政
- 東京行幸(明治天皇) ❻ 1869・3・7 政
- 東北・北海道巡幸(明治天皇) ❻ 1881・7・30 政
- 比叡山遷幸案(明治天皇) ❻ 1868・1・3 社
- 北陸道・東海道巡幸(明治天皇) ❻ 1878・8・30 政
- 山口・広島・岡山巡幸(明治天皇) ❻ 1885・7・26 政
- 大和行幸(孝明天皇) ❻ 1863・8・13 政
- 大和・京都行幸(明治天皇) ❻ 1877・1・24 政
- 山梨・三重・京都巡幸(明治天皇) ❻ 1880・6・16 政

皇居・御所・内裏

- 『大内裏図考証』 ❺-2 1797・12・10 社
- 朝所(あいたんどころ・太政官) ❷ 1014・2・20 政／1039・6・27 政／1042・12・8 政／1043・3・23 政／1045・6・13 政／8・27 政／1046・2・28 政／1048・11・2 政／1051・6・16 政／7・11 政／1068・10・23 政／1069・⑩・11 政
- 赤坂離宮(東宮御所・迎賓館) ❼ 1909・6 月 政
- 粟田院 ❶ 879・5・4 政
- 行宮
  - 賀名生(あのう) ❸ 1352・5・11 政
  - 天野 ❸ 1373・8・10 政
  - 小島(美濃) ❸ 1353・6・13 社／7・27 政／8・25 政
  - 金剛寺(河内) ❸ 1353・10・28 政／1354・3・22 政／10・28 政／1357・2・18 政／1359・10・28 社／12・23 政／1360・3・17 政／1369・3・18 政／4 月 政
  - 成就寺 ❸ 1355・2・1 政
  - 住吉 ❸ 1368・3・11 政／12・24 政
  - 垂井 ❸ 1353・8・25 政／9・3 政
  - 吉野 ❸ 1365・8・17 政／1373・8・10 政／1374・是冬 政／1388 是年 政／1392・10・28 政
- 偉鑒門(いかんもん、京都) ❷ 1156・3・16 社
- 一條院(一條大宮院) ❷ 1001・11・18 政／1003・10・8 政／1006・3・4 政／1008・12・30 社／1009・10・5 政／1010・11・28 政／1016・6・2 政／1055・6・7 政／1056・2・15 政／1059・1・8 政
- 一條第(後土御門天皇) ❹ 1479・7・2 政
- 一條東洞院西殿 ❸ 1412・8・28 政
- 一條室町殿 ❸ 1337・9・2 政
- 今出川殿 ❷ 1235・8・17 政
- 右近の橘 ❶ 959・12・7 政
- 宇治離宮 ❷ 1203・12・4 政
- 内御書所 ❷ 1157・10・26 政
- 右兵衛府 ❷ 1002・10・14 政
- 温明殿(うんめいでん) ❶ 938・9・8 文／943・5・29 文
- 大炊殿(おおいどの・大炊寮) ❷ 1088・1・19 政／1094・10・24 政／1104・12・27 政／1109・9・21 政／1111・2・23 政／1114・8・3 政／1116・8・17 政／1130・7・10 政／1198・4・21 政／1221・9・6 政／1127・2・14 政／❸ 1319・12・18 社
- 大炊御門(おおいみかど)殿 ❷ 1073・5・7 政／1083・7・3 政／1098・6・24 政／1115・11・26 政／1126・12・27 政／1127・是年 政／1152・1・19 政／1214・11・30 政／12・13 政／1234・7・18 政／1255・10・27 政／1258・4・13 政／1260・4・12 政／1278・8 月 政
- 大炊御門西洞院 ❸ 1316・1・28 政
- 正親町(おおぎまち)殿 ❷ 1140・10・27 政
- 正親町東洞院 ❸ 1349・3・14 政
- 大蔵省西倉 ❷ 1005・2・8 政
- 大宮御所 ❼ 1929・12・10 政
- 大宮第(藤原長家) ❷ 1068・12・28 政
- 大宮殿 ❷ 1256・7・3 政
- 岡崎殿 ❷ 1209・8・3 政
- 押小路御所⇨三條坊門(さんじょうぼうもん)殿
- 小野宮 ❷ 1057・10・26 政／1144・12・11 政
- 花山院第 ❸ 1336・1・27 政／2・7 政／10・10 政／12・21 政
- 桂山荘(藤原道長) ❷ 1016・3・5 文／1017・10・12 文
- 亀山殿 ❷ 1255・10・27 政／1265・4・28 政
- 鴨院 ❷ 1006・1・4 政／1028・10・23 政
- 掃部(かもん)寮 ❷ 1014・3・12 政
- 高陽院(かやのいん・藤原頼通) ❷ 1021・10・2 政／1024・9・19 政／1030・3・8 政／1032・1・3 政／1037・1・14 文／1039・3・16 政／1040・12・13 政／1043・12・1 政／1053・8・20 政／1054・1・8 政／1060・8・11 政／1069・6・21 政／1075・8・14 政／1077・10・9 政／⑫・27 政／1079・2・2 社／1080・2・6 政／1089・6・15 政／1092・6・25 社／7・10 政／1097・10・11 政／1111・9・20 政／12・2 政／1112・5・13 政／1207・11・27 政／1209・12・20 政／1210・2・29 政
- 烏丸殿 ❸ 1444・1・10 政／1445・5・28 政
- 河原院 ❶ 922・1・25 政／991・3・18 社／❷ 1155・3・18 政／1203・3・2 政
- 閑院内裏 ❶ 814・4・28 文／980・11・22 政／❷ 1028・9・16 政／1049・6・23 政／1068・6・26 政／1080・2・14 政／10・23 政／1095・6・8 政／1175・11・20 政／1208・11・27 政／1213・2・27 政／1221・4・20 政／1244・7・26 政／1249・2・1 政／1250・3・1 政／12・29 政／1251・6・27 政／1259・5・22 政
- 衣笠殿 ❸ 1325・10・23 政
- 宮城(皇城) ❻ 1888・10・27 政／❽ 1945・5・24 政／1948・3・26 政／7・1 政
- 京極殿(上東門院)⇨土御門(つちみかど)殿
- 宜陽(ぎよう)殿 ❷ 1011・6・8 文
- 禁裏修理費 ❹ 1540・5・8 政
- 禁裏新御料所 ❺-1 1623・⑧・11 政／1704・1・28 政／2・13 政／1705・1・28 政
- 宮内省 ❷ 1127・2・14 政／❻ 1869・7・8 政／1886・2・5 政／❼ 1907・10・31 政／1935・10・10 政
- 内蔵(くら)寮 ❷ 1014・3・12 政
- 蔵人所 ❷ 1004・1・27 政
- 黒木御所 ❸ 1332・4 月 政
- 黒戸(くろど)御所 ❷ 1104・11・12 ／❸ 1428・7・20 政／❹ 1501・2・28
- 建礼門 ❶ 839・10・25 政／915・10・16 社／❷ 1001・4・12 社
- 後院(天皇退位後の住居) ❷ 1086・10・21 政
- 皇居火災 ❻ 1873・5・5 政
- 皇居新宮殿 ❽ 1964・6・29 政／❾ 1968・11・14 政
- 皇居(内裏・禁中)造営 ❺-1 1611・3 月 政／7・28 文／1641・3・22 政／1653・6・23 政／11・3 政／1654・3・5 政／1657・3・22 政／1661・3・27 政／1674・2・11 政／1709・11・16 政／❻ 1872・3・29 政／❽ 1948・3・26 政／7・1 政／1949・5・13 政
- 後涼殿 ❶ 994・2・10 政
- 弘徽殿(こきでん) ❶ 875・2・14 政／879・4・22 政／994・2・17 政／❷ 1104・8・1 政／1158・8・17 政
- 小御所 ❽ 1954・8・16 社
- 五條大宮殿院御所 ❷ 1257・2・28 政
- 五條内裏 ❷ 1167・9・27 政／1265・④・10 政／5・7 政／1270・8・22 政
- 五辻殿 ❷ 1204・8・8 政
- 小二條殿 ❷ 1017・11・10 政
- 近衛富小路第 ❷ 1233・9・29 政
- 後伏見上皇御領 ❸ 1312・12 月 政
- 御文庫 ❽ 1941・6・5 政
- 御料(皇太后) ❺-2 1782・9・3 政
- 小六條殿 ❷ 1133・12・6 政／1151・10・18 政
- 左近衛陣 ❷ 1040・12・28 政
- 左近の桜 ❶ 959・12・7 政／964・11 月 政
- 桟敷殿(嵯峨) ❷ 1250・8・28 政
- 桟敷殿(三條烏丸) ❷ 1151・11・2 政
- 里内裏の始め ❶ 976・7・26 政
- 三條御所(三條殿・京極殿・烏丸殿・大宮第・東洞院) ❶ 991・4・2 政／❷ 1030・3・8 政／1053・11・6 政／1054・12・28 政／1059・2・8 政／4・13 政／1060・8・11 政／1068・6・26 政／1077・9・16 政／1084・2・11 政／1092・3・6 政／1123・2・2 政／1126・2・2 政／1129・12・8 政／1132・7・23 政／1134・12・19 政／1140・10・27 政／1143・9・29 政
- 三條坊門殿(押小路御所) ❷ 1165・7・28 政／1209・8・3 政／1257・4・13 政／1259・5・22 政／1276・3・21 政／1278・⑩・13 政／❸ 1284・8・11 政／1344・12・22 政／1409・2・10 政／8・3 政／10・26 政
- 仁寿殿(じじゅうでん) ❶ 844・⑦・7 文／865・11・4 政／877・2・29 政／884・2・28 政／960・5・13 社／❷

1158·1·22 政
四條後院 ❶ **981**·7·7 政
紫宸殿(ししんでん) ❶ **824**·1·1 政／**878**·2·27 政／**915**·10·16 社／**923**·1·27 社／**928**·5·22 社／**959**·12·7 政／**965**·3·5 文／❷ **1001**·4·12 社／**1003**·7·3 文／**1006**·12·26 文／**1087**·5·27 政／**1089**·1·5 政／**1096**·1·7 政／**1106**·12·3 文／**1171**·1·3 政／**1212**·10·25 政／❸ **1290**·3·10 政／❹ **1456**·4·11 政／**1486**·3·26 社／**1590**·7·17 社／**1995**·8月 政
七條殿 ❷ **1203**·11·10 政
持明院御所 ❷ **1225**·1·13 政／❸ **1305**·7·3 政／**1335**·6·17 政／**1353**·2·2 政
修学院(京都) ❶ **991**·是年 社
春興殿 ❹ **1456**·4·11 政
襲芳舎 ❶ **967**·5·25 政／12·26 政
准三宮 ❶ **882**·2·1 政／**977**·11·4 政
淳和院 ❶ **861**·6·2 政／**865**·3·28 政／**870**·10·2 政／**874**·4·19 政／**881**·12·11 政
淳和院別当 ❶ **881**·12·11 文
聖護院仮皇居 ❺-2 **1790**·11·22 政
称制 ❶ **662**·是年 社／**686**·9·9 政
承明門 ❷ **1003**·7·3 文／**1006**·12·26 文／**1030**·10·19 社
昭陽舎 ❶ **969**·2·19 政
白河院(白河殿·白河第、藤原頼通) ❷ **1019**·8·18 政／**1028**·3·20 政／**1030**·10·2 政／**1032**·9·20 文／**1118**·7·9 政／11·26 政／**1123**·2·13 政／**1143**·4·3 政／**1144**·5·8 政／**1188**·4·13 政／**1207**·7·28 政／11·27 政
白河押小路殿 ❷ **1184**·4·16 政
崇賢門院御所(梅松殿) ❸ **1399**·10·6 政
菅原院(源顕基) ❷ **1040**·12·7 社
須崎御用邸 ❾ **1971**·10·23 政
朱雀(すざく)院 ❶ **836**·5·25 政／**898**·2·17 政／**916**·9·28 政／**946**·7·10 政／**950**·10·15 政
朱雀門 ❷ **1001**·4·12 社／**1014**·8·30 社／**1016**·2·24 社／**1208**·9·27 社／**1209**·7·21 社／**1211**·10·22 社
住之江殿(住吉社正印殿) ❸ **1368**·3·11 政
清涼殿 ❶ **813**·9·24 政／**837**·12·5 政／**851**·2·13 社／**879**·4·22 政／**881**·2·9 政／**926**·2·18 文／**928**·6·21 文／**930**·6·26 政／**931**·11·7 政／**948**·2·2 政／4·9 政／**959**·8·16 文／**963**·8·21 社／**968**·10·8 政／**987**·2·16 政／❷ **1001**·5·15 文／**1002**·10·23 政／**1006**·12·26 文／**1038**·10·11 政／**1042**·8·20 文／❸ **1446**·12·13 政
清和院 ❶ **878**·3·23 政／**879**·5·4 政／10·20 社
仙洞御所 ❹ **1585**·1·18 政／❺-1 **1607**·12·16 政／**1611**·3·29 政／**1628**·是年 政／**1630**·11·15 政／**1634**·⑦·3 政／**1643**·9·18 政／**1673**·12·19 政／**1676**·12·27 政／**1706**·1·15 政／❺-2 **1770**·1·23 政／**1817**·3·22 政
仙洞御料高 ❺-2 **1735**·3·17 政
大安殿 ❶ **685**·9·18 社／**703**·10·25 政
大覚寺殿 ❸ **1308**·8·2 政／**1316**·2·15 政／3·28 政
大極殿 ❶ **681**·2·25 政／**702**·1·1 政／**746**·9·29 社／**796**·1·1 政／**826**·6·6 社／**830**·4·2 社／**845**·1·8 文／**856**·5·9 社／**876**·4·10 政／7·21 政／**877**·4·9 政／**879**·10·8 政／**915**·6·20 社／**969**·9·23 政／❷ **1016**·2·7 政／**1017**·6·22 社／**1021**·3·7 社／**1028**·5·3 社／**1032**·6·27 社／**1036**·7·10 政／**1045**·4·8 政／**1052**·6·17 政／**1057**·4·14 政／**1072**·12·29 政／**1086**·12·19 政／**1091**·5·20 政／**1096**·5·13 政／11·24 政／**1099**·2·24 政／**1102**·8·16 政／**1107**·10·21 政／**1126**·3·7 政／**1176**·2月 政／**1177**·8·4 政
太政官庁 ❷ **1034**·8·9 政／**1068**·7·21 政／❸ **1406**·8·25 政／**1414**·12·18 政／**1427**·8·14 政
太上天皇(上皇) ❶ **697**·8·1 政／**880**·8·23 政／❷ **1221**·8·16 政／❸ **1336**·11·2 政／**1394**·2·23 政／**1408**·5·8 政
太政官西庁 ❷ **1143**·2·3 政
内裏火災 ❶ **875**·1·28 政／**876**·4·10 政／**893**·3·1 政／**960**·9·23 政／**976**·5·11 政／**980**·11·22 政／**982**·11·17 政／**1000**·4·7 政／❷ **1001**·11·18 政／**1005**·11·15 政／**1014**·2·9 政／**1015**·11·17 政／**1039**·6·27 政／**1042**·12·8 政／**1048**·11·2 政／**1057**·2·26 政／**1070**·2·12 政／**1082**·7·29 政／**1127**·2·14 政／❻ **1854**·4·6 政
内裏真言院 ❶ **835**·1·8 文
内裏造営 ❶ **977**·7·29 政／**981**·10·27 政／**999**·6·14 政／**1000**·10·11 政／❷ **1003**·10·8 政／**1006**·2·17 政／12·2 政／**1011**·8·11 政／**1015**·9·20 政／**1041**·12·19 政／**1046**·10·8 政／**1058**·2·26 政／**1071**·8·28 政／**1074**·6·16 政／**1100**·6·19 政／**1157**·2·18 政／10·8 政／**1204**·12·27 政／**1014**·1月 社／❸ **1334**·1·12 政／**1444**·⑥月 政／**1446**·7·25 政／**1454**·7·17 政／❹ **1456**·4·2 政／**1540**·12·3 政／**1590**·12·26 政／❺-2 **1790**·11·22 政／❻ **1855**·11·2 政
　造内裏奉行 ❸ **1401**·3·6 政
高倉殿(高倉第·高倉御所、藤原頼通) ❷ **1016**·10·20 政／**1035**·8·13 政／**1045**·7·4 社／**1059**·8·2 政／**1073**·9·16 政／**1074**·6·16 政／**1080**·2·9 政／**1168**·11·13 政／❸ **1429**·8·29 政
鷹司·永嘉門院御所 ❸ **1313**·9·13 政
高松殿(小一條院御所) ❷ **1021**·4·5 政／**1102**·1·11 政／**1146**·3·19 政／**1158**·8·17 政／**1159**·8·16 政
田村第(藤原仲麻呂第) ❶ **752**·4·9 政／**757**·5·4 政／**765**·5·9 文
談天門 ❷ **1021**·6·21 政／**1022**·5·1 政
中宮院 ❶ **764**·9·11 政
中宮御所(威子内親王) ❷ **1028**·11·16 政
長講堂 ❷ **1188**·4·13 社／**1210**·3·2 社／**1224**·2·23 社／**1273**·10·12 社／**1275**·4·23 社／**1277**·7·14 政／**1279**·3月 政／❸ **1284**·11·28 文／**1300**·5·3 政／**1304**·7·8 政／**1323**·4·9 政／**1326**·2·13 政／❹ **1501**·10·13 社
朝堂院(八省院) ❶ **792**·⑪·3 政／**815**·1·21 社／**920**·5月 政／**976**·6·18 社
土御門殿(京極殿·京極第·上東門第·上東殿) ❷ **1001**·10·8 政／11·18 政／**1005**·9·1 政／**1008**·4·13 政／7·16 政／11·1 政／**1014**·5·16 政／**1016**·1·29 政／6·2 政／**1018**·6·20 政／**1019**·1·24 政／**1020**·10·2 政／**1031**·12·3 政／**1033**·8·19 政／**1039**·7·13 政／**1040**·9·9 政／**1043**·10·10 政／**1045**·6·13 政／8·27 政／**1048**·11·10 政／**1051**·6·16 政／**1054**·9·22 政／12·8 政／**1091**·5·12 政／**1095**·5·11 政／**1096**·2·22 政／**1101**·6·15 政／**1115**·11·26 政／**1116**·8·17 政／**1117**·11·10 政／**1129**·1·1 政／**1130**·3·4 政／**1133**·12月 政／**1138**·11·24 政／**1139**·8·7 政／**1140**·11·4 政／**1148**·6·26 政／**1153**·9·20 政／**1186**·11·7 政／**1202**·10·19 政／**1227**·4·22 政／❸ **1296**·1·13 政／**1300**·11·18 政／**1337**·9·2 政／**1349**·3·14 政／**1353**·9·17 政／**1355**·3·28 政／**1360**·6·27 政／**1362**·4·21 政／**1401**·2·29 政／8·3 政／**1406**·3·8 社／**1412**·8·29 政／**1429**·8·29 政／❹ **1456**·7·20 政／**1467**·1·20 文／**1478**·1·11 社／**1479**·12·7 政／**1570**·2·2 政／❺-1 **1642**·6·18 政／**1643**·10·3 政／**1653**·6·23 政／**1655**·11·10 政／**1675**·11·25 政
亭子(ていじ)院 ❶ **903**·8·20 政／**908**·是秋 文／是年 文／**913**·3·13 文／**916**·7·7 文
東宮御所(尊仁親王) ❷ **1052**·8·20 政／❽ **1958**·12·22 社／**1960**·4·27 政
東福門院御所 ❺-1 **1674**·9·19 政
東北院 ❷ **1096**·8·9 政
常盤井(ときわい)殿(二條富小路) ❷ **1277**·7·15 政／**1278**·⑩·13 政／❸ **1282**·8·26 政／11·26 政／**1300**·3·9 政／**1306**·12·29 政／**1336**·1·10 政
主殿(とのも)寮 ❷ **1027**·2·28 社／**1066**·12·27 政
鳥羽殿(南新御所) ❷ **1086**·7月 政／10·20 政／**1087**·1·29 政／2·5 政／5·12 政／**1090**·4·19 政／**1096**·4·8 政／**1098**·10·26 政／**1101**·1·25 政／2·1 政／**1102**·3·18 政／**1107**·3·5 政／**1147**·8·9 政／**1152**·1·21 政／3·7 政／6·8 政／**1154**·7·29 政／**1156**·6·1 政／**1181**·②·25 政／**1201**·4·19 政／**1206**·8·3 政／**1248**·8·29 政／**1250**·10·13 政／❹ **1559**·1·5 政
富小路殿 ❷ **1265**·④·10 政／❸ **1297**·4·18 政／**1306**·12·29 政／**1317**·4·19 政／**1331**·10·6 政
内給所 ❶ **942**·4·9 社
内教坊 ❶ **844**·1·17 文／**959**·10·19 文／**962**·10·19 文／**969**·9·21 文

内侍所(ないしどころ) ❹ **1472**·2·5 政／**1476**·11·13 政／**1531**·5·29 政／❺-2 **1789**·1·3 社
内豎所(ないじゅどころ) ❷ **1131**·1月 政
中島院 ❶ **748**·4·28 社
長野松代動座 ❽ **1945**·6·13 政
梨本院 ❶ **832**·4·2 政／**853**·2·14 政
那須御用邸(栃木) ❼ **1926**·7·15 政
南院 ❷ **1006**·3·14 政
西洞院(四條) ❷ **1138**·2·23 政／**1277**·7·14 政
二重橋 ❽ **1948**·1·1 社／**1954**·1·2 社／**1964**·5·28 政
二條院(二條第、藤原教通) ❶ **884**·2·4 政／❷ **1046**·4·4 政／**1058**·⑫·27 政／**1068**·9·4 政／12·11 政／**1072**·12·16 政／**1123**·6·10 政／**1133**·12月 政／**1138**·2·24 政／**1198**·4·21 政／**1202**·10·19 政／**1203**·12·2 政／**1265**·5·7 政／**1278**·⑩·13 政
二條高倉内裏 ❸ **1283**·10·20 政／**1299**·10·23 政／**1333**·6·5 政／**1335**·1·12 政
二條万里小路殿 ❷ **1132**·12·26 政／**1137**·10·22 政／**1220**·1·21 政／**1270**·8·22 政／**1273**·10·20 政／**1278**·⑩·13 政
日華門 ❷ **1102**·12·29 社
女院御料 ❺-2 **1772**·10·16 政
仁和寺御所 ❷ **1153**·12·15 社
萩原殿 ❸ **1348**·11·11 政
八條殿内裏 ❷ **1165**·9月 政／❸ **1300**·5·3 政
馬埒殿(ばらちでん) ❶ **793**·7·7 社／**798**·5·5 社／**807**·5·4 社／**814**·5·5 社
東三條院(藤原兼家) ❶ **984**·3·15 社／**987**·7·21 政
東三條殿(東三條第、藤原道長·頼長) ❷ **1004**·1·17 政／**1005**·2·10 政／9·1 政／**1006**·3·4 政／10·5 政／**1008**·12·5 政／**1013**·1·16 政／**1031**·4·29 政／**1043**·12·28 政／**1158**·10·14 政
東三條南院 ❶ **993**·3·30 政／**994**·11·16 政
東洞院内裏 ❷ **1151**·6·6 政／**1162**·3·28 政／❸ **1336**·9·20 政／**1417**·6·19 政／12·13 政／❹ **1478**·8·19 社
東八條殿 ❷ **1151**·11·2 政
東山上皇御料七千石 ❺-1 **1709**·5·17 政
東山殿 ❹ **1483**·6·20 政／**1485**·2·18 政／**1487**·11·4 政／**1488**·11·4 政
東山離宮 ❸ **1287**·弘安年間 政
飛香舎(ひぎょうしゃ·藤壺) ❶ **902**·3·20 文／**994**·2·17 政
美福門 ❷ **1005**·12·21 政／**1006**·12月 文／**1007**·1·1 文
枇杷殿(びわどの·藤原道長) ❷ **1002**·10·3 政／**1009**·10·19 政／**1010**·11·28 政／**1014**·4·9 政／**1015**·9·20 政／11·17 政／**1016**·1·29 政／9·23 政／**1022**·4·28 政／**1028**·11·9 政
深草金剛寿院 ❸ **1357**·2·18 政
吹上御所 ❽ **1961**·11·20 政
伏見上皇御領 ❸ **1312**·12月 政
伏見殿 ❸ **1342**·9·6 政／**1355**·8·8 政／**1357**·2·18 政／**1401**·7·4 政／**1417**·5·14 文
武徳殿 ❶ **975**·2·28 政
豊楽殿(豊楽院) ❶ **834**·1·7 社／**936**·3·5 政／**1000**·4·7 社／❷ **1005**·9·10 政／12·21 政／**1025**·8·12 文／**1063**·3·22 政
平城宮東院玉殿 ❶ **767**·4·14 政
法金剛院御所 ❷ **1130**·10·29 政／**1181**·5·21 政／❸ **1326**·2·13 政／**1433**·12·12 政
法住寺殿 ❷ **1161**·4·9 政／**1163**·4·15 政／**1167**·1·19 政／**1173**·4·12 政／**1174**·8·2 政／**1176**·3·4 政／**1178**·4·29 政／**1181**·②·25 政／12·13 政／**1183**·11·19 政／**1191**·12·16 政
坊門第 ❸ **1345**·2·21 政
堀河第(院) ❶ **976**·7·26 政／**982**·11·17 政／**985**·9·19 政／❷ **1080**·5·11 政／**1082**·8·3 政／**1083**·11·2 政／**1094**·10·24 政／**1104**·12·5 政／**1120**·4·19 政
松本曹司 ❷ **1014**·2·20 政／4·9 政
松本殿 ❸ **1283**·7·2 政
水無瀬(みなせ)殿 ❷ **1205**·8·13 政／**1217**·1·10 政
室町第(上東門) ❷ **1059**·1·8 政／**1126**·8·10 政／❸ **1300**·5·3 政／**1302**·8·29 政／**1324**·3·23 政／**1342**·11·12 政
八十島祭(使) ❶ **850**·9·8 政／**898**·6·28 政／**933**·6·25 社／**969**·5·21 政
山科御所 ❷ **1167**·7·20 政／**1179**·5·23 政／6·3 政
楊梅宮 ❶ **773**·2·27 政
陽明門 ❷ **1004**·2·26 政／3·24 政／**1019**·6·19 政／**1024**·8·21 政／11·2 政／**1128**·8·2 社
羅城門 ❷ **1004**·⑨·5 政／**1005**·9·10 政
蘭林坊(御書所) ❷ **1107**·⑩·20 政／**1225**·2·27 政
綾綺殿 ❶ **875**·4·15 政
麗景殿 ❶ **967**·12·26 政／**968**·10·8 政
冷泉万里小路殿 ❸ **1335**·4·26 政／**1319**·9·3 政
冷然院(冷泉院) ❶ **816**·8·24 政／**823**·4·10 政／**842**·4·11 政／7·23 政／**854**·4·13 政／**858**·8·27 政／**861**·7·19 政／**862**·12·7 政／**875**·1·28 政／**949**·11·14 政／**954**·3·11 政／**970**·4·2 政／❷ **1004**·11·5 社／**1051**·7·19 政／**1052**·10·19 文／**1053**·8·20 政／**1055**·6·7 政／**1120**·12·4 政／**1233**·9·29 政／**1244**·7·26 政／**1249**·2·1 政／**1266**·11·27 政
六條内裏 ❷ **1077**·⑫·27 政／**1082**·7·29 政／**1099**·1·4 政／**1102**·3·22 社／**1112**·5·13 政／**1123**·11·10 政／**1134**·2·17 政／**1138**·3·5 政／**1184**·4·16 政／**1188**·4·13 政／12·19 政／**1275**·4·13 政／**1277**·7·14 政

皇室·皇族
華族 ❻ **1869**·6·17 政／**1872**·1·29 政／❽ **1947**·5·3 政
華族会館 ❻ **1874**·6·1 社／**1876**·1·5 社／**1890**·8·20 政
華族士族家督相続規則 ❻ **1873**·22 政
華族制度発足 ❻ **1884**·7·7 政
華族世襲財産法 ❻ **1886**·4·29 政／❽ **1947**·3·13 政
華族懲戒例 ❻ **1876**·4·14 政
閑院宮家 ❺-1 **1710**·8·11 政
後院 ❶ **835**·3·8 政／**841**·12·2 社／**886**·8·16 政／**981**·7·7 政
皇后 ❶ **405**·1·6
皇后·中宮並立 ❶ **990**·10·5 政
皇后宮職 ❶ **730**·4·17 文／**858**·11·25 政
皇室経済法(会議) ❽ **1947**·1·16 政／10·13 政
皇室国家機軸論 ❻ **1888**·6·18 政
皇室財産 ❻ **1882**·2月 政／❽ **1945**·11·18 政
皇室財政非公表 ❻ **1884**·5·1 政
皇室典範 ❻ **1889**·2·11 政／❽ **1946**·12·24 政／**1947**·1·16 政
皇室典範に関する有識者会議 ❾ **2005**·10·25 政／11·24 政／**2006**·2· 政
皇親の戸籍 ❶ **821**·11·4 政
皇親の範囲 ❶ **729**·8·5 政
皇親の服制 ❶ **720**·5·9 政
皇籍離脱 ❽ **1947**·10·13 政
皇族 ❻ **1872**·1·29 政
有栖川家 ❺-1 **1672**·6·8 政
秋篠宮(礼宮文仁親王) ❾ **1989**·26 政／9·12 政／**1990**·6·29 政
秋篠宮佳子 ❾ **1994**·12·29 政
秋篠宮紀子(川嶋) ❾ **1989**·8·26 政／9·12 政／**1990**·6·29 政／**1991**·10·23 政／**1994**·12·29 政／**2006**·2·7 政
秋篠宮眞子 ❾ **1991**·10·23 政
淳宮雍仁親王(秩父宮、大正天皇第二皇子、母貞明皇后) ❼ **1922**·6·25 政／❽ **1953**·1·4 政
英照皇太后(孝明天皇の女御、明治天皇の嫡母、九條夙子) ❼ **1897**·1·11 政
英親王李垠(大韓帝国皇帝高宗第七男子同国最後の皇太子) ❼ **1907**·8·7 政／12·7 政／**1920**·4·27 政
九條節子⇨貞明(ていめい)皇后
久邇宮良子⇨香淳(こうじゅん)皇后
黒田慶樹 ❾ **2004**·11·14 政
香淳皇后(久邇宮良子·良子女王) ❼ **1919**·6·10 政／**1920**·12月 政／**1921**·6·20 政／**1922**·6·20 政／**1924**·1·26 政
昭憲皇太后(一條美子、明治天皇妃) ❻ **1868**·12·28 政／**1869**·10·5 政／❼ **1914**·4·11 政
昌徳宮李王拓殿下(順宗) ❼ **191**6·8 政／**1926**·6·10 政
清宮貴子内親王 ❽ **1960**·3·10 政
孝宮和子内親王 ❼ **1929**·9·30 政
高松宮妃喜久子 ❾ **2004**·12·18
高円宮家 ❾ **1984**·12·6 政

津軽華子　❽ **1964**·2·28 政
貞明皇后(九條節子、大正天皇皇后)　❼ **1899**·8·31 政／❽ **1951**·5·17 政
敬宮愛子　❾ **2001**·12·1 政／**2010**·3·5 文
良子女王⇨香淳(こうじゅん)皇后
梨本宮方子(李王世子李垠との婚儀)　❼ **1920**·4·27 政
紀宮清子　❾ **1969**·4·18 政／**2004**·11·14 政／**2005**·10·6 政／11·15 政
悠仁親王　❾ **2006**·9·6 政
浩宮徳仁親王　❽ **1960**·2·23 政／❾ **1978**·12·31 文／**1991**·2·23 政／**1993**·1·19 政／6·9 政／**2004**·5·10 政／**2011**·6·21 政／10·26 政／**2012**·6·25 政
裕仁親王⇨昭和(しょうわ)天皇
正仁親王(昭和天皇第二皇子、常陸宮)　❼ **1935**·11·28 政
雅子妃(小和田、皇太子徳仁親王妃)　❾ **1992**·2·13 文／**1993**·1·6 政／1·6 政／1·19 政／6·9 政／**2001**·12·1 政／**2011**·6·4 政
三笠宮家　❼ **1935**·12·2 政
三笠宮寬仁　❾ **2012**·6·6 政
三笠宮憲仁　❾ **1984**·12·6 政
欣子(よしこ)内親王　❺-2 **1794**·3·1 政／**1841**·①·22 政／**1846**·6·20 政
義宮正仁親王　❽ **1964**·2·28 政
皇族会議　❽ **1947**·4·30 政／10·13 政
皇族財産特権廃止　❽ **1946**·5·23 政
皇族選挙権　❽ **1952**·9·30 政
皇族邸地制　❻ **1873**·5·28 政
皇族の婚姻法改正　❶ **793**·9·10 政
皇族陸海軍従事令　❻ **1873**·12·9 政
皇祖御魂祭　❶ **681**·5·11 政
皇太后宮職　❶ **858**·11·25 政
皇太夫人(欽明)　❶ **612**·2·20 政
皇統譜　❻ **1891**·2·16 政
皇妃　❶ **400**·7·4
皇夫人　❶ **606**·5·6
国忌　❶ **840**·5·8 政
准母　❸ **1406**·12·27 政
臣籍降下(十一宮家)　❽ **1947**·5·1 政
親王　❶ **675**·2·15 政／**759**·6·16 政
中宮　❺-1 **1624**·4·16 政／11·28 政
帝室財産　❻ **1888**·9·18 政
春宮(とうぐう)大夫　❶ **697**·2·16 政
昼御座(ひのおまし)　❷ **1131**·2·22 政
服御常膳　❷ **1017**·12·22 政／**1108**·11·4 政／**1183**·5·22 政
夫人　❶ **777**·8·11 政
法親皇　❷ **1099**·1·3 社
皇子の賜姓　❶ **787**·2·5 政

皇室関係法令
お局制度廃止　❼ **1926**·12·30 政
華族世襲財産法　❼ **1916**·9·20 政
華族令　❼ **1907**·5·7 政
禁中並公家諸法度　❺-1 **1603**·9·2 政／**1612**·6·8 政／**1613**·6·16 政／**1615**·7·17 政／7·30 社／**1619**·1·28 政／**1631**·11·17 政／**1633**·7·19 政／8·13 政／**1643**·9·1 政／**1661**·3·18 政／6·3 政／**1663**·1·29 政／6·15 政／**1683**·5月 政／**1714**·10·28 政／**1715**·7·5 政
皇室婚嫁令　❼ **1900**·4·25 政
皇室財産令　❼ **1910**·12·24 政
皇室祭祀令　❼ **1908**·9·18 政
皇室成年式令　❼ **1909**·2·11 政
皇室誕生令　❼ **1902**·5·29 政
皇室典範　❼ **1907**·2·11 政／**1918**·11·28 政
皇室令(皇統譜令·皇室葬儀令·皇室陵墓令)　❼ **1926**·10·21 政
皇族会議令　❼ **1907**·2·28 政
国事行為の臨時代行に関する法律　❽ **1964**·5·20 政
摂政令　❼ **1909**·2·11 政
即位進献の制　❺-1 **1687**·3·5 政
登極令　❼ **1909**·2·11 政
立太子礼　❼ **1916**·11·3 政
立儲令　❼ **1909**·2·11 政

皇室御物　❽ **1945**·12·10 政
辛櫃(からひつ)　❷ **1160**·4·19 政
草薙剣　❶ **書紀·景行 40**·10·7／是年／**668**·是年 政／**686**·6·20 政
剣璽　❸ **1331**·9·20 政
三種の神器　❶ **960**·9·23 社／❷ **1183**·7·25 政／7·28 政／8·10 政／**1184**·1·22 政／2·14 政／6·23 社／**1185**·4·27 政／❸ **1318**·2·28 政／3·10 政／**1319**·9·6 政／**1331**·8·24 政／9·20 政／10·6 政／**1336**·1·10 政／5·27 政／11·2 政／12·21 政／**1351**·12·23 政／**1352**·5·11 政／**1371**·3·23 政／**1392**·10·13 政／❹ **1457**·12·2 政／**1458**·4·16 政／**1467**·8·23 政／**1489**·11·19 政／**1535**·2·19 社
神鏡　❶ **960**·9·24 政／❷ **1005**·11·15 政／**1006**·6·13 政／7·3 政／**1014**·3·14 政／**1040**·9·9 政／**1160**·4·19 政
神剣　❷ **1185**·3·24 政
神剣(出雲杵築社)　❸ **1333**·3·17 政
神璽　❶ **479**·10·4／❸ **1331**·10·3 政／**1443**·9·23 政
大刀契　❶ **981**·3·15 政
壺切剣　❶ **893**·4·2 政／**904**·2·10 政／❷ **1059**·1·8 政／❺-1 **1682**·3·25 政
殿上倚子　❷ **1183**·7·25 文
昼御座(ひのおまし)御剣　❷ **1231**·3·16 政
二間の本尊　❸ **1393**·12月 政
宝剣　❷ **1045**·1·10 政／**1131**·2·22 政／**1185**·5·5 政／**1186**·6·26 社／**1187**·7·20 政／❸ **1443**·9·23 政
宝剣(伊勢大神宮)　❷ **1210**·12·5 政
八尺瓊勾玉　❶ **書紀·垂仁 87**·2·5
ヤタノカガミ　❽ **1960**·10·22 社
累代の御笏(象牙·給蝶丸)　❷ **1138**·11·24 政

詔書·勅語
王道再興の綸旨　❸ **1333**·3·17 政
懐良親王·菊池武光追討の綸旨　❸ **1359**·11·7 政
偽勅と真勅　❻ **1863**·8·26 政
元勲優遇の詔書　❻ **1889**·11·1 政／❼ **1898**·1·12 政
国民精神作興に関する詔書　❼ **1923**·11·10 政
治罰の綸旨　❹ **1553**·4·12 政
終戦の詔書　❽ **1946**·8·15 政
詔書覆奏の制　❷ **1121**·是年 政
青少年学徒ニ賜ハリタル勅語　❽ **1948**·6·19 政
施薬·済生の勅語　❼ **1911**·2·11 社
宣戦詔書(大東亜戦争)　❽ **1941**·12·8 政
勅書(現存最古)　❶ **749**·5·20 文／**963**·12月 政
帝都復興に関する詔書　❼ **1923**·9·12 政
倒幕詔書　❻ **1867**·10·13 政
倒幕親征の詔　❻ **1868**·2·3 政
人間宣言　❽ **1946**·1·1 政
畠山義就攻撃綸旨　❹ **1463**·9·28 政
風俗矯正の詔　❶ **646**·3·22 政
平和回復の詔書　❼ **1920**·1·10 政
平和克復の詔書　❼ **1905**·10·16 政
戊申詔書　❼ **1908**·10·13 政／❽ **1948**·6·19 政
髻の綸旨　❸ **1333**·4·29 政／**1351**·5·14 政
立憲政体詔書　❻ **1875**·4·14 政
遼東半島還付の詔書　❻ **1895**·5·10 政／11·8 政
綸旨(りんじ)　❷ **1021**·⑤·4 政
綸旨原本(現在最古)　❷ **1028**·4·12 政／**1054**·2·12 政

即位·即位の礼　❶ **673**·2·27 政／**686**·9·9 政／**690**·1·1 政／**697**·8·1 政／**707**·7·17 政／**715**·9·2 政／**724**·2·4 政／**749**·7·2 政／**758**·8·1 政／**764**·10·9 政／**770**·10·1 政／**781**·4·3 政／**806**·3·17 政／5·18 政／**809**·4·13 政／**823**·4·16 政／4·27 政／**833**·2·28 政／3·6 政／**850**·3·21 政／4·17 政／**858**·8·27 政／11·7 政／**876**·11·29 政／**877**·1·3 政／**884**·2·4 政／**887**·8·26 政／11·17 政／**897**·7·3 政／7·13 政／**930**·9·22 政／11·21 政／**946**·4·20 政／4·28 政／**967**·5·25 政／10·11 政／**969**·8·13 政／9·23 政／**984**·8·27 政／10·10 政／**986**·6·23 政／7·22 政／❷ **1011**·10·16 政／**1016**·2·7 政／**1036**·7·10 政／**1045**·4·8 政／**1068**·7·21 政／**1072**·12·29 政／**1086**·11·26 政／12·19 政／**1107**·12·1 政／**1123**·2·19 政／**1141**·12·27 政／**1155**·10·26 政／**1158**·12·20 政／**1165**·7·27 政／**1168**·3·20 政／**1184**·7·28 政／**1198**·3·3 政／**1210**·12·28 政／**1221**·12·1 政／**1232**·12·5 政／**1242**·3·18 政／**1246**·3·11 政／**1274**·3·26 政／❸ **1288**·4·20 政／**1298**·10·13 政／**1301**·3·24 政／**1308**·11·16 政／**1318**·3·29 政／**1332**·3·22 政／**1337**·12·28 政／**1349**·2·26 政／12·26 政／**1353**·12·27 政／**1374**·12·28 政／**1382**·12·28 政／**1429**·12·27 政／❹ **1465**·5·27 政／12·27 政／**1503**·12·4 政／**1520**·10·6 政／**1521**·3·22 政／**1536**·2·26 政／**1560**·1·27 政／❺-1 **1611**·4·12 政／**1643**·10·21 政／**1656**·1·23 政／**1663**·4·27 政／**1687**·4·28 政／**1710**·11·11 政／❺-2 **1735**·3月 文／8·22 政／11·3 政／**1747**·9·21 政／**1763**·11·27 政／**1770**·11·24 政／**1771**·

4·28 政／1779·11·8 政／1780·12·4 政／1817·9·21 政／1824·9·21 政／1847·9·23 政／❻ 1868·8·27 政／❼ 1914·11·6 政／12·9 社／1915·11·10 政／1928·11·10 政／❾ 1990·1·8 政／11·12 政／11·23 政
一代一度一奉幣の始め　❶ 859·1·10 政
内宴　❷ 1034·1·22 政／1158·1·22 政
延喜御遺誡　❶ 930·9·26 政
宮中御斎会　❶ 680·5·1 社
百済大殯　❶ 641·10·9 政
御禊(ごけい)　❸ 1387·4·21 社
主基(すき·次·須機·須岐、大嘗祭)　❶ 673·12·5 政／691·11·1 政／708·11·21 政／716·11·19 政／724·11·23 政／749·11·25 政／758·11·23 政／765·11·23 政／771·11·21 政／781·11·13 政／807·2·3 政／810·11·19 政／833·3·22 政／851·4·11 政／859·4·15 政／877·4·19 政／884·3·22 政／888·11·22 政／❷ 1011·8·13 政／9·27 社／1168·4·28 政
造左宮城使　❷ 1134·12·28 政
造内裏米　❷ 1220·11·25 政
即位次第　❹ 1517·10·16 政
即位の段銭　❹ 1465·8·25 政
即位報告使　❶ 833·4·5 社／850·6·21 政／858·11·1 社／859·3·1 社／877·2·21 社／884·2·19 社／887·11·13 社／888·2·25 社／897·8·13 社／931·3·24 社／947·4·19 社／967·9·19 社／969·9·20 社／970·9·13 社／984·9·4 社／985·3·27 社／986·7·2 社
即位奉幣使　❷ 1011·8·27 社／1012·⑩·16 社／1016·3·8 社／4·27 社
即位礼の費用　❹ 1501·2·29 政／11·13 政／1502·6·16 政／1503·10·24 政／1515·2·29 政／1534·是冬 政／4·24 政／1536·2·17 政
大嘗会(だいじょうえ)　❷ 1011·9·7 政／1012·11·22 政／1016·4·7 政／11·15 政／1036·11·17 政／1046·11·15 政／1068·11·22 政／1074·11·21 政／1087·11·19 政／1108·11·21 政／1123·11·18 政／1142·11·15 政／1166·11·15 政／1168·11·22 政／1182·11·24 政／1185·11·18 政／1198·11·22 政／1212·11·13 政／1222·11·23 政／1235·11·20 政／1242·11·13 政／1246·11·24 政／1260·9·10 政／11·16 政／1274·11·19 政／❸ 1288·11·22 政／1298·11·20 政／1301·11·20 政／1309·10·24 政／1318·11·22 政／1332·11·13 政／1338·11·19 政／1354·11·16 政／1375·11·23 政／1415·11·21 政／1430·11·18 政／❹ 1466·12·18 政／❺-1 1687·8·23 政／11·16 政／❺-2 1738·11·19 政／1748·11·7 政／1764·11·8 政／1771·11·19 政／1787·11·27 政／1818·11·21 政／1848·11·21 政／❾ 1990·4·12 政／9·21 社／11·22 政／2002·7·9 社
大嘗会御禊(ごけい)　❶ 673·12 月 政／691·11·1 政／698·11·23 政／708·11·21 政／716·11·19 政／724·11·23 政／749·11·25 政／758·11·23 政／771·11·21 政／781·11·13 政／807·11·2 政／808·11·14 政／810·11·19 政／823·11·20 政／833·11·16 政／851·11·23 政／859·11·16 政／877·11·18 政／884·11·23 政／888·11·22 政／897·11·20 政／932·11·13 政／946·11·16 政／970·10·26 政／11·17 政／985·11·21 政／986·11·15 政／❷ 1012·⑩·27 政／1016·10·23 政／1036·10·29 政／1046·10·25 政／1068·10·28 政／1074·10·30 政／1087·10·22 政／1108·10·18 政／1142·10·26 政／1159·10·21 政／1166·10·27 政／1168·9·21 政／1182·10·21 政／1184·10·25 政／1198·10·27 政／1211·10·22 政／1212·10·28 政／1241·9·10 政／1260·10·21 政／❸ 1288·10·21 政／1298·10·25 政／1301·10·28 政／1309·10·21 政／1318·10·27 政／1354·⑩·28 政／1430·10·26 政
大嘗会段銭　❹ 1465·7·25 政
大嘗会料段　❷ 1274·6 月 政
内裏造営料　❷ 1015·6·14 政
豊明節会(とよのあかりのせちえ)　❷ 1023·11·14 文／1167·11·16 文／1201·11·21 政
新嘗祭(にいなめさい)　❶ 書紀·仁徳 40·是年／587·4·2／639·1·11 政／676·9·21 社／677·11·21 社／769·11·28 政／901·11·19 社／924·11·21 政／❷ 1017·11·21 文／1130·11·17 文／❺-2 1740·11·24 政／1786·11·27 政
悠紀·斎忌·由基·由機·由岐·悠起(ゆき·大嘗祭)　❶ 673·12·5 政／691·11·1 政／708·11·21 政／716·11·19 政／724·11·23 政／749·11·25 政／758·11·23 政／765·11·23 政／771·11·21 政／781·11·13 政／807·2·3 政／810·11·19 政／833·3·22 政／851·4·11 政／859·4·15 政／877·4·19 政／884·3·22 政／888·11·22 政／❷ 1011·8·13 政／1168·4·28 政／❼ 1928·2·5 社／11·13 政／❾ 1990·4·12 政／9·21 社／11·22 政／2002·7·9 社

天皇(歴代)
明仁親王⇨今上(きんじょう)天皇
顕仁親王⇨崇徳(すとく)天皇
緋宮⇨後櫻町(ごさくらまち)天皇
朝仁親王⇨東山(ひがしやま)天皇
敦良親王⇨後朱雀(ごすざく)天皇
敦仁親王⇨醍醐(だいご)天皇
敦成親王⇨後一條(ごいちじょう)天皇
安殿親王⇨平城(へいぜい)天皇
穴穂皇子⇨安康(あんこう)天皇
阿閇皇女⇨元明(げんめい)天皇
阿倍内親王⇨孝謙(こうけん)·称徳天皇
天国排開広庭尊⇨欽明(きんめい)天皇
恵仁親王⇨仁孝(にんこう)天皇
淡路廃帝⇨淳仁(じゅんにん)天皇
安閑天皇(勾大兄広国押武金日尊)　❶ 512·12 月／513·9 月／12·8／531·2·7／535·12·17
安康天皇(穴穂皇子)　❶ 453·10 月／12·14／456·8·9
安徳天皇(言仁親王)　❷ 1178·11·12 政／12·15 政／1180·2·21 政／1183·7·25 政／10 月 政／1184·1 月 政／1185·2·18 政／3·24 政
安寧天皇(磯城津彦玉手看尊)　❶ 書紀·綏靖 25·1·7／安寧 1·7·3／安寧 11·1·1／安寧 38·12·6／懿徳 1·8·1
活目入彦五十狭茅尊⇨垂仁(すいにん)天皇
以茶宮⇨後櫻町(ごさくらまち)天皇
去来穂別尊⇨履中(りちゅう)天皇
一條天皇(懐仁親王)　❶ 980·6·1 政／986·6·23 政／7·22 政／999·3·1 文／❷ 1008·10·16 政／1011·6·13 政／6·22 政
懿徳天皇(大日本彦耜友尊)　❶ 書紀 安寧 11·1·1／懿徳 1·2·4／懿徳 34·9·8／懿徳 35·10·13
弥仁親王⇨後光厳(ごこうごん)天皇
允恭天皇(雄朝津間稚子宿禰命)　❶ 412·12 月／453·1·14
宇多天皇(定省親王)　❶ 884·6·2 政／887·8·26 政／896·10·13 文／897·7·3 政／9·10 文／898·2·17 政／10·20 政／是秋 文／899·1 月 文／10·24 政／11·24 政／901·10·23 社／904·3 月 社／是年 社／905·9 月 政／906·8 月 文／907·9·10 政／910·9·25 社／913·10·15 社／916·2·3 社／7·7 文／917·12·4 政／926·7·4 社／928·3·1 政／931·⑤·27 社／7·10 文／7·19 政／❺-2 1780·3·12 社
鸕野讃良皇女⇨持統(じとう)天皇
円融天皇(守平親王)　❶ 969·8·13 政／972·1·3 政／984·8·27 政／10·1 政／985·8·29 政／9·19 政／987·10·26 社／988·8·3 社／10·28 政／989·3·9 政／990·3·20 社／991·2·1 政／②·27 政
雄朝津間稚子宿禰命⇨允恭(いんぎょう)天皇
応神天皇(誉田別皇子)　❶ 書紀·仲哀 9·12·14／神功 3·1·3／応神 1·1·1／応神 19·10·1／応神 41·2·15
大海人皇子⇨天武(てんむ)天皇
正親町天皇(方仁親王)　❹ 1517·5·2 政／1557·10·27 政／1559·11·27 政／1560·1·27 政／1584·10·4 政／1586·11·7 政／1593·4·22 文
大鷦鷯尊⇨仁徳(にんとく)天皇
大足彦忍代別尊⇨景行(けいこう)天皇
男大迹王⇨継体(けいたい)天皇
大伴親王⇨淳和(じゅんな)天皇
大友皇子(伊賀皇子)⇨弘文(こうぶん)天皇
大泊瀬幼武尊⇨雄略(ゆうりゃく)天皇
大日本根子彦国牽尊⇨孝元(こうげん)天皇
大日本根子彦太瓊尊⇨孝霊(こうれい)天皇
大日本彦耜友尊⇨懿徳(いとく)天皇
興子内親王⇨明正(めいしょう)天皇
居貞親王⇨三條(さんじょう)天皇
気長足姫尊⇨神功(じんぐう)皇后
興仁親王⇨崇光(すこう)天皇
弘計王⇨顕宗(けんぞう)天皇
億計尊⇨仁賢(にんけん)天皇
統仁(むねひと)親王⇨孝明(こうめい)天皇
小泊瀬稚鷦鷯尊⇨武烈(ぶれつ)天皇

緒仁親王⇨後円融(ごえんゆう)天皇
首皇子⇨聖武(しょうむ)天皇
開化天皇(稚日本根子彦大日日尊) ❶ 書紀・孝元 22・1・14／孝元 57・11・12／開化 1・10・13／開化 60・4・9／10・3
花山天皇(師貞親王) ❶ 968・10・26 政／984・8・27 政／986・6・23 政／❷ 1002・3・6 政／8・18 文／1004・5・27 政／1006・1・4 政／1008・2・8 政／1014・12・17 政
量仁親王⇨光厳(こうごん)天皇
和仁親王⇨後陽成(ごようぜい)天皇
勝仁親王⇨後柏原(ごかしわばら)天皇
懐成親王⇨仲恭(ちゅうきょう)天皇
賀美能(神野)親王⇨嵯峨(さが)天皇
神日本磐余彦尊⇨神武(じんむ)天皇
亀山天皇(恒仁親王) ❷ 1249・5・27 政／1259・8・28 政／11・26 政／12・28 政／1274・1・26 政／❸ 1289・9・7 政／1291・12・12 社／1294・1・22 政／1297・3・5 文／1299・10・13 政／1301・1・24 政／1305・7・26 政／8・5 政／9・15 政
軽(珂瑠)皇子⇨文武(もんむ)天皇
閑院宮典仁親王⇨慶光(けいこう)天皇
神渟名川耳尊⇨綏靖(すいぜい)天皇
桓武天皇(山部親王) ❶ 773・1・2 政／781・4・3 政／806・3・17 政／❷ 1009・3・17 政
今上天皇(明仁親王、昭和天皇第一皇子、母香淳皇后) ❼ 1933・12・23 政
今上天皇、英国・デンマーク訪問 ❾ 1998・5・23 政／2012・5・16 政
今上天皇、沖縄訪問 ❾ 1993・4・23 政／2012・11・17 政
今上天皇、オランダ・スウェーデン訪問 ❾ 2000・5・20 政
今上天皇、カナダ・ハワイ訪問 ❾ 2009・7・3 政
今上天皇、サイパン島慰霊訪問 ❾ 2005・6・27 政
今上天皇、習近平と会見 ❾ 2009・12・15 政
今上天皇、スウェーデン訪問 ❾ 2007・5・21 政
今上天皇、中国訪問 ❾ 1992・8・25 政／10・23 政
今上天皇、長崎訪問 ❾ 1995・7・26 政
今上天皇、フランス・スペイン訪問 ❾ 1994・10・2 政
今上天皇、米国訪問 ❾ 1994・6・10 政
今上天皇、ポーランド・ハンガリー訪問 ❾ 2002・7・6 政
今上天皇・皇后、結婚五十年 ❾ 2009・4・10 政
今上天皇・皇后、宮内記者会見 ❾ 1989・8・4 政／2011・10・20 政
今上天皇陛下御在位記念式典 ❾ 1999・11・19 政／2009・11・12 政
今上天皇心臓手術 ❾ 2012・2・12 政
今上天皇訪韓問題 ❾ 2005・1・13 政
皇太子(時代)、沖縄訪問 ❾ 1975・7・17 政／1987・10・24 政
皇太子(時代)、外国訪問 ❽ 1960・9・22 政／11・12 政／1962・1・22 政／11・5 政／1964・5・10 政／12・14 政／❾ 1967・5・9 政／1970・2・19 政／1971・6・3 政／1973・5・6 政／1976・6・8 政／1978・6・12 政／1979・10・5 政
皇太子(時代)家庭教師 ❽ 1946・8・26 政／10・15 政
皇太子(時代)婚約・結婚式 ❽ 1953・3・30 政／1957・1・15 政／1958・11・27 政／1959・4・10 政
皇太子(時代)成年式・立太子礼 ❽ 1951・11・10 政／1952・11・10 政
欽明天皇(天国排開広庭皇子) ❶ 532・是年／539・12・5／571・4 月
邦治親王⇨後二條(ごにじょう)天皇
邦仁親王⇨後嵯峨(ごさが)天皇
慶光天皇(閑院宮典仁親王) ❺-2 1733・2・27 政／1743・9・4 政／1744・9・26 政／1779・11・8 政／1784・12・23 政／1794・7・6 政／❻ 1884・3・19 政
景行天皇(大足彦忍代別尊) ❶ 書紀・垂仁 30・1・6／垂仁 37・1・1／景行 1・7・11／景行 53・8・1／景行 60・11・7／成務 2・11・10
継体天皇(男大迹王) ❶ 507・1・4／2・4／531・2・7
元正天皇(氷高・日高皇女) ❶ 682・8・28 社／717・9・11 政／724・2・4 政／748・4・21 政／750・10・18 政
顕宗天皇(弘計尊) ❶ 382・4・7／481・11 月／482・1・1／484・12 月／是年／485・1・1／487・4・25／488・10・3
元明天皇(阿閇皇女) ❶ 721・10・13 政／12・6 政
後一條天皇(敦成親王) ❷ 1008・9・11 政／11・1 政／1009・1・30 政／2・5 政／1016・1・29 政／2・7 政／12・9 政／1021・10・14 政／1023・1・2 政／1036・4・17 政／1021・5・4 政
孝安天皇(日本足彦国押人尊) ❶ 書紀・孝昭 68・1・14／孝安 1・1・27／孝安 102・1・9／9・13
光格天皇(師仁・兼仁親王) ❺-2 1771・8・15 政／1779・10・29 政／11・8 政／1780・12・4 政／1799・7・28 政／1805・3・12 文／1817・3・22 政／1840・11・19 政
皇極天皇(齊明天皇、宝皇女) ❶ 630・1・12 政／642・1・15 政／645・6・14 政／655・1・3 政／661・7・24 政／667・2・27 政／742・5・10 政
孝謙天皇(称徳天皇、阿倍内親王) ❶ 738・1・13 政／758・8・1 政／762・5・23 政／764・9・11 政／10・9 政／768・5・13 文／770・8・4 政
孝元天皇(大日本根子彦国牽尊) ❶ 書紀・孝霊 36・1・1／孝元 1・1・14／孝元 57・9・2／開化 5・2・6
光孝天皇(時康親王) ❶ 884・2・4 政／887・8・26 政／889・8・5 政
光厳天皇(量仁親王) ❸ 1331・9・20 政／1332・3・22 政／1333・5・9 政／5・25 政／5・28 政／1335・6・17 政／1336・6・14 政／8・15 政／1340・4・8 社／1341・3・27 社／7・22 社／1342・9・6 政／1350・10・27 政／11・16 政／1352・6・2 政／8・8 政／1354・3・22 政／1357・2・18 政／1362・9・1 政／1364・7・7 政／1396・7・7 政
孝昭天皇(観松彦香殖稲尊) ❶ 書紀・懿徳 22・2・12／孝昭 1・1・9／孝昭 83・8・5／孝安 1・8 月
後宇多天皇(世仁親王) ❷ 1267・12・1 政／1268・8・25 政／1274・1・26 政／3・26 政／❸ 1287・10・21 政／1301・2・27 政／1307・7・26 政／11・20 政／1308・1・26 政／⑧・3 政／1313・8・6 政／1321・12・9 政／1324・3・20 政／6・25 政
孝徳天皇(軽、天萬豊日尊) ❶ 645・6・14 政／654・10・10 政
光仁天皇(白壁王) ❶ 770・10・1 政／781・4・3 政／12・23 政
弘文天皇(大友皇子・伊賀皇子) ❶ 671・1・5 政／11・23 政／12・5 政／672・6・26 政／7・22 政／7・23 政／❻ 1870・7・23 政
光明天皇(豊仁親王) ❸ 1336・6・14 政／8・15 政／11・2 政／1337・12・28 政／1348・10・27 政／1351・12・28 政／1352・6・2 政／1353・3・22 政／1354・3・22 政／1355・8・8 政／1380・6・24 政
孝明天皇(熙宮・統仁親王) ❺-2 1840・3・14 政／1846・2・13 政／8・29 政／1847・9・23 社／❻ 1858・6・27 政
孝霊天皇(大日本根子彦太瓊尊) ❶ 書紀・孝安 76・1・5／孝霊 1・1・12／孝霊 76・2・8／孝元 6・9・6
後円融天皇(緒仁親王) ❸ 1358・12・12 政／1371・3・23 政／1374・12・28 政／1379・2・21 政／12・9 文／1381・3・11 文／12・24 政／1382・①・8 政／3・26 文／4・11 政／11・2 政／1383・2・11 政／1384・2・28 政／1392・11・2 社／1393・4・26 政／1405・4・26 政
後柏原天皇(勝仁親王) ❹ 1464・10・20 政／1477・12・5 文／1500・10・25 政／1502・2・11 文／1508・5・20 社／1526・4・7 政
後亀山天皇(熙成親王) ❸ 1373・8・2 政／1383・10・27 政／1392・2・18 社／⑩・5 政／1393・12 月 政／1394・2・7 政／2・23 政／1397・11・27 政／12・9 政／1402・3・22 政／1410・3・4 政／11・27 政／1412・9 月 政／1416・9 月 政／1424・4・12 政
後光厳天皇(弥仁親王) ❸ 1338・3・2 政／1352・8・17 政／1353・6・6 政／7・16 政／9・3 政／1354・12・24 政／1355・2・7 政／3・28 政／1361・12・8 政／1362・1・4 政／4・21 政／1370・3・24 文／8・19 政／1371・3・23 政／1374・1・18 政
後光明天皇(紹仁親王) ❺-1 1633・3・12 政／1643・10・3 政／10・21 政／1651・1・25 政／1654・9・20 政
後小松天皇(幹仁親王) ❸ 1377・6・27 政／1382・4・11 政／12・28 政／1383・10・14 政／1387・1・3 政／1393・12 月 政／1394・12・12 文／1396・3・16 文／1407・8・7 文／1408・3・8 政／1410・8・17 文／1411・11・25 政／1412・8・29 政／9・5 政／1414・12・18 政／1432・4・25 社／1433・10・20 政

後西天皇(良仁親王)　❺-1 **1637**·11·16 政／**1654**·9·20 政／11·28 政／**1656**·1·23 政／**1663**·1·26 政／1月 社／**1675**·12·2 政／**1685**·2·22 政
後嵯峨天皇(邦仁親王)　❷ **1220**·2·26 政／**1242**·1·20 政／3·18 政／**1246**·1·29 政／5·25 政／**1249**·10·22 政／**1258**·1·19 政／**1268**·10·5 政／**1272**·2·17 政
後櫻町天皇(以茶宮·緋宮·智子内親王)　❺-2 **1740**·8·3 政／**1750**·3·28 政／**1762**·7·27 政／**1763**·11·27 政／**1770**·11·24 政／**1771**·1·25 政／**1813**·⑪·2 政
後三條天皇(尊仁親王)　❷ **1034**·7·18 政／**1045**·1·16 政／**1068**·4·19 政／7·21 政／**1072**·12·8 政／12·21 政／**1073**·5·7 政／**1077**·12·8 政／**1102**·10·23 文
後白河天皇(雅仁親王)　❷ **1127**·9·11 政／**1146**·5·26 政／**1153**·9·23 政／**1155**·7·24 政／10·26 政／**1158**·8·11 政／**1168**·6·3 政／**1169**·6·17 政／**1179**·是頃 文／**1184**·1·21 政／**1185**·6·21 社／**1192**·3·13 政
後朱雀天皇(敦良親王)　❷ **1009**·11·25 政／**1017**·8·9 政／**1036**·4·17 政／**1043**·3·23 政／12·1 政／**1045**·1·16 政／1·18 政
後醍醐天皇(尊治親王)　❸ **1288**·11·2 政／**1308**·9·19 政／**1318**·2·26 政／3·29 政／**1321**·12·9 政／**1322**·12·25 政／**1327**·1月 社／**1331**·8·24 政／9·29 政／**1332**·1·17 政／3·5 政／4·1 政／**1333**·②·24 政／3·14 社／5·30 政／**1336**·5·27 政／10·10 政／11·2 政／12·21 政／**1338**·5·15 政／**1339**·8·15 政／8·16 政
後高倉院　❷ **1171**·2·28 政／**1212**·3·26 政／**1221**·8·16 政／是年 政／**1222**·1·14 政／**1223**·5·14 政
後土御門天皇(成仁親王)　❸ **1442**·5·25 政／**1446**·10·15 政／❹ **1464**·7·16 政／**1476**·10·17 文／**1500**·9·28 政
後鳥羽天皇(尊成親王·隠岐院·顕徳院)　❷ **1180**·7·14 政／**1183**·8·20 政／**1190**·1·3 政／**1198**·1·11 政／**1199**·2·14 政／**1203**·1·13 政／**1214**·1·22 政／**1221**·7·6 政／是年 政／**1235**·1·18 政／**1239**·2·22 政／**1241**·2·8 政／**1242**·7·8 政／❹ **1494**·8·23 政
政仁(ことひと)親王⇨後水尾(ごみずのお)天皇
後奈良天皇(知仁親王)　❹ **1496**·12·23 政／**1504**·12·18 文／**1512**·4·26 政／**1526**·4·29 政／**1528**·10·26 文／**1540**·6·17 文／**1550**·2·7 文／**1557**·9·5 政
後二條天皇(邦治親王)　❸ **1285**·2·2 政／**1298**·8·10 政／**1301**·1·21 政／3·24 政／**1308**·8·25 政
近衛天皇(躰仁親王)　❷ **1139**·5·18 政／8·17 政／**1141**·12·7 政／**1152**·3·7 政／**1153**·9·23 政／**1155**·7·23 政／12·11 政
後花園天皇(彦仁親王)　❸ **1419**·6·18 政／**1425**·7·28 政／**1428**·7·12 政／7·28 政／**1435**·12·29 文／**1437**·11·18 文／**1438**·5·28 文／❹ **1464**·7·16 政／**1467**·10·17 文／**1470**·12·27 政
後深草天皇(久仁親王)　❷ **1243**·6·10 政／8·4 社／**1246**·1·29 政／3·11 政／**1249**·2·1 政／**1259**·11·26 政／❸ **1288**·2·7 政／**1290**·2·11 政／**1291**·11·25 政／**1294**·1·29 政／**1295**·1·16 政／**1296**·1·13 政／**1299**·10·13 政／**1300**·3·6 文／**1304**·7·16 政／8月 文
後伏見天皇(胤仁親王)　❸ **1288**·3·3 政／**1289**·4·25 政／**1298**·7·22 政／10·13 政／**1301**·1·21 政／**1313**·10·14 政／**1314**·5·20 政／**1317**·8·2 政／**1319**·8·22 文／**1324**·4·12 政／**1333**·5·9 政／5·28 政／6·26 政／**1335**·6·17 政／**1336**·4·6 政
後堀河天皇(茂仁親王)　❷ **1212**·2·18 政／**1221**·7·9 政／12·1 政／**1232**·10·4 政／**1234**·8·6 政
後水尾天皇(政仁親王)　❹ **1596**·6·4 政／❺-1 **1608**·9·26 政／**1611**·3·27 政／4·12 政／**1619**·9·5 政／10·18 政／**1626**·9·6 政／**1629**·11·8 政／**1630**·12·10 政／**1633**·3·12 政／**1651**·5·6 政／**1658**·3·12 文／**1659**·4·14 文／**1660**·5·12 文／**1663**·3·6 文／**1675**·11·14 文／**1677**·10·2 政／**1680**·8·19 政
後村上天皇(義良親王)　❸ **1339**·8·15 政／**1340**·6·29 政／**1348**·1·6 政／1·24 政／**1351**·5·14 政／**1352**·2·3 政／5·11 政／**1353**·7·25 政／10·28 政／**1354**·10·28 政／**1357**·5月 政／**1359**·12·23 政／**1362**·9·1 政／**1365**·4·24 社／**1368**·3·11 政
後桃園天皇(英仁親王)　❺-2 **1758**·7·2 政／**1759**·1·18 政／**1768**·2·19 政／**1770**·11·24 政／**1771**·4·28 政／**1779**·10·29 政
後文徳院(後花園天皇)　❹ **1471**·1·2 政
後陽成天皇(和仁親王)　❹ **1571**·12·15 政／**1582**·6·2 政／**1586**·11·7 政／11·25 政／**1588**·4·14 政／❺-1 **1610**·2·12 政／4·18 政／11·21 政／**1611**·3·27 政／**1617**·8·16 政／8·26 政
後冷泉天皇(親仁親王)　❷ **1025**·8·3 政／**1037**·8·17 政／**1045**·1·16 政／**1068**·4·19 政
惟仁親王⇨清和(せいわ)天皇
齊明天皇⇨皇極(こうぎょく)天皇
嵯峨天皇(賀美野·神野親王)　❶ **810**·7·13 社／**814**·是年 文／**823**·4·16 政／9·12 政／**825**·11·28 政、社／**826**·3·10 社／**834**·4·21 政／8·9 政／**838**·11·29 社／**842**·7·8 社／8·27 政
櫻町天皇(昭仁親王)　❺-2 **1720**·1·1 政／**1728**·6·11 政／**1735**·3·21 政／11·3 政／**1747**·3·16 政／5·2 政／**1750**·4·23 政
貞明親王⇨陽成(ようぜい)天皇
貞仁親王⇨白河(しらかわ)天皇
定省親王⇨宇多(うだ)天皇
識仁(さとひと)親王⇨霊元(れいげん)天皇
讃岐院⇨崇徳(すとく)天皇
早良親王⇨崇道(すどう)天皇
三條天皇(居貞親王)　❶ **976**·1·3 政／**986**·7·16 政／❷ **1006**·3·14 政／**1011**·6·13 政／10·16 政／**1015**·8 月 政／**1016**·1·29 政／4·23 社／10·2 政／12·3 政／**1017**·4·29 政／5·9 政
磯城津彦玉手看尊⇨安寧(あんねい)天皇
志貴·施基皇子⇨田原(たはら)天皇
四條天皇(秀仁親王)　❷ **1231**·2·12 政／**1232**·10·4 政／12·5 政／**1242**·1·9 政
持統天皇(鸕野讃良皇女)　❶ **672**·6·24 政／**673**·2·27 政／**686**·9·9 政／**690**·1·1 政／**697**·8·1 政／**702**·10·1 政／12·22 政／**703**·12·17 政
順徳天皇(守成親王)　❷ **1197**·9·10 政／**1200**·4·15 政／**1208**·12·25 政／**1210**·11·25 政／12·5 政／**1213**·2·2 政／**1221**·4·20 政／7月 文／**1235**·1·18 政／**1238**·是年 文／**1242**·9·12 政
淳和天皇(大伴親王)　❶ **823**·4·16 政／4·27 政／**833**·2·28 政／**834**·4·21 文／10·5 文／**835**·3·12 政／**840**·5·8 政
淳仁天皇(大炊王、淡路廃帝)　❶ **758**·8·1 政／**762**·5·23 政／**764**·10· 政／**765**·10·22 政／**778**·3·23 政／ **1870**·7·23 政
称光天皇(躬仁·実仁親王)　❸ **1401**·3·29 政／**1412**·8·29 政／**1414**·⑨·1 政／12·19 政／**1417**·7·23 政／**1425**·6·28 政／**1428**·7·20 政
称徳天皇⇨孝謙(こうけん)天皇(重祚)
聖武天皇(首皇子、豊桜彦天皇)　❶ **701**·是年 政／**714**·6·25 政／**719**·6·10 政／**724**·2·4 政／10·5 政／**726**·9·27 政／**729**·5·20 文／**731**·9·8 文／**734**·是年 文／**740**·10·29 政／**756**·4·14 政／5·2 政／❷ **1149**·10·30 社
昭和天皇(裕仁親王、大正天皇第一皇子、母貞明皇后)　❼ **1901**·4·29 政／**1919**·5·7 政／6·10 政／**1920**·12 月 政／**1921**·3·3 政／6·20 政／11·25 政／**1922**·6·20 政／**1924**·1·26 政／**1926**·12·25 政／**1927**·7·28 政／**1928**·11·10 政／❽ **1946**·5·24 政／**1947**·5·1 政／**1948**·11·12 政／❾ **1974**·8·14 政／**1984**·1·26 政／**1987** 9·18 政／12·15 政／**1988**·9·18 政／**1989**·1·7 政／1·31 政／4·6 政
　『相模湾産後鰓類図語』　❽ **1949**·9 25 政
　昭和天皇、タイ·マレーシア·インドネシア訪問　❾ **1991**·9·26 政
　昭和天皇、米国訪問　❾ **1975**·9·3 政
　昭和天皇、マッカーサー元帥訪問　❽ **1945**·9·27 政／**1946**·5·31 政／10·16 政／**1947**·5·6 政／**1948**·5· 政／**1949**·7·8 政／**1951**·4·15 政
　昭和天皇、ヨーロッパ訪問　❾ **1971**·9·27 政
　昭和天皇·皇后、プロ野球日米戦観覧　❾ **1966**·11·6 社
　昭和天皇·皇后、米国訪問　❾

1975·9·30 政
昭和天皇記者会見　❾ **1975**·9·3 政／**1977**·8·23 政
昭和天皇皇后・良子(香淳皇后)　❾ **2000**·6·16 政
昭和天皇在位五十年六十年記念式典　❾ **1976**·11·10 政／**1986**·4·29 政
昭和天皇財産　❽ **1947**·2·20 政
昭和天皇山陵一周年祭の儀　❾ **1990**·1·7 政
昭和天皇巡幸　❽ **1945**·3·18 政／11·12 政／**1946**·11·18 政／**1947**·6·4 政／12·7 政／**1949**·5·18 政／5·27 政／**1950**·3·13 政／**1951**·11·12 政／❾ **1970**·3·13 政／**1971**·4·15 政／**1972**·10·20 政／**1973**·4·6 政／10·12 政／**1974**·5·18 政／**1975**·10·24 政／**1976**·5·22 政／10·22 政／**1977**·3·15 政／4·16 政／**1978**·5·20 政／**1979**·5·26 政／10·13 政／**1980**·5·22 政／10·11 政／**1981**·5·22 政／**1982**·10·2 政／**1983**·10·14 政／**1984**·5·18 政／10·11 政／**1985**·5·10 政／10·19 政／**1986**·10·11 政／**1987**·6·22 政
昭和天皇戦争責任問題　❽ **1945**·9·27 社／11·5 政／**1946**·1·9 政／1·25 政／4·8 政／10·8 政／12·31 政／**1950**·2·1 政／❾ **1988**·12·7 政／**1989**·1·18 政
昭和天皇退位問題　❽ **1945**·8·29 政／**1948**·11月 政／**1952**·5·3 社
昭和天皇誕生日　❾ **1981**·4·29 政
昭和天皇の聖断　❼ **1945**·8·9 政／8·14 政
昭和天皇、平和メッセージ　❽ **1948**·5·21 政
皇太子明仁⇨今上(きんじょう)天皇
皇太子・ヴァイニング夫人、マッカーサー元帥訪問　❽ **1949**·6·27 政
舒明天皇(田村皇子、田村息長足日広額尊)　❶ **628**·2·27 政／9月 政／**629**·1·4 政／**639**·12·14 政／**641**·10·9 政／**643**·9·6 政
白髪武広国押稚日本根子尊⇨清寧(せいねい)天皇
白壁王⇨光仁(こうにん)天皇
白河天皇(貞仁親王)　❷ **1053**·6·20 政／**1072**·12·8 政／**1086**·11·26 政／**1091**·2·17 政／**1094**·8·17 政／**1096**·3·15 政／**1107**·7·19 政／11·14 政／12·28 社／**1114**·9·25 文／**1115**·11·2 政／**1116**·10·26 政／**1117**·10·22 政／**1127**·6·1 政／**1129**·7·7 政
神功皇后(気長足姫尊)　❶ **書紀・仲哀 2**·1·11／6·10／**仲哀 9**·3·17／10·3／**神功 1**·2月／**神功 69**·4·17
神武天皇(神日本磐余彦尊)　❶ **書紀・神武 1**·1·1／**神武 76**·3·11
推古天皇(豊御食炊屋姫尊)　❶ **576**·3·10／**592**·12·8／**628**·2·27／❷ **1060**·6·2 政
綏靖天皇(神渟名川耳尊)　❶ **書紀・神武 42**·1·3／**神武 76**·3·11／**綏靖 1**·1·8／**綏靖 33**·5·10／**安寧 1**·10·11
垂仁天皇(活目入彦五十狭茅尊)　❶ **書紀・崇神 29**·1·1／**崇神 48**·4·19／**垂仁 1**·1·2／**垂仁 99**·7·1
崇光天皇(益仁・興仁親王)　❸ **1334**·4·22 政／**1348**·10·27 政／**1351**·11·7 政／**1352**·6·2 政／**1353**·3·22 政／**1354**·3·22 政／**1368**·2·5 政／**1370**·3·26 文／9·14 政／**1371**·3·23 政／**1380**·8·1 文／**1384**·2·28 政／**1392**·11·30 政／**1396**·3·28 政／**1398**·1·13 政
朱雀天皇(寛明皇子)　❶ **930**·9·22 政／11·21 政／**946**·4·20 政／12·3 政／**948**·1·21 文／**949**·2·28 文／3·11 文／4·25 社／**952**·8·15 政
崇峻天皇(泊瀬部皇子)　❶ **587**·8·2／**592**·11·3
崇神天皇(御間城入彦五十瓊殖尊)　❶ **書紀・開化 28**·1·5／**崇神 1**·1·13／10·11／**崇神 12**·9·16／**崇神 68**·12·5
崇道天皇(早良親王)　❶ **785**·9·28 政／**792**·6·10 政／**797**·5·20 社／**800**·7·23 政／**805**·1·14 社／10·25 文／**806**·3·17 政／**810**·7·27 社／❷ **1001**·3·18 政
崇徳天皇(顕仁親王・讃岐院)　❷ **1119**·5·28 政／**1123**·1·28 政／2·19 政／**1141**·12·7 政／**1147**·6·19 政／**1153**·9·23 政／**1156**·7·23 政／**1164**·8·26 政／**1167**·是秋 政／**1177**·7·29 政／**1185**·1·9 政／**1192**·11·16 社
清寧天皇(白髪武広国押稚日本根子尊)　❶ **478**·1·1／**479**·10·4／**480**·1·15／**482**·9月／**484**·1·16
成務天皇(稚足彦尊)　❶ **書紀・景行 51**·8·4／**成務 1**·1·5／**成務 60**·6·11／❷ **1063**·3月 社／12·15 社
清和天皇(惟仁親王)　❶ **858**·8·27 政／11·7 政／**876**·11·29 政／12·8 政／**877**·②·15 政／3·24 社／**879**·5·4 政／5·8 政／**880**·3·19 政／8·23 政／11·25 政／12·4 政
宣化天皇(檜隈高田武小広国押盾尊)　❶ **535**·12月／**539**·2·10
醍醐天皇(敦仁親王)　❶ **897**·7·3 政／**930**·9·22 政／9·26 政／9·29 政
大正天皇(嘉仁親王、明治天皇第三皇子、母柳原愛子)　❼ **1899**·8·31 政／**1900**·5·10 政／**1907**·10·10 政／**1912**·7·30 政／**1914**·11·6 政／12·9 社／**1915**·11·10 政／**1920**·7·24 政／**1926**·12·25 政／**1927**·2·7 政／❾ **1966**·12·25 政
大正天皇誕生　❻ **1879**·8·31 政
大正天皇立太子式　❻ **1889**·11·3 政
高倉天皇(憲仁親王)　❷ **1161**·9·3 政／**1168**·2·19 政／3·20 政／**1180**·2·21 政／**1181**·1·14 政
尊治(たかはる)親王⇨後醍醐(ごだいご)天皇
尊仁親王⇨後三條(ごさんじょう)天皇
尊成親王⇨後鳥羽(ごとば)天皇
宝皇女⇨皇極(こうぎょく)天皇
橘豊日尊⇨用明(ようめい)天皇
胤仁親王⇨後伏見(ごふしみ)天皇
田原天皇(志貴・施基皇子)　❶ **716**·8·11 政／**770**·11·6 政／**771**·5·28 政
田村皇子(田村息長足日広額尊)⇨舒明(じょめい)天皇
為仁親王⇨土御門(つちみかど)天皇
足仲彦尊⇨仲哀(ちゅうあい)天皇
善仁親王⇨堀河(ほりかわ)天皇
親仁親王⇨後冷泉(ごれいぜい)天皇
仲哀天皇(足仲彦尊)　❶ **書紀・成務 48**·3·1／**仲哀 1**·1·11／**仲哀 2**·3·15／**仲哀 8**·1·4／**仲哀 9**·2·6／**神功 2**·11·8
仲恭天皇(懐成親王)　❷ **1218**·10·10 政／11·26 政／**1221**·4·20 政／7·9 政／**1234**·5·20 政／❻ **1870**·7·23 政
長慶天皇(寛成親王)　❸ **1368**·3·11 政／12·24 政／**1369**·4月 政／**1373**·8·2 政／**1379**·3·21 社／**1383**·10·27 政、社／**1385**·9·10 政、文／**1394**·8·1 政／❼ **1926**·6·23 政／10·21 政
紹仁親王⇨後光明(ごこうみょう)天皇
土御門天皇(為仁親王)　❷ **1195**·11·1 政／**1198**·1·11 政／3·3 政／**1210**·11·25 政／**1221**·⑩·10 政、社／**1223**·5·27 政／**1231**·10·11 政
恒仁親王⇨亀山(かめやま)天皇
昭仁親王⇨櫻町(さくらまち)天皇
天智天皇(中大兄皇子、中大兄天命開別尊)　❶ **647**·3·20 政／**653**·是年 政／**660**·5月 文／**661**·7月 政／**668**·1·3 政／**671**·12·3 政
天武・持統天皇　❶ **686**·9·9 政
天武・持統天皇合葬陵　❷ **1235**·3·20 文／**1238**·2·7 社
天武天皇(大海人皇子)　❶ **661**·1·6 政／**664**·2·2 政／**671**·10·17 政／**672**·5月 政／**673**·2·27 政／**686**·9·9 政／**688**·11·11 政／**703**·12·17 政／❸ **1293**·4月 社
遐仁親王⇨桃園(ももぞの)天皇
智子(としこ)内親王⇨後櫻町(ごさくらまち)天皇
言仁親王⇨安徳(あんとく)天皇
時康親王⇨光孝(こうこう)天皇
鳥羽天皇(宗仁親王)　❷ **1103**·1·16 政／8·17 政／**1107**·7·19 政／**1123**·1·28 政／**1141**·7·14 社／**1142**·5·4 政／**1147**·6·19 政／**1152**·3·7 政／**1153**·9·23 政／**1156**·7·2 政、文
富仁親王⇨花園(はなぞの)天皇
兼仁親王⇨光格(こうかく)天皇
知仁親王⇨後奈良(ごなら)天皇
豊桜彦天皇⇨聖武(しょうむ)天皇
豊御食炊屋姫尊⇨推古(すいこ)天皇
中大兄皇子⇨天智(てんち)天皇
良仁親王⇨後西(ごさい)天皇
中御門天皇(慶仁親王)　❺-1 **1701**·12·17 政／**1709**·6·21 政／❺-2 **1735**·3·21 政／**1737**·4·11 政
成明親王⇨村上(むらかみ)天皇
躬仁(なりひと)親王⇨近衛(このえ)天皇
二條天皇(守仁親王)　❷ **1143**·6·17 政／**1153**·9·23 政／**1155**·9·23 政／**1158**·8·11 政／12·20 政／**1165**·6·25 政／7·28 政／**1162**·3·28 政
仁賢天皇(億計尊)　❶ **382**·4·7／**481**·11月／**482**·1·1／**484**·1·16／**488**·12月／**498**·8·8
仁孝天皇(恵仁親王)　❺-2 **1800**·2·21 政／**1809**·3·24 政／**1817**·3·22 政／9·21 政／**1846**·1·26 政
仁徳天皇(大鷦鷯尊)　❶ **書紀・応神**

40·1·24 ／**応神 41**·是年／**仁徳 1**·1·3 ／**仁徳 4**·2·6 ／**仁徳 87**·1·16 ／ 10·7
仁明天皇(正良親王) ❶ **833**·2·28 政／ 3·6 政／ **850**·3·21 政
渟中倉太珠敷尊⇨敏達(びだつ)天皇
順仁親王(のぶひと)⇨六條(ろくじょう)天皇
憲仁親王⇨高倉(たかくら)天皇
憲平親王⇨冷泉(れいぜい)天皇
義良(のりよし)親王⇨後村上(ごむらかみ)天皇
御肇国天皇⇨崇神(すじん)天皇
泊瀬部皇子⇨崇峻(すしゅん)天皇
花園天皇(富仁親王) ❸ **1297**·7·25 政／ **1301**·8·24 政／ **1308**·8·26 政／ 11·16 政／ **1313**·6·3 政／ **1318**·2·26 政／ 3·10 政／ **1319**·9·6 政／ **1333**·5·9 政／ 5·28 政／ **1335**·6·17 政／ 11·22 政／ **1342**·11·12 政／ **1345**·12·3 社／ **1348**·11·11 政
反正天皇(瑞歯別尊) ❶ **401**·1·4 ／ **406**·1·2 ／ **410**·1·23 ／ **416**·11·11
東山天皇(朝仁親王) ❺-1 **1675**·9·3 政／ **1682**·3·25 政／ **1683**·2·9 政／ **1687**·1·23 政／ 3·21 政／ 4·28 政／ **1693**·11·26 政／ **1709**·6·21 政／ 7·2 政／ 8·23 文／ 12·17 政
彦仁親王⇨後花園(ごはなぞの)天皇
久仁親王⇨後深草(ごふかくさ)天皇
日高(氷高)皇女⇨元正(げんしょう)天皇
敏達天皇(渟中倉太珠敷尊) ❶ **554**·1·7 ／ **572**·4·3 ／ **585**·8·15 ／ **591**·4·13
英仁親王⇨後桃園(ごももぞの)天皇
檜隈高田武小広国押盾尊⇨宣化(せんか)天皇
熙成親王⇨後亀山(ごかめやま)天皇
裕仁親王⇨昭和(しょうわ)天皇
熈仁親王⇨伏見(ふしみ)天皇
成仁親王⇨後土御門(ごつちみかど)天皇
伏見天皇(熈仁親王) ❷ **1265**·4·23 政／❸ **1287**·10·21 政／ **1288**·3·15 政／ **1290**·2·11 政／ 3·26 政／ **1295**·9·14 政／ **1298**·7·22 政／ **1300**·1·22 政／ **1304**·8月 文／ **1311**·10·3 文／ **1313**·10·14 政／ **1314**·5·20 政／ **1316**·10·2 政／ **1317**·8·2 政／ 9·3 政／ **1318**·3·10 政
武烈天皇(小泊瀬稚鷦鷯尊) ❶ **494**·1·3 ／ **498**·8月／ 12月／ **506**·12·8 ／ **508**·10·3
平城天皇(安殿親王) ❶ **788**·1·15 政／ **792**·6·10 政／ **806**·3·17 政／ 5·18 政／ **809**·4·1 政／ **824**·7·7 政
堀河天皇(善仁親王) ❷ **1079**·7·9 政／ **1083**·4·16 社／ **1086**·11·26 政／ 12·19 政／ **1107**·7·19 政、文／⑩·20 政
誉田別尊⇨応神(おうじん)天皇
勾大兄広国押武金日尊⇨安閑(あんかん)天皇
雅仁親王⇨後白河(ごしらかわ)天皇
正良親王⇨仁明(にんみょう)天皇
益仁親王⇨崇光(すこう)天皇
瑞歯別皇子⇨反正(はんぜい)天皇
方仁親王⇨正親町(おおぎまち)天皇
道康親王⇨文徳(もんとく)天皇
秀仁親王⇨四條(しじょう)天皇
実仁(躬仁)親王⇨称光(しょうこう)天皇
御間城入彦五十瓊殖尊⇨崇神(すじん)天皇
観松彦香殖稲尊⇨孝昭(こうしょう)天皇
睦仁親皇⇨明治(めいじ)天皇
宗仁親王⇨鳥羽(とば)天皇
村上天皇(成明親王) ❶ **946**·4·28 政／ **967**·5·25 政
明治天皇(睦仁親王、孝明天皇第二皇子、母中山慶子) ❺-2 **1852**·9·22 政
明治天皇践祚 ❻ **1867**·1·9 政／ **1868**·8·27 政
明治天皇肖像画 ❻ **1874**·是年 文／ **1888**·1·14 文
明治天皇肖像写真 ❻ **1873**·6·4 政／ **1874**·3·3 政／ 4·10 政／ **1875**·5·27 社／ **1882**·6·23 政／ 8·18 政／ **1883**·1·31 政／ **1891**·11·17 文／ **1892**·3·19 文
明治天皇御真影下付 ❻ **1873**·11·20 政／ **1887**·9·27 政
明治天皇遷幸未遂事件(佐久間象山) ❻ **1864**·6·27 政
明治天皇大婚二十五周年 ❻ **1894**·3·9 政
明治天皇奪取計画(古高俊太郎) ❻ **1864**·6月 社
明治天皇立太子 ❻ **1860**·7·10 政
明治天皇 ❼ **1912**·7·30 政／ 8·27 政／ 9·13 政／ **1913**·11·3 社
明正天皇(興子内親王) ❺-1 **1623**·11·19 政／ **1628**·8·2 政／ **1629**·5·7 政／ 11·8 政／ **1630**·9·12 政／ **1642**·6·18 政／ **1643**·10·3 政／ **1662**·11·4 政／ **1692**·9·26 政／ **1696**·11·10 政
幹仁(もとひと)親王⇨後小松(ごこまつ)天皇
桃園天皇(遐仁親王) ❺-2 **1741**·2·29 政／ **1746**·1·21 政／ **1747**·3·16 政／ 5·2 政／ 9·21 政／ **1762**·7·12 政
守仁親王⇨二條(にじょう)天皇
守平親王⇨円融(えんゆう)天皇
守成親王⇨順徳(じゅんとく)天皇
師貞親王⇨花山(かざん)天皇
師仁親王⇨光格(こうかく)天皇
文徳天皇(道康親王) ❶ **850**·3·21 政／ 4·17 政／ **851**·2·13 社／ **858**·8·27 政／ **859**·8·21 社
文武天皇(軽·珂瑠皇子) ❶ **697**·8·1 政／ **701**·9·9 政／ 9·18 政／ **707**·6·15 政
懐仁(やすひと)親王⇨一條(いちじょう)天皇
慶仁(やすひと)親王⇨中御門(なかみかど)天皇
日本足彦国押人尊⇨孝安(こうあん)天皇
山部親王⇨桓武(かんむ)天皇
雄略天皇(大泊瀬幼武尊) ❶ **453**·11月／ **454**·2月／ **456**·11·13 ／ **479**·8·7 ／ **480**·10·9 ／ **492**·2·5
寛明親王⇨朱雀(すざく)天皇
寛成親王⇨長慶(ちょうけい)天皇
豊仁親王⇨光明(こうみょう)天皇
茂仁親王⇨後堀河(ごほりかわ)天皇
陽成天皇(貞明親王) ❶ **876**·11·29 政／ **877**·1·3 政／ **884**·2·4 政／ **913**·9·9 文／ **949**·9·29 政
用明天皇(橘豊日尊) ❶ **585**·9·5 ／ **587**·4·9 ／ **593**·9月／ **607**·是年 文
嘉仁親王⇨大正(たいしょう)天皇
世仁親王⇨後宇多(ごうだ)天皇
履中天皇(去来穂別尊) ❶ 書紀·仁徳 **31**·1·15 ／**履中 1**·2·1 ／ **400**·2·1 ／ **405**·3·15 ／❺-2 **1732**·8·6 政
霊元天皇(識仁親王) ❺-1 **1654**·5·2 政／ **1663**·1·26 政／ 4·27 政／ **1675**·11·25 政／ **1678**·9·6 文／ **1682**·3·25 政／ **1687**·3·21 政／ **1693**·11·26 政／ **1710**·是春 社／ **1713**·8·16 政
冷泉天皇(憲平親王) ❶ **950**·5·24 政／ **967**·5·25 政／ **969**·8·13 政／❷ **1008**·12·5 政／ **1011**·10·24 政／ **1012**·10·24 政
六條天皇(順仁親王) ❷ **1164**·11·14 政／ **1165**·6·25 政／ 7·27 政／ **1168**·2·19 政／ **1176**·7·17 政
稚足彦尊⇨成務(せいむ)天皇
稚日本根子彦大日日尊⇨開化(かいか)天皇

天皇関連その他

安閑·欽明両朝分立 ❶ **531**·2·7
皇嗣につき幕府の指示 ❷ **1242**·1·9 政
三后を立つ ❷ **1018**·10·16 政
「朕」から「わたくし」へ ❽ **1947**·6·23 政／ **1948**·11·8 政
女性天皇 ❾ **2005**·11·24 政
臣籍から天皇へ ❶ **887**·8·26 政
勅会廃止 ❻ **1871**·9·2 社
天皇·皇后写真展 ❻ **1874**·6·15 政
天皇が政を聴く ❶ **871**·2·14 政
天皇旗·皇后旗·親王旗 ❻ **1889**·9·30 政
天皇行幸礼 ❻ **1873**·3·7 政
天皇家財産 ❽ **1945**·10·30 政／ **1947**·2·24 政
天皇後継者男系 ❻ **1889**·2·11 政
天皇親裁問題 ❻ **1887**·9·28 政
天皇制問題 ❽ **1945**·10·18 社／ 10·31 政／ 11·21 社／ **1946**·3·6 政／❾ **2003**·6·21 政
天皇践祚の費用 ❹ **1501**·8·19 政
天皇即位料 ❹ **1501**·12·13 政
天皇尊号と国風諡号 ❶ **631**·是年 社
天皇の諱使用禁止 ❶ **768**·5·3 政／ **785**·5·3 政
天皇の漢風諡号 ❶ **630**·是年 社
天皇不敬罪 ❻ **1882**·8·18 政／ **1883**·1·12 政
南朝の子孫 ❹ **1470**·12·6 政／ **1479**·11月 政／ **1499**·11月 政
南方王(宮) ❹ **1457**·11·2 政／ **1458**·6月 政／ **1478**·11·4 政／ **1489**·12·5 政
歴代天皇の追号の読み方を定める ❽ **1940**·7·5 文

天皇陵

山陵 ❶ **760**·12·12 政／ **778**·3·23 政
山陵修理·造営 ❶ **699**·10·20 政
十陵五墓 ❶ **884**·12·20 政
十陵四墓 ❶ **858**·12·9 社／ **872**·12·13 政
十陵八墓 ❶ **930**·12·9 政
垂仁天皇陵 ❺-2 **1844**·是年 社
成務天皇陵 ❺-2 **1844**·是年 社
多摩陵 ❼ **1927**·2·7 政
天皇陵盗掘者 ❺-2 **1851**·2·4 文

武蔵陵墓地　❼ 1927・1・3 政
歴代天皇の陵墓修理　❺-1 1699・4月 政／1703・元禄年間 政／❺-2 1719・2月 政／1796・11月 政／1800・是年 政

女院・中宮

女院・中宮の名称、制度など

中宮　❺-2 1794・3・1 政
女院・中宮に関する規則　❺-1 1626・10・4 政
女院以下の衣服　❺-1 1663・10・25 政
女院号　❶ 991・9・16 政
女院御料　❺-2 1772・10・16 政
女御　❺-2 1751・11・27 政／1755・11・26 政／1817・12・11 政／1825・8・22 政／1848・12・15 政
女御代　❷ 1036・11・17 政／1087・10・22 政
門院号　❷ 1026・1・19 政
章子内親王(二條院)　❷ 1026・12・9 政／1033・1・9 文／1037・12・13 政／1045・1・16 政／1046・7・10 政／1068・4・17 政／1069・7・3 政／1074・6・16 政／1105・9・17 政
姉小路定子(開明門院)　❺-2 1741・3・29 政／1763・2・10 政／1789・9・22 政
阿野(藤原)廉子(新待賢門院)　❸ 1332・3・7 政／1349・3・10 文／1351・12・28 政／1359・4・29 政
安嘉門院⇨邦子(くにこ)内親王
安喜門院⇨藤原有子(ふじわらゆうし)
郁芳門院⇨媞子(ていし)内親王
一條富子(恭礼門院)　❺-2 1755・11・26 政／1758・7・2 政／1768・2・19 政／1771・7・9 政／1795・11・30 政
五辻(藤原)忠子(談天門院)　❸ 1318・4・12 政／1319・11・15 政
今出河院⇨藤原嬉子(ふじわらきし)
殷富門院⇨亮子(りょうし)内親王
陰明門院⇨藤原麗子(ふじわられいし)
永安門院⇨穠子(じょうし)内親王
永嘉門院⇨瑞子(ずいし)女王
媖子内親王(陽徳門院)　❸ 1302・3・15 政／1342・11・1 政／1352・8・11 政
永子内親王(章善門院)　❸ 1309・2・3 政／1316・8・27 政／1338・3月 政
永福門院⇨藤原鏱子(ふじわらしょうし)
永陽門院⇨久子(きゅうし)内親王
懌子内親王(五條院)　❸ 1289・12・10 政／1294・11・25 政
悦子内親王(延政門院)　❸ 1284・2・28 政／1332・2・10 政
延子内親王(延明門院)　❸ 1315・2・24 政／1317・9・28 政
延政門院⇨悦子(えつし)内親王
延明門院⇨延子(えんし)内親王
正親町院⇨覚子(かくし)内親王
正親町雅子(新待賢門院)　❺-2 1831・6・14 政／1850・2・27 政
開明門院⇨姉小路定子(あねがこうじさだこ)
覚子(かくし)内親王(正親町院)　❷ 1243・6・26 政／❸ 1285・8・23 政
勧修寺藤子(豊楽門院)　❹ 1527・4・27 文／5・16 文／1535・1・11 政
勧修寺晴子(新上東門院)　❹ 1588・4・14 政／1600・12・29 政／❺-1 1620・2・18 政
高陽院⇨藤原泰子(ふじわらたいし)
嘉陽門院⇨礼子(れいし)内親王
嘉楽門院⇨藤原信子(ふじわらしんし)
徽安門院⇨寿子(じゅし)内親王
憙子内親王(昭慶門院)　❸ 1296・8・11 政／1324・3・12 政
暉子内親王(室町院)　❷ 1243・12・14 政／❸ 1300・5・3 政
義子内親王(和徳門院)　❷ 1261・3・8 政／❸ 1289・12・7 政
宜秋門院⇨藤原任子(ふじわらにんし)
北白河院⇨藤原陳子(ふじわらちんし)
北山院⇨藤原(日野)康子(ふじわらこうし)
紀　仲子(崇賢門院)　❸ 1383・4・25 政／1402・3・16 政／1406・5・9 政／1427・5・20 政
久子内親王(永陽門院)　❸ 1294・2・7 政／1346・4・25 政
京極院⇨藤原佶子(ふじわらきっし)
恭礼門院⇨一條富子(いちじょうとみこ)
欣子内親王(新清和院)　❺-2 1794・3・1 政／1841・①・22 政／1846・6・20 政
覲子内親王(宣陽門院)　❷ 1191・6・26 政／1239・12月 社／1246・1・10 文／1252・6・8 政
櫛笥隆子(逢春門院)　❺-1 1685・5・22 政
櫛笥賀子(新崇賢門院・四條局)　❺-1 1709・3・26 政／6・21 政／1710・12・29 政
九條院⇨藤原呈子(ふじわらていし)
邦子内親王(安嘉門院)　❷ 1221・12・1 政／1224・8・4 政／1229・9・19 政／1238・4月 社／1267・9月 社／❸ 1283・9・4 政
敬法門院⇨松木宗子(まつきそうし)
月華門院⇨綜子(そうし)内親王
玄輝門院⇨藤原愔子(ふじわらいんし)
建春門院⇨平滋子(たいらしげこ)
顕親門院⇨藤原季子(ふじわらきし)
建礼門院⇨平徳子(たいらとくし)
皇嘉門院⇨藤原聖子(ふじわらせいし)
広義門院⇨西園寺寧子(さいおんじねいし)
五條院⇨懌子(えきし)内親王
近衛維子(盛化門院・皇太后維子)　❺-2 1768・11・25 政／1772・12・4 政／1782・9・3 政／1783・10・12 政
近衛前子(中和門院)　❺-1 1611・3・27 政／1620・6・2 政／1626・9・6 政／1629・5・7 政／10・7 文／1630・7・3 政
近衛尚子(新中和門院)　❺-2 1720・1・20 政／1720・1・27 政
西園寺(藤原)寧子(広義門院)　❸ 1306・4・15 政／1309・1・13 政／1352・6・3 政／1357・⑦・22 政
朔平門院⇨璹子(じゅし)内親王
三條(藤原)厳子(通陽門院)　❸ 1338・3・2 政／1381・9・3 政／1396・7・24 政／1406・12・27 政
式乾門院⇨利子(りし)内親王
敷政門院⇨庭田幸子(にわたこうし)
七條院⇨藤原殖子(ふじわらしょくし)
修明門院⇨藤原重子(ふじわらじゅうし)
姝子内親王(高松院)　❷ 1159・2・21 政／12・25 政／1160・8・19 政／1162・2・5 政
璹子内親王(朔平門院)　❸ 1309・6・27 政／1310・10・8 政／1329・8・29 政
寿子内親王(徽安門院)　❸ 1337・2・3 政／1358・4・2 政
寿成門院⇨媺子(へんし)内親王
春華門院⇨昇子(しょうし)内親王
珣子内親王(新室町院)　❸ 1333・12・7 政／1337・1・16 政／5・12 政
昭訓門院⇨藤原瑛子(ふじわらえいし)
昭慶門院⇨憙子(きし)内親王
上西門院⇨統子(恂子・とうし)内親王
暲子内親王(八條院)　❷ 1141・8・4 政／1161・12・16 政
昇子内親王(春華門院)　❷ 1203・2・20 政／1208・8・8 政／1209・4・25 政／1211・11・8 政
奨子内親王(達智門院)　❸ 1319・3・27 政／11・15 政／1339・是冬 文／1348・11・2 政
穠子(じょうし)内親王(永安門院)　❷ 1251・11・13 政／1279・11・21 政
承秋門院⇨幸子(よしこ)女王
章善門院⇨永子(えいし)内親王
上東門院⇨藤原彰子(ふじわらしょうし)
承明門院⇨源在子(みなもとざいし)
新朔平門院⇨鷹司祺子(たかつかさやすこ)
新上西門院⇨鷹司房子(たかつかさふさこ)
新上東門院⇨勧修寺晴子(かじゅうじはれこ)
新崇賢門院⇨櫛笥賀子(くしげよしこ)
新清和院⇨欣子(きんし)内親王
神仙門院⇨軆子(たいし)内親王
新待賢門院⇨阿野廉子(あのれんし)
新待賢門院⇨正親町雅子(おおぎまちなおこ)
新中和門院⇨近衛尚子(このえひさこ)
新室町院⇨珣子(じゅんし)内親王
新陽明門院⇨藤原位子(ふじわらいし)
瑞子女王(永嘉門院)　❸ 1302・1・20 政／1318・8・16 政／1323・7・21 政／1324・3・23 政／1329・8・29 政
崇賢門院⇨紀仲子(きなかこ)
崇明門院⇨禖子(ばいし)内親王
盛化門院⇨近衛維子(このえこれこ)
青綺門院⇨二條舎子(にじょういえこ)
宣光門院⇨藤原実子(ふじわらじっし)
宣仁門院⇨藤原彦子(ふじわらげんし)
宣陽門院⇨覲子(きんし)内親王
綜子内親王(月華門院)　❷ 1263・7・27 政／1269・3・1 政
藻璧門院⇨藤原竴子(ふじわらしゅんし)
園光子(壬生院)　❺-1 1656・2・11 政
待賢門院⇨藤原璋子(ふじわらしょうし)
軆子内親王(神仙門院)　❸ 1301・12・17 政
平滋子(建春門院、小弁局、東御方)　❷ 1165・12・25 政／1167・1・20 政／1168・7・25 社／1169・4・12 政／10・15 政／1170・10・19 文／1172・5月 社／7・21 政／1173・10・21 社／1174・1・23 政／3・16 政／1175・是秋 政
平徳子(建礼門院)　❷ 1171・12・2 政／1172・2・10 政／1178・10・10 文／11・12 政／1180・2・21 政／1181・11・25 政／1183・7・25 政／1185・3・24 政／4・12 政／5・1 政／6・21 政／10月 政／1186・4月 政／1187・2・1 政
孝子内親王(礼成門院)　❺-2 1725・6・26 政

鷹司院⇨藤原長子(ふじわらちょうし)
鷹司房子(新上西門院)　❺-1 **1669**·11·21 政／**1683**·2·14 政／2·14 文／**1687**·3·25 政／**1712**·4·14 政
鷹司祺子(新朔平門院)　❺-2 **1825**·8·22 政／**1847**·10·10 政
高松院⇨姝子(しゅし)内親王
達智門院⇨奨子(しょうし)内親王
談天門院⇨五辻忠子(いつつじちゅうし)
中和門院⇨近衛前子(このえさきこ)
長楽門院⇨藤原忻子(ふじわらきんし)
通陽門院⇨三條厳子(さんじょうたかこ)
禎子内親王(陽明門院)　❷ **1018**·5·5 文／**1027**·3·23 政／**1028**·11·9 政／**1034**·7·18 政／**1037**·2·13 政／3·1 政／**1069**·2·17 政／**1077**·1·11 政／**1094**·1·16 政
媞子内親王(郁芳門院)　❷ **1077**·1·1 政／**1078**·8·2 社／**1083**·10月 文／**1090**·11·29 政／**1091**·1·22 政／**1093**·1·19 政／5·5 文／**1095**·6·26 政／**1096**·8·7 政
諦子内親王(明義門院)　❷ **1235**·12·21 政／**1236**·12·21 政／**1243**·3·29 政
統子内親王(恂子、上西門院)　❷ **1134**·12·5 文／**1143**·9·29 政／**1158**·2·3 政／**1159**·2·13 政／**1189**·7·20 政
徳川和子(東福門院)　❺-1 **1608**·9·26 政／**1614**·3·8 政／**1618**·6·21 政／**1619**·9·5 政／**1620**·5·8 政／6·18 政／7·28 文／8·18 政／**1621**·10·21 文／**1622**·11·23 文／**1623**·11·19 政／**1624**·4·16 政／11·28 政／**1625**·3·6 文／**1626**·3·10 文／9·6 政／11·13 政／**1629**·9·10 政／11·9 政／**1634**·是年 社／**1638**·1·9 政／**1660**·5·12 文／**1664**·3·16 文／**1666**·4·14 文／**1667**·3·12 文／9·6 文／**1668**·3·21 文／**1673**·3·13 文／**1677**·10·11 政／**1678**·6·15 政／**1684**·4·6 社
二條舎子(青綺門院)　❺-2 **1740**·8·2 政／8·3 政／**1750**·6·26 政／**1790**·1·29 政
二條院⇨章子(あきこ)内親王
庭田(源)幸子(敷政門院)　❸ **1448**·3·4 政／4·13 政
禖子内親王(崇明門院)　❸ **1331**·10·25 政
八條院⇨暲子(しょうし)内親王
範子内親王(坊門院)　❷ **1176**·6·27 社／**1198**·3·3 政／**1206**·9·2 政／**1210**·4·12 政
万秋門院⇨藤原頊子(ふじわらぎょくし)
東二條院⇨藤原公子(ふじわらこうし)
美福門院⇨藤原得子(とくし)
藤原詮子(東三條院)　❶ **991**·9·16 政／**997**·1·2 政／8·3 社／**999**·3·16 政
藤原(近衛)位子(新陽明門院)　❷ **1275**·2·22 政／3·28 政／**1296**·1·22 政
藤原愔子(玄輝門院)　❸ **1288**·12·16 政／**1329**·8·30 政
藤原瑛子(昭訓門院)　❸ **1301**·3·19 政／**1336**·6·26 政
藤原(西園寺)嬉子(今出河院)　❷ **1007**·1·5 社／**1021**·2·1 政／**1025**·8·5 政／**1261**·6·20 政／8·20 政／**1266**·12·6 政／**1268**·12·6 政／❸ **1318**·4·25 政／7·28 政
藤原禧子(礼成門院·後京極院)　❸ **1319**·8·7 政／**1332**·2月 文／5·20 政／**1333**·10·12 政
藤原(洞院)季子(顕親門院)　❸ **1326**·2·7 政／**1336**·2·13 政
藤原(洞院)佶子(京極院)　❷ **1260**·12·22 政／**1261**·2·8 政／8·20 政／**1271**·8·9 政／**1272**·8·9 政／**1274**·1·26 政
藤原頊子(万秋門院)　❸ **1320**·2·26 政／**1338**·3·26 政
藤原忻子(長楽門院)　❸ **1302**·2·1 政／8·22 政／**1303**·9·24 政／**1310**·12·19 政／**1352**·2·1 政
藤原彦子(宣仁門院)　❷ **1241**·12·17 政／**1243**·2·23 政／**1262**·1·5 政
藤原公子(東二條院)　❷ **1256**·11·17 政／**1257**·1·29 政／**1259**·12·19 政／❸ **1304**·1·21 政
藤原(日野)康子(北山院)　❸ **1402**·3·16 政／**1406**·5·9 政／10·19 政／12·27 政／**1407**·2·18 政／3·5 政／4·5 政／5·17 政／**1419**·11·11 政
藤原(正親町)実子(宣光門院)　❸ **1338**·4·28 政／**1340**·9·8 文／**1360**·9·5 政
藤原(三條)秀子(陽禄門院)　❸ **1352**·10·29 政／11·28 政
藤原重子(修明門院)　❷ **1207**·6·7 政／**1210**·4·20 政／**1264**·8·29 政
藤原(九條)竴子(藻璧門院)　❷ **1229**·11·16 政／**1230**·2·16 政／**1231**·8月 政／**1232**·10·4 政／**1233**·4·3 政／6·5 文／9·18 政
藤原彰子(上東門院)　❷ **1006**·3·4 政／**1007**·1·5 社／**1008**·1·2 文／4·13 政／9·11 政／**1009**·1·30 政／**1012**·2·14 政／9·6 社／**1015**·9·30 文／**1022**·1月 文／10·13 社／**1026**·1·19 政／**1027**·1·3 政／**1028**·12·28 文／**1031**·9·6 政／9·25 政／**1033**·是年 政／**1035**·3·25 文／**1036**·4·17 政／**1037**·10·23 政／**1041**·12·19 政／**1044**·10·9 社／**1057**·3·14 社／**1070**·11·7 社／**1074**·10·3 政／**1123**·1·28 政／**1155**·7·24 政
藤原璋子(待賢門院)　❷ **1105**·12·29 政／**1117**·12·13 政／**1118**·1·26 政／5·18 社／10·26 文／**1119**·11·27 文／**1124**·11·24 政／**1125**·3·6 政／**1126**·11·7 政／**1127**·9·11 政／**1131**·8·24 政／**1132**·2·18 社／**1133**·6·11 社／9·13 文／**1134**·1·13 政／10·20 政／**1138**·2·23 政／**1141**·2·28 社／**1142**·2·26 政／**1143**·9·29 政／10·11 政／**1145**·8·22 政
藤原(西園寺)鏱子(永福門院)　❸ **1288**·6·8 政／8·20 政／**1298**·8·21 政／**1314**·2·9 政／**1316**·6·23 政／**1342**·5·7 政
藤原殖子(七條院)　❷ **1183**·8·20 政／**1190**·4·22 政／**1195**·3·12 社／**1196**·2·2 政／**1197**·4·22 政／**1202**·5·18 社／**1228**·9·16 政
藤原信子(嘉楽門院)　❹ **1488**·4·28 政
藤原聖子(皇嘉門院)　❷ **1129**·1·9 政／**1130**·2·21 政／12·9 文／**1141**·12·27 政／**1150**·2·27 政／**1156**·10·11 政／**1170**·④·16 文／**1171**·5·24 社／**1174**·2·25 政／**1175**·5·12 政／**1180**·5·11 政／**1181**·9·20 文／12·4 政／**1182**·1·18 社／**1194**·8·16 社
藤原泰子(勲子、高陽院)　❷ **1133**·6·29 政／**1134**·3·19 政／**1139**·7·27 政／7·28 政／**1141**·2·22 政／5·5 政／**1155**·12·16 政
藤原(近衛)長子(鷹司院)　❷ **1226**·6·19 政／7·29 政／**1229**·4·18 政／**1246**·1·10 文／**1275**·2·11 政
藤原陳子(北白河院)　❷ **1222**·7·11 政／**1238**·10·3 政
藤原呈子(九條院)　❷ **1150**·4·28 政／6·22 政／**1156**·10·27 政／**1158**·2·3 政／**1168**·3·14 政／**1176**·9·19 政
藤原得子(美福門院)　❷ **1139**·5·18 政／8·27 政／**1140**·2·23 政／**1141**·2·21 政／2·25 政／3·7 政／8·4 政／12·7 政／12·27 政／**1142**·1·19 政／**1149**·8·3 政／**1152**·3·19 政／**1154**·1·13 政／**1155**·8·15 政／**1156**·6·12 政／**1159**·7·1 文／11·3 社／**1160**·11·23 政／12·2 社
藤原任子(宜秋門院)　❷ **1190**·1·11 政／4·26 政／**1191**·7·11 文／**1192**·1·8 文／**1196**·11·25 政／**1200**·6·28 政／**1204**·4·23 政／**1270**·11月 文
藤原有子(安喜門院)　❷ **1223**·2·25 政／**1226**·7·29 政／**1227**·2·20 政／❸ **1286**·2·6 政
藤原麗子(陰明門院)　❷ **1205**·4·7 政／7·11 政／**1210**·3·19 政／**1213**·6·8 文／**1243**·9·18 政
豊楽門院⇨勧修寺藤子(かじゅうじとうし)
媖子内親王(寿成門院)　❸ **1320**·8·23 政／**1362**·5·20 政
逢春門院⇨櫛笥隆子(くしげたかこ)
坊門院⇨範子(はんし)内親王　❺-2 **1732**·8·30 政
松木宗子(敬法門院)　❺-1 **1687**·3·21 政／**1711**·12·23 政
源　在子(ざいし·承明門院)　❷ **1198**·1·11 政／**1202**·1·15 政／**1257**·7·5 政
壬生院⇨園光子(そのみつこ)
室町院⇨暉子(きし)内親王
明義門院⇨諦子(ていし)内親王
遊義門院⇨姈子(れいし)内親王
陽徳門院⇨媖子(えいし)内親王
陽明門院⇨禎子(ていし)内親王
陽禄門院⇨藤原秀子(ふじわらしゅうし)
幸子女王(承秋門院)　❺-1 **1708**·2·27 政／❺-2 **1720**·2·10 政
利子内親王(式乾門院)　❷ **1226**·11·26 社／**1233**·6·20 政／**1239**·11·12 政／**1251**·1·2 政
亮子内親王(殷富門院)　❷ **1156**·4·19 社／**1182**·8·14 政／**1187**·6·28 政／**1216**·4·2 政
礼子内親王(嘉陽門院)　❷ **1204**·6·23 社／**1214**·6·10 政／**1273**·8·2 政

姈子内親王(遊義門院)　❸ 1285·8·19 政／1291·8·12 政／1307·7·24 政／1323·6·14 政
礼成門院⇨孝子(たかこ)内親王
礼成門院⇨藤原禧子(ふじわらきし)
和徳門院⇨義子(ぎし)内親王
その他
宮中顧問官　❻ 1885·12·22 政
熊澤天皇出現　❽ 1946·1·18 社
皇宮警察署　❻ 1886·5·1 政
朝廷に献金　❹ 1501·12·13 政／1533·10·29 政／1534·4·24 政／1535·1·3 政／9·3 政／1540·9·28 政／1541·8·6 政／1543·2·14 政／7·23 政／1544·4·20 政／1560·2·12 社／7·20 政／1563·1·27 政
朝廷復古　❺-2 1728·是年 政
女房奉書　❹ 1475·10·2 文
みくに奉仕団　❽ 1945·12·8 社

4　官庁·官職

王·王権下の重職など

共食者(あいたげびと)　❶ 470·4·1
石上部舎人　❶ 490·2·1
大連(おおむらじ)　❶ 507·2·4／531·2 月／536·2·1／539·12·5／572·4·1
臣(おみ)　❶ 646·1·1 政／2·15 政／684·10·1 政
海師(唐)　❶ 605·10 月 政
勘王世所　❶ 846·3·9 政
覓国使(くにまぎし)　❶ 700·6·3 政
五大夫　❶ 書紀·垂仁 25·2·8
西海使　❶ 656·是年 政／657·是年 政／658·是年 政
使持節都督　❶ 425·9·12／451·7 月／462·4 月／477·11·29／478·7 月／479·是年／482·11 月
使持節都督倭·百済·新羅·任那·秦韓·慕韓六国将軍安東大将軍　❶ 438·4 月
俊士　❶ 993·是年 文
臣⇨臣(おみ)
新皇　❶ 939·12·15 政
親魏王　❶ 239·是年
親魏倭王　❶ 238·12 月
摂海防禦指揮　❻ 1864·3·25 政
卒善中郎将　❶ 238·12 月／243·是年／247·是年
中山王　❺-1 1669·是年 政
伴造　❶ 645·7·13 政／646·1·1 政
平西·征虜·冠軍·輔国将軍　❶ 425·是年／438·4 月
大夫(まえつきみ)　❶ 57·是年／238·6 月／239·6 月／243·是年／536·2·1／643·6·23 政／645·7·13 政／646·1·1 政／692·9·9 政
力人(護衛)　❶ 644·11 月 政
潞州大都督　❶ 770·1 月 政
倭(国)王　❶ 239·是年／243·是年／312·3 月／390·是年／418·是年／420·是年／421·2·10／425·9·12／430·1 月／438·4 月／443·是年／451·是年／462·是年／477·11·29／478·是年／479·是年／482·是年／502·是年
倭王(讃)　❶ 418·是年／420·是年／425·9·12／430·1 月
倭王(済)　❶ 438·4 月／451·7 月
倭王(珍)　❶ 438·4 月
倭王(武)　❶ 478·是年／479·是年／482·是年／502·是年
倭王世子(興)　❶ 462·3 月／是年／478·是年
倭·百済·新羅·任那·加羅·秦韓·慕韓七国諸軍事　❶ 462·是年
倭·百済·新羅·任那·秦韓·慕韓六国諸軍事　❶ 425·是年／451·7 月
倭·新羅·任那·加羅·秦韓·慕韓六国諸軍事　❶ 478·是年
倭·新羅·任那·伽羅·秦韓·慕韓六国諸軍事　❶ 482·是間
倭·新羅·任那·加羅·秦韓六国諸軍事(慕韓が脱落か)　❶ 479·是年

官庁·その他機関(内閣制度導入後)

制度·法令

官吏服務紀律改正　❽ 1947·5·2 政
行政機関職員定員法　❽ 1949·5·31 政
軍事参事官条例　❻ 1887·6·2 政
高等文官司法科試験　❽ 1938·11·1 社
政府文官任命令　❼ 1899·3·28 政／1913·7·31 政
運輸省　❽ 1945·5·19 政／1949·6·1 政／❾ 2001·1·6 政
運輸通信省　❽ 1943·11·1 政
大蔵省　❻ 1873·12·4 政／❽ 1947·9·13 政／1949·6·1 政／7·26 社
海軍省　❻ 1873·12·4 政／1885·12·22 政／❽ 1945·11·30 政
外国為替管理委員会　❽ 1952·8·1 政
海上保安庁　❽ 1948·4·27 政／5·1 政／1950·7·8 政
海務院　❽ 1943·11·1 政
外務官吏研修所　❽ 1946·3·1 政
外務省　❻ 1885·12·22 政／❽ 1949·5·31 政／6·1 政／1960·6·4 政
科学技術庁　❽ 1956·3·31 政
韓国統監(府)　❼ 1905·11·17 政／12·20 政／1906·2·1 政／1910·5·30 政／10·1 政
関東都督府(関東総督府、関東庁)　❼ 1905·10·17 政／1906·8·1 政／1907·3·20 政／1912·4·26 政／1919·4·12 政
企画院　❽ 1937·10·25 政／1943·11·1 政
企画審議会　❽ 1938·2·19 政
企画庁　❽ 1937·5·14 政
行政管理庁　❽ 1948·7·1 政
宮内省　❻ 1869·7·8 政
宮内庁(宮内府)　❽ 1949·6·1 政
軍需省　❽ 1943·11·1 政／1945·8·26 政／9·30 政
経済安定本部　❽ 1946·8·12 政／1952·8·1 政
経済企画庁　❽ 1955·7·20 政
経済審議庁　❽ 1952·8·1 政
経済調査庁　❽ 1948·8·1 政
建設院　❽ 1947·12·26 政／1948·7·8 政
建設省　❽ 1948·7·8 政／❾ 2001·1·6 政
興亜院　❽ 1938·12·16 政
公安調査庁　❽ 1952·3·27 政／7·21 政
公益事業委員会　❽ 1952·8·1 政
工業技術庁·院　❽ 1948·8·1 政／1952·8·1 政／1953·8·1 政
航空庁　❽ 1950·12·12 政
厚生省　❽ 1938·1·11 政／1941·8·1 社／1949·5·31 政／6·1 政／❾ 2001·1·6 政
厚生労働省　❾ 2001·1·6 政
広報室　❽ 1960·6·30 政
国際経済局(外務省)　❽ 1951·4·29 政
国政院官制　❼ 1920·5·15 政
国土交通省　❾ 2001·1·6 政
財務省　❾ 2001·1·6 政
自治庁·自治省　❽ 1952·7·31 政／8·1 政／1960·6·30 政／7·1 政
司法省　❻ 1885·12·22 政／❽ 1947·12·17 政／1948·2·14 政
商工省　❼ 1925·3·31 政／❽ 1943·11·1 政／1945·9·26 政／1949·5·24 政
商工省統制局　❽ 1937·5·1 政
情報局官制　❽ 1940·12·6 政
情報部(局)　❽ 1938·9·27 政／1945·9·27 政
商務院官制　❼ 1921·10·10 政
人事院　❽ 1948·11·9 政／11·30 政／12·8 政／1949·9·17 政／1951·1·16 政
水産庁　❽ 1948·7·1 政
枢密院官制　❻ 1888·4·30 政／5·1 政／❽ 1947·5·2 政
石炭庁　❽ 1945·12·14 政／1948·5·10 政／1949·5·24 政
戦災復興院　❽ 1945·11·5 政
総合計画局　❽ 1944·11·1 政
総務省　❾ 2001·1·6 政
総理府　❽ 1949·5·31 政／6·1 政
大東亜省　❽ 1942·9·1 政／11·1 政／1945·8·26 政／9·30 政

台湾総督府　❼ 1896・3・31 政／1897・2・24 政／10・21 政／❽ 1945・10・25 政
拓殖局・拓殖務省・拓務省　❼ 1896・3・31 政／1897・9・1 政／1910・6・22 政／1917・7・31 政／1929・6・10 政／❽ 1942・11・1 政
地方自治庁　❽ 1949・5・31 政／1952・7・31 政
地方総監府　❽ 1945・6・10 政
朝鮮総督(府)　❼ 1910・8・29 政／9・30 政／10・1 政／1913・10・31 政／1919・8・12 政／8・20 政／1927・12・10 政／1929・8・17 政／1931・6・17 政／1936・8・5 政／❽ 1945・9・19 政
通商産業省　❽ 1949・5・24 政／1953・8・1 政
逓信省・逓信院　❻ 1885・12・22 政／❽ 1943・11・1 政／1945・4・18 政／5・19 政／1946・7・1 政
逓信省航空保安部　❽ 1946・7・1 政
帝都復興院　❼ 1923・9・27 政
鉄道省　❼ 1920・5・15 政／❽ 1943・11・1 政
電気通信省　❽ 1949・5・31 政／1952・8・1 政
統計院　❻ 1881・5・30 政
島庁(小笠原・八重山・八丈島・隠岐など)　❼ 1909・3・30 政
特別調達庁(占領軍用、経済安定本部)　❽ 1947・4・28 政／9・1 政／1949・5・31 政／1951・6・11 政／1952・4・28 政／1962・5・15 政
内閣情報局　❽ 1945・12・31 社
内閣情報部　❽ 1937・9・25 政／1940・12・6 政／1945・5・9 文
内閣調査局　❽ 1937・5・14 政／1952・4・9 政
内閣法制局　❽ 1947・12・17 政／1948・2・14 政
内務省　❻ 1873・11・10 政／1885・12・22 政／❽ 1947・6・27 政／11・14 政／12・31 政
　内務省復興局　❼ 1930・3・31 政
南洋委任統治　❼ 1935・1・10 政
南洋庁(島勢調査規則)　❼ 1925・5・29 政
入国管理庁　❽ 1951・10・4 政／11・1 政
農商省　❻ 1885・12・22 政／❽ 1943・11・1 政／1945・8・26 政
農林省　❼ 1925・3・31 政／❽ 1943・11・1 政／1945・8・26 政／1949・5・31 政
　農林省林野局　❽ 1947・3・31 政
賠償庁　❽ 1948・2・1 政
引揚援護庁　❽ 1948・5・31 政／1954・3・27 政
復員省(第一、第二)　❽ 1945・11・30 政／12・1 政／1946・6・15 政
復員庁　❽ 1946・6・15 政／1947・10・15 政
保安庁　❽ 1952・7・31 政／8・1 政
貿易省・庁　❽ 1939・9・26 政／10・3 政／1945・12・14 政／1949・5・24 政
法典調査会　❻ 1893・3・22 政
法務庁　❽ 1947・12・17 政／1948・2・14 政
北海道開発局　❽ 1951・5・15 政
北海道庁　❻ 1886・1・26 政
文部省　❻ 1885・12・22 政／❽ 1949・5・31 政／6・1 政
文部省官制　❼ 1897・10・9 文
郵政省　❽ 1949・5・31 政
陸軍省　❻ 1885・12・22 政／❽ 1945・11・30 政／12・1 政
陸軍省・海軍省官制　❼ 1900・5・19 政／1913・5・13 政
労働省　❽ 1947・8・30 政／1949・5・31 政
官庁その他役職・機関(明治新政府)
制度・條例
　浦役場の設置　❻ 1876・12・21 政
　官吏、商業兼業禁止　❻ 1875・4・23 社
　貢士の制　❻ 1868・2・11 政
　参議(省卿兼任廃止)　❻ 1880・2・28 政／1881・10・21 政
　三職七科の制　❻ 1868・1・17 政
　三職八局の制　❻ 1868・2・3 政
　七官両局の制　❻ 1868・④・21 政
　納言廃止　❻ 1871・8・10 政
　二官六省の制　❻ 1869・7・8 政
　判任官官等俸給令　❻ 1886・4・30 政
按察使　❻ 1869・7・8 政／1870・9・28 政
右院　❻ 1875・4・14 政／1871・7・29 政
裏役場　❻ 1876・12・21 政
奥羽鎮撫総督　❻ 1868・2・26 政／3・2 政
奥羽追討総督　❻ 1868・6・3 政
大蔵省　❻ 1869・7・8 政／8・11 政／1870・7・10 政／1877・1・17 政／1885・12・22 政／1890・6・24 政
海軍省　❻ 1872・2・28 政／1885・12・22 政
会計科　❻ 1868・1・17 政
会計官　❻ 1868・④・21 政
　会計官東京出張所　❻ 1869・1・24 政
会計局　❻ 1868・2・3 政
会計総裁　❻ 1863・1・23 政
開拓使(庁)　❻ 1869・7・8 政／1871・4・24 政／1872・9・14 政／1875・11・25 政／1882・2・8 政
　樺太開拓使　❻ 1870・2・13 政／1871・8・7 政
　開拓使樺太支庁　❻ 1875・11・20 政
　開拓使長官　❻ 1869・7・13 政
外国科　❻ 1868・1・17 政
外国官　❻ 1868・④・21 政
外国局　❻ 1868・2・3 政
外国事務総督　❻ 1868・1・22 政
外務省　❻ 1869・7・8 政／1877・9・5 政／1885・12・22 政
下問局　❻ 1873・9月 政
監察使　❻ 1868・5・24 政
関八州鎮将　❻ 1868・5・24 政
議事取調局　❻ 1869・4・12 政
議定　❻ 1867・12・9 政／1868・1・17 政／④・21 政／1869・5・13 政
議政官　❻ 1869・4・12 政
九州鎮撫総督　❻ 1868・1・22 政
教導職(教部省)　❻ 1872・4・25 社
京都留守官　❻ 1872・2・24 政／1871・8・23 政
教部省　❻ 1872・3・14 政／1877・1・11 政
刑部省　❻ 1869・7・8 政
金札改所　❻ 1870・⑩・4 政
宮内省　❻ 1869・7・8 政
刑法科　❻ 1868・1・17 政
警保寮(司法省)　❻ 1872・8・28 政
元老院　❻ 1875・4・14 政／7・5 政／1890・10・20 政
公議所(新政府)　❻ 1868・1・26 政／1869・3・7 政
公議人　❻ 1868・8・20 政
工部省　❻ 1870・⑩・20 政／1871・8・14 政／1877・1・11 政／1883・9・22 社
国事御用掛　❻ 1862・12・8 政
国事御用書記掛　❻ 1862・5・11 政
国事参政　❻ 1863・2・13 政／1864・2・29 政
国事寄人　❻ 1863・2・13 政／1864・2・29 政
雇士　❻ 1869・6・27 政
近衛都督　❻ 1872・7・19 政
裁判所(行政)　❻ 1868・1・21 政
裁判所(司法)　❻ 1872・8・3 政／1875・5・24 政／1890・2・10 政
　裁判三人合議制　❻ 1890・1・18 政
左院　❻ 1871・7・29 政／1873・6・25 政／1875・4・14 政
山陰道鎮撫総督　❻ 1868・1・4 政
参事院　❻ 1881・10・21 政
参事会　❻ 1888・4・25 政
三職　❻ 1868・1・17 政／2・3 政／1869・5・13 政
参与　❻ 1867・12・9 政／1868・1・17 政／1869・5・13 政
式部職(宮内省)　❻ 1884・10・3 文
侍補　❻ 1877・9・6 政／1878・5・16 政／1879・10・13 政
　侍補の政治関与問題　❻ 1878・5・16 政
司法省　❻ 1871・7・9 政／1872・8・28 政／1877・1・12 政
集議院　❻ 1869・7・8 政／8・14 政／9・2 政／1870・5・28 政／1873・6・25 政
巡察使　❻ 1870・2・14 政
賞勲事務局　❻ 1876・10・17 政
神祇科　❻ 1868・1・17 政
神祇官　❻ 1868・④・21 政／1869・7・8 政
神祇局　❻ 1868・2・3 政
神祇省　❻ 1872・3・14 政
正院　❻ 1871・7・29 政／1877・1・18 政
政事総裁職　❻ 1867・7・9 政
政体律令取調掛　❻ 1868・10・29 文
制度科　❻ 1868・1・17 政
制度局　❻ 1868・2・3 政／1869・8月 政
制度寮　❻ 1869・4・12 政／5・18 政
宣教使　❻ 1869・7・8 社
総裁　❻ 1867・12・9 政／1868・1・17 政／2・3 政
待詔局(院)　❻ 1869・3・12 政／7・8 政／8・14 政
太政官代　❻ 1868・1・27 政

弾正台　❻ **1869**·7·8 政
朝議参預　❻ **1863**·12·30 政／**1864**·1·13 政
徴士　❻ **1869**·6·27 政
勅任·奏任·判任　❻ **1872**·1·20 政
逓信省·逓信院　❻ **1885**·12·22 政
東海道鎮撫総督　❻ **1868**·1·5 政
東征大総督　❻ **1868**·2·9 政
内国科　❻ **1868**·1·17 政
内国局　❻ **1868**·2·3 政
内務省　❻ **1873**·11·10 政／**1877**·1·19 政／❽ **1947**·12·31 政
農商務省　❻ **1885**·4·8 政
兵部省　❻ **1869**·7·8 政／**1872**·2·28 政
法制局　❻ **1875**·7·3 政／**1885**·12·23 政
北陸道鎮撫総督　❻ **1868**·1·5 政
輔相　❻ **1869**·5·13 政
民部省(官)　❻ **1869**·4·8 政／7·8 政／8·11 政／9·17 政／**1870**·7·10 政／**1871**·7·27 政
文部省　❻ **1871**·7·18 文／**1885**·12·22 政
陸軍省　❻ **1872**·2·28 政／**1879**·10·10 政／**1885**·8月 政
留守官　❻ **1869**·7·8 政／**1971**·8·23 政

公家官制

制度

員外官の任命初見　❶ **718**·9·19 政
刑部(おさかべ)を定める　❶ **413**·2·14
公卿定員　❶ **985**·9·14 政
結階(官位昇進法)の制　❶ **706**·2·16 政
出身(人材登用の制)　❶ **673**·5·1 政
進階する制(文武官)　❶ **678**·10·26 政
人材登用の制⇨出身
八省·百官の制　❶ **649**·2月 政
令外の官廃止　❶ **770**·9·3 政
六衛府の制成立　❶ **811**·11·28 政

按察使　❶ **719**·7·13 政／**720**·3·23 社／9·28 政／**721**·6·10 政／8·19 政／**724**·是年 政／**737**·1·21 社／**739**·4·21 政／**761**·1·16 政／**763**·7·14 政／**772**·9·29 政／**777**·5·27 政／**781**·1·10 政／**782**·1·17 政／**796**·1·25 政／**810**·9·16 政／**815**·1·10 政／**837**·4·21 政／**839**·1·11 政／**855**·1·15 政／**909**·1·11 政／**924**·3·1 政／**928**·1·29 政／**975**·1·26 政／**988**·1·29 政／**993**·1·13 政
院御厩別当　❷ **1183**·11·21 政
院司　❷ **1259**·11·26 政
右近衛大将　❸ **1378**·8·27 政
右近衛府·図書寮　❷ **1027**·2·27 政
右大将　❹ **1578**·4·9 政
右大臣　❶ **645**·6·14 政／**671**·1·5 政／**690**·7·5 政／**701**·3·21 政／**704**·1·7 政／**708**·3·13 政／**721**·1·5 政／**734**·1·17 政／**738**·1·13 政／**749**·4·14 政／**764**·9·14 政／**766**·1·6 政／10·20 政／**782**·2·7 政／6·21 政／**783**·2·5 政／7·19 政／**790**·2·27 政／**798**·8·16 政／**812**·12·5 政／**821**·1·9 政／**824**·4·5 政／**832**·11·2 政／**838**·1·10 政／**840**·8·8 政／**844**·7·2 政／**848**·1·10 政／**857**·2·19 政／**870**·1·13 政／**872**·8·25 政／**882**·1·10 政／**891**·3·19 政／**896**·7·16 政／**899**·2·14 政／**914**·8·25 政／**923**·4·20 政／6·26 政／**924**·1·22 政／**933**·2·13 政／**937**·1·22 政／**944**·4·9 政／**947**·4·26 政／**960**·8·22 政／**966**·1·16 政／**967**·12·13 政／**969**·3·25 政／**970**·1·27 政／**971**·11·2 政／**978**·10·2 政／**986**·7·20 政／**991**·9·7 政／**994**·8·28 政／**995**·6·19 政／**996**·7·20 政／❷ **1017**·3·4 政／**1021**·7·25 政／**1047**·8·1 政／**1060**·7·17 政／**1065**·6·3 政／**1069**·8·22 政／**1080**·8·14 政／**1082**·12·9 政／**1083**·1·26 政／**1100**·7·17 政／**1122**·12·17 政／**1131**·12·22 政／**1136**·12·9 政／**1149**·7·28 政／**1150**·8·21 政／**1154**·5·28 政／**1157**·8·19 政／**1160**·8·11 政／**1161**·9·13 政／**1164**·⑩·23 政／**1166**·11·11 政／**1186**·10·29 政／**1189**·7·10 政／**1190**·7·17 政／**1198**·11·14 政／**1199**·6·22 政／**1204**·12·14 政／**1207**·2·10 政／**1208**·7·9 政／**1209**·4·10 政／**1211**·10·4 政／**1215**·12·10 政／**1218**·12·2 政／**1219**·3·4 政／**1221**·⑩·10 政／**1224**·12·25 政／**1227**·4·9 政／**1231**·4·26 政／**1235**·10·2 政／**1236**·6·9 政／**1238**·7·20 政／**1240**·10·20 政／**1244**·6·13 政／**1246**·12·24 政／**1252**·7·20 政／11·3 政／**1254**·12·25 政／**1257**·11·26 政／**1258**·11·1 政／**1261**·3·27 政／**1265**·10·5 政／**1268**·12·2 政／**1269**·4·23 政／**1271**·3·27 政／**1275**·12·22 政／❸ **1288**·7·11 政／**1289**·9·28 政／10·18 政／**1291**·12·25 政／**1296**·12·25 政／**1299**·4·14 政／12·20 政／**1302**·11·22 政／**1305**·⑫·17 政／**1309**·10·15 政／**1313**·12·26 政／**1316**·10·21 政／**1317**·6·21 政／**1318**·8·15 政／**1319**·⑦·28 政／**1322**·8·11 政／**1324**·4·27 政／**1330**·2·26 政／**1331**·2·1 政／**1332**·7·13 政／10·14 政／**1333**·3·12 政／5·17 社／**1334**·2·23 政／10·9 政／**1335**·2·16 政／**1337**·7·12 政／**1339**·12·27 政／**1343**·3·27 政／4·10 政／**1347**·9·16 政／**1349**·9·13 政／**1360**·9·30 政／**1362**·12·27 政／**1364**·12月 政／**1366**·8·29 政／**1367**·9·29 政／**1370**·3·16 政／**1371**·10·23 政／**1375**·11·18 政／**1378**·8·27 政／**1385**·1月 政／**1387**·⑤·6 政／**1388**·5·26 政／**1394**·3·28 政／12·25 政／**1395**·3·24 政／9·12 政／**1396**·7·24 政／**1399**·2·22 政／**1402**·8·22 政／**1403**·8·19 政／**1411**·4·11 文／**1414**·12·15 政／**1418**·12·2 政／**1419**·12·5 政／**1420**·①·13 政／12·5 政／**1424**·4·20 政／**1429**·8·4 政／**1438**·9·4 政／**1446**·4·20 政／**1454**·3·17 政／6·30 政／**1455**·8·27 政／❹ **1457**·6·17 政／9·8 政／**1460**·6·27 政／**1462**·8·5 政／**1464**·11·28 政／**1466**·1·16 政／2·16 政／**1468**·1·11 政／**1475**·3·10 政／**1476**·8·28 政／**1479**·4·19 政／**1480**·3·11 政／**1481**·1·25 政／**1487**·8·29 政／**1490**·3·5 政／**1496**·12·3 政／**1497**·5·10 政／**1499**·5·28 政／**1500**·3·30 政／**1501**·2·19 政／**1506**·2·5 政／**1507**·4·6 政／**1515**·4·16 政／**1518**·5·28 政／**1521**·7·1 政／**1523**·3·9 政／**1528**·8·20 政／**1537**·12·21 政／**1541**·1·12 政／**1542**·③·3 政／**1543**·7·28 政／**1545**·6·2 政／**1546**·3·13 政／**1547**·2·17 政／**1553**·1·22 政／**1554**·3·2 政／**1557**·9·2 政／**1574**·2·14 政／**1576**·11·21 政／**1577**·11·20 政／**1578**·4·9 政／**1579**·1·20 政／**1585**·3·10 政／**1598**·12·19 政／❺-1 **1603**·1月 政／2·12 政／10·16 政／**1605**·4·12 政／**1607**·1·11 政／**1612**·3·13 政／**1614**·1·14 政／3·9 政／**1620**·1·13 政／**1621**·1·2 政／**1626**·8·18 政／**1629**·9·11 政／**1632**·1·9 政／**1640**·3·21 政／**1642**·1·19 政／**1647**·7·3 政／**1652**·2·9 政／2·21 政／**1653**·11·4 政／**1654**·6·17 政／**1660**·1·13 政／**1661**·5·23 政／**1663**·1·12 政／**1664**·4·5 政／**1655**·1·11 政／1·25 政／**1668**·9·1 政／**1670**·4·7 政／**1671**·5·7 政／**1677**·12·8 政／**1683**·1·13 政／**1690**·12·26 政／**1692**·12·13 政／**1693**·8·7 政／**1704**·1·10 政／**1708**·1·21 政／**1715**·3·12 政／❺-2 **1722**·5·3 政／**1726**·9·15 政／**1738**·1·24 政／**1745**·2·29 政／**1749**·2·8 政／**1754**·2·19 政／**1755**·1·29 政／**1759**·11·26 政／**1778**·12·10 政／**1779**·1·14 政／**1787**·5·26 政／**1791**·11·28 政／**1796**·4·24 政／**1814**·4·2 政／**1815**·1·4 政／**1816**·4·2 政／**1820**·6·1 政／**1824**·1·5 政／**1847**·6·15 政／❻ **1859**·3·28 政／**1863**·12·23 政／**1867**·9·27 政／11·30 政／**1871**·7·29 政／8·10 政／**1885**·11·11 政／12·22 政
雅楽寮　❶ **675**·2·9 文／**701**·是年 文／**719**·6·19 文／**731**·7·29 文／**757**·8·23 文／**809**·3·21 文／**848**·9·22 文／**851**·1·16 文／**965**·7·4 文
内染司　❶ **808**·1·20 社
内臣(うちつおみ)　❶ **645**·6·14 政／**721**·10·24 政／**771**·3·13 政／3·21 政／**778**·3·3 社
内掃部司　❶ **820**·1·18 政
内命婦　❶ **686**·9·27 政
内舎人　❶ **701**·6·2 政／**808**·1·20 政
采女　❶ **465**·2月／**469**·3月／**534**·⑫月／**633**·3月 社／**636**·3月 社／**646**·1·1 政／**702**·4·15 政／**710**·1·27 政／**726**·9·4 政／**742**·5·27 政／**755**·6·24 政／**805**·3·2 政／**807**·5·16 政／11·18 社／**812**·2·21 政／**813**·1·23 社／**897**·1·25 政
采女司　❶ **808**·1·20 政／**981**·2·9 政
営厨司　❶ **729**·6·2 政／**902**·3·12 政
衛士　❶ **711**·9·2 政／**718**·5·27 政／**722**·2·23 政

衛士府　❶ **808**·7·22 政／**811**·11·28 政
衛府　❶ **857**·3·18 社／**989**·6·12 政
衛門府　❶ **808**·7·22 政／**811**·11·28 政／**934**·6·29 政／**941**·11·29 政
園池司　❶ **896**·9·7 政
押領使　❶ **878**·6·7 政／**940**·3·5 政／**952**·3·2 政／11·9 政／❷ **1006**·4·11 政／**1079**·8·10 政
押領使(陸奥)　❷ **1006**·3·9 政
大蔵官　❶ **471**·是年
大蔵卿　❶ **810**·9·10 政
大蔵省　❶ **686**·1·14 政
大舎人寮　❶ **686**·9·27 政／**807**·10·16 政／**819**·8·26 政
小泊瀬舎人　❶ **504**·9·1
織部司(おりべのつかさ)　❷ **1009**·10·5 政／**1048**·8·7 社
下物職(おろしもののつかさ·監禁官)　❶ **701**·2·4 社
陰陽寮　❶ **675**·1·1 政／**757**·8·23 文／**758**·8·25 文／**853**·12·8 政／**888**·12·25 文／**915**·6·24 社
外衛府　❶ **765**·2·3 政／**772**·2·16 政
海賊追捕使　❶ **934**·4·23 政／5·9 政／7·26 政／10·22 政
勘解由使　❶ **805**·延暦年間 政／**806**·⑥·16 政／**824**·8·20 政／9·10 政／**835**·10·4 政／**911**·5·4 政／**912**·8·23 政／**913**·11·5 政／**964**·2·2 政／**989**·12·19 政
勘解由使庁　❷ **1127**·2·14 政
画工司　❶ **808**·1·20 文
鍛冶司　❶ **704**·4·9 政／**744**·4·21 政／**808**·1·20 政
火長(かどのおさ)　❶ **901**·12·21 社
看督長　❶ **838**·2·12 社／**896**·①·17 社／**919**·10·25 社／**992**·10·14／**993**·4·24 社／**994**·4·24 社／❷ **1003**·11·28 社／**1014**·4·21 社
掃部寮(かもんりょう)　❶ **820**·1·18 政
観察使　❶ **806**·5·24 政／⑥·27 政／**807**·4·16 政／**808**·6·24 政／**809**·1·11 政／4·20 政／9·27 政／**810**·6·28 政
　監察使(朝廷)　❻ **1863**·7·11 政／**1868**·5·24 政
　関東監察使　❻ **1868**·④·10 政
関白　❶ **880**·11·25 政／**887**·11·21 政／**941**·11·8 政／**948**·5·20 政／**967**·6·22 政／**972**·11·27 政／**977**·10·11 政／**984**·8·27 政／**990**·5·5 政／**993**·4·22 政／**995**·4·27 政／❷ **1019**·12·22 政／**1067**·12·5 政／**1068**·4·17 政／**1075**·10·15 政／**1090**·12·20 政／**1094**·3·9 政／**1105**·12·25 政／**1113**·12·26 政／**1121**·3·5 政／**1129**·7·1 政／**1150**·12·6 政／**1158**·8·11 政／**1172**·12·27 政／**1179**·11·15 政／**1191**·12·17 政／**1196**·11·25 政／**1206**·12·8 政／**1223**·12·14 政／**1228**·12·24 政／**1231**·7·5 政／**1242**·1·20 政／3·25 政／**1246**·1·28 政／**1254**·12·2 政／**1261**·4·29 政／**1265**·3·18 政／**1267**·12·9 政／**1273**·5·5 政／**1278**·12·7 政／❸ **1287**·8·11 政／**1289**·4·13 政／**1291**·5·27 政／**1293**·2·25 政／**1296**·7·24 政／**1300**·12·16 政／**1305**·4·12 政／**1311**·3·15 政／**1313**·7·12 政／**1315**·9·22 政／**1316**·7·10 政／**1318**·12·29 政／**1323**·3·20 政／**1324**·12·27 政／**1327**·2·12 政／**1330**·1·26 政／8·25 政／**1336**·8·15 政／**1337**·4·5 政／**1338**·5·19 政／**1342**·1·26 政／11·1 政／**1346**·2·29 政／**1351**·12·28 政／**1358**·12·29 政／**1361**·11·9 政／**1363**·6·27 政／**1367**·8·27 政／**1369**·11·4 政／**1375**·12·27 政／**1378**·8·27 政／**1379**·8·23 政／**1388**·6·12 政／**1394**·11·6 政／**1398**·3·9 政／**1399**·4·17 政／**1408**·4·20 政／**1409**·3·4 政／**1410**·12·27 政／**1418**·12·2 政／**1424**·4·20 政／**1433**·3·23 政／**1442**·10月 政／**1445**·11·23 政／**1447**·6·15 政／**1453**·4·28 政／**1454**·6·30 政／**1455**·3·4 政／6·2 政／6·5 政／❹ **1458**·12·5 政／**1467**·5·10 政／**1470**·7·19 政／**1476**·5·13 政／**1479**·2·27 政／**1483**·2·24 政／**1487**·2·9 政／**1488**·8·28 政／**1493**·3·29 政／**1497**·6·7 政／10·23 政／**1501**·2·19 政／**1513**·10·5 政／**1514**·8·12 政／**1518**·3·27 政／**1525**·4·4 政／**1533**·2·5 政／**1534**·11·21 政／12·24 政／**1536**·⑩·21 政／**1542**·2·25 政／**1545**·6·2 政／**1548**·12·27 政／**1553**·1·22 政／**1554**·3·2 政／**1568**·12·16 政／**1578**·12·13 政／**1581**·4·29 政／**1585**·7·11 政／❺-1 **1603**·1·10 政／**1604**·11·10 政／**1605**·7·23 政／**1606**·11·10 政／**1608**·12·26 政／**1612**·7·25 政／**1615**·7·28 政／**1619**·9·14 政／**1623**·⑧·16 政／**1629**·8·1 政／8·28 政／**1637**·12·12 政／**1647**·7·27 政／**1651**·12·8 政／**1653**·7·17 政／9·21 政／**1668**·3·16 政／**1689**·3·27 政／**1690**·1·13 政／**1703**·1·14 政／**1707**·11·27 政／❺-2 **1716**·11·1 政／**1722**·1·13 政／**1726**·6·1 政／**1736**·8·27 政／**1737**·8·29 政／**1746**·12·15 政／**1747**·5·2 政／**1755**·2·19 政／**1757**·3·16 政／**1772**·8·22 政／**1778**·2·8 政／**1787**·3·1 政／**1791**·8·20 政／**1795**·11·16 政／**1814**·9·16 政／**1823**·3·19 政／**1846**·2·13 政／❻ **1862**·6·23 政／**1863**·1·23 政／12·23 政
　関白罷免(近衛忠熈)　❻ **1863**·1·23 政
　関白復任の前例を調査　❷ **1027**·12·22 政
館伴(公卿接待役)　❺-2 **1780**·8·13 政
擬階奏(ぎかいのそう、令制下級官人の位階授与の手続きの一つ)　❷ **1176**·4·6 政
騎舎人　❶ **746**·2·7 政
行幸次第司　❶ **794**·10·5 政
刑部省　❶ **808**·1·20 政／**865**·3·7 政
御史大夫(のち大納言)　❶ **671**·1·5 政
記録所　❹ **1545**·8·12 文／**1546**·4·27 文
記録所寄人　❸ **1334**·5·18 政
公卿大夫　❶ **653**·是年 政
公卿別当(淳和院)　❶ **881**·12·11 政
御供(くご)衆　❸ **1334**·是年 政
宮内省　❶ **686**·9·27 政／**926**·5·27 社
窪所(侍所)　❸ **1333**·10·9 政
蔵職(部)　❶ **405**·1·9
内蔵頭(くらのかみ)　❷ **1097**·4·30 政
内蔵寮　❶ **808**·10·21 文／**839**·10·25 政
蔵人所　❶ **810**·3·10 政／**946**·5·23 政
蔵人所別当　❶ **897**·7·7 政
蔵人頭　❶ **810**·3·10 政／**891**·2·29 政
警固使　❶ **941**·6·20 政
外記(太政官)　❶ **907**·7·17 政
外記政(太政官)　❶ **822**·4·27 政／**969**·2·28 政
検非違使　❶ **816**·2月 政／**820**·12·11 政／**832**·7·9 政／**839**·7·10 政／**855**·3·26 政／**861**·11·16 政／**864**·8·15 社／**867**·12·4 政／**869**·3·22 政／**870**·7·20 政／**874**·9·14 政／12·26 社／**876**·7·8 政／9·17 政／**877**·12·21 政／**878**·2·13 政／**894**·9·18 政／11·30 社／12·5 政／**895**·12·22 政／**912**·3·11 政／**918**·3·19 社／**931**·2· 社／**935**·6·3 社／11·27 政／**940**·2·28 社／**941**·4·23 社／**942**·③·28 政／6·30 政／**947**·6·29 政／⑦·16 政／**950**·10·13 社／**960**·10·2 政／**992**·10·14 政／❷ **1001**·5·22 政／**1003**·5·22 政／**1010**·9·15 社／**1022**·11·1 社／**1024**·3·10 社／**1028**·6·21 政／**1029**·6·13 政／**1034**·4·20 社／**1036**·5·24 政／**1040**·11·2 社／**1056**·4·23 社／**1069**·8·1 社／**1078**·10·16 社／**1086**·6·26 社／7月 社／**1087**·8·29 社／**1088**·2·22 社／**1096**·3·6 社／**1099**·2·16 社／**1114**·12·17 社／**1130**·11·12 政／**1146**·1·23 政／**1182**·10·2 社／**1184**·8·6 政／❸ **1314**·4·6 政／**1317**·5月 社／**1381**·7·10 社／**1396**·6·6 政
　検非違使(安芸)　❷ **1186**·4·4 政
　検非違使(対馬)　❶ **929**·3·25 政
　検非違使五箇條(式)　❶ **874**·9·14 政
　検非違使把笏の初見　❶ **855**·3·26 政
検非違使庁　❶ **894**·10·5 政／**947**·6·29 政
検非違使別当　❶ **834**·1·27 政／**973**·2·25 政／❷ **1006**·6·29 政／**1043**·6·19 政／**1044**·7·8 政／**1050**·8·29 政／9·25 政／**1065**·7·7 政／**1067**·5·12 政／**1069**·5·2 政／**1072**·1·17 政／**1073**·2月 政／3·9 政／**1084**·11月 政／**1091**·4·19 政／7·14 政／**1161**·1·23 政／**1162**·9·23 政／**1168**·7·3 政／**1191**·2·1 社／❸ **1322**·4·7 政／**1330**·1·22 政
傔仗　❶ **708**·3·22 政／**718**·5·11 政

／729·5·21 政／828·4·14 政
検税使　❶ 776·1·19 政／7·15 政
玄蕃寮　❶ 874·9·20 政
更衣　❶ 913·10·8 政
交替使　❶ 939·6·4 政
貢調使　❶ 822·⑨·20 政
拒捍使(こかんし)　❷ 1003·5·22 政
国事御用掛(朝廷)　❻ 1862·12·9 政
国事御用書記掛　❻ 1862·5·11 政
国事参政　❻ 1863·2·13 政／1864·2·29 政
国事寄人　❻ 1863·2·13 政／1864·2·29 政
国掌　❶ 868·10·28 政／869·12·22 政／870·11·4 政
鼓吹司　❶ 808·1·20 文／870·8·10 政／896·9·7 政
近衛　❶ 876·4·27 社／896·①·17 社
近衛府　❶ 765·2·3 政／807·4·22 政／839·8·1 政／871·3月 社／934·6·29 政／944·9·1 政
権大納言　❹ 1587·8·8 政
催造司　❶ 724·3·23 政
西面武士　❷ 1206·5·6 政
左右衛門　❷ 1158·1·30 政
左右兵衛　❷ 1158·1·30 政
左右馬允　❷ 1158·1·30 政
前駈(さきく)　❶ 987·5·21 政
左近衛権少将　❹ 1582·10·3 政
左大臣　❶ 645·6·14 政／671·1·5 政／700·8·26 政／708·3·13 政／743·5·5 政／756·2·2 政／766·10·20 政／825·4·5 政／832·11·2 政／844·7·2 政／857·2·19 政／872·8·25 政／896·7·16 政／899·2·14 政／924·1·22 政／937·1·22 政／947·4·26 政／967·12·13 政／969·3·25 政／970·1·27 政／971·11·2 政／978·10·2 政／991·9·7 政／994·8·28 政／996·7·20 政／❷ 1017·3·4 政／1021·7·25 政／1060·7·17 政／1069·8·13 政／8·22 政／1083·1·26 政／1122·12·17 政／1131·12·22 政／1136·12·9 政／1147·1·30 政／1149·7·28 政／1156·2·2 政／1157·5·30 政／8·19 政／1160·8·11 政／1164·⑩·17 政／⑩·23 政／1166·11·11 政／1189·7·10 政／1190·7·17 政／1198·11·14 政／1199·6·22 政／1200·2·18 政／1204·11·16 政／12·14 政／1207·2·10 政／1211·9·22 政／10·4 政／1218·12·2 政／1221·⑩·10 政／1224·12·25 政／1227·4·9 政／1231·4·26 政／1235·10·2 政／1238·7·20 政／1246·12·24 政／1252·11·3 政／1259·11·14 政／1261·3·27 政／1263·8·12 政／1265·10·5 政／1268·11·9 政／12·2 政／1269·4·23 政／1275·12·22 政／❸ 1287·8·11 政／1288·6·26 政／7·11 政／1291·12·21 政／12·25 政／1296·12·25 政／1299·4·14 政／1305·⑫·17 政／1309·3·14 政／10·15 政／1313·12·26 政／1316·10·21 政／1318·8·15 政／1322·8·11 政／1323·6·14 政／1324·4·27 政／1331·2·1 政／1333·5·17 社／1335·2·16 政／11·19 政／1337·7·12 政／1339·12·27 政／1342·11·1 政／1343·4·10 政／1346·6·12 政／1347·9·16 政／1349·9·13 政／1351·11·13 政／1360·9·30 政／1362·12·27 政／1370·3·16 政／1375·11·18 政／1378·8·27 政／1382·1·26 政／1388·5·26 政／1392·12·18 政／1393·9·17 政／1394·6·5 政／1395·4·7 政／7·20 政／8·29 政／1396·7·24 政／1398·12月 政／1399·2·22 政／1402·8·22 政／1409·3·21 政／1410·12·27 政／1411·4·11 文／1418·12·2 政／1419·12·5 政／1425·是年 政／1427·是年 政／1429·8·4 政／1432·8·28 政／1438·9·4 政／1446·4·13 政／4·20 政／1455·3·4 政／8·27 政／❹ 1457·6·17 政／1460·7·27 政／8·27 政／1468·1·11 政／1475·2·11 政／3·10 政／1476·5·13 政／1479·4·19 政／1482·12月 政／1487·8·29 政／1493·4·30 政／1496·12·3 政／1497·4·27 政／1506·2·5 政／1513·10·5 政／1515·4·16 政／1518·5·28 政／1521·7·1 政／1523·3·9 政／1526·9·29 政／1528·8·20 政／1537·12·21 政／1541·1·12 政／1542·③·3 政／1546·1·30 政／3·13 政／1547·2·17 政／1552·12·28 政／1553·1·22 政／1554·3·2 政／1557·9·2 政／1576·11·21 政／1577·11·20 政／1581·3·1 政／1584·12月 政／1585·3·10 政／1600·12·19 政／❺-1 1601·1·26 政／1605·7·23 政／1606·11·10 政／1612·3·13 政／1614·1·14 政／1620·1·13 政／1626·8·18 政／9·12 政／1629·9·11 政／1632·1·9 政／1637·12·24 政／1640·3·21 政／1642·1·19 政／1647·7·3 政／1652·2·21 政／1660·1·13 政／1661·5·23 政／1663·1·12 政／1667·4·8 政／1671·5·7 政／1677·12·8 政／1690·12·26 政／1704·1·10 政／1708·1·21 政／1715·3·12 政／❺-2 1722·5·3 政／1726·9·15 政／1737·6·29 政／1745·2·29 政／1748·12·27 政／1749·2·8 政／1759·11·26 政／1778·12·10 政／1787·5·26 政／1791·11·28 政／1796·4·24 政／1814·4·2 政／1815·1·4 政／1820·6·1 政／1822·3·1 政／1824·1·5 政／1847·6·15 政／❻ 1859·3·28 政／1863·12·23 政／1867·9·27 政／11·30 政／1871·7·29 政／8·10 政／1874·5·23 政／1880·2·28 政／1885·12·22 政
左右鎮京使　❶ 784·10·26 政
散位寮　❶ 896·9·7 政
参議　❶ 702·5·21 政／717·10·21 政／731·8·11 政／737·12·12 政／739·4·21 政／757·8·4 政／759·6·16 政／762·12·1 政／764·9·11 政／770·7·20 政／771·11·21 政／775·9·27 政／777·10·13 政／778·1·9 社／782·3·26 政／807·4·16 政／810·6·28 政／811·1·29 政
参預(会議)　❻ 1863·12·30 政／1864·1·13 政／2·20 政
山陵使　❷ 1006·12·17 政／1203·11·18 政
職曹司　❶ 962·8·30 政／976·5·11 政／980·11·22 政
式部卿　❶ 718·9·19 政
式部省　❶ 896·9·7 政／❷ 1089·1·25 政
資人　❶ 711·5·15 政／796·3·4 政
七道使　❶ 703·1·2 政
執奏職　❸ 1293·10·20 政
紫微中台　❶ 749·9·7 政
紫微内相　❶ 757·5·20 政
紫微令　❶ 749·8·10 政
囚獄司　❶ 704·12·26 政
主城(大宰府)　❶ 823·1·29 政
主政　❶ 712·4·19 政／718·4·9 政／846·4·19 政
主税寮　❶ 913·8·23 政
主帳　❶ 712·4·19 政／718·4·9 政
主油司　❶ 896·9·7 政
修理宮(しゅりきゅう)城使　❷ 1142·6·18 社
修理左右京城使　❷ 1071·3·27 政
修理職　❶ 818·7·8 政／825·是年 文／890·10·30 政／11·13 政／891·8·3 政／898·⑩·26 政／938·10·17 政／960·9·28 政
巡検使　❶ 685·9·15 政／694·7·4 政／699·3·27 政／10·27 政／700·2·22 政／703·1·2 政／11·16 政／705·4·5 政／709·9·26 政／716·8·20 政／717·3·9 政／10·1 政／718·10·20 政／727·2·21 政／738·10·25 政／742·9·17 政／754·11·1 政／760·1·21 政／761·8·1 政／766·8·23 政／768·3·1 政／772·9·26 政／776·12·22 政／777·1·8 政／795·⑦·2 政／8·30 政／824·8·20 政／825·8·27 政／942·4·6 社
准三宮　❷ 1016·6·10 政／1072·12·1 政／1075·12·28 政／1079·8·17 政／1099·10·20 社
准三后　❸ 1376·1·1 政／1382·6·26 政／❹ 1464·12·28 政／1490·7·5 政
准大臣　❷ 1008·1·16 政／❺-2 1825·8·7 政
淳和·奨学院別当　❺-1 1680·7·18 政
上卿(しょうけい)　❷ 1121·是年 政
成功(じょうごう、売官制度の一種)　❷ 1118·3·27 政
装束司　❶ 742·8·21 政／754·7·20 政／794·10·5 政／❷ 1036·10·10 文
少納言　❶ 768·1·1 政
　少納言の制(宿直)　❶ 967·4·30 政
少領　❶ 646·1·1 社
除籍(じょしゃく、昇殿の資格を剝奪すること)　❷ 1120·7·21 社
諸陵寮　❶ 729·8·5 社
神祇官　❶ 692·9·14 社／860·8·27 政／926·5·27 社／953·2·12 政／957·2·11 政／❻ 1869·7·8 政
神祇大祐　❶ 784·4·2 社
神祇伯　❶ 644·1·1 政／691·11·1 社／❷ 1165·7·11 社
寝所祇候衆　❷ 1181·4·7 政
推問筑後国司殺害使　❶ 883·10·9 政／884·4·26 政／6·20 政
税帳使　❶ 822·4·15 文／⑨·20 政／855·9·23 政

摂官(畿内)　❶ 719·9·8 政
摂政　❶ 593·4·10 政／858·11·7 政／866·8·19 政／876·11·29 政／930·9·22 政／937·1·25 政／940·5·27 政／970·5·20 政／986·6·24 政／990·5·8 政／❷ 1016·1·29 政／1017·3·16 政／1019·12·22 政／1086·11·26 政／1113·12·26 政／1123·1·28 政／1180·2·21 政／1183·11·21 政／1184·1·22 政／1186·3·12 政／1202·12·25 政／1206·3·28 政／1221·7·6 政／1235·3·28 政／1237·3·10 政／1246·1·29 政／1247·1·19 政／1252·10·3 政／1274·1·26 政／6·20 政／1275·10·21 政／❸ 1298·7·22 政／12·20 政／1308·11·10 政／1382·4·11 政／1387·2·7 政／1388·4·8 政／1428·7·28 政／1432·8·13 政／10·26 政／❺–1 1629·11·8 政／1635·9·26 政／1637·12·12 政／1647·1·3 政／1·5 政／3·28 政／1663·1·26 政／1664·9·27 政／1666·是年 政／1709·6·21 政／1712·8·28 政／❺–2 1747·5·2 政／1762·7·27 政／1828·3·8 政
節度使　❶ 732·8·17 政／734·4·21 政／761·11·17 政／763·8·18 政／764·7·17 政／11·12 政
撰式所　❶ 914·10·3 政
撰善言司　❶ 689·6·2 文
宣命使　❶ 841·5·3 政
惣管　❶ 731·11·22 政
喪儀司　❶ 808·1·20 文
造宮卿　❶ 741·9·8 政
造宮職　❶ 693·2·10 社／701·7·27 政／805·12·10 政／806·2·3 政
造雑物法用司　❶ 709·3·23 政
造山司　❶ 754·7·20 政
贓贖司　❶ 808·1·20 政
惣追捕使(総追捕使)　❷ 1185·6·19 政／11·24 政／1186·3·1 政／3·7 政／1248·10·5 政
造兵司　❶ 744·4·21 政／896·9·7 政
造離宮司　❶ 742·8·11 政
卒善中郎将　❶ 238·12 月／243·是年／247·是年
大学寮⇨㉗教育·研究「大学寮」
太閤　❸ 1394·12·25 政／❹ 1458·12·5 政／1585·7·11 政／1591·12·28 政
大師　❶ 760·1·4 政
太守(国守)　❶ 826·9·6 政
大織冠(藤原鎌足)　❶ 669·10·10 政／10·15 政
大臣　❶ 書紀·成務 3·1·7／書紀·履中 2·10 月／401·10 月／507·1·4／536·2·1／572·4·1／626·5·20 政／643·10·3 政／669·10·19 政
大臣禅師　❶ 764·9·20 政
大膳職　❶ 686·9·27 政／733·7·6 社／765·6·10 社／808·1·20 社／812·5·10 政／❷ 1039·6·27 政／1046·4·4 政／1051·7·11 政
大帳使　❶ 822·⑨·20 政／855·9·23 政
大納言　❶ 705·4·17 政／748·3·22 政／749·4·1 政／7·2 政／❷ 1013·6·23 政／❺–2 1797·3·1 政
台盤所　❷ 1257·2·10 政
大輔　❶ 675·3·16 政
大保　❶ 758·8·25 政
大領　❶ 646·1·1 社
滝口の武士　❷ 1095·12·6 社／1099·12·13 政／1150·6·28 政／1230·①·26 政
内匠寮　❶ 728·8·1 政／808·1·20 政
大宰府進貢使　❷ 1026·10·8 政
大宰府貢物使　❷ 1085·4·14 政
大宰府推問使　❷ 1088·5·20 政
大宰府推問密告使　❶ 870·11·13 政
太政官　❶ 758·8·25 政／777·5·19 政／808·8·1 政／❷ 1015·11·17 政／❻ 1869·2·24 政／7·8 政／1871·7·29 政／1880·2·28 政／3·3 政／1885·12·22 政
太政官院　❶ 785·8·23 政／786·7·19 政
太政官庁　❶ 873·11·3 政／❷ 1257·2·10 政
太政大臣　❶ 671·1·5 政／690·7·5 政／839·6·5 政／857·2·19 政／880·12·4 政／936·8·19 政／967·12·13 政／971·11·2 政／974·2·28 政／978·10·2 政／989·12·20 政／991·9·7 政／993·⑩·20 政／❷ 1017·12·4 政／1021·7·25 政／1061·12·13 政／1062·9·2 政／1070·3·23 政／1080·8·14 政／1088·12·14 政／1089·4·25 政／1112·12·14 政／1113·4·14 政／1122·12·17 政／1124·7·7 政／1128·12·17 政／1129·4·10 政／1149·10·25 政／1150·3·13 政／8·21 政／1157·8·9 政／1160·7·20 政／8·11 政／1165·2·3 政／1167·2·11 政／5·17 政／1168·8·10 政／1170·6·6 政／12·14 政／1171·4·20 政／1177·3·5 政／7·29 政／1189·12·14 政／1190·4·19 政／1191·3·28 政／1199·6·22 政／1204·12·7 政／12·14 政／1205·4·27 政／1208·12·17 政／1218·10·9 政／1221·12·20 政／1222·8·13 政／1238·7·20 政／1240·12·14 政／1241·12·20 政／1246·3·4 政／12·24 政／1252·11·3 政／1253·11·24 政／1261·12·15 政／1275·8·27 政／1276·12·14 政／❸ 1285·4·25 政／1289·8·29 政／1290·3·13 政／1291·12·25 政／1299·6·2 政／10·13 政／1300·4·19 政／1301·6·2 政／1302·11·22 政／1306·12·6 政／1309·10·15 政／1310·12·13 政／1318·8·15 政／1319·10·18 政／1323·11·9 政／1332·11·8 政／1340·12·27 政／1342·2·29 政／1348·10·22 政／1366·8·29 政／1368·2·21 政／1381·7·23 政／1387·1·8 政／1394·6·5 政／12·25 政／1395·6·3 政／1396·2·3 政／1402·8·22 政／1420·①·13 政／3·16 政／1432·7·25 政／10·26 政／1446·1·16 政／1452·10·8 政／1453·2·2 政／1455·3·4 政／6·6 政／❹ 1458·7·25 政／1460·6·27 政／1461·12·25 政／1465·12·27 政／1481·1·25 政／1488·9·17 政／1490·2·17 政／1493·1·6 政／1509·12·19 政／1511·2·19 政／1514·8·12 政／1516·12·27 政／1518·5·28 政／1521·3·27 政／1535·8·28 政／1537·12·21 政／1541·4·2 政／1582·2·2 政／5 月 政／10·9 政／1585·11·19 政／1586·12·19 政／❺–1 1616·3·21 政／1623·9·13 政／1709·10·25 政／1710·12·25 政／❺–2 1733·1·25 政／1746·2·28 政／1768·5·25 政／1770·10·15 政／1771·4·18 政／1780·12·25 政／1827·2·16 政／3·18 政／1842·8·22 政／1848·9·22 政／❻ 1871·7·29 政／1885·12·22 政
太政大臣禅師　❶ 765·⑩·5 政
糺職大夫(ただすのつかさ·天武朝)　❶ 742·11·2 政
授刀衛(近衛府)　❶ 759·12·2 政／765·2·3 政
授刀舎人寮　❶ 707·7·21 政
弾正台　❶ 701·11·9 政／833·6·5 政／839·6·6 政／843·12·20 政／861·8·21 政／865·11·4 社／870·12·27 社／❻ 1869·5·22 政
値賀五嶋惣追捕使　❷ 1228·7·3 政
知崇親院事　❶ 863·5·26 政
知造難波宮事　❶ 726·10·26 政
知太政官事　❶ 703·1·20 政／705·9·5 政／720·8·4 政
中衛府　❶ 728·7·21 政／8·1 政／807·4·22 政
中宮職　❶ 781·5·17 政／858·11·2 政
忠臣　❶ 778·3·3 社
中納言　❶ 705·4·17 政／❷ 1015·2·18 政
朝集使　❶ 646·3·19 社／735·⑪·2 政／755·7·9 政／766·9·5 政／815·11·28 政／818·6·17 政／822·⑨·20 政
帳内　❶ 711·5·15 政／796·3·4 政
重任(ちょうにん)　❷ 1086·10·20 政
勅旨省　❶ 782·4·11 政
鎮西府　❶ 743·12·26 政／744·1·2 政／9·30 政
鎮守府　❶ 808·7·16 政／812·4·2 政／837·2·8 政／882·9·29 文
鎮守府料田　❶ 812·7·17 政
鎮撫使　❶ 731·11·22 政／732·8·17 政／746·4·5 政／12·10 政
　西国鎮撫使　❻ 1863·8·5 政
　追捕海賊使　❶ 932·4·28 政／934·10·22 政
追捕使　❶ 940·1·1 政／952·3·2 政
　追捕使(紀伊)　❶ 992·10·28 政
　追捕使(群盗推問)　❶ 901·4 月 政
　追捕使(大宰府)　❶ 940·10·22 政
　追捕南海凶賊使　❶ 940·3·4 政
　追捕南海賊使　❶ 941·1·16 政
庭中結番　❸ 1293·6·1 政
伝奏　❸ 1413·5·20 政／6·29 政
　賀茂伝奏　❸ 1429·2·25 政
　南都伝奏　❸ 1429·2·25 政
典薬寮　❶ 675·1·1 政／787·5·15 文／798·9·8 文／830·1·23 文／837·7·29 文／839·8·12 文／862·12·7 文／896·9·7 政

唐風官名　❶ 758·8·25 政
土工司　❶ 808·1·20 社
図書寮　❶ 728·9·6 文／866·3·1 文／876·11·25 文
年寄　❻ 1872·4·9 政
舎人　❶ 696·10·22 政／710·1·27 政
主殿寮　❶ 896·9·7 政
棟梁之臣(大臣)　❶ 書紀·景行 51·8·4
内厩寮　❶ 765·2·3 政
内侍　❶ 839·10·25 政
内豎(竪)省(所)　❶ 767·7·10 政／772·2·16 政／807·10·16 政
内臣⇨内臣(うちつおみ)
内膳司　❶ 896·9·7 政
内大臣　❶ 645·6·14 政／771·3·15 政／777·1·3 政／779·3·3 政／900·1·28 政／972·11·27 政／989·2·23 政／994·8·28 政／997·7·5 政／❷ 1017·3·4 政／1021·7·25 政／1047·8·1 政／1060·7·17 政／1065·6·3 政／1069·8·22 政／1080·8·14 政／1083·1·26 政／1100·7·17 政／1122·12·17 政／1131·12·22 政／1136·12·9 政／1149·7·28 政／1150·8·21 政／1157·8·19 政／1160·8·11 政／1161·9·13 政／1164·⑩·23 政／1166·11·11 政／1167·2·11 政／1168·8·10 政／1177·3·5 政／1179·3·11 政／11·15 政／1182·6·27 政／10·3 政／1183·2·27 政／4·5 政／11·21 政／1184·1·22 政／1186·10·29 政／1189·7·10 政／1190·7·17 政／1191·3·28 政／1194·7·26 政／1195·11·10 政／1199·6·22 政／1202·⑩·20 政／1207·2·10 政／1208·7·9 政／1209·4·10 政／1211·10·4 政／1212·6·29 政／1215·12·10 政／1218·10·9 政／12·2 政／1219·3·4 政／1221·7·3 政／⑩·10 政／1222·8·13 政／1224·12·25 政／1227·4·9 政／1231·4·26 政／1235·10·2 政／1236·6·9 政／1237·12·25 政／1238·7·20 政／1240·10·20 政／1241·4·17 政／1244·6·13 政／1246·12·24 政／1250·5·17 政／12·15 政／1252·7·20 政／11·3 政／1254·12·25 政／1257·11·26 政／1258·11·1 政／1261·3·27 政／1262·1·26 政／1265·10·5 政／1267·1·19 政／1268·12·2 政／1269·4·23 政／11·28 政／1271·3·27 政／1275·12·22 政／❸ 1288·7·11 政／10·27 政／1289·10·18 政／1290·6·8 政／12·20 政／1291·7·2 政／12·25 政／1292·8·8 政／11·5 政／1293·1·28 政／1296·12·25 政／1297·10·16 政／1298·6·12 政／1299·4·14 政／1302·11·22 政／1305·1·29 政／⑫·17 政／1306·12·6 政／1309·10·15 政／1313·12·26 政／1314·12·2 政／1315·3·13 政／1316·10·21 政／1317·6·21 政／1318·8·15 政／1319·6·27 政／⑦·28 政／10·18 政／1322·6·29 政／1324·4·27 政／1326·11·1 政／1330·2·26 政／1331·2·1 政／1332·10·14 政／1333·5·8 政／1334·9·9 政／1335·2·16 政／1337·7·12 政／1339·12·27 政／1340·7·19 政／1343·4·10 政／1344·9·28 政／1345·9·8 政／1346·2·18 政／1347·8·16 政／9·16 政／1349·9·13 政／1351·6·26 政／1352·11·27 政／1356·7·21 政／1360·9·30 政／1363·3·29 政／1364·2·19 政／3·14 政／1366·8·29 政／1367·9·29 政／1370·3·16 政／1375·11·18 政／1378·8·27 政／1381·7·23 政／1382·1·26 政／1388·5·26 政／1394·6·5 政／12·25 政／1395·3·24 政／9·12 政／11·28 政／12·27 社／1396·7·24 政／10·5 政／1399·2·22 政／1402·8·22 政／1403·8·19 政／1409·3·23 政／1419·8·29 政／12·5 政／1420·①·13 政／12·5 政／1421·4·6 政／7·5 政／1424·4·20 政／1426·7·24 政／1429·8·4 政／1432·7·25 政／8·28 政／1433·10·4 政／1435·4·22 政／1438·9·4 政／1441·12·7 政／1443·6月 政／1445·12·29 政／1446·1·16 政／1450·5·7 政／5·14 政／6·27 政／1452·10·8 政／1455·8·27 政／❹ 1457·9·8 政／1458·7·25 政／1460·8·27 政／1465·9·26 政／1466·2·8 政／2·16 政／1467·1月 文／1468·1·11 政／1475·3·10 政／1476·8·28 政／1479·4·19 政／1481·1·25 政／1482·10·5 政／1485·3·24 政／1486·12·19 政／1488·9·17 政／1489·3·26 政／7·8 政／1491·4·5 政／1497·6·18 政／1499·5·28 政／1501·2·19 政／1506·4·16 政／1507·4·6 政／1515·4·16 政／1518·3·27 政／5·28 政／1521·7·1 政／1523·3·9 政／1528·8·20 政／1534·11·21 政／1535·8·28 政／1539·8·10 政／1541·1·12 政／1543·7·28 政／1545·6·2 政／1546·3·13 政／7·27 政／1547·2·17 政／1554·3·2 政／1557·3·23 政／9·2 政／1572·①·6 政／1573·6·9 政／1575·11·14 政／1576·11·21 政／1577·11·20 政／1579·1·20 政／1580·2·21 政／7·8 政／11·3 政／1585·3·10 政／1587·10·19 政／1596·5·8 政／❺-1 1603·4·22 政／1605·4·16 政／1606·9·22 政／1611·3·12 政／1612·3·13 政／1614·1·14 政／1618·11·14 政／1621·1·2 政／1623·7·27 政／1631·11·15 政／1632·1·9 政／1640·3·21 政／1642·1·19 政／1647·7·3 政／1648·①·20 政／1649·2·25 政／1650·12·21 政／1655·1·25 政／1656·6·1 政／1658·9·11 政／1661·5·23 政／1664·4·5 政／1665·1·11 政／1671·5·7 政／1672·⑥·29 政／1677·12·8 政／1681·7·10 政／1683·1·13 政／1684·12·12 政／1686·3·26 政／1688·2·1 政／1693·8·7 政／1704·1·10 政／1708·1·21 政／1709·3·18 政／5·1 政／1711·2·25 政／1715·3·12 政／❺-2 1719·11·30 政／1722·5·3 政／1723·2·1 政／1726·9·15 政／1728·7·1 政／1736·1·23 政／1737·6·29 政／1738·1·24 政／1739·2·3 政／1743·5·11 政／1745·2·29 政／11·2 政／1748·3·7 政／1749·2·8 政／1750·8·10 政／1755·1·29 政／1756·5·10 政／1759·11·26 政／1760·9·2 政／1770·4·18 政／8·4 政／1775·⑫·2 政／1779·1·14 政／1787·5·26 政／1789·5·22 政／1791·11·28 政／1792·1·6 政／1796·4·24 政／1797·3·27 政／1798·7·19 政／1799·3·16 政／1814·4·2 政／1815·1·4 政／1820·6·1 政／1821·4·7 政／1822·3·1 政／1824·1·5 政／1847·6·15 政／1848·2·11 政／3·21 政／❻ 1859·3·28 政／1862·9·21 政／1863·12·23 政／1867·9·21 政／9·27 政／11·30 政／1885·12·22 政
内薬司　❶ 757·8·23 文／826·9·3 文／896·10·5 文
中務省　❶ 646·2·15 政／684·10·1 政
日本国惣官大宰府　❷ 1227·2月 政
日本国総守護職　❷ 1203·8·27 政
縫殿寮　❶ 808·1·20 政／❺-2 1773·2·2 政
縫部司　❶ 808·1·20 政
漆部司　❶ 808·1·20 政
筥陶司　❶ 808·1·26 社
判事　❶ 689·2·26 政
魁帥(ひとこのかみ)　❶ 581·②月
百官　❶ 646·8·14 政／647·是年 政／653·是年 政／686·9·27 政／687·10·22 政／690·4·14 政／759·5·9 政／781·6·1 政
兵部省(卿、隼人司)　❶ 767·9·12 政／808·1·20 政／8·1 政／877·12·17 政／897·2·28 政／898·11·21 政
兵部少輔　❸ 1454·12月 政
府生　❶ 728·11·10 政
兵政官長(のち兵部卿)　❶ 675·3·16 政
別当　❶ 914·9·5 政
弁官下文(最古)　❶ 869·5·1 文
弁済使　❶ 947·7·23 政
法王　❶ 766·10·20 政
法王宮職　❶ 767·3·20 政／769·7·10 政
法官大輔　❶ 671·1月 文
法参議　❶ 766·10·20 政
法臣　❶ 766·10·20 政
放鷹司　❶ 721·7·25 社／764·10·2 社
北面の武士　❷ 1129·8·15 政
密告使(問武蔵国·問関東)　❶ 939·6·7 政／941·12·29 政
民部卿　❶ 677·10·14 政
民部省(民官)　❶ 686·7·10 政／701·2·23 政
武者所　❸ 1333·10·9 政／1334·5·7 政
木工寮　❶ 806·2·3 政／808·1·20 政／818·7·8 政／825·是年 文／890·11·13 政／905·7·1 社／960·9·28 政
問民苦使(もみくし)　❶ 758·1·5 政／9·3 政
遊君別当　❷ 1193·5·15 社
靫負府　❶ 808·7·22 政
六衛　❶ 757·8·25 政／811·11·28 政

六国諸軍事　❶ 482·是年
率分所勾当　❷ 1020·9·19 政／1094·6·25 政
留守官(司)　❶ 672·6·24 政／692·2·11 政／710·3·10 政／740·2·7／745·5·5 政
連署　❷ 1224·6·28 政／1247·7·27 政／1256·3·11 政／3·30 政／1264·8·11 政／1266·3·6 政／1268·3·5 政／1273·6·17 政／❸ 1283·4·16 政／1287·8·19 政／1294·8·25 政／1301·8·23 政／1305·7·22 政／1311·10·3 政／1315·7·12 政／1326·4·24 政／1330·7·9 政

司法関連・裁判所

制度・規則

検事職制章程　❻ 1874·1·28 政
公証人規則　❻ 1886·8·13 政
裁判三人合議制　❻ 1890·3·18 政
執達吏規則　❻ 1890·7·24 政
判事三人制(大審院)　❻ 1881·2·16 政
判事懲戒法　❻ 1890·8·21 政
裁判所(行政)　❻ 1868·1·21 政
裁判所(司法)　❻ 1872·8·3 政／1875·5·24 政／1890·2·10 政
大阪弁護士会　❻ 1893·8·2 社
行政裁判所　❻ 1890·6·30 政
控訴院　❻ 1886·5·5 政
高等法院　❻ 1886·5·5 政
社寺裁判所　❻ 1868·5·19 政
始審裁判所　❻ 1886·5·5 政
重罪裁判所　❻ 1886·5·5 政
大審院　❻ 1875·4·14 政／5·24 政／1877·1·16 政／1886·5·5 政
大審院長　❻ 1891·5·6 政
治安裁判所　❻ 1886·5·5 政
地方裁判所　❻ 1876·9·13 政
懲戒裁判所　❻ 1890·8·21 政
鎮台(裁判所)　❻ 1868·1·21 政
弁護士　❻ 1876·2·22 社／1893·3·4 社
民政裁判所　❻ 1868·5·19 政

大臣(近代以降)

制度・法律

大臣・次官の職務　❻ 1886·2·27 政
運輸相・運輸大臣　❽ 1945·5·19 政／8·17 政／10·9 政／1946·5·22 政／1947·1·31 政 6·1 政／1948·3·10 政／10·19 政／1949·2·16 政／5·31 政／1950·6·28 政／1952·10·30 政／1954·12·10 政／1955·3·19 政／11·22 政／1956·12·23 政／1957·7·10 政／1958·6·12 政／1959·6·18 政／1960·7·19 政／12·8 政／1961·7·18 政／1962·7·18 政／1963·7·18 政／1964·7·18 政／❾ 1966·8·1 政／9·3 社／12·3 政／1967·11·25 政／1968·11·30 政／1970·1·14 政／1971·7·5 政／1972·7·7 政／12·22 政／1974·12·9 政／1976·9·15 政／12·24 政／1977·11·28 政／1978·12·7 政／1979·11·9 政／1980·7·17 政／1981·11·30 政／1982·11·27 政／1983·12·27 政／1984·11·1 政／1985·12·28 政／1989·6·2 政／8·9 政／1990·2·28 政／1991·11·5 政／1993·8·9 政／1994·4·28 政／6·30 政／1995·8·8 政／1996·1·11 政／1997·9·11 政／1998·7·30 政／1999·10·5 政／2000·7·4 政
運輸通信相　❽ 1943·11·1 政／1944·2·19 政／7·22 政／1945·4·7 政／4·9 政
大蔵卿　❻ 1869·8·11 政／1870·7·10 政／1871·6·27 政／1873·10·25 政／1878·5·15 政／1880·2·28 政／1881·10·21 政
沖縄・北方・科学技術担当相　❾ 2012·12·26 政
沖縄開発庁長官兼北海道開発庁長官　❾ 1995·8·8 政
沖縄北方少子化担当相　❾ 2006·9·26 政
沖縄北方担当相　❾ 1999·10·5 政／2001·4·26 政／2007·8·27 政
海軍卿　❻ 1873·10·14 政／1880·2·28 政／1881·4·7 政
海軍大輔　❻ 1872·5·10 政／1881·6·16 政／1883·12·13 政
海相・海軍大臣　❻ 1885·12·22 政／1888·4·30 政／1889·12·24 政／1891·5·6 政／1892·8·8 政／1893·3·11 政／❼ 1896·9·18 政／1898·1·12 政／1900·10·19 政／1906·1·7 政／1908·7·14 政／1913·2·20 政／1914·4·16 政／1915·8·10 政／1918·9·29 政／1921·11·13 政／1922·6·9 政／1923·9·2 政／1924·6·11 政／1927·4·20 政／1929·7·2 政／1930·10·2 政／1931·12·13 政／1932·5·26 政／1934·7·8 政／1936·3·9 政／❽ 1937·2·2 政／1939·1·5 政／1940·7·22 政／9·5 政／1941·7·16 政／10·18 政／1944·7·22 政／1945·4·7 政／10·9 政
外相・外務大臣　❻ 1885·12·22 政／1887·9·16 政／1888·2·1 政／1889·12·24 政／1891·3·29 政／1992·8·9 政／1896·5·30 政／9·22 政／❼ 1897·11·2 政／1898·6·30 政／11·8 政／1900·10·19 政／1901·6·2 政／9·21 政／1906·5·19 政／1908·8·27 政／1915·10·13 政／1918·4·23 政／1922·6·9 政／1923·9·2 政／1924·6·11 政／1927·4·20 政／1929·7·2 政／1931·12·13 政／1932·5·26 政／7·6 政／1933·9·14 政／1934·7·8 政／1936·3·9／4·2 政／❽ 1937·2·2 政／6·4 政／1938·5·25 政／5·26 政／9·30 政／1939·1·5 政／9·25 政／1940·7·22 政／1941·7·16 政／10·18 政／1942·9·17 政／1943·4·20 政／1944·7·22 政／1945·4·7 政／8·17 政／9·2 政／10·9 政／1946·5·22 政／1947·6·1 政／1948·3·10 政／10·19 政／1949·2·16 政／1952·4·30 政／10·30 政／1953·5·21 政／1954·12·10 政／1955·3·19 政／11·22 政／1956·12·23 政／1957·7·10 政／1958·6·12 政／1959·6·18 政／1960·7·19 政／12·8 政／1962·7·18 政／1963·7·18 政／1964·7·18 政／❾ 1966·8·1 政／12·3 政／1968·11·30 政／1969·9·12 政／1970·1·14 政／1971·7·5 政／1972·7·7 政／12·22 政／1974·7·12 政／12·9 政／1976·9·15 政／12·24 政／1977·11 28 政／1978·12·7 政／1979·11·9／1980·7·17 政／1981·5·12 政／11·30 政／1982·11·27 政／1983·1 27 政／1984·11·1 政／1985·12·28 政／1989·6·2 政／8·9 政／1990·2 28 政／1991·11·5 政／1993·4·6 政／8·9 政／1994·4·28 政／6·30 政／1995·8·8 政／1996·1·11 政／11 7 政／1997·9·11 政／1998·7·30 政／1999·10·5 政／2000·7·4 政／12 5 政／2001·4·26 政／2002·1·29 政／2004·7·23 政／9·27 政／2005·10·31 政／2006·9·26 政／2007·8· 政／9·26 政／2008·8·2 政／9·24 政／2009·9·16 政／2010·6·8 政／9·17 政／2011·9·2 政／2012·12·2 政
外務卿　❻ 1869·7·8 政／1871·7·1 政／11·4 政／1873·10·28 政／1879·9·10 政
外務総裁　❻ 1868·1·23 政
外務大丞　❻ 1871·7·29 政
海洋政策担当大臣　❾ 2007·4·20 政
科学技術食品衛生大臣　❾ 2004·9· 政／2005·10·31 政
科学技術庁長官　❽ 1961·7·18 政／❾ 1989·6·2 政／8·9 政／1991·11 政／1994·4·28 政／6·30 政／1995 8·8 政／1996·1·11 政／1997·9·11 政／1998·7·30 政
環境・沖縄・北方担当相　❾ 2004·9· 政／2005·10·31 政
環境・原子力防災相　❾ 2011·9·2 政／2012·10·1 政／12·26 政
環境相・環境大臣　❾ 1999·10·5 政／2001·4·26 政／2003·9·22 政／2006 9·26 政／2007·8·27 政／2008·8·2 政／9·24 政／2009·9·16 政／2010 6·8 政／9·17 政／2011·6·27 政
環境庁長官　❾ 1989·6·2 政／8·9 政／1991·11·5 政／1994·4·28 政／6·30 政／8·12 政／1995·8·8 政／1996·1·11 政／1997·9·11 政／1998 7·30 政
官房長　❼ 1900·4·27 政
官房長官　❽ 1948·10·19 政／1949 2·16 政／1950·5·6 政／1956·12·23 政／1957·7·10 政／1960·7·19 政／❾ 1984·11·1 政／1985·12·28 政／1989·6·2 政／8·9 政／8·25 政／1991·11·5 政／1993·8·9 政／1994 4·28 政／6·30 政／1995·8·8 政／1996·1·11 政／11·7 政／1997·9·1 政／1998·7·30 政／2000·7·4 政／12·5 政／2001·4·26 政／2004·9·27 政／2005·10·31 政／2006·9·26 政／2007·9·26 政／2008·8·2 政／2009 9·16 政／2010·6·8 政／9·17 政／2011·9·2 政／2012·12·26 政
官房長官・沖縄北方相　❾ 2011·1·14 政
行管庁長官　❽ 1961·7·18 政
行政改革・規制改革相　❾ 2008·9·24 政
行政改革・公務員改革担当相　❾ 2012·12·26 政

行政改革産業再生相 ❾ 2004·9·27 政
行政改革刷新相 ❾ 2001·4·26 政／2003·9·22 政／2005·10·31 政／2006·9·26 政／2009·9·16 政／2010·2·10 政／6·8 政／2012·1·13 政
行政刷新・公務員制度改革担当相 ❾ 2010·9·17 政／2011·9·2 政
金融・郵政相 ❾ 2009·9·16 政／2010·6·8 政／6·11 政
金融行政改革担当相 ❾ 2007·8·27 政／2008·8·2 政
金融再生担当相 ❾ 1998·10·23 政／1999·10·5 政／2000·2·26 政／2001·4·26 政／2004·9·27 政／2006·9·26 政／2011·9·2 政／2012·6·4 政／10·1 政
宮内省 ❻ 1869·7·8 政
宮内相(宮内大臣) ❻ 1885·12·22 政／1887·9·16 政／❼ 1896·11·14 政／1898·2·9 政／1909·6·16 政／1910·4·1 政／1921·2·10 政／1925·3·30 政／1933·2·14 政／❽ 1945·6·4 政
宮内庁長官 ❽ 1953·12·16 政
軍需相・軍需大臣 ❽ 1943·11·1 政／1944·7·22 政／1945·4·7 政／8·17 政
経済企画庁長官 ❾ 1989·6·2 政／8·9 政／1991·11·5 政／1994·4·28 政／6·30 政／1995·8·8 政／1996·1·11 政／1997·9·11 政／1998·7·30 政／1999·10·5 政
経済財政・金融相 ❾ 2005·10·31 政
経済財政担当相 ❾ 2001·4·26 政／2007·8·27 政／2008·8·2 政／9·24 政／2009·7·1 政／2010·9·17 政
経済財政郵政民営化相 ❾ 2004·9·27 政
経済庁長官 ❽ 1961·7·18 政
経産相・経済産業大臣 ❾ 2003·9·22 政／2004·9·27 政／2005·10·31 政／2006·9·26 政／2007·8·27 政／2009·9·16 政／2010·6·8 政／9·17 政／2011·9·2 政／2012·12·26 政
建設運輸相・建設運輸大臣 ❾ 2000·12·5 政
建設相・建設大臣 ❽ 1948·7·8 政／10·19 政／1949·2·16 政／1950·5·6 政／1951·7·4 政／1954·12·10 政／1955·3·19 政／11·22 政／1956·12·23 政／1957·7·10 政／1958·6·12 政／1959·6·18 政／1960·7·19 政／12·8 政／1962·7·18 政／1963·7·18 政／1964·7·18 政／❾ 1966·8·1 政／12·3 政／1967·11·25 政／1968·11·30 政／1970·1·14 政／1971·7·5 政／1972·7·7 政／12·22 政／1974·12·9 政／1976·9·15 政／12·24 政／1977·11·28 政／1978·12·7 政／1979·11·9 政／1980·7·17 政／1981·11·30 政／1982·11·27 政／1983·12·27 政／1984·11·1 政／1985·12·28 政／1989·6·2 政／8·9 政／1990·2·28 政／1991·11·5 政／1993·8·9 政／1994·4·28 政／6·30 政／1995·8·8 政／1996·1·11 政／1998·7·30 政／1999·10·5 政／2000·7·4 政
厚相・厚生大臣 ❽ 1938·1·11 政／1939·1·5 政／11·29 政／1940·7·22 政／1941·7·16 政／10·18 政／1944·7·22 政／1945·4·7 政／8·17 政／10·9 政／1946·5·22 政／1947·6·1 政／1948·3·10 政／10·19 政／1949·2·16 政／1950·6·28 政／1951·7·4 政／1952·10·30 政／1954·12·10 政／1955·3·19 政／11·22 政／1956·12·23 政／1957·7·10 政／1958·6·12 政／1959·6·18 政／1960·7·19 政／12·8 政／1961·7·18 政／1962·7·18 政／1963·7·18 政／1964·7·18 政／❾ 1966·8·1 政／12·3 政／1967·11·25 政／1968·11·30 政／1970·1·14 政／1971·7·5 政／1972·7·7 政／12·22 政／1974·12·9 政／1976·9·15 政／12·24 政／1977·11·28 政／1978·12·7 政／1979·11·9 政／1980·7·17 政／1981·11·30 政／1982·11·27 政／1983·12·27 政／1984·11·1 政／1985·12·28 政／1989·6·2 政／8·9 政／1990·2·28 政／1991·11·5 政／1993·8·9 政／1994·4·28 政／6·30 政／1995·8·8 政／1996·1·11 政／11·7 政／1997·9·11 政／1998·7·30 政／1990·10·5 政／2000·7·4 政
厚生労働・年金改革相 ❾ 2009·9·16 政
厚生労働相 ❾ 2000·12·5 政／2001·4·26 政／2004·9·27 政／2005·10·31 政／2006·9·26 政／2007·8·27 政／2008·8·2 政／9·24 政／2010·6·8 政／9·17 政／2011·9·2 政／2012·10·1 政／12·26 政
公務員制度改革・少子化相 ❾ 2010·6·8 政
国土交通・沖縄北方相 ❾ 2010·6·8 政
国土交通相 ❾ 2001·4·26 政／2003·9·22 政／2004·9·27 政／2005·10·31 政／2006·9·26 政／2007·8·27 政／2008·8·2 政／9·24 政／9·28 政／2009·9·16 政／2011·1·14 政／9·2 政／2012·12·26 政
国土庁長官 ❾ 1989·6·2 政／8·9 政／1990·2·28 政／1991·11·5 政／1994·4·28 政／6·30 政／1995·8·8 政／1996·1·11 政／1997·9·11 政／1998·7·30 政
国務科学技術担当 ❾ 2000·12·5 政
国務相・国務大臣 ❽ 1941·7·16 政／10·18 政／1943·4·20 政／11·17 政／1944·7·22 政／1945·4·7 政／8·17 政／10·9 政／10·30 政／1946·5·22 政／1947·1·31 政／6·1 政／1948·3·10 政／10·19 政／1949·2·16 政／1952·10·30 政／1953·5·21 政／1954·12·10 政／1955·3·19 政／11·22 政／1956·12·23 政／1957·7·10 政／1958·6·12 政／1959·6·18 政／1960·7·19 政／12·8 政／1962·7·18 政／1963·7·18 政／1964·7·18 政／❾ 1966·8·1 政／12·3 政／1967·11·25 政／1968·11·30 政／1970·1·14 政／1971·7·5 政／1972·7·7 政／12·22 政／1974·12·9 政／1976·9·15 政／12·24 政／1977·11·28 政／1978·12·17 政／1979·11·9 政／1980·7·17 政／1981·11·30 政／1982·11·27 政／1983·12·27 政／1984·11·1 政
国家公安相 ❾ 2000·12·5 政／2001·4·26 政
国家公安・沖縄・北方担当相 ❾ 2008·9·24 政
国家公安・消費者・少子化担当相 ❾ 2010·9·17 政
国家公安・消費者相 ❾ 2012·10·1 政
国家公安・消費者・拉致担当相 ❾ 2011·9·2 政
国家公安・防災・拉致担当相 ❾ 2010·6·8 政／2012·12·26 政
国家公安委員長 ❾ 2004·9·27 政／2005·10·31 政／2006·9·26 政／2009·9·16 政
国家公安委員長・防災相 ❾ 2008·8·2 政
国家戦略・経済財政・税改革担当相 ❾ 2011·9·2 政
国家戦略・経済財政相 ❾ 2012·10·1 政
国家戦略・消費者相 ❾ 2010·6·8 政
国家戦略担当相 ❾ 2010·9·17 政
国交相・沖縄北方担当相 ❾ 2010·9·17 政
財政経済・金融相 ❾ 2003·9·22 政
財政経済担当相 ❾ 2006·9·26 政
財務・金融担当相 ❾ 2008·9·24 政／2009·2·14 政／2012·12·26 政
財務相 ❾ 2001·4·26 政／2003·9·22 政／2004·9·27 政／2005·10·31 政／2006·9·26 政／2007·8·27 政／2008·8·2 政／2009·9·16 政／2010·1·7 政／6·8 政／9·17 政／2011·9·2 政／2012·10·1 政
産業経済相 ❾ 2001·4·26 政／2008·8·2 政／2011·1·14 政
参政官 ❼ 1914·10·6 政
侍従武官官制 ❼ 1896·4·1 政
自治国家公安委員長 ❾ 1994·4·28 政／6·30 政
自治相・自治大臣 ❽ 1960·7·1 政／7·19 政／12·8 政／1962·7·18 政／1963·7·18 政／1964·7·18 政／❾ 1966·8·1 政／12·3 政／1967·11·25 政／1968·11·30 政／1970·1·14 政／1971·7·5 政／1972·7·7 政／12·22 政／1974·12·9 政／1976·9·15 政／12·24 政／1977·11·28 政／1978·12·7 政／1979·11·9 政／1980·7·17 政／1981·11·30 政／1982·11·27 政／1983·12·27 政／1984·11·1 政／1985·12·28 政／1989·6·2 政／8·9 政／1990·2·28 政／1991·11·5 政／1995·8·8 政／1996·1·11 政／1997·9·11 政／1998·7·30 政／2000·7·4 政
社会保障担当相 ❾ 2011·1·14 政
衆議院議長 ❾ 1993·8·6 政
首相・総理大臣 ❻ 1885·12·22 政／1888·4·30 政／1889·10·16 政／12·24 政／1891·5·6 政／1892·8·8 政／❼ 1896·9·18 政／1921·11·4 政／1922·6·9 政／1923·9·2 政／1924·6·

11 政／1927·4·20 政／1931·4·14 政／12·13 政／1932·5·26 政／1934·7·8 政／1936·3·9 政／❽ 1937·2·2 政／6·4 政／1939·1·5 政／1941·10·18 政／1944·7·22 政／1945·4·7 政／8·17 政／10·9 政／1946·5·22 政／1947·6·1 政／1948·3·10 政／10·19 政／1949·2·16 政／1952·10·30 政／1953·5·21 政／1955·3·19 政／11·22 政／1956·12·23 政／1958·6·12 政／1960·7·19 政／12·8 政／1964·11·9 政／❾ 1972·7·7 政／1974·12·9 政／1976·12·24 政／1978·12·7 政／1980·7·17 政／1982·11·27 政／1987·11·6 政／1989·6·2 政／8·9 政／1991·11·5 政／1993·8·9 政／1994·4·28 政／6·30 政／1996·1·11 政／1998·7·30 政／2000·4·5 政／2001·4·26 政／2006·9·26 政／2007·9·26 政／2008·9·24 政／2009·9·16 政／2010·6·8 政／2011·9·2 政／2012·12·26 政

首相臨時代理　❾ 2000·4·14 政

商工相·商工大臣　❼ 1925·4·1 政／8·2 政／1926·9·14 政／1927·4·20 政／1929·7·2 政／1931·4·14 政／12·13 政／1932·5·26 政／1934·2·9 政／7·8 政／1936·3·9 政／❽ 1937·2·2 政／6·4 政／1938·5·26 政／1939·1·5 政／1940·7·22 政／1941·7·16 政／10·18 政／1945·10·9 政／1946·5·22 政／1947·1·31 政／5·17 政／6·1 政／1948·3·10 政／1949·2·16 政

少子化·男女共同参画相　❾ 2005·10·31 政

少子化·拉致問題相　❾ 2008·8·2 政

少子化担当相　❾ 2007·8·27 政／2008·9·24 政

商相　❼ 1925·4·4 政／8·2 政／1927·4·20 政／1929·7·2 政／1931·4·14 政／12·13 政／1932·5·26 政／1934·7·8 政／1936·3·9 政

消費者·少子化担当相　❾ 2009·9·16 政／2012·12·26 政

消費者行政·食品安全相　❾ 2008·9·24 政

消費者相　❾ 2008·8·2 政／2012·1·13 政

人権担当大使　❾ 2005·12·6 政

枢密院議長　❼ 1909·6·14 政／11·17 政

摂政　❼ 1921·11·25 政

蔵相·大蔵大臣　❻ 1885·12·22 政／1892·8·8 政／1896·3·17 政／8·27 政／❼ 1896·9·18 政／1898·1·12 政／6·30 政／11·8 政／1900·10·19 政／1901·5·14 政／1906·1·7 政／1908·1·14 政／7·14 政／1911·8·30 政／1912·12·21 政／1913·2·20 政／1914·4·15 政／1915·8·10 政／10·9 政／12·16 政／1918·9·29 政／1922·6·9 政／1923·9·2 政／1924·6·11 政／1925·6·3 政／1926·6·3 政／1927·4·20 政／6·2 政／1929·7·2 政／1931·12·13 政／1934·7·8 政／1936·3·9 政／❽ 1937·2·2 政／6·4 政／1938·5·26 政／1939·1·5 政／1940·7·22 政／1941·7·16 政／10·18 政／1944·2·19 政／7·22 政／1945·4·7 政／10·9 政／1946·5·22 政／1947·5·17 政／6·1 政／1948·3·10 政／10·19 政／12·13 政／1949·2·16 政／1953·5·21 政／1954·12·10 政／1955·3·19 政／11·22 政／1956·12·23 政／1957·7·10 政／1958·6·12 政／1959·6·18 政／1960·7·19 政／12·8 政／1962·7·18 政／1963·7·18 政／1964·7·18 政／❾ 1966·8·1 政／12·3 政／1968·11·30 政／1970·1·14 政／1971·7·5 政／1972·7·7 政／12·22 政／1974·7·12 政／12·9 政／1976·12·24 政／1977·11·28 政／1978·12·7 政／1979·11·9 政／1980·7·17 政／1981·11·30 政／1982·11·27 政／1983·12·27 政／1984·11·1 政／1985·12·28 政／1989·6·2 政／8·9 政／1990·2·28 政／1991·10·14 政／11·5 政／1993·8·9 政／1994·4·28 政／6·30 政／1995·8·8 政／1996·1·11 政／11·7 政／1997·9·11 政／1998·1·25 政／7·30 政／1999·10·5 政／2000·7·4 政

総務相　❾ 1999·10·5 政／2001·4·26 政／2003·9·22 政／2004·9·27 政／2005·10·31 政／2006·9·26 政／2007·8·27 政／2008·8·2 政／2009·9·16 政／2010·6·8 政／9·17 政／2012·10·1 政／12·26 政

総務·沖縄·北方相　❾ 2011·9·2 政

総務長官　❼ 1900·4·27 政

総務庁長官　❾ 1989·6·2 政／8·9 政／1990·2·28 政／1991·11·5 政／1994·4·28 政／6·30 政／1995·8·8 政／11·8 政／1996·1·11 政／1997·9·11 政／1998·7·30 政

大東亜相　❽ 1942·11·1 政／1944·7·22 政／1945·4·7 政／8·17 政／9·30 政

台湾総督　❻ 1895·5·10 政／❼ 1896·3 月 政／6·2 政／10·14 政／1898·2·26 政／1906·4·11 政／1919·10·29 政／1931·1·16 政

拓相·拓務大臣　❻ 1896·4·2 政／❼ 1929·7·2 政／1931·4·14 政／12·13 政／1932·5·26 政／1934·7·8 政／1936·3·9 政／❽ 1937·2·2 政／6·4 政／1939·1·5 政／1940·7·22 政／1941·10·18 政／12·2 政

朝鮮総督　❼ 1910·10·1 政

勅任·奏任·判任　❽ 1946·4·1 政

通産相·通産大臣　❽ 1949·5·25 政／1950·5·6 政／6·28 政／1951·7·4 政／1952·10·30 政／1953·5·21 政／1954·12·10 政／1955·3·19 政／11·22 政／1956·12·23 政／1957·7·10 政／1958·6·12 政／1959·6·18 政／1960·7·19 政／12·8 政／1961·7·18 政／1962·7·18 政／1963·7·18 政／1964·7·18 政／❾ 1966·8·1 政／12·3 政／1967·11·25 政／1968·11·30 政／1970·1·14 政／1971·7·5 政／1972·7·7 政／12·22 政／1974·12·9 政／1976·12·24 政／1977·11·28 政／1978·12·7 政／1979·11·9 政／1980·7·17 政／1981·11·30 政／1982·11·27 政／1983·12·27 政／1984·11·1 政／1985·12·28 政／1989·6·2 政／8·9 政／1990·2·28
／1991·11·5 政／1993·8·9 政／1994·4·28 政／6·30 政／1995·8·8 政／1996·1·11 政／1997·9·11 政／1998·7·30 政／1999·10·5 政／200
7·4 政／12·5 政

逓相·逓信大臣　❻ 1885·12·22 政／1889·3·22 政／1892·8·8 政／1895
3·17 政／1896·9·26 政／1898·1·1
政／6·30 政／11·8 政／❼ 1900·1
15 政／1901·6·2 政／1903·7·15 政
／9·22 政／1908·1·14 政／3·25
／1922·6·9 政／1923·9·2 政／1924·6·11 政／1925·5·28 政／192
4·20 政／1928·5·23 政／1929·7·2 政／1931·12·13 政／1932·5·26 ／1934·7·8 政／1936·3·9 政／❽ 1937·2·2 政／6·4 政／1939·1·5 政／1940·7·22 政／1941·7·16 政／10·18 政／1946·5·22 政／1947·6·
政／1948·3·10 政／10·19 政／1949·2·16 政

逓信院総裁　❽ 1945·5·19 政

鉄相·鉄道大臣　❼ 1922·6·9 政／1923·9·2 政／1924·1·7 政／6·11
／1926·6·3 政／1927·4·20 政／1929·7·2 政／1931·12·13 政／193
5·26 政／1934·7·8 政／1936·3·9
／❽ 1937·2·2 政／6·4 政／1939·
5 政／1940·1·26 政／7·22 政／9·28 政／1941·7·16 政／10·18 政／12·2 政

電通相·電気通信大臣　❽ 1950·6·2
政／1951·7·4 政

内閣顧問　❻ 1873·12·25 政／❽ 1943·3·18 政／1944·10·28 政

内閣参議官　❽ 1937·10·15 政

内閣総理大臣補佐(首相補佐官)　❾ 1994·10·14 政

内閣特別顧問　❾ 2000·3·7 政

内閣法制局長官　❾ 1995·8·8 政

内相·内務大臣　❻ 1885·12·22 政／❼ 1888·4·30 政／1889·12·24 政／1890·5·17 政／1891·5·6 政／1892
3·11 政／6·8 政／7·14 政／1894·10·15 政／1896·2·3 政／4·14 政／1903·7·15 政／1904·2·20 政／1905
9·16 政／1915·1·7 政／7·29 政／1918·4·23 政／1922·6·9 政／1923
9·2 政／1924·6·11 政／1927·4·20 政／1928·5·23 政／1929·7·2 政／1931·12·13 政／1932·5·26 政／1934·7·8 政／1936·3·9 政／❽ 1937·2·2 政／6·4 政／1939·1·5 政／1940·7·22 政／12·21 政／1941·7·16 政／1943·4·20 政／1944·7·22 政／1945·4·7 政／10·9 政／1946·5·22 政／1947·1·31 政／6·1 政

内大臣　❻ 1885·12·22 政／❼ 1912
8·13 政／1917·5·2 政／1922·9·18 政／1925·3·30 政／1935·12·26 政／1936·3·6 政／❽ 1940·6·1 政

南洋庁(長官)　❼ 1920·12·17 政／1922·3·31 政／1923·4·5 政

農相·農林大臣　❼ 1925·4·4 政／8

2 政／1926·6·3 政／1927·4·20 政／1929·7·2 政／1931·12·13 政／1932·5·26 政／1934·7·8 政／1936·3·9 政／❽ 1937·2·2 政／6·4 政／1939·1·5 政／1940·7·22 政／1941·7·16 政／10·18 政／1943·4·20 政／1945·10·9 政／1946·5·22 政／1947·6·1 政／11·4 政／1948·3·10 政／10·19 政／1949·2·16 政／1951·7·4 政／1952·10·30 政／1953·5·21 政／1954·12·10 政／1955·3·19 政／11·22 政／1956·12·23 政／1957·7·10 政／1958·6·12 政／1959·6·18 政／1960·7·19 政／12·8 政／1961·7·18 政／1962·7·18 政／1963·7·18 政／1964·7·18 政／❾ 1966·8·1 政／12·3 政／1968·2·6 政／11·30 政／1970·1·14 政／1971·7·5 政／1972·7·7 政／12·22 政／1974·12·9 政／1976·9·15 政／1977·11·28 政／1978·12·7 政

農商務大臣 ❻ 1885·12·22 政／1886·3·16 政／7·10 政／1887·7·26 政／9·17 政／1888·4·30 政／7·25 政／1889·12·24 政／1890·5·17 政／1892·3·14 政／7·14 政／8·8 政／1894·1·22 政／❼ 1897·11·2 政／1898·4·26 政／1900·10·19 政／1901·6·2 政／1903·7·15 政／9·22 政／1906·1·7 政／1908·7·14 政／1910·3·28 政／1911·8·30 政／1912·12·21 政／1913·2·20 政／1914·4·16 政／1915·1·7 政／1916·10·9 政／1918·9·29 政／1922·6·9 政／1923·9·2 政／1924·6·11 政／❽ 1943·11·1 政／1944·2·19 政／7·22 政／1945·4·7 政／8·17 政

農水相·農林水産大臣 ❾ 1979·11·9 政／1980·7·17 政／1981·11·30 政／1982·11·27 政／1983·12·27 政／1984·11·1 政／1985·12·28 政／1989·6·2 政／8·9 政／1990·2·28 政／1991·11·5 政／1993·8·9 政／1994·4·28 政／6·30 政／1995·8·8 政／1996·1·11 政／1997·9·11 政／1998·7·30 政／1999·10·5 政／2000·7·4 政／12·5 政／2001·4·26 政／2004·9·27 政／2005·8·10 政／10·31 政／2006·9·26 政／2007·8·1 政／8·27 政／9·3 政／2008·8·2 政／2009·9·16 政／2010·6·8 政／9·17 政／2011·9·2 政／2012·6·4 政／12·26 政

兵庫県南部地震対策担当相 ❾ 1995·1·20 政

副大臣 ❾ 2001·1·6 政

復興·原発事故再生担当相 ❾ 2012·12·26 政

復興担当相 ❾ 2011·6·27 政／7·3 政／9·2 政

防衛相·防衛大臣 ❾ 2007·1·9 政／7·4 政／8·27 政／9·26 政／2008·8·2 政／9·24 政／2009·9·16 政／2010·6·8 政／9·17 政／2011·9·2 政／2012·1·13 政／6·4 政／12·26 政

防衛庁長官 ❽ 1961·7·18 政／❾ 1989·6·2 政／8·9 政／1990·2·28 政／1991·11·5 政／1994·4·28 政／6·30 政／1995·8·8 政／1996·1·11 政／1997·9·11 政／1998·7·30 政／1999·10·5 政／2000·12·5 政／2001·4·26 政／2004·9·27 政／2005·10·31 政／2006·9·26 政

防災相 ❾ 2003·9·22 政／2005·10·31 政

法相·法務大臣 ❻ 1885·12·22 政／1891·6·1 政／1892·6·23 政／8·8 政／1893·3·11 政／1896·9·26 政／1898·1·12 政／6·30 政／11·8 政／1900·10·19 政／1901·6·2 政／❼ 1903·9·22 政／1908·3·25 政／7·14 政／1911·8·30 政／1912·12·21 政／1913·2·20 政／11·11 政／1914·4·16 政／1918·9·29 政／1920·5·15 政／1922·6·9 政／1923·9·2 政／1924·6·11 政／1925·8·2 政／1927·4·20 政／1929·7·2 政／1931·12·13 政／1932·5·26 政／1934·7·8 政／1936·3·9 政／❽ 1937·2·2 政／1939·1·5 政／1940·7·22 政／12·21 政／1941·10·18 政／1944·7·22 政／1945·4·7 政／8·17 政／10·9 政／1946·5·22 政／1947·5·17 政／6·1 政／1949·2·16 政／1952·10·30 政／1953·5·21 政／1954·6·19 政／12·10 政／1955·3·19 政／11·22 政／1956·12·23 政／1957·7·10 政／1958·6·12 政／1959·6·18 政／1960·7·19 政／12·8 政／1962·7·18 政／1963·7·18 政／1964·7·18 政／❾ 1966·8·1 政／12·3 政／1967·11·25 政／1968·11·30 政／1970·1·14 政／1971·2·9 政／7·5 政／1972·7·7 政／12·22 政／1974·12·9 政／1976·12·24 政／1977·10·4 政／11·28 政／1978·12·7 政／1979·11·9 政／1980·7·17 政／1981·11·30 政／1982·11·27 政／1983·12·27 政／1984·11·1 政／1985·12·28 政／1988·12·30 政／1989·6·2 政／8·9 政／1990·2·28 政／1991·11·5 政／1993·8·9 政／1994·4·28 政／5·3 政／6·30 政／1995·8·8 政／10·9 政／1996·1·11 政／1997·9·11 政／1998·7·30 政／1999·1·4 政／3·8 社／10·5 政／2000·7·4 政／12·5 政／2001·4·26 政／2003·9·22 政／2004·9·27 政／2005·10·31 政／2006·9·26 政／2007·8·27 政／2008·8·2 政／9·24 政／2009·9·16 政／2010·6·8 政／9·17 政／11·16 政／2011·1·14 政／6·27 政／9·2 政／2012·1·13 政／6·4 政／10·23 政／12·26 政

法相·拉致暗闘問題相 ❾ 2012·10·1 政

法制局長官 ❾ 1991·11·5 政

法務総裁 ❽ 1948·3·10 政／1950·6·28 政

法律取調所(條約改正) ❻ 1886·8·6 政

北海道·沖縄開発庁長官 ❾ 1989·6·2 政／8·9 政／1990·2·28 政／1991·11·5 政／1994·4·28 政／6·30 政／1997·9·11 政／1998·7·30 政

民部卿 ❻ 1869·7·8 政／9·12 政／1870·7·10 政

無任所大臣設置 ❽ 1940·12·6 政

文相·文部大臣 ❻ 1885·12·22 政／1889·2·16 政／3·22 政／1890·5·17 政／1891·6·1 政／1892·8·8 政／1893·3·7 政／1894·8·29 政／10·3 政／❼ 1896·9·18 政／1898·1·12 政／4·26 政／6·30 政／10·24 政／11·8 政／1900·10·19 政／1901·6·2 政／1903·9·22 政／1905·8·25 文／12·14 政／1906·1·7 政／3·27 政／1908·7·14 政／1911·8·30 政／1912·11·9 政／12·21 政／1913·2·20 政／1914·3·6 政／4·16 政／1915·8·10 政／1916·10·9 政／1918·9·29 政／1922·6·9 政／1923·9·2 政／1924·6·11 政／1927·4·20 政／6·2 政／1928·5·22 政／1931·12·13 政／1934·3·3 政／7·8 政／1936·3·9 政／❽ 1937·2·2 政／6·4 政／1938·5·26 政／1939·1·5 政／1940·7·22 政／1941·7·16 政／10·18 政／1943·4·20 政／4·23 政／1944·7·22 政／1945·4·7 政／8·17 政／8·18 政／10·9 政／1946·5·22 政／1947·1·31 政／6·1 政／1948·3·10 政／10·19 政／1949·2·16 政／1950·5·6 政／1952·10·30 政／1953·5·21 政／1954·12·10 政／1955·3·19 政／11·22 政／1956·12·23 政／1957·7·10 政／1958·6·12 政／1959·6·18 政／1960·7·19 政／12·8 政／1963·7·18 政／1964·7·18 政／❾ 1966·8·1 政／12·3 政／1967·11·25 政／1968·11·30 政／1970·1·14 政／1971·7·5 政／1972·7·7 政／12·22 政／1974·12·9 政／1976·12·24 政／1977·11·28 政／1978·12·7 政／1979·11·9 政／1980·7·17 政／1981·11·30 政／1982·11·27 政／1983·12·27 政／1984·11·1 政／1985·12·28 政／1989·6·2 政／8·9 政／1990·2·28 政／1991·11·5 政／1993·8·9 政／1994·4·28 政／6·30 政／1995·8·8 政／1996·1·11 政／1997·9·11 政／1998·7·30 政

文部科学相·文部科学大臣 ❾ 1999·10·5 政／2000·7·4 政／12·5 政／2001·4·26 政／2003·9·22 政／2004·9·27 政／2005·10·31 政／2006·9·26 政／2007·8·27 政／9·26 政／2008·8·2 政／9·24 政／2009·9·16 政／2010·6·8 政／9·17 政／2011·9·2 政／2012·1·13 政／10·1 政／12·26 政

文部卿 ❻ 1871·7·18 文／1874·1·25 文／1879·9·10 政／1880·2·28 政／1881·4·7 政／1883·12·12 政

文部大輔 ❻ 1871·7·18 文

郵政改革·金融相 ❾ 2010·9·17 政

郵政改革·防災相 ❾ 2012·10·1 政

郵政自治相 ❾ 2000·12·5 政

郵政相·郵政大臣 ❽ 1949·5·31 政／1950·6·28 政／1951·7·4 政／1952·10·30 政／1953·5·21 政／1954·12·10 政／1955·3·19 政／11·22 政／1956·12·23 政／1957·7·10 政／1958·6·12 政／1959·6·18 政／1960·

7·19 政／12·8 政／1961·7·18 政／1962·7·18 政／1963·7·18 政／1964·7·18 政／❾ 1966·8·1 政／12·3 政／1967·11·25 政／1968·11·30 政／1970·1·14 政／1971·7·5 政／1972·7·7 政／12·22 政／1974·12·9 政／1976·9·15 政／12·24 政／1977·11·28 政／1978·12·7 政／1979·11·9 政／1980·7·17 政／1981·11·30 政／1982·11·27 政／1983·12·27 政／1984·11·1 政／1989·6·2 政／8·9 政／1990·2·28 政／1991·11·5 政／1993·8·9 政／1994·4·28 政／6·30 政／1995·8·8 政／1996·1·11 政／1997·9·11 政／1998·7·30 政／1999·10·5 政／2000·7·4 政
郵政民営化相 ❾ 2005·10·31 政
拉致問題担当相 ❾ 2008·9·24 政
陸軍卿 ❻ 1873·6·8 政／1878·12·24 政／1880·2·28 政
陸軍大輔 ❻ 1872·2·28 政
陸相・陸軍大臣 ❻ 1885·12·22 政／1888·4·30 政／1889·12·24 政／1891·5·6 政／1892·8·8 政／❼ 1896·9·18 政／9·20 政／1900·12·23 政／1901·6·2 政／1902·3·27 政／1906·1·7 政／1908·7·14 政／1911·8·30 政／1912·4·5 政／12·21 政／1913·5·24 政／1914·4·16 政／1916·3·30 政／1918·9·29 政／1921·6·9 政／1922·6·9 政／1923·9·2 政／1927·4·20 政／1929·7·2 政／1931·4·14 政／12·13 政／1932·5·26 政／1934·1·22 政／7·8 政／1936·3·9 政／❽ 1937·2·2 政／1938·6·3 政／1939·1·5 政／1940·7·4 政／7·22 政／1941·7·16 政／10·18 政／1944·7·22 政／1945·4·7 政／8·17 政／10·9 政
臨時総理大臣 ❼ 1932·5·16 政
労相・労働大臣 ❽ 1947·8·30 政／1948·3·10 政／10·19 政／1949·2·16 政／1950·6·28 政／1952·10·30 政／1954·12·10 政／1955·3·19 政／11·22 政／1956·12·23 政／1957·7·10 政／1958·6·12 政／1959·6·18 政／1960·7·19 政／12·8 政／1961·7·18 政／1962·7·18 政／1963·7·18 政／1964·7·18 政／❾ 1966·8·1 政／12·3 政／1967·11·25 政／1968·11·30 政／1970·1·14 政／1971·7·5 政／1972·1·15 社／7·7 政／12·22 政／1974·12·9 政／1976·9·15 政／12·24 政／1977·11·28 政／1978·12·7 政／1979·11·9 政／1980·7·17 政／1981·11·30 政／1982·11·27 政／1983·12·27 政／1985·12·28 政／1989·6·2 政／8·9 政／1990·2·28 政／1991·11·5 政／1993·8·9 政／1994·4·28 政／6·30 政／1995·8·8 政／1996·1·11 政／1997·9·11 政／1998·7·30 政／1999·10·5 政／2000·7·4 政

地方・町村の役所・役人など

御番 ❺-1 1613·4·11 政
勘定府(豊後佐伯藩) ❺-2 1805·是年 政
眼代(代官) ❷ 1256·11·22 政
関東盗賊考察 ❺-1 1665·11·1 社／1667·11·9 政
木実方 ❺-2 1750·12 月 社
記録所(大隅種子島西之表) ❺-2 1778·8 月 政
県知事 ❻ 1871·10·28 政
県令 ❻ 1886·7·20 政／1871·10·28 政
公儀座(佐渡相川) ❺-1 1618·是年 政
郡会所(こおりかいしよ、岡山藩) ❺-1 1682·是年 政
戸長 ❻ 1872·4·9 政／1884·5·7 政
米留役人(秋田藩) ❺-1 1687·9·15 政
在郷役所(在御用場、鳥取藩) ❺-1 1705·是年 政
相模三崎船改番 ❺-1 1645·9·23 政
薩摩仮屋(琉球) ❺-1 1628·是年 政
三司官 ❺-1 1614·4·28 政
市会 ❻ 1888·4·25 政
士丁 ❶ 722·2·23 政
信濃国悪党取締出役 ❺-2 1816·5 月 政
島津守衛方(琉球) ❺-2 1844·是年 政
巡察使 ❻ 1870·2·14 政／1871·2·29 政／1883·4·7 政
庄屋 ❻ 1872·4·9 政
総横目役(琉球) ❺-2 1766·4·26 政／1775·2·19 政
糺府(豊後佐伯藩) ❺-2 1805·是年 政
田令(たつかい) ❶ 556·7·6
田領 ❶ 701·4·15 政
知事 ❻ 1871·10·28 政／1886·7·20 政
長吏掟書 ❺-2 1845·8·17 社
偵羅 ❶ 867·3·27 社
東山道十五国都督 ❶ 書紀・景行 55·2·5
十村(とむら・金沢藩) ❻ 1867·1 月 社
名主 ❻ 1872·4·9 政
農民統治専管 ❺-1 1680·8·3 政
野山境界査倹使 ❺-1 1664·3·17 政
反魂丹役所 ❺-2 1767·是年 社
米金府(豊後佐伯藩) ❺-2 1805·是年 政
村里盗賊考察 ❺-1 1669·5·15 政
琉球国司 ❺-1 1670·5·15 政

武家官制(鎌倉・室町幕府)

奥州管領(総大将か) ❸ 1335·8·30 政／1354·是年 政
奥州将軍府(陸奥) ❸ 1333·10·20 政
大内夜行番 ❷ 1188·5·20 政
大番役 ❸ 1319·7·7 政／1335·3·1 政
大番役(鎌倉) ❷ 1225·12·21 政
大番役(京都) ❷ 1196·11·7 政／1197·8·19 政／1199·9·17 政／1200·1·15 政／1202·8·7 政／1212·2·19 政／1222·4·26 政／1232·4·4 政／12·29 政／1233·5·1 政／1234·1 月 政／1235·1·26 政／1236·7·24 政／1237·3·21 政／6·20 政／1240·11·28 社／1242·11·28 政／1243·11·10 政／1248·1·25 政／1254·10·12 政／1260·12·25 政／1264·1·2 政／1267·5·30 政／1247·12·29 政
恩賞方 ❸ 1334·5·18 政
鎌倉侍所 ❸ 1348·5·13 社
鎌倉将軍府 ❸ 1333·12·14 政
鎌倉幕府の管轄(陸奥・出羽) ❸ 1392·2 月 政
鎌倉幕府の指揮系統 ❸ 1387·8·5 社
鎌倉府執事 ❹ 1463·12·26 政
鎌倉府第 ❸ 1409·6·28 政／12·18 政／1417·4·28 政／1425·9·8 政
関東管領(かんれい) ❹ 1510·6·20 政／1515·是年 政／1525·3·25 政／1531·9·2 政／1561·③·4 政／1582·3·23 政
関東公方(鎌倉公方) ❸ 1337·是年 政／1349·9·9 政／1351·3·3 政／1367·5·29 政／1398·11·4 政／1449·1 月 政
関東執事(関東管領) ❸ 1336·6 月 政／1337·6 月 政／是年 政／1338·6 月 政／1339·是年 政／1340·是年 政／1344·3·6 政／1349·9·9 政／1350·1 月 政／1353·7 月 政／1361·11·23 政／1362·4 月 政／1363·2·4 政／3·24 政／1364·是年 政／1368·9·19 政／1377·4·17 政／1378·4·17 政／1379·4·15 政／6·27 政／1382·1·16 政／6·27 政／1392·4·22 政／1393·3·9 政／1394·11·3 政／1398·11·4 政／1399·7·7 政／1405·10·8 政／1409·9 月 政／1411·2·9 政／1413·4·18 政／1415·5·2 政／1439·6·28 政／1445·是年 政／1447·3·24 政／1449·9·9 政／1450·4·20 政／1454·12·27 政／1455·1·21 政／❹ 1466·6·3 政
関東廂番 ❸ 1334·1 月 政
関東申次 ❷ 1246·10·13 政
管領(幕府)⇨「執事(しつじ)・管領(幕府)
行政官院(寺社統制) ❸ 1364·是夏 社
記録所 ❷ 1099·6·13 政／1187·2·28 政／1193·2·26 政／1202·8·23 政／❸ 1292·7·25 政／1293·6·1 政／1321·12 月 政／1333·10·9 政
記録荘園券契所 ❷ 1072·9·5 社
公文所 ❷ 1184·8·24 政／10·6 政／1191·1·15 政／1261·3·13 政／1277·2·7 政
外記(げき)文殿 ❷ 1240·4 月 文
格子番(御格子番) ❷ 1252·4·3 政／1257·12·29 政
古河公方 ❸ 1455·6·16 政／❹ 1471·3 月 政／1482·11·27 政／1488·2·5 政／1497·9·30 政／1504·9·27 政／1512·6·18 政／1514·8·16 政／1552·12·12 政／1561·③·4 政
小侍所 ❷ 1252·7·4 政
小侍所番帳 ❷ 1241·12·8 文
小侍所別当 ❷ 1219·7·28 政
堺公方 ❹ 1527·5·30 政／6·27 政／1532·10 月 政
侍所 ❷ 1180·11·17 政／12·12 政／1212·6·7 政／❸ 1402·2·17 政
侍所開闔(さむらいどころかいこう) ❹ 1527·5·30 政
侍所所司代 ❹ 1485·4·15 政

侍所頭人　❸ 1362·7·25 政
侍所別当　❷ 1191·1·15 政／1200·2·5 政／1213·5·5 政／1218·7·22 政／❸ 1440·9·22 政／1449·11·13 政
侍所寄人　❹ 1469·12·30 政
寺社(関係主管者)　❷ 1194·5·4 社
使節(諸国)
越前使節　❹ 1458·12·2 政
奥州使節　❸ 1439·7·16 政／8·23 政／❹ 1458·8·7 政
鎌倉(関東)使節　❸ 1439·①·25 政／2·19 政／6·9 政／7·16 政
関東使節　❹ 1458·3·8 政／1461·9·27 政
九州使節　❹ 1459·12·26 政
甲州信州使節　❹ 1458·8·7 政
使節遵行(幕府)　❸ 1344·7·4 政／1346·12·13 政
執権　❷ 1203·9·10 政／1224·6·28 政／1242·6·15 政／1246·3·23 政／1256·11·22 政／1264·8·11 政／1266·3·6 政／1268·3·5 政
執事·管領(幕府)　❸ 1284·7·7 政／1301·8·22 政／1311·10·3 政／1312·6·2 政／1315·7·12 政／11·20 政／1316·7·10 政／1326·3·13 政／4·24 政／1333·5·18 政／1336·是年 政／1349·⑥·15 政／8·25 政／1351·2·26 政／10·21 政／1358·5月 政／10·10 政／1361·9·23 政／1362·7·23 政／1366·8·8 政／1367·5·29 政／11·25 政／1379·④·14 政／④·28 政／1391·3·12 政／4·8 政／1393·6·5 政／1398·④·23 政／1409·6·7 政／8·10 政／1410·6·9 政／1411·1·16 政／1412·4·10 政／1415·2·16 政／1417·6·30 政／1419·1·8 政／1429·8·24 政／1432·10·10 政／1442·6·29 政／1443·10·13 政／1445·3·24 政／1449·10·5 政／1452·11·16 政／1453·8·11 政／❹ 1460·6·18 政／1464·9·21 政／1468·7·10 政／1473·12·19 政／1477·12·25 政／1486·7·19 政／1487·8·9 政／1490·7·5 政／1494·12·20 政／1508·是年 政／1525·4·21 政／1552·1·26 政
市舶司　❸ 1320·是年 政
巡検使　❷ 1195·9·19 政
相伴衆(幕府)　❹ 1540·4·12 政／1559·4月 政／1560·1·15 政／1561·1·24 政／12·8 政
所司　❷ 1191·1·15 政
征夷大将軍⇨武家官制(江戸)「征夷大将軍」
鎮西監察使　❸ 1291·2·3 政
鎮西検断職　❸ 1300·6·24 政
鎮西談義所　❸ 1284·6·25 政／1286·7·16 政
鎮西探題の設置　❸ 1293·3·7 政／1301·11·2 政／1333·②·11 政／3·13 政／5·25 政／1351·3·3 政
鎮西引付衆　❸ 1299·4·10 政
鎮西評定衆　❸ 1299·1·27 政
追討使　❸ 1327·6·14 政
蝦夷征討使(追討使)　❸ 1326·3·29 政／7·26 政／1328·10月 政
番衆　❷ 1260·1·20 政
引付衆　❷ 1249·12·9 政／1266·3·6 政
五方引付　❷ 1251·6·5 政／1252·4·30 政／1262·6·29 政／1269·4·27 政／❸ 1293·10月 政／1295·10·24 政
三方引付　❷ 1262·6·29 政
六方引付　❷ 1251·6·5 政
引付(陸奥国衙)　❸ 1334·1月 政
引付頭　❸ 1293·10·20 政／1294·10·24 政／1302·9·11 政／1338·8·10 政
引付頭人　❸ 1367·6·9 政／1428·5·26 政
廂(ひさし)衆　❷ 1257·12·24 政
評定衆　❷ 1253·2月 政／1272·10月 政／❸ 1329·10·11 政
評定衆(陸奥国衙)　❸ 1334·1月 政
評定衆(朝倉氏)　❹ 1492·1·3 政
奉行(江戸時代以前)
安堵奉行　❷ 1277·2·29 政／❸ 1296·是年 政
奥州総奉行　❷ 1189·9·22 政
奥州奉行　❸ 1372·3·18 政
越訴(おっそ)奉行　❷ 1264·10·25 政／1267·4月 政／❸ 1303·8·27 政
恩賞奉行　❸ 1369·10·27 政
官途奉行　❸ 1302·8月 政
京下奉行　❸ 1296·是年 政
公事奉行　❷ 1191·1·15 政
公人奉行　❸ 1378·12·12 政
賦(くばり)奉行　❸ 1367·7·11 政
公文奉行　❹ 1465·3·22 政
検断奉行(奥州諸郡)　❸ 1346·6·27 政
寺社奉行　❸ 1296·是年 政／1372·3·12 政／1379·6·21 政
禅律長老奉行　❸ 1378·12·12 政
肥前奉行　❹ 1459·2·21 政
奉行人　❷ 1212·11·27 政
三河奉行　❹ 1565·3·7 政／1568·12月 政
山城奉行　❹ 1582·7·13 政／1583·5·21 政／1585·12·13 社／1589·9·25 社
寄合衆官途奉行　❸ 1304·3·6 政
武家伝奏　❸ 1428·2·11 政／1436·10·17 政／❹ 1497·10·21 社／1559·2·16 政
堀越公方　❹ 1471·3月 政／1482·11·27 政／1491·4·3 政／7·1 政／1493·是年 政／1498·8月 政
奉行(江戸時代)
油奉行　❺-1 1695·6·16 政
荒井(町)奉行　❺-1 1619·3·9 社／1666·5·11 社／1696·2·14 社／1702·⑧·19 社
伊勢奉行　❺-1 1641·8·28 社
伊勢山田奉行　❺-1 1603·是年 政／1604·是年 社／1617·是年 政／1618·③·21 政
浦賀奉行　❺-2 1720·12·25 政／1721·1·23 政／1738·3·21 政／1754·8·15 政／1819·1·25 政／1820·12·18 政／1847·4·16 政／5·26 政／1852·4·15 政／5·2 政
漆奉行　❺-1 1619·是年 文／1695·6·16 政
蝦夷奉行　❺-2 1802·2·23 政
江戸町奉行(町奉行)　❹ 1588·是年 社／1600·9·1 社／❺-1 1601·6·25 社／12·5 社／1603·4·6 社／1604·3·6 社／是年 社／1608·是年 社／1613·3月 社／1631·9·26 社／1638·5·16 社／1639·5·18 社／7·18 社／1651·6·18 社／1659·2·9 社／1661·4·12 社／1673·1·23 政／1667·②·21 社／1680·2·23 社／1685·1·20 社／1690·12·23 社／1693·12·15 社／1697·4·14 社／1698·12·1 社／1702·⑧·15 社／1703·11·15 社／1704·10·1 社／1705·1·28 社／1714·1·28 政／❺-2 1717·2·3 社／1719·4·14 社／1731·9·19 社／1736·8·12 社／1738·2·15 社／1739·9·1 社／1740·12·28 社／1744·6·11 政／1746·7·21 社／1749·8·24 社／1750·3·11 社／1753·4·7 社／12·24 社／1768·5·26 社／1769·8·15 政／1771·7·24 政／1784·3·12 政／1787·6·10 社／1788·9·10 社／1789·9·7 社／1792·1·18 社／1795·6·28 政／1798·11·1 社／1811·4·26 社／1815·11·24 社／1819·④·1 社／1820·3·15 社／1821·1·29 社／1836·9·20 社／1840·3·2 社／1841·12·21 社／12·28 社／1843·2·24 政／10·10 社／1844·9·15 社／1845·3·15 社／1848·11·8 社／1849·8·4 社／❻ 1856·11·18 政／1857·11·28 政／1858·5·24 政／10·9 政／1861·5·28 政／1862·6·5 政／⑧·25 政／10·17 政／12·1 政／1863·4·16 政／4·23 政／6·1 政／1864·2·4 政／6·29 政／7·6 政／11·20 政／12·21 政／1865·11·2 政／1866·6·29 政／8·5 政／10·24 政／1867·7·4 政／12·27 政／1868·2·17 政／3·5 政／4·21 政／5·19 政
江戸取締　❻ 1868·④·2 政／5·19 政
江戸町奉行同心　❺-2 1746·12月 社
江戸町奉行所経費　❺-2 1725·9月 政／1728·2月 政／1771·9·15 政／1787·7月 社／1813·1月 政
江戸町奉行所の支配地　❺-1 1662·11·14 政／1664·2月 政
江戸留守居役　❻ 1866·1·5 政
大内造営奉行　❺-1 1653·6·23 政
大坂金奉行　❺-2 1740·9·21 政
大坂材木破損奉行　❺-1 1698·11·17 政
大坂町奉行　❺-1 1619·2·2 政／1628·10月 政／1629·2·6 政／1630·6·21 社／1634·7·29 社／1635·8·16 政／1640·6·18 政／1648·2·16 社／1658·3·19 社／1661·11·11 社／1663·8·25 社／1669·1·11 社／1·15 社／1677·9·13 社／1681·7·6 社／1688·5·3 社／1691·1·11 政／1696·1·15 社／

1699·4·14 社／**1701**·8·18 社／**1702**·11·28 社／**1704**·11·15 社／**1709**·4·6 政／**1711**·5·1 社／**1712**·6·1 社／❺-2 **1724**·3·7 政／**1729**·2·15 政／**1738**·2·28 社／3·21 政／**1740**·4·3 政／**1744**·9·28 社／**1746**·4·28 政／**1750**·3·11 社／**1754**·1·11 政／**1755**·7·23 政／**1757**·9·6 社／**1762**·2·15 社／5月 政／**1768**·3·19 社／**1769**·8·15 政／**1775**·3·1 社／**1779**·1·19 社／**1781**·5·26 社／**1783**·4·19 社／**1787**·11·12 社／**1792**·1·18 社／**1795**·7·16 社／**1797**·4·4 社／**1798**·3·21 社／**1801**·4·7 社／**1806**·8·12 社／**1808**·8·24 社／**1813**·12·24 社／**1815**·8·12 政／**1816**·5·1 社／**1820**·3·15 社／11·15 社／**1829**·4·15 社／**1830**·11·8 社／**1831**·10·5 社／**1833**·7·8 社／**1834**·7·8 社／**1836**·4·24 社／11·8 社／**1839**·9·10 社／**1842**·8·6 社／**1843**·3·6 社／**1844**·12·27 社／**1847**·8·20 社／**1849**·11月 社／**1850**·8·24 社／**1851**·6·24 社／**1852**·9·10 政／10·8 社／❻ **1867**·6·29 政／7·8 政／12·9 政

大島奉行　❺-1 **1613**·是年 政

大津蔵奉行　❺-1 **1699**·4·22 政

御蔵奉行　❺-1 **1636**·5·1 政／**1642**·5·22 政

尾道奉行　❺-1 **1715**·10·21 社

御文書奉行(琉球王府)　❺-2 **1766**·8·15 政

会計奉行　❻ **1867**·6·25 政

会計総裁　❻ **1967**·5·6 政／6·29 政／7·18 政／**1968**·1·23 政

外国総奉行　❻ **1867**·4·24 政／**1868**·1·17 政

外国奉行　❻ **1858**·7·8 政／**1859**·7·8 政／8·3 政／**1860**·11·8 政／**1861**·4·12 政／9·12 政／10·9 政／10·14 政／11·16 政／**1864**·2·24 政／**1866**·12·23 政／**1867**·3·1 政

外国掛　❻ **1863**·2·12 政

外国事務総裁　❻ **1867**·6·5 政／6·29 政

開墾奉行　❺-1 **1620**·8·28 政

改作奉行(金沢藩)　❺-1 **1661**·5·15 政／❺-2 **1776**·3·6 政／**1833**·3·24 政

書替奉行　❺-2 **1753**·9·21 政

神奈川奉行　❻ **1859**·6·4 政／9·19 政

金沢町奉行　❺-1 **1659**·6·1 政

金奉行(かねぶぎょう)　❺-1 **1625**·是年 政／**1689**·①·3 政

川崎奉行　❺-2 **1720**·12·28 政

川奉行　❺-1 **1710**·8·13 社

勘定奉行　❺-1 **1689**·是年 政／**1694**·2·19 政／**1699**·4·14 政／**1702**·11·28 政／**1708**·12·15 政／**1710**·4·25 政／**1712**·10·3 政／**1714**·1·28 政／❺-2 **1716**·2·12 政／**1721**·⑦月 政／**1722**·8·9 政／**1723**·8月 政／**1734**·8月 政／**1737**·6·1 政／**1738**·7·23 政／**1744**·12·15 政／**1746**·4·28 政／**1752**·1·11 政／**1753**·2·4 政／3·3 政／**1755**·7·23 政／**1756**·3·1 政／12月 政／**1760**·6·23 政／**1761**·9·7 政／**1762**·6·25 政／**1764**·1月 政／**1765**·2·15 政／**1792**·3·9 政／**1769**·12·7 政／**1815**·6·15 政／**1841**·5·13 政／**1850**·11·29 政／**1852**·9·10 政／❻ **1867**·10·2 政／**1868**·1·15 政／5·19 政

勘定奉行(名古屋藩)　❺-2 **1794**·6·4 政

冠船奉行　❺-1 **1631**·10·28 政／**1683**·9·5 政／❺-2 **1719**·4·1 政

神田上水·本所上水奉行　❺-1 **1661**·1月 社

京都町奉行　❺-1 **1603**·2·18 社／**1634**·8·5 社／**1665**·8·6 社／**1668**·7·13 社／**1670**·3·18 社／**1673**·1·23 政／**1690**·1·11 社／**1696**·1·15 社／6·11 社／**1697**·4·14 社／**1705**·8·5 社／**1714**·8·15 政／❺-2 **1721**·2·15 社／**1725**·1·11 社／**1727**·10·22 社／**1732**·5·7 社／**1737**·3·10 社／**1738**·3·21 政／**1739**·7·19 社／**1740**·12·28 社／**1746**·7·21 社／**1753**·12·24 社／**1756**·11·3 社／**1772**·10·15 社／**1773**·7·18 社／**1778**·⑦·20 社／**1782**·11·25 社／**1784**·7·26 政／**1787**·10·2 社／**1788**·9·10 社／**1789**·9·7 社／**1791**·12·23 社／**1797**·11·26 社／**1808**·11·26 社／**1811**·6·4 社／**1813**·1·28 社／**1815**·3·8 社／**1819**·12·8 社／**1823**·11·15 社／**1825**·6·17 社／**1829**·5·15 社／**1831**·8·8 社／**1835**·6·8 社／**1836**·12·8 社／**1838**·3·8 社／4·9 社／**1840**·3·15 社／**1841**·10·17 社／**1849**·1·11 政／**1843**·6·28 社／**1846**·12·15 社／**1852**·②·10 社／❻ **1859**·11·4 政／**1861**·11·16 政／**1863**·6·11 政／**1867**·6·29 政／12·9 政

金銀奉行(諸国)　❺-1 **1627**·是年 政

金銀出納奉行　❺-1 **1613**·是年 政

金山奉行　❺-1 **1618**·是年 政

銀山奉行　❺-2 **1767**·5·22 社

銀山奉行(佐渡)　❺-1 **1606**·1·2 社

禁裏·仙洞附奉行　❺-2 **1738**·3·21 政

公事方勘定奉行　❺-2 **1765**·3·19 政

久能奉行　❺-1 **1654**·3·15 政

蔵経営奉行　❺-1 **1644**·10·6 政

蔵奉行(大坂)　❺-1 **1621**·是年 政

蔵奉行(高槻)　❺-1 **1631**·是年 政

闕所奉行　❺-1 **1689**·①·5 政

倹約奉行　❺-2 **1728**·6·17 政

甲府町奉行　❻ **1864**·3·13 政

郡奉行(秋田藩)　❺-1 **1671**·10·9 政／**1683**·11·13 政／❺-2 **1795**·9·14 政

郡奉行(金沢藩)　❺-2 **1833**·3·24 政

郡奉行(福岡藩)　❺-2 **1762**·9月 政

郡奉行(水戸藩)　❺-2 **1802**·是年 政

郡奉行(徳島藩)　❺-1 **1659**·2·11 政／**1700**·8·2 政

小侍所奉行　❸ **1305**·5·6 政

腰物奉行　❺-1 **1653**·10·23 政／❻ **1866**·12月 政

五奉行　❹ **1598**·8·5 政／9·2 政／**1599**·2·2 政

小普請奉行　❺-1 **1661**·6月 政／❺-2 **1717**·12·28 政

米留奉行　❺-1 **1634**·是年 社

材木石奉行　❻ **1863**·2·10 社

堺奉行　❹ **1600**·是年 社／❺-1 **1614**·3·7 政／12·24 政／**1618**·是年 政／**1629**·2·6 政／**1664**·11·1 政／**1702**·11·28 社／❺-2 **1738**·3·21 政／**1793**·5·23 社／**1849**·12·24 政／**1852**·7·30 社／❻ **1867**·8月 社

作事奉行　❺-1 **1632**·10·3 社

作事奉行(浜屋敷)　❺-1 **1632**·11·29 文

砂糖奉行　❺-1 **1654**·是年 社

佐渡蔵奉行　❺-2 **1760**·11·24 政／**1770**·5·9 政

佐渡奉行　❺-1 **1601**·是年 政／**1603**·是年 政／**1604**·4·10 政／**1606**·1·2 社／**1617**·是年 政／**1627**·7·14 社／**1633**·10·26 社／**1635**·4·21 政／5·22 社／**1656**·11·5 政／**1662**·8·19 社／**1680**·2·23 社／**1712**·10·3 政／❺-2 **1738**·3·21 政／**1744**·12·15 政／**1752**·2·15 政／**1753**·12·24 社／**1840**·8·14 政／**1843**·6·15 政／**1846**·3·24 政

地方大奉行(国奉行)　❺-2 **1788**·7·7 政

寺社奉行　❺-1 **1635**·11·9 社／**1688**·10·2 政／11·14 政／**1689**·8·3 政／**1690**·12·3 政／**1696**·10·1 政／**1702**·6·10 政／**1709**·11·23 政／❺-2 **1736**·8·12 政／**1747**·12·23 政／**1748**·⑩·1 政／**1756**·5·7 政／**1759**·1·15 政／**1787**·3·12 政／12·16 政／**1848**·10·18 政／❻ **1862**·8·24 政／**1868**·5·19 政

清水·三崎·走水(はしりみず)奉行　❺-1 **1696**·2·22 社

清水奉行　❺-1 **1621**·3·20 社

下田奉行　❺-1 **1616**·5·8 政／**1696**·4·11 社／❺-2 **1720**·12·25 政／**1842**·12·24 政／**1844**·2·8 政／❻ **1854**·3·24 政

守護奉行　❸ **1378**·12·12 政

証人奉行　❺-1 **1647**·4·19 政

書物奉行　❺-1 **1633**·12·20 文／❺-2 **1795**·6·5 文／**1808**·2·30 文

駿河町奉行　❹ **1588**·是年 社

駿府·駿府定番奉行　❺-2 **1738**·3·21 政

駿府奉行所与力　❺-1 **1679**·3·18 政

駿府町奉行　❺-1 **1607**·7·3 社／**1619**·是年 社／**1632**·10·12 政／**1640**·11·15 社／**1702**·11·28 社

仙台町奉行　❺-1 **1606**·5·5 社

仙洞御所改造奉行　❺-1 **1627**·11

月 政
惣山奉行・作事奉行(秋田藩) ❺-1 1683・11・13 政
蔵米経営奉行 ❺-1 1644・10・6 政
鉄砲箪笥奉行 ❺-2 1816・3・29 政
田地奉行(琉球) ❺-2 1766・7・27 政
銅瓦奉行 ❺-1 1639・6・10 社
道中奉行 ❺-1 1632・12・17 政／❺-2 1736・7月 社／1782・9・13 社／1836・7月 社
徳之島奉行 ❺-1 1616・是年 政
渡船奉行(桑名宮) ❺-1 1634・2・12 社
長崎奉行 ❹ 1600・是年 社／❺-1 1603・4月 政／1617・10・26 政／1625・8・1 政／是年 政／1626・8月 政／1629・2・6 政／1633・2・11 政／2月 社／1634・5・18 政／1638・11・10 政／1640・7・1 社／1642・10・26 政／1650・11・19 社／1652・1・28 政／1660・6・21 社／1665・3・13 政／1678・1・4 政／1680・3・25 政／1681・5・12 政／1686・8・21 政／1687・2・18 政／8・11 政／1694・1・11 社／1695・2・5 政／1696・3・28 政／1699・6・28 政／1702・1・11 政／10・15 政／1703・7・28 政／11・15 政／1706・1・11 政／1710・1・29 政／1713・3・24 政／1714・11・18 政／1715・10月 政／11・7 政／❺-2 1727・①・15 政／1734・2・4 政／1738・3・21 政／1752・2・15 政／1760・6・23 政／1765・1・26 政／1783・4・19 社／1784・7・26 政／1787・3・12 政／1792・②・25 政／1815・6・15 政／1816・4月 政／1846・⑤・6 政／1848・5・26 政／11・1 政／1849・9・24 政／1850・5・25 政／11・29 政／1852・5・15 政／❻ 1868・1・14 政
長崎奉行手附出役 ❺-2 1795・6・5 政
奈良奉行 ❹ 1582・是年 社／❺-1 1609・2・29 社／1613・5・11 社／1696・4・14 社／1676・11月 社／1702・11・28 社／❺-2 1738・3・21 政／1851・7・28 社
新潟奉行 ❺-2 1843・6・11 政／1852・7・30 社／8・10 社
日光奉行 ❺-1 1652・7・21 政／1700・8・28 政
箱館奉行(蝦夷奉行) ❺-2 1802・2・23 政／1803・2・15 政／是年 政／❻ 1854・6・30 政／1856・7・28 政／1866・1・18 政／1868・④・24 政／11・1 政
箱館奉行所 ❺-2 1807・10・24 政
箱館役所 ❺-2 1800・4月 政
破損奉行(駿府) ❺-1 1707・3・10 政
旗奉行 ❺-1 1617・12月 政／❺-2 1754・1・11 政／❻ 1866・12月 政
花畑奉行 ❺-2 1716・11・1 文
羽田奉行 ❺-2 1842・12・24 政／1844・5・24 政
林奉行 ❺-1 1685・6・10 社／1695・9・23 社
兵庫奉行 ❻ 1864・11・11 政
吹上奉行 ❺-2 1787・7・2 政
伏見・堺町奉行 ❺-1 1696・2・2 社
伏見奉行 ❹ 1600・是年 社／❺-1 1665・8・6 社／1698・11・15 社／❺-2 1785・9・26 社／1807・12・20 政
富士見奉行 ❺-2 1746・12・19 政
普請奉行 ❺-2 1768・9・5 社／1716・2・12 政
舟渡奉行(今切) ❺-1 1634・2・12 社
堀浚奉行(神田橋) ❺-1 1654・5・6 社
堀浚奉行(数寄屋橋) ❺-1 1654・5・6 社
本城諸所絵奉行 ❺-1 1639・是年 文
本所奉行 ❺-1 1659・2月 政／1660・3・25 政
松前奉行 ❺-2 1807・10・24 政／12・4 政／1808・2・30 政／1813・4・7 政／1821・12・7 政
三崎・走水奉行 ❺-1 1624・1・11 政
道奉行 ❺-2 1720・9・27 社／10・20 社／1768・9・5 社
南町奉行所 ❺-1 1707・4・22 政
屋久奉行 ❺-1 1695・9月 社
屋敷小割奉行 ❺-1 1656・6・5 政
山城町奉行 ❹ 1600・是年 社
山田奉行 ❹ 1600・是年 社／❺-1 1624・是年 社／1634・10月 社／1666・3・1 社／1696・2・14 社／1712・1・11 社／❺-2 1726・2・26 社／1738・3・21 政
鑓(やり)奉行 ❺-1 1632・6・25 政／❻ 1866・12月 政
寄場奉行 ❺-2 1792・6・4 社
琉球在番奉行 ❺-1 1630・11・28 政／1631・5・9 政／1632・6・2 政／1644・10・30 政／1657・9・11 政／1671・10・18 政
琉球那覇奉行 ❹ 1542・8・8 政
政所(鎌倉) ❷ 1191・1・15 政／1192・8・5 政／8・22 政／1199・2・6 政／1203・10・9 政／1219・2・14 政／7・19 政／1240・2・6 政／3・9 政／1261・3・13 政／7・22 政
政所下文 ❷ 1191・1・15 政／1192・6・3 政／8・5 政
政所執事 ❸ 1332・1・24 政／1379・7・22 政／1449・4・28 政／❹ 1460・6月 政
政所代 ❹ 1473・8・7 政
未断闕所 ❸ 1286・2・24 政
室町幕府の三魔 ❸ 1455・1・6 政
室町幕府の成立 ❸ 1336・11・14 政
室町幕府の組織 ❸ 1398・是年 政
問注所 ❷ 1194・10・1 政／1199・4・1 政／1208・1・16 政／1261・3・13 政／1266・3・6 政／1269・4・27 政
問注所執事 ❷ 1184・10・20 政／1191・1・15 政
柳営将軍 ❸ 1339・8月 社
六波羅 ❸ 1288・2・4 政／1323・7・6 政
武家官制(江戸)
伊賀者 ❺-1 1605・12・2 政
犬小屋預 ❺-1 1695・10・29 社／11・9 社
江戸城表坊主 ❺-1 1686・③・19 政
大坂御舟手 ❺-1 1620・是年 政
大坂加番役高 ❺-2 1746・是年 政
大坂勘定頭 ❺-1 1615・10月 政
大坂城定番 ❺-1 1623・8・6 政／1660・11・22 政
大坂城代 ❺-1 1619・8月 政／1620・是年 政／1621・3・20 政／1626・④・6 政／1630・是年 政／1648・6・26 政／1649・10・25 政／1652・5・16 政／1660・11・21 政／1662・3・29 政／1684・7・10 政／1685・9・21 政／1687・10・13 政／1691・1・11 政／1712・5・15 政／❺-2 1718・8・4 政／1728・10・7 政／1729・2・2 政／1730・7・11 政／8・4 政／1734・6・6 政／9・25 政／1740・4・3 政／1745・11・13 政／1747・12・23 政／1756・5・7 政／1758・11・28 政／1762・12・9 政／1764・6・21 政／1769・9・24 政／1777・9・22 政／1781・⑤・11 政／1784・5・11 政／1787・4・19 政／1792・7・27 社／1798・12・8 政／1802・10・19 政／1804・1・23 政／1806・10・12 政／1810・6・25 政／1815・4・15 政／1822・7・1 政／1826・11・23 政／1828・11・22 政／1831・5・25 政／1834・4・11 政／1837・5・16 政／7・9 政／1838・4・11 政／1840・11・3 政／1844・12・28 政／1845・3・18 政／1850・9・1 政／❻ 1858・11・26 政／1860・12・28 政／1862・6・30 政
大坂船手頭 ❺-1 1665・1・14 政
大番組(仙台藩) ❺-1 1660・1・15 政
大番頭(幕府) ❺-1 1607・8・1 政／1630・8・4 政／1635・3・21 政
大目付 ❺-1 1632・12・17 政／1673・1・23 政／1681・5・12 政／1686・12・3 政／1695・2・5 政／❺-2 1724・3・7 政／1729・2・15 政／1744・6・11 政／12・15 政／1769・8・15 政／1784・3・12 政／1787・3・12 政／1795・6・28 政／1806・1・30 政／1820・2・8 政／1843・2・24 政／❻ 1856・11・18 政／1858・10・9 政／1864・12・21 政／1865・8・5 政
大目付の職掌七か條 ❺-1 1632・12・17 政
大留守居役 ❺-1 1665・6・18 政／1698・2・15 政
奥詰衆 ❺-1 1689・3・2 政
奥坊主(茶坊主)の制 ❺-1 1659・9・5 政／1689・9・26 政
奥右筆 ❺-1 1681・8・22 政／1689・10・26 政／❺-2 1740・6・30 政
御郡方目付(熊本藩) ❺-2 1790・12月 政
御側御用取次 ❺-2 1716・5・16 政
御咄衆交番登城の制 ❺-1 1632・5・9 政
御鳥見 ❺-1 1643・9・6 社／1682・3・21 社
廻国使 ❺-1 1649・3・28 政
海防掛(幕府、水戸藩) ❺-2 1832・8・16 政／1845・7・5 政／1849・10・2 政

／1850･5･9 政／❻ 1853･7･3 政
海防参与　❻ 1853･7･3 政
海防総司(水戸藩)　❺-2 1836･5･7 政
徒士(かち)　❺-1 1603･2･12 政／1631･11･5 社
徒目付　❺-2 1718･10･1 政
勝手方勘定奉行　❺-2 1746･9 月 政／1765･3･19 政
勝手掛　❺-1 1642･8･16 政／❺-2 1737･6･14 政／1750･10･1 政／1781･9･27 政
勘定吟味方改役　❺-2 1758･10･28 政／1773･9･19 政／1788･8･14 政／1795･4･16 政
勘定吟味役　❺-1 1682･6 月 政／1688･7･27 政／1699･12･1 政／1712･7･1 政／❺-2 1753･9･21 政／1755･11･28 政／1756･12 月 政／1763･8･21 政／1765･2･25 政／1767･4･15 政／1768･8･21 政／1843･12･3 政
勘定組頭　❺-1 1661･6･11 政／1687･6･22 政／9･10 政／❺-2 1723･7 月 政
勘定見分役　❺-2 1740･2･22 政
勘定所　❺-1 1681･12 月 政
勘定人数　❺-2 1796･8 月 政
勘定頭　❺-1 1603･12 月 政／1632･5･3 政／1638･12･5 政／1642･3･3 政／1650･7･11 政／1660･5･30 政／1662･4･12 政／1664･6･11 政／1668･6･10 政／1688･7･27 政／8･23 政／11･14 政／1689･8･7 政／1696･4･11 政
関東勘定頭　❺-1 1630･是年 政
関東郡代　❺-1 1618･3･10 政／1642･8･16 政／10･1 政／❺-2 1728･5･19 政／1763･8･21 政／1769･12･7 政／1780･6 月 社／1784･4･29 政／1792･3･9 政／1806･1･30 政／❻ 1864･11･22 政／1866･12 月 政
関東在方掛　❻ 1866･12 月 政
関東取締出役　❺-2 1805･6 月 政／1838･4 月 政
切手書替役　❺-1 1626･是年 政
京都守護職　❻ 1862･⑧･1 政／1864･4･7 政／1867･12･9 政
京都所司代　❺-1 1601･8 月 社／9 月 社／1603･2･18 社.1619･9 月 政／1643･9･1 政／1654･11･28 政／1668･5･16 政／1670･2･14 政／1681･11･15 政／1685･9･21 政／1687･10･13 政／1690･12･23 社／1691･⑧･12 政／1697･4･19 政／1714･9･6 政／1715･2･23 政／❺-2 1724･12･15 政／1734･6･6 政／1742･6･1 政／1749･10･15 政／1752･4･7 政／1756･4･10 政／1758･11･28 政／1760･12･3 政／1764･6･21 政／1769･8･18 政／1777･9･15 政／1781･⑤･11 政／1784･5･11 政／1787･12･16 政／1789･4･11 政／1792･7･27 社／1798･11･6 政／1801･7･11 政／1802･10･19 政／1804･1･23 政／1806･10･12 政／1808･12･10 政／1815･4･15 政／1818･8･2 政／1822･9･3 政／1825･5･15 政／1826･11･23 政／1828･11･22 政／1831･5･25 政／1837･5･16 政／1838･4･11 政／1840･1･13 政／1843･11･3 政／1850･7･28 政／9･1 政／1851･12･21 政／❻ 1857･6･26 政／1862･6･30 政／8･24 政／1863･6･11 政／1864･4･11 政／1867･12･9 政
京都所司代規則　❺-1 1685･10･16 政
京都所司代の職務　❺-2 1717･11･1 政
京都二條定番役　❻ 1862･⑧･29 政
京都見廻役　❻ 1864･4･26 政
切米手形改　❺-1 1642･8･16 政
近習番(幕府)　❷ 1246･9･12 政／❺-1 1613･是年 政／1692･8･12 政
国廻目付　❺-1 1643･5･20 政／1644･3･16 社
国目付　❺-1 1657･2･23 政
黒鍬者　❺-2 1828･6･27 政
軍事総裁　❻ 1864･2･11 政
公議所(旧幕府)　❻ 1868･1･26 政
甲府勤番　❺-2 1724･7･4 政／1788･12･1 政
国益主法掛(方)　❻ 1860･4･28 政
国内事務総裁　❻ 1867･5･6 政
腰物奉行　❻ 1866･12 月 政
小十人組　❺-2 1781･10･12 政
小姓組　❺-1 1606･11 月 政
小姓並　❺-1 1699･8･2 政
小納戸頭取　❺-2 1729･3･1 政
小普請　❺-1 1682･2･21 政
小普請組(支配組頭)　❺-2 1719･6･25 政／1746･5･12 政
細工頭　❻ 1866･12 月 政
西国郡代　❺-2 1759･2 月 政／1767･7･11 政／1783･5･29 政
西国探題　❺-1 1639･3･3 政
堺政所⇨奉行「堺奉行」
地方目付(名古屋藩)　❺-2 1772･2･24 政
支配勘定見習　❺-2 1755･12 月 政
巡見使　❺-1 1615･11･29 政／1620･8･11 政／1632･7･22 政／10･24 政／1633･1･6 政／1634･1･14 政／1641･2･8 政／1642･5･1 政／是年 政／1644･2･20 政／1664･8･9 政／1667･②･18 政／1670･5 月 政／1671･5･6 政／9･2 政.／672･2･19 政／1676･3･29 政／1681･1･28 政／1691･2･26 政／1709･10･23 政／11･25 政／1710･3･1 政／1712･8･16 政／❺-2 1716･7･28 政／1717･2･19 政／1745･12･30 政／1746･2･23 政／1760･7･11 政／1761･1 月 政／1787･3･27 政／1838･2･19 政
巡見使随員　❺-2 1760･8 月 政
書院番　❺-1 1605･12･2 政
将軍後見職　❻ 1862･7･6 政／1864･3･25 政
将軍補佐　❺-1 1652･6･10 政／❺-2 1788･3･4 政
所司代⇨京都所司代(きょうとしょしだい)
諸番士勤務評定　❺-1 1696･11･6 政
新番組頭　❺-1 1648･3･30 政
新番士　❺-1 1643･8･8 政
駿府城代　❺-1 1619･10 月 政／1622･10･14 政
征夷大将軍　❶ 720･9･28 政／794･1･1 政／795･1･29 政／797･11･5 政／804･1･28 政／❷ 1184･1･8 政／1192･7･12 政／1202･7･23 政／1203･9･7 政／1219･6･3 政／1226･1･27 政／2･27 政／1244･4･28 政／1252･3･19 政／1266･7･24 政／❸ 1287･10･4 政／1289･10･1 政／1308･8･4 政／1330･2･7 政／1333･5･21 政／6･13 政／1335･8･1 政／1336･2 月 政／1338･8･11 政／1352･②･6 政／1353･11･5 政／1358･12･8 政／1368･12･30 政／1369･1･1 政／1394･12･17 政／1408･5･6 政／6･11 政／1423･3･18 政／1425･2･27 政／1429･3･15 政／1442･11･7 政／1443･7･21 政／1449･4･29 政／❹ 1473･12･19 政／1489･3･26 政／1490･7･5 政／1494･12･27 政／1508･7･1 政／1521･12･25 政／1523･4･7 政／1546･12･20 政／1568･2･8 政／9 月 政／10･18 政／1597･8･28 政／❺-1 1603･1･21 政／2･12 政／1605･4･7 政／1623･7･27 政／1680･7･18 政／1709･5･1 政／❺-2 1713･4･2 政／1716･7･18 政／8･13 政／1745･11･2 政／1760･7･2 政／9･2 政／1787･4･15 政／1837･8･5 政／9･2 政／❻ 1858･10･25 政／1866･12･5 政／1867･12･9 政
征夷大将軍･内大臣　❻ 1853･10･23 政
征討大将軍　❻ 1868･1･2 政
政事総裁職　❻ 1863･10･11 政
惣勘定頭　❺-1 1636･是年 政
雑色(ぞうしき)　❺-2 1789･是春 政
奏者番　❺-2 1748･⑩･1 政／1781･12･15 政／❻ 1862･⑧･23 政
惣年寄(大和今井町)　❺-1 1714･7 月 社
側用人　❺-1 1681･12･11 政／1688･11･12 政／1693･2･11 政／1694･8･27 政／1710･12･15 政／❺-2 1756･5･21 政／1767･7･1 政／1788･2･2 政
代官　❺-1 1644･3 月 政／❺-2 1787･7 月 政／1836･6 月 政／1842･10 月 政
規則･制度
代官覚書　❺-1 1630･5 月 社
代官勤務方規則　❺-2 1733･10･27 政／1737･9･15 政／1738･11 月 社／1754･7･19 政／1770･6･25 政
代官所　❺-1 1680･8･16 政
代官所(任務勤方)　❺-2 1736･4 月 政／1759･4･4 政
代官所の諸費用　❺-2 1736･3 月 政／1758･8･22 政
代官地方出役制(会津藩)　❺-2 1788･8･5 政
代官手代(掟)　❺-2 1788･8 月 政／1821･8 月 政
代官手附制度　❺-2 1791･是秋 政
代官取締規定･代官服務心得　❺-1 1652･1･4 政／1666･4･28 政／1670･1･12 政／1680･⑧･3 政／1687･11 月 政／1713･4･23 政
尼崎代官(摂津)　❺-1 1614･5･21 社
天草代官　❺-1 1641･10･10 政
生野銀山代官　❺-1 1622･是年 社／1633･8･22 社

伊豆銀山代官 ❺-1 1606·1·2 社
和泉代官 ❺-1 1622·12·8 政
伊奈代官 ❺-1 1601·是年 社／1695·4·22 政
近江大津代官 ❺-2 1772·3月 政
大島代官 ❺-1 1706·10·20 政
沖永良部代官(薩摩) ❺-1 1691·是年 政
甲斐代官 ❺-1 1601·是年 社
喜界ヶ島代官 ❺-1 1693·2·20 政
木曾代官 ❹ 1600·10·11 政
京都代官 ❺-1 1664·4·9 政／1681·是年 政
郡元代官頭(福岡藩) ❺-1 1692·4·5 政
佐渡代官 ❺-1 1613·是年 社／❺-2 1753·4·27 政
讃岐小豆島代官 ❺-1 1615·⑥·3 社
侍代官(伊予宇和島藩) ❺-1 1682·7·18 政
長崎代官 ❺-1 1618·是年 政／1619·是年 政／1676·9·18 政／❺-2 1739·4·8 政
八丈島代官 ❺-1 1640·10·15 社
百姓代官 ❺-1 1668·4月 政
豊後代官 ❺-2 1759·2月 政
町代官 ❺-1 1630·8·6 社
三河代官 ❺-1 1601·是年 社
山城代官 ❹ 1527·8·13 社
大名留守居役戒告 ❻ 1862·7·8 社
大老 ❺-1 1636·3·12 政／1638·11·7 政／1656·5·26 政／1666·3·29 政／1668·11·19 政／1681·12·11 政／1697·6·13 政／1700·3·2 政／1706·1·11 政／1711·2·13 政／1714·2·23 政／❺-2 1784·11·28 政／1835·12·28 政／1841·5·13 政／❻ 1858·4·23 政／1860·3·3 政／1865·2·1 政／11·15 政
高砂総督 ❺-1 1632·10·1 政
高山陣屋 ❺-1 1695·4·22 政
丹波郡代 ❺-1 1601·是年 社
鉄砲改役 ❺-1 1672·寛文年間 政
鉄砲薬込役 ❺-1 1682·6·3 政
鉄砲組与力 ❺-1 1666·9·8 政
同心(江戸町奉行) ❺-1 1682·11·11 政
盗賊改⇨火附盗賊改(ひつけとうぞくあらため)
盗賊改加役 ❺-1 1666·是年 政
盗賊改役·火附盗賊改加役 ❺-1 1702·4·9 政
遠見番所 ❺-1 1644·5·20 政
鳥見職 ❺-1 1969·10·6 社
長崎会所吟味役 ❺-2 1811·1·24 政
長崎吟味役 ❺-1 1699·7·19 政
長崎警固番役 ❺-1 1641·2·8 政
長崎御用出張詰所 ❺-2 1800·4·19 政
長崎巡検 ❺-1 1703·2·15 政
長崎探題職 ❺-1 1662·5·19 政
西丸奥右筆組頭 ❺-2 1738·7·18 政
西の丸留守居 ❺-1 1694·1·11 政
二條城番 ❺-1 1625·4·2 政
日光御殿番同心 ❺-1 1648·7·29 政
日光定番(日光奉行) ❺-1 1652·7·21 政
根来同心 ❺-1 1622·12·8 政
幕政参与 ❻ 1857·7·23 政
幕府顧問(シーボルト) ❻ 1861·5·6 文
幕府申次(もうしつぎ) ❹ 1536·9·2 政
箱館産物取調御用掛 ❻ 1869·1·5 社
走衆(徒)四組 ❺-1 1603·1月 政
旗本·御家人(幕府) ❺-1 1705·是年 政
八王子千人組·同心 ❺-1 1704·10·7 社／1706·2·15 政／1708·3·18 社／❺-2 1795·5月 政／1800·1·14 政／1825·10·27 社／1841·9·5 政／❻ 1865·9·5 政／1866·10·28 政
八州廻り ❺-2 1805·6月 政
八丁堀与力·同心 ❺-1 1623·元和年間 政
花畑番頭 ❺-1 1615·11·27 政／1632·5·7 政
火方改加役 ❺-1 1683·1·23 政
飛驒郡代 ❺-2 1777·5·24 政
火附盗賊改 ❺-1 1665·11·1 社／1670·10·7 政／❺-2 1767·6·25 政／9·10 政／1771·10·17 政／1781·1·25 社／1788·10·2 政／1826·5月 社
火附盗賊改加役 ❺-1 1699·11·25 政／❺-2 1790·2·19 社
百人組(廃止) ❻ 1862·12·19 政
評定所 ❺-1 1644·10·24 政／❺-2 1717·11·1 政／1795·10·4 政／1796·1·28 政／1741·8月 政／1797·12月 政
評定所(伊勢津藩) ❺-1 1677·10月 政
評定所式日訴訟 ❺-1 1715·8·19 政
評定所壁書(名古屋) ❺-1 1699·7·12 政
評定所寄合の條規 ❺-1 1635·12·2 政／1653·6·4 政／1654·3·12 政／1657·3·2 政／5·12 政／1661·8·27 政／1663·5月 政／1664·1·12 政／1681·1·12 政
武衛将軍 ❸ 1339·8月 社
武家執奏 ❸ 1353·10·19 政
武家伝奏 ❺-1 1603·2·12 政／1613·7·11 政／1623·10·28 政／1630·9·15 政／1639·8·17 政／1640·12·28 政／1644·8·17 政／1652·2·7 政／1658·9·20 政／1661·9·27 政／1664·10·6 政／1670·9·15 政／1675·2·10 政／5·18 政／1683·11·27 政／1684·9·18 政／1692·12·13 政／1693·8·16 政／1700·6·28 政／1708·12·13 政／1712·6·29 政／❺-2 1718·10·28 政／1719·12·23 政／1726·9·21 政／1731·9·2 政／1734·11·7 政／1741·9·19 政／1747·12·19 政／1750·6·21 政／1760·10·19 政／1774·10·18 政／1776·12·25 政／1788·1·11 政／1791·12·25 政／1792·3·10 政／1793·7·26 政／1803·12·22 政／1811·是年 政／1814·是年 政／1817·8·12 政／1822·6·13 政／1831·是年 政／1836·8·27 政／1845·10·22 政／1848·2·9 政／❻ 1857·4·27 政／1859·2·9 政／1862·11·7 政／1863·1·23 政／6·22 政／12·23 政／1867·4·19 政
伏見城番·城代·條規 ❺-1 1602·12月 政／1607·④·29 政／1609·7·17 政／1617·7·14 政／1623·是年 政
普請組 ❺-1 1602·1·1 政
船手頭 ❺-1 1624·1·11 政
美濃郡代 ❺-1 1617·12月 政／❺-2 1737·11·11 社／1746·7·18 社
目付 ❹ 1468·3·15 政／❺-1 1617·1·11 政／1700·6·14 政／❺-2 1750·3·11 政
目付·代官(琉球) ❺-1 1632·是年 政
目付町方掛 ❺-2 1790·3·22 政
問注所 ❸ 1319·5·5 政
問注所執事 ❸ 1336·是年 政
八重山島番衆 ❺-1 1642·4·2 政／1643·2·14 政／1644·10·30 政／1648·3·23 政
山城所司代 ❹ 1459·2·4 社／1462·8·21 政／1483·1月 政／1573·7·21 政／1577·3·12 社／1582·6月 社／1589·9·25 社／1600·2月 社／9·19 政
大和横目(琉球) ❺-1 1693·是年 政
右筆(ゆうひつ) ❷ 1180·6·22 文／1182·5·12 政／1195·10·13 政／❸ 1293·5·9 政／❹ 1600·9·14 政／❺-2 1727·2·18 政
奥右筆 ❺-1 1740·6·30 政
横目付 ❺-1 1657·11·2 政
与力·足軽(禁裏付) ❺-1 1678·3·30 政
与力·同心 ❻ 1860·3·10 社
留守居 ❺-1 1702·11·28 政／1704·10·1 成／1709·10·18 政／❺-2 1722·8·16 政／1734·6·1 政／1737·6·1 政／1743·6·1 政／是秋 政／1774·3·30 政／1789·9·9 政／1802·10·29 政／1804·9·12 政／1829·8·19 政／1838·11·12 政／1840·2月 政／1850·3·18 政／❻ 1866·1·5 政
西丸御留守居 ❺-1 1705·3·25 政／❺-2 1787·6·1 政
留守居役(諸大名) ❺-1 1707·2月 政／1710·6·29 政／❻ 1853·7·21 社
廊下番組頭 ❺-1 1692·8·10 政
老中 ❹ 1599·是年 政／1600·是年 政／❺-1 1608·12·25 政／1609·9·23 政／1610·是年 政／1611·1·21 政／1616·5·29 政／是年 政／1617·是年 政／1622·是年 政／1623·12·5 政／是年 政／1624·11月 政／1628·10·11 政／1633·3·6 政／3·26 政／10·18 政／1634·12月 政／1635·6·1 政／1638·11·7 政／1642·12·19 政／1653·⑥·5 政／1658·⑫·29 政／1663·8·15 政／1665·12·23 政／1670·11·3 政／1673·12·23 政／1677·7·25 政／1679·7·10 政／1680·9·21 政／1681·3·26 政／11·15 政／1685·6·10 政／1687·10·13 政／1694·12·8 政／1697·4·19 政／1698·2·15 政／7·21 政／1699·10·6 政／1701·1·11 政／1705·9·21 政／1709·1·10 政／4·15 政／1711·4·11 政／1712·9·23 政／1713·8·3 政／1714·

9·6 政／❺-2 **1717**·9·27 政／**1722**·5·15 政／5·21 政／**1723**·4·21 政／**1724**·12·15 政／**1728**·5·7 政／10·7 政／**1730**·7·11 政／**1734**·6·6 政／**1735**·5·23 政／**1742**·6·1 政／**1744**·6月 政／9·18 政／**1745**·9·1 政／11·13 政／**1746**·5·15 政／10·25 政／**1747**·1·27 政／**1749**·9·28 政／**1752**·4·23 政／**1758**·10·18 政／**1760**·4·1 政／12·3 政／**1761**·2·19 政／12·1 政／**1763**·12·11 政／**1765**·12·22 政／**1767**·7·1 政／**1769**·8·18 政／**1772**·1·15 政／**1780**·7·6 政／**1781**·9·18 政／**1784**·5·11 政／**1785**·1·29 政／**1786**·⑩·1 政／**1787**·3·7 政／6·19 政／**1788**·3·28 政／4·4 政／**1789**·4·11 政／**1790**·11·16 政／**1793**·3·1 政／7·23 政／8·24 政／**1801**·7·11 政／**1802**·10·19 政／**1804**·1·23 政／**1806**·5·25 政／**1815**·4·15 政／**1817**·8·23 政／**1818**·8·2 政／**1822**·9·3 政／**1823**·11·13 政／**1825**·4·18 政／**1826**·11·23 政／**1828**·11·22 政／**1834**·3·1 政／**1837**·5·16 政／7·9 政／**1841**·6·13 政／**1843**·⑨·11 政／⑨·13 政／11·3 政／**1844**·12·28 政／**1845**·3·18 政／4·29 政／**1848**·10·18 政／**1851**·12·21 政／❻ **1853**·9·15 政／**1855**·10·9 政／**1857**·6·23 政／7·28 政／**1860**·⑤·1 政／**1862**·3·15 政／5·23 政／9·11 政／10·9 政／**1863**·4·27 政／6·16 政／7·11 政／9·5 政／**1864**·4·11 政／6·24 政／7·7 政／8·18 政／10·13 政／**1865**·4·12 政／9·4 政／10·22 政／11·20 政／**1866**·4·13 政／6·19 政／11·9 政／12·16 政／**1867**·7·4 政／9·23 政／12·27 政

西丸老中　❺-2 **1762**·12·9 政／**1764**·5·1 政／**1769**·8·18 政／**1781**·⑤·11 政／**1810**·6·25 政／**1831**·5·25 政／**1834**·4·11 政／**1837**·7·9 政／**1840**·1·13 政／**1848**·10·18 政

本丸附老中　❺-2 **1841**·3·24 政

老中格　❺-2 **1769**·8·18 政／**1779**·4·16 政／**1781**·9·18 政／**1790**·4·16 政

老中心得　❺-2 **1788**·9·24 政

老中首座　❺-2 **1845**·2·22 政

老中月番制廃止　❻ **1867**·6·29 政

老中職掌　❺-1 **1634**·3·3 政／**1664**·3·29 政

六人衆(羽柴秀吉)　❹ **1584**·11·20 社

若年寄(六人衆)　❺-1 **1631**·是年 政／**1633**·3·23 政／**1634**·3·3 政／**1635**·10·29 政／**1638**·11·7 政／**1662**·2·22 政／**1663**·8·16 政／**1669**·3·25 政／**1670**·2·22 政／**1682**·3·22 政／**1684**·12·10 政／**1685**·6·21 政／8·9 政／11·6 政／**1689**·2·6 政／7·28 政／**1694**·2·19 政／**1699**·10·6 政／**1704**·10·1 政／**1711**·12·22 政／❺-2 **1723**·3·6 政／**1744**·6月 政／**1747**·1·27 政／**1748**·⑩·1 政／**1754**·3·1 政／**1783**·11·1 政／**1787**·7·17 政

若年寄職掌　❺-1 **1633**·3·23 政

5　外交

対外関係に関する書籍

『赤蝦夷風説考』　❺-2 **1783**·1月 政／**1784**·5·22 政

『異国標旗考』　❺-2 **1796**·是年 文

『夷酋問答』　❺-2 **1809**·3月 政

『応接事議』　❺-1 **1710**·1·22 政

『御達書并紅毛船風説書全』　❺-2 **1803**·是年 政

『阿蘭陀船入津より出帆まで行事帳』　❺-2 **1765**·是年 政

『阿蘭陀通詞由緒書』　❺-2 **1771**·是年 文／**1802**·是年 文

『海国兵談』　❺-2 **1786**·5月 政／❺-2 **1791**·是年 政

『華夷通商考』　❺-1 **1695**·3月 文

『唐太島漂流記』　❺-2 **1763**·是年 政

『江都客中訳説雑記』　❺-2 **1808**·是年 文

『槎客通筒集』　❺-1 **1711**·是年 文

『三国通覧図説』　❺-2 **1785**·是夏 政

『竹島考』　❺-2 **1828**·是年 政

『徳鄰厳秘録』　❺-2 **1814**·是年 社

『聘事後議』　❺-1 **1710**·1·22 政

『戊戌封事』　❺-2 **1838**·8·1 政

『戊戌夢物語』　❺-2 **1838**·10·21 政／**1839**·6·20 政

『訳文筌蹄』　❺-1 **1711**·是年 文

『隣邦兵備略』　❻ **1880**·11·30 政

異国・外国

異国船・外国船　❺-1 **1644**·6·8 政／**1673**·5·23 政／**1680**·是年 政／**1687**·是年 政／**1692**·是年 政／❺-2 **1791**·9·2 政／**1794**·9月 政／**1805**·4·6 政／**1806**·5·24 政／**1807**·6月 政／**1816**·1·11 政／**1822**·5·27 政／**1823**·5·25 政／6·9 政／8·5 政／**1824**·4·3 政／7·1 政／**1825**·4·27 政／6·8 政／**1829**·12·12 政／**1831**·2·18 政／6·28 政／**1832**·7·21 政／**1834**·6·2 政／**1842**·5·28 政／11·1 政／**1844**·10·5 社／**1845**·是年 政／**1847**·3·21 政／3·28 政／**1848**·3·4 政／3·25 政／4·16 政／**1849**·2·18 政／3·5 政／5·4 政／6·23 政／**1850**·2·27 政／**1851**·3·24 政／**1852**·1·11 政／②·7 政／②·21 政／②月 政／4·22 政／11·26 政

異国船(外国船)打払令　❺-2 **1838**·10·21 政／**1842**·7·24 政／**1849**·5·5 政

異国船海上出会処置法令　❺-2 **1842**·10·12 政

異国船船標　❺-2 **1808**·5月 政

異国船手当肝煎(肥前五島藩)　❺-2 **1808**·2·17 政

異国船との通商手続　❺-1 **1667**·6月 政

異国船無二念打払令　❺-2 **1825**·2·18 政

異国の賊追討　❶ **999**·8·19 政

海外からの朝貢　❶ **482**·11月

外国使臣祭礼に招待　❻ **1860**·6·15 政

外国守備兵撤退　❻ **1875**·1·27 政

外国商船寄港地(長崎・平戸)　❺-1 **1616**·8·8 政

外国人家屋貸与許可　❻ **1867**·11·25 社

外国人休息所を設置　❻ **1854**·8月 社

外国人居留地規則(兵庫・大坂)　❻ **1867**·4·13 政

外国人劇場・料理店許可　❻ **1867**·5·12 社

外国人交際法　❻ **1858**·3·22 社／**1859**·7·18 社／12·29 政／**1860**·11·10 社

外国人国内旅行取扱方　❻ **1870**·9·17 社

外国人雇傭制　❻ **1883**·8·3 政

外国人宿舎警備　❻ **1861**·6·19 政

外国人追放論　❺-2 **1847**·12·14 政

外国人登録令・法　❽ **1946**·3·18 社／**1947**·5·2 政／**1950**·1·16 政／**1952**·4·28 政

外国人との私的交際　❺-2 **1842**·10·2 政

外国人取扱心得　❻ **1876**·2·24 政

外国人の旅宿　❻ **1860**·2月 政

外国人埋葬所　❻ **1854**·4月 社

外国人旅行制　❻ **1874**·7·10 政

外国船渡来処置規則　❺-1 **1606**·6月 政／**1645**·2·12 政／**1654**·5·18 政／**1656**·5·16 政

外国船取扱い(貿易)　❺-2 **1847**·3·2 政

外国船の来航期間　❶ **911**·是年頃 政

外国船水先案内人暗殺　❻ **1863**·6·24 政

外国船来航監視　❺-2 **1772**·4·23 政

外国駐屯部隊撤退問題　❻ **1870**·10·17 政

外国との通商方法　❺-1 **1652**·5月 政

外国に漂流した日本人受取方　❺-2 **1838**·10月 政／**1843**·8·8 政

外国貿易開始内諾(琉球王府)　❺-2 **1847**·2月 政

外国貿易可否 ❻ **1857**·3·26 政
外国貿易の定め ❺-1 **1697**·8月 政
在日外国人指紋採取 ❽ **1954**·7月 政

アメリカ

アメリカ移民の状況 ❻ **1891**·11月 社
アメリカ応接掛 ❻ **1854**·1·15 社
アメリカからの献上物 ❻ **1854**·2·17 政
アメリカ軍艦浦賀入港 ❻ **1854**·1·11 政
アメリカ軍艦江戸小柴停泊 ❻ **1854**·1·16 政
アメリカ軍艦下田入港 ❻ **1859**·1·25 政
アメリカ公使館 ❻ **1859**·6·8 政
アメリカ国王および使節への贈り物 ❻ **1854**·2·16 政
アメリカ人帰化の始め ❻ **1892**·10·15 政
アメリカ大統領親書 ❻ **1853**·6月 政
アラスカ出稼日本人 ❻ **1888**·1月 政
アメリカ出稼の状況 ❻ **1891**·10月 政
アメリカとの通交に対する意見(萩藩主毛利慶親) ❻ **1853**·8·29 社
アメリカの条約改正案 ❻ **1862**·10·15 政
アメリカ兵の乱暴 ❻ **1854**·5·17 政
在米同胞安全祈願 ❽ **1944**·6·7 社
在米日本資産を凍結 ❽ **1941**·7·25 政
サンフランシスコ在住日本人 ❻ **1884**·7月 政/是年 政
条約勅許 ❻ **1865**·9·13 政
条約了承勅書 ❻ **1858**·12·24 政
第442連隊、ワシントン行進 ❽ **1945** 是年 政/**1946**·7·15 政
日米安全保障協議委員会 ❽ **1957**·8·6 政/**1960**·9·8 政/**1963**·10·10 政/**1964**·8·31 政/❾ **1978**·11·27 政/**1998**·9·20 政/**2002**·12·16 政
日米安全保障条約 ❽ **1950**·9·14 政/10·11 政/**1951**·7·11 政/9·8 政/10·12 政/**1952**·3·20 政/4·28 政/❾ **1966**·3·20 政/**1968**·6·17 政/**1969**·1·28 政/10·14 政/**1970**·6·22 政/7·28 政/**1972**·1·7 政/6·23 政/**1989**·9·6 政/**1990**·6·21 政/**1996**·4·17 政
日米行政協定(米軍駐留の条件) ❽ **1952**·1·28 政/2·28 政/**1953**·9·29 政
日米居留民を初交換 ❽ **1942**·7·22 政/8·20 政/**1943**·9·14 政/11·14 政
日米施設区域協定 ❽ **1952**·7·26 政
日米支払協定 ❽ **1951**·8·31 政
日米下田条約 ❻ **1857**·5·26 政
日米集団安全保障 ❽ **1951**·1·1 政
日米政策企画協議会 ❾ **1968**·12·4 政
日米相互防衛援助協定 MSA 協定 ❽ **1953**·5·5 政/**1954**·3·8 政/5·1 政
日米通商航海条約 ❻ **1894**·11·22 政/**1939**·7·26 政/**1940**·1·26 政
日米通商条約 ❻ **1857**·12·2 政
日米農作物協議会 ❾ **1980**·4·10 政
日米犯罪人引渡条約 ❻ **1886**·4·29 政
日米物品役務相互提供協定(ACSA) ❾ **1996**·4·15 政
日米防衛分担金 ❽ **1955**·4·19 政
日米ホットライン ❾ **1972**·5·15 政
日米友好通商条約 ❽ **1953**·4·2 政
日米領事条約 ❽ **1963**·3·22 政
日米和親条約(神奈川条約) ❻ **1854**·2·1 政/**1854**·5·12 政/**1855**·1·5 政/8·28 政
日米和親通商·航海条約 ❻ **1889**·2·20 政
日系アメリカ人強制収容所 ❽ **1942**·2·19 政/是年 社/**1945**·是年 社/❾ **1976**·2·19 政/**1981**·7·14 政/**1983**·6·15 政/**1985**·10·9 政/**1986**·1·21 政/**1988**·9·22 政
日系人強制収容(大統領行政命令 9066 号) ❽ **1942**·2·19 政
日系人市民権回復 ❽ **1959**·5·20 政
日系人米連邦議会議員 ❽ **1959**·7·29 政
ハリス暗殺未遂事件 ❻ **1857**·11·27 政
ハリス江戸上府問題 ❻ **1857**·⑤·15 政/10·7 政/**1859**·10·11 政
ハリス相撲見物 ❻ **1858**·4·5 社
ヒュースケン殺害事件 ❻ **1860**·12·5 政
藤山·ダレス会談 ❽ **1958**·9·11 政
ペリー艦隊、琉球那覇来航 ❻ **1853**·12·24 政
ペリー下田に来航 ❻ **1854**·5·12 政
ペリー上陸の状景 ❻ **1854**·2·8 政
ペリー船隊箱館入港 ❻ **1854**·4·15 政
ペルリ来航予告 ❺-2 **1852**·6·5 政/8·17 政/10月 政
和睦合図の白旗 ❻ **1853**·7·10 社

イギリス

イギリス·オランダ戦争(第二次) ❺-1 **1666**·6·12 政
イギリス·オランダ連合艦隊 ❺-1 **1620**·7·4 政/**1621**·5·20 政/10·27 政
イギリス商館(肥前平戸) ❺-1 **1613**·10·24 政/**1618**·3·3 政/**1623**·11·12 政
イギリス商館長 ❺-1 **1616**·6·27 政/11·8 政/**1617**·8·6 政/8·24 政/**1618**·7·14 政/**1619**·是年 政/**1621**·10·27 政
イギリス船リターン号事件 ❺-1 **1673**·5·25 政

移民 ⇨ [1] 政治「移民」

江戸 ❻

江戸外国人居留地 ❻ **1867**·11·25 社
江戸鉄砲洲(居留地)接収 ❻ **1863**·5·18 社
江戸湾一帯巡視 ❺-2 **1850**·2·29 政

オランダ

『和蘭風説書』『別段風説書』 ❺-1 **1641**·6·17 政/**1644**·6·28 政/**1649**·2·1 政/7·1 政/**1653**·⑥·17 政/**1654**·6·21 政/**1655**·7·23 政/**1661**·6·10 政/**1666**·6·12 政/**1673**·7·7 政/❺-2 **1781**·6·23 文/**1825**·6·22 政/**1833**·6·11 政/**1835**·6·28 政/**1840**·3·27 政/7月 政/**1842**·是年 政/**1851**·7·12 政/**1852**·6·5 政
オランダ船(蘭船) ❹ **1600**·3·16 政/❺-1 **1614**·6·29 政/**1615**·⑥·24 政/**1616**·是年 政/**1617**·5·15 政/**1618**·4·23 政/**1629**·是年 政/**1632**·7·29 政/**1633**·9·24 政/**1634**·10·6 政/**1635**·5·28 政/**1636**·10·6 政/**1637**·5·2 政/**1638**·7·9 政/**1639**·6·10 政/7·25 政/**1640**·5·15 政/**1641**·6·14 政/7·3 政/**1642**·是年 政/**1643**·4·24 政/**1644**·9·1 政/是年 政/**1645**·是年 政/**1646**·7·24 政/是年 政/**1647**·是年 政/**1648**·是年 政/**1649**·8·14 政/是年 政/**1650**·是年 政/**1651**·是年 政/**1653**·是年 政/**1654**·是年 政/**1655**·是年 政/**1656**·是年 政/**1657**·是年 政/**1658**·是年 政/**1659**·是年 政/**1660**·是年 政/**1661**·6·9 政/是年 政/**1662**·是年 政/**1663**·是年 政/**1664**·是年 政/**1665**·5·22 政/是年 政/**1666**·8·10 政/是年 政/**1667**·是年 政/**1668**·是年 政/**1669**·是年 政/**1670**·是年 政/**1671**·是年 政/**1672**·5·22 政/是年 政/**1673**·是年 政/**1674**·是年 政/**1675**·是年 政/**1676**·是年 政/**1677**·是年 政/**1678**·是年 政/**1679**·是年 政/**1680**·是年 政/**1681**·是年 政/**1682**·是年 政/**1683**·是年 政/**1684**·是年 政/**1685**·是年 政/**1686**·是年 政/**1687**·是年 政/**1688**·是年 政/**1689**·是年 政/**1690**·是年 政/**1691**·7·18 政/是年 政/**1692**·是年 政/**1693**·是年 政/**1694**·是年 政/**1695**·是年 政/**1696**·是年 政/**1697**·是年 政/**1698**·是年 政/**1699**·是年 政/**1700**·是年 政/**1701**·是年 政/**1702**·是年 政/**1703**·是年 政/**1704**·7·26 政/是年 政/**1705**·是年 政/**1706**·是年 政/**1707**·是年 政/**1708**·是年 政/**1709**·是年 政/**1710**·是年 政/**1711**·是年 政/**1712**·是年 政/**1713**·是年 政/**1714**·是年 政/**1715**·是年 政/**1716**·是年 政/**1717**·是年 政/**1719**·是年 政/**1720**·是年 政/**1721**·是年 政/**1722**·是年 政/**1723**·是年 政/**1724**·是年 政/**1725**·是年 政/**1726**·是年 政/**1727**·是年 政/**1728**·是年 政/**1729**·是年 政/**1730**·是年 政/**1731**·是年 政/**1732**·是年 政/**1733**·是年 政/**1734**·是年 政/**1735**·是年 政/**1736**·是年 政/**1737**·是年 政/**1738**·是年 政/**1739**·是年 政/**1740**·是年 政/**1741**·是年 政/**1742**·是年 政/**1743**·是年 政/**1744**·是年 政/**1745**·是年 政/**1746**·是年 政/**1747**·是年 政/**1748**·是年 政/**1749**·是年 政/**1750**·是年 政/**1751**·是年 政/**1752**·是年 政/**1753**·是年 政/**1754**·是年 政/**1755**·是年 政/**1756**·是年 政/**1757**·是年 政/**1758**·是年 政/**1759**·是年 政/**1760**·是年 政/**1761**·是年 政/**1762**·

是年 政／**1763**·是年 政／**1764**·是年 政／**1765**·是年 政／**1766**·是年 政／**1767**·是年 政／**1768**·是年 政／**1769**·是年 政／**1770**·是年 政／**1771**·是年 政／**1772**·7·8 政／是年 政／**1773**·是年 政／**1774**·是年 政／**1775**·是年 政／**1776**·是年 政／**1777**·是年 政／**1778**·是年 政／**1779**·是年 政／**1780**·是年 政／**1781**·是年 政／**1783**·是年 政／**1784**·是年 政／**1785**·是年 政／**1786**·是年 政／**1787**·是年 政／**1788**·是年 政／**1789**·是年 政／**1790**·是年 政／**1792**·是年 政／**1793**·是年 政／**1794**·1 是年 政／**1795**·是年 政／**1796**·是年 政／**1797**·是年 政／**1798**·是年 政／**1799**·是年 政／**1800**·是年 政／**1801**·是年 政／**1802**·是年 政／**1803**·是年 政／**1804**·是年 政／**1805**·是年 政／**1806**·是年 政／**1807**·是年 政／**1809**·是年 政／**1810**·是年 政／**1820**·是年 政／**1821**·是年 政／**1822**·是年 政／**1823**·是年 政／**1824**·是年 政／**1825**·是年 政／**1826**·是年 政／**1827**·是年 政／**1828**·是年 政／**1829**·是年 政／**1830**·是年 政／**1831**·是年 政／**1832**·是年 政／**1833**·是年 政／**1834**·是年 政／**1835**·是年 政／**1836**·是年 政／**1838**·是年 政／**1839**·是年 政／**1840**·是年 政／**1841**·是年 政／**1842**·是年 政／**1843**·是年 政／**1844**·是年 政／**1845**·是年 政／**1846**·是年 政／**1847**·是年 政／**1848**·是年 政／**1849**·是年 政／**1850**·是年 政／**1851**·是年 政／**1852**·是年 政

オランダ船·商船·軍艦　❺-2 **1717**·9·28 政／**1721**·⑦·13 政／**1722**·7·17 政／**1723**·7·5 政／**1724**·6·7 政／**1726**·6·21 政／**1727**·6·3 政／**1729**·7·2 政／**1730**·6·29 政／**1731**·6·13 政／**1732**·⑤·23 政／**1733**·7·13 政／**1734**·6·29 政／**1736**·7·6 政／**1737**·7·15 政／**1738**·7·8 政／**1739**·6月 政／**1740**·6月 政／**1741**·6·20 政／**1742**·7·7 政／**1743**·6·16 政／**1744**·6·29 政／**1745**·6·27 政／11·7 政／**1747**·7·1 政／**1748**·7·17 政／**1749**·6·20 政／**1750**·7·21 政／**1753**·7·5、9 政／**1754**·6·16 政／**1755**·6·26 政／**1756**·7·14、15 政／**1757**·7·6 政／**1758**·7·8 政／**1759**·7·9、14 政／**1760**·6·10 政／**1762**·7·22 政／**1764**·7·15 政／**1765**·6·19 政／**1766**·7·8 政／**1767**·7·10 政／**1768**·6·25 政／**1769**·7·4 政／**1770**·⑥·15 政／**1771**·6·16、17 政／**1772**·7·8 政／**1773**·6·24、28 政／**1774**·6·27、7·1 政／**1775**·7·19 政／**1776**·6·18 政／10·23 政／**1777**·7·9、10 政／**1778**·7·17、20 政／**1779**·7·4、7 政／**1780**·7·20 政／**1781**·6·23 政／**1783**·7·29 政／**1784**·7·4 政／**1785**·7·19 政／**1786**·7·29 政／**1787**·6·24 政／是年 政／**1788**·7·15 政／**1789**·⑥·9、11 政／**1790**·7·17 政／**1791**·6·8 政／**1792**·7·8 政／**1793**·7·5 政／**1794**·7·5 政／**1795**·6·6 政／**1798**·10·17 政／**1799**·2月 社／**1802**·7·9 政／**1804**·7·3 政／**1808**·是年 政／**1809**·6·16 政／**1818**·7·4、7 政／**1819**·6·11、26 政／9·20 政／**1820**·6·25 政／**1821**·6·28 政／7·1、2 政／**1822**·6·12 政／**1823**·6·29 政／**1824**·7·2、5 政／**1825**·6·22 政／**1826**·6·30、7·1 政／**1827**·⑥·3、4 政／**1828**·8·10 政／**1829**·7·20 政／9·25 政／**1830**·6·14、20 政／**1831**·6·29、30 政／**1832**·7·17 政／**1833**·6·6 政／**1835**·6·28 政／**1836**·6·13 政／**1837**·7·4 政／**1838**·6·6 政／**1840**·7·1 政／**1842**·6·19 政／**1843**·7·9 政／**1844**·6·15 政／7·2 政／**1845**·6·20 政／**1846**·6·21 政／**1847**·6·26 政／**1848**·6·29 政／**1849**·6·23 政／**1850**·6·11 政／**1851**·7·12 政／**1852**·6·5 政

オランダ型船　❺-1 **1670**·4·10 政

オランダ軍艦船内を見学　❺-2 **1844**·9·19 政

オランダ使節　❺-1 **1609**·6·26 政／7·15 政／**1611**·6·28 政／**1650**·3·7 政

オランダ商館(肥前平戸)　❺-1 **1609**·8·22 政／**1638**·3·27 政

オランダ商館長　❺-1 **1611**·6·28 政／**1612**·8·2 政／**1616**·11·8 政／**1632**·11月 政／**1633**·8·3 政／**1635**·1·7 政／3·1 政／**1639**·1·2 政／**1640**·9·25 政／**1641**·9·28 政／**1642**·⑨·5 政／**1643**·6·17 政／**1644**·10·12 政／10·15 政／**1646**·9·19 政／**1647**·10·7 政／10·23 政／**1649**·10·21 政／**1650**·9·29 政／**1651**·11·15 政／**1652**·10·3 政／**1653**·9·19 政／**1655**·9·24 政／**1656**·9·15 政／**1657**·9·20 政／**1658**·9·26 政／**1659**·9·20 政／**1660**·9·22 政／**1661**·9·20 政／**1662**·6·26 政／**1663**·9·19 政／**1664**·9·20 政／**1665**·9·20 政／**1666**·9·20 政／**1667**·9·20 政／**1668**·9·20 政／**1669**·9·20 政／**1670**·9·20 政／**1671**·9·20 政／**1672**·9·24 政／**1673**·9·20 政／**1674**·9·21 政／**1675**·9·20 政／**1676**·9·20 政／**1677**·9·20 政／**1678**·9·20 政／**1679**·9·20 政／**1680**·9·20 政／**1681**·9·20 政／**1682**·9·20 政／**1683**·9·20 政／**1684**·9·20 政／**1685**·9·20 政／**1686**·9·20 政／**1687**·7·22 政／9·20 政／**1688**·9·20 政／**1689**·9·20 政／**1690**·9·20 政／**1691**·9·20 政／**1692**·9·20 政／**1693**·9·20 政／**1694**·9·20 政／**1695**·9·20 政／**1696**·9·20 政／**1697**·9·20 政／**1698**·9·20 政／**1699**·9·20 政／**1700**·9·20 政／**1701**·9·20 政／**1702**·9·20 政／**1703**·9·20 政／**1704**·9·20 政／**1705**·9·20 政／**1707**·9·20 政／**1708**·9·20 政／**1709**·9·20 政／**1710**·9·20 政／**1711**·9·20 政／**1712**·9·20 政／**1713**·9·20 政／**1714**·9·20 政／**1715**·9·22 政／❺-2 **1716**·9·20 政／**1717**·9·20 政／**1718**·9·20 政／**1720**·9·20 政／**1721**·9·20 政／**1722**·2·11 政／7·2 政／**1723**·9·20 政／**1724**·6·7 政／**1725**·9·20 政／**1726**·9·20 政／**1727**·9·20 政／**1728**·9·21 政／**1730**·9·20 政／**1731**·6·1 政／**1732**·9·20 政／**1733**·9·20 政／**1734**·9·20 政／**1735**·9·20 政／**1736**·9·20 政／**1737**·9·20 政／**1739**·9·20 社／**1740**·9·20 政／**1741**·9·20 政／**1742**·9·20 政／**1743**·9·20 政／**1744**·9·28 政／**1746**·3·1 政／9·20 政／**1747**·是春 政／9·25 政／**1748**·10·22 政／**1749**·10·30 政／**1751**·10·2 政／**1752**·11·1 政／**1753**·9·20 政／**1754**·9·20 政／**1755**·9·20 政／**1756**·9·20 政／**1757**·9·20 政／**1758**·10·12 政／**1760**·10·5 政／**1761**·10·4 政／**1762**·10·28 政／**1763**·10·3 政／**1764**·10·1 政／**1765**·9·25 政／**1767**·9·29 政／**1769**·10·1 政／**1770**·10·1 政／**1771**·10·4 政／**1772**·10·10 政／**1773**·10·10 政／**1774**·10·8 政／**1775**·10·5 政／**1776**·10·13 政／**1777**·10·13 政／**1779**·10·22 政／**1780**·1·15 政／10·10 政／**1781**·10·22 政／**1783**·10·2 政／**1785**·10·21 政／**1786**·⑩·1 政／**1787**·10·22 政／**1788**·11·4 政／**1789**·金·10 政／10·8 政／**1790**·10· 政／**1792**·9·20 社／**1806**·3·15 政／**1817**·10·28 政／**1830**·9·16 政／**1845**·10·2 社／**1851**·10·8 政

オランダ商館長、江戸登城　❺-1 **1611**·6·28 政／7·25 政／**1612**·10·8 政／**1633**·5·1 政／10·5 政／**1634**·2·15 政／**1635**·1·1 政／**1636**·3·28 政／9·13 政／**1638**·2·14 政／**1639**·3·29 政／**1640**·2·26 政／**1641**·2·5 政／11·2 政／**1642**·⑨·28 政／**1643**·9·27 政／**1644**·12月 政／**1645**·12·28 政／**1646**·12·1 政／**1647**·10·27 政／**1649**·2·10 政／**1650**·⑩·1 政／**1651**·2·3 政／**1652**·12·19 政／**1653**·1·15 政／**1654**·1·2 政／**1655**·1·15 政／**1656**·1·15 政／**1657**·1·19 政／**1658**·1·15 政／**1659**·2·28 政／**1660**·1·28 政／**1661**·2·2 政／3·3 政／**1662**·3·1 政／**1663**·3·1 政／**1664**·3·28 政／**1665**·3·1 政／**1666**·3·15 政／**1667**·③·15 政／**1668**·2·28 政／**1669**·3·1 政／**1670**·3·1 政／**1671**·3·1 政／**1672**·3·3 政／**1673**·3·1 政／**1674**·3·15 政／**1675**·3·1 政／**1676**·3·15 政／**1677**·2·15 政／**1678**·3·15 政／**1679**·3·1 政／**1680**·3·3 政／**1681**·2·28 政／**1682**·2·28 政／**1683**·2·28 政／**1684**·2·28 政／**1685**·3·3 政／**1686**·2·28 政／**1687**·2·28 政／**1688**·2·15 政／**1689**·2·14 政／**1690**·2·28 政／**1691**·2·30 政／**1692**·3·6 政／**1693**·2·28 政／**1694**·3·1 政／**1695**·2·28 政／**1696**·2·28 政／**1697**·2·28 政／**1698**·2·28 政／**1699**·2·28 政／**1700**·2·28 政／**1701**·2·28 政／**1702**·2·28 政／**1703**·2·28 政／**1704**·2·28 政／**1705**·2·28 政／**1706**·2·28 政／**1707**·2·28 政／**1708**·①·28 政／**1709**·3·1 政／**1710**·3·1 政／**1711**·3·1 政／**1712**·3·1 政／**1713**·3·1 政／**1714**·2·28 政／**1715**·2·28 政／❺-2 **1716**·2·28 政／**1717**·2·28 政／**1718**·2·28 政／**1719**·2·28 政／**1720**·是春 政／**1721**·2·28 政／**1722**·2·28 政／**1723**·2·28 政／**1724**·2·28 政／**1725**·2·28 政／**1726**

2·28 政／**1727**·①·28 政／**1728**·2·28 政／**1729**·2·28 政／**1730**·2·28 政／**1731**·2·28 政／**1732**·2·28 政／**1733**·3·3 政／6·13 政／**1734**·2·28 政／**1735**·⑥·1 政／**1736**·2·28 政／**1737**·2·28 政／**1738**·2·28 政／**1739**·2·28 政／**1740**·2·28 政／**1741**·3·15 政／**1742**·3·1 政／**1743**·3·1 政／**1744**·3·1 政／**1745**·3·1 政／**1746**·3·1 政／**1747**·3·1 政／**1748**·3·2 政／**1749**·3·1 政／**1750**·3·1 政／**1751**·3·13 政／**1752**·3·15 政／**1753**·3·15 政／**1754**·月·1 政／**1755**·3·15 政／**1756**·3·1 政／**1757**·3·1 政／**1758**·3·1 政／**1759**·3·11 政／**1760**·3·1 政／**1761**·3·1 政／**1762**·3·1 政／**1763**·3·1 政／**1764**·3·9 政／**1765**·3·1 政／**1766**·3·1 政／**1767**·3·1 政／**1768**·3·1 政／**1770**·3·1 政／**1771**·3·1 政／**1772**·3·15 政／**1773**·3·15 政／**1774**·3·1 政／**1775**·4·1 政／**1776**·4·1 政／**1777**·3·1 政／**1778**·3·1 政／**1779**·3·8 政／**1780**·3·1 政／**1781**·3·1 政／**1782**·3·1 政／**1784**·2·15 政／**1785**·3·1 政／**1787**·3·15 政／**1788**·1·15 政／3·9 政／**1789**·2·28 政／12月 政／**1790**·2·29 政／**1791**·5·6 政／**1794**·4·28 政／**1795**·3·1 政／**1796**·3·1 政／**1798**·3·15 政／**1802**·2·28 政／**1804**·3·16 政／**1810**·3·16 政／**1814**·3·28 政／**1818**·3·15 政／**1822**·2·25 政／**1826**·3·25 政／**1830**·3·15 政／**1834**·3·15 政／**1838**·3·15 政／**1844**·3·28 政／**1850**·3·15 政
オランダ人　❺-1 **1610**·10·5 政／**1615**·8·1 政
オランダ人·イギリス人との結婚　❺-1 **1639**·10月 政
オランダ人交易書　❺-2 **1749**·1·7 政
オランダ船、日·清両国船を拿捕　❺-1 **1644**·是年 社
オランダ船の輸入禁制品　❺-1 **1697**·7·26 政
オランダ船〈ロバイン号〉　❺-1 **1649**·8·13 政
オランダ船を制限　❺-1 **1700**·是年 政
オランダと貿易許可　❺-1 **1609**·7·25 政
オランダ·日本間の金支配　❺-1 **1685**·6·28 政
オランダ·日本条約案　❺-2 **1852**·8·17 政／10月 政
オランダ東インド総督　❺-1 **1630**·1·22 政／11·14 政／**1631**·2·10 政／**1636**·11·3 政
オランダ商館長、京都町奉行所参上　❺-2 **1716**·2·12 政／**1790**·9·6 政
オランダ船交易銅　❺-2 **1764**·是年 政
オランダ船長崎入港法　❺-2 **1809**·2月 政
オランダ船の来航中絶　❺-2 **1809**·是年 政
オランダへの贈物(幕府)　❺-2 **1845**·6·1 社
オランダ貿易定額　❺-1 **1689**·8月 政
オランダ貿易の額　❺-2 **1733**·9月 政
オランダ人長崎市中遊歩規定　❻ **1857**·10·6 社
オランダ船大坂入港　❻ **1859**·3·21 社
オランダ船品川入港　❻ **1859**·4·1 政
オランダ風説書諸藩に回示　❻ **1856**·10月 政
オランダ領事館　❻ **1859**·6·9 政
食料品必需品の時価相場表(オランダ人)　❺-2 **1805**·5·1 政
出島オランダ商館火災　❻ **1859**·2·4 政
日本通商(オランダ貿易船識別旗)　❺-2 **1825**·9月 政
日蘭修好通商条約　❻ **1858**·7·10 政
日蘭追加(通商)条約　❻ **1857**·8·29 政
日蘭和親条約　❻ **1855**·12·23 政
海外支援·国際貢献(ODR·PKO·NPO)
政府開発援助·途上国援助(ODA)　❾ **1985**·9·18 政／**1988**·6·14 政／**1992**·6·18 政／10·5 政／是年 政／**1994**·6·23 政／9·29 政／**1995**·3·27 政／是年 政／**1998**·9·4 政／**2002**·8·12 政／**2003**·8·29 政
特定非営利活動促進法案(NPO 法案)　❾ **1998**·3·4 政
アフガニスタン難民救済緊急援助　❾ **1980**·1·22 政／**2001**·10·6 政
アフガニスタン·パキスタン支援策　❾ **2009**·11·10 政
アフガニスタン復興チーム派遣　❾ **2009**·1·9 政
アフリカ開発基金　❾ **1978**·11·28 政
アンゴラ選挙監視団　❾ **1992**·9·16 政
イラク化学兵器調査·廃棄要員　❾ **1991**·10·9 政／**1993**·1·3 政／**1994**·6·15 政
イラク在留日本人救出　❾ **1985**·3·19 政
イラク在留邦人　❾ **1990**·8·22 政／11·3 政／12·1 政
イラク自衛隊派遣と文民派遣　❾ **2003**·12·9 政／**2004**·1·9 政／1·19 政／**2005**·3·7 政／12·8 政／**2006**·2·16 政／7·17 政／**2008**·4·17 政
イラク侵攻に対する支援策　❾ **1990**·8·29 政／9·5 政／9·14 政／9月 社／11·5 政／**1991**·1·24 政／2·28 政／3·11 政／4·24 政／6·8 政
イラク復興支援(特別措置法)　❾ **2001**·2·9 政／**2003**·3·20 政／3·30 政／6·13 政／7·17 政／**2004**·1·31 政／2·23 政／10·13 政／**2007**·6·20 政／**2008**·12·28 政
イラク湾岸危機対策本部　❾ **1991**·1·17 政
イラン大地震救援航空自衛隊　❾ **2003**·12·30 政
インド大地震国際緊急援助活動　❾ **2001**·2·5 政
インドネシア援助　❾ **1967**·4·8 政／**1999**·6·3 政／**2006**·6·1 政
インドネシア開発計画(LNG)　❾ **1974**·1·15 政
インド洋給油活動　❾ **2002**·2·13 政／**2003**·3·11 政／**2006**·10·27 政／**2007**·9·19 政／11·1 政／**2008**·1·11 政／**2009**·7·3 政／**2010**·1·15 政
エルサルバドル監視員(PKO)　❾ **1994**·3·8 政
海外日本人誘拐·拉致·殺人事件　❾ **1970**·3·11 政／**1987**·3·31 政／**1988**·5·29 社／**1989**·3·1 政／**1991**·8·27 政／**1996**·8·19 政／**1997**·1·23 政／**1998**·9·22 政／**1999**·8·23 政／**2000**·4·29 社／**2001**·3·9 政／**2003**·10·9 政／**2004**·4·8 政／4·14 政／5·28 政／10·26 政／**2005**·5·9 政／**2007**·4·1 政／10·7 政／**2008**·8·26 政／9·22 政／**2009**·11·15 政／**2010**·3·23 政／3·30 政
韓国経済協力　❾ **1982**·4·29 政／**1997**·12·3 政
韓国大邱市·慶北技術院　❾ **1967**·9·29 政
カンボジア PKO　❾ **1979**·6·20 政／10·24 文／12·15 政／**1992**·3·16 政／8·3 政／12·26 政／**1993**·3·6 政／5·4 政／**1997**·7·11 政／**1998**·7·17 政
カンボジアチュルイ·チョンバー橋　❾ **1992**·12·26 政／**1993**·8·7 政／**1994**·6·26 政
カンボジア無償援助　❾ **1994**·3·10 政
北朝鮮食糧·医療品·衣料品支援　❾ **1995**·6·30 政／**1996**·6·14 政／**2000**·3·7 政／10·6 政／**2004**·4·1 政
北朝鮮難民救援基金　❾ **2004**·6·28 政
クウェート在住日本人　❾ **1990**·8·22 政
経済協力開発機構(OECD)　❾ **1976**·11·16 政／**1986**·12·15 政／**1993**·6·2 政
ケニアジョモ·ケニヤッタ農工大　❾ **1982**·3·17 政
国際開発協会(IDA)　❾ **1976**·10·12 政
国際貢献プロジェクトチーム　❾ **1992**·3·16 政
国際交流基金　❾ **1972**·6·1 文／10·2 政／**1991**·12·13 政
国際平和協力本部　❾ **1992**·8·10 政
国連平和維持活動(PKO)　❾ **1991**·11·27 政／**1992**·4·8 政／6·5 政／7·1 政／**1995**·5·30 政／**1998**·6·5 政／**2001**·11·20 政
国連平和維持軍(PKF)　❾ **1999**·1·7 政
コソボ難民支援·復旧支援　❾ **1999**·4·27 政
ゴラン高原平和維持活動　❾ **1994**·6·4 政／**1995**·4·10 政／8·25 政／**1996**·1·31 政／**1998**·7·31 政／**2009**·7·24 政
コリア NGO センター　❾ **2004**·3·27 社
スーダン支援　❾ **2005**·3·8 政／**2011**·11·15 政／**2012**·1·7 政
スマトラ島沖地震、自衛隊派遣　❾ **2005**·1·1 政

ソマリア沖海賊対策海上自衛行動 ❾ **2009**·2·3 政／**2010**·4·28 政
ソ連食糧緊急援助 ❾ **1992**·2·4 政
対旧ソ連諸国医療支援 ❾ **1994**·4·13 政
対旧ソ連支援策 ❾ **1991**·10·8 政／**1992**·10·25 政
タイ・プーケット島沖自衛艦隊派遣 ❾ **2004**·12·28 政
タジキスタン国連監視団 ❾ **1998**·7·20 政
タンザニア国際協力事業団 ❾ **1998**·9·17 社
中国円借款(ODA) ❾ **1979**·12·5 政／**2007**·12·1 政
中国四川省国際地震緊急援助チーム ❾ **2008**·5·12 政／5·22 文
中国への無償援助 ❾ **1995**·5·22 政／**2003**·5·9 政
中東支援医療先遣隊 ❾ **1990**·9·18 文
トルコ・第二ボスプラス橋 ❾ **1988**·7·3 政
日本青年海外協力隊 ❾ **1965**·6·10 政
ハイチ地震自衛隊派遣 ❾ **2010**·2·5 政／**2012**·12·25 政
パキスタン経済支援 ❾ **2001**·9·21 政／**2005**·10·11 政
パレスチナ食糧支援 ❾ **2009**·1·3 政／4·17 政
パレスチナ選挙監視団 ❾ **1995**·12·22 政
ピースウインズ・ジャパン(NPO) ❾ **2002**·1·18 政
東ティモール支援団 ❾ **2002**·5·20 政／9·6 政／**2004**·5·19 政
東ティモール避難民救済資金 ❾ **1999**·9·16 政
ベトナム経済復興援助 ❾ **1967**·是年 政／**1975**·8·13 政／10·11 政／**1976**·9·14 政／**1978**·4·28 政
ベトナム自衛隊輸送艦医療活動 ❾ **2010**·5·31 政
ペルシア湾掃海艇派遣 ❾ **1991**·4·16 政
ホンジェラス国際緊急援助 ❾ **1998**·11·13 政
マケドニア PKO ❾ **1994**·1·17 政
南アフリカ制憲選挙監視 ❾ **1994**·4·4 政
南アフリカ政府開発援助 ❾ **1991**·3·7 政
モザンビーク自衛隊 PKO ❾ **1993**·2·16 政
モンゴル無償経済援助協定 ❾ **1977**·3·17 政
ラオスに対する経済技術協力 ❾ **1965**·1·22 政
ルワンダ難民救助 PKO ❾ **1994**·8·4 政／9·13 政
ロシア・ハバロフスク ODA ❾ **1993**·4·14 政

会議
国際海洋法裁判所 ❾ **2011**·10·1 政
国際司法裁判所 ❾ **2009**·2·6 政
国連安保理事会非常任理事国 ❾ **1965**·12·10 政／**1996**·10·21 政
国連海洋条約 ❾ **1996**·2·20 政
国連軍縮会議京都会議 ❾ **1989**·4·19 政
国連経済社会理事会議長 ❾ **1965**·3·22 政
国連事務総長潘基文訪問・激励 ❾ **2011**·8·8 政
国連代表部公使 ❾ **1976**·2·16 政
国連東ティモール暫定機構 ❾ **2002**·3·2 政
国連分担金 ❾ **1994**·7·14 政
国連平和維持活動協力法 ❾ **1991**·9·19 政
国連平和協力法案 ❾ **1990**·10·15 政
主要先進国首脳会議 ❾ **1975**·11·15 政／**1976**·6·24 政／**1977**·5·4 政／**1978**·7·16 政／**1979**·6·28 政／**1980**·6·20 政／**1981**·7·18 政／10·22 政／**1982**·6·3 政／**1983**·5·26 政／**1984**·6·7 政／**1985**·4·29 政／5·2 政／**1986**·4·7 政／5·4 政／**1987**·6·8 政／**1988**·6·16 政／**1989**·7·14 政／**1990**·7·6 政／**1991**·7·15 政／**1992**·7·6 政／**1993**·7·7／**1994**·7·8 政／**1997**·6·19 政／**1998**·5·15 政／**1999**·6·18 政／**2001**·7·20 政／**2003**·6·1 政／**2004**·6·8 政／**2005**·7·6 政／**2006**·7·15 政／**2007**·6·5 政／**2010**·11·12 政／**2011**·5·26 政／11·2 政／**2012**·5·18 政
　東京サミット ❾ **1979**·6·28 政／**1986**·5·4 政／**1993**·7·7
　北海道洞爺湖サミット ❾ **2008**·7·7 政
主要八か国環境相会合 ❾ **2000**·4·7 社
世界貿易機関(W TO) ❾ **1994**·12·8 政
先進主要国蔵相(財務相)中央銀行総裁会議 ❾ **1971**·12·17 政／**1974**·9·28 政／**1985**·6·21 政／9·22 政／**1986**·9·27 政／**1987**·2·21 政／**1988**·4·13 政／**1989**·9·23 政／**1990**·5·6 政／**1991**·6·23 政／10·12 政／**1992**·1·25 政／4·26 政／**1993**·4·14 政／**1994**·4·24 政／**1996**·6·27 政／9·28 政／**1997**·4·27 政／9·20 政／**1998**·2·21 政／6·20 政／9·14 政／**1999**·4·26 政／9·25 政／**2000**·1·22 政／4·15 政／**2001**·4·28 政／10·6 政／**2002**·2·9 政／**2003**·4·12 政／**2004**·2·7 政／4·24 政／11·21 政／**2008**·5·26 政／11·14 政／**2009**·2·13 政／3·14 政／**2010**·10·22 政／**2011**·8·8 政／10·14 政 **2012**·6·5 政／6·17 政
六か国協議 ❾ **2003**·8·27 政

條約改正問題
條約改正案反対運動 ❻ **1887**·8·1 政／**1889**·8·15 政
條約改正英独案 ❻ **1887**·6·1 政
條約改正会議 ❻ **1886**·5·1 政
條約改正各国連合予備会 ❻ **1882**·1·25 政
條約改正交渉使節団 ❻ **1872**·5·17 政
條約改正御用掛 ❻ **1879**·3·7 政
條約改正全権委員 ❻ **1886**·4·20 政
條約改正に関する覚書 ❻ **1884**·8·4 政
條約改正問題(関税自主権回復) ❻ **1875**·11·10 政／**1879**·9·19 政／**1883**·12·11 政／**1885**·4·25 政／**1886**·8·6 政／**1887**·4·22 政／**1889**·1·7 政／**1889**·4·19 政／12·10 政／**1890**·2·8 政／**1891**·6月 政／**1892**·3·5 政／**1893**·7·8 政

外交條約
新政府、最初の條約締結(スエーデン・ノル ウェー) ❻ **1868**·9·27 政
治外法権撤廃の始め ❻ **1894**·7·16 政
千島列島と樺太交換 ❻ **1874**·1·21 政
日・イタリア修好通商條約 ❻ **1866**·7·16 政
日・イタリア通商航海條約 ❻ **1894**·12·1 政
日・オランダ條約案 ❺-2 **1852**·8·17 政／10月 政
日・スウェーデン通商條約 ❻ **1868**·9·27 政
日・スペイン修好通商條約 ❻ **1868**·9·28 政
日・ペルー和親航海條約 ❻ **1873**·8·21 政
日・ポルトガル修好通商條約 ❻ **1860**·5·24 政
日・メキシコ修好通商條約 ❻ **1888**·11·30 政
日・ロシア修好通商條約 ❻ **1858**·7· 政／**1889**·8·8 政／**1895**·6·8 政
日英修好通商條約 ❻ **1858**·7·4 政
日英通商航海條約 ❻ **1894**·7·16 政
日英和親條約 ❻ **1854**·⑦·15 政
日清、天津條約調印 ❻ **1885**·2·24 政
日清修好通商條約 ❻ **1871**·4·27 政／**1871**·7·29 政／**1886**·3·31 政
日清両国間互換條款 ❻ **1874**·9·14 政
琉仏和親條約 ❻ **1855**·10·15 政
琉米修好條約 ❻ **1854**·6·7 政

外国船(ペリー来航以前、琉球を含む)
紋船・綾船(あやぶね)⇨「琉球」遣薩摩(け んさつま)使
アメリカ船(軍艦・捕鯨船) ❺-2 **1790**·是年 政／**1792**·3·26 政／**1797** 6·28 政／**1798**·6·10 政／**1799**·6·16 政／**1801**·6·9 政／**1802**·7·9 政／**1803**·7·6 政／**1806**·6·22 政／**1807**·4·27 政／6·17 政／**1832**·10·11 政／**1838**·6月 政／11·23 政／**1841**·1·7 政／**1845**·1·20 政／2·17 政／12·24 政／**1846**·5·11 政／木·24 政／**1848** 5·7 政／**1849**·3·26 政／4·20 政／**1850**·5月 政／6·25 政／**1851**·1·3 政／12·29 政
イギリス船(軍艦・捕鯨船) ❹ **1580**· 月 政／❺－181615·7·18 政／10·27 政／**1616**·1·30 政／5·19 政／8·20 政／11月 政／**1617**·1·6 政／8·18 政／**1623**·6月 政／**1672**·⑥·24 政／❺-2 **1796**·8·14 政／12·14 政／**1797**·4·20 政／7·7 政／**1803**·7·23 政／**1814**·6·23 政／**1816**·7·25 政／**1817**·9·27 政／**1818**·5·13 政／**1822**

4·28 政／1824·5·28 政／7·9 政／1825·5·26 政／1827·4·22 政／6月 政／1837·6·28 政／1840·7·17 政／1843·10·10 政／1845·5·15 政／7·4 政／1846·4·5 政／8·23 政／1849·1·20 政／水·1 政／水·8 政／11·8 政／1850·4·16 政／8·28 政／1851·11·18 政
ガリオタ(ガレウタ)船 ❺-1 1626·6·17 政／1628·9·16 政／1629·是年 政／1632·7月 政／1639·7·5 政／1640·5·17 政
かれうた御仕置の奉書 ❺-1 1639·7·5 政
ガレオン船 ❹ 1565·是年 政
冠船(かんしん) ❺-1 1632·6·2 政／1633·8·26 政／1663·9·11 政／1683·9·5 政
東浦寨(カンボジア)船 ❹ 1569·是年 政／1579·是年 政／❺-1 1623·元和年間 政／1666·11月 政／❺-2 1727·7·26 政／1740·6·28 社
恭字号〈控之羅麻魯〉(ごしらまる) ❹ 1463·8·4 政
広南船 ❺-1 1666·11月 政／1675·7·18 政
交趾(コーチ)船 ❺-1 1634·7月 政／1638·7·18 政
〈サンタ·クルス号〉 ❹ 1585·7·5 政
暹羅(シャム)船 ❹ 1565·是年 政／❺-1 1666·11月 政／1676·7·11 政／1680·6·22 政／1687·是年 政／1693·8·4 政／1703·10·8 政／1704·7·26 政
ジャンク船 ❹ 1560·是年 政／1563·是年 政／1564·6月 政／1569·是年 政／1574·是年 政／1582·7·24 政／1587·是年 政／❺-1 1615·5·6 政／1617·8·1 政
スペイン船(黒船) ❹ 1587·6·20 政／1589·8·27 政／1596·8·26 政／❺-1 1602·9月 政／1606·9·3 政／1608·7·14 政／9·5 政／1609·8·14 政／1610·3·24 政／1626·是年 政
スペイン船〈サンサヨ号〉 ❺-2 1841·10·12 社
デンマーク船 ❺-2 1807·6·17 政／1846·6·28 政
唐船(ポルトガル船か) ❹ 1541·7·27 政
太泥(パタニ)船 ❺-1 1666·11月 政
バタビア船 ❺-1 1686·5·29 政
フスタ船 ❹ 1587·6·10 政
フラガタ船(スペイン艦隊) ❹ 1585·2·2 政
フランス船·軍艦 ❺-2 1844·3·11 政／1846·4·7 政／5·7 政／5·13 政／6·6 政／1848·7·28 政
ブレーメン船〈フィスルギス号〉 ❺-2 1806·6·22 政
明の商船 ❹ 1539·7·29 政／1542·是年 政／1543·8月 政／1544·5·13 政／1546·是年 政／1547·9·3 政／1550·7·27 政／1551·7·14 政／1600·是秋 政
六崑(リゴル)船 ❺-1 1666·11月 政
ルーマニア国船 ❺-2 1851·7·20 政
呂宋(ルソン)船 ❺-1 1601·是秋 政／1606·1月 政
ロシア船·軍艦 ❺-2 1739·5·23 政／1742·5·23 政／1777·9·28 政／1778·8·16 政／1779·5·21 政／1789·是年 政／1804·11·17 政／1805·2·12 政／4·14 政／9·6 政／1805·1·26 政／1806·9·11 政／1807·4·23 政／6·5 政／1816·6·28 政／1836·7·25 政／1843·是年 政／1845·6·29 政
ロシア船〈エカテリナ号〉 ❺-2 1792·9·3 社／1793·6·8 政
ロシア船〈ディアナ号〉 ❺-2 1811·6·4 政／1812·4·14 政／8·3 政／1813·5·26 政／8·17 政／9·11 政

外交文書·国書

『日本大内殿書契』 ❸ 1455·1·21 社
『日本国書契』 ❸ 1455·1·21 社
アメリカ国書(群臣の意見諮問) ❻ 1853·9·3 政
オランダ(国書) ❺-2 1846·2·1 政
遣明船の国書 ❹ 1462·3·29 政
国書収集(幕府) ❺-2 1727·2·18 文
国書 ❷ 1268·2月 文／1269·9·17 政
国書(イギリス⇨幕府) ❺-1 1613·5·5 政／8·4 政
国書(オランダ⇨幕府) ❺-1 1610·12月 政
国書(カンボジア⇨幕府) ❺-1 1608·8·6 政
国書(元⇨日本) ❸ 1292·7月 政
国書(高麗⇨日本) ❸ 1292·10月 政／1376·5·3 政／1392·12·27 政
国書(シャム⇨幕府) ❺-1 1626·9·23 政／1656·5·17 政
国書(朝鮮⇨対馬) ❺-1 1648·6月 政
国書(朝鮮⇨日本) ❸ 1420·10·8 政／❹ 1459·2·1 政／1460·3·28 政／1467·4月 政／1487·是年 政／1490·9·8 政／1491·10月 政／12·2 政／1493·9·1 政／1567·6月 政／1581·5月 政／1584·12月 政／1590·3月 政／❺-1 1607·1月 政／5·6 政／1617·5月 政／1621·7·3 政／1624·8月 政／1636·10·12 政／1647·1·30 政／1653·2·7 政／1658·5·2 政
国書(朝鮮⇨日本、改訂されたもの) ❺-1 1711·2·7 政／11·15 政／1712·2·12 政
国書(対馬⇨朝鮮) ❺-1 1647·2月 政
国書(徳川家康⇨太泥) ❺-1 1602·8·5 政
国書(日本⇨インド) ❹ 1591·5·29 政／7·25 政／1592·7·25 政
国書(日本⇨高麗) ❸ 1367·6·7 政
国書(日本⇨朝鮮) ❸ 1423·7月 政／1440·2·9 政／1448·6·21 政
国書(日本⇨朝鮮) ❹ 1457·9·18 政／1458·6·21 政／1459·8·1 政／1462·2·12 政／1466·1·22 政／2·28 政／1474·9·5 政／1486·5·29 政／1488·1·18 政／4·22 政／1489·2·11 政／5·23 政／1492·7·10 政／1493·9·1 政／1499·12·10 政
国書(日本⇨明) ❸ 1380·5月 政／9·7 政／1401·5·13 政／1402·12·15 文／是年 政／1434·6·15 政／1451·8月 政／❹ 1464·2·12 政／1465·6·14 政／1475·8·28 政／1489·2·11 政／1491·4·5 政／1492·6·6 政／7·19 政／1493·8·17 政／9·1 政／1506·1·11 政／1527·8月 政
国書(日本⇨琉球) ❸ 1414·11·25 政／12·25 政／❹ 1458·12·14 政
国書(幕府⇨安南) ❺-1 1602·10·3 政／1603·10·5 政／1612·1·11 政
国書(幕府⇨イギリス) ❺-1 1613·8·28 政
国書(幕府⇨暹羅) ❺-1 1626·10月 政
国書(幕府⇨スペイン) ❺-1 1609·12·28 政
国書(幕府⇨朝鮮) ❺-1 1607·5·8 政／1636·12·27 政
国書(幕府⇨ノビスパン) ❺-1 1612·7·1 政
国書(幕府⇨呂宋) ❺-1 1609·7·7 政
国書(林道春) ❺-1 1643·7·18 政
国書(マカオ⇨幕府) ❺-1 1621·9·24 政
国書(明⇨日本) ❸ 1402·2·6 政／1403·11·17 政／1404·5·12 政／12·2 政／1406·1·16 政／1407·5·25 政／1436·2·4 政／7·10 政／1454·1·9 政
国書(明⇨日本) ❹ 1478·1·18 政／1491·4·5 政／1493·9·1 政／1595·1·21 政
国書(明⇨琉球) ❸ 1372·1·16 政
国書(琉球⇨朝鮮) ❺-1 1609·3·22 政
国書(琉球⇨幕府) ❺-1 1710·11·18 政／1714·12·9 政／1715·1·27 政
国書(琉球⇨日本) ❸ 1420·5·6 政
国書改竄事件 ❺-1 1606·11·6 政／1607·1月 政／1617·9·3 政／1634·10·20 政
国書の函 ❷ 1077·5·5 政
国書、宋国牒状(宋国⇨幕府) ❷ 1013·是年 政／1097·9月 政／1116·5·16 政／1117·9月 政／1118·3·15 政／4·25 政
国書(幕府⇨宋朝への返牒) ❷ 1077·5·5 政／1081·5·2 政／1082·11·21 政／1083·6·2 政／1121·3·26 政／1173·3·3 政／1174·2·5 政
国書(日本⇨渤海国) ❶ 892·9·24 政
国書(琉球⇨シャムへ) ❸ 1425·是年 政
国書(呂宋⇨幕府) ❺-1 1601·5·29 政／1602·8·5 政／9月 政／1608·8·6 政／1613·8·22 政
ロシア国書(露暦 1852 年 8 月 23 日付) ❻ 1853·7·18 政

外国船漂流、日本に漂着

アメリカ船、日本へ漂着 ❺-2 1791·3·26 政／1845·12·24 政／1848·5·7 政／1849·6·1 政
厦門船、屋久島漂着 ❺-2 1752·3·16 政
安南人、日本に漂着 ❺-2 1815·8·13 政
イギリス船、日本に漂着 ❺-2 1816·7·8 政／1832·7·27 政
イギリス人·オランダ人漂着 ❺-1

1706·8月 政
異国船·外国船の日本漂着取締　❺-2 1766·2·25 政／3·25 政／1792·11·9 政／12·27 政／1797·土月 政／11·30 政／12·28 社／1798·9·25 政
異国船漂着　❶ 879·3·13 政／880·6·19 政／884·6·20 政／906·7·13 政／922·是年 政／929·1·13 政／943·11·15 政／946·11·21 政／❺-1 1687·是年 政／1694·1·2 政／1698·5·15 政／1704·6·5 政／❺-2 1739·5·23 政／1760·8·12 政／1767·3·7 政／1771·6·8 政／1797·7·29 政／1803·3·24 政
オランダ船漂着　❺-1 1603·是年 政／1643·6·13 政／1660·7月 政／1687·4·11 政／❺-2 1731·6·1 政／1735·4月 政／1772·9·15 政
オランダ船漂着(朝鮮に)　❺-1 1666·8·10 政
オランダ船(ブレスケンス号)漂着事件　❺-1 1643·6·13 政
カンボジア船漂着　❺-1 1623·是年 政／1691·6·28 政／1698·6·1 政／1699·8·13 政／❺-2 1743·6·9 政
サン·フランシスコ号(前ルソン総督乗船)漂着　❺-1 1609·9·3 政
暹羅(シャム)船漂着　❺-1 1689·6·3 政／1690·7·4 政／1691·7·5 政／1692·8·1 政／1696·7·11 政／1699·8·13 政
小人国船漂着　❺-1 1708·7月 政
高砂(台湾)船漂着　❺-1 1661·9月 政／1671·2·9 政／1674·6月 政／1681·5·15 政／1688·8·2 政／❺-2 1725·8月 政／1743·5月 政／1768·1·30 政
朝鮮船漂着　❸ 1401·4·29 政／1425·9月 政／1450·11月 政／❹ 1457·7·14 政／1458·7月 政／1460·是年 政／1461·12·2 政／1462·5月 政／1464·是春 政／1467·是年 政／1477·2·1 政／1484·4·14 政／10·15 政／1540·4·9 政／1587·2月 政／1599·12·14 政／❺-1 1622·11·28 政／1623·5月 政／1627·2月 政／1629·2月 政／1630·2·27 政／1634·10月 政／1641·9·5 政／1643·2月 政／1644·9·9 政／是年 政／1645·2·24 政／1647·12·7 政／1648·1·22 政／1650·2月 政／1651·是春 政／11月 政／是冬 政／1656·3·9 政／8·27 政／1657·10月 政／1658·3·8 政／1659·9·30 政／10月 政／11月 政／1660·11·18 政／1661·8·13 政／⑧·27 政／1662·8·28 政／10·5 政／1663·2月 政／11·10 政／1664·1·3 政／2·1 政／11·10 政／1665·6月 政／8·26 政／1666·7·3 政／1668·1·4 政／10月 政／1669·2·18 政／3·15 政／1670·10·4 政／1671·6月 政／1673·9·22 政／1674·3·7 政／1675·3·4 政／12月 政／1676·10·6 政／1677·⑫·8 政／1678·10·29 政／1679·1·8 政／10·20 政／12·4 政／1680·1·14 政／1683·12·13 政／1684·3·29 政／4·3 政／1685·11·26 政／12·8 政／1687·10·30 政／1688·2·14 政／11月 政／1690·8·20 政／1691·1·8 政／11·26 政／1692·2·1 政／11·9 政／1693·2·9 政／9·22 政／10·28 政／11·14 政／1694·2·20 政／7·24 政／10·12 政／1695·1·20 政／1696·1·3 政／5·12 政／11·2 政／12·30 政／1697·7·25 政／12·21 政／1698·12·7 政／1699·2·19 政／5·3 政／6·10 政／10·4 政／1700·11·30 政／1701·1·7 政／10·11 政／1702·2·3 政／是春 政／8·15 政／1703·11·9 政／1704·1·27 政／12·19 政／1705·2·2 政／9·21 政／1706·2·5 政／10·14 政／11·18 政／1707·10·14 政／12·12 政／1708·8·12 政／1709·2·30 政／1712·3月 政／是冬 政／1713·是春 政／1715·是冬 政／❺-2 1716·1月 政／12·6 政／1719·5·29 政／12·6 政／1720·12·6 政／1721·1月 政／1726·3·28 政／1727·6·10 政／1735·10·11 政／1744·3月 政／1770·5·5 政／1779·12·24 政／1790·10·22 政／1794·⑪·7 政／1795·6月 政／1796·11·1 政／1797·10月 政／1808·11·8 政／1819·1·11 政／1825·12·25 政／1826·3·7 政／12·22／1827·3·8 政／9·12 政／1828·12·23 政／1829·1·10 政／11·3 政／1830·1·9 政／10·25 政／11·5 政／1831·1·28 政／3·23 政／4·3 政／7·24 政／10·15 政／11·21 政／1832·3·10 政／10·12 政／⑪·6 政／1833·3·27 政／10·17 政／12·19 政／1834·11·7 政／1835·3·5 政／8·29 政／10·6 政／1836·10·26 政／1837·10·11 政／1838·1·14 政／10·13 政／1839·10·13 政／11·17 政／12·8 政／1844·2·19 政／1847·10·29 政／1848·1·26 政／❻ 1853·12·10 政
唐·明国·清国船漂着　❹ 1540·6月 政／1562·6月 政／1585·1月 政／❺-1 1607·6·20 政／1632·8月 政／1639·是年 政／1640·1·30 政／1644·10·17 政／1646·1·6 政／1656·4·6 政／1667·是年 政／1678·4·10 政／1680·7·4 政／1681·9·11 政／1685·11月 政／1686·5·20 政／7·11 政／10月 政／1688·11·4 政／1689·7月 政／1694·10·20 政／11·26 政／12·13 政／1695·9·1 政／1698·1·3 政／1月 政／❺-2 1718·5月 政／1726·6月 政／1732·10·16 政／1739·5·21 政／1745·⑫·15 政／1746·11·3 政／1748·12·5 政／是冬 政／1752·6·29 政／1753·12·10 政／是冬 政／1756·2·7 政／1757·6·9 政／1765·1·15 政／1766·12·25 政／12月 政／1768·7·17 政／1779·12·15 政／1780·4·30 政／5·2 政／11·26 政／1781·4月 政／6·3 政／1783·6·14 政／1788·11·21 政／12·3 政／1789·3月 政／11·23 政／1796·6·8 政／1797·是年 政／1800·12·10 政／1801·6月 政／1803·3月 政／1806·12·11 政／1807·1·7 政／1808·11·19 政／1809·1·16 政／3·1 政／1815·12·29 政／1821·1·2 政／1825·9·22 政／1826·1·1 政／12·23 政／1827·1·7 政／1831·6·3 政／1836·1·4 政／1841·③·30 政
清船、琉球に漂着　❺-2 1750·是夏 政／1816·11·7 政／1852·③·19 政
明船、八丈島に漂着　❸ 1392·11·14 政
太泥(パタニ)人漂着　❺-1 1692·6·1 政
巴旦(バタン)漁船漂着　❺-1 1680·5 17 政
普陀山(ふださん)船漂着　❺-1 1689 ①·12 政
マカサル船、漂着　❺-2 1801·9·8 政
琉球人、朝鮮へ漂着　❹ 1530·8·9 政
琉球船漂着　❺-1 ❹ 1559·是年 社／1568·是夏 政／❺-1 1602·是冬 政／1604·2月 政／1612·9·9 政／1696·6·28 政／11·15 政／1705·7·10 政／是秋 政
ルソン船漂着　❺-1 1639·4·6 政／1640·4·17 政／1687·8·26 政
日本船漂流·漂着(外国へ漂着)
❺-1 1607·是冬 政／1637·8月 政／9·10 政／1643·6·30 政／是年 政／1644 4·1 政／1645·是年 政／1646·3·17 政／是年 政／1652·是春 政／1660·12·2 政／1661·寛文初年 政／1663·10·20 政／1666·7·3 政／1668·11·4 政／1669·10·28 政／1671·7·22 政／1672·3·19 政／1673·是年 政／1675·6月 政／1676·是年 政／1678·8·11 政／1684·12·25 政／1685·3月 政／是年 政／1687·4·13 政／4月 政／5·19 政／1688·3·21 政／是年 政／1690·5月 政／12月 政／1692·4·22 政／6·12 政／10·27 政／10·28 政／12月 政／1693 7·25 政／8月 政／1694·4·27 政／是年 政／1696·11·2 政／1702·10·3 政／1705·④·22 政／7月 政／9·15 政／1707·6·5 政／6月 政／1708·是年 政／1710·是年 政／1711·11·17 政／12·21 政／1712·9月 政／11·3 政／1713 ⑤月 政／❺-2 1759·1月 政／1764·8· 政／1775·1月 政／1794·是年 政／1806·1·7 政／1807·11·4 政／1809·6· 政／1810·是年 政／1813·是年 政／1822·是年 政／1826·是年 政／1828·是年 政／1838·11·23 政／是年 政／1839·11·5 政／1841·1·7 政／8·23 政／1842·是年 政／1850·1·6 政／10·29 政／1853·是年 政
相生丸　❺-2 1816·8·26 政
イオ丸漂流　❻ 1861·10·5 政
石崎村船、朝鮮に漂着　❺-2 1756·4 13 政
伊勢船、アムチトカ島に漂着　❺-2 1782·12·9 政
伊勢田丸　❺-2 1815·8·26 政
伊勢丸漂流　❻ 1861·10·5 政
一葉丸、清国に漂流　❺-2 1779·10· 政
稲若丸、遭難　❺-2 1805·11·17 政
石見国の船　❺-2 1798·5·17 政
浮木丸(浮亀丸、長門)　❺-2 1850·10·2 政
永栄丸漂流　❻ 1857·11·13 政
永久丸(三河渥美)　❺-2 1851·12·29

政
永住丸(栄住丸、摂津西宮) ❺-2 1841·8·23 政／1845·是年 政
永寿丸、漂流 ❺-2 1812·12·3 政
永福丸、漂流 ❺-2 1774·11·25 政
永福丸、漂流 ❻ 1877·10月 社
栄力丸(摂津大石村) ❺-2 1850·10·29 政
永柳丸、漂流(薩摩秋日浦) ❺-2 1807·12·6 政
奥州荒浜船、漂着 ❺-2 1761·12·2 政
大坂北堀江亀次郎船、漂流 ❺-2 1787·11月 社
大坂天徳丸、漂着 ❺-2 1809·10月 政
大坂天満屋船、シコツに漂着 ❺-2 1731·10·11 政
大隅の船 ❺-2 1831·7·24 政
大船、難破 ❺-2 1733·8·14 社
沖永良部島船(鹿児島藩士乗船)漂流 ❺-2 1773·6·24 政
開運丸(陸奥·清国) ❺-2 1836·10·12 政
数右衛門船、漂流(ペルー) ❺-2 1841·10月 政
春日丸、漂流 ❺-2 1752·12·5 政
釜石千寿丸(陸奥) ❺-2 1845·1·20 政
亀寿丸(鹿児島)、朝鮮へ ❺-2 1819·6·14 政
歓喜丸、漂流(摂津御影村) ❺-2 1810·11·22 政
観音丸、遭難 ❺-2 1841·9·13 政
紀伊小園村の船、漂着 ❺-2 1756·11·7 政
喜太夫手船、蝦夷地シヤコタンに漂着 ❺-2 1727·3·7 政
慶詳丸、漂流 ❺-2 1803·11·8 政
光塩丸漂流 ❻ 1858·11·10 政
幸喜丸、漂流 ❺-2 1847·3·28 政
幸宝丸、鳥島漂着 ❺-2 1844·12·21 政
五社丸(越後·アラスカ) ❺-2 1832·8月 社
御用船破船 ❺-2 1786·9·7 政
金勢丸漂流 ❻ 1872·1·10 社
最吉丸、漂流 ❺-2 1774·11·28 政
財久丸、漂着(薩摩山川湊) ❺-2 1826·3·19 政
薩摩国人、朝鮮に漂着 ❺-2 1821·10月 政
薩摩(鹿児島)藩蔵米船、難破 ❺-2 1726·7·5 政／1741·3·2 政／1742·5月 政／1771·7·21 政／1806·6月 政／1810·10·15 政／1815·8·26 政
志摩の船、漂流 ❺-2 1759·3月 政
十三夜丸、漂流(陸奥相馬) ❺-2 1752·10·9 政
重徳丸(三国湊)、朝鮮に漂着 ❺-2 1849·7·3 政
住徳丸、漂着 ❺-2 1779·9·8 政
順吉丸、漂流 ❺-2 1802·11·23 政
順喜丸漂流 ❻ 1863·5·29 社
松栄丸、広東省に漂着 ❺-2 1788·11·8 政
昇栄丸、マカオに漂流 ❺-2 1839·11·12 政
庄蔵丸(肥後)、呂宋(ルソン)に漂着 ❺-2 1835·11·1 政
神社丸、漂流 ❺-2 1820·12·9 政
神昌丸、遭難漂着 ❺-2 1782·12·9 政
神仙丸(南部) ❺-2 1826·1·1 政
神速丸(越中放生津) ❺-2 1828·2·11 政
神力丸(南部) ❺-2 1750·11·17 政
神力丸(備前岡山) ❺-2 1830·8·12 政
神力丸漂流 ❻ 1857·12·10 政
住吉丸(朝鮮へ) ❺-2 1834·9·9 政
摂津西宮の船 ❺-2 1762·2月 政
仙台住民、漂着 ❺-2 1754·1月 政
仙台藩船、漂着 ❺-2 1763·5·24 政
相馬の漂流民 ❺-2 1754·7月 政
大乗丸、漂着 ❺-2 1794·9·30 政
大日丸(薩摩)、漂流 ❺-2 1830·6·26 政
多賀丸、遭難 ❺-2 1744·11·14 政
筑前残島の村丸、呂宋に漂着 ❺-2 1764·10月 政
長久丸、漂着 ❺-2 1810·12月 政
長者丸、ハワイへ漂着 ❺-2 1838·11·23 政
釣船(肥前五島)、清国へ漂着 ❺-2 1850·8·5 政
天寿丸(紀伊) ❺-2 1850·1·6 政
天神丸(鹿児島)、朝鮮へ漂着 ❺-2 1822·8·9 政／1823·7·2 政
遠江荒井の船、鳥島に漂着 ❺-2 1719·11·30 社
督乗丸、漂流 ❺-2 1813·11·4 政／1816·12·4 政
徳永丸、漂着 ❺-2 1795·10·26 政
土佐赤岡浦廻船、漂着 ❺-2 1785·2月 社
土佐の船、漂流 ❺-2 1797·9月 社／1841·1·7 政
虎市丸、漂流 ❺-2 1812·12·25 政
寅福丸漂流 ❻ 1882·12·27 政
名古屋船、漂着 ❺-2 1763·7·17 政／1773·11·28 政
日本船、広東に漂着 ❺-2 1790·6月 政
日本船、無人島に漂着 ❺-2 1719·5·22 政
仁寿丸(伊豆八丈島) ❺-2 1828·10·11 政
八丈島官船遭難 ❻ 1866·10月 社
八戸藩領湊村船、遭難 ❺-2 1755·10·2 社
菱垣船(大坂本町柏原勘兵)、漂流 ❺-2 1824·11·28 政
肥後河尻船、呂宋に漂着 ❺-2 1834·12月 政
姫宮丸(常陸)、安南に漂着 ❺-2 1765·11·5 政
福聚丸(江戸霊厳島)、漂流 ❺-2 1752·12·8 政
福吉丸、難破 ❺-2 1761·12·28 政
宝順丸、漂流 ❺-2 1832·10·11 政
宝刀丸(越前下海浦)、漂流 ❺-2 1826·8·28 政
本宮丸(筑前唐泊浦) ❺-2 1762·10月 政
三益丸、清国に漂着 ❺-2 1838·3·29 政
美濃の廻船、八丈島漂着 ❺-2 1726·1月 社
陸奥·出羽の農民、帰国 ❺-2 1798·12月 政
陸奥鹿角郡の船、カムチャツカに漂着 ❺-2 1753·11·14 政
陸奥小友浦の船、南洋の孤島に漂着 ❺-2 1839·11·15 政
陸奥船、漂着 ❺-2 1776·5月 政／1795·10月 政
陸奥突符村漁夫、漂着 ❺-2 1795·6月 政
陸奥新浜の漂流民 ❺-2 1762·7月 政
村木屋藤蔵の持船、漂流 ❺-2 1774·3·15 政
文字船、台湾へ漂着 ❺-2 1770·是年 政
屋久島の五反帆船、漂着 ❺-2 1783·12月 政
融勢丸(陸奥八戸) ❺-2 1827·12·2 政
琉球船、清国に漂着 ❺-2 1776·2·14 政／1781·是年 政／1782·是年 政／1798·4·5 政
琉球船、朝鮮に漂着 ❺-2 1797·⑥·7 政／1820·7·1 政／1826·6·16 政／1832·9·24 政／1846·6·4 政
琉球船、日本に漂着 ❺-2 1745·是夏 政／1756·6·26 政／1762·7·13 政／1775·5月 政／1790·7·11 政／1795·5·27 政／1819·5·13 政
琉球馬艦船、清国へ漂着 ❺-2 1802·6·17 政／1807·6·21 政／1812·7月 政／8·27 政／1813·4·22 政／1815·10·4 政／1820·5·29 政
若市丸、漂流 ❺-2 1757·9·15 政
若潮丸、カムチャツカ半島に漂着 ❺-2 1728·11·8 政
若宮丸、漂着 ❺-2 1793·11·27 政／1803·4月 政／5·16 政／1804·9·6 政／1820·8·26 政
カンボジア ❺-1 1604·⑧·11 政／1605·9·19 政／1606·3月 政／1607·4·1 政／8·28 政／10·6 政／12·24 政／1608·7·25 政／1609·1·11 政／1610·1·11 政／6·20 政／1613·1·11 政／1614·1·11 政／1615·9·9 政／1627·8月政.1633·12月 政／1636·5·24 政
カンボジア·アンコール·ワット ❺-1 1632·1·20 社
カンボジア国王 ❺-1 1603·1月 政／10月 政
カンボジア使 ❺-1 1605·10·2 政／1606·3月 政／9·19 政／❺-2 1727·7·26 政
カンボジア渡海 ❺-1 1604·12·16 政／1605·5·11 政／9·13 政／11·6 政／12·2 政／1606·7·27 政／8·15 政／9·15 政
カンボジアの日本人 ❺-1 1636·是年 政／1642·是年 社
カンボジアの日本河の語 ❺-1 1665·是年 政
カンボジア書翰 ❺-2 1742·6·28 政
元(げん) ⇨ [6] 軍事·戦争「蒙古襲来」
⇨ 中国(p.550、554、562)

元使(元⇨日本)　❸ **1297**·3月 政／**1299**·10·8 政／**1300**·7·10 政／**1309**·是年 社／**1319**·10月 政／**1333**·是年 政／**1341**·是秋 政／**1342**·是秋 政／**1346**·是年 政／**1348**·是春 政／**1351**·3·16 政／**1352**·是年 政
元より帰国　❸ **1324**·是年 政／**1326**·是年 政／**1330**·是春 政／是年 政／**1332**·是夏 政／是年 政／**1333**·是年 政／**1335**·是年 政／**1339**·是年 政／**1341**·11·20 政／**1343**·是年 政／**1345**·7月 政／**1347**·是年 政／**1351**·4月 政／5月 政／**1357**·8月 政／**1358**·6月 政／**1365**·是年 政
市舶司(元)　❸ **1311**·是年 政／**1314**·是年 政／**1322**·3月 政／是年 政
征東行中書省(元)　❸ **1366**·9月 政
摂津住吉社造営料船(元に派遣)　❸ **1332**·是年 政
日本から元へ(入元)　❸ **1307**·是年 政／**1309**·是春 政／**1310**·是年 政／**1311**·是春 政／**1314**·是年 政／**1316**·是年 政／**1319**·是年 政／**1323**·元亨年中 政／**1325**·是年 政／**1326**·是年 政／**1328**·是秋 政／**1334**·是年 政／**1350**·3·15 政／**1352**·是年 政／**1363**·是年 政／**1364**·是年 政
日本商船、元·四明へ　❸ **1292**·10·1 政
市舶司　❷ **1277**·是年 政
進奉船　❷ **1206**·2月 政

暹羅(シャム)　❹ **1464**·是年 政／**1512**·是年 政／**1513**·是年 社／**1515**·是年 政／**1518**·是年 政／**1521**·是年 政／**1536**·是年 政／**1540**·是年 政／**1541**·是年 政／**1570**·是年 政／❺-1 **1606**·9·21 政／**1607**·5·7 政／8·3 政／10·18 政／12·24 政／**1608**·7·25 政／10·10 政／**1609**·1·11 政／8·25 政／**1610**·1·11 政／7·25 政／**1611**·1·11 政.1612·7·30 政／8·6 政／9·9 政／**1613**·1·11 政／6·5 政.6·26 政／9·9 政／**1614**·1·11 政／9·9 政／**1615**·9·9 政.1616·4·1 政／**1621**·4·7 政／**1622**·9·27 政／**1624**·10·20 政／**1625**·8月 政／**1626**·4·15 政／**1627**·是年 政／**1628**·4月 政／**1631**·5月 政／是秋 政／**1638**·9·20 政
暹羅船　❸ **1388**·是年 政／**1404**·9·4 政
シャム·カンボジアの日本人　❺-1 **1633**·是年 政
暹羅国使　❺-1 **1621**·9·1 政／**1623**·⑧·1 政／**1629**·9·19 政／**1636**·9月 政
暹羅渡海　❺-1 **1604**·8·25 政／⑧·11 政／**1606**·7·21 政／10·8 政
暹羅の日本人町　❺-1 **1630**·8·14 政／是年 政／**1637**·7·20 政／是年 政／**1663**·是年 政
日本·シャム通商條約　❻ **1888**·1·27 政

清(国) ⇨ **中国**(p.549、554、562)
局外中立(日清戦争)　❻ **1894**·8·3 政
三国干渉問題　❻ **1895**·日清戦争特集ページ(以下略)4·23
清国飢饉募金　❻ **1878**·3·4 政
清国軍艦〈鎮遠〉縦覧　❻ **1895**·8·5 社
清国船漂着　❻ **1855**·1·1 政
清国船への規定　❺-2 **1835**·12·12 政
清国北洋艦隊来航　❻ **1891**·7·9 政
清船(暹羅)　❺-1 **1694**·7月 政
清船の載貨(梅ヶ崎土蔵)　❺-1 **1680**·是年 政
清の貿易船数　❺-2 **1717**·3·9 政／**1749**·11月 政
宣戦布告(対清国)　❻ **1894**·8·1 政
日清講和交渉の開始　❻ **1895**·3·20 政
北洋艦隊(清)降伏　❻ **1895**·2·12 政
満洲仮府徳楞(清国官吏)　❺-2 **1809**·4·9 政
満洲五案件に関する協約(日本·清国)　❼ **1909**·9·4 政
李鴻章、狙撃さる　❻ **1895**·日清戦争3·27／3月 政
遼東半島全面放棄決定　❻ **1895**·日清戦争5·4
遼東半島部分放棄決定　❻ **1895**·日清戦争4·29
遼東半島返還の詔書　❻ **1895**·日清戦争5·10

隋(ずい)
隋使　❶ **608**·4月 政／8·3 政／9·11 政
留学生(隋)　❶ **608**·9·11 政
留学僧(隋)　❶ **608**·9·11 政

宋(そう)　❷ **1069**·4·4 政
偽遣宋使(にせ使節)　❷ **1008**·是年 政／**1012**·是年 政
宋国からの贈物　❷ **1075**·1·26 政
宋国で狼藉　❷ **1191**·2·15 政
宋国に漂着(日本人)　❷ **1183**·是年 政／**1184**·是年 政／**1193**·是年 政
宋国の商船　❷ **1180**·9·16 政
宋国の天子の手跡　❷ **1148**·4·18 文
宋国への答礼信物　❷ **1076**·5·5 政／6·2 政
宋商客　❶ **978**·是年 政
宋商人　❷ **1002**·是年 政／**1009**·9·8 政／**1010**·10·20 政／**1012**·9·22 政／**1013**·2·2 政／**1020**·8·25 政／**1026**·6·24 政／9·9 政／10·8 政／**1027**·7·14 政／8·10 政／9·8 政／**1028**·8·15 政／11·23 政／**1029**·3·2 政／**1034**·1·10 政／**1037**·④月 政／**1040**·5·2 政／**1044**·7·27 政／8·7 政／**1046**·10·3 政／**1048**·8·11 政／是年 政／**1050**·9·17 政／**1051**·9·17 政／**1060**·8·7 政／**1065**·是年 政／**1066**·5·1 政／**1069**·是年 政／**1070**·12·7 政／是年 政／**1078**·10·25 政／**1080**·5·27 政／8·14 政／⑧·26 政／**1081**·2·28 政／10·25 政／**1082**·8·3 政／9·5 政／**1084**·2·8 政／**1085**·7·4 政／10·29 政／**1087**·7·25 政／12·7 政／**1088**·⑩·10 政／**1089**·10·18 政／**1091**·7·25 政／8月 政／**1093**·4月 文／**1096**·10·25 政／12·27 政／**1098**·11·7 政／**1102**·是年 政／**1104**·6·20 政／是年 政／**1105**·8·20 政／**1106**·8·28 政／**1107**·2·21 政／**1110**·4·26 政／6·11 政／**1111**·9·4 政／11·19 政／**1112**·11·2 政／**1128**·8月 政／**1133**·8·13 政／**1170**·9·20 政／**1180**·8·23 政
宋商人貨物廻却官符　❷ **1038**·10·14 政
宋人貢物解文　❷ **1031**·5·17 政
宋船　❸ **1350**·4·10 政
宋船の入泊の員数　❷ **1254**·4·29 政
宋僧　❷ **1125**·是年 政／**1228**·是年 政
宋(南宋)の勅使　❷ **1172**·9·16 政
宋貿易商　❷ **1002**·是年 政／**1003**·7·20 政／**1005**·8·14 政
宋より帰国　❷ **1168**·9月 政／**1170**是年 政／**1214**·是夏 政／**1217**·是冬 政／**1227**·是冬 政／**1228**·2月 文／**1238**·6月 社／**1241**·5·1 政／是年 社／**1244**·是秋 政／**1254**·6月 政／**1262**·是年 政／**1265**·是年 政／**1267**是年 政／**1268**·是年 政／❸ **1341**·元の至正初年 政
宋来朝　❷ **1269**·10月 社
大唐米　❸ **1370**·11·12 社
天台山(宋国)訪問　❷ **1199**·4月 社
日本使(宋)　❷ **1077**·12·9 政
日本商船　❷ **1167**·4·3 政／**1176**·是年 政／**1200**·是年 政／**1202**·是年 政／**1244**·2月 政／**1263**·7·27 政／**1277**·6·8 政／**1278**·11·28 政／**1279**是年 政
日本商船との貿易許可　❷ **1278**·11·28 政
日本商人(宋)　❷ **1145**·11·15 政／**1199**·7·24 政
日本の傭兵　❷ **1012**·2月 政
入宋者　❷ **1004**·是年 政／**1015**·6·20 政／**1045**·8·19 政／**1047**·12·24 政／**1049**·12月 政／**1072**·3·15 政／**1168**·4·18 政／**1187**·3月 政／是夏 政／**1199**·4月 社／**1204**·是年 政／**1214**·是春 政／**1217**·12·5 政／是年 社／**1223**·2·21 政／**1227**·是年 文／**1233**·是年 政／**1237**·是年 政／**1238**是年 政／**1244**·5·20 政／是年 政／**1245**·9·16 政／**1246**·寛元年間 政／**1249**·3·28 政／是年 政／**1250**·是年 社／**1252**·是年 政／**1253**·是年 政／**1255**·是年 政／**1258**·是年 政／**1259**是年 政／**1260**·是年 政／**1262**·是年 政／**1264**·此頃 政／**1265**·此頃 政／**1266**·是年 政／**1269**·此頃 政

朝鮮(百済、高麗、新羅、韓国、北朝鮮も見よ)
『朝鮮官職考』　❺-1 **1711**·是年 文
『朝鮮筆談集』　❺-1 **1711**·是年 文
東寧(朝鮮平安道)　❺-1 **1673**·9·25 政

耽羅(たんら·済州島)
耽羅使　❶ **665**·8月 政／**666**·1·11 政／5·23 政／**667**·7·11 政／⑪·11 政／**669**·3·11 政／**673**·⑤·8 政／**675**·2·24 政／**677**·8·28 政／**688**·8·25 政
耽羅人　❶ **509**·12月／❷ **1029**·7·28 政／**1030**·是年 政／**1031**·2·19 政／**1078**·9·1 政

韓国
韓国·朝鮮からの密航者　❽ **1948**·5· 社／**1949**·7·24 政／**1960**·3·28 政／**1963**·1·2 政／**1964**·1·9 政
韓国漁船シンプン号　❾ **2005**·6·1 政

韓国人、日本永住権取得 ❾ **1971**·1·16 政
韓国人遺骨を送還 ❾ **1976**·10·28 政／**1989**·5·19 政
韓国人被爆者 ❾ **1974**·7·22 政／**1975**·7·17 政
韓国人密航者 ❾ **1967**·5·13 政／**1975**·10·10 政／**1977**·6·23 政
韓国ソウル反日デモ隊 ❾ **1974**·9·6 政
韓国の太平洋戦争犠牲者遺族会 ❾ **1990**·10·29 政
韓国民主回復統一促進国民会議日本支部 ❾ **1973**·8·13 政
旧朝鮮総督府 ❾ **1995**·8·15 社
金芝河逮捕問題 ❾ **1974**·7·16 文
金大中事件 ❾ **1973**·8·8 政／**1975**·7·22 政／**1977**·6·22 政／**1978**·11·1 政／**1979**·5·22 政／**1980**·8·7 政／**1981**·1·23 政／**1982**·12·23 政／**1983**·1·1 政／5·18 政／**1985**·2·8 政／**1993**·10·13 政／**2007**·10·24 政
KCIA(韓国中央情報部)リベート事件 ❾ **1977**·1·19 政／12·17 政
五·三〇事件記念集会事件 ❽ **1952**·5·30 政
在日韓国人永住許可 ❾ **1966**·1·17 政
在日韓国人工作活動 ❾ **1985**·3·15 政
在日韓国人の法的地位協定 ❾ **1965**·6·22 政
在日朝鮮居留民団 ❽ **1947**·3·1 政／**1948**·10·5 社
在日朝鮮人 ❽ **1945**·11·3 政／**1947**·5·2 政／**1948**·4·23 政／**1952**·1·4 政
在日朝鮮人(朝鮮帰国者) ❽ **1946**·3·16 政
在日朝鮮人(取締権限) ❽ **1946**·11·20 政
在日朝鮮人総連合会 ❽ **1955**·5·25 政
在日本朝鮮居留民団 ❽ **1946**·10·3 政
在日本朝鮮人連盟 ❽ **1945**·10·15 政／**1949**·9·8 政
在日朝鮮統一民主戦線 ❽ **1951**·1·9 政
在日本朝鮮民主青年同盟 ❽ **1949**·9·8 政
在日本大韓民国居留民団 ❽ **1948**·10·5 社／**1949**·9·8 政／❾ **2006**·5·17 政
新朝鮮建設同盟 ❽ **1946**·1·20 政／10·3 政
大韓青年団(韓国居留民団系)大阪本部 ❽ **1950**·6·29 政
大韓民国建国青年同盟 ❽ **1949**·9·8 政
朝鮮建国促進青年同盟 ❽ **1945**·11·16 社／**1946**·10·3 政
朝鮮処理方策 ❽ **1945**·12·28 政
朝鮮人統一民衆大会 ❽ **1947**·5·20 政
朝鮮戦争 ❽ **1950**·6·25 政／7·23 政／8·8 政／9·15 政／10·14 政／11·26 政／12·16 政／**1953**·7·27 政
日韓(基本条約予備)会談 ❽ **1951**·10·20 政／**1952**·1·15 政·社／**1953**·4·15 政／**1957**·12·29 政／**1958**·4·15 政／**1960**·10·25 政／**1961**·10·20 政／**1964**·12·3 政／❾ **1965**·6·22 政／12·18 政
日韓基本条約 ❾ **1965**·2·17 政／6·22 政／10·25 政／11·9 政／11·13 政／12·18 政
日本人妻(韓国) ❾ **1966**·9·16 政
日本抑留漁船員(釜山から帰国) ❽ **1953**·11·12 政／**1960**·10·5 政
反日節約運動(韓国政府) ❽ **1955**·6·28 政
マッカーサー·ライン ❽ **1945**·9·2 政／9·14 政／9·27 政／10·13 政／**1946**·6·22 政／**1949**·9·19 政／**1951**·4·8 政／5·26 政／**1952**·4·28 政
李ライン問題 ❽ **1952**·1·19 政／**1953**·2·4 政／2·23 政／9·7 政／9·27 政／10·15 政／**1955**·12·5 政／**1958**·2·1 政／**1960**·6·5 政／6·26 政

百済(くだら)

百済救援軍派遣 ❶ **660**·10月 政／12·24 政／**663**·3月 政
百済使 ❶ 書紀·神功47·4月／神功49·3月／神功50·9月／神功51·3月／応神7·9月／応神9·3月／応神14·是年／応神15·8·6／**397**·5月／**399**·是年／**402**·5月／**405**·是年／**418**·是夏／**461**·4月／**479**·是年／**505**·4月／**512**·12月／**513**·6月／**516**·9·14／**534**·5月／**538**·10·12／**540**·8月／**541**·7月／**543**·8月／**544**·3月／**545**·5月／**547**·6·12／**548**·⑦·12／**549**·6·7／**550**·4·16／**552**·5·8／10·13／**553**·1·12／**554**·1·9／3·1／**555**·2月／**575**·3·11／**587**·6月／**597**·6·1／**599**·9·1／**609**·4·4 政／**615**·9月 政／11·2 政／**630**·3·1 政／**631**·3·1 政／**635**·6·10 政／**638**·是年 政／**642**·1·29 政／5·16 政／7·22 政／8·6 政／**643**·4·21 政／6·12 政／**645**·7·10 政／**646**·2·15 政／2·15 政／**651**·12·30／**652**·4月 政／**653**·6月 政／是年 政／**654**·7·24 政／是年 政／**655**·是年 政／**656**·是年 政／**660**·9·5 政／10月 政／**661**·4月 政／**664**·5·17 政／**667**·11·9 政／**668**·4·6 政
百済滅亡 ❶ **663**·9·7 政

高麗·高句麗(こうくり)

柑子(高麗) ❷ **1116**·2·2 政
高句麗、百済を討つ ❶ **476**·9月
高(句)麗使 ❶ 書紀·応神7·9月／応神28·9月／仁徳12·7·3／仁徳58·10月／**516**·9·14／**540**·8月／**570**·5月／**572**·6月／**573**·5·3／**574**·5·5／**618**·8·1 政／**625**·1·7 政／**630**·3·1 政／**642**·1·29 政／**643**·6·12 政／**645**·7·10 政／**646**·2·15 政／**647**·1·15 政／**654**·是年 政／**655**·是年 政／**656**·8·8 政／是年 政／**658**·11·3 政／**659**·是年 政／**660**·1·1 政／**666**·1·11 政／10·26 政／**668**·7月 政／**671**·1·9 政／**672**·5·28 政／**673**·8·20 政／**675**·3月 政／**676**·11·23 政／**679**·5·13 政／**680**·5·13 政／11·4 政／**681**·4·17 政／**682**·6·1 政／**684**·5·28 政／**776**·是年 政／**937**·8·5 政／**939**·3·11 政
高句麗征討(大伴狭手彦) ❶ **562**·8月
高句麗滅亡 ❶ **668**·10月 政
高句麗を攻撃 ❶ **479**·是年
高麗医師派遣要請問題 ❷ **1079**·11月 政／**1080**·3·5 政／4·19 政／⑧·5 政／⑧·14 政／10·2 政
高麗勘合符 ❹ **1461**·11·26 政／**1514**·9·11 政／**1541**·1·27 政
高麗金海府使 ❶ **972**·10·15 政
高麗金州防禦使 ❷ **1206**·2月 政／**1243**·9·29 政
高麗交易使 ❶ **974**·⑩·30 政
高麗国牒状 ⇨ [6] 軍事·戦争「蒙古襲来」も見よ ❶ **939**·2·15 政／**940**·6·21 政／**972**·10·20 政／**997**·5月 政／❷ **1051**·7·10 政／**1227**·2月 政／5·1 政／**1240**·4·3 政／**1263**·9月 政
高麗使(高麗⇨日本) ❷ **1019**·12·30 政／**1020**·4·11 政／**1185**·6·14 政／**1227**·2·18 政／7·21 政／是年 政／**1228**·11月 政／**1263**·4月 政／**1267**·8·23 政／**1268**·12·4 政／**1269**·2·24 政／9·27 政／**1272**·4·7 政／5月 政／**1279**·8月 政／❸ **1307**·7·5 政／**1366**·11·14 政／**1367**·2·14 政／4·18 政／**1375**·2月 政／**1377**·9月 政／**1378**·7月 政／10月 政／**1379**·5月 政／⑤月 政／**1395**·12·14 政／**1398**·8月 政／**1399**·5月 政／7月 政
高麗人(商人、漂流民を含む) ❶ **996**·5·19 政／❷ **1002**·6·27 政／**1019**·5·29 政／**1034**·3月 政／**1036**·7·16 政／**1049**·9月 政／**1079**·9月 政／**1108**·2·9 政／**1159**·8·2 政／**1199**·7·24 政／**1224**·2·29 政／**1243**·9·29 政
高麗人漂着 ❸ **1370**·是年 政
高麗人俘虜 ❸ **1363**·3·9 政
高麗船 ❷ **1223**·是冬 政／**1228**·3·13 政
高麗船公事 ❹ **1488**·3·6 政
高麗全州客館 ❷ **1227**·7·21 政
高麗使送使(日本⇨高麗) ❸ **1368**·1·17 政
高麗南涼府使 ❶ **972**·9·23 政
高麗への返牒 ❷ **1080**·⑧·24 文／**1081**·5·2 政／**1227**·5·17 政
高麗虜人送使 ❷ **1019**·9·19 政／**1020**·2·16 政
歳賜米(朝鮮より) ❸ **1443**·是年 政／❹ **1512**·8·21 政／❺-1 **1609**·3·22 政
沈没船(高麗新安沖) ❸ **1323**·6月 文
島居民(高麗賊) ❸ **1352**·8·7 政
日本官船(高麗漂着) ❷ **1263**·6月 政／❸ **1293**·7·23 政
日本国使(高麗) ❷ **1205**·8月 政
日本商船、高麗に渡航 ❷ **1012**·8·3 政／**1074**·2·2 政／**1075**·6·22 政／**1089**·8·19 政／❸ **1289**·12·23 政／**1292**·5月 政／**1298**·是夏 政／**1324**·7·29 政

日本人、高麗に渡航　❷ **1073**·7·5 政／**1074**·2·2 政／**1075**·④·5 政／6·22 政／7·10 政／**1076**·10·15 政／**1079**·11·5 政
日本人捕虜(高麗)　❷ **1019**·4·29 政
日本僧、高麗に渡航　❷ **1039**·5·10 政／**1216**·2·6 政
輸出用銅(朝鮮)　❺-1 **1696**·11·19 政／**1712**·5·19 政

新羅(しらぎ)

迎新羅客荘馬長　❶ **610**·7 月 政
新羅の賊軍　❷ **1014**·3·12 政
新羅使(新羅⇨日本)　❶ 書紀·神功 5·3·7／神功 47·4 月／応神 7·9 月／応神 31·9 月／仁徳 11·是年／**402**·3 月／**453**·1·14／11 月／**540**·8 月／**560**·9 月／**561**·是年／**562**·7 月／11 月／**571**·8·1／**574**·11 月／**575**·6 月／**579**·10 月／**580**·6 月／**582**·10 月／**598**·8·1／**600**·是年／**610**·7 月 政／**611**·8 月 政／**616**·7 月 政／**621**·是年 政／**623**·7 月 政／是年 政／**632**·8 月 政／**638**·是年 政／**639**·9 月 政／**640**·10·11 政／**642**·3·6 政／8·26 政／10·15 政／**643**·6·12 政／**645**·7·10 政／**646**·2·15 政／是年 政／**647**·1·15 政／是年 政／**648**·是年 政／**650**·4 月 政／**651**·是年 政／**652**·4 月 政／**653**·6 月 政／**654**·7·24 政／是年 政／**655**·是年 政／**656**·是年 政／**668**·9·12 政／**669**·9·11 政／**671**·6 月 政／10·7 政／11·29 政／**672**·11·24 政／**673**·⑥·15 政／**675**·2 月 政／4 月 政／**676**·11·3 政／**677**·3·19 政／4·14 政／8·27 政／**678**·是年 政／**679**·1·5 政／10·17 政／**680**·4·25 政／**681**·6·5 政／10·20 政／**682**·1·11 政／**684**·④·10 政／12·6 政／**685**·3·14 政／**686**·1 月 政／**687**·10·22 政／**688**·2·2 政／**689**·4·20 政／**692**·11·8 政／**695**·3·2 政／**697**·10·28 政／**698**·1·1 政／**700**·11·8 政／**703**·1·9 政／④·1 政／**705**·10·30 政／**706**·1·4 政／**709**·3·15 政／5·20 政／**714**·11·11 政／**715**·5·1 政／**719**·5·7 政／⑦·7 政／**721**·12 月 政／**723**·8·8 政／**726**·5·24 政／**732**·1·22 政／**735**·2·17 政／**738**·1 月 政／**742**·3·6 政／**743**·3·4 政／**752**·3·22 政／6·17 政／**760**·9·16 政／**762**·2·10 政／**764**·7·19 政／**769**·11·12 政／**770**·3·4 政／**774**·3·4 政／**779**·7·10 政／**780**·1·5 政／2·15 政／**824**·是年 政／**885**·4·12 政／**922**·6·5 政
新羅親征(神功皇后)　❶ 書紀·仲哀 9·10·3／神功 62·是年／応神 16·8 月／仁徳 53·5 月
新羅人来寇の噂　❶ **866**·7·15 政／11·17 政／**870**·2·12 政／11·13 政／**873**·3·11 政／**878**·12·11 政／**880**·6·17 政／**954**·1·29 政
新羅征討計画　❶ **465**·3 月／**540**·9·1／**562**·6 月／**601**·11·5 政／**623** 政／**661**·9 月 政／**662**·11·16 政／**663**·3 月 政／**731**·4 月 政／**759**·6·18 政／8·6 政／9·19 政／**762**·11·16 政
新羅全州王使　❶ **929**·5·17 政
新羅賊船　❶ **811**·12·6 政／**812**·1·5 政
新羅との通商禁止　❶ **842**·8·15 政
新羅の賊来寇　❶ **869**·5·22 政／**893**·5·11 政／⑤·3 政／**894**·2·22 政／4·20 政／9·19 政／**895**·9·27 政
倭人、新羅の東辺を侵す　❶ **407**·3 月
倭の人質、新羅訥祇王の弟斯欣、新羅に還る　❶ **418**·是秋

李氏朝鮮

一進会　❼ **1909**·12·4 政／**1910**·9·12 政
唐島(巨済島)海戦　❹ **1598**·1·26 慶長年間
唐島を与える　❹ **1597**·5·1 文禄の役
韓国軍の解散式　❼ **1907**·8·1 政
韓国皇帝全国巡幸　❼ **1909**·1·4 政
韓国独立要求·反日の万歳示威運動　❼ **1926**·6·10 政
韓国における裁判事務に関する法律　❼ **1906**·6·26 政
韓国に対する施政方針　❼ **1910**·6·3 政
韓国の司法権を掌握　❼ **1909**·7·12 政
韓国併合断行方針　❼ **1909**·7·6 政
間島問題　❼ **1909**·9·4 政／**1914**·1·7 政／**1920**·5·1 政／**1921**·4·7 政／**1922**·6·28 政／**1930**·5·30 政／10·6 政
偽日本国王使　❹ **1487**·4·24 政
己酉約條　❺-1 **1609**·3·22 政／**1611**·9 月 政
居留民団　❼ **1905**·3·8 政
慶長條約　❺-1 **1609**·3·22 政
遣対馬使(朝鮮⇨対馬)　❺-1 **1627**·2 月 政
遣明賀正使(朝鮮⇨明)　❸ **1413**·1·20 政
江華島事件　❻ **1875**·9·20 政
光州学生事件　❼ **1929**·11·3 政
甲申事変　❻ **1884**·12·4 政
薩摩船(密貿易)　❹ **1508**·3·12 政
三·一朝鮮独立事件　❼ **1919**·3·1 政／❽ **1951**·3·1 政
三浦代官(朝鮮三浦での倭人代官)　❹ **1488**·1·19 政
私貿易　❹ **1497**·1·14 政／**1531**·6·24 政
商船の交易禁止　❹ **1570**·3·2 政
人口調査(韓国)　❼ **1910**·7·6 政
壬午事変　❻ **1882**·7·23 政
仁川港居留地借入約書　❻ **1883**·9·30 政
仁川日本居留地拡張に関する協定書　❼ **1897**·11·26 政
図書(ずしょ、朝鮮への通行許可証)　❸ **1418**·11·29 政／**1420**·①·23 政／**1424**·8·6 政／**1426**·1·4 政／**1427**·1·13 政／**1447**·是年 政／**1448**·5·11 政／**1455**·8·25 政／❹ **1456**·是年 政／**1457**·是年 政／**1458**·3·9 政／**1462**·2·17 政／**1481**·6·12 政／**1509**·4·12 政／7·6 政／**1547**·2·13 政／**1548**·3·18 政／**1549**·3·8 政
絶影島地所借入約書　❻ **1886**·1·31 政
創氏改名　❽ **1939**·11·10 政／**1940**·2·11 政／❾ **2003**·6·2 政
宗社党　❼ **1916**·3 月 政／5·27 政／8·14 政／8·19 政
対韓国対策　❼ **1904**·5·31 政
大韓民国臨時政府　❼ **1919**·4·10 政
大修使　❻ **1868**·12·11 政
種子島の使船　❹ **1542**·8·8 政
中央協和会(在日朝鮮人)　❽ **1939**·6 28 政
朝鮮、ロシア士官·兵士雇入れ契約　❼ **1897**·4·23 政
朝鮮沿岸測量　❻ **1878**·3·4 政
朝鮮往復書記　❺-1 **1660**·4·30 政
朝鮮開化党　❻ **1882**·4 月 政
朝鮮開化問題　❻ **1870**·9·6 政
朝鮮外交　❻ **1858**·11·14 政／**1868**·7·2 政／**1869**·9·24 政／**1871**·5·28 政
朝鮮回礼使　❸ **1395**·12·12 政／**1398**·8 月 政／**1399**·5 月 政／**1420**·2·15 政／6·16 政／**1422**·12·20 政／**1424**·1·1 政／**1433**·1·26 政／4·13 政
朝鮮賀慶通信使(朝鮮⇨日本)　❹ **1590**·3 月 政
朝鮮貴族令　❼ **1910**·8·29 政／**1912**·1·22 政
朝鮮軍人および朝鮮軍人遺族扶助令　❼ **1918**·7·29 政
朝鮮慶尚道寧海日本人漁民襲撃事件　❼ **1896**·3 月 政
朝鮮刑事令　❼ **1912**·3·18 政
朝鮮元山·仁川開港交渉　❻ **1879**·3·14 政
朝鮮公使館　❻ **1894**·1·1 社
朝鮮国王、ロシア公使館に移る　❼ **1896**·2·11 政
朝鮮国王印(偽印)　❹ **1590**·3 月 社
朝鮮国告身　❹ **1477**·9·17 文／**1482**·3 月 文／**1503**·3 月 文
朝鮮国朝士、日本に研究来日　❻ **1881**·5·24 政
朝鮮戸籍令　❼ **1922**·12·18 政
朝鮮在留日本人の状況　❻ **1876**·1 月 政／**1879**·11 月 政
朝鮮使(朝鮮⇨日本)　❸ **1366**·11·14 政／**1375**·2 月 政／**1377**·6 月 政／**1378**·7 月 政／**1392**·11 月 政／**1397** 11·14 政／**1399**·8·26 政／**1402**·6·5 政／**1403**·10·29 政／**1404**·10·25 政／**1405**·3·28 政／**1406**·2·20 政／**1407**·10·19 政／**1408**·3·14 政／4·2 政／5·22 政／7·5 政／是年 政／**1409**·2 月 政／**1410**·2·4 政／**1411**·1·26 政／**1413**·6·16 政／12·1 政／**1419**·5·23 政／7·17 政／**1420**·①·1 政／2·15 政／4·21 政／6·16 政／6·26 政／10·8 政／**1422**·12·20 政／**1423**·4·4 政／5 月 政／11·20 政／**1424**·1·1 政／3 月 政／5·21 政／8 6 政／**1428**·12·7 政／**1429**·12·3 政／**1430**·2·11 政／**1432**·7·26 政／**1433**·1·26 政／4·13 政／**1439**·7·11 政／12·16 政／**1440**·1·12 社／5·19 政／**1440**·2·9 政／5·19 政／**1443**·是年 政／**1442**·12·4 政／**1443**·是春 政／5·6 政／6·19 政／12·27 政／

1444·7·22 政／1447·3·16 政／1452·⑧·4 政／1454·12·7 政／❹ 1459·8·23／10·8 政／1470·5·12 政／1471·是春 政／1475·是年 政／1477·5·24 政／1479·4·1 政／1589·9·21 政／1590·3月 政／7·21 政／1596·⑦·4 文禄／⑦·25 文禄／8·29 文禄／12·21 文禄／1597·1·2 慶長の役
朝鮮通信使(朝鮮⇨日本) ❺-1 1605·2·28 政／1607·1月 政／2·8 政／3·21 政／④·20 政／5·6 政／1617·7·4 政／8·20 政／1624·12·19 政／1625·12·8 政／1636·10·12 政／1643·7·7 政／7·18 政／1655·10·8 政／1660·4·21 政／1682·6·18 政／8·27 政／1711·7·5 政／9·28 政／11·1 政／❺-2 1717·5·12 政／6·28 政／1718·8·20 政／12·1 政／1719·3·20 政／6·20 政／8·15 政／10·1 政／1721·3·8 政／1747·4月 政／1748·1·28 政／2·16 政／3·7 政／3月 社／6·1 政／1753·1·6 政／1761·1·18 政／1762·1·9 政／1763·4·4 政／10·6 政／1764·1·2 政／2·16 政／1788·3·7 政／6月 政／1789·金·29 政／1795·5·22 政／1801·1·21 政／1803·月月 政／1804·5·26 政／6·2 政／1806·6·25 政／1809·2·4 政／1810·4·11 政／12·6 政／1811·1·27 政／3·29 政／5·22 政／1838·10·24 政／1840·7·27 政／1841·12·22 政／1847·8·15 政／1852·10·22 政／❻ 1864·3·17 政／1876·5·20 政／1881·10·28 政／1882·10·13 政
朝鮮使易地聘礼 ❺-2 1791·4·11 政／1792·8·13 政／1794·11月 政／1796·8·29 政／1798·5·17 政／12·19 政／1799·2·5 政／1801·1·21 政／1804·6·1 政／1805·5·19 政／10·9 政／1807·3·29 政／11月 政／1808·1·4 政／7·6 政／1809·7·5 政／1812·7·4 政
朝鮮事業公債法 ❼ 1911·3·23 政
朝鮮使人接待の法 ❸ 1439·10·20 政
朝鮮使節饗応使 ❺-1 1711·4·18 政
朝鮮使節来朝諸費用 ❺-2 1761·10·26 政
朝鮮使節来聘の礼 ❺-1 1711·2·7 政
朝鮮襲撃企図 ❻ 1872·4·23 政
朝鮮修文職 ❺-1 1635·5·12 政
朝鮮書契御用五山僧 ❺-1 1655·10·26 政
朝鮮人強制連行者名簿·調査団 ❾ 1990·5·29 政／8·7 政／1991·10·18 政／2007·11·1 政
朝鮮人代議士 ❼ 1932·2·21 政
朝鮮人内地移住ニ関スル件 ❽ 1939·7·28 政
朝鮮人の日本国内への強制連行者 ❽ 1945·是年 政
朝鮮人被虜人 ❺-1 1601·4·24 政／1602·5·4 政／12·18 政／1603·是年 政／1605·3·5 政／5·12 政／1606·1·26 政／1607·1月 政／1608·6·7 政／1617·8·20 政／是年 政
朝鮮人保護政策(薩摩) ❺-1 1666·是年 政
朝鮮人来聘御用掛 ❺-1 1709·11·25 政／❺-2 1718·1·28 政／1746·9·11 政／1762·2·17 政／❻ 1856·8·23 政
「朝鮮人を想ふ」 ❼ 1919·4·20 政／5月 社
朝鮮政府(日本党と清国党) ❻ 1882·5月 政／1884·11·2 政
朝鮮船(来港) ❸ 1401·9·16 政
朝鮮総督府疑獄事件 ❼ 1929·7·24 政
朝鮮総督府等京城官公署爆破陰謀計画 ❼ 1923·2·7 政
朝鮮総督府臨時土地調査局官制 ❼ 1910·9·30 政
朝鮮草梁倭館 ❻ 1872·5·28 政
朝鮮駐箚憲兵條例 ❼ 1910·9·12 政
朝鮮通信事 ❺-1 1663·3月 政
朝鮮通信使の派遣要請 ❺-1 1642·7·11 政
朝鮮通信使の費用 ❺-1 1711·2·27 政
朝鮮通信符勘合印 ❸ 1453·7月 政／❹ 1474·12·15 政／1490·9·8 政／1503·3月 政
朝鮮で受職 ❸ 1444·6·2 政
朝鮮独立宣言書 ❼ 1919·3·1 政
朝鮮渡航の日本船 ❹ 1491·是年 政
朝鮮と修好失敗 ❺-1 1602·是年 政
朝鮮との外交事件⇨三浦(サンポ)倭人·倭寇(わこう)
朝鮮と和議 ❺-1 1605·3·5 政
朝鮮に軍資金要請 ❹ 1492·3·21 政／1493·9·11 政
朝鮮に亡命 ❸ 1426·1·3 政
朝鮮日本回礼官 ❸ 1395·7·1 政／12·14 社／1408·5·22 政／1410·2·4 政
朝鮮の民族運動 ❼ 1932·是年 政
朝鮮漂着船救助令 ❺-2 1784·9·2 政／1795·6月 政／1796·11·1 政
朝鮮漂流船取扱約定 ❻ 1877·7·30 政
朝鮮漂流人取扱規則 ❻ 1868·6·19 政
朝鮮被虜人 ❸ 1402·7·28 政
朝鮮不動産登記令 ❼ 1912·3·18 政
朝鮮への無許可渡航禁止 ❼ 1896·5·9 政
朝鮮貿易船、初入港 ❻ 1884·2月 政
朝鮮防穀令事件 ❻ 1889·11·7 政
朝鮮民事令 ❼ 1912·3·18 政
朝鮮問題政略 ❻ 1895·5·28 政
朝鮮問題大演説会 ❻ 1894·7·4 政
朝鮮訳官使 ❺-2 1738·9·5 政／1766·7·19 政／1779·12·4 政／1796·6·7 政
朝鮮訳官使船 ❺-1 1703·2·5 政
朝鮮より受職 ❹ 1461·6·14 政
朝鮮を管掌 ❺-1 1705·4·28 政
鎮南浦·木浦居留地規則 ❼ 1897·10·16 政
通信幹事裁判 ❺-2 1807·7·20 政
通信使来聘延期交渉 ❺-2
東学党の乱(朝鮮) ❻ 1893·4月 政
頭倭(代官か) ❹ 1500·3月 政
渡海船(朝鮮) ❹ 1471·4·7 政
渡海糧(朝鮮への渡海費) ❸ 1438·9·29 政
渡韓禁止 ❻ 1894·8·1 社
日韓合邦反対の暴動 ❼ 1910·1·29 政
日韓議定書 ❼ 1904·2·23 政
日韓協約 ❼ 1904·8·22 政／1905·11·18 政／1907·7·24 政
日韓併合に関する條約 ❼ 1909·12·4 政／1910·8·16 政／8·22 政／❾ 1995·10·5 政
日·朝修好條規調印 ❻ 1876·1·6 政
日·朝鮮海底電線設置條約 ❻ 1883·3·3 政
日·朝鮮漢城條約調印 ❻ 1885·1·9 政
日·朝鮮修好交渉失敗 ❻ 1869·11·10 政
日·朝鮮通漁規則 ❻ 1890·1·8 政
日本海を東海表記 ❾ 2012·5·12 政
日本国使(日本⇨朝鮮) ❹ 1511·4·13 政／1512·8·21 政／1514·11·1 政／1517·5·5 政／1521·4·17 政／8·25 政／1522·2·13 政／1523·6月 政／1525·4·12 政／1528·8·23 政／1537·1·13 政／4·24 政／1542·4·20 政／1543·5·13 政／1544·4·24 政／1545·3·18 政／1546·10·2 政／1547·2·7 政／1548·3·18 政／1552·5·4 政／1553·3·14 政／1556·10·19 政／1557·1·15 政／1562·11·6 政／1563·4·11 政／1567·5·16 政／6月 政／1571·11·6 政／1579·1·8 政／1580·12·24 政／1581·5月 政／1587·9月 政／1589·6月 政／8·28 政／1590·1·2 政／1591·1月 政
日本通信使⇨朝鮮(ちょうせん)通信使
日本の使送船制限 ❸ 1414·8·7 政
覇家台(博多)使 ❸ 1378·11月 政
反日義兵蜂起(韓国各地) ❼ 1905·4月 政／1906·5·19 政／6·29 政／1907·8·1 政／12月 政／1908·1·26 政／1923·9·2 社／1926·6·10 政
反日万歳事件(朝鮮) ❼ 1926·6·10 政
釜山港居留地借入約書 ❻ 1877·1·30 政
釜山日本人居留地乱闘事件 ❻ 1881·8·18 政
扶助米(朝鮮飢饉) ❺-2 1816·9·19 政
密貿易(朝鮮) ❹ 1495·是年 政／1497·1·14 政／1508·3·12 政／1509·3·24 政／1521·7月 社／1530·2·19 政／1531·5月 政／1539·8·10 政／1541·6·21 政／7·21 政／1542·12月 政／1544·9·8 政／1547·2·13 政
密貿易禁止(銀) ❹ 1538·10·29 政／1540·6·27 政
留海料 ❹ 1493·⑤·8 政
留浦貿易 ❹ 1524·12·29 政
朝鮮との條約
永正條約·壬申條約 ❹ 1512·8·21 政
癸亥(きがい)條約(朝鮮) ❸ 1443·是年 政
孤草島釣魚禁約(朝鮮) ❸ 1441·10·22 政
使送人の定約(朝鮮) ❸ 1438·9·18 政

壬申約條　❹ 1512·8·21 政
釣魚船定約　❹ 1494·11·2 政
丁未約條　❹ 1547·2·13 政／1552·11·26 政
丁巳約條　❹ 1557·4·1 政
倭人犯罪処罰(朝鮮)　❸ 1414·9·5 政

北朝鮮(朝鮮民主主義人民共和国)　❾ 1977·8·1 政／1997·8·15 政／10·9 政
科学者亡命　❾ 1996·5·29 政
帰還事業　❾ 1967·8·12 政／11·12 政／1971·2·5 政
帰還船　❾ 1966·1·22 政
帰国者の生命と人権を守る会　❾ 1994·2·20 政／2003·8·11 政
技術者　❾ 1966·7·15 政／7·20 政
北朝鮮から亡命　❾ 1966·9·17 政／2002·5·8 政／2003·7·31 政／2004·9·1 政／2005·1·24 政／2007·6·2 政／2011·9·13 政
北朝鮮情報部秘密工作員　❽ 1958·12·14 政／1960·9·28 政／1964·5·14 政／11·10 政
北朝鮮人権法　❾ 2006·6·16 政
北朝鮮脱出住民駆込み(北宗·日本人学校)　❾ 2003·2·18 政
北朝鮮の朝鮮貿易会社貿易協定　❽ 1955·10·19 政
北朝鮮へ亡命　❽ 1964·11·4 政
金正男、国外退去事件　❾ 1991·5·1 政
軽水炉　❾ 1996·2·5 政
工作船事件　❾ 1971·8·26 政／1972·4·10 政／1975·6·14 政／1977·7·23 政／1980·3·11 政／1981·8·6 政／1985·4·25 政／1990·10·28 政／1999·3·23 政／2001·12·22 政／2002·4·12 政／2002·2·26 政／9·4 政／9·11 政
在日朝鮮人(北朝鮮帰還)　❽ 1959·2·12 政／8·13 政／9·21 政／12·10 政／1960·9·5 政／1961·1·27 政
在日本朝鮮人総連合会(朝鮮総連)　❾ 2003·9·9 社／2006·2·2 社／5·17 政／2007·6·12 社
人民軍兵士　❾ 1998·12 月 政
制裁措置(解除)　❾ 1985·1·1 政／2006·9·19 政／2007·10·9 政／2009·6·16 政
第 18 富士山丸事件(ズダン号事件)　❾ 1983·11·1 政／1987·1·20 政／1988·12·16 政／1990·10·11 政
弾道ミサイル　❾ 1993·6·11 政／1998·8·23 政／9·1 政／2005·5·1 政／2006·7·5 政／2009·4·5 政／2012·12·12 政
難民救援基金　❾ 2004·4·5
日朝国交正常化交渉　❾ 1971·10·30 政／1989·3·30 政／1990·11·3 政／1991·5·22 政／1992·1·30 政／11·5 政／1997·8·21 政／2000·4·5 政／8·22 政／10·30 政／2002·10·29 政／2004·2·11 政／5·22 政／2007·3·7 政
日本·北朝鮮赤十字会談　❾ 2002·8·18 政
日本人妻一時帰国　❾ 1997·7·17 政／11·8 政／1998·6·5 政／2003·1·17 政
日本人拉致事件　❾ 1977·9·19 政／1980·1·7 政／3·24 政／1988·2·7 政／1991·1·7 政／1997·1·23 政／1998·6·5 政／1999·12·1 政／12·19 政／2000·3·13 政／10·20 政／2001·1 月 政／2002·3·11 政／4·25 政／9·17 社／9·28 政／10·15 政／2003·1·8 政／2004·1·29 政／2·11 政／11·9 政／2005·1·26 政／8·7 政／2006·2·23 政／4·27 政／11·9 政／2007·3·7 政／4·26 政／2008·6·16 政
日本との政府間協議　❾ 2006·2·4 政
漂流船　❾ 2012·1·6 政／11·28 政
貿易代金支払い基本合意書　❾ 1979·8·28 政
万景峰号　❾ 2003·1·28 政／8·25 政
臨時人民委員会(北朝鮮)　❽ 1946·2·8 政

中国(漢·魏) ⇨ **中国**(p.549、550、562)
魏(ぎ)
魏使　❶ 240·是年／247·是年
呉国(くれこく)　❶ 462·4 月／466·9·4／467·7 月／562·8 月／592·是年
呉使　❶ 書紀·仁徳 58·10 月／462·4 月／470·1·13
呉越(ごえつ)
呉越王使　❶ 940·7 月 政／947·⑦·27 政／953·9 月 政／956·是年 政／957·2·25 政／959·1·12 政
呉越人　❶ 936·7·13 政／938·8·23 政
後漢(ごかん)　❶ 57·是年／107·是年
契丹(きったん·遼)　❶ 925·10·21 政／❷ 1092·6·27 政／9·13 政／1093·10·15 政／1094·2·29 政／3·6 政／5·25 政
日本国使(遼)　❷ 1091·9·14 政／1092·9·27 政

唐(とう)
請益生　❶ 735·5·7 文
送唐客使　❶ 778·12·17 政
唐客来朝の年期　❶ 930·醍醐天皇治政中 政
唐使　❶ 631·11·12 政／632·8 月 政／10·1 政／633·1·26 政／655·是年 政／664·5·17 政／665·9·23 政／669·是年 政／671·1·13 政／7·11 政／11·10 政／672·3·18 政／761·8·12 政／762·1·6 政／763·10·6 政／778·10·22 政／11·19 政／780·2·19 政
唐商との交易法　❶ 879·10·12 政／903·8·1 政
唐商人　❶ 849·8·4 政／852·8 月 政／862·7·23 政／865·7·27 政／是年 政／866·5·21 政／9·1 政／867·是年 政／874·6·3 政／876·7·14 政／877·7·25 政／12·21 政／878·8·14 政／881·是年 政／883·是年 政／885·10·20 政／893·3 月 政／7·8 政／896·3·4 政／924·11·11 政／935·9 月 政／938·8·22 政／945·6·4 政
唐人来航の制　❶ 911·是年 政
入唐廻使　❶ 735·5·5 文
入唐使　❶ 912·4·8 文
入唐者(僧)　❶ 842·是年 政／844·是年 政／848·3 月 政／853·7·15 政／862·7 月 政／927·1·23 政

明(みん)
帰明船　❸ 1406·⑥·10 政
大明兵乱風説書　❺-1 1647·7·8 政
通事定員数(明の通訳)　❹ 1468·是年 政
渡明の話　❹ 1457·3·9 政
日本から明へ(入明)　❸ 1368·2 月 社／12 月 政／是年 政／1401·是年 政／1405·7·26 文
年号問題(第十回遣明使)　❸ 1434·8·23 政
表箋(明へ)　❸ 1371·10·14 政
明使(明⇨日本)　❸ 1368·11 月 政／1369·1·11 政／1·20 政／1370·3 月 政／1372·5·25 政／1373·6·29 政／8·20 政／10·1 政／1374·5 月 政／1402·8·1 政／1403·2·19 政／1404·5·12 政／1406·1·18 政／5·29 政／1407·7·22 政／8·5 政／10·20 政／1408·1·19 政／12·21 政／1409·6·2 政／7·5 政／1411·2·23 政／9·9 政／1418·6·15 政／11·1 政／1419·6·20 政／7·19 政／1434·5·21 政／❹ 1464·5·27 政／1556·2 月 政／7 月 政／11·3 政／1596·1·3 文禄の役
明人　❹ 1546·8·9 政／1547·8·20 政／1574·10·15 政
明船　❸ 1403·8·3 政／1409·3·10 政／1434·5·8 政
明との通交中絶　❸ 1411·9·9 政
明の回礼船　❹ 1468·11·10 政／1899·4·18 政
明の被虜人　❺-1 1602·4·12 政
明の福王勅使船　❺-1 1645·1·20 政
明の俘虜　❸ 1424·是年 政
明より援軍(借兵)を要請　❺-1 1646·8·13 政／10·16 政／12·12 政／1647·2 月 政／3 月 政／6 月 政／1648·是年 政／1649·5 月 政／10 月 政／1658·是年 政／1660·7 月 政
明より帰国　❸ 1370·是年 政／1372·是年 政／1376·1·16 政／是年 政／1378·是春 政／1395·2 月 政／❹ 1478·是冬 社

南蛮·南蕃　❷ 1020·⑫·29 政／1144·1·24 政／1145·1·24 政／1217 是年 文
南蛮国　❹ 1551·是年 政／1570·是年 政／1571·是夏 政／1583·是年 政
南蛮人　❸ 1409·10·1 政
南蛮人の来航取締　❺-1 1633·3·20 政
南蛮船(渡来禁止)　❸ 1408·6·22 政／1412·6·21 政／1418·8·18 政／1419·6·2 政／8·5 政／❺-1 1640·是年 政／1662·6·28 政
南蛮船·イギリス船·オランダ船の琉球来航禁止　❺-1 1628·9·10 政
南蛮船漂着　❺-1 1637·8 月 政／1641·是年 政／1646·4·19 政／1652·7·27 政
南蛮の貢物　❸ 1412·12·3 政
蛮船　❺-1 1611·6·1 政
蛮船着岸の條目　❺-1 1668·7·1 政

渤海(ぼっかい)
掌渤海客使　❶ 883·4·2 政

送渤海客使　❶ **778**·12·17 政
存問渤海客使　❶ **841**·12·25 政／**849**·2·1 政／**872**·1·6 政／**877**·2·3 政／**883**·1·1 政／**908**·1·8 政／3·20 政／**919**·12·5 政
渤海客存問使　❶ **892**·1·8 政
渤海国中台省度牒　❶ **841**·⑨·25 文
渤海使　❶ **727**·9·21 政／**728**·1·17 政／**739**·7·13 政／10·27 政／12·10 政／**740**·1·7 政／**752**·9·24 政／**753**·5·25 政／**758**·9·18 政／**759**·1·30 政／10·18 政／**760**·1·5 政／**762**·10·1 政／**763**·1·3 政／**771**·6·27 政／**772**·1·3 政／**773**·2·20 政／6·12 政／**777**·1·8 政／2·20 政／4·9 政／**778**·4·30 政／9·10 政／**779**·1·5 政／**786**·9·18 政／**787**·2·19 政／**795**·11·3 政／**796**·4·27 政／**798**·12·27 政／**799**·4·15 政／5·20 政／**809**·10·1 政／**810**·4·1 政／9·29 政／**811**·1·20 政／**814**·9·30 政／**815**·1·7 政／**816**·5·2 政／**819**·11·20 政／**821**·11·13 政／**822**·1·16 政／**823**·11·22 政／**824**·1·5 政／4·17 政／5·15 政／6·20 政／**825**·12·4 政／**827**·12·29 政／**828**·1·2 政／4·29 政／**841**·12·12 政／**842**·2·20 政／**848**·12·30 政／**849**·4·28 政／**859**·1·22 政／**861**·1·20 政／5·26 政／**871**·12·11 政／**876**·9·13 政／12·25 政／**882**·11·14 政／**883**·2·25 政／4·28 政／**892**·1·8 政／6·29 政／**894**·5月 政／**895**·5·11 政／**908**·1·8 政／5·12 政／**919**·11·18 政／12·24 政／**920**·3·22 政／5·8 政／**922**·9·2 政／**929**·12·24 政／**930**·1·3 政／3·2 政
渤海使来朝年期　❶ **824**·1·24 政
領帰郷渤海客使　❶ **883**·4·2 政

ポルトガル　❺-1 **1628**·9·16 政
インド艦隊(ポルトガル)　❺-1 **1611**·6·19 政／7·15 政
ポルトガル使節　❺-1 **1630**·7月 政／**1635**·12·13 政／**1636**·1·15 政／**1640**·5·17 政
ポルトガル人　❹ **1547**·是年 政／❺-1 **1601**·10月 政／**1614**·8·13 政／**1617**·8·13 政／**1623**·是年 政
ポルトガル人、種子島に漂着　❹ **1542**·是年 政
ポルトガル船　❹ **1543**·8·25 政／**1550**·⑤月 政／**1551**·7月 政／**1552**·7·24 政／8月 政／**1553**·9·12 政／**1554**·是年 政／**1555**·是年 政／**1556**·6月 政／**1557**·8月 政／**1558**·是年 政／**1559**·5月 政／**1560**·是年 政／**1561**·9·8 政／10月 政／**1562**·6·14 政／**1563**·6·6 政／**1564**·6月 政／**1565**·6月 政／**1568**·6·2 政／是年 政／**1569**·是年 政／**1571**·是夏 政／是年 政／**1572**·是年 政／**1573**·6·28 政／**1574**·是年 政／**1576**·是年 政／**1577**·5月 政／**1578**·是年 政／**1579**·7·2 政／**1580**·是夏 政／**1581**·是年 政／**1582**·1·28 政／是春 政／**1583**·6·17 政／**1584**·6·28 政／**1586**·是年 政／**1588**·3·13 政／6·25 政／❺-1 **1612**·7·23 政／9月 政／**1614**·5月 政／**1618**·5月 政／**1623**·是年 政／**1625**·是年 政／**1626**·是年 政／**1629**·是年政 政／**1630**·8·2 政／10·4 政／**1631**·7·19 政／**1632**·7月 政／**1633**·9月 政／是年 政／**1634**·9·20 政／**1635**·5·25 政／9·21 政／**1636**·7·8 政／**1637**·7·2 政／**1638**·7月 政／**1639**·7·5 政／**1640**·6·2 政／**1644**·9·1 政／**1647**·6·24 政／**1685**·6·2 政
ポルトガル船対策　❺-1 **1640**·6·3 政
ポルトガル船引揚げ　❺-1 **1664**·是年 政
ポルトガル船来航の件　❺-1 **1602**·5·21 政／**1648**·是年 政
ポルトガルとの交易断絶　❺-1 **1639**·7·18 政／**1654**·5·18 政

任那(みまな)　❶ **書紀·崇神** 65·7月／**垂仁** 2·是年／応神 7·9月／**487**·2·1／**529**·4·7／**530**·9月／**540**·8月／**600**·是年
迎任那客荘馬長　❶ **610**·7月 政
日本府(任那)　❶ **464**·是年／**541**·4月／7月／**543**·12月／**544**·1月
任那救援(新羅が攻撃)　❶ **537**·10·1
任那国司　❶ **463**·是年
任那の日本府行軍元帥(いくさのきみ)　❶ **464**·是年
任那使　❶ **610**·10·9 政／**623**·7月 政／**646**·2·15 政
任那の王、旱岐　❶ **541**·4月
任那の官家滅亡(新羅)　❶ **562**·1月
任那復興協議　❶ **541**·4月／**543**·11·8／12月／**544**·11月／**585**·是年／**591**·8·1
任那を討つ(新羅)　❶ **623**·是年 政

呂宋(ルソン·フィリピン)　❺-1 **1605**·5·11 政／**1608**·7月 政／**1609**·1·11 政／7·7 政／**1611**·1·11 政／9·15 政／10·3 政／**1612**·6·20 政／8·4 政／9·1 政／9·25 政／**1613**·1·11 政／**1614**·1·11 政／4·8 政／**1615**·1·16 政／9·9 政／**1617**·11·21 政／**1622**·1月 政／**1624**·3·24 政／**1631**·6·20 政
呂宋遠征計画(幕府)　❺-1 **1630**·11·12 政／**1637**·是年 政
呂宋王に復書(鍋島)　❺-1 **1613**·10·6 政
呂宋使　❹ **1592**·5·2 政／6·15 政／9月 政／**1593**·4·20 政／6月 政／7·12 政／8月 政／11·2 政／**1597**·7·24 政／10·21 政／❺-1 **1601**·5·29 政／10月 政／**1602**·6·1 政／是年 政／**1603**·1月 政／**1604**·⑧·12 政／**1613**·8·22 政
呂宋総督(使節)　❺-1 **1602**·6·1 政／**1603**·1月 政／**1605**·是年 政／**1609**·9·3 政／10·2 政／**1623**·8·10 政
呂宋長官に答書　❹ **1596**·10·15 政／**1597**·7·27 政／**1599**·9·5 政
呂宋渡海　❺-1 **1604**·6·6 政／7·5 政／8·18 政／**1605**·9·1 政／**1606**·8·15 政／9·15 政／**1607**·6·26 政
呂宋と通交開始　❹ **1586**·5·9 政
呂宋との交易斡旋　❹ **1598**·11·9 政
呂宋との修交　❺-1 **1601**·10月 政
呂宋の日本人　❹ **1582**·是年 政
呂宋邦人、スペイン人と不和　❺-1 **1606**·是年 政

ロシア·ソ連　❾ **1991**·12·25 政
ソ連軍侵攻　❽ **1945**·8·9 政／8·18 政／8·26 政
ソ連対日宣戦布告文　❽ **1945**·8·8 政
ソ連と不可侵條約　❽ **1940**·10·30 政
ソ連 200 海里専管水域設定　❾ **1976**·12·10 政
ソ連亡命　❽ **1938**·1·3 社
対ソ交渉　❽ **1945**·5·14 政／6·23 政／7·10 政
対ソ施策に関する件　❽ **1944**·9·28 政
対日工作　❾ **1982**·12·9 政
日ソ平和條約　❾ **1974**·9·25 政／**1975**·1·16 政／**1985**·10·12 政／**1986**·1·15 政／**1990**·7·3 政／12·28 政
幕府ロシア渉外使　❺-2 **1793**·3·2 政／7·13 政
文化丙寅の変(ロシアの攻撃)　❺-2 **1806**·9·11 政
レーニン平和賞　❾ **1970**·4·14 政
レポ船　❾ **1980**·1·9 政
ロシア遣日使節通商を要求　❺-2 **1792**·9·3 社／11·11 政／**1793**·3·2 政／6·8 政／**1804**·9·6 政／12·28 政／**1805**·2·12 政／3·6 政
ロシア人国禁(松前藩)　❺-2 **1779**·8·7 政
ロシア人千島探検　❺-1 **1711**·是年 政
ロシア人と会談　❺-2 **1779**·4·29 政／**1792**·5·5 政
ロシア人と貿易交渉　❺-2 **1775**·7月 政／**1778**·6·9 政／9·16 政／**1779**·8·7 政
ロシア船打払令　❺-2 **1807**·12·9 政／**1814**·3·1 政
ロシア船来航の際の取扱い処置　❺-2 **1806**·1·26 政／**1808**·6·10 政
ロシアとの国境案　❺-2 **1814**·1·2 政
ロシア密貿易　❺-2 **1833**·2·23 政

その他諸国
安南国(アンナン)　❺-1 **1601**·10月 政／**1603**·10·5 政／**1606**·9·17 政／**1607**·8·28 政／**1608**·1·11 政／**1610**·1·11 政／是年 政／**1611**·1·11 政／是年 政／**1612**·8·18 政／**1614**·9·6 政／**1617**·5·20 政／**1619**·12·17 政／**1620**·2·7 政／**1624**·6·5 政／**1625**·2·2 政／**1627**·5·22 政／11·6 政／**1628**·4·25 政／12月 政／**1632**·4·25 政
安南国王(都統)　❺-1 **1603**·1月 政／**1610**·6·12 政／**1618**·10·12 政／**1619**·4·12 政／**1688**·是年 政
安南国使　❺-1 **1605**·5·6 政／9月 政／**1610**·7月 政／9·9 政
インド　❹ **1554**·3月 政／**1561**·是年 政
エスパニア　❹ **1589**·是年 政
鴦羅国(おうらこく)使　❶ **650**·3月 政
臥蛇島　❸ **1450**·12月 政
契丹(きったん)　❶ **925**·10·21 政
迦知安渡海　❺-1 **1604**·11·26 政
五和(ゴア)の使者　❺-1 **1611**·9月 政／**1612**·9·25 政

広南(こうなん)　❺-1 **1612**·1·11 政
交趾(コーチ)　❺-1 **1610**·1·11 政／**1611**·1·11 政／**1612**·1·11 政／8·15 政／**1613**·1·11 政／8·8 政／**1614**·1·11 政.1615·1·16 政／9·9 政／**1616**·1·11 政／9·9 政／**1622**·11·4 政／**1633**·12 月 政／**1635**·1·9 政
交趾船　❺-1 **1634**·7 月 政／**1638**·7·18 政
交趾渡船朱印船　❺-1 **1629**·是年 政／**1675**·3·14 政
　交趾の日本人町　❺-1 **1651**·是年 政／**1653**·6 月 文
細羅国(さいらこく)
細羅国人　❶ **863**·11·17 政
山旦·山靼(ギリヤーク)　❺-2 ❺-1 **1786**·5·10 政／**1792**·5·5 政／**1809**·4·9 政／**1851**·是秋 政／❻ **1855**·12·27 政／**1858**·12 月 政
舎衛国(しゃえいこく)　❶ **654**·4 月 政／**659**·3·10 政
舎衛女　❶ **675**·1·1 政
瓜哇(ジャワ)国使　❸ **1406**·8·11 政
巡達(じゅんたつ)国　❹ **1518**·是年 政
信州渡海　❺-1 **1604**·7·5 政
スペイン使節　❺-1 **1611**·4·10 政／9·1 政／11·5 政／**1612**·6·20 政／**1615**·⑥·22 政
スペイン人　❺-1 **1607**·5·13 政／**1610**·5·4 政／**1612**·⑩·21 政／**1634**·是年 政
スマトラ　❹ **1463**·8·4 政
大宛国　❺-2 **1778**·是冬 社
宝島(吐喇諸島)　❺-1 **1683**·10·4 政
多禰島(たねがしま)使　❶ **681**·8·20 政／**695**·3·23 政
田弾渡海　❺-1 **1606**·12·7 政／**1607**·10·16 政
天南渡海　❺-1 **1604**·8·26 政／**1606**·9·15 政
東丹国使　❶ **930**·1·3 政／3·2 政
東京(トンキン、安南)渡航　❺-1 **1604**·8·26 政／⑧·11 政.11·26 政／**1606**·8·6 政／**1609**·1·11 政／**1613**·1·11 政.8·8 政／**1614**·1·11 政／**1615**·1·16 政／**1616**·1·11 政.1632·4·25 政／12 月 政／**1634**·7 月 政／**1635**·1·9 政
南島(なんとう)　❶
能比須蛮(濃毘数般、ノビスパン·メキシコ)　❺-1 **1609**·10 月 政／**1610**·5 月 政／**1612**·6·20 政／7·1 政／**1616**·6·14 政
仏大泥国(大泥国·パタニ)　❹ **1490**·是年 政／**1498**·是年 政／**1515**·是年 政／**1516**·是年 政／**1519**·是年 政／**1526**·是年 政／**1530**·是年 政／**1543**·是年 政／**1597**·8·4 政／**1599**·7 月 政
太泥(パタニ)渡海　❺-1 **1604**·8·26 政／12·16 政／**1605**·1·3 政／12·2 政／**1610**·8·22 政
バタビア　❺-1 **1631**·8·2 政／**1638**·1·5 政
伴跛国(はへこく)　❶
伴跛国使　❶ **513**·11 月
パラオ島　❺-2 **1820**·12·9 政
蕃国(ばんこく)　❶
蕃国の使者入朝の期　❶ **815**·3·2 政
バンチャア国人　❺-1 **1608**·12 月 政
毘耶宇　❺-1 **1612**·1·11 政
ベトナム　❺-1 **1629**·是秋 政
ベトナム·ホイアン市タンアン村　❺-1 **1647**·7 月 政
波斯国(ペルシャ)　❶ **920**·是年 政／**925**·10·7 政
波斯(ペルシャ)文　❷ **1217** 是年 文
芠萊(ボルネオ)渡航　❺-1 **1605**·11·15 政／**1606**·6·12 政
西洋(媽港マカオ)使節　❺-1 **1607**·2·7 政／10·6 政／**1608**·1·11 政／**1609**·5·25 政／**1624**·是年 政／**1630**·10·4 政／**1631**·10·23 政／**1634**·1·28 政／2·15 政／9·20 政／**1636**·11·28 政／**1637**·12·23 政／**1640**·8 月政.1685·6·2 政
西洋渡航　❺-1 **1603**·7·29 政／**1604**·8·26 政／**1605**·4·26 政／7·1 政／9·3 政／12·2 政／**1606**·9·15 政
西洋渡航禁止　❺-1 **1609**·5·25 政
靺鞨(まっかつ)　❶
摩利加(マラッカ)渡航　❺-1 **1607**·5·7 政
密西耶渡海　❺-1 **1605**·9·13 政／**1606**·6·12 政
遼⇨契丹(きったん)

外国との通交·外交問題(ペリー来航以前)

藍島唐船出没事件　❺-2 **1717**·2 月 政
アヘン戦争　❺-2 **1839**·6·24 政／**1843**·7·9 政
伊豆諸島巡視　❺-2 **1781**·3·19 政／**1838**·2·30 政／**1839**·2 月 政／**1846**·3·22 政
欝陵島·松島·磯竹島⇨竹嶋(たけしま)一件
オロッコ人久春古丹来航　❻ **1856**·6·20 政
海外遠征の噂(豊臣秀吉)　❹ **1587**·3·3 社
海外渡航免許第一号　❻ **1866**·10·17 政
外交問題諮問(朝廷)　❻ **1858**·1·14 政
開国勧告　❺-2 **1838**·9 月 政／**1844**·7·2 政／**1845**·6·1 政／**1852**·6·5 政／8·17 政／10 月 政
開国論(会沢正志斎)　❻ **1862**·是年 政
開市開港延期を決定　❻ **1861**·3·23 政
裁判役の任命の始め　❺-1 **1666**·7 月 政
鎖国令　❺-1 **1633**·2·28 政／**1634**·5·28 政／**1635**·5·28 政／**1636**·5·19 政／**1639**·7·5 政／**1641**·5·4 政
薩摩苗代川の朝鮮人　❺-1 **1685**·是年 政
シーボルト事件　❺-2 **1828**·8·10 政
ジャガタラ文　❺-1 **1663**·5·21 文／**1665**·4·13 文／**1671**·4·21 政
掌客(接待係)　❶ **608**·4 月 政
薪水給与令　❺-2 **1842**·7·24 政
信牌(長崎通商照票)　❺-2 **1742**·6·28 政／**1828**·9 月 政
信牌事件　❺-2 **1717**·8·7 政
節刀(天皇が出征する将軍や遣唐大使に持たせた、任命の印としての刀)　❶ **701**·5·7 政／**717**·3·9 政／**732**·③·26 政／**735**·3·10 政／**777**·4·22 政
竹嶋(欝陵島·松島)一件(竹島は 1「政治」を見よ)　❺-1 **1614**·7 月 政／**1623**·元和年間 政／**1666**·7·3 政／**1667**·是年 政／**1689**·4·26 政／**1692**·2·11 政／**1693**·1·19 政／4·17 政／9 月 政／11·18 政／12 月 政／**1694**·3 月 政／**1695**·是春 政／5·15 政／10 月 政／**1696**·1·28 政.6·4 政／10 月 政／**1698**·3·25 政／**1699**·1 月 政／❻ **1883**·2·20 政／3·1 政
　竹嶋開拓計画　❻ **1858**·7 月 社
　竹嶋渡航禁止　❻ **1883**·3·1 政
　竹嶋渡航の漁猟の漂流民　❺-1 **1618**·7 月 政
　竹嶋渡航を許可　❺-1 **1618**·5·16 政
　竹嶋引揚げ命令　❻ **1883**·2·20 政／10 月 政
千島探検渡航(開拓長官黒田清隆)　❻ **1875**·8·31 政／**1893**·2·4 政／3·20 政
北谷(ちゃたん)恵祖事件　❺-1 **1664** 是年 政／**1666**·是年 政／**1667**·5 月 政
天明の黒船事件　❺-2 **1786**·5·21 政
唐人殺害事件　❺-2 **1815**·12·14 政
唐船引揚げ　❺-1 **1653**·7·22 政
遠見番所(肥前長崎)　❺-1 **1681**·6 月 政／❺-2 **1721**·9·28 社／**1799**·4·21 政／**1808**·2 月 政／**1846**·2 月 政
日本人·日本人町　❺-1 **1680**·延宝年間 政
日本人輸出禁止　❹ **1596**·9·2 政
日本征服計画　❹ **1596**·8·26 政／**1597**·3·9 慶長の役
日本橋(交趾大唐街)　❺-1 **1694**·是年 政
博多(覇家島)唐人町　❹ **1459**·1·10 政／**1553**·2·12 政
萩藩、沿岸巡視　❺-2 **1849**·7·4 政／**1850**·10 月 政
はんぺんごろう(ファン＝ベニョフスキー)事件　❺-2 **1771**·6·8 政
フェートン号事件　❺-2 **1808**·8·15 政／11·9 政／**1809**·2 月 政
普陀山霊中仏重修碑(ベトナム)　❺-1 **1640**·11 月 政
プロシア使節来日　❻ **1860**·7·19 政
目明唐人　❺-1 **1644**·12 月 政

外国との通交·外交問題(ペリー来航以降)

イギリス

　イギリス、巨文島占領　❻ **1859**·1·12 政
　イギリス軍艦品川入港　❻ **1885**·4·20 政
　イギリス公使館焼討事件　❻ **1862**·12·12 政
　イギリス公使襲撃事件　❻ **1868**·2·30 政
　イギリス守備兵、横浜駐留　❻ **1863**·5·18 政
　イギリス東洋艦隊　❻ **1891**·7 月 政
　イギリス兵、横浜上陸　❻ **1864**·4·23

政
イギリス領事館　❻ 1859・5月 政
オーストラリア
オーストラリア出稼　❻ 1888・3・2 政／是年 政
クイーンズランド移民　❻ 1892・11月 政
木曜島真珠貝採取　❻ 1883・10・18 社
ハワイ
ハワイ・ウルパラクア事件　❻ 1874・5・24 政
ハワイ移民　❻ 1868・3・30 社／④月 社／1886・2・2 政／1893・7・17 政／1894・6・29 政
ハワイ移民召還使節　❻ 1869・9・28 政
ハワイ移民の評判　❻ 1868・4月 文
ハワイ移民批判　❻ 1868・④月 社
ハワイ官約移民の始め　❻ 1885・1・27 政
ハワイ居留民保護のため軍艦派遣　❻ 1893・2・8 政
ハワイ国王来日　❻ 1881・3・4 政
ハワイ在住日本人　❻ 1883・4月 政／1893・12月 社
ハワイ在留邦人保護　❻ 1893・11・14 政／1894・3・6 政
日・ハワイ修好通商條約　❻ 1871・7・4 政
日・ハワイ渡航條約　❻ 1886・1・28 政
フランス
日仏修好通商條約　❻ 1858・8・7 政
普仏戦争中立宣言　❻ 1870・7・28 政
フランス、幕府に接近　❻ 1867・2・6 政
フランス軍艦下田に入港　❻ 1855・3・11 政
フランス軍狙撃中隊　❻ 1864・5・11 政
フランス公使を叱る(安藤信正)　❻ 1860・8月 社
フランス士官暗殺事件　❻ 1863・9・2 政
フランス使節来日　❻ 1858・8・7 政／1865・4・25 政
フランス守備兵、横浜駐留　❻ 1863・5・18 政
ロシア
在ロシア公使館　❻ 1874・3・11 政
日・露友好関係　❻ 1858・11・29 政
日・露和親條約　❻ 1854・12・21 政
ロシア、下田開港許可を申請　❻ 1854・2・25 政
ロシア、満洲侵入開始　❻ 1872・9月 政
ロシア艦ディアナ大破　❻ 1854・11・4 社
ロシア軍艦、樺太上陸　❻ 1869・7・24 政
ロシア皇太子負傷事件　❻ 1891・5・11 政／9・29 政
ロシア皇太子来日　❻ 1891・4・27 政／5・11 政
ロシア使節、応接掛を旗艦に招待　❻ 1853・12・27 社
ロシア使節、大坂湾天保山沖に来航　❻ 1854・9・18 政
ロシア使節、長崎来航　❻ 1853・7・18 政／12・5 政／1854・3・23 政／1859・7・20 政
ロシア使節と会談　❻ 1854・11・13 政
ロシア使節より贈物　❻ 1853・12・21 社
ロシア親王来日　❻ 1872・9・23 政
ロシア船、北蝦夷地に来航　❻ 1853・8・30 政
ロシアに対抗し樺太に人員派遣　❻ 1870・6月 政
ロシア兵、樺太で乱暴　❻ 1873・4・21 政
ロシア兵、樺太函泊上陸　❻ 1869・6・24 政
ロシア兵の乱暴　❻ 1866・2・23 政
ロシア兵発砲事件　❻ 1874・7・3 政
ロシア領事、箱館着任　❻ 1858・9月 政
外国訪問(首相・高官)・来日
アイヌ、中国訪問　❾ 1974・2・23 政
赤城農相、ソ連訪問　❾ 1971・10・11 政
麻生首相・外相、外国訪問　❾ 2006・1・4 政／8・3 政／2007・8・13 政／2009・1・11 政／2・18 政／2・24 政／4・29 政
安倍首相・外相、ソ連訪問　❾ 1986・5・29 政／2006・10・8 政／11・18 政／2007・4・27 政／8・19 政
五十嵐官房長官、韓国訪問　❾ 1994・10・29 政
池田外相、中国訪問　❾ 1997・3・30 政
石田労相、ソ連訪問　❾ 1977・6・12 政
宇野外相、中国首相会談　❾ 1988・5・4 政
大平首相・外相、外国訪問　❾ 1973・9・23 政／1974・1・2 政／1979・4・30 政／12・5 政／1980・1・15 政／4・30 政
小澤一郎、外国訪問　❾ 1990・10・10 政／1991・3・14 政／1996・5・5 政
小澤一郎、中国訪問　❾ 2009・12・10 政
小渕首相、外国訪問　❾ 1998・2・23 政／3・21 政／9・22 政／11・11 政／1999・3・19 政／4・29 政／7・8 政／11・27 政
海部首相、中東訪問　❾ 1989・8・30 政／1990・1・8 政／3・3 政／4・28 政／10・1 政／1991・1・9 政／4・4 政／4・27 政／8・10 政／8・13 政
柿沢外相、韓国・中国訪問　❾ 1994・6・11 政
金丸信、中国・朝鮮訪問　❾ 1990・9・2 政／9・24 政
川口外相、外国訪問　❾ 2002・10・12 政／2003・4・6 政／4・10 政／4・28 政／8・23 政
菅直人首相、外国訪問　❾ 2010・10・3 政／2011・1・28 政／5・24 政
倉成外相、イラン訪問　❾ 1987・6・14 政
経団連、欧州訪問　❾ 1976・10・15 政
経団連、中国訪問　❾ 1975・10・16 政
経団連、ベトナム訪問　❾ 1978・5・22 政
小泉首相、外国訪問　❾ 2000・1・10 政／2001・9・25 政／10・8 政／10・15 政／12・8 政／2002・1・9 政／3・22 政／4・27 政／9・12 政／2003・1・10 政／4・28 政／5・22 政／5・30 政／8・18 政／10・7 政／2004・9・16 政／2006・6・27 政／7・11 政／8・10 政／8・28 政
小泉首相、北朝鮮訪問　❾ 2002・9・17 政／2004・5・22 政／7・21 政
河野外相、米会談　❾ 1995・11・1 政
公明党、イラク・サマワ視察　❾ 2003・12・20 政
公明党、韓国訪問　❾ 1971・6・15 政／1972・6・1 政／7・25 政／1978・3・10 政／1981・8・25 政
公明党、中国訪問　❾ 1987・6・1 政
佐藤栄作首相、外国訪問　❾ 1965・1・10 政／1967・9・20 政／10・8 政／11・14 政／1971・7・1 政
椎名外相、ソ連訪問　❾ 1966・1・15 政
塩川財務相、米訪問　❾ 2003・4・11 政
自民党、ソ連訪問　❾ 1990・1・15 政
自民党、中国訪問　❾ 1972・9・14 政
社会党、外国訪問　❾ 1970・10・21 政／1971・11・2 政／1975・5・12 政／1982・3・22 政／1983・9・28 政／1984・4・7 政／11・19 政／1988・5・4 政
社会党、韓国訪問　❾ 1993・9・4 政
社会党、北朝鮮訪問　❾ 1970・9・2 政／1974・9・6 政／1981・3・12 政／1984・9・17 政／1985・5・21 政
社会党、米国訪問　❾ 1987・9・13 政
社民党、中国訪問　❾ 2001・1・9 政
鈴木首相、外国訪問　❾ 1981・1・8 政／5・6 政／6・9 政／1982・9・26 政
鈴木首相、ソ連訪問　❾ 1977・2・27 政
総評、米訪問　❾ 1978・10・1 政
竹下首相、外国訪問　❾ 1987・12・15 政／1988・1・12 政／4・29 政／6・4 政／7・1 政／8・25 政／9・1 政／1989・1・31 政／4・29 社
田中角栄首相、外国訪問　❾ 1972・8・31 政／1973・7・29 政／9・26 政／10・8 政／1974・1・7 政／9・12 政／10・28 政／1992・8・27 政
田中真紀子外相、中国訪問　❾ 2001・5・24 政
超党派議員、北朝鮮訪問　❾ 1999・12・1 政
超党派議員、ソ連訪問　❾ 1977・4・16 政
中曾根首相、外国訪問　❾ 1983・1・11 政／1・17 政／4・30 政／1984・3・23 政／4・30 政／1985・1・2 政／1・13 政／4・29 政／7・12 政／10・19 政／1986・1・12 政／4・13 政／9・20 政／11・8 政／1987・1・10 政／4・30 政／9・21 政／1988・7・22 政
中曾根文相、韓国訪問　❾ 2000・3・18 文
中山外相、韓国訪問　❾ 1990・4・30 政
日中経済協会、中国訪問　❾ 2009・9・9 政

日中友好議員連盟、中国訪問　❾ **1989**·9·17 政
野田首相、外国訪問　❾ **2011**·9·207／10·18 政／11·2 政／11·11 政／11·17 政／12·25 政／12·27 政／**2012**·4·29 政／5·13 政／6·17 政／9·24 政／11·18 政
橋本首相、外国訪問　❾ **1996**·2·23 政／4·19 政／6·22 政／8·20 政／9·24 政／**1997**·1·7 政／4·24 政／5·9 政／9·4 政／11·1 政
羽田外相·首相、外国訪問　❾ **1994**·1·8 政／3·21 政／5·2 政
鳩山首相、外国訪問　❾ **2009**·9·21 政／10·9 政／12·9 政／**2012**·4·7 政
福田首相、外国訪問　❾ **1977**·3·19 政／8·6 政／**1978**·5·3 政／9·5 政
福田首相、日中韓首脳会談　❾ **2007**·11·20 政／12·28 政
訪中使節団　❾ **1970**·3·20 政
訪朝議員団　❾ **1972**·1·16 政
訪米輸入促進使節団　❾ **1978**·3·2 政
細川首相、外国訪問　❾ **1993**·9·27 政／11·5 政／11·19 政／2·19 政／3·19 政
前原外相、ロシア訪問　❾ **2011**·2·10 政
三木首相、米国訪問　❾ **1975**·8·2 政／**1976**·6·24 政
美濃部知事·飛鳥田市長、北朝鮮·中国訪問　❾ **1971**·10·25 政
宮澤首相、米国訪問　❾ **1992**·1·16 政／1·30 政／4·28 政／7·1 政／**1993**·1·11 政／4·16 政／4·30 政
民主党、韓国訪問　❾ **2001**·5·1 政
民社党、中国訪問　❾ **1972**·3·29 政／**2012**·3·23 政
武藤通産相、米訪問　❾ **1990**·4·30 政
村山首相、外国訪問　❾ **1994**·7·8 政／8·23 政／**1995**·1·11 政／5·2 政／9·12 政／**1999**·12·1 政
森首相、外国訪問　❾ **2000**·4·28 政／5·29 政／8·19 政／11·24 政／**2001**·1·7 政／3·19 政
与党三党北朝鮮訪問団　❾ **1995**·3·30 政／**1997**·11·12 政
渡辺外相、中国·ロシア訪問　❾ **1990**·5·3 政／**1992**·1·4 政／1·27 政／5·4 政／9·1 政／**1993**·2·11 政
外国首脳訪問·来日
アフガニスタン大統領　❾ **2010**·6·17 政
英エリザベス女王夫妻　❾ **1975**·5·7 政
カザフスタン大統領　❾ **1994**·4·7 政
カストロ(キューバ)　❾ **2003**·3·2 政
韓国金大中大統領　❾ **1998**·10·7 政
韓国経済協力使節団　❾ **1966**·6·13 政
韓国国防相　❾ **1994**·4·26 政
韓国盧泰愚大統領　❾ **1984**·8·22 政／9·6 政／**1990**·5·24 政／**1992**·11·8 政／**1994**·2·24 政／3·24 政／**2002**·7·1 政／**2003**·6·6 政／**2011**·5·21 政／12·17 政
北朝鮮·共和国代議員グループ　❾ **1977**·5·11 政／**1995**·5·26 政
北ベトナム使節団　❾ **1972**·3·20 政／**1974**·5·20 政
共産党訪ソ代表団　❾ **1979**·12·15 政
ソ連共産党代表来日　❾ **1968**·1·30 政
ソ連ゴルバチョフ大統領　❾ **1991**·4·16 政
ソ連最高会議議員団　❾ **1984**·10·25 政
ソ連婦人代表団　❾ **1981**·5·12 社
ソ連ベススメルトヌイフ外相　❾ **1991**·3·29 政
タイタクシン首相　❾ **2003**·12·11 政
ダライ·ラマ　❾ **1998**·4·6 政
中国温家宝国家主席　❾ **1982**·5·31 政／**1989**·4·12 政／**1997**·11·11 政／**1998**·11·25 政／**2007**·4·11 政／**2008**·5·6 政／**2010**·5·30 政／**2011**·5·21 政
中国広東友好代表団　❾ **1966**·5·24 政
中国呉儀副首相　❾ **2005**·5·23 政
中国朱鎔基副首相　❾ **1994**·2·23 政
中国代表団　❾ **1966**·3·29 政
朝鮮民主団代表　❾ **1991**·3·10 政
ニジェール大統領　❾ **1969**·10·31 政
日朝友好促進議員連盟代表団　❾ **1977**·8·26 政
フィリピンアキノ大統領　❾ **1986**·11·10 政／**2003**·12·11 政／**2011**·9·26 政
ブータンワンチュク国王夫妻　❾ **2011**·11·14 政
仏シラク大統領　❾ **1998**·4·25 政
米アーミテージ国務副長官　❾ **2003**·6·9 政
米オルブライト国務長官　❾ **1997**·2·24 政
米クリントン国務長官　❾ **2009**·2·16 政／**2011**·4·17 政
米ゴア副大統領　❾ **1995**·11·19 政／**1997**·3·24 政
米大統領　❾ **1974**·11·18 政／**1983**·11·9 政／**1994**·1·7 政／**1998**·11·20 政／**2002**·2·18 政／**2003**·10·17 政／**2009**·11·13 政
米ペリー国防長官　❾ **1996**·4·12 政
ペルーフジモリ大統領　❾ **1992**·3·15 政
マレーシアアブドラ首相　❾ **2003**·12·11 政
露エリツィン大統領　❾ **1998**·4·18 政
露キリエンコ首相　❾ **1998**·7·13 政
露プーチン首相　❾ **2000**·9·3 政／**2009**·5·11 政
海上漁業水域　❽ **1945**·9·27 政
『海上治安白書』　❽ **1955**·11·16 政
海辺警備　❺-2 **1792**·11·17 政／**1793**·3·13 政／**1807**·10·13 政／是年 政／**1810**·12·26 政／**1823**·4·22 政／**1837**·1月 政／**1838**·12·4 政／**1840**·6·27 政／**1842**·8·3 政／**1844**·11月 政／**1846**·⑤·28 政／**1847**·2·15 政／3·19 政／5·11 政／**1849**·12·28 政
海防意見　❺-2 **1791**·11·26 政／**1792**·10·20 政／11·26 政／**1846**·2月 政／**1849**·4·19 文／7月 政
海防強化大号令　❺-2 **1849**·12·28 政／❻ **1853**·11·1 政
海防献金者(黄綬褒章)　❻ **1887**·5·2
政
海防勅書　❺-2 **1846**·8·29 政
海防令(日向飫肥藩)　❺-2 **1844**·是冬
政
海面官有化　❻ **1875**·12·19 政
ソ連船拿捕　❽ **1953**·8·9 政
長崎海上の警戒　❺-1 **1643**·5·29 政
日韓抑留者相互釈放　❽ **1957**·12·29 政
日本漁船捕獲(外国船)　❽ **1953**·11·16 政
日本漁船拿捕(韓国監視艇)　❾ **1966**
3·15 政／**1980**·3·4 政
日本漁船拿捕(韓国軍)　❽ **1952**·10·26 政／**1953**·2·4 政／11·12 政／**1954**·10·22 政／**1955**·7·22 政／8·3 政／12·6 政／12·23 政／**1958**·1·7 政／**1959**·7·17 政／**1960**·2·12 政／**1961**·4·24 政／9·22 政／**1962**·5·13 政／10·3 政／**1963**·6·22 政
日本漁船拿捕(北朝鮮)　❽ **1964**·10·27 政／❾ **1967**·5·23 政／**1975**·9·2 政／**1984**·7·28 政／**1990**·5·24 政
日本漁船拿捕(ソ連船)　❽ **1946**·4·3
政／**1953**·10·16 政／**1955**·7·13 政／**1961**·7·19 政／9·8 政／**1962**·12·31 政／**1963**·9·3 政／❾ **1965**·2·14 政／**1966**·4·29 政／7·7 政／**1967**·5·13 政／12·26 政／**1968**·6·2 政／9·28 政／**1969**·8·9 政／12·17 政／**1975**·2·3 政／9·8 政／11·11 政／11·20 政／**1976**·1·17 政／**1977**·7·3 政／**1982**·12·31 政／**2006**·8·16 政／**2009**·1·27 政／**2012**·6·26 政
日本漁船拿捕(中国監視船)　❽ **1948**·
5·30 政／**1954**·7·4 政／**1958**·5·6 政
日本漁船捕獲(パキスタン海軍)　❽ **1954**·1·30 政
日本軍の制海権　❹ **1597**·7·15 慶長の役
通商條約　❻ **1857**·8·29 政
対等條約調印　❻ **1888**·11·30 政
通商條約(英·米·仏·露·和)公布　❻ **1859**·6·11 政
通商條約勅許問題　❻ **1858**·1·5 政／3·1 政／3·20 政／6·17 政
日·北ドイツ修好通商條約　❻ **1869**·1·10 政
日·デンマーク修好通商條約　❻ **1866**·12·7 政
日·ドイツ和親通商條約　❻ **1889**·6·11 政
日·ノルウェー通商條約　❻ **1868**·9·27 政
日·プロシア修好通商條約　❻ **1860**·12·14 政
規則·法令
外国艦船砲撃禁止令　❻ **1863**·6·14 政
外国軍艦(横浜)　❻ **1881**·12月 社
外国御用取扱　❻ **1856**·10·17 政
外国人登録法　❽ **1946**·3·18 社／**1947**·5·2 政／**1950**·1·16 政／**1952**·4·28 政

外国人保護令　❻ 1893·11·28 政
外国人雇入方規則　❻ 1870·4月(2月囲み) 政／5·19 政
外国水兵駐留合意　❻ 1863·3·26 政
外国船注進船用掛　❻ 1854·1·12 社
外国対処法(質問)　❻ 1857·3·26 政
海防十か條(徳川斉昭)　❻ 1853·7·8 政
経済·技術協力のための必要な物品の外国政府等に対する譲与等に関する法律　❽ 1960·3·31 政
対共産圏輸出統制委員会(ココム)　❽ 1949·11·30 政
対南方施策要綱　❽ 1941·6·6 政
対米貿易合同委員会　❽ 1961·11·7 政
敵産管理法　❽ 1941·12·22 政
特許収用令　❽ 1938·1·29 政
不法入国者等退去強制手続法　❽ 1951·2·28 政
拉致被害者家族連絡会·特定失踪者問題調査会　❾ 2003·1·8 政／3·5 政
拉致被害者支援法　❾ 2002·12·4 政
連合国人に対する刑事事件等特別措置令·占領目的阻害行為処罰令廃止　❽ 1952·5·7 政
連合国人の刑事事件日本に裁判権付与　❽ 1950·10·2 政
連合国占領軍の占領目的に有害な行為に対する処罰等に関する勅令　❽ 1946·6·12 政

居留地

神奈川開港場地代無料　❻ 1859·6·17 社
神奈川外国人居留地(範囲)　❻ 1859·5·8 政
神戸外国人居留遊園　❻ 1873·1月 社
在留外国人の数(横浜)　❻ 1883·2·28 政
築地外国人居留地　❻ 1868·11·19 社／1870·4·2 政
築地外国人居留地人数　❻ 1871·8月 政
長崎居留地外国人数　❻ 1868·10月 政
新潟港外人遊歩地域　❻ 1869·10·8 政
横浜外国人居留地　❻ 1867·11·22 社
横浜居留地借地人会議　❻ 1864·11·12 政
横浜居留地條約　❻ 1866·11·22 政

迎賓館

赤羽接遇所　❻ 1859·3·14 政
穴門館(長門館·臨海館)　❶ 561·是年
大郡宮　❶ 630·是年 政／652·1·1 政
河辺館　❶ 610·7月 政
百済客館堂　❶ 643·3·13 政
高槭館(相楽館)　❶ 570·7·1
鴻臚館　❶ 826·5·8 政／861·8·9 政／866·9·1 政／874·5·28 政／883·5月 文／895·5·4 政／920·5·8 政／❷ 1021·2·29 社
三韓館　❶ 630·是年 政
造客館司　❶ 732·10·3 政
筑紫大郡　❶ 673·8·20 政
筑紫館　❶ 688·8·25 政
難波大郡　❶ 561·是年／583·12·30／608·8·12 政／642·2·22 政／651·12·30 政／652·1·1 政／660·1·1 政
蕃客所(宇佐宮)　❷ 1030·11·16 文
蛮国使客館　❶ 815·3·2 政
渤海国使客院　❶ 804·6·27 政
和陽館(朝鮮通信使客館)　❺-2 1806·2月 政／1808·7月 政

遣外使節団(琉球を除く)

遣インド使(大友·島津氏)　❹ 1551·10·24 政／1554·3月 政／1561·9·8 政／·是年 政／1566·8·22 政
遣魏使　❶ 238·是年／239·是年／241·是年／243·是年／247·是年
遣契丹使　❶ 925·10·21 政
遣百済使　❶ 書紀·神功46·3·1／神功49·3月／神功50·9月／神功51·是年／神功62·是年／応神15·是年／仁徳41·3月／403·2月／409·是年／428·2月／509·2月／512·4·6／543·11·8／544·3月／547·6·3／550·2·10／554·5·3／575·4·6／577·5·5／661·8月 政／667·11·9 政／668·1·23 政
遣呉使　❶ 書紀·応神37·2·1／応神41·2月／464·2月／468·4·4
遣高句麗使　❶ 493·9·4／601·3·5 政／656·9月 政／679·9·23 政／681·7·4 政／682·5·16 政／778·9·21 政／12·17 政
遣高麗使(日本⇨高麗)　❷ 1051·7·11 政／1056·10·1 政／1060·8·7 政／1080·⑧·11 政／1206·2·14 社／❸ 1368·7·7 政／7·11 政／1377·6月 政／8月 政／1378·6月 政／1379·2月 政／1382·2月 政／1384·8月 政／1385·6月 政／1388·7月 政／1391·10·21 政／1392·10·10 政／1393·6·16 政／9·11 政／1394·7·13 政／1395·7·1 政／1397·7·25 政／1400·8月 政
遣高麗使(諸侯⇨高麗)　❸ 1368·7·11 政
遣後漢使　❶ 57·是年／107·是年
遣新羅使　❶ 書紀·神功5·3·7／仁徳17·9月／仁徳53·5月／158·3月／173·5月／253·是年／262·是年／312·3月／344·2月／390·是年／414·1·1／571·3·5／575·4·6／597·11·22／600·是年／623·是年／646·9月／647·是年／657·是年／668·11·1 政／670·9·1 政／675·7·7 政／676·2月 政／679·9·16 政／681·7·4 政／685·5·28 政／689·1·8 政／696·7·26 政／698·2月 政／700·5·13 政／703·9·22 政／704·8·3 政／10·9 政／705·5·24 政／706·8·21 政／707·5·28 政／712·9·19 政／713·8·10 政／718·3·20 政／719·2·10 政／⑦·21 政／722·5·10 政／12·23 政／724·8·21 政／725·5·23 政／731·1·20 政／8·11 政／736·2·28 政／737·1·26 政／740·2·15 政／9·21 政／10·15 政／742·10月 政／752·1·25 政／753·2·9 政／3月 政／779·2·13 政／4·16 政／803·3·18 政／804·5月 政／9·18 政／806·3月 政／836·5·13 政／⑤·13 政／10·22 政／868·4·15 文／878·8月 政／11月 政
遣清国使　❺-1 1677·8月 政／❻ 1870·6·29 政／1872·2·2 政／1873·2·28 政／1874·8·1 政
遣晋使　❶ 265·是年
遣隋使　❶ 600·是年／607·7·3 政／608·4月 政／9·11 政／609·9月 政／610·1·27 政／11·7 政／614·6·13 政／615·9月 政
遣高砂使　❹ 1593·11·5 政
遣高山使(台湾)　❺-1 1609·2月 政／1615·9·9 政／1627·6·20 政／9·17 政／11·5 政／1632·1月 政／1636·4月 政
遣耽羅使　❶ 679·9·23 政／686·8·20 政
遣朝鮮使(対馬⇨朝鮮)　❹ 1575·3·17 政／1600·是年 政／❺-1 1601·4·24 政／1602·5·4 政／1606·5·9 政／7·4 政／8·23 政／11·6 政／1608·1月 政／1610·是年 政／1614·4月 政／1615·是年 政／1621·1月 政／1622·5月 政／1623·10·4 政／1626·12月 政／1629·1月 政／②·17 政／1630·9·2 政／12·19 政／1631·12月 政／1632·7月 政／1634·12·8 政／1635·10月 政／1640·9·19 政／1650·1月 政／是年 政／1659·是年 政／1660·3·27 政／1674·是年 政／❺-2 1757·2·13 政／1787·2月 政／7月 政／1793·8·21 政／1795·2月 政／1802·7月 政／1805·5·19 政／10·13 政／1808·2月 政／1810·6·18 政／1813·7月 政／1814·4·12 政／1817·7月 政／1831·4月 政／1834·4月 政／1838·2月 政／1841·6·10 政／1849·12·26 政／1850·4·27 政
遣朝鮮使(大内氏⇨朝鮮)　❸ 1311·10·21 政／1395·12·16／1396·3月 政／1397·7·25 政／11·15 政／1398·12月 政／1399·7·10 政／1403·2·13 政／1404·7·30 政／1407·2·26 政／7·21 政／1408·7·6 政／1409·④·11 政／1413·9·11 政／1414·7·23 政／1415·7·20 政／1416·8·20 政／1417·9月 政／1418·8·3 政／1420·5·29 政／1422·7·5 政／1430·⑫·13 政／1440·8·1 政／1445·2·12 政／1446·6·18 政／1447·④·25 政／12·29 政／1452·3·13 政／1453·5·29 政／6·24 政／❹ 1457·3·3 政／1459·1·12 政／1461·10·21 政／12·26 政／1464·1·1 政／1473·8·9 政／1474·7·22 政／1478·1·12 政／1479·4·17 政／1483·8·11 政／9·13 政／1485·8·30 政／1487·4·27 政／6·16 政／1490·9·18 政／1493·8·11 政／1494·11·4 政／1497·10月 政／11月 政／1499·4·1 政／1502·12·14 政／1506·2·10 政／1510·11·11 政／1511·4·13 政／1516·6·23 政／8月 政／1524·8·27 政／1528·7·3 政／1534·是春 政／1535·7·22 政／1537·10·13 政／1538·2月 政／10月 政／1539·5·9 政／1540·12·16 政／1541·1月 政／1547·11·29 政／1551·10·24 政

遣朝鮮使(黒田全権)派遣　❻ **1875**·12·9 政

遣朝鮮使(西郷隆盛)　❻ **1873**·8·3 政

遣朝鮮使(諸侯⇨朝鮮)　❸ **1392**·10·19 政／**1395**·7·1 政／12·16 社／**1396**·3月 政／**1398**·是年 政／**1400**·8月 政／9月 政／**1401**·1·25 政／6·18 政／**1406**·3·29 政／4·16 政／**1407**·3·16 政／9·1 政／**1408**·1·26 政／6月 政／7·29 政／**1409**·1·9 政／**1410**·1·28 政／5·13 政／**1411**·1·9 政／**1412**·1·19 政／**1413**·1·4 政／**1414**·2·1 政／**1415**·2·30 政／**1416**·1·13 政／**1417**·1·4 政／12·9 政／**1418**·1·24 政／3·14 政／**1419**·1·3 政／9·20 政／**1420**·1·5 政／**1421**·1·23 政／2·23 政／10·18 政／11·8 政／**1422**·1·24 政／⑫·4 政／**1423**·1·1 政／**1424**·3·4 政／**1425**·1·9 政／**1427**·1·13 政／**1428**·1·7 政／**1429**·3·27 政／**1430**·1·17 政／7月 政／**1431**·1·26 政／6·28 政／7·28 政／**1432**·3·3 政／**1433**·1·21 政／2·28 政／**1434**·2·2 政／**1435**·1·14 政／9·9 政／**1436**·2·9 政／**1437**·1·6 政／**1438**·1·16 政／**1439**·1·1 政／**1440**·1·6 政／**1441**·1·11 政／**1442**·2·11 政／**1443**·1·1 政／11·18 政／**1444**·11·1 政／**1445**·2·8 政／**1446**·2·16 政／**1447**·④·25 政／**1448**·6·21 政／**1449**·2·25 政／**1450**·3·5 政／是年 政／**1451**·1·4 政／**1453**·1·24 政／**1454**·1·9 政／**1455**·1·4 政／是年 政／❹ **1456**·1·15 政／**1457**·1·10 政／是年 政／**1458**·1·19 政／**1459**·1·12 政／**1460**·4·26 政／**1461**·1·4 政／**1462**·1·20 政／**1463**·2·1 政／**1464**·1·1 政／**1465**·1·12 政／**1466**·1·2 政／是年 政／**1467**·1·8 政／是年 政／**1468**·8月 政／是年 政／**1469**·1·2 政／**1470**·1·5 政／是年 政／**1471**·1·11 政／**1472**·1·2 政／**1473**·1·6 政／**1474**·1·20 政／**1475**·1·10 政／**1476**·1·13 政／**1477**·1·15 政／**1478**·1·9 政／**1479**·1·1 政／**1480**·3·7 政／5·16 政／**1481**·1·8 政／**1482**·1·1 政／**1483**·1·15 政／**1484**·1·3 政／**1485**·1·15 政／**1486**·1·17 政／**1487**·1·7 政／2·7 政／**1488**·1·9 政／**1489**·1·13 政／7·19 政／8·10 政／12·17 政／**1490**·1·10 政／**1491**·1·16 政／是年 政／**1492**·2·21 政／**1493**·1·11 政／**1494**·1·18 政／**1495**·1·19 政／**1496**·9·28 政／**1498**·7月 政／**1499**·1·8 政／**1501**·1·25 政／**1502**·1·3 政／**1503**·4·1 政／**1504**·1·9 政／5·15 政／**1507**·1·16 政／**1508**·2·1 政／**1509**·⑩月 政／**1513**·7·23 政／**1516**·1·25 政／**1519**·1·25 政／**1520**·5·18 政／**1523**·9·3 政／**1531**·6·3 政／**1539**·2·3 政／**1541**·1·6 政／**1556**·4·1 政／**1559**·8·9 政／**1560**·4·6 政／**1562**·11·5 政／**1572**·9·10 政／**1573**·4·3 政／**1584**·是年 政／**1589**·6月 政／**1599**·是年 政

遣朝鮮使(豊臣秀吉⇨朝鮮)　❹ **1589**·8·28 政

遣朝鮮使(日本·幕府⇨朝鮮)　❸ **1403**·1·23 政／10·8 政／**1404**·7·30 政／**1405**·12·5 政／**1406**·2·27 政／6·1 政／**1407**·2·26 政／7·22 政／**1408**·10·28 政／**1409**·6·18 政／**1411**·2·22 政／10·21 政／**1414**·6·20 政／**1419**·11·20 政／**1422**·11·16 政／**1423**·11·20 政／**1425**·1·27 政／**1427**·1·13 政／**1428**·2月 政／**1431**·7·28 政／**1432**·8·23 政／**1442**·2·11 政／**1443**·1·1 政／**1444**·3·14 政／**1445**·2·12 政／5月 政／**1448**·4·27 政／6·21 政／**1450**·2·16 政／**1452**·4·26 政／❹ **1456**·3·15 政／是年 政／**1457**·3·13 政／**1458**·2·21 政／8月 政／10·12 政／**1459**·6·2 政／**1460**·3·10 政／**1462**·10·9 政／**1463**·7·14 政／**1472**·6月 政／10·3 政／**1474**·9·5 政／**1475**·6·7 政／**1482**·4·9 政／**1489**·8·10 政／**1490**·10月 政／**1491**·8·4 政／**1492**·8·22 政／**1494**·4·10 政／**1497**·2·29 政／**1499**·是年 政／**1501**·9·17 政／**1502**·2·18 政／**1503**·3月 政／**1504**·是年 政／**1511**·8·9 政／**1512**·是年 政／**1514**·11·1 政／**1516**·1·25 政／**1517**·5·5 政／**1520**·4·3 政／**1522**·2·13 政／**1523**·6月 政／**1537**·1·13 政／**1542**·4·20 政／7月 政

遣朝鮮使(日本国王使)　❺-1 **1608**·1月 政／**1621**·7·3 政／**1622**·1·22 政

遣朝鮮使(平景直)　❺-1 **1613**·7月 政

遣朝鮮使(明治政府⇨朝鮮)　❻ **1867**·2·10 政／3·29 政／**1868**·12·11 政／**1869**·12·6 政／**1870**·2·22 政／**1871**·7·29 政／**1872**·8·18 政／**1873**·2·12 政／**1874**·5·15 政／12·28 政／**1875**·10·27 政／**1877**·9·10 政

遣朝鮮使船(船頭)　❹ **1464**·9·12 社

遣朝鮮使送使(日本⇨朝鮮)　❸ **1455**·1月 政／7月 政

遣朝鮮使送船の定員　❸ **1438**·2·2 政／**1439**·5·14 政

遣東晋使　❶ **413**·2·14／**418**·是年

遣唐使　❶ **624**·7月 政／**630**·8·5 政／**631**·11·12 政／是年 政／**651**·是年 政／**653**·5·12 政／7月 政／**654**·7·24 政／**655**·8·1 政／**659**·7·3 政／是年 文／**660**·9·12 政／**661**·4·1 政／5·23 政／**665**·是年 政／**669**·是年 政／**670**·3月 政／**701**·1·23 政／**702**·6·29 政／10月 政／12月 政／**704**·7·1 政／**707**·6·29 政／**716**·8·20 政／**717**·3·9 政／**718**·10·20 政／**732**·8·17 政／**733**·3·21 政／8月 政／**734**·4月 政／10月 政／**735**·3·10 政／**736**·5·18 政／8·23 政／**738**·3月 政／**739**·7·13 政／10·27 政／**750**·9·24 政／**751**·2·17 政／4·4 政／**752**·3·3 政／**753**·1·1 政／**754**·1·16 政／3·17 政／4·18 政／**759**·1·30 政／10·18 政／**760**·2·10 政／**761**·8·12 政／10·22 政／**762**·3·1 政／**763**·是年 政／**772**·是年 社／**775**·6·19 政／**776**·4·15 政／⑧·6 政／9·15 政／11·15 政／12·14 政／**777**·2·6 政／4·17 政／**778**·1·13 政／10·22 政／12·17 政／**779**·2·13 政／4·30 政／5·3 政／**801**·9·10 政／**802**·6·27 政／11·24 政／**803**·2·4 政／**804**·3·28 政／**805**·5·18 政／**806**·3·22 政／**834**·1·19 政／8·20 政／**835**·2·2 政／**836**·4·29 政／5·14 政／**837**·2·13 政／7·22 政／**838**·3·2… 政／6·22 政／12·15 政／**839**·8·14 政／9·16 政／**840**·3·3 政／**847**·9·… 政／**855**·4月 政／**877**·7·25 政／**894**·8·21 政／9·14 政

遣唐使船に叙位　❶ **837**·5·5 社

遣唐装束使　❶ **834**·2·2 社

遣唐大使の称号の最終所見　❶ **897**·5·26 政

遣卓淳国使　❶ 書紀·神功 46·3·1

遣南宋使　❶ **420**·是年／**421**·2·10／**425**·9·12／**431**·1月／**438**·4月／**451**·7月／**460**·12月／**477**·11·29

遣南島使　❶ **698**·4·13 政／**735**·是年 政

遣日使(清·平南王⇨長崎)　❺-1 **1678**·7·27 政

遣ペルシャ使　❻ **1880**·4·1 政

遣渤海使　❶ **728**·2·16 政／**730**·8·29 政／**740**·1·13 政／10·5 政／**758**·2·10 政／9·18 政／**760**·11·11 政／**761**·10·22 政／**762**·10·3 政／**772**·9·21 政／**773**·10·13 政／**796**·4·27 政／10·2 政／**798**·4·24 政／**799**·4·15 政／9·20 政／**810**·12·4 政／**811**·4·27 政／10·2 政

遣靺鞨使　❶ **720**·1·23 政

遣任那使　❶ **487**·2·1／**529**·4·7／**575**·4·6／**600**·是年／**623**·是年 政

遣明使(日本⇨明)　❸ **1371**·10·14 政／是年 政／**1374**·6·1 政／**1375**·1月 政／**1376**·4·1 政／**1379**·⑤月 政／**1380**·5月 政／9·7 政／12月 政／**1381**·7·15 政／**1382**·是年 政／**1384**·是春 政／**1386**·11·9 政／**1401**·5·13 政／**1402**·8·1 政／**1403**·2·19 政／9·9 政／10·11 政／**1404**·5·12 政／7·8 政／10·4 政／11·1 政／**1405**·8·3 政／11·9 政／**1406**·5·29 政／6·12 政／8·5 政／**1407**·5·25 政／7·22 政／**1408**·1·19 政／2·1 政／5·5 政／12·15 政／**1410**·4·8 政／**1411**·9·9 政／**1433**·7·24 政／8·2 政／⑧·3 政／**1434**·1·19 政／5·8 政／5·21 政／**1435**·10·15 政／**1436**·3·8 政／6·26 政／9·2 政／**1442**·是年 政／**1451**·10·26 政／**1452**·1·5 政／5·6 政／8·18 政／**1453**·3·30 政／**1454**·1·9 政／5·19 政／7·5 政／7·19 政

遣明使(幕府⇨明)　❹ **1458**·8月 政／10·12 政／**1460**·7·13 政／8·24 政／**1461**·11·26 政／**1464**·6·25 政／7·4 政／**1465**·6·14 政／7·23 政／10·7 政／**1466**·②·19 政／**1467**·是年 政／**1468**·3·15 政／5·11 政／11·10 政／**1469**·1·26 政／**1475**·8·28 政／**1476**·4·11 政／**1477**·9·27 政／**1478**·1·18 政／7·26 政／10·29 政／**1480**·12·21 政／**1485**·2·15 政／7·1 政／8·19 政／12·19 政／**1486**·5·24 政／7·4 政／**1488**·1·20 政／**1489**·

6·24 政／7·28 政／1490·7·16 政／1491·3·12 政／4·5 政／1492·6·6 政／7·19 政／1493·2·13 政／3·11 政／1495·5月 政／1496·③·10 政／8·6 政／1497·6·26 政／1498·是年 政／1506·11·17 政／1507·3月 政／1509·是冬 政／1510·1·11 政／2·3 政／1511·9月 政／1512·2·28 政／5·20 政／6月 政／1513·6月 政／1519·5月 政／1520·是春 政／1523·③·17 政／1527·7月 政／8月 政／是夏 政／1537·6·20 政／1539·3·5 政／4·19 政／1540·3·3 政／1541·5·21 政／1542·12·28 政／1547·2·21 政／1549·4·18 政／1550·6·9 政
遣明使(大友氏⇨明)　❹ 1557·10月 政
遣明使(島津氏⇨明)　❸ 1418·6·15 政
遣明使(諸侯⇨明)　❹ 1458·7·15 政／1554·3月 政
遣明使(長崎⇨明)　❺-1 1617·3月 政
遣明使(倭国王⇨明)　❺-1 1602·4·12 政
遣明使船派遣反銭賦課　❸ 1436·11·11 社
遣明船　❹ 1458·7·15 政／1460·2·9 政／1464·2·12 政／1466·②·19 政／1469·8·13 政／1478·2·22 政／7·26 政／1482·9·12 政／1483·4·9 政／4·13 政／12·12 政／1485·12·19 政／1486·1·5 政／4·21 政／5·12 政／7·4 政／1487·8·25 政／1490·⑧·4 政／12·30 政／1493·3·11 政／1497·7·25 政／1498·1·10 政／2·19 政／7·25 政／1499·4·18 政／1509·5·21 政／1510·1·11 政／1520·6·20 政／10·10 政／1521·2·11 政／8·14 政／11·2 政／1522·6·18 政／1523·③·17 政／是年 政／1524·2月 政／1530·3·9 政／1536·4月 政／5·24 政／1537·3·5 政／12·20 政／1538·是春 政／1539·3·5 政／1541·6·26 政／11·12 政／1542·2·1 政／5·21 政／6·8 政／1544·4·14 政／1545·6·14 政／6月 政／12·28 政／1546·10·10 政／10·26 政／1548·1·22 政／1554·3月 政
遣明船の警固　❹ 1466·6·19 政
遣明船の日記　❹ 1485·8·1 政
遣呂宋使　❹ 1586·5·9 政／1591·9·15 政／1592·5·29 政／1598·是年 政／1599·9·5 政／1600·1·26 政／·是年 政
遣呂宋使(薩摩⇨呂宋)　❺-1 1601·9·22 政
遣呂宋使(幕府⇨呂宋)　❺-1 1602·9月 政
持衰の役目(遣唐使)　❶ 661·是年 社
岩倉遣外使節団　❻ 1871·10·8 政／11·12 政／1872·1·21 政
遣欧パリ万国博使節　❻ 1867·1·11 政
天正遣欧使節　❹ 1582·1·28 政
特命全権大使米欧回覧実記　❻ 1878·10月 政
文久遣欧使節　❻ 1861·12·22 政／1862·1·1 政／1862·文久遣欧使節特集ページ
万延遣米使節　❻ 1859·9·13 政／1860·1·10 政／9·27 政／1860·万延遣米使節特集ページ
公使·大使·領事·外交官
外交官官制改定　❻ 1872·10·14 政
外交官·領事官　❻ 1890·10·21 政
在外公館開設　❻ 1870·⑩·2 政
在朝鮮日本公使館　❻ 1880·12·17 政
書記官　❻ 1872·10·14 政
清国·朝鮮国駐在領事裁判規則　❻ 1888·10·24 政
大日本公館　❻ 1872·9·16 政
代理公使　❻ 1872·10·14 政
駐アメリカ公使　❻ 1874·8·17 政
駐イギリス公使　❻ 1874·8·17 政
駐清公使　❻ 1879·3·8 政
駐ドイツ公使　❻ 1874·8·17 政
特命全権公使　❻ 1872·10·14 政
日本帝国領事規則　❻ 1890·5·19 政
弁理公使　❻ 1872·10·14 政
無任所外交官條例　❻ 1884·5·7 政
領事館設置　❻ 1859·6·2 政／1872·10·15 政
領事裁判権放棄　❻ 1893·1·18 政
借款·債権
イラク債権　❾ 2005·11·24 政
大倉組と中国新政府百万円借款　❼ 1912·10·17 政
広東セメント廠借款　❼ 1917·4·2 政
漢冶萍公司借款　❼ 1908·6·13 政／1910·11·17 政／1911·3·31 政／1912·2·10 政／6·14 政／12·7 政
極東森林資源開発·南ヤクート原料炭開発借款　❾ 1980·12·24 政
五国借款団　❼ 1912·3·18 政
参戦借款利払借款　❼ 1925·9·4 政
清国への借款供与の始め　❼ 1904·1·15 政
世銀借款協定　❽ 1955·10·25 政
双橋無電台借款　❼ 1918·2·21 政
対華五か国借款団　❼ 1913·4·27 政
対朝鮮政府借款　❻ 1884·2·24 政
中国の交通銀行へ第二次借款　❼ 1917·9·28 政
青島公有財産及び製塩業補償日本金国庫証券借款　❼ 1923·3月 政
南潯鉄道五百万円借款　❼ 1912·7·8 政
南洋貿易会議　❼ 1926·9·13 政
西原借款　❼ 1917·1·20 政／1918·9·24 政
日本·インド円借款協定　❽ 1958·2·4 政／1961·8·18 政
日本·韓国、借款契約　❼ 1908·3·20 政
武器売込代金借款　❼ 1912·1月 政
米輸出入銀行債権　❾ 1968·10·29 政
ベトナム円借款　❾ 1978·7·4 政
奉天省借款　❼ 1916·6·9 政
マルク興業債権　❾ 1970·9·1 政
マルク長期信用債権　❾ 1970·10·23 政
満蒙三鉄道借款権　❼ 1913·10·5 政
ミャンマー円借款　❾ 1998·3·11 政／2012·4·21 政
綿花借款　❽ 1948·6·9 政
横浜正金銀行·清国漢冶萍公司、五十万円融資借款契約　❼ 1908·11·14 政
外交問題·近代(ペリー以降)
アジア艦隊司令官　❻ 1867·12·17 政
命のビザ(ユダヤ問題、杉原千畝)　❽ 1940·7·29 政
イラククウェート侵攻　❾ 1990·8·2 政
イラククウェート侵攻支援金問題　❾ 1990·5·29 政
イラクの自由作戦　❾ 2003·3·20 政
イラク人質事件　❾ 1990·8·22 政／9月 社／11·3 政
イラン人家族不法滞在　❾ 2003·9·19 社
インドネシア海軍(鮪船拿捕)　❾ 1965·6·27 政／1968·1·27 政
ウラジオストック事件　❼ 1918·4·4 政
ウラジオストック派遣軍武器紛失事件　❼ 1922·10·14 政
エチオピア皇太子妃　❼ 1934·1·19 政
海外渡航(女性)　❻ 1887·4·12 政
外交官汚職事件　❻ 1884·2·9 政
華北政権の樹立　❼ 1935·9·24 政
関税自主権回復要求　❻ 1878·2·9 政／7·25 政
生糸·茶輸出税改訂約書　❻ 1869·4·21 政
金玉均暗殺事件　❻ 1894·3·10 政／5·20 政
金玉均拘留事件　❻ 1886·6·12 政／8·9 政／1888·7·28 政
経済·技術協力のための必要な物品の外国政府等に対する譲与等に関する法律　❽ 1960·3·31 政
在外日本人取締り　❻ 1883·3·10 政
サイパン(出稼)　❼ 1928·10·17 社
山海関衝突事件　❼ 1932·12·8 政／1933·1·1 政
時局に伴う猶太人対策　❽ 1942·3·11 政
首相·天皇·高官の戦争·慰安婦、謝罪·遺憾表明　❾ 1971·9·25 政(田中角栄)／1982·8·26 政／1984·9·6 政／1990·5·24 政／1992·1·16 政／7·8 政／1993·8·4 政(河野談話)／9·27 政／1994·8·31 政／1995·6·9 政／8·15 政(村山首相戦後50年談話)／1996·6·22 政／1998·7·15 政／11·26 政／2001·10·15 政／2002·9·17 政／2005·4·22 政／8·15 政／2010·8·10 政
スチムソン·ドクトリン　❼ 1932·1·7 政
スマラン事件　❽ 1944·2月 政／1945·10·15 政
大アジア主義　❼ 1924·11·24 政
大韓航空機事件　❾ 1983·9·1 政／9·12 政／1988·1·26 政
大韓航空ソ連領空通過　❾ 1978·4·21 政
ドイツ皇孫来日　❻ 1879·5·28 政
南洋協会　❼ 1915·1·30 政
南洋諸島(独領)　❼ 1914·12·1 政／1915·8·1 政／1921·4·25 政
日本船襲撃事件　❾ 2008·11·14 政／

2010·4·5 政／9·5 政／10·10 政／10·28 政／11·21 政／**2011**·3·5 政
日本についての記述の間違い　❾ **1984**·8·14 文
日本の世界での評判　❾ **2007**·11·22 政
ハーグ密使事件　❼ **1907**·6 月 政／7·3 政
米ネバダ州ウェンドーバー平和記念碑　❾ **1990**·8·25 政
ペルー鉱山詐欺事件　❻ **1889**·10·7 政
ポルトガル領事館廃止　❻ **1892**·6·10 政
香港在留日本人の職業　❻ **1886**·6 月 政
マーシャル諸島日本人殺害事件　❻ **1884**·9·1 政
マリア·ルース号事件　❻ **1872**·6·4 政／**1873**·6·25 政
ラオス三井物産拉致事件　❾ **1989**·3·1 社
レインボーブリッヂ(民間人道支援活動団体)　❾ **2003**·8·2 政
露·独·仏の三国干渉　❻ **1895**·4·23 政
ロベルトソン号(独)遭難　❻ **1873**·7·11 政
路傍演説　❻ **1878**·11 月 政
倫敦(ロンドン)日本協会　❻ **1892**·1 月 政／**1894**·2 月 政
台湾·高砂
抗日蜂起·独立運動　❼ **1896**·1·6 政／**1913**·10 月 政／**1915**·7·6 政／**1923**·12·16 政
在日台湾人　❽ **1945**·10·25 政／11·3 政／**1947**·5·2 政
台湾、軍政から民政に移行　❼ **1896**·3·31 政
台湾阿片令　❼ **1897**·1·22 政
台湾議会規制同盟会　❼ **1923**·1·30 政
台湾事業公債法　❼ **1899**·3·22 政
台湾施政四十年記念祝賀会　❼ **1934**·6·17 政
台湾自治律令　❼ **1935**·4·1 政
台湾事務局　❻ **1895**·6·13 政／❼ **1897**·9·1 政
台湾授受手続き完了　❻ **1895**·7 月 政
台湾人籍調査　❼ **1905**·明治 38 年 政
台湾人元軍人·軍属　❾ **1977**·8·10 政／**1982**·2·26 政／**1987**·9·10 政／**1992**·4·28 政
台湾征討　❻ **1874**·2·6 政／4·4 政／5·2 政／11·16 政
台湾征討義勇軍　❻ **1874**·8·15 政
台湾征討反対(木戸孝允)　❻ **1874**·1·17 政
台湾生蕃は化外の民　❻ **1873**·6·21 政
台湾船　❺-1 **1674**·3·19 政／**1682**·是年 政
台湾総督(初代)　❻ **1895**·5·10 政
台湾総督府　❼
台湾独立　❽ **1938**·1 月 政
台湾土地調査·地租·地積規則　❼ **1896**·8·16 政／**1898**·7·17 政
台湾に施行すべき法令　❼ **1906**·4·11 政
台湾に日本條約を適用　❼ **1896**·1·29 政
台湾の彩票事件　❼ **1907**·3·14 政
台湾へ説得特使　❾ **1972**·10·17 政
台湾への密航船·台湾募兵計画　❽ **1950**·8·17 政
台湾北部の反乱軍　❻ **1895**·12 月 政
台湾問題交渉　❻ **1874**·7·12 政／8·1 政／9·14 政
高砂(台湾·たかさご)　❹
高砂国(台湾)事件　❺-1 **1629**·7·17 政／**1632**·10·1 政
罰金および笞刑処分例(台湾総督府)　❼ **1904**·1·12 社
匪徒刑罰令(台湾総督府)　❼ **1898**·11·5 政
保甲條例(台湾総督府)　❼ **1898**·8·31 政
霧社事件(台湾能高郡霧社住民)　❼ **1930**·10·27 政／**1931**·4·25 政
理蕃事業(台湾総督府)　❼ **1910**·5·5 政
中華民国政府·台湾　❾ **1970**·11·17 政／**1972**·3·6 政／9·29 政
中華民国維新政府　❽ **1938**·3·28 政
中華民国政府連合委員会　❽ **1938**·9·22 政
旧日本軍人·軍属台湾人　❾ **1985**·8·26 政
新京(長春)　❼ **1932**·3·16 政
台湾省民帰国　❽ **1946**·5·5 政
台湾戦後処理議員懇談会　❾ **1994**·2·23 政
台湾独立運動連盟　❾ **1968**·3·27 政／**1971**·3·30 政
中国人の強制連行　❽ **1942**·4 月 政／11·27 政／**1945**·是年 政
中国に降伏調印　❽ **1945**·9·9 政
南京政府　❽ **1945**·8·25 政
日本·台湾交流協会　❾ **1972**·12·1 政
柳條湖事件　❼ **1931**·9·18 政
唐口(明国福州)への出兵準備　❺-1 **1610**·②·10 政
巨文島(英占領)　❻ **1885**·4·20 政
中国(中華人民共和国)　⇨(元·清など p.549、550、554)
侵華日軍七三一部隊罪証陳列館(中国·ハルビン)　❾ **1995**·8·15 政
紅衛兵　❾ **1967**·7·24 政
国交正常化　❾ **1972**·7·7 政
中国ガス田開発問題　❾ **2004**·7·7 政／**2005**·7·14 政／9·9 政／**2006**·3·6 政／**2007**·12·28 政／**2008**·6·18 政
中国漢級潜水艦日本領海を侵犯　❾ **2004**·11·10 政
中国人虐殺対日補償要求民衆大会　❽ **1963**·8·25 政
中国人と結婚した日本女性　❽ **1956**·7·20 政
中国人俘虜殉難者　❽ **1953**·2·17 政／4·1 社／7·2 政
中国人密航·密入国　❾ **1992**·5·10 社／7·9 政／**1993**·4·3 社／5·11 社／11·22 社／**1994**·3·10 社／**1998**·8·17 社
中国人労働者強制連行　❾ **1994**·6·22 政／**1996**·3·25 政／**2003**·1·15 政／**2004**·3·26 政／**2005**·6·23 社
南京虐殺の記録映画　❾ **1995**·3·5 政
南京大虐殺記念館　❾ **1985**·8·15 政／**1998**·5·9 政
日中共同声明　❾ **1972**·9·25 政／11·8 政
日中国交正常化　❾ **1970**·12·9 政／**1971**·2·16 政／7·9 政／10·2 政／10·25 政／**1972**·2·21 政／7·7 政／7·10 文／7·22 政／8·31 政／9·25 政／**1974**·9·29 政
日中復交四原則　❾ **1971**·10·2 政
日中平和友好條約　❾ **1975**·1·15 政／2·14 政／**1977**·10·20 政／**1978**·7·21 政／8·12 政／10·23 政
日中友好議員連盟　❾ **1973**·4·24 政
日中友好協会　❾ **1966**·9·30 政
日本·ASEAN 経済協議会　❾ **1980**·12·12 政
日本中国友好協会　❽ **1950**·10·1 政
反日デモ·暴動(中国)　❾ **2005**·4·2 政／4·17 政
反日デモ(尖閣諸島問題)　❾ **2010**·10·16 政／**2012**·8·19 政／9·13 政
賠償問題
インドネシア賠償　❾ **1970**·4·14 政
カンボジア賠償　❾ **1966**·7·5 政
シンガポール血債　❾ **1966**·10·24 政／**1967**·5·23 政／9·21 政
タイ賠償　❾ **1969**·5·31 政
ビルマ賠償　❾ **1965**·4·15 政
フィリピン賠償　❾ **1976**·7·22 政
マレーシア血債協定　❾ **1967**·9·21 政
南ベトナム賠償　❾ **1965**·1·18 政
貿易·貿易船(琉球を除く)
糸割符の制(長崎市法)　❺-1 **1603**·是年 政／**1604**·5·3 政／**1631**·是年 政／**1633**·2 月 政／**1634**·5·27 政／是年 政／**1638**·7·19 政／**1641**·7·5 政／**1644**·3·9 政／**1655**·4·5 政／**1672**·11 月 政／**1684**·12·27 政／**1685**·1·10 政／**1697**·8 月 政／**1698**·是年 政／**1699**·10·4 政／**1700**·2·13 政／**1709**·5 月 政／❺-2 **1752**·3 月 政
過海料　❹ **1493**·⑤·8 政
鎌倉大仏造営料船　❸ **1329**·12·3 政
唐方御取締増掛　❺-2 **1835**·10·6 政
唐物(取締·目利·問屋·役所)　❺-2 **1717**·4·14 政／**1789**·10 月 政／**1800**·9·22 政／**1806**·1 月 政／**1812**·是年 政／**1817**·6 月 政／**1821**·8·16 政
管軍総把印　❷ **1227**·9 月 政
勘合(符·箱)　❹ **1459**·8·27 政／**1474**·12·15 政／**1487**·10·30 政／**1509**·5 月 政／**1545**·3·14 政
嘉靖旧勘合　❹ **1541**·5·21 政
景泰勘合　❹ **1490**·⑧·10 政
弘治勘合　❹ **1543**·5·13 政
成化勘合　❹ **1490**·⑧·10 政
宣徳勘合　❹ **1465**·6·12 政
勘合符(入明)　❹ **1460**·5·8 政
勘合貿易　❸ **1433**·6 月 政／**1434**·6·5 政／**1454**·2·18 政／❹ **1473**·是年 政

勘合貿易(琉球渡海)　❹ **1559**·3·3 政
勘合貿易復活(明)　❹ **1600**·1·27 政／❺-1 **1611**·5·26 政／10·28 政
通信符勘合印　❸ **1453**·7月 政
交際凡事(対馬)　❺-1 **1666**·7月 政
冊封使(明⇨日本)　❹ **1595**·1·30 文禄の役／4·28 文禄の役／10·10 文禄の役／**1596**·4·2 文禄の役／5·1 文禄の役／5·4 文禄の役／6·15 文禄の役／6·27 文禄の役／8·29 文禄の役／9·1 文禄の役／9·7 文禄の役／**1597**·3·9 慶長の役
市法会所　❺-1 **1675**·是年 政
市法商売⇨糸割符(いとわっぷ)の制　❺-1
定高仕法の始まり　❺-1 **1685**·8·10 政
勝長寿院·建長寺造営料船　❸ **1326**·9·4 政
正徳新例(海舶互市新例)　❺-1 **1715**·1·11 政
対外交渉係(日本側)　❺-2
対朝鮮貿易が不振　❺-2 **1755**·7·1 政
対明貿易　❹ **1483**·1月 政
俵物会所·役所　❺-2 **1745**·4·18 政／**1747**·2月 政／5·12 政／**1784**·11·2 政／**1785**·2·17 政／**1829**·8月 政／**1832**·8·14 政
朝鮮との貿易総額　❺-1 **1686**·8·9 政／**1700**·11·2 政
通事　❸ **1373**·6·29 政／**1374**·6·1 政
唐·オランダ商売総取締役　❺-1 **1697**·11·12 政
唐人·阿蘭陀貨物宿老　❺-1 **1673**·4·24 政
唐人屋敷(長崎)　❺-1 **1688**·7·23 政／12·17 政／**1689**·①·27 政／4·15 政／**1695**·11·8 政／**1703**·10·8 政／11·30 政.1705·8·10 政／**1707**·8·13 政／**1708**·4·1 政
唐人宿　❸ **1434**·1·19 政
唐蛮貨物帳　❺-1 **1713**·是年 政
唐物定問屋(琉球)　❺-1 **1688**·1·27 政
唐物販売定問屋　❺-1 **1689**·8月 政
唐蘭交易残荷物代物替商売　❺-1 **1692**·是年 政
渡宋の計画(源実朝)　❷ **1216**·11·24 政／**1217**·4·17 政
長崎の地下分配金　❺-2 **1719**·1·29 政
長崎·平戸の両港(外国商船貿易港)　❺-1 **1618**·8月 政
長崎運上税　❺-2 **1723**·3月 政／**1723**·是年 政
長崎表取締　❺-2 **1764**·7·1 政
長崎外国貿易の期日　❺-1 **1672**·3·23 政
長崎会所　❺-2 **1733**·4月 政／**1734**·是年 政／**1776**·2月 政／**1807**·1月 政
長崎港警備　❺-2 **1802**·2·26 政
長崎雑物替会所　❺-2 **1734**·是年 政
長崎地下商売糸　❺-1 **1701**·是年 社
長崎出島　❺-1 **1634**·是年 政／**1635**·5·20 政／**1636**·6·27 政／是年 政／**1711**·10月 政
長崎出島目付　❺-1 **1695**·11·8 文
長崎銅会所　❺-2 **1750**·7月 政／**1766**·6·3 政
長崎唐人屋敷　❺-2 **1736**·2·9 政／**1737**·2·4 社／**1739**·6·18 政／**1746**·8月 政／**1768**·11·22 政／**1784**·7·24 政／**1798**·3·6 政／**1820**·6月 政／**1821**·2·28 政／**1827**·4月 政／金·12 政／**1835**·11·10 政／**1837**·3·1 政
長崎の地下配分金　❺-1 **1699**·是年 政
長崎の東南アジア船の状況　❺-1 **1666**·11·27 政
長崎番船　❺-1 **1640**·9·25 政
長崎貿易　❺-1
長崎貿易信牌(長崎通商照票)　❺-2 **1716**·2月 政／**1734**·4·13 政／**1746**·是年 政／**1765**·9·19 政／**1793**·6·8 政
長崎貿易高値売買禁令　❺-2 **1779**·9·12 政
長崎貿易の唐船　❺-1 **1688**·8月 政
長崎貿易半領金子令　❺-1 **1664**·8·9 政
長崎密貿易(抜荷)事件　❺-1 **1676**·1·9 政／**1686**·1·24 政／**1687**·1·21 政／5·2 政／**1689**·6·11 政／8月 政／**1690**·10·6 政／**1692**·6·17 政／**1698**·5·25 政／8·26 政／9·20 政／**1703**·7·5 政／10·27 政／**1706**·4·6 政／7·27 政／**1710**·3·18 政／11·4 政／**1713**·是年 政／**1714**·2月 政／❺-2 **1717**·4·21 政／**1718**·2·15 政／4·19 政／6·29 政／11·28 政／**1719**·2·18 政／**1720**·4·1 政／**1725**·4·5 政／**1726**·8月 政／9·11 政／**1753**·6月 政／**1756**·8月 政／**1761**·1·19 政／**1772**·4·23 政／7·18 政／**1774**·是年 政／**1788**·12·11 政／**1795**·是年 政／**1802**·12月 政／是年 政／**1805**·2·6 政／**1806**·是年 政／**1810**·4·18 政／**1820**·4·14 政／6月 政／**1824**·是年 政／**1828**·2·11 政／**1830**·是年 政／**1831**·2·27 政／**1835**·3·28 政／土·26 政／10·6 政／12·13 政／**1836**·2·6 政／**1839**·2·27 政／**1843**·2月 政／3·4 政／**1849**·8·26 社／**1852**·10·25 政
日本商人(寧波)　❸ **1306**·4·25 政／**1307**·是年 政／**1309**·1月 政
入明　❹ **1461**·是年 文／**1476**·是年 政
抜荷⇨長崎密貿易·抜荷(取締)
平戸·長崎以外での通商禁止　❺-1 **1616**·11·23 政
釜山浦で貿易　❺-1 **1604**·7·11 政／8月 政／**1605**·5·12 政
密貿易の禁止　❺-1 **1622**·6·12 政／**1664**·是年 政／**1670**·6月 政／**1691**·9·30 政／**1692**·10·13 政／**1714**·5·14 政

貿易船
建長寺造営料船　❸ **1325**·7·16 政
建仁寺勧進船　❸ **1455**·是年 政
興福寺勧進船　❹ **1466**·1·22 政
歳遣船(対朝鮮貿易船)　❹ ❸ **1440**·是年 政／**1443**·是年 政／**1445**·2·8 政／5月 政／是年 政／**1452**·是年 政／❹ **1456**·是年 政／**1457**·1·10 政／是年 政／**1459**·是年 政／**1467**·是年 政／**1483**·2·18 政／**1485**·6·20 政／**1512**·8·21 政／**1515**·是年 政／**1523**·9·3 政／**1547**·2·13 政／**1557**·4·1 政／❺-1 **1611**·9月 政／是年 政／**1630**·2·6 政／**1632**·7·7 政／**1633**·6·3 政／**1635**·4·14 政／**1636**·1月 政／4·24 政
朱印船制度　❺-1 **1601**·10月 政
安南渡航朱印状　❺-1 **1602**·9·15 政／**1603**·12月 政／**1604**·1·13 政／8·6 政／**1605**·7·1 政／8·28 政
異国渡海朱印状　❺-1 **1608**·8月 政／**1634**·1·10 政
オランダ船朱印状　❺-1 **1609**·7·25 政
交趾渡航朱印状　❺-1 **1629**·是年 政／**1675**·3·14 政
シャム朱印　❺-1 **1609**·7·25 政
朱印状(摩陸国渡海)　❺-1 **1616**·9·9 政
琉球渡海朱印状　❹ **1563**·2·28 政／**1572**·9月 政／**1574**·4·1 政／**1581**·2月 政／12·21 政／**1582**·1·17 政／5·22 政／9·15 政／9·17 政／**1584**·11·9 政／12·9 政／**1587**·2·25 政
摂津住吉社造営料船　❸ **1332**·是年 政／**1333**·7·30 政
宋居勝船　❺-1 **1666**·11月 政
天龍寺船　❸ **1341**·12·23 政／**1342**·是秋 政／❹ **1462**·2·12 政／**1486**·12·28 政
唐船·清船·明船　❸ **1329**·9·21 政／❹ **1562**·是年 政／**1575**·是年 政／**1584**·6·16 政／❺-1 **1610**·7月 政／**1611**·11·28 政／**1614**·慶長年間 政／**1615**·⑥·3 政／**1616**·6月 政／**1623**·是年 政／**1625**·是年 政／**1630**·8·28 政／**1631**·是年 政／**1633**·是年 政／**1637**·8·7 政／**1639**·3·16 政／**1644**·9·1 政／**1648**·是年 政／**1649**·是年 政／**1650**·是年 政／**1651**·是年 政／**1653**·是年 政／**1654**·是年 政／**1655**·是年 政／**1656**·是年 政／**1657**·是年 政／**1658**·是年 政／**1659**·是年 政／**1660**·是年 政／**1661**·是年 政／**1662**·是年 政／**1663**·是年 政／**1664**·是年 政／**1665**·是年 政／**1666**·是年 政／**1667**·是年 政／**1668**·是年 政／**1669**·是年 政／**1670**·是年 政／**1671**·11月 政／是年 政／**1672**·是年 政／**1673**·是年 政／**1674**·是年 政／**1675**·11·8 政／是年 政／**1676**·是年 政／**1677**·是年 政／**1678**·是年 政／**1679**·是年 政／**1680**·是年 政／**1681**·是年 政／**1682**·是年 政／**1683**·是年 政／**1684**·是年 政／**1685**·是年 政／**1686**·是年 政／**1687**·是年 政／**1688**·是年 政／**1689**·是年 政／**1690**·是年 政／**1691**·是年 政／**1692**·是年 政／**1693**·8·18 政／是年 政／**1694**·是年 政／**1695**·是年 政／**1696**·是年 政／**1697**·是年 政／**1698**·是年 政／**1699**·是年 政／**1700**·是年 政／**1701**·是年 政／**1702**·是年 政／**1703**·是年 政／**1704**·是年 政／**1705**·是年 政／**1706**·是年 政／**1707**·是年 政／**1708**·是年 政／**1709**·

是年 政／**1710**·是年 政／**1711**·是年 政／**1712**·是年 政／**1713**·是年 政／**1714**·是年 政／**1715**·8·28 政／是年 政／❺-2 **1716**·是年 政／**1717**·1·9 政／5·13 政／是年 政／**1719**·是年 政／**1720**·6·17 政／是年 政／**1721**·是年 政／**1722**·是年 政／**1723**·是年 政／**1724**·是年 政／**1725**·是年 政／**1726**·8·7 政／是年 政／**1727**·是年 政／**1728**·是年 政／**1729**·是年 政／**1730**·是年 政／**1731**·是年 政／**1732**·是年 政／**1733**·是年 政／**1734**·是年 政／**1735**·是年 政／**1736**·是年 政／**1737**·是年 政／**1738**·是年 政／**1739**·是年 政／**1740**·是年 政／**1741**·是年 政／**1742**·是年 政／**1743**·是年 政／**1744**·是年 政／**1745**·是年 政／**1746**·是年 政／**1747**·是年 政／**1748**·是年 政／**1749**·是年 政／**1750**·是年 政／**1751**·是年 政／**1752**·是年 政／**1753**·是年 政／**1754**·是年 政／**1755**·是年 政／**1756**·是年 政／**1757**·是年 政／**1758**·是年 政／**1759**·是年 政／**1760**·是年 政／**1761**·是年 政／**1762**·是年 政／**1763**·是年 政／**1764**·5·10 政／是年 政／**1765**·是年 政／**1766**·是年 政／**1767**·是年 政／**1768**·是年 政／**1769**·是年 政／**1770**·是年 政／**1772**·是年 政／**1773**·是年 政／**1774**·是年 政／**1775**·是年 政／**1776**·是年 政／**1777**·是年 政／**1778**·是年 政／**1779**·是年 政／**1780**·是年 政／**1781**·是年 政／**1782**·是年 政／**1783**·是年 政／**1784**·是年 政／**1785**·是年 政／**1786**·是年 政／**1787**·是年 政／**1788**·是年 政／**1789**·是年 政／**1790**·是年 政／**1791**·是年 政／**1792**·是年 政／**1793**·是年 政／**1794**·是年 政／**1795**·是年 政／**1796**·是年 政／**1797**·是年 政／**1798**·是年 政／**1799**·是年 政／**1800**·是年 政／**1801**·是年 政／**1802**·是年 政／**1803**·是年 政／**1804**·是年 政／**1805**·是年 政／**1806**·是年 政／**1807**·是年 政／**1808**·是年 政／**1809**·是年 政／**1810**·是年 政／**1811**·是年 政／**1812**·是年 政／**1813**·是年 政／**1814**·是年 政／**1815**·是年 政／**1816**·是年 政／**1817**·是年 政／**1818**·是年 政／**1819**·是年 政／**1820**·是年 政／**1821**·是年 政／**1822**·是年 政／**1823**·是年 政／**1824**·是年 政／**1825**·是年 政／**1826**·是年 政／**1827**·是年 政／**1828**·是年 政／**1829**·是年 政／**1830**·是年 政／**1831**·是年 政／**1832**·是年 政／**1833**·是年 政／**1834**·是年 政／**1835**·是年 政／**1836**·是年 政／**1838**·是年 政／**1839**·是年 政／**1840**·是年 政／**1841**·是年 政／**1842**·是年 政／**1843**·是年 政／**1844**·是年 政／**1845**·是年 政／**1846**·是年 政／**1847**·是年 政／**1848**·是年 政／**1849**·是年 政／**1850**·是年 政／**1851**·11·28 政／是年 政／**1852**·是年 政
唐船請人 ❺-1 **1663**·是年 政
唐船着岸物を押収 ❷ **1187**·5·14 政／❸ **1306**·4·14 政
唐船定数(長崎貿易) ❺-1 **1708**·11 月 政／❺-2 **1746**·5 月 政／**1791**·4·18 政
唐船点定数 ❸ **1287**·7·2 政／**1290**·9·25 政
唐船荷物 ❺-1 **1671**·7·10 政
唐船の貿易 ❺-2 **1733**·是年 政
唐船花銀支配 ❺-1 **1685**·6·28 政
唐船風説定役 ❺-1 **1699**·8·27 政／**1708**·10·22 政
唐船奉行 ❸ **1434**·1·23 政／❹ **1464**·6·15 政／7·4 政
特送船(朝鮮へ) ❹ **1512**·8·21 政／**1564**·8·25 政
渡宋船 ❷ **1243**·9·8 政
渡唐船 ❹ **1516**·4·19 政／**1518**·4·13 政／**1538**·12·1 政／**1539**·3·30 政／**1547**·2·20 政
渡唐船帰朝 ❷ **1242**·7·4 政
渡唐船の警固 ❹ **1465**·6·20 政
渡唐船奉行 ❹ **1545**·12·28 政
長崎貿易船 ❺-1 **1660**·是年 政
南京船 ❺-1 **1634**·3·15 政
幕府貿易船 ❸ **1298**·6·29 政
奉書船制度 ❺-1 **1631**·5·25 政
貿易品と金銀
煎海鼠 ❺-2 **1740**·是年 社／**1751**·是年 政／**1764**·3·11 政／**1765**·7·6 政／**1831**·2·27 政／**1739**·11·11 政／**1850**·3·26 政
五日次(おいり)雑物 ❺-1 **1663**·是年 政
唐金銀輸入の始め ❺-2 **1763**·7·7 政
生糸交易許可(琉球) ❺-1 **1646**·6·11 政
絹糸貿易 ❺-2 **1762**·是年 政
公木(木綿) ❺-1 **1626**·7 月 政／11·23 政／**1631**·12 月 政
糸価騰貴 ❺-1 **1609**·12 月 政
漆器 ❺-2 **1802**·2 月 政／7·4 政
代物替(しろものがえ) ❺-1 **1695**·8·29 政／**1698**·5·22 政
銅代物替 ❺-1 **1695**·8·29 政／**1697**·8 月 政／11·12 政／**1698**·是年 政
代物銀 ❺-1 **1695**·8 月 政
俵物(商人·問屋·取締·役所) ❺-2 **1739**·是年 政／**1743**·7·22 政／**1744**·8 月 政／**1750**·1 月 政／**1798**·6·25 政／**1804**·12 月 政／**1806**·是年 政／**1829**·是年 政／❻ **1865**·8·21 社
俵物(輸出用)二品 ❺-2 **1747**·5·2 政／**1765**·7·20 政／**1778**·3·23 政／**1782**·5·3 政／**1794**·8·22 政／**1807**·7·4 社／**1829**·4 月 政／**1833**·是春 政／**1837**·3·11 政
俵物輸出の初見 ❺-1 **1683**·是年 政
朝鮮貿易銀 ❺-2 **1737**·6 月 政／**1751**·5·24 政
鋳銭用銅(朝鮮) ❺-2 **1768**·12 月 政／**1816**·12 月 政
陶器輸出 ❺-2 **1775**·11·24 政
銅貿易 ❺-1 **1713**·6·9 政
唐蘭貿易額 ❺-2 **1746**·3 月 政
渡唐反銭 ❸ **1434**·11·11 政
日本からの輸出品 ❺-2
寧波(ニンポー)船の荷物目録 ❺-1 **1698**·1·3 政
船出銀 ❺-2 **1808**·1·26 政
鱶鰭(フカヒレ) ❺-2 **1765**·7·6 政／**1831**·2·27 政
貿易銀高 ❺-1 **1685**·8·10 政
貿易品取締令 ❺-1 **1673**·6·14 政
干鮑 ❺-2 **1740**·是年 社／**1764**·3·11 政／**1765**·7·6 政／**1831**·2·27 政／**1850**·3·26 政
輸出銀 ❺-2 **1737**·7 月 政
輸出銅 ❺-2 **1818**·是年 政／**1819**·是年 政／**1820**·7·20 政 輸出販売品目
輸出入禁止品目(長崎) ❺-1 **1667**·7·25 政／**1668**·3·8 政／**1671**·10·15 政／**1683**·2·3 政／**1697**·7·26 政
輸出販売品目 ❺-2 **1836**·是年 文
対馬(つしま)
以酊庵(いていあん)の制 ❺-1 **1635**·5·12 政／10 月 政／**1636**·8 月 政／**1655**·10·26 政／❺-2 **1815**·12·6 政／❻ **1866**·12·20 政
海外渡航の禁止 ❺-1 **1652**·5·1 政
海辺監視所 ❺-1 **1645**·7·22 政
議聘順成国講定役(対馬藩) ❺-2 **1802**·12·19 政
国印(明国印を清に返還) ❺-1 **1653**·是年 政
商売掛(元方役、対馬藩) ❺-1 **1683**·9 月 政
朝鮮使(朝鮮⇨対馬) ❺-1 **1603**·11 月 政／**1616**·12 月 政／**1631**·7 月 政／**1632**·8 月 政／**1635**·1 月 政／❺-2 **1721**·3·18 政／**1734**·1·13 政／**1754**·7·14 政／**1768**·4·29 政／**1780**·11·1 政／**1783**·6·13 政／**1787**·12·25 政／**1796**·8·29 政／**1805**·7·6 政／**1818**·12 月 政／**1822**·2 月 政
朝鮮自由貿易(対馬) ❻ **1876**·10·14 政
朝鮮貿易(対馬藩) ❺-2 **1772**·3 月 政
対馬州敬差官 ❸ **1454**·12·7 政
対馬州都節制使(判中枢院事兼) ❹ **1461**·6·14 政
対馬商人 ❷ **1160**·12·17 政
対馬島敬差官 ❹ **1494**·6·1 政
対馬島宣慰使 ❹ **1471**·是春 政／**1476**·5·2 政／**1487**·5·2 政
対馬の状況 ❸ **1437**·是年 政
対馬の朝鮮慶尚道説 ❸ **1421**·4·6 政
日本人の渡海糧を改定(朝鮮) ❸ **1438**·9·29 政
貿易港(平戸から横瀬浦へ) ❹ **1562**·6·14 政
貿易資金(対馬藩) ❺-1 **1701**·2·27 政
問慰使(朝鮮⇨対馬) ❺-1 **1635**·是年 政
ロシア艦対馬占拠事件 ❻ **1861**·2·3 政／**1861**·ロシア艦対馬占拠事件特集ページ
日本国王(中国·朝鮮の室町幕府·征夷大将軍への呼称) ❸ **1402**·2·6 政／是年 政／**1403**·2·19 政／11·17 政／是年 社／**1404**·10·24 政／**1406**·1·16 政／**1408**·12·21 政／**1411**·1·26 政／**1417**·10·3 政／**1419**·11·20 政／**1422**·11·16 政／**1430**·2·11 政／**1432**·1·26 政／5·23 政／**1434**·6·15 政／**1436**·2·4 政／**1440**·5·19 政／❹ **1457**·3·13 政／

1462·10·9 政／**1475**·8·28 政／**1476**·4·8 政／**1482**·5·12 政／**1543**·是年 政／❺-1 **1635**·4·14 政／**1636**·12·27 政／**1711**·2·7 政
四国大将　❸ **1369**·2·15 政
日本国大将軍　❸ **1402**·7·11 政
日本国大相国　❸ **1402**·6·6 政
日本国大君(称号)　❺-1 **1635**·4·14 政／**1636**·12·27 政
日本国大君殿下　❺-1 **1711**·2·7 政

満洲　❼ **1932**·3·1 政／6·14 政／9·15 政／**1933**·3·1 政／**1934**·1·20 政／3·1 政／**1935**·12·6 政／❽ **1937**·11·29 政／**1939**·3·1 政／4·26 政／12·22 政／**1942**·5·26 政／8·8 社／9·15 政
冀東防共自治委員会　❼ **1935**·11·25 政
国防政府樹立　❼ **1935**·8·1 政
在華·満洲·シベリア日本人被害者救済に関する勅令　❼ **1935**·5·29 政
在満機構改革問題終結　❼ **1934**·8·6 政
対満事務局　❼ **1934**·12·26 政
日満関税協定　❼ **1935**·2·12 政
日満国民大交驩会　❼ **1932**·10·24 政
日満婦人協会　❼ **1933**·2·25 社
反満抗日集団　❼ **1932**·6·15 政／**1935**·7·23 政／8·19 政／**1936**·1月 政
北満諸部隊の撤兵　❼ **1922**·9·14 政
「守れ満蒙、帝国の生命線」　❼ **1931**·10·27 政
「満韓交換論」　❼ **1898**·3·19 政
満洲開拓殉難碑　❽ **1963**·8·10 社
満洲軍増派　❼ **1925**·12·8 政／**1931**·12·27 政
満洲国江防艦隊観艦式　❼ **1935**·9·9 政
満洲国使節　❼ **1932**·6·20 政
満洲財界救済資金　❼ **1923**·6·20 政
満洲事変　❼ **1931**·9·18 政／9·24 政／**1933**·7·20 政／9·18 政／**1936**·3·18 政
満洲での事態不拡大の方針　❼ **1931**·9·19 政
満洲農業移民実施基礎要綱　❼ **1934**·12·24 政
満洲の門戸開放·機会均等　❼ **1906**·3·19 政／4·12 政
満洲某重大事件(張作霖爆死事件)　❼ **1929**·7·1 政
満洲問題に関する交渉　❼ **1908**·12·28 政
満鮮視察団　❼ **1931**·7·7 政
満ソ国境紛争処理要綱」(国境紛争に対する強硬方針)　❽ **1939**·4·25 政
満鉄問題　❼ **1921**·3·5 政
満蒙処理方針要綱　❼ **1932**·3·12 政
満蒙新国家建設会議　❼ **1932**·2·16 政
満蒙独立論　❼ **1913**·7·26 政
満蒙問題解決方策の大綱　❼ **1931**·6月 政

琉球　❷ **1243**·9·19 政
瓜蛙国(琉球)　❸ **1411**·7月 政
遣高麗使(琉球⇨高麗)　❸ **1389**·8月 政／**1392**·8·19 政／9月 政／**1394**·9·9 政
遣薩摩使(紋船、琉球⇨薩摩)　❹ **1480**·2·11 政／**1481**·8·6 政／**1507**·是年 政／**1516**·4·25 政／12·20 政／**1558**·是年 政／**1575**·3·27 政／4·3 政／4·10 政／**1584**·12·23 政／**1585**·4·29 政／**1589**·6·7 政／9·24 政／**1590**·2·28 政／**1591**·8·21 政／**1594**·6·21 政／**1597**·5·22 政／❺-1 **1608**·4·8 政／**1611**·4月 政／**1627**·1·11 政／❺-1 **1613**·是年 政／❺-2 **1783**·7·27 政／**1795**·7·22 政／**1796**·11·29 政／**1801**·6·5 政／**1815**·7·26 政／**1827**·7·1 政／**1830**·5·20 政／**1848**·3·16 政／**1849**·8·2 政／**1850**·5·21 政
遣暹羅使(琉球⇨シャム)　❹ **1564**·是年 政／**1570**·是年 政
遣清国使(琉球⇨清)　❺-2 **1716**·10·16 政／**1718**·7·11 政／**1719**·3·3 政／**1751**·是冬 政／**1754**·是冬 政／**1755**·是年 政／**1757**·是春 政／**1780**·是冬 政／**1799**·是秋 政／**1837**·是秋 政／**1840**·9·1 政／**1844**·9·20 政／**1846**·9·26 政／**1850**·9·24 政
遣朝鮮使(琉球⇨朝鮮)　❸ **1409**·9·21 政／**1410**·10·19 政／12·24 政／**1423**·1·4 政／**1437**·7·20 政／**1446**·2·12 政／**1447**·2·12 政／**1451**·1·4 政／**1453**·3·11 政／❹ **1457**·2·24 政／7·14 政／**1458**·3·9 政／7月 政／**1459**·1·10 政／9·17 政／**1461**·2·19 政／12·2 政／**1462**·3·25 政／5月 政／**1464**·6·14 政／**1466**·是年 政／**1467**·3·5 政／7·13 政／**1468**·3月 政／5·16 政／**1469**·是年 政／**1471**·11·2 政／**1472**·1·17 政／**1477**·6·6 政／**1479**·5·3 政／**1480**·4·7 政／6·7 政／**1484**·5·18 政／**1485**·是年 政／**1486**·4·6 政／**1491**·12·2 政／**1493**·6·6 政／**1499**·是年 政／**1500**·3·28 政／11·12 政／**1504**·是年 政／**1512**·是年 政／**1519**·3·9 政／**1531**·6·18 政／**1537**·5·22 政／❺-1 **1604**·2·24 政／**1606**·4月 政／**1609**·3·22 政
遣朝鮮使(琉球偽使説)　❹ **1480**·6·10 政／**1505**·7·18 政
遣幕府使(琉球⇨幕府、琉球慶賀使·江戸登城)　❸ **1419**·是年 政／**1420**·5·6 政／**1436**·9·15 政／❹ **1458**·6·3 政／8·4 政／12·14 政／**1466**·7·28 政／**1472**·2·23 政／**1509**·4·28 政／**1516**·12·20 政／**1527**·9·11 政／**1547**·11·6 政／**1549**·12·26 政／**1583**·5月 政／**1598**·7月 政／❺-1 **1608**·2·27 政／4·8 政／**1610**·5·16 政／8·1 政／**1634**·⑦·9 政／**1644**·4·18 政／6·12 政／**1649**·5月 政／**1652**·10·16 政／**1653**·⑥·12 政／9·28 政／**1671**·5·28 政／7·28 政／**1682**·2·6 政／4·11 政／**1710**·7·18 政／11·18 政／**1714**·9·9 政／❺-2 **1718**·11·13 政／**1748**·7·3 政／9·9 政／12·15 政／**1752**·6·4 政／12·15 政／**1764**·6·20 政／11·21 政／**1765**·6·27 政／**1790**·6·14 政／12·2 政／**1796**·5月 政／12·6 政／**1799**·6·28 政／**1806**·6·25 政／11·23 政／**1832**·6·8 政／⑪·6 政／**1839**·6·7 政／**1842**·5·23 政／11·19 政／**1850**·6·2 政／11·18 政
遣閩使(琉球⇨中国福建省)　❹ **1517**·是年 政
遣福州使(琉球⇨中国福州)　❺-1 **1674**·1·20 政
遣満剌加(琉球⇨マラッカ)　❹ **1463**·8·4 政／**1465**·8·15 政／**1492**·是年 政／**1503**·是年 政／**1510**·是年 政
遣明使(琉球⇨明)　❸ **1374**·10·21 政／**1376**·4·1 政／**1378**·5·5 政／**1380**·3·19 政／**1383**·1·1 政／12·19 政／**1384**·1·1 政／6·1 政／**1385**·1·1 政／**1386**·1·4 政／**1387**·2·10 政／12·1 政／**1388**·1·1 政／**1390**·1·26 政／**1391**·2·22 政／**1392**·5·3 政／11·17 政／12·14 政／**1393**·1·18 政／**1394**·1·24 政／**1395**·1·1 政／9月 政／**1396**·1·10 政／4·20 政／**1397**·2·3 政／8·6 政／12·15 政／**1398**·1·8 政／8月 政／**1403**·2·22 政／3·9 政／**1404**·2·21 政／3·18 政／**1405**·3·9 政／**1407**·3·1 政／**1408**·3·26 政／**1409**·4·11 政／**1410**·3·5 政／**1411**·4·3 政／**1412**·2·20 政／**1413**·1·16 政／**1414**·⑨·5 政／**1415**·3·19 政／**1416**·1·27 政／**1417**·4·28 政／**1418**·2·14 政／8·21 政／**1419**·1·23 政／**1423**·8·10 政／**1424**·2·12 政／**1426**·3·21 政／**1427**·4·13 政／**1428**·8·21 政／**1429**·1·18 政／**1430**·6·4 政／**1431**·8·19 政／11·9 政／**1432**·3·10 政／**1433**·2·16 政／**1434**·2·8 政／**1435**·1·19 政／**1437**·5·8 政／**1438**·2·25 政／**1439**·3·10 政／**1442**·1·27 政／**1444**·2·30 政／11·1 政／**1445**·1·17 政／**1446**·2·12 政／**1448**·1·15 政／**1449**·3·1 政／**1450**·1·12 政／**1451**·2·23 政／**1452**·3·8 政／**1453**·3·10 政／**1454**·3·27 政／9·5 政／**1455**·2·14 政／❹ **1458**·1·9 政／**1462**·2·25 政／**1463**·2·9 政／是年 政／**1464**·3·20 政／**1465**·3·20 政／**1466**·③·4 政／**1467**·3·20 政／**1471**·3·11 政／**1472**·2·21 政／**1473**·4·7 政／**1476**·3·5 政／**1477**·3·5 政／**1478**·4·13 政／**1480**·3·24 政／**1486**·是年 政／**1487**·12·3 政／**1488**·4·14 政／**1489**·是年 政／**1490**·3·20 政／**1491**·是年 政／**1492**·4·3 政／**1493**·是年 政／**1494**·4·4 政／**1496**·4·9 政／**1497**·是年 政／**1502**·3·21 政／**1506**·是年 政／**1507**·3·13 政／4·7 政／**1509**·2·9 政／**1510**·是年 政／**1511**·4·1 政／**1512**·6·21 政／**1513**·是年 社／**1514**·是年 政／**1515**·4·13 政／**1516**·4·2 政／**1517**·3·24 政／**1518**·4·10 政／**1520**·4·12 政／**1522**·5·3 政／**1523**·8·26 政／是年 政／**1524**·4·8 政／**1528**·4·9 政／**1534**·3·2 政／**1536**·1·9 政／**1537**·是年 政／**1538**·3·24 政／**1541**·6·3 政／**1559**·是年 政／**1562**·6·1 政／**1563**·11·25 政／**1565**·12·13 政／**1568**·11·28 政／**1569**·12·23 政／**1573**·11·29 政／**1574**·12·21 政／**1575**·12·7 政／是年 政／**1576**·1·21

政／1577·12·1 政／1578·是年 政／1581·10·15 政／1587·10·27 政／1591·11·29 政／1597·10·3 社／❺-1 1601·7·21 政／1612·是年 政／1613·8·26 政／1625·12·8 政／1626·1·3 政／11·12 政／1628·4·9 政／1629·6·2 政／1684·6月 政／1688·是年 政／1712·10·3 政
遣琉球使(薩摩⇨琉球)　❹ 1559·4·2 政／❺-1 1632·1·29 政／❺-2 1844·7月 政／1848·4月 政／❻ 1872·1·5 政
遣琉球使(偽使か、日本⇨朝鮮)　❹ 1459·1·10 政／1494·3·19 政／5·11 政
貢礼船(琉球)　❺-1 1689·10月 政
五年一貢(琉球⇨明)　❺-1 1626·1·3 政
三嶼国(琉球か)　❸ 1294·是年 政
進貢船(琉球)　❺-1 1673·3·3 政
朝鮮、偽琉球王使を防止　❹ 1487·4·24 政
朝鮮使(朝鮮⇨琉球)　❸ 1415·8·5 政／1416·1·27 政／1429·8·15 政
渡唐船往還の規式(琉球)　❺-1 1693·9·26 政
二年一貢(琉球⇨明·清)　❺-1 1633·6·9 政／1635·6·1 政／❺-2 1840·9·1 政
宮古島(琉球に入貢)　❸ 1317·10·25 政／1390 是年 政
明冊封使(明·清⇨琉球)　❸ 1404·是年 政／1424·是年 政／1425·2·1 政／1426·3·21 政／1443·是年 政／1447·3·25 政／1452·是年 政／1454·9·5 政／1455·4·10 政／❹ 1456·是年 政／1463·是年 政／1471·3·14 政／1472·是年 政／1478·4·15 政／1480·3·11 政／1534·5·25 政／7·2 政／1558·4·1 政／1561·⑤·9 政／1579·6·5 政／❺-1 1606·6·1 政／7·21 政／1622·是年 政／1625·12·8 政／1633·6·9 政／6·25 政／1683·6·26 政／❺-2 1719·6·1 政／1720·7·6 政／1756·6·15 政／8·8 政／1800·5·12 政／1801·6·16 政／1805·9·1 政／1808·8·17 政／1838·5·9 政／❻ 1875·5·9 政
明使(明⇨琉球)　❸ 1372·1·16 政／12·29 政／1374·10·28 政／1377·1月 政／1382·是年 政／1383·9·19 政／1395·4·7 政／1396·4·20 政／1404·是年 政／1415·5·13 政／1417·10·3 政／1423·11·20 政／1424·1·1 政／2·12 政／是年 政／1430·⑫·8 政／1432·1·26 政／1434·8·23 政／1436·1·2 政／1440·2·21 政
明人、琉球に移住　❸ 1370·是年 政
明進貢使(琉球⇨明)　❹ 1597·10·3 政
八重山島(琉球に入貢)　❸ 1390·是年 政
大和仮屋(琉球那覇)　❺-1 1631·是年 政／1639·是年 政
琉球、旧港(パレンバン)と通交　❸ 1428·9·24 政
琉球王から明への書翰　❺-1 1613·是春 政／1715·1·27 政
琉球館(琉球仮屋)　❺-2 1767·2·2 政／1784·3月 政／1791·12·12 政／1792·2月 政／1793·2月 政
琉球警備(鹿児島藩)　❺-2 1846·6·14 政
琉球貢船(日本⇨琉球)　❹ 1466·8·4 政
琉球国客人(朝鮮に渡来)　❸ 1429·9·29 政／1431·9·6 政
琉球国司　❺-1 1636·是年 政／1712·6月 政
琉球国物産　❺-2 1836·4月 政
琉球使(高麗⇨琉球)　❸ 1389·9月 政
琉球使(隋·明·清⇨琉球)　❶ 605·是年 政／607·是年 政／608·是年 政／❸ 1372·1·16 政／1376·4·1 政／❺-1 1652·8·14 政
琉球進貢船(琉球⇨明)　❹ 1472·是秋 政
琉球人来聘手当米　❺-2 1790·11·28 政
琉球接貢船　❺-1 1678·是年 政／❺-2 1852·5·8 政
琉球船(使船·商船)　❸ 1403·是年 政／1404·8·17 社／1419·是年 政／1429·8·15 政／1434·3·18 社／❺-1 1603·是春 政／是年 政／1605·7·28 政／1685·是年 政
琉球での外国貿易は臨機の処置　❺-2 1808·5·17 政／1846·6·5 政
琉球渡海船　❹ 1474·9·21 政
琉球渡海之軍衆御法度之條々　❺-1 1608·9·6 政
琉球渡航禁止　❺-1 1618·8·30 政／1634·10·19 政／1638·3·8 政
琉球との貿易総額　❺-1 1686·12·15 政
琉球の状況を報告　❺-2 1846·⑤·25 政
琉球の情報　❹ 1571·是年 政
琉球の渡唐銀高　❺-1 1687·9·7 政
琉球の風物　❹ 1462·2·16 政
琉球疲弊救済　❺-1 1711·5·15 政
琉球貿易　❹ 1542·5·26 政

倭人

倭館(朝鮮漢城·使節用)　❸ 1409·2·26 政／1418·3·2 政／1423·10·25 政／1429·6·14 政／1445·11月 政
倭館(釜山)　❺-1 1609·3·22 政／1618·是年 政／1621·10·2 政／1623·2·15 政／1626·12·26 政／1627·11·30 政／1646·8月 政／1650·12·7 政／1651·3月 政／1658·是年 政／1667·④·4 政／10月 政／1671·11·16 政／1675·2月 政／1678·5月 政／1690·7·15 政／1700·是年 政／❺-2 1824·3·13 政／1829·3·16 政／1850·9月 政／❻ 1872·9·16 政
倭館館守　❺-1 1655·3月 政／1658·10月 政／1661·3月 政／1663·3月 政／1664·11月 政／1670·2月 政／1673·12月 政／1675·7月 政／1680·9月 政／1683·4月 政／1685·7月 政／1688·7月 政／1690·7月 政／1692·6月 政／1697·3月 政／1699·月 政／1701·8月 政／1703·9月 政／1705·7月 政／1707·7月 政／1709·9月 政
倭館滞在者　❺-1 1698·2·5 政
倭館役人(朝鮮)　❸ 1438·5·26 政
倭語学習(朝鮮)　❸ 1430·10·11 政
倭語講座(朝鮮)　❸ 1414·10·26 政
倭使　❸ 1401·9·6 政
倭酋(朝鮮倭人代官)　❹ 1447·4月 政
倭人(恒居倭人)　❸ 1435·12·13 政／1455·7·22 政／❹ 1458·6月 政／1474·10·28 社／1485·3·17 政
倭人(降伏倭人)　❺-1 1624·1月 政／3·20 政
倭人(三浦)　❸ 1323·6·27 政／1414·5·19 政／1419·6·4 政／1423·2·11 政／1426·1·3 政／1427·8·27 政／1429·1·10 政／3·20 政／4·13 政／1434·8·5 政／1435·7·29 政／10·17 政／1436·3·29 政／1438·1·7 政／1439·2·4 政／11·25 政／1440·5·26 政／❹ 1458·6月 政／1469·12·14 政／1470·5·12 政／1471·5·4 政／1474·1·24 政／1475·3·2 政／1477·12·4 政／1481·5·21 政／1488·1·19 政／1490·11·16 政／1493·2·2 政／10·20 政／是年 政／1494·5·10 政／是年 政／1496·2·27 政／1497·11·28 政／1507·5·21 政／1508·11· 政／1509·3·14 政／1510·2·3 政／4·4 政／1512·8·21 政／1521·8·25 政／1547·4月 政
倭人支給品　❹ 1488·是年 政
倭人数調査(朝鮮)　❹ 1458·②·23 政
倭人宅　❹ 1461·2·28 政
倭人犯罪処罰法　❸ 1414·9·5 政
倭船　❸ 1347·是年 政／1351·8·10 政／1363·4·20 政／1396·12·9 政／1401·3·7 政／1406·1·18 政／1409·3·16 政／1415·5·29 政／1419·5·5 政／1420·6月 政／1422·7·7 政／1426·4·16 政／❹ 1522·6·11 政／1523·5·28 政／1530·3·10 政／1576·3·19 政
倭船交易の法　❸ 1442·11·20 政
倭船製作(朝鮮)　❹ 1491·1·22 政
倭船の漁場　❸ 1438·1·13 政
倭船の数(朝鮮三浦)　❹ 1489·10·23 政／1493·⑤·8 政／·是年 政／1494·2·23 政／1509·3·20 政／1521·8·25 政

6　軍事・戦争

軍事に関する書籍
『遠西軍器考』　❺-2 1799・是年 文
『遠西硝石考』　❺-2 1851・是年 文
『和蘭築城書』　❺-2 1790・是年 文
『海岸備砲』　❺-2 1852・是年 政
『海岸備要』　❺-2 1852・是年 文
『海上砲術全集』　❺-2 1843・是年 文
『鞍鐙図式』　❺-2 1837・是年 文
『軍艦図解考例抜稿』　❺-2 1808・是夏 政
『古今新刀銘集一覧』　❺-2 1828・是年 文
『古今刀剣銘尽』　❺-2 1828・是年 文
『古刀銘尽大全』　❺-2 1791・是年 文
『五武器器談』　❺-2 1771・是年 文
『大小御鉄砲張立製作控』　❺-2 1818・是年 政
『舶砲新編』　❺-2 1847・弘化年間 文
『刀剣図考』　❺-2 1843・是年 文
『能島氏水軍秘伝奥書』　❺-2 1797・6月 文
『火攻精選』　❺-2 1841・是年 文
『武器考証』　❺-2 1779・是年 文
『礮学図編』　❺-2 1851・是年 文
『本朝軍器考』　❺-2 1722・是年 文／1737・是年 文
『本朝甲剱録』　❺-2 1758・是年 文
海軍　❻ 1867・6・29／7・8 政／1870・2・7 政／4・4 政／1870・10・2 政／1871・7・28 政
大坂湾防衛態勢　❻ 1863・5・9 政
海岸望楼條例　❻ 1894・6・30 政
海軍恩給令　❻ 1883・9・11 政
海軍掛　❻ 1870・2・7 政
海軍学術伝習　❻ 1866・1・7 政
海軍火薬製造所　❻ 1879・10・24 政／1884・12・28 政／1890・8・18 政
海軍仮提督府　❻ 1874・8・14 政
海軍観艦式　❻ 1868・3・26 政／1890・4・18 政／❼ 1903・4・10 政／1905・10・22 政／1908・11・18 政／1912・11・12 政／1913・11・10 政／1915・12・4 政／1916・10・25 政／1919・10・28 政／1927・10・30 政／1928・12・2 政／1930・10・26 政／1933・8・25 政／1936・10・29 政／❽ 1940・10・11 政
海軍監獄則(令)　❻ 1884・5・8 政／❼ 1897・9・24 政／1908・9・26 政
海軍艦政本部　❼ 1900・5・19 政／1915・9・22 政／1920・10・1 政
海軍技術会議　❻ 1889・4・22 政
海軍技術本部　❼ 1915・9・22 政
海軍旗章條例　❻ 1889・10・7 政
海軍記念日　❼ 1906・1・30 政
海軍教育本部條例　❼ 1900・5・19 政
海軍軍備制限計画　❼ 1922・7・3 政
海軍軍法会議法　❼ 1921・4・26 政
海軍軍令部條例　❻ 1893・5・20 政／❼ 1896・3・26 政／1903・12・28 政
海軍刑法　❻ 1881・12・28 政／1888・12・19 政／❼ 1908・4・10 政
海軍検閲條例　❻ 1886・10・5 政
海軍公債証書條例　❻ 1886・6・15 政／1887・3・2 政
海軍工廠(呉)　❻ 1874・9・24 政／1879・10・24 政／1895・6・18 政／❼ 1903・11・6 政
海軍高等技術会議　❼ 1935・1・30 政
海軍国防政策委員会　❽ 1940・12・12 政
海軍国旗章　❻ 1870・10・3 政
海軍参考館　❼ 1908・5・28 政
海軍参謀本部條例　❻ 1888・5・14 政／1889・3・9 政
海軍志願兵徴募規則　❻ 1883・12・18 政／1885・6・20 政
海軍司政官　❽ 1942・3・7 政
海軍主計学舎　❻ 1882・12・8 政
海軍所　❻ 1866・6月 政／7・19 政／1867・1・19 政／5・8 政／1870・4・4 政
海軍省　❻ 1872・2・28 政
海軍将官会議條例　❻ 1889・5・28 政
海軍條例　❻ 1886・4・26 政
海運総監部　❽ 1945・5・1 政
海軍総裁　❻ 1862・12・18 政／1864・2・11 政／1865・9・9 政／1867・6・29 政
海軍造船・兵器会議　❻ 1885・9・22 政
海軍総隊司令部　❽ 1945・4・25 政／10・10 政
海軍造兵廠　❻ 1883・8・4 政／1889・4・22 政／1890・8・18 政／❼ 1897・5・21 政／9・24 政
海軍大臣　❻ 1885・12・22 政
海軍大輔　❻ 1872・5・10 政
海軍治罪法　❻ 1889・2・13 政
海軍中央文庫官制　❻ 1889・4・20 文
海軍伝習　❻ 1855・10・24 政／1867・11・24 政
海軍伝習掛　❻ 1867・3・5 政
海軍伝習教官　❻ 1857・8・4 政
海軍伝習所(長崎)　❻ 1855・7・29 政／1859・2・9 政
海軍特別志願兵　❽ 1943・8・1 政
海軍読法　❻ 1871・12・28 政
海軍特攻部(海軍省)　❽ 1944・9・13 政
海軍燃料廠令　❼ 1921・3・26 政
海軍始　❻ 1870・1・11 政／1872・1・9 政／1875・1・9 政
海軍部　❻ 1871・7・28 政
海軍武官結婚條例　❻ 1885・11・13 政
海軍奉行　❻ 1865・7・8 政
海軍服制　❻ 1887・8・24 政
海軍副総裁　❻ 1868・1・23 政
海軍兵学寮　❻ 1870・11・4 政／1876・8・31 政
海軍兵器廠　❼ 1900・5・19 政
海軍望楼條例　❼ 1900・5・19 政
海上護衛総司令部　❽ 1943・11・15 政
海兵団　❻ 1889・4・16 政
海防整備勅語　❻ 1887・3・14 政
海陸軍科　❻ 1868・1・17 政
海陸軍刑律　❻ 1872・2・18 政
艦艇貸与に関する協定(米国)　❽ 1954・5・14 政
水軍　❺-1 1630・6・25 政
第一機動艦隊　❽ 1944・3・1 政
第一航空艦隊　❽ 1943・7・1 政
大海令　❽ 1941・11・5 政／1945・9・1 政
中部太平洋方面艦隊　❽ 1944・7・6 政
七つボタン　❽ 1942・11・1 社
要港部　❼ 1933・9・27 政
要塞地帯法　❼ 1899・7・15 政
連合艦隊　❽ 1938・12・9 政／1939・8・30 政／1940・2・11 政／1941・11・5 政／1944・3・20 政／9・29 政／1945・10・10 政
掃海艇(海上保安庁)派遣。機雷除去　❽ 1950・10・2 政
海賊 ⇨ [1] 政治
合戦・事変(年代順に五十音順)
古代
百済が援兵要請　❶ 534・2月／12・9／545・3月／553・8・7
帯沙江(たさのえ)の敗戦　❶ 515・4月
敦賀(越前)の賊　❷ 1016・6・28 政
白村江の敗戦　❶ 663・8・27 政
兵備検閲　❶ 693・10・2 政
辺境の護り不安四か條(大宰府)　❶ 759・3・24 政
捕虜　❶ 671・天智天皇御代 社／684・12・6 政／697・4・27 政
粛慎(みしはせ)征討　❶ 660・3月 政
倭兵、新羅進入　❶ 431・4月
源平合戦
安宅(あたか)合戦　❷ 1183・6・1 政
粟津合戦　❷ 1184・1・20 政
石橋山の合戦　❷ 1180・8・23 政
一ノ谷の合戦　❷ 1184・2・7 政
宇治川の合戦　❷ 1180・5・26 政
宇都宮宮隠原(下野)　❸ 1337・4・11 政
近江の源氏、頼朝に呼応　❷ 1180・11・20 政
関東への出陣令　❷ 1189・2・9 政
衣笠城落城　❷ 1180・8・27 政
倶利伽羅峠(くりからとうげ)の合戦　❷ 1183・5・11 政
源氏を攻撃　❷ 1180・12・2 政
児島(こじま)合戦　❷ 1184・12・7 政
佐竹合戦　❷ 1180・11・4 政
支度(しど)合戦　❷ 1185・2・21 政

篠原合戦　❷ **1183**·5·12 政
墨俣川(すのまたがわ)の合戦　❷ **1181**·3·10 政
壇ノ浦で捕獲した重宝　❷ **1185**·10·20 政
壇ノ浦の合戦　❷ **1185**·3·24 政
鎮西追討使　❷ **1182**·3·30 政
追討使(ついとうし)　❷ **1028**·6·21 政／**1030**·9·2 政／**1182**·9·14 政
東国追討使　❷ **1181**·2·12 政
東大寺·興福寺を攻撃　❷ **1180**·12·28 政
長沼城(下野)　❷ **1184**·是年 政
鉢田(駿河)の合戦　❷ **1180**·10·14 政
般若野(はんにゃの)合戦　❷ **1183**·5·9 政
燧城(ひうちじょう)合戦　❷ **1183**·4·27 政
富士川の合戦　❷ **1180**·10·20 政
藤原泰衡追討の宣旨　❷ **1189**·6·25 政／7·19 政
平家追討の令旨·宣旨　❷ **1180**·4·9 政／**1183**·7·28 政／⑩·22 政／**1184**·1·26 政／8·29 政
平氏と和睦を提案　❷ **1181**·8·1 政
平氏の都落ち　❷ **1183**·7·25 政
北陸道征討　❷ **1183**·4·9 政
三草山合戦　❷ **1184**·2·5 政
水島合戦　❷ **1183**·⑩·1 政
源行家·義経の追捕　❷ **1185**·11·25 政
源義家、入京禁止事件　❷ **1091**·6·12 政
源義経·行家追討の院宣　❷ **1185**·11·12 政
源義経追討　❷ **1185**·10·6 政／10·17 政／**1186**·12·18 政
源義仲挙兵　❷ **1180**·9·7 政
源義仲追討　❷ **1181**·8·13 政
源頼朝追討の院宣　❷ **1180**·9·5 政／11·7 政／**1181**·②·6 政／8·13 政／**1183**·⑩·22 政／12·10 政／**1185**·10·11 政
源頼朝挙兵　❷ **1180**·8·17 政
源頼政挙兵　❷ **1180**·5·22 政
源頼政残党等交名注文　❷ **1180**·5·26 政
美濃·尾張の源氏が蜂起　❷ **1180**·11·17 政
武蔵大倉の戦い　❷ **1155**·8·16 政
武蔵七党(武士団)　❷ **1113**·3·4 政
室山合戦　❷ **1183**·11·29 政
以仁王(もちひとおう)の令旨　❷ **1180**·4·27 政／6·19 政／6·24 政／9·7 政／11·22 政
屋島の合戦　❷ **1185**·2·18 政
横山党　❷ **1113**·3·4 政

蒙古襲来

異国打手大将軍　❸ **1292**·11·24 政
異国警固番役(博多番役)　❷ **1272**·2·1 政／4·3 政／5·17 政／6·24 政／8·11 政／**1273**·⑤·29 政／**1275**·2·4 政／6·5 政／是年 政／**1276**·4月 政／8·24 政／**1277**·3·1 政／**1279**·10·24 政／**1280**·8·27 政／**1281**·9·16 政
異国警固番役(博多津·筥崎)　❸ **1282**·7·1 政／9·25 政／**1283**·3·8 政／4·29 政／6·1 政／**1284**·1·23 政／4·1 政／5·12 政／8·1 政／**1285**·1·1 政／9·17 政／10·29 政／**1286**·2·21 政／7·25 政／8·30 政／9·10 政／12·30 政／**1287**·1·29 政／3·11 政／6·30 政／11·29 政／12·30 政／**1288**·2·5 社／7·1 政／7·16 政／8·11 政／10·29 政／**1289**·2·3 政／5·23 政／12·15 政／**1290**·6·30 政／10·1 政／12·15 政／**1291**·6·29 政／9·3 政／9·20 政／12·23 政／**1292**·⑥·15 政／9·30 政／**1293**·4·8 政／7·10 政／9·30 政／10·5 政／**1294**·6·24 政／7·30 政／8·2 政／12·27 政／**1295**·4·16 政／7·30 政／8·3 政／**1296**·7·29 政／8·30 政／9·7 政／10·6 政／**1297**·8·4 政／**1298**·7·10 政／8·1 政／12·8 政／**1299**·10·15 政／11·1 政／**1300**·7·25 政／⑦·26 政／11·1 政／**1303**·12·10 政／**1304**·1·11 政／12·29 政／**1305**·2月 政／11·11 政／12·29 政／⑫·29 政／**1307**·3·23 政／**1309**·1·6 政／**1310**·12·15 政／**1320**·8·17 政／**1321**·2·13 政／7月 政／**1322**·7·7 政／**1332**·2·1 政／**1339**·3·16 政／9·3 政／11·10 政
異国降伏祈願　❷ **1268**·7·17 社／**1270**·5·26 政／**1271**·9·15 文／10·25 社／11·22 社／12·16 社／**1272**·11·2 社／**1274**·11·2 社／11·7 政／12·7 社／**1275**·2·18 社／9·14 社／10·22 社／**1276**·1·16 社／8·21 社／**1277**·1·12 社／**1280**·2月 社／3·17 社／6·1 社／8·27 政／11·7 政／12·8 政／**1281**·1·19 政／2·2 政／2月 社／4·8 社／6·2 社／7·1 社／⑦·2 社／❸ **1283**·12·28 社／**1284**·1·4 社／2·28 社／3·25 社／11·1 社／12·5 社／**1285**·2·4 社／**1288**·4·28 政／5·13 社／7·5 社／**1289**·6·18 社／11·1 社／**1290**·4·25 社／5·17 社／12·12 社／**1291**·2·3 社／11·15 社／**1292**·10·3 社／**1293**·2·22 社／3·17 社／7·4 社／10·15 社／**1294**·3·2 社／4·20 社／**1300**·7·13 社／**1309**·2·26 政／**1310**·2·29 社／**1311**·6·2 社／**1419**·7·2 社／9·2 社
異国出陣の條々　❷ **1276**·3·5 政
異国の兵船　❸ **1301**·11·21 政
異国用心の條々　❷ **1281**·2·18 政
石築地(博多要害石築地)　❷ **1273**·7月 政／**1276**·3·10 政／**1277**·1·27 政／**1280**·9·12 政／**1281**·2·18 政／❸ **1284**·④·21 政／**1286**·8·27 政／10月 政／**1287**·7·25 政／**1289**·4·5 政／**1298**·8·1 政／**1300**·6·21 政／**1302**·8·28 政／10·8 政／**1303**·④·17 政／**1316**·1·25 政／2月 政／**1321**·7月 政／**1322**·5·8 政／**1338**·⑦·1 政／**1342**·5·3 政
石築地乱杭切立　❸ **1297**·6·22 政
援兵(高麗からの申入れ)　❸ **1385**·6月 政
九州防備　❷ **1276**·③月 政
元·高麗の日本征討準備(計画)　❷ **1274**·1·2 政／**1280**·2·17 政／**1281**·是年 政
元使(蒙古使)　❷ **1266**·8月 政／11月 政／**1267**·1月 政／**1268**·1·政／11·20 政／**1269**·2·24 政／3·7 政／7·21 政／**1270**·12月 政／**1271**·1·15 政／**1272**·4·7 政／5月 政／**1273**·3·20 政／**1279**·6·25 政／是年 政
元牒状(蒙古国書)　❷ **1266**·8月 政／**1267**·8·23 政／**1268**·1·1 政／①·18 政／2·5 政／**1271**·10·23 政／**1275**·4·15 政／9·7 政／10·22 政／**1279**·6·25 政／7·25 政
元の捕虜·異国人の取扱法　❷ **1281**·9·16 政
元兵来襲　❸ **1283**·12月 政
弘安の役勲功賞配分　❸ **1307**·10·22 政
弘安の役の記録(高麗側)　❷ **1281** 是年 政
高麗遠征の計画　❷ **1275**·12·8 政／**1276**·2·20 政／3·15 政／③·5 政／**1281**·8月 政
高麗使　❷ **1267**·8·23 政／12月 政／**1268**·1·1 政／5月 政／**1269** 2·24 政／3·7 政／9·17 政／**1272**·4·7 政／5月 政／**1279**·8月 政
高麗征討計画(第三次)　❸ **1292**·11·24 政
高麗牒使　❸ **1293**·4·22 政
高麗牒状(国書)　❷ **1267**·8·23 政／11·25 政／**1268**·1·1 政／①·18 政／2·5 政／**1271**·9·2 政／**1272**·5月 政／❸ **1292**·10·3 政／12·10 政
三別抄　❷ **1265**·7·1 政／**1271**·是年 政
征東行中書省(征東行省)　❸ **1282** 1·5 政／**1284**·5·5 政
征日本船建造中止命令(元)　❸ **1284**·2·2 政
賊船来襲の風聞　❸ **1284**·2·28 政
鎮西辺賊船　❸ **1402**·8·16 政
日本出兵　❸ **1298**·是年 政
日本人捕虜　❸ **1286**·9·28 政
日本征討江南米　❸ **1294**·12·15 政
日本討伐(明·南蛮·高麗)の情報·計画　❸ **1413**·1·20 政／**1419**·5·23 政／6·11 政
筥崎石築地破損検見注文　❸ **1293**·4·12 政
文永の役　❷ **1274**·10·5 政
蒙古·高麗に遠征　❷ **1275**·12·8 政
蒙古·高麗への返牒(日本国書)　❷ **1268**·2·8 政／**1269**·4·26 政／10·17 政／**1270**·1月 政
蒙古合戦軍功　❸ **1284**·4·12 政／**1285**·3·27 政／**1290**·7·13 政
蒙古合戦の勲功調査　❷ **1277**·6·15 政
蒙古喀剌沁王室教育係　❼ **1903**·是秋 社
蒙古官人　❷ **1269**·2·16 政

蒙古襲来の風聞 ❸ **1283**·7·2 政／12·21 政／**1289**·6·25 政／**1368**·5·16 社
蒙古人来襲の風説 ❷ **1268**·①·10 政
蒙古船来航(異国賊船) ❷ **1006**·是年 政／**1270**·1·11 政／**1281**·6·1 政
蒙古牒状·異国牒状(蒙古から日本への) ❸ **1292**·11·12 政／12·8 政／**1294**·3·6 政
蒙古独立運動 ❼ **1919**·4·12 政
蒙古独立に関する契約 ❼ **1912**·1·29 政
蒙古屯田経略使 ❷ **1270**·11 月 政
蒙古の語の初見 ❷ **1267**·11·25 政

南北朝合戦
赤坂城攻撃 ❸ **1331**·10·15 政
赤松則村、入京 ❸ **1333**·3·12 政
安芸西條で挙兵 ❸ **1350**·5·28 政
足利尊氏軍、西海に敗走 ❸ **1336**·1·27 政
和泉堺浦の戦い ❸ **1338**·5·22 政
伊勢大湊から出航 ❸ **1338**·9 月 政
伊予で挙兵 ❸ **1335**·2·22 政
瓜生野の戦い ❸ **1347**·11·26 政
男山八幡を攻撃 ❸ **1338**·6·18 政
笠置陥落 ❸ **1331**·9·28 政
鎌倉攻撃 ❸ **1334**·3·9 政
北畠顕家、西上 ❸ **1335**·12·22 政／**1337**·8·11 政／**1338**·1·2 政
北畠顕家、戦死 ❸ **1338**·5·22 政
北畠顕家、義良親王を奉じて陸奥へ赴く ❸ **1336**·3 月 政
熊野の水軍 ❸ **1347**·6·6 政
久米川の合戦 ❸ **1333**·5·8 政
薩摩比志島を攻撃 ❸ **1337**·10·18 政
薩摩水引城の合戦 ❸ **1351**·6·2 政
讃岐鳥坂山の合戦 ❸ **1333**·5·7 政
四條畷の合戦 ❸ **1348**·1·5 政
信濃更科壇原の戦い ❸ **1403**·7·24 政
駿河手越河原の合戦 ❸ **1335**·12·5 政
摂津打出浜の合戦 ❸ **1351**·2·17 政
摂津西宮浜の合戦 ❸ **1336**·2·10 政
筑後川の戦い ❸ **1359**·8·6 政
筑前多々良浜の合戦 ❸ **1336**·3·2 政
鎮西合戦 ❸ **1377**·8·12 政
津軽糠部の合戦 ❸ **1345**·4 月 政
対馬攻撃 ❸ **1389**·2 月 政
天王寺阿部野の戦い ❸ **1338**·3·8 政
東郷氏攻撃 ❸ **1421**·8·7 政
南軍の筑後進出、挫折 ❸ **1343**·5·29 政
南軍、山城より撤退 ❸ **1352**·3·5 政
南朝王行悟、挙兵 ❸ **1444**·4 月 政
南朝皇族、挙兵 ❸ **1447**·12·22 政
南朝皇孫円胤、挙兵 ❸ **1444**·7 月 政
南北両軍、伊勢の戦い ❸ **1338**·2·14 政
新田軍、箱根の敗走 ❸ **1335**·12·11 政
新田軍、山城を回復 ❸ **1336**·1·27 政
新田義貞、鎌倉攻め ❸ **1333**·5 月 社
新田義貞、戦死 ❸ **1338**·⑦·2 政
博多合戦 ❸ **1333**·3·13 政／5·25 政
針摺原の戦い ❸ **1353**·2·2 政
比叡山を攻撃 ❸ **1331**·8·27 政
常陸の北軍を撤収 ❸ **1344**·2·25 政
日向嚢原の戦い ❸ **1377**·2·28 政
分倍河原の合戦 ❸ **1333**·5·15 政／**1455**·1·21 政
湊川の合戦 ❸ **1336**·5·25 政／**1338**·3·26 政
美濃青野ヶ原の戦い ❸ **1338**·1·2 政
武蔵苦林野の合戦 ❸ **1364**·8·26 政
陸奥三迫の合戦 ❸ **1341**·10·4 政／**1342**·10·8 政
陸奥持寄城の合戦 ❸ **1335**·3·10 政
矢矧川の合戦 ❸ **1335**·11·25 政
大和·河内の南軍攻撃 ❸ **1347**·12·14 政
山辺合戦 ❸ **1335**·8·13 政／9·1 政
結城合戦 ❸ **1440**·3·4 政
吉野御所、陥落 ❸ **1348**·1·24 政
洛中合戦 ❸ **1336**·6·30 政／**1363**·7·10 社

戦国合戦·海戦
明石口合戦 ❹ **1554**·6·7 政
姉川の合戦 ❹ **1570**·6·28 政
五十子の合戦 ❹ **1459**·10·14 政／**1476**·6 月 政／**1477**·1·18 政
石垣原合戦(豊後) ❹ **1600**·9·13 政
石山合戦 ❹ **1580**·3·17 政／8·2 政
厳島の戦い ❹ **1541**·1·12 政
打廻り(示威行動) ❹ **1511**·7·18 政／**1533**·3·7 社／**1536**·7·22 政／**1558**·5·19 政
大内氏の兵船 ❹ **1471**·9·24 政
大隅合戦 ❹ **1554**·9·12 政／**1557**·4·15 政
沖田畷の合戦 ❹ **1584**·3·18 政
桶狭間の合戦 ❹ **1560**·5·19 政
小田井原の合戦(信濃) ❹ **1547**·8·6 政
小田倉合戦 ❹ **1560**·3·26 政
桂川合戦 ❹ **1527**·2·12 政
河越の夜討 ❹ **1546**·4·20 政
川中島の合戦 ❹ **1553**·8 月 政／11·28 政／**1554**·8·18 政／**1555**·7·19 政／**1557**·8 月 政／**1561**·9·10 政／**1564**·8·3 政
桔梗原合戦(信濃) ❹ **1553**·5·6 政
木崎原の戦い ❹ **1572**·5·4 政
木津川口の海戦 ❹ **1576**·7·13 政／**1578**·11·6 政
久米田の合戦 ❹ **1562**·3·5 政
黒駒合戦(甲斐) ❹ **1582**·8·12 政
国府台合戦 ❹ **1478**·12·10 政
賤岳の合戦 ❹ **1583**·4·21 政
新原崩れ ❹ **1560**·7 月 政
摺上原の合戦 ❹ **1589**·6·5 政
勢場ヶ原合戦(豊後) ❹ **1534**·4·6 政
太平寺の合戦 ❹ **1542**·3·17 政
大物崩れ ❹ **1531**·6·4 政
高城の合戦 ❹ **1578**·11·12 政
高天神城の合戦 ❹ **1581**·3·22 政
武田信玄、遠江·三河を攻撃 ❹ **1572**·10·3 政
武田信玄、徳川家康と交戦 ❹ **1571**·4·19 政
多田口の合戦(伊予) ❹ **1568**·2 月 政
天王寺崩れ ❹ **1531**·6·4 政
長久手合戦(尾張) ❹ **1584**·4·9 政
長篠の合戦 ❹ **1575**·5·21 政
縄釣原の合戦 ❹ **1463**·7·7 政
根白城の合戦 ❹ **1587**·4·17 政
土師河原·砥石城合戦(備前) ❹ **1485**·③·5 政
彦山焼討ち ❹ **1581**·10·8 政
響野原の合戦 ❹ **1581**·12·2 政
福岡合戦 ❹ **1483**·11·7 政
船岡山合戦 ❹ **1468**·9·7 政
布部合戦 ❹ **1570**·2·14 政
碧蹄館(へきていかん)の合戦 ❹ **1593**·1·26 文禄の役
三方原の合戦 ❹ **1572**·12·22 政
元吉合戦 ❹ **1577**·⑦·20 政
守山崩れ ❹ **1535**·12·4 政
山崎の合戦 ❹ **1582**·6·13 政

関ヶ原·大坂夏冬の陣 ❺-1 **1615**·1 月大坂夏の陣
会津出征 ❹ **1600**·5·3 政／6·2 関ヶ原合戦
上杉氏攻撃の出陣を中止 ❹ **1600**·7·23 関ヶ原合戦
岡山口の合戦 ❺-1 **1615**·5·7 大坂夏の陣
大坂夏の陣 ❺-1 **1615**·4·6 政／大坂夏の陣(特集ページ)
大坂冬の陣 ❺-1 **1614**·10·1 政／大坂冬の陣(特集ページ)
大坂落城 ❺-1 **1615**·5·8 社
小山の評定 ❹ **1600**·7·24 関ヶ原合戦
関ヶ原合戦 ❹ **1600**·9·15 関ヶ原合戦
関ヶ原勲功の調査 ❹ **1600**·9·27 関ヶ原合戦／10·15 関ヶ原合戦
関ヶ原東西軍の調停 ❹ **1600**·9·7 関ヶ原合戦
天王寺口の合戦 ❺-1 **1615**·5·7 大坂夏の陣
東西両軍の和睦 ❹ **1600**·8·16 関ヶ原合戦
伏見城陥落 ❹ **1600**·8·1 関ヶ原合戦

戊辰戦争 ❻ **1868**·1·2 政／**1869**·5·18 政／**1870**·1·5 政
会津城の戦 ❻ **1868**·5·1 政／8·21 政／9·9 政／9·22 政
会津藩 ❻ **1868**·1·17 政／3·25

政／8·21 政／12·7 政／**1869**·11·3 政
会津藩討伐令　❻ **1868**·1·17 政
会津藩武備恭順　❻ **1868**·2·4 政
会津白虎隊　❻ **1868**·3·10 政／8月 社／**1884**·8·25 社／❼ **1931**·2·12 政
秋田藩　❻ **1868**·1·16 政／3·2 政／5·18 政／7·1 政
出流山挙兵　❻ **1867**·11·29 政
出流山挙兵檄文　❻ **1867**·11月 社
宇都宮城攻略　❻ **1868**·4·19 政
江戸城総攻撃　❻ **1868**·3·4 政
江戸幕府滅亡　❻ **1867**·10·14 政
榎本艦隊(軍)　❻ **1868**·4·11 政／7·19 政／8·19 政／10·12 政／11·1 政／12·15 政／**1869**·3·18 政／4·6 政
榎本武揚、北海道上陸　❻ **1868**·10·12 政
榎本武揚、北海道制圧　❻ **1868**·12·15 政
奥羽越戦争処分　❻ **1868**·12·7 政
奥羽越列藩同盟　❻ **1868**·5·3 政
家名再興(戊辰戦争)　❻ **1883**·2·12 政
旧幕軍と新政府軍との勢力差　❻ **1868**·1·3 文
旧幕府軍伏見鳥羽戦の軍配置　❻ **1868**·1·3 文
旧幕府敗残兵　❻ **1868**·2·1 社
清川口の戦闘(戊辰戦争)　❻ **1868**·4·14 政
局外中立宣言(戊辰戦争)　❻ **1868**·1·25 社
禁門の変　❻ **1864**·7·18 政
禁門の変志士三十年祭　❻ **1893**·9·5 社
桑名藩(城)　❻ **1868**·1·28 政／3·16 政／8·21 政／10·12 政
桑名藩降伏　❻ **1868**·1·12 政
玄武隊　❻ **1868**·3·10 政
甲陽鎮撫隊(衝武隊)　❻ **1868**·3·1 政
相良総三斬刑　❻ **1868**·3·3 政
彰義隊　❻ **1868**·2·23 政／5·13 政
庄内藩　❻ **1868**·4·14 政
庄内藩降伏　❻ **1868**·9·27 政
白石列藩会議　❻ **1868**·④·11 政
朱雀隊　❻ **1868**·3·10 政
静寛院宮書簡　❻ **1868**·1·20 社
青龍隊　❻ **1868**·3·10 政
赤報隊　❻ **1868**·1·12 政／3·3 政
仙台藩　❻ **1868**·1·17 政／3·25 政／④·20 政／8·9 政／10·12 政
天童城落城　❻ **1868**·④·4 政
斗南藩　❻ **1869**·11·3 政
鳥羽伏見の戦　❻ **1868**·1·2 政
長岡城(新潟)の戦　❻ **1868**·5·19 政
長岡·新潟攻略　❻ **1868**·7·24 政
長岡藩　❻ **1867**·11·30 政／**1868**·5·2 政／5·19 政
中村城(磐城)降伏　❻ **1868**·8·6 政
箱館戦争　❻ **1869**·4·6 政／**1969**·9·14 政
碧血碑　❻ **1875**·12·17 社
北陸戦争　❻ **1868**·7·24 政
水戸藩　❻ **1868**·3·10 政／10·1 政
宮古海戦　❻ **1869**·3·18 政
盛岡藩　❻ **1868**·1·17 政／9·29 政
米沢藩　❻ **1868**·1·17 政／3·25 政／6·1 政
日清戦争　❻ **1894**·1895 日清戦争(特集ページ)
アメリカの調停　❻ **1894**·11·6 日清戦争
イギリスの調停　❻ **1894**·7·2 日清戦争
開戦論(福澤諭吉)　❻ **1894**·6月 日清戦争
局外中立(日清戦争)　❻ **1894**·8·3 日清戦争
軍事賠償金第一回払込　❻ **1895**·10·31 日清戦争
軍隊の食糧事情　❻ **1894**·9月 政
黄海海戦　❻ **1894**·9·17 日清戦争
講和交渉再開　❻ **1895**·3·24 日清戦争
講和條約交渉不成立　❻ **1895**·1·30 日清戦争
国民兵召集規則　❻ **1895**·2·1 日清戦争
三国干渉問題決着　❻ **1895**·9·11 日清戦争
清軍、海城で反撃　❻ **1895**·1·17 日清戦争
清国講和使節来日　❻ **1895**·1·30 日清戦争
清国全権李鴻章、来日　❻ **1895**·3·19 日清戦争
清国北洋艦隊降伏　❻ **1895**·2·2 日清戦争
清、国交断絶を通告　❻ **1894**·7·31 日清戦争
清、朝鮮出兵を通告　❻ **1894**·6·7 日清戦争
戦時下の選挙運動　❻ **1894**·8月 日清戦争
戦争勃発直前の状況　❻ **1894**·6月 日清戦争
第一軍編成　❻ **1894**·8·30 日清戦争
大院君、清国との宗属関係破棄を宣言　❻ **1894**·7·23 日清戦争
第一軍、鴨緑江渡河　❻ **1894**·10·24 日清戦争
第一軍司令官へ出した訓令　❻ **1894**·8月 日清戦争
第二軍、威海衛占領　❻ **1895**·2·2 日清戦争
第二軍、営口占領　❻ **1895**·3·4 日清戦争
第二軍、蓋平占領　❻ **1895**·1·10 日清戦争
第二軍、山東半島上陸　❻ **1895**·1·20 日清戦争
第二軍、太平山占領　❻ **1895**·2·24 日清戦争
第二軍編成　❻ **1894**·9·25 日清戦争
第二軍、旅順占領　❻ **1894**·11·21 日清戦争
大本営開設(⇨[1]政治「大本営」も見よ)　❻ **1894**·6·5 日清戦争
大本営、広島移転　❻ **1894**·9·8 日清戦争
台湾受渡し正式に完了　❻ **1895**·6·2 日清戦争
台湾総督任命　❻ **1895**·5·10 日清戦争
台湾総督府始政式　❻ **1895**·6·17 日清戦争
台湾総督府條例制定　❻ **1895**·8·6 日清戦争
台湾の叛乱　❻ **1895**·5·15 日清戦争
台湾平定　❻ **1895**·10·19 日清戦争
台湾民主国樹立　❻ **1895**·5·15 日清戦争
朝鮮に派兵決定　❻ **1894**·6·2 日清戦争
朝鮮、日本軍撤退を要求　❻ **1894**·6·14 日清戦争
豊島沖海戦　❻ **1894**·7·25 日清戦争
日清講和條約調印　❻ **1895**·4·17 日清戦争
日清両国、朝鮮撤兵　❻ **1885**·7·2 政
日本軍、九連城占領　❻ **1894**·10·26 日清戦争
日本軍、出兵を清に通告　❻ **1894**·6·7 日清戦争
日本軍、成歓·牙山占領　❻ **1894**·7·29 日清戦争
日本軍、台北占領　❻ **1895**·5·15 日清戦争
日本軍、朝鮮王宮占領　❻ **1894**·7·23 日清戦争
日本軍、朝鮮上陸　❻ **1894**·6·12 日清戦争
日本軍、平壌占領　❻ **1894**·9·15 日清戦争
日本·清国、講和全権委員任命　❻ **1894**·12·20 政
日本、清国に宣戦布告　❻ **1894**·8·1 日清戦争
日本·朝鮮攻守同盟　❻ **1894**·8·26 日清戦争
抜刀隊従軍志願　❻ **1894**·6·28 日清戦争
山県有朋、陸相就任　❻ **1895**·3·7 日清戦争
遼東半島還付の詔書　❻ **1895**·5·10 政／11·8 政／11·21 政
旅順口虐殺事件　❻ **1894**·11·28 日清戦争
連合艦隊編成　❻ **1894**·7·19 日清戦争
ロシアの調停　❻ **1894**·6·25 日清戦争
露·独·仏の三国干渉　❻ **1895**·4·23 日清戦争
日露戦争　❼ **1903**·9·28 政／**1904**·6·12 日露戦争／8·14 日露戦争
蔚山沖海戦　❼ **1904**·8·14 日露戦争
鴨緑江軍　❼ **1905**·2·23 日露戦争／4·14 日露戦争
海軍艦船條例　❼ **1905**·1·12 日露

戦争
海軍陸戦重砲隊 ❼ **1904**·7·21 日露戦争
開戦決定の御前会議 ❼ **1904**·2·4 日露戦争
金州城·南山占領 ❼ **1904**·5·26 日露戦争
厳正中立(欧州戦争) ❼ **1914**·8·4 政
黄海海戦 ❼ **1904**·8·10 日露戦争
小村寿太郎全権を迎える東京 ❼ **1905**·9月 政
沙河の会戦 ❼ **1904**·10·10 日露戦争
〈信濃丸〉 ❼ **1905**·5·27 日露戦争
重砲旅団第一連隊第四中隊集団、脱営 ❼ **1908**·3·6 政
商船〈名古浦丸〉、撃沈 ❼ **1904**·2·11 日露戦争
仁川沖海戦 ❼ **1904**·2·9 日露戦争
第一師団歩兵第三連隊第五中隊集団、脱営 ❼ **1908**·3·3 政
第一·第三駆逐隊 ❼ **1904**·3·10 日露戦争
第一軍 ❼ **1904**·2·10 日露戦争／3·8 日露戦争／5·1 日露戦争／5·6 日露戦争
第二軍 ❼ **1904**·3·15 日露戦争／5·30 日露戦争
第三軍 ❼ **1904**·5·29 日露戦争／**1905**·1·12 日露戦争
第四軍 ❼ **1904**·6·30 日露戦争
第十師団 ❼ **1904**·4·16 日露戦争
大本営写真班 ❼ **1904**·2月日露戦争
特務船〈金州丸〉、撃沈 ❼ **1904**·4·25 日露戦争
独立第十師団(のち第四軍)大弧山に上陸 ❼ **1904**·5·19 日露戦争
日露、両軍満洲撤兵手続 ❼ **1905**·10·30 政
日露開戦時の清韓対策 ❼ **1903**·12·30 政
日露開戦論 ❼ **1903**·10·9 政
日露休戦議定書 ❼ **1905**·9·1 政
日露講和(ポーツマス條約) ❼ **1904**·6·6 政／**1905**·2·18 日露戦争／4·3 日露戦争／4·21 日露戦争／6·1 日露戦争／6·30 政／7·19 政／8·10 日露戦争／8·29 日露戦争／9·3 社／9·5 政／10·16 政
日露戦争関係 ❼ **1904** 年末と 1905 年末に特集ページあり
日露戦争後のロシアとの妥協案 ❼ **1909**·9·14 政
日露戦争従軍民間志士慰霊祭 ❼ **1935**·3·10 社
二〇三高地攻撃 ❼ **1904**·11·26 日露戦争／12·5 日露戦争
日本海海戦 ❼ **1905**·5·27 日露戦争／❾ **2005**·5·27 社
乃木·ステッセルの水師営の会見 ❼ **1905**·1·1 日露戦争
バルチック艦隊 ❼ **1904**·10·15 日露戦争／7·12 日露戦争／**1905**·4·8 日露戦争／5·23 日露戦争／5·27 日露戦争／6·3 日露戦争
反戦論 ❼ **1904**·7月 政
俘虜·捕虜
俘虜給与規定 ❼ **1904**·3·13 日露戦争
俘虜情報局 ❼ **1904**·2·21 日露戦争
俘虜処罰に関する法律 ❼ **1905**·2·2 日露戦争
俘虜(日本人) ❼ **1905**·9月 政
俘虜労役規則 ❼ **1904**·9·10 日露戦争
捕虜収容所 ❼ **1904**·3·18 日露戦争／**1905**·2·2 日露戦争
捕虜(ロシア人) ❼ **1904**·3·15 日露戦争／**1905**·4·30 日露戦争／7·15 社／**1906**·9月 社
奉天の会戦 ❼ **1905**·3·1 日露戦争／**1935**·3·10 政
満洲軍総司令部 ❼ **1904**·6·20 日露戦争／**1905**·12·7 政
満洲軍総兵站監部 ❼ **1905**·5·4 日露戦争
陸軍輸送船〈常陸丸〉〈和泉丸〉 ❼ **1904**·6·12 日露戦争
遼東半島封鎖宣言 ❼ **1904**·5·26 日露戦争／8·14 日露戦争
遼東兵站監部 ❼ **1905**·5·4 日露戦争
遼陽の海戦 ❼ **1904**·8·28 日露戦争
旅順開城を勧告 ❼ **1904**·8·16 日露戦争
旅順攻撃 ❼ **1904**·7·3 日露戦争／8·19 日露戦争／9·19 日露戦争／10·19 日露戦争／11·26 日露戦争
旅順口鎮守府 ❼ **1905**·1·7 日露戦争
旅順口閉塞作戦 ❼ **1904**·2·24 日露戦争／3·27 日露戦争／4·13 日露戦争／7·3 日露戦争
旅順表忠塔 ❼ **1909**·11·28 社
旅順要塞のロシア軍、降伏 ❼ **1905**·1·1 日露戦争
臨時軍事費 ❼ **1904**·3·31 政／**1905**·1·1 政／**1906**·3·13 政
臨時軍事費特別会計終結法 ❼ **1914**·9·10 政／**1925**·3·31 政
連合艦隊 ❼ **1903**·12·28 政／**1904**·2·6 日露戦争／4·12 日露戦争／**1905**·10·22 政／12·20 政
ロシア艦隊 ❼ **1904**·6·23 日露戦争
ロシア軍大規模反攻 ❼ **1905**·1·24 日露戦争
ロシア太平洋艦隊 ❼ **1904**·12·5 日露戦争／**1905**·5·14 日露戦争
ロシアに宣戦 ❼ **1904**·2·10 政
ロシアのスパイ ❼ **1904**·2月 社
第一次世界大戦
地中海地方通商保護 ❼ **1917**·2·7 政
地中海派遣(日本軍艦) ❼ **1917**·1·11 政
青島包囲戦 ❼ **1914**·9·18 政／11·7 政／**1922**·12·17 政
ドイツ軍捕虜(収容所) ❼ **1914**·12·22 政／**1915**·9·7 政／**1917**·4·11 政／**1918**·6·1 文／8月 文／**1919**·12·27 政
ドイツ講和特使 ❼ **1918**·11·27 政
ドイツ潜水艦の攻撃
〈讃岐丸〉(攻撃されるも無事) ❼ **1917**·6·15 政
〈澤丸〉 ❼ **1917**·3·6 政
〈信貴山丸〉 ❼ **1917**·7·8 政
〈神桟丸〉 ❼ **1917**·7·2 政
〈唐山丸〉 ❼ **1917**·5·25 政
〈第七雲海丸〉(触雷) ❼ **1917**·6·16 政
〈東昌丸〉 ❼ **1918**·1·29 政
〈徳山丸〉 ❼ **1918**·8·1 政
〈彦山丸〉 ❼ **1917**·10·6 政
〈常陸丸〉 ❼ **1917**·11·8 政
〈平野丸〉 ❼ **1918**·10·4 政
〈万代丸〉 ❼ **1917**·8·16 政
〈宮崎丸〉 ❼ **1917**·5·31 政
ドイツに宣戦·休戦 ❼ **1914**·8·23 政／**1918**·11·11 政
ドイツ領南洋諸島占領 ❼ **1914**·10·14 政
東南アジア·インド洋·ケープタウン方面で通商保護 ❼ **1917**·2·7 政
中国作戦·山東出兵·シベリア出兵
依蘭事変 ❼ **1934**·3·4 政
内蒙軍政府 ❼ **1936**·5·12 政
内蒙古軍 ❼ **1936**·11·14 政
内蒙古の東西分界線協定 ❼ **1912**·1·16 政
瓦房店事件 ❼ **1934**·7·29 政
寛城子事件 ❼ **1919**·7·19 政
宜昌事件 ❼ **1920**·11·29 政(第一次)／**1921**·6·4 政(第二次)
京都第十六師団歩兵第六十二連隊第十一中隊集団、脱営 ❼ **1908**·3·18 政
錦州占領 ❼ **1932**·1·3 政
金廠溝事件 ❼ **1936**·1·29 政
久留米第十八師団野砲兵集団、脱営 ❼ **1917**·6·28 政
湖南事件 ❼ **1920**·6·11 政
済南事件 ❼ **1928**·5·3 政／**1929**·3·28 政
山東還付を声明 ❼ **1919**·5·17 政
山東出兵 ❼ **1900**·7·6 政／**1927**·5·28 政／7·6 政／9·8 政／**1928**·4·19 政
山東鉄道沿線撤兵協定 ❼ **1922**·3·28 政
シベリア出兵·撤兵 ❼ **1918**·6·21 政／**1919**·2·1 政／**1920**·1·9 政／3·2 政／7·3 政／**1921**·1·24 政／5·13 政／5·16 政／**1922**·6·24 政／10·25 政
シベリアユフタ第七十二連隊田中支隊全滅 ❼ **1919**·2·25 政
上海事変 ❼ **1932**·1·18 政
綏遠事件 ❼ **1936**·11·14 政
西安事件 ❼ **1936**·12·4 政
第一水雷船隊旗艦〈常盤〉、機雷爆発事件 ❼ **1927**·8·1 政
第四艦隊事件 ❼ **1935**·9·26 政
中東鉄道東部線軍用列車爆破事件 ❼ **1932**·4·12 政
長嶺子事件 ❼ **1936**·3·25 政
鄭家屯事件 ❼ **1916**·8·13 政／**1917**·1·22 政
南京事件 ❼ **1913**·8·5 政／**1927**·

3·24 政／1929·5·2 政
尼港事件 ❼1920·3·12 政／6·24 政／10·1 政
熱河作戦 ❼1933·2·22 政
熱西事件 ❼1935·1·23 政
ノモンハン事件 ❽1939·5·11 政／1940·6·9 政
ノモンハン・ハルハ河戦争国際学術シンポジウム ❾1991·5·22 政
ハイラステンゴール事件 ❼1935·6·25 政
八甲田山雪中行進遭難 ❼1902·1·22 政／1932·1·22 政
ハルハ廟事件 ❼1935·1·8 政／1·31 政
反吉林軍鎮圧作戦 ❼1932·3·22 政
漢口事件 ❼1913·8·5 政／1927·4·3 政／1929·5·2 政
平頂山事件 ❼1932·9·15 政
北京出兵(居留民保護) ❼1911·11·26 政
北支事変(義和団事件) ❼1900·5·20 政／6·10 政／1901·9·7 政
北支処理要綱 ❼1936·1·13 政／8·11 政
北清事変 ❼1900·北清事変(特集ページ)／1901·10月 政／1902·6·14 政
歩兵第三十八連隊第三中隊集団、脱営 ❼1908·1·26 政
ホロンバイル事件 ❼1932·9·27 政
満洲綏芬河北方の満ソ国境衝突事件 ❼1935·10·6 政
万宝山事件 ❼1931·7·2 政
リットン調査団 ❼1932·7·4 政／10·1 政
柳条湖付近の満鉄線路爆破 ❼1931·9·18 政
遼東半島鎮圧作戦 ❼1932·12·13 政
これ以降の戦争⇨「太平洋戦争開戦・終戦」
基地問題
饗場野演習場 ❾1992·12·22 社
浅間山米軍演習地 ❽1953·7·16 政
厚木基地騒音公害訴訟 ❾1976·9·8 政／1995·12·26 政／2002·10·16 社／2006·3·12 政
安波訓練所(沖縄) ❾1998·12·22 政
伊江島米軍射撃場(沖縄) ❽1960·3·10 政／❾1966·7·14 政
池子住宅地区 ❾1994·11·17 社／2004·9·2 政
板付基地 ❾1965·3·9 政
茨城基地建設反対 ❽1959·9·5 政／1962·12·16 政
岩国基地 ❾1970·7·5 政／1971·11·16 政／2006·3·12 政
内灘村米軍試射場 ❽1952·9·20 政／11·20 政／12·2 政／1953·4·30 政／5·14 政／6·2 政／9·14 政／1957·3·30 政
王子キャンプ ❾1971·10·15 政
大久野島毒ガス工場 ❾1970·1·13 政／1972·5·20 社
大矢野原演習場(熊本) ❾2001·7·7 政
沖縄基地復帰対策 ❾1970·3·31 政
沖縄基地無期限保持 ❽1950·1·31 社／2·10 政／3·22 政／1954·1·7 政／1955·1·17 政／1956·1·16 政
沖縄基地問題(プライス勧告) ❽1956·6·9 政
沖縄軍事基地化 ❽1949·10·1 政
沖縄軍用地賃貸料 ❾1971·10·9 政
沖縄県駐留軍用地返還特別措置法 ❾1995·5·26 政
沖縄米軍基地所在市町村に関する懇談会 ❾1996·8·26 政
海兵隊グアム移転日米協定 ❾2009·5·13 政
海兵隊グアム・テニアン・パガン訓練場移転建設費 ❾2006·3·14 政／2012·4·19 政
嘉手納基地 ❽1960·6·19 政／❾1968·1·16 政／11·19 政／1970·3·1 政／9·24 政／1973·1·23 政／1974·5·15 政／1996·3·7 政／1998·5·22 政／2000·3·16 政
嘉手納基地(米軍)人間の輪 ❾1987·6·24 政
北富士演習場問題 ❽1955·1·5 政／3·27 政／5·6 政／1960·7·29 政／1962·5·14 政／❾1965·4·26 政／1967·7·23 政／1970·10·29 政／1971·2·23 政／1972·8·23 政／1973·5·14 政／1997·7·3 政
キャンプ松島(米極東軍) ❽1955·9·15 政
軍事基地の存在必要 ❽1950·2·13 政
軍事基地反対国民大会 ❽1953·6·25 政／1955·6·23 政／1956·6·28 政
群馬県相馬ヶ原演習所 ❽1958·6·9 政
群馬妙義米軍演習地 ❽1953·4·27 政／10·16 政
軍用地問題調査団(プライス調査団) ❽1955·10·14 政
軍用土地問題 ❽1954·4·30 政
航空自衛隊那覇基地 ❾1972·10·11 政／1973·1·31 政
公用地暫定使用法 ❾1977·5·15 政
小松基地騒音訴訟 ❾1991·3·13 社／1994·12·26 社
在日アメリカ軍再編推進特別措置法 ❾2007·5·23 政
在日基地・施設についての整理案 ❾1968·12·23 政
在日米軍の軍用地調達反対 ❽1952·10·25 政
支笏湖水上訓練場 ❾1969·8·14 政
新嘉手納基地爆音訴訟 ❾1982·10·20 社／1993·2·25 社／1994·2·24 社／2005·2·17 政
砂川基地(闘争) ❽1955·5·6 政／9·13 政／1956·10·12 政／1957·6·27 政／1959·12·16 政／❾1967·2·26 政／7·9 政
瀬名波通信施設(沖縄県読谷村) ❾1999·3·25 政
楚辺通信所(沖縄県読谷村) ❾1995·3·3 政
立川基地 ❽1955·5·6 政／6·30 政／7·24 政／11·5 政／❾1968·9·22 政／1973·1·23 政／5·2 政／1976·5·31 政／1977·11·30 政／2003·11·27 政
多摩弾薬庫 ❾1969·8·14 政
千葉県柏市通信所 ❾1979·2·13 政
駐留軍用地特別措置法 ❾1997·4·3 政
毒ガス資料館 ❾1988·4·16 政
ナイキ長沼裁判(自衛隊違憲裁判) ❽1969·9·14 政／1970·1·23 政／4·18 政／1973·9·7 政／1976·8·5 政／1983·9·9 政
ナイキ反対沖縄返還要求国民総決起大会 ❽1960·1·23 政
名護市沖合軍民共用空港施設 ❾2002·7·29 政
那覇基地(陸上自衛隊) ❾1972·10·11 政
那覇軍港返還 ❾1995·5·11 政／2003·1·23 政
新島ミサイル試射場 ❽1961·1·11 政／7·6 政／1960·6·23 政／1961·2·11 政／❾1967·8·7 政
日本軍事基地化非難 ❽1950·5·2 政
東富士米軍演習地 ❽1953·10·16 政／❾1966·3·1 政／1968·7·4 政／1997·4·23 政
百里基地違憲訴訟(茨城県) ❾1977·2·17 政／1989·6·20 政
府中基地 ❽1957·8·14 政／❾1974·11·8 政
普天間代替施設協議会 ❾2000·8·25 政
普天間飛行場移設問題 ❾1996·2·11 政／4·21 政／1997·12·21 政／1998·2·6 政／1999·7·28 政／2000·1·5 政／2001·12·27 政／2002·7·29 政／2005·10·26 政／2006·4·7 政／2010·3·25 政／4·17 政／5·4 政／5·7 政／5·28 政／6·23 政
米海軍LST1083号ガス ❾1966·1·23 政
米軍基地・演習地・飛行場 ❽1953·5·29 政
米軍基地整理・縮小 ❾1985·6·5 政／1996·6·21 政
米軍基地返還要望書 ❾1973·9·22 政
米軍レーダー基地 ❽1958·5·30 政
米原子力空母の寄港問題 ❾1966·2·14 政／1967·9·7 政／1968·6·3 政
辺野古沖海上ヘリポート ❾1997·11·5 政／12·21 政／1999·11·22 政
ミグ25戦闘機強行着陸問題 ❾1976·9·6 政

ミサイル・ホーク基地　❽ 1959・12・10 政／1960・3・10 政
三沢基地　❾ 1984・4・24 政
水戸射撃場　❾ 1973・3・10 政
三宅島米軍飛行場　❾ 1987・9・1 政
横田基地(公害訴訟)　❽ 1955・10・4 政／1956・7・28 政／❾ 1970・2・25 政／1976・2・15 政／4・28 政／4・29 政／1979・9・26 政／1987・7・15 社／1993・11・8 政／1994・2・4 社／2003・5・13 政／2005・11・30 政
読谷補助飛行場返還　❾ 1995・5・11 政

合同演習・訓練

沖縄上陸大演習フオートレス・ゲール　❾ 1979・8・18 政
海上自衛隊在日米軍共同訓練　❾ 1981・5・12 政
海上自衛隊とインド海軍共同訓練　❾ 2012・6・5 政
海上自衛隊ハワイ派遣訓練　❾ 1976・7・17 政
海・空合同演習　❽ 1961・11・10 政
海難救助合同訓練　❾ 2012・11・8 政
核訓練　❾ 1978・2・21 政
核模擬爆弾投下訓練　❾ 1975・11・14 政
環太平洋合同演習リムパック　❾ 1980・2・26 政／1984・5・15 政／1988・6・17 政／1994・6・10 政／1996・6・4 政／2002・7・1 政
機動演習　❽ 1955・10・10 政
緊急大空輸演習クイック・リリース　❽ 1964・1・25 政
空中戦の合同訓練　❽ 1961・7・19 政／❾ 1978・11・27 政
航空機日米合同訓練　❾ 2010・2・22 政
航空自衛隊戦闘機コープサンダー演習　❾ 1996・7・9 政／2003・5・22 政
航空自衛隊米軍共同訓練　❾ 1981・12・21 政
コープノース・グアム(戦闘機合同演習)　❾ 1999・6・21 政
自衛隊合同演習　❽ 1955・2・21 政／1963・9・2 政
尖閣諸島を想定した演習　❾ 2012・10・19 政
ソ連軍艦艦砲射撃訓練(ソ連軍、無通告実施)　❾ 1981・4・22 政
大量破壊兵器拡散防止構想(PSI)訓練　❾ 2012・9・26 政
多国間共同訓練コブラ・ゴールド　❾ 2005・5・2 政
統合演習(指揮所演習)　❾ 1985・2・12 政
西太平洋潜水艦救難訓練　❾ 2002・4・22 政
日韓海軍共同訓練　❾ 1999・8・2 政
日米海兵隊共同実動訓練　❾ 1988・11・19 政
日米陸上部隊実践共同訓練　❾ 1982・11・10 政
日米共同訓練・演習・研究　❾ 1971・3・3 政／1981・9・16 政／10・1 政／1982・1・21 政／2・15 政／8・11 政／1983・12・12 政／1984・5・11 政／1986・2・24 政／10・27 政／2010・12・3 政
日本・米国・インド共同訓練　❾ 2007・4・16 政
不審船に対する共同訓練　❾ 2006・2・28 政
米・英空・海軍部隊合同演習　❽ 1949・8・17 政
米韓合同演習　❾ 1969・3・9 政／1983・3・21 政
米軍上陸掃討演習実施　❾ 1983・6・7 政
米軍とミサイル実射合同演習　❾ 1966・11・21 政
米中央軍司令部自衛隊の連絡官事務所　❾ 2001・10月 政
保安隊大演習　❽ 1953・6・18 政
陸上自衛隊治安行動訓練　❾ 1969・10・3 政
陸上自衛隊と北海道警察テロ対策共同実働訓練　❾ 2005・10・20 政
離島上陸作戦訓練　❾ 2012・9・22 政
陸海空総合演習　❾ 1965・2・4 政／1981・7・20 政／1982・5・24 政
陸海空自衛隊統合部隊演習　❾ 1998・11・15 政
レンジャー訓練(陸上自衛隊)　❾ 1967・8・31 政
六か国合同不審船追跡訓練　❾ 2006・5・27 政

米兵犯罪　❽ 1945・9・14 文／是年 社／1946・1・5 社／1952・1・12 社／11・21 社／12・3 社／1953・5・12 政／11・24 社／1955・7・19 政／❾ 1970・7・16 政／2006・1・3 社

海兵隊隊員、女性襲い負傷　❾ 2012・8・18 政
宜野湾市女性死亡事件　❾ 1971・10・28 政
金武村キャンプ海兵隊員農婦射殺　❽ 1959・12・26 政
金武村暴行事件　❾ 1975・4・19 政
金武町日本人刺殺　❾ 1985・1・16 政
黒人兵 MP 乱闘　❾ 1969・8・30 政
コザ市キャバレー経営者刺殺事件　❾ 1966・12・3 政
コザ市反米暴動事件　❾ 1966・10・30 政／1970・12・20 政／1971・1・8 政／8・17 政
コザ米人ひき逃げ事件　❽ 1961・9・19 政
主婦轢殺事件　❾ 1970・9・18 政
少女暴行事件　❾ 1995・9・4 政／10・21 政
女子高生刺傷事件　❾ 1970・5・30 政
女性水兵ひき逃げ事故　❾ 2005・12・28 政
女性への集団強姦致傷　❾ 2002・4・6 政／2012・10・16 政
タクシー強盗　❾ 2010・3・12 社
北谷町で女性暴行事件　❾ 2001・6・28 政
発砲傷害事件　❾ 1975・5・6 政
米兵外出禁止令　❾ 2012・11・2 社
米兵犯罪に関する軍民捜査共助協定改定　❾ 1970・11・18 政
米兵犯罪の裁判権　❾ 1970・12・23 政
三和村(沖縄)米兵、農夫射殺　❽ 1960・12・9 政
由美子ちゃん事件　❽ 1955・9・3 政
米空軍機・ヘリコプター墜落　❽ 1947・8・13 政／1950・6・18 政／9・27 政／1951・11・18 政／12・27 政／1952・1・14 政／2・7 政／8・8 政／1953・2・13 政／6・18 政／1954・2・3 政／3・15 政／9・2 政／10・13 政／11・7 政／12・22 政／1955・3・24 政／5・25 政／6・17 政／9・19 政／10・9 政／10・25 政／1956・2・3 政／5・22 政／9・5 政／11・8 政／12・28 政／1957・2・8 政／2・26 政／3・12 政／4・22 政／4・27 政／5・8 政／5・22 政／12・12 政／1958・7・25 政／8・31 政／1959・5・20 政／1960・9・8 政／1961・4・21 政／12・7 政／1962・12・20 政／1963・1・18 政／5・16 政／1964・1・16 政／4・5 政／9・8 政／10・6 政／12・8 政／❾ 1965・5・5 政／6・11 政／1966・5・19 政／1967・2・1 政／1969・1・12 政／1976・11・2 政／1977・9・27 政／1978・1・18 政／1983・5・25 政／1988・6・25 政／9・2 政／2004・8・13 政／2012・7・22 政

米軍航空機

オスプレイ　❾ 2012・7・23 政／9・19 政
B52 戦略爆撃機(問題)　❾ 1965・7・28 政／1967・3・21 政／1968・2・5 政／11・19 政／1969・1・6 政／2・4 政／10・23 政／1970・12・6 政／1972・5・20 政／7・8 政／10・26 政
B36 爆撃機(原爆搭載用)　❽ 1953・8・25 政
B47 ストラトジェット爆撃機(ボーイング)　❽ 1954・6・22 政
B57 爆撃機　❽ 1955・9・4 政／1956・1・9 政
DC-3(ダグラス)　❽ 1957・2・12 政
F100 戦闘機　❽ 1956・11・14 政
U2 型ジェット機　❽ 1959・9・24 政／1960・5・1 政／5・9 政／7・11 政

ソ連・中国海軍

ソ連海軍　❾ 1977・4・20 政
ソ連潜水艦母艦　❾ 1976・11・21 政
国府軍艦　❾ 1972・6・28 政
中国海軍艦隊　❾ 2010・4・10 政
中国海軍ミサイル駆逐艦〈深圳〉　❾ 2007・11・28 政

軍艦(明治・大正期)　❹ 1586・3・16 政

イギリスの軍艦発注　❻ 1875・7月 政
イタリア海軍練習艦隊　❽ 1964・10・4 政
艦隊条例・艦隊令　❻ 1889・7・24 政／❼ 1905・1・12 日露戦争／1914・11・30 政／1933・5・20 政／9・27 政
艦艇、軍備制限のため廃棄　❼ 1923・8・18 政
軍艦旗法改正　❻ 1889・11・3 政
軍艦教授所(幕府)　❻ 1857・4・11 政
軍艦建造費　❼ 1914・7・1 政／12・25 政

軍艦建造費削減問題　❻ 1893・1・12 政
軍艦所(金沢藩)　❻ 1862・2月 政
軍艦條例　❻ 1889・7・24 政
軍艦所有量(明治18年)　❻ 1885・1・2 政
軍艦製造所(萩藩)　❻ 1856・4・24 政
軍艦頭取フランス派遣　❻ 1864・10・18 政
軍艦南洋諸島廻航　❻ 1889・8・14 政
軍艦の国標　❻ 1863・8・7 政
軍艦奉行(幕府)　❻ 1859・2・24 政／1862・⑧・17 政／1864・5・14 政
軍艦奉行並　❻ 1862・⑧・17 政／1866・5・28 政
軍艦模型　❺-2 1846・6・21 政
瓊浦(けいほ)形汽船　❻ 1857・5月 政
鋼骨鉄皮軍艦　❻ 1887・6・17 政
鋼鉄製巡洋艦　❻ 1886・2・15 政
国産軍艦の始め　❻ 1862・5・7 社／1877・6・22 政
佐久間艇長の遺書　❼ 1910・4・15 政
常備艦隊　❼ 1903・9・28 政
水軍隊(鹿児島藩)　❻ 1856・1月 政
水交社(海軍武官社交機関)　❻ 1876・2・4 政／1883・7・27 政
水夫(水兵)　❻ 1876・8・19 政
水雷団條例　❼ 1909・4・17 政
水雷砲艦〈千島〉衝突沈没事件　❻ 1892・11・30 政／1895・7・3 政
千代田形　❻ 1866・5月 社／1868・8・19 政
鎮守府艦隊條例　❼ 1899・6・7 政
東洋艦隊(英・仏・露・米・西・独・葡・伊)　❻ 1892・6月 政
八八艦隊完成案　❼ 1919・11・3 政
八四艦隊計画　❼ 1917・6・14 政
砲兵工廠職工扶助令　❼ 1902・7・19 社
舞鶴鎮守府　❽ 1939・11・1 政
横須賀海軍工廠　❼ 1915・9・27 政
連合艦隊司令長官　❼ 1924・12・1 政／❽ 1945・12・8 政
軍艦名(1945年まで)　❼ 1898・6月 政
アーガス(英)　❻ 1863・6・22 政
アルコナ(プロシア)　❻ 1860・7・10 政
イカルス(英)　❻ 1867・7・6 政
ヴィクター（米)　❻ 1861・10・5 政
ウィルウェフ(亀山社中)　❻ 1866・5・2 政
ヴォストーク(ロシア)　❻ 1853・5・29 政／7・18 政
ウッケル・マルク(ドイツ輸送船)　❽ 1942・11・30 政
エムデン号(巡洋艦)　❽ 1937・1・18 政
エルベスナーベン号(スウェーデン練習巡洋艦)　❽ 1955・2・7 政
エンコントル(英)　❻ 1855・7・6 政
オーディン(英)　❻ 1862・12・22 文久遣欧使節
オリブーツア(ロシア)　❻ 1853・5・29 政／7・18 政
カプライス(米)　❻ 1853・4・19 政
コープマン(オランダ)　❻ 1863・3・11 政
コケット(英)　❻ 1863・6・22 政／1864・7・27 政
サイオト(英)　❻ 1868・4・25 政
サスケハナ(米)　❻ 1853・4・19 政／6・3 政
サプライ(米)　❻ 1853・4・19 政
サラトガ(米)　❻ 1853・6・3 政
スコットランド(英・平運丸)　❻ 1864・2・1 政
ストーン・ウォール(東艦)　❻ 1867・1・23 政／4月 政／1869・2・3／3・18 政／1889・9月 政
スンビン(蒸気軍艦)　❻ 1854・7・8 政／1855・6・9 政／8・25 政
セーラー号(鹿児島)　❻ 1863・12・27 政
デュープレークス(仏)　❻ 1868・2・15 政
パーシウス(仏)　❻ 1864・7・27 政
パルラーダ(ロシア)　❻ 1853・7・18 政／12・5 政
ハヴォック(英)　❻ 1863・6・22 政
フォーキン(英・胡蝶丸)　❻ 1864・2・1 政
プリマス(米)　❻ 1853・6・3 政
ヘルメス(英航空母艦)　❼ 1929・10・3 政
ポーハタン(米)　❻ 1860・1・10 政
ミシシッピー(米)　❻ 1853・4・19 政／6・3 政
メンシコフ(ロシア)　❻ 1853・5・29 政／7・8 政
モンジュ(仏)　❻ 1860・11・12 政
ユーリアラス(英)　❻ 1863・6・22 政
ル・モンジュ(仏)　❻ 1863・12・29 政
レースホース(英)　❻ 1863・6・22 政
旭日丸　❻ 1856・7・12 政
安宅丸　❺-1 1662・5・15 政／6・10 政／1631・12月 政／1635・6・2 政／1650・9・19 政／1678・7・27 政／1682・9・18 政
伊呂波丸　❻ 1867・4・23 社
磐城　❻ 1878・7・16 政
畝傍　❻ 1886・12月 政／1887・10・19 政
運行丸　❻ 1855・7・3 政
雲揚　❻ 1875・9・20 政
永栄丸　❻ 1857・11・13 政
大島　❻ 1892・3月 政
大野丸(大野藩)　❻ 1859・8・7 政／9月 政
海門　❼ 1904・7・5 日露戦争
開陽　❻ 1867・5・20 政／1868・1・2 政／4・11 政
亀田丸　❻ 1861・3月 政
華陽(萩藩)　❻ 1868・3・26 政
観光丸(オランダ汽船)　❻ 1856・8・9 政／1863・12・27 政／1868・4・11 政
咸臨丸(ヤーパン)　❻ 1857・8・4 政／1860・1・10 政／5・7 政／1861・12・4 政／1868・4・11 政／1869・8・29 政
奇捷丸　❻ 1867・9・12 社
麒麟丸　❺-2 1715・5・11 社／1814・5・4 政
孔雀丸　❺-2 1850・4・19 政
国市丸　❺-2 1808・⑥・6 政
景辰丸(丙辰丸)　❻ 1857・2・5 社
庚申丸　❻ 1860・5・1 政／1863・6・1 政
胡蝶丸　❻ 1864・2・1 政
三邦(鹿児島)　❻ 1868・3・26 政
順勢丸　❻ 1855・7・26 政
順動丸　❻ 1863・4・23 政／1867・9・12 社
翔鶴丸　❻ 1863・12・27 政／1868・10・14 社
承天丸　❻ 1854・7月 政
翔風丸　❻ 1868・1・2 政
昇平丸　❻ 1854・12・12 政／1855・1・23 社
壬戌丸　❻ 1863・6・1 政
神速丸　❻ 1868・8・19 政
震天丸　❻ 1867・9・14 政
震洋　❽ 1944・4月 政
清輝　❻ 1877・6・22 政
千秋丸　❻ 1861・6月 政
操江　❼ 1903・5・22 政
第二丁卯　❻ 1875・10・27 政
大鵬丸　❻ 1863・12・27 政
大平丸　❻ 1867・9・12 社
筑後(千歳)　❼ 1907・2・28 政
千島　❻ 1892・4・1 政
千歳(久留米)　❻ 1862・4・29 政／1868・3・26 政／1907・2・28 政
鳥海　❻ 1887・8・20 政
長鯨丸　❻ 1867・9・12 社／1868・8・19 政
朝陽丸(エド)　❻ 1858・5・3 政／1863・7・20 政／7・23 政／12・27 政／1867・11・24 政／1868・4・11 政
鎮遠　❼ 1896・11・25 政
筑波　❻ 1875・11・6 社
天龍　❻ 1883・8・18 政
天地丸　❺-2 1807・6・3 政／1831・5・9 政／1847・9・8 社
電流丸(ナガサキ号)　❻ 1858・10・9 政／1868・3・26 政
土佐　❼ 1915・9・10 政
浪速　❻ 1886・2・15 政
日進　❼ 1904・2・16 日露戦争
箱館丸　❻ 1857・7・29 政
橋立　❻ 1894・是年 政
速鳥丸　❻ 1858・7・17 社
万里(肥後)　❻ 1868・3・26 政
蟠龍丸(エンペラー)　❻ 1858・6・24 政／7・4 政／8月 政／1863・12・27 政／1868・1・2 政／4・11 政
飛雲丸　❻ 1857・10・12 政
富士(山)　❻ 1865・12月 政／1868・4・11 政／❼ 1896・3・5 政／1897・6・21 政／8・17 政／10・31 政
平運丸　❻ 1864・2・1 政／1868・1・2 政
鳳凰丸　❻ 1854・5・4 社
宝積丸　❺-2 1822・①・25 社
鳳瑞丸　❻ 1854・7月 政／1856・3・10 社
宝力丸　❺-2 1826・是年 政
摩耶　❻ 1888・1・20 政
万年丸(広島)　❻ 1854・7月 政／1868・3・26 政
美賀保丸　❻ 1868・8・19 政
三益丸　❺-2 1838・是年 政
明光丸　❻ 1867・4・23 社
孟春(佐賀藩)　❻ 1868・3・26 政／1875・10・27 政

八島　❼ 1905·6·1 政／1896·3·5 政
融勢丸　❺-2 1828·是年 政
龍驤　❻ 1882·12·19 社
凌風丸　❻ 1865·是年 政
旅順丸　❼ 1901·7·10 政
戦艦·巡洋戦艦〈愛宕〉　❻ 1887·6·17 政
戦艦·巡洋戦艦〈天城〉　❻ 1878·3·4 政／❼ 1923·1·19 政
戦艦·巡洋戦艦〈伊勢〉　❼ 1916·11·12 政／1917·12·15 政
戦艦·巡洋戦艦〈加賀〉　❼ 1915·9·10 政／1921·11·7 政
戦艦·巡洋戦艦〈鹿島〉　❼ 1907·9·17 政
戦艦·巡洋戦艦〈春日〉　❻ 1867·11·9 政／❼ 1904·2·16 日露戦争
戦艦·巡洋戦艦〈香取〉　❼ 1907·10·10 政
戦艦·巡洋戦艦〈河内〉　❼ 1910·10·15 政／1912·3·31 政／1918·7·12 政
戦艦·巡洋戦艦〈霧島〉　❼ 1915·4·19 政／1936·6·8 政
戦艦·巡洋戦艦〈金剛〉　❻ 1878·1月 政／❼ 1912·5·18 政／❽ 1937·1·8 政
戦艦·巡洋戦艦〈薩摩〉　❼ 1910·3月 政
戦艦·巡洋戦艦〈敷島〉　❼ 1916·7·22 政／1917·8·13 政
戦艦·巡洋戦艦〈摂津〉　❼ 1911·3·30 政／1912·3·31 政
戦艦·巡洋戦艦〈長門〉　❼ 1915·9·10 政／1919·11·9 政／1920·11·25 政／1936·1·31 政／❽ 1946·7·1 政
戦艦·巡洋戦艦〈榛名〉　❼ 1915·4·19 政／1920·9·14 政／1934·9·30 政
戦艦·巡洋戦艦〈比叡〉　❻ 1878·2·25 政／1881·5月 政
戦艦·巡洋戦艦〈日向〉　❼ 1917·1·27 政／1919·10·24 政
戦艦·巡洋戦艦〈扶桑〉　❻ 1878·1月 政／❼ 1915·11·8 政／1935·2·19 政
戦艦·巡洋戦艦〈三笠〉　❼ 1901·8·29 政／1902·3·1 政／1905·9·11 政／1912·10·3 政／1926·11·12 社
戦艦·巡洋戦艦〈武蔵〉　❽ 1938·3·29 政／1940·11·1 政／1942·8·5／1944·11·18 政
戦艦·巡洋戦艦〈陸奥〉　❼ 1915·9·10 政／1920·4·31 政／1921·10·24 政／11·22 政／❽ 1943·6·8 政／❾ 1970·7·23 社／1971·3·15 社
戦艦·巡洋戦艦〈山城〉　❼ 1915·11·3 政／1917·3·8 政／1935·3·30 政
戦艦·巡洋戦艦〈大和〉　❻ 1883·2月 政／❽ 1937·11·4 政／1940·8·8 政／1941·12·16 政／1945·4·7 政／❾ 1985·8·2 政
海防艦〈高千穂〉　❼ 1914·10·18 政
駆逐艦〈暁〉　❼ 1905·6·1 政
駆逐艦〈朝露〉　❼ 1913·11·9 政
駆逐艦〈雷〉　❼ 1934·6·29 政
駆逐艦〈浦風〉　❼ 1915·9·14 政
駆逐艦〈樺〉　❼ 1915·2·6 政
駆逐艦〈榊〉　❼ 1915·2·6 政／1917·6·11 政
駆逐艦〈早蕨〉　❼ 1932·12·5 政
駆逐艦〈敷波〉　❼ 1929·6·22 政
駆逐艦〈栂〉　❼ 1920·4·17 政
駆逐艦〈時津風〉　❼ 1918·3·24 政
駆逐艦〈初春〉　❼ 1914·9·15 政／1933·2·27 政
駆逐艦〈速鳥〉　❼ 1905·6·1 政
駆逐艦〈春雨〉　❼ 1903·6·26 政
駆逐艦〈藤〉　❼ 1920·11·27 政
駆逐艦〈峰風〉　❼ 1934·4·15 政
駆逐艦〈深雪〉　❼ 1934·6·29 政
駆逐艦〈叢雲〉　❼ 1898·12·29 政
駆逐艦〈蕨〉　❼ 1927·8·24 政
駆逐艦〈秋月〉　❽ 1942·6·13 政
駆逐艦〈雷〉　❽ 1942·3·2 政
駆逐艦〈電〉　❽ 1942·3·1 政
駆逐艦〈陽炎〉　❽ 1939·11·6 政
駆逐隊條例　❼ 1905·12·12 政
潜水艦　❻ 1886·1·11 政／❼ 1904·是年 政／1905·8·1 政／10·1 政／❽ 1941·10·2 政／1942·9·25 政
潜水艦　第6号　❼ 1910·4·15 政
潜水艦　第9号　❽ 1941·2·13 政
潜水艦　第26号　❼ 1923·10·29 政
潜水艦　第43号　❼ 1924·3·19 政
潜水艦　第44号　❼ 1921·11·29 政
潜水艦　第70号　❼ 1923·8·21 政
潜水艦　伊1号　❼ 1926·3·10 政
潜水艦　伊5号　❼ 1931·6·19 政
潜水艦　伊15号　❽ 1940·9·30 政
潜水艦　伊22号　❼ 1926·11·8 政
潜水艦　伊23号　❽ 1953·7·2 政
潜水艦　伊29号　❽ 1943·4·27 政
潜水艦　伊34号　❽ 1962·12·4 政
潜水艦　伊63号　❽ 1939·2·2 政／1940·1·22 政
潜水艦　伊67号　❽ 1940·8·29 政
潜水艦　伊363号　❽ 1945·10·29 政
潜水艦隊　❼ 1905·1·12 日露戦争／12·12 政
潜水母艦〈大鯨〉　❼ 1933·11·16 政／1934·4·1 政
重巡洋艦〈羽黒〉　❼ 1929·4·25 政
重巡洋艦〈古鷹〉　❼ 1926·3·31 社
巡洋艦〈赤城〉　❼ 1915·9·10 政
巡洋艦〈浅間〉　❼ 1915·1·30 政
巡洋艦〈足柄〉　❼ 1935·9·14 政
巡洋艦〈天城〉　❼ 1915·9·10 政
巡洋艦〈生駒〉　❼ 1910·3·15 政／1922·8·14 政
巡洋艦〈和泉〉　❻ 1894·11·15 政／❼ 1900·8·24 北清事変
巡洋艦〈伊吹〉　❼ 1909·11·1 政
巡洋艦〈音羽〉　❼ 1918·7·25 政
巡洋艦〈春日〉　❼ 1904·2·16 日露戦争
巡洋艦〈霧島〉　❼ 1913·12·1 政
巡洋艦〈球磨〉　❼ 1919·7·14 政
巡洋艦〈酒匂〉　❽ 1946·7·1 政
巡洋艦〈神通〉　❼ 1927·8·24 政
巡洋艦〈高砂〉　❼ 1905·6·1 政
巡洋艦〈鳥海〉　❼ 1931·4·5 政
巡洋艦〈筑波〉　❼ 1905·12·26 政／1907·1·14 政／1917·1·14 政
巡洋艦〈利根〉　❽ 1948·9·6 政
巡洋艦〈浪速〉　❼ 1898·6月 政／1912·7·18 政
巡洋艦〈日進〉　❼ 1904·2·16 日露戦争
巡洋艦〈比叡〉　❼ 1912·11·21 政／1914·8·4 政
巡洋艦〈松島〉　❼ 1898·6月 政／1908·4·30 政
巡洋艦〈妙高〉　❼ 1927·4·16 政
巡洋艦〈最上〉　❼ 1935·7·26 政
巡洋艦〈夕張〉　❼ 1923·7·31 政
巡洋艦〈吉野〉　❻ 1893·9·30 政
軽巡洋艦〈阿賀野〉　❽ 1942·10·31 政
軽巡洋艦〈神通〉　❽ 1943·7·12 政
重巡洋艦〈愛宕〉　❽ 1944·11·18 政
重巡洋艦〈摩耶〉　❽ 1944·11·18 政
練習巡洋艦〈香取〉　❽ 1940·4·20 政
水上機母艦〈千歳〉　❼ 1936·11·29 政
水上機母艦〈若宮〉　❼ 1913·11月 政／1914·9·5 政／1920·6·22 政
水雷艇　❼ 1896·11·25 政／1899·3·24 政
水雷艇〈第23号〉　❼ 1898·7·20 政
水雷艇〈友鶴〉　❼ 1934·3·12 政
測量艦〈膠州〉　❼ 1927·9·23 政
通報艦〈宮古〉　❼ 1898·10·27 政
特務艦〈関東〉　❼ 1924·12·12 政
敷設艦〈津軽〉　❼ 1924·5·27 政
砲艦〈愛宕〉　❼ 1900·5·27 北清事変／1905·6·1 政
砲艦〈宇治〉　❼ 1903·3·14 政
砲艦〈大島〉　❼ 1905·6·1 政
廃艦〈明石〉　❼ 1930·8·2 政
廃艦〈楓〉　❼ 1934·3·11 社
空母〈赤城〉　❼ 1925·4·22 政／1927·3·25 政／1929·12·3 政／1935·7·13 政／❽ 1942·6·4 政
空母〈雲鷹〉　❽ 1942·5·31 政
空母〈大鷹〉　❽ 1941·9·5 政
空母〈加賀〉　❼ 1924·3·31 政／1928·3·31 政／❽ 1942·6·4 政
空母〈葛城〉　❽ 1944·10·15 政
空母〈信濃〉　❽ 1944·10·8 政／11·19 政
空母〈準鷹〉　❽ 1939·3·20 政
空母〈翔鶴〉　❽ 1939·6·1 政／1941·8·8 政／1944·6·19 政
空母〈祥鳳〉　❽ 1941·12·22 政
空母〈神鷹〉　❽ 1943·12·15 政
空母〈瑞鶴〉　❽ 1941·9·25 政
空母〈瑞鳳〉　❽ 1940·12·27 政
空母〈蒼龍〉　❽ 1937·12·29 政／1942·6·4 政
空母〈大鳳〉　❽ 1944·6·19 政
空母〈沖鷹〉　❽ 1939·5·20 政／1942·11·25 政
空母〈千代田〉　❽ 1938·12·12 政／1943·12·15 政
空母〈ハーミス〉　❽ 1942·4·9 政
空母〈飛鷹〉　❽ 1942·7·31 政／1944·6·19 政
空母〈飛龍〉　❽ 1939·7·5 政／1942·6·4 政
空母〈鳳翔〉　❼ 1922·12·27 政／1923·2·27 政／3·16 政
空母〈ヨークタウン〉　❽ 1942·6·4 政
空母〈龍驤〉　❼ 1933·5·9 政
空母〈龍鳳〉　❽ 1942·11·25 政
航空戦艦〈伊勢〉　❽ 1943·9·5 政

水上機母艦〈瑞穂〉 ❽ 1938·5·16 政
水中高速潜水艦 ❽ 1945·2月 政
特殊潜航艇 ❽ 1939·7月 政／1940·1·15 政／1941·12·8 政／1942·3·6 政／5·31 政／1952·7·2 政
特攻兵器〈回天〉 ❻ 1868·4·11 政／❽ 1944·8·1 政
機帆船 ❽ 1942·12月 政
軍艦名(米、1946年以降)
空母〈インディペンデンス〉 ❾ 1991·9·11 政／1997·9·5 政
空母〈エンタープライズ〉 ❾ 1966·2·14 政／1967·9·7 政／1968·1·4 政／1983·3·21 政
空母〈カールビンソン〉 ❾ 1983·10·1 政／1984·12·10 政
空母〈キアサージ〉 ❾ 1967·12·23 政
空母〈キティホーク〉 ❾ 2001·9·21 政
空母〈ミッドウェー〉 ❾ 1972·11·15 政／1973·10·5 政／1974·10·10 政／1978·2·21 政／1981·5·28 政／6·5 政／1988·9·8 政／1990·6·20 政
空母〈レインジャー〉 ❽ 1959·2·24 政／1961·12·2 政
原子力潜水艦 ❾ 2008·11·10 政
原潜〈クイーンフィッシュ〉 ❾ 1968·3·15 政
原潜〈サーゴ〉 ❾ 1965·12·14 政／1966·1·18 政
原潜〈シードラゴン〉 ❾ 1965·2·2 政／11·24 政／1966·9·5 政
原潜〈ジョージワシントン〉 ❾ 1981·4·9 政
原潜〈スカルピン〉 ❾ 1967·2·23 政
原潜〈スキャンプ〉 ❾ 1967·8·15 政
原潜〈スヌック〉 ❾ 1965·5·25 政／1966·5·30 政／8·1 政
原潜〈ソードフィッシュ〉 ❾ 1968·3·17 政／5·2 政
原潜〈タニー〉 ❾ 1984·6·14 政
原潜〈バーブ〉 ❾ 1967·6·20 政
原潜〈パーミット〉 ❾ 1965·8·24 政
原潜〈ハドック〉 ❾ 1969·2·10 政
原潜〈フラッシャー〉 ❾ 1973·9·16 政
原潜〈プランジャー〉 ❾ 1965·12·20 政／1968·12·18 政／1969·1·13 政／4·16 政
戦艦〈ニュージャージー〉 ❾ 1986·8·24 政
巡洋艦〈バンカーヒル〉 ❾ 1988·8·31 政
駆逐艦〈タワーズ〉 ❾ 1988·11·9 政
駆逐艦〈ファイフ〉 ❾ 1988·8·31 政
掃海艦〈ディフェンダー〉 ❾ 2010·9·21 政
海上自衛隊 ❾ 2000·9·7 政
海上警備隊 ❽ 1951·10·31 政／1952·4·26 政／5·12 政／8·1 政／10·15 政／1953·8·16 政／9·16 政／1954·4·10 政
海上自衛隊沖縄基地 ❾ 1972·12·21 政
海上自衛隊観艦式 ❽ 1957·10·2 政／1960·11·1 政／❾ 1967·11·5 政／1968·11·3 政／1981·11·3 政／1994·10·16 政
海上自衛隊、図上演習装置 ❾ 1987·6·15 政
海上自衛隊米軍後方支援と難民救援物資輸送 ❾ 2001·11·25 政
海上自衛隊練習艦隊 ❽ 1958·1·14 政／1·30 政
海上自衛隊の艦艇
自衛艦初世界一周 ❾ 1970·6·30 政
対日艦艇貸与法 ❽ 1952·7·8 政
日米船舶(艦船)貸借協定 ❽ 1952·11·12 政
イージス艦 ❾ 1987·5·22 政
イージス護衛艦〈こんごう〉 ❾ 1991·8·26 政／1993·3·25 政／2007·12·17 政
イージス護衛艦〈ちょうかい〉 ❾ 1996·8·27 政
イージス護衛艦〈みょうこう〉 ❾ 1994·10·5 政
LSSL(上陸支援艇) ❽ 1952·5·12 政／10·12 政／1953·8·16 政
LST(上陸用舟艇)日本人乗組員 ❾ 1965·4·9 政
PF(フリゲート艦) ❽ 1952·5·12 政／10·12 政／1953·8·16 政
駆逐艦(米貸与艦) ❽ 1955·2·25 政
駆逐艦〈あさかぜ〉 ❽ 1954·8·2 政
駆逐艦〈あさひ〉 ❽ 1955·3·29 政
駆逐艦〈はたかぜ〉 ❽ 1954·8·2 政
駆逐艦〈はつひ〉 ❽ 1955·3·29 政
駆逐艦〈かもめ〉 ❽ 1957·1·14 政
駆逐艦〈梨〉 ❽ 1954·7·25 政
甲型警備艇 ❽ 1954·12·15 政
護衛艦 ❽ 1960·10·1 政
護衛艦〈あきづき〉 ❾ 2010·10·13 政
護衛艦〈あけぼの〉 ❾ 2000·9·25 政
護衛艦〈あさかぜ〉 ❾ 1977·10·15 政
護衛艦〈あしがら〉 ❾ 2006·8·30 政
護衛艦〈あたご〉 ❾ 2005·8·24 政
護衛艦〈ありあけ〉 ❾ 2000·10·16 政
護衛艦〈いかづち〉 ❾ 1999·6·24 政
護衛艦〈いせ〉 ❾ 2009·8·21 政
護衛艦〈いづも〉 ❾ 2012·1·27 政
護衛艦〈いなづま〉 ❾ 1998·9·9 政
護衛艦〈おおなみ〉 ❾ 2001·9·20 政
護衛艦〈きりさめ〉 ❾ 1997·8·19 政／2011·12·19 政
護衛艦〈きりしま〉 ❾ 1993·8·19 政／2002·12·16 政
護衛艦〈くらま〉 ❾ 1979·9·20 政／1996·7·23 政
護衛艦〈さざなみ〉 ❾ 2003·8·29 政
護衛艦〈さみだれ〉 ❾ 1998·9·9 政
護衛艦〈さわかぜ〉 ❾ 1981·6·4 政／2002·2·13 政
護衛艦〈しまかぜ〉 ❾ 1987·1·30 政
護衛艦〈しらね〉 ❾ 1978·9·18 政
護衛艦〈すずつき〉 ❾ 2012·10·1 政
護衛艦〈すずなみ〉 ❾ 2004·8·26 政
護衛艦〈たかなみ〉 ❾ 2001·7·26 政
護衛艦〈たちかぜ〉 ❾ 1974·12·1 政
護衛艦〈てるづき〉 ❽ 1963·3·30 政／❾ 2011·9·15 政
護衛艦〈はたかぜ〉 ❾ 1984·11·9 政
護衛艦〈はるかぜ〉 ❽ 1956·4·26 政
護衛艦〈はるさめ〉 ❾ 1995·10·1 政
護衛艦〈はるな〉 ❾ 1972·2·1 政
護衛艦〈ひえい〉 ❾ 1973·8·13 政
護衛艦〈ひゅうが〉 ❾ 2007·8·23 政
護衛艦〈ふゆづき〉 ❾ 2012·8·22 政
護衛艦〈まきなみ〉 ❾ 2002·8·8 政
護衛艦〈むらさめ〉 ❾ 1994·8·23 政／2008·1·17 政
護衛艦〈ゆうだち〉 ❾ 1997·8·9 政
自衛艦〈あきづき〉 ❽ 1959·6·26 政
自衛艦〈あけぼの〉 ❽ 1960·6·4 政
自衛艦〈いなづま〉 ❽ 1960·6·4 政
自衛艦〈えりも〉 ❽ 1955·7·12 政
自衛艦〈つがる〉 ❽ 1955·12·15 政
潜水艦 ❽ 1957·2·21 政
潜水艦〈いそしお〉 ❾ 2000·11·2 政
潜水艦〈うずしお〉 ❾ 1970·3·11 政／1974·6·17 政／1998·10·15 政
潜水艦〈うんりゅう〉 ❾ 2008·10 15 政
潜水艦〈おやしお〉 ❽ 1959·5·25 政／1960·6·30 政／1961·6·9 政／❾ 1965·3·31 政／1975·6·19 政／1996·10·15 政
潜水艦〈くろしお〉 ❽ 1954·12·2 政／❾ 2002·10·23 政
潜水艦〈けんりゅう〉 ❾ 2010·11 15 政
潜水艦〈ずいりゅう〉 ❾ 2011·10 24 政
潜水艦〈そうりゅう〉 ❾ 2007·12 5 政
潜水艦隊 ❾ 1981·2·10 政
潜水艦〈たかしお〉 ❾ 2003·10·1 政
潜水艦〈なるしお〉 ❾ 2001·10·1 政
潜水艦〈はくりゅう〉 ❾ 2009·10 16 政

潜水艦〈まきしお〉　❾ **1999**・9・22 政
潜水艦〈みちしお〉　❾ **1997**・9・18 政
潜水艦〈もちしお〉　❾ **2006**・11・6 政
潜水艦〈やえしお〉　❾ **2004**・11・14 政
潜水救助艦〈ちよだ〉　❾ **1998**・10・8 政
掃海隊(海上自衛隊)　❽ **1950**・10・2 政／**1951**・3 月／**1954**・7・1 政／8・2 政／10・1 政／**1955**・4・25 政
掃海艇　❾ **1991**・6・19 政
掃海母艦〈ぶんご〉　❾ **1997**・4・24 政／**1999**・9・23 政
対潜護衛艦〈たかつき〉　❾ **1966**・1・7 政
補給艦〈おうみ〉　❾ **2008**・1・17 政
補給艦〈ましゅう〉　❾ **2004**・3・14 政
ミサイル護衛艦〈あしがら〉　❾ **2006**・4・6 政
ミサイル護衛艦〈あたご〉　❾ **2004**・4・5 政
ミサイル搭載護衛艦〈あまつかぜ〉　❾ **1965**・2・15 政
輸送艦〈あつみ〉　❾ **1972**・11・27 政
輸送艦〈おおすみ〉　❾ **1996**・11・18 政／**1999**・9・23 政

軍学校
衛生学校　❽ **1951**・10・15 文
江田島学校　❽ **1950**・8・23 政
越中島学校(越中島練兵所)　❻ **1857**・1・14 政／❽ **1950**・8・23 政
海軍機関学校　❻ **1881**・8・3 政／**1887**・7・15 政
海軍航海学校　❼ **1934**・4・2 政
海軍潜水学校条例　❼ **1920**・9・15 政
海軍大学校令　❻ **1888**・7・16 政／8・1 政
海軍兵学校　❻ **1869**・9・18 政／**1876**・8・31 政／**1888**・6・14 政／8・1 政
海軍兵学校生徒館　❻ **1883**・6・5 政
海軍兵学校付属機関学校　❻ **1878**・6・4 政
海上自衛隊幹部学校　❽ **1954**・9・1 政
化学学校　❽ **1957**・10・15 政
化学教育隊　❽ **1953**・6・15 政
拳稽古所　❺-2 **1844**・2・28 社
自衛隊幹部候補生学校　❽ **1954**・7・5 政
自衛隊体育学校　❽ **1961**・8・17 政
東京指揮学校　❽ **1950**・8・23 政
特科学校　❽ **1951**・11・19 政
屯田兵学科(札幌農学校)　❻ **1889**・9 月 政
日本語学校(米陸軍)　❽ **1941**・11・1 政
白城子陸軍飛行学校　❽ **1939**・7・1 政
富士学校　❽ **1954**・8・20 政
兵学所(福井)　❻ **1866**・5・18 政
兵学校用掛(萩藩)　❻ **1865**・3・14 政
保安・防衛大学校　❽ **1953**・4・1 政／**1954**・9・1 政／**1957**・3・26 政
防衛医科大学校　❾ **1973**・10・16 文／**1974**・4・25 文／**1985**・4・15 文
防衛大学　❾ **1981**・3・22 政／**1992**・4・4 文
蘭学・兵学塾(勝海舟)　❺-2 **1850**・是年 政
陸軍科学学校　❽ **1941**・7・12 政
陸軍化学技術研究所　❼ **1919**・4・14 文
陸軍機甲整備学校　❽ **1941**・7・12 政
陸軍技術研究所　❽ **1942**・10・10 文
陸軍騎兵学校　❼ **1906**・4・1 政
陸軍経理学校　❻ **1890**・11・1 政
陸軍航空学校　❼ **1919**・4・18 政
陸軍航空技術学校　❼ **1935**・7・29 政
陸軍航空士官学校　❽ **1938**・12・10 政
陸軍航空廠　❼ **1935**・7・29 政
陸軍航空通信学校　❽ **1940**・8・1 政
陸軍士官学校　❻ **1874**・11・2 政／**1878**・6・10 政／**1880**・12・24 政／**1887**・6・15 政／❽ **1937**・9・30 政
陸軍士官学校幼年学校　❼ **1933**・9 月 政
陸軍自動車学校　❼ **1925**・4・28 政
陸軍重砲兵学校　❼ **1925**・4・6 政
陸軍乗馬学校　❻ **1888**・3・21 政
陸軍戦車学校　❼ **1936**・7・27 政／12・1 政／❽ **1939**・7・15 政
陸軍大学校　❻ **1882**・11・13 政／**1883**・4・12 政／**1887**・10・7 政
陸軍通信学校　❼ **1925**・4・28 政
陸軍戸山学校　❻ **1878**・5・21 政／**1883**・7・14 政／❼ **1896**・5・15 政／**1906**・4・1 政
陸軍中野学校　❽ **1937**・12 月 政
陸軍習志野学校　❼ **1933**・8・1 政
陸軍浜松飛行学校　❼ **1933**・8・1 政
陸軍飛行学校生徒教育令　❼ **1933**・4・28 政
陸軍兵学寮　❻ **1870**・11・4 政
陸軍砲工学校条例　❻ **1889**・5・31 政
陸軍砲兵工科学校　❼ **1896**・4・8 政
陸軍歩兵学校　❼ **1925**・4・6 政
陸軍野戦学校　❼ **1906**・4・1 政
陸軍野戦砲兵学校　❼ **1925**・4・6 政
陸軍要塞砲兵射撃学校　❼ **1906**・4・1 政
陸軍幼年学校　❻ **1887**・6・15 政／❼ **1897**・9・1 政

軍指揮
『国防白書』　❾ **1996**・7・19 政
『防衛白書』　❾ **1970**・10・20 政／**1980**・8・5 政／**1981**・8・14 政／**1984**・9・14 政／**1990**・9・18 政／**1991**・7・26 政／**1994**・7・15 政／**1997**・7・15 政／**1998**・6・23 政／**2004**・7・6 政／**2011**・8・2 政／**2012**・7・31 政
『保安白書』　❽ **1951**・7・16 政
青森歩兵第五連隊第二大隊　❼ **1902**・1・23 政
宇都宮師団廃止　❼ **1924**・8・26 政
大阪鎮台　❻ **1873**・1・1 政
岡山師団廃止　❼ **1924**・8・26 政／**1925**・3・27 政
戒厳令　❼ **1904**・2・14 政／**1905**・9・6 政
華北・満洲派遣軍増強　❼ **1915**・3・10 政
韓国駐箚軍　❼ **1904**・3・11 日露戦争／**1906**・8・1 政／**1907**・10・8 政
関東戒厳司令部　❼ **1923**・9・2 政／9・3 政／**1936**・2・27 政
関東軍司令官　❼ **1936**・3・6 政／❽ **1939**・9・7 政
騎兵第二十七連隊　❼ **1932**・1・9 政
極東有事研究　❾ **1978**・6・21 政／9・21 政／**1981**・6・10 政／**1982**・1・8 政／**1984**・10・16 政
熊本鎮台　❻ **1873**・1・1 政
久留米師団廃止　❼ **1924**・8・26 政／**1925**・3・27 政
呉鎮守府　❻ **1889**・7・1 政
軍令部　❽ **1945**・10・15 政
軍令部総長　❽ **1944**・2・21 政／7・13 政
警察予備隊災害救援　❽ **1951**・10・20 社／6・11 政／10・20 社／**1952**・8・1 政／8・22 政／10・15 政
撃新羅将軍　❶ **602**・2・1 政
交戦規則(ROE)　❾ **1994**・2・5 政
国内防衛方策要綱　❽ **1944**・10・16 政
国防会議　❽ **1956**・3・1 政／7・2 政／12・8 政／**1957**・5・20 政／6・14 政
国家警察予備隊　❽ **1950**・7・8 政／8・10 政／8・18 政／9・12 政／9・18 政／**1951**・2・16 政／3・1 政
西海鎮守府　❻ **1876**・8・31 政
佐世保鎮守府　❻ **1889**・7・1 政
山東駐屯軍　❼ **1922**・5・5 政
参謀総長　❽ **1940**・10・3 政／**1944**・2・21 政／7・13 政
参謀本部　❽ **1945**・10・15 政
師団増加(近衛師団、第一～第十二師団)　❼ **1896**・3・16 政
師団の半減提唱　❼ **1922**・1・20 政
支那駐屯軍　❼ **1936**・4・17 政
支那派遣軍総司令部　❽ **1939**・9・4 政／9・23 政／**1941**・3・1 政／**1944**・11・23 政
常備師団(第十三～十八師団)　❼ **1907**・9・18 政
情報本部　❾ **1997**・1・20 政
全国防諜強化週間　❽ **1942**・7・13 社
仙台鎮台　❻ **1873**・1・1 政
仙台鎮台参謀本部　❻ **1881**・8・10 政
増師問題　❼ **1912**・12・2 政
第四師団(大阪)司令部　❼ **1930**・3・20 政
第九師団指令部(金沢)　❼ **1924**・2・15 政
第十三(高田)師団廃止　❼ **1924**・8・26 政／**1925**・3・27 政
第十五(豊橋)師団廃止　❼ **1925**・3・27 政
第二十師団(京城)開庁式　❼ **1919**・6・4 政
大本営　❼ **1904**・2・11 日露戦争／**1905**・12・20 政
　戦時大本営条例　❼ **1903**・12・28 政
駐満海軍部　❼ **1933**・4・1 政／**1933**・9・27 政
朝鮮軍の満洲越境　❼ **1931**・9・21 政
徴兵令(改正)　❼ **1896**・1・1 政／**1898**・1・1 政／**1904**・9・29 政／**1918**・4・1 政／**1924**・8・1 政／**1927**・4・1 政
鎮台　❻ **1871**・4・23 政／8・18 政／**1873**・1・9 政／**1879**・9・15 政／**1885**・

5・18 政
鎮海軍港　❼ **1923**・3・26 政
鎮守府令　❼ **1933**・9・27 政
帝国国防方針　❼ **1907**・4・19 政／**1918**・6・29 政／**1923**・2・28 政／**1936**・6・8 政
提督府　❻ **1876**・8・31 政
敵の文書図書の届出等に関する件　❽ **1945**・3・10 社
東京軍法会議　❼ **1936**・2・29 政
東京鎮台　❻ **1873**・1・1 政
東京鎮台兵舎倒壊　❻ **1872**・7・22 政
統合幕僚会議　❽ **1954**・7・1 政
統合幕僚監部　❾ **2006**・3・27 政
内地師団の朝鮮移駐(陸軍軍制改革案)　❼ **1931**・9・1 政
名古屋鎮台　❻ **1873**・1・1 政
日本樺太派遣軍　❼ **1925**・5・15 政
広島鎮台　❻ **1873**・1・1 政
東海鎮守府設置　❻ **1876**・8・31 政
防衛閣僚懇談会　❽ **1955**・8・2 政
防衛計画大綱　❾ **1976**・10・29 政／**1995**・11・28 政
防衛研究所　❽ **1954**・7・1 文
防衛五か年計画　❽ **1954**・1・14 政
防衛施設庁　❽ **1962**・5・15 政／11・1 政
防衛(総)司令部　❽ **1941**・9・11 政／**1944**・5・5 政
防衛省　❾ **2007**・1・9 政
防衛庁　❽ **1954**・6・9 政／7・1 政／**1955**・8・1 政／**1956**・4・20 政／**1957**・4・30 政／**1958**・5・23 政／**1961**・6・12 政／❾ **1967**・7・28 政／**1969**・7・17 政／**1973**・6・22 政／10・16 政／**1980**・11・6 政
防衛庁技術研究本部新島試験場ミサイル試射場　❽ **1962**・3・1 政
防衛庁儀仗隊　❽ **1957**・8・27 政
防衛庁所有飛行機数　❽ **1957**・3・1 政
防衛費(GNP 1 % 枠問題)　❾ **1976**・10・29 政／**1980**・7・27 政／**1981**・6・4 政／**1984**・2・13 政／5・15 政／12・21 政／**1985**・1・31 政／**1987**・1・24 政
防衛分担金　❽ **1955**・3・25 政／**1956**・1・30 政
防衛問題懇談会　❾ **1994**・2・28 政
防衛力整備計画　❽ **1955**・3・14 政／**1961**・7・18 政／❾ **1966**・11・29 政／**1971**・4・27 政／**1972**・10・9 政／**1979**・7・17 政／**1982**・7・23 政／**1985**・9・18 政／**1990**・12・20 政／**1992**・12・18 政／**1997**・12・19 政／**2010**・12・17 政
防諜週間　❽ **1941**・5・12 政
北部軍(札幌)　❽ **1940**・12・2 政
歩兵第十二師団韓国に派遣　❼ **1907**・7・24 政
舞鶴鎮守府(軍港)　❼ **1901**・10・1 政／**1923**・3・26 政
松代地下大本営　❽ **1944**・11・11 政
満洲常駐師団(陸軍軍制改革案)　❼ **1931**・9・1 政
三矢研究　❾ **1965**・2・10 政／9・14 政
南支派遣第五師団　❽ **1939**・11・15 政
元関東軍参謀　❽ **1947**・5・1 政
横須賀鎮守府　❻ **1884**・12・15 政
陸軍将官臨時招集令　❽ **1937**・2・10 政
陸軍司政官　❽ **1942**・3・7 政
陸軍統制令　❽ **1940**・2・1 社

軍指揮(明治以前)

阿波海賊追討使　❶ **992**・11・30 政
合戦の間の掟　❹ **1562**・3・23 社
旗幟　❶ **603**・11 月 政／**632**・10・4 文
軍役(会津藩)　❺-1 **1651**・11 月 政／**1697**・1・25 政
軍役(伊勢安濃津藩)　❺-1 **1623**・1・20 政／**1637**・4・21 政
軍役(鹿児島藩)　❺-1 **1632**・6・11 政
軍役(高知藩)　❺-1 **1635**・1・20 政／**1678**・是年 政
軍役(佐賀藩)　❺-1 **1651**・2 月 政
軍役(幕府)　❺-1 **1683**・2・1 政
軍役(平戸藩)　❺-1 **1656**・是年 政／**1662**・3・25 政
軍役(米沢藩)　❺-1 **1618**・7・11 政
軍役人数割(幕府)　❺-1 **1616**・6 月 政
軍役令(寛永)　❺-1 **1633**・2・16 政
軍役令(慶安)　❺-1 **1649**・10 月 政
軍役令(元和)　❺-1 **1616**・6 月 政
軍毅　❶ **746**・12・15 政／**757**・1・5 政／**806**・10・12 政／**809**・5・11 政／**811**・12・28 政／**813**・12・29 政／**815**・8・13 政／**826**・11・3 政／**869**・9・27 政
軍制(加賀大聖寺藩)　❺-2 **1845**・是年 政
軍制(鹿児島藩)　❺-1 **1601**・8・7 政／❺-2 **1847**・10・1 政
軍制(高知藩)　❺-1 **1649**・3・5 政
軍制(鳥取藩)　❺-1 **1656**・8・1 政
軍制(水戸藩)　❺-2 **1844**・3・9 政
軍団　❶ **704**・1 月 文
軍団および大少毅・兵士定数減　❶ **719**・10・14 政
軍令・藩士統制(会津藩)　❺-1 **1652**・1・11 政
軍令十三か条　❺-1 **1605**・8 月 政
白河軍団　❶ **728**・4・11 政
征夷使　❶ **793**・2・17 政
征夷大使　❶ **791**・7・13 政
征蝦夷持節大使　❶ **724**・11・29 政
征東使　❶ **780**・7・21 政／**793**・2・17 政／**940**・3・18 政／4・8 政
征南海追捕凶賊使　❶ **941**・5・20 政／**942**・3・19 政
検習西海道兵使(詳細不明)　❶ **752**・10・5 政
将軍　❶ 書紀・崇神 **10**・9・9
　安東(大)将軍　❶ **425**・是年／**438**・4 月／**448**・是年／**451**・7 月／**462**・4 月／**477**・11・29／**478**・7 月／**479**・是年
　右将軍　❶ **714**・11・26 政
　左将軍　❶ **714**・11・26 政
　持節征夷将軍　❶ **720**・9・28 政
　持節征東将軍　❶ **784**・2 月 政
　持節鎮狄将軍　❶ **720**・9・28 政
　四道将軍　❶ 書紀・崇神 **10**・9・9／10・22／崇神 **11**・4・28
　征夷将軍　❶ **811**・4・17 政／**813**・5・30 政
　征夷大将軍　❶ **720**・9・28 政／**794**・1・1 政／**795**・1・29 政／**797**・11・5 政／**804**・1・28 政／以降は⇨

④官庁・官職「武家官制」中の征夷大将軍

征越後蝦夷将軍　❶ **709**・3・6 政
征蝦夷持節大将軍　❶ **724**・3・25 政
征蝦夷将軍　❶ **709**・8・25 政／**721**・4・9 政
征新羅将軍　❶ **479**・是年／**595**・7 月
征西将軍　❸ **1339**・6・29 政／**1342**・5・1 政／**1374**・10・14 政／**1392**・⑩・10 政
征西大将軍　❶ **941**・5・19 政／❸ **1336**・9・18 政／**1338**・9・18 政／**1340**・6・29 政
征西府の使者　❸ **1371**・10・14 政
征東将軍　❶ **502**・是年／❸ **1335**・8・2 政／**1377**・是冬 政
征東大使(のち征東大将軍)　❶ **780**・3・28 政／**788**・7・6 政／12・7 政
征東大将軍　❶ **788**・12・7 政／**940**・1・19 政／2・8 政／5・15 政
征東副将軍　❶ **780**・6・28 政
征隼人持節大将軍　❶ **720**・2・29 政
征隼人将軍　❶ **720**・6・17 政
大将軍　❶ **562**・7 月／**591**・11・4／**600**・是年／**623**・是年 政／**709**・12・20 政／❸ **1336**・2・4 政
鎮国衛驍騎将軍　❶ **761**・1・16 政
鎮守将軍　❶ **724**・是年 政／**739**・4・21 政／**757**・6・16 政／**771**・③・1 政／**773**・7・21 政
鎮守府将軍　❶ **796**・10・27 政／**878**・6・8 政／**947**・2・17 政／❷ **1014**・2・7 政／**1053**・是年 政／**1057**・7・26 政／**1083**・9 月 政／**1104**・5・3 政／**1113**・7・29 政／**1115**・12 月 政／**1143**・6・29 政／**1170**・5・25 政／**1183**・12・15 政／**1187**・10・29 政／❸ **1333**・8・5 政／**1335**・11・12 政／**1337**・8・11 政／**1338**・⑦・26 政／**1351**・10・7 政／**1356**・11・19 政／**1360**・6・5 政／**1362**・1・17 政
鎮西大将　❸ **1369**・11・27 政
鎮西大将軍　❸ **1368**・10・24 政／**1370**・10・14 政
鎮西府将軍　❶ **743**・12・26 政／**744**・1・23 政
鎮狄将軍　❶ **721**・4・9 政／**724**・5・24 政／11・29 政
鎮東大将軍　❶ **479**・是年／**482**・11 月／是年
出羽鎮狄将軍　❶ **780**・3・28 政
討蝦夷将軍　❶ **637**・是年 政
討賊将軍　❶ **764**・9・20 政
兵庫将軍　❶ **711**・9・4 政
陸奥按察使鎮守将軍　❶ **782**・6・17 政
陸奥将軍　❸ **1342**・3・24 政
陸奥鎮守将軍　❶ **774**・7・23 政／**776**・5・12 政／**786**・4・19 政／**787**・⑤・5 政／**788**・2・28 政／**808**・7・4 政／**809**・1・16 政／**834**・5・19 政／**854**・8・17 政
陸奥鎮守副将軍　❶ **761**・1・16 政／**762**・⑫・25 政／**780**・3・28 政／6・8 政

陸奥鎮東将軍　❶ 709·3·6 政
造兵正　❶ 787·5·25 政
造兵司　❶ 744·4·21 政／❻ 1870·2·3 政
大少毅(軍団)　❶ 716·5·14 政
玉作軍団　❶ 728·4·11 政
鎮守府　❻ 1876·8·31 政／1886·5·5 政
鎮西の降人·捕虜の処分　❸ 1333·6·13 政
丹取軍団　❶ 728·4·11 政
藩士軍役法(金沢藩)　❺-1 1616·是年 社
陸奥鎮所　❶ 722·8·29 政／723·2·13 政／724·2·22 社
陸奥国鎮守軍卒　❶ 724·2·25 政
航空隊(陸軍·海軍)
気球·飛行船·航空船　❼ 1898·3·1 政／1900·5月 政／1901·12·22 政／1904·6·24 日露戦争／1905·10·26 政／1907·10·9 政／1908·5月 政／是年 社／1909·7·30 政／1910·9·8 政／1911·2·7 政／10·13 政／1912·5月 政／8·30 政／10·21 政／1914·3·31 政／8·18 政／1915·3·7 政／12·10 政／1917·5·1 政／7·21 政／1918·3·27 政／10·24 政／1919·1·14 政／2月 政／12·1 政／1920·1·22 政／5·14 政／1921·8月 政／1922·1·21 政／7·10 政／1923·7·10 政／1926·2·9 政／4·11 社／1927·4·6 政／11·3 社／1929·3·22 政／7·23 政／1931·3·10 社／4·1 政／❽ 1941·4·1 政／是年 政
一式偵察気球　❽ 1941·是年 政
気球連隊　❽ 1937·9·9 政／1939·7·25 政／1941·4·1 政
風船爆弾(ふ号作戦)　❽ 1943·8月 政／1944·2月 政／5·14 政／9·26 政／11·3 政／1945·1月 政
イタリア製半硬式第六号航空船Ｎ３号　❼ 1927·4·6 政
一号型繋留気球　❼ 1924·4·1 政
第一飛行船(ＳＳ(エスエス)飛行船)　❼ 1921·8月 政／1922·1·21 政／5·12 政／1924·3·19 政
第二航空船(ＡＴ(エーテイ)航空船)　❼ 1923·7·10 政
第四航空船(改良一号型航空船)　❼ 1926·2·9 政
第五航空船(一五式)　❼ 1926·9·6 政
第六航空船(Ｎ三号航空船)　❼ 1927·4·6 政／10·23 政
第七飛行船(一五式)　❼ 1928·8·22 政／1929·3·22 政／1932·3·16 政
第八飛行船(三式)　❼ 1928·7·23 政／1931·3·14 政
第九飛行船(一五式)　❼ 1930·3·25 政
海軍半硬式飛行船　❼ 1931·3·14 政
会式イ号飛行船　❼ 1912·10·13 政
パルセバール飛行船　❼ 1912·6月 政／8·30 政／10·21 政／1913·3·28 社
軍用軽気球　❼ 1904·6·18 社
国産飛行船　❼ 1916·4·21 政
大軽気球　❼ 1905·1·15 社
凧および気球による観測　❼ 1922·12月 文
ツェッペリン飛行船　❼ 1921·是年 政／1929·8·19 社
防空気球　❼ 1928·是年 政
山田式一号飛行船　❼ 1910·9·8 社／1911·10·24 社
雄飛(飛行船)　❼ 1915·3·7 政／12·10 政／1916·1·21 社
四三式日本凧式繋留気球　❼ 1912·5月 政／11·2 政
臨時軍用気球研究会　❼ 1909·7·31 政
気球連隊　❼ 1936·6·1 政
航空祭(松島基地)　❾ 1982·7·25 政
空母から離艦成功　❼ 1920·6·22 政
軍用飛行機(陸·海)　❽
A26 長距離機　❽ 1942·11·18 政／1943·7·7 政／1944·7·2 政
B29(爆撃)　❽ 1940·6月 政／1942·9月 政／1943·4月 政／1944·6·16 政／8·20 政／11·1 政
B29 撃墜展覧会　❽ 1945·2·1 政
B29 に体当たり　❽ 1945·1·9 政
イ式重爆撃機　❽ 1939·2·1 政
桜花(特攻兵器)　❽ 1944·10·1 政
川西式四発飛行艇　❽ 1937·4·4 社
キ-二七(中島、九七式艦上攻撃機·戦闘機)　❽ 1937·1·23 政／11·11 政／12月 政
キ-二八(川崎)　❽ 1937·1·23 政
キ-三三(三菱)　❽ 1937·1·23 政
キ-三六(九七式司偵)　❽ 1938·4·22 政
キ-四三戦闘機(一式単座戦闘機“隼”)　❽ 1938·12月 政／1941·4月 政
キ-六一戦闘機(川崎、飛燕)　❽ 1940·12月 政
キ-六七爆撃機(飛龍)　❽ 1942·12月 政
キ-七七第一号機　❽ 1942·11·18 政
キ-八四戦闘機(疾風)　❽ 1943·3月 政／1944·4月 政
橘花(ジェット機)　❽ 1945·8·7 政
九二式超重爆撃機　❽ 1940·1·8 政
強風(水上戦闘機)　❽ 1943·12月 政
銀河(爆撃機)　❽ 1944·10月 政
月光(夜間戦闘機)　❽ 1943·8月 政
紫雲(水上偵察機)　❽ 1943·8月 政
紫電·紫電改(局地戦闘機)　❽ 1943·7月 政／12·31 政／1944·10月 政／1945·1月 政／❾ 1979·7·14 社
秋水(ロケット·ジェット)　❽ 1945·7·7 政／8·7 政
十二試艦上戦闘機　❽ 1939·4·1 政
十七試陸攻(四発·大型機)　❽ 1944·10·21 政
瑞雲(水上爆撃機)　❽ 1943·8月 政
彗星(二式艦上偵察機、艦上爆撃機)　❽ 1942·7月 政
ダグラス DC 三型旅客機　❽ 1938·9·30 政
ダグラス DC 四型機　❽ 1939·10·18 政／11·13 政
長距離機(東京帝大航空研究所)　❽ 1938·5·13 政
天山(艦上攻撃機)　❽ 1943·8月 政
中島式 AT 輸送機　❽ 1941·9月 政
二式飛行艇　❽ 1941·2月 政
疾風(はやて)⇨キ-八四戦闘機
隼(はやぶさ)⇨キ-四三戦闘機
飛龍(四式重爆撃機)　❽ 1942·12·27 政
富嶽(大型機)　❽ 1944·4月 政
三菱式 MC20 旅客輸送機　❽ 1940·9·25 政
三菱双発貨客機　❽ 1940·12·28 社
三菱双発機「ニッポン号」世界一周　❽ 1939·8·26 社
メッサーシュミット戦闘機　❽ 1941·5月 政
零式艦上戦闘機(ゼロ戦)　❽ 1939·7·6 政／1940·3·11 政／8·19 政／9·12 政／1942·6·5 政／1964·10·6 政／❾ 1978·8·12 政／1979·7·14 社
陸軍航空隊　❼ 1922·8·9 政
航空技術指導(仏)　❼ 1919·1·14 政
陸軍少年航空兵　❼ 1933·1·12 政／1934·2·1 政
第一航空隊(陸軍)　❼ 1915·12·12 政
陸軍航空委員会　❼ 1919·11·5 政
陸軍航空特別志願士官制　❼ 1936·3·26 政
陸軍航空部令　❼ 1919·4·12 政
陸軍航空兵団　❼ 1936·8·1 政
陸軍航空本部　❼ 1925·4·28 政／5月 政
陸軍航空機
海軍航空隊　❼ 1914·8·18 政／1915·12·10 政／1916·3·18 政／4月 政／1921·4·29 政／1929·9·23 政／1932·3·23 政
海軍空中戦　❼ 1932·2·22 政
海軍航空本部令　❼ 1927·4·4 政
海軍予科練習生　❼ 1933·3·14 政
航空隊
宇佐航空隊　❽ 1939·10·1 政
大湊航空隊　❼ 1933·11·1 政
沖縄航空隊·沖縄基地隊·第二潜水隊群　❾ 1973·10·16 政
海軍航空隊(爆撃)　❽ 1941·2·3 政
海軍特別攻撃隊「万朶隊」　❽ 1944·10·20 政
海軍連合航空総隊　❽ 1938·12·10 政／1943·1·27 政
霞が浦海軍航空隊　❼ 1922·11·21 政／1925·6·1 政／❽ 1939·3·31 政
鹿屋海軍航空隊　❼ 1936·4·1 政
木更津海軍航空隊　❼ 1936·4·1 政
空中戦(海軍航空隊)　❽ 1938·5·31 政
空中戦(ソ連の新型機)　❽ 1938·2·9 政
降下部隊　❽ 1942·2·14 政
航空総監部　❽ 1938·12·10 政
戦爆連合海軍航空隊　❽ 1941·1·3 政
第十一航空艦隊　❽ 1941·1·15 政
館山海軍航空隊　❼ 1930·6·1 政
特別攻撃隊　❽ 1944·10·15 政
渡洋爆撃　❽ 1937·8·14 政
飛行師団司令部　❽ 1942·4·15 政
横須賀海軍航空隊　❼ 1930·6·12 政
陸軍飛行集団司令部　❽ 1938·6·3 政
航空自衛隊　❽ 1954·6·1 政／7·1 政／8·9 政／1955·8·12 政／❾ 1972·10·

2 政
空中機動研究班(ブルーインパルス) ❽ 1960·4月 政／❾ 1966·11·3 社／1981·2·8 政／1982·11·14 政
航空自衛隊輸送機 ❽ 1957·3·4 政
ジェット戦闘機部隊「航空団司令部」 ❽ 1955·12·1 政
次期戦闘機種問題 ❽ 1958·8·14 政／1959·8·8 政
航空自衛隊ナイキ高射砲部隊 ❽ 1959·4·18 政／10·26 政／❾ 1962·9·3 政／11·23 政／1963·1·17 政／1979·8·3 政
スクランブル訓練 ❾ 1972·7·22 政
航空自衛隊の沖縄防空任務 ❾ 1973·7·1 政
航空実験団 ❾ 1974·4·11 政
第三航空団臨時 F-2 飛行隊 ❾ 2000·10·2 政
対潜ヘリコプター部隊 ❾ 1987·12·1 政
80 式空対艦誘導弾(ASM-1) ❾ 1977·12·16 政／1980·12·22 政
93 式空対空艦誘導弾(ASM-2) ❾ 1993·11·30 政
90 式空対空誘導弾(AAM-3) ❾ 1990·12·18 政
99 式空対空誘導弾 ❾ 1999·11·22 政
E-2C 早期警戒機 ❾ 1979·1·11 政
F-15 戦闘機 ❾ 1976·12·9 政／1977·12·28 政／1981·3·27 社／12·11 政／1984·7·16 政／1995·11·22 政
F-16 戦闘機 ❾ 1985·4·2 政
F-35 戦闘機 ❾ 2011·5·1 社／12·20 政
F-1 支援戦闘機 ❾ 1977·5·30 政／6·16 政／1980·8·20 政
F-2 支援戦闘機 ❾ 1997·11·28 政
FSX 支援戦闘機 ❾ 1987·10·21 政／1988·11·29 政／1995·10·7 政
F4 ジェット戦闘機ファントムⅡ ❾ 1967·9·15 政／1968·11·1 政／1969·1·9 政／1985·11·26 政
F11F1F グラマン ❽ 1958·4·5 政
F86 ジェット戦闘機 ❽ 1953·9月 政／1955·2·1 政／8·5 政／1956·3·2 政／4·17 政／6·26 政／8·9 政／1957·5·13 政／10·16 政／1958·1·16 政／10·23 政／1959·6·5 政／10·5 政／1961·2·25 政／4·6 政／9·7 社
F102 コンベア ❽ 1959·3·9 政
F104J(ロッキード) ❽ 1959·11·6 政／1960·1·26 政／1961·4·1 政／1962·3·8 政／4·1 政／❾ 1963·3·5 政／1965·3·17 政／1971·7·25 政
大型輸送機 C5A ギャラクシー ❾ 1970·7·9 政
大型輸送機 C-130H ❾ 1984·3·14 政／1989·5·28 政
大型輸送ヘリコプター CH-47J ❾ 1986·11·25 政
オスプレイ(配備問題) ❾ 2012·7·23 政／9·19 政
ガルフストリームⅣ ❾ 1994·12·17 政
艦載対潜ヘリコプター HSS-2A ❾ 1974·11月 政
艦載ヘリ航空隊(第 121 航空隊) ❾ 1974·11月 政
空中警戒管制機 AWACS ❾ 1994·2·8 政
航空自衛隊空中給油訓練 ❾ 2003·4·21 政
哨戒機 XP-1 ❾ 2008·8·29 政
戦術輸送機 C-130 ハーキュリーズ ❾ 1997·6·9 政
早期警戒管制機 E-767 ❾ 1992·12·18 政／1998·3·25 政
対潜哨戒機 ❽ 1954·12·22 政／❾ 1962·2·6 政
対潜哨戒機 P3C オライオン ❾ 1977·8·24 政／12·28 政／1981·12·25 政
超音速練習機 XT12 ❾ 1971·4·28 政
T1F2 ジェット練習機 ❽ 1958·1·19 政
T-2 練習機 ❾ 1975·3·26 政
T33 ジェット練習機 ❽ 1955·1·19 政／2·1 政／6·15 政／8·5 政／1956·1·16 政／4·17 政
PV2 ハプーン対潜哨戒機 ❽ 1955·1·15 政
ブルーインパルス ❾ 1966·11·3 社／1981·2·8 政／1982·11·14 政
無人補給機(HTV) ❾ 2009·9·11 文
自衛隊機事故·墜落 ❽ 1954·10·25 政／1955·1·6 政／7·8 政／1956·4·23 政／9·29 政／1957·1·9 政／4·19 政／5·20 政／6·4 政／8·22 政／1958·5·21 政／1959·6·30 政／1960·8·4 政／8·16 政／10·4 政／1961·4·9 政／7·5 政／1962·3·17 政／4·11 政／5·7 政／7·16 政／8·8 政／9·3 社／11·8 政／11·14 政／1963·1·14 政／2·11 政／3·1 政／4·3 政／4·10 政／5·28 政／11·22 政／12·17 政／1964·3·28 社／9·10 政／9·15 政／10·29 政／❾ 1965·3·29 政／7·17 政／9·22 政／10·12 政／11·24 政／1967·1·16 政／9·22 政／12·13 政／1968·2·2 政／1969·2·8 社／5·11 政／8·20 政／1970·9·2 政／1971·7·16 政／7·20 政／7·30 政／11·12 政／1972·2·16 政／1974·7·8 政／8·27 政／1976·9·27 政／1977·2·8 政／6·14 政／8·31 政／1978·5·17 政／9·8 政／1981·3·3 政／4·30 政／8·10 政／1983·4·19 政／4·26 政／10·20 政／1984·2·27 政／1985·10·23 政／1986·6·16 政／9·2 政／1988·6·29 政／1990·2·17 社／1991·3·12 政／7·4 政／1992·3·2 社／1997·8·21 社／1999·11·22 政／2003·5·21 政／2007·3·30 政／2008·9·11 政／2009·12·8 政／2010·10·3 政／2012·4·15 政
自衛隊·陸上自衛隊 ❽ 1948·11·22 政／1954·6·24 政／7·1 政／1955·8·1 政／1958·5·23 政／1961·6·12 政／1962·10·28 政
遺棄化学兵器処理担当室·廃棄処理事業(中国·北安市) ❾ 1999·4·1 政／2000·9·13 政／2008·4·23 社
沖縄特別不発弾処理隊 ❾ 1974·6·5 政
沖縄配置部隊 ❾ 1972·5·26 政
空挺隊(陸上自衛隊) ❽ 1954·10·8 政
再軍備·再武装 ❽ 1950·7·17 政／1951·1·1 政
「自衛官の心構え」 ❽ 1961·6·27 政
自衛隊沖縄派遣混成群 ❾ 1972·1·1 政
自衛隊観閲式 ❽ 1960·11·1 政／❾ 1972·10·29 政／2010·10·24 政
自衛隊記念式典 ❽ 1957·10·1 政
自衛隊合憲論 ❽ 1951·3·6 政／1954·12·21 政
自衛隊災害派遣に関する訓令 ❽ 1954·9·1 政
自衛隊殉職者慰霊碑 ❽ 1962·5·26 政
自衛隊女性隊員 ❾ 1989·12·4 政
自衛隊震災災害救援隊員 ❾ 2011·3·23 社
自衛隊内事故·爆発 ❾
自衛隊の沖縄配備要員 ❾ 1972·4·2 政
自衛隊の海外出動 ❽ 1954·6·2 政
自衛隊法 ❾ 1967·7·28 政／1969·7·17 政／1973·6·23 政／10·16 政／1994·11·11 政／2005·7·22 政
自衛のための核兵器 ❽ 1958·10·25 政
「自衛のための戦力は合憲」 ❽ 1951·3·6 政
少年自衛隊 ❽ 1954·11·20 政
戦車横転事故 ❽ 1963·11·27 政
第一戦車団 ❾ 1974·8·1 政
第七高射特科群 ❾ 1974·8·1 政
第四護衛艦隊群 ❾ 1971·2·1 文
治安行動基準 ❽ 1961·3·15 政
追悼式(殉職自衛官) ❽ 1957·9·30 政
東部方面隊(陸上自衛隊) ❽ 1960·1 14 政
日本の保有する軍艦 ❼ 1913·是年 政／1931·12月 政／❽ 1948·9·6 政
半自動防空警戒管制組織(バッジ·システム) ❽ 1963·7·1 政
婦人自衛官 ❾ 1968·4·1 政／10·3 政／1973·1·20 政／1974·5·16 政
婦人保安官 ❽ 1952·11·25 政
不発弾処理隊 ❽ 1958·9·25 政
米軍事顧問団 ❽ 1954·3·2 政
ヘリコプター部隊 ❽ 1959·3·17 政
保安隊 ❽ 1952·10·15 政／1954·6·24 政
北海道の防衛は自衛隊担当 ❽ 1954 7·9 社
予備自衛官制度 ❾ 1986·12·19 政
陸海空自衛隊 ❾ 1995·1·17 社
陸上自衛隊勝田駐屯部隊ダイナマイト爆 ❽ 1959·2·26 政
陸上自衛隊死の行軍事件 ❽ 1957·2 6 政
陸上自衛隊特殊作戦群 ❾ 2004·3·2 政
陸上自衛隊の情報データ通信システム(LAN) ❾ 2002·8·5 政

日米軍事情報包括保護協定　❾ 2007・8・10 政
日米防衛指針(ガイドライン)　❾ 1978・11・28 政／1997・6・7 政／1999・4・27 政
戦車(特車)　❽ 1948・10・12 政／1960・4・7 政
10 式戦車　❾ 2010・6・14 政
74 式戦車　❾ 1975・9・26 政
90 式戦車　❾ 1990・8・6 政
M48 重戦車　❾ 1972・5・3 政／8・5 政／11・8 政／1973・1・17 政
89 式 5.5 ミリ小銃　❾ 1989・9・4 政
M64 式小銃(国産連発式)　❽ 1964・10・6 政
城郭
『江尻城造作覚』　❹ 1579・12・21 政
城つくり　❹ 1546・8・20 政
天守閣　❹ 1520・2・3 政／1576・2・23 政
英多城(あいた、美作)　❸ 1353・11・11 政
会津若松城　❻ 1874・2・7 政／1890・3 月 政
会原城(伊予)　❸ 1335・12・29 政
姶良城(あいら、大隅)　❸ 1351・7・25 政／8・3 政／1352・12・3 政／1354・2・24 政／1379・11・11 政
赤穴城(出雲)　❹ 1542・7・27 政
赤坂城(河内)　❸ 1331・9・11 政／10・15 政／1332・12 月 政／1333・2・22 政／1360・5・9 政
明石城(播磨)　❹ 1554・11・11 政／1555・1・13 政／❺-1 1618・2 月 政／1619・8 月 政／1631・1・22 政／❻ 1881・8・16 社
英賀城(播磨)　❹ 1539・10・5 政／1580・4・26 社
赤滝城(伊予)　❸ 1335・4・2 政
赤田城(越後)　❹ 1580・③・14 社
県城(あがた、日向延岡)　❹ 1587・2・29 政／❺-1 1603・是秋 政
赤館城(陸奥)　❸ 1402・9・5 政／❹ 1576・7・5 政／1597・1 月 政
赤谷城(越後)　❹ 1587・9・14 政
赤見城(下野)　❹ 1471・4・15 政
安芸城(土佐)　❹ 1569・8・11 政
秋田城(出羽久保田)　❶ 733・12・26 政／830・1・3 社／836・1・28 政／878・3・29 政／1000・9・13 政／❺-1 1604・8・28 政／❺-2 1778・⑦・10 政／1781・5・3 政
秋田城介　❷ 1050・9 月 政／1254・12 月 政
秋月城(筑前)　❸ 1433・8・19 政／❹ 1587・4・5 政／❺-1 1699・4・6 社／❺-2 1806・9・25 社
芥川城(摂津)　❹ 1539・8・14 政／1541・12・8 政／1543・7・21 政／1547・6・25 政／1553・8・22 政／1554・10・12 政／1556・1・1 政／1558・12・18 政
明知城(美濃)　❹ 1574・2・5 政
朝倉城(土佐)　❹ 1562・9・16 政／1563・1・10 政
旭山城(信濃)　❹ 1555・⑩・15 政
足高城(常陸)　❹ 1586・是春 政
阿射賀城(伊勢)　❸ 1415・4・23 政
阿瀬河城(阿氏河・紀伊)　❸ 1348・1・30 政／9・4 政
安土城(近江)　❹ 1576・1 月 政／2・23 政／1579・1・29 社／1581・8・1 政／1582・6・15 政
安土城天守閣　❹ 1579・5・11 政
穴水城(能登)　❹ 1583・8・29 政
安濃津城(伊勢)　❹ 1568・1 月 政
阿波崎城(常陸)　❸ 1338・10・5 政
安部城(駿河)　❸ 1338・10・28 政
尼崎城(摂津)　❹ 1579・9・2 政／11・19 政／1588・2・20 政
天方城(遠江)　❹ 1569・6 月 政
網田城(肥後)　❹ 1580・10・15 政
阿弥陀峰城(丹後)　❹ 1507・5・11 政
雨山城(和泉)　❸ 1388・3・13 政
雨山城(三河)　❹ 1556・8・4 政
綾井城(和泉)　❸ 1360・5・9 政
綾部城(肥前)　❸ 1393・是年 政／1405・是春 政／❹ 1483・10・25 政／1554・10・15 政／1562・是年 政
鮎川城(越後)　❹ 1568・5・4 政
阿用城(出雲)　❹ 1513・9・6 政
新井城(相模)　❹ 1516・7・11 政
新居関(伊予)　❸ 1338・⑦・17 政
荒子城(尾張)　❹ 1569・10 月 政
有岡・在岡城(摂津)　❹ 1578・10・17 政／11・3 政／12・8 政／1579・9・2 政／10・15 政
有田城(播磨)　❹ 1517・10・22 政／1530・7・27 政
有馬城(肥前)　❹ 1584・4・3 政
安永城(日向)　❹ 1599・12・8 政
安祥城(三河)　❹ 1524・5・28 政／是年 政／1540・6・6 政／1545・9・20 政／1549・9・18 政／11・9 政
飯岡城(河内)　❹ 1562・5・20 政
井伊城(遠江)　❸ 1338・5・27 政／7・23 政
飯田城(遠江)　❹ 1569・6 月 政
飯沼城(下総)　❸ 1340・5・27 政
飯樋城(陸奥)　❹ 1589・5・1 政
五十公野城(いいみの、越後)　❹ 1587・10・24 政
飯盛城(河内)　❹ 1531・8・20 政／1542・3・20 政／1559・8・1 政／1561・5・27 文／1564・5・9 政／7・4 政／1565・11・15 政／1567・8・16 政
飯盛城(紀伊)　❸ 1334・12・30 政／1335・1・29 政
飯守城(筑前)　❹ 1496・1 月 政
飯盛城(肥前)　❹ 1568・是夏 政
飯盛山城(筑前)　❸ 1353・是年 政／1361・8・6 政
飯盛山城(山城)　❹ 1560・10・24 政／1562・4・5 政
飯山城(信濃)　❹ 1564・10・1 政／1568・7・10 政
家原城(和泉)　❹ 1568・12・28 政
碇山城(薩摩)　❸ 1339・6・20 政
伊川城(播磨)　❸ 1351・9・12 政
伊岐代城(近江)　❸ 1336・1・2 政
生田城(安芸)　❹ 1537・3・7 政
生葉城(筑後)　❹ 1533・1 月 政
池内城(日向)　❸ 1336・1・7 政
池田城(摂津)　❹ 1508・5・10 政／1520・2・3 政／1530・8・27 政／1531・3・6 政／1532・8・5 政／1533・4・7 政／1568・10・2 政
生別府城(いけべっぷ、薩摩)　❹ 1527・7・7 政
生駒野城(筑後)　❹ 1579・7・21 政
伊作荘(薩摩)　❸ 1345・4・7 政
伊佐城(常陸)　❸ 1343・11・11 政
諫早城(いさはや、肥前)　❹ 1587・10・13 政
胆沢城(陸奥)　❶ 776・11・29 政／802・1・9 政／814・11・17 政／839・4・26 政
石垣城(筑後)　❸ 1338・3・3 政
石川城(河内)　❸ 1350・11・21 政
石川城(陸奥)　❹ 1571・5・5 政
石川楯(津軽)　❸ 1334・5・21 政
石切築城(奈良)　❹ 1568・6・2 政
石倉城(上野)　❹ 1572・7・23 政
石巻城(陸奥)　❹ 1528・4・13 政
石部城(近江)　❹ 1574・4・13 政
石丸城(出雲)　❸ 1351・8・21 政
石山城(摂津)　❹ 1576・4・14 政／5・23 政／1578・4・4 政／1580・7・17 政／8・2 政
伊集院城(薩摩)　❹ 1527・6・11 政
伊集院平城(薩摩)　❸ 1342・8・13 政
磯城(伊勢)　❹ 1493・8・22 社
伊丹城(摂津)　❸ 1353・1・11 政／❹ 1520・2・3 政／3・16 政／1527・2・12 政／1529・8・16 政／11・21 政／1530・8・27 政／1531・2・28 政／1533・3・5 政／1549・1・11 政／8・24 政／1550・3・28 政／1574・11・15 政
一宇治(薩摩)　❸ 1340・8・8 政
市来(薩摩)　❸ 1340・8・8 政
市来本城(薩摩)　❹ 1539・8・29 政
一庫城(いちのくら、摂津)　❹ 1541・8・12 政／9・6 政
市山城(石見)　❸ 1339・7・5 政
厳島城(安芸)　❹ 1555・5・13 政／6・8 政／9・21 政
井手城(山城)　❹ 1545・5・6 政
井出平城(肥前)　❹ 1586・4・5 政
位田城(丹波)　❹ 1490・7・3 政
糸魚川城(越後)　❺-1 1681・7・28 政
井土城・井戸城(大和)　❹ 1560・7・24 政／1570・3・27 政／7・29 政
怡土城(いとのき、筑前)　❶ 756・6・22 政／765・3・10 政／768・2・28 政
稲岡城(若狭)　❸ 1353・7・27 政
稲城(いなき)　❶ 書紀・垂仁 4・10・1
稲木城(常陸)　❸ 1417・4・24 政
稲積城(大宰府)　❶ 699・12・4 政
稲積城(石見)　❸ 1341・2・18 政
稲葉城(美濃)　❹ 1544・9・23 政／1547・9・22 政／1563・是春 政／1564・2・6 政
稲葉山城(美濃)　❷ 1203・建仁年間 政
稲村城(安房)　❹ 1534・4・6 政
稲屋妻城(山城)　❹ 1493・9・11 政
猪苗代城(陸奥)　❹ 1482・是年 政
乾城(遠江)　❹ 1574・4・6 政
犬居城(遠江)　❹ 1576・7 月 政
犬田城(摂津)　❹ 1483・8・22 政
犬山城(尾張)　❹ 1564・8 月 政／1581・11・24 政／1584・3・10 政／1600・8・3 関ヶ原合戦／❼ 1935・5・13 文
井上城(大隅)　❸ 1351・8・3 政

茨城(備後) ❶ **719**·12·15 政
茨木城(摂津) ❹ **1507**·7·8 政／**1582**·6·5 政
伊部岡城(越前) ❸ **1339**·6·15 政
伊保城(三河) ❹ **1531**·11·9 政
今堅田城(近江) ❹ **1573**·2·26 政
今熊野城(丹後) ❹ **1507**·5·11 政
今順天城(朝鮮全羅道) ❹ **1598**·10·3 慶長の役
今城(日向) ❹ **1564**·5·30 政
今橋城(吉田、三河) ❹ **1529**·5·28 政／**1546**·10月 政
今浜城(近江) ❹ **1574**·2·20 社
伊万里城(肥前) ❹ **1576**·9月 政
井山城(和泉) ❸ **1347**·11月 政
岩尾城(信濃) ❹ **1583**·2·22 政
岩切城(陸奥) ❸ **1341**·1·13 政／**1351**·2·12 政
岩倉城(尾張) ❹ **1558**·7·12 政／**1559**·是春 政
岩崎城(尾張) ❹ **1529**·7·17 政／**1551**·是年 政
磐瀬城(陸奥) ❹ **1484**·9·8 政
岩館城(陸奥) ❹ **1561**·是春 政
岩谷城(越後) ❹ **1508**·6·29 政
岩槻城(相模) ❹ **1457**·4·8 政／**1538**·2·2 政
岩槻城(武蔵) ❹ **1525**·2·4 政／**1547**·12·13 政／**1548**·1·18 政／**1564**·7·23 政
岩剣城(大隅) ❹ **1554**·9·12 政
岩門城(筑前) ❹ **1497**·1月 政／3·15 政
岩鼻城(信濃) ❹ **1557**·5·12 政
岩櫃城(いわびつ、上野) ❹ **1582**·3·23 政
磐舟(石船)柵 ❶ **648**·是年 政／**698**·12·21 政／**700**·2·19 政
岩村城(美濃) ❹ **1572**·11·14 政／**1575**·11·21 政／**1582**·3·29 政
岩村田城(信濃) ❹ **1484**·2·27 政／**1582**·10月 政
岩屋城(淡路) ❹ **1578**·2·13 政／**1581**·10·23 社／11·17 政
岩屋城(大隅加治) ❸ **1356**·10·25 政
岩屋城(筑前) ❹ **1480**·2月 政／**1533**·2·11 政／**1578**·12·3 政／**1579**·1·18 政／**1580**·10·18 政／**1582**·9月 政／**1583**·2·8 政／2·17 政／**1585**·9·23 政／**1586**·7·6 政
岩屋城(美作) ❹ **1520**·10·6 政／**1581**·6·25 政
岩谷城(陸奥) ❹ **1558**·4·16 政
因島城(いんのしま、備後) ❸ **1343**·4·14 政
上田城(信濃) ❹ **1585**·8月 政／⑧·2 政
上田城(陸奥) ❸ **1350**·6·18 政
上野城(伊賀) ❺-1 **1608**·6月 政／**1612**·9·2 政
上野城(越後) ❹ **1551**·2·21 政
上野城(甲斐) ❹ **1515**·10·17 政
上野城(三河) ❹ **1542**·12·24 政／**1549**·11·9 政
上原城(信濃) ❹ **1542**·7·2 政
上箕田城(伊勢) ❹ **1468**·7·28 政
上村城(肥後) ❹ **1557**·6·12 政
魚津城(越中) ❹ **1582**·6·3 政
宇加地城(越後) ❸ **1354**·9·23 政
宇木城(肥前) ❸ **1374**·3·29 政
牛尾城(出雲) ❹ **1570**·4·17 政
牛根城(大隅) ❹ **1574**·1·19 政
牛山城(薩摩) ❹ **1476**·4·8 政
臼井城(下総) ❹ **1478**·12·10 政／**1564**·3月 政
臼杵城(うすき、豊後) ❹ **1586**·12·7〜9 政／**1587**·12·4 社／❺-2 **1763**·4·16 社
内城(薩摩) ❹ **1550**·12·19 政
内部城(安芸) ❸ **1352**·4·14 政
内村城(信濃) ❹ **1553**·8·1 政
内山城(信濃) ❹ **1546**·5·9 政／**1548**·4·5 政
有智山城(大宰府) ❸ **1336**·2·29 政
宇津城(丹波) ❹ **1579**·7·19 政
宇津野城(駿河) ❸ **1398**·2月 政
宇津峰城(陸奥) ❸ **1353**·5·4 政
宇都宮城(下野) ❸ **1368**·8·29 政／❹ **1526**·12·6 政／**1557**·12·23 政／❺-2 **1832**·4·5 政
宇土川尻城(肥後) ❸ **1391**·5·1 政
宇土城(肥後) ❹ **1600**·9·21 関ヶ原合戦
鵜戸城(日向) ❹ **1543**·3·30 政／**1545**·6·29 政
馬嶽城(うまがたけ、豊前) ❹ **1501**·⑥·24 政／7·23 政
厩橋城(上野) ❹ **1560**·9·28 政／**1561**·6·21 政／**1563**·4·15 政／⑫·5 政／**1564**·4·6 政／**1572**·①·3 政／7·23 政／**1574**·⑪·19 政／**1579**·7月 政
海野口城(信濃) ❹ **1536**·12·27 政
梅北城(日向) ❹ **1494**·是春 政
梅津城(伊勢) ❹ **1473**·10·29 政
浦城(甲斐) ❹ **1532**·9月 政
浦戸城(土佐) ❺-1 **1601**·1·8 政
宇利城(三河) ❹ **1530**·12月 政
瓜連城(うりづら、常陸) ❸ **1336**·2·6 政／12·11 政
瓜生野城(土佐) ❹ **1568**·是冬 政
瓜破城(河内) ❸ **1371**·11·5 政
蔚山城(うるさん、朝鮮慶尚道) ❹ **1597**·11·11 慶長の役／12·22 慶長の役／**1598**·1·1 慶長の役
宇留津城(豊前) ❹ **1586**·11·7 政
宇和島城(伊予) ❺-1 **1614**·8月 政
営大津城監(筑紫) ❶ **772**·11·25 政
永利城(薩摩) ❸ **1419**·8·29 政
江尻城(駿河) ❹ **1582**·3·1 政
江戸城(河越) ❹ **1518**·4·21 政
江戸城(武蔵、⇨「東京城」も見よ) ❹ **1457**·4·8 政／**1476**·是年 政／**1505**·3月 政／**1524**·10·16 政／**1525**·2·4 政／**1530**·1月 政／**1563**·12月 政／**1576**·3·30 社／**1585**·10·2 政／❺-1 **1604**·6·1 政／**1605**·12·13 政／**1606**·3·1 政／5月 政／9·23 政／**1607**·3·1 政／9·3 政／**1613**·10·12 政／**1614**·4·8 政／6·12 政／**1620**·2·11 政／**1622**·2·18 政／**1627**·是年 政／**1634**·4·14 政／**1636**·1·8 政／7·27 政／**1639**·8·11 政／**1651**·4·21 政／**1653**·5·21 政／**1656**·10·21 政／**1712**·6·14 政／**1713**·4·11 政／❺-2 **1721**·⑦·28 政／**1722**·7·3 政／**1759**·9·15 政／**1765**·2·18 政／**1780**·5·19 政／**1844**·5·10 政／❻ **1868**·4·4 政／10·13 政／**1870**·⑩·7 政／**1871**·2月 文
　江戸城石垣 ❺-1 **1629**·1·10 政／**1639**·12·28 政／**1658**·10·12 政／**1659**·4·14 政／**1703**·11·25 政
　江戸城大奥 ❺-1 **1618**·1·2 政／**1620**·4·22 社／**1623**·1·25 政／**1651**·4·24 政／**1659**·9·5 政／1669·⑩·1 政／**1670**·2·22 政
　江戸城金蔵 ❺-2 **1750**·2月 政／**1762**·4·6 政／**1852**·11·28 政
　江戸城三の丸 ❺-1 **1643**·1·7 政
　江戸城芝口門 ❺-1 **1710**·1·12 政／9·21 社
　江戸城射撃場 ❺-1 **1654**·6·21 政
　江戸城西の丸 ❺-1 **1611**·3·6 政／**1624**·9·22 政／**1627**·8·16 政／**1634**·4·14 政／⑦·23 政／**1650**·1·11 政／9·17 政／**1688**·8·7 政／❺-2 **1747**·4·16 政／**1809**·4·24 政／**1825**·5·4 政／**1838**·3·10 政／**1839**·1·21 政／3·11 政／**1852**·5·22 政／12·21 政／❻ **1863**·11·15 政／**1864**·7·1 政
　江戸城二の丸 ❺-1 **1635**·6·1 政／**1657**·8·15 政
　江戸城年頭御礼 ❺-1 **1616**·1·1 政
　江戸城半蔵口·竹橋·田安·清水各門 ❺-2 **1716**·6·19 社
　江戸城府庫 ❺-1 **1657**·4·8 政
　江戸城本丸 ❺-1 **1622**·11·10 政／**1637**·1·14 政／8·15 政／8·27 政／**1638**·8·3 政／**1640**·4·5 政／**1659**·1·11 政／8·3 政／9·5 政／❺-2 **1844**·12·9 政／**1845**·2·28 政／❻ **1859**·10·17 政／**1860**·11·9 政
　江戸城門番 ❺-1 **1659**·8·26 政
榎並城(えなみ、摂津) ❹ **1548**·10·28 政
海老島城(常陸) ❹ **1556**·4·5 政
夷山城(阿波) ❹ **1582**·9·3 政
恵良城(伊予) ❸ **1368**·9·19 政
江良城(長門) ❹ **1470**·12·22 政
生地城(おいじ、紀伊) ❸ **1380**·9·7 政
王佐山城(讃岐) ❹ **1508**·8月 政
大井城(美濃) ❹ **1473**·11·22 政
大江城(伯耆) ❹ **1565**·9·3 政
大垣城(美濃) ❹ **1547**·11·17 政
大蔵城(陸奥) ❹ **1588**·⑤·16 政
大蔵谷(播磨) ❸ **1336**·1·7 政
大河内城(おおこうち、伊勢) ❹ **1569**·8·26 政
大坂城(摂津) ❹ **1580**·3·17 政／**1583**·5·25 政／8·28 政／9·1 政／**1599**·1·10 政／❺-1 **1613**·2·2 政／**1619**·9·14 政／是年 政／**1620**·1·23 政／11·21 政／**1623**·2月 政／**1625** 2月 政／**1626**·5·18 政／**1628**·2·9 政／**1654**·8·25 政／**1660**·6·18 政／**1665**·1·2 政／❺-2 **1727**·9月 政／**1751**·2·13 政／**1783**·10·11 政／**1816**·5月 政／**1848**·6·6 政／❻ **1868**·1·9 社
　大坂城金蔵 ❺-2 **1762**·4·6 政／

1767·6月 政
大阪城鉄砲隊 ❻ **1983**·3·2 社
大坂城本丸 ❽ **1947**·9·12 政
大里城(琉球) ❹ **1458**·8·8 政
大椎城(上総) ❷ **1126**·6·1 政
大主城(大宰府) ❶ **840**·9·20 政
大隅城(大隅) ❸ **1354**·9·18 政
大高坂城(土佐) ❸ **1339**·11·24 政／**1340**·1·24 政
大多喜城(上総) ❺-1 **1672**·⑥·15 政
大高城(尾張) ❹ **1560**·5·23 政
大高城(土佐) ❹ **1588**·是冬 政
太田城(紀伊) ❹ **1585**·4·22 政
太田城(常陸) ❹ **1490**·⑧·27 政／**1562**·8·15 政
大館城(松前) ❹ **1513**·6·27 政／**1514**·3·13 政
大槻城(陸奥) ❹ **1559**·是年 政／**1578**·2·15 政
大津城(伊予) ❹ **1568**·6月 政
大津城(駿河) ❸ **1352**·8·20 政
大津城(土佐) ❹ **1478**·8·3 政／**1547**·是年 政／**1574**·2月 政
大西城(阿波) ❹ **1577**·2月 政
大野城(越前) ❺-2 **1775**·3月 政／4·8 社／**1789**·4·17 社／**1822**·3·5 社／**1827**·5·17 社
大野城(筑紫) ❶ **665**·8月 政／**698**·5·25 政
大野城(豊後) ❸ **1373**·9·8 政
大野見城(土佐) ❹ **1543**·7·10 政
大浜城(伊予) ❸ **1340**·2·12 政
大丸山城(石見) ❹ **1583**·初春 政
大宮城(駿河) ❹ **1569**·⑤·16 政
大和田城(日向) ❸ **1338**·7·11 政／**1339**·4·13 政
岡崎城(相模) ❹ **1512**·8·13 政
岡崎城(三河) ❹ **1524**·是年 政／**1537**·6·25 政／**1547**·8·2 政／**1548**·4·15 政／**1549**·3·6 政／**1560**·5·23 政／**1563**·是秋 政／**1564**·2·13 政／**1570**·6月 政／**1578**·5·6 文／**1585**·11·18 政／**1586**·11·11 政
岡城(紀伊) ❹ **1463**·8·6 政
雄勝城(小勝、出羽) ❶ **757**·4·4 政／**758**·12·8 政／**759**·9·26 政／**760**·1·4 政／**802**·1·13 政
岡山烏城 ❽ **1950**·1·11 社
岡山城(近江) ❹ **1518**·是冬 政／**1520**·6·13 政／**1525**·8·5 政
岡山城(備前) ❺-1 **1634**·1·11 政
小川城(近江) ❹ **1571**·9·1 政
小川城(常陸) ❸ **1419**·6·29 政
置塩山(播磨) ❹ **1469**·是年 政
荻島城(美濃) ❹ **1473**·11·22 政
小国城(越後) ❸ **1353**·11·5 政
尾頸小城(薩摩) ❸ **1341**·4·26 政
小栗城(常陸) ❸ **1423**·6·25 政／8·2 政／**1455**·④月 政
岡豊城(おこう、土佐) ❹ **1509**·5月 政／**1560**·6·15 政／**1563**·5·5 政
小駒野城(肥後) ❸ **1345**·11·5 政
大仏城(陸奥) ❸ **1413**·4·18 政／12·21 政
小沢城(武蔵) ❸ **1351**·12·17 政
牡鹿柵(出羽) ❶ **737**·1·21 政
忍城(おし、武蔵) ❹ **1562**·2·17 政／❺-1 **1683**·5·23 政
押立城(近江) ❹ **1469**·7·25 政
小曾沼城(陸奥) ❸ **1352**·12·15 政／**1353**·1·18 政
小高城(常陸) ❹ **1546**·是年 政
小高城(陸奥) ❸ **1336**·5·24 政
小田城(常陸) ❸ **1338**·10·5 政／**1341**·5·25 政／6·16 政／7·13 政／10·4 政／11·10 政
御館城(越後) ❹ **1578**·5·13 政／6·11 政／10·24 政／**1579**·2·1 政／3·17 政
小谷城(近江) ❹ **1538**·9·12 政／**1570**·6·21 政／**1573**·8·27 政
小田原城(相模) ❹ **1462**·9·5 政／**1464**·5·7 政／**1495**·2·16 政／9月 政／**1524**·4·10 社／**1569**·10·6 政／11·23 政／**1584**·1·13 政／**1585**·3·7 政／10·1 政／**1587**·1·15 政／❺-1 **1613**·1·19 政／**1636**·11·19 政
落合城(下総) ❸ **1398**·5月 政
小寺城(おでら、播磨) ❹ **1530**·7·27 政
鬼ヶ城(日向) ❹ **1545**·2·29 政／**1551**·7月 政／**1554**·11·26 政／**1555**·7·7 政
鬼箇城(丹波福知山) ❹ **1579**·7·19 政
鬼城(因幡) ❹ **1575**·8·29 政
屋根山城(出雲) ❸ **1345**·3·3 政
若狭小浜城 ❻ **1871**·12月 政
小浜城(大隅) ❹ **1572**·9·27 政
小浜城(陸奥) ❹ **1585**·⑧·2 政
小浜城(若狭) ❸ **1441**·10·22 政／❻ **1853**·3·11 社／**1858**·8·29 社
飫肥城(おび、日向) ❹ **1484**·11·14 政／**1485**·6·21 政／**1547**·2·23 政／**1548**·7·7 政／**1555**·7·7 政／**1562**·3·18 政／9·17 政／**1563**·8·22 政／**1568**·6·8 政／❺-1 **1684**·11·6 社
小房城(美作) ❹ **1480**·6月 政
小布瀬城(陸奥) ❸ **1419**·7·28 政
麻績城(おみ、信濃) ❹ **1584**·4·21 政
尾山塞(陸奥) ❸ **1451**·7·15 政
小山城(駿河) ❹ **1575**·9·5 政
小山城(遠江) ❹ **1578**·8·21 政／**1582**·2·16 政
小山城(陸奥) ❸ **1337**·3·5 政
小山田城(薩摩) ❸ **1414**·1·2 政
小弓城(上総) ❹ **1517**·10·15 政
開地井城(大和) ❸ **1341**·7·2 政
海津城(松代、信濃) ❹ **1553**·8月 政／❺-2 **1717**·7·16 政
鶏冠井城(かいで、山城) ❹ **1468**·10·10 政
柏原城(近江) ❸ **1353**·1·5 政
貝吹山城(大和) ❹ **1546**·10·10 政
海部城(かいふ、阿波) ❹ **1575**·8月 政
海防城(水戸藩) ❺-2 **1839**·是年 政
加江田城(薩摩) ❸ **1423**·是年 政／**1424**·1月 政
加賀野井城(尾張) ❹ **1584**·5·7 政
鏡城(安芸) ❹ **1478**·6·20 政
鏡城(肥前) ❹ **1574**·1·3 政
鏡山城(安芸) ❹ **1523**·7·15 政
柿崎城(越後) ❸ **1355**·4·14 政
鶴山城(かくざん·津山、美作) ❺-1 **1603**·3·21 政／**1604**·是春 政／❺-2 **1759**·2·30 社／**1809**·1·19 社
賀来城(豊前) ❹ **1587**·12·28 政
加久籐城(日向) ❹ **1572**·5·4 政
覚鱉城(かくべつのき、陸奥) ❶ **780**·2·2 政
神楽岳城⇨龍王(りゅうおう)城
掛川城(懸川、遠江) ❹ **1516**·8·19 政／**1568**·12·6 政／**1569**·1·17 政／3·8 政／5·15 政／9·16 政
蔭木城(播磨) ❹ **1485**·③·28 政
鹿児島城(薩摩) ❺-1 **1602**·是年 政
葛西城(武蔵) ❹ **1538**·2·2 政
加治木城(大隅) ❸ **1357**·9·30 政／**1358**·4·14 政／❹ **1495**·6·29 政／**1496**·2月 政／**1527**·5 政／**1542**·③·28 政／**1554**·9·12 政
加治田城(美濃) ❹ **1578**·9·24 政
梶山城(日向) ❸ **1394**·2·17 政／❹ **1522**·4·4 政
頭崎城(安芸) ❹ **1551**·9·4 政
糟尾城(下野) ❸ **1382**·3·22 政
春日山城(越後) ❹ **1548**·12·30 政／**1582**·5·4 政／**1597**·2·18 政／❺-1 **1607**·是年 政
加瀬田城(加世田、大隅) ❸ **1336**·5·6 政／**1351**·8·3 政／❹ **1500**·11·11 政／**1538**·12·18 政／**1539**·1·1 政
片岡城(大和) ❹ **1569**·4·16 政／**1577**·10·1 政
堅志田城(肥後) ❹ **1583**·9·28 政／**1585**·⑧·13 政
交野城(かたの、河内) ❹ **1572**·4·13 政
片山城(信濃) ❹ **1484**·5·6 政
葛尾城(信濃) ❹ **1553**·4·6 政／8月 政
勝尾城(筑前) ❹ **1586**·8·28 政
月山(がっさん)富田城⇨富田(とだ)城
勝野尾城(筑前) ❹ **1497**·1月 政
滕本(風本)城(壱岐) ❹ **1591**·9·3 政
勝山城(甲斐) ❹ **1514**·是年 政
勝山城(且山、長門) ❹ **1557**·4·2 政
葛山城(信濃) ❹ **1557**·2·15 政
金沢城(加賀) ❷ **1087**·12·26 政／❺-1 **1602**·11·29 政／**1605**·10·30 政／**1620**·12·9 政／**1631**·4·14 政／**1697**·6·6 政／❺-2 **1762**·12·8 政／**1809**·3·26 政／❼ **1935**·5·13 文
金田城(対馬) ❶ **667**·11月 政
金津城(越前) ❹ **1481**·1·10 政
銀山城(金山、安芸) ❹ **1527**·3月 政／**1541**·3·4 政／5·13 政／**1554**·5月 政
金山城(石見) ❹ **1515**·1·26 政
金山城(上野) ❹ **1469**·2·25 政／**1553**·4·26 政／**1574**·3·10 政
金山城(美濃) ❹ **1582**·3·29 政
蟹江城(尾張) ❹ **1555**·是年 政
金崎城(越前敦賀) ❸ **1336**·10·10 政／**1337**·1·1 政／3·6 政／**1338**·8·2 政／**1339**·5·3 政／❹ **1570**·4·25 政
金子城(伊予) ❹ **1585**·7·14 政
賀年城(長門) ❸ **1337**·5·11 政
銀山城(かねやま、石見) ❹ **1544**·11月 政
嘉年城(長門) ❹ **1554**·3·3 政
加納城(美濃) ❹ **1495**·7·5 政／❺-1

1602·7·1 政
鹿屋院一谷城(大隅) ❸ **1354**·2·24 政
樺崎城(下野) ❹ **1471**·4·15 政
加布里城(筑前) ❸ **1361**·7·5 政
釜額城(安芸) ❸ **1376**·2·5 政
鎌刃城(近江) ❹ **1538**·6·4 政／**1571**·5·6 政
上井城(大隅) ❹ **1485**·2·11 政
神尾城(丹波) ❹ **1526**·10·21 政
上籠·網屋城(薩摩) ❸ **1339**·4·21 政
上郷城(三河) ❹ **1562**·2·4 政
神余城(伊豆) ❸ **1362**·2·21 政
上和田城(三河) ❹ **1564**·1·11 政
亀丘城(肥前) ❹ **1472**·11·18 政
亀尾城(筑紫) ❹ **1487**·12·10 政
亀崎城(肥後) ❸ **1381**·8·6 政
亀山城(伊勢) ❹ **1583**·2·16 政／3·3 政／**1584**·3·12 政
亀山城(丹波) ❹ **1579**·2·28 政／**1600**·9·3 政／❺-1 **1609**·7月 政／**1610**·7·15 政／**1634**·2·4 政／❺-2 **1784**·1·22 社
蒲生城(大隅) ❹ **1526**·9·4 政
蒲生城(日向) ❹ **1557**·4·15 政
鴨江城(遠江) ❸ **1339**·7·22 政
加茂城(備中) ❹ **1582**·5·2 政
賀屋城(丹後) ❹ **1506**·4·27 政
ガラガラ城(若狭) ❹ **1570**·10·22 政
烏山城(下野) ❹ **1539**·9·21 政
唐津城(肥前) ❺-1 **1608**·是年 政
雁金城(因幡) ❹ **1581**·10·25 政
刈谷原城(信濃) ❹ **1551**·8·13 政
河合城(石見) ❸ **1353**·3·19 政
川井城(下野) ❹ **1521**·11·4 政
河江城(伊予) ❸ **1342**·5月 政
河越·川越城(武蔵) ❹ **1457**·4·8 政／**1530**·5·12 政／**1537**·7·11 政／**1538**·7·16 政／**1545**·9·26 政／10·27 政／**1546**·4·20 政／**1560**·9·28 政／**1582**·5·23 政／❺-2 **1768**·3·15 政
川田城(薩摩) ❹ **1485**·2·11 政
河内城(越後) ❸ **1355**·4·2 政
革手城(美濃) ❹ **1468**·8月 政
河辺城(薩摩) ❸ **1393**·是年 政
河辺城(出羽) ❸ **1413**·11·22 政
河村城(相模) ❸ **1352**·3·15 政
香春城(かわら、豊前) ❸ **1367**·7月 政／**1399**·1·10 政
香春岳城(かわらだけ、豊前) ❹ **1561**·7·15 政／**1586**·11·15 政／12·11 政
願皆寺城(越中) ❹ **1581**·7·17 政
神吉城(かんき、播磨) ❹ **1578**·6·26 政／7·20 政
神崎城(土佐) ❸ **1336**·10·19 政
神崎城(摂津) ❹ **1469**·12·19 政
神沢城(播磨) ❸ **1339**·8·13 政
冠山城(巣蜘塚、備中) ❹ **1582**·4·25 政
神辺城(備後) ❹ **1538**·7月 政／**1547**·4·28 政／**1548**·6·18 政／**1549**·9·4 政
甲浦城(土佐) ❹ **1575**·7·16 政
観音寺城(近江) ❹ **1468**·3·28 政／**1487**·9·12 政／**1491**·8·23 政／**1520**·10·29 政／**1563**·10·1 政
蒲原城(駿河) ❹ **1569**·11·28 政
神戸城(かんべ、伊勢) ❹ **1583**·5月 政
給黎城(きいれ、薩摩) ❸ **1414**·8·1 政
鬼薗山城(大和) ❸ **1445**·9·19 政／❹ **1458**·8·23 政
祇園城(下野) ❸ **1382**·3·22 政／**1385**·7·12 政／**1386**·5·27 政／❹ **1563**·4·15 政
鞠智城(大宰府) ❶ **698**·5·25 政
菊池城(肥後) ❶ **858**·②·24 政／❸ **1338**·10·2 政／**1343**·3·25 政
私部城(きさいべ、因幡) ❹ **1489**·11月 政
岸岳城(肥前) ❹ **1472**·11·18 政
岸和田城(河内) ❹ **1585**·6·16 政
埼西城(武蔵) ❸ **1455**·12·6 政
北川城(伊予) ❹ **1583**·1·13 政
北條城(きだじょう、越後) ❹ **1533**·9·26 政
木田城(越前) ❸ **1340**·7·11 政
北白川城(勝軍地蔵山、山城) ❹ **1547**·3·29 政
北田城(陸奥) ❸ **1409**·6·3 政
木谷城(大隅) ❸ **1353**·7·12 政
北荘城(越前) ❹ **1583**·4·23 政
北村城(日向) ❹ **1557**·4·15 政
杵築城(きつき·木付、豊後) ❹ **1600**·2·7 政／8·13 関ヶ原合戦
木津城(阿波) ❹ **1583**·4·21 政
吉祥城(摂津) ❹ **1539**·7·14 政
狐戻城(きつねもどし、越後) ❹ **1510**·6·26 政
狐戻城(きつねもどし、陸奥) ❸ **1433**·10·23 政
木所城(常陸) ❸ **1441**·3·4 政
椽(きの·基肄、大宰府) ❶ **665**·8月 政／**698**·5·25 政
柵戸(きのへ) ❶ **648**·是年 政
城山城(播磨) ❸ **1352**·11·10 政
木原城(日向) ❹ **1522**·4·4 政
木尾城(越中) ❸ **1346**·3·6 政
岐阜城(美濃) ❹ **1583**·4·16 政／**1600**·8·21 関ヶ原合戦
木舟城(越中) ❹ **1585**·11·29 政
木山城(播磨) ❸ **1441**·9·10 政
木山城(肥後) ❹ **1503**·9·27 政
清色城(薩摩) ❸ **1397**·4月 政
清敷城(薩摩) ❸ **1411**·7月 政
清洲城(尾張) ❹ **1478**·12·4 政／**1482**·7·11 社／**1485**·9·8 社／**1552**·8·16 政／**1553**·7·18 政／**1555**·4·20 政／**1562**·1月 政／**1581**·1·3 政
金頸城(能登) ❸ **1355**·3·17 政
金福山城(肥後) ❸ **1375**·2月 政
久下田城(くげた、下野) ❹ **1546**·1·23 政
櫛木野城(薩摩) ❸ **1355**·9·2 政
櫛間城(日向) ❹ **1485**·6·21 政／**1523**·8·7 政
九條城(大和) ❹ **1574**·2·11 政
串良城(くしら、大隅) ❹ **1495**·4·15 政／**1520**·8·1 政／**1524**·9·29 政／**1536**·8·11 政
玖珠城(くす·高勝寺、豊後) ❸ **1336**·3·13 政／**1373**·11·17 政
楠目城(土佐) ❹ **1549**·是秋 政
崩城(大隅) ❸ **1351**·8·3 政
朽木谷(近江) ❹ **1553**·8·1 政
忽那島(伊予) ❸ **1337**·3·6 政
櫟本城(くぬぎもと、大和) ❹ **1571**·7·5 政
久能山城(駿河) ❹ **1569**·4·19 政
九戸城(くのへ、岩手福岡) ❹ **1483**·11·7 政／12·25 政／**1488**·7·18 政
窪城(大和) ❹ **1571**·5·6 政
熊野城(出雲) ❹ **1565**·1月 政
隈部山城(筑後) ❸ **1347**·11·27 政
熊牟礼城(豊後) ❹ **1580**·4·13 政
熊本城(隈本、肥後) ❹ **1496**·是年 政／**1550**·4·14 政／8·9 政／**1580**·10·15 政／11·23 政／**1583**·3·29 政／**1584**·9·10 政／❺-1 **1607**·是年 政／**1634**·4·14 政
隈谷城(日向) ❹ **1547**·12·13 政
倉内城(上野) ❹ **1569**·11·20 政
鞍岡城(肥後) ❸ **1333**·3·25 政
鞍懸城(豊前) ❹ **1580**·10·7 政
鞍掛山城(周防) ❹ **1555**·10·18 政
倉賀野城(上野) ❹ **1561**·12·15 政／**1565**·6·25 政
倉敷城(美作) ❹ **1565**·10·18 政
鞍嶽山(肥後) ❸ **1343**·3·25 政
椋橋城(くらはし、摂津) ❹ **1534**·8·11 政
倉橋城(丹後) ❹ **1517**·8·7 政
栗本城(土佐) ❹ **1585**·2月 政
厨川(くりやがわ)·嫗戸二柵(陸奥) ❷ **1062**·9·16 政
車城(常陸) ❹ **1485**·7·11 政
久留米城(筑後) ❺-2 **1726**·3·4 社
久留里城(上総) ❹ **1590**·8·15 政
黒井城(丹波) ❹ **1576**·1·15 政／**1579**·8·9 政
黒川城(越後) ❸ **1352**·②·16 政
黒川城(陸奥会津) ❹ **1506**·8·10 政／**1521**·2·7 政／6·16 政／**1538**·3·15 政／**1589**·6·11 政／**1592**·6·1 政
黒木城(筑後) ❸ **1336**·3·17 政
黒木城(陸奥) ❸ **1338**·6·24 政
黒沢城(石見) ❸ **1343**·8·7 政
黒瀬城(伊予) ❹ **1584**·10·19 政
黒鳥城(肥後) ❸ **1336**·3·25 政
黒羽城(下野) ❹ **1542**·12·20 政
黒羽城(陸奥) ❸ **1429**·8·18 政
黒丸城(越前) ❸ **1339**·12·17 政
桑名城(伊勢) ❺-2 **1755**·2·2 政
桑原城(信濃) ❹ **1542**·7·2 政
小池城(陸奥) ❸ **1337**·10·4 政
己斐城(こい、安芸) ❹ **1515**·是年 政
小泉城(山城) ❹ **1550**·4·17 政
小磯城(武蔵) ❹ **1477**·3·18 政
小出城(越中) ❹ **1581**·3·9 政／3·24 政
小岩岳城(信濃) ❹ **1552**·8·1 政
神指城(こうざし、陸奥) ❹ **1600**·3月 政
甲佐城(肥後) ❸ **1337**·2·22 政／**1338**·10月 政／❹ **1585**·⑧·13 政
高山寺城(丹波) ❸ **1343**·12·2 政
合志城⇨住吉(すみよし)城(肥後)
柑子岳城(こうしだけ、筑前) ❹ **1533**·3·19 政／**1579**·8·14 政
黄石山城(朝鮮全羅道) ❹ **1597**·8·15 慶長の役

高祖城(筑前)　❹ **1553**·4·16 政／**1554**·1月 政
高知城(土佐)　❺-1 **1603**·8·21 政／❺-2 **1727**·2·1 政／3·2 政／**1729**·3·21 政／**1740**·7月 政／**1749**·8·12 政
上月城(こうづき·七條、播磨)　❹ **1519**·4·29 政／**1576**·9·13 政／**1577**·12·3 政／**1578**·4·18 政／4·29 政／5·29 政／7·3 政
甲府城　❺-2 **1727**·12·9 社
光明城(遠江)　❹ **1531**·享禄年間 文／**1575**·6·24 政
高野山城(備後)　❹ **1535**·3月 政
郡山城(安芸)　❸ **1335**·是年 政／❹ **1540**·9·4 政／10·4 政／11·11 政／**1569**·4·26 政
郡山城(大和)　❹ **1457**·10月 政／**1554**·11·7 政／**1562**·2·7 政／12·3 政／**1571**·8·4 政／**1580**·11·7 政／**1583**·1·21 政／**1585**·9·3 政／**1586**·8·5 政／**1600**·10·2 関ヶ原合戦／❺-1 **1608**·9·20 政
古河·古賀城(下総)　❹ **1457**·10月 政／**1471**·6·24 政／**1472**·2·3 政／**1562**·2·17 政／12·3 政／**1583**·1·21 政
小木江城(尾張)　❹ **1570**·11·21 政
国府城(肥前)　❸ **1445**·8·17 政／❹ **1470**·11·14 政
国府城(備後)　❸ **1437**·7·30 政
極楽寺城⇨妙見(みょうけん)城
小倉城(豊前)　❸ **1351**·11·5 政／❹ **1569**·11月 政／**1586**·10·4 政／❺-1 **1601**·1·16 政／**1602**·11月 政／**1669**·2·22 社／**1672**·10·18 社／❺-2 **1837**·1·4 政
国領城(丹波)　❹ **1579**·9·22 政
苔縄山城(播磨)　❸ **1333**·1·21 政
越水城(摂津)　❹ **1519**·11·6 政／**1520**·1·10 政／2·3 政／**1539**·7·14 政／8·14 政／**1541**·10·2 政／**1552**·4·25 政／6·5 政／**1553**·8·22 政
小城城(肥前)　❸ **1355**·9·1 政
古所山城(筑前)　❹ **1557**·7·7 政／**1559**·1·1 政
小高木城(陸奥会津)　❹ **1460**·10·20 政
御着城(播磨)　❹ **1577**·5·14 政
木造城(伊勢)　❹ **1497**·6·20 政／**1569**·8·26 政
小手崎城(安芸)　❸ **1376**·4·16 政
小手森城(陸奥)　❹ **1585**·⑧·2 政／⑧·24 政
小張城(常陸)　❹ **1586**·是春 政
駒ヶ峰城(陸奥)　❹ **1589**·5·19 政
小牧城(肥後)　❸ **1341**·1·22 政
狛城(山城)　❹ **1483**·4·16 政
駒館城(下総)　❸ **1339**·10·25 政／**1340**·5·27 政
米野井城(下野)　❹ **1512**·10·10 政
小諸城(信濃)　❹ **1600**·9·2 関ヶ原合戦
小柳生城(大和)　❹ **1544**·7·29 政
小山城(石見)　❸ **1336**·1·13 政
五龍城(安芸)　❹ **1516**·1·2 政
伊治城(これはりのき、陸奥)　❶ **767**·10·15 政／**768**·12·16 政／**769**·2·17 政／**780**·3·22 政／**796**·11·21 政
権現山城(上野)　❹ **1588**·5·7 政
金胎寺城(河内)　❹ **1528**·11·11 政
誉田城(こんだ、河内)　❹ **1470**·8·4 政／**1477**·10·7 政／**1500**·8·28 政／9·16 政／**1506**·1·26 政
西院小泉城(山城)　❹ **1553**·7·28 政
妻山城(肥前)　❸ **1376**·7·5 政
佐土原城(日向)　❹ **1537**·12·22 政／❺-1 **1699**·4·15 政
催馬楽城(薩摩)　❸ **1341**·4·26 政／**1343**·11·7 政
西明寺城(下野)　❸ **1352**·10月 政
坂井城(肥後)　❸ **1344**·11·12 政
堺城(摂津)　❸ **1399**·11·29 政
坂内城(伊勢)　❸ **1415**·2月 政
坂木城(信濃)　❹ **1557**·5·12 政
佐賀城(肥前)　❺-1 **1611**·6月 政／❺-2 **1726**·3·4 政／**1835**·5·10 政
坂城(安芸)　❸ **1352**·11·8 政
佐嘉城(肥前)　❹ **1551**·10·25 政／**1553**·7·25 政／8·8 政／**1570**·4·23 政／8·20 政
坂戸城(越後)　❹ **1512**·1·23 政／**1578**·9·12 政
坂水城(上総)　❸ **1419**·3·3 政
坂本城(近江)　❹ **1534**·9·3 政／**1570**·3·20 政／**1572**·①·6 政
坂本城(播磨)　❹ **1487**·3·10 政／**1488**·7·18 政
相良城(遠江)　❺-2 **1767**·7·1 政／**1787**·12月 政
崎山城(大隅)　❸ **1355**·4·12 政
桜尾城(安芸)　❹ **1541**·4·5 政
桜洞城(さくらぼら、飛騨)　❹ **1521**·是年 政／**1540**·8月 政
篠山城(伊勢)　❹ **1583**·1·2 政
篠山城(丹波)　❺-1 **1609**·4·16 政
篠山城(美作)　❹ **1571**·是年 政
佐敷城(肥後)　❹ **1592**·6·15 政
佐竹城(常陸)　❹ **1543**·10·15 社
佐陀城(出雲)　❹ **1532**·8·8 政
佐野城(下野)　❹ **1564**·2·17 政／10·24 政／**1570**·1月 政
佐野城(豊前)　❹ **1583**·10·8 政
佐味城(大和)　❹ **1459**·8·1 政
鮫尾城(越後)　❹ **1579**·3·17 政
佐和山城(近江)　❹ **1538**·3·27 政／**1561**·3月 政／**1571**·2·17 政／8·18 政／**1600**·7·1 政
三箇城(山城)　❹ **1561**·12·25 政
三條(島)城(越後)　❸ **1426**·10月 政／❹ **1580**·7·7 政／❺-1 **1642**·是年 政
三田城(さんだ、摂津)　❹ **1554**·8·29 政／❺-1 **1601**·1·18 政
泗川城(朝鮮慶尚道)　❹ **1598**·10·1 慶長の役
三戸城(陸奥)　❹ **1539**·6·14 政
三迫城(さんはざま、陸奥)　❸ **1342**·10·8 政
三本松城(津和野)　❸ **1333**·3·29 政
椎津城(上総)　❹ **1552**·11·4 政
塩尻城(信濃)　❹ **1537**·10·13 政
塩田城(信濃)　❹ **1553**·8·1 政
志賀城(信濃)　❹ **1547**·⑦·26 政／8·11 政
鹿野城(因幡)　❹ **1580**·12·8 政
信貴山城(大和)　❹ **1536**·7·29 政／**1559**·8·8 政／**1568**·6·29 政／**1570**·7·21 政／**1577**·8·17 政／10·10 政
色麻柵(しきまのき·陸奥)　❶ **737**·1·21 政
宍倉城(常陸)　❹ **1573**·7·25 政
七條城⇨上月(こうづき)城
指月城(しづき·長門萩)　❺-1 **1604**·6·1 政
志筑城(常陸)　❸ **1341**·6·13 政／7·1 政／11·18 政
品野城(尾張)　❹ **1529**·7·17 政／**1558**·3·7 政
篠城(茶臼山、紀伊)　❸ **1385**·10·3 政
志波(斯波)城(陸奥)　❶ **803**·2·12 政／3·6 政
新発田城(しばた、越後)　❹ **1582**·1·27 政／5·3 政／**1587**·9·14 政／10·24 政／**1668**·4·2 政
志布志城(大隅)　❹ **1536**·8·11 政／**1538**·7·27 政
志布志城(日向)　❸ **1351**·8·12 政
島崎城(諏訪)　❸ **1403**·是年 政
志摩城(下総)　❸ **1455**·3·20 政
清水城(近江)　❹ **1471**·11·12 政
清水城(大隅)　❹ **1526**·5·20 政
清水城(鹿児島)　❸ **1413**·10月 政／❹ **1548**·5·24 政／9·9 政
志村城(近江)　❹ **1571**·9·1 政
下田城(伊豆)　❹ **1588**·1·9 政
下妻城(常陸)　❹ **1583**·是年 政
石神井城(武蔵)　❹ **1477**·3·18 政
宿南城(但馬)　❸ **1356**·5·18 政
首里城(しゅり、沖縄)　❹ **1458**·8·15 政／❺-1 **1659**·是年 政／**1709**·11·20 政／❼ **1924**·3·20 社
勝軍地蔵山城⇨北白川(きたしらかわ)城
勝軍山(山城)　❹ **1527**·1·5 政／**1558**·6·2 政／11·27 政／**1561**·7·28 政／**1562**·3·6 政
障子岳城(筑前)　❹ **1586**·11·15 政
上條城(越後)　❹ **1530**·11·6 政
勝瑞城(阿波)　❹ **1520**·6·10 政／**1576**·12·5 政／**1578**·1·1 政／**1581**·9·8 政／**1582**·9·21 政
勝龍寺城(山城)　❹ **1570**·8·30 政
書写山(播磨)　❹ **1578**·6·26 政
勝幡城(尾張)　❹ **1533**·7·9 文
白石城(陸奥)　❺-1 **1602**·12·30 政
白井城(上野)　❹ **1477**·1·18 政／**1488**·3·24 政／8·11 政
白鹿城(しらが、出雲)　❹ **1563**·8·13 政／10·29 政
白河城(陸奥)　❹ **1577**·⑦·5 政／❺-2 **1809**·2·25 政
白旗城(播磨)　❸ **1336**·3月 政／**1429**·6·19 社
白石城(陸奥)　❹ **1546**·6·1 政
城野城(肥後)　❸ **1381**·4·26 政
城山城(播磨)　❸ **1361**·6月 社
志和知城(日向)　❹ **1494**·6·12 政／**1543**·5·10 政
神宮寺城(常陸)　❸ **1338**·10·5 政／**1420**·6·2 政
神呪寺城(摂津)　❸ **1352**·11·3 政
新庄城(越中)　❹ **1481**·1·10 政／**1519**·12·21 政／**1572**·8·18 政

新庄城(陸奥) ❺-1 **1629**·4·18 政／**1636**·8·3 政
新城城(三河) ❹ **1576**·7月 政
新地城(陸奥) ❹ **1589**·5·19 政
吹田城(摂津) ❸ **1336**·6·8 政／❹ **1571**·5·10 政
末石城(伯耆) ❹ **1571**·8·18 政
陶器城(和泉) ❸ **1351**·7·25 政
末森城(尾張) ❹ **1548**·是年 政
末森城(能登) ❹ **1584**·9·11 政
須賀川城(陸奥) ❹ **1589**·10·26 政
巣蜘塚(すくもつか)城⇨冠山(かんざん)城
須古城(肥前) ❸ **1350**·5·1 政／❹ **1574**·2月 政
須須万城(すすま·沼、周防) ❹ **1556**·9·22 政／**1557**·3·3 政
墨俣砦(美濃) ❹ **1561**·5·14 政
隅田城(紀伊) ❸ **1347**·8·10 政
隈之城(薩摩) ❹ **1487**·11·5 政
炭山城(山城) ❹ **1560**·10·12 政
住吉城(相模) ❹ **1512**·8·13 政
住吉城(竹迫·合志、肥後) ❹ **1484**·12月 政／**1530**·1·16 政
駿河城 ❺-2 **1751**·2·13 政
駿府城(駿河) ❹ **1569**·11·28 政／**1586**·12·4 政／**1587**·2·13 政／**1588**·5·14 政／**1589**·1·28 政／❺-1 **1607**·2·25 政／7·3 政／12·22 政／**1608**·1月 政／3·11 政／**1635**·11·29 政
晴気城(せいき·春気、肥前) ❹ **1497**·3·15 政／**1516**·5·3 政／**1545**·2·29 政
勢福寺城(肥前) ❹ **1497**·3·15 政／**1528**·是年 政／**1530**·4月 政／**1548**·是春 政／**1558**·11·15 政
関宿城(下総) ❹ **1558**·4·11 政／**1560**·5·27 政／**1565**·3·2 政／**1574**·7·27 政／⑪·19 政／**1576**·6·23 社／❺-1 **1609**·1·20 政
関城(肥後) ❸ **1351**·10·1 政／❹ **1556**·5·7 政
関城(常陸) ❸ **1337**·2·21 政／**1342**·1·26 政／8·12 政／**1343**·1·26 政／4·2 政／11·11 政
世田谷城(武蔵) ❹ **1551**·12·7 政／**1562**·12·16 社
瀬田城(近江) ❺-1 **1615**·5·4 政
世田城(伊予) ❸ **1342**·5月 政／9·3 政／**1364**·11·6 政
勢多城(山城) ❹ **1583**·5·16 政
世田山城(伊予) ❸ **1379**·11·6 政
千手寺城(越前三国湊) ❸ **1340**·8·1 政
千手城(筑前) ❸ **1354**·10月 政
仙台城(陸奥) ❹ **1600**·12·24 政／❺-1 **1601**·2·1 政／是年 政／**1602**·是年 政／❺-2 **1804**·6·24 政／❻ **1882**·9·7 社
曾井城(日向) ❸ **1361**·6·24 政
曾木城(日向) ❹ **1568**·3·23 政
塞(そこ·塁) ❶ **553**·10·22／**637**·是年 政
十河城(そごう、讃岐) ❹ **1582**·10月 政／**1584**·6·11 政
杣山城(越前) ❸ **1336**·11·8 政／**1367**·7·13 政
染土城(肥後) ❸ **1381**·6·23 政
染取城(会津) ❹ **1589**·8·25 政
大河平城(日向) ❹ **1562**·是年 政
大光寺城(津軽) ❸ **1334**·1·1 政／**1339**·3月 政
大黒楯(陸奥) ❸ **1336**·8·1 政
大聖寺城(能登) ❹ **1600**·8·3 関ヶ原合戦
大徳王寺城(信濃) ❸ **1340**·6·24 政
太平城(遠江) ❸ **1339**·7·22 政／**1340**·8·24 政
大宝城(常陸) ❸ **1341**·11·10 政／**1342**·3·13 政／**1343**·11·11 政／**1344**·3·4 政
大物城(だいもつ、摂津) ❹ **1530**·11·6 政／**1533**·1·2 政
高岡城(日向) ❹ **1600**·是年 政
高岡城(陸奥) ❺-1 **1610**·3·15 政
高尾城(加賀) ❹ **1488**·5·26 政／6·5 政
鷹尾城(筑後) ❹ **1579**·2·14 政
高倉城(陸奥) ❹ **1580**·7月 政
高越城(備中荘原) ❸ **1351**·10·29 政
高崎城(豊後) ❸ **1371**·7·26 政／8·6 政／**1372**·1·3 政
高志垣城(周防) ❸ **1352**·②·17 政
高島居城⇨若杉山(わかすぎやま)城
高島城(大和) ❸ **1436**·是冬 政
高城(薩摩) ❸ **1395**·8·10 政
高城(肥後、日向か) ❹ **1586**·10·22 政
高城(日向) ❸ **1339**·8·27 政／❹ **1578**·11·12 政
多賀城(陸奥) ❶ **724**·是年 政／**737**·1·21 政／**762**·12·1 政／**780**·3·22 政／**788**·3·2 政／**839**·4·26 政／❷ **1062**·7月 政／❸ **1342**·3·24 政
高杉城(備後) ❹ **1553**·7·23 政
高栖城(鷹巣、越前) ❸ **1341**·2·27 政／7·23 政／10·22 政
鷹栖城(大隅) ❸ **1351**·8·3 政／**1380**·10·2 政
高祖城(たかす、筑前) ❹ **1496**·1月 政／12·22 政／**1553**·4·16 政／**1579**·9·15 政／**1586**·12·20 政
高瀬城(出雲) ❹ **1571**·3·19 政
高瀬城(近江) ❹ **1467**·10·18 政
高岳城(肥前) ❹ **1564**·2月 政
高田城(越後) ❺-1 **1614**·3·15 政／**1665**·12·26 社
高田城(肥後) ❹ **1587**·4·18 政
高田城(美作) ❹ **1569**·7·21 政
高田城(陸奥) ❹ **1479**·5·27 政
高田城(大和) ❹ **1507**·11·13 政
高館城(陸奥) ❸ **1413**·12·1 政
高槻城(摂津) ❹ **1527**·1·28 政／**1571**·8·28 政／**1578**·11·11 政／**1583**·5·16 政
高津城(石見) ❸ **1341**·2·18 政
高天神城(遠江) ❹ **1568**·12月 政／**1571**·3月 政／**1574**·6·14 政／**1576**·是春 政／**1579**·9·7 政／11·24 政／**1580**·3·16 政／10·22 政／12·20 政／**1581**·1·3 政／3·22 政
高遠城(信濃) ❹ **1540**·11·29 政／**1544**·12·8 政／**1545**·4·11 政／**1582**·3·2 政／**1585**·12·13 政
高鳥屋城(信濃) ❹ **1553**·8·1 政
鷹取山城(大和) ❸ **1432**·11·24 政／**1435**·10·9 政
高取城(鷹取、大和) ❹ **1532**·8·8 政／**1584**·11·23 政／❺-1 **1715**·1·19 社
高鍋城 ❺-2 **1747**·9·7 社
高縄城(伊予) ❸ **1365**·4·10 政
高畑城(豊前) ❸ **1374**·1·23 政
高原城(日向) ❹ **1576**·8·23 政
高松城(備中) ❹ **1579**·9·25 政／**1582**·4·4 政／5·7 政／❺-1 **1653**·1·9 社
高牟礼城(筑後) ❹ **1584**·7月 政
高森城(肥後) ❹ **1586**·1·23 政
高屋城(河内) ❹ **1497**·10·7 政／**1506**·1·26 政／**1508**·7·19 政／**1520**·2·16 政／3·16 政／5·9 政／**1527**·4·19 政／**1528**·11·11 政／**1538**·7·4 政／**1542**·3·13 政／**1559**·8·1 政／**1560**·10·15 政／**1562**·3·5 政／5·14 政／**1574**·4·2 政
高安城(倭国) ❶ **667**·11月 政／**669**·8·3 政／是冬 政／**670**·2月 政／**675**·2·23 政／**689**·10·11 政／**698**·8·20 政／**699**·9·15 政／**701**·8·25 政／**712**·8·23 政
高山城(安芸) ❹ **1474**·11·18 政／**1475**·3·5 政
高山城(大隅) ❹ **1494**·是春 政
高山城(飛驒) ❺-1 **1695**·2·12 政
高山城(美作) ❹ **1583**·12·18 政
財部城(たからべ、日向) ❹ **1457**·7月 政／❺-1 **1673**·1·7 政
宝森城(高森、豊前) ❹ **1580**·2·18 政
滝尻城(陸奥) ❸ **1337**·1·15 政
滝山城(備後) ❹ **1552**·7·23 政
多久城(肥前) ❹ **1528**·是年 政／**1534**·7·13 政／**1536**·9·4 政
田口城(信濃) ❹ **1548**·8·18 政
多久和城(出雲) ❹ **1570**·1·28 政
竹井城(筑後) ❸ **1343**·5·29 政／7·2 社
竹内城(大和) ❹ **1546**·8·20 政
武雄城(肥前) ❹ **1560**·12·19 政
多気城(伊勢) ❸ **1441**·9·29 政
竹鼻城(尾張) ❹ **1584**·5·7 政／6·10 政
岳山城(たけやま、河内) ❹ **1461**·2·23 政／**1463**·3·14 政／4·15 政／**1466**·9·17 政
多胡城(たこ、下総) ❸ **1455**·3·20 政／8·12 政
大宰府(筑前) ❸ **1372**·8·12 政／**1445**·8月 政／❹ **1478**·9·16 政／**1491**·是年 政
立花城(筑前) ❸ **1431**·4·28 政／❹ **1568**·2月 政／7·23 政／**1569**·3·16 政／5·19 政／11·21 政／**1571**·1月 政／7·13 政／**1575**·5·28 政／**1582**·4·16 政／**1586**·8·25 政
龍岡城(信濃) ❻ **1864**·3月 政
龍子山城(常陸) ❹ **1485**·7·11 政／**1568**·4月 政
館林城(上総) ❺-2 **1738**·4·29 社
館林城(上野) ❹ **1471**·5·1 政／**1562**·2·17 政／❺-1 **1653**·1·30 政／**1683**·6·28 政
館山城(出羽) ❹ **1587**·2·7 政
田中城(駿河) ❹ **1578**·3·12 政／

1582·2·18 政
田中城(肥後)　❹ **1587**·12·6 政
棚木城(能登)　❹ **1582**·5·22 政
棚倉城(陸奥)　❺-1 **1625**·1 月 政
田名部城(陸奥)　❹ **1457**·2 月 政
田辺城(紀伊)　❸ **1337**·2·29 政
田辺城(丹後)　❹ **1600**·7·27 文／9·3 政
谷峰城(薩摩)　❸ **1345**·8·27 政
谷山城(薩摩)　❸ **1347**·11·27 政／**1441**·9·12 政／**1448**·10 月 政／❹ **1527**·6·11 政／**1539**·3·13 政
谷山城(山城)　❹ **1534**·8·3 政
環城(峰上、安房)　❹ **1471**·3·15 政
玉造柵　❶ **737**·1·21 政／**796**·11·2 社
玉縄城(相模)　❹ **1524**·4·10 社／**1538**·2·2 政／**1563**·6·10 社
玉利城(大隅)　❹ **1542**·③月 政
田丸城(伊勢)　❸ **1342**·8·28 政
多聞山城(たもんやま、大和)　❹ **1561**·是年 政／**1568**·1·7 政／9·3 政／**1570**·7·21 政／**1573**·12·28 政／**1574**·1·11 政／3·9 政／**1576**·7·5 政
田原城(三河)　❹ **1529**·5·28 政／**1547**·9·5 政／**1564**·6 月 政
丹下城(河内)　❸ **1337**·3·2 政
獺沼城(陸奥)　❸ **1353**·2·18 政
知色城(薩摩)　❸ **1355**·10·22 政
千頭峰城(高千山城、遠江)　❸ **1339**·10·30 政
千布城(肥前)　❹ **1545**·4·16 政／**1555**·2 月 政／**1565**·4·24 政
千葉城(下総)　❷ **1126**·6·1 政
千早城(河内)　❸ **1332**·11 月 政／**1333**·2·25 政／②·26 政／3·5 政／4·14 政
帖佐城(ちょうさ、大隅)　❹ **1495**·6·29 政
長福寺(陸奥)　❸ **1339**·7·26 政
津城(伊勢)　❺-1 **1662**·12·17 社／❺-2 **1724**·6·11 社
津久裳橋城(陸奥)　❸ **1342**·10·8 政
作手城(つくりて、三河)　❹ **1573**·8·20 政
土浦城(常陸)　❹ **1565**·5 月 政
土丸城(槌丸、和泉)　❸ **1347**·11·30 政／**1353**·5·20 政／**1379**·1·22 政
槌山城(つちやま、安芸)　❹ **1552**·3 月 政
筒井城(大和)　❹ **1477**·1·11 政／**1559**·8·8 政／**1565**·11·18 政／**1571**·8·4 政／**1573**·2·19 政
筒城　❶ **511**·10 月
矗岳城(肥後)　❸ **1396**·是冬 政
綱取城(陸奥)　❹ **1900**·1·12 政
常城(備後)　❶ **719**·12·15 政
常山城(備前)　❹ **1575**·6·7 政
妻高山(安芸)　❸ **1338**·3·3 政
津山城⇨鶴山(かくざん)城
敦賀城(越前)　❹ **1459**·5·13 政
鶴賀城(豊後)　❹ **1586**·12·7 政／12·12 政
鶴城(陸奥)　❸ **1384**·是年 政
津和野城(石見)　❺-1 **1686**·③·25 社
天筒山城(越前)　❹ **1570**·4·25 政
寺尾城(上野)　❸ **1398**·8·13 政／**1400**·是夏 政
寺尾城(肥後)　❸ **1337**·2·7 政／**1381**·5·12 政
出羽柵　❶ **714**·10·2 政／**716**·9·23 政／**719**·7·9 政／**733**·12·26 政／**737**·1·21 政／**757**·4·4 社
天童城(出羽)　❹ **1577**·3·17 政
天王寺城(河内)　❹ **1477**·9·27 政
戸石城(信濃)　❹ **1551**·5·26 政
砥石城(備前)　❹ **1549**·是春 政／**1559**·2 月 政
東京城(江戸城)　❻ **1868**·10·13 政／**1872**·3·29 政
　東京城吹上苑　❻ **1869**·2·23 社
　東京城本丸　❻ **1870**·⑩·7 政
東郷淵上城(薩摩)　❸ **1339**·6·20 政
東條城(常陸)　❸ **1337**·7 月 政
東福寺城(薩摩)　❸ **1340**·8·8 政／**1341**·4·26 政／**1347**·6·6 政／**1354**·9·18 政
堂洞城(美濃)　❹ **1565**·9·28 政
十市城(とおち、大和)　❹ **1570**·6·6 政／7·27 政／**1571**·12·19 政／**1576**·3·21 政
栂尾·増山城(越中)　❹ **1576**·9·8 政
徳島城(阿波)　❺-1 **1667**·7·27 政／❺-2 **1724**·4·16 社／**1782**·1·4 社／**1824**·12·12 社
徳宿城(常陸)　❹ **1486**·是年 政
徳丹城　❶ **814**·11·17 政
徳満城(日向)　❸ **1430**·11·1 政
土倉城(戸倉、伊豆)　❹ **1569**·5·17 政
富田城(とだ·月山富田、出雲)　❹ **1486**·1·1 政／**1521**·9·16 政／**1541**·11·13 政／**1543**·2·12 政／3·14 政／5·7 政／**1554**·1 月 文／**1564**·4·17 政／**1565**·4·17 政／9·20 政／10·18 政／**1569**·5 月 政／9 月 政
栃尾城(越後)　❹ **1547**·4 月 政／**1578**·10·24 政／**1580**·4·22 政
鳥取尾城(山城)　❸ **1338**·5·29 政
鳥取城(因幡)　❹ **1574**·9 月 政／**1580**·5·21 政／**1581**·2·22 政／6·25 政／10·25 政／❺-1 **1692**·11·11 政
富松城(摂津)　❹ **1530**·9·21 政／10·19 政
苫部地城(とまべち、陸奥)　❹ **1591**·3·13 政
富岡城(土佐)　❹ **1578**·是年 政
富山城(越中)　❹ **1560**·3·26 政／**1572**·8·18 政／**1582**·3·11 政／❺-1 **1609**·3·18 政／❻ **1855**·2·30 社／**1863**·2·13 社／**1885**·5·31 社／**1887**·4·21 社／**1892**·11·10 社
豊田城(石見)　❸ **1340**·8·18 政／**1352**·11·12 政
豊福城(肥後)　❹ **1535**·3·21 政／**1557**·6·12 政
虎丸城(讃岐)　❹ **1582**·9·21 政
鳥越城(加賀)　❹ **1584**·9·11 政
鳥子城(安芸)　❹ **1527**·3·18 政
鳥海柵(とりのみのき)　❷ **1062**·9·11 政
鳥屋城(豊後)　❸ **1362**·11·10 政
富田林城(摂津)　❸ **1430**·2 月 政
苗木城(美濃)　❹ **1582**·2·2 政
直峰城(越後)　❹ **1506**·6 月 政
長井城(武蔵)　❹ **1479**·11·29 政／**1480**·1·4 政
中尾城(山城)　❹ **1549**·10·28 政／**1550**·6·9 政／11·21 政
長尾城(筑前)　❹ **1585**·⑧·8 政
中城城(なかぐすく、沖縄)　❹ **1458**·8·15 政
長窪城(信濃)　❹ **1543**·9·9 政
長倉城(常陸)　❸ **1408**·6 月 政
中郡城(常陸)　❸ **1339**·4·12 政
長崎城(越前)　❹ **1480**·7·11 政／**1481**·1·10 政
長篠城(三河)　❹ **1573**·8·20 政／9·8 政／**1575**·2·28 政／4·14 政／5·13 政／**1576**·7 月 政
中嶋城(摂津)　❹ **1572**·12·20 政／**1573**·2·27 政
長島城(伊勢)　❹ **1576**·是夏 政
長島城(筑前)　❹ **1496**·1 月 政
永副城(豊前)　❸ **1351**·1·8 政
中津城(豊前)　❺-2 **1737**·10·30 政
長沼城(信濃)　❹ **1582**·4·2 政
中野城(肥前)　❹ **1559**·3 月 政
長野城(下野)　❸ **1382**·4·8 政
長野城(備後)　❹ **1516**·1·2 政
長浜城(近江)　❹ **1573**·8·27 政／**1574**·3·19 政／**1581**·9·8 政／**1582**·8·24 政／12·20 政／**1586**·1·13 政／❺-1 **1606**·4 月 政
長浜城(土佐)　❹ **1560**·5·26 政
中原城(薩摩)　❸ **1337**·6·11 政
中丸城(会津)　❹ **1543**·7·21 政
中村城(相馬)　❺-1 **1611**·12·2 政
中村城(陸奥)　❹ **1583**·2·6 政
長森城(美濃)　❸ **1389**·2·23 政
永安城(石見)　❹ **1557**·3·22 政
今帰仁城(なきじん、琉球)　❸ **1416**·是年 政
名胡桃城(上野)　❹ **1589**·7·21 政／10·23 政
名古屋城(尾張)　❹ **1552**·8·16 政／**1555**·11·26 政／❺-1 **1610**·1·9 政／9 月 政／**1612**·11·21 政／**1615**·2·10 政／**1616**·7·28 政／❻ **1871**·2·9 社／**1893**·6·1 政／❼ **1931**·2·11 社／❽ **1937**·1·4 社／**1945**·5·14 政
名護屋城(肥前)　❹ **1591**·8·28 政／10·10 文禄の役／**1592**·1·5 文禄の役
那須城(下野)　❸ **1430**·8·6 政
七尾城(能登)　❹ **1576**·11·17 政／**1577**·9·15 政／**1581**·10·2 政
浪岡城(津軽)　❹ **1578**·7·20 政
那谷城(加賀)　❸ **1339**·12·17 政
奈良原城(大和)　❸ **1435**·10·15 政
成田城(陸奥)　❸ **1342**·10·8 政
南郷城(薩摩)　❹ **1533**·3·29 政
南郷城(肥後)　❸ **1339**·4·21 政／**1341**·8·27 政
南郷新城(日向)　❹ **1547**·11·22 政
南山城(大和)　❹ **1485**·10·14 政
男体城(常陸)　❸ **1387**·7·1 政／**1388**·5·12 政
南天山城(備後)　❹ **1563**·8·4 政
難波城(出雲)　❹ **1471**·9·21 政
南原城(朝鮮慶尚道)　❹ **1597**·8·13 慶長の役
新城　❶ **676**·是年 政
新山城(出雲)　❹ **1571**·1·16 政／8·21 政

新山城(日向飫肥) ❹ **1558**·11·4 政／**1565**·5·1 政
丹生寺城(摂津) ❸ **1337**·9·6 政
丹生島城(豊後臼杵) ❹ **1557**·5·21 政
丹生山城(播磨) ❸ **1338**·9·7 政
贄木城(下野) ❸ **1368**·8·29 政
仁王山城(河内) ❹ **1524**·11·13 政
西方城(陸奥) ❹ **1578**·2·15 政
西島城(肥前) ❹ **1559**·3月 政／**1575**·3·20 政
西長尾城(讃岐) ❸ **1362**·7·23 政
仁科城(伊豆) ❸ **1339**·2月 政
西別所城·坂井城(伊勢) ❹ **1573**·9·24 政
西村東方城(肥後) ❸ **1341**·1·22 政
西山城(陸奥) ❹ **1546**·6·1 政
二條城(京都) ❺-1 **1624**·1·5 政／**1686**·是年 政／❺-2 **1750**·8·26 政／**1797**·10·29 政
二條妙顕寺城(山城) ❹ **1584**·4·14 社
日宮城(越中) ❹ **1572**·6·15 政
新田柵(陸奥) ❶ **737**·1·21 政
二本松城(陸奥) ❹ **1586**·7·16 政
仁万城(陸奥) ❸ **1353**·1·28 政
韮崎城(甲斐) ❹ **1581**·12·24 政
韮山城(伊豆) ❹ **1519**·8·15 政／**1522**·9·18 社／**1585**·3·7 政
温井城(石見) ❹ **1558**·2·27 政／5·20 政／8·25 政／**1559**·2·27 政
温田城(薩摩) ❸ **1339**·6·1 政
渟足柵(ぬたりのき) ❶ **646**·是年 政／**647**·是年 政
沼城(周防)⇨須須万(すすま)城
沼城(亀山、備前) ❹ **1559**·2月 政／**1573**·是秋 政
沼田城(上野) ❹ **1562**·11·24 政／**1564**·10·24 政／**1574**·2·5 政／**1575**·9·5 政／**1580**·6·30 政／**1589**·7·21 政
沼田城(常陸) ❸ **1344**·3·4 政
沼津城(駿河) ❺-1 **1614**·2·2 政／❺-2 **1777**·11·6 政
根尾城(美濃) ❸ **1341**·9·18 政
猫尾城(筑後) ❹ **1584**·7月 政
根来山城(紀伊) ❸ **1333**·2月 政
根白城(日向) ❹ **1587**·4·17 政
根深城(伊豆) ❹ **1493**·是年 政
禰村城(安芸) ❸ **1352**·4·14 政
練馬城(武蔵) ❹ **1477**·3·18 政
野崎城(河内) ❹ **1499**·1·10 政
野尻城(信濃) ❹ **1564**·4·15 政
野尻城(日向) ❹ **1577**·12·11 政
野田城(三河) ❹ **1573**·1·11 政
野田城(山城) ❹ **1527**·1·28 政
野根城(土佐) ❹ **1575**·7·16 政
野野美城(日向) ❸ **1394**·7·6 政／❹ **1523**·11·8 政
羽黒山城(陸奥) ❹ **1568**·4·12 政
箸尾城(大和) ❸ **1432**·11·30 政／**1435**·10·15 政／❹ **1547**·5月 政／**1559**·7·15 政／**1562**·7·16 政
蓮池城(土佐) ❹ **1557**·2·20 政／**1569**·11·6 政
旗返城(はたがえ、備後) ❹ **1553**·10·19 政／**1565**·4·24 政
鉢形城(武蔵) ❹ **1476**·6月 政／**1478**·7·17 政／**1525**·3·25 政／**1569**·7·11 政
八戸根城(陸奥) ❸ **1393**·是春 政
八幡城(美濃郡上) ❺-1 **1667**·5·15 政
花嶽城(豊後) ❸ **1374**·9·6 政
花隈城(摂津) ❹ **1580**·③·2 政／7·2 政
馬場城(伊勢) ❸ **1441**·9·29 政
浜崎城(薩摩) ❸ **1347**·5·29 政／6·7 政
浜田城(石見) ❺-1 **1620**·11月 政
浜松城(引馬、遠江) ❹ **1513**·5月 政／**1517**·8·19 政／**1565**·12·20 政／**1568**·12·12 政／**1570**·6月 政／**1572**·8·12、16 文／**1574**·1·2 文／**1579**·1·18 政／**1584**·10·28 政／**1586**·12·4 政
羽床城(讃岐) ❹ **1579**·4月 政
原田城(摂津) ❹ **1541**·11·4 政
春山城(越後) ❹ **1581**·9·1 政／**1597**·2·16 社
氷上城(丹波) ❹ **1579**·5·5 政
引馬城⇨浜松(はままつ)城
彦根城(近江) ❺-1 **1604**·7·1 政
干沢城(信濃) ❹ **1483**·1·8 社
日高城(安芸) ❹ **1471**·⑧·24 政
美豆城(山城) ❸ **1418**·11·1 政
檜原城(会津) ❹ **1564**·4·12 政／**1565**·7·19 政／**1584**·11·26 政
日野城(近江) ❹ **1503**·6·5 政／**1522**·7·20 政／**1571**·1月 政／**1582**·6·5 政
日野城(武蔵) ❹ **1480**·1·4 政
氷室城(大和) ❹ **1568**·3·25 政
姫木城(大隅) ❸ **1377**·9月 政
姫隈城(豊前) ❹ **1587**·10·2 政
姫路城(播磨) ❸ **1349**·是年 政／❹ **1467**·11·11 政／**1469**·是年 政／**1577**·10·23 政／❺-1 **1609**·是冬 政／**1618**·是年 政
姫岳城(豊後) ❸ **1436**·6·1 政
兵庫城(越前) ❹ **1481**·1·10 政
平石城(河内) ❸ **1360**·5·9 政
平井城(上野) ❹ **1552**·1·10 政
平倉城(信濃) ❹ **1557**·7·5 政
平佐城(薩摩) ❹ **1532**·12·5 政／**1587**·4·28 政
平瀬城(信濃) ❹ **1550**·⑤·25 政
平林城(越後) ❹ **1508**·5·23 政
平山城(大隅) ❹ **1529**·1·22 政
弘前城(陸奥) ❺-1 **1610**·3·15 政／**1614**·6月 政／**1627**·9·5 政
広島城(安芸) ❹ **1589**·4·15 政／**1599**·是年 政／❺-1 **1619**·1·24 政／6·2 政／**1654**·6·17 社／**1657**·2·15 社／**1669**·2·12 社／6·22 社／**1672**·12·16 社／**1680**·9·28 社／**1706**·11·4 社／❺-2 **1811**·3月 社
広城(紀伊) ❹ **1521**·5月 政
樋脇城(薩摩) ❸ **1396**·1·11 政
深江城(肥前) ❹ **1583**·6·13 政
深沢城(下野) ❹ **1573**·2·13 政
深沢城(駿河) ❹ **1571**·1·16 政／2·23 政
深志城(信濃) ❹ **1553**·5·6 政
深田城(伊予) ❹ **1584**·9·11 政
深田城(河内) ❹ **1466**·9·17 政
福井城(越前) ❺-2 **1847**·7·18 社
福岡城(筑前) ❺-1 **1601**·是年 政／❺-2 **1718**·11·10 社
福島城(越後) ❺-1 **1607**·是年 政
福島城(豊前) ❹ **1587**·12·28 政／❺-2 **1722**·2·7 社
福住城(大和) ❹ **1570**·6·6 政
福永城(備後) ❹ **1552**·10·2 政
福原城(下野) ❹ **1516**·6·7 政
福原城(播磨) ❹ **1577**·12·3 政
福光城(石見) ❹ **1561**·11月 政
福屋城(石見) ❸ **1341**·8·7 政／**1342**·2·1 政
福谷城(三河) ❹ **1556**·是年 政
福山城(蝦夷) ❺-1 **1606**·8月 政／**1637**·3·28 政／**1639**·6月 政
福山城(備中) ❸ **1335**·11·26 政／**1336**·5·18 政
福山城(松前)⇨松前(まつまえ)城
福与城(信濃) ❹ **1545**·6月 政
福良山城(ふくらやま、出雲) ❹ **1563**·是年 政
藤沢城(常陸) ❹ **1586**·1·24 政
藤島城(尾張) ❹ **1551**·是年 政
藤島城(出羽) ❸ **1343**·12·16 政
藤代城(紀伊) ❸ **1392**·2·25 政
伏見城(山城) ❹ **1574**·5月 政／**1597**·5·4 政／**1599**·③·13 政／❺-1 **1601**·1·18 政／3·23 政／**1602**·6·1 政／是年 政／**1605**·7·5 政／**1607**·3·25 政／**1619**·8月 政／**1624**·10月 政
藤目城(讃岐) ❹ **1578**·是夏 政
富栖城(但馬) ❸ **1356**·9·21 政
布施城(大和) ❹ **1565**·11·18 政
二上城(ふたがみ·守山、越中) ❹ **1519**·10·6 政／**1521**·4·3 政
二岳城(筑前) ❸ **1433**·8·16 政
二俣城(遠江) ❹ **1501**·是年 政／**1510**·5·23 政／**1575**·12·24 政
府中城(安芸) ❹ **1526**·7·5 政／**1527**·5·5 政
府中城(越前) ❹ **1583**·4·22 政
府中城(陸奥) ❸ **1351**·10·22 政／**1352**·3·11 政
府内城(豊後) ❹ **1544**·8·27 政
船岡城(陸前) ❹ **1468**·9·3 政
麓城(ふもと、肥後) ❹ **1483**·是年 政／**1484**·3·7 政
古橋城(河内) ❹ **1570**·8·17 政
古渡城(尾張) ❹ **1548**·是年 政
部垂城(へだれ、常陸) ❹ **1540**·3·14 政
北條城(信濃坂本) ❸ **1335**·9·22 政
宝満城(筑前) ❹ **1562**·1月 政／11月 政／**1569**·11月 政／**1585**·9·23 政／**1586**·7·27 政
細谷城(出羽) ❹ **1574**·4·14 政
法勝寺城(伯耆) ❹ **1480**·9·14 政
母坪城(ぼつぼ、丹波) ❹ **1533**·10·21 政
帆柱岳城(筑前) ❸ **1334**·1月 政
堀江城(日向) ❸ **1446**·6·20 政
堀切城(筑後) ❹ **1585**·9·12 政
堀口城(筑後) ❸ **1334**·1月 政
堀越城(津軽) ❹ **1578**·7·20 政
堀城(播磨) ❸ **1441**·9·5 政
本庄城(越後) ❹ **1568**·3·13 政
本渡城(肥後天草) ❹ **1589**·11·8 政

前田城(尾張) ❹ **1584**·6·23 政
前橋城(上野) ❺-2 **1769**·3·8 政／❻ **1864**·1·12 政
前山城(信濃) ❹ **1582**·11·4 政
槇島城(山城宇治) ❹ **1504**·3·9 政／**1543**·7·21 政／**1573**·7·21 政／12月 政／**1575**·7·26 政
牧城(信濃) ❸ **1336**·1·23 政
牧野城(遠江) ❹ **1581**·6·11 政
孫根城(常陸) ❹ **1500**·是年 政
馬岳城(豊前) ❹ **1471**·12·26 政／**1557**·是夏 政
松江城(出雲) ❺-1 **1607**·是年 政／**1611**·是年 政／❼ **1935**·5·13 文
松尾城(安芸) ❹ **1516**·1·2 政
松尾城(石見) ❹ **1529**·5·2 政
松尾城(薩摩) ❸ **1417**·9·11 政
松尾城(信濃) ❹ **1506**·9·21 政／**1554**·8·7 政
松尾城(日向) ❹ **1578**·3月 政／4·10 政
松倉城(越中) ❸ **1369**·4·12 政／9·29 政／❹ **1569**·10·27 政
松坂城(大隅) ❹ **1556**·10·19 政
松崎城(肥前) ❸ **1375**·9·8 政
松崎城(山城) ❹ **1536**·7·22 政
松島城(伊勢) ❹ **1584**·4·7 政
松代城⇨海津(かいづ)城
松波城(能登) ❹ **1577**·9·25 政
松原城(河内) ❸ **1338**·⑦·22 政
松原城(筑前) ❸ **1360**·3·23 政
松前城(福山、北海道) ❹ **1528**·5·23 政／**1589**·4·13 政／**1600**·是年 政／❺-2 **1849**·7·10 政／❻ **1853**·是年 政
松本城(信濃) ❺-2 **1717**·2·29 政／**1727**·①·1 政／**1776**·2·29 社
松山城(伊予) ❺-1 **1603**·是年 政／❺-2 **1784**·1·1 政／❼ **1933**·7·9 社／**1935**·5·13 文
松山城(石見) ❹ **1562**·2·6 政
松山城(出羽) ❺-2 **1779**·12·15 政
松山城(播磨) ❹ **1520**·5月 政
松山城(備中) ❹ **1575**·5·22 政／❺-2 **1770**·12·26 社／❽ **1949**·2·27 社
松山城(豊前) ❹ **1563**·1·27 政／**1565**·1·27 政／**1568**·9月 政
松山城(武蔵) ❹ **1537**·7·11 政／**1562**·11·24 政／**1563**·2·4 政
摩耶山城(播磨) ❸ **1333**·②·11 政／3·1 政／**1336**·2·8 政
丸森城(丸山、陸奥) ❹ **1473**·是年 政／**1548**·8月 政
丸山城(会津) ❹ **1531**·11·3 政
丸山城(因幡) ❹ **1581**·10·25 政
丸山城(土佐) ❸ **1336**·10·19 政
万歳城(大和) ❹ **1560**·7·24 政
三池城(筑後) ❹ **1579**·3月 政
三川城(肥後) ❸ **1347**·8·25 政
三木城(播磨) ❹ **1530**·7·27 政／**1539**·4·8 政／11·25 政／**1554**·8·29 政／**1555**·2·27 政／**1578**·2·13 政／2·23 政／3·29 政／**1579**·9·10 政／**1580**·1·17 政
三木城(三河) ❹ **1543**·8·10 政
三池城(筑後) ❸ **1347**·2月 政
水海城(下野) ❹ **1574**·⑪·19 政
水江城(肥前) ❹ **1536**·是冬 政／**1537**·4月 政／**1541**·是春 政／**1545**·1·22 政／3月 政
水城 ❶ **664**·是年 政
水城専知官 ❶ **765**·3·10 政
水島城(肥後) ❸ **1380**·10·6 政
水原城(越後) ❹ **1587**·4·4 政
水引城(薩摩) ❸ **1349**·11·28 政
三隅城(石見) ❸ **1346**·6·21 政／**1348**·3·22 政／8·24 政／**1432**·2·10 政
三瀬城(肥前) ❹ **1565**·8·20 政
三世田城(陸奥) ❸ **1352**·7·3 政
溝口城(筑後) ❸ **1351**·10·1 政
溝呂木城(みぞろぎ、武蔵) ❹ **1477**·3·18 政
三滝城(伊予) ❹ **1581**·1·6 政
三嶽城(遠江) ❸ **1340**·1·29 政
深岳城(遠江) ❹ **1513**·3月 政
三岳城(豊前) ❹ **1568**·9·4 政
三石城(備前) ❸ **1353**·3·22 政／❹ **1518**·7·11 政／11·9 政／**1519**·4·29 政／12·21 政／**1521**·1月 政／**1529**·9·16 政
箕作城(みつくり、近江) ❹ **1568**·9·7 政
三星城(美作) ❹ **1579**·3·26 政
水戸城(常陸) ❸ **1422**·6·23 政／**1426**·是年 文／❺-1 **1603**·11·7 政／❺-2 **1764**·12·27 政
三刀屋城(出雲) ❸ **1393**·2·5 政
水口城(近江) ❺-1 **1633**·7月 政
湊城(出羽) ❹ **1598**·是年 政
水俣城(肥後) ❸ **1385**·1·16 政／❹ **1525**·1·8 政／**1579**·8·2 政／**1581**·8·20 政
峰上城⇨環(たまき)城
峰山城(丹波) ❹ **1579**·7月 政
耳納山城(筑後) ❸ **1378**·10·28 政
三野城(大宰府) ❶ **699**·12·4 政
箕輪城(上野) ❹ **1526**·5月 政／**1565**·2·7 政／**1582**·3·23 政
箕輪城(信濃) ❹ **1582**·7·15 政／11月 政
三原城(備前) ❹ **1583**·2·2 政
三春城(陸奥) ❹ **1588**·⑤·12 政
壬生城(下野) ❹ **1578**·4·18 政／❺-1 **1653**·2·9 政
三船城(御船、肥後) ❸ **1345**·10·16 政／**1348**·1·2 政／**1359**·6·27 政
御船城(肥後) ❹ **1581**·12·2 政
三宅城(摂津) ❹ **1547**·3·22 政
都城(都之城、日向) ❸ **1376**·12月 政／❹ **1520**·7·6 政
宮崎城(越中) ❹ **1584**·10·23 政
宮崎城(日向) ❹ **1534**·2·19 政／**1537**·12·22 政／**1585**·8·20 政
宮里城(薩摩) ❸ **1362**·3·3 政
宮路山城(備中) ❹ **1582**·5·2 政
宮城(備後) ❹ **1534**·7·3 政
宮津城(丹後) ❹ **1506**·9·24 政／**1580**·8·21 政／**1582**·6·3 政
宮吉城(因幡) ❹ **1576**·2·6 政
妙顕寺城(山城) ❹ **1583**·9·5 政／11·8 政
妙見城(筑後) ❹ **1507**·3月 政
妙見城(極楽寺、豊前) ❹ **1499**·11·13 政／**1533**·1·10 政
三若城(備後) ❹ **1553**·10·19 政
穆佐高城(薩摩) ❸ **1412**·9·25 政
穆佐城(むかさ、日向) ❸ **1336**·1·7 政／**1357**·9·30 政
武蔵城(筑前) ❹ **1533**·12月 政
宗像城(むなかた、筑前) ❸ **1380**·8·25 政
村井城(信濃) ❹ **1550**·⑤·25 政
村上城(越後) ❺-1 **1666**·10·18 社
村上城(筑後) ❺-1 **1667**·10·18 政
村木城(尾張) ❹ **1554**·1·24 政
牟礼城(むれ、薩摩) ❸ **1405**·是冬 政
目井城(日向) ❹ **1551**·9·5 政
廻城(めぐり、大隅) ❹ **1561**·5·12 政
茂木城(下野) ❸ **1455**·4·19 政
茂木城(常陸) ❸ **1440**·3·4 政
門司城(もじ、豊前) ❹ **1559**·9·26 政／**1561**·6·10 政／8月 政／10·10 政
望月城(信濃) ❸ **1335**·8·1 政
持船城(駿河) ❹ **1579**·9·19 政
持寄城(陸奥) ❸ **1334**·9·23 政
本折城(もとおり、肥前) ❸ **1373**·2·14 政／7月 政
本山城(土佐) ❹ **1563**·1·10 政／**1564**·4·7 政
元吉城(讃岐) ❹ **1577**·⑦·20 政
籾井城(もみい、丹波) ❹ **1577**·10·29 政
桃生柵(もものふのき、陸奥) ❶ **757**·4·4 社／**758**·10·25 政／12·8 政／**759**·9·26 政／**760**·1·4 政／**769**·2·17 政
盛岡城(陸奥) ❹ **1597**·是年 政
森城(伊勢) ❹ **1577**·是春 政
森田城(下野) ❸ **1455**·4·19 政
森屋城(大和) ❹ **1568**·2·20 政
守山城⇨二上(ふたがみ)城
守山関(肥後) ❸ **1346**·⑨·2 政
茂呂城(三河) ❹ **1536**·9·10 政
毛呂城(武蔵) ❹ **1524**·10·16 政
八戸城(やえ、肥前) ❹ **1557**·1·1 政
八尾城(河内) ❸ **1347**·9·9 政
八上(矢上、丹波) ❹ **1526**·10·21 政／**1538**·11·10 政／**1552**·4·25 政／**1553**·9·18 政／**1579**·6·2 政／❺-1 **1608**·6月 政
焼尾城(近江) ❹ **1573**·8·13 政
矢崎城(肥後) ❹ **1580**·10·15 政
屋島城(讃岐国) ❶ **667**·11月 政
八代城(やしろ、但馬) ❸ **1356**·6·26 政
社山城(やしろやま、遠江) ❹ **1501**·是年 政
安田城(越後) ❹ **1513**·12月 政／**1578**·9·14 政
八代城(肥後) ❸ **1383**·3·27 政／**1385**·1·10 政／10·17 政／❹ **1499**·3·19 政／**1502**·8月 政／**1504**·2·7 政／❺-1 **1672**·2·19 政
柳河城(筑後) ❹ **1581**·5·27 政
柳城(豊前) ❸ **1363**·12·13 政
柳本城(大和) ❹ **1571**·3·5 政
矢野城(安芸) ❸ **1335**·12·26 政
八橋城(伯耆) ❹ **1571**·8·18 政
矢部城(肥後) ❹ **1540**·12·13 政
山内城(肥前) ❹ **1558**·1·1 政
山浦城(肥前) ❸ **1424**·是年 政

山鹿城(肥後)　❹ 1557·4 月 政／1587·12·15 政
山崎城(山城)　❹ 1527·1·28 政／1538·3·5 政／10·16 社／1582·11·2 政／是年 政
山田城(大隅)　❹ 1529·1·22 政
山田城(信濃)　❹ 1481·8·20 政／1484·5 月 政
山田城(下野)　❹ 1463·7·7 政／1520·8·12 政
山田城(肥後)　❸ 1340·3·23 政／6·24 政／8·19 政
山田城(大和)　❹ 1571·9·7 政
山中城(伊豆)　❹ 1589·10 月 政
山中城(三河)　❹ 1524·5·28 政
山吹城(石見)　❹ 1558·9·3 政／1559·7 月 政／1562·6·8 政
山村城(陸奥)　❸ 1352·12·15 政／1353·1·18 政／2·19 政
谷村城(やむら、甲斐)　❺-1 1705·2·17 政
屋良座森城(やらざもりぐすく、琉球首里)　❹ 1553·4·28 政
湯浅城(河内)　❸ 1392·2·26 政
結城城(下総)　❸ 1440·3·4 政／11·15 政／1441·1·1 政／4·16 政／❹ 1559·9·6 政
湯嶋城(伊豆)　❸ 1433·9·3 政
湯付城(湯築、伊予)　❸ 1342·3 月 政／1365·1·27 政／❹ 1535·2·27 政／1543·7·14 政
弓木城(丹後)　❹ 1579·7 月 政
由良城(淡路)　❹ 1581·11·17 政
由良城(丹後)　❹ 1575·9·28 政
由理柵(秋田)　❶ 780·8·23 政
要害城(甲斐)　❹ 1520·6·30 政
丁野山城(ようのやま、近江)　❹ 1573·8·13 政
与賀城(肥前)　❹ 1482·12 月 政
横川城(陸奥)　❸ 1338·6·24 政
横沢城(肥前)　❹ 1576·2·6 政
横須賀城(遠江)　❹ 1578·7·3 社／1581·1·3 政
吉田城(安芸)　❸ 1376·2·5 政／❹ 1523·7·16 政
吉田城(大隅)　❹ 1517·2·14 政
吉田城(甲斐)　❹ 1516·12·29 政
吉田城(三河)　❹ 1505·是年 政／1564·6·20 政／1571·4·19 政／❺-1 1655·8·10 社
吉田城(陸奥)　❸ 1353·2·20 政
吉志見城(肥前)　❹ 1569·是年 政
淀城(山城)　❹ 1559·8·1 政／1572·2·10 政／1573·8·2 政／1589·1·30 政／是春 政／❺-2 1756·2·3 政
米子城(出雲)　❹ 1524·4 月 政
米沢城(出羽)　❺-1 1640·2·23 社／1646·3·22 社／1670·3·18 社／1671·4·7 社
米山城(安芸)　❹ 1525·6·26 政
依藤城(播磨)　❹ 1530·6·29 政
羅城(難波)　❶ 680·11 月 政
龍王寺山城(大和)　❹ 1575·7·25 政
龍王城(神楽岳、豊前)　❹ 1583·①·20 政／1586·12·7 政／12·12 政
龍蔵寺城(丹波)　❹ 1557·10·16 政
龍徳城(山城)　❹ 1540·2·12 社
霊山城(山城)　❹ 1552·10·27 政／11·28 政／1553·2·9 政／3·8 政／8·1 政
霊山城(陸奥)　❸ 1337·5·18 政／8·11 政
蓮花寺城(出雲)　❸ 1350·7·8 政
蓮華山城(周防)　❹ 1555·10·18 政
蓮台寺城(加賀)　❹ 1474·10·14 政
隈府城(わいふ、肥後)　❸ 1381·6·23 政／❹ 1581·4·21 政／1587·8·7 政
若江城(河内)　❹ 1463·4·24 政／12·24 政／1470·8·4 政／1477·10·7 政／1573·11·5 政／11·16 政／1576·5·3 政
若桜城(因幡)　❹ 1489·11 月 政
若杉山城(高島居、筑前)　❹ 1551·9·29 政
若松城(伊勢)　❸ 1415·2·13 政
若松城(薩摩)　❸ 1346·8·27 政
若松城(陸奥会津)　❹ 1592·6·1 政
若山城(周防)　❹ 1557·3·3 政
和歌山城(紀伊)　❹ 1585·4·13 政／❺-1 1621·是年 政／1655·11·13 政／❺-2 1846·7·26 政／1847·7·26 政／1849·11·1 政／❼ 1935·5·13 文
和久城(丹波)　❸ 1339·6·2 政
和田城(上野)　❹ 1563·⑫·19 政
和田城(信濃)　❹ 1553·8·1 政
和徳城(陸奥)　❹ 1571·5·5 政
蕨城(わらび、武蔵)　❹ 1457·6·23 政／1526·6·7 政
戦犯(戦争犯罪人)　❽ 1945·5·3 政／9·11 政／11·10 政／11·19 政／12·2 政／12·6 政／1946·2·17 政／1949·10·19 政／12·25 政／1951·12·30 政／1952·1·12 政／1953·11·2 政／1958·1·1 政／1963·4·6 政／1964·3·6 政
アメリカ・オランダ関係戦犯　❽ 1955·5·31 政／9·8 政
アメリカ軍グアム軍事秘密法廷　❽ 1949·4·27 政
アメリカ第八軍軍事法廷　❽ 1946·7·29 社
イギリス・オーストラリア関係戦犯　❽ 1951·5·17 政／8·27 政
イギリス軍軍事法廷ラングーン裁判　❽ 1947·12·21 政
インドシナ関係戦犯　❽ 1950·1·23 社／6·3 政
A 級戦犯　❽ 1945·4·29 政／1946·5·3 政／1947·9·1 政／1948·2·16 政／11·12 政／12·23 政／12·24 政／1949·1·11 政／2·24 政／1955·4·22 政／9·17 政／12·16 政／1956·3·31 政／1958·3·11 政／4·7 政
A 級戦犯(靖国神社合祀問題)　❾ 1978·10·17 政／1979·4·19 社／1986·9·3 政／1988·4·28 政／2005·6·9 社
オーストラリア軍事法廷香港裁判　❽ 1947·11·24 政
オランダ軍事法廷　❽ 1949·8·16 政
外蒙ウランバートル捕虜収容所　❽ 1949·3·15 社
韓国人 BC 級戦犯　❾ 1995·5·9 政
極東国際軍事裁判所條例　❽ 1946·1·19 政／5·4 政／1947·2·27 政／1948·11·12 政
国民政府軍事法廷　❽ 1949·1·26 政
C 級戦犯(韓国人)　❾ 1991·11·12 政／1996·9·9 政
準 A 級戦犯　❽ 1948·10·29 政
巣鴨プリズン　❽ 1945·11·1 政／1946·4·26 政／1952·4·1 政
全国戦争刑死者慰霊祭　❽ 1953·11·18 政
全戦争裁判受刑者仮出所祝賀会　❽ 1958·6·21 政
戦争責任に関する決議　❽ 1945·12· 政
戦争犯罪人追及人民大会　❽ 1945·12·8 政
戦犯刑死者遺体消滅令　❽ 1948·8·1 政
戦犯宣誓釈放制度　❽ 1950·3·7 政
中国軍事法廷　❽ 1949·2·4 政
朝鮮·台湾籍 C 級戦犯　❽ 1952·6·14 政／7·30 政
東京裁判(極東国際軍事裁判所)　❽ 1945·12·6 政／1946·5·3 政／6·4 政／1948·4·16 政／11·4 政／12·23 政
東京裁判弁護団　❽ 1946·4·24 政
東南アジア関係指令部軍事裁判　❽ 1947·3·4 政
南京軍事法廷　❽ 1948·6 月 政
日本人戦犯(インドネシア)　❽ 1949·8·16 政／12·31 政／1950·1·18 政
日本人戦犯(シンガポール)　❽ 1951·8·12 政
日本人戦犯(ソ連捕虜)　❽ 1952·5·12 政／1953·11·14 政／12·3 政／1955·7·26 政／9·1 政／1956·12·13 政
日本人戦犯(中国)　❽ 1949·2·1 政／10·31 政／1954·8·19 政／10·30 政／1956·6·21 政／7·3 政／1959·12·30 政／❾ 1975·3·18 政
日本人戦犯(ビルマ)　❽ 1951·8·12 政
日本人戦犯(フィリピン)　❽ 1953·1·6 政／6·27 政／12·28 政
日本人戦犯(米国関係)　❽ 1954·7·20 政
日本人戦犯(マヌス島)　❽ 1950·2·25 政／1953·6·9 政／7·7 政
日本人戦犯(満洲)　❽ 1956·6·9 政
日本人戦犯の遺骨　❽ 1955·4·2 政
パール判事の無罪論　❽ 1948·11·12 政
ハバロフスク裁判　❽ 1949·12·25 政
撫順刑務所　❽ 1956·8·21 政
撫順戦犯管理所　❾ 1988·12·20 政
フランス関係 B·C 級戦犯　❽ 1953·6·5 政
マニラ軍事法廷　❽ 1945·12·7 政
マレーシア戦犯　❽ 1951·8·12 政
モンテンルパ収容所　❽ 1951·2·27 政／1952·11·3 政／1953·7·6 政
横浜戦犯法廷(B·C 級戦犯)　❽ 1945·12·17 政／1946·1·7 政／1948·6·7 政／1953·12·14 政／1955·5·26 政／1958·5·30 政／12·26 政
　沖縄石垣島米軍捕虜事件　❽ 1947·11·26 政
　九大生捕虜生体解剖事件　❽ 1945·5·17 政／1948·3·11 政

チモール島捕虜不法集団処刑事件 ❽ 1951・3・8 政
南京事件 ❽ 1937・12・10 政／❾ 1994・5・3 政
バターン死の行軍 ❽ 1942・4・9 政／1948・6・7 政／1949・3・12 政
米軍搭乗員虐殺事件 ❽ 1950・4・7 政

占領軍・占領政策・沖縄米軍

占領軍、沖縄米軍

アメリカ独立記念式典(宮城前広場) ❽ 1947・7・4 政
英連邦占領軍 ❽ 1947・10・4 政／1948・11・15 政
沖縄の日本復帰後の自衛隊配備計画 ❾ 1971・6・29 政
沖縄米陸軍司令部 ❾ 1974・6・27 政
沖縄への自衛隊配備計画 ❾ 1972・4・17 政
沖縄防衛計画 ❾ 1970・10・7 政
キャンプヨコハマ司令部 ❽ 1955・3・5 政
国連軍(在日国際連合軍) ❽ 1953・10・26 政／1961・2・21 政
国連軍の地位に関する協定 ❽ 1954・2・19 政
在日極東軍司令部 ❽ 1957・7・1 政
在日米軍 ❽ 1951・2・2 政／8・2 政／1952・2・24 社／4・19 政／1957・7・1 政／8・1 政／1961・2・28 政
在日米軍再編計画 ❾ 2004・4・29 政／2006・5・1 政／2012・4・27 政
在日米軍施設返還 ❾ 2004・9・2 政
在日兵站司令部 ❽ 1950・8・25 政
在日米地上戦闘部隊 ❽ 1958・2・8 政
CIC(米軍対敵諜報部隊)キャノン機関 ❽ 1951・11・25 政
GHQ 軍政部 ❽ 1949・7・1 政
GHQ 民間検閲局 ❽ 1949・10・18 文
GHQ 民政部 ❽ 1949・7・1 政
GHQ 連合軍総司令部 ❽ 1945・8・28 政／10・2 政／1950・7・7 政／1951・4・11 政／1952・3・10 政／4・28 政／6・14 政
進駐軍被害者連盟 ❽ 1954・3・5 社／1959・1・22 政／1960・2・15 政／1961・3・30 政
整理統合等特別推進本部(沖縄米軍) ❾ 1995・1・18 政
ソ連への要望書(日本軍からの) ❽ 1945・9・29 政
第一騎兵師団東京進駐 ❽ 1945・9・8 政
第一空挺団 ❽ 1958・6・25 政
第三海兵師団 ❽ 1957・8・16 政
第八軍司令官 ❽ 1948・7・9 政
太平洋統合軍 ❽ 1957・7・1 政
中・日・韓・比四か国連合軍 ❽ 1951・1・9 政
米軍核攻撃指令基地 ❾ 1985・2・8 政

占領政策

思いやり予算(在日米軍駐留費) ❾ 1978・4・1 政／1987・1・30 政／1988・1・8 政／1989・11・2 政／1991・1・14 政／2008・1・18 政／2010・12・14 政
間接統治(降伏後における米国の初期の対日方針) ❽ 1945・8・16 政／9・3 政／9・22 政
極東委員会 ❽ 1945・12・16 政／12・28 政／1946・2・26 政／4・10 政／5・13 政／7・17 政／1947・4・19 政／1952・4・28 政
極東諮問委員会(FEAC) ❽ 1945・10・30 政
極東政策六原則 ❽ 1950・1・5 政
言論出版集会結社等臨時取締法 ❽ 1945・8・28 政／10・13 政
五大改革指令 ❽ 1945・10・11 政
在日米軍基地への攻撃は日本への侵略である ❽ 1958・3・26 政
政治犯釈放 ❽ 1945・10・10 政
占領方針 ❽ 1945・9・6 政／9・12 政
占領目的阻害行為処罰令 ❽ 1946・2・19 政／1949・4・1 政／7・1 政／1950・10・31 政
第一生命相互ビル ❽ 1938・11 月 文／1945・9・17 政／1952・7・7 政
対テロ掃討作戦後方支援 ❾ 2002・11・18 政
対日基本政策(極東委員会) ❽ 1947・7・11 政／1948・10・7 政／1949・2・17 政
対日理事会(連合国) ❽ 1945・12・16 政／12・28 政／1946・4・5 政／5・15 政／1952・4・23 政／4・28 政
特別高等警察廃止 ❽ 1945・10・6 政
日本が攻撃されれば米軍は防衛 ❽ 1949・2・25 政
日本管理・占領方針 ❽ 1945・8・16 政／9・9 政／9・12 政
日本占領(中国・ソ連は不関与) ❽ 1946・1・31 政
日本に軍政は敷かない ❽ 1945・9・6 政／9・9 政
日本の分割占領 ❽ 1946・1・11 政
日本の領土区域に関する覚書 ❽ 1946・2・2 政
日本は米国の防壁として役立つ ❽ 1947・11・11 政
日本民主化基本指令 ❽ 1945・12・21 政
米の安全保障線 ❽ 1950・1・10 政
米の対日援助打切り ❽ 1951・是年 政

太平洋戦争開戦・終戦⇨別巻『年表太平洋戦争全史』参照

英艦〈レディバード号〉事件 ❽ 1937・12・12 政
開戦指令書 ❽ 1941・12・1 政
開戦の放送 ❽ 1941・12・8 文
カイロ宣言 ❽ 1943・11・27 政／12・8 政
桐工作・日中和平工作 ❽ 1940・3・7 政／11・19 政
原爆投下命令 ❽ 1945・7・25 政／❾ 2010・7・25 政
広安事件 ❽ 1937・7・27 政
降伏文書 ❽ 1945・9・2 政
降伏四周年記念声明 ❽ 1949・9・2 政
支那事変 ❽ 1937・7・7 政／9・2 政／10・1 政／12・24 政／1938・1・11 政／6・24 政／1939・1・10 政／1940・11・13 政／1941・7・7 社
上海事変 ❽ 1937・8・9 政／11・12 政／11・28 政
終戦工作 ❽ 1945・5・11 政
終戦処理費(占領軍費用) ❽ 1946・12・3 政
終戦の詔勅 ❽ 1945・8・15 政
終戦連絡中央事務局 ❽ 1945・8・26 政／9・17 政／10・1 政
集団自決強要問題 ❾ 2007・9・19 政／2008・3・28 政
神父の日米和平交渉 ❽ 1940・11・25 政／1941・1・23 政
ゼロ・アワー(NHK) ❽ 1942・4・1 政／1943・3・20 政
戦時補償打切り ❽ 1946・8・8 政
戦傷病者戦歿者遺族等援護法 ❾ 1981・8・17 政
宣戦詔書 ❽ 1941・12・8 政
対英和平工作 ❽ 1944・9・5 政
対重慶和平工作 ❽ 1944・9・5 政
対ソ戦参加要請 ❽ 1942・5・16 政／7・15 政
対日本石油輸出全面禁止 ❽ 1941・7・21 政
対米英開戦名目骨子 ❽ 1941・11・10 政
対米英蘭作戦準備 ❽ 1941・11・5 政
対米英蘭戦争終末促進に関する腹案 ❽ 1941・11・10 政
対米最後通牒 ❽ 1941・12・7 政
ダレス工作 ❽ 1945・4・23 政
単独不講和の日独伊三国協定 ❽ 1941・12・11 政
張鼓峯事件 ❽ 1938・7・9 政／7・31 政
帝国と独逸その他の欧州諸国との間に存する條約の失効に関する件 ❽ 1945・4・15 政
停戦命令 ❽ 1945・8・15 政
敵産管理法 ❽ 1941・12・22 政
テヘラン宣言 ❽ 1943・12・8 政
独ソ和平工作 ❽ 1944・9・5 政／9・16 政
特許収用令 ❽ 1938・1・29 政
トラウトマン和平工作 ❽ 1937・11・2 政
南京事件 ❽ 1937・12・10 政／12・24 政
南京毒酒事件 ❽ 1939・6・10 政
日ソ中立條約 ❽ 1941・4・13 政／1945・4・5 政／8・10 政
日米交渉(対ハル国務長官) ❽ 1941・4・16 政／7・21 政／8・4 政／10・12 政／11・5 政／11・7 政
日本管理方式間接統治 ❽ 1945・9・9 政
ニミッツ布告 ❽ 1945・3・26 政
バーンズ回答 ❽ 1945・8・12 政
バッケ工作 ❽ 1945・4・11 政
日の丸アワー ❽ 1943・12・2 政
広田・マリク会談 ❽ 1945・6・3 政
米艦〈ツツイラ〉事件 ❽ 1941・7・30 政

北支事件(盧溝橋事件)　❽ 1937·7·11 政／9·2 政
ポツダム宣言　❽ 1945·7·17 政／7·26 政／8·9 政／9·20 政
マニラ降伏調印　❽ 1945·8·19 政
繆斌工作　❽ 1945·3·16 政
ヤルタ会談　❽ 1945·2·11 政／1955·3·16 政
ヤルタ協定　❽ 1945·2·4 政
陸海軍解体指令　❽ 1945·9·2 政
連合軍先遣部隊　❽ 1945·8·28 政
盧溝橋事件　❽ 1937·7·7 政

作戦

一号作戦　❽ 1944·4·17 政
インパール作戦　❽ 1944·1·7 政／4·6 政／7·2 政
援蒋物資輸送遮断　❽ 1940·6·19 政／10·18 政
援蒋ルート(ビルマ)　❽ 1940·6·24 政／10·4 政
オリンピック作戦　❽ 1945·6·18 政
海南島敵前上陸作戦　❽ 1939·2·10 政
河南作戦　❽ 1941·1月 政
華南バイアス湾奇襲上陸作戦　❽ 1938·10·12 政
漢口攻略作戦　❽ 1938·1·4 政／6·15 政／8·22 政／10·26 政
乾岔子事件　❽ 1937·6·19 政
関東軍特種演習(関特演)　❽ 1941·7·2 政／7·16 政
広東攻略作戦　❽ 1938·9·7 政／9·19 政／10·21 政
関門海峡封鎖　❽ 1945·3·27 政
菊水一号作戦　❽ 1945·4·6 政
宜昌進攻作戦　❽ 1940·4·10 政
義烈空挺隊　❽ 1945·5·24 政
京漢·粤漢打通作戦　❽ 1944·1·24 政
京漢作戦　❽ 1944·4·17 政
杭州湾北岸奇襲上陸作戦　❽ 1937·11·5 政
五台作戦　❽ 1939·4·16 政
五大決戦施策　❽ 1945·1·12 政
コロネット作戦　❽ 1945·6·18 政
コロンバンガラ島沖夜戦　❽ 1943·7·12 政
作戦要務令　❽ 1938·10·1 政
四邑北江作戦　❽ 1941·9·19 政
捷一号作戦　❽ 1944·10·18 政
徐州作戦　❽ 1938·4·7 政／5·19 政
真珠湾攻撃　❽ 1941·10·19 政／12·8 政
淅贛作戦　❽ 1942·4·30 政
占領地軍政方策　❽ 1943·2·11 政
絶対国防圏　❽ 1943·9·30 政
対支長期作戦指導要綱　❽ 1941·1·16 政
泰緬(連綴)鉄道　❽ 1942·7·5 政／1943·10月 政
大陸打通作戦　❽ 1944·1·24 政／4·17 政
台湾沖航空戦　❽ 1944·10·12 政
長沙作戦　❽ 1941·9·18 政／1944·6·18 政
東京湾口防潜網　❽ 1955·3·8 政／4·5 政
南寧攻略作戦　❽ 1939·10·17 政
日中戦争開戦　❽ 1937·7·7 政
ハワイ真珠湾作戦　❽ 1941·9·24 政／11·26 政／12·8 政
フィジー·サモア攻略作戦　❽ 1942·7·11 政
フェザーストン収容所抵抗　❽ 1943·2·15 政
福州作戦　❽ 1941·4·19 政
ふ号作戦⇨「気球·飛行船·航空船」風船爆弾
汾西作戦　❽ 1941·10·26 政
米·豪遮断作戦(南太平洋陸軍作戦)　❽ 1942·5·18 政
防潜網の撤去　❽ 1953·2·23 政
ポートモレスビー攻略作戦　❽ 1942·7·11 政／8·28 政
北部仏印進駐　❽ 1940·8·1 政
本土決戦に関する作戦大綱　❽ 1945·1·18 政
マレー作戦　❽ 1942·4·1 政
明号作戦　❽ 1945·3·9 政
揚子江遡江作戦　❽ 1938·6·15 政
ルンガ沖航空戦　❽ 1943·6·16 政
レイテ和号·テ号作戦　❽ 1944·12·6 政

海戦

サボ島沖海戦(エスペランス岬海戦)　❽ 1942·10·11 政
珊瑚海海戦　❽ 1942·5·7 政
スラバヤ沖海戦　❽ 1942·2·27 政
ソロモン海戦(サボ沖海戦)　❽ 1942·8·7 政／8·24 政／11·12 政
ダンピール海峡　❽ 1943·3·1 政
ベラ湾海戦　❽ 1943·8·6 政
マリアナ沖海戦　❽ 1944·6·19 政
マレー沖海戦　❽ 1941·12·10 政
ミッドウェー海戦　❽ 1942·6·4 政
南太平洋海戦　❽ 1942·10·26 政
ルンガ沖海戦　❽ 1942·11·30 政
レイテ沖海戦　❽ 1944·10·18 政
レンネル島沖海戦　❽ 1943·1·29 政

激戦地·玉砕地

アイタペ　❽ 1944·4·22 政
アッツ島　❽ 1942·6·8 政／1943·5·12 政
アナタハン島　❽ 1949·2·22 社／1950·11·6 社／1951·6·26 社
廈門(アモイ)　❽ 1938·5·11 政
アンガウル島　❽ 1944·9·17 政
硫黄島　❽ 1945·2·19 政／3·17 政／1949·1·8 政／1952·1·27 政／1954·3·21 政
インドネシア　❽ 1942·2·16 政
ウェーキ島　❽ 1941·12·11 政／12·16 政
沖縄慶良間列島　❽ 1945·3·26 政
沖縄波照間島　❽ 1945·4·1 社
沖縄本島　❽ 1945·4·1 政／6·23 政
ガダルカナル島　❽ 1942·7·6 政／8·7 政／8·18 政／10·3 政／12·31 政／1943·2·1 政
カムラン沖　❽ 1944·2·19 政
キスカ島　❽ 1942·6·8 政／1943·7·29 政
ギルワ　❽ 1943·1·2 政
グアム島　❽ 1941·12·10 政／1944·7·21 政／8·8 政／1948·7·5 政／1949·1·22 政／1951·9·25 政／1960·5·21 政
クアラルンプール　❽ 1942·1·11 政
クエゼリン　❽ 1942·2·2 政／1944·2·1 政
桂林　❽ 1944·11·9 政
広州湾フランス租借地　❽ 1943·2·21 政
コタバル(マレー北部)　❽ 1941·12·8 政
コヒマ　❽ 1944·4·6 政
コレヒドール　❽ 1942·5·7 政
済南(山東省)　❽ 1937·12·26 政
サイパン　❽ 1944·6·15 政／7·6 政／7·27 社／12月 政／1945·12·1 政／1952·5·14 政／6·22 政
ジャワ島　❽ 1942·3·1 政
シンガポール　❽ 1942·2·16 政
蘇州　❽ 1937·11·19 政
台児荘　❽ 1938·3·25 政
大場鎮　❽ 1937·10·26 政
タラワ島　❽ 1942·9·3 政／1943·11·21 政
青島(チンタオ)　❽ 1938·1·10 政
テニアン島　❽ 1944·7·24 政
騰越守備隊　❽ 1944·9·10 政
トラック島　❽ 1944·2·17 政
ナッソウ湾　❽ 1943·6·30 政
南昌占領　❽ 1939·3·27 政
ニュージョージア島　❽ 1943·6·30 政
パサアブ　❽ 1942·12·8 政
バターン半島　❽ 1942·4·9 政
バタビア　❽ 1942·3·5 政
パラオ大空襲　❽ 1944·3·20 政
バリ島　❽ 1942·2·19 政
パレンバン　❽ 1942·2·15 政
ビアク島　❽ 1944·5·27 政／7·25 政
ブーゲンビル島　❽ 1943·11·1 政
フエ·サラモア　❽ 1942·3·8 政
武昌漢陽　❽ 1938·10·26 政
ブナ(ニューギニア)玉砕　❽ 1943·1·2 政
ペナン　❽ 1941·12·16 政
ペリリュー島　❽ 1944·4·26 政／6·30 政／9·15 政／11·24 政／1947·4·21 政／1955·5·24 政
ポートダーウィン(豪)　❽ 1942·6·13 政
ホーランジア　❽ 1944·4·22 政
保定　❽ 1937·9·24 政
ボルネオ　❽ 1941·12·16 政
香港　❽ 1941·12·8 政／12·25 政
マキン島　❽ 1942·8·17 政／1943·11·21 政
マニラ　❽ 1942·1·2 政
マレー半島　❽ 1941·12·16 政
マンダレー　❽ 1942·5·1 政
ミートキーナ　❽ 1942·5·8 政／1944·8·1 政
ミンダナオ　❽ 1941·12·16 政／1953·6·20 政
ミンドロ島　❽ 1956·11·29 政

モロタイ島 ❽ **1944**·9·15 政／**1956**·3·16 政
ヤップ島 ❽ **1941**·1·6 社
ラエ ❽ **1943**·9·4 政
洛陽 ❽ **1944**·5·25 政
ラバウル ❽ **1942**·1·23 政／**1944**·2·29 政
拉孟 ❽ **1944**·9·10 政
ラングーン ❽ **1942**·3·8 政／**1945**·5·3 政
龍州 ❽ **1940**·7·1 政
ルオット島 ❽ **1941**·12·11 政／**1944**·2·1 政
ルソン島 ❽ **1941**·12·10 政／**1945**·1·9 政／6·28 政／9·3 政
ルバング島日本兵 ❽ **1952**·1·17 政／2·20 政／6·9 政／**1953**·6·13 政／**1954**·5·8 政／5·25 政／**1958**·1·20 政／3·10 政／**1959**·2·2 政／5·10 政／**1961**·1·31 政
レンドバ島 ❽ **1943**·6·30 政
ロスネグロス島 ❽ **1944**·2·29 政

疎開·空襲
『時局防空必携』 ❽ **1941**·10·30 政
芦屋空襲 ❽ **1945**·6·5 政
尼崎空襲 ❽ **1945**·6·7 政
大阪空襲 ❽ **1944**·12·19 政／**1945**·3·14 政／6·7 政
大村空襲 ❽ **1944**·12·19 政
小笠原諸島空襲 ❽ **1944**·8·31 政
沖縄大空襲 ❽ **1944**·10·10 政／**1945**·1·3 政／3·1 政
鹿児島空襲 ❽ **1945**·6·17 政
北九州空襲 ❽ **1944**·6·16 政／10·25 政
九州空襲(中国機) ❽ **1938**·5·20 政
京都空襲 ❽ **1945**·1·16 政
群馬太田町空襲 ❽ **1945**·2·10 政
神戸空襲 ❽ **1945**·6·5 政
上海の日本租界爆撃(中国機) ❽ **1937**·8·14 政
台湾空襲 ❽ **1938**·2·23 政／**1945**·1·3 政
東京空襲 ❽ **1942**·4·18 社／**1944**·11·1 政／**1945**·1·27 政／2·25 政／3·9 政／4·13 政／5·24 政
豊川海軍工廠爆撃 ❽ **1945**·8·7 社
名古屋空襲 ❽ **1944**·12·13 政／**1945**·1·14 政
西宮空襲 ❽ **1945**·6·5 政
福岡空襲 ❽ **1945**·6·17 政
北海道幌別砲撃 ❽ **1943**·5·9 政
本土空襲 ❽ **1943**·4·15 政
横浜空襲 ❽ **1945**·5·29 政
一般家庭疎開 ❽ **1945**·5·4 社／**1946**·1·10 政／1·22 社／3·2 社／3·9 社／**1947**·12·22 社／**1949**·1·1 社
衣料疎開 ❽ **1945**·1·2 社
学童疎開·縁故疎開 ❽ **1943**·12·10 社／**1944**·5·7 社／6·30 文／7·15 文／8·1 社／9·12 社／**1945**·3·9 文／3·14 文／3·15 社／9·21 文／10·10 社
家庭防空隣保組織 ❽ **1939**·8·24 社
警戒警報·空襲警報(サイレン) ❽ **1937**·11·11 政／**1938**·6·21 政／9·15 社／**1942**·3·5 政／5·10 社／10·8 社／**1943**·4·6 政／8·8 政／**1950**·6·29 政
重慶空襲 ❽ **1938**·2·18 政／12·26 政／**1940**·5·18 政／6·6 政／**1941**·5·3 政
全国戦災者同盟 ❽ **1945**·11·4 社
戦災死亡者 ❽ **1945**·3·24 政
疎開応急措置要綱 ❽ **1945**·5·4 社
疎開列車 ❽ **1944**·3·27 社
大量炊出し ❽ **1942**·3·1 社
建物疎開 ❽ **1943**·11·13 社／12·21 社／**1944**·1·8 政／1·26 社／2·12 社／4·16 社
中国軍機 ❽ **1938**·2·21 政／2·23 政
帝都重要地帯疎開計画 ❽ **1943**·11·13 社
東京都疎開学童援護会 ❽ **1945**·1·6 文
都市疎開実施要領 ❽ **1943**·12·21 社
南京爆撃 ❽ **1937**·9·18 政
防空委員会 ❽ **1937**·10·23 政
防空演習 ❽ **1937**·9·15 政／11·16 政／**1938**·4·4 社／9·12 政／**1939**·3·19 社／7·18 政／10·24 政／**1940**·9·6 政／10·1 政／**1941**·10·12 政／**1942**·10·5 社／**1943**·4·13 社／**1945**·4·28 社／8·20 社
防空局(内務省) ❽ **1941**·9·6 政
防空壕·防空待避施設 ❽ **1938**·10·18 政／**1939**·1·30 社／**1941**·3·29 社／8·11 政／**1942**·7月 社／8月 社／10·27 社
防空総本部 ❽ **1943**·11·1 政
防空展覧会(家庭·東京) ❽ **1939**·3·19 社／**1943**·7·17 社
防空法 ❽ **1937**·4·5 政／9·29 政／**1943**·10·31 政／**1944**·1·8 政
夜間爆撃 ❽ **1941**·6·6 政
罹災勤労相談所 ❽ **1945**·5·27 社

難民 ❾ **1993**·10·19 政
インドシナ難民 ❾ **1979**·7·18 政／**1983**·3·31 政／4·18 政
難民定住センター ❾ **1979**·4·28 政
難民認定法 ❾ **1989**·4·28 政／12·15 政／**2003**·3·4 政
難民の地位に関する條約 ❾ **1981**·6·5 政
姫路定住促進センター ❾ **1979**·12·11 政
ベトナム難民 ❾ **1975**·6·27 政／**1978**·4·23 政／**1979**·6·16 政／7·30 政／**1980**·12·11 政／**1985**·7·19 政／**1989**·5·29 政／**1993**·12·11 社

賠償問題
インドネシア賠償 ❽ **1951**·12·15 政／**1952**·1·18 政／**1953**·12·16 政／**1957**·12·8 政／**1958**·1·20 政／❾ **1970**·4·14 政
カンボジア賠償 ❽ **1954**·11·27 政／**1955**·11·28 政／❾ **1966**·7·5 政
シンガポール血債問題 ❾ **1966**·10·24 政／**1967**·5·23 政／9·21 政
ストライク賠償調査団 ❽ **1947**·1·28 政／11·12 政／**1948**·3·1 政
タイ賠償 ❽ **1952**·8·29 政／❾ **1969**·5·31 政
デンマーク損害賠償 ❽ **1959**·5·25 政
ドレイパー賠償調査団 ❽ **1948**·3·20 政／5·18 政
日本海軍軍艦艇(賠償配分) ❽ **1947**·7·6 政／9·15 政
日本人の賠償請求権否認 ❽ **1946**·9·11 政
賠償委員会 ❽ **1947**·6·4 政
賠償各国割当比率 ❽ **1947**·9·25 政
賠償協議会 ❽ **1945**·12·21 政
賠償施設 ❽ **1945**·12·7 政／**1946**·1·20 政／5·13 政／8·24 政／**1947**·6·9 政／**1949**·5·12 政／**1952**·3·19 政／4·27 政
賠償物資 ❽ **1948**·1·16 政
ビルマ賠償 ❽ **1954**·8·17 政／9·24 政／**1957**·2·28 政／**1959**·7·23 政／**1963**·1·13 政／❾ **1965**·4·15 政
フィリピン賠償 ❽ **1947**·10·30 政／**1951**·9·17 政／**1952**·1·25 政／**1953**·3·12 政／**1954**·4·30 政／**1955**·5·31 政／6·17 政／8·13 政／**1956**·5·9 政／7·23 政／**1957**·1·6 政／❾ **1976**·7·22 政
ポーレー賠償調査団(連合国賠償委員会) ❽ **1945**·11·13 政／12·7 政／**1946**·5·10 政／6·21 政／10·23 政／11·16 政／**1947**·2·13 政／3·17 政／4·3 政／**1948**·1·6 政／3·1 政／3·9 政／6·29 政／**1949**·5·12 政
マレーシア血債協定 ❾ **1967**·9·21 政
南ベトナム賠償 ❽ **1955**·12·10 政／**1958**·2·7 政／**1959**·5·13 政／11·6 政／❾ **1965**·1·12 政
ラオス賠償 ❽ **1956**·12·19 政

引揚げ·帰国問題
アジア各地からの引揚げ ❽ **1946**·12·3 政
インドネシアからの引揚げ ❽ **1952**·8·15 政／**1954**·5·18 政
インドネシア残留元日本兵 ❾ **1982**·10·26 政
英·米·オーストラリア·ニュージーランド捕虜·抑留者 ❾ **1995**·1·30 政
海外からの引揚者数 ❽ **1946**·9·17 政／**1947**·1·18 政
海外残留者引揚促進大会 ❽ **1945**·11月 政／**1947**·2·7 政／**1948**·9·27 政／**1952**·7·10 政／**1953**·11·12 政／**1956**·1·25 政
海外残留邦人数 ❽ **1947**·8·5 政／8·28 政
海外同胞援護連合会 ❽ **1946**·4·18 政
海外同胞引揚特別委員会(衆院) ❽ **1947**·8·5 政
樺太·千島からの引揚げ ❽ **1945**·8·22 社／**1946**·12·5 政／**1947**·1·4 政／4·14 政／**1948**·12·2 政／**1949**·6·30 政／**1958**·1·14 政／**1959**·9·28 政
韓国(釜山)からの引揚げ ❽ **1945**·9·2 政／10·7 政／**1949**·4·15 政／**1950**·7·9 政／**1956**·3·30 政

北朝鮮からの引揚げ　❽ **1948**·7·6 政／**1955**·4·10 政／**1956**·2·27 政／4·22 政
北朝鮮へ帰国　❽ **1947**·5·15 政／**1958**·8·11 政／10·10 政
北ベトナムからの引揚げ　❽ **1959**·3·24 政／8·11 政
旧満洲残留日本人送還協定　❽ **1946**·8·15 政
グアム(横井庄一)　❾ **1972**·1·24 政
厚生省援護局調査課　❾ **1978**·6·30 政
在外将兵復員要請　❽ **1945**·8·25 政／10·20 政／11月 政
在華同胞引揚　❽ **1953**·1·26 政
在留中国人、中国へ帰国　❽ **1953**·6·27 政
サハリン(樺太)残留日本人家族　❾ **1965**·9·15 政
サハリン在留韓国·朝鮮人　❾ **1990**·8·29 政
シベリア·モンゴル強制労働抑留者　❾ **2010**·6·16 政
シベリア抑留問題　❾ **1989**·4·18 政／**1990**·6·20 政／**1993**·10·11 政／**2005**·4·12 政／**2006**·12·26 政
ジャワ·スマトラからの引揚げ　❽ **1946**·4·13 政
全国シベリア抑留者補償協議会　❾ **2011**·5·23 政
戦争未帰還者全国留守家族大会　❽ **1958**·1·22 政
ソ連残留者白書　❽ **1950**·5·26 政
ソ連·シベリアからの引揚げ　❽ **1945**·8·22 政／8·23 政／9·12 政／**1946**·5·28 政／6·26 政／6月 政／8月 政／9·26 政／9·27 政／11·26 政／12·5 政／12·19 政／**1947**·1·6 政／4·28 政／10·21 政／11·9 政／12·2 政／**1948**·5·5 政／7·26 政／8·19 政／9·8 政／11·23 政／**1949**·3·17 政／5·20 政／6·27 政／7·31 政／12·3 政／12·15 政／12·21 政／**1950**·1·4 政／1·22 社／2·8 政／4·17 政／4·21 政／4·25 政／12·11 政／**1951**·2·9 政／5·11 政／9·5 政／**1952**·1·21 政／**1953**·12·1 政／**1954**·3·19 政／**1955**·6·17 政／12·11 政／**1956**·6·9 政／7·23 政／8·19 政／10·7 政／12·4 政／12·23 政／**1957**·8·1 政／10·20 政／**1958**·9·7 政／**1959**·2·5 政
ソ連既帰還者名簿　❽ **1958**·1·13 政
ソ連で粛清された日本人　❽ **1939**·10·20 政
ソ連ハバロフスク日本人受刑者収容所　❽ **1955**·9·26 政
ソ連抑留日本人死亡者　❽ **1958**·1·13 政
太平洋戦争未帰還者　❾ **1967**·8·14 政
中国·黒龍江省満洲開拓団員慰霊碑　❾ **2011**·7月 政
中国からの日本人引揚げ問題　❽ **1953**·2·15 政
中国からの引揚げ(抑留漁民を含む)　❽ **1946**·7·3 政／**1947**·2·12 政／**1949**·10·3 政／11·18 政／**1951**·9·29 政／**1952**·1·22 政／**1953**·1·27 政／3·23 政／4·6 政／5·11 政／8·26 政／9·9 政／10·14 政／**1954**·9·27 政／**1955**·2·24 政／3·29 政／12·18 政／**1956**·9·5 政／**1957**·5·24 政／**1958**·4·24 政／5·7 政／5·27 政／6·21 政／7·13 政
中国共産党管理地区からの引揚げ　❽ **1949**·7·29 政
中国在留日本人帰国·中国残留日本人孤児　❽ **1949**·11·18 政／❾ **1974**·8·22 政／10·11 政／**1975**·3·12 政／6·10 政／**1977**·11·8 政／**1980**·7·11 政／**1981**·3·2 政／**1982**·2·18 政／3·26 政／6·1 政／**1983**·2·25 政／4·1 政／12·6 政／**1984**·2·1 政／2·25 政／3·17 政／11·6 政／11·22 政／11·29 政／**1985**·2·12 政／2·19 政／7·28 政／9·3 政／11·19 政／**1987**·2·23 政／6·9 政／**1988**·2·27 政／**1989**·2·24 政／**1990**·2·15 政／12·10 政／**1991**·11·21 政／**1992**·11·24 政／**1993**·10·26 政／**2004**·11·25 政／**2005**·3·7 社／7·6 社／**2006**·12·1 政／**2007**·7·8 政／**2010**·9·29 政／**2012**·11·29 政
中国の養父母に感謝し中国残留孤児の日本留学を支援する会　❾ **1981**·8·9 政
東南アジア残留日本人の送還　❽ **1947**·7·17 社
南方残留同胞引揚促進全国家族同盟　❽ **1947**·1·16 政／2·7 政
南方諸島からの引揚げ　❽ **1945**·10·18 政
南方同胞援護会　❽ **1946**·3·7 政／**1956**·10·4 政／11·15 政
南方連絡事務所(局)　❽ **1952**·6·30 政／8·13 政
日本残留外国人(朝鮮·中国·南西諸島)　❽ **1950**·11·3 政
ニューギニア·ラバウルからの引揚げ　❽ **1946**·2·2 政
引揚援護局(厚生省)　❽ **1945**·11·22 政／**1946**·3·7 政／**1954**·3·27 政
引揚援護局(舞鶴)　❽ **1958**·11·15 政
引揚者全国大会　❽ **1950**·4·23 政／**1951**·8·11 政
引揚者団体全国連合会開催　❾ **1967**·5·11 政
引揚者団体中央連合会全国大会　❽ **1946**·7·15 政
引揚者に対する特別交付金の支給　❾ **1967**·8·1 政
引揚者の所持金　❽ **1945**·10·18 政
引揚者の秩序保持に関する政令　❽ **1949**·8·11 政
引揚船〈恵比寿丸〉北朝鮮沖沈没　❽ **1946**·10·27 政
引揚船(日本本土から沖縄へ)　❽ **1946**·8·17 政
引揚船(フィリピン)　❽ **1945**·10·21 政
引揚船の配給状況　❽ **1946**·10·5 政
フィリピン残留孤児　❾ **2006**·2·2 社
フィリピン残留男性　❾ **1995**·7·3 社／**2005**·5·27 社
復員収容所　❽ **1945**·10·10 政
米軍管理地域からの引揚げ完了　❽ **1946**·6·26 政／12·31 政／**1947**·1·1 政
北京の日本人居留民　❽ **1952**·12·1 政
ベトナムからの引揚げ　❽ **1954**·11·30 政
マラヤ共産党ゲリラ　❾ **1990**·1·13 政
満洲からの引揚げ　❽ **1946**·4·6 政／**1947**·10·29 政／**1949**·9·23 政
満洲同胞援護会　❽ **1947**·6·26 政
モロタイ島(中村輝夫)　❾ **1974**·12·25 政
ヨーロッパで抑留された日本人　❽ **1946**·2·21 政
ラオス(赤塚勝美)　❾ **1967**·10·15 政
留守家族総決起大会(在ソ同胞即時救出)　❽ **1956**·9·7 政
留守家族代表者大会(ソ連·中国地区残留者)　❽ **1951**·7·23 政／**1957**·2·13 政
留守家族団体全国協議会　❽ **1959**·5·26 政
ルバング島(小塚金七·小野田寛郎)　❾ **1972**·10·19 政／**1974**·2·20 政

武具·武器

『田付流鉄砲伝書』　❺-1 **1612**·是年 政
梓弓　❶ **702**·2·22 政／3·27 政
暗号機·暗号通信　❽ **1941**·12·2 政／**1945**·12·24 文
イギリス戦車　❼ **1918**·10·17 政
抛(いしはじき)　❶ **685**·11·4 政
石火矢　❺-1 **1604**·5月 政／**1612**·3·26 政／**1639**·5·20 政／**1650**·8·6 政／**1653**·是年 政／❺-2 **1722**·7·25 政／**1769**·2·5 政／**1775**·5·11 政／**1787**·1·15 政／**1791**·8·7 政／**1794**·2·12 政／**1809**·10月 政
弩(いしゆみ)　❶ **685**·11·4 政／**835**·9·9 政／**838**·5·11 政／**934**·6·2 政
石弓　❹ **1559**·8·22 政
岩鼻陸軍火薬製造所(事故)　❽ **1938**·5·27 社
ウラン劣化弾　❾ **1997**·2·10 政
塩硝·煙硝·火薬　❹ **1552**·12·7 政／**1570**·6·4 社／**1584**·9·6 政／**1589**·10·15 社／❺-1 **1607**·3·2 政／**1608**·10·10 政／**1610**·7月 政／**1661**·11·3 政／**1665**·2·2 政／❺-2 **1765**·5月 社／**1785**·9·14 政／**1843**·3·29 政／**1844**·1·27 政／**1849**·11·2 政／**1852**·2·21 政
大阪砲兵工廠　❼ **1896**·3·27 政
大楯·靫　❶ **603**·11月 社／**742**·1·1 政
大筒·大銃　❺-1 **1612**·3·26 政／**1624**·4·27 政／**1651**·8·10 政／**1674**·9·29 政
大鍔(おおつば)　❺-1 **1645**·7·18 社
沖縄毒ガス兵器　❾ **1970**·9·14 政／**1971**·1·1 政
小田式水雷　❼ **1900**·是年囲み 政
火炎瓶　❽ **1952**·7·12 政／**1956**·6·27 政
火炎放射器　❽ **1942**·5·2 社

化学兵器　❾ 1999・7・2 政
牙旗(将軍在所の旗)　❹ 1467・6・3 政
刀狩・刀さらえ(令、騒動)　❹ 1576・1月 政／1588・7・8 政／8・7 政／11・6 政／1589・1・21 政／❺-1 1620・是年 社
刀脇差小道具屋仲間　❻ 1855・3・1 文
甲冑製作　❹ 1520・永正の頃 政／❺-2 1797・⑦・5 政
カノン(加農)砲　❺-2 1852・6・25 政／❼ 1911・是年 政
火砲　❺-1 1611・8月 政
火薬(帯状無煙)　❼ 1903・3月 政
火薬学科(帝国大学)　❻ 1887・9・9 文
火薬庫(広島)　❼ 1921・8・8 社
火薬庫(陸軍)　❼ 1911・10・21 社
火薬採掘　❻ 1863・是年 社
火薬製造　❻ 1886・5・26 政
火薬製造機械(西洋式)　❻ 1865・9・2 政／1867・5・12 政
火薬製造所(板橋)　❼ 1897・1月 政
火薬製造所(宇治)　❻ 1895・5月 政／❼ 1896・4・14 政
火薬製造所(宇和島藩)　❺-2 1845・2月 政
火薬製造所(下瀬)　❼ 1896・1月 政／1899・4・14 政
火薬製造所(目黒)　❼ 1928・7・9 政
火薬取締規則(台湾)　❼ 1897・4・27 政
火薬法　❸ 1445・2・7 政
火薬類取締法施行規則　❾ 1971・9・1 政
艦艇兵器本部　❾ 1982・9・1 政
観音崎砲台　❻ 1881・12月 政
機関銃　❻ 1874・8・10 政／1887・8・16 政／❼ 1920・7・12 政
騎馬の従僕禁止　❷ 1254・12・23 政
弓馬芸　❷ 1254・⑤・11 政
弓馬道　❷ 1186・8・15 文
臼砲　❺-2 1835・7月 政／1843・5月 政
魚雷(魚形水雷)　❻ 1883・是年 政／1887・1・19 政／1891・8・7 政／❽ 1942・6・21 政
空気銃　❺-2 1816・是年 政
空対空誘導ミサイル　❽ 1957・12・19 政／1958・9・10 政／1963・5・26 政／7・8 政／❾ 1970・10・16 政／1980・8・18 政
串楼　❹ 1468・11・6 政
組合銃隊　❻ 1867・9・26 政
鞍(虎皮)　❺-2 1776・2・29 社
車仕掛大炮　❺-2 1736・12・2 政
軍靴(機械製)　❼ 1901・12月 社／1902・12月 社
軍艦・武器弾薬の貯蔵(イエズス会)　❹ 1585・2・2 政
軍刀　❼ 1933・12・17 政／1934・2・12 政
軍服　❽ 1938・6・1 政
軍糧・兵糧・兵粮(米)　❶ 788・3・2 政／❸ 1338・7・14 社／1343・4・17 政／1355・1・27 政／❹ 1467・8・22 社／10・7 社／1492・1・22 社／9・12 政／1496・4・28 政／1573・6・13 政／❺-1 1615・4月 社
兵糧借銭　❹ 1543・8・3 政
兵粮借用使者(偽物)　❸ 1337・5・22 政
軽野砲　❺-2 1852・7月 政
剣(けん、つるぎ)　❶ 書紀・垂仁 39・10月／704・是年 社／❹ 1483・10・10 政
航空機射撃砲　❼ 1920・8月 政
高射砲　❼ 1914・9・5 政
工廠・造兵廠
赤羽兵器製造所　❻ 1883・8・4 政
忠海兵器製造所　❼ 1928・7・9 政
海軍航空廠　❽ 1941・10・1 政
海軍燃料廠　❽ 1937・4・9 政
軍需工廠官制　❽ 1945・4・1 政
第一航空廠　❽ 1939・10・15 政
第二航空廠　❽ 1939・10・16 政
七軍需工廠　❽ 1953・8・21 政
光海軍工廠　❽ 1940・10・1 政
陸軍燃料廠　❽ 1939・5・10 政／1940・8・1 政
陸軍兵器廠　❽ 1940・3・30 政
合薬座　❻ 1856・2・28 政／12・28 政
合薬製造所(三田村)爆発事故　❻ 1863・9・26 社
高櫓　❹ 1469・4・8 政
黒色火薬製造　❻ 1876・12月 政
五十斤石衝天砲　❺-2 1851・2・17、18 政
胡簶　❶ 764・9・14 文
小手　❶ 815・2・16 政
固定式三次元レーダー　❾ 1972・8・15 政
探照燈(サーチライト)　❼ 1915・5月 政
サーベル　❼ 1933・12・17 政／1934・2・12 政
催涙ガス　❼ 1929・3・10 政
酸素魚雷　❼ 1933・是年 政／❽ 1939・11・6 政
山砲　❼ 1911・是年 政
十貫目砲　❺-2 1842・6・9 政
自動警戒管制組織　❾ 2009・7・1 政
自動防空警戒管制組織　❾ 1968・3・29 政／1989・3・30 政
竹刀　❺-2 1727・8・4 社
下瀬火薬　❻ 1889・6・18 政／1892・9月 政／1893・6月 政／是年 政
車装大砲　❺-2 1849・9・16 政
射的　❷ 1154・3月 社
射場始の再興　❷ 1187・12・13 政
戎具(武具)　❶ 965・10・27 政
秋水ロケット　❽ 1945・2・5 政
銃弾製造プラント　❾ 1967・11・30 政
銃筒箭　❸ 1448・12・1 政
祝砲(石火矢)　❺-2 1818・11・9 社
手榴弾回収作業　❾ 1972・6・19 政
焼夷弾　❽ 1941・9・19 社
小銃・大砲数(幕府)　❻ 1867・3月 文
小銃製造技術　❾ 1966・9・27 政
上陸舟艇用ディーゼルエンジン　❽ 1940・5・14 政
水中聴音器　❽ 1942・5月 社
西洋火薬製造機械　❻ 1867・5・12 政
西洋式銃　❺-2 1837・2・11 政／9・22 政／1848・2・17 政
西洋式野戦砲　❺-2 1848・是年 政
戦車大展覧会　❽ 1939・1・8 社／2・4 社
千駄ヶ谷焔硝蔵　❺-2 1719・3・20 政
戦闘帽　❽ 1938・6・1 政
装甲兵員輸送車　❾ 1972・9・10 政
層櫓　❹ 1468・11・6 政
速射野砲　❼ 1898・是年 政
大小刀の寸法　❺-1 1645・7・18 社
対人地雷　❾ 2003・2・8 政
帯刀禁止令　❻ 1876・3・28 政
帯刀令　❺-1 1642・2月 社／1652・9・17 社／1683・2・26 政／1692・1・25 政／2月 社
対米武器技術供与　❾ 1985・12・27 政
大砲(36ポンド砲)　❺-2 1852・6・11 政
大砲(木造)　❺-2 1850・10・17 社
大砲(洋式鋳造)　❺-2 1843・2・20 政／1848・1月 政／8月 政／1849・4月 政／8月 政
大砲・大筒・石火矢　❹ 1551・是年 政／1568・8・22 政／1575・5・28 政／1577・1・17 政／1586・12・7 政／1589・12・30 社／1596・9・26 政／❺-1 1619・是年 政／1635・7・19 政／❺-2 1727・8・12 政／1729・7・6 政／1731・6・1 政／1733・7・25 政／1738・10・18 政／11・1 政／1764・5月 政／1776・3・19 政／1791・5・19 政／1793・是年 政／1798・12・23 政／1804・10・5 政／1807・12・24 政／1808・1・24 政／1809・2・10 政／1811・是年 政／1818・2・7 政／1832・2月 政／1836・2・14 政／是年 政／1841・3月 政／5月 政／1842・10・2 政／1843・8月 政／1844・9・5 政／1844・是年 政／1846・10・6 政／1847・3・24 政／9月 政／11・9 政／1850・7月 政／1851・6・1 政／7月 政／11月 政／1852・4月 政／9・21 政／是年 政
竹束　❹ 1550・是年 政
太刀　❶ 960・9・24 政／❹ 1483・3・6 政／1512・6月 政／❺-1 1626・7・1 社
脱刀　❻ 1871・8・9 社
盾矛　❶ 書紀・成務 5・9月
弾火薬製造所(鉄砲弾火薬、岡山藩)　❻ 1858・12・24 政
長刀　❹ 1482・4・9 政／1485・8・30 政
追討の旗　❸ 1432・10・29 政
津軽三厩砲台　❻ 1858・4月 政
鉄盾・鉄的(高句麗)　❶ 書紀・仁徳 12・7・3
鉄製鋳砲局(大銃製造方・佐賀藩)　❺-2 1850・6・30 政／1851・12・4 政
鉄製砲艦　❻ 1887・8・20 政
鉄砲・鳥銃・種子島筒　❹ 1466・7・28 政／1520・8・12 政／1526・是年 政／1528・是年 政／1534・是年 政／1537・4月 政／1542・是年 政／1543・8・25 政／1544・2月 政／1548・2・14 政／1554・1・19 政／12・18 政／1555・5・21 政／7・19 政／1573・9・10 政／1576・5・3 政／1577・5・10 政／1580・③・17 社／1582・3・1 政／1586・3・9 政／1587・9・27 政／1599・③・13 政／1600・7・28 政
鉄砲(鉄砲改禁止)　❺-1 1608・10・10 政／1612・3・26 政／1615・1・11 政／1620・是年 政／1621・5・1 社／是年

政／1622·1·19 政／11·13 社／1623·6·20 政／1624·4·27 政／8·22 政／1625·2·27 政／9·3 政／1628·4·1 政／8·25 社／1630·11·11 政／1633·8 月 政／1639·2 月 社／1644·7 月 政／1645·6·27 政／1648·4·12 政／1650·9 月 社／1654·5·14 政／1655·1·15 政／1656·9 月 政／12·28 社／1657·1 月 政／3·13 政／1660·3·13 政／1661·3 月 政／1662·9·21 政／9 月 政／1669·⑩·13 社／1675·3 月 政／1676·7·3 政／1677·7·3 政／1685·2·12 政／1686·4·22 政／1687·12·2 政／1688·1·23 政／3 月 政／5·7 政／8·13 政／10 月 政／1689·6·28 社／9·18 政／9 月 社／11·19 政／1690·2·25 社／1691·3 月 政／1692·3 月 政／1693·4·6 社／1700·8 月 政／1701·1·14 政／3·18 政／1709·4·18 政／10·29 政／12·28 社／❺-2 1717·5·2 政／11·13 政／1718·7·25 政／1721·2·12 政／1722·12·22 政／1726·9·11 政／1727·4·28 政／1730·2 月 政／1736·是年 政／1749·5 月 社／1762·4·13 政／1768·9·25 政／1770·5·19 政／1772·8·2 政／1776·6 月 政／1789·6·14 政／1793·5 月 政／6·7 政／1800·9·20 政／1801·7 月 政／1805·11·28 政／1810·是年 社／1832·1·16 政／1838·是年 政／1839·8·11 政／1841·11 月 政／1842·1 月 政／1843·12 月 政／1844·3·21 政／1846·9·20 政／1850·3 月 政／1852·8·15 政
鉄砲(朝鮮へ)　❹ 1554·12·18 政
鉄砲(中筒)　❹ 1586·2·7 政
鉄砲方　❺-1 1623·是年 政／1666·12·2 政／❻ 1866·12 月 政
鉄砲火薬類取締　❼ 1928·7·4 政
鉄砲傷　❹ 1550·7·14 政／1565·1·27 政
鉄砲蔵　❺-2 1852·7·10 政
鉄砲稽古規則　❺-1 1604·11 月 政
鉄砲定　❺-1 1607·5 月 社
鉄砲所持取締規則　❻ 1872·1·29 政
鉄砲製造　❹ 1549·7 月 政／1555·5·20 政／1587·9·27 社／❺-2 1843·8·1 政
鉄砲製造(種子島)　❺-1 1629·6·16 政
鉄砲戦　❹ 1542·7·27 政／1550·7·14 政／1554·9·12 政／1565·1·27 政
鉄砲玉　❹ 1576·5·21 社／1588·1·12 社／❺-1 1614·3·28 政／12·10 政
鉄砲・弾薬私販売禁止　❻ 1872·9·23 政／1877·2·13 政
鉄砲伝来　❹ 1510·是年 政
鉄砲取締規則(台湾)　❼ 1897·4·27 政
鉄砲年間生産高　❺-2 1820·是年 政
鉄砲役銭　❺-2 1754·5·3 政
手火矢　❹ 1583·3·23 政
手纏　❶ 870·1·13 政
電源兵器　❽ 1942·7·8 文
刀剣　❷ 1089·8·19 政／❹ 1485·2·15 政
刀剣価格　❻ 1863·9 月 文
刀剣鑑定　❻ 1881·7 月 社
刀装　❺-2 1791·2·6 社
毒ガス　❼ 1918·4 月 政／❽ 1937·10 月 政／1938·5·14 政／❾ 1969·7·18 政／7·25 政／12·2 政／1970·2·25 政／1971·1·13 政／7·10 政／1975·11·12 政／1984·6·13 政／1993·5·11 政／2003·5·15 政／9·29 政／11·28 政
特殊臼砲　❽ 1938·8 月 政
長脇差　❺-2 1826·9·28 政
薙刀　❷ 1146·3·9 政
錦旗　❸ 1438·9·16 政
日米武器技術委員会　❾ 1986·8·28 政
日米軍事装備・技術会議　❾ 1980·9·3 政
日本刀　❹ 1512·5·20 政／❻ 1891·2 月 社／❽ 1954·8·25 社
日本兵器工業会　❽ 1953·10·23 政
日本防衛装備工業会　❾ 1988·9·15 政
箆(のぶか)　❹ 1562·3·5 政
烽火・狼煙(のろし)・烽燧(ほうずい)　❶ 664·是年 政／712·1·23 政／796·9·1 政／799·4·13 政／870·2·23 政／894·9·19 政／❸ 1294·3·6 政／❹ 1580·8·3 政／❺-1 1644·是年 政／❺-2 1729·7·6 政／1764·10 月 政／1779·8·22 政／1808·10 月 政／1809·1·20 政
佩刀禁止　❻ 1870·11·14 社
箱館弁天崎砲台　❻ 1856·10·8 政
旗　❹ 1535·6·13 政
八封度砲　❺-2 1851·12·4 政
燧石発火銃　❺-2 1851·4 月 政／1852·8·15 政
肥後信管採用　❻ 1885·1·9 政
火縄銃　❺-2 1848·12·27 政
飛砲　❹ 1468·11·6 政
火槍　❹ 1468·11·6 政
武器・武具　❶ 954·11·3 政／❽ 1952·3·8 政
武器売込　❺-1 1667·11·28 政
武器私蔵禁止　❶ 765·3·5 政
武器製作所(水戸藩)　❻ 1857·2 月 政
武器帯同禁止令　❶ 954·11·3 政／983·2·21 政／984·5·26 政
武器調査　❺-2 1794·月政.
武器等製造法　❽ 1953·8·1 政
武器販売禁止　❺-2 1727·4 月 政
武器補充法　❶ 773·1·23 政
武器輸出禁止　❺-1 1621·5·25 政／1667·7·25 政／1687·12 月 文
武器輸入許可　❻ 1859·6·20 政
兵器　❶ 645·9·1 政／675·10·20 政／676·9·10 政／679·2·4 政／685·11·4 政／702·2·19 政／709·7·1 政／741·③·9 政／757·6·9 政／765·⑩·24 政
兵器等製造事業　❽ 1942·2·13 政
兵杖　❶ 592·10·4／987·1·30 政
兵杖の禁　❶ 954·11·3 政／984·5·26 政／988·6·2 政
兵船　❹ 1573·5·15 社／1578·6·26 政／9·30 政
砲術　❹ 1587·4·18 政／1599·6 月 政／❺-1 1602·10 月 政／1612·3·20 社／1709·2·30 政
砲台　❺-1 1655·3 月 政／❺-2 1808·4·9 政／9 月 政／1810·2·26 政／7 月 社／1836·5 月 政／1843·5 月 政／1844·是年 政／1845·1 月 政／1846·9 月 政／1847·3·19 政／5·22 政／11·16 政／1848·10 月 政／12 月 政／1849·1·26 政／9·18 政／1850·2·12 政／6·19 政／6 月 政／12·29 政／是年 政／1851·3·15 政／是年 政／1852·4·19 政
砲台建造許可　❻ 1853·9·26 政
砲弾　❽ 1954·2·18 政
防毒面　❽ 1942·3·23 社
棒火矢　❺-1 1675·7·28 政
放砲　❹ 1511·8·9 政
焙烙(ほうろく)火矢　❹ 1576·7·13 政／1578·6·26 政／❺-1 1639·6 月 政
ホーイッスル筒　❺-2 1841·5·9 政
歩射　❶ 857·6·7 政
骨喰刀　❺-1 1615·6·29 文
歩兵銃(30 年式)　❼ 1898·2 月 政／1899·12 月 政
母衣(ほろ)　❷ 1147·7·21 政
梵鐘を大砲・小銃に改鋳　❻ 1854·9 月 社／12·23 政／1855·3·3 社
マキリ(小刀)　❹ 1456·是春 政
身許票　❽ 1944·4·14 社
無煙小銃火薬　❻ 1893·5 月 政
無線機　❼ 1900·4·28 政
無反動走砲　❽ 1955·12·22 政
室町殿御旗　❸ 1416·12·11 政
綿火薬　❺-2 1851·9·29 政
模擬原爆　❽ 1945·7·26 政
モルチール筒　❺-2 1841·5·9 政
矢倉　❶ 940·1·3 政
薬莢　❽ 1954·2·18 政
槍・鑓(やり)　❶ 742·1·1 政／❸ 1334·1·6 政／❹ 1579·6·6 社
弓　❶ 553·6 月／716·5·28 政／761·7·2／838·5·11 政／❹ 1577·5·10 政
　弓削　❶ 752·2·21 社
　弓師　❷ 1116·12·18 文／1190·4·11 政
　矢作　❶ 752·2·21 社
　弓箭(ゆみや)　❶ 553·6 月／700·2·27 政／761·7·2 政／791·10·25 政／❷ 1089·8·19 政
甲・鎧・甲冑(よろい)　❶ 762·2·6 政／777·5·25 政／780·8·18 政／781·4·10 政／8·14 政／790·③·4 政／4·5 政／791·3·17 政／6·10 政／870·1·13 政／881·8·14 政／❹ 1458·11·15 政／1485·8·30 政／❺-2 1718·2·28 政／1733·6·13 政
鎧工　❷ 1186·2·25 社
落下傘　❼ 1922·5·17 政／1926·4·11 社／1928·6·13 社／8·22 社／9·4 政／1935·3·27 社
榴弾砲　❼ 1911·是年 政／1918·1·10 政
良弓　❷ 1185·8·24 政
レーダー(電探)　❽ 1941·11 月 政／1943·9·13 文／1952·5·1 政
連射砲(12 センチ)　❼ 1897·3·20 政

楼櫓(ろうろ) ❹ 1468·4·14 政／6·8 政
脇差·大脇差 ❺-1 1625·10·18 社／1629·10月 社／1652·2·3 社／❺-2 1767·4·1 政
腋楯 ❶ 815·2·16 政
和田ヶ岬砲台(兵庫) ❻ 1863·4月 政

1945年以降分

兵器等生産法要綱 ❽ 1952·10·6 政
防衛庁兵器発注 ❾ 1983·3·31 政
OTH(超水平線)レーダー、核ミサイル探知施設 ❾ 1974·8·1 政／1987·5·22 政
弾道ミサイル迎撃システム ❾ 2005·2·15 政
地対空ミサイル「ホーク」 ❽ 1963·8·23 政／❾ 1966·10·6 政
中距離ミサイル「メース」 ❽ 1961·3·31 政
バッジシステム(自動警戒管制組織) ❽ 1964·12·4 政／❾ 1969·3·26 政
パトリオット·ミサイル ❾ 1983·6·30 政／8·12 政／2007·3·30 政
ミサイル防衛システム ❾ 1993·6·11 政／1998·12·25 政／2005·7·14 政
メースB ❾ 1969·12·29 政
誘導弾エリコン5 ❽ 1958·8·17 政
リトル·ジョン ❽ 1962·3·3 政／❾ 1965·10·2 政／1967·2·25 政
ロケット砲オネストジョン ❽ 1955·7·28 政／10·14 政／11·7 政／11·29 政／12·21 政
ロシア製ロケットランチャー ❾ 2012·6·28 社

武術·兵法

一全流(兵法) ❺-2 1778·2·17 政
騎射(うまゆみ) ❶ 728·4·25 社／735·5·5 社／747·5·5 政／798·5·5 社／800·5·5 社／804·5·5 社／807·9·9 文／812·5·5 社／813·5·5 社／814·5·5 社／837·5·5 社／844·5·5 社／847·5·5 社／848·5·5 社／857·6·7 政／865·6·14 社／880·4·28 社／899·5·5 社
軍役 ❹ 1575·2·16 政／1577·⑦·5 政／1587·6月 政
軍制(武田勝頼) ❹ 1573·11·1 政
軍忠状 ❸ 1282·2月 政／1333·4·2 社／5·10 社／❹ 1474·3月 政
軍中法度 ❹ 1557·12·2 政
剣術·剣法 ❺-1 1633·9·22 政／1639·2·14 社／1640·4·9 政／1656·9·18 政／1682·9·21 政
剣術奉納試合 ❻ 1874·3·2 社
行軍式 ❶ 759·6·18 政
紅毛国攻城の法 ❺-1 1650·是年 政
鼓吹司陣法式 ❶ 870·8·10 政
故戦·防戦の事 ❹ 1514·4·10 政
射騎田 ❶ 757·8·25 政
射術 ❶ 483·9·1／869·3·24 政／946·1·24 政／❷ 1156·1·24 政
射場始 ❶ 898·10·5 社／❷ 1187·12·13 政
射的 ❷ 1154·3月 社
射田 ❶ 754·10·18 政／781·3·8 社
射礼 ❶ 647·1·15 社／675·1·17 政／685·5·5 政／830·4·20 政／968·8·22 社
新陰流兵法 ❺-1 1601·9·11 政
陣図 ❶ 805·延暦年間 政
陣中壁書 ❹ 1531·1月 政
陣中法度 ❹ 1522·1·13 政
陣法 ❶ 683·11·4 政／❺-2 1851·5·11 政
陣法博士 ❶ 693·12·21 政
西洋式砲術 ❺-2 1841·3月 政／1842·3·18 政／9·7 政／1843·3月 政／10·3 政／1844·9·11 政／1848·8月 政／1852·10月 政
西洋の陣屋 ❺-1 1650·是年 政
戦陣法度五か條 ❹ 1553·9·21 政
槍術(宝蔵院流) ❺-2 1781·5·29 社／1842·9·10 政
大射 ❶ 670·1·7 政／676·1·16 政／677·1·17 政／11·1 社／678·1·17 政／679·1·18 政／680·1·17 政／681·1·17 政／684·1·23 政／695·1·17 政／696·1·18 政／701·1·18 政／706·1·17 政／715·1·17 政／763·1·21 政
他流試合奨励 ❻ 1862·11·21 政
弩師(どし) ❶ 762·4·22 政／797·是年 政／812·4·2 政／814·5·21 政／828·1·23 政／837·2·8 政／869·3·7 政／11·29 政／12·2 政／870·5·19 政／7·19 政／8·28 政／871·8·16 政／875·1·22 政／11·13 政／878·2·3 政／879·2·5 政／880·8·7 政／894·8·21 政／9·13 政／895·7·20 政／899·4·5 政／903·2·8 政
弩師の任期 ❶ 815·7·7 政／816·1·12 政
武芸 ❶ 721·1·27 文／796·3·19 政／811·6·3 政
武芸禁止(百姓·町人) ❻ 1867·3·19 社
武芸稽古(町人) ❺-2 1772·3·11 社
武芸稽古禁止(農民) ❺-1 1660·10·6 政／1712·12·8 政／❺-2 1839·5·26 社
武芸修練 ❺-2 1791·10·1 政／1804·9月 社／1805·5月 社／1836·5·7 政／1843·6·17 社／1845·9·6 社／1850·5·11 政／1851·5·9 社
兵役法 ❽ 1937·2·18 政／1938·2·25 政／1939·3·9 政／11·11 政／1941·10·16 政／11·15 政／1943·3·2 政／9·21 政／11·1 政／1944·10·18 政
兵馬修練 ❶ 684·④·5 政
砲技·砲術 ❺-2 1725·7·23 政／1812·6·14 政／1840·9月 政／12月 政／1841·7月 政／8·25 政／是年 政／1842·6·14 政／1850·7月 政／1851·5月 政／1852·3·23 政／3·26 政
炮烙調練 ❻ 1856·12月 社
堀 ❹ 1468·6·1 社
水攻め ❹ 1483·8·22 政
鞭打(武芸) ❺-1 1640·4·9 政
村上水軍 ❹ 1576·7·13 政
猟騎 ❶ 724·5·5 政
用兵綱領 ❼ 1936·6·8 政

兵士·武士·部隊

アイヌ兵 ❹ 1528·5·23 政
足軽(疾足·疾走) ❹ 1468·3·15 政／6·15 政／10·10 政／11·3 政／1469·11·2 政／1471·1·25 政／5·15 社／1474·6·23 政／1529·5·7 社／1541·2·3 社／❺-1 1661·6·2 政／1684·7·22 政
足軽大将 ❹ 1468·3·15 政
軍(いくさ)奉行 ❹ 1491·11·18 政
生虜 ❷ 1274·10·5 政
一億国民総武装 ❽ 1944·8·4 政
一年現役兵(志願兵)條例 ❼ 1919·11·27 政／1926·7·21 政
慰問袋 ❼ 1905·4月 政／1931·9·26 社／10·16 社／❽ 1937·7·27 社／1940·1·4 社
衛卒 ❶ 826·11·3 政
衛士 ❶ 811·10·11 政
閲兵 ❺-2 1852·6月 政
女騎馬 ❸ 1353·6·3 政／❹ 1466·11·14 社
篝兵(かがりへい) ❷ 1246·10·13 社
学徒出陣 ❾ 1993·12·1 文
学徒戦時動員体制 ❽ 1943·6·25 政
学徒壮行大会 ❽ 1943·10·21 社
学徒兵 ❽ 1943·12·1 政
水手(かこ) ❶ 707·8·16 社／717·11·8 社／728·6·7 社
下士兵卒家族救助令 ❼ 1904·4·4 社
火術方(佐賀藩) ❺-2 1844·5·5 政
学校報国団(隊) ❽ 1941·8·8 社／1945·9·26 文
神風特攻隊 ❽ 1944·10·20 政
間諜·斥候·候(うかみ、新羅) ❶ 601·9·8 政／672·5月 政／740·9·24 政
柵戸(きのへ·屯田兵) ❶ 647·是年 政
騎兵 ❶ 758·12·8 政／770·8·6 政／778·11·19 政
義兵 ❻ 1874·9月 政
奇兵隊 ❻ 1863·6·6 政／1864·6·14 政／10·21 政／1866·4·4 政
騎兵隊(幕府) ❻ 1862·12·7 政／1863·2·26 政
騎兵調役免除 ❶ 699·2·23 政
義勇軍 ❽ 1945·4·13 政
義勇軍禁止詔書 ❻ 1894·8·8 社
九軍神 ❽ 1942·3·6 政
義勇兵役法 ❽ 1945·6·23 政
教育総監部 ❼ 1898·1·20 政／1900·4·24 政
郷軍国土防衛隊 ❽ 1944·9·3 政
弓砲先鋒隊 ❻ 1854·1·16 社
軍事教練 ❽ 1939·3·30 政／5·22 政／1941·8·30 文／1942·1·29 社
四季空砲打鉄砲稽古許可 ❻ 1853·8·8 政
軍事参議院條例 ❼ 1903·12·28 政
軍司令官·師団長会議 ❼ 1931·8·4 政
軍人恩給法 ❻ 1876·10·23 政／1883·9·11 政／1890·6·21 政／❼ 1923·4·14 政／❽ 1946·2·1 政／1953·8·1 政
軍人勅諭 ❽ 1948·6·19 政
軍隊教育令 ❼ 1913·2·6 政
軍服の色·濃紺色から茶褐色(カーキ) ❼ 1904·2·12 社

軍令の制 ❼ **1907**·9·12 政
軍令部令 ❼ **1933**·9·27 政
元帥府 ❼ **1898**·1·19 政
皇軍慰問演芸班 ❽ **1938**·1·13 社
降人 ❸ **1333**·5·3 政
交通兵団司令部條令 ❼ **1915**·2·1 政
郷兵 ❹ **1468**·7·25 社
国土防衛兵 ❽ **1944**·10·8 政
国民義勇隊 ❽ **1945**·3·24 政
健児(こんでい) ❶ **642**·7·22 政／**733**·11·14 政／**734**·4·23 政／**738**·5·3 政／**762**·2·12 政／**792**·6·14 政／**797**·8·16 政／11·17 政／**800**·2·23 政／**801**·4·27 政／**804**·9·22 政／**810**·5·11 政／**866**·11·17 政
防人(さきもり) ❶ **664**·是年 政／**685**·12·4 社／**689**·2·13 政／**713**·10·28 政／**730**·9·28 政／**737**·9·22 政／**757**·⑧·27 政／**759**·3·24 政／**766**·4·7 政／**783**·5·22 政／**795**·11·22 政／**804**·6·21 政／**806**·10·3 政／**835**·3·14 政／**841**·8·19 政／**843**·8·22 政／**857**·5·8 政／**859**·3·13 政／**876**·3·13 政／**879**·10·4 政／**894**·8·9 政
　防人の歌 ❶ **755**·2月 文
防人正 ❶ **784**·3·14 政
防人停止 ❶ **730**·9·28 政
防人司 ❶ **795**·11·22 政
参謀総長 ❼ **1898**·1·20 政／**1899**·5·11 政／**1923**·3·17 政
射手の條規 ❸ **1382**·2·13 社
柔遠隊 ❻ **1870**·8·29 政
銃隊(越前福井藩) ❺-2 **1852**·2·18 政
出征兵士(留守宅) ❽ **1937**·8·12 社／10·1 社
出征兵士家族の生活保障 ❼ **1936**·4·28 政
戦傷 ❹ **1569**·5·18 政
傷痍·戦傷軍人 ❽ **1938**·1·15 社／**1942**·2·26 社／**1945**·2·24 社／**1948**·8·30 社／**1956**·3·15 政
軍人傷痍記章條例 ❼ **1913**·3·17 政
傷痍軍人会 ❾ **1978**·9·13 政
傷兵(保護)院 ❼ **1934**·3·24 文／**1936**·10·19 文
廃兵院(法) ❼ **1906**·4·7 社／**1907**·2·15 社
廃兵大会 ❼ **1922**·10·15 社／**1924**·2·10 社
松花部隊 ❽ **1945**·8·9 政
召集規則 ❽ **1945**·3·29 政
傷兵保護院 ❽ **1938**·4·18 政
白梅部隊 ❾ **1967**·3·25 政
親衛兵(会津藩) ❺-2 **1818**·是年 政
陣夫役 ❹ **1543**·2·2 社／**1586**·7·16 政／**1589**·7·7 政
選士 ❶ **734**·4·23 政／**826**·11·3 政／**866**·11·17 政／**869**·12·28 政／**870**·6·7 政／6·7 政
戦陣訓 ❽ **1941**·1·8 政
戦線離脱者 ❸ **1339**·12·13 政
千人針 ❼ **1904**·是秋 社／**1932**·是年 政
第二国民兵 ❽ **1943**·9·21 政
滝口武士 ❶ **897**·寛平年間 政／**942**·6·29 社／**989**·6·12 政
敢死士(たけきひと) ❶ **469**·8月
帯刀 ❶ **989**·6·12 政
短期現役(兵)制廃止 ❽ **1939**·3·9 政／11·11 政
朝鮮青年特別錬成令 ❽ **1942**·10·1 政
儲士 ❶ **734**·4·23 政
鎮戍の兵 ❶ **811**·⑫·11 政
鎮兵 ❶ **758**·12·8 政／**768**·9·22 政／**769**·1·30 政／**805**·2·5 政／**811**·7·3 政／**815**·8·22 政／**881**·3·26 政
鉄血勤皇隊 ❽ **1945**·3·31 政
鉄砲足軽 ❺-1 **1637**·是年 政／**1646**·3月 政
鉄砲組(豊後臼杵藩) ❺-2 **1844**·是年 政
東京都国民義勇隊 ❽ **1945**·6·8 政
東部軍司令部女子通信部隊 ❽ **1943**·12月 政
統領 ❶ **826**·11·3 政／**869**·12·28 政
特設海軍部隊臨時職員設置 ❽ **1941**·12·27 政
特別志願士官制度 ❼ **1933**·2·16 政
独立機関銃中隊 ❼ **1917**·12·1 政
十津川郷士 ❻ **1864**·7·20 政／**1869**·3·6 政
都督部條例 ❼ **1896**·8·10 政／**1900**·4·24 政
屯田憲兵 ❻ **1874**·10·30 政
屯田兵(古代) ❶ **647**·是年 政
屯田兵(明治、北海道) ❻ **1873**·12·25 政／**1874**·6·23 政／**1875**·1·12 政／5月 政／**1886**·9月 政
屯田兵條例 ❻ **1885**·5·5 政／**1890**·8·29 政／❼ **1904**·9·8 政／**1906**·4·12 政
屯田兵予備兵條例 ❻ **1877**·12·27 政
農兵 ❹ **1587**·7·30 政／**1588**·7·23 政
農兵(江川) ❻ **1861**·10月 政
農兵(幕府) ❻ **1866**·11·14 政
農兵(広島藩) ❻ **1863**·4月 政
農兵鉄砲隊(会津藩) ❻ **1867**·3月 政
野伏 ❸ **1432**·10·13 政
博多警固所 ❶ **895**·3·13 政
爆弾三勇士 ❼ **1932**·2·22 政
八王子千人同心 ❻ **1865**·9·5 政／**1868**·5·2 社／**1890**·12·12 政
抜刀隊従軍志願 ❻ **1894**·6·28 政
非常警備隊 ❽ **1944**·4·4 政
ひめゆり学徒隊 ❽ **1945**·3·23 政／6·18 政／❾ **1967**·3·25 政
ひめゆり平和祈念資料館 ❾ **1989**·6·23 政
百人衆郷士(高知藩) ❺-1 **1644**·是年 政
兵衛 ❶ **586**·5月 政／**686**·9·27 政／**689**·7·20 政／**702**·4·15 政／**729**·4·10 政／**755**·6·24 政／**798**·3·16 政／**811**·10·11 政／**812**·3·9 政／**821**·7·13 政／**834**·12·22 社／**876**·4·27 社
兵庫 ❶ **644**·11月 政／**646**·1月 政／**858**·8·4 政／**895**·7·26 政
兵事使 ❶ **764**·9·2 政
兵庫将軍 ❶ **711**·9·4 政
兵庫寮 ❶ **898**·11·21 政
兵船 ❷ **1185**·1·12 政／1·26 政／3·12 政
風九三〇八部隊 ❽ **1941**·9月 政
覆勘状(勲功証明書) ❷ **1274**·12·7 政
武士降参半分の法 ❸ **1348**·10·14 政／**1353**·11·16 政／**1356**·6月 政
武士の合戦(常陸) ❷ **1106**·6·10 政
武士の乱暴禁止 ❷ **1185**·1·9 社／2·5 社／4·26 政／7·28 政／**1187**·8·19 社／**1215**·7·5 社
武事にかかわることを禁止 ❷ **1215**·5·24 社
兵役法 ❼ **1927**·4·1 政
兵士·兵(つわもの) ❶ **646**·1·1 政／**689**·⑧·10 政／**704**·1月 文／6·3 政／**718**·11·23 政／**732**·8·22 政／**733**·11·14 政／**739**·5·25 政／6·22 政／**746**·12·15 政／**753**·10·21 政／**763**·1·15 政／**768**·9·22 政／**776**·11·26 政／**792**·6·7 政／**795**·12·26 政／**801**·4·27 政／**802**·12月 政／**809**·6·11 政／**810**·5·11 政／**813**·8·9 政／**819**·11·5 政／**826**·11·3 政／**843**·4·19 政／**869**·9·27 政／**881**·3·26 政／**983**年社(囲み)
兵士に関する條規 ❸ **1307**·7·6 社
兵士の食事状態 ❼ **1898**·6月 社
兵船·水手·梶取の調査 ❸ **1336**·3·1 社
兵務局(陸軍省) ❼ **1936**·7·25 政
防衛司令部 ❼ **1935**·5·29 政
防備隊條例 ❼ **1907**·10·1 政
砲兵 ❻ **1866**·9·20 政
砲兵支廠(大阪製造所) ❻ **1875**·2·8 政
砲兵本廠(関口製造所) ❻ **1875**·2·8 政
補助憲兵令 ❼ **1923**·10·11 政
歩兵 ❻ **1867**·9月 政／11·13 社
歩兵隊(幕府) ❻ **1862**·12·7 政／**1863**·2·26 政
歩兵屯所 ❻ **1863**·1·21 政／7·11 政／**1865**·11月 政
歩兵奉行 ❻ **1862**·12·1 政／**1866**·8·5 政
捕虜·俘虜 ❽ **1945**·8·30 政
　チモール島捕虜不法集団処刑事件 ❽ **1951**·3·8 政
　敵航空機搭乗員 ❽ **1942**·10·19 政
　バイタ日本人捕虜収容所事件 ❽ **1944**·1·9 政
　俘虜情報局 ❽ **1941**·12·29 政
　俘虜処罰法 ❽ **1943**·3·10 政
　俘虜派遣規則 ❽ **1942**·10·21 政
　米俘虜虐待報告書 ❽ **1945**·9·5 政
　捕虜(日本将校自殺) ❼ **1932**·2·23 政
　捕虜収容所 ❽ **1942**·1·14 政／7·19 政
　捕虜取扱い法 ❾ **2004**·6·18 政
本陣 ❸ **1363**·3月 社
水戸藩銃隊 ❻ **1856**·6·20 政
民兵 ❺-2 **1842**·12·20 政
元日本軍兵士、弔慰金·慰労金 ❾ **1988**·7·1 政
勇敢便武の人 ❶ **711**·9·2 政
洋式銃隊·砲隊 ❺-2 **1843**·3月 政／

1847·9·28 政
洋式部隊「壮儿廻り」 ❺-2 **1838**·是年 政
浪人·牢人 ❹ **1480**·2·21 社／**1483**·8·26 政／❺-1 **1616**·4·25 社／6·11 社／**1619**·5·15 社／8·26 社／**1620**·8·24 政／**1621**·9·20 社／**1623**·2·15 社／⑧·20 社／9·23 社／**1629**·10·18 政／**1630**·9·24 政／10·29 社／**1634**·7·28 政／是年 社／**1641**·是秋 社／**1651**·12·10 政／**1652**·10·26 政／**1655**·3月 政／**1662**·3·19 政／**1681**·7·17 政／**1705**·1月 社／❺-2 **1717**·7·11 政／**1718**·6·22 政／8月 政／**1722**·3·1 社／**1725**·2·18 政／**1731**·6·5 社／**1738**·8·8 政／**1768**·11月 政／**1769**·6月 政／**1772**·3·16 政／10·12 政／**1774**·10·28 社／**1778**·10·11 社／**1783**·8·27 社／**1787**·11·18 政／**1812**·6·24 社／**1841**·5·14 政／**1843**·7·14 政／**1847**·10·27 社
鷲尾隊 ❻ **1867**·12·8 政

兵制·軍隊·教授所

宇垣軍縮 ❼ **1925**·5·1 政
イギリス軍事顧問団 ❻ **1867**·9·26 政
イギリス式海軍教育 ❻ **1873**·7·27 政
イギリス式兵制 ❻ **1870**·10·2 政
イギリス連隊行進 ❻ **1866**·2·5 政
馬揃(うまぞろえ) ❹ **1581**·2·28 政／8·1 政／❺-1 **1633**·8·3 政／❻ **1855**·5·18 政
大阪造兵司 ❻ **1870**·2·2 政
海軍技術研究所 ❼ **1923**·3·26 政／4·1 文
官軍 ❻ **1868**·1·2 政
監軍部條例 ❻ **1887**·6·2 政
機関科(兵学寮) ❻ **1876**·7·21 政
教導団(兵部省) ❻ **1871**·5·25 政
軍役人数改定 ❻ **1866**·8·26 政
軍役人数賦(鹿児島藩) ❺-2 **1848**·8·18 政
軍事取調掛兼兵学修行総司(浜松藩) ❺-2 **1844**·1·30 政
軍事救護令 ❼ **1917**·10·30 政
軍機保護法 ❼ **1899**·7·15 政／❽ **1937**·8·14 政／**1939**·12·12 政／**1945**·10·13 政
軍事特別措置法 ❽ **1945**·3·28 政
軍事扶助法 ❽ **1937**·7·1 社
軍事保護院 ❽ **1938**·4·18 政／**1939**·7·15 政
国防保安法 ❽ **1941**·3·7 政／**1945**·10·13 政
戦時犯罪処罰特例法 ❽ **1941**·12·19 政
軍備充実四か年計画 ❽ **1939**·12·20 政
軍防局 ❻ **1868**·2·3 政
軍務官 ❻ **1868**·④·21 政
軍法(幕府) ❸ **1333**·1月 政
軍法会議 ❻ **1882**·9·22 政
軍役 ❸ **1370**·7月 政
降参人名簿 ❸ **1334**·12·14 政／**1352**·5·6 政
国防拡充十二年計画 ❼ **1936**·7·14 政
故戦防戦禁止 ❸ **1346**·2·5 政／**1352**·9·18 政
時局兵備改善要綱 ❼ **1932**·12·27 政
シーレーン防衛 ❾ **1982**·3·27 政／5·20 政／8·30 政／**1983**·3·12 政
周辺事態法 ❾ **1999**·5·28 政
陣中の條制 ❸ **1335**·3·1 政
新防衛計画大綱 ❾ **2010**·12·10 政
整備局(陸軍省) ❼ **1926**·10·1 政
西洋学館 ❺-2 **1850**·是年 政
西洋式銃隊 ❺-2 **1841**·5·9 政
摂海防禦指揮 ❻ **1864**·3·25 政
対領空侵犯措置 ❾ **1987**·1·31 政
徴兵慰労義会 ❻ **1885**·是年 政
徴兵規則 ❻ **1870**·11·13 政
徴兵忌避 ❻ **1877**·2·1 政／**1884**·1月 社／**1888**·11·21 政／❼ **1904**·1·9 文／**1915**·6月 社／**1930**·是年 政
徴兵検査 ❼ **1928**·4·16 政／❽ **1940**·1·27 政
徴兵検査反対一揆 ❻ **1873**·6·27 社
徴兵告諭書 ❻ **1872**·11·28 政
徴兵事務條例 ❻ **1884**·7·19 政
徴兵条件 ❻ **1877**·6·6 政
徴兵詔書 ❻ **1872**·11·28 政
徴兵制(朝鮮) ❽ **1943**·8·1 政／**1944**·2·8 政／9·1 政
徴兵制発言 ❽ **1954**·11·8 政
徴兵適齢臨時特令 ❽ **1943**·12·24 政
徴兵服役者扶助規定 ❻ **1884**·是年 政
徴兵免除条件 ❻ **1875**·3·25 政
徴兵令 ❻ **1873**·1·10 政／**1875**·11·4 政／**1879**·10·27 政／**1883**·12·28 政／**1889**·1·22 政／**1895**·3·13 政
毒瓦斯研究所 ❼ **1918**·4月 政
長崎炮術其外御備向御用 ❺-2 **1808**·11·2 政
乗込馬場 ❺-2 **1807**·8·1 政
フランス軍事教官団 ❻ **1867**·1·14 政／**1872**·4·11 政
フランス士官シャノアン雇入 ❻ **1866**·9·29 政
フランス式兵制 ❻ **1870**·10·2 政
フランス式調練 ❻ **1866**·是年 政
フランス式騎兵隊 ❺-2 **1852**·10月 政
兵器製造所 ❻ **1890**·8·18 政
兵事課(府県) ❻ **1883**·1·23 政
兵食賄方 ❻ **1868**·6·9 社
兵制改正(水戸藩) ❺-2 **1844**·5·2 政
兵制研究外遊 ❻ **1884**·2·16 政
兵賦(幕府·人員) ❻ **1862**·12·3 政／**1864**·4·25 政
砲術修行·演習 ❺-2 **1791**·9·26 政／**1792**·7月 政／**1810**·8·5 政／**1820**·7·27 政／**1846**·4月 政／7·22 政／**1847**·7·23 政／**1848**·2·6 政／6·26 政／8·8 政／9·22 政／**1850**·3·11 政／**1851**·3·5 政／**1852**·8·19 政
砲術館 ❺-2 **1847**·8·20 政
有事関連三法 ❾ **2003**·6·6 政
陸軍造兵廠令 ❼ **1923**·3·30 政
陸軍特別志願兵(台湾) ❽ **1942**·4·1 政／**1944**·10·16 政
陸軍特別志願兵(朝鮮) ❽ **1938**·1·15 政／2·23 政／6·13 政
陸軍兵器廠 ❼ **1897**·9·11 政／**1900**·4·24 政
陸軍兵卒等級表 ❼ **1931**·11·10 政
陸軍防衛召集規則 ❽ **1942**·9·26 政

操練·練兵·練兵場

大塚調練所 ❻ **1856**·2·17 政
海軍演習 ❻ **1871**·11·23 政／**1887**·6·1 政
海軍操練 ❻ **1872**·10·25 政
海軍操練所 ❻ **1869**·9·18 政
海軍対抗大演習 ❼ **1900**·4·28 政／**1927**·10·11 政／**1930**·10·10 政
学校教練 ❽ **1945**·8·24 文
学校軍事教練(反対同盟) ❼ **1924**·11·12 文／**1925**·1·10 政／12·2 政／**1929**·11·12 政／**1932**·6月 政／**1934**·5·9 社／**1935**·11·30 政
軍艦操練御用掛 ❻ **1858**·2·2 政
軍艦操練所 ❻ **1864**·3·10 政／**1866**·6月 政
軍官民連合防空警備演習 ❽ **1943**·11·27 政
航空大演習(陸軍最初) ❼ **1925**·9·23 政／**1928**·9·25 政／**1931**·3·8 政
国家総動員演習 ❼ **1929**·7·3 社
駒場野練兵場 ❻ **1870**·3·19 政
関狩(藩士の軍事·大演習、鹿児島藩) ❺-2 **1852**·2·21 政
操練·練兵 ❺-2 **1726**·5·13 政／**1797**·5·16 政／**1817**·2·26 政／**1819**·8·7 政／**1840**·1·21 政／**1843**·2·25 政／7月 政／**1847**·6月 政／10·28 政／**1849**·10·23 政／**1850**·5·11 政／5·25 政／**1851**·4·7 政／9·4 政／❻ **1869**·5·18 政／**1871**·11·28 政
大砲演習所·大的稽古場 ❺-2 **1789**·12·29 政／**1790**·1·5 政／**1801**·6·26 政／**1802**·4·27 政／**1807**·8·1 政／**1827**·10·14 政／**1843**·8·12 政／11·4 政／**1844**·1·15 政／2·25 政／3·19 政／**1850**·12·29 政／**1851**·1·28 政／**1852**·5·2 政
鉄砲稽古の時期 ❺-2 **1848**·9月 政／**1849**·9·23 政／**1850**·9·25 政／**1851**·8·13 政
東京湾進攻·防禦演習 ❻ **1885**·3·8 政
特別謀略警備演習 ❽ **1943**·8·9 社
日比谷操練場 ❻ **1878**·3·25 政
武術稽古場 ❺-2 **1797**·1·22 政
船打演習 ❻ **1853**·11·14 政／**1855**·8·4 政
兵士調練 ❻ **1867**·12·27 政
防空演習(燈火管制) ❼ **1928**·6·30 政／**1930**·7·7 政／**1932**·8·6 政／**1933**·7·20 政／8·9 政／**1934**·7·26 政／8·24 政／9·1 政／**1935**·6·26 政／7·6 政
北海道名寄演習場 ❾ **1969**·2·19 政
武者揃 ❹ **1596**·2月 文禄／7·5 文禄
夜間爆撃演習 ❼ **1930**·8·2 政
洋式訓練 ❺-2 **1838**·是年 政
洋式訓練禁止 ❻ **1866**·5·9 政
洋式銃隊調練 ❻ **1856**·4·9 政／9·24 政／**1859**·7·3 政
代々木練兵場 ❼ **1909**·7·5 政
陸海軍連合大演習 ❻ **1890**·3·28 政
陸海軍連合大観兵式 ❻ **1890**·4·3 政
列国の陸軍現勢概観 ❼ **1936**·1·19

政
連兵訓練(萩藩) ❻ 1863·11·4 政
練兵場(幕府) ❻ 1854·8·14 政

陸海軍団体

恢弘会 ❼ 1924·4·3 政
偕行社(陸軍武官社交機関) ❻ 1877·2·15 政／1880·11·13 政／1890·2·15 政／❽ 1946·8·10 政／1952·8·23 政
くろがね会(海軍文化団体) ❽ 1941·10·4 文
軍事後援会 ❼ 1904·3·7 社
軍事普及委員会 ❼ 1924·5月 政
軍人援護会 ❽ 1938·10·3 政／11·5 政
軍人会館 ❼ 1934·3·25 政
国民軍事研究団 ❼ 1923·7·30 政
在郷軍人(会、団) ❼ 1907·4·9 政／1910·11·3 政／1915·12·3 政／1932·10·29 政／1934·1·9 政
水交社·水交会 ❽ 1946·8·10 政／1952·8·23 政
全日本在郷軍人会 ❽ 1945·8·31 政／1954·12·8 政
戦友団体連合会 ❽ 1955·6·6 政
大学国防研究会連盟 ❼ 1934·6·30 政
大日本国防義会 ❼ 1913·11·17 政
大日本傷痍軍人会 ❼ 1936·12·2 社
東京在郷軍人連盟 ❽ 1952·9·18 政
日本郷友連盟総会 ❽ 1956·11·22 政
日本傷痍軍人会 ❽ 1938·9·26 政／1958·1·10 政／❾ 1973·10·18 政
日本人民開放連盟 ❽ 1944·4月 政
兵器生産協力会 ❽ 1952·7·13 政／8·13 政
防空思想普及会 ❼ 1934·2·4 社
瑞穂倶楽部 ❼ 1933·10·15 政
明倫会 ❼ 1933·5·16 政
陸海軍航空委員会 ❽ 1941·1·10 政
陸軍航空工業会 ❽ 1942·11·20 政
早稲田大学軍事研究団事件 ❼ 1923·5·10 文

陸軍 ❻ 1869·7·8 政／1870·12·7 政／4·4 政

威海衛占領軍引揚げ ❼ 1898·5·10 政
高射砲第一師団 ❽ 1944·12·22 政
上海派遣軍 ❽ 1937·9·11 政
震天制空隊(B29 体当たり隊) ❽ 1944·11·7 政
第三十二～四十一師団 ❽ 1939·2·7 政
第六軍 ❽ 1939·8·4 政
中支那派遣軍 ❽ 1938·2·14 政
認識票(陸軍) ❻ 1894·6·22 政
防衛総司令部 ❽ 1941·7·7 政
洋式砲術奨励親書 ❻ 1854·1·14 政
陸援隊(高知) ❻ 1867·7·29 政
陸海軍共同作戦計画 ❼ 1903·12·30 政
陸海軍総奉行 ❻ 1864·7·7 政
陸軍衛戍條例 ❻ 1888·5·14 政
陸軍化学戦演習 ❼ 1931·2·3 政
陸軍掛 ❻ 1870·2·7 政
陸軍火薬研究所 ❼ 1903·4·14 政
陸軍監獄則 ❻ 1883·10·24 政
陸軍監獄令 ❼ 1908·9·26 政
陸軍観兵式 ❼ 1906·4·30 政／1915·12·2 政／1919·7·1 政／1926·1·8 政／1928·1·8 政／4·29 政／12·2 政／1929·1·8 政／1930·1·8 政／1933·1·8 政／1934·10·20 政／1935·1·18 政／❽ 1937·1·8 政／1939·1·8 政／1940·1·8 政／10·21 政／1941·1·8 政／1942·1·8 政／1943·1·8 政／4·29 政／1944·1·8 政／1945·1·8 政
陸軍記念日 ❼ 1906·1·30 政／❽ 1939·3·10 政／1942·3·10 社
陸軍教導団 ❻ 1876·4·8 政／1890·3·15 政
陸軍教導団條例 ❼ 1899·10·3 政
陸軍軍需監督官令 ❽ 1938·1·15 政
陸軍軍備制限計画 ❼ 1922·7·3 政
陸軍軍法会議法 ❼ 1921·4·26 政
陸軍軍人に勅語 ❽ 1945·8·17 政
陸軍刑法 ❻ 1881·12·28 政／1888·12·19 政／❼ 1908·4·10 政
陸軍検閲條例 ❻ 1886·7·26 政
陸軍元帥 ❻ 1872·7·19 政／1873·5·8 政
陸軍航空軍司令部 ❽ 1942·6·1 政
陸軍国旗章 ❻ 1870·5·15 政
陸軍裁判所 ❻ 1882·9·22 政
陸軍三兵演習 ❻ 1874·9·19 政
陸軍三兵連隊旗制定 ❻ 1874·12·2 政
陸軍参謀局 ❻ 1874·6·18 政
陸軍参謀本部 ❻ 1878·12·5 政／1888·5·14 政／1889·3·9 政
陸軍志願兵徴募規則 ❻ 1889·5·21 政
陸軍志願兵令 ❽ 1940·4·23 政
陸軍従軍記者心得 ❼ 1904·2·10 文
陸軍所 ❻ 1866·11·18 政／1870·4·4 政
陸軍省 ❻ 1872·2·28 政
陸軍将校·准士官の総数 ❻ 1885·8月 政
陸軍将校団條例 ❼ 1908·3·24 政
陸軍将校分限令 ❻ 1888·12·25 政
陸軍常備団隊配備表 ❻ 1888·5·14 政／❼ 1896·3·14 政
陸軍戦時服服制 ❼ 1905·7·11 社
陸軍戦時編制概則 ❻ 1881·5·19 政
陸軍総裁 ❻ 1862·12·18 政／1864·2·11 政／1867·6·29 政／1868·1·23 政
陸軍操練所 ❻ 1869·10·20 政／1871·11·28 政
陸軍大演習 ❼ 1898·11·15 政／1902·11·9 政／1903·11·12 政／1909·11·6 政／1912·11·15 政／1919·11·9 政／1921·11·16 政／1927·9·17 政／11·15 政／1929·3·10 政／11·15 政／1932·11·11 政／1933·10·24 政／1934·11·11 政／1935·11·9 政／1936·10·3 政
陸軍大臣 ❻ 1885·12·22 政
陸軍治罪法 ❻ 1883·8·4 政
陸軍懲治隊條例 ❼ 1902·10·9 政
陸軍定員令 ❻ 1890·11·1 政
陸軍鉄道大隊 ❼ 1898·6·4 政
陸軍特別攻撃隊「万朶隊」 ❽ 1944·11·12 政
陸軍読法 ❻ 1871·12·28 政
陸軍始 ❻ 1870·1·17 政／1872·1·8 政
陸軍パンフレット ❼ 1934·9·1 社／1935·1·24 政
陸軍被服廠 ❻ 1890·3·27 政
陸軍病馬院 ❻ 1875·2·10 社
陸軍部 ❻ 1871·7·28 政
陸軍奉行 ❻ 1862·12·1 政／1866·8·18 政
陸軍奉行並 ❻ 1868·1·15 政
陸軍服役條例 ❼ 1896·6·3 政
陸軍本部條例 ❻ 1878·12·13 政
陸戦隊概則 ❻ 1886·11·5 政
旅順鎮守府條例 ❼ 1906·9·25 政
旅順防備隊令 ❼ 1922·11·10 政／1925·1·31 政
旅順要港部 ❼ 1914·3·14 政／1933·4·20 政／9·27 政
旅団條例 ❻ 1885·6·3 政
旅団司令部條例 ❻ 1888·5·14 政
練習航海 ❻ 1875·11·6 政／1878·1·17 政
連隊旗制定 ❻ 1874·12·2 政

倭寇(わこう) ❷ 1223·5·22 政／1251·11月 政／1265·7·1 政／1280·5·3 政／❸ 1323·7月 政／1350·2月 政／是年 政／1351·是年 政／1354·4·17 政／1355·3·14 政／是年 政／1357·5·14 政／9·26 政／1358·3·11 政／1359·是年 政／1360·4·20 政／1361·4·16 政／1362·2·21 政／1363·8月 政／1364·3·5 政／1366·5·1 政／9月 政／11·14 政／1367·3·13 政／1369·1月 政／11·1 政／是年 政／1370·2·9 政／6月 政／1371·3·3 政／1372·2·4 政／5·21 政／1373·2·27 政／7·12 政／1374·3·9 政／7·9 政／1375·1月 政／是年 政／1376·1月 政／5·3 政／10月 政／1377·2月 政／6月 政／是年 文／1378·1月 政／7月 政／11月 政／1379·2月 政／6月 政／7月 政／是年 政／1380·2月 政／7·14 政／9月 政／1381·2月 政／1382·2月 政／是年 政／1383·6月 政／1384·7月 政／是年 政／1385·1月 政／9月 政／1387·1月 政／1388·5月 政／1390·6·19 政／是年 政／1391·9·1 政／9月 政／10·18 政／1392·2·26 政／1393·3·29 政／1394·3·4 政／10·3 政／1395·4月 政／⑨·3 政／1396·2·23 政／1397·1·3 政／4·1 政／5·15 政／7·25 政／1398·2·8 政／8月 政／是年 政／1399·7·10 政／10·1 政／1401·6·5 政／1402·1·28 政／7·11 政／1403·4·24 政／1404·2·22 政／4月 政／1406·2·13 政／8·11 政／10月 政／1407·9·2 政／1408·1·23 政／10·28 政／1409·1·9 政／1410·2·27 政／10·19 政／1411·2·23 政／是年 政／1413·1·21 政／1415·7·4 政／7·23 政／1416·6·7 政／1417·8·6 政／是年 政／1418·5·4 政／12·11 政／1419·6月 政／是年 政／1421·1·16 政／是年 政／1425·2·16 政／1427·2月 政／1430·8·13 政／1439·2·4 政／5·1 政／5·15 政／1440·2·29 政／1441·3·3 政／1443·5·17 政／6·10 政／1446·是年 政／❹ 1468·是年 政／1473·10·15 政／1480·

8·13 政／**1481**·8·21 政／**1483**·2·12 政／**1489**·10·23 政／**1490**·7·23 政／**1492**·11·7 政／**1494**·2·23 政／**1497**·2·25 政／**1500**·2·22 政／**1502**·是年 政／**1506**·9月 政／**1509**·3·20 政／4月 政／**1513**·3·10 政／**1522**·6·11 政／是年 政／**1523**·5·23 政／**1529**·4·12 政／**1530**·3·10 政／**1540**·是年 政／**1541**·是年 政／**1546**·是年 政／**1552**·4·24 政／**1553**·3月 政／6·27 政／**1554**·1·27 政／**1555**·3·19 政／7月 政／11·11 政／**1556**·1·3 政／7月 政／11·3 政／是年 政／**1557**·4·17 政／10月 政／是年 政／**1558**·1·11 政／**1559**·2·18 政／7·1 政／**1560**·2·4 政／2月 政／**1561**·是年 政／**1562**·2·8 政／**1563**·1·14 政／**1564**·2·15 政／**1565**·4·18 政／**1569**·3·24 政／是年 政／**1570**·是年 政／**1572**·2·9 政／**1574**·12·15 政／**1575**·1·10 政／**1582**·3·21 政／**1587**·2·26 政
鹿島の倭変　❹ **1447**·4·13 政
加徳島倭船襲撃事件　❹ **1508**·11·2 政
庚寅の倭寇　❸ **1350**·2月 政
恒居倭に課税　❹ **1485**·3·17 政
高麗の諸公事　❹ **1474**·2·5 政
降倭(投化倭)　❸ **1353**·9·9 政／**1369**·7·9 政／**1393**·6·16 政／**1395**·1·3 政／**1396**·12·22 政／**1406**·1·26 政／**1408**·5·11 政／**1410**·2·27 政／**1419**·7·17 政／7·19 政／**1441**·6·24 政／**1448**·12·23 政
三浦(サンポ)の乱　❹ **1512**·2月 政
達梁倭変　❹ **1555**·5·11 政
蛇梁の倭変　❹ **1544**·4·12 政
対馬討伐の計画　❹ **1598**·4·11 政
島倭　❷ **1260**·2月 政／**1272**·7月 政
偽倭寇の横行　❸ **1382**·2月 政／**1383**·5月 政／**1388**·8月 政／❹ **1482**·⑧·12 政／**1486**·8·19 政
日本使刃傷事件　❹ **1468**·11·26 社
寧波(ニンポー)事件　❹ **1523**·4·30 政／**1525**·4·12 政／6·11 政／**1527**·7月 政
倭寇(高麗へ)　❷ **1223**·5·22 政／**1225**·4·8 政／**1226**·2·27 政／12·27 政／是年 政／**1227**·5·1 政／是年 政
倭寇、日本の根拠地　❸ **1429**·12月 社
倭船　❷ **1227**·4·15 政／**1272**·7·8 政
倭船の入港禁止　❷ **1258**·8·26 政
その他
営所　❻ **1873**·1·9 政
軍歌「抜刀隊」　❻ **1885**·7月 政
敗北的デマ　❽ **1945**·3·24 社
パレード(ポルトガル船、長崎)　❺-1 **1630**·8·2 政

7　経済

油·荏胡麻(えごま)·燈油
油稼人　❺-2 **1776**·11·16 社／**1833**·5·19 社
油座　❸ **1304**·8·21 社／❹ **1558**·6·23 政／**1576**·7·27 文／**1582**·7·21 社／**1584**·11·10 社
油商同業組合　❻ **1885**·12月 政
油商人　❸ **1376**·12月 社
油商売　❸ **1411**·7·7 社／**1414**·8·13 社
油商売(荏胡麻)　❸ **1376**·12月 社／**1341**·8·7 社／**1377**·12·12 社／**1415**·8·11 社／**1444**·5·4 社／❹ **1471**·4·5 社／**1479**·12·14 社／**1507**·12·25 社
油売買禁止　❸ **1378**·11·12 社
荏胡麻油　❹ **1517**·12·15 社／**1568**·11·9 社
大山崎神人の燈油商売禁止　❸ **1379**·4·7 社／**1437**·6·2 社
常燈油神人　❹ **1457**·4·13 社
東大寺油倉所　❹ **1461**·8·28 政
燈明料油　❹ **1524**·12·29 社
燈油　❺-2 **1742**·12月 社／**1786**·7月中旬 社／**1789**·5月 社
燈油商の通過　❹ **1497**·11·28 社
燈油販売　❹ **1458**·9·14 社
燈油料　❸ **1282**·3月 社／**1299**·12·22 社
燈油料·荏胡麻関津料　❸ **1322**·3·15 社
日供炭油(足利氏)　❸ **1428**·7·16 社
市
青物市場(江戸)　❺-1 **1614**·慶長年間 社／**1643**·寛永年間 社／**1651**·慶安年間 社／**1680**·享保年間 社／**1686**·4月 社
青物市場(天満)　❺-1 **1680**·享保年間 社
青物市場(内藤新宿)　❻ **1877**·10·5 社
青物見世(京都)　❺-1 **1713**·3·20 社
青物役所(江戸)　❺-1 **1714**·2月 社
粟津商人　❸ **1362**·11·28 社
生洲株(京都)　❺-1 **1712**·是年 社
市立て　❹ **1486**·11月 社
市司　❶ **840**·4月 社／**848**·7·2 社／**861**·3·7 社／**948**·4·5 社
市場　❸ **1359**·6·5 社
市日(加賀)　❺-1 **1611**·9·7 社
市日(徳山城下)　❺-1 **1710**·5·12 社
市日(盛岡)　❺-1 **1646**·7月 社
市日に購入の品々　❸ **1334**·是年 社
市店の区域　❷ **1265**·3·5 社
糸売買　❺-1 **1622**·11·13 社
魚·塩·竹細工　❸ **1404**·8·1 社
魚市場(京都淀)　❷ **1188**·9·15 社／❸ **1311**·7·12 政
魚市場(江戸日本橋)　❺-1 **1601**·是年 社／**1614**·慶長年間 社
魚市場(大坂天満魚屋町)　❺-1 **1618**·是年 社
魚市場(尾張)　❺-1 **1643**·寛永年間 社
魚市場(不入斗)　❻ **1881**·4·26 社
魚市場規則　❻ **1891**·7·7 社
魚店　❸ **1316**·4月 社
近江野洲市場　❹ **1585**·11·20 社
大坂銅商　❺-1 **1676**·3月 政
大坂淀魚市　❹ **1484**·9·16 社／**1495**·8月 社
桶売買　❺-1 **1680**·是年 社
表店組(畳表·青筵)　❺-1 **1694**·是年 政
刀の市　❺-1 **1614**·慶長年間 社
鎌倉市街の商売の区域　❷ **1251**·12·3 社
紙蔵(広島)　❺-1 **1706**·是年 社
紙店組　❺-1 **1694**·是年 政
紙屋　❺-1 **1713**·5·21 政
京都七條市禁止　❷ **1189**·9·6 政
魚貝売買(和泉堺浦)　❸ **1337**·6·11 社
釘店組　❺-1 **1694**·是年 政
甲府八日市場　❹ **1576**·6·28 社
穀物売買所　❺-1 **1688**·是年 政
古物商取締　❻ **1883**·12·28 社／**1895**·3·6 社
小間物　❺-1 **1694**·是年 政
紺特売　❸ **1396**·7·29 社
紺灰座商人　❸ **1396**·6·26 社
在方市　❺-1 **1664**·11·10 社
肴市場(江戸)　❺-2 **1834**·12·16 社
相模荻野村の市場　❹ **1589**·9·13 社
酒屋土倉規則　❸ **1430**·8·21 社／9·30 社
酒屋土倉闕所·借銭·諸土倉沙汰定　❸ **1427**·4·20 政
座頭　❸ **1287**·1·11 社
塩尻(信濃)　❸ **1400**·6·11 社
塩浜検注目録　❸ **1331**·11月 社
塩屋　❸ **1305**·5·6 社
商人通行禁止　❸ **1396**·10·12 社
新市(福岡藩黒崎村)　❺-1 **1704**·4·21 社
製鋼事業奨励　❻ **1889**·1·10 政
摂津池田市場　❹ **1549**·1·24 政
撰糸市場　❺-1 **1680**·延宝年間 社
竹商人　❸ **1416**·7月 社

丹波佐治市場　❹ 1582・6月 社
丹波宮田市場　❹ 1580・7月 社
定期市(青森外ヶ浜)　❺-1 1626・4・6 社
東西市(平城・平安)　❶ 703・是年政 社／762・12・29 社／786・5・3 社／794・7・1 社／839・6・6 社／840・4月 社／842・10・20 社／991・12・2 政／❷ 1145・3・29 社
銅自由売買　❻ 1869・3・9 政
歳の市(神田明神)　❺-2 1791・12・14 社
長門甲山市　❹ 1529・10・28 社
虹の市(売買)　❷ 1030・7・6 社
浜の市(豊後)　❺-1 1636・8月 社
播磨淡川市場　❹ 1579・6・18 政
播磨淡河(市庭)　❹ 1579・6・28 政
東蝦夷地厚岸(あっけし)に商場　❺-1 1643・寛永年間 政
干鰯仲買定書(大阪)　❺-1 1661・3月 政
星川市庭(いちば)　❷ 1132・是年 社
町棚(京)　❷ 1177・9・27 社
美濃円乗寺市場　❹ 1586・10・18 社
美濃加納市場　❹ 1568・9月 社
美濃神戸市場　❹ 1561・6月 社
武蔵浅草町の市場　❹ 1589・9・22 社
武蔵本郷新市場　❹ 1586・2・30 社
綿市場　❺-1 1643・寛永年間 社
楽市・楽座令　❹ 1585・10月 政
楽市(近江安土)　❹ 1549・12・11 社／1577・6月 社
楽市(近江堅田)　❹ 1583・12・12 政
楽市(近江金森)　❹ 1572・9月 社
楽市(近江八幡)　❹ 1586・6月 社
楽市(筑前博多)　❹ 1587・6・11 社
楽市(美濃加茂)　❹ 1584・7月 社
六斎市　❹ 1469・12・19 社／1578・9・29 社／1585・2・26 社／1587・6・16 社／❺-1 1614・慶長年間 社／1621・2・8 社

市場・商店街(近現代)

青空市場(上野)　❽ 1946・8・6 社
秋葉原電気街　❽ 1946・11月 社
浅草六区の興行街　❽ 1945・10・14 文
網走御用所　❻ 1860・是年 政
上野アメ横　❽ 1946・5・30 社／1947・6月 社／1950・1・28 社／是年 社
梅田・川の流れる街　❾ 1969・11・20 社
梅田地下街　❽ 1963・11・29 社
エクソンビル(ニューヨーク)　❾ 1986・12・10 政
大阪魚市場　❽ 1946・6月 社
大阪中央卸売市場　❼ 1931・3・28 政／11・11 社
大阪ナンバ地下センター　❽ 1958・12・18 社
大安売日　❼ 1908・3・15 社
尾津マーケット　❽ 1945・8・18 社
外国人専用の売り場　❽ 1950・10・15 社
格安品常設売場　❼ 1923・是年 社
神田青物市場　❼ 1898・9・14 社／1903・2・8 社／1928・12・1 社
京都中央卸売市場　❼ 1927・12・11 政
公設市場(岐阜)　❼ 1919・8・1 社
公設日用品市場　❼ 1918・4・15 社
コールド・チェーン(低温流通機構)　❾ 1966・9・12 社
コンビニエンスストア　❾ 1974・5・15 社／1975・3・17 社
渋谷駅前地下街　❽ 1957・12・11 社
進駐軍 PX(進駐軍専用売店)　❽ 1945・9月 社／1952・8・17 社
スーパーマーケット　❽ 1953・12・25 社
数寄屋橋ショッピングセンター　❽ 1957・7・3 社
西友ストアー　❽ 1963・4・19 社
善隣門(横浜中華街)　❽ 1955・2・2 社
総合中央卸売大田市場　❾ 1989・5・6 政
大根河岸青物市場　❼ 1899・4・14 社
高松市公設市場　❼ 1919・10・1 社
地下商店街(上野駅前)　❼ 1930・4・1 社
地下鉄ストア　❼ 1930・4・9 社
つかしん(複合商業施設)　❾ 1985・9・27 社
東急ハンズ　❾ 1976・8・28 社
東京銀座連合商店街　❽ 1945・10・24 社
東京中央卸売市場　❼ 1923・3・30 政／11・1 社／12・1 社／1933・2・11 社／12・13 社／1935・2・11 政／11・23 社
東京八重洲地下街店　❾ 1969・2・10 社
なんでも十円の店　❽ 1950・3・10 社
なんば CITY　❾ 1978・11・2 社
ファミリーマート　❾ 1973・9月 社
ポルタ(京都駅前広場地下街)　❾ 1980・11・27 社
三井アウトレットパーク入間　❾ 2008・4・10 政
無人スーパー「OK 国分寺」　❾ 1975・5・2 社
闇市露店　❽ 1945・9月 社／10・23 社／1946・1月 社／2・28 社／6・30 社／7・25 社／7・27 社／8・1 社／1948・2・5 社／1949・7・11 社／8・4 社／9・14 社／1951・11・30 社／12・12 社／1953・12・1 社
闇値　❽ 1945・10月 社
流通業務市街地整備　❾ 1966・7・1 政

会社・団体⇨ ⑯ 産業も見よ

伊豆七島中央物産会社　❻ 1888・2・4 政
大阪通商会社　❻ 1870・3月 政
会社経理(統制令、措置法)　❽ 1940・10・19 政／1944・11・1 政／1946・8・15 政
会社更生法　❽ 1952・6・7 政／7・7 政
会社職員給与臨時措置令　❽ 1939・10・18 政
会社設立法　❻ 1873・10・27 政
開農義会　❻ 1876・9・4 社
株式会社　❼ 1899・3・9 政
旧日本占領地会社整理令　❽ 1949・8・1 政
金融持株会社法　❾ 1998・3・11 政
経新倶楽部　❻ 1889・5・23 政
神戸商業会議所　❻ 1890・12・9 政
商業会議所　❻ 1890・9・12 政／1891・1・12 政
商社結成　❻ 1867・6・5 政
商社御用聞　❻ 1867・9・4 政
商社示談箇條書　❻ 1866・10・15 政
商法(工)会議所　❻ 1878・8・1 政／8月 政／1879・10・1 政／1880・9・17 政／1881・2・19 政／1882・12・5 政
水利組合條例　❻ 1890・6・21 社
全国蚕糸業大会　❻ 1894・12・5 社
全国実業団体連合会　❻ 1894・12・12 日清戦争
全国商業会議所連合会　❻ 1892・9・2 政
大日本水産会　❻ 1881・12・17 政
択善会　❻ 1877・7・2 政／1880・9・1 政
茶商協同社　❻ 1879・4月 政
通商会社　❻ 1870・12・25 政
東京活版組合(事業主)　❻ 1885・10・12 社
東京商業会議所　❻ 1878・3・12 政／1890・12・6 政
東京商工会　❻ 1883・10・16 政／11・20 政
東京商法会議所　❻ 1877・12・27 政
統制会社令　❽ 1943・10・18 政／1945・11・24 政／1946・3・16 政／1949・2・18 政
日露実業協会　❻ 1894・6・14 政
日本蚕糸協会　❻ 1883・6月 社
農商工諮問会　❻ 1881・5・23 政
有限会社法　❽ 1938・4・5 政
横浜商業会議所　❻ 1895・8・29 政

株

株価　❾ 1977・1・10 政／3・28 政／1978・3・28 政／1980・9・12 政／1982・12・6 政／1983・12・28 政／1984・1・9 政／1992・4・9 政／1994・6・1 政／1995・1・23 政／12・29 政／1996・12・24 政／2003・7・3 政／2005・12・1 政／2007・2・28 政
株価指数オプション取引　❾ 1989・6・12 政
株価情報伝達システム　❾ 1974・9・24 政
株価戦後最高値更新　❾ 2011・8・19 政
株券電子化　❾ 2009・1・5 政
株式先物市場「株先 50」　❾ 1987・6・9 政
株式市況の不振　❽ 1943・3月 政
株式市場第二部　❽ 1961・10・2 政
株式の「親引け」　❾ 1973・7・4 政
株ブーム　❾ 1981・4・8 政
企業向けサービス価格指数(SPI)　❾ 1991・1・10 政
撃柝売買　❾ 1982・12・28 政
ジャパンネクスト PTS　❾ 2007・8・27 政
証券投資信託法　❽ 1951・6・4 政
証券取引法　❽ 1948・4・13 政
証券保有制限令　❽ 1946・11・25 政
証券民主化促進全国大会　❽ 1947・12・1 政
大衆投資家時代　❽ 1956・11・1 政
大暴落　❽ 1961・7・18 政
ダウ平均株価　❽ 1952・1・4 政

手ぶりの立会 ❾ **2007**·8·31 政
東京株式市場 ❽ **1937**·2·23 政
投資顧問業 ❽ **1961**·8·10 政
投資信託 ❽ **1951**·6·4 政／**1959**·10·28 政
ニッケイ 225 先物 ❾ **1988**·9·3 政
日本株 30(JAPAN30·略称 J30) ❾ **1998**·11·24 政
ニューヨーク株式市場株価急落 ❾ **2007**·7·26 政

為替 ❷ **1278**·11·3 政／**1279**·3·19 政
為替会社 ❻ **1869**·5·24 政
為替通信事務データ通信 ❾ **1968**·4·9 政
為替方頭取 ❻ **1869**·1·24 政
為替手形·約束手形條例 ❻ **1882**·12·1 政
大阪為替会社 ❻ **1870**·3 月 政
国際為替制度に加入 ❻ **1885**·3·21 政
横浜為替会社 ❻ **1870**·4·13 政
外国為替審議会 ❽ **1952**·7·31 政
外国為替資金貸付·外国為替手形買取り ❾ **1972**·3·28 政
公金為替の始め ❺-1 **1691**·2 月 政
割符(さいふ) ❸ **1372**·11·11 政
政府公定制(為替相場) ❽ **1941**·12·29 政
貿易為替自由化促進閣僚会議 ❽ **1960**·1·5 政／4·19 政／6·24 政／**1961**·9·26 政
郵便為替金特別会計 ❻ **1890**·3·18 政

官庁(経済関係)
大蔵省、銀行局 ❼ **1916**·4·10 政
大蔵省預金部資金運用委員会 ❼ **1928**·1·30 政
大蔵省臨時調査局 ❼ **1917**·2·12 政
会計官令 ❻ **1869**·5·8 政
会計規則 ❻ **1889**·4·30 政
会計検査院 ❻ **1880**·3·3 政／**1886**·4·17 政／**1889**·5·10 政
会計裁判所御用掛 ❻ **1868**·2·13 政
会計年度 ❻ **1872**·11·27 政／**1874**·10·13 政／**1881**·4·28 政／**1884**·10·28 政
会計法 ❻ **1881**·4·28 政／**1889**·2·11 政
価格調整公団法 ❽ **1947**·4·16 政
関東経営者協会 ❽ **1946**·6·17 政
関東食糧民主協議会 ❽ **1946**·2·11 社
供託局官制 ❼ **1922**·3·30 政
金穀出納所(のち大蔵省) ❻ **1867**·12·23 政
金穀貸借訴訟 ❻ **1872**·10·22 政
金融制度調査会設置法 ❽ **1956**·6·7 政
軍需局 ❼ **1918**·6·1 政
軍需工業動員調査令 ❼ **1919**·1·13 政
軍需工業動員法 ❼ **1918**·4·17 政
軍需調査令 ❼ **1919**·12·16 政
軍需評議会 ❼ **1918**·6·1 政
経済閣僚懇談会 ❽ **1957**·7·12 政
経済警察制 ❽ **1938**·6·30 政／**1941**·2 月 政
経済調査会官制 ❼ **1916**·4·25 政
経済調査庁 ❽ **1948**·8·1 政
経済保安警察制度 ❽ **1938**·7·29 政
交易営団法 ❽ **1943**·3·6 政
公益事業委員会 ❽ **1950**·12·15 政
公正取引委員会 ❽ **1947**·7·1 政／12·22 政
国際緊急食糧委員会 ❽ **1947**·9·24 政
国税庁 ❽ **1949**·5·4 政
国民食糧栄養対策審議会 ❽ **1947**·3·7 社
国有財産整理局 ❼ **1923**·4·27 政
小作制度調査会 ❼ **1920**·11·12 社／**1923**·5·8 政／**1924**·4·5 政／**1926**·5·25 政／5·25 政
御用所(会計·政府) ❻ **1868**·2·3 政
産業復興公団 ❽ **1947**·4·15 政／5·13 政／**1948**·10·12 政
衆議院不当財産取引調査特別委員会 ❽ **1948**·1·29 政／4·27 政
重要産業団体令 ❽ **1941**·8·30 政／**1946**·9·28 政
重要物資管理営団 ❽ **1943**·3·6 政
商工審議会 ❼ **1927**·5·24 政
常平局(大蔵省) ❻ **1878**·6·17 政
商法司 ❻ **1868**·④·25 政／**1869**·3·15 政
商務官官制 ❼ **1910**·7·6 政
食糧局 ❼ **1921**·5·7 政
諸国物産積荷改番所 ❻ **1869**·6·22 社
全国金融協議会 ❽ **1940**·9·21 政
戦時経済協議会 ❽ **1943**·3·18 文
専売局官制 ❼ **1902**·11·1 政／**1907**·9·25 政
全琉経済会議 ❽ **1948**·2·25 政
総力戦研究所 ❽ **1940**·10·1 政／**1941**·8·27 政
中央食糧営団 ❽ **1942**·9·1 政
通商司 ❻ **1869**·2·22 政／3·15 政／**1871**·7·5 政
徳山旧海軍燃料廠 ❽ **1953**·6·24 政
鳥取藩産物会所 ❻ **1864**·7·10 社
新潟運上所庁舎 ❻ **1869**·8 月 文
日本専売公社 ❽ **1948**·12·20 政／**1949**·6·1 政
燃料局 ❽ **1937**·6·10 政
幕府財政改革委員 ❻ **1863**·10·27 政
貿易局(商工省) ❼ **1930**·5·3 政
貿易品陳列館官制 ❼ **1896**·3·30 社
北海道諸産物海外直輸出仮規則 ❻ **1878**·4·1 政
満洲拓殖公社 ❽ **1937**·8·31 政
琉球開発金融公社 ❽ **1959**·9·30 政
臨時経済厚生部 ❼ **1932**·9·27 政
臨時物資調整局 ❽ **1938**·5·9 政

企業·中小企業
企業許可制 ❽ **1941**·12·13 政
企業整備令 ❽ **1942**·5·13 政／**1943**·6·1 政／6·26 政／**1945**·10·24 政／**1946**·10·19 政／**1948**·11·11 政／**1952**·3·14 政／**1957**·3·1 政
企業担保法 ❽ **1958**·4·30 政
中小企業基本法 ❽ **1963**·7·20 政
中小企業近代化促進法 ❽ **1963**·3·31 政
中小企業振興資金助成法 ❽ **1956**·5·22 政
中小企業団体組織法 ❽ **1957**·11·25 政
中小企業等協同組合 ❽ **1949**·6·1 政
中小企業投資育成株式会社法 ❽ **1963**·6·10 政

金と銀
きせるなどに金銀使用禁止 ❻ **1853**·11·18 社
銀 ❽ **1944**·11·28 社
金塊 ❽ **1946**·4·19 社
金買上規則 ❽ **1940**·10·10 政
金銀 ❸ **1428**·7·1 政／❽ **1946**·7·17 政
金銀器 ❺-2 **1842**·6·22 社
金銀箔業者 ❺-2 **1751**·1·30 政
金銀プラチナ ❽ **1945**·10·8 政
金銀両目 ❹ **1469**·3·16 社
金使用規則 ❽ **1938**·8·20 政
金装飾品 ❽ **1939**·4·4 社
金相場騰貴 ❻ **1863**·9·15 政
金の統制撤廃 ❽ **1953**·8·1 政
金の窓口販売 ❾ **1982**·4·1 政
金箔 ❺-2 **1820**·4·26 政
銀箔売場 ❺-2 **1818**·2·9 政
戦争中の接収貴金属 ❽ **1955**·2·7 政
白金 ❽ **1944**·10·15 社

鉱物·鉱石·鉱山
硫黄 ❷ **1084**·2·8 政
貢金 ❷ **1193**·10·2 政
貢金銀(陸奥·対馬) ❷ **1032**·8·25 政
貢銀採丁 ❷ **1160**·4·28 政
紺青 ❷ **1041**·12·19 社
金青 ❷ **1014**·2·10 社／**1070**·4 月 社
砂金 ❷ **1031**·2·23 社／**1153**·9·17 政／**1190**·11·13 政
水銀 ❷ **1065**·是年 政／**1084**·6·20 政／**1087**·7·12 政／**1089**·8·19 政
水晶 ❷ **1258**·3·21 文
銅 ❷ **1037**·4·12 社／**1070**·4 月 社／**1207**·3·16 社
採銅所(摂津) ❷ **1211**·7·9 社
銅採進房 ❷ **1160**·4·28 政
緑青 ❷ **1070**·4 月 社

銀行
「銀行」の語 ❻ **1871**·是年 社
愛国銀行 ❼ **1901**·1·11 政
愛知銀行 ❼ **1896**·3·8 政
アイワイ(IY)バンク銀行 ❾ **2000**·11·6 政／**2001**·5·7 政
あおぞら銀行(日本債券信用銀行) ❾ **2001**·1·4 政
青森銀行 ❽ **1938**·10·1 政
あさひ銀行 ❾ **1990**·11·13 政／**1992**·9·21 政／**1998**·9·28 政／**1999**·10·7 政／**2000**·3·14 政
アジア開発銀行 ❾ **1966**·7·22 政／8·22 政／12·19 政
イオン銀行 ❾ **2007**·10·20 政
伊予銀行 ❾ **1991**·7·23 政
ウォルター·E·ヘラー·インターナショナル(銀行持株会社) ❾ **1983**·3·15 政
英国東洋銀行 ❻ **1884**·5·3 政
英国東洋銀行借款 ❻ **1868**·7·26 政／**1870**·6·1 政
エイチ·ツー·オーリテイリング ❾ **2007**·10·1 政

欧州復興開発銀行　❾ **1991**·4·15 政
大阪銀行　❾ **1999**·5·17 政
大阪(住友)銀行　❽ **1948**·8·21 政
大阪繊維取引所　❾ **1984**·10·1 政
大阪同盟貯蓄銀行　❼ **1896**·9·30 政
大阪野村銀行　❼ **1918**·5·17 政
大阪府民信組　❾ **1991**·9·17 政
沖縄銀行　❽ **1946**·5·1 政
外国為替銀行　❽ **1949**·10·25 政／**1954**·4·10 政／❾ **1973**·12·14 政
華族銀行　❻ **1877**·5·21 政
釜石信金　❾ **1993**·5·24 政
川崎銀行　❻ **1880**·3·25 政
韓国銀行　❼ **1909**·7·26 政／10·29 政
北浜銀行　❼ **1897**·3·15 政／**1914**·4·18 政／8·20 政／**1915**·2·14 政
協同融資銀行　❽ **1945**·3·27 政
京都共栄銀行　❾ **1997**·10·13 政
協和銀行　❽ **1945**·5·13 政／**1948**·7·15 政
近畿銀行　❾ **1999**·5·17 政
銀行学局　❻ **1874**·5·28 文
銀行合併法　❼ **1896**·4·20 政
銀行局(大蔵省)　❻ **1880**·5·8 政
銀行倶楽部　❼ **1899**·11·1 政
銀行合同促進　❼ **1927**·8·6 政
銀行條例　❻ **1890**·8·25 政
銀行法　❼ **1927**·3·30 政／❾ **1981**·6·1 政／**2005**·10·26 政／**2006**·4·1 政
久次米銀行　❻ **1880**·12·15 政／❼ **1898**·4·15 政
桑名貯蓄銀行　❼ **1901**·1·23 政
麴町銀行　❼ **1927**·9·15 政
高知商業銀行　❼ **1917**·2·18 政
鴻池銀行　❼ **1897**·3·1 政
神戸銀行　❼ **1936**·12·12 政
郡山合同銀行　❼ **1930**·10·4 政
国際決済銀行　❼ **1929**·7·19 政／❾ **1970**·1·2 政
国民銀行　❾ **2000**·1·11 政
国民更正金庫　❽ **1940**·12·2 社／**1941**·6·30 政
国民生活金融公庫　❽ **1949**·5·2 政／❾ **1999**·10·1 政／**2008**·10·1 政
国立銀行延期趣意書　❻ **1894**·5·12 政
国立銀行貸付金額　❻ **1880**·2·26 政
国立銀行條例　❻ **1872**·11·15 政／**1876**·8·1 政／**1878**·10·7 政／**1879**·11·11 政
国立銀行の普通銀行転換　❻ **1883**·5·5 政
国家会計決算公表　❻ **1879**·2·7 政
埼玉銀行　❽ **1943**·7·1 政
さくら銀行　❾ **1992**·4·1 政／**1998**·3·25 社／**1999**·10·14 政
山陰合同銀行　❾ **1991**·4·1 政
産業組合中央金庫　❼ **1923**·4·6 政／7·4 政
三品取引所　❽ **1962**·3·1 政
三和銀行　❻ **1877**·5·15 政／❼ **1897**·3·1 政／**1933**·9·12 政／❽ **1948**·8·2 政／**1960**·3月 政／10·18 政／12·2 政／❾ **1969**·8月 政／**1984**·1·4 政／**1986**·2·15 政／**1997**·12·16 政／**1999**·8·24 政／**2000**·3·14 政
滋賀銀行　❼ **1933**·7·5 政
資金統合銀行　❽ **1945**·5·8 政
静岡農工銀行　❼ **1897**·11·27 政
下谷商業銀行　❼ **1900**·6·23 政
島田組　❻ **1868**·2·3 政／**1874**·12·19 政
清水銀行　❼ **1913**·8·28 政
ジャパンネット銀行(インターネット専業銀行)　❾ **2000**·10·12 政
住宅金融公庫　❽ **1950**·5·6 社／6·5 社／❾ **1968**·5·9 社
商工組合中央金庫法　❼ **1936**·5·27 政
城南信用金庫　❾ **1994**·11·7 政
昭和銀行　❼ **1927**·10·29 政
庶民金庫　❽ **1938**·8·1 社／**1943**·1·4 社
私立銀行の始め　❻ **1876**·3·31 政／7·1 政
新北海道銀行　❾ **1997**·4·1 政
新生銀行　❾ **2000**·2·9 政／**2004**·2·19 政
新銀行東京　❾ **2005**·4·1 政／**2008**·3·24 政
住友銀行　❻ **1895**·9·18 政／❼ **1912**·2·23 政／**1916**·9·15 政／**1917**·6·1 政／**1929**·10·11 政／❾ **1986**·10·1 政／**1998**·6·30 政／7·27 政／**1999**·2·1 社／10·14 政
住友信託銀行　❾ **1984**·10·8 政／**1997**·9·27 政
整理回収銀行　❾ **1996**·9·2 政
世界銀行(IMF、国際復興開発銀行)　❽ **1946**·6·20 政／**1952**·5·29 政／8·13 政／10·21 政
全国銀行協会連合会　❽ **1945**·10·1 政
全国銀行者大会　❼ **1903**·4·23 政
全国地方銀行協会　❽ **1946**·7·12 政
戦時金融金庫　❽ **1942**·2·19 政／10·18 政
相互銀行(法)　❽ **1951**·6·5 政／10·1 政／❾ **1968**·6·1 政／**1989**·1·25 政
左右田銀行　❼ **1927**·12·14 政
ソニー銀行　❾ **2001**·5·10 政
第一国立銀行　❻ **1872**·8·15 政／**1873**·1月 政／6·11 政／8·1 政／❼ **1896**·9·25 政／**1897**·10·26 政／**1901**·9·5 政／**1902**·5·20 政／**1905**·7·1 政／**1912**·9·20 政／**1916**·12·19 政
　第一国立銀行為替座　❻ **1871**·11月 政
　第一国立銀行仁川港支店　❻ **1888**·9月 政
　第一国立銀行·朝鮮国借款約定　❻ **1884**·2·24 政
第二国立銀行(横浜)　❻ **1874**·7·18 政
第三国立銀行　❻ **1876**·11·3 政
第四国立銀行(新潟)　❻ **1873**·12·24 政
第五国立銀行(大阪)　❻ **1873**·9·7 政
第九国立銀行(熊本)　❼ **1900**·12·25 政
第十三国立銀行(大阪)　❻ **1877**·5·15 政
第十五国立銀行　❻ **1877**·5·21 政
第十七銀行(福岡)　❼ **1902**·12·26 政
第三十三国立銀行　❻ **1892**·3·22 政
第三十九国立銀行(前橋)　❼ **1901**·12·21 政
第四十九国立銀行(京都)　❼ **1908**·3·11 政
第七十四国立銀行(横浜)　❻ **1878**·7·30 政
第七十七国立銀行(宮城)　❼ **1927**·9·19 政
第七十八国立銀行(大分)　❼ **1908**·2·3 政
第八十五銀行(埼玉)　❼ **1914**·12·2 政
第百国立銀行(川崎)　❼ **1927**·9·15 政
第百十一国立銀行　❼ **1898**·1·18 政
第百三十国立銀行(大阪)　❼ **1901**·8·21 政
第百三十八国立銀行(静岡)　❼ **1907**·3·29 政
第百四十八国立銀行　❻ **1888**·4·14 政
第百五十二国立銀行(沖縄)　❻ **1880**·3·15 政
第一勧業銀行　❾ **1971**·3·25 政／10·1 政／**1982**·9·24 政／**1987**·12·22 政／**1998**·5·20 政／10·1 政
第一帝国銀行　❽ **1948**·8·21 政
太陽銀行　❾ **1968**·12·1 政
太陽神戸銀行　❼ **1936**·12·12 政／❾ **1973**·2·13 政／10·1 政
太陽神戸三井銀行　❾ **1989**·8·29 政／**1990**·4·1 政
大和銀行　❾ **1993**·8·13 政／**1995**·9·26 政／**1998**·10·24 政／**1999**·1·28 政
大和(野村)銀行　❽ **1948**·8·21 政
台湾銀行　❼ **1897**·4·1 政／**1899**·7·5 政／**1914**·11·1 政／**1916**·11·20 政／**1927**·4·13 政／4·18 政／5·9 政／7·19 政
千葉銀行　❽ **1943**·3·31 政
朝鮮地方金融組合　❼ **1907**·5·30 政
中央信託銀行　❽ **1962**·5·26 政
中国連合準備銀行　❽ **1938**·2·11 政
地方銀行協会　❽ **1950**·5·15 政
中小企業金融公庫　❽ **1953**·8·1 政
長期信用銀行法　❽ **1952**·6·12 政
朝鮮銀行　❼ **1924**·7·22 政／**1925**·8·27 政
朝鮮銀行法　❼ **1911**·3·29 政
朝鮮殖産銀行令　❼ **1918**·6·12 政
貯蓄銀行　❼ **1921**·4·14 政
貯蓄銀行條例　❻ **1890**·8·25 政／**1895**·3·16 政
千代田(三菱)銀行　❽ **1948**·8·21 政
帝国銀行　❽ **1943**·3·27 政／**1948**·8·21 政
帝国商業銀行　❻ **1894**·9·8 政／❼ **1916**·12·23 政
東海銀行　❽ **1941**·6·7 政／❾ **1991**·7·28 政／**1995**·12·7 政／**1998**·9·28 政／**1999**·10·7 政／**2000**·3·14 政
東京共同銀行(整理回収銀行)　❾ **1996**·9·2 政

東京銀行 ❻ 1880·2·23 政／❽ 1946·12·16 政／1952·8·1 政／1954·8·1 政
東京銀行協会 ❽ 1945·9·25 政
東京銀行集会所 ❻ 1880·9·1 政／1886·11·29 政
東京組合銀行 ❼ 1902·7·3 政
東京証券協会 ❽ 1948·2·12 政
東京商工銀行 ❼ 1907·11·20 政
東京信用保証協会 ❽ 1937·5·22 政
東京貯蔵銀行 ❻ 1880·6·21 政
東京府農工銀行 ❼ 1897·10·21 政
東京三菱銀行 ❾ 1995·3·28 政／1996·4·1 政／1997·9·11 政／1998·9·11 政
東京明治銀行 ❼ 1900·12·4 政
東京労働金庫 ❽ 1952·4·17 政
東京渡辺銀行 ❼ 1927·3·14 政／1928·6·30 政
東北銀行 ❽ 1950·10·10 政
東洋信託銀行 ❽ 1959·11·2 政
東洋信用金庫 ❾ 1992·4·28 政
徳陽シティ銀行 ❾ 1997·11·26 政
栃木銀行 ❼ 1930·4·1 政
トマト銀行 ❾ 1988·8·22 社
豊国銀行 ❼ 1908·1·20 政／1916·12·23 政
名古屋農産銀行 ❼ 1923·7·13 政
浪花銀行 ❼ 1900·7·1 政
南方開発金庫 ❽ 1942·2·19 政／4·1 政
西インド中央銀行支店 ❻ 1863·1·7 政
日仏銀行(パリ) ❼ 1912·7·3 政
日興ホールディングス ❾ 2008·5·1 政
日本開発銀行 ❽ 1951·3·31 政／❾ 1997·6·30 政／1999·10·1 政
日本勧業銀行 ❼ 1896·4·20 政／1897·6·7 政／1910·4·4 政／❽ 1938·5·13 政／1944·9·18 政／1950·3·31 政
日本協同証券会社 ❽ 1941·3·31 政／1964·1·20 政
日本銀行 ❻ 1882·3·1 政／6·27 政／10·10 政／1883·4·28 政／1887·3·25 政／1888·9·20 政／1894·4·1 政／1895·8·19 政／❼ 1896·12·25 政／1897·3·1 政／6·2 政／1899·7·15 政／11·27 政／1910·2·23 政／1914·7·1 政／11·1 政／1918·3·1 政／❾ 1973·1月 政／1997·6·20 政／2012·6·19 政／8·14 政
日本銀行(国庫金取扱) ❻ 1883·4·27 政
日本銀行大阪支店 ❻ 1883·6·28 政
日本銀行金買入法 ❼ 1934·4·7 政
日本銀行総裁 ❼ 1896·11·11 政／1903·10·20 政／1911·6·1 政／1913·2·28 政／1919·3·13 政／1920·3·14 政／1927·5·10 政／❾ 1979·11·27 政／1982·10·12 政／1994·12·17 政／1998·3·20 政／2003·3·14 政／2008·3·19 政
日本興業銀行 ❼ 1900·3·23 政／1902·3·27 政／1906·3·16 政／1908·11·19 政／❽ 1946·8·1 政／1950·3·31 政／1952·12·1 政／❾ 1974·11·29 政／1985·6·25 政
日本国際投資銀行(ロンドン) ❾ 1970·12·17 政
日本債券信用銀行(日債銀) ❾ 1997·3·27 政／1998·11·14 政
日本振興銀行 ❾ 2004·4·21 政
日本信託株式会社 ❽ 1948·7·20 政
日本政策金融公庫 ❾ 2008·10·1 政
日本政策投資銀行 ❾ 2007·6·6 政
日本積善銀行 ❼ 1923·1·8 政
日本長期信用銀行 ❽ 1952·12·1 政／❾ 1998·6·26 社／11·14 政／1999·2·19 政／2000·2·9 政
日本トラスティ·サービス信託銀行 ❾ 2000·7·27 政
日本不動産銀行(朝鮮銀行) ❽ 1957·3·19 政
日本輸出(入)銀行法 ❽ 1950·12·15 政／1951·2·1 政／1952·4·1 政
ニューヨーク·ナショナルシティ銀行東京支店 ❽ 1946·7·22 政
農工銀行 ❼ 1896·4·20 政／1897·11·27 政／1900·3·10 政／1910·4·4 政
農工貯蓄銀行 ❼ 1920·11·18 政
農林漁業金融公庫 ❽ 1952·12·29 政
農林中央金庫 ❼ 1923·4·6 政／❽ 1948·3·22 政／8·14 政
ハナ信用組合 ❾ 2002·12·17 政
バンク·オブ·カリフォルニア ❾ 1983·8·23 政
阪神銀行 ❾ 1998·5·15 政
阪和銀行 ❾ 1996·11·21 政
兵庫銀行 ❾ 1995·8·30 政
富士(安田)銀行 ❽ 1944·8·1 政／1948·8·21 政／❾ 1974·11·29 政／1999·1·28 政
ふそう銀行 ❾ 1991·4·1 政
復興金融金庫 ❽ 1946·10·8 政／1947·1·25 政／1949·3·31 政／1952·1·16 政
古河銀行 ❼ 1917·9·10 政
平和相互銀行 ❾ 1986·2·7 政／7·5 政／10·1 政
北陸銀行 ❾ 2003·5·23 政
北海道銀行 ❾ 2003·5·23 政
北海道拓殖銀行 ❼ 1899·3·22 政／1900·2·16 政／❽ 1950·3·31 政／❾ 1997·11·17 政／2003·2·27 政
増田ビルブローカー銀行 ❼ 1920·4·7 政／1936·12·7 政
満洲中央銀行 ❼ 1932·6·15 政／❽ 1940·8·7 政
満洲特別銀行 ❼ 1910·5·4 政
みずほフィナンシャルグループ ❾ 1999·8·20 政
みずほホールディングス ❾ 2000·9·29 政／2002·4·1 社／2005·8·23 政
みちのく銀行 ❾ 1976·1·10 政
三井小野組合銀行 ❻ 1872·8·15 政
三井銀行 ❻ 1874·2·11 政／1876·3·31 政／7·1 政／10·14 社／1877·2月 政／1893·6·22 政／❼ 1902·11·17 社／1909·10·11 政／1920·8·2 政／❽ 1944·8·1 政／1954·1·1 政
三井信託銀行 ❾ 1998·7·15 政／10·30 政／1999·1·19 政
三井住友銀行 ❾ 2000·4·21 政／2001·4·2 政／11·21 政／2003·8·18 政／2007·1·24 政
三井元方 ❻ 1871·10月 政／1893·11·1 政／1894·10·11 政
三菱銀行 ❻ 1880·4·1 政／1895·9·7 政／❼ 1919·8·15 政／1927·6·27 政／❾ 1983·9·13 政／1988·9·13 政／1989·9·18 政
三菱東京 UFJ 銀行 ❾ 2006·1·1 政
三菱 UFJ フィナンシャル·グループ ❾ 2000·4·19 政／2001·4·2 政／2002·12·25 政／2003·2·7 政／2005·2·18 政／10·1 政
明治銀行 ❼ 1896·12·14 政
安田銀行 ❻ 1872·2·22 政／1879·11·22 政／❼ 1923·11·1 政
山口銀行(大阪) ❼ 1898·7·1 政
UFJ 銀行 ❾ 2002·1·15 政／2003·11·21 政／2004·5·21 政／10·7 政
UFJ グループ ❾ 2000·10·4 政
UFJ ホールディングス ❾ 2001·4·2 政／2004·7·27 政
ヨーロッパ東京銀行 ❾ 1968·10·8 政
横浜蚕糸銀行 ❼ 1900·11·6 政
横浜正金銀行 ❻ 1880·2·23 政／1887·7·7 政／1888·9·20 政／1893·5·15 政／1894·12·20 政／❼ 1897·3·22 政／6·1 政／7·2 政／12·20 政／1899·5·1 政／1900·1·4 政／1904·8·22 政／1905·4·1 政／9·1 政／12·16 政／1906·9·15 政／1907·12·13 政／1910·5·4 政／9·10 政／1911·3·24 政／1912·11·10 政／1913·10月 政／11·11 政／12·2 政／1915·8·3 政／1916·9·2 政／❽ 1946·7·2 政／12·17 政
横浜正金銀行·朝鮮借款協定 ❻ 1882·12·18 政
横浜正金銀行ロンドン支店 ❻ 1884·12·1 政
りそなホールディングス ❾ 2003·5·17 政／2004·10·26 政／2005·9·4 政
琉球銀行 ❽ 1948·5·1 政
労働金庫法 ❽ 1953·8·17 政
わかしお銀行 ❾ 2002·12·25 政
銀行サービス
ADR 登録 ❽ 1961·6·6 政
ATM(現金自動預入払出機) ❾ 1969·12·1 政／1971·9·6 政／1973·6月 政／1979·2·9 政／4·12 政／1980·3·10 政／1988·1·21 政
MMC(市場金利連動型預金) ❾ 1985·3·1 政／1992·6·5 政
小口 MMC(連動型預貯金) ❾ 1988·12·9 政
アイフル(消費者金融会社) ❾ 2006·4·14 社
赤ヘル定期預金 ❾ 1979·11·22 政
アリコ ❾ 1973·2·1 政／2010·3·8 政
小野組 ❻ 1868·2·3 政／1874·11·20 政
オンライン(全国) ❾ 1990·2·5 政
外貨預金の自由化 ❾ 1978·1·26 政
外国為替特別銀行 ❻ 1887·7·7 政
期日告知定期預金 ❾ 1981·6·1 政
偽造·盗難カードによる被害補償ルール

❾ **2005**·10·6 政／**2006**·2·10 政
偽造·盗難カード預貯金者保護法　❾ **2005**·8·3 政
キャッシュカード　❾ **1969**·12·1 政／**1982**·2·16 社
教育ローン　❾ **1977**·12·6 社
銀行海外支店の始め　❻ **1878**·6·8 政
銀行の広告規制　❾ **1990**·6·1 政
銀行のテレビ CM 解禁　❾ **1991**·1·1 社
銀行の取付け　❼ **1904**·6·17 政／**1927**·4·21 政
銀行の不良債権処理　❾ **1992**·10·30 政／**1993**·11·25 政／**1994**·5·26 政／**1995**·11·14 政／**1996**·1·19 政／5·24 政／11·9 政／**1997**·2·7 政／5·26 政／11·18 政／**1998**·1·12 政／5·25 政／**2000**·5·24 政／**2001**·3·15 政／**2002**·2·27 政／4·12 政
金の延べ板自動販売機　❾ **1973**·4·15 政
勤労者財産形成促進法　❾ **1971**·6·1 政／**1972**·1·1 政／**1982**·10·1 社
クレジットカード　❽ **1960**·3 月 政／10·18 政／12·2 政／❾ **1969**·8 月 政／**1984**·1·4 政
クレジット預金　❽ **1960**·11·1 社
懸賞金付き定期預金　❾ **1994**·11·7 社
公益質屋　❾ **1967**·9 月 社
口座振替(三菱銀行)　❽ **1960**·2·16 政
公的資金資本注入　❾ **1999**·3·4 政
コンビニ現金自動現金預け支払　❾ **1999**·3·1 政
コンピュータによるシステム売買　❾ **1985**·1·26 政
財形進学融資制度　❾ **1978**·1·14 文
サイン式個人小切手　❽ **1961**·4·6 政
サラリーマン金融(消費者金融、サラ金)　❼ **1930**·1·4 社／❾ **1983**·2 月 政
サンデーバンキング　❾ **1990**·5·6 社／**1991**·1·13 政
自動払込　❾ **1982**·6·1 社
住宅ローン　❽ **1961**·2·10 政／❾ **1971**·8·24 社
譲渡性定期預金証書　❾ **1979**·5·16 政
消費者ローン(三和銀行)　❽ **1960**·10·18 政
進学ローン　❾ **1978**·7·17 文
全国銀行預貯金共通支払制度　❽ **1945**·7·1 政
武富士　❾ **1984**·7·12 政
長期プライムレート　❾ **1985**·9·28 政
データ通信システム　❾ **1973**·4·3 政
デビットカード　❾ **1999**·1·4 社／**2000**·3·6 社
電算機オンライン　❾ **1980**·4·1 社
投資信託　❾ **1998**·12·4 政
ドライブイン·バンク　❾ **1981**·6·8 政
トラベルローン　❽ **1964**·12·15 社
日本輸出(入)銀行法　❽ **1950**·12·15 政／**1951**·2·1 政／**1952**·4·1 政
ネットサービス預金　❽ **1960**·3 月 政
プリペイドカード　❾ **2000**·10·14 社
分離型ワラント　❾ **1985**·12·27 政
ペイオフ(凍結全面解除)　❾ **2002**·4·1 政／**2005**·4·1 政／**2010**·9·10 政
ホームバンキング　❾ **1983**·12·7 政／**1984**·5·11 政
マイカーローン　❽ **1963**·2·1 社
マル優　❾ **1986**·9·19 政／12·5 政／**1987**·7·31 政／9·19 政／**1988**·4·1 政／**1992**·12·11 政
三菱銀行オンラインシステム停止　❾ **1990**·4·14 社
融資ルール　❾ **1965**·7·6 政
旅行小切手　❽ **1961**·9·15 政
レイク(消費者金融)　❾ **1998**·7·16 政
劣後ローン　❾ **1990**·6·22 政
金融
合銭(あいせん、土倉·酒屋などの金融業者が諸人から借り集めた銭。業者はその銭をさらに高利で他に貸し付け利ざやを稼ぎ、また営業回転資金とした)　❸ **1430**·4·2 政
石懸り才覚金　❺-2 **1817**·11 月 政
大坂表貸金銀出入取計方　❺-2 **1767**·7 月 政
大坂両替役銀　❺-2 **1787**·3·10 政
奥印貸附仕法(札差)　❺-2 **1778**·10 月 政
御国諸産物御仕組(福岡藩)　❺-2 **1828**·12 月 政
御国用積銀仕法(播磨姫路藩)　❺-2 **1813**·是年 政
御組立無尽(豊後府内藩)　❺-2 **1845**·12·2 政
御境目出諸産物御口銀定書　❺-2 **1763**·9 月 政
納宿　❺-2 **1789**·9 月 政
開作地仕法書　❺-2 **1749**·3·2 政
改作法(金沢藩)　❺-2 **1812**·2 月 政／**1839**·1·18 政
隠質　❺-2 **1729**·7·23 社
鹿児島藩負債　❺-2 **1829**·是年 政
貸付金規則(鹿児島藩)　❺-2 **1844**·3 月 社
貸付金仕法(札差)　❺-2 **1843**·12·14 政
貸付銀の規定　❺-2 **1774**·1 月 政
貸付銀元利保証　❺-2 **1762**·8·1 政
貸付金利子　❺-2 **1782**·1·29 政
貸札の制(鳥取藩)　❺-2 **1733**·12·1 政
借上(金融業者)　❷ **1239**·9·11 政
官金新規貸付を停止　❺-2 **1831**·8 月 政
貫文制(一貫＝十石の制)　❺-2 **1730**·3·26 政
棄捐令　❺-2 **1789**·9·16 政／**1841**·是年 政／**1843**·4·16 政／**1849**·11·20 政
切手改兼帯役　❺-2 **1787**·1·25 政
京都光雪寺祠堂金貸付所　❺-2 **1753**·3·25 政
巨商ら窮乏(大坂·大名の藩債破棄)　❺-2 **1815**·是年 政
金融機関資金融通準則　❽ **1947**·3·1 政
金融第二次措置　❽ **1946**·4·1 政／6·21 政／8·11 政
経済危機緊急対策　❽ **1946**·2·16 政／**1947**·6·9 政
経済基盤強化資金および邦人基金　❽ **1958**·7·11 政
敬重銀趣法(貸付金制度)　❺-2 **1793**·是年 政
闕年(債務)の制　❺-2 **1767**·9·29 政
限田制(水戸藩)　❺-2 **1844**·10 月 政
公役金取扱規定　❺-2 **1753**·11 月 政
郷借(禁止)　❺-2 **1735**·5·29 政
公銀窃取の疑獄(萩藩)　❺-2 **1769**·3·21 政
公金の借用禁止　❺-2 **1778**·5·30 政
公金返納の制　❺-2 **1761**·2 月 政
公金を貸付　❺-2 **1793**·7 月 社
公定最低価格制(米)　❺-2 **1736**·6·1 政
公定賃金　❺-2 **1729**·是年 社
公認会計士　❽ **1948**·7·6 政
高利貸　❺-2 **1761**·2·3 政／**1778**·10·11 社／12·25 政
小切手法　❼ **1933**·7·29 政／**1934**·1·1 政
国産流通統制　❺-2 **1823**·5·12 政
穀漕の制　❺-2 **1835**·11·22 政
御国産仕法(熊本藩)　❺-2 **1818**·2 月 社
伍什組合(出羽米沢藩)　❺-2 **1801**·2·27 社
御用屋敷貸付金の返済方法　❺-2 **1818**·9 月 政／**1822**·9·15 政／**1824**·10 月 政
御領分永続積金御仕法　❺-2 **1821**·6 月 政
在方手当金(幕府)　❺-2 **1771**·12·10 政／**1778**·7·21 政
在町人別畝掛·小間掛銀　❺-2 **1797**·7 月 政
桜町仕法　❺-2 **1822**·是年 社
差紙札場所　❺-2 **1755**·是年 政
座頭金　❺-2 **1752**·9·22 社／**1765**·9·27 社／12·23 社／**1778**·10·11 社／**1815**·2·17 社
サラリーマン金融　❽ **1961**·4·6 社
質券　❷ **1273**·7·12 政
市中産業方(長崎)　❺-2 **1791**·10 月 政
慈悲無尽　❺-2 **1756**·是年 社
借金銀·借用状　❺-2 **1724**·9·8 政／**1759**·7·18 政／**1770**·10·2 政／**1781**·5·2 政／**1783**·2 月 政／**1838**·11 月 政／**1843**·12·23 政／**1845**·12·22 政
諸口銀を免除　❺-2 **1763**·8·13 政
諸士借銀捌仕法　❺-2 **1720**·10·1 政
諸職人組合·諸商売人組合　❺-2 **1721**·8·25 政
信友講　❺-2 **1843**·是年 政
スッポン札　❺-2 **1833**·11·21 政
せり(糶)講　❺-2 **1814**·5·8 社
全国金融団体協議会　❽ **1946**·4·2 政
全国金融統制会　❽ **1942**·4·18 政／5·23 政／**1945**·9·20 政
戦時特別金融機関の閉鎖　❽ **1945**·9·30 政
戦時非常金融対策整備要綱　❽ **1944**·6·20 政
千人講　❺-2 **1829**·7 月 政

相場立合の再興(両替商仲間) ❺-2 **1724**·10·26 政
代金の授受通達 ❺-2 **1846**·⑤·10 政
貸付金 ❺-2 **1751**·6·19 政
他所稼ぎ運上 ❺-2 **1800**·是年 政
棚運上銀 ❺-2 **1740**·⑦月 政
担保短期貸金(世帯道具など) ❺-2 **1805**·2月 社
調達銀(金沢藩) ❺-2 **1844**·9月 政
対馬藩領民手当金 ❺-2 **1778**·3月 政
取退無尽 ❺-2 **1731**·10·12 社/**1740**·4月 社/**1741**·4·26 社/**1764**·10·28 社/**1767**·8·16 社/**1772**·9月 社
納戸入用金 ❺-2 **1777**·10·18 政
新潟町表店 ❺-2 **1762**·1月 社
浜方収納元締役(箱館浜) ❺-2 **1804**·8·22 政
非常時金融対策 ❽ **1941**·12·8 政
百姓小作料契約(金沢藩) ❺-2 **1766**·11·11 政
標準決済規則 ❽ **1959**·1·31 政
武士の生活困窮 ❺-2 **1816**·是年 政
符帳禁止 ❺-2 **1842**·10·8 政
復興金融資金貸出業務 ❽ **1946**·8·1 政
平価切下げ策 ❺-2 **1829**·5月 政/**1847**·10·25 政
返済年賦猶予(幕府) ❺-2 **1789**·12月 社
名目金 ❺-2 **1765**·1月 政/**1775**·6月 政
無尽講 ❺-2 **1717**·11·18 社/**1726**·1月 社/**1812**·9·11 社/**1816**·10·23 政
無利子五十年賦(尾張名古屋藩) ❺-2 **1819**·12月 政
免札制(長州藩) ❺-2 **1841**·10月 政
催合金 ❺-2 **1716**·8·25 政
催合穀 ❺-2 **1716**·8·25 政
ヤミ金融 ❽ **1948**·7·16 社
融通講 ❺-2 **1805**·4·13 政
両替商仲間定 ❻ **1856**·6月 政
両替渡世組合仮規則 ❻ **1876**·7·7 政
禄高売買禁止(日向都城藩) ❺-2 **1837**·2月 政

経済一般

悪徳土地取引被害救済全国連絡会 ❾ **1987**·5·9 社
暗黒の木曜日 ❼ **1929**·10·24 政
板書寄進状 ❸ **1449**·4·5 社
板舟権賠償問題 ❼ **1928**·8·11 政
一国平均役 ❷ **1130**·12·2 社
糸へん景気暴落 ❽ **1951**·7月 政
岩戸景気 ❽ **1960**·12月 政
インサイダー取引規制 ❾ **1988**·5·25 政/8·23 政
隠退蔵(隠匿)物資 ❽ **1945**·3·9 社/**1946**·1·20 社/1·22 社/1月 社/2·12 社/2·17 社/3·31 社/9·26 政/**1947**·7·12 政/7·25 社/10·6 政/11·24 政/**1948**·2·23 社/2·24 政
インド綿の不買決議 ❼ **1934**·1·6 政
オイルマネー ❾ **1980**·4·23 政
欧米視察実業団 ❼ **1921**·10·15 政
大阪金融界混乱 ❼ **1896**·9·30 政
大阪の不況深刻化 ❼ **1896**·10月 政
沖改(箱館) ❺-2 **1730**·5·3 政
外国貿易輸入超過 ❼ **1914**·是年 政
改暦好景気 ❻ **1872**·是年 政
家計調査 ❼ **1927**·8·31 社
貸金制(盲人) ❻ **1858**·11·9 社
過大懸賞販売禁止 ❽ **1962**·7·30 社
株価高騰 ❻ **1893**·1·17 政
株式相場暴落 ❼ **1899**·12·1 政/**1905**·9·1 政/**1914**·8·3 政
貨幣借用(外国人から)禁止 ❻ **1869**·2·12 政
官物率法 ❷ **1118**·12·9 政/**1122**·2月 社
漁船一斉に休業(二十万隻) ❾ **2008**·7·15 社
銀塊価格大暴落 ❼ **1930**·6·18 政
金解禁 ❼ **1922**·9·16 政/**1926**·2·23 政/11·17 政/**1928**·10·22 政/12·21 政/**1929**·11·21 政
金貨幣·金地金輸出取締令 ❼ **1917**·9·12 政
金地金払下げ価格 ❼ **1924**·11·1 政
金本位制 ❼ **1897**·3·3 政/10·1 政/**1930**·1·11 政/**1931**·11·10 政/12·13 政
金融恐慌 ❼ **1927**·3·14 政/4·5 政/4月 政
金輸出再禁止 ❼ **1931**·12·13 政
国の借金(債務) ❾ **2000**·9·25 政/**2004**·9·24 政/**2006**·3·24 政/**2009**·8·10 政/**2010**·5·10 政/**2011**·2·10 政
闕所地 ❸ **1364**·5·6 政
月賦販売 ❼ **1907**·4月 社/**1929**·10·8 社/**1930**·10月 社/**1935**·3月 社
減封(幕府·伊予松山) ❺-2 **1776**·11·15 政/**1783**·12·2 政
高額所得者 ❾ **1972**·5·1 社/**1973**·5·1 社/**1974**·5·1 社/**1984**·5·1 社/**1987**·5·1 社/**1992**·5·1 社/**2001**·5·16 社/**2002**·5·16 社/**2004**·5·17 社/**2005**·5·16 社/**2010**·6月 社/**2011**·6·30 社
公給領収証制 ❽ **1955**·11·1 社
公共事業国庫負担割合特例法 ❽ **1961**·6·2 政
江州五倉 ❷ **1102**·3·28 社
巷所(京八條朱雀) ❷ **1174**·2·28 社
巷所で耕作禁止 ❷ **1222**·4月 社
公設質屋 ❼ **1919**·12·5 社/**1933**·6·12 社
貢租済納の期日 ❷ **1205**·3·12 政
交替不動穀勘文 ❷ **1025**·8·11 政
コール·ローン ❼ **1902**·3·6 政
国際貸借改善策十項目 ❼ **1925**·9·8 政
国産品愛用·奨励 ❼ **1913**·5·2 政/**1914**·10·15 社/**1926**·6·11 政/**1929**·8·28 政/**1930**·3·18 政/6·3 政/7·1 政/7·12 社
国儲(こくちょ)の制 ❶ **724**·3·20 政/**745**·是年 政/**798**·1·23 政/**803**·2·20 政/**881**·2·23 政
国儲の配分率 ❶ **782**·12·4 政
国民所得 ❼ **1928**·10·20 政
国民自力更生運動 ❼ **1932**·9·5 政
国民総生産 ❽ **1961**·9·26 政
国領を寺社に寄進停止 ❷ **1212**·3·22 政
個人資産世界一 ❾ **1993**·6·20 政
国庫出納条規 ❻ **1883**·3·22 政
五百円生活 ❽ **1946**·3·2 社
財界救済計画 ❼ **1914**·9·15 政
債券管理回収業 ❾ **1999**·2·1 政
在地領主の財産 ❷ **1252**·6·3 社
軍需景気 ❽ **1937**·2·23 政
経済成長率 ❽ **1960**·9·5 政/**1963**·是年 政/**1964**·是年 政
堺相論 ❷ **1236**·1·27 社
サラリーマン税金訴訟 ❾ **1974**·5·31 社
蚕糸輸出額一億円突破祝賀会 ❼ **1907**·1·27 政
地方(じかた)知行制 ❺-1 **1657**·5·25 政/**1697**·7·26 政
地方知行制廃止 ❺-1 **1675**·4·15 政
地方渡(弘前藩) ❺-1 **1679**·是年 政
資産家 ❼ **1901**·9·22 社
質券 ❷ **1273**·7·12 政
質券売買和与禁止 ❷ **1270**·5·9 政
質券倍弁の制 ❷ **1254**·5·1 政
質債法 ❷ **1250**·7·5 政
借用証書(米) ❷ **1135**·3·9 社/**1138**·3·23 政
借用銭(大仏殿燈油用途) ❸ **1351**·1·19 社
借用銭状 ❹ **1563**·1·10 社
修理国分寺料稲 ❶ **939**·2·15 社
将軍家永代知行国(伊豆·相模両国) ❷ **1189**·5·15 政
証券ブーム ❽ **1960**·12月 政/**1961**·2·13 政
昭和五年恐慌 ❼ **1930**·12·24 政
正実坊 ❸ **1455**·12月 政
小商人(規定) ❼ **1899**·6·15 政
正金兌換証券 ❻ **1875**·1·15 政
諸王戸籍処分 ❶ **875**·7·8 政
諸国雑物検納処分 ❶ **855**·11·15 政
諸国神領の公役免除 ❷ **1158**·10月 社
所当官物(米納を中心とした所課) ❷ **1184**·8·9 社
新聞記事差止め(米騒動) ❼ **1918**·8·14 社
新補率法 ❷ **1223**·6·15 政/7·6 政
神武景気 ❽ **1955**·是年 政/**1956**·是年 政
スターリン暴落 ❽ **1953**·3·5 政
税金滞納の差押え品販売 ❽ **1949**·2·10 社
製糖業界再編 ❾ **1982**·3月 政
世界恐慌 ❼ **1929**·10·24 政
全国サラ金問題対策協議会 ❾ **1978**·11·25 社
戦時財産補償法 ❶ **725**·3·17 政/**765**·1·8 政
総会屋 ❾ **1976**·6·23 政/**1984**·5·9 政/**1992**·10·22 社/**1997**·3·6 政/7·11 政
相博法(雑穀と稲穀) ❶ **734**·是年 政
雑物進未注進(飛騨) ❷ **1166**·12月 社
粗製濫造の日本輸出商品 ❼ **1919**·是年 政

損戸算出の基準 ❶ 926·11·5 政
第一次大戦と日本経済 ❼ 1914·是年 政
対華兵器売込み第二次操業 ❼ 1922·7·1 政
貸与金(水戸藩) ❺-1 1686·3月 社
多額納税者の変遷 ❼ 1918·5月 政
高橋財政始まる ❼ 1931·12·13 政
他国船商人への干渉禁止 ❺-1 1657·9月 社
短期清算取引 ❼ 1922·9·1 政
馳走銀(萩藩) ❺-1 1683·是年 政
長者番付 ❽ 1962·5·1 社
朝鮮特需景気 ❽ 1950·7月 政／8·25 政／9·1 政／是年 政／1955·是年 政
通貨·証券模造取締法 ❻ 1895·4·2 政
手間料申合せ禁止令 ❺-1 1657·9月 社
ドッジライン(超均衡予算) ❽ 1948·12·10 政／1949·3·1 政／3·7 政／3·31 政／4·16 政／1950·4·25 政
成金 ❼ 1906·是年 政
南洋での日本商品 ❼ 1916·3月 政
日銀特別融資打切り ❼ 1928·5·8 政
日米船鉄交換契約(第一次) ❼ 1918·3·25 政
日用品相場(大阪) ❻ 1887·8月 社
日露戦争後恐慌 ❼ 1907·1·21 政／1908·1·3 政
日本経済界(明治18年) ❻ 1885·6·16 政
日本の総財産 ❼ 1922·2·21 政
幕府財政の窮乏 ❺-1 1704·10月 政
幕府御倉(公方御倉、正実御倉) ❹ 1459·5月 政／1464·4·20 政／1466·②·15 政／4·5 政／1486·11·5 政／1539·12·30 政
払方御用達 ❺-1 1687·10月 政
番工料 ❶ 882·4·11 政
藩債整理(土佐) ❺-1 1626·2·2 政
藩債の償還(萩藩) ❺-1 1652·12·13 政
平等免(高知藩) ❺-1 1683·是年 政
富家の資産記録 ❶ 838·4·2 社
富家別業 ❷ 1115·8·27 政／1116·9月 政
負債免除 ❶ 686·7·19 政／687·7·2 政／697·⑫·7 社
浮食大賈 ❷ 1135·7·27 政
藤原道長の遺産処分 ❷ 1028·1·25 政
負物(負債の代物) ❷ 1066·3·11 政／1078·5·9 社／❸ 1285·4·16 政／1334·5·3 政
平安朝の有力者財産目録 ❷ 1078·5·9 社
兵器売込契約 ❼ 1911·10·16 政
米国実業家訪日団 ❼ 1920·4·24 政
米国の輸出入制限 ❼ 1917·10·12 政
平氏没官地(もっかんち) ❷ 1191·1·17 政
暴利取締令 ❻ 1862·10·2 社
マネーゲーム自粛 ❾ 1988·8·24 政
見質(みじち、現質、中世の貸借契約方法の一つ) ❷ 1268·7·1 政／1273·7·12 政
モラトリアム(支払猶予令) ❼ 1923·9·7 政／9·30 政／1927·4·22 政
養郡(国司の私的な必要物や労役を課される郡) ❶ 743·5·28 政
家賃自由化 ❻ 1872·8·27 社
用度金 ❸ 1436·11·2 政
予算案(政府) ❻ 1884·10·25 政／1885·3·16 政／1889·3·5 政／1892·9·1 政／1895·2·27 政／❼ 1896·3·13 政／1897·3·27 政／1901·3·28 政／1902·2·25 政／1904·2·3 政／11·12 政／1906·3·13 政／1907·3·18 政／1908·3·15 政／1909·3·20 政／1910·3·25 政／1911·3·21 政／1912·3·15 政／1913·3·15 政／1914·2·12 政／1915·6·1 政／1918·2·12 政／1922·3·30 政／1924·9·2 政／1926·3·24 政／1929·11·9 政／1930·11·11 政／1934·2·12 政／12·10 政／1936·11·27 政／❽ 1942·12·9 政／1944·1·24 政／1945·2·8 政／1946·9·13 政／1947·10·26 政／1948·7·4 政／1949·3·22 政／1951·12·30 政／1954·4·3 政／1960·1·13 政／1961·4·1 政／1962·3·31 政
予算案(幕府) ❺-1 1709·2·3 政
臨時課役禁止 ❸ 1304·2·12 政
和市法 ❶ 840·4·16 社
経済団体·調査会·研究会
アメリカ証券投資団 ❽ 1960·5·8 政
アメリカ貿易代表団 ❽ 1947·8·16 政
インフレ阻止国民共闘 ❾ 1974·3·31 社
大蔵省財政金融研究所 ❾ 1985·5·1 政
大阪商工会議所 ❾ 1981·11·30 政
海運造船合理化審議会 ❾ 1968·11·25 政
外貿埠頭公団 ❾ 1967·8·1 政
価格形成委員会 ❽ 1940·4·1 社
価格形成中央委員会切符制 ❽ 1940·4·24 社
官有財産調査会 ❼ 1918·6·20 政
北朝鮮貿易銀行代表団 ❾ 1979·7·18 政
共同債権買取機構 ❾ 1993·1·27 政
金融制度調査会 ❼ 1926·9·28 政
経営懇話会(建設業界) ❾ 1990·7·1 政
経営者団体連盟 ❽ 1947·5·19 政
慶應義塾学生消費組合 ❼ 1904·10月 社
経済改革研究会 ❾ 1993·9·16 政
経済事情攻究会 ❼ 1896·11·19 政
経済審議会 ❼ 1928·9·7 政
経済相談所 ❽ 1941·1·15 社
経済団体連合会(経団連) ❽ 1945·9·18 政／1946·8·16 政／1952·11·20 政
経済同友会 ❽ 1946·4·30 政／1956·11·21 政
経団連会長 ❾ 1968·5·24 政／1974·5·24 政／1986·5·28 政／1994·5·27 政／2005·11·7 政
工業談話会 ❼ 1896·8·1 政
航空機輸入問題調査派米国会議員団 ❾ 1979·2·19 政
合繊不況カルテル ❾ 1978·3·30 政
国際商業会議所 ❼ 1923·3·5 政
国際消費者機構(IOCU)国際セミナー ❾ 1983·4·6 社
国際チェーン·ストア協会 ❾ 1970·6·15 政
国防献金労働協会 ❼ 1932·12·16 社
コロンボ計画東京会議 ❽ 1960·10·31 政
財界非常対策委員会 ❽ 1951·1·12 政
債権整理回収機構 ❾ 1999·4·1 政
サラリーマン·ユニオン ❾ 1968·12·17 社
産業組合 ❼ 1900·3·7 社／1909·8·21 政／12·13 政
産業合理化審議会 ❼ 1929·11·21 政
産業再生機構 ❾ 2003·2·28 政
産業人会議 ❼ 1930·5·22 政
産業設備営団 ❽ 1941·11·26 社
事業者団体法 ❽ 1948·7·29 政
時局共同融資団 ❽ 1941·8·20 政
実業同志会 ❼ 1908·4·27 政／1923·4·23 政／1925·1·19 政
資本市場振興財団 ❾ 1969·1·7 政
十三日会(銀行懇談会) ❽ 1946·7·12 政
住宅金融債権管理機構 ❾ 1996·7·26 政
重要産業制団体懇談会 ❽ 1940·8·29 政
重要輸出品工業組合法 ❼ 1925·3·30 政
重要輸出品同業組合法 ❼ 1897·4·12 政
商業組合中央会 ❼ 1935·6·6 政
商業会議所法 ❼ 1902·3·25 政
商工会議所法 ❼ 1927·4·5 政／❽ 1950·5·31 政
商工業組合 ❽ 1943·9·16 社
消費組合共益社 ❼ 1919·6月 社
消費組合連盟 ❼ 1922·5月 社
消費者生活協同組合 ❽ 1958·11·14 社
消費税反対中央連絡会 ❾ 1978·8·30 社
食糧農産物増殖会議 ❼ 1918·5·16 社
食糧民主協議会 ❽ 1946·3·31 社
人口食糧問題調査会 ❼ 1930·4·10 政
新東京商工会議所 ❽ 1946·12·14 政
生産調査会官制 ❼ 1910·3·25 政
生鮮食料品価格安定対策本部 ❾ 1971·1·14 政
全日本航空事業連合会 ❽ 1954·2·26 政
全国織物業者全国大会 ❼ 1909·2·1 政
全国経営者大会 ❽ 1948·9·9 政
全国購買組合連合会 ❼ 1923·4·19 社
全国購買販売組合連合会 ❽ 1940·12·26 政
全国蚕糸業大会 ❼ 1915·3·3 政
全国実業組合連合大会 ❼ 1908·2·5 政
全国商業会議所連合会 ❼ 1906·10·

16 政／1908·2·14 政
全国商工業者大会 ❽ 1949·10·7 政
全国消費組合協議会 ❼ 1931·2·25 社
全国石炭業者販売同盟会 ❼ 1900·10·3 政
全国農業協同組合中央会(全中) ❾ 1985·5·1 政／1988·10·22 政
全国農業協同組合連合会(全農) ❾ 1972·3·30 社
全国農工銀行大会 ❼ 1917·11·2 政
全国紡績連合大会 ❼ 1897·12·10 政
全織同盟 ❽ 1957·3·1 社
全日本商権擁護連盟 ❼ 1933·10·27 政／11·24 政
全日本貿易連盟 ❼ 1933·5·12 政
専売局中央研究所 ❼ 1920·8·28 社
全米精米業者協会 ❾ 1988·9·14 政
ソ連工業代表団 ❽ 1962·4·6 政
対インド通商使節団 ❽ 1948·4·29 政
大日本塩業協会 ❼ 1896·3·26 社
大日本産業組合中央会 ❼ 1905·3·1 政
大日本山林会 ❼ 1931·6·6 社
大日本地主協会 ❼ 1925·10·4 社／1926·4·22 社／7·27 政
大日本水産会 ❼ 1931·6·6 社
大日本農会 ❼ 1931·6·6 社
大日本紡績連合会 ❼ 1902·10·28 政／1908·1·12 政／3·1 政／5·1 政／5·23 政／1910·10·1 政／1912·4·1 政／1918·1·1 政／1920·5·10 政／❽ 1940·11·8 政／1941·8·28 政
大日本綿糸紡績同業連合会 ❼ 1896·5·6 政／1899·1·1 政／1900·7·25 政／1902·7·1 政
泰平組合(廃武器の輸出組合) ❼ 1908·6·10 政
対露輸出組合 ❼ 1926·8·21 政
台湾銀行調査会 ❼ 1927·4·5 政
多重債務者対策本部 ❾ 2006·12·22 政
地方制度調査会 ❾ 1986·2·4 政
中央農業会 ❽ 1943·9·27 政
中央農地委員会官制 ❽ 1947·3·26 政
中国経済友好代表団 ❽ 1964·4·8 政
帝国経済会議官 ❼ 1924·4·2 政
帝国耕地協会 ❼ 1926·12·24 社
鉄鋼協議会鉄鋼連盟 ❼ 1925·12·23 政
東亜経済調査局(満鉄) ❼ 1908·11月 社
東京経済人訪中団 ❾ 1971·11·12 政
東京商業会議所 ❼ 1899·11·26 政
東京商工会議所 ❾ 1978·3·11 政
東京中央商業登記所 ❽ 1942·5·4 社
東京都質屋組合 ❽ 1955·10·27 社
東京俸給生活者同盟会(サラリーマン·ユニオン) ❼ 1919·6·28 社
独占禁止懇話会 ❾ 1968·11·26 政
特別金融制度調査会 ❼ 1932·5·3 社
長野県生糸同業組合連合会 ❼ 1913·11·2 政
灘神戸生活協同組合 ❼ 1921·5·26 社
南洋群島産業組合令 ❼ 1932·9·21 政
日満経済共同委員会 ❼ 1935·7·15 政／8·29 政
日満実業協会 ❼ 1933·11·18 政
日華経済協議会覚書 ❽ 1938·3·26 政
日華事業協会 ❼ 1920·6·18 政
日韓合同経済懇談会 ❾ 1968·2·13 政
日本外材輸入協会連合会 ❼ 1926·6·17 政
日本経営者団体連盟(日経連) ❽ 1948·4·12 政／1949·5·19 政
日本経済再生本部 ❾ 2012·12·26 政
日本経済連盟 ❽ 1946·5·29 政
日本経団連会長 ❾ 2010·5·27 政
日本産業協議会 ❽ 1946·8·9 政
日本証券保有組合 ❾ 1965·1·12 政
日本商工会議所 ❼ 1928·4·10 政／❽ 1946·11·20 政
日本スーパーマーケット協会 ❽ 1960·2·15 政
日本生活協同組合 ❽ 1951·3·20 社
日本生産性本部 ❽ 1955·2·14 政
日本たばこトラスト ❼ 1899·12·25 社
日本チェーン·ストア協会 ❾ 1967·8·2 政
日本中央蚕糸会 ❼ 1932·3·14 政
日本中南米輸出組合連合会 ❼ 1935·1·19 政
日本撚糸工業組合連合会 ❾ 1985·9·10 政
日本貿易会 ❽ 1947·5·28 政
日本貿易組合 ❼ 1915·9·28 政
日本貿易経済合同委員会 ❾ 1965·7·12 政
日本ボランタリー·チェーン協会 ❾ 1966·1·24 政
日本綿布輸出組合 ❼ 1906·2·19 政
日本輸出綿織物同業組合連合会 ❼ 1919·6·4 政
日本経済連盟会 ❼ 1922·8·1 政
農会·帝国農会 ❼ 1899·6·9 社／1900·2·12 政／1910·11·14 社
農協 JA ❾ 1990·9·17 社
農事電化協会 ❼ 1923·6·1 社
農商工高等会議 ❼ 1896·4·28 政／10·19 政／1897·3·1 政／1898·10·20 政
農村労働組合全国連合会 ❾ 1965·3·6 社
農地制度改革同盟 ❽ 1939·11·29 社
農民負債整理組合法案 ❼ 1932·9·4 政
農林省米穀統制委員会 ❼ 1934·12·17 政
不況相談所 ❾ 1965·12·1 政
婦人消費組合協会 ❼ 1928·5·19 社
物資活用審議会 ❽ 1947·9·11 政
不動産流通情報システム ❾ 1987·7·27 政
米価調節調査会 ❼ 1915·10·7 政／1916·9·14 政
平和経済国民会議 ❽ 1953·12·14 政
ペルー訪日経済文化施設団 ❽ 1938·9·14 政
訪欧経済使節団 ❾ 1981·10·3 政／11·7 政
訪ソ経済使節団 ❾ 1965·9·14 政
報徳会 ❼ 1906·5·29 政
保全経済会 ❽ 1953·10·24 政
三井報恩会 ❼ 1934·4·4 文
綿業中央協議会 ❼ 1935·8·23 政
ヤング経済使節団 ❽ 1948·5·20 政
輸出組合 ❼ 1925·3·30 政／1935·7·25 政
輸出綿糸組合 ❼ 1920·5·27 政
ライオンズクラブ ❽ 1952·3·15 政
臨時国民経済調査会 ❼ 1918·9·18 政
臨時生産増強委員会 ❽ 1942·11·27 政
労働者消費組合「共働社」 ❼ 1920·11·7 社

経済問題·事件·詐欺

IBM 産業スパイ事件 ❾ 1982·6·22 政／1983·2·9 政
アイペック(教育関連出版社)粉飾決算 ❾ 1994·5·17 社
厚木基地内工事談合 ❾ 2002·7·15 社
アメリカ国債巨額不正事件 ❾ 1995·9·26 政／1996·2·2 政
生け花家元脱税事件 ❾ 1970·1·20 社
一円入札事件 ❾ 1989·10·25 政
インフレ進む ❻ 1879·5月頃 政
AIJ 投資顧問社消失問題 ❾ 2012·3·23 政
円天·L & G 問題 ❾ 2009·2·5 社
青梅信用金庫オンライン詐取事件 ❾ 1988·12·30 社
大蔵省金融検査部金融証券検査官室長逮捕 ❾ 1998·1·25 政
大阪国税局収賄事件 ❾ 1990·7·5 政
大阪不景気 ❻ 1886·5月 社
大阪府枚方市清掃工場談合 ❾ 2007·7·31 社
オレンジ共済組合事件 ❾ 1996·11·12 政／1997·1·27 政／2000·2·17 政
外務相ホテル代水増し請求 ❾ 2001·9·6 社
架空預金証書不正融資斡旋 ❾ 1991·7·25 社
カネボウ粉飾事件 ❾ 2005·6·13 政
株価高騰 ❻ 1893·1·17 政
カロリナ株インサイダー ❾ 1988·12·12 政
かんぽの宿一括譲渡問題 ❾ 2009·7·7 政
木更津市清見台土地区画整理組合前理事長横領罪 ❾ 2003·5·1 社
技術スパイ事件 ❾ 1983·10·6 政
岐阜県庁公金裏金問題 ❾ 2006·8·3 政
キャッシュカード偽造事件 ❾ 1981·10·17 社
キャッツ(害虫駆除)株価操作事件 ❾ 2004·3·9 社
キャピタルインベストジャパン違法出資金事件 ❾ 2004·6·10 社
旧商工ファンド(現 SFCG)申告漏れ ❾ 2003·8·25 社／2010·6·16 社
橋梁工事談合事件 ❾ 2005·7·12 政
ケイ·ワン脱税事件 ❾ 2003·2·3 社

経済革命倶楽部(KCC)事件　❾ **1996**·6·5 社／**1997**·2·3 社／**2000**·5·31 社
経済恐慌対策　❻ **1890**·5·18 政
経済スパイ　❾ **1992**·12·8 政
ケーエスデー中小企業経営者福祉事業団汚職事件　❾ **2000**·10·6 社／**2001**·1·15 政／**2002**·3·26 社／**2003**·5·20 社
航空機用タイヤ入札談合　❾ **2004**·6·17 社
光進(株仕手集団)事件　❾ **1990**·7·19 政／**1991**·1·17 社／6·6 政
厚生労働省冊子政策汚職事件　❾ **2004**·6·8 社
鋼鉄製橋梁工事談合事件　❾ **2005**·7·12 社
幸福銀行不正融資事件　❾ **1999**·9·16 社
国際航業株事件　❾ **1990**·6·13 政／12·27 政
個別株オプション不正取引事件　❾ **2003**·7·25 社
在日本朝鮮人連合会(朝鮮総連)土地·建物詐取事件　❾ **2009**·7·16 社
財務省相近畿財務局管材部収賄　❾ **2005**·3·9 社
産業スパイ事件　❾ **1970**·7·15 政／**2001**·3·9 文／**2002**·6·19 政
資金洗浄問題　❾ **1990**·8·29 社
静岡県建設業界談合問題　❾ **1981**·11·2 政
自動車エンジン製造会社「無限」脱税　❾ **2003**·7·1 社
屎尿·汚泥処理施設建設工事競売入札妨害事件　❾ **2006**·4·18 社
志村化工証券取引法違反　❾ **2002**·2·27 社
志免鉱業払下げ事件　❽ **1959**·1·10 政
証券会社損失補填事件　❾ **1991**·6·20 政 ／7·29 政／**1992**·6·30 政
所得税脱税元札幌国税局長　❾ **2002**·7·11 社
スイス·プライベート·ファンド詐欺事件　❾ **2003**·1·9 社
水道鉄管不正事件(東京)　❻ **1895**·11·5 政／12·9 政
スキミング偽造カード　❾ **2005**·1·19 社
スパイウェア事件　❾ **2005**·11·7 社
住友商事違法取引事件　❾ **1996**·6·13 政
西武鉄道株名義偽装問題　❾ **2005**·2·19 社
石油ヤミカルテル事件　❾ **1975**·2·19 政
世耕弘一事件　❽ **1947**·7·9 政
大光相銀乱脈経理事件　❾ **1979**·9·29 政
耐震強度構造計算書偽装事件　❾ **2005**·11·17 社／**2006**·1·17 政
大和銀行巨額損失事件　❾ **1995**·11·3 政／**1996**·1·17 政／1·30 社／2·2 政／4·26 社／5·17 社／**2000**·9·20 社
ダスキン不正支出事件　❾ **2004**·5·13 社
脱税(個人最高額)　❾ **1992**·4·27 政
千葉県流山市工事代金水増し請求　❾ **2003**·9·18 社
千葉県不正経理事件　❾ **2009**·9·7 社
堤義明証券取引法違反事件　❾ **2005**·2·19 社
ティエスティー風説の流布　❾ **1995**·2·21 政
天下一家の会　❾ **1979**·4·11 社
電々近畿不正事件　❾ **1981**·7·6 社
東海銀行秋葉原支店巨額不正融資　❾ **1991**·12·14 社
東京協和·安全両信用金庫乱脈融資事件　❾ **1995**·1·13 政／**1999**·9·1 社／**2000**·3·16 社
東京ゼネラル(商品先物取引)財務内容を虚偽報告　❾ **2004**·5·17 社
東京大証事件　❾ **1966**·11·25 政
投資ジャーナル事件　❾ **1984**·8·24 社／**1985**·6·19 社
東天紅(中華レストラン)株式風説の流布　❾ **2000**·11·14 社
東宝亜鉛安中精錬所鉱山法違反事件　❾ **1970**·5·14 社
東レ機密文書産業スパイ事件　❾ **1967**·10·22 政
徳島県知事発注工事汚職事件　❾ **2002**·11·15 社
戸田アメリカ·インコーポレイティッド社長逮捕　❾ **2004**·5·25 政
豊川信用金庫取付け騒ぎ　❾ **1973**·12·14 政
豊中市小曾根農協不正融資　❾ **1975**·11·19 社
成田市ごみ焼却施設汚職事件　❾ **2006**·12·2 社
新潟中央銀行不正融資事件　❾ **2001**·2·7 社
新潟鉄工ソフトウェア横領事件　❾ **1983**·2·8 政
新潟·西山町公金流用事件　❾ **1990**·9·4 社
偽日本商品　❾ **2006**·12月 政
日榮(ローン会社)業務停止事件　❾ **2000**·1·27 社
ニチメン巨額手形詐欺事件　❾ **2002**·1·13 社
ニッポン放送株不正売買疑惑事件　❾ **2006**·6·5 社
日本銀行収賄事件　❾ **1998**·3·11 政
日本航空電子工業不正輸出事件　❾ **1991**·7·5 政／**1998**·7·23 政
日本歯科医師連盟不正経理事件　❾ **2004**·4·14 文
日本鉄建公団不正経理事件　❾ **1979**·9·6 社
野村沙知代脱税　❾ **2001**·12·5 社
バイオ燃料会社「日本中油」詐欺事件　❾ **2011**·9·5 政
ハルトレー密輸事件　❻ **1877**·12·14 政
販売禁止品(外国人)　❻ **1858**·7·7 社
比叡艦建造手抜工事問題　❻ **1881**·5月 政
便乗値上げ禁止　❻ **1855**·10·8 政
福島県発注工事入札談合事件　❾ **2006**·9·4 社
富士·旧埼玉·東海銀行不正融資事件　❾ **1991**·7·25 政
富士銀行ニューヨーク支店為替投機失敗　❾ **1984**·11·7 政
フジテレビジョンニッポン放送株公開買付け問題　❾ **2005**·2·8 政
ブラウン管国際カルテル違反問題　❾ **2012**·12·5 政
プリンストン債事件(国際詐欺)　❾ **1999**·10·4 社
プレイスプライドG(投資団体)詐欺　❾ **2003**·7·10 社
平成電気資金詐取　❾ **2009**·6·1 社
防衛施設庁談合事件　❾ **2006**·1·30 政
松方財政(松方デフレ)　❻ **1881**·10·21 政／是年 政
マネー·ロンダリング事件　❾ **1990**·6·28 政／**2004**·2·5 社／6·3 社／**2005**·2·9 社／**2012**·11·20 社
ミサイル部品不正輸出事件　❾ **1992**·3·11 政
三越社長解任事件　❾ **1982**·9·22 政
緑資源機構官製談合事件　❾ **2007**·5·24 社
宮崎県官製談合事件　❾ **2006**·12·4 政
明電工脱税事件　❾ **1988**·6·27 政
目隠しシール入札談合事件　❾ **1993**·2·18 政
元朝銀東京信用組合理事長横領事件　❾ **2000**·12·28 政／**2002**·10·22 社
山一証券粉飾決算事件　❾ **1998**·3·4 政／**2000**·3·28 社
山城屋事件　❻ **1872**·11·29 政
ヤミ金融対策法　❾ **2003**·6·14 社
ヤミ献金　❾ **1986**·12·27 政
横浜連合生糸荷預所事件　❻ **1881**·9·1 政
ライジングプロダクション(芸能プロ)脱税事件　❾ **2001**·10·18 社
ラップ·ヤミカルテル　❾ **1991**·9·30 政／**1992**·5·29 政
リーマン·クライシス、リーマン不況　❾ **2008**·9·19 政
和歌山県発注工事談合事件　❾ **2006**·11·15 政／**2007**·9·10 社
割賦販売法　❽ **1961**·7·1 社

公債·国債·証券

愛国債券　❽ **1937**·11·16 社
赤字公債　❽ **1946**·3·30 政
赤字補塡公債　❼ **1932**·6·18 政
一億マルクの産投国債　❾ **1968**·1·3 政
印紙　❻ **1873**·6·1 政
　印紙歳入金納付勅令　❼ **1920**·6·24 政
　印紙税法　❼ **1899**·3·10 政
　収入印紙法　❼ **1898**·7·14 政
　証券印税規則(印紙)　❻ **1873**·2·17 政／**1884**·5·1 政
　登記印紙規則　❻ **1888**·10·9 政
英大蔵省証券　❼ **1916**·7月 政／**1918**·1·21 政
英貨公債　❼ **1899**·5·31 政／**1902**·5·21 社／**1904**·2·17 政／5·10 政／11·10 政／**1905**·3·26 政／7·8 政／11·25 政／**1907**·3·4 政／**1910**·5·5 政／**1912**·2·22 政／**1913**·3·12 政／

1916·11·29 政／1930·5·12 政
円借款(インド) ❾ 2003·1·7 政
円建て外国債 ❾ 1970·11·27 政／1971·6·9 政
大蔵省証券 ❼ 1901·5·16 政／1917·3·16 政／1931·9·1 政
大阪築港公債 ❼ 1902·9·1 政
外債募集中止(米) ❼ 1901·10·25 政
開発銀行債 ❽ 1959·12·30 政
樺太事業公債法 ❼ 1918·3·30 政
勧業債券 ❼ 1898·4·15 政
完全無担保普通社債(TDK) ❾ 1985·1·31 政／1998·4·3 政／2003·4·10 政／2011·8·24 政／2012·3·5 政／6·19 政／12·21 政
起業公債條例 ❻ 1878·5·1 政
旧藩外国債償還 ❻ 1871·11月 政
旧藩負債償還 ❻ 1872·4·18 政／1873·3·3 政
金禄公債証書 ❻ 1876·8·5 政／1878·7月 政／9·9 政
金禄公債証書発行條例 ❻ 1876·8·5 政
軍事公債 ❼ 1896·3·4 政／1919·6·30 政／❽ 1948·5·14 政
軍事公債條例 ❻ 1894·8·16 政／11·22 政
軍備制限補償公債 ❼ 1926·4·6 政
興業債券 ❼ 1902·8·21 政／1908·11·19 政／1924·8·12 政
公債(日本興業銀行) ❼ 1902·10·7 政
公債·社債市場 ❾ 1966·2·7 政
公社債市場 ❽ 1956·1·9 政
公社債投資信託 ❽ 1961·1·11 政
国債 ❾ 1965·11·19 政／1966·1·19 政／4·4 政／10·1 政／1967·2·2 政／6·12 政／1977·1·20 政／1978·6·16 政／1979·5·7 政／6·20 政／1980·1·10 政／4·4 政／1982·3·11 政／1983·2·24 政／3·8 政／4·9 政／5·19 政／8·15 政／1986·2·20 政／1990·5·11 政／6·20 政／1995·2·28 政
国債(国内公募の始め) ❻ 1878·5·1 政
国債市場 ❼ 1920·9·20 政
国債証券 ❼ 1904·5·11 政／10·1 政／1905·2·16 政／1910·2·5 政／1930·10·3 政
国際証券買入銷却法 ❼ 1896·2·20 政
国債整理基金特別会計法 ❼ 1906·3·2 政
国債に関する法律 ❼ 1906·4·11 政
国債を外国において募集する場合に関する法律 ❼ 1899·4·20 政
国民貯蓄債券 ❽ 1952·9·10 政
国庫債券 ❼ 1904·2·13 政／5·23 政／10·12 政／1905·2·27 政／4·20 政／1908·3·31 政／1933·9·4 政／1936·3·23 政
在外仏貨公債処理法(戦前外債の処理) ❽ 1956·12·29 政
債権先物取引 ❾ 1985·10·19 政
GNP(経済成長率·実質成長率·国民総生産) ❾ 1967·12·19 政／1968·8·9 政／1969·6·10 政／8·6 政／1973·5·31 政／1978·1·1 政／1979·8·10 政／1983·6·16 政／1987·3·17 政／1989·3·17 政
GDP(国内総生産) ❾ 1994·12·1 政／1998·3·13 政／12·21 政／2000·10·27 政／2001·4·10 政／2003·1·24 政
事業公債 ❼ 1896·3·30 政／1909·4·29 政
失業対策公債 ❼ 1930·12·5 政
食糧債権 ❽ 1946·6·3 政
スイス貨公債 ❾ 1968·9·10 政
整理公債 ❻ 1886·10·16 政／1888·6·18 政／1891·8·12 政／1892·4·5 政／7·2 政／1893·4·28 政
ゼロ·クーポン債 ❾ 1982·3·4 政／1983·1·27 政／1988·2·1 政
戦後初の外債公募 ❽ 1959·2·17 政
戦費公債(幕府) ❻ 1865·5·3 政
対韓円借款 ❾ 1981·1·31 政
大東亜戦争国庫債券 ❽ 1942·1·8 政
大同電力会社外債 ❼ 1924·8·1 政
台湾電力米貨社債 ❼ 1931·6·25 政
短期証券(政府所有) ❾ 1981·4·14 政
中国向け円借款 ❾ 2005·3·17 政
帝国整理公債 ❼ 1896·10·14 政
鉄道債券 ❼ 1915·5·25 政
鉄道公債特別会計法 ❼ 1899·2·8 政
電電公社債 ❽ 1959·12·30 政
東京市公債 ❻ 1891·10·2 政
東京市債 ❼ 1906·7·17 政／1926·10·8 政
特別報国債券 ❽ 1941·7·15 政
西独貨公債 ❾ 1968·1·31 政
日本勧業銀行債権 ❼ 1898·3·16 政／1924·9·1 政
日本銀行初の公債買いオペレーション ❼ 1898·4·15 政
日本公債 ❽ 1950·11·10 政
日本の公債の国際市場初登場 ❼ 1896·10·14 政
復興金融債 ❽ 1947·8·1 政
復興貯蓄債権 ❼ 1924·7·22 政
フランス貨公債 ❼ 1910·4·25 政／1913·4·17 政／1917·6·13 政／1918·11·12 政
米貨公債 ❼ 1930·5·12 政
米貨社債 ❼ 1923·3·15 政
報国債券 ❽ 1940·5·13 社
マルク公債 ❽ 1964·6·2 政
満洲国国債 ❼ 1935·12·10 政
ミャンマー円借款 ❾ 2012·4·21 政
無担保債 ❾ 1979·2·20 政
有価証券の処分の調整等に関する件 ❽ 1947·1·18 政
ユーロ·ダラー債 ❾ 1972·4·21 政
ユーロ円債の解禁 ❾ 1984·12·1 政
横浜市債 ❼ 1909·4·1 政／7·5 政
臨時国債整理局官制 ❼ 1905·11·20 政
臨時事件公債 ❼ 1906·2·20 政
ロシア大蔵省証券 ❼ 1916·2·7 政／1917·1·31 政／9·11 政
割増金付貯蓄債券 ❽ 1938·5·13 政

国際経済関係

『海外市場白書』 ❽ 1959·12·24 政
IMF·世界銀行、国際開発協会·国際金融公社 ❽ 1964·4·1 政／9·7 政
IMF国際通貨基金 ❽ 1952·5·29 政／1953·5·12 政／8·31 政／1962·1·19 政
アジア生産性機構(APO) ❽ 1961·5·26 政
エカフェ ❽ 1955·3·28 政／1962·3·6 政
MSA小麦援助資金 ❽ 1954·5·31 政
海外経済協力基金法 ❽ 1960·12·27 政
海外駐在員事務所 ❽ 1960·6·29 政
外国起債禁止 ❻ 1870·2·22 政
外国銀行券 ❻ 1876·6·3 政
外国銀行の始め ❻ 1863·1·7 政
外国商館倒産 ❻ 1883·3月 政
外国商社の営業許可 ❽ 1948·7·2 政／1949·6·23 政
外国人から貨幣借用禁止 ❻ 1869·2·12 政
外国人特許権 ❽ 1949·4·11 政
外国人の財政取得に関する政令 ❽ 1949·3·15 政
外国人の対日投資許可 ❽ 1949·1·14 政
外国負債 ❻ 1870·4·22 政
外国物品売買規則 ❻ 1866·3·17 政
GATT(関税および貿易に関する一般協定) ❽ 1948·1·1 政／1954·8·12 政／1963·2·20 政
ガリオア(占領地救済資金)およびエロア(占領地域経済復興資金)輸入物資円勘定覚書 ❽ 1948·8月 政／1949·4·1 政／1961·6·10 政／1962·1·9 政
経済協力開発機構(OECD)理事会 ❽ 1963·7·26 政／1964·4·28 政
国際経済会議(モスクワ) ❽ 1952·4·5 政
国際収支 ❽ 1957·是年 政／1958·是年 政
国際的供給不足物資等需給調整臨時措置法 ❽ 1952·3·31 政
国際ロータリー·クラブ ❽ 1955·2·23 社
国連アジア極東経済委員会 ❽ 1952·1·29 政
スワップ協定 ❽ 1963·10·31 政
ビジネス·インターナショナル円卓会議 ❽ 1959·11·23 政
ララ(LARA·アジア救済連盟)救援物資 ❽ 1946·8·30 政／11·30 政／1947·2·11 政／7·31 政／1948·8·13 政

座

青苧(あおそ)座 ❹ 1582·3·1 社
茜染座(遠江) ❹ 1513·1月 社
猪熊座(四府駕輿丁) ❹ 1564·12·15 社／1572·11·11 社
伊勢白子型売仲間·益睦講 ❺-2 1790·1·8 社／1793·11·11 社／1804·1月 社
伊勢日永 ❹ 1583·2月 社
糸·糸物(商売·反物貫目改所) ❺-2 1742·3月 政／1769·3·23 政／1781·7·1 政
靫(うつぼ)の松前仲買衆 ❺-2 1819·2月 政
越後柏崎 ❹ 1580·2·17 社／1581·7月 社

越中篠河村の市日 ❹ 1586·8·13 社
扇座 ❹ 1539·5·27 文／是年 社
近江安治村 ❹ 1582·7月 社
近江日野町 ❹ 1582·12·29 社／1584·6月 社
帯座座頭職(山城) ❹ 1528·⑨·25 社
尾張竹鼻町 ❹ 1584·6月 社
会所座(金沢藩) ❺-1 1668·11·1 社
甲斐府中八日市場町人 ❹ 1574·4·10 社
囲置(諸国産物)禁止 ❺-2 1842·10·28 政
鋳定座 ❺-2 1765·7月 政
鍛冶座 ❷ 1118·7·22 社
釜座座法 ❺-2 1720·是年 社
紙方本座 ❺-2 1730·5月 社
紙商·紙座 ❹ 1473·11·29 社／1486·10·2 社／1549·12·11 社
駕輿丁(かよちょう)座 ❹ 1548·8·22 社／1581·6·7 社
唐笠座 ❹ 1462·12·2 社
苧(からむし)座 ❹ 1486·5·26 社
軽物座 ❷ 1204·11·20 社／❹ 1575·9·29 社／1576·9·11 社／1581·7·13 社／1582·3·13 社
川岸組錦仲間 ❺-2 1730·3月 社
皮染座 ❷ 1204·11·20 社
河内富田林 ❹ 1578·10月 社
乾物類直荷物引き請 ❺-2 1841·3·13 社
北組·東堀組·上町組綿仲間 ❺-2 1781·1月 政
木津木守座 ❷ 1112·8·7 社
絹(座) ❷ 1031·2·23 社／1204·11·20 社
木守座 ❷ 1112·8·7 社
釘座 ❺-2 1764·3·21 社
薬座 ❷ 1204·11·20 社
麹座 ❹ 1582·7·21 社
上野十四河岸仲間 ❺-2 1776·10月 社
小袖座商人 ❸ 1352·2月 社
米座 ❹ 1548·8·22 社
米雑穀仲買仲間 ❺-2 1782·11月 政
小物座 ❹ 1468·10·19 社／1594·6·17 政
紺座 ❷ 1204·11·20 社
紺屋·紺座 ❹ 1568·6·27 社／1576·10·20 社／1578·7·3 社／1582·9·7 社／1585·7·25 社／10·23 社／1586·12·9 社／1587·12·7 社
座·仲間の結成を禁止 ❺-1 1657·9月 社／1659·7·23 政
材木座(鎌倉) ❸ 1367·9·10 社
相模江の島 ❹ 1579·8·12 社
座頭(鍛冶座) ❷ 1118·7·22 社
座の語 ❷ 1092·9·3 政
私座および買占め禁止 ❺-1 1666·9·12 政
下金買·屑金吹組合 ❺-2 1728·4·23 社
七島筵仲買 ❺-2 1807·7·11 社
信濃塩崎 ❹ 1584·4月 社
信濃吉岡繁栄 ❹ 1475·是年 社
四府駕輿丁(かよちょう)座 ❺-1 1626·3月 社
手工業者の座 ❷ 1118·7·22 社
朱座 ❹ 1542·3·26 社／❺-1 1609·9月 社／1697·12·2 社／❺-2 1726·9·28 文／1729·11·26 社／1734·4·6 社／1759·12·26 社／1796·8月 社
朱座廃止 ❻ 1870·1·12 文
朱仲買·座 ❺-2 1782·11·15 文／1787·7·5 社／1794·⑪·19 社／1796·8·22 社／1842·4月 社／1852·2·28 社
新座停止 ❸ 1415·6月 社／1424·6·14 社
真鍮箔座 ❺-1 1699·2月 社
新綿·古綿座 ❷ 1204·11·20 社
数珠棚座 ❹ 1519·8·4 社
炭薪屋 ❺-1 1713·5·21 政
酢屋 ❺-1 1713·5·21 政
駿河根原郷 ❹ 1582·8·28 社
製糸·織物業 ❺-2 1762·7月 社
摂津塚口·西宮 ❹ 1580·3月 社
摂津名塩村 ❹ 1578·12·12月 社／1579·3月 社
瀬戸物店(江戸) ❺-1 1681·是年 政
扇子屋 ❺-1 1713·5·21 政
相物座 ❹ 1547·2·28 社
染物売座 ❷ 1204·11·20 社
茶屋 ❺-1 1665·是年 社／1708·5月 社
茶屋株 ❺-1 1688·7·1 社／1712·5月 社／12月 社
鉄座(安芸·備後) ❺-1 1696·是年 社／1699·是年 社
鉄座 ❺-2 1739·1·19 政／1780·8·28 政／1781·12·27 社／1784·9·20 政／1787·9·27 政
陶器改方 ❺-2 1770·是年 政
陶器荷為替仕法 ❺-2 1849·2·26 社
銅座 ❺-1 1701·12月 政／是年 社／1712·3·30 政
銅商営業 ❺-1 1678·是年 政
唐人座 ❹ 1575·9·29 社／1576·9·11 社／1581·7·13 社
通町組(小間物·太物·荒物·塗物·打物) ❺-1 1694·是年 政
渡唐商人 ❶ 799·是年 政
生魚·塩魚座 ❷ 1204·11·20 社／1280·5·19 社／7·23 社
和布(にきめ·ワカメ)座 ❷ 1204·11·20 社
布座 ❷ 1204·11·20 社
布仲買 ❺-2 1827·11月 政
練貫座 ❹ 1523·9·9 社
登せ綛糸 ❺-2 1779·9·18 社
念珠屋 ❹ 1570·10·13 社
箔座 ❺-1 1709·3·2 政
箔屋座 ❹ 1540·12·6 社
伯楽座 ❹ 1583·8·6 社
旅籠屋株(京都先斗町) ❺-1 1712·12月 社
針鉄座 ❺-2 1818·10·13 社
播磨網干郷 ❹ 1576·1月 社
播磨龍野町 ❹ 1580·4月 社／10·28 社
播磨戸田 ❹ 1578·3·25 社
播磨三木町 ❹ 1580·1·17 社
肥前津町 ❹ 1485·4·13 社
檜物(師)屋座 ❹ 1558·11·11 社／1583·12·19 社／1596·4·10 社
火鉢作り京座 ❹ 1480·7·17 社
百姓の領外逗留·商売禁止(会津藩) ❺-1 1707·1·23 社
符坂坂本座 ❹ 1469·12·26 社
古鉄銅売買(禁止) ❺-1 1679·9·4 社／1684·2·20 社／1690·3·30 社
古鉄売買 ❺-1 1652·6·28 社／1707·3月 社
古道具屋仲間 ❺-1 1645·⑤·16 社／1695·4月 社
紅粉座 ❹ 1583·11·18 社／1599·12·6 社
紅屋仲間 ❺-2 1823·12·19 社
本座綿商 ❸ 1343·11·8 社
峰山縮緬業者仲間 ❺-2 1762·8月 社
武蔵入間川 ❹ 1564·9·20 社
武蔵関戸郷の市の條規 ❹ 1564·9·2 社
武蔵松山 ❹ 1581·9·30 社
筵御手作新座(大和) ❷ 1195·12月 社
陸奥福聚 ❹ 1582·12月 社
綿塗物店 ❺-1 1694·是年 政
矢木座(八木、仲買座、駄賃座) ❺- 1469·12·26 社
薬種店組 ❺-1 1694·是年 政／1713·5·21 政
山城大山崎 ❹ 1582·6·3 社／7·21 社
山城冷泉町 ❹ 1585·1月 社
龍脳座 ❺-2 1768·5月 社／1782·7 20 社
蠟燭·座·商·問屋 ❺-2 1724·5·12 政／1726·4月 政／1727·①月 社／1741·10月 社／1745·4月 社／是年 社／1748·3月 社／1752·8·8 社／1763·3月 社／1765·5·1 社／1780·2·1 社／1796·是年 社／1799·10·10 社／1803·11·28 社／1810·8月 社／1811·7月 社／1821·6月 社／1823· 月 社／1825·7·12 社／1837·8·3 社／1838·8月 社／1841·①·18 社
綿座 ❸ 1343·7·4 社／1413·7月 社／❺-2 1785·是年 社／1800·8·13 社／1841·7月 社
椀座 ❺-2 1759·4·4 社

財政

預札の制 ❺-1 1677·12·10 政
大坂借用銀方御用 ❺-1 1692·3·9 政
大坂での物資の移入量 ❺-1 1714·是年 政
会計年度 ❺-1 1552·1·4 政
会所座(金沢藩) ❺-1 1668·11·1 社
霞ヶ浦四十八津掟書(常陸) ❺-1 1650·7·30 社
義田(朝鮮倭館) ❺-1 1713·是年 政
切高仕法(金沢藩) ❺-1 1693·12·12 政
口米 ❺-1 1644·1·11 政
蔵々法度(備前藩) ❺-1 1640·11·1 政
車借金を禁止 ❺-1 1666·10·12 社
公金為替の始め ❺-1 1691·2月 政
口銭高 ❺-1 1641·是年 政
鴻池家より銀を借用(熊本藩) ❺-1 1681·10·30 政
郷借禁止 ❺-1 1695·7·16 政／1707·10·13 社
小作地について定める ❺-1 1698·1

月 政
財政改革(鹿児島藩)　❺-1 **1619**·是年 政
座頭銀　❺-1 **1712**·9 月 社

財閥

財閥解体　❽ **1945**·10·6 政／10·19 政／11·4 政／**1946**·1·22 政／8·22 政／11·27 政／**1947**·2·20 政／**1948**·1·7 政／**1951**·6·21 政／7·11 政／12·21 政
財閥商号の使用の禁止等に関する政令　❽ **1952**·5·7 政
財閥同族支配力排除法　❽ **1951**·7·11 政
集中排除審査委員会(五人委員会)　❽ **1949**·8·3 政
制限会社令　❽ **1946**·3·16 政／**1950**·6·30 政
閉鎖機関　❽ **1949**·5·31 政
閉鎖機関整理委員会令　❽ **1946**·8·22 政／**1947**·3·10 政／**1952**·3·31 政
持株会社(三菱本社·三井本社·住友本社·安田保善社·富士産業など八十三社)　❽ **1946**·9·6 政／9·30 政
持株会社整理委員会　❽ **1946**·3·16 政／4·20 政／8·8 政／9·6 政／**1947**·9·18 政／**1948**·2·7 政／5·1 政／7·30 政／9·11 政／**1949**·6·4 政／9·21 政／**1951**·6·21 政／7·11 政

手形(法)　❼ **1932**·7·15 政／**1934**·1·1 政

売出手形　❽ **1971**·8·20 政
銀行引受手形　❼ **1919**·6 月 政
軍需手形　❽ **1945**·11·1 政
米商人先手形による売買　❺-2 **1721**·⑦·25 政
震災手形割引損失、補償令(日本銀行)　❼ **1923**·9·27 政／12·24 政／**1926**·8·29 政／3·29 社／**1927**·3·30 政
スタンプ手形制度　❼ **1919**·8·1 政
全国手形交換所連合会　❼ **1903**·3·20 政
雑用蔵手形(会津藩)　❺-2 **1775**·⑫·16 政／**1776**·2·25 政
手形オペレーション　❾ **1972**·6·23 政
手形交換事務　❽ **1945**·12·27 政
手形交換所(大阪)　❻ **1879**·11·28 政／❼ **1896**·4·1 政
手形交換所(東京)　❻ **1887**·12·1 政／❽ **1945**·6·19 政／**1960**·12·31 政
手形交換所(名古屋)　❼ **1902**·9·1 政
手形交換所(横浜)　❼ **1900**·2·1 政
手形仲買業　❼ **1899**·9 月 政
手形割引市場　❾ **1971**·5·20 政
農業手形制度　❽ **1958**·11·28 政
振出し手形制度　❾ **1971**·8·20 政
不渡手形　❽ **1955**·10·31 政
貿易手形制度(スタンプ手形)　❽ **1950**·8·1 政
輸出貿易手形制度　❾ **1972**·2·1 政／**1978**·5·22 政／**1979**·11·27 政

山林

御留山(信濃)　❺-1 **1713**·9 月 社
材木·榑木·米·大豆·塩·薪·炭·真綿·絹·紬·酒·油·金銀相場　❺-1 **1672**·4·13 政
樟脳山役所　❺-1 **1715**·正徳年間 政
木材搬出規則　❺-1 **1625**·3·24 社

奢侈·贅沢品

奢侈品等製造販売制限　❽ **1940**·7·6 社
贅沢は敵だ！　❽ **1940**·8·1 社／8·20 社
贅沢品の輸入禁止　❽ **1937**·10·11 政
七·七禁令(奢侈品禁令と解除)　❽ **1939**·7·6 社／**1945**·9·21 社

借款

大倉組と中国新政府百万円借款　❼ **1912**·10·17 政
大蔵省、証券二十億　❽ **1946**·9·17 政
広東セメント廠借款　❼ **1917**·4·2 政
漢冶萍公司借款　❼ **1908**·6·13 政／**1910**·11·17 政／**1911**·3·31 政／**1912**·2·10 政／6·14 政／12·7 政
「銀行よさようなら、証券よこんにちは」　❽ **1961**·1·11 政
五国借款団　❼ **1912**·3·18 政
参戦借款利払借款　❼ **1925**·9·4 政
清国への借款供与の始め　❼ **1904**·1·15 政
世銀借款協定　❽ **1955**·10·25 政
双橋無電台借款　❼ **1918**·2·21 政
対華五か国借款団　❼ **1913**·4·27 政
中国の交通銀行へ第二次借款　❼ **1917**·9·28 政
青島公有財産及び製塩業補償日本金国庫証券借款　❼ **1923**·3 月 政
南濤鉄道五百万円借款　❼ **1912**·7·8 政
南洋貿易会議　❼ **1926**·9·13 政
西原借款　❼ **1917**·1·20 政／**1918**·9·24 政
日本·インド円借款協定　❽ **1958**·2·4 政／**1961**·8·18 政
日本·韓国、借款契約　❼ **1908**·3·20 政
武器売込代金借款　❼ **1912**·1 月 政
奉天省借款　❼ **1916**·6·9 政
満蒙三鉄道借款権　❼ **1913**·10·5 政
綿花借款　❽ **1948**·6·9 政
有価証券業取締法　❽ **1938**·3·29 政
横浜正金銀行·清国漢冶萍公司、五十万円融資借款契約　❼ **1908**·11·14 政

荘園(庄園)

姶良荘(あいら、大隅)　❸ **1380**·6·26 政
青柳荘(美作)　❸ **1354**·4·8 政
赤穴荘(出雲)　❸ **1411**·3·21 政
赤岩荘(下総)　❸ **1332**·2·16 社
茜部荘(あかなべ、東大寺領、美濃)　❷ **1056**·③·26 政／**1070**·7·24 社／**1142**·9 月 社／**1147**·是年 政／**1169**·8 月 社／**1223**·8 月 社／❸ **1298**·6·12 社／是年 社／**1300**·1·21 社
明智荘(美濃)　❸ **1449**·11·20 社
吾河郡(あご、京都八幡社領、土佐)　❷ **1185**·12·30 社
味岡荘(中宮篤子内親王領、尾張)　❷ **1101**·9·25 政／❸ **1340**·是年 社
足利荘(相模)　❷ **1159**·9·29 社
足利荘(安楽寿院領、下野)　❷ **1142**·10 月 社／❸ **1401**·12·23 社／**1454**·5·1 社
安食荘(あじき、醍醐寺領、尾張)　❷ **1143**·8·19 社／❸ **1333**·10·9 政／11·5 社
足黒(下野)　❸ **1354**·6·7 政
鯵坂荘(筑後)　❸ **1406**·4·20 政
足守荘(葦守荘·あしもり、神護寺領、備中)　❷ **1169**·12 月 文／**1222**·2·10 社
安須奈荘(石見)　❸ **1363**·1·11 政
東坂荘(河内)　❸ **1320**·12·18 社
東屋荘(紀伊)　❷ **1158**·8·7 社
足羽荘(あすわ、越前)　❸ **1354**·6·7 政
麻生荘(近江)　❸ **1333**·1 月 政
浅羽荘(遠江)　❹ **1540**·8·1 政
麻生荘(近江)　❹ **1464**·6·23 社
阿多郡鮫島(薩摩)　❷ **1247**·10·25 政
阿多美(熱海、伊豆)　❷ **1213**·12·18 社
渥美郡(三河)　❸ **1360**·8·9 政
阿弖河荘(あてがわ、高野山領、紀伊)　❷ **1184**·5·2 社／**1210**·2·10 政／**1257**·8·17 政／**1259**·10 月 社／**1267**·5·30 社／**1274**·11·24 社／**1275**·3 月 社／5 月 社／10·28 社／❸ **1296**·8·22 政／**1309**·5 月 社
阿野荘(駿河)　❹ **1580**·12·25 社
畔蒜荘(あびる、上総)　❷ **1186**·6·11 政／❸ **1335**·9·27 政／**1394**·7·13 政
阿武郡(あぶ、長門)　❷ **1189**·2·30 社
甘木荘(肥後)　❸ **1370**·9·12 政
安摩荘(安芸)　❷ **1180**·4·15 社
天野荘(金剛寺領)　❷ **1190**·4 月 社
天野荘(備後)　❸ **1432**·8·11 政
余部里(丹後)　❸ **1379**·9·17 社
網曳御厨(和泉)　❸ **1293**·11 月 社
漢部郷(丹波)　❸ **1444**·9 月 政
綾部荘(宇佐弥勒寺領、肥前)　❷ **1045**·7 月 社
新井荘(但馬)　❸ **1294**·5·8 社／**1334**·10·17 社
荒川荘(荒河荘·高野山領、紀伊)　❷ **1159**·7·8 社／9 月 社／**1160**·10·9 社／**1161**·10·11 政／**1162**·4·15 社／5·24 社／**1163**·4·8 社／**1178**·8·11 社／**1186**·4·18 社／**1255**·11 月 社／**1265**·6 月 政／❸ **1291**·2·18 社／9 月 社／**1398**·7·16 社／**1400**·12·5 社
荒河保(越後)　❸ **1292**·7·18 社
粟井荘(美作)　❸ **1393**·7·20 社
阿波新島·勝浦·枚方荘(東大寺領)　❶ **987**·2·1 社
安東郷(出雲)　❷ **1185**·1·22 社
安寧院清正名(播磨)　❸ **1303**·5·15 社
飯倉(武蔵)　❷ **1184**·5·3 社
飯泉郷(相模)　❷ **1260**·9·19 政
飯田郷(豊後)　❷ **1259**·12·9 政
井内両荘(摂津)　❸ **1374**·10·14 社
伊方荘(豊前)　❷ **1192**·2·28 政
伊香立荘(いかだち、近江)　❷ **1256**·7 月 社／**1265**·12 月 社
鵤荘(いかるが、法隆寺領、播磨)　❷ **1187**·3·15 政／**1227**·5·23 社／**1253**·8·3 社／❸ **1408**·7·6 社／❹ **1489**·12·27 社／**1511**·11·1 政／**1521**·1 月 社／**1525**·7 月 社
鵤荘(大和)　❸ **1329**·3·27 社

井川荘(阿波)　❸ **1372**·6·13 政
生葉荘(いくは、筑後)　❸ **1359**·12·15 政
生穂荘(いくほ、賀茂上社領、淡路)　❷ **1120**·4·6 政
伊倉荘(肥後)　❸ **1401**·6·11 政
池田荘(和泉)　❸ **1294**·1·18 社
池田荘(松尾社領、遠江)　❷ **1171**·2 月 社
井家荘(加賀)　❹ **1502**·3 月 社
伊香荘(近江)　❸ **1318**·3 月 社
生駒荘(大和)　❸ **1304**·6·28 政
伊作荘(いさく、薩摩)　❷ **1276**·8·27 政／❸ **1324**·8·21 政／**1290**·2·12 社／**1317**·6·17 社／10·22 政
伊佐早荘(いさはや、肥前)　❷ **1264**·5·10 社／❸ **1338**·2·9 政
石井郷(伊予)　❷ **1223**·8·17 政
石井荘(東大寺領、越後)　❷ **1052**·2 月 社／是年 社
石垣荘(豊後)　❷ **1273**·4·11 社
石黒荘(円宗寺領、越中)　❷ **1257**·8·2 社／**1262**·3·1 社／**1271**·4 月 社／❸ **1289**·4·2 社
石崎郷(日向)　❸ **1335**·3·1 社
石志村(肥前)　❷ **1260**·6·17 政
石手荘(高野山領、紀伊)　❷ **1129**·11·3 政／**1131**·7 月 政
和泉荘(備後)　❸ **1311**·7·12 政
泉田村(陸奥)　❷ **1264**·11·22 政
伊勢曾禰荘(醍醐寺領)　❶ **951**·9·15 社／**953**·8·5 政／**963**·6·29 社
井田郷(豊後)　❸ **1334**·2·11 政／**1378**·8·28 政
板蠅杣(東大寺領、伊賀)⇨黒田(くろだ)荘
櫟谷(いちい、京都)　❷ **1241**·8·7 社
櫟荘(大和)　❷ **1271**·2·22 社／❸ **1287**·8 月 社
市来院(薩摩)　❸ **1334**·2·11 政
伊知地(大隅)　❸ **1435**·6·9 政
怡土荘(いと·筑前)　❸ **1290**·7·13 政／**1299**·5·21 社／**1305**·8·2 政／**1306**·9·18 社／**1400**·9·29 政
到津荘(いとうづ、豊前)　❷ **1275**·10·21 社／❸ **1398**·④月 社
稲木荘(尾張)　❸ **1436**·6·18 社
稲毛荘(武蔵)　❷ **1171**·是年 社
稲毛新荘　❸ **1384**·7·23 社
稲積本荘(甲斐)　❸ **1291**·8·25 政
因幡高庭荘(東大寺領)　❶ **913**·10·3 社
犬上荘(近江)　❷ **1221**·12·21 政
井上荘(大和)　❷ **1226**·12·29 政
猪熊荘(山城)　❸ **1450**·3·26 社
揖斐荘(いび、美濃)　❸ **1389**·2·7 社
伊吹荘(近江)　❸ **1354**·6·7 政
揖宿郡(指宿郡·いぶすき、薩摩)　❷ **1235**·8·28 政
揖保荘(いぼ·播磨)　❸ **1354**·2·12 政
今安保(丹波)　❸ **1426**·10·8 政
今新田村(陸奥)　❸ **1354**·5·18 社
今富荘(若狭)　❹ **1461**·6 月 社
今西村·中山村(丹波)　❸ **1369**·10·5 社
伊万里浦(肥前)　❷ **1180**·是年 社／**1205**·1·9 政
入江荘(駿河)　❸ **1399**·9·26 政
入江荘(備後)　❸ **1392**·2·10 政
入江保(安芸)　❸ **1331**·3·20 政
入来院(いりきいん、薩摩)　❷ **1267**·6·16 政
入田荘(豊後)　❸ **1375**·10·3 政
入部荘(筑前)　❷ **1168**·1·1 社
岩田荘(安楽寺領、筑前)　❷ **1215**·11·24 社
岩楯村(陸奥)　❷ **1224**·9·21 政
岩橋荘(紀伊)　❸ **1447**·10 月 社
石村(信濃)　❸ **1332**·2·16 社
印南本郷(紀伊)　❸ **1399**·11·15 政
因島(いんのしま、備後)　❸ **1387**·⑤·12 社
殖木荘(筑前)　❸ **1291**·12·13 政
上薗田御厨　❸ **1322**·3·25 社
上田荘(越後)　❸ **1394**·2·22 政／**1455**·2·12 社
上野荘(山城)　❷ **1119**·3·25 政／❸ **1394**·11·1 社／**1405**·7·4 社／9·16 社／**1440**·7 月 社
植松荘(上野)　❸ **1406**·2·23 社
植松荘(山城)　❸ **1405**·7·4 社／9·16 社
鵜河荘(越後)　❸ **1389**·10·22 社
浮田荘(宇佐宮領、日向)　❷ **1057**·是年 社
宇坂荘(越前)　❷ **1246**·12·2 政
宇佐弥勒寺領荘園　❷ **1185**·4·22 社
牛原荘(うしがはら、醍醐寺円光院領、越前)　❷ **1132**·9·23 政／**1133**·6·14 社／9·21 社／**1139**·2·19 政／**1142**·10·14 社／**1146**·11·6 社／**1152**·9 月 社／**1222**·4·5 社／**1243**·7·19 社
牛屎院(うしくそいん、薩摩)　❹ **1499**·3·19 政
牛瀬荘(山城)　❹ **1495**·7·3 社
牛牧荘(阿波)　❸ **1351**·9·5 政／**1352**·10·13 政
碓井荘(うすい、観世音寺領、筑前)　❷ **1069**·6·29 社／**1130**·是年 社
臼杵荘(日向)　❷ **1066**·是年 社
臼田原郷(信濃)　❸ **1334**·2·7 社
宇多荘(陸奥)　❸ **1400**·4·8 政／**1435**·5·7 政
宇多荘(山城)　❸ **1395**·⑦·25 社
宇智·十市·広湍三郡(栄山寺領、大和)　❷ **1036**·11 月 社
打穴荘(美作)　❸ **1338**·2·24 社
内木荘(備後)　❸ **1353**·11·24 社
宇都荘(神護寺領、丹波)　❷ **1184**·4·8 社
有年荘(うね、播磨)　❷ **1015**·11·16 政
宇野御厨荘(肥前)　❷ **1231**·4·16 政／**1269**·7·20 社／❸ **1329**·5·20 社
馬椙荘(うばすぎ、近江)　❷ **1271**·12·2 社
宇美荘(筑前)　❸ **1284**·3·5 政
浦家荘(丹後)　❸ **1333**·5·12 政
浦上荘(播磨)　❷ **1189**·3·13 政／❸ **1333**·12·1 社
宇和荘(伊予)　❷ **1231**·3 月 政
江口荘(摂津)　❹ **1499**·5·12 社
衣田嶋荘(えだじま、安芸)　❷ **1242**·2·9 社
愛智荘(えち、日吉社領、近江)　❷ **1103**·12·10 社
榎並東西荘(摂津)　❸ **1318**·3·7 社／**1339**·9·27 政
榎木荘(近江)　❸ **1387**·12·5 社／**1388**·8·30 社
江の島(相模)　❷ **1216**·1·15 社
江辺荘(近江)　❸ **1354**·4·8 政
永良部島(琉球)　❸ **1408**·10·8 政
近江津田荘(延暦寺西塔院領)　❶ **912**·6·5 社
近江土田荘(東寺領)　❶ **932**·1·21 社
大朝荘(安芸)　❸ **1406**·3·15 政
大井荘(東大寺領、美濃)　❷ **1055**·11·26 社／**1056**·③·26 政／**1070**·7·24 社／**1169**·8 月 社／**1194**·7·16 政／**1210**·是年 社／❸ **1335**·12·23 政／**1337**·2 月 社／**1364**·11·24 社／**1447**·10·26 社
大泉荘(和泉)　❸ **1341**·5·28 社
大泉荘(出羽)　❸ **1394**·2·22 政
大芋荘(丹波)　❹ **1485**·4·4 文
大内郷(丹波)　❸ **1429**·10·28 社
大内荘(伊賀)　❷ **1235**·⑥·21 社
大内荘(下野)　❸ **1435**·5·3 社
大浦荘(近江)　❸ **1445**·3 月 社
大交野荘(河内)　❷ **1179**·3·11 社
大河土御厨(おおかわど、武蔵)　❷ **1184**·1·3 社
大木荘(伊勢)　❷ **1086**·4·28 社
大北浦(長門)　❸ **1378**·4·27 政
大国荘(東寺領、伊勢)　❷ **1103**·7·2 社／**1206**·12 月 社
大隈荘(大和)　❸ **1282**·9·4 政
大蔵荘(最勝寺領、越前)　❷ **1169**·1 月 社
大榑荘(大久礼庄·おおくれ、美濃)　❷ **1200**·11·9 政／**1232**·11·13 社
大沢御牧(陸奥)　❸ **1334**·3·21 社
大島荘(和泉)　❸ **1299**·4·7 政／**1327**·1·17 政／**1328**·12·21 政
大須賀保(下総)　❸ **1308**·12·25 社
大住荘(おおすみ、山城)　❷ **1236**·1·27 社／❸ **1455**·10·17 文
大隅荘(山城)　❷ **1281**·9·21 社
大曾禰荘(藤原氏領、陸奥)　❷ **1149**·是年 政
大田郷(長門)　❸ **1400**·8·1 社
太田荘(信濃)　❷ **1227**·10·15 政／❸ **1284**·12·26 社／**1295**·5·2 政
大田荘(肥前)　❷ **1079**·8 月 社
大田荘(高野山大塔領、備後)　❷ **1166**·1·10 社／2 月 社／**1168**·10 月 政／**1169**·11·23 社／**1186**·5·10 社／7·24 文／**1187**·3·6 社／5·1 社／**1194**·7·7 政／12 月 社／**1196**·10·22 社／**1200**·5 月 社／**1206**·12·29 政／**1208**·7·14 社／**1209**·3·1 社／**1217**·6·8 政／**1218**·12·28 政／**1234**·2·13 社／**1235**·10·8 社／**1237**·7·7 政／**1249**·11·26 社／**1274**·7·25 社／❸ **1291**·12·7 社／**1302**·6·23 社／**1303**·5·14 社／**1305**·3·30 社／**1306**·9·7 社／**1319**·12·5 政／**1320**·8 月 社／**1332**·10·3 社／**1347**·6·10 社／**1348**·7·5 社／**1349**·3·14 社／**1395**·3·5 社／11·12 社／**1402**·7·19 政／**1440**·3 月 社
大田荘(武蔵)　❷ **1194**·11·2 社／**1230**·1·26 政

大谷村(上総)　❸ **1417**·1·1 社
大友郷(相模)　❷ **1223**·11·2 政
大鳥荘(和泉)　❸ **1351**·12·16 政
大成荘(おおなり·伊勢多度神宮領、尾張)　❷ **1106**·7·7 政／❸ **1364**·6·23 社／**1388**·6·21 社
大呑北荘(能登)　❹ **1514**·12·26 社
大野荘(阿波)　❸ **1346**·6·11 社
大野荘(伝法院領、伊賀)　❷ **1131**·7·28 社
大野荘(加賀)　❷ **1235**·12·27 文／❸ **1340**·9·11 社／**1346**·9·19 社／**1347**·3·15 社／**1394**·3·22 社／**1402**·2·23 社／**1410**·9·10 社／12·26 社／❹ **1464**·12·25 社
大野荘(豊後)　❷ **1223**·11·2 政／❸ **1292**·5·10 政／**1302**·8·18 政／**1386**·4·11 社
大野本荘(阿波)　❸ **1394**·12·5 社
大庭荘(河内)　❸ **1348**·是年 社
大庭御厨(相模)　❷ **1117**·10·23 社／**1141**·是年 社
大肥荘(おおひ、安楽寺領、筑前)　❷ **1032**·是年 社
大肥荘(豊後)　❸ **1350**·6·5 社
大袋荘(越中)　❸ **1316**·3月 政
大部荘(おおべ、播磨)　❷ **1192**·9·27 社／**1203**·5·17 社／❸ **1294**·10·29 政／**1295**·1月 政／**1322**·8·16 社／**1430**·3·15 社／**1454**·11·2 社／❹ **1472**·5·21 社
大室荘(上野)　❷ **1266**·12·11 政
大家荘(石見)　❷ **1221**·10月 政
大山郷(武蔵)　❷ **1183**·2·27 社
大山崎荘(山城)　❹ **1510**·3·26 政／**1530**·11·16 社
大屋荘(但馬)　❸ **1354**·11·28 政
大山荘(東寺領、丹波)　❷ **1002**·9·19 政／**1013**·10·15 社／**1021**·11·2 政／**1027**·10·8 社／**1042**·12·25 社／**1097**·3·20 社／**1099**·12·4 社／**1100**·5·23 政／**1102**·4·25 政／**1103**·8·14 政／**1112**·9·23 社／**1115**·4·25 社／**1122**·6·8 社／**1131**·3·24 社／5·22 社／10·29 政／**1173**·4·2 社／**1206**·12月 社／**1241**·5月 社／❸ **1294**·10·23 社／**1308**·是年 社／**1314**·③·3 社／**1318**·6·14 社／**1333**·9·1 社／**1351**·9·28 社／**1369**·11·2 社／**1390**·10·5 社／**1395**·3月 社／**1407**·7·18 社／12·15 社／**1415**·6·25 社／**1430**·11·22 社／**1434**·3·26 社／**1437**·3·9 社／**1438**·7·12 社／**1440**·2·12 社／**1442**·11·2 社／**1444**·7·4 政／**1445**·8·26 社／11·28 社／**1453**·9·8 社／**1455**·9·21 政
大山名(上総)　❸ **1430**·6·27 社
小河郷(常陸)　❸ **1376**·11·24 社／**1377**·5·7 社
小川荘(最勝寺領、信濃)　❷ **1145**·7·9 社
小河村(尾張)　❷ **1265**·12·7 政
小城郡(肥前)　❸ **1334**·12·1 政
沖永良部島　❸ **1403**·10月 政／**1408**·10·8 政
息浜(おきのはま、筑前)　❸ **1333**·8·28 政
奥島荘(近江)　❸ **1298**·6·4 社／**1350**·10·9 社／**1441**·8月 社
奥山荘(越後)　❸ **1346**·7·19 社
小塩荘(山城)　❸ **1301**·3·24 社
押立保(近江)　❸ **1333**·7·3 社
押野荘(加賀)　❸ **1412**·11·10 社
忍海荘(近江)　❸ **1300**·11·18 政
小田荘(備中)　❹ **1456**·9·23 文
落合郷(尾張)　❸ **1298**·9·1 政
小値賀島(おちがしま、肥前)　❷ **1204**·8·22 社／**1207**·5·2 社／❸ **1305**·3月 社
音羽荘(近江)　❸ **1352**·4·2 社
小野荘(近江)　❷ **1230**·11月 政
小野荘(山城)　❸ **1313**·9·1 社
尾道倉敷(高野山領、備後)　❷ **1169**·4·22 社／11·23 社
尾道浦(備後)　❸ **1319**·12·5 政／**1320**·8月 政
園城寺荘園　❷ **1180**·6·20 社
温泉郷(蓮華王院領、但馬)　❷ **1165**·6月 社
甲斐荘(石清水社領、河内)　❷ **1222**·5·6 政／❸ **1345**·4·2 政
開田荘(かいた、安芸)　❷ **1273**·3·19 政
海東荘(尾張)　❸ **1364**·10·10 社
加賀荘(出雲)　❸ **1366**·11·14 社
鹿児島郡(薩摩)　❷ **1269**·9·23 政
葛西荘(下総)　❹ **1498**·3·26 社
葛西御厨(伊勢神宮領、下総)　❷ **1165**·6·21 社／❸ **1333**·12·1 社
笠原荘(遠江)　❸ **1409**·2·18 政／**1413**·1·19 政
加地荘(越後)　❸ **1378**·4·21 社
鹿島田郷(武蔵)　❸ **1286**·11·29 社
柏井荘(尾張)　❹ **1463**·3·13 社
柏原荘(醍醐寺円光院領、近江)　❷ **1085**·5·8 社／**1138**·9·16 社／**1142**·9·19 社／**1167**·8·24 社／❸ **1354**·6·7 政
春日部荘(丹波)　❸ **1403**·⑩·5 政
糟屋荘(相模)　❷ **1159**·9·29 社
挊田荘(かせだ、紀伊)　❷ **1222**·2·10 社／**1224**·7月 社
賀太浦(紀伊)　❷ **1280**·4月 社
方上御厨(かたかみ、駿河)　❷ **1186**·⑦·28 政
賀太荘(伊賀)　❸ **1314**·1月 社
賀太荘(紀伊)　❸ **1313**·6·8 社
堅田浦(かただ、近江)　❷ **1271**·4月 社
勝浦荘(阿波)　❸ **1324**·4·27 社
葛川(近江)　❸ **1318**·3月 社／5月 社
桂荘(山城)　❸ **1336**·12·8 社
葛野荘(丹波)　❸ **1332**·6月 社
金岡東荘(額案寺領備前)　❸ **1323**·2·5 社／**1373**·12月 社
金津荘(加賀)　❸ **1299**·3·23 政
金丸荘(阿波)　❸ **1372**·6·13 政
可児郡(かに、美濃)　❷ **1238**·7·22 社
掃守荘(かにもり、淡路)　❸ **1353**·2·30 社
金沢瀬戸内海(武蔵)　❸ **1363**·4·16 社
金沢の地(武蔵)　❸ **1376**·6·22 社
金田保(上総)　❸ **1402**·3·23 社
狩野荘(伊豆)　❷ **1235**·8·21 政
鎌田御厨(遠江)　❷ **1182**·5·16 社
蒲御厨(がま、遠江)　❷ **1227**·10·12 政／❸ **1391**·10·8 社／**1410**·9·28 社／**1423**·9·12 社／❹ **1456**·1·16 社／**1464**·是年 社
鎌田荘(但馬)　❸ **1379**·9·17 社
鹿屋院下村(大隅)　❸ **1400**·8·3 政
上桂荘(山城)　❷ **1229**·11·25 政／❸ **1303**·4·25 政／**1440**·是年 社
紙屋荘(越後)　❸ **1431**·2·29 政
賀茂社領荘園　❷ **1183**·10·10 社／**1184**·4·24 社
賀茂荘(東大寺領、山城)　❷ **1125**·是春 社
萱島荘(阿波)　❸ **1352**·12·22 政
賀屋新荘(播磨)　❸ **1352**·9·26 政
粥田荘(筑前)　❷ **1224**·9·18 社／**1239**·2·8 社／**1272**·10·16 社／**1281**·3·21 社／❸ **1290**·2·20 社／11·29 社／**1303**·11·30 社／**1317**·3·25 社／**1324**·3·9 社
河会郷(美作)　❷ **1267**·6·16 政
川合荘(東寺領、伊勢)　❷ **1086**·7月 社
河上荘(紀伊)　❷ **1186**·是年 社／**1222**·2·10 社
河上荘(丹後)　❸ **1453**·7·5 社
河上荘(飛驒)　❸ **1396**·2·21 社／**1422**·6·13 社／**1431**·10·13 社
河北荘(筑後)　❸ **1351**·9·29 政
河口荘(越前)　❸ **1335**·1·26 社／**1352**·3·18 社／❹ **1457**·4月 社／**1458**·9·11 社／**1459**·1月 社／**1461**·9·27 社／**1480**·8·28 政／**1484**·11·7 政／**1485**·5·12 社／**1578**·3·19 社
河越荘(武蔵)　❷ **1187**·10·5 政／**1194**·2·16 政／❹ **1462**·12·7 政
河崎荘(美濃)　❸ **1406**·4·20 政
河崎荘(若狭)　❸ **1352**·4·2 社
革島荘(山城)　❹ **1550**·7月 社
革島南荘(山城)　❸ **1312**·11·13 政／**1336**·8·11 政
川尻荘(肥後)　❸ **1299**·2·6 社／**1376**·1·23 政
河後御厨(かわじり、伊勢)　❷ **1111**·8·17 社
河内荘(かわち、美作)　❷ **1263**·1·26 社
河辺荘(かわなべ、美濃)　❷ **1154**·5·18 政
河南郷(かわなみ、豊後)　❷ **1233**·7·18 社
河南荘(摂津)　❷ **1221**·12·21 政
河百荘(越前)　❹ **1498**·7·5 社
河辺荘(下総)　❸ **1305**·4·28 社／**1386**·5·14 政
河原荘(伊予)　❸ **1330**·1·30 社
河原荘(大和)　❸ **1402**·4·23 社／**1408**·10·5 社
河匂荘(かわわ、相模)　❸ **1290**·1·29 社／**1305**·⑫·17 政
河匂荘(遠江)　❸ **1453**·是年 社
神崎荘(肥前)　❷ **1127**·5·26 社／**1133**·8·13 政／**1186**·2·22 政／❸ **1297**·⑩·16 政／是年 社／**1313**·9月 政／**1318**·7·2 社／**1319**·6月 政／**1321**·6·4 政

神崎荘(旧東大寺領、備前)　❸ **1294**·4月 社／**1295**·7·9 社
上林荘(かんばやし、丹波)　❷ **1229**·4·10 政
神戸(かんべ、伊勢神宮領、伊賀)　❷ **1028**·4·5 社
神戸(播磨)　❸ **1399**·7·16 社
給黎院(きいれいん、薩摩)　❸ **1324**·3·20 社
木河(吉川、駿河)　❷ **1225**·1·1 政
私市荘(きさいち、丹波)　❷ **1263**·1·26 社
綺田荘(近江)　❹ **1464**·6·23 社
杵島荘(きしま、肥前)　❷ **1147**·是春 社／**1148**·3·27 政
岸和田荘(和泉)　❸ **1400**·9·28 社
北荘(越前)　❹ **1585**·⑧·21 政／**1599**·2·5 政
枳頭子(きとうず、尾張)　❸ **1337**·2·30 社
杵河(きねかわ、大和)　❸ **1408**·12·27 社
清澄荘(東大寺領、大和)　❷ **1182**·8·5 社／**1183**·8·5 社
吉良荘(きら·皇嘉門院領、三河)　❷ **1177**·8·24 政
金山保(越中)　❸ **1412**·5·7 社
久岐荘(摂津)　❸ **1378**·11·12 社
久下郷(くげ、武蔵)　❷ **1205**·6·28 社
櫛淵荘(阿波)　❸ **1397**·8·13 社
櫛無保(くしむ、讃岐)　❷ **1224**·9·7 政
郡上上保(美濃)　❹ **1464**·7·6 社
葛川荘(近江)　❷ **1265**·12月 社
葛原荘(讃岐)　❸ **1365**·12·13 政
久世上·下荘(山城)　❸ **1324**·4月 社／**1336**·7·1 社／**1340**·8·21 社／**1345**·9月 社／**1349**·12·24 政／**1357**·是年 社／**1367**·6·3 社／**1368**·4·26 社／**1391**·5·21 社／**1392**·11·11 社／**1394**·6·29 社／**1398**·9·26 社／**1399**·11·7 社／**1402**·是夏 社／**1404**·10·23 社／**1405**·7·4 社／9·16 社／**1406**·2·23 社／**1411**·9·28 社／**1419**·7月 社／**1424**·6·11 社／**1425**·9·20 社／**1431**·10·11 社／**1452**·1月 社／2月 社／❹ **1462**·11·11 社／**1467**·8·22 社／9·10 社／10·7 社／**1488**·12·15 社／**1495**·7·3 社／**1496**·5月 社／**1515**·10·9 社／**1517**·10·2 社／**1527**·8·13 社
久世荘(播磨)　❸ **1407**·9·22 社／**1408**·9月 社
久多荘(山城)　❸ **1299**·5·18 社
朽木荘(近江)　❸ **1299**·5·18 社／10·23 政／**1363**·6·3 社／❹ **1490**·9·5 政／**1503**·12·29 社
忽那島(くつなじま、伊予)　❷ **1232**·7·26 政／**1254**·3·8 政／❸ **1340**·10·10 政／**1391**·4·8 政
久永御厨(伯耆)　❷ **1174**·8·16 社
求仁郷内(くにごう、日向)　❸ **1399**·12·3 政
国富荘(日向)　❸ **1336**·1·7 政
国富荘(若狭)　❷ **1207**·12月 社／**1216**·8·17 政／❸ **1333**·7·3 社／**1337**·7·21 社／**1341**·3月 社／❹ **1466**·4·17 政
国丸御厨(安房)　❷ **1159**·6·1 社
久保荘(豊前)　❸ **1390**·5·10 政
熊谷郷(武蔵)　❷ **1235**·7·6 政
熊坂郷(伊豆)　❸ **1367**·10·12 社
熊野郷(日向)　❸ **1412**·3·20 政
熊野郷(武蔵)　❷ **1221**·9·18 政
倉月荘(加賀)　❸ **1346**·9·19 社／❹ **1485**·9·21 政
椋橋荘(摂津)　❸ **1336**·1·23 社
倉見荘御賀尾浦(若狭)　❸ **1316**·9·18 社／**1318**·9·10 社／**1413**·12·19 社
栗栖荘(くるす、粉河寺領、紀伊)　❷ **1146**·4·29 社
栗栖荘(播磨)　❸ **1351**·3·14 政
榑沼堤(くれぬまづつみ、武蔵)　❷ **1232**·2·26 社
黒海荘(阿波)　❷ **1251**·9·2 政
黒髪(肥前)　❷ **1215**·10·2 社
黒島荘(筑前)　❷ **1127**·8·28 政
黒田荘(尾張)　❸ **1395**·9·2 社
黒田荘(板蠅杣·東大寺領、伊賀)　❷ **1034**·是年 社／**1043**·11·5 社／**1053**·8·26 政／**1056**·③·26 政／**1064**·4·23 社／**1096**·7·23 社／**1102**·9·3 政／**1110**·是年 社／**1111**·4·8 社／**1115**·3·24 社／**1122**·2月 社／**1133**·1·13 社／**1135**·5月 社／**1162**·是年 社／**1169**·7月 社／**1175**·5·22 社／10·30 社／**1181**·8月 社／**1199**·9·16 社／**1200**·4·17 社／**1204**·9月 社／**1245**·12·3 政／**1265**·6月 政／❸ **1286**·12·20 社／**1288**·7·14 社／**1326**·8·12 政／**1327**·4月 社／**1439**·7·22 社
桑原郷(相模)　❸ **1400**·6·25 社
桑原新荘(厳島社領、安芸)　❸ **1294**·3·28 社
気比比上荘(但馬清水寺領)　❸ **1293**·9·12 社
介良荘(けら、土佐)　❸ **1395**·6·18 社
小泉荘(信濃)　❷ **1239**·7·15 社
小犬丸保(播磨)　❷ **1197**·4·30 政
皇嘉門院御領荘園　❷ **1175**·5·12 政
香宗我部郷(こうそかべ、土佐)　❷ **1223**·7·16 政／**1224**·2·25 政／❸ **1399**·9·24 政
神野真国荘(こうのまくに、高野山領、紀伊)　❷ **1142**·12·13 政／**1157**·5·28 社／**1227**·8·7 社
興福寺荘園　❷ **1181**·3·1 社
五箇荘(奥羽)　❷ **1153**·9·14 政
五箇荘(摂津)　❹ **1471**·10月 社
久我荘(山城)　❹ **1467**·9·10 社／**1565**·10·28 社
近木荘(こぎ、和泉)　❸ **1293**·3·28 社／**1300**·⑦月 政／**1423**·8·27 社／**1441**·12·17 社
小坂荘(加賀)　❸ **1299**·3·5 社
小鯖荘(周防)　❸ **1288**·11·21 社
小瀬荘(肥前)　❸ **1387**·7·4 政
小高瀬荘(河内)　❸ **1380**·9·7 政
小鶴荘(常陸)　❸ **1396**·12·27 社
小中荘(安楽寺領、筑前)　❷ **1032**·是年 社
木幡荘(山城)　❸ **1420**·7·5 社
小早川荘(安芸)　❸ **1451**·9月 政
小東荘(こひがし、東大寺領、大和)　❷ **1144**·6月 政／❸ **1306**·3·23 社
虎武保(こぶのほ、伊賀)　❷ **1248**·4·6 社
御油荘(ごゆ、大和)　❷ **1270**·6·14 社
小童保(備後)　❸ **1407**·7·2 社
金剛東荘(備前)　❸ **1321**·9·20 社
金勝寺荘(近江)　❹ **1487**·9·3 社
雑賀荘(さいが、紀伊)　❷ **1196**·3月 社
税所今富名(さいしょ、若狭)　❷ **1263**·12月 政／❸ **1354**·9·9 政／**1355**·9·21 社
佐伯荘(丹波)　❸ **1420**·11·10 文
堺南荘(和泉)　❹ **1483**·11月 社／**1508**·2·13 社／**1534**·1·28 社
寒河江荘(さがえ、藤原忠実領、出羽)　❷ **1110**·3·27 政
坂越(播磨)　❷ **1154**·5·18 政
坂田保(近江)　❷ **1098**·是年 社
相良荘(遠江)　❸ **1351**·11·7 政
座倉郷(美濃)　❸ **1406**·7·7 社
迫椒崎郷(陸奥)　❷ **1268**·9·10 政
佐佐木豊浦(近江)　❷ **1227**·9·22 政
雀部荘(ささきべ、丹波)　❷ **1238**·10·19 社／❸ **1325**·4·24 政
佐佐目郷(武蔵)　❸ **1335**·8·27 社
佐田荘(豊前)　❸ **1290**·10·4 政
里河奴可浦(越前)　❸ **1355**·1·25 社
佐波郷(石見)　❸ **1384**·8·3 政
佐野荘(下野)　❸ **1319**·5·23 政
鯖田国富荘(越前·東大寺領)　❶ **757**·4月 社
佐美荘(越後)　❸ **1406**·4·20 政
狭山荘(河内)　❷ **1263**·3·18 社
早良荘(近江)　❸ **1345**·4·2 政
散田郷(相模)　❸ **1419**·6·3 社
三田郷(安芸)　❸ **1327**·8·27 社
塩飽島(しあくとう、讃岐)　❸ **1348**·4·1 政
塩穴荘(和泉)　❸ **1332**·6月 社／**1336**·11·22 政
塩尻郷(信濃)　❸ **1366**·2·9 社
塩屋荘(播磨)　❸ **1350**·12月 社
志賀村(豊後)　❷ **1264**·3·23 政
志楽荘(しがらき、丹後)　❸ **1384**·7·19 社／**1394**·8·4 社／**1422**·6·17 社
志岐浦(肥後天草)　❸ **1352**·10·1 政
志貴荘(三河)　❷ **1166**·9·27 政
重原荘(三河)　❷ **1221**·7·12 政
信太荘(常陸)　❸ **1350**·11·12 政
小童保(しちのほ、備後国世羅郡に所在した祇園社領、便補保)　❸ **1357**·9·7 社
四天王寺墾田　❶ **767**·11月 社
質侶荘(しとろ、遠江)　❷ **1129**·3·28 政
志富田荘(紀伊)　❸ **1394**·8月 社
信敷荘(しのお、備後)　❸ **1390**·③·3 政
篠木荘(志濃幾荘、尾張)　❷ **1194**·10·25 政／❸ **1298**·6·25 社／**1376**·10·4 社
篠村荘(丹波)　❷ **1186**·3·26 社
地毘荘(じび、備後)　❸ **1308**·12·23 社／**1357**·⑦·12 政
渋谷上荘(相模)　❷ **1278**·6·3 政
志芳荘(安芸)　❸ **1381**·7·1 社／

1400·1·26 政
島津荘(薩摩) ❷ 1026·此頃 社／1185·8·17 政／1213·7·10 政
島津荘(日向) ❸ 1354·8·25 政
下河辺荘(しもこうべ、下総) ❷ 1253·8·30 社
下坂荘(近江) ❸ 1352·11·2 政
下竹仁郷(安芸) ❸ 1355·4·29 政
城興寺領·後院領荘園 ❷ 1192·9·4 政
生部荘(しょうぶ、越前) ❷ 1221·8·25 政／1242·2·22 政
白井郷(常陸) ❸ 1424·10·10 社
白河郷地(信濃) ❷ 1246·11·7 政
白河荘(陸奥) ❸ 1335·1·18 政／1397·10·21 政／1400·4·8 政
白川郷(飛騨) ❷ 1176·10·22 社
白坂上(大隅) ❸ 1403·11·29 政
新開荘(河内) ❸ 1431·3·6 社
新西條荘(伊予) ❸ 1320·7·16 社
神殿村(薩摩) ❸ 1400·3·30 政
新八幡宮田(山城) ❸ 1411·4·14 社
吹田東西荘(醍醐寺領、摂津) ❷ 1152·11月 社／1188·9·6 政／1251·9·17 政／1257·4·23 社／1258·12·25 社
吹田西荘(摂津) ❸ 1385·6·1 社
須恵荘(大和) ❸ 1409·3·30 社
須可荘(すか、伊勢) ❷ 1185·6·15 政
菅浦荘(近江) ❸ 1287·2·7 社／1295·是年 社／1296·9·7 社／1305·8月 社／1311·10月 社／1410·3月 文／1445·3月 社
菅野荘(上野) ❷ 1241·2·25 政
菅原保(北野社領、能登) ❷ 1110·10月 社
椙本荘(すぎもと、大和) ❷ 1169·2·11 社
菅生荘(すごう·勝長寿院領、上総) ❷ 1205·3·25 社
菅生郷(すごう、武蔵) ❸ 1435·4·20 社
周布郷(すふ、石見) ❸ 1383·6·1 政／1389·11·2 社
隅田荘(紀伊) ❸ 1302·4·16 社／1331·9·2 政／1432·是年 社
住吉荘(信濃) ❸ 1335·9·27 政／1398·8·24 政
世木村(丹波) ❸ 1401·11·14 政
世田谷郷(武蔵) ❸ 1376·1·29 社／1429·3·11 社
世良荘(備前) ❸ 1333·7·3 社
世理荘(近江) ❸ 1302·4·20 社
千田荘(下総) ❸ 1444·4·18 社
造駄郷(讃岐) ❸ 1351·11·20 社
相馬御厨(そうま、下総) ❷ 1135·2月 政／1143·是年 政／1145·3·11 社／1161·1月 社／1228·8·23 社
曾禰荘(伊勢) ❸ 1338·2·6 社／1340·7·13 政
曾根崎(肥前) ❷ 1187·5·9 政
彼杵荘(そのき、肥前) ❷ 1258·10·2 社／1259·3·9 政／❸ 1313·11月 政
薗財郷(そのたから、紀伊) ❷ 1212·2月 社
園田御厨(上野) ❷ 1172·11·29 社
園東荘(備中) ❸ 1345·12·3 社
薗部郷(東大寺領、下野) ❷ 1162·3·7 社／1164·6·20 社
曾万布荘(そんぼ、東北院領、越前) ❷ 1164·7月 社
大安寺荘園 ❷ 1023·9·23 社
大成荘(尾張) ❷ 1157·6·29 政
高島荘(播磨) ❷ 1222·5·10 政
高嶋本荘(近江) ❸ 1339·9·1 社／1377·12·21 社
多賀荘(近江) ❸ 1359·6·13 政／1426·4·25 社
高瀬荘(越中) ❸ 1429·7·5 社
高田·田島郷(相模) ❷ 1183·2·27 社
高田荘(豊後) ❸ 1351·12·19 政
高知尾荘(たかちお、日向) ❷ 1254·4·26 社／❸ 1349·9·18 政
高平村(信濃) ❸ 1398·7·26 社
田上荘(播磨) ❸ 1318·8·28 社
田上杣荘(近江) ❸ 1439·5·20 社
高安荘(河内) ❸ 1294·9·29 社
高柳荘(河内) ❸ 1333·6·15 社
高山荘(摂津) ❸ 1337·2月 社
多烏浦(若狭) ❷ 1272·2月 社／1273·8·1 社
薪荘(たきぎ、山城) ❷ 1235·6·3 社／1236·1·27 社／1281·9·21 社
滝野(播磨) ❷ 1222·5·10 政
竹野荘(筑後) ❷ 1138·11·3 社
竹野新荘(筑後) ❸ 1333·6·29 社／1336·3·24 社
竹原郷(安芸) ❸ 1371·3·21 政
竹原荘(賀茂社領、安芸) ❷ 1240·⑩·11 社
竹原荘(大和) ❸ 1408·12·27 社
岳牟田荘(肥後) ❸ 1318·9·29 社
武分村(薩摩) ❸ 1403·11·29 政
多胡荘(上野) ❸ 1354·6·7 政
田尻郷(駿河) ❸ 1381·5·6 社
立花郷(下総) ❷ 1143·是年 政
橘郷(鹿島社領、常陸) ❷ 1174·12月 社／1185·8·21 社
橘荘(河内) ❷ 1261·12·27 政
橘木荘(安楽寿院領、上総) ❷ 1224·4·22 政
立江荘(阿波) ❸ 1380·6·7 政
龍口荘(たつのくち、伊賀) ❷ 1129·5·30 社
棚井荘(嘉祥寺領、長門) ❷ 1195·11·4 社
田中荘(越前) ❸ 1337·12·4 政
田中荘(近江) ❸ 1286·是年 社
田仲荘(高野山領、紀伊) ❷ 1162·4·15 社／5·24 社／1163·4·8 社／1169·4·3 社／1186·4·18 社
田中荘(播磨) ❸ 1387·6·20 社
田名部荘(丹波) ❷ 1194·10·25 政
谷川荘(興福寺領、和泉) ❷ 1198·11月 社／1222·3月 社
多仁荘(周防) ❷ 1227·2月 政
種子島(大隅) ❸ 1363·2·17 政
田能荘(丹波) ❸ 1298·6·23 社
多布施(薩摩) ❸ 1403·9·1 政
田布施村(周防) ❸ 1285·8·12 社／1287·7·19 社
玉置荘(園城寺領、若狭) ❷ 1184·11·23 社／12月 社／1185·是年 社
玉櫛荘(河内) ❹ 1461·9·30 政
玉瀧荘·玉滝杣(東大寺領、伊賀) ❶ 959·12·26 社／❷ 1056·③·26 政／1058·此頃 社／1064·4·23 社／1100·8·10 政／1111·8·10 社／1115·4·30 政／1116·3·14 社／1122·2月 社／1174·5·26 社
玉井荘(東大寺領、山城) ❷ 1054·2·23 社／1140·是年 社
田村荘(土佐) ❸ 1385·2·24 社／❹ 1501·1月 社
太良荘(たら、東寺領、若狭) ❷ 1151·3月 社／1182·4·21 社／1186·2·12 政／1221·4·1 社／1241·是秋 社／1243·11·25 社／1247·10·29 政／1254·是年 社／1262·4·9 社／1269·4月 社／1270·5月 社／1272·7·18 社／1278·5月 政／1279·2·30 社／1281·⑦月 社／❸ 1294·4月 社／8·10 社／1299·2月 社／1300·3月 政／1302·1·16 社／9月 社／1304·9·17 社／1319·2·19 政／1333·9·1 社／12·16 社／1334·5月 社／11·24 社／1338·5·24 社／6月 社／1339·7·14 社／1351·2·8 社／9·28 社／1352·8·8 社／1354·2·24 社／1356·10·25 社／1357·10月 社／1358·11月 社／1359·11·2 社／1360·11·1 社／1362·3月 社／1367·2·19 社／1370·8·6 社／1376·3·8 社／1397·2·12 社／11·19 社／1399·9·28 社／1401·12·7 社／1403·5·20 社／1434·3·26 社／1445·7·24 社／8·26 社／1450·9·26 社／1451·9·27 社／1452·⑧月 文／9月 社／11·3 政／1453·9·8 社／1454·12·24 社／❹ 1459·7月 社／1461·6月 社
多留郷(伊豆) ❸ 1409·③·9 社
垂水荘(たるみ、東寺領、摂津) ❷ 1107·5·3 政／1131·3·24 社／1142·此頃 社／1184·是年 社／1204·9·6 政／1206·12月 社／❸ 1305·11月 社／1324·11·2 社／1325·2·2 社／1326·11·16 社／1333·6·19 社／1336·11·10 社／1338·12·24 社／1360·10·25 社／1370·9·3 社／1384·5·10 社／1403·5月 社／❹ 1460·10月 社
弾正荘(美濃) ❷ 1118·8月 社
丹波屋村(紀伊) ❷ 1241·6·27 社
丹波大山荘(東寺領) ❶ 845·8·25 政／915·9·11 政／924·8·7 社／935·10·25 社
近井郷(伊予) ❸ 1354·6·7 政
筑後櫛原荘(安楽寺領) ❶ 960·2·25 社
筑前高田荘 ❶ 940·5·6 社
竹生島(ちくぶしま、近江) ❸ 1324·11·21 社／1363·12·8 社／1391·6·1 社
智積御厨(伊勢) ❸ 1376·5·17 社
千田八幡(下総) ❸ 1334·12·1 政
千葉郷(相模) ❸ 1286·11·29 社
帖佐·荒田·万得名三荘(大隅) ❷ 1204·10·17 社
知覧(薩摩) ❸ 1403·9·1 政
珍皇寺領荘園 ❷ 1112·11·8 社
都宇·竹原荘(安芸) ❷ 1245·11·21 社
都宇荘(つう、賀茂社領、安芸) ❷

1240·⑩·11 社／❸ 1338·2·24 社／1363·6·29 政
塚崎荘(肥前)　❸ 1428·11·16 政
津軽西の浜(陸奥)　❸ 1330·7·14 社
津隈荘(豊前)　❹ 1482·3·10 政
津田郷(備後)　❸ 1325·6·12 社
土田荘(能登)　❹ 1514·12·5 政
土袋郷(武蔵)　❷ 1205·2·21 社
坪江荘(越前)　❹ 1459·1 月 社／1461·9·27 社
妻木郷(美濃)　❸ 1427·6·25 政
汲部·多烏浦(つるべ·たがらす、若狭)　❷ 1272·2 月 社／1273·8·1 社／❸ 1304·4 月 社／9·3 社／1400·12 月 社
土井荘(上野)　❷ 1091·12·12 政
東郷荘(伯耆)　❷ 1258·11 月 社
東西九條(山城)　❸ 1377·11·21 社
東條(安房)　❷ 1184·5·3 社
東大寺領荘園　❷ 1181·3·1 社
遠山方御厨(下総)　❸ 1333·8·10 社
徳宿郷(とくしゅく、常陸)　❷ 1235·⑥·15 政／❸ 1303·9·16 政
得橋郷笠間東保(加賀)　❸ 1302·11·22 政
都甲荘(とごう、豊後)　❷ 1238·7·8 政／1268·8·20 政／❸ 1350·11·3 政
常見名荘(豊前)　❷ 1175·9·28 社
都志郷(淡路)　❸ 1356·6·24 社
栃木郷(下野)　❷ 1258·7·1 社
取鳥荘(とっとり、備前)　❸ 1352·11·16 政
都野郷(石見)　❸ 1364·11·15 社
鳥羽荘(山城)　❸ 1354·4·8 政／1451·8·23 社
戸張郷(高野山領大田荘)　❷ 1168·11·22 社
戸町浦(肥前)　❸ 1302·5·24 政／1342·3·20 社
泊浦(志摩)　❸ 1333·6·26 社
富吉荘(阿波)　❸ 1356·2·7 社
富荘(若狭)　❹ 1465·7·16 政
富田荘(阿波)　❷ 1222·3 月 社
富田荘(出雲)　❸ 1354·4·8 政
富田荘(尾張)　❸ 1285·11·25 社／1373·12·12 社／1375·8·10 社
鞆田荘(ともだ、東大寺領、伊賀)　❷ 1122·2 月 社／1222·7·22 社
鞆淵荘(紀伊)　❸ 1351·2 月 社／1423·12 月 社
外山郷(越中)　❸ 1398·5·3 社
豊浦荘(近江)　❹ 1491·11·18 社
豊田荘(越後)　❷ 1202·6 月 社
豊田荘(相模)　❸ 1354·6·7 政
豊原荘(備前)　❸ 1324·4·19 社／1325·3·23 政
豊福村(播磨)　❸ 1349·是年 政
鳥養東西牧(摂津)　❸ 1399·4·9 社
鳥見·矢田荘(大和)　❷ 1189·7·28 社
鳥見荘(大和)　❹ 1496·1·13 社
富田荘(とんだ、周防)　❸ 1334·11·27 社
内部荘(安芸)　❸ 1371·3·21 政
名牛荘(金剛峰寺領、紀伊)　❷ 1107·1·25 社
那珂荘(なか、宇佐宮領、日向)　❷ 1083·是年 社
長井荘(出羽)　❸ 1388·7·4 政
中泉(下野)　❷ 1188·3·17 政
長岡荘(尾張)　❷ 1235·7·7 政／❸ 1348·8·21 社
長岡郷(常陸)　❸ 1307·4·17 政
中川荘(美濃)　❸ 1351·1·26 社
長倉保(信濃)　❷ 1241·3·25 政
那賀山荘(阿波)　❸ 1341·11·13 社
長嶋荘(肥前)　❸ 1282·4·15 政／1397·12·18 政／1421·7 月 社
那家荘(加賀)　❸ 1455·9·14 社
那賀荘(遠江)　❷ 1273·8·10 社
中條牧(摂津領)　❸ 1377·12·15 社
長洲御厨(賀茂社領、摂津)　❷ 1106·5·29 社／1147·9 月 社／1266·11 月 社
長瀬荘(興福寺領、伊賀)　❷ 1133·1·13 社／1199·9·16 社
長田郷(伊賀)　❷ 1221·⑩·15 政
長田郷(出雲)　❸ 1320·3·2 政
長田荘(駿河)　❸ 1441·4·22 社
長田荘(筑後)　❸ 1399·7·12 社
長田荘(最勝光院領、備前)　❸ 1287·4·19 政
長田御厨(外宮領、信濃)　❷ 1132·11·4 政／1134·1·29 社
中津荘(肥前)　❷ 1111·10·27 社
中野郷(信濃)　❷ 1265·④·18 政
長野荘(宇佐宮領、豊前)　❷ 1125·是年 社／1163·9 月 社／1169·6·11 社
中野村(美濃)　❸ 1396·9·12 社
長浜郷(武蔵)　❷ 1266·12·11 政
中村荘(和泉)　❸ 1302·8·12 社
長屋郷(上総)　❸ 1351·11·7 政
那具村(隠岐)　❸ 1395·9·23 政
名田荘(なた、若狭)　❷ 1176·2·6 社／❸ 1290·10·29 社／1305·12·6 社／1333·6·22 社／1355·5·10 社
名手荘(なて、高野山領、紀伊)　❷ 1241·6·27 社／1250·12·2 社／1251·7 月 社／1265·6 月 政／1276·4·1 社
七松御厨(伊勢大神宮領、武蔵)　❷ 1167·是年 社
難波荘(摂津)　❸ 1351·2·21 政
成羽荘(備中)　❸ 1381·4·7 社／1390·9·12 社
南宮荘(陸奥)　❷ 1234·11·29 政
新井荘(にい、仁和寺領、但馬)　❷ 1222·7·7 社
新野保(美作)　❷ 1224·9·9 政
新見荘(備中)　❸ 1326·8·21 社／1333·9·1 社／1350·5·24 政／1351·9·28 社／1390·8·28 社／1398·4·30 社／❹ 1461·6 月 社／8 月 社／1463·8·25 社／1467·7 月 社／1468·10·19 政／1469·9·21 社／1471·6 月 社／1532·5 月 政
丹羽(伊勢)　❸ 1337·2·30 社
丹生荘屋村(にうや、紀伊)　❷ 1243·7·17 社／1244·6·25 社／1250·12·2 社
西津荘(若狭)　❷ 1222·2·10 社
仁科荘(伊豆)　❷ 1203·是年 社
新田荘(上野)　❷ 1157·3·8 政／1226·9·15 政／❸ 1318·10·6 政／1333·5·8 政
新田荘(備前)　❹ 1459·6·19 政／1462·4·15 政
新田本荘(但馬)　❸ 1398·10·2 社
二宮荘(周防)　❸ 1352·12·22 社
仁保荘(にほ、周防)　❷ 1210·2·9 政／1224·11·30 政／1229·3·22 政／❸ 1397·9·10 政
仁和荘(周防)　❷ 1197·2·24 政
糠田郷(伊豆)　❷ 1185·4·20 社
糠部五戸(ぬかのぶ、陸奥)　❷ 1246·12·5 政
沼田荘(高野山西塔領、安芸)　❷ 1133·11·1 社／1266·4·9 政／1281·1·18 社／❸ 1353·4·25 社／1399·3·27 社／1404·2·28 政／1433·3·21 政
禰寝院(ねじめ、大隅)　❷ 1217·8·22 政／1224·4·14 政／1229·11·11 政
能美荘(のうみ、加賀)　❷ 1228·9·17 政／❸ 1423·12·13 政
野上村(豊後)　❷ 1257·③·24 政／❸ 1423·2·1 政
野鞍荘(摂津)　❸ 1358·1·19 政／2·17 社
野坂荘(越前)　❸ 1298·12·5 社／1395·2·3 社
能勢(のせ、摂津)　❷ 1242·3·21 政
野田荘(備前)　❷ 1198·12 月 社
野原荘(肥後)　❷ 1247·6·23 政／❸ 1383·5·12 政／1388·11·3 政／1401·6·11 政
延枝名(豊前)　❸ 1320·2·28 政
拝師荘(山城)　❸ 1313·12·7 政／1328·10·20 社
灰田郷(備後)　❸ 1349·3·9 政
把岐荘(はき、把伎荘·観世音寺、筑前)　❷ 1101·3·16 社
萩原荘(大和)　❹ 1470·6·9 社
白豊荘(阿波)　❸ 1379·3·21 社
畑荘(丹波)　❸ 1408·9·30 政
幡多荘(はた、土佐)　❷ 1257·4 月 社／❸ 1289·5 月 社／1304·3·12 社
八條西荘(山城)　❹ 1494·7·23 社
八幡荘(下総)　❸ 1376·6·6 社
蜂屋荘(美濃)　❷ 1195·12·12 政
初倉荘(遠江)　❸ 1299·3·5 社
八田荘(和泉)　❷ 1241·2·3 社
服部荘(因幡)　❸ 1398·11·7 社／1438·3·12 社
波々伯部村(ははかべ、祇園感神院領、丹波)　❷ 1098·是年 社／1158·5·18 社／1221·⑩·14 政／1227·8·28 社／❸ 1323·10·10 社／1405·3·27 社
浜崎荘(摂津)　❷ 1280·5·19 社／7·23 社／❸ 1284·2·28 社
浜松荘(遠江)　❸ 1302·12·1 社／1303·12·1 社
芳美御厨(はみ、外宮領、信濃)　❷ 1132·11·4 政
早河荘(相模)　❷ 1187·6·13 政／1202·5·30 社
原田荘(筑前)　❸ 1375·9·26 政
針道荘(加賀)　❸ 1411·8·28 社
春木荘(和泉)　❷ 1178·5·25 政
晴気領(はれぎ、肥前)　❷ 1185·8·5 政
日吉社領(陸奥)荘園　❷ 1127·12·15 政
日置荘(ひおき、薩摩)　❷ 1276·8·27 政／❸ 1317·10·22 政／1324·8·21 政／1351·7·4 政／1401·10·10 政

東坂荘(観心寺領、河内)　❷ **1110**·10月 社
東田原郷(美濃)　❸ **1349**·7·19 社
肥後山鹿荘(観世音寺領)　❶ **818**·是年 文
比志賀郷(三河)　❸ **1399**·9·2 社
日田郷(豊後)　❸ **1386**·11·27 政
緋田荘(播磨)　❷ **1275**·11·7 文
一青荘(能登)　❸ **1446**·10·15 政
人吉荘(ひとよし、肥後)　❷ **1244**·5·15 政／❸ **1312**·12·2 政／**1326**·10·22 政／**1334**·1月 社
日根荘(和泉)　❹ **1501**·7·11〜16 社／4·1 政／6·17 社／9·23 社／**1504**·2·16 社
檜牧荘(ひのまき、大和)　❷ **1198**·10月 政
平井郷(甲斐)　❷ **1261**·8·29 政
平井荘(播磨)　❷ **1216**·8月 社
平田荘(紀伊)　❸ **1336**·11·22 政
平田荘(大和)　❷ **1148**·8·22 政／❸ **1348**·1·15 政／**1431**·8·22 社
平塚郷(常陸)　❸ **1370**·6·25 社
平野荘(播磨)　❸ **1339**·9·27 政
広瀬郷(安房)　❸ **1389**·11·25 社
広田荘(淡路)　❷ **1184**·4·28 社／10·27 社
深田郷(信濃)　❷ **1263**·3·17 社
深淵郷(土佐)　❷ **1223**·7·16 政／**1224**·2·25 政
福井荘(播磨)　❷ **1222**·2·10 社／**1225**·1·1 政／❸ **1312**·3月 政／**1333**·6·19 社／**1373**·12·3 社
福原荘(摂津)　❹ **1470**·4·1 社
武気荘(美濃)　❸ **1427**·6·25 政
藤井荘(藤原道長領、紀伊)　❷ **1017**·11·13 社
武志郷(出雲)　❸ **1430**·5·3 社
藤津荘(肥前)　❸ **1298**·6·11 社
椹野荘(ふしの、周防)　❷ **1233**·7·9 社／❹ **1562**·9·28 社
伏見荘(山城)　❷ **1160**·5·5 社／❸ **1420**·7·5 社
布施荘(甲斐)　❸ **1425**·9·16 社
船井荘(丹後)　❸ **1333**·1月 政
船木荘(近江)　❸ **1339**·10·19 政
古川上荘(播磨)　❸ **1428**·5·26 社
古海郷(ふるみ、因幡)　❸ **1337**·5·6 社／**1400**·8·19 社
北條長沼(備前)　❸ **1294**·4月 社
細川荘(摂津)　❸ **1299**·11·10 社／❹ **1490**·⑧·18 政
細川荘(播磨)　❷ **1213**·9·3 社／**1235**·11·2 社／**1277**·10月 政／❸ **1313**·7·20 政／**1416**·5·18 文／❹ **1486**·8·17 社
細川荘(山城)　❸ **1413**·2·30 社
堀松荘(能登)　❷ **1273**·11·14 社
本神戸郷(三河)　❸ **1412**·10·26 社
前河荘(若狭)　❸ **1336**·11·25 社／**1337**·7·22 社／**1351**·9·28 社
勾金荘(まがりかね、豊前)　❷ **1275**·10·21 社
牧荘(甲斐)　❸ **1335**·1·25 社
益頭荘(駿河)　❸ **1358**·11·18 政
益田荘(伊勢)　❷ **1132**·是年 社
真井·島屋荘(まない、建礼門院領、摂津)　❷ **1187**·2·1 政
真間荘(尾張)　❸ **1372**·12·17 政
豆田郷(備前)　❸ **1321**·10·9 社
万田荘(出雲)　❷ **1153**·11·27 社
三池南郷(筑後)　❸ **1399**·11·20 政
三入荘(みいり、安芸)　❷ **1231**·2·13 政／❸ **1303**·11·27 政／❹ **1500**·10·28 政
三方郷(みかたごう、但馬)　❷ **1226**·7·24 社
三方荘(播磨)　❷ **1226**·3·27 政
三方西荘(播磨)　❸ **1333**·11·3 社
三上荘(紀伊)　❸ **1417**·11·18 社
御厨荘伊万里(みくりや、肥前)　❸ **1305**·4·6 政
三崎荘(地下総)　❷ **1185**·10·28 政
水田荘(筑後)　❸ **1396**·9·22 社
美豆牧(山城)　❸ **1371**·4·5 社
溝杭荘(摂津)　❸ **1432**·6·27 政
三津荘(備後)　❸ **1331**·11·8 社／**1332**·12·8 社／**1386**·3·10 政
三成郷(備中)　❸ **1302**·11·22 政
三潴荘(みつま、筑後)　❸ **1305**·4·6 政／**1406**·4·20 政
三津村(安芸)　❸ **1384**·11·21 政
三刀屋郷(出雲)　❸ **1392**·7·29 政
三奈木荘(筑前)　❸ **1363**·9·9 政
水無瀬荘(摂津)　❷ **1059**·10·17 政／❸ **1374**·10·14 社／**1438**·4·4 社／**1442**·2·5 社／❹ **1541**·10月 社
南部荘(みなべ、紀伊)　❷ **1194**·4月 社／**1221**·12·24 社／**1276**·11·15 社／**1278**·12·27 社／❸ **1288**·6·4 社／**1325**·1·7 社
南有本荘(紀伊)　❸ **1392**·6·7 政
三成荘(みなり、備中)　❸ **1404**·8·6 社／**1414**·4·29 社
三根西郷(肥前)　❷ **1233**·11·18 政
三野田保(阿波)　❷ **1185**·6·5 社
美乃荘(越前)　❹ **1493**·9·7 社
三原荘(上野)　❷ **1241**·3·25 政
壬生荘(安芸)　❷ **1171**·1月 社／**1179**·11月 社／**1204**·7·26 政
壬生野荘(春日社領、伊賀)　❷ **1216**·12·8 社
三村荘(近江)　❸ **1425**·5月 社
宮内荘(安芸)　❷ **1242**·2·9 社
宮河荘(賀茂社領·若狭)　❷ **1184**·2·7 社
三宅郷(近江)　❷ **1242**·4·5 政
都田御厨(みやこだ、遠江)　❷ **1184**·3·14 社
宮田荘(丹波)　❷ **1132**·8·28 政／❸ **1308**·是年 社／**1315**·1·27 政
宮原北荘(摂津)　❸ **1374**·4·3 社／**1391**·7·18 社
美和荘(周防)　❸ **1349**·12·24 政／**1418**·是年 社
武庫荘(摂津)　❸ **1362**·4·21 社／**1391**·10·16 社
武射北郷(上総)　❸ **1354**·6·7 政
六浦荘(武蔵)　❸ **1305**·4·28 社
宗像郷(筑前)　❸ **1400**·10·26 社
村櫛荘(遠江)　❸ **1364**·5·15 社／**1388**·5·15 社
村田下荘(常陸)　❷ **1192**·9·12 政
室御厨(播磨)　❸ **1289**·9·29 社／**1336**·11·18 社／**1394**·11·24 社
毛井荘(豊後)　❷ **1236**·7·28 政
本木荘(紀伊)　❸ **1402**·2·9 社
本新荘(筑前)　❷ **1224**·9·18 社
母里荘(もり、出雲)　❷ **1161**·9·28 社
守富荘(肥後)　❸ **1341**·6·18 政／**1343**·4·17 政／**1358**·8·13 政／**1435**·4·29 社
守富保(近江)　❷ **1098**·是年 社
矢上·富田両保(阿波)　❷ **1224**·5·21 政
薬師寺荘(下野)　❸ **1391**·9·8 社
屋代島(伊予)　❸ **1368**·6·30 政／**1403**·10月 政
屋代荘(藤原氏領、陸奥)　❷ **1149**·是年 政
安来荘(やすき、出雲)　❸ **1354**·10·14 政
安志荘(播磨)　❸ **1432**·9·3 社
夜須荘(土佐)　❷ **1171**·12·12 社
安田園(石清水八幡宮領、丹波)　❷ **1023**·是年 社
保田荘(やすだ、紀伊)　❷ **1262**·4·25 社
安富荘(肥前·肥後)　❷ **1277**·6·13 政
矢田郷(上総)　❷ **1262**·3·19 政
矢田荘(大和)　❹ **1496**·1·13 社
八槻近津社(陸奥)　❸ **1439**·2·13 社
八代荘(やつしろ、熊野社領、甲斐)　❷ **1162**·10·6 社／**1163**·1·29 政
矢野荘(播磨)　❸ **1299**·12·14 社／**1300**·7·25 社／**1313**·12·7 政／**1315**·10·29 社／**1328**·2·27 社／**1341**·是年 社／**1343**·8·24 政／**1349**·⑥·27 社／**1356**·6·11 社／**1357**·8·21 社／**1359**·11·2 社／**1360**·11·1 社／**1367**·9月 社／**1369**·2·13 社／11·24 社／**1370**·5·12 社／**1371**·11·14 社／**1373**·7·14 社／**1376**·3·8 社／**1377**·1·13 社／10月 社／**1378**·6·2 政／**1379**·8月 社／**1389**·10·9 社／**1391**·10·25 社／**1392**·9·30 社／**1393**·12·20 社／**1394**·1月 社／**1395**·10·8 社／**1396**·2·16 社／9月 社／**1404**·4·26 社／是年 社／**1434**·3·26 社／**1436**·11·18 社／**1447**·9·21 政／**1454**·5月 社
夜部荘(大和)　❸ **1391**·10·16 社
山香荘(遠江)　❷ **1256**·7月 政／❸ **1389**·11月 政／**1393**·12月 政
山賀荘(近江)　❸ **1337**·2·4 社
山鹿荘(観世音寺領、筑前)　❷ **1133**·12月 社／**1239**·2·8 社／**1249**·6·26 政
山鹿荘(肥後)　❷ **1109**·12·22 社
山衙荘(遠江)　❸ **1409**·2·18 政
山形荘(出羽)　❸ **1392**·2·10 政
山口郷(武蔵)　❸ **1397**·8·25 社
山口荘(美濃)　❸ **1443**·3·23 社
山国荘(丹波)　❹ **1499**·7·11 社／**1537**·7·1 社
山崎荘(伊予)　❸ **1297**·是年 社
山崎荘(山城)　❷ **1274**·7·9 社
山階荘(播磨)　❸ **1356**·2·4 社
山代荘(加賀)　❸ **1385**·3·21 社
山田荘(尾張)　❸ **1425**·8·10 社
山田総荘(備後)　❹ **1460**·1·13 社
山田村(陸奥)　❸ **1430**·1·11 社
大和田(下総)　❸ **1354**·6·7 政

山中郷(三河)　❸ 1391·10·19 政
山本荘(越前)　❸ 1334·2·26 社
山本荘(肥後)　❷ 1186·2·7 政
弓削島荘(ゆげのしま、東寺領、伊予)　❷ 1150·9·16 社／11·22 社／1164·8月 社／12月 社／1239·12月 社／1255·9·10 社／1260·7·20 社／1269·8·28 社／11·4 社／1275·3·17 社／10·3 社／1276·9·19 社／❸ 1290·11月 社／1296·5·18 社／1303·1·18 社／4·23 社／④·23 社／1305·8·15 社／1307·10·23 社／1313·9·8 社／1314·9月 社／12·3 社／1316·⑩·18 社／正和年間 社／1321·8·16 社／1324·3月 社／9月 社／1340·1·23 社／1357·8·21 社／1368·⑥·17 社
遊佐荘(ゆさ、藤原氏領、陸奥)　❷ 1149·是年 政
湯船杣(東大寺領、伊賀)　❷ 1105·2·22 社
由良荘(淡路)　❸ 1319·12·27 政／1348·2·2 社／1372·12·17 政／1394·11·24 社
由良荘(紀伊)　❷ 1236·4·5 社
与賀荘(肥前)　❸ 1351·12·19 政
吉河上荘(播磨)　❸ 1283·4月 社
余呉荘(近江)　❸ 1352·10·19 政
横須賀村(下総)　❸ 1382·10·29 社
横田荘(出雲)　❸ 1391·1·8 政
横沼郷(武蔵)　❸ 1364·6·11 社
横山荘(和泉)　❷ 1241·2·3 社／❸ 1359·10·28 社
横山荘(園城寺領、近江)　❷ 1185·是年 社
吉河荘(備中)　❸ 1284·1·29 文
吉敷東荘(周防)　❸ 1406·7·13 社
吉敷荘(周防)　❸ 1439·2·12 社
好島荘(陸奥)　❷ 1249·7·26 政
吉田乙丸名(筑前)　❷ 1223·9·13 社
吉田荘(安芸)　❷ 1270·7·15 政／❸ 1350·6·2 政／1352·4·14 政／1378·7·4 政／1381·1·12 政／1385·10·6 政／1414·5·18 社
吉田荘(相模)　❷ 1267·6·16 政
吉田荘(常陸)　❸ 1334·1·5 社／1383·11·28 社
吉田荘(山城)　❸ 1377·7·30 政／1450·2·17 社
善田荘(吉田荘·近江)　❷ 1138·11·16 政
良田郷(讃岐)　❸ 1307·8·25 社
吉田保(越後)　❸ 1406·11·21 政
吉津荘(備後)　❸ 1353·11·24 社
善積荘(よしづみ、近江)　❷ 1186·2·29 政
吉富荘(近江)　❷ 1204·3·11 政
吉富新荘(丹波)　❷ 1184·5·19 社
吉仲荘(紀伊)　❷ 1163·4·8 社／1275·11·7 文
吉原荘(伊予)　❸ 1301·11·2 社
善原荘(近江)　❸ 1333·6·15 社
好島荘(よしま、陸奥)　❸ 1290·9·12 政／1321·12·7 社／1326·12·28 政／1365·10·3 社
吉美荘(よしみ、丹波)　❷ 1264·2·20 政
与田保(周防)　❷ 1249·7·20 社
余戸荘(丹後)　❹ 1486·11·17 社
両部荘(若狭)　❷ 1273·12·5 社
六師荘(尾張)　❸ 1440·6·23 社
六箇荘(肥後)　❸ 1314·3·10 政
若部保(能登)　❸ 1396·7·6 社
若松荘(和泉)　❸ 1331·2·25 政／1332·6月 社／1354·11·10 社
若宮荘(筑前)　❸ 1450·1·26 社
若山荘(能登)　❷ 1143·10·4 政
和崎荘(丹波)　❸ 1333·3·3 政
和田郷(三河)　❸ 1402·10·2 政
和田郷(武蔵)　❸ 1389·2·3 社
和田荘(和泉)　❸ 1349·5·12 社／1392·7·10 政
荘園整理令　❶ 902·3·12 政／3·13 政／984·11·28 政／987·3·5 政／❷ 1157·3·17 政
　永延の荘園整理令　❷ 987·3·5 政(第1巻)
　永観の荘園整理令　❷ 984·11·28 政(第1巻)
　延喜の荘園整理令　❶ 902·3·12 政
　延久の荘園整理令　❷ 1069·2·22 政
　寛治の荘園整理令　❷ 1093·3·3 政
　寛徳の荘園整理令　❷ 1045·10·21 政
　康和の荘園整理令　❷ 1099·5·12 政
　承保の荘園整理令　❷ 1075·4·23 政
　大治の荘園整理令　❷ 1127·5·19 政
　長久の荘園整理令　❷ 1040·6·3 政
　治暦の荘園停止令　❷ 1065·9·1 政
　天喜の荘園整理令　❷ 1055·3·13 政
　郡単位荘園　❷ 1138·10·26 政
　荘園記録所　❷ 1111·9·9 政／10·5 政
　諸国国衙·荘園の年貢正税　❸ 1336·10·4 政
　諸国荘園の検注を停止　❸ 1334·3·17 政
　諸国荘園の所務　❷ 1204·2·20 政
　諸国荘園の停止　❷ 1040·5·2 政
　諸国に乱置された荘園を禁制　❷ 1093·3·3 政
　諸国平均安堵法　❸ 1333·7·23 政
　新立荘園禁止(停止)　❶ 984·11·28 政／❷ 1078·6·10 政／1092·5·5 政／1094·4·25 政／1102·10·15 政／1108·11月 政／1119·5·2 政／1229·4·7 政
証券·信託·証券市場
　大井証券　❾ 1966·7·13 政
　国際証券　❾ 1999·10·7 政
　国際信託株式会社　❼ 1920·5·20 政
　コスモ証券　❾ 1993·8·13 政
　三洋証券　❾ 1997·11·3 政／1998·6·24 政
　三和·東海·東洋信託銀行　❾ 2001·3·15 政
　ジャパン·オフショア·マーケット　❾ 1986·12·1 政
　証券アナリスト試験　❾ 1981·7·16 政
　証券社　❾ 1968·4·1 政
　新日本証券会社　❾ 1966·10·31 政／1999·3·24 政
　住友商事株式会社　❼ 1919·12·24 政
　住友信託銀行　❼ 1925·7·28 政
　第一勧業富士信託銀行　❾ 1998·11·6 政
　大和証券　❾ 1989·11·27 政／1992·3·11 社／1997·9·18 政／1998·1·14 政／7·27 政／1999·3·24 政
　中央信託銀行　❾ 1999·1·19 政
　デリバティブ取引　❾ 2003·4·16 政
　東証市場館　❾ 1985·5·10 政
　ナスダック·ジャパン　❾ 1999·6·15 政／2000·5·8 政／2002·8·16 政
　日興証券　❼ 1920·6·16 政／❾ 1991·5·28 社／1998·6·1 政／9·21 政
　日本信託銀行　❼ 1920·3·11 政
　野村企業情報会社　❾ 1988·7·27 政
　野村証券会社　❼ 1925·12·1 政／❽ 1941·11·13 政／❾ 1986·3·4 政／1987·11·17 政／1991·5·28 社／9·8 政／1992·11·26 政／1997·3·6 政／1998·10·22 政
　野村ホールディングス　❾ 2008·9·22 政
　バンダイナムコホールディングス　❾ 2005·5·2 政
　米国預託証券(ADR)　❾ 1970·1·12 政
　マザーズ　❾ 1999·11·11 政／12·22 政
　三井信託株式会社　❼ 1924·3·25 政
　三菱信託株式会社　❼ 1927·3·10 政
　メリルリンチ日本証券　❾ 1997·12·16 政／1998·7·1 政
　安田信託株式会社　❼ 1925·5·9 政
　安田保善社　❼ 1912·1·1 政
　山一証券　❼ 1897·4·23 政
商人·商売·職業　❹ 1575·10·1 社／1582·7·12 社
　商番屋(江戸)　❺-2 1732·4·15 社
　青屋　❺-1 1667·②月 社
　浅草仲見世　❻ 1885·12·24 社
　足軽·中間　❺-2 1779·6·20 社
　甘納豆売り　❽ 1950·12·26 社
　アメリカ人弁護士　❾ 1987·5·21 社
　荒物商売　❺-2 1742·3月 政
　鋳掛け業者　❽ 1945·1·22 社
　筏師　❺-2 1781·12·14 社
　居酒屋　❺-2 1736·是年 社
　石切　❺-1 1667·②月 社
　石工(行事·仲間)　❺-2 1725·9月 社／1736·6·22 社／1784·1·29 社／5·16 社／1797·5·14 社／1798·3·5 社
　市(会津藩)　❺-2 1753·3·6 社
　市金(いちきん)　❺-2 1842·7·29 政
　糸挽女　❺-2 1842·2·8 社
　伊万里焼物店　❺-1 1664·8·15 社
　鋳物師(いもじ)　❷ 1181·3·17 文／1182·7·23 文／1183·2月 文／1184·1·5 文／1203·建仁年間 文／1213·11月 社／1248·12月 社／1277·11·5 社／❺-1 1602·1·18 文／1603·9月 文／1615·7·26 文／1640·是年 社／1665·是年 社／1667·②月 社／1703·是年 社／1714·10·22 社／❺-2 1770·6·28 社／1795·9·7 社
　　鋳物師惣官　❷ 1266·12·13 社

鋳物師惣官職(河内) ❷ 1168·是年 社
右方鋳物師 ❷ 1266·12·13 社
廻船鋳物師 ❷ 1266·12·13 社
左方鋳物師 ❷ 1266·12·13 社
土鋳物師 ❷ 1266·12·13 社
燈炉作手鋳物師 ❷ 1213·11月 社／1214·5月 社／1222·5月 社／1233·10月 社／1236·11月 社／1237·6·17 社／8·17 社／1248·12月 社／1262·12月 社
釜 ❷ 1213·11月 社
芦屋釜(筑前) ❷ 1203·是年 文
大釜 ❷ 1117·11·14 社
塩釜 ❸ 1314·1月 社
湯釜 ❷ 1159·4·15 社
鍬 ❷ 1213·11月 社
鋤 ❷ 1213·11月 社
鍋 ❷ 1213·11月 社
請負口入(禁止) ❺-2 1726·2·15 社
請人 ❺-2 1717·3月 社
打物商売 ❺-2 1742·3月 政
団扇屋 ❺-2 1791·2·23 社
売掛 ❺-1 1651·5·14 社
易の名人 ❺-2 1763·宝暦年間 社
塩田技術者 ❺-2 1741·12月 社
オープン懸賞金 ❾ 1996·4·1 社
近江粟津座商人 ❹ 1564·12·27 社
近江五箇保商人 ❹ 1529·7·3 社／11·10 社
沖縄集団就職 ❽ 1957·12·27 社
桶大工(屋) ❺-1 1601·3·8 社／1663·10·27 社
桶樽職人 ❺-2 1794·2·7 社／1825·7·24 社
桶屋 ❺-2 1825·1·15 社
おこし奉公人 ❺-2 1719·8·8 社
押買 ❷ 1240·2·2 社／1242·1·15 社／❸ 1284·6·3 社／❹ 1577·10·25 社
女順礼 ❺-1 1709·6月 社
女出合宿 ❺-2 1831·8·18 社
会員権商法 ❾ 1992·6·10 社
外国人留学生のアルバイト ❾ 1983·6·21 社
外国人労働者 ❾ 1988·1·5 政／2004·6·8 社
外国人研修生 ❾ 1989·8·13 社
買占め·売惜しみ ❾ 1976·5·1 政
貝摺師 ❺-2 1777·是年 文
街頭求人 ❽ 1941·8·17 社
街頭写真スナップ屋 ❽ 1941·9月 社
外賓按内会社(外人観光案内) ❻ 1890·6·2 政
加賀商人 ❹ 1536·3·24 社
隠草履取 ❺-1 1651·2·19 社
学生アルバイト ❽ 1955·7·10 社
角兵衛獅子 ❻ 1892·6月 社
画劇(紙芝居) ❽ 1938·4·9 社／1940·12·1 社／1946·1·10 社／1950·11·20 社
掛床(床見世) ❺-2 1814·是年 社
掛売買 ❺-1 1661·⑧·27 政
掛床見世 ❺-2 1841·11·18 社
笠縫 ❺-1 1667·②月 社
貸金業 ❺-1 1614·4·29 社
鍛冶職 ❺-2 1849·9·5 社
河岸地使用者 ❺-2 1824·7·2 社
鍛冶屋 ❺-1 1703·9月 社／❺-2 1767·9月 社
カタログ販売 ❾ 1972·12·15 社
カツギ屋 ❽ 1950·7·25 社
活動弁士 ❼ 1913·10·6 社
桂女 ❺-2 1721·6·19 社
金物職(播磨三木) ❺-2 1742·是年 社
鐘撞 ❺-1 1665·8·12 社
金掘(かねほり) ❺-1 1651·4月 社／1662·2·19 社／1667·②月 社
兜人形市 ❻ 1873·4·17 社
紙屑買い ❻ 1876·6·9 社
紙屑屋 ❺-2 1842·12·26 社
紙芝居⇨画劇(紙芝居)
紙漉師 ❺-1 1648·是年 社
紙煙草入屋 ❺-2 1791·2·23 社
紙売買駄別役 ❹ 1470·5·2 社
神子 ❺-2 1788·6·11 社
髪結職人 ❻ 1886·2月 社
唐物商売·唐物屋 ❺-2 1742·3月 政／1772·11·26 社
軽業倭獅子組合 ❻ 1877·9·3 社
革細工 ❺-1 1667·②月 社
革足袋商売 ❺-2 1742·3月 政
河内商人 ❹ 1541·5月 社
瓦師 ❺-1 1667·②月 社
勧工場(東京) ❻ 1893·6·7 社／1892·7·1 社
勘定所御用達商人 ❺-2 1788·10·20 政／1789·9月 政／是年 政
勧進 ❺-1 1649·8月 社
勧進比丘尼 ❺-2 1752·5月 社
龕大工 ❺-2 1759·3·15 社
願人 ❺-1 1665·11月 社
願人坊主(取締) ❺-2 1723·6月 社／1729·4·26 社
看板書き ❺-2 1800·寛政年間 社／1842·6·27 社／1843·6·26 社
寄宿·貸座敷政所 ❺-2 1772·4·27 社
均一·安売 ❺-2 1811·是年 社
勤労動員(学生) ❽ 1938·6·4 社／1944·12·1 社
傀儡子(くぐつし) ❺-1 1667·②月 社
沓作(くつつくり) ❺-1 1667·②月 社
靴磨き ❻ 1891·7月 社
くもすけ ❺-2 1716·4月 社
蔵元(米穀) ❺-1 1647·是年 政
クリーニング業 ❻ 1863·3·5 社
クリーニング伝習所 ❻ 1880·1·26 社
車大工 ❺-2 1836·2月 政
軍書講釈師 ❺-2 1763·宝暦年間 社
軍人遺族職業補導所 ❽ 1942·4·15 社
警備会社 ❻ 1880·4月 社
下宿茶屋 ❺-2 1779·8月 社
現金安売掛値なしの商法 ❺-1 1703·貞享·元禄年間 社
公益質屋 ❽ 1950·12·2 社
広告音楽隊(広目屋) ❻ 1885·1月 文
広告取次業 ❻ 1878·6月 社／1895·10·6 社／1886·2月 社
郷中商人 ❺-2 1796·11·12 社
工人棟梁 ❺-1 1666·12·26 文
鴻池家訓 ❺-1 1614·10·10 社／❺-2 1723·1月 社／1732·3·6 文
穀物商売 ❺-2 1742·3月 政
乞食狩り ❼ 1929·4·3 社／1936·6月 社
輿夫の組合 ❺-2 1742·7·11 文
瞽女 ❺-2 1724·④月 社／1728·8·19 社／1774·9·28 社
木挽 ❺-1 1680·延宝年間 社／❺-2 1769·9月 社／1794·9月 社／1795·4月 社／1808·6月 社／1837·3·14 社
木挽仲間規約 ❺-2 1812·9月 社／1814·9月 社
呉服商 ❺-1 1630·是年 社／1689·1·21 社／1713·5·21 政／1715·正徳年間 社
越後屋呉服店(三井) ❺-1 1673·8月 社／1674·8月 社／1683·5月 社／1710·1月 社
白木屋(江戸日本橋) ❺-1 1652·1月 社／1662·8月 社／1712·是年 社／1715·3月 社／❺-2 1760·是年 社／1766·3·18 社／1773·12·21 社／1780·7·7 社
大文字屋呉服店(大丸) ❺-2 1717·是年 社
高島屋(京都) ❺-2 1831·1·10 社
松坂屋呉服店 ❺-1 1611·是年 社／1707·是年 社
三井越後屋 ❺-2 1724·9月 社／1728·11月 社／1747·延享年間 社
呉服物(商売) ❺-2 1718·1·17 社／1742·3月 政／1763·是年 社／1834·5月 政／1835·8月 社／1843·8·16 社
ごまのはい ❺-2 1716·4月 社
小間物商売 ❺-2 1742·3月 政／1767·10·27 社
米舂(屋) ❺-2 1726·6·29 社／1727·2·9 社／1791·1·14 社
米のかつぎ屋 ❽ 1951·3·2 社
御用達職方 ❺-2 1751·1·30 政
御用達商人 ❺-2 1746·7·18 社／1755·10月 政／1789·⑥·10 政／❻ 1869·4月 社
細工師 ❺-2 1736·3·18 社
材木店 ❺-2 1742·3月 社
左官 ❺-1 1680·延宝年間 社／1703·9月 社／❺-2 1776·2·27 社／1794·9月 社
酒醤油商売 ❺-2 1742·3月 政
酒造出稼人 ❺-2 1762·是年 社／1793·是年 社／1802·4月 社
指物師 ❺-1 1680·延宝年間 社
雑貨店(樺太) ❻ 1889·1月 社
鞘師 ❺-1 1669·是年 社
猿引 ❺-1 1667·②月 社
ざるふり ❺-2 1803·9月 社
サンドイッチマン ❻ 1886·5月 社
山野商法 ❾ 1987·5·9 社
地上げ屋 ❾ 1987·6·15 社／12·17 社
塩物商売 ❺-2 1742·3月 政
獅子舞 ❻ 1881·2月 社
止宿人届規則 ❻ 1887·10·19 社
示談屋 ❽ 1961·5·10 社
質屋(仲間·取締令) ❺-2 1721·1·12

社／**1723**·1·21 社／4·21 社／**1754**·7月 社／**1761**·5·14 社／**1770**·10·5 社／11月 社／**1772**·1月 社／11·26 社／**1785**·9·8 社／**1788**·5·3 社／**1814**·11·26 政／**1842**·12·23 社／❻ **1895**·3·13 社
漆器の法　❺-1 **1663**·是年 社
指定警護員(ボディーガード)　❽ **1962**·10·27 社
清水組創業(建設業)　❺-2 **1807**·是年 社
写字生　❼ **1926**·1·15 文
車内新聞販売許可　❻ **1872**·6·15 社
従業員雇入制限令　❽ **1939**·3·31 社
商家の出店　❺-2 **1724**·4·7 社
商家の屋号　❺-2 **1846**·是年 社
商業動態統計　❽ **1953**·10·7 政
正金のみ直接取引　❺-2 **1845**·5·27 政
就職列車　❽ **1939**·4·9 社
商人(仲間掟)　❺-1 **1642**·10·20 社／**1670**·2·28 社／12·28 社／**1706**·2·20 社
商人·職人仲間　❺-2 **1721**·11·12 社／**1795**·10·7 社
商人掛売の法　❺-1 **1663**·10月 社
商売　❹ **1571**·12·19 社
商売禁止
　懸賞販売を禁止　❾ **1965**·8·15 社
　古銅·古金具類の売買禁止　❺-1 **1667**·9·2 社
　商売区域の制　❷ **1251**·12·3 社
　占売禁止　❺-1 **1711**·5月 政
　道路上に商品を積置禁止　❺-1 **1653**·6·19 社
　生魚の交易禁止　❷ **1274**·1·25 社
　農民の商売禁止　❺-1 **1609**·1·2 社／**1655**·9·18 社／❺-2 **1720**·4月 社／**1722**·11月 政
　橋上での商売禁止　❺-1 **1649**·7·12 社／**1660**·5月 社
　夜間の営業禁止(煮売茶屋)　❺-1 **1662**·9·4 社
商売留　❹ **1569**·11·12 社
商売取締條目　❹ **1495**·8·8 社
商売人(洛中洛外)　❹ **1574**·6·13 社
商売人の数　❷ **1248**·4·29 社
商売人の数(鎌倉)　❷ **1215**·7·19 社
商売の掟　❹ **1527**·5·4 社
商売役　❹ **1576**·2·22 社／**1599**·8·14 社
商標裁判　❺-2 **1797**·8·23 社
商品陳列所の始め　❻ **1874**·5月 社
正札　❺-2 **1842**·5·12 政／10·8 社
女紅場　❻ **1873**·4·1 社／**1876**·1·3 社／**1877**·6月 社／11·2 社
諸国富限者　❺-2 **1791**·是年 政
諸商人(東京)の数　❻ **1876**·7月 社
諸商売條令　❺-1 **1651**·12·5 社／**1659**·4·9 社
女中　❽ **1957**·4·23 社
新羅商人　❶ **814**·10·13 政／**831**·9·7 政／**838**·7·25 政
素人宿　❺-2 **1788**·2月 社
信号手　❼ **1931**·1·20 社
スチュワーデス　❾ **1994**·7·29 社
墨師　❺-1 **1667**·②月 社
住友家家訓　❺-2 **1721**·6月 社
炭薪商売　❸ **1413**·2·30 社／**1453**·2月 社
受領名(諸職人)　❺-2 **1766**·11·18 社／**1772**·9·27 社／**1774**·2月 社／**1814**·9月 社
駿府商人頭　❹ **1553**·2·14 社
製糸女工の実態　❼ **1899**·11·27 政
青少年雇入制限令　❽ **1940**·2·1 社
西洋髪刈所　❻ **1869**·是年 社
西洋洗濯店　❻ **1868**·4月 社
西洋玉撞屋　❻ **1875**·10月 社
瀬戸物修理業·焼継ぎ　❺-2 **1791**·是年 社／**1795**·12·14 社
瀬戸物商売　❺-2 **1742**·3月 政／**1795**·12·14 社
千金丹売り　❻ **1880**·7月 社／8月 社
全国チンドンコンクール　❽ **1955**·4·15 社
全国霊感商法対策弁護士連絡会　❾ **1993**·3·5 社
前栽物商　❺-2 **1767**·10·27 社
洗濯女　❺-2 **1846**·9·3 社
占買·占売　❺-2 **1723**·9月 政／**1833**·10·18 社
相学者　❺-2 **1763**·宝暦年間 社
掃除会社設立　❻ **1876**·2月 社
宋商人　❶ **987**·10·26 政／**988**·2·8 政／是年 社／**990**·是年 政／**992**·3月 政／**995**·9·6 政／**996**·⑦·16 政／**999**·2·19 政／**1000**·8·14 政
袖乞い　❺-2 **1773**·3月 社
杣　❺-1 **1628**·12·23 社
　木曾杣　❺-2 **1735**·享保年間 社
杣工(役)　❷ **1105**·2·22 社／**1183**·3月 社
大工　❺-1 **1635**·9·7 社／**1663**·12·15 社／**1680**·延宝年間 社／**1698**·11·7 政／**1713**·2·15 社／❺-2 **1716**·是年 社／**1721**·7月 社／**1738**·11月 社／**1759**·2·9 社／**1803**·11·3 社／**1812**·9月 社／**1837**·3·14 社
大商人の小売　❺-2 **1779**·是年 政
大日本広告掲示社　❻ **1888**·10·11 社
タイピスト(組合)　❼ **1920**·3·27 社／**1925**·4·5 社
　タイプライチング　❼ **1906**·11·1 社
　日本タイピスト協会　❼ **1927**·7月 社
大福帳　❺-1 **1652**·1月 社
畳職人·畳屋·畳刺　❺-2 **1723**·1·21 社／**1724**·5·12 政／**1727**·12月 社／**1729**·12·24 社／**1740**·3月 社／**1749**·2·21 社／**1770**·5·17 社／**1777**·6·3 社／**1796**·4·5 社
建具(職人)　❺-2 **1746**·3月 社／**1793**·9·21 社／**1803**·11·3 社
立ん坊　❻ **1886**·3·13 社
頼母子(憑支·たのもし)　❸ **1291**·9·19 社／10·11 社／❹ **1489**·11·4 社／**1513**·10·20 社／❺-1 **1614**·慶長年間 社／❺-2 **1720**·8·27 社／**1732**·是年 社／**1812**·9·11 社／**1848**·6·15 社／❽ **1955**·10·16 政
様物芸者　❺-1 **1701**·9·21 政
ダンサー　❽ **1937**·11·3 社／**1946**·9·30 社
　男性ダンサー(大阪千日前ダンスホール)　❽ **1949**·11·20 社
男女雇入請宿渡世規則　❻ **1872**·11·3 社
男性モデルグループ　❽ **1949**·10·8 社／**1957**·6·21 社
探偵社　❻ **1889**·12月 社
茶屋年寄　❺-1 **1694**·7·19 社
茶店の給仕女　❺-1 **1678**·8月 社
朝鮮人日雇労働者　❻ **1880**·4·9 社
町夫賃金　❺-1 **1708**·11月 社
通信販売　❾ **1971**·5·26 社
柄巻師　❺-2 **1757**·9·26 社
舂夫(つきふ)·軽子·背負者(江戸)　❺-1 **1696**·2月 社
舂米屋(組合)　❺-2 **1737**·10·27 政／**1771**·6·8 社／**1781**·⑤·28 政／**1792**·5·23 政／**1793**·2·22 政／**1800**·9·8 政／**1834**·3·24 社
壺立　❺-1 **1667**·②月 社
出会宿(茶屋)　❺-2 **1743**·6·11 社／**1815**·4月 社
出居衆　❺-1 **1665**·11·9 社／**1666**·10·9 社／**1667**·11·18 社／**1668**·1月 社／❺-2 **1717**·3月 社
手代　❺-1 **1648**·8·20 社
転業対策部　❽ **1938**·9·22 政
電柱ビラはり　❾ **1970**·6·17 社
刀工　❺-2 **1719**·7·28 文
陶器専売制(荷為替仕法)　❺-2 **1801**·是年 社
燈心藺草作り　❺-2 **1724**·7月 社
盗賊　❺-1 **1667**·②月 社
豆腐茶屋　❺-1 **1708**·5月 社
通日用請負仲間　❺-2 **1789**·4·3 社
通りもの　❺-2 **1798**·3月 社
研屋(触頭職)　❺-2 **1782**·11·29 社
研屋　❺-2 **1820**·12·26 社／**1822**·8月 社
得珍保商人(とくちんほ·近江)　❷ **1157**·11·11 社
床見世　❺-2 **1747**·2·9 社
　床店葭簀張制限規則　❻ **1873**·2·4 社
特許弁理士(女性)　❼ **1935**·9·14 社
宿直　❺-2 **1764**·6·24 政
鳶口·手木·持込·車力·米舂·軽子·背負　❺-1 **1679**·7月 社
鳶の者　❺-1 **1709**·6·27 社／**1712**·5月 社／❺-2 **1720**·4·18 社／**1746**·11月 社／**1787**·3·27 社
内国商品陳列館　❻ **1891**·4·1 社
仲買制度　❽ **1941**·9·15 政
長崎商人　❺-1 **1675**·1·3 政
奈良鍛冶　❷ **1232**·3·17 社
膠(にかわ)職人　❺-1 **1667**·②月 社
二條掃除役　❺-1 **1708**·7月 社
人夫　❺-2 **1717**·9月 社／**1721**·7·28 社／**1725**·1月 社／**1730**·5月 社／**1765**·2·27 社
ぬくもり屋　❽ **1946**·1·18 社
僕婢税　❻ **1873**·10·1 社
塗師(屋)　❺-1 **1667**·②月 社／**1669**·是年 社／**1684**·7·3 社／**1713**·是年 社
塗師、徒弟定書(能登)　❺-2 **1816**·1月 社
農民の商売　❺-2 **1843**·11·27 社

鋸鍛冶仲間(播磨三木)　❺-2 **1783**·是年 政
旗本奴(禁止)　❺-1 **1656**·7·28 社／**1672**·寛文年間 社
鉢叩き·鉢拱·鉢拍　❺-1 **1604**·8·15 社／8·16 文／**1667**·②月 社／**1671**·6·26 社
八品商現員の数　❻ **1880**·1月 社
花売娘　❽ **1950**·12·26 社／**1952**·9·1 社
土器作(はにつくり)　❺-1 **1667**·②月 社
播磨松原八幡宮領商人　❹ **1521**·9·6 社
ピーナッツ売り　❽ **1950**·12·26 社
皮革類(広島)　❺-2 **1824**·8月 社
引札屋　❻ **1878**·6月 社
比丘尼の風　❺-2 **1788**·安永·天明年間 社
引っぱり　❺-2 **1834**·是年 社
人買商人　❺-2 **1746**·5·19 社
人宿(取締·組合)　❺-1 **1640**·是年 社／**1683**·3月 社／**1705**·4月 社／**1711**·2月 社／**1713**·3·22 社／❺-2 **1722**·3月 社／**1724**·3月 社／**1725**·3·17 社／**1728**·2月 社／**1729**·3月 社／**1730**·2·8 社／3月 社／**1731**·3·8 社／**1732**·2月 社／**1738**·2月 社／**1769**·5·18 社／**1781**·2月 社／**1788**·2月 社／**1800**·7·8 社／是年 社／**1831**·2·29 社／**1841**·12月 社／**1852**·②·29 社
檜物師　❷ **1223**·3月 社／❺-1 **1669**·是年 社
干物商売　❺-2 **1742**·3月 政
日雇·日用(賃金)　❺-1 **1653**·9月 社／**1658**·2·15 社／**1665**·3·27 社／**1670**·8·20 社／**1679**·7月 社／**1688**·7·22 社／**1694**·2月 社／**1695**·11·2 社／**1700**·10月 社／**1708**·9月 社／**1710**·8·6 社／**1711**·2月 社／❺-2 **1717**·2月 社／**1718**·2月 社／8·18 社／**1720**·9月 社／**1725**·5月 社／**1728**·11月 社／**1730**·是年 政／**1731**·7月 社／**1734**·9·15 社／**1736**·5月 社／**1737**·1月 社／**1739**·8月 社／**1745**·8月 社／**1746**·11月 社／**1747**·8·16 社／**1750**·6·22 社／**1751**·9·12 社／**1753**·5·9 社／**1754**·②月 社／4·18 社／**1765**·5·7 社／**1775**·2·15 社／**1797**·8·24 社／**1815**·7·9 社／**1837**·3·14 社
日雇会社　❻ **1874**·6·7 社
標準価格(各種品物)　❺-2 **1842**·6·13 政
ビリヤード屋　❽ **1952**·是年 社
ビンゴ·ゲーム屋　❽ **1952**·是年 社
富商　❷ **1239**·9·11 政
仏具商売　❺-2 **1742**·3月 政
物産会(展)　❻ **1871**·5·14 社／**1872**·3·11 社
物産の自由販売(米沢藩)　❺-2 **1796**·7·8 政
筆結　❺-1 **1667**·②月 社
船大工　❺-1 **1667**·②月 社／❺-2 **1821**·8月 社
無頼漢　❺-2 **1788**·5月 社
振売　❺-2 **1738**·4·14 社
振売商人(禁止、調査)　❺-1 **1613**·3月 社／**1652**·2·3 社／**1658**·2·17 社／**1659**·1·19 社／**1679**·2·13 社／**1684**·7月 社／**1689**·6·28 社／**1715**·是年 社
古着屋·古手屋　❺-1 **1622**·是年 社／**1693**·7月 社／**1700**·是年 社／**1701**·12月 社／**1703**·12·14 社／**1706**·10月 社／**1711**·12月 社
古鉄屋(取締)　❺-2 **1723**·4·21 社／**1739**·6·9 社／**1772**·11·26 社／**1791**·11月 社／**1798**·4·11 社
古道具屋　❺-2 **1723**·1·21 社／4·21 社／**1772**·11·26 社／**1828**·5月 社
文章代筆業　❼ **1911**·1月 社
部屋子　❺-2 **1743**·9·26 社／**1774**·3·30 社／**1834**·3·3 政
弁理士　❼ **1921**·4·30 政
奉公人(出替·取締·奨励)　❺-2 **1717**·3月 社／12·12 社／**1720**·3月 社／**1722**·3月 社／**1740**·4·14 社／**1749**·9·16 政／**1754**·②月 社／**1755**·2·7 社／**1758**·是年 政／**1762**·2·17 社／是年 社／**1769**·5·18 社／**1780**·9月 社／**1786**·是年 社／**1788**·12月 社／**1790**·11·28 社／**1791**·12月 社／**1795**·2·22 社／**1801**·2月 社
宝石割符販売　❾ **1965**·2·11 社
訪問販売　❾ **1976**·6·4 社／12·2 社
卜者　❺-2 **1763**·宝暦年間 社
火口売買　❺-2 **1771**·7月 社
蒔絵師　❺-1 **1668**·1·22 文／**1669**·是年 社
マタギ　❺-1 **1693**·4·6 社
町夫頭　❺-1 **1694**·是年 社
松飾商　❺-2 **1767**·9·27 社
松坂屋　❺-2 **1768**·是年 社
的興行　❺-2 **1744**·3·14 社
マルチ商法　❾ **1994**·4·21 社
真綿商·布商·繰綿商·木綿商　❺-2 **1724**·5·12 政
三河万歳　❻ **1879**·1月 社
水茶屋　❺-2 **1735**·10·15 社／**1795**·7·1 社／**1808**·是冬 社／**1816**·是年 社／**1842**·6·25 社／❻ **1871**·是春 社
見世棚　❹ **1565**·3·16 社
道買·道売(米の買持)　❺-2 **1784**·5月 政
三井家訓　❺-2 **1722**·11·1 社
三井両替店　❺-2 **1771**·6月 政／**1791**·4·26 政／**1797**·5月 政
箕作　❺-1 **1667**·②月 社
麦湯茶営業取締規則　❻ **1876**·5·30 社
紫屋　❺-1 **1644**·是年 社
名工　❾ **1977**·11·10 社／**1983**·11·7 社
メッセンジャーボーイ(三越呉服店)　❼ **1909**·9·1 社
焼継屋　❺-2 **1790**·是年 社
香具師(やし)　❻ **1862**·3·10 社／**1872**·7·8 社／❼ **1928**·1·26 社
八品商売人仲間　❺-2 **1852**·6·2 政
安売禁止　❺-2 **1799**·3月 政
屋台店(取締)　❺-2 **1795**·11·26 社
雇入口入営業取締規則　❻ **1891**·6·27 社
山守　❺-1 **1667**·②月 社
優勝セール　❾ **1967**·10·3 社
優良小売り店　❾ **1968**·10·1 社
弓法師　❺-1 **1667**·②月 社
楊弓店取締規則　❻ **1877**·2·13 社
葭簀張り掛床　❺-2 **1841**·6·25 社
洋和小間物店　❻ **1877**·5·29 社
寄子　❺-2 **1800**·是年 社
夜店　❺-2 **1795**·11·26 社／**1842**·9·10 社
　夜店·露店許可　❻ **1874**·7·3 社
夜商売　❺-2 **1794**·2·8 社
裸体画販売を非難　❻ **1889**·10月 社
両国橋上の商人　❺-2 **1794**·11·7 社
料理屋給仕女禁止　❻ **1861**·3·16 社
霊感商法　❾ **1987**·7·17 社／**1994**·5·27 社
　霊感商法110番　❾ **1987**·6·25 社
霊視商法　❾ **1995**·10·31 社
陸尺　❺-2 **1742**·6·16 文
露店(銀座)　❻ **1885**·11月 社
　露店規則　❻ **1873**·10·30 社
綿店·紙店·木綿店·薬種店·佐藤店·鉄店·蝋店·鰹節店　❺-2 **1847**·1月 政
椀家具商売　❺-2 **1742**·3月 政

商品

　藍
　　藍染料製造工場　❻ **1876**·9月 社
　　藍染料輸出　❻ **1876**·11·13 政
　　藍作手奉行　❷ **1212**·11·11 社／**1238**·5·11 政
　会津物産所　❺-2 **1793**·12·3 政
　麻布(貢納)　❹ **1462**·10·25 社
　油粕　❺-2 **1740**·10月 社／**1753**·5·6 社
　石燈籠　❺-2 **1842**·7·19 社
　一閑張　❺-2 **1733**·7·9 文
　糸買上　❹ **1589**·8·27 政
　田舎地紙　❺-2 **1757**·12月 社
　扇·太刀　❹ **1458**·1·8 政
　桶　❺-2 **1722**·6·13 社
　書替奉行所　❺-2 **1753**·9·21 政
　貸方役所(会津藩)　❺-2 **1804**·6·29 政
　貸金役所(会津藩)　❺-2 **1794**·12·23 政
　刀脇差小道具屋改会所　❺-2 **1760**·11月 文
　金沢藩産物方　❺-2 **1778**·4·27 政
　紙方所(日向延岡藩)　❺-2 **1823**·12·9 社
　紙障子の初見　❷ **1235**·3·9 社
　紙役所　❺-2 **1745**·10·7 社／**1760**·7·11 社
　唐紙　❷ **1091**·8·17 文
　皮の所持禁止　❹ **1544**·4·27 社
　乾物　❺-2 **1809**·1·15 社
　菊綿　❸ **1406**·9·8 社
　絹糸　❺-2 **1758**·1·8 政
　ギヤマン　❺-2 **1817**·文化年間 社
　魚油(湊出役)　❺-2 **1720**·5·6 政／**1724**·1·18 政／**1730**·11月 社
　魚油商　❺-2 **1724**·5·12 政／**1726**·4月 政
　管簾　❺-1 **1715**·正徳年間 社
　榑(くれ)　❷ **1035**·5·2 社
　桑絲　❷ **1215**·10·1 政
　鯨珠　❷ **1127**·5·26 社
　犬頭糸　❷ **1168**·7·6 社／**1186**·7·12

社
小刀　❺-2 1791·12·22 社
琥珀　❺-1 1699·2·28 政
産物調査(全国)　❻ 1870·9月 政
塩馬　❹ 1583·8·16 社
漆器輸出　❻ 1883·4月 社
七宝焼　❺-2 1830·是年 文
新規製品取締方世話役　❺-2 1721·8·2 政
沈香　❹ 1480·6·7 政
真珠　❷ 1087·7·12 政／1089·8·19 政
蘇芳(すおう·蘇木)　❷ 1006·10·20 政／1014·2·10 社／1023·⑨·18 政
炭　❺-1 1665·10·6 社
摺扇　❸ 1426·1·4 政
製陶の術　❷ 1227·是年 文
石灰　❹ 1538·7·28 社／❺-2 1799·6·7 社
銭さし　❺-2 1716·11月 社
仙貨紙　❺-1 1688·12·27 社／1710·12·12 社
染鞦　❷ 1254·12·17 社
扇子の美濃地紙　❺-2 1750·10月 社
蘇木⇨蘇芳(すおう)
薪　❺-1 1665·10·6 社
竹·革細工品(問屋)　❺-2 1794·2·20 社／1811·4·19 社
畳　❷ 1031·1·4 政／1121·12·9 文
玉鎖　❺-2 1776·4·5 社
茶埦　❷ 1006·10·20 政／1025·8·7 政
机　❷ 1121·12·9 文
天平瓮　❷ 1121·12·9 文
唐箔　❺-1 1705·6月 社
鍋釜(問屋)　❺-2 1724·8月 社
生蠟　❺-2 1747·7月 社／1833·是年 社
丹改会所　❺-2 1737·8月 社
塗物　❹ 1485·4·20 社
八丈絹　❷ 1132·9·23 政
羽珊瑚　❺-1 1658·1·15 政
針金　❺-2 1781·⑤·24 社
硝子(ビードロ)　❺-2 1763·宝暦年間 社
皮革　❺-1 1710·6·18 政
檜曲物　❷ 1040·12·27 文
檳榔(びろう)　❷ 1029·8·2 政
燻(ふすべ)革　❹ 1551·12·30 社
紅花　❷ 1031·7·6 政
庖丁　❺-2 1791·12·22 社
干魚塩魚仲買　❺-2 1772·是年 政
干鰯(問屋·仲買·掟)　❺-2 1724·是年 社／1740·10月 社／1743·10·26 社／1747·2·16 社／1749·1月 社／1771·1月 社／1772·是年 政／1778·2·8 社／1788·4·21 社／1801·1·13 社／1805·9月 社／1810·10月 政／1826·8月 社
干粕　❺-2 1753·5·6 社
薪·炭·粃·糖の価格　❷ 1253·10·11 社
間似合(襖紙)　❺-1 1633·2·23 社
貢紙　❹ 1460·10·2 社
明礬(唐和明礬会所)　❺-2 1730·2月 政／1735·5·3 社／1735·5·3 社
筵(むしろ)　❷ 1161·9·28 社
筵会所　❺-2 1804·5月 社
木材　❹ 1587·8·20 社
木材商売　❹ 1517·11·12 社
木材売買禁止　❹ 1584·2·2 社
木綿紙　❺-2 1831·4月 社
夜久貝　❷ 1029·8·2 政
柳行李(専売制)　❺-2 1763·12·6 社
柳樽　❺-1 1704·2月 社
螺(らでん)　❺-1 1636·是年 文
琉球産物　❺-2 1810·10·13 政
龍脳　❺-2 1785·是年 政
職人
織手　❸ 1447·9·22 社
大鋸·木挽頭　❺-1 1698·12月 社
諸職人の肝煎　❺-1 1699·1·14 社
諸職人の工賃　❺-1 1657·8·21 社
諸職人の触頭　❺-1 1702·6月 社
日本人職工の海外指導　❻ 1877·3·13 社
屋根葺工　❺-1 1664·6·22 社
出挙(すいこ、農民へ稲の種もみや金銭·財物を貸し付け、利息とともに返還させる制度。国が貸し付ける公出挙「くすいこ」と、私人が貸し付ける私出挙「しすいこ」とがある)　❶ 705·4·3 政／724·3·25 社／731·4·27 政／737·813 政／739·5·30 政／757·8·18 政／767·2·11 社／5·4 社／783·12·6 社／795·11·22 社
官稲出挙　❶ 734·1·15 政／779·11·29 政
公私出挙稲·粟の返済を免除　❶ 713·9·19 政
公私出挙稲の利を免除　❶ 737·8·13 政
公出挙　❶ 705·4·3 政／720·3·17 政／763·1·15 政／806·1·29 政
挙稲(ことう)　❶ 758·8·25 政
私出挙(許可·禁止)　❶ 799·2·15 政／6·20 政／895·3·22 政
私稲出挙　❶ 711·11·22 政／720·3·17 政／737·9·22 政／761·2·3 社／763·1·15 政
諸国総出挙の公廨　❶ 884·此頃 政
出挙官稲数　❶ 734·1·15 政
出挙雑用稲　❶ 792·⑪·28 政
出挙銭　❶ 819·5·2 政
出挙銭所　❶ 841·2·25 政
出挙倉　❶ 901·6·7 政
出挙の利率　❶ 779·9·27 政／788·9·26 政／810·9·23 政／830·5·23 政
出挙利　❷ 1187·6·13 政／1223·4·3 政／1226·1·26 社／1233·4·16 政／1242·1·15 社／1244·6·25 政
出挙利銭訴訟の制　❷ 1251·9·17 政
正税出挙　❶ 739·5·30 政／796·10·21 政／798·9·17 政／806·5·6 社／808·9·26 政／820·5·4 社／822·12·28 政／848·12·27 政／945·1·6 政
銭財出挙　❶ 779·9·28 社／783·12·6 政
利銭出挙　❸ 1298·2·28 政
税金·課税(近代以前)
藍瓶銭·藍瓶役　❹ 1530·4·7 社／1538·5·22 社／1546·4·6 社
青苧公事(あおそくじ)銭　❹ 1527·6·13 社
上げ金(幕府)　❺-1 1696·5月 政
貸税(いろしのおおちから)の制　❶ 675·4·9 政
請所(貢·公事として徴収したうちの一定額(請料·請口)の納入を荘園領主や国衙に対して請け負う仕組)　❸ 1297·6·1 政
有徳(うとく)銭　❹ 1472·8·9 政／1473·2·25 社／1477·10·15 社／1478·5·5 社／1487·6·11 政
采女料　❹ 1488·11·12 政
売寄進状　❹ 1513·11月 社／1541·2·7 社
役銭(家臣納入)　❹ 1497·7·5 政
沖口出役銀(秋田藩)　❺-1 1673·是年 政／1676·是年 政
替銭·売懸·買懸　❹ 1526·12·19 政
落葉運上米　❺-1 1669·6月 社
織物消費税　❽ 1949·12·27 政
海産税(三陸地方)　❺-1 1644·8·11 政
海上銀·言伝銀禁止　❺-1 1639·2·21 政
海防費献上(大坂市中の豪商)　❻ 1853·11·5 政
懸銭　❹ 1576·9·3 社
加地子(本年貢·本地子の加徴分として賦課された税)　❷ 1102·9·3 政
春日社造営棟別銭　❸ 1365·2·5 社／1427·7·5 社／1447·9·14 社
春日社六十六か国棟別銭　❸ 1348·4·22 社
過料銭　❹ 1549·10·20 政
勘料(在地の寺社などからの検注免除の要請を承認する代償として、国司や領主が徴収した米銭)　❸ 1284·12·26 社／1296·8·20 社／1400·6月 社／❹ 1496·12·3 社
公役人夫　❷ 1114·12·17 社
草刈人夫料　❷ 1274·2·3 社
公事銭(くじせん)　❹ 1537·2·24 社
公事役　❹ 1591·10·29 社
公事を免除　❸ 1352·2·18 社
鍬役米　❺-1 1626·8月 社
郡方五歩米(福岡藩)　❺-1 1713·9·22 政
毛皮税　❺-2 1768·4·29 政
献金(民間有志)　❻ 1853·8月 社
間別銭徴収(六浦)　❸ 1368·4·2 社
合力米　❺-1 1649·8·10 政
五貫文制(仙台藩)　❺-1 1677·是年 政
石別銀　❺-1 1704·4·19 政
呉服方商売司　❹ 1572·12·2 社
小普請金上納制(幕府)　❺-1 1690·6月 政／11月 政
御用金(幕府·諸藩)　❺-2 1719·是春 政／1727·12·15 政／1732·是年 政／1733·3·11 政／1753·4·8 政／1761·12·16 政／1763·11·2 政／1765·2月 政／1772·3·28 政／1773·9·12 政／1774·3·4 政／1778·⑦·29 社／1783·10·3 政／是年 政／1785·12·14 政／1786·2·23 政／6·29 政／1788·10·2 政／1793·是年 政／1800·7·13 政／1807·1月 政／1810·12·26 政／1813·6·23 政／7·5 政／9·18 政／是年 政／1818·12月 政／1828·3月 政／1832·9·19 政／1837·1月 政／1843·7·6 政／1847·10月 社

御用金(伊予宇和島藩) ❺-1 **1688**·是年 政
御用金(江戸) ❻ **1853**·8·20 政／**1854**·5·25 政／**1867**·10月 政
御用金(大坂富商) ❻ **1853**·12月 政／**1864**·9·15 政
御用金(金沢町民) ❺-1 **1635**·11·4 社
御用金(水戸藩) ❺-1 **1700**·是年 政
御用金(盛岡藩) ❺-1 **1700**·是年 政
御用金(京坂) ❻ **1868**·1·29 政
御用金(親征費用十万金) ❻ **1868**·2·11 政
御用金(東京) ❻ **1868**·8·26 政
さがり銭(下銭) ❹ **1568**·8月 政
作合(さくあい) ❹ **1587**·10·20 社
作毛(さくもう) ❹ **1587**·10·20 社
猿楽銭 ❸ **1410**·3月 文
色代(しきだい、定まっている年貢物の代りに雑穀·油·綿·布·銭貨などを納めること) ❷ **1278**·12·27 社
地口銭(じくちせん、道路に面する家屋の間口の広狭に応じて賦課した臨時税) ❸ **1387**·4·21 社／❹ **1458**·3·28 社／4·12 政／**1465**·2·22 社／12·7 政／**1477**·6·28 政／**1479**·6·18 社／**1486**·6·11 社／**1501**·4·14 社
祠堂銭(故人の冥福を祈るために祠堂·御霊屋·持仏堂の管理·修繕費用·供養費用として寺院に寄進する金銭。中世では、祠堂銭を元手とした寺院による金融のこともいう) ❸ **1455**·10·28 社／❹ **1569**·3·16 社
柴木公事銭 ❹ **1537**·12·13 社／**1552**·是年 社
借貸正符 ❶ **734**·1·21 政
社寺·諸家領の五分の一徴収(山城) ❹ **1478**·7·11 政
重出銀(琉球) ❺-1 **1644**·2·2 政
春定制(石見浜田藩) ❺-1 **1696**·是年 政
勝載料(公私の船から徴集して、その船瀬＝港の修理にあてた) ❶ **846**·10·5 社
諸役·地子(越後府内) ❹ **1560**·5·13 社
諸役免除 ❹ **1558**·3·6 社
諸士手伝金米(仙台藩) ❺-1 **1690**·11·11 政
新御倉御公事用途 ❸ **1334**·10月 政
相撲(相舞)銭 ❹ **1472**·11·14 社／**1481**·9·9 社
征長費用献金 ❻ **1865**·5月 社
造東寺棟別銭 ❸ **1282**·9·10 社
続労銭 ❶ **735**·5·20 政／**737**·10·7 政／**764**·10·30 政
日吉社神輿造替段銭 ❸ **1372**·7·11 政
池溝料(池溝の営造·修理にあてるための費用) ❷ **1004**·11·20 政
長日人夫 ❸ **1370**·7月 政
賃米支給制 ❺-1 **1607**·是年 政
釣船公事 ❸ **1452**·3·21 社
伝馬役 ❹ **1577**·6月 政
唐人口銭銀(長崎) ❺-1 **1659**·12·9 政
鳥子役(越前) ❺-1 **1602**·9·10 社
平均免(ならし) ❺-1 **1655**·2·27 政／**1656**·7·28 政
荷役銭(移入品) ❺-1 **1650**·10月 社
人足五斗米制(秋田藩) ❺-1 **1699**·是年 政
人頭税(八重山) ❺-1 **1628**·是年 政
人別銀(琉球) ❺-1 **1682**·是年 政
軒間銀(鳥取藩) ❺-1 **1704**·1·29 政
箔運上 ❺-1 **1709**·3·2 社
番頭米 ❹ **1462**·2·28 社
引米(伊予今治藩) ❺-1 **1690**·8·14 政
分一金 ❺-2 **1716**·9·25 社／**1772**·8月 政
歩一銀(ぶいつぎん) ❺-1 **1634**·是年 社
賦課規定(百姓諸役) ❺-1 **1678**·11·22 社
普請役 ❹ **1577**·6月 政
船役 ❹ **1599**·8·15 社
夫役(ぶやく) ❹ **1599**·6·16 政／8月 社
夫役代納化 ❺-1 **1607**·是冬 政
夫役賦課 ❺-2 **1723**·8月 政
便補(中央官司の経費に充てる納物や封戸から上がる封物を地方の特定地域の官物や雑物で賄わせること) ❷ **1162**·3·7 社／**1184**·8·9 社
毎月銭 ❹ **1481**·9·9 社
身代糖 ❻ **1871**·是年 政
宮市 ❶ **839**·10·25 政
名目金(名目銀。格式の高い門跡寺院や幕府と特別な関係にある寺社などが堂舎の修復料など、なんらかの名目を冠した資金すなわち名目金を武家や町人·農民に貸し付けた) ❺-1 **1683**·9月 社
無尽銭 ❸ **1352**·3·3 社
棟別銭(むなべちせん) ❸ **1282**·9·10 社／**1284**·2·28 社／**1293**·1·19 社／**1300**·9·22 社／**1310**·5·5 社／**1311**·5·5 社／**1354**·10·26 社／**1367**·4·21 文／**1368**·7·26 社／**1370**·10·11 社／**1376**·12·16 社／**1380**·2·18 社／**1381**·6·6 社／**1384**·6·25 社／**1386**·3·6 社／**1390**·2·29 社／**1396**·10·29 社／**1412**·9·11 社／**1413**·9·30 社／**1418**·8·27 社／**1440**·10·4 社／**1444**·3·10 社／❹ **1456**·4·2 政／**1462**·9·18 社／**1467**·4·11 社／**1472**·10·21 社／**1478**·3·8 社／**1479**·3·11 政／**1481**·5·24 社／**1486**·6·11 社／**1489**·4·19 社／**1495**·2·15 社／**1507**·3·25 社／**1513**·8·18 社／**1514**·5·9 社／**1522**·1·3 政／**1524**·4·19 社／**1525**·1·25 社／**1552**·4·27 社／**1553**·11·9 社／**1556**·10·24 政／**1557**·2·12 社／**1559**·11·16 社／**1560**·8·2 社／9·1 社／**1562**·2·9 社／**1565**·4·28 社／11·27 社／12·3 社／**1568**·6·6 社／**1572**·5·11 社／**1576**·9·3 社／**1586**·9·15 社
棟別役 ❹ **1576**·11·11 社
棟役田銭 ❹ **1514**·4·23 社
物成免(ものなりめん) ❺-1 **1656**·7·28 政
　物成(三ツ六歩、徳山藩) ❺-1 **1687**·7·9 政
　物成(四ツ、徳山藩) ❺-1 **1677**·8月 政
　物成究め ❺-1 **1659**·是年 政
　小物成金(隠岐) ❹ **1594**·6·17 政／❺-1 **1690**·1月 政
　知行物成(三ツ、津軽藩) ❺-1 **1969**·8月 政
矢銭(やせん) ❹ **1565**·12·20 社／**1568**·10·2 政／**1569**·1·10 政／2·23 政／**1573**·4·2 政
家銭 ❹ **1568**·10·6 政
藪年貢 ❺-2 **1738**·4·7 政
徭銭 ❶ **779**·9·22 社
　徭銭徴収停止 ❶ **737**·10·2 政
　徭の半分を免除 ❶ **965**·11·25 政
山地子銭 ❹ **1598**·7·23 社
山城地子銀·米地子(豊臣秀吉) ❹ **1588**·4·15 社
山手銭 ❹ **1594**·6·17 政
弭調(ゆはずのみつぎと) ❶ **書紀·崇神 12**·9·16
臨時雑役 ❶ **924**·8·7 社／**935**·10·25 社／**940**·5·6 社／**951**·9·15 社

政策

『経済協力白書』 ❽ **1964**·4·20 政
『経済白書』(経済実相報告書) ❽ **1955**·7·15 政／**1956**·7·17 政／**1957**·7·19 政／**1958**·7·25 政／**1959**·7·21 政／**1962**·7·17 政／**1963**·7·16 政／**1964**·7·9 政／❾ **1965**·8·10 政／**1966**·7·22 政／**1967**·7·21 政／**1968**·7·23 政／**1969**·7·15 政／**1970**·7·17 政／**1971**·7·30 政／**1972**·8·1 政／**1973**·8·10 政／**1974**·8·9 政／12·16 政／**1975**·8·8 政／**1976**·8·10 政／**1977**·8·9 政／**1978**·8·11 政／**1979**·8·10 政／**1980**·8·15 政／**1981**·6·12 政／8·14 政／**1982**·8·20 政／**1983**·8·19 政／**1984**·8·7 政／**1985**·8·15 政／**1986**·8·15 政／**1987**·8·18 政／**1988**·8·5 政／**1989**·8·8 政／**1990**·8·7 政／**1991**·8·9 政／**1993**·7·27 政／**1994**·7·26 政／**1995**·7·25 政／**1996**·7·26 政／**1997**·7·18 政／**1998**·7·17 政／**1999**·7·16 政／**2000**·7·14 政
『経済財政白書』 ❾ **2002**·11·5 政／**2004**·7·16 政／**2005**·7·15 政／**2009**·7·24 政／**2010**·7·23 政／**2011**·7·22 政／**2012**·7·27 政
『国土利用白書』 ❾ **1975**·5·16 政
『生産性白書』 ❾ **1986**·10·13 政
『通商白書』 ❾ **1998**·6·16 政
『投資白書』 ❾ **1990**·1·17 政
『東京都経済白書』 ❽ **1961**·7·11 政
一般競争入札制度 ❾ **1994**·1·17 政
イランに対する経済制裁 ❾ **1980**·4·24 政
エコポイント ❾ **2009**·5·15 社
エネルギー白書 ❾ **1973**·9·7 政
海運再建二法 ❽ **1963**·7·1 政
会計検査院検査報告 ❾ **1980**·12·10 政
外国製品購入キャンペーン ❾ **1985**·4·13 社
開拓促進法(ベンチャー企業) ❾ **1988**·4·5 政
貸出金利の年利建て採用 ❾ **1969**·2·18 政
経済危機突破商工業者大会 ❾ **1975**·

2·26 政
規制緩和推進計画　❾ **1995**·12·7 政
緊急金融システム安定化対策本部　❾ **1997**·12·24 政
緊急経済対策　❾ **1992**·3·31 政／**1997**·11·18 政／**1998**·11·16 政
金融の量的緩和策　❾ **2006**·3·9 政
クーリングオフ制度　❾ **1973**·3·15 社
景気刺激政策　❾ **1976**·11·12 政／**1981**·3·17 政
景気底離れ宣言　❾ **1988**·7·27 政
経済安定九原則　❽ **1948**·12·18 政／**1949**·3·7 政
経済五か年計画(満洲)　❽ **1938**·5·14 政
経済再建懇談会　❽ **1955**·1·27 政／**1961**·2·17 政
経済再建整備委員会　❽ **1947**·2·5 政
経済財政改革　❾ **2007**·6·19 政
経済社会基本計画　❾ **1973**·2·13 政
経済情勢報告書(経済白書)　❽ **1948**·5·23 政
経済自立五か年計画　❽ **1955**·12·23 政
経済戦強調週間　❽ **1938**·7·21 社／**1947**·7·1 社／**1949**·3·12 政／**1950**·6·30 政／**1951**·7·13 政／**1952**·7·1 政／**1953**·7·14 政／**1954**·7·13 政
経済復興·再建政策　❽ **1946**·8·12 政／12·6 政／**1947**·2·6 政／**1948**·3·29 政／4·28 政／**1949**·6·1 政
公定価格制度　❽ **1938**·7·9 政
国産品愛用運動　❽ **1961**·8·25 政／**1963**·9·20 政
国民所得倍増計画　❽ **1956**·2·4 政／**1959**·1·3 政／2·24 政／3·9 政／**1960**·11·1 政／12·27 政／**1962**·12·11 政／**1964**·11·17 政
国有林野活用問題　❾ **1971**·6·10 社／**1977**·9·14 社／**1978**·9·21 政
五十年代エネルギー安定政策　❾ **1975**·8·15 政
財政金融基本方策要綱　❽ **1941**·7·11 政
財政構造改革　❾ **1997**·12·5 政
市場開放対策　❾ **1982**·5·28 政
シャウプ税制使節団(税制勧告)　❽ **1949**·5·10 政／8·26 政／9·15 政／**1950**·9·21 政
重要産業指定規則　❽ **1941**·10·30 政
重要物資在庫緊急調査　❽ **1948**·3·27 政
食糧問題の展望と食糧政策の方向　❾ **1975**·4·7 政
自立経済三か年計画　❽ **1951**·1·20 政
新経済五か年計画　❾ **1976**·5·12 政
新経済社会発展計画　❾ **1970**·5·1 政／**1979**·8·10 政
新経済政策　❽ **1951**·6·23 政
生産力拡充計画要綱　❽ **1939**·1·17 政
戦後経済調査会　❽ **1945**·8·16 政
総合経済対策　❾ **1980**·9·5 政／**1983**·10·21 政／**1986**·4·8 政／**1992**·8·28 政／**1993**·4·13 政
総合商社行動基準　❾ **1973**·4·3 政
造船不況カルテル　❾ **1979**·8·1 政
対外経済緊急対策「第二次円対策」　❾ **1972**·5·20 政
対外経済対策　❾ **1983**·1·13 政／**1985**·1·14 政／4·9 政
対日経済復興計画　❽ **1948**·2·29 政
対日貿易制限措置(韓国)　❽ **1961**·2·2 政
対日貿易に関する十六原則　❽ **1947**·8·11 政
対日輸出入暫定政策　❽ **1947**·7·24 社
対満投資額　❽ **1939**·1·7 政
地域振興券　❾ **1999**·1·29 社
畜産振興　❾ **1968**·11·22 政
地方財政　❾ **1968**·11·21 政
中国製造製品　❾ **2008**·9·20 社
中小企業緊急対策　❾ **1977**·9·30 政
中小企業近代化促進法　❾ **1969**·5·30 政
中小企業サミット　❾ **1983**·1·17 政
長期エネルギー需給暫定見通し　❾ **1979**·8·31 政
デフレ　❾ **2009**·11·20 政
特定不況産業信用基金　❾ **1978**·7·31 政
日満支経済建設要綱　❽ **1940**·11·5 政
日本経済自立安定十原則　❽ **1948**·7·20 政
日本政府の債務保証禁止　❽ **1946**·4·3 政
日本的経営　❾ **1995**·5·17 政
不況対策(第一～第四次)　❾ **1975**·2·14 政／3·24 政／6·16 政／9·17 政
プラザ合意　❾ **1985**·9·22 政
米国企業買収セミナー　❾ **1982**·2·16 政
米国特許の取得　❾ **1985**·4月 政
平成不況　❾ **1994**·11·17 政
ポンド·ショック　❾ **1967**·11·18 政／**1972**·6·24 政／6·23 政
前川リポート　❾ **1986**·4·7 政
みずほ証券誤発注事件　❾ **2005**·12·8 政
余剰農作物購入協定　❽ **1954**·3·8 政
リーマン不況　❾ **2008**·9·15 政
流通秩序確立対策要綱　❽ **1947**·7·29 社
冷害対策本部　❾ **1965**·5·7 政／**1980**·9·1 政
連合国人工業所有権戦後措置令　❽ **1949**·8·16 政
税金·税法·税務署(近現代)
家税　❻ **1870**·9·4 政／**1871**·9·4 政
一般特恵関税制度　❾ **1971**·8·1 政
売上税　❾ **1986**·12·5 政／**1987**·2·24 社／4·15 政
営業税法(収益税法)　❼ **1896**·3·28 政／**1914**·3·31 政／**1926**·9·9 政
宴席消費税　❼ **1920**·5·24 社
織物消費税法　❼ **1906**·2月 政／**1910**·3·25 政／**1949**·12·27 政
外形標準課税(銀行税)　❾ **2000**·2·7 政／3·30 政／5·30 政／10·18 政／**2002**·3·26 政／**2003**·9·12 政
会社臨時特別税法　❾ **1974**·3·30 政
ガソリン税暫定税率　❾ **2008**·4·1 政
家禄税　❻ **1873**·12·27 政
観光戻し税　❾ **1972**·5·9 政
関税引下げ　❾ **1968**·7·1 政
観覧税　❼ **1920**·5·24 社
官禄税　❻ **1873**·12·27 政／**1879**·12·27 政
軍役金納制　❻ **1867**·10·3 政
国税　❻
国税滞納処分法　❻ **1889**·12·20 政
国税徴収法　❻ **1889**·3·14 政
国税と地方税種目　❻ **1888**·7·13 政
国税·府県税　❻ **1875**·9·8 政
国民福祉税　❾ **1994**·2·3 政
古都税(騒動)　❾ **1985**·1·7 社／**1986**·3·10 社／**1987**·10·17 社
混成酒税法　❼ **1898**·12·28 政
財産税法　❽ **1946**·1·10 政／11·12 政
雑税廃止　❻ **1875**·5·25 政
砂糖消費税法　❼ **1901**·3·30 政
自動車重量税　❾ **1971**·5·31 社
自動車税　❽ **1958**·3·31 社
支那事変特別税法　❽ **1938**·3·31 政
資本税法　❽ **1937**·3·30 政
シャウプ税制使節団(税制勧告)　❽ **1949**·5·10 政／8·26 政／9·15 政／**1950**·9·21 政
酒精含有飲料税法　❼ **1901**·3·30 政／**1908**·3·16 政／**1918**·3·22 政
主税局(大蔵省)　❻ **1884**·5·20 社
酒造税法　❻ **1868**·5·27 社／**1875**·2·20 政／**1880**·9·27 政／❼ **1896**·3·28 政／**1898**·12·28 政／**1901**·3·30 政／**1908**·3·16 政／**1918**·3·22 政
酒造税反対運動　❻ **1880**·9·27 政
消費税　❾ **1977**·10·4 政／**1978**·9·12 政／**1979**·1·1 政／2·8 社／9·25 政／**1988**·10·10 政／**1989**·3·7 政／4·1 社／**1991**·5·8 社／**1994**·9·22 政／11·25 政／**1996**·6·21 政／**1997**·4·1 政／**2004**·4·1 社／**2011**·6·30 政／**2012**·3·30 政／7·2 政
所得税法　❻ **1887**·3·23 政／❼ **1913**·4·8 政／❽ **1940**·3·29 政／**1942**·2·23 政／**1946**·3·9 政／**1949**·12·15 政／**1957**·3·29 政／❾ **1969**·4·8 政／**1981**·11·5 政／**1984**·3·31 政／**2005**·3·30 政／**2006**·3·27 政／**2011**·11·30 政
所得税の源泉徴収　❾ **1989**·2·7 社
税制改革関連六法案　❾ **1988**·11·10 政／11·16 政／12·6 政
税制改革大綱　❾ **2002**·12·13 政
税制(旧)整理　❻ **1875**·2·20 政
税制調査(沖縄県)　❻ **1887**·2月 政
税制(整理)調査会　❼ **1923**·6·18 政／**1925**·4·7 政／**1927**·5·24 政／❾ **1978**·9·12 政／**1985**·9·20 政
税務監督局官制　❼ **1902**·11·1 政
税務管理局官制　❼ **1896**·10·21 政
税務署　❼ **1896**·11·1 政／**1902**·11·1 政
石油消費税　❼ **1908**·3·16 政
石油税法　❾ **1978**·4·18 政
戦時大増税　❽ **1942**·1·16 政
戦時利得税(成金税)法　❼ **1918**·3·2[illegible] 政／**1946**·1·10 政

戦時利得税要綱　❽ 1946·1·10 政
選択制番号制度(税納入者)　❾ 2004·6·15 政
増税法案　❼ 1901·1·26 政／3·16 政／1908·1·21 政
相続税法　❼ 1904·12·17 政／1914·3·31 政／❽ 1947·2·15 政／❾ 1968·4·20 政／1969·4·4 政／1970·4·30 政／1972·11·15 政／1973·4·21 政／1979·3·30 政／1988·6·8 社／1989·7·7 政／1993·6·28 社
贈与税　❽ 1947·2·15 政
租税管理　❻ 1872·5·15 政
租税金納許可　❻ 1872·8·12 政
租税財政会計　❺-1 1642·8·16 政
租税調書(幕府)　❻ 1867·4·23 政
租税特別措置法　❽ 1946·9·1 政／1957·3·31 政
租税未納者　❻ 1877·11·21 政
租法改正禁止　❻ 1871·1·25 政
大豆金(銀)納廃止　❻ 1870·2·27 政／7·24 政
たばこ消費税法　❾ 1984·8·10 政／2003·7·1 社／2006·7·1 社
煙草税則　❻ 1875·2·20 政／10·4 社／1888·4·7 政
ダンピング税(米国)　❾ 1971·1·28 政
地価税　❾ 1991·4·24 政／1992·1·1 政
地税(東京)　❻ 1871·9·4 政
地租改正條例　❻ 1873·7·28 政／1875·8·28 政／1876·12·28 政／1877·1·4 政／1878·3·2 政／1884·3·15 政／1881·6·30 政
地租改正報告書　❻ 1882·2月 政
地租條例·地租増徴問題　❻ 1884·3·15 政／1889·11·30 政／❼ 1898·12·8 政／12·10 政／12·13 政／12·30 政／1902·11·2 政／12·11 政／1903·1·2 政／5·19 政／1906·4·11 政／1914·3·31 政／1931·3·31 政
地租滞納による強制処分の状況　❻ 1890·4月 政
地租代米納廃止　❻ 1889·9·27 政
地租特別修正　❻ 1880·5·20 政
地方税法　❻ 1878·7·22 政／❽ 1950·7·31 政／❾ 1969·4·8 政／1973·4·26 政／1979·3·30 政／1984·3·31 政
地方道路税法　❽ 1955·7·30 社
電源開発促進税法　❾ 1974·6·6 政
登録税法　❼ 1896·3·28 政
道路特定財源　❾ 2008·5·13 政
土地税制改革大綱　❾ 1990·12·6 政
土地保有税　❾ 1990·10·30 政
取引高税法　❽ 1948·7·7 政／9·1 政／10·26 政
日本帝国政府特派財政経済委員会　❼ 1917·9·13 政
入場税法　❽ 1938·4·1 社／1940·3·29 社／1947·12·1 文／1950·3·1 社／1954·5·13 社／1959·8月 文／❾ 1975·4·1 文
納税の義務　❻ 1878·9·16 社
納税者番号制度　❾ 1978·9·26 政
麦酒税法　❼ 1901·3·30 政／1908·3·16 政／1918·3·22 政
非常特別税法　❼ 1904·4·1 政／12·17 政／1905·1·1 政／1906·3·2 政／1913·4·8 政
府県税戸数割規則　❼ 1921·10·11 政
物品税　❽ 1949·12·27 政
ふるさと納税　❾ 2008·4·30 政
文化観光税課税　❾ 1966·3·11 社
法人税法　❽ 1942·2·23 政
報復関税　❾ 2005·9·1 政
遊興税　❼ 1919·5·1 社／1920·5·24 社
輸入税　❼ 1900·8·22 政／1924·7·31 政
臨時租税増徴·措置法　❽ 1937·3·30 政／1938·3·30 政
税制·年貢(米穀)
上米の制(大名が家臣に、幕府が大名に米を納めさせ、その代わりに家臣·大名の負担を軽くする制)　❺-1 1652·是年 政／1689·9·10 政／1691·8·21 政／1694·是年 政／1697·7·25 政／1703·10·28 政／❺-2 1716·8·1 政／1722·7·1 政／1730·4·15 政／1747·12·11 政／1750·7·18 政／1752·1·18 政／1760·9月 政／1803·2月 政
頭銭(鳥取藩)　❺-2 1754·是年 社
荒井三斗俵　❺-2 1751·9·5 政
一匁出銀　❺-2 1808·1·26 政
請免(鳥取藩)　❺-1 1698·1·12 政
畝取三段之法　❺-2 1717·12·21 政
上見部下りの制(鹿児島藩)　❺-2 1842·8月 政
役夫　❶ 758·12·8 政
調役(免除)　❶ 650·2·15 社
大税(おおちから)　❶ 691·4·1 文／697·8·17 政／701·6·8 政／711·11·22 政／712·5·13 政／8·3 政／734·5·28 政／738·8·19 政
課役　❶ 書紀·崇神 12·9·6／852·7·19 社／855·10·19 政
課役免除　❶ 書紀·仁徳 7·3·21／683·1·18 政／775·3·23 政／❷ 1212·7·25 社
家臣借米の率(福井藩)　❺-2 1768·3·22 社
課税　❶ 782·5·12 政
家中永代禄廃止(広島藩)　❺-2 1754·3·4 政
借上米·銀　❺-2 1718·5·29 政／1750·9·15 政／1760·4月 政／1769·5·15 政
帰化人調税免除　❶ 681·8·10 政
牛馬出銀　❺-2 1808·1·26 政
切米渡方を制定　❺-2 1720·4月 政
均田制(佐賀藩)　❺-2 1842·12月 政
金納(下野烏山藩)　❺-1 1688·是年 政
銀納(佐渡)　❺-1 1681·5月 社
金納制　❺-2 1722·11月 社
銀納制　❺-1 1651·是年 政／❺-2 1721·11月 政／1722·2·28 社／8月 政／1734·11月 政／1745·5·4 政
蔵入所(五畿内)　❺-1 1666·4月 政
蔵米知行制(大村藩)　❺-2 1719·4·26 政／1739·7·1 政
蔵役　❹ 1565·7·3 社
毛付(けづけ·生産高)　❹ 1599·8月 社
検見春法(伊勢桑名藩)　❺-1 1675·是年 社
検見取制(けみどりせい、伊予松山藩)　❺-1 1674·是年 政
検税使　❶ 896·7·5 政
検税使の算計法　❶ 776·是年 政
貢租の納入と運搬　❹ 1589·7·7 政
貢租を増徴　❺-2 1758·7月 政
貢調庸使　❶ 775·6·27 政／781·8·28 政
貢米　❺-1 1642·5·24 社
五貫文制(仙台藩)　❺-2 1838·是年 政
国役金　❺-2 1851·5月 政
石代納　❺-2 1842·10·28 政／❻ 1871·2·19 政／5·8 政
小検見禁止　❺-1 1713·4·23 社
五公五民(租税の率)　❺-1 1604·9·23 政／❺-2 1728·4月 政
五斗米(秋田藩)　❺-2 1771·11·6 政／1775·10月 政／1781·⑤月 政
米で納入(幕府)　❺-2 1722·8月 政
讃岐高松藩四分の一収公　❺-2 1764·8·1 政
地方給人制(会津藩)　❺-2 1776·8·25 政
地方知行　❺-2 1739·7·1 政
地子(じし)　❶ 719·9·22 政／907·10·13 政／❸ 1352·2·23 社／1353·4·27 社／1400·4·8 社／1407·9·24 社／140812·15 社／1429·4·9 社／1442·4月 社／5·3 社／1447·10·7 社／1450·12·8 社／❹ 1528·7·14 政／1598·是年／1599·8·15 社／❺-1 1634·⑦·25 社
未納の地子　❷ 1001·5·22 政／❺-2 1774·9·18 社
無主品位田の地子　❷ 1002·10·19 社
地子銀納(弘前藩)　❺-1 1701·6·23 社
地子交易法　❶ 838·9·14 社
地子銭(じしせん)　❸ 1352·2·23 社／1353·4·27 社／1400·4·8 社／1407·9·24 社／1408·12·15 社／1429·4·9 社／1442·4月 社／5·3 社／1447·10·7 社／1450·12·8 社／❹ 1528·7·14 政／1529·7·14 政／1547·1·11 社／1558·7·14 政／1598·是年 政／1599·8·15 社
地子銭(大坂·堺·奈良)　❺-1 1634·⑦·25 社
地子不納者　❺-2 1774·9·18 社
収税法　❶ 747·5·3 政／797·6·6 政
正税　❶ 719·6·16 政／724·3·20 政／737·10·5 社／744·7·23 社／745·10·5 政／754·9·15 政／758·5·10 政／774·8·17 社／777·3·16 社／780·1·19 政／786·3·28 政／894·2·22 政／895·7·11 政／❸ 1334·10月 政／1355·1·1 政
正税拒捍使　❶ 935·12·4 政
正税公廨(しょうぜいくがい)　❷ 1001·是年 政
正税減省　❷ 1004·11·20 政／1008·11·14 政／1023·6·28 政／1033·10·15 政

正税私用禁止　❶ 785·7·24 政
正税未納分免除　❶ 808·12·29 政／814·5·18 政／820·4·9 政
正税免除(凶作)　❶ 763·1·15 政／765·3·2 政
定免制　❺-2 1716·7·2 政／是年 政／1718·9月 政／1720·是年 政／1722·7月 政／1727·6·25 政／9月 政／1734·2·9 政／2·29 政／1737·7月 政／1749·5月 政／1750·2·20 政／2月 政／7月 政／1753·9·5 政
定免制(会津藩)　❺-1 1654·是年 政
定免制(伊勢津藩)　❺-1 1653·是年 政
定免制(伊予松山藩)　❺-1 1679·2·9 政
定免制(石見浜田藩)　❺-1 1696·是年 政
定免制(対馬)　❺-1 1698·是年 社
定免制(名古屋藩)　❺-1 1647·11·2 政
定免制(陸奥平藩)　❺-1 1696·是年 政
定免制(陸奥二本松)　❺-1 1655·是年 政
諸士借上(水戸藩)　❺-2 1780·12月 政
新田年貢十分の一支給　❺-2 1723·11月 政
寸志米(松江)　❺-2 1723·是春 政
銭調を徴収　❶ 712·12·7 政／722·9·22 政
雑徭(ぞうよう)　❶ 697·8·17 政／719·6·16 政／720·3·17 政／734·4·23 政／757·8·18 政／762·2·12 政／771·③·15 政／795·⑦·15 政
租税額三か年分上納　❺-1 1632·6·9 政
租税銭納許可　❶ 797·2·28 社
租税増徴　❺-2 1751·10·2 政／1783·12月 政
租税の掟書　❺-1 1604·8·20 政
租調免除　❶ 818·8·19 政
租稲の制　❶ 646·1·1 政／652·4月 政
租免除　❶ 764·10·16 政
代官所高割制　❺-2 1765·6月 政
大租(正税)　❶ 702·2·19 政
内裏修造銭　❹ 1479·是夏 政
高掛物　❺-2 1756·3月 政
足高·米の制　❺-2 1717·12·28 政／1723·6·18 政／1729·是年 政／1791·11·12 政
手末調(たなすえのみつぎ)　❶ 書紀·崇神 12·9·16
段銭(反銭·たんせん)　❸ 1413·9·30 社／1434·5·18 社／8月 社／1435·3·17 社／1444·⑥月 政／1450·2·17 社／4·20 政／7·25 社／12·5 社／1452·11·3 政／12·5 社／❹ 1456·4·2 政／7月 政／1458·3·29 社／1465·2·28 文／12·5 政／1467·5·27 社／1470·4·1 社／1472·7·28 政／1477·①·22 政／1478·5·26 政／1479·3·11 政／1480·9·12 社／1482·12·19 政／1486·7·16 社／1496·12·3 社／1502·2·16 政／1529·2·10 政／1576·9·3 社／1583·3·16 社
伊勢大神宮段銭　❸ 1453·5·9 社
大内段銭　❸ 1450·4·20 政
興福寺金堂供養段銭　❸ 1401·①·26 社
譲位段銭　❹ 1464·3·28 政
造太政官庁段銭　❸ 1407·7·18 社
大嘗会段銭　❹ 1466·②·21 政
内裏造営段銭　❸ 1452·7·5 政
段銭奉行　❹ 1486·4·27 政
段銭奉行(諸国)　❹ 1478·6·20 政
反銭·棟別(むなべち)銭　❹ 1599·2月 社
段別に米一升　❹ 1571·9·30 政
段別銭　❸ 1309·2·7 社
反畝取りの租法　❺-2 1723·10·16 政
知行借上(秋田藩)　❺-2 1718·3·9 政
馳走米　❺-2 1738·8·4 政
徴税法　❺-2 1747·4·19 政
調銭(京畿)　❶ 815·6·5 政
調邸(相模)　❶ 748·是年 社／756·2·6 社
調布の直を改定　❶ 962·4·7 政
調庸使(甲斐)　❷ 1031·1·13 政
田租　❶ 646·1·1 政／690·9·11 政／697·8·17 政／706·9·15 政／726·9·12 社／731·8·25 社／747·7·7 政／762·2·12 政／768·3·10 政／772·11·11 社／780·1·19 政／781·4·15 政／783·6·1 社／818·8·25 政／862·3·26 政
田租·雑徭·庸·大税　❶ 697·8月 社
田租免除　❶ 722·8·14 社／724·是年 政／736·11·19 政／738·10·3 政／756·5·2 政／757·8·18 政／775·3·23 政／839·3·4 政／891·10·8 政／956·7·23 社／961·5·17 政／981·3·23 政
田租率分(徴納率)　❶ 919·7·13 政
田地役　❹ 1591·10·29 社
土佐国の租が半分免除　❷ 1154·5·23 政
十三割取り新法(秋田藩)　❺-2 1784·9·17 政
渡唐段銭　❸ 1434·11·11 社
取箇免　❺-2 1749·3·16 政
人別銭(銀)　❹ 1478·3·8 社／❺-2 1779·10月 政
年貢(米)　❺-2 1728·4月 政／1751·5·20 政／1766·10月 政／1770·7·28 政／1806·9月 政／1814·9月 政
年貢(麦)　❹ 1597·4·12 政
年貢(陸奥津軽)　❸ 1336·11·5 社
年貢方代米　❺-1 1660·9·11 政
年貢収納　❹ 1577·10·25 社
年貢収納·養子縁組令　❺-1 1629·4月 社
年貢収納法(伊勢津藩)　❺-1 1675·9·4 政
年貢銭支払　❸ 1326·12·28 政
年貢納入時期　❸ 1319·⑦·10 社
年貢の皆済　❺-1 1631·3·10 政／1713·8·4 政
年貢の村請制　❺-1 1608·8月 社
年貢の量　❹ 1489·12·29 社
年貢は収穫高の三分の一　❹ 1568·10月 政
年貢米·酒造米取扱い規定　❺-1 1664·11·6 政
年貢米·升目および口銭等の制　❺-1 1616·7月 政
年貢米輸送　❺-1 1646·是年 政
年貢未納　❹ 1460·3·16 政
年貢未納体罰(出羽米沢藩)　❺-1 1654·8·28 社
年貢未納の国多し　❹ 1477·是年 政
山年貢　❺-1 1687·9·28 社
納銭方酒屋土倉役納分　❹ 1496·是 政
納銭條々　❹ 1485·7月 政／1497·4月 政
軒役　❺-2 1723·12月 政
場銭　❹ 1524·12·29 社
畑地租法(津軽藩)　❺-1 1676·是年 社
畠年貢　❺-2 1748·1·23 政
旗本知行所　❺-2 1766·10·29 政
八歩借米(福井藩)　❺-2 1804·3·20 政
浜業取締覚(播磨赤穂藩)　❺-2 1831 12·3 社
半減·半知(借上·馳走、諸藩)　❺-2 1743·2·20 政／1750·8·4 政／是秋 政／1753·11·28 政／1754·8·20 政／1760·8·2 政／1761·3·16 政／7·28 政／1766·5·23 政／1770·1·6 政／10·26 政／1772·3·16 政／3·26 政／1774·6·23 政／1778·10·12 政／1785·9·15 政／1788·12·16 政／1790·1·29 政／1792·1月 政／1793 4·5 政／1799·8·27 政／1802·2·11 政／1803·①·19 政／1812·3月 政／1814·6·11 政／1827·1·16 政／1829 7·5 政／1837·6·11 政／1839·2·30 政／1844·7月 政／1847·12·11 政
半石銭納　❺-1 1627·9·1 政
半租を免除　❶ 1000·7·3 政
半知
半知(萩藩)　❺-1 1704·4·19 政／1709·1·18 政
半知(弘前藩)　❺-1 1695·10·19 政
半知(松江藩)　❺-1 1686·是年 政
半知借(仙台藩)　❺-1 1704·12·22 政
半知馳走(萩藩)　❺-1 1713·3·1 政
半知物成(日向佐土原藩)　❺-1 1700 是年 政
一人一日一文宛(鳥羽藩)　❺-2 1841 是年 政
不三得七の租法　❶ 802·7·15 政／806·11·2 政
不二得八の租法　❶ 802·7·15 政
賦税会計皆済期　❺-1 1619·3·10 政
賦税取締令を制定　❺-1 1642·11·21 政
分一銭　❸ 1405·8·21 社
豊作·凶作時の年貢徴収額　❺-2 1747·4·19 政
本知支給(弘前藩)　❺-2 1754·12·15 政
本知六割引の制(日向延岡藩)　❺-2 1770·8月 政
本物返(ほんもつがえし)·本銭返　❸ 1381·4·9 社／1334·5·3 政／1381·4 9 社
本物返·質券所領·長期の借物事　❸ 1440·10·26 政

賄扶持(会津藩)　❺-2 **1819**·10月 政
未進調·庸免除　❶ **823**·8·2 政
未納税免除　❶ **850**·4·24 政／**859**·11·7 政
未納調庸免除　❶ **980**·11·28 政
未納の田租徴納の率　❶ **919**·7·13 政
免合(年貢率)　❹ **1599**·8月 社
免租法　❶ **800**·5·16 政
面扶持制　❺-2 **1836**·10·16 政
役夫工米(やくぶくまい、伊勢神宮の式年遷宮の造営費用として諸国の公領·荘園に課された臨時課税。正式には造大神宮役夫工米·伊勢神宮役夫工米)　❷ **1093**·2·14 社／**1130**·12·2 社／**1133**·9·21 社／**1173**·5·1 社／**1188**·6·22 社／**1190**·2·22 社／4·19 社／6·29 政／**1192**·7月 社／**1193**·7·4 社／**1206**·12·9 社／**1226**·9·22 社／**1227**·2·25 政／❸ **1283**·10·1 社／**1286**·2·23 社／4·16 社／**1289**·5·6 社／**1359**·11·2 社／**1360**·11·1 社／**1364**·5·15 社／**1373**·12·3 社／**1396**·9·12 社／11·5 社／**1397**·4·23 社／7·17 社／**1399**·7·28 社／**1410**·9·10 社／**1413**·4·21 社／**1422**·5·10 社／7·26 政／**1433**·2·21 社／**1445**·6·29 社／**1448**·5·26 社／**1453**·9·8 社／❹ **1460**·7·9 社／**1471**·6·12 社／**1473**·6·29 社
役料·役米　❺-2 **1746**·1·23 政／**1774**·9·9 政
寄米制(鳥取藩)　❺-1 **1678**·10·7 政
四分一借上(高知藩)　❺-2 **1774**·6·23 政／**1779**·8·30 政

石炭
石炭取締局　❻ **1868**·7月 社
石炭鉱業再建整備臨時措置法　❾ **1967**·7·5 政
石炭産業　❾ **1966**·8·26 政
石炭対策　❾ **1969**·1·10 政／5·12 政／**1972**·7·4 政／**1981**·8·4 政
石炭配給統制(規則、法、配炭公団)　❽ **1938**·9·19 政／**1940**·4·8 政／**1944**·3·28 政／**1947**·4·15 政／**1949**·8·11 政
三井石炭鉱業三池鉱業所　❾ **1997**·2·17 社

石油　❾ **1974**·2·5 政／3·16 政
アザデガン油田　❾ **2004**·2·17 政
ウムアダルク油田　❾ **1977**·8·11 政
液化天然ガス(LNG)　❾ **1969**·11·4 政／**1992**·6·17 政
エチレン　❾ **1991**·2月 社
オイルショック　❾ **1973**·10·6 政／10·16 政
鹿島石油化学コンビナート　❾ **1971**·1·20 政
ガス料金　❾ **1974**·9·3 社／**1980**·3·19 政
ガソリン価格　❾ **1974**·4·1 社／**2004**·8·23 政／**2007**·11·14 社／**2008**·6·4 政
家庭用灯油·液化石油ガス　❾ **1974**·1·11 社
家庭用灯油価格　❾ **1975**·6·1 政
揮発油販売業法　❾ **1976**·11·25 政
原油「シェールオイル」　❾ **2012**·10·3 政
原油価格の高騰　❾ **2005**·4·6 政
原油備蓄　❾ **1969**·9·12 政／**1974**·10·3 政／**1975**·12·27 政／**1978**·12·21 政／**1979**·1·10 政／11·21 政／**1982**·2·25 政／**1987**·2·14 政／**1988**·10·1 政／**2005**·9·14 政
サハリン大陸棚石油·ガス開発融資契約　❾ **1975**·10·21 政／**1981**·1·27 政
石油·天然ガス資源開発特別措置法　❾ **1978**·6·21 政
石油開発公団　❾ **1978**·6·27 政
石油·電力使用節減対策　❾ **1974**·1·11 政
石油ガス税法(LPG 法)　❾ **1965**·12·29 政
石油緊急対策要綱　❾ **1973**·11·16 政
石油需給適正化法　❾ **1973**·12·22 政
石油製品の卸価格　❾ **2006**·7·26 政
石油代替エネルギー開発　❾ **1980**·5·30 政／11·28 政
石油タンクの不等沈下問題　❾ **1975**·1·21 政
石油配給統制·石油配給公団　❽ **1939**·9·23 政／**1947**·4·15 政
石油輸出国機構(OPEC)　❾ **1979**·3·27 政
石油連盟　❾ **1975**·2·19 政
大慶油田原油輸入　❾ **1973**·4·25 政
大陸棚油田開発　❾ **1983**·9·5 政
天然ガス　❾ **1983**·2·1 社／**2005**·2·18 政／**2012**·6·22 政
灯油高騰　❾ **2007**·11·28 政
特定石油製品輸入暫定措置法　❾ **1985**·12·20 政
日本石油開発技術交流訪中団　❾ **1978**·7·24 政
日本石油基地会社　❾ **1969**·9·12 政
渤海海底油田　❾ **1979**·12·6 政
メキシコ原油輸入　❾ **1979**·8·10 政
ルムット基地(ブルネイ)　❾ **1973**·4·4 政

田畠·土地·家屋⇨ 9 農業·漁業も見よ
荒田耕作奨励　❶ **824**·8·20 社
家地相博券文　❶ **849**·11·20 文／**855**·④·11 社
家地売買　❶ **912**·7·17 社
位田　❶ **726**·2·1 政／**729**·11·7 政／**778**·4·8 政／**791**·2·21 政／**806**·12·14 政
位田返還制　❶ **726**·2·1 政
営佃　❶ **885**·2·8 政
永年買地　❷ **1267**·11·26 政／**1268**·7·1 政
御稲田の制　❷ **1149**·11·30 社
隠田　❸ **1387**·6·20 社／❹ **1540**·8·1 政
　隠田(壱岐)　❶ **807**·10·23 政
隠没田　❶ **759**·12·4 政
開田図(越前)　❶ **766**·10·21 文
開発田(長門小坂本沓野)　❸ **1291**·6·20 社
家財一式　❺-2 **1766**·2·16 政
加地子(かじし)　❸ **1381**·4·9 社
上総国の本田減少　❷ **1034**·10·24 政
唐物交易料金　❷ **1004**·1·27 政
苅田狼藉　❷ **1279**·9月 社
元慶官田の設置　❶ **879**·12·4 政
閑地荒田占有禁止令　❶ **903**·11·20 政
競田　❸ **1320**·2·28 政
畿内班(校)田使　❶ **786**·9·29 政／**843**·11·16 政／**844**·10·3 政／**878**·3·13 政
畿内班田調査　❶ **879**·12·8 政
畿内班田頒使停止　❶ **879**·12·3 政
公営田(くえいでん)　❶ **813**·2·11 政／**823**·2·21 政／**850**·8·26 政／**855**·10·25 政／**879**·12·4 政／**881**·3·14 政
公田減失　❸ **1285**·7·11 政
口分田　❶ **646**·8·14 政／**723**·11·2 政／**725**·7·21 政／**729**·3·23 政／**773**·2·11 社／**793**·7·15 政／**809**·9·16 政／**810**·9·1 政／**816**·10·10 政／**821**·6·4 政／**876**·6·3 政／**907**·10·13 政／**925**·12·14 政／**963**·6·7 政
　口分田地子稲　❶ **925**·12·14 政
　口分田返還再配分　❶ **729**·3·23 政
　奴婢口分田　❶ **723**·11·2 政
警固田(大宰府)　❶ **873**·12·17 政
検損田使　❶ **949**·12·5 政
検田使　❶ **785**·10·4 政
後院勅旨田　❶ **835**·3·8 政／11·29 政／**837**·3·21 政／**845**·4·5 政／**886**·8·16 政
巷所　❹ **1534**·12·21 社
功田　❶ **729**·11·7 政／**757**·12·9 政
校田　❶ **645**·8·5 政／**853**·5·25 政
校田使　❶ **826**·11·14 政／**827**·1·15 政／**843**·11·26 政／**844**·2·2 政／10·3 政
荒野開墾　❷ **1174**·12月 政／**1189**·2·30 社／**1199**·4·27 政／**1207**·3·20 政／**1229**·2·21 政／**1230**·1·26 政／**1233**·9·22 政／**1234**·6·25 社／**1241**·10·22 政／12·24 政
国厨佃　❶ **885**·2·8 政
沽券状(土地)　❻ **1869**·5·17 政
墾田永年私財法　❶ **743**·5·27 政／**772**·10·14 政
墾田私有禁止(寺院以外)　❶ **765**·3·5 政
墾田地(諸寺の)を制限する　❶ **749**·7·13 社
墾田等施入勅書　❶ **749**·5·20 文
墾田売券　❶ **796**·9·23 社／11·2 社／**800**·12·7 政／**802**·1·10 文／**824**·10·11 社／**845**·12·5 政／**854**·4·5 社／10·25 社／12·11 社／**857**·3·8 社／**861**·10·19 社／**863**·3·29 社／11·5 社／**864**·3·5 社／**865**·10·15 社／**866**·10·24 社／**868**·4·13 社／**872**·12·13 社
財産(家庭)　❸ **1347**·9·22 社
作毛　❹ **1587**·10·20 社
差上米制(広島藩)　❺-1 **1708**·1·8 政／①·13 政
山林藪野占有禁止　❶ **850**·4·26 社／**903**·11·20 政
地発(じおこし、発起、徳政によって売却した土地を取戻すこと)　❹ **1575**·3·14 政
職写田　❶ **881**·7·13 政
職田　❶ **724**·1·22 政／**729**·11·7 政／**790**·8·8 政／**791**·2·18 文／**797**·2·16 政

地口銭(じくちせん)　❹ **1458**·3·28 社／4·12 政／**1465**·2·22 社／12·7 政／**1477**·6·28 政／**1479**·6·18 社／**1486**·6·11 社／**1501**·4·14 社

寺社·本所領　❸ **1337**·10·7 政／**1338**·⑦·29 政／**1340**·4·15 政／**1351**·6·13 政／**1352**·8·21 政／**1357**·9·10 社／**1364**·5·6 政／**1367**·6·27 政／**1445**·7·24 政／❹ **1506**·3·4 社

寺社本所領などの返付　❷ **1183**·10·2 社

寺社本所領の年貢公事物等　❹ **1498**·2·7 社

質券田地　❷ **1268**·8·10 政

質券売買　❸ **1298**·2·28 政

質地　❸ **1334**·5·3 政

質地永代渡(土地)　❺-2 **1794**·8月 政

質地年明か流地　❺-2 **1733**·4·2 政

質地の制(御家人)　❷ **1240**·4·20 文／5·25 政／**1267**·12·26 政／**1268**·7·1 政

賜田　❶ **729**·11·7 政

私佃(経営禁止)　❶ **797**·8·3 政／**807**·7·24 政／**896**·4·2 政

寺田(売買禁止)　❶ **805**·1·3 社／**806**·8·27 政

祠堂銭　❹ **1504**·3·2 政／**1569**·3·16 社

住宅売買　❸ **1405**·8·21 社

出田(勘出田)　❶ **807**·10·23 政

乗田(剰田)　❶ **736**·3·20 政／**813**·2·11 政／**928**·10·11 政

諸国検田　❷ **1235**·7·26 政／**1265**·12·23 政

所領質入れ　❷ **1273**·7·12 政

新出田数　❶ **804**·4·27 政

新田開発　❸ **1294**·1·18 社／**1440**·7月 社

水田　❶ **838**·7·1 社

水田開発　❷ **1239**·2·14 政

制限外に田野を占有禁止　❶ **713**·10·8 政

井田の制(1里四方、900畝の田を「井」の字の形に9等分する。そうしてできる9区画のうち、中心の1区画を公田といい、公田の周りにできる8区画を私田という。私田はそれぞれ八家族に与えられる。公田は共有地として共同耕作し、そこから得た収穫を租税とする)　❺-1 **1661**·是年 社

絶戸田　❶ **829**·6·3 社

占野開田の申請　❶ **811**·1·29 政

損田　❶ **802**·9·3 社／**854**·10·1 政／**948**·11·9 政

損田虚偽申告禁止　❶ **717**·5·11 政

損田使　❶ **845**·9·21 政／**939**·9·26 政

損田認定処分法　❶ **838**·10·9 政

損田の調庸免除の法　❶ **706**·9·20 政

損田の率法　❶ **911**·7·16 政

損不堪田　❶ **918**·6·20 政

損不堪佃田使　❶ **926**·2·28 政

大功田　❷ **1190**·12·14 政

田畝の調査　❶ **645**·8·5 政

田方検見規則　❻ **1870**·7月 政

田方米(米納)　❻ **1870**·7·24 政

高除分(たかのけぶん、定田に算入されない神田などの田畠)　❸ **1398**·11·10 政

他村売渡(土地)　❺-2 **1794**·8月 政

田の売買立券定　❶ **717**·10·3 政

田畑耕作奨励　❺-1 **1642**·6·29 社

反別賦課率　❷ **1122**·2月 社

地代自由化　❻ **1872**·8·27 社

勅旨田(ちょくしでん)　❶ **806**·7·7 政／**828**·11·14 政／**829**·12·27 政／**830**·2·11 政／3·11 政／11·27 政／**831**·5·23 政／10·3 政／**832**·3·2 政／9·14 政／**833**·2·17 政／**835**·3·8 政／11·29 政／**836**·5·25 政／10·1 政／**837**·3·21 政／7·30 政／**838**·3·6 政／9·17 政／**902**·3·13 政／❷ **1027**·6·14 社

勅旨畠　❶ **830**·5·22 政

出作田　❷ **1156**·⑨·18 政／**1184**·8·9 社

田地役　❹ **1591**·10·29 社

動産·不動産訴訟　❻ **1873**·1·13 政

土地耕作物管理使用収用令　❽ **1939**·12·16 政

土地私売買禁止　❶ **645**·9·19 政

土地収用法　❻ **1889**·7·31 政

土地証券再発行　❷ **1150**·4·8 社

土地売券証書　❷ **1271**·12·6 社／**1018**·3·5 社／**1019**·11·20 社／**1036**·1·12 社／**1037**·12·8 社／**1045**·2·13 社／**1072**·1·20 社／**1074**·6·20 社／**1078**·11·10 社／**1110**·7·5 社／**1113**·2·25 政／**1117**·5·2 政／12·8 政／**1118**·5·2 政／**1134**·5·3 政／**1135**·1·23 社／3·23 政／**1149**·8·14 政／**1157**·8月 社／**1159**·12·23 社／**1160**·1·19 社／**1161**·4·4 社／**1163**·5·2 政／**1165**·12·7 政／**1168**·3·8 社／**1169**·6·25 政／**1170**·2·13 社／**1173**·2·14 社／**1180**·3·10 社／**1195**·2·8 社／**1210**·12·30 社／**1215**·6·15 社／**1221**·⑩·23 社／**1227**·12·25 社／**1228**·12·16 社／**1247**·2·2 社／**1249**·5·22 社／**1270**·7·26 社／**1273**·12·1 社／**1277**·5·29 社／**1278**·8·4 社／**1279**·2·12 社／9·10 社／**1280**·10·20 社／❸ **1285**·11月 社／**1286**·12·7 社／**1294**·11·11 社／**1324**·6·26 社／**1332**·1·11 社／**1335**·8·25 社／**1339**·3·17 社／**1362**·2·11 社／**1377**·6·6 社／**1381**·4·9 社／**1385**·3·4 社／**1387**·10·27 社／**1392**·3·10 社／**1404**·2月 社／**1409**·③·4 社／**1436**·10·5 社／**1446**·11·27 政／❹ **1550**·2·18 社／**1577**·12月 社／**1585**·10·25 社／**1594**·8·26 社

土地譲状　❸ **1323**·11·3 社／**1325**·9·21 社／**1326**·5·27 社／**1338**·2·24 社／**1341**·暦応年間 政／**1407**·12·23 政

流文(ながれぶみ、流質確認文書)　❷ **1138**·3·23 政

日本の全国耕地面積　❶ **931**·是年 政

二毛作　❷ **1118**·⑨·13 社／**1296**·7·21 社／❸ **1433**·8·7 社

　二毛作の発達　❷ **1264**·4·26 社

人給(にんきゅう、人給田·給田。荘園の荘官などに給付される年貢免除の田地)　❸ **1352**·11·15 社

売却状(土地)　❶ **761**·11·5 社

売券の地点表記　❷ **1095**·4·4 社

売買地　❸ **1297**·6·1 政

走百姓(領外に逃亡する百姓)　❹ **1587**·10·20 社

番上田　❶ **889**·12·25 政

班田司　❶ **729**·11·7 政

班田使　❶ **791**·8·5 政／**828**·1·20 政／**846**·12·8 政／**848**·2·3 政／**883**·7·21 社／12·17 政

班田収授　❶ **646**·1·1 政／**652**·1月 政／**656**·1·1 政／**692**·9·9 政／**723**·11·2 政／**729**·11·7 政／**730**·3·7 政／**791**·5·28 政／**792**·10·28 政／**800**·12·7 政／**801**·6·5 政／**808**·7·2 政／**814**·7·24 政／**834**·2·3 政／**880**·3·16 政／**881**·3·14 政／**885**·12·26 政／**902**·3·13 政

百姓請·地下請(荘園·公領への年貢徴収を領主から請負う制度)　❸ **1341**·3·29 社

百姓の田宅·園地の売買禁止　❶ **795**·4·27 政

肩布田(ひれた、采女)　❶ **705**·4·17 社

不堪佃田(ふかんでんでん、営佃が不可能な荒廃田。国司は毎年田数を太政官に報告し、租の減免措置を受けることができた)　❶ **845**·9·21 政／**854**·10·1 政／**857**·7·9 政／9·11 政／**885**·4·17 政／**913**·8·23 政／**921**·12·14 政／**925**·8·9 文／12·28 政／**927**·4·19 政／**939**·9·26 政／**941**·9·政／12·25 政／**946**·9·5 政／**948**·6·21 政／9·4 政／12·3 政／**959**·10·10 政／**961**·10·25 政／**963**·10·19 政／**990**·12·13 政／**993**·10·26 政／❷ **1001**·9·8 政／**1002**·8·23 政／**1004**·8·23 政／**1007**·12·20 政／**1008**·12·26 政／**1013**·10·10 政／**1015**·12·21 政／**1017**·11·29 政／**1019**·11·26 政／**1024**·11·29 政／**1025**·11·29 政／**1028**·3·29 政／10·28 政／11·17 政／**1031**·⑩·11 政／**1033**·12·5 政／**1044**·10月 政／**1088**·⑩·10 政／**1093**·11·5 政／**1094**·12·24 政／**1095**·12·16 政／**1099**·11·15 政／**1103**·12·13 政／**1111**·12·24 政／**1112**·11·19 政／**1113**·12·20 政／**1114**·12·19 政／**1115**·11·22 政／**1117**·12·28 政／**1119**·12·18 政／**1125**·11·1 政／**1127**·12·18 政／**1128**·12·28 政／**1129**·12·20 政／**1130**·12·28 政／**1132**·12·29 政／**1134**·⑫·24 政／**1135**·12·30 政／**1137**·1·24 政／**1143**·10·28 政／12·22 政／**1144**·12·24 政／**1145**·10·30 政／**1146**·11·1 政／**1148**·12·5 政／**1149**·10·22 政／**1150**·12·29 政／**1151**·12·28 政／**1152**·10·11 政／**1173**·12·28 政／**1203**·9·7 政

伏田(検注の際に、一定額の勘料米·銭(伏料)を納めさせて、隠田畠などを合法的に検注帳への記載漏れとし免租地扱いとする。この措置を〈伏せる〉といい、その田畠を伏田、伏畠という)　❸ **1294**·4月 社

府儲田(大宰府)　❶ **873**·12·17 政

古屋を破壊して売買　❸ 1352・11・18 社
本主(元の土地の所有者)　❷ 1273・7・12 政
本所領を押収禁止　❸ 1343・4・29 政
本免　❷ 1071・5・19 政
免合　❹ 1599・8 月 社
名田(開墾・購入・押領などによって取得した田地に、取得者の名を冠して呼んだもの)　❶ 1000・11・22 政
無主職田処分改定　❶ 882・9・2 政
免田(国が規定の課税を徴収するのを免除する田地)　❸ 1289・1 月 政／1303・3 月 政
亡所(もうしょ、災害・戦乱などで人が住めなくなった土地)　❹ 1590・8・12 政
焼畑　❺-1 1617・4 月 社
要劇田(官司の要劇料・番上粮の財源に充てた田地)　❶ 889・12・25 政／896・10・13 政
力田(私的な開墾により私有権が認められたもの。また荒廃した公田・私田を申請して再開発し、その耕作権が終身の権利とされたもの)　❶ 742・8・2 社／747・5・16 社／862・8・15 社
陸田　❶ 719・9・22 政／840・5・2 社
陸田の地子　❶ 719・9・22 政
籠作　❷ 1071・5・19 政
六衛府田設置　❶ 757・8・25 政

貯金・貯蓄
グリーンカード(少額貯蓄等利用者カード)　❾ 1980・3・31 政／1982・12・28 政／1983・1・13 政／3・31 政
国民貯蓄運動　❽ 1938・4・19 社
国民貯蓄組合法　❽ 1941・3・13 社
国民貯蓄総額　❽ 1943・5・4 社
サラリーマン貯蓄　❾ 1980・3・26 社
準備預金制度に関する法律　❽ 1957・5・27 政
貯蓄残高　❾ 1972・6・20 政／1990・3・15 政
定期預金(無記名)　❽ 1947・5・15 政／1952・2・11 政
定期預金(割増金付)　❽ 1946・11・28 政
当座預金　❽ 1943・12・11 政
封鎖預金　❽ 1948・7・21 政
郵便貯金・貯蓄　❼ 1905・2・16 政／1906・1・8 社／1912・10 月 政／1923・1 月 政／1925・3・30 政／1927・5・15 政／1928・2・1 政／1929・9・17 政／❽ 1941・1・25 社／1947・11・30 社／1951・3・31 政／1963・7・12 政／❾ 1972・6・23 政／1978・8・1 政／1981・2・24 政／4・24 社／1985・12・28 政／1990・1・1 社／1999・1・4 社
郵便貯金預所貯金　❻ 1878・5・5 社／1890・3・18 政
郵便貯金残高　❻ 1893・是年 政
郵便貯蓄(貯金)規則　❻ 1874・12・23 政／1875・5・2 政／1890・8・13 政
郵便年金(法)　❼ 1926・3・30 社／8・10 政
預金規則　❻ 1885・5・30 政
預金局預金　❻ 1890・3・18 政
預金自動預け支払い機　❾ 2003・3・24 社
預金準備率　❾ 1981・4・1 政
割増金付戦時貯蓄債権　❾ 1980・10・31 政

調庸　❶ 646・8・14 政／713・2・19 政／807・12・29 政／881・2・26 社
調庸運人夫(調脚夫)　❶ 757・10・6 社／759・5・9 社
調庸検納の制　❶ 914・4・26 政
調庸(金納)制　❶ 712・12・7 政
調庸銭納令　❶ 869・7・5 政
調庸粗悪品禁止令　❶ 785・5・24 政
調庸雑物　❶ 846・11・16 政
調庸の貢期　❶ 887・3・11 政
調庸布の規格を改定　❶ 736・5・12 政
調庸物の率分　❶ 832・12・27 政／846・8・17 政
調庸未進徴率の分法　❶ 893・5・17 政
調庸未納免除　❶ 840・6・16 政／915・10・26 政
調傜銭　❶ 878・6・26 政
庸　❶ 697・8・17 政／705・4・3 政／713・2・19 政／728・4・15 社
庸綿の制　❶ 714・4・22 社

問屋・仲間
青物市問屋(尾張)　❺-1 1614・是年 社
青物市場(天満、問屋仲間)　❺-2 1772・1・12 政／10 月 政／1783・4・14 社／1805・⑧・21 社
明樽問屋　❺-2 1751・12 月 政／1753・7・27 社
油問屋
油荷受問屋(諸国)　❺-1 1672・寛文年間 政
糸問屋　❺-2 1716・是年 社
魚問屋　❺-1 1623・元和年間 社／1643・是年 社／1655・12・13 社／1674・11 月 社／1688・3・10 社／1713・5・21 政
江戸地廻米穀問屋　❺-2 1726・是年 政／1824・12 月 政／1828・11 月 政
江戸積油問屋　❺-1 1617・是年 社
江戸積廻船問屋　❺-1 1624・是年 社
江戸積問屋　❺-1 1672・寛文年間 政
江戸十組問屋　❺-1 1694・是年 政／❺-2 1723・10・26 政
大坂納屋物雑穀問屋　❺-2 1835・2 月 政
大坂の問屋　❺-1 1679・是年 政／1715・正徳年間 政
大坂干魚鰹節問屋　❺-2 1774・10・5 社
大坂綿屋仲間　❺-2 1772・10 月 政／1773・4 月 社／10 月 政
廻米問屋(東京)　❻ 1886・12・21 政
廻米問屋商組合　❻ 1885・12 月 政
綛糸屋(問屋・仲間)　❺-2 1785・5・6 社／1808・9・13 社／1814・4 月 社／1844・是年 社
株仲間(名古屋)　❺-2 1851・3 月 政
株仲間(広島藩)　❺-2 1734・是年 政／1807・4 月 政／1841・12・13 政／1842・2・27 政／3・2 政
株仲間規制の緩和　❺-2 1789・1 月 社
上方米問屋　❺-2 1736・11・2 政／1747・4・8 政
紙商売(問屋)　❺-2 1724・5・12 政／1742・3 月 政
河岸組(水油)問屋　❺-1 1694・是年 政
川魚・青物・綿の三品問屋　❺-1 1647・正保年間 社
絹紬問屋　❺-1 1713・5・21 政
京口油問屋　❺-1 1616・是年 社
京口問屋株仲間　❺-1 1672・寛文年間 政
京都糸・絹問屋　❺-2 1717・7 月 社／1720・是年 社／1735・2 月 社／1764・2 月 社／1826・4 月 社
京都の仲間・諸株　❺-2 1800・3・18 政
京都紅花問屋仲間　❺-2 1735・4 月 社
下り酒問屋　❺-1 1643・是年 社
繰綿・真綿(仲間・問屋)　❺-2 1726・4 月 政／1758・9・4 社／1762・3 月 政／1805・11 月 政／1817・8・10 社
毛綿仕入積問屋株　❺-2 1780・12 月 政
小間物諸色問屋(小売)　❺-1 1643・是年 社
米問屋(津藩)　❺-1 1663・是年 政／1686・③・19 社／1694・4・11 社
米問屋・仲買・組合　❺-2 1721・6・23 政／1724・5・12 政／1729・5 月 政／1730・3 月 政／1731・12 月 政／1733・3 月 政／8・16 政／1735・7 月 政／1744・9・10 政／12・15 政／1778・11 月 政／1780・9・5 政／1784・2・11 政／1785・3・16 政／1794・4・8 政／1833・7・16 政
紺灰座(問屋)　❹ 1510・10・4 社／1517・9・21 社／9・28 社
西国紙商問屋　❹ 1473・11・29 社
材木問屋・板材木問屋(小売)　❺-1 1643・是年 社／1676・是年 社／1698・2・9 社／1713・5・21 政
材木問屋(仲間)　❺-2 1734・4 月 社／1747・1・18 政／1759・⑦月 政／1777・是年 政／1811・4・19 社／1824・6 月 社／1828・12 月 社
酒田町問屋仲間　❺-2 1719・4・9 社
酒樽問屋　❺-1 1672・寛文年間 政
肴問屋規定書　❻ 1859・10 月 社
雑魚場・雑喉場(ざこば、生魚問屋)　❺-1 1654・承応年間 社／1683・是年 社
雑穀仲間　❺-2 1762・3 月 政／1788・2・5 政
薩摩問屋　❺-1 1631・是年 政
晒布問屋　❺-1 1700・10・26 社
三郷炭薪屋仲間　❺-2 1774・10 月 社
三所綿問屋　❺-2 1772・5 月 政
塩問屋仲買　❺-1 1698・3・17 社
地漉紙仲買仲間　❺-2 1795・10・7 社
十組問屋　❺-2 1777・11・16 政
十人材木問屋　❺-1 1654・是年 政
商人問屋職　❹ 1534・7・3 社／1555・1・11 社
正米問屋(東京)数　❻ 1876・9 月 政
諸問屋仲間の再興(京都)　❻ 1853・12 月 社
白子回船問屋　❺-2 1767・是年 社
新規仲間自法禁止　❺-2 1833・1・21 政
薪炭問屋　❺-2 1769・是年 社

駿府茶株仲間　❺-2 **1852**·是年 社
大工道具打物問屋　❺-2 **1795**·10·7 社
薪·炭(商売·仲買·役)　❺-2 **1720**·5·6 政／**1724**·1·18 政／**1726**·4月 政／**1730**·11月 社／**1743**·10月 社／**1761**·1·30 社／**1767**·10·27 社／**1773**·6·21 社／9月 社／**1775**·是年 社／**1782**·4·25 社／**1788**·4·21 社／**1799**·9·29 社／**1809**·3月 社
薪商(市·問屋)　❺-1 **1658**·10·23 社／**1660**·1·29 社／**1668**·是年 社／**1708**·是年 社
竹·革細工品(問屋)　❺-2 **1794**·2·20 社／**1811**·4·19 社
竹菰等問屋仲買小売調査　❺-2 **1721**·9·20 社
畳表問屋　❺-1 **1643**·是年 社
竹木薪炭問屋　❺-2 **1744**·3·8 社／**1824**·3月 社／**1825**·3月 社
鉄問屋　❺-1 **1713**·5·21 政
問職(といしき)　❷ **1220**·11·13 政／❸ **1286**·2·11 社／❹ **1461**·8月 政
問丸(といまる)　❷ **1135**·8·14 社／❸ **1292**·10·14 社／**1310**·11·28 政／❹ **1551**·7·21 政／**1574**·6·13 社／**1583**·6·25 政／**1596**·8·18 社
問屋再興令　❺-2 **1851**·3·9 政
問屋仲間(金沢藩)　❺-1 **1683**·7·18 社
問屋の掛売りに関する法度　❺-1 **1663**·9·10 政
銅鉛問屋　❺-1 **1713**·5·21 政
銅屋仲間　❺-1 **1638**·是年 社
十組茶問屋　❺-2 **1809**·6·5 政
十組問屋　❺-1 **1686**·是年 政／❺-2 **1721**·12·18 政／**1742**·3月 政／**1788**·12月 政／**1841**·8·16 政／**1842**·2·27 政／**1851**·3·9 政／12·27 政
鍋釜問屋　❺-2 **1790**·2月 社
生魚·塩魚·干鰯·鰹節問屋株　❺-2 **1764**·8月 政
新潟町株仲間　❺-2 **1841**·12月 政
二十四組江戸積問屋(仲間)　❺-2 **1784**·8·24 政／9月 政
荷問屋(近江大津)　❺-1 **1707**·是年 政／❺-2 **1771**·是年 社
糠問屋　❺-1 **1643**·是年 社
灰問屋　❺-1 **1643**·是年 社
菱垣廻船問屋仲間株の制度廃止　❻ **1853**·12月 社
太物問屋白子組仲間掟　❺-2 **1763**·7月 政
船積問屋　❺-1 **1682**·5·2 社
船積問屋(伏見)　❺-2 **1722**·4月 政
古着問屋(古着屋古手仲間)　❺-1 **1643**·是年 社／**1645**·⑤·16 社／**1650**·是年 社
米穀問屋組合　❻ **1885**·5·5 政
干鰯(ほしか)問屋　❺-1 **1654**·承応年間 政／❺-2 **1724**·是年 社／**1740**·10月 社／**1743**·10·26 社／**1747**·2·16 社／**1749**·1月 社／**1771**·1月 社／**1772**·是年 政／**1778**·2·8 社／**1788**·4·21 社／**1801**·1·13 社／**1805**·9月 社／**1810**·10月 政／**1826**·8月 社
松坂木綿問屋　❺-2 **1813**·⑪月 社
松前屋仲間議定書　❺-2 **1737**·11·6 政
蜜柑問屋　❺-1 **1634**·是年 社
綿実問屋　❺-2 **1762**·④·15 社／**1767**·3·21 社／**1777**·6·14 社／**1789**·11·10 政／**1790**·11·9 社／**1791**·11·9 社／**1796**·是年 社／**1810**·4·24 社／**1817**·11·2 社／**1821**·8月 社
綿布問屋　❺-1 **1643**·是年 社
木材問屋株仲間組合(江戸深川木場)　❺-2 **1739**·是年 政
木綿問屋仲間　❺-1 **1686**·2月 社／❺-2 **1726**·4月 政／**1731**·4月 社／**1738**·4月 社／**1742**·3月 政／**1751**·7·28 政／**1752**·是秋 政／**1790**·7月 社／**1791**·6月 社／**1799**·3月 政／**1813**·1月 政
横浜生糸売込問屋　❼ **1898**·8·31 政
蠟燭·座·商·問屋　❺-2 **1724**·5·12 政／**1726**·4月 政／**1727**·①月 社／**1741**·10月 社／**1745**·4月 社／是年 社／**1748**·3月 社／**1752**·8·8 社／**1763**·3月 社／**1765**·5·1 社／**1780**·2·1 社／**1796**·是年 社／**1799**·10·10 社／**1803**·11·28 社／**1810**·8月 社／**1811**·7月 社／**1821**·6月 社／**1823**·2月 社／**1825**·7·12 社／**1837**·8·3 社／**1838**·8月 社／**1841**·①·18 社
蠟燭問屋　❺-1 **1643**·是年 社
綿買次積問屋　❺-2 **1772**·5月 政／**1807**·8·4 社
綿座·綿問屋　❺-1 **1626**·是年 社／**1697**·是年 社
綿問屋仲買　❺-1 **1698**·3·17 社
倒産　❾ **1975**·1·13 政／**1992**·3·31 政／**1996**·4·15 政／**1997**·4·14 政／**1999**·4·14 政／**2002**·10·15 政／**2003**·4·14 政／**2004**·2·16 政／**2009**·1·13 政
経営破綻　❾ **1997**·是年 社
自己破産件数　❾ **1999**·2·16 社／**2003**·2·3 政
倒産 110 番　❾ **1983**·8·20 政
企業等の倒産
安愚楽牧場　❾ **2011**·8·9 政
足利銀行　❾ **2003**·11·29 政／**2004**·6·11 政
石川銀行　❾ **2001**·12·28 政
永大産業　❾ **1978**·2·20 政
エルピーダメモリ　❾ **2012**·2·27 政
大倉商事　❾ **1998**·8·21 政
大阪信用組合　❾ **1995**·12·7 政
関西興銀(信用組合)　❾ **2000**·12·16 政
木津信用金庫　❾ **1995**·8·30 政／**1996**·3·13 政
共和(鉄骨加工メーカー)　❾ **1991**·7·2 政
金融アイチ　❾ **1996**·2·9 政
グッドウィル(日雇い人材派遣業)　❾ **2008**·1·11 社
クラヴィス　❾ **2012**·7·5 社
幸福銀行　❾ **1999**·4·11 政／5·14 政
国民銀行　❾ **1999**·4·11 政／11·30 社
コスモ信用組合　❾ **1995**·7·31 政／**1996**·3·13 政
小山海運　❾ **1975**·7·4 政
ゴルフ会員権「常陸観光開発」　❾ **1991**·9·3 社
ゴルフ場開発「共和」　❾ **1990**·11·26 政
ゴルフ場経営「日東興業」　❾ **1997**·12·25 社
阪本紡績　❾ **1974**·9·17 政
佐藤造機　❾ **1971**·3·5 政
三光汽船　❾ **1985**·8·13 政
J リート(米不動産投資信託)　❾ **2008**·10·9 政
住専「桃源社」　❾ **1996**·5·1 社
住専「末野興産」　❾ **1996**·4·9 政
住専「日本ハウジングローン」　❾ **1996**·6·17 政
住宅金融専門会社(住専問題)　❾ **1995**·2·19 政／12·19 政／**1996**·2·13 政／3·4 政
住宅メーカー「殖産住宅相互会社」　❾ **2002**·1·13 政
スーパー「長崎屋」　❾ **2000**·2·13 政
スーパー「マイカル」　❾ **2001**·9·14 政
スーパー「ヤオハンジャパン」　❾ **1997**·9·18 社
誠備グループ(投資集団)　❾ **1981**·2·16 政
西洋環境開発　❾ **2000**·7·18 政
ゼネコン佐藤工業　❾ **2002**·3·3 政
ゼネコン大日本土木　❾ **2002**·7·5 政
総通(日本直販)　❾ **2012**·11·9 政
第一家庭電器　❾ **2002**·4·16 政
第一ホテル　❾ **2000**·5·26 政
大和都市管材　❾ **2001**·4·16 社
武富士　❾ **2010**·9·28 政
千葉県住宅供給公社　❾ **2003**·9·18 社
東海興業(建設会社)　❾ **1997**·7·4 政
東京商銀信用組合　❾ **2000**·12·16 政／**2001**·9·4 政／**2004**·1·26 政
東京生命保険　❾ **2001**·3·23 政
東京相和銀行　❾ **1999**·4·11 政／6·12 政／**2000**·5·11 社／**2001**·1·25 政
東食(食品専門会社)　❾ **1997**·12·18 政
なみはや銀行　❾ **1999**·4·11 政
新潟中央銀行　❾ **1999**·10·2 政
日本国土開発(総合建設会社)　❾ **1998**·12·1 政
日本債券信用銀行　❾ **1998**·12·12 政／**2000**·2·24 政／9·20 社
日本振興銀行　❾ **2010**·9·10 政
日本綜合地所　❾ **2009**·2·5 政
ノンバンク「クラウン·リーシング」　❾ **1997**·4·1 政
ノンバンク「弘信商事」　❾ **1994**·5·2 政
ノンバンク「静信リース」　❾ **1991**·4·22 政
ノンバンク「日栄ファイナンス」　❾ **1996**·10·22 政／**1999**·10·30 社
ノンバンク「日本トータルファイナンス」　❾ **1997**·4·2 政

ノンバンク「日本ファイナンスサービス」 ❾ 1997·4·1 政
ノンバンク「日本モーゲージ」 ❾ 1994·7·5 政
ノンバンク「日本リース」 ❾ 1998·9·27 政
林原(岡山市) ❾ 2011·2·2 政
日立精機(工作機械) ❾ 2002·8·19 政
不動産·リゾート開発ナナトミ ❾ 1991·1·17 政
不動産三條 ❾ 1991·2·18 社
北商 ❾ 1980·1·30 政
丸金自転車 ❾ 1975·7·4 政
丸荘証券 ❾ 1997·12·23 政
三田工業(複写機メーカー) ❾ 1998·8·10 政
ヤタガイクレジット ❾ 1984·6·30 社
有豊化成 ❾ 1990·12·3 政
リーマン·ブラザーズ ❾ 2008·9·16 政
リッカー(ミシン製造) ❾ 1984·7·23 政
料亭倒産(料亭経営者尾上縫) ❾ 1991·8·13 社
レック(家庭用品製造販売) ❾ 1992·5·6 政
ワールドオーシャンファーム ❾ 2009·5·28 政
デパート·百貨店
アメリカ式百貨店 ❼ 1905·1·1 社
苦情係·電話販売係(三越) ❼ 1911·1·29 社
現金掛値なし ❺-2 1725·享保 8·9 年 社/1735·是年 社/1736·6 月 社/1740·元文年間 社/1743·寛保年間 社/1747·延享年間 社
進駐軍用のサービスステーション ❽ 1945·9·10 社
進物係(白木屋) ❼ 1929·6·1 社
日曜休業(そごう) ❾ 1994·6·23 社
土足入場 ❼ 1923·5·15 社/1926·5·15 社
友の会 ❽ 1954·7·29 社
日本百貨店組合 ❽ 1937·12·17 政
バーゲン ❼ 1908·3·15 社/1923·8·5 社
筆墨切手(商品券) ❻ 1884·1 月 社
百貨店法 ❽ 1937·8·14 政/1956·4 月 社/5·23 政/6·16 社
福引大売出し ❼ 1905·1·6 社
無料送迎バス廃止 ❼ 1932·8·11 社
無料配達(買上品) ❽ 1947·4 月 社
デパート·百貨店(各地)
伊勢丹デパート ❼ 1933·9·28 社/❽ 1963·11 月 社
いとう呉服店 ❼ 1924·12·1 社
大阪十合百貨店 ❼ 1935·10 月 社
白木屋呉服店 ❼ 1897·6·1 社/1903·10·1 社/1911·10·1 社/1923·5·15 社/1931·10·5 社/1933·6·9 社
西武セゾングループ ❾ 1988·9·30 政
西武デパート ❽ 1940·3·14 社/1963·11 月 社/❾ 1968·4·19 社/1992·6·2 政
西友·ウォールマート ❾ 2002·2·14 政
そごう再建 ❾ 2000·4·6 社/2001·2·1 政
そごう百貨店 ❽ 1939·4·2 社
そごう横浜 ❾ 1985·9·30 社
ターミナルデパート ❼ 1920·11 月 社
大丸呉服店 ❼ 1910·10·31 社/1920·2·26 社/1921·8·16 社/1928·6·1 社
大丸東京支店 ❽ 1954·10·21 社
大丸松坂屋 ❾ 2010·3·1 政
高島屋 ❼ 1907·6·1 社/1933·3·17 社
玉川高島屋 ❾ 1969·11·11 社
東急百貨店日本橋店 ❾ 1999·1·2 社
東横百貨店 ❼ 1934·11·1 社
ニューヨーク高島屋 ❽ 1958·10 月 政
八大コーポレーション(不動産投資会社) ❾ 1992·4·9 政
阪急百貨店 ❽ 1953·11·23 社/1956·5·29 社/❾ 2012·11·21 社
阪急百貨店(大阪梅田) ❼ 1929·4·15 社
松坂屋呉服店·松坂屋百貨店 ❼ 1908·12·1 社/1910·2·1 社/1925·2·16 社/1929·4·1 社/❽ 1937·3·1 社/1939·1·31 社/❾ 1978·3·24 政/1985·4·11 政
松屋呉服店(銀座) ❼ 1908·3·15 社/1925·5·1 社/1931·11·1 社
三井呉服店·三越百貨店(銀座) ❼ 1900·10·15 社/1904·12·21 社/1905·1·1 社/1907·12·3 文/1908·4·1 社/1923·10 月 社/11·17 社/1928·6·1 政/1930·4·9 社/❾ 1968·10·10 社/1971·6·17 社/1979·4·16 政/1983·4·27 政/8·23 社
三越伊勢丹ホールディングス ❾ 2007·8·23 政/2008·4·1 政
三越パリ ❾ 1977·6·2 社
ヤマトデパートメントストア ❼ 1908·6·9 社
土倉·土蔵 ❷ 1226·10 月 社/1234·8·5 政/❸ 1313·是年 社/1352·3·3 社/1371·2·30 政/11·1 政/1393·11·26 政/1394·9·11 社/1408·12·3 社/1425·9·26 政/1427·4·20 政/1430·8·21 社/9·30 社/10·10 政/1431·10·17 社/1441·⑨月 政/1445·9·21 社/1454·9·24 社/❹ 1466·9·9 社/1497·9·27 社/1498·10·16 政/1500·9·28 政/1504·3·2 政/1506·3·2 政/1508·9·16 政/1532·12·25 社/1539·12·30 政/1542·2·21 社/1544·12·21 政/1545·8·13 社/1547·10·29 社
郷倉 ❶ 795·⑦·15 政/9·17 政
土倉·酒屋役の制 ❸ 1393·11·26 政/1408·12·3 社
土倉質物利平の事を定める ❹ 1459·11·10 社
土倉善住坊 ❸ 1426·1·28 社
土倉宝泉坊 ❸ 1423·6·6 文
土倉寄合衆 ❷ 1278·是年 政
取引所(令·税法) ❻ 1887·5·14 政/1893·3·4 政/❼ 1902·6·3 政/1903·4·7 政/1914·3·31 政/6·29 政/1922·7·31 政
大阪株式取引所 ❻ 1878·6·17 政
大阪穀物取引所 ❽ 1952·10·6 政
大阪雑穀取引所 ❻ 1894·8·3 政
大阪三品取引所 ❻ 1894·2·17 政/❼ 1901·12·5 政/1927·1·15 政/❽ 1941·10·28 政/1942·6 月 政/1951·4·30 政
大阪証券取引所 ❽ 1949·2·12 政/❾ 2003·7·25 社/8·12 政
株式取引所 ❻ 1874·10·13 政/1878·5·4 政/1893·3·4 政
北浜株式取引所 ❻ 1883·3·6 政
証券取引所 ❽ 1945·9·25 政/1947·3·7 政/3·28 政/1949·5·11 政
証券取引所等監視委員会 ❾ 1992·7·20 政
商品取引所法 ❽ 1950·8·5 政/❾ 1990·6·27 政
全国取引所同盟会 ❻ 1894·3·14 政
全国米穀取引所連合会 ❼ 1912·12·18 政
東京株式取引所 ❻ 1878·6·1 政/❼ 1898·4·1 政/1900·4·24 政/1904·1·5 政/1923·3·17 政/1931·5·16 政
東京金取引所 ❾ 1982·3·23 政
東京金融先物取引所 ❾ 1989·6·30 政
東京工業品取引所 ❾ 1984·11·1 政
東京十二商品取引所 ❼ 1897·1·7 政
東京証券取引所 ❼ 1901·12·28 政/❽ 1949·2·12 政/1951·6·1 政/❾ 1978·5·15 政/1983·1·8 政/1984·12·6 政/1985·5·10 政/1999·4·30 政/2001·11·1 政/2007·8·1 政
東京商品取引所 ❻ 1894·10·1 政/❽ 1942·6 月 政
東京米穀商品取引所 ❼ 1908·12·1 政/1918·7·31 政
堂島米穀取引所 ❼ 1918·7·6 政/7·18 政/1930·10·4 政
名古屋株式取引所 ❻ 1886·3·18 政
日本証券取引所 ❽ 1943·3·11 政/6·30 政/1945·8·10 政/12·5 政
馬関(下関)米穀取引所 ❼ 1901·8·20 政
浜松米穀取引所 ❻ 1894·3·4 政
ブールス條例(取引所條例) ❻ 1887·5·14 政
米穀商品取引所 ❼ 1911·8·10 政
米穀取引所 ❻ 1893·9·9 政/❼ 1918·1·28～29 政
横浜株式取引所 ❻ 1880·9·13 政
横浜取引所(洋銀) ❻ 1877·1·18 政/1879·2·13 政/9·22 政/❼ 1910·3·1 政
横浜貿易商品取引所 ❻ 1894·3·29 政
横浜四品取引所 ❻ 1894·3·21 政
年金 ❾ 1992·9·17 社/2003·11·17 政
遺族年金 ❽ 1948·7·10 政
学生無年金障害者 ❾ 2004·3·24 社

寡婦年金　❽ **1948**·7·10 政
共済年金　❾ **1989**·3·28 社／ **2003**·7·23 政
軍人恩給　❽ **1946**·2·1 政／ **1953**·1·17 政
厚生年金保険法　❽ **1944**·5·24 政／ **1948**·7·10 政／ **1954**·5·19 政／❾ **1973**·9·26 政／ **1989**·12·22 政／ **2007**·12·12 政
公的年金　❾ **2004**·4·1 社
国民年金基金　❾ **1991**·5·1 社
国民年金制度　❽ **1958**·9·24 政／ **1959**·4·16 政／ 11·1 政／ **1961**·4·1 社／ **1962**·8·1 社
国民年金法　❾ **1973**·9·26 政／ **1981**·5·25 社／ **1985**·4·24 社／ **1989**·12·22 政／ **1994**·11·9 社／ **2003**·7·24 社／ **2004**·1·30 政／ **2009**·6·20 政
国民年金保険料不正免除　❾ **2006**·5·22 政
国民年金保険料未納問題　❾ **2004**·4·16 政／ 4·23 政／ 5·17 政／ **2005**·2·21 政／ **2007**·4·3 政
国会議員互助年金(議員年金)廃止法　❾ **2006**·2·3 政
障害年金　❽ **1952**·7·11 社
定額給付金　❾ **2009**·3·4 政
日本年金機構　❾ **2010**·1·1 政
年金関連法案　❾ **1989**·12·15 政／ **1994**·11·2 政／ **1999**·11·26 政／ **2000**·3·28 政
年金業務·社保庁監視等委員会　❾ **2007**·7·17 政
年金福祉事業団　❽ **1961**·11·25 社／❾ **1994**·11·28 政／ **1997**·7·26 政
年金メーデー　❾ **1972**·11·9 社／ **1973**·3·11 社
年金要求スト大会　❾ **1973**·4·17 社／ **1975**·1·7 社
農業者年金基本法　❾ **1970**·5·20 社
文化功労者年金法　❽ **1951**·4·3 文
堀木訴訟　❾ **1982**·7·7 社
離婚時の厚生年金分割制度　❾ **2007**·4·1 社
老齢福祉年金　❾ **1968**·6·15 社

配給制度
いも類(統制撤廃)　❽ **1949**·9·9 政／ 11·28 政／ 12·1 社
藷類配給統制規則　❽ **1941**·8·20 社
衣料点数切符·配給制度　❽ **1942**·2·1 社／ **1944**·2·7 社／ **1947**·10·1 社／ **1950**·4·1 社／ 9·19 社／ **1951**·4·17 社
沖縄配給停止騒動　❽ **1948**·8·17 政
ガソリン(切符制)　❽ **1938**·5·1 社／ **1940**·7·31 政
鶏卵(配給統制)　❽ **1939**·7·5 社／ **1940**·10·25 社／ **1941**·10月 社／ **1942**·12·16 社
鋼材統制撤廃　❽ **1950**·6·30 政
小麦配給統制　❽ **1940**·7·15 政／ 8·8 政
ゴム配給統制　❽ **1938**·7·9 政
魚の統制　❽ **1941**·4·1 社／ **1942**·1·7 社／ **1950**·4·1 社
酒類配給公団　❽ **1948**·2·20 政
雑穀配給統制規則　❽ **1940**·11·14 社
集成配給切符制　❽ **1941**·9·1 社
重油·揮発油(切符配給)　❽ **1938**·5·1 政
主食配給　❽ **1945**·3·25 政／ 7·11 社／ 8·11 社／ **1946**·4·15 社／ 10·22 政／ 11·1 政／ **1947**·7·20 社／ **1948**·9·28 政／ 11·1 政
主要食糧配給基準量　❽ **1950**·1·10 政
食塩(通帳、配給)　❽ **1941**·12·29 社／ **1942**·1·1 社
食糧管理(局、法、主食)　❽ **1941**·1·21 政／ **1942**·2·21 政／ 6·24 政／ **1947**·12·30 政／ **1951**·3·1 政／ **1952**·5·29 政
食糧配給確保国民大会　❽ **1947**·6·21 政
食料品配給公団　❽ **1948**·2·20 政／ **1949**·9·10 社／ **1950**·3·31 政
飼料配給公団　❽ **1948**·2·20 政／ **1950**·3·31 政
水産物配給委員会　❽ **1946**·3·14 社
製塩地等管理令　❽ **1943**·2·27 社／ **1944**·5·20 政
生活必需品配給　❽ **1945**·9·6 社
青果物配給統制　❽ **1940**·7·10 社
生鮮食料品　❽ **1945**·11·20 社
繊維製品配給統制規則　❽ **1940**·2·9 社／ **1942**·1·20 政
鮮魚介配給統制規則　❽ **1941**·4·1 政
総合配給所　❽ **1945**·7·1 社
鉄屑配給統制　❽ **1938**·11·21 政
鉄鋼統制(配給、会、規則)　❽ **1938**·6·20 政／ **1941**·4·26 政／ **1942**·3·28 政
東京都主要食糧移動制限規則　❽ **1946**·7·21 政
東京都内の正月用配給品　❽ **1945**·12月 文
農器具配給株式会社　❽ **1940**·5·8 社
配給統制規則　❽ **1940**·5·10 政
パン切符配給　❽ **1942**·4·20 社／ **1947**·9·1 社
肥料配給規制·肥料配給公団　❽ **1947**·4·30 政／ **1950**·6·20 政
物資統制令　❽ **1941**·4·1 政／ 12·16 社／ **1949**·12·20 政
米穀配給統制　❽ **1939**·4·12 政／ 8·25 政／ 11·6 政／ **1940**·2·13 政／ 8·20 政／ **1941**·4·1 社／ **1952**·10·24 政
味噌·醤油(切符·通帳制)　❽ **1942**·1·10 社／ 2·1 社／ **1949**·11·5 社／ **1950**·7·5 社
麦類配給統制　❽ **1940**·6·10 政／ **1941**·6·9 社
綿糸配給統制規則　❽ **1938**·3·1 政
野菜類の統制·配給　❽ **1941**·8·2 社／ 10·1 社／ **1944**·是年 社／ **1947**·11·1 社／ **1949**·4·1 社
幽霊人口(配給不正受給)　❽ **1945**·3·2 社／ **1946**·3·27 社
油糧配給公団　❽ **1948**·2·20 政
洋紙配給統制規則　❽ **1940**·12·28 社

物価
『物価白書』　❽ **1961**·4·27 社
いんちき値下げ　❺-2 **1842**·4·7 政
江戸入津の船数および諸物資　❺-2 **1726**·是年 政
卸売物価指数　❼ **1902**·7月 政／❽ **1945**·是年 政／ **1946**·是年 政
外国品不当廉売防止策　❼ **1926**·1·10 政
狂乱物価　❾ **1974**·1·12 政
沽価法(こかほう·物価安定法)　❶ **871**·8·14 政／ **986**·3·29 政／❷ **1072**·8·10 政／ **1192**·9·30 政／ **1195**·9·1 政／ **1249**·10·8 政／ **1250**·6·13 政／ **1253**·4·21 政／ **1262**·是年 政／ **1278**·12·6 政／❸ **1342**·7·2 政
国民消費に関する臨時調査　❽ **1939**·8·1 社
沽売法(物価)　❶ **986**·3·29 政
地子交易の物価を定める　❶ **914**·8·8 政
消費者物価指数　❾ **1966**·是年 政
消費者物価対策連絡協議会　❽ **1960**·9·30 社
消費者モニター制度　❽ **1964**·4·2 社
薪炭粃糖等の物価　❷ **1254**·10·17 政
新物価格体系の確立　❽ **1947**·7·5 政
戦時低物価政策　❽ **1940**·1·26 政
中央物価委員会　❽ **1939**·3·30 社
中央物価統制協力会議　❽ **1939**·11·29 政
農産物価安定法　❽ **1953**·8·17 政
物価　❶ **770**·是年 社／❼ **1921**·是年 政
　物価(鹿児島)　❻ **1873**·2月 社
　物価(京都)　❻ **1872**·10月 文
　物価(仙台)　❻ **1872**·8月 社
　物価(美濃)　❻ **1874**·11月 社
物価安定推進本部　❽ **1948**·8·13 政
物価委員会　❽ **1938**·4·22 社
物価協議会　❽ **1944**·1·28 政
物価高騰　❹ **1483**·是年 社
物価高騰禁止　❺-1 **1706**·1·16 社
物価戦争　❾ **1966**·1·3 社
物価対策　❾ **1965**·10·19 政／ **1966**·12·6 政／ **1969**·3·11 政／ **1972**·3·3 政／ **1974**·2·4 政／ 2·15 政
物価対策国民会議　❽ **1963**·10·11 社
物価対策審議会　❽ **1940**·4·1 社／ **1941**·8·12 政
物価庁　❽ **1946**·8·12 政
物価調査委員会　❼ **1922**·9·18 政
物価調節令(暴利取締令)　❼ **1917**·8·30 政
物価騰貴抑制·禁令　❺-1 **1639**·12·26 社／ **1702**·7·18 社／ **1706**·5月 社／ **1707**·10月 社
物価統制実施要綱　❽ **1939**·8·30 政／ **1943**·4·16 政
物価統制令　❽ **1941**·12·16 政／ **1946**·3·3 政
物価値上げ反対相談会　❽ **1961**·1·17 社
物価値下げ　❶ **947**·11·11 社
物価引下げ運動懇談会　❽ **1948**·8·26 社
物価引下げ政策　❼ **1922**·8·16 政
物価引下令　❺-2 **1724**·2·15 政 社／ **1753**·8·24 政／ **1774**·11·12 社／ **1782**·9·8 社／ **1783**·9·3 政／ **1784**·①·1 社／ **1786**·7·20 社／ **1787**·2·21 社／ **1789**·1月 社／ **1790**·2·15 政／ **1819**·7·8 社／ 10·14 政、社／ 11·22 社／ **1823**·11月 社／ **1839**·12·23 政

／**1842**·3月 政／5·11 政／6月 政／8·20 社／**1845**·2·11 政／**1850**·4·7 社／**1851**·3·15 政／9·4 政／❻ **1860**·11·23 社／**1864**·6·14 社／**1867**·9·19 社
復金インフレ　❽ **1946**·10·8 政
不当営利禁止令　❺-1 **1683**·5·30 政
米穀
浅草蔵米札差　❺-1 **1672**·寛文年間 政
浅草蔵前入用銀　❺-1 **1689**·是年 政
浅草米蔵　❺-1 **1620**·3月 社／**1659**·11·1 政／**1702**·12·10 政
アメリカ産有機米　❾ **2001**·7·17 社
居米師(名古屋藩)　❺-1 **1691**·是年 政
穎稲(えいとう)　❶ **808**·5·14 政／**879**·5·13 社
越前払米捌所　❺-2 **1812**·是年 政
黄変米論争　❽ **1952**·1·13 社／4·7 政／10·29 社／**1954**·7·16 政
大炊寮米　❷ **1001**·10·3 社
大坂運漕米萩蔵納米船積仕法(長門萩藩)　❺-1 **1715**·8·14 政
大坂登米升取人(金沢藩)　❺-1 **1693**·3·23 政
大坂払米制　❺-2 **1784**·11·14 政
大坂への登り米数量　❺-2 **1734**·2月 政
外国政府に対する米穀売渡暫定措置法　❾ **1970**·5·28 政
御廻米　❻ **1870**·4·5 社
廻漕米(廻米規則)　❺-2 **1730**·9·12 政／**1742**·11月 社／**1745**·9月 政／**1755**·11·17 政／**1761**·4·15 政／**1767**·10月 政／**1787**·1·5 政／5·25 政／6·8 政／**1790**·9·3 政／**1793**·1·10 政／**1833**·11·28 政／**1834**·1·27 政／3·25 政／**1836**·7·23 政／11·17 政／**1845**·10·13 政
買米　❺-2 **1730**·1·4 政／11·5 政／**1731**·4·1 政／6·15 政／7·5 政／**1734**·6·24 政／**1735**·6·18 政／**1744**·9月 政／10·4 政／**1762**·1月 政／**1784**·4·14 政／**1791**·9·15 政／**1806**·11·16 政／**1810**·11·23 政／**1812**·9·15 政／11·3 政／**1818**·10·16 政
廻米(江戸)　❺-1 **1632**·是年 社／**1646**·11·12 政／**1666**·10·7 政
廻米(加賀)　❺-1 **1638**·是年 政
外米緊急輸入　❾ **1993**·11·18 社
外米六割混入米　❽ **1940**·5·3 政
外米自由販売　❾ **1966**·12·21 政
外米輸入販売　❼ **1912**·7·8 政／**1918**·5·7 政／7·17 政／8·15 社／**1919**·8·17 政／**1924**·4·18 政
囲米·囲穀·囲籾(備蓄用)　❺-2 **1728**·10月 政／**1730**·8·18 政／**1733**·1·29 政／**1754**·2·29 政／**1755**·7月 政／**1756**·2月 政／6·23 社／**1760**·7月 政／**1761**·5月 政／**1762**·3·26 政／**1763**·5·16 政／**1764**·2·10 政／**1771**·3月 社／**1774**·1·17 政／9·14 政／9月 政／**1775**·6·15 政／11·23 政／**1777**·9·7 政／**1780**·9·21 政／**1783**·7·25 政／**1784**·2·10 政／4·23 政／5·11 政／5月 政／8·9 政／**1787**·9·3 政／**1788**·5月 政／6月 政／**1789**·9·19 政／10·14 政／**1790**·6月 政／7·27 政／**1791**·2·17 政／10·28 政／**1792**·②·22 政／12月 政／**1794**·8·5 政／**1801**·7月 政／**1802**·7月 政／**1804**·9月 政／**1805**·9月 政／**1810**·10月 政／**1811**·10月 政／**1813**·7月 政／10·11 政／是年 政／**1816**·7·5 政／**1825**·9月 社／**1828**·12·16 政／**1832**·12·24 政／**1833**·8·13 政／11月 政／**1841**·10·10 政／**1842**·5月 政／10·29 政
囲米籾(伊勢長島藩)　❺-1 **1704**·是年 政
カドミウム汚染米　❾ **1971**·2·2 社
空米切手·空米類似切手　❺-2 **1761**·12·30 政／**1767**·9月 政／**1770**·12·29 政／**1773**·2月 政／6·4 政／**1782**·8·24 政／**1814**·10月 政／**1815**·9·2 政／**1821**·1·29 政
空米相場　❺-2 **1805**·5月 政／**1810**·4·9 政／**1820**·4·3 政／**1821**·3·7 政／4·13 政／**1842**·6·19 政／❼ **1912**·6·5 政
空米売買を禁止　❺-1 **1654**·3·22 政／**1663**·9·23 政／**1689**·4·25 政／❻ **1870**·12月 政／**1882**·9·29 政
官稲混合令　❶ **734**·1·18 政
官稲借貸禁止　❶ **738**·3·9 政
紀州払米捌所　❺-2 **1827**·6·4 政
救急稲の設置　❶ **789**·4·19 社
救急料稲　❶ **828**·2·25 社／**879**·5·23 社
供米促進対策　❽ **1944**·4·28 政／**1945**·是年 社／**1947**·3·1 政／3·5 政／**1948**·3·16 政
切米張　❺-1 **1659**·4月 政／**1699**·9·9 政
切米渡し方　❻ **1861**·2·2 政
公廨稲(くがいとう)　❶ **736**·5·17 政／**745**·11·27 政／**746**·1·1 政／**755**·7·5 政／**757**·8·23 政／10·11 政／**758**·5·10 政／**759**·5·9 社／7·23 政／**772**·8·25 政／**775**·8·19 政／**779**·11·19 政／**790**·11·3 政／**793**·2·15 政／4·23 政／**795**·7·27 政／⑦·15 政／**797**·6·7 社／**798**·1·23 政／**800**·8·21 政／9·2 政／**803**·2·20 政／**806**·8·25 政／**809**·6·13 政／**810**·3·28 政／**811**·2·15 政／10·15 政／**813**·9·27 政／**819**·5·21 政／**832**·12·1 政／**834**·5·13 政／**844**·9·8 政／**860**·9·27 政／**861**·2·2 政／**863**·2·15 政／**866**·3·7 政／**868**·6·28 政／**870**·12·25 政／**876**·7·8 政／**881**·2·23 政
公廨稲配分率　❶ **759**·7·23 政
公廨未納稲　❶ **797**·8·3 政
口米　❺-2 **1725**·10月 政
蔵米　❺-2 **1721**·⑦·25 政／**1728**·7月 政／**1745**·2·7 政／**1748**·2·9 政／**1749**·7·6 政／**1754**·②·2 政／**1774**·7·28 政／**1800**·5·26 政／**1814**·10月 政
蔵米切手発行禁止　❻ **1871**·4·4 政
蔵米取·蔵米制　❺-1 **1646**·是年 政／**1657**·是年 政／**1672**·是年 政／**1675**·1·19 政／4·15 政／**1679**·是年 政／**1691**·3·14 政／**1712**·8·22 政／**1713**·6·5 政／12·8 政
蔵米不正入札禁止　❻ **1868**·7·29 社
蔵宿　❺-2 **1825**·11·10 政
郡稲(紀伊)　❶ **764**·3·19 政
郡発稲　❶ **716**·是年 政
現穀商売　❺-1 **1698**·3·17 社
郷倉　❺-2 **1742**·是年 社／**1759**·6月 社／**1766**·5月 社／**1790**·10月 政
貢米の納期　❸ **1322**·1·12 政
合力米(幕府)　❺-2 **1812**·3·20 政
穀(こく)　❶ **670**·2月 政／**781**·2·30 政／**783**·4·15 政／❹ **1477**·7月 政
穀価　❶ **711**·5·15 政／**849**·4·5 社／**866**·2·16 社
国産米単品販売禁止　❾ **1994**·3·7 政
穀倉院　❶ **809**·大同年間 社／**822**·3·28 政／**823**·3·16 社／**827**·6·5 社／**834**·3·15 政／**853**·3·27 社／**858**·5·29 社／**892**·7·19 社／**905**·7·1 社／**915**·7·7 政／**928**·3·1 政／**943**·3·12 社／**951**·12·27 政
国有農地等売払特別措置法　❾ **1971**·1·20 政
小作料　❾ **1967**·8·25 政
米穀　❺-2 **1724**·1·18 政／**1730**·11月 社
米穀移出禁止　❺-2 **1731**·8月 社／**1781**·⑤·28 政／**1813**·2·27 政／**1815**·11月 政
米麦輸出禁止　❻ **1874**·5·29 政
米·粟移入を禁止(水戸藩)　❺-1 **1688**·9月 社
米油空取引禁止　❻ **1874**·12·27 政
米油諸色潤沢方取調　❻ **1857**·3·2 政
米市(会津藩)　❺-1 **1643**·10·19 政
米市(大坂)　❺-1 **1660**·12月 政
米市場(仲買)　❺-2 **1735**·3月 政／**1756**·12·24 政／**1772**·是年 政／**1838**·3·3 政／**1839**·10·15 政
米市場禁止(大坂)　❺-1 **1663**·9·23 政
米一升の価　❷ **1252**·是年 社
米移入を禁止(出雲松江藩)　❺-1 **1687**·3·8 社
米売方の新規仕法　❺-2 **1790**·3·18 政
米買占め　❻ **1894**·7月 政
米方年行司(堂島米市場)　❻ **1853**·1·24 政
米方年行事　❺-2 **1793**·5·12 政
米方役人　❺-2 **1731**·7·10 政
米方両替　❺-2 **1732**·2月 政
米切手(売買·改役)　❺-2 **1752**·4·21 政／**1761**·12·30 政／**1765**·8·5 政／**1770**·12·29 政／**1771**·1·4 政／**1782**·8·24 政／**1783**·10·28 政／**1784**·2·10 政／**1785**·5·14 政／**1786**·11·15 政／11·21 政／**1791**·6月 政／**1795**·8·28 政／10·3 政／**1803**·11·10 政／**1814**·2月 政／**1817**·5月 政／**1842**·1·11 政／**1847**·6·6 政／**1850**·7·26 政
米蔵·籾蔵　❺-2 **1734**·5·20 社／**1743**·2·23 政／**1769**·10月 政／**1788**·是年 政／**1792**·6月 政／**1793**·12月 社／**1798**·7月 政／**1801**·5月 政／**1803**·4·10 政／8月 政／**1807**·是年 政／**1823**·是年 政／**1847**·11·22

政
米蔵(大津) ❺-1 1699·4·10 政／1700·是年 政
米蔵(盛岡) ❺-1 1649·3·11 社
米倉(石巻) ❺-1 1645·是年 社
浅草蔵前米売方仲間 ❺-2 1778·2月 政
浅草御蔵 ❺-2 1717·1·24 政／7月 社／1725·2·11 政／1754·8·28 政／1765·5·23 政／1792·7·12 社／1801·5月 政
大坂米蔵 ❺-2 1733·5·5 政
鉄炮洲御蔵 ❺-2 1717·1·24 政／7月 社
米券偽造 ❺-2 1731·2·26 政
米小売所(金沢藩) ❺-1 1669·6·15 社
米五斗を一俵とする ❶ 739·是年 政
米座 ❺-1 1645·2·22 政
米·塩を積出禁止 ❹ 1499·9·6 社
米収穫高(大正3年) ❼ 1915·2·4 政
米需給均衡化対策 ❾ 1977·11·19 政／1979·4·6 政
米商·米屋 ❺-2 1722·7·25 政／1723·9·27 政／1724·2月 政／1726·4月 政／1735·11·15 政／1740·11月 政／1756·6月 政／1758·9·4 社／1768·3·23 政／1773·1·25 政
米相場(吟味所) ❹ 1592·11·1 政／❺-1 1645·2·22 政／1661·8·3 政／1683·是春 政／1698·3·29 政／1699·9·13 政／1706·9·3 社／1708·8·6 政／❺-2 1726·12·15 政／1733·8月 政／1735·7·3 政／1738·10月 政／1744·12·15 政／1745·2·4 政／1769·10·28 政／1834·3·2 政／❻ 1870·3月 政
米代金 ❸ 1330·6·9 社／1342·7·10 社／1344·7月 社／1364·12月 社
米立会所 ❺-2 1826·是年 政／1830·1·11 政
米年寄 ❺-2 1731·7·5 政
米仲買(会津藩) ❺-1 1698·8·30 政
米糠の相場 ❺-2 1768·1·20 政
米直段吟味所 ❺-2 1744·10·28 政
米の運賃 ❹ 1597·4·28 社
米の為替状 ❹ 1571·12·21 政
米の関税化 ❾ 1999·4·1 社
米の購入額 ❾ 2012·8·27 社
米の先物取引 ❾ 2011·8·8 政
米の収穫高 ❾ 1967·是年 社／1968·12·20 社／1977·12·20 社／1978·12·22 政／1979·12·21 社
米の収穫予想高 ❽ 1942·9·2 政／1943·4·6 政／1945·11·6 政／1949·12·6 政／1953·10·17 社／1955·11·2 政／12·24 政／1960·10·3 政／1962·12·21 社
米の種類
あきたこまち ❾ 1984·9·7 社
イタリア米 ❽ 1952·4·7 政
インド米 ❻ 1890·8月 政
縁故米 ❽ 1947·7·10 政
お米券 ❾ 1983·11·1 社
買置米 ❺-2 1744·10·6 政／1756·11·17 政／1802·7月 政
カナダ米 ❽ 1946·6·22 社
韓国米 ❽ 1950·2·24 政
強化米 ❽ 1954·1·21 社
緊急輸入米 ❾ 1993·9·25 政／11·11 政／1984·6·1 政
糙(くろごめ) ❶ 799·8·27 政
古古米 ❾ 1970·3·11 社
コシヒカリ ❽ 1956·是年 社／❾ 1972·10月 社／1991·9·6 社
サイゴン米 ❻ 1870·3·13 政
大嘗会米 ❸ 1338·9·26 政／1376·10·4 社
大唐米 ❸ 1356·6·11 社／1371·11·14 社／1378·11·24 政／1392·9·30 社／1400·11·26 社
タイ米 ❾ 1994·3·7 政／6·21 政／8·9 政
台湾米 ❽ 1964·5·14 政
駄米 ❹ 1504·8·23 社
中国米 ❽ 1954·6·4 政
朝鮮産米増殖計画 ❼ 1920·是年 政／1926·4·1 政
南京米空相場 ❻ 1880·7·1 政
ビタライス ❽ 1954·1月 政
防空備蓄米 ❽ 1944·8·15 社
糒(ほしいい) ❶ 760·8·14 政／769·10·21 社／780·5·14 政／788·3·2 政／790·③·29 政／791·11·3 政／798·10·20 政
闇米 ❽ 1954·5·3 社／1955·12·10 社／1957·11·27 社／1959·12月 社
闇米の行商人禁止 ❺-2 1834·1·15 政
米の生産·流通·販売自由 ❾ 1972·4·1 政／1985·10·22 政／1987·4·20 政／1995·7·26 政／11·1 社／1996·6·1 政
米の生産調整·減反 ❾ 1968·11·22 政／1969·9·25 政／10·24 政／11·26 政／1970·4·18 政／1973·11·15 政／1980·11·18 政／1984·6·22 政／12·1 政／1989·11·16 政
米の品位(諸国) ❺-1 1775·9月 政
米の部分輸入解放(ウルグアイ·ラウンド) ❾ 1993·12·2 政／1995·4·1 政
米の予約買い付け制 ❽ 1955·5·7 政
米売買 ❸ 1418·6·25 社／1431·7·5 社
米売買禁令 ❹ 1485·4·15 政
米売買立会小屋(京都) ❺-2 1728·11·18 政
米場座 ❹ 1509·4·22 社／1510·8·13 社
米場沙汰人 ❹ 1504·8·23 社
米筈仕組 ❺-2 1779·10月 政
米札制度 ❺-1 1624·是年 社／❺-2 1798·12·14 政／1836·12月 政
米万年行事 ❺-2 1804·9·17 政
米見(米の検査) ❺-2 1720·1·28 政
米·麦輸出 ❻ 1860·11·3 社／1873·7·15 政
米·籾輸入制限令 ❼ 1928·3·7 政
米·籾輸入税率軽減(廃止) ❼ 1912·5·28 政／1913·4·9 政
米屋 ❺-1 1713·5·21 政
御用米 ❺-2 1718·⑩·25 政／1730·8月 政／1732·12月 政／1734·12·30 政／1735·10月 社
雑穀代納 ❺-1 1698·8·15 政
雑稲 ❷ 1001·是年 政
事故米 ❾ 2010·7·26 政
自主流通米 ❾ 1969·1·9 政／5·23 政／8·1 政／11·5 政／1974·8·2 政／1988·2·9 政／1990·10·31 政／1994·7·21 政／1998·4·28 政
借銭米 ❹ 1561·10·30 社
消費者米価 ❽ 1945·4·5 政／12·22 政／1946·3·3 社／8·31 政／10·2 政／1947·7·5 政／10·21 政／1948·7·9 政／10·2 政／1949·4·13 政／11·15 政／1950·12·13 政
正米端売買禁止 ❻ 1858·5·4 政
春米(しょうまい) ❶ 910·6·19 政／12·27 政／931·1·28 政／3·4 政
春米輸納国 ❶ 914·8·15 政
食糧事情悪化と対策 ❽ 1945·是年 社／1946·2·17 政／1947·7·1 政／7·19 政
食糧法 ❾ 1995·11·1 政
諸国廻米運漕賃 ❺-1 1690·4月 社
食管制度 ❾ 1968·11·1 政
諸藩大坂蔵屋敷払米空米売買 ❺-2 1762·1·2 政
城詰城米 ❺-2 1731·4月 政／1733·1月 政／1750·12月 政／1800·2月 政
城詰米(城米)の制 ❺-1 1633·2·10 政／1642·7·8 政／1667·11·17 政
城米船積輸送請負契約 ❺-2 1733·11月 社
水田総合利用対策実施要項 ❾ 1976·5·10 政
水稲作況指数 ❾ 1992·10·29 社／1998·9·25 政
生産者(消費者)米価 ❽ 1943·4·20 政／1945·4·5 政／11·17 政／1946·3·3 社／8·31 政／10·2 政／1947·10·21 政／1948·10·2 政／1949·11·15 政／1950·12·13 政／1951·7·18 政／12·20 政／1952·9·12 政／1954·9·30 政／1955·7·9 政／1956·6·12 政／1957·7·5 政／1958·7·4 政／1959·7·14 政／1960·7·14 政／1961·7·18 政／1962·7·13 政／1964·7·9 政／❾ 1965·7·9 政／1966·7·8 政／11·15 政／1967·7·16 政／1968·8·12 政／1969·6·10 政／1970·6·9 政／1971·5·1 政／1972·7·29 政／1973·8·8 政／1974·7·22 政／1975·7·13 政／1976·7·10 政／1977·7·21 政／1978·7·8 政／1979·7·15 政／1980·8·2 政／1981·7·18 政／1982·7·22 政／1983·7·14 政／1984·7·27 政／1985·7·12 政／1986·8·9 政／1987·6·12 政／1988·7·8 政／1989·7·4 政／1990·7·4 政／1991·7·4 政／1992·6·26 政／1993·7·31 政／1994·7·6 政／1995·6·30 政／12·8 政／1996·11·28 政
政府備蓄米 ❾ 2003·9·3 政
政府米輸出 ❻ 1876·2月 政
全国米穀販売購買組合連合 ❼ 1931·4·27 政／5·25 政
全国無洗米協会 ❾ 2000·10·22 政
倉貯稲 ❶ 819·是年 社
相場米制 ❺-1 1670·8·13 政
代米納 ❻ 1869·5·29 政／1877·11·

22 政
他国米、移入禁止　❺-1 1647・是年 政／1649・是年 政／1685・9・16 社／1693・11・1 政／1695・12・23 社
足米(たしまい、福岡)　❺-1 1673・1・23 政
俸米領地直送制　❻ 1853・7・3 社
段米(大和)　❸ 1333・7・17 社
帳合米市場操作禁止　❻ 1864・10・13 社
帳合米(商)　❺-2 1756・12・24 政／1798・4・6 政／1819・10・11 政
積米(つもりまい)貸付　❺-2 1787・6・1 政
堂島新地(堂島米商)　❺-1 1688・12月 社／1697・是年 政
遠眼鏡(米市場の相場)　❺-2 1834・10月 政
特選米　❽ 1962・12・1 社
内地米収穫予想高　❼ 1927・10・2 政
南京米空相場　❻ 1880・7・1 政
二斗米　❸ 1288・7・14 社
日本産コメ(中国・北京)　❾ 2007・7・26 社
年料舂米　❷ 1012・是年 政
納米改方　❺-2 1734・9月 政
延取引(廻米市場)　❼ 1912・4・25 政
白米(食)　❽ 1938・1・28 社／8・13 政／1939・12・1 社
白米買占め他所売り禁止　❻ 1853・8・5 社
白米商組合(東京)　❻ 1885・4・10 政
白米の小売相場　❼ 1904・12月 政／1919・9・11 社
早場米　❽ 1954・3・25 政
糒穀の制　❶ 798・10・20 政
武家方用米　❺-2 1782・12月 政
府県預ヶ米金出納規則　❻ 1874・5・5 政
不動穀　❶ 708・⑧・10 政／740・8・14 政／866・12・8 政／878・2・28 社／879・12・4 政／881・8・14 社／882・5・11 政／934・是年 政／945・1・6 政／947・9・2 政
腐米処理汚職　❺-2 1729・5・19 社
米価　❶ 764・是年 社／765・2・29 社／909・7・8 社／❷ 1231・是冬 社／❺-2 1723・6月 政／1735・10・4 政／1736・1・16 政／1753・8・24 政／1781・9月 政／1785・6・10 政／1786・8・8 政／1787・6月 政／1790・2・15 政／1796・3・1 政／1805・9月 政／1808・10・2 政／1813・12・18 政／1821・是春 政／1829・3月 政／1833・9月 政／1834・11月 政／1836・8・17 政／11月 政／1851・3・15 政／1852・7・24 政／❻ 1866・5月 社／1882・12月 政／1890・7・18 政／❽ 1938・12・17 社
米価(広島)　❺-2 1840・5・1 政／1844・4・4 社／1847・6・15 社／1851・3・20 社
米価(山城)　❹ 1480・2・6 社
米価格・梅干価、倍増　❻ 1853・6月 社
米価高騰　❶ 763・4・1 社／765・4・16 社／766・11・7 社／777・6・5 社／812・6・16 社／823・3・16 政／833・⑦・24 社／837・10・1 社／867・4・22 社／939・是春 社／984・6月 社／996・是年 社／❸ 1330・5・20 政／1357・6・6 社／❹ 1499・是年 社／❺-1 1602・是年 社／1607・2月 社／1615・4・30 社／1636・7月 社／1675・8月 社／1681・7月 社／❻ 1889・9月 政／1890・2・9 政／4月 社／5月 社／6・4 政／9月 社／1880・12月 政
米価算定方式　❽ 1959・5・22 政
米価審議会　❽ 1949・8・2 政／1951・11・13 政
米価調節に関する勅令　❼ 1915・1・25 政
米価騰貴による社会不穏　❻ 1880・5月 政
米価張紙値段　❺-1 1652・5月 政／❺-2 1733・11月 政／1787・5月 政／1791・1・25 政／1793・1・27 政／9・27 政／1794・1・24 政／1795・1・27 政／1797・1・27 政／1798・1・26 政／1801・1・26 政／1802・1・26 政
米価引下令　❻ 1859・9・25 社
米価を定める　❷ 1230・6・24 政
兵家稲　❶ 739・9・14 政
米穀委員会　❼ 1921・5・14 政
米穀(運漕札差)
米穀江戸廻送令　❻ 1858・2・26 政／1865・6・11 社
米穀買入方　❺-2 1731・3・28 政
米穀買占(禁止令)　❺-2 1729・4月 政／1733・5月 政／1784・①・16 政／1785・9・14 政／1787・6・2 政／1788・1・26 政／7・29 政／1833・9・9 政／1837・10・1 政／❼ 1912・6・5 政／7・1 政／1918・5・6 政
米穀管理規則・要項　❽ 1940・10・24 政／1944・6・17 政
米穀強制買収　❼ 1918・8・13 政
米穀局(農林省)　❼ 1934・4・1 政
米穀小売商の倒産　❼ 1912・6月 政
米穀国家管理実施要綱　❽ 1941・9・15 政
米穀自治管理法　❼ 1936・5・28 政
米穀自由売買許可　❻ 1865・⑤・1 社
米穀商　❽ 1939・4・12 政
米穀相場　❻ 1872・5・3 政
米穀高値抑制　❺-2 1787・5・9 政
米穀調査会　❼ 1929・5・22 政
米穀貯蔵奨励規則　❼ 1932・11・28 政
米穀通帳　❾ 1981・1・14 政／1982・1・14 社
米穀積出禁止　❺-2 1787・6・25 政
米穀搗精制限　❽ 1938・11・22 政／1939・11・25 政／1943・1・7 社
米穀統制法　❼ 1933・3・29 政
米穀入津銀　❺-2 1794・9月 政
米穀の買置　❺-2 1806・10・14 政
米穀の他領移出禁止　❺-1 1656・2・12 政／1659・5・8 政／1969・2・5 社／❺-2 1808・10月 社
米穀の備蓄　❺-2 1732・10・8 政
米穀延売買　❺-2 1722・4月 政／1724・2月 政／1730・7・3 政／1760・是年 政
米穀売買(禁止)　❶ 833・7・24 政／12・9 政／❸ 1319・12・18 社／1330・6・11 社／❹ 1479・8・29 社／❺-2 1729・12・22 政／1730・1・4 政／1731・5・21 政／1735・12・5 政／1736・3・11 政／1764・6・16 政／1765・8・5 政／1766・7・10 政／1781・⑤・27 政／1784・1・16 政／3・26 政／9・10 政／1785・1月 政／1786・9・20 政／1816・11・17 政／1818・5・19 政／1826・12・4 政／1829・3・27 政／1833・9・19 政／1851・10・15 政
米穀輸送禁止　❻ 1869・4・25 政
米穀輸入(税減免令・免除令)　❼ 1918・10・30 政／1921・11・22 政／1923・9・7 政／1924・2・27 政／1925・1・26 政／1933・10・13 政
米穀を宋へ輸出禁止　❷ 1247・11・24 政
米穀を貸与　❺-2 1751・2・7 社
米札　❺-2 1798・12・14 政／1836・12月 政
米商人　❸ 1330・6・11 政／1446・7・8 政
米納(佐渡)　❺-1 1681・5月 社
米納・金納(会津藩)　❺-1 1689・10・25 政
別納貢租穀　❶ 907・11・13 政
保有米(秋田藩)　❺-1 1687・是年 政／1703・6・15 政
民営米屋　❽ 1951・1・15 社／4・1 社
もち米　❽ 1947・12・16 社／❾ 1973・4・11 社
籾倉(会津)　❺-1 1663・4・8 社／1669・7・3 政
余剰米集荷対策　❽ 1956・2・23 政
他所売舂米屋仲間　❺-2 1805・11月 社
糧米徴収(院宣)　❷ 1180・12・10 政
禄米制　❺-1 1657・5・25 政
早稲米の自由売買　❺-1 1651・7・26 社

貿易・輸出入(国内移動)

『貿易白書』わが国通商の現状について　❽ 1949・8・15 政
『密輸白書』　❾ 1969・8・8 政
硫黄の海外輸出禁止　❸ 1434・6・19 政
居貿易と出貿易の得失　❻ 1853・9月 政
ウルグアイ・ラウンド　❾ 1993・12・7 政／1994・10・25 政
蝦夷通商・商場　❺-1 1614・慶長年間 政／1634・5・2 政／1701・是夏 政
LT貿易　❾ 1966・5・17 政／1968・1・18 政／2・1 政／3・4 政
扇(輸出用)　❹ 1462・9・21 社
オレンジ自由化阻止総決起大会　❾ 1983・9・23 政
海外への不動産投資　❾ 1990・2・5 政
海関取扱事務協定　❻ 1867・5・13 社
開港場取締心得　❻ 1870・12・24 政
外国証券取得・対外直接投資・対外不動産投資自由化　❾ 1971・7・1 政
外国貿易禁制品　❻ 1859・5・28 政
外国貿易自由取引許可　❻ 1859・5・28 政
外国貿易税則調査委員　❻ 1862・4・25 政
改税約書運上目録　❻ 1866・5・13 政
ガット(GATT、関税および貿易に関する一般協定)　❾ 1973・9・12 政

ガット貿易交渉委員会 ❾ 1979·4·11 政
唐物 ❸ 1324·8·26 政／1329·3·23 社
官営貿易(鎖国後最初) ❻ 1862·4·29 政
カンボジア貿易 ❾ 1981·1·24 政
北朝鮮密輸組織 ❽ 1957·12·2 政／1958·1·30 政／5·12 社／1959·6·13 政／1961·5·22 政
牛肉·オレンジ輸入自由化 ❾ 1991·4·1 政
京都五二会(五品と織物、彫刻) ❻ 1894·4·14 政／1895·4·21 政
霧多布(キリタップ)商場 ❺-1 1703·元禄年間 政
緊急輸入援助食糧 ❽ 1946·5·29 政／7·2 政／7·16 政／10月 政／是年 政
軍需物資の輸出禁止 ❽ 1937·10·11 政
経済協力白書 ❾ 1972·11·27 政
経団連自由化対策懇談会 ❾ 1969·1·8 政
交易唐物使 ❶ 903·8·1 政／909·⑧·9 政／919·7·16 政／935·12·3 政／945·10·20 政
交易春米 ❶ 959·是年 政
公私負債免除(天平勝宝元年以前) ❶ 751·11·10 政
国際買オペレーション ❾ 1979·5·14 政
国際コンファレンス「現代における金融政策」 ❾ 1983·6·22 政
国際貿易·投資コンベンション ❾ 1984·10·1 政
穀留(福岡藩) ❺-1 1702·10·26 社／1703·1·23 社
穀留 ❺-2 1745·11·27 社／1746·6·9 政
ココム(対共産圏輸出統制委員会)禁輸リスト ❾ 1969·10·9 政／1972·12·12 政／1987·3月 政
五品江戸廻送令 ❻ 1860·③·19 社／1863·9·24 社／1864·9·5 社
資本取引自由化 ❾ 1967·6·2 政／1969·2·7 政／1970·8·10 政／1971·3·24 政／8·3 政／1973·4·27 政
自由貿易再令 ❻ 1866·2·28 政
商人交易禁止令 ❻ 1863·9·28 政
乗用車 ❾ 1980·11·10 政／1981·6·4 政／1982·3·29 政／1983·2·12 政／1985·3·28 政／1987·1·27 政／1989·1·20 政／1990·1·17 政／1991·1·11 政／1992·3·19 政／1993·1·8 政／1994·3·29 政
スワップ取決め ❾ 1980·4·1 政
税関(法) ❻ 1890·9·8 政／❼ 1899·4·21 政
税関官制 ❻ 1886·3·26 政
　関税官制 ❼ 1899·4·21 政
　関税定率法 ❼ 1897·3·29 政／1901·3·30 政／1910·4·15 政
　関税法 ❼ 1899·3·14 政
　税関業務再開 ❽ 1946·6·1 政
　東京税関 ❽ 1953·8·1 政
　横浜税関 ❻ 1886·2·6 政
繊維 ❾ 1968·1·12 政／1971·3·8 政／6·21 政／1977·2·16 政
対外経済改革要綱 ❾ 1994·3·29 政
対外賃借報告書 ❾ 2002·5·24 政
対共産圏向戦略物資輸出禁止措置 ❽ 1950·8·10 政／1952·11·14 政／1957·8·22 政
対中国輸出品目禁輸 ❽ 1953·1·30 政／1954·1·16 政／1957·7·16 政
対中鉄鋼プラント輸出 ❾ 1974·6·3 政
対朝鮮貿易許可 ❻ 1882·12·28 政
対米綿製品輸出自主規制措置 ❽ 1957·1·16 政
対米輸出以外の輸出を禁止 ❽ 1946·3·1 政
対米輸出自主規制 ❾
他国移出禁制品(弘前) ❺-1 1666·4·10 社
他藩産物移入禁止(熊本藩) ❺-2 1813·2·25 政
他領移出を禁止(牛馬·毛革類·漆·塩硝·米·木綿·古手·繰綿·塩) ❺-1 1663·8月 政／1668·8·4 政／1672·11·16 政／1693·11月 政／❺-2 1782·9月 社
津留制限令 ❺-1 1668·4·6 社／5月 政／10·24 政／1704·2·1 社／7·3 社／❺-2 1836·8·29 政／1839·12月 政
鉄鋼 ❾ 1968·7·10 政／1972·4·6 政
銅器輸出禁止 ❻ 1860·③·24 政
銅自由売買 ❻ 1869·3·9 政
銅·真鍮外国人と直取引禁止 ❻ 1860·10·17 政
渡唐船 ❸ 1298·8·18 政
留物 ❺-1 1645·6·20 社
トリガー価格制度 ❾ 1982·1·8 政
内需企業、海外で活躍 ❾ 2010·6月 社
日伊貿易交渉調印 ❾ 1970·2·20 政
日ソ貿易議定書 ❾ 1965·2·5 政／1967·3·6 政
日中覚書貿易 ❾ 1970·3·10 政／5·2 政
日中貿易実績 ❾ 1973·2·21 政
日本円金融先物取引 ❾ 1984·11·7 政
日本からの貿易品 ❹ 1492·5·15 政
日本企業の米国進出 ❾ 1981·9月 政
日本最初の対外国M＆A(企業の買収·合併) ❾ 1971·9·1 政
日本商社在外支店 ❽ 1950·8·25 政／10·18 政
日本品の貿易相場 ❻ 1872·3月 政
日本貿易振興法(JETRO) ❽ 1958·4·26 政
農業三品目セーフガード ❾ 2001·4·10 政
バーター貿易 ❽ 1945·11·14 政／1948·1·10 政／1952·8·27 政
八品商 ❻ 1876·11·22 社／1877·7·5 政
不公正貿易報告書 ❾ 1992·6·8 政
ブラジル鉄鉱石輸入長期契約 ❾ 1976·9·17 政
プラント類輸出促進臨時措置法 ❽ 1959·3·28 政
米国産木材輸入 ❾ 1973·5·15 政
米貿易使節団 ❽ 1947·5·12 政
貿易外取引管理令 ❽ 1963·11·2 政／❾ 1969·8·25 政
貿易再開準備委員会 ❽ 1947·6·10 政
貿易収支(貿易黒字·赤字) ❼ 1916·是年 政／1917·是年 政／1918·是年 政／❽ 1948·9·4 政／1950·1·17 政／1954·4·8 政／❾ 1968·是年 政／1969·5·2 政／9·1 政／1977·1·24 政／7·27 政／是年 政／1978·1·23 政／1981·6·26 政／1982·1·18 政／1984·1·31 政／1987·1·16 政／1992·1·21 政／3·11 政／4·13 政／1993·2·5 政／1995·是年 政／1996·4·18 政／1997·11·13 政／1998·5·13 政／1999·2·15 政／10·25 政／2000·1·26 政／8·10 政／2001·4·19 政／8·13 政／2002·2·14 政／2003·1·27 政／2004·1·26 政／8·11 政／2005·5·16 政／10·11 政／2006·2·23 政／2009·1·22 政／2010·4·22 政／5·13 政／2012·1·25 政
貿易商社 ❻ 1869·2月 政
貿易動向報告 ❾ 1980·2·14 政
貿易統制令 ❽ 1941·5·14 政／1942·1·27 政／1943·3·6 政／1946·6·20 政
貿易取締 ❻ 1867·6·5 政
防穀令(八戸) ❺-1 1665·11·9 政
松前渡海の領内町人 ❺-1 1666·4·10 政
南朝鮮向け重要物資輸送 ❽ 1950·7·1 政
民間貿易 ❽ 1947·6·10 政／8·14 政／9·30 政／1948·8·10 政／1949·10·28 政／12·27 政／1950·1·1 政
無税輸出品 ❻ 1888·12·20 政
Made in Occupied Japan ❽ 1947·2·20 政
メイド·イン·ジャパン ❾ 1978·是年 政
輸出(横浜) ❻ 1882·是年 政
輸出会議 ❽ 1954·9·21 政
輸出額 ❽ 1955·4·13 政
輸出禁制品 ❻ 1860·3·13 政
輸出金融優遇制度 ❾ 1972·9·19 政
輸出契約 ❽ 1947·9·27 政
輸出最高会議 ❽ 1954·9·7 政
輸出酒類戻税規則 ❻ 1888·7·11 政
輸出税全廃同盟 ❻ 1891·3月 政／1893·1·6 政
輸出船〈クヌール号〉 ❽ 1948·8·20 政
輸出停滞レアアース ❾ 2010·10·28 政／11·24 政
輸出入回転募金 ❽ 1947·8·14 政
輸出認証額 ❾ 1979·是年 政
輸出の王座、鉄鋼から自動車へ ❾ 1979·是年 政
輸出品規格要項 ❽ 1947·9·9 政
輸出貿易管理令(権、規則) ❽ 1949·12·1 政／1952·3·15 政／1961·4·10 政
輸出向け繊維製品染料 ❽ 1948·1·31 社

輸入小麦価格 ❾ **2011**·2·23 政
輸入自由化 ❾ **1970**·4·7 政
輸入食糧(小麦·缶詰) ❽ **1946**·1·26 政／8·3 政／**1947**·12·24 政／**1948**·1·22 政
輸入認証額 ❾ **1979**·是年 政
輸入貿易管理令 ❽ **1950**·8·9 政
輸入米義務(ミニマムアクセス) ❾ **2010**·3·16 政
輸入ユーザンス制度 ❽ **1960**·2·22 政
他所売り禁止 ❺-1 **1661**·8·25 社
琉球の出銀 ❺-1 **1628**·9·10 政
ローガン構想 ❽ **1949**·10·29 政

法令·規則(経済関係)

意匠法 ❽ **1959**·4·13 政
入会権(山林) ❾ **1966**·1·28 社／**1968**·8·2 社／**1978**·3·22 政
入浜権 ❾ **1976**·2·8 社／8·21 社／**1978**·5·29 社
エネルギー使用合理化法 ❾ **1979**·6·22 政
卸売市場法 ❾ **1971**·4·3 政
会計規則 ❼ **1922**·1·9 政
外国為替及び外国貿易管理法(外為法) ❾ **1979**·12·18 政／**1998**·4·1 政／**2004**·2·9 政
外国為替管理法 ❼ **1933**·3·29 政
外国証券業者法 ❾ **1971**·3·3 政
外国貿易管理法 ❽ **1949**·12·1 政
価格等統制令 ❽ **1939**·10·18 政／**1946**·3·3 政／**1949**·8·15 政
貸金業法 ❾ **2010**·6·18 政
貸付信託法 ❽ **1952**·6·14 政
過疎地対策緊急措置法 ❾ **1970**·4·24 社
割賦販売法 ❾ **1973**·3·15 社
過度経済力集中排除法 ❽ **1947**·12·18 政
九·一八価格停止令 ❽ **1939**·9·19 政
供託規則 ❻ **1890**·7·25 政
銀行等資金運用令 ❽ **1940**·10·19 政
銀行法等特例法 ❽ **1946**·5·24 政
金準備再評価法 ❽ **1937**·8·11 政
金銭債務臨時調整法 ❼ **1932**·9·7 政
金融安定化二法 ❾ **1998**·2·16 政
金融機関合併転換法 ❾ **1968**·6·1 政
金融機関経理応急措置法 ❽ **1946**·8·15 政
金融機関再建整備法 ❽ **1946**·10·19 政
金融機能強化法 ❾ **2008**·12·12 政
金融機能早期健全化緊急措置法 ❾ **1998**·10·13 政
金融先物取引法 ❾ **1988**·5·31 政
金融システム改革法 ❾ **1998**·6·5 政
金融商品取引法 ❾ **2008**·6·6 政
金融制度改革法 ❾ **1993**·4·1 政
金融制度調査会 ❾ **1970**·7·2 政
軍需金融等特別措置法 ❽ **1945**·2·16 政／**1946**·5·24 政
軍需工業動員法 ❽ **1937**·9·10 政
競売法 ❼ **1898**·6·21 政
計理士法 ❼ **1927**·3·31 政
激甚災害法 ❾ **1980**·10·24 政
公益質屋法 ❼ **1912**·10月 社／**1927**·3·31 社
公共企業体労働関係法 ❽ **1948**·12·20 政
公共物管理法 ❽ **1952**·11月 社
工業用水法 ❽ **1956**·6·11 政
耕地整理法 ❼ **1899**·3·22 政／**1905**·2·24 社／**1909**·4·13 社
小売事業活動調整法 ❾ **1973**·10·1 政
国税通則法 ❽ **1962**·4·2 政
国土利用計画法 ❾ **1973**·3·27 政／**1974**·5·27 政
国民生活安定緊急措置法 ❾ **1973**·12·22 政
国有財産特別措置法 ❽ **1952**·6·30 政／9·16 政
国庫補助金 ❽ **1954**·5·28 政
雇用地利用増進法 ❾ **1980**·5·28 政
財源確保特別措置法 ❾ **1984**·6·29 政
財政構造改革法 ❾ **1998**·5·29 政
再評価積立金法 ❽ **1951**·4·10 政
サラ金(規制法·被害者)二法 ❾ **1967**·9月 社／**1977**·10·24 社／**1978**·6·24 社／8·22 社／10·12 社／**1983**·5·13 政／6·30 政
産業技術に関する研究開発体制整備法 ❾ **1988**·5·6 政
産業構造転換円滑化臨時措置法 ❾ **1987**·4·1 政
産業投資特別会計法 ❽ **1953**·8·1 政
山村振興法 ❾ **1965**·5·11 政
産地中小企業対策臨時措置法 ❾ **1979**·7·2 政
資金運用部資金法 ❽ **1951**·3·31 政
資産再評価法 ❽ **1950**·4·25 政／**1951**·4·10 政
質屋取締条例 ❻ **1884**·3·25 社
実用新案法 ❼ **1905**·2·16 政／❽ **1959**·4·13 政
資本逃避防止法 ❼ **1932**·7·1 政
社会事業法 ❽ **1938**·4·1 社
住専処理法 ❾ **1996**·2·9 政／6·18 政
重要鉱物増産法 ❽ **1938**·3·29 政／6·10 政
重要産業統制法 ❼ **1936**·5·28 政
重要産物同業組合法 ❼ **1900**·3·7 政
重要輸出品取締規則 ❼ **1928**·7·9 政／**1936**·5·28 政
出資法 ❽ **1954**·6·23 政
準備預金制度法 ❾ **1972**·5·1 政
商業組合法 ❼ **1932**·9·6 政
償金特別会計法 ❼ **1896**·3·5 政
証券取引法 ❾ **1965**·5·28 政／**1971**·3·3 政／**1988**·5·31 政／**1991**·10·3 政
商店法 ❽ **1938**·3·26 政／10·1 社
商標法 ❽ **1959**·4·13 政
商品ファンド法 ❾ **1992**·4·20 政
商法 ❻ **1890**·3·27 政／12·27 政／❼ **1911**·5·3 政／❽ **1938**·4·5 政／**1948**·7·12 政／**1950**·5·10 政／**1955**·6·30 政
殖産契令 ❼ **1935**·8·30 政
食糧確保臨時措置法 ❽ **1948**·7·20 政／**1949**·12·3 政／12·7 政
食糧管理特別会計法 ❾ **1979**·4·6 政
食糧管理法 ❾ **1981**·3·31 政／6·11 政／**1989**·1·20 政
信用金庫法 ❽ **1951**·6·15 政
瀬戸内海環境保全臨時措置法 ❾ **1973**·10·2 社
戦時船舶管理令 ❼ **1917**·9·28 政
戦時補償特別措置法 ❽ **1946**·10·19 政
倉庫業法 ❼ **1935**·4·6 政
総動員物資使用収用令 ❽ **1939**·12·16 政
大規模小売店舗法 ❾ **1974**·3·1 社／**1978**·11·15 政／**1992**·1·31 政
大規模小売店舗立地法 ❾ **1998**·5·27 政／**2000**·6·1 社
地方財政平衡交付金法 ❽ **1950**·5·30 政／**1954**·5·15 政
地方財政法 ❽ **1948**·7·7 政
中小企業近代化促進法 ❾ **1969**·5·30 政
中小企業倒産防止共済法 ❾ **1977**·12·5 社
中小企業分野調整法 ❾ **1977**·6·25 政
中小小売商業振興法 ❾ **1973**·9·29 政
貯蓄債券法 ❼ **1904**·4·1 政／9·5 政／**1905**·2·16 政
賃金臨時措置令 ❽ **1939**·10·18 政
通商擁護法 ❼ **1934**·4·7 政／**1936**·5·23 政
通知貸金取扱規定 ❼ **1902**·3·6 政
抵当証券業規制法 ❾ **1987**·12·15 政
天災融資法 ❾ **1980**·10·24 政
投機防止法 ❾ **1973**·7·6 政
投資顧問業規制 ❾ **1986**·5·27 政
独占禁止法 ❽ **1947**·4·14 政／**1949**·6·18 政／**1953**·9·1 政／**1957**·10·4 政／❾ **2006**·1·4 政
特定機械情報産業振興臨時措置法 ❾ **1978**·7·1 政
特定産業構造改善臨時措置法 ❾ **1983**·5·24 政
特定船舶製造業安定事業協会法 ❾ **1978**·11·14 政／**1979**·5·30 政／**1987**·4·1 政
特定中小企業者事業転換対策等臨時措置法 ❾ **1986**·2·25 政
特定不況業種離職者臨時措置法 ❾ **1977**·12·26 政
特定不況産業安定臨時措置法 ❾ **1978**·5·15 政
特定不況地域中小企業政策臨時措置法 ❾ **1983**·5·6 政
土地区画整理法 ❽ **1955**·4·1 政
土地調査令(朝鮮総督府) ❼ **1912**·8·13 政
特許法 ❽ **1959**·4·13 政
日米外債処理協定 ❽ **1952**·9·26 政
日米ガット関税 ❽ **1962**·3·6 政
日米技術協定 ❽ **1956**·3·22 政
日米経済協力 ❽ **1951**·2·9 政／5·16 政／11·16 政／**1952**·2·1 政／8·13 政／**1964**·1·27 政
日米財界人会議 ❽ **1964**·5·19 政
日米生産性向上委員会 ❽ **1954**·3·10 政
日米二重課税防止条約 ❽ **1954**·4·16 政
日米貿易会談 ❽ **1953**·10·2 政

日米貿易経済合同委員会 ❽ **1961**・11・2 政／**1962**・12・3 政
日米貿易仲裁協定 ❽ **1952**・10・10 政
日米綿業会談 ❽ **1937**・1・15 政／**1961**・8・30 政
日米余剰農産物買付協定 ❽ **1954**・3・8 政／**1955**・5・31 政／**1956**・2・10 政
入営者職業保障法 ❼ **1931**・4・2 社
農業基本法 ❾ **1999**・7・12 政
万物沽価の法 ❷ **1179**・7・25 政
不正競争防止法 ❼ **1934**・3・27 政
不動産融資および損失補償法 ❼ **1932**・9・6 政
振込め詐欺救済法 ❾ **2007**・12・14 社
プリペイドカード法 ❾ **1989**・12・22 政
貿易資金設置法 ❽ **1945**・12・22 政／**1946**・11・13 政
貿易資金特別会計法 ❽ **1946**・11・13 政
貿易特別会計法 ❽ **1949**・4・30 政
暴利行為等取締規則 ❽ **1938**・7・9 政／**1939**・12・26 政／**1940**・6・24 政／**1941**・7・15 社／**1950**・8・24 政
暴利取締令 ❼ **1917**・9・1 政／**1923**・9・7 政
保税工場法 ❼ **1927**・4・1 政
保税倉庫法 ❼ **1897**・3・29 政
満洲国重要産業統制法 ❽ **1937**・5・1 政
無尽業法 ❼ **1915**・6・21 政
籾共同貯蔵助成法 ❼ **1936**・5・28 政
輸出会議法 ❽ **1962**・4・30 政
輸出検査法 ❽ **1957**・5・2 政
輸出入取引法 ❽ **1952**・8・5 政
輸出入禁止制限撤廃條約 ❼ **1934**・3・16 政
輸出入品等に関する臨時措置法 ❽ **1937**・9・10 政
輸出補償法 ❼ **1930**・5・17 政
臨時金利調整法 ❽ **1947**・12・13 政／**1957**・7・1 政
臨時国庫証券法 ❼ **1917**・7・21 政
臨時財産調査令 ❽ **1946**・2・17 政
臨時資金調整法 ❽ **1937**・9・10 政／**1939**・4・22 政
臨時石炭鉱業管理法 ❽ **1947**・12・20 政／**1950**・5・20 政
臨時町村財政補給金規則 ❼ **1936**・10・1 政
臨時物資需給調整法 ❽ **1946**・10・1 政
臨時利得税法 ❼ **1935**・3・30 政

保険・保険会社

あさひ証券 ❾ **1994**・7・26 政
朝日生命保険 ❻ **1887**・12・28 政／❾ **2002**・1・31 政
AIU(外資系損害保険会社) ❾ **1991**・2・28 政
海外投資保険制度 ❾ **1970**・5・15 政
海上損害保険 ❻ **1878**・9・7 政
海水浴保険 ❽ **1951**・7・22 社
学資保険・特別終身保険 ❾ **1971**・9・1 文
火災保険(大蔵省) ❻ **1881**・4・2 政
簡易生命 ❻ **1893**・4・16 政
簡易生命保険(法) ❼ **1916**・6・26 政／10・1 社
環境汚染賠償責任保険 ❾ **1992**・5・18 政
ガン保険 ❾ **1974**・11・29 社
協栄生命保険 ❾ **2000**・10・20 政
共済五百名社 ❻ **1880**・1・1 政
厚生年金保険法 ❽ **1944**・5・24 政／**1948**・7・10 政／**1954**・5・19 政／❾ **1973**・9・26 政／**1989**・12・22 政／**2007**・12・12 政
国民年金制度 ❽ **1958**・9・24 政／**1959**・4・16 社／11・1 社／**1961**・4・1 社／**1962**・8・1 社
GE エジソン生命保険 ❾ **2002**・2・7 政
地震保険法 ❾ **1966**・5・18 政
自動車損害保険 ❾ **1967**・7・18 社
ジャスダック(新) ❾ **2010**・10・12 政
生命保険会社 ❻ **1880**・1・1 政
生命保険契約者保護機構 ❾ **1998**・12・1 政
セゾン生命保険 ❾ **2002**・2・7 政
全国健康保険協会管掌健康保険(協会けんぽ) ❾ **2008**・10・1 社
戦時海上再保険法・補償法 ❼ **1914**・9・12 政／**1917**・7・21 政
戦時特殊損害保険 ❽ **1944**・2・15 政
戦争死亡傷害保険法 ❽ **1943**・3・4 政
戦争保険臨時措置法 ❽ **1941**・12・16 政
第一火災海上保険 ❾ **2000**・5・1 政
第一生命保険 ❾ **2010**・4・1 政
第一生命保険相互会社 ❼ **1902**・9・15 政
大正海上火災保険株式会社 ❼ **1918**・10・21 政
大正生命保険 ❾ **2000**・8・28 政
大同生命保険株式会社 ❼ **1902**・7・15 政
第百生命保険 ❾ **2000**・5・31 政
大和証券会社 ❼ **1899**・9 月 政
大和生命保険 ❾ **2008**・10・9 政
中小企業信用保険法 ❽ **1950**・12・14 政
千代田火災保険会社 ❼ **1913**・7・8 政
千代田生命保険 ❾ **2000**・10・9 政／**2001**・3・23 社
千代田生命保険相互会社 ❼ **1904**・3・26 政
つばさ証券 ❾ **1999**・5・14 政
定期付き終身保険 ❾ **2003**・9・17 社／11・14 社
帝国海上保険会社 ❻ **1893**・6・25 政
帝国生命保険会社 ❻ **1887**・12・28 政
東京海上火災保険会社 ❻ **1879**・8・1 政／❽ **1944**・3・20 政／❾ **2002**・1・31 政／**2003**・2・13 政
東京海上保険会社 ❻ **1878**・9・7 政／**1883**・11・29 政
東京火災保険会社 ❻ **1887**・7・23 政／**1888**・10・1 社
東邦生命保険 ❾ **1998**・2・3 政／**1999**・6・4 政
日産火災海上保険株式会社 ❼ **1911**・6・24 政
日産生命保険 ❾ **1997**・4・25 政
日本海上保険株式会社 ❼ **1896**・2・22 政
日本火災海上保険株式会社 ❻ **1892**・4・16 政／❼ **1912**・4・15 政／❾ **1989**・4・4 文
日本生命保険会社 ❻ **1889**・7・4 政／❾ **1987**・4・15 政
日本団体生命保険 ❾ **1999**・11・29 政
日本団体生命保険会社 ❼ **1934**・3・9 政
農業保険法 ❽ **1938**・4・2 社／**1947**・12・15 社
富国生命保険株式会社 ❼ **1923**・11・22 政
扶桑海上保険株式会社 ❼ **1917**・11・10 政
変額保険 ❾ **1986**・9・19 社
保険会社に対する助成金 ❼ **1924**・4・14 政
保険業法 ❼ **1900**・3・22 政／❽ **1939**・3・29 政
三井海上火災保険 ❾ **2000**・2・14 政
三井生命保険会社 ❼ **1914**・3・3 政
三菱海上火災保険株式会社 ❼ **1919**・3・8 政
明治火災保険会社 ❻ **1891**・1・19 政
明治生命保険会社 ❻ **1881**・7・8 政／❾ **1994**・5・30 社
明治安田生命保険会社 ❾ **2004**・1・1 政
メリル・リンチ・ピアース・フェーナー・アンド・スミス・S・A ❾ **1972**・6・16 政
安田火災海上保険 ❽ **1944**・2・12 政／❾ **1998**・4・27 政
安田火災保険株式会社 ❻ **1888**・10・1 社
安田生命保険株式会社 ❻ **1880**・1・1 政／❽ **1951**・12・29 政／❾ **1987**・11・30 政
山一証券問題 ❾ **1965**・5・21 政／**1966**・6・11 政／**1991**・10・23 政／**1997**・7・30 政／**1998**・3・4 政／**1999**・6・1 政
輸出信用保険法 ❽ **1950**・3・31 政／❾ **1970**・5・15 政
預金保険法 ❾ **1971**・4・1 政／**1997**・12・12 政
労働者年金保険法 ❽ **1941**・3・11 社

見本市

アメリカ農産物見本市 ❾ **1968**・4・5 政
英国フェア ❾ **1969**・9・26 政
大阪国際見本市 ❽ **1962**・4・5 政
玩具国際見本市 ❾ **1965**・10・19 社
広州交易会 ❾ **1970**・10・15 政
世界油圧化機械見本市 ❽ **1963**・10・7 政
全国貿易再開展示会 ❽ **1946**・7・20 政
ソ連工業見本市 ❽ **1961**・8・15 政
ソ連商工見本市 ❾ **1966**・10・15 政
中国経済貿易展覧会 ❽ **1964**・4・10 政
中国商品見本市 ❽ **1955**・10・17 政／**1962**・10・17 政
東京国際見本市 ❾ **1984**・9・4 社／**1993**・4・29 政
日本館(ニューヨーク) ❾ **1970**・4・1 政
日本見本市船(機械巡航) ❽ **1957**・3・

6 政
日本工業展覧会　❽ **1963**·10·5 政／❾ **1969**·3·22 政
日本国際機械見本市　❽ **1964**·11·9 政
日本国際工作機械見本市　❾ **1968**·10·2 社
日本国際見本市　❽ **1954**·4·10 政／**1955**·5·5 政／**1957**·5·5 政／**1958**·4·12 政／**1959**·5·5 政／**1961**·4·17 政／**1963**·4·16 政
日本産業見本市　❽ **1960**·8·16 政／❾ **1971**·9·13 政
日本商品見本市　❽ **1956**·10·6 政／**1958**·2·1 政
日本プラスチック見本市　❾ **1968**·10·9 社
日本見本市(シドニー)　❽ **1959**·1·23 政
日本見本市船(東南アジア巡航)　❽ **1956**·12·18 政
日本見本市専用船〈さくら丸〉　❽ **1962**·6·22 社
マイクロコンピューターショウ　❾ **1977**·5·12 文

屯倉·正倉·倉　❶ **書紀·垂仁 27**·是年／**景行 57**·10 月／**仲哀 2**·2 月／**応神 41**·是年／**476**·是冬／**534**·10·15／**535**·5·9／**536**·5·1／**556**·7·6／**562**·1 月／**607**·是年 政
穀倉院　❷ **1015**·3·4 政／**1019**·3·17 社／**1118**·11·29 社
治部省の倉　❷ **1025**·9·22 政
正倉　❶ **708**·⑧·10 政／**714**·4·26 政／**715**·5·26 社／**730**·4·10 政／**749**·8·4 政／**769**·9·17 社／**773**·2·14 政／6·8 社／**783**·4·19 政／9·19 政／**786**·6·1 政／8·8 政／**791**·2·12 政／**795**·⑦·15 政／**805**·4·5 政／**816**·9·25 政／**842**·2·25 政
正倉火災　❶ **769**·8·14 政／9·17 政／**773**·2·6 社／**774**·7·20 政／**816**·8·23 政／**817**·10·7 政／**818**·1·30／**835**·3·5／**871**·4·6 政／**976**·1·2 政
正倉焼失禁止令　❶ **773**·8·29 政／**786**·6·1 政／8·8 政
倉院　❶ **795**·⑦·15 社
倉廩　❶ **873**·6·22 社
率分倉·率分堂(諸国から徴収された率分を保管するために大蔵省に設置されていた倉庫およびその運営機関)　❷ **1025**·5·7 政／**1028**·4·11 社／5·16 社
廩院(民部省に属する施設。地方から中央に集められた庸米及び年料舂米を収蔵する)　❶ **799**·3·1 社／**852**·⑧·16 社／**858**·5·29 社
宮家(外国)　❶ **書紀·仲哀 9**·10·3
屯倉税を主掌　❶ **535**·9·3
海部(あま)屯倉　❶ **556**·10 月
廬城部(いおきべ)屯倉　❶ **534**·⑫月
伊甚(いじみ)屯倉　❶ **534**·4·1
多氷(おおひ)屯倉　❶ **534**·⑫月
大身狭(おおむさ)屯倉　❶ **556**·10 月
小身狭(おむさ)屯倉　❶ **556**·10 月
小墾田(おわりだ)屯倉　❶ **534**·10·15
糟屋(かすや)屯倉　❶ **528**·12 月
匝布(きほ)屯倉　❶ **514**·1 月
倉樔(くらす)屯倉　❶ **534**·⑫月
児島(こじま)屯倉　❶ **556**·是年
桜井(さくらい)屯倉　❶ **534**·10·15
白猪(しらい)屯倉　❶ **555**·7·4／**569**·是年
神地·神戸(しんち·かんべ)　❶ **書紀·垂仁 27**·8·7
竹村(たかふ)屯倉　❶ **534**·⑫·4
橘花(たちばな)屯倉　❶ **534**·⑫月
那津(なのつ·博多)官家　❶ **536**·5·1
難波(なんば)屯倉　❶ **534**·10·15
茨田(まんだ)屯倉　❶ **書紀·仁徳 13**·9 月
横渟(よこぬ)屯倉　❶ **534**·⑫月
依網(よさみ)屯倉　❶ **642**·5·5 社

役所·会所·改所
運上番所　❻ **1870**·4·11 社
神奈川運上所　❻ **1871**·10·10 政
東京運上所　❻ **1868**·12·22 政
長崎運上所　❻ **1863**·9 月 政
函館運上所　❻ **1873**·2 月 政
横浜運上所　❻ **1867**·9 月 文
江戸市中米油潤沢掛　❻ **1858**·6·2 政
大蔵省出納條例　❻ **1876**·3·31 政
大蔵省双倉　❶ **764**·8·3 社
大蔵長殿　❶ **823**·10·21 政
大阪商業講習所　❻ **1880**·11·15 文
大阪商法会議所　❻ **1878**·8 月 政
織部司　❷ **1246**·6·9 社
海外支店(日本企業初)　❻ **1874**·是年 政
会所
『御会所改正堅メ書』(宇治)　❺-2 **1829**·12 月 政
商方会所(名古屋藩)　❺-2 **1803**·11·10 政
繰綿見分会所(摂津平野郷)　❺-1 **1699**·是年 政
糸改会所　❺-2 **1799**·6 月 社
蝦夷地御用会所　❺-2 **1799**·2 月 政
蝦夷地産物会所　❺-2 **1799**·3 月 政
江戸米立会所(尾張名古屋藩)　❺-2 **1826**·12·4 政
大坂繰綿延売買会所　❺-2 **1774**·7·17 政
大津御用米会所　❺-2 **1735**·12 月 政／**1760**·是年 政
会所座(金沢藩)　❺-1 **1668**·11·1 社
貸座敷改会所(宿屋)　❺-2 **1763**·4·29 社
刀脇差小道具屋改会所　❺-2 **1760**·11 月 文
唐船雑物替会所　❺-2 **1729**·8·15 政
銀小貸会所　❺-2 **1760**·9 月 政／**1771**·是年 政
繰綿延売買会所　❺-2 **1760**·3·3 政／**1777**·7·26 社／**1787**·12·22 政
交易会所(播磨姫路藩)　❺-2 **1830**·11 月 政
交易会所(水戸藩)　❺-2 **1839**·1·24 政
神戸両替商集会所　❻ **1883**·1·22 政
国産会所(掛·方·役所)　❺-2 **1752**·是年 社／**1763**·8·13 社／**1782**·是年 政／**1792**·11·24 政／**1793**·11 月 社／**1795**·3·10 政／**1797**·10·30 政／**1799**·1 月 政／**1802**·是年 政／**1812**·9 月 政／**1818**·8·16 政／**1822**·9·19 政／**1839**·7 月 政／**1842**·3 月 政／**1843**·⑨月 政
穀物会所　❺-2 **1801**·5 月 政／**1840**·6·21 政
米会所·改会所　❺-2 **1728**·11·13 政／**1762**·5·15 政／**1764**·11·4 政／**1784**·3·8 政／**1809**·是年 政／**1813**·4 月 政／9·2 政／**1819**·④·16 政／是年 政
米座(為替御用会所)　❺-2 **1721**·8·26 政／**1756**·2·9 政／9 月 政／**1783**·4·2 政
米商会所　❻ **1876**·8·1 政／8 月 政／9·4 政／**1880**·3·13 政／**1893**·3·4 政／9·9 政
米商会所(蠣殻町)　❻ **1876**·9·29 政
米商会所(兜町)　❻ **1876**·8 月 政
米商会所(京都)　❻ **1877**·6·10 政
米売買会所　❺-2 **1727**·10·8 政／**1728**·9·21 政／**1775**·2·16 政
米綿相場会所帳合　❺-2 **1790**·是春 政
産物会所(方·改所·役所)　❺-2 **1766**·是年 政／**1792**·10·25 政／**1814**·是年 政／**1817**·是年 政／**1819**·是年 政／**1829**·是年 政／**1830**·2 月 政／**1832**·2 月 政／**1833**·2·6 社／**1834**·12·12 政／**1847**·6 月 社
質物改会所　❺-2 **1732**·12·2 政
実綿·実綿取締会所(播磨姫路藩)　❺-2 **1812**·4 月 政／**1844**·是年 社
島方会所(伊豆)　❺-2 **1796**·2 月 政／**1819**·10·7 政
商会所　❻ **1869**·5·16 政
石灰会所　❺-2 **1730**·2·2 社／**1750**·8·3 社／**1762**·11·1 社／**1775**·8·30 社／**1841**·1·13 社
雑物替会所　❺-2 **1729**·是年 政
但州播州船隣国北国諸産物米雑穀直売買会所　❺-2 **1759**·1 月 政
帳合金延売買会所　❺-2 **1764**·1·14 政／**1769**·1·14 政
天満銀小貸会所　❺-2 **1788**·是年 政
銅会所(大坂木綿町)　❺-1 **1712**·是年 政
東京米商会所　❻ **1883**·7·1 政／**1891**·6·19 政
堂島油相場会所　❻ **1873**·3 月 政
堂島米油相場会所　❻ **1873**·3 月 政
堂島米会所　❺-2 **1724**·7 月 政／**1725**·11·24 政／**1727**·3 月 政／**1728**·11·13 政／**1730**·5·23 政／8·13 政／8 月 社／**1735**·12·25 政／**1764**·12 月 政／**1768**·2·20 社／**1790**·11·28 政／**1802**·7 月 政／

1813·6·28 政／**1847**·10·11 政／**1850**·5·1 政／10·4 政／❻ **1871**·4·7 政／**1873**·3 月 政／**1883**·3·6 政／**1889**·9·20 政
堂島米商会所　❻ **1876**·9·4 政／**1877**·1·11 政／**1880**·3·29 政
名古屋延米会所　❺-2 **1723**·1 月 政／**1787**·6·4 政
丹改所　❺-2 **1737**·8 月 社
日歩会所(公設の質屋)　❺-2 **1802**·5·23 社
農方会所(名古屋藩)　❺-2 **1803**·11·10 政
納銭方会所　❸ **1447**·3·2 政
延米会所　❺-2 **1783**·12·26 政／**1812**·是年 政
箔座会所　❺-1 **1705**·7 月 社
白米相場会所　❻ **1876**·7·19 政
破損官舎堤防(報告命令)　❶ **854**·10·1 政
武家賃金会所　❺-2 **1786**·8·24 政
物産会所(会津藩)　❺-2 **1810**·12·11 政
物産会所(水戸藩)　❺-2 **1830**·5 月 政／**1832**·是年 政
古衣会所組合　❺-1 **1701**·12 月 社
米穀延売切手売相場会所　❺-2 **1729**·12·26 政
三橋会所·伊勢町米会所　❺-2 **1819**·6·25 政
明礬(唐和明礬)会所　❺-2 **1730**·2 月 政／**1735**·5·3 社／**1742**·7 月 社／**1758**·12 月 社／**1760**·12 月 社／**1767**·⑨·3 社／**1782**·8·30 社／**1788**·10·24 社／**1831**·2 月 社／**1843**·6·19 社
筵会所　❺-2 **1804**·5 月 社
木綿会所　❺-2 **1821**·3 月 社／**1844**·是年 社
家賃会所(大阪)　❺-2 **1767**·⑨·25 社
横浜生糸改会所　❻ **1873**·5 月 政
横浜商人会所　❻ **1869**·1 月 政
和州米延売買会所　❺-2 **1757**·8·20 政
代品方(かわりしなかた·佐賀藩)　❻ **1854**·是年 政
関東綿実仲買人　❺-2 **1775**·6·8 社
生糸検査所　❻ **1895**·6·18 政
主計　❶ **646**·1·1 社
納銭方　❸ **1451**·4·25 政
不動倉　❶ **708**·⑧·10 政／**763**·3·24 政／**817**·10·7 社／**835**·3·14 社／**891**·8·3 政／**895**·7·10 政／**897**·5·13 政／**976**·1·2 社／❷ **1014**·3·12 政／**1064**·是年 政
養蚕漆木局　❺-2 **1775**·9 月 社
主水司(もんどのつかさ)　❷ **1122**·5 月 社

役人·官人
位季禄　❶ **792**·11·19 政
位封　❶ **691**·1·13 社
納方割付　❺-1 **1644**·1·11 政
唐物使(からものし)　❶ **903**·8·1 政／**990**·10·23 政／❷ **1002**·4·10 政／**1012**·9·22 政
官人·臨時給与　❶ **749**·1·4 政
官物補充の法(国司)　❶ **759**·3·15 政
給物(雑色·小舎人·雑仕)　❸ **1347**·3·9 政
給与改革(幕府)　❻ **1867**·9·26 政
給禄法　❶ **841**·10·3 政
季禄改正の格　❶ **759**·是年 政
勤務評定の年限　❶ **764**·11·28 政
検不勘風水使　❶ **922**·10·21 政
交替使　❶ **939**·6·4 政／**958**·10·29 政／**967**·11·7 政
雑官稲銭納を禁止　❶ **838**·10·11 政
雑官稲の欠負補填法　❶ **845**·10·22 政
職封半減令(辞職者)　❶ **691**·1·13 社／**789**·8·21 政
士族家禄奉還者　❻ **1873**·3·10 政
染殿別当(武蔵)　❷ **1195**·7·28 社／**1203**·12·13 社／**1223**·4·9 社
田所職　❷ **1187**·12·10 政
刀禰(とね)　❷ **1023**·5·13 社／**1035**·12·26 社／**1036**·1·12 社／**1086**·5·6 政
山瀬刀禰(山城)　❷ **1092**·9·3 社
入質(地頭職)　❸ **1303**·3·24 政
橋·正倉·米穀などで加階　❶ **840**·3·12 社／**841**·5·3 社／8·4 社
品位による禄支給　❶ **711**·10·23 政
封戸(ふこ)支給　❶ **760**·12·12 政
本所　❷ **1071**·5·19 政
役料·役米(役職に対する俸禄)　❺-1 **1665**·3·18 政／**1666**·7·21 政／**1675**·11 月 政／**1680**·5·3 政／**1682**·4·21 政／8·21 政／**1692**·5·11 政
要劇銭(激務を務める官人＝劇官を選んで銭を支給)　❶ **809**·②·4 政／**812**·3·1 政／**898**·⑩·26 政

利子·利息·公定歩合
貸出利子協定　❼ **1915**·8·30 政
公定歩合 ⇨ [8] 貨幣·貨幣偽造 p.646　❻ **1882**·10·11 政／**1884**·是年 政／**1885**·是年 政／**1886**·是年 政／**1887**·是年 政／**1888**·是年 政／**1889**·是年 政／**1890**·是年 政／**1891**·是年 政／**1892**·是年 政／**1893**·是年 政／**1894**·是年 政／**1895**·是年 政／❼ **1896**·9·7 政／**1897**·8·11 政／**1898**·2·9 政／**1899**·2·10 政／11·10 政／**1900**·3·20 政／**1902**·3·19 政／6·27 政／**1903**·3·18 政／**1904**·7·2 政／**1905**·6·16 政／**1906**·3·13 政／**1907**·12·4 政／**1910**·1·11 政／**1911**·9·27 政／**1912**·2·7 政／**1914**·7·6 政／**1916**·4·17 政／**1917**·3·16 政／**1918**·9·16 政／**1919**·10·6 政／**1920**·10·4 政／**1925**·4·15 政／**1926**·10·4 政／**1927**·3·9 政／**1930**·10·7 政／**1931**·10·6 政／**1932**·3·12 政／**1933**·7·3 政／**1936**·4·7 政／❽ **1946**·10·14 政／**1948**·4·26 政／7·5 政／**1951**·10·1 政／**1955**·8·10 政／**1957**·3·20 政／5·8 政／**1958**·6·18 政／**1959**·2·19 政／12·2 政／**1960**·8·24 政／**1961**·1·26 政／7·22 政／**1962**·10·27 政／**1963**·3·20 政／**1964**·3·18 政
質物利子　❹ **1459**·11·2 政
質屋(仲間、利息)　❺-1 **1652**·1 月 政／**1667**·2·10 社／**1683**·9 月 社／**1692**·11·9 社／**1693**·7 月 社／**1698**·1·27 社／**1701**·11 月 社／**1702**·2·12 社／**1703**·12·14 社／**1706**·10 月 社／**1709**·是年 社／**1711**·12 月 社
諸借銀の利息　❺-2 **1722**·12·27 政
貸金の最高利息　❺-2 **1736**·9 月 社
年紀銭負物利子法　❷ **1262**·是年 政
暴利取締令　❽ **1937**·8·3 社
本銭返し　❷ **1227**·12·25 社／**1268**·7·1 政
無利息貸稲　❶ **734**·5·28 政
ヤミ利息　❾ **1968**·11·13 政
預金金利　❽ **1951**·9·1 政
利子協定　❼ **1918**·12·5 政
利息十割を禁止　❶ **779**·2·28 社
利息制限撤廃　❻ **1868**·2·23 政／**1871**·1·18 政
利息制限法　❻ **1877**·9·11 政／❽ **1954**·5·15 政
利息制限令　❺-2 **1843**·7·12 社
利息は一か月一割　❷ **1229**·11·2 社

綿·木綿
繰綿　❺-1 **1683**·11·21 社
内店組(絹布·太物·繰綿·小間物·雛人形)　❺-1 **1694**·是年 政
大坂綿屋仲間(三郷綿仲間)　❺-1 **1666**·7·21 社
生糸繭売買差止め駕籠訴　❻ **1859**·11·9 社
絹市(桐生)　❺-2 **1731**·2·13 社／**1780**·2 月 社
絹糸　❺-2 **1758**·9·4 社
絹(座)　❷ **1031**·2·23 社／**1204**·11·20 社
絹座　❹ **1585**·6·20 社
絹綿　❷ **1116**·2·21 社
組糸屋　❺-1 **1713**·5·21 政
絹布の制　❷ **1070**·2·7 社
実綿市場　❺-2 **1810**·是年 社
准布禁止　❷ **1226**·8·1 政
新座綿商　❸ **1343**·11·8 社
畑方綿作検見廃止　❻ **1869**·9·2 政
綿市場　❺-2 **1804**·9·13 社／**1834**·是春 社
木綿売仲間　❺-1 **1621**·3 月 社
木綿江戸積状況　❺-2 **1842**·是年 政
木綿座(会津)　❺-1 **1625**·10·30 社
木綿島屋　❺-1 **1713**·5·21 政
木綿売買　❹ **1580**·12·12 社
木綿屋　❺-1 **1713**·5·21 政
綿改所　❺-1 **1710**·是年 社
綿改所·綿延売買所　❺-2 **1725**·12 月 社／**1757**·11 月 社／**1788**·8·25 社
綿運上所(備後福山藩)　❺-1 **1667**·是年 社
綿の値段　❷ **1258**·10·4 社

経済その他
大仏鋳金　❷ **1184**·6·23 文
伝票制　❻ **1871**·8·19 政
農時の傭役　❷ **1264**·4·12 社
複式簿記　❻ **1871**·6·15 社／**1878**·2·27 文

8　貨幣·貨幣偽造

貨幣に関する書籍
『オランダ貨幣考』 ❺-2 1742·是年 文／1745·是年 文
『オランダ記念貨幣誌』 ❺-2 1731·是年 政／1788·4·13 文
『金銀図録』 ❺-2 1810·是年 文
『古今泉貨鑑』 ❺-2 1789·是年 文
『古今百銭図』 ❺-2 1721·是年 文
『西洋銭譜』 ❺-2 1787·是年 文
『百銭図』 ❺-2 1835·是年 文
『明治三十年幣制改革始末概要』 ❼ 1899·5·18 政
『和漢古今泉貨鑑』 ❺-2 1798·是年 文

貨幣に関する制度
悪貨兌換制 ❻ 1869·10·24 政
御銀所預り振出(手形制度) ❺-2 1792·10月 政
外国銀貨貢納許可 ❻ 1859·11·6 政
外国貨幣通用令 ❻ 1859·5·24 政
改鋳金銀貨交換規則 ❺-1 1696·7·9 政
貨幣條例 ❻ 1875·6·25 政
貨幣制度調査会 ❻ 1893·10·16 政／1895·7·3 政
貨幣法 ❼ 1897·3·29 政／1911·4·1 政
贋札取扱條例 ❺-1 1701·3·23 政
金銀貨並用通用の制 ❺-1 1701·12·11 政／1715·4·25 政
金銀銭貨の両替規則 ❺-1 1700·11·8 政
金札引換公債証書発行條令 ❻ 1873·3·30 政
金銭売買條令 ❺-1 1618·2·12 政
小判売買令 ❺-1 1668·8·13 政
小額貨幣通用廃止 ❽ 1953·7·15 政／1954·1·1 政
新円の通用·金融緊急措置令·日本銀行預入令 ❽ 1946·2·17 政
新貨條例 ❻ 1871·5·10 政／1875·5·20 政／6·25 政
損傷貨幣使用規則 ❺-2 1778·5·19 政
台湾彩票律令 ❼ 1906·6·13 政
兌換銀行券條例 ❼ 1897·3·29 政
蓄銭叙位令 ❶ 711·10·23 政／11·4 政／12·20 政／713·3·19 政／749·5·5 政
鋳銭請負制度 ❺-2 1765·8·2 政
鳥目(ちょうもく)の制法 ❺-1 1616·5·11 政
通貨単位及び貨幣発行法 ❾ 1987·6·1 政
通貨通用令 ❶ 808·5·8 政
通貨法 ❽ 1938·6·1 政
破銭法 ❶ 984·11·28 政
非居住者自由円勘定に関する政令 ❽ 1960·6·10 政
利子制限令(琉球、米穀) ❺-1 1683·是年 政

貨幣に関する禁止令
一円未満の小銭通用廃止 ❽ 1954·1·1 政
大判貯蔵禁止 ❻ 1858·6·11 政
旧銭通用禁止 ❶ 963·7·28 政
銀貨貯蔵、禁止 ❺-1 1701·8月 政
金銀正貨、通用禁止(広島藩) ❺-1 1705·8月 政
金銀売却禁止 ❸ 1417·5·4 政
金銀箔、使用禁止 ❺-1 1649·2·15 社／1668·3·20 文／1682·1·2 社／7月 社／1698·4·29 社／1705·④月 社
金札(幕府) ❻ 1867·8·19 政／10·26 政
金札·金貨交換禁止 ❻ 1869·5·2 政
金札相場廃止 ❻ 1869·4·29 政
金札発行中止 ❻ 1869·5·28 政
銀銭貨、蓄蔵禁止 ❺-1 1701·12·11 政
紙幣·府藩県発行と通用禁止 ❻ 1871·6·8 政
新銭鋳造を禁止 ❹ 1584·8·18 政
政府発行紙幣通用廃止 ❼ 1898·6·11 政
銭の買置き禁止 ❺-1 1712·10～11月 政
銭の貸借禁止 ❹ 1585·⑧·26 政
銭貨の流通を停止 ❷ 1187·6·13 政／1189·9·6 政／1192·9·30 政／12·30 政／1193·2·26 政／1239·1·11 政／1263·9·10 政
兌換銀行券條例 ❻ 1884·5·26 政／1885·5·9 政／1888·8·1 政／1890·5·17 政
他藩札の通用禁止 ❺-2 1815·3·9 政
蓄銭禁止 ❶ 798·9·23 政／867·5·10 政
蓄銭して爵位を買求めること禁止 ❶ 800·2·4 政
潰銀(私売買を禁止) ❺-2 1718·9·30 政／1743·9·23 政／1753·8·23 政／1767·5·12 政／1845·7月 政
天保五両判金の通用停止 ❻ 1854·7·28 政
天保銭通用停止 ❻ 1884·10·2 政／1886·11·15 政
偽金·銀·銭·札·私鋳金の禁止 ❺-1 1609·1月 社／1627·2·23 政／1643·2·2 政／1645·7·10 政／1655·8·2 政／1656·2·22 政／1659·7·25 社／1671·11·1 政／1687·3·21 政／1696·7·9 政／是年 政／1701·3·30 社／1702·6·21 社／11·21 社／1703·7·18 政／1711·5月 政
藩札(旧)通用禁止 ❻ 1871·7·14 政／1874·2·14 政

撰銭(えりぜに)
撰銭禁止令 ❶ 714·9·20 政／865·6·10 政／❹ 1485·4·15 政／1500·10·30 政／1505·10·10 政／1506·3·2 政／7·11 社／7·22 政／1508·8·5 政／1509·⑧·7 政／1510·3·26 政／1511·12·14 政／1512·8·30 政／1513·9·3 政／1514·是年 社／1518·10·14 社／1542·4·8 政／1544·12·21 政／1545·12·13 政／1559·4·14 政／1565·12·25 政／1569·3·1 政／1582·9·13 政／❺-1 1616·2·20 政／1618·2·12 政／1619·2·12 政／1622·2·10 政／1625·8·27 政／1626·④·11 政／1629·8·27 政／1633·4月 社
悪銭·鐚銭(びたせん) ❹ 1493·4·22 社／1583·11·18 社／❺-1 1605·1月 政／1606·7·23 政／1608·12·8 政／❺-2 1823·2·26 政

大蔵省
満洲造幣廠 ❼ 1933·3·20 政
造幣機械 ❻ 1868·5·1 政
造幣局 ❻ 1886·4·17 政／1869·2·5 政
造幣事業(日本人のみで運営) ❻ 1889·1·22 政
造幣寮(大阪) ❻ 1870·2·2 政／1871·2·15 政／1878·12·10 政／1886·4·17 政
大蔵省印刷局 ❻ 1878·12·10 政／1886·4·17 政
大蔵省紙幣寮 ❻ 1876·10·8 政
大蔵省出納條例 ❻ 1876·3·31 政

外国の貨幣
アメリカ通貨の交換比要求 ❻ 1856·8·27 政
ウィーン金貨 ❾ 2004·10·6 政
ウォン(韓国) ❾ 1983·4·24 政
クルーガーランド金貨 ❾ 1980·12月 政
元(中国) ❾ 1973·2·19 政
宋銭 ❷ 1150·8·25 政／1156·5月 政／1189·9·6 政／1193·7·4 政／1199·7·24 政／1226·8·1 政
足赤金(清国金の一種) ❺-2 1789·是年 政
ドイツ札 ❻ 1871·12·27 政
唐銭 ❷ 1179·7·27 政
ドル ❻ 1868·2月 政／❽ 1958·9·16 政／❾ 1972·4·17 政／1985·1·4 政
二タカ(バングラデシュ) ❾ 2012·11·13 政
ポンド ❽ 1939·10·25 政／❾ 1985·3月 政
ユーロ ❾ 1999·1·1 政／2002·1·1 政／2012·6·1 政

外資 ❽ 1951·4·3 政／1952·7·1 政
外資委員会 ❽ 1950·5·10 政
外資金庫 ❽ 1945·2·9 政

外資公債発行法　❽ 1963·3·31 政
外資導入合同審議会　❽ 1950·1·26 社
外資導入三原則　❽ 1952·3·19 政
外貨と外国為替
円資金貸付　❾ 1970·2·12 政
円元決済制度　❾ 1972·8·17 政／1973·8·8 政／2012·6·1 政
円建てオーストラリア連邦債　❾ 1972·7·14 政
円建て公定制　❽ 1942·1·1 政
沖縄のドル·円交換　❽ 1950·4·12 政／❾ 1972·4·27 政／5·12 政
沖縄の通貨　❽ 1948·7·16 政
海外旅行外貨持出し枠　❾ 1969·3·25 社／1970·3·1 社／1971·5·1 社／10·1 社／1972·11·24 社／1976·6·14 政／1977·6·13 政／1980·12·1 社
外貨勘定　❽ 1952·4·25 政
外貨管理権　❽ 1952·4·28 政
外貨債処理法　❽ 1943·3·15 政
外貨自由化　❾ 1973·1·18 政
外貨準備高　❽ 1955·11·25 政／1960·12·31 政／❾ 1965·3·5 政／1968·1·13 政／1971·8·31 政／1978·12·1 政／1987·6·26 政／1989·5·1 政／1990·4·2 政／1991·12月 政／1994·11·1 政／1995·3·1 政／2001·1·11 政／2003·7·7 政／2004·4·7 政／2005·1·11 政／2011·1·11 政
外貨導入原則　❽ 1948·1·24 政
外貨認可基準　❽ 1960·6·1 政
外貨持高集中制　❽ 1960·4·1 政
外貨預金　❾ 1977·5·24 政
外貨流出対策　❾ 1973·12·17 政
外国為替·外国貿易管理法　❽ 1958·5·15 政
外国為替買入許可　❽ 1949·6·24 政
外国為替貸付制度　❽ 1950·9·15 政
外国為替管理令·委員会　❽ 1949·2·2 政／3·16 政／1960·6·1 政／1963·6·29 政
外国為替基金　❽ 1938·7·23 政
外国為替銀行法　❽ 1962·4·27 政
外国為替相場　❾ 1974·1·7 政／1977·10·3 政／11·17 政／1978·4·3 政／8·1 政／1979·1·4 政／1982·11·1 政／1983·12·30 政／1984·3·7 政／1985·9·24 政／11·25 政／1989·12·29 政／1993·2·22 政／1994·7·1 政／2001·12·27 政／2004·1·7 政／2009·11·26 政
外国為替特別会計法　❽ 1949·12·1 政
外国送金　❾ 2006·9·19 政
為替相場(1ドル15円)　❽ 1946·9·30 政
為替相場の円建　❽ 1941·12·29 政
為替相場のドル建　❽ 1942·1·1 政
為替レート　❽ 1948·是年 政
為替レート1ドル360円　❽ 1948·5·20 政／7·6 政／1949·3·7 政／4·1 政／4·23 政／10·25 政／1960·2·8 政／1963·4·22 政／❾ 1971·8·15 政
為替売買直物相場自由化　❽ 1956·9·4 政
基準外貨付制度　❾ 1981·3·17 政
国際通貨基金(IMF)　❾ 1969·5·9 政／2012·4·17 政
在日外国人の円持込み·持出　❽ 1949·1·25 政
スミソニアン·レート　❾ 1971·12·17〜18 政
スワップ協定　❾ 2008·9·18 政
世界銀行借入れ資金返済完了　❾ 1990·7·15 政
接収ダイヤ　❾ 1966·10·29 社
ゼロ金利政策　❾ 1999·2·12 政／9·21 政／2000·4·12 政／2006·7·14 政
対外純資産残高　❾ 1986·5·27 政／1987·5·26 政／1988·5·24 政／1991·12月 政／1994·5·27 政／1996·5·24 政／1997·5·23 政／1998·5·22 政
大東亜圏決済通貨　❽ 1942·1·30 政
対米金現送　❽ 1937·3·9 政
通貨供給量　❾ 2004·10·13 政
特別円決裁　❽ 1942·5·2 政
輸入為替許可制　❽ 1937·1·8 政
貨幣(金銀銅貨)　❻ 1869·7·12 政
直銀　❺-2 1773·12·16 政
アルミ一円貨　❽ 1955·6·1 政／1960·是年 社／1963·8·13 政
アルミ銭貨　❽ 1940·4·11 政／1945·3·13 政／4·23 政
安政一朱銀　❻ 1854·1·19 政／1859·8·13 政
安政丁銀　❻ 1859·12·28 政
一円銀貨　❼ 1897·10·1 政／10·26 政
一分金　❺-1 1605·是年 政
一分銀·桜銀　❺-2 1837·10月 政
一分判金　❹ 1599·是年 政／❺-2 1716·是年 政／1819·9·28 政／1824·5·15 政／1842·8月 政
一両銀六十匁替　❺-2 1724·6·17 政
一朱銀　❺-2 1833·7·29 政
一銭黄銅貨　❽ 1938·6·1 政
印銀(佐渡)　❺-1 1702·是年 政
印金(売買)　❺-2 1761·12·30 政／1762·1·2 政
永字銀(宝永永字丁銀)　❺-1 1709·12月〜翌年3月 政／1710·3·6 政／❺-2 1798·5·9 政
永楽銭(えいらくせん·永楽通宝)　❸ 1401·是年 政／1403·8·3 政／❹ 1550·是年 社／❺-1 1604·是年 政／1605·1月 政／1608·12·8 政／1609·8月 政／1610·9·10 政
延喜通宝　❶ 907·11·3 政／908·11·26 政
往古銀(人参代)　❺-1 1710·9·27 政
黄金　❺-1 1615·7·6 社
黄金のナガシ金十·薄板二板　❺-1 1667·3月 社
大判　❺-1 1601·5月 政／1609·1月 政／1712·2月 政／❺-2 1841·6·23 政
大判·小判　❾ 1982·4·12 政
荻原銭　❺-1 1700·3·6 政
尾張正金　❺-2 1731·8月 政
開基勝宝(金銭)　❶ 760·3·16 政
欠銭　❺-1 1606·7·23 政
瑕疵金貨　❺-2 1750·5·26 政
加治木銭　❺-1 1655·是年 政／1656·是年 政
貨幣博物館　❾ 1985·11·6 文
貨幣引換所　❺-2 1829·12·12 政
唐銀(唐銭)　❺-2 1739·9·2 社／1763·8·9 政／1764·5·10 政／1766·2·18 政／1767·3·28 政
軽目金⇨切金(きりかね)
寛永通宝　❺-1 1636·6·1 政／11·26 政／1637·8月 政／1640·12·22 政／1661·6·12 政／1670·6·28 政／1674·2月 政／1700·2·13 政／1708·2·11 政／10·11 政／❺-2 1717·6月 政／1726·是年 政／1765·8·2 政
寛平大宝　❶ 890·4·28 政
旧金銀貨幣　❺-2 1821·4·26 政
旧金銀貨価格表　❻ 1885·7·6 政
旧貿易銀発行　❻ 1878·11·26 政
饒益神宝　❶ 859·4·28 政
京銭　❺-1 1610·9·10 政／1658·是年 政／1662·是年 政
享保金銀貨　❺-2 1718·⑩·21 政／1725·3·24 政／10·6 政／1798·5·9 政
享保仙字銭　❺-2 1728·3·19 政
御物銀　❺-1 1625·10·1 政
切金·軽目金(破損金貨)　❺-2 1749·12·25 政／1771·12·24 政／1787·8· 政
金改役　❺-2 1845·10·12 政
金一両　❺-1 1619·4·19 政
金貨　❺-1 1677·2·26 政／1697·4·26 政／1698·1·26 政
金貨取引　❺-1 1668·5·10 政
銀貨　❺-1 1608·是年 政／1632·3·13 政／1697·4·26 政／1698·1·26 政
銀貨改鋳(幕府)　❺-1 1706·6·6 政
銀貨取引　❺-1 1668·5·10 政
金銀引替(所)　❺-2 1719·8·14 政／1721·9月 政
金銀細工　❺-2 1846·是年 社
金銀銭　❺-2 1765·是年 政
金銀相場　❺-1 1632·是年 政／1662·11·16 政／1670·7·12 政／❺-2 1719·2·27 政／1726·1·11 政
金銀二朱判真字二分判　❺-2 1830·10·9 政
金銀両貨　❺-1 1670·12月 政／1698·1·26 政
金銀両替屋　❺-1 1650·是年 政
金銀両目　❹ 1569·3·16 社
銀小判(秋田藩)　❺-1 1620·2月 政
金子平し相場　❺-2 1826·12·7 政
金·銭相場立合　❺-2 1725·9·27 政
京銭　❺-2 1717·4·5 政
金銭　❶ 760·3·16 政
銀銭　❶ 486·10·6／683·4·15 政／708·5·11 政／709·8·2 政／710·9·1 政／760·3·16 政
金銭の交換　❺-1 1655·12月 政
銀遣い(盛岡藩)　❺-1 1652·是年 政
金包　❺-1 1699·5·25 政
銀吹替所　❺-2 1773·1·12 政
銀吹立高　❺-2 1736·4月 政
金法馬　❺-1 1614·是年 政
銀四十両(南廷)　❷ 1148·9·1 政
公事用途銭貨　❷ 1245·4·13 政
慶長梅鉢大判金(金沢藩)　❺-1 1603·5月 政
慶長銀　❺-2 1742·4·11 政／1798·5·9 政

慶長古金　❺-2 1721・6・1 政／1726・4・5 政／1731・6月 政
慶長通宝(銅銭)　❺-1 1606・是年 政
乾元大宝　❶ 958・3・25 政
乾坤通宝　❸ 1334・3・28 政
乾字金　❺-1 1710・3・6 政／1715・12・16 政／❺-2 1717・8・18 政／1718・⑩・28 政／1719・7・2 政／1721・4・9 政／1723・1・8 政／1730・1・14 政
元字銀　❺-1 1696・5月 政
元和通宝　❺-1 1615・是年 政／1617・是年 政
元禄金銀　❺-1 1695・8・11 政／1698・是年 政／1702・2・3 政／1706・1・15 政／1711・9月 政／10月 政／1715・12・16 政／❺-2 1717・12・16 政／1718・10月 政／⑩・28 政／1720・3・20 政／1721・4・9 政／1723・1・8 政／1725・10・6 政／1798・5・9 政
甲定金　❺-2 1730・8月 政
甲重金　❺-2 1730・8月 政
小梅鋳銭　❻ 1864・3・22 政
古金銀(大坂金蔵)　❻ 1860・10・21 政
古金銀貨　❺-2 1730・8月 政／1738・4・25 政／8・6 政／1744・6・14 政／1756・5・14 政／1820・8月 政／1825・2・15 政／7・18 政／1826・2・13 政／1828・7・6 政／1831・10・10 政／1835・7・28 政／1839・11・1 政／1842・5・22 政／1851・10・13 政／1852・10・19 政
古金銀貨引換期限延長　❻ 1853・10・18 政
極印銀　❺-1 1638・9・5 政
五十円ニッケル貨　❽ 1955・9・1 政
五十銭銭貨　❼ 1917・10・30 政
小菅銭　❻ 1859・9・3 政
古銭　❺-1 1650・4・28 政／❺-2 1784・3～4月 社／1804・4・17 社／1829・文政年間 政／❾ 1968・7・16 社／1978・2・26 社／10・14 社／1979・2・7 社／1980・1・11 社／1996・4・6 社／2002・3・8 社／2006・5・19 社
五銭アルミ銅貨・紙幣　❽ 1938・6・1 政／1944・11・1 政／1948・5・25 政
五銭白銅貨　❻ 1889・6・1 政
小玉銀　❺-2 1820・6・28 政
小判　❺-1 1601・5月 政／1621・7月 政／1636・11・26 政／1662・7月 政／❺-2 1716・是年 政／1764・是年 政／1833・3月 政
五百円硬貨　❾ 1981・11・14 政／1982・4・1 政
五品銀貨の吹立高　❺-2 1722・是年 政
五匁銀　❺-2 1766・9月 政／1768・7・20 政
五両判金　❺-2 1837・7・13 政
砂金　❸ 1305・3・29 政／1310・11・15 政／1317・3・8 政／❺-1 1617・是年 社／1620・是年 社／❺-2 1721・是年 社／1776・3・5 社
佐州銀　❺-1 1619・是年 政／❺-2 1761・是年 政
散銭　❸ 1354・6・23 社
三宝銀　❺-1 1710・3・6 政／❺-2 1798・5・9 政
獅噛銭　❺-1 1606・7・23 政
紙幣　❸ 1334・1・12 政
四宝字銀貨　❺-1 1711・2・2 政／8月 政／❺-2 1798・5・9 政
十銭アルミ銅貨・紙幣　❽ 1938・6・1 政／1944・11・1 政
十枚作の金　❺-1 1629・4・26 政
十文銭　❺-1 1665・1月 政
十銭銭貨　❼ 1917・10・30 政
朱封銀　❺-1 1638・9・5 政
貞観永宝　❶ 870・1・25 政
正徳金・正徳銀　❺-1 1714・5・15 政
承和昌宝　❶ 835・1・22 政
神功開宝　❶ 765・9・8 政
新古金銀貨　❺-2 1824・3月 政
新極印銀　❺-1 1633・4・17 政
真字二分判金　❺-2 1818・4・16 政／1834・9・18 政
新銭　❺-2 1728・是年 政／1737・3・5 政／1738・是年 政／1742・5・3 政
新銭一両に四貫文　❺-1 1655・8・2 政
新銭買請けの割合　❺-1 1669・3・21 政
真鍮四文銭(赤銭)　❺-2 1768・4・28 政／4月 政／1769・9・13 政／1774・9・5 政／1787・1・27 政／1821・11・27 政
新文字銀　❺-2 1820・6・28 政
正字金　❻ 1860・1・20 政
銭貨　❷ 1242・7・4 政／❸ 1334・3・28 政／1363・是年 政／1429・2・21 政／1449・8・26 政／❹ 1458・3・24 政／8・16 社／1462・10・17 政／1463・10・4 政／1465・5・27 政／1477・7月 政／1483・10・10 政／1488・12・30 政／❺-1 1713・11月 政／1714・9・22 政／❺-2 1738・8月 政／1739・是年 政／1764・⑫・7 政／1834・12・14 政／是年 政
銭貨買占・囲銭　❺-2 1724・11・28 政／1736・6・19 政／11・8 政／1755・12・4、15 政／1756・⑪・3 政／1763・12・27 政
銭小貸会所　❺-2 1734・5月 社／1760・3・9 政／1764・8・28 政
銭座・銭匠　❸ 1343・10・28 政／❺-2 1718・3月 政／1738・12月 政／1851・11・14 政
銭相場　❺-1 1825・5・25 政／❻ 1869・7・10 政
銭の江戸廻送　❺-2 1813・9月 政
銭の他国積出　❺-2 1825・1月 政
銭価　❺-1 1709・10・29 政／1714・7・29 政／12月 政
公事用途銭貨　❷ 1245・4・13 政
仙台通宝　❺-2 1728・1・18 政／1784・11・17 政／1806・4・22 政／1842・3・28 政
草字一分判金　❺-2 1819・6月 政
草字二分判金　❺-2 1828・11・26 政／1829・7・26 政
贋造二分金問題　❻ 1869・7・12 政
草文丁銀　❺-2 1820・6・28 政
大銭(宝永通宝・十文銭)　❺-1 1707・10・13 政／1708・①・28 政／9・28 政／1712・2・21 政
大平元宝(銀銭)　❶ 760・3・16 政
竹流判金　❺-1 1614・是年 政／1615・7・6 社
丁銀　❺-2 1788・4・29 政
丁銀輸送　❺-1 1681・是年 政
丁銭　❺-2 1725・是年 政
長年大宝　❶ 848・9・19 政
潰金銀　❺-1 1665・3・13 政
鉄銭　❺-2 1741・是年 政／1743・是年 政／1767・2月 政／1774・9・5 政／1776・3・12 政／❻ 1864・2月 政
天正大判金　❹ 1588・是年 政
天正小判金　❹ 1588・是年 政
天正通宝　❹ 1587・是年 政
天保大判金　❺-2 1838・6・27 政
天保通宝　❺-2 1835・9・5 政
天宝二朱銀　❺-2 1832・10・4 政
天保銭　❼ 1896・11・19 政
陶貨　❽ 1944・3・16 政
銅銭　❶ 683・4・15 政／708・7・26 政／8・10 政／709・8・2 政／730・3・13 社／❷ 1277・是年 政／❹ 1483・3月 政／❺-1 1658・是年 政／❺-2 1741・是年 政
渡唐銀　❺-1 1638・是年 政／1712・8・28 政／1713・7・2 政／1715・12・3 政
鉛銭　❺-1 1614・天正～慶長年間 政
南鐐銀　❷ 1148・9・1 政／❺-1 1614・2・19 社／❺-2 1772・9・7 政／9・21 政／1773・5・28 政／11・12 政／12・16 政／1774・7・30 政／10・19 政／是年 政／1779・1・30 政／1788・4・29 政／1790・9・27 政／1800・11・7 政／是年～文化元年 政／1824・2・3 政／1829・6・24 政／❻ 1853・12・26 政
二朱銀　❺-2 1832・10・4 政／1842・8月 政
二十銭銭貨　❼ 1917・10・30 政
二朱判金　❺-1 1697・6・30 政／1710・3・6 政
二分判通用布告　❻ 1856・6・4 政
灰吹銀・潰銀　❹ 1542・是年 政／❺-1 1609・5・3 政／1663・3・8 政／1712・12月 政／1714・8月 政／❺-2 1718・9・30 政／1749・8・25 政／1753・8・23 政／1760・5・26 政／1794・1月 政／1805・5・9 政／1833・5・29 政／1845・7月 政／8・29 政
箱館通宝　❻ 1856・10・7 政／1857・⑤・4 政
破損金貨⇨切金(きりかね)・軽目金
はずし金　❺-2 1820・4・26 政
鳩目銭　❺-1 1655・是年 政／1656・是年 政／1662・是年 政
引替所文字金銀　❺-2 1736・6・15 政
常陸銭　❺-2 1769・是年 政
百円札(銀貨)　❽ 1945・8・17 政／1953・12・1 政／1957・12・11 政／1959・2・16 政
百文銭　❺-2 1849・是年 政
吹金　❺-2 1820・4・26 政
富寿神宝　❶ 818・11・1 政
富本銭　❶ 683・4・15 政／❾ 1999・1・19 文／7・23 文／2007・11・29 文
文久永宝　❻ 1863・2・11 政
分国一統銭(金沢藩)　❺-1 1654・8・16 政
文政一朱金　❺-2 1824・7・1 政
文政新二朱銀　❺-2 1824・2・3 政
文政二分判金　❺-2 1835・10月 政
宝永銀　❺-1 1712・9・23 政／1713・

3·2 政／❺-2 1720·3·20 政／1798·5·9 政
宝永金貨 ❺-1 1710·4·15 政／1711·10月 政／1712·9·23 政／1713·3·2 政
宝永通宝十文銭 ❺-1 1708·5月 政／1709·1·17 政
貿易銀 ❻ 1875·2·28 政／1878·5·27 政
保字金 ❻ 1860·1·20 政
埋蔵銭 ❹ 1522·9月 社
豆板銀 ❺-1 1601·5月 政
万延大判 ❻ 1860·4·10 政
万年通宝 ❶ 760·3·16 政
名目金 ❺-2 1825·5·25 社
明和五匁銀 ❺-2 1765·9·1 政
文字金銀 ❺-2 1736·5·12 政／7·11 政／1738·11·30 政／1761·7·26 政／1842·8·2 政
文銭 ❺-1 1662·3月 政／1669·5·11 政
山出し金·外し金·下金·屑金 ❺-1 1708·3月 政
洋銀(極印) ❻ 1860·5·12 政
擁護銀 ❺-2 1771·是年 政
四文銭 ❺-2 1788·4·29 政
楽銭(神社) ❹ 1475·6·30 社
隆平永宝 ❶ 796·11·8 政
露銀 ❺-2 1770·12·17 政
和銅開珎 ❶ 708·5·11 政／8·10 政／709·8·2 政

貨幣製造
貨幣司 ❻ 1869·2·5 政
貨幣製造機械 ❻ 1871·2·15 政
貨幣鋳造約定書 ❻ 1869·6·24 政
金貨改鋳 ❺-1 1714·2·1 政
金貨鋳造 ❺-1 1701·是年 政／1706·7·29 政
金銀改鋳 ❺-1 1710·4·15 政
金銀改鋳総督 ❺-1 1715·10·5 政
金銀改鋳奉行 ❺-1 1658·2·26 政
金銀貨改鋳の噂 ❺-2 1748·2月 政
銀銅吹所 ❺-1 1714·10月 政
私鋳銭 ❷ 1022·7·14 政
銭座 ❺-1 1659·7·14 政
銭機(鋳銭機) ❶ 885·10·11 政
鋳銭座·場 ❺-1 1636·6·1 政／1656·10·13 政／1660·是年 政／1661·是年 政／1691·是年 政／1697·2·27 政／1699·10·4 政／1714·3月 政／9·7 政／❺-2 1716·10·24 政／1717·6月 政／1726·5·3 政／1728·3·19 政／5·29 政／1730·11·25 政／1731·9·7 政／1736·5·8 政／7·28 政／8月 政／10·20 政／1737·2月 政／11·24 政／1738·4·29 政／1739·12·6 政／1740·11·1 政／1745·2·17 政／1765·8·2 政／1768·4月 政／6·16 政／1772·9·25 政／10月 政／1773·9月 政／1774·9·8 政／1777·6·18 政／1790·11·10 政／❻ 1860·11月 政／1868·12·4 政
鋳銭の量 ❶ 822·12·28 政
鋳銭司 ❶ 694·3·2 政／699·12·20 政／735·⑪·19 政／737·11·4 政／745·4·27 政／758·8·25 政／766·是年 政／798·12·20 政／810·12·26 政／816·7·15 政／818·3·7 政／8·7 社／820·2·13 政／821·2·15 政／825·12·23 政／826·9·21 政／831·3·5 政／834·10·9 政／835·2·15 政／3·16 政／837·4·1 政／847·2·29 政／849·10·1 政／851·8·15 政／854·2·16 政／855·9·19 政／11·1 政／859·10·28 政／870·8·5 政／12·13 政／885·10·11 政／896·3·4 政／899·5·28 政／931·5·7 政／940·11·7 政
鋳銭司長官 ❶ 708·2·11 政／757·6·16 政／767·12·9 政／769·3·10 政／782·2·7 政／790·10·2 政／841·1·13 政／847·2·11 政／849·4·20 政／854·2·16 政／859·3·22 政／861·4·9 政／865·3·19 政／868·2·17 政／6·28 政／886·2·21 政
鋳銭長官 ❸ 1334·8·10 政
鋳銭次官 ❸ 1334·8·10 政
鋳銭司判官 ❷ 1018·12·7 政
作銭形師 ❶ 855·9·19 政
見本銭鋳造 ❺-2 1739·5·28 政

為替
江戸為替御用 ❺-1 1692·3·9 政
為替座御用 ❺-2 1730·8·5 政／1762·4·6 政／1815·5月 政／1828·2·24 政
金銀為替御用達 ❺-1 1691·2月 政
割符(さいふ、為替) ❸ 1311·7·12 政／1372·11·11 政／1405·11·20 社／❹ 1467·12·28 社

偽造貨幣 ❻ 1871·6·2 政
秋田藩銀札疑獄事件 ❺-2 1757·7·6 政
贋札改所 ❻ 1870·⑩·14 政
贋造証券 ❻ 1872·6·2 政
偽造キャッシュカード ❾ 2005·12·21 社
偽造収入印紙 ❾ 2005·1·17 社
偽造宝貨律 ❻ 1870·7·2 政
私鋳銭(贋造銭) ❶ 709·1·25 政／711·10·23 政／714·9·20 政／745·4·27 政／753·是年 政／766·是年 政／767·11·20 社／780·11·2 政／814·8·21 社／839·4·2 政／875·12·1 政／876·6·27 政／880·8·15 社
紙幣·債券の偽造団 ❼ 1928·1·4 政／6·25 政／7·5 政／1932·10·8 政／1935·3·29 政
紙幣偽造 ❻ 1870·6·27 政／1882·1·15 政／12·8 政／❽ 1937·3月 政／1946·3·13 社／1947·11·2 政／12·27 政／1948·11·24 政／1951·3·25 社／1956·1·6 政／2·2 政
偽一万円札 ❾ 1981·8·12 政／1987·4·3 政／1993·4·11 政／7·10 政／1994·2·26 社／6·23 社／2005·1·6 社／1·14 社／5·1 社／7·8 社／2009·2月 政／2010·1·6 政
偽小切手偽造団 ❾ 1967·3·29 社
偽五千円札 ❾ 1982·2·25 政／9·6 政
偽五百円硬貨 ❾ 1999·5·20 社／2003·11·27 政／2005·2·3 政
偽札専従捜査班 ❽ 1957·8·17 政
偽十万円金貨(昭和天皇在位六十年記念) ❾ 1990·1·31 社／2·3 政
偽千円札(チ37号)事件 ❽ 1961·12·7 政／1962·1·26 政／8·13 政／9·
政
偽ドル(米ドル軍票偽造団) ❽ 1950·1·16 政／1953·6·14 政／1954·2·26 政／❾ 1980·6·26 政／2005·3·23 政
偽百円札 ❾ 1967·4·10 政
福岡藩贋札事件 ❻ 1871·7·2 政
和D-52号問題 ❾ 1992·4·5 政

記念コイン
科学万博記念硬貨 ❾ 1985·3·12 政
国際花と緑の博覧会硬式記念メダル ❾ 1989·9·15 社
天皇在位六十年記念金貨 ❾ 1986·10·16 政
東京オリンピック記念硬貨 ❽ 1964·9·21 政／1964·10·2 政
ハローキティ記念コイン ❾ 2004·6·14 社

金座·銀座
御銀吹極 ❹ 1598·12·28 政
金銀·金札包座 ❻ 1869·2·2 政
金銀座掛(勘定奉行) ❻ 1867·10·2 政
金銀座接収 ❻ 1868·4·18 政
金銀売買立会所 ❺-2 1743·是年 政
金銀箔業者 ❺-2 1751·1·30 政
金座 ❹ 1569·10·26 社／1577·2·3
社／❺-1 1601·7·28 政／1665·3·13 政／1701·是年 政／❺-2 1736·5·12 政／❻ 1869·2·12 政
銀座 ❺-1 1601·5月 政／1606·是年 政／1612·是年 政／1614·是年 政／1615·是年 政／1663·12·25 政／1665·3·13 政／4·28 政／1701·12月 政／❺-2 1775·5·24 政／1800·5月 政／11·22 政／1805·7月 政／1821
4月 政／❻ 1869·2·12 政
銀座御咎一件 ❺-2 1800·11·22 政
銀座年寄 ❺-2 1726·9月 政／1745·7·27 政／1779·5月 政
銀座吹所 ❺-2 1819·是夏 政
銀座役人の不正 ❺-1 1712·9·11 政／1714·5·13 政
銀山公用 ❹ 1597·7·1 社
金奉行 ❺-1 1646·1·22 政
銀元会所(姫路藩) ❺-2 1818·11月 政
銀本位制 ❻ 1870·11·12 政／1885·6·6 政
国内産金 ❾ 1968·4·26 政
新銭座 ❺-1 1657·11·2 政／1705·10月 社
銭座 ❺-2 1740·是年 政
長崎銀座廃止 ❺-2 1800·7·22 政
公定歩合 ❾ 1965·1·9 政／1967·9·1 政／1968·1·5 政／8·7 政／1969·9·1 政／1970·10·28 政／1971·1·20 政／5·8 政／7·28 政／12·28 政／1972·6·24 政／1973·4·2 政／1975·4·16 政／8·13 政／10·24 政／1977·3·12 政／4·19 政／9·5 政／1978·3·16 政／1979·7·24 政／1980·2·19 政／3·19 政／8·20 政／11·6 政／1981·3·18 政／12·10 政／1983·10·22 政／1986·1·30 政／3·7 政／11·1 政／1987·2·23 政／1989·5·30 政／10·11 政／1990·3·20 政／8·30 政／1991·7·1 政／1992·4·1 政／7·27 政／1993·2·4 政／9·2

政／1995·4·14 政／9·8 政／2001·2·9 政／9·18 政／2007·2·21 政
紙幣 ❺-2 1774·8·28 政
紙幣の図案 ❽ 1946·5·13 政
一円札 ❽ 1943·12·15 政
一万円札 ❽ 1958·12·1 政／❾ 1981·7·7 政／1984·11·1 政／2004·11·1 政
共通一円券 ❾ 1989·4·4 政
銀行券 ❼ 1902·是年 政
軍票
軍票の交換率 ❽ 1945·9·24 政／1946·9·30 政／1948·7·6 政
B円軍票 ❽ 1958·8·23 政／9·16 政
米軍票ドルの円換算率 ❽ 1943·12·15 政／1946·3·5 政／1947·3·11 政
五円札 ❼ 1899·3·18 政／❽ 1943·12·15 政／1946·3·5 政
国立銀行紙幣 ❻ 1894·6·23 政／❼ 1899·12·10 政／❽ 1951·12·1 政／1959·2·16 政
五十円札 ❼ 1927·4·26 政／❽ 1951·12·1 政／1959·2·16 政
五十銭紙幣 ❽ 1938·6·1 政／7·5 政
五千円札 ❽ 1957·10·1 政／❾ 1981·7·7 政／1984·11·1 政／2004·11·1 政
五百円札 ❽ 1951·4·2 政
紙幣価格(対銀貨) ❻ 1881·是年 政
紙幣準備金 ❻ 1868·1·29 政
紙幣兌換開始 ❻ 1886·1·1 政
紙幣流通量 ❻ 1877·是年 政／❽ 1943·12·15 政／1945·8·17 政／1959·2·16 政
十円札 ❼ 1899·9·16 政／1930·5·21 政／❽ 1943·12·15 政／1945·8·17 政／1959·2·16 政
新五円札 ❻ 1878·7·2 政
新札(新紙幣) ❺-2 1828·9·7 政／❻ 1871·12·27 政／1872·4·1 政
制限外兌換券 ❼ 1897·7·27 政／1899·12·26 政／1910·12·21 政
銭札 ❺-2 1759·8·8 政／1830·是年 政／1835·10月 政
千円札(日本武尊) ❽ 1942·4·29 政／1945·8·17 政
千円札(夏目漱石) ❾ 1981·7·7 政／1984·11·1 政／2004·11·1 政
千円札(伊藤博文) ❽ 1963·11·1 政
千円札(聖徳太子) ❽ 1950·1·7 政
損傷紙幣 ❻ 1884·2·1 政
兌換銀行券制限外発行 ❼ 1902·12·27 政／1927·10·10 政
兌換券(甲)百円券 ❼ 1900·12·25 政
朝鮮銀行券 ❼ 1917·11·28 政
太政官札 ❻ 1868·④·19 政／5·15 政／6·3 政／9·23 政／是年 政／1874·2·14 政／1875·1·15 政／1877·3·28 政
二十銭紙幣 ❻ 1883·2·10 政
二千円札 ❾ 1999·10·5 政／2000·7·19 社
日本銀行券 ❻ 1884·5·26 政
日銀券発行残高 ❾ 1965·12·31 政／1966·12·31 政／1967·12·31 政／1968·12·31 政／1969·12·31 政／1971·12·31 政／1972·12·31 政／1973·12·31 政／1974·12·31 政／1975·12·31 政／1976·12·31 政／1985·12·31 政／1988·12·30 政／1992·12·31 政／2003·12·30 政
日銀兌換券発行高 ❼ 1928·12·31 政
二百円札 ❼ 1927·4·25 政／❽ 1945·4·16 政
灰吹銀 ❸ 1394·12·8 社
百円札 ❼ 1917·9·1 政／1930·1·11 政／❾ 1972·是年 社
不換紙幣の流通量 ❻ 1876·是年 政／1878·是年 政／1879·是年 政
不換紙幣問題 ❻ 1880·5·14 政
三井札 ❻ 1871·10·12 政
民部省札 ❻ 1869·9·17 政／1874·2·14 政／1875·1·15 政／1877·3·28 政
民部省札発行高 ❻ 1870·是年 政
予備紙幣発行 ❻ 1877·12·27 政
新銭支給 ❶ 741·③·25 政／799·1·9 政／813·7·16 政／835·10·23 政
銭貨使用奨励 ❶ 713·3·19 政
貯蓄奨励
溜銭(会津藩) ❺-2 1761·10·9 政
蓄銭 ❺-2 1736·6·19 政／12·2 政／1737·11·21 政
通貨交換率 ❶ 722·2·27 政／760·3·16 政／772·8·12 政／779·8·15 政
円相場 ❾ 1971·5·17 政／6·4 政／12·17 政／1972·1·27 政／10·20 政／10·25 政／11·22 政／1978·6月 政／7·24 政／10·31 政／1980·3·2 政／1986·10·14 政／1992·9·24 政／1993·4·21 政／1995·3·8 政／4·19 政／1997·4·10 政／2002·5·22 政／2003·9·29 政／2004·1·16 政／2008·3·13 政／2010·8·11 政／2011·3·16 政／10·31 政
金銀交換率 ❺-1 1619·4·19 政／1675·8·7 政／1701·12·11 政
金銀相場 ❺-1 1631·7·12 政
金銀貨幣相場 ❻ 1883·12月 政
金銭延売買会所 ❺-2 1812·10·1 政／1843·3·28 政
金相場(会所) ❺-2 1743·是年 政／1839·5·25 政
銀·銭小貨会所 ❺-2 1788·3·29 政
銀の相場 ❺-1 1632·是年 政／1662·11·16 政
銀本位 ❺-1 1670·12月 政
古今銀交換比率 ❻ 1859·7·1 政／1878·9·3 政
銭相場 ❺-1 1646·11月 社／❺-2 1731·11月 政／1800·1·28 政／1836·12月 政／1837·1·30 政／1842·8·5 政／1843·1·17 政／1852·12·8 政
銭の公定相場 ❺-1 1625·8·27 政
銭売買の比価 ❺-1 1626·④·11 政
銭貨通用の法 ❺-1 1616·3·10 政
銭貨の交換率 ❺-1 1609·7·19 政
通貨の相場 ❺-2 1767·12·18 政
変動相場制 ❾ 1971·8·27 政／1973·2·14 政
藩札 ❺-1 1661·是年 政
伊勢山田三方会合所の山田羽書(金兌換の紙幣) ❺-2 1790·12·16 政
永久銭札 ❺-2 1821·12·20 政
金銀札(熊本藩) ❺-1 1704·6·1 政
金銀札(中津藩) ❺-2 1755·4月 政
金銀銭札(広島藩) ❺-2 1844·7月 政
金札 ❺-2 1759·8·8 政
金札(会津藩) ❺-1 1700·8·23 政／1702·5·1 政
銀札 ❺-1 1637·3月 政／1661·是年 政／1680·11月 政／❺-2 1733·1·25 政／1734·9·29 政／1757·3·26 政／1759·8·8 政／1819·12月 政／1836·12月 政／1839·2·23 政
銀札(秋田藩) ❺-2 1754·6·27 政
銀札(出雲松江藩) ❺-1 1674·是年 政
銀札(伊予松山藩) ❺-1 1705·6·7 政／❺-2 1763·2·12 政
銀札(岩国領) ❺-2 1735·9·1 政
銀札(江戸堀川) ❺-1 1617·是年 政
銀札(加賀大聖寺藩) ❺-1 1701·9·23 政
銀札(金沢藩) ❺-2 1755·4·4 政／1756·6·4 政
銀札(佐賀藩) ❺-2 1735·6月 政
銀札(筑前秋月藩) ❺-1 1704·8·13 政
銀札(鳥取藩) ❺-1 1676·10·14 政／❺-2 1736·5·10 政／1754·10·8 政
銀札(萩藩) ❺-2 1757·10·26 政
銀札(広島藩) ❺-2 1764·⑫·17 政／1851·6·1 政／1852·2·3 政
銀札(豊前小倉藩) ❺-1 1678·6·23 政
銀札(伯耆) ❺-2 1763·7·18 政
銀札(柳川藩) ❺-1 1704·7·25 政
銀札(大和郡山藩) ❺-1 1692·12·16 政
銀札·銀預券(広島藩) ❺-1 1702·是年 政／1703·12·19 政／1704·2·20 政／1708·1·8 政
楮幣(延岡藩) ❺-2 1753·4月 政
砂糖羽書(鹿児島藩) ❺-2 1839·是年 政
紙幣調査(幕府) ❺-1 1705·8·9 政
小額藩札(銭切手、名古屋藩) ❺-2 1843·4月 政
銭札(会津藩) ❺-1 1701·3·23 政／1703·4·2 政
銭札(出雲松江藩) ❺-1 1674·是年 政
他領藩札(岡山藩) ❺-2 1821·2月 政
藩札(会津藩) ❺-1 1703·5·19 政
藩札(和泉岸和田) ❺-1 1662·是年 政
藩札(出雲松江藩) ❺-1 1675·是年 政
藩札(伊予宇和島藩) ❺-1 1707·是年 政
藩札(越中富山藩) ❺-2 1792·是年 政
藩札(岡山藩) ❺-1 1679·5·7 政
藩札(高知藩) ❺-1 1663·1月 政／1703·10·1 政／1707·8·6 政
藩札(佐賀藩) ❺-1 1670·7·1 政
藩札(白河藩) ❺-1 1699·是年 政

藩札(摂津尼崎藩)　❺-2 1777·是年 政
藩札(仙台藩)　❺-1 1683·12·30 政／1704·12·22 政
藩札(添印札、萩藩)　❺-2 1776·12·1 政
藩札(津山藩)　❺-1 1676·10·15 政
藩札(徳山藩)　❺-1 1677·⑫·16 政
藩札(名古屋藩)　❺-1 1666·9·28 政
藩札(萩藩)　❺-1 1677·7·15 政／❺-2 1753·7·29 政／1774·12月 政／1803·11·17 政
藩札(播磨姫路藩)　❺-2 1837·是年 政
藩札(備中庭瀬藩)　❺-1 1701·是年 政
藩札(福岡藩)　❺-1 1703·10月 政
藩札(豊後日出藩)　❺-2 1817·文化年間 政
藩札(豊後府内藩)　❺-2 1825·6·8 政
藩札(松江藩)　❺-2 1851·5·20 社
藩札(水戸藩)　❺-1 1704·2·1 政／1706·8月 政
藩札(山城淀藩)　❺-2 1723·是年 政
藩札(大和柳本藩·石見津和野藩·伊勢菰野藩)　❺-2 1735·享保年間 政
藩札·金銀銭札　❺-2 1730·6·4 政／是年 政／1731·是年 政／1827·4·3 政
藩札通用停止令(幕府)　❺-1 1707·10·13 政
山田羽書銀札　❻ 1854·4·14 政
利札(摂津伊丹)　❺-1 1673·是年 政
両替商(仲間)　❺-1 1601·是年 政／1628·是年 政／1651·慶安年間 社／1654·承応年間 政／1658·是年 社／1662·是年 政／1665·3·13 政／1670·是年 政／1674·是年 政／1683·5月 社／1686·是年 政／1701·10·14 政／1711·9月政／1714·12月 政／1715·12·16 政／12·21 政／❺-2 1718·⑩·25 政／1722·2·12 政／1724·10·7 政／1725·9·27 政／1726·1·11 政／1732·1月 政／⑤·7 政／1735·12月 政／1736·6·26 政／1739·11月 政／1751·是年 政／1767·11·2 政／1768·12·29 社／1774·3·16 政／1780·是年 政／1782·9·29 政／11·28 政／1784·4·20 政／10·29 政／11·7 政／1785·11月 政／1787·9·27 政／1800·7·12 政／1818·9·20 政／1830·9·20 政／1836·5·19 政／1840·9·20 政／1850·2·1 政／1851·12·27 政
金銀鑑識·両替の年寄　❹ 1588·3·19 社
十人両替　❺-1 1662·是年 政／❺-2 1821·5·16 政
辻両替　❺-1 1643·寛永年間 政
両替屋役銭　❺-2 1784·2·7 政／1787·7·29 政
札差(仲間·規約·行事)　❺-2 1724·7·21 政／1729·9月 政／1737·2月 政／1739·11·20 政／1741·1·4 政／1742·12·29 政／1743·4·12 政／1744·1月 政／1745·1月 政／1747·11·27 政／1749·5月 政／1751·8·19 政／1752·2·2 政／10·24 政／1754·6·23 政／9·10 政／1755·2·20 政／11·21 政／1756·1月 政／1757·1月 政／1765·4月 政／1771·1·23 政／1773·6·7 政／1774·2·10 政／3·16 政／1776·12·12 政／1777·1月 政／12·16 政／1779·5·7 政／6·12 政／1780·12·18 政／1785·6·29 政／1787·12·18 政／1789·9·24 政／1791·7月 政／1837·1月 政／1840·9·28 政／1842·8·4 政
江戸札差株仲間　❺-2 1778·7·18 政
埋蔵金　❺-1 1671·4·21 社／1712·12月 政／1713·3·14 社／❺-2 1794·4·19 社／1846·12·26 社／❼ 1909·9·1 社／1917·3·10 社／1928·12·21 社／❽ 1956·5·18 社／1957·1·30 社／1963·8·30 社／1964·3·13 社／8·29 社／10·27 社
江戸城内金蔵　❺-1 1661·是年 政／1687·12·13 政
紅葉山宝蔵　❺-1 1640·10月 政
その他
御銀改役　❹ 1598·12·28 政
替銭　❸ 1293·12·2 社／1297·6·1 政
貨幣経済の発達　❺-1 1703·元禄年間 政
挙銭の利　❷ 1226·1·26 社
切銭(功銭か)　❷ 1263·9·10 政
切賃騰貴　❺-2 1724·11·28 政
金銀複本位制　❻ 1878·5·27 政
金銀保有高(幕府)　❺-2 1753·9·13 政
金地金輸入　❾ 1973·4·1 政／1978·5·3 社
銀の価　❸ 1430·是年 政
銀米利息　❺-1 1687·7·18 政
計数銀貨　❺-2 1765·9·1 政
硬貨計算機　❽ 1950·2月 政
硬貨·紙幣自動両替機　❾ 1971·7·18 社
「五組定法帳」(銭屋取引組)　❺-2 1768·5月 政
古銭展覧会　❻ 1875·6·21 社／1879·5·30 文
収入印紙　❾ 1993·5·31 政
新円支払い枠　❽ 1947·2·27 政
進貢·接貢料銀　❺-2 1739·10·10 政
新日本円(沖縄)　❽ 1946·4·15 政
正貨現送　❼ 1930·1·18 政／1·21 政／1931·7·24 政
銭納から米納へ　❹ 1560·2·30 政
通貨発行(審議会)　❽ 1945·11·28 政／1947·12·17 政／1952·8·1 政
電子納付　❾ 2004·1·19 社
電子マネー(ナナコ)　❾ 2007·4·23 政
銅銭輸出解禁　❻ 1874·3·17 政
日本銀貨·外国貨幣換算表　❻ 1890·3·1 政
年末正貨所有高　❼ 1914·是年 政
払銭　❺-2 1848·8·2 政
文から銭へ　❻ 1872·1·20 社
両を円と書いた初見　❺-2 1842·10·10 政

9　農業·漁業

開墾·開発
『農業全書』　❺-1 1697·8月 文
荒田耕作奨励　❶ 824·8·20 社
荒地開拓租法　❺-1 1616·是年 社
荒地開墾·開発　❷ 1174·12月 政／1189·2·30 社／1199·4·27 政／1207·3·20 政／1229·2·21 政／1230·1·26 政／1233·9·22 政／1234·6·25 社／1241·10·22 政／12·24 政／❸ 1294·1·18 社／1440·7月 社／❹ 1551·12·23 社／1552·8·12 社／1564·10·15 社／1572·3·23 社／1579·10·21 社／1580·12·25 社／1585·6月 社／❺-1 1610·7·3 社／1626·12月 社
入会地　❺-1 1609·8·4 社
開墾社　❻ 1877·11·7 社
開墾助成法　❼ 1919·4·5 社
開墾地売買を許可　❺-1 1682·9·21 政
開作地の開拓年限　❺-1 1687·3·1 政
開作築立馳走米吟仕法所　❺-2 1770·⑥·3 政
関東の新田開発　❺-2 1738·8·9 政
閑地荒田占有禁止令　❶ 903·11·20 政
関東山野改　❺-1 1645·2·23 社
元慶官田の設置　❶ 879·12·4 政
荒廃田開墾奨励　❶ 896·4·8 政／927·11·26 社／931·12·10 社
新開奉行　❺-2 1757·6·22 政
新田開発(会津藩)　❺-1 1667·2·10 政
新田開発(壱岐箱崎平江)　❺-1 1712·3·28 社
新田開発(越中蠣波郡芹谷野)　❺-1 1677·是年 社
新田開発(信濃上伊那郡中原)　❺-1 1648·11月 社
新田開発(信濃佐久)　❺-1 1625·12月 社
新田開発(名古屋熱田古伝馬)　❺-1 1673·是年 社
新田開発(名古屋海西、小宝·鳥ヶ池·坂中地·鎌島)　❺-1 1648·是年 社
新田開発(名古屋藩)　❺-1 1652·是年

社
新田開発(名古屋平島) ❺-1 1646·是年 社
新田開発(萩藩) ❺-1 1673·2·19 政
新田開発(福知山藩駒淵) ❺-1 1652·7月 社
新田開発(武蔵茂田井) ❺-1 1612·3·5 社
新田開発(陸奥三春藩) ❺-1 1665·10月 社
新田開発(盛岡藩) ❺-1 1669·是年 社
新田開発禁止(庄内藩) ❺-1 1671·10月 政
新田畑調査 ❺-1 1650·8·24 政
新田巡検(常陸) ❺-1 1671·10·28 政
新田開発(仕法·掟·奨励) ❸ 1294·1·18 社／1440·7月 社／❺-1 1608·3·15 社／1636·是年 社／❺-2 1720·5月 政／1722·7·26 社／9·28 政／1723·11月 政／1725·7月 政／1736·2·26 政／12·5 政／是年 政／1744·6·19 政／1757·4月 政／1759·8月 政／1762·2月 社／6·7 社／1768·3月 政／1777·9·7 政／1778·7月 政／1784·12·14 政／1790·5·7 政／1795·6·24 政／1800·3月 政／1802·4·5 政／1810·8·18 政／1840·8·21 政／1842·2·17 政／1847·12·22 社
新田畠開作 ❹ 1587·2·20 社
新田畑開発許可 ❻ 1857·4·27 社
田畑耕作奨励 ❺-1 1642·6·29 社
萩藩の百姓自力開作 ❺-1 1704·6·28 政
播磨美嚢郡立会林 ❺-1 1707·6·3 社
山畑開発禁止 ❺-1 1691·1·11 社
良田百万町歩開墾計画 ❶ 722·④·25 政

新田

秋田八郎潟 ❺-2 1821·是年 社
秋田藩拡戸村鳥居長根の開拓(秋田藩) ❺-2 1821·4月 社
熱田新田 ❺-2 1800·7·8 政
渥美郡大津島新田 ❺-2 1834·4·21 政
有海海辺新地(肥後熊本藩) ❺-2 1778·7月 政／1821·11·25 社
阿波金磯新田 ❺-1 1689·是年 社
阿波市場村開墾 ❺-1 1604·1·6 社
飯沼新田(下総) ❺-2 1725·是年 社
伊賀員弁郡鍋坂新田 ❺-2 1746·2月 社
伊賀美濃原新田 ❺-1 1655·1月 社
壱岐箱崎村平江新田 ❺-1 1656·是年 社
池上新田開発(武蔵大師河原) ❺-2 1752·是年 社
和泉哲雲擘荒野開墾 ❺-1 1643·寛永年間 社
伊勢櫛田川湿地帯 ❺-2 1747·1月 社
伊予新居郡禎瑞新田 ❺-2 1780·是年 社
出雲菱根新田 ❺-1 1640·是春 社
伊勢亀山藩、国府·平野両村新田 ❺-1 1674·8·22 社
猪苗代五十軒新田 ❺-1 1638·是年 社
猪苗代土田新田 ❺-1 1674·是年 社
蝦夷大野新田 ❺-1 1697·是夏 社
蝦夷松前、稲作の新田 ❺-1 1692·是年 社
蝦夷松前、東部辺幾利知墾田 ❺-1 1694·是年 社
越中礪波郡山田野開拓 ❺-1 1673·是年 社
越後紫雲寺潟干拓工事 ❺-2 1727·10月 社／1736·6月 社
越後福島潟新田 ❺-2 1835·11月 政／1836·3·23 社
越後松が崎阿賀野川開墾 ❺-2 1758·3·5 社
越中舟倉新田 ❺-2 1815·是年 社
大可賀新田開発(松山藩) ❺-2 1852·1月 社
大隅浜之市新田 ❺-2 1795·是年 社
大台ヶ原開墾 ❻ 1889·3月 社
大野·福島両村新田(松前藩) ❺-2 1739·是年 政
岡山藩、沖新田 ❺-1 1692·是年 社
岡山藩、倉田新田 ❺-1 1679·8月 社
尾張愛知郡土古山新田 ❺-2 1740·元文年間 社
尾張熱田前新田 ❺-2 1801·是年 社
尾張海西郡新田 ❺-2 1801·5月 社／1808·是年 社／1809·是年 社／1824·是年 社
尾張愛知郡源兵衛新田 ❺-1 1706·是年 社
尾張愛知郡甚兵衛新田 ❺-1 1696·是年 社
尾張愛知郡図書新田 ❺-1 1713·是年 社
尾張熱田新田 ❺-1 1649·是年 社
尾張入鹿新田 ❺-1 1635·3月 社
尾張馬方新田 ❺-1 1668·是年 社
尾張海西郡六條元新田 ❺-1 1638·是年 社
尾張海西郡善太新田 ❺-1 1658·是年 社
尾張知多郡上沢口新田 ❺-1 1694·是年 社
尾張納屋新田 ❺-1 1683·是年 社
嘉永井手(肥後) ❻ 1853·是年 社
甲斐巨摩郡新田開発 ❺-2 1786·4·2 政
上総東金領塚崎新開地 ❺-2 1726·9月 社
金沢藩石川郡泉野開墾 ❺-1 1671·是年 社
金沢藩舟見野·天神野·大海寺野開拓 ❺-1 1656·是年 社
河北潟縁干拓 ❺-2 1851·8月 政／1852·8·13 社
河内鴻池新田 ❺-1 1705·④月 政
紀州領奄芸郡野町開墾 ❺-1 1644·1·20 社
上野(こうずけ)開発田 ❶ 866·4·27 政
高知藩幡多郡開発 ❺-2 1763·8月 社
佐賀伊万里川口八谷搦新田 ❺-2 1785·7·28 社
佐賀藩六府方 ❺-2 1783·12月 社
下総印旛沼開墾地 ❺-2 1782·2·12 社／7·8 社／1783·是年 政／1785·10·10 政／1786·2·11 政／8·24 政／1843·6·10 政
相模砂村新田 ❺-1 1659·是年 社
信濃五郎兵衛新田 ❺-1 1626·12月 政
下総小金原開墾 ❻ 1869·3·15 社
下総佐倉·小金の牧の新田開発 ❺-2 1722·8·9 社
下総椿新田 ❺-1 1669·6·14 政／1670·12·28 政
下総椿海開拓 ❺-1 1673·8·23 社
下総手賀沼の開墾 ❺-2 1782·2·12 社／1786·2·11 政／8·24 政
下総結城郡飯沼新田 ❺-2 1727·10·15 政
下野手賀沼新田 ❺-1 1670·是年 社
下野西原新田 ❺-1 1670·是年 社
駿河加島新田 ❺-1 1640·是年 社
周防玖珂郡山城荒地開拓 ❺-1 1607·2·18 社
駿府遠藤原·手越河原·阿部川筋·藁科川筋新田 ❺-1 1656·6·26 社
平藩小川江筋開墾 ❺-1 1652·是年 社
但馬伊佐村新田 ❺-1 1674·是年 社
田原領渥美郡比輪山新田 ❺-1 1706·1·17 社
等等力村開拓 ❹ 1552·3·27 社
鳥島開拓 ❻ 1887·11·1 政
富田林開発 ❹ 1559·是年 社
長門小坂本沓野開発田 ❸ 1291·6·20 社
八丈島三根村赤切下泉辺新田 ❺-2 1719·7月 社
肥後高子原新地 ❺-1 1673·11月 社
肥後八代郡大牟田新地 ❺-2 1819·9·24 社
肥後八代郡野津手永海面新地 ❺-2 1805·1月 社
備前児島郡興除新田 ❺-2 1820·是年 社／1823·是年 社
備前児島郡福田古新田 ❺-2 1723·是年 社
備前児島湾干拓 ❺-2 1735·享保年間 社／1835·2月 社／1852·12·28 社
常陸須田新田 ❺-2 1836·12·2 社
常陸谷原新田 ❺-1 1662·2·17 社
豊前小倉藩企救郡曾根新開 ❺-2 1796·12月 社
豊後宇佐郡乙女新田 ❺-2 1826·是年 社
豊後宇佐郡北鶴田新田 ❺-2 1824·5月 社
豊後呉崎町新田 ❺-2 1829·9·23 社
三河吉田藩富久縞新田 ❺-2 1821·8月 社
美濃本阿弥新田 ❺-1 1650·是年 社
武蔵伊予新田 ❺-1 1610·是年 社
武蔵葛飾郡大島新田 ❺-2 1723·是年 社
武蔵葛飾郡八右衛門新田 ❺-1 1643·寛永年間 社
武蔵葛飾郡平井新田 ❺-1 1703·是年 社
武蔵葛飾郡毛利新田 ❺-2 1726·是年 社
武蔵金沢新田開発 ❺-2 1786·4·2 政

武蔵久良岐殿横浜村太田屋新田 ❺-2 1850・是年 社
武蔵大師新田 ❺-2 1798・1・25 社
武蔵橘樹郡天真寺新田 ❺-2 1735・享保年間 社
武蔵多摩郡原野開拓 ❺-1 1662・11・27 社
武蔵多摩郡南野中新田 ❺-2 1722・是年 社
武蔵泥亀(でいき)新田 ❺-1 1668・是年 社
武蔵野新田 ❺-2 1723・是年 社／1736・3・3 政／1742・8・23 政／1799・是年 政
武蔵三富新田 ❺-1 1694・5月 社
六軒原開墾(福島) ❻ 1885・10・14 社
海上漁業水域 ❽ 1945・9・27 政
海上治安白書 ❽ 1955・11・16 政
北朝鮮から銃撃漁船 ❽ 1964・10・27 政
ソ連船を拿捕 ❽ 1953・8・9 政
日韓抑留者相互釈放 ❽ 1957・12・29 政
日本漁船拿捕(韓国軍) ❽ 1952・10・26 政／1953・2・4 政／11・13 政／1954・10・22 政／1955・7・22 政／8・3 政／12・1 政／12・23 政／1958・1・7 政／1959・7・17 政／1960・2・12 政／1961・4・24 政／9・22 政／1962・5・13 政／10・3 政／1963・6・22 政
日本漁船拿捕(外国船) ❽ 1953・11・16 政
日本船拿捕(ソ連) ❽ 1946・4・30 政／1953・10・16 政／1955・7・13 政／1961・7・19 政／9・8 政／1962・12・3 政／1963・9・3 政
日本船拿捕(中国監視船) ❽ 1848・5・30 政／1954・7・4 政／1963・9・3 政
日本船捕獲(パキスタン海軍) ❽ 1954・1・30 政
日本抑留漁船員釜山から帰国 ❽ 1953・11・15 政／1960・10・5 政
マッカーサーライン ❽ 1945・9・27 政／10・13 政／1946・6・22 政／1952・4・28 政
李ライン問題 ❽ 1952・1・19 政／1953・2・23 政／9・7 政／9・27 政／1955・12・5 政／1958・2・1 政／1960・6・5 政／6・26 政
漁業・漁猟 ❺-1 1647・3・11 社
アグリ網 ❺-2 1732・6・8 社
網代(あじろ) ❷ 1114・9・14 社／1158・10・19 社
網代(宇治) ❸ 1284・2・27 社
網繰網漁業 ❺-1 1703・是年 社
網地(縄網・立網・夜網、若狭) ❸ 1296・3・26 社
網取捕法 ❺-1 1698・是年 社
網場 ❺-1 1608・8・24 社
網場争論 ❹ 1585・5・1 社／❺-1 1608・8・24 社
網引 ❷ 1275・3・17 社／❺-1 1639・8・2 社
アメ流(毒流漁) ❷ 1256・7月 社
鮎漁 ❼ 1900・4・7 社／1930・5・3 社／1934・5・8 社
アラスカ出漁 ❼ 1904・11・6 社
鮑(あわび)・海鼠(なまこ)製品 ❼ 1916・8・9 政
烏賊網場 ❺-1 1608・8・24 社
活魚売買 ❺-1 1700・7・24 社
生魚交易禁止 ❸ 1284・4・26 社
生魚座人 ❹ 1522・6・6 社
生簀 ❺-2 1744・7月 社
板舟の魚屋 ❺-2 1764・11月 社
杁(いり、木曾川) ❺-1 1648・是年 社
鰯網 ❺-1 1623・元和年間 社
鰯庭(漁場) ❹ 1576・4・10 社
鰯八手網 ❺-2 1789・12月 社
鰯漁 ❺-1 1715・正徳年間 社
魚市 ❹ 1479・5・19 社
魚市場(羽田村) ❻ 1881・6・28 社
魚河岸(江戸) ❺-2 1735・享保年間 政
魚棚公事銭 ❹ 1545・7・13 社／1568・7・11 社
魚釣 ❺-2 1728・5・22 社
魚問屋(秋田藩) ❺-1 1715・4月 社
魚問屋(津町) ❺-1 1692・1・25 社
魚問屋定書 ❻ 1854・12月 社
魚問屋仲間・株 ❺-2 1730・11月 社／1740・4・22 社／1751・12・26 社／1752・11・9 社／1769・11月 社／1772・3月 社／1815・5・14 社／1828・6月 社
魚物役 ❹ 1572・5・28 社
魚物商売 ❹ 1529・12・14 社
海老工船団 ❽ 1961・5・11 社
魞(江利、えり) ❸ 1298・是年 社／1329・12・9 社
遠洋漁業(奨励法) ❼ 1897・4・2 社／1930・5月 社
牡蠣養殖(垂下式) ❼ 1926・7月 社
養蠣試験場所 ❻ 1884・6・14 社／1892・5月 社
鰹船 ❷ 1203・是年 社
蟹工船 ❼ 1920・是年 社／1923・3・13 社／1924・是年 社／1930・9・19 社
樺太漁場開拓 ❻ 1856・9・30 社
樺太漁業仮規則 ❼ 1905・8・7 社／1907・12・9 社
紀伊漁民、下総銚子出漁 ❺-1 1646・正保年間 社
キス釣り ❺-1 1672・寛文年間 社
漁獲高 ❽ 1949・7月 社／1962・6・13 政
漁業(江戸内湾) ❺-2 1816・6月 社
漁業(羽田浦) ❹ 1568・8・10 社
漁業監督官官制 ❼ 1897・6・16 社
漁業協同組合整備促進法 ❽ 1951・4・7 政／1960・4・27 政
漁業共同施設奨励規則(無線電信装置) ❼ 1925・6・26 社
漁業組合規則 ❼ 1902・5・17 社
漁業組合令 ❻ 1886・5・6 社／❼ 1910・11・12 社／❼ 1902・5・17 社
漁業権等臨時措置法 ❽ 1948・12・2 社
漁業災害補償法 ❽ 1964・7・8 社
漁業税 ❺-2 1798・12月 社
漁業生産奨励規則 ❽ 1942・8・5 政
漁業法 ❼ 1910・4・21 社／❽ 1949・12・15 社
漁業保護 ❻ 1881・1・20 社
魚群探査(飛行機) ❼ 1922・10・25 社／1923・11・16 社／1927・10・7 社／1928・6・17 社
魚群探知機 ❽ 1948・是年 社／1949・8月 社／1950・是年 社
漁港法 ❽ 1950・5・2 社
魚業売買の期日 ❺-1 1693・12月 社
魚場 ❹ 1478・8・13 社／1587・1・16 社
漁場(対馬今津) ❸ 1426・3・29 社
漁船法 ❽ 1950・5・13 社
漁船用ディーゼル ❼ 1920・5・10 社
魚拓(現存最古) ❺-2 1839・2・30 文
漁民の宰 ❶ 書紀・応神3・11月
漁網 ❷ 1126・6・21 社／1129・6・26 社
漁猟(小魚・年魚)禁止 ❶ 814・2・27 社
魚猟禁止 ❶ 759・6・22 社／❸ 1441・8月 社／❺-2 1717・4月 社／1842・2・24 社
漁猟免許 ❺-1 1613・8・10 社
魚類商売座 ❹ 1522・12・19 社
魚類振売本座 ❹ 1516・12・14 社
九十九里浜網議定書 ❺-2 1829・2月 社
胡桃の流 ❷ 1263・11・15 社
小台網 ❻ 1857・是年 社
五智網 ❺-2 1825・是年 社
コノシロ漁 ❾ 1987・8・8 社
肴献上 ❺-1 1629・是年 社
魚のアパート(人工漁礁) ❼ 1934・3・11 社
鮭缶詰製造 ❻ 1879・5・10 社
鮭缶詰輸出 ❻ 1879・5・10 社
鮭放流(相模湾) ❻ 1888・1月 社
鮭鱒捕獲禁止 ❻ 1878・12・17 社
鮭養殖 ❻ 1879・2月 社
鮫追船 ❹ 1571・5・16 社／1581・10・13 社
地引網 ❹ 1557・是年 社／❺-1 1675・12・11 社／1689・5・11 社／1715・正徳年間 社／❺-2 1717・5・11 社／1743・9・14 社
集魚燈 ❻ 1883・3月 社
アセチレンガス集魚燈 ❼ 1904・是年 社
白魚屋(敷建網・四手網) ❺-2 1746・1・12 社／1783・2・21 社
白魚漁(佃島) ❻ 1881・2・1 社
新農林漁業 ❽ 1960・8・18 政
水産業協同組合 ❽ 1948・12・15 政
水産局(農商務省) ❻ 1885・2・20 社
水産組合規則 ❼ 1902・5・17 社
水産研究所 ❽ 1949・5・31 文
水産講習所 ❼ 1899・8・1 政
水産試験場 ❼ 1899・8・1 政
水産資源保護法 ❽ 1951・12・17 社
水産増殖奨励規則 ❼ 1926・4・24 社
水産品評会 ❻ 1887・4・1 社
水産物統制令 ❽ 1942・5・20 政／1945・10・27 社／1946・3・16 社
瀬戸内海漁業制限規程 ❼ 1909・11・15 社
潜水漁業 ❺-1 1629・是年 社
鯛簗(たいいけす、生け簀) ❺-1 1628・是年 社
大魚漂着 ❶ 785・1・19 社
立網 ❸ 1296・3月 社

旅網　❷ **1280**·4月 社
千葉県漁業協同組合連合会　❾ **1973**·8·8 社
佃島漁師　❺-2 **1743**·2·20 社／**1758**·6·23 社
釣魚·釣船　❺-1 **1692**·8·16 社／**1693**·8·16 社
釣具リール　❽ **1958**·是年 政
東京湾漁業組合　❻ **1885**·4·1 社
飛魚網　❷ **1277**·4·9 社／**1279**·3月 社
トロール船·漁業　❼ **1904**·12·25 社／**1907**·1月 社／**1908**·5月 社／**1909**·4·6 社／**1910**·2·17 社／**1912**·8·31 社／**1935**·9·30 社
内海漁業集会規則　❻ **1881**·1·20 社
流し網漁規制　❾ **1991**·11·25 社
南氷洋捕鯨　❼ **1934**·12月 社
ニシン大網漁法　❻ **1860**·是年 社
鰊漁　❼ **1897**·是年 社
農林漁業基本問題調査会　❽ **1960**·10·26 政
延え縄漁　❺-2 **1814**·是年 社
椒流(はしかみながし)　❷ **1263**·11·15 社
はまち網　❷ **1273**·8·1 社
張網漁業禁止　❻ **1886**·5·31 社
ひび(海苔)　❻ **1863**·是年 社
鱶鰭乾物製造禁止　❻ **1878**·3·29 社
ブリ大謀網　❼ **1910**·是年 社／**1912**·是年 社
放魚(中禅寺湖に鱒稚魚放流)　❻ **1873**·是年 社
北洋漁業制限　❽ **1956**·3·21 政
北洋サケ·マス漁船団　❽ **1952**·5·1 社／**1961**·3·23 政
母船式漁業　❼ **1934**·7·25 社
母船式鮭鱒漁業取締規則　❼ **1929**·6·8 社
北海道漁猟取締規則　❻ **1876**·4·10 社
北海道水産税則　❻ **1887**·3·28 政
マグロ漁業　❽ **1951**·6·28 社
　ビキニマグロ　❽ **1954**·3·1 政
もさき　❷ **1263**·11·15 社
藻巻漁禁止　❶ **833**·6·23 社
養鯉　❺-2 **1792**·是年 社／❻ **1870**·是年 社
四手網　❺-2 **1746**·1·12 社／**1748**·6·23 社
流毒　❷ **1263**·8·13 社
六帖網漁業権　❺-1 **1701**·4·6 社
六人網追込船　❺-2 **1773**·9月 社／**1777**·10·17 社

鯨·捕鯨
　鯨　❹ **1589**·12·25 社／❺-1 **1625**·8月 社／**1663**·是年 社／❺-2 **1734**·2·20 社／**1766**·是春 社／**1795**·3月 社／**1798**·5·1 社／**1808**·5·15 社／**1820**·2月中旬 社／**1822**·5·1 社／**1835**·1月 社／❻ **1893**·1·22 社／❼ **1931**·1·2 社
　　ゴンドウクジラ　❼ **1929**·6·11 社／❽ **1938**·1·5 社
　　シロナガスクジラ　❼ **1906**·是春 社
　　ナガスクジラ　❾ **1974**·6·27 社／**1976**·6·25 社
　　マッコウクジラ　❾ **1984**·11·13 政／**2007**·3·13 社
　　ミンククジラ　❾ **2002**·5·24 社
　網取捕鯨　❺-1 **1672**·是年 社／**1677**·是年 社／**1680**·延宝年間 社／**1683**·是年 社／**1684**·是年 社
　アメリカ式捕鯨法　❻ **1873**·12月 社
　アメリカ式捕鯨銛　❻ **1873**·是年 社
　鯨組　❺-1 **1643**·寛永年間 社／**1662**·是年 社／**1691**·是年 社／**1702**·3月 社
　鯨工船(日新丸)　❼ **1936**·是年 社
　鯨の天覧　❺-2 **1766**·1·13 政
　鯨漁取締規則　❼ **1909**·10·21 社
　鯨珠　❷ **1127**·5·26 社
　鯨肉　❹ **1569**·2·2 社／**1570**·1·9 社／**1575**·1·17 社／**1576**·1·10 社／**1581**·1·9 社／**1582**·1·9 社／**1598**·1·12 社／❻ **1887**·2月 社／❽ **1938**·7·24 社／**1960**·9月 社／❾ **1988**·10·12 社
　国際捕鯨会議　❽ **1938**·6·14 社／**1951**·4·21 社／**1954**·7·19 社／❾ **1968**·6·24 政／**1976**·6·25 社／**1977**·6·20 政／**1978**·12·19 政／**1981**·7·20 政／**1982**·7·19 社／**1985**·3·20 政／**1993**·5·10 政／**1994**·5·26 社／**2001**·5·31 政／**2004**·7·21 政
　シー·シェパード　❾ **2009**·2·6 社／**2010**·1·6 社／**2011**·2·18 政
　商業捕鯨撤退　❾ **1985**·3·20 政
　全国捕鯨業者大会　❼ **1907**·9·2 社
　大洋捕鯨株式会社　❼ **1936**·6月 政
　調査捕鯨　❾ **1987**·7·26 社／12·23 社／**1988**·2·15 社／**1989**·10·19 社
　突取捕鯨　❺-1 **1606**·是年 社／**1614**·慶長年間 社／**1624**·是年 社／**1675**·12·11 社
　東洋捕鯨株式会社　❻ **1888**·1·11 政／❼ **1909**·5·2 政
　南極捕鯨規制　❾ **1967**·9·19 政
　南極捕鯨頭数　❽ **1960**·3·29 社
　南氷洋捕鯨　❽ **1937**·5·11 社／**1938**·5·1 社／**1945**·12·3 社／**1946**·6·22 政／8·6 社／11·7 社／**1947**·2·11 社／6·22 政／**1950**·10·29 社／**1951**·6·28 社／**1952**·1·2 社／7·10 社
　日米捕鯨協議　❾ **1984**·11·13 政
　日本捕鯨船団　❾ **1987**·3·14 社
　ノルウェー式捕鯨船　❼ **1934**·12·23 社／**1935**·9·30 社
　捕鯨·鯨取突組　❺-1 **1703**·元禄年間 社／❺-2 **1725**·是年 社／**1773**·是年 社／**1783**·是年 社／**1793**·是年 社／**1799**·11·23 社
　捕鯨会社　❻ **1873**·12月 社
　捕鯨肝煎　❺-1 **1664**·是年 社
　捕鯨業　❺-1 **1652**·是年 社
　捕鯨船　❺-1 **1643**·寛永年間 政／**1690**·8月 政／**1701**·3月 社／❻ **1882**·6·18 社
　銛突き鯨漁　❹ **1572**·元亀年間 社
　母船式捕鯨　❼ **1934**·12·23 社
　寄鯨　❺-1 **1683**·⑤·10 社

田畠·土地 ⇨ 7 経済「田畠·土地·家屋」も見よ
　位田　❶ **726**·2·1 政／**729**·11·7 政／**778**·4·8 政／**791**·2·21 政／**806**·12·14 政
　位田返還制　❶ **726**·2·1 政
　営佃　❶ **885**·2·8 政
　御稲田の制　❷ **1149**·11·30 社
　隠田　❶ **807**·10·23 政／❸ **1387**·6·20 社
　隠没田　❶ **759**·12·4 政
　開田図(越前)　❶ **766**·10·21 文
　加地子(かじし)　❸ **1381**·4·9 社
　上総国の本田減少　❷ **1034**·10·24 政
　苅田狼藉　❷ **1279**·9月 社
　元慶官田の設置　❶ **879**·12·4 政
　競田　❸ **1320**·2·28 政
　畿内班田使　❶ **786**·9·29 政／**843**·11·16 政／**844**·10·3 政／**878**·3·13 政
　畿内班田調査　❶ **879**·12·8 政
　畿内班田頒使停止　❶ **879**·12·3 政
　公営田(くえいでん)　❶ **813**·2·11 政／**823**·2·21 政／**850**·8·26 政／**855**·10·25 政／**879**·12·4 政／**881**·3·14 政
　公田減失　❸ **1285**·7·11 政
　口分田　❶ **646**·8·14 政／**723**·11·2 政／**725**·7·21 政／**729**·3·23 政／**773**·2·11 社／**793**·7·15 政／**809**·9·16 政／**810**·9·1 政／**816**·10·10 政／**821**·6·4 政／**876**·6·3 政／**907**·10·13 政／**925**·12·14 政／**963**·6·7 政
　口分田地子稲　❶ **925**·12·14 政
　口分田返還再配分　❶ **729**·3·23 政
　警固田(大宰府)　❶ **873**·12·17 政
　検損田使　❶ **949**·12·5 政
　検田使　❶ **785**·10·4 政
　後院勅旨田　❶ **835**·3·8 政／11·29 政／**837**·3·21 政／**845**·4·5 政／**886**·8·16 政
　功田　❶ **729**·11·7 政／**757**·12·9 政
　校田　❶ **645**·8·5 政／**853**·5·25 政
　校田使　❶ **826**·11·14 政／**827**·1·15 政／**843**·11·26 政／**844**·2·2 政／10·3 政
　国厨佃　❶ **885**·2·8 政
　沽券状(土地)　❻ **1869**·5·17 社
　墾田永年私財法　❶ **743**·5·27 政／**772**·10·14 政
　墾田私有禁止(寺院以外)　❶ **765**·3·5 政
　墾田地(諸寺の)を制限する　❶ **749**·7·13 社
　墾田等施入勅書　❶ **749**·5·20 文
　墾田売券　❶ **796**·9·23 社／11·2 社／**800**·12·7 政／**824**·10·11 社／**845**·12·5 政／**854**·4·5 社／10·25 社／12·11 社／**857**·3·8 社／**861**·10·19 社／**863**·3·29 社／11·5 社／**864**·3·5 社／**865**·10·15 社／**866**·10·24 社／**868**·4·13 社／**872**·12·13 社
　差上米制(広島藩)　❺-1 **1708**·1·8 政／①·13 政
　山林伐採新畑を開発禁止　❺-2 **1742**·2·23 社
　職写田　❶ **881**·7·13 政
　職田　❶ **724**·1·22 政／**729**·11·7 政／**790**·8·8 政／**791**·2·18 文／**797**·2·16 政
　地口銭(じぐちせん)　❹ **1458**·3·28

社／4·12 政／**1465**·2·22 社／12·7 政／**1477**·6·28 政／**1479**·6·18 社／**1486**·6·11 社／**1501**·4·14 社
地子銀納(弘前藩)　❺-1 **1701**·6·23 社
地子交易法　❶ **838**·9·14 社
寺社本所領　❹ **1506**·3·4 社
寺社本所領などの返付　❷ **1183**·10·2 社
寺社本所領の年貢公事物等　❹ **1498**·2·7 社
質券田地　❷ **1268**·8·10 政
質券売買　❸ **1298**·2·28 政
質地　❸ **1334**·5·3 政
質地永代渡(土地)　❺-2 **1794**·8 月 政
質地年明か流地　❺-2 **1733**·4·2 政
質地の制(御家人)　❷ **1240**·4·20 文／5·25 政／**1267**·12·26 政／**1268**·7·1 政
賜田　❶ **729**·11·7 政
私佃(経営禁止)　❶ **797**·8·3 政／**807**·7·24 政／**896**·4·2 政
寺田(売買禁止)　❶ **805**·1·3 社／**806**·8·27 政
祠堂銭　❹ **1504**·3·2 政／**1569**·3·16 社
出作田　❷ **1184**·8·9 社
出田(勘出田)　❶ **807**·10·23 政
乗田(剰田)　❶ **736**·3·20 政／**813**·2·11 政／**928**·10·11 政
諸国検田　❷ **1235**·7·26 政／**1265**·12·23 政
所領質入れ　❷ **1273**·7·12 政
新出田数　❶ **804**·4·27 政
水田　❶ **838**·7·1 社
水田開発　❷ **1239**·2·14 政
制限外に田野を占有禁止　❶ **713**·10·8 政
井田の制(1 里四方、900 畝の田を「井」の字の形に 9 等分する。そうしてできる 9 区画のうち、中心の 1 区画を公田といい、公田の周りにできる 8 区画を私田という。私田はそれぞれ八家族に与えられる。公田は共有地として共同耕作し、そこから得た収穫を租税とする)　❺-1 **1661**·是年 社
絶戸田　❶ **829**·6·3 社
占野開田の申請　❶ **811**·1·29 政
損田　❶ **802**·9·3 社／**854**·10·1 政／**948**·11·9 政
損田虚偽申告禁止　❶ **717**·5·11 政
損田使　❶ **845**·9·21 政／**939**·9·26 政
損田認定処分法　❶ **838**·10·9 政
損田の調庸免除の法　❶ **706**·9·20 政
損田の率法　❶ **911**·7·16 政
損不堪田　❶ **918**·6·20 政
損不堪佃田使　❶ **926**·2·28 政
大功田　❷ **1168**·8·10 政／**1190**·12·14 政
田畝の調査　❶ **645**·8·5 政
田方検見規則　❻ **1870**·7 月 政
田方米(米納)　❻ **1870**·7·24 政
田の売買立券定　❶ **717**·10·3 政
反別賦課率　❷ **1122**·2 月 社
地代自由化　❻ **1872**·8·27 社
勅旨田(ちょくしでん)　❶ **806**·7·7 政／**828**·11·14 政／**829**·12·27 政／**830**·2·11 政／3·11 政／11·27 政／**831**·5·23 政／10·3 政／**832**·3·2 政／9·14 政／**833**·2·17 政／**835**·3·8 政／11·29 政／**836**·5·25 政／10·1 政／**837**·3·21 政／7·30 政／**838**·3·6 政／9·17 政／**902**·3·13 政／❷ **1027**·6·14 社
勅旨島　❶ **830**·5·22 政
田使解(でんしげ·越前)　❶ **755**·5·3 文／**756**·是年 文／**757**·11 月 文
田図　❶ **820**·12·26 政
田籍　❶ **820**·12·26 政
田租　❶ **646**·1·1 政／**690**·9·11 政／**697**·8·17 政／**726**·9·12 社／**731**·8·25 社／**747**·7·7 政／**762**·2·12 政／**768**·3·10 政／**772**·11·11 社／**780**·1·19 政／**781**·4·15 政／**783**·6·1 社／**818**·8·25 政／**862**·3·26 政
田租·雑徭·庸·大税　❶ **697**·8 月 社
田租の損免法　❶ **724**·是年 政／**756**·5·2 政／**757**·8·18 政
田租の法　❶ **706**·9·15 政
田租免除　❶ **722**·8·14 社／**736**·11·19 政／**738**·10·3 政／**775**·3·23 政／**839**·3·4 政／**891**·10·8 政／**956**·7·23 社／**961**·5·17 政／**981**·3·23 政
田租率分(徴納率)　❶ **919**·7·13 政
田賦(人頭税)　❶ **690**·9·11 政
屯田の地子　❶ **796**·12·28 政
日本の全国耕地面積　❶ **931**·是年 政
二毛作　❷ **1118**·⑨·13 社／**1296**·7·21 社／❸ **1433**·8·7 社
人給(にんきゅう、人給田·給田。荘園の荘官などに給付される年貢免除の田地)　❸ **1352**·11·15 社
奴婢口分田　❶ **723**·11·2 政
番上田　❶ **889**·12·25 政
班田司　❶ **729**·11·7 政
班田使　❶ **791**·8·5 政／**828**·1·20 政／**846**·12·8 政／**848**·2·3 政／**883**·7·21 社／12·17 政
班田収授　❶ **646**·1·1 政／**652**·1 月 政／**656**·1·1 政／**692**·9·9 政／**723**·11·2 政／**729**·11·7 政／**730**·3·7 政／**791**·5·28 政／**792**·10·28 政／**800**·12·7 政／**801**·6·5 政／**808**·7·2 政／**814**·7·24 政／**834**·2·3 政／**880**·3·16 政／**881**·3·14 政／**885**·12·26 政／**902**·3·13 政
百姓の田宅·園地の売買禁止　❶ **795**·4·27 政
肩布田(ひれた·采女)　❶ **705**·4·17 社
不堪佃田(ふかんでんでん、営佃が不可能な荒廃田。国司は毎年田数を太政官に報告し、租の減免措置を受けることができた)　❶ **845**·9·21 政／**854**·10·1 政／**857**·7·9 政／9·11 政／**885**·4·17 政／**913**·8·23 政／**921**·12·14 政／**925**·8·9 文／12·28 政／**927**·4·19 政／**939**·9·26 政／**941**·9·5 政／12·25 政／**946**·9·5 政／**948**·6·21 政／9·4 政／12·3 政／**959**·10·10 政／**961**·10·25 政／**963**·10·19 政／**990**·12·13 政／**993**·10·26 政／❷ **1001**·9·8 政／**1002**·8·23 政／**1004**·8·23 政／**1007**·12·20 政／**1008**·12·26 政／**1013**·10·10 政／**1015**·12·21 政／**1017**·11·29 政／**1019**·11·26 政／**1024**·11·29 政／**1025**·11·29 政／**1028**·3·29 政／10·28 政／11·17 政／**1031**·⑩·11 政／**1033**·12·5 政／**1044**·10 月 政／**1088**·⑩·10 政／**1093**·11·5 政／**1094**·12·24 政／**1095**·12·16 政／**1099**·11·15 政／**1103**·12·13 政／**1111**·12·24 政／**1112**·11·19 政／**1113**·12·20 政／**1114**·12·19 政／**1115**·11·22 政／**1117**·12·28 政／**1119**·12·18 政／**1125**·11·1 政／**1127**·12·18 政／**1128**·12·28 政／**1129**·12·20 政／**1130**·12·28 政／**1132**·12·29 政／**1134**·⑫·24 政／**1135**·12·30 政／**1137**·1·24 政／**1143**·10·28 政／12·22 政／**1144**·12·24 政／**1145**·10·30 政／**1146**·11·1 政／**1148**·12·5 政／**1149**·10·22 政／**1150**·12·29 政／**1151**·12·28 政／**1152**·10·11 政／**1173**·12·28 政／**1203**·9·7 政
伏田(検注の際に、一定額の勘料米, 銭(伏料)を納めさせて、隠田畠などを合法的に検注帳への記載漏れとし免租地扱いとする。この措置を〈伏せる〉といい、その田畠を伏田、伏畠という)　❸ **1294**·4 月 社
府儲田(大宰府)　❶ **873**·12·17 政
名田(開墾·購入·押領などによって取得した田地に、取得者の名を冠して呼んだもの)　❶ **1000**·11·22 政
無主職田処分改定　❶ **882**·9·2 政
免田(国が規定の課税を徴収するのを免除する田地)　❸ **1289**·1 月 政／**1303**·3 月 政
要劇田(官司の要劇料·番上粮の財源に充てた田地)　❶ **889**·12·25 政／**896**·10·13 政
力田(私的な開墾により私有権が認められたもの。また荒廃した公田·私田を申請して再開発し、その耕作権が終身の権利とされたもの)　❶ **742**·8·2 社／**747**·5·16 社／**862**·8·15 社
陸田　❶ **719**·9·22 政／**840**·5·2 社
陸田の地子　❶ **719**·9·22 政
籠作　❷ **1071**·5·19 政
六衛府田　❶ **757**·8·25 政

年貢 ⇨ 7 経済「税制·年貢」

農業·農家(近代)
『農業白書』　❽ **1961**·12·26 社
『農林白書』　❽ **1957**·8·21 政
開拓営農振興臨時措置法　❽ **1957**·4·6 政
耕地面積　❽ **1937**·是年 社
小作料最高額の基準　❽ **1955**·9·21 政
自作農創設　❽ **1937**·10·23 社／**1938**·3·22 社／**1940**·2·16 政／**1943**·4·10 政／11·10 政／12·28 政／**1946**·9·7 政／10·11 政／10·21 政／**1950**·9·11 政／**1955**·8·15 政／是年 政
重要農林水産物増産助成規則　❽ **1939**·4·6 社
全国農家一斉調査　❽ **1938**·9·1 政
全国農業会　❽ **1945**·12·22 社
全国農業会議所　❽ **1954**·11·11 社

全国農業経済会 ❽ 1943・3・11 政
全国農業者総決起大会 ❾ 1984・7・9 社
全国農地解放者同盟 ❽ 1957・12・12 社
戦後農業の成長と構造変化 ❽ 1957・8・8 政
戦時農業団 ❽ 1945・7・7 社
全日本青年勧農大会 ❽ 1947・2・7 社
徴用工員の帰農 ❽ 1945・5・21 社
堤防農園強制撤去 ❽ 1948・6・20 社
日本農林規格(JAS) ❽ 1961・6・20 政
共農舎農場 ❻ 1878・4月 社
小作條例期成同盟会 ❼ 1899・6月 社
米・籾輸入税率低減令 ❼ 1911・7・29 政
自作農創設維持補助規則 ❼ 1926・5・21 政
重要肥料業統制法 ❼ 1936・5・29 政
全国農事大会 ❻ 1894・12・1 社／1895・4・5 社
大日本農会 ❻ 1881・4・5 社
土地改良法 ❽ 1949・6・6 社
土地耕作物管理収用令 ❽ 1939・12・29 政
土地収用令(朝鮮総督府) ❼ 1911・4・17 政
農会 ❻ 1876・9・4 社／❼ 1899・6・9 社／1900・2・12 政／1910・11・14 社
農会法 ❽ 1940・4・5 社
農学会 ❻ 1887・11月 文
農家就職実態調査 ❽ 1961・6・16 政
農家生活改善発表大会 ❽ 1957・3・19 社
農家生活白書 ❽ 1962・5・21 社
農業委員 ❽ 1951・3・31 政／7・20 社
農業会製糸全国大会 ❽ 1946・10・28 社
農業改良(助成、普及員) ❽ 1948・7・15 社／1949・2・12 社／1956・5・12 政
農業機械化促進法 ❽ 1953・8・27 政
農業基本法 ❽ 1961・2・18 政／4・29 政／6・12 政
農業協同組合 ❽ 1951・4・7 政
農業近代化資金助成法 ❽ 1961・11・10 社
農業警察令 ❼ 1921・10・15 社
農業構造改善事業 ❽ 1962・6・8 政
農業構造改善事業促進対策要綱 ❾ 1969・9・1 政
農業懇談会 ❻ 1881・3・11 社
農業災害補償法 ❽ 1947・12・15 社
農業雑誌社 ❻ 1876・1月 社
農協JA ❾ 1990・9・17 社
農業就業人口・戸数 ❾ 1967・是年 政／1968・2・16 政／1971・7・31 政／1972・8・25 社／1975・2・1 政／1977・8・11 政／1980・2・1 政／1987・6・18 政
農業従事者 ❽ 1943・12・28 社／1962・2・9 政／9・25 政／1964・8・4 政
農業振興地域整備法 ❾ 1969・7・1 社／1975・6・13 政
農業生産奨励規則 ❽ 1942・6・10 政
農業生産統制 ❽ 1941・12・27 政
農業倉庫業法 ❼ 1917・7・21 社
農業団体法 ❽ 1943・3・11 政／1945・12・22 社
農業の基本問題と基本対策 ❽ 1960・5・10 政
農業復興会 ❽ 1947・6・19 政
農業報国連盟 ❽ 1938・11・2 社
農地等管理令 ❽ 1941・2・1 政
農産会市 ❻ 1878・2・11 社
農産品評会 ❻ 1883・8・25 社
農産物の需要と生産の長期見通し ❾ 1975・4・7 政
農事講習所 ❻ 1877・1月 社
農事巡回教師 ❻ 1885・8・6 社
農事電化協会 ❼ 1923・6・1 社
農住組合法 ❾ 1980・11・21 政
農商工高等会議 ❼ 1896・4・28 政／10・19 政／1897・3・1 政／1898・10・20 政
農村工業奨励規則 ❼ 1935・8・9 社
農村振興建議案 ❼ 1924・7・17 社
農村地域工業導入促進法 ❾ 1971・6・21 政
農村労働組合全国連合会 ❾ 1965・3・6 社
農地開発機械公団 ❽ 1955・8・6 政
農地開発法 ❽ 1941・3・13 社
農地価格統制令 ❽ 1941・1・30 政
農地審議会 ❽ 1940・2・16 政／1946・1・7 政／1947・3・26 政
農地制度改革同盟 ❽ 1939・11・29 社／1942・3・17 政
農地調整法 ❽ 1938・4・2 社／1945・12・4 政／12・29 政／1946・9・7 政／10・21 政
農地等被買収者問題調査室(臨時) ❽ 1963・4・5 政
農地法 ❽ 1952・7・15 政／10・21 社／❾ 1967・8・25 政／1970・5・15 政／2009・6・17 政
農地報償法 ❽ 1964・6・11 政／❾ 1965・5・13 政／1993・5月 文
農民自治会 ❼ 1925・12月 政
農民デー ❼ 1924・4・9 社
農民道場 ❼ 1934・5・14 社
農民負債整理組合法案 ❼ 1932・9・4 政
農薬危害防止運動 ❽ 1961・5・15 社
農薬取締法 ❽ 1948・7・1 社
農林漁業基本問題調査会 ❽ 1959・4・20 政
農林漁業資金融通法 ❽ 1951・3・31 政
農林省米穀統制委員会 ❼ 1934・12・17 政
農地改革案(第一次) ❽ 1945・11・22 政／12・4 政／12・18 政／12・29 政
農地改革案(第二次) ❽ 1945・12・9 政／1946・3・11 政／6・28 政／7・26 政／10・21 政／1947・3・27 政／12・13 政／1948・1・22 政／11・23 政／12・31 政／1953・12・23 政／1957・5・2 政
肥料改良奨励規則 ❼ 1921・4・1 政
肥料取締法 ❼ 1899・4・6 社／1908・4・13 社
肥料の共同販売協定 ❼ 1908・5・4 政
優良農具普及奨励規則 ❼ 1925・4・27 社
標準農村設定要綱 ❽ 1943・4・7 社
米作日本一表彰式 ❽ 1950・1・20 社
保温折衷苗代 ❽ 1942・初夏 社

農機具

足踏脱穀機 ❼ 1919・此頃 社
稲こき(稲扱) ❺-1 1706・10月 社／❺-2 1763・宝暦年間 社／1834・8月 社
稲こき(福永式回転脱穀機) ❼ 1911・3・27 社
大鎌 ❺-1 1646・12・1 政
大伐鋸 ❺-2 1830・3月 社
カカシ ❺-2 1850・9・30 社
乾稲器 ❶ 841・⑨・2 社
鍬 ❶ 692・4・21 政／723・2・14 社／805・12・7 社
耕耘機 ❽ 1937・10月 社／1941・3月 社
ゴムロール式籾摺機 ❼ 1929・是年 社
自脱型コンバイン ❾ 1967・8月 社
水車樋 ❺-2 1832・9月 社
鋤 ❷ 1213・11月 社
千石通 ❺-1 1687・貞享年間 社／1706・10月 社
千歯こき(千歯扱) ❺-1 1703・元禄年間 社／❼ 1911・3・27 社／1919・8月 社
脱穀機 ❽ 1938・3月 社
短床犂(すき) ❼ 1899・10月 社
唐箕 ❺-1 1706・10月 社
唐むろ ❺-2 1818・是年 社
農耕用トラクター ❼ 1932・是年 社
踏車 ❺-1 1672・寛文年間 社
米麦踏車 ❺-2 1785・3・15 社
水揚機械「雲霓機」 ❺-2 1835・是年 社
三田農具製作所 ❻ 1879・11・1 社／1886・4・16 社
籾摺り機 ❼ 1929・4月 社／8月 社
ヤンマー動力籾摺機 ❼ 1921・是年 社
洋式農具 ❻ 1877・12・19 社
綿繰機 ❺-2 1721・是年 政

農民・百姓

大隅徳之島の百姓 ❺-2 1763・是年 社
勧農掛役所(川越藩) ❺-2 1819・7月 政
勧農所(津山藩) ❺-2 1804・4月 社
勧農長(浜松藩) ❺-2 1838・是年 政
勧農の詔 ❶ 書紀・崇神 62・7・2／507・3・9／646・3・22 政／767・4・24 社／840・2・26 社
勧農役 ❺-2 1778・8・15 政
肥灰(草木灰) ❸ 1408・3・29 社
舂米(つきまい)輸送制 ❶ 756・10・7 政
狄禄(てきろく) ❶ 875・5・15 政
出百姓 ❺-2 1770・⑥・22 社
逃亡百姓の制 ❶ 720・3・17 社／775・8・27 社
土断法(どだんほう) ❶ 715・5・1 政
土地私売買禁止 ❶ 645・9・19 政
年貢対捍(拒否) ❷ 1256・12・16 社
年貢未納分を免除 ❷ 1186・3・13 政
年料舂米処分 ❶ 826・9・16 政

納米秤使用令　❶ 844·11·2 政
農民取締　❺-2 1767·3月 政
農民の借米·借金を棄捐(幕府)　❺-2 1760·4月 政
農民の商売　❺-2 1843·11·27 社
農民の商売禁止　❺-1 1609·1·2 社／1655·9·18 社／❺-2 1720·4月 社／1722·11月 政
売却状(土地)　❶ 761·11·5 社
百姓還住令　❶ 809·9·16 政
百姓の墾田·園地を永代の寺地にすること禁止　❶ 746·5·9 社
百姓の田宅·園地の売買禁止　❶ 795·4·27 政
米作比較(諸国)　❺-2 1836·10月 政
松前領など他領出稼禁止(秋田藩)　❺-2 1788·10·22 社
米穀 ⇨ 7 経済「米穀」
豊作と凶作·飢饉 ⇨ 19 災害·消防「異常気象」旱害(干天、旱魃)も見よ
飢饉(全国)　❶ 書紀·崇神 6·是年／567·是年／623·是年 社／626·3月 社／7月 社／628·是年 社／633·是年 社／636·是年 社／676·是夏 社／679·2月 社／719·9·22 政／722·8·14 社／730·6·27 社／765·是年 社／766·是年 社／774·2·30 社／789·4·19 社／790·4·5 社／799·2·21 社／810·1·7 社／817·5·21 社／822·5·12 社／824·3·1 社／835·3·16 社／836·2·29 社／843·6·25 社／848·3·13 社／870·5·26 社／873·6·22 社／878·5·8 社／888·是年 社／❷ 1020·是年 社／1021·是年 社／1022·是年 社／1025·3·25 社／1029·7月 社／1088·是年 社／1111·是年 社／1115·是年 社／1134·是年 社／1135·7·1 政／1136·是春 社／1181·是年 社／1185·9月 社／1227·5·2 社／1230·是年 社／1231·3·19 政／是春 社／7月 社／是冬 社／是年 社／1251·8月 社／1256·6月 社／1258·是年 社／1259·是年 社／1273·11·3 社／是年 社／1274·是年 社／❸ 1317·2月 社／1321·6·29 社／是夏 社／是年 社／1322·是年 社／1323·是年 社／1334·6月 社／7月 社／1349·是年 社／1352·是春 社／1356·是年 社／1359·7·16 社／8月 社／1360·是年 社／1362·6月 社／1366·6月 社／1369·是年 社／1370·是年 社／1379·是年 社／1390·7月 社／是年 社／1391·是年 社／1393·是冬 社／1402·是年 社／1403·3·11 社／1411·是春 社／1419·是年 社／1420·7·17 社／1421·12·26 社／是年 社／1422·9·6 社／1424·是年 社／1428·3月 社／是年 社／1429·是年 社／1431·7·5 社／1434·7月 社／1436·是夏 社／1438·5月 社／是年 社／1443·7·24 社／1448·是年 社／1449·6·12 社／1450·6·20 社／1455·是年 社／❹ 1459·3·6 社／1460·6·5 社／⑨·26 社／是年 社／1461·2·22 政／是年 社／1465·9月 社／1472·6·17 社／1473·是年 社／1477·7月 社／是年 社／1491·是年 社／1494·是年 社／1495·7·13 社／1498·是年 社／1499·是年 社／1504·是年 社／1510·是年 社／1511·8月 社／是年 社／1512·3月 社／6月 社／是年 社／1515·是年 社／1516·4·11 社／1518·是年 社／1519·是年 社／1523·是年 社／1525·8·27 社／1526·10·20 社／1540·是春 社／是年 社／1542·是秋 社／是年 社／1546·7·7 社／1557·7·6 社／是年 社／1579·是年 社／1598·是秋 社／❺-1 1601·是秋 社／1609·是年 社／1611·是秋 社／1616·3月 社／1631·是年 社／1640·是年 社／1641·是年 社／1642·2月 社／是年 社／1643·2月 社／是年 社／1661·是夏 政／1669·3月 社／1670·是年 社／1674·是年 社／1675·1月 社／1680·是年 社／1696·7月 社／1703·是年 社／1714·8月 社／❺-2 1732·是年 社／1733·是年 社／1738·是年 社／1755·是年 社／1763·是年 社／1767·是年 社／1784·是年 政／1785·是夏より秋迄 社／1786·是年 社／1795·是秋 政／1804·是年 社／1832·是年 社／1833·是年 社／1834·是年 社／1835·是夏 社／1836·是年 社／❻ 1858·是年 社／1866·是年 社／1885·是年 政／1889·是年 政／❼ 1897·是年 政／1903·3月 社／1928·10·4 政／1930·7月 社／❽ 1945·是年 社／1953·11月 政
飢饉(会津·陸奥)　❹ 1494·4·30 社／1497·是春 社／1505·是年 社
飢饉(阿波)　❺-1 1687·是年 社
飢饉(越中)　❺-1 1615·是年 社／1686·是年 社／❺-2 1805·是秋 社／1819·是年 社
飢饉(江戸·奥州)　❺-2 1783·是年 政
飢饉(尾張)　❺-2 1832·12·27 社
飢饉(甲斐)　❸ 1337·是年 社／❹ 1489·是年 社／1492·是年 社／1508·是年 社／1534·是春 社／1536·5月 社／1538·是春 社／1541·是春 社／是年 社／1554·是年 社
飢饉(加賀)　❹ 1537·是年 社
飢饉(関東)　❺-2 1783·是年 政／1845·是年 社／❼ 1910·8·15 社
飢饉(京畿·中国)　❺-1 1691·是年 社／1682·1·8 社／2月／是年 社
飢饉(上野)　❺-2 1751·是年 社
飢饉(西国地方)　❺-2 1721·是春 社／1733·2月 社
飢饉(讃岐)　❺-1 1710·4·7 社／❺-2 1731·是年 社
飢饉(山陽·西海·西国)　❺-2 1733·1·30 社／1756·6·24 社／1773·1·18 社／1834·12·28 社
飢饉(中国地方)　❺-2 1724·是年 社
飢饉(出羽·越中·上野)　❺-2 1830·是年 社／1831·是年 社／1834·6月 社
飢饉(東国)　❹ 1599·是夏 社
飢饉(東北·北海道)　❼ 1902·8·21 政／1905·是年 社／1906·是春 社／1913·11月 社／1931·是年 社／1934·是年 政／1935·2·15 社
飢饉(八丈島)　❹ 1532·是年 社／❺-2 1831·4月 社
飢饉(松前)　❹ 1468·是年 社／1471·是年 社／❺-1 1666·是冬 社／1702·是秋 社／❺-2 1783·是夏 社／1803·1·25 社
飢饉(美濃)　❺-1 1622·是年 社
飢饉(陸奥会津·津軽·盛岡)　❺-1 1605·是年 社／1615·是年 社／1616·5·21 社／1668·是夏 社／1692·是年 社／1695·6·9 社／是秋 社／11·25 社／是年 社／❺-2 1837·是年 社／1740·是年 社／1764·是春 社
飢饉(琉球)　❺-1 1692·是年 社／1710·是年 社／❺-2 1785·9·1 政／1825·10月 社／是年 政／1827·2·18 社
飢饉(奥羽)　❻ 1858·是年 社／1861·是年 社／1864·是年 社／1869·8·25 社
丑の餓死年　❺-1 1709·是年 社
延宝の飢饉　❺-1 1675·是年 政
寛永の大飢饉　❺-1 1642·9·14 社／1643·是年 社
寛喜三年の大飢饉　❷ 1231·是年 社
寛正の飢饉　❹ 1461·是年 社
関東地方冷害大凶作　❼ 1910·8·15 社
享保の大飢饉　❺-2 1732·9月 社／是年 社
元禄の飢饉　❺-1 1699·8·15 社／1701·是冬 社
食糧事情悪化　❽ 1945·是年 社／❾ 1993·9·25 政／11·11 政
天保の大飢饉　❺-2 1833·是夏 社／7·12 社／9·19 社／是年 社／1834·4月 社／12·28 社／是年 社／1835·是夏 社／1836·7·25 社／是年 社／1837·3·27 社／是年 社／1838·是年 社
天明の大飢饉　❺-2 1782·11·9 社／是年 政·社／1787·5月 社／6·12 政／是年 社
東北地方冷害大凶作　❼ 1902·8·21 政／1905·是年 社／1906·是春 社／1913·11月 社／1931·是年 社／1934·是年 政／1935·2·15 社
豊作　❶ 書紀·崇神 7·11·3／仁徳 7·3·21／仁賢 8·是年／406·10月／486·10·6／495·是年／535·1·5／617·是年 社／726·9·12 社／813·10·3 社／821·8·18 社／❷ 1003·是年 社／1025·12·18 社／1126·是年 社／❸ 1397·是年 社／❻ 1867·是年 政／1879·9月 政／1861·是年 社／1881·是年 政／❼ 1923·是年 社／1927·9·7 政／1930·9·10 政／1933·是年 政／❽ 1955·10·15 政／1960·12·23 政
豊年踊り　❻ 1867·6·6 社
琉球豊作　❻ 1879·9月 政

10　犯罪·事件·事故·警察

敵討·仇討　❷ 1193·5·28 社／❸ 1330·4·1 社／1417·8·20 社／❹ 1558·是年 社／❺-1 1625·3·18 社／1628·5·1 社／1634·11·7 社／1651·4·11 社／1654·11·2 社／1655·9·2 社／1672·2·2 社／9·14 社／1675·6·8 社／1682·5·2 社／1715·11·4 社／❺-2 1724·4·3 社／1780·11·9 社／1798·11·12 社／1835·7·13 社／1836·7·17 社／1844·2·23 社
敵討(兄)　❺-1 1615·5·2 社／1641·是年 社／1653·3·15 社／1655·6·11 社／1677·1·29 社／❺-2 1804·3·13 社／1827·⑥·12 社／1837·7·27 社／1850·6·9 社／1851·5·26 社
敵討(叔父)　❺-1 1687·6·2 社／❺-2 1818·4·19 社／1846·8·6 社
敵討(夫)　❺-2 1722·8·12 ／1765·7·25 社／1789·2 月 社／1798·11·12 社／1820·6·11 社
敵討(家来)　❺-2 1822·11·17 政
敵討(師匠)　❺-1 1666·1·13 社／❺-2 1836·6·15 社
敵討(衆道)　❺-1 1670·5·25 社／❺-2 1767·8·17 社
敵討(父)　❺-1 1605·7·17 社／1678·7·13 社／1699·2·5 社／❺-2 1723·3·2 社／1727·9·14 社／1736·11·25 政／1738·是年 社／1740·5·5 社／1756·是年 社／1757·3 月 社／1763·5·25 社／1764·4·4 政／1765·7·25 社／1771·4·13 社／1776·3·18 社／1783·9·8 社／1798·11·12 社／1801·1 月 社／1804·9·26 社／1811·是年 社／1818·6 月 社／1820·5·20 社／1823·7·13 社／1824·4·27 社／9·9 社／1829·1·15 社／1831·3·24 社／1833·4 月 社／1835·7·13 社／1836·3·2 社／1840·4·9 社／7·21 社／1849·7·27 社／1850·9·18 社／9·22 社／1852·2·17 社
敵討(母)　❺-1 1664·4·18 社／❺-2 1740·3·5 社／1800·9·9 社／1816·2 月 社／9·20 社
敵討(友人)　❺-2 1741·4·2 社
敵討禁止　❹ 1577·10·25 社
赤穂浪士　❺-1 1702·12·14 政／1703·2·4 政／❺-2 1735·2·4 社／1778·2·25 社／1796·是年 社
意趣討　❺-1 1621·12·28 社
印地打⇨飛礫(ひれき)
馬長(うまおさ)　❷ 1133·5·8 社
後妻打(うわなりうち)　❷ 1012·2·25 社
指腹(差腹)　❹ 1536·4·14 社／❺-1 1621·3·24 社／1643·10 月 社／1650·5·17 社／1653·6 月 社／1683·5·17 社／1694·8·13 政
私成敗禁止　❺-1 11637·10·1 社
太刀取(刑場で死罪の者の首を切る役目の人)　❺-1 1629·8·15 社／❺-2 1814·4 月 政
妻敵討(めがたきうち)　❹ 1479·5·23 社／❺-1 1660·11·10 社／1670·9 月 社／1674·6 月 社／1682·6·1 社／1706·6·7 社／6·29 社／1707·7·4 社／❺-2 1717·7·17 社／1724·8 月 社／1725·12·5 社／1727·6·29 社／1728·6·23 社／1737·1 月 社／1753·5·16 社／1796·6 月 社／1801·9·17 社／1839·6·29 社／7·1 社／1851·7·1 社
警察·警官
赤バイ(交通専務巡査)　❼ 1918·1·1 社
ウソ発見器(ポリグラフ)　❽ 1947·3·24 社／1959·3·5 社
騎馬巡査　❼ 1903·9·21 社
緊急指令センター　❽ 1964·4·1 社
金属製盾　❽ 1952·6 月 社
警察官　❼ 1918·是年 社
警察官等職務執行法　❽ 1948·7·12 政／1958·10·8 政／11·22 政
警察協会　❼ 1900·4·23 社
警察功労賞　❼ 1911·9·14 社
警察大学　❽ 1948·3·7 社
警察展覧会　❼ 1922·12·18～27 社
警察犯処罰令　❼ 1908·9·29 社／10·1 政
警察力整備拡充要綱　❽ 1945·8·24 政
警視庁官制　❼ 1906·4·17 政
警視庁新庁舎　❼ 1911·1 月 社
警視庁予備隊　❽ 1948·5 月 政／1952·11·5 政
刑事補償額　❽ 1963·4·20 社
刑政憤激挺身隊　❽ 1945·3·13 社
警棒　❽ 1946·9·7 社／1949·11·8 社／1950·1·10 社
警防団　❽ 1939·1·24 社／6·26 社／1947·5·1 社
公安委員会　❽ 1947·9·3 社
公開捜査　❽ 1946·9·17 社
交通違反者収用バス　❽ 1946·4·3 社
交番(巡査派出所)　❼ 1908·2·1 社
国家警察　❽ 1948·7·27 社
国家公安委員会　❽ 1948·3·7 社／7·27 社
国家地方警察·自治体警察　❽ 1947·9·3 社／1948·2·11 政／3·7 社／1954·6·8 政／1955·6·30 社
言葉遣い(警察官)　❼ 1899·4·21 社
自警団　❽ 1945·12·25 社
指紋　❼ 1908·10·16 社／1911·4 月 社／1934·1·20 社
指紋採取要項　❽ 1950·12·19 社／1955·4·28 政
女性刑事　❽ 1959·6·12 社
女性巡査部長　❽ 1950·4·24 社
白バイ　❽ 1963·10·1 社
制服　❼ 1908·2·5 社／1923·10·22 社／❽ 1946·10·1 社
組織暴力犯罪取締強化対策会議　❽ 1964·2·13 社／6·24 社
中央警察学校　❽ 1947·1·13 文
東京警視庁　❻ 1874·1·15 社
東京警視本署　❻ 1880·6·1 社／1881·1·14 政
盗犯等防止　❼ 1930·5·22 政
特別高等課·特別高等警察部　❼ 1911·4·10 政／8·21 政／1928·7·1 政／6·2 政／1932·6·25 政／1936·5·9 政
長野市警察署統合整理反対県民大会　❼ 1926·7·18 社
パトロールカー　❽ 1950·6 月 社／1958·12·1 社／1960·10·25 社
被疑者補償規程　❽ 1957·4·12 社
非常警備演習　❼ 1934·10·20 政
ピストル配布　❼ 1924·2·18 社
広島国家警察庁　❽ 1948·1·29 社
ふくろう部隊　❽ 1964·2·14 社
婦人警官·看守·護衛官　❼ 1932·4·23 社／❽ 1946·2·21 社／1948·8·17 社／12·6 社／1960·1·25 社
婦人ボディーガード　❽ 1961·2·4 社
武装警察軍　❽ 1948·12·14 政
変死者の写真·人相カード　❼ 1927·4·9 社
防弾チョッキ　❽ 1952·7·13 社
ボディガード部隊　❽ 1964·8·24 社
麻薬国際会議　❽ 1962·11·10 社
麻薬 G メン　❽ 1962·10·9 社
麻薬取締規則·法　❽ 1946·6·19 社／1953·3·17 政
無線(超短波 FM 方式)　❽ 1947·11 月 文
名刺(警察官)　❼ 1901·12 月 社
酩酊検定器·酔度計　❽ 1951·9·28 社／11 月 社／1957·4·1 社
誘拐人質記事差止め協定　❽ 1963·4·10 社
酔っぱらい保護所　❽ 1959·3·3 社／1960·3·11 社
刑罰
穴吊りの刑　❺-1 1614·4·28 社／1637·7·2 社／1639·6·4 社／1643·1·27 社
石子詰　❺-1 1634·4·11 社／1645·是年 社
一銭切　❹ 1583·8·29 社
一銭叩　❹ 1568·10·12 政
一町切(一町内の関係者全員処罰)　❹ 1569·3·16 社
入墨·烙印·焼印　❶ 書紀·履中 1·4·17 ／467·10 月／❺-1 1614·9·13 社／1627·11·6 社／1665·6·16 社／

1698·3·23 政／❺-2 1720·2·17 政／1764·11 月 社／1788·11·23 社／1799·是年 社／1811·8 月 社／1842·3·8 社
印書偽造罪　❶ 788·5·23 政
飢殺　❺-1 1643·寛永年間 社
牛割きの刑　❹ 1572·是年 社／❺-1 1622·是年 社／1626·是年 社
江戸払の地　❺-2 1748·2·20 政／1797·6·5 社
遠慮　❺-2 1716·7·30 政
追腹⇨殉死(じゅんし)
往来者(亥刻(十時)以降)　❺-1 1711·11 月 社
鋸引(おがひき)・竹鋸刑　❺-1 1623·10·10 社／1628·是年 社／1630·8·14 社／1641·8·9 社／11·25 社／12·28 社／1674·3·11 社／1681·11·15 政／1682·3·11 社／3·14 社／1684·9·16 社／1694·12·5 社／1702·1·12 政
御仕置者　❺-2 1799·2·14 政
御仕置例類　❺-1 1662·7·28 文
親不孝罪　❺-1 1650·11·14 社／1654·12·22 社／1662·6·21 社／1665·3·27 社／1670·2·19 社／1675·1·10 社／1677·11·29 社／1685·4·29 社／1686·2·16 社／9·29 社／1687·8·25 社／1688·11·25 社／12·26 社／1708·1·30 社
女入墨　❺-2 1789·11·5 社
女盗賊　❶ 857·10·23 社
火刑・火焙刑　❶ 458·7 月／❺-1 1609·6·1 社／1613·8·23 社／1622·9·28 社／1626·④·26 社／是年 社／1627·6·17 社／7·7 社／7·27 社／1628·6·7 社／1630·9·23 社／1633·2·18 社／6·17 社／7·23 社／1634·9·21 社／1636·1·19 社／1639·2·21 政／7 月 社／1643·3·14 社／1645·10·14 社／1651·11·21 社／1652·是年 社／1653·⑥月 社／1654·12·22 社／1657·4·10 社／1659·1·25 社／11·13 社／1660·3·5 社／4·4 社／12·18 社／1661·9·11 社／12·3 社／1662·2·1 社／1667·6·6 社／1668·1·23 社／1669·10·16 社／1672·1·30 社／1674·9·24 社／1675·2·3 社／·2·4 社／2·12 社／3·21 社／1681·3·9 社／1682·2·2 社／1683·1·18 社／7·6 社／9·27 社／10·25 社／1685·3·26 社／8·12 社／1687·2·4 社／3·4 社／1688·11·29 社／1690·1·12 社／1691·1·27 社／6·9 社／1693·6·5 社／6·10 社／1695·11·2 社／1698·5·29 社／1701·3·30 社／1702·11·21 社／1704·9·13 社／❺-2 1716·3·23 社／1719·11·26 社／1720·8·27 社／1723·4·3 社／1724·1·18 社／2·12 社／2·23 社／12·21 社／1725·2·14 社／1726·2·14 社／1732·12·26 社／1756·5·21 社／1763·是年 社／1772·3 月 社／9 月 社／1808·是年 社／1814·是年 社／1815·11·28 社／1818·9 月 社／1822·是年 社／1823·是年 社／1839·1·16 社
釜煎の刑　❺-1 1666·4·16 社
過料制　❹ 1569·3·16 社／❺-2 1718·是年 政
姦通　❷ 1241·6·16 社
梟首・獄門　❺-1 1611·8·3 社／1614·2·17 社／1651·5·4 社／7·23 社／1652·3·13 社／1659·3·12 社／1661·7·21 社／1663·12·27 社／1664·7·27 社／9·11 社／1666·6·8 社／1667·3·9 社／11·28 社／1668·2·4 社／1669·2·24 社／4·9 社／8·6 社／9·18 社／11·6 社／1670·2·3 社／1672·2 月 社／1674·9·24 社／1675·1·28 社／1676·7·8 社／1677·3·13 社／7·11 社／8·11 社／1681·3·22 社／1682·3·26 社／6·11 社／8·14 社／1683·2·10 社／7·30 社／12·25 社／1684·4·6 社／7·25 社／9·16 社／1685·4·14 社／10·3 社／10·25 文／1686·1·24 政／2·16 社／6·24 政／9·17 社／9·27 社／12·4 社／1687·1·21 政／1·27 社／3·21 政／4·21 社／5·2 政／8·25 社／12·13 政／1688·5·29 社／7·11 社／11·29 社／1689·4·28 社／8·2 社／9·1 社／10·27 社／1690·1·12 社／9·9 社／9·26 社／11 月 社／1691·9·14 社／1692·6·12 政／1693·3·27 社／1694·5·19 社／8·30 文／1695·9·27 社／10·25 社／11·2 社／1697·3·13 社／9·18 社／10·28 社／1698·11·25 社／1701·8·26 社／1702·3·16 社／6·21 社／10·11 社／1704·7·4 政／1705·11·25 社／1706·7·27 政／1710·7·21 社／11·4 政／1712·7·11 社／10·5 社／1713·10·26 社／❺-2 1716·②·4 社／1718·3·23 社／3·27 社／1717·4·12 社／6·28 社／1718·3·26 社／7·26 社／⑩·14 政、社／11·18 社／11·26 社／1720·4·2 社／5·11 政／7·28 社／12·23 社／1721·7·4 社／⑦·17 社／8·22 社／1722·4·4 社／9·14 社／1723·7·14 社／1724·④·6 社／④·27 社／12·21 社／1727·8·4 政／1728·8 月 社／1732·12·26 社／1735·2 月 社／1736·6·6 社／1737·7·3 社／1738·12·16 社／是年 社／1743·4·12 政／1750·9·26 政／1758·9·15 文／1764·7 月 社／1768·11 月 社／是年 社／1771·4·29 社／是年 社／1774·是年 政／1778·是年 社／1779·是冬 社／是年 社／1780·6·22 社／7·22 社／是年 政／1782·是年 社／1785·9·16 社／1786·9·21 社／是年 社／1787·是年 社／1788·9 月 社／是年 社／1789·⑥·7 社／是年 社／1790·是年 社／1791·是年 社／1793·是年 社／1794·1 是年 政／1795·是年 社／1796·4·22 社／是年 社／1797·5 月 社／是年 社／1798·是年 社／1800·2·15 政／2 月 社／是年 社／1801·是年 政／是年 社／1803·9·6 社／是年 社／1804·是年 社／1805·6·22 社／7·6 政／是年 社／1806·4·25 社／是年 社／1807·6·17 社／6 月 社／8·16 社／1808·是年 社／1809·5·22 社／6·21 社／是年社、文／1812·是年 社／1813·是年 社／1814·是年 社／1815·12·14 政／1816·是年 社／1817·是年 社／1818 7·14 政／1820·是年 社／1821·是年 政／是年 社／1822·是年 社／1824·7·23 政／是年政、社／1825·是年 社／1826·3 月 社／12·22 社／是年 社／1827·11·11 社／是年 社／1828·8 18 社／9·20 社／是年 社／1829·11 月 社／1832·5·5 社／6·18 政／8·18 社／11·2 政／1833·是年 社／1834·2·9 社／4·8 社／是年 社／1835·4·13 社／1836·9·13 社／1837 2·3 社／是年 社／1839·6·2 社／是年 社／1846·⑤·24 社／1849·9·16 社
斬捨　❺-1 1647·9·27 社／1648·3·1 社
探湯(くがたち・盟神探湯・誓湯)　❶ 書紀・応神 9·4 月／415·9·28 ／530·9 月
車裂きの刑　❹ 1582·6·17 政
刑罰の種類　❶ 701·11·9 政
刑罰法(会津藩)　❺-1 1690·4·6 政
闕所　❺-2 1741·7·22 政
闕所・縁坐・連坐等の法　❹ 1460·9·5 社
減刑(孝子により)　❺-2 1798·8·25 社
検断沙汰　❸ 1315·1·27 社
強姦　❶ 799·6·4 社
絞首刑　❶ 649·3·24 政／❽ 1960·9 28 社／1961·7·19 社
強盗　❶ 626·3 月 社／948·3·29 社
拷問　❺-2 1727·7·6 政
子供売買禁止　❶ 676·5·7 社
子供連坐制　❺-2 1721·4·1 政
倒磔・逆磔(さかさはりつけ)　❹ 1589·3·2 社／❺-1 1626·是年 社
詐称　❶ 894·11·130 社
詐病　❶ 902·4·13 政
斬首・斬刑(下手人)　❶ 465·2 月／649·3·24 政／❸ 1303·6·12 政／1332·12·13 政／❹ 1481·4·26 社／1542·③·29 社／❺-1 1615·5·19 社／⑥·5 社／1635·7·22 政／1644·5·10 政／7·25 社／1646·6·6 社／9·26 社／1648·11·12 政／1649·是年 文／1651·7·23 政／1652·3·13 政／10·26 社／1656·9·12 社／1657·7·5 社／1659·3·1 社／6·25 社／1662·6·25 社／1664·7·23 政／9·8 社／9·11 社／1665·8·14 政／1666·6·5 政／6·8 社／10·27 政／1667·②·6 社／11·28 政／1668·2·6 政／2·19 政／9·18 社／1669·10·1 政／1672·10·6 社／1673·是年 文／1674·5·21 政／9·24 社／是年 社／1677·4·7 社／10·20 社／1678·1·3 政／4·12 社／1681·6 月 社／10·9 社／1682·3 月 社／1683·2·10 社／10·12 社／12·25 社／1684·1·23 文／1685·6·26 社／7 月 社／1686·1·24 政／2·16 社／3·20 社／10·7 政／11·16 社／1687·3·21 政／5·2 政／8·25 社／1688·11·29 社／1692·6·26 政 社／1693·6·3 社／1694·3·11 社／9·26 政／11·12 社／1696·5·18 社／8·9 社／1698·5·25 政／5·29 社／1699·4·27 社／1702·6·21 政／⑧·25 社／

10·11 社／11·5 社／12·21 政／1703·6·27 社／1704·7·4 政／8·25 政／1708·10·29 政／1710·5·30 政／7月 社／1712·10·5 社／1713·10·26 社／1714·7·23 社／11·18 社／1715·3·23 社／10·23 社／❺-2 1716·3·23 社／1717·7·21 社／1718·3·26 社／5月 政／7·26 社／11·18 社／12·19 政／1719·4·26 社／6·26 社／11·26 社／1720·4·2 社／5·2 政／7·28 社／8·27 社／12·23 社／1721·3·15 社／8·22 社／1722·3·6 社／4·4 社／12·23 社／1724·④·9 社／12·21 社／1730·2·28 社／1732·⑤·7 社／6·26 社／9·16 政／1733·6·21 政／1734·2·18 社／6·29 政／1738·12·16 社／1744·7·26 社／1762·9·4 社／1766·9·29 社／1767·3·22 社／1774·是年 政／1787·是年 社／1789·5·1 社／1790·是年 社／1793·是年 社／1800·④月 政／1801·5·5 社／是夏 社／1803·是年 社／1806·11·12 政／1808·7·19 政／1810·6·14 社／1813·7·27 社／8·7 社／11·8 社／1815·是年 社／1836·8·13 政／1837·12·26 政／是年 社／1838·3·28 社／1849·7·4 社

死刑(死罪) ❺-1 1650·6·24 社／1652·5·16 社／1653·3月 政／1657·11·30 社／1658·5·8 社／1659·8·8 社／11·22 社／1660·5·24 社／6·15 政／12·23 社／1661·6·15 社／1662·2·3 社／5·27 社／7·9 政／11月 社／1663·2·23 社／6·26 社／1664·11·28 社／1665·1·24 社／1·30 社／4·6 社／4·26 社／1666·4月 社／5·10 社／5·22 政／6·5 政／10·16 社／11·4 社／1667·②·26 社／3·4 社／4·29 社／10·11 社／11·26 社／1668·3·7 社／1669·3·25 社／7·11 社／10月 社／12·5 社／1670·6·17 社／1672·2·29 社／3·7 社／8·14 社／1674·2·23 社／5·8 社／9·19 社／11·3 社／1677·是年 社／1678·1·22 社／9·4 政／11·21 政／是年 社／1679·4月 社／1680·1·7 社／1681·3月 社／10·22 社／12·26 社／1682·3·12 社／3·22 社／5·7 社／1683·3·6 社／1684·2·25 社／5·17 社／6·20 社／8·21 社／9·19 社／1685·3·22 社／4·11 社／6·12 社／9·12 社／11·18 社／1686·1·24 政／3·1 社／8·9 社／9·27 社／12·3 社／1687·2·28 社／3·26 社／10·15 社／11·12 社／1688·4·27 社／8·6 社／8·21 社／1689·7·12 社／11·3 社／12·25 社／1690·3·22 社／4·5 社／9月 社／1691·6·12 政／8·21 社／⑧·21 社／10·22 文／11·22 社／1692·11·27 社／1693·6·11 社／1694·2·22 政／12·15 社／1696·6·26 社／1697·8·12 政／8·13 社／10·28 社／1702·9·5 社／1704·2·19 文／1705·5·13 社／1707·是年 社／1710·11·4 政／12·27 社／1712·10·21 社／1713·⑤月 社／❺-2 1717·3·20 社／11·18 社／12月 社／1718·⑩·19 政／12月 社／1719·3月 社／1720·8·16 社／1721·8·6 社／1722·9·14 社／1724·5·12 政／6·9 社／1725·9·9 社／1728·9·24 社／12月 社／1729·6月 社／1731·是年 社／1732·9·16 政／1733·3月 政／1734·9·5 政／11·1 社／1736·2·16 政／11月 社／是年 社／1737·4月 政／8·11 社／1739·4·1 社／1741·7·11 政／1742·2月 社／11·16 社／是年 社／1743·是年 社／1744·7·25 政／12·22 社／1747·5·13 社／1748·9·25 政／1749·7·19 政／1753·是年 社／1756·7·16 社／1762·7·2 政／1764·4·4 政／9·12 社／1766·1·19 社／3·29 社／1767·5·22 政／11·4 社／1768·9·13 社／1770·1月 社／3·23 社／1771·6·2 社／12·23 政／是年 社／1772·是年 社／1773·3月 社／是年 社／1774·3·8 社／是年 社／1775·4·18 社／1776·11月 社／是年 社／1777·1·12 社／9·21 社／是年 社／1778·是年 社／1779·9·19 社／12·11 社／1780·是年 社／1781·11月 社／是年 社／1782·4·30 社／8·20 社／是年 社／1784·是年 社／1785·4月 社／是年 社／1786·1·22 社／6·22 社／是年 社／1787·12·23 政／1788·是年 社／1789·4·27 政／4月 政／6·2 政／7·12 政／9·2 政／是年 社／1790·4月 社／11·8 社／是年政、社／1791·7月 社／是年 社／1792·2·9 社／是年政、社／1793·是年 社／1794·11月 社／是年 社／1795·是年 社／1796·是年 社／1797·3月 社／是年 社／1798·12·11 社／是年 社／1799·是年 社／1800·④·14 社／7·2 社／是年政、社／1801·是年 社／1802·是年 社／1803·2·20 社／6·14 社／是年 社／1804·2·29 社／是年 社／1805·是年 社／1806·是年 政／1807·是年 社／1808·9月 社／是年 社／1809·是年 社／1811·是年 社／1812·是年 社／1813·是年 社／1814·是年 政／1815·是年 社／1816·是年 社／1818·是年 社／1819·7·1 社／是冬 社／1820·7·16 社／是年 社／1821·是年 社／1823·6·4 社／1824·是年 政／1826·2·5 社／是年 社／1827·是年 社／1829·11月 社／1830·是年 社／1831·是年 社／1832·7·28 社／是年 社／1834·1·9 社／是年 社／1837·3·1 政／5·27 社／8·29 社／是年 政／1838·3月 社／是年 社／1839·4·1 社／是年 社／1842·7·5 社／1849·8·26 社／❽ 1948·3·12 社／1951·7·10 社／1955·7·8 社／1956·3·17 政

死刑御仕置の刻限 ❺-2 1797·11月 社

死刑存廃可否 ❼ 1899·12·20 社／1900·1·20 社／1902·3·31 政

死刑廃止 ❶ 725·12·21 社

死刑不執行の月日 ❺-1 1713·5·16 政／❺-2 1716·11·29 政

赦律(江戸幕府) ❺-2 1851·5月 政

十悪 ❶ 692·7·2 社／765·10·22 社／⑩·3 社

重追放(女性に対する刑罰) ❺-2 1753·11月 社

杖(罪)の制 ❶ 646·3·19 社／699·3·9 社

贖罪(贖銅) ❶ 466·9·4／469·3月／846·11·14 社／868·6·28 政／876·7·23 政／940·是年 社

処罰法 ❸ 1303·6·12 社

身代限り ❺-2 1721·6·8 政

簀巻(すまき) ❺-1 1634·4·11 社

窃盗の徒年 ❶ 996·11·16 社

切腹 ❺-1 1634·2·22 政／1636·6·5 社／1640·是春 社／7·26 政／11·1 社／1642·2·26 政／2·29 社／4·11 社／7·8 政／8·8 社／8·21 政／1645·2·3 社／⑤·15 政／9·6 社／11·8 政／1646·3·19 社／10·21 政／1647·1·7 社／1648·8·5 社／9·13 社／1649·4·3 社／1650·6·12 政／1651·7·21 社／1652·1·9 社／5·21 社／10·3 社／10月 社／1654·7·1 政／12·6 政／1658·9·12 社／11·16 政／1659·2·20 政／7·30 政／11·6 政／12·10 社／1660·1·14 政／1·21 政／3·7 社／1661·3·12 社／5·5 政／8·30 政／9·26 社／1662·2·29 政／6·25 政、社／1664·是年 社／1665·8·9 政／1666·5·19 社／6·5 政／9·28 社／1667·3·9 政／1668·3月 社／是年 社／1669·6·3 社／6·11 社／10·29 社／1670·5·27 政／7·28 政／1673·5·8 文／1674·11·13 社／1675·4·17 社／1676·8·17 政／1678·3·29 社／9·27 社／1680·7·22 政／1682·8·11 政／11·21 政／1683·3·12 政／1684·7·21 政／1685·2·10 社／4·3 政／9·6 社／1686·2·9 社／1687·1·15 社／7·6 社／9·3 政／1688·8·4 政／1689·1·20 政／①·3 政／3·27 政／6·25 政／9·23 社／1690·2·5 社／1693·3·5 社／10·10 社／1694·9·26 政／12·26 政／1695·3·22 政／6·20 政／1697·8·13 社／1698·5·25 政／1701·4·1 社／1702·10·13 社／12·21 政／1703·2·4 政／2·9 社／1707·3·27 政／8·7 政／1708·2月 社／1710·2·26 政／5月 文／❺-2 1719·2·14 政／1720·3·25 社／5·8 政／1723·6·26 文／1724·④·6 社／1725·3月 社／1733·6·21 政／1738·3·15 政／1746·2·3 政／7·16 政／8·15 政／1747·9·6 政／1750·9·26 政／1752·7·16 社／1763·7·16 社／1769·2·9 社／1781·2·14 政／1782·8·29 政／1783·7·3 政／1785·4·24 社／1791·3·1 政／1795·11·2 社／1800·4·3 政／1802·8·16 社／1837·9·18 社

切腹介錯の制 ❺-1 1708·3·17 社

竹鋸で首を引切 ❹ 1573·9·10 政／1575·4·5 政

敲刑 ❺-2 1720·是年 政／1788·11·23 社

蟄居 ❺-2 1805·12·27 政

懲役百四十年 ❽ 1959·3·11 政

追放刑 ❹ 1521·5·13 社

追放刑赦免の制 ❺-2 1722·6·2 社／1725·6月 政

吊刑 ❺-1 1633·7·12 社／8·29 社

／**1634**·9·21 社／**1636**·1·19 社／10·20 社／**1639**·6月 社
手討　❹ **1596**·4月 社
手負者調査　❺-1 **1657**·12月 政
手配書　❺-2 **1721**·1·16 社
　全国手配　❺-2 **1777**·6·15 社／**1790**·5·9 社／8·3 社／**1792**·2·13 社／**1794**·12·15 社／**1797**·12·4 社／**1806**·4·27 社／**1807**·11月 社／**1808**·3月 社／**1809**·8·9 社／**1812**·3·3 社／**1814**·4·28 社／7·28 政／**1817**·12月 社／**1821**·9·9 社／**1822**·①·21 社／**1827**·9·17 社
　人相書　❺-2 **1742**·是年 政
盗賊御仕置定御定(寛政改革)　❺-2 **1794**·10月 政
徒刑　❺-2 **1796**·11·14 社
徒罪　❶ **699**·3·9 社
永牢　❺-2 **1745**·9月 社
なで切り　❹ **1590**·8·12 政
偽官符　❶ **885**·12·23 政
盗人　❶ **957**·2·28 社
鋸引　❺-2 **1721**·1·16 社／**1779**·是夏 社／**1832**·4·25 社／**1833**·1·10 社
磔刑(はりつけ)　❹ **1573**·8·27 政／**1575**·4·5 政／11·21 政／**1584**·10月 文／**1589**·3·2 社／❺-1 **1601**·5月 政／**1612**·7月 社／**1613**·8·12 社／**1615**·5·17 社／**1619**·9月 社／11·11 政／**1635**·7·22 政／**1638**·6月 社／**1639**·7·23 社／**1642**·11·2 社／**1643**·3·13 社／**1644**·7·12 社／9·19 社／12·23 社／**1645**·10·11 社／**1646**·9·23 社／**1648**·7·26 政／12·8 社／**1649**·3·9 社／**1651**·2·4 社／3·30 社／4·21 社／7·23 政／**1652**·3·8 社／6·28 社／9·13 政／**1654**·9·25 社／11·13 社／**1656**·4·6 政／7·29 社／**1657**·5·14 政／**1658**·3·23 社／11·9 社／**1659**·7·25 社／**1660**·4·10 社／7·5 社／8·10 社／**1661**·6·29 政／**1662**·1月 社／2·20 社／5·12 社／6·21 社／7月 社／**1663**·3·8 社／6·23 社／12·27 社／是年 社／**1664**·10·11 社／是年 政／**1665**·3·27 社／**1666**·6·8 社／8月 社／10·10 社／**1667**·3·9 政／6·3 社／7·29 社／8·28 社／11·28 政／**1668**·5·12 社／是年 政／**1669**·2·27 社／**1669**·2·29 社／6·5 社／**1670**·2·19 社／7·25 社／**1671**·2·26 社／·7·27 社／**1672**·3·7 社／**1673**·3·8 社／**1674**·3·11 社／**1675**·1·10 社／1·28 社／6·19 社／11·8 社／**1676**·7·25 社／10·10 政／**1677**·3·13 社／10·12 社／12·9 社／**1678**·11·29 社／**1681**·5·26 社／9·18 社／是春 社／**1682**·2·17 政／3·14 社／4·4 社／7·4 社／8·14 社／10·13 社／**1683**·2·10 社／5·26 社／10·12 社／11·5 社／12·25 社／**1684**·6月 社／10·23 社／**1685**·4·29 社／7·11 社／9·10 社／**1686**·③·16 社／6·24 政／9·17 社／9·29 社／**1687**·1·21 政／5·2 政／8·11 社／12·13 政／**1688**·3·16 社／11·25 社／12·26 社／**1689**·6·19 社／7·2 政／7·15 社／8·2 社／12·19 社／**1690**·4·28 社／7·27 社／11·25 社／12·1 社／12月 社／**1691**·5·13 社／⑧·29 社／8·23 政／9·14 社／10·25 社／**1692**·6·12 政／**1693**·3·27 社／8·22 社／**1694**·3·16 社／4·14 社／5·11 社／7·26 政／12·5 社／**1696**·2·26 社／11·27 社／12·25 社／**1697**·②·21 社／3·13 社／6·19 社／6·29 社／10·11 社／**1698**·2月 社／**1699**·7·26 社／**1700**·11·11 社／**1701**·3·30 政／7·5 社／8·2 社／**1702**·1·12 政／6·21 社／10·11 社／**1703**·2·6 社／12·23 社／**1704**·2·23 社／**1706**·7·27 政／**1707**·2·25 政／**1708**·1·30 社／①·26 社／**1710**·11·4 政／**1712**·10·5 社／**1714**·8·2 社／12·23 社／**1715**·10·30 社／❺-2 **1716**·3·23 社／**1717**·12月 社／**1718**·11·18 社／**1719**·11·26 社／**1721**·1·16 社／6·2 社／8·8 社／**1722**·9·14 社／12·23 社／**1725**·3·11 社／9·27 社／**1727**·8·4 政／**1735**·是年 社／**1737**·1·9 社／**1746**·5月 社／**1750**·9·26 政／**1753**·是年 社／**1764**·8·5 社／**1767**·3·22 社／**1774**·3月 社／6·27 社／**1777**·4·9 社／**1778**·11·4 社／是年 社／**1780**·6·22 社／7·22 社／**1781**·12·25 社／**1782**·7·9 社／9·9 社／**1784**·4·27 社／**1785**·9·22 社／**1788**·是年 社／**1791**·是年 政／**1800**·9·4 社／**1801**·3·9 社／**1803**·是年 社／**1805**·9·26 社／**1806**·5·15 社／12·26 社／是年 社／**1807**·6·17 社／**1809**·4·18 政／5·26 社／7·14 社／**1813**·8·6 社／12·19 社／**1816**·6·12 社／6·25 社／7·25 社／**1818**·7·22 政／9月 社／**1826**·8·2 政／**1828**·是年 社／**1829**·11月 社／**1832**·4·25 社／**1833**·1·10 社／是年 政／**1834**·2·9 社／9·11 政／是年 社／**1837**·是年 社／**1847**·9·27 社
逼塞　❺-2 **1716**·7·30 政
誣告罪　❶ **722**·1·20 社
誣告反坐の制　❶ **895**·12·22 政
不座(除名処分)　❺-1 **1634**·4·11 社
閉門·逼塞·遠慮·預·差控の制　❺-1 **1671**·9·1 政／**1704**·7·6 政／❺-2 **1716**·7·30 政／**1735**·11·21 政／**1805**·是年 政
貶姓刑　❶ **413**·2·14
放火　❶ **939**·是年 社
放火犯人処罰制　❶ **773**·3·29 政／8·27 政
放氏　❸ **1289**·2·25 政／**1292**·1·14 政／**1296**·9·26 政／**1302**·10·19 社／**1320**·11·22 社／**1344**·7·10 社／**1373**·8·6 社
水責(熱湯責)　❺-1 **1624**·1·4 社／**1626**·是年 社／**1628**·11·30 社／**1674**·8·11 社
水磔　❺-1 **1640**·是年 社
耳鼻削ぎ刑　❹ **1589**·3·2 社／❺-1 **1608**·11·15 社／**1609**·2·20 社／**1661**·是年 社／**1665**·6·25 社／10·13 社／**1667**·8·7 社／**1669**·3·27 社／**1670**·是年 社／**1671**·是年 社／**1672**·是年 社／**1682**·10·28 社／**1691**·是年 社／**1709**·12·26 政／❺-2 **1718**·8·28 政／⑩·19 政／**1720**·2·17 政／4·1 政／6·23 政
　無期懲役　❽ **1949**·12·22 社
　笞法　❶ **646**·3·19 社／**698**·7·7 社／**699**·3·9 社／❺-2 **1796**·11·14 社
　夜盗取締令　❺-1 **1649**·3月 社／**1661**·3月 社／**1662**·8·28 社
　湯起請(ゆぎしょう)　❹ **1468**·10·19 社
　指切り　❺-1 **1709**·12·26 政
　烙印(顔に)　❸ **1290**·2·13 社
　羅切·割勢　❺-2 **1769**·6·21 社
　籠名解除　❹ **1546**·是年 社
自衛·自警
　江戸市中夜中警備費用　❺-2 **1826**·7·21 社
　岡引き　❺-2 **1759**·11·17 社／**1801**·5·12 社
　篝兵　❽ **1246**·10·13 社
　差股　❺-2 **1830**·3月 社
　市街地の木戸門　❺-2 **1724**·是年 社
　自身番·番屋　❺-1 **1648**·12·16 社／**1651**·12·1 社／**1696**·8·10 社／**1698**·11·10 社／❺-2 **1718**·11·9 社／**1778**·是年 社／**1787**·12·9 社／**1795**·12月 社／**1842**·7月 社／11月 社／**1843**·1·23 社／**1850**·9·9 社
　十手　❺-2 **1787**·12·19 社／**1801**·1·9 社
　辻番　❺-1 **1630**·2·26 社／**1633**·6·29 社／**1636**·是年 社／**1645**·7·14 社／8·5 社／**1659**·3月 社／**1661**·6·9 社／**1663**·3月 社／**1665**·6·25 社／**1666**·是年 社／**1668**·6·26 社／**1669**·2月 社／**1670**·3月 社／**1683**·2·29 社／**1684**·2月 社／**1685**·9月 社／**1686**·9月 社／**1694**·⑤·1 社／**1715**·4月 社／12·12 社／❺-2 **1723**·2·13 社／**1727**·11·6 社／**1764**·是年 社／**1767**·12·12 社／**1775**·11·17 社／**1778**·12月 社／**1793**·6·18 社／**1795**·11月 社／**1815**·3月 社／**1845**·2月 社
　武家方組合辻番の掟　❺-2 **1767**·12月 社
　夜間外出制限令　❺-2 **1737**·3月 社
　用心札の制　❺-2 **1739**·9·24 社
事故(海難)　❼ **1926**·4·23 社／8·24 社／9·19 社／11·6 社
　〈愛国丸〉、沈没　❽ **1937**·1·12 社
　アグリ漁船転覆(千葉銚子沖)　❽ **1959**·11·25 社
　〈アマゾン丸〉、火災　❽ **1951**·5·28 社
　イージス艦〈あたご〉、衝突　❾ **2008**·2·19 政
　イカ運搬船〈ドン·ウー〉、沈没(鳥井漁港)　❾ **2004**·4·11 社
　イカ釣り船転覆　❾ **1968**·9·5 社／**1979**·12·16 社
　イカ漁船沈没(納沙布岬)　❾ **1980**·10·5 社
　〈猪名川丸〉、沈没　❻ **1892**·7·23 社
　〈伊呂波丸〉、沈没　❻ **1867**·4·23 社
　イワシ漁船転覆(隠岐島)　❾ **1985**·2·8 社
　インド船籍貨物船火災　❾ **1989**·2·1 社
　インド船籍タンカー〈バラウニ〉火災

❾ **1982**·3·18 社
〈浮島丸〉、沈没 ❽ **1945**·8·24 社
〈栄光丸〉、座礁 ❾ **1975**·6·4 社
〈エルトゥールル号〉(トルコ軍艦)沈没 ❻ **1890**·9·16 政
遠洋漁船〈光豊丸〉、沈没 ❽ **1950**·2·28 社
大型貨物船監禁漂流 ❾ **1999**·10·22 政
大阪商船〈関西丸〉と〈八重山丸〉、衝突 ❼ **1931**·12·24 社
大阪商船〈堂島丸〉、爆発 ❽ **1937**·5·17 社
大阪商船〈宮川丸〉、沈没 ❼ **1898**·10·25 社
大船三百艘、難破 ❺-2 **1722**·11·8 社
〈尾道丸〉、沈没(野島崎東方沖) ❾ **1980**·12·30 社
カーフェリー〈ふたば〉、沈没 ❾ **1976**·7·2 社
海軍運送艦〈志自岐〉、沈没 ❼ **1919**·8·15 政
海賊船〈錦江丸〉、座礁 ❼ **1928**·2·28 政
海洋調査船〈へりおす〉、沈没 ❾ **1986**·6·17 文／**1988**·7·11 社
貨客船〈気比丸〉、沈没 ❽ **1941**·11·5 社
貨客船転覆(広島県因ノ島今治) ❽ **1947**·12·29 社
鹿児島沿岸突風、船舶沈没 ❽ **1948**·1·14 社
鹿島海運衝突 ❾ **1976**·2·17 社
〈鹿島丸〉·〈第二鹿島丸〉、転覆 ❾ **1972**·9·16 社
カツオ漁船遭難 ❽ **1952**·6·8 社
カツオ漁船〈第八海龍丸〉、遭難 ❾ **1965**·10·7 社
カツオ漁船〈第八拓進丸〉、遭難 ❽ **1950**·9·21 社
カツオ漁船〈第八優元丸〉、沈没 ❾ **1990**·6·7 社
カツオ漁船沈没(金華山沖) ❾ **2012**·9·24 社
カツオ漁船沈没(下田沖) ❾ **1979**·3·22 社
カツオ漁船〈みどり丸〉、遭難 ❽ **1953**·8·2 社
カツオ漁船、行方不明(福島) ❼ **1928**·10·8 社
蟹漁船〈明信丸〉、遭難 ❾ **1981**·12·2 社
カニ漁船転覆(北海道稚内沖) ❾ **1971**·11·9 社
蟹工船汽船〈秩父丸〉、遭難 ❼ **1926**·3·26 社
貨物船〈神風丸〉、沈没 ❽ **1939**·1·26 社
貨物船〈加明丸〉、沈没 ❽ **1963**·12·8 社
貨物船〈嘉洋丸〉、沈没 ❾ **1966**·1·5 社
貨物船〈幾春丸〉、衝突 ❾ **1977**·4·6 社
貨物船〈北山丸〉、沈没 ❽ **1944**·6·26 社
貨物船〈ゴールドリーダー〉、沈没 ❾ **2008**·3·5 社
貨物船〈古城丸〉、沈没 ❽ **1950**·12·18 社
貨物船〈祥海丸〉、転覆 ❾ **1981**·11·30 社
貨物船〈第一室戸丸〉、海上電話線切断 ❾ **1966**·9·19 政
貨物船〈第八勝丸〉、座礁 ❾ **2010**·5·22 社
貨物船〈デンパサー号〉、沈没 ❾ **1975**·10·8 社
貨物船〈初富士〉、沈没 ❾ **1980**·1·30 社
貨物船〈明和〉、沈没 ❾ **1979**·11·11 社
貨物船衝突(大王町沖) ❾ **1970**·6·18 社
貨物船衝突沈没 ❾ **1984**·12·22 社
貨物船触雷沈没 ❽ **1947**·7·13 社
貨物船沈没 ❽ **1950**·12·10 社
貨物船沈没(長崎沖) ❾ **1969**·5·20 社
貨物船沈没(八丈島沖) ❾ **1970**·2·6 社
貨物船沈没(八戸沖) ❽ **1937**·2·14 社
貨物船と漁船衝突(那珂湊沖) ❽ **1960**·3·12 文
観光船転覆(球磨川下り) ❽ **1962**·7·14 社
観光船転覆(日本ライン川下り) ❽ **1949**·8·4 社
韓国籍魚運搬船冷凍用ガス噴出 ❾ **1982**·4·12 政
関西汽船〈浦戸丸〉、沈没 ❽ **1943**·7·15 社
関西汽船〈女王丸〉、沈没 ❽ **1948**·1·28 社
関西汽船〈にしき丸〉、沈没 ❽ **1955**·1·7 社
関釜連絡船〈崑崙丸〉、沈没 ❽ **1943**·10·5 社
汽船〈愛鷹丸〉、沈没(駿河湾) ❼ **1914**·1·5 社
汽船〈大進丸〉、沈没 ❼ **1908**·11·5 社
汽船〈名取川丸〉、沈没 ❼ **1905**·2·13 社
汽船〈福寿丸〉、沈没 ❼ **1930**·3·3 社
汽船〈豊富丸〉、沈没 ❼ **1929**·1·1 社
機帆船沈没 ❽ **1953**·2·4 社
客船転覆 ❺-2 **1847**·是冬 社
九州汽船〈若津丸〉、沈没 ❼ **1916**·4·1 社
九州商船〈長山丸〉、沈没 ❽ **1941**·9·30 社
漁船〈協和丸〉、沈没(ベーリング海) ❾ **1984**·2·15 社
漁船〈幸福丸〉、転覆 ❾ **1969**·4·16 社
漁船〈想宝丸〉、爆発 ❾ **1966**·7·3 社
漁船〈第三新生丸〉、転覆 ❾ **2005**·9·28 社
漁船〈第三和義丸〉、転覆 ❾ **2005**·11·22 社
漁船〈第十一大栄丸〉、沈没 ❾ **2009**·4·14 社
漁船〈第十五盛善丸〉、遭難 ❾ **1967**·12·10 政
漁船〈第十三有漁丸〉、沈没 ❾ **1978**·6·21 社
漁船〈第二十八海幸丸〉、沈没 ❽ **1963**·6·4 社
漁船〈第二富栄丸〉、沈没 ❾ **1968**·1·2 社
漁船〈長秀丸〉、沈没 ❼ **1926**·9·7 社
漁船〈豊丸〉、遭難 ❼ **1927**·6·5 社
漁船火災(北海道増毛町) ❾ **1970**·1·6 社
漁船火災(神奈川県三浦沖) ❾ **1965**·2·7 社
漁船火災(千島列島沖) ❽ **1964**·12·6 社
漁船衝突(八戸沖) ❾ **1969**·10·19 政
漁船遭難(津軽海峡) ❽ **1963**·1·16 社
漁船遭難(伊豆神津島沖) ❾ **1979**·3·21 社／**2009**·10·24 社
漁船遭難(茨城·千葉) ❼ **1910**·3·12 社
漁船遭難(高知須崎町) ❼ **1914**·4·16 社
漁船遭難(高知) ❼ **1907**·8·6 社
漁船遭難(志摩神島) ❺-2 **1800**·3·25 社
漁船遭難(函館) ❼ **1907**·10·9 社／❽ **1950**·10·27 社
漁船遭難(北海道石狩) ❼ **1929**·11·23 社
漁船遭難(宮城金華山沖) ❾ **1982**·6·27 社
漁船沈没(カムチャツカ半島沖) ❾ **1970**·3·4 社／**1985**·2·26 社
漁船沈没(グアム島) ❾ **1994**·2·9 社
漁船沈没(静岡遠州灘) ❾ **1966**·12·30 社
漁船沈没(北海道納沙布沖) ❾ **1981**·6·5 社
漁船転覆(長崎県沖) ❾ **1992**·5·16 社
漁船転覆(北海道) ❼ **1928**·1·11 社
漁船転覆(南三陸沖) ❾ **1975**·11·13 社
漁船百隻遭難(北海道北見海岸) ❼ **1922**·9·29 社
漁船〈龍王丸〉、火災 ❾ **1977**·12·6 社
漁民遭難(石川黒島) ❼ **1934**·3·3 社
漁民遭難(熊本玉名) ❻ **1893**·10·13 社
ギリシア貨物船座礁 ❽ **1964**·3·15 社
ギリシア船籍〈パシテア〉行方不明 ❾ **1990**·8·4 社
軍用船〈金城丸〉、沈没 ❼ **1905**·8·24 社
〈瓊江丸〉、沈没 ❻ **1891**·7·11 社
警備艦〈新高〉、沈没(カムチャツカ) ❼ **1922**·8·26 政
芸備気船〈第五北川丸〉、座礁沈没 ❽ **1957**·4·12 社
〈江栄丸〉、沈没 ❻ **1893**·3·15 社

航海訓練所練習船、沈没　❽ 1949·7·13 社
鉱石船〈かりふおるにや丸〉、沈没　❾ 1970·2·10 社
鉱石船〈協照丸〉、沈没　❾ 1972·2·21 社
鉱石船〈ぼりばあ丸〉、沈没　❾ 1969·1·5 社
高速艇〈緑風〉、激突　❾ 1989·2·2 社
護衛艦〈くらま〉、衝突　❾ 2009·10·27 社
〈金比羅丸〉、沈没　❽ 1960·1·12 社
サケ定置網漁船転覆　❽ 1952·10·22 社
サケ定置網漁船転覆(北海道釧路沖)　❾ 1970·9·18 社
サケマス漁船〈第三福寿丸〉、沈没　❽ 1963·4·24 社
サケマス漁船火事(北海道花咲)　❾ 1981·5·9 社
刺し網漁船、転覆(能登半島沖)　❾ 2012·4·15 社
サバ漁船遭難　❽ 1950·3·26 社
サバ漁船〈第一稲荷丸〉、転覆　❾ 1968·12·19 社
〈三光丸〉、沈没　❼ 1897·2·4 社
サンマ漁船沈没　❽ 1952·10·19 社
〈紫雲丸〉、沈没　❽ 1950·3·25 社／1955·5·11 社
潮干狩りの小船沈没　❾ 1969·4·20 社
〈シティー·オブ·エド号〉銅壺破裂事故　❻ 1870·7·5 社
巡視艇〈千鳥〉、消息不明　❽ 1949·10·27 政
浚渫船〈海麟丸〉、爆発　❾ 1972·5·26 社
浚渫船爆発(関門港)　❾ 1972·7·17 社
〈昭広丸〉、沈没　❽ 1938·1·26 社
〈辰和丸〉、行方不明　❽ 1954·5·10 社
〈水郷丸〉、転覆　❽ 1941·5·18 社
〈崇山丸〉、漂流　❽ 1944·12·1 政
青函連絡船〈田村丸〉、沈没　❼ 1913·1·23 社
青函連絡船〈摩周丸〉火災　❾ 1984·3·3 社
石炭積取船〈乾進丸〉、沈没　❽ 1948·10·5 社
〈せとうち〉、火災沈没　❾ 1973·5·19 社
瀬戸内海定期連絡船〈青葉丸〉、沈没　❽ 1949·6·21 社
セメントタンカー〈菱恵丸〉、沈没　❾ 1982·5·11 社
底引網漁船沈没　❽ 1962·11·25 社
底引網漁船〈あけぼの丸〉、沈没　❾ 1971·2·14 社
底引き網漁船〈第五龍宝丸〉、転覆　❾ 2000·9·11 社
底引網漁船〈第三十二福洋丸〉、沈没　❾ 1972·2·27 社
底引網漁船〈第十八大洋丸〉、沈没　❾ 1970·2·11 社
底引網漁船〈第七千草丸〉、沈没　❾ 1966·2·9 社
底引網漁船〈第二十五天佑丸〉、遭難　❾ 1969·1·27 社
底引網漁船〈第二十八あけぼの丸〉、転覆　❾ 1982·1·6 社
底引網漁船沈没(大波加島)　❾ 2003·12·15 社
底引網漁船沈没(小樽)　❾ 1970·4·23 社
底引網漁船沈没(ベーリング海遠洋)　❾ 1981·3·13 社
底引網漁船行方不明(サハリン東海域)　❾ 1985·4·23 社
底引網船〈第十八長運丸〉、衝突(韓国済州島沖)　❾ 1997·1·13 政
ソ連客船〈プリアムーリエ〉火災　❾ 1988·5·18 社
〈第一清勝丸〉、遭難　❽ 1954·10·20 社
〈第一宗像丸〉、炎上　❽ 1962·11·18 社
〈第一保栄丸〉、沈没漂流　❾ 1994·3·17 社
〈第五幸生丸〉、遭難　❽ 1953·12·27 社
〈第五日本海丸〉、沈没　❼ 1909·6·5 社
〈第三板島丸〉、爆発　❽ 1954·2·9 社
〈第三魚生丸〉、転覆(千葉野島崎沖)　❾ 1980·4·28 社
〈第三太古丸〉、沈没　❼ 1936·4·3 社
〈第三ブリヂストン丸〉、火災　❾ 1966·2·16 社
〈第三大和丸〉、沈没　❼ 1933·1·24 社
〈第十東予丸〉、沈没　❽ 1945·11·6 社
〈第十七宝幸丸〉、沈没　❽ 1949·12·21 社
〈第十八永昌丸〉、転覆　❽ 1960·2·19 社
〈第十六漁吉丸〉、遭難　❽ 1956·12·4 社
〈大清丸〉、沈没　❽ 1951·3·28 社
〈大成丸〉、沈没　❽ 1945·10·9 社
〈タイタニック号〉(英客船)沈没　❼ 1912·4·15 社
〈第二十一伊予丸〉、転覆(今治市沖)　❾ 1972·3·18 社
〈第二田丸〉、転覆　❾ 2010·1·12 社
〈大日丸〉、沈没　❽ 1962·10·13 社
〈大仁丸〉、沈没　❼ 1916·2·2 社
〈第八·十勝丸〉、沈没　❾ 1972·5·28 社
〈第八十一八幡丸〉、転覆沈没　❾ 1972·10·12 社
〈第八十六大栄丸〉、遭難　❾ 1968·3·31 社
〈高田丸〉、沈没　❼ 1916·2·1 社
タグボート転覆　❽ 1963·7·27 社
タンカー〈和泉丸〉、火災　❾ 1968·12·2 社
タンカー〈旭洋丸〉、衝突　❾ 2005·7·15 社
タンカー〈ジュディス·プロスペリティ〉、沈没　❾ 1982·9·11 社
タンカー〈祥和丸〉、座礁原油流出　❾ 1975·1·6 社
タンカー〈第三十三興丸〉、転覆　❾ 1968·1·9 社
タンカー〈第三松島丸〉、爆発　❾ 1977·11·2 社
タンカー〈第十雄洋丸〉、衝突　❾ 1974·11·9 社
タンカー〈第十六宝山丸〉、転覆　❾ 1968·5·19 社
タンカー〈第七大手丸〉、衝突　❾ 1966·10·11 社
タンカー〈ダイヤモンドグレース〉、原油流出　❾ 1997·7·2 社
タンカー〈ナホトカ〉(ロシア)、重油流
❾ 1997·1·2 社
タンカー〈日化丸〉、沈没　❽ 1964·9·20 社
タンカー〈菱和丸〉、沈没　❾ 1976·9·11 社
タンカー〈ミテラス号〉、沈没　❾ 1969·6·25 社
タンカー〈明興丸〉、沈没　❾ 1965·8·2 社
タンカー〈最上川〉、接触　❾ 2007·1·9 政
タンカー転覆　❽ 1963·3·13 社／❾ 1968·2·20 社
タンカーと貨物船衝突　❾ 1973·7·2
社／1989·1·26 社
タンカーと漁船衝突　❾ 1972·12·17 社
タンカーと米艦衝突　❾ 2012·8·12 政
タンカー爆発　❾ 1974·12·11 社／1993·1·13 社／2006·11·28 社
タンカー爆発(尾鷲市沖)　❾ 1970·5
29 社
タンカー爆発(京浜運河)　❾ 1965·5
13 社
タンカー爆発(ジェノバ港)　❾ 1981
7·12 政
タンカー爆発(下田沖)　❾ 1970·10·16 社
タンカー爆発(リベリア船)　❾ 1989
3·14 社
〈淡青丸〉(東大海洋研究所)、沈没　❽ 1963·3·1 文
〈潮州丸〉、爆発　❼ 1932·6·9 社
朝鮮東海道龍塘浦船、沈没　❼ 1924
4·25 社
釣船転覆(長崎富江町沖)　❾ 1981·2
17 社
釣船転覆(北海道積丹半島)　❾ 1974
5·5 社
定期船沈没(宮城女川港)　❽ 1946·3
23 社
〈鉄嶺丸〉、沈没　❼ 1910·7·22 社
〈照国丸〉、沈没　❽ 1939·11·21 社
伝道船〈福音丸〉、転覆　❾ 1967·12
8 社
〈洞南丸〉、行方不明　❽ 1963·6·6
〈洞爺丸〉、遭難事故　❽ 1954·9·26 社
東洋汽船〈徳洋丸〉、沈没　❼ 1921·5·2 政
〈東和丸〉、沈没　❽ 1956·11·27 社
〈ときわ丸〉、沈没　❽ 1963·2·26 社
特務艦〈関東〉、沈没　❼ 1924·12·1
政
特務艦〈能登〉、爆発　❼ 1931·9·5

政
〈土佐丸〉、沈没　❾ **1975**·4·17 政
〈とみ丸〉、消息不明　❽ **1950**·12·10 社
〈豊国丸〉、沈没　❼ **1929**·4·22 社
トロール船沈没　❽ **1955**·2·14 社
トロール船〈第十七太陽丸〉、座礁　❽ **1963**·2·4 社
〈波島丸〉、沈没(北海道檜山町沖)　❾ **1970**·1·18 社
南海汽船紀阿航路〈南海丸〉、沈没　❽ **1958**·1·26 社
〈ニール〉(仏)沈没事件　❻ **1874**·3·20 社
ニシン漁船転覆　❾ **1967**·4·6 社／**1974**·4·6 社
ニシン漁船(樺太)　❼ **1930**·5·4 社
ニシン漁船遭難　❼ **1923**·4·8 社
〈日聖丸〉、沈没　❾ **1973**·5·3 社
日本郵船〈浅間丸〉、座礁　❽ **1937**·9·1 社
日本郵船〈金州丸〉、衝突　❼ **1898**·10·25 社
日本郵船〈静岡丸〉、座礁　❼ **1933**·4·23 社
日本郵船〈東海丸〉、沈没　❼ **1903**·10·29 社
日本郵船〈松山丸〉、沈没　❼ **1924**·7·11 社
日本郵船〈陸奥丸〉、衝突·沈没　❼ **1908**·3·23 社
ノルウェー貨物船〈タリスマン号〉、爆発　❽ **1950**·5·17 社
ノルウェーのタンカー〈イムバルト号〉、沈没　❾ **1965**·5·23 社
廃棄物処理船、爆発　❾ **1976**·4·13 社
延縄漁船沈没(北海道根室沖)　❾ **1970**·6·2 社／9·23 社
延縄漁船転覆(奄美大島名瀬港沖)　❾ **2012**·3·23 社
〈白鳥丸〉、衝突沈没　❽ **1953**·2·15 社
ハゼつり舟転覆　❽ **1961**·12·7 社
発動機船〈共栄丸〉、沈没　❼ **1932**·5·25 社
パナマ貨物船、沈没　❾ **2010**·11·11 政
パナマ貨物船と日本タンカー衝突　❾ **1981**·8·24 社
〈阪鶴丸〉、沈没　❼ **1916**·11·25 社
〈備讃丸〉、沈没　❽ **1951**·8·4 社
フェリー新日本海漂流　❾ **2003**·1·5 社
フェリー〈せと〉、衝突　❾ **1973**·8·12 社
フェリー〈ひろしま〉火災　❾ **1975**·3·5 社
プラスチック製漁船〈第十八大進丸〉、転覆　❾ **1983**·4·15 社
〈ぷりんす号〉、シージャック事件　❾ **1970**·5·11 社
米軍弾薬輸送船爆発　❽ **1948**·8·6 政
別府航路〈屋島丸〉、沈没　❼ **1933**·10·20 社
別府定期航路客船〈緑丸〉、沈没　❼ **1935**·7·3 社
別府湾ホーバークラフト転覆　❾ **1976**·7·14 社
ボート浸水(東洋大牛久高校漕艇部)　❾ **1985**·12·18 社
ボート転覆(阿賀野川沖)　❾ **2009**·6·13 社
ボート転覆(河口湖)　❽ **1949**·8·5 社
ボート転覆(苫小牧市沖)　❾ **2009**·12·11 社
ボート転覆(豊橋市立章南中学校)　❾ **2010**·6·18 社
ボート転覆(浜松市佐鳴湖)　❾ **1983**·11·1 社
ボート転覆(山中湖)　❾ **1984**·4·15 社
ボート部員溺死(逗子開成中学校)　❼ **1910**·1·23 社
ボート部員遭難(第四高等学校)　❽ **1941**·4·6 社
捕鯨船〈第七文丸〉、沈没　❽ **1961**·6·18 社
ホタテ漁船遭難　❾ **2008**·4·5 社
巻き網漁船〈第五十八寿和丸〉、転覆　❾ **2008**·6·23 社
巻き網漁船〈第十八光洋丸〉、沈没　❾ **2003**·7·2 社
巻き網漁船〈第七蛭子丸〉、沈没　❾ **1993**·2·21 社
巻き網漁船〈第二十五·五郎竹丸〉、沈没(御前崎沖)　❾ **1994**·12·26 社
マグロ漁船〈第三幸喜丸〉、遭難　❽ **1964**·3·27 社
マグロ漁船〈第三十二宝幸丸〉、沈没　❽ **1963**·10·9 社
マグロ漁船〈第八共和〉とペルーの潜水艦衝突　❾ **1988**·8·26 社
マグロ漁船〈第八共和丸〉、転覆　❽ **1964**·4·7 社
マグロ漁船〈第八漁吉丸〉、転覆　❾ **1969**·1·13 社
マグロ漁船座礁(タスマニア沖)　❾ **1973**·2·7 社
マグロ延縄漁船、火災·沈没(八丈島沖)　❾ **2011**·11·22 社
マグロ延縄漁船〈第二萬吉丸〉、漂流　❽ **1963**·12·22 社
マグロ延縄漁船〈幸吉丸〉、沈没　❾ **2007**·2·9 社
〈マリア·ルース号〉事件　❻ **1872**·6·4 政／**1873**·6·25 政
〈マリーン·オサカ〉、激突　❾ **2004**·11·13 社
〈美島丸〉、沈没(瀬戸内海)　❽ **1949**·11·12 社
三菱重工横浜造船所ドックタンカー火災　❾ **1971**·8·6 社
〈みどり丸〉、転覆　❽ **1938**·1·2 社
〈武蔵丸〉遭難　❻ **1890**·9·16 社
〈室戸丸〉、沈没　❽ **1945**·10·7 社
モーターボート転覆(神奈川)　❾ **1984**·7·15 社
モーターボート転覆(九十九里沖)　❾ **1990**·4·22 社
モーターボート転覆(北海道阿寒湖)　❽ **1947**·10·11 社
〈八崎丸〉、沈没　❽ **1957**·10·22 社
遊漁船〈万盛丸〉、沈没　❾ **1992**·9·13 社
遊漁船沈没(新潟東港沖)　❾ **1984**·4·29 社
遊漁船転覆(酒田沖)　❾ **1983**·7·3 社
遊覧船沈没(相模湖)　❽ **1954**·10·8 社
遊覧船転覆(岡山県)　❼ **1932**·8·17 社
遊覧船転覆(洞爺湖)　❽ **1948**·8·28 社
遊覧船転落死(天龍川川下り)　❾ **1976**·5·2 社／**2011**·8·17 社
遊覧船〈やそしま丸〉、転覆　❾ **1965**·8·1 社
ヨット転覆(琵琶湖)　❾ **2003**·9·15 社
ヨット転覆(三浦市—グアム間ヨットレース)　❾ **1991**·12·30 社
淀川汽船〈摂津丸〉の汽缶、爆発　❼ **1916**·11·22 社
離島航路〈みどり丸〉、転覆　❽ **1963**·8·17 社
リベリア貨物船爆発　❾ **1973**·9·19 社
リベリア船籍油送船〈ジュリアナ号〉、座礁(新潟港外)　❾ **1971**·11·30 社
旅客船転覆(大分)　❽ **1960**·10·29 社
冷凍船〈摂津丸〉、沈没　❽ **1953**·3·7 社
冷凍船〈播磨丸〉、爆発　❽ **1949**·8·28 社
練習船〈霧島丸〉、沈没　❼ **1927**·3·9 社
練習船〈月島丸〉、沈没　❼ **1900**·11·17 社
連絡船〈紫明丸〉、沈没　❼ **1932**·12·7 社
連絡船〈せきれい丸〉、転覆　❽ **1945**·12·9 社
連絡船〈大礼丸〉、沈没　❼ **1924**·7·27 社
連絡船〈天光丸〉、沈没　❽ **1945**·11·7 社
ロシアの浮流水雷爆発　❼ **1906**·11·26 社
渡船転覆　❺-2 **1838**·9·16 社／❽ **1944**·12·25 社
渡船転覆(愛知八開村)　❼ **1936**·6·21 社
渡船転覆(阿武隈川)　❽ **1938**·7·11 社／**1939**·11·1 社
渡船転覆(鹿児島串木野港)　❾ **1985**·3·31 社
渡船転覆(埼玉中川)　❼ **1936**·5·19 社
渡船転覆(宿毛市沖)　❾ **1970**·11·22 社
渡船転覆(第二能古丸)　❽ **1946**·10·5 社
渡船転覆(東京清掃作業員)　❼ **1927**·8·10 社
渡船転覆(利根川)　❽ **1949**·1·30 社／**1958**·10·2 社
渡船転覆(福神丸)　❾ **1992**·1·12 社
渡船転覆(北海道美唄町)　❼ **1931**·5·1 社
渡船転覆(和歌山)　❾ **1966**·7·17 社
渡船〈幸丸〉、激突(大分津久見)　❽ **1950**·8·13 社

事故（自動車・交通関係）
自動車事故　❼ **1915**·1 月 社／ **1917**·4·14 社
愛知瀬戸市観光バス転落　❾ **2011**·10·7 社
青木湖スキー客送迎用バス転落　❾ **1975**·1·1 社
青森脇野沢村小型ダンプカー転落　❽ **1961**·8·28 社
アブダビ郊外タリフミニバン衝突　❾ **2010**·8·11 社
伊豆有料道路観光バス転落　❾ **1972**·11·25 社
茨木市タンクローリー爆発　❽ **1964**·9·14 社
伊予鉄バス転落　❽ **1956**·1·28 社
嬉野線バス転落　❽ **1954**·10·7 社
エジプト地中海岸日本人団体ツアーバス横転　❾ **2003**·11·25 社
エジプト南部ツアーバス衝突　❾ **2010**·6·25 社
愛媛御庄町観光バス転落　❾ **1969**·8·12 社
F1 世界選手権日本グランプリレースカー衝突　❾ **1977**·10·23 社
遠州鉄道バス乗取り　❾ **2004**·1·5 社
大分九重町大型クレーン車と観光バス衝突　❾ **1985**·3·9 社
大分自動車道大型バス横転　❾ **2009**·7·11 社
大阪市タンクローリー歩道乗上げ　❾ **2011**·5·12 社
大阪発東京行き夜行バス炎上　❾ **2009**·3·16 社
岡山玉野市トラックとバス衝突　❾ **1969**·3·19 社
岡山北房町マイクロバス川に転落　❾ **1983**·6·5 社
小河内ダム工事専用鉄道転落　❽ **1956**·11·4 社
小千谷市関越自動車道ワゴン車追突　❾ **2012**·8·3 社
尾道鉄道石畦駅脱線　❽ **1946**·8·13 社
崖崩れマイクロバス転落（北海道上磯町）　❾ **1981**·9·4 社
加古川バイパス玉突き衝突　❾ **1984**·8·9 社
神奈川県庁バス転落　❽ **1951**·7·28 社
川崎市ダンプカー横転死亡　❾ **1970**·6·28 社
紀勢自動車道三瀬トンネル衝突　❾ **2010**·11·29 社
岐阜揖斐川にオート三輪転落　❽ **1962**·3·5 社
岐阜高根村バス転落　❾ **1970**·11·3 社
九州産交バス転落　❽ **1950**·2·11 社
京都東山区軽乗用車暴走　❾ **2012**·4·12 社
京都府大山崎名神高速トラック追突　❾ **2012**·3·15 社
京都府亀岡市篠軽乗用車突込み　❾ **2012**·4·23 社
九十九里鉄道遊覧バス転落　❽ **1953**·1·2 社
倉敷市大型バス転落　❽ **1964**·1·15 社
クレーン車小学生の列突込み　❾ **2011**·4·18 社
京浜急行トレーラーバス引火爆発　❽ **1950**·4·14 社
京浜急行踏切衝突　❽ **1956**·1·8 社
ケーブルカー事故　❽ **1942**·10·20 社
劇団ポプラワゴン車転落　❾ **1982**·6·16 社
高知伊豆田峠観光バス転落　❽ **1957**·6·28 社
高知美良布町国営バス転落　❽ **1950**·11·7 社
国鉄自動車大栃線バス転落　❽ **1950**·11·7 社
国鉄バス転落　❽ **1951**·7·15 社
小松島市営バス勝浦川転落　❾ **1970**·8·29 社
犀川笹平ダムスキーツアーバス転落　❾ **1985**·1·28 社
酒酔い運転損害賠償訴訟　❾ **2003**·7·24 社
笹子トンネル天井崩落事故　❾ **2012**·12·2 社
佐渡市沖ケミカルタンカー転覆　❾ **2011**·1·9 社
山陽自動車道高山トンネル追突事故　❾ **2004**·8·7 社
山陽自動車道長距離高速バス横転　❾ **2011**·2·26 社
自衛隊トラック衝突　❾ **1966**·12·18 社
滋賀龍王町観光バス横転　❾ **1975**·6·18 社
静岡県十国峠観光バス転落　❽ **1957**·10·23 社
静岡鉄道観光バス転落　❾ **1977**·8·11 社
シニア海外ボランティア男性乗用車衝突死亡　❾ **2000**·5·26 社
首都高速衝突　❾ **1977**·2·7 社
首都高速道路上から木材落下　❾ **1982**·6·15 社
小豆島でバス転落　❽ **1964**·8·8 社
消防車とトラック衝突　❾ **1974**·11·10 社
乗用車とトラック衝突　❾ **1966**·10·2 社
乗用車とバス衝突　❾ **1972**·7·24 社
除雪中ブルドーザー転落　❽ **1956**·12·31 社
神姫バス海に転落　❽ **1963**·6·13 社
新宿駅西口バス放火事件　❾ **1980**·8·19 社
菅平高原スキー場バス転落　❽ **1955**·1·2 社
鈴鹿市東名阪自動車道追突炎上　❾ **2002**·8·10 社
スペインツアーバス衝突　❾ **1991**·2·26 社
仙台市青葉区アーケード商店街トラック暴走　❾ **2005**·4·2 社
仙台市営バス転落　❽ **1949**·11·13 社
前輪脱落事故死亡（大型トレーラー）　❾ **2002**·1·10 社
第二阪神国道タンクローリー車爆発　❾ **1965**·10·26 社
多賀城市車高校一年生の列に突込み　❾ **2005**·5·22 社
太宰府市ワゴン車と乗用車衝突　❾ **2010**·12·24 社
タンザニア青年海外協力隊員衝突事故　❾ **1985**·11·21 社
ダンプカー突込み　❾ **1966**·12·15 社
ダンプカー転倒　❾ **1971**·5·2 社
千葉県香取郡観光バス転落　❽ **1959**·5·24 社
千葉県東武バス転落　❽ **1964**·12·29 社
千葉市観光バス大型トレーラー衝突　❾ **1985**·6·12 社
中央自動車道衝突事故　❾ **1976**·9·2 社
中央自動車道二階建て観光バス転落　❾ **1985**·10·5 社
中国·四川省剣閣県転落　❾ **1989**·3·16 社
中国自動車道追突　❾ **2006**·2·22 社
道央自動車道追突事故　❾ **1992**·3·1 社
東海北陸自動車道平山トンネル正面衝突　❾ **2004**·7·27 社
東京·環状 7 号線タンクトレーラー爆発·炎上　❾ **1985**·5·5 社
東京ディズニーランド行きツアーバス激突　❾ **2012**·4·29 社
東京湾浦賀水道タンカー衝突　❾ **1970**·10·30 社
東武電車大型クレーン車衝突　❾ **1969**·12·9 社
東北自動車道玉突き衝突　❾ **1984**·2 4 社／ **1987**·3·8 社
東北自動車道追突事故　❾ **1981**·12· 社
東名高速宇利トンネル内バス追突　❾ **1970**·1·26 社
東名高速追突　❾ **1972**·12·2 社
東名高速道路、焼津市日本坂トンネル四重衝突　❾ **1979**·7·11 社
東名高速道路大型キャリアカーが観光バス衝突　❾ **1982**·7·26 社
東名高速道路大型トレーラー衝突　❾ **1996**·8·26 社
東名高速道路 JR 東海バス転落　❾ **1991**·2·25 社
東名高速道路玉突き衝突　❾ **1972**·2 1 社／ **1979**·8·22 社
東名高速道路ワゴン車追突　❾ **2003** 10·22 社
戸隠高原ルートバス転落　❾ **1972**·9 23 社
豊橋市軽自動車衝突　❾ **1969**·2·2 社
トラック大爆発　❽ **1959**·12·11 社
トルコ観光客バス横転　❾ **2006**·10·17 社
長野県塩尻市トラック衝突　❽ **1964** 7·26 社
長野電鉄バス転落　❽ **1959**·6·5 社
奈良交通バス転落　❽ **1964**·3·22 社
南海電鉄定期バス転落　❽ **1959**·1·1 社
南海電鉄トラック衝突　❾ **1967**·4·1 社
南部鉄道バス転落　❽ **1959**·8·27 社
日本坂トンネル事故訴訟　❾ **1990**·3 13 社
乗鞍岳行きバス転落　❽ **1954**·1·1 社

函館バス転落 ❽ **1962**·10·17 社
バス転覆·衝突 ❽ **1938**·10·11 社／**1942**·9·7 社／**1953**·4·19 社／**1964**·6·6 社
八幡平村マイクロバス転落 ❾ **1971**·6·13 社
パトカー追突事件 ❾ **1972**·12·22 社
パトカー乱射事件 ❾ **1988**·5·14 社
パリ日本人観光バス横転 ❾ **2005**·4·25 社
磐越道高速路線バス横転 ❾ **2005**·4·28 社
阪急バス転落 ❽ **1955**·2·25 社
比叡山ドライブウェーバス同士が衝突 ❽ **1960**·7·24 社
彦根市名神高速道路下り線追突事故 ❾ **2005**·11·13 社
飛騨川観光バス転落 ❾ **1968**·8·18 社
広島五日市町米軍トラック転落 ❽ **1964**·10·29 社
広島県観光バス転落 ❽ **1959**·5·23 社
広島県幕内峠バス転落 ❽ **1953**·8·14 社
広島市国道大型トレーラー鉄板荷崩れ ❾ **2012**·12·25 社
広島電鉄バス川に転落 ❽ **1956**·2·13 社
福井県観光バスが転落 ❽ **1956**·9·9 社
福井トラックと観光バス転落 ❽ **1964**·9·22 社
福岡九州自動車道事故 ❾ **2012**·3·20 社
福島交通観光バスが転落 ❾ **1967**·10·29 社
踏切大型トラック特急が衝突 ❾ **1979**·10·3 社
踏切気動車とダンプカー ❾ **1973**·2·23 政
踏切特急列車「やくも」大型トラック衝突 ❾ **1984**·7·21 社
福山市瀬戸バス転落 ❽ **1962**·3·21 社
富士川にスケートバス転落 ❽ **1962**·12·30 社
北陸自動車道大型トラック追突 ❾ **1985**·3·6 社
北海道観光バス·バイク衝突 ❾ **2010**·7·17 社
北海道渡島支庁上磯町トラック突込み ❾ **1994**·7·1 社
マイクロバスとダンプカー衝突 ❾ **1973**·10·10 社
松山市トラックが玉突き衝突 ❾ **1974**·7·18 社
マドリード小型観光バスとトラック衝突 ❾ **1997**·7·15 社
三重県二見観光バス転落 ❽ **1954**·10·24 社
名神高速道路自動車事故 ❾ **1967**·12·7 社
名神高速道路追突 ❽ **1964**·12·22 社／❾ **1981**·2·11 社／**1982**·1·19 社
名神高速道路トラック衝突 ❾ **1970**·8·1 社
山形月山庄内観光バス転落 ❾ **1982**·7·4 社
山梨県鰍沢町バス転落 ❽ **1956**·4·1 社
夕張市バスとトラック衝突 ❾ **1967**·12·4 社
八日市小学校修学旅行のバス転落 ❽ **1955**·5·14 社
幼稚園送迎バス突込み(大阪東大阪市) ❾ **1994**·6·29 社
幼稚園マイクロバス転落(岐阜伊吹山) ❾ **1972**·8·9 社
横浜市ライトバン高校生はねる ❾ **1984**·3·12 社
レーシングカー衝突 ❾ **1972**·6·2 社
ワンマンバス爆発物事故 ❾ **1972**·5·17 社

事故(炭鉱)
秋田院内鉱山火災 ❼ **1906**·1·4 社
秋田尾去沢沈澱池、ダム決壊(三菱鉱業) ❼ **1916**·9·24 社／**1936**·11·20 社
秋田花岡鉱山、火災 ❼ **1930**·3·25 社
浅野雨龍炭鉱ガス爆発 ❽ **1946**·1·28 社
石狩炭鉱石狩鉱業所ガス爆発 ❾ **1972**·11·2 社
岩手県松尾鉱業所坑内爆発 ❽ **1939**·11·10 社／**1950**·1·18 社／❾ **1967**·10·3 社
岩手県湯田町土畑鉱山落盤 ❾ **1965**·11·3 社
岩見沢市朝日炭鉱ガス爆発 ❾ **1972**·2·19 社／**1974**·1·19 社
煙台炭鉱、ガス爆発(中国) ❼ **1928**·3·8 社
大川発電所落盤事故 ❼ **1926**·9·15 社
大谷石採掘場落盤事故 ❾ **1969**·7·22 社／**1989**·2·10 社
大谷石採石場坑内落盤事故 ❽ **1959**·7·6 社
大之浦炭鉱ガス爆発 ❽ **1939**·1·21 社
大浜海底炭鉱崩壊 ❽ **1962**·5·7 社
小野田市大浜炭鉱落盤事故 ❽ **1963**·5·7 社
北茨城市常磐炭鉱ガス中毒死 ❽ **1956**·9·2 社
熊本魚貫炭鉱ガス爆発 ❽ **1949**·12·18 社
佐賀岩屋炭鉱爆発 ❼ **1934**·6·19 社
佐賀相知町岩屋炭鉱ガス爆発 ❽ **1961**·9·17 社
佐賀大川村立川炭鉱落盤 ❽ **1939**·7·22 社
志岐炭鉱出水(久恒鉱業) ❽ **1954**·2·20 社
静岡持越金山坑内漏電火災 ❽ **1937**·3·15 社
上尊鉱業炭鉱ガス爆発 ❽ **1963**·12·13 社
常磐炭鉱西部工業所坑内火災 ❾ **1973**·5·29 社
常磐炭鉱内ガス爆発 ❽ **1956**·3·7 社
砂川炭鉱落盤 ❽ **1964**·6·11 社
住友奔別鉱業所ガス爆発 ❾ **1966**·11·1 社
石灰石採掘山トンネル内火災 ❾ **2003**·5·4 社
空知炭鉱ガス爆発 ❾ **1966**·3·22 社
高島炭鉱ガス爆発事故 ❻ **1880**·4·4 社
長崎香焼村ガス爆発 ❽ **1956**·2·14 社
長崎小山米子鉱山索道爆発 ❽ **1946**·6·18 社
長崎高島炭鉱ガス爆発 ❻ **1880**·4·4 社／❼ **1906**·3·28 社／**1930**·3·16 社
長崎中興江口鉱水没 ❽ **1958**·5·7 社
長崎西彼杵郡崎戸炭鉱ガス爆発 ❼ **1933**·6·3 社
長崎松島炭鉱火災·浸水 ❼ **1917**·3·19 社／**1929**·6·26 社／**1934**·11·20 社
長崎松島炭鉱ガス爆発 ❽ **1949**·11·27 社／**1951**·9·7 社
日鉄鉱業白老鉱山落盤 ❾ **1967**·1·21 社
福岡麻生炭鉱ガス爆発 ❼ **1934**·10·29 社／**1936**·1·25 社
福岡稲葉町山野鉱業ガス爆発 ❾ **1965**·6·1 社
福岡岩崎炭鉱事故 ❼ **1901**·7·15 社
福岡宇美町ガス爆発 ❽ **1955**·9·21 社
福岡大之浦炭鉱ガス爆発 ❼ **1909**·11·24 社
福岡大昇炭鉱ガス爆発 ❽ **1958**·9·25 社
福岡大牟田宮ノ原炭鉱ガス爆発 ❼ **1929**·3·9 社
福岡遠賀郡水巻町採石現場崩落 ❽ **1962**·6·28 社
福岡糟屋炭鉱ガス爆発 ❼ **1925**·7·29 社
福岡勝田ガス爆発(三菱炭鉱) ❽ **1948**·6·18 社
福岡嘉穂鉱山籾井炭鉱爆発 ❽ **1960**·9·26 社
福岡上嘉穂炭鉱出水 ❽ **1951**·9·3 社
福岡鴨生炭鉱ガス爆発 ❼ **1929**·12·30 社
福岡桐野炭鉱ガス爆発 ❼ **1917**·12·21 社
福岡志免町ボタ山崩れ ❽ **1954**·6·16 社
福岡上清炭鉱火災(上田鉱業) ❽ **1961**·3·9 社
福岡庄内村綱分炭鉱、ガス爆発 ❼ **1936**·10·12 社
福岡新入炭鉱爆発 ❽ **1949**·6·23 社
福岡住友忠隈炭鉱、ガス爆発·落盤 ❼ **1932**·3·7 社／**1936**·4·15 社
福岡大任町ぼた山崩れ ❽ **1960**·1·7 社
福岡高松炭鉱、ガス爆発 ❼ **1926**·1·12 社
福岡筑紫炭鉱出水事故 ❽ **1960**·2·6 社
福岡忠熊炭鉱落盤事故 ❽ **1949**·12·2 社
福岡豊国炭鉱、ガス爆発 ❼ **1899**·6·15 文／**1907**·7·20 社
福岡豊州炭鉱水没事故 ❽ **1960**·9·20 社
福岡中鶴炭鉱出水 ❽ **1957**·11·25 社

福岡日本炭鉱高松鉱業所ガス爆発　❽ 1964·3·30 社
福岡二瀬炭鉱、ガス爆発　❼ 1913·2·6 社
福岡三池鉱業所炭塵大爆発(三井炭鉱)　❽ 1963·11·9 社
福岡三池炭鉱三川坑火災　❽ 1944·9·16 社
福岡三潴(みずま)炭鉱、ガス爆発　❼ 1927·6·5 社
福岡水巻村若松炭鉱、浸水　❼ 1918·9·16 社
福岡三菱勝田炭鉱ガス爆発　❽ 1958·6·18 社
福岡三菱鉱業所ガス爆発　❽ 1959·12·20 社
福岡三菱方城炭鉱炭塵、ガス爆発　❼ 1914·12·15 社
福岡八幡市大辻炭鉱出火　❽ 1961·3·16 社
福岡若松市高松炭鉱爆発　❽ 1947·9·8 社
福島磐城炭鉱、事故　❼ 1927·3·27 社／1931·1·2 社
福島湯本村入山炭鉱、ガス爆発　❼ 1924·8·9 社／1935·5·30 社
撫順大山炭鉱、ガス爆発(満洲)　❼ 1917·1·11 社
別子銅山大火災　❽ 1947·9·26 社
宝鉱山落盤　❽ 1959·9·11 社
北炭幌内鉱ガス爆発　❾ 1975·11·27 社
北炭夕張新炭鉱ガス突出　❾ 1975·7·6 社／1981·10·15 社
北海道赤平鉱ガス中毒(住友石炭鉱業)　❽ 1955·10·10 社／1957·6·21 社／1959·5·7 社／1981·8·1 社
北海道赤平市福住鉱業所爆発(日本炭業)　❽ 1961·11·30 社
北海道幾春別弥生炭鉱、ガス爆発　❼ 1934·11·10 社
北海道今井鉱山石崎鉱業休憩所　❽ 1957·3·9 社
北海道歌志内鉱ガス爆発(住友石炭)　❽ 1940·2·14 社／1959·2·21 社／❾ 1969·5·16 社／1971·7·17 社
北海道大和田炭鉱火災　❽ 1949·10·6 社
北海道雄別炭鉱茂尻鉱ガス爆発　❽ 1950·1·27 社／1955·11·1 社
北海道上歌志内炭鉱、ガス爆発　❼ 1924·1·5 社／1929·8·5 社
北海道釧路鉱業所ガス爆発(太平洋炭鉱)　❽ 1954·8·31 社
北海道釧路春採炭鉱、ガス爆発　❼ 1928·12·21 社
北海道新夕張炭鉱、ガス爆発　❼ 1908·1·17 社／1912·4·29 社／12·23 社／1913·1·13 社／1914·10·3 社／11·28 社／1918·6·23 社／1920·6·14 社／1930·11·20 社
北海道空知炭鉱、ガス爆発　❼ 1927·3·23 社／1932·8·5 社／1935·5·6 社
北海道滝口炭鉱ガス事故　❾ 1968·6·5 社
北海道美唄鉱業所常磐新坑ガス爆発(三菱炭鉱)　❽ 1961·6·29 社
北海道美唄炭鉱ガス爆発　❽ 1941·3·18 社／1944·5·16 社／1948·6·29 社／❾ 1968·1·20 社／5·12 社
北海道平和鉱業所陥没·火災　❽ 1954·1·28 社／❾ 1968·6·30 社
北海道本岐炭鉱ガス爆発(明治鉱業)　❽ 1960·10·30 社
北海道三井芦別鉱業所ガス爆発　❽ 1962·7·15 社
北海道三井炭鉱砂川、ガス爆発　❼ 1935·7·13 社／1936·1·14 社
北海道三菱美唄炭鉱、ガス爆発　❼ 1927·11·12 社
北海道弥生炭鉱ガス爆発　❽ 1941·4·15 社
北海道夕張鉱業所炭鉱内ガス(三菱炭鉱)　❽ 1955·6·3 社
北海道夕張炭鉱ガス爆発　❽ 1938·10·6 社／1939·4·27 社／1940·1·8 社／1949·8·3 社／1960·2·1 社／1965·2·22 社／1979·5·15 社／1981·10·16 社
北海道稚内炭鉱、爆発　❼ 1911·3·17 社
北海道稚内炭鉱落盤　❽ 1947·10·25 社
三井鉱山芦別鉱業所採炭現場ガス爆発　❾ 1970·6·11 社／1977·5·11 社
三井砂川工業所ガス爆発　❽ 1958·6·9 社／❾ 1970·12·15 社／1974·12·19 社／1982·11·3 社
三井石炭鉱業三池鉱業所無人炭車暴走　❾ 1978·4·30 社／1984·1·18 社
三井三池三川炭鉱坑内火災　❾ 1967·9·28 社／1993·3·26 社
三菱石炭鉱業南大夕張砿業所ガス爆発　❾ 1985·5·17 社
三菱石炭高島鉱ガス爆発　❾ 1975·11·1 社
明治鉱業赤池第三坑、ガス爆発　❼ 1935·9·26 社
八幡製鉄毒ガス事故　❼ 1930·6·4 社
山口宇部東見初炭鉱、海水浸水(海底炭鉱)　❼ 1915·4·12 社
山口本山炭鉱火災　❽ 1938·4·10 社
山口若沖炭鉱坑内出水水没　❽ 1950·10·30 社
雄別炭鉱(赤平市)茂尻鉱ガス爆発　❾ 1969·4·2 社
雄別炭鉱雄別鉱業所採炭現場落盤　❾ 1968·5·9 社

事故(鉄道)
青森発上野行き急行列車、転覆　❼ 1924·5·10 社
青森発列車と除雪車、衝突　❼ 1929·2·1 社
安治川口駅構内事故　❽ 1940·1·29 社
飯田線電車転落　❽ 1945·2·17 社
飯田線天龍渓谷転落　❽ 1955·1·20 社
伊豆急行、川奈駅構内追突　❾ 1968·6·18 社
伊勢西線機関車脱線　❽ 1949·7·5 社
犬山線踏切衝突　❾ 1971·9·1 社
いわて脱線転覆　❽ 1961·12·29 社
羽越線特急「いなほ」脱線·転覆　❾ 2005·12·25 社
羽越本線衝突　❽ 1962·11·29 社
営団地下鉄脱線衝突　❾ 2000·3·8 社
愛媛下国鉄バス全焼　❽ 1951·11·3 社
大分県久大本線蒸気機関車、ダイナマイト破裂　❼ 1930·4·6 社
大分豊肥線竹中駅付近転落　❽ 1941 10·1 社
大阪市列車三重衝突　❽ 1941·3·26 社
大阪阪急梅田駅で電車暴走　❼ 1921 12·2 社
オーストリアケーブルカー火災　❾ 2000·11·11 社
岡山駅構内で特急列車「富士」に急行衝突　❽ 1937·7·29 社
小田急線追突事故　❽ 1952·8·22 社
小田急線鶴巻駅脱線転覆　❽ 1946·1 28 社
小田急電車、脱線転落　❼ 1926·1·1 社／1936·10·23 社
小田急電鉄脱線事故　❾ 1972·2·18 社
面白山トンネル工事用列車、川へ転落　❼ 1936·1·28 社
岳南鉄道衝突　❾ 1969·9·30 社
加古川線脱線転覆　❽ 1945·3·31 社
鹿児島線植木駅、貨物列車爆発　❼ 1927·1·31 社
鹿児島本線衝突　❾ 1965·11·21 社
鹿児島本線荷物車転落　❽ 1948·10·21 社
神奈川鶴見で汽車の火の粉により火事　❼ 1917·1·9 社
貨物列車同士の衝突　❾ 1988·10·19 社
川崎市京浜線、電車衝突　❼ 1936·8 8 社
関西本線客車転落　❽ 1956·9·27 社
北千住駅構内衝突　❽ 1940·7·5 社
汽車の火の粉による火災　❼ 1918·3 25 社
急行列車「安芸」食堂車火災　❾ 1967·11·15 社
急行列車「きたぐに」火災　❾ 1972 11·6 社
急行列車とダンプカー衝突　❾ 1972 6·6 社
九州折尾で列車衝突　❼ 1923·1·28 社
京都市電転落　❽ 1946·2·8 社
近鉄阿部野橋駅電車衝突　❽ 1963·5 15 社
近鉄生駒トンネル追突　❽ 1946·12·24 社／1947·4·16 社
近鉄大阪線の特急同士正面衝突　❾ 1971·10·25 社
近鉄電車追突　❾ 1966·11·12 社
近鉄奈良線花園駅追突　❽ 1948·3·31 社
近鉄山田線電車火災　❽ 1949·3·8 社
群馬県下仁田町上信電鉄の電車衝突　❾ 1984·12·21 社
京阪電車置石事件　❾ 1980·2·20 社
京阪電鉄火災　❽ 1949·9·27 社
京福電鉄越前本線踏切正面衝突　❾ 2001·6·24 社
京福電鉄鞍馬線電車衝突　❽ 1964·1 5 社

京福電鉄電車衝突 ❾ **2000**・12・22 社
高知学芸高校上海列車事故 ❾ **1988**・3・24 社
神戸電気鉄道脱線 ❽ **1944**・2・12 社
神戸電鉄丸山駅追突 ❾ **1970**・7・22 社
高野山電鉄転覆 ❽ **1944**・9・3 社
国鉄姫新線列車とバス衝突 ❽ **1960**・12・12 社
国鉄草津線列車岩が直撃 ❾ **1969**・11・29 社
国鉄参宮線脱線転覆 ❽ **1956**・10・15 社
国鉄東北本線衝突 ❾ **1974**・9・24 社
国鉄名古屋駅ブルートレイン寝台車激突 ❾ **1982**・3・15 社
護憲三党幹部、列車転覆未遂事件 ❼ **1924**・1・30 政
佐賀松浦川ガソリン機関車(北鉄線)、転落 ❼ **1936**・7・9 社
相模線列車衝突 ❽ **1939**・12・23 社
桜木町事件 ❽ **1951**・4・24 社
山陰本線川棚温泉踏切衝突 ❾ **1970**・3・20 社
参宮線、列車転覆 ❼ **1923**・4・16 社
山陽新幹線「ひかり」運転士居眠り運転 ❾ **2003**・2・26 社
山陽電車車輛内時限爆弾爆発事件 ❾ **1967**・6・18 社
山陽電鉄電車衝突(明石市) ❾ **1968**・11・23 社
山陽本線明石駅寝台特急「富士」脱線 ❾ **1984**・10・19 社
山陽本線追突・衝突・転覆事故 ❽ **1941**・9・16 社／**1944**・11・19 社／**1945**・7・2 社／**1947**・7・1 社
JR 飯田線北殿駅電車衝突 ❾ **1989**・4・13 社
JR 鹿児島線追突 ❾ **2002**・2・22 社
JR 津山線落石脱線 ❾ **2006**・11・19 社
JR 福知山線踏切 ❾ **1991**・6・25 社
信楽高原鉄道列車衝突事故 ❾ **1991**・5・14 社／**1999**・3・29 社／**2002**・12・26 社
静岡県東伊豆町トンネル工事落盤事故 ❽ **1961**・4・16 社
市電とタンクローリー衝突 ❽ **1964**・12・17 社
信濃川発電工事総帥トンネル工事現場落盤 ❽ **1950**・9・3 社
島原鉄道ディーゼル列車衝突 ❾ **1992**・11・3 社
釈迦ヶ岳トンネル工事落盤事故 ❽ **1953**・3・19 社
修学旅行用団体列車衝突 ❽ **1955**・5・17 社
首都高速二号線タンクローリー爆発 ❾ **1999**・10・29 社
駿豆鉄道転落 ❽ **1941**・3・13 社
上越線下牧信号所列車転覆 ❽ **1946**・11・3 社
蒸気機関車転落 ❾ **1972**・12・2 社
定山渓鉄道列車衝突 ❽ **1964**・10・25 社
上信電気鉄道本線入野駅列車事故 ❽ **1941**・11・20 社
省線阪和線超満員死亡 ❽ **1947**・5・16 社
省電衝突死亡事故 ❽ **1942**・2・28 社
省電田端駅構内追突 ❽ **1947**・4・22 社
常磐線北千住駅追突 ❽ **1941**・11・19 社
常磐線長塚駅急行「北上」転覆 ❽ **1957**・5・17 社
消防自動車転落 ❽ **1962**・3・7 社
信越線熊ノ平駅のトンネル入口地崩れ ❽ **1950**・6・9 社
信越本線大田切トンネル付近列車転覆 ❽ **1946**・12・19 社
新幹線列車脱線 ❾ **1973**・2・21 政
新宿駅構内米軍燃料用タンク車貨車衝突炎上 ❾ **1967**・8・8 社
神有(有馬)鉄道転覆 ❽ **1938**・8・29 社／**1944**・2・12 社／**1945**・11・18 社
スイス山岳観光列車転覆 ❾ **2010**・7・23 社
石勝線特急列車脱線火災事故事件 ❾ **2011**・5・28 社
善光寺参詣団体列車、衝突 ❼ **1913**・10・17 社
草加市電車衝突 ❽ **1964**・3・12 社
高崎線本宿駅、列車脱線 ❼ **1923**・9・17 社
高崎線列車衝突 ❽ **1939**・12・8 社
高山線脱線転落 ❽ **1945**・1・10 社
宝木山列車、転覆 ❼ **1918**・7・12 社
地下鉄脱線事故 ❽ **1941**・9・4 社
地下鉄東西線車輛横倒し ❾ **1978**・2・28 社
地下鉄東山線栄駅構内変電所燃え ❾ **1983**・8・16 社
津軽鉄道金木駅正面衝突 ❽ **1964**・12・24 社
ディーゼル・カー踏切衝突 ❽ **1963**・8・7 社
電車とトレーラー衝突 ❾ **1975**・2・5 社
東海道鷲津駅貨車転覆 ❽ **1962**・2・25 社
東海道新幹線爆破未遂事件 ❾ **1967**・4・15 社
東海道線貨物列車・横須賀線電車 ❽ **1963**・11・9 社
東海道線醒ヶ井構内蒸気機関車ボイラーが破裂 ❽ **1945**・10・19 社
東海道線列車追突(能登川—安土) ❽ **1946**・7・26 社
東海道本線追突(大磯—二宮) ❽ **1946**・6・18 社
東海道本線辻堂駅米軍専用貨物列車爆発 ❽ **1945**・12・18 社
東京赤坂見附で電車追突・横転 ❼ **1910**・7・17 社
東京大森で国電火災 ❽ **1946**・11・24 社
東京急行電鉄京阪線追突 ❽ **1944**・12・26 社
東京高速鉄道(地下鉄)出火 ❽ **1941**・1・2 社
東武鉄道鬼怒川線電車事故 ❾ **1974**・11・12 社
東武鉄道脱線 ❽ **1946**・1・21 社
東武鉄道電車脱線事故 ❾ **1966**・12・15 社／**1970**・4・21 社
東武電鉄踏切衝突 ❾ **1970**・10・9 社
東北本線貨物列車脱線転覆 ❾ **1967**・9・24 社
東北本線、衝突 ❼ **1916**・11・29 社
東北本線土砂崩れ不通 ❾ **1966**・7・27 社
東北本線日光列車転覆 ❽ **1949**・8・21 社
東北本線列車が東武バスと衝突 ❽ **1950**・12・18 社
東北本線列車転覆 ❽ **1949**・8・17 社
土佐くろしお鉄道特急駅舎に突込み ❾ **2005**・3・2 社
土佐電鉄上下電車衝突 ❾ **1971**・5・5 社
栃木県日光で電車追突 ❽ **1939**・10・12 社
特急列車とオート三輪衝突 ❽ **1959**・10・11 社
富山地方鉄道衝突 ❽ **1945**・5・7 社／5・17 社
中板橋駅で電車衝突 ❽ **1960**・9・1 社
名古屋鉄道衝突 ❽ **1945**・7・13 社
名古屋鉄道電車火災 ❽ **1949**・1・4 社
南海電鉄衝突 ❽ **1945**・1・20 社／12・6 社／**1948**・10・30 社
南海電鉄天下茶屋駅衝突事故 ❾ **1968**・1・18 社
南海電鉄電車トンネル内出火 ❽ **1956**・5・7 社
南海電鉄本線衝突事故 ❽ **1940**・11・25 社
南海本線箱作駅正面衝突 ❾ **1967**・7・24 社
南武線の電車衝突 ❽ **1962**・8・7 社
西明石駅構内の踏切特急「スーパーはくと」衝突 ❾ **2012**・2・17 社
西成線脱線転覆 ❽ **1940**・1・29 社
西日本鉄道宮地線電車衝突 ❽ **1953**・7・8 社
日豊本線鳥越トンネル急行列車衝突 ❾ **1970**・11・24 社
日暮里駅構内国電衝突 ❾ **1972**・6・23 社
日暮里駅転落 ❽ **1952**・6・18 社
日本鉄道の列車、川に転落 ❼ **1899**・10・5 社
能登線金沢発蛸島行き下り急行脱線 ❾ **1985**・7・11 社
伯備線ディーゼル列車死亡 ❾ **1969**・2・13 社
函館本線衝突 ❽ **1942**・3・24 社
函館本線線路爆発 ❽ **1960**・9・10 社
箱根小山駅、列車転落事故 ❼ **1897**・10・3 社
箱根登山鉄道脱線転覆 ❽ **1949**・2・15 社
八高線貨物列車に米機衝突 ❽ **1947**・7・14 社
八高線埼玉県高麗川駅南転落 ❽ **1947**・2・25 社
八高線衝突 ❽ **1945**・8・22 社／8・24 社
磐越東線川前・小川郷間貨客混合列車、脱線転落 ❼ **1935**・9・27 社
阪急神戸線六甲駅構内特急電車衝突 ❾ **1984**・5・5 社
阪急電鉄宝塚線電車衝突 ❽ **1947**・1・

30 社
阪神電鉄甲子園駅転倒 ❽ 1949·4·24
社
阪神電鉄衝突 ❽ 1949·6·20 社
比叡山鉄道ケーブルカー脱線 ❽
1953·6·6 社
肥薩線衝突 ❽ 1945·8·22 社
日高本線列車衝突 ❾ 1970·1·15 社
平野駅構内通勤電車脱線 ❾ 1973·
12·26 社
広島安芸中野駅、特急列車脱線転覆
❼ 1926·9·18 社
広島市·新交通システム箱型橋げた落下
❾ 1991·3·14 社
広島椋梨川鉄橋、脱線転覆 ❼ 1931·
1·12 社
福知山線事故 ❾ 2005·4·25 社
福知山線列車火災 ❽ 1945·11·3 社
富士急電車にトラック衝突 ❾ 1971·
3·4 社
富士山麓鉄道列車衝突 ❽ 1942·8·18
社／ 1946·1·15 社
踏切事故 ❽ 1952·10·7 社／ 1953·
5·24 社／ 9·2 社／ 1954·4·17 政／
1955·2·6 社／ 8·20 社／ 1958·2·9 社
／ 6·10 社／ 11·24 社／ 1959·1·3 社
／ 10·30 社／ 11·7 社／ 1960·8·25
社／ 1961·2·4 社／ 8·29 社／ 11·5
社／ 1962·3·25 社／ 12·5 社／ 1964·
2·10 社／❾ 1973·9·8 社／ 1979·12·
8 社
踏切電車にダンプカーが衝突 ❾
1992·9·14 社
踏切普通電車衝突 ❾ 1997·8·12 社
米軍専用ガソリンタンク車が電車衝突
❽ 1964·1·4 社
房総東線衝突 ❾ 1970·3·1 社
北陸線青梅·親不知間、雪崩埋没·破壊
❼ 1922·2·3 社
北陸線通学列車、火災焼死 ❼ 1936·
1·13 社
北陸本線角川橋汽車、転落 ❼ 1916·
6·11 社
北陸本線、雪崩のため貨物列車転覆
❼ 1927·3·21 社
北海道美幌町石北線脱線 ❾ 2007·3·
1 社
三重交通北勢線脱線事故 ❽ 1957·
11·25 社
三重中勢線列車転覆 ❽ 1939·11·1
社
三河島事故 ❽ 1962·5·3 社
武蔵野電鉄衝突事故 ❽ 1940·1·2 社
室蘭本線オコップ川鉄橋上脱線 ❽
1950·8·1 社
室蘭本線衝突(静狩—小幌) ❽ 1947·
3·31 社
室蘭本線列車衝突 ❾ 1970·7·2 社
名鉄電車衝突事故 ❾ 1966·7·29 社
名鉄電車瀬戸線転覆 ❽ 1948·1·5 社
横浜市内踏切 ❾ 1979·4·18 社
米坂線列車転落 ❽ 1940·3·5 社
ラッセル車轢殺事件 ❼ 1922·1·25
社
陸羽東線瀬見駅、雪崩のため転覆 ❼
1927·2·3 社
龍が島停車場機関車車庫、爆破 ❼
1897·11·11 社

両総用水幹線工事トンネル落盤 ❽
1950·12·22 社
両毛線衝突 ❽ 1951·10·13 社
旅客列車衝突 ❽ 1943·10·26 社
旅客列車転覆(和気—熊山駅) ❽
1938·6·15 社
留萌線客車転落(礼受—舎熊) ❽
1946·3·14 社
列車追突事故 ❽ 1963·9·20 社
和歌山五條駅貨物列車激突 ❽ 1949·
1·14 社
事故(爆発事故)
愛知県武豊町·日本油脂工場爆発 ❾
2000·8·1 社
青森市ビジネスホテルガス漏れ ❾
1976·1·4 社
秋田県機雷爆発 ❽ 1949·6·27 社
秋葉ダム誘爆 ❽ 1955·2·4 社
アドバルーン爆発 ❽ 1953·4·8 社
安城市内花火製造工場爆発事故 ❾
1980·6·5 社
出光興産中央訓練所プロパンガス爆発
❾ 1975·1·3 社
出光興産徳山製油所爆発 ❾ 1976·1·
15 社
出光興産北海道製油所炎上 ❾ 2003·
9·26 社
出光石油化学徳山工場爆発 ❾ 1973·
7·7 社
茨城県·鹿島石油基地石油精製装置爆発
❾ 1982·3·31 社
茨城県の北海道花火作業所爆発 ❽
1950·8·3 社
今治造船丸亀工場爆発 ❾ 2004·8·26
社
いわし博物館爆発事故 ❾ 2004·7·30
社
魚沼市八箇峠トンネル工事現場爆発
❾ 2012·5·24 社
浦和市の化学工場で爆発 ❾ 1980·5·
14 社
愛媛県東予市廃油処理工場タンク爆発
❾ 1975·8·30 社
大阪泉佐野市·不二製油爆発 ❾
1991·12·22 社
大阪市地下鉄工事現場ガス爆発 ❾
1970·4·8 社
大阪府堺市合成樹脂プラント工場爆発
❾ 1982·8·21 社
大阪御堂筋のビル爆発事件 ❽ 1961·
7·2 社
沖縄市資材置き場対戦車ロケット弾爆発
❾ 2003·8·31 政
海軍工廠爆発(舞鶴) ❼ 1923·3·30
政
化学薬品会社工場爆発 ❾ 2011·4·13
社
鹿児島市の南国花火製造所爆発 ❾
2003·4·12 社
柏崎市の花火工場爆発 ❽ 1950·7·30
社
柏崎市の花火工場爆発 ❾ 1966·8·8
社
ガソリン爆発 ❽ 1963·3·9 社
火薬庫爆発(大阪) ❼ 1902·8·15 社
／ 1909·4·10 社
火薬船、爆発(宇品港) ❼ 1933·5·31
社

火薬船、爆発(神戸) ❼ 1910·4·7 社
川崎市光洋精機カメラ工場爆発 ❾
1981·3·14 社
関西ペイントシンナー工場爆発 ❽
1958·2·15 社
関門国道トンネル内爆発 ❽ 1952·8
13 社
木更津港土砂運搬船修理中爆発 ❾
2012·7·17 社
岐阜県北島煙火製造工場火薬爆発 ❽
1955·7·22 社
京都網野町漂着機雷が爆発 ❽ 1951
2·18 社
協和発酵合成工場ガス爆発 ❽ 1959
7·11 社
近鉄百貨店阿倍野店爆発 ❾ 1974·3
17 社
熊野川電源開発工事現場ダイナマイト爆発
❽ 1960·3·22 社
隈本火工会社花火製造爆発 ❽ 1954
7·26 社
久留米市日本ゴム工場爆発 ❾ 1969
4·25 社
呉市魚雷爆発 ❽ 1952·9·3 社
群馬県尾島町·日進化工工場爆発 ❾
2000·6·10 社
群馬県矢木沢ダム地下発電所爆発事故
❾ 1966·11·7 社
小出煙火製造所爆発 ❽ 1949·7·8 社
高知県室戸町機雷爆発 ❽ 1947·10·
15 政
神戸市東灘区ガス管爆発 ❾ 1977·2·
8 社
小倉元航空支廠爆発 ❽ 1946·5·4 社
御殿場市農家ロケット不発弾爆発 ❽
1957·4·6 社
サイゴン港引揚げ作業中水中爆発 ❾
1965·9·21 政
埼玉県騎西町の花火工場爆発 ❽
1960·7·24 社
埼玉県幸手市倉庫爆発 ❾ 1999·6·5
社
埼玉県板金工場石黒製作所爆発 ❾
1970·12·9 社
境港造船所船内爆発 ❾ 1978·5·30
社
堺市ダイセル化学工業堺工場爆発 ❾
1982·8·21 社
佐世保重工業タンカーガス爆発 ❾
1971·8·12 社
サニー·ジュエル爆発·炎上 ❾ 2004·
12·16 社
静岡駅前地下街「ゴールデン街」爆発
❾ 1980·8·16 社
静岡県掛川市バーベキュープロパンガス爆
発 ❾ 1983·11·22 社
静岡県裾野市宅配便爆発 ❾ 2003·6·
30 社
下総海上自衛隊基地航空燃料タンク爆発
❾ 1993·12·6 政
重油タンク爆発(丸善砿湯会社大阪製油工
場) ❼ 1935·5·24 社
硝化綿布製ズボン爆発事件 ❽ 1948·
4·9 社
昭和電工川崎工場爆発 ❽ 1949·6·24
社／ 1964·6·11 社
女性専用温泉施設爆発 ❾ 2007·6·19
社

信越化学工業直江津工場爆発 ❾ **2007**·3·20 社
新日窒水俣工場ビニール工場ガスタンク爆発 ❽ **1961**·8·9 社
新日鉄名古屋製鉄所内タンク爆発 ❾ **2003**·9·3 社／**2008**·3·6 社
新日鉄八幡製鉄所爆発事故 ❾ **1971**·11·26 社
住友金属和歌山製鉄所熱炉爆発 ❾ **1970**·11·17 社
青函トンネル建設現場ダイナマイト爆発 ❾ **1969**·8·10 社
大協石油四日市製油所原油タンク爆発 ❽ **1954**·10·15 社
大同火工煙火店火薬工場爆発 ❾ **1992**·6·16 社
ダイナマイト爆発 ❽ **1959**·2·26 社／❾ **1981**·9·28 社
ダイナマイト八百個爆発(小樽市手宮駅) ❼ **1924**·12·27 社
大日本セルロイド工場爆発 ❽ **1939**·5·9 社
高岡市日本ゼオン工場爆発 ❾ **1968**·9·18 社
宝組化学品倉庫爆発 ❽ **1964**·7·14 社
タンカー〈光洋丸〉修理中、爆発 ❼ **1926**·9·13 社
地下高圧ガス管が爆発(東京深川) ❽ **1963**·1·24 社
地下タンクガス爆発(茨城·日本原研) ❽ **1960**·12·24 社
地下鉄銀座線京橋駅時限爆弾爆発 ❽ **1963**·9·5 社
チッソ五井工場大爆発 ❾ **1973**·10·8 社
千葉県工事場ダイナマイト爆発 ❽ **1949**·6·1 社
千葉県富士石油製油所爆発 ❾ **1992**·10·16 社
千葉市内でプロパン大爆発 ❾ **1979**·7·26 社
千葉製鉄所ボイラー爆発事故 ❾ **1965**·2·19 社
津久見市採石場ダイナマイト爆発 ❾ **1967**·9·5 社
常石造船所爆発 ❾ **1970**·7·6 社
東亜合成化学水素タンク爆発 ❽ **1952**·12·22 社
東亜ペイント工場爆発 ❾ **1973**·1·20 社
東京浅草工場兼住宅ビル爆発 ❾ **1994**·12·24 社
東京池袋マンションガス爆発 ❾ **1979**·2·10 社
東京板橋·火薬庫爆発 ❽ **1949**·9·7 社
東京板橋区ガス管爆発 ❾ **1969**·3·20 社
東京板橋第一化成工業爆発 ❾ **1990**·5·26 社
東京板橋·陸軍火工廠板橋火薬所爆発 ❽ **1937**·1·23 社
東京厩橋花火問屋爆発 ❽ **1955**·8·1 社
東京大田区のシンナー工場爆発 ❽ **1956**·11·15 社
東京軽合金製作所溶解炉爆発 ❾ **1968**·5·10 社
東京水道工事メタンガス爆発 ❾ **1993**·2·1 社
東京都庁舎建築現場側壁が崩壊 ❽ **1950**·4·10 社
東京府中町火薬工場が爆発 ❽ **1953**·2·14 社
東京雪ヶ谷進化製薬工場アルコール爆発 ❽ **1958**·7·15 社
東京油脂工場爆発 ❽ **1960**·8·24 社
東大病院高圧治療タンク爆発 ❾ **1969**·4·4 文
東洋アルミニウム日野工場爆発 ❾ **2005**·10·21 社
鳥取市浮遊機雷爆発 ❽ **1952**·2·17 社
鳥取県石油タンク爆発 ❽ **1947**·8·12 社
豊橋煙火製造工場爆発 ❾ **1990**·6·29 社
豊橋市花火爆発 ❽ **1954**·10·2 社
十和田市水道工事業アセチレンガス爆発 ❾ **1965**·3·18 社
那珂川橋脚工事現場一酸化炭素中毒 ❾ **1976**·2·20 社
長野上郷村花火工場爆発 ❽ **1959**·5·29 社
名古屋市東区ガソリン爆発 ❾ **2003**·9·16 社
名古屋市民家マグネシウム爆発 ❽ **1952**·12·26 社
新潟県名立町海岸機雷が爆発 ❽ **1949**·3·30 社
新潟県漂着機雷が爆発 ❽ **1948**·3·30 社
日新製鋼呉製鉄所第二高炉爆発 ❾ **1988**·7·3 社
日鉄鉱業伊王島鉱業所ガス爆発 ❾ **1965**·4·9 社
日本カートリット保土ヶ谷工場爆発 ❽ **1962**·12·7 社
日本カーバイト魚津工場爆発 ❽ **1951**·2·9 社
日本カーリット火薬工場爆発 ❽ **1955**·8·2 社／**1958**·1·14 社
日本化薬厚狭作業所爆発 ❽ **1962**·4·25 社
日本鉱業水島製油所脱硫装置爆発 ❾ **1976**·4·8 社
日本興油岡山工場ベンゾール貯蔵タンク爆発 ❽ **1956**·8·11 社
日本石油化学会社浮島工場爆発 ❾ **1973**·10·18 社
日本乳化剤川崎工場タンク爆発 ❾ **1966**·7·19 社
日本冶金工場火薬作業室爆発 ❽ **1956**·5·17 社／**1957**·11·30 社
爆弾処理工場爆発 ❽ **1951**·1·29 社
爆弾爆発(東京小石川) ❽ **1946**·1·4 社
爆破(日本石油鶴見製油所排泄管) ❼ **1924**·8·7 社
爆発(大阪高槻の淀川中州廃弾工場) ❼ **1907**·10·4 社
爆発(煙火工場) ❼ **1928**·1·12 社／3·15 社／4·23 社
爆発(電気溶鉱炉) ❼ **1932**·6·6 社
爆発(東京砲兵工廠雷汞場) ❼ **1905**·5·29 社
爆発(日本導火線工場) ❼ **1928**·1·22 社
爆発(広島下山発電所大堰堤工事) ❼ **1934**·8·4 社
爆発(山川製薬第六工場) ❼ **1934**·2·20 社
バズーカ砲弾爆発 ❽ **1956**·8·21 社
八王子マンションガス爆発 ❾ **1975**·11·23 社
播磨造船所液体アンモニア漏れ爆発 ❽ **1957**·4·24 社
バルカン砲発射テスト中爆発 ❾ **1973**·9·28 政
姫路市·日本触媒爆発 ❾ **2012**·9·29 社
枚方陸軍火薬庫爆発 ❽ **1939**·3·1 社
広島県魚雷爆発 ❽ **1950**·5·5 社
広島県倉橋町砲弾爆発 ❽ **1956**·5·22 政
広島県倉橋村魚雷爆発 ❽ **1951**·7·25 社
広島県深江沖機雷爆発 ❽ **1950**·7·27 社
広島県府中市油脂工業会社香料工場爆発 ❾ **1980**·6·17 社
福井県蒲生海岸機雷が爆発 ❽ **1950**·1·7 社
福島県沼沢村発電所工事ケーブル墜落 ❽ **1950**·12·12 社
福島市土湯温泉鉄線ケーブル切断 ❽ **1955**·9·30 社
福山市火薬工場爆発 ❽ **1964**·2·6 社
藤枝市花火工場爆発 ❽ **1959**·10·15 社
富士鉄室蘭鉄工所炉の吹きこぼれ ❽ **1960**·3·18 社
府中市丸屋花火店爆発 ❽ **1958**·7·30 社
浮遊機雷が爆発(福井梅浦海岸) ❽ **1951**·2·5 社
砲弾爆発(銚子市) ❽ **1951**·4·2 政
北海道幌内川発電会社ダム決壊 ❽ **1941**·6·7 社
保土ヶ谷化学保土ヶ谷工場爆発 ❽ **1954**·7·23 社／**1959**·8·15 社
香港大丸ガス爆発 ❾ **1972**·10·14 社
三重ごみ固形燃料発電所爆発 ❾ **2003**·8·21 社
三井化学岩国大竹工場プラント爆発 ❾ **2012**·4·22 社
三井石油化学工業千葉工場タンク爆発 ❾ **1970**·8·20 社
三井ポリケミカル千葉工場爆発 ❾ **1968**·1·24 社
三菱瓦斯化学工場加熱炉爆発 ❾ **1975**·2·2 社
三菱瓦斯化学四日市工場爆発事故 ❾ **1973**·4·27 社
三菱鋼材電気炉爆発 ❽ **1953**·6·20 社
三菱重工業長崎造船所爆発 ❾ **1970**·10·24 社
三菱重工業名古屋誘電推進システム製作所実験中破裂 ❾ **1991**·8·9 文
三菱石油水島製油所爆発事故 ❾ **1976**·1·19 社／**1985**·12·17 社
三菱油化工場ポリエチレン装置ガス爆発

❽ 1964·6·30 社
森田化学工業神崎川事業所爆発 ❾ 2009·11·24 社
山形県朝日町ガス爆発 ❾ 1976·5·10 社
山形県用水トンネル工事中爆発 ❾ 1978·6·28 社
山口県山陽町埴生浄港花火暴発 ❾ 2003·11·8 社
八女市花火製造工場爆発 ❾ 1972·5·15 社
横須賀市銃砲店爆発 ❽ 1956·5·2 社／1960·5·7 社
横須賀線車内時限爆弾爆発 ❾ 1968·6·16 社
横浜港花火大会花火爆発 ❾ 1989·8·2 社
横浜市港外扇島沖タンカー爆発 ❾ 1970·11·27 社
横浜鶴見区ガス爆発 ❾ 1968·7·3 社
横浜日東化工場爆発 ❽ 1958·1·17 社／1959·11·20 社
横浜の飼料会社工場爆発 ❾ 1966·2·6 社
YOSAKOI ソーラン祭り爆発 ❾ 2000·6·10 社
四日市市大協石油のタンク炎上 ❾ 1975·2·16 社
陸軍火薬庫大爆発(東京滝野川) ❼ 1914·12·28 政／1932·3·19 政
老人ホームメタンガス爆発 ❾ 1975·10·22 社

事故(飛行機)

事故(飛行機) ❼ 1912·4·27 政／1926·4·18 社／8·31 社／1929·3·8 政／1933·8·7 政／1935·7·15 政／❽ 1938·8·24 社／11·27 社／1940·11·30 社／12·28 社／1943·7·7 政
愛知 AB4 型機墜落 ❽ 1937·5·27 社
アエロ·スパシアル大峰山に衝突 ❾ 1991·8·5 社
アエロスバル機鴨川港墜落 ❾ 1973·1·14 社
青木航空墜落 ❽ 1954·9·25 社
朝日航洋ヘリコプター墜落 ❾ 1990·9·21 社
朝日新聞社ビーチ機墜落 ❾ 1965·5·16 社
朝日新聞社ヘリコプター墜落 ❽ 1958·12·17 社
朝日新聞ヘリコプター、毎日新聞機に衝突墜落 ❾ 1994·10·18 社
アリタリア航空乗取り ❾ 1982·6·30 社
海軍機墜落 ❽ 1941·2·5 政
英国製軽飛行機墜落 ❽ 1953·3·12 社
英 BOAC ボーイング 707 型機墜落 ❾ 1966·3·5 社
エジプト航空機墜落 ❾ 1976·12·25 政
FM ヨコハマ·ヘリコプター墜落 ❾ 1987·8·2 社
遠西航空ボーイング 737 旅客機墜落 ❾ 1981·8·22 社
大阪航空小型ヘリコプター墜落 ❾ 2007·10·27 社
海軍飛行機、墜落 ❼ 1924·1·29 政／1926·2·4 政
海上保安庁ヘリコプター墜落 ❾ 1982·11·29 社／2010·8·18 社
カナダ太平洋航空機、アラスカで墜落 ❽ 1956·8·29 社
カナダ太平洋航空機乗客荷物爆発 ❾ 1985·6·23 社
鎌倉海岸ヘリコプター墜落 ❽ 1953·8·9 社
ガルーダ·インドネシア航空炎上 ❾ 1996·6·13 社／1997·9·26 社
北アルプスヘリコプター墜落 ❾ 2007·4·9 社
岐阜県防災ヘリコプター墜落 ❾ 2009·9·11 社
釧路空港小型航空機墜落 ❾ 1996·4·26 社
グライダー墜落 ❼ 1936·10·28 社／❾ 1972·11·23 社
桑名市小型飛行機とヘリコプター接触 ❾ 2001·5·19 社
KM 型練習機墜落 ❽ 1963·9·4 社
軽爆飛行機墜落 ❼ 1935·8·13 社／❽ 1953·1·19 社／❾ 1972·10·1 社／1977·8·28 社
警備ヘリコプターが墜落 ❾ 1978·6·29 社
航空自衛隊新潟救難隊救難捜索機墜落 ❾ 2005·4·14 社
航空大学校帯広分校小型機墜落 ❾ 2011·7·28 社
小型機墜落 ❾ 1973·7·20 社／1980·1·2 社
小型飛行機熊本県墜落 ❾ 2011·1·3 社
国際航空輸送軽飛行機墜落 ❾ 2004·1·22 社
埼玉県防災ヘリコプター墜落 ❾ 2010·7·25 社
静岡県警ヘリコプター墜落 ❾ 2005·5·3 社
雫石航空機事故 ❾ 1971·7·30 政
重爆撃機、墜落 ❼ 1934·2·15 政
セスナ機墜落 ❾ 1967·5·30 社／1968·11·17 社／1972·5·30 社／1988·7·10 社
セスナ機墜落(静岡天城山) ❽ 1963·3·4 社
セスナ機墜落(三重県大王町) ❽ 1957·2·3 社
全日空機爆破未遂事件 ❽ 1959·1·2 社
全日空機ハイジャック ❾ 1970·8·19 政／1977·3·15 社
全日空小型機墜落 ❽ 1960·11·16 社
全日空ダグラス DC3 型旅客機遭難 ❽ 1958·8·12 社
全日空ボーイング 727 型機墜落 ❾ 1966·2·4 社
全日空松山沖事故 ❾ 1976·12·7 社
全日空 YS11 型機墜落 ❾ 1966·11·13 社
第一航空会社セスナ墜落 ❾ 1983·7·4 社
タイ航空機内手榴弾が爆発 ❾ 1986·10·26 政
タイ国空軍輸送機墜落 ❽ 1957·10·10 政
大日本航空機墜落 ❽ 1939·5·17 社
大和航空ビーバー機墜落 ❽ 1955·8 29 社／1958·5·21 社
台湾·台北発那覇行き中華航空爆発 ❾ 2007·8·20 社
多摩川土手セスナ機墜落 ❾ 1973·2 25 社
宙返り飛行死 ❼ 1920·8·29 社
中華航空機炎上事故 ❾ 1994·4·26 社／2003·12·26 社
中部日本新聞社機墜落 ❽ 1956·3·2 社
DC3 型貨物機行方不明(全日空) ❾ 1965·2·14 社
DC8 型炎上(カナダ航空) ❾ 1966·3·4 社
DC8 型着陸失敗 ❾ 1982·9·17 社
デ·ハビランド機墜落 ❽ 1962·2·23 社／1963·5·1 社
東北電力関係ヘリコプター墜落 ❾ 1992·8·14 社
南極大陸エレバス山ニュージーランド航 旅客機墜落 ❾ 1979·11·28 社
日航機雲仙号離陸後炎上 ❽ 1957·9· 30 社
日航機墜落事故 ❾ 1969·6·24 政／1972·6·14 政／11·29 政／1977·9·2 政／1982·2·9 社／1985·8·12 社／1987·6·19 社
日航機ニアミス ❾ 2001·1·31 社
日航機木星号墜落 ❽ 1952·4·9 社
日本空輸機、墜落 ❼ 1931·6·22 社／1935·4·26 政／6·22 社
ニュージーランドの遊覧飛行機墜落 ❾ 1989·12·30 社
バイカウント 828 型機墜落 ❽ 1962·11·19 社
阪急航空ヘリコプター宮崎日知屋墜落 ❾ 1990·9·27 社
バンクーバー観光水上飛行機墜落 ❾ 1978·9·2 社
B26 爆撃機空中衝突 ❽ 1949·1·8 政
飛行機、プロペラを落す ❼ 1921·10·6 社
飛行艇(大阪発福岡行ドルニエ·ワール)、福岡県八幡付近に墜落 ❼ 1932·2·27 社
富士航空コンベア 240 型機墜落 ❽ 1964·2·27 社
藤田航空八丈富士激突 ❽ 1963·8·17 社
フジテレビ取材ヘリコプター墜落 ❾ 1994·11·13 社
米軍機 C54 型機墜落 ❽ 1950·4·21 政
米軍機補助タンク落下 ❽ 1951·10·14 社
米国機 C47 ダコタ号墜落 ❽ 1947·8·13 政
米軍輸送機、東京小平に墜落 ❽ 1950·6·18 政
米輸送機、離陸直後墜落 ❽ 1950·9·27 政
ヘリコプター衝突·墜落事故 ❽ 1959·10·24 社／1960·2·24 政／1962·8·13 社／1963·3·16 政／1964·11·4 政／1966·11·15 社／❾ 1970·7·26 社／1972·8·27 社／1984·7·31

社／1990·5·14 社／8·20 社／12·27 社／1992·8·11 社／1996·4·27 社／1997·1·12 社／1·25 社／2008·7·6 社／2010·9·26 社
毎日新聞社機墜落 ❽ 1960·4·1 社
マッキンリー山セスナ機墜落 ❾ 1981·6·23 社
宮城県岩沼市、自家用小型機墜落 ❾ 1983·4·1 社
遊覧飛行機、墜落 ❼ 1935·5·19 社
旅客機事故の始め ❼ 1931·6·22 社
旅客機富士不時着 ❽ 1938·12·8 社
レイク L4 型機墜落 ❽ 1961·6·19 社
YS11「ばんだい」遭難 ❾ 1971·7·3 社
YS11 着陸失敗 ❾ 1983·3·11 社
YS11 暴走 ❾ 1965·12·6 社
YS11 離陸失敗 ❾ 1988·1·10 社

事件(社会的事件)

『犯罪白書』 ❽ 1960·8·28 社／1962·8·3 社
『麻薬白書』 ❽ 1963·2·23 社
アイスボックス死亡事件 ❾ 1969·5·4 社
愛知稲沢町公民館抜落ち ❽ 1953·4·14 社
会津の小鉄逮捕 ❻ 1883·3·14 社／1884·2·11 社
「青い鳥」事件 ❼ 1929·2·8 文
明石市人工砂浜陥没死亡事件 ❾ 2001·12 月 社
明石歩道橋事件 ❾ 2001·7·21 社
暁に祈る事件 ❽ 1949·3·15 社
足利三代木像梟首 ❻ 1863·2·22 社
阿部定事件 ❼ 1936·5·18 社
アヘン密輸団 ❼ 1928·9·13 社
尼崎密造酒摘発事件 ❽ 1949·2·9 社
荒川放水路バラバラ事件 ❽ 1952·5·10 社
有島武郎心中事件 ❼ 1923·6·9 社
アルプス西穂高松本深志高校生落雷事故 ❾ 1967·8·1 社
粟田五條坂出入一件 ❺-2 1824·8·8 文
電小僧逮捕 ❼ 1909·2·19 社
泉山三六蔵相大トラ事件 ❽ 1948·12·13 政
伊勢荒神山大喧嘩 ❻ 1864·4·8 社
市原市ゴルフ場土砂崩れ ❾ 1975·11·29 社
市村座騒動 ❺-2 1780·5·5 文
一家七人殺害放火事件(川崎市東渡田一家) ❽ 1957·3·4 社
一家七人殺害事件(長野下伊那郡) ❽ 1946·5·9 社
伊藤律架空会見記事 ❽ 1950·9·26 社
井戸水に毒 ❺-2 1787·9·12 社
稲妻強盗逮捕 ❼ 1899·2·14 社
猪苗代町·安達太良山登山パーティー火山性有毒ガス死亡 ❾ 1997·9·15 社
岩手県の小学校階段で圧死 ❽ 1961·1·1 社
岩鼻監獄署脱獄事件 ❻ 1884·6·27 社
上野動物園猛獣薬殺事件 ❽ 1943·9·4 社
宇治発電所水路工事落盤事故 ❽ 1955·7·10 社
馬方騒動 ❺-2 1805·2·13 文
梅田事件 ❽ 1950·10·10 社
英水兵事件 ❽ 1952·6·29 社
衛生博覧会事故 ❼ 1933·8·16 社
永仁の壺事件 ❽ 1960·9·25 文
エキスポランドジェットコースター車輪落下 ❾ 2007·5·5 社
「H 大佐夫人」摘発事件 ❽ 1947·1·9 社
江戸堺町劇場木戸番大暴れ ❺-2 1839·9·9 文
江戸城大奥放火事件 ❺-2 1829·3·28 政
江戸城金蔵盗難 ❻ 1855·3·6 社／1857·5·13 社／1859·1·2 社
江戸城蓮池御金蔵に盗賊 ❺-2 1835·3·26 政
江戸念仏坂で大乱闘 ❺-2 1823·5 月 社
NHK テレビ中継塔転落 ❽ 1957·8·24 社
榎井村事件 ❽ 1946·8·21 社
愛媛県松山市生コン製造会社砂崩れ事件 ❾ 2012·7·7 社
エロ演芸取締規制 ❼ 1930·11·24 社
エロ雑誌 ❽ 1948·4·18 社／1950·5·19 社
青梅事件 ❽ 1952·2·19 社
大分県津久見市採石場崖崩れ ❾ 1970·1·10 社
大分保戸島潜水夫死亡 ❾ 2012·3·17 社
大阪市石油化学工場火災 ❾ 1983·7·29 社
大阪市東住吉区塩酸ガス漏れ ❾ 1985·12·8 社
大阪砲兵工廠爆発事故 ❻ 1880·8·31 社
大阪堀江六人斬り事件 ❼ 1905·6·20 社
大釈迦トンネル生埋め ❽ 1961·12·4 社
大津監獄脱走事件 ❻ 1880·2·27 社
岡田嘉子·杉本良吉ソ連亡命事件 ❽ 1938·1·3 社
岡山県立岡山高等女学校月謝紛失事件 ❼ 1904·4·13 社
屋上遊園の回転飛行機落下 ❽ 1963·8·22 社
尾関雅樹ちゃん誘拐事件 ❽ 1960·5·16 社
御茶の水惨殺事件 ❼ 1897·4·26 社
夫の貞操義務事件 ❼ 1927·5·17 社
おつや殺し ❼ 1910·11·11 社
落とし穴死亡事件 ❾ 2011·8·27 社
鬼寅事件 ❽ 1947·7·17 社
尾張·高松両旧藩お家騒動 ❻ 1891·8·6 政
御岳ロープウェイ転落·死亡 ❾ 2003·10·15 社
カービン銃強盗事件 ❽ 1954·6·14 社
会計係横領金事件 ❻ 1895·8 月 社
外国人万引団 ❼ 1931·3·12 社
海上自衛隊基地体育館新築工事現場崩壊 ❾ 1992·2·14 社
海兵団入団者大惨事(呉) ❼ 1934·1·8 社
加賀鳶大騒動 ❺-2 1821·1·12 社
加賀鳶と町火消「か」組喧嘩 ❺-2 1812·4·28 社
覚醒剤(取締法·相談所) ❽ 1951·6·30 社／1955·1·14 社
ガス器具事故情報 ❾ 2007·2·19 社
ガス中毒死 ❽ 1960·1·9 社
ガス湯沸かし器一酸化炭素中毒 ❾ 2010·5·11 社
片岡仁左衛門一家殺害事件 ❽ 1946·3·15 社
神奈川県水道建設現場落盤 ❾ 1972·11·20 社
神奈川県高波死亡 ❾ 1966·8·7 社
神奈川県西丹沢吊り橋が落下 ❾ 1976·8·4 社
神奈川県大和市スーパー生ごみ処理室爆発 ❾ 2003·11·5 社
蟹工船〈エトロフ丸〉事件 ❼ 1930·9·19 社
髪切り流行 ❺-2 1765·是秋 社／1767·是秋 社／1768·是夏 社
神峰公園飛行塔の飛行機墜落 ❽ 1957·6·16 社
川上芝居一件 ❺-2 1838·7·18 文
川崎競輪八百長事件 ❽ 1950·2·5 社
川崎市新興住宅地山崩れ ❾ 1965·6·26 社
川崎市高津区蟹ヶ谷崖崩れ ❾ 1989·8·1 社
川崎市高津の竹林一億四千五百余万円 ❾ 1989·4·11 社
川崎市土砂崩れ ❾ 1989·5·22 社
河内十人斬事件 ❻ 1893·5·25 社
韓国人密入国(静岡県白須賀村) ❽ 1950·5·11 政
関東一円盗賊団 ❽ 1949·9·12 社
岸和田市の泉劇場死亡 ❽ 1947·6·8 社
北見営林局員殺害事件 ❽ 1950·10·10 社
喫茶店毒殺事件 ❼ 1935·11·21 社
岐阜市屎尿処理場酸欠死亡 ❾ 1984·7·22 社
旧六郷橋解体作業中橋桁落下 ❾ 1984·12·14 社
鏡子ちゃん事件 ❽ 1954·4·19 社
京都烏丸十七人斬り ❺-2 1775·7·3 社
京都府営競輪場八百長事件 ❽ 1963·9·8 社
金閣寺放火焼失事件 ❽ 1950·7·2 文
銀行強盗 ❽ 1947·3·14 社
草加次郎事件 ❽ 1962·11·29 社／1963·9·5 社／9·9 社
首なし事件 ❽ 1944·1·20 社
熊澤天皇事件 ❽ 1946·1·19 社
熊本荒神党騒動 ❻ 1879·1·11 社
愚連隊取締本部 ❽ 1956·6·19 社
愚連隊防止條例 ❽ 1962·11·10 社／12·21 社
玄倉川中州キャンプ中に流される ❾ 1999·8·14 社
軍需缶詰に石塊事件 ❻ 1895·3 月 社

軍隊組織の盗賊団 ❽ 1950・4・26 社
群馬県草津町スキー場スキーヤー硫化水素で死亡 ❾ 1971・12・27 社
群馬万座硫黄鉱山 ❽ 1956・1・31 社
警官、犯人を射殺事件 ❾ 1981・8・4 社
警視総監殴打事件 ❽ 1948・11・22 社
傾城殺害事件 ❸ 1340・10月 社
競輪八百長騒動 ❽ 1957・9・1 社／1959・11・1 社
外記の五人斬り ❺-2 1823・4・22 政
現金一億円風呂敷包み拾得事件 ❾ 1980・4・25 社
現金投込み騒ぎ ❾ 1971・10・10 社
鉱工品貿易公団公金横領事件(早船事件) ❽ 1950・4・19 社
工場窃盗団 ❽ 1943・6・11 社
強盗殺人 ❽ 1946・8・23 社
校内プール事故 ❾ 1982・7・16 社
幸福の科学・講談社論争 ❾ 1991・9・2 社
幸福の手紙 ❽ 1939・7・25 社
後楽園競輪場八百長騒ぎ ❽ 1963・10・24 社
国際密輸団 ❽ 1958・7・18 社
国電恵比寿駅前五十万円強風に飛散る ❾ 1978・5・2 社
国道一号線鈴鹿トンネル炎上 ❾ 1967・3・6 社
小平義雄連続女性殺害事件 ❽ 1946・8・17 社
寿産院乳幼児殺害事件 ❽ 1948・1・15 社
小林金平事件 ❻ 1871・7月 社
小松川女子高生殺人事件 ❽ 1958・8・21 社
小松島市の花火製造業事故 ❾ 1966・2・18 社
財田川事件 ❽ 1950・2・28 社
在日朝鮮人騒動 ❽ 1950・11・24 社
裁判官弄花事件 ❻ 1892・4月 社
逆さ天一坊事件 ❺-2 1818・3月 社
坂田山心中事件 ❼ 1932・5・9 社
相模湖東工事現場土砂崩れ ❾ 1967・3・25 社
殺人事件内済禁止 ❻ 1871・8月 社
佐渡相川町善知鳥明神祭騒動 ❺-2 1778・9月 社
サファリパークのライオンに襲われ死亡(ジンバブエ) ❾ 2005・8・17 社
サボ学生狩り ❽ 1938・2・15 社
狭山事件 ❽ 1963・5・1 社
山谷暴動事件(東京) ❽ 1960・7・26 社／1962・11・23 社
シケタイ組(強盗団) ❻ 1879・11・15 社
地獄(私娼)の捕物 ❻ 1875・3・27 社
ジゴマ上映禁止事件 ❼ 1912・10・20 社
静岡県蒲原町ダム決壊 ❽ 1941・6・30 社
私設馬券屋 ❽ 1955・2・2 社
仕立屋銀次検挙事件 ❼ 1909・6・23 社
七條署事件 ❽ 1946・1・24 社
七人斬り事件 ❼ 1915・3・15 社
七人殺傷事件(神奈川海老名) ❽ 1947・10・26 社
自動車強盗 ❽ 1955・7月 社
信濃川虐殺問題 ❼ 1922・7・29 社
死なう団事件 ❽ 1937・2・17 社
渋澤家墓(谷中墓地)盗難事件 ❽ 1950・8・21 社
渋谷事件 ❽ 1946・7・19 社
島田事件 ❽ 1954・3・10 社
嶋中事件 ❽ 1961・2・1 社
清水次郎長逮捕 ❻ 1884・2・25 社
囚人相模丸騒動事件 ❻ 1886・6・28 社
集団置引き ❽ 1951・1・9 社
修猷館中学校事件 ❻ 1891・4・24 社
春秋園事件 ❼ 1932・1・6 社
小学生連続通り魔事件 ❽ 1964・12・26 社
将棋倒し ❸ 1349・6・11 社
情死三重奏事件 ❼ 1931・4・14 社
少女の売買 ❼ 1913・是年 政
松竹少女歌劇団スト ❼ 1933・6・15 政
少年感化院六踏園暴動 ❼ 1931・6・9 社
少年少女の人身売買事件 ❽ 1949・2・1 社
少年臀肉切取り事件 ❼ 1902・3・27 社／1905・5・25 社
昭和の巌窟王事件 ❼ 1935・3・21 社／❽ 1961・4・11 社／1962・10・30 社／1963・2・28 社
職業安定所へ押しかけ ❽ 1950・9・1 社
女性詐欺団(慶應大学文学部国文科) ❽ 1953・6・15 社
女性不良団「血桜組」 ❽ 1946・7・12 社
白子屋事件 ❺-2 1727・2・25 社
白鳥警部事件 ❽ 1952・1・21 社
城山病院看護婦乱暴事件 ❽ 1948・1・7 社
新大久保駅転落男性救助死亡 ❾ 2001・1・26 社
神宮球場圧死事故 ❽ 1948・11・4 社
人工崖崩れの実験失敗 ❾ 1971・11・11 社
精進湖氷が割れる ❾ 1971・1・17 社
進駐軍物資横流し事件 ❽ 1947・3・22 社
人肉ホルマリン漬け事件 ❽ 1957・4・9 社
人民裁判 ❽ 1946・2・8 社
人民電車 ❽ 1949・6・9 社
新吉原梶田楼傷害事件 ❻ 1891・3・13 社
新吉原騒動 ❻ 1867・11・13 社
水泳講習中橋北中女生徒死亡 ❽ 1955・7・28 社
水上バイク転覆死亡 ❾ 2010・5・5 社
睡眠薬遊び ❽ 1961・4月 社／8・17 社／9・29 社／1962・2・14 社
スキーリフト逆送 ❽ 1953・1・3 社
杉並白骨事件 ❽ 1939・8・4 社
洲崎遊郭娼婦七人殺傷 ❼ 1925・8・1 社
鈴が森のお春殺し事件 ❼ 1915・4・30 社
鈴弁殺害事件 ❼ 1919・6・1 社
スチュワーデス殺害事件 ❽ 1959・3・10 社
ストレプトマイシン盗難事件 ❽ 1950・7・12 社
住友令嬢誘拐事件 ❽ 1946・9・17 社
スリ集団 ❽ 1948・5・1 社
スリの大親分 ❼ 1907・3・18 社／1909・6・23 社
諏訪森の尼殺し ❼ 1915・8・10 社
青函トンネル防水壁異常出水 ❾ 1976・5・6 社
青酸カリ毒殺・放火事件(茨城徳宿村) ❽ 1954・10・11 社
青酸カリ殺人事件 ❼ 1935・11・21 社
青酸カリ犯罪 ❽ 1946・11・12 社／1948・9・5 社／1950・1・8 社／1956・3・9 社
石油ストーブの不完全燃焼 ❽ 1964・1・28 社
説教強盗事件 ❼ 1928・12月 社／1929・2・23 社
雪渓が崩落死亡 ❾ 2004・8・1 社
千住の貰い子殺し ❼ 1917・5・31 社
船長デ・ボス殺害事件 ❻ 1860・2・5 政
千里眼事件 ❼ 1910・4・25 社／9・14 社
相馬家騒動 ❻ 1884・3・11 社／1893・7月 社／10・24 社
尊属殺人 ❽ 1962・12・22 社
〈大輝丸〉海賊事件 ❼ 1922・9・17 政
大治君誘拐殺人事件 ❽ 1952・2・12 社
第二鬼熊事件 ❼ 1927・3・12 社／1932・4・24 社
第二の小平事件 ❽ 1948・4・19 社
大福餅食中毒 ❼ 1936・5・10 社
大落石死亡事件 ❾ 1980・8・14 社
平事件 ❽ 1949・6・30 社
ダウラギリ登山中雪崩行方不明 ❾ 2010・9・28 社
高尾山ケーブルカー墜落 ❽ 1942・7・21 社
高田事件犯人脱獄事件 ❻ 1884・3・27 政
高橋お伝事件 ❻ 1876・8・27 社
拓銀美深支店宅惨殺 ❽ 1950・4・2 社
タクシー強盗英国水兵 ❽ 1952・6・29 社
タクシー強盗殺人 ❽ 1939・7・8 社
タクシー自動車強盗 ❼ 1932・5・1 社
立川市杭打ち機倒れる ❾ 1991・3・16 社
妲妃のお松 ❼ 1899・7・7 社
脱脂粉乳横流し事件 ❽ 1956・2・1 文
脱走犯判事事件 ❻ 1891・2・19 社
伊達製鋼会社液化炭酸ガスタンク爆発 ❾ 1969・3・1 社
谷川岳宙づり遺体収容 ❽ 1960・9・24 社
谷川岳湯檜曾川鉄砲水 ❾ 2000・8・6 社
谷崎潤一郎・佐藤春夫妻譲渡事件 ❼ 1930・8・18 社
玉の井バラバラ殺人事件 ❼ 1932・3・7 社
ダム決壊(尾去澤) ❼ 1936・12・22 社
男娼の警視総監暴行事件 ❽ 1948・11・20 社

チーハー賭博 ❼ **1898**·5月 社
竹林一億円拾得事件 ❾ **1989**·4·11 社
千阪光子詐欺事件 ❼ **1896**·11·10 社
秩父夜祭り圧死事件 ❽ **1947**·12·3 社
知能暴力団 ❽ **1961**·9·30 社
千葉心中事件 ❼ **1917**·3·7 社
千葉県銚子港堤防高波 ❾ **1985**·12·8 社
中華料理店八宝亭惨殺 ❽ **1951**·2·22 社
中国人警察署を襲撃事件 ❽ **1945**·9·30 社
中国·万里の長城遭難 ❾ **2012**·11·3 社
宙づり舞台が落下 ❽ **1963**·3·3 社
朝鮮人と日本人ヤクザの乱闘 ❽ **1948**·4·5 社
貯水池決壊(秋田北浦町) ❼ **1926**·5·26 社
通訳伝吉殺害事件 ❻ **1860**·1·7 政
憑きもの ❺-2 **1844**·是年 社
辻斬り横行 ❻ **1863**·4月 社
つばめ車内殺傷事件 ❽ **1939**·3·23 社
津山三十人殺害事件 ❽ **1938**·5·21 社
帝銀事件 ❽ **1948**·1·26 社／**1950**·7·24 社
ディスコ大型照明器具落下事故 ❾ **1988**·1·5 社
テープレコーダー殺人事件 ❽ **1953**·10·13 社
出歯亀事件 ❼ **1908**·3·22 社
電車強盗 ❼ **1930**·11·9 社
天賞堂金塊ギャング事件 ❼ **1933**·3·17 社
東海銀行大阪支店白昼ギャング ❽ **1955**·8·29 社
東京井ノ頭公園時限爆弾事件 ❽ **1947**·9·3 社
東京オリンピック入場券詐取 ❽ **1964**·1·18 社
東京巣鴨の若妻殺人事件 ❼ **1936**·1·15 社
東京電力奈川渡ダム工事現場土砂崩れ ❾ **1966**·3·22 社
東京ドームシティの小型コースター転落 ❾ **2011**·1·29 社
東京日本橋メタンガス中毒 ❽ **1961**·8·13 社
東京·鵬翔山岳会鉄砲水全員死亡 ❾ **1982**·8·2 社
東郷元帥偽書詐欺事件 ❼ **1931**·6·15 社
唐人殺害事件 ❺-2 **1815**·12·14 政
盗賊団「七人の鬚部隊」 ❽ **1955**·1·22 社
東北·上越新幹線トンネル掘削工事現場陥没 ❾ **1990**·1·22 社
通り魔事件 ❽ **1959**·1·27 社
毒入りジュース事件(宇都宮) ❽ **1962**·4·6 社
徳島ラジオ商殺人事件 ❽ **1953**·11·5 社
栃木県黒磯町用水トンネル工事の農民中毒 ❾ **1966**·7·8 社
栃木県道川調整池土砂崩れ ❽ **1963**·8·25 社
鳥取駅天皇歓迎事件 ❽ **1947**·11·27 社
トニー谷長男誘拐事件 ❽ **1955**·7·15 社
利根川綾戸橋落下 ❾ **1978**·9·9 社
賭博 ❼ **1910**·1·31 社
富くじ興行(禁止) ❼ **1896**·3·10 社／**1900**·5·24 社／**1903**·5·31 社
富山県朝日町国道土砂崩れ ❽ **1956**·7·25 社
富山県黒部峡谷猫又ダム ❽ **1956**·2·10 社
富山県細入村つり橋落下 ❽ **1949**·9·22 社
豊橋歩兵連隊襲撃事件 ❻ **1889**·2·24 社
豊浜トンネル岩崩落事件 ❾ **1996**·2·10 社
千葉県君津市虎大騒動 ❾ **1979**·8·2 社
ドル闇取引団 ❽ **1946**·3·4 政
トンちゃん誘拐事件 ❽ **1948**·7·11 社
ナイアガラ滝見物転落死亡 ❾ **2011**·8·14 社
長崎阿片事件 ❻ **1883**·9·15 政
長崎犬姦事件 ❻ **1892**·9月 政
長崎の崖崩 ❾ **1965**·7·2 社
長野市老人ホーム「松寿荘」死亡事件 ❾ **1985**·7·26 社
長浜トンネル生埋め(北陸本線) ❾ **1967**·1·20 社
名張ブドウ酒殺人事件 ❽ **1961**·3·28 社
ナヒモフ号詐欺事件 ❼ **1933**·9·9 社
鳴尾競輪場八百長騒ぎ ❽ **1950**·9·9 社
南禅寺僧殺害事件 ❸ **1422**·12·15 社
新潟県青海町土砂崩れ ❾ **1985**·2·15 社
新潟県北蒲原郡砂採取場生埋め ❾ **1977**·6·7 社
新潟県津南町 ❽ **1957**·4·12 社
新潟県湯之谷村灰ノ又峠 ❽ **1957**·5·5 社
西口彰事件 ❽ **1963**·10·18 社
偽傷病兵募金取締 ❽ **1964**·9·10 社
尼僧殺し ❼ **1915**·8·8 社
日大生殺人事件 ❼ **1935**·11·3 社
日鉱日石エネルギー水島製油所落盤 ❾ **2012**·2·7 社
日比共同製錬玉野製錬所転炉の煉瓦崩落 ❾ **2002**·7·24 社
日豊線龍ヶ水駅付近山崩れ ❾ **1977**·6·24 社
日本瓦斯鉱業会社のアセチレン充填室出火 ❾ **1967**·9·21 社
日本水兵·ロシア水兵大喧嘩 ❼ **1898**·6·11 社
ニュージーランド地震語学研修犠牲 ❾ **2011**·2·22 政
鼠小僧逮捕·獄門 ❺-2 **1832**·5·5 政
練馬事件 ❽ **1951**·12·26 社
排ガス(一酸化炭素)中毒事故 ❾ **1994**·7·22 社
売血者から代金をピンハネ ❽ **1958**·7·2 社
博士号不正事件 ❽ **1961**·8·9 文
羽咋市浄土真宗正光寺本堂抜け落ち ❾ **1980**·6·29 社
白人ピストル強盗 ❽ **1952**·2·24 社
博徒乱闘·斬り込み事件 ❼ **1922**·3·11 社／**1928**·5·2 社
白白教事件 ❽ **1937**·2·26 社
破獄逃走 ❼ **1918**·5·23 社
箱屋殺し事件 ❻ **1887**·6·9 社
蓮見敏毒殺事件 ❽ **1950**·1·8 社
裸足の通行禁止 ❼ **1901**·5·29 社
ハタハタ飯鮨食中毒事件 ❽ **1957**·11·17 社
八人殺害事件(福岡築城村) ❽ **1954**·9·9 社
八宝亭事件 ❽ **1951**·2·22 社
浜松一中食中毒事件 ❼ **1936**·5·10 社
速川神社参道つり橋落下 ❾ **1980**·1·6 社
林長二郎刃傷事件 ❽ **1937**·11·15 社
早船恵吉つまみぐい事件 ❽ **1950**·4·19 社
葉山事件 ❼ **1916**·11·9 社
バラバラ事件 ❼ **1920**·12·14 社
パロマ工業瞬間湯沸かし器一酸化炭素中毒事故 ❾ **2006**·7·14 社
パロマ工業砲金流出死亡 ❾ **1968**·8·24 社
東富士演習場内野焼き作業中死亡 ❾ **2010**·3·20 社
光クラブ事件 ❽ **1949**·7·4 社／11·24 政
ピストル強盗 ❻ **1882**·是年 社／❼ **1915**·11·15 社／**1922**·5·5 社／**1925**·12·12 社／**1929**·1·19 社／❽ **1947**·2·10 社／**1951**·2·9 社
ピス平事件 ❼ **1928**·9·10 社
日立造船大阪工場内ドック貨物船ガスが噴出 ❾ **1985**·6·23 社
ひとのみち弾圧事件 ❼ **1936**·9·29 社
百円札天狗事件 ❽ **1948**·6·15 社
百人斬り競争事件 ❽ **1937**·11·30 社
檜山丸事件 ❽ **1963**·3·15 政
兵庫県養父郡ワゴン車と観光バス衝突 ❾ **1984**·6·6 社
弘前大学教授夫人殺人事件 ❽ **1949**·8·6 社
風船爆発事件 ❾ **1972**·10·2 社
富士銀行ギャング事件 ❽ **1952**·2·18 社
富士山転落死 ❾ **1972**·1·1 社
富士山吉田大沢 ❽ **1960**·11·19 社
不死身の神兵、食人事件 ❽ **1943**·12月 社
婦女暴行 ❽ **1946**·4·28 政
二俣事件 ❽ **1950**·1·6 社
プラカード不敬事件 ❽ **1946**·5·19 社
不良少年の多発 ❼ **1915**·是年 政／**1927**·8·1 社
古河鉱業下山田鉱業所引火 ❾ **1969**·9·22 社
米兵、ポン引き水死事件 ❽ **1953**·11·24 社
米兵、老人を今津川に投げる ❽

1955·7·19 政
ベラウ共和国ペリリュー島沖ダイバー行方不明　❾ 1994·2·5 社
米兵拳銃事件(横須賀)　❽ 1962·5·5 政
弁当専門窃盗犯　❽ 1946·5·10 社
変なサンタ事件　❽ 1964·12 月 社
宝石強盗　❽ 1956·1·16 社
放置冷蔵庫(幼児三人窒息死)事件　❾ 1965·10·17 社
暴力団狩り　❼ 1935·5·2 社
保険金殺害　❼ 1928·10·24 社
北海道石狩支庁内国道新設工事現場岩盤崩落　❾ 1972·7·9 社
北海道帯広登山隊遭難　❾ 1993·9·30 社
北海道北見市ガス漏れ　❾ 2007·1·19 社
北海道札幌市地下鉄工事現場でガス中毒　❾ 1980·9·13 社
北海道静内町ダム工事現場落盤　❾ 1979·4·15 社
北海道電力作業員宿舎土砂崩れ　❾ 1973·8·6 社
北海道札内川砂防　❽ 1957·3·31 社
北陸本線勝山トンネル内落盤　❾ 1966·3·9 社
ボツリヌス菌中毒事件　❽ 1951·5·29 社
ホテル日本閣殺人事件　❽ 1960·2·8 社
本庄町事件　❽ 1948·8·12 政
ほんみち不敬事件　❼ 1928·4·3 社
麻雀賭博　❼ 1933·12·3 社／❽ 1940·7·10 社
髷切り事件　❼ 1900·9·28 社
麻酔強盗(郵便車)　❽ 1949·11·30 社
町火消喧嘩　❺-2 1824·7·12 社
松川事件　❽ 1949·8·17 社／12·5 社／1950·12·6 社／1961·8·8 政
松島遊廓乱闘事件　❻ 1884·1·3 社
松本税務署汚職事件　❽ 1949·6·25 社
松山事件　❽ 1955·10·18 社
麻薬犯罪　❽ 1937·5·19 社／1949·6·8 社／1952·9·7 社／1961·3·5 社／12·14 社／1962·12·13 社
丸正事件　❽ 1955·5·12 社
万引き団　❽ 1954·6·20 社
三面発電所水路トンネル工事現場落盤事故　❽ 1957·6·26 社
美空ひばりショー事件　❽ 1956·1·15 社／1957·1·13 社
三鷹事件　❽ 1949·7·15 社／1950·8·11 社／1955·6·22 社
御岳講行者直訴事件　❻ 1872·2·18 社
三菱石油水島製油所重油流出　❾ 1974·12·18 社
南日本造船大在工場タラップ落下　❾ 2009·1·23 社
美袮市内ホテル一酸化中毒死亡　❾ 2009·6·2 社
身代金を請求　❽ 1946·8·24 社
御母衣ダム放水路工事落盤　❽ 1958·6·17 社／1959·4·26 社
宮城県キャンプ中の女子生徒死亡　❾ 1966·8·14 社
「め組」の喧嘩　❺-2 1805·2·16 社
メッカ殺害事件　❽ 1953·7·27 社
免田事件　❽ 1948·12·29 社
真岡市ゴルフ場土砂崩れ　❾ 1976·7·28 社
モルガンお雪落籍事件　❼ 1903·9·30 社
文部省博物館盗難事件　❻ 1872·6·6 社
八海事件　❽ 1951·1·24 社／1956·4 月 社／1957·10·15 社／1962·5·19 社
野菜ドロ　❽ 1944·8·25 社
谷中村土地収用補償金不服事件　❼ 1907·6·29 社
谷中村の村長　❼ 1906·4·15 社
弥彦神社初参事故　❽ 1956·1·1 社
山側斜面崩れ観光マイクロバス押しつぶされる　❾ 1989·7·16 社
山岸会不法監禁事件　❽ 1959·7·5 社
山口判事餓死事件　❽ 1947·10·11 社
山梨県消防車事故　❽ 1955·1·6 社
遊動円木事件　❼ 1913·12·25 社
由布市湯布院町野焼き中死亡　❾ 2009·3·16 社
横浜ガス事件　❻ 1877·7·31 政／1878·1·8 政
横浜興業銀行本店ピストル強盗　❽ 1954·9·11 社
吉野八人殺害事件　❻ 1894·4·22 社
吉展ちゃん誘拐事件　❽ 1963·3·31 社
吉原百人斬り事件　❺-1 11969·12·14 社
吉村隊事件　❽ 1949·3·15 社
四ツ目屋事件　❼ 1902·3 月 社
米谷事件　❽ 1952·2·25 社
夜の女誤認事件　❽ 1946·11·15 社
ラージ殺害事件　❻ 1890·4·4 社
立志社(秋田)軍資金事件　❻ 1881·6·8 社
リヤカーの当逃げ事故　❽ 1937·4·4 社
留置人ハンスト　❽ 1946·11·25 社
ルノアール「少女」窃盗事件　❽ 1962·5·12 文
レインボー事件　❽ 1958·3·25 政
ロシア士官水夫殺傷事件　❻ 1859·7·27 政
ロシア人箱館遊廓乱暴事件　❻ 1859·6·11 社
六本木ヒルズ回転ドア事件　❾ 2004·3·26 社
わいせつ物頒布罪　❽ 1947·1·9 社
渡辺興業車庫兼倉庫内不発弾爆発　❾ 1991·6·22 社

事件(遭難)
浅間山登山遭難凍死　❾ 1999·4·20 社
大背美流れ(太地村)　❻ 1878·12·24 社
大持雪崩事故　❻ 1883·3·12 社
奥大山スキー場雪崩死亡　❾ 2010·12·31 社
奥只見ダム雪崩　❽ 1957·2·13 社
神奈川県逗子·開成高校山岳部遭難　❾ 1980·12·26 社
北アルプス登山者事故死　❾ 1965·3·15 社／1970·12·2 社／1971·10·11 社／1984·1·1 社／1991·1·3 社
北アルプス雪崩　❽ 1956·1·4 社
山岳遭難　❾ 1965·5·5 社／1966·3·21 社／1992·5·6 社／1993·9·3 社／2008·1·2 社
塩尻市宗賀床尾山崩れ　❾ 1965·5·2 社
静岡県藤枝市ガス中毒死　❾ 1979·5·20 社
静岡県富士市コンクリート壁落下　2003·3·13 社
信濃平スキー場雪崩　❾ 1985·1·5 社
集団登山、凍死(長野中箕輪村高等尋常小学校)　❼ 1913·8·27 社
スキー遭難　❽ 1963·1·1 社
遭難(吾妻山)　❼ 1926·9·15 社
遭難(秩父連山縦走)　❼ 1916·8·6 社
遭難(鶴来スキー場)　❼ 1933·1·29 社
谷川岳(遭難條例)　❾ 1966·12·17 社／1967·1·10 社／1968·2·18 社／10·11 社
谷川岳吹雪遭難　❾ 1966·11·3 社
八甲田山猛吹雪遭難　❽ 1957·1·3 社
飯場雪崩で倒壊　❼ 1918·1·20 社
北海道大学パーティー大雪山旭岳遭難　❾ 1972·11·21 社
北海道·大雪山縦走ツアー死亡　❾ 2009·7·16 社

事件(筆禍事件)
『悪徳の栄え』摘発事件　❽ 1960·4·文／1961·1·20 社
『生きてゐる兵隊』筆禍事件　❽ 1938·2·18 文
『チャタレイ夫人の恋人』摘発事件　❽ 1950·6·26 文／1951·5·8 文
『四畳半襖の下張』事件　❽ 1948·5· 社
末広鉄腸筆禍事件　❻ 1875·8·7 文

事件(暴力団)　❽ 1946·9·4 社／1947·2·21 社／1958·9·5 社／1960·3·2 社／1961·7·1 社／1963·6·29 社／1964·4·23 社
岐阜県福新一家　❽ 1950·1·16 社
千葉県調子高寅組　❽ 1950·1·16 社
浜松市暴力団·在日朝鮮人抗争事件　❽ 1948·4·4 社
福井県和田一家　❽ 1950·1·16 社
暴力の町　❽ 1948·8·7 政
北海道柳一家　❽ 1950·1·16 社
北海道山口一家　❽ 1950·1·16 社
松山市内戦争　❽ 1964·6·7 社
武蔵野第一独立遊撃隊　❽ 1952·8·7 社

自殺　❽ 1949·4·22 社
『自殺概要』　❾ 2003·7·24 社
池袋パルコ飛降り自殺　❾ 2007·11· 社
岡田有希子飛降り自殺　❾ 1986·4·8 社
看護婦集団自殺　❽ 1949·4·9 社
山陽新幹線自殺　❾ 2001·12·28 社
自殺対策基本法　❾ 2006·6·15 社
自殺者率実態調査　❾ 1966·9·7 社／1972·4·19 社／1978·7·8 社／12·8 社／1979·10·2 文／1981·5·9 社／1982·12·9 社／12·24 社／1983·7·18

社／**1985**·5·11 社／12·24 社／**1987**·4·5 社／7·13 社／**1998**·2·26 社／6·11 社／12·24 社／**1999**·2·28 文／6·11 社／**2000**·8·17 社／**2005**·6·2 社／**2008**·是年 社／**2009**·4·2 社／12·25 社／**2010**·1·26 社／5·13 社／**2011**·1·7 社／**2012**·3·9 社
ダイナマイト自殺 ❽ **1958**·5·27 社／**1959**·1·2 社／9·9 社
高木元子爵自殺事件 ❽ **1947**·7·8 政
高島平団地投身自殺 ❾ **1972**·6·27 社
玉川上水自殺 ❽ **1948**·8·4 社
中学生の自殺 ❾ **1996**·1·30 文
通天閣展望台自殺 ❽ **1962**·3·21 社
東海道新幹線飛込み自殺 ❽ **1964**·2·26 社／❾ **1967**·2·27 社
東京タワー飛降り自殺 ❽ **1958**·11·7 社
畠山勇子自殺事件 ❻ **1891**·5·20 社
飛行機自殺 ❼ **1931**·3·6 社
練炭集団自殺 ❾ **2005**·2·5 社
亡・相続
家出人・身元不明 ❾ **1965**·4·8 社／**1966**·1·14 社／**1967**·7·7 社／**1970**·3·23 社／**2005**·9·14 社
いのちの電話 ❾ **1971**·10·1 社
餓死者 ❽ **1945**·11·18 社
過労死 ❾ **2000**·3·24 社／6·23 社／**2002**·2·25 文／**2003**·6·10 社／**2004**·7·22 社／**2005**·3·9 社
検死 ❺-2 **1771**·11·23 社
戸主権廃止 ❽ **1947**·12·22 政
死因順位 ❾ **1970**·2·21 社
死体(塩詰保存) ❺-2 **1829**·2·16 政
戦死広報から葬儀料 ❽ **1947**·是年 社
長子相続権廃止 ❽ **1947**·12·22 政
東京都変死者等死因調査隊 ❽ **1946**·4·1 社
独居死亡者 ❾ **2004**·1·9 社
日本・親子心中絶滅予防協会 ❾ **1982**·6·3 社
病院死 ❾ **2009**·7·28 社
人・監獄・刑務所
網走監獄 ❻ **1890**·3月 社
石川島人足寄場 ❻ **1870**·2·2 社
市ヶ谷監獄 ❻ **1875**·5·28 社
海の刑務所 ❼ **1929**·1·20 社
大阪拘置所被告人集団脱走 ❽ **1946**·8·11 社
岡山感化院 ❻ **1888**·8·17 社
岡山監獄署 ❻ **1883**·3·28 社
沖縄刑務所暴動 ❽ **1954**·11·7 社
女囚人用監獄(女監) ❺-2 **1789**·9月 社／❻ **1881**·7月 社／**1884**·11月 社
感化院 ❻ **1881**·9·7 社／**1886**·10月 社／11·28 社
監獄則 ❻ **1872**·11·27 政／**1873**·1·24 政／**1889**·7·12 社
監獄署 ❻ **1877**·8·8 社／**1884**·8·11 社
群行禁止 ❸ **1303**·8月 社
獄 ❶ **646**·3·19 社
獄死 ❺-2 **1782**·12·7 社
獄舎施行 ❸ **1320**·元応年間 社
獄囚一皆放捨の制度 ❶ **646**·3·19 社
小菅刑務所(東京) ❼ **1929**·10·27 社
品川宿獄舎 ❻ **1871**·8·2 社
釈放 ❶ **915**·5·28 社／**938**·4·24 社／❷ **1005**·4·26 社／**1025**·7·18 社／**1031**·9·6 社／**1035**·6·13 社／**1040**·11·10 政／**1093**·6·27 社／**1134**·5·4 社／**1246**·6·17 社／❸ **1287**·2·22 社／❺-2 **1716**·5·29 社／**1738**·7·5 社
囚獄司 ❶ **704**·12·26 政
集治監 ❻ **1879**·4·1 社
囚人(扶持米) ❺-2 **1736**·2·22 社／**1781**·4·9 社／**1799**·12·18 社
囚人差入品許可品 ❻ **1872**·2月 政
囚人写真撮影 ❻ **1875**·5月 社
囚徒 ❶ **483**·8·7
囚人記録 ❶ **483**·8·7
巣鴨監獄 ❻ **1895**·10·19 社
空知集治監 ❻ **1882**·6·15 社
大日本監獄協会 ❻ **1889**·4·30 社
懲役所 ❻ **1877**·8·8 社
懲役場 ❻ **1873**·2·25 社
佃島徒場 ❻ **1870**·2·2 社
伝馬町牢屋囚員 ❺-2 **1745**·5月 社
東京感化院 ❻ **1885**·10·7 社
東京府囚獄 ❻ **1869**·12·8 社
東西獄囚 ❷ **1018**·11·10 社
名古屋監獄 ❼ **1916**·1·6 社
百姓牢 ❺-2 **1779**·9·7 社
府県監獄費 ❼ **1900**·1·16 社
府中刑務所(東京) ❼ **1935**·5·31 社
平城獄 ❶ **743**·10·12 政
保護観察制度 ❽ **1945**·10·22 社／4·1 政／7·1 政
町方定懸り ❺-2 **1797**·⑦·9 政
山形監獄 ❻ **1879**·9·25 社
横浜刑務所 ❼ **1936**·6·14 社
予防拘禁所(官制) ❽ **1941**·3·10 政／5·14 政／**1945**·10·22 社
牢問 ❺-2 **1759**·2月 社
牢屋・牢屋敷 ❺-2 **1725**·8月 社／**1728**·2月 政／**1846**·9·22 社／❻ **1875**·5·28 社
牢屋人足 ❺-2 **1770**·9·19 社
和歌山刑務所 ❽ **1946**·4·1 社
少年犯罪
鑑別所教官を撲殺 ❽ **1953**·3·2 社
勤労青少年補導緊急対策 ❽ **1943**·1·20 社
児童が会集して相闘う ❶ **881**·1月 社
修学旅行の法政二高生万引 ❽ **1957**·12·1 社
十五歳以下の刑罰、考慮される ❹ **1518**·5·20 社
少年院集団脱走 ❽ **1947**·9·17 社／**1948**·10·4 社／**1951**·11·6 社／**1959**·6·28 社
少年院法 ❽ **1948**·7·15 社
少年審判所 ❼ **1923**·1·1 社
少年法 ❽ **1948**·7·15 社
制服売春(松元事件) ❽ **1954**·8·26 社
千葉県印旛特別少年院脱走事件 ❽ **1954**·8·26 社
東京脱走事件 ❽ **1949**·2·24 社
日大運転手襲撃事件(オオミステイク) ❽ **1950**·9·22 社
不良青少年 ❽ **1940**·4·8 社／**1942**·8·31 社
未成年放火犯 ❺-2 **1723**·7·3 社
心中・相対死 ❺-1 **1703**·8·7 社／❺-2 **1719**·7月 社／**1722**·4·5 社／5·22 社／是年 政／**1723**·2月 社／**1725**·9·24 社／**1736**·4·11 社／**1737**·早春 社／**1738**·11·16 社／**1743**·④月 社／**1757**·4·28 社／**1767**·是年 社／**1769**·7·3 社／**1773**·6月 社／7·16 社／**1777**·1·4 社／5·2 社／**1789**·12·18 社／**1790**·是年 社／**1798**·2月 社／**1800**·4·5 社／5·25 社／**1801**·11·6 社／**1804**·5·4 社／**1805**·是年 社／**1813**·3·12 社／**1816**·7·21 社／**1831**·2·5 社／**1836**·3·9 社／**1845**·4·22 社／**1851**·12·2 社
天城山心中事件 ❽ **1957**·12·10 社
インターネット心中 ❾ **2000**·10·26 社／**2003**·2·11 社／3·16 社／**2004**·10·12 社／**2006**·6·1 社
お染久松 ❺-1 **1642**·10·23 文
お虎岩松心中 ❺-1 **1642**·10·23 文
お初徳兵衛心中 ❺-1 **1703**·4·7 社
岐阜・中津川無理心中 ❾ **2005**·2·27 社
白糸心中(鈴木主水) ❺-2 **1716**·是年 社
心中・天国に結ぶ恋(坂田山) ❼ **1932**·5·8 社
曾根崎心中 ❺-1 **1703**·4·7 社
同性心中(男性) ❺-2 **1781**·7月 社／**1847**·5·9 社
名古屋御器心中 ❺-2 **1768**·6·16 社
日本型道連れ心中 ❾ **1985**·1月 社
三勝半七の相対死 ❺-1 **1695**·12·7 文
無理心中 ❺-2 **1850**·8月 社
谷中天王寺放火心中事件 ❽ **1957**·7·6 社
ヤミ金三人心中 ❾ **2003**·6·14 社
博奕・賭博 ❺-2 **1718**·4·8 社／**1723**·11月 社／**1726**·1月 社／**1730**·1·20 社／**1732**·⑤·18 社／**1734**·9·5 政／**1755**·3月 社／**1768**·9·5 政／**1771**·7·27 社／**1772**·9月 社／**1777**·9·21 社／**1788**·1·12 社／**1794**·3月 社／**1797**·5·8 社／**1801**·6月 社／**1815**·12月 社／**1816**·2·22 社／12月 社／**1842**·2·26 社／3·25 社／**1846**·⑤·9 社
囲碁の助言 ❺-1 **1609**·9·30 文／**1701**·4·1 社／**1708**·4·1 社
懸物 ❷ **1215**·5·15 文
火札 ❺-1 **1655**·11·26 社／**1660**·3·4 社／**1690**·3月 社／**1695**·9·27 社／11·2 社／**1698**·11·25 社
かるた博奕 ❺-1 **1649**·2·16 社／**1652**·8·13 社／**1655**·3月 社
サイコロ賭博 ❻ **1872**·5·7 社
四一半(しいちはん) ❷ **1239**·4·13 社
四一半打禁止 ❷ **1249**·12·23 社
西瓜の縞目をあてる遊戯 ❺-2 **1741**·7·24 社
双六(スクロク) ❷ **1265**·1·12 社
双六停止 ❷ **1035**·12·26 社／**1036**·1·12 社／**1114**·5·17 社／**1226**·1·26 社／2·14 社／**1238**·8·19 社／**1244**·10·13 社／**1250**·11·28 社
種柿の賭奕 ❺-2 **1795**·11·1 社／**1832**·9·22 社
丁半 ❺-2 **1726**·1月 社

辻博奕　❺-2 **1787**·9·20 社
土田賭博　❷ **1235**·是年 社
賭田博奕　❷ **1241**·4·25 政
賭物(銭)　❷ **1213**·5·15 文
富籤·富突·富札·富興行　❺-1 **1643**·寛永年間 社／**1692**·5·10 社／**1704**·1月 社／**1706**·9月 社／**1711**·12月 社／**1712**·12月 社／**1715**·12·30 社／❺-2 **1726**·1月 社／**1730**·4·21 社／**1731**·1·23 社／**1732**·6月 社／**1733**·3·13 社／11·24 社／**1735**·7·17 社／**1737**·8月 社／**1739**·8月 社／**1740**·3·7 社／**1749**·7·26 社／**1750**·12·8 社／**1751**·4·13 社／**1752**·1·25 社／**1756**·2·29 社／**1757**·8·16 社／**1761**·12·24 社／**1764**·1·6 社／**1767**·8·16 社／**1770**·⑥·4 社／**1773**·9·17 社／12·30 社／**1774**·8·11 社／**1777**·3·28 社／**1778**·7·13 社／**1781**·9·7 社／**1783**·4·15 社／11·6 社／**1784**·1·20 社／**1786**·3·13 社／**1787**·1·17 社／**1788**·3月 社／7·5 社／**1802**·2·13 社／**1805**·9月 社／**1806**·9月 社／**1811**·5·27 社／12·17 社／**1813**·9月 社／**1821**·9·3 社／是年 社／**1826**·4·8 社／**1830**·2·27 社／**1838**·11·2 政／**1839**·9·19 社／**1841**·11·29 社／**1842**·3·8 社／**1843**·天保年間 社
偽判作製　❹ **1490**·2·29 政
博奕改役　❺-1 **1702**·⑧·9 政
博奕禁止　❷ **1027**·7·18 社／**1036**·1·12 社／**1114**·2·14 社／**1233**·8·18 社／**1240**·3·18 政／**1241**·11·3 政／**1242**·1·15 社／**1245**·9·18 社／❹ **1489**·2月 社／**1494**·2·5 社／**1499**·3·11 社／**1506**·7·11 社／**1525**·⑪月 社／**1542**·2·10 社／**1577**·10·25 社／**1597**·3·24 社／❺-1 **1603**·6·8 社／**1625**·12·21 社／**1626**·6月 社／**1648**·2·28 社／**1652**·10·26 社／**1659**·9月 社／**1660**·4·3 社／**1664**·10·3 社／**1665**·2月 社／**1667**·②·6 社／**1684**·4月 社／**1685**·4月 社／**1686**·8·2 社／**1691**·8·13 社／**1692**·5·10 社／**1697**·12月 文／**1699**·4·6 社／**1702**·2月 文／11·5 社／**1705**·④月 社／**1709**·3·10 社／**1710**·⑧月 社／**1712**·12月 社
博奕禁止(延暦寺僧徒)　❷ **1265**·4·7 社
博奕犯人をかくす　❷ **1195**·8·28 社
博徒　❷ **1246**·12·17 社／**1251**·3·28 社／**1253**·10·1 政／❹ **1589**·12·11 社
前句附　❺-2 **1804**·11月 社
三笠附　❺-2 **1719**·7·27 社／**1723**·6·8 社／**1726**·1月 社／**1767**·8·16 社／**1772**·9月 社

犯罪、罪悪とされた行為

主殺し　❺-2 **1724**·3月 政／**1847**·9·27 社
厭魅呪咀　❶ **729**·4·3 社
大江山(丹波)の賊　❶ **990**·3月 社
落文·落書·張紙　❺-1 **1651**·3·30 社／**1675**·6·19 社
親殺し　❺-2 **1724**·3月 政
海賊⇨ [1] 政治
家訓譲状(服部庄六)　❺-2 **1754**·②·18 社
籠抜け詐欺　❺-2 **1750**·5月 社
火札　❺-2 **1720**·8月 社
過失致死　❺-2 **1716**·4·7 社
火賊　❺-2 **1716**·2·20 社／**1717**·1月 社／**1719**·1月 社
騙り　❺-2 **1824**·5·27 社
苅田狼藉　❷ **1208**·5·26 政
勧進的　❺-1 **1615**·是年 社
偽書偽印　❺-1 **1651**·11·24 政／**1672**·10·6 社／**1699**·4·27 社／❺-2 **1789**·6·2 政
偽造枡　❺-2 **1778**·8·12 文
寄附行為強要　❺-2 **1729**·12·16 社／**1841**·8·19 社
牛馬盗人　❷ **1253**·10·1 政
虚説禁止　❺-2 **1727**·7·8 社
巾着切　❺-1 **1642**·11·2 社／**1690**·5·14 社／❺-2 **1801**·7月 社
群盗横行·追捕　❶ **838**·2·9 社／**850**·1·26 社／**857**·3·16 社／3·18 社／3·25 社／**861**·11·16 政／**895**·6·6 社／**899**·2·1 社／**901**·2·15 社／**906**·9·20 社／**931**·2·8 社／12·2 政／**933**·1·20 社／❷ **1005**·1·25 社／**1185**·7·12 社／**1187**·8·19 社／**1202**·5月 社／**1209**·11·20 政／**1227**·1·10 社／**1231**·2月 社／**1233**·5·4 社／10·4 社／**1244**·8·24 社
喧嘩(仕置心得)　❺-1 **1653**·6月 社／**1672**·4·15 社／**1674**·9·21 社
喧嘩狼藉取締　❺-2 **1816**·7·18 社
懸賞金　❺-2 **1721**·8·22 社／**1760**·1·8 社
勾引禁止令·人売買禁止令　❺-2 **1716**·4·8 政
孝子順孫表旌　❶ **702**·10·21 社
強盗　❷ **1024**·3·10 社／**1108**·4月 社／**1118**·是年 社／**1119**·2月 社／5·6 社／**1129**·⑦月 社／**1173**·3·11 社／10·16 社／**1177**·8·22 文／**1178**·8月 社／**1179**·1·13 政／10月 社／**1195**·8·28 社／**1210**·5·6 社／**1216**·6·14 社／**1225**·10·3 政／**1231**·4·21 社／**1244**·9月 社／❹ **1586**·8·29 社／❺-1 **1623**·10·10 社／**1625**·11·1 社／**1665**·10·24 社／❺-2 **1816**·4月 社／**1826**·4·1 社
告朔　❶ **676**·9·1 政
黒人兵集団脱走事件(小倉市)　❽ **1950**·7·7 政
指口·差口(告げ口)　❺-2 **1759**·8月 社／11·17 社／**1789**·6月 社
殺傷　❷ **1245**·2·5 社
殺人　❷ **1252**·10·14 社／**1253**·10·1 政
雑説禁止　❺-2 **1736**·8·30 社
死骸を集めて埋める　❶ **808**·1·13 社
死刑囚脱走事件　❽ **1953**·2·19 社
子女掠奪　❷ **1252**·10·14 社
私闘　❹ **1514**·4·10 社／**1516**·是年 社
島抜け　❺-2 **1795**·11月 社／**1816**·6·12 社／**1831**·2月 社／**1837**·是年 社／**1845**·8月 政
奢侈禁止令　❶ **530**·2·1
奢侈と淫乱禁止　❶ **721**·3·9 社
朱印偽造　❺-1 **1607**·6月 社
住居を没収破壊　❸ **1352**·9·30 社
重罪の首謀者　❷ **1260**·6·4 政
殉死禁止　❶ 書紀·垂仁 **28**·10·5／❺-1 **1607**·3·5 政／④·8 政／**1611**·1·21 政／**1619**·7·21 政／**1632**·1·24 政／**1634**·7·22 政／**1635**·12·16 政／**1636**·5·24 政／6·13 政／**1638**·2·23 政／**1641**·3·17 政／**1647**·4·1 政／**1650**·5·17 政／**1651**·4·20 政／**1658**·10·17 政／**1661**·⑧·6 社／**1663**·5·2 社／**1668**·2·19 政／8·3 政／8·5 政／**1677**·4·24 社／**1680**·5·20 政
徇葬(殉死)　❶ **247**·是年
食人鬼　❶ **889**·7·24 社
人身売買　❷ **1226**·1·26 社／**1239**·4·17 政／5·1 政／**1240**·5·1 政／12·16 政／**1242**·1·15 社／**1247**·6·9 社／**1254**·10·12 政／**1255**·8·9 社／❺-1 **1616**·10·14 社／**1617**·10·28 社／**1619**·2·10 社／11·26 社／12·26 社／**1621**·5·25 政／9·20 社／**1625**·8·27 社／**1626**·④·27 社／**1627**·1·1 社／**1633**·2·2 社／7·18 社／**1635**·5·13 社／**1637**·2·2 社／5月 社／**1642**·2·12 社／**1666**·11·11 社／**1672**·11·10 社／**1698**·12 政／**1699**·月 社
捨文　❺-2 **1722**·3·1 社／**1791**·11·20 政
スリ盗人　❺-1 **1607**·4·19 社
請托　❺-1 **1680**·⑧月 政
関所破り　❺-2 **1797**·3月 社／**1814**·4·28 社／7·28 政／**1817**·12月 社／**1845**·7·3 社
窃盗　❷ **1252**·10·14 社
窃盗(宮中)　❺-2 **1818**·是年 政
千人斬り　❹ **1586**·2月 社
脱獄　❶ **863**·7·26 社／**865**·5·24 社／**958**·4·10 社／❷ **1103**·6·24 社／**1193**·3·25 社／**1237**·7·20 社／❸ **1322**·2·24 社／❺-2 **1849**·7·4 社／❽ **1952**·10·23 社
辻斬　❹ **1506**·7·11 社／**1542**·2·10 社／❺-1 **1605**·6·15 社／**1608**·9月 社／**1628**·是年 社／**1629**·3月 社／6·20 社／**1642**·2·7 社／**1652**·10·18 社
美人局(つつもたせ)　❹ **1581**·12·5 社
釣銭詐欺　❺-2 **1750**·5月 社
手討　❺-1 **1606**·1·20 社／**1707**·1月 政／❺-2 **1849**·11月 社
手配　❺-2 **1759**·4·9 政／**1796**·6·9 社／**1797**·3月 社／**1799**·9·2 社／**1803**·12·11 社
盗賊　❷ **1111**·3月 社／**1114**·2·3 社／**1149**·9月 社／**1176**·2月 政／**1182**·是春 社／**1186**·2·1 社／2·25 政／**1234**·8月 社／**1238**·9·11 社／**1256**·6·2 社／❹ **1460**·2月 社／**1473**·2·4 社／**1484**·6·4 社／**1485**·6·11 社／**1487**·是年 社／**1490**·2月 社／**1491**·2·13 社／是年 社／**1492**·2月 社／12·12 社／**1496**·6·27 政／**1497**·2·2 政／**1500**·6·18 社／**1503**·月 社／**1504**·是年 社／**1506**·是年 社／**1527**·7·24 社／**1579**·12·25 社／**1584**·8·19 社／**1587**·5·27 社／**1588**

7月 社／12·19 社／❺-2 1719·1月 社／1726·7·29 社／1734·2·18 社／1743·6·24 社／1747·3·21 社／1812·8月 社／1825·是夏 社／1826·4月 社／1849·9·21 社
盗賊(天狗) ❺-2 1798·9月 社
盗賊(東大寺勅封庫) ❷ 1040·9·24 文
盗賊·盗賊追捕令 ❺-1 1635·10·11 社／1640·11·20 社／1656·12·28 社／1658·7·10 社／1674·6·18 社／1684·1·23 文／1699·2·2 社／1709·8月 社
盗賊斬捨令 ❺-2 1791·4·6 社／1824·⑧月 社／1825·1·20 社／1851·4·8 社
盗賊重科 ❷ 1245·7·10 政
盗賊成敗條規 ❹ 1565·12·15 社
盗賊の刑 ❺-2 1770·1月 政
盗賊類改方 ❺-2 1739·9月 社
盗品質物禁止 ❷ 1255·8·12 政
盗品売買禁止 ❹ 1489·5月 社／1547·10·29 社／❺-1 1626·④·12 社
通り魔の髪切り ❺-1 1703·元禄年間 社
徒党 ❺-2 1827·6·11 政
豊多摩刑務所囚人脱走 ❽ 1946·5·25 社
取込み詐偽 ❺-2 1801·是年 社
偽金銀(私鋳銭) ❺-2 1774·6·9 政／1777·6·25 政／1781·9·28 政／1789·是年 政／1791·是年 政／1792·是年 政／1796·是年 政／1799·1月 政／1800·是年 政／1801·是年 政／1810·8·16 政／1818·7·22 政／1834·9·11 政／是年 政／1836·是年 政／1838·是年 政／1842·4月 政／7·1 政
偽系図 ❺-2 1721·是年 政
偽殺人 ❺-2 1787·9·30 社
偽飛脚 ❺-2 1833·3·19 社
偽目明 ❺-2 1719·6月 社／1720·5月 社
偽養子 ❺-2 1750·3·19 政／1789·9·2 政
女犯僧 ❺-2 1824·8·27 社／1830·9月 社／1843·6月 社／1849·8·16 社
破戒淫行 ❺-1 1641·4·18 社
張札 ❺-2 1720·8月 社
犯罪者の親戚縁者進退伺 ❺-2 1754·②·24 社
飛脚賃銭詐取 ❺-2 1815·6月 社
人買 ❷ 1261·2·29 社
人勾引禁止令·人売買禁止令 ❺-2 1716·4·8 政／8·8 政／1744·6月 政
非人手下 ❺-2 1836·3·9 社
非人に施行米 ❺-2 1786·9·16 社
服役者集団脱走 ❽ 1947·9·6 社
不孝罪 ❺-2 1718·6·16 社
武士の浪籍 ❷ 1254·10·12 政
不審者取締 ❺-2 1843·6·18 社
浮説取締 ❺-1 1687·6·21 社／❺-2 1786·9·12 社
無頼の徒 ❺-1 1645·11·19 社
無礼討 ❺-1 1656·2·3 政／6·26 政／❺-2 1790·8月 政／1835·6·16 社
放火 ❷ 1252·10·14 社／1253·10·1 政／❹ 1503·9月 社／1504·2·5 社／1506·7·11 社／❺-2 1788·9月 社／1834·9·29 社
暴力団取締 ❺-2 1801·7·16 社
水盗み ❹ 1580·7·18 社
密通 ❹ 1462·7·23 社／❺-2 1725·4·9 社／1727·6·29 社
無道狼藉 ❹ 1577·10·25 社
滅多的 ❺-1 1661·12·21 社
女捕(めとり) ❹ 1459·5·22 社
貰い子·養子·幼児殺し ❺-1 1604·3月 社／❺-2 1806·12·26 社／1818·9月 社／1840·6·11 社
誘拐 ❹ 1579·9·28 社／❺-1 1643·3·13 社／1645·10·11 社／1666·11·4 社／1669·2·29 社／1675·11·8 社
有夫姦 ❷ 1252·10·14 社
強請(ゆすり)·収賄禁止 ❺-1 1648·3·15 政
夜討·強盗·殺害者 ❷ 1230·11·6 社／1235·3·23 社
落書 ❺-2 1736·8·30 社
洛中殺害人 ❷ 1241·6·10 社
陸海盗賊 ❷ 1178·7·18 政
連坐制廃止 ❺-2 1720·11·3 社
狼藉禁止の令 ❷ 1180·10·18 社／1242·1·15 社／1245·1·9 社／1260·7·10 社
賄賂 ❺-1 1712·7·4 政
和姦科料銭 ❷ 1240·3·16 社
法律(犯罪)
遺失物法 ❽ 1957·11·30 社
監獄法 ❼ 1908·3·28 社／1922·1·21 社
警察制度改正 ❽ 1947·9·3 社／10·9 政／1954·1·14 社
警察犯処罰令 ❽ 1948·5·2 社
警察法 ❽ 1947·9·3 社／12·17 社／1951·6·12 政／1954·2·15 政／6·8 政
刑事補償法 ❽ 1950·1·1 社
刑の執行猶予に関する法律 ❼ 1905·4·1 社
軽犯罪法 ❽ 1948·5·1 社
銃砲刀剣類等所持取締法 ❽ 1955·7·4 社
笞刑令 ❼ 1920·3·31 政
鶴字法度 ❺-1 1688·1·29 社
犯人指紋検挙法 ❼ 1908·10·1 社
暴力行為等処罰に関する法律 ❼ 1926·4·10 政／❽ 1964·6·17 政
流刑地 ❺-2 1731·5·4 社／1735·11·4 社／1737·9·2 社／1747·5月 社／1749·7·19 政／1754·5·13 政／1757·5·18 政／1761·2·13 社／1762·9·4 社／1773·2·19 社／4·7 政／5·11 政／1775·5·27 社／9·27 社／1779·8·4 社／1781·2·17 社／1782·7·25 政／1787·是年 社／1789·5·25 政／6·12 政／6·25 政／12·28 政／1791·8·28 社／11·3 政／是年 社／1796·8·24 社／1801·是年 政／1805·9·5 社／9·30 社／1819·4月 社／1826·6·5 社／8·2 政／1831·5·27 社／1832·6·19 社
島方流人への贈り物 ❺-2 1792·7·12 社
遠流 ❶ 724·3·1 社／❸ 1416·6·1 社
近流 ❶ 724·3·1 社
中流 ❶ 724·3·1 社
配流年限 ❶ 822·2·7 政
流刑 ❶ 435·6月／649·3·24 政
流刑配所の遠近を定める ❶ 724·3·1 社
流罪·死罪時期を定める ❶ 795·8·14 社
流罪者取扱法 ❺-2 1721·是年 社／1754·4月 政
流人食料 ❶ 757·7·29 社
流刑地(各地)
阿波 ❶ 866·③·10 政／❸ 1314·4·6 社／1320·9·10 社
安房 ❶ 833·6·14 社／❸ 1372·1·22 社
淡路 ❶ 764·10·9 政／❸ 1338·1·11 社
硫黄島 ❸ 1319·2·7 社／1330·7·13 社／1434·6·12 政
壱岐 ❶ 866·③·10 政／❺-2 1721·2·15 社
伊豆 ❶ 675·4·18 政／677·4·11 政／686·10·29 社／722·1·20 社／741·3·9 政／745·4·15 政／752·8·17 政／780·3·22 政／782·①·11 政／805·10·24 社／807·2·14 社／828·③·27 政／842·7·23 政／866·③·10 政／❸ 1372·1·22 社／❺-2 1790·8·2 社
伊豆大島 ❶ 756·7·21 政
伊豆新島 ❺-2 1752·9月 社
伊豆八丈島 ❺-2 1725·5月 社／1732·7·18 政／1752·9月 社／1755·3·2 文／1767·5·22 政
因幡 ❶ 675·4·18 政
伊予 ❶ 435·6月／905·7·28 政／❸ 1314·4·6 社
越後 ❶ 866·③·10 政／❸ 1330·7·13 社／1373·11·13 社／1374·5·26 社／❹ 1595·7·25 政
越前 ❶ 833·6·16 社／❸ 1330·12月 政
越中 ❸ 1363·8·29 社
大隅 ❶ 769·9·25 政
隠岐 ❶ 743·10·12 政／752·8·17 政／763·12·29 政／764·10·9 政／842·7·23 政／866·③·10 政／999·12·27 政／❸ 1331·12·27 政／1332·3·7 政／10月 文／1372·1·22 社／❺-2 1718·8·21 社／1721·2·15 社
加賀 ❸ 1416·11·9 政
上総 ❶ 866·③·10 政／❸ 1285·11·17 政／1373·11·13 社／1374·5·26 社
上野 ❶ 601·9·8 政
五島 ❸ 1298·9·2 政
薩摩 ❶ 866·③·10 政
佐渡(金山) ❶ 722·1·20 社／743·10·12 政／866·③·10 政／999·12·27 政／❸ 1284·8月 政／1298·1·6 政／3·16 政／1314·4·6 社／1325·2·9 政／8月 政／1372·1·22 社／1431·11·10 政／1434·5·4 文／❹ 1599·2·14 社／❺-2 1777·是年 社／1778·4·3 社／1785·9月 社／1788·11·23 社／1790·6月 社／1795·4·14 社／1798·5·19 社／1822·7·6 社／

1823·7·3 社
讃岐　❸ **1331**·12·27 政／**1332**·3·8 政／**1374**·6·12 社
信濃　❸ **1349**·8·18 社
下総　❶ **739**·3·28 社／**866**·③·10 政／❸ **1332**·5 月 政／10 月 政
下野　❶ **754**·11·24 政
小豆島　❹ **1493**·6·29 政
周防　❸ **1372**·1·22 社／❹ **1463**·6·13 社
但馬　❸ **1332**·3·8 政
種子島　❶ **754**·11·24 政／**761**·3·24 政／**805**·10·23 社
血鹿島　❶ **675**·4·18 政
筑紫　❸ **1437**·3·9 社
対馬　❹ **1599**·11·20 社
出羽　❶ **763**·9·21 社／12·29 政／**767**·11·20 社
遠江　❸ **1368**·11·27 社
土左(土佐)　❶ **676**·9·12 政／**689**·7·20 政／**739**·3·28 社／**743**·10·12 政／**752**·8·17 政／**764**·10·9 政／**769**·5·25 政／**781**·6·16 政／**866**·③·10 政／❸ **1314**·4·6 社／**1315**·12·28 政／**1316**·1 月 政／**1319**·4·5 社／**1331**·12·27 政／**1332**·3·8 政／**1372**·1·22 社
長門　❶ **801**·6·27 政／❸ **1332**·3·8 政
能登　❶ **833**·6·16 社／❸ **1314**·4·6 社
播磨　❹ **1470**·9·8 政
備前　❶ **833**·6·16 社
飛驒　❶ **686**·10·29 社／**768**·12·社
常陸　❶ **743**·10·12 政／**866**·③·10 政／❸ **1332**·5 月 政／**1372**·1·22 社
日向　❶ **754**·11·24 政／**866**·③·10 政
備後　❶ **769**·9·25 政
豊前　❶ **833**·6·16 社
伯耆　❶ **833**·6·14 社
参河　❶ **833**·6·14 社
美作　❶ **833**·6·14 社
三宅島　❺-2 **1767**·5·22 政
陸奥　❸ **1340**·10·6 政
若狭　❶ **833**·6·16 社

11　風俗

外国人
外国人観の変化　❻ **1862**·5 月 社
外国人曲馬興行　❻ **1872**·2 月 社
外国人公園　❻ **1871**·5·4 社
外国人のキャンプ　❻ **1889**·8 月 文
外国人の相撲見物　❻ **1858**·4·5 社
外国人浮浪者　❻ **1876**·12 月 政
外国貿易商人「天誅」事件　❻ **1858**·7·13 政
朝鮮人労働者　❼ **1917**·是年 社／**1930**·1 月 社
結婚·離婚
『離婚白書』　❾ **1984**·9·18 社／**1993**·6·4 社
宇宙結婚式予約受付　❾ **2008**·7·1 社
機上結婚式　❽ **1959**·10·4 社
求婚広告　❻ **1881**·5 月 社／**1887**·1 月 政
久離(旧離)　❺-1 **1650**·11·14 社
金婚式の始め　❻ **1887**·10·25 社／**1890**·10·27 社／11·1 社
空中結婚式　❼ **1931**·4·12 社
契約結婚　❻ **1874**·10·4 社／**1875**·2·6 社
結婚　❽ **1939**·2 月 社
結婚会館(東京)　❽ **1943**·3·14 社
結婚禁止(兄弟の未亡人)　❺-1 **1682**·6·1 社
結婚禁止(米兵と日本女性)　❽ **1950**·9·20 社
結婚式　❼ **1907**·1·14 社
結婚式(洋式)　❻ **1873**·10·3 社／**1874**·1·27 社／3·6 社／**1878**·6·12 社
結婚十訓　❽ **1939**·9·30 社
結婚相談所　❽ **1942**·8·17 社／10·1 社／**1946**·12·11 社／**1957**·8·27 社
結婚退職制違憲訴訟　❾ **1966**·12·20 社
結婚媒介業　❻ **1872**·4·14 社／**1877**·2·26 社／**1878**·11 月 社／**1881**·2·12 社／❼ **1930**·7·3 社
結婚ブーム　❽ **1959**·4·10 社
孝行嫁さん顕彰條例　❾ **1984**·4·1 社
国際結婚　❶ **792**·5·11 政／❻ **1867**·7 月 社／**1873**·3·14 政
婚姻令　❶ **646**·3·22 政
婚約　❺-1 **1710**·4·15 政
婚礼·婚姻　❺-2 **1724**·7 月 社／**1734**·3 月 社／**1749**·4·30 政／**1770**·12·19 社／**1789**·12 月 社
再婚　❷ **1239**·9·30 政／❸ **1286**·7·25 社
再婚への空白期間　❺-2 **1803**·5 月 政
写真結婚禁止　❼ **1919**·12·13 社
写真見合結婚　❻ **1876**·4 月 政
集団結婚式　❾ **1973**·3·23 社／**1975**·2·8 社
集団結婚式(満洲開拓団)　❽ **1942**·11·25 社
集団見合　❽ **1943**·6·27 社／**1947**·11·6 社／**1948**·5·5 社／11·3 社／**1949**·5·22 社
職業結婚者　❽ **1947**·7·1 社
女性の結婚適齢期　❺-2 **1837**·是年 社
新婚旅行　❻ **1893**·3·30 社／❾ **1970**·4 月 社
神前結婚式　❻ **1872**·5·25 社／❼ **1908**·12 月 社／**1930**·12 月 社
成年者自由結婚　❽ **1947**·12·22 政
戦争花嫁　❽ **1952**·6·27 政
大陸の花嫁　❽ **1938**·8·10 政
大陸花嫁指導者　❽ **1938**·5·9 社
他領百姓との縁組　❻ **1853**·10·15 社
男女交際論　❻ **1886**·5·26 社
男女離別祭文　❸ **1381**·2·23 社
妻　❺-2 **1733**·4·28 政
渡米力士との結婚　❻ **1885**·2·27 社
内縁　❽ **1958**·4·11 社
内縁の妻の権利　❼ **1915**·1·26 社
仲人連盟　❾ **1970**·12·2 社
日本人花嫁(学校)　❽ **1952**·3·7 社／**1955**·5·20 政
女房離別宴会　❻ **1882**·10·20 社
花嫁学校　❼ **1932**·4·20 社／**1935**·5·14 社
花嫁募集パレード　❾ **1989**·9·9 社
藩士と農民の結婚　❺-2 **1793**·9·1
必勝結婚　❽ **1943**·1·21 社
フィリピン女性と結婚　❾ **1987**·10·27 社
夫婦不和離婚制　❻ **1873**·5·15 社
見合場所　❼ **1916**·3 月 社
密通　❺-1 **1646**·9·23 社／**1659**·11 13 社／**1663**·3·8 社／6·23 社／**1666**·10·10 社／**1667**·6·3 社／**1669** 2·27 社／**1682**·10·13 社／**1683**·2·1 社／10·12 社／11·3 社／**1685**·7·1 社／**1688**·3·16 社／**1691**·⑧·29 社／**1694**·5·11 社／**1696**·12·25 社／**1697**·3·13 社／**1700**·11·11 社／**1708**·1·30 社／**1715**·10·30 社
密通の法　❺-1 **1691**·11·19 社
婿取り広告　❻ **1882**·5·23 社
妾を妻とする　❺-2 **1724**·7·8 社
優生結婚協会連合見合　❽ **1947**·1·2 社
優生結婚相談所　❼ **1933**·6·20 社／❽ **1940**·5·1 社
嫁取行列に関する規則　❺-1 **1666**·4 18 政
嫁盗みの風習　❺-2 **1816**·12·29 社
離婚·離縁(状)　❺-2 **1734**·3 月 社／**1737**·8·19 社／**1738**·8·20 社／**1742** 是年 社／**1748**·11·9 社／**1751**·2·26 社／**1789**·3·28 政／**1795**·11·4 政／**1805**·7 月 文
離婚(訴訟)　❸ **1285**·是年 社／❺-1 **1660**·2 月 社／❽ **1946**·7 月 社／**1952**·2·19 社
離婚原因実態調査　❾ **1970**·6·12 社／**1987**·9·2 社
離婚後の妻の姓選択　❾ **1976**·2·9
掠奪結婚禁止　❻ **1872**·6·2 社
倹約　❶ **840**·3·19 社／**947**·11·1 社／❷ **1186**·3·12 政／❸ **1284**·10·22 社／**1308**·3·25 社／**1334**·9·7 政／**1440**·3·

18 社
華美(奢侈)禁止 ❶ 840·3·19 社／947·11·13 社／988·4·14 社／990·4·1 社／999·7·27 社／1000·6·5 社／❸ 1334·5·7 政／1346·12·28 政／1369·2·27 社
倹約·奢侈禁止·華美禁止(諸藩) ❺-2 1735·1·22 政／1748·是春 政／1750·2·12 政／1780·6月 政／1788·6·1 政／1792·9·1 政／1807·是年 政／1812·9月 政／1814·7·28 政／1820·1·20 政／1825·3·19 政／1828·3·4 政／1833·9·19 政／1834·1·11 政／2·20 政／1836·8·16 政／1839·8·1 政／1840·3·13 政／1842·9·2 政／1849·④月 社／1851·7·28 社
倹約·奢侈禁止·華美禁止(幕府) ❺-1 1636·8·10 社／1639·4·22 社／1640·1·13 政／5·12 政／11·25 社／1642·5·24 社／8·10 社／1643·2·18 政／1649·3·6 政／1656·5月 社／1663·8·13 政／9·3 政／1668·2·28 政／3·14 社／6·1 社／1670·8·15 社 .1678·9月 社／1703·2月 社／1704·2·13 社／1712·7·4 政／1713·4·28 政／1715·3·18 社／❺-2 1718·5·8 社／1722·3·15 政／5·23 政／1724·6·23 政／9·25 政／1730·1·20 社／12·15 政／1731·2·28 政／1733·12·28 政／1736·2·6 政／1737·11·9 政／1741·11·8 政／1743·1·21 政／2·20 政／1746·12·18 政／1753·11·8 政／1757·12·22 政／1758·7·6 政／1759·1·20 政／4月 政／5月 社／7月 社／1771·4·5 政／1772·3·30 政／1782·6·5 政／1783·12·2 政／1787·8·4 政／1788·12月 政／1789·2·1 社／9·15 政／11·25 社／1790·1·21 社／9·15 政／1794·6·23 文／9·15 政／1796·9·23 政／1804·11·21 政／1806·9·8 政／1811·12·15 政／1813·12月 政／1816·12·18 政／1817·1月 政／1818·4·29 政／1820·9·7 政／1823·9月 政／1828·11·25 政／1833·12·20 政／1838·④·6 政／④·29 社／1840·1·23 政／12·23 政／1841·6·6 政／9·16 社／1842·7·4 文／9·11 社／1843·5·25 社／12·14 政／1846·5·16 社／1850·6·24 社／❻ 1853·7·17 政／1892·9·7 社
倹約令(伊勢亀山藩) ❺-1 1673·1·28 社
倹約令(伊勢津藩) ❺-1 1673·3·16 社
倹約令(石見津和野藩) ❺-1 1681·11·3 社
倹約令(大奥) ❺-1 1699·12·23 政
倹約令(信濃諏訪藩) ❺-1 1674·10月 社
倹約令(芝居) ❺-1 1668·3·20 文
倹約令(備前藩) ❺-1 1661·1月 社
倹約令(弘前藩) ❺-1 1714·11月 政
倹約令(福岡藩) ❺-1 1691·6·23 政
倹約令(水戸藩) ❺-1 1674·是年 政／1679·2月 社
倹約令(陸奥盛岡藩) ❺-1 1694·12·26 社
質素·風俗取締 ❺-2 1847·3·28 社／1851·11·9 政
奢侈禁止令 ❶ 530·2·1／❹ 1529·2·10 社／1545·4月 社
奢侈と淫乱禁止 ❶ 721·3·9 社
薄葬令(葬儀奢侈禁止) ❶ 646·3·22 政／721·10·16 社／792·7·27 社

高齢者
『高齢社会白書』 ❾ 2003·6·10 社
介護付き高齢者住宅 ❾ 1990·8·1 社
高年齢者雇用安定法 ❾ 2006·4·1 社
高齢者虐待防止·介護者支援法 ❾ 2005·11·1 社
高齢者雇用対策 ❾ 2004·1·20 社
高齢者宿泊施設 ❾ 1981·3·2 社
高齢者ミイラ化問題 ❾ 2010·7·28 社
高齢者名簿(長寿番付) ❾ 1974·9·10 社／1975·9·9 社／1976·9·10 社／1988·9·9 社／1990·9·11 社／1991·9·10 社／1992·2月 社／1993·9·7 社／1994·9·9 社／1996·9·10 社／1997·9·14 社／2001·6·29 社／2003·9·9 社／2009·9·20 社／2010·9·14 社
シルバー産業振興策 ❾ 1986·6·22 社
長寿
四十賀 ❶ 740·是年 社／825·11·28 社／❷ 1001·10·9 文
五十賀(白河法皇) ❷ 1102·3·18 文
七十賀 ❷ 1033·11·28 政／1104·12·25 文
九十賀宴 ❷ 1203·11·23 文
尚歯会(しょうしかい) ❷ 1131·3·22 文／1172·3·19 文／1182·3月 文／❺-1 1708·12月 社／❺-2 1723·2·28 政／1851·11·9 社
生命表 ❼ 1929·4·18 政
長鬚会 ❺-2 1813·5月 社
長寿者 ❺-2 1725·是年 社／1729·8月 社／1737·9·7 社／1739·6月 社／1798·3月 文／1808·3·21 文／1822·①·1 社／1827·3月 社／1831·5·3 社／1843·5·20 社／1847·12·19 社／1850·4·26 社／1851·8·22 社／❼ 1915·11·10 社
長寿社会対策推進会議 ❾ 1988·8·11 社
東京養老院 ❼ 1903·9·11 社
独居老人 ❾ 1971·6·8 社／1982·8·4 社／1984·1·7 社
寝たきり老人 ❾ 1985·1·8 社／1992·3·17 社
平均寿命 ❼ 1935·是年 社
呆け老人をかかえる家族の会 ❾ 1980·7·23 社
武蔵野市福祉公社 ❾ 1980·12·1 社
養老の詔 ❶ 787·3·20 社
浴風園(高齢者の収容施設) ❼ 1926·12·1 社
霊寿杖·鳩杖 ❶ 696·10·17 社／❷ 1203·11·23 文
老人給食サービス ❾ 1972·8·10 社
老人三事業(友愛訪問·老人ヘルパー派遣·老人福祉電話) ❾ 1973·10·1 社
老人大会 ❽ 1961·5·17 社
老人福祉法 ❽ 1963·7·11 社／❾ 1972·6·23 社／1990·6·29 社
老人ホーム(有料) ❽ 1951·3·3 社／9·16 社／1952·8·1 社／1955·7·23 社／10·5 社
老人無料パス ❾ 1974·10·1 社
老齢化社会 ❾ 1975·12·2 社

自殺 ❺-2 1801·6月 社／8·26 社
『自殺概要』 ❾ 2003·7·24 社
いのちの電話 ❾ 1971·10·1 社
首吊り自殺 ❺-2 1746·是夏 社
自殺者(率·実態調査) ❺-2 1801·6月 社／8·26 社／❼ 1921·8月 社／1930·12月 社／❾ 1966·9·7 社／1972·4·19 社／1978·7·8 社／12·8 社／1979·10·2 文／1981·5·9 社／1982·12·9 社／12·24 社／1983·7·18 社／1985·5·11 社／12·24 社／1987·4·5 社／7·13 社／1998·2·26 社／6·11 社／12·24 社／1999·2·28 文／6·11 社／2000·8·17 社／2005·6·2 社／2008·是年 社／2009·4·2 社／12·25 社／2010·1·26 社／5·13 社／2011·1·7 社／2012·3·9 社
自殺対策基本法 ❾ 2006·6·15 社
自殺のち蘇生 ❷ 1026·11·29 社
自刃 ❺-1 1680·6·26 政
入水往生 ❷ 1152·4·11 社／1176·8·15 社
焼身自殺 ❶ 965·是年 社／995·9·15 社／❷ 1026·7·15 社／1062·8·15 社／1066·5·15 社／1090·8·21 社／1174·7·15 社／1226·2·13 社
新幹線自殺 ❾ 2001·12·28 社
心中 ❺-1 1703·8·7 社
インターネット心中 ❾ 2000·10·26 社／2003·2·11 社／3·16 社／2004·10·12 社／2006·6·1 社
お染久松 ❺-1 1642·10·23 文
お虎岩松心中 ❺-1 1642·10·23 文
お初徳兵衛心中 ❺-1 1703·4·7 社
岐阜·中津川無理心中 ❾ 2005·2·27 社
心中·天国に結ぶ恋(坂田山) ❼ 1932·5·8 社
曾根崎心中 ❺-1 1703·4·7 社
日本·親子心中絶滅予防協会 ❾ 1982·6·3 社
日本型道連れ心中 ❾ 1985·1月 社
三勝半七の相対死 ❺-1 1695·12·7 文
ヤミ金三人心中 ❾ 2003·6·14 社
青酸カリ自殺者 ❼ 1936·1·9 社
ダイナマイト自殺 ❼ 1930·12·2 社
中学生の自殺 ❾ 1996·1·30 文
投身自殺 ❻ 1875·3月 社／❼ 1901·9·14 社
投身自殺(大島三原山) ❼ 1933·1·9 社／5·14 社／1935·1·8 社
投身自殺(高島平団地) ❾ 1972·6·27 社
投身自殺(日光華厳の瀧) ❼ 1903·5·22 社／1907·8·25 社
飛降り自殺 ❼ 1926·5·9 社
飛降り自殺(池袋パルコ) ❾ 2007·11·6 社
飛降り自殺(岡田有希子) ❾ 1986·4·

8 社
練炭集団自殺　❾ **2005**·2·5 社

児童·児童福祉

『こども白書』　❽ **1951**·5·4 社
『児童福祉白書』　❽ **1963**·5·4 社
『不良少年白書』　❽ **1958**·4·12 社
アイヌ孤児養育料　❻ **1870**·1 月 社
赤ちゃん斡旋事件　❾ **1973**·4·17 社
赤ちゃん連去り事件　❾ **2001**·1·9 社
赤ちゃんポスト　❾ **2007**·4·5 社
アグネス論争　❾ **1987**·2 月 社／**1988**·2·19 社
育嬰同盟社(育児院)　❻ **1880**·12 月 社
育児院　❹ **1555**·是年 社／❻ **1870**·1·20 社／**1872**·6 月 社
育児休暇·休業　❾ **1975**·7·11 文／**1991**·5·15 社／**1992**·4·1 社／**1999**·4·1 社
育児休暇·無給　❾ **1968**·5·1 社
育児放棄　❾ **2010**·7·30 社
一燈園　❼ **1905**·4 月 社／**1913**·是年 社
上野児童保護所　❽ **1946**·5·15 社
産子養育基金　❻ **1862**·4 月 社
浦上養育院　❻ **1874**·8 月 社
エリザベス·サンダース·ホーム　❽ **1948**·2·1 社／**1955**·10·31 政／**1959**·8·9 社／❾ **1965**·7·2 社
エンゼル 110 番　❾ **1975**·5·6 社
岡山救貧院　❻ **1879**·5·12 社
岡山孤児院　❻ **1887**·9·22 社
カギっ子　❾ **1970**·5·4 文
感化院(法)　❼ **1900**·3·10 社
基地の子どもを守る全国会議　❽ **1953**·2·7 社
救済事業調査会　❼ **1918**·6·25 社
救幼所(孤児院)　❻ **1870**·12 月 社
矯正院　❼ **1923**·1·1 社
共同募金の始め　❼ **1921**·是年 社
欠食児童　❼ **1932**·7·27 社
国立感化院令　❼ **1917**·8·18 社
国連児童条約　❾ **1990**·9·2 社
子ども·子育てビジョン　❾ **2010**·1·29 社
子供人口　❾ **1982**·4·1 社／**1988**·5·4 社
子供手当　❾ **2010**·3·16 社／4·1 社
子供の権利·人権　❾ **1978**·11·20 社／**1986**·6·24 社／**1988**·3·26 社／**1989**·11·20 社／**1994**·3·29 社
子どもの城　❾ **1985**·11·1 文
子供の身売り　❽ **1949**·1·17 社
混血児　❽ **1952**·12·23 社／**1953**·2·1 社
混血児救済「一九五三年会」　❽ **1953**·1·26 社
済世顧問(岡山)　❼ **1917**·5·12 社
私生児の語初見　❻ **1873**·1·18 社
児童委員　❽ **1947**·12·12 社
児童が会集して相闘う　❶ **881**·1 月 社
児童虐待防止法　❼ **1930**·9·23 社／**1931**·7·25 社／**1933**·4·1 社／10·1 社／❾ **2000**·5·17 社／**2001**·6·21 社／**2004**·4·7 政／**2011**·5·27 社
児童局(厚生省)　❽ **1947**·3·19 社
児童研究所　❼ **1917**·5·5 文
児童憲章　❽ **1951**·5·5 社
児童相談所　❽ **1947**·12·12 社
児童手当　❾ **1967**·3·10 社／**1971**·5·27 社／**1972**·1·1 社／**2006**·3·31 社
児童の体位比較　❽ **1946**·5 月 社
児童買春·児童ポルノ禁止法　❾ **1999**·5·18 社
児童福祉士　❽ **1948**·1·1 社
児童福祉週間　❽ **1949**·5·5 社
児童福祉手当条例　❾ **1967**·3·13 社／**1977**·3·15 社
児童福祉法　❽ **1947**·12·12 社／**1948**·1·1 社／❾ **2003**·7·9 政
児童保護係　❼ **1929**·9·13 社
児童問題研究会　❼ **1933**·4 月 社
小児を掠奪　❸ **1433**·4·4 社
少年感化院(家庭学校)　❼ **1899**·11 月 社／**1914**·8·24 社
少年教護法　❼ **1933**·5·5 社
少年審判所　❼ **1923**·1·1 社
職場託児所　❽ **1959**·3·14 政
女子感化院の始め　❼ **1908**·4 月 社
杉並子どもを守る会　❽ **1955**·5·9 社
捨て子　❾ **1974**·1·14 社
棄児救済(福田会)　❻ **1879**·4·26 社
棄児養育米給与方規則　❻ **1870**·6·20 社
青少年に刃物を持たせない運動　❽ **1960**·11·29 社
青少年保護·育成条例　❽ **1956**·12·18 社／**1959**·12·21 社／**1964**·7·27 社
ゼロ歳児保育　❾ **1969**·4·1 社
全国児童文化会議　❽ **1952**·8·22 社
全国保育問題研究集会　❽ **1962**·8·18 社
戦災孤児·遺児　❽ **1946**·8·5 社／**1947**·11·15 社／**1948**·2·1 社／**1955**·10·4 社／**1956**·2·22 社
堕胎禁止　❻ **1868**·7·5 社／12·24 社
多摩矯正院　❼ **1923**·5·1 社
男性保育者(保父)　❾ **1977**·1·28 社／3·15 社
ちびっ子広場　❾ **1966**·6·23 社
東亜児童大会　❽ **1941**·2·1 社
東京孤児院　❼ **1896**·8 月 社
長崎鯛之浦養育院　❻ **1880**·8 月 社
二十四時間保育　❾ **1967**·9·30 社
日米こどもの世界　❾ **1980**·是年 政
日系混血児(フィリピン)　❾ **1994**·10·29 政
日本·親子心中絶滅予防協会　❾ **1982**·6·3 社
日本子供を守る会　❽ **1952**·5·17 社
乳児院　❽ **1947**·12·12 社
乳児幼児保育所　❽ **1956**·7·23 社
母親蒸発　❾ **1973**·2·1 社
引揚げ孤児　❽ **1946**·9·24 政
父子相姦罪　❻ **1873**·7·7 社
保育所　❽ **1947**·12·12 社／❾ **1967**·10·1 社
母子総合相談所　❽ **1946**·12·20 社
母子手帳　❽ **1948**·5·12 社
母子福祉法　❽ **1964**·7·1 社
母子保健法　❾ **1965**·8·18 社
母子保護法　❽ **1937**·3·31 社
保母　❾ **1978**·3·22 社
迷子標石柱　❻ **1857**·3 月 社
迷子布達　❻ **1889**·2·21 社
三田救育所(貧民)　❻ **1869**·4·6 社
三つ子養育制　❻ **1873**·3·3 社
娘の身売り　❼ **1931**·10 月 社
無保険の子　❾ **2008**·6·28 文
貰い子殺害事件　❼ **1913**·6·4 社／8·20 社／**1916**·6·23 社／**1917**·5·11 社／**1928**·1·21 社／**1930**·4·13 社／**1933**·3·10 社
優生保護法　❽ **1948**·7·13 社／**1949**·6·24 社
養育館(孤児院)　❻ **1869**·2 月 社
養子⇨1 政治「規則·法令」
養子·喧嘩·勘気の法　❹ **1495**·8 月 社
幼児教育施設実態調査　❾ **1977**·10·17 文
幼児養育料　❻ **1853**·是年 社
幼児を買入　❼ **1915**·12·13 社
要保護児童　❽ **1950**·8·28 社
横浜家庭学園　❼ **1908**·4 月 社

社会団体(福祉)

国際青年年　❾ **1985**·1·15 社
市民運動全国センター準備会　❾ **1980**·11·1 社
社会教化委員会　❼ **1930**·4·2 社
社会事業調査会　❼ **1921**·1·16 社
修善団　❼ **1906**·2·11 社
消費生活アドバイザー　❾ **1981**·4·1 社
消費生活改善苦情処理制度　❾ **1965** 10·15 社
情報公開を求める市民運動　❾ **1980** 3·29 社
新国民生活指標(豊かさ指標)　❾ **1997**·5·1 社
神風団　❼ **1915**·8·6 社
青少年育成施策大綱　❾ **2003**·12·9 政
青少年健全育成条例　❾ **1997**·10·9 政／**2010**·12·15 社
成人学校　❽ **1949**·9·26 社、文／**1950**·10·16 社
青壮年国民登録　❽ **1941**·12·16 政／**1943**·12·3 社
青年学校　❽ **1939**·8·8 社
青年団　❼ **1905**·12·27 社／**1906**·1 月 社／**1915**·9·15 社／**1916**·1·1 社／**1918**·5·5 社／**1922**·5·25 社
世界紅卍学会　❼ **1929**·10·6 政
世界青少年交流協会　❾ **2004**·9·18〜19 社
赤瀾会　❼ **1921**·4·24 社
戦時女子青年団　❽ **1943**·8·4 社
大日本教化報国会　❽ **1945**·1·25 文
大日本青少年団　❽ **1941**·1·16 社
大日本青少年ドイツ派遣団　❽ **1938** 5·27 社
大日本青年団　❽ **1939**·4·1 社
大日本壮年団連盟　❽ **1941**·3·21 社
大日本翼賛壮年団　❽ **1942**·1·16 社／**1945**·6·13 政
大日本連合青年団　❼ **1924**·10·24 社／**1925**·4·15 社
中央青少年問題協議会　❽ **1950**·4·3 社
彫勇会(刺青)　❼ **1934**·8·20 社

直行団 ❼ **1903**·10·10 政
東京市青少年団 ❽ **1942**·3·29 社
東京都青少年問題協議会 ❽ **1949**·11·7 社
東京ダンサー組合 ❽ **1946**·7·4 社
東京帝大セッツルメント ❽ **1938**·2·3 社
東京都女子従業員組合連合 ❽ **1956**·1·12 社
特別みそぎ修練会 ❽ **1941**·8·2 社
日本少国民文化協会 ❽ **1942**·2·11 社
日本青年団連絡協議会 ❽ **1951**·5·28 社
貧民研究会 ❼ **1898**·4·27 社
婦人矯風会 ❼ **1907**·5·28 社
平安購買組合 ❼ **1907**·6月 社
満洲青年連盟 ❼ **1928**·11·13 社
若い根っこの会 ❽ **1959**·11·20 社

社会風俗

『家出人白書』 ❽ **1957**·1·21 社
『美しい暮しの手帖』 ❽ **1948**·9·20 社
『過疎白書』 ❾ **1975**·11·22 社
『魏史』倭人伝に見る倭国の風俗 ❶ **668**·是年 社／**669**·是年 社／**670**·是年 社
『孝義録』 ❺-2 **1789**·3月 社／**1801**·9月 文
『国民生活白書』 ❽ **1962**·12月 政／❾ **1966**·5·13 社／**1967**·7月 社／**1974**·10·1 社／**1975**·10·28 社／**1998**·12·4 政
『夫婦生活』 ❽ **1949**·6月 社
『ぴあ』(タウン情報誌) ❾ **1972**·7·10 社
哀音 ❶ **783**·11·6 社
上げ底 ❾ **1968**·1·9 社
朝日茂訴訟 ❾ **1967**·5·24 社
当り屋(自動車) ❼ **1926**·10·11 社
アベック(皇居前広場) ❽ **1950**·8·23 社
アベック喫茶 ❽ **1956**·5月 社
アベックホテル ❽ **1949**·1·15 社
アメリカンクラッカー ❾ **1971**·3·6 社
アリの町 ❽ **1951**·5·27 社
家出·逃亡·欠落者 ❺-2 **1724**·12月 社／**1743**·2·22 政
家出人·身元不明 ❾ **1965**·4·8 社／**1966**·1·14 社／**1967**·7·7 社／**1970**·3·23 社／**2005**·9·14 社
家出人相談所 ❽ **1956**·8·15 社／**1957**·7·23 社／**1961**·5·8 社
行倒れ·病人·水死人·迷子 ❺-2 **1811**·1月 社／**1833**·是年 社／**1834**·1·9 社／**1844**·3·7 社
石合戦·印地打·飛礫 ❷ **1005**·9·1 社／**1012**·5·23 社／**1034**·4·20 社／**1106**·是春 社／**1107**·5·23 社／**1114**·4·9 社／4·24 社／**1231**·4·21 社／**1234**·7·7 社／**1251**·9·13 社／**1276**·7·18 社／❸ **1324**·6·20 社／**1355**·5·5 社／**1369**·4·21 社／❹ **1496**·5·5 社／**1507**·5·9 社／**1509**·5·5 社／❺-1 **1616**·5·5 社／**1618**·5·5 社／**1700**·11·20 社／**1713**·2·3 社／❺-2 **1743**·5·15 社／**1757**·6月 社
遺失物取扱規則 ❻ **1876**·4·19 社
遺失物法 ❼ **1899**·3·23 社
衣食住の制(小倉藩) ❺-2 **1804**·4·1 社
伊勢踊 ❺-1 **1613**·10月 社／**1615**·3·30 社／**1616**·是春 社／**1621**·是夏 社／**1622**·2月 社／**1624**·2月 社／**1677**·8月 社
伊勢参り ❻ **1867**·8月 社／12·9 社
伊勢詣·お蔭参り流行 ❺-1 **1614**·8月 社／**1638**·是夏 社／**1650**·是年 社／**1651**·3·25 社／**1661**·2月 社／**1705**·4·21 社
　ええじゃないか騒動 ❻ **1867**·8月 社／12·9 社
徒者 ❺-1 **1609**·5月 社
市日に購入の品々 ❸ **1334**·是年 社
一世帯の構成人員 ❾ **1990**·8·14 社
井戸 ❸ **1362**·12·6 社
今戸焼の猫 ❺-2 **1852**·是年 社
異様な風体 ❺-2 **1749**·7·16 社
いれずみ ❼ **1928**·5月 社
刺青(イギリス王子) ❻ **1881**·11月 政
音信(いんしん、音物·付届)の定 ❺-1 **11628**·8·10 政／**1715**·7·5 社
上野山下周辺の様子 ❺-2 **1777**·是年 社
浮袋(軍用) ❻ **1893**·7·12 社
卯杖の初見 ❶ **689**·1·2 社
謡こま ❺-1 **1706**·11·11 社
馬上役(日吉社) ❸ **1357**·4·24 社
「馬がものいう」一件 ❺-1 **1682**·3月 社／**1693**·6月 社／**1694**·3·11 社／**1709**·11月 社
浦高札 ❻ **1869**·9·18 社／**1875**·4·24 社
郢律(えいりつ)講 ❸ **1343**·9·13 文
疫神送り ❺-2 **1733**·7月 社
恵美須講 ❺-1 **1715**·正徳年間 社
烏帽子親子 ❹ **1546**·8·24 社
エンゲル係数 ❽ **1960**·2·17 社
厭魅呪咀禁止 ❶ **729**·4·3 社
大江山(丹波)の賊 ❶ **990**·3月 社
大男 ❺-2 **1827**·是年 社
大阪市立市民館 ❼ **1921**·6月 社
大阪で流行のもの ❺-2 **1817**·文化年間 社
大挑燈 ❺-1 **1713**·⑤·14 社
大幟(祭礼) ❺-2 **1738**·9·6 社／**1780**·2·2 社／**1781**·1·15 社
大祓(おおはらえ) ❸ **1440**·6·29 社
ガールズバー ❾ **2012**·2·12 社
買出し部隊 ❽ **1943**·7·11 社／10·17 社／是年 社
家訓譲状(服部庄六) ❺-2 **1754**·②·18 社
駈落者·欠落者 ❺-1 **1619**·2·10 社／12·26 社／**1642**·5·27 社／**1671**·3月 社
陰間·衆道·男色 ❺-2 **1721**·5·19 社／**1723**·2·13 社／**1746**·2·7 社／**1798**·5·16 社
かげま(陰間) ❺-1 **1694**·7·26 社／**1695**·8月 社
　陰間茶屋と陰間の数 ❺-2 **1768**·是年 社
　ゲイボーイ ❾ **1969**·2·16 社
　衆道·男色(禁止) ❸ **1321**·6·18 文／**1427**·10月 社／❺-1 **1612**·11·18 社／**1640**·4·12 社／**1648**·5月 社／7·10 社／**1650**·10·17 社／**1652**·4·8 社／**1653**·5·11 社／**1659**·12·10 社／**1669**·6·5 社／❾ **1975**·4·26 社
貸座敷 ❼ **1916**·4·15 社
過剰包装 ❾ **1967**·10·14 社
風祭 ❺-2 **1841**·9月 文
カツギ屋 ❽ **1953**·10·14 社
活人広告 ❼ **1907**·4·12 社
鐘役銭 ❺-2 **1765**·11·3 社
歌舞伎町 ❾ **2001**·9·1 社
カプセルホテル ❾ **1981**·9·1 社
鎌倉の様子 ❸ **1289**·是年 社／**1334**·10·22 政
髪置·袴着·深曾木(成人式) ❹ **1478**·11·19 社
カラー·アニメーション·ネオンサイン ❾ **1968**·1·8 社
勘当者 ❺-2 **1724**·12月 社
願人坊主 ❺-1 **1658**·8·15 社
耆儒 ❷ **1241**·1·21 文
喫茶店「トップレス」 ❾ **1981**·3·6 社
キッス講習会 ❽ **1950**·8·18 社
奇特者 ❺-2 **1807**·9月 社
記念碑(メダル) ❻ **1861**·5·28 文
脚(湯たんぽ) ❹ **1486**·9·12 社
キャバレー ❽ **1945**·10·23 社／**1964**·4·23 社
　キャバレー「赤坂」 ❾ **1966**·9·8 社
　キャバレー「ミス東京」 ❾ **1974**·2·5 社
供出銅像 ❽ **1943**·3·15 社
京都の名所 ❺-1 **1662**·是年 社
京の町の様子 ❶ **828**·12·16 政
挙国草刈運動 ❽ **1945**·8·13 社
居処 ❷ **1108**·7·26 社
桐生市火葬場事件 ❼ **1933**·4·14 社
銀座風俗いま·むかし ❾ **1980**·是年 社
勤労世帯収入調査 ❽ **1948**·11·8 政
クーポン広告 ❾ **1990**·10·1 社
薬玉 ❶ **849**·5·5 社
口入(くにゅう)禁止 ❹ **1488**·5·6 社
熊澤天皇 ❾ **1972**·10·12 社
熊祭(アイヌ) ❺-2 **1799**·是年 社
喧嘩停止令 ❹ **1465**·8·21 社／**1522**·1·13 政／**1577**·10·25 社／**1589**·8·17 社／**1591**·是夏 社／**1593**·11·2 政
懸賞金 ❺-1 **1607**·5·14 社
コインロッカー ❽ **1964**·5·18 社
公儀御精進日 ❺-1 **1702**·6·24 文
孝行者 ❺-2 **1720**·9月 社／**1726**·5月 社／**1789**·3月 社／**1807**·9月 社／**1815**·9月 社／**1816**·6月 社
広告取締法 ❼ **1911**·3·15 社／4·7 社
孝子順孫表旌 ❶ **702**·10·21 社
巷所 ❹ **1461**·是年 社／**1534**·12·21 社／**1544**·8·9 社
興信所条例 ❾ **1985**·3·20 社
行路病者 ❺-2 **1735**·6月 社
告朔 ❶ **676**·9·1 政

国民生活時間調査 ❽ 1960·10·1 社
国民生活センター ❾ 1970·5·23 社
居士 ❺-2 1831·4·18 社
コスプレ喫茶店 ❾ 1999·7·22 社
五体不具穢の制 ❶ 916·4·28 社
事なかれ主義 ❺-2 1776·是年 政
米騒動の視察報告 ❼ 1918·8·18 政
是年の流行(文政七年) ❺-2 1824·是年 社
コンピュータ占い(性格判断) ❾ 1969·3月 社
盛り場(神戸) ❽ 1949·是年 社
酒酔 ❺-1 1669·2·28 社
座頭 ❹ 1587·6·5 社／❺-2 1716·8·28 社／1724·④月 社／1728·8·19 社／1756·11·22 社／1779·11月 社
座頭仲間の法 ❺-1 1683·5·29 社
三人美女 ❺-2 1800·寛政年間 社
榻(しじ·木製の長椅子) ❶ 704·1·1 政
自働抽籤機 ❼ 1907·是年 社
社会教育(主事) ❼ 1920·5·6 文／1921·6·23 社
寂聴塾 ❾ 1981·1·10 社
沙紋雑色を禁止 ❹ 1464·7·21 社
集団買出し部隊 ❽ 1946·9·22 社
囚人記録 ❶ 483·8·7
重箱 ❺-1 1614·慶長年間 社
十八歳未満お断り ❽ 1949·5·11 社
宿送りの仕事 ❺-1 1627·6·5 社
出奔者 ❺-2 1751·7月 政
商工相談所 ❼ 1934·7·2 社
使用人給料 ❹ 1527·12·21 社
消費節約運動 ❼ 1921·11·17 政
妾腹男子 ❺-2 1798·6·8 政
菖蒲輿 ❺-1 1681·5·5 社
小便組流行 ❺-2 1756·是年 政
食人鬼のうわさ ❶ 889·7·24 社
諸侯供進制 ❻ 1869·2·9 政
女子チンドン屋 ❼ 1933·9·16 社
白拍子 ❸ 1354·2月 文
新規のもの造り販売禁止 ❺-2 1721·7·8 社
人口政策確立要綱 ❽ 1941·1·25 社
新国民生活指標(通称·豊かさ指標) ❾ 1998·5·2 政
新生活運動 ❽ 1955·8·22 社／9·30 社
人物調査報告 ❷ 1275·8·7 社
深夜喫茶 ❽ 1956·6·2 社／7·18 社／1958·是年 政／1959·2·3 社
心霊現象研究 ❼ 1910·5·17 社
酔人 ❺-2 1723·2·13 社
ストリーキング ❾ 1974·3·10 社
スプーン曲げ少年 ❾ 1974·1月 社
生活協同組合(共立商社) ❻ 1879·7·1 社
成人教育講座 ❼ 1923·10·30 文
性転換(女⇨男) ❺-2 1798·2月 社
性転換手術 ❽ 1954·2·11 社
青年訓練所 ❼ 1926·4·20 文
西洋眼鏡 ❻ 1878·10·10 社
世界主要都市生計費·物価調査 ❾ 1972·12·17 社
施餓鬼(せがき) ❹ 1461·3月 社
鶺鴒組 ❺-1 1656·7·28 社
セミ·ヌードモデル ❼ 1922·4月 社
全国消費者大会 ❾ 1978·11·10 社
善事概目十五條 ❺-1 1664·9·20 社
戦時生活課(大蔵省) ❽ 1944·4·6 社
全都市勤労者世帯の収入 ❽ 1961·12·27 社
全日本国民的美少女コンテスト ❾ 1987·10·25 社
総合福祉カードシステム ❾ 1991·4·6 社
惣領を一人に譲る ❸ 1371·10·15 政
速記術(田鎖式) ❻ 1882·10·28 文／1883·5·5 文
タイガーマスク現象 ❾ 2011·1月 社
代言人(弁護士)規則 ❻ 1876·2·22 社／1893·3·4 社
大日本報徳社 ❻ 1875·11·12 社
代人料 ❻ 1875·12月 社
ダイヤル Q2 ❾ 1991·1·21 社／6·19 社／1993·3·22 社／1994·8·10 社
代用品時代 ❽ 1938·8·5 社／1942·是年 社
高挑燈 ❺-1 1711·3月 社
滝(風車器械を用いた) ❻ 1875·7·15 社
焚き火あたり屋 ❽ 1948·12月 社
店請 ❺-1 1683·3月 社
短籍 ❶ 730·1·16 社
誕生日 ❺-1 1650·7·17 政
ダンスホール ❽ 1938·7·10 社／1940·10·31 社／1946·5·18 社／1948·12·14 社
ダンスホール「フロリダ」 ❾ 1974·2·5 社
小さな親切 ❽ 1963·6·13 社
チップ ❽ 1962·5·2 社
チャブ屋(卓袱屋)の繁盛(横浜) ❼ 1905·8·24 社
茶屋町(金沢藩) ❺-2 1824·1月 社
チャリティーショー ❾ 1971·7·4 社
町人の風俗は質素 ❺-2 1847·3·18 社
チンドン屋 ❼ 1931·是年 社
辻宝引 ❺-2 1793·12·22 社／1794·12·18 社／1796·12·29 社／1798·12·24 社／1799·12·28 社／1832·12·16 社
ティーン·プリンセス国際コンテスト ❾ 1966·5·21 社
ディスコ「ジュリアナ東京」 ❾ 1991·5·15 社
デート喫茶 ❾ 1985·1·24 社
デートクラブ ❾ 1969·9·25 社／1993·9·13 社
鉄腕アトムの誕生日 ❾ 2003·4·7 社
手間賃·物価統制令 ❺-2 1760·2月 政
「天下一」 ❹ 1573·7月 社
天下泰平 ❶ 垂仁 35·是年
天狗 ❶ 637·2·23 社
天狗修業 ❻ 1888·3月 社
電柱広告 ❼ 1902·5·28 社
トイレットペーパー買いあさり ❾ 1973·11·2 社
東京浅草の興業街 ❽ 1947·6月 文
東京営繕会所 ❻ 1872·8·10 社
東京紙屑拾会社 ❻ 1891·4月 社
東京感化院 ❻ 1885·10·7 社
東京芸妓連合会 ❽ 1946·11·29 社
東京郊外の生活 ❼ 1913·是年 政
東京興信所 ❻ 1895·2·15 社
東京職工共同商会 ❻ 1890·8月 社
東京新宿歌舞伎町取締 ❽ 1957·12·社
東京の月平均生活費 ❽ 1960·12月 社
東京風流行 ❻ 1878·7月 社
東京府下の十賞十歎 ❻ 1874·10·4 社
東京間借人協会 ❾ 1966·1·16 社
東京名所案内社 ❻ 1881·2月 社
東京有名一覧 ❻ 1883·12月 社
透視能力者 ❼ 1910·9·14 社／1911·1·19 社
唐風 ❶ 701·1·1 政／764·9·22 政／818·4·27 政
東北読本 ❽ 1938·7·6 文
髑髏(どくろ) ❸ 1287·5·22 社
独居死亡者 ❾ 2004·1·9 社
特攻くずれ ❽ 1945·12·23 社
徒党 ❺-1 1650·是年 政
都内の壕舎生活者 ❽ 1946·12·21 社
隣組(回覧板) ❽ 1939·8·15 社／1940·9·11 社／1941·7·1 社／1944·2·11 社／1947·4·1 社
都民世帯票 ❽ 1944·5·1 社
都民の平均所得 ❽ 1961·7·11 社
供小姓の流行 ❺-1 1651·寛永·慶安年間 政
長年勤続者叙位制 ❶ 766·7·27 政
名古屋の風俗 ❺-2 1717·是年 社／❻ 1876·3月 政
浪花五人男 ❺-1 1702·8·26 社
なめ猫 ❾ 1982·5·1 社
「何でも御用」商売 ❼ 1902·1月 社
ニコライの見た日本 ❻ 1861·6月 政
21世紀福祉ビジョン ❾ 1994·3·28 政
日本国教大道社 ❻ 1888·1月 社
日本十傑(明治) ❻ 1885·3月 社
日本人の西欧化指向 ❼ 1921·是年 政
日本政府脱管届 ❻ 1881·11·8 社
日本の世帯数の将来推計 ❾ 2005·8·25 社
日本白十字協会 ❻ 1888·1·29 社
ニューハーフ·コンテスト ❾ 2009·10·31 社
任侠道高揚大会 ❽ 1947·3·30 社
机杖 ❶ 676·1·4 社
叫閽の儀式 ❶ 785·1·1 政
農村生活改善実績発表大会 ❽ 1953·3·28 社
バー ❽ 1945·10·23 社
馬鹿踊 ❺-1 1618·是年 社
発病·病死(旅人) ❺-2 1767·12月 社
鳩杖 ❷ 1203·11·23 文
万歳三唱の始め ❻ 1889·2·11 社
阪神フィーバー ❾ 1985·10·16 社
煩悶相談所 ❼ 1908·4·16 社
髭の早ぞり世界記録 ❾ 1979·8·8 社
非常合図 ❻ 1872·3·9 社
非常合図(幕府) ❻ 1863·5·12 政
一人暮らし世帯 ❾ 2011·6·29 政
避難袋 ❾ 1971·8·10 社

百人講　❺-1 1692・5・10 社
標準生計費　❾ 1966・3・7 社
氷人石(尋ね人)　❺-2 1850・是冬 社
病葬料支給手続　❶ 884・7・17 政
病人　❺-1 1682・1月 社
飛礫(ひれき)⇨ 印地打
ピンタ禁止　❽ 1947・2・4 社
ふいご(鞴)祭　❺-2 1716・11・3 社／1719・11月 社／1744・11月 社／1775・11・1 社
風俗矯正の詔　❶ 646・3・22 政
風俗取締令　❺-1 1623・4・26 社／1628・2・28 政／1648・4・3 政／1666・6・8 政／7・14 政／1671・1・28 政／1701・4・13 政／❺-2 1763・4・5 社／1772・1月 社／1785・11・1 社／❼ 1910・7・14 社
福助人形　❺-2 1805・是年 社
福引　❺-2 1777・3・28 社
巫覡(ふげき・京師)　❶ 752・8・17 社
富士山を築く　❺-2 1780・5月 社／1829・文政年間 政
不浄物改め　❺-1 1676・1月 社
普請・鳴物停止　❺-2 1750・4・27 社
布施屋　❶ 835・6・29 社
布施屋(東大寺)　❶ 761・11・27 社
物価値上げ反対・生活を守る全国消費者大会　❾ 1965・4・15 社
物価メーデー　❾ 1966・2・27 社／1968・2・25 社／11・17 社／1969・2・23 社／1972・3・12 社／1973・11・1 社／1981・3・1 社
不当景品類・不当表示防止法　❽ 1962・5・15 社
プライバシー條例　❾ 1985・6・25 社
ぶら下がり健康器　❾ 1978・是年 社
無礼講　❸ 1324・11月 社
紛失物吟味　❺-2 1780・4・3 社
平民法律所　❼ 1918・5・20 社
別家禁止(百姓)　❺-1 1656・8月 政
蛇男　❷ 1196・4・16 社
ペルリ上陸記念碑　❼ 1901・7・14 社
宝鈴を鳴らす　❹ 1535・9・17 政／1542・10・7 政／1548・4・4 政
宝暦頃の衣食住　❺-2 1763・宝暦年間 社
ホームヘルパー　❽ 1959・12・26 社
負態(まけわざ)　❶ 999・③・5 政
マネキン　❽ 1947・8・2 社
マネキンガール　❼ 1928・3・24 社
マネキンボーイ　❼ 1930・2月 社

〇〇族
アパッチ族　❽ 1958・10・23 社
アンノン族　❾ 1970・3月 社
カミナリ族　❽ 1959・10・25 社／1961・7・16 社／1964・7・20 社
竹の子族　❾ 1978・3・18 社／1980・8・6 社
原宿族　❾ 1967・7・10 社
フーテン族　❾ 1967・9・1 社／1968・6・5 社／6・30 社／12・6 社
みゆき族　❽ 1964・9・12 社
みゆき族からアイビー族　❾ 1965・6・28 社
ロッカー族　❾ 1966・12・20 社
ミイラ　❼ 1928・3・10 文
御鬮(みくじ)　❹ 1562・3・5 社
水浴せ・水祝い　❺-1 1664・12月 社／1665・12・24 社／1683・12・24 社／1689・10月 社／1690・1月 社
身の上相談　❼ 1911・1月 社／1914・4・3 社
身代金　❹ 1501・6・17 社／1502・9・1 社
耳かね(アイヌ)　❺-2 1799・是年 社
苗字・帯刀　❻ 1869・1・9 社
虫送り　❺-2 1763・6・22 社／1799・6・28 社／1841・9月 文
酩酊者通行を禁止　❺-1 1692・5・11 社
名誉市民　❽ 1949・5・2 社
迷惑防止條例　❽ 1962・10・11 社
明和の名家　❺-2 1771・是年 政
眼鏡　❹ 1551・3月 社
メツカ打(ツチ打、アイヌ)　❺-2 1799・是年 社
モーテル　❽ 1963・是年 社
器翫(もてあそび)の献上禁止　❶ 482・10・4
物張女　❷ 1114・3・8 社
門札令　❻ 1868・12月 社
主水司(もんどのつかさ)氷馬役　❷ 1112・7・6 社
野外ダンスパーティ　❽ 1950・4・9 社
夜警　❶ 940・2・28 社／993・12・4 社
夜行門並役　❷ 1170・7・19 社
安売りデー　❾ 1966・4・7 社
山城の町々、荒廃　❹ 1488・5・1 社
有害コミック販売　❾ 1991・2・22 社
ユリ・ゲラー　❾ 1974・3・7 社
夜歩き禁止條令　❽ 1948・9・20 社
妖怪研究会　❻ 1891・是年 社
洋書と洋服の流行　❻ 1885・9月 社
余暇課　❾ 1972・4・1 社
余暇開発センター　❾ 1972・4・26 社
夜中の往来　❹ 1459・5・22 社
夜廻人　❹ 1487・7・20 社
寄子付　❺-1 1671・10月 政
落書(宮中)　❷ 1191・5・12 社
落書起請　❷ 1235・9・30 社／❹ 1462・7・23 社／1463・1・13 社／1473・5・20 社／1484・1月 社
裸体活人画　❼ 1906・5・26 政
力者(りきしゃ)の語初見　❷ 1238・2・17 社
力婦　❶ 735・5・23 社
陸軍凱旋大歓迎会　❼ 1906・2・16 社
流言　❽ 1944・是年 社
流言誹語禁止　❶ 670・1・14 社
流行　❶ 845・5・9 社
両性兼備　❻ 1855・5・1 社
臨時台湾旧慣調査会規則　❼ 1901・10・26 文
隣人訴訟事件　❾ 1983・2・25 社
倫理條例(堺市)　❾ 1983・2・25 社
誄(るい)　❶ 686・9・27 政
レンタルストア　❾ 1978・10・10 社
路上生活者　❾ 1983・2・24 社
ロッカー料金　❾ 1977・4・1 社
露店　❼ 1899・7・19 社／1923・9月 社／1930・7・22 社
路傍演説　❼ 1906・5・1 社
ロマンス喫茶　❽ 1956・5月 社
若者組(條目)　❺-2 1760・1月 社／1780・是年 社／1785・是年 社／1848・4・15 社
和製バニーガール　❾ 1966・5・27 社

社交・夜会
ゲルマン倶楽部　❻ 1888・12・28 政
交詢社(社交クラブ)　❻ 1880・1・25 社
社交クラブ　❻ 1872・10月 社
大夜会(天皇主催)　❻ 1890・4・3 政
胸にバラの花の始め　❻ 1890・11・23 社
明治会　❻ 1888・5月 社
遊交兀頭(こっとう)会　❻ 1877・12・1 社
鹿鳴館の夜会　❻ 1884・11・3 社

出産・育児
愛児女性協会(産児制限相談所)　❼ 1930・2・1 社
赤子・産子・幼児養育(料・法)　❺-2 1745・6・24 社／是年 社／1746・12月 社／1776・11・2 社／1783・9・11 社／1786・6月 社／1790・是年 社／1793・是年 社／1815・8・18 政／1848・4・26 社
赤ちゃん審査会・コンクール　❽ 1949・10・23 社／1956・6・12 社
赤ちゃんルーム　❽ 1962・11・3 社
育児奨励法(鹿児島藩)　❺-1 1684・1月 社
荻野式避妊法　❼ 1927・12・1 社
オムツサービス会社　❽ 1958・9月 社
懐胎女　❺-2 1790・4月 社
貸おむつ屋　❽ 1950・8月 社
紙おむつ「メリーズ」　❾ 1984・7月 社
家族計画　❽ 1954・4・9 社／1955・10・24 社／1956・1・12 社
キャップ式広口哺乳器　❽
巨大児　❾ 1980・1・4 社
国民優生法　❽ 1940・5・1 社
子宝部隊　❽ 1940・10・19 社
子守教育所　❼ 1896・3月 社
里親デー　❽ 1950・10・4 社
産児制限　❼ 1922・3・10 社／1930・8・9 社／1936・3・11 社／❽ 1937・8・20 社／1938・1・30 社／1947・6・6 社／7月 社
　日本産児調節研究会　❼ 1922・5月 社
私生児の語初見　❻ 1873・1・18 社
出生率　❽ 1958・6・9 社
出産祝い金　❺-2 1798・3月 社／❽ 1942・7・10 社／❾ 1966・9・22 社
出産休暇(教員)　❼ 1907・3・19 文
出生死亡・移動登録子供登録令　❺-1 1690・11・3 社
人工妊娠中絶　❽ 1948・7・13 社
捨子(禁止・養育の制)　❶ 867・3・7 社／❺-1 1969・8・12 社／1687・4・11 社／1688・7・11 社／1689・10・27 社／1690・10・26 社／1695・10・11 社／1700・7・18 社／1702・10月 社／1704・2・13 社／9月 社／❺-2 1723・2・13 社／1732・12・13 社／1734・9・15 社／1736・5・23 社／1746・1月 社／1749・12・4 社／1777・9・8 社／1781・5・27 社／1794・9・18 社／1833・是年 社／1838・是年 社
双生児序列　❻ 1874・12・13 社

代理母出産問題(向井亜紀)　❾ **2006**·9·29 社
託児所(大阪)　❼ **1919**·7 月 社
託児所(東京)　❼ **1906**·6 月 社
多産(三つ子〜七つ子)　❶ **675**·10·20 社／**699**·1·16 社／**704**·6·11 社／**706**·2·14 社／3·13 社／**708**·3·27 社／**711**·7·5 社／**714**·5·26 社／**715**·12·11 社／**717**·6·1 社／**733**·9·23 社／**746**·1·28 社／**750**·7·18 社／**752**·7·20 社／**776**·8·28 社／**780**·4·18 社／**807**·3·3 社／**821**·4·5 社／**825**·3·22 社／**836**·11·28 社／**861**·6·20 社／**865**·12·9 社／**872**·8·8 社／**962**·8·6 社／❷ **1223**·9·5 社／❺-1 **1703**·3·27 社／5·25 社／**1705**·2·23 社／❺-2 **1718**·4·27 社／**1776**·是年 社／**1786**·4·23 社／**1813**·9·26 社／**1815**·3·5 社／**1823**·9 月 社／**1825**·5·7 社／**1830**·12·28 社／**1833**·5·9 政／**1851**·7 月 社／❾ **1976**·1·31 社／**1981**·9·2 社／**1989**·1·2 社／**1990**·8·17 社
　多産児の兄·姉の呼称　❻ **1874**·12·13 社
堕胎·間引き禁止　❺-1 **1667**·5·2 文／**1691**·4·19 社／❺-2 **1754**·9·9 社／**1759**·⑦月 社／**1767**·9·12 社／**1791**·9 月 社／**1830**·12·17 社／**1840**·8·27 社／**1842**·11·30 社
嫡子　❶ **721**·是年 社
特殊出生率　❾ **1990**·6·9 社／**1992**·11·13 社／**1993**·6·4 社／**1994**·6·23 社／**2002**·6·7 社／**2004**·6·10 社
乳児診査大会赤ん坊コンクール　❼ **1922**·7·15 社
人間開発報告書　❾ **2005**·9·7 社
妊産婦手帳　❽ **1943**·7·5 社
妊婦乳幼児　❽ **1945**·3·3 社
ベビーパウダー(シッカロール)　❼ **1906**·是年 社
ベビーブーム　❽ **1948**·8·21 政／❾ **1965**·8·30 文
ベビーホテル　❾ **1981**·3·7 社／6·6 社
保育問題研究会　❼ **1936**·10·20 文
母子愛育会　❼ **1934**·3·13 社
母性保護　❼ **1919**·9·15 社
迷子　❺-2 **1726**·2·24 社
孫誕生休暇　❾ **2006**·9·28 社
間引き(八重山島)　❺-2 **1750**·7 月 社
水子禁止(鹿児島藩)　❺-1 **1684**·1 月 社
貰い子　❺-1 **1687**·1·27 社
有害避妊用器具取締規則　❼ **1930**·12·27 社
優良多子家庭　❽ **1942**·11·3 社／**1944**·11·3 社
ラマーズ法(ソ連式無痛分娩)　❽ **1949**·3 月 社

殉死

殉死(乃木夫妻)　❼ **1912**·9·13 社
殉死禁止　❶ **書紀·垂仁 28**·10·5／**646**·3·22 社／❹ **1522**·12 月 政
殉職(奥山真澄)　❽ **1940**·3·11 政
殉職(鬼塚道男、長崎自動車)　❽ **1947**·9·1 政
殉職(長野政雄)　❼ **1909**·2·28 社
殉職産業人慰霊祭　❽ **1943**·4·11 社
徇葬(殉死)　❶ **247**·是年

障碍者

『障碍者白書』　❾ **2005**·6·7 社
川村義肢製作所　❽ **1946**·12·1 社
関東総検校　❺-1 **1692**·5·9 文
義足　❺-2 **1813**·9·11 政
検校(盲人)　❸ **1363**·1·13 社／①·3 社／**1448**·8·19 社
国際障碍者年日本推進協議会　❾ **1980**·12·8 社
国際身障者デー　❾ **1965**·4·11 社
瞽師　❹ **1486**·2·16 社
瞽者　❺-1 **1688**·8·2 社
在宅重度心身障碍者　❾ **1973**·10·1 社
手話通訳登場　❾ **1975**·11·16 社
障碍基礎年金　❾ **2004**·3·24 社
障碍者インターナショナル世界評議会　❾ **1982**·6·20 社
障碍者基本法　❾ **1993**·12·3 社
障碍者雇用自立センター　❾ **1978**·10·2 社
障碍者自立支援法　❾ **2005**·10·31 社／**2006**·4·1 社
障碍者の日　❾ **1981**·12·9 社
障碍者 110 番　❾ **1984**·7·12 社
障碍に関する用語　❾ **1981**·5·25 文
白い杖　❽ **1949**·11·1 社
身障児登録管理制度　❽ **1963**·7·1 社
身障者専用保養所「大門寺荘」　❾ **1971**·12·10 社
身障者用コンピュータ　❾ **1987**·10·24 文
心身障碍調査　❾ **1968**·8·3 文
身体障碍者　❽ **1952**·6·5 社
身体障碍者運転能力開発訓練センター　❾ **1983**·6·29 社
身体障碍者雇用促進法　❽ **1960**·7·25 社
身体障碍者の医療　❾ **1974**·7·1 文
身体障碍者用衣料　❾ **1983**·10·24 社
全国盲人大会　❼ **1910**·4·23 社
知的障碍者「スペシャルオリンピックス冬季世界大会」　❾ **2005**·2·26 社
辻盲　❺-1 **1667**·②月 社
当道座　❹ **1534**·10·6 社／11·16 社／12·7 社／是年 社／❺-1 **1634**·2·4 社／4·11 社／**1672**·7·11 社／**1692**·12·1 社
日本盲人大会　❼ **1907**·5·15 社
日本聾口話普及会　❼ **1925**·11·22 文

パラリンピック⇨21「スポーツ」

ヘレンケラー協会　❽ **1949**·10·3 社
盲法師　❷ **1240**·2·2 社
盲人(瞽)·盲女　❹ **1480**·2·20 社／**1484**·1·12 社／**1486**·1·7 社／❺-1 **1604**·8·15 社／8·16 文／**1618**·5 月 社／**1658**·1·24 社／**1688**·8·2 社
盲人相論　❸ **1340**·9·4 社
盲人に火の番　❻ **1881**·1 月 社
盲人の石塔の会　❹ **1490**·2·16 社
盲僧の座頭　❸ **1405**·6·19 社
盲目少年　❸ **1431**·12·13 社
盲目法師座の支配　❹ **1535**·11·6 社／**1546**·11·15 社
夜燈　❸ **1434**·6·20 社
結字の初見(盲人)　❺-1 **1653**·7·13 文
楽石社(吃音矯正)　❼ **1903**·3·26 社
聾会　❻ **1886**·4·11 社

女性

『女性改造』(婦人雑誌)　❼ **1922**·11 月 社
『トラバーユ』(女性就職情報誌)　❾ **1980**·2·22 社
『婦人労働白書』　❾ **1966**·9·10 社／**1978**·1·10 社／**1984**·10·20 社／**1986**·9·30 社
『ミセス』　❽ **1961**·9 月 社
『MORE(モア)』　❾ **1977**·5 月 社
愛育会　❼ **1934**·4·29 社
愛国婦人会　❼ **1901**·2·24 社／**1904**·9·28 社／**1913**·11·7 社／**1915**·6·5 社／❽ **1940**·3·6 社
アジア婦人会議　❽ **1956**·10·13 社
ウーマン·リブ大会　❾ **1970**·11·14 社／**1972**·5·5 社
ウェイトレス共励会　❼ **1925**·4·12 社
大阪婦人矯風会　❼ **1916**·4·21 社／10·21 社
大阪府連合処女会　❼ **1927**·3·6 社
女師匠の数(東京)　❼ **1926**·是年 文
ガール全盛時代　❼ **1930**·2 月 社
関西職業婦人連盟　❼ **1926**·是春 社
関東甲信越未亡人連盟　❽ **1949**·9·1 社
関東婦人同盟　❼ **1927**·7·3 社
脚線美コンクール　❽ **1952**·10·28 社
共同婦人会　❼ **1918**·10·1 社
芸娼妓口入営業取締規約　❼ **1905**·5·9 社
国際婦人デー　❽ **1947**·3·9 社／**1948**·3·8 社／**1949**·3·8 社／**1951**·3·8 社／**1960**·3·8 社
国際婦人年(日本)大会　❾ **1975**·6·1 社／11·22 社
国際連絡婦人委員会　❼ **1929**·1·23 社
国防婦人会　❼ **1932**·3·18 社／10·24 政／**1934**·4·10 社／❽ **1937**·7·4 社
国立婦人教育会館　❾ **1977**·10·2 文
「国連婦人の十年」日本大会　❾ **1985**·11·22 社
実業婦人会　❼ **1906**·10·1 社
主婦連合会　❽ **1948**·9·15 社
女子青年団　❼ **1926**·11·11 社／**1927**·4·29 社／10·10 社／11·15 社
女子生命保険勧誘員の始め　❼ **1922**·10 月 社
女子チンドン屋　❼ **1933**·9·16 社
女子鉄道作業局職員採用(官設)　❼ **1900**·6·12 社
女子保護センター　❽ **1961**·10·1 社／**1962**·4·1 社
処女会中央部　❼ **1918**·4·13 社
女性受付　❻ **1889**·4 月 文
女性海外派遣社員(三井物産)　❾ **1971**·5·6 政
女性ガイド　❽ **1960**·12·16 社
女性解放集会　❾ **1970**·10·21 社
女性着物色の流行　❻ **1873**·3 月 社
女性雇員判任官待遇(郵便為替貯金)

❼ **1906**·7·24 社
女性高給取り ❼ **1906**·4·30 政
女性専用ホテル「レディースイン宝塚」 ❾ **1978**·3·2 社
女性初旅客機機長 ❾ **2010**·7·9 社
女性販売員 ❼ **1903**·是年 社
女性弁護士 ❼ **1933**·5·1 社
女性ホットライン ❾ **2000**·7·26 社
女性モデル ❼ **1908**·11·4 社
女性を守る会 ❽ **1946**·11·15 社
新真婦人会(協会) ❼ **1913**·2月 社
新日本婦人同盟 ❽ **1945**·11·3 社
新婦人協会 ❼ **1920**·3·29 社／❾ **1970**·3·28 社
正室 ❺-2 **1763**·6·22 政
青鞜社 ❼ **1911**·6·1 文／**1913**·2·15 社
世界婦人労働者会議 ❽ **1956**·6·14 社
節婦 ❶ **742**·8·2 社
全国地域婦人団体連絡協議会(地婦連) ❽ **1952**·7·9 社
全国婦人会議 ❽ **1953**·4·12 社
全国未亡人代表者会議 ❽ **1950**·3·9 社
全国未亡人団体協議会 ❽ **1950**·11·29 社
戦後対策婦人委員会 ❽ **1945**·8·25 社
全雇用者数に占める女子の割合 ❽ **1964**·9·2 社
大日本愛育会 ❽ **1943**·12·23 社
大日本興亜同盟婦人協議会 ❽ **1943**·2·8 社
大日本婦人会 ❼ **1931**·3·6 社／**1932**·3·18 社／❽ **1942**·2·2 社／**1945**·6·13 政
男女同席禁止 ❶ **797**·7·11 社
美人局(つつもたせ) ❹ **1581**·12·5 社
妻の家事労働 ❾ **1974**·7·19 社
妻のへそくり ❾ **2011**·11·22 社／**2012**·11·21 社
帝国婦人協会 ❼ **1898**·11月 社
貞操問題講演会 ❼ **1916**·9·17 社
貞婦孝子 ❶ **768**·2月 社
東京都未亡人同盟 ❽ **1946**·6·9 社
東京婦人センター(かけこみ寺) ❾ **1977**·4·1 社
東京保母の会 ❽ **1953**·11·5 社
東京マネキン倶楽部 ❼ **1929**·3·4 社
東京婦人矯風会 ❻ **1886**·12·6 社
内職部(婦人職業紹介所) ❼ **1935**·5月 社
日本母親大会 ❽ **1955**·6·7 社／**1956**·8·27 社／**1957**·8·3 社／**1959**·8·22 社／**1961**·8·20 社／❾ **1966**·8·21 社／**1980**·12·8 社
日本婦人会議 ❽ **1962**·4·14 政
日本婦人大会 ❽ **1953**·5·23 社／6·2 社
日本婦人団体連盟·連合会 ❽ **1937**·9·28 社／**1953**·4·5 社
日本民主婦人協議会 ❽ **1948**·4·17 社
女房 ❹ **1469**·7·29 社
派出婦会取締 ❼ **1925**·9月 社
働く母の会 ❽ **1954**·6月 社
働く婦人の中央集会 ❽ **1956**·4·14 社
働く婦人の家 ❼ **1935**·3·1 社
八十年女の集会 ❾ **1980**·6·14 社
母親の家出 ❺-2 **1747**·5·19 社／**1749**·5·28 社／**1759**·11·25 政
汎太平洋婦人会議日本代表団 ❼ **1928**·7·20 社
美人コンテスト ❻ **1891**·7·15 社
美人写真コンテスト·コンクール ❼ **1907**·9·15 社／**1908**·3·5 社／**1929**·8·7 社
丙午の迷信 ❼ **1906**·1·1 社／**1928**·1·3 社／❽ **1961**·是年 社
夫婦平等 ❽ **1947**·12·22 政
婦女が寺門に入ることを禁止 ❹ **1900**·3·20 社
婦人会関西連合大会 ❼ **1919**·11·24 社
婦人勧業会社 ❻ **1888**·4·4 社
婦人矯風会 ❻ **1888**·3·22 社／**1893**·4·3 社／❼ **1907**·5·28 社
婦人差別撤廃條約 ❾ **1980**·7·14 社
婦人慈善会 ❻ **1884**·6·12 社
婦人社会問題研究会 ❼ **1920**·2·14 社
婦人宿泊所 ❼ **1936**·1·15 社
婦人職業紹介所 ❼ **1924**·3·17 社
婦人セッツルメント ❼ **1930**·10月 社
婦人相談所 ❽ **1957**·4·1 社
婦人団体協議会 ❽ **1949**·5·2 社
婦人団体統合要綱 ❽ **1941**·6·10 社
婦人の地位向上に関する決議案 ❾ **1975**·6·17 政
婦人問題研究所 ❽ **1939**·12·13 文
婦人欄(読売新聞) ❼ **1914**·4·3 社
婦人連盟 ❼ **1922**·5·10 政
不美人 ❸ **1441**·10·17 社
母子愛育会 ❼ **1934**·3·13 社
母性保護 ❼ **1919**·9·15 社
ミス·インターナショナル世界大会 ❾ **1968**·10·9 社／**2012**·10·21 社
ミス·ニッポン ❼ **1931**·6·7 社
ミス·ユニバース ❽ **1953**·7·16 社／**1959**·7·24 社／❾ **2007**·6·10 社
ミス鎌倉 ❽ **1947**·7·27 社／**1949**·8·6 社
ミス銀座 ❽ **1947**·1·15 社
ミス日本 ❽ **1950**·4·22 社
緑のおばさん ❽ **1959**·11·19 社
民主婦人協会 ❽ **1947**·4·26 社
モダン·ガール(モガ) ❼ **1926**·是年 社／**1929**·8月 社
柳原白蓮大恋愛事件 ❼ **1921**·10·22 社
良妻賢母 ❼ **1909**·9·28 社
葬儀
青山葬祭場 ❼ **1906**·7·12 社
青山·谷中両墓地 ❼ **1921**·1·12 社
跡見花蹊死亡広告事件 ❻ **1887**·3·9 社
アパート式納骨堂 ❼ **1930**·8月 社／❽ **1959**·7·4 社
アメリカ水夫を葬る ❻ **1854**·2·11 社
院号 ❺-2 **1831**·4·18 社
エンバーマー ❾ **2007**·是年 社
お布施の目安 ❾ **2010**·5月 社
戒名 ❺-2 **1789**·2月 社
火葬 ❶ **700**·3·10 社／**748**·4·28 政／❺-2 **1749**·6月 社／❻ **1872**·11月 社／**1873**·7·18 社／**1875**·5·23 社
火葬会社(東京) ❻ **1889**·10·16 社
火葬禁止 ❺-1 **1651**·是年 社／**1654**·9月 政
火葬場(重油炉) ❼ **1927**·6月 社
火葬場(西洋式) ❻ **1876**·6·20 社／**1893**·6·26 社
火葬場(電気) ❼ **1919**·12月 社
挙哀改葬禁止 ❶ **811**·9·1 文
黒枠死亡広告 ❻ **1878**·11·22 社／❼ **1912**·7·30 文
現代葬儀事情 ❾ **2009**·是年 社
航空葬 ❼ **1933**·4·21 政
香花料(白川口戦死者) ❻ **1868**·7·13 政
行旅死亡人取扱規則 ❻ **1882**·9·30 社
告別式 ❼ **1901**·12·17 社
小平霊園 ❽ **1948**·5·1 社
撒骨(散骨) ❾ **1991**·10·5 社
死因順位 ❾ **1970**·2·21 社
死骸を集める ❶ **842**·10·14 社
死者 ❺-2 **1733**·5月 社
自葬 ❻ **1872**·6·28 社／**1884**·10·2 社
死体収容·埋葬 ❶ **828**·7·29 社／**869**·6·26 社／10·23 社／**883**·1·26 社
死体の保存(塩漬) ❺-1 **1689**·7月 政／**1701**·7·1 社／**1708**·6·28 社
自分の葬式 ❺-2 **1833**·4月 社
死亡広告 ❺-2 **1813**·8月 文
死亡生残表 ❻ **1889**·7月 社
死亡診断書 ❻ **1877**·9·21 社／❼ **1900**·9·3 社
死亡届 ❻ **1876**·2·5 社／**1880**·7·14 社
儒葬(土葬) ❺-1 **1631**·⑩·9 社／**1682**·5·22 政
儒道による葬祭(会津藩) ❺-2 **1718**·1·23 社
神葬地 ❻ **1872**·7·13 社
水死体 ❺-1 **1707**·11月 社
戦死公報から葬儀料まで ❽ **1947**·是年 社
葬儀(神社·寺院以外で禁止) ❻ **1881**·10·3 社
葬儀(力石徹) ❾ **1970**·3·24 社
葬儀社(東京) ❻ **1886**·1月 社
葬儀の費用 ❾ **1981**·是年 社
葬儀の様子(覚如) ❸ **1351**·1·19 社
葬送の地 ❶ **871**·⑧·28 社
葬礼·仏会 ❺-2 **1791**·5月 社
葬礼·仏事(費用) ❺-2 **1720**·8·24 社／**1729**·12·16 社／**1798**·4·29 社／**1821**·11·6 社／**1831**·4·18 社
葬礼車(貸車) ❻ **1873**·9月 社
荼毘料 ❹ **1486**·10月 社
多摩墓地 ❼ **1921**·1·13 社
弔慰金(家族扶助料·慰藉料) ❺-2 **1797**·6月 社／**1809**·6月 社／**1818**·11·9 社
通夜 ❺-2 **1735**·③·20 社
東都掃墓会 ❼ **1900**·2·25 文

土葬 ❺-1 **1654**·9月 政／❽ **1945**·6·1 社
土葬禁止 ❹ **1560**·8·20 社／❻ **1891**·8月 社
賻物(弔いの物) ❶ **777**·3·16 社
病院死の増加 ❾ **2009**·7月 社
服忌令(ぶっきりょう) ❺-1 **1684**·2·30 政／**1686**·4·22 政／**1688**·5·10 政／**1691**·9·6 政／**1693**·12·21 政／**1696**·12·13 政／**1698**·6·20 政
墳墓の制 ❶ **646**·3·22 社
墳墓破壊禁止 ❶ **780**·12·4 社
平均寿命·簡易生命表 ❽ **1951**·11·27 社／**1955**·12·27 社／**1961**·11·15 社／❾ **1966**·8·16 社／**1970**·1·22 社／**1972**·7·20 社／**1974**·8·31 社／**1978**·7·1 社／**1982**·7·17 社／**1984**·6·31 社／**1991**·8·18 社／**1992**·6·23 社／**1994**·7·14 社／**1995**·7·2 社／**1996**·8·11 社／**2001**·8·2 社／**2004**·7·13 社／**2005**·7·22 社／**2008**·7·31 社／**2009**·7·16 社／**2012**·7·26 政
変死者 ❺-2 **1726**·2·24 社
墓誌 ❻ **1872**·11·11 文
墓所の掟 ❹ **1532**·11·30 社
墓石代 ❸ **1345**·3·20 社／❹ **1492**·8·26 社
墓地 ❺-1 **1687**·10·18 社／**1699**·4月 社
墓地処分内規則 ❻ **1874**·4·20 社
墓地·埋葬取締規則 ❻ **1884**·10·4 社
墓碑(外国に現存最古のもの) ❻ **1871**·是年 社
埋葬禁止 ❻ **1873**·8·8 社／**1874**·6·22 社
埋葬禁止(山背) ❶ **792**·8·4 社／**793**·8·10 社／**797**·1·25 社／**866**·9·22 社
埋葬証規則 ❻ **1880**·7·14 社
殯(もがり) ❶ 書紀·仲哀 **9**·2·6／**571**·2月／**646**·3·22 社／**661**·11·7 政／**686**·9·11 政／**688**·11·4 政
喪章の始め ❻ **1881**·3·13 社
遺言状(作製の制) ❺-1 **1605**·1·15 社／**1650**·2·12 政／**1662**·8·29 社／**1714**·2·29 社
遺言書管理信託 ❾ **1985**·9·10 社

年齢

数え年 ❻ **1873**·2·5 政
年齢の唱え方に関する法律 ❽ **1949**·5·24 政／**1950**·1·1 政
満年齢 ❻ **1873**·2·5 政／**1876**·4·1 政／❼ **1902**·12·2 政
未成年者の実名報道 ❾ **1989**·3·30 社
厄年の算法 ❷ **1008**·7·10 文

貧困·救済事業

あいりん地区騒動 ❾ **1992**·10·1 社
一燈園 ❼ **1905**·4月 社／**1913**·是年 社
「いのち売ります」 ❽ **1948**·2·21 社
陰徳倉(豊後日田代官) ❺-2 **1819**·是冬 社
延命院(藤原良相) ❶ **859**·2·11 社
大税賑給 ❶ **739**·3·21 社
御救方(福岡藩) ❺-2 **1834**·4月 政／**1835**·⑦·4 政
御救金(旗本諸士) ❺-1 **1699**·⑨·10 政
御救小屋 ❺-2 **1733**·1月 社／**1780**·7·18 社／**1786**·7·18 社／**1836**·9月 社／11·1 社／**1837**·3·4 社／3·8 社／**1845**·2·2 社
御救小屋(江戸本所) ❺-1 **1701**·是冬 社
御救小屋(土佐) ❺-1 **1703**·是年 社
御救米蔵(萩藩) ❺-1 **1709**·是年 社
御救砂持(砂持) ❺-2 **1833**·8·5 社／**1838**·4·8 社／**1847**·4·16 社
御救銭(江戸町会所) ❻ **1866**·6·4 社
御救米(会津藩) ❺-1 **1653**·⑥·15 社／7·9 社／**1654**·11·11 社／**1714**·11·15 社／12·5 社
御救米(江戸) ❺-1 **1681**·11月 社／❻ **1862**·7月 社
小野慈善院(窮民救済) ❻ **1864**·是年 社
恩貸の金銀 ❺-1 **1709**·7·24 政
海員共同救済会 ❼ **1902**·5月 社
外国人浮浪者 ❻ **1876**·12月 政
貸金の制(会津藩) ❺-1 **1685**·12·25 政
貸金の制(瞽者) ❺-1 **1712**·9月 社
餓死者 ❺-1 **1643**·是春 社／**1703**·是春 社
貨幣進献·窮民賑給叙位制 ❶ **764**·3·22 政／**765**·6·13 政／8·25 社／10·19 社／**766**·1·14 社／2·4 社／9·13 社／**767**·10·17 社／**770**·3·20 社／4·1 社／**771**·3·4 社
貨幣·米穀進献叙位制 ❶ **766**·12·21 社／**767**·3·26 社／4·14 社／5·20 社／6·22 社／**780**·7·22 社／**781**·1·15 社／**783**·4·20 社／**784**·3·4 社／10·21 社／**785**·12·10 社／**833**·3·9 社／**885**·③·19 政／**906**·5·23 社
釜ヶ崎騒動 ❾ **1966**·5·28 社／**1967**·6·3 社／**1970**·12·30 社／**1971**·5·25 社／9·11 社／**1972**·5·28 社
粥食·粥施行 ❺-1 **1669**·1·20 社／**1675**·3月 社／**1681**·1·17 社／**1682**·1·28 社／3月 社／**1702**·12·8 社／**1703**·1·14 社／❺-2 **1740**·12月 社／**1755**·11·21 社／**1756**·6·19 社／**1770**·9·1 社／**1782**·7·25 社／**1783**·2·19 社／**1784**·1月 社／6月 社／**1791**·9·3 社／**1792**·4·28 社／**1836**·9月 社／12·5 社／**1837**·3·12 社
感化院(法) ❼ **1900**·3·10 社
鰥寡孤独給養の法 ❺-2 **1768**·12月 社
義倉常平法(会津藩) ❺-1 **1668**·5·19 政
義倉の制(法) ❶ **702**·2·19 政／**706**·2·16 政／**713**·2·19 政／**715**·5·19 政／**719**·9·22 政／**730**·是年 政／**736**·4月 政／**758**·5·29 社／**773**·是年 政／**774**·是年 社／**809**·4·30 社／**820**·①·21 社／**843**·3·25 社／**867**·4·20 政／**881**·5·9 政／❺-2 **1748**·是年 政／**1761**·9·9 政／**1764**·是年 政／**1769**·2月 社／**1770**·12·19 政／**1771**·12·7 社／**1792**·2·30 社／**1795**·7·23 社／**1797**·11·13 政／**1800**·9月 社／**1814**·9月 政／**1825**·是年 社／**1846**·6月 社
飢民 ❷ **1231**·5·22 社
飢民に出挙米 ❷ **1232**·3·9 政
救急院 ❶ **844**·是年 社／**848**·3·21 社
救急院(相模) ❶ **847**·3·1 社
救急料(災害や凶作などの困窮疾病の急を救うために用意された稲) ❷ **1004**·11·20 政
窮民救済者叙位法 ❶ **764**·3·22 政
救済事業調査会 ❼ **1918**·6·25 社
救恤費用「除か銀」 ❺-2 **1734**·11月 政
救貧協力会 ❻ **1878**·12月 社
救貧制度の始め ❻ **1874**·12·8 社
救済銭(大坂難民) ❻ **1858**·9·5 社
窮民(調査) ❺-2 **1801**·4·26 社／**1836**·7·12 社／**1837**·3·13 社
窮民に米穀支給 ❶ **799**·4·9 社
救民の法(萩藩) ❺-1 **1697**·是年 社
義用金制度 ❺-2 **1792**·9·3 社／是年 政
凶荒対策覚書 ❺-1 **1642**·⑨·14 社
凶荒の際の備蓄 ❺-1 **1683**·10·19 政
凶歳租税延納規則 ❻ **1877**·9·1 政
凶作·飢饉·五穀不作⇨ [9] 農業·漁業
凶作地に対する政府所有米穀の臨時交付 ❼ **1934**·12·6 政
矯正院 ❼ **1923**·1·1 社
共同募金の始め ❼ **1921**·是年 社
京伏貧民連合大会 ❻ **1890**·7·15 社
組合(家持·店貸·借屋) ❺-1 **1651**·7·13 社
欠食児童 ❼ **1932**·7·27 社
香資·香奠 ❺-1 **1651**·4·27 社
公借仕法(萩藩) ❺-1 **1699**·10·20 政
高齢者に賑給 ❶ **707**·7·17 社／**804**·5·20 社／**905**·12·22 社
高齢者に賑給(九十歳以上) ❶ **879**·12·9 社
高齢者に賑給(百歳以上) ❶ **735**·⑪·17 社／**781**·1·1 社／**787**·3·20 社／**814**·9·11 社／**821**·2·11 社
行路病者 ❶ **820**·5·4 社／❺-1 **1669**·2·28 社／**1688**·10·9 社
穀倉(水戸藩) ❺-1 **1690**·3月 政
国立感化院令 ❼ **1917**·8·18 社
孤児 ❶ **845**·11·14 社
乞食(調査·取締) ❺-1 **1657**·5·6 社／**1658**·1·24 社／**1672**·寛文年間 社／**1675**·2·20 社／**1686**·5·7 社／**1691**·是年 社／**1700**·10·8 社／❺-2 **1724**·9·14 社／**1822**·1月 社
子供貸借り ❻ **1887**·2月 社
米の貸与借用状を焼却 ❷ **1201**·10·6 政
混食 ❺-2 **1836**·7·3 社／是年 社
済苦院(出羽) ❶ **837**·6·6 社
済世顧問(岡山) ❼ **1917**·5·12 社
左右獄施行 ❷ **1181**·11·10 社
山谷労働者·騒動 ❾ **1966**·8·279 社／**1967**·8·17 社／**1968**·6·17 社／**1972**·12·30 社／**1974**·1·4 社／12·29 社／**1982**·4·25 社
慈愛館(困窮女性救済) ❻ **1893**·10月 社
死骸を集めて埋める ❶ **808**·1·13 社
失業者(対策、救済) ❺-1 **1699**·8·8 社／❼ **1921**·7·7 社／**1922**·11·2 社

／1925・5・23 社／1929・8・12 社／9・1 社／1930・6・25 社／8・13 社／是夏 社／1931・5・9 社／7・15 社／12・17 社／1932・7・22 社／11・14 社／❽ 1938・8・7 社／1945・10・3 社／11・22 政／12・4 社／1946・4・26 社／9・18 社／11・10 社／1949・3・4 政／5・20 社／6・11 社／1950・1・16 社／6・20 社／7・4 社／8・26 社／1963・7・8 社
失業手当法 ❽ 1947・12・1 社
失業防止委員会 ❼ 1930・4・26 社
社会教育(主事) ❼ 1920・5・6 文／1921・6・23 社
社会教化委員会 ❼ 1930・4・2 社
社会事業調査会 ❼ 1921・1・16 社
社会鍋(慈善鍋) ❼ 1921・12・15 社
社倉(豊前下曾根) ❻ 1859・11月 社
社倉米(籾・法・制度) ❺-1 1654・11・11 社／1655・3・27 社／1670・8・13 政／1671・10・16 政／1685・是年 社／1689・3・23 政／1700・3・20 政／1712・6・23 政／❺-2 1735・2・17 政／1737・2・17 社／1739・2・21 社／12・12 政／1749・7・2 政／1750・2・7 政／1756・是年 社／1770・9月 政／1775・11・24 政／1778・5月 政／1779・6月 政／1780・6月 政／1786・2月 政／1790・是年 政／1815・是春 社／1823・9月 社
授産局 ❻ 1876・8・10 社
授産所 ❻ 1870・4・12 社
授産所(大貧院) ❻ 1871・4月 社
種子貸の制 ❺-1 1644・10・12 社／1650・2・3 社
出獄人救済所 ❼ 1896・10・26 社／1899・7・3 社
常平局(大阪府) ❻ 1879・8・22 社
常平司 ❶ 877・1・27 社
常平所(倉) ❶ 759・5・9 社／867・4・22 社／877・1・27 社／878・1・27 社／892・2・29 社／916・是年 社／926・5・7 社／931・5・11 社／957・是年 社／❷ 1190・是年 政／❺-1 1671・8・10 政／❺-2 1831・3・19 政／1840・7月 政／1851・9・20 政／❼ 1920・10・30 政
常平所の穀価 ❶ 909・1・27 社
常平法 ❶ 773・3・14 政
女子感化院の始め ❼ 1908・4月 社
賑救 ❺-1 1642・5・14 政
賑給の始め ❶ 567・是年
賑給 ❶ 679・2月 社／680・10・4 社／686・12・26 社／687・1・15 社／690・1・17 社／695・6・16 社／697・⑫・7 社／698・⑫・7 社／733・是年 社／814・9・12 社／843・6・25 社／849・6・1 社／850・2・10 社／851・5・9 社／852・⑧・16 社／854・10・1 政／855・1・27 政／864・5・20 社／866・3・14 社／③・1 社／6・13 社／867・2・17 社／868・12・7 社／870・6・17 社／872・4・19 社／873・6・22 社／874・5・6 社／10・28 社／877・4・16 政／878・5・8 社／882・5・29 社／929・8・1 社／931・3・20 社／939・12・9 社／952・3・23 社／956・3月 社／967・5・10 社／994・7・22 社／❷ 1011・6・29 社／1029・5・14 社／1031・3・18 社／1034・5・28 社／1035・5・17 社／1036・8・7 社／1068・9・14 社／1079・5月 社／1087・5・29 社／1106・2・13 社／1107・6・6 政／1129・7・20 社／1135・4・8 社／1151・6・23 社／1152・2・25 社／1170・5・16 社／1175・5・27 社／1189・4・16 社／1195・3・12 政／1213・4・20 社／1221・1・27 社／1241・12・30 社／1266・12・3 社／1274・是年 社／❹ 1459・3・6 社／1461・1・1 社／2・2 社
賑給(周防岩国藩) ❺-1 1708・7・13 社
賑給使 ❶ 942・6・15 社
賑給施米等の使者 ❶ 913・5・20 政
賑給法 ❶ 833・7・6 政
賑給料 ❶ 924・9・22 社
賑給料の稲数 ❶ 953・7・5 社
賑恤の詔 ❶ 726・6月 社
神泉苑 ❶ 794・是年 社／800・7・19 政／8・13 政／801・9・8 政／802・2・1 文／806・6・1 社／824・4・22 社／865・5・13 社／875・6・23 社／877・7・10 社／880・5・22 社／908・是夏 社／912・9・7 社／915・6・24 社／919・6・13 社／922・7・14 社／930・6・26 社／949・7・5 社／960・7・23 社／963・6・25 社／969・6・24 社／987・6・1 社／991・6・22 社／❷ 1018・6・4 社／1023・6・11 社／1029・7・22 社／1033・5・14 社／1081・7・18 社／1082・7・10 社／1087・8・7 社／8・24 社／1089・5・13 社／1094・6・25 社／1096・6・4 社／1107・7・1 社／1117・6・14 社／1123・7・3 社／1128・6・28 社／1132・6・1 社／1158・7・25 社／1166・6・26 社／1168・6・14 社／1187・7・11 社／1202・5・4 文／1205・2・19 政／1207・4・29 社／5・2 社／1215・6・6 社／1224・5・18 社／1226・5・6 社／1255・4・24 社／1267・5・13 社／1272・7・1 社／❸ 1293・7・2 社／1370・10・11 社／10月 政／1393・6・13 社／1434・7・17 社／1436・5・27 社／1440・6・28 社／1451・5・18 政／❹ 1459・4月 政／1479・8・14 社／1496・6月 社／1521・2・18 社／1576・11・13 社
神泉苑左右閣 ❶ 804・8・10 文
救銀 ❺-2 1806・11・4 社
崇親院(すじんいん・藤原良相) ❶ 859・2・11 社／931・3・20 社／959・12・23 政
棄病人禁止令 ❶ 867・3・7 社
生活扶助料 ❽ 1952・4・14 社
生活保護 ❾ 1967・7・24 政／1993・4・23 社／2004・3・16 社／2005・2・17 社／2008・7月 社／2009・6・5 社／10・23 政／12・1 政／2012・2・7 社
施粥 ❷ 1242・9・7 社／❻ 1860・10・6 社
施行院 ❺-1 1670・3月 社
施米・施行米・救米 ❶ 931・5・20 社／969・7・3 社／❷ 1023・6・27 社／1029・6・17 社／1095・6・25 社／1097・7・30 社／1135・12・30 政／1158・9・7 社／❺-2 1721・9・26 社／1724・④月 社／1732・12・15 政／1733・1・14 政／1・30 社／2月 社／7・1 社／是年 社／1736・12月 社／1742・8月 政／1762・9・12 社／1766・是年 社／1780・7・7 社／1787・5・13 社／5・23 社／1792・4・21 社／1799・4・20 社／1808・6・16 社／1824・8・14 社／1831・1・21 社／2・6 社／1832・11月 社／是冬 社／1833・9・7 社／9・11 社／9・29 社／1834・2・1 政／5・19 社／6・5 社／9月 社／1835・9月 社／1836・7・18 社／9月 社／1837・1・27 社／1848・8・8 社／1851・3月 社
施薬 ❺-2 1842・9・13 文
全国慈善同盟大会 ❼ 1903・5・11 社
掃除(道路) ❷ 1036・5・24 政／1105・8・9 社／1127・11・6 社／1186・10・7 政／1270・3月 社／1271・2・24 社／1276・7・24 社
続命院 ❶ 822・3・20 政／835・12・3 社
大赦 ❷ 1002・9・8 社／1004・7・20 社／1007・6・16 社／1011・5・28 社／10・24 社／1015・5・26 社／1018・1・7 政／1019・4・3 社／1020・4・22 社／1021・2・2 社／1022・7・14 政／1024・7・13 社／1031・11・19 社／1032・3・5 社／1035・9・20 社／1041・11・9 社／1044・5・8 社／1045・1・10 社／1050・11・16 社／1052・5・6 社／1053・8・14 社／1059・3・6 社／1060・10・19 政／1061・7・21 社／1065・10・18 社／1069・11・24 社／1070・11・7 社／1073・3・18 政／1075・10・21 社／1077・5・4 社／1079・12・30 社／1080・12・24 社／1088・11・20 社／1104・2・10 政／1105・3・24 政／1130・10・25 社／1135・4・22 社／1160・1・10 社／1177・8・4 政／1178・7・3 政／1190・4・11 政／1201・2・13 政／1203・5・27 社／1206・4・27 政
大日本帝国水難救済会 ❻ 1889・11・3 社
助合石代銀 ❺-2 1745・是年 社
多摩矯正院 ❼ 1923・5・1 社
中央教化団体連合会 ❼ 1928・4・1 社／1929・9・10 社
中央慈善協会 ❼ 1908・10・7 社
中央備荒儲蓄金 ❻ 1890・3・18 政
中小企業救済融資 ❼ 1923・10・8 政
中小商工業救済市民大会 ❼ 1932・8・25 社
辻貧人 ❺-1 1667・②月 社
帝国鉄道庁職員救済組合規則 ❼ 1907・5・1 社
同愛社(貧民救済) ❻ 1879・3・3 社
東京帝大セッツルメント ❼ 1923・12・14 社／1924・6・10 社
東京免囚慈善保護会社 ❻ 1888・11・20 社
東北凶作救済運動 ❼ 1934・10・31 社／12・31 社
年越し派遣村 ❾ 2009・1・4 社
ドヤ街(大阪釜ヶ崎) ❽ 1961・8・1 社／1963・12・31 社
握飯を配布 ❺-2 1829・3・22 社／1834・2・9 社
ネットカフェ難民 ❾ 2007・5月 社
農家の不況 ❼ 1930・7月 社
農村救済(宣言要綱・請願書) ❼ 1931・1・25 社／1932・6・2 政
農民賑給の高札 ❺-1 1639・7・23 社

売常平所米使 ❶ 877·1·28 政／878·1·27 社
白米支給者 ❺-2 1786·⑩·13 社
白米廉売 ❼ 1917·10·7 社
バタヤ部落 ❽ 1952·8·1 社
半済(はんぜい) ❸ 1336·9·5 政／1339·12·9 社／1352·7·7 政／7·24 政／8·21 政／1355·8·22 政／1357·9·10 政／1362·5·6 社／1364·5·6 政／1368·6·17 政／⑥·17 政／1380·5·12 社／1390·10·2 政／❹ 1466·4·17 政／1467·8·27 政／1468·5·11 政／1469·10月 社／1483·8·15 政／1486·4·21 政／1487·4·11 社／1504·10·10 政／1505·9·3 政／1507·9·3 政／1511·11·27 社／1520·5月 社／1532·11·13 社／1579·7·30 社
煩悶相談所 ❼ 1908·4·16 社
備荒貯蓄 ❺-2 1726·1·22 社／1731·4·3 政／1732·12月 社／1736·是年 社／1739·4·22 政／1753·4·29 政／1755·12月 政／1774·6·21 政／6月 政／1778·12·17 政／1784·7月 政／1835·是年 社／1852·是年 社
備荒儲蓄法 ❻ 1880·6·15 政／1881·10·18 社
悲田院 ❶ 723·是年 文／842·10·14 社／845·11·14 社／896·①·17 社／930·2·13 社／❺-1 1654·9·20 社／1670·3月 社
悲田院村年寄 ❺-1 1654·11月 社
悲田所(武蔵) ❶ 833·5·11 社
非人小屋 ❺-1 1670·6·16 社／1675·2·14 社／1680·8·9 社／1697·2·2 社
非人施行 ❺-1 1604·8·15 社
百石五粒の法(飛騨) ❺-2 1840·8月 政
病者·死者(京中) ❷ 1001·2·9 政
病人を棄てること禁止 ❶ 813·6·1 社
貧困率 ❾ 2009·11·20 政
貧民救済有志取扱事務所 ❻ 1890·6·16 社
貧民研究会 ❼ 1898·4·27 社／❽ 1900·9月 社
撫育方(萩藩) ❺-2 1763·5·14 社／1764·9月 社
撫育局 ❺-2 1778·是年 政／1800·11·14 政
撫育金·銀 ❺-2 1793·2·8 社
撫育所(豊前小倉藩) ❺-2 1798·9·1 社
撫民(岡山藩) ❺-1 1858·12·4 政
浮浪者 ❹ 1490·7·3 社／❺-2 1768·11月 社／1842·11·13 社／❽ 1945·10·5 社／12·15 社／1946·9月 社／11·29 社／1947·1·7 社／2·20 社／12·9 社／是年 社／1948·6·9 社／1952·12·18 社／1956·3·6 社／❾ 1969·7·11 社／1981·7月 社／2012·9·13 社
報恩社(農民救済) ❻ 1870·3月 社
方面委員会 ❼ 1936·11·14 社
ホームレス路上生活者 ❾ 1995·6月 社／10·18 社／2005·7·13 社／2009·1月 社／2012·10·13 社
乞索児(ほがいびと)·乞人 ❶ 762·⑫·13 政／833·天長年間 社／865·6·14 社／867·8·3 社
本願寺無料宿泊所 ❼ 1901·4月 社
町方困窮者(京都) ❺-1 1699·12月 社
身売り許可 ❷ 1231·是年 政
無告者恤救規則 ❻ 1874·12·8 社
無宿者(取締·養育所) ❺-2 1771·4·19 社／1778·4·3 社／6·1 社／7·5 社／1780·9·24 社／1842·11·13 社／1851·5·18 社
村救銀(福岡藩) ❺-2 1777·4·22 政
村中農民互助令(伊勢津藩) ❺-1 1683·是年 政
恵米の制度(津和野藩) ❺-1 1681·是年 社
免囚(出獄人)保護 ❻ 1887·10·1 社／❼ 1897·1月 社
物乞い ❺-2 1731·6·5 社／1773·3月 社／1789·4月 社
養育院(困窮者) ❻ 1873·2·4 社／1885·11·19 社／1890·4·4 社
養育所(長福寺) ❻ 1872·是年 社
浴風園(高齢者の収容施設) ❼ 1926·12·1 社
横浜家庭学園 ❼ 1908·4月 社
横浜市内連続浮浪者襲撃事件 ❾ 1983·2·10 社
罹災救助基金法 ❼ 1899·3·23 社
理想団(社会改良) ❼ 1901·7·20 社
流民集所 ❻ 1868·11·28 社
遊女·遊廓·風俗営業
『売春白書』 ❽ 1955·7·8 社
愛人バンク ❾ 1983·7·7 社／12·8 社
青線地帯(非公認特飲街) ❽ 1946·9·2 社
あかかき女 ❺-1 1697·6·18 社／1704·6·18 社
赤線·青線代表廃業(新宿) ❽ 1958·1·24 社
赤線区域 ❽ 1946·9·2 社／12·2 社
悪所の繁栄 ❺-1 1710·是年 社
旭遊廓(名古屋) ❼ 1923·4·1 社
アルサロ ❽ 1950·8·15 社／1953·10月 社／1954·10月 社
慰安所 ❼ 1932·4·6 社／❽ 1937·3·5 社／1938·2·7 社／2月 社／3·4 社／1944·2月 政／1945·8·18 社
慰安所(漢口) ❽ 1938·11月 社
梅茶 ❺-1 1703·元禄年間 社
江戸の遊郭の状況 ❺-1 1614·慶長年間 社
援助交際 ❾ 1999·5·18 社
花魁 ❺-1 1703·元禄年間 社
大須遊廓(名古屋) ❻ 1878·7·21 社
女踊子 ❺-1 1706·7月 社
女奉公人(遊女) ❺-1 1703·3月 社
外国人売春婦 ❾ 1990·9·21 政
街娼取締 ❽ 1946·8·28 社
花街学校 ❻ 1878·2·15 社
花街取締規則 ❻ 1876·2·24 社
貸座敷·娼妓の数(東京) ❻ 1879·5月 社
貸座敷渡世規則 ❻ 1873·12·10 社
貸座敷·引手茶屋·娼妓取締規則 ❻ 1882·12·27 社／1884·12·26 社／1885·1·29 社／1887·5·23 社
門立ち ❺-1 1609·1·2 社
祇園新地 ❺-1 1670·是年 社
キーセン観光反対 ❾ 1973·12·19 社／1974·2·21 社
伎女 ❷ 1159·1·12 文
京都七條新地 ❺-1 1706·11月 社
傾城(けいせい) ❺-1 1642·8·20 社／1645·2·28 社／1648·2·28 社／1667·②月 社／1668·是年 社
傾城公事銭 ❹ 1528·6·2 社
傾城座 ❹ 1573·11·28 社／1589·是年 社
傾城町(会津) ❺-1 1652·6·18 社
傾城町(秋田院内銀山) ❺-1 1612·7·16 社
傾城町(安倍川部) ❺-1 1608·5·20 社
傾城町(京都) ❺-1 1602·是年 社
傾城町(京都島原) ❺-1 1640·7·2 社
傾城町(長崎) ❺-1 1642·是年 社
傾城町(名古屋) ❺-1 1610·是年 社
傾城町(大和郡山) ❺-1 1621·是年 社
傾城町総名主 ❺-1 1617·3月 社
傾城町の掟 ❺-1 1617·3·28 社
傾城屋(江戸) ❺-1 1640·是年 社
公娼制度復活反対協議会 ❽ 1951·11·2 社
公娼と私娼の縄張り争い ❺-1 1663·11·26 社
公娼廃止問題 ❻ 1891·1·17 社／9·12 社／❼ 1900·2·23 社／8月 社／1911·4·9 社／7·8 社／1923·11·3 社／1926·10·1 社／1927·10·17 社／1928·10·28 社／12·6 社／1930·7·12 社／12·14 社／1934·8·3 社／1935·2·18 社／❽ 1946·3·27 社
公娼容認 ❽ 1946·1·21 社
公認売娼制度最後の日 ❽ 1958·3·31 社
個室マッサージ ❾ 1984·2·20 社
三業会社(遊廓)許可 ❻ 1875·4·24 社
散娼(琉球) ❺-1 1672·是年 社
散茶女郎 ❺-1 1665·是年 社
地獄(私娼) ❻ 1861·9月 社／1875·3·27 社
私娼(外国人相手) ❻ 1874·9月 社
私娼取締令(規則) ❺-1 1652·6月 社／1664·5·27 社／❻ 1875·4·4 社／1876·1·27 社／❼ 1916·5·8 社
じゃぱゆきさん ❾ 1987·8·19 社
自由廃業(名古屋の娼妓東雲) ❼ 1900·8月 社
娼妓解放 ❻ 1873·1·6 社
娼妓検梅(黴)毒規則 ❻ 1876·3·24 社
娼妓取締規則 ❼ 1900·5·24 社／10·2 社／1926·5·14 社／9·9 社／1928·7·17 社／1933·5·23 社／6·12 社
娼婦 ❺-1 1660·1·13 社
娼婦廃業届(長崎丸山) ❻ 1893·5月 社
女性の身売り防止策 ❼ 1934·11·20 社
人身売買 ❽ 1950·3·11 社／1951·5·10 社／1955·5·23 社

新風俗営業法 ❾ **1985**・2・13 社
新吉原町⇨「遊郭(江戸吉原)」
州崎妓楼 ❻ **1893**・11・26 社／❽ **1943**・10・30 社
ストリップ(ショー、バー) ❽ **1948**・5月 社／**1951**・12・22 社／12月 社／**1952**・3・16 社
占領軍向け特殊慰安施設 ❽ **1945**・8・18 社／**1946**・3・27 社
ソープランド ❾ **1984**・9・18 社
曾根崎新地 ❺-1 **1708**・2・3 社
タイ女性に買春 ❾ **1974**・10・3 社
ちゃぶや ❻ **1865**・9・1 社
猪牙(ちょき)船 ❺-1 **1714**・8・29 社
辻立・門立(禁止) ❺-1 **1653**・7・16 社／**1655**・8・2 社／**1661**・6・9 社／**1665**・6月 社／**1670**・6・28 社／**1671**・6・19 社
局女郎 ❺-1 **1703**・元禄年間 社
テレホンクラブ(テレクラ) ❾ **1991**・2・21 社／**1996**・8月 社
特殊飲食店営業取締規則 ❼ **1933**・1・21 社／❽ **1946**・9・2 社
飛田遊廓(大阪) ❼ **1916**・4・21 社／10・21 社
トルコ風呂 ❽ **1960**・10・29 社／**1964**・3・4 社／5・12 社／❾ **1971**・2・6 社／**1984**・10・6 社
中村遊廓(名古屋) ❼ **1927**・1・3 社／**1934**・1・3 社／❽ **1957**・12・27 社
日米風俗交歓会 ❽ **1947**・6・11 社
日本人売春婦(海外) ❻ **1883**・1月 社／**1885**・5月 社／❼ **1898**・是年 社
女体盛り ❾ **2004**・4・5 社
ヌード ❽ **1948**・5・15 社／**1955**・5・14 社／9月 社／12・7 社／**1958**・5月 社
ヌードショー「ヴィーナスの誕生」 ❽ **1947**・1・15 社
ノーパン喫茶 ❾ **1980**・2月 社／**1981**・5・7 社
のぞき部屋・劇場 ❾ **1982**・1・12 社／**1984**・8・8 社
売淫罰則 ❻ **1876**・1・27 社
売春関係事犯 ❽ **1958**・是年 社
売春禁止法期成全国婦人大会 ❽ **1954**・2・8 社
買春ツアー反対デモ ❾ **1973**・1・2 社／**1980**・11・29 社
売春取締條例・防止法 ❽ **1948**・11・1 社／**1949**・9・1 社／**1950**・6・27 社／**1956**・5・2 社／**1958**・1・6 社／4・1 社
売春婦更生総合補導センター ❽ **1960**・9・13 社
売春防止法保護更生規定 ❽ **1957**・4・1 社
売春問題対策協議会 ❽ **1953**・12・18 社
売春問題ととり組む会 ❾ **1973**・1・22 社
廃娼運動(群馬) ❻ **1882**・4・14 社
廃娼運動演説会 ❻ **1889**・12・9 社
売女(外国人)許可 ❻ **1858**・2・28 社
売女禁止 ❺-1 **1649**・9月 社／**1653**・5月 社／**1659**・9月 社／**1661**・2・13 社／12・23 社／**1662**・5・4 社／**1701**・12・3 社／**1706**・11・15 社／**1707**・10・11 社／**1711**・3月 社
鳩の町 ❽ **1945**・9・1 社
比丘尼 ❺-1 **1706**・7月 社
ピンクちらし ❾ **1988**・4・18 社
風俗・性に関する世論調査 ❾ **1973**・8・30 社
風俗営業取締法 ❽ **1948**・7・10 社
風俗営業等取締法(風営法) ❽ **1964**・5・1 社／8・1 社 ❾ **1966**・6・30 社
婦人・児童の売買禁止 ❼ **1925**・6・23 政／**1930**・9・27 社
ブルセラショップ ❾ **1993**・8・11 社
堀江・曾根崎新地(大坂) ❺-1 **1703**・12月 社
ポルノ雑誌自動販売機 ❾ **1977**・6・1 社／**1989**・9・19 社
待合・芸妓屋営業取締 ❽ **1939**・6・10 社／**1945**・10・23 社
町遊女(白人) ❺-1 **1697**・2・11 社
食売女(めしうりおんな)年季奉公証文 ❻ **1855**・3月 社
遊郭(江戸吉原) ❺-1 **1605**・是年 社／**1612**・是年 社／**1617**・3月 社／11・22 社／**1618**・11月 社／**1620**・是年 社／**1626**・10月 社／是年 社／**1645**・12・15 社／**1656**・10・9 社／**1657**・5・28 社／6月 社／8月 社／**1663**・11・26 社／**1689**・5月 社／**1711**・7月 社／❻ **1867**・4月 社
　新吉原料金(東京) ❻ **1885**・1・29 社
　遊郭(京都) ❺-1 **1604**・12・2 社／**1641**・是年 社
　遊廓(神戸福原) ❻ **1873**・1・1 社
　遊廓(札幌・薄野) ❻ **1871**・是年 社
　遊郭(駿府) ❹ **1596**・是年 社
　遊廓(東京) ❻ **1881**・11・17 社
　遊廓(東京・新島原) ❻ **1868**・11・19 社
　遊郭(特殊喫茶) ❽ **1946**・3・1 社
　遊廓(内藤新宿) ❻ **1874**・1・29 社
　遊廓(根津) ❻ **1888**・6月 社／9・15 社
　遊廓(箱館) ❻ **1858**・1月 社
　遊廓(深川) ❻ **1888**・9・15 社
　遊郭(伏見) ❹ **1596**・是年 社
　遊廓(横浜港崎町) ❻ **1859**・3月 社／**1869**・11・11 社／**1880**・4月 社
　遊廓(横浜吉原) ❻ **1869**・3月 社
　遊廓揚代 ❻ **1881**・12・5 社
　遊廓設置問題(和歌山) ❼ **1929**・6・25 政
　遊廓と娼妓の数(東京) ❻ **1877**・7月 社
　遊廓の広告禁止 ❻ **1885**・3・9 社
　吉原細見記の始め ❺-1 **1642**・是年 社
　吉原大門 ❻ **1881**・4・10 社
　吉原博覧会 ❻ **1875**・3・24 社
　吉原繁昌 ❻ **1877**・11月 社
　吉原遊廓(東京) ❼ **1917**・2月 社
　吉原遊廓の状況 ❻ **1882**・是年 社
遊女 ❶ **988**・9・16 社／❷ **1014**・10・25 文／**1017**・9・23 社／**1119**・9・3 文／**1023**・10・28 文／**1033**・4・22 文／**1035**・2・20 社／**1171**・10・23 政／**1187**・2・25 文／**1190**・10・18 社／**1193**・5・15 社／**1194**・⑧・2 社／**1201**・3・21 文／6・1 社／**1202**・6・2 文／**1205**・11月 社／**1240**・10・17 文／**1246**・5・5 社／❹ **1588**・12・15 社／❺-1 **1605**・7・6 社／**1611**・7・2 社／**1620**・是年 社／**1623**・元和年間 社／**1641**・是年 社／**1643**・寛永年間 社／**1645**・2・28 社／11月 社／**1648**・2・28 社／**1657**・6・25 社／7月 社／**1664**・10・3 社／**1665**・是年 社／**1670**・7・22 社／**1685**・7月 社／**1699**・4・25 社／**1700**・6・27 社／**1701**・12・3 社／**1715**・3・19 社／❻ **1881**・6・30 社
　遊女会 ❷ **1129**・2・6 文
　遊女供養碑 ❻ **1860**・是年 社
　遊女兼業を禁止 ❸ **1411**・2・10 社
　遊女町 ❺-1 **1604**・是夏 社／**1617**・6・13 社
　遊女野郎 ❺-1 **1683**・10・10 社
　楊枝店 ❺-1 **1643**・寛永年間 社
　洋服芸者 ❻ **1872**・6月 社／**1877**・5・1 社
　夜の女・闇の女 ❽ **1946**・1・28 社／3・9 社／6・14 社／**1947**・1・15 社／**1950**・10・3 社／**1956**・9・1 社
　綿摘(遊女) ❺-1 **1702**・6月 社／**1705**・9月 社／**1708**・4月 社／10月 社／**1709**・6月 社
礼儀・礼法 ❻
　喝道(下に下に)廃止 ❻ **1869**・2・2 社
　髪置(幼児が頭髪を剃ることをやめ、伸ばしはじめるときの儀式) ❹ **1478**・11・19 社
　跪拝 ❻ **1868**・④・27 社
　下座 ❻ **1868**・④・27 社
　深曾木(男児が五歳を迎えるとき、碁盤の上から飛び降りる儀式)・袴着 ❹ **1478**・11・19 社
　服忌令 ❻ **1874**・10・17 政
　武家の礼式 ❸ **1396**・是年 文

12　食品·飲食

食品·飲食に関する書籍
『いも百珍』　❺-2 1816·是年 社
『飲食狂歌合』　❺-2 1815·是年 文
『江戸料理集』　❺-1 1674·是年 文／1705·是年 文
『美味しんぼ』(漫画)　❾ 1983·10月 社
『会席法度乃書』　❺-2 1723·是年 文
『巻懐食鑑』　❺-2 1716·是年 政
『合類日用料理抄』　❺-1 1689·是年 社
『蒟蒻百珍』　❺-2 1846·是年 社
『実用食品辞典』　❼ 1911·是年 文
『大根料理秘伝抄』　❺-2 1785·是年 文
『鯛百珍料理秘密箱』　❺-2 1785·是年 文
『厨人必要』　❺-2 1755·是年 文
『豆腐百珍』　❺-2 1782·是年 社
『万宝料理秘密箱』　❺-2 1785·是年 文
『料理綱目調味抄』　❺-2 1730·是年 文
『料理山海郷』　❺-2 1750·是年 文
『料理珍味集』　❺-2 1763·是年 文
『料理通』　❺-2 1822·是年 社／1835·是年 文
『料理早指南』　❺-2 1802·是年 文
『料理物語』　❺-1 1643·是年 文
油　❷ 1031·1·4 政／❺-1 1698·6·29 政／1714·2·6 社
油改立会所　❺-2 1741·11·3 政
油改革·新仕法　❺-2 1766·3·7 社／1770·8·23 社／1831·11·14 政／1832·11·24 社
油会所　❺-2 1819·6月 政／1837·6·10 政
油御用所(広島藩)　❺-2 1798·10月 社
油商　❸ 1414·8·9 社／❹ 1487·1·25 社／1490·11·9 社／❺-1 1698·3·17 社／1713·5·21 政
油種　❺-1 1698·6·29 政
油問屋　❺-1 1643·是年 社／❺-2 1724·5·12 政／1725·9·15 社／1727·5·25 社／1741·9·26 政／1770·5月 社／1773·9月 社／1789·3·2 社／1794·10·26 社／1797·12·23 社／1836·6·26 社／1847·1月 政
油仲買·油仲買(水車·人力)　❺-2 1781·3·28 社／1809·是年 社
油抜荷　❺-2 1765·8·17 政
油年貢　❹ 1461·12·25 社
魚油　❼ 1913·10月 社
絞油(屋·問屋·取締)　❺-1 1616·是年 社／❺-2 1734·8月 社／1743·1·15 社／1759·8·29 社／1762·4月 社／1777·3·19 社／1797·11月 社／1827·11·3 社
蘇香油　❸ 1424·3·4 政
大豆油　❼ 1901·是年 社
出油屋　❺-2 1761·12·16 社／1770·2·26 社
白油　❺-1 1623·元和年間 社
綿実油　❺-1 1623·元和年間 社
インスタント·ファストフード
あっちっち弁当·すきやき　❾ 1985·5月 社
インスタントラーメン　❽ 1958·8·28 社／❾ 1974·2·7 社／1983·1月 社／1999·11·21 社
カップうどん　❾ 1975·9月 社
カップヌードル　❾ 1971·9·18 社
カップヌードルごはん　❾ 2010·8·16 社
カップ麵(低カロリー)　❾ 1997·8月 社
カップラーメン「日新ラ王」　❾ 1992·9月 社
カレーマルシェ　❾ 1983·是年 社
ククレカレー　❾ 1971·是年 社
クノールスープ　❽ 1964·1月 社
高級インスタントラーメン　❾ 1982·10·31 社
五目ずしの素「すし太郎」　❾ 1977·是年 社
サッポロ一番　❾ 1966·1月 社
スープ味ご飯　❾ 2011·9·1 社
全国即席ラーメン協会　❽ 1962·7·14 社
即席カレー　❼ 1912·12月 社
即席スパゲッティ「スパ王」　❾ 1995·2·13 社
即席みそ汁「あさげ」　❾ 1974·2月 社
即席ラーメン　❽ 1958·8·25 社／1959·11月 社／1962·6月 社／❾ 2011·11月 社／2012·8月 社
チャルメラ　❾ 1966·9月 社
中華三昧　❾ 1981·10月 社
ハウス·レンジグルメ　❾ 1985·11月 社
ボンカレー　❾ 1968·2·12 社／5月 社
モス·ライスバーガー　❾ 1987·12月 社
レトルト食品　❾ 1968·2月 社／1977·2月 社
会社(食品関係)
朝日麦酒　❽ 1948·11·22 政
味の素　❼ 1907·4·28 社／1909·5·20 社／❽ 1958·5月 政
味の素(アメリカ)　❽ 1956·7月 政
イカリソース　❾ 2005·5·24 政
伊藤ハム　❾ 2008·10·28 社
栄太郎(楼)　❻ 1856·是年 社
エースコック　❾ 2010·6月 社
江崎グリコ　❼ 1921·是年 社
ヱスビー食品　❼ 1923·是年 社
大阪麦酒会社　❻ 1889·11月 社
カゴメ　❼ 1933·8月 社
亀清楼(東京台東区)　❻ 1891·6·12 社
亀田製菓　❽ 1957·是年 社
キッコーマン　❼ 1927·2月 社／❽ 1957·6月 政／❾ 1971·3月 政
吉兆　❼ 1930·11·21 社
木村屋　❻ 1869·3·28 社
キユーピー　❼ 1925·3月 社
麒麟麦酒　❼ 1907·2·23 社／4·1 社／1933·3·22 社／8·22 政
くいだおれ　❽ 1949·是年 社
グリコ　❼ 1929·2·22 社
ケンタッキー·フライドチキン　❾ 1970·3·14 社／11·21 社／1984·是年 社
元禄回天寿司　❾ 1997·是年 社
コカコーラ　❽ 1957·6·25 社／❾ 1988·3·14 社
小僧寿司　❾ 1970·9月 社／1984·是年 社
サーティーワン·アイスクリーム　❾ 1974·4月 社
サッポロビール　❾ 1965·3月 社
サンジェルマン　❾ 1970·10月 社
サントリー　❼ 1899·2月 社／❽ 1963·3·1 政
シェーキーズ(ピザパーラー)　❾ 1973·是年 社
すかいらーく　❾ 1970·7·7 社／1984·是年 社／1992·2·22 社／1992·3月 社
スターバックス　❾ 1996·8·2 社
西武セゾン外食部門　❾ 1984·是年 社
西友(西武ストア)　❽ 1956·11月 政
精養軒　❻ 1872·5·15 社／1873·4月 社／8月 社／1876·4·14 社
瀬戸内海水産開発　❽ 1963·是年 社
ダイエー外食事業　❾ 1984·是年 社
大日本麦酒　❻ 1887·9·1 社／❼ 1906·3·26 社／1933·7·19 政／8·12 政／1948·11·22 政
東京市菓子商同業組合　❼ 1919·7·13 社
ドミノピザ　❾ 1985·9月 社
デニーズ　❾ 1974·是年 社
てんや(ファストフード)　❾ 1989·9月 社
東食(食品専門会社)　❾
東洋麦酒会社　❼ 1896·9·12 社
ドムドム(ハンバーガーショップ)　❾ 1970·2月 社
トラヤ·パリ店　❾ 1980·10·6 社
ドリンク剤専門バー　❾ 1988·1·28 社
日本うま味調味料協会　❾ 1985·2·1

社
日本食肉統制会社 ❽ 1941·9·20 社
日本麦酒会社 ❼ 1899·7·4 社／❽ 1948·11·22 政
日本ペプシコーラ ❽ 1959·11月 社
風月堂(ふうげつどう) ❻ 1868·是年 社
不二家 ❼ 1902·是年 社／1910·11·16 社／❽ 1951·10·13 社
プリマハム株式会社 ❼ 1931·9月 社
ブルドックソース ❾ 2007·5·18 政
文明堂 ❼ 1900·是年 社
星ヶ岡茶寮 ❻ 1884·6·21 社
ほっかほっか亭 ❾ 1976·6·6 社／1984·是年 社
本家かまどや ❾ 1984·是年 社
マクドナルド ❾ 1971·7·20 社／1977·10·6 社／1984·是年 社
マルコメ味噌 ❽ 1948·是年 社
丸大食品 ❽ 1954·是年 社
ミスタードーナツ ❾ 1971·4·2 社／2003·1·16 社／2005·2·9 社
明星食品 ❾ 2006·11·27 政
明治製菓 ❼ 1916·10·9 社
明治乳業 ❼ 1917·12·21 政／❽ 1940·12·27 社
明治屋 ❻ 1885·是年 社／❽ 1948·1·5 社
モスバーガー ❾ 1972·3·12 社
森永製菓 ❼ 1899·8·15 社／1905·5·9 社／1910·2·23 社／1932·7月 社／1934·12月 社／❽ 1946·4·11 文
森永乳業 ❼ 1917·9·1 社
モロゾフ ❼ 1931·8·8 社
ヤクルト ❼ 1935·4月 社／❾ 1998·3·20 社／2004·3·4 社／12·16 社
ヤマサ醬油 ❺-1 1645·是年 社／❻ 1894·10·5 社
ユーハイム ❼ 1919·是年 社
雪印乳業 ❼ 1925·5·17 社／❽ 1958·8·27 政
吉野家 ❾ 1968·12月 社／1975·是年 社／1979·6·4 社／1980·7·15 社／1995·9·28 社／2003·12·30 政／2004·2·11 政
ロイヤルホスト ❾ 1971·12月 社／1984·是年 社
六花亭(千秋庵) ❾ 1968·是年 社
ロッテリア ❾ 1972·9·29 社
菓子 ❷ 1183·1·2 社／❽ 1940·8·16 社／1941·1·18 社／6·10 社／1942·9·28 社／1950·8月 社
アーモンドグリコ ❽ 1958·2月 社
アイスクリーム ❻ 1865·5·4 社／1869·6月 社／1880·7月 社／1886·5·19 社／❼ 1902·是年 社／1921·是年 社／1923·是夏 社／1928·6月 社
アイスケーキ ❼ 1899·8·15 社
甘栗 ❼ 1910·11·3 社
甘納豆(甘名納豆) ❻ 1858·是年 社
飴 ❶ 850·7·10 社／❺-1 1624·9·1 社／❺-2 1724·11·22 社／1761·6月 社／1770·1·2 社／1771·明和年間 社／1774·是年 社／1835·12月 社／1845·12·19 社
あめんと ❺-1 1655·1·15 政／1667·②·15 政
有平糖(アルヘイトウ) ❺-1 1638·3·17 社／❻ 1878·12·11 社
アルヘル ❺-2 1720·是年 社
板チョコレート ❼ 1909·3·1 社／❽ 1951·3·1 社
いちご大福 ❾ 1985·2·6 社
ウィスキー·ボンボン ❼ 1926·是年 社
うなぎパイ ❽ 1961·9月 社
烏羽玉 ❺-2 1803·享和年間 社
エールチョコ ❾ 1967·10月 社
エンゼルパイ ❽ 1961·8月 社
おこし ❺-1 1624·9·1 社
カール ❾ 1968·7·25 社
柿の種 ❽ 1957·是年 社
菓子禁止を緩和 ❺-1 1644·7·28 社
菓子座 ❷ 1204·11·20 社
菓子座神人 ❸ 1449·11·20 社
菓子税則 ❻ 1885·5·8 社
菓子仲間規定帳 ❻ 1865·⑤月 文
菓子屋 ❺-2 1780·明和·安永年間 社
菓子料理 ❺-2 1852·11·17 社
カステラボウル ❺-2 1720·是年 社
かっぱえびせん ❽ 1964·1月 社
鹿の子餅 ❺-2 1771·宝暦·明和年間 社
雷おこし ❺-2 1735·享保年間 社／1847·是年 社
ガム ❽ 1947·4月 社／1948·2月 社／1961·4·16 社
　ガム「オトコ香る」 ❾ 2006·7月 社
　ガム「クールミント」 ❽ 1960·6月 社
　ガム(キシリトール) ❾ 1997·5·20 社
　ガム(三角風船ガム) ❽ 1948·2月 社
　ガム「ふわりんか」 ❾ 2005·8月 社
ガリガリ君(アイスキャンデー) ❾ 1981·是年 社
カルメル ❺-2 1720·是年 社
軽焼 ❺-2 1780·是年 政
カルルス煎餅 ❻ 1887·6月 社
花櫚糖 ❺-2 1847·弘化年間 社
瓦煎餅 ❻ 1871·是年 社
寒天 ❺-1 1658·是冬 社
甘露 ❶ 850·7·10 社／852·5月 社
きのこの山 ❾ 1975·9月 社
キャラメル ❼ 1899·8·15 社／1914·3·20 社／❽ 1950·3·28 社／1953·是年 社
キャンディー ❼ 1899·8·15 社／❽ 1947·5·3 社
キャンデーストア ❼ 1923·4·3 社
求肥飴 ❺-1 1643·是年 社
拳頭煎餅 ❺-2 1806·是冬 社
金貨チョコ ❽ 1952·10·1 社
葛餅 ❹ 1544·3·24 社
グリコ(おまけ付き菓子) ❼ 1929·2·22 社
栗ぜんざい ❻ 1854·是年 社
クレープ ❾ 1976·是年 社
ケーキ ❼ 1899·8·15 社
コアラのマーチ ❾ 1984·3月 社
孝行糖 ❺-2 1846·2月 社
五色粽(ごしきちまき) ❶ 890·2·30 社
御所おこし ❺-2 1780·是年 政
こんにゃくゼリー ❾ 1992·2月 社
金米糖(コンペイト) ❺-1 1649·7·8 社 ❺-2 1720·是年 社
桜餅 ❺-2 1829·文化·文政年間 社
沙糖(砂糖·唐の菓子) ❷ 1091·10·25 社
シュークリーム ❻ 1877·是年 社／❼ 1910·11·16 社
十字(饅頭) ❷ 1193·5·16 社
シュガーレスチョコ「ゼロ」 ❾ 1996·2月 社
上菓子屋仲間 ❺-2 1813·5月 社
汁粉 ❺-2 1780·明和·安永年間 社
助惣焼(四角形のドラ焼) ❺-1 1643·是年 社
スナック菓子「鈴木くん·佐藤くん」 ❾ 1984·2月 社
世界洋菓子コンクール ❾ 2007·1·22 社
全国大福競食会 ❽ 1949·1·20 社
全国洋菓子品評会 ❽ 1963·9·15 社
煎餅 ❺-2 1780·是年 政／1801·5·24 社
ソフトクリーム ❽ 1951·7·3 社
ソフトクリームコーン ❽ 1953·4月 社
大福餅 ❺-2 1800·寛政年間 社
鯛焼き ❼ 1909·是年 社／❾ 1976·1月 社
チェルシー(スコッチキャンデー) ❾ 1971·11·1 社
チップスター ❾ 1976·1月 社
千歳飴 ❺-1 1702·是年 社／1710·元禄·宝永年間 政
チューインガム ❼ 1915·11·1 社／1919·7·9 社／1922·7·7 社
チューブ入りチョコレート ❼ 1932·7月 社
チョイスビスケット ❽ 1952·是年 社
チョコエッグ ❾ 1999·9月 社
チョコフレーク ❾ 1967·9月 社
チョコレート ❻ 1875·是年 社／1878·12·11 社／❼ 1909·3·1 社
鶴の子 ❻ 1887·是年 社
ティラミス ❾ 1990·4月 社
唐菓子(餲餬·桂心) ❷ 1208·12·25 政
ドーナツ ❼ 1899·8·15 社
飛団子 ❺-1 1711·是夏 社
虎屋饅頭 ❺-1 1702·是年 社
ドロップ ❺-2 1763·宝暦年間 社／❻ 1894·是年 社
ナタ·デ·ココ ❾ 1992·是夏 社
南蛮菓子 ❺-1 1642·9·14 社
ニューチョコボール ❾ 1967·2月 社
練羊羹 ❺-2 1803·享和年間 社
のど飴 ❾ 1986·10月 社
ハーゲンダッツショップ ❾ 1984·11月 社
パイ ❼ 1899·8·15 社
花ボウル ❺-2 1720·是年 社
羽二重餅 ❼ 1897·是年 社

ビスケット(ビスカウト)　❺-2 1720·是年 社／❻ 1855·2·23 社／1875·是年 社／1877·7月 社／1879·12月 社／1889·8月 社／1894·7·17 社／11·7 社／❼ 1902·是年 社
ビスコ　❼ 1933·2月 社
ビックリマンチョコ　❾ 1977·10月 社
VIP 生クリーム　❾ 1988·9月 社
雛菓子　❺-2 1780·安永年間 社
ピノ(pino)　❾ 1976·是年 社
プッチンプリン　❾ 1972·7月 社
フランス菓子　❼ 1924·是年 社
牡丹餅　❻ 1854·7月 社
ポッキーチョコレート　❾ 1966·10月 社
ホットケーキミックス　❾ 1977·是年 社
ポップコーン　❽ 1957·7月 社
ポテトチップス　❽ 1942·是年 社／1950·是年 社／1962·8月 社／❾ 1975·9月 社
ホワイトチョコレート　❾ 1968·是年 社
ボンボン　❻ 1877·10月 社／1878·12·11月 社
マーブルチョコレート　❽ 1961·2·18 社
マシュマロ　❻ 1892·7月 社／❼ 1899·8·15 社／❾ 1973·3·14 社／1978·3·14 社
マリービスケット　❽ 1953·是年 社
マロングラッセ　❽ 1947·是年 社
饅頭　❺-1 1642·9·14 社／❺-2 1724·11·22 社
ミルキー　❽ 1952·11月 社
ミルクキャラメル　❼ 1913·6·10 社／❽ 1950·8·1 社
ミルクチョコレート　❼ 1918·8·21 社／1926·9·13 社／❽ 1942·10·1 社
文字菓子　❻ 1872·3月 社
餅菓子　❺-2 1735·享保年間 社
桃花餅　❶ 890·2·30 社
有名菓子　❻ 1890·6月 社
雪見だいふく　❾ 1981·10月 社
洋菓子店　❻ 1874·是年 社
羊羹　❹ 1542·4·8 文／❾ 1966·12·23 社
ヨモギ餅　❺-1 1634·3·21 社
ラムネ　❻ 1890·7月 社
ランチクラッカー　❽ 1868·11月 社／1955·是年 社
リーベンデール　❾ 1982·3·1 社
レディーボーデン　❾ 1971·10月 社
氷　❶ 937·7·23 社／❸ 1356·6·1 社／1357·4·1 社／6·1 社／❹ 1509·3·14 社／❺-1 1606·6·1 社／❻ 1872·5月 政／1875·5·3 社／1883·7月 社／❽ 1943·6·22 社
飾り氷　❻ 1884·7月 社
氷屋　❻ 1885·10月 社
製氷機　❼ 1903·3·1 社
製氷業者　❻ 1878·9·20 社
氷室(ひむろ)　❶ 書紀·仁徳 62·是年／712·2·1 社／831·8·20 社／❷ 1028·7·23 社／1101·1·21 社／1116·6·1 社／1122·5月 社／❻ 1875·8月 社／1879·8·17 社
富士氷　❺-1 1614·6·1 社
富士山の雪を貢進　❷ 1251·6·5 社
喫茶店　❻ 1886·11月 社／❼ 1897·是年 社／❽ 1947·6月 社／7·5 社／1952·是年 社
インディアティーセンター(紅茶)　❾ 1973·是年 社
歌声喫茶「燈」　❽ 1954·12·31 社／1960·12月 社／❾ 1977·10·10 社
カフェー　❼ 1930·5·31 社
カフェー「キサラギ」　❼ 1908·是年 社
カフェー「パウリスター」　❼ 1911·12·12 社
カフェー「プランタン」　❼ 1911·3月 社
カフェー「ライオン」　❼ 1911·8·10 社
紅茶製造伝習　❻ 1877·2·9 社／1878·1·17 社／1889·8·12 社
可否(コーヒー)茶館　❻ 1888·4·13 社／11月 社
コーヒーショップ「ベル」　❾ 1985·2·1 社
コーヒーチェーン店「タリーズ」　❾ 1997·8月 社
コーヒーハウス　❻ 1864·是年 社／1886·11月 社
西洋食物茶店　❻ 1872·8·30 社
台湾喫茶「烏龍亭」　❼ 1905·是年 社
茶屋　❹ 1564·12·27 社／1576·2·18 社
水茶屋　❹ 1600·是年 社
給食　❼ 1911·是年 社／1932·7·27 社／❽ 1944·3·3 社／1946·11·30 文／12·1 文／1947·1·20 文／3·24 社／10·30 社／1949·12·27 社／1950·8·14 社／1951·2·1 社／6·29 社／12·29 社／1954·6·3 社／1955·3·1 社／1956·3·30 社／1960·10·13 社／❾ 1968·2·12 文／1975·12·9 文／1992·9·17 社
学校給食費　❾ 1976·5月 文／2006·4·23 社
カレー給食　❾ 1982·1·22 文
米飯給食　❾ 1970·1·19 社／1976·4月 社
学校給食調理自動車　❽ 1954·1·16 社
児童給食　❽ 1943·7·1 社／1944·3·3 社
全国学校給食推進協議会　❽ 1951·9·22 社／1952·1·25 社
日本学童給食協会　❽ 1948·5·1 社
日本学校給食会　❽ 1955·8·8 社
冷害対策学校給食施設要綱　❽ 1953·12·22 文
ミルク給食　❽ 1949·10·17 社／1955·1·1 社
酒·酒屋　❷ 1006·10·20 政／1240·⑩·17 社／1264·4月 政／1280·6·23 社／❹ 1587·8·20 社／❺-1 1624·9·1 社／1627·7·2 政／9·17 社／1648·2·15 社／1657·4·1 社／1658·⑫·19 社／1669·1·18 社／1670·5·7 社／1678·6月 社／1680·延宝年間 社／1681·是年 社／1684·是年 社／1713·5·21 政／❺-2 1724·11·22 社／1726·4月 政／5·23 社／1730·11月 社／1755·1·8 社／❽ 1946·7·16 社／1947·8·27 社／12·
社／1949·3·21 社／5·6 社
甘酒·醴(店)　❺-2 1768·是年 政／1804·5·28 社／1818·3月 社
あゆ酒　❹ 1585·1月 社
泡盛　❸ 1368·是年 社／❺-1 1682·4·11 政／❺-2 1738·8·26 政／1793
9月 社／❽ 1950·9·4 社
一種物(酒宴の初見)　❶ 964·10·25 社
入酒役　❺-2 1720·5·6 政
飲酒集会禁止(民間)　❶ 758·2·20
／866·1·23 政／884·4·1 社／893·是年 社
飲酒を禁止　❸ 1419·10·9 社／1420·5·15 社
ウイスキー　❼ 1929·4·1 社／❽ 1948·11·18 社
ウィスキー「サントリーピュアモルト
崎」　❾ 1984·3月 社
ウイスキー「膳」　❾ 1998·5·1 社
ウイスキー「ロバートブラウン」　❾ 1974·2·14 社
ウイスキー新醸造法　❻ 1891·4
社
オールドウイスキー　❽ 1950·5
社
トリスウイスキー　❽ 1950·4月 社
トリス·バー　❽ 1950·4月 社
ニッカウヰスキー·ブランデー　❽ 1940·10月 社
梅酒　❾ 2012·3月 社
江戸廻酒荷物積問屋仲間　❺-2 1775
是年 政
大餔(おおいにさけのみする)　❶ 535·1·5
大津晒　❺-2 1760·12月 社
菊酒　❶ 871·9·7 社／968·9·9 社
京酒　❹ 1583·2·5 社
魚酒の禁止　❶ 811·5·21 社
禁酒　❹ 1557·9·10 社／1558·8·22 社
禁酒演説会　❻ 1890·3·8 社
禁酒広告　❻ 1885·9·17 社
世界禁酒会　❻ 1892·9月 社
大日本節酒会設立　❻ 1884·12·25 社
婦人禁酒会　❻ 1891·4·18 社
下り酒運漕の制　❺-2 1792·10·9 社
下り酒数調査(江戸へ)　❺-2 1797·9
月 社
下り酒問屋　❺-2 1756·12·22 社／1770·是年 政
下り新酒価格　❺-2 1791·11·2 社
原酒醸造工場　❼ 1924·是年 社
合成酒　❼ 1921·8·9 社
荒鎮の禁止⇨飲酒集会禁止
後来八盃　❹ 1492·是年 社
国民酒場　❽ 1944·5·5 社
沽酒　❸ 1284·6·3 社／1290·2·23 社
五味酒　❺-1 1671·12月 社
酒樽江戸搬入数制限　❻ 1862·5·26 社
酒樽·酒桶職会所　❺-2 1780·2·27
酒問屋株鑑札　❻ 1864·9·10 社
酒戸　❸ 1371·11·1 政

酒屋 ❷ 1240·⑩·3 政／1252·9·30 社／❸ 1322·2·19 社／1347·8·8 社／1408·2·11 社／1425·9·26 政／1426·此頃 社／1427·4·20 政／6月 社／1430·8·21 社／9·30 社／1441·⑨月 政／12·21 社／1442·2月 政／6月 社／1443·9·16 社／❹ 1465·11·7 社／1466·7·4 社／9·9 社／1478·4·17 社／1481·6·14 政／1497·9·27 社／1498·10·16 政／1500·9月 社／1506·3·2 政／1508·9·16 政／1509·6月 社／1516·9·10 社／1539·12·26 社／12·30 政
　酒屋運上銀 ❺-1 1702·是年 社
　酒屋数(洛中) ❸ 1425·11·10 社
　酒屋名簿(洛中洛外) ❸ 1426·11·10 社
　酒屋役條々(洛中·洛外) ❸ 1427·4·20 社／1455·9·18 社
酒移入禁止 ❺-1 1617·是年 社／1631·⑩·16 社／1656·1月 社／3·26 社／1657·5·15 社／1672·7·5 社／1678·12月 社
酒運上 ❺-1 1697·12月 社／1709·3·2 社
酒江戸廻送禁止 ❺-2 1790·9·2 社
酒売買の法 ❸ 1305·2·29 社／1330·6·9 社
酒糟 ❼ 1899·2月 社
酒合戦 ❺-1 1649·3月 社
酒麹(座) ❸ 1379·9·20 社／1387·12·3 社／1410·10·23 社／1413·10月 社／是年 社／1419·9·12 社／1428·8·28 社／1442·12·27 社／1444·4·13 社／❹ 1460·12·8 社／1491·5·3 社／1538·11·27 社／1545·8·13 社／1600·10·28 社
　酒麹売 ❷ 1209·5·9 社
　酒麹売年役 ❸ 1410·10·23 社
　酒麹役 ❸ 1428·8·28 社／1442·12·27 社
酒座 ❹ 1493·8·7 社
酒壺別銭(鎌倉) ❸ 1414·5·25 社
酒問屋 ❺-2 1737·是年 政／1748·⑩·25 社／是年 社
酒なし日 ❼ 1934·8·29 社
酒の値 ❺-1 1602·是年 社／1665·10月 社／1673·2·1 社
酒売買座 ❹ 1557·10·21 社
酒役改 ❺-2 1730·5·3 政
酒類の自由販売 ❽ 1949·4·6 社
酒宴に関する家中覚書(小田原藩) ❺-1 1663·8·15 社
酒肴料銭 ❸ 1340·4·21 社
酒食などの商売禁止 ❺-1 1712·12月 社
酒精営業税法 ❻ 1893·4·21 政
酒税法 ❾ 2006·5·1 社
酒造制限·禁止 ❶ 806·9·23 社／❹ 1564·8·15 社／❺-1 1634·12月 社／1642·5·24 社／9·14 社／1658·11·28 社／⑫·3 社／⑫月 社／1659·6·23 社／8月 社／1660·8·23 社／1666·11·7 社／1667·3·4 社／1668·2·28 社／1669·9·29 社／1670·9·15 社／1671·6·15 社／11·1 社／1672·7·7 政／1673·1月 社／1674·9·15 社／是年 政／1675·6·23 社／8·28 社／1680·9·28 社／1681·10·1 社／1683·8·15 社／1688·9月 社／1697·是年 政／1699·9·4 社／12·19 社／1700·7·1 社／9·18 社／9月 社／1701·10·2 社／1702·3·30 社／7·18 社／1703·8·11 社／1704·8·18 社／1706·9月 社／1715·10·21 社／❺-2 1724·11·22 社／1754·11·22 社／1755·1·1 社／1783·4月 社／8·25 社／12·5 社／1784·8·13 社／1786·9·22 社／1787·6月 社／11·3 社／1788·1·26 政／3月 社／7·15 社／1789·8·3 社／1791·9·18 社／12月 社／1793·10·19 社／1794·8月 社／1795·10·1 社／1802·7月 社／1806·9·22 社／1825·12·29 政／12月 社／1827·3·20 社／1828·11·18 社／1830·11·22 社／1833·9·19 社／11月 社／1834·11·16 社／1836·8·9 社／11月 社／1837·9·11 社／1838·8·11 社／1839·11月 社／1840·11·5 社／❻ 1859·12·10 社／1860·③·1 政／1863·8·24 社／1866·6·14 社／1867·9·9 社／1869·11·3 社
酒造米(伊予松山) ❺-1 1694·是年 政
酒造量(岡山) ❺-1 1661·是年 社
酒造量(京都) ❺-1 1697·是年 政
酒造量(豊前中津) ❺-1 1697·是年 政
酒造量(大和郡山) ❺-1 1697·是年 政
酒類小売 ❾ 2006·9·1 政
酒類販売業者 ❾ 2004·10月 社
酒類販売免許自由化 ❾ 2003·9·1 社
醸酒 ❹ 1562·9月 社／1571·10·1 社
焼酎 ❺-1 1624·8·20 社／1645·9·10 政
　焼酎「純」 ❾ 1977·3·15 社
　焼酎ブーム ❾ 1977·3·15 社／1984·10月 社
焼尾禁止⇨飲酒集会禁止
白酒 ❹ 1466·11·21 社／❺-1 1671·12月 社
隅田川銘酒 ❺-2 1797·8·23 社
清酒 ❺-1 1665·是年 社／❽ 1939·10·9 社／1941·4月 社／1946·9月 社／1953·3·1 社／❾ 1978·是秋 社
　清酒鑑札 ❻ 1871·7月 社
　清酒乾杯奨励法案 ❾ 2012·12·26 社
　清酒税 ❻ 1869·12·3 社
　清酒製造 ❹ 1600·是年 社
　清酒瓶詰 ❼ 1903·1月 社
　清酒の評判 ❻ 1890·5月 社
　全国清酒鑑評会(きき酒会) ❽ 1952·是年 社
節酒 ❺-1 1696·8·17 社
千住の酒合戦 ❺-2 1815·10·21 社
造酒屋(京都) ❺-2 1716·是年 社
造酒屋(飛驒) ❺-1 1697·2月 社
造酒屋運上金 ❺-1 1697·10·1 社
造酒役米 ❺-2 1802·12月 社
造酒屋数(京都) ❺-1 1669·是年 社
タカラ CAN チューハイ ❾ 1984·10月 社
珍陀(チンタ)酒 ❺-1 1653·1·15 政／❺-2 1718·2·12 政／1787·3·15 政
手造濁酒 ❺-2 1838·8·11 社
天竺酒 ❹ 1467·7·13 政
特級清酒「長寿」 ❾ 1981·10·1 社
徳利 ❹ 1542·8·11 社
　角徳利 ❺-2 1781·是年 社
酒問屋株鑑札制 ❻ 1864·9·10 社
南蕃酒 ❹ 1466·8·1 文
濁酒鑑札 ❻ 1871·7月 社
濁酒税 ❻ 1869·12·3 社
日本酒 ❷ 1264·4·12 社／❻ 1886·10月 社
日本酒·ビール公定価格廃止 ❽ 1960·10·1 社
煉酒 ❺-1 1671·12月 社
練貫酒(銘酒) ❹ 1466·1·10 社／1468·1·17 社／1509·8·10 社
白鶴サケペット(ペットボトル入り) ❾ 2011·9月 社
ビール(麦酒)·発泡酒 ❺-1 1613·5·6(6·13) 社／❺-2 1724·是年 社／❼ 1903·3·28 社／1910·1月 社／❽ 1941·5·19 社／1946·9月 社／1953·3·1 社／1964·6·1 社
　アサヒスタイニー ❽ 1964·3月 社
　アサヒ麦酒 ❻ 1893·9·4 社
　東ビール ❻ 1888·3·17 社
　天沼ビアサケ ❻ 1869·是年 社
　アルミ缶ビール(プルトップ) ❾ 1967·6月 社／1971·6·5 社
　アルミ容器「アサヒミニ樽」 ❾ 1977·5·11 社
　欧風ビールガーデン ❼ 1903·3·28 社
　大阪麦酒会社 ❻ 1889·11月 社
　屋上ビアガーデン ❽ 1953·6·1 社
　オラガビール ❼ 1930·5月 社
　開拓使ビール ❻ 1877·9月 社
　缶ビール ❽ 1958·9·15 社
　麒麟ビール ❻ 1888·5月 社
　クオリティービール ❾ 1986·3·4 社
　黒ビール ❻ 1895·1月 社／❼ 1935·4月 社
　ご当地ビール「阿波踊り」 ❾ 1977·7·19 社
　桜田ビール ❻ 1881·1月 社
　サッポロビール ❻ 1876·9·23 社／1886·11月 社／1888·1月 社
　札幌麦酒醸造所 ❻ 1876·9·23 社／1886·11月 社／1888·1月 社
　サッポロびん生 ❾ 1977·4·1 社
　サッポロライト ❾ 1969·6·6 社
　サントリービール ❽ 1963·4·28 社
　地ビール ❾ 1993·8·26 社／1994·4月 社／12·9 社
　渋谷ビール ❻ 1872·是年 社
　スーパードライ ❾ 1996·7·1 社／1987·3·17 社
　ストリックビール ❻ 1889·11月 社
　大日本麦酒株式会社 ❻ 1887·9·1 社／❽ 1948·11·22 政
　天平瓮 ❷ 1121·12·9 文
　ドブロク ❽ 1948·4·20 社
　ノンアルコールビール「ドライゼロ」

❾ 2012·2·21 社
ノンアルコールビール「ファインブリュー」 ❾ 2003·4·2 社
発泡酒 ❾ 1994·10·20 社／是年 社
バドワイザー ❾ 1981·3·11 社
ビア·ホール ❻ 1865·4·8 社／❼ 1899·7·4 社／1903·4·5 社／1909·8·9 社／❽ 1943·6·24 社／1949·6·1 社／1952·11·24 社／❾ 1970·10·9 社／1990·10·25 社／1994·9·16 社／1999·1·21 社
ビール会社販売協定 ❻ 1893·9·4 社
ビール醸造所 ❻ 1870·是年 社／1873·3 月 社
ビール瓶 ❻ 1889·是年 社
ビール風缶入り飲料 ❾ 2009·4 月 社
ビン詰生ビール「純生」 ❾ 1967·4·20 社
三ッ鱗ビール ❻ 1875·3·10 社
モルツ ❾ 1986·3·4 社
ラガー ❾ 1996·7·1 社
ロング缶 ❾ 1972·6·20 社
エビスビール ❻ 1890·2·25 社／1893·9·4 社／❾ 1971·11·18 社
エビスビヤホール ❼ 1903·7·25 社
火入れ(低温殺菌酒造法) ❹ 1568·6·23 社
御酒座(みきざ·大和元興寺) ❷ 1183·1·2 社
造酒司(みきのつかさ、造酒正) ❷ 1024·12·29 文／1153·4·27 社／1240·⑩·17 社／❸ 1322·2·19 社／1410·10·23 社／1415·6·3 社
宮水 ❺-2 1840·是年 社
未成年者飲酒禁止法 ❼ 1922·3·30 社
密造酒商売禁止 ❹ 1487·7·17 社
銘酒屋 ❼ 1897·是年 社
洋酒
カストリ ❽ 1948·4·20 社
キッチンドリンカー ❾ 1977·是年 社
シャンパン ❻ 1861·是年 社／❼ 1908·是年 社
ジン ❻ 1870·是年 社
ジンジャーエール ❼ 1908·是年 社
西洋酒コップ売 ❻ 1885·11 月 社／12·19 社
十勝シェリー ❾ 1967·4 月 社
十勝ブランデー ❾ 1967·4 月 社
ブラック·ニッカ ❾ 1965·是年 社
ブランデー ❻ 1877·是年 社
みかんブランデー ❾ 1977·11·8 社
メチルアルコール ❽ 1945·10·30 社／11·29 社／1946·1·16 社／8·22 社
醴泉(れいせん) ❶ 693·11·13 社／694·3·16 社／854·7·23 社
ワイン(葡萄酒) ❺-1 1611·9·15 政／1613·8·22 政／1653·1·15 政／1678·3·15 政／❺-2 1750·是年 政／1787·3·15 政／1817·是年 社／❻ 1861·是年 社／1874·是年 社／1876·10 月 社／1877·是年 社／❼ 1899·2 月 社／1904·10 月 社／❽ 1939·是年 社
赤玉ポートワイン ❼ 1907·3 月 社
果実酒 ❽ 1963·4·1 社
貴腐ワイン「シャトーリオン·ソーブル·ドーブル」 ❾ 1978·10·9 社
国産ワイン「ルヴァン」 ❾ 1988·7 月 政
サントリー山梨ワイナリー ❼ 1904·5 月 社
デリカワイン ❾ 1972·6 月 社
十勝ワイン ❾ 1967·4 月 社
日本ソムリエスクール ❾ 1993·4·16 社
蜂ブドー酒 ❽ 1953·11·5 社
葡萄酒製造所(札幌) ❻ 1876·7 月 社
ボジョレー·ヌーボー ❾ 1989·11·16 社
有毒ワイン事件 ❾ 1985·7·24 社
ワインメーカー「シャトー·ラグランジュ」 ❾ 1983·11·29 政
ワンカップ大関 ❽ 1964·10·1 社
砂糖 ❸ 1421·11·6 政／1423·10·25 政／❹ 1542·是年 社／1580·5·21 文／6·26 政／❺-1 1615·⑥·3 政／1645·是年 社／1647·是年 社／1666·是年 政／1690·是年 社／1697·是年 社／❽ 1940·6·1 社／10·4 社／1942·1·29 社／1944·8·1 社／1947·4·15 社／1951·4·14 社／1952·4·1 社／1963·1·18 政／8·31 政
キューバ産砂糖 ❽ 1947·12·13 社
黒砂糖 ❺-1 1713·是年 社／❺-2 1726·9 月 政／1727·是年 社／1749·7·25 社
氷糖(氷砂糖) ❺-1 1606·3 月 政／1613·8·22 政／1628·2·7 政／1634·3·21 社／❺-2 1734·6·21 政／1797·8 月 社／1799·12 月 社
砂糖供給組合 ❼ 1928·12·29 政
砂糖検査所 ❼ 1912·10·13 社
砂糖座·製造所 ❺-2 1720·11·26 政／1726·9 月 政／1733·是年 政／1735·享保年間 社／1739·是年 社／1742·7·13 社／1751·10·8 社／1756·8·4 社／1759·9·17 社／1760·9·30 社／1765·12·12 社／1766·是年 社／1767·⑨·14 社／1768·3 月 社／4 月 社／1774·12·28 社／1777·是年 社／1780·10·15 社／1784·1 月 社／是年 政／1785·是年 政／1786·4·6 社／1787·是年 政／1788·9 月 政／1789·是年 社／1790·是年 社／1791·是年 社／1792·7·24 社／1794·2·16 政／1799·9 月 社／1800·4 月 社／是年 社／1801·是年 社／1802·是年 社／1803·4·14 社／1804·是年 社／1805·是年 社／1817·3·16 政／1827·10 月 社／1830·是年 政／1838·8 月 社／1849·11·9 社／1850·12·10 社
砂糖専売仕法(徳島藩) ❺-2 1848·11·18 社
砂糖問屋(国産) ❺-2 1749·2·25 社／1834·5·3 社
砂糖の産額 ❻ 1880·7 月 政
砂糖奉行(琉球) ❺-1 1662·是年 社
紫蘇糖 ❽ 1944·11·20 社
寿命糖 ❺-1 1710·元禄·宝永年間
人工甘味料⇨調味料
製糖法 ❺-1 1623·是年 社
台湾糖業奨励規則 ❼ 1902·6·14 政
台湾糖業連合 ❼ 1910·10·6 政
甜菜糖製造工場 ❻ 1880·3·8 社
白糖機械工場 ❻ 1865·是年 社
三島砂糖惣買上げ法 ❺-2 1830·是 政
塩 ❶ 書紀·応神 31·8 月／670·2 月／748·11·23 社／773·1·23 社／881·4·28 社／910·12·27 政／❸ 1290·11 社／1292·1·10 社／1305·8·15 社／1307·10·23 社／1311·8 月 社／1314· 月 社／12·3 社／1316·⑩·18 社／1318·9·10 社／1319·11·29 社／1320 8·29 社／1321·8·16 社／1324·9 月 社／1332·10·3 社／12·8 社／1404·8·1 社／❹ 1465·5·21 社／1552·8·10 社／1587·1·16 社／1589·4·21 社／❺-1 1645·5·21 社／1652·6·18 社／1657· 1 社／1700·7·21 社／1704·8·11 社／1705·5·8 社
塩業諮詢会 ❻ 1884·2·5 社
塩田 ❹ 1520 明応·永正年間 社／1599·3 月 社／❺-1 1604·是年 社／1609·是年 社／1626·是年 社／164 是年 社／1651·正保·慶安年間 社／1669·是年 社／1691·是年 社
塩田(シーボルト) ❺-2 1826·1· 社
安芸竹原塩田 ❺-2 1734·是年 社
伊勢塩田 ❷ 1164·9·12 社
伊予宇和島近家塩田 ❺-2 1807· 28 社
伊予弓削塩浜 ❷ 1135·9·13 社
伊予波方村波止浜塩田 ❺-1 168 3·9 社
伊予新居郡多喜浜塩田 ❺-2 175 是年 社／1724·3 月 社
伊予伯方島木浦塩田 ❺-2 1845· 15 社
塩田組合 ❻ 1885·8·1 社／1889 1·15 社
塩田譲渡願書 ❺-2 1838·1 月 社
北坂出浦の塩田(高松藩) ❺-2 1826·是年 社
行徳西海神村塩浜新田 ❺-2 173 6·18 社／1780·9 月 社
讃岐屋島潟元村の亥ノ浜塩田 ❺- 1755·9 月 社
下総葛飾郡行徳西海神村塩浜 ❺- 1785·3 月 社
下総行徳塩田 ❺-1 1658·是年 社
周防·長門塩田 ❺-1 1625·是年 社／1659·是年 社／1699·是年 社／❺-2 1768·7·17 社
駿河製塩所 ❻ 1862·2 月 社
世谷大窪塩浜(常陸) ❷ 1181·3 月 社
瀬戸内海塩田風害 ❻ 1882·9 月 社
多喜浜塩田(伊予西條藩) ❺-2 1823·是年 社
長崎稲佐飽之浦塩田 ❺-2 1731·

年 社
長門·周防の塩浜凶作　❺-2 **1790**·11 月 社
能登塩田　❺-1 **1637**·3·16 社
伯方の塩　❾ **1987**·5·10 社
播磨赤穂塩田　❶ **875**·是年 社／❺-1 **1646**·是年 社／**1652**·是年 社
備前児島塩田　❺-2 **1828**·是年 社
備前塩浜　❶ **799**·11·14 社
平井塩田　❺-2 **1765**·6 月 社
備後松永塩田　❺-1 **1667**·是年 社
武蔵大師河原村の塩田業者　❺-2 **1765**·1 月 社
塩合物　❹ **1479**·5·19 社／**1484**·9·16 社／**1511**·2·9 社
塩釜　❷ **1191**·5·19 社／❸ **1314**·1 月 社
塩辛　❸ **1320**·8·29 社
塩公事　❹ **1494**·3·27 社／**1521**·12·1 社
塩座　❷ **1204**·11·20 社／❹ **1466**·②·19 社／**1473**·4·9 社
台湾食塩専売規則　❼ **1899**·4·26 政
塩専売制　❺-1 **1626**·是年 社／**1657**·11·24 社／**1662**·是年 社／❼ **1904**·12·17 政／**1905**·1·1 社／❾ **1976**·6·1 社／**1984**·8·10 政／**1990**·12·14 政
塩直売吟味役　❺-2 **1729**·10 月 社
塩問屋　❺-1 **1670**·是年 政／❺-2 **1724**·1·18 政／5·12 政／**1725**·10·15 政／**1726**·4 月 政／**1729**·10 月 社／**1730**·11 月 社／**1754**·5·18 社／**1760**·7·28 社／**1763**·7·30 社／**1771**·4 月 社／**1772**·9·6 社／**1778**·⑦月 社／**1788**·天明年間 政／**1789**·6·7 社、／7 月 社／**1790**·1·16 社／3·6 社／7·6 社／**1792**·4 月 政／**1794**·是年 政／**1797**·12·23 社／**1809**·12·4 社／**1815**·12 月 社
塩取引の法度　❺-2 **1721**·10 月 社
塩荷駄　❹ **1473**·3·19 社
塩売買　❹ **1469**·12·15 社／❺-1 **1605**·7·28 社
塩船　❹ **1508**·11·2 社
塩屋　❹ **1552**·10·10 社／❺-1 **1713**·5·21 政
塩宿　❺-1 **1601**·11 月 社
塩山　❷ **1191**·5·19 社
製塩業者会合　❻ **1883**·3·3 社
製塩三八換持法　❺-2 **1771**·10 月 社
『製塩秘録』　❺-2 **1816**·是年 社
製塩法　❺-1 **1620**·是年 社／**1675**·1·21 社／**1683**·是年 社／❺-2 **1778**·3 月 社／❽ **1961**·3·1 社
年貢塩　❷ **1150**·11·22 社／**1181**·11·23 社／**1255**·9·10 社／**1260**·7·20 社／**1269**·8·28 社／11·4 社／**1272**·2 月 社／**1276**·9·19 社／**1279**·3 月 社
盛り塩　❽ **1938**·10·20 社
醬油　❹ **1536**·6·28 社／**1558**·是年 社／**1559**·8·27 社／**1569**·永禄年間 社／**1574**·是年 社／❼ **1899**·2·27 政 1928·9·22 社
薄口醬油　❾ **1966**·5 月 社
紀州湯浅醬油　❷ **1234**·文暦年間 社／❹ **1535**·是年 社
キッコーマン　❼ **1927**·2 月 社／❾ **1971**·3 月 社
醬油鑑札　❻ **1871**·7 月 社
醬油醸造·醬油屋　❺-1 **1616**·是年 社／**1645**·是年 社／**1661**·3 月 社／**1713**·5·21 政／❺-2 **1724**·1·18 政／**1725**·是年 社／**1726**·4 月 政／**1730**·11 月 社／**1764**·是年 社／**1765**·是年 社／**1790**·3·6 社
醬油税則　❻ **1869**·12·3 社／**1885**·5·8 社
醬油偽物　❻ **1875**·8 月 社
醬油偽物(外国)　❻ **1887**·4 月 社
全国醬油業者大会　❼ **1898**·12·5 社
造醬油株仲間　❺-2 **1772**·8·13 社
溜(問屋定書)　❺-2 **1728**·2 月 政／**1816**·5 月 社
銚子醬油醸造高　❺-2 **1753**·是年 政
東京醬油会社　❻ **1881**·11·15 社
野田醬油(仲間)　❺-2 **1772**·是年 社／**1781**·是年 社
備前醬油　❺-2 **1755**·10 月 社
食材　❽ **1944**·5·20 社
あさり売り　❺-2 **1788**·天明年間 社
油揚げ　❺-2 **1788**·天明年間 社
甘葛煎　❷ **1032**·是年 社
あらびきウィンナー「シャウエッセン」　❾ **1985**·2 月 社
一種物十物　❷ **1138**·10·29 社
梅干　❻ **1894**·6 月 社
円鮑　❷ **1206**·1·14 政
大隅粽(ちまき)　❸ **1401**·5·4 社
お茶づけ海苔　❽ **1953**·4 月 社／**1956**·11 月 社
海草
味付海苔　❻ **1869**·是年 社
昆布　❶ **715**·10·29 政
心太(ところてん)　❷ **1279**·3 月 社
海苔　❷ **1194**·1·30 社
海松(みる)　❷ **1279**·3 月 社
和布(わかめ)　❸ **1318**·9·10 社／**1320**·8·29 社
ふえるわかめちゃん　❾ **1976**·5 月 社
蠣船業者　❺-1 **1708**·1 月 社
カニ缶詰　❼ **1907**·是年 社
蒲鉾　❷ **1115**·7·21 社
辛子明太子　❽ **1949**·是年 社／❾ **1975**·3·10 社
缶詰　❼ **1908**·5 月 社／**1936**·8·13 社／❽ **1939**·10·26 社／**1940**·6·10 社
寒天(屋·仲間)　❺-2 **1765**·是年 社／**1814**·是年 社
きゅうりのキューチャン　❽ **1962**·7·1 社
魚肉ソーセージ　❽ **1951**·10 月 社／**1952**·11·1 社／**1954**·是年 社
魚肉ハム　❽ **1947**·是年 社／**1954**·是年 社
串貝　❺-2 **1740**·是年 社
串柿　❹ **1572**·3·17 社
果物店(千疋屋)　❻ **1894**·是年 社
クロレラ　❾ **1981**·5·8 社
紅茶キノコ　❾ **1974**·12 月 社／**1975**·6·10 社
シーチキン　❽ **1959**·是年 社
塩魚　❺-1 **1615**·9·8 社
塩鮭　❺-1 **1607**·2·26 社
七種菜　❶ **911**·1·7 政
たくあん　❻ **1894**·8 月 社
玉子(問屋)　❺-2 **1743**·2·28 社／**1788**·5·29 社／**1795**·12·15 社
乾燥鶏卵　❽ **1942**·11·5 社
ヨード卵　❾ **1979**·是年 社
陳皮　❸ **1424**·3·4 政
珍味かまぼこ·かにあし　❾ **1972**·7 月 社
築地魚鳥市場　❻ **1884**·8·25 社
佃煮　❻ **1858**·是年 社
漬け物　❽ **1948**·12·26 社
豆乳　❾ **1978**·3 月 社
豆腐　❷ **1183**·1·2 社／❹ **1509**·10·24 社／❺-2 **1730**·5·16 社／**1790**·7·10 社／10·11 社／**1793**·9·11 社／**1838**·8·29 社／**1842**·3·20 社／❽ **1942**·8·6 社／**1963**·8·16 社／❾ **1973**·2 月 社／**1989**·是年 社
豆腐屋禁止　❺-1 **1624**·9·1 社／**1642**·5·24 社／**1655**·2·13 社／**1702**·是年 社／**1705**·5 月 社／**1706**·5 月 社
奈良豆腐　❹ **1490**·9·14 社
納豆　❸ **1290**·2·20 社／❺-2 **1843**·文政·天保の頃 社
金のつぶ(におわなっとう)　❾ **2000**·是年 社
肉食(にくじき)⇨「料理」
蜂蜜　❶ **739**·12·10 社／**760**·④·28 文
ハム　❻ **1872**·是年 社／❼ **1900**·是年 社／❾ **1998**·是年 社
はんぺん　❹ **1575**·7·26 社
ヒヨウス　❺-2 **1720**·是年 社
麩　❺-2 **1780**·是年 政
福神漬　❻ **1883**·是夏 社
豚肉　❾ **1969**·9·2 社
プレスハム　❽ **1947**·是年 社
松茸のお吸いもの　❽ **1964**·是年 社
孟宗竹の子　❺-2 **1780**·安永年間 社
焼芋屋　❺-1 **1672**·寛文年間 社／❺-2 **1807**·是年 社
石焼き芋　❽ **1950**·3·31 社
芋屋　❺-2 **1800**·天明·寛政年間 社
焼竹輪　❼ **1897**·是年 社
ゆで小豆缶詰　❼ **1934**·12 月 社
冷凍魚　❾ **1972**·3·31 社
食品偽造問題
赤福偽装表示問題　❾ **2007**·10·7 社
石屋製菓食中毒　❾ **2007**·8·13 社
遺伝子組換え食品　❾ **1999**·8·4 社
大阪府肉連牛肉偽装事件　❾ **2004**·5·7 社
おにぎりに人の指先の肉片　❾ **2002**·6·1 社
からし蓮根中毒死事件　❾ **1984**·6·25 社
牛肉偽装事件　❾ **2008**·6·21 社
牛肉ユッケ食中毒　❾ **2011**·4·24 社
食品安全委員会　❾ **2003**·7·1 社
食品の放射性物質暫定基準　❾ **2011**·3·17 社／**2012**·4·1 社
白い恋人賞味期限偽装事件　❾ **2007**·8·13 社
全農チキンフーズ偽装事件　❾ **2002**·

3·4 社
船場吉兆(食べ残し使い回し事件) ❾ **2008**·5·2 社
中国製冷凍インゲン ❾ **2008**·10·17 社
中国製冷凍ギョーザ中毒事件 ❾ **2008**·1·30 社
手首ラーメン事件 ❾ **1978**·9·24 社
納豆ダイエット番組捏造事件 ❾ **2007**·1·7 社
生レバー禁止 ❾ **2012**·7·1 社
日本ハム牛肉偽装焼却処分 ❾ **2002**·8·9 社
三笠フーズ中国汚染米転売事件 ❾ **2008**·9·5 政
ミスタードーナツ添加物入り肉まん ❾ **2002**·5·20 社
無添加表示製品 ❾ **1988**·5·19 社
雪印食品牛肉偽装事件 ❾ **2002**·1·28 社／❺-2 **1734**·7·1 社

水道(上下水道)
青山·三田上水(東京) ❺-2 **1722**·9·3 社
市ヶ谷水道(東京) ❺-1 **1641**·10·16 社
井戸 ❺-2 **1758**·2·3 社
井戸水揚道具 ❺-2 **1783**·12·26 社
釣瓶 ❺-2 **1795**·12·18 社
東京の井戸 ❼ **1927**·9·27 社
掘抜井戸 ❺-2 **1788**·天明年間 社
もみ抜井戸 ❺-2 **1794**·是年 社
稲生川上水(盛岡) ❻ **1859**·5·14 社
飲料水販売 ❻ **1878**·3月 社
上田市上水道(長野) ❼ **1924**·5·1 社
宇都宮市水道(栃木) ❼ **1916**·3·1 社
エヴィアン ❾ **1987**·3月 社
大石長野水道 ❺-1 **1663**·是年 社
大分市下水道 ❼ **1923**·3·31 社
大阪上水道 ❻ **1890**·10·3 社／**1895**·11·13 社
大牟田市上水道(福岡) ❼ **1922**·10·27 社
鹿児島水道 ❺-2 **1723**·是年 社／❼ **1919**·11·26 社
金沢辰巳用水 ❺-1 **1632**·是夏 社
亀有上水(東京) ❺-1 **1659**·是年 社
神田上水(東京) ❺-1 **1654**·承応年間 社／**1680**·6·11 社／**1694**·3·18 社／❺-2 **1739**·8·3 社／**1749**·6·20 社／7·30 社／**1755**·6·3 社／**1782**·是年 社／**1837**·12·24 社／**1849**·12·8 社／**1852**·11·7 社／❼ **1929**·8·30 社
神田上水惣絵図面 ❺-2 **1770**·是年 社
神田·玉川両水源取締仮則 ❻ **1879**·2·26 社
給水制限 ❽ **1940**·6·3 社／**1948**·3·10 社／**1958**·6·18 社／**1964**·7·9 社／8·6 社／❾ **1971**·7·8 社／**1973**·8·20 社／**1978**·8·11 社／**1987**·6·22 社／**1994**·8·17 社／**2012**·9·11 社
共同溝の整備 ❽ **1963**·4·1 社
京都蹴上(けあげ)浄水場 ❼ **1912**·3月 社
熊本市上水道 ❼ **1924**·8·1 社
下水道緊急整備 ❽ **1958**·7·25 社
下水道普及率 ❾ **1995**·9月 社
下水道法 ❼ **1900**·3·7 社／❽ **1958**·4·24 社
公共用水域水質保全法 ❽ **1958**·12·25 社
甲府市水道(山梨) ❼ **1912**·11·10 社
国際水質汚濁研究会議 ❽ **1964**·8·24 文
讃岐水道 ❺-1 **1644**·12月 社
上水組合年寄 ❺-2 **1734**·9·28 社
水道工事 ❺-1 **1614**·慶長年間 社
水道條例 ❻ **1890**·2·13 社／❽ **1957**·6·15 社
水道水「利き水」大会 ❾ **1984**·8·28 社
水道疎水式(東京) ❻ **1882**·12·20 社
水道普及率 ❽ **1955**·10·1 社
水道水溜めの清掃 ❺-1 **1643**·3月 社
世界水フォーラム ❾ **2003**·3·16 社
千川上水(東京) ❺-1 **1696**·是年 社／❺-2 **1722**·8·17 社／**1779**·11月 社／**1780**·10·29 社／**1786**·⑩·22 社
千川水道取締り ❻ **1881**·5·11 社
仙台水道(宮城) ❺-1 **1627**·是年 社
高松市上水道(香川) ❼ **1921**·11·2 社
玉川上水(東京) ❺-1 **1647**·正保年中 社／**1652**·11月 社／**1653**·1·13 社／**1654**·6·20 社／**1655**·7·2 政／**1666**·1·30 社／**1670**·5·25 社／❺-2 **1738**·7月 社／**1739**·7·27 社／8·3 社／**1755**·9月 社／**1770**·1·26 社／**1782**·是年 社／**1784**·9月 社／**1802**·2月 社／**1816**·7·20 社／**1845**·4·23 社／❻ **1869**·3月 社／**1879**·1月 社／2·26 社／❽ **1953**·12·12 社
東京下水道料金 ❽ **1937**·1·27 社
東京上下水道 ❺-1 **1618**·是年 社／**1660**·2·10 社／**1693**·7·10 社／❺-2 **1720**·11·12 社／**1768**·9·5 社／**1806**·12·12 社／**1812**·9月 社／**1847**·10·18 社／❻ **1890**·7·5 社／**1893**·10·22 社／❼ **1898**·12·1 社／**1926**·8·1 社
東京市水道「みみず」事件 ❼ **1934**·5·17 社
東京の地下水 ❾ **1972**·3·22 社
鳥取城下水道 ❺-1 **1645**·8·20 社
名古屋上水道(愛知) ❼ **1914**·9·1 社
南極の氷 ❾ **1986**·6月 社
飲水営業会所 ❻ **1884**·3·14 社
函館上水道 ❻ **1889**·9·20 社
肥後宇土轟上水道 ❺-1 **1646**·是年 社
広島埋水道 ❺-1 **1659**·是年 社
琵琶湖取水制限 ❾ **1984**·11·6 社
福井市上水道 ❼ **1924**·9·1 社
福岡市上水道 ❼ **1923**·3·1 社
福岡市水飢饉 ❾ **1978**·5·25 社
福島市上下水道 ❼ **1925**·5·24 社
福山水道 ❺-1 **1619**·是年 社
豊前中津城水道(福岡) ❺-1 **1652**·是年 社
船水 ❺-2 **1791**·12·10 社
平成の名水百選 ❾ **2008**·6·4 社
別府市水道(大分) ❼ **1917**·4·2 社
本所上水(東京) ❺-1 **1688**·11·3 社／❺-2 **1722**·9·3 社
松江市水道(島根) ❼ **1917**·6·1 社
三田上水(東京) ❺-1 **1664**·11月 社
水漉器械 ❻ **1878**·6月 社
水銭 ❺-2 **1724**·5·30 社
水船営業規則 ❻ **1886**·2·18 社
水戸笠原水道(茨城) ❺-1 **1662**·是年 社／**1663**·7月 社
ミネラルウォーター ❾ **1970**·2月 社
村山貯水池(東京) ❼ **1922**·11·12 社／**1923**·7·7 社／**1924**·4·30 社／**1925**·11·8 社
名水 ❾ **1985**·1·4 社／8·1 社
名水ブーム(六甲のおいしい水) ❾ **1983**·是年 社
四谷上水(東京) ❺-2 **1740**·10·19 社
淀橋浄水場(東京) ❼ **1898**·12·1 社／**1899**·12·10 社／❽ **1958**·12·17 社／❾ **1965**·3·31 社
若狭嵯峨水道(京都) ❺-2 **1848**·7月 社
冷水売り ❺-2 **1795**·6·3 社

煙草⇨ 25 植物

茶⇨ 26 文化·趣味·風流「茶道」も見よ ❸ **1330**·6·11 文／**1423**·7·14 社／❹ **1515**·4·17 社／❺-1 **1468**·4·27 社／**1657**·4·1 社／❻ **1853**·是年 社
あわ雪なら茶 ❺-2 **1780**·是年 政
一服一銭茶売人 ❸ **1403**·4月 社／**1404**·4·3 社／**1410**·8·9 社／❺-1 **1657**·承応·明暦年間 社／❺-2 **1733**·是年 社
宇治採茶使 ❺-1 **1640**·2·18 社／❻ **1867**·3·29 社
宇治茶 ❺-2 **1742**·3月 政
梅茶 ❺-1 **1703**·元禄年間 社
建水(間水) ❸ **1384**·12·9 社／**1406**·10·4 社
紅茶研究所 ❼ **1915**·4·26 社
腰掛茶屋 ❺-2 **1791**·4·15 政
茶業組合 ❻ **1875**·1月 社／**1884**·3·3 社／**1887**·12·29 社
静岡県製茶業組合創立 ❼ **1925**·3·1 社
巡立茶(闘茶会) ❸ **1343**·9·5 文
駿府茶仲間 ❺-2 **1813**·是年 社
製茶掛(勧業寮) ❻ **1874**·4月 社
製茶共進会 ❻ **1879**·9·15 社／**1883**·9·1 社
製茶法 ❺-2 **1829**·文政年間 社
煎茶 ❺-2 **1738**·12月 社
茶飲用禁止 ❺-1 **1656**·3·26 社
茶·茶店 ❺-2 **1790**·3·6 社
茶売 ❸ **1411**·2·10 社
茶売商人 ❺-2 **1757**·1·20 社
茶園 ❹ **1584**·1·4 社
茶業試験所 ❼ **1919**·4·1 社
茶商業 ❺-1 **1665**·10·12 社
茶船 ❺-2 **1851**·是夏 社
茶亭 ❺-1 **1680**·延宝年間 社
茶問屋·仲買人 ❺-2 **1724**·5·12 政／**1725**·1月 社／**1756**·6·19 社／**1813**·是年 社
茶店婦女 ❺-2 **1740**·⑦·26 社／**1743**·是夏 社／**1820**·4·4 社
茶屋·茶店 ❹ **1564**·12·27 社／**1576**·2·18 社／❺-1 **1680**·延宝年間 社／❺-2 **1750**·寛延年間 社／**1751**·4月 社／6·20 社／**1752**·6·22 社／**1787**·11·20 社／**1813**·2月 社／**1820**·是年 社／**1823**·是春 社

茶屋風呂屋　❺-2 1842·8·15 社
幕府茶壺　❺-1 1632·是年 社
葉茶公事銭　❹ 1571·4·3 社
水茶屋·団子茶屋　❺-2 1776·9·12 社
百種茶　❸ 1343·9·9 文
山階茶　❸ 1450·3·17 社
林茶　❸ 1352·3·6 社

調味料

ウスターソース　❻ 1885·是年 社／❼ 1899·11·12 社／1900·是年 社
旨味調味料　❽
　味の素　❼ 1908·7·15 社／1909·5·20 社／1913·9月 社／1915·5·17 社／1922·8·2 社／❽ 1950·8·1 社
　いの一番　❽ 1961·2·1 社
　ハイ·ミー(イノシン酸)　❽ 1962·11月 社
大人のふりかけ　❾ 1990·10月 社
鰹節　❺-1 1671·4·23 社／1674·是年 社／❼ 1935·1月 政
鰹節の削り節フレッシュパック　❾ 1969·5月 社
カレー粉　❼ 1903·是年 社／1923·是年 社／❽ 1945·11月 社／1950·7月 社／1954·是年 社／1960·是年 社／1963·是年 社／1964·9月 社
甘味資源特別措置法　❽ 1964·3·31 政
米酢　❺-1 1649·是年 社
サッカリン　❽ 1946·9·12 社／1947·6月 社／8·22 社／1948·7·1 社
塩麹　❾ 2011·10月 社
七味唐辛子　❽ 1960·9·14 社
ジャム　❻ 1861·是年 社／1877·5·12 社
食卓用ふりかけ　❽ 1951·11·21 社
シロップ　❼ 1908·5月 社
人工甘味質取締規則　❼ 1901·10·16 社／❽ 1946·7·4 社
人工甘味料サッカリン　❾ 1973·4·28 社／12·18 社／1975·5·13 社
人工甘味料シュガー·カット　❾ 1973·5月 社
人工甘味料ズルチン　❽ 1946·7·4 社／9·12 社／1947·8·22 社／1948·7·1 社／❾ 1967·4·24 社／1968·6·20 社
人工甘味料チクロ　❾ 1969·10·29 社
人口甘味料パルスイート　❾ 1984·2月 社／1986·是年 社
ソース　❻ 1894·是年 社／❽ 1947·11月 社
だしの素　❽ 1964·是年 社
食べるラー油　❾ 2009·8月 社
澱粉　❾ 1967·3·2 社
番椒(とうがらし)　❺-1 1605·是年 社
トマトケチャップ　❼ 1907·是年 社
トマトソース　❼ 1903·7月 社
ドレッシング　❽ 1958·10月 社／❾ 1965·1月 社
ねりわさび　❾ 1974·是年 社
のりたま　❽ 1960·1月 社
フレンチドレッシング　❽ 1958·12月 社
ぽん酢　❽ 1964·11·10 社
麻婆豆腐の素　❾ 1971·是年 社
味噌(商)　❹ 1587·8·20 社／❺-2 1724·1·18 政／5·12 政／1726·4月 政／1730·11月 社／1765·是年 社／1790·3·6 社
　味噌(即席味噌汁)　❽ 1945·1·20 社／5·29 社／1961·2·1 社
　イモ味噌　❽ 1946·8月 社
　金山寺味噌　❺-2 1735·享保年間 社／1751·是年 政
　田楽味噌　❹ 1526·12·30 社
　味噌問屋定書　❺-2 1816·5月 社
　味噌屋　❹ 1498·10·16 政
　味噌役·酒屋役　❹ 1511·3·23 社
焼き肉のたれ「黄金の味」　❾ 1978·6月 社
冷しゃぶドレッシング　❾ 1995·是年 社

道具(調理)

アルマイト製弁当箱　❼ 1936·是年 社
飲食物用器具取締規則　❼ 1900·12·17 社
エアーポット　❾ 1973·3月 社／1980·11月 社／1980·12月 社
オーブントースター　❽ 1964·3·10 社
オーブンレンジ　❾ 1977·4月 社
折敷(おしき、食品を載せる食台)　❹ 1457·10·30 文
ガス七輪　❼ 1902·是夏 社
ガス自動炊飯器　❽ 1957·是年 社
ガス飯炊かまど　❼ 1902·2·25 社
カセット式ガスこんろ　❾ 1969·9月 社
家庭用自動パン焼器　❾ 1986·12月 社／1987·3月 社／2010·7月 社／11·11 社
ガラス瓶　❼ 1900·是年 社
釜　❶ 709·8·17 文／❷ 1213·11月 社
　大釜　❷ 1117·11·14 社／❹ 1462·4·11 社／1556·4月 社
亀の子束子　❼ 1915·7·2 社
キャップ式広口哺乳器　❽ 1949·3月 社
クッキングホイル　❽ 1958·10月 社
クレラップ·サランラップ　❽ 1960·7月 社／1961·9·15 社
計量カップ·計量スプーン　❽ 1948·是春 社
コーヒーメーカー(キャリオカ)　❾ 1978·是年 社
先割れスプーン　❾ 1977·10·5 社
自動食器洗い機　❽ 1960·4月 社
重箱　❺-1 1614·慶長年間 社
樹脂製食器　❾ 1966·8·17 社
すし桶　❸ 1318·9·10 社／1320·8·29 社／❺-1 1603·7·1 社
すし握りロボット　❾ 1981·是年 社
ステンレス流し台　❽ 1954·7月 社／1956·10·1 社
台所用電熱器　❼ 1915·是年 社
竹製スプーン　❽ 1938·是年 社
タッパーウェア　❽ 1963·4月 社
茶碗　❷ 1006·10·20 政／1025·8·7 政
鉄鍋(鉄兜改造)　❽ 1945·9月 社
テフロン加工フライパン　❾ 1965·11月 社
電気魚焼器　❽ 1959·是年 社
電子ジャー　❾ 1970·5月 社
電子レンジ　❾ 1995·是年 社
電子レンジ用プラスチック容器　❾ 1976·12月 社
陶製鍋　❽ 1938·是年 社
玻璃器　❺-1 1686·2·28 政
プルトップ　❾ 1965·3月 社
包丁　❸ 1322·4·10 文／9·10 文
包丁(セラミック製)　❾ 1985·是年 社
魔法瓶　❼ 1909·是年 社／❾ 1978·是年 社／1981·8月 社
木製バケツ　❽ 1938·是年 社
割りばし　❾ 1990·6·1 社

乳製品　❻ 1857·4·20 社／1866·1·10 社／❾ 1966·11·9 社／1967·6·10 政／1973·2·11 社

　加工原料乳生産者補給金　❾ 1965·6·2 社
　紙パック入り牛乳　❽ 1964·是年 社
　紙パック入り乳飲料「ピクニック」　❾ 1981·4月 社
　牛乳営業取締規則　❻ 1885·11·13 社／❼ 1900·4·7 社
　牛乳切手　❻ 1891·7月 社
　牛乳搾取人心得規則　❻ 1873·10·19 社
　牛乳配達　❻ 1881·2月 社
　牛酪　❻ 1879·9月 社
　粉ミルク　❼ 1918·是年 社／❽ 1940·2·14 社／10·10 社／1950·2·22 社／是年 社／1951·8月 社／1958·1·15 社
　コンデンスミルク　❻ 1882·10·30 社
　搾乳業　❻ 1863·是年 社／1880·是年 社
　十円牛乳　❽ 1954·12·27 社／1955·1·26 社／1958·2·6 社
　全国牛乳普及協会　❾ 1979·1·10 社
　蘇(貢蘇)　❶ 700·1月 社／10月 社／722·④·17 社／865·3·2 政／887·2·5 社／❸ 1334·4·12 政
　脱脂粉乳　❽ 1948·2·3 社／1950·2·7 社
　チーズ　❻ 1861·是年 社／❼ 1929·是年 社
　乳　❶ 913·6·19 社
　テトラパック入り牛乳　❽ 1956·7月 社
　東京牛乳倶楽部　❻ 1888·5月 社
　ドライミルク　❼ 1920·11月 社
　日本酪農乳業史研究会　❾ 2008·4·26 文
　乳師　❶ 869·7·19 文
　白牛酪(バター製造·売捌取次所)　❺-2 1792·6月 社／1793·6月 社／1796·1月 社／1798·1·8 社／9·17 社／是年 社
　バター　❻ 1886·10月 社／1887·是年 社／❼ 1907·是年 社
　マーガリン(人造バター)　❻ 1887·是年 社／1894·是年 社／❼ 1908·5月 社／1914·5·2 社／❽ 1939·9·21 社／1950·10·20 社／1952·11月 社／1954·2月 社／❾ 1966·9月 社／

1968·9月 社
ヨーグルト　❾ 1971·3月 社／1973·12月 社
ロングライフミルク　❾ 1976·3月 社

飲み物
青汁　❾ 1982·9月 社
インスタントコーヒー　❻ 1886·5月 社／❽ 1956·4·1 社／1960·8·11 社
烏龍茶　❾ 1979·是年 社
オレンジカルピス　❽ 1958·3月 社／1960·3月 社
オレンジジュース　❼ 1899·是年 社
ガラナ　❽ 1960·5月 社
カルピス　❼ 1919·7·7 社／12·7 社／1924·6·3 社／❽ 1948·5月 社
缶コーヒー　❽ 1958·12月 社／1959·8月 社
　缶コーヒー(BOSS)　❾ 1994·8月 社
　缶コーヒー(ミルク入り)　❾ 1969·4月 社／1970·3月 社
缶ジュース　❽ 1954·4月 社
　缶ジュース(押し開け式ふた)　❾ 1976·7月 社
クリープ　❽ 1961·4月 社
航空機飲料·化粧水持込み制限　❾ 2007·3·1 社
紅茶(リプトン)　❼ 1906·是年 社
紅茶ティーバッグ　❽ 1961·11月 社
コーヒー　❺-2 1799·6月 社／1800·是年 社／1804·是年 社／❻ 1861·是年 社／1875·1月 社／1881·是年 社／❼ 1913·是年 社／❽ 1947·6月 社／1950·7·1 社
コーラス(森永)　❽ 1957·7月 社／1961·1·20 社
コカ·コーラ　❼ 1919·是年 社／❽ 1949·10·12 社／1957·5·8 社／1962·2月 社／❾ 1977·5月 社
サイダー　❼ 1903·是年 社／1904·是年 社／1907·7月 社／❽ 1939·7·3 社
ジュース調査　❾ 1969·9·19 社
ジンジャエール　❻ 1865·是年 社
清涼飲料水営業取締規則　❼ 1900·6·5 社
ソーダ水　❼ 1900·6·5 社／1902·是年 社
ダイエットコーク　❾ 1992·3月 社
だいご(カルピス)　❽ 1964·12月 社
代用コーヒー　❽ 1942·3·20 社
チクロ入りジュース　❾ 1970·2·1 社
天然オレンジジュース　❽ 1957·1·17 社
トマトジュース　❼ 1933·8月 社／❽ 1950·7月 社／1957·8月 社／1959·3月 社／4月 社／1963·4月 社／9月 社
人参ジュース　❾ 1995·11月 社
バヤリースオレンジ　❽ 1949·是年 社／1951·11·1 社
バヤリースつぶつぶ　❾ 1981·5·6 社
ピーチネクター　❽ 1961·10·1 社
プラッシー　❽ 1958·4月 社
ブルーマウンテン　❽ 1953·是年 社
ブレンド茶「お茶どうぞ十六茶」　❾ 1993·3月 社
粉末ジュース　❽ 1953·6月 社／1958·2月 社
ポカリスエット　❾ 1980·4·1 社
ポンジュース　❽ 1952·是年 社
三ツ矢サイダー　❼ 1905·是年 社
ミルクココア　❼ 1919·是年 社
麦湯(茶見世·湯汲女)　❺-2 1850·6·24 社／1851·5·27 社／1852·②月 社／5·25 社
森永マミー　❾ 1965·5月 社
ヤクルト　❾ 1968·8月 社／2010·6月 社
ラテアート世界選手権　❾ 2010·6·23 社
ラムネ　❻ 1865·是年 社／1868·7月 社／11月 社／1886·7·20 社／❼ 1900·6·5 社／1904·是年 社／1907·7月 社／❽ 1953·6月 社／❾ 1971·6月 社
リポビタンD　❽ 1962·3月 社
リボンシトロン　❼ 1909·6·10 社
緑茶飲料(伊右衛門)　❾ 2004·3·16 社
緑茶飲料(お～いお茶)　❾ 1989·2月 社
緑茶飲料(生茶)　❾ 2000·3月 社
レモナード　❼ 1900·6·5 社／1908·是年 社
レモン水　❻ 1876·6·20 社

パン　❺-2 1720·是年 社／1786·5·21 政／1842·4·12 社／❻ 1860·是年 社／1866·是年 政／1869·是年 社／❽ 1948·10·6 社／1950·5·1 社
あんパン(木村屋)　❻ 1874·是年 社／1875·4·4 社／4月 政
菓子パン売り(横浜)　❻ 1888·3月 社
カレーパン　❼ 1927·是年 社
玄米パン　❼ 1919·是年 社
神戸屋パン　❼ 1918·是年 社
国民食パン　❽ 1941·4·14 社
ジャムパン　❼ 1900·是年 社／1926·3·23 社
食パン　❽ 1938·7·12 社
パン粉　❼ 1907·是年 社
パンのセルフ販売方式　❾ 1970·10月 社
パン屋　❺-1 1643·2·27 社／1649·8·4 社
兵糧パン　❻ 1855·2·23 社
ベーキングパウダー　❽ 1947·11月 社
ホットドッグ　❽ 1949·10·12 社

米穀
小豆粥　❶ 935·1·15 社
埦飯(おうばん)　❷ 1179·1·6 社
外国米輸入　❻ 1866·9·28 政／10·12 政／1890·4·17 政
玄米食普及運動　❽ 1942·11·24 社
玄米品評会　❻ 1888·5·5 社
コーンフレーク　❽ 1963·3·17 社
小麦粉　❻ 1861·是年 社
米(座)　❹ 1478·8·13 社／1584·4·7 社
米(素人)直売買禁止　❻ 1855·8月 社
米の値段　❻ 1873·9月 政
雑穀常食　❺-1 1642·5·24 社
滋養米(人造米)　❼ 1912·11月 社
精米機械　❻ 1891·11月 社／❼ 1896·11·28 社
節米デー　❽ 1940·5·10 社
戦時食糧自給対策　❽ 1943·5·21 社
宝米(じゃがいも)　❽ 1941·1·10 社
七種粥　❶ 890·2·30 社
奈良茶飯　❺-1 1657·是年 社／1683·天和年間 社
南京米　❻ 1867·4月 社／1890·3月 社
箱館新田の初貢米　❻ 1856·12·10 社／1857·2·17 社
兵糧·兵粮米　❷ 1182·3·14 政／1183·3月 社／1184·2·22 政／1185·1·6 政／3·12 政／11·28 政／1186·1·9 政／3·21 政／1187·7·20 政／1221·10·29 政
兵粮料所　❷ 1277·10·25 政
米軍放出小麦粉·缶詰　❽ 1946·6·22 社／7·13 社
米穀搗精規則五分づき　❽ 1943·1·7 社
米食使用禁止　❽ 1940·8·1 社
米麦食　❼ 1932·1·27 社
糒(ほしいい)　❸ 1290·2·20 社
麦飯(脚気)　❻ 1885·1月 社
野戦兵食料理　❽ 1940·1·1 政／1943·1·1 政／1944·1·1 政

メニュー·献立　❺-1 1687·是年 文
エリザベス女王来日歓迎晩餐会　❾ 1975·5·7 社
雁包丁　❺-1 1660·11·16 文
韓国大統領全斗煥大統領歓迎晩餐会メニュー　❾ 1984·9·6 社
五輪メニュー　❾ 2008·8·13 政
白鳥包丁　❺-1 1615·1·17 文
鶴包丁　❹ 1587·1·17 文／1588·1·17 文／1589·1·7 文／❺-1 1615·1·17 文／1626·1·17 文／1628·1·17 文／1631·1·17 文／1632·1·17 文／1665·2·12 文／1688·1·17 文／❺-2 1718·12·23 社／1723·1·18 文／1725·11·21 文／1733·1·18 文／1734·1·18 文／1775·12·25 社／1849·1·19 文
ディナー·ショー　❾ 1966·3·1 文
デパート食堂メニュー　❼ 1931·2月 社
天長節晩餐会(鹿鳴館)　❻ 1893·11· 社
二條城行幸献立之次第　❺-1 1626·9·6 文
プチャーチンの日本応接掛への接待食事　❻ 1853·12·17 社
ペリー饗応献立表　❻ 1854·2·10 社
ミッテラン大統領歓迎晩餐会メニュー　❾ 1982·4·15 社
薬膳メニュー　❾ 1988·5月 社
レーガン大統領歓迎晩餐会　❾ 1983·11·10 社

麺
温飩(うどん)　❺-1 1642·9·14 社／1689·1月 社／❽ 1940·8·30 社／1954·6·1 社
ケンドン(蕎麦切)　❺-1 1627·是年 社／1642·9·14 社／1662·是秋 社／1664·是年 社／1689·1月 社

索麵(さくめん)　❶ 890·2·30 社
札幌味噌ラーメン　❽ 1950·是年 社
札幌ラーメン　❾ 1965·3 月 社
笊そば　❺-2 1791·是年 社
支那そば屋　❼ 1925·是年 社
正直ソバ　❺-2 1755·8·25 社
素麵(そうめん)　❸ 1343·9·9 文／❺-1 1642·9·14 社／❺-2 1817·文化年間 社
蕎麦·蕎麦切　❺-2 1727·①·3 社／1780·是年 政／❻ 1881·1·22 社／❼ 1897·11 月 社／❽ 1954·6·1 社／❾ 1992·3·30 文
蕎麦アレルギー　❾ 1993·2·10 社
蕎麦切豆腐　❺-2 1780·是年 政
蕎麦粉に毒　❺-2 1769·是春 社
蕎麦渡世　❺-2 1824·⑧月 社
蕎麦屋　❺-2 1843·文政·天保の頃 社／❾ 1979·7·5 社
蕎麦屋出前料　❽ 1961·4·1 社
蕎麦屋の品書·種類と値段　❺-2 1841·是年 文
「蕎麦を食へば死ぬ」との俗説　❺-2 1813·6 月 社
タマゴソウメン　❺-2 1720·是年 社
チャンポン麵　❼ 1907·是年 社
鍋焼きうどん　❻ 1880·是年 社
二八そば(江戸)　❺-1 1668·是年 社
みそラーメン　❾ 1968·9 月 社
麵類製造機　❻ 1888·3·30 社
もり·かけ　❽ 1943·8·27 社／1950·6·1 社
冷麵　❸ 1448·8·15 社
餅　❺-1 1624·9·1 社／❽ 1940·11·22 社
浅草餅　❺-2 1726·是年 社／1780·是年 政
幾世餅　❺-1 1704·是年 社／❺-2 1780·是年 政
おたふく餅　❺-2 1771·是冬 社
京餅座　❹ 1512·是年 社
金龍山餅　❺-2 1791·12·10 社
大仏餅　❺-2 1780·是年 政
初亥餅　❶ 890·2·30 社
餅戸　❶ 782·7·11 社
料理
イタメシ　❾ 1988·10 月 社
稲荷鮓　❺-2 1843·天保年間 社
インドカレー　❼ 1927·6 月 社
駅弁　❽ 1939·7·7 社／1942·5·15 社／1943·11·24 社／1944·8·1 社／1953·1·5 社
お子様ランチ　❼ 1930·12 月 社
男の料理　❾ 1972·是年 社
おむすび　❽ 1959·6·5 社
親子丼　❻ 1890·是年 社
かつカレー　❼ 1918·是年 社
カツレツ　❻ 1860·是年 文
家庭料理検定　❾ 1987·10 月 社
蒲焼き　❸ 1399·6·10 社
カレーライス　❻ 1872·是年 社／1895·是年 社／❼ 1927·是年 社／1928·10 月 社／1930·5 月 社
牛鍋　❻ 1862·⑧月 社
牛肉(開業広告)　❻ 1867·1 月 文
鯨汁　❺-2 1829·文化·文政年間 社
コロッケ　❻ 1895·是年 社
指身(刺身)　❸ 1399·6·10 社／1448·8·15 社
卓子(しっぽく)料理　❻ 1854·4 月 社
しゃぶしゃぶ　❽ 1952·是年 社
10 ドルステーキランチ　❾ 1987·1·10 社
スキ焼　❺-2 1803·享和年間 政／❼ 1923·是年 社
鮨　❷ 1279·3 月 社／❺-1 1680·延宝年間 社／❺-2 1780·是年 政／1847·弘化年間 社／1852·11·17 社
江戸前の握鮨　❺-2 1829·文化·文政年間 社
スパゲッテイ　❽ 1959·4 月 社
西洋料理　❻ 1854·10·19 社／1867·12 月 社／1885·12·19 社
狸汁　❹ 1550·11·18 社
天麩羅　❺-1 1670·是年 社／❺-2 1788·天明年間 社
峠の釜飯　❽ 1958·2 月 社
鰌(どじょう)汁　❺-2 1829·文化·文政年間 社
土用の丑の日　❺-2 1788·安永天明年間 社／1851·7·4 社
とんかつ　❼ 1929·是年 社／1932·是年 社
鱠(なます)　❷ 1115·7·21 社
煮売禁止　❺-1 1665·10·3 社／1671·6·19 社／1673·5·28 社／1686·11·30 社／1687·5·19 社／1689·1 月 社
肉食(にくじき)　❷ 1227·12·10 社／❺-2 1800·天明·寛政年間 社／1817·文化年間 社／1829·文化·文政年間 社／1839·是年 政／1846·11·25 社／1851·是年 社／❻ 1857·10 月 社／1859·安政年間 社／1871·11·3 社／12·17 社／1872·1 月 社／1875·是年 政
牛肉(屋)　❻ 1856·5·8 社／1856·5·8 社／1866·是年 社／1877·是年 社／1885·10 月 社／1879·1·25 社／❼ 1897·此頃 社／1913·8·23 社／❾ 2003·8·1 政
オーストラリア牛　❾ 1976·11·16 政
牛肉安定基準価格　❾ 1975·4·22 政
牛肉缶詰　❻ 1894·9 月 社／❽ 1960·12·6 社
神戸牛　❻ 1866·是年 社
牛豚肉の量(東京)　❼ 1916·9 月 社
宍市(ししいち)　❷ 1236·6·24 社
食肉市場(芝浦)　❽ 1963·8·12 社
生類食禁停止(江戸城中)　❺-1 1709·2·1 社
鳥獣食　❻ 1857·10 月 社
鳥類·貝類·海老の料理禁止　❺-1 1685·11·7 社
肉食(明治天皇)　❻ 1871·11·2 社
肉食禁止　❶ 675·4·17 社
肉店の数(東京)　❻ 1889·12 月 社
肉なし日　❽ 1940·4·7 社／1941·3·31 社／4·14 社／5·8 社
馬肉　❻ 1886·10 月 社／1887·12·14 社／❽ 1938·4 月 社／1960·9 月 社
馬肉販売取締　❻ 1887·3·14 社
バイキング料理　❽ 1958·8·1 社
バッテラ(寿司)　❻ 1894·12 月 社
ハンバーガー　❾ 1971·7·20 社
フグ料理　❾ 1975·1·16 文／12·10 社
豚肉調理「田中式」　❼ 1919·是年 社
フランス風総菜　❾ 1980·2 月 社
フランス料理支える日本　❾ 2011·10 月 社
麻婆春雨　❾ 1981·11 月 社
マカロニ料理　❽ 1954·5·21 社
洋式食品　❻ 1861·是年 社
洋食の心得　❻ 1895·是年 社
料理最高価格　❽ 1944·4·30 社
「料理天国」(料理番組)　❾ 1975·10·4 社
「料理の鉄人」(料理バラエティ)　❾ 1993·10·10 社
料理列車　❽ 1949·8·6 社
和風スパゲッティ　❾ 1967·此頃 社
レストラン·料理屋　❺-2 1743·④·27 社／1771·明和年間 社／1787·11·20 社／1817·文化年間 社／1820·是年 社／❼ 1897·是年 社／1927·12 月 社
赤ちゃん食堂　❽ 1963·8 月 社
いろは(牛肉店)　❻ 1887·1·28 社／1888·是年 社
飲食店·料理屋営業取締　❽ 1939·6·10 社／1946·7·20 社／8·1 社／1947·1·28 社／6·1 社／7·1 社／11·29 社／1949·2·7 社／5·9 社
饂飩屋·商人　❺-2 1727·①·3 社／1728·10·4 社／1751·6·20 社／1824·⑧月 社
鰻屋　❺-2 1817·文化年間 社／1823·是年 社
江戸地料理茶屋　❺-2 1735·享保年間 政
オートパーラー　❽ 1962·3 月 社
和蘭料理　❺-2 1813·10·19 社
懐石料理　❽ 1946·是年 社
回転寿司　❽ 1958·4 月 社
簡易食堂　❼ 1918·1 月 社／6·5 社
資生堂パーラー　❼ 1928·5·18 社
卓袱·卓子料理　❺-2 1735·享保年間 社／1767·5·8 社／1780·是年 政／1802·11·3 社
支那料理店　❻ 1885·7 月 社／1887·是年 社
食堂　❼ 1911·10·1 社
食堂(阪急百貨店)　❽ 1937·7 月 社
食堂(三越呉服店)　❼ 1907·4·1 社
一夜鮓屋　❺-2 1823·是年 社
鮨屋　❽ 1940·8·1 社／1943·2·9 社／1962·12 月 社
西洋割烹店　❻ 1869·8 月 社
西洋料理店　❻ 1859·是年 社／1863·是年 社／1872·5·15 社／1873·8 月 社／1876·4·14 社／❼ 1902·是年 社／❽ 1943·7·6 社
雑炊食堂　❽ 1944·2·2 社／6·13 社／11·24 社
蕎麦屋·温飩屋　❺-1 1703·元禄年間 社
立ち食い·腰掛け式(鮨)　❼ 1897·是年 社
食物屋(武家方屋敷内)　❺-2 1841·

12·27 社
中華料理店 ❼ 1902·是年 社
朝鮮料理店「韓山楼」 ❼ 1905·是年 社
都民食堂 ❽ 1944·11·24 社／1945·6·16 社
煮売商売·茶屋 ❺-1 1703·是年 社／❺-2 1717·是年 社／1719·6·19 社／1727·①·3 社／1728·10·4 社／1754·2·23 社／1767·10·27 社／1799·4月 社
日本料理店 ❼ 1902·是年 社
日本料理店(ニューヨーク) ❾ 1976·5月 社
日本料理店(パリ) ❻ 1884·8月 社
日本料理店(リヤド) ❾ 1977·2·1 社
ピザ店(ニコラス) ❽ 1954·是年 社
ピザパーラー ❾ 1973·7·25 社
フランス料理「トゥールダルジャン」 ❾ 1984·9月 社
フランス料理支える日本 ❾ 2011·10月 社
フランス料理店 ❻ 1893·1·22 社
水煮き店 ❼ 1911·是年 社
ミシュランガイド ❾ 2007·11·19 社／2009·10·13 社
民主食堂 ❽ 1949·11·10 社
屋台(車) ❽ 1940·8·1 社／1949·5·9 社
洋食店「煉瓦亭」 ❻ 1895·是年 社
横文字飲食店名禁止 ❽ 1942·1·16 社
ラーメン屋 ❼ 1910·是年 社
料理茶屋「八百善」 ❺-2 1803·享和年間 社
料理屋「三分亭」 ❺-2 1849·是年 社
レストラン ❻ 1862·是年 社
レストラン「松本楼」 ❼ 1904·6·1 社
料理学校·研究所 ❻ 1882·是年 社
栄養研究所 ❼ 1920·9·17 社
栄養士 ❽ 1947·12·29 社
お台所中央学校 ❽ 1943·1·26 社
割烹学校 ❻ 1892·是年 社／❼ 1898·是年 社
調理師 ❽ 1958·5·10 社
辻調理師学校 ❽ 1960·4·1 社
食品·その他
飲食物防腐剤取締規則 ❼ 1903·9·28 社
衛生新選組 ❽ 1938·1月 社
栄養改善法 ❽ 1952·7·31 社
江戸名物 ❺-1 1680·延宝年間 社
塩合物公事銭 ❹ 1543·3·20 社
大食い·大酒 ❺-2 1817·3·23 社／5·1 社
飲食(おんじき)の制 ❹ 1587·11·25 社
外食券制度 ❽ 1941·3·13 社／4·1 社／1945·6·16 社／7·21 社／1946·10·4 社／1947·7·5 社／7·8 社／1948·7·18 社／1951·是春 社
竈(民のかまど) ❶ 書紀·仁徳 4·2·6
カロリーメイト ❾ 1983·4月 社
観光とうまいもの大会 ❽ 1953·1·5 社
KIOSKU(キヨスク) ❾ 1973·8·1 社
機内食 ❽ 1951·10·25 社／❾ 1965·1·23 社
健康食品規格基準 ❾ 1986·6·4 社
高級料理 ❺-2 1842·4·8 社
合成着色料 ❾ 1967·1·15 社／1974·11·19 社
人工着色料(タール系色素) ❾ 1972·12·13 社
無害着色料 ❻ 1881·4·19 社
有害着色飲食物禁止 ❻ 1878·4·18 社
国産食料品販売部「フードストア」 ❽ 1949·11·21 社
国民栄養調査 ❽ 1960·11·10 社
国民食 ❽ 1941·4·27 社／1947·3·26 社
国民礼食 ❽ 1941·3·5 社
庖丁(コック) ❺-1 1615·是年 文
雑草食 ❽ 1945·7·8 社
児童栄養習慣調査 ❼ 1931·11·15 社／1932·11·15 社
自動販売機 ❽ 1958·是年 社／❾ 1965·3·5 社／1967·2·14 社／1968·10·1 社／1970·8月 社／1975·4月 社／1993·9·11 社／1994·12·19 社
市民食 ❽ 1939·8·15 社
正月用食品 ❽ 1942·12·11 社
賞味期限 ❾ 1994·8·3 社／1995·4·1 社／2003·2·18 社
食道楽 ❼ 1904·是年 社
食品衛生法 ❽ 1947·12·24 社
食品機動監視班 ❾ 1970·5·21 社
食物繊維 ❾ 1988·1月 社
食糧管理委員会 ❽ 1946·1·20 社
食糧増産隊要項 ❽ 1944·2·5 社
全国常食調査 ❼ 1934·11·18 社
代用食品課 ❽ 1944·4·18 社
食物商人 ❺-2 1804·12·14 社／1814·8月 社／1835·是年 社／1836·4·25 社
添加物と製造年月日の表示 ❾ 1969·7·25 社
都民の食生活の実態 ❽ 1945·10月 社
納魚請負人制 ❺-2 1792·②月 社
農山漁村の郷土料理百選 ❾ 2007·12·18 社
初がつおの値 ❺-2 1788·天明年間 社
初物·走り物の期日制限令 ❺-1 1665·1·29 社／1672·5·2 社／❺-2 1842·4·8 社／1844·3·13 社
魚鳥蔬菜の発売開始時期 ❺-2 1741·10·20 社／1742·6·28 社
B級グルメ ❾ 1986·是年 社／1987·是年 社／2006·2·18 社
副食用品の総合通帳 ❽ 1942·2·10 社
弁当 ❹ 1580·安土時代 社／1586·9·27 社／❺-2 1749·8月 社
茶弁当 ❺-2 1776·3·2 社
弁当立売販売 ❻ 1877·7月 社
弁当の種類 ❾ 2007·6·28 文
弁当屋 ❻ 1866·4月 社
メガフード ❾ 2007·1月 社
もどき食品 ❾ 1982·是年 社
糧食研究会 ❼ 1919·6·28 社

13　ファッション (衣服·装身具·髪型·化粧など)

衣服に関する書籍
『ヴォーグ』 ❽ 1949·10·1 社
『源氏男女装束抄』 ❹ 1517·2·7 文
『式内染鑑』 ❺-2 1742·1·15 文
『装束織文図会』 ❺-2 1815·是年 文／1841·是年 文
『装束図抄』 ❺-2 1801·是年 文
『装束要領抄』 ❺-2 1716·是年 政
『スタイル』 ❼ 1936·6月 社
『スタイル男子専科』 ❽ 1950·8月 社
『世界の一流品大図鑑』 ❾ 1976·4月 社
『東京女子高制服図鑑』 ❾ 1985·7月 社
『服装文化』 ❼ 1934·4月 社
『都風俗化粧伝』 ❺-2 1813·是年 社
『容顔美艶考』 ❺-2 1819·是年 社
『歴世女装考』 ❺-2 1847·弘化年間 文
『和漢絹布重宝記』 ❺-2 1789·是年 社
衣服に関する制度
衣服車馬の制 ❷ 1001·⑫·8 社
衣服の制 ❶ 684·④·5 社／712·12·7 社／❺-1 1631·1·18 社／1634·2·22 社／1648·2·28 社／2月 文／1652·2·3 社／1666·4月 社／1668·5·4 文／1686·6·18 社／1688·2·6 社／1704·2月 社／1709·2·30 政／1713·5·19 社／❺-2 1756·11月 社／1757·1·24 社
喝食(かつじき)の服色 ❹ 1458·1·29 社／1459·1·6 社
絹·絁(あしぎぬ)の規格を定める ❶ 717·11·22 社／719·5·23 社
四位五位の服色 ❷ 1016·3·20 社
上下の服制 ❸ 1334·9·7 政
常服を唐法によると定める ❶ 818·3·23 社
僧侶の服装 ❸ 1369·2·27 社
反物の丈尺（規定） ❺-1 1625·8月

社／1626·12·7 社／1631·4·18 社／1664·8·3 社／1665·是年 社
朝服の制 ❶ 685·7·26 政／690·4·14 政／7·7 政／810·9·25 政
賃繰・賃機の制 ❺-2 1774·6月 社
名主・百姓の衣服の制 ❺-1 1628·2·9 社
日本風の髷・髪・衣装禁止(琉球) ❺-1 1617·8·15 社
熨斗目（のしめ）着用の制 ❺-1 1709·7·5 政
服色の制 ❶ 701·3·21 政／706·12·9 社／708·⑧·7 社／815·10·20 政
婦女の服制 ❶ 701·12·15 社／719·12·5 社／730·4·16 社
法家女房の服制 ❷ 1253·10·1 社
右襟の制 ❶ 719·2·3 社
衣服に関する禁止令
茜紅花の色、着用禁止 ❶ 881·10·14 社
綾織物禁止(賀茂祭使) ❷ 1016·4·17 社
衣服華美禁止令 ❶ 840·3·19 社／947·11·13 社／982·3·22 社／999·7·27 社
衣服の価格制限（江戸城内女中） ❺-1 1667·4·21 政
衣服の売価制限 ❺-2 1724·6·23 社
異様な服装禁止 ❻ 1859·5·25 社／1890·7·16 社
華美・奢侈を禁止 ❷ 1001·11·25 社／1004·4·17 社／1006·11·15 社／1025·11·8 社／1028·10·3 社／1029·4·10 社／1030·4·15 社／1041·3·23 社／7·18 政／1140·4·18 社／1179·4·21 社／1184·11·21 社／1212·3·22 社／1225·10·29 社／1231·1·29 政／1240·3·12 社／1243·10·24 政／1261·2·20 文／❺-2 1745·1·7 社／1795·6月 社／1843·9·7 社／❻ 1866·5·9 政
袢の着用、町人禁止 ❺-1 1668·8月 社
禁色の制 ❶ 914·6·1 社
公卿武家風の服装禁止 ❻ 1863·12·2 政
絹布禁止（手巾・犢鼻褌） ❺-1 1656·7·1 社
小袖売買禁止 ❺-1 1683·1·15 社
紗の朝服禁止 ❶ 716·10·20 政
常布の使用を禁止 ❶ 714·2·2 政
深紅の衣服禁止 ❶ 918·3·19 社／926·10·9 社／937·9·7 社／942·5·16 社
蘇芳色の衣服制限 ❶ 712·10·17 社／720·4·28 社
貂裘の着用禁止 ❶ 885·1·17 政
筒袖の禁止 ❻ 1861·6·23 社
二襲装束の着用禁止 ❷ 1029·7·12 社
美服の禁止(延暦寺) ❷ 1131·2·13 社
紅衣禁制 ❷ 1030·4·15 社
紅下袴禁止 ❷ 1213·2·1 社
和服入場禁止 ❻ 1891·9月 社
衣服 ❷ 1212·3·22 社
合袴 ❷ 1213·2·1 社
赤染帷(かたびら) ❹ 1515·3·28 社
赤ちゃん服(白ぐるみ) ❼ 1927·是年 社
絁(あしぎぬ) ❷ 1191·3·28 社
東(吾妻、あずま)コート ❻ 1886·是年 社／❼ 1897·4月 社／1900·11月 社
アッパッパ(家庭簡単服) ❼ 1923·是年 社
綾織 ❷ 1039·10·30 社
今様もんぺい ❼ 1935·1·8 社／1月 社
衣料疎開 ❽ 1945·1·2 社
衣料補修サービス ❽ 1947·3·6 社
内褂 ❷ 1093·8·29 政
打懸 ❹ 1457·5·24 社
有文狩衣 ❷ 1158·3月 社
襖(綿入れ) ❶ 762·2·6 政／770·9·3 政／775·5·27 社／780·7·22 政
外套と吾妻コートの流行 ❼ 1900·11月 社
貸衣装 ❽ 1944·5·25 社
喝食の衣服 ❸ 1436·1·26 社
割烹着 ❼ 1915·9月 社
上下（かみしも、麻） ❺-1 1663·8·13 政
唐綾 ❷ 1229·12·29 社
狩衣(金襴) ❸ 1427·4·18 文
神服 ❶ 769·2·16 社
既製品規格(東京婦人子供服製造卸商組合) ❼ 1931·7月 社
既製服 ❼ 1923·3月 社／❽ 1941·2月 社／1963·11月 社
皁衣(くろきぬ) ❶ 693·1·2 社
裙襦、裳裾 ❶ 600·是年
袈裟・円座・木綿 ❹ 1552·4·26 社
国民服 ❽ 1937·10·17 政／1938·12·22 社／1940·7·4 社／11·2 社／1943·6·16 社／10·20 文
呉服 ❺-1 1672·4·13 政
祭使・鷹飼の衣服 ❶ 854·1·20 社
指貫袴 ❷ 1202·1·26 社
三衣筥 ❸ 1405·4·26 政
縮羅(しじら) ❹ 1580·3·9 政
十徳(男子用衣服) ❸ 1422·9·18 社／❹ 1487·7·20 社／1520·3·15 政
ショール ❻ 1880·是年頃 文
女性マフラー ❼ 1936·是年 社
白袴 ❶ 706·12·9 社
摺衣(すりごろも) ❶ 886·9·17 社／926·11·5 社／❷ 1092·1·3 社／1114·2·14 社／5·17 社
製衣冠司 ❶ 700·10·8 社
戦時衣生活簡素化 ❽ 1943·6·4 社
素服 ❶ 748·4·28 政
染袴 ❶ 804·4·23 社
手繦(たすき) ❶ 682·3·28 社
紬苧布（つむぎ・からむし） ❸ 1428·7·1 政
道服 ❹ 1490·⑧·27 社
トレーニングウェア ❾ 1977·2·16 社
緞子(どんす) ❹ 1596·12·10 社
夏服簡単化 ❼ 1931·6·29 社
錦 ❷ 1262·4月 文
布座 ❹ 1468·10·19 社
直衣(のうし) ❹ 1501·1·10 政
濃装束紅装束 ❷ 1149·8·25 社
挟箱(はさみばこ) ❹ 1598·是年 社
脛裳 ❶ 682·3·28 社／686·7·2 社／706·12·9 社
羽二重 ❼ 1898·是年 政／1899·12·1 政／1905·1·13 社
飛魚服 ❹ 1510·2·3 政
火消装束 ❺-1 1682·11·1 社
直垂(ひたたれ) ❹ 1458·①·13 社／1490·⑧·27 社
肩布 ❶ 682·3·28 社
広絹 ❹ 1512·12·11 社
武家の服装 ❺-2 1843·天保年間 社
武士服装(異国人渡来時) ❻ 1853·7月 社
婦人国民服 ❽ 1941·4·23 社
婦人標準服 ❽ 1942·6·4 社
婦人服 ❽ 1941·3·19 社
振袖 ❺-2 1788·天明年間 社
古着 ❽ 1942·2·7 社
古着屋市場 ❻ 1874·1月 社／1881·6·17 社
風呂褌 ❺-1 1651·慶安年間 社／1710·是年 社
冕服 ❶ 732·1·1 政
袍(衣) ❶ 770·9·3 政／771·③·19 政
防寒衣(従軍夫) ❻ 1894·9月 社
前裳 ❶ 682·3·28 社
枕子 ❹ 1502·3·18 政
命婦服色 ❶ 783·1·1 社
無文小袖 ❹ 1458·①·13 社
銘仙着用運動 ❽ 1941·3·5 社
もんぺ ❽ 1947·是年 社
もんぺキモノ ❽ 1957·9·22 社
浴衣 ❽ 1940·7·25 社
絽すきや ❺-2 1799·5·18 社
扇・団扇(うちわ) ❷ 1035·5·16 文／1076·是年 社／1077·此頃 政
団扇 ❺-1 1643·是年 社
唐団扇 ❹ 1571·是年 社
蝙蝠扇 ❷ 1212·3·22 社／❸ 1376·3·27 社
杉扇 ❷ 1123·是年 社
扇子商売 ❺-2 1742·3月 政
琉球扇 ❺-2 1817·文化年間 社
帯
帯座 ❹ 1544·⑪·13 社
女の前帯 ❺-1 1660·明暦·万治年間 社
革帯(銙帯) ❶ 707·3月 社／796·12·4 社
鯨帯（昼夜帯・腹合） ❺-2 1771·是年 社／1772·是年 社
腰帯・褶・脚帯 ❶ 676·1·4 社
白玉帯 ❶ 795·12·13 社
玳瑁帯 ❶ 799·1·25 社
褶(ひらおび) ❶ 605·⑦·1 社／682·3·28 社
海外・地方からの影響
新羅服 ❶ 593·1·15
清朝風の弁髪・衣冠 ❺-1 1655·8·22 政
中国服講習会 ❼ 1927·6·2 社
唐国の朝服 ❶ 719·1·10 政
唐服 ❶ 651·是年 政
パリモード ❼ 1922·1月 社／1931·9·3 社
琉球風の頭髪・服装 ❺-1 1650·是年 社

笠 ❷ 1242·1·15 社／❺-1 1680·延宝年間 社／1701·6·16 社／1710·5·5 政／1714·4·9 社
アシ笠 ❹ 1457·5·24 社
網代笠 ❺-2 1807·是夏 社／1817·文化年間 社
編笠(使用禁止) ❺-1 1670·6·7 社／1687·天和·貞享年間 社／❺-2 1757·9·21 社
綿繭笠 ❺-2 1851·是春 社
市女笠 ❷ 1014·4·21 社／1023·5·13 社
熊谷笠 ❺-1 1683·天和年間 社
シュロ笠 ❺-1 1703·貞享·元禄年間 社
小児日笠 ❺-1 1683·天和年間 社
菅笠 ❹ 1457·5·24 社／❺-1 1687·天和·貞享年間 社／1703·貞享·元禄年間 社
竹の子笠 ❺-2 1817·文化年間 社
つづら笠 ❺-1 1657·明暦年間 社
深編笠の売買 ❺-2 1758·10·20 社／1842·7·4 文
藤笠 ❺-2 1740·元文年間 社
山笠 ❸ 1424·6·14 社
傘 ❺-1 1710·10月 政
青紙張日傘 ❺-2 1749·5·30 社／1750·8·10 社
折りたたみ傘(スプリング式) ❽ 1955·5月 社
傘問屋 ❺-2 1726·4月 社／1735·享保年間 社／1788·12月 社／1826·6月 社
唐傘 ❺-2 1724·7·25 政
蝙蝠傘 ❻ 1867·5月 社
渋蛇の目傘 ❼ 1897·4·21 文
蛇の目傘 ❺-1 1703·元禄年間 社
白傘袋 ❹ 1523·6·13 社／1528·12·12 政／1550·2·28 政
白張り日傘 ❺-2 1826·是夏 社
長柄傘 ❺-2 1766·1·28 社／1771·12·30 社
日本傘 ❻ 1881·是年 社
日傘 ❺-2 1743·寛保年間 社／1763·宝暦年間 社／1827·7·29 社／1828·8·1 社／1831·8·26 社／1843·4·6 社／1851·8·27 社／❼ 1922·9月 社／1923·是年 社
涼傘 ❺-2 1780·安永年間 社
合羽 ❺-1 1614·慶長年間 社／1710·5·5 政／10月 政／❺-2 1788·12月 社
安全色雨衣普及委員会 ❽ 1960·4·5 社
女合羽 ❺-1 1681·是年 社
桐油合羽干場 ❺-2 1766·11·3 社
桐油合羽屋 ❺-2 1743·寛保年間 社
夏合羽 ❺-2 1763·宝暦年間 社
木綿合羽 ❺-1 1680·寛文·延宝年間 社
羅紗之合羽 ❺-1 1648·2·23 社
カバン·袋物
ショルダーバッグ ❽ 1949·是年 社
信玄袋 ❼ 1896·是年 社／1906·是年 社
大巾着 ❻ 1863·是年 社
デイパック ❾ 1977·是年 社
ハンドバッグ ❼ 1924·是年 社／1926·是年 社
ビーズ製の袋物 ❼ 1935·2月 社
三つ折バッグ ❼ 1924·是年 社
かぶりもの(笠·帽子は各項目を見よ)
異風頭巾 ❺-2 1774·12·16 社／1801·12·23 社／1841·11·29 社
異風頭巾禁止 ❻ 1861·3·15 社
えりまきブーム ❾ 2000·是年 社
御高祖頭巾 ❺-2 1735·享保年間 社／1802·2·15 社
角頭巾 ❺-2 1773·12·19 社／1844·1·6 社
紙の頭巾 ❺-2 1810·是冬 社
かむり（手拭い） ❺-2 1745·是年社
気儘頭巾 ❺-2 1743·寛保年間 社
頭巾 ❺-2 1743·11月 社
瀬川帽子 ❺-2 1734·是年 社
宗十郎頭巾 ❺-2 1750·寛延年間 社
袖頭巾 ❺-2 1735·享保年間 社
大明頭巾 ❺-2 1751·是年 社
覆面 ❺-1 1609·1·2 社／1619·2·10 社／1655·8·2 社／1656·2月 社／1701·6·16 社／❺-2 1743·10·26 社
覆面·頭巾通行禁止 ❻ 1871·1·14 社
布衣(ほい)烏帽 ❷ 1147·6·1 政
頬かむり ❺-1 1656·2月 社
真知子巻き ❽ 1954·2·14 社
丸頭巾 ❺-2 1773·12·19 社／1844·1·6 社
わたこ（頭巾） ❺-2 1808·是冬 社
髪型·美容師
オランダ鏡 ❺-2 1832·⑪·22 文／1833·是年 文
女髪結 ❺-2 1747·是年 社／1795·10·3 社／1840·12·11 社／1841·12月 社／1842·10月 社／1846·是年 社
女髪結取締規則 ❼ 1901·3·6 社／1919·5·14 社
髪洗女 ❺-1 1656·9·6 社／❺-2 1734·是年 社
髪の惣輪 ❺-2 1801·是夏 社
髪の中剃り ❺-1 1709·10·29 社
髪結（職・床・仲間） ❺-1 1640·6月 社／1655·8月 社／1658·8月 社／1667·②月 社／❺-2 1722·3·6 社／1723·12·18 社／1735·2·3 社／1749·8·17 社／1760·1·8 社／1764·7·11 社／1770·⑥·21 社／1777·9·26 社／1779·8月 社／1788·12月 政／1791·10·25 社／1793·7·19 社／1840·12·11 社／1842·2·29 社／1851·6·25 社
吉弥結 ❺-1 1677·3月 文／1680·延宝年間 社
伽羅油 ❺-1 1643·是年 社／1651·正保·慶安年間 社／1680·寛文·延宝年間 社
シャンプー「エメロン」 ❾ 1965·8月 社
シャンプー「花王シャンプー」 ❼ 1932·4月 社
ショートカット ❽ 1949·6月 社
女性茶髪率 ❾ 2003·1月 文
女性の髪型 ❼ 1904·是年 社
女優まげ ❼ 1913·是年 社
白髪元結 ❺-2 1780·安永年間 社
甚三紅·中紅 ❺-1 1654·承応年間 社
戦時下の髪型 ❽ 1945·8月 社
惣輪 ❺-2 1801·是年 社
大日本美髪会 ❼ 1906·8月 社
大日本理容連合会 ❼ 1936·5·17 社
茶筅髪 ❺-1 1662·10月 社
長髪禁止 ❽ 1939·6·16 社
辻髪結を禁止 ❺-1 1656·10·21 社
電気アイロン ❼ 1915·是年 社／1927·4月 社
電気コテ ❼ 1915·是年 社
東京女子美髪学校 ❼ 1913·9·1 社
東京婦人結髪連合会 ❼ 1922·5·24 社
頭髪に関する法度 ❺-1 1645·7·18 社
ドライヤー(カブト型) ❼ 1922·1月 社
二百三高地（髪型） ❼ 1905·7月 社
練油元結商 ❺-2 1772·6·6 社
パーマネント（電髪） ❼ 1932·是年 社／1935·5·21 社／❽ 1939·6·16 社／1940·8·5 社／1943·2·15 社／8·28 社／10·1 社
パーマネント機械（国産） ❼ 1934·是年 社
パーマネントコンクール ❽ 1946·12·17 社
美髪学校 ❼ 1913·8·1 社
美容院の語の始め ❼ 1923·3月 社
太元結 ❺-1 1699·11·17 社
ヘアーネット ❼ 1925·是年 社
ヘップバーン·スタイル ❽ 1954·6·29 社／是年 社
ポニーテール ❽ 1955·是年 社
巻髪の復活 ❾ 2005·是年 社
水油高値囲置 ❺-2 1784·10月 社
水油商・仲買 ❺-2 1724·1·18 政／5·12 政／1726·4月 政／1776·12·18 社／1786·3·26 社／1796·4月 社／6·27 社／1797·4·20 社／1822·7·29 社／1822·8月 社
耳かくし（髪型） ❼ 1921·是年 社／1922·是年 社／1924·是年 社
都古路風（髪型） ❺-2 1736·是年社
元結 ❺-1 1643·寛永年間 政／1672·寛文年間 社／1680·寛文·延宝年間 社／❺-2 1788·12月 社／1802·5月 社
リンス「花王テンダー」 ❾ 1965·12月 社
ロール巻(髪型) ❽ 1938·是年 社
冠 ❷ 1242·3·13 文
漆紗冠 ❶ 682·6·6 社
羅の幞頭（冠）禁止 ❶ 716·10·20 政
革製品
皮袴 ❹ 1457·5·24 社
鮭皮ハンドバッグ ❽ 1938·是年 社
鹿皮調人工皮革 ❾ 1970·4·20 政
綿羊革 ❺-2 1832·9·6 社
絹 ❶ 816·3·5 社
絵絹売買 ❺-2 1826·6月 文
生糸輸出 ❽ 1946·3·6 政／1947·5·16 社／1949·2·22 政
絹縑(きぬかとり) ❶ 471·是年
絹の臨時交易 ❶ 931·1·28 政
絹物（法度・問屋） ❺-2 1751·6·18 社／7·22 社／1842·是年 社／1845·2月 社

桐生旗絹　❺-1 **1646**·是年 社
絹衣の着用　❹ **1575**·8·4 社
絹糸　❸ **1287**·11·26 政
繭糸価格安定臨時措置法　❽ **1958**·7·10 政
絹布　❺-1 **1635**·9·20 社／**1665**·是年 社
国産生糸　❺-1 **1643**·寛永年間 社／**1659**·是年 政／**1713**·5·19 政
小松絹（肝煎）　❺-2 **1722**·2·14 社／**1828**·4·16 社
地方絹　❺-2 **1744**·10·2 社
純絹製品　❽ **1949**·6·1 社
人造絹糸　❼ **1916**·5 月 社
錦·絹布　❶ **680**·10·4 社
和絹糸　❺-1 **1712**·是春 社／**1713**·6·19 社

靴·靴下　❻ **1871**·10·18 社／**1872**·7·3 社
運動靴　❼ **1900**·4 月 文
オーバーシューズ　❼ **1908**·是年 社
オールナイロンの短靴下　❽ **1949**·8 月 社
革靴·皮靴　❼ **1909**·是年 社／❽ **1946**·8·26 社
革の長ブーツ　❾ **1976**·是冬 社
絹靴下　❼ **1928**·1·12 政
靴(左右同型)　❻ **1882**·8 月 社
靴工場　❼ **1920**·是年 社
靴下の上に足袋　❼ **1922**·是年 社
靴製造所　❻ **1880**·5·2 社
靴店　❻ **1872**·2·4 社
グッドイヤー式製靴機械　❼ **1908**·是年 社／**1922**·11 月 社
靴の値段　❻ **1873**·6 月 文
靴部(三越呉服店)　❼ **1907**·10·8 社
靴磨き技術コンクール　❽ **1953**·12·6 社／**1957**·11·18 社
軍靴　❻ **1869**·3 月 政
国策靴　❽ **1939**·3·23 社
ゴム靴　❼ **1907**·是年 社／**1916**·是年 社／**1928**·是年 社
鮫皮靴　❽ **1938**·是年 社
シームレス·ストッキング　❽ **1953**·3 月 社／**1961**·10·31 社
自動靴下機　❼ **1907**·是年 社
製靴工場　❻ **1870**·3·15 社／**1877**·4 月 社
西洋鞣革靴伝習所　❻ **1871**·是年 社
東京造靴工組合　❻ **1888**·1·12 社
長靴　❼ **1908**·是年 社／**1914**·是年 社／**1918**·是年 社
半沓　❻ **1867**·10 月 社
パンティ·ストッキング　❾ **1968**·5 月 社
ビニールサンダル　❽ **1952**·6 月 社
マッキンレイ靴　❼ **1903**·是年 社
洋靴着用　❻ **1863**·是年 政
洋靴を米へ輸出　❻ **1878**·是年 社

毛糸
ウールマーク　❽ **1961**·9 月 社
襟巻き(毛糸)　❻ **1892**·是年 社
肩掛け(毛糸)　❻ **1892**·是年 社
毛糸編機　❽ **1952**·11 月 社
毛糸編物流行　❻ **1891**·12 月 社
手袋(毛糸)　❻ **1892**·是年 社
婦人あみもの会　❻ **1886**·9·25 社

毛織物　❺-1 **1710**·6·18 政
毛綴織物　❺-1 **1638**·6·2 文／**1655**·1·15 社／**1682**·2·3 政
ゴブラン織前掛　❺-2 **1718**·6 月 文
ゴロフクレン(舶来の粗い毛織物の一種)　❺-2 **1773**·3·15 政／**1822**·2·15 政／**1838**·3·15 政／❻ **1856**·是年 社
羅背板（羅紗に似た毛織物）　❺-2 **1768**·3·1 政／**1773**·3·15 政

化粧
白粉（鉛華）　❶ **463**·是年／**692**·⑤·4 社／❺-1 **1613**·是年 社／**1623**·慶長·元和年間 社／❺-2 **1825**·是年 社
白粉「クラブ洗粉」　❼ **1906**·4 月 社／**1910**·是年 社
お歯黒　❷ **1156**·此頃 社
口紅「テスティモ」　❾ **1992**·2 月 社
クリーム　❽ **1948**·9·16 社
化粧水「雪肌精」　❾ **1985**·5 月 社
化粧品　❽ **1963**·8·31 政
化粧品「ちふれ」　❾ **1968**·11 月 社／**1971**·5·8 社／**1975**·2·17 社
化粧品「ドルックス」　❼ **1932**·12 月 社
化粧品コーナー(小中学生専用)　❾ **1999**·11·4 社
化粧品適正広告基準　❽ **1958**·5·1 社
化粧品 119 番　❾ **1979**·3·1 社
高級化粧品「ラ·クレーム」　❾ **2012**·6·16 社
香水「モナマン」　❽ **1955**·9 月 社
コールドクリーム　❼ **1922**·是年 社
サマー化粧品「ビューティーケイク」　❾ **1966**·5·27 社
サンオイル　❽ **1961**·5 月 社
男性用化粧品　❽ **1959**·3 月 社
男性用化粧品「MG5」　❽ **1963**·是年 社／❾ **1967**·8 月 社
店頭美容相談員　❼ **1934**·4 月 社
女房の化粧　❷ **1148**·是年 社
紅　❺-2 **1825**·是年 社
ポンズ·コールドクリーム　❽ **1957**·4 月 社
ミツワクリーム　❽ **1949**·2·13 社
ライポン　❽ **1956**·8 月 社／**1959**·4 月 社
レディリップスティック　❾ **1984**·2 月 社

下駄·草履　❽ **1941**·8·7 社
吾妻下駄　❻ **1886**·10 月 社
下駄の歯の入替え　❺-2 **1820**·是年 社
駒下駄　❺-1 **1657**·明暦年間 政／❻ **1886**·10 月 社
ゴム下駄　❼ **1915**·11 月 社
三枚重の草履　❺-2 **1750**·8·10 社
雪駄商売　❺-2 **1742**·3 月 政
草履下駄　❺-1 **1710**·宝永年間 社
高足駄　❺-1 **1672**·2·6 社
塗下駄　❺-2 **1750**·8·10 社
鼻緒　❺-2 **1843**·7·22 社
日和下駄　❺-2 **1771**·明和年間 社

コンテスト·ショー
アメリカン·ファッションショー　❽ **1949**·2·26 社
きもの明治百年史ショー　❾ **1966**·11·15 社
京都染織物見本市　❼ **1926**·10·7 社
国際ファッション·デザイン·コンテスト　❾ **1983**·11·14 社
全日本きもの装いコンテスト　❾ **1984**·3·25 社
ソ連女性モデル　❾ **1981**·5·21 社
東京ガールズコレクション·イン北京　❾ **2011**·5·7 社
東京コレクション（春夏）　❾ **1985**·11·5 社
ビューティショウ　❽ **1951**·11·19 社
ファッション·ショー(洋服)　❼ **1905**·8·16 社／**1927**·9·21 社／**1935**·是年 社／❽ **1948**·4·5 社／5·26 社／**1949**·是年 社／**1951**·5·25 社／**1952**·4·25 社／**1953**·11·24 社
ファッションショー(和服)　❼ **1917**·是年 社
水着ショー　❾ **1965**·1·25 社
レジオン·ドヌール賞　❾ **1989**·7·15 社
ワールド·ファッション·フェア　❾ **1989**·11·18 社

下着
アクリル肌着第一号「カネカロン·メリヤス肌着」　❽ **1956**·3 月 社
シェイプパンツ　❾ **1981**·8 月 社
シェイプブラジャー　❾ **1982**·1·12 社
下着(女性用)　❽ **1949**·11·1 社
下穿·ズロース　❼ **1919**·4 月 社／**1932**·12·16 社
スキャンティ　❽ **1956**·4 月 社
ズボン下(硝化綿布製)　❽ **1948**·4·9 社
バストパッド　❽ **1953**·11·24 社
ブラジャー　❽ **1949**·7 月 社
フロント·ホック·ブラジャー　❾ **1978**·3 月 社／**1979**·是年 社

諸国の布製品
伊予絣　❺-2 **1802**·是年 社／**1835**·12·2 社
岩国縮　❺-2 **1749**·是年 社
越中川上布　❹ **1586**·5·30 社／**1588**·5·23 社
江戸鹿子　❺-1 **1687**·貞享年間 社
小千谷縮　❺-2 **1753**·11·29 社
京都西陣　❺-1 **1696**·是年 社
桐生紋紗織　❺-2 **1738**·是春 社／**1744**·3·5 社
久米島紬　❺-1 **1632**·是年 社
久留米絣　❻ **1869**·4·26 社
郡内微塵縞の衣類　❺-2 **1747**·延享年間 社
上野伊勢崎（桐生高機）織物　❺-2 **1738**·是年 社／**1739**·2·3 社
小倉織　❺-2 **1849**·9 月 社
晒蕉布　❺-1 **1682**·4·11 政
仙台織　❺-1 **1711**·是年 社
能登縮　❺-2 **1814**·3 月 社
博多織業者の定　❺-2 **1771**·宝暦·明和年間 社
芭蕉布　❺-2 **1738**·8·26 政
八丈島紬　❺-1 **1632**·是年 社／❺-2 **1725**·10 月 政
日高讐織　❺-2 **1800**·天明·寛政年間 社
友禅染小袖貼屏風　❺-2 **1724**·是年 文／**1740**·2·29 文
琉球細布　❺-1 **1645**·9·10 政

制服
軍服(在京諸藩士) ❻ 1866·11·3 政
慶應義塾生の制服·制帽 ❻ 1885·12 月 社
小学生の制服（小倉織） ❻ 1886·3 月 社／❼ 1936·1 月 文
女学生の制服(戦時型) ❽ 1944·2·8 社
女店員の制服 ❼ 1921·是年 社
尋常師範学校教員の制服 ❻ 1888·9·15 文
制服貸与 ❻ 1878·6·7 社
セーラー服 ❼ 1925·是年 社／1936·是年 社
男子中学生の制服 ❽ 1938·1·24 社／1940·9·12 社／11·27 文／1941·4 月 社
帝国大学の制服 ❻ 1886·4 月 社
東京師範学校女子部の制服 ❻ 1885·9 月 文
武者所の制服 ❸ 1334·5·7 政
羅卒の制服 ❻ 1874·1·28 社
染色
色糊法(友禅) ❻ 1879·是年 社
暈繝(うんげん)の色 ❶ 713·6·19 社
海老色染物 ❺-2 1851·是年 社
臈染 ❺-1 1672·寛文年間 社
織物染色講習所 ❻ 1887·3·6 文
革色染色 ❺-2 1847·弘化年間 社
黄色の衣 ❶ 693·1·2 社
呉桃染 ❶ 834·11·26 社
憲法染 ❺-1 1660·明暦·万治年間 社
焦色(こがれいろ·深紅色) ❶ 907·是年 社
御所染 ❺-1 1643·寛永年間 社
古代の染色法 ❺-2 1737·5·17 文／1750·1 月 文
シャーベット·トーン ❽ 1962·3·4 社
猩々緋(猩々皮、しょうじょうひ) ❹ 1580·3·9 政／❺-1 1646·12·1 政／1653·1·15 政／1655·1·15 政／1671·3·1 政／1682·2·3 政／1692·3·6 政／1698·2·28 政／1708·①·28 政／❺-2 1716·2·28 政／1739·2·28 政／1764·3·9 政／1768·3·1 政／1772·3·15 政／1773·3·15 政／1787·3·15 政／1822·2·15 政
煤竹色の小袖 ❺-1 1659·是年 社
染作所 ❶ 833·8·3 社
染織祭 ❼ 1931·4·11 文／1936·4·4 社
千弥染 ❺-1 1710·宝永年間 政／❺-2 1717·是年 社
染綾 ❶ 830·7·10 社／835·8·26 社
染物（一の字つなぎの二の字崩し） ❺-2 1852·是年 社
堆朱染 ❺-2 1800·是年 社
装身具(アクセサリー)
イアリング ❽ 1951·9 月 社
髪飾り ❺-2 1802·5 月 社／1844·3·9 社
簪(金銀) ❹ 1509·是年 政
銀製芒簪 ❺-2 1829·文政年間 社
櫛·笄 ❺-1 1657·明暦年間 社／1672·寛文年間 社／❺-2 1724·享保 8·9 年 社／1743·④月 社
首飾 ❺-2 1767·5·12 社
瓔珠(くびたま) ❶ 534·⑫月
珊瑚 ❺-1 1699·2·28 政
珊瑚珠 ❺-1 1686·2·28 政／1708·①·28 政
笏 ❶ 774·6·3 政／781·4·20 社
白木笏 ❶ 809·5·28 政
把笏の制 ❶ 719·2·3 社
朱塗の櫛 ❺-2 1763·宝暦年間 社
菖蒲の鬘(髪飾り) ❶ 747·5·5 社
真珠 ❺-1 1684·5·28 社／1689·4·17 社／1694·11·22 社／1697·2·13 社
赤幡 ❶ 741·11·23 社
象牙の櫛·笄 ❺-2 1740·元文年間 社／1763·宝暦年間 社
帯枕 ❶ 819·11·5 政
南京虫(豆時計) ❽ 1951·9 月 社
ネックレス ❽ 1951·9 月 社
花簪 ❺-2 1740·元文年間 社／1763·宝暦年間 社
ビイドロ笄 ❺-2 1735·享保年間 社
ブレスレット ❽ 1951·9 月 社
鼈甲櫛 ❺-2 1771·明和年間 社／1803·享和年間 社
ボタン ❻ 1883·是年 社
金ボタン ❽ 1943·6·5 社
陶製ボタン ❽ 1943·6·9 社
蒔絵の櫛 ❺-2 1735·享保年間 社
武蔵野簪 ❺-2 1842·天保 12、13 社
指輪 ❻ 1874·是年 社
リボン ❻ 1894·是年 社／❼ 1907·1 月 社
足袋
足衣(あしごろも) ❺-1 1711·12·1 政
地下足袋(ブリヂストン) ❼ 1923·是年 社
足袋 ❹ 1541·1·14 文／❼ 1898·是年 社／1922·是年 社
足袋屋 ❺-2 1735·是年 社／1767·6 月 社／1773·6 月 社
夏足袋 ❺-1 1710·宝永年間 政
福助足袋 ❻ 1887·是年 社／❼ 1900·7·18 社／1928·8·15 社
指足袋 ❺-1 1703·元禄年間 社
問屋·仲間
紺屋藍瓶役銭 ❺-2 1776·5·19 社
紺屋仲間 ❺-2 1811·12 月 社
伊勢白子型売仲間 ❺-2 1845·2 月 社
伊勢法田紺屋仲間規定 ❺-2 1814·3 月 社
糸改所（京都） ❺-2 1779·3·9 社
江戸注文繰綿買次問屋仲間 ❺-2 1767·4 月 社
織物および糸·真綿員数貫目改所 ❺-2 1781·6·27 社
型売仲間、仲間掟 ❺-2 1826·1 月 社
紙衣屋 ❹ 1570·10·13 社
絹方役所（秋田藩） ❺-2 1845·是年 社
京都糸問屋仲間 ❺-2 1815·3 月 社
京都撰糸羽二重仲買仲間 ❺-2 1832·11 月 社
繰屋職 ❺-2 1773·6 月 社
小間物座·白粉座·指物細工座 ❺-2 1825·是年 社
紺屋仲間 ❺-2 1754·10 月 社
高機織屋 ❺-2 1738·是年 社／1745·7 月 社／1813·是年 社／1838·12·18 社
丹後縮緬京都問屋 ❺-2 1746·3·9 社／❺-2 1720·3 月 社／1722·8 月 社／1743·6·6 社／1761·是年 社／1770·6·6 社／1775·是年 社／1822·是年 社
反物問屋 ❺-2 1836·11·4 社
縮（役場） ❺-2 1746·3·18 社／1766·3·23 社／11·6 社／1826·6 月 社
縮緬（問屋）·縮緬機 ❺-2 1726·7 月 社／1740·元文年間 社／1762·8 月 社／1771·是年 社／1791·12 月 社／1793·是春 文／1844·4 月 社
紬（問屋·仲買人） ❺-2 1720·10·12 社／1752·12 月 社／1760·1·24 社／1827·12·25 社／12 月 社
西陣織（職工·屋·仲買） ❺-2 1731·12 月 社／1744·3·5 社／1763·是年 社／1769·3·23 社／1770·12 月 社／1826·9 月 社／1837·3·18 社／1842·3 月 社／1842·6·3 社／1852·是年 社
西陣織物類茶染織職仲間 ❺-2 1814·4 月 社
登せ糸業者 ❺-2 1826·4 月 社
古着·古手屋（仲間·問屋·会所） ❺-2 1721·1·12 社／1723·1·21 社／4·21 社／1725·10 月 社／1729·⑨·9 社／1739·11·21 社／1742·3 月 政／1748·4 月 社／1772·11·26 社／1798·4·11 社／1808·3·6 社／1815·8·25 社／1828·5 月 社／1842·5·11 社
結城織（仲間） ❺-2 1755·2·21 社／1829·文政年間 社／1842·3·11 社
和糸問屋 ❺-2 1772·是年 政
頭髪·髭·髷
大月代 ❺-1 1662·10 月 社
大そりさげ ❺-1 1645·7·18 社
大撫附 ❺-1 1645·7·18 社
大髯 ❺-1 1645·7·18 社
大額 ❺-1 1645·7·18 社／1662·10 月 社
男の鬢（びん） ❺-1 1709·10·29 社
片輪髷 ❺-1 1709·10·29 社
勝山髷 ❺-1 1703·元禄年間 社
鬘（かつら） ❺-1 1654·是年 文
髪（役者） ❺-1 1655·是年 社
髻髪の制 ❶ 705·12·19 社
結髪の制 ❶ 682·4·23 社／6·6 社／684·④·5 社／686·7·2 社
月代（さかやき） ❺-1 1709·1·16 社／❺-2 1799·5·29 社
さげ髪 ❺-1 1657·是年 文
島田髷 ❺-1 1643·是年 社／1672·寛文年間 社
ジレットアクタスプラス ❾ 1986·2·11 社
整髪料「マンダム」 ❾ 1970·7 月 社
惣髪 ❺-1 1662·10 月 社
剃下 ❺-1 1662·10 月 社
男性用カツラ ❾ 1969·3 月 社
丹頂チック ❼ 1933·4 月 社
蓄髪 ❺-1 1683·2·26 文

ひげ禁止　❾ **2010**·5·19 社
髭剃　❺-1 **1709**·1·16 社
兵庫髷　❺-1 **1631**·是年 社／**1672**·寛文年間 社
粉末洗髪剤「フェザー·シャンプー」　❽ **1955**·是年 社
ヘアスプレー　❾ **1968**·5·29 社
頬髭　❺-1 **1647**·正保年間 社
丸刈り　❾ **1985**·11·13 社
丸刈り令　❽ **1939**·6·28 社
リーゼント　❽ **1948**·5·20 社
理髪学講習　❼ **1910**·3·1 社
理髪店営業取締規則　❼ **1901**·3·6 社
時計 ⇨ 27 教育·研究「時計·時制」
布·糸　❶ **713**·5·11 社
麻布　❶ **723**·2·14 社
彩帛(あやぎぬ)　❶ **805**·6·10 社
綾錦織　❶ **713**·11·16 文
糸　❶ **714**·2·3 社／❷ **1031**·7·6 政
糸所別当　❷ **1195**·7·28 社
大羅紗　❺-1 **1692**·3·6 政／❺-2 **1716**·2·28 政／**1772**·3·15 政／**1773**·3·15 政／**1787**·3·15 政／
オランダ糸端物　❺-2 **1717**·10 月 社／**1825**·12 月 政
織綾　❶ **717**·5·2 社
貝光布　❺-1 **1639**·5·1 政／**1644**·12·28 政／**1655**·1·15 政／**1658**·1·15 政／**1667**·②·15 政
火浣布　❺-2 **1764**·2 月 社／6 月 文
綛糸　❺-2 **1841**·6·26 社
カナキン(金巾)　❻ **1856**·是年 社
かなきん　❺-1 **1615**·9·7 社
唐紅毛糸反物類　❺-2 **1827**·⑥·5 社
狩衣　❺-2 **1716**·6·9 政
金紋紗　❺-1 **1683**·2·5 社／**1696**·2·28 政
黒天鵞絨　❺-1 **1636**·3·28 政
広絁　❶ **729**·3·23 社
コールテン　❻ **1894**·是年 社
国産服地使用　❻ **1887**·1·17 社
酢酸繊維糸　❼ **1935**·5 月 社
狭布　❶ **810**·2·23 社
更紗・皿沙　❺-1 **1615**·9·7 社／**1644**·12·28 政／**1655**·1·15 政／❺-2 **1768**·3·1 政／**1772**·3·15 政／**1822**·2·15 政／**1838**·3·15 政
更紗貝光　❺-1 **1671**·3·1 政
晒布　❺-1 **1657**·11·1 社
紗羅陀繻珍　❺-1 **1653**·1·15 政
算留縞　❺-1 **1638**·4·5 政
狭絁　❶ **729**·3·23 社
絁布　❶ **713**·5·11 社／**714**·1·25 社／**717**·5·8 社／**729**·4·10 社
縞布·縞木綿　❺-1 **1658**·1·15 政／**1682**·4·11 政／**1692**·3·6 政／**1708**·①·28 政／❺-2 **1768**·3·1 政／**1773**·3·15 政／**1807**·11 月 社
紗綾縮緬　❺-2 **1718**·11·16 政
繻子　❺-2 **1716**·2·28 政
商布　❶ **714**·2·2 政、文
上布　❺-1 **1624**·3·17 社
白糸　❺-1 **1657**·6·30 政
白縮緬　❺-1 **1653**·1·15 政
ステープルファイバー·綿·人絹等の強制混用　❽ **1937**·10·11 社
すめんと　❺-1 **1655**·1·15 政
製糸額の変化　❺-2 **1817**·文化年間 政
惣鹿子　❺-1 **1683**·2·5 社
大紋　❺-2 **1716**·6·9 政
タオル　❽ **1941**·5·23 社
調布の価格　❶ **949**·8·8 社
ちょろけん　❺-1 **1638**·4·5 政／**1655**·1·15 政
テトロン　❽ **1953**·12 月 社／**1957**·1·22 政／**1958**·3·10 社
緞子・段子・純子（どんす）　❺-1 **1655**·1·15 政／**1667**·②·15 政　❺-2 **1718**·2·12 政
ナイロン　❽ **1943**·4·5 社／4·23 政／**1951**·4·12 政
錦　❺-1 **1608**·是年 政／**1683**·3 月 文
繡物　❺-1 **1683**·2·5 社
舶来糸端物　❺-2 **1761**·5·4 政
針金織　❺-1 **1639**·5·1 政
緋縮緬　❺-2 **1799**·5·18 社
ビニロン　❽ **1948**·5 月 社
天鵞絨（びろーど）　❺-1 **1608**·是年 政／**1614**·慶長年間 社／**1638**·4·5 政／**1651**·正保·慶安年間 社／**1655**·1·15 政／**1671**·3·1 政／**1698**·2·28 政
天鵞絨織屋　❺-2 **1813**·是年 社
不織布　❽ **1958**·4 月 政
ペルシア絨緞　❺-1 **1636**·3·28 政
毛氈　❺-2 **1718**·11·16 政／**1804**·8 月 社
毛布の初見　❶ **704**·11 月 社
モスリン　❼ **1913**·10·28 政
紅裏　❺-2 **1751**·1·26 社
もみちぢみ　❺-2 **1799**·5·18 社
紋縮緬　❺-2 **1784**·此頃 社
矢絣　❽ **1938**·是年 社
山繭紬　❺-2 **1739**·2·3 社
ゆもじ　❺-1 **1651**·慶安年間 社
羅紗（ラシャ）　❺-1 **1655**·1·15 政／**1682**·2·3 政／❺-2 **1718**·2·12 政／**1768**·3·1 政／**1822**·2·15 政／**1838**·3·15 政／❻ **1856**·是年 社
綸子（りんず）　❺-1 **1638**·4·5 政／**1655**·1·15 政
レーヨン　❼ **1931**·4·18 社
羽織　❺-1 **1614**·慶長年間 社
薄羽織　❺-2 **1803**·享和年間 社
女羽織　❺-2 **1746**·10 月 社／**1748**·3·20 社／❻ **1859**·是年 社
火事羽織　❺-1 **1690**·4·25 政／**1699**·4·28 社
革羽織　❺-2 **1788**·天明年間 社／**1842**·4 月 社
黒紋付羽織　❻ **1891**·11 月 社
蝙蝠羽織　❺-2 **1770**·是年 社
袖なし羽織　❺-2 **1843**·天保年間 社
茶羽織　❽ **1952**·是年 社
夏火事羽織　❺-2 **1763**·宝暦年間 社
羽織·袴　❻ **1871**·8·18 社
羽織の変遷　❺-2 **1771**·明和年間 社／**1824**·2·20 社
半纏羽織　❺-2 **1800**·天明·寛政年間 社
美容
脚のコンクール　❽ **1951**·10·23 社
脚線美コンクール　❽ **1951**·1·4 社
女囚美容学校　❽ **1953**·12·23 社
整形美容手術　❽ **1956**·7 月 社
全身美容法　❾ **1976**·8·27 社
総合美容室　❽ **1956**·12·1 社
美顔隆鼻術　❼ **1916**·1 月 社
美容体操　❽ **1951**·8·20 社
マニキュア・磨爪術　❼ **1907**·11 月 社／**1930**·是年 社
ファッション関係会社
越後屋洋服部　❻ **1887**·11 月 社
クリスチャン·ディオール　❾ **2005**·10·9 社
資生堂花椿会　❽ **1937**·1 月 社
白木屋呉服店洋服部　❻ **1886**·10·1 社
ハナエ·モリ·パリ店　❾ **1977**·1·27 社
婦人服専門店　❻ **1881**·是年 社
無印良品　❾ **2011**·6·24 社
ユニクロ　❾ **2000**·是年 社
洋服屋　❻ **1869**·是年 社
ラフォーレ原宿　❾ **1978**·10·28 社
ルイ·ヴィトン　❾ **1978**·3·9 社
ファッション関係学校·団体
クィーン·チャーミング·スクール　❽ **1958**·9 月 社
裁縫(小学校)　❻ **1893**·7·22 文
東京チャーム·スクール　❽ **1957**·5·1 社
ドレスメーカー女学院　❼ **1926**·11·2 社／❽ **1946**·1·8 社
日本製帽有限会社　❻ **1890**·是年 社
日本デザイナークラブ　❽ **1948**·10 月 社
日本洋裁技術検定協会　❾ **1969**·1·17 社
ファッション·モデル養成所　❽ **1951**·是年 社／**1953**·8·15 社
文化服装学院　❼ **1922**·6 月 社
洋裁学校　❻ **1872**·10·5 社／❽ **1949**·是年 社
帽子　❸ **1369**·2·27 社／❻ **1869**·3 月 政
大きい帽子　❽ **1948**·1 月 社
オカマ帽子　❼ **1928**·是年 社
頸帽子の禁止　❸ **1332**·6·8 社
軍帽　❻ **1884**·6·25 政
沢之丞帽子　❺-1 **1703**·貞享·元禄年間 社
シャッポ　❻ **1867**·11 月 社
制帽(慶應義塾)　❻ **1885**·12 月 社
制帽(大学)　❻ **1885**·3·10 文
瀬川帽子　❺-2 **1734**·是年 社
鳥打帽　❻ **1893**·5 月 社
パナマ帽　❻ **1892**·5 月 社／❼ **1905**·6 月 社
ヘルメット帽　❼ **1922**·8·1 社
水木帽子　❺-1 **1710**·宝永年間 社
麦桿帽子　❻ **1871**·是年 社
縫製業
綾師　❶ **769**·8·21 社
挑文師(あやとりし)　❶ **711**·⑥·14 社
漢織(あやはとり)·呉織　❶ **470**·1·13
衣服仕立局　❻ **1872**·10 月 社
織手　❶ **796**·8·2 社
織部司　❶ **831**·2·23 社
縫工女　❶ **書紀·応神 31**·8 月／**応神 41**·2 月
縫工女(呉)　❶ **書紀·応神 37**·2·1

衣縫 ❶ 470·1·13
縫衣工女 ❶ 書紀·応神 14·2 月
縫針 ❺-1 1614·是年 社／❺-2 1819·12 月 社／❽ 1943·7·2 社
ミシン ❻ 1860·是年 社
オートマチック「ジグザグミシン」 ❽ 1954·8 月 社
国産ミシン ❻ 1881·3·1 社／❽ 1940·是年 社／1941·是年 社／1942·是年 社／1943·是年 社／1944·是年 社／1945·是年 社／1958·是年 社／1959·2 月 社
コンピュータ制御ミシン「メモリア」 ❾ 1979·4·21 社
コンピュータ横編み機「マッハ 2X」 ❾ 2010·1 月 社
シルバー編機カードマチック ❾ 1967·9 月 社
ミシン「スーパーセシオ PC」(蛇の目ミシン) ❾ 2004·是年 社
ミシン販売 ❼ 1900·6 月 社／1902·3·15 社／1904·是年 社／1907·4 月 社／1911·是年 社／1917·是年 政／1920·是年 社／1925·是年 社／1929·3 月 社／1935·11 月 社
水着
海水着 ❼ 1922·是夏 社／1931·7·18 社
女性水着 ❻ 1892·8 月 社
トップレス水着 ❽ 1964·7·20 社
ふんどし（水着） ❽ 1943·6·13 社
眼鏡·サングラス ❺-1 1623·元和年間 社
サングラス ❾ 1972·7·28 社
福井眼鏡 ❼ 1905·是年 社
木綿 ❺-1 1629·4·6 政／1657·4·1 社
唐綿・唐木綿 ❹ 1463·2·29 社／1548·1·22 社
繰綿 ❺-2 1724·1·18 政
高級錦織物 ❺-2 1841·7·18 社
貢綿 ❶ 783·3·22 政
国産木綿 ❹ 1482·11·16 社
縞布・縞木綿 ❺-2 1768·3·1 政／1773·3·15 政／1807·11 月 社
しまもめん ❺-1 1615·9·7 社
南京綿 ❺-2 1718·11·16 政
真綿 ❶ 768·10·24 政／775·5·27 社
三川(三河)木綿 ❹ 1510·4 月 社
綿 ❶ 714·2·3 社／769·3·24 社／783·3·22 政
綿織物の規格 ❺-1 1706·8·23 社
綿花·木綿 ❹ 1482·11·16 社／❺-2 1724·1·18 政／1727·是年 社／1730·11 月 社／1763·是年 社／1805·4·22 社／1810·是年 社／1834·是年 社／1835·12·2 社／1838·5·23 社
綿会社（徳山城） ❺-2 1810·9·3 社
綿糸 ❼ 1897·是年 政
綿糸販売価格取締 ❽ 1938·5·20 政
綿糸布輸出高 ❽ 1955·1·11 政／12·19 政
綿製品輸出調整組合 ❽ 1953·2·19 政
綿布 ❺-1 1648·2·28 社
綿布運上銀仕法書 ❺-2 1817·12 月 社
綿フランネル ❻ 1871·2 月 社
木綿紗羅陀島 ❺-1 1653·1·15 政
木綿種 ❹ 1521·是春 社
木綿布子 ❹ 1537·12·17 社
木綿の単衣 ❺-2 1776·是夏 社
木綿法被 ❺-2 1842·4 月 社
綿世話役所 ❺-2 1795·9·6 政
模様
市松模様 ❺-2 1740·元文年間 社／1741·2 月 文
切付け模様 ❺-1 1703·是年 文
元禄模様半紙·紙入れ·帯留 ❼ 1897·10 月 社／1905·是年 社
蝙蝠染模様 ❺-2 1829·文化·文政年間 社
小袖に裏模様 ❺-2 1780·明和·安永年間 社
洋服
アロハシャツ ❽ 1948·是年 社
いかり肩フレアコート ❽ 1948·是年 社
A ライン·Y ライン ❽ 1955·2·2 社
オールスフ時代 ❽ 1938·6·29 政
カリプソ·スタイル ❽ 1957·5 月 社
官吏の洋服着用 ❻ 1876·6 月 社
クールビズ ❾ 2005·6·1 社
組合せニット「イエイイエイ」 ❾ 1967·8·26 社
グランジ·ファッション ❾ 1993·是年 社
国産ジーンズ ❾ 1965·是年 社
コロネーション·カラー ❽ 1953·是年 社
サックドレス ❽ 1958·是年 社
ジーパン ❽ 1960·是年 社
ジーパン論争 ❾ 1977·5·11 社
省エネルック ❾ 1979·6·2 社
小学生の洋服 ❻ 1886·4 月 社
ショートスカート ❽ 1953·11·24 社
女性の洋装 ❻ 1887·1·17 社
紳士服と婦人用スーツ ❾ 2001·10·23 社
スカート ❽ 1947·是年 社
スカート丈 ❼ 1928·6 月 社
ダウン·ジャケット ❾ 1981·1 月 社
タンクトップ ❾ 1978·8 月 社
男子の風俗 ❺-2 1772·是年 社
ナイロンブラウス ❽ 1952·8 月 社
ネクタイ ❻ 1882·是年 社／1884·是年 社／1894·是年 社
ノーネクタイ·ノー上着 ❾ 1979·4·20 社
半天から洋服へ(駅売りスタイル) ❼ 1927·2·11 社
服制(洋服)改革 ❻ 1871·9·4 政
服装の統一 ❽ 1938·7·22 社
ファスナー
ズボン専用ファスナー ❽ 1957· 月 社
ファスナー「ちゃっく」 ❼ 1928· 是年 社／❽ 1957·11 月 社
プリーツスカート ❽ 1952·是秋 社
プレタポルテ(女性高級既製服) ❽ 1963·是年 社
ペアルック ❾ 1978·8 月 社
ホットパンツ ❾ 1971·6·1 社／2010·是夏 社
ポロシャツ ❽ 1955·是年 社
ホンコン·シャツ ❽ 1961·5·1 社
マンボスタイル ❽ 1955·是年 社
ミニスカート ❾ 1965·8·11 社／1966·3·13 社／1967·10·18 社／1971·1·28 社
ミリタリー·ルック ❾ 1967·9 月 社
洋書と洋服の流行 ❻ 1885·9 月 社
洋服仕立て ❻ 1867·6 月 社／1869 3 月 政
洋服着用 ❼ 1899·4 月 社／1922·3 月 社／1923·3 月 社／1925·是夏 社
洋服流行 ❻ 1886·10 月 社
ラッパズボン ❼ 1928·是年 社
ローライズ·パンツ ❾ 2001·是年 社
ロングスカート ❼ 1930·是年 社／❽ 1948·1 月 社／5·20 社／1949·是年 社
礼服 ❷ 1242·3·13 文
白の喪服 ❶ 748·4·28 社
大礼服 ❻ 1872·11·12 政／1875·2· 9 政
礼服時代？常識変わったのか ❾ 1984·6 月 社
その他
織物の寸尺 ❺-1 1664·7·13 社／❺-2 1760·10·3 社
亀の甲半天 ❺-2 1843·天保年間 社
近年の流行物 ❺-2 1809·是年 社
毛玉とり専用機「とるとる」 ❾ 1986·9 月 社
現代衣服の源流展 ❾ 1975·3·25 文
合成繊維生産高 ❽ 1938·3·5 文／1947·4·4 政／1951·1·19 社／1963·8·31 政
時代服装展覧会 ❼ 1910·3·1 社
正倉院御物裂展覧会 ❼ 1932·4·23 文
辛亥の紫ざぶとん ❾ 1971·9 月 社
繊維の強度 ❾ 1975·5·16 文
千人針 ❽ 1937·7·15 社
手拭店 ❺-2 1803·享和年間 社
ニセ欧州ブランド取締 ❾ 1983·6·8 社
布団乾燥機「ほすべえ」 ❾ 1977·4 月 社
宝暦頃の衣食住 ❺-2 1763·是年 政
前垂の風俗 ❺-2 1829·文政年間 社
和服で外国人と交際許可 ❻ 1885·2 月 社

14　住まい·建築

建築·庭園に関する書籍
『紀行後楽園』　❺-2 **1794**·是年 文
『近代日本の名建築』　❾ **1979**·4·17 文
『月刊住宅建築』　❾ **1975**·5 月 社
『浴恩園園記』　❺-2 **1794**·是年 社
住宅·土地に関する書籍
『建設白書』　❽ **1960**·7·12 社
『砂利白書』　❾ **1965**·11·22 社
『住宅白書』　❽ **1954**·6·28 社
『土地白書』　❾ **1975**·1·9 社／**1977**·4·8 社
燈·照明器具
アーク燈　❻ **1878**·3·25 社／**1882**·11·1 社／**1883**·4·5 社／4 月 社／**1884**·5·9 文／**1886**·9·20 社／**1887**·8·20 文
イルミネーション　❻ **1879**·11·1 社／❼ **1903**·9·9 社
色電燈　❼ **1929**·5·12 社
大阪電燈会社加入者数　❻ **1889**·11 月 社
大提燈　❺-2 **1730**·5·6 社
街燈(回収撤去式)　❽ **1943**·4·3 社／**1951**·4·1 社
街燈(蛍光燈)　❽ **1955**·7 月 社
街燈(石油ランプ)　❻ **1874**·9·1 社
街燈(太陽電池)　❾ **1981**·2·10 社
街燈(日本橋·京橋)　❻ **1874**·12·11 社
角燈　❻ **1883**·7·4 社
ガス燈　❻ **1857**·8 月 社／**1870**·12·7 社／**1871**·8·7 社／**1872**·6·17 社／9·29 社／11 月 社／**1874**·6·19 社／12·18 社／**1876**·3·4 社／**1878**·6·7 文／8·9 文／❽ **1951**·10·9 社／❾ **1985**·10·3 社
ガス燈·電気燈比較試験　❻ **1891**·8·27 社
ガスの用途、燈火用から熱源用へ　❼ **1902**·2·25 社
蛍光燈(昼光色)　❽ **1940**·4 月 社／8·27 社
蛍光ランプ「ネオボール」(電球型)　❾ **1980**·是年 社
国産電球　❻ **1890**·8·12 社
御用提燈　❺-2 **1737**·⑪·28 社
自家発電　❻ **1886**·9·20 社
常夜燈　❺-2 **1778**·是年 社／**1840**·2·22 社
玉菊燈籠　❺-2 **1726**·3·29 社／**1728**·7 月 社
電気燈(玉菊燈籠)　❻ **1892**·7·20 社
タングステン電球　❼ **1910**·3 月 社／**1911**·10 月 社
窒素ガス入電球　❼ **1915**·是年 社
提燈(商人)　❺-2 **1743**·4·29 社／**1770**·12·26 社／**1819**·6·5 社／**1820**·是年 社
つや消し電球　❼ **1926**·3 月 社
電気点火機械　❻ **1884**·2·10 社
電球　❽ **1941**·12·16 社／**1947**·10·8 社／**1948**·9·16 社
電球生産高　❼ **1915**·是年 社
電光ニュース　❼ **1931**·4·15 社
電燈　❻ **1878**·3·25 社／**1882**·10·25 社／**1883**·8·29 社／**1886**·11·29 政／**1887**·1·22 社／3 月 政／4·6 社／❼ **1901**·11·14 社／12 月 社／**1904**·是年 社／**1907**·是年 社／**1909**·8·23 社／**1913**·是年 社／**1922**·是年 社
電燈料金　❻ **1889**·是年 社／❼ **1910**·是年 社／**1915**·5·1 社／❽ **1942**·7·31 社
燈火取締規則　❽ **1942**·5·8 社
燈火の様子(東京)　❻ **1893**·4 月 社
燈心会所　❻ **1871**·9·30 社
ナショナルランプ　❼ **1927**·4·10 社
ネオンサイン　❼ **1925**·是夏 社／**1935**·6 月 社／❽ **1939**·9·14 社／**1949**·3·3 社
軒ランプ　❼ **1908**·是年 社
軒ランプ(石油)　❼ **1913**·4·30 社
白熱電球　❾ **2010**·3·17 社
白熱電燈(国産·竹製フィラメント)　❻ **1889**·8·12 社
花瓦斯(ガス燈広告)　❻ **1877**·1·4 社
花万度　❺-2 **1717**·6 月 社
盆挑燈　❺-2 **1829**·文化·文政年間 社
マツダ電球　❼ **1925**·3 月 社
無燈火往来禁止　❻ **1868**·6 月 社
ランプ　❻ **1859**·是年 社／**1872**·1·20 社／**1874**·12·11 社／**1880**·7·16 社／❼ **1912**·1·20 社
ランプ取扱心得　❻ **1872**·1·20 社
蠟燭　❹ **1539**·7·4 社／**1568**·6 月 社
アパート
外国人向け高級賃貸アパート　❽ **1955**·4·26 社
公営アパートの始め　❼ **1926**·8·6 社
女子専用アパートメント·ハウス　❼ **1922**·5 月 社
長屋式アパート　❽ **1946**·10·18 社
文化アパートメント　❼ **1923**·是年 社
家具
椅子　❻ **1885**·7·17 文
鏡　❺-1 **1608**·是年 政／**1655**·12·15 文
家財一式(江戸時代。兵内家)　❺-2 **1766**·2·16 政
紙障子　❷ **1235**·3·9 社
唐紙　❷ **1091**·8·17 文
机　❷ **1121**·12·9 文
榻(しじ、木製の長椅子)　❶ **704**·1·1 政
車長持　❺-1 **1681**·11·12 社／**1683**·1·19 社／**1698**·9·25 社
籐椅子　❼ **1899**·1 月 社
長持　❺-1 **1681**·11·12 社
玻璃鏡·びいどろ鏡　❺-1 **1644**·12·28 政／**1658**·1·15 政／**1672**·3·3 政／**1682**·2·28 政／**1685**·3·3 政／**1692**·3·6 政
標札·表札　❻ **1874**·7·30 社／**1876**·12·9 政
火鉢　❹ **1462**·10·4 社
螺卓(らでんのつくえ)　❺-1 **1682**·2·28 政
蚊帳(かや)　❸ **1325**·7·9 社／**1406**·4·19 社／**1407**·4·9 社／❹ **1458**·4·4 社／**1529**·3·3 社／**1535**·3·14 社／❺-1 **1605**·4·28 社／❽ **1949**·6·1 社
蚊帳糸の販売協定　❼ **1901**·9·23 政
蚊屋売り　❻ **1853**·6 月 社
蚊帳商·仲間　❺-2 **1739**·7 月 社／**1760**·5·24 社／**1768**·2 月 社／**1770**·5·17 社／**1780**·5 月 社／**1792**·2 月 社／7 月 社
蚊帳代　❹ **1559**·5·3 社
キッチン
システムキッチン　❾ **1976**·6 月 社／**1984**·9 月 社
ステンレス台所　❽ **1955**·7·8 社
ステンレス流し台　❽ **1956**·3·19 社
ステンレス流し台(一体型)　❽ **1956**·10·1 社
DK(ダイニングキッチン)　❽ **1955**·7·8 社
絨毯
花氈　❺-1 **1639**·5·1 政／**1646**·12·1 政／**1655**·1·15 政／**1657**·1·15 政／**1696**·2·28 政
花糸毛氈　❺-1 **1653**·1·15 政
ペルシア絨緞　❺-1 **1636**·3·28 政
毛氈　❺-1 **1627**·11·5 政／❺-2 **1718**·11·16 政／**1804**·8·19 社
毛氈鞍覆　❹ **1523**·6·13 社／**1528**·12·12 政／**1550**·2·28 政
畳　❷ **1031**·1·4 政／**1121**·12·9 文／❸ **1374**·7·20 社／❾ **1977**·9·4 社
狭畳(せきたたみ)　❶ **770**·3·19 社
畳指(畳屋)　❹ **1576**·11·11 社／**1583**·8 月 社／**1589**·6·28 社／8·30 社
建築物(近現代)
アークヒルズ(東京赤坂)　❾ **1986**·5·28 社
赤坂プリンスホテル新館　❾ **1983**·2·23 社
赤坂離宮·迎賓館(東宮御所、東京)　❻ **1872**·3·23 政／❼ **1908**·6·15 政／❾ **1967**·7·28 政／**1974**·4·23 政
アクティ大阪(大阪梅田)　❾ **1983**·4·25 社
尼崎紡績本社事務所(兵庫尼崎)　❼

1910・是年 社
有明コロシアム(東京江東区) ❾ 1991・4・3 社
イギリス一番館(神奈川横浜) ❻ 1860・是年 社
イグナチオ大聖堂(東京四谷) ❽ 1949・4・17 社
海の博物館(三重鳥羽) ❾ 1992・6 月 文
梅田スカイビル(大阪梅田) ❾ 1993・3・25 社
江戸川アパート(東京新宿) ❼ 1934・8・16 社
恵比寿ガーデンプレイス(東京) ❾ 1994・10・8 社
延遼館(浜御園、東京中央区) ❻ 1866・是年 文
大阪朝日新聞本社(大阪) ❼ 1916・11・22 文
大阪朝日ビル(大阪) ❼ 1931・10・25 社
大阪タワー(大阪) ❾ 1966・7 月 社
大阪中之島公会堂(大阪) ❼ 1911・3・8 社
大塚女子アパートメント(東京) ❼ 1930・6・6 社
大林組技術研究所本館(東京清瀬) ❾ 1982・4・5 社
岡本太郎美術館(神奈川川崎) ❾ 1999・10・30 文
岡山一番街(岡山) ❾ 1974・8・24 社
開智学校洋風校舎(長野) ❻ 1876・4・18 文
外務省庁舎(東京) ❻ 1881・5・30 文
学習院女子部本館(東京) ❼ 1912・2・11 文
　学習院初等科正堂 ❼ 1899・7 月 文
鹿児島県庁舎 ❼ 1925・10・27 政
カザルスホール(東京) ❾ 1987・12・8 文
霞ヶ関中央合同庁舎 ❾ 1983・10・18 政
霞ヶ関ビル(東京) ❾ 1965・8・30 社／1968・4・18 社
関西国際空港旅客ターミナル(大阪泉佐野) ❾ 1988・12・9 文／1994・9・4 社
関東労災病院(神奈川川崎) ❽ 1957・6・10 文
岸記念体育館(東京渋谷) ❽ 1964・7・10 社
京都市市営住宅(京都) ❼ 1918・12・5 社
京都大学薬学部本館(京都) ❽ 1962・12・29 社
共立講堂(東京神田) ❽ 1957・3・16 文
錦輝館(東京神田) ❻ 1891・10・9 社
クイーンズスクエア横浜 ❾ 1997・7・18 社
グラバー邸(長崎) ❻ 1863・1 月 文
京王プラザホテル(東京) ❾ 1971・6・5 社／2000・6・5 社
警視庁庁舎(東京) ❼ 1931・8・29 社
迎賓館(東京赤坂) ❾ 1967・7・28 政／1974・4・23 政
神戸ポートタワー(兵庫神戸) ❽ 1963・11・21 社
紅葉館(集会場、東京芝公園) ❻ 1881・2・15 社
国立教育会館(東京虎ノ門) ❽ 1964・6・20 文
国立京都国際会館(京都宝が池) ❾ 1966・5・21 文
国立国会図書館西館(京都精華町) ❾ 2002・10・3 文
御殿場プレミアム・アウトレット(静岡御殿場) ❾ 2000・7・13 社
金毘羅大芝居(金丸座) ❺-2 1835・是年 文
最高裁判所新庁舎(東京) ❾ 1974・5・23 政
彩の国さいたま芸術劇場(埼玉) ❾ 1994・10・15 文
札幌駅 JR タワー(北海道) ❾ 2003・3・6 社
(旧)札幌電話交換局舎(北海道犬山) ❼ 1898・3 月 文
札幌農学校演武場(通称・時計台、北海道) ❻ 1878・10・16 文
サンシャイン 60(東京) ❾ 1978・4・5 社
さんちかタウン(神戸三宮) ❾ 1965・10・1 社
サントリーホール(東京赤坂) ❾ 1986・9・19 文
COXY188(ファッションビル、東京原宿) ❾ 1985・3・20 社
首相官邸(東京) ❼ 1928・11・29 政／❾ 2002・4・22 政
主婦会館(東京) ❽ 1956・5・8 社
上越ウイングマーケットセンター(新潟) ❾ 1994・7・29 社
湘南台文化センター(神奈川藤沢) ❾ 1989・7・18 文
新神戸オリエンタルシティ(兵庫) ❾ 1988・9・23 社
新宿住友ビル(東京) ❾ 1974・4・2 社
新宿センタービル(東京) ❾ 1979・11・1 社
新宿三井ビル(東京) ❾ 1974・10・1 社
新高輪プリンスホテル(東京) ❾ 1982・4・23 社
新東京国際空港ターミナルビル(千葉成田) ❾ 1973・2・28 文
新東京都庁庁舎(東京) ❾ 1988・4・2 社／1991・3・9 社
新丸ビル(東京) ❽ 1952・11・18 社／❾ 2007・4・27 社
親和銀行本店(長崎佐世保) ❾ 1969・4・14 社
すみだトリフォニーホール(東京錦糸町) ❾ 1997・10・26 文
聖アンセルモ教会(東京目黒教会) ❽ 1955・6 月 文
世界平和祈念聖堂(広島) ❽ 1954・8・6 社／2006・4・21 文
世界貿易センタービル(東京浜松町) ❾ 1970・3・3 社
石造外国商館(開港場) ❻ 1859・是年 社
泉布観(大阪造幣局) ❻ 1870・10 月 文
奏楽堂(東京芸術大学) ❾ 1981・7・15 文
草月会館(東京赤坂) ❽ 1958・6 月 文
第一生命ビル(大阪駅前) ❽ 1953・5・20 社
大極殿(奈良) ❾ 2010・4・23 文
(旧)第五高等中学校本館・化学実験場(熊本) ❻ 1889・3 月 文
(旧)第五十九銀行本店本館(青森弘前) ❼ 1904・11・19 文
大石寺正本堂(静岡富士宮) ❾ 1972・10・1 社
第四高等中学校本館 ❻ 1890・8 月 文
高島平団地(東京) ❾ 1972・1・25 社／5・1 社
タカシマヤタイムズスクエア(東京新宿) ❾ 1996・10・4 社
多摩ニュータウン(東京) ❾ 1966・12・1 社／1969・6・2 社／6・23 政／1970・4・1 政／8・14 政／1971・3・26 社／1973・4・2 政／7・13 政／1974・5・1 政／2000・3・26 社
築地ホテル館(東京) ❻ 1870・9・2 社
つくばセンター(茨城) ❾ 1983・5・3 社／1988・5・31 文
帝国京都博物館 ❻ 1895・10・31 文
帝国ホテル(東京明治村) ❼ 1923・9・1 社／❽ 1954・12・12 社／❾ 1967・3 月 文／7・18 文／11・15 社／12・1 文／1976・3・18 社
デュッセルドルフ日本館(独) ❽ 1964・7・22 文
東急アパート(東京三田) ❽ 1955・5・1 社／1957・3・29 社
東京朝日新聞社新社屋 ❼ 1927・3・2 社
東京駅 ❾ 1987・12・12 文
東京会館 ❼ 1922・12・21 社
東京海上ビル ❼ 1918・9・20 社／❾ 1966・10・7 社／1970・9・24 社／1974・2・28 社
東京カテドラル聖マリア大聖堂 ❽ 1964・12・8 社
東京芸術劇場 ❾ 1990・10・30 文
東京国際フォーラム ❾ 1989・11・2 文／1997・1・10 文
東京座 ❼ 1897・3・10 文
東京裁判所 ❼ 1896・10・3 文
東京市公会堂(日比谷公会堂) ❼ 1929・10・19 社
東京商工会議所ビル ❽ 1961・1・5 政
東京女子大学チャペル講堂 ❽ 1938・10・4 文
東京スカイツリー ❾ 2010・3・29 社／2011・3・1 社／2012・5・22 社
東京中央電信局 ❼ 1925・9・10 文
東京中央郵便局 ❼ 1931・12・25 社
東京帝国大学講堂 ❼ 1925・7・6 文
東京天理教館 ❽ 1962・5・7 文
東京都営青山アパート ❽ 1950・12・社
東京都営住宅 ❾ 1966・4・4 社
東京ドーム ❾ 1988・3・17 社
東京都庁 ❾ 1985・9・30 社／1986・4・6 文／1991・4・1 政
東京都庁第一庁舎 ❽ 1957・2・22 社
東京都立日比谷図書館 ❽ 1957・10・文／1961・4・21 文

東京府営住宅 ❼ **1920**·3·21 社
東京文化会館 ❽ **1961**·4·7 文
東京ベイ NK ホール ❾ **1988**·7·11 文
東京貿易センター ❽ **1959**·3·30 社
東京三越呉服店本館 ❼ **1914**·9·15 社
東京ミッドタウン(六本木) ❾ **2007**·3·30 社
東京臨海部副都心 ❾ **1987**·10·2 社
東京湾観音(千葉県富津) ❽ **1961**·9·2 社
同潤会アパート(東京) ❼ **1924**·5·29 社
時計塔(銀座服部時計店) ❻ **1894**·是年 社
都市センターホール(東京) ❽ **1959**·3·1 文
豊郷小学校(滋賀) ❾ **2002**·12·24 文
豊多摩監獄本館(東京) ❼ **1915**·3 月 社
名古屋駅ビル ❾ **1974**·11·27 社
新潟運上所庁舎 ❻ **1869**·8 月 文
新潟県議会旧議事堂 ❻ **1882**·12·10 文
ニコライ堂(東京復活大聖堂、東京) ❻ **1891**·3·8 文／❼ **1929**·12·15 文
日活国際会館(東京日比谷) ❽ **1952**·3·22 社
日航ホテル(東京銀座) ❽ **1959**·12·1 政
(旧)日本銀行京都支店 ❼ **1906**·6 月 文
日本銀行本店(東京) ❼ **1896**·2·29 文
(旧)日本聖公会京都聖約翰教会 ❼ **1906**·4·24 文
日本青年館(東京代々木) ❼ **1925**·10·26 社
(旧)日本生命株式会社九州支店 ❼ **1909**·2 月 文
日本生命日比谷ビル(東京) ❽ **1963**·10·20 文
日本郵船ビル(東京丸の内) ❼ **1923**·5·26 社
(旧)日本郵船株式会社小樽支店 ❼ **1905**·9·15 文
八景島シーパラダイス(神奈川横浜) ❾ **1993**·5·8 社
(旧)ハッサム住宅(兵庫神戸) ❼ **1902**·5·21 文
(旧)花田家番屋(北海道) ❼ **1904**·6 月 文
パルコ池袋店(東京) ❾ **1969**·11·23 社
パルコ渋谷店(東京) ❾ **1973**·6·11 社
パルテノン多摩(東京) ❾ **1987**·10·31 文
(旧)ハンター氏邸(兵庫神戸) ❼ **1907**·是年 文
光が丘団地(東京) ❾ **1987**·7·24 社
ビッグバード(羽田空港) ❾ **1993**·9·27 社
表慶館(東京帝国博物館内) ❼ **1908**·9·29 文
平戸オランダ商館石造倉庫(長崎) ❺-1 **1637**·1·28 政
広島国際会議場 ❾ **1989**·7·1 文
福岡ドーム ❾ **1993**·3·31 社
富士見楼(三階建、東京飯田橋) ❻ **1888**·12·7 社
武道館(東京) ❾ **1990**·2·10 社
プランタン銀座(東京) ❾ **1984**·4·27 社
Bunkamura(東京) ❾ **1989**·9·3 文
法政大学大学院(東京) ❽ **1953**·2·20 文
北海道庁本庁舎 ❻ **1888**·12·14 文
北海道鉄道記念館 ❾ **1980**·7·7 社
ホテルニューオータニ(東京紀尾井町) ❽ **1964**·8·26 社
幕張メッセ·コンベンションセンター(千葉) ❾ **1989**·10·9 文
丸亀武道館(香川丸亀) ❾ **1973**·10·10 文
丸の内ビルディング(丸ビル、東京) ❼ **1922**·12·15 社／**1923**·2·20 社／❾ **1997**·4·5 社
(旧)三重県庁舎(明治村) ❻ **1879**·是年 文
水の教会(北海道占冠村) ❾ **1988**·9·28 文
三田演説館(東京) ❻ **1875**·5·1 文
三井組洋風三階建(東京) ❻ **1874**·2·11 社
三井ビルディング(東京日比谷) ❽ **1960**·8·22 社
三井不動産ニューヨークのエクソンビル ❾ **1986**·12·10 社
三井本館(東京日本橋) ❼ **1929**·6·13 政
三菱一号館(東京丸の内) ❻ **1894**·12·31 社
三菱煉瓦街(東京丸の内) ❻ **1889**·3·6 社／**1890**·9·12 社／**1894**·7·1 社／❼ **1904**·7 月 社
睦沢学校校舎(山梨甲府) ❻ **1876**·6·4 文
明治会堂(東京築地) ❻ **1881**·2 月 文
明治生命館(東京丸の内) ❼ **1934**·4·14 社
(旧)山梨県東山梨郡役所(明治村) ❻ **1885**·8·28 文
有楽町マリオン(東京) ❾ **1984**·10·6 社
湯島聖堂(東京) ❺-1 **1690**·7·9 文／❻ **1872**·3·10 文／❼ **1933**·11·27 社
用賀プロムナード(東京) ❾ **1986**·3·31 文
横浜アリーナ(神奈川) ❾ **1989**·4·1 文
横浜運上所(神奈川) ❻ **1867**·9 月 文
横浜外人館(神奈川) ❻ **1859**·12 月 社
(旧)横浜正金銀行本店本館(神奈川) ❼ **1904**·7 月 文
ヨコハマ·ホテル(神奈川) ❻ **1860**·是年 社
横浜マリンタワー(神奈川) ❽ **1961**·1·15 社
横浜ランドマークタワー(神奈川) ❾ **1988**·1·7 社／**1993**·7·14 社
(旧)米沢高等工業学校 ❼ **1910**·7 月 文
読売会館(東京有楽町) ❽ **1957**·5·23 文
立正佼成会大聖堂(東京杉並) ❽ **1964**·3·4 社
龍谷大学本館(京都) ❻ **1879**·1 月 文
凌雲閣(九階、大阪) ❻ **1889**·4·7 社
凌雲閣(十二階、東京) ❻ **1890**·10·28 社／**1891**·1·8 文
ローマ日本文化会館(伊) ❽ **1962**·12·12 文
鹿鳴館(東京) ❻ **1890**·8·20 政／**1894**·11 月 社
六本木ヒルズ(東京) ❾ **2003**·4·25 社
早稲田大学大隈講堂(東京) ❼ **1927**·10·20 社
早稲田大学図書館 ❼ **1925**·10 月 社

建築物(寺社)

敢国津社(三重伊賀) ❺-1 **1609**·12·16 文
青井阿蘇神社(熊本) ❺-1 **1613**·8 月 文
浅草雷門(東京) ❽ **1960**·5·3 社
浅草見付御門(東京) ❺-1 **1694**·是夏 政
朝倉神社(高知) ❺-1 **1657**·8·15 文
足守八幡神社鳥居(岡山) ❸ **1361**·10·2 文
飛鳥寺 ❽ **1956**·5·1 文
阿蘇神社本殿·拝殿(熊本青井) ❺-1 **1610**·3·28 文／**1611**·3·27 文
愛宕館(東京愛宕山) ❻ **1889**·12·4 社
熱田神宮寺(愛知名古屋) ❺-1 **1606**·是年 文
　熱田神宮鎮皇門 ❹ **1600**·1 月 文
穴切大神社本殿(山梨甲府) ❺-1 **1687**·5·21 文
安仁社社殿(岡山) ❺-1 **1666**·5 月 社
油日神社本殿(滋賀) ❹ **1493**·8·24 文
荒城神社本殿(岐阜) ❺-1 **1678**·3 月 文
荒見神社本殿(京都城陽) ❺-1 **1604**·⑧·21 文
安国山(沖縄首里城) ❸ **1417**·是年 文
安国寺経蔵(岐阜) ❸ **1408**·6·18 文
飯高寺講堂(千葉) ❺-1 **1651**·12 月 文
飯道神社本殿(滋賀) ❺-1 **1649**·5·29 文
飯野八幡宮(福島いわき) ❺-1 **1616**·8·11 文
飯盛寺本堂(福井小浜) ❹ **1489**·是年 文
伊賀八幡宮本殿·幣殿·拝殿(愛知岡崎) ❺-1 **1636**·8·15 文
意賀美神社本殿(大阪泉佐野) ❸ **1442**·10·6 文
生国魂社(大阪) ❺-1 **1606**·是年 文
生島足島社(長野) ❺-1 **1610**·3·3 文
生見八幡宮神殿(山口岩国市) ❺-2 **1813**·4·27 文
伊砂砂神社本殿(滋賀草津) ❹ **1468**·

11·13 文
伊弉冊命神社本殿(奈良) ❹ 1580·是年 文
伊佐爾波神社本殿·楼門(松山道後) ❺-1 1666·是年 文／1667·8·15 文
石手寺鐘楼(愛媛松山市) ❸ 1333·9·28 文
　石手寺二王門 ❸ 1318·是年 社
石山本願寺阿弥陀堂(滋賀) ❹ 1565·4·22 文
泉穴師神社摂社(大阪泉大津) ❷ 1273·2·5 文／❺-1 1602·11月 文
出雲伊波比神社本殿(埼玉) ❹ 1528·9月 文
出雲大社庁舎(島根出雲市) ❽ 1963·5·10 文
　出雲大社本殿 ❺-2 1744·10月 文
出雲大神宮本殿(京都亀岡) ❸ 1445·11·26 文
伊是名玉御殿(沖縄伊是名島) ❺-1 1688·是年 文
石上神宮宝蔵(奈良天理) ❹ 1516·4·20 文
　石上神宮楼門 ❸ 1318·4·29 文
猪田神社本殿(三重伊賀) ❹ 1527·5·18 文／1587·5·18 文
(旧)一條院宸殿(奈良唐招提寺) ❺-1 1650·3·16 文
一乗寺本堂(兵庫加西) ❺-1 1628·是年 文
厳島神社(広島廿日市市) ❹ 1523·7·21 文／1556·4月 文／6·18 文／1591·8月 文／❾ 1991·9·19 文／1996·12·5 社
　厳島神社宝蔵 ❹ 1588·是年 文
　厳島神社末社荒胡子神社本殿 ❸ 1441·11·9 文
　厳島神社末社豊国神社本殿 ❹ 1587·是年 文
石城神社本殿(山口) ❹ 1469·7月 文
岩木山神社拝殿·本殿(青森) ❺-1 1640·6月 文／1694·7月 文
石清水八幡宮(京都) ❺-1 1618·是年 文／1619·9·27 社／1634·8·22 文
　石清水八幡宮若宮 ❹ 1579·12·16 文
魚沼神社阿弥陀堂(新潟) ❹ 1565·是年 文
　魚沼神社観音堂 ❹ 1563·是年 文
羽賀寺本堂(福井) ❸ 1447·是年 文
宇太水分神社本殿(奈良宇陀) ❸ 1320·2·23 文
梅田神社本殿(京都亀岡) ❸ 1338·1·30 文
宇和宮神社本殿(滋賀栗東) ❹ 1505·8·13 文
雲峰院書院(山梨塩山) ❺-2 1716·是年 政
雲龍院本堂(京都) ❺-1 1646·6·11 文
栄福寺薬師堂(千葉) ❹ 1466·6月 文／1472·2·23 文
永保寺観音堂(岐阜) ❸ 1314·是年 文
越前大仏(福井勝山) ❾ 1987·5·28 社
慧日寺本堂(福岡) ❺-2 1743·是年 文
江沼神社長流亭(加賀) ❺-1 1709·11·2 文
榎原神社本殿遷宮(日向) ❺-2 1798·5·8 文
烏帽子形八幡神社本殿(大阪河内長野) ❹ 1480·2·16 文
恵林寺四脚門(山梨) ❺-1 1606·5月 文
円覚寺舎利殿(鎌倉) ❸ 1285·是冬 文
　円覚寺仏殿 ❸ 1378·11·18 文
円教寺(姫路書写山) ❹ 1544·4月 文／1559·8·3 文
　円教寺寿景院 ❺-1 1688·9月 文
　円教寺常行堂 ❸ 1453·4·4 文
　円教寺大講堂 ❸ 1440·4·26 文
円鏡寺楼門(岐阜) ❸ 1296·7·24 文
円光寺本堂(滋賀) ❷ 1257·3·16 文
円証寺(奈良) ❹ 1552·是年 文
円成寺(奈良) ❹ 1467·3·12 文／1468·6·6 文／1472·6·26 文
円通院霊廟(宮城) ❺-1 1647·5月 文
円通寺表門(栃木) ❹ 1511·8·4 文
円福寺本堂(奈良生駒) ❸ 1371·③·25 文
円満院宸殿(滋賀) ❺-1 1647·3月 文
延命寺地蔵堂(福島) ❺-1 1633·是年 文
延暦寺講堂(滋賀) ❷ 1273·5·2 文
　延暦寺諸堂舎·根本中堂·大乗戒壇院 ❹ 1518·4·4 文／❺-1 1635·4·8 文／1640·12·13 文／1642·12·12 文／1679·是年 文／1708·6·27 文
　延暦寺転法輪堂 ❸ 1347·4月 文
老杉神社本殿(滋賀草津) ❸ 1452·4·16 文／❺-2 1849·11月 文
王子神社本殿(大分) ❺-1 1715·是年 文
応声教院山門宝台院(静岡) ❺-1 1628·5·19 文
樗谿神社拝殿·本殿(鳥取) ❺-1 1650·9·13 文
大縣神社本殿·祭文殿(愛知) ❺-1 1661·9月 文
大阪四天王寺金堂 ❽ 1948·5·21 文／1961·3·15 文／❾ 1979·8·10 文
大崎八幡宮(仙台) ❺-1 1607·8·12 文
大笹原神社本殿(滋賀) ❸ 1414·4·21 文
大瀧神社本殿(福井県) ❺-2 1843·3月 文
大津別院本堂·書院(滋賀) ❹ 1600·6·27 文／❺-1 1649·12·15 文／1670·2月 文
大歳御祖神社本殿(静岡市) ❺-2 1843·是年 文
大富神社本殿(福岡豊前市) ❺-2 1796·是年 文
大野老松天満社旧本殿(大分) ❹ 1488·是年 文
大野寺(大和) ❷ 1209·3·6 政
大峰山寺本堂(吉野) ❺-1 1691·4月 文／1703·5·16 文
大神神社拝殿(奈良) ❺-1 1664·3月 文
大村神社(伊賀) ❹ 1587·12·24 文
大元神社本殿(広島厳島) ❸ 1443·8 24 文
大山祇神社(京都南丹) ❸ 1419·11·20 文
大山祇神社拝殿(愛媛大三島) ❸ 1427·6月 文／❺-1 1602·6月 文
大山田神社(鎮西八郎為朝社本殿·長野) ❹ 1506·是年 文／❺-2 1758·8·1 文
岡寺書院(奈良) ❺-1 1644·7月 文
興玉神社内神殿(宮崎) ❸ 1399·10· 文
奥石神社本殿(滋賀) ❹ 1581·1·26 文
尾崎神社本殿(石川金沢) ❺-1 1643 9·17 文
押立神社(滋賀) ❸ 1373·4·28 文
落合神社本殿(長野葛山) ❹ 1465·7 月 文
小津神社本殿(滋賀) ❹ 1526·是年 文
御土居(京都) ❺-1 1712·11月 社
鳴無神社本殿(おとなしじんじゃ、高知須崎) ❷ 1194·8月 文／1251·11 9 社／❺-1 1663·5·21 文
小野篁神社本殿(滋賀) ❸ 1339·2月 文
小野道風神社本殿(滋賀) ❸ 1341·4 21 文
表千家祖堂(不審庵、京都) ❺-2 1790·是年 文
遠照寺釈迦堂(おんしょうじ、長野) ❹ 1502·6·1 文／1538·是年 文
園城寺阿伽井屋(三井寺、滋賀大津) ❹ 1600·5·15 文
　園城寺勧学院 ❹ 1600·5·29 文
　園城寺光浄院客殿·食堂·毘沙門堂 ❺-1 1601·是年 文／1616·是年 文／1621·4月 文
　園城寺金堂 ❹ 1599·10·1 文
　園城寺大門 ❸ 1451·4·2 文
　園城寺唐院大師堂 ❹ 1598·12月 文
温泉寺本堂(兵庫城崎) ❸ 1387·6·5 文
海岸寺観音堂(山梨北杜) ❺-2 1845 是年 文
海住山寺文殊堂(京都) ❹ 1513·12·13 文
柏原八幡宮本殿拝殿(かいばらはちまんぐう、兵庫) ❹ 1585·8·14 文
海龍王寺西金堂(奈良) ❶ 731·是年 文
　海龍王寺経蔵 ❸ 1288·3月 文
覚雲寺客殿(大分) ❺-2 1755·3·19 文
鰐淵寺千手堂(出雲) ❶ 986·是年 文
　鰐淵寺本堂 ❹ 1576·3·10 社
鶴林寺行者堂(兵庫加古川) ❸ 1406 4·20 文
　鶴林寺護摩堂 ❹ 1563·4月 文
　鶴林寺鐘楼 ❸ 1407·是年 文
　鶴林寺太子堂 ❷ 1112·是年 文
　鶴林寺本堂 ❸ 1397·4·15 文
鹿児島神宮本殿 ❺-2 1756·是年 文
笠森寺観音堂(千葉) ❹ 1579·是年 文／1597·是年 文

香椎宮本殿　❺-2 **1801**·4月中旬 文
鹿島神宮本殿·拝殿·摂社奥社本殿(茨城)　❺-1 **1618**·10月 文／**1619**·6·16 文／12·2 文
勧修寺書院(京都)　❺-1 **1697**·9月 文
春日社本殿(滋賀大津)　❸ **1319**·2·18 文／**1444**·5·6 文
春日神社本殿(和歌山加太)　❹ **1596**·11·3 文
春日大社本殿·幣殿·直会殿·移殿(奈良)　❺-1 **1632**·7·2 文／**1650**·是年 文／❻ **1863**·11·2 文／❾ **1975**·11·5 文
片埜神社本殿(大阪枚方)　❺-1 **1602**·11月 文
交野天神社本殿(大阪枚方)　❸ **1402**·2·16 文
勝手神社本殿(滋賀)　❸ **1392**·7·28 文／**1400**·8·22 文
勝部神社本殿(滋賀守山)　❹ **1497**·10·13 文
桂離宮·桂山荘(京都)　❺-1 **1616**·6·27 文／**1620**·6·18 文／**1624**·6·18 文／**1625**·9·18 文／**1629**·5·4 文／**1631**·8·24 文／**1649**·5·30 文／**1661**·8·15 文／**1663**·3·6 文／**1676**·3·26 文／❾ **1976**·7·2 文／**1981**·8·18 文／**1982**·3·27 文
香取神宮本殿·楼門(千葉)　❺-1 **1700**·9月 文
上醍醐清滝堂拝殿(京都)　❸ **1434**·是年 文
神部神社浅間神社本殿(静岡)　❺-2 **1813**·4月 文
神谷神社本殿(香川坂出)　❷ **1219**·2·10 文
賀茂御祖神社(京都)　❺-1 **1625**·8月 文／**1632**·是年 文／❻ **1863**·12·12 文
加茂神社本殿(兵庫室津)　❺-1 **1699**·9·7 文
賀茂神社本殿(滋賀)　❹ **1526**·3·20 文
賀茂別雷神社(京都)　❺-1 **1628**·9·2 文／是年 文／**1632**·是年 文／❻ **1864**·3·15 文
伽耶院本堂·多宝(兵庫三木)　❺-1 **1610**·3月 文／**1646**·2月 文／**1647**·3月 文
神魂神社本殿(かもすじんじゃ、島根出雲)　❸ **1346**·11月 文／❹ **1583**·12·22 文
寛永寺(東京上野)
　寛永寺清水堂　❺-1 **1631**·是年 文
　寛永寺厳有院霊廟勅額門·水盤舎　❺-1 **1679**·12·19 文／**1699**·2·29 文
　寛永寺根本中堂　❺-1 **1697**·7·1 社／**1698**·2·9 文／8·11 社／**1699**·2·13 文
　寛永寺常憲院霊廟勅額門　❺-1 **1707**·11·19 文
　寛永寺仏殿　❺-1 **1681**·3·13 文
歓喜院(埼玉)　❺-2 **1741**·11·3 文
歓喜院聖天堂(兵庫)　❸ **1411**·6·15 文
元興寺極楽坊東門(奈良)　❸ **1411**·6月 文
　元興寺極楽坊本堂　❷ **1244**·6·2 文
願成寺阿弥陀堂(福島)　❷ **1160**·是年 文
観心寺(大阪河内長野)　❸ **1378**·是年 文／❹ **1549**·9·26 文／❺-1 **1613**·11月 文／**1647**·4·13 文
観世音寺観音堂(福岡太宰府)　❺-1 **1688**·是年 社
神田神社本殿(滋賀大津)　❸ **1370**·是年 文
観智院客殿(京都)　❺-1 **1605**·5月 文
観念寺開山堂(愛媛)　❺-1 **1687**·是年 社
観音堂(長崎壱岐郡芦辺町)　❺-1 **1664**·是年 文
祇園絵馬堂(京都)　❺-2 **1744**·5月 文
枳殻亭渉成園(東本願寺、京都)　❺-1 **1653**·是年 文
木坂八幡宮(島根対馬)　❸ **1378**·4·29 社
喜多院山門·慈眼堂·客殿·庫裏·書院(埼玉川越)　❺-1 **1632**·11月 文／**1638**·是年 文／**1639**·是年 文／**1645**·是年 文
北野社(京都)　❺-1 **1607**·12·13 文
吉祥寺薬師堂(和歌山)　❸ **1427**·1·26 文
杵築大社(島根)　❺-1 **1609**·3·28 文
木付神社本殿(大分)　❺-1 **1698**·12月 文
吉備津神社御釜殿(岡山)　❺-1 **1612**·9月 文／**1697**·是年 文
　吉備津神社随神門　❸ **1357**·6·27 文
　吉備津神社本殿·拝殿　❸ **1425**·12·29 文
　吉備津彦神社　❹ **1597**·11月 文
　吉備津彦神社北随神門　❹ **1542**·8·23 文
　吉備津彦神社摂社本宮　❹ **1597**·是年 文
貴布禰社正遷宮宣命　❺-2 **1777**·是年 文
教王護国寺(東寺、京都)　❷ **1197**·此頃 文／**1198**·建久年間 文／❺-1 **1602**·3·15 社／9·3 社／**1603**·5月 文／**1605**·9月 文／**1606**·9·21 文／**1628**·3月 文／**1643**·是年 文／**1644**·7月 文
経王堂(京都北野)　❺-1 **1606**·8·25 文
享徳寺山門(山口萩)　❺-1 **1695**·是年 文
玉林院本堂(京都)　❺-1 **1621**·8月 文
清滝寺(高知高岡)　❸ **1415**·9·19 文
清水寺金堂(高知土佐)　❹ **1579**·9·20 文
清水寺鐘楼·本堂(京都)　❺-1 **1607**·1·15 文／**1633**·11月 社
清水寺本堂(青森)　❹ **1581**·5月 文
金山寺本堂(岡山)　❹ **1575**·是年 文
金峰山寺(奈良吉野)　❹ **1456**·9·20 文／**1587**·6·11 文／**1588**·7·19 文／**1591**·是年 文／❾ **1985**·10·14 文
久久比神社本殿(兵庫豊岡)　❹ **1505**·3·1 文／**1507**·3·1 文
久津八幡宮本宮(岐阜)　❸ **1412**·8·15 文／❹ **1581**·10·10 文
櫛木神社本殿(大分)　❺-1 **1645**·是年 文
九手神社本殿(京都)　❹ **1498**·3·3 文
窪八幡神社(山梨)　❹ **1500**·是年 文／**1511**·是年 文／**1519**·3·9 文／**1535**·是年 文／**1536**·是年 文／**1557**·是年 文／❺-1 **1625**·3月 文
久麻久神社本殿(愛知西尾)　❹ **1527**·3月 文
杭全神社本堂(くまたじんじゃ、大阪)　❹ **1513**·12·26 文／❺-1 **1690**·是年 文
熊野奥照神社本殿(青森弘前)　❺-1 **1613**·11月 文
熊野神社社殿(和歌山)　❹ **1549**·6·29 文／❺-1 **1614**·3·3 文
熊野神社本殿(岡山倉敷)　❹ **1492**·是年 文
熊野神社長床(福島喜多方)　❺-1 **1614**·6·15 文
黒口神社神殿(宮崎西臼杵郡)　❺-2 **1793**·是年 文
華厳寺本堂(美濃)　❹ **1482**·是年 社
気多神社摂社(石川羽咋市)　❹ **1569**·是年 文
気多神社本殿(富山高岡)　❺-1 **1618**·9·12 文
気比神社(福井敦賀)　❺-1 **1614**·10·21 文
撃鼓神社下宮(福岡)　❺-1 **1659**·是年 文
建長寺仏殿·唐門(神奈川鎌倉)　❺-1 **1628**·9·5 文／**1647**·9·15 文
建仁寺方丈(京都)　❹ **1487**·是年 文／**1599**·是年 文
功山寺仏殿(下関)　❸ **1320**·4·5 文／❺-2 **1788**·是年 文
光浄寺本堂(長門)　❺-2 **1836**·是年 文
興禅寺仏殿(長野木曾福島)　❺-1 **1647**·是年 社
光前寺弁天堂(長野駒ヶ根)　❹ **1576**·10月 文
高蔵寺阿弥陀堂(宮城角田市)　❷ **1177**·5月 文
広徳寺大御堂(埼玉)　❺-1 **1679**·5月 文
興福寺西金堂(奈良)　❶ **734**·1·11 文／**939**·2·5 文
　興福寺東院東堂　❶ **746**·9·11 文
　興福寺南円堂　❺-1 **1658**·4·27 文 ❺-2 **1789**·4月 文
　興福寺二月堂　❹ **1463**·⑥·9 文
　興福寺本堂　❻ **1883**·是年 文
高良社本殿(長野)　❹ **1491**·9·29 文
甲良神社権殿(滋賀)　❺-1 **1634**·9·27 文
高良大社本殿·拝殿(福岡久留米)　❺-1 **1658**·7·22 文／**1661**·7·30 文
興隆寺本堂(愛媛桑村郡)　❸ **1375**·4·13 文
郡山八幡神社本殿(鹿児島大口)　❹ **1559**·8·11 文
粉河寺金堂(和歌山)　❺-1 **1713**·3·9 社
古熊神社本殿(山口)　❹ **1547**·4月

文
極楽院本堂(奈良) ❷ 1265·是年 文
御香宮神社本殿(京都) ❺-1 1605·8·18 文
　御香宮神社拝殿 ❾ 1997·4·26 文
護国寺本堂(東京) ❺-1 1697·6月 文
五社神社社殿(静岡浜松) ❺-1 1641·12·26 文
小菅神社奥社本殿(長野飯山) ❹ 1554·天文年間 文
巨勢神社本殿(佐賀) ❺-2 1776·是年 文
庫蔵寺本堂(三重鳥羽) ❹ 1561·9·20 文/❺-1 1605·6月 文
五台山文殊堂(高知) ❺-1 1644·9·24 文
巨田神社本殿(宮崎) ❸ 1448·11·8 文/❹ 1596·是年 文
小槻大社本殿(滋賀) ❹ 1519·4·11 文
護徳寺観音堂(新潟) ❹ 1557·4·15 文
琴平本山寺(香川) ❷ 1239·是年 文
許波多神社本殿(京都宇治) ❹ 1562·9·26 文
五百羅漢堂(江戸本所) ❺-2 1725·2·5 社
駒形神社本殿(長野) ❹ 1486·是年 文
小村天神宮(土佐) ❷ 1240·10·19 文
御霊社本殿(大分) ❺-2 1823·是年 文
御霊神社本殿(兵庫三田) ❹ 1470·4·7 文
御霊神社本殿(奈良) ❹ 1472·2·24 文/❺-1 1709·是年 文
金剛三昧院四所明神社本殿(和歌山高野山) ❹ 1552·8·27 文
金剛寺金堂(大阪河内長野) ❸ 1320·7·3 文
金剛寺不動堂(東京日野) ❸ 1342·6·28 文
金剛寺御影堂(河内長野) ❺-1 1606·6月 文
金剛証寺本堂(三重伊勢) ❺-1 1609·7月 文/1610·3·2 文
金剛峰寺大塔·金堂(和歌山高野山) ❺-2 1736·是年 社
　金剛峰寺経蔵 ❹ 1599·3·21 文
　金剛峰寺大門 ❺-1 1705·8·16 文
　金剛峰寺不動堂 ❷ 1197·5·28 文
金剛輪寺本堂(滋賀) ❸ 1288·是年 文
金地院東照宮社殿(京都) ❺-1 1628·9·17 文
金比羅宮奥書院(香川琴平) ❺-2 1717·7·21 文
　金比羅宮表書院·四脚門 ❺-1 1660·万治年間 文
最恩寺仏殿(山梨) ❻ 1861·11月 文
西教寺客殿(滋賀大津坂本) ❹ 1589·是年 文/1597·是年 文
　西教寺本堂 ❺-2 1739·6·5 文
西国寺金堂(広島尾道) ❸ 1386·8·19 文
西大寺愛染堂(大和) ❺-2 1767·是年 文
　西大寺彌勒浄土堂 ❶ 769·6·15 社
西明寺(滋賀) ❷ 1253·是年 文/❸ 1407·5·28 文
西明寺楼門(栃木) ❹ 1492·6·2 文
西蓮寺仁王門(茨城) ❹ 1543·6·12 文
蔵王権現堂(新潟) ❹ 1562·9·9 文
佐牙神社本殿(京都) ❹ 1585·9月 文
酒垂神社本殿(豊岡) ❸ 1441·2·26 文/1444·10·1 文
桜本宮社神殿(大分) ❺-1 1702·是年 文
佐佐貴神社(滋賀) ❹ 1514·4·28 文
佐竹義重霊屋(和歌山高野山) ❹ 1599·10·15 文
佐太神社正殿(松江市) ❺-2 1807·3·19 文
真田信重霊屋(長野西楽寺) ❺-1 1648·10·23 文/1649·2·23 文
佐野神社本殿(長野山ノ内町) ❹ 1592·2·23 文
寒川社(神奈川藤沢) ❹ 1546·3月 文
三仏寺奥の院(投入堂、鳥取) ❸ 1375·是年 文
　三仏寺文殊堂 ❹ 1539·3月 文/1580·3月 文
三明寺本堂内宮殿(愛知豊川市) ❹ 1554·9·10 文
塩沢地蔵堂(山梨甲府) ❺-2 1783·是年 文
慈恩寺本堂(山形) ❺-1 1618·12·19 文
慈光院茶屋·書院(奈良大和郡山) ❺-1 1663·是年 文
地主神社本殿(京都) ❺-1 1631·是年 文
地主神社本殿(滋賀大津) ❹ 1502·6·2 文
慈照寺東求堂(京都) ❹ 1485·10·24 文/1486·1·17 文/1489·2·23 文
静岡境内社麓山神社本殿 ❺-2 1835·是年 文
詩仙堂(京都) ❺-1 1641·是年 文/❺-2 1743·12月 文
地蔵院愛染堂(三重) ❺-1 1630·9·24 文
地蔵院本堂(栃木) ❹ 1542·3·3 文
四天王寺諸堂(大阪) ❺-1 1623·9·21 文
志那神社本殿(草津市) ❸ 1298·7·5 文
篠原神社本殿(滋賀) ❸ 1425·11月 文
下浅間社拝殿(山梨甲斐) ❹ 1549·11月 社
下野東照宮(朽木日光) ❺-1 1617·3月 文
釈尊寺観音堂(長野) ❷ 1258·1·20 文
酬恩院庫裡(京都京田辺) ❺-1 1652·3·17 文/1654·是年 文
修学院離宮(京都) ❺-1 1655·是年 文/1659·4·14 文/1660·5·12 文/1661·8·15 文/1664·3·16 文/9·11 文/1666·4·14 文/❺-2 1721·9·27 文/1722·2·13 文/1723·4·6 文/1724·8·27 文/1725·9·16 文/10·1 文/1727·9·9 文/1729·2·3 文/1730·4·12 文/1731·10·18 文/1734·2·24 文/1824·9·21 文
十三神社摂社若宮八幡神社本殿(和歌山) ❹ 1561·9·25 文
重蔵神社本殿(石川) ❹ 1524·是年 文
十八神社本殿(宇治) ❹ 1487·10·16 文/1494·9·8 文
十六所神社(奈良) ❸ 1384·6·13 文/1386·是年 文
守福寺宝殿(岡山) ❸ 1338·11·22
(旧)聚楽第書院(京都) ❺-1 1630· 年 文
祥雲寺観音堂(愛媛) ❸ 1431·4·19 文
性海寺本堂(愛知) ❺-1 1648·10月 文
尚家霊廟(沖縄) ❹ 1498·是年 文
浄厳院本堂·阿弥陀堂(滋賀) ❺-1 1611·是年 文
常光寺方丈(河内八尾) ❺-1 1612· 年 文
定光寺本堂(愛知瀬戸) ❹ 1500·5·2 文
浄光寺薬師堂(長野) ❸ 1385·11·20 文/1408·2月 文/1447·是冬 社
浄厳院本堂(滋賀) ❹ 1578·是年 文
正宗寺仏殿(栃木増井村) ❺-1 1712 是年 社
聖衆来迎寺客殿(滋賀坂本) ❺-1 1639·是年 文
定勝寺庫裡·山門(長野) ❺-1 1654· 月 文/1661·3月 文
松生院(和歌山) ❸ 1295·②·22 文
正倉院(奈良) ❾ 1997·4·18 文
　正倉院御物特別展 ❽ 1940·11·5 文
　正倉院新宝庫 ❽ 1953·5·21 文
乗台寺方丈(土佐) ❺-2 1775·10·23 文
常徳寺円通殿(香川) ❸ 1401·4·14 文
浄土寺(広島尾道) ❷ 1278·10·14
　浄土寺阿弥陀堂 ❸ 1345·3·16 文
　浄土寺山門 ❸ 1395·6月 文
　浄土寺本堂 ❸ 1327·4·11 文
浄土寺本堂(愛媛松山) ❹ 1484·是年 文
浄土寺薬師堂(兵庫) ❹ 1517·8·27 文
正福寺地蔵堂(東京東村山) ❸ 1407· 是年 文
浄福寺本堂(長門) ❺-2 1819·是年 文
勝鬘院塔婆(大阪) ❹ 1597·是春 文
浄明寺旧一條恵観山荘(神奈川鎌倉) ❺-1 1646·是年 文
正明寺本堂(滋賀) ❺-1 1645·是年 文
常楽寺本堂(滋賀湖南市) ❸ 1360·7月 文
正暦寺福寿院(奈良) ❺-1 1681·5月 文
浄瑠璃寺(京都) ❷ 1157·1·16 文/❸ 1304·1·11 文/7·19 文
青蓮寺阿弥陀堂(熊本) ❸ 1295·12

月 文
正蓮寺大日堂(奈良) ❹ **1478**・6・12 文
照蓮寺本堂(岐阜高山) ❹ **1504**・是年 文/❺-1 **1678**・10・19 文
丈六寺本殿・本堂観音堂(徳島) ❺-1 **1629**・是年 文/**1642**・1月 文/**1648**・9月 文
白川神社本殿(新潟) ❹ **1515**・3・16 文
白水阿弥陀堂(福島県いわき) ❷ **1160**・3月 文
白石観音堂(信濃) ❺-2 **1774**・是年 文
白鬚神社本殿(滋賀) ❺-1 **1603**・6・24 文
白鬚神社本殿(信濃) ❺-2 **1784**・是年 文
新海三社神社東本殿(長野) ❺-1 **1685**・5月 文
神角寺本堂(大分) ❸ **1369**・是年 文
神宮寺(大分) ❺-1 **1689**・是年 文
神宮寺本堂(福井) ❹ **1553**・8・3 文
新宮神社表門(滋賀草津) ❹ **1485**・是年 文
　新宮神社本殿 ❹ **1523**・3・10 文
真光寺本堂(岡山) ❹ **1516**・11・16 文
信光明寺観音堂(愛知岡崎) ❹ **1478**・4・4 文
神護寺金堂・旧金堂(山城) ❺-1 **1623**・是年 文/**1625**・6・26 文
真珠庵庫裡・方丈(京都) ❺-1 **1609**・7・21 文/**1638**・11・21 文
新勝寺(千葉成田) ❺-2 **1830**・2・16 文/❻ **1861**・是年 文
真正極楽寺(京都) ❺-2 **1717**・10・22 文
真禅院本地堂(岐阜) ❺-1 **1642**・是年 文
真如堂本堂(京都) ❹ **1485**・3・2 社/❺-1 **1604**・是年 社
新長谷寺本堂(岐阜関) ❹ **1460**・6・27 文
神明社(愛知) ❹ **1550**・11・17 文
神明社観音堂(秋田) ❺-2 **1734**・7月 文
甚目寺(愛知) ❺-1 **1627**・6・5 文/**1634**・10・26 文
瑞花院本堂(奈良) ❸ **1443**・4・13 文
瑞龍寺山門(富山高岡) ❺-2 **1818**・11月 文
　瑞龍寺仏殿・法堂 ❺-1 **1655**・7・28 文/**1659**・6月 文
菅原神社本殿(大分) ❺-1 **1691**・是年 文
菅原神社本殿(福岡) ❺-2 **1736**・是年 文
住吉神社拝殿(山口下関) ❹ **1539**・是年 文
　住吉神社本殿 ❸ **1370**・3・11 文/❺-2 **1810**・4・5 文
住吉神社本殿(兵庫加東) ❷ **1265**・11月 文/❸ **1402**・12・25 文/❹ **1493**・6・19 文
住吉大社本殿(大阪) ❺-2 **1810**・4・5 文
住吉大社南門・摂社大海神社本殿(大阪) ❺-1 **1607**・是年 文/**1708**・5月 文
須波阿須疑神社本殿(福井) ❹ **1491**・是年 文
諏訪社拝殿(長野) ❺-1 **1617**・11月 文
諏訪神社(臼杵市) ❻ **1864**・3・27 文
諏訪神社本殿(静岡浜松) ❺-1 **1641**・12・26 文
諏訪大社(上社本殿・拝殿) ❺-2 **1835**・是年 文
諏訪大社(下社幣拝殿) ❺-2 **1780**・6・21 文
西願寺阿弥陀堂(千葉市原) ❹ **1495**・7・5 文
清浄華院阿弥陀堂(京都) ❺-1 **1710**・11・26 社
清水寺観音堂(山口) ❺-1 **1710**・是年 文
清白寺仏殿(山梨) ❸ **1415**・是年 文
正法寺本堂(京都) ❺-1 **1630**・3月 文
清凉寺釈迦堂(嵯峨) ❺-1 **1701**・11・19 文/**1703**・12・19 文
盛蓮寺観音堂(長野大町) ❺-2 **1729**・是年 文
石津寺本堂(草津) ❸ **1359**・是年 文
膳所神社表門(滋賀大津) ❺-1 **1655**・11・25 文
石堂寺本堂(千葉南房総) ❹ **1513**・7月 文/11・22 文
　石堂寺薬師堂 ❹ **1575**・6月 文
瀬田八幡宮本殿(山口) ❺-1 **1715**・是年 文
雪蹊寺薬師堂(高知) ❹ **1568**・10月 文
神部・浅間神社本殿(静岡市) ❺-2 **1813**・12・11 文
浅間神社東宮本殿(山梨富士吉田) ❹ **1561**・9・5 文
浅間神社本殿(山梨富士吉田) ❺-1 **1615**・是年 文
浅間神社本殿(山梨笛吹一ノ宮) ❹ **1558**・11月 文
千間土居(筑後柳川藩、福岡) ❺-1 **1695**・是年 社
善光寺本堂(長野) ❺-1 **1707**・7・16 文
　善光寺三門・経蔵 ❺-2 **1750**・4・8 文/**1759**・3・14 文
善光寺三門・本堂(山梨甲府) ❺-2 **1767**・⑨・12 文/**1796**・8・8 文
専修寺如来堂(栃木) ❺-1 **1701**・是年 文
専修寺(三重津) ❺-1 **1666**・3・28 文/❺-2 **1748**・7・18 文
善水寺本堂(滋賀) ❸ **1364**・5月 文
浅草寺本殿・幣殿・二天門(東京) ❺-1 **1648**・12・21 文
　浅草寺雷神門 ❺-2 **1795**・3・10 文
仙洞御所(京都) ❺-1 **1627**・11月 政
　仙洞御所噴水 ❺-1 **1644**・7・21 文
泉涌寺雲龍院本堂・仏殿(京都) ❺-1 **1646**・5月 文/**1668**・11月 文
泉福寺開山堂(大分) ❺-1 **1636**・3月 文
善福寺釈迦堂(和歌山) ❸ **1327**・2・24 文
崇元寺第一門(沖縄那覇) ❹ **1527**・7・25 文
総見寺仁王門(滋賀) ❹ **1571**・7・11 文
相国寺方丈庫司・開山堂(京都) ❺-1 **1644**・7・8 社/**1667**・3・23 文
総持寺山門(石川) ❺-1 **1610**・3月 文
総社本殿(岡山津山) ❺-1 **1657**・11・11 文
増上寺開山堂・鐘楼(東京芝) ❺-1 **1617**・2月 文/**1635**・是年 文/**1678**・3・14 文
　増上寺本堂(東京) ❼ **1922**・5月 社
添御県坐神社本殿(そうのみあがたにいますじんじゃ、奈良) ❸ **1383**・11・9 文
崇福寺護法堂・山門・媽姐門(長崎) ❺-1 **1644**・9月 文/**1646**・1月 文/**1648**・8月 文/❺-2 **1731**・8月 文/**1827**・3月 文/**1849**・4月 文
宗本寺薬師堂(群馬) ❹ **1537**・7・16 文/**1598**・11月 文
相馬中村神社本殿(福島相馬) ❺-1 **1643**・8・27 文
園比屋武御嶽石門(沖縄) ❹ **1519**・11・28 文
染殿(藤原良房第) ❶ **853**・2・30 文/**864**・2・25 文/**866**・③・1 文
染羽天石勝神社本殿(島取) ❹ **1583**・是年 文
大恩寺念仏堂(愛知) ❹ **1553**・是年 文
大行社本殿(滋賀) ❸ **1447**・②月 文
大国寺本堂(兵庫) ❺-1 **1690**・1・26 文
醍醐寺三宝院金堂(京都) ❹ **1598**・4・4 文
　醍醐寺如意輪堂・御影堂 ❺-1 **1606**・6・24 文/**1608**・7・1 文
　醍醐寺薬師堂 ❷ **1124**・4・3 文
太山寺本堂(兵庫神戸) ❸ **1285**・2・19 文
大山寺常行堂(鳥取) ❹ **1552**・6・28 文
太山寺本堂(愛媛) ❸ **1305**・12月 文
大乗寺仏殿(石川金沢) ❺-1 **1702**・9・9 文
大聖寺不動堂(千葉) ❺-1 **1618**・2月 文
大仙院書院(京都) ❺-1 **1614**・8月 文
大通寺(蘭亭、滋賀長浜) ❺-1 **1652**・是年 文/❺-2 **1755**・3・23 文
大善寺本堂(山梨) ❸ **1286**・3・16 文
台徳院霊廟総門(東京芝) ❺-1 **1632**・7・21 文
大徳寺(京都)
　大徳寺黄梅院方丈 ❹ **1586**・是年 文/**1588**・5・22 文
　大徳寺唐門 ❹ **1587**・是年 文
　大徳寺玄関 ❺-1 **1636**・1月 文
　大徳寺興臨院本堂 ❹ **1533**・6・2 文
　大徳寺孤蓬庵本堂・書院 ❺-1 **1632**・6・5 文/**1635**・5・26 文/**1648**・9月 文/❺-2 **1797**・6・5 文/**1800**・5・23 文
　大徳寺山門 ❹ **1582**・是年 文/**1589**・12・5 文

大徳寺鐘楼　❹ **1583**·是年　文
大徳寺真珠庵　❺-1 **1667**·11·25　社
大徳寺寝堂　❺-1 **1630**·10 月　文
大徳寺大仙院本堂　❹ **1513**·2·12　文
大徳寺仏殿　❺-1 **1664**·是年　文
大徳寺芳春院　❺-1 **1609**·5 月　文
大徳寺方丈　❹ **1478**·是年　文／❺-1 **1635**·8 月　文
大徳寺法堂　❹ **1479**·是年　文／❺-1 **1636**·12 月　文
大徳寺浴室　❺-1 **1620**·3·16　文
大徳寺龍光院本堂　❺-1 **1649**·8 月　文
大福光寺毘沙門堂(京都)　❸ **1327**·10·24　文／**1328**·10·24　文
大宝寺本堂(愛媛松山)　❺-1 **1685**·6·12　文
大宝八幡神社本殿(茨城)　❹ **1577**·12 月　文
当麻寺本堂(曼荼羅堂、奈良)　❷ **1161**·3·8　文／**1243**·5 月　文
当麻寺講堂　❸ **1303**·4·22　文
当麻寺金堂　❷ **1268**·12·3　文
当麻寺薬師堂　❸ **1447**·4·13　文
大猷院廟(栃木日光)　❺-1 **1652**·2·16　文／**1653**·是年　文
鷹尾神社本殿(福岡)　❺-1 **1712**·是年　文
高賀茂社(高知)　❹ **1568**·6·12　文
高鴨神社本殿(奈良)　❹ **1543**·3·13　社
高木神社拝殿(福岡)　❺-1 **1691**·是年　文
高木神社本堂(滋賀)　❹ **1512**·11 月　文
高倉観音堂(埼玉)　❺-2 **1744**·11·7　文
高倉神社(三重上野)　❹ **1574**·11·2　文
高鳥谷神社本殿(長野駒ケ根)　❺-2 **1829**·是年　文
高売布神社本殿(兵庫三田)　❹ **1513**·12·14　文
高山八幡宮本殿(奈良)　❹ **1572**·2 月　文
瀧部八幡宮本殿(山口下関)　❺-2 **1717**·是年　文
瀧山東照宮本殿(愛知岡崎)　❺-1 **1646**·9·15　文
多久神社神殿(佐賀多久)　❺-1 **1705**·是年　文／❺-2 **1736**·是年　文
武田八幡神社本殿(山梨韮崎)　❹ **1541**·12·23　文
大宰府天満宮本殿(福岡)　❹ **1594**·2·5　文
多治速比売神社本殿(大阪)　❹ **1541**·4·1　文
多多神社本殿(新潟)　❹ **1519**·是年　文
多田神社本殿(兵庫川西)　❺-1 **1667**·5·15　文
玉祖神社本殿(山口長門)　❺-2 **1750**·是年　文
玉津神社本殿(兵庫三木)　❹ **1492**·是年　文
俵山八幡宮御殿拝殿(山口長門)　❺-1 **1698**·12 月　文
談山神社本殿(奈良桜井)　❺-1 **1627**·3·27　文／❺-2 **1850**·2·19　文
誕生寺御影堂(岡山)　❺-1 **1695**·3·15　政
知恩院(京都)　❹ **1530**·是年　文／❺-1 **1604**·是年　文／**1605**·5 月　文／**1619**·9 月　文／**1621**·是年　文／**1639**·7·8　文／**1641**·1 月　文／**1678**·12·15　文／**1702**·8 月　文
筑摩神社(長野)　❸ **1439**·11 月　文
竹林寺本堂(高知)　❹ **1486**·是年　社
竹林寺本堂(東広島)　❹ **1545**·是年　文
智識寺大御堂(長野)　❺-1 **1609**·3·28　文
智満寺本堂(静岡島田)　❹ **1589**·2·4　文
茶席向月亭(松江)　❺-2 **1790**·是春　文
中尊寺金色堂(岩手平泉)　❷ **1124**·8·20　文／❸ **1288**·10 月　文／❺-1 **1704**·3·18　社
中尊寺大長寿院経蔵　❸ **1304**·3·14　文
長岳寺旧地蔵院庫裡·旧地蔵院本堂(奈良)　❺-1 **1630**·1 月　文／**1631**·8 月　文
長弓寺本堂(奈良)　❷ **1279**·2·25　文
朝光寺本堂(兵庫)　❸ **1413**·8·15　文
長講堂本堂(京都)　❺-1 **1644**·3·13　社
長谷寺(山梨)　❹ **1524**·6·6　文
長寿院弁才天堂(滋賀彦根)　❹ **1484**·12 月　文／❺-1 **1696**·1 月　文
長勝寺三門(青森弘前)　❺-1 **1629**·7 月　文
長保寺大門(和歌山)　❸ **1388**·是年　文
長保寺本堂　❸ **1311**·5·5　文
長命寺護摩堂·鐘楼(滋賀近江八幡)　❺-1 **1606**·是年　文／**1608**·是年　文
長命寺本堂　❹ **1522**·8·18　文／**1524**·8·10　文
千代神社本殿(滋賀彦根)　❺-1 **1638**·5·21　文
都久夫須麻神社(滋賀)　❺-1 **1601**·9·6　文
都祁水分神社本殿(つげみくまりじんじゃ、奈良)　❹ **1499**·9·20　文
津島神社本殿(愛知)　❺-1 **1605**·1·28　文
綱神社本殿(栃木)　❹ **1527**·10·17　文／❺-1 **1688**·3 月　文
椿八幡神社廻廊(大分)　❹ **1556**·是年　文
都万神社(宮崎)　❹ **1538**·是年　文
積川神社本殿(大阪岸和田)　❺-1 **1603**·12·9　文
鶴岡八幡宮社殿(神奈川鎌倉)　❺-2 **1828**·8·20　文
鶴岡八幡宮末社丸山稲荷社本殿　❹ **1500**·5 月　文
鶴山八幡宮本殿(岡山津山)　❺-1 **1669**·12·13　文
伝香寺(奈良)　❹ **1585**·5·5　文
天授院(神奈川三渓園)　❺-1 **1651**·5 月　文
天神社本殿(山梨)　❹ **1522**·11·2　文
天皇神社本殿(滋賀)　❸ **1324**·12·19　文
天満神社本殿(兵庫揖保)　❹ **1550**·3 月　文
天満大自在天神社宝殿(長崎)　❺-2 **1731**·是年　文
天満宮本殿(京都相楽)　❸ **1348**·11·16　文
天満宮本殿(和歌山)　❺-1 **1606**·11·24　文
天満宮本殿·拝殿·幣殿(石川小松)　❺-1 **1657**·2·25　文
天理天皇神社本殿(奈良)　❸ **1396**·6 26　文
東慶寺仏殿(神奈川三渓園)　❺-1 **1634**·10 月　文
東光寺三門(山口萩)　❺-2 **1812**·9·1 文
東光寺総門·大雄殿　❺-1 **1693**·1 月　文／**1698**·12·8　文
東光寺仏殿(山梨甲府)　❺-1 **1629**·是年　文
東寺⇨教王護国寺(きょうおうごこくじ)
洞春寺観音堂(山口)　❸ **1430**·是年　文
東照宮(群馬新田郡)　❺-1 **1644**·10·11　文
東照宮(仙波·川越)　❺-1 **1633**·11·1 社／**1638**·1·28　社／**1640**·6·17　文
東照宮(日光)　❺-2 **1731**·12·3　文／**1744**·7 月　文／**1818**·9·17　文
東照宮社殿(水戸)　❺-1 **1621**·4·17　文
東照宮社殿(和歌山)　❺-1 **1621**·11·24　文
東照宮社殿(東京上野)　❺-1 **1651**·4 17　文
東照宮社殿(弘前)　❺-1 **1628**·是年　文
東照宮本殿(日吉大社末社、滋賀)　❺-1 **1620**·11·5　文／**1634**·⑦·27　文
東照宮本殿(名古屋)　❺-1 **1619**·9 月　文
東照宮本殿(弘前)　❺-2 **1748**·6·15　文
東照宮本殿(仙台)　❺-1 **1654**·3·17　文
道成寺(和歌山)　❺-1 **1691**·是年　文
道成寺仁王門　❺-2 **1726**·3 月　文
道成寺本堂　❸ **1378**·是春　文／❺-1 **1691**·是年　文
唐招提寺礼堂(奈良)　❸ **1284**·是年　文
東寺蓮華門(京都)⇨教王護国寺(きょうおうごこくじ)
東禅寺本堂(愛媛)　❹ **1518**·4·18　文
東大寺開山堂(奈良)　❷ **1200**·是年　文
東大寺戒壇院受戒堂　❺-2 **1733**·1 11　文
東大寺廻廊　❺-2 **1716**·是年　政
東大寺羂索院双倉　❶ **950**·6 月　文
東大寺講堂　❶ **747**·2·15　文
東大寺西楽門　❺-2 **1718**·是年　文
東大寺三月堂(法華堂)　❷ **1148**·11·11　文／**1199**·8·8　文
東大寺三昧堂(四月堂)　❺-1 **1681**·9 月　文
東大寺大湯屋　❸ **1408**·2·14　文

東大寺大仏·大仏殿 ❷ **1181**·10·6 文／**1194**·3·12 文／❺-1 **1614**·9·13 文／**1684**·6·9 社／**1685**·4·15 文／5月 文／11·29 文／**1686**·2·5 文／**1688**·4·2 文／**1690**·8·15 文／**1691**·2·30 文／**1692**·3·8 文／5月 文／**1694**·5·6 文／**1696**·5·18 文／**1697**·4·25 文／12·26 文／**1698**·4·5 文／**1699**·5月 文／⑨·8 社／**1701**·3·29 社／5·12 文／**1702**·6·18 文／**1705**·④·10 文／**1708**·6·26 文／**1709**·3·21 文／❾ **1975**·11·15 文
東大寺中門 ❺-1 **1714**·4·25 文
東大寺南大門 ❷ **1199**·6月 文
東大寺二月堂 ❺-1 **1669**·5·9 文
東大寺布薩盥 ❸ **1427**·7·22 文
東大寺法華堂手水屋 ❸ **1335**·4·22 文
東福寺仏殿·浴室(京都) ❺-1 **1602**·6月 文／**1650**·3月 文
東福寺山門 ❸ **1405**·10·10 文／❾ **1976**·5·29 文／**1983**·4·6 文
東福寺通天橋 ❹ **1597**·3月 文
東福寺仁王門 ❹ **1597**·11·25 文
東福寺浴室 ❹ **1459**·3月 文
堂山王子神社本殿(福島) ❹ **1498**·10月 文／❺-1 **1688**·4·8 文
戸隠神社本殿(兵庫) ❹ **1524**·2·13 文
徳厳寺本堂(徳山) ❺-1 **1684**·是年 文
土佐国分寺金堂(高知南国) ❹ **1558**·9·23 文
土佐神社楼門·鼓楼(高知) ❺-1 **1631**·是年 文／**1649**·10月 文
土佐神社本殿 ❹ **1571**·2·25 文
(旧)鳥取藩江戸屋敷表門(東京国立博物館) ❽ **1954**·7·8 文
富部神社(名古屋) ❺-1 **1613**·是年 文
富吉建速神社本殿(愛知) ❺-1 **1614**·2月 文
鞆淵八幡神社本殿(和歌山) ❹ **1462**·3·7 文
豊姫神社神殿(伊万里) ❺-2 **1767**·是年 文
苗村神社(なむらじんじゃ、滋賀) ❷ **1217**·10·5 文／❸ **1308**·3·19 文／❹ **1522**·10月 文
中島神社本殿(豊岡) ❸ **1423**·11·2 文／**1428**·8·12 文
長瀬天満宮神殿(佐賀) ❹ **1515**·是年 文
中畑神社(高千穂) ❺-2 **1829**·是年 文
中牧神社本殿(山梨) ❹ **1478**·11·20 文
中山神社本殿(岡山津山) ❹ **1559**·4·5 文
中山寺本堂(福井) ❹ **1563**·是年 文
若王子神社本殿(なこうじんじゃ、兵庫神戸) ❸ **1408**·2·16 文
那谷寺本堂(石川) ❹ **1597**·是年 文
南宮神社本殿(岐阜) ❺-1 **1642**·9·11 文
南禅寺(京都) ❺-1 **1606**·7·5 文
南禅寺雲堂 ❸ **1295**·是年 文
南禅寺山門 ❺-1 **1628**·9·15 文
南禅寺勅使門 ❺-1 **1641**·9月 文
南部利康霊屋(青森) ❺-1 **1632**·是年 文
丹生官省符神社本殿(和歌山) ❹ **1541**·8月 文
丹生神社本殿(奈良柳生) ❸ **1442**·10·13 文
丹生都比売神社本殿(和歌山) ❹ **1469**·6·28 文／**1560**·9·2 文
丹生都比売神社楼門 ❹ **1499**·4·13 文
錦織神社本殿(大阪富田林) ❸ **1363**·12·13 文
仁科神明社(長野) ❹ **1576**·5·14 文／❺-1 **1636**·8·26 文
西本願寺阿弥陀堂(京都) ❺-1 **1618**·11·27 文／**1620**·2月 文／**1636**·8·2 文／**1643**·是年間 文／**1657**·10·7 文／**1710**·11·17 社／❺-2 **1760**·2·26 文／❾ **1984**·9·30 文
西本願寺唐門 ❾ **1980**·2·29 文
西本願寺能舞台 ❹ **1581**·是年 文
西本願寺飛雲閣(聚楽第遺構) ❹ **1587**·是年 文
西本願寺別院本堂(東京) ❼ **1901**·4月 社
日光東照宮奥社·宝塔(栃木) ❺-1 **1618**·4·17 文／**1636**·4·17 文／**1650**·10·11 文／**1654**·6·16 文／**1713**·5月 文
日光東照宮薬師堂 ❽ **1961**·3·15 文
日光二荒山神社末社朋友神社本殿 ❺-2 **1759**·10·15 文
日石寺不動堂(富山) ❺-1 **1651**·是年 文
若一王子神社本殿(長野大町) ❹ **1556**·9月 文
仁和寺観音院·灌頂堂·仏母院 ❷ **1121**·11·21 社／❺-1 **1613**·是年 文／**1642**·2·2 文／**1644**·3·28 文／**1646**·10·11 文
貫前神社本殿(群馬富岡) ❺-1 **1635**·11·21 文
根来寺大師堂(和歌山) ❸ **1391**·12·21 文
根津神社(東京) ❺-1 **1697**·6月 文
念仏寺本堂(京都) ❸ **1318**·8·12 文
野上八幡宮(和歌山) ❹ **1572**·5·14 文／**1573**·10·16 文／**1578**·8月 文
白山宮本殿(富山) ❹ **1502**·4·20 文
白山神社(長野木曾大桑村) ❸ **1334**·2·14 文
白山神社奥宮本殿(長野飯田) ❹ **1509**·8月 文／**1592**·8月 文
白山神社本殿(京都岩船) ❺-1 **1642**·11·3 文
白山神社本殿(石川珠洲) ❹ **1510**·2·10 文
白馬神明社本殿(長野) ❹ **1588**·2·23 文
羽黒山正善院黄金堂(山形) ❹ **1596**·5·3 文
筥崎宮本殿(福岡) ❹ **1545**·6·8 文／**1587**·9月 文
箱根社(相模) ❹ **1523**·6·12 社
芭蕉庵(東京) ❺-1 **1674**·是年 文
芭蕉庵(山城金福寺) ❺-2 **1776**·4月 文
長谷寺本堂(奈良) ❺-1 **1650**·6·12 文
長谷寺本堂(山梨八田村) ❺-2 **1849**·2·15 文
鉢伏権現社(信濃) ❹ **1523**·1月 文
八幡宮稲荷神社社殿(群馬) ❹ **1547**·1·11 文
八幡宮本殿(岡崎) ❺-1 **1619**·9月 文
八幡宮本殿(群馬玉村) ❺-1 **1667**·8·5 政
八幡神社(長野) ❺-1 **1624**·9·9 文
八幡神社(広島祝詞山) ❸ **1347**·2·29 文
八幡神社釈迦堂(飛騨白川) ❺-1 **1627**·8·12 文
八幡神社本殿(愛知豊川) ❹ **1477**·12月 文
八幡神社本殿(茨城水戸) ❹ **1598**·8月 文
八幡神社本殿(鹿児島大口) ❹ **1507**·2月 文
八幡神社本殿(滋賀近江八幡) ❹ **1596**·8·15 文
八幡神社本殿(長野) ❹ **1506**·⑪·24 文
八幡神社本殿(兵庫宝塚) ❸ **1403**·10·27 文
八葉寺阿弥陀堂(福島) ❺-1 **1606**·3·20 文
速川神社本殿 ❺-2 **1810**·是年 文
早吸日女神社(大分) ❺-1 **1602**·5月 文
磐台寺観音堂(広島) ❹ **1572**·元亀元年 文／❺-1 **1667**·8·10 政
鑁阿寺本堂·鐘楼(栃木足利) ❷ **1234**·是年 文／❸ **1299**·7·24 文
日吉神社(大分) ❺-2 **1840**·是年 文
日吉神社西本宮本殿拝殿(滋賀大津坂本) ❹ **1586**·是年 文
日吉大社摂社宇佐宮本殿·拝殿 ❹ **1598**·是年 文
日吉大社拝殿 ❹ **1596**·3月 文
日吉大社東本宮本殿 ❹ **1596**·是年 文
東本願寺阿弥陀堂(京都) ❺-1 **1603**·11·10 文
東本願寺仮御堂 ❻ **1860**·3·29 文
東本願寺枳殻御殿 ❺-1 **1657**·是年 文
東本願寺勅使門 ❼ **1910**·3月 社
東本願寺御影堂 ❺-1 **1604**·9·16 文
東本願寺難波別院(大阪) ❽ **1961**·5·21 社
氷川女躰社社殿(埼玉浦和) ❺-1 **1667**·6·22 文
英彦山神社奉幣殿(福岡) ❺-1 **1616**·9月 文
毘沙門堂(京都出雲路) ❷ **1195**·是年 文
聖神社本殿(和泉) ❺-1 **1604**·是年 文
飛騨国分寺本堂(岐阜) ❹ **1588**·是年 文
人麿神社(兵庫) ❸ **1345**·是年 文

日出神社本殿(兵庫城崎) ❺-1 1704·4·11 文
日野法界寺薬師堂(京都) ❹ 1456·7·20 文
日御碕神社(島根) ❺-1 1644·7·19 文
平等院阿弥陀堂(鳳凰堂、宇治) ❷ 1053·3·4 文
　平等院塔頭羅漢堂 ❺-1 1640·12·16 文
　平等院鳳凰堂 ❺-1 1670·1·11 文
平等寺薬師堂(新潟) ❹ 1516·3·21 文／1519·8·16 文
平野神社(京都) ❺-1 1626·3月 文／1632·是年 文
弘前八幡宮(青森弘前) ❺-1 1612·是年 文／❺-2 1755·9·18 文
広八幡神社(和歌山) ❸ 1413·2月 文／❹ 1493·8·13 文
　広八幡神社高良社本殿 ❹ 1502·11月 文
　広八幡摂社天神社本殿·拝殿 ❺-1 1652·6·10 文
広峰神社(姫路) ❸ 1444·11·14 文／❺-1 1626·9·29 文
深川三十三間堂(東京) ❻ 1872·5·19 社
富貴寺本堂(奈良) ❸ 1388·是年 文
福王子神社(京都) ❺-1 1644·6月 文
福寿寺本堂(滋賀近江八幡) ❺-1 1679·是年 文
福穂庵本堂(長野) ❷ 1160·是年 文
普賢院四脚門(和歌山) ❺-1 1643·是年間 文
葛井寺(藤井寺)四脚門 ❺-1 1601·8·19 文
富士山本宮浅間神社本殿(福岡富士宮) ❺-2 1796·6·23 文
富士大石寺(福岡富士宮) ❽ 1964·4·1 文
藤津比古神社(石川七尾) ❹ 1576·10·2 文
伏見稲荷大社本殿(京都) ❹ 1492·2·16 文／1494·6·17 文
藤森神社境内八幡宮本殿(京都) ❹ 1494·3·7 文
峰定寺仁王門(京都) ❷ 1160·10月 文／❸ 1350·2·10 文
不退寺南門(奈良) ❸ 1317·1·24 文
二荒山神社本殿(栃木日光) ❺-1 1619·9月 文
　二荒山神社神輿舎(旧仮殿拝殿) ❺-1 1617·是年 文
　二荒山神社大国殿 ❺-1 1713·9·8 文
　二荒山神社中宮祠本殿 ❺-1 1701·6·20 文
　二荒山神社別宮本宮神社本殿拝殿 ❺-1 1685·12·16 文
仏通寺(広島三原) ❸ 1406·是年 文／❺-2 1817·文化年間 社
不動院(奈良大和高田) ❹ 1483·7·12 文
　不動院鐘楼 ❸ 1433·3·4 文
不動院金堂(広島) ❹ 1540·10月 文／1594·是年 文
船橋大神宮(千葉) ❺-1 1608·7·18 文
普門寺方丈(大阪高槻) ❺-1 1621·是年 文
古熊神社本殿(山口) ❺-1 1618·12·25 文
不破八幡宮(高知) ❹ 1559·是年 文
法円寺瑞龍院(越中高岡) ❺-1 1613·是年 社
法音寺本堂(和歌山) ❹ 1457·1·19 文
法界寺阿弥陀堂(京都) ❷ 1226·此頃 文
方広寺(静岡浜松) ❸ 1400·是年 文
宝厳寺唐門(滋賀) ❺-1 1603·6月 文
豊歳神社本殿(兵庫) ❹ 1511·11·26 文
宝山寺(奈良生駒) ❺-1 1701·10·18 文／❻ 1882·11·5 文
宝珠院観音堂(千葉) ❹ 1563·6月 文
法住寺虚空堂(長野) ❹ 1486·4·5 文
法勝寺五大堂(京都) ❸ 1418·8·18 文
宝塔寺本堂(京都) ❺-1 1608·10·10 文
報土寺本堂(京都) ❺-1 1629·9月 文
豊満神社四脚門(滋賀) ❸ 1323·10·8 文
宝来山神社本殿(和歌山) ❺-1 1614·3·27 文
鳳来寺東照宮本殿·拝殿(愛知) ❺-1 1651·9·17 文
　鳳来寺仁王門 ❺-1 1651·5·11 文
法隆寺再建·非再建論争 ❼ 1905·2月 文
　法隆寺昭和大修理 ❽ 1955·1·23 文／❾ 1983·3·5 文／1985·11·4 文／2001·2·20 文／2004·7·15 文
　法隆寺文化展 ❽ 1949·5·15 文／1952·11·6 文
　法隆寺大湯屋 ❸ 1455·4·5 文／❺-1 1605·8月 文／1606·是年 文
　法隆寺上御堂 ❸ 1370·是年 文
　法隆寺北室院本堂 ❹ 1494·7·2 文
　法隆寺北室太子殿 ❺-2 1816·6月 文
　法隆寺金堂 ❺-1 1696·是年 文／❽ 1954·11·3 文
　法隆寺金堂の壁画 ❽ 1939·6·8 文／1940·7·9 文／1951·12·27 文
　法隆寺西円堂 ❷ 1248·11·8 文／1249·11·8 文／1250·12·8 文
　法隆寺西大門 ❺-1 1684·11·5 文
　法隆寺三経院·西室 ❷ 1231·4·24 文
　法隆寺地蔵堂 ❸ 1372·8·22 文
　法隆寺舎利堂 ❷ 1219·2·26 文
　法隆寺鐘楼 ❷ 1163·2·8 文
　法隆寺聖霊院 ❷ 1121·11·21 社／❸ 1284·10·27 文／是年 文
　法隆寺中院本堂 ❸ 1434·10·21 文
　法隆寺東院舎利殿·絵殿 ❷ 1219·3·29 文
　法隆寺東院南門(不明門) ❹ 1459·2·23 文
　法隆寺東室 ❸ 1377·是年 社
　法隆寺南大門 ❸ 1435·1·11 社／1438·11·19 文
　法隆寺福園院本堂 ❸ 1437·8·12 文
　法隆寺宝珠院本堂 ❹ 1512·4·29 文
　法隆寺夢殿 ❶ 739·是年 文／❸ 1383·3月 文
　法隆寺律学院本堂 ❺-1 1627·5·1 文
宝林寺仏殿本堂(静岡) ❺-1 1668·9 27 文
細野神社本殿(山口市) ❺-2 1816·是年 文
法華寺(唐風呂、奈良) ❺-1 1602·6 6 文／❺-2 1766·是年 文
　法華寺本堂 ❺-1 1601·9月 文
法華経寺祖師堂(千葉市川) ❺-1 1678·10·6 文
本願寺(京都堀川) ❺-1 1618·是年 社／1637·3月 文
　本願寺本堂 ❾ 1985·5·22 文
本興寺(兵庫尼崎) ❹ 1558·3·18 文／1598·是年 文／❺-1 1617·12月 文
本興寺本堂(静岡) ❹ 1552·11·15 文
本山寺本堂(岡山) ❸ 1350·是年 文
本山寺本堂(香川) ❸ 1300·4·20 文
本荘八幡宮鳥居(岡山倉敷) ❸ 1421 11月 文
本徳寺大門(兵庫姫路) ❺-1 1709·8月 文
本蓮寺番神堂(岡山牛窓) ❹ 1468·1 月 文／1500·7·8 文
　本蓮寺本堂 ❹ 1492·9月 文
松苧神社本殿(新潟) ❹ 1497·6·15 文
松尾神社本殿(京都) ❹ 1542·11·15 文／❺-2 1786·4·8 文
松尾寺本堂(奈良) ❸ 1337·9·29 文
松崎八幡宮拝殿(山口) ❺-1 1661·是年 文／1692·是年 文
松平秀康母霊屋(和歌山高野山) ❺- 1604·是年 文／1607·④·8 文
的原神社神殿·拝殿(福岡宗像) ❺-1 1693·是年 文
丸山神社(大分) ❺-2 1727·是年 文
曼殊院本堂·書院(京都) ❺-1 1656· 月 文
曼荼羅寺正堂(愛知江南) ❺-1 1632 2·23 文
万徳寺鎮守堂(愛知) ❹ 1530·5·25 文
万福寺西方丈·法堂·禅堂·寿蔵·舎利殿·大雄宝殿·伽藍堂·三門·総門(京都宇治) ❺-1 1661·是年 文／1662·是年 文／1663·8·23 文／11月 文／1667·6·19 文／1668·12·8 文／1669·是年 文／1678·9月 文／1693·6月 文
万福寺本堂(島根) ❸ 1374·11月 文
御形神社本殿(兵庫) ❹ 1527·2·22 文
御上神社本殿(滋賀野洲) ❸ 1337·2月 文
　御上神社楼門 ❸ 1366·2·17 文
水分神社本殿(奈良吉野) ❺-1 1605 9·13 文
三郷八幡神社本殿(和歌山) ❹ 1559 6·27 文

水度神社本殿(京都)　❸ 1448·11·8 文
水無瀬神宮客殿(大阪)　❹ 1600·12·10 文
三船神社本殿(和歌山)　❹ 1590·9·21 文
美保神社本殿(島根松江)　❺-2 1813·9·24 文
都万神社本殿(宮崎)　❺-1 1692·是年 文
明王院本堂(広島福山)　❸ 1321·3·14 文
明王寺(香川)　❹ 1533·10·18 文
妙喜庵待庵(京都)　❹ 1582·11·7 文
妙義神社(本殿·拝殿·幣殿、群馬富岡)　❺-2 1756·12·1 文／1773·是年 文
妙源寺柳堂(愛知岡崎)　❸ 1314·8·6 文
妙成寺本堂·三十番神堂·三光堂·五重塔·書院·経堂(金沢能登)　❺-1 1614·4月 文／1618·5月 文／1622·是年 文／1659·4·14 社／1670·2·12 文
妙心寺衡梅院本堂·勅使門·天球院本堂·鐘楼·庫裡·大方丈·法堂·寝堂·経蔵(京都)　❹ 1538·2·27 文／1599·7·12 文／❺-1 1604·⑧·21 文／1610·11·23 文／1631·是年 文／1639·是年 文／1653·9月 文／1654·8·8 文／1656·4·11 文／5·11 文／1673·5月 文／❺-2 1827·11·22 文
妙法院大書院·庫裡(京都)　❺-1 1603·6月 文／1604·10月 文
妙法寺鉄門(東京杉並)　❻ 1877·是年 文
妙本寺客殿(神奈川鎌倉)　❺-1 1622·8·23 文
妙楽寺本堂(福井小浜)　❸ 1296·7·13 文
弥勒寺本堂(兵庫)　❸ 1380·是年 文
美和神社(岐阜)　❺-1 1602·8·22 文
三輪神社本殿(秋田雄勝)　❺-1 1647·6月 文
陸奥国分寺薬師堂(宮城仙台)　❺-1 1607·10·24 文
宗像神社(福岡)　❹ 1578·5·28 文／6·1 社／1590·6月 文／❺-2 1780·是年 文
明通寺(福井小浜)　❷ 1258·4·10 文
明導寺阿弥陀堂(熊本)　❷ 1230·是年 社
夜支布山口神社(やぎうやまぐちじんじゃ、奈良)　❺-2 1727·10·3 文
薬王院本堂(茨城水戸)　❹ 1529·6·8 文／❺-1 1688·2·15 文
薬王寺観音堂(和歌山)　❸ 1347·1·26 文
薬師寺講堂(奈良)　❺-2 1852·是年 文
　薬師寺金堂　❾ 1967·11·18 社／1976·4·1 文
　薬師寺東院堂　❸ 1285·3·21 文
　薬師寺南門　❹ 1512·3·4 文
　薬師寺文殊堂　❶ 731·是年 文
　薬師寺休岡八幡宮　❺-1 1603·6·26 文
薬師堂(京都)　❷ 1215·12·22 社
薬師堂(高知)　❷ 1151·8·4 文
薬隆寺八幡神社本殿(奈良)　❹ 1514·9·19 文
八坂神社本殿(大阪池田)　❺-1 1610·9·6 文
八坂神社本殿(京都)　❹ 1576·5月 文／❺-1 1654·11·21 文／❺-2 1843·是年 文
　八坂神社楼門　❹ 1497·是年 文
八坂神社本殿(滋賀)　❹ 1587·是年 文
八坂神社本殿(山口)　❹ 1520·6·13 文／1540·1月 文
屋島寺本堂(香川)　❺-1 1618·9·18 文
八剣神社正殿(福岡)　❺-1 1705·是年 文
大和寺阿弥陀堂(河内北)　❸ 1282·10·29 社
雄山神社前立社壇本殿(富山)　❺-1 1603·6月 文
有章院霊廟(東京)　❺-2 1717·3·19 文
由岐神社拝殿(京都鞍馬)　❺-1 1610·1月 文
余慶寺本堂(岡山)　❹ 1570·10·20 文
吉御子神社本殿(滋賀湖南)　❺-2 1835·3·15 文
与杼神社本殿(京都)　❺-1 1607·6月 文
淀姫神社神殿(佐賀伊万里)　❹ 1475·是年 文
雷電神社稲荷神社社殿(群馬)　❹ 1548·9月 文
楽座神社神殿(大分)　❺-2 1836·是年 文
利生護国寺(和歌山橋本)　❸ 1381·是年 文
立石寺中堂(山形)　❺-1 1608·是年 文
龍安寺本堂(京都)　❺-1 1606·2月 文
龍王神社尾崎社(馬関)　❺-2 1829·是年 文
龍岩寺奥院礼堂(大分)　❸ 1286·2·22 文
龍山八幡神社本殿(広島)　❹ 1558·是年 文
龍禅寺三仏堂(静岡)　❹ 1569·8·28 社
龍泉寺仁王門(名古屋)　❺-1 1607·是年 文
龍安寺方丈(京都)　❹ 1499·6·26 文
霊山寺仁王門(静岡清水)　❹ 1516·2·8 文
霊山寺本堂(奈良市)　❸ 1283·11·4 文
林丘寺観音堂(京都)　❺-1 1682·3·25 文
臨済寺(駿河)　❹ 1584·12·23 文
輪王寺(栃木日光)　❺-1 1613·是年 社／1646·10·2 文／1647·10·24 文／1649·是年 文／1708·4月 文
霊安寺御霊神社本殿(奈良)　❸ 1455·11·14 文
霊泉寺阿弥陀堂(長野)　❸ 1315·11月 文
霊峰寺本堂(山梨)　❹ 1581·5月 文
蓮華王院南大門(京都)　❹ 1600·9月 文
蓮華峰寺金堂(新潟)　❹ 1459·是年 文／❺-1 1609·是年 文
鹿苑院仏殿(京都)　❸ 1389·10·29 文
六條八幡宮本殿(京都)　❸ 1346·8·13 社
六所神社本殿·楼門(京都岡崎)　❺-1 1633·是年 文／1636·8月 文／1688·9月 文
六殿神社楼門(熊本)　❹ 1549·6月 文
六波羅蜜寺本堂(京都)　❸ 1363·3月 文
和歌浦天満宮(和歌山)　❺-1 1605·是年 文
若松寺観音堂(山形天童)　❹ 1509·7·16 文
若宮八幡神社(兵庫)　❹ 1564·4·3 文
若宮八幡神社(大分日出町)　❺-2 1825·是年 文
若宮八幡神社本殿(大分湯布院)　❺-1 1666·是年 文
住宅(一般)
空家　❼ 1935·2·27 社
空家払底(東京)　❻ 1895·9月 政
朝日住宅展覧会　❼ 1929·10·25 社
家請会所　❺-2 1764·4月 社
家質改会所　❺-2 1733·1·9 社
家質用場(家質会所)　❺-2 1774·是年 社
家売買吟味料　❺-2 1723·是年 社
家屋敷·土地売買　❺-2 1720·1·30 社／1726·8·30 社／9·2 社／1740·1·14 社／1749·2·22 政／1759·11月 社／1788·9月 社／1789·1月 社／1792·11月 社
家屋敷所持の町人　❺-2 1776·2·27 社
応急簡易住宅　❽ 1945·9·4 社
屋上制限　❼ 1907·5·16 社
家屋数抵当借銀　❺-2 1784·3月 社
家屋税　❼ 1899·6·17 政
家屋調査(東京)　❻ 1879·9月 社
家屋の普請　❺-2 1725·8·24 社／1793·6月 政／1837·2·6 社
囲家作　❺-2 1718·2·1 社
家質奥印差配所　❺-2 1767·12·23 社／1768·11·19 政／1775·8·3 社
河岸地掛　❺-2 1845·11·23 社
貸家　❺-2 1779·8·20 社／1790·11月 社
共同住宅(長屋)　❼ 1901·12月 政
緊急住宅対策要綱　❽ 1945·6·19 社
合板の家　❾ 1970·10·13 社
五階建　❻ 1871·12月 社
小間割高　❺-2 1782·4·25 政
三階建　❺-2 1716·3月 文
三階建(鉄骨煉瓦)　❼ 1902·11·17 社
借地·借家　❼ 1909·3·15 社／1921·4·8 社／5·15 社／1924·7·22 社／1930·3·24 社
借家賃貸契約書　❺-2 1730·5月 社／1772·11月 社／1818·11月 社
集合住宅　❽ 1948·4·15 社
住宅·店舗の新増築禁止　❽ 1946·5·29 社
住宅困窮世帯　❽ 1960·10·8 社
住宅制限解除　❽ 1950·2·5 社
住宅総合保険　❽ 1960·11·30 政

住宅着工　❾ 1994・1・31 社／2002・4・30 社
住宅調査　❽ 1949・2・19 社
住宅手当金　❺-2 1750・12 月 政
住宅展覧会　❽ 1942・9・12 社
全国住宅調査　❽ 1948・8・1 社
全国の家屋復興　❽ 1947・7・30 社
大規模分譲住宅　❼ 1910・6 月 社
太陽熱住宅「ソーラーハウス」　❾ 1975・5・28 社／1976・4・6 社
宅地(下賜・貸与)　❺-2 1719・8・27 政／1730・8 月 社／1732・6 月 社／1738・7・11 政／1765・9・11 社／1779・8・20 社
建坪制限(住宅)　❽ 1949・7・1 社
建物の区分所有法(マンション)　❽ 1962・4・4 社
建物米　❺-2 1820・1・7 政
町人の拝領屋敷　❺-2 1830・4・22 政
ツー・バイ・フォー工法　❾ 1974・7・26 社／10 月 社／1980・是年 社
所書き(表柱)　❺-2 1839・7 月 社
土蔵作りの家　❻ 1853・嘉永年間 社
七千万円公社分譲住宅　❾ 1981・10・30 社
二階建　❺-2 1758・是年 社／1814・是年 社
ニューセラミックの家「ミサワホーム」　❾ 1980・是年 社
庭付き住宅分譲　❾ 1974・10・18 政
塗屋・土蔵造　❺-2 1720・4・20 社／1722・12・23 社／1723・6・7 社／1724・7・21 社／是年 文／1725・3・19 社／1727・3 月 社／1729・11 月 社／1737・5・16 社／1831・是年 社／1845・4 月 社
火縄屋敷　❺-2 1800・5・23 社
ビルディング　❼ 1918・9・20 社
武家別荘地　❺-2 1749・3・1 政／3・1 社／1759・4 月 社／1843・4・28 社
武家屋敷相対替　❺-2 1743・3・29 政
プレハブ住宅　❽ 1959・10 月 社／1960・8 月 社
プレハブ住宅「スイートム」　❾ 1979・是年 社
プレハブ住宅「セキスイハイム」　❾ 1971・是年 社
部屋の広さを統一　❾ 1972・8・25 社
町並屋敷　❺-2 1755・8 月 政
町屋敷(家作・停止)　❺-2 1718・⑩・22 社／1725・9・28 社／1755・8 月 政／1806・4 月 社
マンション(平均価格・戸数)　❾ 1988・6・23 社／1994・5・13 政／11・10 政／1998・7・21 社／2002・2・7 社／2003・11・5 社／2009・7・14 社
ミゼットハウス　❽ 1959・10 月 社
民間分譲マンション　❽ 1956・1 月 社
木造五階建　❼ 1909・是年 社
屋敷沽券　❺-2 1744・3・4 政／1782・4・25 政
屋敷数　❺-2 1782・4・25 政
屋敷の坪数　❺-2 1719・6・15 社
家賃　❼ 1901・3 月 社
家賃会所　❺-2 1771・明和年間 社
家賃三割値上げ　❺-2 1737・6・27 社
洋風文化小住宅　❼ 1922・3・10 社

住宅(個人)

我妻(あがつま)家住宅(宮城)　❺-2 1730・是年 文／1752・是年 文
(旧)新井家住宅(埼玉長瀞町)　❺-2 1745・是年 文
荒川家住宅(岐阜)　❺-2 1796・10 月 文
安藤家住宅(山梨)　❺-1 1708・4 月 文
(旧)五十嵐家住宅(福島南会津)　❺-2 1729・3 月 文
伊佐家住宅(京都)　❺-2 1734・8・25 文
石井家住宅(神奈川津久井郡)　❺-1 1707・是年 文
石田家住宅(京都美山町)　❺-1 1650・3・11 文
今西家住宅(奈良今井町)　❺-1 1650・3・22 文
入野家住宅(栃木)　❺-2 1836・9 月 文
(旧)岩崎家住宅(東京文京区)　❻ 1894・是年 文
浮田家住宅(富山)　❺-2 1828・8・8 文
(旧)生方家住宅(群馬沼田)　❻ 1864・6 月 文
裏千家住宅(京都)　❺-2 1839・是年 文
瓜生家住宅(福井鯖江)　❺-1 1699・⑨・8 文
大沢家住宅(埼玉)　❺-2 1792・10 月 文
(旧)大戸家住宅(岐阜下呂町)　❺-2 1833・2・14 文
大橋家住宅(岡山)　❺-2 1796・11 月 文
小笠原家書院(長野飯田)　❺-1 1617・是年 文／1643・是年 文
(旧)尾形家住宅(千葉安房丸山町)　❺-2 1728・2・20 文
奥家住宅(和泉佐野)　❺-2 1727・2・10 文
奥家住宅(広島)　❺-2 1788・9 月 文
織田家住宅(奈良橿原)　❺-2 1844・3・6 文
(旧)オルト住宅主屋(長崎)　❻ 1865・是年 文
片岡家住宅(奈良宇陀)　❺-1 1670・2・25 文
門脇家住宅(鳥取大山町)　❺-2 1769・7・18 文
神尾家住宅(大分)　❺-2 1763・2 月 文／1771・7 月 文
河原家住宅(奈良今井町)　❺-1 1657・是年 文
菊屋家住宅(山口萩)　❺-1 1693・是年 文
北田家乾蔵(大阪)　❺-2 1722・4 月 文
北村家住宅(川崎)　❺-1 1687・2 月 文
木村家住宅(徳島)　❺-1 1699・10 月 文
(旧)工藤家住宅(川崎民家園)　❺-2 1759・6・2 文
熊谷(くまがい)家住宅(愛知)　❺-2 1740・1 月 文
熊谷(くまや)家住宅(山口萩)　❺-2 1768・是年 文
栗山家住宅(奈良五條)　❺-1 1607・
年 文
(旧)黒木家住宅(宮崎)　❺-2 1836・
29 文
黒田家住宅(静岡小笠町)　❻ 1861・
月 文
桑原家住宅(岐阜)　❺-2 1734・是年 文
(旧)小采家住宅(徳島)　❺-2 1843・
保年間 文
小坂家住宅(岐阜)　❺-2 1773・7 月 文
後藤家住宅(鳥取米子)　❺-2 1753・
月 文
後藤家書院(鳥取米子)　❺-1 1714・
17 文
小林家住宅(京都)　❺-2 1816・4 月 文
木幡(こわた)家住宅(島根)　❺-2 1733・是年 文
(旧)済生館本館(山形市)　❻ 1878・
月 文
佐伯家住宅(富山西砺波郡福岡町)
-2 1768・是年 文
笹岡家住宅(奈良宇陀)　❺-1 1643・
年間 文
(旧)笹川家住宅(新潟)　❺-2 1821・
19 文／1826・是年 文
(旧)佐佐木家住宅(川崎市民家園)
-2 1716・是年 文
(旧)鯖波本陣石倉家住宅(金沢江戸村)　❺-2 1807・是年 文
澤井家住宅(京都)　❺-2 1740・9 月 文
三田家住宅(奈良柏原)　❺-2 1766・11・1 文
椎名家住宅(茨城)　❺-1 1674・12・3 文
(旧)渋谷家住宅(山形鶴岡市鉄道博物館)　❺-2 1822・3 月 文
(旧)下木家住宅(香川四国民家博物館)　❺-2 1781・3 月 文
(旧)集成館機械工場(鹿児島)　❻ 1865・是年 文
(旧)菅野家(中村屋敷、岩手)　❺-2 1728・1 月 文
鈴木家住宅(和歌山金屋町)　❺-2 1785・2・8 文
角屋(京都揚屋町)　❺-2 1781・⑤・8 文
(旧)数山(すやま)家住宅(福岡)　❺-
1842・4 月 文
関川家住宅(高知)　❺-2 1819・4 月 文
高橋家住宅(青森黒石)　❺-2 1758・1
月 文
高橋家住宅(大阪和泉)　❺-2 1749・
年 文
瀧澤家住宅(京都鞍馬)　❺-2 1760・4
25 文
(旧)田口家住宅(岐阜高山)　❺-2 1809・1 月 文
竹ノ内家住宅(長野下伊那郡高森町)　❺-2 1799・是年 文
(旧)武山家住宅(福島)　❺-2 1806・
年 文
太刀川家住宅店舗(函館)　❼ 1900・

年 文
田中家住宅(滋賀) ❺-2 **1768**·是年 文
田中家住宅(徳島) ❺-1 **1685**·2 月 文
谷尻家住宅(京都亀岡) ❺-1 **1715**·是年 文
(旧)谷山家住宅(和歌山風土記の丘) ❺-2 **1749**·4·17 文
辻家住宅(滋賀) ❺-2 **1825**·是年 文
遠山家住宅(京都亀岡) ❺-2 **1790**·4·5 文
(旧)遠山家住宅(岐阜白川村) ❺-2 **1827**·10 月 文
土蔵(兵庫龍野) ❺-1 **1656**·是年 文
富澤家住宅(群馬) ❺-2 **1792**·4 月 文
豊島家住宅(愛媛松山) ❺-2 **1758**·6·4 文
豊田家住宅(橿原今井町) ❺-1 **1662**·2 月 文
(旧)長岡家住宅(徳島) ❺-2 **1735**·4 月 文
中家住宅(奈良安堵町) ❺-1 **1659**·2 月 文／❺-2 **1773**·10·15 文
中崎家住宅(茨城内原町) ❺-1 **1688**·是年 文
永富家住宅(兵庫揖保川) ❺-2 **1820**·1 月 文
永沼家住宅(福岡) ❺-2 **1840**·3·17 文
(旧)中村家住宅(盛岡) ❻ **1861**·是年 文
中村家住宅(奈良御所) ❺-1 **1632**·4 月 文
中村家住宅(盛岡) ❻ **1861**·是年 文
(旧)名手本陣妹尾家住宅(和歌山) ❺-2 **1718**·是年 文
(旧)奈良家住宅(秋田) ❺-2 **1776**·是年 文
(旧)西田川郡役所(山形鶴岡) ❻ **1881**·5 月 文
萩屋敷長屋(厚狭毛利家) ❻ **1856**·5 月 文
羽石(はねいし)家住宅(栃木) ❺-1 **1689**·9·12 文
林家住宅(岡山英田郡) ❺-2 **1786**·2·24 文
林家住宅(福山) ❺-1 **1703**·是年 文
(旧)東松家住宅(犬山明治村) ❼ **1901**·5·20 文
福永家住宅(徳島鳴門) ❺-2 **1828**·5·24 文
藤田家住宅(宮崎) ❺-2 **1787**·12 月 文
星名家住宅(新潟県川面) ❺-2 **1842**·是年 文
増田家住宅(和歌山) ❺-1 **1706**·3·4 文
町井家住宅(三重) ❺-2 **1744**·4·17 文
松下家住宅(長野下伊那郡大鹿村) ❺-2 **1820**·3 月 文
松本家住宅(岐阜) ❺-2 **1826**·4·27 文
(旧)松本家住宅(福岡北九州) ❼ **1912**·8·13 文
真山家住宅(長野) ❺-2 **1766**·2·22 文
(旧)丸毛家住宅(大分臼杵) ❻ **1883**·11 月 文
「まんぎょく」商家(大和) ❺-2 **1742**·5·16 文
(旧)御子神家住宅(千葉成田) ❺-2 **1780**·1 月 文
三田家住宅(大阪柏原) ❺-2 **1766**·11·1 文
三森家住宅(栃木) ❺-2 **1733**·4·18 文
(旧)宮地家住宅(滋賀) ❺-2 **1754**·12 月 文
村井家住宅(奈良) ❺-1 **1699**·3·23 文
(旧)村野家住宅(黄林閣、埼玉所沢) ❺-2 **1844**·7 月 文
(旧)目黒家住宅(新潟) ❺-2 **1797**·9·5 文
(旧)茂木家住宅(群馬富岡) ❹ **1527**·12 月 文
八代家住宅(山梨北杜) ❺-2 **1808**·5 月 文
(旧)柳川家住宅(和歌山風土記の丘) ❺-2 **1807**·1 月 文
(旧)山内家下屋敷長屋(高知) ❻ **1865**·是年 文
山添家住宅(大阪交野) ❺-1 **1705**·3 月 文
行永家住宅(京都舞鶴) ❺-2 **1825**·5 月 文
ヨイチ運上家(北海道余) ❺-2 **1848**·是年 文
吉島家住宅(岐阜高山) ❼ **1907**·9·6 文
吉原家住宅(広島尾道向島) ❺-1 **1635**·是年 文
吉村家住宅(大阪羽曳野) ❺-2 **1841**·7·4 文
吉村家住宅(佐賀) ❺-2 **1789**·4 月 文
(旧)米谷家住宅(奈良今井町) ❺-2 **1849**·6·13 文
冷泉家住宅(京都) ❺-2 **1790**·3·26 文
渡辺家住宅主屋(愛媛松山) ❻ **1866**·4·10 文
渡辺家住宅(千葉県大喜多町) ❺-2 **1849**·4 月 文
渡辺家住宅(新潟岩船郡関川村) ❺-2 **1783**·5 月 文
住宅関係会社·団体·研究所
永大産業 ❽ **1946**·7 月 社
大阪芸術大学芸術情報センター ❾ **1981**·7·7 文
鹿島組 ❺-2 **1840**·是年 社／❻ **1880**·3 月 政／❼ **1930**·2·22 政／❽ **1941**·7·8 政／❾ **1987**·12·18 政
近代建築史研究会 ❾ **1980**·11·28 文
建設院 ❽ **1948**·1·1 社／7·8 政
建築部(新制作協会) ❽ **1949**·2 月 文
五期会(建築家団体) ❽ **1956**·6·3 文
左官組合 ❼ **1906**·6·4 社／**1916**·4 月 社／**1932**·1·17 社
清水建設 ❺-2 **1804**·是年 社／❼ **1915**·10 月 社
住宅·都市整備公団 ❾ **1981**·5·22 社／**1997**·1·22 政
住宅営団·公団 ❽ **1942**·8·15 社／**1955**·7·8 社
住宅金融公庫⇨[7]経済「銀行」
新建築技術者集団 ❾ **1969**·5·10 文／**1970**·12·6 文
新興建築家連盟 ❼ **1930**·10·20 文
新日本建築家協会 ❾ **1987**·5·11 文
新日本建築家集団(NAU) ❽ **1947**·6·28 文
西洋家具指物職同盟会 ❼ **1897**·4 月 社
全国借家人組合総連盟 ❼ **1928**·9·15 社
全国住宅検査協会 ❾ **1980**·3·24 社
全国大工職組合 ❼ **1925**·5·18 社
戦災復興院 ❽ **1948**·1·1 社
全日本家賃地代値下げ運動協議会 ❼ **1929**·11·24 社
ダイワハウス ❽ **1963**·是年 社
宅地開発公団 ❾ **1975**·9·1 社
東京都住宅協会 ❽ **1960**·8·23 社
東京間借人協会 ❾ **1966**·11·16 社
土木学会 ❼ **1914**·9·2 文
日本建築家協会 ❽ **1956**·10·11 文
日本建築士会 ❼ **1915**·11·25 社
日本コンベンションセンター ❾ **1989**·10·9 文
日本借家人組合 ❼ **1928**·8·12 社
日本住宅総合センター ❾ **1970**·6·2 社
フジテック ❽ **1948**·2 月 政
プレハブ建築協会 ❽ **1963**·1·31 政
家主連合会 ❼ **1929**·11 月 社
城郭
(旧)秋月城裏門(福岡朝倉) ❺-2 **1850**·是年 文
宇和島城天守(愛媛宇和島) ❺-1 **1664**·10·27 文
江戸城(東京)
江戸城桜田門 ❺-1 **1663**·9·10 文
江戸城清水門 ❺-1 **1658**·8 月 文
江戸城筋違橋御門 ❺-1 **1694**·是夏 政
江戸城田安門 ❺-1 **1636**·9 月 文
江戸城田安門櫓門 ❺-2 **1836**·12·6 文
大坂城
大坂城一番櫓 ❺-1 **1630**·10 月 文
大坂城乾櫓 ❺-1 **1620**·9·2 文
大坂城焔硝蔵 ❺-1 **1661**·是年 文
大坂城金蔵·多聞櫓 ❺-2 **1837**·是年 文／**1848**·11·15 文
大坂城金明水井戸屋形 ❺-1 **1626**·10 月 文
大坂城桜門 ❻ **1887**·8 月 文
大坂城千貫櫓 ❺-1 **1620**·9·13 文
大坂城天守閣 ❼ **1931**·11·7 社
大坂城六番櫓 ❺-1 **1628**·10 月 文
大洲城高欄櫓(愛媛) ❻ **1860**·③月 文
大洲城三の丸南隅櫓·苧綿櫓 ❺-2 **1766**·11 月 文／**1843**·9 月 文
金沢城石川門·櫓 ❺-2 **1788**·3 月 文／**1814**·4·10 文
金沢城成巽閣 ❻ **1863**·7 月 文
熊本城(熊本) ❺-1 **1607**·是年 政
熊本城平櫓·監物櫓 ❻ **1860**·3 月

文
熊本城天守閣 ❹ 1599·8 月 政／❽ 1960·9·22 社
高知城(黒鉄門·天守閣·懐徳館) ❺-2 1747·12·26 文／1749·4 月 文／1843·5 月 文
甲府城中渡櫓 ❺-2 1734·12·24 政
新発田城(表門·足軽長屋) ❺-2 1752·6·17 文／1842·8 月 文
首里城経世門(沖縄) ❹ 1546·是年 政
首里城守礼門 ❽ 1958·10·15 文
高松城北之丸渡櫓(香川高松) ❺-1 1676·2·10 文
伊達政宗霊廟瑞鳳殿(宮城仙台) ❺-1 1637·10 月 文
鶴ヶ城天守閣(福島会津若松) ❾ 1965·9·17 社
鳥取城仁風閣(鳥取市) ❼ 1907·2·14 文
名古屋城 ❺-1 1615·2·10 政
二條城(京都) ❺-1 1628·9 月 政
彦根城(滋賀彦根) ❺-1 1606·5·22 文
彦根城多聞櫓 ❺-2 1769·10·8 文／1771·3·25 文
彦根城西郷屋敷長屋 ❺-2 1742·是年 文
姫路城(兵庫) ❺-1 1609·12·15 文／❽ 1964·6·1 文
姫路城乾小天守 ❺-1 1609·3·1 文
姫路城大天守 ❺-1 1608·12·16 文
弘前城(三の丸東門·天守閣) ❺-2 1774·4·7 文／1810·10·29 文
広島城天守閣 ❹ 1599·是年 政
福山城(岡山) ❺-1 1622·8·26 文
松本城(長野) ❻ 1872·10 月 政
松本城天守閣 ❺-2 1732·是年 文
松山城(岡山) ❺-1 1683·是年 文
丸岡城天守(福井) ❹ 1576·是年 文
丸亀城大手一の門(香川) ❺-1 1670·是年 文
桃山城(京都伏見) ❽ 1964·3·20 社
琉球王府(聖廟) ❺-2 1837·9 月 文
石鹼·洗剤
花王石鹼 ❼ 1931·是年 政
家庭用石鹼 ❽ 1950·7·20 社
クリーニングペット ❾ 1968·4 月 社
合成洗剤 ❽ 1938·7·9 社／1956·6 月 社／1963·4·4 社
石鹼 ❽ 1942·7·22 社／8 月 社／1950·7·20 社
洗剤 ❾ 1974·1·18 社
洗剤「ビーズ」 ❼ 1934·3 月 社
ソープレスソープ(ワンダフル) ❽ 1453·5 月 社
中性洗剤 ❽ 1962·1·10 社
トイレ洗浄剤「ブルーレット」 ❾ 1969·6 月 社
粉末洗剤「アタック」 ❾ 1987·4·21 社
ホーム·ダスキン ❽ 1964·10 月 社
マイペット ❽ 1960·11 月 社
ママレモン ❾ 1966·10 月 社
無リン粉末合成洗剤 ❾ 1980·2·25 社
大工·神宮使
歩板·簀子 ❶ 796·2·17 文
宇佐宮惣大工 ❷ 1185·4·22 社
延暦寺惣寺院大工職 ❸ 1431·8·7 社
上賀茂·下賀茂両社造営奉行 ❸ 1373·9·23 文
木剪山作衆 ❹ 1573·4·30 社
熊野三山総大工職 ❸ 1303·1·26 文／1380·7·11 社
粉壁 ❶ 806·5·14 社
木引役 ❹ 1580·3 月 社
才人 ❶ 686·1·13 文
四天王寺工 ❸ 1333·1·26 文
白塗 ❶ 724·11·8 社
棺障子 ❸ 1296·2·16 社
造伊勢豊受大神宮使 ❸ 1373·5·16 文
造宮卿 ❶ 708·3·13 政
造宮大工 ❶ 796·7·9 文
造興福寺長官 ❸ 1327·⑨·20 文／1333·7·17 文
造山房司長官 ❶ 728·11·3 政
造寺官 ❶ 769·4·23 文
造寺工 ❶ 577·11·1／588·是年／767·2·4 文
造寺大工 ❶ 767·3·9 文
造寺長 ❶ 796·是年 社
造大神宮使 ❸ 1426·5·12 社
造東大寺司 ❸ 1448·1·29 文
造東大寺長官 ❸ 1287·9·2 文／1328·4·3 文／1350·4·14 文／1375·8·5 文
染殿(藤原良房第) ❶ 853·2·30 文／864·2·25 文／866·3·1 文
大工職 ❸ 1436·2·25 社／❹ 1577·12·21 社／1581·11·25 社／1582·9·30 社
大神宮造宮司 ❶ 963·3·22 社
高殿(楼閣) ❶ 書紀·仁徳 4·2·6／468·10·10
大匠(たくみのつかさ) ❶ 650·10 月 社
多宝塔(近江竹生) ❶ 916·是年 文
土屋 ❶ 783·9·19 社／790·7·23 政
東寺修理勧進聖 ❸ 1444·3·11 文
東寺大勧進職 ❸ 1343·4·23 社／1344·9·6 社／1379·5·13 文／1413·5·13 文
東大寺惣大工 ❷ 1197·6·15 社／1201·7 月 社
独角杖 ❺-1 1686·2·28 政
奈良大工 ❹ 1534·2·14 文
丹塗 ❶ 724·11·8 社
野宮造工夫 ❶ 883·11·5 文
宮大工 ❹ 1577·⑦·7 社
門 ❶ 731·9·2 社／793·6·23 政
門(学習院) ❻ 1877·7·1 文
羅城門 ❶ 816·8·16 社／980·7·9 社
鑪盤博士 ❶ 588·是年
団地
稲毛団地 ❽ 1956·3·19 社
公団住宅自治会協議会 ❽ 1960·1·31 社
住宅団地 ❽ 1959·4·20 社
千里ニュータウン ❽ 1959·4·4 社
都営住宅 ❽ 1947·8·28 社／1948·2·3 社／9·30 社／1961·3·10 社
都営高輪アパート ❽ 1948·6·15 社
都営戸山ハイツ ❽ 1949·3·1 社／4·27 社
日本住宅公団団地住宅 ❽ 1955·7·
社／1956·4 月 社
ニュータウン ❽ 1957·3 月 社
パレス·ハイツ ❽ 1958·11·25 政
庭園(作庭) ❷ 1018·6 月 文／1021·
年 文／1129·3·29 文／1130·5 月 文／
10·25 社／1133·9·13 文／1226·5·6
／❸ 1380·8·8 文／❹ 1465·9 月 文／1469·4·28 文／1478·11·5 文／1485·
年 文／1486·3·18 文／1568·11·20 文／❺-2 1826·4·11、14 文
禁裏御庭者 ❹ 1521·12·30 文
作庭 ❹ 1465·9·3 文／1489·5·20 文
庭師 ❸ 1430·⑪·18 文
余景作庭の図 ❺-1 1680·是年 文
樹石 ❹ 1460·⑨·16 文
滝の石組(醍醐寺三宝院) ❺-1 1615·9·3 文
滝の石組(山城鹿苑寺) ❺-1 1637
4·4 文
庭園にある樹木 ❹ 1587·9·5 社
藤戸石 ❹ 1569·3·3 文
弁慶石 ❸ 1452·10 月 社
安国山庭園(沖縄) ❸ 1427·7·22 文
永久寺庭園(大和) ❷ 1267·是年 文
江戸城庭園 ❺-2 1826·4·10 文
江戸城西の丸庭園 ❺-1 1629·6·2
文
江戸城山里庭園 ❺-1 1670·3·5 文
偕楽園(水戸) ❺-1 1665·是年 文／❺-2 1842·7·1 文
桂山荘(京都) ❺-2 1721·⑦·17 文／1754·3·24 文
金沢竹沢御殿(兼六園) ❺-2 1822·1
月 文
玉泉院庭園(金沢城) ❺-1 1634·8 月
文
後楽園(岡山) ❺-1 1687·是年 文／❺-2 1738·4·1 文
後楽園(東京小石川) ❺-1 1629·②·
政／1669·1·15 文／❺-2 1736·8·15 文／1784·5·2 文／1809·1 月 社
金地院方丈庭園(京都) ❺-1 1632·5
12 文
西芳寺庭園(京都) ❸ 1339·4 月 文／1448·6·24 文／❹ 1461·6·20 文／1564·6·15 社／❺-1 1601·9·10 文
三條坊門万里小路の邸庭園(京都)
1431·2·7 文
浄瑠璃寺池庭(京都木津川) ❸ 1410
5·6 文
仙洞·女院御所庭園図(寛文三年) ❺-1 1663·是年 文
仙洞·女院御所庭園図(貞享四年) ❺-1 1687·是年 文
醍醐三宝院庭園 ❹ 1598·5·13 文
天龍寺庭園(京都) ❸ 1344·9·16 文
仁和寺庭園(京都) ❺-1 1690·是年 文
浜離宮公園(東京) ❺-1 1632·11·29 文
妙心寺東海庵作庭 ❺-2 1814·是年 文
室町御所庭園(京都) ❸ 1431·11·4 社／1433·10·20 文／❹ 1460·12·8

文
毛越寺庭園(岩手平泉) ❷ **1117**・此頃 文
六義園(東京駒込) ❺-1 **1695**・4・21 文／**1702**・10・21 文／**1706**・10月 文
栗林荘(讃岐高松) ❺-1 **1670**・4・28 文／❺-2 **1745**・4・5 文
龍安寺池庭(京都) ❹ **1468**・11・6 文

イレ

ウォシュレット(水洗便器) ❾ **1980**・6月 社
エコヒメ(携帯型擬音装置) ❾ **2009**・7月 社
音姫(トイレ擬音装置) ❾ **1988**・5月 社
公衆便所(コンクリート造り) ❼ **1912**・4月 社
女性用トイレ ❼ **1898**・2月 社
水洗トイレ ❽ **1948**・6・15 社／❾ **1993**・2・5 文
水洗便所 ❼ **1916**・6・22 社／**1935**・5・14 社
トイレット・ティッシュ(スコット) ❽ **1963**・12・4 社
トイレット・ペーパー ❾ **1974**・1・11 社／5・21 社
洋式腰掛便所 ❽ **1956**・3・19 社

・タワー

阿弥陀寺鉄製多宝塔(周防) ❷ **1197**・11・22 文
安楽寿院五輪塔(京都) ❸ **1287**・2月 文
　安楽寿院多宝塔 ❺-1 **1606**・5月 文
斑鳩寺三重塔(兵庫) ❹ **1565**・是年 文
池上本門寺五重塔(東京大田) ❺-1 **1703**・6・24 文
　池上本門寺大塔 ❹ **1600**・是年 社
厳島神社五重塔(広島) ❸ **1407**・7月 文
　厳島神社多宝塔 ❹ **1523**・6月 文
叡福寺霊殿多宝塔(大阪) ❺-1 **1603**・11月 文／**1652**・是年 文
江木塔(七層、東京新橋) ❻ **1891**・4・3 社
円光寺九重塔(滋賀) ❷ **1256**・康元年間 文
延福寺十三重塔(京都亀岡) ❸ **1358**・10・25 文
延暦寺相輪塔(滋賀) ❶ **820**・9月 文
大滝山三重塔(備前) ❸ **1441**・4月 文
大谷寺円山宝塔(福井) ❸ **1352**・是年 文
乙宝寺三重塔(新潟) ❺-1 **1619**・9・4 文
園城寺三重塔(滋賀大津) ❹ **1597**・6・12 文
海住山寺五重塔(京都) ❷ **1214**・2・3 文
観音寺多宝塔(愛知) ❹ **1536**・5月 文
祇園塔(平忠盛追悼、京都) ❷ **1129**・12・28 社
祇陀林寺塔(金蓮寺、京都) ❷ **1240**・6・9 文
切幡寺大塔(徳島) ❺-1 **1618**・是年 文／**1623**・元和年間 文
金鑚神社多宝塔(埼玉) ❹ **1534**・8・30 文
金城王陵(沖縄首里) ❹ **1501**・9月 文
金胎寺多宝塔(京都) ❹ **1490**・是年 文
向上寺三重塔(広島) ❸ **1432**・2・15 文
興正寺五重塔(愛知名古屋) ❺-2 **1808**・3月 文
光前寺三重塔(長野駒ヶ根) ❺-2 **1808**・是年 文
光徳院多宝塔(兵庫神戸) ❹ **1473**・9・1 文
豪徳寺三重塔(東京) ❾ **2006**・5・14 文
興福寺十三重塔(奈良) ❹ **1485**・4・11 文
国分寺三重塔(長野) ❺-1 **1685**・3・2 文
極楽寺五輪塔(鎌倉) ❸ **1310**・8・5 文
護国寺多宝塔(三井寺、和歌山) ❸ **1449**・5月 文
小山寺三重塔(茨城) ❹ **1465**・7・26 文
五流尊滝院宝塔(倉敷) ❷ **1240**・2・22 文
金戒光明寺三重塔(京都) ❺-1 **1634**・10月 文
金剛峰寺大塔(高野山根本大塔、和歌山高野山) ❷ **1156**・4・29 社／❹ **1510**・8月 社
金剛輪寺三重塔(滋賀) ❹ **1504**・9月 文
金胎寺多宝塔(京都) ❸ **1299**・是年 文
西国寺三重塔(尾道) ❸ **1429**・3月 文／**1437**・3月 文
最勝院五重塔(弘前) ❺-1 **1666**・5月 文
西大寺西塔(奈良) ❶ **772**・4・29 社
　西大寺八角塔 ❶ **769**・神護景雲年間 文
西明寺三重塔(栃木) ❹ **1537**・6・18 文／**1538**・2月 文
酒見寺多宝塔(兵庫) ❺-1 **1662**・9月 文
三明寺三重塔(愛知豊川) ❹ **1531**・7・9 文
慈眼院金堂・多宝塔(大阪泉佐野) ❷ **1271**・是年 文
慈光寺開山塔(埼玉) ❹ **1556**・2・6 文
四天王寺五重塔(大阪) ❽ **1940**・5・22 社
志度寺五重塔(香川) ❾ **1975**・5月 文
正音寺多宝塔(宮津・小松) ❾ **1984**・4・8 社
相国寺塔・開山堂(京都) ❺-1 **1656**・6・16 文／**1667**・②・23 社
常寂光寺多宝塔(京都) ❺-1 **1620**・8月 文
浄土寺多宝塔(広島尾道) ❸ **1329**・10・3 文
正法寺宝塔(滋賀) ❸ **1315**・12・3 文
常楽寺三重塔(滋賀) ❸ **1400**・5・5 文
　常楽寺塔 ❸ **1398**・2月 文
浄瑠璃寺三重塔(京都) ❷ **1178**・11・15 文
白河塔(平忠盛追悼、京都) ❷ **1129**・12・28 社
新海三社神社三重塔(長野) ❹ **1515**・9・10 文
神護寺多宝塔(京都) ❶ **845**・是年 文
真光寺三重塔(岡山) ❺-1 **1613**・3・15 文
新勝寺光明堂・三重塔(千葉成田) ❺-1 **1701**・3・18 文／**1723**・3・10 文
新長谷寺三重塔(岐阜) ❹ **1458**・6・12 文
石堂寺多宝塔(千葉) ❹ **1545**・11・28 文
千光寺鉄塔(淡路) ❸ **1318**・8月 文
浅草寺五重塔(東京) ❾ **1973**・10・23 文
善峰寺多宝塔(京都) ❺-1 **1621**・3月 文／**1624**・是年 文
総見寺三重塔(滋賀) ❸ **1454**・是年 文
増上寺五重塔(東京) ❺-2 **1809**・6月 文
相輪塔供養(日光山) ❺-1 **1650**・6・8 文
大安寺東塔(奈良) ❶ **766**・12・28 文
大威徳寺多宝塔(大阪岸和田) ❹ **1515**・8・3 文／**1551**・4月 文
醍醐寺五重塔(京都) ❶ **951**・10月 文／**952**・12・2 文／❽ **1960**・4・6 文
大樹寺多宝塔(愛知岡崎) ❹ **1535**・4・29 文
大石寺五重塔(静岡) ❺-2 **1749**・6・11 文
大法寺三重塔(長野) ❸ **1333**・1・26 文
多宝塔(神奈川横浜三渓園) ❸ **1450**・5・5 文
多宝塔(滋賀甲賀) ❷ **1241**・7月 文
談山神社十三重塔(奈良) ❹ **1532**・6月 文
知恩院多宝塔(京都) ❼ **1900**・10・19 文
長遠寺多宝塔・本堂(兵庫尼崎) ❺-1 **1607**・是年 文／**1623**・5月 文
長福寺三重塔(岡山) ❸ **1285**・9月 文
長保寺本堂・多宝塔(和歌山海南寺) ❸ **1311**・5・5 文
長命寺三重塔(滋賀) ❹ **1597**・5・10 文
知立神社多宝塔(愛知) ❹ **1509**・3月 文
天寧寺塔(広島尾道) ❸ **1388**・是年 文
東観寺多宝塔(愛知豊橋) ❹ **1528**・11月 文
東京タワー ❽ **1958**・12・23 社
東寺塔(京都) ❸ **1285**・12・17 文／❹ **1599**・2・26 社／❺-1 **1643**・是年 文／**1644**・7月 文
中村八幡神社三重塔(兵庫神戸) ❹ **1466**・3・29 文
中山寺大願塔(兵庫) ❾ **2007**・5・24 文
中山法華経寺五重塔(千葉) ❺-1 **1622**・7・20 文

那谷寺三重塔(石川)　❺-1 1642·9月 文
日龍峰寺多宝塔(岐阜)　❺-2 1721·8月 文
日石寺三重塔(富山)　❺-2 1845·是年 文
如意輪寺三重塔(兵庫神戸)　❸ 1385·是年 文／❺-1 1619·2月 文
仁和寺五重塔　❺-1 1644·3·28 文
根来寺多宝塔(和歌山)　❹ 1513·11·28 文／1547·8·27 文
白峰寺十三重塔(香川坂出)　❷ 1278·是年 文
羽黒神社五重塔(山形)　❸ 1372·1·11 文
飛驒国国分寺三重塔(岐阜)　❺-1 1623·是年 文
備中国分寺五重塔(岡山総社)　❺-2 1830·是年 文
風浪宮五重塔(福岡)　❸ 1355·10月 文
遍上院三重塔(倉敷)　❸ 1416·5·13 文
遍照寺多宝塔(岡山笠岡)　❺-1 1606·5·15 文
法観寺塔⇨八坂塔(やさかとう)
法起寺三重塔(奈良)　❶ 685·是年 文／706·3月 文
宝積寺三重塔(京都山崎)　❺-1 1604·8月 文
宝塔寺多宝塔(京都)　❸ 1438·2·21 文
法道寺多宝塔(大阪堺)　❸ 1368·4月 文
宝福寺三重塔(岡山総社)　❸ 1376·10·21 文
法輪寺三重塔(奈良)　❾ 1975·11·4 文
法華経寺五重塔(千葉市川)　❺-1 1622·10月 文
本山寺三重塔(岡山)　❺-1 1652·9月 文
本門寺五重塔(東京池上)　❺-1 1607·8·21 文／1608·2·15 文
南法華寺三重塔(壺阪、奈良)　❹ 1497·4·16 文
明王院五重塔(広島福山)　❸ 1348·12·18 文
名草神社三重塔(兵庫)　❹ 1527·6·15 文
薬師寺東塔(奈良)　❶ 730·3·29 文
八坂塔(法観寺塔、京都)　❸ 1291·4·8 社／1325·是年 社／1440·4·16 文
油山寺三重塔·山門(静岡)　❺-1 1611·1月 文／1659·1月 文
吉田寺多宝塔(奈良生駒斑鳩)　❹ 1463·6·13 文
立石寺三重塔(山形)　❹ 1519·6月 文
霊山寺三重塔(奈良)　❸ 1284·11·28 文／1356·4·28 文
瑠璃光寺五重塔(山口)　❸ 1442·2·6 文

道具·設備
アコーデオンカーテン　❽ 1964·6月 社
板ガラス(特厚)　❼ 1930·11月 社
板ガラス(窓用)　❼ 1907·9·8 政
板ガラス製造窯　❼ 1907·9·29 社
犬防(大防木、いぬふせぎ)　❷ 1115·2月 社
エアーカーテン　❽ 1957·5·25 社
エスカレーター　❼ 1914·9·15 社／1932·4·29 社／❽ 1939·9·14 社
エレベーター　❻ 1890·10·28 社／❼ 1911·10·1 社／1914·9·15 社／❽ 1943·5月 社／8·28 社／1948·2月 政／1949·3·3 社／❾ 1980·11·27 社／2011·9·28 社／2012·10·31 社
回転ドア　❼ 1911·10·1 社
壁紙　❻ 1882·7·1 社／1890·6月 社
壁代(かべしろ、目隠用の帳)　❷ 1276·12·15 社
唐紙(和製)　❺-2 1800·寛政年間 社／1817·文化年間 社
ガラス扉　❻ 1874·6·24 社
協同溝の整備　❽ 1963·4·1 社
空中エスカレーター　❽ 1956·9·28 社
釘(外国製)　❻ 1880·8·27 社
玄関　❺-2 1793·6月 政
合板　❽ 1940·是年 社／1946·7月 社／1951·是年 社／1954·是年 社／1957·11·3 政／1959·是年 社／❾ 1970·10·13 社
自動ドア　❽ 1956·7月 社
障子張　❺-2 1772·8·9 社
シリカリチート(建設資材)　❽ 1961·3·14 政
スプリンクラー　❼ 1914·9·15 社
台鉋　❹ 1577·是年 社
テトラポット　❽ 1955·是年 社／1961·5月 政
避雷針(最古)　❻ 1875·11月 社／1876·8·12 社
プリント合板　❽ 1959·7月 社
ペンキ　❼ 1916·4月 社
窓用アルミサッシ　❾ 1966·是年 社
煉瓦　❼ 1916·4月 社
　耐火煉瓦　❻ 1878·3月 社

土地·建築に関する法令
空地の農園化·防火帯　❽ 1943·2·28 社／3·30 社／1944·3·10 社
永代借地権　❽ 1942·3·28 政
外国人土地法　❼ 1910·4·13 政／1925·4·1 政／1926·11·2 政
家屋·道路の制　❺-2 1738·5月 社
抱屋敷(百姓田地·禁止)　❺-2 1717·10·6 社／1755·8月 政／1785·9月 政／1841·4·7 社
建築基準法　❽ 1950·5·24 社／1963·7·16 社／1964·1·15 社／❾ 1976·11·15 社
建築制限規則　❺-2 1744·4·27 社／❽ 1947·9·19 社
公営住宅法　❽ 1951·6·4 社／1952·5·16 社
壕舎生活指針　❽ 1945·6·21 社
市街地建築物法　❼ 1919·4·5 社／1920·9·29 社
借地法　❽ 1941·3·10 社
借地法·借家法　❾ 1966·6·30 社／1991·10·4 社／1992·8·1 社
借家規則(官吏)　❻ 1869·4·12 文
砂利採取法　❾ 1968·5·30 社
住宅緊急措置令　❽ 1946·6·1 社
住宅組合法　❼ 1921·4·12 社
住宅地造成事業法　❽ 1964·7·9 社
新住宅市街地開発法　❽ 1963·7·11 政
戦時罹災土地物件令　❽ 1945·7·12 政
宅地建物等価格統制令　❽ 1940·11·21 社
建物区分所有法(マンション法)　❾ 1983·5·13 社／1984·1·1 社
建物保護に関する法律　❼ 1909·5·
文
地代家賃(統制令)　❽ 1939·7·21 社／10·18 政／1945·5·23 社／1946·9·28 政／1948·10·9 社
土地基本法　❾ 1989·12·22 政
土地区画整理法　❽ 1954·5·20 政
長屋の構造に関する規制　❼ 1907·
29 社
日照権　❾ 1971·2·14 社／1974·9·30 社
200年住宅法　❾ 2008·11·28 社
白堊の屋壁禁止　❺-2 1718·1·22 社
バラック令　❽ 1946·8·15 社
百姓の家作禁止(幕府)　❺-2 1722·1
月 政／1764·6月 社／1793·6月 政
武家宅地を町人に貸すこと禁止　❺-
1779·9·25 社／12·18 社／1780·3·2
社／1826·6·14 社／是冬 社／1839·4·26 社
不良住宅地区改良法　❼ 1927·3·30 社
防空建築規則　❽ 1942·3·25 社
家賃·地賃などの制　❺-2 1719·6月 社
洋風住宅接収　❽ 1946·6·7 社
罹災都市借地借家臨時処理法　❾ 1995·2·3 政
良質賃貸住宅供給促進特別措置法
1999·12·9 社

土地·地価
永代借地権　❼ 1901·9·21 政／10·21 政
家屋税　❽ 1940·7·13 政
近郊緑地保全区域　❾ 1967·2·16 社
傾斜家賃制　❾ 1974·4月 社
国際造園コンペ　❾ 1985·5月 文
地上げ　❾ 1988·3·16 社／3·24 社
敷金「敷引契約」　❾ 2011·3·24 社
住宅建設十か年計画　❾ 1975·8·14 社
住宅産業展　❾ 1970·10·13 社
生活空間倍増戦略プラン　❾ 1999·1
29 社
宅地の制　❶ 691·12·8 政／734·9·13 政／741·9·12 社／751·9·4 政／793·9·23 政／❺-1 1625·3月 社
宅地の評価価格　❽ 1955·4·30 政／1959·2·4 政
地価(公示地価·路線価·基準地価)
1902·10月 政／1923·5月 社／1924
8月 社／9月 社／11月 社／❾ 1973·4·2 政／1974·11·1 政／1975·1·1 政／1980·4·1 政／1986·7·1 社／9·30 政／1987·4·1 社／9·30 政／1988·4·1 政／1989·4·1 社／1990·1·19 政／10·29 政／12·12 政／1991·3·26 社／9·19 政／1992·9·

21 政／**1993**・3・26 政／8・18 政／**1994**・3・24 政／**1995**・9・19 政／**1996**・3・21 政／9・19 政／**1997**・3・24 政／8・18 政／**1998**・3・25 政／8・17 政／**1999**・3・25 政／8・4 政／**2000**・9・19 政／**2001**・3・22 政／8・3 政／**2003**・3・24 社／**2004**・3・22 政／8・2 社／9・21 政／**2006**・3・23 政／**2007**・3・22 社／**2009**・7・1 社／**2010**・7・1 社／**2012**・9・19 政
田園都市　❼ **1922**・7 月 社
土地譲渡所得　❾ **1969**・4・8 政
土地対策要綱　❾ **1973**・1・26 政
日本列島の土地総価格　❾ **1977**・2・24 政
山梨土地株式会社　❼ **1929**・2・17 政

居
石鳥居(足守八幡神社、岡山)　❸ **1361**・10・2 文
石鳥居(石清水八幡宮一の鳥居)　❺-1 **1668**・8・15 文
石鳥居(大原北墓地、京都)　❹ **1461**・4・4 文
石鳥居(川越東照宮)　❺-1 **1638**・9・17 文
石鳥居(酒垂神社、兵庫三田)　❸ **1393**・3 月 文
石鳥居(武田八幡神社、山梨韮崎)　❹ **1584**・是年 文
石鳥居(高良大社、福岡久留米)　❺-1 **1655**・3 月 文
石鳥居(小比叡神社、新潟佐渡)　❺-1 **1608**・7・3 文
石鳥居(椙尾神社、山形鶴岡)　❺-1 **1611**・7 月 文
石鳥居(東叡山東照宮、東京)　❺-1 **1633**・4・17 文
石鳥居(日光東照宮)　❺-1 **1618**・4・17 文
石鳥居(筥崎宮)　❺-1 **1609**・9 月 文
石鳥居(八坂神社、京都)　❺-1 **1646**・5 月 文
石鳥居(与賀神社三の鳥居、佐賀)　❺-1 **1603**・10 月 文
大鳥居(安芸厳島神社)　❺-2 **1739**・是年 文／**1801**・是年 社
大鳥居(英彦山神社、福岡、青銅製)　❺-1 **1637**・8 月 文
大鳥居(井口神社、滋賀高島、青銅製)　❺-1 **1694**・是年 文
大鳥居(出雲大社)　❼ **1930**・12・5 社
大鳥居(春日神社、三重桑名、青銅製)　❺-1 **1667**・是年 文
大鳥居(神奈川鎌倉鶴岡八幡宮、木造)　❸ **1388** 是年 社／❼ **1896**・12・1 文
大鳥居(杵築社、島根)　❹ **1549**・9・7 文
大鳥居(気比神宮、福井、木造)　❺-1 **1645**・7・11 文
大鳥居(日光二荒山神社)　❺-2 **1799**・9 月 文／❾ **2008**・10・15 社
大鳥居(日光二荒山神社別宮本宮神社)　❺-2 **1800**・5 月 文
大鳥居(氷川神社、埼玉大宮)　❾ **1976**・4・5 社
大鳥居(平安神宮)　❼ **1928**・10・12 社
大鳥居(靖国神社、石造)　❻ **1887**・12・31 社／❼ **1921**・6・25 社／**1933**・4・13 社
大鳥居(大神神社、奈良)　❻ **1883**・12・28 文

橋
錦帯橋(山口岩国)　❺-1 **1675**・是年 社
幸橋(オランダ橋・石橋、長崎平戸)　❺-1 **1702**・12・4 文
神橋(栃木日光)　❺-1 **1636**・是年 社
通潤橋(熊本山都町)　❺-2 **1846**・是年 文／**1852**・12 月 社
天女橋(沖縄那覇)　❹ **1504**・是年 文
東福寺月偃橋(京都)　❺-1 **1603**・10 月 文
早鐘眼鏡橋(福岡)　❺-1 **1674**・2 月 文
眼鏡橋(長崎諫早)　❺-1 **1634**・是年 文／❺-2 **1839**・8・12 文
与賀神社石橋(佐賀)　❺-1 **1606**・8 月 文
霊台橋(肥後船津峡)　❺-2 **1847**・2・14 文

布団・毛布
毛織ふとん　❺-1 **1655**・1・15 政
辛亥の紫ぶとん　❾ **1971**・9 月 社
毛布の初見　❶ **704**・11 月 社

風呂・浴用
ガス風呂　❽ **1956**・3・19 社
シャンプー・リンス
エメロンシャンプー　❾ **1965**・8 月 社
花王シャンプー　❼ **1932**・4 月 社
リンス「花王テンダー」　❾ **1965**・12 月 社
全身洗浄料「ビオレ」　❾ **1984**・8 月 社
盥・手洗い・銚子・堤　❸ **1322**・9・12 社
バスクリン　❼ **1930**・6 月 社
浴用酒「玉の肌」　❾ **1984**・6 月 社

屋根
板葺　❹ **1589**・是年 社／❼ **1907**・5・16 社
蠣殻葺　❺-2 **1727**・3・15 社／**1732**・4・4 社／**1736**・4・8 社／**1737**・3・5 社／**1743**・6・25 社／**1754**・②・7 社／**1762**・11・1 社／**1816**・是冬 社
茅葺　❺-2 **1729**・11 月 社
萱葺　❼ **1907**・5・16 社
瓦(銅)　❶ **765**・是年 社
瓦(瑠璃)　❶ **767**・4・14 文
瓦(洋式)　❻ **1873**・是年 社
瓦職工組合(伊予製)　❼ **1897**・6・15 社
瓦製造　❹ **1585**・⑧・18 社
瓦博士　❶ **588**・是年
瓦葺　❶ **724**・11・8 社／**756**・8・14 社／**780**・是年 文／**806**・5・14 社／❺-2 **1720**・2 月 社／4・20 社／**1723**・12・18 社／**1724**・5・20 社／是年 文／**1725**・3・19 社／**1727**・2・27 社／3・15 社／**1728**・2・3 社／3・7 社／**1729**・11 月 社／**1730**・1・12 社／2・15 社／**1731**・4 月 社／**1732**・5・11 社／**1733**・4・19 社／**1734**・5・4 社／**1736**・12・6 社／12・16 社／**1737**・3・5 社／5・16 社／6・30 社／7・10 社／**1738**・3・6 社／**1739**・3・29 社／**1740**・5・11 社／是年 社／**1741**・7 月 社／**1742**・2・10 社／11・15 社／**1746**・3・28 社／4・9 社／**1770**・3 月 社／**1772**・7・7 社／**1794**・10 月 社／**1795**・6・13 社／**1843**・天保年間 社／❼ **1916**・2 月 社
瓦屋根補助金　❻ **1873**・12・15 社
造瓦長上　❶ **834**・1・29 社
金の鯱　❽ **1959**・8・6 社
榑(くれ)　❹ **1465**・5・21 社
鴟尾(しび・鉛製)　❷ **1025**・8・12 文
銅葺　❺-2 **1724**・5・20 社／**1726**・7 月 社／**1796**・7・1 政
檜皮　❶ **796**・9・26 社／**939**・6・13 社
平瓮　❶ **書紀・崇神 7**・11・13
家根葺　❺-2 **1794**・10 月 社
屋根葺工　❺-1 **1664**・6・22 社
藁葺き　❼ **1916**・2 月 社

冷暖房
置ごたつ　❺-1 **1638**・是年 社
温脚器(客車)　❻ **1893**・11・22 社
火燵　❽ **1940**・是年 社
炬燵(こたつ)　❺-1 **1639**・2・15 社
ストウヴ　❻ **1868**・10・29 社／**1873**・9・1 社
扇風機　❻ **1884**・7 月 社／❼ **1897**・7 月 社
たんぽ　❺-1 **1639**・2・15 社
使い捨て懐炉「ホカロン」　❾ **1978**・2 月 社
電気扇風機　❻ **1894**・是年 社
電気暖房器　❼ **1915**・7・11 社
電気冷房装置　❽ **1942**・8・14 社
天井用電気扇　❼ **1915**・7・11 社
明治座の冷房　❽ **1937**・8・1 社
湯タンポ(老婆・湯婆・準男・脚婆)　❹ **1486**・是年 政／❻ **1891**・3・18 社／11 月 社
洋式暖炉　❻ **1856**・7・1 社

その他建物(現存する建物 ⇨ 28「美術館・博物館・図書館・文学館」も見よ)
(旧)織田屋形大書院(奈良橿原)　❺-2 **1844**・是年 文
加賀屋敷御守殿門(東京大学赤門)　❺-2 **1827**・11・27 文
京都所司代千本屋舗絵図(京都)　❺-2 **1721**・是年 文
金地院八窓席茶室　❺-1 **1627**・是年 文
西翁院茶室(京都)　❺-1 **1686**・是年 文
忍岡先聖堂(講堂)(東京)　❺-1 **1634**・3 月 文
造家学会　❻ **1886**・4・9 文
(旧)立川番所(書院・高知県長岡郡)　❺-2 **1797**・是年 文
茶室「霽月」(伊勢神宮)　❾ **1985**・4・11 文
中尊寺棟札(現存最古)　❷ **1122**・4・14 文／**1124**・8・20 文
眺望閣(有宝池)　❻ **1888**・7・13 社
鉄骨建築工場　❻ **1895**・5・5 社
唐招提寺鼓楼(奈良)　❷ **1240**・7・26 文
二條城茶室　❺-1 **1633**・7 月 文
日本建築学会大賞　❾ **1968**・5・28 文
如庵(茶室、名古屋)　❺-1 **1617**・是年 文

浜御殿(東京)　❺-1 1708・3・5 政
望楼(警視庁庁舎)　❼ 1929・11・28 社
細川家舟屋形(熊本)　❺-2 1840・3 月
文
その他生活用品
ウェットティッシュ　❾ 1978・7 月
社
家庭用湿気とり「ドライペット」　❾
1981・6 月 社
共同溝の整備　❽ 1963・4・1 社
クリーニング・洗濯代(公定価格)　❽
1947・5・1 社／1958・7・16 社／1963・
2・24 社
建築技術者の白紙召集令状　❽ 1939・
8・1 社
コインランドリー　❾ 1966・5 月 社
女性用生理用品「アンネ」　❽ 1961・
11・11 社
女性用生理用品「チャームナップミニ」
❾ 1976・1 月 社
ティッシュペーパー「クリネックス」
❽ 1964・6・18 社／10・4 社
ドライクリーニング工場　❼ 190
7 月 社
白洋舎(洗濯業)　❼ 1906・3・14 社
ハンモック　❼ 1897・7 月 社
マスク　❼ 1920・1・14 社／1927・1・
12 社

15　宗教

宗教全般に関する会議・大会
国際自由宗教連盟世界大会　❾ 1984・
7・27 社
宗教懇談会　❼ 1896・9・26 社
世界宗教会議　❽ 1955・8・1 社
世界宗教者平和会議　❼ 1930・6・3 社
／❽ 1961・7・25 社／1964・7・29 社／
❾ 1968・10・10 社／1970・10・16 社／
1979・9・5 社／1981・4・22 社／2006・
8・26 社
全日本宗教平和会議　❽ 1947・5・5 社
／1962・4・11 社／1963・9・30 社
大日本宗教家大会　❼ 1904・5・16 政
日本宗教者代表会議　❾ 1997・8・2 社
日本宗教平和会議　❼ 1931・5・18 社
万国宗教大会　❻ 1893・9・11 社
比叡山宗教サミット　❾ 1987・8・3 社
宗教全般に関する団体・法令
原理運動対策全国父母の会　❾ 1967・
9・16 社
興亜宗教協力会　❽ 1943・6・28 社
興亜宗教同盟　❽ 1942・4・2 社
宗教教化方策委員会　❽ 1944・1・27
社
宗教研究会　❼ 1906・6・10 社
宗教制度調査会　❼ 1926・5・13 社
宗教団体法　❽ 1939・4・8 社
宗教の役割研究会　❾ 1971・3・29 文
宗教法人　❽ 1945・12・28 社／1946・
2・2 社／1951・4・3 社
宗教法人法　❾ 1995・12・8 社
新日本宗教団体連合会　❽ 1951・10・
17 社
大日本戦時宗教報国会　❽ 1944・9・30
社／1945・10・21 社
日本宗教会　❽ 1945・10・21 社
日本宗教連盟　❽ 1946・6・2 社
比較宗教研究会　❼ 1896・12・14 社
一向一揆⇨[1]政治「一揆」
回忌と年忌
足利尊氏三百五十年忌　❺-1 1707・3・
29 社
安倍晴明七百五十回神事　❺-2 1754・
3・20 文
阿波藩祖蜂須賀家政二百八十年祭　❼
1917・6・28 社
家綱十三回忌法会　❺-1 1692・4・28
社
家光五十回忌法会　❺-1 1700・4・20
政
石川五右衛門百年忌　❺-1 1706・7・11
社
和泉式部年忌　❺-2 1718・2・18 社
宇多天皇回忌　❺-2 1780・3・12 社
栄西禅師回忌法会　❺-1 1714・3・5 社
／❺-2 1765・3・4 社
エジソン追悼会　❼ 1931・11・27 社
役小角千百年法会　❺-1 1699・6・5 社
／❺-2 1799・2・10 社
大田道灌四百五十年祭　❼ 1936・7・26
社
尾形光琳年忌　❺-2 1815・6・2 文／❼
1915・6・1 文
織田信長・信忠年忌法会　❺-2 1731・
6・2 社／1781・5・2 社
織田信長公三百六十年祭　❽ 1942・
11・6 社
小野小町回忌　❺-2 1723・2 月 文／
1779・8・8 文
小野篁回忌　❺-2 1750・3 月 文
柿本人麻呂千年忌　❺-2 1723・3・19
文／❼ 1913・6・17 文
賀茂真淵五十回忌　❺-2 1818・8・29
文
鑑真歿後記念法会　❽ 1963・5・16 社
／1963・9・27 社／1964・6・15 社
桓武天皇千年忌　❺-2 1805・3・17 社
北野天神神忌　❺-2 1802・2・15 社／
1852・2・15 社
行基菩薩千回法会　❺-2 1747・7 月
社
空也上人七百回忌　❺-2 1721・9・4 社
玄奘三蔵法師入寂三百年法要　❽
1964・11・5 社
光格天皇九百年法会　❺-2 1786・8・26
社
興教大師六百回忌法会　❺-2 1742・
10・10 社
後宇多天皇四百五十回忌法会　❺-2
1773・③・25 社
弘法大師(空海)回忌法　❷ 1134・3・21
社／❹ 1583・3・21 社／❺-1 1634・3・
21 社／1684・3・20 社／❺-2 1734・3・
20 社／1784・3・20 社／1834・3・20 社
／❾ 1984・4・1 社
国忌斎(天武天皇の周忌法会)　❶
687・9・9 社／688・2・16 社
後光明院百回聖忌　❺-2 1753・9・20
社
後白河天皇回忌法会　❺-1 1641・3・
社／1691・3・13 社／❺-2 1741・3・13
社／1791・3・13 社／1841・3・13 社
後醍醐天皇四百五十年忌　❺-2 1775
4・1 社
後鳥羽天皇五百五重回忌法会　❺-2
1787・2・22 社
後桃園天皇回忌　❺-2 1828・10・9 社
後陽成天皇回忌　❺-2 1766・8・25 社
シーボルト百年祭　❼ 1896・2・16 文
慈覚大師回忌法会　❺-2 1813・2・14
社／❽ 1963・4・19 社
四條天皇回忌法会　❺-2 1740・10・8
社
聖一国師年忌　❺-1 1628・10・16 社／
❺-2 1729・10・15 社
彰義隊追善供養　❼ 1928・5・15 社
庄司甚内(甚内衛門)二百年忌　❼
1902・4・21 社
聖徳太子回忌法要　❺-2 1719・2・1 社
／1720・2・15 社／1721・2・22 社／
1769・3・3 社／1770・2・22 社／❼
1921・4・11 社
聖武天皇回忌　❺-2 1755・3・25 社／
❾ 2006・5・1 社
親鸞上人回忌法会　❹ 1561・3・28 社
／❺-1 1661・3・28 社／1711・3・28 社
／❺-2 1761・3・19 社／1809・4 月 社
／❻ 1861・3・18 社／❼ 1923・4・9 社
／❽ 1961・3・10 社／❾ 2011・4・9 社
千家三代千宗旦百回忌茶会　❺-2
1758・10・11 文
浅草寺開基千百五十年　❺-2 1777・3
20 社
僧正遍昭回忌法会　❺-2 1727・1 月
文
大円覚照国師回忌法会　❺-2 1726・3
8 社／1776・3・8 社／1826・3・8 社
沢庵和尚二百年忌　❺-2 1844・4・10
社
近松門左衛門回忌　❺-2 1823・11・22
文／❼ 1922・6・4 文
重源上人五百年御遠忌　❺-1 1704・3
29 社
伝教大師千年忌　❺-2 1821・6 月 社
東照宮年忌(日光)　❺-1 1715・4・7 社
／❺-2 1765・4・17 社／1815・4・7 政
徳川家宣年忌　❺-2 1761・10・14 社／

1811·10·10 政
徳川秀忠年忌 ❺-2 1781·1·20 社／1831·1·20 社
徳川秀康三百年祭 ❼ 1907·6·1 社
徳川広忠年忌 ❺-2 1748·3·6 政
鳥羽天皇回忌法会 ❺-2 1755·3·3 社／1805·4·2 社
日蓮上人回忌法会 ❹ 1482·10月 社／❺-1 1681·10·13 社／❺-2 1731·10·13 社／1781·10·13 社／1831·9月 社／❻ 1881·3·21 社
日朗上人回忌 ❺-2 1718·3·15 社
新田義貞年忌 ❺-2 1737·7·2 社
新田義重年忌法会 ❺-2 1801·1·14 社
二宮尊徳逝去八十周年 ❼ 1905·11·14 社／1935·10·17 社
白峯禅師五百五十年忌 ❽ 1948·2·14 社
幡随院長兵衛二百五十年忌 ❼ 1899·4·13 社
藤原鎌足年忌 ❺-1 1667·②·29 社／❺-2 1768·10·16 社
日置弾正忠通徳三百五十回忌 ❺-2 1846·9·21 社
法然上人(円光大師)年忌 ❹ 1511·1·25 社／❺-1 1711·1·18 社／❺-2 1761·1·18 社／1811·1·18 社／❼ 1911·3·1 社／❽ 1961·3·1 社
源経基年忌 ❺-2 1757·10月 社
夢窓疎石(国師)年忌 ❺-1 1649·9·30 社／❺-2 1750·8·29 社
最上義光三百年祭 ❼ 1913·10·18 社
八百屋お七の百回忌 ❺-2 1782·4·10 社
八橋検校百年忌 ❺-2 1784·6·12 文
良弁忌(ろうべんき) ❷ 1019·11·16 社

キリスト教 ❽ 1939·11·3 社／1944·9·30 社／1950·是年 社

キリスト教関連の会議·大会·総会など
神の国運動 ❼ 1930·1月 社
キリスト教牧師·長老全国大会 ❻ 1885·11·30 社
皇紀二千六百年奉祝全国基督教信徒大会 ❽ 1940·10·17 社
聖旨奉戴基督教大会 ❽ 1943·4·15 社
宣教師会議 ❹ 1570·5·15 社
全国基督教信徒大親睦会 ❻ 1878·7·15 社
日本カトリック再建百年祭 ❽ 1962·5·6 社／6·8 社
日本組合基督協会朝鮮大会 ❼ 1913·8·1 社
日本正教会(ギリシア正教会)布教会議 ❻ 1874·5月 社／1885·6月 社
万国基督教青年大会 ❼ 1907·4·3 社
ビリー·グラハム国際大会 ❾ 1967·10·20 社
ルーテル四百年祭 ❻ 1883·11·12 社
YMCA 世界総会 ❾ 1965·8·8 社

キリスト教関連の学校·学術教育機関
大阪三一神学校 ❼ 1904·3·18 文
神学塾 ❻ 1873·8月 文
聖教社神学校 ❼ 1905·6·28 文
角筈聖書研究会(内村聖書研究会) ❼ 1902·9月 社
東京神学社 ❼ 1904·11·3 社
同志社(大学)礼拝堂 ❻ 1886·12·18 文
日本基督教学会 ❽ 1952·10·24 文
日本女子神学校 ❽ 1943·3·31 文
日本神学校 ❼ 1930·4·11 社
日本西部神学校 ❽ 1943·3·31 文
日本東部神学校 ❽ 1943·3·31 文

キリスト教関連の書籍·雑誌·聖書
『基督教時報』 ❻ 1891·7·7 文
『新約聖書』明治元訳刊 ❻ 1880·4·19 社
『新約聖書·共同訳』 ❾ 1978·9月 文
『聖書の研究』 ❼ 1900·9·30 社
『福音新報』 ❻ 1890·3·14 社
『六合雑誌』 ❼ 1898·3·25 社

キリスト教関連の団体·組織
帰一協会 ❼ 1912·6·21 社
キリスト者平和運動協議会 ❽ 1952·3·22 社
天主公教教区連盟 ❽ 1945·12·1 社
東京キリスト教青年会 ❻ 1880·5·8 社
東京キリスト教青年会館 ❻ 1894·5·5 社
日本イエズス会協議会 ❺-1 1602·6·21 社／1605·8·3 社
日本エキュメニカル協会 ❾ 1966·5·31 社／1969·5·24 社
日本基督教協議会 ❽ 1948·5·17 社
日本基督教女子青年会(YWCA) ❼ 1905·10·17 社
日本基督教青年会同盟(YMCA) ❼ 1896·11·8 社／1897·1·16 社／1903·7月 社
日本基督教団 ❽ 1941·6·24 社／11·24 社／1942·6·26 社／1945·8·23 社／1946·6·9 社／1947·8·20 社／❾ 1969·2·25 社
日本基督教福音同盟会 ❻ 1885·5·7 社
日本キリスト教婦人矯風会 ❻ 1886·12·6 社
日本基督教連盟 ❼ 1923·11·13 社／1928·11·2 社
日本天主公教教団 ❽ 1941·5·3 社

キリスト教系新宗教
エホバの証人 ❾ 1985·6·6 社／1996·3·8 文／1998·2·9 社
燈台社(ものみの塔) ❽ 1939·6·14 政
統一神霊教会 ❾ 1978·9·20 社／1982·10·14 社／1992·8·25 社／1994·5·27 社／1999·12·16 社
救世軍 ❻ 1895·9·3 社／❼ 1896·1月 社／1900·8月 社／1906·12月 社／1916·7·5 社／1919·11·11 社／1926·10·14 社／❽ 1940·7·31 社

教会·教派·修道会
アウグスチノ会 ❺-1 1602·6·25 社
イエズス会 ❹ 1547·12月 社／1554·是年 社／1555·10·1 政／1557·是秋 社／1569·3·11 社／1574·3·11 社／1576·12·27 社／1577·1月 社／1580·4·9 社／1583·3·5 社／1585·12·28 社／1588·4·2 社／❺-1 1602·11·28 社／1607·4·10 社／④月 社／7·14 社／1609·3·18 社／1617·是年 社／1643·5·27 社
イエズス会財政事務所 ❺-1 1618·是年 政
カトリック教会 ❽ 1946·8·5 社
カトリック枢機卿 ❽ 1960·3·3 社
ギリシャ正教 ❽ 1946·4·5 社／1947·1·7 社
ギリシャ正教会 ❻ 1861·5·25 社／1872·1月 社／1875·7月 社
基督教新教 ❼ 1914·1·6 社
基督公会 ❻ 1876·11·26 社
熊本バンドの結成 ❻ 1876·1·30 社
統一基督教会(ユニテリアン教会) ❼ 1912·1·27 社
東京第一基督教会 ❻ 1886·8·1 社
東京基督公会 ❻ 1873·9·20 社
ドミニコ会 ❺-1 1602·5·14 社／1609·1月 社／1612·6·1 社／1626·是年 政
長崎聖公会 ❻ 1862·9·29 社
日本基督一致教会 ❻ 1877·10·3 社／1881·11·2 社
日本基督教会 ❻ 1890·12·15 社／❼ 1905·10·11 社／1911·6·20 社／1913·10·4 社／❽ 1951·5·23 社
日本基督公会 ❻ 1872·2·2 社
日本組合教会 ❻ 1895·5·1 社／10·24 社
日本正教会 ❼ 1897·7月 社／❽ 1946·4·5 社
日本ハリストス正教会 ❻ 1891·3·8 社
弘前メソヂスト教会 ❻ 1874·10·3 社
フランシスコ会 ❺-1 1612·是春 社／是年 社／1626·3·13 社／1629·8月 社／1607·是年 社
プロテスタント ❽ 1940·10·17 社
プロテスタント教会の最初 ❻ 1872·2·2 社
プロテスタント合同教会 ❻ 1863·1·1 社
プロテスタント受洗者の始め ❻ 1865·9·17 社
プロテスタント信者の始め ❻ 1866·4·6 社
メソジスト(カナダ)教会 ❻ 1874·9·27 社
ロシア教会 ❻ 1859·5·25 社

教会堂·聖堂·修道院
麻布教会(東京) ❻ 1890·1·12 社
浦上天主堂 ❾ 1971·6·23 政
大浦天主堂 ❻ 1865·1·24 社
大阪教会 ❻ 1874·4·19 社
大村教会(御やどりの聖母教会·宝性寺) ❹ 1568·11·12 社
お茶の水ニコライ堂 ❻ 1880·是年 文
教会建設の地 ❹ 1581·10·20 社
教会堂(イエズス会) ❹ 1568·12·

12 社
教会堂(サンタ=マリア教会·天門寺) ❹ **1564**·8·3 社
教会堂(大道寺) ❹ **1555**·6·28 社
教会堂(トードス·オス·サントス教会·肥前長崎) ❹ **1569**·是年 社/**1574**·3月 政
教会堂(博多教会堂) ❹ **1558**·3·22 社
教会堂(山城教会·イエズス会) ❹ **1600**·是年 社
教会堂(山城·下京の教会·南蛮寺) ❹ **1576**·7·21 社/❺-1 **1612**·3·21 社
キリスト教会堂 ❹ **1562**·7·11 社/**1580**·③·16 社/**1586**·2·13 社
キリスト教会堂(浅草) ❺-1 **1613**·5·12 社
キリスト教会堂(京都) ❺-1 **1614**·1·5 社
キリスト教会の数(長崎) ❺-1 **1613**·是年 社
公教会天主堂(長崎) ❼ **1897**·9·8 社
神戸教会 ❻ **1874**·4·19 社
札幌独立教会 ❻ **1882**·1·8 社
女子修道院浦上十字会 ❻ **1877**·是年 社
指路教会 ❻ **1874**·9·13 社
正教会函館教会 ❼ **1904**·2月 社
トラピスチン天使園大修道院(函館) ❼ **1898**·4·30 社
箱館ハリストス聖堂 ❻ **1863**·8月 社
富士見町教会 ❻ **1887**·3·6 社
惟一館(キリスト教) ❻ **1894**·3·25 社
横浜聖公会堂 ❻ **1863**·9·9 社
横浜天主堂 ❻ **1861**·12·13 社/**1875**·7·10 社
霊南坂基督教会 ❻ **1879**·12·13 社/**1886**·8·1 社
教誨師 ❻ **1872**·9·1 社/**1884**·是年 社/**1891**·3月 社
キリシタン ❹ **1553**·是年 社/**1564**·是年 社/**1574**·是年 社/**1576**·3·10 社/**1579**·是年 社/❺-1 **1612**·8·6 社/**1613**·3·22 社/**1614**·4·12 社/**1661**·2·30 社/**1663**·1·26 社/6·29 社/11·19 社/**1669**·10·6 政
隠れキリシタン信仰表明 ❻ **1865**·2·20 社
切支丹古証文 ❺-1 **1682**·2·19 社
キリシタン転証文 ❺-1 **1614**·6·1 社
キリシタン衆徒、京都で蜂起 ❺-1 **1614**·6月 社
キリシタン神道請(神職請) ❺-1 **1666**·8·3 社
キリシタン誓紙 ❺-1 **1633**·5·10 社
切支丹穿鑿惣奉行 ❺-1 **1665**·是年 社
キリシタンの訴人に賞銀 ❺-1 **1633**·2·28 社
切支丹奉行 ❺-1 **1645**·6·17 社/**1661**·5月 社
キリシタン墓碑 ❹ **1581**·8·7 社/**1582**·5·26 社
切支丹墓碑⇨39「遺跡·遺物·文化財」
切支丹屋敷 ❺-2 **1792**·7·17 社
切支丹横目 ❺-1 **1639**·5·16 社
転切支丹(ころびキリシタン·切支丹改宗者) ❺-1 **1639**·4·5 社/**1644**·12·11 社/**1687**·6·22 社
禁制·取締令(キリスト教)
異宗徒取締規則 ❻ **1871**·3·29 社
キリシタン禁制高札廃止 ❻ **1873**·2·24 政
キリシタン禁令 ❻ **1853**·9·15 社
切支丹宗徒渡来禁制 ❺-1 **1656**·5月 社
切支丹宗門改 ❺-1 **1612**·3·11 社/**1634**·⑦·19 社/**1635**·10·12 社/**1636**·1·20 社/是年 社/**1643**·1月 社/**1647**·是年 社/**1653**·是年 社/**1657**·9·15 社/**1659**·6月 社/**1664**·11·25 社/**1665**·8·16 政/**1673**·4·27 社/**1680**·10·1 政/**1684**·9·18 社/**1693**·是年 社
キリシタン類族 ❺-1 **1658**·10·26 社/**1660**·8·14 社/❺-2 **1764**·2月 社
キリスト教禁止 ❺-1 **1601**·12月 政/**1602**·是年 社/**1605**·9·22 社/**1609**·1月 社/**1612**·3·21 社/**1613**·12·19 社/**1614**·1·17 社/9·24 社/**1616**·8·8 社/**1617**·是年 社/**1618**·8月 政/**1620**·8·24 社/10·12 社/**1623**·12·7 社/**1628**·5月 社/**1633**·7·5 社/**1635**·9·6 社/**1638**·3·8 政/9·13 社/12·19 社/**1639**·4·22 社/**1640**·5·12 社/**1642**·12月 社/**1643**·3·16 社/**1654**·1月 社/**1658**·8月 社/**1659**·6·16 社/6·23 政/**1661**·6·12 社/**1662**·6·23 社/**1665**·1·18 社/**1671**·2月 社/**1672**·⑥·25 政/**1673**·5·10 社/**1674**·2月 社/**1678**·是年 社/**1680**·8月 文/**1687**·12月 文/**1695**·6·13 社/❺-2 **1718**·11月 社/**1755**·3月 社/是年 政/**1766**·10·13 社/**1806**·8·1 社/**1822**·8月 社/**1829**·12月 社
宗門改所(東京小石川) ❺-1 **1709**·11·22 政
宗門改帳 ❺-1 **1653**·⑥·18 社/**1671**·10·30 政
宗門改役 ❺-1 **1640**·6·12 政/**1665**·5·8 社
「宗門改踏絵帳」 ❺-2 **1727**·是年 社
宗門人別帳 ❺-1 **1671**·10·30 社/**1681**·2·29 社
札改廃止(切支丹改兼人口調査) ❻ **1871**·是年 社
伴天連およびキリシタンの来航の禁止令 ❺-1 **1711**·10月 社
殉教·迫害事件
天草崩れ ❺-2 **1805**·2·28 社
伊万里キリシタン事件 ❻ **1871**·11·6 社
浦上の切支丹 ❺-2 **1790**·7·22 社
浦上一番崩れ ❺-2 **1790**·7·22 社
浦上二番崩れ ❺-2 **1839**·是年 社
浦上三番崩れ ❻ **1856**·9·18 社
浦上四番崩れ ❻ **1867**·4·3 社/**1873**·2·24 社/3·14 社
浦上キリシタン配流 ❻ **1869**·12· 社
雲仙地獄責め ❺-1 **1627**·1·3 社
大村郡崩 ❺-1 **1657**·11·11 社/**1658**·7·27 社
キリシタン殉教 ❺-1 **1603**·11·7 社/**1605**·3·14 社/**1606**·7·23 社/**1609**·10·20 社/**1612**·12·8 社/**1613**·7·1 社/8·23 社/**1614**·2·5 社/4·28 社/6·8 社/10·19 社/10·21 社/**1616**·10·16 社/**1619**·9·10 社/10·22 社/**1620**·6·25 社/12·23 社/**1622**·7·4 社/8·5 社/9·28 社/**1623**·12·13 社/**1624**·1·4 社/4·27 社/7·12 社/11·5 社/是年 社/**1625**·是年 政/**1626**·④·26 社/5·19 社/12·25 社/是年 社/**1627**·1·3 社/4·3 社/6·17 社/7·7 社/7·17 社/7·27 社/11·6 社/是年 社/**1628**·5月 社/6·7 社/11·3 社/12·18 社/是年 社/**1629**·7月 社/**1630**·8·14 社/9·23 社/**1631**·11月 社/**1632**·7·19 社/7月 社/10·30 社/**1633**·2·18 社/6·17 社/7·12 社/7·23 社/**1634**·5·11 社/8月 社/9·21 社/**1636**·1·19 社/6·8 社/10·20 社/**1637**·7·2 社/7·25 社/8·1 社/**1638**·12·3 社/**1639**·6·4 社/6月 社/是夏 社/7月 社/8·4 社/8月 社/**1640**·是年 社/**1642**·7·16 社/**1643**·2·2 社/**1644**·12月 政/**1646**·是年 文/**1653**·12·2 社
京都大殉教 ❺-1 **1619**·8·16 政
キリスト教徒をマカオに追放 ❺-1 **1614**·10·6 社
元和長崎大殉教 ❺-1 **1622**·8·5 社
芝の大殉教 ❺-1 **1623**·10·13 社
殉教福者 ❾ **2007**·3·4 社
殉教連判状 ❺-1 **1613**·3·22 社
二十六聖人殉教 ❹ **1596**·11·15 社/❻ **1862**·5·11 社
濃尾崩れ ❺-1 **1661**·3·1 社
豊後崩れ ❺-1 **1660**·是年 社
宣教師
イルマン(宣教師) ❹ **1552**·7·24 政
宣教師の数(1622年) ❺-1 **1622**·是年 社
宣教師の日本観 ❺-1 **1618**·是年 政
宣教師を海外に追放 ❺-1 **1601**·1月 社
聖公会宣教師バチェラー来日 ❻ **1877**·6月 社
洗礼 ❹ **1563**·4·28 社/是年 社/**1575**·11月 社/**1577**·是年 社/**1585**·是春 社/是年 社
カトリックの洗礼を受ける(浜田彦蔵) ❻ **1854**·9·9 社
伝道·布教
アイヌへ伝道 ❻ **1877**·6月 社
キリスト教夏期学校 ❻ **1889**·6·2

社
キリスト教信者の数　❼ **1901**·4 月 社
キリスト教伝道者来日(開港後初)　❻ **1859**·3·30 社
キリスト教布教許可状　❹ **1551**·3 月 社／**1586**·8 月 社
キリスト教布教不許可　❹ **1565**·7·5 社／**1569**·4·25 社／**1577**·是年 社／**1587**·6·19 社
キリスト司教(日本人初)　❺-1 **1601**·8·26 社
クリスチャン·クルセード　❽ **1961**·5·6 社
伝道の始め　❻ **1873**·9·20 社
日曜学校の始め　❻ **1873**·12·7 社
日本巡察使　❹ **1598**·7·4 政
日本人教会(マニラ)　❼ **1921**·12 月 社
日本人司教　❼ **1923**·12 月 社
日本におけるキリスト教布教の状況　❹ **1568**·是年 社
日本布教の再開計画　❺-1 **1679**·3·7 政
日本布教の自由(各会派)　❺-1 **1608**·4·29 社

他国のキリスト教徒
キリスト教信仰許可(外国人)　❻ **1858**·6·19 社
朝鮮人キリスト教徒　❽ **1941**·是年 社
ノビシアド(修練院)　❹ **1580**·5·13 社／11·18 社

パードレ
パードレ協議会　❹ **1588**·11·26 政
復活祭　❹ **1553**·2·20 社／**1582**·3·2 社
パードレ訴人褒賞令　❺-1 **1618**·12 月 社
伴天連(バテレン)　❺-1 **1608**·是年 政
ミサ　❹ **1555**·6·28 社／**1580**·10·4 文

踏絵　❺-1 **1623**·11·19 社／**1628**·是年 社／**1629**·是年 社／**1631**·11 月 社／**1635**·7·18 社／**1658**·是年 社／**1669**·是年 社／**1685**·是年 社／❻ **1856**·3·9 社／7·23 政／**1857**·12·29 社
踏絵廃止　❻ **1857**·12·29 社
免罪符(キリスト教ローマ法王)　❸ **1347**·是年 文

耶蘇
南蛮耶蘇の徒　❹ **1544**·是年 社
耶蘇教が流行　❺-1 **1604**·9 月 社
耶蘇教関係書　❺-1 **1697**·8 月 文
耶蘇教考察の簿(キリシタン類族改帳)　❺-2 **1786**·3·24 社
耶蘇降伏説法　❻ **1883**·3 月 社

その他(キリスト教)
内村鑑三不敬事件　❻ **1891**·1·9 社
江戸勢数多講(定之事)　❺-1 **1613**·8·15 社
御等志与之次第(おらしょのしだい)　❺-1 **1613**·8·15 社
キリスト教書店　❻ **1874**·是年 文
降誕祝祭(クリスマス)　❹ **1552**·12·10 社／**1553**·是年 文
同志社(大学)神棚事件　❼ **1935**·6 月 社
追悼ミサ　❺-1 **1607**·7·14 社
パウロ五世の大赦令　❺-1 **1620**·7·22 政

祭と会
葵祭⇨賀茂祭
赤城明神祭礼　❺-2 **1824**·9 月 社
秋葉祭(遠州)　❺-1 **1684**·11 月 社／**1685**·11·11 社
浅草三社権現祭礼　❺-2 **1781**·3·18 社／**1823**·3·17 社
浅草神社例大祭·三社祭(東京)　❾ **2009**·5·17 社
粟田宮祭　❷ **1192**·11·16 社
イザイホー(沖縄)　❾ **1978**·12·14 社
率川(いさがわ)祭　❷ **1174**·11·2 社
伊豆三島社祭　❷ **1195**·11·13 社／**1202**·9·10 社／**1211**·4·16 社
一代一度仁王会　❷ **1126**·3·7 政
一切経会　❷ **1069**·5·29 社／**1110**·3·3 社／**1118**·3·3 文／**1141**·2·28 社／**1142**·3·3 社／**1153**·3·3 社／**1203**·3·15 社／**1235**·⑥·24 社／**1279**·3·3 社／❸ **1282**·2·25 社
稲荷祭　❷ **1040**·4·12 社／**1079**·4·17 社／**1081**·4·10 社／**1092**·4·15 社／**1094**·4·9 社／**1102**·4·19 社／**1120**·4·9 社／**1143**·4·16 社／**1229**·3·14 社／❸ **1312**·12·18 社／**1342**·5·9 社／**1359**·4·5 社／**1364**·4·9 社／**1367**·4·9 社／**1388**·4·3 社／**1405**·4·14 社／**1434**·4·8 社／**1435**·4·7 社／4·13 社／**1438**·4·13 社／**1440**·4·7 社／**1441**·4·13 社／**1442**·4·13 社／**1443**·4·6 社／**1445**·4·12 社／**1446**·4·6 社／**1448**·4·12 社／**1449**·4·5 社／**1450**·4·5 社／**1451**·4·11 社／**1453**·4·4 社／❹ **1460**·4·9 社／**1463**·4·8 社／**1464**·4·8 社／**1466**·5·1 社／**1468**·3·21 社／4·13 社／**1476**·4·6 社／**1479**·11·7 社／**1481**·4·11 社／**1483**·4·5 社／**1485**·4·11 社／**1486**·4·4 社／**1487**·4·9 社／**1488**·4·9 社／**1500**·4·7 社／**1503**·4·9 社／**1528**·4·14 社／**1531**·4·4 社／**1535**·4·1 社／**1538**·4·12 社／**1539**·4·5 社／**1541**·4·11 社／**1543**·4·5 社／**1544**·4·11 社／**1550**·4·9 社／**1551**·4·11 社／**1552**·4·15 社／**1554**·4·9 社／**1555**·4·15 社／**1557**·4·8 社／**1558**·4·13 社／**1562**·4·14 社／**1568**·4·12 社／**1569**·4·5 社／**1570**·4·6 社／**1574**·4·11 社／**1575**·4·11 社／**1576**·4·4 社／**1577**·4·10 社／**1578**·4·10 社／**1585**·4·14 社／**1586**·4·14 社／**1587**·4·8 社／**1588**·4·2 社／**1589**·4·2 社／**1599**·4·1 社／❺-1 **1609**·4·16 社／**1610**·4·16 社／**1618**·3·22 社／**1625**·3·22 社／**1627**·3·15 社／**1628**·4·12 社／**1659**·4·13 社／❺-2 **1745**·4·13 社／**1763**·4·4 社／**1769**·4·3 社／**1774**·4·8 社／**1777**·4·8 社／**1804**·2·7 社
新日吉(いまひえ)祭　❷ **1162**·4·30 社／**1204**·5·9 社
今宮御霊会　❷ **1005**·5·9 社／**1006**·5·9 社／**1015**·6·25 社·是年 文
今宮祭(京都)　❸ **1401**·5·9 社／**1427**·5·9 社／**1445**·5·9 社／❹ **1457**·5·7 社／**1462**·5·9 社／**1463**·5·9 社／**1489**·5·10 社／**1491**·5·7 社／**1492**·5·9 社／**1497**·5·7 社／**1498**·5·9 社／**1500**·5·9 社／**1525**·5·9 社／**1563**·5·7 社／❺-1 **1605**·5·7 社／**1616**·5·15 社／**1619**·5·15 社／**1627**·8·8 社／**1628**·5·7 社／**1630**·5·7 社／**1680**·5·16 社／**1695**·5·15 社
石清水八幡宮臨時祭　❶ **942**·4·27 社／**966**·3·17 社／**969**·3·17 政／**971**·3·6 社／**972**·3·10 社／**973**·3·27 社／**976**·3·20 社／**977**·3·22 社／**978**·3·22 社／**980**·③·3 社／**981**·3·9 社／**982**·3·14 社／**983**·3·14 社／**984**·3·20 社／**986**·3·14 社／**987**·3·20 社／**988**·3·13 社／**990**·3·19 社／**992**·3·24 社／**993**·3·18 社／**994**·2·18 社／**995**·3·24 社／**996**·3·18 社／❷ **1001**·3·22 社／**1003**·3·16 社／**1004**·3·22 社／**1005**·3·22 社／**1006**·3·16 社／**1007**·3·9 社／**1009**·3·15 社／**1010**·3·15 社／**1011**·3·9 社／**1013**·3·29 社／**1014**·3·27 社／**1015**·3·14 社／**1016**·3·14 社／**1018**·3·13 社／**1019**·3·13 社／**1020**·3·19 社／**1025**·3·24 社／**1026**·3·4 社／**1027**·3·5 社／**1028**·3·23 社／**1029**·3·23 社／**1030**·3·5 社／**1031**·3·23 社／**1032**·3·22 社／**1033**·3·29 社／**1034**·3·22 社／**1035**·3·22 社／**1036**·3·15 社／**1037**·3·27 社／**1041**·3·9 社／**1046**·3·14 社／**1048**·3·20 社／**1053**·3·18 社／**1054**·3·18 社／**1055**·3·24 社／**1056**·3·18 社／**1057**·3·18 社／**1058**·3·24 社／**1059**·5·1 社／**1060**·3·5 社／**1061**·3·23 社／**1063**·3·16 社／**1064**·3·22 社／**1065**·3·23 社／**1066**·3·16 社／**1067**·3·16 社／**1068**·3·22 社／**1069**·3·25 社／**1071**·3·9 社／**1072**·3·14 社／**1073**·3·15 社／**1076**·3·15 社／**1077**·3·20 社／**1079**·3·13 社／**1080**·3·19 社／**1081**·3·19 社／**1082**·3·13 社／**1083**·3·19 社／**1084**·3·19 社／**1085**·3·13 社／**1086**·3·13 社／**1088**·3·23 社／**1089**·3·23 社／**1090**·3·29 社／**1091**·3·23 社／**1092**·3·23 社／**1093**·3·5 社／**1094**·3·23 社／**1095**·3·23 社／**1097**·3·16 社／**1098**·3·9 社／**1099**·3·15 社／**1100**·3·15 社／**1101**·4·23 社／**1102**·3·15 社／**1103**·3·15 社／**1104**·3·9 社／**1105**·3·9 社／**1106**·3·14 社／**1107**·3·20 社／**1109**·3·14 社／**1110**·3·20 社／**1111**·4·21 社／**1113**·3·19 社／**1114**·4·24 社／**1115**·3·24 社／**1116**·3·24 社／**1118**·3·24 社／**1119**·3·24 社／**1120**·3·18 社／**1123**·3·29 社／**1124**·3·29 社／**1125**·3·22 社／**1126**·3·16 社／**1127**·3·16 社／**1128**·3·22 社／**1129**·3·16 社／**1130**·3·16 社／**1132**·3·15 社／**1133**·3·15 社／**1134**·3·20 社／**1135**·3·9 社／**1136**·3·15 社／**1137**·3·20 社／**1140**·4·26 社／**1142**·3·13 社／**1143**·3·13 社／**1144**·3·19 社／**1145**·3·13 社／**1146**·3·13 社／**1147**·3·19 社／**1148**·3·24 社／

1149·3·24 社／**1150**·3·5 社／**1151**·3·23 社／**1152**·3·23 社／**1153**·3·29 社／**1154**·3·5 社／**1155**·3·23 社／**1156**·3·29 社／**1157**·3·29 社／**1158**·3·22 社／**1160**·4·29 社／**1161**·3·9 社／**1162**·3·22 社／**1163**·3·15 社／**1164**·3·9 社／**1166**·3·15 社／**1167**·3·20 社／**1168**·4·3 社／**1170**·3·19 社／**1171**·3·20 社／**1172**·3·14 社／**1173**·3·14 社／**1174**·3·21 社／**1175**·4·10 社／**1176**·3·13 社／**1177**·3·18 社／**1179**·3·24 社／**1181**·3·18 社／**1183**·4·21 社／**1184**·4·24 社／**1185**·3·23 社／**1186**·3·16 社／**1187**·3·16 社／**1189**·3·16 社／**1190**·3·16 社／**1191**·3·22 社／**1193**·4·28 社／**1194**·3·9 社／**1196**·3·14 社／**1197**·3·20 社／**1198**·3·27 社／**1199**·3·14 社／**1200**·3·27 社／**1201**·3·20 社／**1203**·3·13 社／**1205**·3·13 社／**1207**·3·19 社／**1208**·3·13 社／**1212**·3·23 社／**1216**·3·29 社／**1217**·3·5 社／**1223**·3·15 社／**1225**·3·9 社／**1226**·3·15 社／**1227**·3·9 社／**1228**·3·9 社／**1230**·3·14 社／**1231**·3·20 社／**1233**·3·14 社／**1241**·3·18 社／**1245**·3·23 社／**1247**·3·29 社／**1249**·3·22 社／**1250**·3·16 社／**1251**·3·22 社／**1252**·3·22 社／**1254**·3·9 社／**1255**·3·9 社／**1257**·3·20 社／**1258**·3·20 社／**1259**·3·14 社／**1260**·3·15 社／**1265**·3·13 社／**1266**·3·12 社／**1267**·3·24 社／❸ **1282**·3·21 社／12·28 社／**1283**·3·15 社／**1287**·3·16 社／**1288**·3月 社／**1289**·3·15 社／**1291**·3·20 社／**1292**·3·14 社／**1293**·3·14 社／**1294**·3·19 社／**1295**·3·20 社／**1301**·4·27 社／**1306**·3·24 社／**1307**·3·30 社／**1309**·4·27 社／**1310**·3·28 社／**1311**·3·22 社／**1313**·3·16 社／**1314**·3·22 社／**1319**·3·14 社／**1326**·12·13 社／**1334**·3·18 社／**1336**·3·19 社／**1337**·4·24 社／**1339**·3·30 社／**1340**·3·29 社／**1341**·3·28 社／**1342**·3·28 社／**1343**·3·28 社／**1344**·3·22 社／**1345**·3·22 社／**1346**·3·27 社／**1349**·3·28 社／**1350**·3·27 社／**1380**·4·28 社／**1384**·4·27 社／❹ **1467**·4·27 社／❺-2 **1813**·3·15 社／**1849**·3·14 社／**1847**·1·3 社／4·25 社／**1851**·3·19 社／❻ **1853**·3·14 政

宇佐宮行幸会(大分)　❸ **1423**·2·12 社

宇治一切経会　❷ **1137**·3·3 社

宇治離宮祭　❷ **1070**·是年 社／**1133**·5·8 社／**1134**·5·8 社／**1156**·5·8 社／**1157**·5·8 社／**1186**·5·8 社／**1278**·5·8 文／5·9 社／❸ **1340**·5·8 社／**1367**·5·9 社

梅宮祭　❸ **1424**·11·2 社／**1451**·11·2 社／**1454**·4·4 社／**1455**·4·10 社／11·2 社

盂蘭盆会(うらぼんえ)　❸ **1282**·7·15 社／❺-1 **1605**·7·15 社／❻ **1872**·8月 社／**1873**·7·13 社

永代島八幡宮祭礼(東京)　❺-1 **1643**·8月 社

江戸山王祭　❺-1 **1666**·6·15 社／**1672**·6·18 社／**1703**·6·15 社／❺-2 **1755**·6·15 社／**1848**·7·27 社

江戸根津権現社祭礼　❺-1 **1706**·8·15 社／**1714**·9·22 社

円宗寺修正会　❷ **1130**·1·14 社

円勝寺修正会(京都)　❷ **1169**·1·11 社／**1198**·1·11 社

円勝寺法花会　❷ **1120**·12·19 文

大坂天神祭礼(神輿船渡御)　❻ **1871**·6·25 社

大坂天満祭　❺-2 **1716**·7·25 社

大原野祭　❶ **851**·2·12 社／**903**·11·28 社／**989**·11·23 社／❷ **1001**·2·1 社／**1006**·2·6 社／**1085**·2·3 社／**1101**·11·19 社／**1110**·2·10 社／**1126**·2·7 社／**1162**·2·6 社／❸ **1373**·2·19 社／**1401**·2·8 社／**1416**·2·16 社／**1420**·2·16 社／**1421**·2·10 社／**1434**·2·7 社／**1438**·2·1 社／**1455**·2·15 社／❹ **1467**·3·27 社

大神祭　❶ **914**·4·13 社／❷ **1020**·4·8 社／**1168**·12·16 社

御鍬祭(愛知名古屋)　❺-2 **1827**·是秋 社

園城寺法華会　❷ **1104**·12·25 社

園城寺龍華会　❷ **1059**·8·18 社／**1060**·8·18 社／**1092**·3·26 社／7·21 文／**1097**·6·8 社

怨親平等お盆まつり　❽ **1946**·7·11 社

火災祭　❷ **1158**·7·14 社

春日祭　❶ **858**·11月 社／**859**·2·10 社／11·9 社／**906**·2·1 社／**921**·2·3 社／**938**·2·6 社／**939**·2·12 社／**946**·2·23 社／**985**·2·9 社／❷ **1001**·11·5 社／**1014**·2·4 社／**1026**·2·1 社／**1031**·2·9 社／**1032**·2·1 社／**1033**·2·7 社／**1034**·2·25 政／**1036**·2·11 社／**1039**·11·9 社／**1040**·11·9 社／**1055**·11·6 社／**1057**·2·2 社／**1060**·2·5 社／**1062**·2·6 社／**1068**·2·5 社／**1077**·11·1 社／**1079**·2·9 社／**1080**·2·1 社／**1083**·2·2 社／**1092**·2·7 社／**1093**·2·1 社／**1094**·11·10 社／**1095**·2·6 社／**1098**·2·5 社／**1100**·2·11 社／**1101**·11·2 社／**1104**·11·2 社／**1106**·2·9 社／**1107**·2·3 社／11·8 社／**1108**·2·3 社／11·2 社／**1114**·2·2 社／**1119**·2·8 社／12·6 社／**1120**·2·1 社／11·11 社／**1124**·11·11 社／**1127**·2·12 社／**1128**·10·4 社／**1129**·2·1 社／**1132**·11·3 社／**1133**·2·10 社／**1134**·2·4 社／**1137**·2·4 社／**1142**·11·8 社／**1143**·2·2 社／**1144**·2·2 社／11·1 社／**1145**·2·8 社／10·8 社／11·1 社／**1147**·11·12 社／**1148**·2·7 社／**1149**·2·7 社／**1152**·2·7 社／**1154**·2·1 社／**1157**·2·12 社／**1159**·2·10 社／**1174**·11·13 政／**1181**·2·7 社／11·12 社／**1183**·2·1 社／**1187**·11·11 社／**1272**·2·8 社／**1273**·2·1 社／**1276**·11·6 社／❸ **1286**·2·11 社／**1288**·3·9 社／**1289**·2·10 社／**1292**·11·3 社／**1294**·2·3 社／**1296**·2·9 社／11·7 社／**1300**·2·14 社／**1302**·11·7 社／**1329**·11·7 社／**1334**·2·2 社／**1335**·6·20 社／**1336**·11·27 社／**1337**·11·12 社／**1338**·2·18 社／**1340**·12·19 社／**1341**·8·19 社／**1346**·11·4 社／**1347**·2·11 社／**1348**·2·29 社／11·3 社／**1349**·2·11 社／**1350**·2·11 社／**1360**·11·18 社／**1375**·11·16 社／**1378**·2·17 社／**1389**·11·19 社／**1394**·2·2 社／**1402**·2·7 社／**1403**·2·12 社／**1405**·11·4 社／**1407**·11·10 社／**1408**·2·5 社／**1409**·2·11 社／**1415**·2·4 社／**1417**·2·3 社／**1419**·11·7 社／**1420**·11·7 社／**1421**·11·1 社／**1425**·2·7 社／**1427**·2·1 社／**1430**·11·23 社／**1433**·2·12 社／**1438**·11·[illegible] 社／**1439**·2·6 社／**1440**·2·11 社／**1441**·2·16 社／11·22 社／**1442**·11·15 社／**1443**·11·9 社／**1444**·2·16 社／**1445**·2·4 社／**1447**·2·4 社／**1448**·2·28 社／11·1 社／**1449**·2·21 社／**1452**·2·20 社／**1453**·2·20 社／11·19 社／**1454**·12·19 社／**1455**·2·15 社／11·13 社／❹ **1456**·2·8 社／11·18 社／**1460**·11·18 社／**1461**·11·24 社／**1463**·10·29 社／**1464**·12·17 社／**1465**·11·16 社／**1466**·2·24 社／12·23 社／**1467**·3·6 社／**1468**·12·1 社／**1470**·3·29 社／**1471**·11·22 社／12·4 社／**1472**·11·27 社／**1475**·2·1 社／11·14 社／**1476**·2·22 社／10·20 社／**1478**·2·27 社／11·14 社／**1479**·2·9 社／12·9 社／**1480**·2·21 社／12·26 社／**1481**·12·20 社／**1482**·12·8 社／**1483**·3·16 社／11·2 社／**1484**·2·26 社／**1486**·3·2 社／**1487**·2·13 社／**1488**·2·13 社／11·1 社／**1489**·2·7 社／12·13 社／**1490**·3·20 社／11·18 社／**1491**·11·21 社／**1494**·2·12 社／11·23 社／**1496**·2·11 社／**1497**·3·6 社／**1498**·2·18 社／**1499**·2·18 社／**1551**·2·1 社／**1555**·2·6 社／**1558**·2·29 社／**1559**·2·6 社／**1561**·2·11 社／**1562**·11·15 社／**1563**·2·11 社／**1564**·2·11 社／**1569**·11·3 社／**1571**·11·2 社／**1572**·2·4 社／**1576**·2·8 社／**1577**·2·2 社／11·7 社／**1578**·2·2 社／**1580**·2·11 社／12·1 社／**1582**·2·19 社／**1583**·2·19 社／**1585**·2·18 社／11·1 社／**1586**·3·13 社／**1587**·3·7 社／**1588**·11·23 社／**1589**·11·4 社／**1596**·2·23 社／12·10 社／**1597**·12·[illegible] 社／**1598**·11·14 社／**1599**·2·22 社／12·9 社／**1600**·2·22 社／11·20 社／❺-1 **1601**·2·27 社／⑪·8 社／**1602**·3·10 社／11·14 社／**1603**·11·20 社／**1604**·2·15 社／11·8 社／**1605**·2·3 社／11·4 社／**1606**·3·15 社／11·19 社／**1607**·11·7 社／**1608**·2·14 社／**1610**·2·25 社／**1611**·11·24 社／**1612**·2·19 社／8·16 社／11·1 社／**1613**·2·7 社／12·25 社／**1614**·2·13 社／**1615**·2·7 社／11·11 社／**1616**·2·7 社／11·5 社／**1617**·2·12 社／11·11 社／**1618**·2·6 社／**1619**·2·18 社／11·17 社／**1620**·11·23 社／**1621**·2·12 社／11·11 社／**1622**·2·18 社／11·16 社／**1623**·2·24 社／11·4 社／**1624**·2·12 社／11·9 社／**1625**·3·12 社／11·15 社／**1626**·2·22 社／

1627·11·9 社／1628·2·16 社／11·27
社／1629·2·22 社／11·15 社／
1630·2·10 社／11·21 社／1631·11·9
社／1632·3·10 社／11·14 社／
1633·11·20 社／1634·2·27 社／11·
13 社／12·2 社／1635·2·3 社／11·
13 社／1636·2·20 社／11·9 社／
1637·3·8 社／11·7 社／1638·2·14
社／1639·11·7 社／1640·2·8 社／
1641·2·14 社／10·24 社／1642·2·8
社／1643·2·8 社／11·6 社／1644·
2·1 社／11·11 社／1645·2·7 社／
1646·2·7 社／11·6 社／1647·2·12
社／11·11 社／1648·2·1 社／11·11
社／1649·11·5 社／1650·11·5 社／
1651·2·12 社／11·10 社／1652·2·6
社／11·4 社／1653·2·11 社／11·4
社／1654·11·22 社／1655·2·5 社／
11·4 社／1656·2·11 社／11·4 社／
1657·11·11 社／1658·2·5 社／11·15
社／1659·2·5 社／1660·2·10 社／
11·8 社／1661·3·10 社／1662·2·4
社／11·2 社／1663·2·9 社／1664·
2·3 社／1665·2·3 社／1666·2·9 社
／11·8 社／1667·2·3 社／11·8 社
／1668·2·3 社／11·1 社／1669·2·9
社／1670·2·9 社／11·3 社／1671·
2·2 社／1672·2·7 社／11·1 社／
1673·2·7 社／11·7 社／1674·2·13
社／11·12 社／1675·2·7 社／11·12
社／1676·2·7 社／11·6 社／1677·
2·1 社／11·11 社／1678·11·11 社／
2·1 社／1679·2·7 社／11·5 社／
1680·2·12 社／1681·11·11 社／
1682·2·6 社／11·5 社／1683·11·5
社／1684·11·10 社／2·24 社／
1685·2·6 社／11·4 社／1686·2·11
社／11·4 社／1687·11·9 社／1688·
2·5 社／11·3 社／1689·2·5 社／
11·3 社／1690·2·10 社／11·9 社／
1691·2·16 社／11·21 社／1692·2·4
社／11·3 社／1693·2·10 社／11·9
社／1694·2·4 社／11·8 社／1695·
2·4 社／11·2 社／1696·11·7 社／
1697·2·3 社／11·8 社／1698·2·3 社
／1699·2·8 社／1700·2·8 社／11·8
社／1701·2·2 社／1702·2·8 社／
11·1 社／1703·2·9 社／11·6 社／
1704·2·2 社／1705·2·7 社／11·12
社／1706·2·7 社／11·18 社／1707·
2·1 社／1708·2·1 社／1710·3·7 社
／11·6 社／1711·2·1 社／11·11 社
／1712·2·7 社／1713·2·13 社／
1714·10·28 社／1715·2·5 社／❺-2
1716·2·11 社／1717·2·11 社／1718·
2·5 社／1719·2·5 社／1721·2·5 社
／1722·2·5 社／1723·2·10 社／11·
8 社／1724·2·3 社／1725·2·3 社／
1726·2·21 社／1727·2·9 社／1728·
2·3 社／1729·2·9 社／1730·2·9 社
／1731·2·3 社／11·1 社／1732·2·8
社／1733·2·8 社／11·7 社／1734·
2·2 社／1735·2·7 社／1736·2·8 社
／1737·2·2 社／11·12 社／1738·2·
2 社／1739·2·7 社／11·5 社／
1740·2·1 社／1741·2·1 社／1742·2·
6 社／11·5 社／1743·11·5 社／
1744·2·12 社／1745·2·6 社／1746·
2·6 社／1747·2·12 社／1748·2·6 社
／1749·2·5 社／1750·2·11 社／
1751·2·4 社／11·9 社／1752·2·4 社
／1753·2·10 社／1754·2·4 社／11·
9 社／1755·2·4 社／1756·2·10 社／
1757·2·10 社／1758·2·3 社／1759·
2·9 社／11·2 社／1760·2·9 社／
1761·2·2 社／1762·2·8 社／1763·2·
8 社／11·7 社／1764·2·2 社／
1765·2·3 社／1766·2·8 社／11·6 社
／1767·2·2 社／1768·2·1 社／
1769·2·7 社／11·6 社／1770·2·12
社／1771·2·1 社／11·12 社／1772·
2·7 社／1773·2·1 社／1774·2·1 社
／1775·2·6 社／1776·2·6 社／
1777·2·11 社／1778·2·5 社／1779·
2·5 社／1846·11·3 社／1847·11·8
社／1849·2·9 社／❾ 2007·3·13 文
春日祭斎女 ❶ 869·2·8 社
春日臨時祭 ❸ 1387·5·25 社
春日若宮祭 ❷ 1136·9·17 社／
1137·9·17 社／1138·9·17 社／1142·
9·17 社／1143·9·17 社／1144·9·17
社／1145·9·17 社／1146·9·17 社／
1148·9·17 社／1152·9·17 社／1161·
9·17 社／1162·9·17 社／1187·9·17
社／1201·9·17 社／1222·9·17 社／
1229·9·17 社／❸ 1401·11·17 社／
1422·11·27 社／❹ 1468·11·27 社／
1469·12·27 社／1471·11·26 社／
1473·11·27 社／1476·10·27 社／
1478·11·27 社／1480·11·27 社／
1491·10·27 社／1493·11·27 社／
1495·11·27 社／1496·11·27 社／
1497·12·17 社／1499·11·27 社／
1509·11·27 社／1515·11·27 社／
1584·11·27 社／1589·11·26 社／
1599·11·27 社
春日社唯識会 ❷ 1118·3·15 社
亀戸天満宮祭礼 ❺-2 1778·8·25 社
賀茂祭(葵祭) ❶ 571·是年／698·3·
21 社／702·4·3 社／711·4·20 社／
726·3月 社／738·4·22 社／794·10·
28 社／12·21 社／852·4·25 社／
853·4·25 社／859·10·5 社／862·4·
23 社／864·4·17 社／877·4·14 社／
885·4·19 社／900·4·16 社／910·4·
14 社／915·4·19 社／922·4·23 社／
923·4·17 社／924·4·16 社／927·4·
17 社／929·4·22 社／930·4·16 社／
931·4·21 社／932·4·21 社／934·4·
16 社／937·4·15 社／938·4·11 社／
946·4·25 社／950·4·30 社／961·4·
17 社／966·4·14 社／970·4·15 社／
985·4·23 社／986·4·23 社／992·4·
22 社／993·4·15 社／994·4·16 社／
995·4·21 社／996·4·15 社／997·4·
16 社／1000·4·14 社／❷ 1001·4·20
社／1002·4·4 社／1003·4·2 社／
1004·4·17 社／1005·4·20 社／1006·
4·2 社／1007·4·20 社／1009·4·24
社／1010·4·24 社／1011·4·18 社／
1015·4·20 社／1016·4·24 社／1017·
4·17 社／1018·4·22 社／1020·4·16
社／1026·4·15 社／1027·4·15 社／
1028·4·4 社／1029·4·21 社／1030·
4·15 社／1031·4·4 社／1033·4月
社／1034·4·20 社／1035·4·20 社／
1036·4·25 社／1037·4·18 社／1040·
4·12 社／1041·4·20 社／1045·4月
文／1046·4·23 社／1052·4·22 社／
1064·4·19 社／1065·4·8 社／1067·
4·14 社／1068·4·20 社／1080·4·16
社／1081·4·16 社／1083·4·16 社／
1086·4·22 社／1087·4·16 社／1089·
4·21 社／1090·4·14 社／1091·4·20
社／1093·4·15 社／1095·4·20 社／
1098·4·19 社／1099·4·25 社／1101·
4·19 社／1102·4·25 社／1103·4·25
社／1104·4·18 社／1105·4·18 社／
1106·4·24 社／1107·4·17 社／1108·
4·17 社／1109·4·23 社／1110·4·17
社／1111·4·17 社／1114·4·16 社／
1116·4·22 社／1119·4·22 社／1120·
4·15 社／1124·4·14 社／1125·4·20
社／1126·4·25 社／1127·4·14 社／
1128·4·20 社／1130·4·14 社／1131·
4·19 社／1133·4·24 社／1134·4·18
社／1135·4·18 社／1136·4·24 社／
1137·4·18 社／1143·4·22 社／1144·
4·16 社／1146·4·22 社／1147·4·16
社／1148·4·22 社／1149·4·22 社／
1153·4·14 社／1154·4·27 社／1155·
4·20 社／1156·4·14 社／1157·4·14
社／1158·4·20 社／1166·4·24 社／
1168·4·18 社／1170·4·17 社／1172·
4·23 社／1176·4·22 社／1178·4·21
社／1182·4·21 社／1184·4·15 社／
1187·4·14 社／1188·4·19 社／1189·
4·25 社／1200·4·24 社／1204·4·16
社／1205·4·22 社／1206·4·22 社／
1214·4·15 社／1237·4·16 社／1240·
4·15 社／1241·4·15 社／1242·8·27
社／1243·4·15 社／1246·4·14 社／
1247·4·14 社／1251·4·19 社／1256·
4·24 社／1260·4·24 社／1272·4·22
社／1273·4·15 社／1274·12·7 社／
1276·4·21 社／1277·4·14 社／1280·
4·14 社／❸ 1282·4·20 社／1283·4·
25 社／1285·4·19 社／1286·4·25 社
／1287·4·25 社／1288·4·19 社／
1289·4·24 社／1291·4·18 社／1292·
4·23 社／1293·4·23 社／1294·4·17
社／1295·4·17 社／1296·4·23 社／
1297·4·17 社／1298·4·17 社／1299·
4·23 社／1300·5·16 社／1301·4·16
社／1304·4·15 社／1305·4·21 社／
1307·4·15 社／1308·4·21 社／1309·
4·20 社／1310·4·14 社／1312·4·20
社／1313·4·25 社／1314·4·14 社／
1315·4·20 社／1316·4·23 社／1317·
4·25 社／1318·4·18 社／1320·4·24
社／1321·4·18 社／1322·4·24 社／
1323·4·24 社／1324·4·18 社／1325·
4·18 社／1326·4·23 社／1327·4·16
社／1331·4·16 社／1332·4·22 社／
1334·4·16 社／1335·4·21 社／1336·
4·21 社／1338·4·20 社／1339·4·20
社／1340·4·14 社／1344·4·14 社／
1345·4·19 社／1346·4·25 社／1348·
4·19 社／1349·4·25 社／1350·4·25
社／1353·4·24 社／1354·4·17 社／
1356·4·23 社／1357·4·17 社／1358·
4·17 社／1359·4·23 社／1360·4·17
社／1361·4·17 社／1362·4·22 社／
1363·4·22 社／1364·4·15 社／1365·

4·21 社／1367·4·15 社／1368·4·21 社／1369·4·21 社／1370·4·15 社／1372·4·20 社／1373·4·25 文／1374·4·14 社／1375·4·19 社／1376·4·25 社／1377·4·14 社／1378·4·19 社／1379·4·25 社／9·5 社／1380·4·25 社／1381·4·18 社／1382·4·18 社／1383·4·24 社／1384·4·18 社／1385·4·18 社／1386·4·24 社／1395·4·22 社／1396·4·22 社／1398·4·21 社／1399·4·21 社／1400·4·14 社／1401·4·14 社／1402·4·7 社／1403·4·14 社／1404·4·14 社／1406·4·20 社／1407·4·25 社／1408·4·19 社／1409·4·19 社／1411·4·19 社／1412·4·19 社／1414·4·18 社／1415·4·18 社／1416·4·23 社／1417·4·17 社／1418·4·17 社／1419·4·23 社／1420·4·23 社／1421·4·17 社／1422·4·23 社／1423·4·23 社／1424·4·16 社／1425·4·21 社／1426·4·21 社／1427·4·15 社／1428·4·15 社／1429·4·21 社／1430·4·15 社／1431·4·2 社／1432·4·21 社／1433·4·14 社／1434·4·14 社／1435·4·19 社／1437·4·14 社／1438·4·19 社／1439·4·20 社／1440·4·13 社／1441·4·19 社／1442·4·19 社／1443·4·24 社／1445·4·12 社／1446·4·6 社／1449·4·5 社／1451·4·17 社／1452·4·22 社／1454·4·15 社／1455·④·27 社／❹ 1456·4·22 社／1459·4·21 社／1460·4·15 社／1461·4·15 社／1462·4·20 社／1463·4·14 社／1464·4·14 社／1466·4·20 社／1467·4·26 社／1476·4·24 社／1481·4·17 社／1485·4·17 社／1486·4·22 社／1491·4·15 社／1492·4·21 社／1493·4·15 社／1495·4·20 社／1496·4·20 社／1499·4·20 社／1500·4·25 社／1502·4·19 社／1508·4·18 社／1511·4·17 社／1517·4·16 社／1518·4·16 社／1520·4·15 社／1522·4·21 社／1523·4·21 社／1524·4·14 社／1527·4·14 社／1528·4·20 社／1529·4·20 社／1530·4·25 社／1531·4·19 社／1533·4·24 社／1535·4·19 社／1536·4·24 社／1537·4·25 社／1538·4·18 社／1539·4·23 社／1541·4·17 社／1542·4·17 社／1544·4·17 社／1545·4·17 社／1546·4·23 社／1547·4·16 社／1548·4·16 社／1552·4·21 社／1553·4·21 社／1554·4·15 社／1555·4·21 社／1556·4·21 社／1559·4·19 社／1562·4·20 社／1563·4·25 社／1569·4·23 社／1571·4·18 社／1574·5·5 社／1589·4·20 社／❺-1 1602·4·17 社／1618·5·5 社／1625·5·19 社／1669·4·24 社／1694·4·4 社／4·18 社／1695·4·18 社／1697·4·24 社／1698·4·17 社／1700·4·22 社／1701·4·16 社／1702·4·22 社／1703·4·22 社／1704·4·16 社／1710·4·14 社／1711·4·14 社／1713·4·14 社／1714·4·14 社／1715·4·20 社／❺-2 1716·4·20 社／1717·4·25 社／1718·4·19 社／1721·4·19 社／1722·4·19 社／1723·4·24 社／1724·4·18 社／1725·4·18 社／1728·4·17 社／1731·4·17 社／1732·4·22 社／1733·4·22 社／1734·4·16 社／1735·4·16 社／1736·4·21 社／1738·4·27 社／1739·4·21 社／1740·4·27 社／1743·4·26 社／1744·4·26 社／1745·4·19 社／1746·4·20 社／1747·4·26 社／1748·4·19 社／1749·4·20 社／1751·4·18 社／1752·4·18 社／1753·4·12 社／1754·4·12 社／1755·4·12 社／1756·4·12 社／1758·4·18 社／1759·4·11 社／1760·4·11 社／1761·4·16 社／1762·4·10 社／1763·4·10 社／1764·4·16 社／1765·4·17 社／1766·4·10 社／1767·4·16 社／1770·4·14 社／1773·4·9 社／1774·4·14 社／1775·4·20 社／1776·4·20 社／1777·4·14 社／1778·4·19 社／1779·4·19 社／1846·4·24 社／1849·4·23 社／1851·4·17 社／❻ 1864·4·15 社

葵祭復活　❻ 1884·5·15 社

賀茂内祭　❹ 1494·4·15 社／1498·4·19 社

賀茂臨時祭　❶ 889·11·21 社／890·11·21 社／891·11·24 社／897·11·26 社／899·11·19 社／903·11·27 社／904·11·25 社／910·11·23 社／919·11·21 社／924·12·27 社／925·11·20 社／932·12·14 社／935·12·1 社／939·12·1 社／940·11·24 社／942·11·30 社／943·11·23 社／945·11·28 社／947·11·27 社／948·11·28 社／949·11·22 社／950·11·22 社／951·12·4 社／957·11·27 社／958·11·27 社／959·11·26 社／960·11·25 社／961·11·25 社／964·11·25 社／966·11·19 社／968·12·13 社／970·11·23 社／973·11·23 社／975·11·29 社／976·11·23 社／977·12·16 社／978·11·28 社／979·11·21 社／981·11·26 社／982·12·4 社／985·12·16 社／986·12·12 社／987·11·26 社／988·12·7 社／989·11·20 社／990·11·26 社／992·11·7 社／993·是夏 社／11·20 社／994·11·25 社／995·11·19 社／996·11·19 社／997·3·16 社／11·24 社／998·11·30 社／999·11·30 社／1000·11·24 社／❷ 1001·11·5 社／1004·11·7 社／1005·12·6 社／1007·11·22 社／1008·11·28 社／1012·12·21 社／1016·12·14 社／1019·11·8 社／1020·11·26 社／1023·11·3 社／1024·11·1 社／1025·11·19 政／1026·11·6 社／1027·11·1 社／1028·11·6 社／1029·11·6 社／1032·11·4 社／1034·11·10 社／1036·12·27 社／1037·11·23 社／1039·11·9 社／1040·11·9 社／1047·11·27 社／1053·11·20 社／1058·12·1 社／1075·11·27 社／1077·11·26 社／1081·11·2 社／1083·12·7 社／1084·4·16 社／1085·12·5 社／1086·11·18 社／1088·⑩·24 社／1092·12·1 社／1097·11·23 社／1098·11·29 社／1099·11·29 社／1100·10·23 社／1101·11·28 社／1102·11·28 社／1103·11·22 社／1104·11·27 社／1105·12·7 社／1106·11·21 社／1108·12·16 社／1109·11·21 社／1110·12·1 社／1111·12·8 社／1112·11·20 社／1114·11·26 社／1116·11·20 社／1118·11·25 社／1120·11·24 社／1124·11·27 社／1126·11·30 社／1127·11·23 社／1128·11·29 社／1130·11·22 社／1131·11·28 社／1132·11·26 社／1134·11·28 社／1135·11·28 社／1136·11·21 社／1137·11·21 社／1142·12·12 社／1143·11·21 社／1144·11·26 社／1146·11·19 社／1147·11·25 社／1148·11·25 社／1149·11·19 社／1150·11·25 社／1151·11·25 社／1152·11·19 社／1154·11·24 社／1155·12·18 社／1157·11·23 社／1158·12·8 社／1160·11·23 社／1164·11·21 社／1167·11·21 社／1168·12·26 社／1172·11·20 社／1174·12·26 社／1175·11·26 社／1177·11·26 社／1179·11·19 社／1180·12·7 社／1182·12·9 社／1183·12·25 社／1184·12·12 社／1186·11·30 政／1187·11·24 社／1189·11·29 社／1191·11·28 社／1194·11·22 社／1195·11·28 社／1196·11·22 社／1197·11·22 社／1199·11·21 社／1200·11·21 社／1201·11·26 社／1202·11·27 社／1203·11·21 社／1205·11·27 社／1206·11·20 社／1207·11·26 社／1208·11·25 社／1211·11·25 社／1212·12·17 社／1213·11·19 社／1220·11·23 社／1221·11·24 社／1226·11·22 社／1227·11·22 社／1229·11·21 社／1230·11·22 社／1244·12·4 社／1246·12·12 社／1247·11·24 社／1249·11·30 社／1252·11·29 社／1253·11·22 社／1254·11·22 社／1255·11·28 社／1257·11·21 社／1259·4·24 社／1264·11·26 社／1266·11·21 社／1268·3·17 社／1274·12·7 社／1278·11·25 社／1280·11·23 社／1281·11·23 社／❸ 1282·12·8 社／1284·11·23 社／1285·12·26 社／1286·11·22 社／1287·12·5 社／1290·11·21 社／1292·11·28 社／1293·11·21 社／1294·11·27 社／1295·11·27 社／1303·11·20 社／1305·12·1 社／1306·12·1 社／1308·12·2 社／1310·11·24 社／1313·11·23 社／1326·12·15 社／1340·11·29 社／1342·12·10 社／1345·11·29 社／1347·11·23 社／1348·12·25 社／1349·12·27 社／1423·11·20 社／❺-2 1814·11·12 社／1838·11·23 社／1852·11·27 社

河合祭　❶ 924·4·17 社

河崎惣社祭　❷ 1230·7·7 社

神田明神　❽ 1952·5·12 社

神田明神祭　❺-1 1681·6·15 社／1688·9月 社／1710·9·15 社／1712·9·15 社／❺-2 1718·6月 社／1728·11·18 社／1762·9月 社／1765·9·23 社／1766·9·15 社／1769·9·15 社／1770·10·29 社／1773·12·1 社／1775·9·15 社／1781·9·15 社／1787·11·3 社／1791·是年 社／1807·9·15 社／1822·2·11 社／1840·5·19 社／

1841·9月 社／1847·8·7 社
神嘗祭 ❶ 721·9·11 政
灌仏会(かんぶつえ) ❷ 1018·4·8 社／1020·4·8 社／1110·4·8 社
祇園会祭日(山口) ❺-1 1694·6·7 社
祇園会の再興 ❹ 1496·②·13 社／1500·5·18 社／5·26 社／6·1 社／6·6 社
祇園御霊会(祇園祭·ぎおんごりょうえ) ❶ 869·6·7 社／970·6·14 社／999·6·14 社／❷ 1013·6·14 文／1015·6·15 社／1018·4·8 社／1020·4·8 社／1059·6·14 社／1060·6·14 社／1071·6·14 社／1079·6·14 社／1080·6·14 社／1084·6·15 社／1087·6·14 社／1090·6·14 社／1092·6·1 社／1096·6·14 社／1099·6·15 社／1100·6·15 社／1101·6·14 社／1102·6·14 社／1103·6·14 社／1105·6·14 社／1107·6·15 社／1110·4·8 社／6·14 社／1111·6·14 社／1112·6·14 社／1113·6·14 社／1114·6·14 社／1115·6·14 社／1116·6·14 社／1117·6·14 社／1122·6·14 社／1123·6·14 社／1124·6·14 社／1125·6·14 社／1126·6·25 社／1127·6·14 社／1130·6·15 社／1131·6·14 社／1132·6·14 社／1133·6·14 社／1134·6·14 社／1143·6·15 社／1144·6·15 社／1145·6·15 社／1146·6·15 社／1147·6·15 社／1148·2·20 社／6·15 社／1154·6·15 社／1156·6·15 社／1165·6·15 社／1167·6·14 社／1168·6·14 社／1169·6·14 社／1172·6·14 社／1174·6·14 社／1177·6·14 社／1178·6·14 社／1179·6·14 社／1180·6·14 社／1183·6·14 社／1186·6·14 社／1187·6·14 社／1188·6·14 社／1189·6·14 社／1190·6·14 社／1191·6·14 社／1196·6·14 社／1198·6·14 社／1199·6·14 社／1200·6·14 社／1201·6·14 社／1202·6·14 社／1203·6·14 社／1204·6·14 社／1205·6·14 社／1206·6·14 社／1207·6·14 社／1208·6·14 社／1210·6·15 社／1211·6·14 社／1212·6·14 社／1213·6·14 社／1220·6·14 社／1221·6·14 社／1225·6·14 社／1226·6·14 社／1227·6·14 社／1229·6·14 社／1231·6·7 社／7·12 社／1232·6·28 社／1233·6·14 社／1238·6·15 社／1242·6·14 社／1243·6·14 社／1245·6·14 社／1246·6·28 社／1247·6·14 社／7·25 社／1252·6·14 社／1256·6·13 社／1257·6·14 社／1258·5·29 社／6·14 社／1259·6·14 社／1260·6·14 社／1262·6·14 社／1264·6·14 社／1265·6·14 社／1266·6·14 社／1267·6·14 社／1268·6·14 社／1269·6·14 社／1270·6·14 社／1273·6·14 社／1274·6·14 社／1276·6·14 社／1280·6·14 社／1281·6·14 社／❸ 1282·6·14 社／1283·11·28 社／1284·6·14 社／1285·6·14 社／1287·6·14 社／1288·6·14 社／1292·11·13 社／1294·6·14 社／1299·6·14 社／1304·6·14 社／1308·6·14 社／1322·6·14 社／1323·6·14 社／1335·6·14 社／1336·5·27 社／11·28 社／1340·6·14 社／1342·6·8 社／1343·6·10 社／11·15 社／1344·6·14 社／1345·6·14 社／7·7 社／1346·6·7 社／1347·6·14 社／1349·6·14 社／1350·6·14 社／1351·6·14 社／1352·6·14 社／1355·6·14 社／1357·6·14 社／1358·6·7 社／6·14 社／1359·6·14 社／1363·6·14 社／1364·6·14 社／1365·6·14 社／1374·6·7 社／1376·6·14 社／1378·6·7 社／1380·6·14 社／1397·6·14 社／1399·6·14 社／1400·6·15 社／1401·6·7 社／1402·6·14 社／1403·6·2 社／1404·6·14 社／1405·6·14 社／1406·6·14 社／1407·6·14 社／1409·6·14 社／1410·6·14 社／1411·6·14 社／1412·6·14 社／1415·6·14 社／1417·6·14 社／1418·6·14 社／1419·6·14 社／1420·6·14 社／1421·6·14 社／8·18 社／1422·6·14 社／1423·6·14 社／1424·6·14 社／1425·6·14 社／1426·6·14 社／1427·6·14 社／1428·6·14 社／1429·6·14 社／1430·6·14 社／1431·6·14 社／1432·6·14 社／1433·6·14 社／1434·6·14 社／1435·6·14 社／1436·6·14 社／1437·6·14 社／1438·6·14 社／1439·6·14 社／1441·6·14 社／1446·6·14 社／1447·6·14 社／1450·6·14 社／1451·6·18 社／❹ 1456·6·7 社／1457·6·15 社／1458·12·30 社／1460·6·14 社／1464·6·14 社／1465·6·14 社／1466·6·14 社／1467·6·7 社／1469·6·14 社／1471·6·14 社／1475·6·14 社／1492·6月 社／1494·8·14 社／1496·②·13 社／1497·6·14 社／1500·5·18 社／5·26 社／6·1 社／6·6 社／6·7 社／1501·6·14 社／1502·6·14 社／1503·6·14 社／1506·6·14 社／1507·6·7 社／1508·9·21 社／1509·4·7 社／6·7 社／1510·6·14 社／1511·6·14 社／1512·6·14 社／1513·6·14 社／1515·6·7 社／1516·10·14 社／1518·6·7 社／1520·6·7 社／1522·6·14 社／1523·6·14 社／1524·6·14 社／1525·6·7 社／1526·6·7 社／1527·6·7 社／1529·8·14 社／1530·6·7 社／1531·6·7 社／1532·12·7 社／1533·6·7 社／8·9 社／1534·6·7 社／1535·11·22 社／1536·6·14 社／1537·6·14 社／1538·12·21 社／1539·6·7 社／1541·6·7 社／1543·6·14 社／1544·6·7 社／1545·6·11 社／1548·6·14 社／1550·6·14 社／1552·6·7 社／1553·6·7 社／8·14 社／1556·6·14 社／1558·11·21 社／1559·6·7 社／1561·5·28 社／6·14 社／1563·6·7 社／1568·6·7 社／1569·6·7 社／1570·6·7 社／1571·6·14 社／12·7 社／1572·6·14 社／1575·6·7 社／1576·6·7 社／1578·6·7 社／1579·6·7 社／1580·6·7 社／1581·6·7 社／1582·6·7 社／9·14 社／1583·6·7 社／1584·6·7 社／1586·6·14 社／1587·6·14 社／1588·6·14 社／1589·6·14 社／1596·6·7 社／1597·6·7 社／1598·6·7 社／1599·6·14 社／1600·6·14 社／❺-1 1601·6·14 社／1602·6·14 社／1603·6·7 社／1604·6·7 社／1605·6·7 社／1606·6·7 社／1607·6·7 社／1608·6·7 社／1609·6·7 社／1611·6·7 社／1614·6·7 社／1615·6·7 社／1616·6·15 社／1617·6·7 社／1618·6·7 社／1619·6·7 社／1620·6·7 社／1621·6·7 社／1623·6·6 社／1624·6·7 社／1625·6·14 社／1626·6·7 社／7·18 社／1627·6·7 社／1628·6·7 社／1629·6·7 社／1630·6·14 社／1631·6·7 社／1632·6·7 社／1633·6·14 社／1637·6·7 社／1639·6·7 社／1680·8·14 社／1691·6·14 社／❺-2 1716·8·14 社／1728·6·7 社／1735·6·14 社／1737·6·14 社／1750·8·14 社／1759·8·18 社／1761·6·14 社／1766·6月 社／1768·6·14 社／1771·6·27 社／1775·6·14 社／1779·6·14 社／❼ 1899·7·16 社／1916·7·17 社／❽ 1947·7·17 社／1948·7·17 社／1952·7·17 社／1953·7·17 社／1956·7·17 社／1962·6月 社／❾ 1979·7·17 社／1981·7·17 社／1985·7·17 社／2004·7·17 社／2009·7·17 社／2010·6·12 社／2011·7·17 社
　山桙(祇園御霊会) ❶ 999·6·14 社
祇園新宮祭礼 ❷ 1001·是年 社
祇園祭(会津) ❺-1 1603·4月 社
祇園祭山笠(博多櫛田社) ❸ 1432·6·15 社
鬼気祭(ききさい) ❶ 915·10·16 社／❷ 1030·6·7 社／1125·12·27 社
北野御霊会(祭) ❷ 1028·8·2 社／1103·8·4 社／1104·8·5 社／1106·8·4 社
北野祭 ❶ 987·8·5 社／❸ 1344·8·4 社／1345·9·11 社／1401·8·4 社／1404·8·4 社／1406·8·4 社／1407·8·4 社／1432·8·4 社／1434·8·4 社／1442·8·4 社／❹ 1456·8·4 社／1461·8·4 社
北野臨時祭 ❸ 1420·8·4 社
北野社千部経会 ❹ 1493·10·5 社
北野社万部経会 ❸ 1428·10·5 社／❹ 1456·10·5 社
北野天満宮千年祭万燈会 ❼ 1902·3·25 社
北野雷公祭 ❶ 904·12·19 社／914·10·23 社
吉祥会 ❶ 843·12·16 社
祈年祭 ❶ 670·3·9 政
清滝祭 ❷ 1185·4·17 社
清水寺弥勒会 ❷ 1132·3·5 社
九頭井の祭礼 ❹ 1559·3·28 社
外典祭 ❸ 1402·1·16 社
庚申会(待) ❶ 966·11·20 社／971·11·13 社／❹ 1471·是年 文
興福寺最勝会 ❸ 1295·8·1 社
興福寺三蔵会 ❸ 1292·8·5 社
興福寺常楽会 ❷ 1174·2·15 社／1178·2·15 社／1265·2·15 社／1273·2·15 社／1278·2·15 社／❸ 1394·3·15 社
興福寺心経会 ❷ 1255·1·8 社／1262·1·10 社
興福寺東金堂修二月会 ❷ 1027·2月

社
興福寺方広会 ❷ **1110**·12·8 社
興福寺法華会 ❷ **1174**·10·6 社
興福寺唯識会 ❷ **1157**·5·18 社／❸ **1283**·2·9 社
興福寺維摩会 ❷ **1003**·10·15 政／**1026**·10·10 社／**1053**·10·16 社／**1058**·10·10 社／**1060**·10·10 社／**1087**·10·10 社／**1090**·10·10 社／**1091**·10·16 社／**1092**·10·10 社／**1096**·10·6 社／**1098**·10·10 社／**1101**·10·11 社／**1103**·10·10 社／**1106**·10·10 社／**1112**·10·10 社／**1119**·10·10 社／**1124**·10·10 社／**1127**·10·1 社／**1128**·10·10 社／**1129**·10·10 社／**1130**·10·10 社／**1134**·10·10 社／**1140**·10·10 社／**1142**·10·10 社／**1154**·10·11 社／**1155**·10·10 社／**1163**·10·10 社／**1164**·10·10 社／**1174**·10·10 社／**1180**·10·10 社／**1181**·10·10 社／**1186**·10·10 社／**1188**·10·10 社／**1189**·10·10 社／**1190**·10·10 社／**1191**·10·10 社／**1192**·10·10 社／**1193**·10·10 社／**1194**·10·10 社／**1195**·10·10 政／**1196**·10·10 社／**1198**·10·10 社／**1199**·10·10 社／**1201**·10·10 社／**1202**·10·10 社／**1203**·10·10 社／**1204**·10·10 社／**1205**·10·10 社／**1206**·10·10 社／**1207**·10·10 社／**1208**·10·10 社／**1209**·10·10 社／**1210**·10·10 社／**1211**·10·10 社／**1212**·10·10 社／**1214**·10·10 社／**1215**·10·10 社／**1216**·10·10 社／**1218**·10·10 社／**1219**·10·10 社／**1220**·10·10 社／**1221**·10·10 社／**1222**·10·10 社／**1223**·10·10 社／**1224**·10·10 社／**1225**·10·10 社／**1226**·10·10 社／**1227**·10·10 社／**1228**·10·10 社／**1229**·10·10 社／**1230**·10·10 社／**1231**·10·10 社／**1232**·10·10 社／**1233**·10·10 社／**1246**·10·10 社／**1247**·10·13 文／**1266**·10·10 社／**1267**·10·8 社／**1269**·10·10 社／**1274**·10·10 社／**1275**·7·10 社／**1276**·9·30 社／**1277**·10·3 社／**1278**·10·10 社／❸ **1283**·3·1 社／**1284**·10·10 社／**1289**·10·16 社／**1292**·10·10 社／**1293**·10·9 社／**1295**·9·10 社／**1303**·10月 文／**1349**·10·10 社／**1366**·10·10 社／**1452**·11·10 社／❹ **1515**·12·16 社／**1541**·12·17 社／**1589**·8·10 社
五社宮祭礼(大阪) ❹ **1501**·8·15 社
五龍祭 ❶ **905**·7·18 社／**915**·6·24 社／**969**·6·24 社／❷ **1004**·7·14 社
御霊会(祭) ❶ **863**·5·20 文／**865**·6·14 社／**994**·6·27 社／❸ **1398**·9·18 社／**1432**·8·18 社／**1436**·8·18 社／**1437**·8·18 社／**1438**·8·18 社／**1439**·7·18 社／**1446**·8·18 社／**1450**·8·18 社／**1454**·8·18 社／❹ **1457**·8·18 社／**1460**·7·18 社／**1462**·9·13 社／**1463**·9·28 社／**1465**·8·18 社／**1466**·7·18 社／**1483**·9·13 社／**1498**·8·18 社／**1500**·8·18 社／**1514**·7·18 社／**1537**·8·18 社／**1541**·8·18 社／**1549**·8·18 社／**1557**·7·18 社／**1563**·8·18 社／**1564**·8·18 社／**1568**·7·18 社／8·18 社／**1569**·7·18 社／8·13 社／**1571**·7·18 社／8·18 社／**1572**·7·18 社／**1575**·7·18 社／**1579**·7·18 社／8·18 社／**1580**·8·18 社／**1584**·8·18 社／**1596**·8·25 社／❺-1 **1601**·7·18 社／8·18 社／**1602**·8·18 社／**1603**·7·18 社／**1604**·8·18 社／**1605**·8·18 社／**1606**·7·18 社／**1607**·8·18 社／**1608**·8·18 社／**1610**·8·18 社／**1611**·7·18 社／**1614**·8·18 社／**1615**·8·18 社／**1618**·8·18 社／**1621**·8·18 社／**1623**·8·18 社／**1628**·8·18 社／**1678**·8·18 社／**1707**·8·18 社
権現祭(鳥取) ❼ **1907**·5·18 社
最勝会(奈良薬師寺) ❶ **829**·是年 社／**840**·1·8 社／**978**·2·27 社／❷ **1072**·10·25 社／**1082**·2·19 社／❾ **2003**·3·26 社
祭礼華美禁止(東京) ❺-2 **1798**·10月 社
五月会(福岡筥崎社) ❷ **1238**·7月 社
三光院稲荷祭礼(東京新宿) ❺-2 **1810**·2·4 社
三社祭(東京浅草神社) ❽ **1948**·5·16 社
山王(権現)祭(東京日枝神社) ❺-1 **1615**·6·15 社／**1634**·是年 社／**1641**·6·15 社／**1647**·6·15 社／**1649**·6·1 社／**1654**·6·15 社／**1656**·6·15 社／**1674**·6·25 社／**1678**·6·15 社／**1681**·6·15 社／**1683**·6·15 社／**1707**·6·15 社／❺-2 **1718**·6月 社／**1721**·6月 社／**1723**·6·15 社／**1727**·6·15 社／**1733**·6·15 社／**1739**·6·15 社／**1751**·5·3 社／**1755**·6·14 社／**1757**·6·25 社／**1762**·7·23 社／**1780**·6·15 社／**1782**·6·15 社／**1784**·6·15 社／**1792**·4月 社／**1792**·6·14 社／**1798**·6·5 社／**1822**·2·11 社／**1840**·5·19 社／**1842**·6·15 社／❻ **1858**·6·15 社／**1860**·6·15 政／❽ **1952**·5·12 社
慈恩会(庚申会) ❶ **971**·11·13 社
四堺祭(京) ❶ **914**·10·23 社／**952**·6·27 社
四角四堺祭 ❷ **1014**·2·27 社
地蔵会 ❷ **1254**·4·24 社
地蔵会(六波羅蜜寺) ❷ **1167**·10·9 社
時代祭(京都) ❾ **2010**·10·22 社
地鎮祭(大宰府) ❶ **754**·⑩·2 社
舎利会 ❷ **1001**·5·10 社／**1009**·5·17 社／**1025**·4·21 社／**1034**·6·23 社／**1143**·10·14 社／**1214**·10·15 社
修二会 ❶ **752**·2月 社／❷ **1115**·2·2 政／**1132**·2·18 社／❹ **1569**·2·14 社
招魂祭 ❷ **1027**·11·26 政
招魂祭(京都霊山) ❻ **1868**·5·10 社
城南寺祭 ❷ **1109**·9·20 社／**1128**·9·20 社／**1130**·9·20 政／**1131**·9·20 社／**1133**·9·20 政／**1142**·9·23 社／**1146**·9·22 政
聖霊会 ❶ **748**·2·22 社
属星(しょくしょう)祭 ❷ **1210**·10·16 政
新羅祭 ❷ **1052**·9·19 社
心経会 ❷ **1143**·1·12 社
神式の地鎮祭違憲訴訟 ❾ **1971**·5·1 社／**1977**·7·13 社
菅原道真年祭 ❺-1 **1602**·2·25 社／**1702**·2·1 社
住吉神社祭礼(東京佃島) ❽ **1956**·7 6 社
諏訪大社下社御柱祭 ❾ **2010**·5·8 社
聖ザビエル来日四百年記念式典 ❽ **1949**·5·26 社
関寺龍華会 ❸ **1285**·4·5 社
施食会(京都天龍寺) ❹ **1482**·7·15 社
千束稲荷祭(東京下谷) ❺-2 **1832**·9 21 社
千部会(福岡安楽寺) ❷ **1162**·3·6 社
園韓神(そのからかみ)祭 ❷ **1008**·2 9 社／❸ **1454**·2·27 社
尊勝寺修正会 ❷ **1103**·1·8 文／**1167**·1·14 文
醍醐寺勧学会 ❹ **1504**·3·1 社
醍醐寺清滝会 ❷ **1118**·3·13 社
泰山府君祭 ❷ **1050**·10·18 社／**1156**·2·12 社／❸ **1404**·5·19 社／10·13 社／❹ **1489**·10·16 社
大乗会 ❷ **1078**·10·3 社
大将軍祭 ❺-1 **1601**·1·30 社
大念仏会 ❷ **1203**·9·19 社／**1279**·3·6 社／❹ **1458**·3·18 社／**1481**·3·6 社／**1529**·3·13 社
武部祭(建部神社祭) ❷ **1127**·11·18 文
橘逸勢社祭 ❷ **1159**·9·2 社
立田祭(奈良) ❶ **799**·6·15 社
鎮魂祭 ❶ **685**·11·24 社／**880**·11·16 社／**925**·11·13 社／**938**·11·23 社／**989**·11·13 社／❷ **1002**·11·23 社／**1003**·11·16 社／**1004**·11·16 社／**1007**·11·15 社／**1014**·11·20 社／**1016**·11·14 社／**1018**·11·20 社／**1019**·11·14 社／**1024**·11·18 社／**1025**·11·12 社／**1026**·11·12 社／**1028**·11·12 社／**1029**·11·12 社／**1032**·11·22 社／**1034**·11·16 社／**1035**·11·22 社／**1087**·11·18 社／❸ **1355**·11·20 社／**1403**·11·23 社／**1408**·11·21 社／**1413**·11·14 社／**1426**·11·13 社／**1442**·11·21 社／**1448**·11·19 社
辻祭 ❷ **1201**·4·8 社／**1202**·4·8 社
津島祭(愛知) ❺-1 **1610**·6·16 社
鶴岡八幡宮祭 ❷ **1189**·4·3 社／**1199**·9·9 社
鶴岡八幡宮臨時祭 ❷ **1188**·2·28 社／**1189**·6·20 社／**1205**·6·20 社
照崎明神祭礼(東京下谷) ❺-2 **1757**·8·15 社
天神祭の船渡御(大阪) ❽ **1938**·7·25 社／❾ **1979**·7·25 社
天王崎祭(尾張) ❺-2 **1806**·6·14 社
天皇平癒祈願祭 ❼ **1926**·12·17 社
天変地変祭 ❷ **1011**·9·20 政／**1215**·2·15 社
天理教教祖七十年祭 ❽ **1956**·1·26 社
東寺文殊会 ❷ **1160**·7·8 社
東大寺華厳会 ❷ **1041**·是年 社／

1101・9月 社／1122・是年 社／1212・3・14 社
東大寺御霊会 ❷ 1111・9・4 社
東大寺大般若供養会 ❷ 1231・3・26 文
東大寺手掻会(てがいえ) ❷ 1050・9月 社／1102・9・3 社
東大寺八幡宮祭 ❹ 1487・9・13 社
東大寺法華会 ❶ 746・3・16 社／❺-1 1681・5・1 政／1704・11・12 社
多武峰山王祭 ❷ 1172・9・6 社
多武峰蓮華会 ❷ 1005・6・15 社
東北六魂祭 ❾ 2011・7・16 社
中山祭(京都) ❷ 1053・4・16 社
楠公祭 ❻ 1869・5・25 社
二十六聖人殉教三百五十年祭 ❽ 1947・5・15 社
日蓮開宗六百五十年祭 ❼ 1902・4・28 社
日光東照宮三百年祭 ❼ 1915・6・17 社
庭火御竈祭 ❶ 731・1・26 政
仁王会 ❶ 760・2・29 社／826・1・11 社／878・3・27 社／898・2・20 社／971・5・15 社／984・8・13 社／993・3・3 社／❷ 1014・3・24 社／1052・4・5 政／1099・4・28 社／1105・2・19 社／1111・8・28 政
仁王般若会 ❶ 660・5月 社
涅槃会 ❶ 753・2・15 社／951・2・15 社
ねぶた祭 ❽ 1948・8・12 社
念仏会 ❷ 1012・1・15 文
野々上明神祭(茨城) ❺-2 1741・5・28 社
博多山笠 ❽ 1948・7・12 社
筥崎宮放生会 ❾ 2008・9・12 社
箱館八幡宮祭礼 ❺-2 1796・1月 社
筥根山の経会 ❷ 1239・2・14 社
裸祭(岡山西大寺) ❽ 1956・2・26 社
花供養 ❷ 1110・3・4 社／1113・8・6 文
般若会 ❶ 730・是年 社
比叡祭(日吉社) ❷ 1072・4・23 社
日吉祭(ひえさい) ❷ 1242・4・30 社／❸ 1303・4・26 社／1412・4・18 社／1413・4・24 社／1420・4・22 社／1433・4・13 社／1441・4・18 社／1454・4・15 社／1455・④・27 社／❹ 1458・12・30 社／1459・4・20 社／1460・5・5 社／1475・7・1 社／1478・4・16 社／1479・4・22 社／1480・4・22 社／1481・4・28 社／1482・12・20 社／1489・6・9 社／1491・4・14 社／1493・4・14 社／1494・12・16 社／1497・5・7 社／1498・4・18 社／1499・4・19 社／1569・5・5 社／1598・4・17 社／❺-1 1604・4・16 社／1623・4・24 社／1624・4・13 社／1625・4・18 社／1627・4・24 社／1629・4・17 社／❺-2 1760・4・22 社
日枝祭(東京) ❺-1 1635・6・15 社／1639・6・15 社
日吉社臨時祭 ❷ 1192・2・13 社／❸ 1339・11・28 社
平野祭 ❶ 859・11・9 社／❷ 1001・11・5 社／1106・4・11 社／❸ 1402・4・7 社／1426・4・8 社／1441・11・10 社／1446・11・8 社／1447・11・8 社／1449・11・3 社／1450・4・22 社／❹ 1461・11・24 社／1467・4・1 社
平野臨時祭 ❸ 1452・9・26 社
広瀬祭(奈良) ❶ 799・6・15 社
広瀬・龍田祭 ❷ 1001・4・4 社／7・4 社／⑫・9 社／1002・4・4 社／1005・7・4 社／1013・7・4 社／1014・4・4 社／1015・4・4 社／1106・7・4 社／1124・4・4 社
風伯祭 ❷ 1231・6・15 社／1232・4・15 社／1243・7・16 社／1251・8・1 社／1257・7・13 社／1260・6・19 社／1263・7・10 社
深川祭(富岡八幡宮) ❺-1 1643・8月 社／❺-2 1807・8・19 社／❻ 1883・8・15 社／❽ 1948・8・15 社
深草祭 ❸ 1401・5・5 社／1433・5・5 社
船祭り(東京浅草神社) ❽ 1958・11・2 社
古大穴神社御柱祭(長野千曲) ❾ 2010・4・11 社
平和祭(仏教徒) ❽ 1947・7・15 社
宝永祭 ❺-1 1714・9・22 社
豊国祭 ❹ 1599・8・18 社／❺-1 1601・4・18 社／8・18 社／1602・8・18 社／1603・4・18 社／7・18 社／1604・8・14 社／1605・4・18 社／8・18 社／1606・4・18 社／1607・4・18 政／8・18 社／1608・4・18 社／1609・4・18 社／8・18 社／1610・4・18 社／8・18 社／1612・4・18 社／8・18 社／1613・4・18 社／8・18 社／1614・4・18 社／1615・4・18 社／❼ 1898・3・30 社
法成寺修正会 ❷ 1025・1・10 文／1104・1・14 社／1152・1・14 文／1154・1・13 文／1194・1・13 文
法成寺仁王会 ❷ 1088・4・28 文
豊年祭(金沢藩) ❺-2 1834・9月 社
法隆寺聖霊会 ❷ 1115・2・21 社
法隆寺西円堂修二会 ❷ 1261・2・8 社
法華会 ❶ 746・3・16 社／924・4・5 社／❷ 1072・10・25 社
法華八講会 ❸ 1405・12・2 社
法勝寺一切経会 ❷ 1134・2・17 社
法勝寺修正会 ❷ 1240・1・17 社／1251・1・12 文
法勝寺法華八講会 ❸ 1335・7・3 社
松尾祭 ❶ 998・4・10 社／❷ 1106・4・11 社／❸ 1426・11・8 社／1443・4・11 社／❹ 1488・4・15 社／1598・4・5 社／❺-1 1602・4・18 社／1616・4・9 社／1624・4・14 社／1654・4・1 社／1658・4・6 社／1659・4・7 社／1666・4・11 社／1699・4・10 社／1703・4・10 社／❺-2 1769・4・6 社
万花会 ❶ 843・5・26 社
曼陀羅供法会 ❺-1 1676・8・18 社
万燈会(まんどうえ) ❶ 744・12・8 社／832・8・22 社／是年 社／833・是年 社／843・5・26 社／905・3・21 社／969・12・28 社／❷ 1004・3・13 社／1006・10・28 社／1023・3・10 社／1164・2・2 社／10・22 社／1190・7・15 社／1237・4・8 社／❹ 1506・7・16 社
万部経会 ❸ 1392・12月 社／1395・9・22 社／❹ 1479・10・5 社
ミシキョマ祭 ❺-1 1673・2月 政
御戸代会(みとしろえ・京都賀茂社) ❷ 1221・6・28 文／1242・6・27 文／6・28 文／1269・6・27 文
見禰山祭礼(会津) ❺-1 1705・6・4 社
御幸会(みゆきえ・宇佐宮) ❷ 1176・2月 社
妙見社祭礼(熊本八代) ❺-2 1818・10・18 社
無遮大会 ❶ 686・12・19 社／688・1・8 社／693・5・15 社／9・10 社／697・3・8 社／745・8・15 社／❷ 1269・3・25 社
紫野今宮祭 ❹ 1478・5・7 社
紫野御霊会(京都) ❷ 1001・5・9 社／1005・7・18 社／1008・5・9 社／1015・⑥・25 社／8・18 社／1016・5・9 社／1020・5・9 社／1021・5・9 社／1030・5・9 社／1052・5・29 社／1102・9・20 社／1168・6・14 社
文殊会(もんじゅえ) ❶ 828・2・25 社／835・4・5 社／839・8・1 社
八十万神祭 ❶ 書紀・崇神 7・2・15
薬師寺最勝会 ❶ 897・3・7 社／899・3・7 社／❷ 1020・3・6 社／1134・3・7 社／1136・3・7 社／1142・3・7 社／1144・3・7 社／1147・3・7 社／1148・3・7 社／1174・3・7 社／1231・3・7 社
疫神祭⇨「神社・神」の疫神(やくじん)
夜須礼華(やすらいはな) ❷ 1154・4月 社／❺-1 1617・2・26 社
八衢(やちまた)祭 ❷ 1168・11・13 社
山科祭 ❶ 941・11・1 社／961・4・13 社
大和祭 ❷ 1100・4・5 社／1174・12・14 社
三月会(出雲大社) ❷ 1161・3月 社
維摩会 ❶ 657・是年 社／706・10月 社／709・10月 社／714・10月 社
湯島天満宮地主戸隠明神祭 ❺-2 1838・10・9、10 社
吉田追風(第十九代)百年祭 ❼ 1917・3・20 社
吉田祭 ❷ 1078・4・21 社／❸ 1366・11・18 社／❹ 1456・4・22 社
雷公風伯祭 ❸ 1286・8・5 社
羅城祭 ❶ 932・11・2 社
理趣三昧会 ❷ 1094・7・7 社
龍華会(関寺) ❷ 1228・11・5 社
蓮花会 ❶ 962・7・3 社
蓮華王院修正会 ❷ 1182・1・8 文／❸ 1288・1・18 社／1289・1・18 社
蓮華王院総社祭 ❷ 1175・10・3 社
寺社と寺社職
お守り・護符・札
祈禱札 ❺-2 1752・8・17 社
牛王護符(熊野権現) ❺-2 1771・8・14 社
千社札 ❺-2 1799・7・20 社／1817・4・1 社／❼ 1911・6・20 社
大黒天の開運お守 ❺-2 1804・3月 社
開帳・出開帳
諸寺社の開帳を禁止 ❺-1 1694・10月 社
出開帳(でかいちょう)の古例 ❷ 1235・⑥・19 社
石山寺観音開帳 ❹ 1465・6・26 社／1491・10・18 社／❺-1 1676・3・1

社
石山寺開帳(出開帳) ❺-2 **1822**·3月 社
石山寺観世音の開帳(出開帳) ❺-1 **1676**·3·1 社
因幡薬師(京都)出開帳 ❺-1 **1679**·是年 社
井の頭弁財天開帳(出開帳) ❺-2 **1837**·是春 社／**1838**·3·17 社
甲斐善光寺弥陀如来燈籠仏開帳(出開帳) ❺-2 **1751**·4·1 社
清水寺観世音開帳(出開帳) ❺-2 **1812**·3·3 社
甲州身延山祖師開帳(出開帳) ❺-2 **1753**·3·16 社
嵯峨清涼寺釈迦如来開帳(出開帳) ❺-2 **1770**·6·19月 社／**1810**·6·15 社／**1836**·6·15 社
幸手不動院不動開帳(出開帳) ❺-2 **1807**·2·28 社
信州善光寺阿弥陀如来開帳(出開帳) ❺-2 **1778**·6·1 社／**1820**·7·23 社
成田不動尊開帳(出開帳) ❺-2 **1814**·3·1 社／**1821**·3·15 社
二月堂観世音の開帳(出開帳) ❺-2 **1836**·6·17 社

参詣·参拝(道者·世話人)
浅間社御師 ❺-2 **1794**·5·19 社
伊勢·熊野先達職 ❹ **1556**·3·5 社／**1565**·2·20 社
御師(おし·おんし、伊勢) ❹ **1530**·11·13 社／❹ **1577**·12·18 社／**1582**·3·1 社／**1584**·7·3 社／**1594**·是年 社／❺-1 **1668**·4·22 社／**1689**·是年 社／❺-2 **1719**·12·23 社
熊野先達 ❷ **1093**·3·18 政／**1207**·12·28 社
熊野導者 ❹ **1525**·4·26 社
富士導者 ❹ **1900**·6月 社
他国神具禁止(旅宿) ❺-2 **1788**·7·26 社

参詣·参拝·巡礼(諸国)
伊豆参詣(源頼朝) ❷ **1188**·1·20 政
伊勢·西国巡礼·善光寺参詣(流行など) ❺-2 **1716**·2·4 社／**1718**·是春 社／**1723**·3月 社／**1769**·2·22 社／**1771**·是春 社／**1780**·4月 社／**1789**·1月 社／**1830**·是春 社
伊勢·西国巡礼·善光寺参詣(個人の参詣) ❺-2 **1800**·5·27 社／**1807**·1·15 社／**1833**·1·4 社／**1835**·1·10 社／**1842**·12·4 社／**1845**·1·21 社／**1848**·3·4 社／**1850**·1·9 社
伊勢大山参り ❺-1 **1644**·2月 社
伊勢神宮参詣 ❸ **1342**·10月 社／**1402**·3·16 政／10·20 社／**1403**·10·20 政／**1405**·10·20 社／**1416**·8·18 政／**1422**·9·18 社／**1433**·3·20 政／**1435**·9·3 政／**1455**·10·13 政／❹ **1463**·10·15 政／**1466**·3·17 社／**1483**·3·9 社／**1484**·8·23 政／**1486**·8·8 社／**1487**·2·28 政／**1509**·7·10 社／**1526**·2·29 政／❺-1 **1638**·是年 社／**1652**·3·14 社／**1708**·5·10 政／❻ **1890**·3月 社
厳島参詣(足利義満) ❸ **1389**·3·4 政
厳島神社参詣(大内義興) ❹ **1525**·1·28 社
石清水八幡宮参詣(足利義政) ❹ **1463**·3·23 政
女巡礼(順礼) ❺-1 **1707**·9·13 社
春日社参詣(足利義満) ❸ **1391**·9·15 文
春日社参詣(筒井順慶) ❹ **1577**·4·1 社／**1581**·5·1 社
賀茂社行幸(後醍醐天皇) ❸ **1334**·9·27 政
観世音札所巡り(東京両国) ❺-2 **1780**·安永年間 社
観音礼場三十三所(覚忠) ❷ **1161**·1月 社
京都三十三所観音 ❺-1 **1665**·是年 社
熊野参詣(御幸) ❷ **1014**·2月 社／**1090**·1·22 政／**1109**·10·26 社／**1116**·10·26 政／**1117**·10·22 政／**1119**·9·27 政／**1120**·10·3 政／**1121**·5·26 政／**1125**·11·9 政／**1126**·11·9 政／**1127**·2·3 政／**1128**·2·13 政／**1130**·11·28 政／**1131**·2·3 政／**1134**·1·13 政／10·20 政／**1136**·2·21 政／**1137**·2·11 政／10·19 政／**1138**·1·26 政／**1140**·2·23 政／12·17 政／**1142**·12·17 政／**1143**·②·5 政／**1144**·3·8 政／**1147**·2·10 政／3·10 政／**1148**·2·23 政／**1149**·2·17 政／11·9 政／**1150**·3·5 政／**1151**·3·5 政／**1152**·3·19 政／**1153**·1·28 政／**1159**·12·4 政／**1160**·10·23 政／**1162**·1·27 政／**1163**·2·19 政／12·14 政／**1165**·11·13 政／**1166**·9·9 政／10·5 政／**1167**·2·19 政／9·21 政／**1168**·1·18 政／9·5 政／**1169**·1·14 政／是春 政／10·15 政／**1170**·是春 政／**1171**·5·29 政／12·16 政／**1173**·1·30 政／11·11 政／**1175**·3·13 政／是秋 政／**1176**·11·26 政／**1177**·9·13 政／**1178**·3·5 政／**1179**·2·5 政／3月 政／**1186**·10·5 政／**1187**·12·11 政／**1188**·10·20 政／**1190**·3·7 政／**1191**·4·1 政／**1198**·8·16 政／**1199**·8·20 政／**1200**·11·28 政／**1201**·10·5 政／**1202**·11·29 政／**1203**·2·20 政／3·10 政／7·9 政／**1204**·9·17 政／**1206**·5·1 政／12·9 政／**1207**·10·1 政／**1208**·6·3 政／10·10 政／**1209**·9·21 政／**1210**·3·22 社／4·20 政／5·22 政／10·14 政／**1211**·①·30 政／11·30 政／**1212**·8·24 政／**1213**·⑨·27 政／**1214**·9·20 政／**1215**·10·8 政／**1216**·8·16 政／**1217**·9·30 政／**1218**·2·4 政／10·23 政／**1219**·10·16 政／**1220**·3·5 政／**1221**·2·4 政／**1243**·10·7 社／**1250**·3·11 政／**1255**·3·8 政／**1281**·2·16 政
熊野参詣(慶全) ❸ **1333**·2·18 社／**1421**·3·16 政
熊野参詣(蠣崎正広) ❹ **1578**·是夏 政
高野山参詣 ❷ **1091**·2·17 政／**1124**·10·21 政／**1127**·10·30 政／**1144**·2·13 社／**1167**·4·12 政／**1169**·3·13 政／**1207**·3·22 政／❸ **1389**·9·16 政／**1410**·4·10 政／**1414**·2·22 社／**1422**·9月 政／❹ **1484**·5月 政／**1524**·4·19 社
西国巡礼(禁止) ❺-2 **1719**·6·26 社
西国三十三か所観音堂(江戸護国寺境内
❺-2 **1782**·是年 社
西国三十三か所巡礼(山縣重房)
1515·2·3 社
西芳寺に参詣(足利義政) ❹ **1457**
3·14 政
四国八十八か所札所 ❹ **1471**·3·
文
巡礼(にせ) ❹ **1498**·5·15 社
攘夷祈願(孝明天皇) ❻ **1863**·3·
政
住吉社参詣(義延法親王) ❺-1 **1691**·8·23 政
駿河の富士山·相模の大山参詣 ❺-2 **1768**·6·25 社／**1842**·9·4 社
善光寺(信濃)参詣 ❹ **1474**·5·16 社／**1488**·6月 社／**1527**·7·8 社
秩父観音霊場三十三か所 ❹ **1488**
5·2 社
東寺参詣(足利義満) ❸ **1406**·9·
政
東照宮参詣(日光) ❺-1 **1636**·是
社／**1646**·3·10 政／**1663**·4·13 政／**1691**·9·5 政
南都七大寺巡礼(大江親通) ❷ **1106**·是年 社
南都七大寺巡礼(嵯峨殿女院) ❸ **1312**·3·22 社
日光参詣 ❺-2 **1728**·4·13 政／**1776**·4·13 政／**1842**·2·18 政／**1843**·4·13 政
日光·伊勢·京都·善光寺参詣 ❺-2 **1792**·11·7 社／**1832**·1·10 社
長谷寺(大和)参詣(足利義満) ❸ **1402**·10月 社
百塔巡礼(藤原経宗·藤原忠親) ❷ **1179**·2·12 社／**1180**·3·21 社
富士山参詣 ❹ **1563**·4·16 社／❺-2 **1719**·6·26 社
三島社参詣(源頼朝) ❷ **1185**·4·2
社／**1188**·1·20 政
六十六部 ❺-2 **1742**·1月 社
六十六部禁止 ❻ **1871**·10·14 社

寺格
鎌倉五山 ❸ **1373**·10·9 社
五山·十刹(じっさつ) ❸ **1330**·是年 社／**1334**·1·26 社／**1341**·8·23 社／**1342**·4·23 社／**1356**·12·19 社／**1358**·9·2 社／**1377**·8·10 社／**1386**·8·12 社／**1445**·8·28 社／❺-1 **1632**·9·5 社
五山十刹諸寺入院の制 ❸ **1368**·2
13 社／**1372**·2·9 社／**1381**·10·7 社
五山第一刹 ❸ **1401**·3·5 社
五山の座位 ❸ **1386**·7·10 社
五山法規十六條 ❸ **1381**·12·12 社
十刹 ❸ **1342**·4·23 社／**1353**·12·26 社／**1355**·9·2 社／**1377**·9·8 社／**1380**·1月 社／**1383**·5·22 社／

1386·7·10 社／1390·9月 社／1403·9·3 社／1412·11·25 社／1414·11·18 社／1416·7·4 社／是年 社／1417·是秋 社／1423·是年 社／1427·8·29 社／1431·9·10 社／1435·8·27 社／1442·10·15 社／1451·8·12 社／1454·8·12 社／❹ 1465·4·25 社／1470·3·14 社／1499·11·17 社／1514·3·20 社／1522·6·13 社／1533·7·25 社／1542·10·15 社／1547·8·28 社／1552·11·15 社／1554·4·2 社／1555·3·17 社／1562·6·11 社／1567·6·24 社／1573·6·2 社／❺-1 1632·9·5 社
諸山 ❸ 1338·7·17 社／1339·11·14 社／1340·4·29 社／1364·5·3 社／6·19 社／1382·9·24 社／1383·10月 社／1386·是年 社／1408·2·24 社／是冬 社／1445·7·24 社／❹ 1458·6·21 文／1461·3·4 社／1489·11·12 社／1523·6·15 社／1538·8·4 社／1540·6·30 社／1562·12·26 社／1564·12·26 社／1567·12·13 社／1579·7·19 社
七大寺 ❶ 948·6·3 社／957·3·16 社／963·7·9 社／991·6·13 社

寺社の設立·運営·維持
尼寺の禁制 ❹ 1458·3·1 社
一国一寺一塔建立 ❸ 1338·5·17 社／1339·6·1 社
江戸上野に大仏堂 ❺-2 1843·3·11 社
戒院 ❶ 757·11月 政
戒本師田(官大寺) ❶ 757·⑧·21 社
寛正の盟約(日蓮) ❹ 1466·2·16 社
神田 ❶ 690·1·23 社
神戸(かんべ) ❶ 書紀·垂仁 27·8·7／780·12·22 社／811·9·23 社
祈禱巻数(東寺) ❹ 1458·10·20 社
高野山納骨 ❷ 1160·12·2 社
古跡寺院(「寺院古跡新知之定書(江戸)」) ❺-1 1688·4月 社／1692·5·9 社
祭田の売買禁止(諸社) ❺-2 1782·10·11 社
三社権現(栃木) ❶ 816·是年 社
参拝料(社寺) ❼ 1898·7·7 社
寺院建立勧化 ❺-2 1737·9·6 社
寺院食事倹約の法 ❸ 1383·8·25 社
寺院統廃合反対一揆 ❻ 1871·3·8 社
寺院の実情(岡山) ❺-1 1667·4月 社
寺院の新設を禁止 ❺-1 1668·10·17 社
寺院(全国)の数 ❻ 1868·5月 社
寺院の併合禁止 ❶ 735·6·5 社
寺院本末帳 ❺-1 1631·是年 社／❻ 1870·8·9 社
寺家禁法條々 ❹ 1485·4·11 社
寺家大衆の訴訟 ❹ 1464·6·6 社／1533·2·18 社
寺社建立講 ❺-2 1741·4·26 社
寺社修復助成勧化 ❺-2 1742·5月 社／1766·8月 社
寺社取締り ❷ 1212·3·22 政
寺社に書上げ ❺-2 1747·6·27 社
寺社法度 ❹ 1595·8·3 政
寺社領安堵の朱印状 ❺-1 1636·10月 社／1648·10·17 社／1686·6·18 社
社寺興行令 ❷ 1210·8·9 社
社寺の修造を命ずる ❷ 1002·10·9 社
社寺への狼藉を禁止 ❷ 1180·11·14 社
丈六堂 ❷ 1127·10·17 社
諸寺院本末論 ❺-2 1741·11·18 社
諸寺社の制規 ❺-1 1665·7·11 社
諸寺社へ朱印 ❺-1 1649·11·21 社
諸寺社に朱印物 ❺-2 1748·10·3 社／1762·9月 社／1763·10·18 社
諸寺施米の定 ❷ 1018·7·3 政
諸寺併合令 ❶ 716·5·15 社／721·5·5 社／735·6·5 社
諸社修理訴訟·寄進訴訟 ❸ 1284·8·2 社
寺禄廃止 ❻ 1876·6·12 社
真言弘伝本所(東寺) ❶ 824·6·17 社
新規寺社建立厳禁 ❺-2 1753·4月 社
神事·仏事の新例禁止 ❺-2 1727·9月 社
神社·寺院明細帳 ❻ 1879·6·28 社
神社修造 ❶ 765·11·5 社
神社修理令 ❶ 926·5·27 社
神社への集金禁止 ❽ 1946·8·19 社
神税 ❶ 774·8·27 社／812·5·4 社
神税の処分法 ❶ 677·5·28 社
新地寺院(「寺院古跡新知之定書(江戸)」) ❺-1 1688·4月 社／1692·5·9 社
神稲 ❶ 701·4·3 社
神仏毀釈運動 ❻ 1868·3·28 社
神仏習合が進む ❶ 836·11·1 社／839·5·11 社／859·8·28 社
神名帳 ❶ 942·9月 社／943·8·22 社／❹ 1479·12·27 社
禅律奉行(行政宣院) ❸ 1364·是夏 社
惣寺集会(東大寺) ❸ 1328·10·6 社
旦那寺 ❺-1 1635·7·18 社
寺および僧尼を調査 ❶ 624·9·3 社
南都新制條々 ❷ 1226·1月 社
若一王子社宮講「名つけ帳」 ❹ 1478·是年 文
入寺料 ❺-2 1789·3·21 社
年中祈禱目録 ❸ 1425·12·29 社
廃社·廃陵を再興 ❷ 1250·7·22 社
仏護寺紛議 ❺-1 1701·10·4 社
仏寺造営の制 ❺-1 1668·3·25 社
本寺·末寺を記録 ❺-1 1633·2月 社／❺-2 1745·6·24 社
仏殿を焼く ❶ 585·3·30
名帳(一向専修念仏) ❸ 1343·1·13 社

神人·神民(下級神職)
神人 ❸ 1322·10·29 政
伊勢神人 ❷ 1017·12·9 社／1137·12·12 政／❸ 1442·10·7 社／❹ 1486·12·22 社
犬神人(祇園) ❷ 1031·9·26 社／1073·此頃 社／❸ 1352·12·15 社／1353·5月 社／1371·4·4 社
新日吉神人 ❸ 1314·5·1 社
石清水八幡宮神人 ❷ 1105·10·30 政／1235·5·23 社／6·3 社／1279·5·4 社／❸ 1282·8·14 社／1314·4·6 社／1317·2·13 社／1319·4·5 社／1363·6·17 社／1368·6·19 社／1370·10·17 社／1449·3·14 社／❹ 1458·9·14 社
宇佐神民 ❷ 1087·12·29 社
宇佐八幡宮神人 ❷ 1003·11·27 政／1004·3·24 政
大山崎神人 ❸ 1327·11·14 社／1328·8·13 社／1363·8·25 社／1366·9·24 社／1379·4·7 社／1397·5·26 社／1399·7·21 社／❹ 1502·12·27 社／1522·12·27 社／1548·12·17 社
菓子座神人 ❸ 1449·11·20 社
春日社神人(山城) ❷ 1174·6·27 社／❸ 1296·9·13 社
春日社神人禁制 ❷ 1261·11·3 社
春日神人動座入洛 ❷ 1093·8·28 社
賀茂(社)神人 ❷ 1114·8·24 社／❸ 1379·10·19 社
河原法師 ❷ 1154·4·2 社
祇園社人 ❹ 1468·7·11 社
祇園社犬神人 ❸ 1352·2·25 社
祇園社神人 ❷ 1106·9·29 政／1111·6·14 政
北野社西京神人 ❸ 1428·7·27 社
材木神人 ❸ 1352·1·12 社
散所法師 ❸ 1318·9·12 社／1402·7·4 社／1403·7·18 社
神人強訴 ❸ 1322·10·29 社
葬送法師 ❷ 1031·9·26 社
大宰府管内の神民 ❷ 1108·3·5 社
東大寺八幡宮神人 ❸ 1332·8·9 社
筥崎宮御油神人 ❸ 1437·6·2 社
筥崎神人(筑前) ❷ 1265·④·2 社
日吉社神人 ❷ 1136·9月 政
山崎離宮八幡宮神人 ❸ 1378·8·11 社
離宮八幡神人 ❹ 1524·12·29 社

社格
官幣社 ❻ 1874·9·3 社
官幣二十二社 ❷ 1039·8·18 社
二十二社の制 ❷ 1044·8·27 社／1081·11·18 社
国幣社 ❻ 1874·9·3 社
官幣社·国幣社の経費国庫負担 ❼ 1906·4·7 社
総社の語の初見 ❷ 1099·2·19 社

住持(別当·検校·座主)
安楽寺別当(大宰府) ❷ 1118·2·29 社／1141·6·20 社／1168·1·1 社
出雲杵築大社総検校職 ❸ 1428·2·1 社
石清水八幡宮検校 ❶ 896·是年 社
宇佐八幡宮惣検校 ❷ 1052·6·8 社
栄山寺(大和)別当 ❷ 1098·8·15 社
祇園社執行 ❸ 1361·6·5 社

杵築大社総検校　❷ **1186**·5·3 社／**1276**·2月 社
清水寺別当　❷ **1106**·2·23 社／**1112**·11·11 社／**1113**·③·20 社／4·29 社
金峰山執行　❷ **1218**·12·18 社
熊野三山検校職　❹ **1526**·1·22 社
熊野別当　❶ **1000**·1·20 政／❷ **1114**·8·16 政／**1145**·9·11 社／**1172**·8·7 社／**1185**·2·21 政／**1195**·5·10 政
久米田寺別当(和泉)　❷ **1248**·12·5 社
興福寺検校　❶ **906**·10·13 社
興福寺別当　❷ **1035**·8·27 社／**1044**·6·25 社／**1055**·1·23 社／**1062**·8·1 社／**1066**·11·25 社／**1081**·12·4 社／**1086**·3·16 社／10·22 社／**1089**·3·6 社／**1100**·8·20 社／**1125**·4·26 社／**1128**·4·28 社／**1132**·7·8 社／**1157**·10·3 社／**1165**·12·19 社／**1180**·5·27 社／**1207**·1·22 社／**1217**·12·7 社／**1218**·12·12 社／**1220**·1·18 社／**1223**·2·7 社／**1228**·8·13 社
広隆寺別当　❶ **836**·1·21 社
金剛寺別当(土佐)　❷ **1070**·7·8 政
金剛峰寺座主　❶ **889**·是年 社／**894**·是年 社／**925**·6·17 社／**942**·12·19 社／**950**·3·11 社／**975**·3·19 社／**997**·2·9 社／**998**·9·19 社
西大寺別当　❷ **1219**·2·13 社
四天王寺執行　❷ **1234**·4·8 社
四天王寺別当職　❷ **1264**·是年 社／❸ **1282**·10·26 社／**1284**·9·27 社
駿河富士別当職　❸ **1438**·1·20 社
清涼寺別当　❷ **1098**·是年 社
醍醐寺座主　❶ **919**·9·17 社／**925**·7·27 社／**944**·7·3 社／❷ **1060**·是年 社
大徳寺住持　❹ **1474**·2·16 社
中尊寺別当(平泉)　❷ **1219**·6·18 社
鶴岡八幡宮別当　❷ **1182**·9·23 社／**1205**·12·2 政／**1217**·6·20 政
天台座主　❶ **824**·6·22 社／**833**·7·4 社／10·20 社／**854**·4·3 社／**868**·6·3 社／**890**·12·26 社／**906**·10·14 社／**926**·5·11 社／**941**·5·18 社／**946**·12·30 社／**965**·2·15 社／**966**·8·27 社／**970**·7·16 社／**977**·4·21 社／**985**·2·27 社／**989**·9·29 社／12·27 社／**995**·4·16 文／**998**·10·29 社／❷ **1014**·10月 社／12·25 社／**1038**·10·27 社／**1039**·2·17 社／3·12 社／**1048**·8·11 社／**1053**·10·26 社／**1070**·5·9 社／**1077**·2·5 社／**1093**·8·6 社／**1104**·8·8 社／**1105**·2·14 社／**1110**·5·5 社／**1123**·12·18 社／**1147**·10·8 社／**1162**·②·1 社／**1167**·2·15 社／**1180**·11·22 社／**1190**·3·4 社／**1196**·11·26 社／**1201**·2·19 社／**1203**·8·25 社／9·15 社／❸ **1327**·12·6 政／**1329**·2·11 政／12·14 政／**1330**·4·17 政／12·14 社／**1333**·6·22 社／**1417**·12·13 社
天王寺別当　❷ **1016**·1·18 社／❸ **1291**·3·8 社／**1294**·是年 社
東寺長者　❶ **933**·2·23 社／**942**·是年 社／❷ **1089**·12·30 社／**1177**·12·6 社／❸ **1335**·5月 社
東大寺別当　❶ **752**·5·1 社／❷ **1012**·9·22 社／**1014**·2·26 社／**1037**·12·29 社／**1049**·12·28 社／**1051**·3·21 社／5·23 社／**1069**·10·7 社／**1071**·2·22 社／**1125**·7·20 社／**1128**·8·1 文／**1159**·3·28 社／**1177**·10·7 社／12·9 社／**1192**·10·8 社／**1206**·3·17 社／**1236**·11·4 社
多武峰別当　❷ **1264**·11·19 社／**1265**·11·19 社
日光山座主(下野)　❷ **1109**·是年 社
羽黒山総長吏(出羽)　❷ **1220**·12·11 社
箱根山別当　❷ **1180**·8·24 政／**1195**·10·13 政
平泉寺別当　❷ **1170**·④·3 社
法隆寺別当　❷ **1035**·8·27 社／**1039**·12月 社／**1048**·12·22 社／**1057**·10·15 社／**1067**·12·26 社／**1070**·2·20 社／**1109**·11·30 社／**1223**·3·4 社／**1227**·2·22 社
法性寺座主　❶ **998**·10·29 社
本願寺別当職　❸ **1350**·11·21 社
薬師寺別当　❷ **1014**·1·20 文
宗旨庄屋　❺-1 **1670**·是年 社
住持任命の際の官銭額　❸ **1408**·1月 社
新門主選出騒動(西本願寺)　❺-2 **1728**·7·21 社

衆徒·僧徒·僧兵(諸寺社)

悪僧　❷ **1104**·9·25 政／**1107**·2·25 社／**1108**·11·16 社／**1111**·11·16 社／**1114**·7·4 社／**1153**·6·6 社／**1165**·8·23 社／**1199**·12月 社／**1201**·7·18 社／**1235**·12·12 社／**1265**·2·15 社
阿蘇山衆徒　❸ **1382**·6·1 社／❺-1 **1653**·6·26 社
淡路護国寺僧徒　❹ **1469**·6·11 社
安楽寺僧徒(筑前)　❷ **1094**·6月 社／**1104**·10·19 社
飯沼弘経寺衆徒　❹ **1573**·3月 政
石山寺衆徒　❸ **1368**·6·13 社／**1413**·9·9 社
石動山天平寺僧徒　❹ **1582**·6·17 政
伊豆権現の衆徒　❷ **1277**·1·11 社
一向宗門徒　❹ **1475**·3月 政／**1481**·9·18 社／**1487**·12月 社／**1506**·4·16 社／**1531**·⑤·9 社／**1533**·2·15 政／3·5 政／**1536**·7·29 政／**1555**·7·21 政／**1556**·4·21 政／**1560**·10·17 政／**1563**·11·25 政／**1564**·5月 社／**1568**·2·11 社／**1570**·11·21 政／**1572**·7·3 社／**1576**·5·3 政
石清水八幡宮の僧徒　❷ **1104**·2·16 社
円覚寺僧徒　❸ **1371**·2·27 社
延暦寺衆徒　❸ **1282**·10·26 社／**1283**·1·6 社／**1284**·6·1 社／**1291**·3·8 社／**1299**·4·25 社／**1302**·2·
社／**1308**·10·24 社／11·23 社／**1309**·7·28 社／**1310**·11·30 社／**1318**·4·25 社／10·8 社／**1319**·4
13 社／**1325**·8·21 社／**1333**·3·2
政／**1336**·1·16 政／**1337**·4月 社／**1343**·6月 社／**1344**·12月 社／**1345**·8·14 社／**1348**·4·14 社／**1349**·5·27 社／8·18 社／**1351**·5·
20 社／**1355**·9·5 社／**1358**·2·3
／**1367**·8·19 社／**1368**·8·29 社／**1369**·4·20 社／7·21 社／**1372**·1
9 社／**1378**·7·28 社／**1413**·6·25 社／**1414**·7·8 社／**1415**·6·13 社／**1428**·8·12 社／**1433**·8·12 社／1
27 社／**1434**·8·18 社／10·4 社／11·4 社／**1435**·2·5 社／5·15 社／**1444**·4·7 社／**1449**·6月 社／**1451**·7·19 社／**1455**·12·28 社／❹
1461·12·6 社／**1462**·7·13 政／**1465**·4·21 社／**1466**·12·12 社／**1468**·5·6 社／**1469**·8·22 社／**1471**·10·11 社／**1474**·2·23 社／**1475**·8·6 政／11·6 政／**1499**·5·2
政／**1524**·6·23 社／**1529**·10月 社／**1536**·7·27 政／**1541**·1·5 社／3·6 社
延暦寺僧徒·学徒·学侶衆　❷ **1027**
4·27 社／**1079**·6·2 社／**1080**·是年
／**1093**·8·6 社／**1095**·10·24 政／**1096**·2·12 社／2·22 社／3·6 社／**1101**·12·3 社／**1102**·5·8 社／**1103**·7·22 政／**1104**·是春 社／6·15 社／6·24 政／10·20 社／**1105**·1·1 社／8·29 政／10·30 政／**1106**·9·30 政／**1107**·10·6 社／**1108**·3·21 社／4·1 政／**1109**·6·8 社／**1110**·5·5 社／**1112**·3·13 社／**1113**·③·20 社／4·29 社／**1120**·4·29 社／**1121**·⑤·3 社／**1122**·8·9 社／10月 社／**1123**·7·4 社／8月 社／**1130**·5·17 社／**1133**·7·21 社／**1138**·4·29 社／**1140**·⑤·25 社／**1142**·3·16 社／**1146**·8月 社／**1147**·6·28 社／8·12 社／**1158**·6·18 社／**1160**·5·2 社／10·12 社／**1161**·3月 社／**1162**·②·7 社／**1163**·7·10 社／12·15 社／**1164**·10·5 社／**1165**·8·9 社／**1166**·12·17 社／**1167**·1·1 社／**1169**·12·23 政／**1170**·1·7 社／2·6 政／7·4 社／**1172**·8·13 社／**1173**·5·20 社／7·12 社／**1178**·1·20 社／8·6 社／9·20 社／**1179**·6·5 社／7·25 社／8·3 社／11·22 社／**1180**·5·24 社／9·28 社／12·11 政／**1182**·5·15 政／**1183**·7·2 政／**1187**·5·12 社／**1189**·12·14 社／**1191**·3·29 社／**1194**·3·30 社／**1199**·3·8 社／**1203**·3月 社／8·7 社／10·15 社／**1204**·1·21 政／7·22 社／8·29 社／**1206**·9·25 社／**1214**·4·15 社／**1218**·9·21 社／**1225**·3月 社／**1226**·10·26 社／**1229**·3·29 社／8·28 社／**1230**·8·29 社／**1233**·2·20 社／**1247**·5·22 社／**1251**·3·4 社／**1257**·③月 社／7·16 社／**1258**·4·17 社／**1263**·8·

14 社／**1266**·7·3 社／**1267**·6·21 社／6·25 社／**1268**·8·29 社／是年 社／**1269**·1·10 社／2·17 社／**1270**·4·30 社／**1274**·3·2 社／**1275**·4·27 社／**1279**·2·6 社／**1280**·6·24 社
近江寺衆徒(播磨)　❸ **1336**·2·3 政
園城寺僧徒·衆徒　❷ **1035**·3·29 社／**1080**·是年／**1098**·6·20 社／**1100**·6·8 社／**1104**·是春 社／**1108**·3·21 社／**1116**·10·16 社／**1120**·4·29 社／**1121**·5·27 社／5·29 社／**1123**·8月 社／**1138**·6·2 社／**1142**·3·16 社／**1180**·12·11 政／**1194**·3·30 社／**1196**·4月 社／**1215**·3·16 社／**1257**·3·27 社／**1274**·1·28 社／❸ **1336**·6·14 政／**1337**·2·4 社／**1343**·8·10 社／**1350**·11·4 政／**1355**·1·8 社／**1365**·6·20 社／**1443**·9·19 社／❹ **1468**·5·6 社
鰐淵寺衆徒　❷ **1272**·8月 社
清水寺の僧徒　❷ **1106**·2·29 社／**1146**·4·15 社／**1150**·7·7 社
清水寺宗徒(播磨)　❸ **1437**·1·13 社
金山寺僧徒(備前)　❷ **1192**·6月 社
金峰山僧徒·衆徒　❷ **1028**·10·13 政／**1101**·4月 社／**1126**·3·11 社／**1145**·6·28 社／**1146**·4·25 社／**1181**·10·13 政／**1208**·2·3 社／**1225**·5月 社／**1226**·8·4 社／**1255**·8·15 社／❸ **1282**·3·29 社
久能山衆徒(駿河)　❹ **1568**·12·23 政
熊野社衆徒　❹ **1470**·4·26 政／**1515**·3·21 社
熊野大衆·僧徒　❷ **1082**·10·17 社／**1104**·9·25 政／10·5 社／**1129**·11·20 社／**1180**·12月 政／**1181**·9·28 政／**1219**·2·9 社／**1227**·2·15 社
鞍馬寺衆徒　❷ **1094**·3·6 社／**1178**·4·8 社／❸ **1336**·1·19 政／5·25 政／**1378**·11·26 社／**1379**·10·19 社
建長寺僧徒　❸ **1372**·5·3 社／**1373**·6·12 政
建仁寺僧徒　❹ **1465**·2·11 社
興福寺僧徒·衆徒　❷ **1006**·6·14 社／7·13 政／**1017**·6·22 社／**1037**·1·19 社／**1074**·1·18 社／**1085**·5·24 社／**1092**·3·6 社／**1093**·8·9 社／11·3 社／11·21 社／**1096**·7·20 社／**1101**·4月 社／**1102**·7·10 社／8·5 社／9·3 社／**1103**·3·25 社／**1108**·9·10 社／**1113**·③·20 社／4·29 政／**1117**·6·1 社／**1120**·8·21 政／**1129**·11·11 社／**1135**·3·11 社／7·3 社／**1137**·1·14 社／2·9 社／**1139**·3·26 社／11·9 社／**1142**·8·3 社／**1144**·11·6 政／**1145**·3·14 社／6·28 社／7·12 社／9·13 社／**1165**·8·10 社／9·28 社／10·26 社／**1167**·4·18 社／**1169**·4·21 社／**1171**·9·21 社／**1172**·12·21 政／**1173**·5·26 社／6·8 社／**1175**·11·20 社／**1177**·7·17 社／**1180**·12·6 政／**1188**·5·22 社／**1194**·3·14 社／7·6 社／**1198**·10·16 社／**1199**·12·5 社／**1201**·9·30 社／**1205**·9月 社／**1206**·2·14 社／**1209**·7·3 社／**1213**·11·6 社／11·16 社／**1214**·8·8 政／**1228**·4·17 社／12·21 社／**1232**·⑨月 社／**1235**·⑥·15 社／7·23 社／12·22 社／**1236**·7·28 社／9月 社／**1248**·8·12 社／**1255**·2·12 社／**1256**·5·10 社／**1264**·8·2 社／**1266**·4·4 社／**1268**·8·26 社／**1277**·5·8 社／**1278**·3·2 社／7·22 社／**1281**·9·21 社／❸ **1282**·2·1 社／12·19 政／**1284**·8·28 社／**1290**·3·25 社／**1291**·1·17 社／12·27 社／**1292**·1·14 政／**1293**·10·20 社／11·17 社／**1301**·4·5 社／**1302**·3·15 社／12·29 社／**1304**·6·28 政／9·26 政／**1305**·4·4 社／5·13 社／**1311**·6·28 社／**1312**·4·11 社／6·9 社／8·25 社／**1318**·7·13 社／**1320**·2·14 社／**1321**·8·7 社／**1325**·6·23 社／**1327**·3·12 社／8·22 社／**1336**·11·27 社／**1339**·11·9 社／**1340**·10·23 社／12·19 社／**1343**·3·18 社／**1344**·11·18 社／**1346**·7·23 社／**1347**·7·2 社／**1348**·7·8 社／**1349**·9·6 社／**1356**·7·13 社／**1361**·6·9 社／**1369**·9·12 社／**1372**·10·11 社／**1373**·1月 社／**1378**·10·9 社／**1400**·9·10 社／**1414**·10·4 社／**1424**·6月 社／**1426**·1·19 社／**1429**·2·4 政／**1430**·2·13 社／**1431**·8·24 社／**1438**·8·9 社／**1441**·6·29 社／**1442**·3月 社／**1447**·9·14 社／**1451**·9·6 社／❹ **1465**·4·10 社／**1466**·4·17 社／**1470**·12·23 社／**1471**·⑧·9 社／**1473**·6·20 社／**1502**·5·12 社／**1516**·2·24 社／10·30 社／**1517**·4·12 社／**1568**·2·11 社
興福寺大乗院僧徒　❸ **1293**·11·17 社／**1357**·10·14 社／**1430**·7·7 社
六方(八方)大衆　❷ **1173**·7·21 政、社
高野山学侶·僧兵　❹ **1489**·2月 社／**1490**·7·12 政／**1516**·4·20 社／**1581**·8·30 社
粉河寺衆徒(紀伊)　❹ **1500**·8·28 政／**1527**·11·2 政／**1550**·6·14 政
金剛寺衆徒(河内)　❸ **1333**·2·23 社
金剛峰寺衆徒(高野山)　❷ **1134**·12·22 社／**1168**·1·11 社／5·3 社／**1194**·12月 社／**1223**·6·28 社／**1247**·12月 社／**1281**·8·30 社／❸ **1286**·7·24 社／**1303**·6·9 社／**1304**·7月 社／9·7 社／**1320**·8月 政 社／10·6 政／**1333**·5·8 政／**1336**·7·5 政／**1337**·1·4 政／**1339**·6·2 社／**1348**·3月 政／**1424**·1·19 社／**1430**·10·16 社／**1431**·10月 社／**1433**·7·10 社／**1439**·4月 社／❹ **1463**·9·28 政
三山派　❹ **1531**·⑤·10 社／11·18 社
信貴山禅徒　❹ **1484**·8·4 社／**1486**·9·12 社
四天王寺僧徒(摂津)　❷ **1231**·9·3 社／❸ **1431**·3·6 社／**1443**·1·12 社
相国寺大衆　❹ **1489**·5·5 社／**1490**·3·13 社
清涼寺僧徒　❷ **1273**·7·27 社
青蓮院僧徒　❷ **1249**·8·14 社
新宮衆徒　❹ **1515**·3·21 社
神護寺衆徒　❸ **1336**·5·25 政
僧兵　❶ **894**·9·17 政／**966**·8·27 社
僧侶·修験者·行人　❺-1 **1662**·10月 社／**1665**·11月 社
醍醐寺衆徒·僧徒　❷ **1162**·4·9 社／**1228**·6·19 社／**1232**·5·13 社／**1247**·7·24 社／**1262**·5月 社
大山寺衆徒(播磨)　❸ **1333**·2·21 政／②·22 政／5·10 社／❹ **1509**·10·2 社
大山寺僧徒(伯耆)　❷ **1093**·是年 社／**1094**·③·8 社
大伝法院衆徒(紀伊)　❸ **1431**·1·10 社
大福寺衆徒(遠江)　❸ **1285**·12·13 社
台明寺僧徒(大隅)　❷ **1162**·5·15 社／❸ **1320**·9·16 社
中尊寺衆徒(陸奥)　❸ **1327**·3月 社／**1334**·8·28 社
伝法院衆徒　❸ **1339**·6·2 社
等持院大衆　❹ **1490**·1·11 社
東寺僧徒　❷ **1136**·6·6 社／❹ **1469**·2·14 社／**1533**·6·6 社
東大寺衆徒僧徒·学侶　❷ **1102**·9·3 社／**1111**·9·3 社／**1145**·3·14 社／**1149**·2月 社／**1185**·6·22 政／**1188**·11·25 社／**1269**·9·27 社／❸ **1312**·8·10 社／**1316**·8·16 社／**1318**·12·26 社／**1319**·1·18 社／**1336**·1·8 政／**1344**·8·15 社／**1346**·1·21 社／**1349**·9·6 社／**1356**·7·18 社／**1424**·6月 社／**1426**·1·19 社／**1452**·8·23 社
多武峰衆徒　❷ **1081**·是年／**1183**·7·9 政／**1227**·8·8 社／❸ **1311**·6·28 社／**1312**·8·25 社／**1403**·9·21 社／**1431**·3月 社／❹ **1461**·10·13 社／**1466**·10·1 政／**1469**·1·28 社／**1479**·8·10 政／**1497**·6·13 社／**1506**·9·5 社／**1516**·2·24 社／**1522**·9·5 社／**1563**·1·27 政／**1578**·1·7 政／**1585**·⑧·25 政
豊原寺衆徒(越前)　❸ **1427**·是年 社
梨本衆徒と叡山宗徒　❷ **1277**·11·23 社
南禅寺僧徒　❹ **1461**·3·20 社
南都の僧兵(奈良)　❶ **937**·是年 社／❷ **1093**·10·29 政／**1144**·10·8 社／**1165**·6·30 社／**1173**·11·3 社／**1236**·2·20 社／**1244**·8·9 社／**1262**·6·14 社／❸ **1296**·2·26 社／11·14 社／**1332**·7·19 社／**1386**·3·14 社
南北僧徒　❷ **1093**·10·29 政

仁和寺僧徒 ❷ 1114·7·4 社／1152·6·9 社
根来寺衆徒(紀伊) ❸ 1336·7·5 政／1431·3·10 社／❹ 1460·5·8 社／9·19 社／1470·6·11 政／1490·7·12 政／1492·12·27 政／1493·④·22 政／7月 政／1502·9·1 社／1524·11·13 政／1527·6·2 政／1562·3·5 政／1563·1·24 政／10·16 政／1570·9·4 政／1573·8·1 政
白山衆徒(加賀) ❸ 1430·⑪·19 社
羽黒山衆徒(出羽) ❷ 1209·5·5 社
長谷寺衆徒(大和) ❹ 1482·8·10 政
彦山僧徒(豊前) ❷ 1094·5月 政／6·25 社／❹ 1587·4·3 政
平泉寺衆徒(越前) ❸ 1326·是年 社／1333·5·12 政
宝幢院衆徒 ❸ 1323·2·5 社
法華宗徒 ❹ 1470·12·23 社／1533·3·7 社／5·2 政／12·25 政／1536·⑩·7 社／1539·9·15 社／1546·12·18 社／1577·是年 社
三井寺僧徒 ❷ 1102·⑤·18 社／1211·2·22 社
無動寺衆徒(近江) ❸ 1429·10·30 社／❹ 1475·6·4 社
薬師寺僧徒 ❷ 1134·3·11 社／1149·2月 社
雷山衆徒(筑) ❸ 1340·7·17 社／1350·10·14 社
龍門山衆徒 ❹ 1522·9·5 社
臨川寺僧徒 ❸ 1430·5·26 社

衆徒·僧徒·僧兵(闘争·事件)
一向宗僧徒禁止 ❸ 1302·是年 社／1330·6·22 社
一向宗徒弾圧事件 ❻ 1878·1月 社
永享の山門騒動 ❸ 1433·7·19 社
延暦寺(山門)と園城寺(寺門)の闘争 ❷ 1081·是年／1211·2·22 社
大浜騒動 ❻ 1871·3·8 社
戒壇設立をめぐる争い ❷ 1264·4月 政(囲み)
祇園感神院と清水寺 ❶ 959·3·13 社
興福寺僧徒と東大寺僧徒の争い ❷ 1037·1·19 社／2·9 社
高野山学侶·行人(争論) ❺-1 1610·4·20 社／1692·7·25 社／10·30 社
山門騒動 ❷ 1028·10·27 社／1038·2·19 社／❸ 1433·⑦·11 社／1434·7·12 社／1435·2·4 社
慈覚大師門徒と智証大師門徒との争い ❶ 993·8·8 社
神仏混淆禁止反対一揆(浄土真宗宗徒) ❻ 1870·9月 社
醍醐寺宗徒と石山寺宗徒 ❸ 1424·4·10 社
東西両門徒が乱闘 ❺-2 1733·9·25 社
東大寺·興福両寺間に乱闘 ❶ 968·6·14 社／991·是年 社
多武峰と金峰山僧徒 ❷ 1183·7·9 政
多武峰と興福寺との闘争 ❷ 1081·是年囲み
比叡山上の合戦 ❷ 1104·7月 社
法華宗門徒討伐 ❹ 1536·6·1 社
鷲塚騒動 ❻ 1871·3·8 社

僧徒·衆徒·僧兵(制令·禁止令)
興福寺衆徒集会の法 ❷ 1194·7·6 社
山林修行 ❶ 770·10·28 社
衆徒集会の法 ❷ 1244·2月 社
衆徒僉儀 ❸ 1316·8·16 社
僧徒が兵杖を帯びることを禁止 ❷ 1110·6·21 社／1114·7·6 政／1139·4·13 政／4·18 政／1189·2·22 社／1228·11·28 社／1229·9月 社／1235·1·27 社／1239·4·13 社／1265·4·7 社
僧徒官位禁止 ❸ 1288·8月 社
僧徒條制 ❺-2 1716·4·7 社
僧徒條制の遵守 ❺-2 1784·7·17 社
僧徒の蜂起を制止 ❷ 1101·4月 社
僧徒の乱暴を禁止 ❶ 970·7·16 社／❷ 1250·5·27 社

神職
伊勢神宮祭主 ❷ 1134·6·24 政
神長 ❶ 798·1·24 社
神職(神主) ❺-2 1782·10·11 社
神職(緒宮寺定員) ❷ 1241·5·29 社
神職(人別調査) ❺-2 1780·8·26 社／1785·是年 社／1835·2·25 政／1843·5月 社／1845·12·10 社
神宮司 ❶ 798·1·24 社／800·12·22 社
大神宮司印 ❶ 739·12·23 社
禰宜 ❺-2 1782·10·11 社
祝部(はふりべ) ❶ 642·7·25 社／775·6·13 社／777·3·10 社／850·9·15 社／865·5·25 社／881·3·26 社

僧位
阿闍梨(あじゃり) ❷ 1008·6·15 社
伝法阿闍梨 ❶ 884·9·17 社
已講(三会已講師の略) ❸ 1293·12·2 社
講師 ❶ 795·8·13 社／848·11月 社／855·8·23 社／883·6·2 文／927·10·22 社
国師 ❶ 702·2·20 文／755·10·16 文／770·5·4 政／783·10·6 政／784·5·1 文／795·8·12 文／805·12·25 社／806·1·26 社／845·2·4 社／963·10·30 社／❸ 1311·12·26 社
寺主 ❶ 645·8·8 社
小(少)僧都 ❶ 751·4·23 社／756·5·24 社
僧位·僧官廃止 ❻ 1872·2·28 社
僧位停止 ❷ 1106·10·27 社
僧官選出條規 ❸ 1448·1·11 社
僧官の制 ❺-1 1614·9·9 社
僧綱 ❶ 720·5·14 社／722·7·10 社／819·12·25 社／864·2·16 社／882·6·3 社
僧綱印 ❶ 744·9·30 社
僧正 ❶ 624·4·17 社／625·1·7 政／是年 社／683·3·2 社／702·1·25 社
僧都 ❶ 624·4·17 社／683·3·2 社／702·1·25 社
僧侶位階廃止 ❻ 1873·1·19 社
大僧正 ❶ 745·1·21 社／749·1·14 社
大僧都 ❶ 756·5·24 社／766·7·12 社／779·10·16 社
大法師 ❶ 774·2·24 社／784·6·12 社
大和上 ❶ 758·8·1 社
伝教大師 ❶ 866·7·12 社
伝燈大法師 ❶ 848·6·15 社
律師 ❶ 577·11·1／588·是年／683·3·2 社／702·1·25 社／751·4·3 社／756·5·24 社／774·2·24 社
興福寺僧綱 ❷ 1227·5·24 社
延暦寺僧綱 ❷ 1154·9·7 社

僧尼·僧侶一般(高僧·祖師⇨「仏教」)
尼(八百歳) ❸ 1449·7月 社
安居講師 ❶ 834·1·29 社
威儀(法)師 ❶ 771·③·15 社／786·3·6 政／❷ 1112·11·22 文
大威儀師 ❶ 857·4·27 社／859·4·27 社
絵解き(説絵僧) ❷ 1143·10·22 社／1146·9·14 社／1147·9·14 文／1148·5·12 文／9·21 文／1229·10·25 社／❺-1 1659·是年 政／1672·2月 文／1692·是年 文
戒和上 ❶ 774·是年 社
勧進比丘尼 ❺-2 1743·④月 社
観世音寺勧進僧 ❷ 1198·2·27 社
熊野比丘尼 ❺-1 1659·是年 社／1672·2月 文／1690·是年 社／1692·是年 文
遣唐学問僧(一部帰国) ❶ 623·7月 政
講読師 ❶ 749·4·8 社／837·8·5 文
護持僧(の制) ❷ 1131·2·2 社／1227·12·13 文
朝廷護持僧 ❷ 1165·12·19 社
虚無僧 ❺-1 1677·12·18 社／1715·1·2 文／❺-2 1761·2·10 社／1774·1·19 社／1798·5月 社／1846·10月 社／1847·12·26 社／1851·10·11 社
山僧 ❷ 1239·9·11 政
三昧聖 ❺-1 1605·2·28 社
山籠僧 ❷ 1148·6·19 社
慈覚門徒(慈覚大師円仁の門徒) ❷ 1038·10·27 社
寺司 ❶ 645·8·8 社
出家 ❶ 614·8月 社／❺-2 1749·9月 社
陣僧 ❹ 1528·6·26 社／1529·5·12 社／1563·10·10 社
禅師 ❶ 577·11·1／756·5·24 文
十禅師 ❶ 772·3·6 社
僧尼·尼僧 ❺-2 1830·4月 社／1839·6·9 社
僧侶 ❺-2 1829·12·18 社／❻ 1872·4·25 社
僧侶(俘囚) ❶ 826·3·2 社
僧侶一千一百人 ❸ 1392·12月 社
僧録司(そうろくし) ❹ 1456·2月 社

大般若経衆 ❷ 1181·10·6 社
托鉢(僧侶) ❺-1 1683·是年 社／❺-2 1750·4·19 社／❻ 1881·8·15 社
智証門徒(智証大師円珍の門徒) ❷ 1038·10·27 社
天下禅寺僧録司 ❸ 1379·10·10 社
東寺聖人 ❷ 1106·9·2 社
唐僧 ❶ 948·12·16 文
東大寺勧進聖 ❷ 1173·1·24 社
多武峰の墓守 ❷ 1191·6·5 社
読師 ❶ 805·12·25 社／845·8·26 社／847·3·19 社／855·8·23 社／883·6·2 文／903·6·20 社／963·10·30 社
師(のりのし) ❶ 595·5·10
白山先達職 ❹ 1556·10·24 社／1559·5·23 社／1565·6·7 社
比丘 ❶ 799·6·12 社
比丘尼 ❶ 577·11·1
法頭 ❶ 624·4·17 社／645·8·8 社
法華三昧行者 ❶ 951·8·10 社
妖僧 ❹ 1580·3·20 社
琉球僧 ❹ 1528·⑨·14 社／1529·1·28 社／1537·是年 社／1576·4·14 文／❺-1 1714·是年 社
日本を訪れた外国僧
元僧 ❸ 1326·6月 政
高麗僧 ❷ 1247·是年 政／1251·3·18 社
新羅僧 ❶ 758·8·24 政
天竺僧 ❶ 736·5·18 社
波羅門僧 ❶ 724·是年 社
林邑僧 ❶ 736·5·18 社
僧尼・僧侶(戒律・生活)
安居(坐夏) ❶ 683·是夏 社／685·4·15 社／690·5·15 社／813·1·19 社
おかみそり代(浄土真宗本願寺法主) ❺-2 1733·3月 社
喝食(かつじき) ❸ 1435·1·22 社／❹ 1464·7·21 社
公家僧侶会合の規定 ❹ 1473·1·8 社
公験(くげん・身分証明書) ❶ 720·1·4 社／8·3 社
伝法公験(許可証) ❶ 755·9月 社／863·3月 文
供僧師資継承の法 ❷ 1238·12·7 社
具足戒 ❶ 795·4·9 社
結制(羅漢寺) ❺-2 1739·6月 社
還俗の制 ❶ 708·1·22 社
山家学生式(天台法華宗年分学生式) ❶ 818·5·13 社
私度許可 ❻ 1875·9·25 社
私度僧禁止 ❶ 759·6·22 社
沙弥以上の僧侶総数 ❶ 737·9·28 社
従軍布教使(僧侶) ❼ 1904·是年 社
受戒 ❶ 749·1·14 社／754·4·5 社／869·4·16 社
女性の入山・肉食(高野山) ❼ 1906·7·2 社
檀林入院の制(浄土宗) ❺-1 1675·④·22 社
僧尼詐欺禁止令 ❶ 785·5·25 政
僧尼調査 ❶ 624·9·3 社／795·7·18 社／779·8·23 社
僧尼得度の制 ❶ 734·11·21 社
僧尼の乖法淫濫禁止 ❶ 795·4·23 社
僧尼の数(全国) ❻ 1882·8月 社
僧尼の統制 ❶ 624·4·13 社
僧尼の犯罪 ❶ 812·7·10 社／835·11·7 社
僧尼の名簿を調査 ❶ 724·10·1 社
僧尼令 ❶ 701·6·1 社
僧の華美禁止 ❹ 1460·5·26 社
僧侶従者制 ❶ 989·6·2 社
僧侶托鉢禁止 ❻ 1890·7·4 社
僧侶肉食・妻帯・蓄髪許可 ❻ 1872·4·25 社
僧侶の飲酒贈物禁止 ❶ 866·6·4 社
僧侶と偽る服装 ❸ 1441·8月 社
僧侶風俗頽廃戒め ❺-2 1788·10月 社
僧侶への道程 ❶ 696·12·1 社
天台戒 ❷ 1176·4·27 政
度縁戒牒の制 ❶ 755·8·13 社／813·2·3 社／844·11·15 社
得度・受戒の日程 ❶ 843·3·25 社
尼僧蓄髪肉食解禁 ❻ 1873·1·22 社
年分度者の制 ❶ 696·12·1 社／798·4·15 社／804·1·7 社／806·1·26 社
菩薩戒 ❶ 748·4·8 政
六斎日 ❶ 691·2·1 社／771·8·13 社／862·12·11 社
立義(竪義) ❶ 815·2·6 文／834·1·29 社／868·5·14 社／❷ 1034·12·3 社
その他(僧形の修行者など)
修験者・修験道(法度) ❺-1 1607·12·18 社／1609·5·1 社／1613·5·21 社／1676·6月 社／❺-2 1743·4·28 社／1775·⑫·22 社／1788·6·11 社／1831·1·8 社／1835·2·25 政／1842·5·1 社／1843·5月 社／1845·12·10 社
修験道の年中行事職 ❹ 1560·12·27 社
旅僧・修験者 ❺-2 1774·10·28 社
山伏 ❹ 1550·8·3 社／1555·8·4 社／1557·4·11 社／1582·3·1 社／1588·1·8 政／❺-1 1658·8·15 社／❺-2 1752·2·13 社／1842·5·1 社／1843·5月 社
山伏・山臥の狼籍 ❸ 1317·5·6 政／1322·10·29 社
金峰山の山伏 ❷ 1234·10·1 社
神社・神(全国) ❽ 1944·9·30 社／1945·12·15 社
諸神の位記 ❶ 952·4·15 社
諸神進階および諸国検法 ❷ 1279·4·26 政
神地 ❶ 書紀・垂仁 27·8·7
神名帳 ❶ 942·9月 社／943·8·22 社／❹ 1479·12·27 社
敢国津大社神(三重) ❶ 891·4·11 社
饗尋神(山口) ❶ 891·8·28 社
赤城社(群馬) ❹ 1560·9·27 社／1577·9·16 社／❺-2 1762·1·9 社
秋葉寺本社遷宮(静岡) ❺-2 1819·9·24 社
阿伎留社(東京) ❹ 1542·3·10 社
朝倉神社(高知) ❺-1 1664·8·18 文
浅間山社(山梨) ❺-1 1606·10·19 社
浅間社(静岡) ❸ 1335·9·24 社／1355·9·11 社／1356·11·21 社／1362·1·11 社
朝岑神(高知) ❶ 866·6·20 社
飛鳥坐神(奈良) ❶ 829·3·10 社
飛鳥田神(京都) ❶ 816·7·21 社
飛鳥戸神(大坂) ❶ 860·10·15 社
足羽社(福井) ❹ 1530·9·18 社
阿蘇社(熊本) ❶ 794·3·5 社／823·10·22 社／❷ 1049·3·19 社／1098·2·11 社／1198·12·15 社／❸ 1321·3·3 文／1335·1·5 社／1344·3·8 社／1349·9·20 政／1354·2月 文／1360·3·13 社／1364·4·9 社／1368·11·27 社／1377·2·22 社／1382·2·19 社／1393·10·5 政／❹ 1473·是年 社／1503·6·12 社／1554·是年 社／❺-1 1672·4·4 社／1673·是年 社
阿蘇社神池 ❸ 1333·5月 社
阿蘇社規式 ❸ 1431·1·19 社
阿蘇宮所役 ❸ 1300·1·20 社
阿蘇大宮司職 ❸ 1361·2·3 社
阿蘇比咩神(福岡) ❶ 859·5·17 社／875·12·27 社／892·2·20 社
愛宕権現社(東京芝) ❺-1 1603·9月 社／1627·4·8 社／1669·7·1 社
愛宕山諸坊(京都) ❺-2 1800·4·15 社
愛宕社(京都) ❺-1 1620·7·23 社／1645·1·23 社／1690·10·21 社／❺-2 1718·8·11 社／1741·2·25 社／1780·8月 社／1829·8·5 社
熱田社(愛知) ❶ 686·6·20 政／822·6·21 社／833·6·26 社／847·3·7 社／850·10·7 社／859·2·19 社／966·3·1 社／❷ 1004·10·14 文／1184·7·20 社／❸ 1291·2·2 社／1413·1·1 社／1419·6·27 社／1441·⑨·27 文／❹ 1517·11月 社／1549·11月 社／1555·8月 社／❻ 1893·4·26 社／❼ 1935·11·1 社／❽ 1945·5·17 社
阿那賀神(三重) ❶ 855·1·21 社
安志神(兵庫) ❶ 891·3·5 社
安仁社(佐賀) ❸ 1344·4月 社
安仁神(岡山) ❶ 841·2·8 社
天瓜神(福井) ❶ 910·3·23 社
天照大神 ❶ 書紀・崇神 6·是年／崇神 66·12·1／垂仁 25·3·10／景行 20·2·4
天照高日女神(伯耆) ❶ 883·12·28 社
天石戸別神(奈良) ❶ 875·3·29 社
天野社(和歌山) ❸ 1306·6·16 社／1310·8·23 社／❹ 1496·1·6 社／1512·6·16 社
天手力男神(和歌山) ❶ 855·7·26 社
天穂日命神(鳥取) ❶ 867·5·21 社
雨夜神(福井) ❶ 791·4·10 社
奄我神社(京都) ❶ 773·9·20 社
荒木神(京都) ❶ 859·5·4 社
阿波神(静岡) ❶ 840·10·14 社

飯倉八幡宮(東京)　❺-1 1634·3·23 社／1660·8·20 社
飯石神(茨城)　❶ 890·9·15 社
飯天神(香川)　❶ 888·12·15 社
飯豊別神(福島)　❶ 897·9·7 社
蟾渭神(静岡)　❶ 866·12·26 社
飯野八幡宮(福島)　❷ 1206·8·25 社／❸ 1344·4·19 社／1348·5·22 社／1354·5·18 社／❹ 1578·12·24 社
伊賀那志社(愛媛)　❸ 1366·12·8 社
伊上神(三重)　❶ 891·3·5 社
息神(静岡)　❶ 852·⑧·13 社
生島足島社(長野)　❹ 1553·8·14 社
生田神社(兵庫)　❶ 877·6·14 社
生身天満宮(京都)　❹ 1516·6 月 社
率川社(いさがわ、奈良)　❷ 1118·11·1 社／❸ 1299·6·2 社／1302·8 月 社／1400·7·13 社／1401·4·25 社
伊佐須美社(福島)　❹ 1503·是年 社／1514·是年 社／1551·12·14 社
伊佐須美神(福島)　❶ 843·9·5 社
伊佐奈岐社(三重)　❶ 867·8·2 社
伊雑宮(いざわのみや、三重)　❺-1 1682·是年 社
石井社(福井)　❹ 1534·8·3 社
石神(大阪)　❶ 867·2·26 社
石鞍神(愛知)　❶ 883·12·28 社
石楯尾神(神奈川)　❶ 857·5·20 社
伊豆権現(静岡)　❹ 1541·2·22 社
伊豆権現社(静岡)　❺-1 1666·6·17 社
伊豆山権現(静岡)　❹ 1520·6·5 社
出石社(兵庫)　❶ 845·7·16 社／976·2·25 社／❹ 1504·是夏 社／1544·9·10 社／1550·9·26 社／1554·10·18 社／1555·2·28 社／1569·永禄年間 文／10·19 社／1580·11·26 社
伊豆神社(走湯山、静岡)　❶ 936·是年 社／960·是年 社／❷ 1180·8·18 社／1219·9·6 社／1226·12·29 社／1228·2·2 社／1296·3·8 社
　伊豆走湯山堂舎　❷ 1267·10·28 社
　走湯山講堂　❶ 965·是年 社
　走湯山常行堂　❶ 969·是年 社
出雲伊波比社(埼玉)　❶ 755·11·2 社
出雲社(京都)　❷ 1234·3·23 社／❸ 1292·12·2 社／❹ 1477·9·3 社
出雲大社(杵築社、島根)　❶ 書紀·崇神 60·7·14 ／851·9·16 社／867·4·8 社／❷ 1031·8·11 社／1062·2·12 社／1109·是年 社／1112·6·18 社／1115·10·26 社／1031·⑩·15 社／1141·5·7 社／1143·3·19 社／1145·10·4 社／1172·10·10 社／1175·11·24 社／1190·6·29 社／1227·6·24 社／1235·11·2 社／1247·8·25 社／1248·10·28 文／1249·8 月 社／1270·1·2 社／1273·1·19 社／❸ 1301·12·17 社／1325·2·16 社／1327·9·5 社／1333·3·14 社／1334·7·5 社／1350·11·21 社／1368·9·9 社／1381·4·2 社／1386·10·25 社／1400·是年 社／1405·10·13 社／1412·4·26 社／1442·8·15 社／1452·11·15 社／❹ 1467·10 月 社／1476·是年 社／1486·9·2 社／1510·6·24 社／1519·4·28 社／1522·2·9 社／1537·10·28 社／1541·8·14 社／❺-1 1626·12 月 社／1630·是年 社／1667·3·30 文／5·15 社／❺-2 1725·11·15 社／1744·9 月 社／10·7 社／1797·4·1 社／1837·3·27 社／❻ 1860·10·28 社／1881·5·15 社
　出雲大社の神宝　❶ 書紀·崇神 60·7·14
　出雲杵築大社総検校職　❷ 1186·5·3 社／1276·2 月 社／❸ 1428·2·1 社
出雲神(京都)　❶ 845·7·16 社
出雲神(山口)　❶ 867·8·16 社
伊勢神宮(正称は神宮、三重)　❶ 692·5·26 社／❷ 1011·8·27 社／1016·3·8 社／1037·11 月 社／1079·2·18 社／1136·3·23 社／1167·11·21 社／1240·12·11 社／1262·11·25 社／1268·4·13 社／❸ 1321·4·17 政／1360·5·8 社／1362·1·17 社／1400·10·23 政／1420·9·10 社／1426·3·27 政／❼ 1897·3·10 社／1898·5·23 社／❽ 1942·12·12 政／1952·6·2 政／1953·10·2 社／❾ 1973·10·2 社／1974·11·7 政／1993·10·2 社
　伊勢神宮二十年に一度の改作　❶ 885·11·21 社
　伊勢神宮式年遷宮　❶ 685·9·10 社
　伊勢豊受大神宮(外宮正遷宮·仮殿遷宮)
　　伊勢外宮遷宮　❶ 711·是年 社／732·是年 社／749·是年 社／768·是年 社／812·是年 社／831·是年 社／851·是年 社／889·10 月 社／907·9·15 社／926·4·15 社／9·15 社／945·9·16 社／12 月 社／964·9·15 社／983·是年 社／❷ 1002·9·7 社／1002·9·15 社／1021·9 月 社／1040·9·9 社／1053·4·28 社／1059·9·15 社／1078·是年 社／1090·12·24 社／1095·9 月 社／1097·是年 社／1098·是年 社／1116·9·16 社／1135·9·15 社／1138·8·14 社／1154·9·15 社／1165·12·7 社／1173·是年 社／1192·9·15 社／1211·9·14 社／是年 社／1217·4·18 社／1230·9·15 社／1249·9·26 社／1251·9·26 社／1267·3·25 社／1268·9·15 社／❸ 1287·9·18 社／1306·12·20 社／1325·9·15 社／1345·12·27 社／1380·9·8 社／1388 是年 社／1400·2·28 社／1419·1·4 社／12·21 社／1434·9·15 社／❹ 1486·12·22 社／1487·9·3 社／1489·6·22 社／8·11 社／1490·9·14 社／1534·①·30 社／1585·10·13 社／❺-1 1609·8·21 社／1612·12·24 社／1629·9·21 社／1649·9·25 社／1689·9·10 社／1709·5 月 社／9·2 社／❺-2 1729·9·3 社／1749·9·1 社／1769·9·3 社／1789·9·4 社／1809·10·15 社／1829·9·1 社／❼ 1904·6·21 社／1909·10·2 社／1929·10·2 社
　伊勢神宮外宮(豊受大神)　❶ 478·7·7
　伊勢豊受大神宮に参詣人が殺到　❷ 1116·9·24 社
　伊勢豊受大神宮月読宮　❸ 1419·1·4 社
　伊勢豊受大神宮風宮遷宮　❹ 157 3·28 社
　伊勢神宮内宮創置　❶ 書紀·垂仁 25·3·10 ／景行 40·10·7 ／578·3· ／699·8·8 社／737·4·1 社／75 10·15 社／791·8·3 社／792·3·2 社
　伊勢大神宮内宮遷宮　❶ 690·9 月 社／709·是年 社／729·是年 社／747·9 月 社／766·是年 社／785·是年 社／810·是年 社／829·是年 社／849·是年 社／868·是年 社／886·是年 社／924·9·16 社／943 9·15 社／是年 社／962·9·17 社／981·9·17 社／1000·9·16 社／❷ 1019·9·17 社／1038·9·16 社／1043·4·3 社／1057·9·19 社／1076·9·16 政／1090·10·22 社／1114·9·16 社／1133·9·16 社／1152·9·16 社／1168·12·21 社／1169·6·17 社／12 月 社／1171· 年 社／1173·8·25 社／1179·是 社／1190·9·16 社／1209·9·16 社／1228·9·16 社／1247·9·16 社／1266·9·16 社／❸ 1285·是年 社／1304·12·22 社／1323·9·16 社／1343·12·28 社／1362·是年 社／1364·2·16 社／1391·12·20 社／1411·12 月 社／1431·12·20 社／1458·4·12 政／1462·12·27 社／1468·6·23 社／1485·9·16 社／1512·11·19 社／1513·1·1 社／1545·6·10 社／1563·9·23 社／1585·10·13 社／❺-1 1609·1 月 ／2 月 社／8·21 社／1609·9·21 社／1629·9·21 社／1633·6·4 社／1635·7·28 社／1649·9·25 社／1659·11·25 社／1669·9·26 社／1681·12·13 社／1682·7·3 文／1683·3·10 社／1689·9·10 社／1709·5 月 社／9·2 社／❺-2 172 9·3 社／1749·8·10 社／9·1 社／1769·9·3 社／1789·8·10 社／9· 社／1809·9·1 社／1829·9·1 社／1830·3·21 社／1849·9·2 社／❻ 1869·9·4 社／1889·10·2 社
伊勢大神宮神嘗祭　❶ 934·9·17
伊勢大神宮神領注文　❷ 1192·8 社
伊勢皇大神宮風宮　❸ 1292·是年 社／1293·3·20 社／1454·8 月 社
伊勢大神宮奉幣使　❷ 1031·8·25 社
伊勢内宮のご神体　❶ 804·8·28
伊勢神宮使　❶ 964·9·7 社
伊勢神宮動座反対一揆　❻ 1871·12·29 社
伊勢神宮例幣使　❺-1 1646·3·10 政
伊勢神宝使　❷ 1002·9·7 社
伊勢造宮使　❶ 940·8·8 社
伊勢造大神宮使　❷ 1035·10·4 社／1188·2·10 文／1206·6·7 文
伊勢勅使　❺-2 1740·3·5 政
伊勢奉幣使　❶ 882·9·27 社
伊勢命神(隠岐)　❶ 848·11·16 社
伊勢離宮院　❷ 1103·8·13 政

造大神宮司　❶ **791**·12·26 社
伊曾乃神(愛媛)　❶ **766**·4·19 社
石上神宮(奈良)　❶ **書紀·垂仁 39**·10 月／**674**·8·3 社／**768**·10·24 社／**804**·2·5 社／**850**·10·7 社／**867**·3·10 社
造石上社使　❶ **964**·8 月 文
伊太祁曾神(和歌山)　❶ **883**·12·28 社
伊達神(いだち、和歌山)　❶ **875**·10·17 社
一·二宮(諸国)　❸ **1334**·5·7 社
市杵島姫神(福岡)　❶ **889**·12·25 社
一乗寺(兵庫)　❺-1 **1617**·1·22 社
一宮社(鹿児島)　❸ **1292**·10·27 社
一宮社(千葉)　❷ **1119**·7·3 社／**1184**·1·8 社
一宮社(山口)　❸ **1353**·9·27 社
一宮社(京都)　❹ **1510**·2·1 社
一宮社(高知)　❷ **1224**·8·18 社／❹ **1570**·9·13 社／❺-2 **1769**·7·6 社
一宮社(兵庫)　❸ **1393**·7·20 社／**1406**·2·21 社／❹ **1506**·12·5 社
市比売社(平安京)　❶ **795**·是年 社
厳島社(広島)　❷ **1152**·是年 社／**1160**·8·5 社／**1167**·2·25 政／9·3 政／**1168**·11 月 文／**1174**·3·16 政／10·1 社／**1177**·10·13 政／**1178**·6·17 政／8 月 政／**1179**·3·29 政／**1180**·3·17 政／8·19 政／**1207**·7·3 社／**1222**·4·19 社／**1223**·9·13 社／12·2 社／**1231**·2·2 社／**1235**·3·20 社／**1240**·⑩·7 社／**1241**·4 月 社／7·17 社／**1248**·5 月 社／**1270**·1·2 社／❸ **1292**·是年 社／**1293**·4·16 社／**1300**·4·15 社／**1381**·7·1 社／**1397**·6 月 社／❹ **1524**·5·23 社／**1531**·3·3 社／**1541**·7·5 社／**1542**·1·18 社／**1547**·6·7 社／**1551**·5·9 文／**1552**·2·28 社／**1557**·10·22 社／**1583**·3·13 社／**1587**·1 月 社／3·18 社／**1599**·3 月 文
厳島神社本殿(広島)　❼ **1903**·10·1 社
伊作八幡宮(鹿児島)　❹ **1574**·10·25 社
出石神社(兵庫)　❹ **1524**·是秋 社
厳原八幡宮(長崎)　❸ **1384**·是年 文
到津八幡社(福岡)　❹ **1561**·7·18 政
稲根社(兵庫)　❶ **946**·天慶年間 社
稲村神(茨城)　❶ **849**·4·7 社
稲荷大神(京都伏見)　❶ **711**·2·7 社／**827**·1·19 社／**850**·10·7 社／**877**·6·14 社／**901**·9·15 社／**908**·是年 社／❷ **1072**·3·26 政／**1091**·7·3 政／**1109**·10·23 社／**1131**·3·19 政／**1134**·5·12 社／**1183**·8·21 社／**1187**·8·26 文／**1232**·5·17 社／**1247**·2·4 社／❸ **1396**·3·22 社／❹ **1469**·12·8 社／**1553**·5·21 社／**1587**·3·9 社／❺-1 **1694**·11·4 社／❺-2 **1788**·7·4 社／**1822**·11·10 社
稲荷社(神奈川鎌倉)　❸ **1423**·6·25 社
稲荷社神輿　❹ **1468**·12·15 社／**1529**·6·6 社
稲荷神(茨城久慈郡)　❺-2 **1778**·1·30 社
稲荷大明神(栃木都賀郡)　❺-2 **1846**·9·4 社
稲荷大明神(広島)　❺-2 **1768**·9·6 社
気吹雷神(奈良)　❶ **859**·7·5 社
伊富岐神(岐阜)　❶ **852**·12·2 社
伊福伎神社(滋賀)　❶ **867**·4·2 社
今伊勢神宮外宮(広島)　❸ **1428**·2 月 社
今木大神(奈良)　❶ **782**·11·19 社
今熊野社(京都)　❷ **1160**·10·16 社／**1170**·11·16 社／**1171**·11·26 社
新熊野神輿　❸ **1450**·7·17 政
新熊野社(陸奥)　❷ **1211**·4·2 社
坐建部神(滋賀)　❶ **962**·6·9 社
新善光寺(長野)　❷ **1279**·8·15 文
今八幡社(山口)　❹ **1478**·4·15 社
新日吉社(いまひえしゃ、京都)　❸ **1349**·4·28 社
新日吉社(園城寺、滋賀)　❷ **1054**·是年 社／**1160**·10·16 社／❸ **1307**·12·22 社
今宮社(奈良)　❹ **1490**·6·21 社
今宮神社(京都)　❶ **994**·6·27 社／❷ **1265**·7·10 社／❸ **1398**·2·4 社／❺-1 **1694**·9·15 社
忌宮社(山口)　❹ **1483**·9·16 社
伊夜比古(弥彦)神(新潟)⇨弥彦神社も見よ　❶ **833**·7·3 社／**861**·8·3 社
伊予国高鴨神社　❺-2 **1848**·6·18 社
磐井神(東京)　❶ **859**·10·7 社
伊和神(兵庫)　❶ **881**·6·29 社／❷ **1159**·8·2 社／**1249**·4·4 社／**1273**·10 月 社／❸ **1394**·9·15 社／**1412**·5·16 社／❹ **1461**·11·15 社
石神山精社(宮城)　❶ **790**·11·25 社
磐城大国魂大明神　❻ **1865**·3·19 社
岩沢権現(陸奥)　❹ **1522**·11 月 社
石清水八幡宮(神奈川由比浜)　❷ **1063**·8 月 社／**1081**·2 月 社
石清水八幡宮恒例仏神寺次第　❷ **1244**·11·1 文
石清水八幡宮(京都)　❶ **859**·8·23 社／**966**·是年 社／**979**·3·27 社／❷ **1017**·3·8 政／**1028**·7·5 社／**1031**·9·25 社／**1076**·3·4 社／**1091**·12·13 社／**1112**·2·17 文／**1114**·11·9 社／**1117**·8·29 政／**1126**·10·17 文／**1133**·2·16 社／**1140**·1·23 社／4·2 社／**1173**·5·1 社／**1185**·6·5 社／**1187**·1·16 政／**1199**·2·2 社／**1205**·⑦·1 社／**1237**·6·26 文／**1253**·2·25 社／**1276**·12·22 社／❸ **1285**·11·13 社／**1304**·8·24 社／**1306**·11·18 政／**1334**·9·21 政／**1338**·3·13 政／7·5 社／11·25 社／12·14 社／**1371**·5·19 社／7·6 社／12·11 社／**1425**·6·26 社／❹ **1502**·12·25 政／**1508**·2·23 社／**1518**·12·13 社／**1523**·4·3 社／**1526**·2·16 社／**1580**·6·27 社／❺-1 **1608**·12·11 社／**1610**·9·25 社／**1613**·7·23 社／**1634**·8·22 社／**1666**·12·14 社／**1693**·9·26 社／**1696**·8·15 社／❺-2 **1742**·4·27 社／**1745**·11·4 社／**1759**·2·7 社／**1773**·1·25 社／**1778**·8·1 社／**1804**·12·17 社／**1812**·12·21 社
石清水八幡宮検校　❶ **896**·是年 社
石清水八幡宮正遷宮　❻ **1859**·3·2 社
石清水八幡宮神輿　❸ **1308**·11·23 社／**1319**·1·18 社／**1320**·7·23 社／**1327**·12·5 社／**1344**·8·15 社／**1363**·8·7 社／**1370**·10·17 社／**1373**·3·23 社／**1374**·12·13 社／**1384**·5·28 社／8·28 社
石清水八幡宮(丹波)　❷ **1023**·是年 社／**1024**·2 月 社
石土神(高知)　❶ **841**·8·4 社
上津社(群馬)　❸ **1357**·10 月 社
鵜川八幡宮(新潟)　❹ **1533**·10·19 社
宇佐八幡宮(大分)　❶ **571**·1 月／**712**·是年 社／**725**·是年 社／**727**·是年 社／**733**·是年 社／**749**·是年 社／**755**·3·28 社／**766**·4·11 社／**767**·9·18 社／**769**·9·25 政／**794**·3·5 社／**798**·12·21 社／**808**·7·16 社／**815**·12·10 社／**823**·是年 社／**850**·8·23 社／**880**·12·25 社／**938**·10·9 社／❷ **1001**·10·3 社／**1004**·6·22 社／**1009**·9·8 社／**1012**·⑩·16 社／**1016**·4·27 社／**1021**·12·23 社／**1022**·12·16 社／**1028**·4·10 社／是年 社／**1030**·3·14 社／**1031**·11·7 社／**1032**·4·22 社／**1034**·是年 社／**1051**·6·5 政／**1065**·是年 社／**1080**·6·23 社／**1081**·10·20 社／**1088**·3·23 社／**1091**·1·13 社／**1094**·10 月 社／是年 社／**1097**·是年 社／**1102**·是年 社／**1110**·10·20 社／**1129**·11·27 社／**1149**·8·19 社／**1161**·11·17 社／**1172**·10·9 社／**1176**·2 月 社／**1180**·10·6 政／**1185**·5·10 社／**1186**·11·9 社／**1187**·10·30 社／**1188**·10 月 社／**1192**·9·18 社／**1193**·7·4 社／**1201**·12·20 社／**1225**·是年 社／**1229**·10·19 文／**1254**·10·7 社／**1256**·12·16 社／**1257**·5·19 社／**1277**·7·24 社／❸ **1309**·1·21 社／**1321**·7 月 社／8·10 社／**1322**·6·5 社／**1333**·6·15 社／**1386**·8 月 社／**1421**·6·8 社／**1424**·3·28 社／**1427**·10·23 社／**1434**·8 月 社／❹ **1521**·2·15 社／**1522**·3 月 社／**1561**·7·18 政／**1576**·12·9 社／**1581**·11·19 社／**1587**·2·28 社／❺-1 **1605**·是年 社／**1617**·7·23 社／❺-2 **1723**·4·17 社／**1837**·3·27 社／❻ **1861**·是年 社
宇佐使　❶ **950**·9·13 社／**955**·是年 社／**996**·12·8 社／❷ **1003**·12·4 社／**1013**·10·1 社／**1017**·10·10 社／**1018**·2·22 社／**1022**·2·27 社／**1026**·10·7 社
宇佐八幡宮惣検校　❷ **1052**·6·8 社
宇佐大宮司　❸ **1453**·11·27 社
宇佐奉幣使　❺-2 **1744**·2·25 社／9·25 社
造宇佐八幡宮惣大工　❷ **1227**·12·3 文
宇治平等院　❷ **1056**·10·22 社／**1067**·10·5 政／**1073**·8·19 社／**1091**·3·3 文／**1094**·3·3 社／**1120**·3·2 社／**1126**·8·9 文／**1132**·9·26 文／**1190**·3·25 文
宇受加命神(島根)　❶ **842**·9·14 社
宇都宮社(栃木)　❷ **1189**·10·19 社
宇都宮明神社(野州)　❺-2 **1781**·5·29 社

宇夫階神(香川) ❶ **891**·9·24 社
宇倍神社(島根) ❶ **648**·是年 社／**848**·7·27 社／**864**·3·1 社／**874**·3·1 社／❷ **1119**·7·3 社／❹ **1526**·12·5 社／**1534**·2·27 社
宇美宮(福岡) ❸ **1284**·3·5 政
梅宮社(京都) ❶ **843**·10·17 社／**911**·2·2 社／**986**·11·25 社／❷ **1180**·12 月 社／**1183**·8·21 社／❹ **1474**·8·18 社／**1533**·12·26 社／❺-1 **1618**·12·3 社／**1700**·6·15 社／**1701**·3·26 社
雲気神(香川) ❶ **859**·1·7 社／**860**·5·20 社
荏柄社(神奈川) ❹ **1543**·12·27 社
家島神(兵庫) ❶ **840**·6·20 社
江田神(宮崎) ❶ **837**·8·1 社
江の島弁財天(神奈川) ❺-1 **1650**·8·24 社
　江の島弁才天開帳 ❺-2 **1797**·是春 社／**1827**·是春 社／**1833**·3·7 社／**1845**·3·15 社
　江島弁才天祠 ❷ **1182**·4·5 社
　江の島弁財天本社 ❺-2 **1749**·是年 社／**1779**·4 月 社
　江島龍穴 ❷ **1208**·6·16 社
戎神社(兵庫西宮) ❸ **1443**·11 月 社
お岩稲荷(東京四谷) ❻ **1874**·1·10 社
大穴持神(鹿児島) ❶ **778**·12·12 社
大穴持神(石川) ❶ **860**·6·9 社
黄金明神(宮城小田) ❷ **1080**·⑧·5 社
王子権現(東京) ❹ **1575**·2·6 社／**1583**·4·18 社／**1588**·10·7 社／❺-1 **1634**·3·23 社
大県社(名古屋) ❹ **1584**·3·29 社
大洗磯前神(茨城) ❶ **857**·8·7 社
大石神社(京都山科) ❼ **1936**·12·13 社
大井社(神奈川) ❹ **1522**·9·11 社
大分宮(福岡) ❷ **1068**·4·25 社／❸ **1314**·1·24 社
大井俣神(山梨) ❶ **863**·12·9 社
大忌神 ❶ **675**·4·10 社
大神大物主神(奈良) ❶ **859**·2·1 社
大川上美良布神社(高知) ❺-2 **1852**·12·24 社
大国霊神(名古屋) ❶ **853**·6·8 社
大国主神(愛媛) ❶ **891**·10·26 社
大坂生玉社 ❺-2 **1845**·4 月 社
大塩八幡宮(福井) ❹ **1473**·9·28 社／**1482**·4·9 社／**1496**·7·28 社／**1525**·10·22 社
大島社(奥津島社、滋賀) ❸ **1298**·是年 社
大島八幡宮(福井) ❸ **1355**·9·21 社
大隅正八幡宮(鹿児島) ❸ **1349**·2·18 社
太田社(京都) ❸ **1385**·5·11 社
鷲宮社(おおとり·埼玉) ❹ **1456**·2·10 社
大鳥神社(大阪) ❷ **1206**·9 月 社
大野社(愛知) ❹ **1511**·11·24 社
大原野社(勝林院、京都) ❷ **1013**·是年 社／**1041**·8·3 政／**1183**·8·21 社／**1219**·11·1 社／**1223**·11·13 社／**1241**·6·9 社／❹ **1531**·3·9 社／**1550**·11 月 社／**1557**·11·9 社
　大原野神社行啓 ❶ **861**·2·25 政
大峰山女子開放 ❽ **1946**·7·14 社／**1956**·8·22 社／**1960**·7·10 社
大神(千葉) ❶ **847**·7·9 社
大神社(奈良) ❶ **737**·4·1 社／**898**·3·7 社
大虫神(福井) ❶ **780**·12·14 社／**791**·4·10 社
大物忌神(山形) ❶ **862**·11·3 社／**873**·4·5 社／**878**·7·10 社／**880**·2·27 社
大物忌神社(陸奥) ❸ **1358**·8·30 政
大物主大神(古代) ❶ **書紀·崇神 7**·11·13
大山神(岐阜) ❺-2 **1748**·9·15 社
大山神(鳥取) ❶ **867**·4·8 社
大山祇(積)神社(おおやまづみ·大三島·三島社、愛媛) ❶ **703**·大宝年間 社／**716**·是年 社／**719**·4·22 社／**766**·4·19 社／**860**·⑩·16 社／**866**·③·7 社／**875**·3·29 社／❷ **1147**·是年 社／**1217**·3·23 社／**1222**·1·1 社／❸ **1288**·4 月 社／**1292**·正応年間 社／**1297**·是年 社／**1322**·1·19 社／**1323**·是年 社／**1333**·3·11 政／**1375**·3·11 社／❹ **1459**·3·8 社／**1470**·5·13 社／**1474**·3·9 社／**1477**·12·12 社／**1485**·8·21 社／**1498**·1·20 社
大山祇神社(おおやまづみ、新潟) ❺-1 **1605**·是年 社
大依羅社(大阪) ❶ **847**·7·4 社／**877**·6·14 社／**909**·9·13 社
岡崎天王社(京都) ❺-1 **1699**·5·28 社
岡崎六所明神(愛知) ❺-2 **1751**·12 月 政
小多田社神宮寺(和歌山) ❸ **1336**·9·3 社
乙訓神社(京都) ❶ **774**·1·25 社
小虫神(福井) ❶ **780**·12·4 社
御嶽社(熊本) ❸ **1405**·6·26 社
御嶽社(東京) ❹ **1511**·11·20 社／❺-1 **1606**·8 月 社
陰陽神(京都) ❶ **939**·是年 社
会見神殿(鳥取) ❷ **1113**·4·21 社
海神社(長崎) ❸ **1378**·4·29 社
海東御社(熊本) ❸ **1314**·1·16 社
柏原八幡宮(兵庫) ❹ **1582**·11·12 社／**1585**·11·8 社
開聞神(鹿児島) ❶ **860**·3·20 社／**895**·9·11 社
鏡社(長崎) ❷ **1169**·9·9 社／**1194**·7·20 文／**1232**·⑨·17 政
柿本大明神 ❺-2 **1723**·2·1 文
賀来社(由原宮、大分) ❷ **1254**·10·7 社／❸ **1454**·3·24 社／❹ **1507**·3·25 社
鹿児島神(鹿児島) ❶ **860**·3·20 社
金佐奈神(埼玉) ❶ **862**·6·4 社
笠森稲荷(東京谷中) ❺-2 **1747**·延享年間 社
香椎宮(福岡) ❶ **書紀·仲哀 9**·2·6／**671**·天智天皇御代 社／**724**·12·18 社／**728**·10·11 社／**737**·4·1 社／**759**·8·6 政／**762**·11·26 社／**807**·1·12 政／**850**·8·23 社／**864**·8·15 社／❷ **1052**·2·12 社／9·29 社／**1077**·2·5 社／**1078**·2·1 社／**1080**·11·28 社／**1084**·2·7 社／12·20 社／**1107**·7·12 社／**1140**·⑤·5 社／**1190**·是年 社／**1197**·5·3 社／**1220**·9 月 社／**1257**·是年 社／**1270**·5 月 社／❸ **1313**·是年 社／**1315**·3·25 社／**1316**·8·1 社／❹ **1469**·11·7 社／**1470**·12·19 社／**1522**·1·1 社／**1577**·12·12 社／**1586**·7·25 社／**1587**·6·1 社／❺-1 **1637**·3·1 社／**1644**·6·11 社／**1645**·是年 社／❺-2 **1801**·7·19 社
香椎宮等奉幣使 ❺-2 **1744**·9·25 社
賀紫久利神(鹿児島) ❶ **851**·6·17 社／**860**·3·20 社
橿原神宮 ❶ **書紀·神武 76**·3·11／❾ **1993**·2·4 文
　橿原神宮創建 ❻ **1890**·3·20 社
鹿島社(茨城) ❶ **671**·是年 社／**773**·6·2 社／**777**·7·16 社／**782**·5·2 社／**820**·8·24 社／**839**·10·29 社／❷ **1037**·8·2 社／**1094**·4 月 社／**1105**·3·24 社／**1114**·10 月 社／**1118**·10·26 文／**1181**·3·12 社／10 月 社／**1183**·3·10 社／**1184**·8·13 社／**1193**·5·1 文／7·10 社／**1235**·10·15 社／**1241**·2·12 社／❸ **1282**·12·28 社／**1283**·是年 社／**1331**·6·27 社／**1333**·元弘年間 社／**1383**·1·28 社／**1418**·是年 社／**1424**·10·10 社／**1434**·8 月 社／**1435**·8 月 社／❹ **1519**·3·14 社／**1522**·12·21 社／**1542**·6 月 社／**1579**·9·27 社／❺-1 **1619**·12·2 社／❺-2 **1752**·6 月 社／**1837**·3·27 社
　鹿島造替年限(茨城) ❶ **812**·6·5 社
　鹿島香取使 ❷ **1023**·6·2 社
　鹿島使 ❶ **951**·1·22 社
　造鹿島社総奉行 ❷ **1263**·7·13 社
春日(神)社(奈良) ❶ **768**·是年 社／❷ **1019**·9·27 政／**1024**·是年 社／**1041**·是年 社／**1052**·永承年間 社／**1080**·是年 文／**1104**·4·22 社／**1114**·7·28 政／**1115**·10·28 社／**1127**·7·1 社／**1128**·4·27 政／**1132**·9·13 社／**1135**·2·27 社／**1160**·11·6 社／**1178**·3·19 社／**1196**·12·25 社／**1215**·4·5 社／**1220**·12·24 社／**1232**·4·4 社／**1236**·6·27 社／**1237**·4·4 社／**1261**·6·4 文／**1269**·10·22 社／❸ **1298**·12·29 社／**1303**·6·29 社／**1320**·12·26 社／**1382**·①·24 社／**1407**·11·9 社／❹ **1460**·2·24 社／**1467**·9·18 社／11·18 社／**1509**·12·21 社／**1528**·5·14 社／**1553**·7·21 社／**1586**·5·27 社／**1587**·11·7 社／❺-1 **1633**·12·14 社／**1652**·6·11 社／是年 社／**1690**·6·3 社／**1706**·12·29 社／**1709**·9·27 社
　春日社遷宮 ❸ **1287**·12·16 社／**1343**·12·28 社／**1367**·12·28 社／**1386**·11·26 社／**1427**·11·25 社／❹ **1487**·11·19 社
　春日大社竈殿 ❸ **1388**·10·29 文
　春日大社本殿(奈良) ❷ **1105**·2·4 社／**1106**·11·8 社／❻ **1863**·11·2 文
　春日使 ❷ **1004**·2·6 文
　春日社神鏡 ❸ **1301**·10·25 社／

11·28 社
春日神木 ❷ 1066·1·7 社／1116·5·12 社／1150·8·5 社／1164·9·1 社／1275·6·22 社／1281·10·4 社／❸ 1282·1·24 社／12·15 社／12·21 社／1291·1·17 社／12·27 社／1292·4·21 社／1294·10·5 社／1296·10·4 社／1297·8·21 社／1300·4·5 社／1312·4·11 社／1314·3·17 社／8·14 社／1325·6·23 社／1339·11·9 社／1348·7·8 社／1366·8·12 社／1371·12·19 政／1374·12·17 社／1377·9·27 社／1402·2·18 社／1405·5·14 社／1420·6·25 社／1421·11 月 社／1428·③·4 社／1430·12·28 社／1435·4·1 社／6·1 社／1436·11·14 社／❹ 1463·12·24 社／1464·1·1 政／1501·2·28 社
春日神木監護使奉行 ❸ 1380·12·15 社
春日社造替料所 ❸ 1365·10·16 政
春日若宮神(奈良) ❷ 1003·3·3 社／1143·6·27 社／1270·7·13 社／❸ 1369·5·8 社／❺-2 1747·9·5 社／1766·9·27 社／1826·4·27 社
春日神(青森信夫郡) ❺-2 1755·2·25 社
傍野神(山口) ❶ 891·8·28 社
片野社(大阪) ❺-1 1602·11 月 社
片山神(京都) ❶ 856·5·27 社
加津良神(大阪) ❶ 867·2·26 社
香取·鹿島両神宮 ❽ 1942·1·4 社
香取社(千葉) ❶ 836·10·20 社／839·10·29 社／882·12·9 社／❷ 1037·8·2 社／1105·3·24 社／1112·10·18 政／1125·3·2 社／1137·是年 社／1142·11·6 社／1155·是年 社／1177·12·17 社／1197·2·16 社／1227·12·10 社／1237·是年 社／1240·6·10 社／1249·3·10 社／1264·4·26 社／1270·2 月 政／1271·12·10 社／❸ 1289·11·28 社／1293·3·2 社／1316·1·8 社／1330·6·24 文／1342·3·13 社／1366·5·8 社／1374·4·5 社／1378·5·26 社／1383·1·11 社／❹ 1483·9·18 社／1492·8·27 社／1572·8 月 社／❺-1 1607·8·24 社／❺-2 1780·2 月 社／1837·3·27 社
香取社司 ❷ 1164·6 月 社／1248·是年 社
香取造替年限(千葉) ❶ 812·6·5 社
香取大神宮(東京墨田) ❺-2 1727·6 月 社
金神(山梨) ❶ 890·8·29 社
金佐奈神(埼玉) ❶ 862·6·4 社
賀那木神(奈良) ❶ 852·7·26 社
銀山神(長崎) ❶ 840·11·8 社
金山彦大神(岐阜) ❶ 836·11·4 社
金山彦大神(福井) ❷ 1064·康平年間 社
金谷社(山口) ❹ 1589·6·10 社
河伯(漢神) ❶ 642·7·25 社
甲波宿禰神(群馬) ❶ 850·12·7 社
蒲社(蒲神明宮静岡) ❷ 1254·1·14 社
蒲神社(静岡) ❸ 1284·6·28 社／❹ 1540·3·18 社
蒲智比咩神(熊本) ❶ 878·9·7 社
竈神(福岡) ❶ 850·10·7 社
竈宮(福岡大宰府) ❹ 1597·是年 社
竈門山上宮(かまどやま·宝満社、福岡) ❷ 1105·3·3 社／1155·4·26 社／1159·8·2 社
竈門社の神輿(福岡) ❷ 1105·8·29 政
上御霊社遷宮(京都) ❹ 1584·12·18 社
亀戸天満宮(東京) ❺-2 1745·6·14 社
亀山八幡宮(山口) ❶ 923·8·23 社
賀茂太田社 ❸ 1414·是年 社
賀茂社(上下·京都) ❶ 678·2·1 社／781·4·20 社／784·6·13 政／793·2·2 政／807·3 月 社／818·3·18 社／856·5·9 社／858·8·19 社／942·4·29 社／951·10·26 社／❷ 1013·12·15 政／1014·4·26 政／1017·11·25 政／1060·4·8 社／1076·4·23 社／1077·4·17／1078·4·13 社／1124·2·6 社／❸ 1282·8 月 社／1302·6·19 政／1331·8·26 政／1336·6·23 社／1373·9·23 文／11·3 社／1379·5·1 社／1398·2 月 社／1400·4·8 社／❹ 1470·6·14 社／1475·9·2 社／1508·3·28 社／1520·4·23 社／1527·3·17 社／1546·9·14 社／1549·6 月 社／1556·5·27 社／1582·6·7 社
神魂社(島根) ❹ 1583·2·22 社／12·22 社
神魂大社(かもす、島根) ❸ 1365·2·2 社／1453·8·9 社
賀茂御祖社(かもみおや、下社·下賀茂社) ❷ 1001·6·20 社／1020·10·23 社／1036·是年 社／1056·是年 社／1118·10·23 社／是年 社／1119·11·1 社／12·22 社／1132·11·25 社／1141·7 月 社／1143·3·16 社／1152·7·9 文／1161·9·16 社／1181·10·22 社／1222·8·13 社／❺-2 1741·9·18 社／1777·8·13 社／1835·3·11 社／❻ 1863·12·12 社
賀茂御祖社正遷宮 ❺-1 1629·4·5 社／1679·9·16 社／1712·9·1 社
賀茂御祖社遷宮 ❷ 1098·7·9 社／❸ 1302·12·2 社／1322·是年 社／1348·8·24 社／1415·是年 社
下賀茂社本殿(京都) ❻ 1863·12·12 文
賀茂別雷社(かもわけいかずち、上社·上賀茂社) ❶ 956·是年 社／❷ 1035·4·14 社／1037·是年 社／1060·8·29 社／1081·8·13 社／1106·4·13 社／7·26 社／1112·是年 社／1140·8·4 社／1143·8·4 社／1172·8·16 社／1199·12·9 社／1217·12·17 社／❺-2 1741·11·4 社／1750·1·28 社／1777·8·13 社／1801·11·26 社／1835·3·11 社／❻ 1864·3·15 文
賀茂別雷社正遷宮 ❷ 1264·12·29 社／❸ 1303·9·24 社／1305·8·8 社／1346·是年 社／1384·是年 文／1429·是年 社／❺-1 1628·是年 社／1679·9·16 社／1711·11·1 社
辛国神(大阪) ❶ 867·2·26 社
樺太神社 ❼ 1910·7·29 社
河合社 ❺-2 1835·3 月 社
河上宮(熊本) ❷ 1176·1·13 文／1193·10·3 社／1220·12 月 社／1232·3 月 政／❸ 1292·6·16 社／1324·2·29 社／1351·12·15 社／1380·6·25 社／1383·2 月 社／1443·2·11 社
川田八幡宮(徳島) ❸ 1388·2·10 社
河内神社(山形実俣村) ❺-2 1825·4·4 文
河内神社遷宮(山形西田川) ❺-2 1832·8·27、28 社
河辺八幡宮(青森) ❸ 1335·3 月 政／1384·6·15 社
香春峰神(福岡) ❶ 837·12·11 社
感古佐美神(大阪) ❶ 891·3·5 社
漢神(各地) ❶ 784·4 月 社／791·9·16 社／801·4·8 社／804·12·21 社
感神院神殿(福岡) ❷ 1098·12·8 社
神田明神社(東京) ❺-1 1616·4 月 社／1617·9·11 文／1660·8·20 社／1704·9 月 社／1713·5·5 社／❺-2 1839·6 月 社／1840·12·18 社
紀伊木本八幡宮 ❻ 1861·8·2 社
紀伊大神(和歌山) ❶ 656·8 月 社／692·5·26 社
給黎院(きいれいん、鹿児島) ❸ 1324·3·20 社
祇園社(感神院·八坂神社·感慶寺、京都) ❶ 656·8 月 社／876·是年 社／934·6·26 社／935·6·13 社／959·3·13 社／974·5·7 社／975·6·15 文／❷ 1041·10·14 社／1070·10·14 社／1071·10·4 社／1072·3·26 政／1091·7·3 政／1105·10·26 社／1114·11·9 社／1123·12·26 社／1125·3·18 社／1131·3·19 政／1148·6·3 社／1149·6·14 社／1151·6·14 社／1152·6·14 社／1157·6·14 社／1184·3 月 社／1187·8·26 文／12·27 社／1189·12·21 社／1220·4·13 社／12·25 社／1254·⑤月 社／1277·11·28 社／❸ 1343·7·2 社／1351·7·30 社／1355·1·15 社／1357·1·22 社／1361·6·29 社／1379·12·29 社／1448·4·29 社／❹ 1467·12·19 社／1470·6·14 社／1492·11·18 社／1508·3·28 社／❺-2 1771·7·7 社／1821·8·4 社
祇園社禁制十一條 ❸ 1385·7·13 社
祇園社に禁制 ❹ 1516·4·11 社
祇園社執行 ❸ 1361·6·5 社
祇園天神堂 ❶ 926·6·26 社／934·6·26 社
祇園の神輿 ❷ 1105·1·1 社／❸ 1418·6·25 社／1443·6·7 社／❹ 1459·6·7 社
喜多院(埼玉川越) ❹ 1588·是年 社／❺-1 1612·4·19 社／1646·12·17 社
北口浅間社(山梨) ❹ 1582·11·23 社
北野天満宮(京都) ❶ 904·12·19 社／942·7·13 社／947·6·9 社／959·2·25 社／987·是年 社／996·11·6 社／1000·11·6 社／❷ 1004·10·21 社／1234·7·21 社／❸ 1291·3·16 社／1444·4·13 社／1445·2·25 社／1450·

8·4 社／❹ **1479**·10·5 社／**1494**·9·15 社／**1600**·5·18 社／❺-1 **1669**·2·4 社／❺-2 **1737**·12·1 社／**1752**·3·1 社／**1770**·9·24 社／**1812**·6·27 社／**1852**·1·22 社
北野社公文所 ❸ **1408**·11·14 社
北野天満宮(東京) ❸ **1397**·8·25 社
杵築神⇨出雲大社
吉祥院に天神堂(京都) ❷ **1066**·3·26 社
吉備津彦社(岡山) ❶ **848**·2·21 社／**852**·2·20 社／8·27 社／❷ **1061**·11·25 社／**1062**·2·12 社／❸ **1367**·3 月 社／❹ **1578**·3·26 社／❺-1 **1601**·4·6 社／**1604**·12·2 社
吉備津宮(広島) ❷ **1229**·11·27 社
貴布禰社(貴船社、京都) ❶ **818**·5·8 社／**819**·8·28 社／❷ **1046**·7·25 社／**1049**·1·29 社／**1055**·4·26 社／**1112**·6·30 社／9·2 社／**1124**·12·28 社／**1140**·7·10 社／**1170**·2 月 社／**1173**·1·16 社／**1233**·6·25 社／❸ **1420**·11·25 政／❹ **1527**·11·1 社／**1530**·2 月 社／**1582**·6·7 社／❺-1 **1631**·12·1 社／**1679**·9·23 社／**1713**·2·26 社／❺-2 **1742**·9·23 社／❻ **1864**·4·9 社
京都梨木神社 ❾ **1977**·1·1 政
旭蓮社(大阪) ❹ **1588**·12·20 社
清荒神 ❽ **1937**·10·12 社
清滝社(京都·醍醐) ❷ **1173**·6·30 社／**1240**·3·15 社
霧島宮(薩摩) ❹ **1575**·4·2 文
霧島社(大隅) ❹ **1568**·2 月 社
霧島岑神(宮崎) ❶ **837**·8·1 社／**858**·10·22 社／❷ **1112**·2·3 社／**1234**·12·28 社／❹ **1587**·8·24 社／**1600**·3·25 社／❺-2 **1729**·8·27 社
金剣神(石川) ❶ **933**·是年 社／**983**·是年 社
金剣宮(石川) ❷ **1007**·是年 社／❹ **1531**·7·30 社
金峰神(奈良) ❶ **854**·6·1 社
櫛田宮(佐賀) ❸ **1361**·2·28 社／❹ **1523**·③·27 社
霊産魂命神(くしむすびのみことかみ、奈良) ❶ **875**·3·29 社
楠神社 ❻ **1870**·5·25 社／**1872**·4·29 社
久世戸祠(京都) ❸ **1395**·9·19 政
久度神(奈良) ❶ **783**·12·15 社
国懸社(くにかかす、和歌山) ❶ **686**·7·5 社／**898**·是年 社／❷ **1091**·12·7 社／**1242**·3·26 社
国造神社(熊本) ❶ **847**·7·4 社
櫟原社(くぬぎはら、富山) ❹ **1582**·6 月 社
熊野三山(和歌山) ❷ **1090**·1·22 社／**1159**·11·11 社
熊野三山検校 ❷ **1207**·12·28 社／**1248**·是年 社
熊野三所宝殿 ❷ **1105**·4·7 社
熊野十五所新宝殿 ❷ **1111**·8·1 社
熊野新宝殿 ❷ **1127**·8·1 社／**1214**·11·22 社
熊野社(岡山) ❹ **1568**·10·26 社
熊野社(陸奥) ❸ **1406**·7·30 社／❹ **1514**·4·23 社／**1546**·9·9 社／**1588**·11·30 社
熊野新宮(速玉社、和歌山) ❷ **1162**·3·25 社／**1210**·11·22 社／**1215**·9·26 社／**1241**·6·8 社／**1242**·是年 社／**1247**·7·19 社／8·8 社／**1265**·10·22 社／❸ **1306**·11·8 社／**1350**·12·9 政／**1354**·12·6 社／**1382**·9·3 政／**1432**·5·10 社／**1433**·3·2 社／**1439**·3·21 社
熊野堂(陸奥) ❸ **1378**·7·22 社
熊野神(島根) ❶ **851**·9·16 社／**867**·4·8 社
熊野本宮(和歌山) ❶ **659**·是年 社／**766**·9·24 社／**907**·10·2 社／❷ **1096**·3·10 社／**1118**·⑨·22 社／**1119**·10·9 社／**1128**·是年 社／**1206**·2·28 社／12 月 社／**1209**·9·13 社／**1221**·9·12 社／**1251**·2·27 社／11·21 社／**1263**·11·24 社／**1274**·是夏 社／❸ **1408**·7·2 社／**1419**·9·4 社／❹ **1468**·2·28 政／**1562**·6·23 社／❺-1 **1629**·9·10 社／**1680**·4·5 社／❺-2 **1779**·1 月 社
熊野宮遷宮 ❸ **1390**·11·11 社
熊野那智社(和歌山) ❷ **1151**·2·15 社／**1203**·7·22 社／**1223**·11·19 社／**1230**·6·10 社／**1261**·12·28 社／**1263**·9·5 社／❸ **1298**·4·21 社／**1452**·12·5 社／**1455**·7·18 社／❹ **1556**·5·8 社
熊野那智師職 ❸ **1388**·7·16 社
熊野本宮経蔵 ❷ **1176**·10·17 社
熊野本宮十二所権現 ❷ **1096**·3·10 社
熊野本宮新宮 ❷ **1209**·是年 社
那智山正遷宮(和歌山) ❺-2 **1734**·9·15 社
栗栖神(大阪) ❶ **862**·11·11 社／**883**·12·28 社
九郎助稲荷(京都) ❺-2 **1734**·8 月 社
桂国寺(徳島) ❹ **1580**·11·5 社
敬満神(静岡) ❶ **853**·11·27 社
計仙麻神(宮城気仙沼) ❶ **860**·1·27 社
気多社(石川) ❶ **768**·10·24 社／**835**·9·28 社／**855**·5·4 社／**931**·11 月 社／❸ **1337**·建武年間 社／❹ **1584**·6·16 社／7 月 社／**1588**·10·24 社／**1600**·12·10 社
気多大社(三重) ❷ **1072**·3·19 文
気比神宮·笥飯大神(福井) ❶ **書紀·神功 13**·2·8／**692**·9·26 社／**715**·是年 社／**776**·9·16 社／**809**·2·21 社／**839**·12·9 社／**853**·8·15 社／**855**·5·4 社／**858**·4·7 社／**860**·1·27 社／**878**·2·27 社／**884**·9·9 社／**893**·12·29 社／**981**·12·1 社／❷ **1024**·11·2 政／**1104**·6·19 政／**1191**·12·12 社／**1196**·6·14 社／**1204**·7·29 社／**1247**·10·13 社／**1265**·12·6 社／❸ **1289**·9·20 社／**1325**·5 月 社／**1330**·7·13 社／**1390**·9·15 政／**1426**·10·5 社／**1434**·5·18 社／**1437**·8 月 社／❹ **1515**·9·8 社／**1526**·11·11 社／**1529**·6·6 社／**1541**·6·10 社／**1561**·9·28 社／**1562**·8·23 社
建勲神社 ❻ **1869**·11·17 社
建国神廟(長春) ❽ **1940**·7·15 社
堅真音神(和歌山) ❶ **865**·5·17 社
小朝熊社(こあさま、三重) ❷ **1230**·9·17 社／**1234**·1 月 社
子相神(千葉) ❶ **891**·4·11 社
甲佐三社(福井) ❸ **1435**·4·29 社
荒神社(東京) ❹ **1478**·6·25 社
上野赤城二宮神社 ❻ **1855**·12·21 社
甲宗八幡宮(福岡) ❶ **860**·是年 社
御香宮社(京都伏見) ❺-1 **1694**·9 月 社
高良玉垂神(福岡) ❶ **765**·是年 社／**810**·3 月 社／**818**·11·16 社／**850**·10·7 社／**851**·9·25 社／**858**·2·17 社／**869**·3·22 社／**897**·12·3 社／12·社／**925**·是年 社／**969**·8·5 社／❷ **1076**·4·2 社／**1078**·2·6 社／**1080**·3·30 社／**1085**·2·21 社／**1129**·5·11 社／**1188**·7·25 社／❸ **1437**·12·13 社／❹ **1545**·4·27 社
高良社(石清水社) ❷ **1233**·5·7 社
護国神社 ❽ **1938**·12·15 社／**1939**·3·15 社
五社大明神(徳島名西郡) ❺-2 **1794**·8 月 社
五所別宮(三重) ❷ **1095**·12 月 社
居多社(新潟) ❹ **1533**·10·19 社／**1560**·5 月 社
子都濃神(宮崎) ❶ **837**·8·1 社
木幡社日光大明神(栃木塩谷郡) ❺-**1767**·11·4 社
駒形神社(岩手) ❶ **851**·9·2 社
御霊社(京都) ❹ **1541**·4·8 社／**1575**·3·26 社／❺-1 **1686**·12·18 社／**1697**·11·27 社
誉田八幡宮(こんだはちまんぐう、大阪) ❹ **1508**·3·15 社／**1510**·3·26 社／❺-1 **1603**·5·1 社／❺-2 **1740**·6 月 社
金比羅宮本社 ❺-2 **1760**·5·20 社／❻ **1878**·4·15 社
堺神(大阪) ❶ **883**·12·28 社
酒列磯前神(茨城) ❶ **857**·8·7 社
佐陀社(島根) ❷ **1091**·4·17 社
札幌神社 ❻ **1871**·9·14 社／10·23 社／**1872**·1·25 社
猿投神社(愛知) ❶ **864**·2·19 社／❸ **1349**·1·5 文／**1395**·4·5 文／❹ **1458**·11·15 政
寒川社(神奈川) ❹ **1522**·9 月 社
左女牛(さめうし)八幡宮(六條八幡宮) ❷ **1053**·是年 社／**1275**·10 月 社／❸ **1391**·3·28 政／**1398**·12·14 社
更級八幡宮(長野) ❹ **1557**·1·20 社
山王権現(東京) ❹ **1486**·文明年間 社／❺-1 **1630**·8·22 文／**1650**·2 月 社／**1659**·4·29 社／**1713**·5·5 社
山王社(佐賀) ❸ **1455**·12·2 社
塩竈社(しおがま、宮城) ❷ **1186**·4·28 政／**1193**·3·7 社／❸ **1295**·7·23 社／**1350**·9·17 社／**1361**·2·18 社／❹ **1524**·10·23 社／**1572**·3·17 社／❺-1 **1607**·6·20 文／❺-2 **1748**·4·17 社
塩野社(長野) ❹ **1568**·4·21 社
式内社(解説) ❶ **927**·12 月 社
四條畷神社 ❻ **1889**·12·16 社
静火神(和歌山) ❶ **875**·10·17 社
志多良神(兵庫) ❶ **945**·7·25 社

神輿(志多良神) ❶ **945**・7月 社
設楽神(したらのかみ) ❷ **1012**・2・8 社
志奈毛神(鹿児島) ❶ **860**・3・20 社
篠村八幡宮(京都) ❷ **1071**・是年 社／❸ **1333**・3・17 政／4・29 政／**1335**・3・22 社／9・24 社／**1336**・2・1 社／**1348**・4・27 社／**1355**・8・28 社／**1405**・4・14 政／**1414**・8・29 社
芝明神社(東京) ❺-1 **1634**・3・23 社／**1660**・8・20 社
倭文神(しぶみのかみ、群馬) ❶ **859**・8・17 社
志摩神(和歌山) ❶ **875**・10・17 社
下御霊社(京都) ❺-1 **1710**・7・6 社
下野麓山神社 ❻ **1857**・11・10 社
下水分社(貴志宮)・大伴道場(円照寺、大阪) ❹ **1572**・8月 社
下山社(山梨) ❹ **1542**・1・1 社
守公神社(鹿児島) ❸ **1381**・2・13 社
招魂社・東京招魂社(東京九段)⇨靖国神社
正八幡宮(鹿児島) ❷ **1088**・11・23 社／**1091**・12・13 社／**1092**・2・29 社／**1094**・11・12 社／**1121**・6月 社／**1132**・4月 文／**1253**・3・12 社／❹ **1527**・11・28 社／**1560**・12・13 社
正八幡宮(長崎) ❷ **1256**・4・7 政
蜀椒神(兵庫) ❶ **842**・10・15 社
白髪社(高知) ❹ **1574**・11・3 社
新羅明神祠(滋賀比叡山) ❶ **924**・2・18 社
白根神(山梨) ❶ **891**・9・24 社
斯礼賀志命神(福岡高良社) ❶ **915**・5・13 社
白羽火雷神(鹿児島) ❶ **860**・3・20 社
城山神社(香川) ❶ **888**・5・6 社
天日鷲神(徳島) ❶ **883**・12・28 社／**849**・4・2 社
真正極楽寺(京都) ❺-1 **1693**・8・22 社
新善光寺(京都) ❹ **1529**・12・6 社／**1539**・10・26 社
新玉津島社(京都) ❸ **1383**・8・9 社／**1403**・11・24 社
新豊受大神宮(京都) ❸ **1438**・11・28 社
神明宮(甘縄、神奈川) ❷ **1186**・1・2 政
神明社(静岡蒲御厨) ❸ **1378**・3・10 社
神明社(東京) ❷ **1005**・是年 社
新羅明神(園城寺) ❷ **1128**・11・25 社
菅生神(石川) ❶ **883**・12・28 社／**940**・1・15 社
菅田神(奈良) ❶ **891**・3・5 社
宿那彦神像石神(石川) ❶ **860**・6・9 社
須波阿須疑神社(福井) ❶ **973**・是年 社
隅田八幡宮(和歌山) ❹ **1552**・6・28 社
須宮(徳島) ❷ **1181**・2・10 社
住吉社(大阪) ❶ **686**・7・5 社／**692**・5・26 社／**806**・4・24 社／**861**・2・7 社／**866**・4・11 社／**1000**・3・20 社／❷ **1003**・9・19 社／**1004**・2・26 政／**1014**・11・19 社／**1031**・9・25 社／**1034**・3・23 社／**1053**・2・10 社／**1084**・9・12 社／**1113**・8・29 文／**1114**・12・19 社／**1165**・5・4 社／**1193**・12・25 社／**1214**・12・25 社／**1230**・5・2 社／**1234**・12・28 社／**1274**・12・29 社／❸ **1333**・3月 文／**1360**・4・12 社／9月 政／10月 政／**1374**・12・29 社／**1389**・9・11 社／**1434**・12・30 社／❹ **1483**・4・15 社／**1576**・4・26 社／❺-1 **1618**・是年 社／**1709**・5・1 社／❺-2 **1758**・9・21 社／**1802**・12・28 社
住吉海神祭使 ❶ **948**・7・5 社
住吉三神(穴門) ❶ **書紀・仲哀 7**・12月
住吉造替年限 ❶ **812**・6・5 社／**928**・是年 社
住吉社(京都・高雄) ❷ **1238**・1・29 社
住吉社(兵庫) ❹ **1542**・8月 社／**1545**・12・23 社／**1548**・6・10 政／**1559**・3・28 社／**1560**・2・2 社／**1561**・2・14 社／**1562**・10・2 社／**1565**・11・1 社／**1581**・3・22 社／**1582**・4月 社
住吉社(福岡・筑紫) ❶ **737**・4・1 社／❷ **1178**・1・3 社／**1179**・5・3 社
住吉社(山口) ❸ **1370**・3・11 社／❺-1 **1602**・12・1 社
守門社(すもん、新潟) ❹ **1544**・2・9 社
駿河大井大明神 ❻ **1854**・⑦・15 社
諏訪社(鹿児島) ❸ **1356**・12・18 社／**1370**・1・11 社
諏訪神社(長崎) ❺-1 **1625**・是年 社／**1650**・11・9 社／**1651**・9・13 社／❺-2 **1723**・7・5 社／**1751**・9月 社／**1793**・6・29 社／**1811**・4・21 社／**1827**・9・7 社
諏訪社(福島) ❺-2 **1793**・8・12 社
諏訪神社(臼杵) ❻ **1864**・3・27 文
諏訪大社(須波社、長野) ❶ **691**・8・23 社／**946**・天慶年間 社／❷ **1135**・8・29 社／**1186**・1・23 社／**1191**・2・21 社／❸ **1302**・5・11 社／**1316**・9・18 社／**1359**・12・19 社／**1366**・2・9 社／**1377**・8・17 社／**1387**・7・16 社／**1398**・7・26 社／**1451**・10・5 社／❹ **1483**・1・8 社／3・19 社／**1493**・6・22 社／**1515**・11・19 社／**1517**・12・21 社／**1520**・12・5 社／**1522**・8・27 文／**1524**・4・13 政／❺-1 **1648**・7・11 社／❻ **1856**・4・3 社
須波阿須疑神社(福井) ❶ **973**・是年 社
関宮社(大分) ❹ **1586**・12・3 社
浅間社(山梨) ❶ **865**・12・9 社／❹ **1551**・2・5 社／7・11 社／**1557**・12・2 社／**1582**・10・22 社
浅間神社(静岡大宮) ❶ **853**・7・13 社／❷ **1223**・6・20 社／❹ **1547**・2・2 社／**1558**・8・13 社／**1570**・4・23 社／**1576**・3・26 社／❺-1 **1604**・11・12 社／**1613**・7・7 文／❺-2 **1726**・11・6 社／**1773**・1・12 社
泉明神社(茨城) ❹ **1530**・9月 社
総社(岡山) ❹ **1580**・3・2 社
総社(鳥取) ❷ **1099**・2・19 社
総社(兵庫) ❹ **1527**・大永年間 社
総社幣殿(茨城) ❸ **1318**・3・24 社
曾我兄弟の社 ❺-1 **1711**・3月 社
枌山社(杉山社・武蔵) ❶ **838**・2・22 社
園韓(そのからかみ)神社(京都) ❷ **1127**・2・14 政／❸ **1419**・2・5 社
空知太神社(北海道砂川) ❾ **2010**・1・20 社
醍醐寺清滝社 ❸ **1395**・4・17 社／**1405**・8・24 社／**1407**・12・21 社／**1410**・1・26 社／**1429**・4・17 社
醍醐寺吉野上社 ❹ **1479**・1・1 社
太鼓谷稲成神社 ❾ **1981**・4・1 社
大織冠社正遷宮(奈良) ❺-1 **1619**・11・15 社
大宝神社若宮(滋賀) ❸ **1283**・7・27 文
田坐神(大阪) ❶ **862**・5・17 社
泰楽寺鏡明神(奈良) ❹ **1458**・9・3 文
台湾神社 ❼ **1900**・9・12 社／**1901**・10・27 社
鷹尾社(福岡) ❷ **1219**・12・5 社
高鴨神(奈良) ❶ **764**・11・7 社
高瀬神(富山) ❶ **780**・12・14 社
多賀大社(滋賀) ❸ **1337**・6・21 社／❹ **1524**・7・27 社／**1534**・2・5 社／**1563**・10・13 社／**1568**・8月 社／**1569**・12・28 社／**1582**・6・6 社／**1584**・3・29 社／**1599**・10・6 社／❺-1 **1638**・9・22 社／**1699**・11・12 社／❺-2 **1757**・3・1 社／**1773**・4・18 社
高田八幡宮(東京) ❺-2 **1730**・5・15 文
高野神(岡山) ❶ **875**・3・29 社
高松社(静岡) ❸ **1333**・1・18 文
高天彦神(奈良) ❶ **839**・5・26 社
高宮(三重) ❹ **1578**・3・2 社
高良神社(福岡) ❸ **1437**・12・13 社／❹ **1545**・4・27 社
滝倉神(奈良) ❶ **890**・9・15 社
湍津姫神(福岡) ❶ **889**・12・25 社
健磐龍社(熊本) ❶ **843**・6・8 社／**850**・10・7 社／**851**・10・8 社
武雄社(たけお、佐賀) ❷ **1205**・4・25 社／**1215**・10・2 社／❸ **1331**・9・4 社／**1364**・12・2 社／**1401**・①・28 社
武雄社(佐賀)四至実検文 ❶ **951**・2・11 文
健金萱神(島根) ❶ **891**・4・11 社
猛島神(長崎) ❺-2 **1766**・8・20 社
多気大神宮(三重) ❶ **698**・12・29 社
武田八幡社(山梨) ❺-2 **1780**・7・21 社
建部神(滋賀) ❶ **860**・3・1 社
武水別神(長野) ❶ **867**・3・26 社
健御名方富命彦別社(長野) ❶ **691**・8・23 社／**850**・10・7 社／**851**・10・8 社／**865**・7・3 社／**867**・3・11 社
田心姫神(宗像社、福岡) ❶ **889**・12・25 社／**894**・10・8 社
大宰府天満宮 ❶ **984**・是年 社／❷ **1102**・7・27 社／❸ **1383**・1・23 社／**1399**・7・12 社／❹ **1479**・⑨・15 社／**1498**・7月 社／11・22 政／**1503**・2・20 社／**1540**・6・15 社／**1550**・是年 社／**1562**・是年 社／**1587**・6・13 社／10月 社／❺-1 **1641**・2月 社
多田院(兵庫) ❷ **1105**・2・15 社／**1223**・9・24 社／**1275**・10・8 社／**1281**・2・20 社／❸ **1299**・11・10 社／**1300**・9・22 社／**1363**・6・5 社／**1396**・10・29

社／ **1431**·3·9 社／ **1439**·2·28 社／ **1453**·2·28 社／❹ **1472**·8·17 社／ **1484**·5·10 文／❺-1 **1696**·6·9 社／ **1703**·元禄年間 社
橘逸勢社(京都) ❷ **1167**·5·27 社
龍田神(龍田風神、奈良) ❶ **676**·4·4 社／ 7·16 社／ **677**·7·3 社／ **679**·4·9 社／ 7·14 社／ **680**·4·10 社／ 7·8 社／ **681**·7·10 社／ **682**·4·9 社／ 7·11 社／ **683**·4·21 社／ 7·20 社／ **685**·4·12 社／ **686**·7·16 社／ **690**·7·18 社／ **691**·4·11 社
立名神(長野) ❶ **909**·11·27 社
立山社(高知) ❸ **1327**·12·16 社
多天神(愛知) ❶ **853**·6·11 社
多度神宮寺(三重) ❶ **782**·10·1 社／ **850**·9·10 社／ **859**·2·19 社／❷ **1105**·11·2 社
玉埼神(千葉) ❶ **868**·7·27 社
玉祖社(山口) ❶ **867**·3·10 社／ **964**·4·2 社／❺-1 **1608**·4·2 社
玉垂社(福岡) ❹ **1543**·1·17 社
玉造稲荷社(大阪) ❺-2 **1789**·6 月 社
手向山(たむけやま)八幡の神輿(奈良) ❷ **1102**·9·28 社
田村社(香川) ❶ **849**·2·28 社／ **861**·2·13 社／❹ **1460**·12 月 社
太郎稲荷社(東京浅草) ❺-2 **1803**·2 月 社／ **1804**·是年 社／❻ **1867**·9 月 社
談山社(高知) ❹ **1517**·3 月 社
談山神社(多武峰·とうのみね、奈良) ❷ **1025**·是年 社／ **1026**·3·10 社／ **1055**·12·14 社／ **1078**·11·10 社／ **1094**·是年 文／ **1105**·5·1 社／ **1108**·9·10 社／ **1116**·6·29 社／ **1151**·3·26 社／ **1172**·8·10 社／ **1173**·6·25 社／❹ **1520**·11·10 社／ **1559**·9·29 社／ **1585**·4 月 社
　多武峰社正遷宮(奈良) ❺-1 **1668**·8·29 社／❺-2 **1850**·2·25 社
　多武峰講堂·金堂·常行堂·十三重塔·法華堂·宝蔵·鐘楼·惣社·三重塔 ❷ **1173**·6·25 社／ **1177**·2 月 文
　多武峰の神宝 ❸ **1297**·6·19 社／ **1298**·10·19 社
　多武峰藤原鎌足廟 ❸ **1437**·4·11 文／ **1449**·8·9 社
多武峰講堂(奈良) ❶ **916**·是年 文
　多武峰常行堂 ❶ **970**·是年 社／ **1000**·11 月 社／❷ **1180**·4 月 社
　多武峰聖霊院 ❶ **914**·是年 文
　多武峰総社 ❶ **926**·是年 社
　多武峰普門堂 ❶ **978**·是年 社
　多武峰法華堂 ❶ **964**·3 月 社／ **966**·是年 社
　多武峰曼陀羅堂 ❶ **970**·是年 社
　多武峰弥勒堂 ❶ **969**·是年 社
　多武峰妙楽寺 ❸ **1351**·11·9 社
智賀尾神(鹿児島) ❶ **860**·3·20 社
近津社(陸奥) ❹ **1545**·10 月 社
散久難度神(滋賀) ❶ **851**·6·9 社
竹生島都久夫須麻社(滋賀) ❶ **887**·是年 社／ **913**·4·11 文／ **916**·是年 社／ **923**·7 月 社／ **930**·是年 社／ **989**·9·4 社／❷ **1232**·9 月 社／❹ **1528**·6·8 社
千栗宮(ちくり、佐賀) ❷ **1228**·12·2 社
秩父宮拝殿(埼玉) ❸ **1324**·11 月 社
朝鮮神宮(京城) ❼ **1925**·10·15 社
知立神(愛知) ❶ **864**·2·19 社
月山神(山形) ❶ **864**·2·5 社／ **876**·8·2 社／ **878**·7·10 社／ **880**·2·27 社
月読神(京都) ❶ **856**·3·15 社
筑波神(茨城) ❶ **823**·1·21 社
津島社(愛知) ❹ **1540**·12 月 社／ **1554**·12 月 社
対馬八幡本宮 ❸ **1452**·4·28 政
都都古和気神(福島) ❶ **841**·1·22 社
都都知神(長崎) ❶ **840**·11·8 社
角避比古神(静岡) ❶ **850**·8·3 社
都農神(宮崎) ❶ **843**·9·19 社
壺坂権現社(大阪) ❺-1 **1701**·9·3 社
妻神(宮崎) ❶ **837**·8·1 社
鶴岡等覚院 ❸ **1420**·12·13 社
鶴岡八幡宮(神奈川鎌倉) ❷ **1181**·②·21 社／ 7·20 社／ 8·15 社／ **1183**·2·27 社／ **1189**·6·9 社／ **1191**·11·21 文／ **1240**·2·25 社／ **1253**·8·14 社／ **1280**·11·14 社／ **1281**·11·29 社／❸ **1294**·2·3 社／ **1296**·2·3 社／ 12·27 社／ **1302**·2·3 社／ **1330**·9·13 社／ **1336**·8·20 社／ **1345**·4·13 社／ **1347**·11·1 社／ **1348**·5·19 社／ **1362**·12·27 社／ **1363**·2·3 社／ **1378**·5·26 社／ **1383**·1·11 社／ **1394**·12·24 社／ **1397**·7·16 社／ **1403**·11·14 社／ **1404**·5·15 社／ **1418**·5·10 社／ **1425**·6·21 社／ **1432**·11·15 社／❹ **1504**·9 月 社／ **1526**·12·15 社／ **1532**·5·18 社／ **1533**·2·9 社／ **1540**·11·21 社／ **1542**·4·10 社／ **1545**·10·10 社／❺-1 **1602**·2·2 社／ **1604**·8·15 社／ **1624**·7 月 文／ 11·15 社／ **1628**·8·1 社／ **1668**·8·15 社／ **1697**·9·15 社／❺-2 **1736**·1·12 社／ 9·15 社／ **1753**·9·15 社／ **1781**·7·25 社／ 8·15 社／ **1821**·1·17 社／ **1828**·7·28 社
剱神社(福井) ❶ **771**·10·16 社／❸ **1395**·8·18 社／❹ **1474**·12·12 社／ **1482**·3·17 社／ **1550**·5·8 社
出羽荒倉大権現 ❻ **1855**·9·10 社
出羽諏訪大明神 ❻ **1855**·8·17 社
天一神(兵庫) ❶ **857**·8·23 社
天神社(東京) ❹ **1478**·6·25 社
天神雷神(京都北野) ❶ **904**·12·19 社
天満宮(鹿児島) ❷ **1275**·5 月 社／ 12·3 社
天満宮(東京亀戸) ❺-1 **1663**·8·25 社
天満宮宝殿(福岡) ❷ **1213**·3·23 社
東寺八幡宮(京都) ❸ **1325**·8·19 社／ **1336**·7·1 社／ **1399**·11·8 社／ **1408**·11·4 社
塔寺八幡宮(福島) ❸ **1414**·11·3 社
東照宮(茨城水戸) ❺-1 **1621**·3·17 社
　東照宮(群馬世良田) ❺-2 **1763**·11·27 社
　東照宮(弘前) ❾ **2012**·4·19 社
　東照宮(静岡久能山) ❺-1 **1617**·12 月 社／❺-2 **1765**·4·13 社／ **1775**·⑫·14 社／ **1776**·5 月 社／ **1788**·5·22 社
　東照宮(東京上野) ❺-1 **1626**·11·13 社／ **1627**·8·17 社／ **1633**·12· 社／ **1639**·3·20 社／ **1652**·4·2 政
　東照宮(東京紅葉山) ❺-1 **1618**· 17 社
　東照宮(栃木日光山) ❺-1 **1616**·10·24 社／ **1636**·4·10 社／ **1641**·10·25 社／ **1645**·6·16 社／ 11·9 ／ **1646**·4·17 社／ **1650**·6·2 社／ **1654**·6·16 社／ **1683**·11·8 社／❺-2 **1753**·5·27 社／ **1759**·11·15 社／ **1762**·9·15 文／ **1764**·5·28 社／ **1779**·11·7 社／ **1798**·5·7 社／ **1814**·5·7 社／ **1832**·5·7 社／ **184** 11·9 社／ **1851**·3·29 社／ **1851**·4· 13 社／❾ **1985**·5·4 社／ **1999**·12 1 社
　東照宮の宮号 ❺-1 **1645**·11·3 政
　東照大権現 ❺-1 **1617**·2·21 社
　日光山宝蔵 ❺-1 **1600**·10·30 社
道祖神 ❷ **1242**·1·15 社
年徳神(庚辰年庚辰月庚申日) ❺-2 **1820**·3·24 社
東大寺八幡宮(奈良) ❸ **1306**·8·27 社／ **1440**·9 月 社
　東大寺八幡宮神輿 ❸ **1293**·7·11 社／ **1294**·7·13 社／ 12·15 社／ **1298**·10·10 社／ **1309**·2·29 社／ 9 5 社／ **1319**·是年 社／ **1321**·6·8 ／ **1360**·3·16 社
東天神(岐阜) ❶ **911**·2·10 社
多武峰社(奈良)⇨談山(たんざん)神社
遠江国雄神(福岡) ❶ **889**·12·25 社
戸隠神社(長野) ❹ **1596**·是年 社／❺-1 **1612**·5·1 社
戸神(兵庫) ❶ **842**·10·15 社
砥鹿神(愛知) ❶ **864**·2·19 社
角上神(とかみのかみ、長崎) ❶ **850**·6·4 社
常世岐姫神(大阪) ❶ **867**·2·26 社
常世神(東国) ❶ **644**·7 月 社
土左大神(高知) ❶ **675**·3·2 社／ **686**·8·13 社／❹ **1563**·5·5 政
富岡八幡宮(東京) ❼ **1933**·8·15 社
鞆江神(愛知) ❶ **881**·12·5 社
豊浦宮(山口) ❸ **1351**·6·1 文
豊日国別国魂宮(福岡) ❹ **1587**·2·6 社
豊比咩神(福岡) ❶ **859**·7·7 社／ **869**·3·22 社
鳥飼神(静岡) ❶ **866**·12·26 社
地震神(ないのかみ、各地) ❶ **599**·4·27
苗村明神(滋賀蒲生郡綾戸) ❺-2 **1726**·9·3 社
長尾社(京都) ❹ **1530**·9·17 社
長壁神(兵庫) ❺-2 **1748**·4·17 社
永倉神(福島) ❶ **855**·2·3 社
長田神社(兵庫) ❶ **877**·6·14 社
長浜八幡宮(滋賀) ❸ **1435**·7·2 文／ 7·3 文
中村神(大阪) ❶ **867**·2·26 社
仲山金山神(岐阜) ❶ **864**·5·22 社／ **873**·4·5 社
中山神(岡山) ❶ **860**·1·27 社
中山社(京都) ❷ **1050**·6·16 社
那古寺八幡宮(千葉) ❹ **1508**·9·25

社
梨原宮(八幡大神)　❶ **749**·12·18 社
波上宮(琉球)　❺-1 **1633**·是年 社
奈良神(武蔵)　❶ **850**·5·19 社
楢本神(奈良)　❶ **866**·5·24 社
響雷神(奈良)　❶ **859**·7·5 社
南宮神社(岐阜)　❹ **1501**·5月 社／**1511**·12·27 社／❺-1 **1642**·是年 社
仁井田社(高知)　❹ **1583**·3·21 社
新治神(富山)　❶ **883**·12·28 社
丹生川上神(奈良)　❶ **676**·是年 社／**773**·3·13 社／**877**·6·23 社
丹生社(和歌山)　❶ **883**·12·28 社／❷ **1112**·6·30 社／9·2 社／**1233**·6·25 社／❸ **1293**·3·28 社／**1341**·5·28 社／**1385**·9·10 政
丹生内·外神(三重)　❶ **891**·8·28 社
西寒多神(大分)　❶ **869**·3·22 社
仁科神明社(長野)　❸ **1396**·2·27 文
西宮社(兵庫)　❺-1 **1609**·3·24 社
日王八幡宮(愛媛)　❹ **1481**·7·10 社
日光山大明神(栃木)　❶ **946**·天慶年間 社／❹ **1497**·2·13 社
新田神社(鹿児島)　❷ **1173**·是年 社／**1243**·8·10 社／**1278**·⑩·17 社／❸ **1289**·8·2 社／**1291**·4·25 社／**1295**·4·16 政／**1298**·永仁年間 社／❺-1 **1614**·慶長年間 社
新田神社(栃木)　❻ **1875**·3·22 社
二宮社(山口)　❸ **1342**·4·23 社／**1349**·6·9 社／**1401**·12·26 社／❹ **1569**·6·9 社
若王子社(にゃくおうじ、京都)　❹ **1552**·4·12 社
貫前神(群馬)　❶ **891**·8·28 社／**916**·1·28 社
抜鋒社(群馬)　❷ **1100**·4·13 社
沼田神社(山形)　❺-2 **1843**·1·14 文
根津権現(東京)　❺-1 **1706**·12·4 文／**1713**·5·5 社／❺-2 **1717**·4·1 社
乃木神社(東京)　❼ **1915**·9·13 社
野口神社(福島)　❽ **1950**·3·21 社
白山社(石川)　❶ **715**·是年 社／**718**·7·3 社／**848**·是年 社／**853**·10·22 社／❷ **1068**·10·29 社／**1094**·11·12 社／**1147**·4·7 社／**1229**·6月 社／**1235**·11月 社／**1239**·8·17 社／**1240**·⑩·2 社／❸ **1325**·4·4 社／**1415**·8·16 社／❹ **1480**·10·10 社／❺-1 **1606**·4·18 社／**1619**·7·13 社／**1701**·6·20 社
　白山宮神輿(石川)　❷ **1177**·1·30 社
筥崎八幡宮(福岡)　❶ **737**·4·1 社／**919**·8·15 社／**921**·6·21 社／**923**·是年 社／**925**·是年 社／❷ **1024**·是年 社／**1051**·12·5 社／**1064**·2月 社／**1072**·10·19 社／**1102**·7·27 社／**1140**·⑤·5 社／**1151**·9·23 社／**1218**·9·16 社／**1219**·6月 社／**1265**·2·10 社／8·18 社／**1268**·3·5 社／3·23 社／8月 社／**1274**·10·20 社／11·14 社／12·21 社／**1280**·9·24 社／❸ **1282**·2·13 社／**1310**·1·22 社／**1380**·5·12 社／**1434**·6·2 政／6·16 社／**1441**·5月 社／❹ **1492**·5·2 社／**1494**·4·9 社／**1587**·6·18 社
箱根社(筥根·箱根権現、神奈川)　❷ **1188**·1·20 政／**1202**·5·30 社／**1228**·10·17 社／12·28 社／❹ **1523**·6·12 社／❺-1 **1612**·11·13 社
走湯山⇨伊豆(いず)神社
八幡宮(箱館)　❺-1 **1715**·是年 社
八幡宮(近江錦織)　❷ **1065**·8·15 社
八幡宮(丹波篠村)　❷ **1071**·是年 社
八幡宮(遠江国府)　❹ **1499**·1·19 社
八幡宮(福岡)　❶ **749**·6·26 社／11·19 社
八幡宮(松前)　❹ **1516**·是年 社
八幡社(京都六條)　❷ **1185**·12·30 社
八幡社(滋賀)　❹ **1502**·9月 社
八幡社(静岡)　❹ **1569**·1·17 社
八幡社(対島)　❹ **1456**·3·3 社
八幡大菩薩宮(大分)　❶ **809**·2·21 社／**889**·12·26 社
花園社(京都)　❷ **1052**·5·29 社
埴生女屋神(徳島)　❶ **883**·12·28 社
林氏神(大阪)　❶ **867**·2·26 社
速玉社(和歌山熊野)　❹ **1465**·11·2 社
波良波神(長崎)　❶ **840**·11·8 社
榛名社(群馬)　❹ **1514**·4·1 社
日吉社(ひえ、滋賀)　❶ **887**·是年 社／❷ **1039**·8·18 社／**1043**·6·8 社／**1067**·1·10 社／**1071**·10·29 社／**1081**·11·18 社／**1106**·3·8 社／**1118**·9·1 社／**1130**·11·4 文／**1140**·3·28 社／**1160**·6·22 社／**1211**·11·23 社／**1212**·4·18 社／**1228**·4·5 社／**1229**·4·11 社／**1244**·12月 社／**1259**·4·11 社／11·3 社／❸ **1290**·12·16 社／**1303**·4·23 社／**1310**·12·30 社／❺-1 **1669**·12·5 社／**1687**·12·16 社
　日吉社交名注文　❷ **1106**·3·8 社
　日吉社神輿　❸ **1292**·4·6 社／**1309**·7·28 社／9·26 社／12·5 社／**1310**·11·30 社／**1313**·是年 社／**1315**·4月 社／是年 社／**1348**·4·14 社／**1369**·4·20 社／8·3 社／**1371**·7·13 社／**1373**·6·23 文／**1374**·6·20 社／**1415**·6·13 社／**1433**·7·19 社／**1434**·8·23 社／9·27 社／10·4 社／**1451**·7·19 社／8月 社／11·13 社
日枝社(静岡)　❹ **1543**·4·14 社
日吉社(島根)　❷ **1281**·7·13 社
日吉社(山口)　❹ **1564**·2·5 社
日吉神社(東京)　❹ **1478**·6·25 社
　日枝神社「鳳輦神輿」(東京永田町)　❾ **1978**·6·21 社
氷上社(山口)　❸ **1377**·10·13 社
氷川社(東京)　❺-1 **1666**·6·17 社
氷川神社(埼玉大宮)　❹ **1578**·9·10 社／**1596**·是年 社／❻ **1868**·10·17 社
英彦山(ひこさん·彦山、福岡)　❷ **1062**·是年 社／**1094**·6月 社／**1213**·是年 文／❹ **1600**·3·5 社
　彦山法度(福岡)　❹ **1475**·11·13 社
比古社(福井)　❶ **829**·3·16 社／❸ **1405**·2·13 社
膝上神(山梨)　❶ **891**·3·5 社
肥前大村春日大明神　❻ **1860**·8·9 社
比奈麻比売神(島根)　❶ **891**·4·11 社
日前社(ひのくま)·国懸社(くにかかす、和歌山)　❶ **898**·是年 社／❷ **1164**·1·28 社／**1235**·12·24 社／**1242**·3·26 社／**1276**·7·26 社／❸ **1295**·是年 社／**1406**·7·23 社／**1435**·11·25 社／❹ **1533**·3·23 社／**1557**·4·8 文／**1561**·10·27 社／**1562**·5·23 社／**1569**·9·1 社／**1570**·2·2 社
日野名神(福井)　❶ **910**·9月 社
日御碕社(ひのみさき、島根)　❷ **1273**·5·26 社／❹ **1518**·12·1 社／**1523**·8·14 社／**1524**·4·19 社／**1533**·2·5 社／**1540**·12·23 社／**1555**·2·28 社／**1559**·6·25 社
比咩(阿蘇比咩)神(熊本)　❶ **892**·2·20 社
比牟礼八幡社(滋賀)　❸ **1359**·1·26 社／❹ **1497**·12·20 社
氷室山神(栃木)　❺-2 **1847**·12·17 社
氷室社(奈良)　❹ **1479**·8·8 社／❺-1 **1641**·2·18 社
兵主神(滋賀)　❶ **866**·12·26 社／**874**·8·4 社
平岡神社(枚岡大阪)　❶ **843**·6·8 社／❺-2 **1746**·12月 社
平野社(京都)　❶ **794**·是年 社／**805**·延暦年間 社／**843**·10·17 社／**864**·7·10 社／**885**·2·8 社／**981**·2·20 社／❷ **1004**·10·21 社／**1094**·12·4 社／**1150**·11·8 社／❸ **1390**·8·5 社／❹ **1533**·5·24 社／❺-1 **1701**·12·3 社
　平野社正遷宮(京都)　❺-2 **1815**·2·21 社
平浜八幡宮(島根)　❹ **1480**·1·20 社
広瀬大忌神(奈良)　❶ **676**·4·4 社／7·16 社／**677**·7·3 社／**679**·4·9 社／7·14 社／**680**·4·10 社／7·8 社／**681**·7·10 社／**682**·4·9 社／7·11 社／**683**·4·21 社／7·20 社／**685**·4·12 社／**686**·7·16 社／**690**·7·18 社／**691**·4·11 社
広田神社(兵庫西宮)　❶ **850**·10·7 社／**877**·6·14 社／❷ **1184**·4·28 社／**1194**·3·4 社／**1204**·11·22 社／**1251**·3·28 社／**1263**·4·30 社／❸ **1397**·3·29 社／❹ **1534**·1·26 社／**1553**·5·21 社
広峰社(兵庫)　❷ **1216**·8·28 社／**1238**·12月 社／❸ **1334**·8·28 社／❹ **1456**·3·17 社／❺-1 **1601**·12月 社
琵琶八幡宮(新潟)　❹ **1508**·8·17 社
貧乏神(京都)　❹ **1481**·6月 社
風雨雷電神(和歌山)　❶ **878**·9·26 社
風神(奈良)　❶ **675**·4·10 社
風伯神(広島)　❶ **883**·12·28 社
福神(大阪堺)　❹ **1481**·6月 社
福大明神(山城)　❹ **1457**·8·8 社
藤崎八幡社(熊本)　❷ **1238**·6·16 社／❸ **1330**·3·12 社／**1389**·6月 社／❹ **1477**·2·29 社／**1524**·10·12 社／**1527**·2·12 社／**1529**·8·2 社／**1542**·6·3 社／**1588**·9·8 社
富士明神(静岡)　❶ **907**·5·2 社
豊前八幡宮　❸ **1284**·2·28 社
二上神(富山)　❶ **780**·12·14 社
二俣神(山口)　❶ **858**·3·14 社
二荒山社(ふたらさん、栃木宇都宮)　❹ **1478**·12·1 社
二荒山神社(ふたらさん、栃木日光)

❶ 850・是年 社／857・11・17 社／860・9・19 社／865・12・22 社／❸ 1306・8・21 社／1391・是年 社／❺-1 1664・5・18 社
府中八幡(愛媛) ❸ 1366・12・8 社
岐神(京都) ❶ 938・9・2 社
船橋大神宮(千葉) ❹ 1572・①・16 社
豊後大神宮正遷宮 ❺-2 1849・9・2 社
平安神宮 ❻ 1895・3・15 社／❾ 1976・1・6 社
別浦八幡宮(滋賀) ❶ 917・是年 社
豊国社(京都) ❺-1 1615・7・10 社／1665・11・10 社
豊国社正遷宮 ❹ 1599・4・17 社
蜂前社(静岡) ❹ 1521・1・12 社
宝満上宮(福岡) ❹ 1521・是年 社
穂高社(長野) ❹ 1585・2・12 社
蒲智比咩神(熊本) ❶ 878・9・7 社
火雷神(ほのいかづちのかみ、京都) ❶ 702・7・8 社
堀坂神(三重) ❶ 891・8・28 社
本宮浅間神社 ❽ 1962・3・27 社
真清田社(愛知) ❷ 1002・是春 文
松尾社(京都) ❶ 701・是年 社／786・12・26 社／794・10・28 社／847・6・21 社／852・5・8 社／❷ 1002・4・10 文／1004・10・14 政／1044・8・10 社／1191・12・8 政／1222・5・29 社／11・29 社／❸ 1285・3・18 社／1287・3・19 社／1350・11・21 社／❹ 1582・10・14 社／❺-2 1852・5・18 社
松尾社(奈良) ❹ 1542・③・23 社／1550・4・15 社／1568・9・29 社
真先稲荷(武蔵) ❻ 1860・11・18 社
松崎天満宮(山口) ❹ 1479・10・15 社／1526・9・17 社／1530・1・20 社／4・25 社／1568・2・14 社／1579・7・30 社
松原社(長野) ❹ 1561・11・2 政
松原八幡宮(兵庫) ❸ 1431・6・8 社／1441・9・29 社／❹ 1466・5・12 社／1487・12・5 社
松原明神社(神奈川箱根) ❹ 1550・5・18 社
真幡寸神(まはたぎ、京都) ❶ 816・7・21 社／❹ 1553・3・14 社
三尾神(滋賀) ❶ 784・8・3 社
皇祖天神(みおやのあまつかみ) ❶ 書紀・神武 4・2・23
三上神(滋賀) ❶ 875・3・29 社
三河稲荷社(東京神田駿河台) ❺-1 1606・是年 社
参(三)河御剣八幡宮 ❻ 1854・11・29 社
水分社(みくまり・奈良) ❹ 1463・5・19 社
御厨神社(静岡) ❸ 1302・10・24 社
三島社(愛媛)⇨大山祇(おおやまづみ)神社
三島社(静岡) ❶ 868・7・27 社／❷ 1136・6・19 社／1180・10・21 社／1205・5・18 社／1223・1・1 社／1268・2・3 社／❸ 1296・3・8 社／1335・9・24 社／12・11 社／1345・2・3 社／1355・1・17 社／4・3 社／1364・8・6 社／1373・9・6 社／10・6 社／1385・6・1 社／1397・11・18 文／1400・6・15 社／1401・3・24 社／1406・是年 社／1417・5・18 社／10・14 社／1422・5・10 社／❹ 1520・5・6 社／1529・5・12 社／1542・7・27 社／1546・5・10 社／1573・3・30 社／1582・3・28 社／1588・3・24 社／1589・12月 社／❺-1 1654・8・26 社／1685・11・10 社／❺-2 1745・7月 社／1747・9月 社
三島新宮(愛媛臼杵谷) ❸ 1375・9・9 社
水若酢命神(島根) ❶ 842・9・14 社
水無瀬神(岐阜) ❶ 868・7・27 社
水無瀬宮(大阪) ❹ 1530・8・10 社／1546・8月 社
湊□神(淡路) ❶ 891・3・5 社
湊川神社(兵庫) ❻ 1864・2・9 社／1872・5・24 社／1885・7・19 社／❽ 1938・8・30 社
南三郷惣社(岡山) ❸ 1411・4・22 社
水内社(長野) ❶ 691・8・23 社
美御子神(長崎) ❶ 840・11・8 社
三村社(大阪) ❸ 1442・10・6 文
三囲稲荷が開帳 ❺-2 1799・2・15 社
宮城神(山口) ❶ 891・9・24 社
宮崎神宮 ❽ 1940・4・3 社
妙見社(島根) ❹ 1556・9・19 社
妙見社(兵庫) ❹ 1485・3・29 社
妙見社(山口) ❸ 1444・1・16 社／❹ 1491・3・4 社／1501・7・6 社／1573・6・12 社
三和神(栃木) ❶ 838・9・6 社
美和社(山梨) ❹ 1542・5月 社
武儀八幡宮(岐阜) ❹ 1508・6月 社
向日社(京都) ❹ 1498・11・28 政
虫井神(鳥取) ❶ 883・12・28 社
陸奥湯殿神社 ❻ 1853・10・28 社
宗形社(京都) ❷ 1241・8・7 社
宗像社(奈良) ❸ 1392・2月 社
宗像大神(岡山) ❶ 781・是年 社
宗像社(胸形、福岡) ❶ 書紀・応神 41・2月／788・2・22 社／794・3・5 社／800・12・4 社／850・10・7 社／857・10・2 社／891・8・28 社／974・2・5 社／❷ 1109・是年 社／1114・是年 社／1132・9・11 社／1187・4・11 文／1192・4・10 社／1204・12・3 社／1232・7・26 社／1251・是年 社／❸ 1302・12・20 社／1314・9・23 政／1353・12・25 社／1361・8・5 社／1392・2・5 社／❹ 1487・3・15 社／1498・12・5 社／1557・4・24 社／1564・11・19 社
宗像大宮司 ❷ 1164・6・29 社／1248・是年 社
宗像神(奈良) ❶ 880・3・27 社／881・10・16 社
村山神(愛媛) ❶ 853・6・15 社
明治神宮 ❼ 1914・12・14 社／1915・5・1 社／10・7 社／1920・11・1 政／❽ 1945・4・13 社／5・24 政／11・20 社／12・12 社／1958・10・29 社／❾ 1983・11・10 政／2009・2・16 政
美良布神(高知) ❶ 841・8・4 社
物忌奈之命(静岡) ❶ 840・10・14 社
物部神(島根) ❶ 869・3・22 社
疫神(京都) ❶ 771・3・5 社／773・7・10 社／775・6・22 社／865・5・13 社／876・6・7 社／994・6・27 社
疫神(諸国) ❶ 842・5・27 社
八坂神社⇨祇園社(ぎおんしゃ)
靖国神社(招魂社、東京) ❻ 1862・12・14 社／1868・7・10 社／1869・6・29 社／1872・5・9 社／1879・6・4 社／1891・11・5 社／1895・12・16 社／❼ 1932・4・25 社／1933・4・25 社／1935・4・26 社／❽ 1937・4・25 社／1938・4・24 社／12・15 社／1939・4・23 社／1941・4・23 社／10・15 社／1942・4・2 社／9・14 社／10・14 社／1943・4・2 社／10・14 社／1944・4・23 社／4・2 社／10・22 社／1945・4・25 社／1947・7・13 社／1951・10・18 社／1952・7・31 社／10・16 政／1953・10・18 社／1958・4・21 社／1959・4・6 社／❾ 1968・1・22 社／1969・6・30 政／1972・7・8 政／1973・1・22 社／1974・4・12 政／1975・4・22 政／11・21 政／1977・4・21 政／1978・8・15 政／10・1 社／1979・4・21 政／1980・8・5 政／1981・3・18 社／8・15 政／1982・7・2 政／1983・4・21 政／8・15 政／1984・1・5 政／4・13 政／8・3 政／1985・4・22 政／8・15 政／1987・3・5 政／8・15 政／1997・4・2 社／2001・8・13 政／2002・4・21 政／8・15 社／12・24 政／2003・1・14 政／2004・1・1 政／4・7 政／2005・5・16 政／6・9 社／8・15 社／9・29 社／9・30 政／10・17 政／2006・3・14 政／8・15 政／2012・8・15 政
八槻社(福島) ❹ 1498・⑩・10 社
八槻近津社(千葉) ❸ 1420・11・15 社
八槻近津社(福島) ❸ 1417・9・20 社／1430・1・11 社／1439・2・13 社
八槻近津社祭儀の制 ❸ 1425・10・24 社
楊田神(福井) ❶ 910・3・23 社
弥彦神社(新潟) ❶ 842・10・2 社／861・8・3 社／❸ 1446・8月 社／❹ 1481・5・24 社／1581・1・28 社／❼ 1916・10・21 社／❽ 1956・1・1 社
養父神(兵庫) ❶ 869・3・22 社
八保神(兵庫) ❶ 840・6・20 社
山崎明神(京都) ❶ 848・3・13 社
山科社(京都) ❶ 898・3・7 社
大和大国魂神(兵庫) ❶ 851・12・5 社
大和坐大国魂神社(奈良) ❶ 書紀・崇神 7・11・13／692・5・26 社
倭大国魂神(古代) ❶ 書紀・崇神 6・是年／崇神 7・11・13
大和社(奈良) ❷ 1118・2・9 社
山中八幡宮(愛知) ❹ 1530・7・11 社
山神(兵庫) ❶ 842・10・15 社
弓削社(山梨) ❶ 805・12・20 社
柞原八幡宮(ゆすはら・由原、大分) ❷ 1139・8月 社／1171・3月 社／1172・5月 社／❸ 1372・3・8 政／1420・8・24 社／1425・12・6 社／❹ 1577・6・1 社
諭鶴羽権現(淡路) ❹ 1526・7月 社
湯殿山(出羽三山) ❺-2 1733・是年 社
温泉神(ゆのかみ、肥前) ❶ 891・4・11 社
由良比売命神(島根) ❶ 842・9・14 社
養基神(岐阜) ❶ 849・7・22 社
横山神(福井) ❶ 968・7・13 社
夜坂神(長野) ❶ 888・12・7 社
吉田社(茨城) ❷ 1001・6・20 社／1149・2・29 社／1213・4・15 社／1229・

7月 社
吉田社(京都)　❶ **876**·貞観年間 社／**987**·11·25 社／❷ **1239**·11·15 社／❸ **1355**·2·3 社／**1356**·4·30 社／**1360**·6·30 社／**1378**·5月 社／**1403**·2月 社／❹ **1490**·⑧·9 社／**1573**·4·1 政／❺-1 **1714**·11·20 社
吉田社正遷宮(京都)　❺-2 **1848**·4·8 社
吉田神(茨城)　❶ **846**·4·17 社／**871**·是年 社
吉野蔵王堂　❸ **1345**·1月 社／**1410**·3月 社
吉野神宮(奈良)　❻ **1892**·9·27 社
葭原神(三重)　❶ **858**·2·23 社
淀稲荷社(京都)　❺-1 **1695**·12月 社
雷神(兵庫)　❶ **842**·10·15 社
離宮八幡宮(京都)　❸ **1329**·11·2 社／❹ **1511**·8月 社／**1531**·2·月 社／**1570**·9月 社
琉球の神社　❺-1 **1605**·是年 社
龍穴社(奈良)　❶ **867**·8·16 社／**991**·6·18 社
龍神(京都)　❶ **849**·2·25 社
両所宮(山形)　❷ **1220**·12·3 社
六條八幡宮⇨左女牛(さめうし)八幡宮
六所神社(大國魂神社、東京多摩)　❺-1 **1646**·10月 社／**1666**·6·17 社／**1667**·3月 社
六所宮(東京)　❷ **1186**·7月 政
六所明神(愛知)　❺-2 **1840**·12·30 社
六孫王社(京都)　❺-2 **1732**·5·28 社
若宮社(神奈川鎌倉)　❸ **1316**·3·10 社
若宮八幡宮(鹿児島)　❹ **1480**·8·27 社
若宮八幡宮(福岡)　❸ **1285**·11·25 社
別稚姫神(京都)　❶ **865**·6·22 社
度津神社(新潟)　❹ **1519**·11·14 文
海神(わだつみ、兵庫)　❶ **842**·10·15 社
海神·和多都美神(長崎)　❶ **837**·2·5 社／**894**·9·30 社

新宗教

天照皇大神宮教(踊る宗教)　❽ **1945**·8·12 社／**1948**·9·8 社
円応教　❼ **1919**·7·16 社／**1931**·2月 社
おびんづる様(西新井)　❼ **1926**·11·6 社
回教寺院(兵庫神戸)　❼ **1935**·9月 社
回教礼拝堂(東京代々木)　❽ **1938**·5·12 社
観音教団(お光さま、世界救世(メシヤ)教)　❽ **1940**·11月 社／**1947**·8月 社／**1949**·3·5 社／**1950**·5·29 社
皇道大本　❼ **1916**·4·22 社
三界教団　❼ **1936**·是年 社
懺悔奉仕光泉林　❼ **1904**·是年 社
三五教　❽ **1949**·4月 社
璽宇教　❽ **1947**·1·21 社
神仙霊道教　❼ **1936**·是年 社
人類愛善会(大本教)　❼ **1925**·6·9 社／❽ **1949**·12·8 社
生長の家(光明思想普及会)　❼ **1930**·3·1 社／**1934**·11·25 社
世界救世教　❼ **1935**·1月 社
禅宗ひがしくに教　❽ **1950**·4·15 社
善隣会　❽ **1947**·5月 社
大日本霊友会　❼ **1920**·是年 社／**1923**·是年 社
中央教化団体連合会　❼ **1924**·1·15 社
天地金光教　❽ **1950**·1·9 社
天道教　❼ **1926**·6·6 政
天理教　❺-2 **1838**·10·26 社／❻ **1853**·是年 社／**1864**·10·21 政／**1867**·7·23 社／**1882**·5·12 社／**1885**·5·23 社／❼ **1896**·4·6 社／**1908**·11·28 社／**1913**·8月 社／12·25 社／**1915**·6·27 社／**1935**·12·16 社／**1936**·1·26 社
天理研究会　❽ **1938**·11·21 社
日本教会(のち道会)　❼ **1907**·10月 社
如来教(宗)　❺-2 **1802**·8·11 社
パーフェクトリバティー教団(PL教団)　❼ **1924**·10·26 社／❽ **1946**·9·29 社
白日教　❽ **1937**·2·26 社
パナウェーブ研究所白装束事件　❾ **2003**·4·28 社／12·5 社
ひとのみち教団　❽ **1937**·4·5 社
ひとのみち大道場　❼ **1934**·10·27 社
法皇教　❽ **1950**·4·15 社
凡人社　❼ **1905**·11·20 社
みろく大祭(大本教)　❼ **1928**·3·3 社
無我の愛　❼ **1904**·8·27 社
モルモン教　❼ **1901**·8·13 社
ユタ裁判　❼ **1913**·2·19 社
ライフスペース　❾ **1999**·11·12 社／**2000**·2·22 社
ラマ僧　❼ **1924**·3·31 社

神道

神主　❺-2 **1781**·10·11 社
神宮(全国)　❶ **681**·1·19 社
神道(琉球)　❺-1 **1633**·是年 社
惟神(かんながら)の道　❶ **647**·4·26 政

神道関連の団体·大会

神道大会議　❻ **1881**·1·25 社
全国神職会　❼ **1898**·11·15 社

神道系の新宗教·教派神道

出雲大社教会(神道)　❻ **1882**·5·15 社
出雲大社教　❽ **1951**·4·30 社
大本教　❻ **1892**·2·3 社／**1894**·11·11 社／❼ **1916**·4·22 社／**1920**·8·5 社／**1921**·2·11 社／10·20 社／**1935**·12·8 社／**1936**·3·13 社／❽ **1946**·2·7 社／**1950**·12·21 社／**1962**·2·3 社／❾ **1977**·11·7 社
皇道大本(大本教)　❼ **1916**·4·22 社
大日本修斎会(大本教)　❼ **1908**·8·1 社
御岳教　❻ **1882**·9·28 社
黒住教　❺-2 **1814**·11·11 社／❻ **1856**·3·8 社／**1888**·3·28 社／❼ **1899**·3·21 社
金光教　❻ **1859**·10·21 社／**1863**·1·11 社／**1868**·9·24 社／❼ **1900**·6·16 社
神宮教会(神道)　❻ **1882**·5·15 社
神習道会(神道)　❻ **1882**·5·15 社
神道黒住派　❻ **1876**·10·23 社
神道事務局　❻ **1875**·3·28 社／**1886**·1·11 社
神道修成派　❻ **1876**·10·23 社
神道大成教会(神道)　❻ **1882**·5·15 社
神道本局　❻ **1886**·1·11 社
神理教　❻ **1894**·10·20 社
扶桑教会(神道)　❻ **1882**·5·15 社
丸山教　❻ **1870**·8月 社
禊教　❻ **1894**·10·19 社

宮中神道·宮中祭祀関連

大祓·大解除(おおはらえ)　❶ **676**·8·16 社／**681**·7·30 社／**686**·7·3 社／**698**·11·7 社／**702**·3·12 社／12·30 社／**770**·9·22 社／**775**·8·30 社／10·24 社／**776**·5·29 社／6·18 社／**777**·3·19 政／**790**·1·30 社／③·30 社／**830**·8·30 社／**851**·8·30 社／**858**·12·30 社／**859**·1·10 文／**861**·6·29 社／**863**·1·27 社／**865**·6·30 社／**866**·6·29 社／12·30 社／**867**·5·29 社／**871**·6·29 社／11·29 社／**872**·1月 社／9·30 社／**883**·12·30 社／**897**·11·30 社／**901**·2·11 社／**915**·10·16 社／**957**·8·29 社／**993**·8·21 社／**998**·7·5 社／❷ **1001**·4·12 社／**1011**·9·6 社／**1014**·8·30 社／**1016**·2·24 社／**1035**·11·28 社／**1148**·⑥·5 政／**1154**·6·29 社／**1156**·6·29 社／**1168**·11·13 社
祓禊(解除会)　❶ **678**·是春 社／**901**·6·18 社／是年 社
大幣　❶ **702**·2·13 社
天神寿詞(かんよごと·神吉事、神賀辞、神斎賀詞)　❶ **690**·1·1 政／**691**·11·1 社／**724**·1·27 社／**750**·2·4 社／**786**·2·9 社／**833**·4·25 社
神今食儀式　❶ **823**·12·28 社
斎院·斎王(賀茂)　❶ **810**·是年 社／**812**·3·15 政／**818**·5·22 政／**826**·7·26 社／**831**·12·8 社／❶ **850**·7·9 社／**859**·10·5 社／**861**·6·21 社／**889**·2·16 社／**893**·3·14 社／**915**·7·19 社／**921**·2·25 社／**937**·7·13 社／**1000**·4·11 社／❷ **1015**·4·10 政／**1016**·4·21 社／**1031**·9·22 社／12·16 社／**1033**·4·9 政／**1036**·11·28 社／**1046**·3·24 社／**1058**·4·3 社／6·27 社／**1069**·7·27 社／10·28 社／**1072**·7·6 社／**1073**·3·11 社／**1074**·12·8 社／**1089**·6·28 社／**1092**·6·27 文／**1099**·10·20 社／**1108**·11·8 社／**1123**·11·8 社／**1127**·4·6 社／**1132**·11·25 社／**1133**·12·21 社／**1159**·10·25 社／**1169**·10·20 社／**1171**·6·28 社／**1176**·6·27 社／**1184**·9·20 社／**1204**·6·23 社
斎院御所　❷ **1032**·8·28 政
斎王·斎宮·斎院(伊勢)　❶ **書紀·崇神·6** 是年／垂仁 **25**·3·10／**585**·9·19／**673**·4·14 政／**674**·10·9 政／**678**·4·7 政／是春 社／**698**·9·10 社／**712**·4月 社／**717**·4·6 社／**721**·9·11 社／**727**·9·3 政／**730**·7·

11 社／746·9·3 社／772·11·13 社／774·9·3 社／797·8·21 文／806·3·29 社／11·13 社／808·9·4 社／812·5·4 社／824·9·10 社／835·8·2 社／839·11·5 社／861·9·1 社／878·8·28 社／883·11·5 文／884·3·2 社／886·6·21 社／889·2·16 社／936·9·12 社／945·8·18 社／946·5·27 社／947·2·26 社／❷ 1012·12·4 社／1016·2·19 社／1036·11·28 社／1046·3·10 社／1069·2·9 社／1073·2·16 社／1078·8·2 社／1087·2·11 社／1123·6·9 社／1142·2·26 社／1151·3·2 社／1156·4·19 社／1158·12·25 社／1166·12·8 社／1168·8·27 社／1177·10·28 社／1185·11·15 社／1199·12·24 社／1215·3·14 社／1226·11·26 社／1237·11·24 社／1244·12·16 社／1262·12·4 社／❸ 1333·12·28 社
斎宮群行 ❶ 899·9·8 社／957·9·5 社／988·9·20 社／❷ 1014·8·30 社／1022·9·8 社／1038·8·25 社／1048·9·8 社／1071·9·23 社／1075·9·20 社／1080·9·15 社／1089·9·15 社／1094·2·14 社／1144·9·8 社／1153·9·21 社／1160·9·8 社／1170·9·10 社／1187·8·19 社／1217·9·14 社
斎宮司(寮) ❶ 701·8·4 社
斎宮長官 ❶ 774·8·15 政
斎宮頭 ❶ 775·10·11 社
斎宮の造営 ❶ 841·7·15 社
斎宮寮 ❶ 728·7·21 政／746·8·23 社／922·10·14 社
造斎宮使 ❶ 785·4·23 社／933·3·4 社
泊瀬斎宮 ❶ 673·4·14 社
潔斎の制(改正) ❺-1 1710·3·7 政
招魂の儀 ❶ 685·11·24 社

国家神道関連
伊勢神宮(天皇参拝の始め) ❻ 1869·3·12 社
祭政一致 ❻ 1868·3·13 社
神仏教導職廃止 ❻ 1884·8·11 社
神仏合同布教禁止 ❻ 1875·4·30 社
神仏判然令 ❻ 1868·3·28 社
神仏分離令 ❺-2 1843·7 月 社
大教宣布の詔 ❻ 1870·1·3 社／1871·7·4 社
八神殿(天皇守護の八神を祀る神殿) ❹ 1590·4 月 社

信仰·儀礼に関する統制
犬神(使禁止) ❹ 1472·8·13 社
漢神を祭ることを禁止(殺牛祭神) ❶ 784·4 月 社／791·9·16 社／801·4·8 社／804·12·21 社
漢礼禁止 ❷ 1153·9 月 社
金比羅講(中止、福井藩) ❺-2 1829·8·11 社
神事講(禁止、江戸町奉行) ❺-2 1848·6·15 社
僧尼令 ❶ 701·6·1 社
託宣の禁止(百姓) ❶ 812·9·26 社
富士講(禁止) ❺-2 1742·9·4 社／1795·1·28 社／1802·9·4 社／1814·4 月 社／1842·2·21 社／1847·8·19 社／1849·9·5 社
北辰を祭ることを禁止 ❶ 796·3·19 社／811·9·1 文

神社·祭祀の管理機関その他官吏など
管長(神道各派) ❻ 1874·3·12 社
皇典講研究所 ❽ 1946·2·3 社
山陵使 ❷ 1268·6·22 政
造大幣司 ❶ 701·11·8 政
白川家(神祇伯) ❷ 1165·7·11 政
神祇官 ❷ 1127·2·14 政
神祇省 ❻ 1871·8·8 社／1872·3·14 政
神宮祭祀令 ❼ 1914·1·26 社
神宮職員官等 ❻ 1886·11·22 社
神社規則 ❻ 1870·⑩·28 社／1871·5·14 社
神社局(内務省) ❼ 1900·4·27 社
神社祭式 ❻ 1875·4·13 社
神社祭式行事作法 ❼ 1907·6·29 社
神社本庁 ❽ 1946·2·3 社
神社本庁基本憲章 ❾ 1980·5·19 社
神祇院官制 ❽ 1940·11·9 社／1946·1·31 社
神官 ❻ 1872·4·25 社／1887·3·17 社
神官·神職政治活動禁止 ❻ 1894·2·6 政
神道方 ❺-1 1682·12·25 社
奉幣 ❶ 675·1·23 社
奉幣使 ❹ 1467·3·17 社／❻ 1870·2·9 社
七社奉幣使 ❺-2 1768·11·13 社
吉田家 ❺-2 1782·10·11 社

神社施設·設備など
狛犬·高麗犬⇨[39]「遺跡·遺物·文化財」
社務所(各神社) ❻ 1874·2·2 社
鳥居 ❸ 1292·11 月 社／1393·6·26 社／1413·3·6 社／❹ 1480·3·20 社／1483·4·15 社／1542·4·10 社

奉納物
絵馬 ❶ 763·5·28 社／❷ 1281·⑦月 社

鉾(ほこ) ❸ 1344·6·14 社／1376·6·14 社／1424·6·14 社／1442·4·13 社／1450·8·18 社
笠鉾 ❺-1 1664·8·18 文
長刀鉾(なぎなたぼこ) ❹ 1522·6·3 文
風流鉾 ❸ 1358·6·7 社
山鉾 ❹ 1533·6·7 社／8·9 社

巫祝(神女ほか祈禱·神託など行う者) ❺-2 1743·4·28 社
聞得大君(琉球神道) ❺-1 1667·是年 政
時·よた(トキ·ユタ)科定 ❺-2 1767·12·19 社
巫覡 ❺-2 1728·是年 社
巫覡淫祀禁止(京都) ❶ 780·12·14 社／807·9·28 社

神輿(みこし) ❷ 1150·8·24 社
各社の神輿⇨「神社·神」
八幡神輿 ❷ 1278·3·5 社
日吉(ひえ)神輿 ❷ 1219·4·15 社／1275·3·14 社
神輿造営段銭 ❸ 1379·7·25 社

その他(神道)
大物忌(民家) ❷ 1152·5·18 社
月行事(がつぎょうじ) ❹ 1533·7 社
起請文(現存最古) ❷ 1148·4·15 社
告文(こうもん、源頼信) ❷ 104 是年 文
禳災料米 ❷ 1017·12·23 社
神灰を撒く ❹ 1472·4·8 社
神事訴訟 ❹ 1512·4·21 社
神道伝授 ❹ 1534·11·15 文／1545·9·29 社
神道論(久米邦武) ❻ 1892·1 月 文
日本は神国 ❷ 1270·5·26 政
風神祭 ❺-2 1744·6·20 社／1768·2 月社
和合神の画像 ❺-2 1817·文化年 社

寺·寺院(全国)
寺院の始め ❶ 552·10·13
飛鳥時代創出と推定される寺 ❶ 671·是年 社
閼伽井坊(埼玉) ❹ 1580·3·15 社
阿願寺(岐阜) ❹ 1518·11·7 社／1540·9·16 社／1545·4·9 社
秋篠寺(奈良) ❶ 780·6·5 社／798 11·27 社／❷ 1229·12·2 社／❸ 1302·12·26 社／1316·12·23 社
秋野道場(京都) ❹ 1466·12·27 社
秋葉寺(静岡) ❺-2 1810·1·10 社
浅草観音堂完成 ❺-2 1722·3·18 社
浅草本願寺本堂 ❽ 1939·11·12 社
飛鳥寺⇨元興寺(がんごうじ) ❶
熱田神宮寺(愛知) ❶ 847·是年 社
穴太寺(京都) ❶ 962·8 月 文
穴太廃寺(滋賀) ❶ 630·是年 文
阿弥陀寺(京都) ❹ 1555·10 月 社／1558·10·27 社
阿弥陀寺(鳥取) ❶ 823·弘仁年間 社／865·8·24 社
阿弥陀寺(山口下関市赤間神宮) ❷ 1187·12·28 社／1191·⑫·19 社／1281·1·10 社／❸ 1301·8·25 社／9·2 社／1304·8·5 社／❹ 1479·3·12 社／1483·8·24 社／1484·11·5 社／1530·4·26 社
阿弥陀寺(山口防府) ❸ 1295·11·9 社／1296·2·17 社／12·7 社／1334·7·25 社／1353·11·24 社／1361·11·12 社
阿弥陀寺(岐阜) ❹ 1476·3·6 文
荒陵寺(あらはかでら)⇨四天王寺(してんのうじ)
粟田口堂 ❷ 1156·2·25 社
安国寺(諸国) ❸ 1344·7·25 社／1345·2·6 社／1346·3·19 社
安国寺(石川) ❹ 1464·6·9 社
安国寺(愛媛) ❸ 1397·10·18 社
安国寺(沖縄) ❹ 1491·12·2 政
安国寺(岐阜) ❸ 1445·6 月 社／1449·是年 社
安国寺(京都·山城) ❸ 1342·4·23 社／1346·3·22 社／❹ 1487·5·27 社
安国寺(京都·丹波) ❸ 1371·12·2

社／**1383**·3·25 社／**1387**·6·29 社／**1414**·11·18 社／❹ **1533**·2·17 社／**1557**·2·26 社
安国寺(熊本)　❸ **1351**·3·25 社／**1394**·4·25 社
安国寺(島根)　❸ **1349**·8·9 社／**1365**·2·8 社／**1382**·9·24 社
安国寺(長野)　❹ **1546**·3·27 社
安国寺(新潟)　❹ **1486**·8·4 政／**1487**·7 月 政
安国寺(兵庫)　❹ **1489**·5 月 社
安国寺(三重)　❸ **1423**·是年 社
安国寺(山口)　❸ **1351**·是年 社／❹ **1479**·4·17 政／**1487**·4·27 政
安祥寺(京都山科)　❶ **848**·8·8 社／**855**·6·1 社／**856**·10·18 社／**859**·4·18 社／❹ **1500**·12·29 社／**1551**·4·2 社
安聖院⇨鹿苑院(ろくおんいん)
安養寺(愛媛)　❹ **1481**·是年 社
安養寺(岡山)　❸ **1333**·8·2 社／**1388**·11 月 社／**1441**·9 月 社
安養寺(滋賀)　❹ **1549**·2·1 社
安養寺(静岡)　❹ **1521**·8·11 社／**1556**·5·10 社
安養寺(徳島)　❹ **1577**·6·13 政
安養寺(鳥取)　❺-2 **1775**·4·1 社
安養寺(長野)　❶ **866**·2·2 社／❹ **1550**·12·2 社／**1574**·⑪·3 文
安養寺(土山御坊、新潟)　❹ **1481**·是年 社
安養寺(福井)　❸ **1410**·8·29 社
安楽院(京都太秦)　❹ **1490**·11 月 社
安楽光院(京都)　❹ **1475**·2·20 社
安楽寺(大阪)　❶ **839**·5·3 社
安楽寺(岐阜赤坂)　❹ **1600**·9·6 社
安楽寺(徳島)　❹ **1577**·6·13 政
安楽寺(長野)　❷ **1276**·12·6 文
安楽寺(福岡大宰府)　❶ **905**·8·19 社／**919**·是年 社／**958**·3·3 文／**960**·2·25 社／**964**·是年 社／**992**·12·4 社／❷ **1023**·是年 社／**1027**·是年 社／**1032**·是年 社／**1050**·3 月 社／**1077**·10·27 社／**1082**·是年 社／**1094**·6 月 社／**1096**·6 月 社／**1100**·9·19 社／**1104**·10·19 社／**1134**·12 月 社／**1155**·2·27 社／**1202**·5·18 社／**1205**·5·24 社／❸ **1363**·8·20 社／**1365**·8·25 社／**1377**·6·1 社
安楽寿院鳥羽東殿御堂(京都)　❷ **1137**·10·15 社／❸ **1296**·8·30 社／**1363**·6·14 社／**1364**·7·25 社
安隆寺(出羽、山形か)　❶ **870**·12·8 社
家原寺(大阪)　❶ **704**·是年 社／❷ **1245**·9·14 社
医王寺(広島)　❹ **1533**·6 月 社
医王寺(福島)　❹ **1556**·是年 社
斑鳩(鵤)寺(大和)⇨法隆寺(ほうりゅうじ)
池上寺内堂　❷ **1027**·2·12 社
池後寺⇨法起寺(ほっきじ)
威光寺(東京)　❷ **1180**·11·15 社
生駒院(奈良)　❶ **773**·11·20 社
石浦神宮寺(大阪)　❸ **1385**·6·1 社
石凝院(大阪)　❶ **773**·11·20 社
石手寺(愛媛)　❶ **728**·是年 社／❹ **1562**·12·21 社
石山御坊(大坂寺内)　❹ **1496**·9·29 社／**1533**·5·2 政／7·25 社／**1538**·7·9 社／**1539**·4·29 社／**1540**·11·7 社／**1541**·12·15 社／**1543**·8·5 社／**1561**·3·28 社／**1564**·12·26 社／**1576**·4·28 社／**1585**·5·4 社／**1586**·8·18 社
石山寺(滋賀)　❶ **661**·是年 社／❷ **1001**·10·27 政／**1019**·10·21 政／**1078**·1·2 社／**1096**·12 月 社／是年 社／**1144**·3·29 社／**1194**·12·20 文／❸ **1299**·10·13 政／**1336**·1·10 社／❹ **1496**·9 月 文／**1497**·12·1 文／**1555**·8·14 文／❺-1 **1602**·9·23 社／**1610**·②·21 社
石山寺造営総決算書　❶ **762**·12·29 文
石動寺(いするぎ、石川)　❶ **717**·是年 社／❸ **1341**·是年 社／❹ **1583**·是年 社／**1597**·7·8 社
伊勢神宮寺　❶ **742**·11·3 社／**766**·7·23 文／**772**·8·6 社／**780**·2·1 社／5·29 社
伊勢寺(兵庫)　❷ **1274**·文永年間 社
石上寺(三重)　❸ **1342**·7 月 社／**1444**·⑥·25 政
石上神宮寺(奈良)　❶ **866**·1·25 社／**867**·3·10 社
一月寺(摂津)　❺-2 **1758**·10·20 社
一月寺(千葉)　❺-2 **1759**·⑦月 社
一條院(鹿児島)　❹ **1546**·3·5 社
一乗寺(福井)　❹ **1572**·1 月 社
一乗寺講堂(兵庫)　❸ **1335**·10·14 社
一蓮寺(山梨)　❸ **1312**·是年 社／❹ **1517**·4·3 社／**1582**·7·12 社／11·19 社
一向寺(栃木)　❸ **1411**·12·8 社
一心院(京都)　❹ **1554**·是年 社
一心寺(大阪)　❷ **1185**·是春 社
一心寺三千佛堂(大阪)　❾ **2002**·6·1 文
威徳寺(山梨)　❷ **1111**·7·29 社
井戸寺(徳島)　❹ **1543**·1 月 社
因幡堂(平等寺、京都)　❶ **859**·1·10 社／❷ **1004**·此頃 社／**1097**·1·21 社／**1143**·10·12 社／**1153**·4·15 社／**1159**·11·26 社／**1169**·4·11 社／**1215**·12·22 社／**1233**·4·6 社／**1246**·6·6 社／❸ **1391**·11·10 社／**1434**·2·14 社／**1440**·6·7 社／
因幡堂薬師(京都)　❹ **1483**·3·8 文
井上寺(奈良)　❶ **625**·是年 社
石清水八幡宮護国寺(京都)　❶ **860**·是年 社／**953**·2·23 社／❸ **1326**·9·17 社
装束料(石清水八幡宮)　❸ **1371**·9·5 社
岩船寺(京都)　❸ **1442**·5·20 文
岩間寺(滋賀大津)　❶ **722**·是年 社
岩屋寺(島根)　❸ **1350**·2·21 社／11·21 社
隠渓寺定光庵(高知)　❸ **1386**·是年 社
宇治院(京都)　❶ **946**·12·3 政／**999**·是年 文
宇須善光寺(如来堂·東蝦夷)　❺-1 **1613**·5·1 社
鵜原寺(京都)　❶ **883**·7·21 社
厩坂寺⇨興福寺(こうふくじ)
雲林院(うりんいん·雲林寺·雲林亭·紫野院、京都)　❶ **832**·4·11 文／**884**·9·10 社／元慶年間 社／**953**·2·18 社／**963**·3·19 文／❷ **1019**·2·22 文
雲興寺(愛知)　❹ **1556**·2 月 社／**1558**·12 月 社／**1582**·8 月 社
雲居寺(うんごじ、神奈川)　❷ **1112**·9·8 社／**1118**·⑨月 文／**1182**·12·10 社
雲居寺(うんごじ、京都)　❸ **1436**·11·29 社／**1439**·6·6 文
雲樹寺(島根)　❸ **1410**·4·17 社／❹ **1461**·12·5 社／**1526**·8·28 社／**1575**·8·17 社
雲松院(武蔵)　❹ **1561**·③·22 社
雲洞庵(新潟)　❹ **1517**·9·6 社
雲門寺(京都)　❸ **1373**·10·1 政
永安寺(神奈川鎌倉)　❸ **1429**·2·11 社／**1439**·2·10 政
永安寺(岐阜)　❹ **1487**·6·2 社
永安寺(滋賀)　❸ **1413**·3 月 社／❹ **1497**·12·23 社
永久寺(奈良)　❷ **1114**·5 月 社
永建寺(福井敦賀)　❹ **1597**·4·25 社
永源寺(滋賀)　❸ **1361**·1·18 社／**1383**·5·28 社／**1410**·7·25 社／**1412**·10·26 社／❹ **1469**·12·25 社／**1491**·8·6 社／**1492**·9·15 政／是年 社／**1507**·12·13 社／**1511**·4·14 社／**1527**·5·26 社／**1552**·11·22 社／**1564**·5·23 社／**1571**·12·21 社
永光寺(石川)　❸ **1313**·是年 社／**1339**·12·3 社／**1346**·8·2 社／**1396**·7·6 社／❹ **1478**·8·11 社／**1479**·2·13 社／**1520**·3 月 社
永興寺(山口)　❸ **1367**·是年 社／❹ **1484**·1·24 社
栄山寺(奈良)　❷ **1009**·12·28 政／**1046**·11·28 社／**1088**·9·2 社／**1098**·8·15 社／**1102**·2·15 社／❸ **1387**·3·28 社／**1420**·8·28 社
栄山寺八角堂(奈良)　❶ **763**·12·20 文
永寿庵(静岡)　❹ **1543**·7·13 社
永昌院(山梨)　❹ **1542**·2 月 社
英勝寺(神奈川鎌倉)　❺-1 **1634**·6 月 社／**1636**·是年 社
永泉寺(山形)　❶ **876**·貞観年間 社
永徳寺(岩手)　❸ **1356**·是年 社
永徳寺(熊本)　❸ **1358**·6 月 政
叡福寺(大阪)　❶ **724**·是年 社／❸ **1294**·9·29 社／❹ **1491**·5·16 社／**1533**·10·28 社／**1552**·8·12 社／❺-1 **1603**·4·16 社
永福寺(武蔵)　❹ **1553**·4·1 社
永平寺(福井)　❷ **1244**·7·18 社／**1246**·6·15 社／❸ **1440**·10·4 社／❹ **1507**·12·16 社／**1539**·10·7 社／**1579**·4·8 社／**1583**·4 月 文／❺-1 **1714**·3·9 社／❾ **1981**·9·25 社
永平寺定書　❹ **1495**·12·24 社／**1509**·4 月 社
永法寺(岐阜)　❸ **1432**·2·22 社
永保寺(岐阜)　❹ **1512**·7·16 社
永満寺(福岡)　❷ **1113**·11·5 文
永明寺(滋賀)　❹ **1572**·10 月 社
永養寺(京都)　❹ **1537**·7·28 社

永楽寺(福井) ❸ **1362**·8·24 社
回向院(東京) ❺-1 **1657**·2·29 社
恵林寺(山梨) ❹ **1564**·12·1 社／**1576**·4·16 社／**1582**·4·3 政／10月 社
円覚寺(岡山) ❶ **883**·6·26 社
円覚寺(神奈川鎌倉) ❷ **1246**·是年 政／❸ **1282**·12·8 社／**1283**·7·16 社／**1285**·11·25 社／**1287**·12·24 社／**1289**·12·12 社／**1296**·3·22 社／**1301**·7·8 社／8·7 文／**1303**·2·12 社／**1308**·12·12 社／**1325**·2·15 社／**1340**·11月 社／**1342**·3月 社／4·23 社／**1354**·10·26 社／**1359**·8月 社／**1369**·10·15 社／**1370**·11·12 社／**1373**·11·17 社／**1374**·11·23 社／**1375**·2·17 社／7·5 社／**1376**·9·24 社／**1377**·5·7 社／10·6 社／**1383**·7·5 社／**1384**·7·5 社／**1386**·7·10 社／**1396**·3月 社／12·27 社／**1397**·6·11 社／**1398**·是年 社／**1401**·2·30 社／**1406**·⑥·15 社／**1407**·11·6 社／12·6 社／**1417**·3·3 社／**1421**·11·12 社／**1455**·6·24 社／❹ **1457**·4·28 社／**1459**·1·4 社／**1515**·2·10 社／**1542**·4·6 社／**1563**·12·27 社
円覚寺黄梅院 ❸ **1397**·7·20 社
円覚寺寺規 ❸ **1448**·5·10 社
円覚寺奉行 ❸ **1375**·5·22 社
円覚寺(京都) ❶ **881**·3·13 社
円覚寺(福岡博多) ❷ **1246**·3月 文
円覚寺(沖縄) ❹ **1466**·7·28 政／**1492**·是年 社／**1495**·5·16 社／7月 文／**1574**·9·25 政／**1578**·8·1 社
円行寺(高知) ❹ **1558**·6月 社
円教寺(兵庫) ❶ **985**·是年 社／**986**·7·22 社／**987**·5·26 社／**988**·是年 社／**998**·1·22 政／❷ **1002**·3·6 政／**1018**·④·12 社／**1031**·⑩·27 社／**1034**·10·17 社／**1055**·10·25 社／**1138**·1·23 文／**1233**·9·26 文／**1235**·8·13 社／**1245**·11·3 社／**1250**·10·29 社／❸ **1282**·10·16 社／**1331**·3·5 社／**1332**·是年 社／**1338**·是年 社／❹ **1463**·12·8 社／**1469**·1月 社／**1492**·2·22 社／12·12 社
円教寺講堂 ❶ **987**·10·7 文／❸ **1348**·2·23 社
円教寺衆徒の條規 ❹ **1573**·1·11 社
円光寺(兵庫) ❸ **1334**·8·22 社
円光寺(愛知) ❸ **1335**·5·19 社／**1344**·9·1 社
円光寺(三重) ❸ **1397**·6·3 社
薗光寺(大阪) ❷ **1185**·12月 社
円興寺(京都) ❸ **1353**·6·24 社
延光寺(高知) ❶ **724**·是年 社
延算寺(岐阜) ❶ **864**·5·14 社
円宗寺(円明寺、京都) ❷ **1069**·12·26 社／**1070**·12·26 社／**1071**·6·3 社／**1106**·2·27 政／**1110**·3月 社／**1115**·3·3 社
円宗寺(高知) ❶ **961**·是年 社
円勝寺(京都) ❷ **1128**·2·13 社
延勝寺(京都) ❷ **1149**·3·20 社／**1163**·12·26 社
円勝寺(静岡) ❸ **1397**·4·23 社
延祥寺(滋賀) ❶ **866**·4·7 社／**882**·12·10 社
円成寺(愛知) ❺-1 **1651**·慶安年間 社
円成寺(京都) ❶ **889**·3·25 社／7·25 社／**897**·1·3 社
円乗寺(京都) ❷ **1105**·2·27 社
縁城寺(京都) ❺-1 **1685**·4·29 社
円成寺(静岡) ❸ **1396**·3·3 社
円成寺(奈良) ❷ **1111**·3·4 社／**1153**·是年 社／**1228**·是年 文／❹ **1466**·②·9 社／**1481**·5月 政／❺-1 **1609**·3·14 文
円通寺(愛知) ❹ **1551**·2·19 社
円通寺(京都) ❸ **1365**·7·19 文／**1454**·12·4 社／❺-1 **1678**·4月 社
円通寺(熊本) ❸ **1294**·3·2 社
円通寺(佐賀) ❸ **1371**·11·30 社
円通寺(島根) ❸ **1345**·4·9 社
円通寺(栃木) ❹ **1574**·6·26 社
円通寺(新潟) ❸ **1363**·3月 社
円通寺(兵庫) ❸ **1394**·4·19 社／❹ **1468**·3·18 社
円徳寺(岐阜) ❹ **1583**·①·28 社／**1584**·7月 社
円福寺(愛知) ❹ **1518**·10月 社
円福寺(神奈川西久保) ❺-2 **1721**·2·5 社
円福寺(京都) ❹ **1528**·2·28 社
円福寺(千葉) ❸ **1358**·8·4 社／**1394**·是年 社／**1444**·4·18 社／❹ **1504**·10·20 社
円福寺(東京芝·桜田愛宕) ❺-1 **1610**·3月 社
円福寺(鳥取) ❸ **1439**·9·28 社
炎魔堂(京都) ❷ **1243**·3·12 社
円満寺(東京湯島) ❺-1 **1710**·是年 社／❺-2 **1774**·8·11 社
円明寺(京都) ❶ **992**·6·8 社
円明寺(滋賀) ❸ **1376**·6·29 社
円明寺⇨円宗寺(えんしゅうじ)
延命寺(神奈川) ❹ **1535**·8·7 社
円融寺(京都) ❶ **983**·3·22 社
延暦寺(比叡山寺、滋賀) ❶ **785**·7月 社／**788**·是年 社／**821**·7·17 社／**823**·2·26 社／**886**·7·5 社／**959**·10·7 社／**977**·3·21 社／**988**·是年 社／**993**·8月 社／❷ **1012**·5·23 社／**1014**·10·20 社／**1025**·10·27 社／**1031**·⑩·27 文／**1035**·3·29 社／是年 社／**1040**·5·28 文／**1044**·10·9 社／**1063**·10·29 社／**1070**·3·26 社／**1076**·6·13 社／**1077**·4·15 社／**1080**·10·15 社／**1085**·2·26 社／**1086**·6·16 社／**1092**·7月 社／**1100**·8·10 社／**1121**·7·30 社／**1124**·是年 社／**1142**·5·11 政／9·8 政／**1154**·10·3 社／**1205**·10·2 社／**1215**·11·25 社／**1218**·7·13 社／**1224**·11·25 社／**1229**·3·25 社／**1232**·3·20 社／**1246**·④·6 社／**1271**·4·15 社／5·19 社／❸ **1288**·3月 社／**1434**·11·19 社／❹ **1507**·5·7 社／**1547**·12·24 社／**1584**·8月 社／**1589**·9·11 社／❺-1 **1608**·6·17 社／8·8 社／**1667**·7·17 社／
延暦寺飯室谷浄戒院 ❸ **1352**·2·17 社
延暦寺恵心院 ❶ **986**·10·20 社
延暦寺延命院 ❶ **936**·是年 社／**938**·10·21
延暦寺戒壇 ❶ **819**·3·15 社／5·19 社／**822**·6·11 社／**827**·5·2 社／**910**·9·25 政／❷ **1264**·11·8 社／❸ **1298**·9·19 社／❹ **1584**·3月 社／5·1 社
延暦寺華台院 ❶ **983**·是年 社／**1001**·是年 社
延暦寺観音院 ❶ **985**·2·22 社
延暦寺講堂 ❶ **824**·9·3 文／**949**·1·2 社／**950**·4·10 社／**957**·5·1 社／**966**·10·28 社／**972**·4·3 社／❷ **1085**·7·10 社／**1088**·8·29 社／**1089**·5·21 政／**1212**·5·25 文／**1269**·7·11 文／**1275**·12·8 社／**1276**·是年 社
延暦寺五仏院·五大堂·丈六堂円融 ❷ **1166**·12·22 社
延暦寺根本中堂 ❶ **935**·3·6 社／**938**·10月 文／**949**·1·2 社／**978**·是年 社／**980**·9·3 社／❷ **1022**·11·24 文／**1051**·4·14 社／**1119**·5·14 社／**1124**·是年 社／❸ **1435**·2·4 社／8·3 社／**1436**·10·11 社／**1439**·2·27 社／**1448**·2·9 社／❹ **1499**·7·20 政／**1500**·2月 社／**1584**·5·1 社／**1585**·⑧·8 文／❺-2 **1755**·11·15 社
延暦寺西塔釈迦堂 ❶ **825**·11·3 文／**930**·是年 文
延暦寺西塔常行堂 ❶ **893**·是年 社
延暦寺西塔宝幢院 ❶ **883**·10·11 社／**887**·3·21 社／**984**·是年 社
延暦寺釈迦堂 ❶ **888**·是年 社
延暦寺首楞厳院(しゅりょうごんいん·横川中堂) ❷ **1169**·2·5 社／10·12 社／**1188**·9·14 文
延暦寺常行三昧堂 ❶ **818**·9月 社／**851**·是年 社／**894**·8·11 社
延暦寺東塔常行三昧堂 ❶ **981**·是年 社
延暦寺法華三昧堂 ❶ **954**·10·18 社
延暦寺横河三昧堂 ❶ **968**·1月 社
延暦寺定心院 ❶ **846**·8·17 社
延暦寺常楽院 ❶ **984**·是年 社
延暦寺静慮院 ❶ **885**·4月 社
延暦寺千手院 ❶ **993**·8·10 文
延暦寺総持院 ❶ **850**·9·15 社／**862**·9·10 社／**941**·1·20 社／**970**·4·20 社／**971**·4·25 社／**972**·6·7 文／**990**·11月 社／❷ **1084**·5·6 社／**1128**·10·28 社／**1130**·10·4 社／**1172**·3·28 社／**1211**·7·11 社／**1232**·9·16 社／❸ **1323**·9·18 社／**1351**·10·6 社
延暦寺大講堂 ❸ **1285**·7·21 社／**1293**·9·19 社／**1330**·3·27 社／**1396**·9·20 社
延暦寺大日院 ❶ **943**·是年 社
延暦寺檀那院 ❶ **987**·3·6 社
延暦寺仏眼院 ❶ **907**·7·7 社
延暦寺法華堂 ❶ **967**·4月 社
延暦寺文殊堂 ❶ **793**·是年 社／**969**·是年 社／**980**·10·1 社
延暦寺横川中堂 ❸ **1312**·10·28 社／❹ **1482**·4·18 社／❽ **1942**·7·30 社

延暦寺楞厳院真言堂 ❶ 985·10·7 社
延暦寺蓮華院 ❶ 953·是年 社
延暦寺火災 ❶ 935·3·6 社／941·1·20 社／949·1·2 社／966·10·28 社／❷ 1271·4·15 社／❸ 1323·8·18 社／1332·4·13 社
延暦寺公人 ❸ 1370·12·16 社
延暦寺東塔·勝陽坊火災 ❷ 1273·1·1 社
比叡山大衆使 ❷ 1105·1月 社
三塔会合(延暦寺) ❹ 1461·3·20 社
円龍寺(静岡) ❹ 1550·11·17 社
鴨江寺(静岡) ❸ 1354·2·25 社／❹ 1516·10·16 社
往生院(大阪) ❺-1 1654·是年 社
往生院(三鈷寺、京都) ❷ 1074·1·1 社
往生院(熊本) ❷ 1101·10·22 文／❺-1 1602·是年 社
往生院(山梨) ❷ 1103·4·3 文
粟原寺(奈良) ❶ 715·4月 社
近江寺(兵庫) ❸ 1303·6·26 社
大浦寺(福岡大宰府) ❶ 967·康保年間 社
大窪寺(奈良) ❶ 686·8·21 社
大蔵寺(奈良) ❷ 1140·⑤·28 文
大倉堂(神奈川鎌倉) ❷ 1232·12·27 社／1241·8·25 社
大瀧寺(岡山) ❶ 828·6·10 社
大瀧寺(千葉) ❹ 1523·2·16 社
大谷一向衆堂 ❸ 1352·②·2 社
大谷寺(福井) ❹ 1576·2·16 社
大谷本願寺(京都) ❸ 1338·11月 社／1352·5·28 社／❹ 1516·2·26 社
東山大谷坊舎を破壊 ❹ 1465·3·21 社
大野山寺(福岡大宰府) ❶ 801·1·20 社
大野寺(大阪堺) ❶ 727·是年 社／❾ 1998·6·26 文
大原観音寺(滋賀) ❹ 1563·10·9 社
大峰山寺(奈良) ❾ 1984·11·13 文
大屋寺(京都) ❶ 829·1·9 社
大山寺(おおやまでら、神奈川伊勢原) ❷ 1184·9·17 社／❸ 1364·4·26 社／1432·4·28 社／❹ 1490·5月 社／❺-1 1605·4月 社／1608·10·4 社／1610·7·17 社／1614·3·13 社
大山寺(千葉鴨川市) ❹ 1580·8月 社
岡本寺⇨法起寺(ほっきじ)
奥島神宮寺(滋賀) ❶ 865·4·2 社
憶念寺(岐阜) ❹ 1525·9月 社
大山寺(福岡大宰府) ❷ 1104·12·8 社／1140·⑤·5 社
愛宕寺(おたぎじ·珍皇寺·鳥辺寺、京都) ❷ 1002·2·19 社／1117·永久年間 社／1123·4·24 社／1173·3·17 文／1243·12·18 社／1259·5·10 社
乙訓寺(京都) ❶ 811·11·9 社
小治田寺(奈良) ❶ 763·是年 社
園城寺(おんじょうじ·御井寺·三井寺、滋賀) ❶ 686·是年 社／747·是年 社／859·9·3 社／866·5·14 社／868·6·29 社／875·是年 社／928·⑧·17 社／958·是年 社／992·2·29 社／997·8·3 社／1000·9·8 社／❷ 1016·6·22 社／1040·12·13 社／1042·3·10 社／1063·4·3 社／1073·4·27 社／1074·6·9 社／1080·8·21 社／1085·12·22 社／1086·10·10 社／1088·8·29 社／1106·12·25 社／1111·3·3 社／1112·12·19 社／1121·⑤·3 社／1130·7·2 文／1134·8·27 社／1140·⑤·25 社／1160·4·7 社／1184·12月 社／1207·9·28 社／1214·4·15 社／1215·2·19 文／1278·5·12 社／1280·6·24 社／❸ 1320·是年 社／1336·1·16 政／1352·10·6 社／1411·10·9 社／1433·8·12 社／❹ 1507·5·7 社／1575·10·17 社／1598·是冬 社／6·3 社／❺-1 1666·3·27 社／1686·5·2 社
園城寺戒壇院問題 ❷ 1039·5月 社／1041·5·14 社／1074·12·26 社／1075·2月 社／1081·7·6 社／1257·3·27 社／7·16 社／1258·4·17 社／5·1 社／9月 社／1260·1·4 社／1261·10·19 社／1262·8月 社／1264·1·2 社／11·2 社
園城寺唐坊(唐院) ❶ 859·是年 文
園城寺金光院 ❷ 1114·7·21 社
園城寺金堂戒壇 ❸ 1319·4·5 社
園城寺新羅明神社 ❷ 1052·9·19 社／1106·9·25 社／1109·9·14 社
園城寺新羅善神堂 ❸ 1347·4月 文
園城寺本堂火災 ❻ 1894·5·20 社
温泉寺(兵庫有馬) ❹ 1466·②·17 文／1528·12·24 社
海晏寺(東京品川) ❺-1 1608·5·7 社
海印三昧寺(京都) ❶ 819·是年 社／851·3·22 社
海印寺(京都長岡) ❶ 858·12·26 政
海会寺(大阪) ❸ 1351·11·8 社
海住山寺(京都) ❷ 1208·是年 社／1212·1·11 社／❹ 1556·5月 社
海禅寺(東京) ❹ 1575·6·23 社
開善寺(長野) ❸ 1338·7·17 社／1364·8·8 社／1427·8·29 社
海蔵院(京都) ❸ 1382·2月 社
海蔵寺(神奈川) ❹ 1510·1月 社／1533·11·29 社／1585·11·3 社／1589·12月 社
海蔵寺(東京青山) ❺-2 1799·8月 社
海潮寺(栃木) ❹ 1551·7·12 社／1555·7·13 社
海福寺(東京深川) ❺-1 1658·是年 社
開宝寺(宋国汴京) ❷ 1081·10·6 社
海龍王寺(隅寺·隅院、奈良) ❶ 731·7月 社／738·3·28 社／766·10·20 社
海龍王寺西金堂 ❶ 731·是年 文
海龍寺(奈良) ❹ 1499·12·18 社
額安寺(奈良) ❶ 617·是年 社
覚園寺(大倉薬師堂、神奈川鎌倉) ❷ 1218·7·9 社／12·2 文／❸ 1296·是年 社／1333·12·21 社／1386·6·15 社／1387·3·15 政／1438·9·6 政
覚薗寺(長野) ❷ 1179·11·28 文
鰐淵寺(がくえんじ、島根) ❶ 628·推古天皇御代 社／❷ 1112·是年 社／1125·4·7 社／1153·11·27 社／1165·2·4 社／1177·10·9 社／1178·是年 社／1184·11·23 社／1189·文治年間 社／1254·是年 社／1263·8·5 社／❸ 1325·5月 社／1331·1·14 社／1332·8·19 社／1333·5月 社／1336·2·9 政／1341·8·21 社／1343·6·1 社／1351·7·25 社／1356·2·9 社／1361·11·6 社／1365·3·24 社／1392·⑩·16 社／1438·3·11 社／❹ 1509·10·20 社／1527·3·11 社／1555·5·20 社／1556·12月 社／1561·9·19 社／1570·7·28 社／❺-1 1602·2·7 社
楽音寺(広島) ❸ 1395·11月 社／1444·2·29 社
楽音寺(三重) ❸ 1339·8月 社
覚範寺(宮城仙台) ❺-1 1602·3·16 社
覚範寺(山形) ❹ 1586·是年 社
鶴林寺(奈良) ❹ 1462·8·24 社
鶴林寺(兵庫) ❹ 1541·2·3 社／1569·1月 社／3月 社
笠置寺(京都) ❶ 664·是年 社／❷ 1130·4月 社／1176·11·3 政／1183·是年 社／1195·11·19 社／1198·11·7 文／1204·4·10 社／1210·9·19 社／❸ 1331·8·28 社／1333·8·14 社／1381·3·11 社／1398·是年 社
笠寺(岡山) ❷ 1185·8·21 社
笠覆寺(愛知) ❸ 1421·2·3 社
花山寺⇨元慶寺(がんぎょうじ)
柏尾寺(山梨) ❷ 1262·10·18 社／❸ 1310·5·5 社／1311·5·5 社
鹿島神宮寺(茨城) ❶ 859·2·16 社／866·1·20 社／875·3·17 社／❹ 1553·9月 社
嘉祥寺(京都) ❶ 851·2·13 社／865·8·3 文／878·2·5 社
片岡寺(奈良) ❶ 598·4·15
勝尾寺(大阪) ❶ 727·是年 社／990·是年 社／❷ 1229·12月 社／1230·4·20 社／1247·2·3 社／❸ 1288·5·13 社／1291·11·15 社／1294·4·20 社／1360·10·2 社／1442·7·19 文／❹ 1523·7·26 社／1547·3·24 社
葛木寺(奈良) ❶ 763·是年 社
葛城尼寺(妙安寺) ❶ 607·是年 社
金沢御堂(石川) ❹ 1546·10·29 社／1580·③·9 政
金山寺(かなやまじ、岡山) ❷ 1185·8·21 社／1214·9·26 社／1215·12月 政
樺崎寺(栃木足利) ❸ 1430·5·3 社
鎌倉大仏殿⇨高徳院(こうとくいん)
竈門山寺(大宰府) ❶ 803·⑩·23 文
亀井寺(大阪) ❸ 1420·是年 社
亀井寺(兵庫) ❶ 969·8·13 社
鴨江寺(かもえじ、静岡) ❹ 1589·12月 社
軽寺(奈良)⇨法琳寺·法輪寺(ほうりんじ)
河合寺(大阪) ❸ 1348·8·7 社
河合寺(奈良) ❷ 1025·是年 社
河合堂(奈良) ❸ 1376·2·27 社
革堂(正しい読み方は「こうどう」、京都)⇨行願寺(ぎょうがんじ)
川原寺(弘福寺、奈良) ❶ 653·6月 文／655·10月 社／673·3月 社／

686·12·19 社／702·12·25 社／703·1·5 社／807·11·12 政
　川原寺田帳(尾張国検)　❶ 825·11·12 社
　弘福寺(川原寺)領田図(讃岐)　❶ 735·12·15 文
願安寺(京都)　❶ 836·3·26 社
寛永寺(東京上野)　❺-1 1624·是年 社／1625·11月 社／1697·5·23 社／1700·2·14 社／❺-2 1737·12·21 社／1772·11·1 社／1814·10·21 社／1818·3·15 社
　寛永寺大仏堂　❺-2 1841·11·30 社
　寛永寺中堂　❺-2 1847·10·16 社
歓喜光寺(六條道場、京都)　❸ 1379·9·11 社／1419·5·26 社／1428·2·6 社／1435·4·8 社
歓喜寺(和歌山)　❸ 1290·10·2 社／1297·2·14 社／1347·3·27 社／1353·12·6 社／1354·10·25 社／1360·4·9 社／1392·1·25 社
歓喜寿院(神奈川鎌倉)　❷ 1214·4·14 社
漢河寺(神奈川)　❶ 873·7·28 社／881·10·3 社
元慶寺(花山寺、京都山科)　❶ 877·12·9 社／884·9·10 社／902·9·29 文／949·9月 社／957·3·6 社
観空寺(京都)　❶ 870·8·26 社
観慶寺⇨「神社·神」の祇園社(感神院)
寛弘寺(大阪)　❹ 1460·10·18 政
願興寺(愛知)　❶ 884·8·26 社
願興寺(香川)　❷ 1059·3月／7·27 文／1060·9月 社
元興寺(飛鳥寺·法興寺、奈良)　❶ 584·9月／588·是年／592·10月／593·1·15／596·11月／606·4·8 社／609·4·8 文／686·12·19 社／687·8·28 社／702·12·25 社／703·1·5 社／718·9·23 社／729·2·8 社／3·8 社／749·7·13 社／867·4·17 社／887·12·30 社／❷ 1173·11·11 社／❹ 1462·3·27 社／7·5 社
　元興寺火災(奈良)　❻ 1859·2·29 社
神崎寺(茨城)　❷ 1134·是年 文
勧修寺(かんじゅじ·かじゅうじ、京都)　❶ 896·6月 社／947·5·18 文／❸ 1336·8·22 社／❹ 1470·7·19 政／1499·7月 社／1500·12·29 社／1520·4·28 社
　勧修寺薬師堂(京都)　❷ 1007·10·9 社／1052·是年 社／1109·6·24 社
願成寺(京都)　❸ 1386·是年 社
願成寺(熊本)　❹ 1564·10月 社
願証寺(三重)　❹ 1501·1·18 社
願成寺(和歌山)　❸ 1392·9·26 社
願成就院(静岡)　❷ 1194·3·25 社／1215·12·16 社／1222·1·20 社
観心寺(大阪)　❶ 825·是年 社／827·是年 社／836·3·13 社／是年 社／869·6·9 社／874·7·9 社／887·是年 社／❷ 1123·2·14 社／1152·8·17 社／1203·6·28 社／❸ 1333·10·26 社／1337·4·30 社／1344·6·3 文／1348·8·21 社／1357·5月 政／1359·12·23 政／1362·4月 社／1365·9·6 社／1383·12·9 社／1389·6·18 社／1391·10·8 社／1406·8·15 社／1409·3·30 社／1417·8·12 社／1420·①·18 社／❹ 1491·12·6 社／1508·11·29 社／1523·3·18 社／1532·11月 社／1537·11·13 社／1565·10·18 社／1587·4·2 社
願成院(静岡)　❹ 1559·11·16 社
願成寺(茨城)　❷ 1218·3·23 社
願成寺(京都)　❹ 1462·9·20 社
願成寺(和歌山)　❹ 1515·②·28 社
観世音寺(福岡)　❶ 671·天智天皇御代 社／686·是年 社／698·4·13 文／703·10·20 社／709·2·1 社／723·2·2 社／745·10·12 社／11·2 社／746·6月 社／755·10月 社／768·9·11 社／807·4·29 社／831·3·7 社／864·8·13 政／868·2·27 社／884·是年 文／940·5·6 社／❷ 1003·7·11 文／1064·5·13 社／1066·11·28 社／1092·7·11 文／1099·9·22 社／1108·6月 文／1110·9·5 社／1111·10·27 社／1118·3·27 社／1120·6·28 社／1129·4·29 文／1130·是年 社／1137·3月 社／1138·11·3 社／1143·6·21 社／1250·是年 社
　観世音寺戒壇　❶ 761·1·21 社
願泉寺(大阪貝塚)　❹ 1585·3·9 社
厳殿寺(群馬榛名山)　❺-1 1614·9·5 社
願得寺(石川)　❹ 1531·7·30 社
寛徳寺(福島)　❹ 1565·11·20 社
観念寺(愛媛)　❷ 1239·延応年間 社／❸ 1336·7·1 社／1355·8·26 社／❹ 1516·10月 社／1557·8·17 社／❺-2 1731·是年 社
感応寺(東京)　❹ 1597·是年 社
感応寺(鹿児島)　❷ 1194·是年 社／1232·4·1 社／1233·8·18 社／❸ 1323·是年 社
神呪寺(京都)　❶ 827·3月 社
感応寺(東京谷中)　❺-2 1833·12·17 社／1836·4·12 社
観音寺(愛知)　❹ 1526·1·17 社
観音寺(岡山金山)　❸ 1323·2·13 社／❹ 1589·6·29 社
観音寺(施無畏寺、京都)　❶ 976·9·19 社／❹ 1582·1·11 社
観音寺(滋賀)　❹ 1544·1·23 社／1551·12·24 社
観音寺(長野)　❶ 881·10·17 社
観音寺(兵庫)　❶ 840·7·5 社
観音寺(福岡)　❶ 853·5·13 社
観音寺(福島黒川)　❹ 1523·9·2 社／1552·12·9 社
観音寺(山形)　❶ 865·5·8 社
観音寺(山梨小石沢)　❹ 1478·11·4 政
観福寺(千葉)　❹ 1549·12·27 社
喜入院(きいれいん、鹿児島)　❹ 1587·5·12 社
宜雲寺(一蝶寺、東京)　❺-1 1694·8月 社
既多寺(兵庫)　❶ 734·11·22 文
祇陀寺(石川)　❸ 1359·6月 社／1395·3·21 社
北野宮寺(京都)　❸ 1416·8·25 社
北山本門寺(静岡)　❹ 1515·6·26 社
祇陀林寺(ぎだりんじ、京都)　❷ 1024·4·21 社／1025·4·21 社／103
1·9 社／1125·4·17 社／1128·2·14 社／1230·3·10 社
吉祥院(京都)　❸ 1377·6·1 社／1398·11·28 社
吉祥寺(群馬)　❸ 1339·12·3 社／1352·8·1 社／1359·1月 社
吉祥寺(東京駒込)　❹ 1458·是年 社
吉祥寺(東京深川)　❺-1 1701·是年 社
吉祥寺(陸奥)　❷ 1232·11·23 社
衣笠寺(京都)　❸ 1333·4·9 社
紀三井寺(和歌山)　❶ 770·是年 社
伽耶院(兵庫三木)　❺-1 1609·10·2 社
吸江庵(ぎゅうこうあん、高知)　❸ 1318·5月 社／1395·6·18 社／1412
9·30 文／1435·5·7 社／1447·7·25 社
吸江寺(高知)　❹ 1471·9月 社／1520·是春 政
久宝寺(大阪)　❹ 1541·12·15 社
教王護国寺⇨東寺(とうじ)
教恩寺(兵庫)　❹ 1517·3月 社
行願寺(革堂·一條堂·一條北辺堂、京都)　❷ 1004·12·11 社／1005·5·3 社／1008·8·14 社／10·4 社／1019·9·12 社／1140·⑤·16 社／1141·1·8 社／1166·2·26 社／1209·4·9 社／1212·2·25 社／1219·3·18 社／1230·2·27 社／1242·3·5 社／❸ 1288·4·26 社／1318·11·19 社
教行寺(富田道場、大阪)　❹ 1532·12·22 政／1536·10·20 社
教行寺(摂津)　❺-1 1615·3·21 社
教興寺(大阪)　❸ 1347·9·17 政
京極寺(京都)　❷ 1168·2·13 社／1213·10·15 社
教念寺(埼玉)　❸ 1455·2·6 社／❹ 1481·3·20 社
清河寺(埼玉)　❸ 1422·⑩·7 社
玉泉寺(山形)　❷ 1251·3·18 社
玉伝寺(神奈川)　❹ 1588·12·19 社
玉林院(摂津)　❹ 1531·1·13 社
清荒神(きよしこうじん)清澄寺　❹ 1482·7·18 社
巨真寺(広島)　❸ 1398·10·8 社
清瀧寺(滋賀)　❸ 1373·3·10 社
清瀧寺(静岡二俣)　❺-2 1841·10·12 社
清水寺(京都)　❶ 798·7·2 社／805·10·19 社／❷ 1063·8·18 社／1064·8·18 社／1091·3·8 社／1094·10·22 社／1120·12·1 社／1147·3·27 社／1165·8·9 社／1172·3·29 社／1173·11·18 社／1193·4·4 社／1213·11·1 社／1220·3·26 社／1229·6·15 社／1235·1·26 政／1251·⑨·20 文／1259·4·27 社／1274·12·19 社／❸ 1299·是年 社／1336·8·17 政／1349
2·27 社／1406·9·12 社／1422·4·29 社／❹ 1469·7·10 政／1478·4·16 社／1479·3月 社／12·27 社／1484·6
27 社／1486·5·3 社／1508·3·28 社／5·1 社／❺-1 1629·9·10 社／1631·2·17 社／❺-2 1741·11·25 社／1743·4·1 社／1753·4·18 社
　清水寺北斗堂(山城)　❸ 1417·10·

29 社
清水寺本堂(京都)　❾ 1975·10·7 社
清水寺(静岡)　❹ 1560·10·24 社／1561·6·1 社
清水寺(島根)　❹ 1556·12月 社
清水寺(兵庫加東)　❸ 1305·是年 社／1320·11月 社／1335·3·9 社／1340·4·28 社／1343·9月 社／1371·11·2 社／1383·9·2 政／1384·11月 社／1400·4·8 社／12·24 社／1435·4·5 社／1452·7·29 社／❹ 1466·7·23 社／1469·3·28 社／1477·1·23 社／1515·5月 社／1517·12·3 社／1519·3月 社／1520·4·24 社／1531·8·8 社／1539·⑥·16 社／1545·11·23 社／1548·4·19 文／1557·9·15 社／12月 社／1558·9月 社／1561·7月 社／1565·10·11 社／1570·9月 社
桐岡寺(愛知)　❹ 1549·12·19 社
切幡寺(徳島)　❸ 1342·3·26 社
金閣寺(鹿苑寺、北山)　❹ 1475·6·5 文／1480·2·24 文／1485·11·15 社／1537·6·11 文／❽ 1955·10·10 社
金山寺(岡山)　❹ 1472·3·14 社／1483·12月 社
近長谷寺(三重)　❶ 885·是年 社
金勝寺(滋賀)　❶ 733·是年 社／897·6·23 社／❸ 1353·8·17 社／1355·5·28 政／❹ 1487·9·3 社
錦織寺(滋賀)　❷ 1238·是年 社／❺-1 1694·5·5 社
金蔵寺(香川)　❸ 1430·5·21 社
金蔵寺(京都)　❹ 1470·1·16 社
金峰山寺蔵王堂　❷ 1093·9·20 社／1225·1·10 社／1250·3·11 社／1264·6·27 社
金峰山寺(奈良)　❶ 900·7月 政／905·5月 政
金峰山寺師子尾堂(奈良)　❷ 1146·10·18 文
金陸寺(武蔵)　❸ 1347·1·11 社／1380·8·6 社／10·2 社／1428·8·19 社
久遠寺(小笠原)　❻ 1892·3·15 社
久遠寺(山梨身延山)　❷ 1274·5·12 社／6·17 社／❹ 1581·5·1 社／1482·7·11 社／❺-1 1616·12·20 社／1630·2·21 社／1679·10·4 社／❺-2 1777·10·13 社／❻ 1875·1·10 社／1882·11·24 社／1887·3·4 社／❼ 1911·3·8 社
久遠寺大本堂(山梨身延町)　❾ 1985·5·6 社
久遠寿寺(肥前)　❹ 1553·10·13 社
弘経寺(千葉)　❸ 1414·7月 社／❹ 1538·3·25 社
愚渓寺(岐阜)　❸ 1440·永享年間 社／❹ 1506·8月 社／❺-1 1601·10·22 政／1602·11月 社
弘祥寺(福井)　❸ 1342·是年 社／1364·10·1 社／1402·11·29 社／1412·11·25 社
葛川明王院(滋賀)　❹ 1529·8·22 社
弘誓寺(福岡)　❷ 1089·是年 文
百済寺(大阪難波)　❶ 661·斎明天皇御代 社／671·天智天皇御代 社／793·5·11 社
百済寺(京都)　❶ 783·10·14 社
百済寺(滋賀)　❹ 1542·11·18 社／1568·9·22 社／1584·10·4 社／是年 社
百済大寺⇨大安寺(だいあんじ)
百済寺(奈良)　❹ 1515·5·25 社
久能寺(静岡)　❷ 1062·是年 社／1109·4·1 社／1114·是年 社／❸ 1351·12·18 社／1352·1·16 社／❹ 1526·6·18 社／1528·9·7 社／1540·7·4 社／1565·7·2 社／1573·7·30 社
弘福寺⇨川原寺(かわらでら)
弘福寺(滋賀)　❷ 1070·3·11 政
弘福寺(奈良)　❷ 1006·11·20 政／1173·11·11 社／❸ 1402·4·23 社／1408·10·5 社
弘法寺(岡山)　❸ 1350·11·21 社／1400·12·2 社／❹ 1526·4·8 社
弘法寺(千葉)　❹ 1492·9·1 社／1533·5·1 社／1538·5·28 社／1569·2·19 社
窪寺(奈良)　❹ 1458·9·25 文
求菩提山(福岡)　❹ 1499·4·29 社／1587·11·30 社
求明寺(武蔵)　❷ 1181·1·23 社
弘明寺(武蔵)　❹ 1533·3·18 社／1559·8·17 社／1571·2·22 社
久米田寺(大阪)　❷ 1188·12月 社／1248·12·5 社／1279·12·23 社／❸ 1282·10·21 社／1316·11月 社／1333·1·5 社／1344·7·6 社／1357·9·17 政／1361·6·13 社／1362·4·6 社／1396·6月 社／1447·8·8 社／1455·12·13 社
久米寺(奈良)　❶ 942·7·3 社
倉橋寺(奈良)　❸ 1438·5·1 政
鞍馬寺(京都)　❶ 796·是年 社／914·是年 文／❷ 1009·12·30 社／1126·12·19 社／1127·2·30 社／1132·8·8 社／1133·8·8 社／1195·5·3 社／1238·②·16 社／10·3 社／1248·2·24 社／❸ 1333·8·13 社／1336·8·20 社／10·12 社／1351·1·20 社／1379·9·5 社／1389·10·19 政／1390·③·26／1435·3·9 文／❹ 1458·2·3 社／1469·3·13 社／1470·8·1 社／1481·3·28 社／1486·7·16 社／1488·3·7 社／1510·5·28 社／1534·9·28 社／❺-1 1608·6·23 社／❺-2 1806·11·28 社／1814·3·28 社／1818·12·9 社／❽ 1949·12·27 社
景愛寺(京都)　❹ 1498·1·29 社
恵運院(山梨)　❹ 1543·5·12 社／❺-1 1603·9·21 社
慶弘寺(長野)　❹ 1555·3·12 社
恵日寺(慧日寺、福島会津)　❺-1 1626·3·12 社／1657·明暦年間 社
慶寿寺(静岡)　❹ 1536·6·10 社／1537·11·11 社
迎正寺(京都)　❺-1 1693·6月 社
桂昌寺(高知)　❹ 1501·1月 社／1577·6·11 社／❺-1 1687·12·27 社／1688·是年 社
鶏足寺(栃木)　❷ 1211·12·25 文／❸ 1454·5·28 社
景徳院(山梨)　❹ 1588·是年 社
景徳寺(京都)　❸ 1364·2·20 社
景福寺(京都)　❷ 1232·9·12 社
慶福寺(熊本)　❸ 1392·5月 社
景福寺(福岡)　❸ 1341·5·29 社
恵林寺(山梨)　❸ 1330·是年 社／❺-1 1604·3·11 社
華厳院(静岡)　❹ 1500·3·12 社／1544·7·1 社
華厳寺(岐阜)　❶ 798·是年 社／❸ 1334·11月 社／1374·文中年間 社／❹ 1479·2·26 社／1512·8·12 社／1518·7月 社／1519·7月 社／1534·9月 社／1548·11月 社／1585·⑧·1 社
解脱寺(京都)　❷ 1002·9·17 社／1004·4·28 社
月桂寺(東京)　❺-1 1694·8·2 社
気比神宮寺(福井)　❶ 860·1·27 社
元応寺(京都)　❸ 1320·是年 社
建久報恩寺(福岡)　❷ 1192·1·29 社
建興寺⇨豊浦寺(とゆらでら)
元興寺(奈良)　❸ 1356·2·17 社
顕孝寺(福岡)　❸ 1335·11·1 社
顕孝寺(山口)　❹ 1551·9·8 社
羂索院⇨東大寺(とうだいじ)羂索院
顕証寺(滋賀)　❹ 1469·2月 社
見性寺(静岡)　❹ 1572·3·22 社／5·11 社
見性寺(徳島)　❹ 1527·2·2 社／1532·8·9 社
見性寺(兵庫)　❸ 1336·5·18 政
建中寺(愛知)　❺-1 1651·是年 社
建忠寺(鹿児島)　❸ 1425·6·1 社
建長寺(神奈川鎌倉)　❷ 1249·是年 社／1253·11·25 社／1278·4月 社／❸ 1300·11·29 社／1308·12·12 社／1315·7·8 社／1322·4·27 社／1327·1月 社／1342·4·23 社／1359·8月 社／1369·10·15 社／1370·11·12 社／1386·7·10 社／1414·12·28 社／1424·3·8 社／1426·8·23 社／❹ 1542·4·6 社
建長寺西来院　❸ 1373·是春 社
建仁寺(神奈川鎌倉)　❷ 1202·3月 社／1217·是年 社／1246·6·7 社／1247·8·29 社／1256·7·29 社／1278·1月 社
建仁寺(京都)　❸ 1342·4·23 社／1386·7·10 社／1396·11·18 社／1397·11·18 社／1435·2·29 社／11·29 社／1438·10·10 社／1455·是年 政／❹ 1458·5·6 社／1469·7·10 政／1488·10·3 社／1492·9·14 社／1504·3·8 社／1552·11·13 社／1584·9·8 社
建仁寺永源庵　❸ 1394·2·13 社
建仁寺興雲庵　❸ 1409·③·3 社
建仁寺浴室棟(京都)　❾ 2002·4·12 文
建仁寺別奉行　❹ 1486·1·28 社
乾福寺(長野)　❹ 1578·7·18 社／1581·7·10 社
顕法寺(新潟)　❸ 1355·3·4 政
建穂寺(静岡)　❷ 1210·11·24 社
顕本寺(大阪)　❹ 1473·9月 社／1546·8月 社
見満寺⇨敏満(びんまん)寺
高安寺(東京)　❸ 1424·10·23 社
興雲寺(奈良)　❹ 1473·8月 社
耕雲寺(新潟)　❸ 1434·是年 政／❹

1496·②·28 社
広恵寺(岐阜) ❹ 1569·6月 社
広薗寺(東京) ❸ 1425·9·16 社
光恩寺(鳥取) ❸ 1393·12·25 社
孝恩寺(兵庫) ❷ 1274·文永年間 社
光岳寺(千葉関宿) ❺-1 1602·8·29 社
向岳寺(山梨塩山) ❸ 1380·1·20 社／1385·3月 社／1447·3·12 社／❹ 1458·8·28 社／1525·8·2 社／1531·2·10 社／1547·5月 社
甲賀寺(滋賀) ❶ 744·11·13 社
光教寺(石川) ❹ 1531·⑤·9 社／7·30 社
香下寺(兵庫) ❸ 1371·8月 社
高月院(愛知) ❹ 1527·1·14 社
高源寺(兵庫) ❸ 1325·是年 社
広厳寺(兵庫) ❹ 1460·8·15 社
広厳寺(山梨) ❹ 1501·10·16 社／1517·3·9 社／1577·6·27 社
興国寺(鹿児島) ❹ 1496·是年 社
興国寺(静岡) ❺-1 1601·2月 政
興国寺(福岡) ❹ 1539·10月 社／1544·4·11 社
興国寺(和歌山由良) ❹ 1576·2·8 政／1585·是年 社
光厳院(丹波) ❸ 1396·7·7 政
広厳院(山梨) ❹ 1487·11月 社／1577·12·21 社
広済寺(鹿児島) ❸ 1434·6·26 社
広済寺(山梨) ❹ 1533·8·27 社／1541·12·10 社／1583·4月 文
高山寺(京都栂尾) ❷ 1206·11月 社／1220·3·22 政／1229·是年 社／1230·①·10 社／1239·2·24 社／❹ 1467·7月 社／1470·4·30 社／1473·3月 社／1515·4·17 社／1547·⑦·5 社／❺-2 1717·4·8 社／❻ 1881·4·25 社
香山薬師寺(奈良) ❶ 749·⑤·20 社
香積寺(佐伯院、奈良) ❶ 776·3·9 社／905·7·11 社
香積寺(山口) ❹ 1512·是年 文／1533·7·25 社
高城寺(佐賀) ❷ 1270·是年 社／❸ 1333·8·11 社／10·1 社／1352·11·27 社
光浄寺(佐賀) ❸ 1362·6·13 社／7·1 社／1373·9·12 社／❹ 1485·12·13 社／1534·4·2 政／12·13 社／1536·12·13 社／1541·3·5 社／1545·1·11 社
高乗寺(東京) ❺-1 1657·11·22 社
向上寺(広島) ❸ 1444·12·26 社
興昌寺(和歌山) ❸ 1336·10·28 社
光勝寺極楽院空也堂(京都) ❺-1 1634·是年 社
興聖寺⇨宝幢寺(ほうどうじ)
興正寺⇨仏光寺(ぶっこうじ)
興聖寺(京都·宇治) ❷ 1233·是春 社／1236·10·15 社／❺-1 1614·慶長年間 社／1650·是年 社
興正寺(京都) ❹ 1486·文明年間 社／1582·10月 社／❼ 1902·11·29 社
宏済寺(滋賀) ❸ 1408·是冬 社
毫摂寺(福井) ❹ 1521·4·21 社／❺-2 1774·是年 社
興禅寺(長野木曾) ❹ 1496·2月 社／1565·3月 社／1582·2月 社／❺-1 1624·是年 社／1641·4·20 社
興禅寺(長野福島) ❸ 1443·是年 社
高蔵寺(兵庫) ❹ 1512·4·14 社
洪泰寺(長崎) ❺-1 1614·慶長年間 社／1615·是年 社
高台寺(京都) ❺-1 1605·6·28 社／9·27 社／1606·12·8 社／1614·慶長年間 社／❺-2 1789·2·9 社／❻ 1863·7·27 社
光長寺(静岡) ❹ 1534·12·7 社
興長寺(兵庫) ❹ 1494·11·10 社／1515·9·6 社／1521·9·3 社
光通寺(大阪) ❸ 1411·9·5 社／❹ 1492·3·21 社
弘徳院⇨豪徳(ごうとく)寺
高徳院(鎌倉大仏殿) ❸ 1369·9·2 社
光徳寺(石川) ❹ 1488·7·4 社
興徳寺(石川) ❹ 1516·1·26 社
皇徳寺(鹿児島) ❸ 1383·11·15 社／1384·10月 社／1387·2·18 社
光徳寺(鳥取) ❹ 1555·11·21 社
広徳寺(兵庫尼崎) ❹ 1528·⑨·25 社／1531·6·4 政
興徳寺(福岡博多) ❷ 1270·10·28 社
興徳寺(福島·岩代) ❸ 1287·是年 社／1417·是秋 社
宏徳寺(三重) ❸ 1400·7·28 社／1418·4·23 社
光徳寺(埼玉) ❸ 1379·7月 社
豪徳寺(弘徳院、東京) ❹ 1486·文明年間 社
神於寺(こうのじ、大阪) ❸ 1350·7·23 政／❹ 1484·9·5 社
幸福寺(愛知) ❹ 1535·9月 社
光福寺(茨城) ❹ 1559·12·17 社
高福寺(岡山) ❷ 1071·7·16 文
広福寺(熊本) ❸ 1356·6·29 政／1433·3·27 社／1434·2·26 社／❹ 1519·4·5 社
光福寺(丹波) ❸ 1335·3·1 社／1342·8·13 社
光福寺(千葉·上総) ❹ 1585·4·2 社
光福寺(千葉·下総) ❹ 1527·9月 社
興福寺(長崎) ❺-1 1624·是年· 社／1654·7·6 社
興福寺(山階寺·厩坂寺、奈良) ❶ 657·是年 社／669·10月 社／709·是年 社／710·3月 社／714·10月 社／723·是年 文／738·3·28 社／749·7·13 社／768·12·4 社／833·9·21 社／849·3·26 政／878·4·8 社／925·2·15 社／968·7·15 社／1000·10·19 社／❷ 1027·2月 社／1031·10·20 社／1048·3·2 社／1065·2·25 社／1079·8·2 社／1087·2月 社／1088·10·26 社／❸ 1282·12·17 政／1300·12·5 社／1333·3·21 政／7·17 社／1356·2·17 社／1357·2·30 社／1380·1·16 政／1394·7·2 社／1400·5·21 社／1429·9·22 文／1431·8·22 社／❹ 1456·6·5 社／1465·12·6 社／1470·7·3 政／1482·6·7 政／1483·11·21 社／❺-1 1612·9·27 社／1642·11·27 社／❺-2 1717·1·4 社／1724·9·1 社／1725·9月 社／1773·12·30 社
興福寺大湯屋 ❸ 1411·⑩·15 社
興福寺勧学院 ❸ 1284·是年 社
興福寺観禅院東円堂 ❹ 1512·是 社
興福寺喜多院 ❶ 1000·10·19 社 ❹ 1511·2·21 社
興福寺講堂 ❶ 746·1月 社／90 是年 文／❸ 1288·7·28 社
興福寺五大堂 ❶ 973·8·23 社
興福寺金堂 ❷ 1031·10·20 文／1099·1·24 社／1101·5·1 文／1113·9·25 社／1165·12·5 社／1188·1·29 文／1279·10·26 社／ 1326·3·8 社／1329·4·16 社／1347·3·11 社／1399·3·11 社／1415·4·7 文
興福寺西金堂 ❶ 734·1·11 文
興福寺鐘楼·僧房 ❶ 881·9·26
興福寺大乗院·一乗院 ❸ 1351·6 27 社／7·6 社／1357·3月 社／ 1581·12·7 社
興福寺東院西堂 ❶ 761·2月 文
興福寺東院東堂 ❶ 764·9·11 社
興福寺東金堂 ❶ 726·7月 社／ 1368·6·25 社／1411·⑩·15 社
興福寺東室 ❸ 1306·11·28 社
興福寺南円堂 ❶ 813·是年 社／1329·4·16 社
興福寺北円堂 ❶ 721·8·3 文
興福寺維摩会 ❶ 733·3月 社／859·1·8 社／888·10·10 社／894 10·10 社／896·10·10 社
興福寺湯屋 ❷ 1124·6·20 社
興福寺検校 ❶ 906·10·13 社
興福寺慈恩会 ❶ 951·11·2 社
興福寺使の乱入 ❶ 1000·5·8 社
造興福寺長官 ❷ 1066·3·22 文／1098·12·29 文／1181·6·15 文／1186·6·28 文／1277·8·16 文
造興福寺仏殿三司 ❶ 720·10·17 社
造興福寺北円堂勧進 ❷ 1089·2· 社／1092·1·19 社／10·2 社／1096·9·25 社／1097·8·25 社／1101·5·4 社／1102·1·22 社／1103·7·25 社／1106·6·9 社／1107·12·28 社／1109·7·5 社／1113·9·25 社／1124·10·6 社／1126·6·29 社／1143·12·18 社／1167·3·10 社／1173·11·11 社／1181·7·28 文／1185·6·29 社／1188·1·29 文／3·18 社／1189·9 28 文／1194·9·23 社／1207·8·3 社／1208·12·17 社／1210·是年 ／1250·是年 社／1279·10·26 社
興福寺焼失 ❶ 878·4·8 社／904 是年 社／925·11·10 社／❷ 1017 6·22 社／1046·12·24 社／1049· 18 社／1055·2·17 社／1060·5·4 社／1148·8·26 社／1150·8·5 社 1158·7·17 社／1277·7·26 社／1278·7·26 社
興福寺(陸奥) ❸ 1417·7·15 社
香宝寺(鳥取) ❺-2 1780·3·28 社
光明寺(愛知) ❹ 1584·9月 社
光明寺(鹿児島) ❹ 1518·5·19 社
光明寺(蓮華寺、神奈川鎌倉) ❷ 1240·是年 社／1243·5·3 社／❸ 1355·5·2 社／1388·8·28 社／1389 月 社／1436·12·15 社／❹ 1495·4·

21 社／1532·7·23 社
光明寺(京都) ❹ 1468·6·13 社／1511·1·13 社／❺-2 1734·11·18 社
光明寺(高知) ❸ 1397·3·11 社
光明寺(兵庫加東) ❷ 1274·文永年間 社／❸ 1351·2·4 政
光明寺(三重) ❸ 1313·12·25 社／1336·12·21 社
光明山寺(京都) ❷ 1254·10·30 社
高野山⇨金剛峰寺(こんごうぶじ)
高隆寺(愛知) ❹ 1557·5·3 社
興隆寺(愛媛) ❹ 1512·3·23 社
興隆寺(京都) ❶ 865·4·15 社
香隆寺(京都) ❷ 1166·7·26 社
広隆寺(蜂丘(岡)寺、京都太秦) ❶ 603·11·1／607·是年 社／616·7月 政／619·1月 社／622·是年 社／818·4·23 社／847·承和年間 社／945·4·15 文／❷ 1012·9·11 社／1014·5·5 社／1016·12·3 政／1035·1·17 社／1150·1·19 社／1165·6·13 文／是年 文／1242·7·2 社／1266·1·8 社／❸ 1376·5·2 社／❹ 1495·4·14 社／1499·4·18 政／1527·10·21 社／1531·9·27 社／1533·12·23 社／1546·9·11 社／1547·12·1 文
広隆寺火災 ❶ 818·4·23 社
弘隆寺(福島) ❶ 881·11·9 社
興隆寺(山口) ❸ 1341·4·15 社／④·15 社／1344·2·21 社／1353·9·22 社／1357·1·7 社／1378·3·18 社／1386·9·18 文／1390·5·10 政／1392·8·3 社／1393·8·15 社／1402·12·7 社／1404·2·19 社／1408·5·6 社／1414·3·8 社／1425·4·11 文／1449·3·13 社／7·18 社／❹ 1471·2·10 社／1475·11·13 社／1478·2·13 社／1486·2·13 社／1494·2·18 社／1500·3·20 社／1514·8·30 社／1520·5·13 社
剛林(琳)寺(大阪) ❸ 1348·11·4 社／1354·7·7 社／1361·12·23 社／❹ 1580·4月 社
粉河寺(こかわでら、和歌山) ❶ 770·10·8 社／935·8·13 社／❷ 1252·3月 社／❸ 1298·8·10 社／1306·5·18 社／1333·1·10 政／2·5 政／②·9 政／4·2 政／1336·11·22 政／1358·12月 社／1392·5·7 政／⑩·3 社／1394·2·28 社／11月 社／1408·3·29 社／1433·7·10 社／❹ 1460·9·19 社／1461·5月 社／1474·7月 社／1515·8·7 社／1520·2·28 社／1568·6·20 政／1583·11月 政／❺-1 1604·是年 社／1616·8月 社／1625·9月 社
国済寺(埼玉) ❸ 1390·9月 社
国昌寺(滋賀) ❶ 820·11·22 社
国清寺(静岡) ❸ 1361·是年 社／1368·是年 社／1393·8·13 社／1439·6·28 政
国清寺(山口) ❸ 1400·8·1 社／1404·2·10 社／1406·7·13 社／1409·12·11 社／1413·2·29 社／1420·2·24 社／1428·8·18 社／1429·9月 社／❹ 1562·6·11 社
国東寺(三重) ❹ 1479·4·7 社
国泰寺(北海道厚岸) ❺-2 1804·5月 社／1826·5·29 社
国泰寺(東松寺、富山) ❸ 1328·是年 社／❹ 1546·是年 社
国分寺(諸国) ❶ 741·2·14 社／❷ 1002·10·9 文／❸ 1334·5·7 社
国分寺·国分尼寺(滋賀) ❷ 1017·12·13 社
国分寺(金光明四天王護国之寺) ❶ 741·2·14 文／3·25 社／744·7·23 社／747·11·7 社／749·5·15 社／7·13 社／758·7·28 文
国分寺(愛知·尾張) ❶ 884·8·26 社
国分寺(愛知·参河) ❶ 844·2·26 社
国分寺(石川·加賀) ❶ 841·9·10 社／855·5·16 社／❷ 1099·5·22 社
国分寺(石川·能登) ❶ 844·2·3 社／863·2·21 社
国分寺(大阪·和泉) ❶ 839·5·3 社
国分寺(鹿児島) ❸ 1292·10·27 社／1321·7月 政
国分寺(神奈川) ❶ 819·8·29 社／881·10·3 社／940·8·10 社
国分寺(岐阜) ❶ 887·6·5 社／❷ 1004·⑨·13 社
国分寺(京都·丹波) ❸ 1334·4·8 文／1393·6·29 文／1439·6·8 社／❹ 1459·10·16 社
国分寺(京都·山城) ❶ 746·9·29 社
国分寺(高知) ❹ 1597·10·6 社
国分寺(滋賀) ❶ 785·是年 社／820·11·22 社／831·4·10 社
国分寺(静岡·遠江) ❶ 819·8·29 社
国分寺(静岡·駿河) ❶ 872·5·30 社
国分寺(島根·出雲) ❶ 759·10·2 文／764·11·11 社／766·8·18 社／877·8·22 社／956·2·7 社
国分寺(鳥取·伯耆) ❶ 863·4·3 社／
国分寺(千葉) ❹ 1564·1·14 社
国分寺(長崎·対馬) ❹ 1585·3·2 社
国分寺(奈良) ❶ 749·7·13 社
国分寺(新潟·上越) ❹ 1584·3·10 社
国分寺(新潟·佐渡) ❶ 768·3·1 政／❸ 1301·正安年間 社／❹ 1529·是年 社
国分寺(岐阜高山) ❶ 819·8·29 社
国分寺(兵庫·淡路) ❶ 955·7·23 社／❹ 1525·8月 社／❺-1 1665·是年 政／1684·是年 社
国分寺(兵庫·但馬) ❶ 777·7·14 社
国分寺(広島) ❶ 957·2·13 社
国分寺(福井) ❶ 841·9·10 社
国分寺(福岡·筑後) ❶ 870·是年 社
国分寺(福岡·筑前) ❶ 975·7·7 文
国分寺(三重·伊勢) ❶ 809·2·25 社
国分寺(三重·志摩) ❶ 809·2·25 社
国分寺(武蔵) ❶ 845·3·23 社／❷ 1023·4·22 文
国分寺(陸奥)宮城 ❶ 873·12·7 文／934·①·15 社／❺-1 1605·是年 社
国分寺(山口防府) ❸ 1333·11·3 社／1354·3·26 社／1406·3·5 社／1407·10·18 社／1441·4·28 社／1442·8·5 社／❹ 1483·3·26 社／1499·3·20 社／1512·2月 社／1524·5·23 社／1557·8·12 社／1568·3·3 社
国分寺(山口·長門) ❸ 1353·9·27 社／❹ 1543·8月 社／1557·9·24 社
国分寺(大養徳国)⇨東大寺(とうだいじ)
国分寺(山梨) ❷ 1250·是年 社
国分寺(愛媛伊予) ❸ 1333·11·3 社／1342·8·5 社／1354·10·16 社／1394·2·18 社／1400·12·13 社／1412·1·14 文／1451·8·5 社／❹ 1514·4·8 社／1520·2月 社
国分寺御斎会 ❶ 839·9·21 社
国分寺得度僧の定員 ❶ 828·2·28 社
国分尼寺(法華滅罪之寺) ❶ 741·2·14 社 文／3·25 社／744·7·23 社／747·11·7 社／749·5·15 社／7·13 社／758·7·28 文／759·11·9 文
国分尼寺(伊豆三島) ❶ 836·是年 社／884·4·21 社
国分尼寺(三重志摩) ❶ 809·2·25 社
極楽寺(愛知) ❸ 1382·11·7 社
極楽寺(香川) ❸ 1333·5月 社
極楽寺(神奈川鎌倉) ❷ 1259·是年 社／1261·是年 社／1265·是年 社／1267·8月 社／1275·3·23 社／❸ 1303·7·12 社／1321·4·21 社／7·10 社／1332·6·15 政／1333·11·3 社／1349·2·11 社／1387·2·15 社／1425·2·29 社
極楽寺(京都) ❶ 883·是年 社／898·9·19 社／899·是年 社／❸ 1352·4·25 社／1388·6·5 社／❹ 1470·12·29 社
極楽寺(摂津) ❹ 1548·9月 社
極楽寺(岩手) ❶ 857·6·3 社
極楽寺(山口) ❸ 1351·3·5 社
護国寺(石清水八幡宮、京都) ❹ 1494·6·15 社
護国寺(沖縄) ❸ 1384·8·21 社／❹ 1566·是年 社
護国寺(滋賀伊吹山) ❶ 878·2·13 社／❸ 1333·5·28 政
護国寺(摂津) ❸ 1390·3·18 社／1391·10·22 社
護国寺(東京小石川) ❺-1 1681·2·7 社／1697·1·12 社／7·9 文／❻ 1883·8·1 社
護国寺(兵庫淡路) ❹ 1471·2·11 社
護国寺(福岡) ❹ 1552·12·11 社
護国寺(和歌山) ❸ 1376·8·5 社／1383·10·27 社／1384·⑨·8 社／1392·10·23 社／1400·6月 社／❹ 1543·11·9 社
護持院(東京) ❺-1 1688·2·15 社／1697·1·12 社／❺-2 1717·3·14 社

巨勢寺(奈良)　❶ 686·8·21 社
五大堂(神奈川鎌倉)　❷ 1235·2·10 社／6·29 社
古長禅寺(山梨)　❸ 1313·是年 社
護念寺(京都)　❸ 1436·10·25 社
小松寺(愛知)　❹ 1579·6月 社／1584·3·10 社
小松寺(大阪)　❶ 968·是年 社／❷ 1080·2·3 社／1109·是冬 文／1130·9·12 社／1137·2·27 社
金戒光明寺(京都黒谷)　❹ 1599·7·21 社／❺-1 1612·9·13 社／❺-2 1776·12·27 社
金剛院(京都)　❸ 1333·6月 社／1334·6月 社
金剛寺(大阪)　❷ 1174·是年 社／1221·7·8 政／1227·2·14 社／❸ 1333·2·23 政／1336·10·1 社／1337·10·1 社／1346·1·26 社／1349·4·17 社／1354·11·8 社／1356·6·21 社／1360·3·17 社／1372·4·28 社／1409·5·13 社／❹ 1491·3·12 社／1498·12·25 社／1519·12月 社／1523·5·27 社／1532·12·12 社／1537·11·13 社／1560·2月 社／1583·9·1 社／❺-1 1615·4·29 社
金光寺(京都)　❸ 1284·④月 社／1301·是年 社／❹ 1472·12·17 社
金剛寺(群馬)　❷ 1187·4·4 社
金剛寺(滋賀)　❹ 1469·是年 社
金剛寺(静岡)　❹ 1573·12·21 社
金剛寺(兵庫但馬)　❸ 1339·12月 社
金剛寺(武蔵)　❹ 1562·6·20 社
金剛寺(南淵坂田尼寺、奈良)　❶ 606·5·5 社
金剛寿院(京都)　❷ 1077·6月 社／1273·3·24 社
金剛勝院(京都)　❷ 1143·8·6 社
金剛定寺(滋賀)　❹ 1503·4·3 社／1509·8月 社
金剛証寺(三重)　❹ 1600·是年 社／❺-1 1608·1·4 社
金剛心院(京都丹後)　❷ 1154·8·9 社／❸ 1324·8·13 政／1333·5·18 社／1336·8·29 社／❹ 1504·1月 社／1560·9月 社／❺-1 1601·11月 社
金剛頂寺(高知)　❶ 809·大同年間 社／823·弘仁年間 社／❹ 1486·10·23 社／1585·6·11 社／10·23 政／1589·7·19 社／1597·3·21 社
金剛福寺(高知幡多)　❷ 1122·此頃 社／1143·此頃 社／1161·12月 社／1256·8·27 社／1264·4月 社／❸ 1292·12月 社／1304·3·12 社／1310·1·2 社／1402·8·27 社／1446·2·25 社／1447·3·29 社／❺-1 1643·寛永年間 社
金剛峯寺(高野山·こんごうぶじ、和歌山)　❶ 816·6·19 社／817·10·16 社／819·5·3 社／832·8·22 社／835·2·30 社／❷ 1016·是年 社／1023·10·17 政／1047·2·2 社／1057·4·1 社／1086·9·27 社／1091·8·26 社／1115·3月 社／1130·6月 社／1131·10·17 社／1138·3·21 社／1149·5·12 社／1155·8·7 社／1186·4·22 政／1197·5·28 社／1200·11·11 社／1223·是年 社／1242·3·27 社／1271·6·17 社／1281·4·5 社／❸ 1303·2·24 社／1308·⑧·2 社／1336·6·21 社／1354·2·21 社／1358·10·23 社／1359·10·22 社／1369·10·25 社／1433·5·2 社／7·8 社／1442·1·7 社／❹ 1463·12·12 社／1521·2·12 社／5·2 社／1547·3·21 社／1571·3月 社／❺-1 1601·5·21 社／1617·9·11 社／1630·10·4 社／1649·9·21 社／1688·1·28 社／❾ 2007·2·1 社／2009·6·15 社
　金剛峯寺大門　❺-2 1752·是年 社
　金剛峯寺奥院　❷ 1093·是年 社／1097·3·19 社／1113·5·3 文／1115·2月 社／1118·12·7 社／1223·4·22 文／1229·是冬 社／1242·7·13 社／❸ 1388·2·9 社／❺-2 1770·11·23 社／❽ 1962·1·26 社
　金剛峯寺孔雀堂　❹ 1510·3月 社
　金剛峯寺講堂　❶ 838·是年 社
　金剛峯寺金堂　❷ 1148·6·19 社／1149·11·26 社／1150·7·8 文／❹ 1586·是年 社／❼ 1926·12·26 社
　金剛峯寺根本大塔　❽ 1937·5·5 社
　金剛峯寺三昧堂　❶ 929·是年 社／936·是年 社
　金剛峯寺伝法院　❷ 1246·寛元年間 社
　金剛峯寺真言堂·多宝塔　❶ 887·是年 文／937·是春 社／994·7·16 社／998·是年 社
　金剛峯寺火災　❶ 952·6月 社／994·7·6 社
　高野山学頭條規　❷ 1273·8月 社
　高野山制條　❷ 1239·6·5 社／1271·7月 社
金光明寺⇨東大寺(とうだいじ)
金光明寺(石川)　❶ 882·10·25 社
金光明寺(神奈川)　❶ 819·2·19 社
金光明寺(京都)　❸ 1436·12·5 社
金光明寺(鳥取)　❶ 948·是年 社
金光明寺(福岡)　❶ 807·12·1 社
金光明寺(和歌山)　❶ 879·2·22 社
金光明四天王護国之寺⇨国分寺(こくぶんじ)
金色院(高知)　❹ 1468·⑩·25 社
金鍾寺(こんしゅじ)⇨東大寺(とうだいじ)
金勝寺(滋賀)　❹ 1491·8·27 社
金蔵寺(香川)　❸ 1374·9·28 社／1453·11·28 社
根本寺(茨城)　❹ 1510·4月 社
根本寺(千葉)　❹ 1456·6·14 社
根本寺(新潟／佐渡)　❹ 1552·是年 社／❺-2 1778·3·1 社
金輪王寺(奈良)　❹ 1587·11·19 社
金蓮寺(愛媛)　❹ 1532·8·26 社
金蓮寺(滋賀)　❹ 1536·7·21 社
金蓮寺(四條道場、京都)　❸ 1311·是年 社／1356·2·27 社／1357·7·8 社／1386·6·9 社／1399·12·11 社／1403·12·1 社／1409·3·19 社／1424·8·10 社／1436·5·22 社／1451·11·30 社／❹ 1470·6·10 政／1484·4·29 社／1486·12·30 社／1490·6·17 社／1527·2月 社／8月 社／1541·11月 社／❺-1 1652·2·14 社
西寺(平安京)　❶ 796·是年 社／808·11·27 文／810·9·27 文／812·10·28 文／814·7·26 文／815·1·12 文／990·2·2 政
財賀寺(愛知)　❹ 1550·11·8 社
西岸寺(長野)　❸ 1373·4·17 社
西教寺(滋賀坂本)　❸ 1325·是年 社／❹ 1486·是年 社／❺-1 1604·11· 社／1606·9·17 社
西光寺(香川)　❸ 1363·4月 社／❹ 1571·1月 社
西光寺(静岡)　❹ 1512·3·24 社／1545·12·1 社
西光寺(丹波)　❸ 1430·4·11 社
西興寺(京都)　❹ 1547·3月 社
西順寺(岐阜)　❹ 1583·①月 社
最勝院(静岡)　❹ 1520·8·28 社
最勝園寺(神奈川鎌倉)　❸ 1302·9· 社
最勝光院(京都)　❷ 1173·10·21 社／❸ 1301·2·17 社
最勝金剛院(京都)　❷ 1150·11·26 社／12·8 社／❸ 1336·8·23 社
西証寺(大阪)　❹ 1541·12·15 社
西生寺(鹿児島)　❹ 1500·3月 社
最勝寺(京都)　❷ 1117·10·19 社／1118·12·17 社／1122·12·15 社／1129·3·16 社／1130·12·26 社／1132·1·8 政／❸ 1314·2·14 社／❹ 1534·7·20 社
最勝寺(滋賀)　❶ 867·6·21 社
済松寺(東京牛込)　❺-1 1646·是年 社
最乗寺(神奈川足柄)　❸ 1394·是年 社／❽ 1947·12·19 社
西禅寺(京都洛北)　❸ 1323·是秋 文
西大寺(岡山)　❸ 1299·1·22 社／1301·是年 社／❹ 1495·是年 社／1498·是年 社／1519·2·11 社／1520 永正年間 社／1545·6·28 社／❺-1 1601·4·19 社
西大寺(奈良)　❶ 765·是年 社／767·是年 社／778·9月 社／779·是年 社／782·是年 社／860·是年 社／❷ 1173·11·11 社／1218·12·6 社／1236·是年 社／1262·2·4 社／1264·9·4 社／❸ 1290·是年 社／1302·12·26 社／1333·6·16 社／1336·3·24 社／1338·1·25 社／1347·12·26 社／1367·8月 社／1405·8·18 政／❹ 1499·12·18 政／1502·5·7 社
　西大寺弥勒金堂(奈良)　❸ 1307·2 29 社
　西大寺弥勒浄土堂　❶ 769·6·15 社
　造西大寺(司)　❶ 767·2·28 文／768·2·18 文／772·11·1 文／773·5·19 文／778·8·20 文
西念寺(滋賀)　❸ 1373·3·10 社
西念寺(山梨)　❹ 1554·5·21 社／1570·10·13 社
最福寺(京都)　❸ 1389·4·25 社
西福寺(京都)　❹ 1469·4·22 政
西福寺(長野)　❹ 1576·3·24 社
西福寺(福井越前)　❸ 1369·11·15 社／1413·3·10 社／1426·10·3 社／1430·12·9 社／1445·3·11 社／❹ 1513·4·2 社／1521·6·10 社／1580·7·23 社／1583·5月 社／1589·12月 社
西福寺(福井若狭)　❹ 1519·7·2 社／

1521·7·2 社／**1525**·3·1 社月／**1540**·2·15 社／**1560**·12·13 社／**1574**·2·21 社／**1579**·7·23 社
西方寺(愛媛黒島) ❷ **1276**·8·21 社
西方寺(大阪) ❹ **1460**·10·18 政
西芳寺(京都西京) ❸ **1339**·4 月 社／**1342**·3·1 政／**1350**·2·26 文／**1351**·3·21 文／**1390**·2·30 社／**1433**·3·18 文／**1441**·3·16 文／❹ **1458**·2·30 文／10·3 文／**1461**·10·4 政／**1469**·4·22 政／**1499**·是年 社／**1534**·7·20 社
西方寺(京都下京) ❺-1 **1660**·1·13 社
西方寺(福井) ❸ **1340**·7·11 政
西方寺(興国寺、和歌山) ❷ **1227**·10·15 社／**1254**·是年 社／❸ **1291**·是年 社
最明寺(神奈川鎌倉) ❷ **1256**·7·17 社
西来寺(三重·安濃津) ❹ **1490**·是年 社
西楽寺(静岡) ❹ **1543**·4·20 社
西隆寺(京都) ❶ **767**·8·29 文
西林寺(愛媛) ❷ **1241**·是年 社
西琳寺(大阪) ❷ **1254**·3·29 社／**1281**·5·26 社／❸ **1282**·6·2 社／**1366**·1·9 社／**1394**·8·5 社
西蓮寺(三重) ❹ **1492**·是年 社／**1495**·2·30 社
坂田寺(奈良) ❷ **1172**·8·4 社
桜井寺(愛知岡崎) ❹ **1550**·11·9 社／**1553**·3·17 社／**1555**·1·30 社／**1556**·10·24 社／**1559**·5·23 社／**1565**·6·7 社
桜井寺⇨豊浦寺(とゆらでら)
桜井寺(大阪平野) ❷ **1105**·11·8 文
座光寺(長野) ❺-1 **1601**·4·21 社
狭山池院(大阪) ❶ **731**·2·9 社
三会寺(茨城) ❸ **1321**·5·2 社
三鈷寺(さんこじ、京都) ❹ **1470**·3·8 社／**1524**·10·27 社／**1539**·1·13 社／**1575**·10·25 社
山西寺(滋賀) ❷ **1089**·11·28 政／12·10 政／是年 社
三十三間堂⇨蓮華王院(れんげおういん)
三聖寺(京都) ❸ **1283**·2·20 社／**1354**·9·8 社／**1391**·9·20 社／10·27 社
三精寺(長野) ❹ **1556**·3·17 社／**1580**·2·11 社
三福寺(京都) ❹ **1528**·2·28 社
三宝寺(大阪吹田) ❷ **1189**·是夏 社
三宝寺(武蔵) ❹ **1547**·8·15 社／**1587**·9·20 社
慈雲院(徳島) ❹ **1583**·①月 社
慈雲寺(長野諏訪) ❸ **1330**·4·9 社
慈雲禅院(福岡博多) ❸ **1400**·8 月 政
四円寺(円宗寺·円教寺·円乗寺·円融寺、京都) ❷ **1070**·12·26 社
四王院(福岡大宰府) ❶ **774**·3·3 社
四王院(山口) ❶ **867**·是年 社
滋恩寺(京都) ❶ **844**·4·30 社
慈恩寺(下総) ❸ **1341**·4·20 社
慈恩寺(奈良) ❷ **1136**·12 月 社
慈恩寺(山形) ❶ **724**·是年 社
滋賀院(滋賀坂本) ❺-1 **1655**·9·4 社
紫郷山寺(滋賀) ❶ **729**·8·5 社
止観寺(石川) ❶ **878**·8·13 社
慈眼寺(武蔵) ❹ **1562**·1·26 政
信貴山寺(奈良) ❶ **922**·延喜年間 社／❸ **1395**·是年 社
慈眼寺(示現寺、福島岩代) ❸ **1375**·4·15 社／**1422**·2·9 社
示現寺(福島) ❹ **1517**·6·23 社／**1537**·1·22 社
慈光寺(武蔵) ❷ **1189**·6·29 社
慈照寺(京都) ❹ **1489**·4 月 社／**1490**·2·23 社
四條道場⇨金蓮寺(こんれんじ)
地蔵院(京都六波羅) ❸ **1319**·3·10 社／**1367**·10·4 社／**1423**·10·21 社／❹ **1534**·7·20 社
七條道場(京都) ❹ **1456**·5·29 社
実興寺(熊本) ❺-1 **1611**·是年 社
実際寺(大分) ❹ **1523**·6·15 社
実際寺(広島) ❸ **1394**·12·17 社
実成寺(愛知) ❹ **1584**·5 月 社
実成寺(静岡) ❸ **1301**·是年 社
実成寺(福島会津若松) ❸ **1304**·是年 社
実相院(京都) ❸ **1411**·7·24 社／❹ **1496**·5·24 社
実相院(佐賀) ❹ **1553**·12·26 社
実相寺(愛知) ❷ **1271**·12 月 社
実相寺(静岡) ❷ **1150**·久安年間 社／**1268**·8 月 社／❹ **1568**·是年 社
実相寺(陸奥) ❹ **1514**·3·20 社
悉檀寺(大阪高槻) ❶ **874**·12·25 社
四天王寺(秋田) ❶ **830**·1·3 社
四天王寺(荒陵寺、大阪) ❶ **587**·是年／**593**·是年／**607**·是年 社／**648**·2·5 社／**734**·3·15 社／**769**·7·22 社／**786**·4·16 社／**960**·3·17 社／❷ **1031**·9·25 社／**1084**·9·12 社／**1146**·9·13 政／**1147**·9·14 文／**1148**·5·12 文／**1149**·11·12 社／**1152**·9·10 政／**1165**·5·4 社／**1178**·8·10 政／**1191**·9·18 社／**1192**·9·13 社／**1195**·5·20 社／**1204**·2·25 社／**1214**·6·29 社／**1224**·4 月 文／**1233**·11 月 社／**1237**·8·5 社／**1267**·9·13 政／❸ **1333**·1·19 政／**1365**·4·24 社／❹ **1539**·11·28 社／**1576**·5·3 政／**1578**·4 月 社／**1600**·3·27 社／❺-2 **1730**·12 月 社／**1785**·11·29 社／**1800**·12 月 社／**1801**·12·4 社／❽ **1946**·1·21 社
四天王寺(福岡大宰府) ❶ **811**·2·25 文
四天王寺(三重) ❸ **1436**·是年 社／❹ **1565**·5·19 社／**1600**·是年 社
慈徳寺(東三條院) ❶ **999**·8·21 社
志度寺(香川) ❸ **1383**·6·18 社／❹ **1457**·12·29 社／**1479**·10·18 社
芝山寺(石川) ❹ **1477**·5·11 社
地福寺(神奈川) ❹ **1548**·7·3 社
至福寺(新潟) ❹ **1499**·11·17 社
資福寺(山形) ❸ **1300**·是年 社
持仏堂(法華堂) ❷ **1189**·7·18 社
下醍醐伽藍釈迦堂(京都) ❶ **919**·是頃 社
釈迦堂(京都) ❷ **1100**·4·13 社／**1215**·12·22 社／❹ **1458**·4·10 文
釈王寺(明) ❹ **1464**·6·15 政
寂光院(京都大原) ❷ **1185**·10 月 政
寂光院(長野) ❶ **866**·2·2 社
寂静寺(大阪) ❷ **1083**·是年 社
積善寺(大阪) ❷ **1012**·⑩·17 社／**1089**·4·23 社
積善寺(法興寺、京都) ❶ **990**·5·10 社／**994**·2·17 社
石道寺(滋賀) ❸ **1371**·3·10 社
住光院(兵庫) ❸ **1441**·2·29 社
十住心院(京都) ❸ **1422**·8·18 社／**1438**·3·15 社
十禅寺(京都) ❸ **1448**·3·21 社
十大寺 ❶ **770**·4·26 社
十輪寺(滋賀) ❹ **1465**·11·2 社
鷲林寺(兵庫) ❸ **1332**·9·15 社
寿永寺(兵庫) ❶ **842**·2·29 社
種月寺(新潟) ❸ **1446**·8 月 社
寿千寺(滋賀) ❹ **1463**·6·21 社
修禅寺(静岡伊豆) ❷ **1203**·9·29 政／**1204**·7·18 政／❸ **1345**·11·19 社
寿福寺(神奈川鎌倉) ❷ **1191**·是年 社／**1200**·②·13 社／**1213**·3·30 政／**1215**·7·5 社／**1247**·11·7 社／**1252**·2·8 社／**1254**·是冬 社／**1258**·1·17 社／❸ **1342**·4·23 社／**1386**·7·10 社／**1395**·12·30 社／❹ **1467**·1·15 社
春光院(熊本) ❺-1 **1639**·是夏 社
正安寺(長野) ❹ **1547**·⑦·25 社
常安寺(新潟) ❹ **1582**·3 月 社
浄院寺(群馬) ❶ **814**·6·18 文／**815**·6·18 文
常栄寺(広島郡山) ❹ **1564**·是年 社
静円寺(岡山) ❹ **1569**·4·21 文
性海寺(愛知) ❸ **1282**·2·21 社
性海寺(兵庫) ❷ **1245**·5 月 社／**1254**·3·4 社／**1258**·2 月 社／❸ **1300**·7·29 社／**1336**·9·5 社／**1351**·1·25 社
正覚寺(愛知) ❸ **1440**·永享年間 社
正覚寺(大阪) ❹ **1493**·④·7 政
成覚寺(醍醐寺内、京都) ❶ **943**·3·19 社
正覚寺(長崎) ❺-1 **1604**·9 月 社
正覚寺(豊前) ❶ **919**·是年 社
松岳寺(山梨) ❹ **1582**·3·3 社
定額寺 ❶ **749**·7·13 社／**783**·6·10 社／**908**·7·9 社／❷ **1002**·10·9 文／**1222**·1·20 社
　定額寺(安祥寺、京都) ❶ **855**·6·1 社
　定額寺(安隆寺、山形) ❶ **870**·12·8 社
　定額寺(遠算寺、岐阜) ❶ **884**·5·14 社
　定額寺(延祥寺、滋賀) ❶ **866**·4·7 社
　定額寺(元慶寺、京都) ❶ **877**·12·9 社
　定額寺(観空寺、京都) ❶ **870**·8·26 社
　定額寺(願興寺、愛知) ❶ **884**·8·26 社
　定額寺(観音寺、出羽) ❶ **865**·5·8 社
　定額寺(極楽寺、岩手) ❶ **857**·6·3 社
　定額寺(護国寺、滋賀) ❶ **878**·2·13 社
　定額寺(寿永寺、兵庫) ❶ **842**·2·

29 社
定額寺(浄水寺、熊本)　❶ **790**·是年 文／**801**·7·14 文／**828**·10·3 社
定額寺(神応寺、京都)　❶ **885**·8·13 社
定額寺(頭陀寺、静岡)　❶ **863**·8·2 社
定額寺(清林寺、愛知)　❶ **872**·3·28 社
定額寺(禅林寺、京都)　❶ **863**·9·6 社
定額寺(大興寺、石川)　❶ **843**·12·1 社
定額寺(大興寺、静岡)　❶ **855**·9·28 社
定額寺(醍醐寺、京都)　❶ **913**·10·25 社
定額寺(大宰府管内)　❶ **831**·3·7 社
定額寺(長安寺、出羽)　❶ **867**·10·13 社
定額寺(東光寺、京都)　❶ **905**·3·9 社
定額寺(法照寺、静岡)　❶ **863**·6·2 社
定額寺(法隆寺、出羽)　❶ **856**·3·9 社
定額寺(菩提寺、岐阜)　❶ **828**·10·3 社
定額寺(菩提寺、滋賀)　❶ **833**·9·8 社
定額寺(弥勒寺、愛媛)　❶ **828**·10·3 社
定額寺(弥勒寺、石川)　❶ **885**·2·16 社
定額寺(瑜伽寺、山形)　❶ **866**·9·8 社
定額寺(霊山寺、山形)　❶ **867**·12·29 社
定額寺資財帳　❶ **798**·1·20 政
定額諸寺の数厳守　❶ **783**·6·10 社
勝願寺(茨城古河)　❹ **1559**·4·11 社
正観寺(熊本)　❸ **1374**·5·22 社／**1403**·9·3 社／**1439**·9·12 社／**1451**·8·12 社／**1454**·8·12 社
貞観寺(京都)　❶ **862**·7·27 社／**865**·9·5 社／**874**·3·23 社／**931**·9·30 文
常願寺(滋賀)　❹ **1582**·6·9 社
静居院(静岡)　❹ **1545**·1·25 社
勝光寺(大分)　❹ **1537**·9·9 社
勝興寺(山口)　❹ **1528**·8·13 社／**1532**·5·13 社
勝興寺(加賀国分寺)　❶ **841**·9·10 社
勝興寺(土山御切富山)　❹ **1471**·5·2 社／**1517**·9·2 社／**1519**·2 月 社／**1581**·4·12 社／**1588**·10·1 社
勝興寺(新潟)　❹ **1517**·7·1 社
常光寺(大阪八尾)　❹ **1462**·7·23 社／**1499**·6·13 社
定光寺(愛知)　❸ **1341**·是年 社／❹ **1564**·10 月 社
浄光寺(神奈川鎌倉)　❷ **1238**·3·23 社／**1251**·是年 社
乗光寺(静岡)　❸ **1372**·2·15 社／**1402**·4·15 社
定光寺(栃木)　❸ **1401**·12·23 社
定光寺(鳥取)　❹ **1478**·3·20 社／**1483**·1·28 社／**1554**·6·10 社／**1562**·2·10 政
浄興寺(茨城)　❷ **1232**·是年 社
聖護院(京都)　❹ **1487**·4 月 社
浄興寺(新潟)　❹ **1577**·6·13 政
常光寺(福井小浜)　❺-1 **1630**·是年 社
浄光明寺(神奈川鎌倉)　❸ **1333**·12·20 社／**1389**·2·3 社／**1393**·3·30 社／**1399**·10·3 社／**1453**·12·15 社
承国寺(岐阜)　❹ **1456**·3·15 政
相国寺(しょうこくじ、京都)　❸ **1381**·11·26 社／**1382**·10·6 社／**1386**·7·10 社／**1390**·4·21 政／9·28 社／**1391**·4·14 社／**1392**·8·22 社／**1394**·9·24 社／**1396**·6·23 社／**1397**·9·7 社／**1401**·3·5 社／4·14 社／**1404**·4·3 社／**1411**·12·5 社／**1425**·8·14 社／10·15 社／**1431**·5·14 社／11·3 社／**1436**·6·27 社／10·20 社／**1438**·4·2 社／**1441**·5·6 社／**1446**·8·22 社／❹ **1459**·8·27 政／**1460**·9·15 社／**1466**·3·23 社／**1467**·10·2 社／**1479**·9·29 社／**1480**·2·11 社／**1498**·1·10 政／**1525**·5·2 社／**1528**·7·1 社／**1551**·7·14 社／❺-1 **1605**·10·8 文／**1651**·1·24 社
相国寺「壁書」　❹ **1492**·11·27 社
相国寺寺規　❸ **1419**·10·9 社
相国寺大智院　❸ **1455**·1·11 社
相国寺仏殿　❸ **1395**·2·24 社／**1425**·11·3 社
相国寺鹿苑院　❹ **1527**·2·25 社
浄国寺(武蔵)　❹ **1587**·是年 社
聖護寺(熊本)　❸ **1338**·3·27 社／11·7 社
浄厳院(滋賀安土)　❹ **1578**·是年 文／**1579**·5·27 社
証金剛院(京都)　❷ **1101**·3·29 社
浄金剛院(京都)　❷ **1257**·11·5 社
荘厳浄土寺(大阪)　❷ **1084**·是年 社
常在寺(岐阜)　❹ **1465**·是年 社
勝持寺(京都)　❹ **1539**·7·8 社／**1550**·11 月 社／**1571**·2·5 文／**1582**·11 月 社
精舎(寺院)　❶ **585**·6 月
常住寺(京都)　❶ **820**·①·24 文／**884**·3·15 社／❸ **1333**·4·9 社
勝定院(京都)　❹ **1477**·1·29 社
清浄華院(京都)　❸ **1409**·3·19 社／**1429**·7·13 社／❹ **1546**·8·9 政
清浄光院(醍醐)　❷ **1192**·4·9 文
清浄光寺(遊行寺、神奈川藤沢)　❸ **1325**·1 月 社／**1396**·是秋 社／**1417**·7·17 社／**1436**·12·5 社／❹ **1513**·1·29 社／❺-1 **1626**·5·22 社／❼ **1911**·7·6 社
常照寺(丹波)　❸ **1364**·7·7 政／**1367**·貞治年間 社／❹ **1528**·8·13 社
常定寺(愛媛)　❹ **1562**·12·26 社
勝常寺(福島)　❸ **1398**·是年 文／❹ **1525**·5·23 社
浄信寺(滋賀)　❹ **1556**·11·21 社
浄真寺(東京)　❺-1 **1678**·是年 社
浄水寺(熊本)　❷ **1081**·12·23 文
寂静寺(大阪)　❷ **1094**·1 月 社
浄禅寺(京都)　❺-1 **1630**·1·1 社
浄智寺(神奈川鎌倉)　❸ **1287**·弘安年間 社／**1299**·5 月 社／**1342**·4·23 社／**1357**·10·9 社／**1386**·7·10 社／❺-2 **1787**·2·29 社
勝長寿院(神奈川鎌倉)　❷ **1193**·6·2 社／**1219**·12·27 文／**1252**·7·9 社／**1256**·12·11 社／**1258**·6·4 社／❸ **1295**·11·5 社／**1320**·3·24 社
勝長寿院南御堂　❷ **1185**·10·11
常通寺(高知)　❹ **1599**·4·1 社
正伝寺(京都)　❸ **1323**·9·8 社／**1340**·4·29 社／**1376**·12·18 社
承天寺(福岡博多)　❷ **1241**·7 月 政／**1242**·9 月 社／**1243**·2 月 社／是年 社／**1248**·10 月 社／是年 社／**1249**·7 月 社／❹ **1529**·12·6 社／**1552**·9·18 社
城東寺(京都)　❹ **1485**·7·28 社
聖徳寺(愛知)　❹ **1553**·4 月 政／**1584**·5·2 社
聖徳寺(滋賀)　❹ **1461**·11·28 社
浄土寺(京都)　❸ **1289**·7·11 文
浄土寺(摂津)　❷ **1096**·3·7 社／**1192**·9·27 社／**1256**·4·29 文
浄土寺(兵庫)　❹ **1466**·7·13 社／**1513**·5·22 社／**1579**·12·10 社
浄土寺(広島)　❸ **1305**·嘉元年間 社／**1325**·是年 社／**1347**·6·10 社／**1351**·7·1 社／**1361**·9·24 社／10·5 社／**1365**·2 月 社／**1411**·10·13 社／**1440**·11·9 社
浄土寺(福岡)　❸ **1300**·10·16 社／**1334**·6·18 社／**1347**·8·5 社／12·23 社／**1368**·⑥·23 社／**1431**·7·7 社／**1445**·12·3 社
浄土寺(山形·羽前)　❹ **1482**·2·4 政
浄土寺(山田寺、奈良)金堂　❶ **641**·月 社／**643**·是年 社／**676**·4·8 文／**678**·12·4 文／**685**·3·25 文
称念寺(福井)　❹ **1458**·12·26 社／**1555**·4·10 社
常福寺(茨城)　❸ **1339**·延元年間 社／**1388**·是年 社
聖福寺(神奈川)　❷ **1254**·4·18 社
正福寺(京都)　❸ **1385**·2·5 社
昌福寺(千葉)　❹ **1580**·6·28 社
勝福寺(福岡)　❸ **1360**·2·11 社
承福寺(福岡)　❹ **1567**·12·13 社
聖福寺(福岡博多)　❷ **1195**·6 月 社／**1260**·是年 政／**1277**·10·24 社／❸ **1333**·元弘年間 政／**1351**·3·16 政／❺-1 **1632**·7 月 社
勝福寺(福島·岩代)　❹ **1558**·是年 文
勝福寺(武蔵)　❸ **1422**·⑩·21 社
浄福寺(京都)　❶ **896**·3·2 社／**901**·10·23 社／❸ **1344**·3·9 社／❹ **1537**·5·20 社／**1539**·⑥月 社／**1546**·5·3 社／**1563**·3·18 社
正法寺(岩手)　❸ **1348**·是年 社
正法寺(岐阜)　❹ **1495**·6·14 政
正法寺(熊本)　❸ **1333**·11·28 社／**1334**·8·17 社／**1337**·2·26 社／**1391**·2·9 社
正法寺(山口)　❸ **1334**·8·28 社／❹ **1521**·7·5 社
証菩薩寺(神奈川)　❷ **1197**·是年 社
成菩提院(滋賀)　❸ **1427**·応永年間 文／❹ **1568**·8 月 社／❺-1 **1608**·10·4 社／**1614**·慶長年間 社

成菩提院阿弥陀堂(京都鳥羽) ❷ **1131**·7·8 社／**1147**·8·11 社
少菩提寺(滋賀) ❸ **1335**·9·20 社
浄満寺(福岡) ❹ **1567**·6·24 社
浄明院(愛媛) ❹ **1524**·10·15 社
称名寺(愛知) ❸ **1369**·正平年間 社／❹ **1512**·2·1 社
称名寺(愛媛) ❸ **1287**·1·11 社
称名寺(神奈川金沢) ❷ **1258**·是年 社／**1274**·文永年間 社／❸ **1301**·2·9 文／**1305**·4·28 社／**1318**·5·21 社／**1323**·6·20 社／**1324**·8·25 社／**1332**·2·16 社／**1333**·10·23 文／**1353**·10·2 社／**1355**·4·17 社／**1395**·6·3 社／**1402**·3·23 社／**1427**·12·26 社／**1436**·6·27 社／**1438**·4·2 社／**1446**·8·22 社
称名寺(高知) ❺-2 **1808**·1·11 社
称名寺(滋賀) ❹ **1549**·2·1 社／**1583**·3·5 社
称名寺(兵庫) ❷ **1249**·7月 社／❹ **1496**·7·8 社
称名寺(福井長崎) ❹ **1481**·9·15 政
浄妙寺(愛知) ❹ **1546**·4·5 社
浄妙寺(神奈川鎌倉) ❷ **1188**·是年 社／❸ **1342**·4·23 社／**1386**·7·10 社／**1424**·1·25 社／**1429**·1·30 社／**1430**·1·29 社／❹ **1539**·10·22 社
浄妙寺(京都宇治) ❷ **1005**·10·19 社／**1167**·1·23 政
浄明寺(神奈川) ❹ **1547**·10·2 社
浄明寺(京都木幡) ❷ **1160**·5·5 社／**1167**·7·27 社
逍遙院(山梨) ❹ **1575**·是年 社
成楽院中御堂 ❷ **1149**·10·25 社
勝楽寺(長野) ❹ **1582**·4·5 社
常楽寺(神奈川) ❷ **1248**·12月 社
常楽寺(奈良) ❸ **1359**·6·5 社
常楽寺(広島) ❸ **1414**·5·18 社
正暦寺(奈良) ❶ **994**·正暦年間／❹ **1474**·4·7 社／**1504**·9·30 社
城立寺(埼玉鉢形) ❹ **1588**·8·18 社
勝林寺(京都·洛東) ❷ **1273**·3月 政
定輪寺(静岡) ❹ **1551**·9·21 社
浄瑠璃寺(京都) ❶ **982**·是年 文／❷ **1047**·7·18 社／**1107**·7·19 文／**1223**·4·2 文
青蓮院(京都) ❷ **1150**·10月 社／**1194**·9·13 社／❸ **1352**·4·2 社／❹ **1468**·8·4 政／❺-2 **1783**·7·6 社／**1784**·8·5 社
生蓮華院(八條殿、京都) ❷ **1160**·是年 社
照蓮寺(岐阜) ❷ **1274**·文永年間 社／❹ **1531**·9·28 社／**1588**·是年 社
乗蓮寺(東京) ❾ **1977**·4·10 社
白河阿弥陀堂(京都) ❷ **1115**·11·2 政／**1122**·10·19 文／**1129**·8·3 社／**1130**·6·24 社／7·2 社／**1141**·2·21 社／**1145**·6·28 社／**1159**·2·22 社／**1213**·10·15 社／❸ **1339**·7·12 社
白峰寺(香川) ❶ **876**·貞観年間 社／❸ **1382**·10·19 社／❹ **1539**·1·2 社
秦楽寺(奈良) ❸ **1356**·3·18 社
真観寺(大阪) ❹ **1543**·5·9 社／**1577**·7·7 社
神宮寺(茨城) ❶ **749**·是年 社
神宮寺(岐阜) ❹ **1522**·12·19 社／**1525**·6·19 社
神宮寺(鶴岡) ❷ **1208**·12·12 社
神宮寺(長野諏訪) ❹ **1572**·5·8 社
神宮寺(福井) ❹ **1457**·6·19 社／**1513**·11·19 社／**1519**·11·19 社／**1523**·11·17 社／**1570**·10月 社／**1571**·10·8 社／**1572**·2·14 社
新元興寺(奈良) ❶ **710**·是年 社
新興寺(鳥取) ❸ **1334**·6·18 社／**1335**·4·25 社／**1354**·11·18 社
晋光寺(新潟) ❹ **1493**·4·10 社
真光寺(兵庫) ❷ **1115**·2·5 社
神光寺(山口) ❹ **1900**·3·5 政
神光寺(和歌山) ❷ **1262**·4·25 社
信光明寺(愛知) ❺-1 **1660**·8·20 社／❺-2 **1840**·7·21 社
神護寺(京都) ❶ **793**·10·6 社／**824**·9·27 社／**829**·是年 社／**994**·7·16 社／❷ **1140**·1·23 社／**1149**·5月 社／**1168**·是年 社／**1182**·11·21 社／**1184**·4·8 社／5·19 社／**1185**·1·19 文／**1190**·2·16 社／**1222**·2·10 社／**1226**·3·27 社／**1230**·①·10 社／❸ **1341**·2·21 社／**1355**·4·9 社／**1395**·11·22 社／**1396**·10·21 社／❹ **1526**·7月 社／**1547**·⑦·5 社／❺-1 **1606**·10·9 社
　神護寺寺規四十五か條 ❷ **1185**·1·19 社
真殊院(静岡) ❹ **1534**·8·14 社
信証院(大阪) ❹ **1536**·10·20 社
新勝寺(千葉成田山) ❶ **946**·天慶年間 社／❼ **1917**·2·21 社
新浄土寺(奈良) ❹ **1458**·9·24 文／**1490**·4·28 社
新清涼寺釈迦堂(神奈川鎌倉) ❷ **1262**·2·4 社
真正極楽寺(真如堂、京都) ❶ **862**·2·16 社／**992**·是年 社／❹ **1480**·9·14 社／**1484**·6·1 社／**1485**·3·2 社／**1493**·8·15 社／**1503**·4·5 社／**1573**·4·4 社／❺-1 **1606**·12·15 社／**1690**·9·26 社／**1693**·6月 社／**1695**·3·18 文
真性寺(東京) ❺-1 **1708**·是年 社
新善光寺(京都) ❸ **1337**·11·17 社／**1435**·9·27 社／❹ **1529**·12·6 社／**1539**·10·26 社
新大仏寺(三重) ❷ **1202**·是年 社
新知恩寺幡随院(東京神田) ❺-1 **1610**·是年 社
真如寺(京都) ❸ **1342**·4·15 社／4·23 社／**1379**·1·22 社／❹ **1461**·3·5 社／**1467**·9·18 政／**1521**·8·29 社
新長谷寺(静岡) ❹ **1502**·11·21 社
進美寺(兵庫) ❷ **1251**·9·18 社／**1277**·6·22 社／**1279**·9·10 社
真福寺(愛知南寺町) ❺-1 **1612**·是年 社
真福寺(大阪) ❷ **1264**·12·3 社／**1266**·12·3 社
真福寺(神奈川) ❹ **1587**·4·26 社
真福寺(東京西久保) ❺-1 **1692**·6·10 社／❺-2 **1721**·2·5 社
真法寺(滋賀) ❹ **1487**·10·5 政
甚目寺(愛知) ❷ **1124**·2·1 社
神門寺(島根) ❹ **1557**·4·3 社
新薬師寺(奈良) ❶ **747**·3月 社／**751**·10·23 社／**762**·12·17 社／**780**·1·14 社／❷ **1173**·11·11 社
　新薬師寺地蔵堂 ❷ **1266**·是年 文
親鸞御影堂(京都大谷) ❸ **1302**·是年 社／**1336**·是年 社
信立寺(山梨) ❹ **1599**·11·9 社
神林寺(岡山) ❷ **1205**·5·12 社
瑞雲寺(福岡) ❸ **1371**·12·17 社
瑞雲寺(山口) ❷ **1206**·是年 社
隋願寺(兵庫) ❹ **1531**·8月 社
随岸寺(北海道松前) ❹ **1459**·是年 社
瑞巌寺(宮城松島) ❶ **838**·是年 社／❷ **1260**·文応年間 社／❺-1 **1604**·12·6 文／**1608**·3月 社／**1609**·3·26 文
水月庵(長崎) ❸ **1366**·12·10 社
瑞源寺(福井) ❺-1 **1676**·是年 社／❺-2 **1813**·1·8 社／**1844**·9·15 社
瑞光寺(京都深草) ❺-1 **1655**·是年 社
瑞高寺(徳島) ❹ **1477**·6·2 社
瑞光寺(兵庫) ❹ **1460**·10·2 社
瑞聖寺(東京) ❺-1 **1671**·是年 社／**1673**·2·18 社／4·5 社
随心院(京都) ❷ **1216**·12·29 社
瑞泉寺(愛知) ❹ **1596**·4·23 社
瑞泉寺(神奈川鎌倉) ❸ **1327**·2月 社／8月 社／**1333**·7·23 社／**1374**·10·7 文／**1376**·3·14 文
瑞泉寺(富山) ❸ **1390**·8月 社／**1392**·是年 社／❹ **1481**·3月 政
瑞仙寺(島根) ❹ **1521**·1·24 社／**1542**·8·5 社／10·9 社／**1569**·8·9 社
瑞龍寺(大阪) ❺-1 **1670**·是年 社
瑞龍寺(岐阜) ❹ **1467**·8月 社／**1470**·3·14 社／**1568**·8月 社／**1581**·7月 社／**1582**·6·4 社／**1583**·5月 社
瑞林寺(岐阜) ❹ **1511**·3月 社
瑞林寺(東京谷中) ❺-2 **1748**·3·2 社
瑞輪寺(東京谷中) ❺-2 **1782**·8·30 社
崇敬寺(奈良) ❹ **1504**·8月 社
崇祥寺(大分) ❸ **1346**·1·28 社
崇親院(京都) ❶ **859**·2·11 社／**862**·5·27 政／**882**·4·17 政／**884**·4·21 政
崇禅寺(大阪) ❸ **1442**·4·29 社
崇禅寺(島根) ❸ **1435**·8·27 社
崇福寺(愛知) ❹ **1558**·8·26 社
崇福寺(岐阜) ❹ **1469**·2月 社／**1571**·6·11 社／**1577**·6月 社／**1582**·6·6 社／12·21 社
崇福寺(京都) ❸ **1425**·9·24 社
崇福寺(志賀寺、滋賀) ❶ **667**·1·17 社／**668**·1·17 社／**747**·⑤·20 社／**756**·8·4 文／**806**·4·15 社／**815**·4·22 社／**890**·12·4 文／**921**·11·4 社／**927**·10·26 文／**965**·3·20 社／❷ **1022**·11·2 社／**1057**·11·30 社
　造崇福寺使 ❶ **965**·7·14 社
崇福寺(長崎) ❸ **1327**·5·25 社
崇福寺(福岡大宰府) ❷ **1212**·10月 社／**1241**·7月 政／**1243**·是年 社／❹ **1560**·是年 社／**1587**·7月 社／**1600**·是年 社
菅原寺(奈良) ❹ **1499**·12·18 社
頭陀寺(ずだじ、静岡) ❶ **863**·8·2 社／❹ **1560**·10·24 社

須磨寺(兵庫) ❺-1 **1602**·5月 社
隅寺·隅院⇨海龍王寺(かいりゅうおうじ)
成恩寺(京都) ❹ **1465**·2·24 社
棲霞寺(源融山荘、京都) ❶ **896**·8·16 社/❷ **1031**·3·10 文/❹ **1458**·2·18 社
清河寺(埼玉) ❹ **1554**·4·8 社
清閑寺(京都東山) ❶ **802**·是年 社/**996**·是年 社/❷ **1129**·10·14 社/**1213**·8·3 社/❹ **1468**·8·7 政
誓願寺(京都) ❷ **1209**·4·9 社/❹ **1477**·6·26 社/**1478**·12·13 社/**1483**·4月 社/**1528**·2·28 社/**1551**·11月 社/**1561**·12月 社/**1597**·3·11 社/❺-2 **1845**·1·27 社
誓願寺(福井) ❸ **1288**·4·26 社/**1429**·是年 社
誓願寺(福岡) ❷ **1177**·7月 文/**1178**·7·15 文
正迎院(京都) ❺-1 **1693**·6月 社
聖現寺(沖縄) ❺-2 **1844**·3·11 政
清源寺(熊本) ❸ **1351**·4·27 社/11·18 社/**1372**·11·26 社/**1434**·3·8 社/**1442**·6·13 社/❹ **1485**·9·16 社/**1497**·8·29 社/**1504**·3·21 社/**1507**·2·18 社
清見寺(静岡) ❹ **1582**·3·3 社
正興寺(鹿児島) ❹ **1547**·8·28 社
星光寺(京都) ❸ **1329**·4·7 社
成高寺(栃木) ❹ **1486**·5·26 社
星谷寺(神奈川) ❹ **1575**·3·5 社
聖護寺(京都) ❹ **1468**·7·4 社
聖寿寺(三重) ❹ **1478**·8·19 社/8·22 社
青松寺(東京) ❹ **1486**·文明年間 社
成勝寺(京都) ❷ **1139**·10·26 社/**1177**·8·22 社
誠照寺(福井) ❹ **1598**·11·13 社
清浄華院(京都) ❸ **1409**·3·19 社/**1424**·7·10 社
栖真寺(せいしんじ、広島) ❹ **1460**·3·8 社
清水寺(福岡) ❶ **806**·是年 社
正善寺(和歌山) ❷ **1062**·1·10 文
清泰寺(山梨) ❹ **1559**·5·2 社
清澄寺(千葉) ❷ **1253**·4·28 社
聖通寺(香川) ❹ **1511**·7·25 社
誓度寺(和歌山) ❹ **1522**·6·9 社
正福院(浅草寺、東京) ❺-2 **1760**·2·1 政
清平寺(岡山) ❹ **1519**·4·27 社/**1554**·2·20 社
正法寺(千葉) ❹ **1458**·1月 社/**1546**·11·16 社/**1562**·6·18 社
清妙寺(兵庫) ❶ **840**·7·5 社
正明寺(兵庫) ❹ **1534**·9·7 社
聖隆寺(群馬) ❶ **850**·4·29 社
清涼寺(嵯峨釈迦堂、京都) ❶ **865**·9·1 社/**985**·8·18 文/**987**·2·11 文/8·18 社/**988**·是年 社/❷ **1218**·11·10 社/**1221**·是年 社/**1222**·2·23 社/❹ **1458**·2·18 社/**1509**·2·10 社/**1539**·6·5 社/**1547**·7·27 社/**1548**·9月 社/**1552**·11·2 社/**1558**·5·9 社/**1559**·2·4 社/**1562**·4月 社/**1565**·10·12 社/**1578**·3·13 社/**1584**·11·21 社/**1586**·3月 社/**1597**·1月 社/**1598**·5月 社/**1599**·3月 社
清涼寺戒壇 ❶ **988**·是年 社
清涼寺釈迦堂 ❺-1 **1602**·11·23 社/**1637**·10·9 社/**1700**·5·16 社
清林寺(延命寺、愛知) ❶ **872**·3·28 社
清林寺(静岡) ❹ **1538**·1·15 社
清和院(京都) ❸ **1431**·3·5 社/❹ **1491**·8·24 社
関川寺(福島白川) ❹ **1492**·是年 社
関寺(滋賀) ❷ **1018**·5·21 社/**1021**·7·9 社/**1022**·8·19/**1027**·3·1 社
石道寺(滋賀) ❹ **1550**·5·2 社
石堂寺(千葉) ❹ **1487**·12·14 社
石峰寺(京都深草) ❼ **1915**·1·6 社
世尊寺(京都) ❷ **1001**·2·29 社/**1003**·3·23 文/**1006**·4·2 文
世尊寺(新潟) ❹ **1582**·3·13 社
施無畏寺(せむいじ、和歌山) ❷ **1231**·4·17 社
施無畏寺(平野神宮寺、京都) ❶ **981**·2·20 社
善応寺(愛媛) ❹ **1500**·11·28 社/**1543**·2·14 社/3·14 社/**1547**·是年 社
泉岳寺(東京) ❺-1 **1612**·是年 社/**1641**·1月 社/**1702**·12·15 政
全久院(愛知) ❹ **1558**·7·18 社
善恵寺(岐阜) ❹ **1472**·10·14 社
浅間寺(兵庫) ❷ **1145**·2·6 社
善源寺(兵庫) ❸ **1380**·6·3 社
善光院(京都) ❺-2 **1741**·11·25 社
専光寺(石川) ❹ **1488**·7·4 社
善光寺(有珠浄土宗) ❺-2 **1804**·5月 社/**1826**·5·29 社
禅興寺(神奈川鎌倉) ❷ **1269**·10月 社/❸ **1342**·4·23 社/**1421**·6月 社/❹ **1509**·9·28 社
千光寺(岐阜) ❹ **1546**·10月 文
千光寺(兵庫淡路) ❹ **1519**·6·15 社
善光寺(京都) ❹ **1597**·9·28 社
善光寺(長野) ❶ **552**·是年/**602**·4·8/**642**·是年 社/❷ **1179**·3·24 社/**1187**·7·27 社/**1191**·10·22 社/**1215**·12·20 社/**1235**·⑥·19 社/**1236**·7·17 社/**1237**·10·16 社/**1246**·3·14 社/**1253**·4·25 社/**1265**·11·20 社/**1268**·3·14 社/**1270**·10·19 社/**1271**·10·19 社/❸ **1312**·3·22 社/**1313**·3·22 社/**1370**·4·4 社/**1387**·5·28 政/**1413**·9·11 社/❹ **1473**·6·4 社/**1474**·6·4 社/**1477**·6·24 社/**1508**·5·20 社/**1523**·6·10 社/**1531**·4月 文/**1557**·4·21 政/**1558**·9·25 社/❺-1 **1603**·11·8 社/**1618**·3·10 社/**1629**·9·10 社/**1642**·5·9 社/**1692**·6·5 社/**1700**·7·21 社/❺-2 **1751**·1月 社
善光寺(新潟) ❹ **1555**·②月 社
善光寺(山梨) ❹ **1558**·9·25 社/**1565**·3·27 社/**1581**·7·4 社
善光寺如来 ❹ **1597**·6·15 社/7·18 社/**1598**·8·17 社
専修寺(栃木) ❹ **1478**·3·12 社
専修寺(福井) ❺-1 **1634**·⑦·20 社
専修寺(無量寿寺、三重) ❹ **1518**·7·23 社/**1527**·是年 社/**1534**·5·14 社/**1535**·4·11 社/**1574**·11·28 社/**1584**·5·3 社/6·26 社/**1589**·11·7 社/❺-1 **1634**·⑦·20 社/**1659**·是 社
千寿寺(山口) ❹ **1557**·11·26 社
千手堂(京都) ❷ **1164**·3·10 社/**1168**·2·13 社
先照寺(静岡) ❹ **1555**·6·19 社/**1562**·6·7 社
禅昌院(京都) ❹ **1487**·2·14 社/11·7 社
専称寺(新潟) ❹ **1529**·4·11 社/**1547**·11·10 社/**1551**·4·7 社/**155** 6·3 社
専称寺(福井) ❹ **1523**·3·1 社
禅昌寺(石川) ❹ **1461**·1·5 社
禅昌寺(岐阜) ❹ **1540**·10·13 政
禅定寺(京都宇治田原町) ❷ **1001**·8 社/**1264**·4·21 文/❸ **1296**·12月 社/❹ **1508**·3·3 文/❾ **1999**·4·8
善城寺(丹波) ❹ **1505**·3·22 社
善照寺(新潟) ❹ **1510**·5月 社
善照寺(福井) ❹ **1543**·1·16 社
禅昌寺(山口) ❹ **1471**·1 社/**1505**·2·6 社/**1518**·11·7 社/**1529**·6·20 社/**1552**·5·13 社
善心寺(東京大塚) ❺-1 **1697**·10·1 社
善水寺(滋賀) ❸ **1360**·是年 社/**1366**·5月 社
浅草寺(東京) ❶ **942**·是年 社/❷ **1041**·12·28 社/**1079**·12·4 社/**1251**·3·6 社/❸ **1300**·3·18 社/❹ **1499**·7·9 社/**1522**·9月 社/**1535**·8·18 社/**1556**·3·19 社/❺-1 **1613**·3·13 社/**1631**·4·2 社/**1635**·3·12 社/**1645**·6·24 社/**1650**·3·3 社/6·3 社/**1654**·承応年間 社/**1677**·6 社/**1685**·12·17 社/**1687**·3·18 社/**1691**·8·15 社/❼ **1933**·3·17 社/❽ **1945**·10·14 社/**1950**·8·1 社/**1955**·5·3 社/**1958**·10·17 社
浅草寺本堂 ❺-2 **1719**·5月 社/**1789**·是年 社/**1840**·10·13 社/❽ **1939**·11·12 社
浅草寺雷門 ❺-2 **1779**·12月 社
浅草寺観世音開帳 ❺-2 **1783**·3· 社/**1841**·3·28 社
浅草観世音賽銭合計 ❺-2 **1778**· 21 社
禅長寺(福島) ❹ **1579**·7·19 社
善通寺(曼荼羅寺、香川) ❷ **1062**·10·17 社/**1066**·7·6 社/**1069**·4·27 社/5·13 社/**1123**·5·28 社/**1124**·6·10 社/**1164**·7·22 社/**1203**·6·20 社/**1224**·5月 社/**1228**·3·13 社/**1243**·1·25 社/9·15 社/**1252**·9月 社/**1276**·8·21 社/❸ **1283**·4月 社/**1286**·12·23 社/**1294**·6·4 社/**1341**·5·28 社/**1344**·12·10 社/❹ **1526**·7·30 社/**1558**·10·20 社
善通寺規式九か條(香川) ❸ **1367**·7·25 社
善通寺奉行(香川) ❸ **1393**·2·21 社
善導寺(群馬館林) ❷ **1276**·是年 社/❹ **1585**·1·29 社
善導寺(福岡·筑後) ❷ **1205**·元久年

間 社／**1238**·②·29 社
善導寺(福岡·筑前)　❹ **1479**·12·25 社／**1490**·11·15 社／**1538**·5·24 社
先得庵(静岡)　❹ **1537**·6·25 社
善徳寺(富山)　❹ **1471**·是年 社
泉涌寺(せんにゅうじ·善能寺·仙遊寺、京都)　❶ **856**·是年 社／**859**·是年 社／❷ **1218**·8月 社／是夏 社／**1219**·10月 社／**1224**·7·1 社／**1226**·3月 文／是年 社／**1242**·1·25 社／**1246**·是年 政／❸ **1333**·6·22 社／**1336**·8·23 政／**1405**·7·16 社／**1410**·10·5 社／**1428**·7·29 政／**1431**·7·7 社／**1445**·12·3 社／❹ **1468**·8·26 政／**1494**·10·19 社／**1509**·4·11 社／**1522**·7·20 社／**1576**·9·6 社／❺-1 **1610**·8·5 社／**1723**·6月 文／❺-2 **1841**·11·10 社／**1845**·4·20 社／**1846**·4·16 社／❻ **1858**·12·22 社／**1861**·5·22 社／**1882**·10·14 社
千如寺(福岡)　❷ **1228**·6·2 社／❸ **1290**·4·25 政／**1335**·9·24 社
専念寺(新潟)　❹ **1557**·4·7 社
善応寺(愛媛)　❸ **1335**·是年 社／**1363**·4·16 社／**1364**·5·3 社／**1377**·12月 社／**1434**·11·2 社／**1451**·8·5 社／❹ **1465**·2·16 社／**1481**·9·3 社／**1502**·9·21 社／**1528**·6·26 社／**1536**·11·15 社／**1553**·10·6 社
善能寺⇨泉涌(せんにゅう)寺
善応寺(福井)　❹ **1489**·11·12 社
泉福寺(大分杵築)　❸ **1375**·是年 社／❺-1 **1601**·4·11 社
泉福寺(長野)　❹ **1570**·9·8 社
泉福寺(福井)　❹ **1465**·11·15 社
善福寺(兵庫)　❸ **1336**·2·7 社
禅福寺(陸奥)　❸ **1361**·9·30 社
善福寺(山口)　❹ **1496**·4·15 社／**1550**·12·18 社
善法寺(大阪)　❸ **1450**·9·15 社
善峰寺(京都)　❷ **1005**·是年 社
善法寺(兵庫)　❷ **1228**·3·7 社
千本焔魔王堂(京都)　❸ **1451**·3·7 文／❹ **1521**·4·18 文
千本釈迦堂⇨大報恩寺(だいほうおんじ)
千妙寺(茨城筑波)　❸ **1351**·是年 社／❹ **1564**·2·5 社／❺-1 **1613**·2·28 社
善妙寺(福井敦賀)　❸ **1396**·3·28 社／❹ **1573**·4·18 社
善門寺(京都)　❹ **1459**·7·16 社
仙遊寺(愛媛)　❹ **1483**·5·20 社／**1493**·3·23 社／**1495**·4·14 社／**1500**·10·7 社／**1518**·4·16 社
泉龍寺(愛知)　❹ **1581**·8月 社
禅林寺(永観堂、京都大山崎)　❶ **853**·10月 社／**863**·9·6 社／**868**·1·23 文／**877**·12·27 社／**944**·3·5 社／**993**·1·11 社／❹ **1540**·8·27 社／**1550**·7月 社
　禅林寺入蔵目録　❶ **903**·6·20 文
禅林寺(和歌山)　❸ **1392**·9·28 社
早雲寺(神奈川)　❹ **1521**·12·23 社／**1535**·11·11 社／**1542**·6·24 社
相応寺(京都)　❶ **866**·10·20 社
惣勝寺(鹿児島)　❸ **1398**·6·1 社
双丘寺⇨法金剛院(ほうこんごういん)
宗鏡寺(奈良)　❷ **1173**·11·11 社
曹源寺(岡山)　❺-1 **1697**·3月 社
曹源寺(鳥取)　❹ **1478**·3·20 社
総持寺(石川金沢)　❾ **1970**·3·6 社
総持寺(石川能登)　❸ **1321**·是年 社／**1324**·3·16 文／7·7 社／**1429**·1·11 社／❹ **1458**·12·24 社／**1509**·10·19 社／**1513**·12·17 社／**1515**·7·21 社／**1548**·8·2 社／❼ **1898**·4·13 社
総持寺(愛知岡崎)　❸ **1355**·8·23 社／**1423**·4·11 社
総持寺(神奈川鶴見)　❼ **1911**·11·1 社／❾ **1970**·3·6 社
総持寺(滋賀)　❸ **1433**·3·3 社／❹ **1538**·4·29 社／**1559**·8·25 社／**1561**·2·14 社
総持寺(摂津)　❶ **912**·4·8 文
総持寺(和歌山)　❸ **1450**·是年 社／❹ **1541**·3·25 社／**1568**·5·23 社／**1585**·是年 社
桑実寺(滋賀)　❹ **1534**·6·29 政
宗勝寺(福岡)　❺-1 **1603**·6·28 社
増上寺(東京芝)　❸ **1385**·是年 社／❺-1 **1605**·是年 社／**1608**·8·26 社／11·12 社／**1634**·5·23 社／**1648**·1·20 社／**1662**·4·17 社／**1675**·9·20 社／**1676**·8·22 社／**1697**·7·18 社／**1705**·④·1 社／❺-2 **1783**·12·22 社／**1830**·③·25 社／❻ **1873**·12·21 社／**1874**·1·1 社／❼ **1909**·4·1 社／**1913**·4·10 社／**1927**·11·6 社
増善寺(静岡)　❹ **1558**·6·23 社
総泉寺(東京)　❹ **1554**·8·2 社
総寧寺(滋賀)　❸ **1383**·是年 社
総寧寺(千葉関宿)　❹ **1575**·5·20 社／❺-1 **1612**·5·28 社／**1657**·7·22 社
崇福寺(福州寺、長崎)　❺-1 **1620**·是年 社／**1629**·是年 社／**1657**·2·16 政／**1635**·是年 社
双林寺(京都)　❸ **1386**·至徳年間 社／❹ **1586**·3·5 社
尊永寺(静岡)　❹ **1472**·8·27 文／**1533**·2·5 社
尊勝寺(京都)　❷ **1005**·12·19 社／**1008**·4·4 社／**1101**·8·13 文／**1102**·6·29 社／7·21 社／**1104**·7·24 文／**1107**·8·30 文／**1108**·3·24 社／**1132**·1·8 政／**1227**·③·19 社／**1231**·8·1 社／**1267**·是年 社／❸ **1314**·2·14 社
尊体寺(山梨)　❹ **1555**·12·12 社
大安興寺(鳥取)　❹ **1552**·是年 社
大安寺(長野)　❺-1 **1603**·4·1 社
大安寺(百済大寺·大官大寺·高市大寺、奈良)　❶ **617**·是年 社／**639**·7月 社／**642**·9·3 社／**673**·12·27 社／**677**·9·7 社／**682**·8·29 社／**686**·12·19 社／**701**·7·27 文／**702**·8·4 文／12·25 社／**703**·1·5 社／**710**·是年 社／**711**·是年 社／**716**·5·16 社／**722**·12·7 文／**729**·是年 社／**742**·是年 社／**745**·是年 社／**747**·是年 社／**749**·7·13 社／**767**·12·1 社／**775**·4·10 文／**782**·12·23 社／**911**·5·10 社／❷ **1017**·3·1 社／**1018**·5·11 社／**1041**·9·13 社／**1094**·5·29 社／**1173**·11·11 社／❸ **1385**·3·29 社
　造大安寺長官　❷ **1018**·12·27 社／**1030**·12月 文／**1038**·4·8 文
大安寺(新潟佐渡)　❺-1 **1605**·是年 社
大安寺(福井)　❺-1 **1659**·是年 社
大安禅寺(琉球)　❸ **1430**·是年 社
大運寺(愛知)　❹ **1499**·3·23 社
大雲寺(茨城)　❹ **1549**·6·18 社
大雲寺(京都)　❶ **980**·1·24 社
大恩寺(愛知)　❹ **1573**·1·3 社／**1580**·3·4 社
大音寺(長崎)　❺-1 **1621**·是年 社／**1680**·10月 社
大覚寺(京都)　❶ **876**·2·25 社／**879**·3·23 社／**881**·8·23 社／❸ **1306**·9·12 社／**1308**·8·1 社／**1309**·8·27 政／**1336**·8·28 社／**1357**·8月 社／**1360**·1·11 社／**1361**·4月 社／❹ **1528**·7·17 社／**1532**·11·30 社
　大覚寺金堂　❸ **1321**·4月 社
大願寺(鹿児島)　❸ **1377**·12·5 社
大願寺(広島)　❹ **1538**·7·1 政／**1542**·1·18 社／**1556**·10·12 社
泰岩寺(福岡小倉)　❺-1 **1614**·6·2 社
大官大寺⇨大安寺(だいあんじ)
大吉寺(滋賀)　❸ **1435**·4·7 社／❹ **1529**·1月 社
大行院(埼玉)　❹ **1565**·2·20 社
泰巌寺(京都)　❹ **1588**·6·2 社
大原寺(勝持寺、京都)　❶ **794**·12·11 社
大厳寺(千葉)　❹ **1558**·是年 社
大護院(東京浅草)　❺-2 **1721**·2·5 社
大光寺(青森津軽)　❸ **1333**·12·11 政
大興寺(石川)　❶ **843**·12·1 社
大興寺(岐阜)　❸ **1368**·6月 社／**1389**·2·7 社／**1408**·2·24 社
大光寺(群馬)　❺-1 **1611**·11·9 社
大興寺(静岡)　❶ **855**·9·28 社
大后寺(奈良)　❷ **1173**·11·11 社
大光寺(宮崎)　❹ **1542**·10·15 社
大興禅寺(摂津水無瀬)　❸ **1296**·12·18 社／**1344**·3·9 社
大光明寺(富山)　❹ **1486**·3·28 社
大興隆寺(明国)　❹ **1468**·6月 文
醍醐寺(京都宇治)　❶ **874**·6·1 文／是年 社／**897**·是年 社／**907**·是年 社／**909**·是年 社／**913**·10·25 社／**931**·5·20 文／9·24 社／**936**·3·13 文／8·10 社／**948**·2·2 政／**969**·10·28 社／❷ **1038**·3·5 社／**1072**·3·13 社／**1074**·7·7 社／**1085**·8·29 社／**1090**·7·8 社／**1093**·11·28 社／**1097**·8·21 社／**1121**·2·8 文／4·27 文／**1124**·4·3 文／7·27 社／**1126**·3·24 社／**1132**·9·23 政／**1147**·8·20 社／**1186**·4·30 社／**1219**·12·20 社／**1221**·10·23 社／**1229**·7·30 社／**1260**·11·6 社／❸ **1336**·7·23 社／**1361**·3·8 社／**1392**·10·3 社／**1429**·5·30 社／❹ **1470**·7·19 政／**1497**·12·15 社／**1545**·5·27 社／**1563**·7·3 社／**1597**·3·27 社／**1600**·2·27 社／❺-1 **1605**·12·21 社
　醍醐寺観音堂　❶ **964**·12·26 社
　醍醐寺清滝社(京都)　❷ **1089**·4·4 社／**1097**·4·17 社／**1150**·3·17 社／**1209**·12·17 社／**1256**·9·23 社／❹ **1517**·4·15 社
　醍醐寺金堂　❸ **1295**·12·15 社
　醍醐寺三宝院　❷ **1115**·11·25 社／

1200·6·5 社／**1232**·11·27 社／❸ **1283**·5 月 社／**1318**·2·18 社／❹ **1598**·1·26 社／2·9 社／**1600**·4·4 社／❾ **1999**·1·28 文
醍醐寺釈迦堂　❶ **919**·是年 社／❸ **1295**·9·29 社
醍醐寺准胝堂(京都)　❺-2 **1751**·2·12 社
醍醐寺東院　❶ **969**·1·23 政
醍醐寺如意輪堂結番　❸ **1402**·7 月 社
醍醐寺普門院　❸ **1410**·6·5 社
醍醐寺法華三昧堂　❶ **949**·3 月 社
醍醐寺御影堂　❶ **911**·是年 社
醍醐寺薬師堂　❶ **913**·是年 社
太山寺(たいさんじ、兵庫)　❶ **716**·是年 社／❷ **1238**·8·12 社／**1276**·③·26 社／❸ **1293**·8·15 社／**1336**·8·6 社／**1347**·6·24 社／**1364**·3·4 社／**1403**·5·26 社／❹ **1457**·7·2 社／**1520**·2·2 社／**1554**·10 月 社
大山寺(愛知岩倉)　❹ **1519**·1·11 社
大山寺(千葉)　❹ **1580**·8 月 社
大慈院(京都)　❸ **1419**·3·13 社
大慈恩寺(千葉)　❸ **1341**·5·2 社／**1391**·12·25 社
大慈寺(神奈川鎌倉)　❷ **1212**·4·18 社／**1214**·7·27 社／**1226**·6·14 文／**1227**·7·11 文／**1228**·5 月 社
大慈寺(熊本)　❷ **1278**·是年 社／❹ **1521**·3·17 社／**1529**·4·19 社／是年 社
大慈寺(宮崎)　❸ **1338**·11·15 社／**1340**·是年 社／**1359**·12·15 社／**1380**·7·18 文／**1425**·3·14 社／**1435**·1·18 社／**1444**·8·6 社
大慈禅寺(熊本)　❸ **1283**·是年 社／**1287**·9·28 社／**1288**·7·28 社／**1290**·7·19 社／**1299**·7·28 社
太子堂(大阪)　❸ **1529**·2·10 社
太子堂(京都)　❹ **1468**·8·4 政
太子廟(大阪)　❸ **1348**·1·12 社
太宗寺(東京)　❺-1 **1708**·是年 社
大樹寺(愛知)　❹ **1475**·2·22 社／是年 社／**1489**·1·25 社／**1490**·7·22 社／**1497**·7·25 社／**1501**·8·16 社／**1528**·2·3 社／**1533**·11 月 社／**1541**·10·10 社／**1543**·3·7 社／**1550**·11·1 社／**1554**·11·2 社／**1569**·6·25 社／**1579**·3·21 社／**1581**·4·16 社／❺-1 **1606**·9·7 社／**1641**·12·12 社／❺-2 **1757**·5 月 社
大聖院(京都)　❸ **1378**·12·12 社
大乗院(石川)　❸ **1353**·7·2 社
大乗院(鹿児島)　❹ **1600**·5·11 社
大乗寺(石川)　❷ **1263**·是年 社／❹ **1458**·12·24 社／**1507**·5·9 社／**1517**·6·2 社／**1526**·10·20 社
大聖寺(石川)　❸ **1335**·8·18 政／**1412**·11·10 社／**1430**·12·12 社
大聖寺(山梨)　❹ **1584**·1·28 社
大石寺(静岡富士宮)　❸ **1290**·10 月 社／❹ **1511**·10·24 社／**1529**·3·19 社／**1532**·6·20 社／**1536**·9·11 社／**1537**·2·21 社／**1542**·6·12 社／**1555**·6·7 社／**1560**·8·17 社／**1574**·9·12 社／❼ **1900**·9·19 社／❾ **1991**·11·7 社／**1992**·8·11 社／**1993**·5·1 社
大雪寺(京都)　❸ **1400**·2·18 社
大仙寺(愛知)　❹ **1556**·6·21 社
大山寺(だいせんじ、鳥取)　❶ **723**·是年 社／❷ **1109**·5·18 社／**1171**·7·28 社／**1172**·11·20 文／**1232**·⑨·24 社／❸ **1415**·8·7 社／❺-2 **1796**·3·24 社
大泉寺(山梨)　❹ **1527**·是年 社／**1558**·⑥·10 社／**1569**·3·3 社／**1576**·6·21 社
大善寺(愛媛)　❹ **1564**·12·26 社
大善寺(東京八王子)　❹ **1569**·永禄年間 社／**1585**·是年 社
大善寺(福岡)　❹ **1534**·1·9 社／9·18 政／**1586**·8·27 政
大善寺(山梨)　❷ **1229**·8·7 社／❸ **1284**·8·23 社／**1337**·7·16 社／❹ **1540**·8·11 社／**1550**·3 月中旬 文／**1555**·2 月 社／**1598**·11 月 社
胎蔵寺(千葉)　❸ **1409**·7·22 政
退蔵寺(滋賀)　❹ **1552**·11·15 社
大蔵寺(奈良)　❸ **1401**·9 月 社
大智寺(大分)　❹ **1537**·9·9 社
大中寺(栃木)　❹ **1556**·11·18 社
大長寿院(岩手)　❷ **1107**·3·15 社
大通寺(愛媛)　❷ **1270**·5·10 社
大伝法院(和歌山)　❸ **1385**·8·20 社／**1396**·6·25 社
大洞院(静岡)　❺-1 **1612**·5·28 社
大同寺(兵庫)　❸ **1400**·11·28 社
大道寺(兵庫)　❶ **840**·7·5 社
大道寺(山口)　❹ **1552**·8·28 社／12·10 社／**1553**·2·20 社
大徳寺(京都)　❸ **1315**·是年 社／**1324**·5·6 社／是年 社／**1325**·2·29 社／**1326**·12·8 社／**1333**·10·1 社／12·1 社／**1334**·1·28 社／**1337**·8·26 社／**1351**·8·23 社／**1358**·8·4 社／**1425**·10·15 社／**1431**·9·10 社／**1445**·8·28 社／**1453**·8·2 社／❹ **1473**·6·19 社／**1476**·6·6 社／**1508**·3·28 社／**1521**·6·23 社／**1523**·4·10 文／**1538**·3·19 社／**1539**·⑥·17 社／**1548**·9 月 社／**1554**·6·26 文／12 月 社／**1570**·9 月 社／**1582**·6·9 社／**1583**·3 月 文／**1584**·7·18 社／❺-1 **1615**·7·24 社
大徳寺真珠庵　❹ **1491**·7 月 社
大徳寺寺規十條　❸ **1335**·11 月 社
大徳寺寺領　❸ **1333**·6·7 社
大日堂(神奈川大庭)　❷ **1209**·11·5 社
太寧寺(丹波)　❸ **1446**·10·8 社
大寧寺(山口)　❹ **1466**·②·6 政／**1551**·9·1 社
大念仏寺(大阪平野郷)　❺-2 **1826**·8·8 社／❼ **1898**·5·22 社
大念仏寺(京都)　❷ **1127**·是年 社
大悲王院(福岡)　❸ **1303**·9·13 社
大悲山寺⇨峰定寺(ぶじょうじ)
大福光寺(京都)　❸ **1337**·10 月 社
大福寺(石川)　❹ **1585**·2·21 社
大福寺(静岡)　❸ **1282**·2·9 社／**1320**·3·5 社／**1362**·12·23 文／**1367**·4·10 文／**1390**·2 月 社／❹ **1573**·12·21 社
太平寺(長崎)　❸ **1367**·是年 文
太平寺(愛知)　❹ **1528**·8·10 社／**1536**·2·23 社
泰平寺(鹿児島)　❸ **1339**·8·18 社／❹ **1466**·5·12 文／**1587**·5·3 政／5·政
大報恩寺(千本釈迦堂、京都)　❷ **1219**·是年 社／**1220**·8·24 文／**1227**12·26 文／**1235**·是年 社／❸ **1283**·月 社
大宝寺(愛媛)　❶ **701**·是年 社
大宝寺(岐阜)　❹ **1583**·6 月 社
大宝寺(広島)　❹ **1554**·7·11 社
大鳳寺(京都)　❹ **1545**·5·6 政
大菩提寺(滋賀)　❺-1 **1609**·是年 社
当麻寺(たいまでら、奈良)　❶ **681**·是年 社／❷ **1180**·治承年間 文／**1208**·是年 社／**1219**·4 月 社
大曼荼羅院(宮崎)　❷ **1278**·8 月 社
大御堂寺(愛知)　❷ **1186**·⑦·22 社
台明寺(鹿児島)　❷ **1041**·11·12 社／**1060**·2·26 社／**1069**·2·15 社／**1131**9·17 社／**1169**·10·9 社／**1240**·10·3 社／**1264**·12·24 文／**1271**·9·27 社／❸ **1305**·12·21 社／**1311**·6·2 社／**1334**·9·10 文／**1357**·3·29 社
大明寺(兵庫)　❸ **1367**·是秋 社／❹ **1554**·是年 社／❺-1 **1647**·正保年中 社
大網寺(千葉)　❺-1 **1603**·是年 社
大楽寺(大分)　❸ **1334**·4·15 社／**1351**·6 月 社
大楽寺(神奈川鎌倉)　❸ **1429**·2·11 社
大龍庵(兵庫)　❸ **1340**·9·13 社
大隆寺(愛知)　❹ **1582**·8 月 社
大龍寺(鹿児島)　❺-1 **1610**·是年 社
太龍寺(徳島)　❶ **798**·5 月 社／❷ **1095**·11·24 社／**1276**·3·15 社
大林寺(山口)　❷ **1178**·是年 文
大林寺(愛知)　❹ **1531**·8 月 社
大林寺(長野)　❹ **1564**·6·15 社
高市大寺⇨大安寺(だいあんじ)
高雄山寺(石川)　❶ **839**·3·29 社
高雄山寺(京都)　❶ **812**·11·15 社
高雄山寺(摂津)　❶ **802**·1·19 社／**805**·9·1 社／**810**·10·27 社／**824**·9·27 社
高渚院(清浄土院、大阪)　❶ **773**·11·20 社
高間寺(奈良)　❹ **1459**·9·27 社
瀧沢寺(愛媛)　❸ **1323**·是年 社
瀧谷寺(福井)　❹ **1513**·12·3 社／**1522**·5·14 社／8·22 社
武雄社(佐賀)　❸ **1331**·9·4 社
多勢寺(福島)　❹ **1570**·是年 社
多田院(兵庫)　❶ **970**·是年 社／❷ **1273**·4·24 社／**1281**·8·21 社／❸ **1292**·1·19 社／**1306**·5·10 社／**1319**·⑦·25 社／**1333**·9·25 社／**1341**·8·6 社／**1358**·6·29 社／**1364**·9·18 社／**1370**·8·19 社／**1375**·4·28 社／**1393**·2·28 社／**1395**·10·22 社／**1415**·4·15 社／**1444**·3·10 社
橘寺(菩提寺、奈良)　❶ **606**·7 月 社／**607**·是年 社／**680**·4·11 社／**763**·是年 社／**773**·11·20 社／**775**·4·20 社／❸ **1438**·5·1 政
多度神宮寺(三重)　❶ **763**·12·20 社
谷堂(京都)　❸ **1333**·4·9 社

種間寺(高知) ❶ 969・是年 社
多聞院(奈良) ❹ 1576・11・18 社
達磨寺(奈良) ❸ 1305・4・4 社／1429・是年 社／❹ 1577・7・19 社
誕生院(香川) ❸ 1333・元弘年間 社
誕生寺(岡山) ❷ 1175・是年 社／❹ 1569・3・26 文
檀那院(京都) ❹ 1468・8・4 政
檀林寺(京都嵯峨) ❶ 836・是年 社／928・3・13 社
知恩院(京都東山) ❷ 1212・1月 社／❸ 1431・11・2 社／❹ 1505・是年 社／1517・8・28 社／1523・4月 社／1558・3月 社／1570・9月 社／❺-1 1603・2・18 社／1610・5月 社／1633・1・9 社／1641・4・18 文／1702・是年 社／❺-2 1784・1・26 社／❽ 1947・12・8 社
知恩寺(京都) ❹ 1539・⑥・16 社／1545・8・3 社／❺-1 1643・寛永年間 社
知恩寺(奈良) ❹ 1466・10・12 社
竹生寺(滋賀) ❸ 1336・10・22 社／1351・4月 社
竹生島宝厳寺吉祥院 ❺-2 1721・2・5 社
竹林寺(大阪道頓堀) ❺-1 1648・5月 社／1663・是年 社
竹林寺(熊本) ❹ 1458・6・21 文
竹林寺(高知) ❶ 724・是年 社／❺-2 1808・1・11 社
智識寺(大阪) ❶ 740・2月 社／749・10・9 社／765・⑩・1 社／❷ 1030・5・26 社／1086・6月 社
智積院(京都) ❺-1 1603・4・10 社／1613・4・10 社／1616・7・13 社／1682・7・13 社／❻ 1882・2・10 社
知足院(東京) ❺-1 1626・是年 社／1685・12月 社／1688・是年 社／1695・9・18 社
智徳庵(京都) ❹ 1535・是年 社
千葉寺(千葉) ❷ 1251・是年 社
智満寺(静岡) ❹ 1585・⑧・14 社
忠恩寺(埼玉) ❹ 1554・6・11 社
中宮寺(奈良) ❷ 1277・3・21 社
　中宮寺本堂 ❺-2 1773・10・17 社
中宮尼寺(奈良) ❶ 598・4・15／607・是年 社
中禅寺(栃木) ❶ 769・是年 社
中尊寺(岩手) ❷ 1107・3・14 社／1108・是年 文／1126・3・24 社／1189・9・9 政／1272・6・23 政／❸ 1288・7・9 社／1294・12・25 政／1337・是年 社／1341・6・2 社
長安寺(大分) ❷ 1141・9・14 文
長安寺(秋田出羽) ❶ 867・10・13 社
長円寺(兵庫) ❹ 1496・4・25 政
長岳寺(奈良) ❸ 1428・7・28 政／❹ 1503・2・17 社
長源寺(福井) ❹ 1600・10・12 社
長興寺(愛知) ❹ 1494・3・7 社／1546・6・15 社／1549・3・12 社／1554・11・3 社
長興寺(長野) ❹ 1561・5・9 社
朝光寺(兵庫) ❹ 1521・2・18 社／1600・是年 社
長講堂(京都) ❷ 1191・12・28 社／❹ 1528・2・8 社／❺-1 1620・11月 社／1641・是年 社
朝護国孫子寺(奈良) ❹ 1483・1・28 社
長寿寺(神奈川鎌倉) ❸ 1336・8・29 社／1448・12・27 社
長寿寺(滋賀) ❸ 1333・5・24 社／1338・9・25 社／❹ 1491・6・14 社
長寿禅寺(沖縄那覇) ❸ 1452・是年 社
長寿坊(山口) ❹ 1509・1・21 社
長松院(静岡日坂) ❹ 1496・7・18 社／1537・6・9 社
超勝寺(石川) ❹ 1531・⑤・9 社
超昭寺(石川) ❹ 1531・7・30 社
聴松寺(丹波) ❹ 1469・是年 社
超昇寺(奈良) ❶ 996・10・23 文／❹ 1459・4・9 社／1568・1・17 政
超証寺(奈良) ❷ 1173・11・11 社
超勝寺(福井) ❹ 1506・10・10 社
長生寺(山梨) ❹ 1469・是年 社
長仙寺(愛知) ❹ 1555・11・3 社
長泉寺(陸奥) ❹ 1581・是秋 社
長善寺(静岡) ❹ 1532・9・19 社
長徳寺(神奈川) ❸ 1296・3・27 社／1378・5・26 社
長徳寺(高知) ❷ 1149・是年 社／1175・12・3 社
長年寺(群馬) ❹ 1501・8・28 社／1512・6月 社／1563・12・5 社／1567・3・7 社／1582・9・22 社
長福寺(京都) ❷ 1169・2・23 文／1170・10・1 社／❸ 1339・1・13 社／1345・12・3 社／1346・12・23 社／1353・2・3 社／1364・11・27 社／1387・8・22 社／1399・12・17 社／1415・7・17 社／❹ 1497・12・3 社／1541・10月 社
長福寺(静岡) ❹ 1538・6・12 社
長福寺(陸奥) ❹ 1537・6・4 社
長福寺(山口) ❸ 1351・7・1 社
長保寺(和歌山) ❷ 1003・長保年間 社
　長保寺仏殿(和歌山) ❺-1 1666・是年 社
長母寺(愛知) ❷ 1262・2・4 社／1264・是年 社／❸ 1343・7・19 社／1355・1・16 社／1398・11・16 社
頂妙寺(京都) ❹ 1495・11・21 社
長命寺(滋賀) ❹ 1501・3・29 社／1583・5・25 社
長楽寺(京都) ❶ 897・寛平年間 社
長楽寺(群馬) ❷ 1221・9・28 社／1233・是年 政／❸ 1328・6・1 社／7・17 社／1338・9・6 社／1342・4・23 社／1350・12・12 社／1352・②・15 社／1381・4・1 社／1400・9・15 社／1426・7・26 社／❹ 1503・8・4 社／1548・5・8 社／1557・5・10 社／1563・6・24 社／1576・8・9 社／❺-1 1643・9・17 社
長楽寺(静岡) ❹ 1508・10・18 社／1539・11・12 社
長瀧寺(岐阜白鳥) ❷ 1255・11・18 社／❸ 1336・11・3 社／1396・2・21 社／1422・6・13 社／1431・10・13 社
珍皇寺(京都) ❶ 890・是年 社／960・是年 社／❸ 1448・4・5 社
珍皇寺⇨愛宕寺(おたぎじ)
珍皇寺(京都) ❹ 1469・7・10 政／1470・2・26 社
通玄寺(京都) ❹ 1527・5・3 社／1564・4・2 社
通法寺(大阪) ❸ 1286・9・1 社／1292・8・2 社／1391・3・3 文／❹ 1500・4・14 社／1540・11・9 社／❺-2 1754・7月 社
築地本願寺(東京) ❻ 1881・11・19 社／1893・9・7 社／❼ 1899・10・5 社／1934・6・25 社／1935・4・21 社
土山御坊⇨安養寺(あんようじ、新潟)
豆酘寺(つつじ、長崎) ❷ 1008・是年 文
椿沢寺(新潟) ❹ 1562・5・3 社
壺坂寺(南法華寺・奈良) ❶ 703・9・3 社／847・12・21 社／❷ 1096・1・29 社
津村御坊西本願寺(大阪) ❺-1 1602・是年 社／1694・是年 社
津村別院本堂(大阪) ❺-2 1734・10月 社
鶴岡八幡宮寺(神奈川鎌倉) ❸ 1282・2・6 社
貞祥寺(長野小諸) ❹ 1521・是年 社／1564・8・1 社／1597・2・6 社
天安寺⇨法金剛院(ほうこんごういん)
天恩寺(愛知) ❸ 1423・9・18 社
天行寺(高知) ❸ 1356・9・18 社
天正寺(京都) ❹ 1584・10・4 社
天性寺(栃木) ❺-2 1764・2・4 政
伝宗寺(大阪) ❸ 1430・7・4 社
天澤寺(東京) ❺-1 1624・是秋 社／1658・9・13 社
天地院法華寺(奈良) ❶ 708・2・10 社
伝通院(東京小石川) ❸ 1415・是年 社／❺-1 1608・9・15 社／1623・3・10 社／1647・9・21 社
　伝通院本堂 ❼ 1908・12・3 社
伝燈寺(石川) ❹ 1515・5・2 社
天徳院(石川) ❺-1 1624・是年 社／1659・是年 社
天徳院(和歌山高野山) ❺-1 1622・是年 社
天徳寺(茨城水戸) ❺-1 1692・是年 文
天寧寺(京都) ❸ 1420・7・20 社／1421・8・12 社／1441・12・19 社／1452・4・28 社／❹ 1462・4・5 社
天寧寺(広島) ❸ 1367・是年 社
天寧寺(福島会津) ❸ 1421・是年 社／❹ 1589・是年 社
天王寺(大阪難波) ❶ 960・3・17 社／❸ 1338・3・8 政／❹ 1472・4・24 政／1499・12・20 政／1531・⑤・13 政／❺-1 1601・3・27 社／⑪・2 社／❺-2 1734・4月 社／1773・7月 社
　天王寺聖徳太子 ❺-2 1743・④・1 社
天王寺(東京谷中) ❺-2 1833・12・17 社
天平寺(石川石動) ❹ 1597・7・9 社
天福寺(岐阜) ❸ 1375・是冬 社／❹ 1458・8・15 文
伝法寺(豊前) ❷ 1110・7・5 社
天保寺(愛知) ❹ 1546・6・15 社
天満宮安楽寺(福岡大宰府) ❹ 1539・3・26 社
天目寺(豊前) ❸ 1340・5・10 社／1341・5・29 社
天龍寺(京都) ❸ 1339・8・16 社／10・5 社／1340・是年 社／1341・7・22

社／8·23 社／1342·3·27 社／4·23 社／1343·8 月 社／1345·8·14 社／1358·1·4 社／1359·3·9 社／1367·3·29 社／8·10 社／1373·9·28 社／1374·8·19 社／1380·12·12 社／1383·9·28 社／1386·7·10 社／1394·6 月 社／1410·3·4 社／1425·10·24 社／1435·6·16 社／1447·7·5 社／❹ 1458·3·10 社／1460·4·20 社／1461·11·26 政／1468·9·7 社／1477·12·21 社／1511·8·25 社／❺-2 1815·1 月 社
天龍寺指月庵　❸ 1454·12·24 社
天龍寺総門　❸ 1394·6·11 社
天龍寺本堂　❼ 1899·2·19 社
天龍寺法式　❸ 1382·5·10 社
洞雲寺(広島)　❹ 1521·3·11 社／1529·3·24 社／1530·2·10 社／1552·6·18 社
洞雲寺(福井)　❹ 1481·12·16 社／1558·10·26 社
洞雲寺(宮城)　❶ 707·慶雲年間 社／❸ 1400·是年 社／❺-2 1735·享保年間 社
東海寺(東京品川)　❺-1 1638·4·27 社／1639·5·19 社／1694·4·29 社／❺-2 1831·12·29 社
等覚寺(愛媛宇和島)　❺-1 1618·是年 社
東願寺(京都)　❺-2 1774·3·20 社
東観音寺(愛知吉田)　❹ 1597·2·1 社
東慶寺(神奈川鎌倉)　❸ 1285·是年 社／❹ 1542·4·6 社／❺-1 1634·10 月 社／❺-2 1789·3·28 社
桃源院(静岡)　❹ 1572·3·17 社
塔原寺(福岡)　❸ 1293·10·14 社
東光寺(京都)　❶ 878·是年 社／905·3·9 社
東光院(東京)　❶ 833·天長年間 社／❺-1 1605·2·9 社
東光寺(静岡)　❸ 1351·12·13 社／❹ 1552·7·7 社
東光寺(福島羽黒山)　❹ 1584·6·13 文
東光寺(山口萩)　❺-1 1691·2·2 社
東光寺内、善法寺常行堂(山梨)　❷ 1003·長保年間 社
東郷寺(東京)　❽ 1942·10·5 社
東寺(教王護国寺、京都)　❶ 796·是年 社／813·1·19 社／823·1·19 社／824·6·17 社／825·4·24 社／901·12·13 社／910·3·21 社／❷ 1055·8·23 社／1080·是年 文／1086·10·20 社／1105·6·23 文／1127·3·9 社／1149·7·23 社／1189·12·9 文／1216·2·5 社／1239·3·19 文／❸ 1328·12·29 社／1336·12·8 社／1351·7·28 社／1361·9·16 社／11·22 社／1379·9·21 社／12·4 社／1396·9·5 社／1440·10·10 社／❹ 1485·9·14 社／1486·8·24 社／1511·8·27 社／1530·10·17 社／1546·9·15 社／1551·9 月 社／1552·2·18 社／12 月 社／1565·10·2 社／12 月 社／1600·7·26 社／❾ 1971·4·27 社
東寺灌頂堂　❷ 1069·9·7 社／1105·6·23 文／1115·10·7 社／❹ 1468·12·21 社
東寺講堂　❶ 825·4·24 文／❸ 1369·7·27 社／❹ 1491·3·21 文
東寺金堂　❶ 918·6·24 社／❷ 1080·是年 文／1103·5·16 社／1105·6·23 文／❹ 1524·1·11 社
東寺修造料所　❸ 1341·12·8 社
東寺遍照心院　❹ 1528·2·18 社／1585·12·13 社
東寺宝蔵　❹ 1477·7·28 社
東寺公文職條々　❸ 1427·11·28 社
東寺伝法会　❶ 846·是頃 社
東寺奉行　❸ 1379·9·17 社
造東寺(司)　❶ 809·2·13 文／812·10·28 文／815·1·12 文／824·6·6 文
等持院(京都)　❸ 1339·7·6 社／1377·9·8 社／1390·9 月 社／1406·11·21 政／1446·1·16 社／是年 社／1451·1·4 社／1453·是年 社／❹ 1486·11·17 社
同慈寺(大分)　❹ 1493·3·23 社
塔寺八幡宮(福島)　❸ 1447·7·25 社
等澍院(様似天台宗、北海道)　❺-2 1804·5 月 社／1826·5·29 社
洞春寺(広島郡山)　❹ 1564·是年 社／1587·8·12 社
洞松寺(岡山)　❸ 1412·是年 社
東勝寺(神奈川鎌倉)　❸ 1342·4·23 社
道成寺(和歌山)　❶ 703·大宝年間 社
唐招提寺(奈良)　❶ 759·8·1 社／776·6·7 社／777·7·26 社／804·1·22 社／❷ 1173·11·11 社／1258·4·9 社／1269·3 月 社／1275·11·14 社／❺-1 1692·2·18 文／❺-2 1802·6·11 社
唐招提寺戒壇堂　❺-1 1698·9·13 社／❺-2 1848·是年 社
唐招提寺金堂　❸ 1323·3 月 文
東禅寺(蓁沼寺、広島)　❸ 1393·5 月 社／1395·11 月 社／1399·3·27 社
東漸寺(武蔵)　❸ 1301·是年 社／❹ 1461·是年 社
東大寺(もと金鍾寺·大養徳国国分寺·金光明寺)　❶ 742·7·14 社／744·12·8 社／745·8 月 社／746·10·6 社／747·9·26 社／749·4·1 社／756·6·9 社／899·11·24 社／986·3·22 政／❷ 1019·9·27 政／1021·是年 社／1031·1·11 社／1037·1·19 社／1053·9·20 社／1062·1·16 社／1079·是年 文／1130·3·13 政／1173·11·11 社／1188·5 月 社／1190·10·19 文／1197·8·28 社／1206·9·18 文／1269·是年 文／❸ 1310·1·26 社／1441·6·29 社／❹ 1509·4·13 社／❻ 1886·6·7 社
東大寺戒壇　❶ 754·4·5 社／5·1 社／755·9 月 社
東大寺戒壇院　❷ 1197·8·28 社／1251·是年 社／❸ 1446·1·2 社／1452·9·8 社／1453·11·4 社／❶ 900·是年 文／❷ 1252·9·2 社
東大寺灌頂院　❷ 1252·9·2 社
東大寺灌頂道場(真言院)　❶ 822·2·11 社
東大寺吉祥堂　❶ 954·是年 社
東大寺羂索院(けんざくいん)　❶ 733·是年 社／935·5·9 文／950·6 月 文／962·12 月 社
東大寺講堂　❸ 1446·1·2 社／❹ 1508·3·18 社／1516·4 月 社／1524·6·19 文
東大寺西塔院　❶ 753·③·23 社／934·10·19 社
東大寺食堂　❸ 1345·3 月 社
東大寺修造所　❸ 1354·12·9 文
東大寺真言院　❶ 836·5·9 社
東大寺西南院　❶ 766·天平神護年間 文
東大寺造寺所　❶ 906·⑫·16 文
東大寺尊勝院　❶ 947·是年 社／954·是年 社／961·2·25 社／100 10·19 社
東大寺大講堂　❷ 1237·4·19 文
東大寺大仏　❶ 855·5·23 文／9·28 文／856·3·14 文／861·1·21 ／3·14 社／❸ 1417·7·3 文
東大寺大仏殿　❶ 751·是年 文／ 1001·1·9 社／1002·9·21 社／1005·3·8 文／1185·8·28 社／1195·3·12 社／❾ 1980·10·15 社／1998·5·20 文
東大寺知足院　❶ 890·是年 社
東大寺東西小塔堂　❶ 767·是年
東大寺唐禅院　❶ 758·是年 社
東大寺東南院　❶ 875·是年 社
東大寺二月堂　❶ 752·是年 社／ 1510·2·13 社／❺-1 1667·2·14 文
東大寺北大門　❶ 801·是年 文
東大寺法華堂　❶ 746·3 月 社
東大寺領越前国桑原莊　❶ 757·12·25 社
東大寺領越前国鯖田国富莊　❶ 757·4 月 社
金光明寺(東大寺)講堂　❶ 747·2·15 文
金光明寺(東大寺)写一切経所　❶ 742·12·8 文
東大寺再造の詔　❷ 1181·6·26 文
東大寺出火　❶ 917·12·1 社
東大寺修造料　❷ 1185·3·7 社／1186·3·23 社／4·5 社／10·1 政／1187·9·8 社
東大寺衆徒申状の初見　❷ 1175·1 月 社
東大寺造営勧進　❷ 1181·是年 政／1206·10·11 社／1215·7·9 社
東大寺大仏開眼供養　❶ 743·10·1 社／745·8·23 社／747·9·29 文／749·4·1 社／10·24 社／752·4·9 社
東大寺大仏修理　❶ 827·6·17 文
東大寺大仏殿炎上　❹ 1567·10·10 社
東大寺大仏殿再興　❹ 1568·3·27 社／5·7 社／1570·8·15 文／1571·6 月 社／1572·6 月 社／1583·9·10 社／1586·4·1 社／1589·2·5 文
東大寺八幡宮若宮下遷宮　❹ 1597· 6·28 社
東大寺満寺集会　❸ 1368·2·29 社
修理東大寺大仏長官　❶ 859·7·23 文
造東大寺(司)　❶ 748·9·7 文／是年 社／756·8·14 文／759·11·13

文／761·10·1 文／762·12·29 社／763·1·9 文／764·1·21 文／776·3·6 文／777·10·13 文／778·2·23 文／779·11·28 文／781·5·25 文／782·2·7 文／783·3·12 文／785·1·15 文／789·3·16 文／799·3·10 文／804·4·8 文／822·2·11 社／858·4·19 文／927·6·4 文／931·⑤·5 文
造東大寺講堂(使) ❶ 904·3·11 文／918·3·28 文／920·12·28 文／927·10·26 社／929·2·8 社
造東大寺惣大工 ❷ 1197·6·15 社／1201·7月 社
造東大寺造仏長官 ❷ 1181·6·26 文
造東大寺大仏 ❷ 1181·8·10 文
造東大寺長官 ❷ 1109·3·30 文／1181·6·26 文／1187·5·29 文／1196·2·1 文／1199·1·20 文／1204·3·29 文／1206·9·18 政／1275·2·1 文
道澄寺(京都) ❶ 917·11·3 文
多武峰寺⇨「神社·神」、談山(たんざん)神社
藤福寺(茨城) ❹ 1461·是年 社
東福寺(鹿児島) ❸ 1319·2·5 社／1323·12·11 社
東福寺(普門寺、京都) ❷ 1236·4·29 社／1239·7·21 社／1243·3·15 社／8月 社／1246·是年 社／1255·6·2 社／❸ 1334·1·4 社／1336·8·23 政／1342·4·23 社／1347·6·2 社／1373·10·19 社／1379·11·30 社／1386·7·10 社／1400·12·26 社／1430·2·22 社／1441·9·3 社／❹ 1456·6·30 社／1458·3·28 社／1478·3·15 社／1509·10·2 社／1522·6·22 社／1526·是秋 社／1532·4月 社／1545·12·13 社／1547·5·22 社／1548·12月 社／1551·6月 社／1585·是年 社／1597·11·29 社／❺-1 1603·6·10 社／1611·7月 社／1614·12·28 社／❺-2 1754·3·16 社／1770·10·10 社／❻ 1881·12·16 社
東福寺海蔵院 ❸ 1382·2·29 文
東福寺條々 ❷ 1280·6·1 文
東福寺寺領 ❸ 1388·5·25 社
東福寺法式 ❸ 1447·5月 社
東福寺(東京麻布) ❺-2 1721·2·5 社
島分寺(長崎·壱岐) ❺-1 1662·是年 社
島分寺(長崎·対馬) ❶ 737·是年 政／858·是年 社／865·5·8 社／875·3·13 社／❹ 1486·文明年間 社／❺-2 1732·是年 社
東北院(京都) ❺-1 1693·6月 社
登美院(奈良) ❶ 773·11·20 社
等妙寺(愛媛) ❸ 1320·10·18 社
東妙寺(佐賀) ❸ 1310·5·20 社／1319·1·30 社／1393·5·10 社／1402·7·16 社／1417·11·7 社
東明寺(埼玉新座郡) ❺-2 1776·12·10 社
道明寺(大阪) ❸ 1352·2·20 社
東龍寺(愛知) ❹ 1560·12月 社
東林寺(福岡) ❷ 1191·7月 社
戸隠寺(長野) ❶ 849·是年 社／966·是年 社
徳雲寺(広島) ❹ 1529·4·26 社
徳願寺(静岡) ❹ 1548·8·16 社
徳大寺(京都) ❷ 1147·6·5 文
得長寿院(京都) ❷ 1132·3·13 社／1133·3·30 政
鳥羽殿炎魔天堂(京都) ❷ 1140·12·12 社
鳥羽御堂 ❷ 1136·3·23 社
泊寺(紀伊) ❸ 1335·8·27 社
豊浦寺(向原寺·桜井寺·等由良寺·小墾田豊浦寺·建興寺) ❶ 552·10·13／570·是年／590·3月 社／593·是年／634·3月 社／749·⑤·20 社／763·是年 社／882·8·23 社／❸ 1344·是年 社
豊田中坊(奈良) ❸ 1430·7·7 社
豊原寺(福井) ❹ 1506·10·10 社
鳥戸寺(宝皇寺、京都) ❶ 806·4·15 社／858·4·9 社
鳥辺寺⇨愛宕寺(おたぎじ)
富田道場(大阪)⇨教行寺(きょうぎょうじ)
富田林道場(大阪) ❹ 1560·3月 社／1561·6月 社
長尾寺(神奈川) ❷ 1181·1·23 社／1229·10·9 社
長滝寺(岐阜) ❹ 1533·11·26 社
中山寺(岡山) ❸ 1388·11月
中山寺(兵庫宝塚) ❶ 750·5·24 社
中山寺(福井) ❹ 1530·11·15 社
中山法華経寺(千葉) ❸ 1390·2·29 社／❹ 1589·2·14 社／❽ 1943·4·11 社
那居寺(千葉) ❹ 1529·6月 政
名越別願寺(神奈川) ❸ 1420·2·19 社
梨本·青蓮門院門跡 ❷ 1268·12·23 政
那谷寺(なたじ、石川) ❹ 1537·3·15 政／❺-1 1650·是年 社
南無寺(京都) ❶ 890·11·26 社
成相寺(京都) ❶ 704·9·11 社／❸ 1334·5·4 政／❹ 1580·9月 社
成相寺(島根) ❹ 1530·4·5 社
南原寺(山口) ❹ 1527·5·13 社
南松寺(山梨) ❹ 1582·3·3 社
南禅寺(京都) ❸ 1287·8·20 社／1291·是年 社／1300·7·25 社／1330·是年 社／1337·8月 社／1342·1·16 社／4·23 社／1369·7·28 社／1386·7·10 社／1392·10·3 社／1422·10·8 社／1440·6·8 社／1447·4·2 社／1450·3·4 社／❹ 1467·9·18 政／1478·3·15 社／1600·7月 社／❺-1 1630·8·5 社／1703·是年 社
南禅寺瑞雲庵 ❹ 1459·8·1 社
南禅寺僧堂 ❸ 1295·4·6 社
南禅寺大仏殿 ❸ 1293·11月 社
南禅寺仏殿·法堂·金剛殿·大雲庵 ❸ 1393·8·22 社
南禅寺法堂 ❸ 1308·是年 社／❼ 1909·4·17 社
南禅寺方丈 ❸ 1421·10·19 社
南禅寺火災 ❻ 1895·1·12 社
南禅寺事件 ❸ 1368·7·26 社
南宗寺(大阪堺) ❹ 1526·8月 社／1556·是年 社／1573·6·2 社／1574·3月 社
難波御堂(大阪渡辺) ❹ 1598·是年 社／❺-1 1614·慶長年間 社／1712·8月 社
南福寺(熊本) ❹ 1522·8·16 社
南明寺(山口) ❹ 1511·2·1 社
南林寺(鹿児島) ❹ 1557·是年 社
西岡寺(山城) ❹ 1552·10·3 社
錦織寺(滋賀) ❺-1 1694·5·5 社
錦織寺(長野) ❶ 866·2·2 社
西八條寺(京都) ❸ 1311·1·19 社
西本願寺(京都) ❺-1 1617·3月 社／1657·5·4 社／1680·3月 社／1693·2月 社／❼ 1913·4·1 文／11月 社
西本願寺御堂(東京) ❺-2 1792·是年 社
二尊院(京都) ❹ 1565·10·12 社
日光三仏堂(栃木) ❶ 848·是年 社
日暹寺·日泰寺(覚王山、愛知名古屋) ❼ 1900·7·11 社／1904·11月 社
日朝寺(新潟) ❹ 1494·12月 社
日本寺本堂(千葉) ❽ 1939·11·26 社
若王寺(京都) ❹ 1468·8·4 政
如意輪寺(兵庫) ❸ 1336·8·9 社
如法寺(岡山) ❹ 1566·5月 社
如来寺(陸奥) ❹ 1583·12·28 社
如来堂(群馬) ❸ 1364·7·28 政
忍頂寺(大阪) ❶ 860·9·20 社／❷ 1202·11·24 社
仁和寺(京都) ❶ 887·3月 社／888·8·17 社／889·11·24 社／905·1·3 政／931·7·10 文／952·4·15 政／957·3·15 文／❷ 1001·3·11 社／1057·8·10 文／1059·3·8 社／1062·10·27 社／1080·12·24 社／1082·11·27 社／1101·10·13 社／1103·1·7 社／1104·1·27 社／7·11 文／1111·10·25 社／1117·3·2 社／1119·4·14 社／12·10 社／1130·5·17 社／1132·8·17 社／1135·5·18 社／1136·10·15 社／1139·3·22 社／1150·3·23 社／1174·2·23 社／1211·10·19 文／1267·11·13 社／❹ 1509·1·15 社／❻ 1887·5·15 社
仁和寺円堂院 ❶ 904·3·26 社
仁和寺八角堂 ❶ 939·3·27 文
根尾寺(山梨) ❸ 1310·5·5 社／1311·5·5 社
根来寺(和歌山) ❷ 1140·12·8 社／1168·1·11 社／❸ 1285·是年 社／1288·3月 社／1431·1·10 社／❹ 1541·1·5 社／1583·11月 政／1600·9·30 社
念仏寺(大阪堺) ❷ 1219·是年 社／❸ 1427·12·23 社／1440·10·27 社／1450·9·16 社／❹ 1472·6·25 社／1488·3·17 社／1532·8·2 政／9·3 社／1535·4·28 社
念仏寺(兵庫) ❷ 1274·文永年間 社
能寂寺(愛媛) ❸ 1366·12·8 社／1381·10·16 社／1382·10·16 社
能成寺(京都) ❸ 1438·5·10 社
能仁寺(埼玉) ❸ 1383·10月 社
能福寺(兵庫神戸) ❾ 1991·5·10 社
野崎観音慈眼寺(大阪) ❼ 1896·10·14 社
野寺(山口) ❷ 1182·4·28 社
野寺四王院(京都) ❶ 940·3·10 社

羽賀寺(はがじ、福井)　❶ **716**·是春 社／❸ **1341**·3月 社／**1359**·4·5 社／是年 社／**1398**·是年 社／**1435**·4月 社／❹ **1524**·7·28 社／**1584**·6·10 社
筥崎宮神宮寺　❶ **937**·10·4 社
箱根金剛王院　❺-2 **1770**·4月 社
長谷観音堂(宮崎)　❹ **1522**·1·26 社
長谷寺(奈良)　❶ **721**·是年 社／**724**·3·2 社／**727**·2·27 社／**733**·5·18 社／**746**·9·28 社／**768**·10·20 社／**847**·12·21 社／**876**·5·26 社／**929**·7·19 社／**930**·8月 文／**946**·是年 社／**952**·3月 文／**990**·是年 社／❷ **1008**·6·15 社／**1025**·11·16 社／是年 社／**1038**·3·17 社／**1052**·8·25 社／**1054**·8·11 社／**1089**·10·13 社／**1094**·11·13 社／**1219**·②·15 社／**1226**·10·22 社／**1280**·3·14 社／❸ **1316**·是年 社／**1434**·6·20 社／**1453**·3·30 政／❹ **1459**·8·12 社／**1468**·8·7 社／**1469**·8·3 社／**1487**·6·16 政／**1492**·5·29 社／**1495**·11·22 社／**1497**·7·11 社／**1498**·11·21 社／**1499**·3·11 社／**1502**·3·6 文／**1507**·4·12 社／**1535**·5·18 社／**1536**·6·29 社／**1537**·9·29 社／❺-1 **1607**·7·12 文／**1612**·10·4 社／❼ **1911**·1·12 社
幡河寺(和歌山)　❸ **1390**·3月 文
蜂丘(岡)寺⇨広隆寺(こうりゅうじ)
八塔寺(岡山)　❷ **1221**·8月 社／❸ **1388**·6·7 社／❹ **1521**·9月 社／**1579**·7·19 社
八幡比売神宮寺(大分)　❶ **767**·9·18 社
八葉寺(福島)　❹ **1529**·5·5 社
八正寺(神奈川)　❸ **1414**·4·13 社
土師寺(はじじ、大阪)　❷ **1246**·10·25 社
斑鳩寺(兵庫)　❹ **1516**·6·8 社
繁慶寺(新潟)　❹ **1498**·是年 政
万松寺(愛知)　❸ **1440**·8月 社
幡随意院(東京神田)　❺-1 **1603**·是年 社
般舟三昧院(京都伏見)　❹ **1479**·8·4 社／**1499**·是年 社／**1517**·9·28 社／**1595**·3·10 社
幡川寺(和歌山)　❸ **1441**·6·14 社
飯道寺(滋賀)　❹ **1581**·11·27 社
鑁阿寺(ばんなじ、栃木足利)　❷ **1196**·是年 社／**1248**·7·6 社／**1269**·4月 社／❸ **1363**·9·2 社／**1386**·10·7 社／**1414**·7·3 社／**1420**·2·6 社／**1430**·5·3 社／**1454**·5·1 社／**1455**·12·27 社／❹ **1472**·5月 社／**1488**·6月 社／**1500**·11·20 社／**1580**·10·3 社
　鑁阿寺制法十か條(栃木)　❸ **1367**·4月 社
般若寺(般若台寺、奈良笠置山)　❶ **654**·10月 社／❷ **1196**·8·15 文／**1269**·3·25 社／❹ **1490**·10·24 社
比叡山寺⇨延暦寺(えんりゃくじ)
東岩倉寺(京都)　❸ **1398**·5·3 社
東観音寺(愛知)　❹ **1562**·2·9 社
東本願寺(阿弥陀堂·祖師堂、京都、真宗大谷派)　❺-1 **1602**·2月 社／**1657**·5·4 社／❺-2 **1749**·8·9 社／**1798**·是年 社／**1823**·11·15 社／❻ **1895**·4·6 社／❼ **1905**·6·13 社／**1915**·8·14 社
　東本願寺御影堂　❻ **1889**·5·9 社
東本願寺(上海)　❻ **1876**·8·20 社
　東本願寺海外布教の始め　❻ **1876**·8·20 社
東本願寺(東京)　❺-1 **1639**·10·3 社
疋野寺(熊本)　❶ **840**·7·27 社
彦山霊山寺(大分)　❹ **1581**·是年 社
毘沙門堂(京都)　❷ **1280**·11·27 社／❸ **1282**·12·16 社／**1352**·5·29 社／❺-1 **1665**·是年 社
毘沙門堂(大阪信貴山)　❶ **910**·是年 社
悲田院(京都)　❹ **1483**·2·9 社
檜尾寺(京都)　❶ **731**·是年 社
檜隈寺(奈良)　❶ **686**·8·21 社
日野金剛堂(東京)　❸ **1335**·8·4 社
日野薬師堂　❷ **1216**·7·21 社
白毫寺(奈良)　❹ **1497**·11·14 政／11·15 社
百済寺(滋賀)　❹ **1498**·8·9 社／**1503**·4·3 社／**1506**·9月 社／**1573**·4·15 社
白峰寺(香川)　❶ **876**·貞観年間 社／❹ **1539**·10·6 社
百万遍寺(京都)　❸ **1343**·10·15 社／❺-1 **1679**·5月 社
平等院(京都宇治)　❷ **1052**·3·28 社／**1053**·10·13 政／**1061**·10·25 社／**1133**·3·18 文／是年 社／**1231**·8·20 社／**1246**·3·23 社／❸ **1336**·1·7 政／**1365**·11·8 社／**1441**·6·17 社／❹ **1494**·4·2 文
　平等院五大堂　❷ **1066**·10·13 社
平等寺(京都)⇨因幡堂(いなばどう)
平等寺(三重)　❸ **1346**·6·6 社
平田寺(静岡)　❸ **1283**·是春 社／**1327**·9·21 社／**1333**·11·28 社
平野神宮寺(京都)⇨施無畏寺(せむいじ)
敏満寺(見満寺、滋賀)　❸ **1309**·2·5 社／**1353**·10月 社／❹ **1530**·2·10 社／**1548**·11·3 文
福王寺(広島)　❶ **828**·是年 社／❸ **1316**·正和年間 社／**1394**·11·9 社／❺-2 **1779**·是年 社
福厳寺(石川)　❹ **1461**·1·5 社
福厳寺(兵庫)　❹ **1465**·8·5 政／**1469**·10·16 政
福済寺(彰州寺、長崎)　❺-1 **1628**·是年 社／**1681**·1·17 社
福聚寺(京都)　❸ **1423**·10·2 社
福聚寺(福岡小倉)　❺-1 **1665**·是年 社
福聚寺(福島)　❹ **1557**·5月 社／**1582**·2月 社
福昌寺(鹿児島)　❸ **1394**·是年 社／**1395**·1·11 社／**1397**·4·9 社／**1399**·2·29 社／**1400**·12月 文／**1402**·9·11 社／**1405**·9·21 社／❹ **1539**·是年 社／**1600**·5·11 社／❺-1 **1673**·4·26 社／❺-2 **1735**·10·3 社／**1771**·是年 社
福勝寺(滋賀)　❹ **1583**·①月 社
福祥寺(兵庫)　❸ **1360**·3·27 社
福成寺(広島)　❹ **1520**·6·26 社
福地院(奈良)　❹ **1479**·8·7 社
福満寺(肥前)　❹ **1480**·是冬 社
福立寺(兵庫)　❷ **1274**·文永年間 社
福林寺(滋賀)　❷ **1107**·3·19 社
普賢寺(京都)　❹ **1517**·4·12 社
普済寺(静岡·駿河)　❹ **1517**·8·19／**1527**·8月 社
豊山寺(長谷寺、奈良)　❶ **944**·1·9 社
葛井寺(藤井寺、大阪)　❸ **1347**·9· 政／❹ **1468**·是夏 社
富士北山本門寺(静岡)　❹ **1574**·9· 社
峰定寺(大悲山寺、京都)　❷ **1154**· 月 社／**1159**·5·23 社
不退寺(奈良)　❷ **1173**·11·11 社／ **1464**·4·23 社／**1469**·5·21 文
補陀洛寺(神奈川)　❹ **1553**·11·15
補陀楽寺(京都)　❶ **945**·是年 社／**959**·4·29 社
補陀洛寺(群馬)　❹ **1577**·5·29 社／**1583**·3·7 社
補陀洛寺(和歌山)　❸ **1441**·11月 社／❹ **1498**·11月 社／**1531**·11·18 社／**1539**·11月 社／**1541**·11月 社／**1542**·12月 社／**1545**·11月 社／**1556**·11月 社／**1560**·11月 社／**1578**·11月 社／**1594**·12月 社／❺- **1636**·3·18 社／**1652**·8月 政／**1663** 9·25 社／**1665**·9·25 社／**1685**·6·6 社／**1693**·11·26 社／❺-2 **1772**·6·7 社
不断光院(京都)　❸ **1398**·10·2 社
仏光寺(興正寺、京都)　❸ **1319**·是 社／**1320**·是年 社／**1352**·②·2 社／**1356**·12·19 社
仏光寺(摂津)　❷ **1236**·10月 社
仏護寺(広島)　❹ **1459**·長禄年間 社
仏照寺(摂津)　❷ **1200**·2月 社／**1207**·3·16 社
仏心寺(京都)　❹ **1465**·4·25 社
仏陀寺(京都)　❹ **1476**·6·27 社／**1478**·是年 社／**1529**·12·6 社
仏地院(埼玉)　❸ **1301**·2·14 社
仏通寺(広島)　❸ **1415**·2·10 社／❹ **1464**·11·12 社／**1548**·10·17 社／**1557**·2·9 社／❺-2 **1800**·天明·寛政年間 社
仏南寺(京都)　❶ **863**·6·3 社
仏日庵(神奈川鎌倉)　❸ **1384**·2·15 社
仏名寺(福岡)　❹ **1533**·10·20 社
普田寺(京都)　❶ **930**·是年 社
不動堂(東京目黒)　❺-1 **1634**·3·23 社
船形寺(愛知)　❹ **1549**·12·19 社／**1555**·2·22 社
普明寺(京都)　❶ **909**·7·8 社／**990**·是年 文
普明寺(静岡)　❹ **1545**·10·6 社
普門寺(京都)　❸ **1380**·1·26 社／**1394**·12·5 社／❹ **1478**·3·15 社
普門寺(摂津)　❺-1 **1655**·9·6 社／**1657**·7月 社
普門寺⇨東福寺(とうふくじ)
豊楽寺(高知)　❶ **724**·是年 社／❷ **1151**·8·4 文
文永寺(長野)　❹ **1533**·5·5 文／**1577**·3·8 社
汾陽寺(岐阜)　❸ **1454**·2·28 社／❹ **1517**·4月 社／**1519**·9月 社／**1521**·4

月 社
平泉寺(福井) ❹ 1522·9月 社／1583·4月 文／❺-2 1744·12·27 社
平泉寺(陸奥) ❸ 1440·8月 社
米泉寺(滋賀) ❹ 1522·4月 社
平林寺(埼玉岩槻) ❸ 1375·是春 社
平蓮寺(山口) ❹ 1546·7·22 社
別願寺(神奈川鎌倉) ❸ 1382·10·29 社／1391·9·8 社
遍照院(愛媛) ❹ 1495·7·6 社
遍照院(岡山) ❹ 1517·6月 社
遍照寺(塔、京都) ❶ 989·10·26 社／992·5·1 社／❹ 1534·5·12 社
法安寺(京都) ❸ 1419·10·3 社
法雲寺(兵庫赤穂) ❷ 1256·是年 社／❸ 1337·7·1 社／1339·11·14 社／1416·是年 社
法雲寺(三重) ❶ 849·1·26 社
法円寺(瑞龍寺、富山高岡) ❺-1 1613·是春 社／1647·正保年中 社
報恩院(京都) ❸ 1336·8·23 社
報恩寺(神奈川鎌倉) ❸ 1371·10·15 社／1375·12月 文／1376·12·19 社
報恩寺(京都) ❶ 862·10·7 社／862·10·7 社／❹ 1569·4·16 社／1576·4·10 政／❺-1 1638·1·27 社
法恩寺(東京) ❺-1 1608·5·7 社
報恩寺(兵庫) ❸ 1336·8·9 社／1340·7月 社／1352·6·14 社／1411·8·6 社／1441·12·28 社／❹ 1521·1·12 社／1531·7·18 社／1533·8月 社
法恩寺(武蔵) ❹ 1524·是年 社
報恩寺(山口) ❹ 1552·8·20 社
報恩寺(和歌山) ❺-1 1670·是年 社
宝戒寺(神奈川鎌倉) ❸ 1335·3·28 社／是年 社／1352·12·27 社
法界寺(京都日野) ❷ 1051·2·16 社／1119·6·27 社／1130·6·24 社／1215·是年 社／❸ 1301·4·19 社
法界堂(京都日野) ❸ 1301·4·19 社
法観寺(八坂塔、京都) ❷ 1179·5·14 社／❸ 1401·6·8 社
宝冠寺(徳島) ❸ 1385·是秋 社
宝鏡寺(京都) ❹ 1476·6·8 社／1487·⑪·10 社
法眼寺(北海道／松前) ❹ 1490·是夏 社
法興院(京都) ❶ 990·5·10 社
法興院三昧堂 ❶ 993·6·25 社
宝皇寺⇨鳥戸寺(とりべじ)
法興寺⇨元興寺(がんごうじ)
方広寺(京都) ❹ 1586·7·27 社／1588·是春 社／1596·1·29 社／1600·2·25 社／3·18 社
方広寺大仏殿 ❺-1 1602·12·4 社／1603·5·29 社／1608·10月 文／1610·6·12 社／1611·11月 社／1612·9·27 政／⑩·23 文／1614·8·8 社／1697·9·21 社／❺-2 1763·9月 社／1798·7·2 社／1828·7·1 社
方広寺(静岡) ❸ 1384·是春 社
放光寺(群馬) ❶ 681·10·3 文
法興寺(福井) ❹ 1578·12·20 社
放光寺(山梨) ❹ 1598·12月 社
保国寺(愛媛) ❸ 1369·8·22 社／1388·10·11 社／1389·10·11 社
報国寺(神奈川) ❸ 1439·2·28 政／❹ 1551·9·20 社
法金剛院(天安寺·双丘寺、京都) ❶ 858·10·17 社／❷ 1130·10·25 社／1133·9·13 文／1137·9·23 政 文／1139·3·22 社／11·25 文／1141·2·28 社／12月 社／1146·5·26 政／1171·10·8 社／❸ 1400·3·30 社／❹ 1553·7·29 社
宝厳寺(滋賀) ❸ 1435·4·10 社／1443·4·28 社／❹ 1456·12·21 社／1560·12·13 社
宝持院(静岡) ❹ 1569·⑤·6 社
宝積寺(京都) ❶ 727·是年 社／❸ 1398·是年 社
宝積寺(埼玉) ❹ 1559·10·2 社
法住寺(石川) ❹ 1531·⑤·19 社
法住寺(京都) ❶ 988·3·26 社／992·6·8 社／❷ 1032·12·8 社／1158·10·23 文
法住寺不動堂 ❷ 1167·6·16 社
法住寺(東京谷中) ❺-2 1754·6月 社
宝珠寺(愛媛) ❹ 1522·2·21 社
法寿寺(大分) ❸ 1335·3·3 社
宝荘厳院(京都) ❷ 1132·10·7 社
放生院(京都) ❹ 1479·4·26 社
宝鐘寺(愛知) ❹ 1459·3·16 社
法正寺(京都) ❺-1 1693·6月 社
法照寺(静岡) ❶ 863·6·2 社
宝成寺(静岡) ❹ 1521·4·12 社／1543·6·11 社
法常寺(京都) ❺-1 1632·是年 社／1641·3 是春 社／1673·3·19 社
法成寺(ほうじょうじ·無量寿院、京都) ❷ 1002·3·1 文／1007·10·1 社／1017·3·22 社／1020·2·27 社／3·22 社／⑫·27 社／1021·6·27 社／12·2 社／1022·7·14 社／1024·3·22 社／1025·11·12 社／1026·3·20 社／1027·3·27 社／5·3 文／6·14 社／8·23 社／11·25 政／1030·8·21 社／10·29 文／1040·9·9 政／1050·3·15 社／1051·4·16 社／1057·3·14 社／1058·2·23 社／1059·10·12 社／1065·10·18 社／1072·8·28 社／1097·10·17 社／1108·1·7 文／1117·1·8 社／1132·2·28 社／1140·⑤·16 社／1141·5·21 社／1190·4·26 文／1238·7·13 社／1246·4·15 社／1247·8·28 社／❸ 1331·10·7 社
法成寺阿弥陀堂 ❷ 1019·7·16 社
法成寺尼戒壇 ❷ 1027·3·27 社
法泉寺(肥前) ❹ 1461·3·4 社
法泉寺(禅林寺、山形米沢) ❺-1 1618·11月 文
宝蔵寺(愛知) ❹ 1553·11·21 社／1560·7·9 社
法宗寺(大阪) ❸ 1424·7·20 社
宝蔵寺(京都) ❹ 1480·9·14 社
宝台院(静岡駿府) ❺-1 1628·5·19 社
宝陀寺(大分) ❸ 1337·建武年間 社
宝幢院(石川) ❹ 1491·6·3 社
宝塔寺(神奈川) ❹ 1599·2·7 社
宝幢寺(興聖寺、京都) ❸ 1380·2·21 社／4·15 社／1420·2·9 社／6·16 政／1421·2·9 社／1423·5月 政／❹ 1468·9·7 社
芳徳寺(奈良) ❺-1 1638·是年 社
法然寺(香川) ❷ 1210·承元年間 社／❺-1 1668·是年 社
法然寺(京都) ❹ 1544·3·27 社／❺-1 1611·7月 社
宝福寺(鹿児島) ❹ 1552·10·10 社
宝満寺(宮崎) ❸ 1340·4·8 社
鳳来寺(愛知) ❹ 1542·是春 社／1565·11月 社／1568·10月 社／1571·9·27 社／1574·1月 社／1585·9·14 社／❺-1 1649·3·3 文／1651·8·27 文／❺-2 1744·2月 社
鳳来寺護摩堂 ❺-1 1603·1·27 社
法隆寺(出羽) ❶ 856·3·9 社
法隆寺(斑鳩寺·鵤寺、奈良) ❶ 586·是年／598·4·15／620·是年 社／643·11·1 政／647·9·20 社／669·是年 社／680·是年 社／708·是年 文／722·是年 社／738·1·17 社／3·28 社／739·4·10 社／747·是年 社／982·5月 社／❷ 1050·5·17 社／1081·是年 社／1146·11·2 文／1153·12·26 社／1157·3·29 社／1158·2月 文／1203·10·24 文／1235·7·1 社／❸ 1310·3·12 社／1336·6·5 文／1337·7月 社／11月 社／1339·3·26 社／1362·9·1 政／❹ 1517·6月 社／1523·3·30 社／1527·10月 社／1541·11月 社／1559·6月 社／8月 社／❺-1 1606·9·15 社／1615·4·23 社／❺-2 1778·⑦月 社／❼ 1905·2月 文／❽ 1949·10·4 文／1950·11·12 社
法隆寺火災 ❶ 620·是年 社／669·是冬 社／670·4·30 政／925·是年 社
法隆寺講堂 ❷ 1227·11·15 社
法隆寺金堂 ❷ 1175·2·22 社／1204·4月 文／1229·5·9 文
法隆寺正蔵院 ❸ 1350·1·15 社
法隆寺聖霊院 ❸ 1285·10·27 社
法隆寺大宝蔵院 ❾ 1998·10·22 文
法隆寺東院夢殿 ❶ 739·是年 文
法隆寺南大門 ❷ 1031·6月 文／1249·3月 文
法隆寺の宝庫 ❷ 1059·6·25 文
法隆寺宝物献納 ❻ 1878·2·16 文／1886·3·18 文
法隆寺若草伽藍 ❼ 1915·7·23 文／1928·4·10 文
宝林寺(岡山) ❸ 1355·9·2 社
宝林寺寺規式 ❸ 1357·11月 社／1367·3月 社
法林寺(群馬) ❶ 975·7·1 社
宝林寺(兵庫) ❸ 1383·5·22 社
宝林寺(福岡) ❸ 1334·6·18 社
法琳寺(佐賀) ❸ 1351·10·17 社
法輪寺(京都) ❺-1 1606·9·13 社
法輪寺(法琳寺·軽寺、奈良) ❶ 622·是年 社／623·7月 社／686·8·21 社／840·6·3 社／❸ 1313·2·4 社／1367·1·3 社
宝林坊(岐阜) ❹ 1564·7·29 社
法霊寺(三重) ❷ 1075·5·12 社
法華経寺(千葉) ❸ 1376·6·6 社／❹ 1545·1·20 社／10·6 社／1564·1·25 社
法興院(ほこいん、京都) ❷ 1004·3·13 社／1011·10·6 社／1028·5·9 社

／**1089**·4·23 社／**1096**·6·24 社／**1120**·1·8 社
保国寺(愛媛) ❹ **1559**·12·26 社
帆山寺(福井) ❹ **1530**·是年 社
星尾寺(和歌山) ❷ **1262**·12·10 社／❸ **1379**·2·3 社
菩提院(奈良) ❸ **1455**·11·11 社
菩提寺(青森) ❶ **830**·10·19 社
菩提寺(岐阜) ❶ **828**·10·3 社
菩提寺(滋賀) ❶ **833**·9·8 社
菩提寺⇨橘寺(たちばなでら)
菩提樹院(京都) ❷ **1036**·5·19 社／**1037**·6·2 社／**1088**·8·17 文
補陀寺(徳島) ❸ **1339**·8月 社／**1340**·是秋 文／**1363**·7·20 社／**1442**·10·15 社／❺-1 **1672**·寛文年間 社
法起寺(岡本寺·池後寺、奈良) ❶ **607**·是年 社／**622**·是年 社／**638**·是年 文／❹ **1461**·11月 社
法華三昧院(滋賀) ❶ **812**·7月 社
法華寺(愛知) ❹ **1523**·11·16 社／**1553**·9·10 社
法華寺(京都) ❹ **1547**·6·17 社
法華寺(鳥取) ❶ **948**·12·28 社
法華寺(奈良) ❶ **749**·7·13 社／**760**·是年 文／**781**·10·4 文／**782**·2·7 文／4·11 政／**797**·2·2 社／❷ **1173**·11·11 社／❹ **1499**·12·18 政／**1506**·8·5 社／❺-1 **1676**·6·21 社
法華寺(山口) ❹ **1499**·4·5 社／**1512**·2月 社
法華堂(神奈川鎌倉比企谷) ❸ **1422**·⑩·13 政
法華滅罪之寺⇨国分尼寺(こくぶんにじ)
法性寺(京都) ❶ **924**·11·28 文／**925**·5·18 社／**929**·9·17 社／**934**·10·10 社／10·15 社／**945**·4·15 文／**948**·6·5 社／**958**·3·30 社／**981**·12月 社
　法性寺五大堂 ❷ **1006**·7·27 社／12·26 社／**1061**·7·21 社／**1112**·6·13 社／**1129**·3·19 社／**1148**·7·17 社／**1150**·2·6 社／**1155**·10·9 社
法勝寺(白河御堂、京都鴨東岡崎) ❷ **1075**·7·11 社／8·13 社／**1076**·12·18 社／**1077**·12·18 社／**1083**·10·1 社／**1085**·8·29 社／**1098**·10·23 社／**1102**·6·29 社／**1109**·2·27 社／**1113**·6·17 社／**1114**·11·29 社／**1117**·3·12 社／**1123**·2·13 文／**1124**·②·12 政／**1126**·3·7 社／**1127**·3·29 社／4·23 文／**1132**·1·8 政／**1133**·6·11 社／**1140**·11·14 社／**1157**·1·8 政／**1208**·5·15 社／**1210**·7·16 文／**1213**·4·26 文／**1253**·12·8 社／**1255**·8·28 社／❸ **1328**·是年 社／**1344**·3·20 社／**1349**·10·15 社
　法勝寺薬師堂 ❷ **1175**·10·23 社
最御崎寺(ほつみさきじ、高知) ❸ **1306**·3·22 社／**1324**·2·5 社／**1341**·11·29 社
保寧寺(神奈川) ❸ **1378**·5·26 社
保福寺(滋賀) ❹ **1555**·3·17 社
墓辺寺(奈良多武峰) ❶ **865**·5·26 社
本遠寺(愛知) ❹ **1584**·5月 社
本遠寺(山梨) ❺-1 **1609**·是年 社
本覚寺(神奈川) ❹ **1520**·2·25 社／**1542**·7·2 社
本覚寺(京都) ❹ **1558**·12·5 政
本覚寺(静岡) ❹ **1543**·6·18 社
本覚寺(福井) ❹ **1506**·10·10 社
本願寺(東本願寺·大谷派、京都) ❷ **1272**·12月 社／❸ **1357**·7·5 社／❹ **1468**·3·28 社
本願寺(山科本願寺、京都) ❹ **1477**·是年 社／**1478**·1·18 社／**1479**·4·28 社／是夏 社／**1480**·3·18 社／8·28 社／**1489**·8月 社／**1504**·③·15 社／**1532**·8·24 政／**1580**·8·2 政／❺-2 **1732**·⑤月 社／**1763**·4·9 社
本願寺(千葉) ❹ **1585**·4·2 社
本願寺(東京築地) ❺-2 **1793**·6·21 社／**1799**·1·27 社
本願寺別院(石川金沢) ❹ **1597**·4·7 社
本願寺別院(東京浅草) ❺-1 **1617**·是年 社
本願寺別院(富山) ❹ **1597**·10·7 社／❽ **1939**·5·30 社
本行寺(千葉) ❹ **1571**·9·2 社
本宮寺(栃木) ❶ **808**·是年 社
本源寺(鹿児島種子島) ❹ **1465**·4月 社
本光寺(東京品川) ❸ **1382**·是年 社／❹ **1533**·8月 社
本興寺(兵庫) ❸ **1423**·是年 社／❹ **1565**·10·15 社
本国寺(神奈川鎌倉) ❷ **1253**·8·26 社／❸ **1328**·11·21 社
本圀寺(京都) ❸ **1338**·是年 社／**1345**·3·10 社／❹ **1482**·7·11 社／**1497**·2·9 社／**1501**·5·24 社／**1547**·6·17 社／8·6 社／**1568**·10·14 政／**1582**·7·11 政／**1585**·6月 社／❺-1 **1667**·12·22 社／**1682**·8·3 政／**1703**·9·15 社
本山寺(摂津) ❺-1 **1603**·是年 社
梵釈寺(滋賀) ❶ **786**·1·21 社／**788**·6·9 社／**795**·9·15 社／**815**·4·22 社／**820**·①·24 文
本勝寺(神奈川鎌倉) ❸ **1338**·是年 社
本成寺(新潟) ❸ **1297**·是年 社／❹ **1543**·9·20 社／**1552**·7·16 社
本城寺(新潟湯沢) ❹ **1511**·9·17 社
本所回向院(東京) ❺-2 **1806**·4·4 社
本誓寺(滋賀坂本) ❹ **1558**·5·3 政
本誓寺(長野) ❹ **1558**·7·13 社／**1567**·1·24 社
本泉寺(石川) ❹ **1531**·⑤·9 社／7·30 社
本禅寺(京都) ❸ **1406**·2月 社
本統寺(三重桑名) ❺-1 **1641**·是年 社
本土寺(千葉松戸) ❷ **1277**·是年 社
本能寺(京都) ❸ **1429**·是年 社／**1433**·4·2 社／❹ **1488**·10·23 社／**1496**·6·24 社／**1518**·8·21 社／**1542**·③·16 社／**1546**·9·25 社／12·10 社／**1547**·6·17 社／**1548**·12月 社／**1550**·7月 社／**1557**·9·15 社／**1568**·7·12 社／**1570**·12月 社／**1584**·7·8 社
　本能寺法度七條 ❹ **1463**·5·13 社
本福寺(滋賀) ❹ **1467**·11·21 社
本法寺(京都) ❹ **1460**·⑨·3 社／**1487**·1·19 社
本満寺(京都) ❹ **1486**·10·10 社
本妙寺(香川) ❹ **1529**·7·2 社
本妙寺(京都) ❸ **1393**·11·15 社
本妙寺(千葉) ❸ **1380**·3·4 社
本門寺(静岡) ❸ **1298**·是年 社／❹ **1538**·8·6 社／**1573**·12·26 社
本門寺(東京池上) ❸ **1325**·10·13 社／❹ **1584**·7·30 社／❺-1 **1710**·10·1 社／❺-2 **1723**·7·26 社／❼ **1901**·3· 社
本薬師寺(奈良) ❷ **1095**·10月 社
本隆寺(京都) ❹ **1488**·是年 社
本龍寺(栃木) ❹ **1522**·2·4 社／**1562**·11·5 社／**1564**·是年 社
本蓮寺(長崎) ❺-1 **1620**·是年 社
摩訶耶寺(真萱寺、静岡) ❸ **1285**·12·13 社／**1390**·2月 社
槇尾寺(大阪) ❶ **793**·是年 社／❹ **1581**·4·20 政
増井寺(兵庫) ❸ **1284**·2·17 社
松岡寺(石川) ❹ **1485**·9·21 政／**1531**·⑤·9 社
松尾寺(大阪·和泉) ❸ **1332**·6·27 政／**1333**·4·9 社／**1336**·8·11 社／**1361**·12·25 社／**1363**·2·19 社／**1428**·11·25 社／**1429**·12·2 社／**1439**·7·26 社
松尾寺(大阪·河内) ❸ **1362**·6·24 社
松尾寺(滋賀) ❹ **1578**·3·5 社
松尾寺(奈良) ❷ **1277**·3·6 社／❸ **1409**·10·23 社
松嶽寺(山口) ❷ **1237**·4·13 社
真野寺(新潟) ❺-1 **1630**·3·11 社
摩耶山天上寺(兵庫神戸) ❾ **1976**·1 30 社
満願寺(岡山) ❹ **1560**·11月 社
満願寺(熊本阿蘇) ❸ **1341**·8·3 社／**1356**·6·12 社／❹ **1553**·3·14 社
満願寺(静岡) ❹ **1533**·12·10 社／**1570**·1·16 社
満願寺(摂津) ❸ **1435**·12·19 社／❹ **1463**·5·19 社
満願寺(東京世田谷) ❹ **1535**·6·28 社／**1554**·4月 社
満願寺(栃木) ❹ **1548**·4·10 社
万歳寺(奈良) ❹ **1475**·6·8 政
曼殊院(京都) ❺-1 **1656**·是年 社
万寿寺(大分) ❸ **1306**·是年 社／**1342**·4·23 社／**1434**·2·14 社／**1437**·10·10 社／❹ **1479**·11·18 社／**1514**·10月 社／**1516**·8月 政／**1569**·永禄年間 社／❺-1 **1614**·慶長年間 社
万寿寺(京都) ❷ **1097**·10·14 社／**1099**·1·4 社／**1258**·正嘉年間／**1272**·11·24 社／❸ **1286**·是年 社／**1340**·是年 社／**1342**·4·23 社／**1358**·9·2 社／**1386**·7·10 社
万寿寺(佐賀) ❷ **1238**·6月 社／**1240**·是年 社／**1241**·7月 政／**1272**·12·28 社／❹ **1517**·是年 社
万松寺(愛知) ❹ **1540**·是年 社
満性寺(愛知) ❹ **1496**·7·15 社
満勝寺(陸奥) ❹ **1476**·10·14 社
万精院(和歌山) ❺-1 **1643**·寛永年間 社
曼荼羅寺⇨善通寺(ぜんつうじ)
曼陀羅寺(愛知) ❹ **1541**·3·25 社／

1563·10月 社／1582·8月 社／1584·4·7 社／1600·8·13 社
曼荼羅寺(備後) ❸ 1351·7·1 社
万徳寺(愛知) ❶ 768·是年 社／❷ 1254·是年 社
満徳寺(縁切寺、群馬) ❺-2 1836·5·8 社
万年寺(宋国) ❷ 1218·12月 政
万年寺(三重) ❹ 1464·3·20 社
万福寺(京都) ❺-1 1659·6月 社／1661·5·8 社／⑧·29 社／1680·9·28 社／❺-2 1767·5·8 社
万福寺(山梨) ❶ 805·延暦年間 社／❸ 1352·②·24 社／1373·9·11 社／❹ 1561·7·2 社／❺-1 1658·是年 社
御井寺(三井寺)⇨園城寺(おんじょうじ)
三会寺(茨城) ❸ 1316·2·13 社
美江寺(岐阜) ❹ 1519·2·18 社／1539·12月 社／1555·12月 社／1582·7·1 社
御子神宮寺(福井) ❶ 855·5·4 社
水間寺(大阪) ❹ 1484·9·5 社
三谷寺(広島) ❶ 671·1月 文
密厳院(静岡) ❸ 1398·④·4 社／1417·7·1 社
密厳寺(三重) ❸ 1303·3·5 社
三間寺(佐賀) ❸ 1336·7·1 社
水無瀬御影堂(大阪) ❸ 1351·1·10 社
南淵坂田寺(奈良) ❶ 587·4·2／686·12·19 社
南法華寺(奈良)⇨壺坂寺(つぼさかじ)
箕面寺(みのおじ・瀧安寺、大阪) ❶ 701·是年 社／❷ 1179·10月 文／1214·6·26 社／1225·1·18 社／❸ 1333·②·20 政／❹ 1551·5月 社／1553·12·15 社
壬生寺(壬生地蔵堂、京都) ❶ 991·是年 社／❷ 1257·2·28 社／1259·2·28 社／❹ 1571·3·21 文
　壬生寺地蔵堂 ❷ 1005·是年 社／1213·是年 社
　壬生寺本堂 ❽ 1962·7·25 社
三室戸寺(京都宇治) ❹ 1479·10·28 社／1489·5·4 社
三宅寺(福岡) ❷ 1142·6·30 社
明王院(神奈川) ❸ 1363·5·24 社／❹ 1535·11·26 社
妙応寺(岐阜) ❸ 1384·9·16 社／1442·4·15 社
妙音院(延暦寺、滋賀) ❶ 990·2·14 政
妙音寺(奈良) ❹ 1503·2·17 社
妙恩寺(静岡) ❹ 1541·11·25 社／1572·11·1 社
妙海寺(静岡) ❹ 1515·5·8 社／1519·8·8 社／1544·12·1 社／1563·3·24 社／1571·3·17 社
妙覚寺(京都) ❸ 1293·3·5 社／1378·3月 社／❹ 1496·6·24 社／1576·4·29 政／1577·1月 社／❺-1 1621·3月 社
　妙覚寺法式 ❸ 1413·6·13 社
妙覚寺(静岡) ❹ 1529·12·11 社／1537·2·21 社／1550·2·25 社／1551·5·23 社／7·17 社
妙観寺(大分) ❹ 1538·8·4 社
妙願寺(京都) ❹ 1533·6·23 政
妙観寺(福井) ❹ 1545·3月 社
妙厳寺(愛知) ❹ 1560·6·29 社
妙喜寺(山口) ❹ 1471·4·15 社
妙行寺(京都) ❹ 1474·7·13 社
妙見寺(大阪) ❶ 777·8·15 社
妙顕寺(京都) ❸ 1321·11·8 社／是年 社／1334·4·14 社／1336·8·20 社／1357·1·22 社／8·25 社／1358·是冬 社／1366·2·30 社／1393·7·8 社／1413·是年 社／❹ 1584·9·3 社
妙源寺(愛知) ❹ 1531·10·17 社
妙見堂(京都山科大塚村) ❺-2 1726·10月 社
妙光院(神奈川) ❹ 1530·6·10 社
妙興寺(愛知) ❸ 1348·是年 社／1353·10·28 社／1357·11·9 社／1364·6·19 社／1388·10·2 社／1400·3·4 社／1411·3·23 社／1424·9月 社／1425·9·2 社／1428·5月 社／1430·3·2 社／1443·3月 社／1444·8·25 政／❹ 1460·2·4 社／1467·5·27 社／1473·6·11 社／1490·9·3 社／1503·11月 社／1516·12·1 社／1525·4·2 社／1537·4·7 社／❺-1 1601·5·20 社
妙講寺(京都) ❹ 1501·5·24 社
妙高寺(滋賀) ❹ 1484·10·18 社
妙光寺(静岡) ❹ 1540·1·25 社
妙谷寺(愛知) ❸ 1404·9·2 社
妙国寺(東京品川) ❸ 1285·是年 社／1435·4·19 社／❹ 1517·⑩月 社／1524·1·11 社／7月 社／1526·1·26 社／5月 社／1533·8月 社／1541·10月 社／1547·6·11 社／1560·12月 社
妙勝寺(愛知) ❹ 1584·5月 社
妙勝寺(京都) ❹ 1492·8·22 政
妙勝寺(兵庫淡路) ❸ 1357·2·29 社
妙心寺(愛知) ❹ 1523·7月 社
妙心寺(京都) ❸ 1337·是年 社／1342·1·29 社／1347·7·22 社／1398·10·25 社／1429·是年 社／1432·是年 社／❹ 1477·①·26 社／1509·2·25 社／1570·9月 社／❺-1 1615·7·24 社／1628·4月 社／❽ 1962·9·1 社／10·14 社
　妙心寺退蔵庵 ❸ 1426·3·7 社
　妙心寺隣華院 ❹ 1599·是年 社
妙宣寺(新潟) ❺-1 1604·7·12 社
妙智寺(新潟) ❹ 1563·12月 社
名超寺(滋賀) ❸ 1351·4·2 社／1354·11·26 社
明通寺(福井小浜) ❷ 1270·10·13 文／❸ 1309·4·3 社／1333·5·10 社／1338·4·14 社／1351·9月 社／1359·8·24 社
妙伝寺(神奈川) ❹ 1531·12·15 社
妙伝寺(京都) ❹ 1528·4·19 社
妙徳寺(福岡筥崎) ❷ 1191·7月 社
妙法院(京都) ❹ 1468·8·26 政
妙法寺(神奈川鎌倉) ❷ 1253·是年 社
妙法寺(佐賀) ❸ 1393·5·10 社
妙法寺(滋賀) ❶ 867·6·21 社
妙法寺(兵庫) ❹ 1582·6月 社
妙法寺(福井) ❹ 1554·4·2 社
妙法寺(福島会津) ❹ 1483·10·10 社
妙法寺(山梨) ❹ 1581·2·12 社
妙本寺(神奈川鎌倉) ❷ 1274·3月 社／❸ 1334·5·17 社／1335·是年 社／1344·康永年間 社／1454·7·1 社／❹ 1560·11月 社／1584·7·30 社
妙本寺(京都) ❸ 1393·7·8 社／1411·7·28 社／1414·7·8 社／⑦·22 社／1423·10·21 社／❹ 1497·2·9 社／1511·9·1 政
妙本寺(千葉) ❹ 1499·3·19 社／1540·4·3 社／1544·9·24 社／1553·4·3 社／1555·7·5 社／❺-1 1601·⑪·26 社
妙満寺(京都) ❸ 1383·5月 社／❹ 1517·9·23 社
妙楽寺(京都石清水) ❶ 934·是年 社
妙楽寺(神奈川) ❸ 1404·11·1 社
妙楽寺(奈良多武峰) ❷ 1083·1·25 文／❸ 1453·3·30 政／❹ 1580·2·26 社
妙楽寺(福井) ❹ 1600·11月 社
妙楽寺(福岡博多) ❸ 1346·是年 社／1393·4·22 社／1452·1·5 政／❹ 1478·10·16 社／1491·8·4 政／10月 政
妙楽寺(武蔵) ❸ 1405·5·12 社
妙林寺(東京) ❺-2 1746·7·18 社
妙蓮寺(山城) ❹ 1496·6·24 社／1497·2·9 社／1549·6·18 社
妙蓮寺(静岡) ❹ 1576·8·13 社
弥勒寺(石川) ❶ 885·2·16 社
弥勒寺(愛媛) ❶ 828·10·3 社
弥勒寺(大分宇佐) ❶ 738·5·15 社／838·3·21 社／❷ 1009·2·16 社／1028·4·10 社／1192·1·3 社
弥勒寺(東京本所) ❺-1 1692·6·10 社／❺-2 1721·2·5 社
弥勒寺(福岡) ❶ 753·5·13 社／875·3·28 社／886·4·16 社
弥勒知識寺(肥前) ❶ 835·8·15 社
向原寺⇨豊浦寺(とゆらでら) ❶
武佐寺(滋賀·近江) ❸ 1354·12·24 政／1361·12·8 政
無動寺(延暦寺、滋賀) ❶ 864·是年 文／881·是年 文／882·是年 社／890·11·26 社／915·是年 社
無動寺(京都) ❸ 1325·6·26 社
紫野院⇨雲林院(うりんいん)
無量光院(岩手平泉) ❷ 1189·9·23 政
無量光寺(神奈川) ❸ 1303·2月 社／1338·10·3 社
無量寿院⇨法成寺(ほうじょうじ)
無量寿寺⇨専修寺(せんしゅじ)
室生寺(武蔵) ❹ 1545·6·3 社
室生寺(奈良) ❶ 833·10·24 社／849·是年 社／890·9·21 社／❸ 1308·10·21 社／❹ 1459·9·17 社／1588·3·2 社
明月庵(神奈川) ❸ 1385·10·25 社
明眼寺(愛知) ❹ 1506·11·15 社
明月院(神奈川) ❹ 1457·5·18 社
明通寺(福井) ❹ 1528·3·21 社
毛越寺(もうつじ、岩手平泉) ❷ 1117·此頃 文／1189·9·6 文／1226·11·8 社／❸ 1288·7·9 社
本元興寺(もとがんごうじ、奈良) ❷ 1196·6·17 社／1197·3·24 社
本山寺(大阪) ❹ 1555·5月 社／

1562·6 月 社／**1574**·3·13 社
茂林寺(もりんじ、群馬) ❹ **1467**·是年 社／**1522**·12·12 社
文殊堂(京都) ❸ **1407**·5·17 社
文殊堂(高知五台山) ❸ **1369**·11·1 社／❺-1 **1643**·1·1 社
薬王院(茨城) ❹ **1549**·6·18 社
薬王院(高尾山、東京) ❼ **1929**·2·26 社
薬王寺(京都) ❶ **994**·4·24 社／❷ **1145**·2·11 社
薬王寺(福島) ❹ **1482**·3 月 社
薬師寺(愛知) ❶ **712**·是年 社／❷ **1256**·10·13 社／❹ **1488**·10 月 社
薬師寺(大阪) ❸ **1428**·11·25 社
薬師寺(京都) ❸ **1418**·6·9 社
薬師寺(栃木) ❶ **670**·是年 社／**673**·是年 社／**754**·11·24 社／**848**·11·3 社／**927**·10·22 社
　薬師寺戒壇 ❶ **761**·1·21 社
薬師寺(奈良) ❶ **680**·11·12 社／**681**·11 月 社／**698**·10·3 社／**702**·12·25 社／**703**·1·5 社／**718**·是年 社／**722**·7·10 社／**749**·7·13 社／**829**·是年 社／**973**·2·27 社／5·3 社／**977**·2·8 社／❷ **1006**·1·8 文／**1009**·是年 文／**1013**·是年 社／**1077**·12·26 社／**1173**·11·11 社／❸ **1445**·6·2 社／❹ **1471**·1·23 政 社／**1472**·9·25 社／**1524**·8 月 社／**1528**·9·7 社／**1571**·10·3 社／**1579**·4 月 社
　造薬師寺司 ❶ **701**·6·11 文／7·27 文／**719**·3·2 文／**732**·10·17 文
　薬師寺東塔 ❾ **1981**·4·1 文
　薬師寺文殊堂 ❶ **731**·是年 文
薬師堂(神奈川鎌倉) ❷ **1243**·2·2 社
薬師堂(島根) ❶ **986**·是年 文
薬師堂(鳥取) ❷ **1003**·是年 社
薬勝寺(やくしょうじ、和歌山) ❶ **748**·天平年間 社／❷ **1067**·2·6 社／❹ **1585**·是年 社
屋島寺(香川高松) ❶ **754**·是年 社／❺-1 **1601**·3·4 社
屋代寺(長野) ❶ **866**·2·2 社
矢田寺(奈良) ❸ **1361**·4·14 社／❹ **1460**·12·3 社
野中寺(大阪) ❺-1 **1672**·寛文年間 社
山埼院(久修園院、奈良) ❶ **773**·11·20 社
山階寺⇨興福寺(こうふくじ)
山科本願寺⇨本願寺(京都山科)
山田寺(奈良)⇨浄土寺(じょうどじ)
山田寺の仏像(奈良) ❷ **1187**·3·9 文
大和七大寺 ❷ **1023**·10·17 政
遊行寺(神奈川藤沢)⇨清浄光寺(しょうじょうこうじ)
遊仙寺(愛媛) ❹ **1504**·1 月 社
遊仙坊(飛騨) ❹ **1528**·2·27 社
融通寺(会津若松) ❸ **1411**·11·11 社
祐天寺(東京目黒) ❺-2 **1718**·7·15 社／**1719**·是年 社／**1735**·享保年間 社／❻ **1894**·9·12 社
祐徳寺(兵庫) ❹ **1479**·9 月 社／**1522**·7·7 社
祐福寺(愛知) ❸ **1326**·是年 社／❹ **1528**·5·24 社
瑜伽寺(出羽) ❶ **866**·9·8 社
遊行寺(神奈川藤沢) ❺-1 **1626**·5·22 社／❼ **1911**·7·6 社
弓削寺(大阪) ❶ **765**·10·30 社
湯山阿弥陀堂(摂津有馬) ❹ **1526**·10·9 社
養源院(京都) ❺-1 **1621**·是年 文
養寿寺(愛知) ❺-1 **1602**·7·18 社
永澤寺(ようたくじ、兵庫三田) ❹ **1492**·10·6 社
永福寺(ようふくじ、神奈川鎌倉) ❷ **1189**·12·9 政／**1192**·10·29 文／**1193**·6·20 社／11·27 社／**1202**·3·14 社／**1203**·3·15 社／**1207**·3·1 社／**1208**·7·19 社／**1211**·11·3 社／**1212**·7·23 社／**1214**·3·9 文／**1220**·12·2 社／**1229**·3·15 文／**1249**·11·23 社／**1252**·7·9 社／❸ **1299**·10·27 社／**1405**·4·17 社
要法寺(京都) ❸ **1315**·是年 社／❹ **1551**·2 月 社
要法寺(高知) ❺-1 **1687**·12·27 社／**1688**·是年 社
要本寺(京都) ❹ **1550**·3·19 社
陽林寺(福島) ❹ **1536**·4·29 社
吉崎御坊(福井) ❹ **1471**·7·27 社／**1472**·1 月 社
　吉崎御坊の盛況 ❹ **1473**·8·2 社
吉野寺(河内) ❶ **553**·5 月
善峰寺(よしみねでら、京都) ❷ **1029**·是年 社／❸ **1372**·3·13 社／**1432**·12·24 社
雷雲寺(東京湯島) ❺-2 **1721**·2·5 社
頼継寺(茨城) ❹ **1560**·7·21 社
来迎堂(京都) ❹ **1480**·9·14 社
来迎院(京都大原) ❷ **1109**·4 月 社
雷山院(福岡) ❸ **1296**·8·16 社
雷山千如寺(福岡) ❸ **1362**·5·18 社
羅漢寺(大分) ❸ **1360**·是春 社
羅漢寺(東京墨田) ❺-1 **1695**·7 月 社／❺-2 **1739**·6 月 社
立石寺(りっしゃくじ、山形) ❶ **860**·12·30 社／❷ **1144**·8·18 文／**1205**·8·28 文／❹ **1570**·1 月 社
立正寺(山梨) ❷ **1276**·是年 社
立本寺(京都) ❹ **1496**·6·24 社／**1499**·7·19 社
暦応寺(京都) ❸ **1341**·7·22 社
龍雲寺(鹿児島) ❹ **1462**·11·19 社
龍雲寺(長野) ❹ **1579**·4·5 社／**1582**·5 月 社／**1598**·12·18 社
龍淵寺(所在地不詳) ❶ **769**·8·13 社
龍穏寺(埼玉) ❸ **1440**·永享年間 社／❹ **1486**·文明年間 社／❺-1 **1612**·5·28 社
龍角寺(千葉) ❹ **1587**·12·11 社
龍華寺(大阪) ❶ **769**·10·10 文／**800**·2·13 社
龍健寺(神奈川) ❹ **1587**·2·21 社
龍興寺(神奈川) ❸ **1385**·11·10 社
龍興寺(京都) ❸ **1450**·6·2 社
龍興寺(千葉) ❸ **1417**·11·25 社
立政寺(りょうしょうじ、岐阜) ❸ **1354**·是年 社／**1382**·8·16 社／❹ **1490**·12·9 社／**1531**·5·25 社／**1544**·9 月 社／**1559**·12·10 社／**1568**·9·6 社／**1582**·6·23 社／12 月 社／**1583**·6 月 社／**1585**·7 月 社
龍翔寺(京都) ❸ **1358**·8·4 社
龍翔寺(福井) ❹ **1460**·8·24 社
龍津寺(静岡) ❹ **1543**·4·10 社
龍泉寺(大阪) ❶ **823**·1·8 社／**898**·是年 社
龍泉寺(静岡·駿河) ❺-1 **1617**·12·社
龍泉寺(静岡·遠江) ❹ **1568**·11·28 社／**1573**·1·17 社
龍泉寺(奈良吉野北山) ❹ **1457**·12 政
龍泉寺(山口) ❹ **1525**·2 月 社
龍泉寺不動堂(東京目黒不動) ❺-1 **1624**·是年 社
龍禅寺(静岡) ❹ **1583**·6·7 文
龍禅寺(三重) ❷ **1174**·2·16 社
龍泰寺(佐賀) ❹ **1564**·是冬 社
龍澤寺(愛媛) ❸ **1443**·是年 社
龍澤寺(福井) ❹ **1514**·12·12 社
隆池院(大阪) ❸ **1282**·5·3 社
龍徳寺(岐阜) ❹ **1530**·3 月 社／**1533**·6 月 社／**1544**·6 月 社
龍念寺(愛知) ❹ **1562**·3·15 政
笠覆寺(愛知) ❶ **930**·是年 社
龍福寺(奈良) ❹ **1506**·9·7 社
龍福寺(福島会津) ❹ **1558**·12 月 社
龍福寺(山口) ❹ **1557**·是年 社
龍宝寺(出羽) ❹ **1587**·4·3 文
龍宝寺(東京神田台) ❹ **1599**·4 月 社
龍門寺(愛知) ❹ **1546**·6·15 社
龍安寺(京都) ❸ **1450**·6·2 社／❹ **1473**·是年 社／**1539**·7·2 社／10·26 社／**1546**·9·15 社／**1549**·4 月 社
龍雲寺(鹿児島) ❹ **1471**·7·21 社
楞伽寺(りょうがじ、京都) ❸ **1344**·2·26 社／**1409**·9·29 社
霊感寺(奈良) ❶ **828**·12·15 社
楞厳寺(りょうごんじ、兵庫) ❸ **1398**·11·7 社／**1438**·3·12 社／❹ **1517**·3·13 社／**1521**·10·16 社
霊山寺(神奈川) ❸ **1380**·2·18 社
霊山堂(京都) ❷ **1004**·3·18 社／❸ **1432**·6·5 社
霊山寺(豊前·彦山) ❶ **822**·是年 社
霊山寺(静岡) ❹ **1558**·4·22 社／**1589**·4·9 社
霊山寺(東京神田) ❺-1 **1601**·3 月 社／**1612**·是年 文
霊山寺(豊前·彦山) ❺-2 **1754**·6·13 社
霊山寺(山形) ❶ **867**·12·29 社
霊鷲寺(りょうじゅじ、山城) ❹ **1465**·5·24 社
霊仙寺(山口) ❹ **1529**·5·30 社
林際寺(静岡) ❸ **1430**·9·3 社
臨済寺(静岡) ❹ **1538**·5·22 社／**1569**·2·2 社／**1571**·11·24 社／**1582**·3·3 社
麟祥院(東京湯島) ❺-1 **1624**·是秋 社
臨川寺(京都) ❸ **1330**·10·25 社／**1333**·7·23 社／**1335**·10·10 社／**1341**·10 月 文／**1352**·2·16 社／**1353**·12·26 社／**1355**·2·7 社／**1356**·12·27 社／**1377**·8·10 社／**1378**·5·1 社／11·30 社／**1379**·6 月 社／**1385**·8·25 社／**1388**·8·30 社／**1416**·7·4 社／**1429**·8·30 社／❹ **1468**·9·7 社

／1511·8·25 社
臨川寺(東京深川) ❺-2 1759·是秋 社
林泉寺(新潟) ❹ 1497·7·21 社
輪王寺(東京上野) ❾ 1989·9·4 文
輪王寺(栃木日光山) ❺-1 1654·1·17 社／是年 社／1685·12·22 社
輪王寺(宮城·陸前) ❸ 1441·是年 社
鈴法寺(普化宗、武蔵) ❺-2 1758·1月 社／10·20 社／1759·⑦月 社
霊巌寺(東京) ❺-1 1624·是年 社／1657·6·10 社／1691·8·22 社／1694·6月 社／❺-2 1770·8·5 社／1818·1·2 社
霊源寺(京都西賀茂) ❺-1 1638·是秋 社／1673·3·19 社
霊福寺(福岡筑紫) ❹ 1538·12·8 社
蓮永寺(静岡) ❸ 1283·是年 社／❺-2 1774·1·20 社
蓮華王院(三十三間堂、京都) ❷ 1132·3·13 社／1164·12·17 社／1174·7·18 文／1177·12·17 政／1192·6·27 文／1247·10·1 社／1248·10·2 社／1266·4·27 文／❸ 1433·2·11 社／1437·1·23 文
蓮華寺⇨光明寺(こうみょうじ、神奈川鎌倉)
蓮華寺(京都) ❸ 1397·7·2 社
蓮華寺(熊本) ❹ 1514·是年 社
蓮華寺(滋賀) ❷ 1276·6·1 社／❹ 1599·3·13 社
蓮華寺(富山) ❹ 1581·10·9 社
蓮華寺(長野高遠) ❺-2 1741·4·10 社
蓮華寺(兵庫) ❷ 1267·2·19 社
蓮華蔵院(京都) ❷ 1229·12·22 社
蓮城寺(大分) ❷ 1280·11·3 社
蓮生寺(武蔵) ❷ 1182·4·20 社
蓮台寺(京都) ❶ 960·9·9 社
蓮台寺(兵庫) ❷ 1277·6·22 社
蓮福寺(豊前) ❸ 1334·4·21 社
瀧安寺(ろうあんじ、大阪箕面) ❹ 1492·12·1 社
鹿苑院(相国寺·安聖院) ❸ 1383·9·14 社／1412·5·9 社
鹿苑寺⇨金閣寺(きんかくじ)
六勝寺(京都鴨東岡崎の法勝寺·尊勝寺·最勝寺·円勝寺·成勝寺·延勝寺の六寺院) ❷ 1149·3·20 社
六條道場⇨歓喜光寺(かんきこうじ)
六條法華堂(京都) ❸ 1441·5·10 社
六所宮(東京) ❷ 1232·2·24 社
六波羅蜜寺(京都) ❶ 951·是秋 文／963·8·23 社／❷ 1104·1·27 社／1109·2·1 社／1111·2·1 社／1173·12·26 社／1183·7·29 社／1230·2·27 社／1247·8·29 社／1254·4·24 社／1255·9·15 社／❹ 1584·2月 社
廬山寺(ろざんじ、京都) ❷ 1245·是年 社／❸ 1336·11·25 社／1337·7·22 社／1360·1·11 社／1369·10·19 社／1389·5·18 社／1392·11·2 社／1397·11·15 社／❹ 1471·5月 社／1476·10·5 社／1481·7·22 社／1494·8·4 社／1506·12·18 社／1557·6月 社
六角堂(頂法寺、京都) ❷ 1143·12·8 社／1193·12·7 社／1201·是年 社／1213·10·15 社／1215·12·22 社／1236·6·5 社／1246·6·6 社／1263·7·4 社／❸ 1382·①·26 社／1447·6·18 社／❺-1 1618·8·6 社
和田寺(兵庫) ❹ 1482·5月 社／1531·3月 社
塔·塔婆(寺院·神社)
七宝塔 ❷ 1150·5·29 文
石塔 ❶ 994·5·26 文／❸ 1347·3·19 社／7·5 社
卒塔婆 ❶ 989·9·26 社
多宝塔 ❷ 1017·11·30 文／1076·8·13 社／1128·11·10 文／1151·7·4 政
泥塔 ❷ 1103·9·6 文／1178·10·10 文／1240·6·1 文／1244·6·8 文
塔婆(建立) ❷ 1111·12·7 社
八万四千基塔 ❷ 1203·5·27 社／8·29 社／1213·4·17 社／1233·12·12 社／1260·12·18 社／❸ 1347·3·19 社／7·5 社
万基塔 ❷ 1174·4·24 社
安楽寺塔(福岡大宰府) ❷ 1082·是年 社／1183·7月 文／1202·5·18 社
石山寺多宝塔(滋賀) ❷ 1194·12·20 文
一乗寺三重塔(兵庫) ❷ 1171·4·26 文
石清水八幡宮大塔(京都) ❷ 1112·2·17 文／1126·10·17 文／1133·2·16 社／1253·2·25 社
宇佐八幡宮三重塔(大分) ❶ 741·3·24 文／❷ 1080·6·23 社
円教寺五重塔(兵庫) ❷ 1235·8·13 社／❸ 1348·2·23 社／1357·4·9 社／❹ 1479·1·1 社
円勝寺五重塔 ❷ 1127·1·12 文
円勝寺三重塔 ❷ 1126·3·7 社／1127·3·19 文
円成寺塔(京都) ❷ 1111·3·4 社
円融寺五重塔(京都) ❶ 988·3·20 社／990·3·20 社
延暦寺東塔(多宝塔、滋賀) ❶ 821·7·17 社
園城寺塔(滋賀) ❶ 912·3·16 文
鰐淵寺塔(がくえんじ、出羽) ❷ 1112·是年 社／1125·4·7 社
笠置寺十三重塔(京都) ❷ 1198·11·7 文
春日社五重塔(奈良) ❷ 1116·3·6 社／1140·10·29 社
賀茂神宮寺塔 ❷ 1240·6·16 社
元興寺塔(奈良) ❶ 651·1·5 文／❹ 1487·2·14 社
勧修寺宝山院多宝塔(京都) ❷ 1115·3月 文
観世音寺五重塔(福岡大宰府) ❶ 871·8·23 社／❷ 1099·9·22 社／1118·3·27 社
観音院塔 ❷ 1013·10·13 社
祇園塔(京都) ❷ 1098·10·20 社／❸ 1433·5·24 社
行願寺塔(京都) ❷ 1140·⑤·16 社／1219·3·18 社
清水寺塔(京都) ❶ 847·是年 社／❸ 1300·3·6 社／1317·1·5 社／1328·3·19 社／1421·10·29 社
熊野本宮五重塔(和歌山) ❷ 1127·2·18 社／1136·3·4 社
建長寺華厳塔(神奈川鎌倉) ❸ 1323·10·21 社
興福寺塔(奈良) ❶ 730·4·28 文／❷ 1031·10·20 文／1143·12·20 社／1215·11·10 文／❸ 1411·⑩·15 社／1426·6·27 文
興福寺五重塔
高野山大塔 ❷ 1007·10·11 社／1095·2·19 社／1097·8·21 社／1100·是年 社／1103·11·25 社／1127·11·4 社／1149·5·12 社／1153·1·15 社／1155·3·7 社／1186·5·1 文／7·24 政／1191·10·5 文／1222·5·12 社／1238·3·19 文／❸ 1320·4·2 社／❹ 1544·8·20 社／❺-1 1638·5·28 社／❽ 1937·5·5 社
国分寺七重塔(武蔵) ❶ 845·3·23 社
極楽寺十三重塔(神奈川鎌倉) ❸ 1315·7·9 社
金剛寺多宝塔 ❷ 1191·11·7 文／❹ 1472·7·23 社
金剛峰寺奥院御廟塔 ❶ 933·2月 社／952·6月 社／960·是年 社
西寺塔(京都) ❶ 882·6·26 文／906·是年 社／❷ 1233·12·24 社
西大寺五重塔(奈良) ❶ 927·10·26 社／928·7·11 社
西大寺西塔(奈良) ❶ 772·4·29 社／776·7·19 社／❷ 1218·12·6 社
西大寺八角塔様(奈良) ❶ 769·神護景雲年間 文
三條殿小塔(京都) ❷ 1125·1·22 文／1128·9·28 文／1130·4·28 社／1150·5·29 文
志賀寺塔(滋賀) ❷ 1076·10·26 社
信貴山塔(奈良) ❸ 1325·4·16 社
四天王寺塔(大阪) ❷ 1201·9·20 社／❺-2 1778·6·26 社
慈徳寺塔 ❷ 1114·5·18 文
下鴨社神宮寺多宝塔 ❷ 1152·7·9 文
浄華院仏塔(京都) ❹ 1487·8·3 社
相国寺七重大塔(京都) ❸ 1393·6·24 社／1399·9·15 社／1403·6·3 社／❹ 1470·10·3 社
勝長寿院塔(神奈川鎌倉) ❷ 1226·7·11 社／1230·12·25 社
浄土寺塔(山田寺、奈良) ❶ 663·是年 社／673·12·16 文／❸ 1382·3·30 社
浄妙寺多宝塔(奈良木幡) ❷ 1007·12·2 社
白河三重塔(京都) ❷ 1129·8·3 社
白河福勝院三重塔 ❷ 1122·10·19 文／1154·10·21 社
神護寺大塔(京都) ❷ 1149·5月 社
真正極楽寺三重塔(京都) ❸ 1403·10月 社
真福寺塔(大阪) ❷ 1266·12·3 社
神林寺三重塔(岡山) ❷ 1205·5·12 社
世尊寺多宝塔(京都) ❷ 1003·3·23 文
善光寺五重塔(長野) ❷ 1237·10·16 社／❸ 1407·8·15 社
尊勝寺五重塔(京都) ❷ 1231·8·1 社
大安寺塔(奈良) ❸ 1295·7·30 社
大安寺西塔(奈良) ❶ 949·11·11 社
大安寺東塔(奈良) ❶ 766·12·28 社

醍醐寺大谷塔(京都)　❷ **1124**·7·27 社
醍醐寺五重塔　❶ **951**·10月 文／**952**·12·2 文
大慈寺三重宝塔(神奈川鎌倉)　❷ **1226**·6·14 文
大乗院多宝塔　❷ **1233**·是年 社
泰平寺利生塔　❸ **1339**·8·18 社／12·3 社／**1340**·4·8 社／**1341**·5·2 社／**1342**·3·26 社／**1344**·7·25 社／12·10 社／**1345**·2·6 社／11·19 社／**1346**·3·19 社／**1347**·8·5 社
当麻寺西塔(奈良)　❷ **1219**·4月 社
中尊寺三重塔(陸奥)　❷ **1126**·3·24 社
珍皇寺三重塔(京都)　❷ **1173**·3·17 文
鶴岡八幡宮五重塔　❷ **1189**·6·9 社
天川塔(奈良)　❹ **1482**·4·29 社
東寺塔(京都)　❶ **883**·2·27 社／**886**·3·13 社／❷ **1009**·11·26 文／**1055**·8·23 社／**1057**·7·14 社／**1086**·10·20 社／**1149**·7·23 社／**1204**·4·5 文／**1223**·3·13 文／**1227**·10·22 社／**1239**·3·19 文／**1270**·4·20 社／**1278**·8·20 社／❸ **1293**·是年 社／**1334**·9·23 社／**1337**·6·13 社／**1389**·1·22 社／**1410**·3月 社／**1418**·9·17 社／**1436**·6·14 社／**1439**·6月 社／❹ **1563**·4·2 社／**1564**·11·23 社／❺-1 **1635**·12·7 社／**1641**·12·7 社
唐招提寺五重塔　❶ **810**·4·10 社
東大寺舎利塔(金亀)　❸ **1411**·8·15 文
東大寺塔(奈良)　❸ **1362**·1·13 社／**1398**·3·9 社
多武峰十三重塔　❶ **930**·是年 文
多武峰定恵塔(談山社、奈良)　❷ **1173**·6·25 社
多武峰多宝塔　❷ **1025**·是年 社
東福寺塔(京都)　❹ **1479**·12·24 社
鳥羽御塔(京都)　❷ **1109**·8·18 社／**1110**·12·19 社／**1111**·3·11 社／**1112**·12·19 社／**1139**·2·22 文
南禅寺塔(京都)　❸ **1425**·⑥·12 社
仁和寺五丈宝塔(京都)　❷ **1111**·10·25 社／**1132**·8·17 社／**1136**·10·15 社
白山宮五重塔(石川)　❸ **1351**·11·23 社
走湯山宝塔　❶ **973**·是年 社
長谷寺塔(奈良)　❷ **1038**·3·17 社
日吉社塔(滋賀)　❸ **1329**·4·23 社
平等院多宝塔(京都宇治)　❷ **1061**·10·25 社／**1133**·3·18 文／是年 社
平泉寺塔(陸奥)　❷ **1213**·4·4 文
法観寺八坂塔(京都)　❶ **678**·是年 社／**837**·2·27 社／**954**·是年 社／❷ **1179**·5·14 社／❸ **1291**·4·8 社／**1342**·8·5 社／**1436**·11·29 社／❹ **1467**·12·19 社
法金剛院三重塔(京都)　❷ **1130**·10·25 社
法成寺塔　❷ **1030**·10·29 文／**1117**·1·8 社／**1132**·2·28 社／**1140**·⑤·16 社
法隆寺塔　❷ **1252**·6·18 社／**1254**·2·19 社／**1263**·弘長年間 社
法隆寺百万塔　❶ **704**·10·12 文／**705**·4·18 文／**770**·4·26 文
法勝寺塔(京都)　❷ **1083**·10·1 社／**1098**·10·23 社／**1113**·6·17 社／**1123**·2·13 文／**1208**·5·15 社／**1210**·7·16 文／**1213**·4·26 文
法勝寺三重塔　❷ **1127**·3·29 社／**1140**·11·14 社
法勝寺九重塔　❷ **1174**·7·20 社／**1255**·8·28 社／**1268**·6·5 社
法性寺多宝塔　❶ **945**·2·27 社／**954**·2·21 文
本圀寺五重塔(京都)　❸ **1386**·4·8 社／❺-1 **1655**·4·5 社
本門寺五重塔(東京池上)　❺-2 **1752**·10月 社
曼荼羅寺多宝塔(京都小野)　❷ **1110**·11·26 文
明通寺塔(福井)　❷ **1270**·10·13 文
薬師寺西塔(奈良)　❾ **1981**·4·1 文
薬師寺東塔(奈良)　❶ **730**·3·29 文／❾ **1981**·4·1 文
永福寺多宝塔(ようふくじ、神奈川鎌倉)　❷ **1202**·3·14 社
吉野大塔(奈良)　❸ **1450**·4·14 社／**1453**·4·4 社
利生塔　❸ **1339**·8·18 社／12·3 社／**1340**·4·8 社／**1341**·5·2 社／**1342**·3·26 社／**1344**·7·25 社／12·10 社／**1345**·2·6 社／11·19 社／**1346**·3·19 社／**1347**·8·5 社
蓮華王院五重塔　❷ **1174**·7·18 文／**1177**·12·17 政
鹿苑院三重塔(京都)　❸ **1398**·6·25 社
仏教　❽ **1944**·9·30 社
布教(蝦夷、仏教)　❺-2 **1804**·6·1 社
仏教教誨師　❼ **1898**·9·5 社
仏教興隆の詔　❶ **645**·8·8 社
仏教伝来　❶ **522**·2月／**538**·10·12
仏像棄却　❶ **552**·10·13
仏法許可　❶ **584**·9月
仏法禁止　❶ **585**·3·1
仏教関連の会議·大会
世界仏教徒会議　❽ **1952**·9·25 社／❾ **1978**·10·1 社
全国仏教者大懇親会　❻ **1891**·4·20 社
全国仏教大会　❼ **1935**·11·4 社
全国仏教徒社会事業大会　❼ **1914**·5·13 社
全日本仏教徒大会　❽ **1957**·9·13 社
大東亜仏教青年大会　❽ **1943**·7·4 社
東亜仏教大会　❼ **1925**·11·1 社
日本仏教徒会議　❽ **1954**·8·27 社／**1961**·6·1 社
汎太平洋仏教青年大会　❼ **1934**·7·18 社
仏教関連の書籍·刊行物
『聖教新聞』　❽ **1951**·4·20 社
『禅道』(禅道会機関誌)　❼ **1910**·8·5 社
摩訶止観　❷ **1002**·1·4 社
仏教系の学校·研究機関
古義真言宗連合高等中学　❼ **1905**·1·7 文
浄土宗大学院　❼ **1903**·10·13 文
浄土宗尼衆学校　❼ **1912**·5·9 社
創価大学　❾ **1971**·4·1 文
天台宗大学　❼ **1904**·3·29 文
日華仏教研究所　❼ **1934**·12·13 社
日本印度学仏教学会　❽ **1951**·10·15 文
仏教大学　❼ **1905**·1·16 文
立正大学　❼ **1924**·5·17 文／**1926**·4·5 文
龍谷大学　❼ **1922**·5·20 文
仏教系の団体
吉水会(尼僧の会)　❼ **1924**·3·13 社
皇道仏教行道会　❽ **1938**·9月 社
新興仏教青年同盟　❼ **1930**·4月 社
新仏教徒同志会　❼ **1899**·3月 社
世界仏教徒日本連盟　❽ **1953**·2·1 社
全国仏教革新連盟　❽ **1949**·4·24 社
全国仏教各派連合　❼ **1927**·2·28 社
全日本仏教会　❽ **1954**·6·25 社／**1955**·11·23 社／**1957**·8·23 社
創価学会　❽ **1937**·是年 社／**1943**·6·20 社／**1946**·1·1 社／**1951**·5·3 社／**1954**·8·8 社／**1960**·3·6 社／**1964**·11·8 社／❾ **1979**·4·24 社／**1989**·6·30 社／11·7 社／**1990**·12·28 社／**1991**·5·7 社／11·8 社／**1992**·8·11 社／**1993**·5·社／**2006**·11·9 社
池田大作批判集会　❾ **1980**·8·2 社
出版妨害事件　❾ **1950**·5·3 政／**1969**·12·13 文
創価教育学会　❼ **1930**·11·18 社
日蓮正宗　❼ **1900**·9·19 社／**1912**·6·7 社
大日本仏教会　❽ **1941**·3·24 社
大日本仏教慈善会財団　❼ **1901**·9·21 社
大日本仏教青年会　❻ **1892**·1·6 社
大日本立正佼成会　❽ **1938**·3·5 社
東方仏教協会　❼ **1921**·5月 社
日満仏教協会　❼ **1936**·4·10 社
日蒙仏教連合会　❼ **1915**·4·7 社
日蓮会　❼ **1928**·9月 社／**1933**·7·2 社／❽ **1938**·3·19 社
日本山妙法寺　❼ **1917**·2·8 社
日本全仏教青年連盟　❼ **1931**·4·3 社
仏教護国団　❼ **1916**·11·5 社
仏教清徒同志会　❼ **1899**·2月 社
仏教連合会　❼ **1915**·12·11 社／❽ **1946**·2·6 社
平和仏舎利塔　❾ **1985**·5·14 社
立正安国会　❻ **1885**·1月 社／❼ **1902**·10·23 社
蓮華会　❻ **1881**·4·28 社
異端(弾圧·反対·蔑称)
淫祠　❺-1 **1665**·12月 社／**1666**·5·18 社／❺-2 **1838**·是年 社
異安心事件(西本願寺)　❺-2 **1762**·12月 社／**1806**·7·11 社

越前敦賀護法一揆 ❻ **1873**·3·4 社
不受不施派(悲田派)⇨宗旨·宗派の日蓮宗不受不施派
御蔵門徒 ❺-2 **1766**·3·29 社／**1768**·2·19 社
三業惑乱 ❺-2 **1802**·1·18 社
大眼宗 ❺-1 **1622**·3·1 社
無碍光(むげこう)宗 ❹ **1521**·2月 社／**1532**·是年 社

加持·祈禱
阿弥陀護摩 ❷ **1036**·5·17 社
異賊退散祈禱 ❺-2 **1847**·是年 社
孔雀経法 ❶ **960**·5·13 社／❷ **1047**·7月 社／**1066**·7·19 社／**1067**·6·25 社／**1082**·8·13 社／**1083**·2·13 社／**1106**·7·5 社／**1166**·6·26 社／**1178**·11·13 社／**1211**·7·13 社／**1213**·7·13 社／**1217**·7·23 社
五壇法 ❷ **1095**·11月 政／**1106**·4·29 社
五龍祭 ❷ **1018**·6·4 社
七仏薬師法 ❷ **1059**·9·15 社
続命の法 ❶ **751**·10·23 社
尊星王法 ❷ **1148**·6·23 社
太元帥法 ❶ **840**·6·3 社／**936**·3·5 政
特別大国祷会 ❽ **1941**·12·13 社
普賢延命法 ❷ **1219**·9·8 社／**1221**·3·15 社
摩迦羅天供 ❸ **1434**·11·27 文
冥道供 ❷ **1156**·5·28 政
薬師法 ❷ **1028**·3·7 社

灌頂 ❶ **623**·7月 社／**640**·是年 文／**731**·8·9 文／**737**·12·8 文／**754**·⑨·29 社／**756**·12·20 社／**805**·9·1 社／**812**·11·15 社／**813**·3·16 社／**822**·2·22 社／**836**·5·9 社／**848**·6·15 社／**860**·⑩月 政／**934**·10·15 社
灌頂経法 ❶ **854**·2·13 社
灌頂道場 ❶ **836**·5·9 社
金剛界灌頂 ❶ **812**·11·15 社
盂蘭盆会禁止 ❻ **1872**·8月 社／**1873**·7·13 社

経·経典
一石一字『法華経』 ❸ **1429**·7·16 社
一日経 ❷ **1202**·3·30 社
盂蘭盆経 ❷ **1034**·7·15 社／**1037**·7·15 社
瓦経 ❺-2 **1799**·是年 文
願経(僧永順) ❷ **1115**·9·12 文
願経(大中臣安長) ❷ **1175**·7月 文
経塚 ❶ **857**·3·23 文／❷ **1007**·8·11 文／**1048**·10·15 政／**1061**·10·4 文／**1066**·2月 文／**1076**·9月 文／**1079**·1·27 文／**1083**·9·22 文／**1086**·10·27 文／**1087**·11·12 文／**1088**·7·27 文／是年 文／**1089**·是年 文／**1091**·2·20 政／**1093**·11·20 文／**1095**·10·20 文／**1096**·8·27 文／**1098**·2·18 文／9·25 文／**1099**·9·28 文／**1101**·10·22 文／**1102**·11·9 文／12·9 文／**1103**·4·22 文／10·5 文／**1105**·10·30 文／10月 文／**1106**·4·20 文／**1110**·10·14 文／12·21 文／**1112**·2·13 文／**1113**·1·20 文／11·5 文／11·27 文／**1114**·9·10 文／10·19 文／**1115**·4·18 文／**1116**·2·21 文／2·26 文／**1117**·3·15 文／8·4 文／**1118**·2·18 文／10·16 文／**1119**·9·21 文／11·9 文／**1120**·8·25 文／9·11 文／**1121**·10月 文／**1122**·8·18 文／11·28 文／**1123**·2·27 文／3·17 文／**1124**·10·1 文／11·12 文／**1125**·6·5 文／9·5 文／**1126**·10·12 文／⑩·25 文／**1127**·10·15 文／**1129**·3·16 文／10·27 文／**1130**·4·2 文／10·28 文／**1133**·2·23 文／**1138**·10·20 文／**1139**·8·2 文／是年 文／**1140**·3·9 文／8·9 社／10·22 文／**1141**·2·15 文／9·14 文／**1142**·10·21 文／11·16 文／**1144**·6·29 文／是年 文／**1145**·10·8 文／**1147**·10·23 文／**1149**·5·13 文／**1150**·8·30 文／12·11 文／**1151**·7·3 文／**1152**·11·6 文／**1153**·3月 文／4月 文／5·2 文／5·13 文／**1154**·9·23 文／**1156**·3·29 文／9·8 文／11·29 文／**1157**·2月 文／9·2 文／9·20 文／**1158**·8月 文／10·23 文／**1159**·8·15 文／9·20 文／**1160**·9月 文／**1163**·10·13 文／**1165**·2·21 文／9·17 文／**1167**·3·23 文／7·14 文／8·10 文／**1168**·3月 文／9·18 文／**1170**·3·11 文／9·20 文／**1171**·8·19 文／8·28 文／**1172**·8·28 文／**1173**·8·11 文／**1174**·5·29 文／**1175**·10月 文／**1178**·6·24 文／7·12 文／7月 文／**1179**·10·15 文／**1181**·10·5 文／**1182**·4·16 文／**1184**·3月 文／**1188**·2·22 文／3·21 文／**1196**·4·2 文／9·24 文／**1197**·10·11 文／**1260**·7·8 文
結縁供養(女房書写) ❷ **1021**·9·10 社
結縁不断経 ❷ **1051**·4·14 社
柿経(こけらきょう) ❹ **1475**·2·29 社
寿命経 ❷ **1017**·6·22 政／**1106**·2·27 社／**1146**·1·20 社
消息経 ❶ **880**·12·4 文／❷ **1133**·6·11 社／❹ **1535**·2·3 文
大蔵経 ❻ **1880**·6月 文
中尊寺経 ❷ **1126**·3·24 文
仁王経 ❷ **1268**·3·23 社／❸ **1283**·1·30 社／**1398**·8·28 社
蛤貝経 ❷ **1182**·2·18 文
不断法華経読経 ❷ **1111**·7·9 社
法華経 ❹ **1900**·3·30 社／7月 文
梵語の一切蔵経 ❼ **1915**·9·31 文
転経唱礼の作法 ❶ **720**·12·25 社

袈裟·衣
袈裟 ❶ **687**·8·28 社
赤袈裟 ❷ **1101**·10·24 社／**1207**·9·28 社
金襴の袈裟 ❸ **1410**·3·20 社
黒衣同盟(浄土真宗本願寺派僧侶) ❼ **1923**·6·25 社
紫衣 ❺-2 **1725**·12·3 社
紫衣着用の入寺許可 ❹ **1509**·2·25 社
紫衣勅許事件 ❺-1 **1613**·6·16 社／**1615**·⑥·5 社／**1627**·7·19 社／10·29 社／**1628**·3·10 社／11·26 社／**1629**·7·26 社
緋色袈裟 ❶ **729**·8·5 政

建造物
仏舎 ❶ **685**·3·27 社
仏舎利 ❶ **593**·1·15／**623**·7月 社／**827**·5·26 社／**971**·10·26 社／**977**·3·21 社／❷ **1024**·4·21 社／**1038**·6·15 社／**1049**·11·25 社／12·13 社／**1070**·11·17 社／**1084**·9·15 文／**1089**·11·28 社／**1095**·10月 社／**1112**·6·17 社／**1159**·9·16 社／**1172**·2·28 社／**1185**·4月 社／**1191**·6·10 社／**1197**·3·24 社／**1198**·12·19 社／**1211**·3月 文／**1229**·8·8 社／❸ **1324**·12·14 社／**1326**·8·30 社／**1333**·9·22 社／**1370**·1·14 社／**1396**·3月 社／**1406**·9·10 社
平和仏舎利塔 ❾ **1985**·5·14 社
仏塔 ❶ **585**·2·15／3·30
宝篋印塔 ❶ **957**·是年 政

講
阿弥陀講 ❷ **1146**·3·4 社
月参講 ❺-2 **1724**·12·20 社
最勝講 ❷ **1002**·5·7 社／**1091**·7·13 社
最勝御八講 ❷ **1067**·5月 政／**1225**·1·24 社
三十講 ❷ **1111**·5·21 社
釈迦講 ❷ **1008**·10·4 社
真言講 ❺-2 **1795**·2·7 社
世親講 ❷ **1196**·10月 文
長講堂八講 ❷ **1194**·3·29 社
仁王講 ❷ **1009**·2·23 社／**1029**·7·14 社
百座仁王講 ❷ **1108**·9·26 文
法華三十講 ❷ **1003**·5·1 社／**1005**·5·4 社
法華問答講(金峰山寺) ❷ **1124**·2·11 社
法華十講 ❶ **798**·11·24 社
法華大講筵 ❶ **802**·1·19 社
法華長講 ❶ **809**·2·15 社
法華八講 ❷ **1005**·7·25 社／**1018**·12·14 社／**1026**·5·19 社／**1035**·3·25 文／**1062**·是年 社／**1104**·8·1 文／**1163**·3·29 社／❺-2 **1745**·3·13 社
法勝寺御八講 ❷ **1170**·7·3 政
木魚講 ❺-2 **1842**·2·21 社
来迎講 ❷ **1229**·2·21 社

坐禅 ❶ **700**·3·10 社／**939**·是年 社
座禅ブーム ❾ **1967**·5·30 社

三宝
三宝興隆の詔 ❶ **594**·2·1
三宝の奴 ❶ **749**·4·1 社

宗旨·宗派
一向宗(吉崎) ❹ **1473**·10月 政
一向宗の禁制 ❹ **1480**·11月 社／**1514**·2·13 社／是年 社／**1521**·2月 社／**1532**·8·23 社／**1560**·7月 社／**1583**·12·30 社／**1597**·2·28 社／❺-1 **1666**·11·15 社／❺-2 **1755**·是年 政／**1776**·1·18 社／**1835**·3·27 社／**1839**·是年 社
一向宗分裂(享禄の錯乱) ❹ **1531**·

⑤·9 社
　一向宗法難事件　❻ **1877**·10·21 社
　三論宗　❶ **802**·1·13 社／**803**·1·26 社
　三論　❶ **625**·是年 社
　時衆(陣僧)　❸ **1338**·⑦·2 社／**1399**·11·25 文
　浄土宗
　　浄土宗(琉球)　❺-1 **1603**·是年 社／**1605**·4·15 社
　　浄土宗内紛　❻ **1887**·4·2 社
　　浄土宗法度　❺-1 **1616**·11 月 社／**1618**·6·28 社
　　浄土真宗　❷ **1224**·1 月 社
　　浄土真宗大谷派(東本願寺)　❻ **1881**·6·11 社／❾ **1975**·11·13 社／**1977**·1·13 社／**1978**·3·27 社／**1981**·6·5 社／**1990**·4 月 社
　　本覚寺派(加賀)　❹ **1531**·⑤·9 社
　　東本願寺派　❺-2 **1750**·11 月 社
　　本願寺派(真宗)　❻ **1881**·6·11 社
　　真宗(一向宗)　❻ **1872**·3·14 社
　　真宗大谷派改革問題　❻ **1895**·7·9 社
　　真宗改派問題(小倉領)　❺-2 **1823**·7·28 社
　　真宗教団連合　❾ **1969**·4·1 社
　　真宗再興(蓮如)　❸ **1429**·是年 社
　　真宗信徒十一か條　❹ **1473**·11 月 社
　　真宗布教許可(鹿児島)　❻ **1876**·9·5 社
　　真宗擁護一揆　❻ **1873**·3·4 社
　修験宗　❻ **1872**·9·15 社
　真言宗　❶ **823**·10·10 社／**837**·8 月 社／❼ **1900**·8·9 社
　　真言宗諸国講読師　❶ **858**·8·22 社
　　真言宗分立(古義·新義)　❻ **1878**·12·20 社
　　真言律宗　❻ **1895**·6·7 社
　曹洞宗
　　曹洞宗嗣法の制　❺-1 **1703**·8·10 社
　　曹洞宗諸寺の寺規　❹ **1570**·10·1 社／**1579**·2·21 社
　　曹洞宗法度　❺-1 **1620**·5·26 社
　　曹洞派寺院に僧録　❺-1 **1629**·6·22 社
　達磨宗(だるましゅう·禅宗、禁止)　❷ **1194**·7·5 社／**1202**·3 月 社
　天台宗　❶ **806**·1·3 社／**810**·1 月 社／❻ **1870**·3·28 社
　　関東天台宗法度　❺-1 **1613**·2·28 社
　　関東天台宗本山　❸ **1301**·2·14 社
　　天台宗総本山　❺-1 **1656**·2·28 社
　　天台宗の法度　❺-1 **1613**·8·26 社
　　天台授戒停止　❷ **1038**·12·7 社
　日蓮宗　❸ **1436**·6·2 社／❺-2 **1757**·10·8 社／❻ **1874**·4·10 社／**1876**·2·27 社
　　日蓮宗禁止令　❹ **1536**·⑩·7 社
　　日蓮宗寺院　❹ **1536**·7·27 社／**1579**·9·12 社
　　日蓮宗繁昌　❹ **1532**·是年 社
　　日蓮宗受不施派　❺-1 **1629**·2·26 社／**1630**·2·21 社／**1665**·12·10 社
　　日蓮宗不受不施派　❹ **1572**·11·23 社／**1577**·2·1 社／**1589**·4·28 社／**1595**·9·12 社／**1596**·⑦月 社／是年 社／**1599**·11·20 社／❺-1 **1608**·11·15 社／**1609**·2·20 社／**1612**·1·5 社／**1626**·10·22 社／**1629**·2·26 社／**1630**·2·21 社／**1653**·6·6 社／**1661**·3·18 社／**1665**·10·22 社／12·3 社／**1666**·是年 社／**1668**·6·19 社／是年 社／**1669**·2·1 社／4·3 社／5·3 社／**1687**·7·12 社／**1691**·4·28 社／**1694**·2·1 社／**1701**·2·9 社／❺-2 **1717**·是年 社／**1718**·4·27 社／**1723**·11·7 社／**1777**·5·5 社／**1794**·9·29 社／**1795**·8·28 社／**1802**·4·23 社／**1834**·4 月 社／**1838**·7·16 社／❻ **1870**·10·18 社／**1875**·4·12 社／9·8 社／**1876**·4·10 社
　　悲田派　❺-1 **1691**·7·12 社／**1698**·11·12 社
　　日蓮宗分裂　❻ **1876**·2·27 社
　念仏宗(禁止)　❷ **1200**·5·12 社
　普化宗(虚無僧)　❺-2 **1722**·6 月 社／**1746**·2 月 社
　　普化宗(虚無僧)規定·慶長條目　❺-1 **1614**·1 月 社
　　普化宗禁止　❻ **1871**·10·14 社
　法華宗　❷ **1253**·4·28 社／❸ **1294**·是年 社／**1297**·4 月 社
　　法華宗強要　❹ **1575**·10·25 社
　　法華宗諸寺の寺規　❹ **1575**·8 月 社
　　法華宗洛内還住を勅許　❹ **1542**·11·14 社
　　妙満寺派　❸ **1384**·2·15 社
　法相宗　❶ **658**·7 月 社／**703**·是年 政／**802**·1·13 社／**803**·1·26 社／❻ **1882**·6·26 社
　三鳥派(日蓮宗の一派)　❺-1 **1706**·12·19 社／❺-2 **1718**·7·21 社
　律宗　❶ **678**·9·19 社／**754**·是年 社
宗論　❸ **1334**·1·21 社
　宗論(自讃毀他禁止)　❺-1 **1606**·6·15 社／**1642**·2·18 社／**1663**·11·4 社／**1675**·11·4 社
　安土宗論　❹ **1579**·5·27 社／**1584**·7·18 社
　応和の宗論　❶ **963**·8·21 社
　諸宗が相論禁止　❹ **1522**·6 月 社
　塚原問答　❷ **1272**·1·16 社
　天台論議　❺-1 **1614**·8·18 社
　日蓮·浄土宗宗論　❹ **1501**·5·24 社／**1547**·6·1 社
　法華·浄土両宗論議　❷ **1213**·3·23 社
　法相·真言論議　❺-1 **1614**·3·14 社
　密·禅·浄土対真宗の論争　❺-2 **1767**·是年 社
信仰調査·証明
　阿弥陀裏起請文　❺-1 **1671**·10·2 社
　「今川家寺院礼式」　❹ **1550**·12·1 社
　改宗の自由(水戸藩)　❺-2 **1751**·11·18 社
　宗旨記載停止(戸籍)　❻ **1884**·10·30 社
　宗門改帳·手札改　❺-2 **1724**·6 月 社／**1737**·是年 社／**1776**·12·26 社／**1787**·3·2 政
　宗門人別帳作製の法規　❺-2 **1729**·2·26 政
　宗門人別帳廃止　❻ **1871**·10·3 社
　寺請制　❺-1 **1666**·8·3 社
　寺請制の廃止　❻ **1871**·10·3 社
禅院　❶ **662**·3 月 社／**700**·3·10 社
　禅院の法則　❸ **1372**·4·15 社
　禅寺僧録職　❸ **1379**·10·10 社
　諸禅林の腐敗状況　❸ **1368**·是年 社
祖師·高僧関連
　「王法為本」十か條(蓮如)　❹ **1475**·5·7 社
　慧明国師(木菴)　❻ **1881**·12·23 社
　慈眼大師号(天海)　❺-1 **1648**·4·1 社
　承陽大師(道元)　❻ **1879**·11·22 社
　天台大師画賛　❷ **1047**·4·13 文
　日蓮刀杖の難　❷ **1264**·11·11 社
　日蓮否定問題　❻ **1891**·6·13 社
　蓮如、門徒へ六か條　❹ **1475**·7·1 社
　蓮如御文　❹ **1461**·3 月 文
　龍樹(供)　❶ **973**·10·25 社
　筆談問答(機縁問答·無学祖元と高峰顕日)　❷ **1281**·是年 文
大捨　❶ **652**·12·30 社
念仏　❶ **894**·8·11 社／**938**·4 月 社／**972**·9 月 社／❷ **1109**·9·14 社／**1117**·5·15 社／**1198**·是年 社／**1200**·5·12 社／**1204**·8 月 社／**1214**·是秋 社／**1217**·3·18 社／**1235**·7·14 社／**1274**·是年 社
　引声念仏　❺-1 **1714**·10·5 社
　踊念仏　❷ **1279**·是秋 社／❹ **1483**·7·15 社
　隠(かくし)念仏　❺-2 **1754**·5·25 社／**1816**·7·13 社／❻ **1860**·8·2 社
　隠れ念仏「空也踊念仏」　❾ **1978**·2·6 社
　声明念仏　❷ **1012**·9·11 社
　専修念仏(禁止)　❷ **1175**·是春 社／**1205**·9 月 社／**1206**·2·14 社／**1207**·2·18 社／**1224**·5·17 社／7·5 社／8·5 社／**1227**·6·21 社／7·6 社／10·10 社／**1234**·6·30 社／7·2 社／**1240**·5·14 社／**1256**·10·13 社
　小念仏·大念仏供養　❺-2 **1840**·7 月 社
　大念仏　❸ **1347**·3·12 文／❺-2 **1788**·2 月 社／**1817**·7 月 社
　泣念仏を禁止　❺-1 **1692**·6·14 社
　二十五三昧会(念仏結社)　❶ **986**·5·23 社

融通念仏 ❷ **1117**·5·15 社／**1124**·6·9 社／❸ **1321**·11 月 社／❺-2 **1789**·5·7 社
念仏踊 ❹ **1484**·7·17 社
会津千人講 ❺-1 **1616**·8 月 文
泡斎念仏 ❺-1 **1643**·是年 社／❺-2 **1735**·享保年間 社
布施·慈善
大般若教料田(寄進) ❹ **1564**·7·15 社
檀越(だんおつ) ❶ **806**·8·22 社
燈明田(寄進) ❹ **1581**·3·22 社
布施銭 ❶ **896**·4·8 社／❷ **1003**·4·8 社
濫僧供(ろうそうく) ❷ **1036**·5·24 社／**1107**·9·7 社
補陀落(ふだらく)山 ❷ **1233**·3·7 社／❸ **1306**·3·22 社
補陀落渡海 ❶ **868**·11·3 社／**919**·2 月 社／❷ **1131**·11 月 社／**1184**·3·28 社／**1233**·3·7 社／❸ **1441**·11 月 社／❹ **1475**·12·22 社／**1498**·11 月 社／**1531**·11·18 社／**1539**·11 月 社／**1540**·12·10 社／**1541**·11 月 社／**1542**·12 月 社／**1545**·11 月 社／**1556**·11 月 社／**1560**·11 月 社／**1578**·11 月 社／**1594**·12 月 社／❺-1 **1636**·3·18 社／**1652**·8 月 社／**1663**·9·25 社／**1685**·6·6 社／**1693**·11·26 社／❺-2 **1722**·6·7 社
仏教帰依者·修行者ほか在家
優婆夷 ❶ **731**·8·7 社
優婆塞 ❶ **731**·8·7 社／**799**·6·12 社
沙門 ❶ **645**·8·8 社／**689**·1·3 社
浄行者 ❶ **696**·12·1 社
道心者 ❺-1 **1707**·9·13 社
仏具·法具 ❶ **538**·10·12／**552**·10·13
鐘·梵鐘 ❷ **1227**·③·3 社／**1230**·4·3 文／**1235**·6·19 文／❸ **1282**·10·9 社／**1426**·11·25 文／❹ **1478**·4·16 社／**1512**·是年 文／❽ **1942**·11·14 社／11·25 社／**1943**·3·24 社
舎利壺 ❷ **1017**·11·30 文
珠数 ❹ **1464**·8·19 社
念珠 ❹ **1497**·4·23 社
幡 ❶ **769**·是年 文
灌頂幡 ❶ **623**·7 月 社／**640**·是年 文／**756**·12·20 社
道場幡 ❶ **756**·12·20 社
緋綱 ❶ **756**·12·20 社
仏壇 ❺-1 **1665**·10·14 社／11 月 社
仏事関連(供養·法会·法要)
十種供養 ❷ **1062**·11·8 社／**1080**·2·8 社／**1118**·⑨·22 社
戦死者回向(えこう、諸国) ❹ **1531**·11·24 社
戦死者慰霊 ❻ **1875**·12·17 社／**1876**·8·18 社／10·14 社
戦死者の冥福を祈る(保元の乱以来) ❷ **1187**·3·6 社
戦歿者施餓鬼会(島津·大友両軍) ❹ **1585**·2 月 社
諸国戦歿者(保元以来) ❷ **1197**·10·4 社
元弘以来の戦死者冥福 ❸ **1356**·8·18 社
忠魂碑(訴訟) ❾ **1982**·3·24 社／**1987**·7·16 社／**1990**·2·20 社
忠霊塔 ❽ **1939**·1·18 社
忠魂碑·忠霊塔(撤去通達) ❽ **1946**·11·27 社
鼻塚供養 ❹ **1597**·9·28 社
善知識供 ❷ **1222**·是夏 社
僧供養 ❷ **1142**·9·8 政
一千二百僧供養 ❷ **1225**·5·22 社
千僧供養 ❷ **1017**·6·23 政／**1021**·3·7 社／**1032**·6·27 社／**1052**·1·1 社／1·26 社／6·17 政·社／**1071**·1·16 社／**1077**·7·10 社／**1081**·8·12 社／**1088**·6·27 社／**1089**·5·11 社／5·21／**1091**·5·20 政／**1094**·11·26 社／**1095**·9·24 文／**1096**·5·13 政／**1097**·9·23 社／**1098**·6·4 社／**1099**·2·24 政／5·27 社／**1105**·3·5 社／**1106**·2·27 社／5·9 社／**1110**·6·15 社／**1112**·7·16 社／**1119**·5·14 社／**1126**·1·19 社／**1129**·3·12 社／**1130**·5·1 社／7·11 社／**1138**·1·17 社／**1147**·1·26 社／**1172**·3·15 政／**1174**·3·22 社／**1175**·10·11 政／**1177**·3·18 社／10·13 政／**1183**·6·11 社／**1187**·5·4 社／**1189**·5·4 社／**1190**·10·1 社／**1193**·3·13 社／**1203**·11·30 社／❸ **1291**·6·15 社／**1399**·9·15 社／❹ **1596**·1·29 社／**1599**·11·20 社／**1600**·2·25 社／❺-1 **1603**·5·29 社／**1604**·1·29 社／**1616**·5·17 社
万僧供養 ❷ **1027**·11·26 政／**1044**·10·27 社／**1072**·12·7 社／**1135**·3·17 社／**1164**·9·22 社
鑑真忌 ❷ **1042**·是年 社
季御読経 ❶ **708**·2 月 社
臨時御読経 ❶ **915**·6·20 社／**923**·1·23 社／**928**·5·22 社
悔過 ❶ **749**·1·1 社／**767**·1·8 社／**768**·1·8 社／**771**·1·13 社／**772**·11·10 社／是年 社／**805**·2·19 社
後七日御修法 ❷ **1100**·1·8 社
斎会 ❶ **606**·4·8 社／**657**·是年 社／**675**·4·5 社／**681**·⑦·15 社／**751**·10·23 社／**755**·10 月 社
聖徳太子講式 ❷ **1254**·1·28 社
親鸞生誕法要 ❾ **1973**·3·17 社
聖旨奉戴護国法要 ❽ **1943**·2·14 社
設斎(せっさい、おがみ) ❶ **652**·12·30 社／**686**·7·28 社
大会設斎(だいえのおがみ) ❶ **585**·2·15
大施餓鬼 ❺-2 **1732**·10·24 社
伝法大会 ❸ **1288**·是年 社
諷誦 ❶ **961**·3·4 社／❷ **1060**·11·26 文／**1172**·5·12 社
御影供 ❶ **910**·3·21 社
弘法大師正御影供 ❷ **1138**·3·21 社
法難
嘉禄法難 ❷ **1227**·6·21 社
寛正の法難 ❹ **1465**·1·10 社
佐伯六人衆の法難 ❺-1 **1668**·6·19 社
天文法華一揆(天文法難) ❹ **1532**·7·28 政
福田五人衆の捨身(寛文法難) ❺-1 **1669**·2·1 社
仏 ❶ **562**·8 月
阿弥陀如来 ❶ **552**·是年／**602**·4·8 社
地蔵尊 ❹ **1474**·5·24 文／❺-2 **1734**·是年 文
末法の世 ❷ **1006**·是年 社／**1051**·是年 社／**1052**·1·26 政
曼陀羅
建保曼陀羅 ❷ **1217**·6·23 文
浄土曼陀羅 ❶ **763**·6 月 文
大曼荼羅 ❶ **805**·9 月 文
曼陀羅供 ❷ **1077**·9·26 社／**1085**·9·22 社
両界曼陀羅 ❷ **1004**·3·25 文／**1028**·12·4 文／**1096**·7·7 文
宗教その他
御慶(ごけい) ❸ **1387**·4·21 社
獅子高麗犬(ししこまいぬ) ❸ **1331**·6·22 社
宗教局(内務省) ❼ **1900**·4·27 社
泰山府君 ❷ **1112**·11·30 社
日本人の宗教観 ❾ **2008**·5 月 文
富士山頂の所有権 ❾ **1974**·4·9 社
仏教その他
お竹大日如来 ❺-1 **1643**·是年 社
女仙人 ❶ **654**·是年 社
極楽浄土 ❷ **1028**·12·28 文
須弥山(しゅみせん) ❶ **612**·是年 社／**657**·7·15 社／**659**·3·17 文／**660**·3 月 政
信教の自由(長崎) ❻ **1873**·11·12 社／**1875**·11·27 社
中央アジア仏蹟探検 ❼ **1903**·3·12 文
敦煌鎮経生 ❶ **514**·7·18
日光責め(強飯式) ❺-1 **1649**·4·10 政
百尺観音像(福島) ❽ **1942**·11·8 社
霊鷲山像 ❶ **648**·2·5 社
霊鑑慈光の国師号 ❽ **1948**·2·14 社

16 産業

開墾·開発 ⇨ 9 農業·漁業

開発·開拓(近代以降)

青森県むつ小川原開発 ❾ **1972**·9·14 政／**1977**·1·10 政／8·30 政

アサハン·アルミ精錬計画(インドネシア) ❾ **1975**·7·7 政／**1982**·1·20 政／10·16 政

アマゾン·アルミ計画 ❾ **1981**·7·17 政

イオン交換法食塩電解プラント ❾ **1975**·4·1 社

カラジャス鉄鉱石開発計画(ブラジル) ❾ **1982**·8·20 政

サンシャイン計画 ❾ **1974**·7·1 政

シベリア森林資源開発 ❾ **1968**·7·29 政／**1974**·3·25 政／**1981**·3·9 政

新大隅開発計画案 ❾ **1976**·6·14 政／**1980**·12·3 政

全国総合開発計画 ❾ **1969**·4·30 政／**1973**·3·27 政／**1977**·8·24 政／11·4 政／**1987**·6·30 政

中部圏開発整備法 ❾ **1966**·7·1 政

テクノポリス(高度技術集積都市) ❾ **1981**·6·8 政／**1983**·5·16 政／**1984**·3·23 政

苫小牧東部工業基地 ❾ **1976**·8·7 政

日ソ·チップ開発協力プロジェクト ❾ **1985**·12·5 政

日中石油·石炭資源開発融資基本事項 ❾ **1979**·5·15 政

日本·フランス·ニジェール、ウラン探鉱開発覚書 ❾ **1970**·3·25 政

パルプ·プラント ❾ **1978**·2·1 社

ポートアイランド(神戸) ❾ **1981**·2·4 社

臨海副都心 ❾ **1996**·6·7 社

ガス ❽ **1942**·3·2 社／12·23 社／**1943**·8·7 社／**1945**·5·5 社／**1949**·8·27 社

ガス穴閉塞班 ❽ **1941**·10·1 社／**1942**·12·23 社

瓦斯(ガス)事業法 ❼ **1923**·4·10 政／❽ **1950**·11·24 政／**1954**·3·31 政

ガス製造 ❻ **1874**·1·12 社

ガスタービン技術 ❽ **1953**·3·3 政

ガスに腐臭剤 ❽ **1957**·12·29 社／**1960**·1·16 社

ガス発動機 ❻ **1882**·是年 社

ガス熔接 ❼ **1911**·1 月 社

天然ガスパイプライン ❽ **1962**·10·22 政

漁業 ⇨ 9 農業·漁業

工作機械·工具

アーク熔接用ロボット ❾ **1977**·5 月 社

アイソマックス水添分解装置 ❾ **1965**·2·6 政

S 型工作機械 ❽ **1938**·7·20 政

NC(数値制御)旋盤 ❾ **1968**·10·2 社

NC(数値制御)フライス盤 ❽ **1958**·4 月 社／**1959**·1 月 社

海水淡水化装置 ❾ **1975**·5·27 社／**1979**·7·30 社

海中ロボット ❾ **1993**·3·4 文

海底油田掘削装置 ❾ **1971**·1 月 政

ガス自動切断機モノポール ❽ **1956**·8·15 政

機械工業等整備実施要領 ❽ **1944**·2·15 政

機械工業振興臨時措置法 ❽ **1956**·6·15 政

機械設備制限規則 ❽ **1939**·9·25 政

北朝鮮向けタオル製造プラント ❾ **1973**·12·27 政

金属探知機·手荷物検査装置 ❾ **1973**·7·27 社

空気精紡機 ❾ **1968**·11·3 政

ケミカル·ドライ·エッチング装置 ❾ **1977**·11·15 社

工作機械製造事業法 ❽ **1938**·3·30 政

工作機械展覧会 ❼ **1921**·10·22 政／❽ **1940**·3·15 社

工作機械等登録規則 ❽ **1940**·12·17 社

航空機エンジンの共同開発研究計画 ❾ **1979**·8·15 政

高速度工具綱 ❼ **1910**·是年 社

高炉(新日本製鉄大分製鉄所) ❾ **1976**·10·5 政／11·12 政／**1978**·7·20 政／**1982**·8·19 政

高炉(室蘭製鉄所三号) ❾ **1975**·10·31 政

国産工作機械実演博覧会 ❽ **1938**·11·1 社

50 万重量トンドッグ ❾ **1967**·6·2 政

産業機械 ❾ **1994**·5·16 政

G 型標準旋盤 ❼ **1921**·10·22 政

自脱型コンバイン ❾ **1967**·8 月 社

自動歯切盤 ❼ **1901**·是年 社

重要機械製造事業法 ❽ **1941**·5·3 政

重要機械類輸入 ❽ **1951**·4·30 政

数値制御のジグ中ぐり盤 ❽ **1959**·1 月 政

旋盤 ❼ **1908**·是年 社

超音波シール機 ❾ **1975**·是年 社

超高速旋盤H型 ❼ **1935**·8·17 社

転炉·平炉 ❾ **1977**·1·24 政／12·20 政

ビニロンプラント ❾ **1965**·1·21 政

火花放電穿孔機 ❽ **1954**·3 月 社

フライス盤 ❼ **1897**·是年 政／❽ **1938**·7·20 政

ボール盤 ❼ **1897**·是年 政

マシンニングセンター ❾ **1968**·10·2 社

ラジアルボール盤 ❽ **1938**·7·20 政

ランジス型万能研磨盤 ❼ **1914**·6 月 社

リミット·ゲージ·システム ❼ **1921** 1 月 社

連続自動紡績設備 CAS ❾ **1965**·3 月 政

連続鋳造機 ❾ **1988**·3·8 政

鉱山

『資源白書』 ❾ **1971**·10·4 政

亜鉛鉱選鉱法ポッター式 ❼ **1909**·9 月 社

秋田鉱山専門学校 ❼ **1910**·3·26 文

外国人鉱山技師 ❻ **1874**·3·7 社

機械巻揚機(炭鉱) ❻ **1873**·是年 社

金銀銅自由売買 ❻ **1871**·7·18 政

金銀銅鉛などの発掘願人 ❺-2 **1735** 1·28 社

金鉱脈 ❾ **1995**·11·1 社

金山奉行 ❺-1 **1603**·12·25 社／**1614**·慶長年間 社

鉱業警察規則 ❼ **1916**·8·3 社

鉱業條例 ❻ **1890**·9·26 社

鉱業登録令 ❼ **1905**·3·11 社

鉱業法 ❼ **1905**·3·8 社／❽ **1939**·3 24 社／**1950**·12·20 政／**1955**·12·19 政

鉱業令(韓国) ❼ **1906**·6·29 政

鉱工業生産 ❾ **1975**·1·6 政

鉱工業生産指数 ❾ **2005**·12·28 政／**2006**·4·28 政

鉱山監督署 ❻ **1892**·3·8 社／❼ **1896**·8·12 社

鉱山技師 ❻ **1862**·4·11 社

鉱山局 ❻ **1868**·7·25 社

鉱山司佐渡支庁 ❻ **1869**·4 月 社

鉱山心得書 ❻ **1872**·3·27 社

鉱山の振興 ❹ **1534**·6·4 社

鉱山保安法 ❽ **1949**·5·16 政

工部省製鉄所 ❻ **1871**·9 月 政

採鉱学(オランダ人鉱山技師) ❻ **1856**·10·12 社

採石法 ❽ **1950**·12·20 政

鑿岩機 ❻ **1884**·2 月 社

鑿岩機(シーメンス式) ❼ **1897**·是年 社

砂鉱採取法 ❻ **1893**·3·4 社

砂鉱法 ❼ **1909**·3·25 社／❽ **1950**·12·20 政

シュルムベルゲル電気探鉱法 ❼ **1925**·是年 社

蒸気ポンプ(排水用) ❻ **1880**·是年 社

硝石会所 ❻ **1863**·12·21 社

硝石輸出禁止 ❻ **1873**·2·10 政／**1877**·7·7 政／12·12 政

諸国金銀銅山の点検 ❺-1 **1698**·2 月 社

諸国鉱山 ❺-1 **1695**·10·13 社／❺-2 **1731**·7 月 社

会津金山諸役掟(陸奥) ❺-1 1643・8・27 社
安芸佐東銀山 ❹ 1563・1・27 社／8・13 政／⑫月 社／1564・5・19 政／1565・4・12 社／1573・2・13 社／1575・4・28 社／1598・8・12 政／1599・12・8 社
秋田籠山銀絞所 ❺-2 1774・是年 社
秋田小坂鉱山 ❻ 1884・9・18 社／❼ 1902・6 月 社／1907・9・17 社
明ヶ延銅山(但馬) ❶ 806・是年 社
足尾銅山(下野) ❺-1 1610・是年 社／1648・是年 政／❻ 1877・3・15 社／1884・是年 社／1888・6 月 社／❾ 1972・11・1 社／1973・2・24 政
阿仁金山(出羽秋田) ❺-1 1617・3・28 社／1625・4・28 社／1696・是年 社／❺-2 1725・是年 社／1740・是年 社／1741・是年 社／1764・5・16 社／1765・1・7 社／1773・6・29 文／1773・7 月 社／❻ 1885・4・14 社
荒川・真木沢山・黒滝山銅山(秋田藩) ❺-2 1738・是年 社
有田金鉱(佐賀) ❺-1 1625・2・21 社
生野・佐渡鉱山(兵庫) ❻ 1876・5・23 社／1888・12・25 政／❼ 1896・9・16 社／❾ 1973・3・22 社
石が森金山(陸奥) ❺-1 1603・是年 社
伊豆土肥金鉱 ❹ 1577・是年 社／❺-1 1606・10 月 社／1607・是年 社
伊予宇和島今出銅山 ❺-1 1714・9 月 社
伊予立川銅山 ❺-2 1749・12 月 社／1762・④月 社
石見銀山 ❹ 1526・3・20 社／1531・2 月 政／1533・是年 社／1537・8・16 政／1540・8・16 政／1542・8・4 社／❺-1 1601・是年 社／1602・是年 政／1603・8・1 社／1604・4・13 社／1605・10・26 社／1607・是年 社／1624・是年 社／1636・3・27 社／❺-2 1811・2 月 社
院内銀山(出羽) ❺-1 1607・4 月 社／12 是年 社／1608・是年 社／1614・是年 社／1617・7・19 社／1627・2・13 社／1631・4・13 社／❻ 1875・11・1 社／1884・12・23 社
上田・白峰銀山(陸奥) ❺-1 1689・是年 社
蝦夷地運別・戸勝金山 ❺-1 1635・是年 社
蝦夷地金山 ❺-1 1604・1・14 社／❺-2 1766・是年 社
大串山金鉱(肥前大村領) ❺-1 1662・8・23 社
大葛金山(秋田藩) ❺-2 1751・6・20 社
大坂銅座出張所 ❻ 1862・⑧・20 社
大隅山ヶ野の金採掘 ❺-1 1642・1・14 社
奥池銀山・倉谷金銀山(金沢藩) ❺-1 1680・11・10 社
オサム・ウツミ鉱山 ❾ 1977・11 月 社
尾去沢銅山(盛岡藩) ❺-2 1765・11 月 社／❻ 1869・6 月 社
小沢銅山(秋田藩) ❺-1 1697・是年 社
尾太鉱山(弘前藩) ❺-1 1650・是年 社／1676・11・9 政／1677・4・24 社
甲斐金山 ❹ 1498・8・25 社
貝島大之浦炭鉱(福岡・宮田町) ❾ 1973・12・5 社
加賀倉ヶ岳金山 ❹ 1598・10・15 社
加賀能美郡沢村金山 ❺-2 1849・2・28 社
鹿角・白根・西道金山(陸奥) ❺-1 1602・是春 社
釜石鉱山 ❻ 1857・12・1 社／1874・5・21 社
亀ヶ谷鉱山(越中) ❺-1 1612・5・8 社
北河内銅山(筑後久留米藩) ❺-2 1735・3 月 社
金平鉱山(加賀能美郡) ❺-2 1767・是年 社
倉谷金山(加賀石川) ❺-1 1612・7・2 社
群馬中小坂鉱山 ❻ 1884・9・11 社
幸仙鉱山(但馬出石) ❺-1 1627・是年 社
小倉金山(盛岡藩) ❺-1 1642・是年 社
佐須銀山(対馬) ❺-1 1650・5 月 社
薩摩伊佐郡大口中尾金山 ❺-1 1656・6・27 社／❺-2 1728・8 月 社
薩摩福本村錫山 ❺-1 1658・是年 政
佐渡銀山・金山 ❹ 1462・是年 社／1542・是夏 社／是年 社／1555・是年 社／1596・是年 社／1599・2・14 社／❺-1 1601・6・1 社／是年 社／1602・是年 政／1604・8・10 社／1607・5・2 社／1613・是年 社／1615・3・23 社／1619・是年 社／1666・是年 社／❻ 1876・1 月 社／1888・12・25 政
沙流金山(松前) ❺-1 1632・是年 社
猿渡銅山(日向曾木村) ❺-1 1693・是年 社
椎葉山銅山(日向) ❺-1 1706・是年 社
常磐炭鉱 ❾ 1971・4・28 社
常磐炭鉱西部鉱業所 ❾ 1976・6・28 社／10・11 政
常磐南部炭田 ❺-2 1851・是年 社
諸国銅山出銅 ❺-2 1721・12・6 政
白根金山(盛岡) ❺-1 1604・是年 社／1605・是年 社／1669・9 月 社
白硝石製造所 ❺-2 1829・5・22 社
住友石炭歌志内・奔別炭鉱(北海道) ❾ 1971・10・25 社
摂津採銅所 ❹ 1523・3・28 社
摂津多田銀山 ❺-1 1662・2・15 社
蝉平銅山(陸奥蒲原郡漆沢村) ❺-1 1713・5 月 社
高島炭鉱端島鉱(軍艦島、三菱石炭鉱業) ❻ 1873・12・27 社／1874・1・16 政／12 月 政／1881・4・25 社／❾ 1973・12・30 社／1974・1・15 社／1986・11・27 政
鷹の巣銀山(出羽横手山) ❺-1 1628・7・5 社
但馬生野銀山 ❹ 1542・2 月 社／1569・8 月 社／1581・2・16 社／❺-1 1659・5・6 社
但馬妙ヶ延銅山 ❹ 1599・是年 社
多田銀山(摂津) ❺-1 1662・2・15 社
田ノ口銅山(高知藩) ❺-1 1707・3 月 社
葛籠山銀鉱山(津山藩) ❺-1 1681・是年 社
鉄山(金沢藩) ❺-1 1655・6 月 社
土々呂・日平銅山(日向) ❺-2 1764・10・5 社
中津鉱山(秩父) ❺-1 1608・是年 政
長門赤絵堂銀山 ❹ 1598・1・17 社
長門・周防銅山 ❺-2 1739・9・21 社
長棟鉱山(越中) ❺-1 1629・1・24 社
南部金鉱(陸奥) ❺-1 1608・4 月 社
沼ノ平硫黄山(猪苗代領) ❺-2 1726・3・11 社
延沢銀鉱(出羽) ❺-1 1640・4 月 社／9・15 社
延沢銀山奉行(奥州) ❺-1 1642・⑨・10 社
半田銀山 ❶ 809・大同年間 社／❺-2 1723・是年 社／1747・3 月 社／1749・7・20 社／1762・9・22 社／1807・1 月 社／1828・5・23 社
東合川嶽・不動野山葵谷銅山(日向大河内村) ❺-1 1713・是年 社
肥後宮原銀山 ❹ 1546・7・6 社
備中吹屋村銅山 ❺-1 1702・是年 政／❺-2 1716・是年 社
日向日平銅山 ❺-1 1666・是年 社
日向槇峰銅山 ❺-2 1814・是冬 社
二鹿林銅山(ふたしか・周防玖珂) ❺-1 1669・12・7 社
別子・立川銅山(伊予) ❺-1 1691・5・9 社／1702・是年 政／1704・是年 社／❺-2 1762・④月 社／❾ 1972・2・28 社／1973・3・31 社
吹屋村銅山(備中) ❺-1 1702・是年 政
伯耆日野銀山 ❹ 1596・9・7 社／❺-1 1694・10・27 社／12・5 社
宝達金山(能登) ❺-1 1606・5・7 社／1630・2・2 社
ほうめき銀山(長門阿武郡奈古村) ❺-1 1647・是年 社
北炭幌内炭鉱 ❻ 1873・是年 社／❾ 1989・9・29 政
北炭真谷地炭鉱 ❾ 1987・10・9 社
北炭夕張炭鉱 ❻ 1888・是年 社／❾ 1981・12・15 政／1982・8・21 社／1983・7・11 政
星野金山(筑後久留米藩) ❺-1 1643・8 月 社／❺-2 1716・6 月 社
松尾鉱山(岩手県)閉山 ❾ 1969・11・12 社
松島炭坑(肥前大村藩) ❺-2 1782・是年 社
松前金銀山御用 ❺-2 1736・12・10 政

松前金山 ❺-2 **1737**·1 月 社／**1739**·3·28 政
三池炭坑(筑後) ❹ **1469**·是年 社／❺-2 **1721**·11 月 社／❻ **1879**·是年 社／**1888**·4·21 社／8·1 社
三池炭鉱大浦鉱 ❻ **1878**·11·21 社
三池炭鉱洋式斜鉱 ❻ **1855**·12 月 社
三井住友鉱業高島砿業所 ❾ **1987**·1·28 社
三井石炭鉱業芦別鉱業所 ❾ **1992**·8·20 社／9·28 社
三井石炭鉱業砂川鉱業所 ❾ **1987**·7·14 社
南大夕張鉱業所(北海道) ❾ **1990**·3·27 社
陸奥九戸宇部村琥珀山 ❺-2 **1797**·是年 社／**1828**·是年 社
盛岡藩領内銅山 ❺-2 **1739**·4 月 政
安居銅山(高知) ❺-1 **1713**·4 月 社／❺-2 **1824**·6·27 社／**1841**·10 月 社
大和金剛山金鉱採鑿 ❺-2 **1786**·8·24 政
ユフラツフ鉛山(下夷地) ❺-2 **1766**·11·5 政
吉岡銅山(備中川上郡) ❺-1 **1681**·是年 政
呼野銅山(豊前) ❺-1 **1623**·是年 社
木津志金山(大隅) ❺-2 **1849**·4 月 社
木山方(秋田藩) ❺-2 **1805**·是年 政
ララップ鉄鉱山開発契約 ❽ **1955**·2·3 政
諸国銅山 ❺-1 **1702**·1 月 社
磁力探鉱 ❼ **1926**·8·1 社
製鉄業奨励法 ❼ **1917**·7·25 政／**1921**·4·22 政／**1926**·4·10 政
製鉄業調査会官制 ❼ **1916**·5·5 政
製鉄鋼調査会 ❼ **1925**·4·11 政
製鉄事業調査会 ❻ **1893**·4·22 政
製鉄所設置 ❻ **1893**·8·11 政／**1895**·2·4 政
製鉄所奉行 ❻ **1866**·12·29 社
製銅事業調査会 ❻ **1892**·6·28 政
石炭鉱業連合会 ❼ **1921**·10·11 政
石灰窒素製造 ❼ **1909**·11 月 社
銑鉄共同組合 ❼ **1926**·6·16 政
粗鋼生産量 ❾ **1995**·是年 政／**2004**·4·16 政
炭鉱洋式斜鉱(三池大ノ浦) ❻ **1855**·是年 社
地下資源緊急開発措置要綱 ❽ **1943**·8·27 政
鉄鉱床(清国鞍山) ❼ **1909**·8·16 社
鉄販売 ❺-1 **1683**·7·20 社
電動削岩機 ❼ **1896**·12·9 社
砥石 ❺-1 **1664**·10·11 社
銅会所 ❻ **1868**·2·25 社／4·10 政
東京本所熔銅所 ❻ **1889**·5 月 社
銅山問題 ❺-1 **1702**·是年 社
銅精錬法(山下吹き) ❹ **1520**·文亀·永正年間 社
銅鉄具類(密売買) ❺-1 **1709**·8 月 社
銅問屋 ❺-1 **1701**·3·9 政
銅吹業 ❺-1 **1630**·是年 社
銅輸出解禁 ❻ **1869**·1·10 政
長崎飽の浦製鉄所 ❻ **1857**·7 月 社
長崎製鉄所 ❻ **1858**·4 月 社／**1861**·3·28 政
南蛮鑪·南蛮鉄 ❺-1 **1611**·9·15 政／**1613**·1·12 社／**1614**·8 月 文
日本鉱業会 ❻ **1885**·2·9 社
日本坑法 ❻ **1873**·7·20 社／**1890**·9·26 社
買鉄仕法実施 ❺-1 **1648**·是年 社／**1680**·是年 政
灰吹法 ❹ **1533**·是年 社
米鉄交換船イースタン·インポーター(第一次) ❼ **1919**·11·9 政
本所鎔銅所 ❻ **1884**·10·1 社
輸出石炭無税制 ❻ **1888**·7·20 政
洋式高炉(釜石鉱山) ❻ **1857**·12·1 社
洋式高炉(盛岡) ❻ **1857**·12·1 社
洋式立坑 ❻ **1868**·是年 社
洋式熔鉱炉 ❻ **1854**·是秋 政
揺樋型切羽運搬機 ❼ **1913**·是年 社
横須賀製鉄所 ❻ **1864**·11·10 社／**1867**·5 月 社／**1865**·9·27 社／**1868**·5 月 社／**1869**·10·27 政
横浜製鉄所 ❻ **1865**·8·24 社／**1869**·10·27 政

工場

学校工場化実施要綱 ❽ **1944**·5·16 社／5·16 文
基盤技術研究促進センター ❾ **1985**·10·1 政
軍需工場 ❽ **1939**·10·18 政／**1952**·4·26 政
工業再配置促進法 ❾ **1972**·6·16 政
工業用水法 ❾ **1965**·1·5 政
工場安全週間 ❼ **1927**·10·2 社
工場委員会 ❼ **1900**·是年 社
工場公害防止條令 ❽ **1949**·8·13 社
工場事業場管理令 ❽ **1930**·12·29 政／**1937**·9·25 政／**1945**·10·24 政
工場事業場使用収用令 ❽ **1939**·12·29 政
工場就業時間制限令 ❽ **1939**·3·31 社／**1943**·6·16 社
工場招致を川崎の町是とする ❼ **1912**·7·27 社
工場排水等規制法 ❽ **1958**·12·25 社
工場付属寄宿舎規則 ❼ **1927**·4·6 社
工場法 ❼ **1898**·9 月 社／**1910**·10·18 政／**1911**·3·29 政／**1916**·1·22 政／9·1 政／**1923**·3·30 社／**1929**·7·1 社
工場緑地化協定 ❾ **1972**·8·18 社
国際技能五輪大会(オリンピック) ❾ **1967**·7·15 社／**1968**·7·14 社／**1969**·7·12 社／**1970**·11·11 社／**1985**·10·21 社
下請中小企業振興法 ❾ **1970**·12·26 政
女工場 ❻ **1873**·7·17 社／7 月 社
製造物責任(PL)法 ❾ **1994**·7·1 社
辰の口勧工場(東京府) ❻ **1878**·1·20 社／**1880**·9·2 社
電算機犯罪防止 ❾ **1987**·4·5 政
伝統的工芸品産業 ❾ **1974**·12·12 文
特定電子工業及び特定機械工業振興臨時措置法 ❾ **1971**·3·31 政
日ソ製材工場設立契約 ❾ **1987**·6· 政
微細加工技術 ❾ **1991**·2·14 文
品質管理 ❾ **1980**·3·25 政
未来技術遺産 ❾ **2008**·10·9 文
ものづくり基盤技術振興基本法 ❾ **1999**·3·12 社
ルネサス·テクノロジ ❾ **2002**·10· 政

鉱物·金属

亜鉛 ❼ **1913**·8 月 社／❽ **1964**·2·29 政
アルキルベンゼン ❽ **1962**·7 月 政
アルマイト·アルミニウム ❼ **1932**· 月 社／**1934**·1·12 政／**1936**·11·29 社
硫黄 ❶ **713**·5·11 社／❷ **1084**·2· 政／❸ **1423**·10·25 政／**1432**·7·12 政／**1434**·6·19 政／**1449**·2·25 政／**1450**·10·28 政／❹ **1461**·3·27 社／**1536**·5·24 政／❺-1 **1657**·2·25 政／3 月 政／**1660**·4·27 政／**1674**·是年 政
硫黄(問屋) ❺-2 **1726**·9·27 社／**1785**·9·14 政／**1825**·10 月 社
硫黄使節(奉行) ❹ **1461**·3·27 政／**1488**·10·7 政／**1489**·5·17 社／**149** 5·9 政
石硫黄 ❶ **713**·5·11 社
雲母 ❶ **713**·5·11 社／**835**·7·14 社／❹ **1577**·2·11 社／**1582**·3 月 社／**1583**·5·3 社／10·19 社／**1592**·12·2 社／**1599**·2·14 社／**1600**·11·16 社
永久磁石鋼(KS 鋼) ❼ **1918**·2·22 社
エサキダイオード ❽ **1960**·11·10 政
MK 磁石鋼 ❼ **1932**·6·23 社
黄樊石 ❶ **713**·5·11 社
黄金 ❶ **701**·3·21 政／8·7 社／**749**·2·22 政／4·22 政／**750**·3·10 政／**752**·2·18 政／**982**·3·26 政
OP 磁石 ❼ **1935**·5·17 社
大吹法(佐渡金山) ❺-2 **1816**·是年 社
海綿鉄 ❼ **1918**·5 月 社
唐銅 ❹ **1599**·5·7 社
金 ❶ **701**·3·21 政／❸ **1287**·11·26 政／❹ **1484**·5 月 政／**1503**·11·6 政／**1574**·是年 社
金·銀·鉄·鼎 ❶ **680**·10·17 政
金銀銅鉛の採鉱 ❹ **1588**·⑤月 社
金鉱 ❶ **698**·12·5 社
銀 ❶ **674**·3·7 社／**796**·6·3 社／❸ **1310**·是年 政／❹ **1484**·5 月 政／**1486**·是年 社／**1528**·1 月 社／**1538**·10·29 政／**1539**·8·10 政／**1542**·4·2 政／**1573**·2·13 社
銀鉛(信濃松本) ❺-1 **1615**·⑥·9 社
銀鍛冶 ❶ **885**·2·7 文
銀山(対馬) ❶ **865**·8·15 社
銀鉄 ❹ **1541**·11·24 政
金属工業等安定臨時措置法 ❽ **1963** 7·1 政
金属類回収(令、本部、運動) ❽ **1939**·2·15 社／**1941**·3·31 政／8·30 社／9·1 社／**1942**·5·9 社／10·1 社

／**1943**·3·11 社／3·24 社／6·9 社

屑鉄 ❽ **1940**·7·26 政／10·16 政／**1948**·3·23 社

軽金属製造事業法 ❽ **1939**·5·1 政

珪素鋼板 ❼ **1924**·11·1 社

血留石 ❺-1 **1671**·3·1 政

貢金 ❷ **1193**·10·2 政

貢金銀(陸奥·対馬) ❷ **1032**·8·25 政

貢銀採丁 ❷ **1160**·4·28 政

鋼鉄 ❺-1 **1616**·1·17 社

コークス ❻ **1856**·3·4 社／**1882**·2·28 社／❼ **1912**·是年 社

コークス製鉄 ❻ **1894**·11月 社

コークス吹純銑鉄 ❼ **1921**·9·9 政

コールタール ❻ **1855**·是年 社

ジュラルミン ❼ **1920**·是年 社／**1922**·3·10 社

虎魄(琥珀) ❶ **650**·4月 政／❺-1 **1658**·1·15 政／**1696**·2·28 政

紺青 ❷ **1041**·12·19 社

金青 ❶ **713**·5·11 社／❷ **1014**·2·10 社／**1070**·4月 社／❸ **1345**·4月 社

採銅使 ❶ **859**·2·25 社／**863**·10·2 社／**867**·6·1 社／**869**·2·20 社／7·10 社／**885**·3·10 社／**886**·2·15 政／**888**·6·23 社

採銅所 ❷ **1207**·3·16 社／❸ **1345**·4月 社／**1358**·3·26 社

採銅所(摂津) ❷ **1211**·7·9 社

砂金 ❶ **836**·1·25 社／❷ **1031**·2·23 社／**1153**·9·17 政／**1190**·11·13 政／❹ **1483**·10·10 政

砂鉄掘出(萩藩) ❺-2 **1815**·5月 社

熟銅 ❸ **1345**·4月 社

朱沙 ❶ **698**·9·28 社

鍾乳石 ❶ **859**·2·7 社

白瑪瑙 ❶ **686**·1·2 社

真朱 ❶ **698**·9·28 社

真鍮(座) ❺-2 **1780**·8·28 政／**1787**·9·27 政／**1812**·11月 社／**1819**·4·23 政

水銀 ❶ **713**·5·11 社／❷ **1065**·是年 政／**1084**·6·20 政／**1087**·7·12 政／**1089**·8·19 政／❸ **1339**·12月 社

水晶 ❷ **1258**·3·21 文／❸ **1435**·11·16 社

錫(すず) ❶ **700**·2·8 社／❹ **1461**·12·2 政／**1584**·4·7 社／❺-1 **1692**·9·22 政

青樊石 ❶ **713**·5·11 社

ダイヤモンド ❽ **1944**·8·15 社／❾ **2007**·9·10 文

ダイヤモンド(人工合成) ❽ **1944**·8·15 社／**1962**·5·14 文／❾ **2007**·9·10 政

チタン ❽ **1950**·11月 政

超々ジュラルミン ❽ **1940**·2·28 政

儲用鉄 ❶ **685**·11·2 社

鉄 ❶ **796**·11·13 社／**805**·12·7 社／**816**·8·20 社／**865**·8·17 社／❹ **1587**·1·16 社／**1598**·4·13 社／❺-1 **1649**·9·7 社

銅 ❶ **698**·3·5 社／9·25 社／**730**·3·13 社／**809**·8·28 社／**836**·11·15 社／**841**·⑨·29 社／**848**·2·28 政／**865**·9·26 社／**870**·2·25 社／**877**·②·23 社／**878**·3·5 社／**879**·3·7 社／**881**·3·7 社／8·20 社／❷ **1037**·4·12 社／**1070**·4月 社／❹ **1489**·7·19 政／**1502**·9·7 政／**1521**·7月 社／**1531**·5月 政／**1599**·是年 社／❺-1 **1637**·4·1 政／**1715**·11月 政

銅(輸出) ❺-1 **1715**·5月 政

銅器鋳造禁止 ❶ **876**·3·27 社

銅採進房 ❷ **1160**·4·28 政

銅鉄 ❸ **1427**·8·27 政／❹ **1489**·12·17 政／**1498**·7月 政／**1502**·12·14 政／**1514**·11·10 政

銅(産額·売買) ❺-2 **1716**·是年 政／**1742**·11月 政／**1749**·11月 政／**1769**·1月 政／**1790**·3·28 政／**1817**·是年 政／**1841**·4·7 社

銅の輸入税 ❼ **1922**·3·30 政

銅座 ❺-2 **1738**·4·4 政／12·18 政／**1750**·7月 政／是年 政／**1766**·6·3 政／6·8 政／**1797**·5·19 政／**1788**·4·23 政／**1812**·11·26 政／**1819**·4·1 社

銅山(調査·改革) ❺-2 **1743**·1月 政／**1763**·3·22 社／**1767**·2·23 社／**1771**·6月 政／**1791**·3月 政／**1792**·是年 社／**1799**·是年 社

古銅吹所 ❺-2 **1796**·8·28 政／9·2 社／**1837**·7月 社

銅吹屋(仲間·屋·所·規約) ❺-2 **1719**·2·11 政／**1722**·2月 政／**1725**·5月 社／**1731**·8·13 政／是年 政／**1738**·是年 政／**1742**·5月 政／**1790**·3·25 政

トランジスタ ❽ **1954**·2·2 政

鉛 ❹ **1539**·8·10 政／❺-1 **1602**·8·29 社／**1612**·12·4 社／**1616**·1·17 社／❺-2 **1814**·12月 政／❽ **1964**·2·29 政

ニッケル鋼 ❼ **1901**·4月 社

日本産銅販売組合 ❼ **1920**·6·25 政

白銀 ❹ **1575**·4·28 社

白銀(輸出禁止) ❸ **1414**·5·9 政

白石英 ❶ **713**·5·11 社

白樊石(明礬の鉱石) ❶ **698**·6·8 社／**713**·5·11 社

花降銀(上田銀山) ❺-1 **1706**·5月 社

パラジュウム ❽ **1939**·3·2 文

盤陀(錫と鉛の合金) ❹ **1469**·11·8 文

フィリピン鉄鉱石 ❽ **1947**·5·21 政

普請入用国役銀 ❺-2 **1727**·10·3 社

錻力·ブリキ ❼ **1921**·是年 社／**1922**·10·20 社

ボーキサイト ❽ **1937**·6·7 政／**1948**·4·14 政

朴消(芒消·元明粉) ❶ **781**·6·25 社／**840**·2·13 社

マライ鉄鉱石 ❽ **1947**·5·21 政

瑪瑙(めのう) ❹ **1465**·1·30 政／**1536**·12·24 政／**1537**·3·15 政／**1542**·12·28 政

燃土(もえるつち) ❶ **668**·7月 社

燃水(もえるみず) ❶ **668**·7月 社

冶金 ❶ **701**·3·15 社

ラジウム ❽ **1949**·12·13 社

臨時軽金属増産対策本部 ❽ **1944**·9·4 政

緑青 ❷ **1070**·4月 社

和銅 ❶ **708**·1·11 政

コンピュータ ⇨ 27 教育·研究の「コンピュータ」も見よ ❾ **1979**·2月 政／9月 社／**1981**·5月 文／**1982**·7月 文／10月 文／11月 文／12·25 社／**1987**·3·23 社／5·16 社／**1989**·6月 文／10·26 社／**1990**·5·11 社／**1991**·1·23 文／**1992**·10·20 文／**1993**·10·28 文／**1994**·10·6 文／12·21 社／**1997**·7月 社／8·20 政

『コンピュータ白書』 ❾ **1965**·11·29 文

『マイコン入門』 ❾ **1982**·4·7 文

アイパッド(iPad) ❾ **2010**·5·28 社

ウィニー ❾ **2004**·4·30 社／5·10 文／**2006**·3·15 文／12·13 文／**2009**·10·8 文／**2010**·10·28 社／**2011**·12·19 社

ウィンドウズ95 ❾ **1995**·11·23 文／**2000**·2·17 社／9·23 文／**2002**·8·5 文／**2004**·7·9 文／**2012**·10·26 文

コンピュータソフトウェア権 ❾ **1983**·4·18 社／**1987**·5·12 社

コンピュータウイルス ❾ **1988**·9·13 文／**1989**·10·29 文／**2001**·9·18 文／**2010**·8·6 社

コンピュータ技術者 ❾ **1969**·11·16 文

コンピュータ技術者国家試験 ❾ **1970**·3·25 文

コンピュータ講座 ❾ **1969**·4·13 文

コンピュータソフト(一太郎) ❾ **1985**·8月 文

コンピュータソフト(活字の自動編集·製版システム) ❾ **1980**·8·25 文

コンピュータソフト保護 ❾ **1983**·11·22 文

コンピュータポートレイト ❾ **1976**·3·27 社

サイバー攻撃 ❾ **2011**·5·1 政／9·18 政／10·25 政

システム液晶パネル ❾ **2003**·9·22 文

図形の工学的読取りコンピュータ ❾ **1970**·2·3 文

2000年問題 ❾ **1999**·10·29 文／12·31 文／**2000**·1·1 文

2ちゃんねる ❾ **1999**·5·30 社

日本マイコンクラブ ❾ **1977**·7·1 文

パソコン ❾ **1999**·2·4 政／**2000**·11·9 社／**2003**·4·7 文

パソコンサービス ❾ **1995**·2·4 社

パソコン集団訴訟 ❾ **1999**·10·29 政

パソコン出荷台数 ❾ **2003**·1·23 政

パソコン用言語「日本語AFL」 ❾ **1983**·1·6 文

ハッカー事件 ❾ **2000**·1·12 政

フィッシング ❾ **2005**·6·13 社

不正アクセス ❾ **2000**·1·28 政／2·13 政

プログラムの著作物に係る登録特例法 ❾ **1986**·5·23 社

マイコンキット「EX0」 ❾ **1976**·2月 文

マイコンのトレーニングキット ❾ **1976**·8月 社

マイコン利用者認定試験 ❾ **1983**·7·24 文

マッキントッシュ(Mac) ❾ **1984**·1·

24 社

産業関係会社

会社令(朝鮮総督府) ❼ 1910·12·29 政
株式会社 ❼ 1899·3·9 政
官設鉄道会計法 ❻ 1890·3·18 社
軍需会社 ❽ 1943·10·31 政／1945·8·25 政
軍需工業生産全面停止 ❽ 1945·9·2 政
軍需充足会社令 ❽ 1945·1·27 政
合資会社 ❼ 1899·3·9 政
合名会社 ❼ 1899·3·9 政

会社名

アート引越センター ❾ 1977·6 月 社
アイシン·ワーナー ❾ 1969·6·2 政
愛知機械工業 ❽ 1946·3 月 社
愛知紡績所 ❻ 1886·11 月 政
青木建設(ゼネコン) ❾ 1975·5·19 政／2001·12·6 政
アカタマ鉱業株式会社(チリ) ❽ 1959·2 月 政
赤羽製作所 ❻ 1873·12·5 政
秋田木材株式会社 ❼ 1907·3·30 社
浅野セメント株式会社 ❻ 1883·4·16 社／1888·1 月 社／❼ 1903·12·10 社
旭化成工業株式会社 ❼ 1931·5·21 政
旭硝子株式会社 ❼ 1907·9·8 政／1909·4·3 社／1917·1 月 社／❽ 1950·6·1 政
旭光学工業 ❼ 1919·10 月 政
旭電化工業会社 ❼ 1917·1·27 社
朝日紡績会社 ❻ 1892·10·18 政
アシックス ❾ 1977·7·21 政
安宅産業株式会社 ❼ 1904·7 月 政／❾ 1976·1·12 政／2·14 政／12·29 政
尼崎紡績会社 ❻ 1889·6·19 政／❼ 1914·8·1 政／1918·6·1 政
アメリカ·ノリタケ·カンパニー ❽ 1964·2·14 政
アメリカン·ホンダ·モーター ❽ 1959·6 月 政
アラスカ石油開発会社 ❾ 1966·9·13 政／1967·1·10 政
アラスカパルプ株式会社 ❽ 1953·7·20 政
アラビア石油株式会社 ❽ 1958·2·5 政／7·5 政／1959·7·19 政／8·3 政／1960·1·29 政／1962·7·20 政／❾ 2000·2·28 政
アルミニウム工業 ❽ 1946·6·12 政
鞍山製鉄所 ❼ 1918·5·15 政
イオン ❾ 2004·4·8 社
池貝鉄工所 ❻ 1889·5 月 政／❼ 1906·6·1 政
井桁商会 ❼ 1899·12 月 政
石川島播磨重工業株式会社 ❻ 1876·10·30 政／❼ 1907·3·20 政／❽ 1945·6·30 政／1960·7·1 政／❾ 1985·5·10 政
石原産業海運合資会社 ❼ 1920·9 月 政
伊豆七島中央物産会社 ❻ 1888·2·4 政
泉井(石油卸商) ❾ 1996·10·16 政
和泉堺紡績所 ❻ 1870·12 月 社
出雲黒瓦製造業組合 ❼ 1917·12·18 社
伊勢丹 ❻ 1886·11·5 社
出光興産株式会社(出光商会) ❼ 1911·6 月 政／❽ 1940·3·30 政／1955·4·23 政／8·19 政／1957·3·17 政／1960·3·28 政／❾ 1984·10·9 政
伊藤忠商事 ❻ 1884·1 月 政／❼ 1914·12·29 政／❾ 1976·1·12 政／1977·5·31 政／1991·10·2 政
イトーヨーカ堂 ❾ 1992·10·22 社／2001·5·7 政
伊奈製陶株式会社 ❼ 1924·2·1 政
猪苗代水力電気会社 ❼ 1915·3 月 社
今井呉服店 ❻ 1874·是春 社
伊予紡績会社 ❻ 1892·12·7 政
イラン国有石油会社 ❽ 1953·4·11 政
イラン·ジャパン石油化学(IJPC) ❾ 1976·8·27 政／1979·3·12 政／1980·3·13 政／5·18 政／1981·12·28 政／1982·7·20 政／1983·5·17 政／9·28 政／1984·2·12 政／1987·8·26 政／1988·10·24 政／1989·10·8 政
岩井産業株式会社 ❼ 1896·7·7 政／1912·10·4 政
磐城炭鉱会社 ❻ 1883·是年 社
ヴァンジャケット ❾ 1978·4·6 政
ウシオ電機株式会社 ❽ 1964·3·23 政
宇治川水力電気株式会社 ❼ 1906·3·16 社／10·25 政
ウジミナス製鉄所(ブラジル) ❽ 1962·10·26 政
碓氷製糸社 ❻ 1878·8 月 社
宇部興産株式会社 ❽ 1942·3·8 政
宇和紡績会社 ❻ 1888·3 月 政
AZ スーパーセンター ❾ 1996·5·9 社
エッソスタンダード石油株式会社 ❽ 1961·12·11 政
恵那ラヂウム株式会社 ❼ 1935·2·3 政
恵比寿屋呉服店 ❻ 1875·9·24 社
エルピーダメモリ ❾ 2009·6·30 政
王子製紙株式会社(抄紙会社) ❻ 1875·7·12 政／12·16 社／❼ 1933·5·18 政／❽ 1949·1·7 政／8·1 政／❾ 1978·10·19 政／1993·1·29 政／1996·3·29 政／10·1 政
近江絹糸株式会社 ❼ 1917·8·13 政
鴨緑江水力発電会社水豊発電所 ❽ 1940·2·2 社／1941·9·28 政
オーク·ヴィレッジ ❾ 1974·是年 社
大隈鉄工所 ❼ 1918·7·15 政
大倉組商会 ❻ 1873·10·15 政／1874·是年 政／❼ 1911·11·28 政
大倉鉱業株式会社 ❼ 1917·12·25 政
大阪アルカリ製造所 ❻ 1879·5 月 社
大阪瓦斯株式会社 ❼ 1896·8·28 政／1905·10·19 政
大阪合同紡績株式会社 ❼ 1900·1 月 政
大阪織布会社 ❻ 1887·5·11 政
大阪住友伸銅所 ❼ 1922·10·20 社
大阪製造所 ❻ 1875·2·8 政
大阪倉庫会社 ❻ 1883·5·10 政
大阪送電会社 ❼ 1919·11·8 政
大阪通商会社 ❻ 1870·3 月 政
大阪鉄工所 ❻ 1881·4·1 政
大阪電燈会社 ❻ 1887·4·5 政／1889·5 月 社／❼ 1918·12·14 社
大阪撚糸会社 ❻ 1887·1·29 政
❻ 1889·11 月 社
大阪紡績会社 ❻ 1880·10 月 政／1883·7·5 社／1886·9·20 社
大沢商会(カメラ) ❾ 1984·2·29 政
オーツタイヤ株式会社 ❽ 1944·5 月 政
大林組 ❻ 1892·1 月 政／❽ 1941·6·5 政
岡谷製糸会社 ❼ 1897·5·31 社
沖電気工業株式会社 ❻ 1881·1·1 政
沖縄砂糖同業組合 ❼ 1913·1·10 社
沖縄糖業 ❻ 1880·5 月 社
小野田舎密会社 ❻ 1893·11·10 社
小野田セメント ❻ 1881·5·3 社
小野浜海軍造船所 ❻ 1884·1·25 政
小野浜造船所 ❻ 1883·2 月 政／1892·3 月 政
オリックス株式会社 ❽ 1964·4·17 政
オリンパス ❾ 2011·11·8 政
海外興業株式会社 ❼ 1917·12·1 政
貝島炭鉱株式会社 ❼ 1898·5 月 社
開明社(生糸) ❻ 1878·3 月 政
花王石鹸 ❻ 1887·是年 社／1890·10 月 社／❾ 1994·7·18 社／2003·10·23 政／2004·1·31 社
鹿児島紡績所 ❻ 1867·5 月 社
カシオ計算機株式会社 ❽ 1946·4 月 政／1957·6·1 政／❾ 1975·11·6 社
鹿島石油 ❾ 1994·4·9 政
鹿島紡績会社 ❻ 1873·1·1 社
片倉製糸紡績株式会社 ❻ 1878·6·6 社／1894·5 月 政／❼ 1920·3·23 政
金巾(カナキン)製織会社 ❻ 1888·8·23 社
鐘淵工業株式会社 ❽ 1944·1·31 政
鐘淵紡績株式会社 ❻ 1886·11·24 政／1888·4·16 政／❼ 1899·7·3 政／1910·12·10 政／1913·4·30 政
カネボウ ❾ 2003·10·23 政／2004·1·31 社／3·10 政
兼松江商株式会社 ❼ 1905·12 月 政／❾ 1967·1·31 政／4·1 政
釜石鉱山会社 ❼ 1924·7·3 政
釜石鉱山製鉄所 ❻ 1880·9·10 社／1882·2·28 社／1883·6·30 社／1886·10·16 社
釜石鉄道 ❻ 1882·3·1 社
神岡鉱山付属三池精錬所 ❼ 1913·8 月 社
樺太開発株式会社 ❽ 1941·3·7 政
樺太工業株式会社 ❼ 1913·12·24 政
カリマンタン森林開発会社 ❽ 1963·6·20 政
川口硫酸製造所 ❻ 1879·5 月 社
川崎重工業株式会社 ❻ 1878·4 月 政／1886·4·28 政／❾ 1968·12·2 政
川崎製鉄株式会社 ❽ 1950·8·7 政／❾ 2001·4·13 政
川島織物 ❽ 1938·5·14 政

タカラトミー ❾ 2011·3·11 社
韓国国営総合製鉄所 ❾ 1969·11·21 政
韓国棉花株式会社 ❼ 1906·10·16 政
関西電力 ❾ 2002·1·9 社
関東水力電気株式会社 ❼ 1919·10·9 政
生糸直輸出会社 ❻ 1880·1月 政
岸和田紡績会社 ❻ 1892·11·25 政／❼ 1903·2·5 政
北樺太鉱業株式会社 ❼ 1926·8·16 政
北樺太石油株式会社 ❼ 1926·6·7 政／1936·10·10 政／❽ 1940·6·7 政
北支那開発株式会社 ❽ 1938·4·30 政／11·7 政
北日本製鉄 ❽ 1948·10·9 政
鬼怒川水力電気株式会社 ❼ 1910·10·1 政
九州水力電気株式会社 ❼ 1911·4·5 政
九州紡績株式会社 ❼ 1899·7·18 政
共同印刷株式会社 ❼ 1925·12月 文
共同出版会社 ❻ 1883·4·9 文
共同セメント合資会社 ❼ 1898·8·19 政
共同倉庫 ❻ 1892·1·10 政
京都織物会社 ❻ 1887·5·5 政
京都セラミック株式会社(京セラ) ❽ 1959·4·1 政／❾ 1983·3·31 政
京都電灯会社 ❻ 1887·11月 政／1889·5月 社／7·27 政
京都綿糸織物会社 ❻ 1887·3月 政
共立商社 ❻ 1879·7·1 社
協和発酵株式会社 ❽ 1949·7·1 政
キルビー商会造船所 ❻ 1883·2月 政
グーグル ❾ 2010·7·27 社
グッドウィル(人材派遣) ❾ 2008·1·11 社
久保田鉄工所 ❻ 1890·2月 政／❽ 1937·3·10 社
熊谷組(ゼネコン) ❾ 2000·9·18 政／2003·4·4 政
熊本電灯会社 ❻ 1891·7·1 政
倉敷紡績株式会社 ❼ 1908·11·25 政
倉敷紡績所 ❻ 1888·3月 政
倉敷レーヨン株式会社 ❼ 1926·6·24 政／❽ 1949·4·11 政
グラバー商会 ❻ 1859·8·23 政／1865·⑤·6 政
呉羽紡績株式会社 ❼ 1929·7·12 政
グローリー工業 ❽ 1950·2月 政
桑原紡績所 ❻ 1882·2月 社
郡是製糸株式会社 ❼ 1896·5·1 政／1903·10·1 社
Kマート ❾ 1980·6·16 政
絹糸紡績株式会社 ❼ 1902·7·3 政
小糸製作所 ❾ 1989·3·1 政
小岩井農場 ❻ 1891·1月 社
鋼材連合会 ❼ 1929·4·26 政
江商株式会社 ❼ 1905·12月 政／1917·1·11 政
興人 ❾ 1975·8·28 政
興中公司 ❼ 1935·12·20 政
合同製鋼 ❾ 1977·6·1 政
甲府紡績会社 ❻ 1888·8月 政
神戸瓦斯会社 ❼ 1898·7·14 政
神戸工業 ❽ 1951·7·18 政
神戸製鋼所 ❼ 1905·9·1 政
神戸電灯会社 ❻ 1888·9·10 政
興和不動産 ❾ 1984·3·14 社
郡山絹糸紡績会社 ❼ 1899·4·12 社
国際石油株式会社 ❾ 1973·2·26 政
国際電気株式会社 ❽ 1948·11·10 政
国油共同販売所 ❼ 1904·11·15 政
コクヨ株式会社 ❼ 1905·10月 文／❽ 1961·6月 文
コスモ石油 ❾ 1986·4·1 政
コニカ ❾ 2003·1·7 政
小西六写真工業 ❻ 1873·是年 社
小松製作所 ❼ 1917·1月 政／1921·4·30 政／❾ 1970·2·27 政
才賀電機商会 ❼ 1912·9·17 政
サウジアラビア石油科学 ❾ 1981·5·7 政
堺紡績会社 ❻ 1892·11月 政
堺紡績所 ❻ 1868·是年 社
桜田機械製造所 ❼ 1920·4·20 政
佐世保重工業 ❾ 1978·1·23 政
サンウェーブ工業 ❽ 1964·12·12 政
サンエルコ ❾ 1980·2·15 政
三共株式会社 ❼ 1899·3·1 文
山水電気 ❾ 1989·10·27 政
サンスター ❾ 2010·6月 社
山陽国策パルプ ❾ 1992·7·8 政
三洋電機株式会社 ❽ 1950·4·1 政／❾ 1970·1月 政／1979·是年 政／2002·1·8 政／2005·7·5 社／2011·7·28 政
山陽特殊製鋼 ❾ 1965·3·6 政
サンリオ ❽ 1960·8·10 社
シアーズ・ローバック ❾ 1972·12·15 社
GEキャピタル ❾ 1998·7·16 政／1999·1·23 政
J·フロントリテイリング ❾ 2007·3·14 政／9·3 政
ジェイコム ❾ 2005·12·8 政
シカルツァ製鉄所 ❾ 1981·11·10 政
資生堂 ❻ 1872·5月 文／❾ 1993·7·20 政／1995·6·13 政
品川硝子製造所 ❻ 1876·4·4 社／1884·2·21 社／1885·5·28 社／1888·5·1 社
品川白煉瓦合資会社 ❻ 1876·是年 社／❼ 1903·6·25 社
芝浦製作所 ❻ 1893·11·17 政／❼ 1904·6·25 政
渋沢倉庫株式会社 ❼ 1897·3·30 社
島田紡績所 ❻ 1884·6月 社
島津製作所 ❻ 1875·3月 文／❼ 1917·9·1 政
清水建設 ❼ 1915·10月 社
下野紡績所 ❻ 1885·1月 社
下村紡績所 ❻ 1882·10月 社
シャープ ❾ 2004·4·27 政
シャトーラグレランジュ(仏) ❾ 1983·10月 社
蛇の目ミシン工業·株式会社 ❼ 1929·3月 社／❽ 1949·1月 社／❾ 1991·1·17 社／1992·1·23 政
ジャパン石油開発 ❾ 1972·12月 政／1977·8·11 政／1987·8月 政
上海宝山製鉄所 ❾ 1985·9·15 政
上海紡績会社 ❻ 1895·12·3 政
上海紡績公司 ❼ 1902·12月 政
秀英舎 ❻ 1876·10·9 文
十條製紙会社 ❽ 1949·1·7 政／8·1 政／❾ 1992·7·8 政
住宅総合センター ❾ 1971·9·23 社
ジュロン造船所 ❽ 1963·4月 政
松竹株式会社 ❽ 1937·2·1 文
常磐炭礦株式会社 ❻ 1883·6月 政
上毛繭糸改良会社 ❻ 1880·3月 社
上毛モスリン株式会社 ❼ 1912·9·20 政／1926·1月 社／8·10 政
昭和シェル石油 ❾ 1984·5·2 政／1993·2·20 政
昭和製鋼所 ❼ 1929·7·4 政／1933·6·1 政
昭和石炭会社 ❼ 1932·11·26 政
昭和石油 ❽ 1955·4·23 政／8·19 政
昭和電工株式会社 ❼ 1926·10月 政／❽ 1939·6·1 政
昭和肥料株式会社 ❼ 1928·10·22 政
白木屋 ❻ 1878·11·1 社
白煉化石製造場 ❻ 1884·8·20 社
新旭川(木材専門商社) ❾ 1981·11·30 政
新王子製紙 ❾ 1993·10·1 政
深海資源開発会社 ❾ 1982·9·16 政
シンガポール石油 ❾ 1975·1·1 政／1977·8·11 政／1984·2·18 政
新光レイヨン(三菱レイヨン) ❽ 1950·6·1 政
新昭和石炭株式会社 ❽ 1959·3·5 政
新日本製鉄 ❾ 1969·3·6 政／1970·3·31 政／1978·10·26 政／1983·7·2 政／1984·1·23 政／1985·5·1 政／1987·2·12 社／2·13 政／1988·7·29 政／8·26 政／1989·3·15 政／2001·1·23 政／2002·6·13 政／2003·7·22 政／2011·2·3 政
新町紡績所(群馬県) ❻ 1876·3月 社／1886·4·16 社／1887·6·2 政
鈴木商店(神戸) ❻ 1877·是年 政／❼ 1902·10月 政／1927·4·5 政
住友化学工業株式会社 ❼ 1913·9·22 政
住友金属工業株式会社 ❻ 1895·5·29 政／❼ 1899·9·20 政／1925·9·1 政／1927·7·1 政／1935·9·17 政／❽ 1937·6·21 政／1949·7·1 政／1959·8·24 政／❾ 2002·6·13 政／2011·2·3 政
住友金属鉱山 ❾ 1985·7·16 政
住友建設 ❾ 2002·1·30 政
住友合資会社 ❼ 1921·2·26 政
住友ゴム工業 ❾ 1984·4·9 政／1999·2·3 政
住友重機械工業 ❾ 1968·5·23 政
住友商事 ❾ 2005·9·19 政
住友伸銅所住友金属工業株式会社 ❼ 1897·4·1 政
住友倉庫株式会社 ❼ 1899·7·1 社／1923·8·1 政
住友電気工業株式会社 ❼ 1911·8·1 政／1920·12·10 政
住友不動産 ❾ 1987·6·5 社
住友ベークライト会社 ❼ 1915·是年 社
住友本社 ❽ 1945·11·4 政／11·7

政／**1946**·9·6 政
精工舎·服部時計店 ❻ **1892**·5 月 社／❼ **1934**·3·1 政
西武瓦斯株式会社 ❼ **1913**·8·18 政
西武セゾングループ ❾ **1988**·12·15 政
積水化学工業株式会社 ❽ **1947**·3·3 政／**1962**·12 月 政
石油資源開発株式会社 ❽ **1955**·8·9 政
摂津紡績株式会社 ❼ **1902**·10·26 政／**1918**·6·1 政
セブンイレブン·ジャパン ❾ **1990**·10·24 政／**1994**·4·21 社／**1996**·8 月 社／**1997**·4·17 政
先収会社 ❻ **1873**·是年 政
銑鉄共同販売会社 ❼ **1932**·8·25 政
双日 ❾ **1968**·10·1 政
曾木電気株式会社 ❼ **1906**·1·12 政
十合呉服店 ❻ **1877**·是年 社
ソニー ❽ **1946**·5·7 政／**1958**·1·1 政／**1960**·2·15 政／3 月 政／**1961**·6·6 政／**1962**·10 月 政／**1967**·11·27 政／**1970**·8·27 政／**1987**·11·18 政／**1989**·9·27 政／❾ **2000**·6·14 政／**2004**·9·13 政／**2005**·3·7 政／**2005**·9·22 政
ソフトバンク ❾ **1996**·6·20 政／6·20 文／8·15 政／**1997**·3·3 政／**2006**·3·17 社
ソフマップ ❾ **1982**·5 月 文
第一絹糸紡績会社 ❻ **1887**·2·19 政
ダイエーホールディングコーポレーション ❽ **1949**·4·15 社／**1957**·9·23 社／**1958**·12 月 社／❾ **1972**·8·31 政／**1975**·11·18 政／**1980**·2·16 政／**1991**·12·4 政／**1992**·5·22 政／**1994**·3·1 政／**1997**·12·17 政／**2000**·11·24 政／**2001**·1·30 政／**2002**·1·18 政／**2003**·3·5 政／**2004**·10·13 政／**2007**·3·9 政
ダイキン工業 ❾ **1988**·12·5 政
大昭和製紙株式会社 ❽ **1938**·9·23 政／❾ **2000**·3·27 政
大同製鋼株式会社 ❼ **1921**·9 月 政
大同特殊鋼 ❾ **1976**·2·18 政／4·26 政
タイトー ❾ **1993**·8·5 政
第二精工舎 ❾ **1972**·3 月 政
大日本インキ工業株式会社 ❼ **1908**·2·15 政／❾ **1979**·3·8 政／**1986**·8·16 政
大日本印刷株式会社 ❼ **1935**·2·26 政
大日本化学製油株式会社 ❼ **1916**·12·22 政
大日本工事実業会社 ❻ **1890**·2·3 社
大日本人造肥料株式会社 ❼ **1908**·6·8 政／**1910**·7·28 政／**1923**·5·30 政
大日本精糖株式会社 ❻ **1895**·12·7 社／❼ **1906**·11·5 政／**1908**·4·16 政／**1909**·1·10 政／**1935**·4·25 政
大日本石油鑛業会社 ❼ **1916**·12·20 政
大日本セルロイド株式会社 ❼ **1919**·9·8 政
大日本帝国水産会社 ❻ **1888**·1·11 政
大日本図書会社 ❻ **1889**·3·22 文
大日本兵器株式会社 ❽ **1938**·3 月 政
大日本紡績会社 ❼ **1918**·6·1 政
大日本坩堝会社 ❻ **1885**·1·24 社
太平洋炭砿会社 ❼ **1920**·4·23 政
大丸呉服店 ❻ **1895**·10·15 社
大洋漁業株式会社 ❻ **1880**·是年 政
台湾製糖株式会社 ❼ **1900**·12·10 政
台湾拓殖株式会社 ❼ **1936**·6·3 政
台湾電力株式会社 ❼ **1919**·4·25 政／5·1 政
高田商会(輸入商) ❼ **1925**·2·20 政
高千穂製作所(オリンパス光学) ❼ **1919**·10 月 政
高松砂糖会社 ❻ **1880**·11 月 社
宝田石油株式会社 ❻ **1892**·是年 政／❼ **1904**·9·30 政／**1906**·10·27 政／**1907**·3·24 政／**1908**·7·25 政／**1910**·3·25 政
竹中工務店 ❼ **1909**·5 月 政
タテホ化学工場 ❾ **1987**·9·2 政
田中製作所 ❻ **1875**·7·11 社
田辺製薬 ❻ **1877**·是年 文
多摩川水力電気会社 ❼ **1923**·7·6 政
玉島紡績所 ❻ **1882**·1 月 社
ダンロップ(仏) ❾ **1984**·4·9 政
秩父小野田セメント ❾ **1993**·11·11 政
秩父セメント株式会社 ❼ **1923**·1·30 政
チッソ石油化学 ❾ **1975**·6·27 政
中国計算機ソフト工程公司(富士通) ❾ **1991**·8·20 政
中国興行株式会社 ❼ **1913**·8·11 政
朝鮮窒素肥料株式会社 ❼ **1927**·5·2 政
ツバロン製鉄所 ❾ **1980**·6·23 政
帝国アルミニウム統制会社 ❽ **1940**·9·16 政
帝国蚕糸会社 ❼ **1915**·3·20 政／**1921**·4·13 政／**1927**·10·29 政
帝国蚕糸倉庫 ❼ **1926**·11·12 政
帝国人造絹糸株式会社 ❼ **1915**·4 月 政／**1918**·6·17 政
帝国製糖株式会社 ❼ **1910**·10·3 政
帝国製麻株式会社 ❼ **1903**·7·1 政／**1907**·7·26 政
帝国石油株式会社 ❽ **1941**·3·15 政／**1950**·1·7 社
帝国燃料興業株式会社 ❽ **1937**·8·10 政
帝人株式会社 ❽ **1962**·11·30 政
電気化学工業会社 ❼ **1915**·5·1 政
電源開発株式会社 ❽ **1952**·7·31 政／9·15 政／9·16 政
天賞堂(貴金属販売) ❼ **1930**·11·18 政
天満紡績会社 ❻ **1887**·3·28 政
天龍運輸会社 ❻ **1892**·9·21 社
天龍川電力株式外社 ❼ **1926**·3·5 政
トア·スチール ❾ **1987**·10·1 政
東亜興行株式会社 ❼ **1909**·8·18 政／**1912**·7·8 政
東亜燃料工業株式会社 ❽ **1939**·7·5 政
東海製鉄所 ❽ **1964**·9·5 政／❾ **1967**·8·1 政
東京瓦斯(ガス)会社 ❻ **1885**·8·28 政
東京瓦斯紡績株式会社 ❼ **1896**·2· 政
東京家畜市場会社 ❻ **1886**·11·8
東京毛糸紡績会社 ❻ **1890**·7·6 政
東京塩会社 ❻ **1881**·3·29 社
東京芝浦電気(東芝グループ) ❻ **1875**·7·11 社／❼ **1909**·11·19 政／**1939**·7·1 政／❾ **1966**·7·27 政／**1975**·7·1 社／**1991**·10·2 政／12·2 政／**2001**·8·27 社／**2002**·6·19 政／**2005**·6·27 政
東京水力電気会社 ❼ **1897**·5·6 政
東京精米会社 ❼ **1896**·11·28 社
東京倉庫会社 ❻ **1887**·4·15 政
東京建物株式会社 ❼ **1896**·6·20
東京通信工業株式会社⇨ソニー
東京電気化学工業株式会社 ❼ **193** 12·7 政
東京電気株式会社 ❼ **1905**·1·8 政 **1911**·10 月 社／**1918**·8·15 文
東京電気鉄道株式会社 ❻ **1882**·6· 社／**1895**·6·6 社
東京電燈株式会社 ❻ **1882**·3·18 ／11·1 社／**1886**·7·5 政／**1887**·1 29 社／**1890**·1·15 政／❼ **1896**·12 社／**1902**·8·1 政／**1923**·6·27 政／**1927**·12·24 政／**1928**·4·1 政／6·1 政／**1935**·1·22 社
東京電力株式会社 ❼ **1906**·9·13 ／**1925**·3·16 政／**1927**·12·24 政／**1951**·5·1 政／❾ **1971**·3·26 政／**1978**·2·1 政／**2011**·3·11 政／10·2 政／**2012**·7·31 政
東京電力株式会社(ほか北海道·東北·中 北陸·関西·中国·四国·九州) **1951**·5·1 政
東京白熱電灯球製造株式会社 ❻ **1888**·是年 社／❼ **1896**·2·27 政
東京紡績会社 ❻ **1887** 是年 政
東京綿商社 ❻ **1886**·11·24 政／**1887**·2·13 政
同伸会社(生糸輸出) ❻ **1880**·9·29 社
東邦亜鉛安中製錬所 ❾ **1969**·7·28 社
東邦瓦斯株式会社 ❼ **1906**·11·5 政
東邦電力株式会社 ❼ **1922**·6·26 政
東北振興電力株式会社 ❼ **1936**·5· 政
東洋麻糸紡績会社 ❼ **1918**·3·5 政
東洋工業株式会社 ❼ **1920**·1·30 政／**1927**·9 月 政
東洋製鉄株式会社 ❼ **1917**·11·1 政
東洋製糖株式会社 ❼ **1907**·2·10 政
東洋拓殖株式会社 ❼ **1908**·12·28 ／**1913**·3·15 政／**1923**·3·15 政
東洋電機製造会社 ❼ **1918**·6·20 政
東洋バルブ ❾ **1976**·11·24 政
東洋紡績株式会社 ❻ **1880**·4 月 社／**1886**·7 月 政／❼ **1914**·6·26 政／**1931**·3·10 政／❾ **1965**·11·15 政
東洋棉花会社 ❼ **1920**·4·15 政
東洋レーヨン株式会社 ❼ **1926**·1· 政／❽ **1958**·4·7 政／**1962**·3 月 政
特殊製鋼 ❾ **1976**·4·26 政
土佐開成商社 ❻ **1870**·10·9 政

利根運河会社 ❻ **1888**·7·14 社
戸畑鋳物株式会社 ❼ **1910**·5·20 政
戸畑製鉄所 ❼ **1918**·2·28 政
苫小牧製紙会社 ❽ **1949**·1·7 政／8·1 政
内外綿株式会社 ❻ **1887**·1·29 政／8·27 政／❼ **1905**·2·20 政／**1911**·10·10 政
内国通運会社 ❻ **1875**·2 月 社／**1884**·9 月 社
ナイジェリア石油開発 ❾ **1973**·1·16 政
中小坂鉱山 ❻ **1878**·6·26 社
長崎飽之浦機械修理工場 ❻ **1856**·10 月 社
長崎造船所 ❼ **1907**·9·14 社
中支那振興株式会社 ❽ **1938**·4·30 政／11·7 政
中日本重工業株式会社 ❽ **1949**·1·11 政／6·4 政／**1950**·1·11 政
名古屋鉄道株式会社 ❻ **1894**·6·8 社
名古屋電灯会社 ❻ **1887**·9·22 政／**1889**·5 月 社
名古屋兵器製造所 ❼ **1917**·11·11 政
名古屋紡績会社 ❻ **1885**·3 月 政
ナショナル·スチール(米) ❾ **1984**·4·24 政
南海鉄道会社 ❻ **1884**·6 月 社
南興水産株式会社 ❼ **1935**·1 月 政
南満鉱業会社 ❼ **1918**·4·10 政
南洋アルミ鉱業 ❽ **1937**·6·7 政
南洋興発株式会社 ❼ **1921**·11·29 政
南洋護謨(栽収)株式会社 ❼ **1910**·11·1 政／**1911**·2·25 政
南洋拓殖会社 ❼ **1936**·7·27 政
新潟鉄工所 ❻ **1894**·5 月 政／❼ **1910**·6·17 政
新高製糖株式会社 ❼ **1909**·10·30 政
西日本重工業株式会社 ❽ **1949**·1·11 政／6·4 政／**1950**·1·11 政
日綿実業株式会社 ❻ **1892**·10·13 政
日魯漁業株式会社 ❼ **1907**·6·4 社／**1921**·6·18 政／**1932**·5·14 社
日華紡績会社 ❼ **1918**·7·19 政
日鉱共石 ❾ **1992**·3·11 政
日産化学工業会社 ❻ **1887**·4·28 政
日産自動車駐在員事務所(ニューヨーク·ロサンゼルス) ❽ **1959**·12 月 政
日商岩井 ❾ **1968**·5·2 政／10·1 政
日商株式会社 ❼ **1928**·2·8 政
日清製粉株式会社 ❼ **1900**·10·27 政
日清紡績株式会社 ❼ **1907**·1·26 政
日石三菱株式会社 ❾ **1998**·10·28 政／**1999**·4·1 政
日中石油開発 ❾ **1981**·4·6 政
日秘(ペルー)鉱業会社 ❻ **1889**·10·7 政
日本·ASEAN 開発 ❾ **1981**·11·16 政
日本 IBM ❽ **1937**·6 月 政／**1959**·1 月 政／❾ **1992**·11·11 文／**1993**·3·4 社
日本アラビア石油 ❽ **1957**·12·10 政
日本アルミニウム株式会社 ❼ **1935**·6·21 政
日本板紙 ❾ **1997**·1·30 政
日本板硝子株式会社 ❼ **1918**·11·22 政／❾ **2006**·2·27 政
日本ウジミナス(ブラジル) ❾ **2006**·12·21 政
日本遠洋漁業株式会社 ❼ **1899**·7·20 社
日本碍子株式会社 ❼ **1919**·5·5 政
日本瓦斯(ガス)糸紡績会社 ❻ **1893**·1·18 政
日本瓦斯科学工業 ❽ **1952**·9·20 政
日本化成工業⇨三菱化成工業株式会社
日本家畜市場株式会社 ❻ **1893**·12 月 社
日本火薬製造株式会社 ❼ **1916**·6·5 政
日本観光協会パリ事務所 ❽ **1960**·2·24 政
日本揮発油株式会社 ❼ **1928**·10·25 政
日本クレジットビューロー(JCB) ❽ **1961**·1·25 社
日本軽金属株式会社 ❽ **1939**·3·30 政／❾ **1991**·6·3 政
日本警備保障株式会社 ❽ **1962**·7·7 社
日本原子力発電株式会社 ❽ **1957**·11·1 政
日本建鉄株式会社 ❽ **1953**·6·12 政
日本光学工業株式会社 ❼ **1917**·7·25 政／❽ **1953**·7 月 政
日本鋼管株式会社 ❼ **1912**·6·8 政／**1936**·4·13 政／❾ **1984**·4·25 政
日本鉱業株式会社 ❼ **1905**·12·26 政／❽ **1955**·4·23 政／**1955**·8·19 政
日本工業水島製油所 ❽ **1961**·5·16 政
日本合成ゴム株式会社 ❽ **1957**·12·9 政
日本国郵便蒸汽船会社 ❻ **1872**·8·10 政／11·3 政／**1875**·9 月 政
日本護謨(ゴム)製造所 ❻ **1885**·10 月 社／❼ **1930**·4 月 社
日本娯楽物産株式会社(セガ) ❽ **1960**·6·3 社
日本産業株式会社 ❼ **1928**·12·29 政／**1934**·是年 政
日本産金振興株式会社 ❽ **1938**·3·29 政
日本蚕糸製造株式会社 ❽ **1943**·4·26 政
日本紙器製造株式会社 ❼ **1909**·是年 社／**1913**·8·28 政
日本信販(日本信用販売株式会社) ❽ **1951**·6·7 政／❾ **2003**·11·21 政
日本水産株式会社 ❼ **1904**·4 月 社／**1911**·5 月 社／**1919**·9·27 政／❽ **1937**·4·1 政／**1943**·3·21 政
日本水力会社 ❼ **1919**·10·10 政
日本製靴株式会社 ❼ **1902**·12 月 社
日本精工会社 ❼ **1914**·2·20 政／❾ **1971**·12 月 政
日本製鋼所 ❼ **1907**·11·1 政
日本製紙 ❾ **2000**·3·27 政／**2008**·1·9 政
日本製鉄株式会社 ❻ **1888**·7·2 政／❼ **1933**·4·5 政／**1934**·1·29 政／❽ **1939**·10·15 政／**1942**·5·25 政／**1948**·10·9 政／12·16 政
日本精糖株式会社 ❻ **1895**·10·24 社
日本製銅株式会社 ❻ **1895**·5·29 政
日本製粉会社 ❻ **1886**·12 月 政
日本ゼオン株式会社 ❽ **1950**·4·12 政
日本石炭会社 ❽ **1940**·5·29 政
日本石油株式会社 ❻ **1888**·5·10 政／7·14 政／❼ **1900**·11·15 政／**1907**·6·1 政／**1910**·6·17 政／**1921**·10·1 政／❾ **1995**·12·6 政
日本石油精製株式会社 ❽ **1951**·10·1 政
日本セメント会社 ❻ **1888**·1 月 社
日本セルロイド人造絹糸会社 ❼ **1911**·7 月 社
日本染料製造会社 ❼ **1916**·2·25 政／**1917**·9 月 社
日本曹達株式会社 ❼ **1920**·2·10 政
日本足袋会社 ❼ **1918**·是年 政
日本窒素株式会社 ❽ **1948**·12·16 政／**1949**·9·26 政／10·26 政
日本窒素肥料会社 ❼ **1910**·6 月 政／❽ **1941**·11·3 社
日本鉄鋼原料統制会社 ❽ **1940**·7·29 政
日本電気株式会社 ❼ **1899**·7·17 政
日本電業 ❾ **1987**·6·11 政
日本電子計算機株式会社(JECC) ❽ **1961**·8·16 文
日本天然瓦斯会社 ❼ **1906**·5 月 社
日本電力会社 ❼ **1919**·12·15 政
日本陶器会社 ❼ **1904**·1·1 社
日本特殊鋼株式会社 ❽ **1964**·12·1 政／❾ **1976**·4·26 政
日本特殊陶業株式会社 ❼ **1936**·10·26 政
日本土地 ❾ **1988**·10·13 政
日本トライトラスト ❾ **1992**·11·2 政
日本内燃機株式会社 ❼ **1936**·1 月 政
日本熱学工業 ❾ **1974**·5·20 政
日本発送電株式会社 ❽ **1938**·4·6 政／**1939**·4·1 政／**1949**·3·14 政／**1951**·4·1 政
日本花筵会社 ❻ **1894**·3·12 社
日本パルプ工業 ❾ **1978**·10·4 政
日本皮革株式会社 ❼ **1907**·4·1 政
日本肥料株式会社 ❽ **1940**·4·8 政
日本ペイント製造会社 ❼ **1897**·5·17 政／10·24 政／❻ **1881**·3·1 社
日本貿易信用株式会社 ❽ **1957**·3·18 政
日本紡績会社 ❻ **1893**·12·23 政
二本松製糸会社 ❻ **1873**·6 月 社
日本メリヤス会社 ❻ **1889**·5·13 政
日本綿花株式会社 ❻ **1892**·10·13 政
日本沃度株式会社 ❼ **1926**·10 月 政
日本レイヨン会社 ❼ **1926**·3·17 政
日本煉瓦製造会社 ❻ **1887**·10·29 政
任天堂 ❾ **1992**·4·3 社／**2000**·11·6 文
ノリタケチャイナ ❼ **1904**·1·1 社／**1914**·6 月 文
パイオニア ❾ **1993**·1·7 政
配電株式会社 ❽ **1942**·4·1 政
パイロット万年筆 ❼ **1918**·是年 文
白熱舎 ❻ **1890**·4 月 政
博文館 ❻ **1887**·6·15 文
間組(ハザマ) ❻ **1889**·4 月 政／❾

2000·5·24 政／2003·1·17 政
ハッピーミシン　❽ 1946·4·15 社
原合名会社　❼ 1899·2·18 政／1902·9·2 政
原田製作所　❽ 1946·4·15 社
播磨耐火煉火　❽ 1950·4·1 政
万有製薬　❽ 1946·4·11 文
万里軒　❻ 1881·1·1 社
東日本重工業株式会社　❽ 1949·1·11 政／6·4 政／1950·1·11 政
日立製作所　❼ 1910·11 月 政／1920·2·1 政／❽ 1951·5·30 政／❾ 1971·10·21 政／1981·8·3 政／1982·11·18 政／1985·1·10 社／1994·7·28 政／2001·8·31 社／2002·3·18 政／4·17 政
姫路紡績所　❻ 1880·是年 社
平野紡績会社　❻ 1887·6·7 政
広島瓦斯株式会社　❼ 1909·10·8 政
広島綿糸紡績会社　❻ 1882·6·3 政
広畑製鉄所　❽ 1941·9·16 社
ファミリーマート　❾ 2005·7·20 社
福島交通不動産　❾ 1984·3·22 政
福島紡績株式会社　❻ 1892·8·5 政／❼ 1903·4·16 政
富士瓦斯紡績株式会社　❼ 1906·7·14 政
富士産業　❽ 1946·9·6 政
富士写真フイルム株式会社　❼ 1934·1·20 政
富士重工業株式会社　❽ 1953·7·15 政／1955·4·1 政／❾ 1986·5·19 政
富士製鋼株式会社　❼ 1920·5·15 社
富士製鉄　❽ 1950·4·1 政／❾ 1967·8·1 政／1969·3·6 政
藤田組(フジタ、ゼネコン)　❻ 1893·12 月 政／❾ 2002·2·15 政
富士電機製造株式会社　❼ 1923·8·22 政
富士紡績株式会社　❼ 1896·2·26 政／3·24 政／1903·4·1 政
藤本ビル=ブローカー証券会社　❼ 1902·5·1 政／1909·3·18 政
ブラザー工業株式会社　❼ 1908·4 月 政
ブラジル特殊陶業　❽ 1959·是年 政
ブリヂストン·マレーシア　❾ 1965·4 月 政
古河鉱業合名会社　❼ 1905·3·21 政／1917·12·1 政／1920·4·15 政
古野電気工業株式会社　❻ 1884·是年 政／❽ 1949·8 月 社
ブロートン·ストレート商事会社　❼ 1927·是年 政
プロミス　❾ 1984·10·25 政／2004·6·9 政
平和堂貿易　❾ 1981·10·9 政
北京富士通系統工程有限公司　❾ 1991·8·20 政
ペンタックス　❾ 2006·12·21 政
宝山製鉄所·鉄鋼公司　❾ 1981·1·19 政／1994·12·19 政
北越製紙会社　❼ 1907·是年 社
HOYA　❾ 2007·8·7 政／2010·6 月 社
本渓湖媒鉄公司　❼ 1905·11 月 政
本州製紙会社　❽ 1949·1·7 政／8·1 政
マイカル　❾ 2001·11·22 政
松方日ソ石油　❼ 1933·8·6 政／8·29 政
松下電器産業(ハンブルク)　❽ 1962·5·5 政
松下電器産業(パナソニック)　❼ 1918·3·7 政／1927·4·9 社／1932·5·5 社／1935·12·25 政／❾ 1967·7·21 政／1971·6 月 政／1979·是年 政／1993·2·23 社／10·5 政／1994·3·29 社／11·25 社／1995·4·6 政／2005·4·4 政／2008·1·10 政／10·1 政／2009·12·10 政
マルコー　❾ 1991·8·29 社
丸善　❻ 1869·1·1 文
丸善石油会社　❼ 1933·11·8 政
マルハニチロホールディングス　❾ 2006·12·11 政／2007·10·1 政
丸紅飯田　❼ 1921·3·10 政／❽ 1955·2·18 政／❾ 1988·10·28 政
満洲鉱業開発会社　❼ 1935·8·24 政
満洲重工業開発株式会社　❽ 1937·12·27 政
満洲住友鋼管株式会社　❼ 1934·9·17 政
満洲曹達株式会社　❼ 1936·5·22 政
満洲電業株式会社　❼ 1934·11·1 政
満鉄鞍山製鉄所　❼ 1930·3·9 政
三池紡績会社　❻ 1889·5·18 政
三重紡績株式会社　❼ 1905·8·5 政／1907·8·1 政
御木本真珠店　❼ 1899·3 月 社
ミサワホーム　❾ 1976·是年 社／1984·9·4 社
三井イラン石油化学コンビナート　❾ 1979·2·25 政
三井化学工業会社　❽ 1941·4·24 政／1954·7·1 政／❾ 1996·9·9 政／1997·10·1 政
三井グループ　❻ 1859·6·11 政／1868·2·3 政／❾ 1989·3·13 政
三井建設　❾ 2002·1·30 政
三井鉱山株式会社　❻ 1892·6·21 社／1893·6·22 政／❼ 1911·12·16 政／❾ 2003·9·1 政
三井合名会社　❼ 1909·10·11 政／1933·7·24 政
三井製糖　❾ 1970·11·1 政
三井石油化学　❽ 1955·4·23 政／8·19 政
三井船舶株式会社　❼ 1903·4·29 政
三井倉庫株式会社　❼ 1909·10·11 政
三井東圧化学株式会社　❼ 1933·4·1 政／❾ 1968·4·24 政
三井物産株式会社　❻ 1876·7·1 政／1893·6·22 政／❼ 1909·10·11 政／❽ 1944·3·1 政／1947·7·3 政／11·30 政／1953·7·7 政／1958·8·5 政／❾ 1983·7·1 政／1988·4·1 政／1992·1·28 政
三井本社　❽ 1944·3·1 政／1945·11·4 政／1946·9·6 政／10·30 政
三菱鉛筆株式会社　❻ 1887·是年 文
三菱化学　❾ 1993·12·24 政／2009·11·19 政
三菱化成工業株式会社　❽ 1944·4·1 政／1950·6·1 政／❾ 1976·4·2 政
三菱鉱業株式会社　❼ 1918·5·1 政
三菱合資会社　❻ 1886·3·29 政／1893·12·15 政／❼ 1908·10·1 政
三菱財団　❾ 1969·9·11 政
三菱地所株式会社　❽ 1937·5·7 政／❾ 1989·10·31 政
三菱重工業株式会社　❼ 1920·5·15 政／1934·4·11 政／❽ 1939·3·20 政／1949·1·11 政／6·4 政／1950·1·11 政／1963·10·28 政／1964·6·1 ／❾ 1968·8·2 政／1970·4·19 政／1978·11·22 政／1984·5·6 政
三菱商会　❻ 1870·10·9 政／1872·月 政
三菱蒸気船会社　❻ 1875·1·18 政／9·15 政
三菱商事株式会社　❼ 1918·5·1 政 ❽ 1947·7·4 政／11·30 政／1953·12·9 政／❾ 1975·5·28 政／1990·17 政
三菱製紙株式会社　❼ 1898·4·1 政 1902·2·24 政／1917·10·8 政／11·政
三菱製鉄所　❻ 1875·12 月 政
三菱石油株式会社　❼ 1931·2·11 政／❾ 1991·12·17 政／1996·11·7 政
三菱石油水島製油所　❽ 1961·5·16 政
三菱セメント株式会社　❽ 1954·2·政
三菱電機株式会社　❼ 1921·1·15 政／1923·11·20 政／❾ 2001·6·20 政／2002·3·18 政／2006·1·24 政
三菱本社　❽ 1937·12·21 政／1945·11·1 政／11·4 政／1946·9·6 政／10·30 政
三菱マテリアル　❾ 2001·10·9 社
三菱油化株式会社　❽ 1956·4·10 政
三菱レイヨン　❾ 1976·1·20 政
ミナス製鉄所　❽ 1957·6·4 政
南満洲電気株式会社　❼ 1926·5·20 政
ミニストップ　❾ 1980·7·1 社
ミネベア　❾ 1971·9·1 政
ミノルタカメラ　❾ 1992·2·7 政／2003·1·7 政
宮城紡績所　❻ 1883·是年 社
虫プロダクション　❽ 1961·6·4 文
無印良品　❾ 1980·12 月 社／1983·6·24 社
村井兄弟商会　❻ 1894·3 月 社
村上ファンド　❾ 2005·9·27 社／2006·6·5 政
村本建設(大阪)　❾ 1993·11·1 政
明治製糖株式会社　❼ 1906·12·29 政
明治紡績株式会社　❻ 1893·1 月 政／❼ 1902·12·10 政
明電工(株取引)　❾ 1989·5·17 政
メキシコ石油　❾ 1979·11·19 政
モービル石油株式会社　❽ 1961·12·11 政
森村組　❻ 1876·是年 政
野州電気会社　❼ 1913·5·15 政
安川電機製作所　❼ 1915·7·16 政
安田保善社　❽ 1945·10·15 政／11·4 政／1946·9·6 政／10·30 政
八幡製鉄所　❼ 1896·3·30 政／1897·2·5 政／6·1 政／1899·4·7 政／1900·8·29 政／1901·2·5 政／11

12 政／1904·4·6 政／1906·3·24 政／1916·2·12 政／1927·5·1 政／❽ 1948·10·9 政／1950·4·1 政／1961·2·23 政／❾ 1969·3·6 政
ヤフー ❾ 1996·1·31 政／1999·4·9 政／2000·1·19 政／2010·7·27 社
ヤンマー ❼ 1917·是年 社
ユアサ商事 ❾ 1991·9·17 政
湯浅電池製造株式会社 ❼ 1915·7月 政
ユニクロ ❾ 2001·10·10 政／2010·5·15 社
ユニチカ ❾ 1969·4·30 政
横河電機製作所 ❼ 1915·9月 文
横河北辰電機 ❾ 1982·9·1 政
横浜硝子製造会社(ビール壜) ❼ 1897·5月 社
横浜共同倉庫会社 ❻ 1894·2·4 政
横浜共同電灯会社 ❻ 1889·11·4 政
横浜製作所 ❻ 1871·4·9 政／1878·10·25 政／1879·12月 政
横浜製茶改会社 ❻ 1875·1月 社
横浜船渠会社 ❻ 1891·6·5 政
横浜倉庫会社 ❻ 1880·12·1 社
横浜造船所 ❼ 1916·4·15 政
吉田工業 ❽ 1961·是年 政
四日市製紙会社 ❻ 1887·12月 政
淀川通船 ❻ 1876·10月 社
ライオン歯磨株式会社 ❻ 1891·10·30 社
ライブドア ❾ 2004·6·30 社／2005·2·8 政／2006·1·16 社／2009·5·21 政／2011·4·25 政
ラサ嶋燐鉱合資会社 ❼ 1911·2·28 政
理化学興業会社 ❼ 1927·11·25 政
六桜社·小西本店(小西六) ❼ 1902·5月 社／1903·9月 社
リクルート ❾ 1992·5·22 政
理研工業株式会社 ❼ 1934·3月 政
リコー ❽ 1963·4·1 政
リビングストン(英、日本電気の半導体工場) ❾ 1983·7·4 政
レナウン ❾ 2010·5·24 政
ローソン ❾ 1975·6·15 社
ロケットシステム ❾ 1996·7·3 政
若松築港会社 ❻ 1888·11·3 社
和歌山紡績会社 ❻ 1887·12月 政
ワコール ❽ 1949·7月 社
ワシントン銀座本店 ❽ 1964·10·10 社

産業関係団体·研究所

海軍工員勤務興国組合連盟 ❽ 1941·11·3 社
化学工業調査会 ❼ 1914·11·10 政
機械学会 ❼ 1897·6·12 文
技術院 ❽ 1942·1·31 政
金属鉱業研究所 ❼ 1916·3·8 文
工業協会総会 ❼ 1897·4·6 社
工業組合(中央会) ❼ 1931·4·2 政／1933·6·19 政
工業試験所 ❼ 1918·5·15 文
工業所有権保護協会 ❼ 1904·5·5 社／1910·3·20 社
工業品規格統一調査会 ❼ 1921·4·26 政
産業組合青年連盟全国連合 ❼ 1933·4·8 社
産業構造審議会 ❽ 1964·3·31 政／4·1 政
産業再生機構設置関連法 ❾ 2003·4·2 政
産業設備営団 ❽ 1942·4·1 政／6·3 政
産業復興(営団、公団) ❽ 1946·10·21 政／1947·3·15 政／4·15 政
産業報国会 ❽ 1938·7·22 社／是年 社／1939·4·3 社／1941·9·1 社
産業報国倶楽部 ❽ 1939·11·3 社
産業労働懇話会 ❾ 1970·1·10 政
資源化学研究所 ❽ 1939·2·22 文
自動車工業会 ❽ 1948·4月 社
重要産業協議会 ❽ 1946·2·28 政
重要産業団体令 ❽ 1945·7·4 政
重要物資管理営団 ❽ 1942·2·24 政／5·14 社
商工会 ❽ 1960·5·20 社
商工組合法 ❽ 1943·3·12 政
商工経済会法 ❽ 1943·3·12 政
消費科学センター ❽ 1964·5·25 社
食料品公団 ❽ 1950·3·31 政
深海底鉱物資源開発懇談会 ❾ 1973·4·3 政
新世代コンピュータ技術開発機構 ❾ 1982·4·14 政
水産農業団体法 ❽ 1943·3·11 政
水資源開発公団 ❽ 1961·11·13 政／1962·5·1 政
生鮮食料品価格安定対策本部 ❾ 1971·1·14 社
全国小運送業組合会 ❽ 1946·3·21 政
全国商工団体連合会 ❽ 1951·8·3 社
全国消費者団体連絡会 ❽ 1956·12·24 社／1957·2·26 社
船舶公団 ❽ 1950·3·31 政／8·4 政
大日本技術会 ❽ 1944·11·3 政
大日本産業報国会 ❽ 1940·11·23 社／1945·9·30 社
大日本農民組合 ❽ 1940·8·15 社
中央水産業会 ❽ 1943·3·11 政
超エル·エス·アイ技術研究組合 ❾ 1976·3·10 文
鉄鋼協議会 ❽ 1938·4·5 政
鉄鋼連盟 ❽ 1938·4·5 政
東亜繊維工業会 ❽ 1942·10·14 政
東京製本同業組合 ❼ 1903·6·25 社
南方燃料廠 ❽ 1942·5·10 政
日鮮商業会議所連合会 ❼ 1911·4·25 政
日本漁民組合 ❽ 1945·11·4 社
日本鉱業協会 ❽ 1948·3·31 政
日本工業倶楽部 ❼ 1917·3·10 政
日本航空工業会 ❽ 1954·5·24 政
日本広告主協会 ❽ 1956·12·30 社／1957·2·26 社
日本広報協会 ❽ 1963·4·2 社
日本セメント輸出協会 ❼ 1933·12·21 政
日本倉庫業中央会 ❽ 1946·4·26 政
日本鉄鋼業経営者連盟 ❽ 1946·5·2 政
日本ニット鉱業組合連合会 ❾ 1988·10·21 政
日本農民組合 ❽ 1945·11·4 社
日本フランチャイズ·チェーン協会 ❾ 1972·2·10 政
燃料研究所 ❼ 1920·8·26 社
万国工業会議 ❼ 1929·10·29 政
物価対策閣僚協議会 ❾ 1969·9·9 政
物価問題連合審査会 ❾ 1971·2·19 政
貿易公団 ❽ 1947·4·15 政
緑の環国際勤労キャンプ協会 ❽ 1954·10·14 政
4H クラブ ❽ 1952·3·18 社
臨時産業合理局(商工省) ❼ 1930·6·2 政
臨時産業審議会 ❼ 1930·1·21 政
臨時産業調査会 ❼ 1920·2·23 政
臨時産業調査局 ❼ 1917·2·12 政
臨時窒素研究所 ❼ 1918·5·15 文
ロータリー·クラブ大会 ❼ 1929·4·27 社

産業製品

R カット水晶振動子 ❼ 1932·是年 社
アイサイト衝突防止 ❾ 2010·5月 社
芦屋釜(筑前) ❷ 1203·是年 文
アモルファス太陽電池 ❾ 1980·3月 文／1982·2月 政
アリザリン(染料) ❼ 1912·是年 社
アルシン ❾ 1987·3·27 政
鋳型(興福寺東金堂本尊) ❸ 1415·3·5 文
板紙製造所 ❻ 1886·9·20 社
板ガラス ❾ 1970·9·2 政
永久ヒューズ ❾ 1969·9·27 社
塩化ビニル ❽ 1941·11·3 社／1952·5月 政／1954·8月 政
塩化ビニル被覆電線 ❽ 1949·12月 社／1950·4·12 政
大釜 ❷ 1117·11·14 社／❹ 1462·4·11 社／1556·4月 社
カーバイト ❼ 1902·1·31 社／1914·11月 社
貝摺奉行 ❺-1 1613·是年 文
化学肥料 ❽ 1946·6·19 政
苛性ソーダ ❼ 1917·1·27 社
鉄穴(かなあな) ❶ 742·12·17 社／762·2·25 社
亀の子束子 ❼ 1915·7·2 社
かめ役 ❹ 1583·5·6 社
硝子 ❹ 1570·是年 社
ガラス工場 ❻ 1873·是年 社
切石 ❺-2 1794·10月 社
金山役所(会津藩) ❺-2 1816·4·13 社
金銭登録機(マミヤ) ❼ 1928·12·20 社
金属ギア ❾ 1993·2·8 文
金属探知機 ❾ 1970·10·16 社
屑金吹·下金買 ❺-2 1725·9·10 政
屑紙·故紙 ❽ 1939·11·17 社／1945·1·23 社
クラフト·パルプ ❼ 1925·7月 社
鍬 ❶ 692·4·21 政／723·2·14 社／805·12·7 社／❷ 1213·11月 社／❹ 1584·4·2 社
桑絲 ❷ 1215·10·1 政
鯨珠 ❷ 1127·5·26 社
犬頭糸 ❷ 1168·7·6 社／1186·7·12 社

高圧ガス取締法 ❽ **1951**・6・7 社
高圧ポリエチレン製造技術 ❽ **1955**・12・20 政
光学ガラス ❼ **1918**・是年 社
光学式文字読み取り装置(OCR) ❾ **1988**・8・23 文
合成アンモニア ❼ **1923**・9・21 社／**1931**・4・3 社
合成ゴム ❽ **1957**・6・1 政／12・9 政
合成酢酸工場 ❼ **1932**・7・31 社
合成樹脂工業育成 ❽ **1955**・6・9 政
合成接着剤「ボンド B1」 ❽ **1952**・2 月 社
高性能星型発動機 ❼ **1930**・11 月 政
合成皮革クラリーノ ❾ **1966**・11 月 政
合板 ❼ **1905**・11 月 社／**1907**・11・3 社／❾ **1973**・是年 社／**1974**・是年 社
肥灰(草木灰) ❸ **1408**・3・29 社
ゴム ❻ **1871**・是年 社／**1885**・10 月 社／**1886**・12 月 社
　ゴムの統制 ❽ **1950**・5・2 政
　ゴム被覆電線 ❻ **1893**・1 月 社
　ゴムまり ❽ **1942**・5・8 社
　三田土護謨(ゴム)製造会社 ❻ **1886**・12 月 社
酢酸 ❼ **1928**・3 月 社
酢酸ビニル ❼ **1936**・6 月 社
酸化エチレン工場 ❽ **1959**・6 月 政
酸化物磁性材料フェライト ❼ **1930**・是年 文
酸素自動販売機 ❾ **1967**・9・8 社／**1969**・2・20 社
GP 海底ケーブル ❼ **1921**・6 月 政
ジェットエンジン(民間航空機) ❾ **1979**・8・15 政／❾ **2004**・2・16 政
七宝焼 ❺-1 **1614**・慶長年間 文
自動製壜 ❼ **1916**・是年 社
自動販売機 ❽ **1958**・是年 社／❾ **1965**・3・5 社／**1967**・2・14 社／**1968**・10・1 社／**1970**・8 月 社／**1975**・4 月 社／**1993**・9・11 社／**1994**・12・19 社
　コカコーラ ❽ **1962**・2 月 社
　酒 ❽ **1963**・10・22 社
　自動保険販売機 ❽ **1954**・2・10 社
　ジュース ❽ **1957**・10 月 社／**1962**・是年 社
　煙草 ❽ **1957**・1・14 社／5・22 社
　チューインガム ❽ **1957**・9 月 社
蛇籠 ❺-2 **1791**・5・4 社
蒸気機関 ❼ **1896**・是年 社
蒸気機関小雛形 ❺-2 **1851**・是春 政
蒸気機関取建掛 ❻ **1862**・4・25 社
蒸気タービン第一号機(国産) ❼ **1908**・10・31 社
除草剤 2・4D ❽ **1950**・2・11 社／4・12 社
白目 ❺-2 **1812**・4・20 社／**1814**・11・5 社／**1818**・5・26 政
シリコーン ❽ **1953**・3・31 政
真空管 ❾ **1979**・7・31 政
辰砂 ❺-2 **1731**・8・19 文
真珠 ❷ **1087**・7・12 政／**1089**・8・19 政
人造黒鉛電解板 ❼ **1930**・3 月 社
人造ゴム工業 ❽ **1946**・10・22 政
人造水晶 ❽ **1955**・3・13 社
新機を停止(丹後宮津藩) ❺-2 **1809**・5 月 社
水車館(水力織機) ❻ **1857**・是年 社
水中で凝固するコンクリート ❾ **1981**・7・22 社
蘇芳(すおう・蘇木) ❷ **1006**・10・20 政／**1014**・2・10 社／**1023**・⑨・18 政
鋤 ❷ **1096**・12・15 文／**1213**・11 月 社
漉入紙製造取締規則 ❻ **1887**・7・23 文
石灰・蠣殻灰会所 ❻ **1859**・8・16 社
石鹸 ❻ **1873**・3 月 社／**1874**・1 月 社
接着剤アロンアルファ ❾ **1971**・12 月 社
セメント ❻ **1873**・是年 社／**1874**・1 月 社／❼ **1935**・6・14 政
セメント製造業 ❼ **1936**・11・21 政
セメント製造場 ❻ **1884**・8・20 社
セメント連合会 ❼ **1924**・10・5 政
セルロイド ❼ **1910**・是年 社／**1911**・7 月 社
　輸出セルロイド製品取締規則 ❼ **1918**・11・13 社
染鞦 ❷ **1254**・12・17 社
潜水器械 ❻ **1885**・9・7 社
ソーダパルプ ❽ **1938**・6・24 社
ソニー・マグネト・ダイオード ❾ **1968**・3・11 文
タール ❼ **1901**・6・18 社
大規模集積回路 ❾ **1992**・2・19 文
ダイナマイト ❻ **1882**・10 月 社／❼ **1905**・11 月 社
ダイナマイト取締 ❻ **1884**・是年 政
大日本蚕糸会 ❻ **1891**・12・1 社
大日本山林会 ❻ **1882**・1・21 政
大日本窯業協会 ❻ **1892**・6・29 文
大仏鋳金 ❷ **1184**・6・23 文
太平洋戦争中の航空工業 ❽ **1945**・8 月 社
タイムレコーダー ❼ **1922**・5・22 社／**1932**・8 月 社
太陽エネルギー時計塔 ❾ **1983**・12・1 社
太陽電池 ❾ **1979**・是年 社／**2011**・12・12 社
台湾樟脳専売規則 ❼ **1899**・4・26 政
薪 ❽ **1943**・5・1 社
タクマ式ボイラー ❼ **1915**・8・10 社
盥・手洗い・銚子・堤 ❸ **1322**・9・12 社
炭酸曹達(ソーダ) ❻ **1880**・11 月 社
茶共進会 ❻ **1879**・8・1 社
茶埦(碗) ❷ **1006**・10・20 政／**1025**・8・7 政
鋳工場(広島) ❻ **1865**・1・29 社
鋳砲・造船の書 ❺-2 **1833**・3 月 政
超 LSI(高密度集積回路) ❾ **1977**・4・6 文／**1978**・4・19 文／**1982**・11・10 文／**1984**・2・23 文／**1988**・1・17 文／**1990**・7・11 文
貯木所 ❻ **1886**・4・16 社
沈鐘筥 ❸ **1441**・5・26 文
ディーゼルエンジン ❽ **1939**・4 月 社／**1943**・10・19 政
ディーゼル機関 ❼ **1907**・是年 社／**1933**・10 月 社／**1935**・2 月 社／是年 社／**1936**・1・28 社／7 月 社
電解ソーダ ❼ **1915**・9 月 社
電子顕微鏡 ❾ **1972**・5・27 文／**1992**・9・25 文／**1995**・6・9 文
電動機(モーター) ❼ **1910**・是年
天然宝石「アレキサンドライト・キャッ アイ」 ❾ **1986**・7・4 文
❾ **1974**・1・11 社／5・21 政
時計 ⇨ 教育の度量衡「時計」
ドライ・アイス ❼ **1929**・是年 社
トリクロロエチレン ❾ **1987**・3・27 政
ナイロン ❽ **1951**・6・11 政
ナイロン樹脂 ❽ **1945**・3 月 社
ナイロンテグス ❽ **1947**・3 月 社
75000 キロワット蒸気タービン ❽ **1937**・6 月 社
ナノカプセル ❾ **1993**・3・31 文
鍋 ❷ **1213**・11 月 社
生ゴム ❽ **1937**・12・2 政
奈良桶 ❹ **1502**・3・18 政
縄 ❹ **1585**・⑧・25 政
縄網 ❸ **1296**・3 月 社
塗師 ❸ **1432**・10・11 社
ノンラッチアップ ❾ **1984**・是年
拝殿開発御用掛(弘前藩) ❺-2 **180** 10・15 政
爆発物取締罰則 ❻ **1882**・12・27 政 **1884**・12・27 政
歯車 ❼ **1897**・是年 政
八丈絹 ❷ **1132**・9・23 政
発泡スチロール ❽ **1960**・是年 社
伐木仲買問屋 ❺-2 **1779**・3 月 政
花莚検査規則 ❼ **1905**・5・15 社
パワーショベル ❼ **1930**・是年 社
半導体(IC) ❾ **1980**・2 月 政／**198** 5・31 政／**1986**・4・24 政／**1988**・2・1 文／**1990**・6・7 文／**1991**・2・13 文／**1992**・6・20 文
半導体レーザー ❾ **1983**・9・14 文
ピストンリング ❼ **1926**・11・15 社 ❾ **2007**・7・23 政
ビニロン ❽ **1950**・11・11 政
ビニロン・プラント ❽ **1963**・8・20 ／**1964**・5・9 政
百円ガスライター(使捨て) ❾ **197** 5 月 社／**1994**・5・27 政
肥料需給安定法 ❽ **1954**・6・10 政
肥料消費調整規則 ❽ **1939**・12・28
肥料制限会社 ❽ **1947**・2・17 政
肥料用塩安 ❽ **1950**・4・25 社
檳榔(びろう) ❷ **1029**・8・2 政
檜曲物 ❷ **1040**・12・27 文
Pin ダイオード ❽ **1950**・9・11 文
フェライト ❼ **1935**・12・7 政
伏樋 ❸ **1399**・5・7 社
分割陽極マグネトロン ❼ **1927**・是 政
ベアリング ❼ **1914**・2・20 政
ベークライト ❼ **1915**・是年 社
ベセマー転炉工場 ❻ **1893**・11 月
ベニヤ ❼ **1923**・是年 社
ボイラー製造 ❻ **1894**・4 月 社
ボール紙 ❼ **1907**・是年 社
ボールベアリング(国産) ❾ **1977**・2 5 政
ポリエステル ❽ **1957**・2・7 政／**1958**・4・7 政
ポリバケツ ❽ **1957**・10 月 社
ポリビニルアルコール(合成一号)

1942·2·2 社
ポリプロピレン　❽ 1960·9·13 政
ポリ容器　❽ 1961·4·4 社
梵鐘鋳造　❹ 1563·12·4 社
マグネシウム　❼ 1931·4月 社
マグネシウム·リチウム合金　❾ 1993·11·28 文
マグネトロン　❼ 1928·1·25 社
マッチ　❻ 1873·是年 政／ 1875·1月 社／ 4月 社／ 1876·9月 社／❽ 1940·6·1 社／ 10·4 社／ 1947·9·12 社／ 1948·9·16 社／ 1950·3·30 社
　黄燐燐寸製造禁止法　❼ 1921·4·11 社
　新燧(しんすい)社　❻ 1876·9月 社
　磨附木(すりつけぎ)製造所　❻ 1875·1月 社
　マッチ伝来記　❻ 1877·8月 政
　マッチ輸出を無税に　❻ 1877·3·3 社
　マッチ(輸入から輸出へ)　❻ 1880·8月 政
　マッチ製造業者　❼ 1898·12·1 社
みがき板硝子　❾ 1966·1月 政
宮原式水管ボイラー　❼ 1897·12·27 社
明礬会所　❻ 1856·8·3 社／ 1858·12·23 文
筵(むしろ)　❷ 1161·9·28 社
メタノール　❼ 1932·是年 社
木材薪炭生産令　❽ 1944·6·29 社
木材統制法　❽ 1941·3·13 政
木製バケツ　❽ 1938·是年 社
木炭　❽ 1939·9·29 社／ 1940·11·15 社／ 1943·5·1 社／ 1947·7·14 社／ 1948·1·11 社／ 1950·3·15 社
木炭ガス発生機　❽ 1941·10月 社
夜久貝　❷ 1029·8·2 政
有機ガラス　❽ 1938·是年 社
有機合成事業法　❽ 1940·4·4 政
湯釜　❷ 1159·4·15 社
油槽(オイルタンク)　❻ 1893·3·9 社
油送管　❻ 1879·11月 社
ユニオン·メルト式自動溶接機　❽ 1950·9月 政
ユリア樹脂　❼ 1935·是年 社
横軸フランシス·タービン　❼ 1916·是年 社
硫安　❽ 1956·7·26 政
硫安(配給組合)　❼ 1910·6月 政／ 1932·9·21 政
硫安輸出調整臨時措置法　❽ 1954·6·10 政
硫酸　❻ 1872·是年 社
硫酸製造(民間初)　❻ 1879·5月 社
流動式ハイドロオフォーミング装置　❽ 1954·12·1 政
ロータリーエンジン　❾ 1967·5·30 社／ 1972·10·18 社／ 1973·6·4 社／ 1975·4·8 社／ 1978·3·30 社

職人·職工

藍作手奉行　❷ 1212·11·11 社／ 1238·5·11 政
穴太の者　❹ 1488·1·29 社
綾織手　❹ 1481·11·9 社
筏士(いかだし)　❹ 1588·9·14 社
石垣·石積　❹ 1488·1·29 社
石切·石工(棟領職·屋敷·條規)　❹ 1553·4·2 社／ 1557·12·20 社／ 1559·11·2 社／ 1568·6·28 社／ 9·5 社／ 10·16 社／ 1575·3·7 社／ 1581·11·20 社／ 1583·12·9 社／ 1585·9·4 社
石引き　❹ 1457·4·22 文
鋳物　❺-2 1735·③月 社／ 1736·3·18 社／ 1752·7·6 社／ 1776·8·21 社／ 1794·8月 社
　鋳物師(いもじ)　❷ 1181·3·17 文／ 1182·7·23 文／ 1183·2月 文／ 1184·1·5 文／ 1203·建仁年間 文／ 1213·11月 社／ 1248·12月 社／ 1277·11·5 社／❸ 1311·⑥·8 社／ 1376·5·14 社／ 1413·5月 社／ 1432·2·14 社／ 1449·⑩·14 社／ 1450·4·29 社／ 1451·1·11 社／ 8·12 社／❹ 1507·4月 文／ 1525·4·2 社／ 1532·11·16 社／ 1540·3·11 社／ 1543·3·16 社／ 6·11 社／ 1558·6·17 社／ 1568·3·6 社／ 1569·7·20 社／ 1571·1月 社／ 6·23 社／ 1574·9·13 社／ 1577·8·6 社／ 1578·3月 文／ 1580·3·9 社／ 1585·9·2 社／ 1586·7·25 社／ 1587·1·15 社／ 4·28 社／ 7·11 社／ 1589·12·30 社
　　鋳物師惣大工職　❸ 1432·2·14 社
　　鋳物師惣官　❷ 1266·12·13 社
　　鋳物師惣官職(河内)　❷ 1168·是年 社
　　鋳物師由緒書　❹ 1553·3月 社
　　右方鋳物師　❷ 1266·12·13 社
　　廻船鋳物師　❷ 1266·12·13 社
　　左方鋳物師　❷ 1266·12·13 社
　土鋳物師　❷ 1266·12·13 社
　燈炉作手鋳物師　❷ 1213·11月 社／ 1214·5月 社／ 1222·5月 社／ 1233·10月 社／ 1236·11月 社／ 1237·6·17 社／ 8·17 社／ 1248·12月 社／ 1262·12月 社
石作　❸ 1342·12·5 社
扇屋　❸ 1407·5·11 社
大鋸(引·おおがひき)　❹ 1561·③·28 社／ 1568·3·2 社／ 1571·6·1 社／ 1576·11·11 社／ 1577·10·22 社／ 1583·8月 社／ 1591·10·29 社
桶結職　❹ 1576·11·11 社／ 1581·7·23 社／ 1583·8月 社／ 11·18 社
織部司　❷ 1246·6·9 社
傘張り職人　❹ 1489·5·3 社
鍛冶　❹ 1518·10·28 社／ 1522·6·3 文／ 1543·7·2 社／ 1553·11·9 社／ 1564·12·1 社／ 1565·4·28 社／ 12·3 社／ 1571·7月 文／ 1572·3·17 社／ 1576·11·11 社／ 1583·8月 社／ 1584·7·28 社／ 11·14 社／ 1588·9·9 社
　鍛冶役(座)　❹ 1544·1月 社／ 1575·12·26 社
　鍛冶大工　❸ 1342·12·5 社／ 1406·10·4 社
　鍛冶正　❶ 771·11·18 社
　鍛冶司(かぬじ)　❶ 704·4·9 政／ 744·4·21 政／ 808·1·20 政
金掘·金山衆　❹ 1486·是年 社／ 1513·5月 政／ 1517·8·19 政／ 1543·5·1 社／ 1571·2·13 社／ 1574·6·14 政
鉄山師　❺-2 1725·7月 社
金作　❶ 752·2·21 社
壁塗大工　❸ 1342·12·5 社
紙工　❹ 1583·4·1 社
紙荷役　❹ 1523·8·5 社
かめ役　❹ 1583·5·6 社
萱簾(かやすだれ)座　❸ 1415·6月 社
苧公事(からむしくじ)　❹ 1523·11·14 社
皮作·革作·皮革職人　❹ 1526·6·12 社／ 1549·8·24 社／ 1562·3·23 社／ 1565·3·26 社／ 1579·11·13 社
　革作の條規　❹ 1538·3·9 社／ 1558·2·27 社
瓦師大工　❸ 1342·12·5 社
鏡磨師　❹ 1527·8·21 文／ 1533·2·22 社
金銀工　❶ 809·8·28 社
呉器(合器)商売役　❹ 1556·3·19 社
御器役　❹ 1568·6·24 社
紺　❹ 1582·12·12 社
細工師　❶ 809·8·28 社／❹ 1568·5·17 社／ 1576·2·16 社／ 3·10 政／ 4·7 社

軸屋　❹ 1570·10·13 社
宿院仏師(奈良)　❹ 1551·是年 文／ 1552·是年 文／ 1555·11·23 文／ 1556·8·1 文／ 1557·11月 文／ 1559·1·4 文／ 1560·6·18 文／ 1561·是年 文／ 1562·10·13 文／ 1563·1月 文／ 4·1 文／ 7·11 文／ 1564·10·13 文／ 1565·是年 文／ 1573·10月 文／ 1576·是年 文／ 1578·是年 文
職工の海外指導の始め　❻ 1877·3·13 社
鋤鍬　❹ 1584·8·12 社
炭焼(司)　❹ 1561·1·21 社／ 1568·12·6 社／ 1574·9·1 社／ 1581·12·18 社
精煉方(佐賀藩)　❺-2 1852·11·10 政
惣大工職　❹ 1574·9·11 社
蘇木　❹ 1461·12·2 政
杣職　❹ 1576·11·11 社
杣工(役)　❷ 1105·2·22 社／ 1183·3月 社
染付陶器　❹ 1511·是年 文
染殿別当(武蔵)　❷ 1195·7·28 社／ 1203·12·13 社／ 1223·4·9 社
大工職(規則)　❹ 1509·7·19 社／ 1510·4·20 社／ 1511·7·9 文／ 1515·②·4 社／ 1516·5·14 社／ 1559·5·20 社／ 1577·12·21 社
大工惣官職(禁裏)　❹ 1569·3·26 文
大工道具(儀器書含む)　❺-2 1727·是年 文／ 1801·是年 文／ 1841·是年 文
大仏師　❹ 1461·4·28 文／ 6·29 文／ 1479·8·18 文／ 1485·6·30 文
高間(高天)仏師　❹ 1459·8·7 文
薪商売　❹ 1569·4月 社
畳刺　❹ 1594·是年 社
太刀商売　❹ 1521·12·17 社
茶役　❹ 1583·12·12 社
鋳剣匠　❸ 1445·2·7 政
鋳製方　❺-2 1846·5·1 政

筒屋　❹ 1570·10·13 社
椿井(つばい)仏師　❹ 1460·5·29 文／1502·6·1 文／1535·11·18 文／1539·7月 文
鉄砲鍛冶　❹ 1534·是年 政／1600·7·28 政
銅工　❶ 752·2·21 社
刀工(備前)　❹ 1488·8·20 社
刀工(美濃)　❹ 1533·11·24 文
銅匠　❸ 1343·10·28 政
銅鉄匠　❸ 1418·8·14 政
奈良鍛冶　❷ 1232·3·17 社
塗師　❹ 1533·3·20 文／1561·8·6 社／1562·1·23 社／1570·10·13 社／1583·12·19 社／1589·8·9 社
寝藍　❹ 1510·6·3 社
薄濃　❹ 1574·1·1 社
箸屋　❹ 1570·10·13 社
馬借(ばしゃく)　❹ 1466·11·17 社／12·14 社／1472·9·3 社／1477·11·3 社
番鍛冶改定朱印定書　❹ 1568·6·6 社
番匠　❹ 1532·12·21 社／1563·11·24 社／1568·6·28 社／9·25 社／1569·10·6 社／1575·12·6 社／1576·2·26 社／6·17 社／1577·4·3 社／⑦·19 社／1579·2·8 社／1588·9·9 社／1589·1·8 社
　番匠の條規(相模府津)　❹ 1555·5·28 社
番水　❹ 1475·7·3 社
檜物師　❷ 1223·3月 社
檜皮師(ひわだし)　❸ 1342·12·5 社
舟大工　❹ 1573·4·28 社
蒔絵師　❹ 1553·10·13 文／1557·10·13 文
造酒正(みきのかみ)　❸ 1322·2·19 社／1410·10·23 社／1415·6·3 社
木工長　❸ 1342·12·5 社
主水司(もんどのつかさ)　❷ 1122·5月 社
屋根葺　❹ 1543·5·26 社／1576·11·11 社／1583·8月 社
山造·山作衆　❹ 1554·4·14 社／1557·2·12 社／1561·8·25 社／1573·4·30 社／1579·5·23 社／1584·12·3 社
油蠟工　❹ 1598·7·16 社
甲作　❶ 752·2·21 社
轆轤(ろくろ)工　❶ 809·8·28 社
轆轤師　❹ 1551·12·2 社／1583·6月 社
倭鉄工　❸ 1439·2·20 社
製糸·繊維
『操短白書』(全織同盟)　❽ 1955·4·19 社
足踏繰糸機　❻ 1872·5月 社
アメリカ絹業視察団　❼ 1920·3·11 政
アリザニン染料　❼ 1912·是年 社
伊勢崎染織学校　❼ 1898·11·27 社
インド綿輸送契約　❻ 1893·9·9 政／1894·3·6 政
織殿(京都府織工場)　❻ 1875·1月 社
織物業の盛衰　❻ 1859·11·20 政
川島織物西陣工場　❻ 1884·5月 社
甘楽社(群馬)　❻ 1880·5月 社
生糸·蚕卵紙改印　❻ 1865·12月 社
生糸製造取締規則　❻ 1877·4·25 社
生糸直輸出奨励法　❼ 1897·4·27 政
生糸暴落　❼ 1907·10月 政／1930·10·25 政／1933·11·8 政／1934·4·30 政
生糸·繭共進会　❻ 1879·11·1 社
生糸輸出　❼ 1907·是年 政／1909·是年 政／1931·1·9 政
機械紡績機(ガラ紡機)　❻ 1876·9月 社
京都府営織工場　❻ 1873·是年 社
群馬の織物業界混乱　❼ 1896·10月 政
絹業試験所　❼ 1918·4·1 社
合成染料　❼ 1917·9月 社
合繊減産指導実施　❾ 1977·9·21 政
神戸市立生糸検査所　❼ 1924·1·24 政
コールタール染料　❼ 1924·6·7 政
小林機織器械　❻ 1887·11月 社
在華日本紡績同業会　❼ 1925·6·18 政
佐野織物取引市場　❼ 1924·2·11 政
蚕糸業組合　❻ 1885·11·2 社／1886·6·1 社／❼ 1931·3·30 政
蚕糸業同業組合中央会　❼ 1915·9·30 政／1916·3·23 政
蚕糸業統制法　❽ 1941·3·13 政
蚕糸諮詢会　❻ 1883·5·18 社
蚕卵紙·生糸改所　❻ 1868·5·1 社
糸価安定(融資補償)　❼ 1929·3·28 政／1930·3·8 政／1932·7·1 政
ジャガード機　❻ 1873·是年 社
織機(足踏式)　❻ 1885·是年 社
職工争奪防止規則　❻ 1892·7·23 社
織布工場(豊田佐吉、東京進出)　❻ 1892·10月 政
紳士服不当値引表示販売　❾ 1993·11·19 政
新織機(豊田佐吉)　❼ 1906·1月 社
製糸機械(水車動力)　❻ 1859·6月 社
製糸業法　❼ 1932·9·7 政
製糸取引会社　❻ 1876·7·8 政
繊維工業設備臨時措置法　❽ 1956·6·5 政／1964·6·16 政
繊維産業総合対策審議会　❽ 1955·8·19 政
繊維製品品質表示法　❽ 1955·8·15 政／1963·2·6 社
繊維操短(不況対策)　❽ 1951·6·9 政／1952·2·25 政／3·1 政／1958·8·15 政
全国乾繭販売購買組合連合会　❼ 1935·12·3 政
千住製絨所　❻ 1879·9·27 社／1883·12·29 社／1886·4·16 社／1888·7·4 社
染料医薬品製造奨励法　❼ 1915·6·21 政
染料製造奨励法　❼ 1925·3·30 政
操業短縮(綿紡績)　❽ 1955·5·1 政
染粉(舶来)　❻ 1876·6·22 社
大日本紡績同業連合会　❻ 1888·6月 政
大日本紡績連合会(操業短縮)　❼ 1914·8·1 政／1915·8·30 政／1927·5·1 政
大日本綿糸紡績同業連合会　❻ 188[illegible]·10月 政／1890·6·15 政／11·15 政
高柳式力織機　❼ 1905·2月 社
多條繰糸機　❼ 1923·是年 社
築地製糸場　❻ 1871·8月 社
東京貿易雑貨商組合　❻ 1892·1·7 [illegible]
富岡製糸場(所)　❻ 1872·10·4 社／1873·6·24 社／1886·4·16 社／189[illegible]·9·10 政
豊田式紡織機　❼ 1898·8·1 社／1906·10·10 社／1925·8·10 社／❼ 1906·12月 政／1907·2·9 政／1911·10月 政／1926·11·17 政／1929·12·21 社／1935·12·14 政
捺染機　❼ 1898·是年 社
錦織工場　❻ 1886·4·16 社
日英綿業協議会　❼ 1934·2·14 政
日本人絹連合会　❼ 1927·3·20 政
日本繊維工業(再建)　❽ 1946·2·2 [illegible]／1964·6·10 政
日本紡績連合会委員会　❼ 1915·4·2[illegible] 政
日本輸出莫大小同業組合連合会　❼ 1917·11·8 政
日本羊毛工業会　❼ 1920·9·4 政／1928·8·10 政
米国綿業使節団　❽ 1948·2·12 政
米綿初荷　❽ 1946·6·5 政
紡機自主廃棄　❾ 1977·9·14 政
紡織機(英)　❻ 1878·4月 社
紡績連合会　❻ 1882·10月 政／1883·4月 社
前橋器械製糸所　❻ 1870·6·22 社
前橋精糸会舎　❻ 1877·8月 社
繭糸織物共進会　❻ 1887·10·15 社
繭生糸木綿織物共進会　❻ 1882·10月 社
ミュール精紡機(国産)　❻ 1880·是年 社
民間器械紡績工場　❻ 1873·1·1 社
メリヤス編　❻ 1871·5月 社
メリヤス織機　❻ 1875·4月 社
綿スフ織物業生産設備制限規則　❽ 1954·11·2 政
綿スフ紡績業整備要綱　❽ 1943·8·5 政
綿製品·ステープルファイバー等混用規則　❽ 1937·12·27 社
綿·繊維工業生産能力　❽ 1946·3·8 社／12·30 政／1947·2·7 政
結城染織学校　❼ 1898·12·4 社
輸出生糸検査法　❼ 1926·3·29 社／1929·9·26 政
輸出生糸取引法　❼ 1934·4·7 政
輸出絹物検査規定　❼ 1915·3·27 政
輸出羽二重検査所規則　❼ 1911·5·1[illegible] 政／1915·6·30 社
輸出羽二重精練業法　❼ 1906·4·6 政
輸出用真田(紐)取締規則　❼ 1915·8·1 社
洋式織機　❻ 1857·是年 社
洋式紡績工場の始め　❻ 1867·5月 社
羊毛紡績業　❾ 1979·2·19 政
横浜生糸取引所　❽ 1951·2·24 政
横浜生糸貿易規則協定　❼ 1900·1·16 政

レーヨン ❾ 2000·10·24 社
炭 ❹ 1471·1·15 社／❺-2 1727·10·3 社／1730·是年 社／1738·12月 社／1788·是年 社／1791·是年 社／1800·是年 社／1803·享和年間 社／1843·天保年間 社／1852·6月 社／❻ 1853·7·10 社／1857·是年 社／1858·3·7 社／1859·4·16 社／1860·7·1 社／❽ 1945·11·27 政／1946·12·17 政／1960·7·28 政／❾ 1966·8·26 政
カッペ(坑道用鉄枠)採用 ❽ 1948·3月 政
カナダ炭 ❽ 1947·5·21 政
国際石炭会議 ❽ 1963·10·15 政
採石場 ❹ 1583·8·29 社
産炭地域振興臨時措置法 ❽ 1961·11·13 社
石炭会所(兵庫) ❻ 1867·10·19 社
石炭鉱業合理化臨時措置法 ❽ 1955·8·10 政／1960·9·1 政
石炭鉱業再建整備臨時措置法 ❾ 1967·7·5 政
石炭鉱業調査団 ❽ 1962·4·6 政
石炭産地·産額 ❻ 1853·7·10 社
石炭政策転換最高指導会議 ❽ 1961·9·25 政
石炭増産奨励金 ❽ 1940·5·4 政
石炭対策 ❾ 1969·1·10 政／5·12 政／1972·7·4 政／1981·8·4 政
石炭取締局 ❻ 1868·7月 社
石炭配給統制(規則、法、配炭公団) ❽ 1938·9·19 政／1940·4·8 政／1944·3·28 政／1947·4·15 政／1949·8·11 政
石炭販売規則 ❽ 1939·8·16 政
石炭非常時対策 ❽ 1946·6·7 政／1947·10·3 政
石炭山新坑開発助成金 ❽ 1940·5·4 政
石炭山法度 ❺-2 1790·1·26 社
炭鉱国家管理(案、法) ❽ 1947·6·28 政／9·5 政／11·25 政／1948·4·1 政／11·12 政
炭鉱統合実施 ❽ 1943·9·1 政
炭鉱復興資金 ❽ 1947·7·25 社
三井石炭鉱業三池鉱業所 ❾ 1997·2·17 社
優良炭鉱従業員 ❽ 1948·11·19 社
臨時石炭鉱業管理法案 ❽ 1947·9·5 政／1950·5·20 政
レツベ·ホーベル採炭機 ❽ 1956·3月 政
石油 ❺-1 1645·是年 社／❺-2 1752·8月 社／1765·8月 社／❻ 1871·12月 社／1873·10·15 社／1877·3月 社／❼ 1914·5·26 社／1925·4·28 社／1935·3·20 社／❽ 1940·5月 政／7·26 政／11·12 政／1945·10·14 社／1948·8·5 政／1962·2·16 政／❾ 1974·2·5 政／3·16 政
秋田市浜田海岸沖海底油田 ❽ 1959·11·10 政
秋田土崎沖海底油田 ❽ 1962·6·27 政
アザデガン油田 ❾ 2004·2·17 政
アメリカ重油 ❽ 1947·5·21 政
ウムアダルク油田 ❾ 1977·8·11 政
液化天然ガス(LNG) ❾ 1969·11·4 政／1992·6·17 政
エチレン ❾ 1991·2月 社
オイルショック ❾ 1973·10·6 政／10·16 政
海底油田掘削、世界初成功 ❻ 1888·7·14 政
鹿島石油化学コンビナート ❾ 1971·1·20 政
ガス料金 ❾ 1974·9·3 社／1980·3·19 政
ガソリン価格 ❾ 1974·4·1 社／2004·8·23 政／2007·11·14 社／2008·6·4 政
家庭用灯油·液化石油ガス ❾ 1974·1·11 社
家庭用灯油価格 ❾ 1975·6·1 政
北スマトラ油田開発協定 ❽ 1959·9·5 政／1960·4·7 政
揮発油及び重油販売取締規則 ❽ 1938·3·7 政
揮発油税法 ❽ 1937·3·30 政
揮発油販売業法 ❾ 1976·11·25 政
原油「シェールオイル」 ❾ 2012·10·3 政
原油価格の高騰 ❾ 2005·4·6 政
原油備蓄 ❾ 1969·9·12 政／1974·10·3 政／1975·12·27 政／1978·12·21 政／1979·1·10 政／11·21 政／1982·2·25 政／1987·2·14 政／1988·10·1 政／2005·9·14 政
高級潤滑油 ❽ 1940·9月 社
サウジアラビア油田開発 ❽ 1957·6·21 政
サハリン大陸棚石油·ガス開発融資契約 ❾ 1975·10·21 政／1981·1·27 政
重油消費規則 ❽ 1954·9·27 政
重油ボイラー規制 ❽ 1955·8·10 政
松根油 ❽ 1944·10·23 政／1945·2·8 政／7·25 社
人造石油工業 ❽ 1938·7月 政
人造石油製造事業法 ❽ 1937·8·10 政
製油所 ❽ 1949·7·13 政
石油ガス税法(LPG法) ❾ 1965·12·29 政
石油·天然ガス資源開発特別措置法 ❾ 1978·6·21 政
石油·電力使用節減対策 ❾ 1974·1·11 政
石油開発公団 ❾ 1978·6·27 政
石油化学センター ❽ 1961·11·14 政
石油業界の大合同 ❼ 1901·12·21 政
石油業法 ❼ 1934·3·28 政／❽ 1962·5·11 政
石油緊急対策要綱 ❾ 1973·11·16 政
石油資源開発法 ❽ 1938·3·28 政
石油需給適正化法 ❾ 1973·12·22 政
石油精製所 ❺-2 1852·4月 社
石油製品の卸価格 ❾ 2006·7·26 政
石油製品を輸出許可制 ❽ 1941·6·21 政
石油専売法 ❽ 1943·3·12 政
石油代替エネルギー開発 ❾ 1980·5·30 政／11·28 政
石油タンクの不等沈下問題 ❾ 1975·1·21 政
石油取締規則 ❻ 1881·8·13 社
石油の管理権 ❽ 1948·9·2 政
石油配給統制規則石油配給公団法 ❽ 1939·9·23 政／1947·4·15 政
石油発動機 ❻ 1884·是年 社／1895·3月 社
石油販売協定 ❼ 1910·2·3 政
石油保有量 ❽ 1941·11·1 政
石油輸出国機構(OPEC) ❾ 1979·3·27 政
石油連盟 ❾ 1975·2·19 政
ソ連石油の輸入 ❽ 1958·3·26 政
大慶油田原油輸入 ❾ 1973·4·25 政
大陸棚油田開発 ❾ 1983·9·5 政
帝石山県工業所油井自噴 ❽ 1953·10·12 社
天然ガス ❾ 1983·2·1 社／2005·2·18 政／2012·6·22 政
燈油高騰 ❾ 2007·11·28 政
特定石油製品輸入暫定措置法 ❾ 1985·12·20 政
新潟石油噴出 ❻ 1892·8·31 社
日本石油開発技術交流訪中団 ❾ 1978·7·24 政
日本石油基地会社 ❾ 1969·9·12 政
ファウザー式重油ガス化技術 ❽ 1953·11·18 政
芳香族系石油化学工場 ❽ 1957·12月 政
渤海海底油田 ❾ 1979·12·6 政
満洲国石油専売法 ❼ 1934·11·13 政
満鉄撫順製油工場 ❼ 1929·12月 社
メキシコ原油輸入 ❾ 1979·8·10 政
四日市石油コンビナート ❽ 1959·3月 政
ルムット基地(ブルネイ) ❾ 1973·4·4 政
ロータリー式掘削機 ❼ 1914·5·26 社
造船·船舶
浮船渠·浮ドッグ ❼ 1905·5·4 社／1910·1·27 社／1918·10·16 政／1927·6·15 社
浦賀造船所 ❻ 1853·11月 社
浦賀ドック ❼ 1899·6·15 社
大船修復場(ドック) ❻ 1858·4月 社
外航船舶建造融資利子補給 ❽ 1953·1·5 政
外国船購入許可 ❻ 1861·6·19 社／1862·7·4 政
外国船の修理·改装 ❽ 1948·8·18 政
飾船 ❶ 570·7·1
乾ドック ❻ 1859·是年 社
君沢型(スクーナー型船) ❻ 1856·4·23 社
クレーン(呉軍港) ❻ 1893·12·15 社
軍需造船供木運動 ❽ 1943·2·11 社
計画造船 ❽ 1942·5·14 政／1949·9·13 政
検船使 ❶ 732·是年 社
遣唐使船 ❶ 732·9·4 社／761·10·10 社／771·11·1 社
遣唐使船〈佐伯〉 ❶ 706·2·22 社
遣渤海使船 ❶ 763·8·12 社
国産汽船 ❻ 1855·7·3 政／1857·5月 政
国産鋼鉄船 ❻ 1890·5·31 社
潮入船渠 ❼ 1908·12·4 社
社有船 ❻ 1879·3月 社

修理船舶長官 ❶ **837**·9·21 社
蒸気船購入(佐賀藩) ❻ **1858**·11·6 政
諸国川浚令 ❻ **1862**·6·16 社
新羅船 ❶ **839**·7·17 社／**840**·9·15 政
新造船調査 ❾ **1965**·12·13 政
西洋型船舶の数 ❻ **1880**·9月 社
西洋型造船 ❻ **1855**·3·22 政／**1875**·5·27 社／**1878**·10月 社
世界造船実績 ❽ **1953**·3·4 政／**1958**·1·21 政
船渠(横須賀製鉄所) ❻ **1871**·2·6 社
船渠(佐世保軍港) ❻ **1895**·12·5 社
船渠(長崎製鉄所) ❻ **1879**·5月 社
戦時標準船 ❽ **1939**·3月 政／**1942**·1·26 政／**1943**·1·12 政／3·22 社／**1945**·9·15 政
船舶用レーダー ❽ **1950**·10·18 社
船舶を集める ❶ 書紀·仲哀 9·9·10
造船 ❶ 書紀·崇神 17·7·1／**618**·是年 政／**642**·9·3 社／**650**·是年 政／**661**·是年 政／**700**·10·26 政／**701**·8·14 政／**775**·6·19 政／**776**·6·7 社／**778**·11·18 社／**787**·12·9 政
　造船(100トン以上) ❽ **1946**·2·14 政
　造船学科(東京大学) ❻ **1884**·5·17 文
　造船業 ❾ **1988**·3·30 政／**1991**·12·10 政
　造船工業会 ❾ **1989**·9·21 政
　造船事業法 ❽ **1939**·4·5 政
　造船受注高 ❾ **1994**·1·18 政
　造船奨励法 ❼ **1896**·3·24 政／**1909**·12·1 政／**1918**·7·25 政
　造船統制会 ❽ **1942**·1·28 政
　造船使 ❶ **834**·2·2 社／8·4 社
大船渠(横須賀海軍工廠) ❼ **1916**·1·26 政
大船建造 ❻ **1853**·9·15 政／11·12 政／**1854**·2·22 政／**1858**·2·2 政／**1861**·6·19 社
薪 ❶ **675**·1·3 社
タンカー ❾ **1983**·3·28 政
鉄鋼船および10トン以上の木造船の建造 ❽ **1946**·8·22 政
鉄製汽船 ❻ **1882**·5·1 社
鉄製船 ❻ **1871**·是年 社
独底船 ❶ **719**·1·1 社
長崎造船所 ❻ **1856**·10月 社／**1871**·4·9 政／**1883**·2月 社／**1884**·7·6 政／**1887**·6·2 政
20万トンドック(長崎造船所) ❾ **1965**·9·24 社
100万トンドック(長崎造船所香焼工場) ❾ **1972**·10·22 政
日本建造量(造船) ❾ **1976**·6·21 政／12·6 政
バッテイラ(ボート)製造 ❻ **1854**·9·17 社
飛舟 ❶ **722**·4·21 社
兵庫造船局 ❻ **1871**·12·26 政
両枝船 ❶ **402**·11·6
船司(ふなつかさ) ❶ **553**·6月
船 ❶ **553**·6月
船〈枯野〉 ❶ 書紀·応神 5·10月／応神 31·8月
船賦 ❶ **553**·6月
フローティング·クレーン ❽ **1940**·4月 政
ブロック建造方式造船 ❽ **1950**·9月 政
栫削 ❶ **752**·2·21 社
調船(みつぎふね) ❶ **453**·1·14
民営造船所 ❻ **1876**·10·30 政
木造大型帆船(川島造船所) ❻ **1856**·7·12 政
木造船(最大) ❻ **1883**·2月 社
木造船輸出契約締結 ❽ **1947**·9·19 政
洋式船新造(姫路藩) ❻ **1858**·7·17 社
洋式帆船 ❻ **1858**·7·25 社
横須賀造船所 ❻ **1871**·4·9 政／**1876**·1月 政／**1877**·6·22 政／**1887**·6·17 政
横須賀造船所ドック ❻ **1884**·7·21 社
和船五百石以上、建造禁止 ❻ **1885**·7·8 社

堤防·用水·池·土木·灌漑施設

運河法 ❼ **1913**·4·9 社
土木監督署官制 ❻ **1890**·8·2 政
会津日橋堰 ❺-1 **1622**·是年 社／**1680**·是年 社
愛知賀茂用水 ❻ **1887**·7月 社
愛知用水 ❽ **1955**·8·6 政／**1957**·11月 社／**1961**·9·30 社
阿賀野川(新発田藩) ❺-2 **1738**·4·7 社／**1759**·3·12 社／❻ **1854**·8·15 社
あさか水路(埼玉) ❽ **1964**·8·25 社
安積疎水 ❻ **1873**·3月 社／**1879**·12·27 社／**1882**·10·1 社
浅草大川筋 ❺-2 **1789**·9·17 社
浅草日本堤 ❺-1 **1620**·是年 社
旭川ダム(北海道) ❽ **1954**·5·30 社
飛鳥堰溝(大和) ❶ **826**·3·1 社
迹見池(河内) ❶ 書紀·垂仁 35·10月
荒川放水路 ❼ **1924**·10·12 社
荒瀬ダム(熊本) ❾ **2002**·12·10 社
有明海干拓地帯(長崎) ❽ **1956**·8·17 社
阿波袋井用水 ❺-1 **1699**·是年 社
安藤井手(因幡八上郡家村) ❺-2 **1820**·是年 社
五十里ダム(栃木藤原町) ❽ **1956**·8·29 社
池·溝(用水路) ❶ 書紀·垂仁 35·是年
池の灌漑法 ❶ **822**·7·2 社
池溝堰堤を修理 ❶ **774**·9·6 社／**826**·7·15 社／**908**·11·17 社
井堰堤防修築規則 ❺-2 **1737**·5月 社
池田ダム(四国吉野川) ❾ **1975**·3·29 社
諫早湾干拓 ❾ **1978**·10·28 政／**1992**·10·5 社／**1997**·4·14 社／**2001**·8·28 政／11·26 社／**2002**·4·15 社／**2004**·8·26 社／**2005**·5·16 社／**2008**·6·27 社／**2010**·12·6 社
胆沢川石淵ダム(岩手) ❽ **1954**·1·10 社
石川ダム(沖縄) ❽ **1949**·1·1 社
伊豆諸河川の浚渫助役 ❺-2 **1786**·12·6 社
出雲神門郡、来原岩樋 ❺-1 **1700**·是年 社
伊勢·美濃·尾張の河川堤防 ❺-2 **1766**·2·7 社／8月 社／**1767**·12·10 社／**1768**·4·5 社／**1776**·7·2 社／**1779**·2·7 社／**1783**·7·12 政／**1799**·4·27 政／**1815**·9·9 社／**1824**·1·26 社／**1851**·3·29 社
伊勢多気郡五桂池(和歌山藩) ❺-1 **1671**·是年 社
石上溝(大和) ❶ **403**·10月
伊奈備前堤(木曾川御囲堤) ❺-1 **1609**·是年 社
稲荷中江(塚田用水)開削完成(越後高田平野) ❺-2 **1811**·是年 社
猪苗代湖疏水 ❻ **1882**·10·1 社
伊予塩成堀切 ❺-1 **1610**·是年 社
磐余池(磐余市磯池·大和) ❶ **402**·11月
インクライン(京都·蹴上) ⇨ 琵琶湖(びわこ)疏水
上野不忍池 ❺-2 **1747**·3月 社
宇治川 ❺-2 **1831**·4·18 社
畝傍池(大和) ❶ **613**·11月 社
廐坂池(未詳) ❶ 書紀·応神 11·10月
永代島築地 ❺-1 **1700**·是年 社
越後中江用水 ❺-1 **1674**·是年 社
越後松が崎掘割 ❺-2 **1730**·8·21 社
越中牛ヶ首用水 ❺-1 **1624**·是年 社／**1634**·是年 社／**1654**·是年 社
江戸浅草堀割 ❺-1 **1668**·10·12 社
江戸麻布·三田新堀 ❺-1 **1667**·8·9 社
江戸海岸埋立て ❺-1 **1639**·8·7 社
江戸川通水 ❺-1 **1640**·1月 社
江戸神田川 ❺-1 **1620**·9·28 社
江戸小石川通渠 ❺-1 **1661**·4·11 社
江戸三十三間堀 ❺-2 **1828**·5·3 社
江戸品川用水 ❺-1 **1691**·是年 社
江戸芝新堀船入堀 ❺-1 **1698**·7·18 社
江戸深川 ❺-2 **1851**·11·27 社
江戸深川修治奉行 ❺-1 **1705**·5·21 社
江戸深川州崎 ❺-1 **1698**·6·23 社
大井川(保津川) ❺-1 **1606**·8月 社／**1705**·7·28 社／❺-2 **1722**·1·28 社／**1736**·1·12 社／4·28 社
大井堰修理使(山城) ❶ **887**·4·3 社／**961**·6·21 社
大垣今村·古宮二郷排水路 ❺-2 **1783**·是年 政
大坂川 ❺-1 **1704**·1·15 社
大坂九條島安治川 ❺-1 **1684**·2·11 社
大坂の総川々大浚渫 ❺-2 **1830**·4·1 社／**1831**·2·8 社／4·18 社／**1832**·3月 社
大隅大根占用水 ❺-1 **1665**·是年 社／**1676**·是年 社
大隅串良用水 ❺-1 **1664**·是年 社
大隅桑原郡宮内原用水 ❺-2 **1716**·4月 社
大隅国分大津川新川 ❺-1 **1664**·10月 社
大隅垂水井河溝 ❺-1 **1693**·是年 社
大隅帖佐触田片子嶽新溝 ❺-1 **1664**

4月 社
大谷川(常陸) ❺-2 1828·5·3 社
大溝(山背) ❶ 607·是冬 社
大淀川観音瀬の水路 ❺-2 1791·6月 社
小か瀬(尾か瀬)井路(豊後日田) ❺-2 1823·8·4 社
奥多摩湖 ❽ 1957·8·17 社
巨椋池干拓(京都) ❼ 1933·6·18 社／❽ 1941·11·9 社
小河内ダム(東京) ❽ 1938·6·5 社／1953·3·31 社／1957·6·6 社
越智池(大和) ❶ 783·4·20 社
お茶水川 ❺-2 1728·12月 社
雄物川放水路(秋田) ❽ 1938·4·27 社
尾張入鹿池 ❺-1 1632·是年 社／1633·是年 社
尾張川除堤 ❺-1 1609·2·4 社
尾張木津用水 ❺-1 1664·是年 社
尾張宮田用水 ❺-1 1608·是年 社／1628·是年 社
甲斐江草村浅尾渠 ❺-1 1648·是年 社
甲斐河中島近津堤 ❺-1 1689·是年 社
甲斐国河川堤防修理 ❺-2 1766·5·15 社／1781·2·7 社／3·22 社／1791·5·24 社／1792·12·4 社
甲斐穂坂渠 ❺-2 1718·3月 社
反折池(河内) ❶ 書紀·崇神 62·11月
河渠巡察使 ❺-1 1669·8·17 社
河渠堤防修理 ❺-2 1737·6月 政／1767·12·6 政／1784·1·27 社
葛西水利の竣工 ❺-2 1719·10·26 社
加治木西別府川の用水工事(鹿児島藩) ❺-1 1659·8月 社
上総堀(掘り抜き井戸の工法)の掘抜井戸 ❺-2 1818·是年 社
加勢山溝(大和) ❶ 826·3·1 社
河川治水 ❶ 書紀·仁徳 11·4·17
河川堤防修築(関東諸国) ❺-1 1688·3·29 社
河川法 ❼ 1896·4·8 政／❽ 1964·7·10 社
肩岡池(倭) ❶ 607·是冬 社
鹿垣池(未詳) ❶ 書紀·応神 11·10月
河損使 ❶ 906·6·8 社
嘉南大圳 ❼ 1920·是年 政
上條堰 ❹ 1572·3·26 社
賀茂川(鴨川·鴨河)堤 ❶ 909·6·19 社／910·7·7 社／❷ 1004·3·10 社／6·2 社／1127·11·6 社／1142·8·25 社／1212·7·7 社／1263·7·3 社／❸ 1324·8·25 社／❺-1 1670·是年 社／1669·11月 社／1698·是年 社
韓人池(未詳) ❶ 書紀·応神 7·9月
苅坂池(河内) ❶ 書紀·崇神 62·10月
軽池(未詳) ❶ 書紀·応神 11·10月
河北潟干拓 ❾ 1985·5·25 社
川越伊豆殿堀 ❺-1 1655·2月 社
川越寺尾河岸 ❺-1 1638·是年 社
川島堤(長堤) ❺-2 1845·12月 社
河内安治川 ❺-1 1698·6·5 社
河内立売堀(いたちぼり)川 ❺-1 1620·是年 社
河内狭山池 ❺-1 1608·是年 社
(河内)堤防決壊修築 ❶ 785·10·27 社
河内道頓堀川 ❺-1 1614·是年 社／1615·11月 社
河内長堀川 ❺-1 1625·是年 社
河内堀江川 ❺-1 1698·是年 社
川辺ダム(熊本) ❾ 2009·9·17 政
川除普請 ❹ 1546·8·3 社／❺-1 1640·7·25 社
灌漑用水 ❹ 1460·5·8 社／1466·6·28 社
灌漑用水車 ❸ 1429·是年 社
神埼池(備前) ❶ 826·2·16 社
神田川 ❺-2 1827·8·18 社／❻ 1869·3月 社／1879·1月 社／2·26 社
関東·東海道筋河川堤防修築 ❺-2 1747·11·23 政／1760·8月 政／1767·1·29 社／⑨月 政／1775·5·20 政／1780·3·15 社／1781·2·19 社／1787·5·2 社／1791·5·24 社／12月 社／1808·12·15 社／1809·4·22 社／1820·12·15 社／1821·4·16 社／1827·4·28 社／1845·6·3 社／1847·5月 社
紀伊小田井堰 ❺-1 1707·4月 社
紀伊名草郡坂井村の亀池 ❺-1 1710·1月 社
木曾川御囲堤⇨伊奈備前(いなびぜん)堤
木曾川改修工事(鹿児島藩、宝暦薩摩藩治水事件) ❺-2 1753·12·25 社／1754·2·27 社／1755·3·28 政／5·25 政
木曾川河口開掘 ❶ 866·7·9 社
木曾川堤修覆奉行 ❺-1 1659·4·29 社
木曾高須輪中潮除堤 ❸ 1321·12月 政
畿内の堤防 ❺-1 1661·7·12 社
鬼怒川 ❺-2 1722·是春 社
熊谷堤 ❹ 1574·是年 社
熊本八代郡干拓事業 ❼ 1905·1月 社
栗村堰 ❹ 1570·3月 社
黒井堰(鍛冶川) ❺-2 1794·是年 社
黒部川十二貫野用水(越中) ❺-2 1840·是年 社
黒部ダム(黒四ダム、富山) ❽ 1956·4·1 政／1959·9·17 社／1960·10·1 社
京浜運河 ❽ 1939·10·19 社
下水道整備 ❾ 1970·8·25 社
検河内国水害堤使 ❶ 870·7·2 社
工業用水道 ❻ 1853·是年 社／❽ 1956·6·11 社／1958·4·25 政
溝渠の保全 ❶ 855·9·19 社
香達池(山城) ❶ 831·2·9 社
甲府·巨摩郡穂坂堰 ❺-2 1718·9月 社
小貝川 ❺-2 1722·是春 社
児島湾干拓(岡山) ❻ 1884·12·25 社／1889·5·16 政
児島湾潮止め工事 ❽ 1956·2·22 社
嵯峨水道(若狭三方郡) ❺-2 1800·4·16 社
坂手池(大和) ❶ 書紀·景行 57·9月
尺度池(河内·さかといけ) ❷ 1025·6·7 政
相模酒匂(さかわ)堰 ❺-1 1614·慶長年間 社／❺-2 1726·5·25 社
相模諸河川浚利 ❺-1 1708·①·9 社／2·16 社／1709·7·24 社／1710·3·23 社
相模ダム ❽ 1947·6·14 社
狭城池(河内) ❶ 書紀·垂仁 35·10月
佐久間ダム(静岡) ❽ 1952·9·15 政／1953·4·16 社／5·30 政／1956·8·25 社／10·15 社
佐陀川開削工事 ❺-2 1787·是年 社
砂防法 ❼ 1897·3·27 社
狭山池(河内) ❶ 書紀·崇神 62·7·2／762·4·8 社／❷ 1025·6·7 政／❼ 1934·4·1 社
志紀堤(河内) ❶ 770·7·22 社
静岡の三大工事 ❻ 1884·4月 政
次大夫堀⇨武蔵六郷(ろくごう)用水
品川歩行新宿海岸埋立 ❺-2 1768·3·26 社
渋川堤(河内) ❶ 770·7·22 社／772·8月 社
下飯田用水工事(天竜川) ❺-2 1818·是年 社
下筌ダム(しもうけ、熊本) ❽ 1960·6·20 社／1964·6·23 社
下総印旛沼·手賀沼干拓 ❺-1 1662·是年 社
修理左右坊城使 ❶ 831·11·9 政／873·10·9／890·10·30 政
諸国河川の国役普請 ❺-2 1720·5月 政／1725·9·30 政／1766·8月 政／1774·7·23 政／1775·3·2 社／1783·9月 社／1824·9·15 社／1852·1·9 社
諸場所請負人 ❻ 1869·9月 社
新入堀川 ❺-2 1734·5月 社
新加治川 ❺-2 1726·2·12 社
信玄堤 ❹ 1560·8·2 社
宍道湖·中海干拓 ❾ 1988·5·30 政／2002·12·2 社
新留·野崎両村の用水工事 ❺-1 1670·是年 社
水車 ❶ 829·5·27 社
水利組合法 ❼ 1908·4·13 社
菅原池(倭) ❶ 607·是冬 社
駿河国堤防修築 ❶ 779·11·15 社
駿府富士川雁堤 ❺-1 1674·是年 社
駿府富士川治水 ❺-1 1640·3月 社
駿府用水 ❺-1 1607·是年 社
摂津河内両国堤 ❶ 788·3·16 社
摂津西成郡増島村水路開鑿 ❺-1 1678·3·11 社
摂津の堤防 ❺-1 1619·9月 社
総社川(伊予越智郡) ❺-2 1763·7月 社
造堤料 ❶ 811·4·11 社
曾木川河川改修工事(鹿児島藩) ❺-2 1842·1月 社
高石池(河内) ❶ 書紀·垂仁 35·9月
高座川用水(摂津兎原郡) ❺-2 1783·5月 社
高瀬川通船工事 ❻ 1863·7月 社
高市池(倭) ❶ 607·是冬 社
田子倉ダム(福島) ❽ 1960·10·6 政
只見川ダム(福島) ❽ 1952·12·22 社
ダム ❾ 1997·8·26 社
溜池 ❸ 1294·1·18 社
溜池(大和) ❶ 798·2·3 社
治河使 ❻ 1868·11·6 社

築河内国堤使長官　❶ 870·7·2 社／875·2·9 社
筑後生葉郡大石堰　❺-1 1664·1 月 社
筑後生葉郡袋野水道　❺-1 1673·3 月 社
筑後蒲池山堤防　❺-1 1691·3·16 社
筑後酒見大堰　❺-1 1655·是年 社
筑後御井郡床島堰　❺-1 1712·4·13 社
筑前御館山隧道　❺-1 1692·是年 社
千曲川通川川除普請　❺-2 1777·1 月 社
治水費資金特別会計法　❼ 1911·3·21 社
茅渟池(河内)　❶ 書紀·垂仁 35·9 月
長虹堤(那覇·首里間)　❸ 1451·是年 社
付知用水(つけち、美濃恵那)　❺-2 1827·9 月 社
剣池(大和)　❶ 書紀·応神 11·10 月
津留解除　❻ 1869·9·19 社
堤防　❶ 788·3·16 社／❹ 1563·⑫·5 社／1569·6·21 社／1579·10·21 社／1580·3·9 社／7·2 社
堤防国役金廃止　❻ 1875·3·20 政
堤防修築　❷ 1194·11·2 社
堤防修理奉行　❺-1 1631·1·24 社
堤防修理法　❶ 826·5·3 社／871·⑧·14 社
堤防に関する規則　❺-1 1611·3·19 社
出羽北楯大学堰(狩川領)　❺-1 1612·3·15 社
天狗岩用水　❺-2 1776·11 月 社
電源開発促進　❽ 1952·1·16 政／7·31 政／1955·10·4 政
東郷調整池(愛知)　❽ 1961·12·17 社
戸刈池(河内)　❶ 607·是冬 社
特定多目的ダム法　❽ 1957·3·31 政
徳山ダム(ロックフィルダム)　❾ 2008·10·13 政
戸倉ダム(群馬·片品村)　❾ 2003·12·5 社
利根川　❺-2 1722·是春 社／1737·8 月 社／1785·10·10 政／❼ 1899·是年 社／1908·是年 社／1909·是年 社／1930·10·15 社
利根川(権現川)堤防　❹ 1576·是年 社
豊川用水　❾ 1968·5·30 社
中海干拓　❾ 2000·8·24 社／8·28 政
長崎本五島水樋工事　❺-1 1670·是年 政
長洲浜干拓(摂津)　❷ 1175·1·16 社
長瀬堤(河内)決壊　❶ 762·6·21 社
長門宇部常磐池　❺-1 1697·是年 社
長良川河口堰(岐阜)　❾ 1990·10·12 社／1992·4·1 社／1993·10·10 社／1994·7·20 社／1995·5·22 政
那須原疎水　❻ 1885·9·15 社
南部奥平堰　❺-1 1665·是年 社
新潟県福島潟干拓　❾ 1976·4·9 社
新潟県四ツ屋浜沖(第三人工島)　❾ 1967·8·26 政
二風谷ダム(北海道)　❾ 1989·2·6 社／1996·4·2 社
箱根用水　❺-1 1663·2·13 社／1670·4·20 社／1708·5·6 社／❺-2 1776·3 月 社
八郎潟干拓農地·農村　❽ 1958·8·20 政／1959·6·5 社／1963·11·12 政／1964·9·15 政／❾ 1965·5·27 社／1967·11·1 社／1969·11 月 社／1976·5·10 社
斐伊川治水工事(出雲)　❺-2 1773·是秋 社／1831·2·16 社
東村山貯水場(東京)　❽ 1960·8·14 社
肥後菊池郡兵藤井手　❺-2 1833·6 月 社
肥後球磨(くま)川の開鑿　❺-1 1665·是年 社
肥後人吉藩幸野溝　❺-1 1697·是年 社／1705·是年 社
肥後緑川の改修　❺-1 1607·12·10 社
備前岡山倉安川用水　❺-1 1679·8 月 社
肥前千間堀　❺-1 1603·11 月 社
常陸江連用水　❺-2 1829·6 月 社
常陸水戸辰之口江堰·岩崎江堰　❺-1 1648·是年 社
日向高鍋金崎·堤内　❺-1 1715·1·9 社
日向延岡領南方岩熊井堰と用水路　❺-2 1734·是年 社
弘前藩田光沼口を岩木川口へ付替え　❺-1 1666·8 月 社
弘前藩八村藤崎堰　❺-1 1609·4·14 社
琵琶湖運河　❺-1 1694·11 月 社／❺-2 1722·是年 社
琵琶湖湖北運河計画　❺-1 1697·6 月 社
琵琶湖総合開発特別措置法　❾ 1972·6·15 社
琵琶湖疎水(蹴上インクライン)　❺-2 1841·6·9 社／❻ 1862·11·28 社／1883·2 月 社／1885·6·2 社／1887·7·9 社／1890·4·9 社／1889·4·28 社／1891·12·26 社／❼ 1906·3·16 社／❾ 1977·5·10 社
藤枝堤(駿河)　❹ 1579·5·11 社
藤原池(倭)　❶ 607·是冬 社
普請役(山城)　❸ 1401·12·7 社
赴戦江水力ダム(朝鮮窒素会社)　❼ 1930·9·12 社
豊前耶麻渓　❺-2 1750·是年 社
船入堀疏鑿奉行　❺-1 1675·2·27 社
防鴨河使(ぼうかし)　❶ 824·是年 社／861·3·13 社／926·5·7 社／947·6·20 社／948·2·27 社／993·10·28 社／❷ 1092·9·28 政／1108·3·5 社／1142·6·18 社／1208·④·3 政
防河夫役　❷ 1009·2 月 社／1020·5·11 社
防葛野河使　❶ 824·是年 社／861·3·13 社
防堤修築の検査規定　❺-2 1743·7 月 社
堀川　❹ 1597·是年 社
牧尾ダム(愛知)　❽ 1961·5·28 社
益田池(大和)　❶ 822·11 月／823·1·20 社／825·12·25 文
待矢場両堰　❹ 1570·是年 社
松原ダム(大分)　❽ 1960·6·20 社
茨田堤(河内)　❶ 書紀·仁徳 11·10／643·8·15／770·7·22 社／772·8 月 社／784·⑨·10 社／848·8·5 社
万農池(万濃池·満濃池、讃岐)　❶ 703·大宝年間 社／821·5·27 社／852·仁寿 2 年 社／❺-1 1631·2·15
三池干拓地　❾ 1967·9·7 政
三河碧海米津堀　❺-1 1605·7·22
三河吉田向山池　❺-1 1654·是年
三国川(摂津)　❶ 785·1·14 社／853·10·22 社／❸ 1403·5 月 社
渠(みぞ·狂心渠、香具山から石上山)　❶ 656·是年 社
水戸備前堀　❺-1 1610·是年 社
美濃恵那郡鱒淵用水　❺-2 1830·3 社
美濃大井荘堤修築　❷ 1200·3·11 社
美濃曾代用水　❺-1 1667·3 月 社／1669·是春 社
美濃国堤防修築奉行　❺-1 1642·8· 社
武蔵足立郡見沼溜井　❺-1 1643·寛 年間 社
武蔵葛西郡松伏溜井　❺-2 1730· 社
武蔵古利根川　❺-1 1706·5·7 社
武蔵埼玉郡北河原用水　❺-1 1644· 年 社
武蔵埼玉郡三沼代用水　❺-2 1727· 月 社／1728·是年 社
武蔵水路　❾ 1965·3·1 社
武蔵野火止用水　❺-1 1655·3 月 社
武蔵六郷用水(次大夫堀)　❺-1 1611 是年 社／1614·慶長年間 社
陸奥信夫郡西根上堰　❺-1 1632·是 社
陸奥二本松藩岩色用水　❺-1 1646· 年 社
陸奥八戸領岩木川　❺-1 1674·8·12 社
陸奥弘前藩岩木川　❺-1 1646·是年 社
陸奥四ッ谷堰用水　❺-1 1623·元和 間 社
村山貯水池(多摩湖、東京)　❽ 1962 7·13 社
牟呂用水(愛知)　❻ 1888·6 月 社
明治用水(愛知)　❻ 1879·是年 社
矢木沢ダム(群馬)　❾ 1967·8·10 政
矢田池(大和)　❶ 723·2·23 社
矢作川河口堰　❾ 1998·8·14 社
山城高瀬川　❺-1 1611·11 月 社
山城高野村隧道　❺-1 1677·2 月 社
大和川　❺-1 1685·10·16 社／1704·2·15 社
八ッ場ダム(群馬)　❾ 2009·9·17 政／2010·11·6 社
用水樋　❹ 1502·9·1 社
用水路　❸ 1448·6·11 社
用排水改良事業補助　❼ 1923·4·17 社
横野堤(大和)　❶ 書紀·仁徳 13·10 月
横浜野毛山貯水池　❻ 1887·9·21 社／10·27 社
依網池(河内)　❶ 書紀·崇神 62·10 月／607·是冬 社
吉野川改修工事　❼ 1926·5·8 社

吉野川第十堰　❾ 1999·2·8 社／2000·1·23 社
淀川(摂津)　❶ 785·1·14 社／❹ 1596·1·16 社／❺-1 1606·1 月 社／1669·2·13 政／1685·10·16 社／1687·5 月 社／❼ 1909·6·1 社
臨時治水調査会官制　❼ 1910·10·18 政
六郷用水　❹ 1597·是年 社
若狭浦見川開鑿工事　❺-1 1662·5·27 社／1663·5·1 社／1664·5·2 社／1697·4·10 社
掖上池(大和)　❶ 613·11 月 社
和珥池(大和)　❶ 書紀·仁徳 13·10 月／613·11 月 社
鉄鋼　❽ 1948·1·7 政
鍛冶工場　❻ 1884·3·13 社
屑鉄買入合理化カルテル　❽ 1955·3·3 政
高炉·平炉(川崎製鉄千葉製鉄所)　❽ 1953·6·17 政／1961·3·15 政
酸素上吹転炉(八幡製鉄所)　❽ 1957·9·17 政
酸素製鋼法　❽ 1949·4·1 政
シェルモールド法　❽ 1958·10·7 政
ストリップミル　❽ 1951·4·30 政／1954·1·11 政
製鉄事業法　❽ 1937·8·13 政
製鉄所設備　❾ 1972·10·24 政
銑鋼　❽ 1942·12·25 政
銑鉄鋳物製造制限規則　❽ 1938·4·25 政
銑鉄生産高　❽ 1942·是年 政
1500 トン高炉　❽ 1959·9·1 政
操業短縮(鉄鋼業)　❽ 1958·3·6 政
粗鋼生産量　❾ 1980·10·16 政
鉄釜　❶ 709·8·17 文
鉄工　❶ 752·2·21 社
鉄鋼技術がアメリカ型化　❽ 1949·4·30 社
鉄鋼業合理化計画　❽ 1950·11·6 政／1954·1·22 政
鉄鋼生産　❽ 1946·12·17 政
鉄山法式　❺-2 1726·是年 社
鉄山融通会所(鳥取藩)　❺-2 1835·8 月 社
鉄の江戸直送仕法　❺-2 1816·7·27 社
鉄売買·古鉄売買　❺-2 1723·1·21 社／1725·12·21 社／1754·8 月 政／1781·12·27 政／1812·9·23 社
鉄針　❶ 737·2·20 文
トーマス転炉　❽ 1938·6·28 社
4 トン溶鉱炉(日本製鉄八幡製鉄所)　❽ 1937·2·15 政
反射炉　❺-2 1847·是年 政／1849·5 月 政／1850·10·2 政／11 月 政／1851·8 月 政／1852·是冬 政／❻ 1856·2 月 社
反射炉(伊豆)建設　❻ 1853·7 月 政／12·13 政／1857·7·1 政
反射炉(鹿児島)　❻ 1856·是春 社
反射炉(鳥取藩)　❻ 1857·3 月 社
反射炉(水戸)　❻ 1855·11·26 政／1857·12·20 社／1858·5·23 政
反射炉建設上申　❻ 1853·7 月 政
広幅圧延機　❽ 1958·11·29 社
米国鉄鋼使節団　❽ 1960·1·21 政
ホットストリップミル　❽ 1961·3·15 政
冷延鋼板ダンピング問題　❾ 2002·7·11 政
レバーシング·ミル(小型のコールド·ストリップ·ミル)　❽ 1953·4·1 政
連続鋼板工場　❽ 1957·10·28 政
連続鋳造技術　❽ 1963·10·23 政
電気·電化製品　❽ 1937·是年 政／1955·8 月 社／1959·2 月 政／1960·是夏 社／是年 社
アイロン　❽ 1940·是年 社
青色発光ダイオード(LED)　❾ 2001·8·23 文／2002·9·19 文／2004·1·30 文／2005·1·11 文／2010·12·24 社／2011·7·7 社
ウォークマン　❾ 1979·6·22 社／1987·7·10 社
エアコン(クーラー、家庭用空気調節器)　❽ 1959·是年 社／1961·是年 社／❾ 1968·是年 社／1980·12 月 社
液晶表示　❾ 1972·11·21 文
MD(ミニディスク)　❾ 1991·5 月 文
LSD　❾ 1970·2·4 社
大型液晶パネル　❾ 2004·8·31 政
カセットテープレコーダー　❾ 1965·4 月 社／1969·10·29 社／1979·是年 社
家庭用品品質表示法　❽ 1962·5·4 社
換気扇(全自動)　❾ 1968·2·12 社
乾電池　❻ 1893·10·13 社／❽ 1944·2·1 社／1954·4 月 政
高圧変圧器製造　❼ 1903·4 月 社
ジューサー　❽ 1952·5 月 社
充電式乾電池「エネループ」　❾ 2005·11 月 社
真空掃除機　❼ 1931·是年 社
スーパーインポーズ　❾ 1985·是年 社
扇風機　❼ 1915·是年 社／❽ 1940·是年 社／1955·7 月 社／1957·5 月 社／8·7 社
掃除機「チリコン」(絨毯)　❾ 1977·12 月 社
掃除機「ルンバ」(自動掃除機)　❾ 2007·10 月 社
太陽光電池　❽ 1959·11·23 社
蓄電池　❼ 1902·6 月 社
DVD　❾ 1995·9·15 社／1996·11·1 社／1997·3 月 社／1999·12·1 文／2002·2·19 社／2004·11·29 文／2005·11·17 文
テープレコーダー G 型　❽ 1950·2 月 文
テレビ受像機　❽ 1948·9·18 社／1951·是年 社／1952·12 月 社／1955·12·14 社／1957·4·27 社／1958·5·8 社／1959·2 月 社／7·20 社／12·25 社／1960·4·30 社／7·1 社／8·2 社／1961·1·20 社／9·15 社／1962·4·17 社／❾ 1966·11·8 政／12·24 社／1968·2·29 社／1969·10·9 社／1970·9·2 政／9·11 社／1971·1·11 社／11·10 文／是年 社／1977·2·8 社／3·8 政／1978·3·30 政／7·6 文／1980·4·28 政／是年 社／1983·5·12 社／1984·5·31 社／8·30 社／1985·9 月 社／1988·6·16 社／1990·12·1 社／1992·7·15 社／1994·11·25 社／1997·2·27 社／2003·6·27 社
薄型テレビ　❾ 2005·2·7 政
液晶テレビ　❾ 2011·9·15 社
カラーテレビ　❾ 1977·5·16 政
テレビ·デジタル方式　❾ 1994·2·22 社
電気釜　❽ 1940·是年 社／1955·12 月 社／1958·1 月 社／5·8 社
電気ゴタツ　❽ 1958·1 月 社／1960·1·22 社／3 月 社
電気ストーブ　❼ 1915·11 月 社／是年 社
電気洗濯機　❼ 1923·是年 社／1930·是年 社／❽ 1951·9 月 社／1953·8 月 社／是年 社／1955·7 月 社／1956·11·14 社／1957·8·7 社／1963·4·4 社
電気洗濯機(全自動)　❾ 1966·3·14 社／1981·8·22 社／1990·2·2 社
電気冷蔵庫　❼ 1903·3·1 社／1908·6 月 社／1930·是年 社／❽ 1939·9·14 社／1940·是年 社／1952·是年 社／1955·7 月 社／1961·6·5 社
電気冷蔵庫(三ドア)　❾ 1973·是年 社
電子レンジ　❽ 1961·是年 社／1962·是年 社
電熱器·電器七輪　❽ 1940·是年 社／1946·是年 社／1947·2·18 社
電波探知機　❽ 1951·8·7 政
トースター　❽ 1940·是年 社
ドラム式洗濯乾燥機　❾ 2006·是年 社
トランジスターラジオ　❽ 1955·1 月 社／8·7 社／1957·4 月 社／1959·1·23 政
トリニトロン方式　❾ 1968·4·15 社／10·31 社
ニッケル水素充電式乾電池「エボルタ」　❾ 2008·10·1 社
日本語ワードプロセッサー　❾ 1978·9·26 社／1979·2 月 文／1980·5·7 文／9 月 文／1982·5·6 社／1983·4 月 社／1984·10 月 文／1985·7·1 文／11 月 社／1987·8·10 文
ワープロ技能検定　❾ 1985·5·12 文
バイアス磁気録音機　❽ 1940·6·21 社
ハイファイスピーカー　❽ 1950·12 月 社
8 ミリカメラ　❾ 1965·4 月 社／1982·1·20 社／1984·4·26 政／1985·1·21 社
発電機　❼ 1896·是年 社／1901·是年 社／1906·是年 社／1917·9 月 社
パラボラアンテナ　❽ 1963·11·20 文
光磁気ディスクメモリー　❾ 1983·8·31 文／1988·10·13 文／1991·2·21 文
光ディスク　❾ 2002·8·30 文／2004·1·29 文
ビデオ·テープ·レコーダ(VTR)　❽ 1958·11·30 社／12 月 社／1959·3·26 文／1961·1 月 社／1963·7 月 文／1964·10 月 文／❾ 1965·8 月 社／1967·9 月 社／1975·4·16 社／是年

社／1976·9·9 社／1981·12·29 社／1984·12·10 社／1988·1·9 社／1989·6月 社／2000·8·20 社
ファクシミリ電送受像　❽ 1959·6·1 文／1961·5·25 文
VHS　❾ 1969·10·29 社／1976·9·9 社
VTR(家庭用)　❾ 1994·4·14 政
ブラウン管　❾ 2009·9·30 政
プラズマテレビ「3D ビエラ」　❾ 2010·2·9 文
ベータマックス　❾ 1969·10·29 社
ヘッドホンステレオ　❾ 1996·6·1 社
ミキサー　❽ 1952·5月 社／1955·7月 社
ラジオ(小型)　❾ 1977·11·21 社／1984·是年 社
ラジオカセット「テラカセ 77」　❾ 1976·6月 社
ラジオ放送　❼ 1925·3·1 社
立体映像ビデオディスクシステム　❾ 1985·10·7 社
レーダー　❽ 1950·1·18 政
レコーダー「カセットデンスケ」　❾ 1973·5·21 社
レコードプレイヤー(携帯型)　❾ 1979·3月 社／1983·3·1 社

電気·電子·電気事業
家庭電気調査会　❼ 1921·8·2 社
休電日　❽ 1947·7·1 社／1948·4·2 政
交流電化　❽ 1957·9·5 社
自然エネルギー発電　❾ 2012·7·1 政
節電監視隊　❽ 1940·2·14 社
中央電力協議会　❽ 1958·4·2 政
長期電力供給目標　❾ 1979·12·7 政
超高圧送電　❽ 1945·11月 社／1957·4·5 社
停電·節電　❾ 1976·12·22 社／1987·7·23 社／1991·11·2 社／2007·8·22 政
電気·ガス臨時措置法　❽ 1952·12·27 政
電気計器研究所　❼ 1915·9月 文
電気事業　❽ 1948·4·16 政／1950·11·24 政／1964·7·11 政
電気事業再編成審議会　❽ 1950·2·1 社
電気事業取締規則　❼ 1896·5·9 社／1902·8·22 社
電気事業法　❼ 1911·3·30 社／1927·3·31 政／1931·4·2 政
電気消費量　❾ 1992·9·4 社
電気測定法　❼ 1910·3·26 文
電気庁　❽ 1939·4·1 政
電気は物とみなす　❽ 1937·6·29 社
電気炉工場　❼ 1910·是年 社
電源開発五か年計画　❽ 1952·1·16 政
電源開発問題　❼ 1935·9月 社
電子工業振興臨時措置法　❽ 1957·6·11 政
電灯工場白熱舎　❻ 1888·是年 社
電力·ガス料金値上げ　❾ 1974·5·21 政／1976·6·15 政／1980·3·19 政／4·1 社
電力管理法　❽ 1950·11·24 政
電力危機突破対策要綱　❽ 1947·11·14 政
電力供給·使用制限　❽ 1939·8月 社／1947·1·31 社／1950·2·16 社／1951·2·12 社
電力広域運営方針　❽ 1958·3·28 政
電力五か年計画　❽ 1953·10·13 政
電力国家管理　❼ 1936·3·15 政／10·20 政
電力国家管理法　❽ 1938·4·6 政
電力事業再編成　❽ 1949·7·9 政
電力消費規正実施方針要項　❽ 1942·9·16 政
電力調整令　❽ 1939·10·18 政／1940·2·10 政
電力動員緊急措置要綱　❽ 1943·12·31 政
電力用酸化亜鉛形ギャップレス避雷器　❾ 1975·是年 社
電力連盟　❼ 1932·4·19 政
東洋一変電所　❼ 1921·7·8 社
特許條例　❻ 1888·12·20 政
特許登録令　❼ 1909·10·23 政
特許法　❼ 1909·4·5 社／❾ 1995·12·19 文
特許令(韓国)　❼ 1908·8·13 政
配電開始　❻ 1887·11·29 社
配電統制令　❽ 1941·8·30 政
山田電線製造所　❻ 1884·是年 政
臨時電気事業調査会　❼ 1929·1·17 政
臨時電力調査会　❽ 1937·10·14 政
輪番停電　❽ 1953·2·2 社

発電所 ⇨ 1 政治「原子力発電」も見よ
尼崎火力発電所　❼ 1928·9月 政／1933·12月 社
MHD(電磁流体)発電　❾ 1969·7·10 文
大森川発電所(四国電力)　❽ 1959·8·20 社
奥只見発電所　❽ 1962·6·8 政
海洋温度差発電洋上実験　❾ 1979·10·11 文
鹿島火力発電所　❾ 1971·3月 政
火力発電機　❽ 1953·5·8 社／1960·5·31 政
川上川第四発電所(東邦電力会社)　❼ 1923·5月 政
神野瀬発電所　❽ 1949·12·20 社
京都水利事務所発電所　❻ 1892·6·4 社
駒橋水力発電所(山梨)　❼ 1907·12·20 社
西條太陽光試験発電所　❾ 1982·12·30 政
堺発電所(関西電力)　❽ 1964·12·9 社
佐久間周波数変換所　❾ 1965·10·10 文
信濃川発電所(国鉄)　❽ 1951·7·22 社
芝浦火力発電所　❼ 1928·12·8 政
消波発電装置　❾ 1977·3·29 社
新東京火力発電所　❽ 1958·11·23 政
水豊発電所(鴨緑江水力発電会社)　❽ 1940·2·2 社／1941·8·25 政
須田貝発電所(東京電力)　❽ 1955·11·21 社
千住火力発電所　❼ 1906·5·6 社
伊達火力発電所　❾ 1980·10·14 社
築上発電所(九州電力)　❽ 1952·3· 社
地熱発電所　❾ 1966·10·8 政／1980·4·7 政
千葉火力発電所(東京電力)　❽ 1956 12·31 社
中部電力知多発電所　❾ 1965·3·15 政
長江津発電所(朝鮮)　❼ 1936·11月 政
潮流変電装置　❾ 1983·8·20 社
鉄道院矢口発電所(ガス機関発電)　1914·12月 政
東京電力東大井火力発電所　❾ 1968 8·23 政
東京電力富士川火力発電所　❾ 1969 3·25 社
豊富発電所(ガスタービン)　❽ 1957 9·5 政
長野籠島発電所　❼ 1923·1·13 社
仁尾太陽熱試験発電所　❾ 1981·3·2 社／8·6 政
黒部川第四発電所　❽ 1959·2·8 社／1963·6·5 社
勿来第一発電所　❽ 1957·10月 社
発電用ガスタービン　❾ 1972·2·12 社
波力発電　❾ 1995·3·2 政
波力発電船〈海明〉　❾ 1978·6·25 社
風力発電機　❾ 1977·9月 政／1978 12·21 社
赴戦江水力発電所(朝鮮)　❼ 1929·1 月 政
南横浜火力発電所　❾ 1970·4·24 政
御母衣発電所　❽ 1961·10·24 社
宮崎上椎葉発電所　❽ 1955·5·26 社
揚水発電所　❽ 1959·8·20 社
横浜発電所　❻ 1890·2月 社

物産所·共進会
伊豆七島物産会所　❻ 1871·12·15 政
ウィーン万博技術伝習生　❻ 1873·2 25 文
蝦夷地産物会所　❻ 1857·⑤·7 社
奥羽連合共進会　❼ 1916·9·22 社
大阪五品共進会　❻ 1883·10·1 社
御国産改所　❻ 1867·7·22 政
凱旋記念五十二共進会　❼ 1906·9·1 社
関西府県連合共進会　❼ 1910·3·16 社
勧商局(内務省)　❻ 1876·5·11 政
共進会(政府主催)　❻ 1879·9·15 社
国産品使用奨励　❻ 1877·12·28 政／1880·7月 社
五二会全国品評会　❼ 1896·4·1 政
米·麦·大豆·煙草·菜種·山林共進会　❻ 1882·2·1 社
薩摩名産品　❻ 1877·8·20 社
殖産興業政策　❻ 1884·12·26 政
水産共進会　❻ 1886·3·1 社
全国物産共進会　❼ 1924·4·1 社
東京浅草勧業場　❻ 1881·12·21 社
東京五品共進会　❻ 1885·4·1 社／1889·3·1 社
東京府勧工場(辰の口勧工場)　❻ 1878·1·20 社／1887·5·31 社／1888 5·20 社

内国勧業博覧会　❻ **1877**·8·21 社／11·30 政／**1881**·3·1 社／**1890**·4·1 社／**1895**·4·1 社
日本共進会　❻ **1883**·11·10 社
箱館会所　❻ **1857**·7·18 政
箱館産物会所(敦賀)　❻ **1862**·2 月 政
箱館物産所(大阪·兵庫·堺·敦賀)　❻ **1858**·3·23 社／**1868**·11·20 社
物産会　❺-2 **1759**·8·18 文／**1760**·4·15 文／**1761**·是年 文／**1763**·4·15 文／**1764**·4·26 文
物産陳列所(横浜公園)　❻ **1880**·4·18 社
北海道物産会所　❻ **1875**·2 月 政
北海道物産共進会　❻ **1883**·10·21 社
北海道物産縦覧所　❻ **1875**·8 月 社
綿·糖·生糸·繭·茶共進会　❻ **1881**·2·10 社
綿·糖共進会　❻ **1880**·2·15 社

ボット
アイボ(自律型ロボット犬)　❾ **1999**·6·1 文
アシモ(二足歩行人間型ロボット)　❾ **2000**·11·20 文／**2002**·3·19 文
QRIO(キュリオ)ロボット　❾ **2004**·3·9 文
人工知能　❾ **1970**·9·25 文／**1977**·5 月 社／**1984**·10·17 文／**1988**·8·22 文
ロボカップ(ロボットによるサッカー)　❾ **1997**·8·23 文／**2004**·7·4 文／**2005**·7·13 文
ロボットのフルマラソン大会　❾ **2011**·2·24 文
ロボットプロダクション会社　❾ **2004**·11·19 文
ロボテックス 2003　❾ **2003**·4·3 文
ロボビー V(人間型ロボット)　❾ **2004**·7·15 文

産業その他
『金もうけトラの巻』　❼ **1931**·1 月 社
『産業白書』　❽ **1959**·9·29 政
『技術白書』　❽ **1949**·11·19 政／**1956**·1·31 政
愛林日　❼ **1934**·4·2 社
石工組合(東京)　❻ **1889**·1 月 社
意匠條例　❻ **1888**·12·20 政
入会権　❼ **1915**·3·16 社
漆産業　❽ **1959**·2·2 政
海賊版ビデオ　❾ **1985**·6·18 社
火薬取締規則　❻ **1884**·12·27 政
缶詰製造　❻ **1879**·4·20 社
汽罐汽機取締規則　❻ **1894**·4·26 社
技術教育振興策の確立に関する要望　❽ **1961**·8·25 文
技術士法　❽ **1957**·5·20 政
技能オリンピック(リスボン)　❽ **1964**·8·13 社
漁船用ディーゼル　❼ **1920**·5·10 社
軍用資源秘密保護法　❽ **1939**·3·25 政
工業技術員養成科　❽ **1937**·8·26 文
工業整備特別地域整備促進法　❽ **1964**·7·3 政
工業標準化法　❽ **1949**·6·1 政
工業品検査所　❽ **1953**·5·8 政
工場払下概則　❻ **1880**·11·5 政
小売業整備要綱　❽ **1942**·5·15 政
小売商業調整特別措置　❽ **1959**·4·23 社
札幌製粉場　❻ **1876**·7 月 社
産業合理化に関する件　❽ **1949**·9·8 政
産業スパイ事件　❽ **1964**·2·26 政
JAS 規格(日本農林規格)　❽ **1962**·3·3 社
G マーク　❽ **1957**·10 月 社
資源調査法　❼ **1929**·4·12 政
JIS 規格(日本工業規格)　❽ **1949**·6·1 政
下請代金支払遅延等防止法　❽ **1956**·6·1 社
下金屋·下金買屑金吹組合　❺-2 **1725**·9·10 政／**1749**·9·23 社
十銭ストア(廉価均一)　❼ **1931**·8·30 社
実用新案法　❼ **1909**·4·5 社
指定生産資材割当規則　❽ **1947**·1·24 政
集成館(鹿児島)　❻ **1857**·⑤·19 社／**1864**·10 月 社／**1872**·3·8 政
重要工業品種目　❼ **1926**·10·7 政
重要産業指定規則　❽ **1942**·8·4 政
重要産業統制法　❼ **1931**·4·1 政
重要生産資材　❽ **1947**·1·2 政
主要物資生産実績　❽ **1948**·11·4 政
硝石製造法　❺-2 **1766**·是年 文
樟脳油専売法　❼ **1903**·6·17 政
商標條例　❻ **1884**·6·7 政／**1888**·12·20 政
商標法　❼ **1909**·4·5 社
商品テスト(暮らしの手帖)　❽ **1954**·12 月 社
食糧増産防空指導要領　❽ **1945**·5·12 社
飼料需給安定法　❽ **1952**·12·29 政
森林開発予備協約(インドネシア東カリマンタン)　❽ **1962**·12·29 政
製紙所連合会　❻ **1880**·12·26 政
生鮮食料品標準小売店　❽ **1962**·7·23 社
製陶法　❷ **1227**·是年 文／❺-1 **1663**·是年 社
政府倉庫　❼ **1920**·10·30 政
石油電動機　❼ **1903**·3·1 社／**1917**·是年 社
専売特許條例制定　❻ **1869**·3 月 文／**1871**·4·7 文／**1885**·4·18 政
倉庫業法　❽ **1956**·6·1 政
ソーダ灰製造奨励金交付規則　❼ **1929**·9·3 政
地方公営企業法　❽ **1952**·8·1 政
通潤橋(つうじゅんきょう·肥後)　❻ **1854**·8 月 社／**1873**·4·3 社
天井クレーン　❼ **1911**·是年 社
碾磑(てんがい)水碓の初見　❶ **610**·3 月 文／**670**·是年 社
同業組合準則　❻ **1884**·11·29 政
東京工業協会　❻ **1891**·10·24 政
東京深川骸炭所　❻ **1888**·10·27 社
特売·廉売　❼ **1929**·是年 社
内閣資源局　❼ **1927**·5·27 政
日·米·琉技術委員会　❽ **1964**·7·15 政
日本複写権センター　❾ **1991**·9·30 文
尿素プラント　❽ **1964**·9·2 政
熱管理法　❽ **1951**·4·10 政
発明者大会　❽ **1949**·4·11 社
品質管理セミナー　❽ **1949**·9·16 社
品質管理大会　❽ **1951**·9·22 社
深川工作場　❻ **1870**·3·19 社
深川製作寮出張所　❻ **1874**·2·18 社
防衛産業　❾ **1970**·7·18 政／**1976**·5·24 政／**1980**·3·19 政
ポルノビデオ　❾ **1995**·4·12 社
木材商　❼ **1915**·7·23 政
洋紙製造工場　❻ **1874**·8·3 社
洋物改所(名古屋)　❻ **1867**·2·11 政
臨海工業地帯　❽ **1962**·9·5 政
ワースト商品　❾ **1974**·3·30 社

17　労働問題

労働問題(近代以前)
一揆·打毀し·騒動(各地)
一揆(諸国)　❺-2 **1787**·5 月 社
土一揆·徳政一揆(馬借)　❸ **1351**·11·12 政／**1354**·是年 社／**1376**·7·20 社／**1404**·2 月 社／**1427**·8 月 社／**1428**·9·18 社／11·2 社／**1429**·2·5 社／**1430**·⑪·26 社／**1431**·5·12 政／**1432**·4 月 社／**1433**·7·23 社／⑦·3 社／**1441**·8 月 社／9·3 社／⑨·10 政／**1443**·2·8 社／**1447**·7·19 社／**1449**·9·14 社／**1451**·9 月 社／10·14 社／**1452**·是年 社／**1454**·5 月 社／9·4 社／11·2 社／12·3 社／❹ **1456**·10 月 社／**1457**·8 月 社／10 月 社／11·1 社／**1458**·7·28 社／**1459**·9·27 社／**1461**·2 月 社／9·17 社／**1462**·9·11 社／10·1 社／11·11 社／**1463**·9·28 社／**1466**·9·11 社／10·6 社／**1467**·3·27 社／**1469**·10 月 社／**1472**·9·25 社／**1475**·6 月 社／**1476**·4·14 社／**1484**·11·3 社／**1485**·8·4 社／**1486**·9·11 社／9·22 社／**1489**·12·16 社／**1490**·3·16 社／⑧·14 社

／10·7 社／11·3 社／**1493**·10·20 社／**1495**·9·23 社／10·4 社／**1496**·8 月 社／12·1 社／**1497**·9·27 社／12·22 社／**1499**·9·6 社／**1506**·5 月 社／7·13 社／**1508**·2·2 社／**1509**·2·19 社／**1511**·9·20 社／**1520**·1·12 社／**1526**·11 月 社／**1532**·12·1 社／**1533**·7·23 社／**1546**·10·5 社／**1555**·10·28 社／**1562**·4·29 社／7·21 社／**1570**·10·4 社／**1575**·3 月 政
永享の土一揆 ❸ **1429**·1·29 政
血税反対一揆 ❻ **1873**·5·26 社
惣庄一揆 ❸ **1377**·10 月 社
土一揆·徳政一揆禁止 ❸ **1428**·11·22 社／**1452**·⑧·10 社
土一揆禁令 ❹ **1490**·⑧·27 政
土一揆禁令など送付先 ❹ **1485**·8 月 社
土一揆鎮圧の法 ❹ **1465**·11·1 政
土一揆に同心 ❹ **1459**·9·30 社
徳政一揆 ❹ **1456**·1·16 社／**1458**·7 月 社／**1462**·10·25 政／**1472**·9·19 社／**1475**·10·23 社／**1480**·8·23 社／**1483**·11 月 社／**1486**·8·24 社／**1487**·8·15 社／**1488**·9·2 社／**1491**·1 月 社／**1493**·11·15 社／**1494**·9·23 社／**1496**·是年 社／**1498**·1·2 社／**1500**·5·9 社／**1504**·9·4 社／**1525**·是年 社／**1527**·4·15 社／**1537**·是年 社／**1540**·12 月 社／**1563**·11 月 社
百姓一揆 ❹ **1600**·是年 社
各地の農民一揆(江戸時代)
愛知·静岡六十か村農民一揆 ❺-2 **1833**·2·5 社
愛知足助農民一揆 ❻ **1870**·11·29 社
愛知渥美郡江戸に出訴 ❺-1 **1681**·6 月 社
愛知岡崎龍海院領農民一揆 ❺-2 **1726**·是年 社
愛知小牧代官所支配農民強訴 ❺-2 **1829**·是年 社
愛知長野村農民一揆 ❺-2 **1773**·1 月 社
愛知名古屋城下侍打毀し ❺-2 **1838**·7·16 社
愛知尾張藩士土岐市左衛門知行農民強訴 ❺-2 **1775**·是年 社
愛知春日井郡農民一揆 ❻ **1878**·1 月 社／10·25 社
愛知加茂郡二百四十か村農民一揆 ❺-2 **1836**·9·20 社
愛知刈屋藩農民一揆 ❺-2 **1738**·10·4 社／**1790**·11·27 社／**1791**·6·10 政／**1807**·是年 社
愛知挙母藩農民一揆 ❺-2 **1752**·12 月 社
愛知設楽農民一揆 ❺-1 **1680**·11·28 社
愛知設楽郡十か村商人排斥·借金棒引騒動 ❺-2 **1832**·12 月 社
愛知豊橋藩大木村打毀し ❺-2 **1793**·1·21 社
愛知幡豆郡寺津村平地山騒動 ❺-2 **1838**·1 月 社
愛知旗本清水氏領中山村庄屋出訴 ❺-1 **1681**·6 月 社
愛知旗本領牛久保村農民一揆 ❺-2 **1734**·2 月 社
愛知武節騒動 ❺-1 **1680**·11·28 社
愛知吉田藩農民一揆 ❺-2 **1748**·3 月 社／❻ **1867**·3 月 社
青森弘前城下農民一揆 ❺-2 **1769**·4·24 社
青森弘前藩領農民押しかけ ❺-2 **1813**·9·28 社
秋田生駒氏領矢島郷江戸屋敷直訴 ❺-1 **1679**·4 月 社
秋田尾去沢銅山鉱夫打毀し ❺-2 **1838**·7·16 社
秋田窮民米騒動 ❻ **1890**·7·8 社
秋田庄内藩農民一揆 ❺-2 **1752**·8 月 社／**1758**·是年 社／❻ **1866**·9·28 社
秋田白岩農民一揆 ❺-1 **1633**·10 月 社／**1638**·6 月 社
秋田白岩山内地方農民打毀し ❺-2 **1787**·1·7 社
秋田仙台藩青苧騒動 ❺-2 **1760**·7 月 社
秋田仙北郡農民一揆 ❺-2 **1834**·2·19 社／**1840**·2·20 社
秋田田川·飽海·由利郡大山騒動 ❺-2 **1844**·4·28 社
秋田鱈漁争論 ❺-2 **1818**·1 月 社
秋田鶴岡·庄内藩農民、重課苛政反対 ❺-1 **1681**·5·18 社
秋田長瀞騒動 ❺-2 **1723**·2·11 社
秋田仁井田村一揆 ❺-1 **1696**·7·2 社
秋田藩贋札反対一揆 ❻ **1870**·2·13 社
秋田藩北浦一揆 ❺-2 **1834**·1·26 社
秋田藩農民一揆 ❺-1 **1625**·3·26 社／❺-2 **1725**·11 月 社／**1763**·5·17 社／**1778**·⑦·29 社／**1783**·9·14 社／**1788**·6·29 社／**1833**·8·18 社／**1835**·8·1 社／**1834**·1·26 社／❻ **1863**·5·12 社
秋田兵蔵一揆 ❻ **1866**·7·25 社
秋田村山一揆 ❺-2 **1740**·9 月 社／**1746**·6·2 社／**1781**·⑤·2 社／**1784**·5·6 社／**1786**·5·18 社／**1801**·6·23 社／**1801**·6·23 社
秋田村山郡幕領訴え ❺-2 **1842**·9 月 社
秋田免田藩領追加上納一揆 ❺-2 **1785**·6 月 社
秋田由利郡農民一揆 ❻ **1872**·11·15 社
秋田米沢藩農民一揆 ❺-1 **1664**·7 月 社／8 月 社／**1666**·4 月 社／6 月 社／**1699**·2·17 社／❺-2 **1755**·9·10 社
安濃津地割騒動 ❺-2 **1796**·是年 政
安濃津農民一揆 ❻ **1871**·11·11 社
天草幕領五か庄農民一揆 ❺-2 **1727**·5 月 社
淡路上八木村農民強訴 ❺-2 **1832**·11·27 社
淡路漁民騒動 ❶ **844**·5·15 社
淡路縄騒動 ❺-2 **1782**·5·3 社
伊賀服部川水論 ❺-1 **1646**·6·6 社
壱岐新政反対一揆 ❻ **1873**·3·10 社
石川·富山の全領民御用金納入反対一揆 ❺-2 **1826**·6·9 政
石川郡農民一揆 ❺-2 **1724**·9·3 社／**1801**·6·24 社／**1819**·2·16 社／**1826**·6·21 社／**1836**·7·30 社／**1838**·8·26 社
石川鹿島郡農民一揆 ❺-1 **1667**·1 社
石川金沢町貧民襲撃 ❺-2 **1744**·是 社／**1756**·4·12 社／**1777**·1·16 社／**1783**·8·23 社／**1811**·10·5 社／**183** 12·3 社／**1836**·6·6 社
石川金沢藩領農民一揆 ❺-2 **1716**· 月 社
石川木津·和気寺村農民一揆 ❺-2 **1735**·9·2 社
石川小松一向宗門徒騒動 ❺-2 **177** 2·6 社
石川大聖寺藩農民一揆 ❺-2 **1768**· 2 社／**1780**·11·18 社
石川寺井村金沢藩農民一揆 ❺-2 **1736**·是年 社
石川礪波小作人一揆 ❻ **1877**·2·6
石川那谷寺一揆 ❺-1 **1712**·10·7 社
石川能美郡河原山村、地境騒動 ❺- **1608**·3·1 社
石川能美郡農民一揆 ❺-2 **1792**·12 月 社／**1808**·⑥·27 社／❻ **1883**·11 9 社
石川農民·町民一揆 ❺-2 **1756**·6 月 社／**1783**·10·7 社／**1806**·1·8 社／**1813**·11·8 社／**1815**·6·20 社
石川農民重課反対 ❺-1 **1681**·9·26 社
石川宮腰町婦女、米金救助を要求 -2 **1836**·7·11 社
伊豆函南·中島·桑原農民一揆 ❺-1 **1705**·2·18 社
伊豆借金党騒動 ❻ **1884**·3 月 社
茨城笠間藩農民一揆 ❺-2 **1749**·10·14 社
茨城河内·信太両郡諸村一揆 ❺-2 **1804**·10·18 社
茨城河内·豊田両郡農民一揆 ❺-2 **1817**·是秋 社
茨城久慈郡生瀬農民年貢不納一揆 -1 **1609**·10·10 社
茨城郡旗本領諸村農民一揆 ❺-2 **1754**·7 月 社
茨城静神社農民一揆 ❻ **1866**·4·13 社
茨城志筑藩二十五か村一揆 ❺-1 **1681**·5·20 社
茨城志筑藩農民一揆·騒動 ❺-2 **1778**·12·7 社／**1789**·12 月 社
茨城筑波神社領沼田村農民一揆 ❺- **1758**·10 月 社
茨城農民一揆 ❻ **1876**·11·26 社
茨城水戸藩農民強訴 ❺-1 **1641**·7·2 社／❺-2 **1774**·3·16 政
祖谷山地方一揆 ❺-1 **1620**·是年 社
岩城騒動 ❺-2 **1738**·9·18 社
岩代大沼郡幕領落合村一揆 ❺-2 **1739**·是年 社
岩代信夫·伊達両郡幕領農民騒動 ❺-2 **1817**·8 月 社／**1820**·12 月 社
岩代伊達借金党騒動 ❺-2 **1852**·2 月 社
岩代長沼藩農民一揆 ❺-1 **1702**·是春 社／**1704**·9 月 社
岩代二本松藩農民一揆 ❺-2 **1749**·1 月 社
岩代福島藩内端一揆 ❺-2 **1731**·11 月 社

岩代福島藩渡利村農民一揆 ❺-1 **1704**·8·14 社
石見安濃郡大田町借家人騒動 ❺-2 **1783**·2·1 社
石見銀山代官所米騒動 ❺-2 **1850**·8·16 社
石見銀山領農民一揆 ❻ **1866**·7·20 政
石見五十五か村訴え ❺-2 **1802**·是年 社
石見刺賀·朝倉·神原·川合村農民一揆 ❺-1 **1697**·②·10 社
石見浜田藩農民一揆 ❺-2 **1716**·6·25 社／**1722**·是年 社
石見邑智郡宇津井村打毀し ❺-2 **1826**·7·21 社
因伯一揆 ❺-2 **1739**·2·21 社
羽後山形矢島検地·石増反対一揆 ❺-1 **1612**·是年 社
羽前飽海郡庄田藩領農民騒動 ❺-1 **1655**·3·4 社
羽前村山郡水沢村農民一揆 ❺-2 **1748**·10·22 社
山上藩内騒動記(羽前) ❺-2 **1747**·5·13 社
新潟三島郡片貝街農町民要求 ❺-2 **1830**·8·24 社
新潟村上藩農民一揆 ❺-2 **1746**·7·17 社／**1749**·2·28 社
新潟村上四万石騒動 ❺-1 **1710**·5月 社
江戸お粥騒動 ❻ **1866**·9·12 社
江戸米騒動 ❺-2 **1733**·1·25 政／**1787**·5·20 社／**1833**·10·1 社
江戸町一揆 ❻ **1866**·5·28 社
愛媛新居郡農民六百余人打毀し ❺-2 **1829**·2·14 社
愛媛今治藩農民騒動 ❺-2 **1756**·9·4 社／**1795**·3·6 社
愛媛今治藩松尾村暴政直訴 ❺-1 **1669**·10月 社
愛媛伊予騒動 ❺-2 **1830**·③·9 社
愛媛宇和郡農民一揆 ❺-2 **1805**·5月 社／**1809**·6月 社／**1813**·2·24 社／**1818**·7·20 社／**1825**·1·16 社／**1826**·7·3 社／**1827**·7·10 社／**1828**·3·16 社／**1829**·12月 社
愛媛宇和島田穂騒動 ❺-2 **1798**·是年 社
愛媛宇和島農民一揆 ❺-1 **1615**·是年 社／**1616**·12月 社／**1671**·3月 社／**1690**·7·12 社／❺-2 **1719**·4月 社／**1754**·是年 社／**1755**·12·27 社／**1772**·5·2 社／**1782**·12·7 社／**1785**·9·10 社／**1788**·3·6 社／4·28 社／9·27 社／**1803**·3·5 社／**1830**·2·6 社
愛媛宇和島藩中津川村農民一揆 ❺-2 **1796**·3月 社
愛媛宇和島藩野村騒動 ❻ **1870**·3·20 社
愛媛延喜村農民一揆 ❺-1 **1686**·是夏 社
愛媛大洲紙騒動 ❺-2 **1816**·11·28 社
愛媛大洲藩内ノ子騒動 ❺-2 **1750**·1·16 社
愛媛大洲藩農民一揆 ❺-2 **1742**·2月 社／**1750**·1·16 社／**1770**·3·23 社／❻ **1866**·7·13 社／**1871**·8·9 社
愛媛越智郡長沢村新田農民一揆 ❺-1 **1662**·是年 社
愛媛温泉郡農民強訴 ❺-2 **1789**·9·19 社／**1823**·6月 社
愛媛忽那島宮野村農民騒動 ❺-2 **1804**·3·27 社
愛媛久万山出訴一件 ❺-2 **1741**·7·8 社
愛媛小松領内広江村江口新田農民一揆 ❺-1 **1665**·是年 社
愛媛西條藩十六か村農民 ❺-2 **1753**·12·10 社
愛媛地川村農民一揆 ❺-2 **1758**·3·22 社
愛媛幕領川之江村農民強訴 ❺-2 **1818**·5·16 社
愛媛松山波止浜塩田の浜子達打毀し ❺-2 **1820**·3月 社／**1822**·是年 社
愛媛松山藩農民一揆 ❺-1 **1630**·8·2 社／❺-2 **1729**·6月 社／**1732**·7·16 社／**1741**·3·8 社／**1762**·是夏 社／**1786**·11月 社
愛媛吉田藩楮·紙専売反対·紙方役所廃止の大一揆 ❺-2 **1793**·2·13 社
愛媛吉田藩武左衛門一揆 ❺-2 **1793**·2·13 社
大分生血反対一揆 ❻ **1873**·5·22 社
大分臼杵藩農民一揆 ❺-2 **1738**·1月 社／**1738**·是春 社／❻ **1866**·12·27 社
大分大野郡岡藩農民一揆 ❺-2 **1753**·2·23 社
大分岡藩農民一揆 ❻ **1869**·7·8 社
大分杵築藩農民一揆 ❺-2 **1716**·是秋 社／❻ **1866**·12·2 社
大分国東郡各地農民一揆 ❺-2 **1818**·3·21 社
大分国東郡両子手永四か村農民押しかけ ❺-2 **1804**·2·1 社
大分郡農民一揆 ❺-2 **1761**·9·21 社／**1806**·7月 社／❻ **1870**·12·5 社
大分郡さんない騒動 ❺-2 **1821**·5·26 社
大分九重野組尾村農民一揆 ❺-2 **1763**·11·7 社
大分佐伯藩農民一揆 ❺-2 **1726**·12月 社／**1747**·1月 社
大分敷田村農民一揆 ❻ **1877**·4·2 社
大分庄内農民一揆 ❻ **1872**·12·2 社
大分党民騒動 ❺-2 **1811**·11·18 社
大分延岡藩農民一揆 ❺-2 **1732**·7月 社／**1812**·1·2 社
大分藩銀札騒動 ❺-2 **1818**·7·14 政
大分日田(ひた)郡馬屋原騒動 ❺-2 **1746**·1·22 社
大分日田農民一揆 ❺-1 **1664**·11月 社／❻ **1870**·11·17 政
大分府内藩浜脇村赤松百姓一揆 ❺-2 **1761**·3·14 社
大坂石川郡農民願 ❺-2 **1827**·6·27 社
大坂大鳥·泉両郡騒動 ❺-2 **1782**·8·20 社／**1807**·11·24 社／**1828**·12月 社
大坂交野郡旗本領越訴 ❺-1 **1667**·7·5 社
大坂岸和田農民直訴 ❺-1 **1640**·7月 社
大坂岸和田藩領農民年貢増徴反対強訴 ❺-1 **1640**·7月 政
大坂岸和田藩騒動 ❺-2 **1755**·9月 社
大坂狭山藩農民一揆 ❺-2 **1752**·5月 社
大坂三郷火消年番惣代嘆願 ❺-2 **1817**·1·17 社
大坂庄屋·年寄菜種手広売買騒動 ❺-2 **1784**·8·24 社
大坂丹南郡岩室村農民一揆 ❺-2 **1740**·8月 社
大坂丹南藩農民一揆 ❺-2 **1769**·2·8 社
大坂町民騒動 ❺-2 **1787**·5·12 社／**1836**·9·24 社／❻ **1866**·5·14 社／**1894**·8·2 社
大坂西成郡屎尿一揆 ❻ **1870**·2·11 社
大坂西成郡家質奥印差配所設置反対騒動 ❺-2 **1768**·1·22 社
大坂幕領松原村農民一揆 ❺-2 **1728**·是冬 社
大坂八十五か村強訴 ❺-2 **1788**·6·18 社
大坂半田村農民訴え ❺-1 **1689**·11月 社
大坂日根郡樫井村農民一揆 ❺-1 **1708**·1·29 社
大坂古市·太田村農民強訴 ❺-2 **1768**·12·20 社
大坂古市郡古市一揆 ❺-2 **1833**·9·11 社
大坂若江郷八尾西郷村一揆 ❺-1 **1623**·10·5 社
大坂渡辺村住人騒動 ❻ **1879**·2·12 社
大隅種子島中之村百姓一揆 ❺-2 **1756**·10·11 社
大隅徳之島伊仙·検福村百姓一揆 ❺-2 **1740**·元文年間 社
大隅徳之島一揆 ❻ **1864**·3·18 社
大隅徳之島母間村農民砂糖買入独占反対 ❺-2 **1816**·5月 社
岡山小串·阿津村漁民一揆 ❺-1 **1713**·7月 社
岡山乙島村庄屋排斥一揆 ❺-2 **1848**·5月 社
岡山上道郡農民強訴 ❺-2 **1793**·12月 社
岡山鴨方村大庄屋と農民騒動 ❺-1 **1646**·8·5 社
岡山国府市場村農民一揆 ❺-1 **1660**·8·10 社
岡山児島郡田井村農民強訴 ❺-2 **1843**·2月 社
岡山新本騒動 ❺-2 **1716**·1月 社
岡山高梁藩農民一揆 ❺-2 **1717**·是秋 社
岡山高松藩農民一揆 ❺-2 **1762**·11·23 社
岡山津山改正一揆 ❻ **1866**·11·24 社
岡山津山藩農民一揆 ❺-1 **1673**·是年 社／**1698**·11·12 社／❺-2 **1783**·5·26 社
岡山津山藩非人騒動 ❺-2 **1739**·3·2 社
岡山津山藩文政非人一揆 ❺-2 **1825**·

12·19 社
岡山長尾村農民一揆　❺-2 **1752**·是年 社
岡山農民一揆　❺-1 **1649**·3·4 社／❺-2 **1724**·2 月 社／**1739**·3·2 社／**1746**·是冬 社／**1757**·3·20 社／**1759**·⑦·16 社／**1769**·2·17 社／**1798**·6 月 社／7·22 社／❻ **1871**·12·3 社
岡山早島村農民訴え　❺-1 **1642**·11 月 社
岡山藩簑島村農民強訴　❺-2 **1786**·12·12 社
岡山藩領差別反対強訴　❻ **1856**·6·13 社
岡山深津県農民一揆　❻ **1872**·1·14 社
岡山北條農民一揆　❻ **1873**·5·26 社
岡山松山藩農民一揆　❺-2 **1768**·12·5 社／**1769**·12 月 社
岡山美作改正一揆　❺-2 **1726**·3 月 社
岡山宮河内村農民一揆　❺-2 **1730**·4 月 社
岡山山中一揆　❺-2 **1726**·12·4 社
香川小豆島一揆　❺-1 **1690**·6·19 社／**1707**·是年 社／**1710**·7 月 社／❻ **1867**·1·13 社
香川塩飽島船大工打壊　❺-2 **1769**·1·13 社
香川高松藩農民一揆　❺-2 **1733**·8·26 社／**1743**·是年 社／**1763**·11·27 社／**1834**·2·9 社
香川丸亀藩農民一揆　❺-2 **1731**·1 月 社／**1749**·10·24 社／**1750**·1·15 社
柏崎農民一揆　❻ **1872**·4·4 社／**1890**·6·26 社
神奈川愛甲郡三増村農民直訴　❺-2 **1806**·是年 社
神奈川大住郡土屋村百姓一揆　❺-2 **1825**·11·3 社
神奈川小田原藩二百余か村農民越訴　❺-1 **1660**·12·23 社
神奈川鎌倉土民騒動　❷ **1254**·6·15 政
神奈川三宮村百姓農民一揆　❺-1 **1709**·4·3 社
神奈川真土騒動　❻ **1878**·10·28 社
神奈川津久井郡農民一揆　❺-2 **1788**·1·4 社
神奈川土平治騒動　❺-2 **1787**·12·22 社
神奈川鳥屋村騒動　❺-1 **1662**·5·7 社
神奈川武相困民党騒動　❻ **1884**·8·3 社
金沢お救米給付騒動　❻ **1858**·7·7 社
金沢藩宮腰付近の引船業者一揆　❺-2 **1733**·5·29 社
金沢藩百姓強訴　❺-2 **1768**·11·22 社
金沢蓑虫騒動　❻ **1871**·11·24 社
唐津藩虹の松原一揆　❺-2 **1762**·7·21 社／**1771**·7·20 社
関東川舟所在の各町名主強訴　❺-2 **1734**·5·15 社
木曾騒動　❺-2 **1769**·2·1 社／❻ **1866**·8·18 社
紀の川筋大一揆　❺-2 **1823**·6·8 社
岐阜厚見郡農民騒動　❺-2 **1798**·12·26 社／**1799**·2·27 社
岐阜石津郡多良村農民打毀し　❺-2 **1845**·7·21 社
岐阜稲葉郡農民強訴　❺-2 **1825**·7 月 社
岐阜打江村越訴　❺-1 **1692**·8·7 社
岐阜恵那郡苗木藩諸村一揆　❺-2 **1819**·12·15 社
岐阜恵那郡八右衛門騒動　❺-2 **1798**·是年 社
岐阜大垣藩農民一揆　❺-2 **1769**·是秋 社／❻ **1869**·12·14 社
岐阜大垣西本願寺派門徒抗議　❺-2 **1802**·1·18 社
岐阜大垣藩西濃騒動　❺-2 **1766**·1·19 社
岐阜大野郡高山町窮民打毀し　❺-2 **1731**·7 月 社／**1771**·8 月 社
岐阜大野騒動　❺-2 **1771**·8 月 社
岐阜海西郡諸村農民打毀し　❺-2 **1798**·8·7 社
岐阜笠松農民一揆　❻ **1869**·7·16 社
岐阜加納藩農民一揆　❺-2 **1747**·12·25 社
岐阜郡上一揆(平かな森の雫)　❺-2 **1758**·9·16 社
岐阜郡上生糸専売反対一揆　❻ **1860**·7·6 社
岐阜郡上郡諸村農民一揆　❺-2 **1751**·8·10 社／**1754**·8·10 社／**1755**·7·1 社／**1757**·3 月 社／**1758**·2·23 社／7·21 社／9·16 政／10·28 政／12·25 政
岐阜郡上八幡領農民一揆　❺-2 **1755**·7·1 社／❻ **1869**·9·7 社
岐阜郡上藩二日町農民逃亡　❺-1 **1676**·是年 社
岐阜小作米軽減要求騒動　❻ **1893**·1·12 社
岐阜聖徳寺領稲口村減免要求　❺-1 **1654**·是年 社
岐阜遠山家領農民一揆　❻ **1866**·12·20 社
岐阜中川氏領北船原村騒動　❺-2 **1851**·9 月 社
岐阜旗本坪内氏領一揆　❺-2 **1786**·是年 社
岐阜飛驒高山藩宇津江村訴え　❺-1 **1681**·3 月 社
岐阜飛驒高山町窮民打毀し　❺-2 **1831**·5·3 社
岐阜飛驒幕領農民一揆　❺-2 **1728**·9·20 社／**1733**·3·21 社／**1773**·4·1 社／**1789**·5·16 社
岐阜本巣郡農民一揆　❻ **1888**·2·17 社
京都·伏見·大津町民一揆　❺-2 **1783**·2·27 社
京都大堰川筏通行争論　❺-1 **1640**·4·16 社
京都柏野村愁訴　❺-1 **1643**·12·22 社
京都熊野郡一揆　❺-2 **1784**·10·9 社
京都伏見町鳥魚自由販売騒動　❺-2 **1781**·11 月 社
京都舞鶴田辺藩農民一揆　❺-2 **1733**·3·5 社／是秋 社／11·16 社
京都宮津藩農民一揆　❺-1 **1654**·是年 社／**1666**·5 月 社／**1681**·3 月 社／❺-2 **1780**·5·4 社／**1780**·11·27 社／❻ **1872**·5·27 社
京都虫送り農民一揆　❻ **1873**·7·23 社
京都与謝郡加悦谷宮津騒動　❺-2 **1822**·12·13 社
京都淀·鳥羽舟津の相論　❸ **1434**·1 20 社
口丹波騒動　❺-2 **1787**·11·19 社
熊本天草大矢野島村農民貸借破棄要求　❺-2 **1843**·12·28 社
熊本天草農民一揆　❺-2 **1781**·8 月 社／**1789**·是年 社／**1793**·5·7 社／**1794**·2 月 社／**1796**·2·1 社／**1807**·5·12 社／**1829**·10·5 社／**1833**·10· 社／**1845**·10·17 社／**1844**·1·8 社／**1847**·1·28 社／❻ **1866**·12·5 社
熊本菊池郡深川·河原両手永水論　❺-2 **1817**·8 月上旬 社
熊本銀札使用強制反対騒動　❺-2 **1736**·5·23 政
熊本藩農民一揆　❺-2 **1735**·2·7 社 8·26 社／**1740**·2·15 社／**1746**·5·7 社／**1796**·6·17 社／**1801**·2 月 政
熊本藩高森手永上色見付農民一揆　-2 **1734**·12 月 社
熊本人吉藩茸山騒動　❺-2 **1841**·2· 社
熊本矢部手永仏原村騒動　❺-1 **167** 1·5 社
久留米藩銀札騒動　❺-2 **1735**·10 月 社
群馬安中藩(あんなか)農民一揆　❺ **1727**·4·4 社／**1783**·7·15 文／9·20 社
群馬安中藩磯部村農民一揆　❺-1 **1693**·2 月 社
群馬碓氷郡大田村農民直訴　❺-2 **1805**·11·23 社
群馬笠懸野村農民一揆　❺-1 **1687**· 6 社
群馬川越藩東善養寺領減免強訴　❺- **1821**·11·23 社
群馬甘楽·山田郡桐生農民一揆　❺- **1759**·12 月 社
群馬甘楽郡農民打毀し　❺-2 **1825**· 28 社
群馬桐生町農民一揆　❺-2 **1760**·3 社／**1787**·1·25 社
群馬群馬郡小島村百姓一揆　❺-1 **1617**·1·4 社
群馬五十三か村農民一揆　❺-2 **178** 8·9 社
群馬敷島村農民一揆　❻ **1867**·11 月 社
群馬須川村農民一揆　❺-1 **1659**·是 社
群馬高崎藩農民一揆　❺-1 **1698**·4 社
群馬館林騒動　❺-2 **1718**·12 月 社
群馬館林藩直訴(台之郷·石原·富田村農民　❺-1 **1676**·2·15 社
群馬館林藩四十二か村農民一揆　❺- **1718**·12 月 社
群馬利根郡十四か村一揆　❺-2 **1788** 10 月 社
群馬沼田見取騒動　❺-2 **1781**·12·18 社
群馬幕領·私領五十四か村農民訴願

❺-1 **1698**·4·18 社
群馬幕領越本村農民一揆 ❺-2 **1755**·5月 社
群馬兵月賦反対一揆 ❻ **1868**·2·23 社
群馬前橋藩農民一揆 ❺-2 **1745**·10·14 文／**1748**·8月 社
群馬緑野郡三波川村農民訴訟 ❺-1 **1665**·1·20 社
群馬山田郡大間々山地方農民打毀し ❺-2 **1836**·11·10 社
群馬米倉釆女領農民一揆 ❺-2 **1723**·11·11 社
高知土佐郷士騒動 ❺-2 **1797**·2·6 政
高知中山郷小作農民強訴 ❺-2 **1841**·6月 社
高知藩池川紙一揆 ❺-2 **1787**·2·16 社
高知藩上八川村農民要求 ❺-1 **1687**·是年 社
高知藩農·町民一揆 ❺-2 **1786**·11·22 政／**1787**·3月 社
高知藩農民一揆 ❺-2 **1751**·6·6 社／**1755**·11月 社
高知藩綿生産農民一揆 ❺-2 **1748**·5月 社
高知物部川洪水·農民一揆 ❻ **1886**·9·10 社
高知若者組一揆 ❻ **1866**·8·18 社
高野領百姓騒動 ❺-2 **1720**·1·12 社／**1776**·8·25 社
駒場野一揆 ❻ **1867**·8·20 社
西條三万石騒動 ❺-1 **1664**·11·28 社
佐土原騒動 ❺-2 **1782**·12·9 政
佐賀藩銀札交換不能騒動 ❺-2 **1765**·1·3 政
佐久間騒動 ❺-2 **1848**·8月 社
佐倉藩領助郷一揆 ❻ **1865**·7月 社
佐渡相川町鉱夫反対抗議 ❺-1 **1663**·是年 社
佐渡相川水替人足·町民騒動 ❺-2 **1727**·5·10 社／**1739**·3月 社／**1775**·7·17 社／**1777**·4·13 社／**1805**·2·1 社／**1816**·8·18 社／**1820**·10·30 社
佐渡小比叡騒動 ❺-1 **1652**·3·13 政
佐渡代官所年貢諸役反対一揆 ❺-2 **1759**·9月 社
佐渡農民一揆 ❺-1 **1710**·5月 社／❺-2 **1729**·1月 社／**1749**·11月 社／**1750**·10月 社／**1767**·11·4 社／**1768**·8·25 社／**1780**·是年 社／**1838**·5·25 社
佐渡農民斗代改正反対一揆 ❺-1 **1627**·是年 社
山陰一揆 ❺-1 **1690**·9·19 社
滋賀伊香郡浅井村用水論争 ❺-1 **1604**·⑧·14 社
滋賀茨川漁場争論 ❺-1 **1611**·4·26 社
滋賀大津農民一揆 ❻ **1868**·9·11 社
滋賀堅田·長浜漁場争論 ❺-1 **1611**·4·8 社
滋賀蒲生郡直訴 ❺-1 **1663**·6月 社
滋賀蒲生郡農民一揆 ❺-1 **1617**·9月 社／❺-2 **1793**·12月 社／**1822**·6·16 社／**1839**·1月 社
滋賀坂本村上浜農民一揆 ❺-2 **1782**·11·9 社
滋賀下坂本騒動 ❺-2 **1817**·12·26 社
滋賀膳所藩漁民打毀し ❺-2 **1781**·10·15 社
滋賀八幡町町方騒動 ❺-2 **1786**·10·21 社
滋賀彦根知行替一揆 ❻ **1862**·9·7 社
滋賀彦根藩愛智川南筋村々農民一揆 ❺-2 **1761**·11·8 社
滋賀彦根藩農民一揆 ❻ **1866**·8·14 社
飾磨明石農民一揆 ❻ **1874**·2·18 社
滋賀三上山地方農民強訴 ❺-2 **1842**·10·14 社
滋賀水口宿斗代の改定反対 ❺-1 **1678**·是年 社
静岡岩本村農民一揆 ❺-2 **1732**·⑤·9 社
静岡岡部宿打毀し ❺-2 **1836**·10·8 社
静岡興津宿騒動 ❺-2 **1769**·1月 社
静岡気賀七か村騒動 ❺-2 **1847**·11月 社
静岡小島藩諸村農民一揆 ❺-2 **1764**·5·28 社
静岡新原村大念仏団農民一揆 ❺-2 **1779**·7·14 社
静岡田村農民、嶺田用水直訴 ❺-1 **1678**·1·22 社
静岡東部農民一揆 ❻ **1885**·2·2 社
静岡豊田郡農民一揆 ❻ **1870**·1·3 社
静岡豊田郡幕領農民一揆 ❺-2 **1786**·11月 社
静岡浜松騒動 ❺-2 **1846**·6·23 社
静岡藩蓑かぶり一揆 ❻ **1870**·1·3 社
静岡日比沢·本沢両村越訴 ❺-1 **1642**·6·12 社
静岡二俣騒動 ❺-2 **1786**·11月 社
静岡敷知郡藩領農民要求 ❺-2 **1846**·⑤·10 社
静岡吉永村農民一揆 ❺-2 **1847**·10月 社
信達一揆 ❻ **1866**·6·15 社
渋染一揆 ❻ **1856**·6·13 社
島根飯石郡松江藩領農民一揆 ❺-2 **1811**·7月 社／**1850**·8月 社
島根周吉郡農民騒動 ❺-2 **1816**·12月 社
島根農民一揆 ❺-2 **1773**·是冬 社／❻ **1868**·3·18 社
島根原田農民一揆 ❻ **1865**·12·5 社
島根百姓目安事件 ❺-1 **1617**·7·3 社
島根広瀬藩農民騒動 ❺-2 **1755**·9·3 社
島根歩一税廃止反対一揆 ❻ **1886**·4·1 社
島根札騒動 ❺-2 **1731**·10·1 政
島根松江藩米商打毀し ❻ **1869**·6·29 社
島根松江藩農民騒動 ❺-2 **1732**·9月 社／**1733**·是年 社／**1765**·10·28 社／**1815**·12·11 社／**1816**·1月 社
島根飯石郡三刀屋騒動 ❺-2 **1783**·1·18 社
下総佐倉藩農民一揆 ❺-1 **1652**·12月 社／❺-2 **1750**·1·17 社／**1783**·12·28 社／**1787**·5·27 社
下総佐倉領助郷一揆 ❻ **1865**·7月 社
下総銚子町打毀し ❺-2 **1834**·8月 社
下総本多遠江守領農民一揆 ❺-1 **1712**·2月 社
下総山倉村農民一揆 ❺-1 **1657**·是年 社
下野宇都宮藩屋板村農民一揆 ❺-1 **1653**·9·14 社
下野宇都宮藩農民一揆 ❺-2 **1764**·9·12 社
下野宇都宮籾摺騒動 ❺-2 **1764**·9·12 社
下野大田原藩飯貝村農民、年貢引上げ反対 ❺-1 **1671**·是年 社
下野黒羽藩農民一揆 ❻ **1856**·11·19 社
下野都賀郡農民一揆 ❺-2 **1759**·7·29 社／**1778**·5月 社
下野農民一揆 ❺-1 **1694**·⑤·21 社
出米騒動(肥後天草) ❺-2 **1771**·11·11 社
上州絹一揆 ❺-2 **1781**·9·6 政
庄内藩荒瀬郷農民一揆 ❺-2 **1764**·7·8 社
庄内藩大山騒動 ❺-2 **1844**·2·8 政
白峰銀山境論 ❺-1 **1647**·2·4 社
信州街道と中山道沓掛宿騒動 ❺-2 **1767**·10月 社
信州中馬の争論 ❺-2 **1764**·12月 社
摂津安倍氏領農民一揆 ❺-2 **1776**·5·26 社
摂津尼崎藩領農民一揆 ❺-2 **1782**·2·16 社
摂津有馬·武庫両郡農民打毀し ❺-2 **1784**·3月 社
摂津大坂米騰·米買占反対一揆 ❺-2 **1783**·2·1 社
摂津·河内農民菜種国訴 ❻ **1865**·5·19 社
摂津·河内諸村国訴 ❺-2 **1745**·1·27 社／4月 社／**1788**·7·27 社／**1794**·4月 社／**1805**·7·5 社／**1823**·5·25 社／**1824**·4·13 社／**1835**·4·28 社
摂津川辺郡農民一揆 ❻ **1869**·12·3 社
摂津九十七か村農民·干鰯商人反対騒動 ❺-2 **1794**·6·11 社
摂津三田藩領農民一揆 ❺-2 **1780**·9月上旬 社
摂津島上郡六十三か村農民一揆 ❺-2 **1753**·6·18 社
摂津千里山山手争論 ❺-1 **1601**·2·28 社
摂津高槻農民一揆 ❻ **1869**·7·14 社
摂津豊島郡の六十二か村農民一揆 ❺-2 **1761**·10·27 社
摂津能勢郡農民箱訴 ❺-2 **1841**·7·10 社
摂津播磨貧民一揆 ❻ **1866**·5·8 社
摂津東成郡平野郷農民一揆 ❺-2 **1761**·4月 社／**1827**·12月 社
摂津百六十一か村肥料荷物引請反対騒動 ❺-2 **1788**·2·25 社
摂津兵庫幕領騒動 ❺-2 **1819**·9月 社
摂津平野荘農民一揆 ❺-1 **1627**·是年 社
摂津武庫郡農民一揆 ❺-2 **1738**·7·2

社／**1766**·5 月 社／**1777**·7·21 社／**1797**·10·27 社／**1800**·9·22 社
摂津山田大助騒動　❺-2 **1837**·7·2 社
仙台·相馬両藩の境相論　❺-1 **1630**·1·24 政
仙台藩領一揆　❺-2 **1724**·是年 社／**1783**·9·15 社／**1797**·8·5 社
仙台藩岩切·余目村農民越訴　❺-1 **1642**·4·5 社
仙台藩領籾拝借一揆　❻ **1866**·7·1 社
高崎藩農民一揆　❻ **1868**·3·2 社／**1869**·8·3 社
高松農民一揆　❻ **1871**·9·8 社
高松藩綾北山農民騒動　❻ **1870**·1·5 社
高山新政反対農民一揆　❻ **1869**·2·29 社
丹波綾部藩農民一揆　❺-2 **1736**·是年 社／**1752**·12·13 社
丹波市川騒動　❻ **1860**·8·20 社
丹波大戸村農民一揆　❺-1 **1701**·8·4 社
丹波柏原(かいばら)藩農民一揆　❺-1 **1696**·11·2 社
丹波上総鶴牧騒動　❺-2 **1738**·10·27 社
丹波上·下川合村農民一揆　❺-2 **1791**·12·25 社
丹波桑田郡馬路村、芝草相論　❺-1 **1607**·6 月 社
丹波桑田郡黒田三か村農民一揆　❺-2 **1825**·11·11 社
丹波桑田郡農民一揆　❺-1 **1672**·10·28 社
丹波五千石騒動　❻ **1860**·11·13 社
丹波篠山大野村農民一揆　❺-1 **1706**·6 月 社
丹波篠山藩農民一揆　❺-1 **1621**·8 月 社／**1704**·12 月 社／❺-2 **1716**·12 月 文／**1722**·4 月 社／**1728**·12 月 社／**1747**·11 月 社／**1748**·11·16 社／**1749**·8·20 社／**1753**·12·12 社／**1765**·11·16 社／**1767**·8·17 社／**1771**·11·16 社／**1774**·是年 社／**1800**·12·14 社／**1818**·5·29 社／**1829**·2·9 社／❻ **1869**·11·29 社
丹波氷上郡黒井村重租騒動　❺-2 **1801**·是年 社
丹波氷上郡佐治郷伝馬訴訟　❺-2 **1729**·9·6 社
丹波氷上郡鹿場·三井庄·中竹田村農民一揆　❺-2 **1751**·1·12 社
丹波広河原村騒動　❺-2 **1848**·3·24 社
丹波福知山藩領農民一揆　❺-2 **1732**·11·1 社／**1734**·11·1 社
丹波八木町農民騒動　❺-2 **1787**·11·19 社
秩父騒動　❺-2 **1764**·⑫·17 社
千葉夷隅郡農民越訴　❺-2 **1825**·6 月 社
千葉大多喜藩農民一揆　❺-2 **1750**·是秋 社
千葉勝山領農民一揆　❺-2 **1770**·是夏 社
千葉総社諸村農民一揆　❺-1 **1709**·5 月 社
千葉長生郡十八か村農民一揆　❺-2 **1776**·12·15 社
千葉農民直訴　❺-1 **1694**·1·20 社
千葉山辺郡田中村農民一揆　❺-2 **1810**·5 月 社
千原騒動　❺-2 **1782**·8·20 社
対馬厳原徒党一件　❺-2 **1747**·11·21 社
対馬与良郷大船越村農民一揆　❺-2 **1789**·是年 社
東海道大磯宿穀屋打毀し　❺-2 **1836**·8·18 社
徳島上山·木屋平村騒動　❺-1 **1650**·6·24 社
徳島織部騒動　❺-2 **1756**·10 月 社
徳島土釜鳴滝一揆　❺-1 **1711**·8·10 社
徳島那賀郡仁宇谷農民一揆　❺-2 **1819**·5·26 社
徳島藩騒動　❺-2 **1737**·是年 社／**1756**·11·28 社／**1785**·11·25 社
徳島東端山村農民の直訴　❺-1 **1657**·是年 社
徳島名西郡上山村農民一揆　❺-2 **1819**·6·2 社
徳島三好郡農民一揆　❺-2 **1806**·是年 社／**1832**·是冬 社／**1841**·12·4 社／**1842**·1·4 社
徳丸原上地反対一揆　❻ **1867**·11·13 社
鳥取岩井郡農民一揆　❺-1 **1682**·9 月 社
鳥取会見郡農民一揆　❻ **1873**·6·19 社
鳥取城下乞食多数集合　❺-2 **1837**·1 月 社
鳥取大山寺領一揆　❺-2 **1786**·12·8 社
鳥取高草郡湖山村農民直訴　❺-2 **1839**·4·5 社
鳥取智頭郡農民一揆　❺-2 **1851**·4·10 社
鳥取坪上山地方農民一揆　❺-2 **1732**·12·13 社
鳥取農·町民一揆　❺-2 **1721**·3·19 社／**1722**·8·27 社／**1733**·3·4 社／**1739**·4·3 社／**1751**·11·29 社／**1763**·9 月 政
鳥取の振売四百余人騒動　❺-2 **1791**·6·13 社
鳥取八東郡農民一揆　❻ **1882**·4·4 社
鳥取藩農民一揆　❺-1 **1695**·2 月 社／❺-2 **1739**·2·21 社／**1782**·12·11 社
鳥取藩横枕村農民一揆　❺-1 **1698**·是年 社
鳥取日野郡農民一揆　❺-2 **1717**·2·29 社
富山越中ばんどり騒動　❻ **1869**·10·12 社
富山新川郡魚津町一揆　❺-2 **1828**·5·18 社／**1829**·6·18 社
富山新川郡有峰村一揆　❺-1 **1617**·是年 社
富山高岡町·富山町米騒動　❺-2 **1781**·⑤·20 社
富山町の町人米留騒動　❺-1 **1690**·9 月 社
富山礪波郡金沢藩農民一揆　❺-2 **1733**·10·11 社
富山礪波郡城端地方農民一揆　❺-2 **1757**·11·23 社
富山礪波郡農民一揆　❺-1 **1712**·10 21 社
富山年貢減免一揆　❻ **1869**·10·12
富山婦負郡農民打毀し　❺-2 **1813**·10·15 社
富山婦負郡富山漁民騒動　❺-2 **180** 12 月 社
富山農民一揆　❻ **1869**·10·12 社
富山藩新川郡月岡野農民一揆　❺-1 **1668**·是年 社
富山伏木港米積出し反対一揆　❻ **1878**·5·11 社
長崎犬狩騒動　❻ **1873**·3·10 社
長崎髪結騒動　❺-2 **1838**·10·10 社
長崎徴兵反対一揆　❻ **1873**·8·14 社
長崎町民騒動　❺-1 **1713**·7·14 社
長崎屋騒動　❺-1 **1635**·是秋 社
長門厚狭郡伊佐村農民訴え　❺-2 **1794**·11·16 社
長門阿武郡川上村農民強訴　❺-2 **1810**·6·14 社
長野安曇郡幕領農民一揆　❺-2 **174** 8·9 社
長野安永飯山騒動　❺-2 **1773**·11·26 社
長野飯山藩農民一揆　❺-2 **1757**·5 月 社／**1762**·2·17 社／**1773**·10·26 社／**1784**·3 月 社／**1786**·9·9 社／**1796**·6·14 社／**1836**·6·27 社／**1837**·12·2 社／❻ **1865**·5·17 社
長野池田地方農民一揆　❺-2 **1792**·6 月 社
長野伊那郡飯田藩領農民一揆　❺-2 **1792**·6·30 社／**1803**·3 月 社／**1809** 12·5 社／**1850**·11 月 社
長野伊那郡わらじ騒動　❺-2 **1822**·7 1 社
長野伊奈知久氏領農民一揆　❺-1 **1678**·1 月 社
長野上田藩農民一揆　❺-1 **1651**·是年 社／**1653**·12·25 社／**1682**·3·12 社／❻ **1869**·8·15 社
長野上田藩世ならし騒動　❺-2 **1761** 12·11 社
長野浦野組一揆　❺-2 **1809**·6·27 社
長野春日村農民強訴　❺-1 **1649**·是 社
長野上穂村一揆　❻ **1865**·3·29 社
長野·信濃川流域一揆　❻ **1869**·1·19 社
長野小諸藩各村農民一揆　❺-1 **1615** 是年 社／**1670**·2·16 社／是年 社／**1678**·是年 社
長野佐久郡農民一揆　❺-1 **1638**·12· 社／❺-2 **1754**·11 月 社／**1786**·10 月 社／**1833**·9·30 社
長野更級郡稲荷山村農民打毀し　❺- **1836**·8·25 社
長野塩沢村農民独立要求　❺-1 **1668** 9 月 社
長野諏訪郡釜無山留強訴　❺-2 **1827** 4·7 社
長野善光寺町民騒動　❺-2 **1813**·10·13 社
長野高井·水内両郡村農民一揆　❺-2

1777·1·12 社
長野高井郡沓野村農民開発事業反対一揆 ❺-2 **1848**·8·10 社
長野高遠藩農民一揆 ❺-1 **1654**·7·4 社／**1671**·是年 社
長野中野県農民一揆 ❻ **1870**·12·19 社
長野南山騒動 ❻ **1859**·12·27 社
長野幕領赤須村農民一揆 ❺-2 **1736**·9·25 社／**1742**·8月 社／**1772**·3月 社
長野平井寺村農民訴え ❺-1 **1675**·12月 社
長野松代年貢籾摺米引上反対農民一揆 ❺-1 **1674**·是年 社
長野松代藩田村騒動 ❺-2 **1751**·8·7 社
長野松代藩農民一揆 ❻ **1870**·11·25 社
長野松代藩山中騒動 ❺-2 **1784**·11·12 社
長野松本赤箕騒動 ❺-2 **1825**·12·14 社
長野松本藩嘉助騒動 ❺-1 **1686**·10·14 社
長野松本藩和田村農民一揆 ❺-2 **1716**·5·27 社
長野水内郡農民一揆 ❺-2 **1733**·是秋 社／**1804**·12·19 社
長野森村と越後羽倉村の国境山論 ❺-1 **1670**·1·18 社
名古屋藩稲葉農民騒動 ❻ **1869**·12·20 社
新潟会津藩領預所十日町騒動 ❺-2 **1768**·10·7 社
新潟糸魚川藩農民一揆 ❺-2 **1746**·是年 社／**1780**·5·20 社／**1786**·5月 社／**1819**·9·13 社
新潟魚沼郡農民一揆 ❺-2 **1750**·3月 社／**1784**·5·27 社／**1792**·6·13 社／**1810**·6·21 社／❻ **1866**·7·17 社
新潟·越後騒動 ❺-1 **1679**·10·12 社／❻ **1872**·4·4 社
新潟大久保村小作人騒動 ❻ **1893**·5月 社
新潟太田古屋村農民一揆 ❻ **1891**·10·25 社
新潟勝山藩一揆 ❺-2 **1786**·4·21 社
新潟蒲原郡一揆 ❺-2 **1724**·2·28 社／**1787**·8月 社／**1814**·5·23 社／**1828**·10·2 社／**1829**·10月 社／12月 社／**1836**·11·2 社／**1837**·4·13 社
新潟頸城質地騒動 ❺-2 **1722**·10·14 社
新潟黒川騒動 ❺-2 **1819**·9·13 社
新潟港救助米積出し反対一揆 ❻ **1869**·10·21 社
新潟古志郡栃尾郷農民、青抄騒動 ❺-2 **1828**·8·18 社
新潟坂井郡の一向宗門徒福井長慶寺襲撃 ❺-2 **1807**·2月 社
新潟椎谷藩一揆 ❺-2 **1786**·12·4 社／**1790**·2·21 社
新潟紫雲寺潟新田の農民一揆 ❺-2 **1736**·12月 社
新潟紫雲村水入証返却騒動 ❻ **1892**·1·2 社
新潟新発田藩農民一揆 ❺-2 **1729**·8月 社／❻ **1866**·11·25 社
新潟新発田与茂七騒動 ❺-1 **1711**·6月 社／**1712**·12月 社
新潟高田領浅川陣屋押しかけ ❺-2 **1803**·2月 社
新潟津川地方農民一揆 ❺-2 **1750**·1·2 社
新潟敦賀町打毀し ❺-2 **1784**·6·23 社
新潟天領柿崎村一揆 ❺-2 **1783**·11·3 社
新潟栃尾郷農民一揆 ❻ **1853**·8·23 社
新潟直江津小前層打毀し ❺-2 **1821**·5·14 社／**1829**·5·8 社
新潟長岡縄一揆 ❺-1 **1621**·7月 社
新潟長岡藩一揆 ❻ **1853**·8·23 社
新潟長岡藩十二か村農民一揆 ❺-2 **1791**·6月 社
新潟長岡藩栃尾郷塩屋農民一揆 ❺-1 **1690**·10月 社
新潟長岡藩新潟町民·農民一揆 ❺-2 **1768**·9·19 社／**1830**·9·4 社／10·29 社／12·29 社
新潟農民武力一揆 ❹ **1599**·8月 社
新潟幕領農民一揆 ❺-1 **1705**·8月 社／❺-2 **1748**·10·11 社／**1759**·3月 社／**1789**·2·5 社
延岡藩新官吏反対一揆 ❻ **1869**·8·6 社
萩藩浮石村農民一揆 ❺-1 **1710**·7·10 社
萩藩農民一揆 ❺-2 **1718**·3·11 社／**1732**·是秋 社／**1743**·10·12 社
萩藩益田織部給地長野村農民一揆 ❺-1 **1710**·12·27 社
八戸藩農民一揆 ❺-2 **1764**·是年 社／**1778**·是冬 社
八戸藩志和通農民一揆 ❺-1 **1667**·1·12 社／**1692**·10·15 社／**1711**·10·13 社
播州一揆 ❺-2 **1833**·9·11 社
播但農民一揆 ❻ **1871**·10·3 社
肥前諫早藩諸村農民一揆 ❺-2 **1750**·1月 社
肥前唐津藩農民一揆 ❺-2 **1759**·10·2 社／**1818**·10·26 社
肥前佐賀藩漁民·町民一揆 ❺-2 **1811**·8·12 社／**1828**·8·26 社
肥前島原藩農民一揆 ❺-2 **1730**·11月 社／**1737**·6·11 社
肥前宿村、年貢増加反対·代官排斥 ❺-1 **1656**·是年 社
肥前彼杵郡浦上村越訴 ❺-2 **1793**·6月 社
肥前長崎打毀し ❺-2 **1787**·5·23 社
肥前松浦郡五か山騒動 ❺-2 **1838**·9月 社
常陸·下野農民一揆 ❺-1 **1611**·8·3 社
兵庫明石藩淡河組野瀬村農民一揆 ❺-2 **1734**·11月 社
兵庫赤穂藩塩屋村農民一揆 ❺-2 **1749**·8月 社
兵庫網干新在家村農民一揆 ❺-2 **1847**·10月 社
兵庫生野代官領農民一揆 ❺-2 **1725**·5月 社／**1734**·11月 社／**1737**·7月 社／**1738**·12·16 社／**1739**·1·1 社／**1746**·6·2 社／**1758**·11月 社／**1827**·8·10 社
兵庫出石(いずし)藩農民一揆 ❺-1 **1653**·5·21 社／**1669**·11·1 社／❺-2 **1768**·10·19 社
兵庫揖西郡龍野藩農民一揆 ❺-2 **1848**·12·12 社／**1849**·1·12 社
兵庫加東·印南·多可·加古·佐用郡内諸村農民一揆 ❺-2 **1739**·3·7 社／**1825**·12·4 社／**1833**·9·11 社／**1837**·5·10 社／**1787**·10·22 社
兵庫塩屋·垂水の漁民訴え ❺-1 **1669**·4月 社
兵庫飾磨郡英賀組玉手村農民一揆 ❺-2 **1808**·1·25 社
兵庫宍粟郡千草村窮民愁訴 ❺-2 **1732**·5月 社
兵庫龍野藩諸村農民一揆 ❺-2 **1726**·7·21 社／**1736**·4月 社／**1848**·12·12 社／**1849**·1·12 社
兵庫豊岡藩農民一揆 ❺-2 **1757**·12·17 社／**1798**·3·11 社／**1825**·7·28 社
兵庫幕領安楽田町農民一揆 ❺-1 **1710**·5月 社
兵庫幕領福里村農民一揆 ❺-2 **1734**·2月 社／**1749**·1·15 社
兵庫姫路藩国産会所反対一揆 ❺-2 **1821**·是年 政
兵庫姫路藩農民一揆 ❺-2 **1745**·是年 社／**1748**·12·21 社
兵庫福本藩諸村農民一揆 ❺-1 **1708**·8·25 社／**1710**·6月 社
兵庫三木町地子免許騒動 ❺-1 **1678**·12·25 政／**1708**·5月 社
兵庫美嚢郡三木町職人専売反対一揆 ❺-2 **1830**·9月 社
兵庫村岡藩農民一揆 ❺-2 **1739**·10·3 社
兵庫養父·朝来両郡農民騒動 ❺-2 **1800**·8月 社
広島後月郡井原付近の農民強訴 ❺-2 **1831**·12·17 社
広島恵蘇郡農民一揆 ❺-2 **1786**·11·9 社
広島大河·丹那·日宇那村住民騒動 ❺-2 **1843**·2·16 社
広島大崎島民一揆 ❺-2 **1835**·4·3 社
広島海田米商打毀し ❺-2 **1834**·5月 社
広島竹原塩田大工·上浜子騒動 ❺-2 **1759**·12月 社／12·8 社／**1827**·8·26 社
広島峠村百姓一揆 ❺-2 **1848**·12·1 社
広島奴可郡農民一揆 ❻ **1873**·7·29 社
広島藩領農漁民一揆 ❻ **1867**·1·16 社
広島農民一揆·騒動 ❺-2 **1718**·3·12 社／**1732**·2·5 社／**1737**·9月 社／**1742**·9·8 社／**1755**·是夏 社／11·17 社／12·5 社／**1771**·2·24 社／**1775**·1·13 社／**1778**·⑦·3 社／**1784**·2·17 社
広島藩大野村下組欠米取立反対を直訴 ❺-1 **1667**·9·29 社
広島藩銀札預り切手の乱発反対騒動

❺-2 **1849**·10·7 社
広島藩草津·江波浦潟論　❺-2 **1850**·9·6 社
広島藩札騒動　❺-1 **1691**·11·18 社
広島町民打毀し　❺-2 **1848**·10·7 社
広島武一騒動　❻ **1871**·8·4 社
広島福山農民一揆　❺-2 **1717**·11 月 社／ **1718**·1·27 社／ **1736**·11 月 社／ **1753**·2·28 社／ **1770**·8·11 社／ **1773**·9 月 社／ **1786**·12·14 社／ **1811**·11 月 社／ **1814**·3·18 社／❻ **1871**·9·20 社
広島福山藩札騒動　❺-2 **1770**·4·1 政
広島御手洗湊仲仕罷業　❺-2 **1819**·10 月 社
広島三次(みよし)藩農民一揆　❺-1 **1713**·1·8 社
広島山県郡農民扱苧専売反対一揆　❺-2 **1845**·9·20 社／ 10·20 社
福井足羽郡西本願寺宗意一件　❺-2 **1812**·3 月 社
福井大野郡農民一揆　❺-2 **1752**·11·21 社／ **1758**·7·21 社／ **1828**·7·30 社
福井小浜藩農民一揆　❺-1 **1639**·10 月 社／❺-2 **1783**·1·18 社／ **1833**·11·13 社
福井小浜藩農民一揆　❺-2 **1770**·6·15 社
福井勝山藩農民一揆　❺-2 **1771**·8·8 社／ **1793**·7 月 社
福井坂井郡三国町打毀し　❺-2 **1839**·7·29 社
福井鯖江藩農民一揆　❺-2 **1754**·②·13 社
福井滝波·畔川·平泉寺村農民一揆　❺-1 **1697**·5 月 社
福井太良荘百姓の申状　❸ **1300**·3 月 政
福井丹生·今立両郡農民一揆　❺-2 **1756**·1·22 社
福井藩農民·町民騒動　❺-2 **1733**·是秋 社／ **1748**·2·12 社／ **1756**·2·1 社／ **1783**·8·22 社／ **1833**·9·19 社
福井藩明和蓑虫事件　❺-2 **1768**·3·22 社
福井丸岡藩農民一揆　❺-2 **1724**·2 月 社／ **1779**·1·18 社
福岡秋月藩農民打毀し　❺-2 **1787**·5·11 社
福岡筑後川改修工事騒動　❻ **1893**·1·9 社
福岡企救郡農民一揆　❻ **1869**·11·16 社
福岡久留米藩農民一揆　❺-2 **1728**·3·1 社／ 8·18 社／ **1754**·3·20 社
福岡竹野郡亀王組農民打毀し　❺-2 **1832**·7·28 社
福岡竹槍騒動　❻ **1873**·6·16 社
福岡筑前吉木村農民押しかけ　❺-2 **1851**·12·28 社
福岡藩領農民一揆　❺-2 **1811**·3·9 社
福岡三潴(みづま)県農民一揆　❻ **1872**·5·6 社
福岡螟虫反対一揆　❻ **1880**·10·21 社
福岡柳川藩田尻村農民一揆　❺-1 **1693**·是年 社
福岡柳川藩農民一揆　❺-2 **1728**·3 月 社
福島会津御蔵入会紛争　❺-1 **1648**·6·2 社
福島会津幕領各村訴え　❺-1 **1663**·12·27 社／ **1677**·7 月 社
福島会津幕領農民一揆　❺-2 **1720**·11·26 社／ **1769**·2·9 社／ **1788**·8·18 社／ **1789**·4·6 政
福島会津藩金曲騒動　❺-2 **1749**·12·21 社
福島会津藩内農民騒動　❺-2 **1767**·12 月 社／ **1812**·是年 社
福島会津若松農民一揆　❻ **1868**·10·3 社／ **1870**·8·16 社
福島磐城こんにゃく騒動　❻ **1865**·9·1 社
福島磐城白河藩領一揆　❺-2 **1720**·2·3 社／ **1723**·12·16 社／ **1750**·2·15 社／ **1794**·1·2 社／ **1852**·2 月 社
福島磐城高田藩浅川騒動　❺-2 **1798**·1·24 社
福島磐城高田藩白河郡諸村農民一揆　❺-2 **1798**·1·24 社
福島磐城楢葉郡諸村農民打毀し　❺-2 **1802**·12·26 社
福島磐城三春藩農民一揆　❺-2 **1736**·11·21 社／ **1784**·①·17 社
福島磐城守山藩農民一揆　❺-2 **1719**·是年 社／ **1720**·1·23 社／ **1736**·12·5 社／ **1746**·9·5 社／ **1755**·9·15 社
福島磐城守山藩二十七か村農民一揆　❺-1 **1702**·2 月 社
福島伊達郡農民一揆　❻ **1871**·2·11 社
福島南山蔵入騒動　❺-2 **1722**·7·18 政
福島農民負債減免騒動　❻ **1884**·1·17 社
福島藩南矢野目村農民一揆　❺-1 **1700**·3 月 社
福島負債減免騒動　❻ **1884**·1·17 社
伏見駅騒動　❺-2 **1785**·9·26 社
武州一揆　❻ **1866**·6·13 社
武州鼻緒騒動　❺-2 **1843**·7·22 社
武州村山騒動　❺-2 **1784**·2·28 社
豊前時枝藩農民一揆　❻ **1855**·11·19 社
豊前中津藩農民一揆　❺-2 **1727**·7·24 社／ **1744**·12·22 社／ **1760**·10 月 社
別子銅山鉱毒問題　❺-2 **1819**·7·12 社
北海道石崎·熊石村漁民大網使用禁止訴え　❺-2 **1790**·12·6 社
北海道金掘(鉱夫)の暴動　❺-1 **1640**·6·13 社
松前藩農民一揆　❺-2 **1735**·7·11 社／ **1766**·8·10 社／ **1768**·9·20 社
松前藩分領反対騒動　❻ **1859**·12·16 社
松山藩騒動　❺-2 **1755**·是年 政
丸亀藩塩飽島一揆　❻ **1868**·1·18 社
万石騒動　❺-1 **1712**·7·12 社
三重亀山藩井尻村訴え　❺-1 **1688**·6·11 社
三重亀山藩農民騒動　❺-2 **1768**·9·13 社／❻ **1867**·2·5 社
三重亀山藩領北勢騒動　❺-2 **1768**·9·13 社
三重神戸郷領主留任嘆願　❺-2 **1732**·3·10 政
三重桑名·三重郡農民数万人助成積立講返還要求騒動　❺-2 **1782**·12·1 社／ **1823**·8·2 社
三重石代納一揆　❻ **1876**·12·19 社
三重鳥羽沖波切騒動　❺-2 **1830**·9 政
三重農民一揆　❻ **1869**·10·15 社
三重山田三方会合騒動　❺-2 **1790**· 月 社
三重和歌山八か村農民一揆　❺-2 **1740**·11·28 社
水戸生瀬の乱　❺-1 **1609**·10·10 社
水戸奥野谷·生井沢一揆　❺-1 **1709** 1·20 社
水戸藩鋳銭座設置反対一揆　❺-2 **1771**·4·1 社
水戸藩農民一揆　❺-1 **1641**·7·26 ／ **1708**·12 月 社／❺-2 **1756**·1·24
宮城登米農民一揆　❻ **1870**·12·15
宮崎赤旗騒動　❻ **1872**·9·4 社
宮崎臼杵郡三か所村農民強訴　❺-2 **1833**·3·19 社
宮崎臼杵郡椎葉山一揆　❺-1 **1619**·28 社／ **1619**·8 月 社
宮崎臼杵郡高千穂地方地侍特権撤回騒動　❺-2 **1806**·3 月 社
宮崎農民竹槍一揆　❻ **1867**·2·15
宮崎延岡藩上野·田原·川内村の農民一揆　❺-1 **1690**·9·19 社
宮崎延岡藩農民一揆　❺-2 **1724**·11 12 社／ **1725**·4 月 社／ **1748**·2 月 ／ **1750**·12 月 社／ **1751**·1 月 社
宮崎幕領農民一揆　❺-2 **1743**·3·4 ／ **1759**·4·17 社
宮崎美々津県農民一揆　❻ **1874**·1· 社
宮崎米良騒動　❺-2 **1753**·2·27 政
武蔵荏原新井村農民誅求·減免訴え　❺-1 **1674**·9·19 社
武蔵大里·横見郡六十六か村直訴　-2 **1830**·7 月 社
武蔵忍藩農民一揆　❺-2 **1749**·5 月 社／ **1752**·8·1 社
武蔵葛飾郡幸手宿打毀し　❺-2 **183** 8·28 社
武蔵神奈川領南綱島村農民一揆　❺- **1744**·6 月 社
武蔵上利根川筋·荒川筋農民一揆　-2 **1742**·12 月 社
武蔵川崎地方漁民一揆　❺-2 **1802**· 春 社
武蔵埼玉郡騎西·加須·三俣打毀し　-2 **1834**·5 月 社
武蔵多摩·高麗郡田安領農民一揆　-2 **1762**·9 月 社
武蔵多摩郡旗本領農民一揆　❺-2 **1839**·11 月 社
武蔵多摩郡三田領筏師永定免願　❺- **1800**·9 月 社
武蔵都筑郡寺家·中鉄両村盟約　❺-2 **1817**·2 月 社
武蔵幕領武蔵野新田農民一揆　❺-2 **1730**·2 月 社
武蔵旗本領永井太田村百姓一揆　❺- **1710**·3·13 社
武蔵八王子幕領農民一揆　❺-2 **1757** 6·22 社
武蔵府中秣場騒動　❺-1 **1715**·7·7

陸奥会津相沢村農民逃散　❺-1 **1619**·10·2 社
陸奥青森町打毀し　❺-2 **1833**·8·21 社
陸奥浅川柳原式部大輔陣屋押しかけ　❺-2 **1798**·6·25 社
陸奥岩手郡農民一揆　❺-2 **1801**·9月 社／**1815**·1月 社
陸奥江刺郡農民押しかけ　❺-2 **1797**·3·7 社
陸奥牡鹿郡農民一揆　❺-2 **1836**·4·27 社／7·10 社
陸奥九戸郡大沢漁民強訴　❺-2 **1835**·⑦·17 社
陸奥栗原·登米諸郡農民強訴　❺-2 **1797**·4·26 社
陸奥七戸藩農民一揆　❻ **1870**·⑩·21 社
陸奥紫波郡伝法寺通打毀し　❺-2 **1819**·是年 社
陸奥信夫·伊達両郡農民一揆　❺-2 **1729**·3·7 社／⑨·21 社／**1761**·2月 社／**1835**·3月 社
陸奥白川藩減免要求一揆　❺-1 **1681**·12月 社
陸奥白川領農民一揆　❺-2 **1741**·11月 社／**1742**·1·25 社
陸奥新庄藩中渡村逃亡　❺-1 **1660**·9·4 社
陸奥仙台藩長袋·馬場·新川·本砂金村農民押しかけ　❺-2 **1836**·6·18 社
陸奥仙台藩農民一揆　❺-1 **1629**·1月 社
陸奥相馬郡農民一揆　❺-1 **1667**·11·16 社
陸奥長沼町農民一揆　❺-2 **1735**·11月 社
陸奥南山御蔵入農民一揆　❺-1 **1714**·1月 社
陸奥八戸藩農民一揆　❺-2 **1737**·12月 社／**1754**·12月 社／**1795**·12·16 社／**1834**·1·10 社
陸奥稗貫郡諸村農民要求　❺-2 **1832**·12·8 社
陸奥弘前藩城下一揆　❺-2 **1783**·7·20 文
陸奥福島藩農民一揆　❺-2 **1735**·2月 社／**1744**·11月 社／**1745**·2月 社
陸奥閉伊地方農民一揆　❺-2 **1796**·4·3 社／❻ **1853**·5·24 社
陸奥三春農民一揆　❺-1 **1627**·1·4 政
陸奥盛岡藩農民一揆　❺-2 **1731**·3·12 社／**1744**·2·5 社／**1754**·是年 社／**1777**·3月 社／**1783**·8·22 社／**1793**·9·21 社／**1795**·11·8 社／**1796**·3·24 社／10月 社／**1802**·3·3 社／**1803**·2·7 社／**1804**·9月 社／**1810**·2·9 社／**1811**·1月 社／**1815**·4·26 社／**1824**·11·18 社／**1825**·1·7 社／**1833**·8月 社／**1836**·11·18 社／**1837**·1·9 社／❻ **1866**·12·9 社
陸奥耶麻郡平林村·下柴村用水訴訟　❺-1 **1604**·6·9 社
陸奥和賀·稗貫両郡農民一揆　❺-2 **1836**·11·8 社
村上藩領農民一揆　❺-2 **1745**·6·17 社
盛岡釜石農民一揆　❻ **1866**·7·26 社
盛岡藩伊具郡農民一揆　❻ **1869**·10·4 社
盛岡藩九千沢農民一揆　❻ **1869**·1·21 社
盛岡藩弘化四年閉伊一揆　❺-2 **1847**·10月 政
盛岡藩農民一揆　❺-1 **1627**·2·25 社／**1670**·是春 社／**1674**·11·3 社／**1695**·8·22 社
山形町民騒動　❺-2 **1745**·6·2 社
山形米沢藩農民一揆　❺-1 **1664**·8月 社／**1666**·8月 社／**1699**·2·17 社／❻ **1863**·10·12 社
山形わっぱ騒動　❻ **1874**·8·16 社
山口岩国紙貢納の仕法反対一揆　❺-1 **1640**·9·7 社
山口岩国藩玖珂郡農民一揆　❺-2 **1717**·12·6 社／**1819**·12月 社／**1821**·5月 社
山口須万村農民一揆　❺-1 **1714**·11·10 社
山口徳山藩農民一揆　❺-2 **1719**·8月 社／**1722**·12月 社／**1748**·2·10 社／**1758**·2月 社／**1800**·1月 社／**1830**·8·3 社／**1831**·6·18 社
山口三田尻産物会所廃止·皮革の積出反対一揆　❺-2 **1831**·7·26 社
山口三田尻地方米買占め反対騒動　❺-2 **1837**·2月 社
山口山代検地反対減石要求一揆　❺-1 **1608**·10·29 社
山口山代地方騒動　❺-2 **1787**·2月 社
山口吉城郡農民強訴　❺-1 **1669**·3月 社
大和川付替反対一揆　❺-1 **1703**·3月 社／**1704**·4·1 社
大和郡山藩農民一揆　❺-2 **1725**·5·13 社／**1777**·4·10 社
大和芝村藩農民一揆　❺-2 **1753**·11·2 社／**1768**·12·17 社
大和添上郡田原本町一揆　❺-1 **1614**·11月 社
大和曾我村農民一揆　❺-2 **1768**·11·29 社
大和十市郡幕領諸村農民　❺-2 **1754**·2月 社
大和幕領農民一揆　❺-1 **1710**·4月 社
大和旗本神保氏領農民　❺-2 **1768**·11·29 社
大和菩提山寺領一揆　❺-1 **1612**·1月 社
大和松山領五津·平井村の農民、重課反対　❺-1 **1668**·3·7 社
大和三輪·八木·今井町打毀し　❺-2 **1823**·6·20 社
大和矢野騒動　❻ **1868**·1·19 社
大和山辺郡農民打毀し　❺-2 **1799**·11·1 社／**1802**·12·11 社
大和山辺郡農民一揆　❺-1 **1614**·1·1 社
大和吉野郡龍門郷一揆　❺-2 **1818**·12·15 社
山梨甲府大小切騒動　❻ **1872**·8·8 社
山梨桜田領農民、高免につき騒動　❺-1 **1672**·是年 社
山梨郡内(ぐんない)騒動　❺-2 **1836**·8·20 社
山梨大小切税法一揆　❻ **1867**·10月 社
山梨谷村藩郡内一揆　❺-1 **1667**·3·4 社／**1681**·1·22 社
山梨都留郡幕領諸村訴え　❺-2 **1808**·3·22 社
山梨都留·山梨両郡農民打毀し　❺-2 **1836**·8·20 社
山梨七十六か村絹紬運上仕法反対一揆　❺-2 **1831**·2月 社
山梨農民一揆　❺-1 **1709**·3·20 社
山梨幕領九十七か村農民駈込訴　❺-2 **1815**·7月 社
山梨幕領百七か村農民所替え反対強訴　❺-2 **1832**·2月 社
山梨幕領米倉騒動　❺-2 **1750**·7·19 社
山梨太枡騒動　❺-2 **1792**·11月 社
山梨八代·山梨郡幕領農民一揆　❺-2 **1750**·7·19 社
吉野北山·熊野一揆　❺-1 **1614**·9月 社
陸中胆沢郡農民一揆　❻ **1870**·11·16 社
和歌山阿〓氏河荘地頭の非法三か條　❷ **1275**·5月 社
和歌山阿〓氏川荘農民の申状　❷ **1275**·10·28 社
和歌山伊都郡農民一揆　❻ **1888**·9·6 社
和歌山旱魃騒動　❺-2 **1824**·6·2 社
和歌山須賀利村訴え　❺-1 **1698**·3月 社
和歌山田辺町周辺農民一揆　❺-2 **1778**·2·7 社
和歌山牟婁郡尾鷲町騒動　❺-2 **1802**·7·26 社
和歌山牟婁郡九木浦魚の自由売買要求　❺-2 **1836**·11月 社
逃散(ちょうさん)·逃亡　❶ **855**·4·28 政／**893**·7·19 社／❷ **1141**·是年 社／**1242**·1·15 社／**1274**·11·24 社／❸ **1298**·是年 社／**1313**·9·21 社／**1314**·③·3 社／12·3 社／**1322**·3·10 社／**1324**·3月 社／**1341**·3·29 社／**1377**·1·13 社／**1393**·12·20 社／**1394**·1月 社／8月 社／**1395**·7·23 社／**1398**·4·30 社／**1407**·12·15 社／**1425**·5月 社／**1426**·5·29 社／**1427**·4月 社／**1432**·是年 社／**1439**·12·19 社／❹ **1462**·2·28 社／**1464**·是年 社／**1480**·5·3 社／**1485**·4·4 文／**1493**·9·7 社／**1504**·7·20 社／**1513**·12·17 社／**1514**·12·13 社／**1518**·8月 社／11·28 社／**1525**·9·17 社／**1539**·11·10 社／**1554**·3·12 社／**1579**·6·20 社／**1580**·3月 社／**1581**·9·8 社／**1585**·3·19 社／❺-1 **1603**·3·20 社／**1609**·是年 社／**1618**·3·25 社／**1621**·8·1 政／**1625**·12·21 社／**1628**·1·8 社／2·10 社／**1631**·8·15 社／**1632**·10月 社／**1637**·③·21 社／**1637**·是年 社／**1641**·2·28 社／**1642**·8月 社／是年 社／**1644**·5·12 社／**1645**·4月 社／**1649**·是年 社／**1650**·9月 社／**1651**·是年 社／**1653**·2·28 社／**1655**·3·4 社／**1656**·10·24 社／**1659**·是年 社／**1660**·是年 社／**1664**·8·4 社／**1666**·3·22 社

／1672·6月 社／1682·10月 社／1691·2·26 社／1693·10·23 社／1694·8·16 社／1696·5·9 社／1697·12月 社／1698·2月 社／1701·8·24 社
阿波海部郡浅川村農民逃亡　❺-2 1801·11·4 社
耕作放棄　❹ 1485·7·30 社
逃散(人)と浮浪(人)　❶ 720·2月 文
土佐吾川郡農民逃散　❺-2 1842·7·5 社
百姓の流離　❶ 書紀·崇神 6·是年
日向飫肥(おび)藩農民逃亡　❺-1 1667·10·8 社 1685·3·22 社
日向清武·田野郷·佐野·八重村の農民逃亡　❺-1 1682·3·22 社
日向呉·渡川村農民逃亡　❺-1 1685·1·21 社
日向諸県郡一向宗信徒逃亡　❺-2 1798·3月 社
日向高鍋藩農民逃亡　❺-1 1664·12·28 社／1667·7月 社／1682·1·21 社／1702·9·5 社
豊前企救郡小倉藩領農民逃散　❺-2 1807·7月 社
最上新庄農民逃亡　❺-1 1665·6·7 社
八重山島波照間村百姓逃散　❺-1 1647·是年 社
豊後日出(ひじ)藩農民逃散　❺-1 1663·7·28 社／1697·11·26 社
豊前中津藩六郎丸村逃亡　❺-1 1674·2月 社
出羽曲川村農民逃亡　❺-2 1848·12月 社
備中賀陽郡庭瀬村農民逃亡　❺-2 1806·3·27 政
百姓愁訴　❶ 720·3·17 社／772·10·11 社／785·12·9 社／822·3·13 社／856·是年 社／860·是年 社／893·7·19 政／987·9·7 社
会津高田村農民愁訴　❺-1 1641·11·11 社
秋田藩の農民訴え　❺-1 1625·2月 社
秋田藩船越·天王村農民、愁訴　❺-1 1626·2·12 社
伊賀黒田荘愁訴　❷ 1204·9月 社
和泉·摂津·河内十七か村代表雪踏表値下げ交渉　❺-2 1850·4·7 社
和泉百姓愁訴　❷ 1040·12·25 政
伊勢神人愁訴　❷ 1026·4·23 政／1052·8·2 社
因幡八東·八上両郡貧民食を乞う　❺-2 1817·1·10 社
江刺家村百姓知行替反対を訴え　❺-1 1679·6·28 社
越後浦村組頭嘆訴　❺-2 1791·2·5 社
近江上野田村農民訴え　❺-1 1678·是年 社
近江百姓愁訴　❷ 1036·7·11 社
尾張郡司·百姓愁訴　❷ 1016·8·25 政
甲斐大野·神沢·石村農民、重課を訴え　❺-1 1672·6·4 社
元興寺領近江愛智荘増税反対愁訴　❷ 1060·4·21 社
紀伊阿〓氏川荘愁訴　❷ 1275·5·1 社／10·28 社
上野倉橋内匠領農民、重課減免訴え　❺-1 1667·10·11 社
相模白根村農民、重課訴え　❺-1 1671·6·10 社
讃岐大野原村、公租延期要求　❺-1 1649·1·26 社
信濃伊那代官の非法訴え　❺-1 1618·3·10 社
信濃追分宿惣百姓問屋の不正訴え　❺-1 1669·6·5 社
信濃善光寺領七瀬村農民訴え　❺-1 1678·1·21 社
駿河·遠江茶産地惣代訴え　❺-2 1823·12月 社／1824·是年 社
駿河·遠江百十三か村農民訴え　❺-2 1824·12·2 社
駿河志太郡掛川藩内農民減免要求　❺-2 1816·11·13 社
相馬藩農民訴え　❺-1 1668·3月 社
但馬百姓愁訴　❷ 1028·7·24 政／1038·10月 社
丹波綾部藩農民訴え　❺-1 1679·11月 社／1695·11·7 社
丹波百姓愁訴　❷ 1019·6·19 政
丹波十か村減免訴え　❺-1 1684·8·21 社
丹波愁訴放火　❷ 1023·12·23 政
出羽小国郷若山村の農民訴え　❺-1 1665·3月 社
出羽庄内藩領主国替反対の愁訴　❺-2 1840·11·12 社
出羽新庄藩中渡村訴え　❺-1 1656·3月 社
肥後天草諸村農民徳政相続仕法復治要求　❺-2 1843·⑨·23 社
美濃郡上藩江戸藩邸へ訴え　❺-1 1677·8·21 社／1680·2月 社
美濃栗原加賀代官地農民訴え　❺-1 1621·是年 社
武蔵比企郡野本村農民訴え　❺-2 1812·5·3 社
陸奥刈田郡白石八か村飢民要求　❺-2 1833·7·12 社
大和百姓愁訴　❷ 1030·9·26 政
大和·加賀百姓愁訴　❷ 1012·12·8 政
大和多武峰社領訴え　❺-2 1837·3·10 社
農漁民の不満
糸綿反物貫目改所設置反対騒動　❺-2 1781·8·9 社
打出(増税)に反対越訴　❹ 1599·是年 社
近江国百姓の條規五條　❹ 1574·3·19 社
越訴(おっそ)　❶ 958·是年 社
欠落百姓　❺-2 1728·1·19 社
渇水·水騒動　❻ 1883·8·16 社
紙札幟(訴願禁止)　❺-2 1756·6·22 社
灌漑用水争い　❸ 1441·6·26 社
贋造二分金騒動　❻ 1869·7·2 社
漁場争い　❸ 1333·9·10 社
漁場境界を定める　❸ 1397·11·24 社
キリスト教·洋文教授反対一揆　❻ 1873·3·4 社
草刈相論　❸ 1420·7·5 社／❹ 1518·7月 社
磔茂左衛門騒動　❺-1 1681·是春 社
還住　❹ 1570·1·23 社／1579·10·26 社／1583·2·24 社／1585·3·19 社
強訴·嗷儀　❸ 1391·11·26 社／1393·12·20 社／1394·10月 社／1395·⑦月 社／1396·9月 社／1439·12·19 社／❹ 1496·7·29 社／1587·10·20 社
強訴·徒党·逃散を厳禁　❺-2 1721·月 社／1734·8·26 政／1741·是年 ／1750·1·20 政／1762·5月 政／1767·⑨·8 政／1769·1·9 政／2·21 政／1770·2月 政／4·16 政／1771·5·20 政／1773·11·18 政／1777·9·政／1781·8·21 政／1783·11·4 政／1784·4·23 政／1787·8月 政／1788·1·26 政／1797·11·21 政／1819·6·社
強訴禁止(僧侶)　❸ 1447·5月 社
郷村取締令　❺-1 1642·8·10 社
耕地返上　❸ 1384·12月 社／1405·是春 社
堺相論　❸ 1451·9·4 社／❹ 1554·21 社／1572·7·13 社
山論　❹ 1484·1月 社
地下大寄合　❹ 1467·7月 社
神水集会　❹ 1527·4·28 社
大官の罷免要求　❹ 1459·7月 社／1485·2月 社
代官排斥　❸ 1334·8·21 社／1356·10·23 社／1367·3·21 社／1423·8·社
他領退散者帰還令　❺-1 1643·7·24 社
天皇直訴　❷ 1040·12·25 政
鰊(にしん)大網全廃強訴　❻ 1855·夏 社
年貢減免を要求　❸ 1390·10·5 社／1392·12月 社／1407·9·22 社／1408·9月 社／1411·9·28 社／1425·9·20 社／1432·9·11 社
年貢対捍地　❸ 1346·12·13 政
年貢未進·嗷訴·逃散を禁止　❸ 1439·12·19 社
農時の傭役　❷ 1264·4·12 社
走百姓法度覚(大垣藩)　❺-1 1672·年 社
人返令　❺-1 1652·2·27 政／1660·是年 政／1712·9·18 社
百姓徒党禁止(和歌山藩)　❺-1 1641·3·12 社
負債減免騒動(農民)　❻ 1884·1·17 社／1885·2·2 社
水騒動　❸ 1345·是年 社
山問答·水問答　❺-1 1609·2·2 政
用水相論　❷ 1140·是年 社／1244·6·25 社／1251·7月 社／❹ 1464·6·23 社／1479·7·23 社／1481·8·14 社／1494·7·23 社／1497·6·22 社／1514·8·24 社／1516·10·10 社／1553·7·16 社／1559·5·19 社
横大路共愛会(小作人組合)　❻ 1888·是年 社
労働問題(近代以降)
『インタナショナル』　❼ 1927·2·1 文
『労農』　❼ 1927·12·6 政
『大原社会問題研究所雑誌』　❼ 1923·8·10 文
『社会主義』(労働世界)　❼ 1897·12·1 社
『第二無産者新聞』　❼ 1929·9·9 政

『友愛新報』 ❼ 1912·8·1 社
『就職情報』 ❾ 1975·6·28 社
『給与白書』 ❽ 1950·2·3 社
『ビッグ·イシュー』 ❾ 2003·9·11 社
『就職情報』 ❾ 1975·6·28 社
『賃金白書』 ❾ 1971·1·19 政／1975·2·13 政
『ビッグ·イシュー』 ❾ 2003·9·11 社
料·勤務条件
安全デー ❼ 1929·4·4 社
慰労手当 ❻ 1879·12·26 社
永続金制度(農村復興) ❺-2 1822·11月 政
皆勤(手当) ❺-1 1669·⑩·18 社／❻ 1875·12·18 社
夏期執務時間 ❼ 1922·7·4 社
夏期半日制 ❽ 1938·7·7 政
家族手当 ❽ 1940·2·16 社／1941·1月 社／1942·1·13 社／1944·3·9 社
カラ出張 ❾ 1979·9·6 社／12·14 社
カラ出張廃止 ❽ 1964·5·23 社
関西職業婦人連盟 ❼ 1926·是春 社
官庁の休日 ❽ 1945·4·30 政
官吏恩給法 ❼ 1923·4·14 政
官吏月給 ❻ 1871·9·2 政
官吏の本分恪守 ❼ 1917·5·25 政
企業内退職慰労金 ❼ 1897·8月 社
休日出勤 ❽ 1944·3·9 社
休日に関する件 ❼ 1912·9·4 政
求人開拓デー ❼ 1923·12·3 社
求人ブーム ❽ 1960·9·16 政
休息時間 ❾ 2006·3·2 政
銀行大晦日休業 ❾ 1972·12·31 政
銀行協会休業日 ❾ 1983·2·8 社／8·13 政
勤務(古参者と新参者) ❺-2 1767·4·26 社
勤務時間·休暇 ❶ 636·7·1 政／647·是年 政／701·5·1 政／❺-2 1763·是年 社／❽ 1938·3·26 社／1947·3·8 文
勤務者(七十歳以上) ❺-2 1739·9·5 社
倉敷労働科学研究所 ❼ 1921·7·1 社
芸能人の平均年収 ❾ 1974·9·2 社
結婚退職制 ❽ 1959·2·19 社
月曜定休 ❽ 1939·8·1 社
源泉徴収 ❽ 1940·3·29 政
行員身元保証金規則 ❼ 1897·8月 社
高等遊民 ❼ 1911·是年 社
公務員給与 ❽ 1948·2·27 政／1949·12·4 政／1951·8·20 政／1953·7·18 政／1960·10·14 政
国内必勝勤労対策 ❽ 1943·9·23 社
国民職業指導所 ❽ 1941·2·1 社
国民職業能力申告令 ❽ 1939·1·7 社
最低賃金 ❼ 1928·6·5 社／1930·1·7 社／❽ 1946·2·7 社／1952·2·22 社／1958·2·7 社／1959·2·19 政／8·12 社／1962·12·12 社
採用試験期日の申合せ ❽ 1962·4·18 社
サラリーマン年間労働時間 ❾ 1994·1·7 社
サラリーマンの平均給与 ❾ 1992·10·1 社
産前産後有給休養 ❼ 1922·9·15 文
時差出勤 ❺-1 1644·⑩·8 社／❽ 1961·2·1 社
失業保険(自由労働者) ❼ 1930·2·1 社
児童扶養手当 ❽ 1961·11·29 社／1962·3·15 社
社員休職規定 ❼ 1902·是年 社
社内一斉連続休暇 ❽ 1956·7·30 社
週休制度 ❼ 1921·6·27 社
週休二日制·三日制 ❾ 1965·4·16 社／1972·10月 社／1976·7·27 社／1980·3·26 社／1981·3·29 社／1988·8·23 政／1989·1·14 社／1990·5·11 社／1991·12·27 政／1992·3·30 社／5·2 社／8·28 社
重金属工失業対策協議会 ❼ 1932·6·16 社
従者(制限令·取締) ❺-2 1718·4·11 政／1752·12月 政／1758·4月 政／1764·12·8 社／1769·9·3 社／1773·7·27 社／1774·1·27 政／1775·4·13 政／1776·3·13 社／1798·9·13 社／1800·11·6 政／1820·9·4 社／1847·5·23 社
紹介営業取締規則 ❼ 1899·9月 社／1917·2·10 社
商家雇人奨励会 ❼ 1901·2·10 社
商工相談所 ❼ 1934·7·2 社
使用人恩給内規 ❼ 1897·8月 社
暑気払い薬代 ❻ 1877·10·3 社
職員共済会 ❼ 1901·1·1 社
職業安定法 ❽ 1947·11·30 社／1963·7·8 社
職業学校 ❼ 1921·1·21 文
職業訓練法 ❽ 1958·7·1 社
職業紹介所 ❼ 1909·12月 社／1911·11·12 社／1912·6·1 社／1920·6·16 社／1921·4·9 社／7·1 社／1923·4月 社／8·28 社／1925·12·19 社／1927·5·6 社／1934·8·10 社／1935·10·22 社／❽ 1938·6·29 社／1947·4·8 社／10·22 社／1948·4·1 社／1957·4·4 社／1960·3·23 社
職業ニュース(求人求職) ❼ 1929·8·27 社
職制(経営組織) ❼ 1917·3·29 政
職人講仲間·日傭講仲間 ❺-2 1775·5·20 社
職人の就業時間 ❺-2 1820·9·22 社／1794·9月 社
職人の賃銭 ❺-2 1825·9月 社
職人の手間料 ❺-2 1716·6月 社／1779·3·26 社
女子工員の最低賃金 ❽ 1957·10·25 社
暑中休暇 ❼ 1922·7·4 社
職工および徒弟に係る規則 ❼ 1898·10·29 社
職工学校(東京府立) ❼ 1916·4月 社
職工倶楽部 ❼ 1921·5月 社
初任給 ❾ 1977·12·3 社
生理休暇 ❼ 1931·12月 社
操業短縮(繊維業不況対策) ❽ 1951·6·9 政／1952·2·25 政／3·1 政／5·1 政／1958·8·15 政
大学新卒者の就職率 ❽ 1959·5·30 社
大学生給与 ❽ 1952·8月 社
退職金 ❻ 1870·3·8 政／❼ 1923·3月 政／1935·6·4 社／1936·6·3 社／❾ 1978·7·21 社／2001·7·14 社
大卒サラリーマン生涯賃金 ❾ 1986·11·20 社
他国日傭稼ぎ ❺-1 1637·1·25 社
男女間賃金格差 ❾ 2003·11·5 社
男女差別苦情処理委員会 ❾ 1980·6·9 社
男女同一賃金 ❽ 1948·1·17 社
男女の昇給差別 ❾ 1990·7·4 社／2002·2·20 社／12·16 社
単身赴任者 ❾ 1987·9·26 社
中元·年末の手当 ❼ 1898·6月 社
中小企業退職共済制度 ❽ 1958·12·19 社
昼食の有料給与 ❼ 1921·10·10 文
賃金綱領草案 ❽ 1952·2·22 社
定期昇給協約 ❽ 1956·5·31 社
定年(延長·女子差別) ❾ 1966·9·1 社／10·7 社／1969·7·1 社／1971·3·18 社／1972·9·27 社／1973·3·12 社／1975·2·26 社／1979·3·12 社／10·17 社／1981·3·24 社／6·6 政／6·11 政／1986·4·11 社／1997·6·27 社
定年制 ❼ 1915·6·15 文／1931·1·12 社／3·5 社／1936·5·1 政／❽ 1959·1·1 社／1964·5·6 社
出稼ぎ調査 ❺-2 1834·8月 社
丁稚奉公制度に抗議 ❼ 1928·3·13 社
電産型賃金 ❽ 1946·12·22 社
同盟罷業禁止 ❼ 1899·9月 社／1908·9月 社
都市勤労者の月収 ❽ 1955·11·9 社
土曜半数休暇制 ❽ 1963·1·12 社
土曜半休·日曜全休(銀行) ❼ 1907·3月 社／1919·7·21 社／1927·8·3 社／1928·7·10 社
土曜日休日 ❾ 1983·8·13 社／1988·5·31 社／12·9 政／1·15 政／1991·12·19 文
長年勤続者叙位制 ❶ 766·7·27 政
ニート ❾ 2004·9·10 社
日曜休日(出勤、営業) ❽ 1938·6·26 政／1944·2·27 政／3·3 政／8·28 社／1945·9·1 政／1961·6·14 社
奴婢男女の調査 ❺-1 1707·3·9 社
奴婢出替日 ❺-1 1672·1·28 社
年間賃金協定 ❽ 1956·4·19 社
年季奉公 ❺-1 1619·11·26 社／1625·8·27 社／1635·5·13 社／1637·2·2 社／1642·2·12 社／1648·3·1 社／1661·6·1 社／1666·11·11 社／1698·12月 政／❺-2 1716·1·28 社
一年期·一年季奉公 ❺-1 1609·1·2 社／1610·4·2 社／1612·8·6 社／1613·3月 社／1616·10·14 社／1619·2·10 社／1625·8·27 社／1627·1·18 社／1704·1·21 社／1715·2月 社
永年季·売女·博奕諸勝負の禁止 ❺-1 1653·7月 社
十年以上の年期禁止 ❺-1 1666·11·11 社

長年季奉公 ❺-1 1619·12·26 社
年金 ❼ 1897·8月 社
年功序列型賃金 ❾ 2003·10·5 社
年末賞与 ❻ 1876·1·2 社／❼ 1913·12·23 社
年末年始休暇 ❽ 1943·12·13 政
農耕休日(尾張名古屋藩) ❺-2 1784·8月 社
パートタイマー(退職金共済基金、労働法など) ❾ 1982·1·20 社／1984·7·20 社／1985·3·30 社／1993·6·18 社／1996·3·15 社
配偶者特別産休制 ❾ 1965·12·1 社
派遣社員 ❾ 2008·12·31 社
八時間労働制 ❼ 1899·是年 社／1919·8·31 社／9·15 社／11月 社／1920·9·26 社／1929·6·18 社
ハローワーク ❾ 1990·1·8 社
非職 ❼ 1897·10·1 政
非正規社員 ❾ 2004·7·21 社／2008·12·26 社
副業奨励規則 ❼ 1925·5·9 社
婦人職業紹介所 ❼ 1924·3·17 社／1935·5月 社
平均月間給与 ❾ 1965·2·13 社／2003·2·17 社
ベースアップ ❾ 1998·1·17 社
奉公人(出替期·年期·給金) ❺-1 1610·②·2 社／1618·1·20 社／1655·3月 政／1668·12·26 社／1671·1·18 社／1674·2·2 社／1679·3月 社／1687·3月 社／1688·1·29 社／1690·3月 社／1695·5·11 社／1698·12·4 社／1699·12月 社／1706·1·19 社／3月 社／1708·6月 社
法定労働時間 ❾ 1984·8·28 社／1993·1·29 社
ボーナス ❼ 1936·7月 社
見習職工規則 ❼ 1896·12·5 社
民間給与実態調査 ❽ 1951·12·20 社
夜間部学生用アルバイト斡旋相談所 ❽ 1957·1·24 文
ヤミ手当 ❾ 1979·9·6 社
有給休暇 ❾ 1973·3·2 社
優良炭鉱従業員 ❽ 1948·11·19 社
傭人扶助令 ❼ 1918·11·21 社
養老扶持 ❻ 1871·10月 社
労働者災害扶助法 ❼ 1931·4·2 社
労働者退職積立金法 ❼ 1935·6·4 社
労働者平均月給 ❾ 2006·2·1 社
労働者募集取締令 ❼ 1924·12·29 社
労務者賃金 ❽ 1962·4·1 社

小作争議

小作調停法 ❼ 1924·7·22 政／9·26 政／12·1 社／1929·5·29 政
小作党「得平社」 ❻ 1883·1月 社
小作人組合 ❼ 1928·是年 社／❽ 1937·是年 社／1938·是年 社／1939·是年 社
愛知海西郡農民 ❼ 1901·7·12 社
愛知鳴海小作争議 ❼ 1917·10月 社
青森北津軽郡嘉瀬村農民襲撃 ❼ 1906·8·27 社
青森車力村の小作争議 ❼ 1929·2·23 社
秋田前田村小作争議 ❼ 1929·11·26 社
大阪府下小作争議 ❼ 1921·是年 社
大阪府北江村鴻池新田小作人、小作料引下げ要求 ❼ 1902·11·9 社／1924·10·29 社
大阪府北河内郡小作人争議 ❼ 1899·12·8 社／1903·1·13 社
岡山藤田農場農民争議 ❼ 1921·7月 社／1923·1·4 社／1924·是秋 社
香川香川郡太田村小作人争議 ❼ 1922·6月 社
香川高松伏石事件 ❼ 1924·11·30 社／1927·6·14 社
香川津田町小作人代表 ❼ 1921·6·25 社
香川仲多度郡龍川村の小作人争議 ❼ 1921·12·13 社／1925·2·1 社／11·4 社
岐阜鶉村小作争議 ❼ 1927·11·10 社
岐阜山添村小作争議 ❼ 1927·11·24 社
京都丹波小作人同盟 ❼ 1919·10·28 社
京都南桑田郡篠村の農民抗議 ❼ 1896·2·17 社
群馬碓氷郡里見村糾弾 ❼ 1923·6·19 社
埼玉入間郡農民請願 ❼ 1900·3·7 社
埼玉大幡村民押寄せ ❼ 1927·6·30 社
埼玉佐谷田村の小作人 ❼ 1921·11·3 社
埼玉寄居町小作争議 ❼ 1931·11·12 社
佐賀基山村地主襲撃 ❼ 1925·10·18 社
静岡田方郡農民襲撃 ❼ 1934·7·23 社
東京多摩郡小宮村小作人小作料三割減 ❼ 1921·12·26 社
栃木阿久津村小作争議 ❼ 1932·1·9 社
栃木東鬼怒川沿岸農民押しかけ ❼ 1903·9·2 社
鳥取箕蚊屋地方小作争議 ❼ 1927·6·14 社／1932·10·28 社
富山下新川郡窮民救助米の要求 ❼ 1912·6·26 社／1918·7·23 社／8·3 社
新潟木崎村小作争議 ❼ 1926·5·5 社
新潟中蒲原郡小作組合 ❼ 1922·8·28 社
新潟新津町小作人衝突 ❼ 1926·4·28 社
新潟三島郡深沢村小作米減免要求 ❼ 1897·10·17 社
兵庫津名郡中川原村小作争議 ❼ 1934·6·18 社
兵庫鳥飼村要求 ❼ 1922·是暮 社
広島沼田郡農民押しかけ ❼ 1909·3·19 社
福岡浮羽郡江南村小作農民示威運動 ❼ 1901·12月 社
北海道農民大会 ❼ 1922·2·23 社
山形農民同盟 ❼ 1933·12·12 社
山口大島郡屋代村農民押しかけ ❼ 1896·10·16 社
山梨奥野田村小作争議 ❼ 1930·7·2 社
小作争議 ❽ 1937·是年 社／1938·是年 社／1939·是年 社

米騒動

石川宇出津の婦女米騒動 ❼ 1897·8月 社
東京·米ヨコセデモ ❼ 1932·6·7 社
富山下新川郡窮民救助米の要求 ❼ 1912·6·26 社／1918·7·23 社／8·3 社
長崎佐世保の米騒動 ❼ 1918·8·20 社
長野飯田町米騒動 ❼ 1898·9·1 社
広島県の米騒動 ❼ 1918·7·13 社
福島会津山都村米騒動 ❼ 1918·8·1 社
山口宇部炭坑地帯米騒動 ❼ 1918·8·17 社

産業関係団体 ⇨ ⑯ 産業「産業関係団体·研究所」

メーデー ❼ 1905·5·1 社／1906·4月 社／1917·5·1 社／1920·4·17 社／5·2 社／1921·5·1 社／1922·5·1 社／1923·5·1 社／1924·5·1 社／1925·5·1 社／1926·5·1 社／1927·5·1 社／1928·5·1 社／1929·5·1 社／1930·5·1 社／1931·5·1 社／1932·5·1 社／1933·5·1 社／1934·5·1 社／1935·5·1 社／1936·3·24 社／❽ 1937·3·13 社／4·13 社／1938·3·29 社／1946·5·1 社／5·29 政／1947·5·1 社／1948·4·21 社／5·1 社／1949·5·1 社／1950·4·3 社／5·1 社／1951·3·29 社／5·1 社／1952·5·1 社／1953·5·1 社／1954·5·1 社／1955·3·24 社／1956·5·1 社／1957·5·1 社／1958·5·1 社／1959·5·1 社／1960·5·1 社／1961·5·1 社／1962·5·1 社／1963·5·1 社／1964·5·1 社／❾ 1965·5·1 社／1966·5·1 社／1967·5·1 社／1968·5·1 社／1971·5·1 社／1972·5·1 社／1973·5·1 社／1974·5·1 社／1979·5·1 社／1980·5·1 社／1981·5·1 社／1982·5·1 社／1983·5·1 社／1984·5·1 社／1985·5·1 社／1989·5·1 社／1990·5·1 社／1995·5·1 社／1996·5·1 社／1998·5·1 社／1999·5·1 社／2001·4·28 社／2003·5·1 社／2007·4·28 社／2009·4·29 社／2010·4·29 社／5·1 社／2011·4·29 社
学生メーデー ❽ 1946·5·26 文
川崎メーデー事件 ❼ 1930·5·1 社
食糧メーデー ❽ 1946·6·16 社
飯米獲得人民大会(食糧メーデー) ❽ 1946·5·19 社

労働組合と争議·デモ

同盟罷業(スト)は1915·是年 社から、労働組合数と小作争議数は1918·是年 社に、以後1980年まで毎年の是年末 社に記載あり。
労働運動機関誌の始め ❼ 1897·12· 社
『総評』(新週刊) ❽ 1950·3·11 社／1961·5·18 社
『日本労働運動発達史』 ❼ 1925·3月 政
『労働白書』 ❽ 1954·7·2 社
IMF(国際金属労連) ❾ 1966·2·18 社

ILO(国際労働機関)　❾ 1965·1·10 政／4·15 政／1966·6·14 政／1968·9·2 政
愛国労働組合全国懇話会　❼ 1936·5·29 社
愛知時計電機　❽ 1937·7·8 社／1940·1·4 社
愛知豊川鉄道争議　❼ 1935·8·25 社
会津大川門田堰取入口の水争い　❼ 1933·7·8 社
青森三戸郡鮫町の漁民焼打ち　❼ 1911·11·1 社
赤旗デモ　❼ 1919·5·25 社
秋田尾去沢鉱山鉱夫要求　❼ 1914·4·21 社
秋田小坂鉱山職工要求　❼ 1923·7·17 社／1926·3·8 社
秋田三菱鉱業尾去沢鉱山鉱夫要求　❼ 1927·3·25 社
浅野造船所職工騒動　❼ 1917·11·14 社
朝日新聞労組　❽ 1959·11·28 社
アジア労働会議　❽ 1937·5·17 社
足尾銅山鉱職夫組合連合会　❽ 1941·3·30 社
足尾銅山坑夫·精錬職員要求　❼ 1907·2·4 社／1919·9·4 社／1920·8·18 社／1921·4·2 社／1924·4·15 社
芦ノ湖の箱根用水逆川堰止騒動　❼ 1896·4·12 社
味の素工場職工要求　❼ 1925·10·16 社
足立機械製作所争議　❼ 1921·1·11 社
尼崎製鉄所　❽ 1954·4·3 社
雨傘仕上組合職人　❼ 1917·12·17 社
池貝鉄工所職工要求　❼ 1917·1·14 社
石川自彊組合　❼ 1926·10·9 社
石川島造船所同盟罷業　❼ 1906·2·4 社／1919·7·19 社／1921·7·24 社／1922·5·12 社
いすゞ自動車　❽ 1949·10·10 社
伊那電鉄争議　❼ 1919·1·8 社／1926·5·25 社
茨城大日本炭坑坑夫暴動　❼ 1919·3·6 社
磐城炭坑坑夫　❼ 1919·9·19 社
岩出製糸工場女工　❼ 1915·4·7 社
印刷工連合会　❼ 1923·5 月 社
宇田用水大騒ぎ(滋賀)　❼ 1913·7·21 社
宇部窒素労組　❽ 1952·2·22 社
浦賀船渠会社職工同盟罷業　❼ 1905·2·7 社／1910·7·17 社／1915·7·12 社／1918·2·21 社
エアーニッポン乗員組合スト　❾ 2006·3·23 社
英豪駐留軍労組　❽ 1952·6·30 社
ATS(自動列車停止装置)順法闘争　❾ 1972·4·3 社
荏原製作所総同盟争議　❼ 1935·2·6 社
愛媛別子鉱山労働組合襲撃　❼ 1925·12·9 社
円タクデモ　❼ 1932·9·26 社
園池製作所職工要求　❼ 1920·1·9 社
王子製紙労組　❽ 1953·5·26 社／1959·1·31 社／1958·7·18 社
近江絹糸労組スト　❽ 1954·6·2 社
欧友会(欧文活版工)　❼ 1907·4 月 社／1908·9·5 社／1916·10·31 政
大蔵省印刷局　❽ 1948·2·3 社
大阪アルカリ会社職工罷業　❼ 1905·7·23 社／1916·12·22 社
大阪ガス職工要求　❼ 1924·5·22 社
大阪機械製作所争議　❼ 1934·7·7 社
大阪汽車製造会社職工賃上げ要求　❼ 1919·10·3 社
大阪岸和田紡績争議　❼ 1930·5·3 社
大阪毛織職工デモ　❼ 1921·8·16 社
大阪合同紡績神崎工場　❼ 1929·5·3 社
大阪市電運転手·車掌要求　❼ 1919·10·13 社／1924·7·3 社
大阪証券取引所　❽ 1954·8·23 政
大阪市労交·市職　❽ 1946·10·20 社
大阪住友伸銅所伸銅工組合　❼ 1922·6·23 社
大阪泉北郡湊村字出島漁夫襲撃　❼ 1913·1·5 社
大阪中央郵便局　❽ 1948·3·1 社
大阪鉄工所職工同盟罷業　❼ 1905·8·23 社／1922·6·5 社／1924·6·18 社
大阪電燈会社大争議　❼ 1921·4·26 社
大阪砲兵工廠職工同盟罷業　❼ 1906·12·2 社
大塚工場職工　❼ 1914·10·17 社
沖縄基地労働者　❾ 1968·4·22 政／1969·6·5 政／12·9 政／1970·1·5 社／7·31 政／9·10 政／12·21 政 1971·2·10 政／4·14 政／5·19 政／1972·1·7 政／2·10 政／4·9 政／6·29 政／11·4 政／1980·6·4 政
奥村電機商会　❼ 1923·7·11 社
帯谷織布新労組(大阪·貝塚)　❾ 1973·6·1 社
海員協会(海員倶楽部)　❼ 1896·1·15 社
海員組合　❼ 1915·4·26 社
海運組合　❽ 1939·4·5 政／1946·9·10 社／1957·10·26 社／1962·4·23 社
海員組合スト　❾ 1965·11·27 社
海員団体海洋統一協会　❼ 1921·4·25 社
海軍労働組合連盟　❼ 1924·3·15 社
外国館傭人組合　❼ 1897·1 月 社
解放運動犠牲者救援会　❼ 1928·4·7 社
香川·小豆島バス·スト　❾ 1981·6·29 社
楽士の解雇争議　❼ 1929·6·30 社
笠戸造船所　❽ 1938·3·16 社
餓死対策国民大会　❽ 1945·11·1 社
活版工同志懇話会·活版工組合·印刷工組合　❼ 1898·3·20 社／8·4 社／1899·11·3 社／1900·5·10 社／1907·10 月 社／1917·10·16 文
活弁·弁士スト　❼ 1932·4·18 社／5·2 社
神奈川の船大工同盟罷業　❼ 1897·6·5 社
神奈川保土が谷町の住民陳情　❼ 1908·2·17 社
鐘淵紡績株式会社　❼ 1896·12 月 社／1911·3·28 社／1930·4·5 社
釜石鉱山坑夫賃上げ　❼ 1919·11·9 社／12·2 社
樺太行政改革期成同盟　❼ 1909·6·9 政
川崎両造船所大争議　❼ 1921·6·25 社
官業労働総同盟　❼ 1921·12·11 社／1923·7·30 社
官公労スト　❽ 1958·8·11 社／❾ 1971·5·20 社
関西馬丁労組　❽ 1959·11·29 社
関西労働組合連合会　❼ 1920·11·20 社
関東地方労働組合協議会　❽ 1946·1·27 社
関東配電従組　❽ 1946·1 月 社
関東労働組合会議　❼ 1925·3·6 社
生糸·羽二重業者同盟罷業　❼ 1906·3·3 社
北中皮革株式会社争議演説会　❼ 1931·12·17 社
杵島炭鉱労組　❽ 1957·8·2 社
九州鉄道会社機関士·火夫同盟罷業　❼ 1899·9·20 社
教員組合　❼ 1919·8·4 文
凶作対策全国農民大会　❽ 1953·11·4 社
共同印刷職工　❼ 1926·1·19 社
京都瓦斯会社の職工　❼ 1912·2·1 社
京都市交通労組　❽ 1951·12·19 社
京都市電気鉄道運転手·車掌　❼ 1910·2·11 社
京都陶磁器組合職工同盟罷業　❼ 1896·1·14 社
京都西陣織物労働組合　❼ 1921·1·22 社
京都マキノ撮影所従業員要求　❼ 1930·10·1 社
京都無産者教育協会　❼ 1925·11·1 文
京都綿ネル会社職工同盟罷業　❼ 1903·1·31 社
靴工同盟会　❼ 1899·11 月 社
首切反対ゼネスト共同闘争委員会　❽ 1946·8·29 社
熊本飽託郡藤富村水利問題押しかけ　❼ 1934·8·6 社
熊本県不知火沿岸漁協　❾ 1973·8·7 社
熊本人力車夫同盟会　❼ 1908·2·12 社
クリーン·ジャパン·センター　❾ 1975·10·23 社
軍需物資輸送拒否　❾ 1967·10·5 政
群馬蚕糸原市工場　❽ 1949·10 月 社
群馬宝泉村水騒動　❼ 1926·7·14 社
群馬三越絹糸紡績所紡績工同盟罷業　❼ 1896·1·17 社
警視庁特別高等課労働係　❼ 1920·10·2 社
警視庁廃止同盟　❼ 1905·11·16 社
京成電鉄　❽ 1945·12·11 社／1946·1 月 社
京成電鉄争議団　❼ 1926·4·1 社
京成バス　❽ 1937·2·4 社
小石川労働会　❼ 1919·8·3 社

工業団体同盟会 ❼ 1897·2月 社
皇国海員同盟 ❽ 1938·10·14 社
興国交通労働連盟 ❽ 1939·3·20 社
向上会 ❼ 1919·11·9 社
合成化学産業労連 ❽ 1950·12·10 社
高知漁民五千人乱闘事件 ❼ 1929·11·18 社
坑内婦廃止運動 ❽ 1946·3·25 社
鉱夫組合 ❼ 1908·3·15 社
鉱夫労役扶助規則 ❼ 1916·8·3 社／1928·9·1 社
神戸川崎造船所職工サボタージュ戦術 ❼ 1919·9·18 社
神戸サラリーマン·ユニオン(俸給生活者連盟) ❼ 1925·5·24 社
神戸市電従組員 ❽ 1937·7·6 社
神戸証券取引所 ❽ 1954·9·4 社
神戸製鋼所鋳物部職工デモ ❼ 1921·7·17 社
神戸燐寸軸木職工組合 ❼ 1904·5·5 社
公務員共闘全国統一スト ❾ 1966·4·26 社／1972·5·19 社／1973·2·10 社／1977·4·19 社
港湾労組共闘会議 ❽ 1962·3·27 社
国際金属労連日本協議会 ❽ 1964·5·16 社
国際失業反対闘争デー ❼ 1930·3·6 社
国際自由労働 ❽ 1949·9·3 社
国際自由労連東京事務所 ❽ 1953·4·1 社
国際労働会議(第十六回) ❼ 1932·2·3 社
国際労働機関帝国事務所 ❼ 1923·1·15 政
国際労働機構(ILO) ❽ 1951·6·21 社／1964·6·16 政
国際労働協会 ❼ 1925·3·22 政
国際労働局東京支局 ❽ 1939·5·31 社
国鉄機関車労組 ❽ 1951·5·23 社
国鉄人員整理 ❽ 1946·2·14 社／7·24 社／1949·7·4 政／7·21 社
国鉄動力車労働組合 ❽ 1960·11·10 社
国鉄奉公会 ❽ 1941·4·1 社
国鉄労組 ❽ 1947·6·5 社／1949·6·9 社／6·26 社／12·9 社／1950·3·27 社
国鉄労組反共連盟 ❽ 1947·10·19 社／11·7 社
国鉄労働組合総連合 ❽ 1946·2·27 社／3·15 社／1947·6·4 社
国民勤労報国協会 ❽ 1941·11·22 社
国労·動労スト ❾ 1973·2·8 政／3·5 社／1985·11·28 社
小作共済組合 ❼ 1903·5月 社
木挽職工同盟罷業 ❼ 1897·10·11 社／1902·12·28 社／1906·11·27 社
伍民会 ❼ 1923·10月 政
米よこせ世田谷区民大会 ❽ 1946·5·12 社／5·18 社
犀川切落事件 ❼ 1929·1·7 社
西條綿練合女工同盟罷業 ❼ 1898·3·1 社
埼玉·川越紡績 ❼ 1936·1·3 社
埼玉大里郡用水紛争 ❼ 1933·7·2 社
最低生活擁護人民大会 ❽ 1947·12·18 社
佐賀県教組休暇闘争 ❽ 1957·2·14 社
酒樽工千人賃上げ要求 ❼ 1914·9月 社
酒樽製造職工同盟罷業 ❼ 1897·3·4 社
相模川堤防築造反対 ❼ 1898·9·5 社
相模工業 ❽ 1957·10·17 社
佐賀三菱芳谷炭鉱 ❼ 1917·7·29 社
坂本紡績 ❽ 1960·3·9 社
差別民主化同盟 ❽ 1948·2·13 社
沢田合金製作所 ❼ 1922·8·27 社
産業鉱害研究会 ❽ 1960·2·5 社
産業廃棄物処理施設建設設置反対派 ❾ 1996·10·30 社
産業別のユニオンショップ ❽ 1954·10·21 社
産業報国倶楽部 ❽ 1941·4·1 社
三公社五現業労組闘争 ❽ 1953·12·1 社／1957·5·8 社
産別会議 ❽ 1946·10·1 社／1947·1·1 社／5·12 社／7·10 社
山陽鉄道会社機関手待遇改善·賃上げ要求 ❼ 1898·4·23 社
静岡県清水郵便局交換手 ❽ 1948·9·30 社
静岡県持越金山会社鉱夫 ❽ 1937·5·19 社
静岡土肥金山モグラ戦術 ❼ 1934·1·23 社
自治農民協議会 ❼ 1932·4月 社
私鉄総連·私鉄スト ❽ 1948·5·18 社／1951·7·22 社／1954·4·25 社／1955·3·27 社／1958·3·23 社／1961·4·16 社／1962·4·10 社／❾ 1965·4·28 社／1969·4·24 社／1971·5·13 社／1972·4·23 社／1974·11·19 社／1975·5·7 社／1977·4·16 社／1981·4·22 社／1984·4·12 社／1989·4·11 社／1992·3·27 社
芝浦製作所職工 ❼ 1925·7·11 社／1927·8·30 社／1931·1·13 社
島根簸川郡今市住民押しかけ ❼ 1900·3·29 社
島根八束郡講武村共有林騒動 ❼ 1923·12·23 社
社会科学研究会 ❼ 1923·10月 政
借家人同盟民衆大会 ❼ 1920·5·16 社
秀英社印刷工同盟罷業 ❼ 1903·10·26 社
銃後産業協力労資懇談会 ❽ 1938·1·28 社
集団欠勤戦術 ❽ 1947·8·20 社
自由労働者闘争 ❽ 1949·5·12 社
出版印刷労働組合 ❼ 1926·10·31 社
出版従業員組合 ❽ 1946·2·5 文
主婦と生活社労組 ❽ 1959·2·15 社
春闘 ❾ 1973·4·27 社／1974·3·1 社／4·10 社／1977·1·22 社／3·6 社／4·8 社／1978·4·25 社／1982·4·11 社／1983·2·7 社／2002·1·9 社
春闘本部 ❽ 1955·1·28 社／3月 社／1957·1·17 社／1964·4·17 社
順法闘争 ❾ 1973·4·24 社
松竹系映画館楽士·説明者 ❼ 1935·3·19 社
松竹労組 ❽ 1954·11·11 社／1962·3·8 社
常東農民組合 ❽ 1946·1·15 社
醤油醸造工場の職工要求 ❼ 1917·12·18 社
醤油醸造人要求 ❼ 1911·8·26 社
職工組合期成同志会 ❼ 1916·8·26 社
食糧確保国民大会 ❽ 1947·8·12 社
食糧値上げ反対那覇市民大会 ❽ 1949·2·13 政
食糧メーデー ❽ 1946·6·16 社
女工虐待反対週間 ❼ 1927·8·4 社
シンガー·ミシン争議 ❼ 1932·8·24 社／10·1 社
新日本海員組合 ❼ 1935·5·20 社／11·20 社
新日本窒素水俣労組 ❽ 1962·4·21 社
新農村同志会 ❽ 1960·3·23 社
新橋鉄道局の大工·鉄工·木工·組立工同盟罷業 ❼ 1897·9·23 社
新聞工茶話会 ❼ 1899·10·27 社
深夜労働反対デモ ❽ 1957·6·10 社
信友会(欧文活字工) ❼ 1916·10·31 政／1917·4·15 社
人力車夫組合車夫同盟罷業 ❼ 1899·8·10 社／1903·6·12 社／1930·8·18 社
人力車夫労働共済会 ❼ 1923·8·16 社
スト規制法案反対闘争 ❽ 1953·7·4 社
スト権奪還 ❾ 1974·4·10 社／1975·11·26 社／12·5 政
住友製鋼所工員 ❼ 1931·5·5 社
住友別子鉱業所労働組合 ❼ 1925·11·1 社
諏訪製糸同盟 ❼ 1903·1·1 社
生活危機突破大阪市民大会 ❽ 1947·11·25 社
生活権確保吉田内閣妥当国民大会 ❽ 1946·12·17 社
生活を守る主婦大会 ❽ 1951·3·26 社
生産管理 ❽ 1946·1·23 社／6·13 社／1950·11·15 社
西洋家具指物職同盟会 ❼ 1900·4月 社
石炭回漕船船頭要求 ❼ 1912·1·13 社
ゼネスト ❾ 1972·4·27 社／1976·4·20 社
全印刷·全専売·造幣局の大蔵三現業スト ❽ 1948·2·3 社
全官公労 ❽ 1946·3·15 社／9·24 社／11·26 社／1947·1·9 社／8·11 社／1948·6·12 社／1950·12·9 社
全九州三菱炭鉱労組 ❽ 1946·7·31 社
全金属 ❽ 1958·2·14 社
全銀連 ❽ 1954·9·2 社
全鉱運スト ❽ 1949·5·10 社／1950·3·27 社／1952·3·31 社
全国一般合同労組連絡協議会 ❽ 1955·7·25 社
全国教組大会 ❽ 1946·10·18 文

全国金属産業労働組合同盟 ❽ 1946・9・24 社
全国鉱山労働組合 ❽ 1946・7・31 社
全国交通労働者連盟 ❼ 1924・11・27 社
全国産業別労働組合連合(新産別) ❽ 1948・6・12 社／1949・12・10 社
全国自動車産業労働組合連合会 ❽ 1962・1・28 社
全国私立中等学校教員協会 ❼ 1935・11・17 文
全国進駐軍労組 ❽ 1946・9・1 社
全国石炭労組 ❽ 1947・12・5 社
全国繊維産業労働組合同盟 ❽ 1946・7・31 社
全国中小企業危機突破国民大会 ❽ 1950・3・17 社
全国中立労組懇談会 ❽ 1956・4・11 社
全国電気通信従業員組合(全電通) ❽ 1950・9・29 社
全国農民組合(全農) ❼ 1927・3・1 社／1928・5・27 社／❽ 1937・12・29 社／1947・7・25 社／1949・7・25 社
全国農民総連盟(全農総連) ❽ 1963・3・28 社
全国麦酒産業労連 ❽ 1954・5・18 社
全国三井炭鉱労組連 ❽ 1959・1・19 社
全国民主化運動連絡会議(全国民連) ❽ 1963・2・27 社
全国酪農民総決起大会 ❾ 1975・2・20 社
全国労働組合同盟(全労働) ❼ 1930・6・1 社
全国労働組合連合連絡協議会(全労連) ❽ 1947・3・10 社／1950・8・30 社
全国労働組合総連合会 ❾ 1979・3・10 社
全国労働者平和会議 ❽ 1951・8・6 社
全国労働団体連盟 ❼ 1920・2・5 社
全繊維同盟の綿紡大手十社労組 ❽ 1955・10・11 社
全繊同盟 ❽ 1950・3・1 社／1955・10・20 社／1959・8・10 社／1961・8・17 社／❾ 1974・4・5 社
全炭鉱大手七社労組 ❽ 1958・4・29 社
全逓 ❽ 1946・5・31 社／1948・2・25 社／3・12 社／1950・3・27 社／❾ 1969・6・16 社
全逓名古屋中郵事件 ❽ 1958・3・26 社／❾ 1977・5・4 社
全電通春闘訴訟 ❾ 1965・11・10 社
全東京都教員大会 ❽ 1946・1・28 文
全日通 ❽ 1948・6・5 社／1953・3・18 社
全日通労連 ❽ 1953・3・19 社
全日本映画演劇労働組合(日映演) ❽ 1946・4月 社
全日本海員組合 ❽ 1945・10・5 社／1945・12・1 社／1946・10・18 文／11・6 文／1948・11・29 社／1952・8・7 社／❾ 1972・4・14 社
全日本教職員連盟 ❾ 1984・2・26 文
全日本銀行従組連合会 ❽ 1947・4・11 社／1948・10・11 社
全日本金属鉱山労働組合 ❽ 1960・12・15 社
全日本金属産業労働組合協議会 ❽ 1948・10・11 社
全日本金属労働組合 ❽ 1948・10・11 社
全日本鉱夫総連合会 ❼ 1920・10・20 社
全日本港湾労働組合 ❽ 1946・7・31 社
全日本産業別労働組合会議(産別会議) ❽ 1946・8・19 社
全日本自治団体労働組合(自治労) ❽ 1954・1・29 社
全日本自動車産業労働組合 ❽ 1948・3・26 社
全日本進駐軍要員労働組合(全駐労・全日駐) ❽ 1946・11・24 社／1953・8・12 社／1957・11・5 社／1962・10・22 社
全日本新聞労働組合 ❽ 1948・8・1 社
全日本造船労働組合 ❽ 1946・9・1 社
全日本農民組合 ❼ 1928・1・15 社
全日本農民団体小作立法対策協議会 ❼ 1926・8・31 政
全日本民間労組協議会(全民労協) ❾ 1982・12・14 社
全日本民間労組連合会(連合) ❾ 1987・11・20 社
全日本労働組合会議(全労会議) ❽ 1954・4・22 社
全日本労働組合連盟(全日労) ❽ 1949・7・3 社
全日本労働総同盟(全総) ❼ 1926・3・1 社／1935・11・14 社／1936・1・15 社
全日本労働総同盟(同盟) ❽ 1937・10・17 社／1938・1・19 社／1939・7・24 社／11・3 社／1940・10・17 社／1964・11・10 社
全日本労働総同盟 ❾ 1987・11・19 社
全日本労働総同盟組合会議(同盟会議) ❽ 1962・4・26 社
専売局現業員共済組合 ❼ 1908・7・15 社
全麦労連 ❽ 1955・5・28 社／6・6 社
全評⇨日本労働組合全国評議会(にほんろうどうくみあいぜんこくひょうぎかい)
全三越従組 ❽ 1951・12・18 社
全労・総同盟合同促進協議会 ❼ 1935・4・10 社
全労統一全国会議 ❼ 1933・3・5 社
全労連(全国労働組合連絡協議会) ❽ 1949・1・31 社
増税反対国民大会 ❼ 1908・2・11 社
総同盟⇨日本労働総同盟 ❼
総評⇨日本労働組合総評議会(にほんろうどうくみあいそうひょうぎかい)
ソニー第一労組 ❽ 1961・5・8 社
ソ連十月革命記念集会 ❽ 1946・11・7 社
大挙鉱毒視察修学旅行 ❼ 1902・1・26 社
大工職人の労働組合 ❼ 1915・2・7 社
大東亜結集国民大会 ❽ 1943・11・7 社
大東亜戦争戦捷祝賀国民大会 ❽ 1942・3・12 社
第二インターナショナル大会 ❼ 1904・8・14 政
大日本・共同・凸版等印刷大手五社労組 ❽ 1947・7・28 社
大日本機関車乗務員会 ❼ 1920・4・13 社
大日本鉱山労働同盟会 ❼ 1919・9・1 社／11・26 社
大日本産業報国会 ❽ 1938・7・30 社
大日本車夫総同盟 ❼ 1920・1月 社
大日本農民組合 ❽ 1938・2・6 社
大日本紡績一宮工場の女工 ❼ 1932・4・26 社
大日本紡績貝塚工場 ❽ 1947・9・16 社
大日本紡績橋場工場 ❼ 1927・6・2 社
大日本労働協会 ❼ 1899・6月 社
大日本労働至誠会 ❼ 1902・5・12 社
大日本労働団体連合本部 ❼ 1901・9・10 社
大日本労働同志会 ❼ 1904・4月 社
台湾工友総連盟 ❼ 1928・2・19 社
タクシー一斉スト ❽ 1959・3・25 社／1961・3・19 社
煙草小作人専売支局押しかけ ❼ 1900・10・12 社
田原製作所 ❽ 1959・8・19 社
炭鉱労働組合 ❽ 1959・11・13 社／1962・12・8 社
炭労スト ❽ 1950・3・25 社／3・27 社／1951・10・31 社／1952・10・9 社／1958・3・21 社／1961・4・19 社／1962・7・20 社／❾ 1969・3・1 社
中央最低賃金審議会 ❽ 1961・9・27 社
中央労働委員会 ❽ 1946・3・1 社
中立労連 ❾ 1987・11・19 社
朝鮮人労働者争議(国鉄大船渡線橋工事場) ❼ 1932・4・28 社
朝鮮労働総同盟 ❼ 1924・4月 社
対馬竹敷要港職工 ❼ 1909・2・22 社
常田館製糸工女 ❼ 1919・5・22 社
逓信従業員会連盟 ❼ 1934・11・4 社
逓友同志会 ❼ 1925・9・30 社
鉄工組合 ❼ 1897・12・1 社
鉄鋼労連 ❽ 1955・9・6 社／1956・9・29 社／1957・10・8 社
鉄道ストライキの始め ❼ 1898・2・2 社
鉄道青年会 ❼ 1908・12・6 社
鉄道労連 ❾ 1987・2・2 社
デモ参加(執務時間中)不許可 ❽ 1948・10・6 政
デモなど許可制 ❽ 1950・7・3 政
寺子屋式農民労働学校 ❼ 1931・2・11 社
電気料金値下期成同盟 ❼ 1927・10・10 社／12月 社
電産労組 ❽ 1946・12・22 社／1948・10月 社／1950・3・27 社／1952・9・6 社
電波統制協議会 ❼ 1929・10・14 社
電力危機突破都民大会 ❽ 1947・10・22 社
東京医療労連病院スト ❽ 1960・11・1 文
東京医労連 ❽ 1960・11・1 社
東京大森区食糧危機突破大会 ❽ 1946・5・6 社

東京小河内貯水ダム農民衝突　❼ **1935**·12·12 社
東京·歌舞伎座労組、スト　❾ **1965**·5·15 文
東京警察病院看護婦　❽ **1945**·10·26 社
東京交通労働組合(東交労組)　❽ **1937**·10·10 社／**1940**·7·7 社
東京市水道局従業員要求　❼ **1926**·8·14 社
東京市清掃従業員要求　❼ **1927**·9·8 社
東京市電交通労働組合員、要求　❼ **1911**·12·31 社／**1912**·1·1 社／**1920**·4·25 社／**1924**·11·1 社／**1926**·12·8 社／**1929**·6·25 社／12·3 社／**1930**·4·20 社／**1932**·9·3 社
東京市電値上げ反対市民大会　❼ **1906**·3·2 社／9·5 社／**1908**·12·24 社／**1909**·1·12 社／**1911**·7·7 社／**1914**·9·6 社／**1916**·3·9 社／7·1 社
東京芝浦製作所　❼ **1920**·3·17 社
東京市民労働学院　❼ **1925**·4·27 社
東京証券取引所　❽ **1954**·10·26 政
東京信用組合(人力車夫)　❼ **1897**·12·9 社
東京地下鉄争議　❼ **1932**·3·20 社／❽ **1950**·6·1 社
東京都教組婦人部　❽ **1948**·1·17 社
東京都公安條例制定反対デモ　❽ **1949**·5·30 社
東京都地盤沈下対策審議会　❾ **1966**·11·4 社
東京都駐留米軍離職者対策本部　❽ **1957**·10·10 社
東京都リサイクルセンター　❾ **1990**·10·30 社
東京都労組連合会　❽ **1946**·6·21 社
東京日日新聞印刷工　❼ **1919**·7·24 社
東京馬車鉄道会社同盟罷業　❼ **1899**·8·6 社
東京船大工組合　❼ **1896**·3月 社／**1897**·4月 社
東京砲兵工廠鍛工場職工同盟罷業　❼ **1902**·8·14 社
東京三越呉服店の洋服部職工　❼ **1920**·12·20 社
東京モスリン亀戸工場工員要求　❼ **1926**·8·6 社
東京労組指導者会議(労働サミット)　❾ **1979**·6·22 社
東京労働学校　❼ **1925**·1·16 文
東京労働講習所　❼ **1920**·11·5 社
東京湾艀会社船頭同盟罷業　❼ **1900**·12·17 社
東交労組スト　❽ **1949**·6·2 社
東芝同盟罷業　❽ **1946**·1·8 社／**1949**·7·5 社
東都乗合自動車従業員　❼ **1936**·9·1 社
東武鉄道　❽ **1949**·3·13 社／**1953**·5·3 社／**1956**·3·11 社
東宝従業員組合　❽ **1946**·3·24 社
東宝大争議　❽ **1948**·4·8 社／8·19 社
東北配電株式会社従業員組合　❽ **1946**·2·1 社
東洋モスリン会社職工要求　❼ **1909**·1·11 社／**1913**·6·7 社／**1914**·6·20 社／**1927**·5·30 社／**1928**·6·29 社／**1930**·7·25 社／9·20 社／**1935**·2·17 社
独立労働協会　❼ **1926**·1·20 社
土肥金山坑夫要求　❼ **1919**·5·23 社
富山·神通川漁民押しかけ　❼ **1921**·9·6 社
トヨタ自動車工業労組　❽ **1950**·4·22 社
ドライヤー報告(団結権·争議権)　❾ **1965**·8·31 政
長崎香焼炭坑坑夫暴動　❼ **1901**·12·23 社／**1920**·11·29 社
長崎端島炭鉱坑夫同盟罷業　❼ **1897**·4·13 社
長崎三菱造船所職工　❼ **1903**·5·14 社／**1907**·2·16 社／**1917**·6·18 社
長崎三菱高島炭坑坑夫騒動　❼ **1897**·5·31 社
長島愛生園·熊本回春院患者ハンスト　❼ **1936**·8·17 社
長野辰野の運搬人組合　❼ **1909**·5·3 社
中山競馬場の馬丁労組　❽ **1958**·4·6 社
名古屋電鉄運転手·車掌　❼ **1909**·8·1 社
名古屋の青物争議　❼ **1930**·12·13 社
南海鉄道従業員組合　❼ **1924**·5·25 社／**1927**·7·13 社
南京陥落の祝賀行事　❽ **1937**·12·14 社
二·一ゼネスト　❽ **1947**·1·1 社／1·31 政
新潟出雲崎町婦女米価高騰　❼ **1897**·9·20 社
新潟地盤沈下特別委員会　❽ **1959**·6·24 社
西本願寺職員組合　❽ **1948**·4月 社
日農主体性確立同盟　❽ **1948**·4·4 社
日紡貝塚工場争議　❽ **1947**·9·16 社
日産化学労組　❽ **1953**·4·13 社／**1958**·7·28 社
日産自動車　❽ **1949**·10·5 社／10·17 社／**1953**·5·25 社
日清印刷会社職工　❼ **1925**·11·25 社
日鉄八幡製鉄所従業員　❽ **1950**·2·2 社
日本映画演劇労働組合(日映連)　❽ **1946**·10·15 社
日本海員組合　❼ **1920**·12·3 社／**1921**·5·7 社／**1928**·5·9 社／6·5 社／❽ **1937**·3·16 社／9·7 社／**1940**·9·30 社
日本楽器職工　❼ **1922**·6·14 社／**1926**·4·21 社
日本環境会議　❾ **1980**·5·4 社
日本官業労働総同盟臨時大会　❼ **1921**·12·11 政
日本官公庁労働組合協議会(官公労)　❽ **1949**·12·5 社
日本教育労働者組合　❼ **1930**·11月 社
日本教員組合啓明会　❼ **1920**·9月 社
日本勤労奉公連盟　❽ **1938**·11·13 社
日本航空　❽ **1962**·4·11 社
日本航空乗員組合　❾ **1976**·12·1 社
日本鉱山労働会　❼ **1906**·1·1 社
日本交通労働組合　❼ **1919**·9·3 社
日本交通労働総連盟　❼ **1926**·6·27 社／**1927**·6·27 社
日本坑夫組合　❼ **1903**·12·12 社
日本港湾従業員組合連盟　❼ **1930**·8 社／**1933**·9·22 社
日本国民救援会　❽ **1951**·11·12 社
日本国家公務員労働組合協議会　❾ **1976**·10·30 社
日本左官工友会　❼ **1926**·6·1 社
日本産業労働倶楽部　❼ **1933**·6·8 社／❽ **1939**·10·18 社
日本自治体労組連合会(自治労連)　❽ **1947**·11·10 社
日本司厨連盟　❼ **1923**·5·21 社
日本私鉄労働組合総連合会　❽ **1947**·1·10 社
日本出版労働組合連合会　❾ **1975**·7·4 社
日本新聞労働組合連合(新聞労連)　❽ **1950**·6·30 社
日本製綱赤羽工場　❽ **1953**·6·16 社
日本製鋼室蘭工場　❽ **1954**·7·1 社
日本製鋼広島製作所　❽ **1949**·6·15 社
日本製鉄従業員組合　❼ **1933**·8·26 政
日本製鉄八幡製鉄所　❽ **1948**·10·7 社
日本ゼネラル·モータース　❼ **1929**·12·23 社／**1931**·8·19 社
日本染絨争議団　❼ **1931**·4·20 社
日本タイプ　❽ **1948**·4·22 社
日本炭鉱主婦協議会　❽ **1952**·9·11 社
日本炭鉱単一労組(炭労)　❽ **1950**·4·21 社
日本蓄音機商会争議　❼ **1913**·6·28 社
日本中小企業労組総連合会　❽ **1955**·1·16 社
日本鉄鋼産業労組連合会(鉄鋼労組)　❽ **1951**·3·1 社／**1951**·3·2 社
日本鉄道会社機関方·火夫同盟罷業　❼ **1898**·2·2 社／**1899**·11·7 社
日本鉄道矯正会　❼ **1898**·4·5 社
日本鉄道産業労働組合　❾ **1987**·2·2 社
日本電気株式会社組合　❼ **1924**·7·3 社
日本電気工業広田工業従業員争議　❽ **1937**·3·29 社
日本電気産業労働組合協議会(電産協)　❽ **1946**·4·7 社
日本内外綿紡績工場労働者罷業(中国上海)　❼ **1925**·2·9 政
日本なぎさ保存会(入浜権)　❾ **1980**·3·30 社
日本農民組合(日農)　❼ **1924**·2·29 社／**1926**·3·10 社／**1927**·2·4 社／**1931**·1·26 社／**1932**·4·29 社
日本農民組合総同盟　❽ **1940**·7·18 社／**1946**·2·9 社／**1947**·2·12 社／**1949**·4·21 社／**1950**·1·14 社／**1957**·9·10 社

日本農民連盟 ❽ 1938·1·16 社
日本フォード横浜工場(要求書) ❼ 1929·1·7 社
日本放送労働組合 ❽ 1948·3·2 社
日本民間放送労組連合会 ❽ 1953·7·12 社
日本民主労働協議会(創価学会) ❾ 1968·7·28 社
日本郵政グループ労 IPU 組 ❾ 2007·10·22 社
日本郵船会社盟罷業 ❼ 1897·5·10 社／1912·4·19 社／1923·11·6 社／1924·9·20 社／1927·3·18 社
日本料理人組合 ❼ 1899·11 月 社
日本労働協会 ❽ 1958·9·15 社
日本労働組合会議(日労会議) ❼ 1932·9·25 社／❽ 1938·7·10 社／1946·10·25 社
日本労働組合全国協議会(全協) ❼ 1928·12·25 社／1933·4·25 政／1934·11·18 社
日本労働組合全国評議会 ❽ 1937·9·24 社／12·22 政
日本労働組合総同盟(総同盟) ❼ 1921·10·1 社／1922·10·1 社／1924·2·10 社／10·5 社／12·20 社／1925·3·15 社／3·27 社／1926·11·23 社／❽ 1946·1·20 社／8·1 社／1948·1·13 社／6·28 社／1950·11·30 社／1951·3·28 社／6·1 社／1955·9·16 政
日本労働組合総評議会(総評) ❽ 1950·3·11 社／7·11 社／1951·3·10 社／1956·2·14 社／1959·8·28 社／11·19 社／1960·6·8 社／1964·4·2 社／❾ 1987·10·16 社／1988·7·26 社／1989·9·22 社／11·21 社／1992·9·24 社
日本労働組合評議会 ❼ 1927·5·8 社／1928·4·10 政／1931·4·18 社
日本労働組合連合 ❼ 1923·12·15 社
日本労働組合総連合(連合) ❼ 1922·9·30 社／1926·1·17 社／❾ 1986·11·14 社／1997·10·3 社
日本労働国策協会 ❽ 1938·11·18 社
日本労働者大懇親会 ❼ 1901·4·3 社／10·27 社／1902·3·15 社
日本労働同盟 ❼ 1932·11·20 社
日本労働組合同盟 ❼ 1926·12·3 政
日本労友会 ❼ 1919·10·16 社
農民組合総同盟 ❽ 1953·1·21 社
農民生活擁護連盟 ❼ 1934·8·26 社
農民戦線統一協議会 ❽ 1956·12·7 社
野田醤油職工組合 ❼ 1923·3·13 社／1927·9·15 社
博文館印刷所職工 ❼ 1917·8·23 社／1924·5·9 社
函館水電 ❼ 1925·5·3 社
働く婦人の中央集会 ❽ 1964·4·19 社
八王子職業安定所 ❽ 1950·3·3 社
八丈島住民デモ ❽ 1950·1·28 社
破防法制定反対デモ ❽ 1952·4·12 社
浜名艀船部 ❼ 1927·6·11 社
判事·検事の争議 ❼ 1901·3·25 政
阪神漁業振興会 ❽ 1960·6·28 社
阪神電鉄労働者 ❼ 1922·7·25 社／1924·6·28 社
反戦学生同盟 ❽ 1951·6·15 文
PTA 赤線業者反対運動 ❽ 1950·8·30 社
備作平民会 ❼ 1902·8·7 社
日立精機足立工場 ❽ 1946·1 月 社
兵庫赤穂の採塩人夫同盟罷業 ❼ 1900·3 月 社
兵庫生野鉱山鉱夫 ❼ 1925·4·26 社
兵庫上灘目の採塩人夫同盟罷業 ❼ 1905·7·11 社
兵庫多木製肥会社解雇反対争議 ❼ 1931·12·16 社
広島呉海軍工廠職工同盟罷業 ❼ 1902·7·15 社／1906·8·18 社／1912·3·29 社
広島呉警察署員部長排斥を要求 ❼ 1903·7·19 社
福岡貝島炭坑の坑夫要求 ❼ 1925·7·5 社
福岡粕屋の敷島炭坑鉱夫争議 ❼ 1932·8·3 社
福岡銀行 ❽ 1953·7·8 社
福岡中鶴炭坑 ❼ 1918·5·24 社
福岡門司港石炭仲士同盟罷業 ❼ 1896·10·7 社／1900·8·23 社／1905·5·13 社／1908·4·28 社
福岡若松港沖仲仕要求 ❼ 1931·8·18 社
福島磐城炭坑争議 ❼ 1927·1·15 社
福島白河町製糸会社同盟罷業 ❼ 1898·2·17 社
福島宮炭鉱夫 ❼ 1917·7·26 社
藤永田造船 ❽ 1940·1·4 社
富士ガス紡押上工場職工要求 ❼ 1917·8·16 政
富士工業三鷹工場 ❽ 1950·8·15 社
富士自動車 ❽ 1955·5·18 社
藤永田造船所要求 ❼ 1921·5·28 社
富士紡績川崎工場 ❼ 1925·11·19 社／1930·11·1 社
プロレタリア科学研究所 ❼ 1929·10·13 政
文楽座労働組合 ❽ 1948·5·19 文
米価値上げ反対主婦大会 ❽ 1949·9·21 社
米価値上げ要求全国農民大会 ❽ 1960·7·6 政
別子銅山住友鉱業所坑夫暴徒化 ❼ 1907·6·2 社
別子銅山大争議 ❽ 1947·5·9 社
弁士·楽士解雇スト ❼ 1932·4·8 社／1934·8·25 社
縫工同盟会 ❼ 1908·1·11 社
星製薬労働者 ❼ 1930·5·30 社
北海道新聞従業員組合 ❽ 1946·2·21 社
北海道全炭労 ❽ 1946·10·10 社
北海道幌内炭鉱坑夫要求 ❼ 1907·4·28 社
北海道夕張炭鉱坑夫同盟罷業 ❼ 1905·2·23 社／1907·3·2 社／7·18 社
香港上海銀行東京支店 ❽ 1955·8·1 社
本州製紙廃水放流事件 ❽ 1958·6·10 社
松崎製糸 ❽ 1953·12·1 社
松島遊廓金宝来の娼妓 ❼ 1931·10·15 社
松戸市民デモ ❽ 1945·12·12 社
丸善従業員 ❼ 1929·3·10 社
丸松メリヤス工場争議 ❼ 1931·12·28 社
三池炭鉱万田坑坑夫同盟罷業 ❼ 1904·6·17 社
三重鳥羽造船所船工破壊 ❼ 1918·11·28 社
三重紡績職工同盟罷業 ❼ 1896·7·21 社／1912·3·30 社
三田土ゴム会社職工 ❼ 1917·2·4 社
三井·三菱·井華·北炭四社 ❽ 1951·2·7 社
三井鉱山闘争 ❽ 1953·8·7 社
三井鉱山労組連合会 ❽ 1963·6·30 社
三井鉱山労連 ❽ 1951·10·9 社
三井田川鉱労組 ❽ 1964·3·15 社
三井富岡製糸所工女同盟罷業 ❼ 1898·2·10 社
三井三池勝立鉱坑同盟罷業 ❼ 1905·8·7 社
三井·三池炭鉱争議 ❽ 1959·8·29 社／12·11 社／1960·1·5 社／6·28 政
三井三池万田坑採炭夫暴動 ❼ 1918·9·4 社
三菱工業尾去沢鉱山鉱夫要求 ❼ 1926·10·9 社
三菱航空機名古屋製作所争議 ❼ 1933·8·29 政
三菱重工下丸子工場 ❽ 1956·1·6 社
三菱重工労連 ❾ 1966·11·5 社
三菱製紙工場職工工友会 ❼ 1925·8·23 社
三菱長崎造船所立神工場労働者要求 ❼ 1913·5·27 社
三菱長崎長崎造船所 ❽ 1940·2·7 社
三菱美唄炭鉱争議 ❽ 1946·2·8 社
宮城大谷金山鉱夫 ❼ 1930·3·28 社
宮大工 ❽ 1961·6·20 社
民間単産会議 ❾ 1966·12·17 社
民主主義用語同盟準備会 ❽ 1948·8·27 社
民主·リベラル労組会議 ❾ 1999·5·22 社
民主労働運動研究会 ❽ 1951·9·7 社
民放各社 ❽ 1962·3·24 社
無名戦士墓 ❼ 1935·3·28 社
室蘭日本製鋼所 ❼ 1917·3·14 社
明治製菓川崎工場要求 ❼ 1926·3·12 社
野戦砲兵第七連隊兵士脱営 ❼ 1907·3·7 政
八幡製作所職工要求 ❼ 1920·2·5 社
山一林組製糸工場職工争議 ❼ 1927·8·3 社／8·28 社
山口県厚東川ダム工事場スト ❽ 1941·10·7 社
山猫争議 ❽ 1947·8·20 社／10·20 社
ヤマハ労組 ❾ 1992·2·15 社
ヤミ専従問題 ❾ 2009·6·16 社
湯浅伸銅所争議 ❼ 1930·5·19 社
友愛会 ❼ 1912·8·1 社／1913·7·5 社／1914·1·5 社／9·19 社／1916·6

月 社／ 1917·4·6 社／ 8·1 社／ 1918·4·3 社／ 1919·8·30 社／ 1920·10·3 社
友愛会海員部 ❼ 1920·8·14 社
友愛会東京印刷工組合 ❼ 1917·10 月 社
友愛会東京鉄工組合 ❼ 1918·10·10 社
郵政省·電通省 ❽ 1949·8·11 社
友禅染工場職工同盟罷業 ❼ 1897·5·22 社／ 9·27 社／ 1901·3·12 社／ 1907·9·12 社／ 10·8 社／ 1908·6·2 社／ 1910·2·10 社／ 1912·3·15 社／ 1915·4·13 社／ 1926·8·17 社
夕張炭鉱の朝鮮人労働者六千人 ❽ 1945·10·8 社
郵便電信局配達夫同盟罷業 ❼ 1903·1·3 社
横須賀事件 ❽ 1949·4·12 社
横浜市電賃下げ反対 ❼ 1932·3·13 社
横浜船渠工員要求 ❼ 1915·8·14 社／ 1916·8·13 社／ 1922·2·21 社／ 1929·3·14 社
横浜労働組合の沖仲仕要求 ❼ 1920·4·8 社
吉田内閣打倒·危機突破国民大会 ❽ 1947·2·28 政
読売争議 ❽ 1945·10·23 社／ 1946·6·13 社
ラサ島燐鉱会社労働者賃上げ要求 ❼ 1915·4·9 社
レーバーデー(勤労祭) ❾ 1965·11·23 社
煉瓦工賃上げ要求 ❼ 1904·4·3 社
連合(同盟·全日本労働総同盟) ❽ 1964·11·10 社
連合定期大会 ❾ 2003·10·3 社／ 2005·10·5 社
労学会 ❼ 1917·12·3 社
労組民主化運動懇談会 ❽ 1948·2·24 社
労働基準法改悪反対闘争委員会 ❽ 1951·6·19 社
労働組合 ❽ 1937·是年 社／ 1938·是年 社／ 1939·是年 社
労働組合期成会 ❼ 1897·7·4 社／ 7 月 政／ 1898·4·1 社
労働組合全国同盟 ❼ 1929·9·9 社
労働組合専従者 ❽ 1949·3·9 社
労働組合総同盟 ❽ 1945·10·10 社／ 1946·1·17 社
労働組合組織率 ❽ 1954·7·2 社
労働組合の自発的解消 ❽ 1940·2·16 社
労働時間短縮共闘問題 ❽ 1961·2·17 社
労働者懇話会 ❼ 1901·8·24 社
労働者同士会 ❽ 1951·9·7 社／ 1960·1·23 社
労働戦線統一懇談会 ❽ 1959·1·24 社
労働統一推進準備会 ❾ 1980·9·22 社／ 1981·12·14 社
労働法規改悪反対闘争 ❽ 1952·6·7 社
労農無産協議会 ❼ 1936·5·4 社／ ❽ 1937·2·21 政

労働問題に関する條例·規制
解職恩賜規則 ❻ 1870·3·8 政
学校卒業者使用制限令 ❽ 1938·8·24 文
緊急雇用対策本部 ❾ 1994·1·6 政／ 1·6 社
勤労新体制確立要綱 ❽ 1940·11·8 社
勤労婦人福祉法 ❾ 1972·7·1 社
行員身元保証金規則 ❼ 1897·8 月 社
公共企業体労働関係法 ❽ 1949·4·1 社
国民勤労協力令 ❽ 1945·3·6 社
国民職業能力申告令 ❽ 1944·2·19 社
国民徴用令 ❽ 1940·10·19 政／ 1945·3·6 社
国民労務手帳 ❽ 1941·3·7 社／ 6·14 社
雇用調整助成金 ❾ 1992·9·28 社
雇用保険法 ❾ 1974·12·28 社／ 1979·6·8 社
再就職促進法 ❾ 2001·4·18 政
職員勤務時間條例 ❾ 1985·3·11 社
職業訓練法 ❾ 1969·7·28 社
職工争奪防止規則 ❻ 1892·7·23 社
女子挺身勤労令 ❽ 1944·8·23 政／ 11·10 社／ 1945·3·6 社
人事調停法 ❽ 1939·3·17 社
スト規制法案 ❽ 1953·7·11 政／ 8·7 政
政令二〇一号 ❽ 1948·7·22 政／ 7·31 政／ 8·5 社／ 12·3 政
戦時要員緊急要務令 ❽ 1945·5·24 社
炭鉱離職者臨時措置法 ❽ 1959·9·10 社／ 12·18 社
中高年齢者雇用促進特別措置法 ❾ 1971·5·25 社／ 1986·4·30 社
賃金統制令 ❽ 1939·3·31 社／ 1940·10·20 社
配偶者特別産休制 ❾ 1965·12·1 社
見習職工規則 ❼ 1896·12·5 社
労働関係調整法 ❽ 1946·9·27 社／ 1949·6·1 社
労働基準法 ❽ 1947·4·7 社／ 9·1 社
労働組合法 ❼ 1925·8·18 政／ ❽ 1945·12·6 政／ 12·22 社／ 1946·3·1 社／ 1949·6·1 社
労働契約承継法 ❾ 2000·5·24 政
労働者災害扶助法 ❼ 1931·4·2 社
労働者退職積立金法 ❼ 1935·6·4 社
労働者派遣事業法 ❾ 1985·7·5 社／ 1986·7·1 社
労働者派遣法 ❾ 1999·12·1 社
労働者平均月給 ❾ 2006·2·1 社
労働審判制度 ❾ 2004·4·27 社／ 2006·4·1 社
労働争議調停法 ❼ 1926·4·8 政／ 6·24 政
労働統制法規撤廃命令 ❽ 1945·11·10 社
労働統計実施調査 ❼ 1924·10·10
労務災害補償保険法 ❽ 1947·9·1
労務者就業国籍宗教差別撤廃令 ❽ 1946·1·10 社

労働問題その他
アメリカ人弁護士 ❾ 1987·5·21 社
大阪労働学校 ❼ 1922·6·1 社
外国人留学生のアルバイト ❾ 198 6·21 社
外国人労働者 ❾ 1988·1·5 政／ 2004·6·8 社
緊急雇用対策本部 ❾ 1994·1·6 政／ 1·6 社
高等遊民 ❼ 1911·是年 社
地上げ屋 ❾ 1987·6·15 社／ 12·17 社
失業者(率) ❾ 1975·2·28 社／ 1978·3·31 政／ 1984·1·31 社／ 1987·1·30 社／ 1994·8·30 社／ 1995·4 月 社／ 1996·4·30 社／ 1997·1·31 社／ 1999·7·30 社／ 2000·4·28 社／ 2002·3·29 社／ 2004·2·27 社／ 2009·8·28 社
失業者給付雇用保険 ❾ 1974·12·28 社／ 1980·3·18 社／ 2009·3·27 社
自動車運転代行業 ❾ 1966·7·1 社
就職協定 ❾ 1990·8·20 社／ 1996·12·17 社／ 1997·1·8 社
就職率(大卒) ❾ 1991·10·28 文／ 1995·11·4 文／ 1996·10·31 文／ 1998·8·6 文
首都圏就職面接会 ❾ 1995·9·4 社
人材銀行 ❾ 1966·11·1 社／ 1967·7·1 社
すぐやる課(町田市) ❾ 1988·8·15 社
スチュワーデス ❾ 1994·7·29 社
全国サラリーマン同盟 ❾ 1969·2·1 社／ 4·13 社
大日本労務報国会 ❽ 1945·9·30 政
脱サラ·フェア ❾ 1976·12·14 社
中央労働学院 ❼ 1921·6·6 社
中高年 110 番 ❾ 1980·2·1 社
朝鮮人労務者 ❽ 1939·7·28 政／ 1942·2·13 政
出稼ぎ(白書·連合会) ❾ 1965·2·23 社／ 1969·3·24 社／ 1971·2·12 社
電柱ビラはり ❾ 1970·6·17 社
内職大会 ❾ 1965·2·17 社
不法労働者(タイ人) ❾ 1993·10·5 社
名工 ❾ 1977·11·10 社
四年制大学卒業生就職率 ❾ 1994·11·5 社
労働学校 ❼ 1897·3·1 社
労務緊急対策要綱 ❽ 1941·8·29 社
労務者住宅 ❽ 1942·10·3 社
労務調整会 ❽ 1941·12·8 社／ 1945·3·6 社
労務動員計画 ❽ 1939·10·16 社
労務報国会 ❽ 1942·9·30 社

18 公害・環境問題

害・環境に関する法令・規則

空き缶・空き瓶回収事業・条例 ❾ **1981**・2・13 社／5・1 社／9・12 社

悪臭防止法 ❾ **1971**・6・1 社／**1972**・5・31 社

大阪府公害防止条例 ❾ **1971**・8・10 社

化学物質審査及び製造規制法 ❾ **1986**・5・7 政

霞ヶ浦の富栄養化防止条例 ❾ **1981**・12・21 社

家電リサイクル法 ❾ **2000**・9・4 社

環境影響評価法(環境アセスメント法、条例) ❾ **1976**・9・29 社／**1997**・6・9 社／**1999**・6・12 社

環境衛生法 ❽ **1957**・6・3 社

環境基本法 ❾ **1993**・11・12 社

急傾斜地の崩壊による災害の防止に関する法律 ❾ **1969**・7・1 社

空気検査取締官 ❼ **1935**・10・17 社

空気の衛生展覧会 ❼ **1929**・11・18 社

高音・騒音取締規則 ❽ **1937**・12・21 社／**1952**・10・15 社／**1953**・1・16 社／8・4 社／**1954**・1・9 社／**1958**・3・1 社／**1961**・10・12 社／**1962**・5・16 社／5・26 社

公害関係十四法 ❾ **1970**・12・18 政

公害健康被害(救済・補償) ❾ **1969**・12・15 社／**1973**・10・5 社／**1975**・8・17 社／**1987**・8・25 社／9・26 社

公害等調整委員会設置法 ❾ **1972**・6・3 社

公害反則金制度 ❾ **1973**・5・1 社

公害紛争処理法 ❾ **1970**・6・1 社

工場危害予防及衛星規則 ❼ **1929**・6・20 社

鉱毒調査委員会官制 ❼ **1902**・3・17 社

湖沼水質保全特別措置法 ❾ **1984**・7・27 社

自然環境保全法 ❾ **1972**・6・22 社／**1973**・4・12 社

自然の保護と回復に関する条令 ❾ **1972**・10・26 社

自動車の警笛取締 ❽ **1957**・5・16 社

自動車排気ガス対策、規制 ❾ **1966**・11・15 社／**1972**・9・12 文／**1974**・12・5 社

循環型社会形成推進基本法 ❾ **2000**・5・26 社

塵肺規制 ❾ **1982**・5・24 社

スモッグ(煙霧防止運動、条例) ❽ **1955**・1・17 社／10・1 社／**1959**・1・16 社／12・19 社／**1960**・3月 社／11・15 社／**1962**・1・13 社／11・21 社／12・18 社／**1963**・11・19 社／**1964**・1・7 社／11・21 社

瀬戸内海環境保全臨時措置法 ❾ **1973**・10・2 社

騒音規制法 ❾ **1968**・6・10 社／12・1 社／**1971**・12・27 社

大気汚染(防止法・注意報・調査) ❾ **1968**・6・10 社／**1970**・12・16 社／12・28 社／**1972**・6・22 社／**1974**・5・24 社／**1983**・11・12 社／**1987**・12・22 社

大空中浄化運動 ❼ **1928**・9・22 社

ディーゼル車排ガス規制 ❾ **1998**・12・14 政

豊島産業廃棄物撤去 ❾ **1997**・7・13 社／**2000**・5・26 社

東京都公害防止条令 ❽ **1949**・8・26 社

煤煙禁止デー ❼ **1934**・11・13 社

煤煙排出規制法 ❽ **1962**・6・2 社

煤煙防止条令 ❼ **1932**・6・3 社

煤煙量 ❼ **1919**・是年 政

美観保護条例 ❾ **1992**・10・1 社

琵琶湖の富栄養化防止条例 ❾ **1979**・10・16 社／**1980**・7・1 社

ふるさと滋賀の風景を守り育てる条例 ❾ **1984**・7・14 社

ポイ捨て防止条例 ❾ **1992**・11・1 社

ラムサール条約 ❾ **1993**・6・9 社／**2005**・11・8 社

リサイクル法 ❾ **1991**・10・25 社／**1997**・4・1 社／**2000**・4・1 社

公害問題 ❾ **1965**・1・16 社／**1967**・8・3 社／**1969**・7・2 社／**1970**・4・1 社／7・28 政／9・4 社／**1971**・9・14 社／**1972**・3・26 社／**1973**・8・5 社

『環境白書』 ❾ **1972**・5・26 社／**1977**・5・24 社／**1986**・5・20 社

『公害白書』 ❾ **1969**・5・23 社／**1990**・7・18 社

阿賀野川有機水銀中毒 ❾ **1965**・6・12 社／**1967**・4・18 社／6・12 社

秋田小坂町細越部落農民鉱害 ❼ **1924**・11・7 社

浅野セメント被害者共同大演説会 ❼ **1911**・3・12 社／**1917**・12・25 社

足尾銅山鉱毒事件・被害者陳情 ❻ **1885**・8・6 社／**1890**・1月 社／10・26 社／**1891**・12・18 政／**1892**・5・25 政／8月 文／**1893**・2・19 社／❼ **1896**・11・19 社／**1897**・2・28 社／3・2 社／3・24 社／**1898**・4・18 社／9・29 社／**1900**・2・13 社／**1901**・10・23 政／12・10 政／**1902**・2・20 社／**1903**・7・21 社／❾ **1974**・5・10 社

アスベスト(石綿) ❾ **1989**・2・6 社／5・26 社／**2006**・4・17 文／**2008**・3・28 社／**2012**・12・5 文

阿呆煙突(茨城県日立鉱山) ❼ **1913**・6月 社

尼崎公害訴訟 ❾ **1999**・2・17 社／**2000**・12・1 社

鮎十万匹死亡 ❾ **1967**・6・16 社

亜硫酸ガスの環境基準 ❾ **1964**・12・3 社／**1969**・2・12 社

硫黄酸化物総量規制地域 ❾ **1974**・11・22 社

井戸水有機砒素化合物 ❾ **2003**・5・7 社

医療廃棄物ゴミ大量輸出 ❾ **2000**・1・19 社

愛媛四阪島の煙害 ❼ **1916**・6・23 社

大阪空港騒音 ❾ **1969**・12・15 社／**1975**・11・27 社／**1984**・3・9 社

大阪西淀川公害訴訟(大気汚染) ❾ **1991**・3・29 社／**1995**・3・2 社／7・5 社

オートバイ騒音 ❾ **1995**・6・18 社

尾瀬サミット ❾ **1992**・8・4 社

オゾン層保護 ❾ **1988**・2・19 社／5・20 社

お堀端美観論争 ❾ **1966**・10・7 社

温室効果ガス排出量 ❾ **1997**・10・6 社／12・1 社／**2009**・9・7 政

化学物質「ノニルフェノール」 ❾ **2001**・8・3 社

カドミウム汚染 ❾ **1970**・7・7 社／11・9 社／**1971**・2・3 社／4・5 社／**1972**・4・3 社／**1986**・11・4 社／**1998**・4・16 社

カラオケ騒音 ❾ **1978**・7・13 社／10・27 社／**1980**・10・17 社／**1983**・1・27 社／**1984**・7・5 社

河口湖水害訴訟 ❾ **1992**・4・20 社

川崎公害訴訟 ❾ **1994**・1・25 社／**1996**・12・25 社／**1998**・8・5 社／**1999**・5・13 社

川崎市公害対策協力財団 ❾ **1972**・8・12 社

川辺川利水訴訟 ❾ **2003**・5・16 社

環境研究技術課 ❾ **1987**・10・1 政

環境週間 ❾ **1973**・6・5 社／**1976**・6・5 社

環境シンポジウム ❾ **1987**・2・20 文

環境総合計画概案(大阪) ❾ **1982**・2・25 社

環境ホルモン戦略計画 ❾ **1998**・5・7 社

空気の缶詰 ❾ **1968**・9月 社

倉敷公害訴訟 ❾ **1994**・3・23 社／**1996**・12・26 社

原油流失(原油タンク沈下) ❾ **1977**・4・27 社

公害監視センター ❾ **1972**・9・2 社

公害罪 ❾ **1973**・11・5 政

公害絶滅全国漁民総決起大会 ❾ **1970**・10・8 社

公害追放都市宣言 ❾ **1970**・3・8 社／6・17 社

公害被害危機突破全国漁民総決起大会 ❾ **1973**・7・6 社

公害防止管理者国家試験 ❾ **1971**・12・5 社

公害防止計画委員会(厚生省) ❾

1970·7·24 社
公害防止事業団 ❾ 1965·6·1 社
公害防止調査会 ❽ 1960·10·3 社
公害メーデー ❾ 1970·11·29 社
公害問題国際シンポジウム ❾ 1970·3·9 文／1971·11·8 社／1975·3·9 社
光化学スモッグ ❾ 1970·7·18 社／1971·5·27 社／6·26·28 社／8·9 社／8·16 社／1972·5·12 社
航空機騒音(防止) ❾ 1967·8·1 社／1969·12·15 社／1974·3·27 社
工場騒音 ❾ 1967·10·31 社
合成洗剤追放全国集会 ❾ 1974·11·29 社／1980·10·4 社
国際公害シンポジウム ❾ 1970·3·9 社
国連環境特別委員会 ❾ 1987·2·23 社
ゴミ公害反対住民大会 ❾ 1971·10·1 社
コンビナート環境保全調査 ❾ 1972·9·22 社
佐島精錬所煙害 ❼ 1918·5·3 社
産業廃棄物処分場 ❾ 1997·6·22 社
酸性雨調査 ❾ 1974·7·3 社／1986·12·3 社／1987·3·27 社／1989·8·14 社／11·10 社
シアン化合物 ❾ 1992·10·2 社
地盤沈下 ❽ 1961·3·25 社／❾ 1969·9·10 社
新幹線騒音基準 ❾ 1975·7·29 社／1976·3·4 社／1985·4·12 社
水害危険地図 ❽ 1961·9·11 社
水銀 ❾ 1973·6·21 社
水銀電池回収 ❾ 1984·1·13 社
水銀ヘドロ処理費 ❾ 1976·2·14 社
水産物公害一掃全国大会 ❾ 1973·6·21 社
隅田川水系浄化対策連絡協議会 ❾ 1978·4·24 社
スモッグ警報 ❾ 1965·11·30 社
青酸ガス ❾ 1995·5·5 社
全国公害被害者総決起集会 ❾ 1976·6·6 社／1977·6·5 社
全国自然保護大会 ❾ 1980·5·23 社
全国風況地図 ❾ 1993·8·30 文
騒音 ❾ 1971·5·25 社／1982·6·10 社／10·6 社／6·19 社／1984·3·23 社／1992·10·8 社
騒音被害者の会 ❾ 1975·6·3 社／12·2 社／1978·6·6 社
騒音自動表示器 ❽ 1963·3·29 社
騒音迷惑料 ❾ 1975·5·7 社／9·1 社
ダイオキシン ❾ 1983·11·18 社／1986·9·16 社／1988·11·12 社／1991·10·21 社／1993·4·22 社／1996·5·25 文／1997·4·11 社／9·26 文／1998·4·7 社／4·15 政／1999·2·1 社／6·25 社／7·12 社／2000·1·15 社
田子の浦ヘドロ公害 ❾ 1970·7·1 社／7·17 社／8·9 社／12·17 社／1972·1·29 社／1982·7·13 社
多摩川水害訴訟(東京·狛江) ❾ 1974·9·1 社／1987·8·31 社／1990·12·13 社／1992·11·17 社
地球温暖化対策推進大綱 ❾ 1998·6·19 社／10·2 社
地球温暖化防止京都議定書 ❾ 1997·12·1 社／1998·4·28 社／2000·4·7 社／2005·2·16 政／2008·1·1 政
地球環境基金 ❾ 1993·6·23 文
中央公害審査委員会 ❾ 1970·11·1 社
中央労働災害防止協会 ❽ 1964·6·29 社
中性洗剤有毒問題 ❽ 1962·1·10 社
眺望権 ❾ 1979·2·26 社
釣り糸のテグスくず ❾ 1994·4·20 社
東京江東一帯地盤沈下 ❼ 1933·9·5 社
東京スモッグをなくす都民集会 ❾ 1973·2·17 社
東京湾三番瀬(干潟) ❾ 1999·6·23 社
東京湾は死の海 ❾ 1970·9·14 社／1972·9·6 社
東邦亜鉛安中公害訴訟 ❾ 1982·3·30 社
長良川水害訴訟 ❾ 1990·2·20 社／1994·10·27 社
名古屋新幹線公害訴訟 ❾ 1974·2·3 社
名古屋南部公害訴訟 ❾ 2000·11·27 社／2001·8·6 社
鉛汚染特別調査 ❾ 1970·5·26 社
日照権(専門委員会·汚職) ❾ 1966·8·16 社／1971·7·14 社／1972·6·27 社／1976·6·1 社
日本列島クリーン作戦 ❾ 1982·6·20 社
ハイテク汚染 ❾ 1987·10·1 社
発癌性物質「トリクロロエチレン」 ❾ 1990·4·26 社
阪神高速騒音·排ガス公害 ❾ 1995·7·7 社
ピアノ騒音殺人事件 ❾ 1974·8·28 社
干潟 ❾ 1992·9·5 社
ビル用地下水の汲上げ ❾ 1972·2·15 社
琵琶湖環境保全懇談会 ❾ 1981·7·11 社
フェニックス計画 ❾ 1978·5·15 社
福岡空港騒音 ❾ 1994·1·20 社
富士山クリーン作戦 ❾ 1979·6·23 社
二ツ塚廃棄物広域処分場(東京) ❾ 2000·10·10 社
フロンガス ❾ 1989·3·2 社／5·31 社／1997·12·1 社
別子銅山四阪島精錬所、煙害 ❼ 1908·8·13 社
ペットボトル回収 ❾ 1992·10·1 社
ベンゾール中毒 ❽ 1959·8·4 社
ポリ塩化ビフェニール ❾ 1971·2·8 社／1972·3·21 社／6·9 社／9·7 社／1973·6·4 社／6·11 社
ホリドール中毒 ❽ 1953·7·10 社
(旧)松尾鉱山慢性砒素鉱毒訴訟 ❾ 1983·3·23 社
マンガン中毒訴訟 ❾ 1982·9·30 社
有毒物質たれ流し ❾ 1971·9·9 社
四日市市重油 2000 トン流出 ❽ 1959·9·27 社
六価クロム禍訴訟 ❾ 1975·7·16 社／1977·10·15 社
渡良瀬川流水基準 ❾ 1968·3·22 社
神岡鉱山鉱毒 ❼ 1917·6·26 社

ゴミ処理 ❽ 1961·10·2 社
汚泥処理工場 ❽ 1961·9·12 社
ゴミ埋立地(夢の島) ❽ 1957·12·1 社／1962·9·24 社／1963·4·29 社／8·2 社／❾ 1965·6·28 社／1967·5·24 社／1973·5·19 社／1974·5·19
ゴミゼロの日 ❾ 1983·5·29 社
ゴミの分別収集 ❽ 1947·4·4 社／❾ 1967·3·19 社／1973·4·2 社
ゴミ箱 ❽ 1961·3·28 社
セメント製ゴミ箱 ❽ 1961·4·4
ポリペールゴミ箱 ❽ 1962·3·15 社
木製ゴミ箱 ❽ 1960·8·5 社
ゴミ袋 ❾ 1993·11·22 社
塵芥収集車 ❽ 1951·1 月 社
杉並清掃工場 ❾ 1983·1 月 社
粗大ゴミ収集 ❾ 1991·7·1 社
東京ゴミ戦争事件 ❾ 1971·9·28 社
不燃ゴミ粉砕機 ❾ 1971·1·8 社

便所·屎尿問題
街頭便所 ❻ 1874·3 月 社／1887·2·15 社／1890·3·13 社
汽車内便所 ❻ 1889·4·27 社／5·1 社
公衆便所(横浜) ❻ 1871·11 月 社
肥桶汲み取り式 ❽ 1957·4·1 社
コンクリート造りの公衆便所 ❼ 1912·4 月 社
屎尿運搬問題 ❻ 1872·1·27 社
屎尿汲取規則 ❻ 1879·1·28 社
屎尿汲取手数料 ❾ 1969·4·1 社
屎尿の海洋投棄 ❽ 1950·7·1 社
屎尿の電車 ❽ 1944·11·21 社
屎尿優良汲取制 ❽ 1949·3·29 社
小便(汽車の窓から) ❻ 1873·4·17 社／4·15 文
女性用トイレ ❼ 1898·2 月 社
水洗便所 ❼ 1916·6·22 社／1935·5·14 社
立小便禁止 ❻ 1868·9·23 社／1872·3·11 社
チップ制トイレ ❾ 1981·12·1 社
バキュームカー ❽ 1957·4·1 社
糞尿汲取手数料 ❽ 1946·1·11 社／1952·3 月 社／1953·3·1 社／❾ 1969·4·1 社
糞尿船繋留所 ❻ 1887·6·1 社
無蓋糞尿桶運搬禁止 ❻ 1875·4·27 社
有料便所の数(東京) ❻ 1883·是年 社

19　災害(人災と天災)・消防

害防止・対策
救急オンラインシステム　❾ **1978**・2・1 社
救急活動実態　❽ **1962**・1・12 社
救急車サイレン音　❾ **1970**・6・10 社
緊急地震速報　❾ **2006**・8・1 社／**2007**・10・1 社
激甚災害法　❽ **1962**・9・6 社
洪水注意報・警報　❽ **1955**・7・5 社
災害救助法　❽ **1947**・10・18 社
災害警備訓練　❾ **1977**・6・8 社
災害対策基本法　❽ **1961**・11・15 社／❾ **1995**・12・8 政
地震の震度階級　❾ **1996**・10・1 文
首都直下地震震度分布図　❾ **2004**・11・17 社
駿河湾に大地震　❾ **1976**・10・7 社
全国瞬時警報システム・アラート　❾ **2007**・2・9 政
戦時災害保護法　❽ **1942**・2・24 政
早期地震検知システム・ユレダス　❾ **1988**・8・22 社
総合災害救助演習　❽ **1954**・5・16 社
大規模地震対策特別措置法　❾ **1978**・6・15 社／12・14 社
東海大地震予報・訓練　❾ **1971**・9・1 社／**1977**・2・17 社／4・18 文／**1979**・8・7 社／9・1 社／11・16 社／**1980**・9・1 社／**2003**・3・18 社
阪神・淡路震災復興計画(ひょうごフェニックス計画)　❾ **1995**・8・4 社
雨乞・祈雨　❶ **625**・是年 社／**642**・8・1 社／**677**・5 月 社／**679**・6・23 社／**681**・6・17 社／**683**・8・5 社／**688**・7・11 社／**690**・4・22 社／**693**・4・17 社／**697**・6・28 社／**701**・6・25 社／**746**・7・1 社／**782**・4・16 社／**788**・4・3 社／**817**・6・4 社／**822**・7・5 社／**833**・7・1 社／**839**・6・6 社／**875**・6・13 社／**916**・7・4 社／**927**・7・2 社／**983**・8・12 社／**991**・6・13 社／❷ **1004**・7・12 社／**1016**・6・8 社／**1021**・9・4 社／**1028**・7・3 社／**1030**・5・8 社／**1032**・5・8 社／**1040**・6・14 社／**1065**・5・21 社／**1066**・7・19 社／**1067**・6・15 社／**1073**・3・2 政／**1087**・7・16 社／**1112**・6・30 社／9・2 社／**1123**・7・3 社／**1128**・6・28 社／**1130**・7・11 社／**1132**・6・1 社／**1158**・6・23 社／**1159**・⑤・3 社／**1173**・6・30 社／**1184**・7・10 社／**1187**・7・11 社／**1191**・5 月 社／**1193**・6・20 社／**1208**・6・16 社／**1211**・7・13 社／**1213**・7・13 社／**1215**・6・6 社／**1216**・3・25 社／**1217**・7・23 社／**1224**・6・6 社／**1233**・6・25 社／**1239**・6・25 社／**1240**・6・12 社／**1244**・6 月 社／**1247**・6・9 社／**1252**・7・9 社／**1270**・是年 社／**1271**・6・18 社／**1272**・7・1 社／**1273**・6・24 社／7・3 社／❸ **1285**・5・24 文／**1291**・6・15 社／**1304**・6・20 社／**1329**・5・6 社／5・28 社／**1340**・8・7 文／**1343**・6・13 社／**1348**・5・17 社／**1364**・6・9 社／**1381**・5 月 社／**1397**・6・11 社／**1402**・6・26 社／**1404**・7・20 社／**1418**・4・21 社／**1420**・5・5 社／7・8 社／**1422**・6・30 社／**1429**・7・1 社／**1433**・5・9 社／**1434**・3・24 社／7・17 社／**1439**・7・2 社／**1442**・7・19 文／**1443**・8・16 社／**1450**・6・20 社
穀雨　❷ **1138**・3・19 社
止雨奉幣使　❷ **1017**・7・5 社／**1031**・8・13 社／**1036**・8・27 社／**1199**・9・26 社
請雨経法(祈雨)　❷ **1018**・6・4 社／**1033**・5・14 社／**1043**・5・8 社／**1045**・7・13 社／**1117**・6・14 社／**1213**・7・26 社／**1215**・6・6 社／**1255**・4・24 社
請雨曼荼羅　❷ **1117**・6・14 文
人工雨・洪水・地震実験
人工降雨(雨乞い実射)　❼ **1901**・8・18 社／**1934**・7・8 社／❽ **1951**・10・30 文／**1952**・8・3 社／**1958**・6・29 社／**1964**・8・14 文
人工洪水　❽ **1964**・9・11 社
人工降雪　❽ **1952**・3・3 文
人工地震　❽ **1950**・10・25 文／**1953**・3・11 社／**1954**・11・14 社
異常気象
赤潮　❾ **1972**・8・4 社／**1975**・5・21 社／**1977**・8・28 社
赤雪・紅雪　❶ **742**・1・23 社／❷ **1029**・7・8 社／❹ **1477**・7 月 社／❺-1 **1680**・12 月 社／❺-2 **1809**・是冬 社／❻ **1891**・3 月 社
霰　❺-2 **1750**・4・23 社
異常乾燥　❽ **1962**・5・1 社／❾ **1973**・12・15 社
異常干ばつ(沖縄)　❽ **1963**・5・24 社
異常高潮　❾ **1973**・7・30 社
異常低温(東北・北海道)　❾ **1965**・3 月 社／**1976**・7・1 社
岩割の風　❺-1 **1653**・8・5 社
エルニーニョ　❾ **1999**・9・24 文
海水(血色)　❶ **731**・6・13 社
化学天気予報　❾ **2007**・8・22 文
カラ梅雨　❾ **1979**・7・9 社
甘雨・甘露　❶ **715**・5・12 社／**910**・7・14 社／**946**・6・23 社／**986**・7・4 社／❷ **1042**・是年 社／**1096**・6・26 社／❺-2 **1731**・11・13 社／**1789**・2 月 社／**1789**・12・21 社／**1790**・12・2、3 社
旱害(干天、旱魃)　❶ **625**・是年 社／**633**・是年 社／**642**・6 月 社／**683**・8・5 社／**814**・7・25 政／**856**・7・20 社／**877**・6 月 社／**906**・5 月 社／**908**・是夏 社／**917**・是秋 社／**925**・是夏 社／**941**・7 月 社／**943**・5 月 社／**948**・5 月 社／**949**・6・29 社／**954**・5・1 社／**991**・6 月 社／❷ **1002**・11 月 社／**1018**・是年 社／**1023**・5 月 社／**1025**・6 月 社／**1028**・7・25 政／**1031**・7 月 社／**1032**・2 月 社／**1033**・4 月 社／**1035**・5 月 社／**1038**・6 月 社／**1043**・5・8 社／**1045**・7・13 社／**1047**・6 月 社／**1060**・6・22 社／**1065**・是夏 社／**1077**・6 月／7・10 社／**1082**・8・17 政／是夏 社／是年 社／**1088**・是年 社／**1097**・6 月 社／**1099**・2 月 社／3・27 社／**1123**・6 月 社／**1152**・6 月 社／**1169**・6 月 社／**1177**・是夏 社／**1178**・⑥月 社／**1180**・5 月 社／**1205**・7・2 社／**1213**・7・24 社／**1214**・6・3 社／**1222**・6・12 社／**1224**・5・18 社／**1226**・9・26 社／**1231**・是年 社／**1233**・6 月 社／**1244**・6 月 社／**1252**・5・2 社／**1254**・6 月 社／**1257**・7・1 社／**1264**・4 月 社／**1271**・6 月 社／**1279**・5・23 社／❸ **1321**・6・29 社／是夏 社／是年 社／**1322**・是年 社／**1323**・是年 社／**1356**・1・16 社／**1359**・7・16 社／8 月 社／**1360**・是年 社／**1363**・①・15 社／**1365**・12・15 社／**1369**・是年 社／**1379**・是年 社／**1418**・3・15 社／**1420**・7・14 社／是年 社／**1421**・12・26 社／**1422**・12・14 社／**1434**・7 月 社／**1436**・是夏 社／**1442**・5・15 社／**1443**・5・15 社／**1446**・3・15 社／**1450**・6・20 社／❹ **1457**・5・14 社／**1459**・5・12 社／**1460**・⑨・18 社／是年 社／**1461**・3・22 社／**1471**・7・4 社／**1472**・5・29 社／6・17 社／是年 社／**1473**・是年 社／**1474**・6・1 社／**1475**・6・19 社／**1481**・6・8 社／**1485**・6・16 社／**1489**・3 月 社／**1491**・7 月 社／**1494**・7 月 社／**1496**・5・3 社／**1498**・5 月 社／**1500**・5・16 社／**1501**・7・26 社／**1502**・7・26 社／**1503**・6・12 社／**1514**・10・28 文／**1528**・7・29 社／**1529**・7・3 社／**1543**・是秋 社／**1553**・5・21 社／5 月 社／**1557**・7・6 社／**1558**・6・23 社／是年 社／**1559**・6・3 社／**1560**・6・20 社／**1576**・是年 社／❺-1 **1604**・6 月 社／**1613**・7・14 社／**1619**・5 月 社／**1626**・4 月 社／**1663**・4 月 社／**1668**・是年 社／**1680**・7 月 社／❺-2 **1730**・是夏 社／**1752**・是年 社／**1758**・6・24 社／**1760**・是年 社／**1770**・5 月 社／6・28 社／7 月 社／**1771**・是夏 社／**1785**・6 月 社／**1806**・6 月 社／**1813**・是秋 社／**1814**・4 月 社／**1817**・5 月 社／**1823**・4、5 月 社／**1842**・是夏 社／❻ **1877**・7 月 社／❼ **1913**・8 月 社／❽ **1939**・8・23 社／❾ **1972**・8 月 社／**1973**・8・28 政
大坂　❹ **1459**・是年 社／**1586**・7・11 社
沖縄　❼ **1904**・是年 社
香川諫早　❺-2 **1790**・是年 社
関東　❺-1 **1606**・3 月 社

九州 ❺-1 **1636**・是夏 社／❺-2 **1832**・是夏 社
九州・中国地方 ❼ **1934**・8 月 社／是年 社
京都 ❺-1 **1639**・8 月 社
近畿 ❹ **1584**・7・22 社／❺-1 **1617**・是夏 社／**1624**・5 月 社／**1647**・5 月 社／**1696**・8 月 社
近畿・中国地方 ❺-2 **1725**・6 月 社／**1766**・6 月 社
佐渡 ❺-1 **1685**・是夏 社
山陽・山陰 ❺-2 **1727**・是年 社／**1824**・是年 社
中国地方 ❺-2 **1769**・是秋 社
徳島 ❺-2 **1827**・是秋 社／**1834**・是秋 社
奈良 ❹ **1490**・6 月 社／**1575**・6 月 社／❺-1 **1654**・6 月 社
東日本 ❺-2 **1826**・6 月 社
福島 ❹ **1494**・4・30 社
宮崎 ❺-1 **1662**・是夏 社
寒気 ❷ **1202**・5・23 社／**1258**・6 月 社／❸ **1361**・6・22 社／❺-1 **1687**・5 月 社／**1688**・6 月 社／❺-2 **1721**・8・19 社／**1740**・6・12 社／**1773**・12・30 社／**1774**・是冬 社／**1776**・是冬 社／**1779**・4・1 社／**1833**・6・28 社／❼ **1927**・1・24 社／2・8 社／**1936**・1・18 社／❾ **1972**・5・2 社／**1984**・2 月 社／**1994**・2・11 社／**2005**・2・1 社
寒波
沖縄 ❽ **1963**・1 月 社
シベリア ❽ **1960**・1・25 社
北海道 ❽ **1949**・3・8 社／**1951**・1・10 社／**1956**・是年 社
気温零下 ❾ **1977**・1・22 社
強風(北海道) ❼ **1911**・5・9 社
降砂(江戸) ❺-1 **1674**・11・10 社
降毒 ❸ **1441**・3・6 社／❺-2 **1810**・8・14 社
降灰 ❶ **680**・5・1 社
氷 ❶ **770**・7・28 社
江戸 ❺-1 **1614**・10・3 社
水戸 ❺-1 **1678**・9・9 社
武蔵秩父 ❺-1 **1650**・8・7 社
五色の雲 ❶ **643**・1・1 社
米花 ❶ **838**・9・29 社
最低気温(北海道幌加内町) ❾ **1977**・2・15 社／**1982**・9・4 文
寒さ冬の如し ❷ **1231**・8・8 社
砂礫 ❹ **1600**・6・13 社
三合厄歳 ❶ **758**・8・18 社／**993**・8・11 社
残暑 ❾ **1984**・9・3 社
赤気 ❶ **620**・12・1 社
白毛 ❹ **1596**・⑦・15 社／❺-2 **1793**・7・16 社
蜃気楼 ❼ **1926**・10・27 社
人工オーロラ ❾ **1992**・3・25 文
旋風 ❷ **1179**・6・14 社／❽ **1948**・8・2 社
霜害 ❶ **626**・6 月 社／**643**・3・25 社／**682**・7・27 社／❷ **1230**・7・16 社／❹ **1462**・8・28 社／9・2 社／**1516**・4・11 社／**1518**・8・26 社／**1565**・10・3 社／❺-1 **1684**・6・2 社／❺-2 **1723**・8・26 社／**1747**・4・1 社／**1832**・8・13 社／**1833**・是夏 社／❼ **1924**・5・13 社／❽ **1956**・4・30 社／**1958**・4・15 政
大豆・小豆が降る ❸ **1444**・3・4 社／❹ **1504**・2・24 社
大旋風 ❼ **1920**・9・4 社
高潮(摂津) ❶ **753**・9・5 社／**817**・6・4 社
龍巻 ❺-1 **1654**・4・4 社／❺-2 **1725**・8・15 社／**1735**・7・3 社／**1745**・8・19 社／**1794**・7・12 社／**1801**・5 月中旬 社／**1804**・6・1 社／**1848**・8・18 社／❼ **1927**・8・14 社／**1931**・4・5 社／**1933**・6・14 社／❽ **1938**・8・2 社／**1950**・11・19 社／**1955**・10・18 社／**1956**・8・27 社／**1957**・11・10 社／12・13 社／**1962**・7・2 社／**1964**・1・17 社／5・24 社／❾ **1969**・8・23 社／12・7 社／**1971**・7・7 社／10・17 社／**1979**・5・8 社／**1980**・12・20 社／**1990**・12・11 社／**2004**・6・26 社／**2006**・11・7 社／**2009**・7・27 社／**2010**・10・15 社／**2011**・11・18 社／**2012**・5・6 社
暖冬 ❷ **1009**・是冬 社／❾ **1992**・3・2 社／**1988**・1・31 社
血の池(諏訪社) ❹ **1471**・4・16 社
梅雨 ❾ **1978**・是夏 社
鉄砲水 ❾ **1969**・8・6 社
天候不順(六十二年ぶり) ❻ **1895**・7 月 社
凍結(日光華厳の滝) ❽ **1949**・3・1 社
凍結(浜名湖) ❼ **1936**・1 月 社
冬至 ❶ **725**・1・10 社
朔旦冬至 ❶ **784**・11・1 社／**803**・11・1 政／**822**・11・1 社／**841**・11・1 社／**860**・11・1 社／**879**・11・1 社／**898**・11・1 社／**917**・2・20 文
突風(東京富士山) ❾ **1965**・10・14 社／**1976**・11・17 社
熱帯夜 ❾ **1984**・8・23 社
熱湯噴出(陸奥沼尻山) ❺-1 **1658**・3・28 社
白砂 ❹ **1596**・6・27 社
白虹(日を貫く) ❶ **959**・12・9 社／❺-2 **1822**・1・21 社／**1843**・2・6 社
春あらし ❾ **1972**・3・20 社／**1975**・4・6 社
春一番 ❾ **1990**・2・11 社
春三番(日本近海) ❾ **1972**・3・31 社
雹 ❶ **628**・4・10 社／**643**・2・25 社／4・20 社／**645**・9 月 社／**775**・7・19 社／**800**・4・23 社／❷ **1065**・6・24 社／**1066**・5・13 社／**1215**・9・26 社／**1243**・5・18 社／❸ **1295**・4・24 社／**1297**・5・12 社／**1368**・5・11 社／**1371**・8・3 社／**1373**・5・11 社／❹ **1466**・5・11 社／**1501**・4・21 社／**1513**・4・11 社／**1516**・4・11 社／**1526**・4・1 社／**1534**・6・1 社／❺-1 **1603**・10・9 社／**1609**・3・1 社／**1614**・7・1 社／10・3 社／**1617**・5・1 社／**1620**・3・7 社／**1631**・5・8 社／**1633**・4・1 社／**1634**・4・2 社／**1638**・9・19 社／**1641**・6・18 社／**1647**・7・22 社／**1649**・5・13 社／**1650**・8・7 社／**1659**・6・6 社／**1661**・6・27 社／**1678**・9・9 社／**1699**・5・7 社／**1701**・6・16 社／**1702**・5・16 社／**1714**・7・1 社／❺-2 **1739**・7・16 社／**1766**・7・13 社／**1779**・4・1 社／**1791**・5・15 社／**1796**・4・29 社／**1817**・3・21 社／**1830**・③・29 社／**1852**・6・18 社／❻ **1872**・4・18 社／❼ **1908**・6・8 社／**1911**・6・7 社／**1930**・28 社／**1933**・5・11 社／6・14 社／❽ **1961**・6・1 社／❾ **1966**・6・7 社／**1975**・6・2 社／6・9 社
氷河 ❾ **2012**・4・5 社
氷結(琵琶湖) ❹ **1458**・是冬 社
氷土 ❸ **1345**・4・7 社
氷零 ❶ **679**・6・1 社／**917**・3・23 社
フェーン現象(東北・北陸) ❾ **1983** 4・27 社
不快指数 ❽ **1961**・6・24 社
米穀柑子、不熟 ❺-1 **1641**・是秋 社
暴寒(山城) ❺-1 **1697**・8・1 社
猛暑・酷暑 ❼ **1915**・7・12 社／**1933** 7・25 社／❽ **1962**・8・4 社／❾ **1973** 8・22 社／**1975**・9・13 社／**1977**・8・2 社／**1978**・是夏 社／**1981**・7・16 社／**1990**・9・12 社／**1994**・7・18 社／8・3 社／**1995**・8・28 社／**2004**・9・20 社／**2007**・8・15 社／**2010**・7・19 社／**201** 6・24 社
冷夏 ❾ **1971**・10・29 政／**1976**・9・1 社／**1980**・8・30 社／10・24 政／**1993**・8・31 社／**2003**・9・1 社
大雨・豪雨
全国 ❶ **601**・5 月 社／**828**・5・23 社／**851**・8・10 社／**858**・5・15 社／**871** ⑧・7 社／**974**・8 月 社／❸ **1304**・8・ 社／**1321**・4・30 社／**1359**・7・23 社／**1360**・8・14 社／**1369**・9・2 社／**1389**・ 月 社／**1390**・7 月 社／**1415**・6・13 社／**1448**・5・9 社／❽ **1952**・3・19 社／**1961**・6・24 社／❾ **1976**・6・25 社／**2006**・7・15 社／**2009**・6・16 社／**1966** 9・24 社／**1972**・7・4 社／9・14 社／**1974**・7・6 社／**2010**・7・30 社
愛知・岐阜 ❸ **1353**・9・10 社／❽ **1957**・8・7 社
青森 ❽ **1955**・10・7 社
青森・秋田 ❼ **1935**・8・21 社
青森碇ヶ関村 ❾ **1966**・8・13 社
青森北部・北海道 ❾ **1973**・9・24 社
奄美大島 ❾ **1967**・6・19 社／**2010**・10・20 社
伊豆半島 ❾ **1976**・7・11 社
伊勢 ❸ **1403**・9・22 社
岩手・青森 ❾ **1966**・10・13 社
鹿児島 ❼ **1927**・8・12 社／❾ **1986**・7・10 社／**1993**・8・6 社
鎌倉 ❸ **1303**・5・20 社
関西 ❾ **1994**・9・7 社
関東 ❼ **1918**・9・24 社／**1925**・9・29 社／**1935**・9・26 社／**1936**・7・9 社／❽ **1950**・8・7 社／❾ **1970**・7・1 社
関東・東海 ❾ **2008**・8・28 社
関東・東海・東北・北陸 ❼ **1910**・8・8 社／**1926**・9・3 社
関東・東北 ❽ **1950**・8・3 社／❾ **1970**・11・19 社
関東・東北・北海道 ❽ **1955**・2・20 社
北九州・近畿 ❽ **1948**・9・11 社／**1951**・7・6 社
九州・紀伊 ❼ **1901**・7・13 社
九州・中国 ❽ **1957**・7・5 社／**1959**・7・14 社／❾ **1965**・6・20 社／**1980**・8・28 社／**2009**・7・21 社
九州・西日本 ❼ **1901**・6・27 社／❾

1977・8・27 社／**2010**・7・13 社
九州・関東　❾ **1967**・7・7 社
九州西部　❽ **1957**・7・25 社／**1961**・10・26 社／**1962**・7・8 社
九州南部　❾ **1972**・6・18 社／**1973**・7・31 社／**1975**・6・22 社／**1982**・7・23 社／**1990**・6・30 社／**2003**・7・17 社／7・26 社／**2012**・9・16 社
九州北部・四国　❾ **2012**・7・12 社
京都南部　❸ **1302**・7・8 社／**1322**・1・16 社／**1323**・7・17 社／**1324**・7・16 社／8・16 社／**1355**・7・26 社／**1356**・1・9 社／**1359**・5・27 社／**1416**・1・9 社／**1423**・5・9 社
近畿　❸ **1356**・8・14 社／**1408**・7・19 社／❼ **1921**・7・13 社／❽ **1952**・7・7 社／7・10 社／**1953**・6・25 社／8・11 社／**1958**・10・15 社／**1959**・7・14 社／❾ **2008**・7・28 社
熊本・大分　❾ **1993**・6・18 社
群馬箕郷町　❾ **1966**・9・11 社
京阪神　❼ **1932**・9・9 社／**1935**・8・10 社／❽ **1938**・7・3 社
山陰地方　❻ **1878**・8・29 社
四国・近畿　❽ **1938**・7・31 社
静岡・東京　❾ **2010**・9・8 社
島根　❾ **1975**・7・13 社
中国　❼ **1926**・9・10 社／❽ **1960**・7・7 社／❾ **1983**・7・22 社
中国・近畿　❾ **1985**・6・26 社
中国・北陸　❽ **1964**・7・19 社
東海・中部　❾ **1968**・8・26 社／**2000**・9・11 社／10・11 社
東海・東北・北海道　❾ **1990**・11・5 社
東京　❼ **1908**・9・30 社／**1921**・4・3 社／❽ **1938**・4・14 社／6・27 社
東北　❽ **1947**・7・21 社／**1948**・9・17 社／**1955**・6・26 社／❾ **1975**・8・6 社
徳島　❽ **1952**・3・22 社
鳥取西部　❽ **1959**・8・23 社
富山　❼ **1912**・7・22 社
長崎諫早　❼ **1927**・8・27 社
長野・諏訪赤津川　❾ **1972**・7・11 社
新潟　❽ **1947**・6・28 社／**1961**・8・5 社
新潟・中越　❾ **2004**・7・13 社
新潟・福島　❾ **2011**・7・29 社
新潟・山形・福島　❾ **1967**・8・28 社
西日本　❼ **1928**・6・26 社／**1935**・6・27 社／**1936**・7・23 社／❽ **1953**・6・4 社／**1954**・7・4 社／**1955**・4・16 社／**1962**・7・1 社／❾ **1969**・6・28 社／**1979**・6・27 社／**1999**・6・29 社／**2009**・8・10 社／**2012**・8・13 社
東日本　❽ **1948**・6・20 社
兵庫御津町　❾ **1971**・7・18 社
広島　❼ **1924**・9・1 社／❽ **1964**・6・26 社
福井　❾ **2004**・7・18 社
福島　❾ **1998**・8・27 社
北陸　❼ **1914**・8・13 社／**1934**・3・21 社／7・11 社
北陸・信越　❾ **1995**・7・11 社
北陸・東北　❽ **1948**・7・25 社／**1953**・8・24 社／**1956**・7・16 社
北海道　❼ **1923**・4・8 社／**1932**・9・15 社／❽ **1952**・4・16 社／**1954**・5・11 社／**1955**・7・4 社／10・14 社／**1959**・4・7 社／**1961**・7・26 社／10・6 社／❾ **1965**・9・7 社／**1975**・5・18 社／**2003**・8・10 社
山梨・栃木　❼ **1906**・7・13 社
和歌山　❾ **2012**・6・20 社
和歌山・三重・神奈川　❽ **1948**・8・25 社／**1956**・10・30 社
雷　❶ **769**・9・17 社／**780**・1・14 社／**815**・6・24 社／**848**・7・29 社／**858**・6・7 社／**930**・6・26 政／❷ **1011**・5・5 社／**1013**・3・29 社／**1027**・5・24 社／**1135**・5・7 社／**1152**・2・28 社／**1180**・10・29 社／**1245**・1・11 社／**1266**・3・5 社／❺-1 **1603**・2・23 社／**1651**・6・30 社／**1654**・6・17 社／**1655**・8・10 社／**1661**・6・27 社／**1665**・6・2 社／**1682**・7・1 社／**1689**・10・2 社／**1691**・12・27 社／**1696**・6・20 社／**1701**・6・20 社／❺-2 **1717**・7・13 社／**1726**・6・25 社／**1729**・6・22 社／**1739**・7・16 社／**1768**・6・16 政／**1769**・6・23 社／**1774**・6・6 社／**1775**・8・11 社／**1780**・3・28 社／**1785**・7・9 社／**1791**・6・15 政／**1795**・6・15 社／**1797**・7・6 社／**1814**・3・6 社／**1843**・6・3 社／**1850**・8・8 社／❼ **1934**・8・12 社／❽ **1962**・6・18 社／**1964**・5・23 社
雷の浮説・虚説　❺-2 **1746**・5月 社
雷雨　❶ **963**・6・26 社
鎌倉　❷ **1235**・7・10 社
岐阜　❽ **1956**・6・21 社
京都　❺-1 **1603**・7・11 社／❺-2 **1778**・7・2 社
近畿　❺-2 **1785**・1・27 社
群馬　❼ **1923**・8・10 社
滋賀　❺-1 **1604**・7・5 社
東京　❺-2 **1804**・7・14 社／**1831**・6・20 社／**1846**・5・28 社／6・3 社／❽ **1951**・8・6 社
西日本　❾ **1973**・8・19 社／**1981**・7・22 社／**2012**・8・18 社
北海道　❺-2 **1764**・6月 社
落雷(死亡事件)　❾ **1966**・8・14 社／**1971**・8・8 社／**1972**・9・27 社／**1987**・8・5 社／**1992**・11・1 社／**2005**・7・31 社／**2006**・1・16 社／**2008**・9・17 文／**2010**・9・23 社／**2012**・5・29 社
大雪　❶ **925**・1・14 社／**931**・6・8 社／❺-2 **1731**・是冬 社／**1755**・7・13 社／**1799**・7・6 社／11・19 社／❽ **1946**・2・2 社／**1953**・2・21 社／❾ **1977**・12・1 政
青森・酸ケ湯　❾ **2005**・3・4 社
浅間山　❹ **1518**・7・1 社
岩手　❽ **1944**・3・12 社
香川　❹ **1458**・6・26 社／**1497**・1・21 社／**1517**・12・15 社／**1560**・2・20 社／**1599**・11・29 社／**1600**・12・9 社
鎌倉　❷ **1251**・7・18 社／7・26 社／8・30 社／**1279**・12・28 社／❺-2 **1768**・5・28 社
関東　❷ **1273**・是春 社／❺-2 **1771**・4・4 社／❼ **1927**・3・13 社／**1935**・9・27 社／❾ **1967**・2・10 社／**1969**・3・4 社／**1985**・2・13 社／**1986**・2・19 社／**1992**・2・1 社／**1994**・2・12 社／**1998**・1・15 社
関東・甲信　❾ **1972**・2・10 社／**2001**・1・27 社
関東・東海・関西・九州　❾ **2011**・2・15 社
岐阜　❷ **1230**・6・8 社／❼ **1918**・1・25 社
京都・畿内　❷ **1013**・3・24 社／**1068**・6・4 社／**1085**・3・15 社／4・20 社／5・10 社／**1110**・3・4 社／**1132**・12・6 社／**1230**・6・9 政／❸ **1384**・3・3 社／**1385**・3・3 社／**1388**・5月 社／**1455**・12・19 社／❹ **1484**・1・1 社／**1488**・1・13 社／**1491**・12・17 社／❺-1 **1605**・12・21 社／**1615**・1・16 社／**1633**・1月 社／**1681**・2月 社／**1713**・10・28 社／❺-2 **1742**・12・6 社／**1764**・⑫・2 社／**1785**・11・4 社／❾ **1990**・2・1 社
埼玉浦和　❺-1 **1607**・4・6 政
佐渡　❼ **1931**・4・6 社
信越　❺-2 **1718**・5・2 社／❼ **1922**・1・7 社／❾ **1984**・12・28 社
太平洋沿岸　❾ **1984**・1・19 社
中国・山陰地方　❽ **1961**・1・1 社
中国・山陰・北陸　❻ **1881**・1・3 社
津軽　❺-1 **1608**・3・16 社／**1692**・是冬 社
東海道　❺-2 **1782**・7月 社
東京(江戸)　❺-1 **1607**・1・6 社／11・19 社／**1649**・5・19 社／**1657**・1・20 社／**1684**・12・30 政／❺-2 **1753**・12・18 社／**1808**・1・9 社／**1809**・⑪・3 社／**1815**・1月 社／**1819**・1・21 社／**1822**・1・1 社／**1826**・2月 社／**1841**・12・17 社／❻ **1883**・2・7 社／❼ **1908**・4・8 社／**1935**・3・31 社／❽ **1954**・1・24 社／❾ **1967**・4・16 社／**1998**・1・8 社／**2010**・4・17 社
東北・北陸　❺-2 **1835**・8月 社／**1852**・12・22 社／❼ **1917**・1月 社／**1918**・1・4 社／❾ **1971**・3・7 社／**2001**・1・3 社
富山・北アルプス立山　❼ **1917**・12・27 社／❾ **1989**・10・9 社
新潟　❺-2 **1808**・10・28 社／❼ **1927**・2・6 社
西日本　❾ **1984**・1・31 社
日本海　❼ **1927**・12・28 社／**1934**・1・3 社／3・21 社／❽ **1960**・12・31 社／**1963**・1・12 社／❾ **1967**・1・5 社／**1968**・2・1 社／**1969**・1・1 社／**1975**・1・12 社／**1976**・1・10 社／**1977**・2・3 社／**1978**・2・1 社／**1981**・1・7 社／**1984**・2・9 社／**1999**・1・8 社／**2006**・1・5 社／**2011**・1・1 社／1・29 社／12・26 社
兵庫　❺-2 **1818**・4・8 社
福井　❹ **1499**・3・11 社
福島　❸ **1442**・是冬 社／❺-1 **1650**・4・1 社／❺-2 **1813**・5・11 社／❾ **2010**・12・26 社
北陸　❺-1 **1680**・11・21 社／❻ **1887**・1・11 社／❼ **1918**・1・4 社／**1919**・1・5 社／**1923**・1・4 社／❽ **1940**・1・27 社／**1963**・1・23 社
北海道　❺-1 **1705**・是冬 社／❼ **1910**・1・30 社
北海道・東北　❽ **1960**・1・16 社／❾ **1974**・1・26 社／**1980**・12・24 社
山梨　❸ **1379**・是春 社
降雪日　❾ **1984**・3・31 社／**1988**・4・8

社
大正の大雪 ❼ 1917・1月 社
富士山頂降雪 ❾ 1976・7・6 社
雪崩 ❺-2 1745・1・28 社／❼ 1927・2・10 社／❾ 1969・10・15 社／1986・1・26 社／1996・2・11 社／2007・12・31 社
青森黒石市開拓地 ❽ 1963・2・20 社
秋田・玉川温泉 ❾ 2012・2・1 社
荒川岳 ❾ 1965・1・4 社
北アルプス白馬岳 ❾ 1974・3・18 社
岐阜坂上村 ❽ 1953・2・11 社
群馬谷川岳 ❽ 1959・7・9 社
駒ケ岳 ❾ 1970・8・3 社
東北電力加治川発電所工事現場 ❽ 1962・1・30 社
栃木・奥日光 ❾ 1984・2・26 社
富山新川郡 ❼ 1927・1・29 社
富山奥黒部 ❽ 1938・12・27 社
長野安曇村 ❽ 1964・3・20 社
長野大町市扇沢 ❽ 1961・1・27 社
長野・八ヶ岳 ❾ 1982・3・21 社
長野槍ヶ岳 ❽ 1959・12・20 社
新潟・湯之谷村 ❾ 1981・1・18 社
兵庫大庭村 ❼ 1934・2・8 社
兵庫・鳥取 ❽ 1963・2・6 社
福井勝山市 ❽ 1963・1・24 社
福島会津駒上峠 ❽ 1938・2・17 社
富士山 ❽ 1953・3・18 社／1954・11・28 社
北海道大雪山当麻岳 ❽ 1953・3・21 社
北海道電力電源開発工事 ❽ 1961・4・5 社
前穂高岳 ❾ 1966・3・18 社
吹雪
青森・岩手 ❽ 1964・2・9 社
関東以西 ❾ 1968・2・15 社
神戸 ❼ 1931・2・9 社
信越地方 ❼ 1917・1・4 社／1922・1・22 社
東京 ❼ 1936・2・23 社／❽ 1951・2・14 社
東北地方 ❼ 1928・4・23 社／❾ 2005・12・22 社
日本海側 ❽ 1949・1・6 社
北海道 ❾ 2012・11・27 社
北海道・東北 ❽ 1954・12・23 社／1963・1・4 社
火災・大火
愛知・岡崎 ❺-1 1670・4・2 社／8・22 社
愛知・御油町 ❺-1 1609・4・4 社／1611・1・10 社
愛知・中日球場木造スタンド ❽ 1951・8・19 社
愛知・名古屋 ❺-1 1611・1・25 社／6・1 政／1660・1・14 社／1664・3・2 社／1700・2・7 社／1710・9・28 社／❺-2 1724・5・13 社／1727・6・7 社／1754・4・27 社／1763・10・6 社／1770・7・3 社／1776・10・15 社／1778・11・29 社／12・3 社／1781・3月 社／1782・1・14 社／1785・1・23 社／1794・4・8 社／1811・4・21 社／1824・12・25 社
愛知・名古屋駅西地区マーケット街 ❽ 1958・9・28 社
愛知・名古屋・エクソンモービル油槽所 ❾ 2003・8・29 社
愛知・名古屋・音羽町・花園町遊廓 ❼ 1913・1・22 社
愛知・名古屋・新日本製鉄製鉄所 ❾ 1970・6・11 社
愛知・名古屋電鉄車庫 ❼ 1920・6・7 社
愛知・名古屋丸栄百貨店 ❽ 1955・11・14 社
愛知・名古屋・ユニー ❾ 1972・3・30 社
愛知・半田ビジネスホテル ❾ 1978・6・15 社
愛知・吉田 ❺-2 1737・12・23 社
愛知南部 ❺-2 1737・11・13 社
青森 ❺-1 1677・9・4 社／❺-2 1737・4・19 社／1783・7・10 文／1814・4・29 社／1825・1・2 社／❻ 1872・3・25 社／1890・3・22 社／❼ 1910・5・3 社／1926・7・10 社／❽ 1947・4・18 社
青森・鰺ヶ沢 ❼ 1932・1・17 社
青森・碇が関村 ❼ 1905・5・31 社
青森・岩崎村 ❽ 1955・11・16 社
青森・風間浦村 ❽ 1961・4・4 社
青森県庁 ❽ 1946・11・24 社
青森・五所川原町 ❽ 1946・11・23 社
青森・小中野町 ❼ 1925・6・27 社
青森・五戸 ❻ 1884・12・9 社
青森・三本木町 ❼ 1929・10・28 社／❽ 1941・5・12 社
青森・下北半島大畑村 ❼ 1932・4・2 社
青森・田名部町 ❽ 1958・12・8 社
青森・十三湊 ❺-1 1657・11・13 社
青森・能代清助 ❺-2 1743・9・23 社
青森・野辺地村 ❻ 1890・5・27 社
青森・八町 ❺-2 1757・4・8 社／1806・11・22 社／❻ 1864・12・28 社／❼ 1924・5・16 社／❽ 1956・4・17 社／1961・5・29 社
青森・弘前 ❺-1 1649・5・3 社／❺-2 1741・5・25 社／1744・5・11 社／❻ 1880・5・10 社／❼ 1927・5・29 社／1928・4・18 社
青森・三沢 ❾ 1966・1・11 社
秋田 ❺-1 1629・②・22 社／4・18 社／1674・4・28 社／1691・9・8 社／1714・7・8 社／❺-2 1730・4・6 社／1757・5・2 社／1767・6・4 社／1770・4・29 社／1783・2・1 社／❼ 1928・8・18 社／1930・4・18 社／1931・5・15 社／1932・5・22 社
秋田・大館 ❽ 1955・5・3 社／1956・8・19 社／❾ 1968・10・12 社
秋田・大曲市 ❽ 1957・12・18 社
秋田・神岡町 ❽ 1957・5・10 社
秋田・鷹の巣町 ❽ 1950・6・1 社
秋田・土崎港町 ❺-2 1733・2・2 社／❼ 1927・6・24 社
秋田・能代 ❻ 1884・5・27 社／❼ 1927・3・27 社／1932・12・13 社／1936・12・29 社／❽ 1949・2・20 社／1956・3・20 社／❾ 1965・6・15 社
秋田・一日市町 ❽ 1945・4・17 政
秋田・船川港町 ❼ 1933・10・8 社
秋田・峰浜村 ❽ 1963・4・15 社
秋田・湯沢町 ❺-2 1762・6・12 社／1925・5・10 社
秋田・横手 ❺-2 1762・6・12 社／❻ 1889・5・3 社／❼ 1903・4・26 社
秋田城下 ❻ 1858・8・6 社／1864・12 社／1886・4・30 社
石川・本吉 ❺-2 1758・3・29 社
石川・片山津温泉街 ❾ 1969・5・18
石川・金沢 ❺-1 1635・5・9 社／1676・2・19 社／1690・3・16 社／17 2・5 社／1709・3・10 社／❺-2 1729 4・29 社／1731・3・1 社／1733・4・2 28 社／1736・4・5、7 社／1758・5・ 社／1759・4・10 政／1762・8・2 社／1779・5・25 社／1782・4・7 社／1808 1・15 政／1815・7・9 社／1823・4・2 社／1835・3・11 社／1844・5・19 社／1846・4・17 社／❻ 1854・1・9 社／❼ 1927・4・21 社
石川・北方村 ❻ 1885・5・4 社
石川・小松 ❼ 1930・3・28 社／193 10・22 社
石川・大聖寺 ❺-2 1760・2・8 社／ 1934・9・9 社
石川・七尾町 ❻ 1895・4・29 社
石川・能美郡安宅町 ❺-2 1822・6・2 社
石川・山中温泉 ❺-2 1808・3・4 社／❼ 1931・5・7 社
石川・輪島 ❼ 1910・4・16 社
茨城 ❶ 817・10・7 社／976・1・2 社
茨城・石岡町 ❼ 1929・3・14 社
茨城・大津町 ❻ 1895・10・13 社
茨城・土浦 ❺-2 1816・2・2 社
茨城・那珂湊 ❺-2 1732・11・6 社／1841・1・9 社／❽ 1947・4・29 社
茨城・日立キャバレー ❾ 1975・12・ 社
茨城・水戸 ❺-1 1670・12・8 社／1679・1・23 社／1681・1・23 社／2・2 社／❺-2 1748・3・18 社／1766・3・2 社／❻ 1886・12・30 社
茨城・結城 ❺-2 1738・1・14 社
茨城・竜ヶ崎町 ❻ 1883・1・18 社
岩手・折壁村 ❼ 1933・5・24 社
岩手・釜石 ❼ 1919・7・31 社／❽ 1943・11・22 社
岩手・久慈 ❼ 1926・1・15 社
岩手・雫石 ❽ 1951・5・13 社
岩手・田老鉱山 ❼ 1926・4・20 社／ 1961・5・29 社
岩手・羽田村 ❽ 1949・6・9 社
岩手・宮内町 ❼ 1904・5・20 社
岩手・盛岡 ❺-2 1778・4・10 社／❻ 1865・2・7 社／1884・11・5 社
江戸⇨東京
愛媛・今治 ❺-1 1662・12・26 社
愛媛・高松市市役所 ❼ 1924・2・25 社
愛媛・松山 ❾ 1984・11・15 社
愛媛・吉田 ❺-1 1713・3・13 社
大分・佐伯 ❺-1 1688・1・23 社
大分・中津町 ❺-1 1669・11・14 社／❼ 1932・6・12 社
大分・日出 ❺-2 1727・12・11 社
大分・日ノ出町・精神科病院みのり学園 ❾ 1968・1・14 社
大分・府内 ❺-2 1743・4・7 政／1771・2・2 社／1784・12・1 社

大分・柳町　❺-2 **1758**・4・7 社

大阪・大坂　❺-1 **1607**・4・27 社／**1657**・10・29 社／**1664**・5・16 社／**1665**・11・28 社／**1666**・12・7 社／**1693**・5 月 社／**1708**・12・29 社／**1710**・4・7 社／**1711**・4・8 社／**1712**・2・3 社／**1713**・2・11 社／⑤・18 社／❺-2 **1717**・2・30 社／**1719**・3・27 社／**1720**・3・18 社／**1724**・2・21 社／3・21 社／**1725**・7・10 社／**1746**・10・9 社／11・9 社／**1756**・2・28 社／7・30 社／**1768**・3・23 社／**1771**・8・17 社／**1777**・12・19 社／**1780**・5・3 社／**1781**・10・23 社／**1783**・12・19 社／**1785**・3・23 社／**1786**・4・28 社／**1789**・11・21 社／12・22 社／**1791**・10・10 社／**1792**・4・16 社／**1804**・1 月 社／**1809**・9・8 社／**1824**・4・28 社／**1827**・2・5 社／**1834**・7・10 社／**1835**・10・20 社／**1838**・4・3 社／**1844**・1・15 社／**1845**・11・2 社／**1846**・11・3 社／**1852**・2・2 社／4・21 社／11・19 社

大阪・あいりん地区　❾ **1975**・3・10 社

大阪・旭区　❾ **1968**・5・25 社

大阪・池田　❾ **1977**・10・15 社

大阪・石山本願寺　❹ **1562**・1・23 社／**1564**・12・26 社

大阪・和泉小浜　❺-2 **1723**・5・2 社

大阪・和泉堺　❹ **1494**・1・25 社／**1532**・12・12 社／**1553**・1・13 社／**1562**・1・25 社

大阪・伊丹市常岡総合病院　❽ **1964**・3・30 社

大阪駅構内　❼ **1920**・9・2 社

大阪・OS 映画劇場　❽ **1954**・9・15 社

大阪・笠屋町　❻ **1880**・12・24 社

大阪・霞町　❽ **1943**・1・16 社

大阪・勝尾寺　❺-2 **1770**・3・10 社

大阪・河内神社社殿　❺-2 **1824**・12・20 社

大阪・北区　❼ **1909**・7・31 社／❽ **1958**・5・14 社

大阪・此花区　❾ **2009**・7・5 社

大阪・ゴム会社　❾ **1979**・5・21 社

大阪・誉田台塚　❺-1 **1651**・11・14 社

大阪市外電話局　❽ **1950**・9・25 社

大阪市作業員宿舎　❾ **1977**・6・24 社／**1985**・11・20 社

大阪・芝居町　❻ **1876**・2・20 文

大阪・新町通　❻ **1854**・1・26 社／**1863**・11・21 社

大阪・新町遊郭　❺-2 **1832**・2・29 社

大阪・吹田吉志部神社　❾ **2008**・5・23 文

大阪・千日デパート　❽ **1958**・12・1 社／❾ **1972**・5・13 社／**1984**・5・16 社

大阪・**惣嫁火事(大坂)**　❺-2 **1792**・5・16 社

大阪・曾根崎新地　❺-2 **1716**・7・4 社／**1768**・2・20 社／3・14 社／**1784**・2・30 社

大阪・高槻　❺-1 **1659**・3・4 社

大阪高槻市・西武ショッピングセンター　❾ **1973**・9・25 社

大阪・道頓堀　❺-2 **1761**・2・14 社／**1805**・9・29 社／**1806**・7・29 社／❻ **1856**・5・13 社／**1864**・8・11 社

大阪・どぶ池問屋街　❾ **1965**・2・12 社

大阪・富田林市 PL 教団　❽ **1960**・11・21 社

大阪・難波　❻ **1875**・2・7 社／**1888**・2・4 社

大阪・難波新地　❼ **1912**・1・16 社

大阪・西区　❻ **1890**・9・5 社

大阪・東区　❻ **1884**・1・9 社

大阪・平野　❺-2 **1765**・12・9 社

大阪風俗店　❽ **1964**・2・7 社

大阪・本町　❻ **1884**・1・9 社

大阪・松下電池工業　❾ **2007**・9・30 社

大阪・松原　❽ **1951**・12・16 社

大阪・南革屋町　❻ **1866**・3・4 社

大阪・南区　❻ **1880**・12・24 社／❽ **1961**・2・4 社

岡山　❺-1 **1708**・11・22 社／❺-2 **1811**・5・6 社／❽ **1963**・2・1 社

岡山・金山寺　❾ **2012**・12・24 社

岡山・松山　❺-2 **1723**・4・21 社／**1832**・3・26 社／**1839**・2・29 社

岡山・新加茂町映画会　❽ **1953**・6・25 社

岡山県立盲学校　❽ **1950**・11・20 社

沖縄・大里村　❼ **1927**・10・20 社

沖縄・那覇　❼ **1913**・2・11 社

香川・高松　❺-2 **1717**・12・29 社／**1718**・1・1 社

鹿児島　❺-1 **1678**・4・4 社／**1680**・1・12 社／**1689**・9・6 社／**1696**・4・23 社／**1713**・1・9 社／❺-2 **1732**・11・2 社／❻ **1877**・6・29 社／**1894**・1・24 社／❼ **1901**・10・23 社／**1914**・5・27 社／❽ **1950**・12・3 社／❾ **1965**・2・25 社／**1970**・10・31 社

鹿児島・奄美大島笠利　❾ **1974**・1・3 社

鹿児島・奄美大島瀬戸内　❽ **1958**・12・27 社

鹿児島・奄美大島名瀬　❽ **1955**・10・14 社／❾ **2010**・10・26 社

鹿児島・今和泉村　❽ **1938**・12・2 社

鹿児島・串木野　❾ **1966**・6・16 社

鹿児島・郡元町　❽ **1961**・10・2 社

鹿児島刑務所　❾ **1985**・12・16 社

鹿児島・種子村　❼ **1925**・1・5 社

鹿児島・滑川市場　❽ **1957**・2・18 社

鹿児島・隼人町住宅兼事務所　❾ **2005**・3・31 社

神奈川・伊豆三宅島　❼ **1904**・12・7 社

神奈川・植松病院(横浜)　❾ **1967**・1・5 社

神奈川・大磯　❺-2 **1836**・8・30 社／❾ **2009**・3・22 社

神奈川・小田原　❺-1 **1611**・11・22 社／**1638**・3・23 社／**1714**・12・12 社／❺-2 **1734**・2・30 社／**1817**・2・1 社／❽ **1951**・11・28 社／❾ **1973**・10・7 社

神奈川・鎌倉　❷ **1191**・3・4 社／**1199**・5・22 社／**1207**・10・8 社／**1211**・①・7 社／**1214**・1・3 政／12・4 社／**1215**・1・11 社／**1217**・1・11 社／**1219**・1・7 社／9・22 社／**1220**・2・16 社／12・4 社／**1221**・1・25 社／**1227**・1・2 社／**1228**・12・12 社／**1229**・11・25 社／**1231**・1・14 社／2・11 社／**1236**・11・24 社／**1239**・12・27 社／**1241**・3・17 社／**1244**・12・26 政／**1247**・1・13 社／**1251**・1・4 文／2・10 社／**1252**・2・8 社／**1253**・12・22 社／**1254**・1・10 社／**1257**・11・22 社／**1258**・1・17 社／**1260**・4・29 社／**1261**・9・20 社／**1263**・3・18 社／**1266**・1・25 社／**1280**・10・28 社／11・14 社／❸ **1297**・⑩・7 社／**1301**・11・5 社／**1302**・4・16 社／12・11 社／**1310**・11・6 社／**1315**・3・8 社／**1436**・12・25 社

神奈川・川崎　❾ **1966**・1・9 社／12・26 社／**1969**・3・21 社

神奈川・曾我脳病院　❽ **1952**・6・15 社

神奈川・二宮町　❽ **1940**・1・27 社

神奈川・平塚町　❼ **1929**・12・24 社

神奈川・保土ヶ谷　❺-1 **1663**・2・25 社／❼ **1931**・1・9 社

神奈川・三崎　❼ **1901**・2・16 社／**1926**・5・16 社／❾ **1975**・1・19 社

神奈川・三島　❺-1 **1714**・12・14 社

神奈川・湯河原町　❽ **1940**・1・27 社

神奈川・横須賀　❼ **1909**・5・23 社／**1932**・5・6 社／❽ **1960**・1・6 社

神奈川・横浜　❻ **1868**・1・7 社／**1884**・11・4 社／**1886**・3・22 社／9・20 社／**1888**・1・31 社／**1889**・3・22 社／❼ **1899**・8・12 社／**1910**・3・19 社／**1913**・3・7 社／**1919**・4・28 社／**1929**・3・3 社／❾ **1965**・9・24 政

神奈川・横浜(箱屋火事)　❻ **1873**・3・22 社

神奈川・横浜(豚屋火事)　❻ **1866**・10・20 社

神奈川・横浜市簡易宿泊所　❽ **1963**・10・12 社

神奈川・横浜市聖母の園養老院　❽ **1955**・2・17 社

神奈川・横浜元町　❻ **1879**・1・12 社／**1883**・11・19 社／**1894**・6・17 社

韓国・大邱　❾ **1982**・12・29 社

韓国・釜山　❾ **2009**・11・14 社

北九州・済生会八幡病院　❾ **1973**・3・8 社

北九州アパート　❾ **1981**・3・13 社

岐阜　❺-1 **1686**・3・18 社／❺-2 **1768**・7・2 社

岐阜・今泉村　❺-2 **1743**・④・6 社

岐阜・大垣　❺-1 **1678**・12・28 社／**1698**・7・5 社

岐阜・上有知　❺-2 **1723**・9・9 社

岐阜・郡上八幡町　❼ **1919**・7・16 社

岐阜・土岐マグネシウム工場　❾ **2012**・5・22 社

岐阜・飛驒高山　❺-2 **1729**・3・8 社／❻ **1874**・4・24 社／**1875**・4・24 社

岐阜・船津町　❼ **1929**・5・20 社

岐阜・古川町　❼ **1904**・8・25 社

岐阜・不破郡新井村　❺-2 **1737**・2・3 社

岐阜・美濃加納城　❺-2 **1728**・2・16 社

岐阜・柳ヶ瀬　❾ **1973**・7・7 社

京都　❶ **808**・10・8 社／**839**・①・15 社／**841**・7・6 社／**842**・7・19 社／**848**・6・28 社／**854**・8・1 社／**859**・2・5 社／**862**・5・16 社／**885**・12・27 社／**886**・8・12 社／**912**・12・15 社／**914**・5・2 社／**924**・4・26 社／**930**・11・5 社／**931**・1・3 社／**940**・2・22 社／**972**・2・25 社／3・18 社／**986**・1・18 社／**989**・1・18 社／❷ **1001**・1・8 社／**1002**・6・4

社／**1006**·1·10 社／**1011**·6·3 社／9·2 社／11·4 社／**1013**·11·29 社／**1016**·7·20 社／**1017**·10·17 社／**1021**·12·23 社／**1024**·2·17 社／3·1 社／**1025**·2·21 社／**1027**·1·3 社／**1028**·10·21 社／**1029**·9·15 社／**1035**·4·3 社／**1038**·10·11 社／**1059**·1·7 社／**1062**·11·9 社／**1064**·1·1 社／**1077**·12·22 社／**1078**·9·18 社／**1079**·2·2 社／**1080**·是春 社／**1087**·2·12 社／12·29 社／**1088**·2·10 社／**1091**·1·12 社／**1092**·3·6 社／5·30 社／**1094**·7·18 社／**1097**·1·21 社／**1098**·2·22 社／3·28 社／**1099**·10·18 社／10·25 社／**1101**·6·21 社／**1103**·3·11 社／11·16 社／**1105**·8·30 社／**1106**·6·29 社／**1107**·10·14 社／**1108**·2·8 社／6·4 社／**1109**·2·1 社／**1110**·4·11 社／**1117**·1·8 社／**1118**·1·27 社／⑨·9 社／**1119**·2·16 社／4·29 社／12·2 社／**1125**·12·5 社／**1127**·4·24 社／12·12 社／**1129**·1·15 社／⑦·15 社／**1130**·1·23 社／3·2 社／10·14 社／**1131**·9·17 社／**1132**·2·4 社／9·23 社／**1133**·4·23 社／**1135**·1·2 社／**1137**·10·22 社／**1138**·3·5 社／**1142**·1·16 社／**1144**·1·1 社／**1145**·2·11 社／10·13 社／⑩·15 社／**1146**·3·18 社／**1148**·2·17 社／3·6 社／5·1 社／**1151**·④·24 社／7·12 社／**1152**·9·10 社／11·5 社／11·8 社／**1153**·4·15 社／⑫·14 社／**1154**·1·3 社／**1156**·2·16 社／**1157**·3·24 社／**1159**·11·26 社／**1162**·11·19 社／**1163**·2·17 社／**1165**·3·11 社／**1166**·12·1 社／**1168**·2·13 社／**1177**·4·5 社／4·28 社／**1178**·4·24 社／**1180**·2·10 社／**1191**·5·14 社／**1194**·8·17 社／**1203**·10·29 政／**1207**·9·29 社／**1208**·④·15 社／**1209**·4·9 社／**1211**·5·15 社／**1213**·10·15 社／12·29 社／**1215**·12·22 社／**1216**·1·7 社／**1218**·4·21 社／**1219**·4·2 社／11·27 社／**1220**·4·27 社／**1221**·3·10 社／4·18 社／**1222**·4·6 社／**1230**·2·15 社／**1231**·1·15 社／2·27 社／**1233**·12·24 社／**1234**·8·3 社／**1237**·10·28 社／**1243**·1·3 社／**1246**·6·6 社／**1247**·6·20 社／**1249**·3·23 社／**1251**·1·19 社／**1259**·12·5 社／**1268**·1·14 社／**1271**·4·15 社／**1273**·10·12 社／**1274**·7·14 社／**1275**·3·4 社／❸ **1282**·11·26 社／12·16 社／**1286**·8·18 社／**1288**·4·26 社／**1289**·2·19 社／**1293**·12·18 社／**1294**·1·14 社／**1301**·2·17 社／4·19 社／**1302**·7·27 社／**1323**·12·5 社／**1333**·4·9 社／**1336**·1·19 社／**1344**·5·16 社／**1345**·2·27 社／**1350**·8·11 社／**1361**·3·29 社／**1365**·1·2 社／**1366**·10·14 社／**1368**·11·23 社／**1370**·④·24 社／**1371**·1·17 社／2·26 社／8·25 社／**1372**·5·6 社／**1373**·3·23 社／**1374**·12·13 社／**1377**·2·18 社／3·20 社／8·6 社／**1379**·9·18 社／**1395**·4·29 社／**1402**·2·18 社／**1405**·5·14 社／**1413**·7月 社／**1416**·3·6 社／**1418**·3·3 社／4·11 社／11·21 社／**1419**·2·13 社／**1420**·6·25 社／11·22 社／**1421**·11月 社／**1423**·1·13 社／**1424**·1·6 社／1·28 社／**1425**·1·28 社／8·14 社／**1426**·1·15 社／**1428**·3·12 社／③·4 社／**1430**·12·28 社／**1433**·2·29 社／**1434**·2·14 社／8·17 社／12·5 社／**1435**·3·4 社／4·1 社／6·1 社／11·7 社／**1436**·11·14 社／**1437**·3·4 社／**1438**·2·18 社／**1439**·①·28 社／**1440**·6·16 社／**1441**·3·7 社／**1442**·4·20 社／**1443**·1·29 社／5·6 社／**1446**·12·26 社／**1454**·5·27 社／❹ **1461**·1·16 社／**1462**·5·5 社／**1465**·2·14 社／3·4 社／11·7 社／**1466**·②·4 社／6·23 社／9·23 社／12·20 社／**1467**·6·8 社／**1473**·12·2 社／**1476**·6·6 社／**1478**·4·8 社／10·24 社／12·25 社／**1480**·4·1 社／**1487**·12·11 社／**1491**·3·19 社／**1494**·7·6 社／**1495**·7·4 社／**1500**·7·28 社／**1524**·8·12 社／**1538**·5·24 社／**1548**·6·1 社／**1557**·4·28 社／**1570**·12·7 社／**1573**·4·4 社／**1583**·1·1 社／❺-1 **1602**·2·1 社／**1605**·5·4 社／12·27 社／**1606**·1月 社／**1620**·2·30 社／**1621**·1·28 社／5·17 社／**1623**·5·2 社／**1624**·10·26 社／**1628**·12·1 社／**1629**·4·4 社／12·25 社／**1637**·1·4 社／**1642**·5·25 社／**1645**·5·17 社／**1646**·4·4 社／11·18 社／**1652**·10·6 社／**1659**·1·25 社／**1653**·6·23 社／**1661**·1·15 社／**1671**·1·15 社／2·23 社／4·8 社／**1673**·5·9 社／**1675**·11·25 社／**1684**·4·5 社／**1686**·4·1 社／**1690**·12·10 社／**1692**·2·13 社／12·1 社／**1697**·3·3 社／**1702**·12·25 社／**1706**·1·15 社／**1708**·3·8 社／4·11 社／**1710**·12·8 社／**1712**·3·4 社／**1713**·3·20 社／5·6 社／❺-2 **1716**·6·1 社／**1717**·11·26 社／**1719**·2·19 社／**1721**·11·13 社／**1723**·5·2 社／**1724**·5·10 社／**1725**·2·16 社／**1730**·2·15 社／6·20 社／**1731**·7·10 社／**1737**·6·25 社／**1741**·11·25 社／**1755**·3·30 社／**1779**·9·26 社／**1781**·2月 社／**1783**·4·23 社／**1788**·1·30 政／**1846**·⑤·10 社／❻ **1853**·1·28 社／**1854**·4·6 政／**1865**·3·26 社／❽ **1950**·11·18 社

京都·**安元の大火**　❷ **1177**·4·28 社

京都·浅茂川村　❺-2 **1840**·4·24 社

京都·綾部寺村　❺-2 **1805**·5·3 社

京都·石清水八幡宮　❺-1 **1682**·1·7 社

京都·岩清水八幡宮　❽ **1947**·2·12 文

京都·宇治　❷ **1093**·11·6 社／❺-1 **1666**·4·2 社／**1670**·3·25 社／**1684**·3·2 社／**1698**·3·3 社／**1711**·2·25 社／**1712**·1·24 社／❺-2 **1750**·3·6 社

京都·岡崎　❺-2 **1774**·3·7 社

京都·亀山　❺-1 **1699**·3·13 社／❺-2 **1720**·7·5 社／**1734**·4·25 社

京都·金閣寺　❽ **1950**·7·2 文

京都·**禁門の変火災**　❻ **1864**·7·18 社

京都·鞍馬口　❹ **1558**·5·20 社

京都·嵯峨　❺-2 **1722**·2·2 社／**1728**·11·16 社

京都·下桂　❺-2 **1726**·2·15 社

京都·下京区村井兄弟商会　❼ **1898**·1·23 社／**1902**·5·7 社

京都·寂光院本堂　❾ **2000**·5·9 社

京都·松竹加茂撮影所　❽ **1950**·7·24 社

京都·城南宮　❾ **1977**·9·7 社

京都·白川　❺-1 **1710**·3·5 社／❺-2 **1724**·④·8 社

京都·新京極　❼ **1911**·3·30 社

京都·世木村　❽ **1941**·4·27 社

京都·醍醐　❸ **1411**·7·27 社／❺-1 **1712**·3·28 社

京都·大徳寺　❾ **1966**·7·20 社

京都·内裏炎上　❻ **1854**·4·6 社／**1855**·11·2 政

京都·鷹峯　❺-1 **1699**·⑨·10 社

京都·高島屋呉服店　❼ **1926**·12·12 社

京都·田辺　❺-2 **1727**·9·6 社

京都·太郎焼亡　❷ **1177**·4·28 社

京都·智恩寺塔頭如意寺　❾ **1976**·7·24 社

京都·智積院　❽ **1947**·5·17 社

京都·東映撮影所　❾ **2012**·5·20 社

京都·東宮御所　❷ **1083**·1·10 社

京都·南禅寺　❻ **1895**·1·12 社

京都·**西陣焼け**　❺-2 **1730**·6·20 社

京都·西京　❷ **1163**·12·13 社／❺-2 **1716**·4·12 社

京都·福知山　❺-1 **1677**·4·6 社／❺-2 **1732**·6·24 社／**1734**·2·4 社／**1756**·3·28 社／**1765**·5·29 社／**1767**·4·7 社／**1807**·3·15 社／**1819**·7·13 社

京都·伏見与杼神社　❾ **1975**·8·5 文

京都·伏見　❹ **1599**·12·29 社／❺-1 **1605**·12·26 社／**1611**·11·17 社／**1715**·6·27 社

京都·平安神宮本殿　❾ **1976**·1·9 社

京都·マキノ撮影所　❼ **1932**·2·4 文

京都·万寿寺　❻ **1858**·6·4 社

京都·水無瀬　❺-1 **1632**·10·7 社

京都·宮津　❺-1 **1712**·7·7 社

京都·山崎　❶ **813**·2·16 社／**855**·10·18 社／**886**·2·20 社／**972**·②·21 社／❺-2 **1717**·1·21 社

京都·淀　❺-1 **1700**·3·25 社／**1705**·12·5 社／**1714**·11·24 社／❺-2 **1718**·1·11 社

熊本　❺-1 **1658**·3·27 社／**1679**·1·15 社／**1689**·2·18 社／**1691**·2·23 社／**1707**·3·5 社／**1708**·3·10 社／❺-2 **1719**·4·28 社／**1729**·4·28 社／**1770**·7·15 社／**1778**·7·28 社／⑦·28 社／❽ **1960**·12·21 社

熊本·人吉寅助火事　❻ **1862**·2·7 社

熊本·八代　❺-1 **1671**·1月下旬 社

熊本市·大洋デパート　❾ **1973**·11·29 社

群馬　❶ **773**·6·8 社

群馬·伊香保温泉　❻ **1871**·1·22 社／❼ **1920**·8·30 社

群馬·碓氷板鼻　❺-2 **1811**·11·29 社

群馬·桐生　❺-2 **1846**·是年 社

群馬·倉賀野　❺-2 **1846**·是年 社

群馬·渋川高齢者施設　❾ **2009**·3·20 社

群馬・高崎 ❻ 1877・3・28 社／1886・3・1 社／1895・4・26 社
群馬・高崎市役所 ❽ 1950・4・25 社
群馬・館林 ❺-1 1672・12・11 社
群馬・嬬恋村 ❽ 1938・11・29 社／❾ 1983・2・22 社
群馬・前橋 ❺-2 1764・1・12 社／1767・4・1 社／1770・3・7 社／❻ 1883・5・1 社／1887・3・28 社／❼ 1930・2・27 社
群馬・松井田 ❼ 1925・3・3 社
群馬・八幡山 ❺-2 1759・2・7 社
高知 ❺-1 1698・10・6 社／1702・12・14 社／1704・2・19 社／1707・2・12 社／1708・11・18 社／1715・12・3 社／❺-2 1727・3・2 社／1731・2・15 社／1737・⑪・2 社／1746・12・6 社／1756・12・28 社／1786・2・3 社／1801・12・30 社
高知・宇佐浦 ❺-1 1685・11・26 社
高知・馬路 ❽ 1939・6・4 社
高知・久礼町 ❼ 1932・2・20 社
高知・甲浦村 ❼ 1901・11・14 社
高知・大正町 ❽ 1948・3・4 社
埼玉・上尾 ❽ 1960・12・26 社
埼玉・岩槻 ❺-1 1609・3・5 社
埼玉・浦和 ❾ 1973・10・24 社
埼玉・大相模大聖寺 ❺-2 1720・2・25 社
埼玉・川口 ❽ 1962・2・15 社
埼玉・川口善光寺 ❾ 1968・3・23 社／1979・8・23 社
埼玉・川越 ❺-1 1638・1・28 社／❻ 1869・2・16 社／1893・3・17 社
埼玉・行田 ❺-2 1846・是年 社
埼玉・熊谷 ❺-2 1846・是年 社／❼ 1925・5・12 社
埼玉・鴻巣 ❺-2 1767・4・28 社
埼玉・十字屋テーラー工場 ❽ 1958・10・30 社
埼玉・竹川村 ❻ 1882・3・17 社
埼玉・日本赤十字病院 ❽ 1947・11・2 社
埼玉・深谷 ❺-2 1846・是年 社
埼玉・本庄宿 ❺-2 1846・是年 社
埼玉・松戸 ❻ 1853・2・4 社
佐賀・岩屋炭坑 ❼ 1927・5・17 社
佐賀県庁 ❽ 1949・2・18 社
佐賀・祐徳稲荷 ❽ 1949・5・15 社
佐渡・両津町 ❼ 1928・10・18 社
滋賀・茨川 ❺-2 1733・3・23 社
滋賀・愛知川 ❺-2 1722・2・5 社
滋賀・移動動物園飼育舎(守山市) ❾ 2011・2・25 社
滋賀・大津 ❶ 856・11・1 社／❷ 1242・3・21 社／❺-1 1713・8・18 社／❺-2 1718・4・5 社
滋賀・近江絹糸彦根工場 ❽ 1951・6・3 社
滋賀・近江坂本 ❹ 1494・1・25 社
滋賀・園城寺 ❻ 1894・5・20 社／❽ 1947・1・24 社
滋賀・堅田 ❺-1 1714・11・27 社／❺-2 1730・11・23 政
滋賀・堅田町本福寺 ❽ 1954・12・8 社
滋賀県庁別館 ❾ 1965・10・1 社
滋賀・坂本 ❺-2 1729・3・27 社
滋賀・佐和山 ❺-1 1693・1・14 社
滋賀・膳所 ❺-2 1720・2・19 社／1730・11・20 政
滋賀・ダイハツ工業工場 ❾ 2009・10・10 社
滋賀・東洋ガラス工場 ❾ 1980・1・12 社
滋賀・西坂本 ❺-2 1720・12・1 社
滋賀・比叡山安楽律院 ❽ 1949・12・22 社
滋賀・比叡山延暦寺大講堂 ❽ 1956・10・11 社
滋賀・彦根 ❺-2 1720・6・25 社／1721・2・1 社／1723・4・20 社／1733・6・26 社／❻ 1858・9・29 社
滋賀・水口 ❺-1 1691・1・29 社
滋賀・守山 ❺-2 1725・3・3 社／1727・4・12 社
滋賀・野洲 ❺-2 1732・10・15 社
静岡 ❺-1 1607・5・14 社／1635・11・29 社／1668・1・2 社／1669・11・25 社／1683・2・24 社／❺-2 1731・2・9 社／1788・11・5 社／❻ 1889・2・1 社／1892・1・8 社／12・14 社／❽ 1940・1・15 社／1959・1・20 社
静岡・熱川プリンスホテル ❾ 1983・2・6 社
静岡・熱海 ❻ 1880・4・28 社／❼ 1934・3・5 社／❽ 1944・3・6 社／1948・4・9 社／1950・4・3 社
静岡・荒井町 ❺-1 1639・8・10 社
静岡・伊豆大島元町 ❾ 1965・1・11 社
静岡・伊豆下田 ❺-1 1664・11・27 社
静岡・伊豆三島 ❺-1 1648・11・6 社
静岡・伊東 ❽ 1957・12・4 社／❾ 1988・12・15 社
静岡・大伊豆ホテル ❾ 1968・2・25 社
静岡・大宮町(富士宮) ❼ 1932・4・21 社
静岡・掛川 ❺-1 1691・2・19 社
静岡・掛塚 ❻ 1883・9・8 社
静岡・川根町 ❽ 1960・11・17 社
静岡・久能山 ❺-2 1786・2・6 社
静岡・新坂町 ❺-1 1607・9・5 社
静岡・研屋町 ❻ 1884・1・16 社
静岡・沼津 ❼ 1913・3・3 社／1926・12・10 社／1924・2・21 社／❽ 1949・3・24 社／❾ 1976・12・26 社
静岡・箱根 ❺-1 1674・2・13 社
静岡・浜松 ❺-2 1731・11・23 社／1843・2・4 社／❻ 1874・4・24 社／1876・4・27 社／1892・3・23 社／❽ 1961・3・17 社／❾ 2009・11・17 社
静岡・原川町 ❺-1 1607・12・11 社
静岡・富士精神科施設 ❾ 1987・2・11 社
静岡・府中 ❹ 1530・3・3 社
静岡・ホテル大東館旧館 ❾ 1986・2・11 社
静岡・三島書店 ❾ 1982・2・18 社
静岡・元吉原 ❼ 1932・11・14 社
静岡・焼津 ❼ 1903・1・18 社
島根・出雲大社 ❽ 1953・5・27 社
島根・郡野波浦 ❺-2 1845・7・10 社
島根県庁 ❽ 1956・12・13 社
島根・雑賀 ❻ 1874・6・8 社
島根・津和野 ❺-1 1679・3・14 社／1705・2・17 社／❺-2 1763・7・30 社／1773・3・3 社／❻ 1853・4・16 社
島根・豆腐屋火事 ❺-2 1763・7・30 社
島根・浜田(石見津和野) ❺-2 1725・9・17 社／1778・10・19 社／1810・10・9 社
島根・益田観音 ❺-2 1743・9・9 社
島根・松江 ❺-1 1678・6・15 社／1688・3・22 社／❺-2 1808・2月 社／1837・12・26 社／❼ 1927・12・29 社／1931・5・16 社／❽ 1937・4・14 社／1949・8・15 社
島根・安来 ❺-2 1831・4・29 社
暹羅(シャム)日本人町 ❺-1 1622・4月 社
ソ連ハバロフスク第五収容所 ❽ 1947・12・26 政
千葉・市川市国府台国立精神病院 ❽ 1949・6・7 社
千葉・市川精神病院 ❽ 1955・6・18 社
千葉・上総松岡 ❺-2 1732・12・23 社
千葉監獄 ❼ 1915・3・25 社
千葉・勝浦 ❽ 1951・11・24 社
千葉・行徳 ❻ 1881・4・3 社
千葉・古河 ❺-1 1654・3・26 社
千葉国立病院 ❽ 1949・6・8 社
千葉・佐倉 ❺-2 1842・7・14 社
千葉・白浜町 ❼ 1935・9・30 社
千葉・関宿 ❺-1 1609・1・20 社／❺-2 1737・1・19 社
千葉・館山 ❾ 1973・12・7 社
千葉・銚子 ❼ 1934・12・19 社
千葉・中山精神病院 ❽ 1954・1・3 社
千葉・野田 ❼ 1908・3・5 社／1926・4・20 社
千葉・堀江村 ❻ 1880・1・23 社
千葉・松戸 ❾ 1985・2・13 社
朝鮮倭館 ❺-1 1674・2・13 政
東京(江戸) ❺-1 1601・⑪・2 社／1607・1・7 社／1609・1・1 社／1614・2・22 社／1618・2・1 社／1619・2・17 社／1620・12・9 社／1623・12・29 社／1627・9・30 社／1630・12月 社／1632・12・29 社／1634・1・13 社／1637・7・24 社／1638・11・26 社／1639・9・21 社／1640・12・1 社／1641・1・30 社／3・30 社／12・5 社／1642・2・19 社／7・16 社／1647・2・15 社／1651・4・10 社／1652・2・28 社／1654・3・24 社／6・25 社／1655・9・22 社／11・19 社／1656・10・16 社／1658・1・10 社／1659・1・2 社／1660・1・3 社／1・14 社／1661・1・20 社／1664・⑤・14 社／7・21 社／1666・1・10 社／1667・2・3 社／1668・2・1 社／1670・2・4 社／1673・1・27 社／1676・12・26 社／1677・4・6 社／1678・1・10 社／1679・5・29 社／1680・8・14 社／10・21 社／1682・11・28 社／1683・2・6 社／1683・12・5 社／1688・3・25 社／5・4 社／1690・1・24 社／1691・2・10 社／12・2 社／1694・1・7 社／1695・2・8 社／12・28 社／1696・1・25 社／1697・10・17 社／1698・12・10 社／1699・4・4 社／1700・2・6 社／11・16 社／1702・2・11 社／12・26 社／1703・11・18 社／11・29 社／1705・11・4 社／1706・1・14 社／2・18 社／11・16 社／1707・1・15 社／3・8 社／8・1 社／1709・3・9 社／1710・12・19 社／1711・1・4 社／

12·11 社／1712·1·19 社／2·9 社／4·24 社／1713·9·6 社／12·21 社／1714·1·11 社／11·25 社／12·29 社／1715·1·5 社／12·30 社／❺-2 1716·1·11 社／1717·1·3 社／6·9 社／12·12 社／1718·4·20 社／5·1 社／5·8 社／12·3 社／1719·2·13 社／3·10 社／1720·1·13 社／3·27 社／7·19 社／1721·1·8 社／1·27 社／2·4 社／2·9 社／3·3 社／12·10 社／1722·1·21 社／2·5 社／1723·2·16 社／10·24 社／12·5 社／1724·1·29 社／1725·2·14 社／1727·1·30 社／①·12 社／12·10 社／1728·2·16 社／1729·2·13 社／2·16 社／3·13 社／1730·1·12 社／1731·3·17 社／4·15 社／1732·2·12 社／3·28 社／1733·1·9 社／1737·5·3 社／1739·3·4 社／1745·3·22 社／1746·2·29 社／1747·2·9 社／1756·11·23 社／1757·12·26 社／1758·3·10 社／1760·2·4 社／1762·2·16 社／1763·2·5 社／4·7 社／1764·2·20 社／1765·12·4 社／1766·3·13 社／1767·4·9 社／5·12 社／1768·1·12 社／12·4 社／1769·2·23 社／1771·1·20 社／2·29 社／1776·10·10 社／1777·11·2 社／12·10 社／1778·2·12 社／1781·1·8 社／1783·3·5 社／10·28 社／1784·1·3 社／①·16 社／①·23 社／12·26 社／1786·1·19 社／2·6 社／1787·1·17 社／1790·1·21 社／1791·7·27 社／1792·7·21 社／1793·10·25 社／1794·1·10 社／1795·12·23 社／1797·10·22 社／1799·1·26 社／1800·1·26 社／1801·3·29 社／11·25 社／1802·1·1 社／1806·3·4 社／11·13 社／1807·2·4 社／12·29 社／1809·1·1 社／2·5 社／1810·3·24 社／1811·1·24 社／2·11 社／10·16 社／1812·3·28 社／1813·2·2 社／2·15 社／12·2 社／1815·11·28 社／1818·10·17 社／1819·2·8、29 社／12·25、26 社／1820·12·29 社／1821·2·5 社／1822·12·25 社／1823·12·25 社／1824·2·1 社／1826·7·9 社／1827·1·3 社／1828·1·8 社／2·5 社／1829·2·5 社／3·21 社／1830·11·30 社／12·8 社／12·23 社／1832·1·2 社／⑪·19 社／1834·2·7 社／1835·1·11 社／1836·3·16 社／1838·2·22 社／3·17 社／4·17 社／④·4 社／1839·12·1 社／1840·9·7 社／1841·1·6 社／1842·3·7 社／3·22 社／1843·9·11 社／12·27 社／1844·1·24 社／4·5 社／7·9、24 社／1845·1·24 社／3·27 社／12·11 社／1846·1·15 社／3·27 社／5·19 社／1847·1·11 社／1848·3·23 社／1849·1·22 社／8·25 社／12·9 社／1850·2·5 社／11·29 社／1851·1·4 社／4·3 社／8·17 社／12·6 社／12·20 社／1852·1·3 社／7·27 社
東京·青山　❻ 1859·2·22 社
東京·青山脳病院　❼ 1924·12·29 社
東京·赤坂　❻ 1858·11·12 社／1862·12·1 社
東京·赤羽　❼ 1908·2·17 社
東京·昭島　❽ 1957·10·27 社
東京·浅草　❻ 1865·12·12 社／1867·3·23 社／1871·11·7 社／1878·3·12 社／1886·3·24 社／1890·12·25 社／1892·11·11 社／1893·1·22 社／❼ 1896·4·10 社／1898·2·26 社／1906·1·30 社／1908·2·17 社／1921·4·6 社／1925·5·13 社
東京·浅草溜牢　❺-2 1848·10·24 社
東京·浅草花屋敷　❼ 1900·3·29 社
東京·麻布　❻ 1867·2·15 社／❼ 1906·2·19 社
東京·飯倉町　❻ 1863·6·3 社
東京·池袋雑居ビル　❾ 1975·3·1 社
東京·石川島造船所　❼ 1918·12·13 社
東京·板橋　❺-2 1785·2·19 社／❾ 1979·11·9 社
東京·板橋簡易宿泊所　❾ 2012·5·30 社
東京·市ヶ谷　❻ 1853·3·7 社
東京·上野アメ屋横丁　❽ 1949·12·9 社
東京牛込·戸山脳病院　❼ 1929·2·15 社
東京·越後屋呉服店　❻ 1863·11·23 社
東京·江戸川区工場　❾ 1968·9·30 社
東京·江戸橋　❻ 1862·2·19 社
東京·大井競馬場　❽ 1957·5·1 社
東京·お七火事　❺-1 1682·12·28 社
東京·大久保　❾ 2011·11·6 社
東京·オンワード樫山芝山ビル　❾ 1966·8·31 社
東京·金杉　❻ 1895·12·12 社
東京·歌舞伎町雑居ビル　❾ 2001·9·1 社／10·29 社
東京·亀戸　❼ 1924·12·24 社
東京·川口町　❻ 1874·11·17 社
東京·神田　❻ 1869·12·12 社／1873·4·20 社／12·9 社／1876·10·3 社／1880·12·30 社／1881·2·11 社／1882·5·9 社／1886·7·6 社／1888·5·22 社／1892·4·10 社／1881·1·26 社／❼ 1913·2·20 社／❽ 1960·7·22 社
東京·菊富士ホテル　❾ 1966·3·11 社
東京·北紺屋町　❻ 1855·2·24 社
東京·己丑(きちゅう)の大火·文政の大火　❺-2 1829·3·21 社／6·19 社
東京·京橋　❻ 1873·2·21 社
東京·銀座　❼ 1897·12·8 社／❽ 1964·2·13 社
東京·錦糸町　❾ 1976·12·4 社
東京·小石川　❻ 1862·1·30 社／❼ 1919·4·25 社
東京·高円寺　❾ 2009·11·22 社
東京·麴町　❻ 1880·6·8 社
東京·小伝馬町の牢舎　❺-2 1844·6·29 社
東京·狛江　❽ 1962·1·25 社
東京·桜田火事　❺-2 1794·1·10 社
東京·品川　❺-2 1811·9·3 社／1821·1·17 社／1823·1·12 社／1848·12·9 社／1852·3·16 社／❻ 1861·1·25 社／1893·2·26 社／1894·1·28 社／❼ 1914·1·6 社／1916·12·30 社／❾ 1984·2·8 社
東京·芝　❻ 1864·8·6 社／1892·3·30 社
東京·芝三田　❻ 1890·3·5 社
東京·芝離宮　❼ 1924·10·30 社
東京·渋谷　❺-2 1801·12·28 社／❼ 1931·1·27 社／❽ 1960·12·24 社
東京·下谷　❻ 1881·4·21 社／❼ 1898·1·3 社／4·20 社
東京·聖天町　❻ 1854·11·5 文
東京·昭和女子大学　❽ 1955·3·1 社
東京·新宿駅　❽ 1949·2·6 社
東京·新吉原　❺-1 1639·9·21 社／1645·12 月 社／1676·12·7 社／❺-2 1768·4·6 社／1771·4·23 社／1781·9·30 社／1784·4·16 社／4·26 社／1787·11·9 社／1794·4·2 社／1799·2·26 社／1800·2·23 社／1812·11·2 社／1816·5·3 社／1824·4·3 社／1836·10·19 社／1837·10·16 社／1845·12·5 社／❻ 1871·5·29 社／1873·1·12 社／1875·12·12 社／❼ 1897·3·15 社／1911·4·9 社
東京·巣鴨　❼ 1926·3·19 社／1927·1·16 社
東京·墨田区　❽ 1963·12·23 社／❾ 1966·3·20 社
東京·西武百貨店　❽ 1963·8·22 社
東京·世田谷区地下ケーブル　❾ 1984·11·16 社
東京·千住宿　❺-2 1850·4·15 社
東京·雑司ケ谷　❼ 1924·3·26 社
東京·ソニーテレビ工場　❾ 1972·10 31 社
東京·中央大学　❼ 1917·6·10 社
東京·勅額火事　❺-1 1698·9·6 社
東京·築地中央卸売市場　❾ 1982·2· 社／1988·5·4 社
東京·築地本願寺蓮華堂　❼ 1897·5·22 社
東京·帝国大学医科大学　❼ 1901·1·29 社
東京·東武デパート　❾ 1986·6·14 社
東京·特別養護老人ホーム(東村山市)　❾ 1987·6·6 社
東京·友九郎火事　❺-2 1806·11·13 社
東京·内藤新宿　❺-2 1797·12·13 社／❻ 1861·2·4 社／❼ 1896·8·19 社／1918·3·20 社／1921·3·23 社
東京·永田町　❽ 1948·2·26 社
東京·難波町　❻ 1870·12·22 社
東京·西新井大師本堂　❾ 1966·5·25 社
東京·西巣鴨　❼ 1924·7·26 社
東京·日暮里　❼ 1925·3·18 社／1926·11·15 社／❽ 1963·4·2 社
東京·日本青年会館ホテル　❾ 1969·1·9 社
東京·日本橋　❻ 1858·2·10 社／1864·3·14 社／1876·11·28 政／1877·1·5 社／1879·4·7 社／12·26 社／1880·2·3 社／1885·3·12 社／1887·12·19 社
東京·日本橋白木屋火事　❼ 1932·12·16 社
東京·ニューブリッヂ　❾ 1965·10·4 社
東京·根津　❼ 1906·5·1 社

東京・八王子 ❺-2 1824・2・12 社／❻ 1893・8・6 社／❼ 1897・4・22 社
東京・八丁堀 ❻ 1860・12・13 社
東京・花火屋 ❻ 1858・4・30 社
東京・原町田 ❼ 1933・9・8 社
東京・丙午火 ❺-2 1786・1・22 社
東京・広尾 ❼ 1923・10・30 社
東京・深川 ❻ 1864・1・9 社／1877・4・17 社
東京・深川洲崎遊郭 ❼ 1912・3・21 社／1917・2・14 社／1925・3・5 社
東京・深川バタヤ部落 ❽ 1957・11・24 社
東京・文京初音湯 ❾ 1966・12・25 社
東京・ホテルニュージャパン ❾ 1982・2・8 社
東京・本郷 ❻ 1866・12・29 社／1890・6・23 社／❼ 1898・3・22 社
東京・本所押上 ❼ 1910・3・1 社
東京・水戸様火事 ❺-1 1703・11・29 社
東京・南千住町 ❼ 1914・1・12 社／1921・3・23 社
東京・向島 ❻ 1894・4・15 社
東京・明暦大火 ❺-1 1657・1・18 社／❺-2 1755・3・15 社／1771・3・11 社／❻ 1856・10・2 社／1881・1・26 社
東京・目黒行人坂の大火 ❺-2 1772・2・29 社
東京・元数寄屋町 ❻ 1869・12・27 社
東京・八重洲口 ❽ 1947・8・22 社
東京・谷中茶屋町 ❺-2 1835・2・8 社
東京・谷中天王寺五重塔 ❽ 1957・7・6 社
東京・有楽町サウナ ❾ 1968・3・13 社
東京・湯島 ❻ 1863・3・16 社
東京・吉野村 ❻ 1894・4・16 社
東京・四谷 ❻ 1861・4・3 社／1866・1・1 社／1890・2・26 社
東京・淀橋町 ❼ 1925・1・25 社
東京・六道火事 ❺-2 1745・2・5 社
東京・和田倉門 ❻ 1872・2・26 社
東京・和田堀 ❼ 1928・3・21 社
東京(江戸)火災統計 ❻ 1883・4 月 社
徳島・阿南精神科病院 ❾ 1969・11・19 社
徳島・内町・魚町 ❺-1 1675・3・2 社
徳島・海部郡宍喰浦 ❺-2 1821・12・2 社
徳島・瀬戸村 ❼ 1925・10・6 社
栃木 ❶ 773・2・6 社
栃木・足利 ❻ 1892・2・28 社
栃木・宇都宮 ❺-1 1602・10・27 社／1712・1・29 社／2・8 社／❺-2 1735・12 月 社／1846・是年 社／1773・3・7 社／❽ 1953・4・5 社／1957・10・21 社
栃木・大田原 ❺-1 1672・12・8 社／❺-2 1736・2・17 社
栃木・川治温泉 ❽ 1951・12・10 社／❾ 1985・4・30 社
栃木・川治プリンスホテル ❾ 1980・11・20 社
栃木・鬼怒川温泉 ❽ 1938・11・4 社
栃木・黒磯 ❼ 1931・3・15 社
栃木県庁 ❼ 1936・3・31 社
栃木・古河小山 ❺-1 1659・11・22 社
栃木・佐野 ❺-2 1846・是年 社
栃木・佐野精神科病院 ❾ 1970・6・29 社
栃木・塩原温泉 ❽ 1949・2・5 社／1957・5・13 社
栃木・日光 ❺-1 1638・1・27 社／1668・1・29 社／1684・12・20 政／❺-2 1737・3・21 社／1786・2・9 社／4・9 社
栃木・野上村 ❽ 1953・4・14 社
栃木・福田屋百貨店 ❾ 1970・9・10 社
栃木・ブリヂストン工場 ❾ 2003・9・8 社
鳥取 ❺-1 1702・2・28 社／1711・9・10 社／1712・3・1 社／❺-2 1720・4・1 社／1724・4・8 社／1726・4・10 社／1727・2・26 社／1735・4・12 社／1756・4・8 社／1810・4・19 社／1812・7・12 社／1819・④・1 社／❻ 1882・5・3 社／❼ 1927・4・27 社／❽ 1952・4・17 社
鳥取・青谷 ❺-2 1801・2・19 社
鳥取・岩井温泉 ❼ 1934・6・8 社
鳥取・岩井郡浦富 ❺-2 1813・5・12 社
鳥取・隠岐ノ西郷港 ❻ 1888・11・20 社
鳥取・川村郡泊り宿 ❺-2 1792・3・10 社
鳥取・倉吉 ❺-2 1750・8・22 社／1753・3・22 社
鳥取・気多郡 ❺-2 1780・1・30 社／1828・5・6 社
鳥取・境町 ❼ 1935・1・12 社
鳥取・栄町駅前通商店街 ❾ 1971・10・19 社
鳥取・大山 ❺-2 1829・7・1 社
鳥取・高草郡岩坪村 ❺-2 1834・6・29 社／1840・8・4 社
鳥取・智頭 ❺-2 1785・11・2、12・2 社
鳥取・用ヶ瀬 ❺-2 1769・3・17 社
鳥取・淀江町 ❻ 1891・12・30 社
富山 ❺-1 1675・④・1 社／❺-2 1804・3・4 社／1831・4・12 社／❼ 1899・8・12 社／1930・3・6 社／❽ 1947・1・2 社
富山・井波町 ❼ 1925・9・7 社
富山・魚津 ❽ 1956・9・10 社
富山・新湊町 ❼ 1930・9・4 社
富山・高岡 ❺-2 1821・6・24 社／❻ 1879・3・3 社／❼ 1900・6・27 社
富山・滑川 ❺-2 1838・3・23 社
富山・氷見 ❺-2 1725・2・26 社／❽ 1938・9・6 社
富山・伏木港 ❻ 1882・7・9 社
富山・立山寺 ❽ 1953・4・28 社
長崎 ❺-1 1633・8・20 社／1643・8・26 社／1660・11・12 社／1663・3・8 社／1678・7・17 社／1698・4・21 社／1705・8・10 社／1708・2・10 社／❺-2 1725・11・15 社／1735・11・25 社／1749・4・30 社／1756・1・1 社／1766・2・27 社／1768・2・2 社／1784・7・24 社／1787・1・25 社／1791・3・12 社／1812・10・6 社／1816・7・15 社／1825・3・15 社／1828・2・12 社／1834・2・26 社／1838・4・4 社／❼ 1920・5・25 社
長崎・壱岐 ❺-1 1653・是年 社／1664・2・3 社／❺-2 1761・3・13 社
長崎・生月村 ❼ 1928・4・19 社
長崎・大村高齢者介護施設 ❾ 2006・1・8 社
長崎・樺島村 ❼ 1927・1・22 社
長崎・神浦村 ❼ 1917・4・8 社
長崎・喜喜津村 ❻ 1886・6・9 社
長崎県庁 ❽ 1950・4・7 社
長崎・五島玉の浦 ❼ 1929・2・12 社
長崎・島原 ❺-1 1674・1・18 社／1677・5・18 社／❺-2 1716・12・11 社
長崎造船所香焼工場タンカー ❾ 1974・12・4 社
長崎・対馬 ❹ 1539・3・5 社／❺-1 1659・12・27 社／1661・12・24 社／1677・1・22 社／❺-2 1723・5・15 社／1732・3・26 社／1734・4・11 社／1759・9・1 社／❼ 1930・2・2 社／❽ 1957・1・7 社
長崎・福江 ❽ 1962・9・26 社
長崎・三菱高島砿業所 ❾ 1985・4・24 社
長崎・茂木村 ❺-2 1795・9・23 社
長野・上松 ❽ 1939・5・19 社／1950・5・14 社
長野・飯田 ❽ 1946・7・15 社／1947・4・20 社
長野・飯山 ❺-1 1675・4・30 社／1711・2・14 社／4・14 政／❽ 1952・5・18 社
長野・液酸工業 ❾ 1992・11・7 社
長野・岡谷 ❺-2 1812・10・6 社／❾ 1983・3・27 社
長野・木曾福島 ❼ 1927・5・12 社
長野・共和村 ❼ 1926・4・20 社
長野・善光寺 ❺-2 1737・6・2 社
長野・松代 ❻ 1891・4・24 社
長野・松本 ❺-2 1776・12・20 社／1803・1・9 社／1834・7・2 社／❻ 1886・2・9 社／1888・1・4 社／❼ 1912・4・22 社
長野・松本婦人服会社 ❾ 1978・9・26 社
奈良 ❺-1 1619・12・2 社／1642・11・27 社／1704・4・11 社／❺-2 1717・2・22 社／1762・2・23 社
奈良・元興寺 ❻ 1859・2・29 社
奈良・桜井町 ❽ 1955・7・16 社
奈良・大塔村仏心寺 ❽ 1949・11・23 社
奈良・田原本 ❺-1 1668・11・12 社
奈良・朝護孫子寺本堂 ❽ 1951・4・12 社
奈良・東大寺 ❽ 1947・7・4 社
奈良南都 ❷ 1241・11・13 社
奈良・西の京 ❺-2 1732・12・27 社
奈良・法隆寺金堂 ❽ 1949・1・26 文
奈良・柳本藩陣屋御屋敷 ❺-2 1828・11・8 社
奈良・大和郡山 ❺-1 1670・11・17 社／1680・12・25 社／1699・1・26 社
奈良・吉野 ❷ 1208・2 月 社／❾ 1982・3・29 社
新潟 ❺-2 1770・4・20 社／❻ 1879・7・1 社／1880・8・7 社／1890・4・3 社／❼ 1908・3・8 社／9・4 社／❽ 1955・10・1 社
新潟・出雲崎 ❻ 1881・3・27 社／1893・5・18 社
新潟・磯部村 ❼ 1927・2・14 社
新潟・糸魚川 ❼ 1928・8・19 社／1932・12・21 社／1933・2・21 社

新潟・今町　❺-2 1844・2・2 社
新潟・内野町　❽ 1953・12・10 社
新潟・越後高田　❻ 1864・3・14 社
新潟・柿崎町　❽ 1946・7・30 社
新潟・柏崎　❻ 1880・8・8 社／❼ 1897・4・3 社
新潟・加茂町　❼ 1935・5・12 社
新潟県庁　❽ 1957・8・12 社
新潟・五泉町　❼ 1928・7・3 社／8・3 社
新潟・小須戸町　❼ 1901・6・1 社
新潟・雑居ビル　❾ 1978・3・10 社
新潟・佐渡相川　❺-1 1626・10・2 社／1647・6・1 社／❺-2 1742・1・29 社／1748・7・15 社／1788・10・8 社／1794・7・10 社／1799・5・7 社
新潟・佐渡両津町　❽ 1947・4・17 社
新潟・三条　❻ 1880・5・21 社
新潟・新発田　❺-2 1719・4・8 社／❻ 1895・6・3 社／❼ 1935・9・13 社
新潟・白根町　❼ 1931・5・13 社
新潟・高田　❺-1 1676・3・30 社／❺-2 1825・4・5 社／1844・3・2 社／1847・7・1 社／❽ 1947・11・27 社
新潟・田上村　❽ 1961・9・16 社
新潟・津川　❻ 1880・6・7 社
新潟・燕町　❼ 1908・4・20 社
新潟鉄道病院　❽ 1956・2・17 社
新潟・十日町　❼ 1900・6・11 社
新潟・直江津町　❼ 1898・6・4 社／1906・7・11 社／1908・5・3 社
新潟・長岡　❺-2 1728・3・27 社／6 月 政／1797・8・26 社／1844・10・14 社／❻ 1868・5・19 政／1894・4・4 社
新潟・中蒲原郡五泉町　❼ 1913・10・3 社
新潟・分水町　❽ 1957・4・2 社
新潟・見付町　❼ 1927・6・19 社
新潟・村松町　❽ 1946・5・8 社
新潟・米沢　❺-2 1811・3・16 社
肥前・白潟　❺-1 1676・10・16 社
兵庫　❺-2 1784・3・1 社
兵庫・明石　❺-2 1767・2・18 社／❽ 1949・2・20 社
兵庫・尼崎　❺-1 1693・12 月 社／❽ 1964・11・18 社／❾ 1990・3・18 社／2009・3・8 社／2012・1・17 社
兵庫・有馬温泉　❽ 1943・1・10 社／❾ 1968・11・2 社
兵庫・淡路沼島　❽ 1955・11・9 社
兵庫・出石　❺-2 1744・4・3 社／1807・9・17 社／1823・4・5 社／❻ 1876・3・26 社
兵庫・鶴林寺三重塔　❾ 1976・8・19 社
兵庫・神戸　❻ 1892・1・12 社
兵庫・神戸異人館　❾ 2012・2・14 社
兵庫・神戸刑務所　❼ 1933・2・24 社
兵庫・神戸国鉄高架下商店街　❾ 1973・10・11 社
兵庫・神戸市長田区ゴム工場　❽ 1963・9・24 社
兵庫・神戸市三井倉庫　❽ 1952・10・5 社
兵庫・神戸垂水消防署　❽ 1949・10・9 社
兵庫・神戸デパート　❾ 1974・2・17 社
兵庫・宝塚　❾ 2007・1・20 社
兵庫・丹波篠山　❺-1 1671・1・12 社／❺-2 1720・3・22 社／1807・2・19 社／❻ 1856・3・20 社
兵庫・津名マッチ工場　❾ 1970・1・28 社
兵庫・豊岡　❺-2 1789・6・30 社／1800・7・9 社
兵庫・西宮　❸ 1371・10・28 社／❺-1 1653・2・13 社
兵庫・西宮阪神市場　❾ 1972・1・10 社
兵庫・姫路　❺-1 1688・3・10 社／❾ 2006・1・4 社
兵庫・六甲山・摩耶山　❼ 1926・4・15 社／1928・3・25 社
広島　❺-2 1729・3・2 社／10・21 社／1733・1・2 社／6・17 社／1744・4・3 社／1746・3・20 社／12・6 社／1753・2・5 社／12・13 社／1756・1・22 社／1758・4・3 社／1763・9・18 社／1766・7・10 社／1767・4・9 社／1773・10・1 社／1783・5・22 社／1787・2・24 社／1789・4・27 社／1792・8・5 社／1798・7・9 社／1806・2・18 社／1807・4・23 社／❻ 1864・10・1 社／1868・3・28 社
広島医科大学　❽ 1947・12・19 文
広島駅前マーケット　❽ 1949・3・27 社
広島・江波島　❺-2 1765・12・10 社／1776・5・4 社
広島・尾道精神科病院　❾ 1984・2・19 社
広島・海田市　❺-2 1834・12・4 社／1842・11・11 社／1848・11・10 社
広島・草津村　❺-2 1790・7・26 社／1810・12・23 社
広島市営アパート　❾ 1996・10・28 社
広島・仁保島　❺-2 1764・6・20 社／1777・1・14 社／1778・2・7 社／1814・1・13 社／1826・11・9 社
広島・福山　❺-1 1699・4・7 社／❾ 2012・5・13 社
広島・福山城　❻ 1865・11・12 政
広島・矢野村　❺-2 1788・1・14 社
福井　❺-1 1659・4・2 社／1669・4・15 社／1700・3・30 社／❺-2 1766・3・5 社／1775・8・27 社／1792・10・3 社／1797・6・14 社／1794・8・21 社／1801・2・26 社／1829・4・13 社／1831・1・18 政／❻ 1854・6・13 社／❼ 1900・4・18 社／1902・3・30 社／1919・5・7 社／❽ 1956・4・23 社
福井・大野郡勝山町　❼ 1896・4・13 社
福井・大野町　❼ 1899・6・19 社
福井・小浜　❻ 1888・8・2 社
福井・勝山保育所　❾ 1986・4・16 社
福井・武生町　❼ 1903・4・14 社／1913・8・19 社／9・19 社
福井・敦賀川向御所辻子町　❺-1 1694・3・7 社
福井・天津村　❼ 1926・4・20 社
福井・府中　❺-2 1739・9・20 社／1754・②・17 社／1762・4・1 社／1852・3・22 社
福井・丸岡　❺-2 1737・5・2 社
福井・三国湊　❺-2 1730・4・22 社／1735・3・30 政／1774・10・14 社／1778・3・22 社
福井・三橋下寺町　❺-2 1717・4・16 社
福井・吉崎　❹ 1474・3・28 社
福岡　❺-1 1703・1・29 社／1708・1・13 社／❼ 1923・1・17 社
福岡・飯塚市井筒屋百貨店　❽ 1955・8・27 社
福岡・落合　❽ 1945・11・12 社
福岡・久留米　❺-1 1667・7・17 社／1696・2・8 社／❽ 1960・3・19 社
福岡市中華料理店　❽ 1962・8・24 社
福岡・築城駅　❽ 1955・1・31 社
福岡・博多津　❸ 1320・12・23 政
福岡・花園町　❽ 1949・12・29 社
福岡・淵上デパート　❽ 1963・12・21 社
福岡・門司大里　❺-2 1823・4・3 社／1833・9・12 社
福岡・柳川　❺-2 1733・3・2 社／1792・3・14 社
福岡・柳橋連合市場　❾ 1973・8・29
福岡・弓削田　❽ 1952・6・20 社
福岡大学女子学生寮　❾ 2012・12・2 社
福島・会津若松　❺-1 1609・3・15 社／1615・3・24 社／1621・2・25 社／163・3・14 社／1645・3・14 社／1654・7・2 社／1662・3・11 社／1671・3・7 社／1675・4・20 社／1678・5・24 社／168・4・11 社／1688・2・20 社／1693・2・2 社／3・17 社／1709・4・7 社／1710・4・24 社／1712・3・28 社／❺-2 1723・4・21 社／1724・4・21 社／1728・3・3 社／4・1 社／1731・3・18 社／1734・5・5 社／1743・3・9 社／1744・3・9 社／1759・⑦・12 社／1761・3・29 社／1765・4・20 社／1769・7・23 社／177・6・5 社／1828・4・3 社／1834・5・22 社／1841・2・24 社／❻ 1855・6・5 社／1861・3・18 社／6・29 社／1866・8・8 社／1867・4・19 社／1868・9・9 政／1874・5・3 社／1881・4・25 社／1883・5・1 社／❼ 1916・5・12 社
福島・飯坂温泉　❽ 1944・7・2 社／❾ 1994・12・21 社
福島・伊南村　❽ 1964・4・30 社
福島・大沼郡宮下村　❽ 1942・4・11 社
福島・小川荘津川町　❺-1 1610・3・1 社
福島・小浜町　❽ 1945・1・15 社
福島・喜多方　❻ 1880・8・8 社
福島・黒川　❹ 1514・4・17 社
福島・小荒井村　❺-2 1782・9・2 社
福島・坂下町　❼ 1911・5・20 社
福島・塩川村　❺-2 1754・4・29 社
福島・平町　❼ 1906・2・18 社
福島・高田村　❻ 1893・7・12 社
福島・田島町　❼ 1934・5・10 社／❽ 1946・5・20 社
福島・棚倉　❺-1 1672・1・28 社
福島・土湯温泉　❼ 1927・12・27 社／❽ 1954・2・22 社
福島・鶴ヶ岡城　❻ 1856・4・10 社
福島・常葉町　❽ 1956・4・17 社
福島・二本松　❺-1 1643・6・3 社／1659・2・7 社／1671・4・6 社／❻ 1874・5・30 社／1875・5・28 社／❼ 1918・4・20 社
福島・磐光ホテル　❾ 1969・2・5 社
福島・東山温泉旅館　❾ 1977・12・18 社

福島·伏拝会社員宅　❾ 2010·12·31 社
福島·森合町　❽ 1948·1·11 社
福島·柳津　❹ 1579·3·7 社／❺-1 1650·3·2 社／1674·11·13 社／❺-2 1818·6·24 社
福島山火事　❽ 1963·2·25 社
北海道·旭川　❼ 1930·4·2 社
北海道·厚岸　❼ 1905·10·31 社
北海道·石狩　❼ 1906·5·25 社／❾ 1981·6·20 社
北海道·岩内　❽ 1954·9·26 社
北海道·岩見沢　❼ 1925·6·5 社／❾ 1965·11·27 社
北海道·枝幸　❽ 1940·5·11 社
北海道·江別　❽ 1953·5·23 社／❾ 1980·4·10 社
北海道·奥尻島　❽ 1963·5·27 社
北海道·小樽　❻ 1881·5·21 社／1885·6·10 社／1887·6·9 社／❼ 1904·5·8 社／1909·4·25 社／❽ 1948·5·9 社／1956·5·3 社／1963·12·31 社
北海道·帯広　❾ 1981·1·2 社
北海道·木古内町　❽ 1957·4·8 社
北海道·喜茂別村　❽ 1948·5·11 社
北海道·教育研修所　❽ 1951·9·30 社
北海道·釧路　❼ 1913·12·26 社／1925·2·21 社／❽ 1951·12·2 社
北海道·倶知安町映画館　❽ 1943·3·6 社
北海道·国後島(千島)　❻ 1894·6·5 社
北海道·札幌　❻ 1892·5·4 社／❼ 1925·5·11 社／❽ 1952·8·25 社／1962·12·30 社／❾ 1977·2·6 社／2010·3·13 社
北海道·札幌御用火事　❻ 1872·3·26 社
北海道·空知　❼ 1928·4·11 社
北海道·伊達　❼ 1927·5·3 社
北海道·千歳　❽ 1955·9·11 社
北海道·津別　❾ 1984·6·6 社
北海道·手稲　❾ 1970·8·6 社
北海道·天塩　❼ 1928·8·22 社
北海道·興部村　❼ 1927·6·7 社
北海道·苫小牧　❼ 1921·5·1 社
北海道·トラピスト修道院　❼ 1925·10·16 社
北海道·根室　❻ 1886·12·31 社／1895·10·3 社
北海道·函館　❻ 1873·3·23 社／1879·12·6 社／1887·5·2 社／1895·11·3 社／❼ 1896·8·26 社／1899·9·15 社／1907·8·25 社／1912·4·12 社／1913·5·4 社／1914·4·8 社／1916·8·2 社／1921·4·14 社／1934·3·21 社
北海道·函館湯の川温泉　❽ 1954·5·12 社
北海道·浜中村　❽ 1951·5·19 社
北海道·東島牧村　❼ 1931·5·12 社
北海道·美唄　❽ 1937·5·1 社／❾ 1983·12·8 社／1985·2·2 社／1971·1·31 社
北海道·美幌　❽ 1959·1·27 社
北海道·古平　❽ 1949·5·10 社
北海道·穂別　❾ 1981·6·10 社
北海道·幌内　❻ 1891·6·23 社
北海道·松前　❺-2 1719·3月 社／1754·是春 社／1766·4·4 社／1797·10·6 社／1798·1月 社／1806·10·5 社／1832·6·25 社／1833·5·21 社／❽ 1949·6·5 社
北海道·松前城下福山　❺-1 1621·3·6 社／❺-2 1767·4·7 社／❻ 1854·10·8 社
北海道·三笠　❽ 1947·5·16 社／1960·5·16 社
北海道·道森　❽ 1961·10·23 社
北海道·美深　❼ 1928·7·23 社
北海道·室蘭　❼ 1912·12·20 社／❾ 1967·12·30 社
北海道·紋別　❼ 1930·4·18 社
北海道·夕張　❼ 1929·11·29 社／❽ 1949·5·30 社／❾ 1984·5·5 社
北海道·余市　❼ 1932·5·27 社／1933·4·11 社／❽ 1953·5·3 社
北海道·利尻　❼ 1906·9·29 社／❽ 1964·5·15 社
北海道·稚内町　❼ 1930·11·1 社
北海道神宮本殿　❾ 1974·11·10 社
北海道水産加工場　❾ 1968·1·16 社
三重·阿保　❺-1 1660·11·2 社
三重·伊勢　❹ 1490·12·16 社／1505·12·24 社／1544·2月 社／❺-1 1658·12·30 社／1670·11·24 社
三重·伊勢桑名　❺-1 1606·11·6 社／1608·2·4 社／1615·1·15 社／1654·10·2 社／11·2 社／12·2 社／1701·2·6 社／❺-2 1719·12·16 社／1730·2·24 社／1756·1·13 社／1772·2·1 社
三重·伊勢内宮　❺-1 1677·9·8 社
三重·伊勢古市　❺-2 1770·5·25 社
三重·伊勢松坂　❺-1 1680·12·25 社／❺-2 1716·12·8 社
三重·伊勢山田　❺-1 1604·12·16 社／1614·1·14 社／1626·11·2 社／1672·10·22 社／1706·11·2 社／❺-2 1764·12·17 社／1829·3·19 社／1830·③·19 社／❻ 1893·3·29 社
三重·上野　❺-1 1606·12·8 社／1694·4·14 社
三重·名張　❺-1 1710·4·14 社
三重·四日市·昭和製油製油所　❾ 1976·1·18 社
三重·四日市·大協石油製油所タンク　❾ 1975·2·16 社
宮城·石巻　❻ 1883·4·13 社
宮城岩沼·小島精神科病院　❾ 1971·2·2 社
宮城·槻木町　❻ 1867·2·6 社
宮城·黒川　❹ 1556·1·25 社
宮城·気仙沼　❼ 1915·3·30 社
宮城·作並温泉　❽ 1963·10·28 社
宮城·志津川町　❽ 1937·5·4 社
宮城·白石町　❼ 1899·5·14 社
宮城·仙台　❺-1 1644·4·29 社／1647·4·12 社／5月 社／1652·1·17 社／1707·2·13 社／❺-2 1718·4·1 社／1727·3·16 社／1764·10·21 社／1772·1·26 社／❼ 1919·3·2 社／❽ 1951·4·22 社／1956·5·5 社
宮城·中新田町　❼ 1902·4·30 社
宮城·丸森町　❽ 1953·3·8 社
宮崎市　❽ 1947·12·7 社
宮崎·今町　❺-2 1761·11·16 社
宮崎·飫肥城　❺-2 1718·2·28 社
宮崎·小林町　❼ 1927·1·28 社／1932·4·16 社
宮崎·佐土原　❺-1 1653·2·1 社／1675·12·6 社
宮崎·高岡　❻ 1858·1·11 社
宮崎·高鍋町　❺-2 1736·1·15 社／1741·12·16 社
宮崎·延岡　❺-2 1793·11·29 社／❻ 1881·12·28 社
宮崎·日向都城　❺-2 1834·10·29 社
宮崎·福島　❺-2 1742·1·23 社
宮崎·美々津　❻ 1858·11·23 社
陸奥　❶ 976·1·2 社
山形　❺-1 1611·2月 社／1657·3·27 社／1688·4·5 社／❻ 1894·5·25 社／❼ 1911·5·8 社
山形·温海町　❽ 1951·4·24 社
山形·蔵王観光ホテル　❾ 1983·2·21 社／1988·2·21 社
山形·酒田　❺-2 1726·5·8 社／1751·3·29 社／1758·7·13 社／1772·4·15 社／❾ 1976·10·29 社
山形·庄内　❺-1 1656·5·3 社／1671·2·23 社／❺-2 1731·3·17 社／1807·4·8 社
山形·新庄　❺-1 1674·4·29 社
山形·西置賜郡荒砥町　❼ 1897·5·21 社
山形·米沢　❺-1 1660·3·20 社／❻ 1864·4·15 社／❼ 1917·5·22 社／1919·5·19 社
山口·岩国病院　❾ 1977·5·13 社
山口·大津島　❼ 1929·1·2 社
山口·玄麻里布村　❼ 1927·2·2 社
山口·下関　❻ 1864·8·6 社／❼ 1915·2·24 社／❽ 1947·10·17 社
山口·安岡村　❻ 1886·1·12 社
山梨·上吉田　❹ 1533·3·16 社
山梨·甲府　❺-1 1660·1·26 社／❺-2 1727·12·9 社／1803·4·3 社／❻ 1854·3·24 社
山梨·甲府御岳町金桜神社　❽ 1955·12·18 社
山梨·谷村町　❽ 1949·5·13 社
和歌山　❺-1 1700·7·19 社
和歌山·高野山　❺-1 1609·3·12 社／1622·3·7 社／1637·9·10 社／1641·2·15 社／1647·6·18 社／1650·3·10 社／5·3 社／1671·6·15 社／1673·6·15 社／1691·3·28 社／❺-2 1722·3·14 社／1774·9·19 社／1809·7·23 社／❻ 1864·2·29 社／1888·3·25 社
和歌山·高野山光台院　❽ 1963·4·11 社
和歌山·高野山金剛峰寺　❹ 1521·2·12 社／1596·6·27 社
和歌山·高野山地蔵院　❾ 1988·4·18 文
和歌山·新宮市　❽ 1946·12·21 社
和歌山·寿司由楼　❾ 1971·1·2 社
和歌山·椿温泉ホテル　❾ 1972·2·25 社
和歌山·根来寺本坊　❽ 1962·5·2 社
和歌山·日置川町　❽ 1957·3·21 社
和歌山·南富田小学校　❽ 1937·12·20

社

和歌山・三輪崎町　❼ **1932**・10・7 社

蝗害・鼠害

蝗害　❷ **1017**・8・3 社／**1018**・8月 社／❹ **1526**・10・20 社／❺-1 **1691**・是年 社／❺-2 **1720**・是年 社／**1721**・6月 社／**1827**・是秋 社／**1732**・7・20 社／是夏 社／8・30 政／9・28 政／**1738**・11・16 政／**1741**・4月 政／**1750**・8月 社／**1834**・是秋 社

蝗駆除用鯨油　❺-2 **1829**・7・10 社

浮塵子(うんか)　❺-2 **1839**・9月 社

鼠害(美濃大垣鼠被害)　❺-2 **1791**・是夏 社

洪水

全国　❶ **666**・7月 社／**692**・⑤・3 社／**775**・8・22 社／**848**・8・5 社／**859**・4・7 社／**889**・6月 社／**909**・5・19 社／**914**・6・15 社／**924**・5・7 社／**926**・7・19 社／**928**・7・12 社／❷ **1003**・5・19 社／**1022**・4・18 社／**1115**・是年 社／**1125**・是秋 社／**1160**・6・22 社／**1186**・11・11 社／**1190**・8・16 社／**1231**・5・5 社／❸ **1289**・9月 社／**1290**・10・3 社／**1314**・3・24 社／**1402**・是秋 社／**1439**・是年 社／**1442**・5・17 社／**1443**・3・10 社／5・20 社／9・4 社／**1444**・3・17 社／**1446**・是夏 社／**1448**・7・19 社／**1452**・是年 社／❹ **1459**・9・10 社／**1460**・6月 社／8・29 社／**1464**・8・11 社／**1468**・7・20 社／**1478**・5・13 社／**1482**・5・29 社／**1487**・是春 社／6・27 社／**1517**・5月 社／7・13 社／**1518**・7・13 社／**1536**・6・28 社／**1539**・8・17 社／**1544**・7・9 社／**1578**・5・12 社／**1583**・7月 社／**1589**・5・30 社／**1598**・7・27 社／❺-1 **1602**・8・28 社／**1608**・6・8 社／**1612**・6・22 社／9・2 社／**1614**・5・12 社／5・26 社／6・4 社／8・28 社／**1618**・8・10 社／**1619**・8・10 社／**1620**・5月 社／**1627**・8月 社／**1629**・5・16 社／**1633**・5・28 社／6月 社／**1646**・7・27 社／**1658**・8・3 社／**1660**・5月 社／9・20 社／**1669**・是年 社／**1680**・⑧・5 社／**1701**・8・18 社／**1702**・8・27 社／**1712**・7月 社／9月 社／**1714**・8・8 社／❺-2 **1765**・8・2 社／**1773**・7・8 社／**1774**・6・23 社／**1779**・8・24 社／**1802**・7・1 社／**1852**・7・22 社／❻ **1885**・7・1 社／**1889**・9・11 社／**1891**・7・14 社／**1893**・11・14 社

愛知(尾張)　❺-1 **1607**・8・14 社／**1699**・7・16 社／**1705**・6月 社／7月 社／❺-2 **1736**・8月 社／**1737**・7・26 社／**1767**・7・2 社／**1789**・⑥・17 社／**1830**・7・17 社／**1850**・8・8 社／**1851**・8・25 社／**1893**・8・23 社

愛知(三河)　❹ **1596**・5・9 社／❺-1 **1602**・7・3 社／**1607**・8・14 社／**1665**・7・16 社／**1666**・8・1 社／**1676**・7・4 社／❺-2 **1815**・6・25 社／**1830**・7・17 社／**1843**・10・11 社

青森　❸ **1427**・9・4 社／❺-1 **1632**・6・24 社／**1637**・6・26 社／**1659**・7・2 社／**1660**・7・23 社／**1661**・7・18 社／**1676**・10・3 社／**1680**・8・2 社／**1687**・6・15 社／**1693**・2・13 社／**1694**・7・28 社／**1698**・5・7 社／**1702**・10・2 社／**1711**・4・4 社／❺-2 **1721**・⑦・13 社／**1730**・8・30 社／**1737**・4・7 社／**1747**・8・19 社／**1798**・6・5 社／**1830**・8・16 社

赤城山　❺-2 **1812**・6・28 社

明石川　❼ **1899**・6・8 社

秋田　❺-1 **1632**・5・21 社／**1637**・6・26 社／**1707**・8・19 社

秋田庄内　❺-2 **1736**・6・11 社／**1831**・8・13 社／**1833**・6・25 社／**1847**・3・5 社

浅草　❺-1 **1690**・6月 社

淡路　❺-2 **1738**・8・12・17 社

石川　❹ **1462**・6・8 社／❺-1 **1668**・6・11 社／**1669**・6・16 社／**1671**・7・1 社／❺-2 **1720**・6・21 社／**1743**・6・22 社／**1748**・6・5 社／**1757**・2・26 社／**1789**・⑥・5 社／❻ **1866**・7・13 社

伊豆　❺-1 **1631**・8月 社

宇治川　❺-2 **1745**・4月 社／**1775**・5・5 社／**1781**・1・25 社

宇都宮　❺-2 **1766**・6・18 社

愛媛　❺-1 **1674**・5・14 社／**1702**・7・28 社／❺-2 **1721**・⑦・14・15 社

大分　❺-2 **1846**・⑤・6 社／**1849**・6・1 社

大坂(摂津)　❺-1 **1655**・4・28 社／**1713**・8月 社／❺-2 **1740**・⑦・3 社／**1802**・6・29 社／**1807**・6・20 社／**1835**・6・29 社／**1842**・5・29 社／❻ **1856**・8・25 社

岡崎　❺-1 **1714**・7月 社

岡山　❺-1 **1684**・6・8 社／**1707**・9・12 社／❺-2 **1801**・8・19 社／**1852**・8・23 社／❼ **1919**・7・4 社

隠岐　❺-2 **1736**・8・1 社

奥丹波　❺-2 **1730**・6・6 社

香川　❺-1 **1710**・8・4 社／❺-2 **1785**・7・11 社／**1829**・7・17 社／**1839**・8・9 社

鹿児島　❺-1 **1711**・5・27 社

神奈川小田原　❺-1 **1704**・2・19 社

鎌倉　❷ **1188**・6・5 社／**1214**・8・7 社／**1217**・9・4 社／**1220**・7・30 社／**1237**・3・9 社／11・7 社／**1244**・11・3 社／**1265**・6・3 社／❸ **1289**・2・4 社／**1291**・7・1 社／**1339**・8・5 社／**1420**・8・12 社

川崎六郷・千住　❺-1 **1644**・8・4 社

関西　❺-1 **1614**・4・26 社／**1654**・7・17 社／❼ **1934**・是年 社

関東　❷ **1212**・5・28 社／❸ **1310**・3・24 社／**1419**・是秋 社／❹ **1508**・7・10 社／**1585**・8・28 社／**1596**・6・19 社／❺-1 **1604**・4・23 社／**1605**・8・10 社／**1671**・8・28 社／**1674**・8・8 社／**1686**・6・4 社／**1704**・8・4 社／❺-2 **1728**・9・1 社／**1734**・6・17 社／**1742**・8・1 社／**1780**・6月 社／**1783**・6・17 社／**1786**・7月 社／**1791**・8・4 社／9・4 社／**1822**・6月 社／**1823**・6・21 社／**1824**・7・24 社／8・15 社／**1827**・3月 社

関東・中部　❹ **1586**・6・24 社／❺-2 **1789**・6・11 社／❼ **1896**・7・21 社

木曾川　❶ **769**・9・8 社

北上川　❽ **1947**・9・16 社

九州　❺-1 **1663**・5・23 社／7・26 社／**1673**・5・12 社／**1678**・8・5 社／❺- **1755**・6・1 社／**1772**・7・3 社／**1776**・4・13 社／**1791**・6・12 社／**1792**・4・20 社／**1804**・5・13 社／8・2 社／**1824**・6月 社／**1831**・5・19 社／**1840**・6・4 社／❻ **1885**・6・16 社／❼ **1915**・6・24 社／**1921**・6・19 社

京都　❶ **857**・5・30 社／**959**・5・16 社／**962**・5・29 社／**966**・⑧・19 社／**968**・5・26 社／**979**・6・8 社／**990**・8・2 社／**992**・5・26 社／**996**・⑦・10 社／**1000**・8・16 社／❷ **1015**・7・15 社／**1024**・5・28 社／**1029**・4・21 社／**1034**・8・9 社／**1040**・5・27 社／**1046**・5・27 社／**1059**・5・2 社／**1073**・5月 社／**1078**・5・5 社／**1080**・6・18 社／**1082**・8・7 社／**1093**・4・19 社／8・18 社／**1098**・6・2 社／8・13 社／**1105**・5月 社／**1110**・3・11 社／**1127**・7・12 社／**1128**・8・2 社／**1134**・3月 社／5・17 社／**1141**・8・20 社／**1142**・6・1 社／9・2 社／**1145**・6・2 社／**1150**・8・28 社／**1154**・8・3 社／**1161**・7・4 社／**1170**・6・2 社／**1220**・8・5 社／**1227**・4・27 社／**1229**・8・6 社／**1230**・5・21 社／**1231**・6・4 社／**1232**・6・19 社／**1233**・5・5 社／**1238**・6・24 社／**1276**・7・19 社／❸ **1284**・④・17 社／**1295**・5・18 社／**1300**・6・7 社／**1312**・5・23 社／**1313**・6・2 社／**1321**・5・26 社／**1324**・7・16 社／**1325**・6・26 社／**1333**・是秋 社／**1342**・3・20 社／**1350**・5・28 社／**1356**・1・9 社／2・17 社／**1358**・3月 社／**1365**・6・13 社／**1368**・10・9 社／**1371**・5・6 社／**1383**・7・13 社／**1398**・3・21 社／**1405**・6・9 社／**1419**・8・1 社／9・10 社／**1419**1421・7・19 社／**1425**・7・26 社／**1427**・7・1 社／**1436**・7・8 社／**1437**・5月 社／**1441**・5・20 社／⑨・6 社／❹ **1463**・4・4 社／**1464**・5月 社／**1465**・8・16 社／**1477**・5・19 社／**1487**・7・27 社／**1490**・8・22 社／**1492**・5・29 社／**1495**・8・27 社／**1498**・7・14 社／**1499**・5・22 社／**1503**・2月 社／8月 社／**1508**・5・23 社／**1510**・5月 社／**1519**・9・1 社／**1524**・5・13 社／**1530**・6・11 社／**1540**・4・9 社／5・14 社／**1564**・7・2 社／**1568**・6・25 社／**1581**・5・20 社／**1584**・8・2 社／**1596**・8・5 社／**1598**・3・26 社／**1599**・5・24 社／❺-1 **1602**・8・27 社／**1603**・4・24 社／**1608**・4・21 社／**1612**・8・25 社／**1615**・6・23 社／**1618**・5・11 社／**1628**・5・29 社／**1632**・2・10 社／**1634**・8・13 社／**1635**・8・13 社／**1649**・6・26 社／**1659**・5・21 社／**1660**・8・20 社／**1679**・5・15 社／**1690**・8・14 社／**1702**・5・20 社／**1708**・6・22 社／**1712**・8・18 社／**1715**・6・7 社／❺-2 **1716**・6・20 社／**1717**・6・28 社／**1721**・6・17 社／**1728**・6・5 社／7・8 社／**1729**・9・24 社／**1740**・6・9 社／⑦・3 社／**1742**・7・28 社／**1744**・7・3 社／**1745**・8月 社／**1765**・4・16 社／7・5 社／**1768**・5・27 社／**1769**・8・26 社／**1779**・4・25 社／**1782**・6・14 社／**1785**・7・25 社／8・29 社／**1788**・6・16 社／**1806**・6・23 社／**1807**・7月 社／**1815**・7月

社／**1816**・⑧・3 社／**1829**・6・23 社／**1847**・4・10 社／7・13 社／**1848**・6・5 社／8・12 社／**1852**・8・18 社／❻ **1866**・5・14 社／7月 社／**1977**・7・10 社／❼ **1903**・7・7 社
京都福知山　❺-1 **1681**・8月 社
近畿　❶ **929**・7・26 社／❷ **1010**・7・6 社／**1016**・8・11 社／**1017**・7・2 社／**1151**・3・6 社／**1170**・1・14 社／❺-1 **1606**・5・25 社／**1608**・8・1 社／**1609**・8・10 社／**1611**・5・19 社／**1650**・7・27 社／**1652**・5・11 社／**1660**・8・20 社／**1674**・4・10 社／6・13 社／**1687**・9・9 社／**1712**・7・2 社／❻ **1871**・5・18 社
近畿・中国地方　❻ **1888**・7・22 社
熊本(豊後)　❸ **1375**・5月 社／❹ **1494**・6・3 社／❺-1 **1697**・5・28 社／**1699**・6・13 社
高知　❺-1 **1604**・7・13 社／**1661**・7・5 社／**1666**・7・4 社／❺-2 **1788**・7・22 社／❼ **1935**・8・28 社
犀川(さいかわ)　❹ **1563**・4・4 社
山陽道　❺-2 **1849**・7・10 社／**1850**・8・7 社
滋賀　❺-2 **1807**・5・20 社
滋賀・岐阜・愛知　❺-1 **1605**・7・20 社
四国　❺-2 **1776**・8・21 社／**1788**・5・14 社／**1820**・6・29 社／**1826**・5・21 社
四国・鹿児島　❼ **1899**・8・14 社
四国・九州・関西　❻ **1884**・8・25 社
静岡　❷ **1025**・6・30 社／❹ **1498**・7・14 社／**1582**・8月 社／❺-1 **1605**・4・24 社／**1705**・7月 社／❺-2 **1843**・4・21 社／**1844**・8・5 社
信濃川　❺-2 **1736**・6・27 社
島根　❺-1 **1639**・5・20 社／**1669**・6・17 社／**1674**・6・25 社／❺-2 **1739**・7・5 社／**1760**・5・20 社／**1851**・6・20 社
島原・佐賀・唐津・肥後熊本・筑後久留米　❺-1 **1669**・8・9 社
隅田川　❺-2 **1766**・7・6 社
仙台　❺-1 **1654**・6・11 社／**1659**・5月 社／❺-2 **1762**・8月 社／**1812**・7・8 社
只見川・阿賀川　❼ **1925**・7・7 社
中国地方　❺-1 **1674**・4・10 社／**1687**・9・9 社／❺-2 **1729**・9・14 社／**1732**・是夏 社／**1755**・8・24 社／**1757**・6・26 社／**1771**・7・22 社／**1778**・10・11 社／**1804**・6・11 社
津軽　❺-1 **1668**・6・1 社／**1680**・8・26 社／**1691**・8・19 社／❺-2 **1722**・6・24 社／**1724**・6・23 社／**1844**・7・8 社
対馬　❺-1 **1659**・是夏 社
東海(道)　❺-1 **1606**・5・25 社／**1608**・8・1 社／**1623**・9・17 社／**1671**・8・28 社／**1697**・8・5 社／❺-2 **1772**・8・2 社／**1779**・8・24 社／**1785**・7・25 社／8・12 社／**1798**・4・17 社／**1828**・6・30 社／7・1 社
東京(江戸)　❺-1 **1624**・7・4 社／**1631**・9・16 社／**1632**・7・25 社／**1670**・8・29 社／**1675**・6・3 社／**1683**・1・1 社／❺-2 **1727**・7・20 社／**1734**・8・7 社／**1786**・7・10 社／**1789**・8・8 社／**1790**・8・20 社／**1798**・4・17 社／**1808**・6・16 社／⑥・18 社／8・7、8 社／**1809**・8・23 社／**1816**・⑧・3 社／**1823**・5・19 社／**1829**・8・2 社／**1835**・6・27 社／❻ **1857**・⑤・27 社／**1868**・7月 社／**1873**・9・22 社
東北(奥羽)　❸ **1451**・8・16 社／❺-1 **1646**・6・10 社／❺-2 **1783**・6・18 社／**1824**・8・15 社／❻ **1894**・12・11 社／❼ **1912**・8・1 社／**1922**・2・15 社／❽ **1941**・6・22 社／**1948**・9・15 社
徳島(阿波)　❺-1 **1694**・⑤月 社／**1701**・7・10 社
栃木　❸ **1292**・7・7 社／❺-1 **1666**・6月 社
栃木・神奈川　❺-1 **1670**・6・3 社
栃木五十里湖　❺-2 **1723**・8・10 社
栃木関宿　❺-2 **1852**・7・22 社
鳥取　❹ **1550**・是年 社／❺-1 **1695**・7・22 社／**1701**・8・14 社／❺-2 **1729**・7・14 社／**1768**・5・19 社／**1786**・9・6 社／**1795**・8・29 社
利根川　❺-1 **1643**・7・6 社／❻ **1864**・8・7 社／❽ **1947**・9・19 社
富山　❺-1 **1680**・7・8 社／**1738**・5・13 社／**1789**・6・15 社／**1738**・5・13 社／**1789**・6・15 社／❻ **1885**・4・8 社
長崎　❺-2 **1721**・⑦・14 社／⑦・15 社／**1777**・8・25 社／**1795**・7・19 社／**1796**・5・26 社／6・6 社／**1810**・3・6 社／**1820**・6・17 社
長崎諫早　❽ **1957**・7・25 社
長野(信濃)　❶ **888**・5・8 社／❹ **1542**・是秋 社／❺-1 **1648**・1・26 社／❺-2 **1736**・6・27 社／**1789**・6・11 社／❻ **1865**・⑤・15 社
名古屋　❺-1 **1666**・8・1 社
奈良　❷ **1280**・5・16 社／❸ **1354**・6・10 社／❺-2 **1733**・5・27 社／**1740**・⑦・17 社／**1782**・7・23 社／**1815**・6・6 社／**1829**・6・23 社
奈良長谷川、初瀬流れ　❺-2 **1811**・5・15 社
新潟　❺-1 **1698**・5月 社／**1707**・6・28 社／❺-2 **1731**・5・20 社／**1737**・6・14 社／**1738**・5・13 社／**1789**・6・15 社／**1838**・④・24 社／**1840**・2・22 社／**1842**・6・4 社／**1845**・6・6 社／❼ **1926**・7・28 社
西日本　❽ **1953**・6・2 社／7・17 社
日光　❺-1 **1683**・6・25 社／❺-2 **1748**・6・6 社
八戸　❺-2 **1812**・9・25 社／**1849**・8・1 社
兵庫　❺-2 **1804**・7・28 社／❼ **1933**・8・13 社
兵庫湊川　❺-2 **1843**・5・19 社
広島　❺-1 **1674**・6・25 社／**1679**・7・10 社／**1689**・5・18 社／**1691**・3・4 社／**1694**・6・10 社／**1704**・7・5 社／**1706**・6・25 社／**1707**・8・18 社／❺-2 **1721**・7・13 社／**1724**・8・14 社／**1738**・5・9 社／**1743**・5月 社／**1745**・6・8 社／**1760**・8・13 社／**1783**・6・17 社／**1796**・6・5 社／**1819**・5・23 社／**1829**・5・24 社／6・23 社／**1832**・9・11 社／**1836**・6・11 社／**1840**・5・3 社／5月 社／**1850**・6・1 社／❼ **1903**・7・14 社／**1923**・7・12 社
琵琶湖　❺-2 **1836**・4月 社
福井　❺-1 **1689**・7・10 社／**1691**・6・24 社
福井(若狭・越前)　❺-2 **1736**・8・17 社／**1838**・④・24 社／**1842**・6・4 社／**1845**・6・6 社
福岡　❺-2 **1720**・6・21 社／**1765**・6・16 社
福岡秋月　❺-2 **1816**・6・18 社
福岡中津　❺-1 **1669**・8・9 社
福島(会津)　❹ **1493**・6・26 社／❺-1 **1650**・7・4 社／**1667**・7・17 社／**1681**・8・14 社／**1701**・7・21 社／**1708**・6・2 社／❺-2 **1722**・8・23 社／**1763**・9・3 社／**1796**・6・4 社／**1820**・6・5 社／**1829**・8・13 社
福島雄国沼　❼ **1896**・5・15 社
北海道　❹ **1467**・8月 社／❺-1 **1702**・7・29 社／**1703**・6・4 社／**1707**・7・9 社／❺-2 **1724**・6・23 社／❼ **1932**・8・30 社／❽ **1954**・5・5 社
北国筋　❺-2 **1845**・8・27 社
三重　❷ **1035**・9・11 社／**1079**・6・27 社／**1121**・8・25 社／**1123**・8・22 社／❹ **1495**・8・8 社／❺-1 **1660**・7・29 社／**1695**・5・24 社／7月 社
三重・愛知　❺-2 **1773**・6・19 社／**1782**・5月 社／**1788**・6・16 社／**1829**・6・23 社
水戸　❺-1 **1666**・5・2 社／**1679**・7・22 社
美濃(岐阜)　❹ **1535**・2・14 社／❺-1 **1602**・4・13 社／**1607**・8・14 社／**1608**・4・21 社／**1610**・5・3 社／**1658**・7・17 社／**1666**・8・1 社／**1674**・8・1 社／**1712**・5・9 社／❺-2 **1736**・5・1 社／**1737**・8・19 社／**1815**・7・9 社／**1829**・6・23 社／**1830**・7・17 社／**1835**・6・19 社／**1843**・10・11 社／**1847**・4・10 社
宮崎(日向)　❹ **1539**・7・11 社／❺-1 **1677**・10・3 社／❺-2 **1813**・8月 社／**1842**・5・12 社
山口　❺-2 **1743**・10・6 社／**1835**・9・28 社
山梨　❹ **1491**・6・2 社／**1528**・5・17 社／**1539**・12・15 社／**1540**・5月 社／**1542**・是秋 社／**1550**・6・4 社／**1559**・1月 社／12・7 社／**1563**・7月 社
山梨甲府　❺-1 **1689**・7月 社
淀川　❶ **918**・8・16 社／❺-1 **1665**・5・25 社／**1694**・2・23 社／**1701**・8・18 社／❺-2 **1735**・6・21、22 社／**1758**・9・17 社／**1775**・8・15 社／**1778**・7・11 社
米沢　❺-1 **1680**・8・14 社
渡良瀬川　❼ **1896**・9・8 社
霖雨(ながあめ)・長雨　❶ **623**・是年 社／**626**・3月 社／**633**・5月 社／**638**・9月 社／**642**・3月 社／**691**・4月 社／**705**・6・27 社／**806**・8月 社／**819**・8・28 社／**863**・6月 社／**883**・7・13 社／**911**・6月 社／**923**・8・30 社／**936**・8・15 社／**945**・5月 社／**949**・4・10 社／**975**・6・4 社／**977**・7・23 社／**984**・11・7 社／❷ **1017**・7・1 社／**1031**・8・27 社／**1103**・9・13 社／**1108**・6・26 社／**1118**・6月 社／**1124**・3・25 社／**1127**・11・6 社／**1172**・5・20 社／**1175**・6・7 社／**1205**・7・22 社／**1210**・7月 社／❸ **1283**・5・29 社／**1286**・10・10 社／**1287**・5月 社／**1289**・9月 社／**1319**・6月 社／❹ **1469**・8月 社／

1520·8 月 社／**1586**·6·4 社／**1587**·7·4 社／❺-1 **1601**·是夏 社／**1608**·6·8 社／**1626**·5·22 社／❺-2 **1782**·是夏 社／**1846**·6·28 社
関東　❷ **1211**·7 月 社／**1227**·6·12 社
京都　❷ **1232**·6·19 社／**1267**·5·29 社
信濃　❷ **1058**·12·16 社

暴風雨

全国　❶ **675**·8·22 社／**676**·8 月 社／**779**·4·19 社／**804**·8·10 社／**832**·8·20 社／**836**·5·18 社／**845**·9·21 社／**854**·7·27 社／**858**·1·18 社／**869**·7·14 社／**874**·8·24 社／**887**·8·20 社／**899**·5·22 社／**906**·7·13 社／**910**·4·22 社／**913**·8·1 社／**918**·8·16 社／**940**·8 月 社／**944**·9·2 社／**962**·8·30 社／**965**·8·28 社／**969**·7·23 社／**973**·5·17 社／**996**·⑦·21 社／❷ **1003**·11·13 社／**1010**·1·21 社／②·2 社／**1014**·8·21 社／**1020**·7·22 社／**1069**·9·7 社／**1111**·4·9 社／**1116**·7·7 社／**1130**·9·12 社／**1151**·7·8 社／**1152**·2·28 社／**1169**·2·9 社／**1170**·8·8 社／**1175**·9·12 社／**1179**·5·12 社／**1190**·5·15 社／**1201**·8·11 社／**1203**·1·26 社／7 月 社／**1205**·3 月 社／**1206**·8·11 社／**1216**·8·28 社／**1229**·8·16 社／**1230**·8·8 社／**1240**·8·7 社／**1248**·9·8 社／**1258**·8·1 社／**1260**·6·1 社／**1281**·⑦·1 政／❸ **1450**·7·1 社／8·27 社／❺-1 **1606**·8·29 社／**1612**·6·22 社／**1621**·3·7 社／**1631**·8·14 社／**1662**·6·8 社／**1699**·8·15 社／❼ **1896**·8·30 社／**1899**·10·5 社／**1904**·7·10 社／**1917**·10·1 社／**1922**·8·24 社／**1924**·10·8 社／❾ **1978**·9·15 社／**2012**·4·3 社
愛知　❻ **1892**·9·4 社／❼ **1911**·8·4 社
愛知岡崎　❺-1 **1711**·8 月 社
青森　❺-1 **1698**·7·21 社／**1699**·8·15 社／❻ **1855**·6·19 社／**1859**·8·13 社
秋田　❺-1 **1652**·12·11 社
奄美大島　❼ **1929**·9·29 社／**1935**·9·6 社
石川　❻ **1883**·4·28 社
伊豆　❺-1 **1635**·6·13 社
大分府内　❺-1 **1666**·7·4 社
大阪　❺-1 **1649**·8·19 社／❻ **1856**·8·11 社／8·25 社
岡山　❷ **1028**·8·23 社
沖縄　❻ **1892**·8·22 社
鹿児島　❼ **1905**·7·17 社／11·3 社／**1934**·8·6 社
勝浦　❻ **1892**·12·28 社
鎌倉　❷ **1188**·1·1 社／**1215**·8·18 社／**1247**·9·1 社／**1254**·5·9 政／**1256**·8·6 社
樺太　❼ **1930**·5·4 社
関西　❼ **1897**·9·29 社／**1899**·8·28 社／**1917**·9·29 社／**1918**·7·10 社／**1931**·10·13 社
関東　❺-1 **1627**·6·3 社／**1637**·⑧·7 社／**1651**·10·13 社／**1704**·6·15 社／❻ **1859**·7·25 社／**1878**·9·15 社／**1882**·10·15 社／**1885**·7·1 社／**1890**·8·22 社／**1892**·4·2 社／❼ **1902**·9·28 社／**1903**·9·23 社／**1907**·8·24 社／**1913**·8·27 社／**1915**·10·7 社／**1917**·9·29 社／**1928**·3·10 社／**1931**·10·13 社／**1935**·8·30 社／❾ **2006**·10·6 社
紀伊　❺-1 **1653**·6·6 社／**1655**·8·28 社
岐阜　❻ **1893**·8·23 社
九州　❻ **1884**·8·25 社／❼ **1901**·10·7 社／**1906**·10·24 社／**1912**·10·1 社／**1918**·7·10 社／**1927**·9·13 社／**1930**·7·18 社／8·11 社／**1933**·10·19 社
九州・四国・中国地方　❻ **1874**·8·21 社／**1884**·9·15 社／**1889**·8·19 社／**1893**·10·13 社／**1894**·9·11 社／**1895**·7·24 社
京都　❷ **1025**·12·13 社／**1026**·8·17 社／**1028**·9·2 社／**1034**·8·9 社／**1040**·7·26 社／**1047**·9·8 社／**1051**·7·7 政／**1084**·8·22 社／**1092**·1·30 社／**1096**·5·9 社／**1097**·12·12 社／**1102**·12·29 社／**1114**·2·3 社／**1117**·9·1 社／**1131**·7·3 社／**1134**·9·12 社／**1136**·8·5 社／**1150**·8·20 社／**1189**·8·20 社／**1192**·8·28 社／**1213**·10·15 社／**1214**·8·10 社／**1215**·8·28 社／**1217**·9·3 社／**1219**·7·21 社／**1228**·7·20 社／10·7 社／**1231**·1·1 社／**1233**·3·29 社／**1242**·5·2 社／7·10 社／❸ **1435**·7·13 社／❺-1 **1619**·8·10 社／**1629**·8·5 社／**1635**·5·12 社／**1660**·7·6 社／**1686**·2·23 社／**1693**·7·5 社／❻ **1877**·7·10 社
近畿　❷ **1113**·6·25 社／❻ **1866**·5·14 社／7 月 社／**1871**·5·18 社
近畿・東海道　❺-1 **1614**·2·20 社
熊本　❺-1 **1653**·8·5 社
京浜　❼ **1920**·9·30 社
高知　❺-1 **1678**·7·18 社／❼ **1912**·8·23 社
四国・岡山・北陸　❼ **1899**·9·9 社
四国・近畿・北陸・東海　❼ **1912**·9·21 社
静岡　❺-1 **1635**·6·13 社／❼ **1900**·9·28 社／**1911**·8·4 社
台湾　❼ **1899**·8 月上旬 社／**1901**·8·2 社／**1902**·8·1 社／**1903**·8 月 社
中国地方　❻ **1873**·8·29 社／❼ **1906**·10·24 社／**1918**·7·10 社／**1920**·12·8 社
中部・関東・東北　❼ **1897**·9·8 社
朝鮮　❼ **1925**·7·9 社／**1926**·7·27 社／**1928**·9·12 社
東海　❻ **1860**·5·11 社／❼ **1907**·7·15 社
東海・関東　❼ **1911**·7·25 社
東海道　❺-1 **1711**·7 月 社
東京　❺-1 **1607**·3·9 社／**1636**·8·5 社／**1645**·⑤·27 社／**1652**·8·29 社／❻ **1887**·8·16 社／❼ **1906**·8·24 社／**1936**·2·4 社
東北　❼ **1902**·9·28 社／**1905**·9·28 社／**1913**·8·27 社／❾ **1979**·3·11 社
鳥取　❺-1 **1693**·6·11 社
奈良　❷ **1186**·8·23 社／**1267**·3·18 社／❻ **1889**·8·19 社
西日本　❼ **1914**·9·14 社／**1931**·9·12 社／❾ **1971**·1·5 社／**2012**·4·2 社
阪神・中京　❼ **1918**·8·30 社
東日本　❼ **1896**·9·18 社／**1898**·9· 社
常陸・下総・陸奥　❺-1 **1689**·3·4 社
兵庫明石　❺-1 **1670**·8·23 社
広島　❺-1 **1653**·8·5 社／**1691**·7· 社／❼ **1900**·8·19 社／**1907**·7·15 社／**1935**·1·22 社
北海道　❺-1 **1664**·6·26 社／**1692**·9·21 社／**1703**·9·9 社／❼ **1902**·4·30 社／**1908**·3·8 社／**1933**·7·25 社
三重　❷ **1040**·7·26 社／**1094**·8·10 社／❺-1 **1653**·6·6 社／**1681**·8·21 社
宮古島　❼ **1931**·8·9 社
八重垣島　❾ **1977**·7·31 社
山口　❺-1 **1693**·6·25 社
山口・広島　❼ **1902**·8·10 社
和歌山・大阪　❻ **1888**·8·30 社
気象報告(艦船無線)　❼ **1910**·5·1
風水害被害国費修繕　❻ **1873**·11·1 社
暴風雨警報　❽ **1942**·9·21 社
暴風雨標條例　❼ **1908**·2·13 社

地震

全国　❶ **416**·7·14／**642**·10 月 社／**680**·10·2 社／11·14 社／**716**·1·4 社／**865**·1·14 社／1·29 社／3·22 社／4·12 社／9·24 社／11·1 社／1 14 社／12·2 社／**938**·4·15 社／**943**·5·1 社／**949**·2·9 社／**968**·8·4 社／**978**·10·2 政／**982**·2·27 社／❷ **1027**·3·2 社／**1040**·9·8 社／11·1 社／**1041**·3·1 社／7·20 社／12·28 社／**1050**·10·7 社／**1055**·6·7 社／**1061**·5·6 社／**1063**·2·30 社／3·11 社／**1065**·3·24 社／5·7 社／**1088**·是年 社／**1091**·3·5 社／8·7 社／**1092**·11·10 社／**1096**·11·24 社／**1097**·7·6 社／**1099**·1·24 社／⑨·12 社／**1124**·②·1 社／**1132**·9·8 社／12·6 社／**1143**·10·10 社／11·24 社／**1144**·5·13 社／**1153**·9·21 社／**1155**·8·5 社／**1157**·3·13 社／**1170**·1·14 社／**1177**·10·27 社／**1179**·11· 社／**1180**·11·26 社／**1184**·1·23 社／**1202**·2·28 社／**1204**·10·6 社／12·2 社／**1207**·4·9 社／**1211**·7·3 社／**1213**·7·7 社／**1214**·9·22 社／**1215**·8·11 社／9·6 社／**1223**·5·12 社／**1224**·5·8 社／**1237**·2·1 社／8·4 社／**1239**·6·6 文／11·12 社／**1243**·5·23 社／**1246**·11·27 社／**1247**·10·8 社／11·26 社／**1252**·7·23 社／**1254**·11·18 社／**1273**·是年 文／❸ **1331**·7·3 社／**1334**·12·13 社／**1341** 3·8 社／9·16 社／**1343**·4·15 社／**1345**·8·17 社／**1346**·8·4 社／**1347**·1·15 社／**1352**·1·1 社／**1361**·6 月 社／7·24 社／**1364**·8·5 社／**1373**·4·12 文／**1378**·10·29 社／**1406**·11· 社／**1407**·1·5 社／**1410**·1·27 社／**1412**·1·29 社／2·29 社／**1413**·11·1 社／**1419**·6·24 社／是秋 社／**1424**·

4·25 社／12·5 社／**1425**·10月 社／11·10 社／**1426**·9·22 社／11·26 社／**1430**·2·20 社／**1433**·5·21 社／9·16 社／**1434**·12·14 社／**1436**·7·9 社／**1440**·9·18 社／**1442**·1·21 社／**1443**·6·20 社／**1444**·4·27 社／**1446**·2·29 社／**1448**·是年 社／**1449**·4·12 社／9·11 社／**1450**·4·12 社／**1452**·8·13 社／**1455**·12·30 社／❹ **1458**·7·24 社／**1460**·2·9 社／7·18 社／**1461**·11·30 社／**1474**·⑤·3 社／**1475**·2·1 社／**1493**·6·26 社／**1494**·1·7 社／**1495**·1·13 社／**1498**·6·11 社／8·25 社／**1501**·12·10 社／**1550**·6·22 社／**1585**·7·5 社／11·29 社／❺-1 **1601**·12·16 社／**1604**·12·16 社／**1627**·1·21 社／**1628**·1·17 社／**1707**·10·4 社
青森 ❶ **869**·9·7 社／❺-1 **1604**·2·11 社／**1616**·7·28 社／**1627**·2月 社／**1646**·4·26 社／**1663**·6·15 社／**1683**·9·1 社／**1686**·2·29 社／**1711**·1·1 社／❺-2 **1763**·1·27 社／**1821**·11·19 社／**1822**·①·16 社／**1835**·6·25 社／❼ **1922**·12·8 社／❽ **1964**·5·7 社／❾ **1989**·11·2 社
青森弘前 ❺-2 **1766**·1·28 社／2·8 社
秋田 ❺-1 **1644**·9·18 社／❺-2 **1810**·8·16 社／❼ **1914**·3·15 社
秋田男鹿半島 ❽ **1939**·5·1 社
秋田北丹後 ❼ **1927**·3·7 社
秋田能代 ❺-1 **1694**·5·27 社／**1704**·4·24 社
奄美大島 ❼ **1911**·6·15 社／❾ **1970**·1·1 社
壱岐 ❸ **1294**·4·13 社
石川 ❺-1 **1650**·5·1 社
石川金沢 ❺-2 **1786**·11·17 社／**1799**·5·26 社／**1815**·1月 社
石川·福井 ❽ **1952**·3·7 社
石川輪島 ❾ **1993**·2·7 社
伊豆 ❼ **1930**·5·14 社／**1936**·12·27 社／❾ **2000**·7·1 社
伊豆大島 ❾ **1972**·1·14 社／**1974**·5·9 社／**1976**·8·18 社／**1978**·1·14 社／**1980**·6·29 社／**1988**·7·26 社／**1989**·6·30 社／**1993**·1·10 社／**1995**·10·1 社／**1996**·9·15 社／**1997**·3·3 社
伊勢 ❷ **1037**·12月 社／**1096**·12·9 社
厳島 ❷ **1180**·9·28 社
茨城南部 ❾ **2004**·10·6 社
岩手桑折 ❺-2 **1731**·9·7 社
岩手雫石 ❾ **1998**·9·3 社
岩手花巻 ❺-2 **1717**·4·3 社
岩手北部 ❾ **2008**·7·24 社
岩手盛岡 ❼ **1896**·8·31 社／❾ **1987**·1·9 社
愛媛 ❺-1 **1649**·2·5 社
大分 ❺-2 **1769**·7·28 社／❾ **1975**·4·21 社
大阪 ❺-1 **1663**·12·6 社
大阪·奈良 ❼ **1936**·2·21 社
沖縄 ❺-2 **1768**·7·22 社／**1771**·4·24 社／8·30 社／❽ **1947**·9·27 社
香川 ❹ **1532**·1·20 社
鹿児島 ❹ **1544**·4·22 社／❸ **1293**·4·13 社／8·10 社／**1305**·4·6 社／**1323**·5·3 社／**1336**·9·9 社／**1370**·8·28 社／**1420**·8·10 社／❹ **1495**·8·15 社／**1537**·5·11 社／**1553**·8·24 社／❺-2 **1662**·10月 社
神奈川箱根山 ❺-2 **1786**·2·22 社
鎌倉 ❷ **1191**·3·6 社／**1199**·5·16 社／**1201**·3·10 社／**1202**·12·24 社／**1211**·1·27 社／**1213**·5·21 社／8·19 社／12·11 社／**1214**·10·6 社／**1215**·9·6 社／**1222**·7·23 社／**1225**·10·11 社／**1226**·4·27 社／8·1 社／**1227**·3·7 社／9·3 社／**1228**·5·15 社／**1229**·2·17 社／12·19 社／**1230**·①·22 社／**1237**·9·11 社／**1241**·2·7 社／4·3 社／**1245**·12·20 社／**1247**·11·28 社／**1253**·2·25 社／6·10 社／**1257**·5·18 社／8·1 社／11·8 社／**1260**·8·5 社／**1263**·11·16 社／**1266**·6·24 社
川崎·程ヶ谷 ❺-2 **1812**·11·4 社
関東 ❸ **1307**·3·2 社／❺-1 **1648**·4·22 社／**1650**·3·23 社／**1697**·10·12 社／**1703**·11·22 社／❺-2 **1746**·3·24 社／**1782**·7·14 社／**1793**·1月 社／**1826**·是春 社／❼ **1921**·12·8 社／**1923**·1·15 社／6·2 社／**1924**·1·15 社／**1931**·6·17 社／❽ **1962**·12·31 社／❾ **1968**·7·1 社／**1972**·12·4 社／**1974**·8·4 社／**1975**·2·8 社／**1980**·9·24 社／**1985**·10·4 社／**1992**·2·2 社
岐阜·伊勢·近江 ❺-2 **1819**·6·23 社
岐阜北美濃 ❽ **1961**·8·19 社
九州 ❹ **1596**·⑦·9 社／❺-2 **1723**·11·20 社
九州·四国 ❾ **1968**·8·6 社
九州·四国·中国 ❾ **1968**·4·1 社
京都(山城) ❷ **1070**·10·20 社／**1104**·4·13 社／**1114**·6·7 社／**1144**·7·6 社／**1185**·7·9 社／**1194**·⑧·27 社／**1213**·8·14 社／**1226**·12·24 社／**1245**·7·26 社／**1246**·7·26 社／**1254**·⑤·11 社／**1257**·2·23 社／❸ **1288**·1·24 社／6·24 社／**1289**·2·14 社／**1293**·1·1 社／**1305**·3·9 社／**1316**·6·20 社／**1317**·1·3 社／7·22 社／**1318**·2·26 社／3·6 社／4·7 社／**1321**·3·24 社／**1325**·10·21 社／**1349**·7·19 社／**1350**·5·23 社／11·14 社／**1351**·2·19 社／**1355**·11·18 社／**1356**·5·9 社／7·3 社／**1362**·5·17 社／是年 社／**1367**·1·9 社／2·16 社／5·14 社／8·12 社／**1368**·1·18 社／**1369**·7·27 社／**1372**·6·27 社／**1373**·8·20 社／**1374**·6·15 社／**1375**·6·23 社／**1379**·10·9 社／**1380**·4·17 社／**1381**·2·16 社／4·20 社／**1383**·4·19 社／4·24 社／**1389**·3·18 社／9·6 社／**1391**·10·18 社／**1395**·2·25 社／**1402**·1·29 社／**1407**·12·14 社／**1435**·1·27 社／❹ **1458**·2·15 社／**1466**·4·6 社／4·26 社／**1471**·1·7 社／1·8 社／**1476**·6·16 社／**1489**·1·23 社／7·22 社／8·7 社／**1491**·2·2 社／**1493**·10·30 社／**1494**·5·7 社／**1497**·10·18 社／**1498**·⑩·18 社／**1503**·8·27 社／**1504**·8·6 社／**1506**·11·21 社／⑪·29 社／**1507**·2·8 社／**1508**·8·7 社／**1510**·8·8 社／**1519**·3·18 社／**1520**·10·11 社／**1521**·10·19 社／**1529**·11·8 社／**1534**·6·23 社／**1556**·2·13 社／**1583**·3·3 社／**1596**·⑦·13 政／**1597**·10·2 社／**1598**·1·6 社／**1599**·10·3 社／**1600**·2·17 社／❺-1 **1601**·4·14 社／**1602**·2·24 社／**1603**·3·15 社／12·21 社／**1604**·2·12 社／**1605**·3·15 社／**1622**·10·16 社／**1624**·9·29 社／**1625**·9·2 社／**1627**·2·23 社／**1629**·6·18 社／10·22 社／**1637**·6·5 社／**1644**·6·3 社／**1663**·12·6 社／**1669**·10·12 社／**1679**·7·15 社／**1688**·11·7 社／**1689**·3·28 社／**1690**·1·7 社／**1693**·1·21 社／**1713**·6·11 社／❺-2 **1724**·6·20 社／**1731**·10·14 社／**1733**·4·16 社／**1751**·2·29 社／**1760**·1·24 社／4·25 社／11·10 社／**1768**·8·5 社／**1819**·6·23 社／**1830**·7·2 社／**1831**·2·1 社
京都·伊勢·美濃 ❺-2 **1819**·6·12 社
近畿 ❸ **1299**·4·25 社／**1361**·6·21 社／❼ **1916**·11·26 社
近畿·東海·東山·北陸·西海 ❺-1 **1662**·5·1 社
近畿·名古屋 ❺-2 **1819**·6·12 社／❽ **1941**·11·19 社
熊本 ❺-1 **1625**·6·17 社／❽ **1941**·11·19 社／❾ **1975**·1·22 社
高知 ❺-2 **1824**·1·1 社
埼玉 ❼ **1931**·9·21 社／**1934**·9·2 社
佐渡島 ❺-2 **1802**·11·15 社／**1803**·11·15 社／**1810**·1·1 社／**1833**·10·26 社
山陽道 ❺-2 **1778**·1·18 社
三陸沖 ❺-2 **1793**·1·7 社／❾ **1994**·12·28 社
滋賀·岐阜 ❼ **1909**·8·14 社
静岡 ❶ **715**·5·25 社／❹ **1578**·10·28 社／**1589**·2·8 社／❾ **2009**·8·11 社／**2011**·3·15 社
静岡伊豆 ❼ **1930**·11·26 社／**1935**·7·11 社
島根 ❷ **1026**·5·23 社／❺-2 **1748**·5·23 社
島根津和野 ❺-1 **1676**·6·2 社
島根益田 ❾ **1997**·6·26 社
駿府 ❺-1 **1607**·6·13 社
仙台 ❺-2 **1736**·3月 社
台湾 ❼ **1906**·3·17 社／**1917**·1·5 社／**1935**·4·21 社／❽ **1941**·12·17 社
千葉 ❹ **1511**·11·2 社／❺-1 **1656**·4·8 社／❾ **2005**·4·11 社／7·23 社／**2012**·3·14 社
千葉房総沖 ❽ **1953**·11·26 社
中部 ❺-2 **1718**·7·26 社
対馬 ❺-1 **1670**·8·15 社
出羽·丹後 ❺-2 **1804**·5·20 社
東海 ❽ **1945**·1·13 社／❾ **2001**·4·3 社
東海·近畿 ❽ **1944**·12·7 社
東京(江戸) ❺-1 **1603**·4·28 社／**1607**·1·6 社／**1615**·6·1 社／**1632**·1·2 社／8·29 社／**1635**·1·23 社／

1636・8・5 社／9・30 社／1637・⑧・3 社／1647・5・13 社／1649・7・25 社／1652・11・1 社／1669・6・19 社／1670・11・8 社／1678・8・17 社／1681・8・2 社／1686・5・24 社／1706・9・15 社／❺-2 1725・7・7 社／1732・1・3 社／1737・4・1 社／1740・2・1 社／1771・6・2 社／1774・8・20 社／1779・4・15 社／1780・3・23 社／1783・2・2 社／1790・11・28 社／1794・11・3 社／1803・3・4 社／1832・11・22 社／1835・6・25 社／⑦・18 社／1836・2・9 社／1838・8・25 社／1846・12・8 社／1848・5・8 社
東北　❼ 1901・8・10 社／1933・3・3 社／❾ 1969・10・18 社／1987・2・6 社／4・23 社
栃木今市　❽ 1949・12・26 社
栃木日光　❺-1 1662・9・19 社／1683・5・24 社／1684・11・6 社
鳥取　❺-1 1710・⑧・11 社／❽ 1943・9・10 社／❾ 2000・10・6 社
長崎　❺-2 1725・9・25 社／1732・9・26 社
長崎島原　❼ 1922・12・8 社
長野　❺-1 1714・3・15 社／❺-2 1718・7・26 社／9・12 社／1725・7・7 社／1790・6・23 社／1809・2・21 社／❼ 1918・11・11 社／❽ 1941・7・15 社
長野栄村　❾ 2011・3・12 社
長野西部　❾ 1984・9・14 社
長野善光寺　❺-2 1847・3・24 社
長野野尻湖　❽ 1943・10・13 社
長野松代　❾ 1965・8・3 社／10・9 社／1966・4・17 社
奈良　❺-1 1709・4・23 社
南海　❽ 1946・12・21 社
南都　❸ 1296・10・9 社
新潟(越後)　❹ 1501・12・10 社／1517・6・20 社／❺-1 1665・12・26 社／1670・6・5 社／❺-2 1751・4・25 社／1814・11・12 社／1827・11・12 社／1828・11・12 社
新潟長岡　❽ 1961・2・2 社
新潟・山形・秋田　❽ 1964・6・16 社
西日本　❾ 1978・6・4 社
日本海中部　❾ 1983・5・26 社
能登半島沖　❺-2 1729・7・7 社／❾ 2007・3・24 社
浜名湖　❹ 1510・8・27 社
東日本　❾ 1972・2・29 社
肥後　❺-1 1619・3・17 社
肥前　❹ 1507・2・8 社
姫路　❺-1 1711・11・2 社
兵庫豊岡・城崎　❼ 1925・5・23 社
広島　❺-2 1733・8・11 社
福井(越前)　❹ 1504・7・6 社／8・6 社／❺-1 1639・11月 社／1648・4・27 社／1705・9・15 社／❺-2 1833・4・9 社／❽ 1948・6・28 社
福岡・西方沖地震　❾ 2005・3・20 社
福島会津　❷ 1273・3・9 社／❸ 1375・4・14 社／1387・12・19 社／❺-1 1611・8・21 社／1617・9・15 社／1659・2・30 社／1710・8・4 社／❽ 1943・8・12 社
福島・青森　❹ 1489・4・20 社／1492・6・16 社
福島・相馬　❾ 2010・6・13 社
福島東北沖　❽ 1938・11・5 社
北海道　❺-1 1663・5・11 社／❺-2 1843・3・26 社／❾ 1970・1・21 社／1971・8・2 社
北海道石狩　❺-2 1834・1・1 社
北海道得撫島　❺-2 1780・4月 政
北海道釧路沖　❾ 1993・1・15 社
北海道十勝沖　❽ 1952・3・4 社／❾ 1968・5・16 社／2003・9・26 社
北海道根室　❾ 1973・6・17 社／1975・6・14 社
北海道・東北・関東　❾ 1994・10・4 社
北海道日高　❾ 1982・3・21 社／1987・1・14 社
三重　❾ 2007・4・15 社
三河　❶ 715・5・26 社／❹ 1583・3・3 社
南九州　❽ 1961・2・27 社
宮城・岩手　❾ 2003・5・26 社／2008・6・13 社／2011・4・7 社／2012・12・7 社
宮城沖　❾ 1978・2・20 社／6・12 社／2003・7・26 社／2005・8・16 社
宮城北部　❽ 1962・4・30 社
宮古島　❺-1 1706・9・15 社
宮崎(えびの大地震)　❾ 1968・2・21 社
武蔵　❺-1 1628・5・16 社／7・11 社／1633・1・21 社／1649・6・20 社
山梨　❹ 1499・5・2 社／1500・6・4 社／1516・7・12 社／1549・4・14 社／❾ 1976・6・16 社
和歌山紀伊新宮　❺-1 1664・6・12 社
和歌山紀伊半島　❾ 2004・9・5 社
和歌山田辺　❺-2 1716・12・6 社／1727・1・23 社
和歌山吉野　❽ 1952・7・18 社
鴨島伝説　❷ 1026・5・23 社
関東大震災陸軍被服廠跡　❼ 1923・9・9 社
岐阜濃尾被災者騒動　❻ 1891・11・23 社
地震液状化現象　❽ 1964・6・16 社
震災予防調査会　❻ 1892・6・27 文
陸奥国地震使　❶ 869・9・7 社
大地震　❶ 677・6・14 社／684・10・14 社／734・4・7 社／807・5・25 社／818・7月 社／898・7・27 社／976・6・18 社／997・5・22 社／998・10・3 社
青森　❶ 869・5・26 社
秋田　❶ 830・1・3 社／850・10・16 社
安政の大地震　❻ 1854・11・4 社／1855・10・2 社
伊豆　❶ 841・5・3 社
伊豆海上鳴動　❷ 1112・11・24 社
越中・越後　❶ 863・6・17 社
越中・加賀・飛騨　❻ 1858・2・26 社
関東　❶ 878・9・29 社／❻ 1853・2・2 社
関東大震災　❼ 1923・9・1 政／1927・9・1 社
象潟地震　❺-2 1804・11・28 政
京都　❶ 827・7・12 社／880・12・4
近畿・東海道　❻ 1854・6・14 社
熊本　❶ 744・5・18 社／❻ 1889・7・28 社
芸予地震　❾ 2001・3・24 社
信濃　❶ 841・2・13 社
島根　❶ 880・10・14 社／❻ 1872・2 社
庄内　❻ 1894・10・22 社
駿河・遠江・伊豆・相模　❻ 1854・11・ 社
筑紫　❶ 678・12月 社
東京　❻ 1894・6・20 社
東北地方太平洋沖地震　❾ 2011・3・ 政、社／3・16 政／3・24 政／4・11 政／2012・3・11 社
徳島　❶ 886・5・24 社
新潟　❻ 1881・7・28 社
新潟県中越地震　❾ 2001・1・4 社／2004・10・23 社／2007・7・16 社
濃尾大地震　❻ 1891・10・28 社
阪神・淡路大震災　❾ 1995・1・17 社 1・18 政／2・10 政／4・1 政／6・30 社／1996・1・17 社／1998・1・17 社／1999・1・16 社／2001・1・17 社／200 1・17 社
兵庫　❶ 887・7・30 社
宝永大地震　❺-1 1707・10・4 社
北海道　❻ 1894・3・22 社
北海道・八戸　❻ 1856・7・23 社
三宅島　❻ 1890・4・17 社
消防
『消防白書』　❽ 1962・11・24 社
安全マーク(東京消防庁)　❾ 1981・ 30 社
119番(火災専用電話番号)　❼ 1927 10・1 社
いろは組　❺-2 1730・1・6 社／❻ 1872・4・2 社
江戸消防記念会記念纏祭　❽ 1939・ 24 社
学徒消防特攻隊　❽ 1945・3・5 社
火警令　❺-1 1634・2・16 社
火災火事場制　❺-1 1672・2・4 社／1691・10・1 社／1693・11・1 社
火災報知制度　❼ 1917・4・1 社／1927・6・30 社
火災見舞の制　❺-1 1646・2・28 社
火事合図　❻ 1874・3・9 社
火事遭手当　❺-2 1816・是冬 社
火事装束　❺-2 1743・④・16 社
火事立番制　❺-1 1678・是年 社
火事場見物禁止　❺-2 1739・6月 社／1769・3・15 社／1774・1・27 社／1777・2・14 社／1829・12月 社／1847・5・19 社
火事場見廻役　❺-2 1722・4月 政
火賊追捕令　❺-1 1675・2・1 社／1680・11・3 社
禁裏御所方火消　❺-1 1709・12・11 社
警火令　❺-1 1620・4月 社／1631・11・28 社／1632・2・16 社／1642・10・ 社／1649・9・19 社／1658・10・27 社／1660・1月 社／1661・4・19 社／9月 社／1673・2・11 社／1680・⑧月 社／1684・10・18 社／1686・10・21 社／1690・2・2 社／1692・4月 社／1703・ 月 社／1712・2・27 社
消炭　❺-1 1696・2月 社
皇居の消防　❺-2 1722・3月 政
自治体消防　❽ 1948・3・1 社
失火責任法　❼ 1899・3・8 社
失火の罰則　❺-2 1735・是年 社

消火器(国産)　❻ 1872·3月 社／1895·是年 社
消火用蒸気ポンプ　❻ 1870·是年 社／1871·2·3 社／1887·7·30 社／❼ 1899·是年 社
少年消防士　❽ 1938·10·24 社
定火消(常火消)　❺-1 1658·9·8 社／1659·8·21 社／1660·11·18 社／1690·9月 社／1695·2·18 社／1703·2·18 社／1704·是年 社／❺-2 1748·7月 社／1751·10·13 社／1763·11·23 社／1764·10·8 社／1782·12·25 社／1792·②·6 社／❻ 1868·5月 社
常火消制(京都)　❺-2 1722·2月 社
消防化学車(D·C·C型)　❾ 1966·1·6 社
消防官服制　❼ 1908·2·5 社／1923·10·22 社／❽ 1946·3·12 社／7·30 社
消防組規則　❺-2 1718·11月 社／❻ 1894·2·10 社／❼ 1923·2·27 社
消防車　❽ 1947·1·11 社
消防士殉職(神戸)　❾ 2003·6·2 社／2009·6·1 社
消防署(官設)　❼ 1919·7·17 社／❽ 1963·4·15 社
消防章程　❻ 1874·1·28 社
消防署望楼　❾ 1972·11·7 社
消防審議会　❽ 1956·12·1 社
消防水防規則　❻ 1884·6·30 社
消防組織(長崎)　❺-2 1817·是年 社
消防隊(私設)禁止　❻ 1894·5·17 社
消防団令　❽ 1947·5·1 社
消防庁　❽ 1957·10·9 社
消防費用　❻ 1870·9·4 社
消防法　❽ 1948·7·24 社
消防本部　❻ 1874·1·15 社／1880·6·1 社
諸道具を埋めること禁止　❺-1 1668·2·7 社
新喞筒(しんそくとう)組　❻ 1875·10·8 社
大日本消防協会　❼ 1903·5月 政／1927·7·14 社
大名火消　❺-1 1634·1·29 社／1644·5·4 社／1657·5·20 政／1658·5·21 政／1712·2·2 社／❺-2 1717·1·11 社／1720·5月 政
出初式(でぞめしき)　❺-2 1800·1·7 社／12·23 社／1839·1·1 社／1845·1·2 社／❻ 1875·1·4 社／1876·1·4 社／❽ 1947·1·15 社
出初櫓(やぐら)倒壊　❽ 1938·1·3 社
東京国際防災展　❾ 1982·11·11 社
二階での火気使用禁止　❺-1 1660·6月 社
階子(梯·梯子)　❺-2 1800·寛政年間 社
橋火消(髪結)　❺-2 1722·3·6 社／1735·2·3 社
板木(火災)　❺-2 1732·7·27 社
火消人足(会津藩)　❺-2 1745·4·9 社
火消人足(大坂)　❺-2 1752·2·29 社／1758·8·14 社／1768·6·23 社／1781·6·27 社
火消人足砲術調練(東京)　❻ 1868·1·17 社
火消制　❺-1 1646·2·1 社／1650·6·26 政
火見櫓　❺-2 1723·8·15 社／1771·明和年間 社／1800·寛政年間 社
火之用心·火之元之掟　❺-2 1830·2·12 社
火除地·火除堤　❺-2 1719·3·9 社／1829·4·26 社
広小路　❺-2 1722·3月 社
婦人消防官　❾ 1972·8·24 社
防火·警火令　❺-2 1722·7月 社／1742·12月 社／1764·12·7 社／1777·1·29 社／1786·1·29 社／1819·6月 社／1851·12·27 社／1852·1·15 社
防火建築　❺-2 1746·3·26 社
防火週間　❼ 1926·11·1 社／1935·4·23 政
防火デー　❼ 1930·12·1 社／1936·12·1 社
防火用水　❺-1 1655·3·20 社／1680·2月 社
防火令(東京)　❻ 1881·2·25 社
望火楼　❺-1 1691·⑧月 社
防災の日　❾ 1996·9·1 社
保険金放火　❼ 1927·10·31 社
本所火消　❺-2 1719·1·18 社
町火消区域(東京)　❺-2 1720·8·7 社
町火消人足　❺-2 1718·10·18 社／1721·2·10 社／1722·11月 社／1738·7·1 社／1748·7月 社／1763·11·23 社／1764·⑫·25 社／1782·12·25 社／1786·11·23 社／1797·10·29 社／1844·6·10 社
纏(まとい)　❺-2 1795·12·2 社
纏廃止　❼ 1923·2·27 社
水溜桶·天水桶·飛龍水·水鉄砲　❺-1 1653·2·4 社／1662·10·1 社／1679·2月 社／1691·12月 社／1696·9月 社／1708·9月 社／❺-2 1729·10·8 社／1755·2·28 社／1756·12·8 社／1775·4·8 社／1788·12月 社／1793·10·11 社／1795·是年 社／1798·1·27 社／1844·10·16 社
屋根番　❺-1 1683·1·12 社／1688·5月 社／1696·9月 社／1697·4·1 社／1699·⑨月 社
夜番の制　❺-1 1615·5月 社／1649·10·16 社
龍吐水　❺-2 1755·6·9 社／1764·⑫·28 社／1791·是年 社／1792·是年 社／1795·12·18 社／1801·2·27 社／1816·6·8 社／1821·2·7 社／1822·12·27 社
賑給(しんごう)·救済⇨⑪ 風俗「貧困·救済事業」
台風·大風
全国　❶ 713·11·1 社／759·10月 社／770·1·22 社／❷ 1092·8·4 社／1097·8·5 社／1180·4·29 社／1258·8·16 社／1260·8·5 社／❸ 1295·是秋 社／1353·8·15 社／1355·8·14 社／1370·9·20 社／1378·8·13 社／1402·是秋 社／1406·8·24 社／1410·8·1 社／1423·7·22 社／1425·10月 社／1427·是年 社／1439·7·16 社／1445·6·2 社／❹ 1460·2·17 社／1467·8月 社／1472·7·20 社／1475·5·24 社／8·6 社／1480·1·7 社／1482·⑦·19 社／1496·8·17 社／1497·9·6 社／1498·8·28 社／1500·9·2 社／1502·8·29 社／1539·7·11 社／1541·8·10 社／1557·8·26 社／1570·8·21 社／1571·8·21 社／1588·4·19 社／❺-1 1604·8·4 社／1617·2·13 社／1645·7·27 社／❺-2 1763·9·3 社／1807·9·17 社／1808·⑥·29、30 社／1814·1·11 社／1837·8·14 社
愛知　❺-1 1707·7·19 社／❺-2 1751·6·27 社／1850·7·21 社／❻ 1892·9·4 社
愛知·青森　❾ 1965·9·17 社
青森　❺-2 1784·8·24 社／1844·2·2 社
奄美大島　❼ 1926·9·13 社／❽ 1939·7·8 社
伊豆　❽ 1958·10·18 社
大坂　❹ 1585·11·10 社
岡山　❺-2 1816·8·4 社
沖縄　❻ 1892·8·22 社
沖永良部島　❾ 1977·9·9 社
香川　❹ 1544·6·20 社／1458·11·19 社
鹿児島徳之島　❺-2 1814·5月 社
鹿児島·宮崎　❺-2 1781·7·2 社
神奈川　❹ 1512·2·19 社
鎌倉　❹ 1463·⑥·24 社／1466·②·24 社／1468·8·4 社／❺-2 1783·8·1 社
関東　❷ 1274·4·12 社／❸ 1419·10月 社／❹ 1488·4·4 社／1599·4·4 社／❺-1 1656·8·22 社／❽ 1938·9·1 社／1954·9·12 社／9·17 社／1958·7·23 社
北関東　❽ 1940·8·26 社
岐阜　❺-2 1835·4·15 社／1844·7·27 社
九州　❹ 1511·8·19 社／1598·7·29 社／❺-1 1635·7·25 社／1656·8·15 社／❺-2 1729·8·3 社／1735·7·17 社／1744·8·10 社／1748·9·2 社／1778·8·8 社／1828·8·9 社／❾ 1965·8·6 社
九州·四国·中国地方　❽ 1941·9·30 社／1943·7·22 社／1954·8·18 社／1956·8·17 社／9·9 社／1963·8·9 社／1964·8·23 社／9·24 社
九州·東北　❽ 1957·12·12 社
京都　❸ 1282·7·1 社／1311·1·5 社／1321·1·30 社／8·15 社／1323·7·14 社／1346·9·13 社／1353·4·5 社／1355·6·19 社／1356·9·8 社／1364·1·10 社／1366·6·13 社／1367·2·16 社／1373·9·2 社／1377·8·20 社／1381·12·7 社／1408·8·12 社／1411·11·12 社／1422·9·6 社／1443·6·24 社／❹ 1456·7·27 社／1457·8·21 社／1466·7·10 社／1475·2·19 社／1477·1·16 社／1486·9·2 社／1507·7·6 社／1508·5·23 社／1509·2·27 社／1511·8·19 社／1525·11·11 社／1532·5·27 社／1535·2·5 社／1586·1·15 社／❺-1 1626·④·7 社／1647·4·25 社／❺-2 1746·2·19 社／1750·4·13 社／1756·9·16 社／1759·11·25 社／1768·3·7 社／7·21 社／1771·3·27 社／1774·5·5 社／1781·

7·27 社／**1782**·2·2 社／**1821**·8·4 社
京都丹後浦 ❺-2 **1733**·3·23 社
近畿 ❺-1 **1693**·1·27 社／**1708**·7·2 社／**1709**·7·4 社／❺-2 **1731**·11·11 社／**1767**·11·6 社
近畿·中国地方 ❺-2 **1744**·8·10 社／**1825**·8·13 社
近畿·中部·東北 ❽ **1944**·10·7 社
近畿·東海 ❽ **1953**·9·24 社
熊本 ❺-1 **1677**·8·6 社／❺-2 **1760**·9·2 社
高知 ❺-1 **1700**·6·29 社／❽ **1941**·8·15 社
西海道諸国 ❺-1 **1613**·8·3 社
西国 ❷ **1102**·7·27 社／❺-1 **1656**·7·15 社
四国·近畿·中国 ❽ **1938**·9·5 社／**1960**·8·28 社
四国〜北海道 ❾ **1965**·9·10 社
静岡 ❸ **1385**·8·15 社／❺-1 **1610**·5·3 社／❺-2 **1731**·7·13 社／**1732**·7月 社／**1737**·6·6 社
島根·九州 ❺-2 **1743**·8·13 社
中部·関東·東北地方 ❼ **1932**·11·14 社
津軽 ❺-1 **1604**·9·21 社／❺-2 **1739**·8·7 社／**1759**·9·28 社
東海 ❺-2 **1821**·8·4 社／**1835**·⑦·6 社／❻ **1860**·5·11 社／**1880**·10·4 社
東京 ❹ **1598**·3月 社／❺-1 **1638**·1·1 社／❺-2 **1717**·8·16 社／**1731**·8·11 社／**1749**·8·13 社／**1766**·6·25 社／**1771**·8·1 社／**1782**·9·9 社／**1793**·7·10 社／**1806**·6·12 社／**1808**·7·21 社／**1809**·7·18 社／8·4 社／**1827**·3月 社／**1836**·7·18 社／**1839**·3·2 社／**1845**·7·27 社／**1852**·8·10 社／❻ **1887**·8·16 社
鳥取 ❹ **1501**·⑥·14 社／**1544**·是秋 社／**1550**·7·18 社／**1580**·8·9 社／**1586**·2·11 社／**1597**·8·14 社／**1598**·5·16 社／❺-2 **1746**·7·23 社
長崎 ❷ **1225**·8·15 社／**1226**·8·15 社／❹ **1534**·7·14 社／❺-1 **1656**·7·2 社／**1691**·7·26 社／❺-2 **1721**·⑦·29 社／**1845**·6·3 社
奈良 ❹ **1471**·8·7 社／**1583**·3·29 社／❺-1 **1669**·5·13 社／❻ **1889**·8·19 社
新潟 ❺-2 **1720**·11·3 社
西日本 ❽ **1942**·8·27 社／**1943**·9·20 社／**1946**·7·29 社
八丈島 ❽ **1938**·9·25 社
東日本 ❼ **1936**·10·2 社
肥前蓮池 ❺-2 **1814**·6·16 社
兵庫 ❺-2 **1762**·5·26 社／**1830**·11·23 社
兵庫出石 ❺-2 **1749**·7·2 社
福井 ❺-2 **1730**·7·24 社／**1762**·2·22 社／**1791**·8·27 社／**1834**·7·12 社
福島 ❹ **1570**·7·14 社
北陸·東北 ❽ **1958**·8·25 社／**1960**·8·12 社
北海道 ❺-1 **1605**·7月 社／**1665**·6·26 社／❺-2 **1746**·8·24 社／**1747**·8月 社／**1748**·9·3 社／**1761**·3月 社／**1774**·8月 社／**1784**·8·2 社／**1792**·6月 社／**1800**·7·25 社／❽ **1949**·11·16 社／**1950**·11·28 社／12·31 社／**1956**·1·14 社
北国筋 ❺-2 **1719**·7·23 社／**1783**·9·25 社
三重 ❸ **1287**·1·24 社／❹ **1492**·8·17 社／❺-1 **1707**·7·19 社／❺-2 **1718**·9·12 社／**1726**·1·15 社
南九州 ❽ **1938**·10·14 社／**1939**·10·15 社／**1940**·9·6 社／**1955**·9·29 社
宮古島 ❽ **1959**·9·17 社
宮崎·大分·高知·愛媛県 ❼ **1909**·8·5 社
陸奥大暴風雨 ❻ **1855**·6·19 社／**1859**·8·13 社
山梨 ❹ **1465**·8·15 社／**1495**·7·13 社／**1503**·8月 社／**1536**·1·14 社／**1546**·7·15 社／**1554**·8·13 社／**1558**·8·5 社／**1579**·1·17 社
山梨·静岡·長野 ❽ **1959**·8·12 社
和歌山 ❺-1 **1652**·2·10 社／❺-2 **1765**·7·3 社／❻ **1888**·8·30 社
台風4号(関東·東海) ❾ **1966**·6·28 社
台風4号(九州·四国·近畿·信越) ❾ **2007**·7·14 社
台風4号(西日本) ❾ **1968**·7·27 社
台風5号(河口湖) ❾ **1983**·8·16 社
台風5号(九州) ❾ **1981**·6·22 社
台風5号(東日本) ❾ **1998**·9·16 社
台風5号(北海道·東北) ❾ **1975**·8·17 社
台風6号(関東) ❾ **1985**·7·1 社
台風6号(九州) ❾ **1996**·7·18 社／**2012**·7·3 社
台風6号(九州·四国·近畿) ❾ **2004**·6·20 社
台風6号(阪神) ❾ **1975**·8·23 社
台風6号(房総半島) ❾ **2002**·7·11 社
台風7号(紀伊半島) ❽ **1962**·7·27 社
台風7号(信越·北陸·東北) ❾ **1969**·8·4 社
台風9号(北海道) ❽ **1962**·8·4 社
台風10号(関東以西) ❾ **1983**·9·28 社
台風10号(四国·中国) ❾ **1970**·8·21 社
台風10号(東海·関東) ❾ **1982**·8·2 社
台風10号(西日本) ❾ **1998**·10·17 社
台風11号(関東) ❾ **1993**·8·27 社
台風11号(東日本) ❾ **2001**·8·21 社
台風12号(十八都道府県) ❾ **1991**·8·20 社
台風12号(中国) ❾ **2011**·9·2 社
台風12号(北海道石狩川) ❾ **1981**·8·3 社
台風13号(千葉·銚子) ❾ **1989**·8·6 社
台風13号(鹿児島) ❾ **1993**·9·4 社
台風13号(九州) ❾ **1985**·8·30 社
台風13号(西日本) ❾ **2006**·9·17 社
台風13号(八丈島) ❾ **1975**·10·5 社
台風14号(九州·中国·四国) ❾ **2005**·9·6 社
台風14号(長崎) ❾ **1991**·9·14 社
台風15号(関東·東北·北海道) ❾ **1981**·8·23 社
台風15号(首都圏) ❾ **2001**·9·11 社／**2011**·9·15 社
台風15号(西日本) ❾ **2004**·8·17 社
台風16号(日本縦断) ❾ **1979**·9·30 社
台風16号(九州·中国) ❾ **2004**·8·3 社
台風16号(四国·近畿) ❾ **1999**·9·1 社
台風16号(宮古島) ❾ **1968**·9·23 社
台風17号(日本各地) ❾ **1976**·9·8 社／**1989**·8·27 社
台風17号(愛知·東北) ❾ **2012**·9·3 社
台風17号(東日本) ❾ **1996**·9·22 社
台風18号(沖縄·奄美諸島) ❾ **1999**·9·23 社
台風18号(関東) ❾ **1991**·9·19 社／**2009**·10·8 社
台風18号(中四国·近畿) ❾ **2004**·9·7 社
台風18号(関東·東北) ❾ **1982**·9·1 社
台風19号(九州·中国·東北) ❾ **1991**·9·27 社
台風19号(九州·瀬戸内) ❾ **1997**·9·16 社
台風19号(山口·四国) ❾ **1971**·8·5 社
台風19号(和歌山) ❾ **1990**·9·19 社
台風20号(紀伊半島) ❾ **1979**·10·1 社
台風20号(九州南部) ❾ **1990**·9·29 社
台風21号(九州·四国) ❾ **2004**·9·2 社
台風22号(関東) ❾ **2002**·10·1 社
台風22号(東日本) ❾ **2004**·10·9 社
台風23号(中国·四国·近畿) ❾ **2004**·10·19 社
台風26号(和歌山) ❾ **1994**·9·29 社
台風27号(愛知) ❾ **1967**·10·27 社
台風28号(和歌山·白浜町) ❾ **1990**·11·30 社
台風の呼び方 ❽ **1953**·6·4 社
　アイオン台風 ❽ **1948**·9·15 社
　阿久根台風(九州地方) ❽ **1945**·10·10 社
　壱岐大風 ❻ **1859**·2·23 社
　伊勢湾台風 ❽ **1959**·9·26 社
　永祚の大風 ❶ **989**·8·13 社
　狩野川台風 ❽ **1958**·9·26 社
　キジア台風(九州から中国地方) ❽ **1950**·9·13 社
　キティ台風(関東地方) ❽ **1949**·8·31 社
　キャサリン台風(関東地方) ❽ **1947**·9·14 社
　ケイト台風 ❽ **1951**·7·1 社
　ジェーン台風(近畿·四国·東海地方) ❽ **1950**·9·2 社
　ジュディ台風(九州) ❽ **1953**·6·7 社
　ジュディス台風(西日本) ❽ **1949**·8·16 社

ダイナ台風(関東以西)　❽ 1952·6·23 社
第二宮古島台風　❾ 1966·9·5 社
室戸台風(第二)　❽ 1961·9·16 社
低気圧「台湾坊主」　❾ 1969·2·4 社
デラ台風　❽ 1949·6·21 社
洞爺丸台風　❽ 1954·9·26 社
パトリシア台風(関東地方)　❽ 1949·10·28 社
颱風　❶ 848·7·7 政／876·5·12 社／933·7·13 社
ヘスター台風　❽ 1949·7·29 社
枕崎台風　❽ 1945·9·17 社
室戸台風　❼ 1934·9·21 社
世直し風·豊年風(諸国)　❺-2 1837·8·14 社
リビー台風(沖縄)　❽ 1948·10·4 社
ルース台風　❽ 1951·10·13 社
津波·高潮·海嘯　❷ 1226·8·15 社／❸ 1341·8·6 社／❹ 1475·8·6 社／1510·8·27 社／1557·8·26 社／❾ 1968·4·5 社／1974·3·23 社／1975·7·27 社／2011·3·11 社
全国　❺-1 1601·12·16 社／1604·12·16 社／1630·8·6 社／1681·7·9 社
青森　❺-1 1611·10·28 社／1677·10·9 社／1696·6月 社
稲むらの火、津波から人々救う　❻ 1854·11·5 社
沖縄　❺-2 1771·3·10 社
奥尻島青苗　❾ 1993·7·12 社
神奈川　❸ 1370·9·2 社
神奈川小田原　❺-1 1694·7·2 社
神奈川·千葉　❺-1 1703·11·22 社／❺-2 1776·9·9 社
鎌倉　❹ 1495·8·15 社
九州　❹ 1596·⑦·9 社
熊本　❶ 744·5·18 社／❺-2 1778·6月 社
高知　❺-1 1707·10·19 社
佐賀　❺-1 1699·2月 社／❺-2 1733·8·24 社
桜島　❺-2 1781·3·18 社
佐渡相川　❺-2 1833·10·26 社
三陸東海岸　❺-1 1699·11·8 社／❺-2 1751·5·2 社／1793·1·7 社／❼ 1896·6·15 社／1933·3·3 社
静岡　❺-1 1611·7·7 社
品川高輪鮫洲　❺-2 1823·8·17 社
台湾汕頭　❼ 1922·8·2 社
チリ　❽ 1960·5·24 社／❾ 2010·2·28 社
東京　❺-2 1782·8·4 社
東北　❺-1 1677·3·12 社／❺-2 1835·6·29 社
徳島　❹ 1512·8月 社
徳島雪の湊　❸ 1361·6月 社
富山　❼ 1933·9·4 社
長崎島原　❺-2 1799·2月 社
東北海道　❺-1 1611·10月 社
深川木場　❺-2 1822·8·22 社
肥後　❶ 744·5·18 社
福岡柳川　❺-1 1643·8月 社
北陸津波　❼ 1929·1·1 社
北海道　❺-2 1740·7·19 社／1741·7·19 社／1843·是年 社／1744·8·11 社／❽ 1940·8·2 社
北海道箱館·八戸　❻ 1856·7·23 社
宮城仙台　❺-2 1835·6·25 社
明和の大津波　❺-2 1771·4·24 社
高潮
安房·伊豆·相模　❺-2 1777·9·10 社
伊勢湾　❺-2 1722·8·14 社／1791·8·20 社
江戸　❺-1 1707·8·19 社
大坂木津川　❺-1 1670·8·22 社
大潮(大坂)　❺-1 1714·8·8 社
徳島大海嘯　❻ 1888·8·30 社
天変·日月食
暗黒物質(ダークマター)　❾ 1997·7·10 文／2007·1·8 文
池谷·張彗星　❾ 2002·2·1 文
池谷·村上彗星　❾ 2010·11·3 文
異常気象報告制　❻ 1883·10·1 文
異星　❺-1 1689·10·25 社
イトカワ(小惑星)　❾ 2010·6·13 文
隕石　❶ 664·3月 社／684·11·23 社／772·12·13 社／773·5·27 社／856·12·29 社／❷ 1230·10·16 社／❺-1 1610·4·9 文／1632·8·14 社／❻ 1882·3·19 社／1885·是年 文／1895·3·4 社／❼ 1904·4·7 社／❾ 1977·2·28 文／5·10 社／1996·1·7 社
隕石雨　❼ 1909·7月 社
オーロラ　❽ 1958·2·11 社
オゾンホール　❾ 1996·9·11 文
御神渡(おみわたり、諏訪湖)　❸ 1397·是年 社／❹ 1517·12·21 社／1518·11·23 社／1520·12·5 社／1522·12·15 社／1523·11·26 社／1525·11·26 社／1526·12·7 社／1543·12·7 社／1544·⑪·28 社／1545·12·23 社／❾ 2012·2·4 社
火星　❽ 1956·9·7 社
火星大接近　❾ 1971·8·12 社
奇怪な星　❺-2 1744·2·5 社
客星　❶ 939·7月 社／❷ 1230·是年 社
金環蝕　❻ 1883·10·31 社／❾ 1987·9·23 社／1997·3·9 社
金銀星　❺-2 1780·7月 政
金星　❻ 1874·12·9 文／❾ 2012·6·6 社／8·14 社
金星南中　❺-2 1797·是年 文
金星の太陽面通過　❾ 2004·6·8 社
栗色の獣毛　❺-2 1744·10·16 社
慶雲　❶ 704·5·10 政／767·8·8 政／778·7·9 社／826·12·30 社
月出帯食　❽ 1960·3·13 社
月食　❶ 643·5·16 社／680·11·16 社／785·9·15 社／834·1·16 社／890·2·16 社／925·8·15 社／945·8·16 社／975·12·16 社／982·2·14 社／❷ 1024·5·16 社／1027·9·16 社／1028·9·17 社／1031·7·15 社／7·17 文／1038·2·15 社／❸ 1285·5·15 社／1296·4·15 社／1334·9·15 社／1350·5·15 社／1355·1·15 社／1356·1·16 社／1363·①·15 社／1365·12·15 社／1367·12·15 社／1371·8·15 社／1381·3·14 社／1393·1·10 社／1411·8·14 社／1418·3·15 社／1420·7·14 社／1422·12·14 社／1426·4·14 社／1429·8·15 社／1430·8·15 社／1431·12·14 社／1435·4·15 社／1442·5·15 社／1443·5·15 社／1446·3·15 社／❹ 1457·8·15 社／1460·6·15 社／1465·3·16 社／9·14 社／1468·12·15 社／1471·10·16 社／1474·8·14 社／1475·2·15 社／1476·2·15 社／1477·7·15 社／1478·12·16 社／1484·9·15 社／1485·2·15 社／1486·1·14 社／7·16 社／1488·6·15 社／1489·11·16 社／1490·3·17 社／1491·4·16 社／1492·3·15 社／1493·8·15 社／1496·6·15 社／12·15 社／1497·12·16 社／1498·6·14 社／1500·4·15 社／1501·9·15 社／1503·2·15 社／1504·7·16 社／1505·1·15 社／1507·5·15 社／1511·2·16 社／1514·1·15 社／1515·6·14 社／12·16 社／1525·6·15 社／1526·5·15 社／11·16 社／1528·⑨·14 社／1529·3·15 社／1530·3·15 社／1531·8·16 社／1534·12·16 社／1535·11·15 社／1536·⑩·14 社／1537·4·16 社／1538·10·15 社／1539·3·15 社／8·15 社／1541·8·15 社／1542·7·15 社／1544·6·15 社／1546·4·16 社／1549·9·16 社／1552·1·16 社／1555·⑩·15 社／1557·3·15 社／1558·8·16 社／1559·2·15 社／8·15 社／1561·12·16 社／1563·12·14 社／1568·8·15 社／1570·1·16 社／7·15 社／1571·11·15 社／1573·11·15 社／1586·2·14 社／8·15 社／1587·2·16 社／1589·7·15 社／12·15 社／1596·3·16 社／1599·6·16 社／❺-1 1601·5·15 社／1602·10·16 社／1606·8·14 社／1609·12·15 社／1612·10·16 社／1613·3·15 社／9·15 社／1615·7·15 社／1616·1·16 社／1617·1·15 社／7·15 社／1620·11·16 社／1622·9·15 社／1624·2·16 社／1626·1·15 社／1628·6·15 社／12·15 社／1629·10·16 社／1630·10·16 社／1634·2·15 社／1637·11·15 社／1645·1·14 社／1648·4·14 社／1654·7·16 社／1659·3·16 社／1663·6·16 社／7·16 社／1673·6·15 社／1674·12·16 社／1678·3·16 社／1688·3·16 社／1693·6·15 社／1699·8·16 社／1700·7·15 社／1707·9·16 社／1710·12·16 社／1711·12·16 社／1715·4·16 社／❺-2 1717·7·13 社／8·16 社／1718·8·15 社／1719·1·16 社／1725·9·16 社／1726·3·15 社／1728·1·16 文／7·14 社／1729·1·16 社／1732·5·16 社／10·14 社／1733·4·15 社／1739·11·15 社／1742·10·16 社／1743·4·15 社／1746·1·16 社／1747·7·15 社／1750·5·16 社／11·15 社／1751·10·15 社／1754·8·15 社／1756·12·16 社／1757·12·15 社／1758·6·16 社／1760·10·15 社／1761·10·16 社／1762·9·16 社／1765·1·16 社／7·14 社／1766·1·16 社／1767·6·16 社／1768·11·15 社／1769·11·16 社／1771·9·16 社／1772·3·15 社／1773·8·14 社／1775·1·16 社／⑫·15 社／

1776·12·14 社／**1777**·6·16 社／
1779·10·16 社／**1782**·8·15 社／
1783·8·15 社／**1784**·7·15 社／**1785**·
6·16 社／12·15 社／**1786**·11·15 社
／**1787**·5·15 社／11·15 社／**1789**·
4·15 社／**1793**·7·15 社／**1794**·1·16
社／**1796**·11·16 社／**1797**·5·15 社／
1804·6·15 社／**1808**·8·15 社／**1809**·
9·14 社／**1848**·2·16 社／**1850**·12·16
社／❼ **1906**·8·4 社／❽ **1962**·10·8
文

皆既月食　❷ **1004**·11·15 社／
1081·9·16 社／**1098**·11·16 社／
1114·1·14 社／**1116**·11·16 社／
1175·4·15 社／❽ **1946**·12·9 社／
1953·7·26 社／**1957**·11·7 社／
1960·9·5 社／**1963**·12·30 社／❾
1978·9·17 社／**1979**·9·6 社／
1982·1·10 社／7·6 社／12·30 社
／**1983**·6·11 社／**1985**·5·5 社／
10·29 社／**1988**·3·18 社／**2007**·8·
28 社／**2011**·6·16 社／**2012**·6·4
社

部分月食　❾ **2010**·1·1 社／12·21
社

獅子座流星群　❾ **1998**·11·18 社／
2001·11·19 社

ジャコビニ・ジンナー流星雨　❾
1972·10·8 社

シャワー隕石　❾ **1986**·7·29 社

新星　❾ **2007**·12·25 社／**2008**·1·1
社／**2011**·12·10 社

彗星　❶ **634**·8 月 社／**637**·12 月 社
／**639**·1·25 社／12·14 社／**676**·7 月
社／**681**·9·16 社／**718**·11·12 社／
725·1·24 社／**770**·6 月 社／**838**·10·
22 社／**852**·2·20 社／**894**·2 月 社／
900·是秋 社／**905**·6·15 社／**907**·2·
22 社／**912**·6·3 社／**941**·3 月 社／
948·1·19 社／**961**·2·27 社／**977**·2·
24 社／**989**·7·7 社／**998**·1·26 社／
❷ **1018**·6·16 社／**1029**·2·2 社／
1033·2·3 社／**1056**·7·28 社／8·4 社
／**1057**·8·4 社／**1060**·11·27 社／
1066·3·6 社／**1075**·10·9 社／**1082**·
10·9 社／**1097**·9·1 社／**1105**·1 月
社／**1106**·1·4 社／**1110**·5·12 社／
1126·7·1 社／**1132**·8·25 社／**1138**·
7·20 社／**1144**·2·21 社／**1145**·4·5
社／5·6 社／**1146**·12·1 社／**1147**·
1·8 社／**1156**·7·11 政／**1210**·9·30
社／**1232**·⑨月 社／**1240**·1·4 社／
1245·3·1 社／**1264**·6·26 社／**1273**·
1·16 社／**1277**·2·4 社／❸ **1298**·12·
3 社／**1300**·是春 社／**1301**·8·23 社
／**1304**·1·1 社／11·29 政／**1330**·3·
19 社／**1362**·2·23 社／**1368**·2 月 社
／**1376**·6·23 社／**1378**·9·8 社／
1381·10·22 社／**1420**·12·6 社／
1433·9·10 社／**1439**·2·28 社／**1444**·
⑥·23 政／❹ **1456**·5 月 社／8 月 社
／**1457**·6·18 社／**1468**·9·6 社／
1469·7·27 社／**1471**·12·4 社／**1490**·
11·24 社／**1500**·4·26 社／**1506**·7·18
社／**1532**·8·16 社／**1537**·1·27 社／
1556·1·23 社／**1558**·⑥·25 社／
1569·是年 文／**1577**·9·28 社／**1582**·
4·21 社／❺-1 **1607**·6 月 社／**1618**·
8·8 社／10·11 社／**1619**·是冬 社／
1629·12 月 社／**1664**·10 月 社／
1665·1·20 社／**1680**·9·23 社／10 月
社／**1682**·7·26 社／❺-2 **1742**·1 月
社／**1743**·11 月 社／**1759**·4·1 社／
1769·6 月 社／7·26 社／**1770**·7·28
社／是夏 社／**1783**·12·27 社／**1811**·
8 月 社／**1823**·12·2 社／**1825**·8 月
社／❻ **1853**·7·17 社／**1858**·8·10 社
／**1862**·8·2 文／❽ **1948**·12·3 社／
1962·2·4 文／4·29 文／❾ **1965**·9·
19 文／**1967**·2·5 文／**1983**·5·3 文／
1997·3·22 社

水星「日面通過」　❾ **1986**·11·13 社

星変　❸ **1398**·8·28 社

太陽に大黒点　❼ **1928**·9·27 文

大流星・流星雨　❼ **1929**·8·11 社／
1932·11·17 社／❽ **1953**·11·11 社

長星　❷ **1147**·2·10 社

とかげ座新星　❼ **1936**·6·18 文

毒虫の災　❸ **1443**·8 月 社

虹　❷ **1028**·2·18 社／**1089**·5·30 社
／**1092**·6·25 社

虹吹　❸ **1427**·6·4 社

二星合　❹ **1467**·6·17 社

日月触御料所　❹ **1519**·3·27 文

日食　❶ **628**·3·2 社／**633**·1·1 社／
637·3·2 社／**680**·11·1 社／**681**·10·1
社／**693**·3·1 社／**694**·3·1 社／9·1
社／**696**·7·1 社／**699**·11·1 社／
701·4·1 社／**702**·9·1 社／**704**·2·1
社／**706**·6·1 社／12·1 社／**709**·4·1
社／**710**·4·1 社／10·1 社／**711**·4·1
社／9·1 社／**713**·2·1 社／**715**·7·1
政／12·1 社／**717**·11·1 社／**719**·5·
1 社／**720**·9·1 社／**722**·3·1 社／
724·7·1 社／**727**·5·1 社／**728**·4·1
社／**729**·10·1 社／**730**·9·1 社／
731·2·1 社／**733**·7·1 社／**734**·12·1
社／**735**·⑪·19 社／**736**·5·1 社／
737·5·1 社／**738**·9·1 社／**739**·9·1
社／**741**·3·1 社／**743**·7·1 社／**747**·
10·1 社／**749**·3·1 社／**752**·12·1 社
／**759**·3·1 社／**760**·7·1 社／**761**·7·
1 社／**762**·1·2 社／**766**·10·1 社／
767·3·1 社／**768**·3·1 社／8·1 社／
769·8·1 社／**771**·12·1 社／**772**·6·1
社／**775**·10·1 社／**776**·4·1 社／
777·2·30 社／**778**·8·1 社／**779**·7·1
社／**783**·11·1 社／**789**·1·1 社／
790·1·1 社／**791**·6·1 社／**792**·11·1
社／**794**·4·1 社／**795**·4·1 社／**796**·
8·1 社／**800**·6·1 社／**801**·5·1 社／
813·4·1 社／**815**·8·1 社／**816**·2·1
社／**817**·2·1 社／**819**·6·1 社／12·1
社／**822**·4·1 社／**823**·9·1 社／**833**·
3·1 社／8·1 社／**834**·2·1 社／**837**·
12·1 社／**840**·4·1 社／10·2 社／
841·4·1 社／**843**·2·1 社／**844**·2·1
社／**848**·5·1 社／**849**·5·1 社／**850**·
9·1 社／**851**·3·1 社／9·1 社／**852**·
⑧·1 社／**854**·7·1 社／**855**·6·1 社／
857·5·1 文／**858**·10·1 社／**859**·4·1
社／**860**·10·1 社／**861**·2·1 社／
862·8·1 社／**864**·7·1 社／**865**·6·1
社／**866**·5·1 社／11·1 社／**867**·5·1
社／**868**·3·30 社／**869**·9·1 社／
870·3·1 社／**871**·3·1 社／⑧·1 社／
873·7·1 社／**874**·4·15 社／6·1 社
875·11·1 社／**877**·4·1 社／10·1 社
／**878**·4·1 社／**879**·9·1 社／**880**·2
1 社／8·1 社／**881**·2·1 社／8·1 社
／**882**·⑦·1 社／12·1 社／**883**·6·1
社／12·1 社／**884**·6·1 社／12·1 社
／**885**·11·1 社／**886**·5·1 社／**887**·
4·1 社／**888**·3·1 社／**890**·2·1 社／
893·11·1 社／**894**·11·1 社／**895**·5
社／11·1 社／**896**·4·1 社／10·1 社
／**897**·3·1 社／9·1 社／**898**·9·1 社
／**899**·2·1 社／9·1 社／**901**·1·1 社
／**902**·6·1 社／**904**·10·1 社／**905**·
4·1 社／**906**·4·1 社／10·1 社／
909·2·1 社／**910**·7·1 社／**911**·5·2
文／**912**·11·1 社／**913**·5·1 社／11
1 社／**914**·4·1 社／**915**·3·1 社／
916·9·1 社／**917**·3·1 社／**918**·1·1
社／8·1 社／**920**·1·1 社／**921**·12·
社／**923**·10·1 社／**927**·8·1 社／
928·8·1 社／**931**·11·1 社／**934**·9·
社／**935**·3·1 社／**937**·1·2 社／**940**
6·1 社／11·1 社／**942**·4·1 社／
943·4·1 社／**944**·9·1 社／**945**·8·1
社／**946**·2·1 社／**958**·7·1 社／11·
社／**961**·4·1 社／**965**·2·1 社／**967**
6·1 社／**968**·12·1 社／**971**·10·1 社
／**975**·7·1 社／**976**·7·1 社／**977**·
11·1 文／**993**·8·1 社／**998**·10·1 社
／**1000**·3·1 政／❷ **1002**·7·1 社／
1003·8·1 社／**1004**·12·1 社／**1006**·
5·1 社／**1012**·8·1 社／**1013**·12·1 社
／**1015**·6·1 社／**1019**·3·1 社／
1021·7·1 社／**1024**·5·1 社／**1026**·
10·1 社／**1028**·3·1 社／**1029**·8·1 社
／**1035**·10·1 社／**1042**·6·1 社／
1043·5·1 社／**1046**·3·1 社／**1049**·1
1 社／**1052**·11·1 社／**1053**·10·1 社
／**1057**·8·1 社／**1059**·1·1 社／
1061·6·1 社／**1068**·1·1 社／**1069**·7
1 社／**1075**·8·1 社／**1077**·⑫·14 社
／**1085**·2·1 社／**1089**·11·1 社／
1091·5·1 社／**1094**·3·1 社／**1096**·7
1 社／**1100**·4·1 社／**1101**·4·1 社／
1108·5·1 社／**1115**·7·1 社／**1116**·
12·1 社／**1118**·5·1 社／**1122**·2·1 社
／**1127**·5·1 社／**1128**·5·1 社／
1134·⑫·1 社／**1141**·2·1 社／**1145**·
6·1 社／**1146**·5·1 社／**1147**·10·1 社
／**1154**·5·1 社／**1162**·1·1 社／
1166·10·1 社／**1170**·7·1 社／**1189**·
2·1 社／**1195**·3·1 社／**1210**·12·1 社
／**1214**·9·1 社／**1216**·2·1 社／
1221·5·1 社／**1223**·9·1 社／**1228**·
12·1 社／**1243**·3·1 社／**1263**·7·17
社／**1267**·5·1 社／**1275**·6·1 社／
1281·⑦·1 社／❸ **1288**·8·1 社／
1294·6·1 社／**1299**·8·1 社／**1303**·5
1 社／**1321**·6·1 社／**1322**·11·1 社／
1323·1·1 社／**1331**·11·1 社／**1344**·
8·1 社／**1351**·5·1 社／**1358**·6·1 社
／**1362**·4·1 社／**1366**·7·1 社／
1367·12·1 社／**1375**·7·1 社／**1377**·
11·1 社／12·1 社／**1381**·10·1 社／
1383·8·1 社／**1388**·5·1 社／**1390**·
③·1／9·1 社／**1391**·3·1 社／**1398**
10·1 社／**1406**·6·1 社／**1412**·7·1 社
／**1419**·3·1 社／**1421**·8·1 社／

1425・5・1 社／**1430**・8・1 社／**1431**・7・1 社／**1434**・11・1 社／**1440**・7・1 社／**1441**・1・1 政／**1442**・6・1 社／**1443**・5・1 社／**1444**・10・1 社／**1445**・4・1 社／**1449**・2・1 社／**1450**・12・1 社／**1451**・12・1 社／**1452**・11・1 社／**1453**・5・1 社／**1455**・4・1 社／9・1 社／❹ **1456**・3・1 社／**1458**・①・1 社／**1460**・7・1 社／**1462**・5・1 社／**1463**・10・1 社／**1465**・3・1 社／**1467**・3・23 社／**1468**・8・1 社／**1469**・6・1 社／**1473**・4・1 社／**1474**・9・1 社／**1475**・9・1 社／**1476**・2・1 社／**1477**・7・1 社／**1480**・11・1 社／**1481**・2・27 社／**1484**・9・1 社／**1489**・12・1 社／**1494**・8・1 社／**1495**・2・1 社／**1496**・7・1 社／**1497**・12・1 社／**1498**・11・1 社／**1499**・5・1 社／**1500**・5・1 社／**1501**・9・1 社／**1503**・3・1 社／**1515**・12・1 社／**1516**・6・1 社／**1517**・6・1 社／11・1 社／**1521**・3・1 社／**1522**・9・1 社／**1524**・7・1 社／**1525**・12・1 社／**1526**・11・1 社／**1527**・5・1 社／**1529**・10・1 社／**1533**・8・1 社／**1534**・12・1 社／**1537**・10・1 社／**1538**・10・1 社／**1539**・9・1 社／**1542**・7・1 社／**1543**・1・1 社／**1545**・11・1 社／**1549**・3・1 社／**1554**・5・16 社／**1555**・⑩・1 社／**1557**・4・1 社／10・1 社／**1559**・2・1 社／**1564**・5・1 社／**1572**・6・1 社／**1576**・4・1 社／**1583**・11・1 社／**1586**・12・2 社／**1587**・9・1 社／**1589**・1・1 社／**1596**・8・1 社／**1597**・2・1 社／**1599**・6・1 社／12・1 社／❺−1 **1603**・4・1 社／**1606**・2・1 社／**1607**・2・1 社／**1608**・1・1 社／**1610**・5・1 社／**1614**・3・1 社／**1615**・3・1 社／8・1 社／**1618**・6・1 社／**1626**・7・1 社／**1627**・7・1 社／**1628**・6・1 社／**1629**・5・1 社／**1630**・11・1 社／**1631**・10・1 社／**1633**・8・14 社／**1634**・3・1 社／**1636**・1・1 社／**1637**・1・1 社／12・1 社／**1643**・2・1 社／**1646**・12・1 社／**1657**・5・1 社／**1658**・5・1 社／**1664**・12・1 社／**1666**・6・1 社／**1674**・1・1 社／**1675**・5・1 社／**1681**・8・1 社／**1688**・4・1 社／**1691**・2・1 社／**1692**・1・1 社／**1700**・1・1 社／**1701**・1・1 社／**1702**・7・1 社／**1709**・8・1 社／**1712**・6・1 社／❺−2 **1716**・3・1 社／**1718**・2・15 社／**1719**・1・1 社／**1720**・7・1 社／**1721**・7・1 社／**1730**・6・1 社／**1731**・12・1 社／**1740**・11・1 社／**1742**・5・1 社／**1744**・9・1 社／**1745**・3・1 社／**1746**・2・1 社／**1760**・5・1 社／**1763**・9・1 社／**1767**・1・1 社／**1768**・12・1 社／**1773**・3・1 社／**1774**・8・1 社／**1775**・8・1 社／**1784**・7・1 社／**1785**・7・1 社／**1786**・1・1 社／**1789**・10・1 社／**1794**・12・1 社／**1798**・10・1 社／**1804**・12・15 社／**1808**・10・1 社／**1829**・9・1 社／**1848**・4・24 文／**1849**・2・1 社／**1850**・1・1 社／7・1 社／**1852**・11・1 社／❻ **1882**・5・17 社／**1883**・10・31 社／**1887**・8・19 社／❼ **1936**・6・19 社／❽ **1941**・9・21 社／**1943**・2・5 社／**1948**・5・9 文／**1950**・9・12 社／**1957**・4・30 社／**1958**・4・19 社／**1963**・7・21 社／❾ **2003**・11・24 社／**2009**・7・22 社／**2011**・12・10 社／**2012**・5・21 社

皆既日食　❼ **1936**・6・19 社／❽ **1941**・9・21 社／**1943**・2・5 社／**1948**・5・9 文／**1950**・9・12 社／**1957**・4・30 社／**1958**・4・19 社／**1963**・7・21 社／❾ **2003**・11・24 社／**2009**・7・22 社／**2011**・12・10 社／**2012**・5・21 社

部分日食　❾ **1978**・10・2 社／**1981**・7・31 社／**1985**・5・20 社／**1990**・7・22 社

ハレー彗星　❺−2 **1757**・7・12 文／❼ **1909**・11 月 文／**1910**・5・19 社／❾ **1985**・7・15 社／**1986**・4・11 社

美雲　❶ **781**・1・1 政

光り物　❺−2 **1792**・6・18 社／**1807**・9・3 社／**1813**・11・9 社／**1817**・11・22 社

ビショップの輪　❽ **1954**・10・4 社

百武彗星　❾ **1996**・1・31 文

ブラックホール　❾ **1995**・6・21 文／**1999**・7・2 文

ペルセウス座流星群　❾ **1980**・8・12 社／**1983**・8・12 社／**2007**・8・12 社／**2010**・8・12 社

彗星(ほうきぼし)⇨彗星(すいせい)

星供養　❸ **1422**・1・12 社

北極星　❷ **1113**・2・27 社

冥王星惑星　❾ **2006**・8・24 文

妖星　❸ **1443**・4 月 社

流星　❶ **728**・9・20 社／**776**・2・6 社／**858**・6・10 社／**876**・9・23 社／**884**・8・5 社／❷ **1002**・9・8 社／**1007**・6・4 社／**1035**・9・11 社／**1037**・9・3 社／**1096**・10・11 社／**1102**・8・27 社／**1180**・10・15 社／**1247**・3・12 社／**1255**・6・15 社／❸ **1391**・6・25 社／❹ **1465**・9・13 社／**1472**・8・30 社／**1533**・10・8 社／**1578**・3・19 社／❺−1 **1662**・5・3 社／**1669**・3・11 社／**1685**・2・22 社／**1686**・10・14 社／**1687**・2・21 社／**1698**・9・15 社／**1699**・2・1 社／**1703**・12・9 社／**1709**・2・28 社／❺−2 **1716**・11・29 社／**1795**・11 月 社／**1798**・10・29 社

涼気　❷ **1147**・6・5 社

両日(三日)並び出る(太陽がふたつ・みっつ現れる)　❸ **1422**・10・12 社／❹ **1458**・1・29 社／**1459**・6・19 社／**1460**・1・1 社／**1462**・4・8 社／**1463**・1・1 社／**1483**・3・12 社／❼ **1933**・1・14 社

老人星　❶ **803**・12・18 社／**900**・是秋 社／**909**・11・7 社／❺−1 **1689**・1・15 社

惑星直列ショー　❾ **1982**・3・10 社

噴火

青森岩木山　❺−1 **1672**・⑥・5 社／❺−2 **1793**・2・22 社

青森蔵王山　❺−1 **1694**・7・10 社／❺−2 **1821**・3・29 社／❻ **1890**・1・16 社

青森忘山　❺−1 **1624**・10・5 社

秋田駒ヶ岳　❾ **1970**・9・18 社／**1996**・2・5 社／3・5 社／**2000**・9・28 社

硫黄島　❾ **1984**・3・7 社／**1986**・1・19 政

石川白山　❷ **1239**・是年 社／❹ **1547**・2・2 社／**1554**・5 月 社／**1579**・8・28 社

伊豆青ヶ島　❺−1 **1652**・是年 政／❺−2 **1780**・7 月 社／**1781**・4 月 社／**1783**・3・9 社／**1785**・3・10 社

伊豆大島　❸ **1338**・9 月 社／**1416**・8・2 社／9・9 社／**1421**・4・4 社／**1442**・是年 社／❺−1 **1684**・2・16 社／**1695**・3・2 社／❺−2 **1777**・7・29 社／是夏 社／**1778**・3・17 社／**1779**・10 月 社／**1803**・10・1 社／**1835**・9・21 社／❻ **1877**・1・11 社／❼ **1912**・3・30 社／**1933**・12・16 社／❽ **1950**・7・16 社／**1953**・10・4 社／**1956**・1・3 社／**1958**・12・4 社

伊豆上津島　❶ **838**・7・5 社

伊豆鳥島　❼ **1902**・8・7 社／❽ **1939**・8・18 社

伊豆八丈島　❹ **1487**・11・13 社／**1518**・是年 社／**1522**・是年 社／❺−1 **1605**・9・15 社／12・15 社

伊豆初島　❹ **1576**・11・12 社

伊豆三宅島　❺−1 **1642**・3・1 社／**1643**・2・12 社／**1709**・3・14 社／**1710**・1 月 社／3・15 社／**1711**・12・28 社／❺−2 **1763**・7・9 社／**1811**・1・3 社／❻ **1874**・7・3 社／❽ **1940**・7・12 社／**1950**・7・26 社／**1951**・3・9 社／**1953**・12・29 社／**1957**・10・13 社／**1962**・8・24 社／❾ **1983**・10・3 社／**1986**・11・15 社／**1987**・11・16 社

岩手山　❺−2 **1719**・1 月 社／**1844**・2・20 社／❼ **1935**・3・23 社

大分鶴見山　❶ **867**・1・20 社

海徳火山(海底火山)　❾ **1983**・3・13 政

鹿児島開聞岳　❶ **874**・7・2 社／**885**・7・13 社

鹿児島霧島山　❶ **742**・11・23 ／**788**・3・4 社／❷ **1112**・2・3 社／❹ **1554**・是年 社／❺−2 **1716**・2・18 社／9・26 社／12・28 社／**1717**・1 月 社／8・15 社／**1772**・5 月 社／❻ **1888**・1・26 社／**1889**・12・10 社／**1890**・1・10 社／❼ **1915**・7・16 社／❾ **2011**・1・26 社

鹿児島桜島　❶ **766**・6・5 社／❷ **1112**・2・3 社／❹ **1471**・9・12 社／**1473**・5・11 社／**1476**・9・12 社／❺−2 **1756**・8 月 社／**1779**・9・29 社／10・1 社／**1781**・3・18 社／**1791**・8・14 社／**1799**・2・22 社／❻ **1860**・2 月 社／**1885**・5・19 社／❼ **1914**・1・12 社／❽ **1946**・3・9 社／3・29 社／**1955**・10・13 社／**1958**・12・4 社／**1961**・3・6 社／**1964**・2・3 社／❾ **1965**・10・13 社／**1972**・3・2 社／**1976**・5・17 社／**1984**・6・3 社／7・21 社／**1985**・2・24 社／12・5 社／**1986**・6・12 社／**1988**・6・15 社／**2009**・4・9 社／**2010**・6・2 社

鹿児島新燃岳(宮崎境)　❽ **1959**・2・17 社

鹿児島諏訪の瀬島　❺−2 **1813**・是年 社

岐阜硫黄岳　❼ **1911**・8・21 社

熊本阿蘇山　❶ **764**・12 月 社／**874**・3・4 社／❷ **1269**・7 月 社／**1270**・11・15 社／**1272**・3・10 社／❸ **1286**・8・3 社／**1324**・8・10 社／**1335**・5・6 社／**1340**・1・4 社／**1375**・11・19 社／**1376**・

1·2 社／1387·⑤·3 社／1438·12·27 社／❹ 1484·12·10 社／1506·3·3 社／1522·是年 社／1542·③·5 社／1563·4·1 社／1576·10·15 社／❺-1 1613·6·22 社／1631·11月 社／1637·⑧·11 社／1691·5·27 社／6·17 社／1709·1·4 社／❺-2 1779·2月 社／7月 社／1786·8·15 社／1806·7·17 社／1815·5月 社／1826·9·2 社／❻ 1872·11·1 社／1873·2·8 社／❼ 1933·2·24 社／1935·5·5 社／❽ 1947·5·26 社／1953·4·27 社／1958·6·24 社／❾ 1965·10·31 社／1974·8·5 社／1977·7·20 社／1979·6·16 社／9·6 社
熊本雲仙・普賢岳　❺-2 1792·1·7 社／❾ 1990·11·17 社／1991·5·20 社／1993·4·28 社／1994·8·25 社／1995·3·30 社／12·16 社／1998·4·26 社
群馬赤木岳　❷ 1251·4·19 社
群馬御荷鉾山　❻ 1892·4·9 社
群馬白根山　❻ 1873·8·29 社／1889·12·5 社／❼ 1897·7·21 社／1932·10·1 社
相模大山　❺-2 1825·8·20 社
昭和海山　❾ 1977·6·14 政
贈乃峰⇨霧島山(きりしまやま)
長崎島原普賢山　❺-1 1664·1·18 社／❺-2 1792·1·18 社／3·1 社
浅間山(長野・群馬境)　❷ 1108·7·21 社／❸ 1450·是年 社／❹ 1527·4 社／1531·11·27 社／1582·1·14 社／1596·4·4 社／1599·2·19 社／11·28 社／❺-1 1603·12·3 社／1605·11月 社／1609·是春 社／1631·3·13 社／1645·4·26 社／1647·2·19 社／1648·7·11 社／1649·7·10 社／1652·3·4 社／1656·10·25 社／1659·6·5 社／1661·3·15 社／1704·1·1 社／1708·11·18 社／1710·3·15 社／1711·2·26 社／❺-2 1717·8·19 社／1718·9·2 社／1721·6·28 社／1722·2月 社／1723·1·1 社／1728·10·9 社／1733·6·20 社／1754·7·2 社／1776·7·23 社／1781·7·6 社／1783·4·9 社／7·6 社／8·25 政／10·29 社／11·9 社／11·29 社／1784·1·27 社／①月 社／❻ 1889·12·24 社／❼ 1909·5·31 社／1911·8·15 社／1912·12·13 社／1919·3·13 社／1921·6·4 社／1928·2·23 社／1930·8·20 社／1932·3·25 社／1935·5·5 社／1936·10·17 社／❽ 1938·7·11 社／10·4 社／1947·7·15 社／8·14 社／1950·9·23 社／1955·6·11 社／1958·11·10 社／12·4 社／1959·4·14 社／1961·8·18 社／11·7 社／❾ 1973·2·1 政／1982·4·26 社／1983·4·8 社／2004·9·1 社／2009·2·2 社
長野御嶽山　❾ 1979·10·28 社
長野焼山　❽ 1962·6·7 社／1963·7·10 社
那須野地(下野)　❸ 1404·1·11 社／1408·1·18 社／1410·1·21 社
西之島沖海底火山　❾ 1973·5·31 社
兵庫但馬　❺-1 1666·6·1 社
福井阿胡山　❺-1 1684·4·8 社
福島吾妻富士　❻ 1893·5·19 社
福島沼尻山　❼ 1900·7·17 社
福島磐梯山　❶ 806·2·15 社／❻ 1888·7·15 社
富士山　❶ 487·3月／781·7·6 社／800·3·14 社／802·1·8 社／826·是年 社／864·5·35 社／870·是年 社／937·11月 社／999·3·7 社／❷ 1032·12·16 社／1076·2·20 社／1083·3·28 社／❸ 1331·7·7 社／❺-1 1700·是年 社／1707·11·23 社／1708·1月 社／①·7 社
北海道阿寒岳　❽ 1955·11·19 社／1956·5·19 社／❾ 1966·5·19 社
北海道有珠山　❺-1 1663·5·11 社／1663·7·15 社／1665·是年 社／❺-2 1768·12月 社／1822·1月 社／❻ 1853·10月 社／❼ 1910·7·24 社／❾ 1977·8·7 社／2000·3·31 社
北海道択捉(エトロフ)沖無人島　❻ 1883·2·12 社
北海道大島　❺-2 1741·7·13 社
北海道口永良部島　❼ 1933·12·24 社
北海道国後島の爺爺岳　❾ 1973·7·16 社
北海道駒ヶ岳　❺-1 1640·6·13 社／❺-2 1784·1·19 社／❻ 1856·8·26 社／❼ 1929·6·16 社／7·17 社
北海道昭和新山　❼ 1909·1·23 社／5·13 社／1917·5·12 社／1933·12·1 社／❽ 1944·6·23 社
北海道樽前山　❻ 1874·2·8 社／❼ 1909·1·23 社／5·13 社／1917·5·12 社／1933·12·1 社
北海道十勝岳　❼ 1926·5·4 社／1927·1·24 社／❽ 1947·4·29 社／1962·6·29 社／❾ 1988·12·19 社
宮崎　❷ 1112·2·3 社
妙高高原焼山　❾ 1974·7·28 社
明神礁　❾ 1970·1·29 社
焼岳(飛騨山脈)　❼ 1909·3·20 社／1912·2·23 社／1915·6·6 社／1925·4·27 社／1931·6·18 社
山形苅田岳　❺-1 1623·4·16 社／1634·是年 社／1642·是年 社
山形鳥海山　❶ 578·2月／871·4·8 社／❺-2 1740·5月 社／1804·6·4 社／❾ 1974·3·1 社
山形那須月山　❻ 1881·7·2 社
噴火警報　❾ 2007·12·1 社
活火山数　❾ 2003·1·21 文
降灰を取除　❺-1 1708·1·16 社
三宅島緊急火山情報　❾ 2000·6·26 社／7·8 社

山崩・山津波

地滑り
赤倉山　❾ 1978·5·18 社
石川・大根布村　❻ 1886·2·25 社
新潟・広神村　❾ 1969·4·26 社
富士山大沢崩れ　❺-2 1834·4·7 社／❾ 1972·5·5 社

山崩
愛知渥美　❾ 1968·11·13 社
青森安達　❺-2 1824·8·15 社
青森岩木山　❹ 1597·3月 社
阿蘇山　❺-2 1830·7·2 社
荒島岳　❺-2 1726·2·29 社
伊豆　❺-2 1828·3·28 社
大分敵見山　❶ 772·10·10 社
神奈川箱根早雲山　❽ 1953·7·25 社
熊本(肥後)　❶ 771·5·23 社
群馬・嬬恋村　❾ 1966·7·30 社
群馬・榛名町　❾ 1974·10·6 社
相良領湯前　❺-1 1644·6·25 社
立山大鳶　❻ 1858·2·25 社
丹後由良が岳　❺-2 1814·7·21 社
千葉(安房・上総)　❶ 727·10·2 社
鳥取大山　❺-2 1762·7·16 社
長野安曇郡　❺-2 1806·2·24 社
長野古城山　❺-1 1656·3·25 社
新潟上越　❾ 2012·3·7 社
肥前　❺-1 1700·2·12 社
福井勝山　❺-1 1712·3月 社

山火事
茨城・日立　❾ 1991·3·7 社
釧路湿原　❾ 1992·11·2 社
広島・呉　❾ 1971·4·27 社
和歌山　❾ 1965·3·12 社
山崩れ土石流　❺-2 1834·4·8

山津波　❼ 1920·8·5 社／❾ 1990·10·8 社／1996·12·6 社
伊豆松崎　❺-2 1816·11·2 社
鹿児島出水市　❾ 1997·7·10 社
岐阜中津町　❼ 1932·8·26 社
霧島温泉　❼ 1911·9·21 社
熊野大泊町　❾ 1967·10·27 社
群馬小串鉱山　❽ 1937·11·11 社
静岡梅ヶ島温泉　❾ 1966·9·24 社
富山烏帽子山　❼ 1909·9·27 社
長崎島原　❺-2 1820·6·17 社
奈良・十津川村　❾ 2011·9·2 社
福島五十里村　❺-1 1683·9·1 社
北海道有珠山　❾ 1978·10·24 社
北海道津別町　❽ 1953·5·31 社
山形・大蔵村　❾ 1974·4·26 社

天候その他
壱岐台風遭難事件　❻ 1859·2·23 社
勝浦漁民暴風惣難事件　❻ 1892·2·28 社
東京の気温　❽ 1961·7·15 社
東京の最高気温　❽ 1953·8·21 社
流氷観測　❼ 1935·3·23 社
平均気温　❾ 1996·5·15 文
雪見名所(江戸)　❺-2 1836·是年 社
富士山の高さ　❾ 1993·9·25 社

20 交通·通信

運賃·切符·乗車券
イオカード ❾ 1991·3·1 社
ICOCA(イコカ) ❾ 2003·11·1 社
一般周遊券 ❽ 1955·2·1 社
往復乗車券の始め ❻ 1874·8月 社
往復常乗り切手 ❻ 1873·6·5 社
往復割引切符 ❻ 1878·3·21 社／10·1 社／1892·6·2 社／❼ 1907·1·10 社
オレンジカード(乗車券) ❾ 1985·3·25 社
回数乗車券(鉄道) ❻ 1891·7·19 社
学童通学切符 ❼ 1896·7月 社
貨物運賃の割戻し制 ❼ 1908·11·1 社
官設鉄道の運賃体系 ❼ 1899·3·16 社／1902·4·15 社／1918·8·1 社
帰省運賃割引制度 ❾ 1966·7·15 社
キセル乗車 ❽ 1961·10·22 社
急行料金 ❼ 1906·4·16 社
航空運賃 ❾ 1998·3·4 社
幸福駅ゆき乗車券 ❾ 1974·10·20 社
国鉄運賃値上げ ❽ 1946·3·1 社／1947·3·1 社／7·6 社／1948·2·11 社／7·7 社／1949·5·1 社／1951·11·1 社／1957·4·1 社／❾ 1969·5·10 社／1976·11·6 社／1978·7·8 社／1979·5·20 社／1980·4·20 社／1981·4·20 社／1982·4·20 社／1984·4·20 社
国鉄普通乗車券 ❽ 1947·9·8 社
国鉄フリー乗車券 ❾ 1971·4·20 社
国有鉄道運賃法 ❾ 1974·3·31 社
座席券(長距離列車) ❽ 1949·2·9 社
座席の自動予約 ❾ 1973·1·20 社
座席予約システム「マルス1」 ❽ 1960·1月 社
指定券 ❾ 1970·1·22 社
私鉄運賃 ❽ 1948·5·15 社
私鉄運賃値上げ ❾ 1966·1·20 社
市電·市バス一日定期券 ❾ 1974·4·1 社
自動改札機 ❾ 1967·3·1 社／1969·10·20 社／1971·1月 社
自動入場券·切符販売函·自動発売機 ❼ 1908·1月 社／1910·3·26 社／1911·1月 社／1926·4·24 社／1930·4·3 社
修学旅行団体学割 ❾ 1971·3·16 文
周遊券 ❽ 1955·2月 社
乗車券(鉄道) ❼ 1920·2·1 社
新幹線定期「フレックス」 ❾ 1983·2·1 社
スカイメイト ❾ 1966·7·1 社
青春18のびのびきっぷ ❾ 1982·3·10 社
団体割引(鉄道) ❼ 1902·5·22 社
地下鉄値上げ ❾ 1972·8·1 社
定期券 ❻ 1873·6·5 社／1886·1·1 社／❼ 1901·6·16 社
鉄道料金 ❻ 1885·3·16 社／1887·7·1 社／❼ 1907·11·1 社／❾ 1969·5·9 社
電車·バス運賃 ❽ 1947·2·15 社
電車割引料金制 ❼ 1905·8·1 社
都·私バス運賃 ❾ 1967·10·1 社／1973·1·15 社
東武鉄道創立八十周年記念乗車券 ❾ 1977·11·1 社
都営バス老人無料パス ❾ 1973·1·15 社
都電料金 ❽ 1945·12·1 社／1947·2·10 社／6·19 社／1948·6·1 社／8·1 社／1949·6·1 社／1951·12·25 社／1963·11·30 社
ナイスミディパス ❾ 1983·3·20 社
入場切符(入場券) ❼ 1897·11·5 社／1902·6·5 社／❾ 1992·4·1 社
入場券印刷販売機 ❼ 1911·9·1 社
乗換乗車券制度 ❽ 1944·5·5 社
PASMO(パスモ) ❾ 2007·3·18 社／2008·9·4 社
万能自動券売機 ❾ 1968·9·26 社／1979·4·20 社

駅·駅子·駅馬(近代以前)
駅起稲 ❶ 702·2·19 政／709·6·21 政／729·4·2 社／739·6·17 政
駅子 ❶ 822·1·3 社／⑨·20 社／838·5·9 社／845·1·25 社／850·5·28 社／914·6·13 社
駅伝 ❶ 764·10·10 社
駅法改正 ❺-1 1602·6月 社／1656·4·7 社
駅家(戸·館) ❶ 702·1·10 社／711·1·2 社／719·⑦·21 社／729·4·2 社／757·5·8 社／759·9·26 社／786·9·21 社／797·1·27 社／800·9·2 社／806·5·14 社／822·⑨·20 社
駅鈴(飛駅鈴) ❶ 646·1·1 政／672·6·24 政／705·4·22 社／720·3·23 社／732·9·27 政／758·9·28 社／764·9·11 政／884·6·23 政／❷ 1002·4·10 政
駅路 ❶ 795·7·26 社／⑦·17 社
駅路通行制 ❺-2 1747·3·4 社
駅路の法 ❷ 1185·11·29 社
江戸から各地への所要時刻 ❺-1 1696·1·12 社
諸駅修築 ❺-1 1707·12·1 社
宿駅 ❻ 1868·9·12 社
新駅設置(東海道) ❷ 1211·6·26 社

駅·駅舎(近代以降)
一時間の交通量(日本橋) ❼ 1896·是年 社
上野駅 ❻ 1883·7·26 社／❼ 1932·4·2 社／❾ 1983·7·28 社
上野地下駅(新幹線) ❾ 1985·2·21 社
梅田駅(大阪) ❼ 1898·1·24 社／1910·3·10 社
駅前立体広場 ❾ 1966·11·25 社
大阪駅 ❻ 1874·5·11 社／❼ 1934·6·1 社／❽ 1940·6·1 社／❾ 2011·5·4 社
旧長浜駅舎 ❻ 1889·4·16 社／❽ 1958·10·14 社
京橋(東京) ❼ 1901·12·21 社
銀座総合駅 ❽ 1964·10·29 社
国立駅(中央線) ❼ 1926·4·1 社
甲府駅本館 ❼ 1924·3·19 社
神戸駅 ❻ 1874·5·11 社／1889·7·1 社
サイレント·タイム ❾ 1981·4·13 社
品川駅(東海道線) ❻ 1872·5·7 社／❾ 2003·10·1 社
渋谷駅 ❻ 1885·3·1 社／❾ 2012·8月 社
新宿駅 ❻ 1885·3·1 社／❼ 1925·4·26 社／1933·7·15 社
新宿駅(西武電車) ❽ 1952·3·25 社
新宿民衆駅(ステーションビル) ❽ 1964·5·18 社
新橋停車場 ❻ 1871·11·14 社／1872·9·12 社／❼ 1926·3·9 社
鉄道駅の数 ❼ 1900·7月 社
東京駅(八重洲口) ❼ 1914·12·18 社／1929·12·16 社／❽ 1945·5·25 社／1948·11·16 社／1949·4·29 社／1987·12·12 文
東京駅周辺の江戸時代の様子 ❼ 1914·此頃 社
豊橋民衆駅 ❽ 1950·3·14 社
名古屋駅 ❻ 1886·5·1 社／❽ 1937·2·1 社
羽島駅 ❽ 1959·11·17 社
発車予告ベル ❾ 1988·8·7 社
前橋駅(栃木) ❻ 1889·11·20 社／❼ 1927·9·25 社
丸の内(東京駅) ❾ 2012·10·1 社
三島駅 ❾ 1969·4·25 社
横浜駅 ❻ 1872·5·7 社／9·12 社／1887·7·11 社

オートバイ(二輪車) ❽ 1952·5·25 社
赤バイ·白バイ(警視庁) ❼ 1918·1·1 社／1936·8·1 社
エアロバイク ❾ 1984·5月 社
オートバイ(石油発動自転車) ❼ 1896·1月 社／1927·11月 社
オートバイの変形ハンドル ❾ 1973·10·26 社
オートバイ輸出 ❽ 1961·6·12 社
海外に二輪車工場 ❾ 2005·6月 社
カブ(自転車用補助エンジン) ❽ 1952·3月 社／1958·8月 社
軽オートバイ(空冷二サイクル) ❼ 1935·4月 社
コレダ号 ❽ 1954·6·1 社
サイドカー ❼ 1927·11月 社
自動二輪車SSD号 ❼ 1918·是年 社
スクーター「ジュノー号」 ❽ 1953·11·29 社
スクーター「シルバー·ピジョン」 ❽

1946・是年 社
スクーター「チョイノリ」 ❾ 2003・2・11 社
スクーター「ラビット」 ❽ 1946・8 月 社
スクーター流行 ❽ 1952・是年 社
NinjyaZX(川崎重工 Kawasaki) ❾ 2004・是年 社
バイク運転者ヘルメット着用 ❾ 1986・7・5 社
バイクの「三ない校則」訴訟 ❾ 1991・9・3 社
パッソル(ミニバイク) ❾ 1977・3 月 社
ホンダ・ドリーム ❽ 1949・8 月 社／1951・12 月 社／1954・2・13 社／1960・11 月 社／❾ 1969・7 月 社
ヤマハ・オートバイ ❽ 1954・7 月 社／1955・2 月 社
ロード・パル「ラッタッター」 ❾ 1976・2・10 社

オートバイ・自動車レース
F1 世界選手権 ❾ 2012・10・7 社
F1 日本グランプリ ❾ 1987・11・1 社
オートバイ GP レース ❽ 1961・5・14 社
オートバイ鈴鹿耐久ロードレース ❾ 2010・7・25 社
オートバイ世界選手権 ❽ 1963・11・10 社
オートバイ富士山麓河口湖ラリー ❽ 1959・3・21 社
オートバイ(自動自転車)レース ❼ 1898・3 月 社／1901・11・3 社
オートレース(船橋) ❽ 1950・10・29 社
小型自動車競走(オートレース)法 ❽ 1950・5・27 社
在日米軍ロードレース ❽ 1951・9 月 社
サファリラリー ❾ 1995・4・16 社
JAF グランプリ ❾ 1969・5・2 社
全国オートバイ大競走大会 ❼ 1922・11・5 社
全日本 GT ❾ 1998・5・3 社
全日本モーター・サイクル選手権 ❽ 1949・11・6 社／1955・11・5 社／1962・11・3 社
WEC 世界耐久選手権スポーツカー耐久レース ❾ 2012・10・12 社
チャレンジ三宅島モーターサイクルフェスティバル ❾ 2007・11・16 社
西日本サイクル・チーム・レース(第一回鹿児島－大阪間 1000 キロ) ❼ 1931・7・29 社
日本グランプリ GT－Ⅱレース ❽ 1964・5・3 社
日本グランプリ自動車レース ❽ 1963・5・3 社
パリ・ダカール ❾ 1997・1・19 社／2002・1・13 社／2003・1・19 社／2006・1・15 社／2007・1・6 社
パリ・モスクワ・北京ラリー ❾ 1992・9・1 社
富士スピードウェイ ❾ 1974・6・2 社
富士 1000 キロ耐久レース ❾ 1968・7・21 社
富士 24 時間レース ❾ 1967・4・8 社
マン島 TT レース(英) ❽ 1959・5 月 社／1961・6・12 社／1963・6・14 社
モーター・バイク祭 ❽ 1952・8・2 社
ルマン ❾ 1991・6・22 社／1995・6・18 社／2004・6・13 社

オート三輪(三輪車) ❼ 1925・是年 社／1926・是年 社／1929・9 月 社／1930・4 月 社／1931・5 月 社／10 月 社
三輪トラック ❽ 1946・4 月 社／7 月 社／1947・5 月 社
自動三輪式 ❼ 1899・10 月 社
ツバサ号(三輪自転車) ❼ 1931・5・5 社
富士キャビン(軽三輪乗用車) ❽ 1955・5 月 社
フロントカー(原動機付三輪車) ❽ 1949・11・17 社
ホープスター(軽三輪) ❽ 1952・12 月 社
マツダ号(三輪トラック) ❼ 1931・10 月 社／1934・10 月 社
マツダ CHTA(三輪トラック) ❽ 1954・4 月 社
丸ハンドル式(MAR 型三輪トラック) ❽ 1957・11 月 社
ミゼット(オート三輪、愛知機械工業) ❽ 1946・3 月 社／1957・5・1 社／8 月 社

機関車と車輛
B20 形戦時型小型機関車 ❽ 1945・3・8 社
C51 形蒸気機関車 ❼ 1919・12・1 社
C53 形蒸気機関車 ❼ 1928・是年 社
C54 形蒸気機関車 ❼ 1931・是年 社
C57 型 SL ❾ 1969・8・20 社／1972・10・15 社
C60 形蒸気機関車 ❽ 1953・11・6 社
C62 形蒸気機関車 ❽ 1948・1・17 社
D50 形蒸気機関車 ❼ 1926・3・15 社／❽ 1943・8・31 社
D51 形蒸気機関車 ❼ 1936・2・29 社
D52 形蒸気機関車(貨物用) ❽ 1943・12・28 社
D60 形蒸気機関車 ❽ 1951・9・12 社
DD13 形液体式ディーゼル機関車 ❽ 1958・3 月 社
DD51 形ディーゼル機関車 ❾ 1965・1・20 社
DD54 形ディーゼル機関車 ❾ 1970・10・10 社
DF50 形電気式ディーゼル機関車 ❽ 1957・3 月 社
E10 形 5 号蒸気機関車 ❽ 1948・3・19 社
ED16 形電気機関車 ❼ 1931・是年 社
一号機関車 ❽ 1958・10・14 社
SL(蒸気機関車)旅客列車 ❾ 1975・12・14 社
SL ブーム ❾ 1970・是年 社
オール・スチール・カー(阪神急行電鉄会社) ❼ 1925・11・21 社
外国製蒸気機関車 ❼ 1912・2・13 社／3・27 社
機関車 ❼ 1903・1・1 社
小形コンテナ車 ❼ 1931・5・1 社
国産蒸気機関車 ❻ 1892・10 月 社／❼ 1914・是年 社
国産ディーゼル機関車 ❼ 1931・4・17 社
国産量産型蒸気機関車 ❼ 1911・12・18 社／1914・5・5 社
蒸気車運転 ❻ 1858・是年 社／1865・是年 社／1867・是年 社
蒸気車模型 ❻ 1855・8 月 社／1857・4・1 社
蒸気暖室器(列車) ❼ 1903・12・1 社
蒸気動車(汽動車) ❼ 1909・4・1 社
速達貨物列車 ❼ 1898・8・1 社
ディーゼル車走行規制 ❾ 2003・10・1
電気機関車 ❼ 1896・12・9 社／1897・是年 社／1912・5・11 社／1922 12・14 社／1924・12・16 社／1926・3・ 社／1936・3・30 社

航空路(航空機・開通)
運航管理者(航空) ❾ 1976・3・17 社
英国の極東線定期航空路 ❽ 1948・11・14 政
航空局官制改正 ❼ 1923・3・31 政
航空法 ❾ 2004・1・15 社
シャム親善飛行(乃木号) ❽ 1939・1 25 政
世界一周線(日航) ❾ 1966・9・8 社／1967・3・6 社
長距離周遊(外国から飛行機で) ❼ 1920・5・30 政／1922・5・22 政／6・9 政／10・11 政／1926・6・1 政／9・5 政／1930・6・22 政
日米民間航空協定 ❾ 1965・12・28 政
米国の世界早回り機プライド・オブ・デトロイト ❼ 1927・9・11 社
輸送国際定期急行便(日本航空) ❽ 1937・6・1 社
ヨーロッパ定期線(シベリア経由) 1969・3・7 政／1970・3・28 社
奄美大島－沖縄 ❾ 1965・3・12 政
大阪－久留米(懸賞郵便飛行) ❼ 1920 11・21 社
大阪－京城－大連(日本航空) ❼ 1926 9・13 政
大阪－札幌(日本航空) ❽ 1961・6・1 社
大阪－ソウル ❾ 1967・9・3 政
大阪－高松(東西定期航空) ❼ 1922・11・15 社
大阪－那覇(日本航空) ❽ 1961・2・2 社
大阪－福岡 ❼ 1929・4・1 政
大阪－福岡(極東航空) ❽ 1954・3・20 社
大阪－別府(定期航空便) ❼ 1923・7・10 政
大阪－別府－福岡(日本航空) ❼ 1923 7・12 社
大阪－北平無着陸飛行 ❼ 1934・9・6 政
鹿児島－那覇(全日空) ❽ 1961・9・23 政
北廻りヨーロッパ線(日本航空) ❽ 1961・6・6 政
グアム線(全日空) ❾ 1986・3・3 政
堺－徳島(定期航空便) ❼ 1922・2・11 社／11・15 社
上海－南京－杭州(日本航空) ❽ 1938 1 月 社
太平洋線定期便(パン・アメリカン) ❽ 1959・9・6 政
タイへの定期航空便 ❽ 1940・6・10 政
台北－高雄、台北－花蓮港(日本航空) ❼ 1936・8・1 政
太刀洗－東京羽田夜間飛行 ❼ 1932・5 2 社
立川－大阪－福岡太刀洗(日本航空) ❼ 1929・7・15 社
朝鮮海峡横断便 ❼ 1920・3・10 社
東京－ソウル(日本航空) ❽ 1964・4・15 政
東京－名古屋－大阪 ❽ 1951・10・20 政
東京－名古屋－大阪(全日空) ❽ 1954・2・5 社

東京－三沢－札幌 ❽ 1951·10·20 政
東京－三沢－札幌(日本ヘリコプター輸送) ❽ 1954·8·10 社
東京－岩国－福岡 ❽ 1951·10·20 政
東京－ウェーク－ホノルル－サンフランシスコ(日本航空) ❽ 1954·2·2 政
東京－大阪(全日空) ❾ 1965·10·1 社
東京－大阪(郵便飛行) ❼ 1919·10·22 社／1920·4·21 社／1921·11·3 社／1929·4·1 政
東京－大阪 ❽ 1951·10·20 政
東京－大阪－福岡(定期航空便) ❼ 1925·4·20 社／❽ 1951·10·20 政
東京－沖縄 ❽ 1960·9·1 社
東京－オスロ(北極上空飛行) ❽ 1954·5·26 政
東京－グアム ❾ 1970·10·1 社
東京－コペンハーゲン(北極廻り、スカンジナビア航空) ❽ 1956·9·12 政
東京－札幌 ❽ 1937·4·1 社／1951·10·20 政／1961·9·25 社
東京－サンパウロ(日本航空) ❽ 1954·10·5 社
東京－サンフランシスコ(日本航空) ❽ 1947·9·28 政／1954·1·11 政／1959·5·3 政
東京－シンガポール(日本航空) ❽ 1958·5·8 政
東京－新京 ❽ 1939·3·6 社／1941·3·17 政
東京－新京－天津 ❽ 1937·6·1 政
東京－大連(日本航空) ❼ 1929·6·21 政
東京－チューリッヒ(スイス航空) ❽ 1957·4·26 政
東京－富山(日本航空) ❼ 1934·5 月 政
東京－那覇(日本航空) ❽ 1954·2·5 社
東京－新潟(全日空) ❽ 1958·6·15 社
東京－浜松－大阪(定期航空便) ❼ 1923·1·10 社
東京－パリ(日本航空とエールフランス協同運行) ❽ 1960·3·31 社
東京－福岡(無着陸試験飛行) ❼ 1932·4·21 社
東京－福岡「ムーンライト」(日本航空) ❽ 1960·6·22 社
東京－ブラジル(日本航空) ❾ 1978·6·20 社
東京－北京(日本航空) ❽ 1938·10·5 政
東京－ホノルル－ロサンゼルス ❾ 1970·7·1 社
東京－香港(中国航空) ❽ 1949·1·7 政
東京－香港－バンコク(日本航空) ❽ 1956·10·5 政
東京－モスクワ ❾ 1966·8·11 社
那覇－台北(日本航空) ❽ 1964·12·5 政
日仏定期航空路 ❽ 1952·11·26 政
日米空路(日本航空) ❽ 1953·11·23 社
日米南方空路(パン·アメリカン航空) ❽ 1947·5·30 政
日台航空路 ❾ 1974·4·21 政／1975·7·9 政／8·10 政
日中航空路 ❾ 1972·8·16 政／1987·4·16 政
日本·オランダ航空協定 ❽ 1953·2·17 政
日本·タイ定期航空協定 ❽ 1939·11·30 政
日本·ノルウェー航空協定 ❽ 1953·2·23 政
ニューヨーク線(日本航空) ❾ 1966·11·12 社
ハノイ－バンコク(大日本航空) ❽ 1940·12·5 政
浜松－平壌(陸軍飛行第七連隊) ❼ 1929·7·18 政
パラオ－淡水(大日本航空) ❽ 1941·1·9 政
パラオ－ディリー(大日本航空) ❽ 1941·12·25 政
パリ－東京百時間懸賞飛行 ❼ 1936·11·19 社
ハルビン－大阪(飛行機) ❼ 1936·8·18 政
福岡－沖縄 ❽ 1955·11·18 政／1956·9·13 社
福岡－京城－大連(日本航空輸送会社) ❼ 1929·9·10 社
福岡－台湾(定期連絡航空路) ❼ 1935·10·8 政
福岡－那覇－台北(日本航空輸送会社) ❼ 1935·10·18 社／1936·4·1 社
福岡－南京(日本航空輸送) ❽ 1938·10·5 政
ベルリン定期便 ❾ 1991·11·3 政
北極横断定期空路 ❽ 1957·2·24 社
香港線(日本航空) ❽ 1955·2·4 政
南廻り東京線(BOAC) ❽ 1953·4·3 社
南廻りヨーロッパ線(日本航空) ❽ 1962·10·4 政
モスクワ便(日ソ共同運航) ❾ 1967·4·18 政
横浜－サイパン－パラオ ❽ 1940·3·6 政
横浜－ロンドン(試験飛行) ❽ 1948·11·14 政
米子－隠岐(東亜航空) ❾ 1965·8·1 社
ロサンゼルス線(日本航空) ❽ 1959·5·28 社

交通安全

『交通事故(死)白書』 ❽ 1958·3·6 社／1960·12·27 社／1964·12·22 社／❾ 1966·7·31 社／12·31 社／1969·5·5 社／1989·11·27 社／1996·6·15 社／2002·是年 社／2004·1·2 社／2006·1·2 社／2009·1·2 社／是年 社／2011·1·4 社／2012·1·4 社
『交通公害白書』 ❾ 1979·1·4 社
交通安全週間 ❽ 1946·4·8 社／1948·12·10 社
交通安全対策基本法 ❾ 1970·6·1 社
交通安全フェア ❾ 1977·9·18 社
交通違反者切符制 ❽ 1962·3·13 社／1963·1·1 社
交通違反点数制 ❾ 1968·10·1 社／1969·10·1 社
交通管制センター ❾ 1974·4·8 社
交通機動警邏隊(高速道路分駐所) ❽ 1951·2·5 社／1962·12·15 社
交通事故死賠償訴訟 ❾ 2001·3·8 社
交通情報センター(警視庁) ❽ 1961·1·19 社／6·15 社／1963·3·1 社
交通整理(ヘリコプター) ❽ 1961·7·23 社／❾ 1966·7·23 社／1967·5·1 社
交通整理手信号競技大会 ❽ 1948·11·11 社
交通戦争 ❽ 1961·12·4 社
交通専務巡査 ❽ 1945·10·31 社
交通総合取締 ❽ 1962·2·5 社／1964·12·11 社
交通相談所 ❽ 1963·5·20 社
交通反則通告制度 ❾ 1968·7·1 社
交通 110 番 ❾ 1967·4·5 社
交通標識 ❽ 1962·11·17 社
国際交通シンポジウム ❾ 1972·9·3 文
左側通行(自動車)、右側通行(人) ❾ 1978·7·30 社
車種別交通規制 ❽ 1962·4·25 社
車輛制限令 ❽ 1961·7·17 社
小運送業法 ❽ 1937·4·5 政
スピード交通裁判 ❽ 1954·5·19 社
0 哩(ゼロマイル)標識 ❽ 1958·10·14 社
全日本交通安全協会 ❽ 1961·1·19 社
総合交通六か年計画 ❽ 1955·4·14 社
都市交通審議会 ❽ 1955·7·19 社
右側通行の特例 ❻ 1885·2·7 社
夜間一斉交通取締 ❽ 1963·9·20 社

交通·通信関係会社·団体

愛知航空機株式会社 ❽ 1943·2·5 政
青木航空株式会社 ❽ 1952·9·9 政
赤羽飛行機製作所 ❼ 1917·12·1 政
浅野造船所 ❼ 1917·4·7 政
アメリカ太平洋郵船会社 ❻ 1866·12·19 政
アメリカン·プレジデント·ラインズ社 ❽ 1947·10·17 政
飯野海運株式会社 ❽ 1944·4·1 政
飯野汽船 ❽ 1963·12·20 政
飯野商会 ❼ 1899·7月 政
生駒鋼索鉄道 ❼ 1918·8·29 社
石川島自動車製作所 ❼ 1929·5·1 政
石川島造船所 ❻ 1854·1·2 社／1871·7月 社／❼ 1899·6·11 社
石川島飛行機製作所 ❼ 1924·11·11 政
いすゞ自動車株式会社 ❼ 1933·12·14 政／❽ 1937·4·9 政／1949·7·1 政／❾ 1966·12·16 政／1970·11·1 政／1982·5·24 政／1984·3·21 政／1986·5·19 政／2002·8·14 政／2006·4·11 政／11·7 政
浦賀船渠株式会社 ❼ 1896·9·28 政
運輸省航空局 ❽ 1952·8·1 政
英国海外航空 ❽ 1948·3·26 政／1949·11·28 政
英国日産自動車 ❾ 1986·9·8 政
NTT ❾ 1986·10·29 政／11·26 社／1990·3·2 政／1992·8·25 政／1993·8·31 社／1995·11·8 政／1996·2·29 政／12·6 政／1999·7·1 政／2002·5·14 政
NTT インターコミュニケーション·センター ❾ 1997·4·19 文
NTT データ通信 ❾ 1988·7·1 社
NTT ドコモ ❾ 1998·10·22 政
大阪·堺間(阪堺)鉄道会社 ❻ 1884·6月 社／1885·12·27 社
大阪商船株式会社 ❻ 1877·4月 政／1882·12·25 社／1893·6·2 政
大阪商船三井船舶 ❽ 1964·4·1 政
大阪鉄道馬車会社 ❻ 1887·10·16 社
大阪電気軌道株式会社 ❼ 1910·9·16 社
大阪日本航空 ❼ 1927·7·12 社
小笠原海運 ❾ 1969·9·10 政
小田原急行鉄道会社 ❼ 1923·5·1 政／❽ 1948·6·1 政
海事委員会官制 ❼ 1920·5·12 政
快進社自動車工場 ❼ 1911·4月 政

／1914・3・20 政
華中鉄道株式会社 ❽ 1939・4・17 政
華北交通株式会社 ❽ 1939・4・17 政
樺太鉄道会社 ❼ 1924・4・10 政
川崎汽船株式会社 ❼ 1919・4・5 政／❽ 1963・12・20 政／1964・4・1 政
川崎航空機株式会社 ❼ 1919・1月 政／1928・11・5 政／❽ 1937・11・18 政／1968・12・2 政
川崎車輛 ❾ 1968・12・2 政
川崎造船所 ❻ 1878・4月 社／1886・4・28 政／1893・9・15 社／❼ 1927・5・31 政／7・20 政
関西国際空港(関空株式会社) ❾ 1974・8・13 政／1983・5・13 政／1984・4・4 政／10・1 政／1987・1・27 政／1994・9・4 政
関西鉄道会社 ❻ 1888・3・21 社
汽罐車製造所 ❻ 1885・3月 社
汽車製造合資会社 ❼ 1896・9・7 政
キャセイパシフィック航空 ❽ 1960・4・1 社
九州鉄道株式会社 ❻ 1888・6・27 社／❼ 1897・8・26 社
九州電気軌道株式会社 ❼ 1908・12・11 社
京仁鉄道合資会社 ❼ 1899・5・15 政
共同運輸会社 ❻ 1882・7・14 社／1883・1・1 社／1885・1・13 政／2・5 政／8・1 政
京都市電気鉄道会社 ❻ 1895・2・1 社
京都疎水運送会社 ❼ 1896・7・29 社
京都電気鉄道 ❼ 1918・6・30 社
極東航空会社 ❽ 1953・5・26 政／1957・12・1 政
近海郵船会社 ❼ 1923・3・31 政
近畿日本鉄道会社 ❼ 1910・9・16 社／❽ 1941・3・15 社／1944・6・1 社
熊本電気株式会社 ❼ 1909・6・1 政
京王帝都電鉄 ❽ 1948・6・1 政
京王電気軌道株式会社 ❼ 1910・9・21 社
京成電気軌道株式会社 ❼ 1909・6・30 社
KDD(国際電信電話株式会社) ❽ 1953・4・1 政／❾ 1985・1・22 政／1989・9・19 社／1996・12・28 社／1999・12・16 政
KDDI(総合通信会社) ❾ 2000・10・1 社
京阪神急行電鉄会社 ❽ 1943・10・1 社
京阪電気鉄道株式会社 ❼ 1906・11・19 社
京浜急行電鉄 ❽ 1948・6・1 政
京福電鉄 ❽ 1942・3・2 社
京釜鉄道(朝鮮) ❼ 1900・9・15 政
航空会館 ❾ 1978・11・20 社
航空局官制 ❽ 1938・2・1 政
甲武鉄道会社 ❻ 1887・4・10 社／1888・3・31 社
神戸内田汽船 ❼ 1915・是年 政
神戸高速鉄道株式会社 ❾ 1968・4・7 社
神戸国際汽船会社 ❼ 1919・7・3 政
国際通運株式会社 ❼ 1926・7・8 政
国際電気通信株式会社 ❽ 1938・3・12 政／1948・11・10 政／1952・8・7 政／1953・3・24 社
国内航空会社 ❽ 1950・10・5 政
佐川急便 ❾ 1986・6・19 社
山陽鉄道会社 ❻ 1888・1・4 社
JR 西日本 ❾ 1996・10・8 政
JR 東日本 ❾ 1993・8・30 政
ジェットスター(LCC) ❾ 2010・12・9 社／2011・5・24 政／2012・3・1 社／7・3 社
私鉄経営者協会 ❼ 1916・2・28 政
自動車協会 ❼ 1930・1・17 政
ジャパンライン ❽ 1964・4・1 政
JAL エクスプレス ❾ 1998・7・1 政
首都高速道路公団 ❽ 1959・4・14 社
商船三井 ❾ 1998・11・20 政／1999・4・1 政
昭和海運 ❽ 1964・4・1 政
昭和飛行機工業株式会社 ❽ 1937・6・5 政
新東京国際空港公団 ❾ 1965・6・2 政／1970・2・15 政／1971・2・22 政
スカイネットアジア航空 ❾ 2004・6・25 政
スカイマークエアラインズ ❾ 1996・11・18 政／1998・7・23 政
スカンジナビア航空機 ❽ 1953・5・25 政
鈴木(スズキ)自動車工業 ❽ 1954・6・1 政／❾ 1982・10・2 政／1986・8・27 政／2000・9・14 政／2006・3・6 政／2009・12・9 政
西武鉄道株式会社 ❼ 1922・8・15 政
西北社(馬車) ❻ 1882・4・1 社
全国軽自動車協会連合会 ❾ 1994・10・6 政
千住馬車鉄道会社 ❻ 1893・1・29 社
全日本空輸株式会社 ❽ 1952・12・27 政／1957・12・1 政
ソフトバンク ❾ 1981・9・3 政／2004・5・27 政／12・6 政／2006・3・17 社／10・28 政／2012・10・1 政
大日本航空株式会社 ❽ 1938・11・28 政／1939・4・12 政／1945・10・15 政
大日本飛行協会 ❽ 1940・10・1 政／1945・11・10 政
ダイハツ工業株式会社 ❼ 1907・3・1 政／❾ 1984・3・3 政／1992・2・14 政
大連汽船会社 ❼ 1915・2・1 政
台湾鉄道会社 ❼ 1898・10・8 政
タクシー自動車株式会社 ❼ 1912・7・10 社
中華航空株式会社 ❽ 1938・12・17 政
中国航空公司 ❽ 1949・1・7 政
朝鮮郵船株式会社 ❼ 1912・3・2 政
DDI(第二電電) ❾ 1984・5・31 政／1985・6・21 政／1987・9・4 社／1996・12・28 社／1999・12・16 政
築地造船所 ❻ 1878・4月 政
帝国運輸会社 ❼ 1907・12・3 社
帝国運輸自動車会社 ❼ 1907・5・23 社／1908・10月 社
帝国海事協会 ❼ 1899・11・15 政
帝国自動車株式会社 ❼ 1918・6・17 政
帝国飛行協会 ❼ 1912・8・5 社／1913・4・23 政／4・23 社／1914・6・13 社／1916・8・15 社／1918・6・24 社
帝都高速度交通営団 ❽ 1941・3・7 社
電電改革三法案 ❾ 1984・12・20 政
デンマーク電信会社 ❻ 1870・8・25 政／1871・7・17 政
東亜国内空港株式会社 ❾ 1971・3・29 政／5・15 政
東亜旅行社 ❽ 1941・8・1 社
東京急行電鉄株式会社 ❼ 1922・9・2 政／❽ 1942・5・1 社
東京市街自動車会社 ❼ 1918・7・22 社／10・1 社
東京市街鉄道株式会社 ❼ 1902・4・18
東京自働車工業 ❽ 1939・4月 社
東京地下鉄道株式会社 ❼ 1920・8・ 政
東京鉄道株式会社 ❼ 1906・8・1 社／1907・12・15 社
東京電気鉄道株式会社 ❻ 1882・6・ 社／1895・6・6 社／❼ 1900・5・1 社／10・2 社
東京乗合自動車会社 ❼ 1919・3・1
東京風帆船会社 ❻ 1880・8・10 社／1882・7・14 社
東京モノレール ❽ 1964・9・17 社
東京横浜電鉄株式会社 ❼ 1924・10・25 政
東京湾横断道路株式会社 ❾ 1986・ 28 政
東京湾汽船安全会社 ❻ 1881・8・19 社／1889・11・16 社
東西定期航空会社 ❼ 1922・11・15 ／1927・7月 社／1929・3・30 政
東武鉄道会社 ❼ 1896・10・16 社／1907・11・10 社
東洋汽船株式会社 ❼ 1896・6・2 政
東洋工業 ❾ 1979・11・1 政／1980・7・9 政
道路公団 ❾ 2002・7・22 社／2004・6・2 政／2005・4・5 政
トヨタ自動車株式会社 ❼ 1933・9・1 政／❽ 1937・8・27 政／1938・4月 社／11・3 社／1949・7月 政／1950・4・ 政／1952・1月 政／1957・10・31 政／1963・9・26 政／❾ 1966・6・5 社／10・15 政／1980・2・8 政／7・9 政／1981・1・9 政／1982・1・25 政／1984・4・11 政／8・24 政／1985・7・23 政／12・11 政／1986・2・22 政／1987・6・2 政／1989・1・27 政／4・18 政／1991・4・15 社／1992・1・7 政／2・7 社／1993・4・15 社／1999・4・19 政／2000・3・6 政／2001・5・11 政／6・29 政／2002・5・13 政／8・29 政／2003・2・5 政／7・22 政／2004・1・22 社／3・9 社／5・11 政／2005・5・10 政／7・1 政／10・5 政／2006・2・22 社／5・10 政／2007・7・20 政／12・21 政／2008・2・2 政／2009・8・28 政／2010・1・27 政／2011・1・24 政／2・8 政
　トヨタ自動車販売 ❽ 1957・8月 社
　トヨタ生産方式 ❽ 1949・8月 政
内国通運会社 ❼ 1913・5・25 社
中島飛行機株式会社 ❼ 1917・5月 政／1918・7・23 政／1919・12・1 政／1931・12・15 政
名古屋鉄道会社 ❼ 1922・8・1 政
南海鉄道会社 ❼ 1896・3・9 社
南方旅行相談所 ❽ 1942・8・11 社
西日本鉄道株式会社 ❽ 1942・9・21 政
日産自動車株式会社 ❼ 1911・4月 政／1936・4・20 政／❽ 1937・5月 社／1939・8月 社／1949・8月 政／1952・12・23 社／1960・9・28 政／1962・3・27 政／❾ 1966・4・20 政／

10·22 社／1976·2·12 政／1980·2·8 政／4·17 政／12·3 政／1981·1·30 政／1984·2·1 政／1985·7·3 政／1986·2·4 政／1992·2·3 政／1993·1·14 政／2·23 政／1994·4·28 政／1998·5·20 政／1999·3·10 政／10·18 政／2000·10·30 政／2001·5·17 政／2002·9·2 社／9·19 政／10·23 政／2004·4·26 政／2005·4·25 政／2006·3·21 政／2009·8·26 政
日産自動車工場(米) ❾ 1983·6·15 政／1985·3·26 政
日産ディーゼル工業 ❾ 1968·10·3 政／1985·8·27 政／2009·8·31 政
日清汽船株式会社 ❼ 1907·3·25 政
日鉄汽船 ❽ 1950·4·1 政
日本アジア航空株式会社 ❾ 1975·8·8 政
日本移動通信(IDO) ❾ 1999·12·16 政
日本エアシステム ❾ 1988·4·1 政
日本海運協会 ❽ 1940·5·11 政
日本貨物航空(NCA) ❾ 1983·8·13 政／1985·4·30 政
日本近海機帆船海運組合 ❽ 1946·7·1 政
日本近距離航空 ❾ 1974·3·13 政
日本航空(JAL グループ) ❼ 1923·7·10 政／1929·3·30 政／❽ 1951·7·31 政／1953·8·1 政／❾ 1987·9·11 政／11·18 政／1993·1·14 政／2001·11·12 政／2002·3·15 政／10·2 社／2006·2·6 政／2009·10·29 政／2010·1·10 政／4·28 政／2012·9·19 政
日本航空機タイヤ株式会社 ❽ 1944·5月 政
日本航空協会 ❼ 1912·8·5 社
日本航空整備株式会社 ❽ 1952·7·1 政
日本航空電子工業 ❾ 1998·7·23 政
日本航空輸送株式会社 ❼ 1928·10·20 政／1929·3·30 政／4·1 社／7·15 社／1934·2·8 政／1935·10·14 社／10·18 社／1936·8·1 政／10·1 社／❽ 1937·6·1 政
日本航空輸送研究所 ❼ 1922·6·4 政
日本高速通信 ❾ 1987·9·4 社
日本交通公社 ❼ 1914·12·20 社／1925·4·1 社／❽ 1945·9·1 社／1948·6·25 社
日本ゼネラルモータース株式会社 ❼ 1927·1·17 政／4·8 社
日本道路交通情報センター ❾ 1970·1·1 社
日本国際通信企画 ❾ 1986·7·1 政
日本国内航空株式会社 ❽ 1963·12·25 政／1964·4·15 政
日本国有鉄道 ❽ 1948·12·20 政／1949·6·1 政
日本ジェットエンジン株式会社 ❽ 1953·7·23 政
日本自動車連盟(JAF) ❽ 1962·10·24 社
日本自動車電話サービス ❾ 1979·12·3 社
日本自動変速機会社 ❾ 1970·1·28 政
日本車輛製造株式会社 ❼ 1896·7·26 政
日本情報通信(会社) ❾ 1985·12·18 政
日本船主協会 ❼ 1920·9·18 政
日本船舶振興会 ❽ 1962·10·1 社
日本通運株式会社 ❻ 1875·2月 社／❼ 1928·3·29 社／❽ 1937·4·5 政／10·1 社／1949·12·7 政／1950·2·1 政
日本通信衛星株式会社 ❾ 1985·2·15 政
日本鉄道会社 ❻ 1881·8·1 社／11·11 社／1883·7·26 社／1884·6·25 社
日本鉄道建設公団 ❽ 1964·2·29 社
日本テレコム ❾ 1987·9·4 社／1997·10·1 政／1999·4·25 政／2001·5·2 政
日本電気鉄道会社 ❼ 1907·2·4 社
日本電信電話株式会社(NTT) ❽ 1952·7·31 社／❾ 1984·12·25 政／1985·3·28 政／4·1 政
日本電報通信社 ❼ 1901·7·1 社
日本道路公団 ❽ 1956·3·14 社／4·16 社
日本飛行機製作所 ❼ 1917·5月 政
日本飛行協会 ❼ 1912·8·5 社
日本フォード自動車 ❼ 1925·2月 社／❾ 1974·2·21 政
日本ヘリコプター輸送株式会社 ❽ 1952·12·27 政／1953·5·26 政／1955·3·17 社／4·13 社／1957·12·1 政
日本無線電信株式会社 ❼ 1925·10·20 政
日本モーターボート協会 ❼ 1930·是年 社
日本郵政株式会社(郵政民営化) ❾ 1969·10·17 政／2002·7·2 政／8·26 政／2003·4·1 政／2004·2·17 政／10·12 政／2005·4·4 政／11·21 政／2006·1·23 政／2007·10·1 社／2009·2·12 政／5·22 政／10·28 政
日本郵船株式会社 ❻ 1885·9·29 政／1887·4·13 政／1890·12·24 政／1893·11·7 政／❼ 1926·3·10 政／❽ 1948·12·16 政／1964·4·1 政／❾ 1998·3·27 政／2002·12·27 社
日本旅行協会 ❽ 1941·8·1 社
ノースウエスト航空 ❽ 1947·8·12 政
箱根登山電気鉄道 ❼ 1919·6·1 社
発動機製造会社 ❻ 1886·7·28 政
波止浜造船 ❾ 1977·12·9 政
播磨造船所 ❼ 1929·11·27 政
パンアメリカン航空 ❽ 1947·8·12 政／9·28 政
阪鶴鉄道会社 ❻ 1895·10·18 社
阪急阪神ホールディングス ❾ 2006·6·20 政
阪急電鉄株式会社 ❼ 1936·2·5 社
阪神高速道路公団 ❽ 1962·3·29 社
阪神電気鉄道株式会社 ❼ 1898·11·26 社
ピーチ·アビエーション(LCC) ❾ 2012·3·1 社
日立造船株式会社 ❻ 1881·4·1 政／❼ 1934·5·29 政／❽ 1943·3·11 政／❾ 1986·10·21 社
日野重工業株式会社 ❽ 1942·5·1 政
日野自動車工業 ❾ 1966·10·15 政／2001·4·25 政
琵琶湖連絡汽船 ❻ 1882·5·1 社
風帆船会社 ❻ 1881·5·21 社
フォルクスワーゲン(西独) ❾ 1980·12·3 政
福博電気軌道株式会社 ❼ 1909·8·31 社
富士通信機製造株式会社 ❼ 1935·6·20 政／❾ 1971·10·21 政／1980·12·15 政／2000·5·2 政／2001·8·20 社／2002·6·19 政／2004·6·7 政
ブリヂストン株式会社 ❼ 1930·4·9 社／1931·3·1 社／❽ 1961·5·1 政／❾ 1988·3·13 政／4·27 政／2000·8·9 政／2005·10·12 政
プリンス自動車 ❾ 1966·4·20 政
米クライスラー ❾ 1984·1·4 政
米トヨタ ❾ 2010·1·21 政
米ロッキード航空機 ❾ 1969·1·15 政
北陸鉄道会社 ❻ 1889·12·9 社
北海道国際航空(エア·ドゥ) ❾ 2002·6·25 政
北海道炭鑛汽船 ❾ 1995·2·6 政
北海道炭鉱鉄道会社 ❻ 1889·11·18 社
北海道幌内炭鉱鉄道 ❻ 1883·9·17 社
本田技研工業 ❽ 1946·是年 政／1947·11月 社／1948·9·1 政／1963·是年 政／❾ 1979·9·10 社／1980·1·11 政／1982·11·1 政／1989·7·13 政
マツダ ❾ 1984·5·1 政／11·30 政／1993·1·14 政／1996·4·12 政
満洲航空株式会社 ❼ 1932·9·26 政／11·3 政／1935·10·14 社
満洲電信電話会社 ❼ 1933·9·1 政
三井船舶株式会社 ❽ 1942·12·26 政
三井造船株式会社 ❽ 1937·7·31 政
三菱航空機株式会社 ❼ 1928·5月 政／❾ 2009·10·2 政
三菱自動車工業 ❾ 1971·5·12 政／1981·4·30 政／1982·4·21 政／1984·1·4 政／1985·4·15 政／1990·4·25 政／1991·4·11 政／5·3 政／1998·12·4 政／2000·3·27 政／7·26 政／2001·2·26 政／4·11 政／2004·4·22 政／2012·7·11 政
三菱造船株式会社 ❻ 1887·6·7 政／❼ 1905·3·17 社／5·4 社／1917·10·8 政／1921·6·25 社
三菱内燃機株式会社 ❼ 1921·2月 政／1928·5月 政
三菱ふそう ❾ 2009·8·31 政
南満洲鉄道株式会社(満鉄) ❼ 1906·6·8 政／9·10 政／11·26 政／1907·4·1 政／7·23 政／1909·2·23 政／1910·4·1 社／4·23 政／1919·4·12 政
箕面有馬電気軌道株式会社 ❼ 1907·10·19 社
民間航空会社 ❽ 1950·6·26 政
梁瀬商会 ❼ 1915·5月 社／1923·9月 政
ヤフー(Yahoo!) ❾ 1996·1·13 政／2004·2·24 社／5·30 社／2006·3·17

社
山下新日本汽船 ❽ 1964・4・1 政
ヤマト運輸 ❾ 1976・1・20 社／1981・6・1 社／2004・11・2 社
ヤマハ発動機株式会社 ❽ 1955・7 月 社／1958・10 月 政
郵便汽船三菱会社 ❻ 1875・9・15 政／1876・9 月 政／1882・2・28 社／1885・1・13 政／2・5 政／8・1 政
横浜護謨株式会社 ❼ 1917・10 月 政
横浜鉄道株式会社 ❼ 1904・3・9 社
横浜船渠会社 ❼ 1921・5・14 社
楽天 ❾ 1997・2・7 政／2005・10・13 政／2009・7・7 政
陸運会社 ❻ 1871・11・5 社／1875・4・30 政
陸運元会社 ❻ 1872・6 月 社／1875・2 月 社
陸走会社 ❻ 1870・12・2 社
ルノー(仏) ❾ 1999・3・10 政
ロコモビル会社(自動車) ❼ 1902・4 月 社／9・15 政
航路(船舶・開通)
一銭蒸汽(東京) ❻ 1885・4・1 社
エトロフ航路 ❺-2 1799・7・18 政／1800・3 月 政
遠洋航路補助法 ❼ 1909・3・25 政
欧州定期航路 ❽ 1952・6・24 政
沖縄定期航路 ❽ 1954・1・18 政
外国定期航路の開業 ❻ 1875・1・18 政
関門航路 ❽ 1947・3・1 社
航路標識条例 ❻ 1888・10・10 社
太平洋航路協議協定 ❾ 1988・11・22 政
太平洋定期船(日本人船長) ❼ 1901・7・10 政
南洋海運 ❼ 1935・7・6 政
南洋線(海軍省命令航路) ❼ 1917・12・28 政／1920・10・18 政
日本国内航路開設 ❽ 1950・6・15 政
日本船のパナマ運河通航 ❽ 1950・8・4 政
東廻り航路 ❺-2 1720・10 月 政
舟路(天龍川) ❺-1 1607・8 月 社
舟路(広瀬川) ❺-1 1645・是年 社
舟路(富士川) ❺-1 1607・8 月 社／1614・3 月 社／7 月 社
青森－室蘭 ❻ 1893・10 月 社
青森－函館航路(青函航路) ❻ 1873・1 月 社／1874・2・11 社／❼ 1814・12・10 社／1908・3・7 社／1924・5・21 社／1925・5・20 社／❽ 1945・7・14 社／❾ 1988・3・13 社
熱海－伊豆大島定期航路 ❽ 1959・5・7 社
吾妻橋－永代橋航路(一銭蒸気船) ❻ 1885・4・1 社／❼ 1897・4・10 社／1906・9・4 社
有川－小湊航路 ❽ 1946・7・1 社
伊豆七島定期航路 ❼ 1900・3・15 社
伊豆諸島巡視船 ❻ 1878・5・30 社
インド－パキスタン定期航路 ❽ 1951・4・18 政
宇野－高松航路(宇高航路) ❼ 1910・6・12 社
江戸－大阪 ❻ 1867・9・12 社／1870・1 月 社
江戸－横浜 ❻ 1867・10・14 社
欧州定期航路(横浜－ロンドン) ❼ 1896・3・15 政
大阪－那覇航路(大阪商船) ❼ 1926・4・6 政
大阪－台湾航路 ❼ 1896・5・1 政
大阪－ダルニー(大連)航路 ❼ 1905・1・14 政
大津－長浜 ❻ 1882・5・1 社
小笠原定期航路 ❻ 1876・12・9 社／1885・2・7 社
岡山－高松航路(山陽鉄道) ❼ 1903・3・18 社／1910・6・12 社
尾道－多度津航路(山陽鉄道) ❼ 1903・3・18 社／1910・6・12 社
尾道－門司 ❻ 1892・9・19 社
樺太大泊(南樺太旧コルサコフ)－函館航路 ❼ 1905・9 月 社
豪州航路(日本郵船) ❼ 1896・10・3 政
神戸－台湾－マニラ ❻ 1890・12・24 政
神戸－長崎 ❻ 1873・5 月 社
神戸－基隆(台湾)航路(日本郵船) ❼ 1896・9・1 政
熱田－桑名(東海道) ❺-2 1830・5・13 社
大坂－江戸表の運賃 ❺-2 1790・4・18 社
大淀川観音瀬の水路 ❺-2 1794・2 月 社
尾張熱田－伊勢桑名 ❺-2 1801・3・5 社
鹿児島－琉球航路 ❺-2 1807・6・21 政
小松－大畠(大島航路) ❽ 1937・10 月 社／1946・4・25 社／1941・7・18 社
サンフランシスコ航路(日本郵船) ❼ 1929・10・11 政
シアトル－バンクーバー航路(日本郵船) ❽ 1953・7・22 政
下関－小森江航路 ❽ 1942・7・9 社
下関－朝鮮全羅南道定期航路 ❼ 1930・12・19 社
下関－釜山(関釜航路) ❼ 1905・9・11 社／1936・11・16 社
下関－門司(関門航路) ❼ 1901・5・27 社
下関－門司港貨車航送(関森航路) ❼ 1911・10・1 社
上海－漢口(武漢)航路 ❼ 1898・1・1 政
台湾への日本船就航 ❽ 1950・11・9 政
丹波大堰川－丹後由良川 ❺-2 1761・6・13 社
対馬－釜山－仁川 ❻ 1888・12・15 政
敦賀－朝鮮定期航路 ❼ 1918・4・1 政
東京－小田原 ❻ 1881・2 月 社
東京－寒川 ❻ 1880・12・28 社
東京－館山 ❻ 1879・4・24 社
東京－千葉 ❻ 1880・4・28 社
東京－香港 ❻ 1879・10・4 政
東京－琉球 ❻ 1874・1・10 社
徳山－門司(航路) ❼ 1898・8・1 社／1901・5・27 社
長崎－ウラジオストック ❻ 1881・2・28 政
長浜－大津 ❻ 1882・5・1 社
長与－早岐(長崎、船車連絡) ❼ 1897・7・26 社
南米航路 ❼ 1920・10・18 政／❽ 1950・6・22 政／11・28 政
仁方－堀江航路(仁堀航路) ❽ 1946・5・1 社
日米間の商業定期航路 ❽ 1947・10・1 政
日満貨物連絡運輸開始 ❼ 1914・1・1
日韓定期航路船(博多－釜山間、関釜連絡船 ❽ 1943・7・15 社／10・5 社／❽ 1951・9・18 政／1960・12・1 政
日ソ定期航路 ❽ 1958・6・3 政
ニューヨーク定期航路 ❻ 1893・11・7 政／❽ 1951・6・12 政
バンコック定期航路 ❽ 1951・1・27 政
広島－宮島(宮島航路) ❼ 1902・4 月 社
別府航路 ❽ 1945・10・7 社
北米航路(日本郵船) ❼ 1896・8・1 政
香港－サンフランシスコ航路 ❼ 1926・3・10 政
ボンベイ航路(大阪商船) ❼ 1913・1 月 政
舞鶴－小浜(航路) ❼ 1906・7・1 社
舞鶴－境(航路) ❼ 1905・4 月 社／1912・3・31 社
横浜－函館－室蘭間貨客船 ❽ 1947・3・24 社
横浜－神戸 ❻ 1883・5・1 社
横浜－サンフランシスコ(三井船舶) ❽ 1954・6・26 政
横浜－上海 ❻ 1875・1・18 政／10・16 政
横浜－上海－香港 ❻ 1876・2 月 政
琉球航路 ❺-2 1793・2 月 政／❻ 1873・12・7 社／1875・10・16 政
稚内－樺太大泊稚泊航路 ❼ 1923・5・1 社／❽ 1945・8・13 社
自転車 ❻ 1870・是年 政／1876・3・5 社／1880・3 月 社／❼ 1900・5 月 社／1901・4・1 社／4・7 社／1902・12 月 社／1907・11・15 社／1927・6 月 社／11 月 社／❾ 1996・10・30 社／2011・5・12 社／2012・10・4 社／10・19 社
青い自転車 ❽ 1949・2・12 社
A 型自転車用補助エンジン(ホンダ) ❽ 1947・11 月 社
貸自転車 ❻ 1877・是年 社／1879・1 月 社／1880・6 月 社／1887・5 月 文／7 月 社／是年 社／1888・9 月 社／1894・5 月 社
国産自転車 ❻ 1886・是年 社／1890・是年 社／1893・8 月 社
サイクリング ❻ 1894・1・14 社
自転車(憲兵) ❻ 1892・7 月 政
自転車アサヒ号 ❼ 1902・是年 社
自転車会 ❻ 1886・3・26 社
自転車技術研究所 ❽ 1958・10 月 文
自転車競走 ❻ 1895・7・4 社
自転車曲乗り ❼ 1900・6・9 社／10・1 社／1901・6・29 社／10・12 社／1902・3・25 社／1908・4・23 社
自転車曲乗り(水上) ❻ 1887・5・5 社
自転車禁止(生徒) ❻ 1885・4・10 社
自転車クラブ ❼ 1898・9・2 社
自転車事故(賠償) ❾ 2008・9・22 社
自転車数(大阪) ❻ 1888・12・26 社
自転車税 ❻ 1888・12・26 社
自転車世界一周 ❻ 1886・11・21 社
自転車専用レーン ❾ 1973・5・15 社
自転車駐車場整備法 ❾ 1980・11・25 社

自転車通行禁止 ❻ **1870**·8月 社
自転車テストコース ❽ **1957**·7·19 社
自転車同好会 ❻ **1893**·7月 社
自転車取締規則 ❼ **1898**·6·1 社／**1900**·12月 社／**1902**·10·15 社／**1918**·5·6 社／**1926**·4·1 社／❽ **1939**·1·10 社
自転車の当て物 ❼ **1917**·4·3 社
自転車のゴム製空気入りタイヤ ❼ **1897**·5·29 政
自転車二人乗り ❻ **1881**·10月 社／**1891**·4月 社
自転車夜間乗車禁止 ❻ **1895**·7·24 社
自転車練習場 ❻ **1880**·7月 社
帝国自転車製造所 ❻ **1888**·1·26 社
日本自転車連盟 ❼ **1934**·12·12 社
派出所専用自転車 ❽ **1937**·6·22 社
放置自転車税等対策推進税 ❾ **1985**·5·30 社／**2003**·12·9 社
明治自転車文化展 ❾ **1984**·3·9 文
立体式駐輪場 ❾ **1978**·10·16 社
動車(四輪車) ❼ **1898**·1·11 社／**1900**·8·3 社／**1902**·5月 社／8月 社／**1904**·5·7 社／**1905**·5月 社／**1908**·12·15 社／**1927**·6月 社
『CAR トップ』(自動車情報誌) ❾ **1968**·7月 社
『ひき逃げ白書』 ❾ **1965**·2·18 社
青空駐車追放 ❽ **1963**·6·1 社／7·1 社
ETC サービス ❾ **2001**·3·30 社
一部二階建て新型車輌 ❾ **1985**·10·1 社
一級自動車整備士技能検定試験 ❾ **2003**·3·10 社
運転手の心得 ❽ **1953**·1·22 社
運転免許取得者 ❾ **1979**·6·18 社／**1984**·8·31 社／**1990**·6·30 社
エアバッグ ❾ **1987**·8·6 社
営業用自動車(四十人乗り) ❼ **1907**·1·8 社
大型自動車規制特別法 ❾ **1967**·8·2 社
大型自動車事故防止特別措置法 ❾ **1968**·2·1 社
大型車のタイヤ脱落問題 ❾ **2004**·3·11 社／3·24 政
汚物吸上自動車 ❼ **1922**·7月 社
外国自動車購入規則 ❽ **1951**·6·6 社
貸自動車 ❼ **1902**·2月 社／**1910**·8·15 社／**1912**·10月 社
ガソリン自動車第一号 ❼ **1907**·4月 社
ガソリン使用営業用自動車 ❽ **1941**·9·11 社／❾ **1973**·11·23 社
ガソリンスタンド ❼ **1912**·10月 社／**1919**·是年 社
神風トラック ❽ **1958**·12·13 社／**1959**·2·26 社／**1960**·8·10 社／9月 社
貨物自動車運送事業法 ❾ **1989**·12·19 政
貨物自動車事業の始め ❼ **1907**·12·3 社
ガレージ法 ❽ **1962**·6·1 社
希望ナンバー制 ❾ **1998**·5·19 社／**2006**·10·10 社
車税 ❻ **1875**·2·20 政
軍用貨物自動車 ❼ **1918**·10·30 社
軍用自動車 ❼ **1911**·5月 政／**1912**·6月 政／**1913**·9月 政／**1918**·3·25 政／5·1 政
軍用トラック ❼ **1911**·5·4 社
軽自動車流行(女性) ❾ **1986**·12月 社
欠陥車 ❾ **1969**·6·5 社
ゴールドカード ❾ **1992**·5·12 社
小型自動車輸出 ❼ **1934**·11月 政
小型乗用車·普通乗用車生産許可 ❽ **1947**·6·3 社
小型トラック(京三号) ❼ **1931**·9月 社
顧客送迎自動車サービス ❼ **1925**·3·28 社
国産ガソリン動車キハ二の 5000 形 ❼ **1930**·2·1 社
国産自動車 ❼ **1904**·5·7 社／**1908**·8·1 政／**1910**·3·15 社
国産自動車の初輸出 ❼ **1925**·11·28 政
国産タイヤ ❼ **1909**·10月 社／**1917**·10月 社／**1929**·是年 社／**1930**·4月 社
国民車(乗用車) ❽ **1955**·5·16 社／12·24 社／**1957**·9·3 社
撒水自動車 ❼ **1927**·4·17 社
シートベルト ❾ **1984**·11·25 社／**1985**·9·1 社／**1986**·11·1 社／**2008**·6·1 社
自家用車保有 ❾ **1976**·3·31 社
自動車安全運転センター ❾ **1976**·1·1 社
自動車市場 ❼ **1928**·8·21 社
自動車運送事業等運輸規則 ❽ **1958**·6·9 社
自動車運転手養成所 ❼ **1912**·6月 社
自動車競走会 ❼ **1915**·10·16 社／**1924**·4·20 社／**1936**·6·7 社
自動車交通事業法 ❼ **1931**·4·1 政
自動車産業展 ❽ **1948**·5·8 社
自動車産業の状況 ❼ **1932**·是年 政
自動車生産台数 ❼ **1909**·是年 政／**1910**·是年 社／**1911**·2月 社／**1912**·是年 社／**1918**·10·15 社／**1931**·4·16 社／**1933**·12·29 社／**1934**·11·9 社／**1935**·2·22 社／**1936**·2·3 社／❽ **1946**·是年 政／**1947**·是年 政／**1948**·是年 政／**1949**·是年 政／**1950**·是年 政／**1958**·1·20 社／**1959**·是年 社／**1960**·是年 社／**1961**·1·18 社／**1962**·是年 社／**1963**·是年 社／❾ **1966**·7·16 社／**1971**·是年 社／**1972**·是年 社／**1973**·是年 社／**1975**·是年 社／**1976**·是年 社／**1977**·是年 社／**1978**·是年 社／**1979**·是年 社／**1980**·是年 社／**1981**·是年 社／**1982**·是年 社／**1983**·是年 社／**1984**·是年 社／**1985**·是年 社／**1994**·1·24 政／4·25 政
自動車製造事業法 ❼ **1936**·5·29 政
自動車速度取締 ❽ **1960**·3·13 社
自動車損害賠償(保障)法 ❽ **1955**·7·29 社／12·1 社／**1956**·2·1 社
自動車大競歩会 ❼ **1923**·4·22 社
自動車で世界一周 ❼ **1911**·5·14 社
自動車遠乗 ❼ **1908**·7·22 社
自動車取締規則 ❼ **1907**·2·19 社／**1919**·1·11 社／**1933**·8·18 社
自動車の月賦販売 ❽ **1960**·11·11 社
自動車の最高時速 ❼ **1931**·8·11 社
自動車の自由販売 ❽ **1950**·1·1 社
自動車の評判(海外) ❽ **1960**·是年 社
自動車の保有台数 ❽ **1959**·11·6 社
自動車の輸出実績 ❽ **1958**·11·19 政
自動車排ガス規制基準 ❾ **1966**·9·1 社／**1970**·2·20 社／8·1 社／**1972**·12·6 社／**1975**·2·24 社／4·1 社／**2000**·8·11 社
自動車販売台数 ❾ **1965**·1·14 政／**2002**·1·7 社／**2003**·1·9 社／**2004**·1·8 社／**2005**·1·5 社
自動車販売店 ❼ **1901**·11月 社
自動車保管場所確保法 ❾ **1990**·7·3 社
自動車保有台数 ❾ **1967**·6·1 社／**1976**·8·25 社／**1989**·5·9 社
自動車輸出 ❾ **1966**·7·28 社／**1978**·1·30 政／**1981**·1·28 政／**1986**·4·28 政／**1980**·2·11 政
自動車輸出振興会 ❽ **1949**·4月 政
自動車リサイクル法 ❾ **2005**·1·1 社
品川鮫洲運転免許試験場 ❽ **1952**·4·15 社
車庫法 ❾ **1991**·7·1 社
車輛祭(輜重兵第一大隊) ❼ **1912**·4·8 政
車輌制限令 ❾ **1972**·10·17 政
乗用自動車 ❽ **1938**·8·4 社
乗用自動車ガソリン使用禁止 ❽ **1941**·10·1 社
乗用車の生産制限 ❽ **1949**·10·25 政
女性の自動車運転免許の始め ❼ **1917**·9·27 社
信号機 ❼ **1919**·12·26 社
信号機(自動) ❼ **1920**·11月 社／**1931**·1·20 社／8·20 社
信号機(米国製) ❼ **1930**·11·1 社
新車検制度 ❾ **1983**·7·1 社
スノータイヤ ❽ **1960**·2·16 社
スパイク·タイヤ対策条例 ❾ **1985**·12·17 社／**1988**·6·2 社／**1990**·6·18 社
全日本学生自動車連盟 ❽ **1961**·6·25 社
タイヤ ❼ **1930**·4·9 社
ダンロップ工場(タイヤ) ❼ **1909**·10月 政
地下駐車場 ❽ **1960**·2·1 社
チャイルドシート ❾ **1988**·12·19 社／**1999**·4·28 社
駐車違反 ❾ **2003**·9·18 社
駐車監視員制度 ❾ **2006**·6·1 社
駐車禁止 ❾ **1975**·12·6 社
長距離自動車スピード走破 ❼ **1911**·5·23 社
電気自動車メーカー ❽ **1951**·5月 社／**1956**·5月 社
電気自動車用高性能蓄電池 ❾ **1996**·5·20 政
トヨタ自動車大気浄化法違反 ❾ **2003**·3·7 政

トヨタ自動車大量欠陥車事件　❾ **2010**･1･27 政／**2011**･1･24 政／2･8 政
内外連合自動車競争運動会　❼ **1898**･11･6 社
ナビゲータシステム　❾ **1987**･是年 社／**1990**･5･8 文／**1996**･5･1 社
ナンバープレート　❾ **1979**･4･23 社／**1998**･2･1 社／**2005**･2･7 社
日本自動車倶楽部　❼ **1910**･12･20 社
日本車最初のアメリカ上陸　❽ **1957**･9･7 政／**1958**･6 月 政
ノーカーデー　❾ **1971**･10･3 社
乗入れ規制(上高地)　❾ **1975**･7･26 社
標準形式自動車　❼ **1932**･3･10 社
マイカー時代　❽ **1961**･10･25 社
三田自動車練習所　❽ **1948**･3･6 社
三菱自動車欠陥車問題　❾ **2004**･3･11 社
無謀ダンプ追放　❾ **1966**･12･22 社
免許状制度　❼ **1919**･1･11 社／**1933**･8･18 社
もみじマーク　❾ **2008**･6･1 社
立体駐車場　❼ **1929**･6･25 社／❽ **1961**･8･22 社／**1962**･3･1 社
レーヨンタイヤ　❽ **1951**･9 月 社
ロータリーエンジン試作車　❽ **1961**･11 月 社
路上有料駐車場　❽ **1959**･1･26 社
若葉マーク　❾ **1972**･10･1 社
自動車(車名)
R360 クーペ(マツダ)　❽ **1960**･4･22 社
RVR ローデスト(三菱)　❾ **2011**･6･6 社
アイ･ミーブ(三菱)　❾ **2007**･7 月 社
アクア(トヨタ小型ハイブリッド車)　❾ **2011**･12･26 社
アコード(ホンダ)　❾ **1982**･11･1 政
アコード･クーペ　❾ **1988**･4･8 政
アルティス(ダイハツハイブリッド車)　❾ **2012**･5･10 社
アルト(スズキ)　❾ **1979**･5 月 社
アルファロメオ(日産)　❾ **1980**･10･9 政
ヴィッツ(トヨタ)　❾ **1999**･1 月 社
ウーズレー CP 型軍用保護自動車　❼ **1924**･3 月 社
A1 型試作乗用車･トヨタ号 G Ⅰトラック　❼ **1935**･5 月 社／11･21 社
A 型エンジン第一号自動車　❼ **1934**･10 月 政
SA 型小型乗用自動車(トヨタ)　❽ **1948**･8 月 社
NV200(日産ワンボックス車)　❾ **2011**･5･3 社
N-ONE(ホンダ)　❾ **2011**･11 月 社
MU2(三菱)　❾ **1965**･2･19 政
オースチン A40 サマーセットサルーン(日産)　❽ **1953**･3･6 社
オオタ PB セダン(新型乗用車)　❽ **1949**･9 月政キャロル 360(マツダ) 1962･2･23 社
ロードスター(マツダオープンカー)　❾ **1989**･9 月 社
大蛇(おろち、スポーツカー)　❾ **2006**･10･2 社
カローラ KE10 型(トヨタ)　❾ **1966**･10･20 社／**2002**･10･4 社
ギャランΣ(低公害車)　❾ **1976**･5･14 社
ギャランΣ 2000 ロイヤル　❾ **1980**･5･10 社
Q-CAR(一人乗り電気自動車)　❾ **2002**･1･22 社
クーガ(フォード)　❾ **2010**･10 月 社
クーペ(本田技研)　❽ **1964**･11･11 社
コスモスポーツ(東洋工業)　❾ **1967**･5･30 社
500 小型四輪乗用車(三菱)　❽ **1960**･4 月 社
コペン(ダイハツ軽自動車)　❾ **2002**･6･19 社
コムス(トヨタ電気自動車)　❾ **2012**･7･2 社
コルト(三菱)　❽ **1962**･6 月 社／❾ **1966**･9･12 社
コロナ(トヨタ)　❽ **1957**･5･6 社／**1964**･9･12 社
コロナ･ハードトップ　❾ **1965**･7･1 社
コンテッサ(日野)　❽ **1964**･9 月 社
サニー(日産)　❾ **1966**･2･19 社／**1994**･5･24 社
サバンナ RX7　❾ **1978**･3･30 社
サファリラリー B クラス　❾ **1966**･4･11 社
ジープ(三菱)　❽ **1953**･2 月 社
シーマ(日産)　❾ **1988**･1･18 社
ジェミニ(いすゞ)　❾ **1974**･10･11 社
シティ(ホンダエネ車)　❾ **1981**･11･11 社
シビック(ホンダ)　❾ **1972**･7･12 社／**1973**･12 月 社
シャレイド(ダイハツ)　❾ **1994**･5･24 社
新日本号　❽ **1940**･1･18 社
スープラ(トヨタ)　❾ **1986**･2･6 社
スカイライン　❾ **1965**･1 月 社／**1969**･2･21 社／**1983**･2 月 社
スカイライン GT(プリンス)　❽ **1964**･4 月 社／5･3 社
スズライト(軽四輪自動車)　❽ **1955**･7 月 社／**1957**･5 月 社
ステーションワゴン(日産)　❽ **1950**･1･1 社
ステラ(富士重工業軽自動車)　❾ **2011**･5･24 社
スバル･レオーネ(ツーリングワゴン)　❾ **1977**･4･1 社／**1981**･7 月 社
スバル 360(軽四輪乗用車)　❽ **1958**･3･3 社／**1954**･2 月 社
スピリット号　❼ **1934**･12 月 社
スペーシア(スズキ軽自動車)　❾ **2012**･2･26 社
スポーツカー(ホンダ)　❾ **1990**･9･14 社
スポーツ 800(トヨタ)　❾ **1965**･3･17 社
スモールスポーツ EV(ホンダ)　❾ **2011**･12･2 社
セドリック(日産)　❽ **1960**･3 月 社
セドリック･スペシャル　❽ **1962**･10･18 社
セドリック･ターボ　❾ **1979**･10 月 社
セフィーロ(日産小型)　❾ **1988**･9･ 社
セリカ(スポーツカー)　❾ **1970**･12 社
ソアラ(トヨタ高級クーペ)　❾ **198** 2 月 社
ソブリン VIP(日産)　❾ **1985**･1･30 社
タウンポッド(日産)　❾ **2011**･12･2 社
タクリー号　❼ **1907**･4 月 社
DAT(脱兎号)　❼ **1914**･3･20 社
ダットサン(ブルーバード)　❽ **194** 6･3 社／11･27 社／**1952**･1 月 社／**1957**･10･28 社／**1958**･8･20 社／**1959**･8･1 社
ダットソン(ダットサン)乗用車　❼ **1930**･10 月 社／**1931**･8･8 社／**1934** 12 月 政
ダラック号自動車(仏)　❼ **1905**･8 社
タント(ダイハツ軽自動車)　❾ **200** 11･27 社／**2007**･12･17 社
ディーゼル乗用車(クラウン)　❽ **1959**･10･19 社
ティーダ(日産)　❾ **2004**･9 月 社
T620 型四トン積みキャブオーバートラック(ふそう)　❽ **1964**･10 月 社
デボネア(三菱)　❽ **1964**･5･26 社
デラックスセダン(日産)　❽ **1950**･1 社
トヨエース　❽ **1954**･9･20 月 社／**1955**･5･7 社
トヨペット(クラウン)　❽ **1947**･3 社／6･3 社／**1953**･9･25 社／**1955**･1･7 社／**1957**･8 月 政／**1964**･9･12 社
トラック(日産)　❽ **1941**･1 月 社／**1950**･1･1 社／**1959**･3 月 社
ネオン(クライスラー小型乗用車)　**1996**･6･15 社
パジェロ(三菱)　❾ **2006**･1･15 社／**2007**･1･6 社
パブリカ(トヨタ)　❽ **1961**･6･30 社／❾ **1967**･8･9 社
ハリアーハイブリッド(トヨタ)　❾ **2005**･3･22 社
ピアッツァ XG(いすゞ)　❾ **1982**･4 月 社
Be-1(日産リッターカー)　❾ **1987**･1･13 社
ピクシススペース(トヨタ軽)　❾ **2011**･9･25 社
ビビココセコム(電気自動車)　❾ **2003**･8 月 社
PIVO(ピボ)(日産)　❾ **2011**･12･2 社
ヒルマン･ミンクス(いすゞ)　❽ **1953**･2･13 社／**1957**･8 月 社
ファミリア(マツダ)　❽ **1964**･10 月 社
ファミリア 1500XG　❾ **1980**･6･2 社
ファミリア･ロータリー･クーペ　❾ **1968**･7･13 社
ファン･ヴィー FCV-R(トヨタ)　❾ **2011**･12･2 社
フィット(ホンダ)　❾ **2001**･6 月 社／**2002**･10･4 社

フィットシャトル ❾ 2011·6·16 社
フェアレディ(ダットサン·スポーツ) ❽ 1959·6月 社
フェアレディZ(日産) ❾ 1969·10·18 社
フェラーリ·フォー(フェラーリ) ❾ 2011·7·5 社
プラグインステラ(富士重工業電気自動車) ❾ 2007·7月 社
プリウス(トヨタ) ❾ 1997·12·10 社／2004·1·4 社／2009·5·18 社／12·14 社／2012·1·30 社
プリンス(たま自動車) ❽ 1952·3·7 社／1955·4·1 社／1957·4月 社／1962·4月 社
プリンスクリッパー(小型トラック) ❽ 1958·10月 社
プリンス·ロイヤル(日産) ❾ 1966·10·22 社
ブルーバード(日産) ❾ 1988·9·30 社
ブルーバード·コロナ ❾ 1969·5·11 社
ブルーバード1800ターボ ❾ 1980·3月 社
フレア(マツダ軽) ❾ 2012·10·25 社
プレジデント(日産) ❾ 1965·10·21 社
プレマシー(マツダ) ❾ 1999·4·26 社
プレリュードXX(ホンダ) ❾ 1982·11月 社
ポニー·エクセル(現代自動車) ❾ 1988·8·13 社
ボンゴフレンディ(マツダ) ❾ 1994·6·14 社
ホンダN360(ホンダ) ❾ 1967·3·6 社
マーチBOX(日産) ❾ 1999·11·22 社
マスターライン(トヨタ) ❽ 1959·3月 社
MiEV(電気自動車) ❾ 2006·1·24 社
ミニカ(三菱) ❽ 1962·10·1 社
ミライース(ダイハツ軽) ❾ 2011·9·20 社
ムーヴ(ダイハツ) ❾ 1995·8·25 社
ラグレイト(ホンダ) ❾ 1999·6·3 社
ランドクルーザー(ジープタイプ四輪駆動車) ❽ 1951·1月 社
リーザ(ダイハツ) ❾ 1986·12·15 社
リーフ(日産電気) ❾ 2010·12·20 社
ルーチェ·ルーチェAP(マツダ) ❾ 1966·8·20 社／1972·10·18 社／1973·6·4 社
ルノー(電気自動車) ❾ 2011·1·15 政
ルノー4CV ❽ 1952·7月 政／1953·2·11 社
レクサス(トヨタ) ❾ 2007·4·5 社
レジェンド(ホンダ) ❾ 1987·9·7 政
ローリング号リムジン型(輸入自動車) ❼ 1911·2月 社
ロンバー(小型四輪トラック) ❽ 1958·4月 社
ワゴンR(スズキ) ❾ 2012·9·8 社

自動車(種類)
液体水素自動車 ❾ 1990·7·5 文
エスカレーター式はしご車 ❽ 1962·1·6 社
大型乗用車アッタ号 ❼ 1932·3·3 社
オートモ号乗用車 ❼ 1924·11月 社／1925·11·28 政
化学車 ❽ 1962·1·6 社
軽自動車 ❾ 1968·5·14 社／1986·12月 社／2006·2月 社
警備車(警視庁予備隊) ❽ 1953·3·6 社
決戦トラック(木炭) ❽ 1943·5·25 社
消防自動車 ❼ 1914·11·3 社
真空自動車(バキューム·カー) ❽ 1951·9月 社／1953·1月 社
薪炭利用自動車 ❽ 1951·是年 社
水陸両用車 ❽ 1943·11月 社／1953·1·17 社
スーパーカー ❾ 1977·5·5 社
葬儀自動車 ❼ 1926·10·1 社
送迎用自動車 ❼ 1911·10·1 社／1920·8月 文
ソーラーカー ❾ 1990·9·25 社
ダンプトラック·ダンプカー ❽ 1949·2月 社／7·1 政／1952·2月 社／1953·2月 社／1954·11月 社／1959·5·18 社／❾ 1968·2·1 社
チーゼル自動車 ❽ 1949·2月 社
低公害車 ❾ 2002·9·2 社
電気自動車 ❼ 1900·8·3 社／❽ 1938·8月 社／1946·12月 社／1948·3月 社／6月 社／❾ 1981·10·1 社／2009·11·17 社
道路清掃車 ❽ 1949·8·27 社
特殊警備自動車 ❽ 1952·9·5 社
ドクター·カー ❾ 1965·11·10 社
都市ガス自動車 ❾ 1984·11·5 社
トラック ❽ 1945·9·25 社／1946·1月 社／1947·3月 社／1949·12月 政
トラック(GB型) ❽ 1941·12月 政
トレーラートラックT10型 ❽ 1946·8月 社
燃料電池車 ❾ 2001·1·8 社／2002·7·1 社／11·18 社
排煙車 ❽ 1962·1·6 社
非常用放送自動車 ❽ 1943·7月 文
ヒストリックカー ❾ 1983·10·10 社
フォークリフト ❽ 1951·12月 社
フォード幌型(T型)自動車 ❼ 1907·是年 社／1924·12月 社
ブルドーザー ❽ 1943·1·28 社／1947·10月 社／1964·11·20 政
米国トヨタ小型トラック ❾ 1983·8月 社
ベンツ製消火喞筒自動車 ❼ 1911·6月 社
無線自動車 ❼ 1934·7·31 社
モーターグレーダー(小松) ❽ 1951·12月 社
木炭自動車 ❼ 1930·6·19 社／1933·4·19 社／1936·8·4 社／❽ 1937·12·30 社／1938·7·16 社／8月 社／10·28 社
4WD·四輪駆動車 ❼ 1936·1月 政／❽ 1944·2月 社
四輪駆動トラック ❽ 1943·6月 社
ライトバン(日産) ❽ 1950·1·1 社
ランドクルーザー ❽ 1956·1月 社
冷蔵トラック ❾ 1967·9·28 社
レッカー車 ❽ 1948·8月 社／1959·12·22 社
レントゲン自動車 ❽ 1941·4·21 文／1942·1·24 文
六輪駆動トラック ❽ 1952·2月 社
ロコモビル蒸気自動車 ❼ 1900·4月 社／1902·4月 社／1903·3·1 社／9·20 社

車内外サービス(電車·汽車)
赤帽(荷運び夫) ❼ 1897·1·1 社／1928·11·3 社
案内所(新橋駅) ❼ 1898·6月 社
イルミネーション電車 ❼ 1904·9·2 社
駅構内広告(鉄道) ❻ 1878·4·20 社
駅構内広告板(一等駅) ❼ 1927·4月 社
駅弁(宇都宮) ❻ 1887·7·16 社
駅弁(静岡) ❻ 1889·12月 社
駅レンタカー ❾ 1970·7·1 社
おしぼり ❽ 1959·8·15 社
おとぎ列車 ❽ 1949·5·3 社
カートレイン ❾ 1985·7·27 社
学生押し屋 ❽ 1955·10·24 社
貸座布団 ❻ 1875·8·18 社
貸ふとん(新橋停車場) ❻ 1893·10·28 社
蚊帳(夜行列車) ❼ 1899·8月 社
喫煙室(急行列車) ❼ 1908·10·1 社
客車の等級 ❼ 1897·11月 社
客車の等級(一·二等制) ❽ 1960·7·1 社
公衆電話(東海道線特急) ❽ 1960·8·20 社
香水電車 ❽ 1954·8·10 社／1959·7·10 社
サイクリング電車 ❽ 1957·3·17 社
時刻表 ❻ 1894·10·5 社／❼ 1925·4·1 社／❽ 1942·6·16 社
指定席の予約 ❽ 1960·2·1 社
自動ドア(電車) ❼ 1926·9·28 社
弱者優先席(東京都営交通) ❾ 1974·5·1 社
車内禁煙 ❼ 1904·2·18 社／❾ 1976·8·20 社／1980·10·1 社／1983·5·9 社
車内広告 ❻ 1878·3·11 社／❼ 1927·9·15 社
車内販売 ❼ 1900·是年 社／1935·11·1 社／❽ 1944·4·1 社／1946·7·1 社
車内放送(中央線) ❽ 1937·9·28 社／1952·10·14 社
修学旅行専用電車 ❽ 1958·6·1 社／1959·4·20 社
修学旅行電車廃止 ❾ 1971·10·16 社
障碍者専用列車 ❾ 1982·11·3 社
食堂車 ❼ 1899·5·25 社／1901·12·15 社／❽ 1938·9·15 社／1941·7·16 社／1949·9·15 社／1950·4·15 社／1951·4·1 社／1955·3·19 社／❾ 1974·9·5 社
女子専用電車 ❽ 1942·11·25 社
女性案内掛(東京駅) ❼ 1936·1·30 社
女性の出札掛 ❼ 1903·11·16 社
シルバー·シート ❾ 1973·9·15 社

白帽　❼ **1928**·11·3 社
新婚旅行専用列車　❾ **1967**·3·3 社
寝台車　❼ **1899**·5·25 社／ **1900**·4·8 社／ 10·1 社／ **1903**·2 月 社／ 5·1 社／ **1931**·2·1 社／ **1934**·8·15 社／❽ **1940**·7·25 社／ **1941**·7·16 社／ **1948**·11·10 社
寝台車シャワー·バス　❼ **1935**·7·15 社
寝台車の貸浴衣廃止　❽ **1940**·7·25 社
スキー持込み許可　❽ **1947**·11·10 社
スチーム暖房(急行列車客車)　❼ **1900**·12·1 社
ストーン式電燈(五燭光、官設鉄道急行列車)　❼ **1898**·4 月 社
スナックコーナー付車輛　❾ **1967**·12·20 社
西洋食物茶店(停車場内)　❻ **1872**·8·30 社
鮮魚特別列車　❾ **1966**·9·12 政
扇風機　❼ **1902**·7 月 社／❽ **1956**·7·5 社
手荷物扱い「チッキ」　❾ **1986**·10·31 社
手荷物配達(東海道線)　❼ **1901**·2·1 社
電気暖房(電車)　❼ **1916**·11·17 社／ **1925**·12·13 社
電光板ニュースサービス　❾ **1989**·3·9 社
電車案内人　❼ **1907**·3·20 社
電車のカラー化　❽ **1959**·11 月 社
電燈(電車·列車)　❼ **1898**·1 月 社／ **1899**·5 月 社
電熱暖房　❽ **1952**·12·17 社
展望車付き特別急行列車　❼ **1912**·6·15 社
等級別に色を塗り替え　❼ **1896**·11·21 社
途中下車許可(鉄道)　❻ **1890**·11·1 社
トレインマーク(特急列車)　❼ **1929**·9·15 社
花電車　❼ **1904**·9·2 社／ **1905**·10·11 社／ **1914**·11·8 社／ **1933**·12·23 社／是年 社
ハンプヤード(田端操車場)　❼ **1915**·9·10 社
ビスタカー(二階付電車、近鉄)　❽ **1958**·7·10 社／ **1959**·12·12 社
婦人こども専用車　❽ **1947**·5·5 社／❾ **1973**·9·1 社
婦人専用車輛　❼ **1912**·1·31 社
武装警官(東海道線)　❽ **1947**·1·22 社
防犯ボタン　❾ **1985**·1·23 社
坊ちゃん列車　❾ **2001**·10·12 社
みどりの窓口　❽ **1964**·2·23 社／❾ **1965**·9·24 社
リクライニング·シート　❽ **1950**·4·10 社
両替(新橋停車場)　❻ **1893**·10·28 社
旅客弁当　❼ **1904**·6·1 社
臨時列車　❻ **1873**·6·28 社
冷房湘南電車　❽ **1957**·8·23 社
冷房食堂車　❼ **1936**·8·17 社
冷房通勤車　❾ **1968**·5·11 社／ **1970**·7·31 社
冷房特急　❽ **1957**·6·21 社
列車給仕に心付禁止　❼ **1917**·10·1 社
列車食堂女給　❼ **1930**·7·5 社
列車電話　❽ **1952**·10·12 社
列車ボーイ(給仕)　❼ **1898**·9·22 社／ **1901**·12·1 社／❽ **1962**·6·9 社
老幼優先車　❽ **1957**·6·20 社
ワゴンサービス　❽ **1959**·8·15 社
和洋料理サービス(新橋·横浜)　❼ **1899**·10 月 社

乗務員(汽車·電車·バス·航空機など)
エアガール　❽ **1941**·9·20 社
エアポートガール　❽ **1937**·7·27 社
女車掌　❽ **1944**·5·10 社
外国人パイロット　❾ **1971**·7·24 政
女性運転士(電車)　❽ **1944**·8·14 社
女性運転士(新幹線)　❾ **2000**·8·18 社
女性駅員　❽ **1943**·5·15 社
女性車掌　❼ **1918**·4·18 社／ **1920**·2·2 社／ **1924**·1·18 社／ **1925**·3·21 社／ **1935**·6·1 社
女性乗務員(電車)　❽ **1937**·11·1 社
女性パーサー　❾ **1971**·3·31 社
女性パイロット(ジャンボ機)　❾ **1997**·9·23 社
スチュワーデス　❽ **1951**·8·20 社／ **1953**·1·16 社／ **1955**·9·22 社／ **1958**·7·18 社
専務車掌　❼ **1904**·11·1 社
バスガイド·コンクール　❽ **1951**·3·8 社／ **1956**·3·2 社

新幹線·特急列車
あじあ(特急列車)　❼ **1934**·11·1 社／ **1935**·9·1 社
あずさ(特急列車)　❾ **1966**·12·12 社
伊東－伊豆急下田(伊豆急行鉄道)　❽ **1961**·12·9 社
上野－大阪所要時間　❽ **1949**·10·22 社
大阪－青森間急行　❽ **1948**·7·1 社
快速電車　❽ **1961**·3·20 社
かもめ(特急列車)　❽ **1937**·7·1 社／ **1953**·3·15 社
急行列車　❽ **1943**·7·1 社／ **1945**·3·20 社／ **1947**·1·4 社／ 4·24 社／ **1950**·11·8 社
急行列車「第一·第二アルプス」　❽ **1960**·4·25 社
九州新幹線(新八代－鹿児島中央)　❾ **2004**·3·13 社
狭軌速度世界記録　❽ **1957**·8·27 社／ **1958**·9·27 社／ **1960**·11·21 社
こまち(秋田新幹線)　❾ **1997**·3·22 社
さくら(特急列車)　❽ **1951**·4·1 社／ **1955**·3·19 社
山陽新幹線路線　❾ **1969**·11·18 社／ **1995**·4·1 社
三陸鉄道　❾ **1981**·11·4 社／ **1984**·4·1 社
上越新幹線　❾ **1982**·11·15 社／ **1991**·6·20 社
湘南型長距離電車　❽ **1950**·1·30 社／ 3·1 社
新幹線(岡山－博多)　❾ **1975**·3·10 社
新幹線(広軌敷設、東海道線)　❽ **1939**·7·12 社／ **1940**·3·26 社／ **194** 11·18 社／ **1956**·5·19 社／ **1957**·5· 社／ **1958**·4·8 社／ 7·7 社／ **1959**· 13 社／ 4·20 社／ **1961**·5·1 政／ **1962**·4·20 社／ 6·25 社／ 10·31 社 **1963**·3·30 社／ **1964**·3·2 社／ 7·25 社／ 10·1 社／❾ **1965**·11·1 社／ **1967**·7·13 社／ **1976**·5·25 社／ **197** 10·3 社／ **1992**·3·14 社／❾ **1995**·12·27 社
新幹線(新大阪－岡山)　❾ **1972**·3· 社
新幹線 0 系　❽ **1964**·10·1 社／❾ **1999**·9·18 社／ **2008**·11·30 社
新幹線 300 系ひかり　❾ **1990**·12·1 社／ **1992**·3·14 社
新幹線 700 系(東海道－山陽)　❾ **1999**·3·13 社
新幹線保有機構　❾ **1990**·12·14 社
整備新幹線　❾ **1988**·8·11 政
全国新幹線鉄道整備法　❾ **1970**·5· 社
台湾新幹線　❾ **2000**·12·12 政／ **2003**·1·23 政
つばめ(特急列車)　❽ **1943**·10·1 社／ **1950**·5·1 社／ 10·1 社
「燕」特急列車　❼ **1930**·10·1 社
東海道本線　❽ **1953**·7·5 社
東京－下関(三等特急列車)　❼ **192** 7·1 社
東京－大阪－福岡　❽ **1951**·10·25
東京－大阪「へいわ」　❽ **1949**·9·1 社
東京－鹿児島　❽ **1948**·7·1 社
東京－神戸「こだま」　❽ **1958**·11· 社
東京－長崎(東海道·長崎·九州線) **1942**·11·15 社
東北·上越·成田新幹線　❾ **1971**·1· 社／❾ **1971**·11·28 社／ **1979**·12·7 社／ **1985**·3·14 社／❾ **1982**·6·23
東北新幹線(八戸－新青森)　❾ **201** 12·4 社
東北新幹線(盛岡－八戸)　❾ **2002**·12·1 社
長野(北陸)新幹線　❾ **1989**·8·2 社 **1997**·10·1 社
成田新幹線　❾ **1972**·2·10 社／❾ **1991**·3·19 社／ **1993**·3·18 社
のぞみ(山陽新幹線)　❾ **1997**·3·22 社
はつかり(上野－青森)　❽ **1948**·7·1 社／ **1958**·10·1 社
はと(特急列車)　❽ **1950**·5·11 社
はやぶさ(特急列車)　❽ **1958**·10·1 社
ひので(特急列車)　❽ **1959**·4·20 社
北海道新幹線　❾ **2005**·5·22 社
本土縦貫特急連絡(国鉄)　❽ **1958**·10·1 社
ミニ新幹線(東京－山形)　❾ **1992**·7 1 社
ミニ新幹線(福島－山形)　❾ **1988**·8 15 社

人力車　❻ **1869**·是年 社／ **1870**·3·22 社／ **1871**·12 月 社／ **1872**·1 月 社／

1873・6・20 社／**1881**・10・5 社／12・7 社／❼ **1900**・5月 社／**1927**・6月 社
熱海－小田原(人車鉄道) ❼ **1896**・3・12 社
共同牛馬会社 ❻ **1886**・8・23 政
距離計付人力車 ❻ **1877**・8・17 社
空気タイヤ使用人力車 ❼ **1912**・10・24 社
新橋車夫会社 ❻ **1880**・8・25 社
人力車(九人乗り) ❻ **1885**・3・28 社
人力車(名古屋) ❻ **1890**・3月 社
人力車(四人乗り) ❻ **1870**・6月 社
人力車業者心得規則 ❻ **1872**・4・20 社
人力車税 ❻ **1871**・5・24 社
人力車取締規則 ❻ **1886**・6・14 社
人力車の数 ❻ **1871**・1月 文
人力車の輸出 ❼ **1896**・4月 社
人力車乗合組合 ❻ **1881**・3・7 社
人力車夫 ❼ **1896**・8・10 社／**1901**・11・18 社／**1930**・8・17 社
人力車夫(営業)取締規則 ❻ **1886**・12・9 社
人力車輸出 ❻ **1882**・1・12 社／**1886**・7月 社

関所・関門・過書(通行証)・通行税

❶ **679**・11月 社／**680**・11月 社／**765**・3・5 政／**789**・7・14 社／**880**・9・5 社／**899**・9・19 社／❷ **1173**・6・8 社／❸ **1369**・2・22 社／**1374**・是春 社／**1385**・9・21 社／**1392**・12・26 社／**1408**・9・22 社／**1412**・11・26 社／**1416**・4・3 社／**1423**・5・7 社／**1436**・12・5 社／**1439**・11・6 社／**1454**・6・11 社／❹ **1457**・8・8 社／**1461**・4・4 社／**1472**・11・3 社／**1477**・11・21 社／**1478**・1・11 社／**1479**・5・19 社／12・14 社／**1480**・2・12 社／9・11 社／**1484**・11・14 社／**1489**・6・24 社／**1491**・6・28 社／**1492**・5・29 社／**1499**・5・12 社／9・6 社／**1518**・4・19 社／**1553**・7・26 社／**1568**・10月 社／**1569**・10・4 社／**1570**・1・1 社／**1575**・9月 社／**1600**・9・21 社
魚住島の舟泊 ❸ **1289**・9・29 社
置石代・置石関銭 ❸ **1308**・12・27 社／**1436**・4・2 社／**1444**・11・15 社
女手形(関所通行) ❺-2 **1756**・5・25 社／**1775**・5・28 社／**1796**・2月 社
海陸役所 ❹ **1586**・4・10 社
過書(通行証明書) ❶ **715**・5・1 政／**866**・4・17 政／❸ **1451**・6・18 社／❹ **1495**・8・15 社／**1498**・⑩・10 社／**1509**・7・10 社／**1550**・2・10 政／**1578**・6月 社／**1581**・2・22 社
過所船旗 ❷ **1272**・2月 社
河手(かわて) ❷ **1212**・9・21 社／**1262**・7・1 社／**1279**・7・1 社／**1281**・4・24 社／❸ **1284**・6・3 社／是年 社／**1288**・6・20 社／**1326**・12・29 社／**1346**・12・13 社
貫目改所廃止 ❻ **1872**・1・10 社
関門廃止 ❶ **866**・5・21 社／**880**・9・5 社／❻ **1867**・7・11 社／**1869**・1・20 社
石別米・石別升米 ❸ **1289**・9・29 社／**1308**・12・27 社／**1310**・4・27 社／**1311**・8月 社／**1321**・1・23 社／**1327**・7・12 社
固関使 ❷ **1158**・8・11 社
車力料 ❸ **1321**・8・16 社
勝載料(勘過料) ❸ **1287**・7・3 社
庄内藩、入国者取調條規 ❺-1 **1655**・6・4 社
諸関渡津料 ❹ **1502**・12・27 社
新関 ❹ **1485**・5・2 社／**1492**・11・8 社／**1513**・12・26 社／**1543**・5・21 社
新関・津料停止 ❸ **1346**・2・5 政
新関廃止 ❷ **1275**・6・20 社／❸ **1346**・12・13 社／**1379**・6・14 社／❹ **1459**・8・21 社／**1460**・8・24 社／**1473**・10・8 社／**1490**・⑧・3 社／**1522**・12・27 社
新関調査(武蔵) ❷ **1213**・10・18 社
助郷 ❷ **1261**・2・29 社／❻ **1868**・9・12 社
関升米(津目銭) ❸ **1314**・2月 社／**1333**・4・26 社／**1433**・5・7 社／**1436**・4・2 社
関所通過証 ❸ **1329**・10・13 社
関所通行規定 ❺-1 **1603**・10月 社／**1625**・8月 社／**1626**・5・5 社／**1631**・9・21 社／**1638**・是年 社／**1648**・11・10 社／**1654**・12月 社／**1659**・6月 社／**1661**・8・1 社／**1662**・2月 社／**1666**・10・5 社／**1676**・6月 社／**1682**・11月 社／**1686**・4月 社／7・12 社／**1711**・5月 社／❺-2 **1791**・5月 社／❻ **1862**・11・17 政／**1867**・7・19 社
関所撤廃の記事 ❸ **1330**・6・15 社／**1333**・6・15 社／**1351**・是年 社
関所の升米・目銭徴収の撤廃 ❸ **1330**・6・15 社／7・15 社
関所・番所(私設)禁止令 ❻ **1868**・5・17 社
関所(諸道)廃止 ❻ **1869**・1・20 社
関銭・津料 ❹ **1463**・12・24 社／**1491**・7・29 社／**1494**・9・16 社／**1497**・11・28 社／**1563**・3・19 社
関銭徴収停止 ❷ **1275**・9・27 社
関渡勘過 ❸ **1353**・3・10 社
関米 ❷ **1265**・是年 社
関務を停止 ❸ **1344**・7・10 社
関守 ❶ **696**・8・25 社／❺-1 **1667**・②月 社
関料(関手) ❸ **1314**・4・12 社／**1321**・8・16 社／**1326**・12・29 社／**1341**・8・7 社／**1429**・11・3 社
長夫食費 ❸ **1404**・4・26 社
通行手形 ❺-1 **1619**・1・16 社
津番警固 ❷ **1275**・5・12 政
津料 ❷ **1135**・5月 社／**1191**・8・1 社／**1197**・2・7 社／**1212**・9・21 社／**1213**・11月 社／**1226**・2・18 社／**1246**・5月 社／**1281**・4・24 社／❸ **1284**・6・3 社／**1287**・1・23 社／**1298**・12・5 社／**1301**・12・4 社／**1302**・12・20 社／**1315**・10・9 社／**1316**・5月 社／9・25 社／**1325**・2・7 社／**1330**・7・13 社
道書(通行証) ❸ **1444**・9・10 社
渡船 ❹ **1483**・8・1 政／**1487**・4・20 社／**1554**・8・28 社／**1572**・4・23 社／**1575**・2・16 社／**1580**・1月 社／❺-1 **1612**・5・27 社／**1665**・9月 社／**1666**・11・26 社／**1691**・8月 社／**1704**・3・18 社／**1707**・7月 社／❺-2 **1753**・是年 社／**1769**・3・4 社／**1805**・7月 社
渡船(天龍川)の制 ❹ **1573**・11・11 社
渡銭・舟賃 ❹ **1467**・5・20 社／**1537**・2・24 社／**1557**・4・18 社／❺-1 **1616**・12月 社／❺-2 **1736**・是年 社／**1789**・5・28 社／**1849**・8・10 社／❻ **1871**・4・15 社
渡船賃(隅田川) ❻ **1873**・4・17 社
渡船賃(多摩川) ❻ **1884**・12・27 社
渡船賃値上げ(五年延長) ❻ **1853**・11・2 社
番所通行手形 ❺-1 **1666**・2・28 社
船税 ❷ **1235**・5・23 社
分国内召文伝送(飛脚)の期 ❹ **1461**・6・29 社
帆別銭 ❸ **1286**・12・23 社／**1378**・8・3 社／**1379**・12・27 社／**1384**・2・15 社
本陣・脇本陣 ❻ **1870**・⑩・24 社
無提灯通行許可 ❻ **1872**・5・27 社
目銭 ❸ **1327**・2・12 社
山手 ❸ **1346**・12・13 社
「両御関所御法式御條目」 ❹ **1574**・8月 社
草鞋銭 ❸ **1406**・7・30 社
渡 ❸ **1451**・6・18 社
渡守 ❺-1 **1667**・②月 社

関所(各地)

赤間関 ❺-2 **1805**・9・14 社
新井関(遠江) ❹ **1600**・是年 社
荒井(新居)関所 ❺-1 **1601**・是年 社／**1667**・5・25 社／**1708**・5月 社／**1710**・3・15 社
今切関所 ❺-1 **1619**・是年 社／**1651**・12・20 社／**1667**・5・25 社／**1697**・9月 社／**1711**・5月 社
碓氷関(うすい、足柄関) ❶ **900**・8・5 社／**940**・4・6 社／❺-1 **1683**・7・30 社／**1712**・7月 社
浦賀関所 ❺-2 **1727**・2月 社
枝関(近江奥島) ❹ **1486**・9・13 社／**1492**・12・27 社
逢坂関(相坂・近江) ❶ **795**・8・15 社／**857**・4・23 社
大坂山(逢坂・大和) ❶ **679**・11月 社
大石関 ❶ **857**・4・23 社
大笹・狩宿関所(上信国境) ❺-1 **1662**・12・29 社
小田関所(伊勢内宮～外宮間) ❹ **1463**・3・11 社
小田原関所 ❸ **1452**・4・21 社
鬼伏関(越後) ❺-1 **1681**・7・28 政
尾道浦(備後) ❸ **1320**・8月 社
雄物川関所 ❺-2 **1772**・11・8 社
甲斐堺関所 ❻ **1870**・4・11 社
賀茂関所 ❹ **1473**・12・3 社
河上五関所(楠葉関、禁野関、淀関、渡辺関、兵庫関) ❸ **1363**・8・25 社／**1368**・12・8 社／**1371**・2・5 社／**1408**・8・27 社／**1412**・6・9 社／11・26 社／**1417**・8・9 社／**1425**・8・7 社／**1428**・10・8 社／**1438**・10・29 社／**1448**・6・19 社／**1449**・8・12 社／11・20 社／是年 社／**1450**・1・28 社／**1454**・9・29 社／❹ **1456**・8・29 社／**1458**・8・18 社／**1462**・12・8 社
神崎港 ❸ **1392**・6・19 社
気賀関所(遠江) ❺-1 **1601**・是年 社／**1651**・12・20 社／**1695**・11月 社
菊田関(陸奥) ❶ **835**・12・3 社

北浜関(近江) ❹ **1492**·12·27 社
京の七口(京に入る街道に置かれた関所。大原口、鞍馬口、粟田口、伏見口、鳥羽口、丹波口、長坂口、白川口、東寺口、法性寺口など) ❹ **1478**·7·8 社／12·7 社／**1485**·5·2 社／**1487**·6 月 社／**1582**·10·9 社
楠葉関(河内) ❸ **1340**·7·24 社
朽木関所(近江) ❹ **1487**·⑪·10 社
椚田関(くぬぎだ·武蔵) ❹ **1561**·2 月 社
五科関(五箇関、上野) ❺-1 **1636**·9·17 社
五箇関の過書 ❸ **1366**·8·3 社
口ノ津(肥前) ❹ **1562**·是年 社
小仏関(武蔵) ❹ **1561**·2 月 社
五門昼間通行許可 ❻ **1870**·6·17 社
堺港(摂津) ❸ **1376**·6·13 社
三箇津(神崎·渡辺·兵庫) ❸ **1321**·9·30 社
三関(不破関·美濃、鈴鹿関·伊勢、愛発関·越前、相坂関·近江) ❶ **789**·7·14 社／**806**·3·17 社／**939**·12·29 政／❷ **1156**·7·11 社
塩屋関(播磨) ❸ **1441**·8·19 政
白河関(陸奥) ❶ **835**·12·3 社
須走道者関(駿河) ❹ **1564**·5·27 社
関渡地頭 ❷ **1214**·2·18 政
摂津三箇津(渡辺·尼崎·兵庫津)商船目銭 ❸ **1315**·9·12 社／**1316**·正和年間 社／**1317**·5 月 社／**1321**·9·30 社／**1327**·2·12 社／4·27 社
竹綱(渡川の道具か) ❸ **1355**·1·17 社
龍田山関(奈良) ❶ **679**·11 月 社
田津浜(相模) ❹ **1585**·7·22 社
短冊関(東寺など) ❹ **1483**·7·28 社／**1491**·7·29 社
津関(阿波) ❸ **1377**·8 月 社
敦賀津(升米、越前) ❸ **1298**·12·5 社／**1307**·是年 社／**1309**·3·14 社／是年 社／**1313**·9·20 社
遠江今切関所 ❺-1 **1667**·5·25 社／❺-2 **1772**·5 月 社
十三湊(津軽) ❸ **1442**·是秋 政
戸津関所(近江) ❸ **1383**·4·25 社
泊浦(志摩) ❸ **1306**·是年 社／**1376**·6·13 社
中川番所(浦賀) ❺-2 **1742**·7·25 政／❻ **1869**·4 月 社
長崎津(肥前) ❹ **1562**·是年 政
長沢関(近江) ❹ **1486**·9·13 社
中島関所(摂津) ❹ **1465**·1·29 社
中山道人馬改所 ❺-1 **1712**·3 月 社
浪合関(信濃) ❺-2 **1722**·9·11 社
根府川の関 ❺-1 **1711**·5 月 社
博多津の衰微 ❸ **1340**·是年 社
萩原関所(大和) ❹ **1470**·6·9 社
箱根山水飯関所 ❸ **1406**·⑥·15 社
箱根関所(筥根山)関所(相模) ❸ **1380**·6·8 社／❹ **1600**·是年 社／❺-1 **1619**·2 月 社／**1632**·11·23 政／**1636**·8·2 社／**1651**·12·20 社／**1653**·⑥·13 社／**1711**·5 月 社／**1712**·10·7 社
檜原関門 ❺-1 **1643**·11 月 社
氷見湊 ❸ **1350**·10·23 政
兵庫津(経島、升米、目銭)·兵庫関 ❸ **1286**·12·23 社／**1308**·10·27 社／12·27 社／**1310**·1·26 社／4·29 社／**1311**·5 月 政／8 月 社／**1315**·12·18 社／**1318**·12·26 社／**1319**·1·18 社／**1320**·元応年間 社／**1327**·3·30 社／7·12 社／**1328**·2·27 社／8·24 社／**1331**·4·30 社／**1332**·3·21 社／4·13 社／8·9 社／**1333**·8 月 社／**1334**·11·27 社／**1392**·6·19 社／**1401**·9·16 政／**1404**·4·21 社／**1406**·5·7 社／**1412**·6·9 社／**1417**·8·9 社／**1423**·3 月 社／**1425**·8·7 社／**1430**·8·26 社／**1436**·4·2 社／**1438**·10·29 社／**1444**·11·15 社／**1445**·12·12 社／**1452**·8·23 社／❹ **1459**·12·26 社／**1461**·8·22 社／**1464**·5·27 社／**1474**·5·16 社
分一番所(天龍川) ❺-1 **1617**·是年 社
福田(肥前) ❹ **1565**·6 月 政／**1568**·6·2 政／**1570**·是年 政
福泊(播磨) ❸ **1303**·是年 社／**1320**·6·26 社／**1321**·1·23 社／**1327**·3·30 社／7·12 社／**1328**·2·27 社／8·24 社／**1330**·3·17 社／**1331**·4·20 社
府中関所(伊豆) ❸ **1406**·⑥·15 社
船木関所(近江) ❸ **1455**·12·23 社
船津道者関 ❹ **1557**·11·19 社
不破関(美濃) ❶ **673**·7 月 社／❷ **1222**·12·17 社
三井寺関所 ❸ **1419**·10·20 社
三国湊(越前) ❸ **1316**·5 月 社／❹ **1551**·7·21 政
美曾呂池関所(深泥池、みどろがいけ·山城) ❹ **1471**·3·14 社
杢が橋関所(上野) ❺-1 **1712**·7 月 社
六浦関所(武蔵) ❸ **1422**·7·17 社
門司関(豊前) ❶ **796**·11·21 社／❷ **1142**·6·30 社／❸ **1303**·11·30 社／**1324**·3·9 社
門司関幕役 ❸ **1347**·5·14 社
矢口渡(越後) ❸ **1354**·10·23 社
矢倉沢·仙石原関所 ❺-1 **1656**·5·1 社／**1711**·5 月 社
山城諸口率分関 ❸ **1409**·11 月 社
山田関所(伊勢) ❹ **1462**·5·16 社
山中関(近江) ❺-1 **1615**·6·6 社
吉野川関 ❸ **1329**·11·2 社
淀関所 ❷ **1270**·4·21 社／❸ **1308**·8·24 社／⑧·2 社／**1309**·12·28 社／**1310**·4·2 社／**1318**·11·9 社／**1333**·6·15 社／**1433**·5·2 社
龍花関 ❶ **857**·4·23 社
呂久渡の條規(ろくと·美濃) ❹ **1580**·12 月 社
和賀江関(鎌倉) ❸ **1307**·6·18 社
タクシー ❼ **1911**·12·16 社／❽ **1943**·2·25 社／**1952**·10·16 社／**1955**·2·1 社／❾ **1997**·4·1 社
MK タクシー ❾ **1985**·1·31 社
LP ガスタクシー ❽ **1962**·6·6 社
円タク駐車場 ❼ **1933**·5·8 社
円タクの流し営業禁止 ❽ **1937**·9·25 社
円タク不況 ❼ **1931**·2 月 社
円タク料金 ❼ **1932**·12·2 社
神風タクシー·トラック ❽ **1958**·2 18 社／3·10 社／4·17 社／9·1 社
小型ルノータクシー ❽ **1958**·3·10 社
個人タクシー営業 ❽ **1959**·3·8 社 6·15 社／8·11 社／12·3 社／**1960** 7·15 社／11·28 社
三輪タクシー ❽ **1955**·1·13 社
乗車拒否 ❽ **1959**·8·2 社／**1959**·11·26 社／12·23 社／❾ **1969**·5·7 社／7·27 社／**1972**·1·6 社
タクシー案内人 ❼ **1927**·11·7 社
タクシー運転者共済組合 ❽ **1959**· 20 社
タクシー運転手登録制度 ❾ **1970**·11·1 社
タクシー業務適正化臨時措置法 ❾ **1970**·5·19 社
タクシー料金 ❼ **1934**·2·1 社／❽ **1938**·3·1 社／**1947**·7·1 社／**1953**· 20 社／❾ **1970**·3·1 社／**1972**·2·5 社／**1974**·1·22 社／11·1 社／**1977** 5·6 社／**1979**·9·1 社／**1981**·9·2 社／**1984**·2·18 社／**1990**·5·26 社／**1997**·4·1 社
ハイヤー·タクシー事業者 ❽ **1950** 12 月 社
婦人円タク運転手 ❼ **1932**·12·18
無線タクシー ❽ **1953**·10 月 社
輪タク ❼ **1927**·6 月 社／❽ **1945**·是年 社／**1947**·2·10 社／**1950**·6·1 社
ワゴン型タクシー ❾ **1985**·8·1 社
地下鉄 ❽ **1939**·9·16 社
日本最初の地下鉄 ❼ **1927**·12·30
浅草－上野·新橋(東京地下鉄道) ❼ **1927**·12·30 社／**1934**·6·21 社
浅草－銀座(地下鉄銀座駅) ❼ **1934** 3·3 社
淡路町－東京(帝都高速交通営団) **1956**·7·20 社
池袋－お茶の水(地下鉄) ❽ **1954**· 20 社
池袋－新宿(地下鉄) ❽ **1959**·3·15 社
梅田－心斎橋(大阪市地下鉄) ❼ **1933**·5·3 社／5·20 社
梅田－天王寺(地下鉄) ❽ **1938**·4·2 社
営団地下鉄 ❾ **1982**·12·9 社／**1990**·11·1 社
営団地下鉄千代田線(北千住－大手町) ❾ **1969**·12·20 社
営団地下鉄(中野－竹橋) ❾ **1966**·3 16 社
営団地下鉄南北線(駒込－赤羽岩淵) ❾ **1991**·11·29 社
営団地下鉄半蔵門線(渋谷－青山一丁目) ❾ **1978**·8·1 社
大阪市営地下鉄(御堂筋線) ❽ **1964** 9·24 社
大阪市営地下鉄二号線 ❾ **1983**·2·8 社／5·20 社
押上－浅草橋(地下鉄) ❽ **1960**·12· 社
京都市営地下鉄烏丸線(京都駅－北大路) ❾ **1981**·5·29 社
京都市営地下鉄東西線 ❾ **1997**·10·

12 社
神戸市地下鉄西神線 ❾ **1977**·3·13 社
札幌市営地下鉄(北二十四条－兵駒内) ❾ **1971**·12·16 社
札幌市営地下鉄南北線 ❾ **1978**·3·16 社
札幌市営地下鉄東西線(琴似－白石) ❾ **1976**·6·10 社／ **1999**·2·25 社
渋谷－浅草(地下鉄) ❽ **1939**·9·16 社
新宿－新中野·中野富士見(地下鉄) ❽ **1961**·2·8 社
新橋－渋谷(地下鉄) ❽ **1939**·1·15 社
仙台市営地下鉄南北線 ❾ **1987**·7·15 社
地下鉄八号線(東京、池袋－銀座一丁目) ❾ **1974**·10·30 社
東京メトロ(営団地鉄改称) ❾ **2004**·4·1 社
東京メトロ東西線(中野－西船橋) ❾ **1969**·3·29 社
都営地下鉄 ❾ **1968**·6·21 社／ 11·15 社／ 12·27 社／ **1978**·12·21 社／ **1997**·12·19 社
都営地下鉄大江戸線 ❾ **2000**·12·12 社
都営地下鉄日比谷線 ❽ **1964**·7·23 社
虎の門－青山六丁目(地下鉄) ❽ **1938**·11·18 社
名古屋－栄町(地下鉄) ❽ **1957**·11·15 社
名古屋市営地下鉄 ❾ **1982**·9·21 社
福岡市営地下鉄 ❾ **1981**·7·26 社／ **1982**·4·20 社／ **1983**·3·22 社
横浜市地下鉄(上大岡－伊勢佐木長者町) ❾ **1972**·12·15 社
道
赤字ローカル線 ❾ **1980**·12·27 社
アプト式鉄道 ❻ **1893**·4·1 社／❽ **1963**·9·30 社
EH10 形電気機関車 ❽ **1954**·7·21 社
ED44-1 形国産交流電気機関車 ❽ **1954**·9 月 社
ED46 形交直流両用電気機関車 ❽ **1959**·8·17 社
ED60 形直流電気機関車 ❽ **1958**·8·18 社
ED75 形交流電気機関車 ❽ **1964**·12·30 社
一号御料車 ❽ **1958**·10·14 社
岩倉鉄道学校 ❼ **1897**·6·5 社／ **1907**·3·7 社
運輸審議会 ❽ **1946**·6·3 社／ **1949**·5·31 政
ATS(自動列車制御装置) ❽ **1960**·11·28 社／ **1963**·9·1 社／❾ **1966**·4·20 社
越後鉄道弥彦支線 ❼ **1916**·10·15 社
欧亜連絡鉄道改定運賃 ❼ **1927**·6·13 社
応急運輸措置要綱 ❽ **1944**·8·16 社
オリエント急行(国際夜行特急) ❾ **1988**·10·6 社
改造電車(座席なし) ❽ **1942**·12·21 社
快速電車 ❽ **1961**·3·20 社
駆込み乗車 ❻ **1880**·3·20 社
貨車 ❽ **1943**·5·1 社
官設鉄道服制 ❻ **1889**·10·22 社
汽車に投石 ❻ **1875**·8·4 社
汽車模型機関車·炭水車·客車試運転 ❻ **1854**·2·23 文
軌道法 ❼ **1921**·4·14 社
キハ 17·45000 形気動車 ❽ **1953**·10·10 社
客車(鉄道)製造 ❻ **1876**·是年 社
行商専用列車 ❾ **1982**·3·12 社
錦愛鉄道敷設借款協定 ❼ **1910**·3·2 政
錦朝鉄道問題 ❼ **1914**·6·13 政
京仁鉄道敷設権 ❼ **1896**·4·17 政／ **1897**·10·29 政
京浜東北·山手線電車 ❽ **1956**·11·19 社
京釜鉄道敷設に関する合同條約 ❼ **1898**·9·8 政／ **1903**·12·28 政
軽便鉄道 ❼ **1910**·4·21 社／ **1911**·3·21 社／ **1913**·2·22 政
京奉鉄道延長に関する協約 ❼ **1911**·9·2 政
国鉄(再建、マル生運動) ❾ **1967**·3·31 社／ **1968**·11·1 政／ **1970**·2·16 社／ 3·20 社／ **1971**·10·5 社／ **1976**·8·31 社／ **1978**·12·14 社／ **1979**·1·1 社／ 7·2 社／ **1980**·12·27 社／ **1981**·3·3 社／ 8·27 社／ **1982**·4·22 政／ 6·25 政／ **1983**·5·20 政／ 6·10 政／ 6·23 社／ 11·26 政／ **1984**·6·5 社／ 8·10 社／ **1985**·6·25 政／ 7·26 政／ 11·28 社／ 12·13 政／ **1986**·2·28 政／ 10·28 政／ **1987**·2·16 社／ 4·1 政／ **1998**·5·28 社／ 10·15 政
国鉄運賃値上げ ❽ **1946**·3·1 社／ **1947**·3·1 社／ 7·6 社／ **1948**·2·11 社／ 7·7 社／ **1949**·5·1 社／ **1951**·11·1 社／ **1957**·4·1 社
国鉄経営再建特別措置法 ❾ **1981**·3·3 社
国鉄スピード試験 ❽ **1955**·12·13 社
国鉄清算事業団 ❾ **1987**·4·1 社／ **1990**·3·9 社／ **1998**·10·15 政
国鉄全線の電化計画 ❽ **1945**·9 月 社
国鉄の不用車輛発売 ❾ **1987**·10·29 社
国鉄分割·民営化 ❾ **2003**·12·22 社
CTC(列車集中制御装置) ❽ **1954**·6 月 社
色燈式自動信号機(鉄道省) ❼ **1924**·12·24 社
四国淡路本土鉄道期成同盟会 ❽ **1955**·11·2 社
四国最初の鉄道 ❻ **1888**·10·28 社
私設鉄道(法) ❻ **1881**·8·1 社／ **1887**·5·18 社／❼ **1900**·3·16 社
自動ブレーキ(鋼鉄車) ❼ **1926**·9·23 社
自動連結器 ❼ **1925**·7·1 社
島原鉄道全通式 ❼ **1913**·9·28 社
集団就職列車 ❽ **1954**·4·5 社
手動踏切(鉄道) ❾ **2005**·3·15 社
ジュラルミン製電車 ❽ **1947**·1·29 社
職員中央教習所(鉄道院) ❼ **1909**·6·24 社
新型車輛 E5 系 ❾ **2011**·3·5 社
新宮鉄道 ❼ **1913**·3·1 社
寝台車「カシオペア」 ❾ **1999**·7·16 社
寝台特急「あかつき」 ❾ **1974**·4·24 社
寝台特急「有光」 ❾ **1967**·10·1 社
STAR21(高速試験用車輛) ❾ **1992**·10·30 社
ダイヤ改正(東海道線) ❻ **1895**·7·12 社
タンク機関車 ❻ **1892**·10 月 社
地方鉄道法 ❼ **1919**·4·10 社
駐留軍列車「オクダゴニアン」号(無賃) ❽ **1945**·10·2 社／ 10·19 社／ **1946**·8·27 社／ **1947**·7·28 社
朝鮮鉄道 1000 マイル祝賀式 ❼ **1915**·10·3 社
朝鮮西岸線 ❼ **1920**·10·18 政
通票(タブレット) ❼ **1902**·9·25 社
帝国鉄道会計法 ❼ **1906**·4·11 政
鉄道員官制 ❼ **1908**·12·5 社
鉄道員職員服制 ❼ **1909**·12·20 社
鉄道営業法 ❼ **1900**·3·16 社
鉄道会議 ❻ **1892**·10·1 社
鉄道火夫(日本人) ❻ **1879**·1·29 社
鉄道開業百周年記念式典 ❾ **1972**·10·14 社
鉄道貨物輸送(新橋·横浜) ❻ **1873**·9·15 社
鉄道貨物運送賃銭表 ❻ **1873**·9·13 社
鉄道機関士(日本人) ❻ **1879**·4·14 社／ **1880**·10 月 社／ 11·1 社
鉄道機関車(神戸工場) ❻ **1893**·6 月 社
鉄道技師(日本人) ❻ **1880**·10 月 社
鉄道橋梁工事の始め ❻ **1870**·6·28 社
鉄道局 ❻ **1885**·12·26 社／ **1893**·11·10 社
鉄道軍事輸送 ❻ **1890**·3·19 社／❼ **1904**·1·25 社
鉄道警察 ❼ **1925**·5·1 社
鉄道公安官のピストル使用取扱規則 ❽ **1951**·3·14 社
鉄道公安機動隊 ❽ **1963**·4·27 社
鉄道広軌計画 ❼ **1896**·2·4 社／ **1910**·12·15 社／ **1911**·2·9 社／ **1913**·6·5 社／ **1914**·7·5 社／ **1915**·11·6 社／ **1916**·4·10 社／ **1917**·5·23 社／ 12 月 社
鉄道弘済会 ❼ **1932**·4·1 社
鉄道公債会計法 ❻ **1893**·1·18 社
鉄道国有化 ❼ **1898**·5 月 政／ **1899**·2·23 政／ **1900**·2·6 政／ **1906**·3·3 政／ **1907**·7·1 社／ 10·1 社
鉄道国有化論 ❻ **1891**·7 月 政／ 12·17 政
鉄道五十年記念祝典 ❼ **1921**·10·15 社
鉄道 5000 マイル奉告祭 ❼ **1906**·5·19 社
鉄道作業局官制 ❼ **1897**·8·18 社
鉄道事故(奈良鉄道·京都電鉄) ❻

1895·11·19 社
鉄道司法警察制度　❼ 1926·5·1 社
鉄道車輛事故　❻ 1874·10·11 社／1877·10·1 社
鉄道 1000 マイル達成祝賀会　❻ 1889·7·10 社
鉄道ダイヤグラム創始者　❼ 1933·11·1 社
鉄道庁　❻ 1890·9·6 社／1893·11·10 社／❼ 1907·3·12 政
鉄道七十周年·八十周年記念式　❽ 1942·10·14 社／1952·10·14 社
鉄道博物館　❼ 1921·10·15 文／1936·4·25 文／❾ 2007·10·14 文
鉄道払下契約破棄(華族組合)　❻ 1878·3·9 社
鉄道複線化(新橋－品川)　❻ 1876·12·1 社
鉄道敷設経営契約破棄　❻ 1869·2·29 政
鉄道敷設(品川－横浜)契約破棄　❻ 1869·2·29 政
鉄道敷設反対騒動　❻ 1870·10·7 社
鉄道敷設法　❻ 1892·6·21 政／❼ 1896·5·14 社／1922·4·11 社／❽ 1951·5·30 社
鉄道輸送事務局(RTO)　❽ 1945·10·1 社
鉄道輸送事務局渉外室　❽ 1945·9·1 社
鉄道略則　❻ 1872·2·28 社
電気機関車輸出　❽ 1963·4·9 社
電気式ベル発車報知器　❼ 1912·1 月 社
天災無料輸送　❻
東海道鉄道　❻ 1886·7·19 社
東海道本線　❼ 1923·10·28 社
東海道本線全線の複線工事　❼ 1913·8·1 社
特急貨物列車フライトライナー　❾ 1969·4·25 社
南潯鉄道(中国)　❼ 1916·5 月 政
難民列車　❽ 1945·3 月 社
日本·清国·満鉄·京奉両鉄道の連結に関する協約　❼ 1908·10·5 政
バキューム·ブレーキ(真空制動機)　❻ 1886·是年 社
踏切警報機　❼ 1924·3 月 社
振子電車　❾ 1973·7·10 社
ブルートレイン　❽ 1956·11·9 社／1958·10·1 社／❾ 2012·3·16 社
兵員鉄道輸送　❻ 1877·2·14 社
弁慶号機関車　❽ 1958·10·14 社
北満鉄道譲渡協定　❼ 1935·3·23 政
北海道鉄道 1000 マイル祝賀会　❼ 1916·5·29 社
満洲東清(東支)鉄道　❼ 1906·8·1 政
満蒙五鉄道建設　❼ 1927·11·12 政
南支那沿岸線　❼ 1920·10·18 政
宮地線(阿蘇)　❼ 1918·1·25 社
木製客車　❽ 1956·3·28 社
夜行列車「はやぶさ」　❾ 2009·3·13 社
山手線　❼ 1909·12·15 社／1925·4·26 社／11·1 社
雪掻き車(ラッセル社製)　❼ 1910·是冬 社
予讃線　❼ 1924·2·13 社
旅客列車　❻ 1873·2 月 社
旅客列車(全車両鋼鉄製)　❼ 1928·5·11 社
冷蔵貨車　❼ 1908·6·17 社
列車集中制御装置　❾ 1972·10·15 社
列車の愛称の始め「富士」「桜」　❼ 1929·9·15 社
レッドアロー(西武特急)　❾ 1969·10·14 社
連合軍専用列車·貨車　❽ 1946·1·31 社／11·14 社
ロータリー式除雪車　❼ 1924·是年 社
ロマンスカー(小田急)　❼ 1927·8·31 社／❽ 1951·2·1 社／9·22 社／1957·6·26 社／7·6 社／1963·3·16 社
鉄道の開通(開通年月日順)
江戸－横浜　❻ 1866·4·4 政／1867·2·1 社／10·23 政／1869·3 月 社／11·10 社／1872·9·13 社
江戸－京都　❻ 1868·2·11 社
大阪－神戸　❻ 1868·7·28 社／1870·7·30 社
琵琶湖－敦賀　❻ 1869·11·10 社
京都－神戸　❻ 1869·11·10 社
東京－横浜　❻ 1869·11·10 社
東京－京都(中山道経由)　❻ 1869·11·10 社
江戸－神奈川　❻ 1870·1·6 政
神奈川－横浜　❻ 1871·8·6 社
品川－横浜　❻ 1872·5·7 社
新橋－横浜　❻ 1872·9·12 社
大阪－神戸　❻ 1874·5·11 社
大阪－安治川　❻ 1875·5·1 社
京都－神戸　❻ 1876·7·26 社
京都－大阪　❻ 1877·2·5 社／1877·3·19 社
京都－大津　❻ 1880·7·15 社
札幌－手稲　❻ 1880·11·28 社
東京－青森　❻ 1881·8·1 社
金ヶ崎－洞道口　❻ 1882·3·10 社
長浜－関ヶ原　❻ 1883·5·1 社
上野－熊谷　❻ 1883·7·26 社
札幌－手宮　❻ 1883·9·17 社
長浜－敦賀　❻ 1884·4·15 社
長浜－金ヶ崎　❻ 1884·4·16 社
神戸－敦賀　❻ 1884·4·16 社
上野－高崎　❻ 1884·5·1 社／6·25 社
大垣－長浜　❻ 1884·5·25 社
群馬－横浜　❻ 1885·3·1 社
品川－赤羽　❻ 1885·3·1 社
大宮－宇都宮　❻ 1885·7·16 社
難波－堺　❻ 1885·12·27 社
熱田－武豊　❻ 1886·3·1 社
清瀬－一宮　❻ 1886·5·1 社
宇都宮－那須　❻ 1886·10·1 社
新宿－八王子　❻ 1887·4·10 社
横浜－国府津　❻ 1887·7·11 社
黒磯－郡山　❻ 1887·7·16 社
上野－仙台　❻ 1887·12·15 社
直江津－長野　❻ 1888·5·1 社
難波－堺　❻ 1888·5·15 社
足利－小山　❻ 1888·5·22 社
大船－鎌倉　❻ 1888·7·11 社
横川－軽井沢　❻ 1888·9·5 社／1893·4·1 社
松山－三津ヶ浜　❻ 1888·10·28 社
明石－兵庫　❻ 1888·11·1 社
水戸－小山　❻ 1889·1·16 社
国府津－静岡　❻ 1889·2·1 社
新宿－立川　❻ 1889·4·11 社
静岡－浜松　❻ 1889·4·16 社
湊町－柏原　❻ 1889·5·14 社
丸亀－琴平　❻ 1889·5·23 社
大船－横須賀　❻ 1889·6·15 社
新橋－神戸　❻ 1889·7·1 社
長浜－大津　❻ 1889·7·1 社
立川－八王子　❻ 1889·8·11 社
神戸－兵庫　❻ 1889·9·1 社
姫路－揖保川　❻ 1889·11·11 社
前橋－小山　❻ 1889·11·20 社
博多－千歳　❻ 1889·12·11 社
草津－三雲　❻ 1889·12·15 社
前橋－桐生　❻ 1890·1·6 社
久留米－千歳川　❻ 1890·3·1 社
岩切－一ノ関　❻ 1890·4·16 社
兵庫－和田岬　❻ 1890·7·8 社
今市－日光　❻ 1890·8·1 社
一ノ関－盛岡　❻ 1890·11·1 社
上野－秋葉原　❻ 1890·11·1 社
姫路－三石　❻ 1890·12·1 社
草津－四日市　❻ 1890·12·25 社
三石－岡山　❻ 1891·3·18 社
門司－黒崎　❻ 1891·4·1 社
岡山－倉敷　❻ 1891·4·25 社
熊本－高瀬　❻ 1891·7·1 社
門司－熊本　❻ 1891·7·1 社
鳥栖－佐賀　❻ 1891·8·20 社
若松－直方　❻ 1891·8·30 社
上野－青森　❻ 1891·9·1 社
盛岡－青森　❻ 1891·9·1 社
福山－尾道　❻ 1891·11·3 社
亀山－津　❻ 1891·11·4 社
東京－青森　❻ 1891·12·21 社
奈良－湊町　❻ 1892·2·1 社
岡山－三原　❻ 1892·7·20 社
室蘭－岩見沢　❻ 1892·8·1 社
浅草－越谷　❻ 1893·1·29 社
糸崎－広島　❻ 1894·6·10 社
東京－広島　❻ 1894·6·10 社
四日市－桑名　❻ 1894·7·5 社
市川－佐倉　❻ 1894·7·20 社
広島－宇品　❻ 1894·8·4 社
新宿－牛込見付　❻ 1894·10·9 社
立川－青梅　❻ 1894·11·19 社
青森－弘前　❻ 1894·12·1 社
本所－市川　❻ 1894·12·9 社
京都－東洞院通－伏見町油掛　❻ 1895·2·1 社
国分寺－川越　❻ 1895·3·21 社
牛込－飯田町　❻ 1895·4·3 社
飾磨－姫路　❻ 1895·4·14 社
京都－伏見　❻ 1895·9·5 社
草津－名古屋　❻ 1895·11·7 社
門司－八代(九州鉄道)　❼ 1896·11·21 社
田端－茨城土浦(日本鉄道)　❼ 189 12·25 社
京城－仁川(京仁鉄道)　❼ 1896·3· 政／1897·5·8 政
京都－奈良(奈良鉄道)　❼ 1896·4· 社
基隆－新竹(台湾)　❼ 1896·7·10 社
敦賀－福井(鉄道)　❼ 1896·7·15 社

新橋－神戸(東海道線) ❼ **1896**·9·1 社
柘植－伊賀上野(関西鉄道) ❼ **1897**·1·15 社
上野(三重)－加茂(京都)(関西鉄道) ❼ **1897**·11·5 社
池田(大阪)－宝塚(兵庫)(阪鶴鉄道) ❼ **1897**·12·27 社
七條－嵯峨(京都鉄道会社) ❼ **1897**·2·11 社
水戸－平(岩城)(日本鉄道) ❼ **1897**·2·25 社
長与－長崎(九州鉄道) ❼ **1897**·7·22 社
福井－小松(北陸線) ❼ **1897**·9·20 社
広島－徳山(山陽鉄道) ❼ **1897**·9·25 社
堺－佐野(南海鉄道) ❼ **1897**·9·30 社
大村－早岐－佐世保(九州鉄道) ❼ **1898**·1·10 社
大村－長与(長崎)(九州鉄道) ❼ **1898**·11·27 社
千住(東京)－草加(埼玉)(草加馬車鉄道) ❼ **1898**·11·3 社
岡山－津山(中国鉄道) ❼ **1898**·12·21 社
川崎(神奈川)－大師(大師電気鉄道) ❼ **1898**·2·25 社
広島－三田尻(山陽鉄道) ❼ **1898**·3·17 社
金沢－高岡(北陸線) ❼ **1898**·4·1 社
小松－金沢(北陸線) ❼ **1898**·4·1 社
名古屋駅前(現·笹島駅)－久屋町(名古屋電気鉄道) ❼ **1898**·5·6 社
空知太－旭川(北海道炭鉱鉄道) ❼ **1898**·8·20 社
高岡－富山(北陸線) ❼ **1899**·3·20 社
大阪－篠山(阪鶴鉄道) ❼ **1899**·3·25 社
福島－米沢(奥羽南線) ❼ **1899**·5·15 社
久喜(埼玉)－北千住(東京)(東武鉄道) ❼ **1899**·8·26 社
仁川－鷺梁津(京仁鉄道) ❼ **1899**·9·18 政
直江津－沼垂間(新潟県)(北越鉄道) ❼ **1899**·9·5 社
粉河－橋本(紀和鉄道) ❼ **1900**·11·25 社
三田尻(現·防府)－厚狭(山陽鉄道) ❼ **1900**·12·2 社
徳島－船戸(徳島鉄道) ❼ **1900**·8·7 社
赤湯－上ノ山(奥羽南線) ❼ **1901**·2·15 社
神戸－馬関(山陽鉄道) ❼ **1901**·5·27 社／**1903**·1·20 社
八王子－上野原(中央東線) ❼ **1901**·8·1 社
多治見－中津川(中央西線) ❼ **1902**·12·21 社
藤沢大阪町－川口片瀬(江の島電鉄) ❼ **1902**·9·1 社
海田市－呉(呉線) ❼ **1903**·12·27 社
池袋－田端(豊島線) ❼ **1903**·4·1 社
新橋－品川(路面電車) ❼ **1903**·8·22 社
数寄屋橋－神田(東京市街鉄道) ❼ **1903**·9·15 社
函館－小樽(北海道) ❼ **1904**·10·6 社
土橋－御茶ノ水(東京電気鉄道) ❼ **1904**·12·8 社
上野－浅草(東京電車鉄道) ❼ **1904**·3·18 社
曳舟－亀戸(東武鉄道) ❼ **1904**·4·5 社
直江津－新潟(北越鉄道) ❼ **1904**·5·3 社
神奈川－大江橋(横浜電気鉄道) ❼ **1904**·7·15 社
飯田町－中野(甲武鉄道) ❼ **1904**·8·21 社
京城－釜山間(京釜鉄道) ❼ **1905**·1·1 政
釧路－帯広間(釧路線) ❼ **1905**·10·21 社
大阪出入橋－神戸雲井通(阪神電鉄) ❼ **1905**·4·12 社
日比谷公園－虎の門(東京電気鉄道) ❼ **1905**·4·3 社
鳥栖－長崎(長崎本線) ❼ **1905**·4·5 社
新橋－下関(直通特急列車) ❼ **1905**·8·1 社
横手－湯沢(奥羽線) ❼ **1905**·9·14 社
尾道－多度津(官設鉄道) ❼ **1906**·12·1 社
京橋－三蟠(官設鉄道) ❼ **1906**·12·1 社
三蟠－高松(官設鉄道) ❼ **1906**·12·1 社
下関－釜山(官設鉄道) ❼ **1906**·12·1 社
下関－門司(官設鉄道) ❼ **1906**·12·1 社
宮島－広島(官設鉄道) ❼ **1906**·12·1 社
和田山－新井(山陽鉄道) ❼ **1906**·4·1 社
八王子－塩尻(中央線) ❼ **1906**·6·11 社
吉長(吉林－長春)·新奉(新民屯－奉天)鉄道 ❼ **1907**·4·15 政／**1908**·11·12 政
旭川－釧路(北海道) ❼ **1907**·9·8 社
新奉(新民屯－奉天)鉄道 ❼ **1908**·11·12 政
基隆－打狗(台湾縦貫鉄道) ❼ **1908**·4·20 政
新橋－富山(直通列車) ❼ **1908**·5·1 社
梅田－難波(南北線)(大阪市営電気軌道) ❼ **1908**·8·1 社
八王子－東神奈川(横浜鉄道) ❼ **1908**·9·23 社
門司－鹿児島(鹿児島本線) ❼ **1909**·11·20 社／**1920**·3·1 社
人吉－吉松(鹿児島本線) ❼ **1909**·11·21 社
錦州－愛琿(錦愛鉄道) ❼ **1909**·12·18 政／**1910**·1·28 政
錦州－チチハル(錦斉鉄道) ❼ **1909**·7·13 政
安東－奉天(安泰線) ❼ **1909**·8·6 政
城崎－姫路(山陽東線) ❼ **1909**·9·5 社
伝馬町－大野町(名古屋鉄道) ❼ **1910**·11·21 社
梅田－宝塚(兵庫)(箕面有馬電気軌道) ❼ **1910**·3·10 社
浅草－伊勢崎(東武鉄道) ❼ **1910**·3·27 社
岡山－宇野(宇野線) ❼ **1910**·6·12 社
有楽町－烏森(高架線) ❼ **1910**·6·25 社
城崎－香住(山陰東線) ❼ **1911**·10·25 社
福知山－和田山(山陰東線) ❼ **1911**·10·25 社
新義州－安東(丹東)(朝鮮総督府鉄道) ❼ **1911**·11·1 政
岩見－浜坂(山陰西線) ❼ **1911**·11·10 社
木曾福島－宮の越(中央本線) ❼ **1911**·5·1 社
香住－浜坂(山陰西線) ❼ **1912**·3·1 社
新潟－吉田(越後鉄道) ❼ **1912**·8·25 社
新津－新発田(新発田線) ❼ **1912**·9·2 社
山口－小郡鉄道 ❼ **1913**·2·21 社
勝浦－新宮(新宮線) ❼ **1913**·3·1 社
米原－直江津(北陸本線) ❼ **1913**·4·1 社
徳島－小松島(鉄道) ❼ **1913**·4·20 社
新潟－柏崎(越後鉄道) ❼ **1913**·4·20 社
小林－谷頭(都城)(宮崎線) ❼ **1913**·5·9 社
真岡－七井(真岡線) ❼ **1913**·7·11 社
郡山(東北本線)－新津(信越線、岩越線) ❼ **1914**·11·1 社
那覇(旭町)－与那原(沖縄県鉄道与那原線) ❼ **1914**·12·1 社
徳島－阿波池田(徳島本線) ❼ **1914**·3·25 社
大阪上本町－奈良高天町(大阪電気軌道鉄道) ❼ **1914**·4·30 社
池袋－川越(東上鉄道) ❼ **1914**·5·1 社
那覇－首里(沖縄電気軌道) ❼ **1914**·5·3 社
東小倉－添田(小倉鉄道) ❼ **1915**·4·1 社
池袋－飯能(武蔵野鉄道) ❼ **1915**·4·15 社
有馬－三田(有馬軽便鉄道) ❼ **1915**·4·16 社
松本－大町(信濃鉄道) ❼ **1916**·7·5 社
敦賀－十村(小浜線) ❼ **1917**·12·15 社
新庄－小牛田(陸羽鉄道) ❼ **1918**·11·1 社
長浜－大洲(愛媛鉄道) ❼ **1918**·2·11

社
東部シベリア鉄道　❼ **1918**・2・5 政
五所川原－川部(陸奥鉄道)　❼ **1918**・9・25 社
浜頓別－浅茅野(宗谷線)　❼ **1919**・11・1 社
東京－万世橋(中央本線)　❼ **1919**・3・1 社
那古船形－北條(内房線)　❼ **1919**・5・24 社
伯耆大山－溝口(伯備線)　❼ **1919**・8・10 社
真岡－本斗(樺太鉄道)　❼ **1920**・10・10 社
国府津－小田原(熱海線)　❼ **1920**・10・21 社
秋田－道川(羽越北線)　❼ **1920**・2・22 社
梅田－上筒井(神戸)(阪神電鉄)　❼ **1920**・7・16 社
広瀬－高鍋(宮崎本線)　❼ **1920**・9・11 社
高松－伊予西條(讃岐線)　❼ **1921**・6・21 社
船橋－千葉(京成電気鉄道)　❼ **1921**・7・21 社
滝川－根室(根室本線)　❼ **1921**・8・5 社
函館－稚内(宗谷本線)　❼ **1922**・11・1 社／ **1926**・9・25 社
益田－三保三隅(山陽本線)　❼ **1923**・12・26 社
目黒－丸子(目黒蒲田電鉄)　❼ **1923**・3・11 社
津和野－益田(山口線)　❼ **1923**・4・1 社
落合－知取(樺太鉄道)　❼ **1923**・4・10 政／ **1927**・11・20 社
浅草－西新井(東武鉄道)　❼ **1924**・10・1 社
豊後竹田－大分(犬飼線)　❼ **1924**・10・15 社
宮津－舞鶴(宮津線)　❼ **1924**・4・12 社
新津－秋田(羽越線)　❼ **1924**・7・31 社
神田－上野(東北本線)　❼ **1925**・11・1 社
大船－横須賀(横須賀線)　❼ **1925**・12・13 社
東京－国府津(東海道本線)　❼ **1925**・12・13 社
和倉温泉－七尾(七尾線)　❼ **1925**・12・15 社
熱海－東京(熱海線)　❼ **1925**・3・25 社
赤坂溜池－六本木(東京市電)　❼ **1925**・6・6 社
安房鴨川－蘇我(北條線)　❼ **1925**・7・11 社
神戸－広島(山陽本線)　❼ **1925**・8・30 社
丸子玉川－神奈川(東京横浜電鉄)　❼ **1926**・2・14 社
新宿－小田原(小田原急行電鉄)　❼ **1927**・4・1 社
高田馬場－東村山(西武鉄道)　❼ **1927**・4・16 社
松山－伊予北條(予讃線)　❼ **1927**・4・3 社
倉敷－伯耆大山(伯備線)　❼ **1928**・10・25 社
高槻－西院(新京阪電車)　❼ **1928**・11・1 社
熊本－大分(豊肥本線)　❼ **1928**・12・2 社
田端－赤羽(省線電車)　❼ **1928**・2・1 社
上総奥沢－安房鴨川(房総線)　❼ **1929**・4・15 社
讃岐財田－佃(徳島線)　❼ **1929**・4・28 社
国分寺－立川(中央本線)　❼ **1929**・6・16 社
天王寺－和泉府中－鳳－浜寺(阪和電鉄)　❼ **1929**・7・18 社
大内山－紀伊長島(紀勢東線)　❼ **1930**・4・29 社
天王寺－和歌山(阪和電鉄)　❼ **1930**・6・16 社
東京－大阪(東海道線)　❼ **1931**・12・26 社
東京－甲府(中央本線)　❼ **1931**・4・1 社
天王寺－京橋(城東船)　❼ **1932**・3・29 社
神田－三越前(東京地下鉄)　❼ **1932**・4・29 社
御茶ノ水－両国(総武線)　❼ **1932**・7・1 社
鳥取－津山(因美線)　❼ **1932**・7・1 社
舞鶴－豊岡(宮津線)　❼ **1932**・8・10 社
京都－松江－幡生(山陰本線)　❼ **1933**・2・24 社
岐阜－富山(高山本線)　❼ **1934**・10・25 社
飛騨小坂－坂上(高山本線)　❼ **1934**・10・25 社
尾鷲－長気(紀勢東線)　❼ **1934**・12・19 社
美濃太田－北濃(越美南線)　❼ **1934**・8・16 社
高松－高知(土讃線)　❼ **1935**・11・28 社
小諸－小淵沢(信越線)　❼ **1935**・11・29 社
博多－伊万里(北九州鉄道)　❼ **1935**・3・1 社
図們－牡丹江(鉄道)　❼ **1935**・7・1 政
船橋－千葉(総武本線)　❼ **1935**・7・1 社
盛岡－一ノ関(大船渡線)　❼ **1935**・9・29 社
上野－松戸(常磐線)　❼ **1936**・12・11 社
梅田－三宮(阪神電鉄)　❼ **1936**・4・1 社
京都－神戸(省線電化)　❽ **1937**・10・10 社
苫小牧－様似(日高線)　❽ **1937**・8・10 社
釜山－北京間直通運輸(鉄道)　❽ **1938**・10・1 社
熱海－伊東(伊東線)　❽ **1938**・12・15 社
高松－八幡浜(予讃本線)　❽ **1939**・
6 社
盛岡－釜石(山田線)　❽ **1939**・9・17 社
和歌山－紀伊木本(紀勢西線)　❽ **1940**・8・8 社
横須賀－久里浜(横須賀線)　❽ **194**
4・1 社
渋川－長野原(吾妻線)　❽ **1945**・1・
社
石打－長岡電化開通　❽ **1947**・10・1 社
大阪－名古屋(近鉄特急)　❽ **1947**・10・8 社
高崎－水上(電化開通)　❽ **1947**・4・
社
新宿－箱根(小田急)　❽ **1948**・10・16 社
上野－青森(奥羽線)　❽ **1948**・2・16 社
静岡－浜松電化　❽ **1949**・2・1 社
沼津－静岡電化(国鉄)　❽ **1949**・2・1 社
福島－米沢(奥羽線)　❽ **1949**・4・24 社
新宿－甲府(国鉄)　❽ **1950**・11・19 社
江川崎－吉野生(江川崎線)　❽ **1953**
3・26 社
布－加計(可部線)　❽ **1954**・3・30 社
松戸－新津田沼－千葉(新京成電鉄)　❽ **1955**・4・21 社
米原－京都(国鉄)　❽ **1956**・11・19 社
蟹田－三厩(津軽線)　❽ **1958**・10・21 社
大宮－宇都宮(東北本線)　❽ **1958**・4
14 社
紀勢本線全線開通　❽ **1959**・7・15 社
福島－仙台(東北本線)　❽ **1961**・3・1 社
山陽本線の全線電化　❽ **1964**・10・1 社
中央本線(新宿－松本直通)　❾ **1965**
7・1 社
東北本線　❾ **1968**・8・5 社
吾妻線(国鉄)　❾ **1971**・3・7 社
只見線(会津若松－小出)　❾ **1971**・8
29 社
羽越本線(新津－秋田、電化)　❾ **1972**・10・3 社
武蔵野線(府中本町－新松戸)　❾ **1973**・4・1 社
湖西線(山科－近江塩津、国鉄)　❾ **1974**・7・20 社
新玉川線(渋谷－二子玉川)　❾ **1977**
4・7 社
沖縄県新交通方式　❾ **1978**・7・30 社
石勝線(国鉄)　❾ **1981**・10・1 社
北海道白糠線　❾ **1983**・10・22 社
埼京線(国鉄)　❾ **1985**・9・30 社
広尾線(北海道、国鉄)　❾ **1987**・2・1 社
津軽海峡線　❾ **1988**・3・13 社
大社線(大社－西出雲市)廃止　❾ **1990**・3・31 社
東海道線　❾ **1995**・4・1 社
電車　❽ **1949**・2・14 社
E 電　❾ **1987**・5・13 社
市街電車の始め　❻ **1895**・2・1 社

チンチン電車 ❽ **1961**·7·31 社
電車運転の始め(上野公園－大師門) ❻ **1890**·5·4 社
都電三九路線全廃計画 ❾ **1967**·7·1 社／12·9 社／**1972**·11·11 社
トロリーポール電車 ❾ **1978**·10·18 社
路面電車撤去 ❽ **1959**·4·21 社
森－鹿児島(電化) ❾ **1970**·10·1 社
ノ島(小田原急行電鉄) ❼ **1929**·4·1 社
阪－天王寺(環状線) ❼ **1933**·2·16 社
阪環状線(国鉄) ❽ **1954**·4·1 社／**1961**·4·25 社／**1964**·3·22 社
阪市電 ❾ **1969**·3·31 社
縄ゆいレール(那覇空港－首里) ❾ **2003**·8·10 社
崎市電 ❾ **1969**·3·31 社
都－嵐山(嵐山電気軌道会社) ❼ **1910**·3·25 社
都市電 ❾ **1978**·9·30 社
鉄けいはんな線(生駒－学研奈良登美ヶ丘) ❾ **2006**·3·27 社
條－末吉橋(東西線)(大阪市営電気軌道) ❼ **1908**·8·1 社
戸新交通ポートアイランド線 ❾ **1981**·2·4 社
玉県新都市交通ニューシャトル ❾ **1983**·12·22 社
倉市新交通システム山万ユーカリ ❾ **1982**·11·2 社
塚－調布(京王電気) ❼ **1913**·4·15 社
幌市街電車 ❼ **1918**·8·13 社
川－神奈川(京浜電気鉄道) ❼ **1905**·11·24 社
川－大森(京浜電気鉄道) ❼ **1904**·5·6 社
谷－井の頭公園(帝都電鉄) ❼ **1933**·8·1 社
橋－浅草(東京地下鉄) ❼ **1924**·9·27 社
カイライナー成田空港－上野 ❾ **1973**·12·30 社／**1978**·5·21 社
摩都市モノレール ❾ **1998**·11·27 社
つくばエクスプレス(秋葉原－つくば) ❾ **2005**·8·22 社
ュアル·モード·ビークル(釧網線小清水－藻琴) ❾ **2007**·4·14 社
京押上－伊予田(京成電気鉄道) ❼ **1912**·11·3 社
京急行玉川線 ❾ **1969**·5·8 社
京市電車市営 ❼ **1911**·7·3 社
京市内電車売買契約 ❼ **1911**·8·1 社
京－千葉(電化·省線) ❼ **1935**·7·1 社
道玄坂－三軒茶屋(玉川電鉄) ❼ **1907**·3·6 社
道玄坂－新町(玉川電気鉄道) ❼ **1927**·12·16 社
崎市街電鉄 ❼ **1915**·11·10 社
花園橋－築港埋立地(大阪市営電気軌道) ❼ **1903**·9·12 社
浜松町－羽田空港(東京モノレール) ❽ **1964**·9·17 社
兵庫－須磨(兵庫電気鉄道) ❼ **1910**·3·17 社
向島線(都電) ❽ **1950**·12·21 社
モノレール小倉線 ❾ **1985**·1·8 社
山手線 ❾ **1971**·3·7 社／**1986**·3·2 社
ゆりかもめ ❾ **1995**·11·1 社
横浜－日ノ出町(京浜電鉄) ❼ **1931**·12·26 社
リニアモターカー(藤が丘－万博八草) ❾ **2005**·3·6 社
六甲ライナー ❾ **1995**·8·23 社
電信·通信
『通信白書』 ❾ **1994**·6·10 政
ISDN(総合デジタル通信網) ❾ **1988**·4·19 社
INS(高度情報通信システム) ❾ **1984**·9·28 社
IT(情報技術)戦略会議 ❾ **2000**·11·6 政
アマチュア無線 ❼ **1927**·9·7 社／❽ **1952**·7·29 社
移動通信用無線局 ❽ **1950**·8 月 社
磐城無線電信所 ❼ **1920**·5·1 社
欧文電信開始 ❻ **1870**·4·16 社
大泊無線電信局(樺太) ❼ **1921**·8·21 社
オンライン·データ通信 ❾ **1971**·5·24 社
海外電報取扱 ❻ **1887**·12·7 社
海岸局無線電信局 ❼ **1908**·5·16 社
外国新聞電報規則 ❼ **1897**·6·26 文
海底電信線保護万国連合条約 ❻ **1884**·4·12 政
海底電線(津軽海峡) ❻ **1874**·10·29 社
海底電線(日本－アメリカ) ❼ **1906**·8·1 政
海底電線(日本－朝鮮) ❻ **1883**·3·3 政
海底電線敷設 ❻ **1872**·8·20 社／**1873**·3·17 社
家庭用データ·バンク ❾ **1978**·4·7 社
カラー·ファクシミリ ❾ **1981**·5·8 文
気送管通信(ロールポスト) ❼ **1909**·12·15 社
キャプテン(文字図形情報ネットワーク)システム ❾ **1979**·11·25 社／**1984**·11·30 社
漁業用無線通信 ❼ **1921**·1 月 社
慶弔電報 ❼ **1936**·4·20 社／❽ **1941**·3·19 社／7·25 社／**1952**·2·1 社
航空無線局 ❼ **1929**·5·9 政
航空無線局(羽田東京飛行場) ❽ **1939**·6·1 社
公衆電気通信法 ❾ **1982**·7·9 政
公衆電報 ❻ **1878**·12·5 社
公衆用無線局·船舶無線局開設の始め ❼ **1908**·5·16 社
高度情報通信システム NS ❾ **1984**·6·1 社
高度情報通信ネットワーク社会形成基本法(IT 基本法) ❾ **2000**·11·27 政
国際海洋衛星通信 ❾ **1977**·4·18 社
国際間データ通信 ❾ **1969**·7·15 社
国際航空データ通信サービス ❾ **1979**·9·5 社
国際公衆データ伝送サービス ❾ **1982**·4·1 社
国際コンピュータアクセスサービス ❾ **1980**·9·8 社
国際デジタル通信企画 ❾ **1986**·7·1 政
国際ファクシミリ通信サービス ❾ **1987**·7·31 社
GPS(全地球測位システム) ❾ **2002**·4·1 社
自動電信交換機 ❼ **1927**·6·11 社
指令通信機(警視庁) ❼ **1936**·12·1 社
新衛星通信方式 ❾ **1970**·4·6 文
信書の検閲 ❽ **1943**·7·31 文／**1945**·8·20 社／10·1 社
世界商業通信衛星組織 ❽ **1964**·8·20 政
船舶への気象無線通報 ❼ **1925**·2·10 社
船舶無線電信 ❼ **1915**·11 月 社／**1925**·3·27 社
中央電信局 ❻ **1883**·11·18 社／❼ **1903**·4·1 社
超短波 FM 方式(警察無線用) ❽ **1947**·11 月 社
超短波全方向式無線標識所 ❽ **1959**·6·25 政
通運事業法 ❽ **1949**·12·7 政
通信衛星中継 ❾ **1967**·1·28 社
通信衛星用標準地上局 ❾ **1967**·11·13 社
通信事業特別会計法 ❼ **1933**·4·1 政
通信省航空試験所 ❽ **1938**·12·22 文
対馬オメガ送信局 ❾ **1974**·9·10 社／**1975**·5·1 政
D-10 電子交換機 ❾ **1972**·6·16 社
ディスク型自動信号機 ❼ **1904**·8·21 社
データ通信サービス ❾ **1968**·8·16 社／**1970**·9·16 政
データベース(振興センター) ❾ **1984**·4·16 社／**1986**·5·23 文
デジタルデータ伝送方式 ❾ **1978**·5·1 社
手旗信号(学校教科) ❽ **1944**·2·20 文
テレガラフ使用御用掛 ❻ **1855**·8·4 文
電気通信事業法 ❾ **1984**·12·25 政
電子郵便(レタックス) ❾ **1981**·7·20 社／**1984**·10·1 社
電信(大阪－神戸) ❻ **1870**·8·20 社
電信(京都－大阪) ❻ **1872**·4·22 社
電信(札幌－小樽－函館) ❻ **1874**·12·12 社
電信(仙台－青森) ❻ **1875**·3·25 社
電信(東京－宇都宮) ❻ **1874**·2·1 社
電信(東京－大阪) ❻ **1889**·11 月 社
電信(東京－京都) ❻ **1872**·9·7 社
電信(東京－仙台) ❻ **1874**·9·25 社
電信(東京－長崎) ❻ **1873**·2·18 社
電信(東京－新潟) ❻ **1877**·6·10 社
電信(東京－横浜) ❻ **1869**·12·25 社
電信(横浜－神戸) ❻ **1880**·是年 社
電信、世界と結ぶ ❻ **1871**·6·25 政
電信機 ❻ **1854**·2·24 文／⑦·1 文／**1855**·7·2 文／**1857**·是年 社／**1860**·12 月 社／**1869**·8·9 社／12·21 文

電信局　❻ **1872**·5·12 社
電信線　❻ **1867**·8·22 社／**1869**·8·9 社／**1870**·1·29 社
電信中央局(東京)　❻ **1878**·3·25 社
電信電話線私設条規　❻ **1889**·3·14 社
電信取扱規則　❻ **1873**·8·13 社／**1885**·5·7 社
電信法　❼ **1900**·3·14 社
電信料金　❻ **1870**·8·20 社／**1871**·6·25 政／10·24 社／**1872**·4·10 社／5·12 社
電報(暗号)禁止　❻ **1882**·8·22 社
電報規則　❽ **1941**·3·19 社
電報料金　❻ **1885**·7 月 社／❼ **1920**·5·24 社
東京通信ネットワーク　❾ **1986**·3·7 政
トランシーバー　❾ **1965**·1·1 社
日米間通信　❼ **1916**·11·16 社／**1928**·6·20 社
日米国際無線通話　❼ **1934**·12·8 政
日本帝国電信条令　❻ **1874**·9·22 社
発電機式送信機　❼ **1922**·7 月 社
VAN(付加価値通信網)サービス　❾ **1985**·4·18 社
万国電信条約　❻ **1879**·1·29 政
光ケーブル(日本縦断)　❾ **1985**·2·8 社／**1991**·7·25 政／**1996**·12·26 政
光ファイバー　❾ **1968**·11·19 文／**1975**·4·10 文／**1977**·9·6 社／**1978**·3·22 社／9·27 文／**1979**·8·16 社／**1980**·9·10 社／**1981**·12·3 社／**1982**·2·17 社／**1986**·8·1 社／**1987**·1·4 社／**1993**·1 月 文／**1994**·5·31 社／7·8 社
ファクシミリ　❾ **1976**·8·23 社／**1979**·5·16 社／**1981**·9·16 社
ポケット·ベル(ポケベル)　❾ **1968**·7·1 社／**1982**·9·28 社／**1986**·8·1 社／12·16 社
北海道落石無線電信局　❼ **1915**·2·2 社
マイクロ波無線標識(コースビーコン)　❽ **1961**·5·25 社
ミニファクス　❾ **1981**·9·16 社
無線局　❽ **1953**·1·11 社
無線電信局原ノ町送信所　❼ **1921**·3·26 文
無線電信講習所　❽ **1942**·4·1 文
無線電信(法、機)　❼ **1897**·11 月 社／**1900**·10·10 社／**1901**·10·18 社／**1915**·6·21 社
無線電報規則　❼ **1908**·4·8 社／❽ **1941**·3·19 社
無線電話付き自動車　❽ **1954**·10·25 社
盲人用ベル式信号機　❽ **1955**·9 月 社
モールス式印字機(通信)　❻ **1879**·12 月 社
モールス信号(学校教科)　❽ **1944**·2·20 文
電話　⇨「携帯電話」も見よ　❽ **1938**·8·6 社／**1958**·6·6 社
赤電話(委託公衆電話)　❽ **1953**·6 月 社／8·1 社／**1957**·8·24 社
一般電話架設数　❽ **1963**·5·10 社
移動電話　❾ **1995**·4·11 社
小笠原諸島即時ダイヤル通話　❾ **1983**·6·21 社
カード式公衆電話　❾ **1982**·12·23 社
簡易電話所　❽ **1945**·1·1 社
キャッチホン　❾ **1970**·9·18 社
クロスバー自動電話交換機　❽ **1955**·9·11 社
警察電話　❼ **1927**·5·12 社
公衆電話　❻ **1889**·1·1 社／❼ **1900**·9·11 社／10 月 社／**1925**·10·1 社／**1927**·3 月 社／❽ **1941**·7·1 社／**1945**·10·19 社／**1947**·12·18 社／**1951**·5·18 社／**1952**·4·1 社／4·22 社／**1955**·8·23 社／**1957**·8 月 社／**1959**·3·1 社／**1960**·6·27 社／**1961**·是年 社／❾ **1969**·5·16 社／10·27 社／**1970**·1·30 社／**1975**·9·23 社／**1977**·12·23 社／**1986**·5·6 社／**1988**·8·8 社
公衆電話(富士山五合目)　❽ **1955**·12·10 社
高声電話　❼ **1926**·4·1 社
コードレスホン　❾ **1980**·5·29 社
国際線航空機から地上電話　❾ **1989**·7·28 社
国際船中電話　❼ **1936**·8·7 社
国際電話サービス　❾ **1989**·10·1 社
国内電話加入数　❾ **1968**·4 月 社／**1975**·8·26 社／**1989**·4·17 社
国防電話局　❽ **1944**·4 月 社
三号型卓上電話機　❼ **1934**·4·1 社
市外通話自働式公衆電話　❾ **1966**·6·10 社
市外電話コレクトコール　❾ **1980**·8·1 社
磁気カード式公衆電話　❾ **1981**·8·5 社
私設無線電話　❼ **1921**·5·30 社
自動車電話ショルダーホン　❾ **1983**·3·25 社／**1985**·9·18 社／**1986**·8·1 社
自動電話機(公衆電話)　❼ **1900**·9·11 社
自動翻訳電話　❾ **1993**·1·28 文
真空管式同時送受話装置　❼ **1918**·8·21 社
ストロージャー式電話自動交換機　❼ **1922**·11 月 社
大都市間即時通話　❽ **1955**·9·1 社
太平洋横断海底電話用ケーブル　❽ **1964**·6·19 社
ダイヤル式公衆自動電話　❼ **1932**·4 月 社
ダイヤル式自動交換電話　❼ **1926**·1·20 社
ダイヤル即時通話網　❾ **1965**·2·14 社／**1967**·8·27 社／**1971**·1·17 社／**1979**·3·14 社
団地電話(集団住宅電話)　❽ **1960**·4·1 社
中央電池式交換機(電話局)　❼ **1903**·5·27 社
中央電話局　❼ **1903**·4·1 社
長距離ダイヤル市外通話　❽ **1962**·11·18 社
超短波無線電話　❼ **1933**·11·21 社
テレビ電話　❾ **1967**·10·15 社／**1988**·6·1 社
テレホンカード　❾ **1981**·8·5 社／**1982**·12·23 社
伝言サービス　❾ **1986**·11·27 社
電信·電話·郵便事業(韓国)　❼ **190**4·1 政
電信電話設備拡充暫定措置法　❽ **1960**·4·28 政
電話(富士山頂)　❼ **1907**·8·1 社
電話加入者　❼ **1913**·是年 社／**1936**·是年 社
電話加入者名簿　❻ **1890**·10·9 社
電話機　❻ **1877**·12·18 社／**1878**·6 月 社／**1892**·2·27 社
伝話機　❻ **1878**·4 月 社／**1886**·3· 社
電話機製造　❻ **1885**·9·22 社
伝話機発明(田中久重)　❻ **1878**·4 社
電話逆探知(捜査)　❽ **1955**·10 月 ／**1963**·10·4 社／**1964**·2·18 社
電話局　❾ **1989**·4·1 社
電話交換規則　❻ **1890**·4·19 社
電話交換局(東京－京都)　❼ **1897**·1 社
電話交換手　❻ **1890**·8·6 社／9·29 社／12·16 社
電話事業公債法　❼ **1917**·7·21 政
電話設置数　❼ **1901**·3 月 社／**1906** 是年 政／**1909**·是年 社
電話全国網計画　❻ **1895**·10 月 社
電話ニュース·サービス　❽ **1957**·5·10 社
電話番号案内　❾ **1986**·1·8 社／**1990**·12·1 社
電話百万台　❽ **1963**·是年 社
電話ファックスサービス　❾ **1972**·8 1 社／**1973**·8·1 社
電話郵便　❼ **1916**·3·1 社
電話用電柱使用料　❽ **1962**·4·1 社
電話呼出料　❼ **1902**·8·1 社
電話料金　❻ **1888**·12·29 社／❼ **1920**·4·1 社／❾ **1970**·8·6 社／**1972**·11·12 社／**1973**·3·11 社／**1976**·11·17 社／**1993**·10·1 社／**1997**·10·14 社
電話料金前納式卓上電話機　❽ **1955** 12 月 社
動画像テレビ電話機　❾ **1991**·2·21 文
東京電話局番　❽ **1960**·2·7 社／❾ **1991**·1·1 社
日米国際電話　❽ **1948**·1·4 社
ピンク電話(特殊簡易公衆電話)　❽ **1959**·3·1 社
プッシュボタン　❾ **1969**·5·17 社
フリーダイヤル　❾ **1985**·11·7 社／12·3 社／**1987**·7·1 社
ベル電話機の通話実験　❻ **1877**·12·18 社
変造テレホンカード　❾ **1996**·6 月 社
無線電話　❼ **1913**·6·4 社／**1928**·9·13 社
四号電話機　❽ **1948**·8 月 社
臨時電信電話取締規則　❽ **1944**·5·2 社
携帯電話⇨「電話」も見よ　❾ **1979**·

12・3 社／1985・9・18 社／1987・4・10 社／1989・6・28 社／1990・3・20 社／1991・5月 社／1994・11・1 政／1995・7・1 社／1997・3・26 政／1999・11・1 社／2004・11・1 社／2005・是年 文／2009・1・30 文
ISDN ❾ 2000・12・31 社
iモード ❾ 1999・2・22 社／2000・8・7 政／2001・3・5 社／5・9 政／2002・4・17 社
インターネット接続 ❾ 2000・6・7 社／8・6 社
au ❾ 2000・5・22 社
加入者数(携帯電話・PHS) ❾ 1998・7・7 社／2000・3・31 社／2003・4・7 社／2004・1・9 社／2006・1・11 政／2007・2・7 社／2012・2・21 社
カメラ付き携帯 ❾ 2000・11・1 社／2002・4・1 社
携帯電話・PHS(電話番号11桁) ❾ 1999・1・1 社
携帯電話・PHS(フィール・エッジ) ❾ 2000・11月 社
J-フォン ❾ 2001・5・2 政／8・24 政
自転車の携帯電話検挙 ❾ 2011・7・3 社
スマートフォン(アイフォン) ❾ 2008・7・11 社／2012・9・21 社
第三世代サービス ❾ 2002・4・1 社
たびケータイ ❾ 2008・4月 社
ドメイン名 ❾ 2000・12・6 社
番号ポータビリティー ❾ 2006・10・24 社
ビジュアルホン ❾ 1999・9月 社
不正利用防止法 ❾ 2005・4・8 社
ブロードバンド ❾ 2005・8・31 社
ボーダフォン ❾ 2003・8・21 政／10・1 社／2006・3・3 政
無料ブログサービス Doblog(NTT) ❾ 2003・11・5 社
ワンセグ ❾ 2005・9・27 文／2006・4・1 社
電話路(無線・有線)
大阪－京城 ❼ 1933・1・15 社
大阪－神戸 ❻ 1893・3・25 社
大阪－サンフランシスコ(無線) ❼ 1934・10・15 政
大阪－奉天 ❽ 1938・2・21 社
大阪－ロンドン(無線) ❼ 1934・10・15 政
カナダ－メキシコ(海外電話) ❽ 1948・2・6 社
京都－大阪－神戸(市外通話) ❼ 1897・6・20 社
酒田(山形)－飛島 ❼ 1933・11・21 社
太平洋ケーブル日米間のダイヤル即時通話網 ❽ 1962・2・14 政
電話用太平洋横断海底ケーブル ❽ 1964・6・19 社
電話海底ケーブル(青森－函館) ❼ 1926・4・24 社
東京－熱海 ❻ 1889・1・1 社
東京－大阪(長距離) ❼ 1899・2・1 社
東京－京城(無線・直通) ❼ 1926・4・11 社／1933・7・14 社
東京－台湾 ❼ 1897・5・29 社／❽ 1950・1・25 社
東京－名古屋－大阪即時通話法 ❽ 1953・9・1 社
東京－ニュージーランド(改定直通ケーブル) ❽ 1964・7・7 政
東京－パラオ(無線通信) ❽ 1941・5・13 政
東京－ベイルート(シリア)(無線) ❼ 1933・1・11 政
東京－北京(国際電話) ❽ 1958・3・20 政
東京－北京(有線電話) ❽ 1939・6・30 社
東京－北京間気象専用通信回線 ❾ 1977・12・1 社
東京－ベルリン(無線) ❼ 1930・6・7 社／1935・3・12 社
東京－奉天(直通電話) ❽ 1939・10・1 社
東京－北海道(直通) ❼ 1907・9・10 社／1926・9・5 社
東京－ボンベイ(インド)(無線) ❼ 1933・1・11 政
東京－モスクワ(国際無線電話) ❽ 1957・4・22 社
東京－ロンドン(無線) ❼ 1935・3・12 社
名古屋－ロンドン(無線) ❼ 1930・1・26 社
名瀬－鹿児島(無線電話) ❽ 1953・9・21 社
日中海底ケーブル(熊本－上海) ❾ 1973・5・4 政／1976・10・25 社
日本－イタリア(無線電話) ❽ 1938・10・7 政
日本－沖縄(無線電話) ❽ 1953・10・12 社
日本－台湾(無線) ❼ 1934・6・20 社
日本－ニューデリー(無線電話) ❽ 1952・8・14 社
日本－フィリピン ❼ 1934・9・26 政
日本－ブラジル(国際電話) ❽ 1963・3・30 社
日本－満洲(無線) ❼ 1934・8・1 社
日本海ケーブル(日本－ヨーロッパ) ❾ 1969・7・25 政
日本縦断マイクロウェーブ回線 ❽ 1958・2月 社／1962・6・1 社
マイクロウェーブ(仙台－東京－大阪－福岡) ❽ 1956・1・30 社
マイクロウェーブ(東京－名古屋－大阪) ❽ 1954・4・15 社／1964・11・26 社
マイクロウェーブ(日本本土－沖縄) ❽ 1964・9・1 社
マイクロウェーブ国際ゼミナール ❽ 1961・10・30 文
宮崎－沖縄知念海底ケーブル ❾ 1977・12・8 社
太平洋横断海底電話線 ❽ 1964・5・15 政
燈台 ❺-1 1667・②・18 社／❽ 1949・1・15 社
犬吠埼燈台 ❻ 1874・11・15 社
烏帽子島燈台 ❻ 1875・8・1 社
御前崎燈台 ❻ 1874・5・1 社
西洋型燈台 ❻ 1870・8・13 社
太陽電池燈浮標(ライトブイ) ❽ 1963・5・24 社
燈台記念日 ❽ 1948・11・1 社
燈台船 ❽ 1947・9・6 社
燈台博物館 ❽ 1964・11・20 文
燈台百年記念式典 ❾ 1968・11・1 社
燈台補給船〈若草〉 ❾ 1977・6・30 社
燈明台 ❺-2 1813・8月 社
羽根田燈台に点灯 ❻ 1875・3・15 社
洋式燈台 ❻ 1866・5・13 社／1867・6・5 社／1868・9月 社／1869・1・1 社／1871・5・12 社
道路・街道(近代以前) ❸ 1336・7月 社／❹ 1574・12月 社／1575・是春 社／是年 社／1578・1・20 社／1581・8・15 社／1583・5・18 社／1585・2・10 社／6・29 政／1586・4・10 社／1597・3・1 社／1599・7・6 社／1600・7・30 政／❺-1 1611・3・19 社
一里三十六町 ❺-1 1667・4・1 社
一里塚 ❹ 1591・是年 社／❺-1 1602・是年 社／1604・2・4 社／1653・4月 社／1667・4・1 社／❻ 1876・10・10 社／1886・10・10 社
亥刻過ぎの通行人 ❺-2 1716・11月 社
厩坂道 ❶ 書紀・応神 3・10・3
奥州街道 ❺-1 1657・3・15 社
大井川の川越制 ❺-1 1696・2月 社
大路 ❷ 1242・1・15 社
大津街道 ❹ 1540・5・19 社
御成道の制 ❺-2 1717・5月 社
街道 ❺-1 1653・4月 社／❺-2 1805・7月 社
街道に関する定め ❹ 1597・3・1 社
鎌倉の道路 ❷ 1187・3・10 社／1240・10・10 社
貫目改所 ❺-2 1743・8・11 社／1839・1月 社
岐蘇・吉蘇路(美濃・信濃の間) ❶ 702・12・10 社／713・7・7 社／714・②・1 社
岐曾道 ❶ 940・4・6 社
貴布禰東山新道 ❷ 1255・7・18 社
紀見越え(南海) ❶ 796・2・25 社
雲助の取締 ❺-1 1686・12月 社
呉坂 ❶ 470・1月
下馬制 ❺-2 1747・7・29 政
交通安全通達(牛・馬・大八車・馬車) ❺-2 1831・8・29 社
山陽道 ❶ 806・6・1 社
志賀山越今路 ❷ 1246・1・17 社
信濃御坂路 ❶ 975・7・29 社
将軍通交規定 ❻ 1856・1・23 社
将軍通行令 ❻ 1862・10・18 社
除雪 ❺-1 1669・11・8 社
白河街道 ❺-1 1632・是年 社
真珠道 ❹ 1522・是年 社
駿河薩埵峠道作奉行 ❺-1 1655・4・15 社
大道(京中) ❶ 書紀・仁徳 14・是年
大道(難波より京に到る) ❶ 613・11月 社
大里嶺(新路・陸奥) ❹ 1521・7月 社
駄賃馬の重量制限 ❺-1 1713・9月 社
駄賃銭 ❺-1 1602・6・2 社／1604・2月 社／1611・7月 社／1616・11・29 社／1626・④・27 社／1629・11・5 社／1631・7月 社／1633・7・18 社／1635・4・4 社／5・13 社／1638・6・1 社／1642・2・12 社／1648・4・12 社／1655・

8·2 社／1659·3·22 社／1660·10·22 社／1668·7·14 社／1674·2月 社／1675·1·27 社／1690·5月 社／1691·3月 社／1706·1月 政／1707·7月 社／1712·3月 社／❺-2 1718·10月 社／1729·3月 社
駄賃引板(札差) ❺-2 1778·9·2 政
旅人取締 ❺-2 1729·5月 社
道守屋(ちもりや) ❶ 925·5·30 社／948·6·3 社／❷ 1019·4·13 社
中馬荷物口銭 ❺-2 1766·6·28 社
道中往来心得 ❺-2 1788·4·8 社
道中奉行 ❺-1 1659·7·19 社
燈明台 ❺-2 1813·8月 社
道路·橋梁の修理 ❹ 1515·②·17 社
道路溝渠に関する制規 ❷ 1094·6·22 社
道路掃除 ❶ 819·11·5 社／❷ 1168·10·5 社
道路の制 ❺-1 1604·8月 社／1612·10·16 社／1615·5·13 社／1654·9·2 社／1662·6月 社／1667·4月 社／1686·9月 社／1707·11·16 社／❺-2 1718·5月 社／1720·12·2 社／1776·3·16 社／1768·9·5 社／1823·6·12 社／1845·12·28 社
道路道幅 ❹ 1576·2月 社／1588·是年 社
並木 ❶ 759·6·22 社／❹ 1575·是春 社／1576·2月 社／❺-1 1653·4月 社／1679·3·29 社／❺-2 1762·6·28 社／1763·5·30 社／1790·5·11 社／6月 社／9月 社／1823·6·12 社
庭銭(荷物預料)禁止 ❺-1 1712·4·16 社
人足一人一里につき京銭八文 ❹ 1597·2·16 社
街と道路の制(鎌倉) ❷ 1245·4·22 社
道·橋の造作 ❷ 1023·12·12 社／1025·9·6 社／1114·3·23 社／1194·4·10 社／1265·是年 社
道·橋造築料 ❶ 875·11·15 社
路子工(みちこのたくみ) ❶ 612·是年 文
道幅制限令 ❺-1 1657·4·5 社
道番所規則(高知藩) ❺-1 1664·⑤·5 社
道奉行 ❺-1 1659·是年社 1693·7·10 社
夜間の馬の通行 ❺-2 1752·12·26 社
夜行提燈の規則 ❺-1 1674·12·5 社
路頭掃除 ❷ 1179·12·20 社

道路(近代以降)

アスファルト道路 ❻ 1888·2月 社
ETC(自動料金収受システム) ❾ 2009·3·28 社
一里塚 ❻ 1876·10·10 社／1886·10·10 社
一級国道 ❽ 1952·12·4 社
一般自動車用道路交通情報システム ❾ 1991·8月 社
動く歩道 ❾ 1967·是年 社／1970·3·26 社
右折禁止 ❽ 1961·5·11 社
横断歩道 ❼ 1920·1月 社／1929·8·9 社／❽ 1963·4·25 社／❾ 1972·1·14 社
押しボタン式信号 ❼ 1934·6·11 社
ガードケーブル ❾ 1968·9·5 社
ガードレール ❽ 1962·1·16 社
街路撒水·除雪(東京) ❻ 1886·7·27 社
街路取締規則 ❻ 1878·1·16 社
簡易舗装 ❼ 1928·8月 社
幹線道路(名古屋市) ❽ 1945·12·6 政
九州横断道路 ❽ 1964·10·3 社
「車は左」に変更(沖縄) ❾ 1978·7·30 社
車は左·人は右 ❽ 1949·11·1 社
京葉有料道路 ❽ 1960·4·28 社
交差点信号スクランブル ❾ 1970·3·5 社
高速自動車国道法 ❽ 1956·8·8 政／1957·4·25 社
高速道路交通管制センター ❾ 1972·2月 社
高速道路交通警察隊 ❾ 1971·9·17 社
高速道路料金値上げ ❾ 1982·5·30 社／2009·3·28 政／2010·2·2 社
交通安全デー ❼ 1923·4·11 社／1931·4·20 社／1933·8·7 社
交通指導標示器 ❼ 1922·8·1 社
交通整理 ❼ 1919·9·15 社
交通専務巡査 ❼ 1918·1·1 社
光電式情報板(高速道路) ❾ 1965·8月 社
国際道路会議 ❾ 1967·11·15 政
国道·県道·里道 ❻ 1876·6·8 社／1885·1·6 社／2·24 社／1886·8·5 社
国土開発幹線自動車道建設会議 ❾ 2006·2·7 社
国土開発縦貫自動車道建設法 ❽ 1957·4·16 社
サイクリング専用道路 ❾ 1967·10·10 社
左折事故防止ミラー ❾ 1979·3·9 社
撒水車 ❻ 1873·9月 社／1875·8月 社
自動式交通信号機 ❼ 1930·3·23 社
自動車専用道路 ❼ 1929·8·26 社／1931·7月 社
自動車道路法 ❾ 1970·4·3 社
自動料金徴収機(阪神高速道路) ❾ 1965·12·12 社
車道と歩道 ❻ 1873·5月 社／1874·2·2 社／1875·7月 社／❼ 1912·7·1 社
首都高速道路公団 ❽ 1959·4·14 社／6·10 社／1962·12·19 社／1963·12·21 社／1964·8·1 社
新道路標識 ❽ 1963·5·1 社
スクール·スクランブル ❾ 1971·4·5 社
スクールゾーン ❾ 1972·4·6 社
スクランブル交差点 ❾ 1968·12·1 社／1971·4·26 社
「進メ」「止レ」の標板 ❼ 1919·9·1 社
第一京浜国道改修開通祝賀会 ❼ 1926·11·28 社
弾丸道路 ❽ 1953·11·11 社
通学道路 ❽ 1963·3·12 文
点字ブロック ❾ 1965·是年 社／1967·3·18 社／1973·2·1 社
道路石敷き計画 ❻ 1892·3月 社
道路維持修繕令 ❼ 1921·5·28 社
道路運送·運搬法 ❽ 1947·12·16 社／1951·6·1 社
道路運送車輌法 ❾ 1982·7·1 社／1994·7·4 社
道路元標(日本橋) ❼ 1924·6·4 社
道路交通情報通信システムカーナビ ❾ 1996·4·23 社
道路交通(取締)法 ❼ 1900·6·21 社／1919·4·11 社／11·5 社／1920·12·16 社／❽ 1947·11·8 社／1949·11·1 社／1960·6·25 社／1962·6·2 社／❾ 1971·2·16 社／1972·6·1 社／10·1 社／1978·12·1 社／1993·5·12 社／1994·5·10 社／1999·11·1／2001·6·13 社／2007·9·19 社／2008·6·1 社／2009·1·27 社
道路祭 ❼ 1931·6·7 社
道路情報センター ❾ 1969·6·10 社
道路整備特別措置 ❽ 1952·6·6 社／1956·3·14 社／1958·3·31 社
道路並木制 ❻ 1873·5·6 社
道路標識 ❾ 1986·10·25 社
道路法 ❽ 1952·6·10 社
並木保存取締方 ❻ 1874·8·15 社／1875·7月 社
二級国道 ❽ 1953·5·18 社
ハイウエイカード ❾ 1987·12·1 社
ハイウェー通信サービス ❾ 1969·5·1 社
バス専用レーン ❾ 1970·3·1 社／1971·12·1 社
パレス·サイクリング道路 ❾ 1975·4·6 社
阪神国道 ❼ 1926·12·25 社
左側通行 ❼ 1912·7·1 社
標識(私道から撤去) ❽ 1963·7·26 社
歩行者天国 ❾ 1965·1·24 社／1970·8·2 社／1973·6·10 社／1974·10·5 社
舗装道路 ❼ 1911·是年 社
マウンドアップ式横断歩道 ❾ 1976·3·10 社
右側通行 ❽ 1946·6·8 社
三菱·共同運輸の値下競争 ❻ 1885·1·13 政
有料道路(建設基準) ❽ 1952·6·6 社
陸運統制令 ❽ 1941·11·15 社／1945·10·24 政
陸上運送統一(全国) ❻ 1875·2月 社
路銭 ❻ 1871·12·14 社
路側式感知器(交通信号) ❾ 1973·6·20 社
ワトキンス道路調査団 ❽ 1956·8·8 政
ワンマン道路 ❽ 1953·1·17 社

道路名(近代以前)

朝比奈切通(道路) ❷ 1240·11·30 社
足柄路(相模) ❶ 802·5·19 社／803·5·8 社
阿須波道(近江) ❶ 886·6·21 社
荒道山道(越前) ❶ 832·6·28 社
粟田口街道 ❷ 1016·4·9 社
阿波道(官道) ❶ 718·5·7 社

信濃路 ❹ **1552**·10·6 社
須波道(近江) ❶ **886**·5·15 社
都祁の山之道(平城京から東国への近道) ❶ **715**·6·10 社
鶴岡社頭新道 ❷ **1182**·3·15 社
東海道 ❶ **771**·10·27 社／❸ **1333**·8·9 社／❺-1 **1714**·11·29 社
東山道 ❶ **737**·2·19 社／**771**·10·27 社
十勝山道 ❺-2 **1798**·是年 政
中山道 ❺-1 **1661**·1·27 社
日光道中·甲州道中 ❺-2 **1716**·4·15 文
筥荷(箱根)路(相模) ❶ **802**·5·19 社／**803**·5·8 社
東蝦夷地シヤマニ新道 ❺-2 **1799**·是年 社
広小路(江戸日本橋·江戸橋) ❺-1 **1712**·1月 社
六浦道(鎌倉) ❷ **1241**·4·5 社／**1250**·6·3 社
山崎路 ❺-2 **1776**·5·22 社

道路名(近代以降)

芦ノ湖スカイライン ❽ **1962**·12·27 社
吾妻スカイライン(有料道路) ❽ **1959**·11·5 社
安房峠道路 ❾ **1997**·12·6 社
板橋－王子道路 ❻ **1888**·2·11 社
岩手－秋田道路 ❻ **1885**·12月 社
碓氷新道路 ❻ **1884**·5·22 社
岡山－鳥取道路 ❻ **1888**·11·2 社
沖縄自動車道 ❾ **1987**·10·8 社
小田原－厚木道路 ❾ **1969**·3·19 社
親不知(おやしらず)道 ❻ **1884**·1·4 社
関越自動車道 ❾ **1985**·10·2 社
環状七号線 ❾ **1985**·1·17 社
九州横断自動車道建設法 ❾ **1965**·5·28 社
九州自動車道 ❾ **1995**·7·27 社
霧降高原有料道路 ❾ **1976**·9·26 社
小仏峠道路 ❻ **1888**·5·3 社
金精有料道路 ❾ **1965**·10·6 社
札幌本道(札幌－函館) ❻ **1873**·11·5 社
参宮有料道路 ❽ **1953**·12·1 社
四国新道 ❻ **1894**·4·20 社
十国峠有料道路 ❼ **1932**·8·12 社
児童遊戯道路 ❽ **1958**·8·3 社
島原－雲仙有料道路 ❽ **1960**·8·30 社
首都圏中央連絡自動車道 ❾ **2003**·12·25 社
首都高速自動車道路 ❾ **1967**·7·4 社／**1971**·12·21 社／**1987**·9·9 社／**1994**·12·21 社
上信越自動車道 ❾ **1999**·10·30 社
知床半島横断道路 ❾ **1980**·9·25 社
新東名高速道路(御殿場－三ヶ日) ❾ **2012**·4·14 社
新御堂筋 ❽ **1937**·5·11 社
瀬戸内しまなみ海道 ❾ **1999**·5·1 社
第三京浜道路 ❾ **1965**·12·18 社
第二いろは坂 ❾ **1965**·10·6 社
第二阪神国道 ❽ **1963**·1·6 社
高崎－長岡道路 ❻ **1885**·9·7 社
中央高速道路 ❾ **1967**·12·15 社／**1969**·3·17 社／**1976**·5·18 社
中国横断自動車道 ❾ **1965**·6·11 社／**1983**·3·24 社
東海道自然歩道 ❾ **1969**·1·3 社
東海北陸自動車道(飛驒清見－白川郷) ❾ **2008**·7·5 社
東京環状道路 ❾ **1985**·1·7 社／**1994**·3·30 社
東北自動車道 ❾ **1972**·11·13 社／**1975**·4·1 社／**1978**·12·2 社／**1986**·7·30 社／**1987**·9·9 社
東名高速道路 ❽ **1960**·7·25 社／❾ **1968**·4·25 社／**1969**·2·1 社／5·26 社
徳島自動車道 ❾ **2000**·3·11 社
栃木·福島両県新道 ❻ **1884**·9·28 社
乗鞍スカイライン ❾ **1973**·7·1 政
箱根新道 ❽ **1962**·3·30 社
阪神高速道路 ❽ **1964**·6·27 社／❾ **1981**·6·27 社／❾ **1996**·9·30 社
磐梯山観光有料道路 ❾ **1970**·6·1 社
阪奈有料道路 ❽ **1959**·6·9 社
ビーナスライン(蓼科－霧ケ峰) ❾ **1981**·4·25 社
放射一号線道路(泉岳寺－六本木) ❾ **1968**·9·25 社
本願寺道路 ❻ **1870**·7·7 社／**1871**·10月 社
三方道路 ❻ **1882**·8·15 社／**1883**·9·27 社
南アルプス·スーパー林道 ❾ **1979**·11·12 社／**1980**·6·11 社
宮城－山形道路 ❻ **1885**·12月 社
名四国道(名古屋－四日市市) ❽ **1963**·2·16 社
名神高速道路 ❽ **1960**·3·17 社／**1962**·2·13 政／**1963**·7·15 社／**1964**·9·6 社／❾ **1965**·7·1 社
名阪国道 ❾ **1965**·12·15 社
米山嶺道 ❻ **1884**·1·4 社

トンネル

トンネル(鉄道)の始め ❻ **1871**·7月 社
青山トンネル·新逢坂山トンネル(東海道本線) ❼ **1921**·8·1 社
アプト式線路 ❻ **1893**·4·1 社／**1963**·7·30 社
生駒山トンネル ❼ **1913**·1·26 社
後山峠トンネル ❽ **1962**·12·8 社
碓氷トンネル殉職者 ❻ **1892**·3·2 社
宇都の谷峠トンネル ❻ **1876**·6·11 社
恵那山トンネル(中央自動車道) ❾ **1975**·8·23 社
逢坂山トンネル ❻ **1878**·10·5 社／**1879**·8·20 社／**1880**·6·28 社
大清水トンネル(上越新幹線) ❾ **1979**·1·25 社
大歩危トンネル ❾ **1968**·11·25 社
大町トンネル ❽ **1957**·5·1 社
親不知トンネル ❽ **1964**·1·30 社
鴈坂トンネル ❾ **1998**·4·23 社
関門海峡海底鉄道トンネル ❼ **1918**·12月 社／**1936**·9·19 社／❽ **1939**·3·9 社／**1941**·7·10 社／**1942**·3·27 社／6·11 社／11·15 社／**1953**·6·28 社
関門国道トンネル ❽ **1938**·9·22 社／**1939**·5·12 社／**1958**·3·9 社
軌道条例 ❻ **1890**·8·25 社
頸城トンネル(北陸線) ❾ **1969**·1·7 社
小仏トンネル(中央線) ❼ **1899**·12·23 社
笹子トンネル ❼ **1896**·12·9 社／**1903**·2·1 社／6·11 社
清水トンネル(上越線) ❼ **1929**·12·29 社／**1931**·9·1 社
釈迦岳トンネル(日田線) ❽ **1955**·2·10 社
正丸トンネル(西武秩父線) ❾ **1969**·1·29 社
新関門トンネル ❾ **1974**·3·15 社
新笹子トンネル ❽ **1958**·12·7 社
新清水トンネル(上越線) ❾ **1966**·8·20 社／**1967**·9·28 社
新丹那トンネル ❽ **1941**·8·5 社／**1942**·3·20 社／**1959**·4·20 社／**1962**·9·20 社／**1964**·5·27 社
スイッチバック·レールウェー ❻ **1890**·6·14 社
青函トンネル(津軽海峡連絡隧道) ❽ **1946**·2·26 社／**1954**·1·6 社／❾ **1969**·2·18 社／**1971**·11·14 社／**1974**·12·5 社／**1976**·5·6 社／**1983**·1·27 社／**1985**·3·10 社／**1986**·3·5 社
ダイナマイト(トンネル工事) ❻ **1880**·是年 社
第二関越トンネル ❾ **1989**·10·10 社
立山トンネル ❾ **1971**·4·25 社
丹那トンネル ❼ **1918**·4·1 社／**1921**·4·1 社／**1924**·2·9 社／**1933**·6·19 社／**1934**·12·1 社
鉄製軌条(レール) ❻ **1869**·8月 社
鉄道軌条敷設着工 ❻ **1870**·11月 社
鉄道の測量開始 ❻ **1870**·3·17 社
中山トンネル(上越新幹線) ❾ **1980**·3·10 社
橋沢トンネル崩壊 ❼ **1928**·7·31 社
福岡トンネル ❾ **1999**·6·27 社
北陸トンネル(北陸本線) ❽ **1962**·6·10 社
柳ヶ瀬トンネル ❻ **1884**·3·30 社
六甲トンネル ❾ **1970**·10·2 社

乗物·運搬具

輿(あんだ) ❺-1 **1654**·11·2 社／**1665**·2·10 社
筏(いかだ)乗 ❹ **1588**·8·27 社
板車 ❶ **1000**·6·5 社
板輿 ❹ **1489**·1·10 社
牛童 ❷ **1179**·6·19 社
馬方の掟 ❺-1 **1601**·9·23 社／**1672**·7·22 社
馬継(定) ❺-1 **1646**·11月 社／**1672**·9·4 社
運脚 ❶ **822**·1·26 社
運送担夫料 ❶ **810**·2·17 政
女乗物(夜間) ❺-2 **1777**·12·26 政
脚力(かくりき) ❷ **1028**·8月 社
水手(かこ) ❷ **1181**·2·7 社
駕籠 ❺-1 **1665**·2·10 社／**1675**·5·12 社／**1681**·7·13 社／**1689**·12·28 社／**1691**·11·6 政／**1692**·12月 社
駕籠の数 ❺-1 **1711**·3·21 社／**1713**·是年 社

貨物定期航路 ❾ 1978·11·5 社
駕輿丁(かよちょう·座) ❹ 1519·7·9 社／1522·6·6 社
借駕籠 ❺-1 1688·2月 社／1694·4月 社／1696·10月 社／1697·4月 社／1699·5·11 社／1700·7·6 社／8·9 社／12月 社／1701·3月 社／1703·5月 社／12·14 社／1705·④月 社／1707·8月 社／1710·2月 社／1711·2月 社
気球(徳川昭武) ❻ 1867·6·11 社
牛車(ぎっしゃ) ❷ 1005·4·20 社／1012·11·17 政／1032·8·13 政／❺-1 1681·2月 社／1686·7·14 社／1690·10·23 社／1707·8月 社／1708·7月 社／❺-2 1721·8·4 社／1722·8·20 社／1728·9·24 社／1745·⑪·14 社／1758·6月 社／1763·4·23 社／1797·6·14 社／1847·10·30 社
牛車の宣旨 ❷ 1151·2·27 社
脚夫(貢調) ❶ 716·霊亀年間 政／748·是年 政／809·9·3 社
京都車·大津車争論 ❺-1 1704·6月 社
供祭船(ぐさいせん) ❷ 1203·11·4 社
ケーブルカー ❼ 1918·8·29 社
小車荷物運搬許可 ❻ 1862·11·22 社
輿 ❺-1 1614·是年 社
地車 ❺-2 1721·8·4 社／1722·8·20 社／1728·9·24 社／1758·6月 社／1763·4·23 社／1797·6·14 社
車借(京都) ❺-1 1696·7月 社
車馬禁止 ❹ 1460·7·4 社
車力(しゃりき) ❷ 1058·10·10 社
車力の運賃 ❷ 1178·8月 社
修羅 ❹ 1577·1·17 政
乗車許可 ❶ 894·7·1 社
乗車禁止 ❶ 894·5·12 社／895·8·17 社／❷ 1116·7·12 社
乗輿 ❺-1 1691·11·6 政／❺-2 1737·4·19 政
人馬賃銭 ❺-2 1783·11·29 社／1784·5·23 社／1785·5·20 社
人力撒水車 ❻ 1875·8月 社
人力車 ❽ 1938·3·31 社
水陸両用ブルドーザー ❾ 1971·2·18 社
積載量(載車法) ❶ 865·9·15 社
大八車(代八車) ❺-1 1672·寛文年間 社／1681·2月 社／1686·7·14 社／1690·10·23 社／1695·12月 社／1698·9·25 社／1700·8·9 社／1701·6·9 社／1703·5月 社／12·14 社／1707·8月 社／❺-2 1721·8·4 社／1722·8·20 社／1728·9·24 社／1745·12·15 社／1746·3月 社／1758·6月 社／7·1 社／1760·2·11 社／1763·4·23 社／1797·6·14 社／1799·4·16 社／1839·2·24 社／1847·10·30 社
駄賃取荷物 ❹ 1576·9·16 社
立山ロープウェー ❾ 1970·7·24 社
駄馬に負わせる荷物限度 ❶ 739·4·14 社
旅人を警固 ❷ 1210·6·13 社
月切駕籠制 ❺-2 1759·4·10 政
舂米輸送 ❶ 768·2·20 社／770·5·15 政
辻駕籠 ❺-1 1668·8·12 社／1674·6月 社／1700·8·9 社／1709·3月 社／5月 社／❺-2 1720·2月 社／1725·1·15 社／1726·12·7 社／1737·4·6 社／1740·2·22 社／1742·5·9 社
輦車 ❶ 884·5·25 政
電気ショベル ❾ 1976·9·2 社
電動一輪車「U3·X」(ホンダ) ❾ 2009·9·24 社
電動一輪車「ユニカブ」(ホンダ) ❾ 2012·5·15 社
東海道人馬賃 ❺-2 1782·12月 社
東京市内の乗物の数 ❼ 1911·7月 社
荷車取締規則 ❻ 1891·1·21 社／1894·10月 社
荷付馬 ❺-2 1728·9·24 社／1758·7·1 社／1763·4·23 社／1797·6·14 社
塗輿 ❹ 1559·6·26 政
熱気球 ❺-2 1803·5·16 社／1805·1·11 社
箱根駒ケ岳ロープウェー ❽ 1963·4·27 社
フォークリフト ❾ 1988·4·8 政
べか車 ❺-2 1774·9·11 社／1804·10·14 社／1843·⑨·2 社
べか車積載量制限 ❻ 1858·4·28 社
町駕籠 ❺-1 1677·4月 社／1713·3·22 社
無印駕籠 ❺-2 1718·4·8 社
無人ブルドーザー ❾ 1968·3·26 社
モノレール ❽ 1957·12·17 社／1962·3·13 社
役馬数 ❺-1 1700·2月 社
輸送荷物の重量 ❺-1 1686·8月 社
リニアモーターカー ❾ 1970·5·18 社／1971·10·13 社／1972·9·18 社／1975·12·23 社／1977·7·26 社／1978·5·9 社／1979·8·14 社／1982·9·2 社／1987·3·28 社／1989·8·3 社／1990·6·8 社／1991·10·3 社／1997·12·12 社／1999·4·14 社／2005·3·6 社
湯沢温泉ロープウェー ❾ 1991·12·22 社
橋·橋梁(鉄道橋を含む) ❷ 1195·2·20 社／1265·是年 社／1276·5月 社／❸ 1324·8·25 社／❹ 1576·2月 社／1599·7·6 社
浮橋 ❶ 801·5·13 社／835·6·29 社／❸ 1286·7·7 社／1289·4·21 社／1315·4月 社／1429·8·4 社
エスカレーター付き歩道橋 ❾ 1976·4·3 社
横断歩道橋 ❽ 1959·6·27 社／1963·9·10 社／1964·11·23 社
楓渡 ❶ 799·12·4 社
可動橋 ❼ 1929·12·10 社
橋上諸車通行許可 ❻ 1872·6·13 社
橋梁建設奨励 ❻ 1871·4·23 社
金属製橋の始め ❻ 1869·11月 社
杭料(東西堀川) ❶ 833·5·28 社
御入用橋·公用橋(江戸) ❺-2 1752·9·30 社／1790·3·21 社／1796·8月 社／1842·1月 社／1845·4·8 社
五街道の橋 ❺-2 1736·5·25 社／1829·1·22 社／1845·12·28 社
造橋所 ❶ 892·7·19 社
鉄橋の始め ❻ 1868·8·1 社
二町余の橋 ❺-1 1608·是秋 社
橋の清掃 ❺-2 1737·6·6 社
橋の荷役銭 ❺-2 1794·3·27 社
橋銭·渡橋賃 ❹ 1537·2·24 社／❺- 1744·7·11 社／1764·11·22 社／❻ 1871·4·15 社
橋番所 ❺-2 1726·5·26 社
橋番人廃止 ❻ 1873·5月 社
橋船 ❸ 1355·1·17 社
橋守 ❶ 857·4·11 社
船橋 ❹ 1570·11·16 社／1572·5·14 社
歩道橋 ❾ 1968·3·26 社
本州四国連絡橋技術調査委員会 ❾ 1967·5·19 政
町方定請負橋 ❺-2 1772·9·14 社
道·橋の造築·修理 ❶ 875·11·15 社／❷ 1023·12·12 社／1025·9·6 社／1114·3·23 社／1194·4·10 社／1261·2·29 社／1265·是年 社／❹ 1515·②·17 社／❺-1 1687·11月 社／1688·6·4 社
渡船 ❶ 801·5·13 社／815·2·1 社／824·6月 社／835·6·29 社／853·10·22 社／873·5·15 社
渡船仮橋 ❶ 876·3·1 社
渡子 ❶ 799·12·4 社／822·⑨·20 社／845·8·7 社／869·2·23 社／906·是年 社
渡守 ❺-1 1628·8月 社
橋(各地)
愛本橋(三河黒部川) ❺-1 1626·是年 社
明石海峡大橋 ❾ 1991·3·11 文／1998·4·5 社
浅草鳥越橋(隅田川) ❺-2 1779·4·18 社／1820·3·3 社
浅草橋(東京) ❻ 1874·1·25 社／1884·1·29 社／❼ 1898·7·27 社
吾妻橋(東京) ❻ 1876·6·17 社／1887·12·9 社／❼ 1930·12·20 社／1931·6·10 社
穴吹橋(徳島穴吹町) ❼ 1928·4·22 社
安倍川橋 ❻ 1879·12·5 社
天草五橋 ❾ 1966·9·25 社
余部鉄橋(兵庫香住町) ❼ 1909·12·16 社／1912·3·1 社／❾ 1986·12·28 社
荒川橋(江戸) ❺-2 1843·4·13 社
新橋(あらたばし·江戸) ❺-1 1668·4·24 社
飯田橋(東京) ❼ 1908·10·23 社
石島橋(東京深川) ❺-2 1779·7·24 社
出石大橋(但馬) ❺-2 1823·是年 社
伊勢大橋(三重) ❼ 1934·5·26 社
一石橋(東京) ❺-2 1752·9·30 社／❼ 1922·8·5 社
今戸橋(東京浅草) ❼ 1925·6·28 社
岩殿の橋(甲斐) ❹ 1527·5·18 社
因島大橋 ❾ 1977·1·8 社／1983·12·3 社
上野駅連絡橋 ❾ 1970·12·20 社
宇治橋(伊勢神宮) ❶ 646·是年 文／

672·5月 政／797·5·8 社／848·8·5 社／❷ 1063·3·12 社／1113·8·21 社／1128·10·20 社／1151·7·8 社／1219·3·29 社／1281·4·21 社／❸ 1286·11·19 社／1311·11·11 社／1413·是年 社／1416·5·3 社／❹ 1505·是年 社／1549·6·16 社／1556·4月 社／1580·3·3 社／❺-1 1606·4·28 社／1618·是年 社／1635·3月 社／❺-2 1793·5月 社／1848·6·5 社／❼ 1909·3·26 社／❽ 1949·11·3 社／❾ 1989·11·3 社
厩橋(東京隅田川) ❻ 1874·10·6 社／1893·5·6 社／❼ 1929·6·4 社
永代橋(東京隅田川) ❺-1 1695·是年 社／1698·3·25 社／8·1 社／1704·7月 社／❺-2 1719·3月 社／1723·3·15 社／1726·5·26 社／1730·是年 社／1733·5·29 社／6·1 社／1736·8·22 社／1760·3·6 社／1764·11·22 社／1772·8·2 社／1781·12·27 社／1782·9·9 社／1790·12·23 社／1791·9·4 社／1807·8·19 社／1808·11·28 社／1809·2月 社／1824·12·27 社／1834·10·19 社／1845·2·18 社／3·26 ▲／❻ 1858·5·3 社／1871·9·7 社／❼ 1897·11·10 社／1926·12·10 社
江戸町内持請橋 ❺-2 1845·4·8 社
江戸の橋 ❺-2 1734·3·4 社
江戸橋(東京) ❺-2 1780·2·10 社／❼ 1901·10·15 社／1905·1·21 社
大井河(山城) ❶ 847·承和年間 社
大井川橋 ❻ 1878·3月 社
大井川鉄橋(静岡) ❻ 1888·8·10 社／❼ 1907·7·15 社
大川橋(隅田川) ❺-2 1774·10·17 社／1783·6·17 社／10·12 社／1809·2月 社／1825·12·29 社／1846·6·28 社／❻ 1859·12·9 社
大坂橋数 ❺-2 1804·是年 政
大島大橋 ❾ 1976·7·4 社
大渡架橋(肥後) ❷ 1278·10·8 社
大利根橋(千葉·茨城) ❼ 1930·9·21 社
大鳴門橋 ❾ 1976·7·2 社／1978·10·10 社／1985·6·8 社
大場橋(伊豆) ❻ 1883·5·15 社
大橋場(越後) ❹ 1549·4·27 社
大三島橋 ❾ 1975·12·21 社／1979·5·12 社
邑久長島橋 ❾ 1988·5·9 社
お茶の水橋(東京) ❻ 1891·10·15 社／❼ 1931·6·8 社
尾道大橋 ❾ 1968·3·3 社
小橋(猪飼津) ❶ 書紀·仁徳 14·11月
音戸大橋 ❽ 1961·12·3 社
開運橋(岩手盛岡) ❼ 1917·6·24 社
鍛冶橋(江戸) ❺-2 1718·1·7 社
勝鬨橋 ❽ 1940·6·14 社／1961·11·26 社
桂川浮橋 ❷ 1114·4·16 社／1132·5·7 社／1149·8·10 社／❹ 1465·3·6 社
金埼船瀬(筑前) ❶ 767·8·4 社
鎌倉橋 ❸ 1352·9·3 社
鴨川橋(山城) ❷ 1139·6·25 社
鴨川舟梁 ❷ 1141·1·3 社
河陽橋 ❶ 848·8·5 社
辛橋·韓橋·唐橋(京都鴨川) ❶ 879·9·25 社／887·5·14／902·7·5 社／936·7·5 社
唐橋(山城八條) ❹ 1458·12·23 社
河尻大渡橋(肥後) ❸ 1307·3·18 社
観月橋(京都) ❻ 1873·1·16 社
神田橋(江戸) ❺-2 1718·1·7 社
関門橋 ❾ 1973·11·14 社
祇園橋(山城) ❷ 1154·3·29 社／1245·2·16 社
木曾掛橋(信濃) ❺-1 1601·3·9 社／1648·3·5 社／1650·9·26 社
危村(木曾)橋 ❶ 723·10·17 社
木津川橋(摂津) ❶ 741·10·16 社／❺-1 1604·是秋 社／1660·8·20 社
木津橋(大和) ❸ 1302·7·8 社
鬼怒橋(鬼怒川) ❼ 1915·3·19 社
清水寺橋(山城) ❷ 1125·3·25 社／1263·7·3 社
錦帯橋(山口) ❺-1 1673·10·1 社／1674·5·28 社／1699·8·25 文／❽ 1953·1·15 社／❾ 2004·3·20 社
呉橋 ❶ 612·是年 社
神津島大型船接岸桟橋 ❾ 1971·7·12 社
神戸桟橋 ❻ 1876·7·1 社
高麗橋(埼玉飯能) ❼ 1909·8·9 社
九重"夢"大吊橋 ❾ 2006·10·30 社
五條橋(京都) ❸ 1383·7·13 社／1408·是秋 社／1409·4·5 社／1426·8·3 社／1427·5·23 社／1436·7·8 社／1441·5·20 社／❹ 1502·8·29 社／1524·5·13 社／1544·12·29 社／1584·2·12 社／❺-1 1644·是年 社／1645·11月 社／1711·6·11 社／❺-2 1846·6·28 社／1850·9·3 社／❻ 1894·2·7 社／❽ 1959·3·2 社
言問橋(東京隅田川) ❼ 1928·2·10 社
小鳴門橋 ❽ 1961·7·30 社
小松川橋 ❽ 1941·11·20 社
西海橋 ❽ 1955·10·18 社
犀川大橋(金沢) ❺-1 1671·7·1 社／❼ 1919·3·30 社／1924·7·10 社
境大橋(利根川) ❽ 1964·2·11 社
相模川橋 ❷ 1198·12·27 政／1212·2·28 社
佐比川橋 ❶ 796·8·10 社
佐比渡 ❶ 799·12·4 社
猿橋(甲斐) ❹ 1520·3月 社／1533·2·23 社
三橋(永代橋·新大橋·大川＝吾妻橋)会所 ❺-2 1809·2月 社
三条大橋(京都) ❸ 1423·5·24 社／❺-1 1629·5·16 社／1634·8·13 社／1635·5·19 社／8·13 社／1674·4·10 社／1692·7·4 社／❺-2 1728·11·18 社／1740·⑦·16 社／1742·7·28 社／1745·11·9 社／1846·6·28 社／1850·9·3 社／❻ 1880·12·21 社
思案橋(下総) ❺-2 1756·2月 社
思案橋(長崎) ❼ 1914·4·2 社／❻ 1857·4·9 社
四条大橋(京都) ❸ 1347·10·3 社／1349·6·11 社／1374·2·16 社／1383·7·13 社／1427·5·23 社／1436·7·8 社／1441·5·20 社／❹ 1517·8·24 社／1524·5·13 社／1577·7·7 社／1578·5·12 社／1581·5·20 社
城ヶ島大橋 ❽ 1960·4·16 社
昌平橋(東京神田川) ❺-1 1691·2·2 社／❻ 1878·3·1 社／❼ 1900·5·19 社／1903·3·1 社
新荒川大橋(東京·埼玉) ❼ 1928·9·16 社
新大川橋 ❺-2 1782·9·9 社
新大橋(東京) ❺-1 1693·8·7 社／❺-2 1719·4·3 社／1730·是年 社／1741·9·16 社／1744·7·11 社／1760·3·6 社／1809·2月 社／1824·5·26 社／1846·6·28 社／1848·11·5 社／1849·3月 社／❻ 1885·4·15 社／❼ 1912·7·19 社
新鍛冶橋(東京) ❼ 1914·10·25 社
新橋(東京) ❼ 1899·5·4 社／1925·7·20 社
数寄屋橋(東京) ❺-2 1815·8·13 社／❼ 1928·7·15 社
洲俣(すのまた)·足近両浮橋 ❷ 1238·2·9 社
隅田川大橋 ❺-2 1728·9·1 社／1835·3·26 社／❾ 1979·10·13 社
西洋橋(興津川) ❻ 1876·1·26 社
関宿橋(利根川) ❽ 1964·2·11 社
瀬底大橋(沖縄) ❾ 1985·2·13 社
勢多唐橋(瀬田橋、滋賀大津) ❶ 764·9·11 社／869·12·4 社／871·4·4 社／876·11·3 社／❷ 1024·11·23 社／1099·10·5 社／1124·11月 社／1144·8·21 社／1187·8·19 社／❸ 1336·7·16 政／1340·7·26 社／1343·8·10 社／1350·11·4 政／12·4 政／1354·⑩·11 政／1355·1·17 社／1433·7·25 社／1446·是夏 社／1448·5·9 社／❹ 1534·10·12 社／1544·3·21 社／1575·7·12 社／❺-1 1601·是秋 社／1637·2月 社／1638·2月 社／❻ 1876·1月 社／❼ 1904·7·1 社
瀬戸大橋(児島－坂出) ❾ 1973·7·13 社／1988·4·2 社
千住大橋(東京隅田川) ❺-2 1754·2·19 社／1767·2·13 社／1793·12·6 社／1810·3·27 社／❻ 1872·11·28 社／1883·7·4 社／1885·11·30 社／❼ 1927·12·12 社
仙台大橋 ❺-1 1601·12月 社
竹橋 ❷ 1127·11·1 社
多田川橋 ❸ 1396·10·29 社
田端大橋(東京) ❼ 1935·12·27 社
多摩川大橋 ❽ 1949·4·30 社
銚子大橋 ❽ 1962·12·10 社
千代崎橋(開き橋) ❻ 1872·7·20 社
通潤橋(肥後) ❻ 1854·8月 社／1873·4·3 社
佃大橋 ❽ 1964·8·27 社
鉄橋(豊太閤橋) ❺-2 1778·7·2 社
天神橋(大阪) ❻ 1888·12·20 社
天神橋(福岡) ❼ 1934·5·17 社
天満橋(大阪) ❺-2 1809·7月 社／❻ 1888·12·20 社
天龍川鉄橋(長野) ❼ 1913·8月 社
東京ゲートブリッジ ❾ 2012·3·12 社
渡月橋(京都嵐山) ❹ 1529·3·13 社／❺-1 1696·1月 社／❼ 1932·7·2 社

利根川新橋 ❻ 1883·2·14 社
利根川鉄橋 ❻ 1886·6·17 社
豊平橋(札幌) ❼ 1924·8·26 社
長柄橋(摂津) ❶ 812·6·3 社／❷ 1204·7·16 文
浪花橋(大阪) ❼ 1913·1·21 社
二條·四條·松原橋 ❺-2 1728·8·4 社
日本橋(東京) ❺-1 1603·3·3 社／是年 社／1604·2·4 社／1618·4 月 社／是年 社／1658·9 月 社／❺-2 1716·5·29 社／1723·3 月 社／1760·1·11 社／1822·6·5 社／1846·12·27 社／❻ 1872·是年 社／1873·5 月 社／❼ 1911·4·3 社
浜名湖国道橋(愛知) ❼ 1932·8·22 社
浜名橋(遠江) ❶ 862·是年 社／884·9·1 社／❻ 1881·12·25 社
彦島大橋 ❾ 1975·9·30 社
聖橋(東京お茶水) ❼ 1927·8·5 社
日吉橋橋銭 ❻ 1876·1 月 社
平戸大橋 ❾ 1977·4·4 社
琵琶湖大橋 ❽ 1964·9·27 社
琵琶島橋(尾張) ❺-1 1632·8·18 社
舟橋(天龍川) ❺-1 1614·10·11 社
風呂橋(伊勢) ❺-1 1618·是年 社
豊後橋(伏見) ❺-1 1702·12 月 社
放生橋(首里、旧円覚寺) ❹ 1498·1 月 文
蓬萊橋(東京) ❻ 1874·4·29 社
法輪寺橋(山城) ❷ 1223·10·16 社
堀河橋 ❷ 1029·②·11 社
勾金橋(大和) ❶ 534·1 月
町橋(大阪三郷町) ❺-2 1780·3·23 社
松江大橋 ❼ 1934·3·16 社
万世橋(東京) ❻ 1873·11·1 社／1974·2 月 社／❼ 1903·3·8 社
万代橋(新潟) ❻ 1886·3·4 社
三津川大橋(近江) ❹ 1545·4·26 社
宮川橋(伊勢) ❹ 1487·是春 社
六浦瀬戸橋 ❸ 1305·11·16 社
百瀬橋(長野松本) ❼ 1916·12·22 社
柳橋 ❺-2 1783·6·17 社
柳原新橋 ❺-2 1789·5·28 社
矢矧橋(三河) ❺-1 1670·8·22 社／1715·11·27 社
矢作橋(三河) ❺-2 1743·2·25 社／1745·1·14 社／1761·9·15 社／1780·11·18 社／1781·⑤·28 社／1798·11·1 社／1804·10 月 社／1817·3·12 社／1828·7·1 社／1829·8·23 社／1838·12·28 社／1839·9·1 社
山埼橋(山城) ❶ 726·是年 社／784·7·4 社／850·7·24 社／9·23 社／857·4·11 社／873·1·23 社／883·5·25 政／927·4·10 社／929·7·26 社／931·4·23 社
　造山埼橋使 ❶ 870·5·14 社／927·6·4 社
閖上大橋 ❾ 1972·9·14 社
吉田橋(静岡) ❺-1 1617·是年 社／1621·10 月 社／1712·12·15 社／1713·2·11 社／❺-2 1752·6·1 社／1754·②·1 社／1768·3·1 社／1826·5·4 社／1845·10·13 社
吉田橋(横浜) ❻ 1869·11 月 社
吉野川橋(奈良) ❼ 1928·12·18 社
四谷見附橋(東京) ❼ 1913·10·5 社
淀浮橋 ❷ 1114·4·16 社／1132·5·7 社／1149·8·10 社／1210·8·19 社／❹ 1456·3·27 社
淀大橋(大坂) ❸ 1404·8·9 社／1449·4·12 社／❹ 1482·12·26 政／❺-1 1601·8·13 社／1632·8·18 社／1633·8·10 社／1635·8·13 社／1637·是年 社／1660·7·6 社／❺-2 1721·7·16 社／1771·7·22 社
鎧橋(茅場町) ❻ 1872·11·26 社／1888·4·7 社
両国橋(東京) ❺-1 1657·是年 社／1658·7·16 社／1659·12·13 社／1666·5·3 社／1669·9·26 社／1681·10·30 社／是年 社／1688·9·24 社／❺-2 1719·4·3 社／1728·9·1 社／1730·是年 社／1734·6·17 社／1742·8·1 社／10 月 社／1744·5·7 社／1759·10·23 社／1775·5·20 社／6·22 社／1780·8·8 社／1809·2·15 社／1823·7·25 社／1839·4·26 社／❻ 1855·3·14 社／❼ 1897·8·10 社
　両国橋通行制 ❻ 1872·6·13 社
両大師橋(東京) ❼ 1933·2·19 社
レインボーブリッジ ❾ 1993·8·26 社
六郷川鉄橋(鉄道) ❻ 1870·10·10 社／1877·10 月 社
六郷橋(武蔵多摩川) ❹ 1600·6 月 社／❺-1 1643·5·15 社／1648·7·13 社／1661·7·6 社／1662·2·30 社／1671·8·28 社／1672·5·5 社／9·28 社／1684·是年 社／1686·6·4 社／1688·7·21 社／1709·3 月 社／❻ 1874·1·20 社／1877·4·21 社／1883·2·13 社
六郷渡(武蔵) ❺-1 1710·12·15 社
若戸大橋 ❽ 1962·9·26 社
渡部橋 ❷ 1232·3·21 社
馬車 ❻ 1872·10·15 社
貸馬車 ❻ 1890·1 月 社
品川馬車鉄道 ❼ 1897·12·30 社
乗用馬車 ❼ 1927·6 月 社
千里軒(馬車会社) ❻ 1881·1·1 社
鉄道馬車 ❻ 1883·7·10 社／❼ 1896·4·12 社／8·1 社／1898·12·4 社／1904·3·18 社
鉄道馬車公害 ❻ 1883·8 月 社
鉄道馬車事故多発 ❻ 1882·9·7 社
鉄道馬車の利用者 ❻ 1895·4·12 社
二階建馬車 ❻ 1874·8·6 社
荷馬車 ❼ 1927·11·18 社
荷馬車営業(新宿·八王子) ❻ 1880·5·29 社
荷物運送用馬車許可 ❻ 1866·10·9 政
乗合馬車(浅草－新橋) ❻ 1874·8·6 社／1881·1·1 社
乗合馬車(大阪)の池田町～石橋間 ❽ 1938·11·25 社
乗合馬車(大阪－堺) ❻ 1876·7·23 社
乗合馬車(京都－大阪) ❻ 1873·2 月 社
乗合馬車(九段－新宿) ❼ 1903·7·2 社
乗合馬車(新橋－京橋) ❻ 1874·1·5 社
乗合馬車(東京－宇都宮) ❻ 1876· 16 社／1879·4·1 社
乗合馬車(東京－大阪) ❻ 1881·4· 社
乗合馬車(東京－高崎) ❻ 1879·5· 社
乗合馬車(東京－千葉) ❻ 1881·6· 社
乗合馬車(東京－横浜) ❻ 1869·1 月 社／4 月 社
乗合馬車(中山道) ❻ 1881·4·28 社
乗合馬車(名古屋－熱田) ❻ 1890·11·20 社
乗合馬車会社(東京) ❻ 1889·5·11 社
乗合馬車営業取締規則 ❻ 1889·10· 社
乗合馬車取締規則 ❻ 1886·6·14 社
馬車業者心得 ❻ 1877·6·30 社
馬車鉄道(浅草－上野) ❻ 1882·10· 社
馬車鉄道(新橋－日本橋) ❻ 1882·6 25 社
馬車鉄道会社(東京) ❻ 1880·12·28 社／1882·6·25 社
馬車取締規則 ❻ 1872·3·4 社／1880·12·15 社／1881·12·19 社
郵便馬車 ❼ 1926·2·5 社
割引切符(馬車鉄道) ❻ 1892·5·25 社
バス·乗合自動車 ❽ 1947·6 月 社／1959·7·10 社
青森－十和田北線 ❼ 1934·8·5 社
伊勢参宮乗合自動車 ❼ 1910·12·28 社
円太郎バス ❼ 1924·1·18 社
大阪片町－四條畷(鉄道院バス) ❼ 1912·3·25 社
大阪市営乗合自動車 ❼ 1827·2·26 社
大阪市営バス(銀バス) ❽ 1938·11· 社
大阪乗合自動車(青バス) ❽ 1938·11·1 社
大阪遊覧バス ❼ 1928·12·20 社
岡崎－多治見(省営自動車) ❼ 1930 12·20 社
沖縄民政府公営バス ❽ 1947·8·10 社／1950·3·31 社
観光バス ❼ 1927·12 月 社
京都市営乗合自動車 ❼ 1928·5·10 社
京都四條大宮－西院トロリーバス ❼ 1932·4·1 社
空気バネ(バス) ❽ 1957·12 月 社
神戸市乗合自動車 ❼ 1930·9·16 社
国産バス ❼ 1914·3·20 社
国鉄東名ハイウェイバス ❾ 1969·6 10 社
国鉄バス営業路線キロ数一万キロ ❽ 1955·11 月 社
国鉄バス名神高速線 ❽ 1964·10·5 社
国鉄バス夜行便(ドリーム号) ❾ 1971·4·28 社
市電·トロリーバス ❾ 1972·3·31 社
深夜特急定期バス ❾ 1983·3·8 社

深夜バス　❾ **1980**·4·16 社
水陸両用バス　❾ **2007**·6·16 社
瀬戸記念橋－高蔵寺(省営自動車の始め)　❼ **1930**·12·20 社
センターアンダーフロアエンジンバス　❽ **1953**·1 月 社
中古バス輸出　❾ **1979**·1·24 社
長距離バス　❽ **1962**·8·1 社
電気バス　❼ **1930**·11·1 社／❾ **1972**·4·1 社／**1979**·5·14 社
東京市営乗合自動車　❼ **1924**·1·18 社／**1925**·2·5 社
東京市街自動車会社(青バス)　❼ **1919**·3·1 社
都バス運賃　❽ **1948**·8·1 社
トレーラー·バス　❽ **1947**·2·15 社／**1948**·7·1 社／12·29 社
トロリーバス(無軌道電車)　❼ **1928**·8·1 社／**1931**·8·10 社／**1932**·4·1 社／❽ **1950**·1·16 社／**1952**·5·20 社／❾ **1968**·9·28 社
名古屋市営バス　❼ **1930**·11·1 社
二階建(二階付)バス　❽ **1948**·11·17 社／❾ **1978**·10·15 社／**1983**·9·13 社／**1984**·11·22 社／**2006**·6·14 社
乗合自動車営業取締規則·自動車取締法規　❼ **1902**·4 月 社／**1903**·4 月 社／8 月 社／9·20 社／**1904**·5·7 社／**1905**·6 月 社／**1932**·5 月 社／**1903**·8·20 社
乗合電気自動車　❼ **1930**·是年 社
乗合バス自動車　❼ **1903**·9·20 社
箱自動車(青バス)　❼ **1918**·7·22 社／**1919**·3·1 社
バス創業五十周年記念自動車産業展示会　❽ **1953**·5 月 社
はとバス都内遊覧　❽ **1949**·3·19 社
非常扉(バス)　❽ **1950**·7 月 社
ふそう車高級バス　❼ **1928**·是年 社／**1932**·5 月 社／**1935**·2 月 社
ふそう B2 型　❽ **1949**·12 月 政
ふそう BD46 型　❼ **1935**·是年 社
無料顧客送迎乗合バス　❼ **1929**·12·15 社
遊覧乗合自動車　❼ **1925**·12·15 社
横川－可部乗合自動車　❼ **1905**·2·17 社
横浜市営乗合自動車　❼ **1929**·11·10 社
リアエンジンバス　❽ **1949**·8·8 社
ワンマンカー　❽ **1951**·6·1 社／**1961**·4·15 社

飛脚·伝馬

間飛脚(あいびゃく)　❺-2 **1745**·10 月 社
馬踏板(渡川の道具)　❸ **1355**·1·17 社
江戸三度飛脚仲間　❺-2 **1819**·9 月 社
奥州飛脚　❺-2 **1752**·12·20 社／**1834**·1·27 社
大坂江戸三度飛脚屋仲間　❺-2 **1774**·9 月 社
駕輿丁(かよちょう)　❸ **1354**·5·15 社／**1374**·7·20 社／**1446**·6·7 社／**1451**·6·14 社
京都·大坂飛脚の掟　❺-2 **1808**·1 月 社
京都三度定飛脚規定　❺-2 **1794**·8 月 社
京都順番仲間(飛脚業者)　❺-1 **1698**·是年 社
京飛脚屋仲間　❺-2 **1754**·是年 社
金飛脚　❺-1 **1671**·是年 社
交替料夫馬　❶ **863**·4·21 社
三都定飛脚問屋規約　❺-2 **1745**·10 月 社
三度飛脚　❺-1 **1615**·是年 社／**1643**·是年 社／**1712**·3·7 社
三度飛脚問屋　❺-2 **1773**·10·19 社
三都飛脚仲間　❻ **1872**·6 月 社
仕立飛脚　❺-2 **1745**·10 月 社
七軒飛脚屋　❺-2 **1744**·6·15 社
七里継飛脚　❺-2 **1743**·1·28 社
十度飛脚(金沢小松)　❺-1 **1705**·11 月 社
巡行諸国夫馬　❸ **1396**·是秋 社
状箱道中必用時間　❺-2 **1797**·⑦月 社
定飛脚　❹ **1597**·3·1 社／❺-2 **1746**·9 月 社／**1752**·3 月 社／9 月 社／**1782**·11·6 社
定飛脚問屋　❻ **1870**·12·2 社
人馬賃銭値上　❻ **1864**·3·30 社
月次飛脚(江戸久留米)　❺-1 **1675**·2·6 社
継飛脚·継早飛脚　❺-1 **1633**·3·11 社／是年 社／❺-2 **1735**·12·18 社／**1744**·6·19 社
伝馬(てんま)·駅馬(はいま)　❶ **571**·4·15／**646**·1·1 政／**720**·3·23 社／9·22 政／**722**·8·29 政／**768**·3·1 社／**782**·11·3 社／**805**·4·5 社／11·13 社／**807**·10·25 社／**812**·5·8 社／**816**·5·3 社／**822**·⑨·20 社／**838**·11·18 社／**845**·1·25 社／**862**·6·2 社／**866**·5·29 社／**871**·6·13 社／❷ **1116**·11·16 政／**1261**·2·25 社／❹ **1524**·4·10 社／**1527**·是年 社／**1540**·8·2 社／**1555**·12·23 社／**1558**·⑥·18 社／8·16 社／**1559**·3·18 社／**1560**·4·8 社／**1561**·12·23 社／**1562**·6·4 社／8·5 社／**1563**·3·30 社／**1568**·9·5 社／**1572**·5·11 社／12·18 社／**1575**·6 月 社／**1576**·3·21 社／6·28 社／9·24 社／**1577**·12·18 社／**1579**·4 月 社／**1580**·1·5 社／**1581**·5·22 社／**1582**·12·9 社／**1583**·1·26 社／①·19 社／10·5 社／**1584**·1 月 社／**1586**·12·18 社／**1588**·2·3 社／12·18 文／❺-1 **1602**·2·24 社／3·5 社／3·7 社／是年 社／**1603**·2·20 社／10·28 社／**1604**·4·10 社／8·16 社／⑧·2 社／**1611**·9·7 社／**1615**·1 月 社／**1622**·2·10 社／**1624**·1·22 社／**1625**·8·27 社／**1629**·11·5 社／**1633**·2·2 社／**1634**·11·14 社／**1635**·5·13 社／**1636**·5·22 社／**1639**·是年 社／**1640**·是年 社／**1655**·8·2 社／**1665**·11 月 社／**1673**·2·25 社／**1685**·11 月 社／**1690**·1·11 社／❺-2 **1723**·7·12 社
伝馬定　❺-1 **1601**·1 月 社／3·20 社／6·2 社／**1607**·7·12 社／**1609**·4 月 社／**1610**·是年 社／**1651**·8·8 社／**1690**·6 月 社
伝馬宿　❹ **1571**·4·17 社／❺-1 **1658**·12·28 社
伝馬助成金　❺-2 **1770**·9·27 社
伝馬所取締役　❻ **1868**·6·8 社
伝馬所廃止　❻ **1872**·1·10 社
伝馬数　❺-1 **1666**·7·3 社
伝馬賃　❺-2 **1816**·2 月 社
伝馬飛脚(鞍馬)　❷ **1252**·2·10 社
伝馬役　❹ **1565**·11·20 社／**1590**·8·1 社／**1599**·8·15 社／**1600**·5·5 社／❺-1 **1601**·是年 社／**1616**·10 月 社／**1629**·5·23 社／**1633**·是年 社
東海道新駅増置駅夫　❷ **1194**·11·8 社
東海道継飛脚　❺-2 **1742**·5·16 社
道中助馬の定書　❺-1 **1637**·3 月 社
通馬早飛脚　❺-2 **1739**·是年 社
馬借(ばしゃく、近江坂本)　❸ **1418**·6·25 社／**1426**·4·20 社／6·8 社／**1444**·10·13 社／**1447**·7 月 社／**1452**·10·15 社／❹ **1456**·9·19 社／**1508**·11·2 社／**1569**·4·25 社
走馬⇨伝馬(てんま)
早馬　❸ **1324**·9·23 政／**1333**·8·9 社
飛駅函　❶ **789**·4·13 社
飛脚　❶ **903**·7·13 社／**959**·3·22 社／❷ **1019**·4·17 政／**1185**·4·4 社／4·21 政／**1187**·12·2 社／**1274**·10·13 政／**1281**·6·1 政／❹ **1519**·8·8 社／❺-1 **1639**·7·23 社／**1681**·3 月 社／**1698**·是年 社／❺-2 **1800**·寛政年間 社
飛脚営業規定　❺-2 **1743**·是年 社
飛脚舁送り　❺-1 **1697**·9·30 社
飛脚禁止　❻ **1873**·6·27 社
飛脚島屋　❺-2 **1763**·是年 社
飛脚商早便逓送　❺-2 **1741**·是年 社
飛脚船御用(アイヌ)　❺-1 **1669**·是年 シャクシャインの蜂起
飛脚問屋(仲間)　❺-1 **1665**·2 月 社／❺-2 **1756**·是年 社／**1782**·11·6 社／**1790**·3 月 社／**1792**·11 月 社／**1801**·是年 社／**1825**·5·22 社
飛脚日程　❺-2 **1763**·是年 社
飛脚役　❹ **1542**·7·27 社／**1543**·6·18 社
飛脚宿　❺-1 **1642**·是年 社
尾州七里飛脚　❺-1 **1628**·9·17 社
百疋伝馬の制　❺-1 **1674**·是年 社
歩行飛脚　❺-1 **1715**·是年 社
町飛脚　❺-1 **1663**·是年 社／❺-2 **1823**·7 月 社／❻ **1854**·是頃 社
六組飛脚仲間　❺-2 **1823**·4·14 社
脇馬数　❺-1 **1700**·2 月 社
飛行機·航空機　❻ **1893**·10 月 政／❼ **1910**·12·14 政／**1911**·3·12 社／5·5 政／6·1 社／10·13 政
『航空史年表』　❼ **1931**·8·7 社
R52 型タチヒ号(立飛式)　❽ **1952**·9·28 政
R52 複座練習機耐空証明　❽ **1953**·5·31 社
アンリ·ファルマン式複葉機　❼ **1910**·12·14 社
石川島 R-3「青年日本」号　❼ **1931**·5·29 社
イタリア訪日機　❼ **1925**·9·26 社

イリューシン 62 ❾ **1973**·3·10 政
エアガール ❼ **1931**·2·5 社
エア·タクシー ❼ **1935**·1·18 社／3·5 社
N 3 号飛行機 ❼ **1927**·10·23 政
小型ターボプロップ機「MU2 双発機」 ❽ **1963**·3·19 政／9·14 政
MU 3 ❾ **1978**·8·29 政
MU300(ビジネスジェット機) ❾ **1979**·6·1 政
オースター·オートカー ❽ **1954**·2·21 社
オペレーション·センター(羽田空港) ❽ **1957**·7·12 政
カーチス式水上機 ❼ **1912**·5·5 社／6·1 社／11·2 社／**1916**·4·4 社／**1917**·3·8 政
カーチス陸上機 ❼ **1912**·4·27 政
海軍一五式飛行艇 ❼ **1929**·5·22 政
海軍航空機試験所 ❼ **1918**·4·1 文
海軍初国産飛行機 ❼ **1916**·4 月 政
海軍フ式飛行機 ❼ **1914**·1·6 政
外国人機長 ❽ **1954**·11·1 政
会式一号複葉機 ❼ **1911**·10·26 社
神風号(訪欧機) ❽ **1937**·4·6 社
川崎 A-6 型 ❼ **1934**·9·6 政
川崎 KD5 試作戦闘機 ❼ **1930**·11 月 政
川崎五型(国産戦闘機) ❼ **1931**·2·12 政
川西式六型 ❼ **1925**·7·23 社／**1926**·9·13 政
機内持込み手荷物 ❾ **1972**·12·1 社
九三式双発軽爆機 ❼ **1935**·8·28 政
九試単座戦闘機(九六式艦上戦闘機) ❼ **1935**·1 月 政／2·4 政
九試中型攻撃機 ❼ **1935**·7 月 政
九〇式飛行艇 ❼ **1933**·2·8 政
九六式陸上攻撃機 ❼ **1936**·6·6 政
きりもみ飛行 ❼ **1929**·7·30 政
空中給油 ❼ **1931**·6·24 政
空中飛行機 ❻ **1891**·9 月 政
KAL 連絡機 ❽ **1953**·7·22 政
軽飛行機レース ❾ **1966**·8·5 社／**1971**·8·29 社
航空管制権 ❽ **1956**·3·10 政
航空管制センター ❽ **1959**·7·1 政
航空技術調査団 ❽ **1952**·8·29 政
航空機工業振興法 ❽ **1958**·5·10 政
航空機産業禁止 ❽ **1945**·10·10 政
航空機生産 ❽ **1944**·是年 政／**1952**·4·26 文
航空機生産·管理ほか ❽
航空機生産審議会令 ❽ **1952**·9·6 政
航空機製造事業法 ❽ **1938**·3·30 政／**1945**·12·21 政
航空機製造法 ❽ **1952**·7·15 政／**1954**·6·3 政
航空機操縦士免許規則 ❼ **1921**·4·20 政／**1926**·4 月 政
航空機用潤滑油製造装置など十五品目の輸出 ❽ **1940**·12·21 政
航空局官制 ❼ **1920**·7·31 政
航空勤務者保護賜金令 ❼ **1919**·8·13 政
航空研究所 ❼ **1918**·4·1 文／7·23 文／**1921**·7·11 文／**1931**·5·11 文
航空工業会 ❽ **1944**·1·16 政
航空交通管制 ❽ **1952**·6·25 政
航空事業許可 ❽ **1951**·1·30 政
航空事業調査委員会 ❼ **1919**·8·6 政
航空術研究委員会(海軍) ❼ **1911**·6·26 政
航空少年団 ❽ **1956**·11·3 社
航空奨励規則 ❼ **1920**·12·24 政
航空地方気象台 ❽ **1953**·10·1 政
航空燈台(夜間定期飛行用) ❼ **1932**·6·10 政／11·28 政／**1933**·5·6 社／9 月 社
航空取締規則 ❼ **1921**·3·18 政
航空日 ❽ **1940**·9·28 社／**1953**·9·20 社
航空ページェント ❼ **1925**·3·8 社／**1926**·4·11 社／**1927**·11·3 社／❽ **1960**·9·18 社
航空保安庁 ❽ **1950**·6·1 政
航空法 ❼ **1921**·4·8 政／**1927**·6·1 政／❽ **1952**·7·15 政
航空法国際会議 ❽ **1963**·8·20 政
航空郵便規制 ❼ **1929**·3·26 社
航空郵便ポスト ❼ **1929**·3·30 社
小型ビジネスジェット機「ホンダジェット」 ❾ **2003**·12·16 政
国際航空宇宙ショー ❾ **1971**·10·29 社／**1973**·10·5 社／**1976**·10·16 社
国産機 KAL 一型機 ❽ **1954**·4·19 政
国産軽飛行機 FA「エアロスバル」 ❾ **1965**·8·12 政
国産小型旅客機「MRJ」 ❾ **2009**·10·2 政
国産小型連絡機「LM1」 ❽ **1956**·10·3 政
国産ジェット機「T1F1」 ❽ **1960**·5·17 政
国産ジェット機「TF2」(試作) ❽ **1957**·11·26 政
国産第一号機「P2V7」 ❽ **1959**·9·13 政
国内航空運送事業令 ❽ **1950**·11·1 政／**1951**·2·23 政
国内線旅客機事故損害賠償最高限度額 ❾ **1975**·4·1 社
国内全レーダー管制基地 ❽ **1960**·6·30 政
国民献納機 ❼ **1932**·8·23 政
国民飛行協会 ❼ **1915**·11·29 社
コメット型ジェット旅客機 ❽ **1952**·7·8 社／**1953**·4·1 社／**1959**·1·30 政／4·3 政
コンコルド ❾ **1972**·6·12 政
斎外式飛行機 ❼ **1910**·7 月 政
サルムソン式陸軍機(乙式) ❼ **1921**·9·27 政
三式艦上戦闘機 ❼ **1927**·是年 政
CVR(ボイスレコーダー) ❾ **1970**·12·12 政
ジェット機「ボーイング 727」 ❽ **1964**·5·8 社／5·25 社
ジェット機「ボーイング 728」 ❽ **1964**·1·13 政
シェルバ C·19 オートジャイロ ❼ **1932**·10·15 政
十三年式艦上機 ❼ **1925**·5·25 政
十年式艦上戦闘機 ❼ **1921**·10·2 政
重爆撃機 ❼ **1934**·9·22 政
女性初の海外飛行 ❼ **1934**·10·26
女性飛行士(朝鮮) ❼ **1933**·8·7 政
女性飛行士の始め ❼ **1921**·11·29
深夜·早朝ジェット機の発着禁止 ❽ **1963**·10·1 社
人力飛行機「N－58 シグネット」 ❽ **1960**·11·28 社
水上機ルノー空冷式 ❼ **1912**·11·2 社
水上飛行機 ❼ **1912**·5·5 社／6·1 社／**1916**·4 月 政
スポッド戦闘機 ❼ **1918**·4 月 政
世界周回距離記録 ❽ **1944**·7·2 政
零戦(ぜろせん)⇨零式(れいしき)艦上戦機
全金属機 KB 型飛行艇 **1925**·12 月 社
全金属飛行機(中島 B 六型) ❼ **1922**·4 月 政
全国民間飛行機操縦士競技大会 ❼ **1926**·4·4 政／**1927**·11·14 社
全日本学生航空選手権大会 ❼ **193**
11·3 社
操縦練習生(航空局陸軍依託第一期) ❼ **1921**·1·8 政
操縦練習生(台湾) ❼ **1922**·1·6 政
ソッピース戦闘機 ❼ **1920**·6·22 政／10 月 政／**1921**·5 月 政
ターボファン·ジェットエンジン試作機 ❾ **1973**·5·16 政
第一航空学校 ❼ **1923**·5·5 社
耐寒試験飛行 ❼ **1916**·1·29 社
滞空日本記録 ❼ **1928**·4·27 政
大日本航空婦人会 ❼ **1936**·11·23 社
太平洋横断飛行計画 ❼ **1927**·6·23 政
ダグラス DC2 型 ❼ **1934**·12 月 政／**1936**·1 月 政／❽ **1951**·8·29 政
ダグラス DC3 型ジェット旅客機 ❽ **1959**·4·1 社
ダグラス DC4 型ジェット旅客機 ❽ **1952**·9·1 社
ダグラス DC6B 型ジェット旅客機「シティオブ·ナラ」 ❽ **1953**·11·20 政
ダグラス DC8 型ジェット旅客機 ❽ **1955**·12·15 政／**1960**·7·22 社
ダグラス DC8 スーパー 62 型 ❾ **1968**·6·16 社
ダグラス DC10 型機 ❾ **1976**·7·1 社
チェコ訪日機エフ十六機 ❼ **1927**·9
4 政
宙返り飛行 ❼ **1915**·12·11 社／**1919**·4·25 社／**1920**·8·29 社／10 月 政／**1921**·5 月 政
超音速旅客機実験機 ❾ **2002**·7·14 文
超小型機「空飛ぶ虱」 ❽ **1954**·10·2
社
津田沼飛行機研究所 ❼ **1918**·4·12 政
低騒音短距離離着陸機「飛鳥」 ❾ **1985**·10·26 政
東京国際航空通信局 ❽ **1952**·7·27 社
徳川式飛行機 ❼ **1912**·4·28 社／10·27 社
中島九一式戦闘機 ❼ **1931**·12·24 政
中島式飛行機 ❼ **1919**·4·15 政／

10·22 社／**1921**·3月 政／**1922**·4月 政
中島フォッカー・スーパー・ユニヴァーサル国産第一号旅客機 ❼ **1931**·12·5 政
奈良原式飛行機 ❼ **1910**·10·30 政／**1911**·5·5 社／11·29 社／**1912**·5·11 社／10·13 社
日米民間航空運送協定 ❽ **1952**·8·11 政
日本一周飛行 ❼ **1924**·7·23 社／**1927**·4·10 社
日本学生航空連盟 ❼ **1930**·4·28 社
日本グライダー倶楽部 ❼ **1930**·6·1 社
日本航空協会 ❽ **1952**·9·15 政
日本人機長 ❽ **1954**·10·23 政
日本初の飛行成功 ❼ **1910**·12·14 社
ニューポール戦闘機(甲式) ❼ **1918**·4月 政
パイロット教育 ❽ **1961**·4·10 社
初風(訪欧機) ❼ **1925**·7·25 社／**1926**·1·10 社
羽田飛行学校 ❼ **1917**·1·4 社
「春風号」日本一周 ❼ **1925**·7·23 社
ハンス・グラデー式単葉飛行機 ❼ **1910**·12·14 社
PX-S ❾ **1967**·10·29 政
ビーチクラフト式「E18S型」 ❽ **1956**·2·15 政
ビーチクラフト式「B65型」 ❽ **1962**·2·27 社
飛行館 ❼ **1929**·6·15 社
飛行器械 ❻ **1885**·10月 政
飛行機実戦参加の始め ❼ **1914**·9·5 政
飛行機操縦者免状 ❼ **1910**·10·8 社／**1912**·4·27 政
飛行船「ツェッペリンNT号」 ❾ **2005**·2·6 社
飛行船「飛龍」 ❾ **1968**·9·1 政
飛行全面禁止 ❽ **1945**·9·2 政
フォッカー・スーパー旅客機 ❽ **1939**·9·8 社
フ式飛行機 ❼ **1915**·7·31 政
ブリジストン・タイヤ(航空機用) ❽ **1954**·12·3 政
ブレリオ式単葉機 ❼ **1911**·4·8 政／6·9 政／**1913**·3·28 政
ボーイング727 ❽ **1964**·5·25 社
ボーイング728 ❽ **1964**·1·13 政
ボーイング747 ❾ **1966**·6·16 政／**1970**·3·11 社／7·1 社／**1971**·1·7 社／**1972**·10·30 政
ボーイング767 ❾ **1983**·5·21 政
ボーイング787 ❾ **1974**·4·1 政／**2011**·7·3 社
松戸中央航空機乗員養成所 ❽ **1940**·3·2 政
三菱八七式軽爆撃機 ❼ **1926**·3月 政
三菱式MC20旅客輸送機 ❽ **1940**·9·25 政
三菱双発貨客機 ❽ **1940**·12·28 社
三菱双発機「ニッポン号」世界一周 ❽ **1939**·8·26 社
民間航空機数 ❽ **1964**·9·1 政
民間航空禁止 ❽ **1945**·11·18 政
民間操縦士 ❼ **1935**·11·14 社
民間飛行競技大会 ❼ **1914**·6·13 社
民間飛行訓練採用試験 ❼ **1920**·12·1 社
民間飛行大会 ❼ **1920**·8·2 社／**1921**·5·21 社
モーリス・ファルマン式水上飛行機(丁式) ❼ **1913**·12月 政／**1914**·3·2 政／9·5 政／**1915**·2月 政／3·6 政／4·26 政／**1918**·4月 政
モラン単葉飛行機 ❼ **1915**·1·3 社
夜間飛行 ❼ **1913**·11·15 社／**1927**·2·8 社
輸送機設計研究協会 ❽ **1957**·4月 政
ユンカースW33型 ❼ **1928**·10·18 社
洋上航空管制システム ❾ **1988**·10·26 文
横廠式飛行機 ❼ **1916**·4月 政／**1921**·3月 政／**1922**·11·15 社
よみうり航空教室 ❽ **1956**·5·21 社
ラジオビーコン ❽ **1937**·7·1 社／**1945**·10·21 政
陸軍九五式練習機(赤トンボ) ❼ **1935**·1·7 政
旅客専門輸送機の始め ❼ **1927**·12·13 社
リンクトレーナー(操縦練習機) ❽ **1953**·3·7 社
ルンプラー式タウベ型単葉機 ❼ **1914**·3·21 社
零式艦上戦闘機(零戦) ❽ **1939**·7·6 政／**1940**·3·11 政／8·19 政／9·12 政
ロッキード・シリアス機 ❼ **1931**·8·26 社
ロッキードL1101 ❾ **1972**·10·30 政
ロッキードトライスター機 ❾ **1974**·4·1 政／**1975**·1·1 社
ロッキード旅客機 ❽ **1954**·11·4 政
YS11 ❽ **1957**·4月 政／**1960**·10·5 政／**1962**·7·11 政／8·30 政／**1964**·5·28 社／❾ **1965**·3·30 政／9·3 政／10·19 政／**1966**·9·15 政
YX(YS11後継機) ❾ **1972**·1·31 政／**1978**·8·14 政
和香鳥号 ❼ **1912**·3月 社
航空機用エンジン・発動機
空冷星型3100hp ❽ **1944**·5月 政
国産航空機エンジン第一号「KAE240」 ❽ **1954**·7·16 社
国産ジェットエンジン「FJR710」 ❾ **1973**·5·15 政
国産ジェットエンジンJ3 ❽ **1956**·6·29 政
ジェットエンジンJO·1型 ❽ **1954**·8·16 社／**1955**·11·10 政
ターボ・ジェット・エンジン ❽ **1954**·7月 政
発動機「寿」(国産) ❼ **1930**·6月 政
発動機「誉(ほまれ)」(中島) ❽ **1941**·10月 政／**1942**·8·26 政
発動機(三菱) ❽ **1944**·5月 政
飛行場・空港 ❽ **1945**·9·12 政
青森飛行場 ❼ **1933**·6·11 社
秋田空港 ❾ **1982**·12·18 政
奄美大島空港 ❽ **1964**·6·1 社
大阪国際空港(伊丹空港) ❽ **1939**·1·17 社／**1958**·3·18 社／❾ **1968**·6·9 政／**1969**·2·1 社／**1970**·2月 社／**1990**·11·14 社／**2010**·5·17 社
茨城空港 ❾ **2010**·3·11 社
岩国錦帯橋空港 ❾ **2012**·12·13 社
大分空港 ❽ **1957**·3·10 社
岡山空港 ❽ **1962**·10·13 政
隠岐空港 ❾ **1965**·8·1 社
追浜飛行場(横須賀) ❼ **1912**·10月 政
各務原飛行場 ❼ **1917**·6·16 社
鹿児島空港 ❽ **1957**·7·1 社／**1958**·6·1 社／❾ **1972**·4·1 社
霞が浦飛行場(茨城) ❼ **1920**·2月 社
金沢飛行場 ❽ **1938**·10月 社
関西空港 ❾ **2007**·7·28 社／**2010**·5·17 社
空港整備法 ❽ **1956**·4·20 社
熊本空港 ❽ **1960**·4·1 社
航空管制官 ❾ **1980**·2·26 社
神戸空港(マリンエア) ❾ **1999**·6·22 政／**2006**·2·16 社
国際空港会議 ❾ **1970**·5·11 政
小倉飛行場 ❽ **1956**·4·1 社
小牧飛行場 ❽ **1958**·9·15 社
静岡空港 ❾ **2009**·6·4 社
庄内空港(山形) ❾ **1991**·10·1 社
新石垣空港 ❾ **1990**·12·19 社
新北九州空港 ❾ **2006**·3·16 社
新千歳空港 ❾ **1988**·7·19 政／**1993**·5·24 社／**1994**·9·13 社／10·11 社／**1999**·5·21 政／**2005**·7·15 政／**2010**·10·12 社
新東京国際空港(成田・三里塚) ❾ **1966**·7·4 政／8·2 政／**1971**·9·16 政／**1977**·5·6 政／11·25 政／**1978**·4·4 政／5·12 政／5·20 政／**1991**·11·21 社
深夜の離着陸規制 ❾ **1976**·4·22 社
仙台空港 ❽ **1957**·4·12 社／**1964**·11·5 政／❾ **2011**·3·17 社
高松空港 ❽ **1957**·1·27 社／**1958**·6·1 社
立川陸軍飛行場 ❼ **1922**·7月 政
千歳空港 ❽ **1959**·7·20 社
中部国際空港(セントレア) ❾ **2005**·2·17 社
調布飛行場 ❽ **1956**·4·21 社／❾ **1971**·12·30 政
東京エア・パーク ❽ **1953**·4·28 社
東京国際空港⇨羽田(はねだ)空港
徳山空港 ❽ **1962**·10·13 政
所沢飛行場 ❼ **1911**·2月 社／4·1 社
富山空港 ❼ **1934**·5月 政
長崎空港 ❾ **1975**·5·1 社
名古屋空港ビル ❽ **1957**·8·15 社
名古屋飛行場 ❼ **1934**·7·3 社／9月 政
那覇空港 ❽ **1959**·5·9 政／❾ **1973**·1·23 政
新潟空港 ❽ **1958**·3·31 社／❾ **1973**·6·15 政
能登空港 ❾ **2003**·7·7 社
函館空港 ❽ **1961**·4·20 社

八丈島海軍飛行場 ❼ 1927·9·29 政
八丈島飛行場 ❽ 1954·7·4 社
花巻空港 ❽ 1964·3·27 社
羽田(東京国際)空港 ❼ 1931·8·3 社／8·25 社／1933·5·6 社／❽ 1945·9·21 政／1951·12·22 社／1952·7·1 社／12·21 社／1955·5·15 社／1958·1·17 政／6·30 政／1960·3·14 政／1964·2·11 政／❾ 1988·7·2 社／1993·9·27 政／2010·10·13 社
福岡雁の巣第一飛行場 ❼ 1936·6·6 社
松本空港 ❾ 1965·7·16 社
三宅島空港 ❾ 1966·2·28 政
宮崎空港 ❽ 1961·5·17 社
民間飛行場 ❼ 1916·1·8 社／1917·12·1 社
八尾飛行場 ❽ 1956·4·1 社
山形空港 ❽ 1964·6·1 社／❾ 1974·8·11 社
八日市飛行場(滋賀) ❼ 1922·1 月 社
横田空域 ❾ 1992·3·2 政
船・廻船 ❷ 1213·8·12 社／1258·10·2 社／1259·3·9 政／1263·8·14 社／8·27 社／11·15 社／1265·12 月 社／1273·11·14 社／❸ 1294·2 月 社／1324·1·14 社／9 月 社／❹ 1554·7·12 社／1571·4·30 社／❺-1 1601·1·7 社
『阿蘭陀船図並説』 ❺-2 1782·是年 文
『水蒸船説略』 ❺-2 1849·9 月 文
『西洋新製海程測験器集説』 ❺-2 1808·是年 文
安宅船蔵 ❺-2 1852·7·12 政
熱田船番所定書 ❺-1 1656·5·5 社
荒井奉行 ❺-1 1619·3·9 社／1666·5·11 社／1696·2·14 社／1702·⑧·19 社
新居舟方出役 ❺-1 1623·5·21 社
筏(大堰川・保津川) ❺-1 1681·10 月 社
石綱船 ❺-1 1606·2 月 社
伊勢白子廻船問屋 ❺-2 1829·12 月 社
伊勢船 ❹ 1557·3·24 社
糸荷廻船 ❺-2 1771·明和年間 社
今切新居渡船(遠江) ❹ 1574·12·28 社
魚簗船(大和川) ❺-1 1713·7·2 社
浦々條目・浦高札 ❺-1 1667·②·18 社／3 月 社／1686·3 月 社
浦賀の船積通船規制 ❺-2 1747·3·8 社
浦賀番所船改 ❺-2 1721·1·26 社
浦法度 ❺-2 1719·1·26 社
上荷船 ❺-1 1619·9·26 社／1627·是年 社／1665·6·5 社／1673·11 月 社／❺-2 1735·③·11 社
運上船 ❷ 1246·5 月 社／1271·4 月 社
運漕船 ❷ 1247·8·17 社／❸ 1291·12·13 政／1317·3·25 社／1340·3·14 社
運送船(猪苗代湖) ❺-1 1671·5·6 社
蝦夷地御用船 ❺-2 1799·是年 政
江戸船入場 ❺-1 1612·3·1 社
大型船舶 ❺-2 1769·是年 政
大坂上荷船(茶船仲間) ❺-2 1734·3·27 社／1739·3 月 社
大坂柏原船 ❺-1 1636·是年 社
大津百艘船 ❺-2 1720·3 月 社／1728·9 月 社
大船 ❺-1 1605·是年 政／1625·是年 政／1672·寛文年間 政
大船(松前藩) ❺-1 1701·是夏 政
大船建造禁止 ❺-1 1683·7·25 社
大湊廻船方(伊勢) ❹ 1573·10·24 社
オランダ形船 ❺-1 1653·5 月 文／1670·3·26 政／1671·7·29 政
織帆布「松右衛門帆」 ❺-2 1785·是年 社
廻船(問屋・掟書) ❺-2 1724·1·18 政／1726·12·4 政／1727·5 月 政／1739·8 月 政／1772·6·26 政／1800·2 月 政／1844·10·18 社
楷船 ❺-2 1762·7·13 政
廻船大法 ❷ 1223·3·16 政
廻船問屋 ❹ 1584·9·10 社
廻船株兵庫諸国 ❺-2 1771·7 月 政
廻漕貨物取扱条例 ❻ 1875·12·4 社
外輪船雛形 ❺-2 1851·是春 政
水手(かこ) ❹ 1592·1·4 政 社／9·8 社
借切船渡銭 ❺-1 1690·6·3 社
貸屋形船 ❺-1 1682·7·2 社
過書船 ❹ 1598·是年 社
過書船(淀川) ❺-1 1603·10·2 社／1612·3·21 社／1615·5 月 社／是年 社／1616·是年 社／1623·元和年間 社／1669·9·29 社／1710·是年 社／1714·4 月 社
上郷川船差配 ❺-2 1723·2 月 社
賀茂川筋支配 ❺-1 1707·是年 社
川会所(島田宿) ❺-1 1711·是年 社
川庄屋・川会所(大井川) ❺-1 1696·是年 社
川船 ❺-1 1678·1·19 社／6·29 社／1687·12·1 社／1689·3·15 社／1690·1 月 社／1696·7 月 社／1702·1 月 社／❺-2 1719·12 月 社／1721·3 月 社／1731·3·27 社／1785·6·10 社／10·17 社／1792·8 月 社／1844·10·18 社
川船規則 ❺-1 1696·3·29 社
川船(烙印)奉行 ❺-1 1622·12·24 社／1643·12·2 社
勧進小船 ❺-1 1657·3 月 社
紀伊藩船印 ❺-2 1827·9 月 政
鬼怒川運送貨物 ❺-2 1730·是年 社
紀ノ川通船 ❺-2 1796·7 月 社
競渡舟 ❺-1 1655·是年 社
漁船 ❸ 1346·12·21 社／❹ 1548·9·21 社
鯨舟 ❺-2 1743·3·19 社／1747·7·13 社
蔵船 ❺-2 1719·12 月 社
黒船 ❷ 1172·7·9 政
桑名船 ❺-2 1771·6 月 文
警固船 ❹ 1576·7·13 政
検疫停船仮規則 ❻ 1879·7·3 政
剣先船 ❺-1 1646·是年 社／1674·是年 社／1675·3 月 社／1680·3 月 社／1705·2 月 社
航海公証規則 ❻ 1874·8·27 政
荒唐船 ❹ 1554·6·8 政
港内取締規則 ❻ 1873·1·12 政
航路開鑿(備中笠神) ❸ 1307·8·1 社
石銭 ❺-1 1707·11·21 社／1708·1… 月 社
国内回漕規則 ❻ 1874·11·10 社
小早 ❺-1 1672·寛文年間 政
五百石積船 ❹ 1594·1·25 社
五百石積以上の大船、没収 ❺-1 1609·9 月 政／1635·6·21 社／1638·5·2 政／1669·2 月 政
小間物野菜付舟 ❺-2 1741·4·8 政
小廻(弁才船) ❺-2 1824·12 月 社
犀川通船 ❺-2 1832·是年 社
酒田舟 ❺-1 1650·是年 社
雑船 ❷ 1181·2·7 社
三社詣茶船 ❺-1 1678·是年 社
舟運に関する法規 ❹ 1573·7·16 社
蒸気船通船 ❻ 1872·4·28 社
蒸気船定期航路 ❻ 1867·9·12 社
蒸気船雛型 ❺-2 1851·是年 政
蒸気郵船規則 ❻ 1870·1·27 政
商船 ❺-1 1655·7·13 社
商船規則 ❻ 1870·1·27 政
商船建造許可 ❺-1 1666·1 月 政
商船税廃止 ❻ 1873·1·12 政
定船場「関東十六渡津」 ❺-1 1616·… 月 社／1690·2·4 社
商売船 ❹ 1579·9·25 社
商売船諸公事免許 ❹ 1487·3·29 社
上洛船(淀川) ❷ 1261·9·25 社
白子大伝馬町廻船問屋 ❺-2 1794·1… 月 社
城米積み船乗組員の人数 ❺-2 1735·6 月 社
新船の諸役 ❹ 1560·3·12 社
新綿舟 ❺-2 1808·10·11 社
ストンボ(船) ❻ 1868·4 月 社
青函連絡船 ❻ 1874·2·11 社
西洋型船 ❺-1 1611·9·18 政
西洋型船・端艇 ❺-2 1849·2 月 社／1850·是年 社
西洋式航海術 ❺-1 1618·是年 文
西洋式の錨 ❺-2 1782·1·17 文
西洋式の軍艦模型「日立丸」 ❺-2 1838·6 月 文
関船 ❺-1 1630·12 月 社
瀬取船 ❺-2 1741·4·8 政
船当(船頭か) ❷ 1247·2·5 社
船舶(大船)建造 ❺-2 1779·5·10 政／1783·是年 政／1834·11·3 政／1846·8·1 政
船舶保険 ❻ 1883·11·29 政
船舶令 ❷ 1231·6·6 政
走廻役船 ❹ 1562·8·3 社
造船 ❷ 1222·3 月 社
造船の用材 ❹ 1496·2·16 社
ソマ船 ❹ 1587·是年 政
大慈院国料船 ❹ 1461·4·4 社
帯刀者無賃乗船禁止 ❻ 1871·9·27 社
高瀬川舟運 ❼ 1920·6 月 社
高瀬舟 ❶ 884·9·16 社／❺-1 1613·10·13 社／1690·是年 社／❺-2 1725·10·18 文／1781·是年 社／1784·4·19 社
高田屋嘉兵衛持船 ❺-2 1812·8·13 政
樽廻船(仲間・問屋) ❺-1 1647·正保

年間 政／**1672**·寛文年間 政／❺-2 **1735**·享保年間 社／**1772**·7月 政／是年 政／**1833**·11·3 政
樽船 ❹ **1508**·11·2 社
タンカー神戸入港 ❻ **1893**·2·2 社
茶船 ❺-1 **1619**·9·26 社／**1665**·6·5 社／**1673**·11月 社
通行税法 ❼ **1910**·3·25 政
通船(覆没) ❺-2 **1808**·7·25 社
津軽船(関東御免) ❸ **1306**·9·24 政／9月 社／**1316**·3月 政
積荷規定 ❺-2 **1794**·10月 社
出羽最上川船運株 ❺-2 **1832**·5月 社
トイクルスコロック(潜水鐘) ❺-2 **1834**·6·29 政
東海廻り廻船問屋 ❺-2 **1740**·8月 政
唐船製造 ❷ **1206**·4·15 社
燈油船 ❸ **1301**·8·25 社
燈油料船梶取 ❷ **1272**·12·12 社
燈油料船 ❸ **1282**·3月 社／**1299**·12·22 社
徳川将軍御座船 ❻ **1872**·8·28 社
渡南蛮船セジアラトミ筑殿 ❹ **1541**·8·10 政
内国船難破·漂流物取扱規則 ❻ **1875**·4·24 社
長門赤間関出入船の條規 ❺-2 **1754**·②月 社
難船救助心得方 ❻ **1870**·2·29 社
難破船(救助·検査·荷物取扱の制) ❺-1 **1621**·8月 政／**1630**·2·18 社／**1635**·2月 社／**1679**·1月 社／**1680**·9月 社／**1687**·是年 政／**1691**·5·22 社／❺-2 **1729**·8·26 政／**1731**·7·19 社／**1735**·6月 社／**1741**·是年 社／**1759**·9月 社／**1775**·是年 政／**1795**·5·1 社／**1803**·是年 政／**1842**·6·24 政
日本製黒船(サン·ファン·バウティスタ号) ❺-1 **1613**·9·15 政
乗合蒸気船 ❻ **1869**·11月 社
幕府軍艦借用許可 ❻ **1864**·4·23 社
幕府所有洋式船 ❻ **1858**·5·9 社
艀 ❺-2 **1770**·4·4 社
馬艦船(琉球) ❺-2 **1807**·6·21 政
浜名湖運輸 ❹ **1533**·12·4 社
帆蒸気船 ❼ **1909**·2·21 社
藩有船(鳥取藩) ❺-2 **1799**·是年 社
日覆船 ❺-2 **1842**·4·28 社
菱垣廻船 ❺-2 **1721**·2月 政／**1724**·是年 政／**1740**·11月 政／**1742**·3月 政／**1745**·8月 政／**1754**·4月 政／**1773**·4月 政／**1786**·11月 社／**1808**·2·8 政／**1809**·2月 政／6·5 政／**1813**·3·29 政／**1819**·6·25 政／**1833**·11·3 政／**1846**·7月 社
引船(酒匂川) ❺-2 **1736**·8月 社
彦根他屋船(三湊船) ❺-2 **1728**·9月 社
百姓筏 ❺-2 **1721**·12·26 社
百艘船 ❹ **1587**·2·16 社
俵子船 ❹ **1554**·11·16 社
兵糧船 ❹ **1576**·7·13 政
日除船 ❺-2 **1747**·7·28 社／**1749**·9月 社
平船 ❺-2 **1779**·8·3 社
琵琶湖船 ❷ **1180**·11·22 社
琵琶湖船奉行 ❺-1 **1661**·4·5 社
深川船蔵 ❺-2 **1808**·⑥·8 政／**1823**·6·8 政
伏見船 ❺-1 **1698**·12·21 社／**1699**·3月 社／6·29 社／**1710**·9月 社／❺-2 **1722**·是年 社
船改め(岩国領) ❺-2 **1744**·是年 社
船改め廃止 ❻ **1872**·3·29 政
船改番所 ❺-1 **1661**·6·6 社
船筏税 ❻ **1891**·7·5 社
舟入工事(江戸鷹匠町) ❺-1 **1664**·4·5 社
舟運賃(猪苗代湖) ❺-1 **1673**·9月 社
船役(銭) ❹ **1548**·5·1 社／**1557**·11·15 社／**1561**·10·27 社
船水手(ふなかこ) ❸ **1329**·5·20 社
船数改め ❺-1 **1681**·5月 社
船方(武蔵芝村) ❹ **1564**·是年 社
船方法度 ❹ **1554**·7·12 社
船倉 ❺-1 **1607**·9月 社
船タデ場 ❺-2 **1726**·5·12 社
船賃用料田 ❷ **1214**·2·18 政／**1215**·2·18 社
船手 ❺-2 **1742**·1·19 政
船問屋 ❺-2 **1852**·10·2 社
船年貢 ❺-1 **1701**·7·29 社
船番匠の條規 ❹ **1555**·3·13 社
船奉行 ❺-1 **1601**·是年 政／**1685**·6·26 社
舟持 ❹ **1581**·4·22 社
船役規定 ❺-1 **1613**·9·2 社
船役銭 ❺-1 **1679**·4·27 政
船改め制 ❺-1 **1686**·10·21 社
船に船主名·本拠地を彫付ける ❸ **1301**·3·27 政
船の「丸」号初見 ❷ **1187**·2·15 社
船の過書 ❹ **1577**·5·6 社
船の取締規則 ❺-1 **1666**·4·17 社
舟の帆(藁草帆から布帆へ) ❹ **1564**·8·13 社
米船 ❷ **1278**·5·18 社／❹ **1559**·6·25 社／❺-1 **1607**·7·13 社
弁財船(千石船) ❺-2 **1813**·是年 政
放生津湊船(越中) ❸ **1382**·3·18 社
北国船 ❹ **1569**·9·1 社
丸船(近江琵琶湖) ❺-1 **1677**·是年 社
万福丸設計図板額 ❺-2 **1843**·9月 文
澪役·水路整備 ❺-1 **1707**·2月 社／**1710**·1月 社
三木川通船 ❺-2 **1765**·是年 社
水舟 ❺-2 **1741**·4·8 政
見沼通船(武蔵) ❺-2 **1731**·是年 社
免船 ❹ **1517**·9·6 社／**1580**·7·17 社／**1581**·2·22 社／2月 社／**1586**·6·2 社／10·1 政／**1588**·8·4 社
蒙古の船 ❺-2 **1797**·9·24 社
最上川手船 ❺-2 **1753**·11月 政
屋形船 ❺-1 **1682**·8·15 社／**1684**·6月 社／**1689**·7·7 社／**1690**·7·23 社／**1701**·7·11 社／**1706**·8月 社／**1713**·3·22 社／❺-2 **1735**·享保年間 社／**1779**·8·3 社
湯船(据風呂船·行水船) ❺-2 **1741**·4·8 政
四板船 ❹ **1589**·12·2 社
淀船 ❹ **1598**·是年 社／❺-1 **1714**·4月 社
四百石積船 ❺-1 **1648**·4·26 政／**1676**·是年 社
霊方舟 ❹ **1490**·⑧·14 文
琉球の船匠 ❸ **1433**·7·19 政
ロシア船·唐船の模型 ❺-2 **1810**·7·11 政
脇舟 ❹ **1517**·9·6 社
和船設計図 ❺-2 **1833**·1月 文
渡船 ❷ **1181**·2·7 社／**1195**·2·20 社／❸ **1336**·6·14 政
渡船(相模慈恩寺) ❸ **1383**·4·11 社
船(近代以降)
F型(小型鉄鋼)輸送船 ❽ **1947**·9·24 政
大型屋形船 ❾ **1980**·3·26 社
大阪世界帆船まつり ❾ **1983**·10·23 社
カーフェリー ❼ **1934**·3·28 社／❽ **1954**·3月 社／❾ **2010**·11·15 社
海運統制令 ❽ **1940**·2·1 社
外国船購入 ❽ **1951**·1·11 政
海上運送法 ❽ **1949**·6·1 社
海上交通安全法 ❾ **1972**·7·3 社
海上コンテナ輸送体制 ❾ **1969**·7·22 政
海上衝突予防法 ❻ **1892**·6·22 社／❾ **1977**·6·1 社
海上保安庁港内雑務艇 ❽ **1948**·5·1 政
海上保安庁巡視艇 ❽ **1948**·5·1 政／**1964**·5·13 政／5·21 政／6·5 政
海難審判法 ❽ **1947**·11·19 政
貨車航送船(青函連絡) ❼ **1925**·8·1 社
川崎－木更津フェリーボート ❾ **1965**·4·4 社
関釜連絡船 ❽ **1945**·4·1 社／6·20 社
関門連絡船 ❽ **1964**·10·31 社
機帆船 ❽ **1946**·7·1 政
キャッチャーボート ❽ **1939**·3·10 社
航海奨励法 ❼ **1896**·3·24 政
航海練習所 ❼ **1930**·6·1 社
鋼鉄漁船建造 ❽ **1946**·5·13 政
鋼鉄製タンカー ❼ **1908**·9月 社
神戸－小倉(阪九フェリー) ❾ **1968**·8·10 社
神戸·大阪－上海定期旅客フェリー ❾ **1985**·7·6 社
小形客船 ❽ **1946**·4·15 政
小型旅客汽船取締規則 ❻ **1881**·10·20 社
国産水中翼船 ❽ **1961**·3·16 社
コンテナ輸送の始め ❽ **1959**·11·5 社
自動車運搬船 ❽ **1962**·6·1 社
下関釜山関釜フェリー ❾ **1970**·6·19 社
商船管理委員会(CMMC) ❽ **1945**·11·23 政
水中翼船 ❽ **1963**·4·25 社
青函連絡船 ❻ **1874**·2·11 社／❼ **1908**·3·7 社／**1914**·12·10 社／**1924**·5·21 社／❽ **1945**·3·6 社／❽ **1945**·

7·14 社／8·28 社／**1947**·3·26 社／**1951**·5·22 政／**1956**·3·10 社／❾ **1973**·8·5 社／**1977**·7·1 社／**1988**·3·13 社
世界最大のタンカー ❽ **1956**·8·8 政／**1962**·7·10 政
石油発動機装備船 ❼ **1905**·是年 社／**1906**·3·9 社
船員·海員(法) ❼ **1899**·3·8 社／**1916**·3·1 社
船員雇用(促進センター) ❾ **1977**·8·19 社／12·26 政
船員徴用·動員令 ❽ **1940**·10·21 政／**1947**·4·1 政
船員法·船舶職員法 ❾ **1982**·5·1 社
戦時海運管理令 ❽ **1942**·3·25 政
船長の最後退船義務 ❾ **1970**·3·5 社
船舶安全法 ❼ **1933**·3·15 政
船舶運営会 ❽ **1942**·4·1 政／**1946**·8·7 社
船舶運航管理令 ❽ **1949**·1·26 社
船舶検査法 ❼ **1896**·4·6 政／❾ **2000**·11·30 政
船舶公団 ❽ **1947**·4·8 政／**1950**·3·31 政
船舶職員法 ❼ **1896**·4·6 政
船舶の徴用問題 ❽ **1942**·12·5 政
船舶法 ❼ **1899**·3·8 社
船舶防空監視令 ❽ **1942**·4·16 政
船舶保護法 ❽ **1941**·3·17 政
船舶向けニュース ❽ **1964**·3·2 社
船舶用モールス信号停止 ❾ **1991**·2·4 社
ソーラーボート ❾ **1985**·5·22 社
中日友好の船 ❾ **1979**·5·9 政
東京－釧路間カーフェリー ❾ **1972**·4·6 社
東京湾フェリーボート ❽ **1960**·4·29 社
燈台船 ❽ **1947**·9·6 社
名古屋－仙台－苫小牧(太平洋沿岸フェリー) ❾ **1973**·4·1 社
二重船体構造タンカー ❾ **1993**·2·1 社
日本海運協会 ❽ **1947**·6·5 政
日本商船を民間に返還 ❽ **1950**·3·3 政
日本人初めてパナマ運河通過 ❼ **1914**·10·20 社
日本船主協会 ❽ **1947**·6·5 政
日本船舶を国家管理 ❽ **1945**·9·3 政
日本船初めてパナマ運河通過 ❼ **1914**·12·10 社
日本モーターボート協会 ❽ **1963**·3·20 社
パルプ·プラント船 ❾ **1978**·2·10 政
帆装船·タンカー ❾ **1980**·8·1 政
東日本フェリー ❾ **2003**·6·29 政
100トン以上の船舶航行禁止 ❽ **1945**·9·24 社
病院船に関する條約 ❼ **1904**·12·21 政
ホーバークラフト ❽ **1961**·6·7 政
捕鯨工船 ❼ **1936**·9·18 社
ポンポン蒸気船(隅田川) ❽ **1947**·5·10 社
水先案内人 ❾ **1974**·11·9 社
水先法 ❼ **1899**·3·13 社
木造船 ❽ **1943**·1·20 政
臨時船舶管理法 ❽ **1937**·9·10 政
別れの紙テープ ❼ **1915**·是年 社／❾ **1971**·12·15 社

船舶名

(漂流船は 5 外交に、軍艦は 6 軍事に、海難船は 10 事故にあり)
浅草丸 ❺-1 **1709**·9·5 政
浅間丸 ❼ **1928**·10·30 政／**1929**·10·11 政／❽ **1940**·1·21 政／**1942**·6·25 政／7·22 政／8·20 政
飛鳥丸 ❺-1 **1711**·3·23 政
亜庭丸(砕氷客船) ❼ **1927**·11·27 社／**1928**·12·8 社
アポロ号(世界最大タンカー) ❽ **1958**·12·6 社
あるぜんちな丸(大阪商船) ❽ **1939**·7·11 社
アロンドア·レインボウ(貨物船) ❾ **1999**·10·22 政
阿波丸(貨客船) ❽ **1945**·4·1 政
泉太郎 ❸ **1299**·2·11 社
出光丸(タンカー) ❾ **1965**·8·11 政
永寿丸 ❹ **1568**·2月 政
大木丸 ❻ **1868**·10·4 社
大津丸 ❺-1 **1672**·寛文年間 政
大泊(砕氷艦) ❼ **1921**·11·7 政
追浜丸(自動車専用輸出船) ❾ **1965**·11·3 政
音戸丸(ディーゼル客船) ❼ **1924**·1·25 社
海光丸(木造機帆船) ❼ **1904**·12·25 社
海光丸·釧路丸(トロール船) ❼ **1908**·1月 社／**1927**·11·19 社
快風丸(水戸藩) ❺-1 **1685**·是年 政／**1687**·6·1 政／**1688**·2·3 政／6·6 政
海鷹丸(東京水産大学練習船) ❾ **1965**·1·30 文
海龍丸(浚渫船) ❽ **1961**·2·4 社
加賀丸(貨物船) ❾ **1965**·12·11 政
笹戸丸 ❼ **1908**·4·28 政
鎌倉丸 ❽ **1942**·8·10 政
清風丸(気象庁新海洋船) ❽ **1964**·3·17 文
玉栄丸 ❽ **1945**·4·23 政
麒麟丸 ❺-1 **1709**·9·5 政
金華山丸(自動化船) ❽ **1961**·11月 社
クイーンエリザベスⅡ世号 ❾ **1975**·3·10 社／**1977**·3·12 社
国一丸 ❹ **1476**·8·29 社／❻ **1872**·8·28 社
くらかけ丸(双胴船) ❽ **1961**·10·1 社
クリーブランド号(客船) ❼ **1910**·1·3 社
瓊江丸(けいこうまる) ❻ **1891**·7·11 社
謙信丸 ❻ **1881**·5·21 社
玄武丸 ❻ **1875**·8·31 政
興安丸 ❽ **1958**·4·6 社
光運丸 ❻ **1873**·5月 社
剛邦丸(タンカー) ❽ **1958**·9·19 社
小麒麟丸 ❺-1 **1711**·3·23 政
小菅丸 ❻ **1883**·2月 社
犀丸 ❺-1 **1709**·9·5 政
サファイア·プリンセス(豪華客船) ❾ **2004**·5·27 社
三計丸(魚類冷蔵装置汽船) ❼ **192**
10·6 社
昌栄丸 ❺-2 **1842**·是年 政
昌平丸 ❻ **1869**·8·29 政
昇平丸(三本マストの琉球大砲船) -2 **1852**·12·9 政
神威(重油艦) ❼ **1922**·12·15 政
神昌丸 ❺-2 **1782**·12·9 政
神通丸 ❺-2 **1786**·3·8 政
神力丸 ❻ **1857**·12·10 政
新和丸(熔接船) ❽ **1948**·8·25 政
住吉丸 ❺-1 **1711**·3·23 政
諏訪丸(熔接船) ❼ **1920**·4·7 社
蒼準丸 ❺-2 **1849**·2月 社
宗谷(南極観測船) ❽ **1957**·10·21／**1958**·11·12 文／**1959**·10·31 文／**1961**·5·4 社／**1962**·4·17 文
だあんぱん丸 ❽ **1941**·1·18 政
第一探海号 ❽ **1964**·7·22 文
第一千鳥丸 ❽ **1957**·1·2 政
大元丸 ❻ **1854**·7月 政
大国丸(貨物船) ❾ **1967**·10·2 政
太湖丸 ❻ **1882**·5·1 社
第十黒潮丸(北洋調査船) ❽ **1956**·
16 政
大成丸(商船学校練習船) ❼ **1912**·
18 政
タイタニック号(客船) ❼ **1912**·4·
社
第二暁丸 ❽ **1946**·4·30 政
第二新丸(母船) ❽ **1939**·3·10 社
大洋丸(日本郵船) ❽ **1942**·5·8 政
たから(大型コンテナ専用船) ❽ **1956**·11·5 社
武内丸 ❺-1 **1709**·9·5 政／**1711**·3·23 政
ダコタ(米船) ❼ **1907**·3·3 社
橘丸 ❺-1 **1711**·3·23 政
辰悦丸 ❺-2 **1800**·3月 政
龍田丸 ❽ **1942**·7·30 政
筑後川丸 ❻ **1890**·5·31 社
長久丸 ❺-2 **1810**·是年 政
対馬丸(疎開船) ❼ **1916**·6·21 政／❽ **1944**·8·22 社
帝亜丸(日米交換船) ❽ **1943**·11·14 政
DSRV(深海救難艇) ❾ **1984**·10·15 政
天下丸 ❺-1 **1635**·6·2 政
天地丸 ❺-1 **1711**·3·23 政
天満丸 ❺-2 **1822**·是年 政
天洋丸(タービン汽船) ❼ **1907**·9·1
社／❼ **1908**·4·22 社
東京丸(タンカー) ❾ **2000**·7·14 文
土佐丸 ❼ **1896**·3·15 政
奈良丸(海軍御用船) ❼ **1897**·12·24 社
新潟丸 ❻ **1871**·是年 社
日章丸(油送船) ❽ **1938**·6·13 社
捕鯨母船〈日新丸〉 ❼ **1936**·8·1 社
日石丸(タンカー) ❾ **1971**·4·20 政
新田丸(日本郵船) ❽ **1939**·5·20 政／**1941**·3·27 社
日本丸 ❽ **1954**·5·1 政／❾ **1984**·9
14 政
ねばだ丸(貨物船) ❽ **1958**·8·12 政

定点観測船〈のじま〉 ❽ 1962・2・12 文
箱根丸(コンテナ船) ❾ 1968・8・24 社
橋立丸(タンカー) ❽ 1948・8・5 政
ハワイアン・プランター号(コンテナ専用船) ❾ 1967・9・17 社
坂東丸 ❷ 1187・2・11 社
氷川丸 ❼ 1930・4・25 政／❽ 1953・7・22 政／1960・8・27 社
飛翔(超高速貨物船) ❾ 1968・8・2 政
平壌丸 ❼ 1918・4・1 政
プロヴィデンス(英) ❺-2 1796・8・14 政／1797・7・7 政
ポーハタン(米) ❻ 1860・1・10 政
ヨツギトミ(渡唐船) ❹ 1537・8・20 政
ライト号 ❻ 1862・6・28 政
ラ・マルセイエース号(仏) ❽ 1953・5・16 政
リーフデ号 ❹ 1600・3・16 政
りやあど丸(40000 トンタンカー) ❽ 1958・5・16 社
良興号(満洲国船) ❼ 1932・3・18 政
若草(燈台補給船) ❾ 1977・6・30 社

ヘリコプター・グライダー・人力飛行機

大型ヘリコプター製造技術 ❽ 1960・12・6 政
グライダー ❼ 1930・5・11 社／7・13 社
軽飛行機「報知号」 ❼ 1930・8・20 政
献納飛行機「愛国」 ❼ 1932・1・10 社
国産グライダーの始め ❼ 1925・3・21 社／1930・5 月 社
国産ヘリコプター「MH2000」 ❾ 1997・6・26 政
国産ヘリコプター「ベル 47D 型」 ❽ 1953・11・16 政／1954・2・15 政／1959・10・16 社
ジェットヘリコプター(萩原久雄) ❽ 1952・8・8 社
ジェットヘリコプター「JHX3 複座ヘリコプター旭」 ❽ 1955・9・17 政
人力飛行機「イーグレット三号」 ❾ 1975・3・22 社
人力飛行機「ストーク改」 ❾ 1977・1・2 社
人力飛行機「リネット」 ❾ 1966・2・26 社
人力ヘリコプター ❾ 1994・3・7 社
パラシュート試験 ❽ 1953・3・10 社
複葉式グライダー ❼ 1909・12・9 社
ヘリコプター(仏シュッド社製、アルエットⅡ型) ❽ 1961・9 月 政
ヘリコプター「よみうり YI」 ❽ 1954・1・27 政
ヘリコプター山間地の鉄塔、送電線架設 ❽ 1956・11・8 社
ヘリコプター(米シコルスキー社製) ❽ 1959・10・9 社
ヘリコプター操縦講習学校 ❽ 1953・1・10 社
ヘリポート ❽ 1958・4・3 社／1962・10・2 社

港湾・廻船

江戸・青森間の廻漕船通航 ❺-1 1625・5 月 社
江戸運送廻船 ❺-1 1603・是年 社／1627・是年 政／1661・是年 政／1672・2 月 政
大井川渡場掟書 ❺-2 1789・4 月 社
大坂廻米(加賀) ❺-1 1713・是年 政
御城米廻漕の規則 ❺-1 1673・2 月 政
廻船救難救援規則・難船法度 ❺-1 1621・8 月 政／1652・8・14 社
廻船年寄 ❺-1 1636・是年 政
廻米船路普請(陸奥阿賀川) ❺-1 1685・9・18 社
川筋掟 ❺-2 1754・6・21 社
川留 ❺-2 1736・2・11 社
北前船 ❺-1 1643・寛永年間 政
石銭 ❺-2 1721・9・28 社／1722・5・12 社／1755・12・23 社／1756・2・14 社／1765・12・23 社／1782・8・18 社／1791・1・17 政
佐渡回米 ❺-1 1671・是年 社
城米廻漕法 ❺-1 1712・8 月 社
新湛甫(讃岐多度津藩) ❺-2 1838・是年 社
造船瀬所 ❶ 781・1・20 社
西廻運漕 ❺-1 1657・明暦年間 政／1672・7 月 政
菱垣廻船 ❺-1 1619・是年 社／1694・是年 政／❺-2 1730・3 月 社
東廻廻船 ❺-1 1655・是年 社／1671・7 月 政／❺-2 1720・10 月 政
肥後託摩郡銭塘村沖築造 ❺-2 1795・是年 社
彦根三湊 ❺-2 1720・3 月 社
備後鞆港に波止築造 ❺-2 1791・是年 社
古組仮船組 ❺-2 1730・3 月 社
北方航路 ❺-1 1613・8・5 政
松前沖口口銭 ❺-2 1735・是春 政
澪杭 ❺-2 1719・7・23 社／1783・9・18 社
六郷渡船場 ❺-2 1738・2・17 社／1750・7・3 社

港(みなと、近代以降)

江戸湾漁船以外航行禁止 ❻ 1864・9・7 社
海員掖済寄宿所 ❻ 1883・1・21 社
海港検疫所(横浜・神戸・長崎) ❼ 1899・4・13 社
海上輸送力非常動員実施方針要領 ❽ 1944・2・29 政
鴨川運河 ❻ 1894・9・25 社
賀茂川の浚渫 ❻ 1856・5・17 社
京葉シーバース ❾ 1968・8・11 政
港湾運送事業法 ❽ 1951・5・29 政
港湾協会 ❼ 1922・10・12 政
港湾整備新五か年計画案 ❾ 1970・8・31 政
港湾整備促進法 ❽ 1953・8・5 政／1961・3・31 社
港湾法 ❽ 1950・5・31 政
コンテナ埠頭 ❾ 1970・8・31 政
東京湾晴海埠頭 ❽ 1955・3・17 社
特定港湾施設整備特別措置法 ❽ 1959・3・30 政
特別輸出港規則 ❻ 1889・7・31 政
利根運河 ❻ 1890・5・10 社

港(各地)

相生浦(播磨) ❷ 1191・8・1 社
青森湊 ❺-1 1624・是年 社
青森港 ❼ 1906・5・20 社／1916・6・23 社／1924・8・28 社
赤尾泊(備前) ❷ 1114・5・9 政
明石泊(播磨) ❷ 1256・4・7 政
麻生浦(志摩) ❷ 1203・11・4 社
安濃津(阿濃津・あのつ、伊勢) ❷ 1096・12・9 社／1196・4・15 社
淡路津名塩尾港 ❺-2 1826・6・29 社
淡路由良港 ❺-2 1765・2 月 社／1766・10 月 社
伊豆大島波浮入江(港) ❺-2 1799・11 月 社／1800・8 月 社
糸崎港(広島) ❼ 1900・6・1 社
魚住船瀬(播磨) ❶ 832・5・11 社／867・3・27 社／901・是年 社／❷ 1196・6・3 社／1203・5・17 社／1219・3 月 社
宇品港 ❻ 1890・4・21 社
越前三国港口銭 ❺-1 1715・是年 政
江戸港 ❻ 1861・3・23 政
江戸芝新堀・麻布運漕路開削工事 ❺-1 1699・7・25 社
大阪港 ❻ 1861・3・23 政／❼ 1897・10・17 社／1929・3・31 社／4・23 社
大泊港(樺太) ❼ 1909・4・1 社
大輪田船瀬(輪田泊、兵庫津・摂津) ❶ 812・6・5 社／853・10・11 社／897・9・15 社／922・是年 社／❷ 1174・是年 政／1180・2・20 社／3・5 社／9・16 政／1196・4・28 社／6・3
大輪田泊使 ❶ 831・5・21 社／947・7・5 社
大渡(おおわたり、肥後) ❷ 1276・5 月 社
沖縄泊港 ❽ 1954・8・3 社
小樽港 ❻ 1894・5・21 政／❼ 1924・8・25 社
尾道港(広島) ❼ 1927・12・10 社
鹿児島港 ❼ 1919・7・12 社
水児船瀬(かこのふなせ・播磨) ❶ 791・11・6 社
鹿島港 ❾ 1969・10・15 社
神奈川港 ❻ 1859・1・6 社／6・2 政
鐘崎(金埼・筑前)船瀬 ❶ 767・8・4 社
唐津港(佐賀) ❼ 1896・11・1 政
川越・川留の規定 ❺-2 1803・3 月 社
釧路港 ❻ 1890・12・26 政
神戸港 ❼ 1898・5・7 社
神戸桟橋 ❻ 1876・7・1 社
小倉港 ❻ 1885・4・20 社
相模浦賀湊 ❺-2 1720・12・25 政
下田船改番所 ❺-1 1616・是年 政
下田港 ❻ 1854・2・1 政／9・2 政
下総銚子港 ❺-1 1609・4 月 社
筑後久留米若津港 ❺-2 1751・是年 社
対馬大船越瀬戸の開鑿 ❺-1 1672・1・11 社
敦賀港(福井) ❼ 1913・11・3 社／❾ 1999・7・18 社
東海道今切 ❺-2 1822・5・4 社
東京港 ❻ 1868・11・19 政／❽ 1941・5・20 社
東京芝浦桟橋 ❼ 1926・4・1 社
土佐津呂港 ❺-1 1651・1 月 社／1661・3・26 社
土佐室津港 ❺-1 1679・6・10 社
長崎港 ❺-2 1765・12・23 社／❻

1859·6·2 政／❼ 1934·1·23 社
長洲浜(摂津) ❷ 1084·是年 社
名古屋湾 ❼ 1907·11·10 社
七尾開港七十年港祭(石川県) ❾ 1968·7·19 社
那大津(博多) ❶ 661·3·25
那覇港(沖縄) ❻ 1894·5·21 政／❼ 1916·4·12 社／❽ 1960·2·3 政
新潟港 ❺-1 1633·9月 社／1697·是年 社／❺-2 1738·1·21 社／❻ 1861·3·23 政／1868·6·1 政／11·19 政／❼ 1917·10·15 社
新潟東工業港 ❾ 1969·11·19 社
根室港(北海道) ❼ 1910·6·1 社
野蒜築港 ❻ 1881·1·2 社
博多津 ❷ 1105·8·20 政
萩港(山口) ❼ 1927·12·10 社
箱館港 ❻ 1854·2·1 政／9·2 政／1859·6·2 政
浜田港(島根) ❼ 1916·4·28 社
播磨赤穂 ❺-1 1666·是春 政
兵庫港 ❷ 1173·是年 社／❻ 1861·3·23 政／1867·3·5 政／12·7 政
福良津(能登) ❶ 772·9·21 政
釜山港(朝鮮) ❼ 1920·5·19 社
伏木港 ❻ 1894·5·21 政
豊後府内開港 ❹ 1559·是秋 政
伯耆米子浦 ❺-1 1602·1·19 社
宮津港 ❻ 1893·4·15 政
門司港 ❻ 1889·11·15 社
横浜港(大桟橋·メリケン波止場) ❼ 1896·7月 社／1909·7·1 社／1917·11月 社／12·3 社／❽ 1952·2·15 政
四日市港 ❻ 1889·11·15 社
和賀江嶋埠頭(鎌倉) ❷ 1232·7·12 社
若松港(福岡) ❼ 1904·4·10 社
輪田泊(摂津)⇨大輪田泊(おおわだのとまり)
和邇泊·津·船瀬(近江) ❶ 847·承和年間 社／867·4·17 社
モーターショー ❽
大阪モーターショー ❾ 1999·12·2 社
外国自動車ショー ❽ 1960·5·14 社
全日本自動車ショー ❽ 1954·4·20 社／1955·5·7 社／1957·5·9 社／1958·10·10 社／1959·10·24 社／1960·10月 社／1961·10·25 社／1962·10·25 社
東京外車ショー ❾ 1989·1·26 社
東京国際航空宇宙ショー ❾ 1966·11·3 社／1968·10·9 社
東京モーターショー ❽ 1964·9·26 社／❾ 1965·10·29 社／1966·10·26 社／1967·10·26 社／1968·10·26 社／1969·10·24 社／1970·10·30 社／1971·10·29 社／1972·10·23 社／1973·10·30 社／1975·10·31 社／1977·10·28 社／1979·11·1 社／1981·10·30 社／1983·10·28 社／1985·10·31 社／1987·10·29 社／1989·10·26 社／1991·10·25 社／1993·10·22 社／1995·10·27 社／1997·10·24 社／1999·10·22 社／2000·10·31 社／2001·10·26 社／2002·10·29 社／2003·10·24 社／2004·11·2 社／2005·10·22 社／2009·10·24 社
郵便 ❻ 1872·6·1 社／7·1 社
愛国寄付金つき切手 ❽ 1937·6·1 社
青ポスト(速達郵便専用) ❽ 1956·4·11 社
赤ポスト(丸型) ❻ 1882·1月 社／❼ 1901·10·21 社／❽ 1949·12月 社
一円切手 ❽ 1947·8·10 社
駅逓規則 ❻ 1868·9·12 社
SLシリーズ切手 ❾ 1974·12·26 社
往復葉書 ❻ 1884·12·27 社／1885·1·1 社／❽ 1947·8·10 社
お年玉付き年賀葉書 ❽ 1949·12·1 社／1950·1·1 社
オリンピック東京大会寄付金付切手 ❽ 1961·10·11 社
海外郵便局 ❻ 1876·4·15 社
外国小包郵便 ❽ 1947·8·15 社
外国郵便 ❻ 1875·1·1 社
外国郵便規則 ❼ 1900·9·11 社
外国郵便取扱 ❽ 1946·9·10 社
書留用封筒 ❽ 1947·3·15 社
貨物早達便 ❻ 1888·8·1 社
簡易書簡 ❽ 1954·11·1 社
官製記念絵葉書の始め ❼ 1902·6·18 社
切手 ❽ 1946·5·13 政／1949·1·10 社
記念切手 ❻ 1894·3·9 社／❽ 1947·10·30 社／❾ 1977·4·22 社
櫛形消印 ❼ 1906·1月 社
くじ付き暑中見舞葉書 ❾ 1986·6·16 社
軍事郵便物 ❼ 1904·2·5 社
慶弔電報 ❾ 1982·3·1 社
航空郵便 ❽ 1951·10·24 社／1953·7·5 社
航空郵便規制 ❼ 1929·3·26 社
航空郵便ポスト ❼ 1929·3·30 社
広告付き葉書 ❾ 1981·7·7 社
皇太子殿下御成婚記念切手 ❼ 1900·4·15 社
声の郵便 ❽ 1952·12·15 社
国際電報 ❻ 1878·3·25 社
国立公園切手 ❼ 1936·7·10 社／❽ 1938·12·25 社
小包郵便 ❻ 1892·6·17 社／❾ 1982·4·16 社
在日イギリス郵便局廃止 ❻ 1879·12·31 社
在日フランス郵便局廃止 ❻ 1880·3·31 社
三銭切手 ❽ 1945·8·1 社
私書函使用規則 ❼ 1910·9·28 社
私製葉書(私製葉書製式規則) ❼ 1903·12·17 社／1909·10·13 社
自働郵便切手葉書売下機 ❼ 1904·是年 社
趣味週間記念切手 ❽ 1957·11·1 社／1958·4·20 社
書信取扱掛 ❻ 1859·9·27 社
暑中見舞はがき ❽ 1950·6·15 社
千円郵便切手 ❾ 1975·4·22 社
戦勝記念切手 ❼ 1896·8·1 社／1906·4·29 社
速達郵便規則 ❼ 1911·2·1 社／❽ 1937·8·16 社／1939·7·16 社／1953·7·5 社
第三種郵便物 ❻ 1887·11·2 文／1892·2·5 社／❼ 1907·8·17 社
高松塚古墳壁画記念切手 ❾ 1973· 26 社
田沢型切手 ❼ 1913·8·31 社
弾丸切手(割増金付き郵便貯金の債券) ❽ 1942·6·8 社
短銃所持(郵便夫)許可 ❻ 1873·12 28 社／1876·5·26 社
中国向け郵便物開始 ❼ 1935·1·7
超特急郵便(郵政省) ❾ 1985·7·1
定期刊行物郵送制 ❻ 1871·12·5 文
逓信記念日 ❼ 1934·4·20 社
逓信省官制 ❼ 1897·8·18 社
逓信省臨時調査局 ❼ 1917·2·12 政
電報(カタカナからひらがなへ) ❻ 1869·12·25 社／❾ 1988·9·1 社
東京国際郵便局 ❾ 1968·10·28 社
東京中央郵便局 ❼ 1903·4·1 社／1917·1·6 社／1922·1·4 社／1933·11·6 社／12·25 社
東京郵便局火災 ❻ 1888·2·23 社
到着小包配達 ❻ 1887·6·1 社
二銭切手(乃木大将) ❽ 1937·5·10 社
日米航空小包 ❽ 1950·3·15 社
日米郵便交換条約 ❻ 1873·8·6 社
日曜の郵便配達を廃止 ❾ 1965·5·9 社
年賀郵便 ❼ 1899·12·16 社／1906 11·29 社／1923·11·4 社／1926·12·26 社／1927·1·1 社／1934·12·1 社／1935·12·28 社／❾ 1979·1·4 社
年賀郵便用切手 ❼ 1935·12·1 社
配達証明郵便 ❻ 1892·5·16 社
葉書 ❻ 1873·12·1 社／❽ 1937·4· 社／1940·11·6 社／1946·5·4 社／1947·12·12 政／1948·12·1 社／1949·1·10 社／1961·10·28 社／1962·1·4 社
葉書切手(旧)通用廃止 ❻ 1889·10·29 社
万国郵便条約 ❻ 1878·5·2 政／❻ 1877·6·1 政 1／❻ 1891·7·4 政／❼ 1902·6·10 社／1906·5·20 政／1927 6·9 社／1929·6·28 政
飛脚郵便 ❼ 1919·7·28 社
日付印の始め ❻ 1874·10月 社
封書 ❻ 1873·12·1 社／❽ 1937·4· 社／1946·5·4 社／1947·12·12 政／1948·7·10 社／1949·5·1 社
富士山郵便局 ❼ 1906·7·30 社
普通郵便日曜配達を中止 ❽ 1951·1 14 社
フランス飛脚船 ❻ 1871·10月 社
フランス郵便局 ❻ 1865·6·16 社
文化人切手 ❽ 1951·9·19 社
平和祈念切手 ❼ 1919·7·1 社
満洲国郵政開始 ❼ 1932·7·26 社／1935·1·7 社
明治三十七年戦役記念絵葉書 ❼ 1904·9·5 社
文字認識自動区分機 ❾ 1967·3月 社
郵商協定 ❼ 1931·4·6 政
郵政省消印 ❾ 1990·7·3 社
ゆうパック ❾ 1983·11·12 社
郵便(全国均一料金) ❻ 1873·4·1 社

郵便(東京・大阪) ❻ **1871**・1・24 社
郵便為替規則 ❻ **1874**・9・3 政／**1875**・1・2 社
郵便規則 ❼ **1910**・11・5 社
郵便切手帳 ❼ **1906**・12・30 社
郵便局 ❻ **1875**・1・1 社／❼ **1902**・11月 社
郵便局(上海) ❻ **1876**・4・15 社
郵便事業開始 ❻ **1871**・1・24 社／3・1 社／**1872**・7・1 社／**1873**・5・1 社
郵便自動車 ❼ **1912**・7・15 社
郵便事務取扱禁止(民間) ❻ **1870**・11月 社
郵便条例 ❻ **1882**・12・16 社
郵便線路 ❻ **1880**・7月 社／**1885**・7・31 社
郵便「〒」マーク ❻ **1887**・2・8 社
郵便到達時間 ❻ **1871**・1・24 社
郵便(逓信)博物館 ❼ **1907**・6・24 社／**1908**・1・15 文／**1922**・5・15 文
郵便箱 ❻ **1870**・2・2 社／**1875**・4・24 社
郵便馬車 ❼ **1926**・2・5 社
郵便番号制 ❾ **1967**・11・22 社／**1968**・7・1 社／**1987**・7・1 社／**1998**・2・2 社
郵便法 ❼ **1900**・3・13 社／10・1 社／❽ **1946**・7・23 社／**1947**・12・12 政
郵便料金 ❼ **1899**・4・1 社／❽ **1942**・4・1 社／**1944**・4・1 社／**1946**・7・25 社／**1947**・4・1 社／**1948**・2・15 社／❾ **1966**・7・1 社／**1972**・2・1 社／**1976**・1・25 社／**1981**・1・20 社／**1994**・1・24 社
臨時郵便取締令 ❽ **1941**・10・4 社

宿・宿場
安全な旅宿 ❺-2 **1816**・是年 社
江尻商人宿 ❹ **1536**・10・15 社／**1542**・12・16 社
大助郷 ❺-2 **1725**・11月 社
大津宿 ❺-2 **1761**・是年 社
オランダ人旅宿 ❺-2 **1760**・2・1 政
御師宿と町宿(伊勢) ❺-1 **1657**・5・27 社
神奈川宿 ❺-2 **1803**・12月 社
軽井沢宿(中山道) ❺-1 **1712**・10・7 社
川越宿(武蔵) ❺-1 **1623**・是年 社／**1667**・4・22 社
木銭宿賃 ❺-1 **1611**・2月 社
高野山宿坊 ❹ **1523**・3・11 社
坂本宿(中山道) ❺-1 **1712**・10・7 社
宿駅(五街道) ❺-1 **1646**・11月 社／**1647**・6・15 社／❺-2 **1829**・1・22 社
宿場(東海道) ❺-1 **1601**・1月 社
宿泊制 ❺-1 **1687**・7月 社
宿場取締 ❺-2 **1745**・6・27 社
宿場の人馬の制 ❺-2 **1725**・2・26 社
将軍御成道の制 ❺-2 **1717**・7月 政
定助郷 ❺-2 **1725**・11月 社
助郷(山師淀) ❺-1 **1689**・2月 社
駿河江尻商人宿 ❹ **1532**・8・21 社
帯刀者無断宿泊禁止 ❻ **1864**・6・8 社
当麻宿(相模) ❹ **1518**・2・3 社
旅人宿 ❺-2 **1735**・4・27 社／**1740**・6・6 社
丹波島宿(信濃) ❺-2 **1763**・6・1 社／**1833**・5月 社
東海道諸駅法度 ❺-1 **1686**・12・28 社
道中宿次手形 ❺-1 **1651**・8・8 社
内藤新宿 ❺-1 **1698**・是年 社／**1699**・4月 社／❺-2 **1718**・10月 社／**1735**・4・28 社／**1771**・4月 社／**1772**・4・9 社／**1799**・2月 社／**1825**・7・6 社
長崎屋源右衛門 ❺-2 **1760**・2・1 政
中山道宿駅 ❺-1 **1665**・11月 社／**1692**・11月 社／**1714**・11・29 社
浪華講(協定旅館組合) ❺-2 **1816**・是年 社
箱根宿 ❺-1 **1618**・是年 社／**1634**・6・21 社
旅籠(旗籠)屋 ❺-1 **1651**・7・19 社／**1708**・5月 社／**1712**・5月 社
一人の旅人止宿禁止 ❺-2 **1773**・5月 社
藤沢宿 ❺-2 **1784**・3・16 社
本陣(東海道宿場) ❺-1 **1601**・是年 社
三島宿 ❺-1 **1712**・10・7 社
御嵩宿(美濃) ❺-1 **1602**・2・24 社
武蔵品川宿 ❹ **1583**・4・11 社
宿賃 ❺-1 **1617**・5・20 社／**1622**・4・7 社／**1648**・4・12 社
宿屋・旅籠屋 ❺-2 **1763**・4・29 社／**1791**・4月 社
宿屋取締規則 ❻ **1886**・6・14 社／**1887**・10・13 社
旅店 ❹ **1470**・8・9 社

宿・ホテル(近代以降)
熱海ホテル ❻ **1892**・是年 社
大阪ホテル ❼ **1896**・5・20 社
オリエンタル・ホテル ❻ **1872**・是年 社／**1882**・12月 社
外国人用ホテル ❻ **1873**・4月 社
海浜院ホテル ❻ **1887**・7月 社
上高地帝国ホテル ❼ **1933**・10・5 社
簡易旅館 ❼ **1931**・6・23 社
汽車ホテル ❼ **1908**・4月 社
木賃宿 ❼ **1931**・6・23 社
クラブ・ホテル ❻ **1863**・是年 社
甲子園ホテル ❼ **1930**・4・15 社
国際ホテル学校 ❼ **1935**・4・15 社
国民休暇村 ❽ **1962**・7月 社／11・26 社
国民宿舎 ❽ **1957**・10・1 社／**1960**・12・9 社
国立中央青年の家 ❽ **1959**・9・19 社
下関ホテル ❼ **1902**・11・1 社
宿泊料金 ❼ **1930**・8・10 社
純旅館連盟 ❽ **1957**・3・14 社
新大阪ホテル ❼ **1935**・1・16 社
諏訪新旅館(パリ) ❼ **1900**・2・22 社
世阿弥ホテル(京都円山) ❼ **1906**・4・17 社
精養軒(駅上ホテル) ❼ **1915**・11・2 社
セントラル・ホテル ❼ **1906**・6・8 社
大連ヤマトホテル ❼ **1907**・8・1 社
地下道ホテル ❽ **1946**・3・20 社
築地ホテル ❻ **1867**・7・10 社／**1870**・9・2 社
帝国ホテル ❻ **1890**・11・15 社／❼ **1922**・9・1 文／**1923**・9・1 社／❽ **1952**・4・1 社
東京駅ステーション・ホテル ❼ **1915**・11・2 社／**1945**・5・25 社／❽ **1950**・8・22 社／**1951**・10・13 社／❾ **2012**・10・1 社
東京鉄道ホテル ❼ **1933**・12・27 社
東京プリンスホテル ❽ **1964**・9・1 社
東京ホテル ❻ **1887**・6・23 社
奈良ホテル ❼ **1909**・10月 社
日光ホテル ❻ **1888**・9・30 社
日本ホテル(麹町) ❻ **1890**・6・13 社
日本ホテル協会 ❼ **1909**・6・16 社
富士屋ホテル(箱根) ❻ **1878**・7・15 社
奉天ヤマトホテル ❼ **1907**・8・1 社
星が浦ヤマトホテル ❼ **1907**・8・1 社
ホテル(宿泊料) ❽ **1943**・4・26 社
ホテル(マレーハンドブック) ❻ **1881**・是年 社
ホテルニューオータニ ❽ **1964**・9・1 社
ホテル・ニューグランド ❼ **1926**・12・1 社
ホテル接客ボーイ ❼ **1930**・10・6 社
ホテル名 ❼ **1909**・10・27 社
丸の内ホテル ❼ **1924**・10・28 社
都ホテル(京都東山) ❼ **1898**・是年 社／**1900**・8・2 社
陸奥ホテル ❻ **1892**・7・12 社
モーテル ❽ **1957**・7月 社／**1963**・是年 社
也阿弥ホテル ❼ **1899**・3・25 社
ユースホステル ❽ **1958**・11・26 社／**1960**・7・13 社／**1961**・6・19 社／**1962**・4・3 社
洋式ホテル ❻ **1863**・是年 社
ヨコハマ・ホテル ❻ **1860**・是年 社
横浜グランド・ホテル ❻ **1873**・9月 社／**1888**・12・25 社／❽ **1945**・8・30 政
横浜のホテル ❻ **1864**・是年 社
旅館 ❽ **1947**・7・5 社
旅順ヤマトホテル ❼ **1907**・8・1 社
旅人宿組合規則 ❻ **1871**・9・20 社

旅行
因幡国往復記録(平時範) ❷ **1099**・2・9 政
宇宙旅行案内所 ❽ **1957**・11・1 社
海外渡航解禁・許可 ❻ **1866**・4・7 政／❽ **1948**・11・9 政
海外渡航自由化 ❽ **1960**・6・29 政／**1963**・3・14 文／❽ **1964**・4・1 社
海外旅券規定 ❻ **1867**・8・20 政／**1878**・2・20 政
海外旅行規則 ❻ **1869**・5・29 社
海外旅行相談所 ❽ **1949**・9・12 社
外国人観光客 ❽ **1948**・6・25 社
外国渡航希望者 ❻ **1869**・4月 政
観光基本法 ❽ **1963**・6・20 社
国内旅行自由化 ❻ **1871**・7・22 社
世界一周早回り記録 ❽ **1958**・7・27 社／**1959**・9・7 社
全国旅行案内の始め ❻ **1888**・9月 文
旅人取締 ❺-2 **1729**・5月 社
鉄道旅行者救護相談所 ❽ **1954**・9・1 社
東京案内会社 ❻ **1890**・3・14 社
七十三日間世界一周 ❻ **1885**・10月 社
年末年始旅行制限 ❽ **1942**・12・27 社
パック旅行 ❽ **1964**・4・6 社
無税外国者 ❽ **1958**・6・19 政
ヨーロッパ一周旅行団 ❽ **1937**・1・1 社
旅行斡旋業法 ❽ **1952**・7・18 社
旅行証明書 ❽ **1944**・3・14 社／4・1 社

21　スポーツ

運動·体育関係団体
極東体育協会　❼ 1917·5·15 社
スカイダイビング·クラブ　❽ 1962·2·3 社
スポーツ医事相談所　❼ 1933·10·26 社
全国高等学校体育連盟　❽ 1948·6·28 社
体育奨励会　❻ 1885·10·4 文
大日本アマチュア·フェンシング協会　❼ 1935·12·15 社／1936·10·23 社
大日本射撃協会　❽ 1937·4 月 社／1942·3·5 社
大日本青年航空団　❽ 1937·5·5 社
大日本体育会　❽ 1942·4·8 社
大日本体育協会　❼ 1911·7 月 社／1913·9·26 社
大日本ホッケー協会　❼ 1923·11·18 社
冬期運動競技連絡会　❼ 1917·12·23 社
日本アマチュア飛行クラブ　❽ 1954·6·2 社
日本運動協会　❼ 1921·3·13 社
日本運動競技連合　❼ 1933·9·4 社
日本学生航空連盟　❽ 1952·6·2 社
日本滑空協会　❾ 1970·12·1 社
日本グライダー連盟　❽ 1952·3·16 社／11·1 社
日本クレー射撃協会　❾ 1970·10·26 社
日本古武道協会　❾ 1979·2·17 社
日本重量挙げ競技連盟　❽ 1937·9·29 社
日本女子スポーツ連盟　❼ 1926·4·1 社
日本女子体育協会　❼ 1924·3 月 社
日本女子体育連盟　❽ 1954·8·5 社
日本女子大学体育会　❼ 1904·12 月 社
日本スポーツ芸術協会　❽ 1954·4·13 社
日本送球(ハンドボール)協会　❽ 1938·2·2 社／1963·2·9 社
日本体育会　❼ 1902·4·6 社
日本体育協会　❽ 1948·11·13 社
日本体育連盟　❼ 1924·5·12 社
日本ハンググライダー協会　❾ 1976·7 月 社
日本フェンシング協会　❽ 1946·8·1 社
日本ボウリング協会　❽ 1950·7·14 社
日本ボブスレー協会　❽ 1937·6·28 社
日本ユースホステル協会　❽ 1951·10·16 社
日本レクリエーション協会　❽ 1947·10·27 社
婦女弄鞠社　❻ 1878·7 月 社
文部省学校体育研究会　❽ 1948·3·1 社
落下傘スポーツ連盟　❾ 1972·5·3 社

運動場·スポーツ施設　❻ 1868·是年 文／1872·4·8 文
江戸川競艇場　❾ 1973·1·20 社
大阪国技館　❽ 1937·6·9 社
大阪市立運動場　❼ 1923·2 月 社
大阪身障者スポーツセンター　❾ 1974·5·1 社
大宮八幡園(水上レクリエーション)　❼ 1934·12·12 社
オーロラリンク(フィギュアスケート専用)　❾ 2007·5·19 社
岡崎公園運動場(京都)　❼ 1916·11 月 社
オリンピック記念青少年総合センター(OMYC)　❾ 1966·2·10 社
鹿児島川内運動場　❼ 1923·2 月 社
金山体育館　❽ 1950·10·1 社
岸記念体育館　❽ 1941·3·22 社

球場
大阪スタジアム　❽ 1950·9·12 社
川崎球場　❽ 1952·3·20 社
甲子園野球場(アルプススタンド)　❼ 1924·8·1 社／1929·7·20 社／❽ 1943·8·19 社／1945·10·3 社／1947·1·22 社／5·26 社／❾ 2009·3·21 社
後楽園野球場　❽ 1937·9·11 社／1943·10·31 社／1945·11·14 社／1950·7·5 社／1954·3·12 社／❾ 1976·3·1 社
神宮外苑野球場　❽ 1945·9·15 社／10·3 社／10·28 社
西武球場(所沢市)　❾ 1979·4·14 社
豊中野球場(大阪)　❼ 1913·5·1 社
西宮球場　❽ 1937·5·1 社
広島市民球場　❽ 1957·7·20 社
藤井寺球場　❼ 1928·5·27 社
横浜スタジアム　❾ 1977·3·31 社

講道館　❽ 1958·3·25 社
神戸総合運動公園陸上競技場　❾ 1984·10·4 社
後楽園スポーツ·シネマ　❽ 1940·8·28 文
国技館(蔵前·両国)　❽ 1947·1·11 社／1954·9·18 社／❾ 1984·9·23 社／1985·1·9 社
国立屋内総合体育館　❽ 1964·9·5 社
国立競技場　❽ 1956·12·28 社／1958·3·30 社
駒沢オリンピック公園　❽ 1964·7·25 社
品川ボウリング·センター　❽ 1963·11·14 社
神宮外苑競技場　❽ 1952·4·1 社
スポーツ会館　❾ 1970·10·23 社
スポーツセンター(東京)　❽ 1949·9·25 社
体育演舞場(京都)　❻ 1882·1·8 社
体育館　❻ 1881·9 月 社
秩父宮記念スポーツ博物館　❽ 1959·1·6 文
秩父宮記念体育館　❽ 1955·10·5 社
東京体育館　❽ 1954·5·21 社
東京武道館　❽ 1964·10·3 社
中百舌鳥総合運動場　❽ 1937·4 月 社
日活アイス·スケート場　❽ 1950·10·1 社
羽田運動場　❼ 1909·4·4 社
船橋サーキット　❾ 1965·7 月 社
平和島モーターボート·レース場(東京大森)　❽ 1954·6·4 社
ボクシングホール(拳闘会館)　❽ 1946·10·11 社
明治神宮外苑競技場　❼ 1924·10·25 社／1926·10·22 社
メモリアルホール　❽ 1947·1·11 社／1952·4·1 社
横浜国際総合競技場　❾ 1998·3·1 社
代々木競技場　❽ 1964·8·30 社／10·10 社
代々木選手村　❽ 1964·9·15 社
リキ·スポーツぱれす　❽ 1961·7·30 社
ローラースケート場　❽ 1946·2·10 社
ワールド記念ホール　❾ 1984·10·5 社

オリンピック　❻ 1866·是年 政／❼ 1912·7·6 社／1920·8·14 社／1924·7· 社／1928·7·28 社／1932·7·30 社／1936·8·1 社／❾ 1968·10·12 社／1972·8·26 社／1976·7·17 社／1980·5·24 社／7·19 社／1983·1·26 社／1984·7·28 社／1988·9·17 社／1992·7·25 社／1996·7·19 社
アテネオリンピック　❾ 2004·8·13 社
オリンピック委員　❼ 1909·是夏 社
オリンピック聖火　❽ 1964·9·6 政
オリンピック大会復帰　❽ 1949·4·2 社
オリンピック代表水泳選手予選会　❼ 1920·4·23 社
オリンピックに大阪立候補　❾ 2000·1·25 社
オリンピックにプロ参加　❾ 1990·9·16 社
オリンピック予選会　❼ 1911·11·18 社／1932·4·29 社
国際オリンピック委員　❼ 1924·6·2 社
五輪平和賞　❾ 1982·7·31 社

シドニーオリンピック　❾ 2000·9·15 社
世界女子オリンピック大会　❼ 1926·8·27 社
冬季オリンピック　❼ 1928·2·11 社／1932·2·4 社／1936·2·6 社／3·18 社／❾ 1968·2·6 社／1984·2·8 社／1988·2·14 社／1992·2·8 社／1994·2·12 社／2006·2·10 社
冬季オリンピック札幌　❽ 1937·6·9 社／1963·1·16 社／❾ 1966·4·26 社／1972·2·3 社／1976·7·17 社／1988·2·14 社
冬季オリンピックソルトレーク　❾ 2002·2·8 社
冬季オリンピックトリノ　❾ 2006·2·26 社
冬季オリンピック長野　❾ 1997·12·23 社／1998·2·7 社
冬季オリンピック長野招致活動費裏接待　❾ 1999·2·2 社
冬季オリンピックバンクーバー　❾ 2010·2·12 社
東京オリンピック　❼ 1931·10·28 社／1932·7·28 社／1935·2·25 社／1936·1·31 社／7·31 社／❽ 1937·1·13 社／12·20 社／1938·3·15 社／4·28 社／7·15 社／1955·10·10 社／1956·11·9 社／1958·5·13 社／1959·9·30 社／1960·10·18 社／1961·6·21 社／1963·8·7 社／12·10 社／1964·1·22 社／3·18 社／10·10 社／❾ 2006·8·30 社
東京五輪記念メダル　❽ 1964·4·17 社
東洋オリンピック大会(第一回)　❼ 1913·2·1 社
日本オリンピック大会　❼ 1913·10·17 社／1915·5·1 社
日本女子オリンピック大会(第一回)　❼ 1924·6·15 社
北京オリンピック　❾ 2008·8·9 社
ヘルシンキオリンピック　❽ 1950·8·29 社／1952·7·19 社
メルボルンオリンピック　❽ 1956·11·22 社
ローマオリンピック　❽ 1960·8·25 社
ロンドンオリンピック　❽ 1948·7·29 社／❾ 2012·7·27 社
気球·熱気球　❾ 1976·7·25 社／1997·2·3 社
気球「ダブルイーグルV号」　❾ 1981·11·10 社
小型熱気球「オーロラ号」　❾ 1982·12·28 社
熱気球「空ぼうず」　❾ 1969·9·28 社
熱気球国際大会　❾ 1984·11·23 社
風船おじさん　❾ 1992·11月 社
弓道·騎射
『犬追物類鏡』　❺-2 1744·是年 文
犬追物(いぬおうもの)　❷ 1207·6·1 社／1222·2·6 政／1224·2·11 社／1228·3·9 政／1229·9·17 社／1230·①·23 社／2·19 社／1247·2·23 政／1250·8·19 社／1251·8·21 政／❸ 1342·2月 社／1351·3·20 社／1376·4·28 社／1378·3·27 社／1385·12·15 社／1393·10·19 社／1395·2·29 社／1416·2·28 社／1435·2·1 社／11·29 政／12·1 政／1444·9·11 社／1446·2月 社／12·21 社／1447·4·26 社／1453·4·7 社／7·7 社／1454·9·20 社／❹ 1459·4·19 社／1465·8·22 社／1466·2·30 社／1472·2·5 社／1473·3·26 社／1474·8·23 社／1475·6·7 社／1477·8·19 社／1478·2·23 社／1481·3·16 社／1483·7·1 社／1484·2·4 社／3·9 社／1485·3·1 社／9·8 社／1486·5·4 社／1490·7·20 社／1493·1·20 社／7·7 社／8·29 社／11·17 社／1501·1·30 社／1504·2·5 社／1506·⑪·17 社／1509·3·27 社／1510·4·12 社／8·9 社／1514·8·27 社／1515·2·7 社／②·9 社／5·28 社／1516·3·16 社／1518·11·3 社／1519·8·10 社／1528·3·16 社／1539·8·24 社／1561·4·6 社／1575·3·15 社／1576·4·25 社／1577·11·15 社／❺-1 1621·12·3 社／1646·4·7 社／1647·11·13 社／❺-2 1842·11·10 政／1850·6·3 社／❻ 1853·3·25 社／1858·4·4 社／1879·11·27 社／1880·3·22 社／1881·5·9 社
猪鹿追詰　❺-1 1700·9月 社
牛追物(うしおうもの)　❷ 1182·4·5 社／6·7 社／1187·10·2 社／12·2 社
打鞭　❺-1 1638·4·4 社／6·3 文
騎射(うまゆみ)　❷ 1135·5·6 政／❹ 1511·8·9 政／❺-2 1775·4·27 政／1776·11·10 政／1781·10·21 社
大的　❺-2 1727·3·1 政／1780·1·27 社／1782·2·4 社／1794·8·19 社
女騎馬　❶ 682·4·25 社／764·10·30 社／❷ 1087·4·14 政／1260·10·16 政
笠懸(かさがけ)　❷ 1057·2·3 社／1157·10·3 社／1194·7·29 文／1202·5·10 政／1204·2·12 政／1207·1·30 社／1213·4·3 政／1214·4·2 政／1221·1·27 社／1230·①·23 社／1258·6·11 政／❸ 1422·7·7 社／1424·7·7 社／❹ 1510·4·12 社／1514·7·27 社／❺-2 1794·8·19 社
笠懸(小笠懸)　❷ 1187·7·23 文／1190·4·11 政／1194·⑧·2 社 文／1222·7·3 文／1223·9·16 文／1248·4·20 政／1261·4·25 社
笠懸(遠笠懸)　❷ 1247·12·10 社／1251·8·21 政
騎乗　❹ 1570·3·17 社
弓興　❷ 1041·2·24 文
弓場　❺-2 1729·2·5 政／1842·5·15 社
曲馬乗り　❹ 1583·8·10 社
草鹿(くさじし)騎射　❺-2 1732·9·21 政
小弓　❷ 1025·2·28 文／1099·3·1 社／1219·12·22 文／1230·1·17 社
射的場　❺-1 1639·5·25 政
雀小弓　❷ 1213·2·15 文／1216·4·25 文
鷹·鷹狩⇨24「動物」
遠馬　❻ 1856·4·18 社
通矢(江戸深川·浅草三十三間堂)　❺-1 1642·11·23 社／1645·4·13 社／1646·4·14 社／1652·3·13 社／1668·4·18 社／1689·5·16 社／1697·4·6 社／1703·4·23 社／1711·2·28 社／1713·4·21 社／12月 社／❺-2 1730·8·29 社／1749·11·7 社／1752·8·27 社／1760·3·6 社／1764·11·10 社／1769·8·26 社／1805·11月 社／1810·5·10 社／1817·4·15 社／1833·8·1 社／1836·4·16 社／1852·3·19 社
通矢(京都三十三間堂)　❺-1 1606·1·19 社／1607·2·17 社／1661·5·2 社／1669·5·2 社／1687·4·26 社／1697·4·13 社
遠的　❺-2 1801·9·26 社
賭射(のりゆみ)禁止　❷ 1014·3·12 社／1034·3·10 文／1120·3·30 文
半的　❺-2 1779·5·1 社
走馬場　❶ 882·10·25 社
馬上雑芸　❶ 885·5·6 社
歩弓　❷ 1099·3·1 社
的立　❷ 1208·5·9 社
的射　❺-1 1682·2·18 政／1709·9·23 政
巻狩(小金井)　❺-2 1726·3·27 社
巻狩(那須野)　❷ 1193·3·15 政
巻狩(富士野)　❷ 1193·5·8 政
流鏑馬(やぶさめ)　❷ 1096·4·29 社／1116·5·9 政／1117·5·8 政／1131·9·20 社／1146·9·22 政／1182·3·15 社／1187·8·15 社／1188·8·15 社／1189·3·3 社／9·10 社／1190·8·16 政／1193·8·15 社／1194·8·16 社／10·9 政／1195·8·16 社／1203·8·15 社／1204·5·9 社／1208·5·9 社／1210·5·16 社／1215·8·16 政／1216·8·16 政／1218·8·16 政／1228·8·16 社／1229·9·17 社／10·22 社／1230·①·23 社／12·16 社／1233·5·9 社／1236·8·16 社／12·17 社／1247·5·9 社／11·1 社／1256·5·9 文／1265·8·16 政／1280·5·9 社／❸ 1295·5·25 政／❹ 1549·8·7 社／1558·8·13 社／1574·10·25 社／1577·⑦·14 社／❺-2 1738·2·9 政／1751·5·15 社／1752·11·25 社／1765·9·1 社／1777·2·6 社／1793·2·4 社／1813·2·11 社／1815·9·1 社／1833·2·2 社／❻ 1853·5·15 社／1880·3·22 社／❾ 1983·11·10 政
流鏑馬の秘訣　❷ 1187·8·15 社
弓遊　❷ 1025·2·16 文
楊弓　❹ 1540·5·27 文
競技大会·運動会ほか
アジア·レクリエーション大会　❽ 1959·6·2 社
アジア競技大会　❽ 1951·3·4 社／1954·5·1 社／1958·5·24 社／❾ 1966·12·3 社／1982·11·19 社／1990·3·9 社／9·22 社／1994·10·2 社／2010·11·12 社
アジア競技大会(青森冬季)　❾ 2003·2·1 社
アジア競技大会(ドーハ)　❾ 2006·12·1 社
運動会(慶應義塾)　❻ 1894·5·26 社／1895·5·25 社

運動会(小学校) ❻ 1894·9·1 文
運動会(帝国大学) ❻ 1891·11·24 社
運動会(日本女子大学校) ❼ 1901·10·22 社
運動会(遊戯会) ❻ 1874·3·11 政／ 1878·5·25 社／ 5·25 社
学徒体育大会 ❽ 1943·9·24 社
関東地方青年学校国防体育大会 ❽ 1938·5·15 社
紀元二千六百年奉祝東亜競技東京大会 ❽ 1940·6·5 社
競闘遊戯興行 ❻ 1874·3·11 政
極東·南太平洋身体障害者スポーツ大会 ❾ 1989·9·15 社
極東選手権競技大会 ❼ 1915·5·15 社／ 1917·5·8 社／ 1923·5·21 社／ 1925·5·16 社／ 1927·8·27 社／ 1930·5·24 社／ 1934·4·25 社／ 5·12 社
国際競技大会の始め ❼ 1917·5·8 社
国際障害者レジャー·レクリエーション·スポーツ大会 ❾ 1984·4·21 社
国際女性スポーツ会議 ❾ 1980·10·9 社
国際身体障害者技能競技大会(国際アビリンピック) ❾ 1981·10·21 社
国民体育大会 ❽ 1946·8·9 社／ 11·1 社／ 1947·10·30 社／ 1949·10·30 社／ 1950·10·27 社／ 1952·10·19 社／ 1953·10·22 社／ 1957·7·8 社／ 1961·10·8 社／ 1962·9·16 社／ 10·21 社／❾ 1965·10·23 社／ 1966·10·23 社／ 1967·10·22 社／ 1969·10·26 社／ 1970·10·10 社／ 1971·10·24 社／ 1973·5·3 社／ 10·14 社／ 1974·10·20 社／ 1975·10·26 社／ 1976·10·24 社／ 1978·10·15 社／ 1980·10·12 社／ 1981·9·13 社／ 10·13 社／ 1984·10·12 社／ 1985·10·20 社／ 1987·10·25 社／ 1988·10·13 社
札幌国際冬季スポーツ大会 ❾ 1971·2·7 社
女子体育運動大会 ❼ 1927·5·8 社
女子中等学校·女子師範学校体育大会 ❽ 1942·7·27 社
女子連合競技会 ❼ 1922·5·27 社
世界ジャンボリー ❾ 1971·8·2 社
世界青少年キャンプ ❽ 1964·10·6 社
全国高等学校体育大会 ❽ 1942·7·24 社
全国高等専門学校大会 ❼ 1914·12·25 社
全国射的競技大会 ❼ 1909·8·25 社
全国身体障害者スポーツ大会 ❾ 1965·11·6 社
全国スポーツ·レクリエーション祭 ❾ 1988·11·13 社
全日本オリエンテーリング大会 ❾ 1975·2·16 社
全日本中等学校体育総力大会 ❽ 1940·8·12 社
体育会(埼玉県) ❻ 1886·3月 社
体育会(帝国大学) ❻ 1886·7月 社
知的障害者スペシャルオリンピック ❾ 1981·10·3 社
東京国際スポーツ大会 ❽ 1963·10·11 社
東京帝国大学運動会 ❼ 1900·11·10 社
日独学徒合同野営大会 ❽ 1941·7·24 社
日満交歓競技大会 ❼ 1935·4·13 社
日中文化·スポーツ交流年 ❾ 2007·3·13 文
日本ジャンボリー ❽ 1956·8·3～7 社
日本労働者スポーツ協会 ❾ 1965·5·10 社
日本労働者スポーツ祭典 ❽ 1964·11·2 社
パラリンピック(国際身体障害者スポーツ大会) ❽ 1962·7·25 社／ 1964·11·8 社／❾ 2000·10·18 社／ 2004·9·17 社／ 2006·3·10 社／ 2008·9·6 社／ 2010·3·11 社／ 2012·8·29 社
パラリンピック長野(冬季) ❾ 1998·3·5 社
雛鷲総進軍航空体育大会 ❽ 1944·5·28 社
フェスピックスポーツ大会 ❾ 1975·6·1 社
防共三首都青年対抗競技大会 ❽ 1938·10·5 社
ボーイスカウト全日本大会 ❽ 1949·9·24 社
明治神宮競技大会 ❼ 1924·10·25 社／ 1931·10·27 社／❽ 1937·10·28 社／ 1939·5·16 社／ 10·29 社／ 1940·10·27 社／ 1941·11·1 社／ 1942·2·6 社／ 10·29 社／ 1943·8·21 社／ 11·3 社／ 1944·2·27 社
ユースオリンピック ❾ 2010·8·14 社
ユースホステル大会 ❽ 1951·11 社
ユニバーシアード ❽ 1957·8·31 社／ 1959·8·27 社／ 1961·8·25 社／ 1963·8·30 社／❾ 1995·8·23 社
陸上運動会·競技会 ❼ 1899·4·3 社／ 1913·11·1 社／ 1915·11·20 社／ 1916·10·27 社／ 1918·4·21 社／ 11·2 社／ 1919·11·8 社／ 1921·11·19 社
グライダー ❽ 1939·2月 社／ 1940·1·19 社／ 1941·2·7 社
SA2型グライダー／ソアラー ❽ 1953·2·8 社／ 1954·1·5 社
グライダー大会 ❽ 1952·5·3 社／ 1953·1·8 社
グライダー耐空時間(東飛式SA) ❽ 1957·2·8 社
日本学生グライダー競技大会 ❽ 1938·8·28 社
クリケット ❻ 1895·10·14 社／❼ 1901·6·8 社
競馬(くらべうま) ❶ 680·8·11 社／ 701·5·5 社／ 747·5·5 社／ 830·4·30 社／ 834·5·5 社／ 857·3·30 社／ 885·5·6 社／ 908·5·28 社／ 10·21 社／ 916·9·28 社／ 924·10·21 社／ 944·5·5 社／ 962·4·24 社／ 965·5·24 政／ 975·6·15 社／ 989·4·28 社／ 997·5·17 社／❷ 1003·4·9 社／ 6·20 文／ 1004·5·27 政／ 1006·9·22 社／ 1008·5·9 社／ 1013·9·13 社／ 1017·9·16 社／ 1019·2·6 社／ 1022·5·26 社／ 1024·9·19 政／ 1025·2·28 文／ 1029·3·2 文／ 5·28 政／ 1030·9·21 社／ 1031·4·24 社／
1034·3·25 社／ 1038·3·17 文／ 1042·
21 社／ 1051·9月 政／ 1061·4·11 社
1062·6·6 社／ 1075·8·28 社／ 1078·8
28 社／ 1090·4·15 社／ 1091·3·26 社
5·27 社／ 1093·4·27 社／ 5·5 社／
1102·⑤·15 政／⑤·24 社／⑤·25 社
6·1 社／ 1110·⑦·1 社／ 1137·8·6 政
9·23 政／ 1138·4·27 社／ 1144·9·20
／ 1158·4·29 文／ 1160·9·20 社／
1161·7·13 社／ 1170·5·9 社／ 1171·5
社／ 1174·5·9 社／ 1182·3·15 社／
1185·5·9 社／ 6·21 社／ 1188·5·9 社
1189·7·1 社／ 8·1 社／ 9·10 社／
1203·12·22 社／ 1204·5·9 社／ 1208·
9 社／ 1210·5·16 社／ 1211·5·16 社／
1212·3·28 社／ 1223·4·13 文／ 4·28
／ 1226·5·9 社／ 1228·7·7 社／ 1233·
5·9 社／ 1236·12·17 社／ 1239·8·14
／ 1250·6·4 社／ 1255·2·24 社／ 1258
6·11 政／ 1265·7·23 政／ 1280·5·5 社
／❸ 1284·12·9 社／ 1289·4·29 社／
18 社／ 1291·4·23 社／ 5·1 社／ 1294
5·2 社／ 1295·5·5 社／ 5·21 社／
1300·5·3 社／ 1301·5·4 社／ 1304·5·
社／ 1355·5·5 社／ 1374·5·5 社／
1407·5·5 社／ 1412·5·5 社／ 1416·5·5
社／ 1422·5·5 社／ 1428·5·1 社／
1430·5·5 社／ 1434·5·30 社／ 1435·5·
社／ 1439·5·5 社／ 1441·5·5 社／
1442·5·5 社／ 1443·5·5 社／ 1444·5·5
社／ 1447·5·5 社／❹ 1467·5·5 社／
1468·5·5 社／ 1473·5·5 社／ 1476·5·5
社／ 1477·5·22 社／ 1478·5·5 社／
1479·5·5 社／ 1482·5·5 社／ 1483·5·5
社／ 1486·5·5 社／ 1487·5·5 社／
1489·5·5 社／ 1490·5·5 社／ 1492·5·5
社／ 1494·5·5 社／ 1497·5·5 社／
1503·5·5 社／ 1507·4·28 社／ 1509·5·
社／ 1539·5·1 社／ 1542·5·5 社／
1570·5·5 社／ 1574·5·5 社／ 1581·5·5
社／ 1587·5·5 社／ 1597·5·5 社／
1599·5·5 社／❺-1 1607·5·5 社／
1616·5·5 社／ 1618·5·6 社／ 1658·5·1
社／ 1665·5·5 社／ 1694·4·18 社／
1712·6·25 社／ 1713·5·5 社／❺-2 1743·5·5 社／ 1748·5·5 社／ 1750·7·5 社／ 1766·5·5 社／ 1776·5·5 社／❻ 1883·5·5 社／ 1885·5·5 社
競馬(けいば) ❽ 1943·12·17 社／ 1949·1·4 社／ 1955·1·11 社／ 2·22 社
有馬記念競馬 ❾ 1972·12·17 社
WINS(ウインズ)当たり馬券 ❾ 2011·5·22 社
馬番連勝制 ❾ 1991·8·31 社
大井競馬 ❾ 1973·1·20 社／ 2005·5·10 社
オグリキャップ ❾ 2010·7·3 社
金沢競馬 ❾ 1996·5·8 社
関八州競馬会 ❼ 1906·5·18 社
菊花賞 ❽ 1964·11·15 社
競馬(天覧·戸山) ❻ 1881·11·27 社／ 1883·6·4 社
競馬(天覧·根岸) ❻ 1881·5·9 社
競馬(三田育種場) ❻ 1880·11·20 社
競馬(横浜) ❻ 1884·11·11 社
競馬規定 ❼ 1908·11·16 社
競馬場(上野) ❻ 1884·3·13 社／ 11·1 社／ 1895·2·1 社

競馬場(大森) ❻ 1885·7·27 社
競馬場(長崎) ❻ 1865·⑤·30 社
競馬場(根岸) ❻ 1862·10月 社／1866·6月 社／1872·4·2 社／1874·5·15 社／1880·10·27 社／1881·7·4 社
競馬法 ❼ 1923·4·10 社／6·29 社／❽ 1948·6·26 社／7·13 社
札幌国営競馬 ❽ 1948·9·11 社
写真判定(着順判定) ❽ 1948·3·20 社／1950·9·5 社
場外馬券 ❽ 1948·12·4 社／1949·4·16 社
女性騎手 ❼ 1906·5·19 社／1929·6·4 社
シンザン ❾ 1996·7·13 社
シンボリルドルフ ❾ 1984·12·23 社
スターティング·ゲート ❽ 1953·3·9 社
セントライト(三冠馬) ❽ 1941·5·18 社
全日本軍用保護馬継走大騎乗 ❽ 1940·10·7 社
地方競馬 ❽ 1939·12·27 社／1953·10·8 社
ディープインパクト ❾ 2005·10·23 社／2006·11·26 社
東京競馬会 ❼ 1906·11·25 社
投票券発売 ❽ 1950·10·29 社
トキノミノル ❽ 1951·6·3 社
ナイター競馬 ❾ 1986·7·31 社
中山競馬場(千葉) ❽ 1947·3·21 社／1948·3·20 社／1956·12·23 社／1960·9月 社／10·19 社／❾ 1971·12·22 社
ナリタブライアン ❾ 1998·9·27 社
日本ダービー ❼ 1932·4·24 社／1933·4·23 社／1935·4·29 社／1936·4·29 社／❽ 1937·4·28 社／1943·6·6 社／1947·6·8 社／1948·6·6 社／1949·6·5 社／1950·6·11 社／1951·6·3 社／1952·5·25 社／1953·5·24 社／1954·5·23 社／1956·6·3 社／1957·5·26 社／1960·5·29 社／1961·5·28 社／1962·5·27 社／1964·5·31 社／❾ 1965·5·30 社／1966·5·29 社／1967·5·14 社／1968·7·7 社／1969·5·25 社／1970·5·24 社／1971·6·13 社／1972·7·9 社／1973·5·27 社／1974·5·26 社／1975·5·25 社／1977·5·29 社／1978·5·28 社／1979·5·27 社／1980·5·25 社／1981·5月 社／1984·5·27 社／1985·5·26 社／1986·5·25 社／1987·5·31 社／1988·5·29 社／1989·5·29 社／1996·6·2 社／2005·4·17 社／2006·5·28 社／2007·5·27 社／2011·5·29 社／2012·5·27 社
日本中央競馬会 ❽ 1954·7·1 社／9·16 社
日本初の三冠馬 ❽ 1941·10·26 社
ハイセイコー ❾ 1973·5·6 社／5·27 社
ハルウララ、105連敗中 ❾ 2004·3·20 社
馬券付競馬·馬券禁止 ❼ 1907·11·17 社／1908·10·5 社
馬術国際連盟 ❽ 1951·3·9 社
馬政委員会 ❼ 1919·5·12 社
馬政局官制 ❼ 1906·5·31 社
福島競馬 ❾ 2005·4·9 社
府中競馬場 ❼ 1933·11·8 社／11·17 社／❽ 1946·10·17 社
フランス凱旋門賞レース ❾ 2006·10·1 社
ミスターシービー ❾ 1983·11·13 社
優勝内国産馬連合競争 ❼ 1911·11·11 社
淀競馬場 ❽ 1938·11·18 社／1946·10·17 社
400万馬券 ❾ 2002·5·30 社
連勝式馬券 ❽ 1950·10·12 社

馬術 ❺-1 1632·9·9 社／1635·4·20 社／1636·8·19 社／❺-2 1738·2·28 政
ケイズルの馬術 ❺-2 1735·③·1 政
桜馬場(江戸) ❺-1 1684·6·19 政
乗馬(町人) ❺-2 1772·3·11 社／1784·8·13 社
乗馬規則 ❺-1 1636·2月 社／1646·6·14 政／1662·4·22 社
水馬(馬渡、馬川渡) ❺-1 1627·6·26 社／❺-2 1725·8·16 社／1735·7·11 政／1784·6·7 政／1797·⑦·25 社／1841·6·27 政
高田馬場 ❺-1 1636·1·10 社／3·3 社
朝鮮人戯騎 ❺-2 1764·2·16 政
遠馬 ❺-2 1791·3·5 社
馬上才 ❺-1 1634·12·8 政／1635·5月 政／1643·9·2 社
馬場 ❺-2 1727·4·20 社／1735·10·15 社／1851·12·14 政
武士の遠足 ❺-2 1825·4·6 政
武士の遠乗り ❺-2 1788·安永·天明年間 社

ゲートボール ❽ 1948·10·19 社／❾ 1982·9·1 社
ゲートボール全国大会 ❾ 1984·2·23 社
ゲートボール全日本選手権 ❾ 1985·11·21 社
ゲートボール大会 ❾ 1982·10·29 社

鞠·蹴鞠(会·けまりえ) ❶ 644·1·1 文／701·5·5 文／905·3·20 社／943·5·29 文／963·3·14 文／❷ 1099·3·1 社／1105·②·26 文／1107·3·9 社／1110·2·23 文／1111·2·14 文／1152·3·10 文／1175·4·5 文／1176·5·7 文／1179·3·6 文／1186·4·5 文／1191·4·4 文／1193·4·17 文／1194·3·5 文／1197·2·3 文／3·20 文／1201·9·7 政／1202·1·12 文／1·19 政／1203·1·2 文／1207·3·11 文／1208·3·1 文／4·13 文／1211·①·20 文／1213·6·7 文／1214·1·27 文／4·2 文／1218·4·8 文／1229·10·26 文／1231·2·27 文／9·25 文／1232·2·12 文／1247·3·4 文／1248·9·9 文／10·6 文／1251·⑨·5 文／1252·4·17 文／4·24 文／1258·7·4 文／1262·2·12 文／1264·2·9 文／1265·1·15 文／1271·1·11 文／4·9 文／1279·3月 文／❸ 1289·1·19 文／12·9 文／1290·1·10 文／1291·1·9 文／1302·2·2 文／1307·5·4 文／1313·9·26 文／1315·2·14 文／1344·4·29 文／1363·5·11 文／1381·2·28 文／1401·①·27 政／1409·2·4 文／2·26 文／1412·2·14 文／1423·10·19 文／1429·1·13 文／1432·4·20 文／8·28 社／1433·3·29 文／8·21 社／1447·11·16 文／1452·2·10 文／1453·3·27 文／❹ 1468·1·11 文／1470·4·26 社／1472·1·20 社／5·3 社／1473·8·29 文／1474·4·25 社／1482·3·3 文／1483·2·17 社／1487·2·13 社／1490·4·23 社／1491·4·20 社／1495·1·24 文／1496·②·21 社／1498·3·3 社／1504·1·28 文／1509·3·5 文／1518·1·5 文／5·3 文／7·7 文／1520·4·6 文／1533·7·9 文／1540·5·27 文／1546·2·1 文／1575·3·20 社／1576·2·6 社／1579·9·18 社／1581·3·15 社／1583·5·17 社／1588·5·8 文／❺-1 1601·6·25 文／1604·7·8 文／1607·5·27 文／1608·7·21 文／1618·2·4 社／1626·9月 文／1629·4·26 文／1634·⑦·22 社／1637·3·22 文／1645·3·27 社／1647·6·26 文／1654·2·25 社／1664·7·28 社／1677·9·12 社／1679·8·28 社／1682·3·2 社／1706·8·27 社／1710·5月 文／❺-2 1731·4·30 社／1739·6·16 文／1746·5·4 文／1749·3·12 社／1760·5·12 社／1773·6·26 社／1774·1·11 社
蹴鞠懸 ❸ 1439·6·22 文
蹴鞠裁轍(さいべつ)の方式 ❷ 1211·①·21 文
蹴鞠の書 ❷ 1214·2·10 文
旬鞠奉行 ❷ 1263·1·10 文
打毬 ❶ 727·1月 文／822·1·16 政／949·5·21 文／986·5·30 文／❺-2 1727·8·4 社／1791·6·2 社
手鞠会 ❷ 1223·1·2 文／4·13 文／4·28 文／1232·5·9 文／5·26 文
鞠 ❷ 1280·2·20 文
鞠会 ❷ 1137·3·1 文／1209·1·15 文／3·2 文
鞠道(判物) ❺-2 1815·5·7 社

剣道 ❽ 1945·11·6 社／1953·7·7 社
剣術稽古場 ❻ 1879·3月 社
剣道神刀流 ❻ 1895·8月 社
剣道世界選手権 ❾ 2009·8·28 社
剣道復活 ❽ 1953·4·10 文
竹刀(剣道)大会 ❽ 1951·5·4 社／1952·4·10 文
全国高等専門学校剣道大会(第一回) ❼ 1913·12月 社
全日本剣道選手権大会 ❽ 1953·11·8 社
全日本中等学校剣道大会(第一回) ❼ 1930·12·27 社
大日本剣道大会 ❽ 1943·3·21 社
東京学生剣道連合会 ❼ 1909·是年 社

ゴルフ ❼ 1926·12·15 社／❽ 1940·8·23 社／1943·3月 社
欧州オープンゴルフ ❾ 1983·9·4 社
カナダ杯国際ゴルフ大会 ❽ 1957·10·24 社
神戸ゴルフ倶楽部 ❼ 1903·5·24 社
ゴルフ場バンカー用の砂輸入 ❾ 1988·8·26 社
ゴルフ場富士コース ❼ 1936·12·6 社
ゴルフ日本選手権 ❼ 1918·9·21 社

／1935·10·26 社
ゴルフ用ナイター ❽ 1957·7·16 社
ゴルフ(高爾夫)留学生 ❾ 1985·7·5 社
女子ゴルフワールドカップ ❾ 2005·2·11 社
女子プロ·ゴルファーテスト ❾ 1967·10·25 社
女性ゴルフ競技会 ❼ 1905·9·9 社
世界ゴルフ殿堂 ❾ 2003·10·20 社／2005·11·14 社
全日本オープンゴルフ選手権大会(第一回) ❼ 1927·5·28 社
全米女子アマゴルフ選手権大会 ❾ 1985·8·10 社
対外国婦人とのゴルフ競技 ❼ 1926·8·26 社
東京ゴルフ倶楽部 ❼ 1914·5月 社
東京婦人ゴルフ倶楽部 ❼ 1926·9·1 社
日米ゴルフ対抗戦 ❾ 1977·11·13 社
日本アマチュア·ゴルフ選手権 ❼ 1907·10·20 社
日本プロゴルフ選手権 ❾ 1971·9·9 社
根岸ゴルフ場 ❼ 1906·11·23 社
パブリックコース(ゴルフ) ❼ 1929·9·8 社
ハワイアン·オープン·ゴルフ ❾ 1983·2·13 社
ベビーゴルフ ❼ 1933·1月 社
ホール·イン·ワン ❼ 1906·6·3 社
ワールド·レディス·ゴルフトーナメント ❾ 1977·4·10 社
サッカー ❼ 1927·10·30 社／1931·10·31 社／1933·10·30 社／1935·6·2 社／1936·6·21 社／❽ 1951·11·22 社／1954·11·28 社／❾ 2004·3·3 社／6·26 社／8·7 社／11·3 社／2005·3·30 社／6·8 社／6·22 社／2006·12·2 社／2009·6·6 政／12·5 社
悪夢のゴール(イラク) ❾ 1993·10·28 社
アジア杯サッカー選手権 ❾ 1992·11·8 社／2000·10·29 社／2007·11·14 社／2008·2·24 社／11·12 社／2011·1·29 社
ヴェルディ川崎 ❾ 1994·1·16 社
鹿島アントラーズ ❾ 1998·11·28 社／2000·12·9 社
ガンバ大阪 ❾ 2005·12·3 社
サッカー高校 ❾ 1993·11·16 社
サッカー場(保土ヶ谷) ❽ 1950·12·17 社
サッカー世界ユース選手権 ❾ 1999·4·24 社
サッカーリーグ ❾ 1989·4·26 社
サントス FC ❾ 1972·5·24 社
J リーグ ❾ 1992·11·23 社／1993·5·15 社／1994·1·16 社／2003·11·29 社／2008·12·6 社
ジャパンカップ国際サッカー大会 ❾ 1979·5·27 社
女子サッカー大会 ❾ 1989·12·21 社／2004·4·24 社
女子ワールドカップ·サッカー ❾ 2011·7·18 社
全国高校サッカー ❾ 1992·1·8 社
全国専門学校サッカー大会 ❽ 1939·1·5 社
全国大学サッカー ❽ 1953·1·2 社
全国中等学校蹴球大会 ❽ 1940·8·24 社
全日本サッカー選手権 ❾ 1965·1·17 社／1988·1·1 社
全日本女子サッカー選手権大会 ❾ 1980·3·22 社
大学女子サッカー選手権 ❾ 1987·12·13 社
男子サッカー ❾ 1996·3·24 社
中国ジュニア·サッカー団 ❾ 1972·8·8 社
天皇杯サッカー ❽ 1937·6·13 社／1938·6·19 社／1939·6·11 社／1946·5·5 社／1952·5·6 社／1953·5·5 文／1954·5·25 社／1957·5·6 社／1958·9·9 社／1959·5·5 社／1960·5·6 社／1961·5·7 社／1962·5·6 社／❾ 1966·1·16 社／1967·1·16 社／1968·1·14 社／1969·1·1 社／1970·1·1 社／1971·1·1 社／1972·1·1 社／1973·1·1 社／1975·1·1 社／1976·1·1 社／1977·1·1 社／1978·1·1 社／1980·1·1 社／1981·1·1 社／1982·1·1 社／1983·1·1 社／1984·1·1 社／1985·1·1 社／1987·1·1 社／1989·1·1 社／2003·1·1 社／2009·1·1 社／2010·1·1 社／2012·1·1 社
東京朝鮮中高級学校サッカーチーム ❾ 1972·7·26 政
都市対抗サッカー ❽ 1955·7·1 社
トヨタカップ ❾ 1981·2·11 社／2005·12·18 社／2007·12·16 社
日本サッカー·リーグ ❾ 1965·6·6 社
ビーチサッカーワールドカップ ❾ 2005·5·15 社
ペレ·サヨナラ·イン·ジャパン ❾ 1977·9·4 社
ユニセフ四十周年記念スーパーサッカー ❾ 1987·1·24 社
横浜 F マリノス ❾ 2003·11·29 社
ワールドカップ ❾ 1996·5·31 社／1997·11·16 社／1998·6·10 社／2002·6·1 社／6·30 社／2006·6·9 社／2009·6·6 社／2010·6·11 社
自転車 ❼ 1897·春 社／1901·10·20 社
アジア自転車競技選手権大会 ❽ 1961·9·17 社
競輪 ❽ 1947·7·26 社／1948·7·3 社／11·20 社／1949·10·10 社／1950·9·5 社／9·13 社／1955·1·11 社／2·22 社／1960·3·3 社
競輪場 ❽ 1949·4·16 社
競輪の廃止(京王閣) ❾ 1970·4·15 社
後楽園競輪 ❽ 1954·7·18 社
自転車競技法 ❽ 1948·8·1 社
女子サイクリング ❼ 1901·2·10 社
世界自転車競技選手権大会 ❾ 1977·8·31 社／1984·8·31 社
全日本プロ自転車選手権大会 ❽ 1952·2·18 社
東海道サイクリング ❼ 1898·9·2 社
日本競輪学校 ❽ 1950·9·15 社
日本サイクリング協会 ❽ 1947·4·1 社
平塚競輪九億五九八万大穴 ❾ 2010·10·21 社
射撃 ❼ 1936·10·18 社／❽ 1951·3·9 社
射撃世界選手権 ❾ 2010·8·1 社
世界古式銃射撃選手権大会 ❾ 1985·9·11 社
日中射撃大会 ❾ 1974·6·20 社
柔道 ❼ 1927·2·1 社／1932·7·11 社／1933·9·28 社／❽ 1945·11·6 社／1950·9·13 社／10·13 社
アジア柔道選手権 ❾ 1966·5·28 社
起倒流柔術 ❺-1 1660·万治年間 社
九州柔道大会 ❼ 1905·7月 社
国際柔道連盟 ❽ 1951·12·6 社／❾ 1979·12·5 社
柔術 ❺-1 1626·5月 社／1657·明暦年間 社／1659·是年 社
柔道十段 ❽ 1945·5·25 文
柔道世界選手権大会 ❾ 2003·9·12 社／2008·10·5 社
柔道復活 ❽ 1951·1·11 文
女子柔道指導者講習会(第一回) ❼ 1935·8·11 社
世界柔道選手権 ❽ 1956·5·3 社／1961·12·2 社／❾ 1981·9·3 社／1983·10·13 社／1989·10·10 社
世界女子柔道選手権大会 ❾ 1980·11·29 社／1984·11·11 社
世界大学柔道選手権大会 ❾ 1966·6·23 社
全国学生柔道 ❽ 1940·11·25 社
全国警察官武道大会(第一回) ❼ 1929·10·28 社
全国高等学校柔道大会 ❽ 1952·8·2 社
全国青年大演武会 ❼ 1901·8·5 社
全国中等学校柔道優勝試合(第一回) ❼ 1935·7·26 社
全日本学生柔道(第一回) ❽ 1952·9·14 社
全日本柔道選手権大会 ❼ 1930·11·15 社／❽ 1948·5·2 社／1960·4·30 社
全日本女子柔道選手権大会 ❾ 1978·7·28 社
ソ連国際柔道大会 ❾ 1978·2·9 社
日仏学生柔道協会 ❽ 1960·6·2 社
日本柔道連盟 ❽ 1949·5·5 社
重量挙げ ❼ 1936·5·31 社／❾ 1968·10·12 社
世界重量挙げ選手権 ❽ 1963·9·8 社／❾ 1966·10·16 社／1969·9·22 社
水泳·海水浴 ❺-1 1610·7·1 政／1633·7·2 社／1646·6·14 政／1647·6·9 社／1654·6·9 社／1655·7·8 社／❺-2 1719·7·26 政／1729·7·6 政／1735·7·11 政／1763·7·23 政／1841·6·27 政／❾ 2004·2·14 社
遠泳 ❼ 1900·8·15 社／❽ 1939·7·30 社／1940·7·28 社
大磯ロングビーチ ❽ 1957·7·14 社
大阪湾 10 マイル遠泳大会 ❼ 1905·8·20 社
オリンピック代表水泳選手予選会 ❼ 1920·4·23 社

温泉プール ❽ 1956·4·18 社
海上 10 マイル遠泳(堺大浜—浜寺) ❼ 1926·8·22 社
海水浴場 ❻ 1878·8·8 社／1885·8 月 社／1892·7·3 社／❼ 1904·7 月 社／1933·7·20 社
　湘南海岸 ❽ 1942·8·2 社
　男女混泳 ❼ 1901·7·19 社
　男女混泳禁止 ❻ 1888·7·18 社
　連合軍専用 ❽ 1946·7·31 社
　海水浴場での女性達 ❼ 1925·7 月 社
　海水浴場の盛況(神奈川大磯) ❼ 1896·8 月 文
観海流(水泳) ❻ 1853·是年 社
寒中水泳 ❽ 1947·1·20 社
クロール泳法 ❼ 1919·是年 社
後楽園ジャンボプール ❾ 1973·7·15 社
国際水上競技大会 ❼ 1927·9·24 社／1928·10·13 社
国際水連 ❽ 1949·6·16 社
国立競技場屋内プール ❽ 1959·5·10 社
室内温水プール ❼ 1907·1·26 社／1917·7·9 社
室内水上競技大会(第一回) ❼ 1933·4·16 社
シンクロナイズドスイミング ❽ 1957·8·14 社
水泳教授所 ❻ 1873·7 月 社
水泳稽古 ❺-2 1821·6·2 社／❻ 1856·6·18 社／1860·7·18 社
水泳国際試合 ❼ 1898·8·13 社
水泳場 ❻ 1875·7 月 社／1878·7·31 社
世界新記録(日本選手権·1500 メートル自由形) ❽ 1948·8·6 社
世界新記録(400 メートル自由形競泳) ❽ 1947·8·9 社
世界水泳選手権 ❾ 1973·9·3 社／1978·8·25 社／2005·7·23 社／2009·7·28 社／2011·7·16 社
世界マスターズ水泳大会 ❾ 1986·7·12 社
全国女子競泳大会(第一回) ❼ 1922·8·12 社
全国水泳大会(第一回) ❼ 1914·8·10 社
全国中等学校水泳大会(第一回) ❼ 1924·8·23 社
全日本学生水上選手権 ❽ 1946·9·7 社
全日本水上選手権大会 ❽ 1947·8·9 社
全米戸外水泳選手権大会 ❼ 1927·8·23 社
全米女子水泳選手権大会 ❼ 1929·8·7 社
全米水上選手権大会 ❽ 1949·8·16 社
早慶対抗水泳試合 ❼ 1933·6·11 社
早慶対抗水上競技大会 ❽ 1953·6·7 社
大日本水上競技連盟 ❼ 1924·10·31 社
宝塚 50 メートルプール ❼ 1932·7·25 社
玉川プール ❼ 1925·7·19 社
帝国水友会 ❼ 1919·8·23 社
帝国水練奨励会 ❼ 1901·7·14 社
日豪水上東京大会 ❽ 1963·4·21 社
日米対抗水上競技大会 ❼ 1926·9·8 社／❽ 1950·8·4 社／1955·8·5 社
日本·ハワイ対抗水泳 ❼ 1926·6·18 社
日本学生選手権水上競技大会 ❽ 1955·9·9 社／1956·9·8 社
日本水泳選手団南米遠征 ❽ 1950·2 月 社
バタフライ式水泳 ❽ 1939·5·1 社
浜名湖遊泳協会 ❼ 1915·是年 社
富士やまの飛び魚 ❽ 1949·8·16 社
ペーロン競漕 ❺-2 1801·5·5 社
弁天島全国競泳大会 ❼ 1921·8·28 社
水着「レーザーレーサー」 ❾ 2008·6·6 社
明治神宮プール ❼ 1930·7·10 社／1931·6·19 社
遊泳場 ❻ 1871·是年 社
遊泳部(大日本武徳会) ❼ 1896·6·12 社
水上スキー ❽ 1949·7 月 社／1956·8·1 社
　水上スキー·ジャンプ記録会 ❽ 1960·10·16 社
　水上スキー凧 ❽ 1962·6·17 社
　全日本水上スキー大会 ❽ 1955·8·28 社
スカイダイビング ❾ 2004·1·11 社
　インペリアル·スポーツ·パラシュートクラブ ❼ 1962·2·3 社
スキー·ジャンプほか ❼ 1911·1·5 社／4·16 社／1912·4·16 社／❽ 1942·12·25 社／1943·12·21 社
　アルペン W 杯女子滑降 ❾ 1993·12·18 社
　越信スキー倶楽部 ❼ 1912·1·21 社
　大倉山シャンツェ ❼ 1928·12·13 社
　大倉山ジャンプ競技場 ❼ 1932·1·16 社
　屋内人工スキー場 ❽ 1958·11·23 社／1959·12·22 社
　学生スキー ❼ 1932·1·16 社
　関東スキー大会 ❼ 1923·1·12 社
　競技スキー ❼ 1928·12·13 社
　群馬県草津スキー場 ❼ 1933·12·20 社
　国際ジャンプ競技会 ❾ 1985·2·16 社／2012·3·3 社
　ジャンプ ❼ 1928·12·13 社
　女子デュアルモーグル ❾ 2008·3·15 社
　女子モーグル ❾ 2005·2·26 社
　スキー駅伝競技(中等学校) ❼ 1920·1·25 社
　スキー滑走路(ワラ製) ❽ 1951·12·2 社
　スキー競技会 ❼ 1912·1·21 社
　スキー国際連盟に復帰 ❽ 1951·3·9 社
　スキー 3000 メートル競技 ❼ 1913·2·11 社
　スキーとジャンプ競技の紹介 ❼ 1896·3 月 社
　スキーリフト ❽ 1948·12·26 社
　スキー練習会 ❼ 1917·是冬 社／1920·12·24 社
　スキーワールドカップ ❾ 1973·3·12 社／1993·3·6 社／1994·3·13 社
　スノーボード ❾ 2005·12·11 社／2009·1·23 社／2012·12·21 社
　世界ノルディック選手権 ❾ 2009·2·26 社
　全日本学生スキー競技大会 ❼ 1928·1·14 社／❽ 1947·1·19 社
　全日本スキー選手権大会 ❼ 1923·2·10 社／1931·2·7 社
　全日本スキー連盟 ❼ 1925·2·15 社
　全日本選抜·学生選抜スキージャンプ大会 ❽ 1938·2·27 社／1939·1·28 社／1950·1·28 社
　テレマーク·スキー術(ジャンプ) ❼ 1909·12 月 社
　冬季スキー大会 ❽ 1942·2·6 社
　東京スキー倶楽部 ❼ 1918·1·23 社
　万国学生スキー大会 ❼ 1934·2·9 社
　北海道スキー選手権 ❽ 1949·2·4 社
　明治神宮体育大会第一回スキー大会 ❼ 1928·2·11 社
　雪辷り ❼ 1898·2·5 社
スケート ❻ 1871·12 月 社／1876·1·16 社／1877·1·18 社／2 月 社
　アイススケート場(市岡パラダイス) ❼ 1925·7·1 社
　アイススケート場(東京芝浦) ❼ 1933·11·25 社
　インドア·スピード·スケート ❽ 1954·3·17 社
　関東インドア·スピードスケート選手権大会 ❽ 1953·4·10 社
　氷すべりの場 ❻ 1876·1·16 社／❼ 1907·1·10 社
　国民体育大会スケート大会 ❽ 1947·1·25 社
　女子フィギュアスケート ❼ 1935·1·31 社
　スケート大会 ❼ 1906·2·18 社／1908·2·11 社／1909·2·11 社／❾ 2005·1·15 社
　世界スケート·スプリント選手権 ❾ 1983·2·7 社／1996·1·7 社／3·1 社
　世界スピード·スケート選手権大会 ❽ 1951·2·10 社／❾ 1983·2·26 社
　世界フィギュア選手権 ❾ 1977·3·1 社／1979·10·27 社／1989·3·18 社／1993·12·5 社／2007·3·20 社／2010·1·29 社／3·25 社／2011·2·20 社／4·30 社／2012·11·3 社／12·8 社
　全国フリー·スケーティング大会 ❽ 1957·11·29 社
　全日本スケートスピード大会 ❾ 1965·2·24 社
　全日本スケート選手権大会 ❼ 1930·1·12 社
　全日本フィギュアスケーティング選手権大会 ❼ 1931·1·24 社
　占領軍用スケート場 ❽ 1947·1·11 社
　大日本スケート競技連盟 ❼ 1929·11·23 社
　大日本氷上競技連盟 ❼ 1927·11·5 社

東京スケート・リンク ❽ 1951·11·1 社
日本スケート連盟 ❽ 1948·12·6 社
フィギュアスケート ❼ 1922·2·11 社／1935·11·17 社
フィギュアスケート四大陸選手権 ❾ 2003·2·15 社
相撲(角力) ❺-2 1835·1 月 社／1843·⑨·25 社
『相撲起顕』 ❺-2 1847·弘化年間 文
『古今相撲大全』 ❺-2 1763·是年 文
『相撲金剛伝』 ❺-2 1828·是年 文
『相撲隠雲解』 ❺-2 1793·是年 文
『相撲興行由緒書上』 ❺-2 1790·2·3 社
『相撲砂子録』 ❺-2 1822·是年 文
『角力秘訣』 ❺-2 1774·是年 文
『相撲秘伝書』 ❺-2 1776·是年 文
『当世相撲金剛伝』 ❺-2 1844·是年 文
相撲(会·節会) ❶ 書紀·垂仁 7·7·7／642·7·22 政／682·7·3 社／695·5·21 社／726·是年 社／728·4·25 社／734·7·7 社／738·7·7 社／793·7·7 社／802·7·7 社／804·7·7 社／807·7·7 社／808·7·7 社／810·5·15 社／7·7 社／811·7·7 社／813·7·7 文／814·7·7 社／815·7·7 社／816·7·7 社／820·7·7 社／823·5·5 社／826·6·3 社／7·16 社／829·7·16 社／831·7·16 社／832·7·2 社／833·5·11 社／7·16 社／835·8·1 社／836·7·8 社／837·7·8 社／841·7·20 社／842·7·8 社／858·7·21 社／861·7·26 文／862·7·12 社／864·6·19 社／865·7·21 社／867·7·25 社／870·7·28 社／871·7·28 社／877·7·27 社／880·7·29 社／882·7·29 社／883·7·28 社／884·7·29 社／885·7·25 社／886·7·25 社／887·7·25 社／889·7·28 社／890·7·28 社／891·7·30 社／892·7·28 社／894·7·28 社／895·6·21 社／7·28 社／898·7·8 社／899·7·27 社／903·8·5 社／904·7·28 社／905·7·28 社／906·7·28 社／907·8·9 社／908·7·29 社／909·7 月 社／910·7·29 社／911·7·29 社／912·7·27 社／913·7·26 社／915·7·28 社／917·7·28 社／918·5·16 社／7·27 社／919·7·26 社／是年 社／921·7·28 社／922·7·27 社／是年 社／924·7·27 社／925·7·15 社／926·7·28 社／927·7·30 社／928·7·28 社／929·7·26 社／932·7·28 社／933·7·24 社／934·7·29 社／935·7·28 社／936·7·28 社／937·7·28 社／939·7·27 社／940·6·28 社／7·13 文／941·7·16 社／942·7·27 社／943·7·27 社／944·7·29 社／945·7·27 社／947·7·29 社／950·7·27 社／952·7·29 社／953·7·29 社／955·7·26 社／956·7·27 社／958·7·29 社／959·7·28 社／960·5·28 社／961·5·28 社／7·27 社／962·7·28 社／8·16 文／963·7·26 社／965·7·28 社／966·5·5 社／968·7·30 社／974·7·26 社／977·7·15 文／7·25 社／982·7·29 社／987·7·27 社／988·7·28 社／989·7·29 社／992·7·27 政／993·7·27 社／994·7·27 社／8·7 社／996·7·28 社／997·7·30 社／1000·7·27 社／❷ 1003·7·27 社／1004·7·28 社／1005·7·28 社／1008·6·2 社／1009·7·27 社／1010·7·27 社／1011·7·21 社／1013·7·29 社／8·9 社／1015·⑥·5 社／1018·7·27 社／1019·7·27 社／1022·7·27 社／1023·7·27 社／1024·7·29 社／1025·7·16 社／1027·7·21 社／8·15 社／1029·7·27 社／1031·7·29 社／1033·7·29 社／1034·7·28 社／1035·7·28 社／1037·7·29 社／1041·7·28 社／1042·7 月 社／1048·7·29 社／1051·7·29 政／1057·7·28 社／1061·7·27 社／1062·7·27 社／1063·7·28 社／1064·7·29 社／1066·7 月 社／1067·7·26 社／1069·7·29 社／1071·8·3 社／1072·7·26 社／1075·7·27 社／1076·7·29 社／1077·7·24 社／1078·7·28 社／1079·7·27 社／1080·7·27 社／1082·7·28 社／1083·7·28 社／1084·7·28 社／1085·7·27 社／1086·7·29 社／1088·7·26 社／1091·7·29 社／1092·7·29 社／1093·7·30 社／1095·7·30 社／1100·7·27 社／1102·7·15 社／1104·7·28 社／1111·8·20 社／9·9 社／1158·5·18 社／6·22 社／1189·3·3 社／9·10 社／1192·8·25 社／1198·6·30 社／1203·8·15 社／1206·6·20 社／1210·5·16 社／1212·10·3 社／1223·4·13 文／1226·8·1 社／9·30 社／1227·2·15 社／3·27 社／1228·2·19 社／7·7 社／1230·7·15 社／1232·7·23 社／1234·7·15 社／1248·6·16 社／1254·⑤·1 政／1257·10·15 社／1265·7·23 政／❸ 1352·7·20 社／1425·9·13 社／1428·6·19 社／7·10 社／❹ 1479·8·6 社／1485·7·24 社／1489·7·23 文／1506·7·11 社／1542·6·17 文／1578·10·3 社／❺-1 1601·3·1 社／1604·9·8 社／1605·6·11 社／7·23 社／9·15 社／1611·8·2 文／1612·4·7 社／1626·④·9 社／1629·是年 社／1637·7·22 社／1642·是年 文／1651·7 月 社／1666·6 月 文／1700·6·9 社／1705·6·4 社／1711·6 月 社／❺-2 1729·2 月 社／1743·6 月 社／1764·5·18 社／1773·10·23 社／1783·是冬 社／1794·4·5 社／1821·3 月 社／1823·4·3 社／1829·9·29 社／1830·3·23 社／❻ 1877·11 月 社／1881·5·9 社／1882·12·1 社／❽ 1939·7·7 社／1940·1·11 社／5·23 社／1942·1·10 社／1·25 社／4·28 社／1943·1·10 社／5·9 社／1944·1·9 社／5·7 社／11·10 社／1945·5·7 社／6·7 社／11·16 社／1946·11·6 社／1947·6·13 社／11·3 社／1948·5·14 社／1949·5·29 社／10·9 社／1950·5·28 社／1954·1·24 社／1958·5·4 社／7·6 社／1960·3·20 社／11·27 社／❾ 1967·1·29 社／1971·7·4 社／1972·5·14 社／1974·1·6 社／1975·3·9 社／3·23 社／1979·11·25 社／1980·1·20 社／1982·9·26 社／1983·9·11 社／1984·9·23 社／1985·1·13 社／198… 11·26 社／1991·1·27 社／5·12 社／1992·1·26 社／3·22 社／7·18 社／9·26 社／1996·1·21 社／1998·5·2… 社／1999·11·21 社／2003·9·20 社／11·15 社／2004·3·28 社／5·14 社／2005·3·26 社／5·21 社／7·24 社／9·25 社／2006·5·21 社／2007·5·1… 社／2008·1·28 社／2009·1·11 社／9·12 社／2010·1·10 社／5·23 社／7·11 社／2011·1·9 社／2·2 社／5… 8 社／7·10 社／2012·3·11 社／5·… 社／7·8 社／9·9 社
相撲節会(最後) ❷ 1174·7·27 社
朝青龍モンゴルへ帰国 ❾ 2007·8·1… 社
雨悦相撲 ❸ 1337·7 月 社
回向院相撲 ❺-2 1848·是秋 社／❻ 1867·4·16 社／1877·11 月 社／1882·1·11 社／1885·1·20 社／1886·1·12 社／1892·1·4 社／❼ 1897·5·20 社／1899·1·17 社／1901·5·27 社／1910·1·26 社／1930·118 社
大阪相撲協会 ❻ 1878·2·5 社
大阪·東京相撲興行 ❻ 1890·1·1 社
大相撲一年六場所制 ❽ 1958·1·12 社
大相撲十三日制から十五日制へ ❽ 1939·5·11 社
大相撲騒動 ❻ 1879·1·16 社
大相撲ソ連巡業 ❾ 1965·7·25 社
大相撲渡米巡業団 ❽ 1962·5·29 社／1964·2·5 社
大相撲ナイター場所 ❽ 1955·9·18 社
大相撲の懸賞 ❽ 1947·12·20 社
大相撲春場所大騒動 ❼ 1911·2·6 社
大相撲春場所六十九連勝 ❽ 1939·1… 15 社
大相撲ハワイ巡業 ❾ 1993·6·5 社
大相撲パリ巡業 ❾ 1986·10·10 社
大相撲ブラジル公演 ❾ 1990·6·8 社
大相撲訪中団 ❾ 1973·4·3 社
大相撲メキシコ巡業 ❾ 1981·6·1 社
大相撲ロンドン場所 ❾ 1991·10·9 社
女相撲 ❻ 1887·9·28 社／1890·11·13 社／❽ 1941·11·27 社
革新力士団 ❼ 1932·1·5 社
関西相撲協会 ❼ 1933·2·18 社／1934·2·11 社
関西相撲協会東京場所(第一回) ❼ 1935·3·31 社
勧進相撲 ❸ 1419·10·3 社／❺-1 1605·7·23 社／1629·3·29 社／1644·是年 社／1645·6 月 社／是年 社／1648·2·28 社／1661·12·22 社／1684·8 月 社／1692·是年 社／1699·5·28 社／1702·4·3 社／1703·6·15 社／❺-2 1716·9·7 社／1738·是年 社／1758·5 月 社／1773·10·23 社／1843·11·2 社
勧進相撲公許(江戸) ❺-1 1624·8 月 社
杵築社相撲行事 ❸ 1375·3·10 社
九州場所 ❽ 1956·11·19 社
行司 ❽ 1958·9·5 社
行司の服装 ❼ 1910·5 月 社

国技館(東京両国) ❼ **1909**·6·2 社／**1912**·2·5 社／**1917**·11·29 社／**1920**·1·15 社
国技館初場所木戸銭 ❼ **1914**·1·4 社
子供相撲⇨童(わらわ)相撲
三箇津大関 ❺-1 **1715**·正徳年間 社
三都大相撲 ❻ **1874**·10月 社
三府合同大相撲 ❻ **1882**·12·1 社
春秋園事件(相撲) ❼ **1932**·1·5 社
将軍上覧相撲 ❺-2 **1791**·6·11 社／**1849**·4·18 社
女性の相撲見物許可 ❻ **1872**·11·23 社
相撲人(すまいびと) ❷ **1174**·3·7 社
仮名角力興行 ❺-2 **1829**·11·23 社
相撲協会 ❾ **1976**·9·3 社
相撲行司 ❷ **1189**·文治年間 社／❹ **1572**·是年 社
相撲行司取締規則 ❻ **1878**·2·5 社
相撲行事由緒書 ❺-2 **1789**·11月 社
相撲興行 ❺-2 **1722**·4·2 社／**1723**·是年 社／**1732**·4·11 社／**1763**·宝暦年間 社／**1770**·11月 社／**1774**·4·13 社／**1775**·9月 社／**1778**·3·7 社／3·28 社／**1781**·11月 社／**1787**·10·4 社／**1800**·7·12 社／**1805**·9月 社／**1813**·2·1 社／**1831**·9·6 社／**1840**·1月 社
相撲興行(外国人) ❻ **1887**·6·17 社
相撲興行(課税) ❻ **1876**·12·11 社
相撲興行(新潟) ❻ **1877**·7·27 社
相撲コマ撮り録画分解写真 ❽ **1956**·5·20 社
相撲常設館 ❻ **1889**·6月 社／❼ **1905**·5·19 社
相撲所 ❷ **1031**·3·23 社
相撲使 ❷ **1013**·7·25 政／**1023**·7·13 社／**1025**·3·10 社／**1029**·②·25 社／**1031**·3·23 社
相撲司·抜出司 ❶ **719**·7·4 社／**826**·6·20 社／**827**·6·21 社／**916**·6·25 社
相撲司標の画像 ❶ **882**·8·1 文
相撲大会 ❽ **1947**·6·22 社
相撲天覧 ❻ **1872**·3·10 社／**1884**·3·10 社
相撲道 ❼ **1902**·3月 社
相撲頭取 ❺-2 **1821**·3月 社
相撲取 ❹ **1578**·2·29 社／8·15 社
相撲の決まり手 ❾ **2001**·1·7 社
相撲の月税 ❼ **1901**·12·25 社
相撲之司·行司之家 ❷ **1189**·文治年間 社
相撲博物館 ❽ **1954**·9·18 社
相撲櫓(大坂) ❻ **1857**·12·22 文
相撲弓取式 ❹ **1570**·2·25 社
相撲留学生(トンガ) ❾ **1974**·10·25 社／**1976**·10·14 社
全国学生相撲大会(第一回) ❼ **1919**·11·1 社
大日本大角力協会 ❼ **1927**·1·5 社
大日本相撲協会 ❼ **1925**·12·28 社／**1932**·2·13 社／10·23 社／**1934**·2·11 社
辻相撲 ❷ **1240**·2·2 社／❹ **1459**·5·22 社／❺-1 **1621**·6·15 社／**1648**·5月 社／7·2 社／**1657**·7·6 社／**1665**·6月 社／**1670**·6·28 社／**1671**·6·19 社／**1673**·5·28 社／**1687**·7月 社／**1689**·6·18 社／**1690**·7·23 社／**1694**·7·16 社／**1703**·7月 社／**1707**·7月 社／❺-2 **1719**·7·28 社／**1720**·6月 社／**1727**·7·8 社
天覧相撲 ❼ **1930**·4·29 社／**1931**·4·29 社
東京大角力協会 ❻ **1889**·1月 社／❼ **1911**·1·10 社
東京大相撲春場所 ❼ **1923**·1·11 社
東京相撲協会 ❻ **1878**·2·5 社
東京相撲養老金倍額引上 ❼ **1923**·1·8 社
東西学生対抗相撲大会 ❼ **1913**·11·2 社
年寄 ❽ **1958**·9·5 社
年寄株 ❾ **2003**·2·24 社
年寄名跡の購入資金 ❾ **1996**·7·22 社
土俵の直径 ❼ **1931**·4·29 社／5·14 社
名古屋国技館 ❼ **1914**·2·6 社
日本相撲協会 ❽ **1957**·5·4 社
日本相撲協会内紛 ❾ **1998**·1·31 社
日本相撲選手権大会(第一回) ❼ **1931**·6·8 社
花角力 ❺-2 **1826**·7·7 社／**1831**·1·27 社／**1832**·3·10 社
引分け預かり ❽ **1955**·9·28 社
不戦勝 ❼ **1928**·1·22 社
部屋別総当たり制 ❽ **1964**·9·19 社／9·26 社／❾ **1965**·1·10 社
升席料金 ❽ **1964**·12·2 社
盲人相撲 ❻ **1869**·6月 社
モンゴル人力士 ❾ **1992**·8·19 社
八百長横行 ❼ **1910**·1·26 社
櫓太鼓 ❻ **1885**·8·20 社
山城相撲 ❸ **1432**·9·10 社
弓取(相撲) ❺-1 **1699**·5·28 社
横綱 ❻ **1867**·1月 社／**1869**·2月 社／**1876**·12月 社／**1884**·2月 社／5·6 社／5·24 社／**1890**·3月 社／❼ **1896**·3月 社／**1901**·4·3 社／**1903**·6·13 社／**1905**·4·6 社／**1911**·5月 社／**1915**·2·15 社／12·23 社／**1916**·1·26 社／2·5 社／**1917**·3·20 社／**1918**·2·1 社／**1922**·5·5 社／**1923**·4·29 社／**1924**·3·16 社／**1932**·11·17 社／**1935**·5·24 社／**1936**·1·31 社／❽ **1937**·5·26 社／11·13 社／**1941**·5·24 社／6·13 社／**1942**·5·2 社／6·7 社／**1947**·6·29 社／**1948**·10·29 社／**1950**·1·20 社／**1951**·1·27 社／5·27 社／**1953**·1·27 社／2·1 社／**1954**·10·6 社／**1959**·3·25 社／4·6 社／**1961**·7·27 社／10·2 社／**1964**·2·1 社／❾ **1966**·11·19 社／**1969**·7·4 社／**1970**·1·26 社／**1973**·2·24 政／5·30 社／**1978**·5·24 社／**1979**·7·17 社／**1981**·7·21 社／**1983**·7·20 社／**1987**·5·27 社／9·30 社／**1990**·7·25 社／**1991**·5·12 社／**1992**·5·8 社／**1993**·1·24 社／**1994**·11·6 社／**1998**·5·24 社／**1999**·5·24 社／**2003**·1·20 社／11·15 社／**2007**·5·13 社／**2010**·1·10 社
横綱(免許状) ❺-2 **1789**·11·19 社／**1800**·寛政年間 社／**1827**·是年 社／**1840**·11月 文／**1842**·是年 社
横綱審議委員会 ❽ **1950**·5·21 社
横綱推薦の内規 ❽ **1958**·1·6 社
寄相撲 ❺-1 **1624**·是年 社
四本柱 ❽ **1952**·9·21 社
力士 ❸ **1385**·12·2 社
力士月給支給制 ❽ **1957**·5·25 社
力士五十人米俵二百俵 ❻ **1854**·2·16 社
童相撲 ❶ **861**·6·28 社／**864**·6·19 社／**895**·7·7 社／**901**·7·28 社／**914**·7·28 社／8·19 社／**928**·7·6 社／8·9 社／**937**·8·19 社／**966**·6·2 社／**968**·9·5 社／❷ **1006**·8·17 社／❺-2 **1764**·是秋 社／**1802**·9·18 社／**1822**·5·26 社／❻ **1863**·是夏 社／❼ **1900**·5·15 社

ソフトボール ❼ **1921**·是年 社／❽ **1946**·8月 社
アメリカ女子ソフトボール団 ❽ **1938**·10·10 社
高校女子ソフトボール選手権大会 ❽ **1949**·8·8 社
ソフトボール国際連盟に復帰 ❽ **1951**·3·9 社
日本ソフトボール協会 ❽ **1949**·3·31 社

体育·体操
赤いリクリエーション ❽ **1951**·8·26 社
夏季心身鍛錬 ❽ **1942**·7·21 社
健康増進運動 ❼ **1929**·3·1 社
健康増進法 ❾ **2003**·8·29 社
健康マップ ❾ **1984**·10·10 文
健康優良児 ❽ **1946**·7·14 社
健民運動 ❽ **1943**·5·1 社
健民修練所 ❽ **1943**·4·8 社／8·1 社
国民体育デー ❽ **1958**·5·4 社／**1959**·5·17 社／**1960**·5·15 社
国民体力法 ❽ **1940**·4·8 社
女子体力章(検定) ❽ **1941**·9·8 社／**1942**·6·8 社／**1943**·9·1 社
スポーツ芸術祭 ❽ **1956**·7·20 社
スポーツ芸術展 ❼ **1934**·3·19 社
スポーツ憲章 ❾ **1986**·5·7 社
スポーツ巡回学校 ❽ **1946**·2月 社
スポーツ振興法 ❽ **1961**·6·16 社
スポーツの日 ❽ **1961**·10·7 社
スポーツマン綱領 ❽ **1955**·2·2 社
生徒の対外競技 ❽ **1954**·4·20 社／**1957**·3·20 文
体育奨励 ❻ **1885**·9·26 文
体育デー ❼ **1924**·11·3 社
体力国策案 ❽ **1938**·2·19 社
体力章(検定) ❽ **1938**·9·5 社／**1939**·10·1 社／**1941**·12·1 社
日本スポーツ史展 ❽ **1964**·10·2 社
日本体育大会アマチュア規程 ❽ **1947**·4·2 社
まず歩こう運動 ❽ **1941**·2·1 社
野外活動 ❽ **1955**·5·28 社
ラジオ体操 ❽ **1951**·5·6 社
レクリエーション運動 ❽ **1947**·5·4 社

体操 ❻ **1873**·10·9 文／**1874**·5·26 社
アメリカの体操選手 ❽ **1950**·5·15 社

器械体操連合競技会 ❼ 1906·11·4 社
女紅場体操問題 ❻ 1883·3月 社
女子体操問題 ❻ 1882·7月 文／1883·3月 社
新憲法祝賀リズム体操 ❽ 1947·5·4 社
スタンド体操 ❽ 1941·2·17 社
世界体操選手権 ❾ 1978·10·22 社／1981·11·23 社／1995·10·1 社／2003·8·19 社／2009·10·13 社
世界体操選手権大会 ❽ 1954·6·27 社／1962·7·3 社
全国中学校体操大会 ❾ 1970·8·15 社
全日本体操連盟 ❼ 1930·4·12 社
体操会(公立学校生徒) ❻ 1888·4·14 文
体操共進会(陸軍戸山学校) ❻ 1883·6·17 社
体操術速成伝習所 ❻ 1886·8·4 文
体操場 ❼ 1896·4·17 社
体操団体 ❾ 1968·10·12 社
体操伝習所 ❻ 1878·10·24 文
体操練習所 ❻ 1893·3·3 文
大日本体操発表会 ❽ 1939·9·12 社
鉄棒 ❼ 1902·8月 社
デンマーク体操 ❼ 1931·9·12 社／1934·7·19 社
縄飛(跳) ❻ 1872·3·29 文
日本体操学校·女子部 ❼ 1900·5·1 文／1903·1·12 文
日本体操大会 ❽ 1942·5·10 社
美容体操 ❽ 1954·4·12 社／1961·7·12 社
平行枠(棒) ❻ 1872·3·29 文
兵式体操 ❻ 1885·11·18 文
ラジオ体操 ❼ 1928·8·1 社／11·1 社／1935·8·6 社
練体法(体操) ❻ 1867·4月 社

卓球 ❼ 1902·6月 社
アジア·アフリカ卓球友好招待試合 ❾ 1971·11·7 社
アジア卓球選手権 ❽ 1953·9·7 社
アジア卓球選手権大会 ❾ 1974·4·2 社／1988·5·6 政
国際卓球連盟 ❽ 1949·2·6 社
世界卓球選手権 ❽ 1952·1·31 社／2·1 社／1954·4月 社／1955·4·20 社／1956·4·2 社／1957·3·7 社／1961·4·9 社
世界卓球選手権大会 ❾ 1967·4·11 社／1971·3·28 社／1991·4·24 社／2011·5·8 社
中国卓球選手団 ❾ 1972·5·11 社
中国卓球チーム ❽ 1962·10·31 社
日本卓球協会 ❼ 1931·7·12 社
日本卓球連盟 ❽ 1949·2·5 社
汎太平洋卓球競技 ❽ 1940·6·12 社
ピンポン大会 ❼ 1909·5·2 社

探検·冒険
足こぎボートハワイ―沖縄間 ❾ 1993·2·13 社
オートバイ南極点 ❾ 1992·1·3 社
オートバイ北極点到達 ❾ 1987·4·20 社
シーカヤック北極点遭難 ❾ 2001·5·20 社
女性日本一周飛行 ❾ 1976·7·25 社
スノーモービルとソリ北極点到達 ❾ 1989·5·10 社
南極大陸横断国際隊 ❾ 1990·3·3 社
南極大陸徒歩南極点に到達 ❾ 1993·1·16 社
南米アンデス探検(東大) ❾ 1966·5·18 文
日本一周(小学生) ❾ 1992·8·21 社
日本大学北極点遠征隊 ❾ 1978·4·27 社
北極圏単独横断 ❾ 1976·5·8 社／1997·6·23 社
北極到達(単独犬ぞり) ❾ 1978·4·30 社／1997·5·3 社／6·1 社
早稲田大学古代エジプト調査隊 ❾ 2005·1·21 文

ダンス ❻ 1885·9月 文
エアロビクスダンス ❾ 1982·是年 社
スクエア·ダンス ❽ 1946·12·23 社
世界ダンス選手権 ❾ 1969·11·22 社
舞踏会 ❽ 1947·5·8 社

テニス ❼ 1905·7·4 社／1910·4·24 社
ウィンブルドン(全英庭球選手権) ❼ 1934·7·7 社
ウインブルドン女子ダブルス ❾ 2003·7·6 社
関西諸学校連合庭球大会 ❼ 1908·7·26 社
慶應大学庭球部 ❼ 1913·2·19 社／1914·1·3 社
女子硬式庭球関東女子トーナメント ❼ 1922·10·18 社
全国公式庭球大会 ❼ 1920·11·23 社
全国レディース硬式テニス決勝 ❾ 1979·11·12 社
全日本学生庭球選手権大会 ❼ 1929·8·18 社
全日本庭球選手権大会 ❼ 1922·9·9 社／❾ 1967·11·21 社
全日本テニス選手権女子シングルス ❾ 1988·10·9 社
全米庭球選手権シングルス準決勝 ❼ 1918·8月 社
デヴィスカップ庭球日本チーム ❼ 1921·9·2 社／1926·8·26 社
デヴィスカップ庭球東洋ゾーン ❽ 1955·5·28 社／❾ 1971·4·23 社
テニスコート(山手公園) ❻ 1878·7月 社
田園調布庭球場 ❼ 1933·11·26 社
東洋庭球選手権大会 ❼ 1916·1·1 社
軟式テニス試合 ❼ 1898·11·20 社
日仏対抗庭球試合 ❼ 1929·10·16 社
日本庭球協会 ❼ 1922·3·11 社
レディーズ·ローン·テニスクラブ ❻ 1876·是年 社

登山
アイガー北壁登山 ❼ 1921·9·10 社／❾ 1969·8·16 社／1978·3·9 社
アコンカグア登頂 ❽ 1953·1·26 社／❾ 1968·2·9 社
浅間登山競争 ❼ 1921·8·17 社
アビガミン ❾ 1976·6·23 社
アウサンガテ峰(アンデス)初登頂 ❽ 1959·8·14 社
アンナプルナ ❽ 1964·4·10 社／10·13 社／❾ 1970·5·19 社／1973·5·6 社
イストル·オ·ナール峰 ❾ 1968·7· 社
エベレスト(チョモランマ) ❽ 195 5·29 社／❾ 1970·5·11 社／1975·5·16 社／1980·5·3 社／1982·12·27 ／1983·10·8 社／1988·5·5 社／1995·11·11 社／1996·5·10 社／1999·5·13 社／2003·5·22 社／200 5·26 社
エリブルス山 ❾ 1966·6·21 社
尾瀬沼に長蔵小屋 ❼ 1934·9·30 社
カナデアンロッキー登山 ❼ 1924· 19 社
カラコルム山脈チョゴリザ ❽ 195 8·4 社
カラコルムスキャンカンリ ❾ 197 8·11 社
カラコルム登山隊(東京志岳会) ❾ 1978·7·24 社
カラボジ山 ❾ 1996·9·15 社
カルストン·ピラミッド ❾ 1992·6· 28 社
北アルプス登山コース ❼ 1929·6· 社
ギャチュンカル登頂 ❽ 1964·4·10 社
キャンプ(六甲山) ❼ 1920·8·7 社／1923·是年 社
京都大学学士山岳会·中国登山協会 ❾ 1991·1·8 社
京都大山岳部 ❾ 1973·11·20 社
京都帝大白頭遠征隊 ❼ 1935·1·8 社
キリマンジャロ ❾ 1978·2·2 社
近畿登山協会女子登山隊 ❽ 1946·7 14 社
クック山(ニュージーランド) ❾ 1967·1·2 社
グランドジョラス北壁 ❾ 1967·7·2 社／1971·1·1 社／7·17 社／1979·3·4 社
グリーンランド横断踏破 ❾ 1968·9 3 社
グレイシアドーム初登頂 ❽ 1964·10·16 社
群馬ヒマラヤ登山隊 ❾ 1978·9·23 社
下山カード ❾ 1966·1·10 社
ゴーキョ·ピーク ❾ 1978·12·31 社
ゴジュンバ·カン初 ❾ 1965·4·23 社
崑崙山脈最高峰 ❾ 1986·8·16 社
サルバチョメ登頂 ❽ 1960·10·25 社
信濃御嶽登山 ❺-2 1792·6·10 社
ジャヌー北壁 ❾ 1976·5·11 社
シャルプ初登頂 ❽ 1963·5·30 社
スカルノ峰登頂 ❽ 1964·3·1 社
全日本山岳連盟 ❽ 1940·12·11 社
全日本少年団大野営 ❼ 1935·8·2 社
遭難多し(海外登山) ❾ 1981·8月 社
遭難保険 ❾ 1968·4·25 社
ダウラギリ ❾ 1975·3·25 社／1981·6·2 社／1982·12·13 社／2012·5·26 社
谷川岳 ❽ 1940·11·13 社／1949·10·3 社／1953·7·5 社

タンブール初登頂 ❽ **1963**·5·30 社
中国アムネマサン ❾ **1981**·5·22 社
チョゴリ ❾ **1982**·8·14 社
ツラギの会登山隊 ❾ **1978**·9·14 社
ディオ·チバ峰初登頂 ❽ **1960**·10·7 社
登山大会(全国高校体育連盟) ❽ **1957**·8·17 社
登山届出條例 ❾ **1966**·3·23 社
七大陸最高峰制覇最年少記録 ❾ **2002**·5·17 社
ナムチャバルワ ❾ **1992**·10·30 社
ナンダコット(ヒマラヤ)登山 ❼ **1936**·10·5 社
ナンダ·デビィ西峰継走 ❾ **1976**·6·13 社
日本アルプス ❼ **1896**·是年 社／**1910**·7月 文／**1917**·8月 社
日本アルプス会 ❼ **1919**·7月 社
日本インド合同登山隊 ❾ **1993**·10·18 社
日本山岳会 ❼ **1905**·10·14 社／❽ **1940**·6月 社
日本女子ヒマラヤ隊 ❽ **1960**·10·7 社
日本登山学校 ❽ **1960**·7·21 社
女人禁制(大峰山) ❽ **1949**·8·9 社
ニルギリ南峰 ❾ **1978**·10·10 社
ヌプチュ初登頂 ❽ **1962**·5·3 社
白頭山冬季探検隊 ❼ **1934**·12·26 社
パビール峰 ❾ **1978**·10·20 社
パミール高原コルジェネフスカヤ ❾ **1976**·8·7 社
バルトロ·カンリ初登頂 ❽ **1963**·5·30 社
春山登山遭難 ❽ **1959**·5·2 社
阪急ワンダーフォーゲルの会 ❼ **1934**·8·19 社
ピサン·ピーク ❾ **1980**·1·2 社
ビッグホワイトピーク初登頂 ❽ **1962**·5·3 社
ヒマラヤ·スキルブルム峰 ❾ **1997**·8·20 社
ヒマラヤK2 ❾ **1981**·8·7 社
ヒマラヤK12 ❾ **1975**·8·4 社／**1977**·8·8 社
ヒンズークシ山脈ウドレンゾム南峰 ❾ **1967**·8·11 社
ヒンズークシ山脈ゴーカルサール峰 ❾ **1979**·7·28 社
ビンソン·マンフ ❾ **1991**·1·19 社
富士山に女人登山 ❺-2 **1800**·是年 社
富士登山 ❺-1 **1688**·是年 社／❺-2 **1800**·3月 社／**1831**·6月 社／**1823**·5·5 社／❻ **1860**·7·26 社／**1882**·7月 社／**1885**·7月 社／❼ **1902**·7·5 社／**1911**·4·16 社／**1913**·7·25 社／**1917**·7·22 社／❽ **1938**·7·17 社／**1942**·7·26 社
富士登山(自転車で) ❼ **1900**·8·18 社
冬山遭難白書 ❾ **1967**·3·18 社
ペルーアンデスの最高峰ワスカラン(関西学院大学隊) ❽ **1961**·6·9 社
北米マッキンレー ❾ **1970**·8·30 社／**1984**·2·12 社／**1988**·6·14 社／**2012**·6·13 社
北海道山岳連盟登山隊 ❾ **1981**·5·10 社
ホンデピーク初登頂 ❽ **1962**·5·3 社
前穂高岳北尾根の屏風岩登はん成功 ❽ **1947**·7·24 社
マカルー ❾ **1970**·5·20 社
マッターホルン北壁 ❾ **1965**·8·6 社／**1967**·2·7 社／7·19 社／**1969**·8·15 社／**1977**·2·16 社／**1978**·3·9 社
マナスル登頂 ❽ **1956**·5·9 社／❾ **1974**·5·4 社
ミニヤコンカ登山隊 ❾ **1981**·4·7 社／5·10 社／**1982**·5·1 社
槍が岳 ❻ **1878**·7·28 社／❼ **1935**·7·26 社
ヤルン·カン ❾ **1973**·5·14 社
ユー·イ·モンディ峰 ❾ **1965**·7·3 社
ランタン·リルン雪崩 ❾ **1989**·3·21 社
早稲田大学山岳部遠征隊 ❽ **1953**·1·26 社
バスケットボール ❾ **2004**·1·18 社／11·1 社
全日本女子籠球選手権大会 ❼ **1931**·2·15 社
早大バスケット部 ❼ **1927**·12·10 社
大日本バスケットボール協会 ❼ **1930**·9·30 社
東洋バスケットボール選手権大会 ❽ **1938**·5·14 社
バスケットボールおよびバレーボール選手権 ❼ **1921**·11·19 社
バドミントン ❾
国際バドミントン大会 ❾ **1978**·1·29 社
女子バドミントン ❾ **1966**·5·14 社
日本バドミントン協会 ❽ **1946**·2月 社
バレーボール
バレーボール(排球) ❼ **1921**·11·19 社／**1927**·7·31 社
女子バレー ❾ **1968**·10·12 社／**1972**·8·26 社／**2004**·5·14 社
世界女子バレー選手権大会 ❾ **1967**·1·26 社／**1976**·5·22 社／**2010**·11·14 社
全日本東西対抗排球競技会 ❽ **1939**·12·24 社
全日本都市対抗バレーボール優勝大会 ❽ **1952**·4月 社
男子バレー ❾ **1968**·10·12 社／**1972**·8·26 社
日紡貝塚(ニチボー貝塚) ❽ **1955**·11·6 社／**1958**·11·16 社／**1961**·10·15 社／**1962**·10·13 社／❾ **1966**·8·6 社
日本男女バレーボールチーム ❾ **1965**·11·27 社
日本バレー協会 ❾ **1985**·10·12 社
バレーボール国際連盟に復帰 ❽ **1951**·3·9 社
バレーボール選手権 ❾ **1974**·10·27 社
ママさんバレー ❾ **1969**·8·9 社／**1970**·4·2 社
ワールドカップ ❾ **1977**·11·15 社
ハンググライダー ❽ **1937**·3月 社／❾ **1977**·7·23 社／**1981**·2·23 社
ハンドボール ❼ **1922**·8月 社
関東ハンドボール選手権大会 ❽ **1937**·10·23 社
飛行機·プロペラ機
曲技飛行(プロペラ機) ❾ **2006**·11·3 社／**2007**·11·2 社
スポーツ航空フライイン77 ❾ **1977**·8·27 社
全日本軽飛行機レース ❾ **1966**·8·5 社
ビリヤード(撞球) ❼ **1901**·4·30 社／**1912**·10·15 社／**1920**·3月 社／4·10 社／**1928**·5·1 社／❾ **2011**·6·25 社
フェンシング ❻ **1874**·5·26 社／**1878**·3月 社
全日本フェンシング選手権 ❽ **1937**·11·14 社
フェンシング国際連盟復帰 ❽ **1951**·3·9 社
武道·武術
弓道 ❽ **1945**·11·6 社
撃剣道場 ❼ **1896**·8·2 社
剣術試合 ❼ **1917**·4·18 社
講道館 ❻ **1882**·6·5 社
講道館(水道橋) ❼ **1934**·3·21 社
古式武道実演会 ❽ **1957**·1·10 社
柔剣道 ❽ **1939**·5·29 文
銃剣道講習会 ❽ **1941**·8·2 社
柔術 ❻ **1877**·是年 社
全国撃剣大会 ❻ **1884**·11月 社
全国古武道大会 ❽ **1939**·10·25 社
総合古武道大会 ❽ **1957**·12·15 社
大日本武徳会 ❻ **1895**·4·17 社／10·25 社／❽ **1946**·9·13 社／**1955**·3·21 社
大日本武徳会武徳殿 ❼ **1899**·5·4 社
日本弓道連盟 ❽ **1949**·6·22 社
日本古武道振興会 ❼ **1935**·10·25 社
武具·武道書展示 ❻ **1877**·8·30 社
武道会(イギリス) ❼ **1918**·是年 社
フットボール ❻ **1874**·是年 社／❼ **1902**·5·3 社
アメリカンフットボール ❼ **1934**·11·29 社／**1935**·3·15 社／❽ **1938**·3·21 社／**1948**·1·27 社／❾ **1976**·1·18 社／**1984**·1·3 社
アメリカンフット日本選手権 ❾ **2003**·1·3 社
毎日甲子園ボウル ❾ **1983**·12·11 社／**2010**·12·19 社
ボウリング ❽ **1963**·3月 社／❾ **1970**·8·21 社
女子プロボウラー ❾ **1969**·6·22 社
日本女子プロボウリング選手権 ❾ **1970**·3·22 社
日本プロボウリング協会 ❻ **1681**·6·22 社／❽ **1952**·12·20 社／❾ **1967**·1·27 社
ボウリング場 ❾ **1971**·10·11 社
ボウリング·アレー ❼ **1916**·是年 社
ボートほか ❾ **1976**·9·28 社
インタカレッジ競漕大会 ❼ **1920**·10·23 社
ウォーターフェア·レガッタ ❾ **1981**·8·9 社
貸ボート ❻ **1884**·11月 社
カヌー·スプリントワールドカップ ❾ **2009**·5·10 社

カヌー日本漕艇協会　❽ 1937·2·6 社
川口オートレース場　❽ 1952·1·31 社
競漕会　❻ 1884·10·17 社／1887·3·16 社／4·16 社／1888·4·13 社／1889·4·10 社
競艇　❽ 1952·4·6 社
国際少年モーターボート大会　❽ 1962·4·15 社
サーフボード　❾ 1977·8·1 社
ジェットスキー(水上バイク)　❾ 1973·是年 社
全国サーフィン大会　❾ 1966·7·10 社
全国連合中学競漕大会　❼ 1909·9·26 社
潜水日本新記録　❾ 1981·10·13 社
仙台二高ボート部員遭難　❼ 1934·12·28 社
全日本シーボップ大会　❾ 1969·5·4 社
全日本モーターボート選手権大会　❼ 1931·7·26 社
全日本選手権レガッタ·エイト　❽ 1954·9·12 社
早慶対抗レガッタ　❼ 1930·4·29 社／❽ 1957·5·12 社／1931·4·29 社／❾ 1978·4·16 社
大日本連合端艇競漕会　❼ 1899·8·6 社
端艇競争　❼ 1896·4·8 社
東大漕艇チーム　❼ 1936·6·20 社
東大対京大対抗競漕会(第一回)　❼ 1920·9·23 社
戸田ボートコース　❽ 1940·10·27 社
日本サーフィン選手権大会　❾ 1966·7·10 社
日本漕艇協会　❼ 1920·6·1 社
日本モーターボート連盟　❽ 1961·7·7 社
爬龍(ペーロン)競漕　❼ 1904·6·6 社
龍舟競争　❾ 1977·6·21 社
ボート競漕　❻ 1877·5·12 社／1882·6·9 社／11·21 社
ボート競漕(国際)　❻ 1886·11·13 社
端艇競争大会(琵琶湖)　❻ 1893·5·6 社
ボートレース　❻ 1863·8·23 社／❼ 1896·6·7 社／12·18 社／1909·是年 社／❽ 1945·11·16 社
ボートワールドカップ　❾ 2005·7·10 政
モーターボート競走法　❽ 1951·6·18 社
モーターボート全日本選手権競争　❽ 1953·11·7 社
モーターボートレース　❽ 1955·6·5 社
和船競漕　❼ 1912·5·27 社
ボクシング·拳闘　❼ 1902·3·27 社
アマチュア拳闘選手権大会(第一回)　❼ 1926·11·27 社
拳闘家試合　❼ 1902·1·9 社
拳闘家と日本人柔道家対戦　❼ 1911·10·11 社
公式女子ボクシング試合　❽ 1950·11·19 社
ジュニア·ウェルター級　❾ 1967·4·30 社
ジュニア·バンタム級　❾ 1982·4·8 社／1984·7·5 社／1985·12·13 社／1994·5·4 社
ジュニア·フライ級　❾ 1976·10·10 社／1978·1·29 社／5·7 社／10·15 社／1980·1·27 社／6·1 社／10·12 社／1982·4·13 社／1996·5·21 社
ジュニア·ミドル級　❾ 1971·10·31 社／1975·1·21 社／1978·8·9 社
ジュニア·ライト級　❾ 1967·6·15 社／12·14 社／1968·9·28 社／12·12 社／1973·3·12 社／3·13 社／1974·2·28 社
女子プロボクシング　❾ 2008·5·9 社
スーパーウェルター級　❾ 2009·8·30 社
スーパーバンタム級　❾ 2011·4·8 社
スーパーフェザー級　❾ 2010·1·11 社／2011·4·8 社／12·31 社／2012·7·16 社／12·31 社
スーパーフライ級　❾ 2004·1·3 社／6·28 社／9·20 社／2005·7·18 社／2006·2·27 社／2011·12·7 社／2012·3·27 社／12·31 社
ストロー級　❾ 1987·10·18 社／1988·1·31 社／1990·2·7 社
全日本アマチュア拳闘連盟　❼ 1926·7·14 社
全日本プロ·ボクシング選手権大会(第一回)　❼ 1934·11·5 社
東洋ミドル級　❽ 1954·3·22 社
東洋ライト級　❽ 1954·3·30 社
日本軽重量急(フライ級)拳闘選手権(第一回)　❼ 1924·4·26 社
日本拳闘クラブ　❼ 1921·12·5 社
日本ボクシング連盟　❽ 1953·8·3 社
バンタム級　❾ 1965·5·18 社／1987·3·29 社／1993·12·23 社／2005·4·16 社／2006·11·13 社／2007·5·3 社／2009·7·14 社／12·18 社／2010·12·26 社／2011·11·6 社／12·7 社／2012·12·4 社
フェザー級　❾ 1966·4·17 社／1968·9·28 社／1970·12·11 社／2006·1·29 社／2010·11·26 社／2011·4·8 社
フライ級　❽ 1952·5·19 社／1953·10·27 社／1954·11·26 社／1962·10·10 社／1963·9·18 社／❾ 1969·3·30 社／1970·10·22 社／1972·3·4 社／1974·10·1 社／10·18 社／1984·1·18 社／1990·7·29 社／2007·10·11 社／2008·3·8 社／2009·11·29 社／2010·2·7 社／2012·7·16 社
ヘビー級　❾ 1990·2·11 社
ミニマム級　❾ 2005·4·4 社／2006·1·9 社／2·27 社／5·6 社／2007·6·4 社／2011·2·11 社／12·31 社／2012·6·20 社／12·31 社
ライト級　❾ 1974·4·11 社／1975·12·4 社／2008·5·19 社
ライトフライ級　❾ 2006·8·2 社／2012·12·31 社
ホッケー　❼ 1906·11·23 社／❽ 1943·3月 社
アイスホッケー　❼ 1935·3·15 社／❽ 1951·3·9 社／1952·1·5 社
アイスホッケーアジア·リーグ　❾ 2004·1·18 社
女子ホッケー　❾ 2004·3·24 社
ホッケー試合の始め　❼ 1907·1·19 社
ボディビル　❽ 1952·10·23 社／1955 12月 社／1956·2·14 社
ボブスレー
全日本ボブスレー選手権大会　❽ 1938·2·12 社
マラソン·駅伝　❼ 1909·3·21 社／1912·7·6 社／1933·11·3 社／1935·1 3 社／❽ 1949·12·17 社／❾ 1965·6· 社／1968·10·12 社／1982·1·21 社
『ランニング』刊　❼ 1916·9月 社
アースマラソン(間寛平)　❾ 2008·12·17 社
青森—東京間駅伝　❽ 1951·11·13 社
朝日マラソン　❽ 1947·12·7 社
青梅マラソン　❾ 1967·3·5 社／1978·2·20 社
大阪—東京間マラソン大会　❼ 1929 6·23 社
大阪国際女子マラソン　❾ 2003·1·2 社
大阪マラソン　❾ 2011·10·30 社
関東対関西駅伝(東海道五十三次)　1917·4·27 社
京都マラソン　❾ 2012·3·11 社
神戸マラソン　❾ 2011·11·20 社
国際高齢者マラソン大会　❾ 1975·9 15 社
国際壮年ロードレース大会　❾ 1970 5·17 社
国際マラソン選手権大会　❾ 1966·11·27 社／1967·12·3 社／1968·12· 社／1969·12·7 社／1970·12·6 社
蔵王山突破マラソン　❼ 1927·7·17 社
女子マラソン　❾ 1978·4·16 社／1993·1·31 社／8·15 社／1998·12·6 社
セイコーランナーズ　❾ 1981·12月 社
世界駅伝広島大会　❾ 1986·11·30 社
全日本「大阪·東京」毎日駅伝大会　❽ 1959·3·10 社
全日本盲人健康マラソン大会　❾ 1984·12·2 社
東京国際女子マラソン　❾ 1979·11·18 社／1980·11·16 社／1981·11·15 社／1982·11·14 社／1983·11·20 社／1984·11·18 社／2003·11·16 社／2005·11·20 社／2006·11·19 社
東京マラソン　❾ 1981·2·8 社／1983·2·13 社／2005·2·13 社／2007 2·18 社／2009·3·22 社／2010·2·28 社／2011·2·27 社
タートル·マラソン国際大会　❾ 1981·1·15 社
トライアスロン宮古島大会　❾ 1985 4·28 社
ニューヨーク·シティ·マラソン女性部門　❾ 1976·10·24 社
ハイウェイマラソン　❾ 1987·9·6 社
箱根駅伝(東京—箱根大学駅伝競走)　❼ 1920·2·14 社／1928·1·8 社／1930·1·5 社／1931·1·11 社／1932·

1·10 社／1933·1·8 社／1934·1·7 社／1935·1·5 社／1936·1·5 社／❽ 1937·1·10 社／1938·1·9 社／1939·1·8 社／1940·1·7 社／1947·1·4 社／1948·1·3 社／1949·1·3 社／1950·1·6 社／1951·1·7 社／1952·1·7 社／1953·1·4 社／1954·1·7 社／1955·1·3 社／1956·1·3 社／1957·1·3 社／1958·1·3 社／1959·1·3 社／1960·1·3 社／1961·1·3 社／1962·1·3 社／1964·1·3 社／❾ 1965·1·3 社／1966·1·3 社／1967·1·2 社／1968·1·3 社／1969·1·3 社／1970·1·3 社／1971·1·3 社／1972·1·3 社／1973·1·3 社／1974·1·3 社／1975·1·3 社／1976·1·3 社／1977·1·3 社／1978·1·3 社／1979·1·3 社／1980·1·3 社／1981·1·3 社／1982·1·3 社／1983·1·3 社／1984·1·3 社／1985·1·3 社／1986·1·3 社／1987·1·3 社／1988·1·3 社／1989·1·3 社／1992·1·3 社／1993·1·3 社／1994·1·3 社／1995·1·3 社／1996·1·3 社／1997·1·3 社／1998·1·3 社／1999·1·3 社／2000·1·3 社／2001·1·3 社／2002·1·3 社／2003·1·3 社／2004·1·3 社／2005·1·3 社／2006·1·3 社／2007·1·3 社／2008·1·3 社／2009·1·3 社／2010·1·3 社／2011·1·3 社／2012·1·3 社
パリ·マラソン ❾ 1989·4·30 社
びわ湖毎日マラソン ❾ 1997·3·2 社
福岡国際マラソン ❾ 1974·12·8 社／1978·12·3 社／1979·12·2 社／1980·12·7 社／1981·12·6 社／1982·12·5 社／1983·12·4 社／1987·12·6 社／1988·12·4 社／2000·12·3 社
福岡市民マラソン ❾ 1978·6·18 社
富士登山マラソン ❾ 1976·8·15 社
北京国際マラソン ❾ 1985·10·13 社／1986·10·19 社
別府大分毎日マラソン ❽ 1961·6·26 社／1963·2·17 社／❾ 1978·2·5 社／1979·4·15 社
ベルリン·マラソン ❾ 2005·9·25 社
報知マラソン ❼ 1918·10·28 社
ボストン·マラソン ❽ 1951·4·19 社／1953·4·20 社／1955·4·19 社／❾ 1965·4·19 社／1966·4·19 社／1979·4·16 社／1981·4·20 社／1987·4·20 社
マラソン·ブーム ❾ 1977·2·20 社
横浜女子マラソン ❾ 2011·2·20 社

野球
『月刊ベースボール』創刊 ❼ 1908·11月 社
『野球』創刊 ❼ 1897·7月 文
『野球界』刊 ❼ 1908·11月 社
『野球とその害毒』刊 ❼ 1911·8·29 社
『野球年鑑』刊 ❼ 1916·5·16 社

野球一般(用語·用具ほか)
キャッチボール ❼ 1928·5·22 社
金属バット ❾ 1974·3·4 社／1979·7·28 社／1985·3·5 社
始球式 ❼ 1908·11·22 社
少年野球用ゴムボール ❼ 1918·是年 社
竹製バット ❽ 1948·9·26 社
着色バット ❽ 1964·7·22 社
バッティングセンター ❾ 1965·12·1 社
野球場⇨「運動場·スポーツ施設」
野球伝来の諸説 ❻ 1872·是年 政
野球の統制 ❼ 1932·3·28 社
野球の訳語種々 ❻ 1895·2月 社
野球用語 ❽ 1943·3·2 社

外国野球チーム来日 ❼ 1896·5·23 社／1907·10·31 社
アメリカプロ野球大リーグ選抜チーム ❽ 1951·10·17 社
オハイオ州立大学野球チーム ❽ 1956·6·24 社
サンフランシスコ·シールズ ❽ 1949·10·12 社
サンフランシスコ·ジャイアンツ ❽ 1960·10·20 社
シアトル日本人野球団 ❼ 1914·9·10 社／1918·9·2 社
シカゴ大学野球チーム ❼ 1910·9·26 社／1915·9·21 社
日米野球(米大リーグ選抜対立教大学) ❼ 1931·11·7 社
ニューヨーク·ヤンキース ❽ 1953·10·14 社／1955·10·20 社
ハワイ·セントルイス野球団 ❼ 1907·10·31 社
ハワイ野球チーム来日 ❼ 1916·10·16 社／1920·9·12 社／1926·9·2 社／1932·6·9 社
米大リーグ来日 ❼ 1913·12·6 社／1931·10·29 社／1934·11·2 社
ミシガン大学野球チーム ❼ 1932·6·9 社
リーチ=オールアメリカン野球 ❼ 1908·11·22 社
ロサンゼルス·ドジャース ❾ 1966·10·20 社
ワシントン大学野球チーム ❼ 1908·9·3 社／1913·9·11 社

社会人野球
アジア野球選手権 ❽ 1954·12·18 社
実業野球大会(第一回) ❼ 1923·3·22 社
社会人野球日本選手権大会 ❾ 2008·11·23 社
世界身体碍害者野球日本大会 ❾ 2005·8·20 社／2006·8·6 社／11·5 社／2007·8·22 社／2008·8·18 社／2009·8·8 社／2010·8·7 社／2011·8·6 社／2012·8·8 社
全国都市対抗野球 ❼ 1927·8·3 社／❽ 1942·8·1 社／1946·8·3 社／1947·8·3 社／1951·8·5 社／1957·7·28 社／❾ 1998·7·31 社／2004·9·6 社／2010·9·7 社
全日本軟式野球連盟 ❾ 1978·4·16 社
長野県早起き野球連盟 ❾ 1987·4·29 社
日本アマチュア野球協会 ❽ 1954·9·1 社
日本社会人野球協会 ❽ 1949·2·16 社
日本軟式野球連盟 ❽ 1946·8·26 社
ノンプロ野球世界大会 ❽ 1950·9·10 社／1955·9·23 社／1957·9·18 社
貿易再開記念女子野球大会 ❽ 1947·8·29 社
野球(外人試合) ❻ 1893·9·6 社
野球チーム(新橋倶楽部) ❻ 1872·是年 政

小·中·高等学校野球
沖縄高校野球連盟 ❽ 1956·2·1 社
京都市小学校野球大会(第一回) ❼ 1919·是年 社
甲子園球場の土 ❽ 1949·8·13 社／1958·8·26 社
興南旋風 ❾ 1968·8·9 社
少年野球大会(第一回) ❼ 1920·8·2 社
世界少年野球大会 ❾ 2003·8·16 社
全国高等学校野球連盟 ❼ 1935·5·31 社
全国高等専門学校野球大会 ❼ 1911·12·25 社／1913·12·25 社
全国中等学校優勝野球大会 ❼ 1915·8·18 社／1916·8·16 社／1917·8·14 社／1918·8·16 社／1919·8·14 社／1920·8·13 社／1921·8·14 社／1922·8·14 社／1923·8·16 社／1924·4·1 社／8·13 社／1925·3·31 社／7·15 社／1926·4·5 社／8·20 社／1927·5·1 社／8·9 社／1928·8·16 社／11·9 社／1929·3·30 社／8·13 社／1930·4·5 社／8·13 社／1931·4·8 社／8·21 社／1932·4·5 社／8·20 社／1933·4·13 社／8·19 社／1934·8·20 社／1935·4·7 社／8·13 社／1936·4·6 社／8·20 社／❽ 1937·8·20 社／1938·8·21 社／1939·8·13 社／1940·8·19 社／1941·7月 社／1942·7·12 社／8·22 社／1946·8·15 社／1947·8·13 社／1948·8·13 社／1949·8·13 社／1950·8·21 社／1951·8·19 社
全国高校野球選手権大会 ❽ 1952·8·20 社／1953·8·13 社／1954·8·22 社／1955·8·17 社／1956·8·20 社／1957·8·20 社／1958·8·8 社／1959·8·8 社／1960·8·21 社／1961·8·20 社／1962·8·19 社／1963·8·20 社／1964·8·18 社／／❾ 1965·8·22 社／1966·8·24 社／1967·8·20 社／1968·8·9 社／1069·8·9 社／1970·8·20 社／1971·8·16 社／1972·8·23 社／1973·8·22 社／1974·8·19 社／1975·8·24 社／1976·8·21 社／1977·8·20 社／1978·8·20 社／1979·8·21 社／1980·8·22 社／1981·8·81 社／1982·8·7 社／1983·8·9 社／1985·8·8 社／8·21 社／1986·8·21 社／1987·8·21 社／1988·8·8 社／1989·8·10 社／1990·8·21 社／1991·8·21 社／1992·8·25 社／1993·8·23 社／1994·8·8 社／1995·8·21 社／1996·8·21 社／1997·8·21 社／

1998·8·22 社／1999·8·21 社／2000·8·21 社／2001·8·22 社／2002·8·21 社／2003·8·23 社／2004·8·22 社／2005·8·20 社／2006·8·6 社／2007·8·22 社／2008·8·18 社／2009·8·8 社／2010·8·7 社／2011·8·6 社／2012·8·8 社
選抜(中等·高校)野球·選抜高校野球 ❼ 1924·4·1 社／1925·3·21 社／1926·4·5 社／1927·5·1 社／1928·4·5 社／1929·3·30 社／1930·4·5 社／1931·4·8 社／1932·4·5 社／1933·4·13 社／1934·4·7 社／1935·4·7 社／1936·4·6 社／❽ 1937·4·6 社／1938·4·4 社／1939·4·3 社／1940·3·24 社／4·2 社／1941·3·23 社／1947·3·30 社／4·7 社／1948·4·1 社／1949·4·6 社／1950·4·8 社／1951·4·9 社／1952·4·1 社／1953·4·6 社／1954·4·7 社／1955·4·8 社／1956·4·9 社／1957·4·7 社／1958·4·10 社／1959·4·10 社／1960·4·8 社／1961·4·5 社／1962·4·7 社／1963·4·5 社／1964·4·5 社／❾ 1965·4·4 社／1966·3·26 社／4·3 社／1967·4·7 社／1968·4·6 社／1969·4·6 社／1970·4·5 社／1971·4·6 社／1972·4·7 社／1973·4·6 社／1974·3·28 社／1975·4·6 社／1976·4·6 社／1977·4·7 社／1978·4·5 社／1979·4·6 社／1980·4·6 社／1981·3·27 社／1982·4·5 政／1983·4·5 社／1984·4·4 社／1985·4·7 社／1986·4·5 社／1987·4·4 社／1988·4·5 社／1989·4·5 社／1990·4·4 社／1991·4·5 社／1992·4·4 社／1993·3·26 社／1994·3·26 社／1995·4·5 社／1996·4·5 社／1997·4·9 社／1998·4·8 社／1999·4·5 社／2000·4·4 社／2001·4·4 社／2002·4·5 社／2003·4·3 社／2004·4·4 社／2005·4·4 社／2006·4·4 社／2007·4·3 社／2008·4·5 社／2009·3·21 社／2010·3·21 社／2011·3·23 社／2012·4·4 社
第一高等学校野球部 ❼ 1896·5·23 社／6·27 社／1897·6·3 社／1900·5·10 社／6·2 社／1902·5·17 社
東京府下中学校野球大会 ❼ 1910·3·30 社
東京府下各学校連合野球大会 ❼ 1903·3·7 社
変化球を禁止(小学生) ❾ 1978·1·24 社
明治神宮野球大会(第一回) ❾ 1970·11·10 社
野球(第一高等中学校) ❻ 1890·11·8 社
野球試合(一高対三高) ❽ 1948·8·8 社
野球部(第一高等学校) ❼ 1901·7·16 社
リトルリーグ世界野球選手権 ❾ 1967·8·26 社／1976·8·28 社
大学野球
愛知工大野球部、中国遠征 ❾ 1975·8·10 社
インブリー暴行事件 ❻ 1890·5·17 社
関西五大学野球連盟 ❼ 1931·9·14 社
完全試合(慶應大学) ❽ 1964·5·17 社
慶應義塾大学野球部 ❼ 1910·11·5 社／1914·3·28 社
慶應義塾野球チーム ❻ 1884·是年 社
全関東対全関西野球試合 ❼ 1919·11·1 社
女性投手(東大対明大) ❾ 2001·3·28 社
全早慶野球試合 ❽ 1945·11·18 社／1946·6·15 社
全日本大学野球選手権 ❽ 1952·8·22 社／❾ 2007·6·17 社
早慶対抗野球試合 ❼ 1903·11·21 社／1904·10·30 社／1905·10·28 社／1906·10·28 社／1925·10·19 社／1928·10·22 社／1929·11·1 政
早慶野球試合 ❽ 1943·10·16 社／1950·11·5 社／1952·11·2 社／1960·11·12 社
早慶リンゴ事件 ❼ 1933·10·22 社
帝国大学野球部創設 ❼ 1918·3·10 社
東京六大学 ❽ 1939·9·2 社／1942·4·18 社／1943·4·6 社／1946·3·11 社／5·19 社／9·4 社／1950·6·24 社／1959·2·6 社
東京六大学野球リーグ ❼ 1914·10·29 社／1930·5·16 社／10·11 社／1932·5·10 社
東京六大学野球連盟 ❾ 1975·9·19 社／1999·11·4 社／2004·5·17 社／2010·11·3 社
東都五大学野球連盟 ❼ 1931·4·29 社
日米大学野球選手権 ❽ 1952·8·5 社
日米大学野球選手権大会 ❾ 1972·7·8 社／1978·7·7 社／1981·6·24 社／2005·7·11 社／2007·7·7 社
明治大学野球部 ❼ 1910·11·5 社／1912·10·5 社／1914·6·17 社／1915·8·7 社
夜間照明設備(早大戸塚野球場) ❼ 1933·7·10 社
野球チーム海外遠征の始め(早稲田大学) ❼ 1905·4·4 社／1921·3·27 社
早稲田大学·慶應·第一高等学校対抗野球 ❼ 1904·6·1 社／1911·10·29 社
早稲田大学野球部 ❼ 1905·4·4 社／1910·6·22 社／1911·3·27 社／1912·10·5 社／1921·3·27 社／1927·4·2 社
プロ野球
アジア野球選手権 ❾ 2003·11·7 社／2005·5·22 社／2007·12·1 社／2009·8·3 社
一本足打法(王貞治) ❽ 1962·7·1 社
大阪球場乱闘事件 ❽ 1964·6·7 社
オリンピック野球 ❾ 1996·9·21 社
関西独立リーグ ❾ 2009·3·27 社
完全試合 ❽ 1950·6·28 社／1955·6·19 社／1957·7·28 社／❾ 1994·5·18 社
球団
大阪タイガース ❼ 1935·12·1 社／1936·2·5 社
オリックス ❾ 1998·11·27 社
近畿日本(プロ野球) ❽ 1949· 14 社
金星ゴールドスター ❽ 1946· 27 社
近鉄グレートリング ❽ 1946· 27 社
西武ライオンズ ❾ 1978·10·1 社
セネタース ❽ 1946·4·27 社
大映スターズ ❽ 1948·12·1 社
大映ユニオンズ ❽ 1957·2·26 社
大東京軍(のち松竹ロビンス) 1936·1·15 社／2·5 社
大日本東京野球倶楽部(のち東京巨人軍) ❼ 1934·12·26 社／1935·2·14 社
太平パシフィック ❽ 1946·4·2 社
大毎オリオンズ ❽ 1957·11·2 社
大洋ホエールズ ❽ 1949·9月 社
中部日本ドラゴンズ ❽ 1946· 27 社
東映フライヤーズ ❾ 1973·1· 社
東京巨人軍 ❼ 1936·2·5 社／12·11 社／❽ 1946·4·27 社
東京セネターズ ❼ 1936·1·15 社／2·5 社
名古屋金鯱軍 ❼ 1936·1·15 社／2·5 社
南海ホークス ❽ 1947·6·1 社／1949·11·28 社／❾ 1988·11·27 社
西鉄ライオンズ ❽ 1951·2·28 社
西日本 ❽ 1949·9月 社
日拓ホーム·フライヤーズ ❾ 1973·1·16 社
阪急ブレーブス ❼ 1936·1·15 社／2·5 社／❽ 1946·4·27 社／❾ 1988·10·19 社
阪神タイガース ❽ 1946·4·27 社／❾ 2003·9·15 社
広島カープ ❽ 1949·9月 社／11·28 社／1951·3·23 社／❾ 1975·10·15 社
福岡ソフトバンクホークス ❾ 2004·12·24 社
毎日オリオンズ ❽ 1949·9月 社
横浜 DeNA ベイスターズ ❾ 2011·11·4 社／2011·12·1 社
楽天ゴールデンイーグルス ❾ 2004·9·17 社
空白の一日事件 ❾ 1978·11·21 社／1979·1·31 社

後楽園初ナイター ❽ 1957·5·14 社
五冠王(落合博満) ❾ 1982·10·12 社
サヨナラホームラン ❽ 1946·4·28 社／1956·3·25 社／1959·6·25 社
三冠王(中島治康) ❽ 1938·11·17 社
三振奪取(金田正一) ❽ 1962·9·5 社
指名代打制 ❾ 1975·4·5 社
職業野球リーグ(日本シリーズ) ❽ 1937·3·25 社／12·7 社／1938·7·13 社／11·20 社／1939·11·17 社／1943·3·2 社／11·12 社／1944·8·28 社／11·13 社／1946·11·5 社／1948·11·15 社／1950·11·22 社／1951·10·17 社／1952·10·3 社／1953·10·4 社／1954·10·19 社／1955·10·15 社／1956·9·23 社／1957·10·17 社／1958·10·2 社／1959·10·29 社／1960·10·15 社／1961·10·9 社／1962·9·30 社／1963·10·15 社／1964·9·19 社
女子プロ野球連盟 ❽ 1950·3·2 社
女子ワールドカップ野球大会 ❾ 2010·8·12 社
新日本リーグ ❽ 1954·1·11 社
審判のカウントコールボール、ストライク ❾ 2010·1·25 社
スピードガン ❾ 1979·4·1 社
世界女子野球ワールドカップ ❾ 2008·8·24 社／2012·8·10 社
セントラル·リーグ(野球連盟) ❽ 1949·11·26 社／1950·11·10 社
打撃三冠王(野村克也) ❾ 1965·10·21 社
奪三振世界新記録(江夏豊) ❾ 1968·10·10 社
DH 制 ❾ 1975·1·20 社
ドラフト制 ❾ 1965·4·22 社
ナイター ❽ 1948·8·17 社／1950·7·5 社／1956·5·5 社／5·12 社／1959·6·25 社／7·2 社
日米親善野球 ❽ 1951·9·2 社／❾ 1971·11·9 社
日本職業野球連盟 ❼ 1936·1·15 社／2·5 社
日本女子プロ野球機構 ❾ 2009·8·17 社／2010·4·23 社
日本女子野球連盟 ❽ 1950·4·10 社
日本野球正月大会 ❽ 1945·1·1 社
日本野球総進軍野球優勝大会 ❽ 1944·9·11 社
日本野球報国会 ❽ 1944·1·12 社
日本野球連盟 ❼ 1936·1·24 社／❽ 1939·3·1 社／1945·11·6 社／1948·3·1 社／1949·11·26 社
日本野球連盟二リーグ制 ❽ 1948·11·26 社
パシフィック·リーグ(太平洋野球連盟) ❽ 1949·11·26 社／1950·11·10 社／❾ 1985·11·14 社
一試合連続四本塁打(王貞治) ❽ 1964·5·3 社
105 盗塁(福本豊) ❾ 1972·9·26 社
プロ野球アジアシリーズ ❾ 2006·11·12 社／2007·11·11 社
プロ野球オールスター戦 ❽ 1951·7·4 社／1953·10·14 社
プロ野球オールスター東西対抗試合(第一回) ❽ 1937·11·20 社
プロ野球公式選手権 ❼ 1936·2·5 社／12·11 社
プロ野球コミッショナー委員会 ❾ 1965·8·28 社
プロ野球コミッショナー制 ❽ 1949·2·23 社／1950·1·26 社
プロ野球再建東西対抗 ❽ 1945·11·23 社
プロ野球実況中継 ❽ 1953·8·23 社
プロ野球セ·パ交流戦 ❾ 2005·5·6 社
プロ野球選手会 ❾ 1985·11·5 社
プロ野球長時間試合新記録 ❽ 1953·8·9 社
プロ野球ドラフト会議 ❾ 2005·10·3 社
プロ野球入場者数 ❽ 1958·11·24 社
プロ野球フリーエージェント制 ❾ 1993·9·21 社
プロ野球リーグ戦 ❽ 1946·4·27 社／1947·11·12 社
プロ野球リーグ優勝·日本シリーズ優勝 ❾ 1966·9·23 社／1967·10·1 社／1968·10·8 社／1969·10·9 社／1970·10·7 社／1971·9·23 社／1972·10·7 社／1973·10·22 社／1974·10·9 社／1975·10·15 社／1976·9·30 社／10·16 社／1977·9·23 社／1978·9·27 社／1979·10·6 社／1980·10·17 社／11·2 社／1981·9·23 社／10·17 社／1982·10·14 社／10·30 社／1983·10·10 社／11·7 社／1984·9·23 社／1985·10·10 社／10·16 社／1986·10·9 社／1987·10·9 社／1988·10·7 社／1989·10·6 社／1990·9·20 社／1991·10·28 社／1992·7·19 社／10·26 社／1993·11·1 社／1994·10·29 社／1995·9·19 社／1996·10·24 社／1997·10·23 社／1998·10·7 社／1999·9·25 社／10·26 社／2000·9·24 社／2001·9·26 社／2002·10·30 社／2004·10·1 社／2005·9·29 社／2006·10·10 社／2007·11·1 社／2008·11·9 社／2009·9·23 社／2010·9·26 社／2011·4·12 社／10·1 社／2012·9·20 社
米プロ野球オールスターゲーム ❾ 1995·7·11 社
米プロ野球大リーグ開幕戦 ❾ 2004·3·30 社
ホームラン日本記録(王貞治) ❽ 1964·9·6 社
三原のポカリ事件 ❽ 1949·4·14 社
名球会 ❾ 1978·7·24 社
野球無効試合 ❽ 1937·10·27 社
読売旗争奪野球大会 ❽ 1947·4·3 社
ライブドア「近鉄球団」買収問題 ❾ 2004·6·30 社
六試合連続ホームラン(王貞治) ❾ 1972·9·19 社
ワールド·ベースボール·クラシック ❾ 2005·5·11 社／2006·3·20 社／2009·3·9 社／3·23 社
ヨット ❾ 1976·9·28 社
オーシャンレース(ヨット) ❽ 1962·11·3 社
オックスフォード大クルー ❽ 1959·8·16 社
小型ヨット〈マーメイド号〉 ❽ 1962·8·12 社
古代船〈野性号〉 ❾ 1975·6·14 社
世界一周(小型ヨット単独無寄港) ❾ 1974·5·4 社／1992·7·15 社
世界一周(コンクリート製ヨット) ❾ 1986·4·13 社
世界一周(最年少記録) ❾ 1994·3·28 社
世界一周(東廻り単独無寄港) ❾ 2005·6·7 社
世界一周レース(一人乗り小型ヨット) ❾ 1983·5·17 社
太平洋横断 ❽ 1962·8·12 社／❾ 1971·9·2 社／2002·5·12 社
太平洋横断単独ヨットレース(サンフランシスコ—沖縄) ❾ 1975·9·21 社
太平洋横断ヨット〈わたり鳥〉 ❽ 1952·6·1 社
太平洋単独往復(女性) ❾ 1988·12·31 社
日本ヨット協会 ❼ 1932·11·27 社
日本ヨット選手権大会(第一回) ❼ 1933·9·23 社
ヨットレース ❻ 1887·6·22 社
ヨット〈アドバンテージ号〉 ❾ 1996·9·13 社
ヨット〈信天翁〉 ❾ 1974·7·28 社
ヨット〈コラーサ二世号〉 ❾ 1965·7·12 社／1967·7·13 社
ヨット〈さちかぜ〉 ❾ 1977·7·31 社
ヨット〈サナトス号〉 ❾ 1970·6·21 社
ヨット〈チタ二世〉 ❽ 1964·6·6 社／❾ 1965·11·1 社
ヨット〈白鷗号〉 ❾ 1970·8·22 社
ヨット〈マーメイド〉 ❾ 1982·11·9 社／1989·8·30 社
ヨット国際連盟に復帰 ❽ 1951·3·9 社
ヨットレース(沖縄—東京) ❾ 1976·5·4 社／1978·4·29 社
ヨットレース(那覇—東京) ❾ 1972·4·29 社
470 級世界選手権 ❾ 1979·8·15 社
ラグビー ❼ 1899·是年 社／1901·12·7 社／1908·2·3 社／1911·4·6 社／1920·11·7 社／1926·1·10 社／1927·11·23 社／1928·1·7 社／❽ 1943·3月 社／1952·9·8 社／❾ 2010·1·10 社／2011·1·30 社／2012·3·18 社
イングランドチーム(ラグビー) ❾ 1979·5·7 社
オールブラックス ❽ 1958·2·18 社
オックスフォード·ケンブリッジ両大連合ラグビーチーム ❽ 1959·9·7 社

関西学生ラグビー・サッカー ❽ 1945·12·2 社
ケンブリッジ大ラグビーチーム ❽ 1953·9·1 社
全国学生ラグビー選手権 ❾ 1966·1·5 社
全国蹴球大会 ❼ 1918·1·12 社／1919·1·18 社
全国新制高校ラグビー大会 ❽ 1949·1·1 社
全国中等学校蹴球大会 ❼ 1921·1·5 社
全日本ラグビー選手権大会 ❽ 1964·3·20 社
早大ラグビー部 ❼ 1927·7·13 社
秩父宮ラグビー場 ❽ 1947·11·22 社
東京蹴球団 ❼ 1918·2·9 社
東京帝大·京都帝大ラグビー対抗戦 ❼ 1922·12·28 社
東西大学ラグビー選手権 ❾ 1965·1·8 社
日本ラグビー蹴球協会 ❼ 1926·4·21 社／❽ 1956·6·17 社
日本ラグビー選抜軍 ❼ 1930·8·17 社
花園ラグビー場 ❼ 1929·11·22 社
ラグビー·アジア五か国対抗戦 ❾ 2008·5·18 社
ラグビートップリーグ ❾ 2004·1·25 社
ラグビー日本選手権 ❾ 1971·1·15 社／1975·1·15 社／1978·1·15 社／1981·1·15 社／1988·1·15 社／1989·1·15 社／1990·1·15 社／1992·1·15 社／2010·2·28 社
早稲田·慶應対抗戦(第一回) ❼ 1922·10·23 社
陸上競技 ❻ 1875·4·19 社／1876·8 月 社／❽ 1945·12·9 社
アジア陸上競技大会 ❾ 1979·5·31 社
アンツーカー(人工焼成土)競技場 ❽ 1938·9·10 社
関東学生陸上競技選手権大会(第一回) ❼ 1933·9·23 社
強歩章検定個人強歩大会 ❽ 1941·10·19 社
クロスカントリー競技会 ❼ 1912·4·28 社
国際学生陸上競技大会 ❼ 1930·8·7 社
三段跳 ❽ 1956·10·7 社
実業団·学生対抗陸上競技会 ❾ 1970·6·7 社
室内陸上競技大会 ❽ 1954·2·7 社
女子 100 メートル走 ❾ 2009·6·7 社／2010·4·29 社
スタート合図「位置について、よーい」 ❼ 1928·4 月 社
世界陸上選手権大会 ❾ 1991·8·23 社／2003·9·29 社／2007·8·25 社
全国勤労者陸上競技大会 ❽ 1948·11·20 社
全日本学生陸上競技大会 ❼ 1928·5·26 社／❾ 1974·8·17 社
全日本中学校放送陸上競技大会 ❽ 1955·8·28 社
全日本陸上競技連盟 ❼ 1925·3·8 社／4·18 社
タータントラック ❾ 1968·7·1 社
男子走り高跳び ❾ 2006·7·2 社
男子砲丸投げ ❾ 2006·7·2 社
中等学校選抜陸上競技大会(第一回) ❼ 1918·4·20 社／1919·5·4 社
長距離競走会 ❼ 1901·11·9 社／12·21 社
長距離走(安中藩) ❻ 1855·5·19 社
ドイツ陸上競技チーム ❼ 1929·9·27 社
日米陸上対抗競技大会(第一回) ❼ 1934·9·8 社
200 メートル ❼ 1912·7·6 社
日本学生対フランス対抗陸上競技大会 ❼ 1928·10·6 社
日本近代五種競技連盟 ❽ 1955·2·2 社
日本陸上選手権大会 ❽ 1947·10·4 社／1948·8·15 社
八か国陸上競技大会 ❾ 1980·9·20 社
阪神国道開通記念クロスカントリー ❼ 1927·4·10 社
ハンマー投げ ❾ 1981·6·21 社
100 メートル走 ❼ 1902·11·14 社／1912·7·6 社／❽ 1964·6·14 社
米英撃滅継走大会 ❽ 1942·3·23 社
ベテランズ陸上大会 ❾ 1993·10·7 社
棒高跳び ❼ 1906·11·10 社
マイル競走 ❼ 1899·2·11 社／5·13 社／1901·12·15 社／1916·2·27 社／1918·2·17 社
400 メートル ❼ 1912·7·6 社／1928·5·5 社
陸上競技会(東京大学) ❻ 1883·6·16 社
陸上競技大会 ❽ 1953·3·15 社
レスリング(ほか格闘技) ❽ 1954·5·22 社／❾ 1968·10·12 社
女子レスリング ❾ 2012·9·28 社
世界アマレス選手権 ❽ 1961·6·2 社
全日本アマチュアレスリング選手権大会(第一回) ❼ 1934·6·30 社
ソ連レスリングチーム ❽ 1960·4·28 社
大日本アマチュア·レスリング協会 ❼ 1932·4·7 社
汎太平洋レスリング選手権大会 ❽ 1939·10·8 社
レスリング公開戦 ❼ 1931·6·10 社
レスリングフリースタイル世界選手権 ❾ 2003·9·14 社
レスリング連盟 ❽ 1949·2·5 社
プロレス ❽ 1951·9·30 社／10·15 社／1954·2·19 社／12·22 社／1955·11·15 社／11·30 社／1957·1
7 社／1961·4·23 社／1962·4·27 社
女子プロレス ❽ 1954·10·25 社／11·19 社
新日本プロレス ❾ 1972·3·6 社
全日本プロレス ❾ 1972·9·9 社／1973·4·20 社
日本プロレスリング協会 ❽ 195
7·30 社
ビューティ·ペア ❾ 1976·2·24
プロレス·ワールドリーグ戦 ❾ 1969·5·16 社
プロレス遊び ❽ 1955·3·2 社
プロレス夢のオールスター戦 ❾ 1979·8·26 社
その他格闘技
格闘技世界一決定戦 ❾ 1976·6·2
社
K1 グランプリ ❾ 1993·4·30 社／2003·11·6 社
PRIDE1(総合格闘技大会) ❾ 1997·10·11 社
レスラー柔道有段者と試合 ❼ 1921·3·5 社
ローラースケート ❼ 1903·7·3 社／1913·6·1 社／1933·1 月 社
国際ローラースケート競技大会 ❽ 1960·12·6 社
ローラースケート場 ❻ 1895·8 月 社
運動その他
『西洋戸外遊戯法』 ❻ 1885·是年 社
運動記者 ❼ 1915·5·15 社
運動用具公定価格 ❽ 1941·3·22 社
応援団
バトントワラー·バトンガール ❽ 1960·8·1 社／1962·11·8 社／1963·8·20 社
ブラスバンド ❼ 1931·6·13 社／❽ 1952·8·20 社
商標入りユニフォーム ❽ 1953·11·10 社
視力調査(競技目的) ❻ 1887·4 月 文
スポーツ選手
アマチュア規定 ❾ 1969·2·14 社
アマチュア選手の広告出演 ❾ 1975·1·28 社
一億円プレーヤー ❾ 1983·12 月 社
スポーツ指導者 ❾ 1989·5·23 社
選手·役員 CM 出演 ❾ 2002·4·17 社
鉄亜鈴 ❼ 1907·6 月 社
肺活量計 ❻ 1876·10·6 社
美津濃運動用品店 ❼ 1906·4·1 社

22 レジャー・娯楽

エキスポ·博覧会

愛·地球博(日本国際博覧会) ❾ 2005·3·24 社
愛知万国博覧会 ❾ 2005·9·25 社
会津大博覧会 ❾ 1967·9·10 社
会津若松城博覧会 ❻ 1874·3·20 社
青森県平和産業博覧会 ❽ 1957·7·21 社
秋田(農業)大博覧会 ❾ 1969·8·2 社／1986·7·18 社
秋田博覧会 ❻ 1877·5·15 社
アジア太平洋博覧会 ❾ 1989·3·17 社
明日の科学と産業博覧会 ❽ 1964·8·25 社
尼崎市防潮堤完成記念産業博覧会 ❽ 1954·3·20 社
アメリカ大博覧会 ❽ 1950·3·18 社
淡路愛ランド博 ❾ 1985·4·21 社
伊賀文化全国博覧会 ❼ 1935·10·12 社
出雲大社正遷宮記念神国博覧会 ❽ 1953·5·1 社
インターネット博覧会 ❾ 2000·12·31 文
羽越線全通記念博覧会 ❼ 1924·8·26 社
宇治山田市平和博覧会 ❽ 1948·3·31 社
宇宙科学博覧会 ❾ 1978·7·16 社
宇宙大博覧会 ❽ 1962·9·28 社
宇宙旅行と航空科学展 ❽ 1956·3·17 社
うつくしま未来博覧会(ジャパンエキスポ) ❾ 2001·7·7 社
海と島の博覧会 ❾ 1989·7·8 社
海の博覧会 ❼ 1928·4·15 社
英国博覧会 ❾ 1965·9·17 政
衛生大博覧会 ❼ 1926·5·1 社
江戸記念博覧会 ❼ 1915·7·29 社／10·10 社
愛媛県産業復興松山大博覧会 ❽ 1949·3·20 社
大阪化学工業博覧会 ❼ 1918·4·15 社
大阪計量博覧会 ❼ 1922·4·1 文
大阪産業工芸博覧会 ❼ 1936·5·24 社
大阪築城四百年まつり博覧会 ❾ 1983·10·1 社
大阪博覧会(大礼記念) ❼ 1915·10·1 社
大阪万博シンボルゾーン ❾ 1968·7·16 社
大前橋建設記念博覧会 ❽ 1954·10·31 社
大美野田園都市住宅博覧会 ❼ 1932·10·10 社
岡崎産業科学大博覧会 ❽ 1963·4·1 社
岡山交通博覧会 ❾ 1972·3·25 社
岡山産業文化大博覧会 ❽ 1957·3·20 社
おかやま食と緑の博覧会 ❾ 1990·3·18 社
沖縄国際海洋博覧会 ❾ 1972·2·29 政／1975·7·19 社／10·27 社
小樽海港博覧会 ❼ 1931·7·11 社
小樽博覧会 ❾ 1984·6·10 社
海軍水産博覧会 ❼ 1916·3·20 社／9·1 社
化学工業博覧会 ❼ 1917·9·20 社／1926·3·19 社／1931·3·20 文
科学と産業·福岡大博覧会 ❾ 1966·3·19 社
科学万国博覧会 ❾ 1985·3·17 社
輝く日本大博覧会 ❼ 1936·4·10 社
鹿児島祐天神社産業観光大博覧会 ❽ 1958·3·15 社
家庭と安全展 ❾ 1965·3·9 社
家庭博覧会 ❼ 1915·5·1 社／1923·3·20 社
観艦式記念海港博覧会 ❼ 1930·9·20 社
観光産業博覧会 ❼ 1933·3·20 社
観光高松大博覧会 ❽ 1949·3·20 社
関東大震災復興記念横浜大博覧会 ❼ 1935·3·28 社
関門トンネル開通大博覧会 ❽ 1958·3·20 社
汽車博覧会 ❼ 1906·6·7 社／9·1 社
北九州博覧会(ジャパンエキスポ) ❾ 2001·7·4 社
ぎふ中部未来博覧会 ❾ 1988·7·8 社
京都国産振興博覧会 ❼ 1927·4·15 社
京都こども博覧会 ❼ 1906·11·1 社
京都博覧会 ❻ 1871·10·10 社／1872·3·10 社／1873·3·13 社／1874·3·1 社／1875·3·1 社／1876·3·15 社／1877·3·10 社／1878·3·15 社／1879·3·15 社／1880·3·1 社／1881·3·1 社／1882·3·1 社／1883·3·1 社／1884·3·1 社／1885·3·1 社／❼ 1897·4·1 社／1898·4·1 社／1899·4·1 社／1911·4·1 社／1915·10·1 社／10·10 社／1917·4·1 社／1918·4·1 社
くにびきこども博覧会 ❾ 1982·7·17 社
熊本城再建躍進·熊本博覧会 ❽ 1962·3·20 社
熊本大博覧会 ❼ 1935·3·25 社
グリーンピア十勝博 ❾ 1982·7·17 社
黒潮博覧会 ❾ 1984·3·24 社
京城博覧会 ❼ 1907·8·8 社
原子力平和利用博覧会 ❽ 1955·11·1 社
皇孫生誕記念こども博覧会 ❼ 1926·1·13 社
高知こども科学博覧会 ❾ 1979·3·17 社
交通電気博覧会(大礼奉祝) ❼ 1928·10·1 社
交通博覧会 ❼ 1923·10·20 社
神戸開港博覧会 ❼ 1930·9·20 社
神戸観光博覧会 ❼ 1935·4·11 社
KOBEグリーンエキスポ花と緑の博覧会 ❾ 1985·7·21 社
神戸博覧会 ❼ 1928·10·15 社
神戸ポートアイランド博覧会 ❾ 1981·3·19 社
講和記念婦人とこども大博覧会 ❽ 1952·3·20 社
国際海洋博覧会 ❾ 1971·8·24 政
国際児童年記念展 ❾ 1979·7·31 社
国際食博覧会 ❾ 1985·11·12 社
国際庭園博覧会日本庭園 ❾ 1984·10·13 文
国際伝統工芸博覧会 ❾ 1984·10·6 文
国際花と緑の博覧会(花の万博) ❾ 1990·4·1 社
国際ゆめ交流博覧会(ジャパンエキスポ) ❾ 1997·7·19 社
国産原動機博覧会 ❼ 1927·3·15 社
国産振興生駒大博覧会 ❼ 1928·9·15 社
国産振興博覧会 ❼ 1926·8·1 社
国産洋服博覧会 ❼ 1933·3·20 社
国防と資源大博覧会 ❼ 1936·4·1 社
国民博覧会 ❼ 1934·3·15 社
御遷宮記念お伊勢博覧会 ❽ 1954·3·31 社
御大礼記念国産振興東京博覧会 ❼ 1928·3·24 社
琴平山博覧会 ❻ 1879·3·1 社
こども博覧会 ❼ 1906·10·1 社／1911·3·15 社
小松博覧会 ❽ 1962·9·23 社
西郷南洲百年祭記念·大西郷博覧会 ❾ 1977·8·5 社
さいたま博覧会 ❾ 1988·3·19 社
佐賀·世界焱(ほのお)の博覧会(ジャパンエキスポ) ❾ 1996·7·19 社
佐賀大博覧会 ❾ 1969·3·20 社
さっぽろ花と緑の博覧会 ❾ 1986·6·28 社
産業総動員工業大博覧会 ❼ 1935·4·1 社
産業と観光の大博覧会 ❼ 1932·4·12 社
山陽新幹線開通記念岡山交通博覧会 ❾ 1972·3·25 社

三陸・海の博覧会 ❾ **1992**・7・4 社
山林こども博覧会 ❼ **1911**・10・29 社
四国瀬戸大橋架橋記念博覧会 ❾ **1988**・3・20 社
四国大博覧会 ❾ **1969**・4・6 社
自動車航空機博覧会 ❼ **1929**・6・8 社
児童文化展覧会 ❽ **1939**・2・20 社
品川臨海産業博覧会 ❼ **1933**・7・1 社
ジャパンフローラ 2000(淡路花博) ❾ **2000**・3・18 社
上海日華貿易博覧会 ❼ **1919**・4・20 政
宗教大博覧会 ❼ **1930**・3・8 社
住宅改造博覧会 ❼ **1922**・9・21 社
巡航船博覧会 ❼ **1906**・9・10 社
昭和産業博覧会 ❼ **1929**・3・20 社
信州博覧会(ジャパンエキスポ) ❾ **1993**・7・17 社
新世紀・科学と産業・京都大博覧会 ❽ **1964**・3・20 社
神都博覧会(遷宮記念) ❼ **1930**・3・10 社
新日本殖産博覧会 ❼ **1927**・9・25 社
新日本高崎こども博覧会 ❽ **1952**・4・1 社
新農業博覧会 ❼ **1925**・3・21 社
水産博覧会 ❻ **1883**・3・1 社／❼ **1897**・9・11 社
青函トンネル開通記念博覧会 ❾ **1988**・7・9 社
世界古城博覧会 ❾ **1987**・3・28 社
世界祝祭博覧会 ❾ **1994**・7・22 社
世界・食の祭典 ❾ **1988**・6・3 社
世界デザイン博覧会 ❾ **1989**・7・15 社
世界都市博覧会 ❾ **1995**・4・26 社
世界と日本のこども展 ❾ **1979**・8・1 社
世界リゾート博覧会 ❾ **1994**・7・16 社
瀬戸内 2001 博覧会 ❾ **1979**・3・17 社
善光寺の御開帳と平和博覧会 ❽ **1949**・4・1 社
全国菓子大博覧会 ❽ **1952**・5・1 社／**1954**・4・12 社／**1957**・3・21 社／**1961**・4・3 社／❾ **1965**・5・1 社／**1968**・6・6 社／**1973**・2・14 社／**1977**・2・15 社／**1984**・2・24 社／**1989**・4・23 社／**1994**・4・23 社／**1998**・4・24 社／**2008**・4・18 社
全国勧業博覧会 ❼ **1920**・4・1 社／**1926**・4・1 社／**1927**・4・10 社／9・11 社／**1931**・3・15 社
全国製産品博覧会 ❼ **1901**・4・1 社／**1902**・4・1 社／**1904**・4・1 社／**1905**・4・1 社／**1908**・4・1 社／**1909**・4・1 社／**1910**・4・1 社／**1912**・4・1 社
全国染織工業博覧会 ❼ **1919**・4・1 社
全国畜産博覧会 ❼ **1925**・3・10 社
全国特産品博覧会 ❼ **1930**・3・20 社
全国馬匹博覧会 ❼ **1928**・10・25 社／**1933**・10・15 社
全国美術工芸博覧会 ❼ **1914**・4・1 社
全国貿易品博覧会 ❼ **1900**・4・1 社
戦後発展全国工業博覧会 ❼ **1921**・7・5 社
戦捷記念博覧会 ❼ **1906**・3・15 社／**1915**・4・1 社
全日本宗教平和博覧会 ❽ **1950**・4・8 社
全日本農業機具産業博覧会 ❽ **1952**・3・25 社
祖国日向産業博覧会 ❼ **1933**・3・17 社
大大阪記念博覧会 ❼ **1925**・3・15 社
大東亜戦争展覧会 ❽ **1942**・1・13 社
大日本勧業博覧会 ❼ **1928**・3・20 社
大納涼樺太展覧会 ❼ **1926**・7・1 社
太平洋博覧会 ❼ **1934**・8・11 社
代用品展覧会 ❽ **1939**・7・19 社
大礼記念京都博覧会 ❼ **1928**・9・20 社
大礼奉祝博覧会 ❼ **1928**・10・1 社
大連勧業博覧会 ❼ **1925**・8・10 政
台湾博覧会 ❼ **1935**・10・10 社
誰にもわかる科学博覧会 ❽ **1956**・10・10 社
畜産工芸博覧会 ❼ **1919**・3・18 社／**1925**・3・10 社
中華人民共和国展 ❾ **1974**・7・13 政
朝鮮博覧会 ❼ **1926**・5・13 政／**1927**・7・1 社／**1929**・9・12 社
電気科学博覧会 ❼ **1933**・9・2 社
電気博覧会 ❼ **1918**・3・20 社／**1926**・3・20 社
天王寺博覧会 ❾ **1987**・8・1 社
東亜勧業博覧会 ❼ **1927**・3・25 社
東京勧業博覧会 ❼ **1907**・3・20 社
東京大正天皇即位記念博覧会 ❼ **1914**・3・20 社
東京婦人博覧会 ❼ **1907**・4・1 社
東宮御成婚奉祝万国博覧会参加五十年記念博覧会 ❼ **1924**・3・20 社
東北産業博覧会 ❼ **1928**・4・1 社
東北博覧会 ❾ **1967**・4・14 社
十勝海洋博覧会 ❾ **1988**・7・2 社
徳島産業科学大博覧会 ❽ **1958**・3・20 社
栃木産業博覧会 ❾ **1984**・7・11 社
鳥取県産業観光米子大博覧会 ❽ **1950**・4・5 社
富山産業大博覧会 ❽ **1954**・4・11 社
富山博覧会(ジャパンエキスポ) ❾ **1992**・7・10 社
豊のくに中津大博覧会 ❾ **1986**・3・21 社
豊橋産業文化博覧会 ❽ **1954**・3・20 社
内外博覧会事務取扱 ❻ **1879**・3・7 政
内国勧業博覧会 ❼ **1903**・3・1 社
内国産業博覧会 ❼ **1921**・3・20 社
内国特産品博覧会 ❼ **1906**・4・1 社
長崎「旅」博覧会 ❾ **1990**・8・3 社
長崎復興平和博覧会 ❽ **1952**・4・10 社
長野産業文化博覧会 ❽ **1961**・4・1 社
名古屋城博覧会 ❾ **1984**・9・29 社
名古屋博覧会 ❼ **1928**・9・15 社
なら・シルクロード博覧会 ❾ **1988**・4・24 社
奈良博覧会 ❻ **1881**・3・10 文／**1875**・4・1 文／**1877**・2・1 社／**1879**・3・15 社／**1893**・3・1 社
鳴門ピア・ワールドフェスティバル ❾ **1985**・4・28 社
南紀熊野体験博覧会(ジャパンエキスポ) ❾ **1999**・4・29 社
南国高知産業大博覧会 ❽ **1950**・3・ 社
南国高知総合博覧会 ❽ **1958**・4・5 社
南国産業科学大博覧会 ❾ **1966**・3・ 社
新潟県産業観光博覧会 ❽ **1953**・7・ 社
新潟築港記念博覧会 ❼ **1926**・6・11 社
新潟博覧会 ❾ **1967**・7・8 社／**1983**・7・1 社
仁尾太陽博覧会 ❾ **1981**・3・21 社
二十一世紀未来博覧会(ジャパンエキスポ山口) ❾ **2001**・7・14 社
日英博覧会 ❼ **1910**・5・14 政
日独伊防共協定記念展覧会 ❽ **1937**・11・19 社
日満産業大博覧会 ❼ **1936**・4・15 社
にっぽん新世紀博覧会 ❾ **1983**・7・1 社
日本海博覧会 ❾ **1973**・8・18 社
日本絹業博覧会 ❼ **1925**・4・10 社
日本産業博覧会 ❼ **1911**・4・1 社／**1912**・4・1 社／**1913**・4・1 社／**1915**・4・1 社／**1917**・4・1 社
日本万国博覧会 ❽ **1937**・1・16 社／7・23 社／8・26 社／**1938**・3・10 社／5・16 社／7・15 社／❾ **1965**・9・13 政／**1967**・3・15 政／**1968**・3・14 政／5・27 政／8・16 社／**1970**・3・14 政／9・13 政
日本 文化産業博覧会 ❾ **1999**・4・14 政
日本貿易産業博覧会 ❽ **1950**・3・15 社
日本貿易博覧会 ❽ **1949**・3・15 社
農業博覧会(北海道) ❻ **1879**・10・11 社
納涼博覧会 ❼ **1911**・7・11 社／**1928**・7・1 社
伸びゆく北九州小倉大博覧会 ❽ **1960**・3・26 社
伸びゆく婦人の職業展 ❽ **1952**・11・ 社
伸びる科学博覧会 ❽ **1953**・3・28 社
乗りもの大博覧会 ❼ **1936**・4・1 社
博多築港記念大博覧会 ❼ **1936**・3・2 社
博覧会協会 ❼ **1911**・9・2 政
博覧会事務局 ❻ **1873**・3・19 文
博覧会最初の開催 ❻ **1871**・10・10 社
発明品博覧会 ❼ **1909**・4・1 社／**1914**・3・15 社／**1923**・3・20 社／**1932**・3・20 社
浜名湖花博 ❾ **2004**・4・8 社
パリ万国博覧会 ❻ **1866**・2・28 社／4・5 社／**1867**・2・27 政／**1878**・5・1 文／❼ **1900**・4・14 文
万国お人形博覧会 ❼ **1934**・1・11 社
万国玩具展覧会 ❼ **1909**・12・1 社
万国博覧会(日本) ❽ **1964**・6・9 政
万国婦人子供博覧会 ❼ **1933**・3・17 社
汎太平洋平和博覧会 ❽ **1937**・3・14 社
非常時国防博覧会 ❼ **1934**・4・1 社
飛騨・高山食と緑の博覧会 ❾ **1988**・

9·23 社
姫路シロトピア博覧会 ❾ 1989·3·23 社
姫路大博覧会 ❾ 1966·4·3 社
広島復興大博覧会 ❽ 1958·4·1 社
びわこ大博覧会 ❾ 1968·9·20 社
福井復興博覧会 ❽ 1952·4·10 社
福井 文化·産業博覧会 ❾ 1980·4·19 社
福岡大博覧会 ❾ 1975·3·15 社／1982·3·19 社
福島県産業復興博覧会 ❽ 1949·11·1 社
福山産業博覧会 ❽ 1947·5·1 社
婦人こども博覧会 ❼ 1918·7·11 社／1928·7·1 社
婦人製品博覧会 ❼ 1898·4·1 社
婦人博覧会 ❼ 1907·4·14 社
復興大博覧会 ❽ 1948·9·18 社
復興東京大展覧会 ❽ 1952·10·1 社
平和記念家庭大博覧会 ❼ 1919·7·10 社
平和記念東京博覧会 ❼ 1922·3·10 社
別府温泉観光産業博覧会 ❽ 1957·3·20 社
防衛博覧会 ❽ 1958·3·20 政
貿易振興博覧会 ❽ 1948·4·10 社
貿易品博覧会 ❼ 1910·4·1 社
北洋漁業再開記念北海道大博覧会 ❽ 1954·7·10 社
北海道開拓五十年記念博覧会 ❼ 1918·8·1 社
北海道開発大博覧会 ❽ 1950·7·15 社
北海道大博覧会 ❽ 1958·7·5 社
北海道拓殖博覧会 ❼ 1931·7·12 社
北海道二十一世紀博覧会 ❾ 1986·6·22 社
北海道農業博覧会 ❾ 1974·8·18 社／1975·8·15 社
北海道博覧会 ❾ 1982·6·12 社
ホロンピア二十一世紀公園都市博覧会 ❾ 1988·4·12 社
舞鶴築港記念全国物産博覧会 ❼ 1913·4·20 社
松本博覧会 ❻ 1873·11·10 社
松山全国物産博覧会 ❻ 1878·3·20 社
松山博覧会 ❾ 1965·3·20 社
満洲大博覧会 ❼ 1933·7·23 政
万八楼博覧会 ❻ 1871·10·20 文
満蒙軍事博覧会 ❼ 1932·9·15 社／1933·4·9 社
南日本博覧会 ❾ 1977·9·15 社
宮城博覧会 ❻ 1876·4·15 社
未来の東北博覧会 ❾ 1987·7·18 社
明治記念拓殖博覧会 ❼ 1912·4·1 社／1913·4·21 社
明治記念博覧会 ❼ 1913·6·25 社／10·15 社／1914·9·15 社
明治文化博覧会 ❼ 1928·4·1 社
目で見る昭和博覧会 ❾ 1975·3·14 社
文部省博覧会 ❻ 1872·3·10 文
躍進日本工業大博覧会(東京) ❼ 1936·3·25 社
躍進日本大博覧会(岐阜) ❼ 1936·3·25 社
やまがた博覧会 ❾ 1982·9·18 社
山下町博覧会 ❻ 1874·3·1 社
山下門内博覧会 ❻ 1873·4·15 文
山梨平和博覧会 ❽ 1952·4·10 社
郵便博覧会 ❼ 1907·6·24 社
優良国産博覧会 ❼ 1925·3·20 社
湯島聖堂博覧会 ❻ 1872·3·10 文
横浜博覧会 ❾ 1989·3·25 社
四日市大博覧会 ❼ 1936·3·25 社
蘭·世界大博覧会 ❾ 1987·3·19 社
旅行博覧会 ❼ 1913·2·15 社

温泉·旅行·観光 ⇨ 20 交通·通信

『観光白書』 ❾ 1985·4·26 社／1996·6·11 社
『鉄道旅行案内』 ❼ 1924·10·1 社
赤倉温泉(越後高田藩) ❺-2 1816·是冬 社
熱海·伊豆の温泉場 ❼ 1935·1月 社
熱海温泉 ❺-1 11604·7·15 社／1611·10·11 社／1702·12·12 社
熱海からの汲湯樽 ❺-2 1728·11·27 社
アメリカ人団体観光客 ❼ 1910·1·6 社
有馬温泉(摂津) ❶ 631·9·19 政／639·1·8 政／647·10·11 政／❷ 1042·⑨·23 社／1128·3·22 政／1176·3·9 社／1230·3·1 社／1251·9·17 政／1254·9·16 社／1259·10·5 政／1267·9·13 政／❸ 1380·8月 文／1437·12·2 社／1452·4·1 社／❹ 1483·8·29 文／1491·10·20 文／1503·9·24 社／1517·⑩·2 社／1569·9·10 社／1583·8·17 社／12·26 社／1584·8·2 社／1585·9·14 社／1586·2·6 社／❺-1 11614·2·11 社／1621·是夏 社／1627·是夏 社／1691·8·23 政／1703·9·11 社
　有馬温泉(外人客) ❻ 1893·8月 社
粟田山荘(藤原在衡) ❶ 969·3·13 文
伊香保温泉 ❻ 1884·6·7 社
石和温泉 ❽ 1961·1·24 社
伊東温泉(伊豆) ❷ 1261·5·12 社
伊予温湯 ❶ 596·10月／639·12·14 政／684·10·14 社／950·3·30 社／953·3·20 社
宇宙旅行案内所 ❽ 1957·11·1 社
宇宙旅行販売 ❾ 2005·5·12 社
小名温泉(伊豆) ❷ 1236·4·8 政
温泉(鹿児島藩) ❺-2 1773·4月 社
温泉庄(但馬) ❷ 1184·4月 社
温泉奉行(越後高田藩) ❺-2 1816·是冬 社
温泉露天風呂(上諏訪駅ホーム) ❾ 1986·8·8 社
海外観光渡航(回数制限) ❾ 1966·1·1 社／是年 社／1987·9·14 社／1990·11·29 社
海外旅行者数(ゴールデンウィーク) ❾ 2010·4·2 社
海外旅行自由化 ❾ 1965·4月 社
海外旅行の格安化と高級化 ❾ 1979·是年 社
海水浴(女性) ❻ 1889·9月 社
貸間·貸別荘 ❼ 1928·是夏 社
勝間田湯(美作) ❷ 1178·3·23 社
河津温泉(静岡) ❼ 1926·11·22 社
案内業者(通訳)取締規則 ❼ 1903·3·17 社
城崎温泉(但馬) ❷ 1264·3·4 社／1267·9月 社／❺-1 11604·5·10 社／1626·8·12 社
京都·観光 文化検定試験 ❾ 2005·12月 社
草津温泉(上野) ❹ 1598·4·20 政／❺-1 11639·8·6 社
下留駅(下呂温泉、飛騨) ❶ 776·10·8 社
行楽地への人出 ❾ 2004·5·5 社
行旅死亡人取扱法 ❼ 1899·3·28 社
国際観光局·観光協会 ❼ 1930·4·24 政／1931·12·9 社
国民温泉 ❽ 1954·8·11 社
佐賀県嬉野温泉 ❼ 1922·1·4 社
山王ホテル ❾ 1983·10·5 社
ジャパン·ツーリスト·ビューロー(JTB) ❼ 1912·3·12 社
ジャルパック ❾ 1965·1·20 社
常磐ハワイアンセンター ❾ 1966·1·16 社
世界一周航行 ❾ 1973·2·14 政
世界一周旅行会 ❼ 1908·1·1 社／1910·4·6 社
全国人気温泉地ランキング ❾ 2010·12月 社
全国避暑地投票 ❼ 1916·8·3 社
添村温泉(加賀) ❺-1 11616·9·27 社
玉造塞温泉(陸奥) ❶ 837·4·16 社
血の池(諏訪社) ❹ 1471·4·16 社
茶代(旅館のチップ)廃止 ❼ 1901·8·14 社
中国パック旅行 ❾ 1979·5·15 社
束間温湯(松本) ❶ 675·10·10 政
ディスカバー·ジャパン ❾ 1970·10·1 社／1970·10·14 社
東京ステーションホテル ❾ 2012·10·3 社
東京湾上遊覧飛行 ❼ 1922·6·20 社
東洋観光会議 ❼ 1935·5·2 社
南極観光ガイドライン ❾ 1994·4·20 社
日勝生加賀屋(北投温泉) ❾ 2010·12·18 社
日本温泉協会 ❼ 1929·12·4 社
日本観光連盟 ❼ 1936·11·11 社
農林漁家民宿おかあさん ❾ 2008·1·29 社
箱根温泉場 ❺-2 1802·6月 社／❻ 1883·3月 社
避暑地(軽井沢) ❻ 1886·6月 政／1892·7月 政／1893·7月 社／1895·是年 政／❼ 1924·5月 社
避暑旅行 ❼ 1917·是夏 社
避暑旅程と費用概算 ❼ 1919·7·1 社
富士遊覧 ❹ 1499·5·3 文
不良観光ガイド ❼ 1900·3·27 社
プリンスホテル ❾ 1984·是年 社
フルムーン夫婦グリーンパス ❾ 1981·10·1 社
訪中観光旅行団 ❾ 1965·3·6 社
ホテル·旅館マル適マーク ❾ 1981·5·15 社
保養施設「天城ハウス」 ❾ 1966·7·9 社

牟婁温湯(武漏温湯、白浜温泉・紀伊)　❶ **657**・9 月 社／**658**・10・15 政／**659**・1・3 政／**685**・4・4 社／**701**・8・14 社
モルディブ領の小島観光　❾ **2006**・7・31 社
山中温泉(加賀)　❷ **1180**・治承年間 社／❹ **1580**・8 月 社／❺-1 **1603**・9・3 社
遊覧飛行(日本海航空)　❼ **1931**・7・20 社
湯田温泉(周防山口)　❺-1 **11710**・是年 社
湯峰温泉(紀伊)　❷ **1109**・11・1 社
玩具と遊び　❼ **1897**・是年 社／**1923**・是年 社／❽ **1938**・8・14 社／**1939**・是年 社／**1942**・1・28 社／**1945**・12 月 社／**1951**・是年 社／**1958**・是年 社／❾ **1974**・2 月 社
ウエディングドレス美少女ロボット　❾ **2009**・7・22 社
アメリカンクラッカー　❾ **1971**・3・6 社
アラレちゃん　❾ **1982**・5・1 社
アンチモニー玩具　❼ **1923**・是年 社
絵直し　❺-2 **1847**・是年 社
大凧　❼ **1900**・5・11 社
おしゃべり応援だるま勝造　❾ **1986**・9 月 社
音に合わせて動く人形「のらくろロック」　❾ **1987**・10・30 社
回転燈　❼ **1902**・8 月 社
紙芝居　❼ **1930**・4 月 社
紙風船　❻ **1893**・2 月 社
カラー・アニメーション・ネオンサイン　❾ **1968**・1・8 社
唐物　❸ **1330**・6・11 文
カルタ(骨牌)　❹ **1597**・3・24 社／❺-2 **1775**・4・23 社／**1791**・8・18 社／**1798**・1 月 社／❼ **1902**・2・6 社／**1902**・4・5 社／**1904**・2・11 社／❽ **1944**・2・10 社
骨牌税　❼ **1902**・4・5 社
玩具チェーン店「トイザらス」　❾ **1991**・12・20 社
着せ替え人形「リカちゃん」　❾ **1967**・7・4 社
キャベツ人形　❾ **1984**・2 月 社
薬玉(五月五日)　❷ **1018**・5・5 文
クロスワードパズル　❼ **1925**・6 月 社
軍国花見茶屋　❼ **1904**・4・1 社
軍娯楽場　❼ **1932**・4・6～5・28 社
ゲイラカイト　❾ **1974**・9 月 社
ゲーム・電子ゲーム ⇨ 「ゲーム」
けん玉(拳玉)　❺-2 **1779**・安永 7、8 年 社／❾ **1978**・5・21 社
ケン玉　❾ **1979**・5・20 社
光線銃　❾ **1969**・3 月 社
国産玩具総輸出年額　❽ **1954**・是年 社
固定円木　❼ **1902**・8 月 社
拳相撲　❺-2 **1735**・享保年間 社
独楽（こま）　❺-2 **1726**・12 月 社／**1729**・7 月 社／12・29 社／**1753**・3・18 社／**1768**・是春 社／**1789**・12 月 社／**1796**・12・29 社／**1798**・12・24 社
サンボ・アンド・ハンナ(サンリオの人形)　❾ **1988**・7・22 社
シーソー　❻ **1871**・是年 社
仕掛け花火　❼ **1897**・7・4 社
ジター・リング　❾ **1998**・6 月 社
自動木馬　❼ **1929**・7 月 社
ジャグリング　❾ **1999**・8・30 社
新川柳　❼ **1903**・7・3 文
水中銃　❾ **1966**・8・3 社
スーパーボール　❾ **1965**・是年 社
双六(すごろく)　❷ **1190**・7・20 文／❹ **1478**・2・16 文／**1479**・9・15 文／**1527**・12・11 文／❺-2 **1730**・2・4 文／**1832**・12・16 社
すべり場　❺-2 **1803**・11・30 社
スポンジボール　❽ **1946**・4・19 社
スマイルバッジ　❾ **1971**・10 月 社
セダン型自動車　❽ **1952**・是年 社
全日本ケン玉道選手権大会　❾ **1979**・5・20 社
ゼンマイ仕掛で動く玩具　❼ **1897**・是年 社／❾ **1981**・8 月 社
内裏雛(洋装)　❻ **1892**・3 月 社
箍(たが)廻し遊び　❻ **1860**・1 月 社
タカラトミー　❾ **2006**・3・1 政
竹馬禁止　❻ **1878**・2・2 社
凧・紙鳶　❺-2 **1723**・4・1 社／**1743**・3 月 社／**1780**・安永年間 社／**1822**・8・17 社／8 月 社／**1839**・是年 社／**1841**・11・29 社／**1845**・1・2 社／**1846**・2・8 社／**1849**・7 月 社／**1852**・4・19 社／❻ **1881**・1 月 社／**1890**・2・9 社／❼ **1900**・5・11 社／❾ **1974**・9 月 社／**1976**・1 月 社
凧揚げ・凧の製造・販売禁止　❺-1 **1646**・3・25 社／**1654**・2・4 社／**1655**・1・20 社／**1659**・1・17 社／**1660**・4・22 社／❻ **1873**・4・18 社
ダックボイス　❾ **1988**・是年 社
ダッコちゃん　❽ **1960**・4 月 社
たまごっち　❾ **1996**・11・23 社
超合金ダイカスト「マジンガー Z」　❾ **1974**・2 月 社
チョロ Q　❾ **1980**・11 月 社
作り花　❺-1 **1655**・5・21 社
辻鞠　❺-1 **1657**・7・6 社／**1661**・6・9 社／**1665**・6 月 社／**1670**・6・28 社／**1671**・6・19 社／**1673**・5・28 社
釣り・競馬欄　❼ **1930**・3・15 社
手錠(玩具)　❾ **1976**・6・3 社／**1986**・9 月 社
東京おもちゃショー　❾ **2000**・3・16 社
東京かるた会　❼ **1904**・2・11 社
藤八拳大会　❼ **1906**・10・28 社
ドールハウス「シルバニアファミリー」　❾ **1985**・3 月 社
土弓場　❺-2 **1795**・7・1 社
独身者舞踏大会　❼ **1909**・1・29 社
トランプ　❻ **1887**・1 月 社
なめ猫　❾ **1982**・5・1 社
縄遊び　❺-1 **1662**・1・6 社
日本けん玉協会　❾ **1978**・5・21 社
日本ジャグリング協会　❾ **1999**・8・30 社
日本人形(答礼)　❼ **1927**・5・18 社／11・10 社／12・27 社
パチンコ営業　❼ **1935**・4・21 社
花札　❻ **1887**・1 月 社
ハローキティ　❾ **1975**・3 月 社
百人一首　❹ **1495**・10・5 文
ビヤボン　❺-2 **1824**・9 月 社／**1825**・2 月 社
平絵式紙芝居　❼ **1930**・4 月 社
ビリヤード　❻ **1883**・1・31 社／**1894**・2・18 社
福助人形　❺-2 **1805**・是年 社
フラフープ　❽ **1958**・10・18 社
プラモデル「機動戦士ガンダム」　❾ **1980**・7 月 社
プラレール(タカラ)　❽ **1959**・是年 社
鞦韆(ブランコ)　❻ **1871**・是年 社／❼ **1902**・8 月 社
ブリキ製泳ぐ金魚　❼ **1902**・是年 社
ブリキ製泳ぐ金魚　❼ **1902**・是年 社
ペットロボット(バンダイ)　❾ **2012**・6 月 社
ベビーゴルフ　❼ **1930**・是年 社
盆踊　❹ **1459**・7・15 社／**1462**・7・16 文／**1469**・7・17 社／**1484**・7・6 社／**1497**・7・15 社／**1503**・7・18 社／**1506**・7・11 社／**1518**・7・14 社／**1520**・7・22 社／**1521**・7・14 文／**1532**・11・20 文／**1533**・7・19 社／**1544**・7・14 社／**1552**・7・18 社／**1553**・6・20 文／**1559**・7・20 社／**1564**・7・15 社／**1568**・7・23 社／**1571**・7・17 社／**1577**・3・12 社
盆踊唄　❹ **1539**・1・26 文
惣踊り(奈良)　❹ **1552**・7 月 社
麻雀　❼ **1924**・是年 社／**1925**・是年 社／**1929**・3・21 社／**1930**・7・10 社
麻雀選手権全国大会(女性)　❾ **1969**・11・2 社
マッチペーペー　❼ **1912**・1・28 社／**1927**・是年 社
水鉄砲　❺-2 **1845**・3・6 社
ミニカー「トミカ」　❾ **1970**・8 月 社
ミニチュア・カー(国産)　❽ **1959**・是年 社
むくろんげ　❺-2 **1780**・安永年間 社
虫拳・狐拳・虎拳　❺-2 **1847**・3 月 社
めんち打ち　❺-2 **1844**・2・6 社
模型自動車　❽ **1948**・12・5 社
模型船　❽ **1960**・6・12 社
模型飛行機　❼ **1911**・7・16 社／9・17 社／❽ **1939**・11・5 社／**1940**・1・6 社／**1942**・9・1 社／**1943**・8・15 社／**1946**・7・11 社／**1953**・4・29 社／**1956**・10・21 社
模型飛行機大会　❼ **1911**・7・16 社／9・17 社
モデルカー「ミニ四駆」　❾ **1988**・是年 社
野球盤ゲーム　❽ **1958**・是年 社
雪打　❺-1 **1664**・1・4 社
湯山両吟　❹ **1482**・2・5 文
楊弓　❺-1 **1604**・7・8 文／**1637**・3・22 文／❺-2 **1750**・寛延年間 社／**1801**・7 月 社
洋ダコ　❾ **1976**・1 月 社
ヨーヨー　❼ **1933**・4 月 社
横田さんごっこ　❾ **1972**・1・29 社
ラジコン　❽ **1955**・是年 社／**1955**・11 月 社／**1958**・是年 社
ルービック・キューブ　❾ **1980**・7・25 社

連珠(五目並べ)　❼ 1900·12·6 社
ロケット遊び　❽ 1958·1月 社
ロケットボール(独楽の一種)　❼ 1908·4月 社
ロボット玩具「オムニポット」　❾ 1984·9月 社
籤·孔子(くじ)　❸ 1288·10·3 政／1289·3·12 政／1319·5·5 政／1385·1·29 文／8·11 文
勝札　❽ 1945·7·16 社
軍国花見茶屋　❼ 1904·4·1 社
軍娯楽場　❼ 1932·4·6〜5·28 社
サッカーくじ　❾ 1998·5·8 社
三角くじ　❽ 1946·是年 社／1947·6·15 社
自治宝くじ　❽ 1958·3·31 社
スピードくじ　❽ 1945·12·22 社／1946·是年 社
スポーツ振興くじ(toto)　❾ 2001·3·11 社
対日講和宝くじ　❽ 1951·9·10 社
宝くじ　❽ 1945·10·29 社／1946·10·30 社／是年 社／❾ 1968·12·16 社／1969·5·17 社／1971·7·4 社／1972·12·21 社／1973·12·20 社／1974·5·7 社／1975·12·19 社／1976·12·21 社／1979·7·11 社／1983·12·31 社／1989·1·9 社／2012·2·14 社
宝くじブーム　❽ 1963·12月 社
チャリ LOTO　❾ 2008·4·15 社
東京都住宅くじ　❽ 1947·11·10 社
東京都復興宝くじ　❽ 1947·3·10 社
都営ギャンブル(廃止)　❾ 1973·1·20 社／3·25 社
二億円のドリームジャンボ宝くじ　❾ 2004·7·24 社
百万円宝くじ　❽ 1947·12·1 社
野球くじ　❽ 1946·6·29 社／是年 社

ゲーム

インベーダーゲーム機　❾ 1979·6·16 社
オセロゲーム　❾ 1973·4月 社
ゲーム「コンプリート(コンプ)ガチャ」　❾ 2012·7·1 社
ゲーム機「Wii(ウィー)」　❾ 2006·12·2 社／2007·12月 社／2012·11·17 社
ゲーム機「ゲームギア」　❾ 1990·10·6 社
ゲーム機「ゲームボーイアドバンス SP」　❾ 2003·2·14 社
ゲーム機「スーパーファミコン」　❾ 1990·11·21 社
ゲーム機「ドリームキャスト」　❾ 1998·11·27 社／2001·1·24 社
ゲーム機「ニンテンドー」　❾ 1996·6·23 社／2004·12月 社／2011·2·26 社
ゲーム機「プレイステーション」　❾ 1993·3·11 社／1994·12月 社／2000·3·4 社／2004·7·11 社／2006·11·11 社／2011·12·17 社
ゲーム機「メガドライブ」　❾ 1988·10·29 社
ゲームソフト「アクアノートの休日」　❾ 1995·6·30 社
ゲームソフト「がんばれ森川君2号」　❾ 1997·5·23 社
ゲームソフト「スーパーマリオ」　❾ 1985·9·21 社／1989·4·21 社／2011·11·3 社
ゲームソフト「ドラゴンクエスト(ドラクエ)」　❾ 1986·5·27 社／1988·2·10 社／1990·2·11 社
ゲームソフト「ビブリボン」　❾ 1999·12·9 文
ゲームソフト(プレイステーション)「ファイナルファンタジーコレクション」　❾ 1999·3·11 社
ゲームソフト「ポケットモンスター」　❾ 1996·2·27 社
ゲームソフト違法コピー　❾ 1994·9·17 文
ゲームソフト十八歳未満禁止　❾ 2006·2·17 社
ゲームソフトランキング　❾ 2009·是年 社
コリントゲーム　❼ 1930·是年 社
人生ゲーム　❾ 1968·9月 社／1989·4·21 社
中古ゲームソフト　❾ 2002·4·25 社
テレビゲーム(機)　❾ 1975·9月 社／1977·10·6 社／1978·8月 社／1982·12·6 文／1983·7·15 社
電子ゲーム·ゲーム&ウォッチ　❾ 1980·4·28 社
パソコンゲーム　❾ 1994·1·24 文
ボーリングゲーム「パーフェクトボウリング」　❾ 1971·4月 社

公園·遊園地

秋吉台サファリランド　❾ 1983·5·9 社
浅草公園　❻ 1885·5·26 社／1886·5·20 社
愛宕山公園(東京)　❻ 1886·4·2 社
熱海梅園　❻ 1886·4月 社
天橋立保勝会(京都)　❼ 1902·10·1 社
あやめ池遊園(奈良)　❼ 1926·6·11 社
あやめ池遊園地コースター　❼ 1935·8·7 社
生駒山上遊園地(奈良)　❼ 1929·3·27 社
生駒山航空道場　❽ 1940·10·20 社
石川県·能登半島(世界農業遺産)　❾ 2011·6·11 社
井の頭恩賜公園(東京)　❼ 1917·4·30 社
岩手県平泉(世界自然遺産)　❾ 2011·5·7 社
石見銀山遺跡(島根県、世界遺産)　❾ 2007·6·28 文
ウェーブ·コースター　❽ 1952·12·20 社
上野公園(東京)　❻ 1876·5·9 社／7月 社／❼ 1924·1·28 社
牛ヶ渕園(東京)　❻ 1892·11·1 社
太秦映画村　❾ 1975·11·1 社
大阪造幣局通り抜け桜並木　❾ 1967·4·22 社
大阪タワー　❾ 2009·9·7 社
大阪中之島公園　❻ 1891·12月 社
大森八景園　❻ 1885·7·28 社
小笠原諸島(世界自然遺産)　❾ 2011·5·7 社
尾瀬(保存対策調査)　❾ 1965·8·25 社／12·17 文／1971·8·21 社／2007·8·30 社
小樽運河　❾ 1983·11·12 社
海上公園(東京湾)　❾ 1974·6·1 社
海水浴場浄化基準　❾ 1969·6·23 社
海水浴場百選　❾ 2006·5·10 社
海中公園(雲仙·天草·吉野·熊野)　❾ 1970·7·1 社
鎌倉シネマワールド　❾ 1995·10·10 社
亀戸温泉　❽ 1953·12月 社
環翠園(東京向島)　❻ 1883·4·3 社
紀伊山地の霊場(吉野大峰·高野山·熊野三山)　❾ 2004·7·1 社
北の丸公園(皇居外苑)　❾ 1969·4·5 社
吉里吉里国　❾ 1982·6·13 社
公園(大阪府)　❻ 1873·8·2 社
公園設置　❻ 1873·1·15 社
公園内禁止事項　❻ 1883·5·1 社
公会堂(パブリック·ホール)　❻ 1870·⑩月 文／1885·4·18 社
甲子園娯楽場(阪神パーク、兵庫)　❼ 1929·4·7 社
神戸居留地公園　❻ 1875·8·19 社
神戸ポートピアランド　❾ 2002·4·9 社
後楽園(岡山)　❻ 1884·3·2 社
国定公園　❽ 1950·7·5 社
国立公園　❼ 1931·4·1 社／1932·10·8 社／❽ 1946·11·20 社／1949·5·16 社／9·7 社／1950·9·5 社／1954·3·16 社／8·23 社／1955·3·15 社／1963·7·15 社／1964·6·1 社／❾ 1972·5·15 社
国立こどもの国　❾ 1965·5·5 社
佐渡(新潟県、世界農業遺産)　❾ 2011·6·11 社
狭山遊園(大阪)　❽ 1938·5·1 社
シーガイア　❾ 2001·2·19 社／5·11 政
ジェットコースター　❽ 1955·7·9 社／1958·9·30 社
自然環境保全法　❾ 1973·9·1 社
自然公園の日　❽ 1959·7·21 社
自然公園法　❾ 1973·9·1 社
不忍池(東京)　❽ 1947·9·23 社／❾ 1967·9·19 社
市民農園　❾ 1980·2·1 社
首里城(世界遺産、沖縄)　❾ 1992·11·3 政／2000·11·30 社
昭和記念公園　❾ 1983·10·26 社
白神山地　❾ 1992·9·4 文
白川郷·五箇山の合掌造り集落　❾ 1995·12·6 社
知床国立公園　❾ 1987·4·14 社／2005·7·14 文
新宿御苑　❽ 1945·10·16 社／1949·5·21 社
新宿中央公園　❾ 1968·4·1 社
新東京八景　❾ 1965·1月 社
スペースタワー　❾ 1967·12·16 社
隅田公園(東京)　❼ 1931·3·24 社
西武園(東京東村山)　❽ 1949·8月 社
世界最大の巨大迷路(船橋市)　❾ 1987·7·18 社

瀬田橋遊園地(滋賀) ❼ 1925·8·8 社
摂津布引の滝 ❷ 1076·是秋 文
全国都市緑化フェア ❾ 1989·7·29 社
総合保養地域整備法(リゾート法) ❾ 1987·6·9 社
大観覧車 ❾ 1999·3·18 社
宝塚新温泉(宝塚ファミリーランド、兵庫) ❼ 1911·5·1 社/ 1912·7·1 社/ 1930·是年 社/❽ 1946·4·22 社/❾ 2002·4·9 社
宝塚ルナパーク ❼ 1925·7·25 社
多摩川園の夢の城 ❽ 1949·1·5 社
玉手山遊園(大阪) ❼ 1908·8·24 社
宙返りコースター ❾ 1977·3·14 社
通天閣 ❼ 1912·7·3 社/❽ 1942·11·8 社/ 1943·2·13 社/ 1956·10·28 社
躑躅(つつじ)園(東京大久保) ❻ 1884·4·15 社
天王寺公園(大阪) ❼ 1909·10·15 社
東京温泉 ❽ 1951·4·1 社
東京ディズニーシー ❾ 2001·9·2 社
東京ディズニーランド ❾ 1977·3·18 社/ 1983·4·15 社/ 2011·4·15 社
都市公園法 ❽ 1956·4·20 社
都市緑地保全法 ❾ 1973·9·1 社
鞆の浦(福山) ❾ 2012·6·25 社
内外人公園(神戸) ❻ 1875·8·19 社
二十四の瞳記念像 ❽ 1956·11·10 社
日本児童遊園協会 ❼ 1929·2·5 社
野幌森林公園 ❾ 1968·5·15 社
ハウステンボス ❾ 1992·3·25 社/ 2003·2·26 政
博多東公園(福岡) ❼ 1904·11·9 社
白砂青松 100 選 ❾ 1987·1·10 社
白山国立公園 ❽ 1962·11·12 社
八田与一技師祈念公園 ❾ 2011·5·8 政
花やしき(東京浅草) ❻ 1885·3·21 社/ 1888·5·1 社
花屋敷(横浜) ❻ 1876·是春 社
パノラマ館(浅草公園) ❼ 1896·3·29 社
パノラマ館(上野公園) ❼ 1890·5·7 社/ 1896·8·12 社
パノラマ館(京都) ❻ 1891·7·9 社
パノラマ館(東京·神田) ❻ 1891·3·27 社
パノラマ展覧所(大阪) ❻ 1891·1·9 社
浜離宮庭園 ❽ 1946·3·28 社/ 1947·4·1 社
氷川公園(東京港区) ❻ 1885·9·22 社
日比谷公園(東京) ❻ 1893·1·31 社/❼ 1903·6·1 社/ 1908·7·11 社
姫路城(世界遺産) ❾ 1992·9·4 文/ 1993·12·8 社
福島市小鳥の森 ❾ 1983·11·1 社
富士急ハイランド(山梨) ❽ 1964·7·7 社
富士見ランド(静岡) ❾ 1966·7 月 社
風土記の丘(西都原古墳群) ❾ 1969·4·1 社
噴水 ❻ 1877·8·21 社/ 1881·3·1 社/ 1877·8 月 社
ヘルスセンター(船橋) ❽ 1955·11·3 社
法隆寺地域(世界遺産) ❾ 1992·9·4 文/ 1993·12·8 社
北海道釧路湿原国立公園 ❾ 1987·7·31 社
円山公園 ❻ 1886·12·25 社
緑の文明学会 ❾ 1985·4·30 社
武蔵丘陵森林公園 ❾ 1974·7·22 社
明治公園(東京) ❽ 1964·10·1 社
名勝地保存 ❻ 1872·4·12 文
迷路(メーズ) ❻ 1876·是春 社
メリーゴーラウンド(大阪天王寺) ❼ 1903·3·1 社
屋久島 ❾ 1993·12·8 社
山下公園(横浜) ❼ 1930·3·15 社/❽ 1959·3·20 社/ 4·20 社
ユニバーサル·ジャパン(USJ) ❾ 2001·3·31 社/ 2002·8·9 社
養老天命反転地 ❾ 1995·10·4 社
横浜公園 ❻ 1874·是年 社
よみうりランド ❽ 1964·3·19 社
代々木公園 ❾ 1971·4·9 社
落下傘塔(二子玉川園) ❽ 1940·11·9 社
利尻礼 文サロベツ国立公園 ❾ 1974·9·20 社
凌雲閣(十二階、浅草) ❼ 1896·5·3 社
ルナパーク(浅草) ❼ 1910·9·10 社/ 1911·4·29 社/ 1912·7·3 社
レオマワールド ❾ 1991·4·20 社
煉瓦街 ❻ 1872·3·2 社
パチンコ ❼ 1935·4·21 社/❽ 1948·是年 社/ 1949·是年 社/ 1951·4·10 社/ 9·14 社/是年 社/ 1954·11·17 社/ 1955·4 月 社/❾ 1972·10·5 社/ 1978·2·22 社/ 3·1 社/ 1986·11·13 社
パチンコカード ❾ 1996·4·21 社
パチンコ機器メーカー「平和」 ❾ 1992·11·29 社
連発式パチンコ ❾ 1969·4·5 社
花火 ❹ 1585·是夏 政/ 1589·7·7 社/❺-1 1671·6·19 社/ 1698·6 月 社/❺-2 1819·5·29 社/ 1729·7 月 社/❻ 1870·6·11 社/ 1873·7·26 社/ 1877·11·3 社/ 1885·8·8 社/❼ 1897·7·4 社
花火禁止 ❺-1 1613·7·18 文/ 8·6 社/ 1615·3·30 社.1618·7·15 社/ 1621·7·23 社/ 1633·7·14 社/ 1639·8·4 社/ 1648·7·2 社/ 1650·7·17 政/ 1657·7·6 社/ 1663·6 月 社/ 1665·6 月 社/ 1666·7·17 社/ 1669·7·24 社.1670·6·28 社/ 1673·5·28 社/ 1679·6 月 社/ 1698·6 月 社/ 1704·7 月 社/ 1705·6 月 社/❺-2 1720·7·27 社/ 1732·6·15 社/ 1738·7·27 社/ 1741·7·7 社/ 1755·6·27 社/ 1760·7·9 社/ 1770·⑥·13 社/ 1773·6·7 社/ 1774·7·22 社/ 1779·5·20 社/ 8·3 社/ 1780·7·26 社/ 1782·8·7 社/ 1794·7 月 社/ 1797·5 月 社/ 6·3 社/ 7·15 社/ 1801·6·6 社/ 1802·4 月 社/ 1804·6·18 社/ 1805·5 月 社/ 1817·8 月 社/ 1820·8·24 社/ 1821·7·16 社/ 1823·6·18 社/ 8 月 社/ 1826·7·18 社/ 7 月 社/ 1830·8·3 社/ 1839·5·24 社/ 1840·5·21 社/ 1842·5·24 社/ 1847·8·25 社/❻ 1870·6·12 社
花火師 ❺-1 1659·是年 社
花火商玉屋 ❺-2 1842·5 月 社/ 1843·4·17 社
花火船 ❺-2 1803·是夏 社
花火輸出 ❻ 1882·4 月 社
火付木 ❺-1 1690·1·10 社
風呂·入浴 ❹ 1485·11·18 社/ 1488·5·25 社/ 1520·8·13 社
一条湯屋 ❷ 1129·2·10 社
石風爐(いわふろ) ❷ 1220·5·4 社
石風呂 ❹ 1528·3·18 社/ 1553·11·12 社
大湯屋 ❷ 1239·3·18 政/❸ 1286·3·14 社/ 1355·7·9 社/ 1415·3·26 社
大湯屋(東大寺) ❷ 1117·7·15 社/ 11·14 社/ 1118·10·4 社
温室(清水坂) ❷ 1166·9·1 社/ 1184·11·10 社
温室田 ❷ 1117·7·15 社
薬湯 ❸ 1363·①·23 社/ 1438·10·21 社
薬湯屋渡世取締 ❻ 1858·8·2 社
功徳風呂 ❹ 1472·1·11 社/ 1482·1·20 社
潔斎浴 ❷ 1001·2·7 社
公衆浴場朝湯廃止 ❽ 1937·10·10 社
公設浴場 ❼ 1919·9·15 社
混浴(浴場) ❼ 1900·5·24 社
柘榴口(湯屋)廃止 ❻ 1879·10·3 社
塩風呂 ❹ 1588·12·20 社
塩湯の湯治 ❷ 1025·11·26 社/ 1108·2·4 文/ 1119·9·4 社
シャワー ❻ 1878·9 月 政
菖蒲湯(蘭湯) ❹ 1503·5·5 社
据え風呂 ❻ 1894·12 月 政
施湯(施浴) ❷ 1165·7·7 社/ 1192·3·19 社/ 1205·10·15 社
施浴用田 ❷ 1198·4·29 社
千日湯 ❷ 1200·2 月 社
男女混浴許可 ❻ 1876·7·24 社
男女混浴禁止 ❻ 1868·6 月 社/ 1869·2·22 社/ 1870·6·9 社/ 1871·6·9 社/ 1874·9·20 社/ 1877·5·2 社/ 1879·12·14 社/ 1881·9·8 社/ 1886·3·3 社/ 1890·1·17 社
寺湯 ❸ 1311·3·5 社
湯治 ❸ 1381·10·13 社/❹ 1488·9·29 社
留湯 ❸ 1401·①·7 社
日本の風呂風俗 ❸ 1430·是年 社
入浴 ❸ 1374·3·4 文/❹ 1474·11· 社
梅花軒(風呂屋) ❻ 1875·10 月 社
非人風呂 ❸ 1438·11·2 社
風呂(温室) ❸ 1328·10·6 社/ 1355·6·4 政/ 1398·2·18 社/ 1408·9·17 社/ 1443·3·8 社/ 1447·4·2 社
風呂勧進 ❹ 1458·9·24 文
風呂公事役 ❹ 1540·7·9 社
風呂田 ❹ 1518·2 月 社
沐浴 ❷ 1143·11·16 文/ 1213·10·18 社/ 1242·9·7 社/ 9·8 社
沐浴の吉凶 ❷ 1009·5·1 社
八瀬釜風呂 ❹ 1583·2·20 社

湯銭(湯屋銭・風呂銭) ❷ 1266・12月 社／❸ 1311・12・29 社／❹ 1474・3・29 社／❻ 1895・2月 社／❼ 1917・6・1 社／9・11 社
湯田 ❷ 1118・10・4 社
湯女 ❸ 1337・4月 社
湯船 ❷ 1206・6・16 社
湯屋 ❷ 1004・8・26 社／1235・9・1 社／❸ 1352・2・10 社／1355・2月 社／1427・1・19 社
湯屋会議 ❻ 1885・6月 社
湯屋改良請負会社 ❻ 1888・3・6 社
湯屋業取締規則 ❼ 1931・5・11 社
湯屋設置基準(東京) ❻ 1886・8・10 社
湯屋取締規則 ❻ 1879・10・3 社／1890・1・17 社
湯屋浴場(犬禁止) ❻ 1873・10・13 社
浴室(最古) ❶ 747・是年 社
浴室 ❸ 1291・4月 社
浴室(知恩寺) ❹ 1489・1・27 社
浴場・銭湯料金 ❸ 1323・元亨年中 社／❹ 1490・4・28 社／1542・2・10 社／1591・是夏 社／❼ 1890・1月 社／❽ 1963・8・29 社／1943・5・11 社／1945・11・15 社／1946・1・24 社／1947・7・3 社／1948・3・4 社／1953・2・7 社／1957・9・9 社／10・28 社／1961・12・19 社／1962・1・1 社／❾ 1965・4・14 社／1967・12・16 社／1969・1・28 社／1970・5・1 社／1971・5・22 社／1975・4・30 社／6・10 社／1978・5・7 社／1980・5・13 社／1981・5・15 社

見世物

アイヌ(見世物) ❼ 1903・4・30 社
浅草六区見世物営業許可 ❻ 1885・5・26 社
海豹・水豹 ❺-2 1792・5月 社／1838・是夏 社
足芸 ❺-2 1796・是年 社／1808・4月 社／8月 社／1815・2月 社／1816・是年 社／1822・2・22 社／1830・2月 社／1833・3月 社／8月 社／1835・⑦・1 社／是年 社／1836・8・14 社
足芸師の曲芸(渡米) ❻ 1866・9月 文
阿呆陀羅(アホダラ)経 ❺-2 1811・3月 社／1812・10月 社
飴の曲吹き ❺-2 1791・是春 社／1828・5月 社
アメリカ艦見物群集禁止 ❻ 1854・2・3 社
アメリカ船停泊中、下田の風説 ❻ 1853・6・23 社
居合抜きの薬売り ❺-2 1821・1月 社
いかがわしい見世物禁止 ❻ 1869・2・22 社
いかもの食(見世物) ❺-2 1803・①月 社
生(活)人形細工 ❻ 1854・1月 社
伊勢音頭(川崎音頭) ❺-2 1809・6月 文／1847・3・18 社
糸細工 ❺-2 1809・11月 社
糸細工女手妻 ❺-2 1836・9・1 社
牛の角力 ❺-2 1807・2月 社
写し絵 ❺-2 1803・是年 文／1832・6・12 社
馬男 ❺-2 1765・是夏 社
海亀正覚坊 ❺-2 1821・是年 社／1836・是夏 社
大造な見世物 ❺-2 1827・5・7 社
大出額の娘 ❺-2 1823・11月 社
沖縄人(見世物) ❼ 1903・4・30 社
おどけ縁起 ❺-2 1811・3月 社
おどけ開帳 ❺-2 1808・3月 社／1812・10月 社／1813・8・24 社／1818・6・1 社
おどけ角力 ❺-2 1769・是夏 社
鬼娘 ❺-2 1778・6・1 社
阿蘭陀写絵(幻燈) ❺-2 1803・3月 社
阿蘭陀細工 ❺-2 1790・5月 社
女軽業 ❺-2 1723・7月 文／1788・5・12 社／1803・9月 社／1822・3月 社
女角力(女相撲) ❺-2 1747・延享年間 社／1771・明和年間 社／1826・是冬 社／1848・是春 社／1849・4・11 社／❼ 1926・3・24 社
女力持 ❺-2 1764・7・9 社／是秋 社／1776・是夏 社／1780・安永年間 社／1804・2月 社／1807・2月 社
女手妻 ❺-2 1808・8月 社
女と熊との角力 ❺-2 1822・5月 社
海外渡航芸人 ❻ 1883・3・13 社
外国人曲馬興行 ❻ 1872・2月 社
貝細工見世物 ❺-2 1807・2月 社／1841・3・28 社／❻ 1874・5月 社
角兵衛獅子 ❺-2 1749・是年 社／1848・是年 社
影絵 ❺-2 1830・6・21 社／1831・6月 社
籠細工 ❺-2 1822・7・29 社
籠抜け ❺-2 1723・7月 社
活動人形見世物 ❻ 1877・9・7 社
紙細工龍宮城 ❺-2 1834・5・17 社
カラクリ ❺-2
　からくり子供芝居 ❺-2 1741・3月 文
　カラクリ細工 ❺-2 1813・是夏 社
　からくり人形 ❺-2 1757・6月 文
　高野山女中案内のカラクリ ❺-2 1810・是春 社
唐鳥 ❺-2 1809・11月 社
軽業 ❺-2 1740・⑦・24 社／1742・5・11 社／1761・是年 社／1814・8月 社／1818・1月 社／1821・11・22 社／1822・10・29 社／1823・8・17 社／1828・2・2 社／1842・4月 社
　盲人軽業 ❺-2 1720・享保初年 社
観物場取締規則 ❻ 1891・10・3 文
奇術(応用劇) ❼ 1905・9・2 社／1910・1・1 社／7・15 文
奇術師松旭斎天勝一座 ❻ 1891・1・11 社／❼ 1915・2月 社
奇石・珍石 ❺-2 1822・2月 社
ギヤマン(作り物) ❺-2 1820・7・23 社／1823・5月 社
曲芸 ❼ 1903・9・12 社
曲芸(ヨーロッパ) ❻ 1876・8・1 社
曲芸師帰国 ❻ 1876・8・1 社
曲芸人渡米 ❻ 1866・9・21 社／1866・10・29 社
曲独楽 ❺-2 1844・2月 社／1849・3・6 社／1850・2・24 社
曲獅子 ❺-2 1833・4・16 社
曲太鼓 ❺-2 1777・2月 文
曲搗(粟餅) ❺-2 1800・寛政年間 社
曲馬 ❺-2 1727・①月 社／1731・3・13 社／1743・8・20 社／1764・3・6 社／1769・5月 社／1771・6月 文／1772・4月 社／1777・10・11 社／1803・2月 社／1803・9月 社／1806・是年 社／1814・2・6 社／1820・3月 社／1824・10月 社／1828・2・6 社／1836・1・26 社／1841・9月 社／1851・是夏 社／❻ 1871・10・26 社／1882・5・20 社／❼ 1903・3・1 社
曲馬(女性) ❺-2 1744・7・19 社／1802・是年 社／1805・2月 社／1806・是春 社／1810・2月 社／1812・11月 社／1819・2月 社／1820・2月 社／7・23 社／1822・2・22 社／1827・11・23 社／1837・3月 社
曲馬(子供) ❺-2 1779・6・1 社
曲馬(猿) ❺-2 1819・5月 社
曲馬芝居 ❻ 1853・是春 社
曲鞠 ❺-2 1716・2・4 社／1770・1・2 社／1811・6月 社／1837・11・15 社／1841・3・28 社
曲鞠の演目 ❺-2 1841・3・28 社
曲持(樽廻し) ❺-2 1831・是春 社／是年 社／1846・5月 社／1851・是冬 社
金玉娘 ❺-2 1805・是年 社
熊小僧 ❺-2 1850・7月 社
鯨骨細工 ❺-2 1852・②月 社
興行場取締規則 ❻ 1878・2・5 社
極彩色影絵 ❺-2 1834・6・8 社／1837・5月 社
侏儒の踊り ❺-2 1844・是年 社
サーカス ❼ 1902・9・4 社
　アームストン曲馬団 ❻ 1892・9月 社
　木下大サーカス ❼ 1902・4月 社／⑧ 1943・1・1 社／1953・11 社
　空中サーカス団 ❼ 1911・3・12 社
　チャットレース一座(インド) ❼ 1902・9・4 社
　チャリネ曲馬団 ❻ 1886・9・1 社／1887・4・8 社／1889・8・25 社／❼ 1903・8・20 社
　ハーゲンベック大サーカス団 ❼ 1933・3・22 社
　パブロフスキー一座大曲馬 ❼ 1911・7・3 社
　ヒッポドロムの大曲馬 ❼ 1909・8・1 社
　フランス大曲芸カランジョー一座 ❼ 1911・5・10 社
　リズリーサーカス(中天竺舶来軽業) ❻ 1864・3・28 社
細工(蜈蚣) ❺-2 1750・4・15 社
細工物奉納 ❺-2 1749・是春 社
彩色かげ絵 ❺-2 1790・5月 社
催眠大魔術奇芸興行 ❼ 1908・8・21 社
榊原鍵吉の撃剣会 ❻ 1878・3・1 社
酒樽の曲持 ❺-2 1824・3月 社
猿狂言 ❺-2 1807・9月 社／1835・4・15 社／1836・6・14 社
三弦胡弓の曲弾き ❺-2 1800・寛政年間 社

三十二人芸 ❺-2 1776･9･11 社
七面鏡 ❺-2 1821･11･21 社
七面相 ❺-2 1826･7月 社
蛇踊り(長崎) ❺-2 1820･4月 社
じゃこう猫 ❺-2 1816･11･16 社
十五人芸 ❺-2 1795･是年 社／1810･7月 社／1824･3月 社
猩々鯉(緋鯉) ❺-2 1812･1月 社
植物･奇石の見世物 ❺-2
白髪松 ❺-2 1759･7月 社
人体解剖蝋細工展覧会 ❻ 1890･11月 社
人馬(禁止) ❺-2 1740･⑦･24 社／1754･4･19 社
神仏開帳流行 ❻ 1872･8月 社
人面犬 ❺-2 1810･6･15 社
相撲･諸見世物興行場、制限 ❻ 1886･3･10 社
西南戦争生(活)人形展 ❻ 1893･1･1 社
西洋玉乗り曲芸興行 ❻ 1884･8･24 社
西洋手品 ❻ 1876･7月 社／1878･10･10 社
西洋巫女魔術演芸師コノラ一座 ❼ 1899･10･21 社
ゼンマイ仕掛カラクリ ❺-2 1829･9月 社
蘇鉄男 ❺-2 1765･是夏 社
大蛇(笊類) ❺-2 1835･是年 社
台湾生蕃(見世物) ❼ 1903･4･30 社
武田カラクリ興行 ❺-2 1804･2月 社／1805･9･29 文／1810･2月 社／1825･7月 社
力持 ❺-2 1758･是冬 社／1777･7月 社／1823･1･12 社／1825･3月 社
鳥獣鳥木を造る芸 ❺-2 1811･4月 社
作り菊 ❺-2 1808･是秋／1813･9月 社／1844･10月 社／1845･9月 社
帝国パノラマ館 ❻ 1889･5･23 社
手影画 ❺-2 1804･10月 社
鉄火の術 ❺-2 1812･11月 社／1827･9･11 社
手品･手妻 ❺-2 1780･2月 社／1801･1月 社／1813･⑪月 社／1819･是年 社／1827･9･11 社
手妻人形遣 ❺-2 1719･11･25 文
出目小僧 ❺-2 1829･11月 社／1830･是春 社／1841･是夏 社
東洋手品 ❻ 1890･3･27 社
とんだ霊宝の見世物 ❺-2 1777･4月 社／1778･6･1 社
中天竺舶来軽業興行 ❻ 1864･3･28 社
謎解き ❺-2 1770･3･11 社／1814･10月 社／1815･1･2 社
なぞなぞ合 ❷ 1135･6･6 文／❺-2 1837･2･14 社
成田山開帳 ❻ 1873･4･17 社
似顔絵のあぶりだし ❺-2 1782･是年 社
日米合同大曲馬大一座 ❼ 1906･7･27 社
日清戦闘自働パノラマ人形 ❻ 1894･11･29 社
二面相 ❺-2 1786･4月 社
人魚 ❺-2 1788･是年 社／1805･2月 社／1835･是年 社
貝龍(山椒魚) ❺-2 1819･10･19 社
博多独楽 ❺-2 1787･是年 社／1808･3月 社
白刃の上を渡る ❺-2 1845･是秋 社
はしご乗 ❺-2 1836･1･29 社
八人芸 ❺-2 1771･是春 社／是年 社／1788･天明年間 社／1794･6･20 文／1795･是年 社／1805･1･26 社／是年 社／1810･是春 社／1820･是夏 社
発電機 ❺-2 1835･是年 文
早竹虎吉の独楽･手品･軽わざ･綱渡 ❻ 1857･1･29 社
ビイドロ細工 ❺-2 1748･⑩月 社／1826･1月 社／1827･4月 社／1829･2月 社／1832･2･17 社
火喰鳥 ❺-2 1790･5月 社／1838･是年 社／1840･是年 社
火喰坊主 ❺-2 1792･是夏 社
百人芸 ❺-2 1820･5月 社／1824･6･7 社
百眼 ❺-2 1817･文化年間 社
広目屋 ❻ 1885･1月 文
吹矢(雀)見世物禁止 ❻ 1884･3･23 社
不具者見世物禁止 ❻ 1873･6･29 社
ヘソで煙草を呑む芸 ❺-2 1835･11月 社
蛇小僧 ❺-2 1850･2･8 社
蛇つかい ❺-2 1817･6月 社／1836･5･26 社
変死人 ❺-2 1838･3･17 社
棒呑み芸 ❺-2 1826･3月 社／5月 社／1828･5月 社
放屁男 ❺-2 1774･4月 社
万年亀 ❺-2 1776･7月 社
水からくり ❺-2 1801･1月 社／1806･8月 社／1823･是夏 社／1824･6月 社／1829･6･29 社／1831･6月 社／1837･6･9 社／1842･5･11 社
見世物(禁止) ❺-2 1747･2･9 社／1799･4月 社／7･22 社／1827･5･27 社
観世物取締規則(神奈川) ❻ 1881･1月 社
見世物(浅草六区) ❻ 1886･6･15 文
見世物の数(東京) ❻ 1878･是年 文
耳四郎の芸 ❺-2 1778･是春 社
娘大軽業･娘曲馬 ❼ 1901･2･2 社／7月 社
目の玉 ❺-2 1829･11月 社
盲人と女の角力興行 ❺-2 1769･是夏 社／1826･是冬 文
物真似 ❺-2 1718･是年 文／1813･⑪月 社
野菜･魚類を組合せる見世物 ❺-2 1777･2月 社
山雀の芸 ❺-2 1837･9月 社／1838･是春 社
養老竹 ❺-2 1729･9月 社
余興社 ❼ 1902･6月 社
路上の見世物(全面禁止) ❼ 1901･10･1 社
六本足の犬踊 ❺-2 1833･3月 社

23　マスコミ・放送・出版

広告

アドバルーン ❽ 1949・6・17 社／11・25 社
英語教授の広告 ❻ 1869・7月 文
エスカルゴ風広告塔 ❽ 1946・9月 社
屋外広告物 ❽ 1964・6・1 社
改姓広告 ❻ 1880・10・4 社
菓子広告 ❻ 1878・12・11 社
求婚広告 ❻ 1881・5月 社／1887・1月 政
求人広告 ❻ 1872・7・14 社
禁酒広告 ❻ 1885・9・17 社
空中ビラ散布 ❽ 1964・2・27 社
黒枠死亡広告 ❻ 1878・11・22 社
広告(電柱使用許可) ❻ 1890・8・23 社
広告音楽隊(広目屋) ❻ 1885・1月 文／❼ 1885・1月 文
広告取次業 ❻ 1878・6月 社／1895・10・6 社／1886・2月 社
シーエム情報センター ❾ 1994・9・2 文
写真燈照広告 ❻ 1884・7・24 社
全日本広告連盟 ❽ 1953・10・20 社
尋ね人広告 ❻ 1872・10月 社
TV コマーシャル ❽ 1953・是夏 社
電光ニュース ❽ 1950・6月 社
電信柱利用広告 ❻ 1890・5・28 社
匂いの出る広告 ❽ 1949・2・13 社
野立ち広告 ❽ 1960・10・10 社
ボウリング・サロン広告 ❻ 1861・6・22 社
ラジオ CM ❽ 1951・9・1 社

視聴者・受信料

視聴率 ❽ 1948・11・13 社／❾ 2003・10・24 文
視聴率調査会社「ビデオリサーチ」 ❽ 1962・9・20 社
視聴率買収工作 ❾ 2003・10・24 社
NHK ラジオ(契約者数・加入者数・聴取料) ❼ 1926・1・1 社／8・20 社／1928・9・30 社／1932・4・1 社／1934・12・18 社／1935・4・9 社／❽ 1937・6・3 社／1941・8・4 社／1945・3月 文／4・1 文／1946・9・1 社／1947・9・1 社／1948・4・1 社／7・1 社／9・15 社／1949・7月 社／1951・4・1 社／1952・8・8 社／❾ 1958・11・30 社／1962・3・1 社／1966・7・28 社／1967・7・28 社／1968・4・1 社
テレビ受信契約数(受信料) ❽ 1953・1・24 社／1954・2・22 社／1955・3月 社／8・10 社／10・3 社／1958・5・16 社／1960・8・11 社／❾ 1967・12・31 社／1970・3月 社／1976・1・20 社／1980・10・31 社

出版・印刷関係の会社・団体

朝日新聞株式会社 ❼ 1919・8・1 文
岩波書店 ❼ 1913・8・5 文
大阪書籍株式会社 ❼ 1909・9・27 文
大阪毎日新聞社 ❼ 1911・3・1 文
科学ペンクラブ ❼ 1936・7・6 文
学習研究社 ❽ 1946・4・1 文
角川書店 ❽ 1945・11・23 文
河出書房新社 ❾ 1968・5・29 文
紀伊國屋書店 ❽ 1947・5・25 文
共同通信社 ❽ 1945・10・12 文／10・30 文
近代文学懇談会 ❽ 1959・10・3 文
研究社(英語) ❼ 1907・11・3 文
講談社 ❼ 1936・12月 社／❾ 1989・11・23 文
国際革命作家同盟(モルプ)日本支部 ❼ 1932・2月 文
国際新聞協会 ❼ 1909・5・10 文
国際新聞編集者協会 ❽ 1960・3・24 文
国際通信社 ❼ 1914・3・25 文
国定教科書共同販売所 ❼ 1903・9・2 文／1906・8・20 文
産経新聞社 ❾ 1992・7・21 政／7・21 社
三省堂 ❾ 1974・11・26 文／1981・3・19 文
時事通信社 ❻ 1888・1・4 文／❽ 1945・10・30 文／1948・8・10 文
児童文学者協会 ❽ 1946・3・17 文
従軍作家陸軍部隊 ❽ 1938・9・11 文
自由詩社 ❼ 1909・4月 文
出版流通対策協議会 ❾ 1979・1・11 文
ジュンク堂大阪本店 ❾ 1999・3・16 文
小学館 ❼ 1922・8月 文
新潮社 ❼ 1904・5月 文
新日本文学会 ❽ 1945・12・30 文
新聞共販連盟 ❽ 1948・4月 文
新聞研究会 ❼ 1906・10・17 文
新漫画党 ❽ 1956・8月 文
全国書籍商組合連合会 ❼ 1920・5・17 文
ソヴェート作家同盟 ❼ 1934・8・17 文
創元社 ❼ 1925・6・10 文
大日本言論報国会 ❽ 1945・8・23 社／8・27 文
大日本雄弁会講談社 ❼ 1910・2・1 文
大陸開拓文芸懇話会 ❽ 1939・1月 文
筑摩書房 ❾ 1978・7・12 文
地方新聞倶楽部 ❼ 1908・7・23 文
中央公論社 ❾ 1998・11・2 文
中部日本新聞 ❾ 1965・1月 文／1967・8・28 文
著作家組合 ❼ 1919・6・18 文
帝国通信社 ❻ 1892・5・10 文
東京朝日新聞社調査部 ❼ 1914・12・22 文
東京雑誌組合 ❼ 1914・3・24 文
東京出版配給会社 ❽ 1949・3・29 文
東京出版販売株式会社(東販) ❽ 1949・9・10 文
東京純文社 ❼ 1903・11月 文
東京書籍株式会社 ❼ 1909・9・27 文
東京新聞社 ❾ 1967・8・28 文
同盟通信社 ❼ 1935・11・7 文／❽ 1945・10・12 文／10・30 文
図書推薦選定委員会 ❽ 1949・4・20 文
都会詩社 ❼ 1908・8・9 文
凸版印刷合資会社 ❼ 1900・1月 政
ナウカ社 ❼ 1932・6月 文
日刊スポーツ社 ❽ 1948・6・17 文
日本機関紙協会 ❽ 1947・11・26 文
日本経済新聞社 ❾ 2000・4・15 政
日本現代詩人会 ❽ 1950・3月 文
日本雑誌協会 ❽ 1956・1・30 文
日本左翼文芸家総連合 ❼ 1928・3・13 文
日本ジャーナリスト連盟 ❽ 1946・1・30 文
日本自由出版協会 ❽ 1946・4・15 文
日本出版会・協会 ❽ 1943・3・11 文／1945・10・10 文／1947・11・5 文
日本出版学会 ❾ 1969・3・14 文
日本出版配給株式会社 ❽ 1941・5・5 文／1949・3・29 文
日本出版販売株式会社(日販) ❽ 1949・3・29 文／9・10 文
日本出版文化協会 ❽ 1940・12・19 文／1942・3・21 文
日本書籍株式会社 ❼ 1903・9・2 文／1906・8・20 文／1909・9・27 文
日本書籍出版協会 ❽ 1957・3・29 文
日本女流文学者会 ❽ 1940・11・20 文
日本新聞会 ❽ 1942・2・5 文
日本新聞学会 ❽ 1951・6・16 文
日本新聞協会 ❽ 1946・7・23 文／1947・11・1 文
日本新聞協会(新聞経営者団体) ❼ 1913・4・8 文
日本新聞公社 ❽ 1945・3・1 文
日本新聞連合通信社 ❼ 1926・5・18 文
日本新聞連盟 ❽ 1941・5・28 文／1945・9・26 文
日本タウン誌協会 ❾ 1988・2・18 社
日本電子出版協会 ❾ 1991・10月 文／2010・2・1 文
日本電報通信社(電通) ❼ 1914・9・4 社
日本プレスセンター ❾ 1972・12・14 文
日本プロレタリア文芸連盟(プロ連) ❼ 1925・12・6 文
日本文学報国会 ❽ 1942・5・26 文／

6·18 文
日本文芸家協会 ❽ 1940·10·31 文／1945·12·7 文
日本文芸中央会 ❽ 1940·10·31 文
日本ペンクラブ ❼ 1935·11·26 文／❽ 1940·10·31 文／1947·2·12 文／1948·5·14 文／5·31 文
日本編集者協会 ❽ 1941·6·6 文
日本翻訳家協会 ❼ 1936·4·7 文
日本漫画家協会 ❽ 1964·12·15 文
日本漫画奉公会 ❽ 1943·5·1 文
農民文学懇話会 ❽ 1938·11·7 文
発売禁止防止規制同盟会 ❼ 1926·7·12 文
評論家協会 ❽ 1939·2·22 文
文学代表団 ❽ 1956·11月 文／1960·5·31 文
文学報国会 ❽ 1943·4·8 文
文芸委員会 ❼ 1911·5·17 文
文芸家協会 ❼ 1926·1·7 文
文芸革新会 ❼ 1909·4·24 文
文芸興亜会懇談会 ❽ 1939·2·18 文
文芸懇話会 ❼ 1934·1·29 文
文戦読書会 ❼ 1927·9月 文
平凡社 ❼ 1914·6·12 文
凡人社 ❽ 1945·10月 文
毎日新聞社 ❾ 1975·1·21 社
丸善 ❼ 1909·12·10 文
まんがサミット ❾ 2012·8·4 社
満洲文芸家協会 ❽ 1941·7·27 文
八重洲ブックセンター ❾ 1978·9·18 文
読売新聞社 ❼ 1924·2·25 文
リーダーズ・ダイジェスト東京支社 ❽ 1951·5·18 文

出版・印刷関連の大会・会議
悪書を締出す会 ❾ 1967·7·12 社
アジア・アフリカ作家会議 ❾ 1973·1·7 社
アジア地域出版専門家会議 ❾ 1966·5·25 文
アニメとコミックスの大会(米カリフォルニア) ❾ 1993·6·25 文
国際出版連合大会 ❾ 1976·5·25 文
国際図書館連盟大会 ❾ 1986·8·25 文
国際ペン東京大会 ❾ 1984·5·14 文
子供の本世界大会 ❾ 1986·8·18 社
コミックマーケット ❾ 1975·12·21 社
新聞大会 ❽ 1957·10·1 文
世界主要新聞首脳会議 ❾ 1967·5·8 文／1992·6·10 文
全国タウン誌会議 ❾ 1978·10·8 文
大東亜新聞大会 ❽ 1943·11·17 文
中国報道代表団 ❾ 1977·10·25 文
本文化研究国際会議 ❾ 1968·9·24 文

出版・印刷一般
江戸時代以前(写経⇨「経典・縁起・絵巻」)
天草学林刊ローマ字本 ❹ 1596·是年 文
伊地知版 ❹ 1481·6月 文
印刷工の初見 ❹ 1460·7·24 文
往来物の最古本 ❷ 1188·是年 文
大内版 ❹ 1535·是年 文／1539·3月 文
春日版現存最古の版本 ❷ 1088·3·26 文
刮(活)字工 ❸ 1370·9·22 文
経師 ❹ 1489·8月 文／1500·10·10 文／1588·8月 文
キリシタン版長崎後藤宗印刊 ❹ 1600·是年 文
古活字勅版 ❹ 1597·8·20 文／1599·③·3 文／5·25 文
五経 ❹ 1599·5·25 文
五山版 ❸ 1412·是年 文
四書 ❹ 1599·5·25 文
儒書開版の始め ❷ 1247·5月 文
書籍一覧 ❷ 1143·9·28 政
書籍目録 ❹ 1464·7·13 文／1485·4·17 文
書物板行禁止の始め ❷ 1206·是年 文
周防版・大内版 ❹ 1493·是年 文
駿河版 ❹ 1545·是年 文
宋版 ❹ 1563·是年 文
銅活字 ❸ 1453·4月 文
長崎学林刊国字本 ❹ 1598·是年 文／1599·1月下旬 文／1600·是年 文
日本コレジヨ刊ラテン本 ❹ 1597·是年 文
版木 ❸ 1401·2月 文／1407·是年 文／❹ 1494·是年 文／1496·6月 文／1533·8·5 文／1536·9月 文／1537·2·2 文
伏見版 ❹ 1599·5月 文
部首引漢和字書 ❷ 1245·是年 文
本国寺版 ❹ 1597·是年 文

江戸時代
赤本が流行 ❺-2 1735·享保年間 文
一枚絵 ❺-2 1790·5月 文／1799·12·26 文／1800·8·11 文
一切経板木 ❺-1 1613·1月 文／1678·7·17 文
印刷(オランダ製印刷機) ❻ 1856·6月 文
浮世草子の始め ❺-1 1682·是年 文
鱗形屋版 ❺-2 1738·是年 文
英語書出版の始め ❺-2 1847·弘化年間 文
絵入読本改掛肝煎 ❺-2 1807·9·18 文
絵草紙流行 ❺-1 1710·宝永年間 文
江戸書籍商組合 ❺-2 1730·10·1 文
江戸古本売買の始め ❺-1 1647·正保年間 社
絵本・絵草紙(仲間行事) ❺-2 1742·3月 政／1790·10·27 文／1802·2·3 文／1804·4月 文
黄檗版 ❺-1 1671·是年 文
奥書 ❺-2 1790·10·27 文
和蘭書の翻訳 ❺-2 1823·11月 文／1845·7·25 文
折紙の本(現在最古) ❺-2 1797·是年 文
女一枚絵 ❺-2 1796·8·14 文
貸本屋 ❺-2 1790·11·19 文
活字印刷 ❻ 1857·是年 文
活字伝習 ❻ 1864·3月 文
活字版 ❺-1 1605·3月 文／4·5 文／1607·3·8 文
活字版(印刷機) ❺-2 1848·5月 文／12月 文
活字版摺立所 ❻ 1855·8·14 文
合羽摺 ❺-2 1767·是年 文
仮名木活字本 ❺-1 1601·3·5 文
黄標紙・黄表紙小説本 ❺-2 1735·享保年間 文／1747·延享年間 文
京都書林・書物屋仲間 ❺-2 1716·是年 政／1771·8月 文
キリシタン教義書(漢籍)輸入禁止 ❺-1 1642·8月 社
キリシタン版原田アントニヨ刊 ❺-1610·4月 文
キリシタン版ローマ字本(長崎学林刊) ❺-1 1603·是年 文／1604·是年 文／1605·是年 文／1607·是年 文
キリシタン版和字本『太平記抜書』 ❺-1 1615·此頃 文
木割書 ❺-1 1608·8月 文
禁書⇨絶版(ぜっぱん)
草双紙 ❺-2 1735·享保年間 文／1788·天明年間 文
黒標紙 ❺-2 1735·享保年間 文
合巻 ❺-2 1817·文化年間 文
古活字本 ❺-1 1605·9月 文
御用達書物師(幕府) ❺-1 1723·1月 文
嵯峨(光悦)本 ❺-1 1605·是年 文
作者板元奥書 ❺-2 1790·10·27 文
沙石集版木 ❺-1 1686·是年 文
洒落本 ❺-2 1788·天明年間 文／1790·5月 文
出版兼販売店 ❺-2 1817·文化年間 文
出版統制(禁止)令 ❺-1 1657·2·29 文／1673·5月 文／1682·5月 文／1684·4·11 文／11·18 文／1689·10·文／1698·2·21 文／1703·2月 文／1704·3月 文／1713·⑤·6 文／1715 5·12 文／❺-2 1719·是年 文／1720 1月 文／1721·7·21 文／⑦·2 文／8·26 文／1722·11·8 文／12·7 文／1723·2月 社／1790·5月 文／10·27 文／11·19 文／1794·5月 政／1795 9·30 文／1800·8·11 文／1802·2·3 文／1823·11月 文／1826·3·24 文／1838·12·25 文／1841·10月 文／1842·6·4 文／9月 文／1844·12·9 文／1846·⑤·9 文／❻ 1860·③·24 文
書籍刊行物種類の変化 ❺-2 1729·是年 文
書籍出版を奨励 ❺-2 1842·6·20 文
書物改役 ❺-1 1685·是年 文
書物商仲間 ❺-1 1698·11月 文
書物掛 ❺-2 1841·6·23 文
書物の板行 ❺-2 1793·8·13 文
書物奉行 ❺-2 1723·11·22 文／1734·12·20 文
新刊書籍検閲 ❻ 1862·4·24 文
新聞通信業の始め ❺-2 1847·弘化年間 文
摺本 ❺-1 1609·11月 文
駿河版 ❺-1 1616·是年 文
セリ(糶)本屋 ❺-2 1790·11·19 文
絶版(禁書) ❺-1 1630·是年 文／1649·是年 文／1659·是年 文／1665 是年 文／1666·10·3 政／1671·5·7 文／1672·是年 文／1682·4月 社／是年 文／1685·是年 文／1687·6·21 社／是年 文／1691·10·22 文／1693

是年 文／1698・8月 文／1700・是年 文／1701・是年 文／1704・是年 文／1706・是年 文／❺-2 1719・是年 文／1720・8・18 文／1723・6・11 文／1728・是年 文／1730・2・4 文／1758・9・16 文／12・25 社／1763・是年 文／1765・1月 文／1769・6月 文／10月 文／1775・是年 文／1788・1月 文／是年 文／1789・是年 文／1791・3月 文／1792・5・16 政／是年 文／1798・是年 文／1799・3・15 文／是年 文／1800・是年 文／1802・是年 文／1803・是年 文／1804・是年 文／1805・是年 文／1808・是年 文／1809・是年 文／1827・是年 文／1831・此頃 文／1836・是年 文／1837・是年 文／1838・是年 文／1839・是年 文／1840・是年 文／1841・6・9 文／1842・8・23 文／1843・是夏 文／1848・是年 文／1849 是年 文／1850・是年 文
蔵書印 ❻ 1864・3・12 文
大成武鑑株譲渡 ❺-2 1788・5・22 文
大蔵経版木(鉄眼版) ❺-1 1678・7・17 文
談義本の流行 ❺-2 1752・1月 社
銅活字 ❺-1 1606・6・6 文
銅活字本(勅版) ❺-1 1621・6月 文
唐船書籍買受 ❺-2 1812・3・11 文
鉛製活字(板) ❺-2 1848・12月 文／1851・是年 文
錦絵版行禁止 ❺-2 1842・6・4 文
人情本 ❺-2 1841・10月 文／12・29 政
八文字屋 ❺-1 1699・是年 文／1701・是年 文
板木『成形図説』 ❺-2 1808・3・4 文
板木屋 ❺-1 1697・7・2 文
板木屋(行事・倉庫) ❺-2 1791・2・4 文／1798・5月 文
板木屋・絵草紙問屋心得方 ❺-2 1793・8・6 文
版権保護沙汰書 ❺-2 1844・1・30 文
販売兼貸本店 ❺-2 1817・文化年間 文
平仮名古活字本 ❺-1 1609・10月 文
平がな交りの和文書籍の始め ❺-1 1606・是年 文
武鑑出版の始め ❺-1 1684・是年 文
富春堂古活字刊 ❺-1 1603・3月 文
古本の売買 ❺-1 1645・是年 文
古本屋 ❺-2 1767・10・27 社
本屋・書物商仲間 ❺-2 1721・是年 文／1723・9月 文／12・23 文／1726・5・17 文／1727・3月 文／1732・5月 文／1750・4・2 文
満洲本 ❺-2 1814・5・27 文
木活字 ❺-1 1603・10・22 文
木活字本刊 ❺-2 1802・是年 文／❻ 1862・1月 文
輸入書物 ❺-1 1688・4・4 文
　書籍輸入禁止 ❺-1 1630・是年 文
　書籍輸入制限(医薬・航海・天文) ❺-1 1641・9月 文
　輸入書物の値段(中国) ❺-2 1784・是年 文
洋書(出版手続改正) ❺-2 1844・7月 文／1850・9・21 文
洋書所蔵調査 ❻ 1856・6・26 文
洋書登録制 ❻ 1859・7・6 文
洋書の価格 ❻ 1864・11月 文
読本・草艸紙流行 ❺-2 1802・2・3 文／1803・是年 文
蘭書印刷 ❻ 1856・6月 文
暦書・医書 ❺-2 1840・5・27 文
暦書・天文書・オランダ翻訳書の出版 ❺-2 1821・4・24 文
明治・大正時代
アカギ叢書 ❼ 1914・3・30 社
いろは文庫(袖珍本) ❼ 1910・6月 文
円本ブーム ❼ 1926・12・3 文
大阪活版所 ❻ 1870・3月 文
貸本屋 ❼ 1913・是年 文
活字印刷創始者(本木昌造)歿 ❻ 1875・9・3 文
活字価格 ❻ 1873・5・19 文
活版所 ❻ 1871・6月 文
活版製造所 ❻ 1870・3月 文
活版石版術 ❻ 1875・2月 文
活版伝習所 ❻ 1869・6月 文
漢籍流行 ❻ 1880・5月 文
講談落語速記本の始め ❻ 1884・7月 文
誤植 ❼ 1903・12・1 文
コロタイプ印刷 ❻ 1889・是年 社
沙翁三百年祭 ❼ 1916・4・22 文
写真植字印刷機 ❼ 1926・11月 文
写真石版 ❻ 1881・6月 社
写真銅版紙型製造法 ❼ 1913・10月 文
秀英舎 ❻ 1876・10・9 文
出版条例 ❻ 1869・5・13 文／1872・1・13 文／1875・9・3 文／1883・6・29 文／1887・12・29 文
出版法 ❻ 1893・4・13 文
書籍切手 ❻ 1884・3月 文
書籍原稿事前検閲制 ❻ 1868・6・20 文
書籍出版條令 ❻ 1871・8・12 文
書籍新刻許可 ❻ 1870・2・22 文
駿河御譲本 ❻ 1872・6月 文
石版印刷 ❻ 1874・6月 文／1876・2月 文
速記本 ❻ 1884・7月 社
立川文庫 ❼ 1911・10月 文
著作権法・著作物保護條例 ❼ 1899・3・4 文／7・12 文／1920・8・20 文／1935・7・15 文
築地活版製造所 ❻ 1873・7月 文
東京書籍出版営業者組合 ❻ 1887・11・6 文
凸版式印刷の始め ❻ 1876・5・17 社
日米著作権保護條約 ❼ 1906・5・11 文
日本文庫協会 ❻ 1892・3・1 文
納本制(書籍納入制) ❻ 1869・1・27 文／1874・2・23 文／1875・7・26 文
版権條例 ❻ 1887・12・29 文
版権の保護 ❻ 1868・4・10 文
版権法 ❻ 1893・4・13 文
百科全書 ❻ 1873・7月 文
フエルンドレッカー印刷電信機 ❼ 1910・10・1 社
文学的・美術的著作権保護に関する修正ベヌル條約 ❼ 1908・11・13 文
翻訳推理小説の始め ❻ 1877・9月 文
宮城書籍館 ❻ 1881・7・19 文
洋書と洋服の流行 ❻ 1885・9月 社
予約出版法 ❼ 1910・4・16 文
輪転機 ❻ 1890・11・25 文
倭漢書籍鑑賞会 ❻ 1880・2・22 文
昭和・平成時代
悪書追放運動 ❽ 1963・10・2 社
アダルト本専門店 ❾ 1980・7・1 社
アニメ文化大使「ドラえもん」 ❾ 2008・3・19 文
アリニン印刷 ❽ 1953・是年 文
『石に泳ぐ魚』プライバシー問題 ❾ 1999・6・22 文
岩波ジュニア新書 ❾ 1979・6月 文
岩波少年文庫 ❽ 1950・12・25 文
岩波新書 ❽ 1938・11・20 文／❾ 1977・4月 文
岩波文庫 ❼ 1927・7・10 文／❾ 1973・9・16 文／1975・5・14 文
印刷用紙 ❽ 1950・1・1 文
　新聞・雑誌出版用紙割当 ❽ 1940・5・17 文／1945・11・26 文／1946・11・25 文／1949・8・4 文
　用紙割当委員会 ❽ 1948・7・17 文
インターネット蔵書無料検索 ❾ 1979・11・5 文／2000・3・22 文
改正出版法 ❼ 1934・8・1 文
カストリ雑誌 ❽ 1946・10月 社
カセットブック ❾ 1987・1・22 文
カッパブックス ❽ 1954・10月 文
カバヤ文庫 ❽ 1952・8月 文
神田古書センタービル ❾ 1978・2・12 文
漢点字による漢和辞典 ❾ 1978・5・13 文
宮中祭祀記事 ❾ 1966・12・25 政
検閲制度 ❼ 1933・6月 文
検閲制度改正期成同盟 ❼ 1927・9・28 文
言論の自由問題 ❾ 1976・5・7 文
高速電子編集植字システム ❾ 1970・3・11 文
講談社現代新書 ❽ 1964・3月 文
孔版文化展 ❽ 1948・9月 文
再販売価格維持制度 ❾ 1980・10・1 文
座談会記事の始め ❼ 1927・2月 文
左翼的出版物 ❽ 1941・3・7 文
CD-ROMコーナー ❾ 1994・5・11 文
週刊誌ブーム ❽ 1959・3・1 社
取材源証言拒否 ❾ 2006・10・3 文
『週刊新潮』誤報事件 ❾ 2009・4・16 文
出版物許可制(沖縄) ❾ 1965・2・15 文
出版デジタル機構 ❾ 2012・4・2 文
出版物の輸出入額 ❾ 1980・是年 文
出版法 ❽ 1949・5・24 文
　出版事業整備要綱 ❽ 1943・11・4 文
　出版事業令 ❽ 1943・2・18 文
　出版非常措置要綱 ❽ 1945・6・1 文
書籍コード ❾ 1970・1月 文
書籍小包 ❾ 1966・4・1 社
書籍発行総点数 ❾ 1967・是年 文
新刊翻訳出版許可本 ❽ 1948・5・19 文

新潮文庫(CD-ROM 版) ❾ **1995**·12月 文

聖書

口語訳 旧新約聖書 ❽ **1955**·4·15 文
新約聖書 ❽ **1952**·12月 文

接着剤による製本 ❽ **1952**·是年 文
選定図書制度 ❽ **1959**·4·10 文
全日本図書祭(第一回) ❼ **1933**·11·1 文
台湾での日本書籍 ❾ **2002**·2月 文
中公文庫 ❾ **1973**·6月 文
中公文庫ビブリオ ❾ **2001**·6月 文
電光ニュース ❽ **1950**·4·12 社
電子出版システム展 ❾ **1988**·4·22 文
電子書籍 ❾ **2011**·5·19 文
電子書籍「キンドル DX」 ❾ **2009**·1·20 文／10·7 文
電子書籍「コボタッチ」 ❾ **2012**·7·19 文
電子書籍サービス ❾ **2010**·11·25 文
電子書籍の配信 ❾ **2004**·4·1 文
電子百科事典 ❾ **1988**·10·24 文
点訳英和辞書 ❽ **1963**·6·13 文
東洋文庫(平凡社) ❽ **1963**·10月 文
東京国際ブックフェア ❾ **1992**·10·31 文
読書週間 ❽ **1947**·11·17 文
土地と人間(社会科教科書) ❽ **1947**·8·25 文
バーゲン・ブック・フェア ❾ **1984**·11·9 文
発禁図書 ❾ **1974**·12·25 文
発禁本(戦時中) ❾ **1976**·7·21 文
パリの読書界 ❾ **1984**·是秋 社
婦人雑誌の大型化 ❽ **1956**·3月 社
古本まつり ❽ **1961**·10·28 文

文学賞

赤い鳥文学賞 ❾ **1971**·6·18 文
芥川賞 ❼ **1935**·9·1 文／❽ **1944**·12·7 文／**1949**·8月 文／**1951**·7·30 文／**1952**·1·22 文／**1953**·7·20 文／**1954**·7·21 文／**1958**·7·21 文／❾ **1967**·7·21 文／**1977**·7·14 文／**1979**·7·18 文／**1981**·1·19 文／7·16 文／**1990**·7·16 文／**1991**·1·16 文／7·15 文／**1992**·1·16 文／7·15 文／**1993**·1·13 文／7·15 文／**1994**·1·13 文／7·13 文／**1995**·7·18 文／**1996**·7·17 文／**1997**·1·16 文／7·17 文／**1998**·1·16 文／7·16 文／**1999**·1·14 文／7·15 文／**2000**·1·14 文／7·14 文／**2004**·1·15 文／7·15 文／**2006**·7·13 文／**2007**·1·16 文／**2008**·1·16 文／7·15 文／**2009**·1·15 文／7·15 文／**2010**·1·14 文／7·15 文／**2011**·1·17 文／**2012**·1·17 文／7·17 文
大仏次郎賞 ❾ **1974**·10·1 文
織田作之助賞 ❾ **1983**·12·1 文
川端文学賞 ❾ **1974**·4·16 文
新潮社文芸賞 ❽ **1838**·2·18 文
直木賞 ❼ **1935**·9·1 文／❽ **1943**·8·2 文／**1944**·2·7 文／**1949**·8月 文／**1953**·7·20 文／**1954**·7·21 文／**1958**·7·21 文／❾ **1979**·7·18 文／**1981**·7·16 文／**1987**·1·16 文／**1990**·7·16 文／**1991**·1·16 文／7·15 文／**1992**·1·16 文／7·15 文／**1993**·1·13 文／7·15 文／**1994**·1·13 文／7·14 文／**1995**·7·18 文／**1996**·7·17 文／**1997**·1·16 文／7·17 文／**1998**·1·16 文／7·16 文／**1999**·1·14 文／7·15 文／**2000**·1·14 文／7·14 文／**2004**·1·15 文／7·15 文／**2008**·1·16 文／7·15 文／**2009**·1·15 文／7·15 文／**2010**·1·14 文／7·15 文／**2011**·7·14 文／**2012**·1·17 文／7·17 文
三島由紀夫賞 ❾ **1988**·5·20 文
読売あをによし賞 ❾ **2007**·6·2 文

文芸銃後運動 ❽ **1940**·5·6 文
文庫本ブーム ❾ **1971**·7·1 文
文春文庫 ❾ **1974**·6月 文
返本の増加 ❾ **1984**·11月 文
報道の自粛 ❾ **2004**·1·9 文
本の宅急便 ❾ **1987**·6·25 文
馬来語大辞典 ❽ **1942**·4月 文
有害図書 ❽ **1964**·7·27 社
『四畳半襖の下張』裁判 ❾ **1976**·4·27 文
龍渓書舎事件 ❾ **1973**·4·20 文
猥褻刊行物ノ流布及取引禁止ノ為ノ国際條約 ❼ **1936**·2·14 政

縁起(資材帳)・絵巻

『会津寺社縁起』 ❺-1 **1666**·是年 文
『熱田大神宮縁起』 ❶ **890**·10·15 文
『阿波国太龍寺縁起』 ❶ **836**·9·13 文
『安祥寺伽藍縁起資財帳』 ❶ **867**·6·11 文
『石山寺縁起絵巻』 ❸ **1325**·是年 文／**1375**·此頃 文／**1384**·8·22 文／**1420**·11·13 文
『和泉国大鳥神社流記帳』 ❶ **922**·4·5 文
『伊勢新名所歌合絵巻』 ❸ **1295**·是年 文
『伊勢近長谷寺資財帳』 ❶ **953**·2·11 文
『磯松丸物語』 ❸ **1420**·11·13 文
『一期所修善根記』 ❸ **1374**·5月 文
『厳島縁起』 ❸ **1346**·5·15 文
『一遍上人絵伝』 ❸ **1299**·8·23 文／**1306**·6·1 文／**1307**·7月上旬 文／**1323**·7·5 文／**1369**·4·3 文／**1432**·4·19 文
『因幡堂縁起』 ❸ **1426**·1·11 文／**1432**·4·19 文
『稲荷鎮座由来記』 ❸ **1386**·6·16 文
『弥益大領絵(勧修寺縁起)』 ❸ **1431**·是年 文
『伊予三島縁起』 ❸ **1378**·是年 文
『石清水八幡宮縁起』 ❸ **1433**·4·21 文
『石清水八幡宮護国寺縁起』 ❸ **1372**·11·8 文
『石清水八幡宮護国寺略記』 ❶ **859**·8·23 社／**863**·1·11 文
『石清水八幡宮幷極楽寺縁起之事』 ❸ **1452**·2月 文
『石清水不断念仏縁起』 ❷ **1070**·是年 文
『因果絵』 ❸ **1437**·是年 文
『宇佐石清水宮以下縁起』 ❸ **1338**·7·5 文／❹ **1461**·2·29 文
『宇佐八幡宮縁起』 ❶ **844**·6·17 文 ❸ **1335**·11·3 文
『内野村薬師如来由来』 ❹ **1585**·5· 文
『荏柄天神縁起絵巻』 ❸ **1319**·12·1 文
『恵心先徳夢窓之記』 ❹ **1457**·5·22 文
『恵心僧都絵巻』 ❸ **1401**·3·23 文
『衣奈八幡宮縁起』 ❸ **1402**·6月 文
『円照上人行状記』 ❸ **1302**·3·6 文
『円城寺龍華会縁起』 ❷ **1062**·8·16 文
『延暦寺護国縁起』 ❸ **1323**·4月 文／**1447**·6·17 文
『乙寺縁起』 ❹ **1540**·4·21 文
『乙宝寺縁起』 ❸ **1347**·8月 文
『男衾三郎絵詞』 ❸ **1294**·11月 文
『尾張国笠寺縁起』 ❷ **1238**·是年 文
『園城寺龍華会縁起』 ❷ **1059**·8·18 文
『開元寺求得経疏記等目録』 ❶ **854**·9·21 文
『かうしん之本地』 ❹ **1506**·是年 文
『笠置寺縁起』 ❹ **1485**·是年 文
『勧修寺縁起』 ❹ **1506**·1·14 文
『春日験記』 ❹ **1560**·6·11 文
『春日権現験記』 ❸ **1450**·3月 文
『春日権現験記聞書』 ❹ **1597**·9·25 文
『春日社御験記』 ❹ **1534**·6·2 文
『勝尾寺縁起絵』 ❸ **1431**·是年 文
『桂川地蔵記』 ❹ **1558**·2·9 文
『賀茂祭礼絵巻』 ❸ **1330**·⑥月 文
『賀茂社桜会縁起』 ❷ **1083**·是年 文
『伽藍縁起竝流記資財帳』(元興寺) ❶ **747**·2·11 文
『川口善光寺縁起』 ❷ **1195**·是年 文
『河内高貴寺縁起』 ❹ **1576**·3月 文
『河内国観心寺縁起資財帳』 ❶ **883**·9·15 文
『河内国小松寺縁起』 ❸ **1419**·11月 文
『河内龍泉寺資財帳写』 ❶ **844**·11·2 文
『観心寺縁起』 ❸ **1413**·3月 文
『観心寺縁起実録帳』 ❶ **837**·3·3 文
『鑑真東征絵伝』 ❸ **1298**·8月 文
『観世音寺資財帳』 ❶ **905**·10·1 文
『観世音寺水陸田目録』 ❶ **709**·10·2 文
『関白出仕絵』 ❸ **1437**·是年 文
『祇園牛頭天王縁起』 ❹ **1598**·1·21 文
『義湘大師絵』 ❸ **1433**·是年 文
『北野天神縁起』 ❸ **1298**·2·8 文／**1367**·12月 文／**1391**·2·25 文／**1403**·是年 文／**1415**·1月 文／**1419**·4月 文／**1427**·3月 文／**1446**·4月 文
『木下川薬師仏像縁起』 ❸ **1327**·6月 文
『吉備入唐絵』 ❸ **1441**·4·26 文
『九馬図巻』 ❸ **1324**·是年 文
『行幸賀茂祭絵』 ❸ **1434**·10·25 文
『清水寺仮名縁起』 ❸ **1417**·是年 文
『清水霊験記』 ❸ **1345**·11·12 文／**1352**·2·10 文

『空海請来目録』 ❶ 806・10・22 文
『愚童記絵』 ❸ 1437・是年 文
『久能寺縁起』 ❸ 1342・6・17 文
『弘福寺(川原寺)田畠流記帳』 ❶ 709・7・15 文／794・5・11 文
『くまのの御本地のさうし』 ❹ 1556・7・26 文
『鞍馬蓋寺縁起』 ❸ 1315・是年 文／1340・5・24 文
『華厳塔重建勘縁起』 ❸ 1387・5月 文
『元興寺縁起』 ❶ 651・1月 文
『源氏絵』 ❸ 1435・5・9 文／1437・是年 文／1438・5・26 文
『玄奘三蔵絵』 ❸ 1433・是年 文／❹ 1457・3・12 文
『源平闘諍録』 ❸ 1337・2・8 文
『広厳寺縁起』 ❸ 1336・11・27 文
『荒神縁起』 ❸ 1331・12月 文
『興福寺縁起』 ❶ 900・6・26 文
『興福寺伽藍縁起』 ❷ 1079・是年 文
『弘法大師請来目録』 ❶ 813・是年 文
『弘法大師行状絵』 ❹ 1596・8・18 文
『弘法大師行状絵巻』 ❸ 1315・3・21 文／1319・是年 文／1346・6月 文／1374・是年 文／1375・1・26 文／1389・是年 文／1407・9・21 文／1424・7・5 文／1433・是年 文
『光明真言功徳絵詞』 ❸ 1398・2月 文
『広隆寺縁起』 ❶ 838・12・15 文
『広隆寺資財帳』 ❶ 873・是年 文
『広隆寺来由記』 ❹ 1499・7月 文
『小絵』 ❸ 1431・是年 文
『粉河寺縁起』 ❸ 1412・11・13 文／1434・3・24 文／1452・3月 文
『後三年合戦絵巻』 ❸ 1347・是年 文／1431・3・23 文
『五節絵』 ❸ 1431・是年 文
『誉田宗廟縁起絵巻』 ❸ 1433・4・21 文
『最須敬重絵詞』 ❸ 1352・10・19 文
『西大寺資財流記帳』 ❶ 780・12・29 文
『西方寺縁起』 ❸ 1400・9・29 文
『西琳寺流記』 ❸ 1446・7月 文
『讃岐国七宝山八幡琴引宮縁起』 ❸ 1416・2月 文
『三国仏法伝通縁起』 ❸ 1311・7・5 文／1399・1月 文
『三塔諸寺縁起』 ❸ 1337・4・29 文
『山王霊験記絵巻』 ❸ 1288・1・22 文
『信貴山寺資財帳』 ❶ 937・6・17 文
『持経絵』 ❸ 1437・是年 文
『慈恵大師絵』 ❸ 1437・是年 文
『地獄変相図巻』 ❸ 1442・是年 文
『資財流記』(渚寺) ❶ 746・10・14 社
『地蔵験記絵』 ❸ 1367・7月 文／1437・是年 文／1453・4・24 文
『四天王寺縁起』 ❷ 1265・7・22 社
『四天王寺本願縁起』 ❹ 1573・7・12 文
『志度寺縁起絵』 ❸ 1317・是年 文／1343・1月 文
『釈迦出世本懐伝記』 ❹ 1581・2月 文
『十二年合戦絵』 ❸ 1431・是年 文
『寿福寺縁起』 ❸ 1407・6・18 文
『春王丸安王丸縁起』 ❸ 1441・5月 文
『正安朝覲行幸絵』 ❸ 1431・是年 文
『貞観寺根本目録』 ❶ 872・3・9 文
『上宮太子御記』 ❸ 1307・10・3 文
『招提寺建立縁起』 ❶ 835・6・11 文
『聖徳太子絵伝』 ❸ 1305・3・28 文／1324・7月 文／1338・8・13 文
『聖徳太子縁起』 ❹ 1569・1月 文
『浄土五祖絵伝』 ❸ 1305・6・15 文
『浄瑠璃寺流記』 ❸ 1350・是年 文
『諸寺縁起』 ❷ 1207・7月 文
『児霊像縁起之写』 ❸ 1453・5月 文
『神宮神宝図巻』 ❸ 1410・9・6 文
『神功皇后縁起』 ❸ 1433・4・21 文
『神護寺実録帳』 ❶ 931・11・27 文
『新善光寺絵』 ❸ 1433・是年 文
『親鸞聖人伝絵』 ❸ 1295・10・12 文／12・13 文／1338・是年 文／1339・4・24 文／1343・11・2 文／1344・11・1 文／1346・10・4 文／1360・11・15 文／1419・7・22 文／1449・是年 文／1450・是年 文
『住吉社神財帳』 ❶ 879・7・22 文
『住吉大社神代記』 ❶ 731・7・5 文
『諏訪社縁起絵追加』 ❸ 1417・4月 文
『諏訪社祭絵巻(諏訪大明神絵詞)』 ❸ 1356・11・28 文
『青丘大師絵』 ❸ 1433・是年 文
『征伐泰衡之絵』 ❸ 1359・5・15 文
『聖廟絵』 ❸ 1433・是年 文
『是害坊絵巻』 ❹ 1587・5月 文
『是害坊物語絵巻』 ❸ 1308・是冬 文／1329・8月 文／1354・4・12 文
『関寺縁起』 ❷ 1025・是年 文
『摂津国金龍寺縁起』 ❸ 1402・11月 文
『善恵上人縁起』 ❸ 1386・11・25 文
『善光寺縁起』 ❸ 1368・是年 文／1420・11・13 文
『総持寺観音堂縁起』 ❸ 1321・6・17 文
『続地蔵験記』 ❸ 1420・11・13 文
『大安寺縁起』 ❶ 895・8・5 文
『大雲寺縁起』 ❷ 1074・是年 文／❹ 1589・8・18 社
『太子絵伝』 ❸ 1323・是年 文
『大嘗会御禊行幸絵』 ❸ 1435・6・29 文
『太神宮法楽寺絵』 ❸ 1433・是年 文
『泰澄和尚伝(白山縁起)』 ❸ 1325・5・24 文
『大悲山寺縁起』 ❸ 1405・4・26 文
『平将門合戦絵巻』 ❷ 1245・10・11 文
『多度神宮寺伽藍縁起資財帳』 ❶ 788・11・3 文／801・11・3 文
『筑後御船山玉垂宮縁起』 ❸ 1370・12・13 文
『竹生嶋縁起』 ❸ 1415・6・15 文
『智興内供絵詞』 ❸ 1420・11・13 文
『智証大師絵』 ❸ 1433・是年 文
『天狗絵』 ❸ 1431・是年 文
『天狗草子絵巻』 ❸ 1296・10・3 文／1431・是年 文
『天神縁起絵巻』 ❸ 1360・10・20 文／1380・8・29 文／1383・2月 文／1395・2・25 文／1403・10・14 社／⑩・14 文／1406・2・18 文／1446・11・15 文
『天台法華宗年分縁起』 ❶ 806・1・3 文
『東寺縁起』 ❸ 1395・4月 文
『道成寺縁起絵巻』 ❹ 1573・12月 文
『東大寺縁起』 ❸ 1315・是年 文／❹ 1460・3・4 文
『東大寺大仏縁起』 ❸ 1337・12・17 文
『東大寺八幡験記』 ❸ 1294・是年 文／1435・12・12 文
『多武峰縁起』 ❹ 1481・是年 文
『中野庄賀茂大明神縁起』 ❸ 1376・8月 文
『丹生高野明神縁起』 ❸ 1420・3月 文
『日蓮尊者絵』 ❸ 1388・6月 文
『日光山縁起』 ❸ 1384・11・1 文
『日光山滝尾建立草創日記』 ❶ 825・4・3 文
『仁和寺宝蔵御物実録帳』 ❶ 950・11・10 文
『羽賀寺縁起』 ❹ 1600・10月 文
『白峰寺縁起』 ❸ 1406・7・25 文
『箱根山縁起幷序』 ❷ 1191・是年 文
『長谷寺縁起絵』 ❸ 1431・是年 文／1435・6月 文
『八幡縁起絵』 ❸ 1321・8・22 文／1389・6・1 文／1436・6・18 文／1439・7・13 文
『八幡の縁起』 ❹ 1556・11・27 文
『八幡廻御影縁起』 ❸ 1399・7・23 文
『泊瀬観音験記』 ❸ 1420・11・13 文
『泊瀬寺縁起絵』 ❸ 1433・是年 文
『歯長寺縁起』 ❸ 1386・11・8 文／1454・8月 文
『比叡山不断経縁起』 ❷ 1051・4・22 文
『日高川双紙』 ❸ 1400・2月 文
『藤森社縁起』 ❹ 1556・11・3 文
『伯耆大山寺縁起絵巻』 ❸ 1398・8・1 文
『法勝院領目録』一巻 ❶ 969・7・8 文
『法然上人絵伝』 ❸ 1307・是年 文／1338・是年 文／1385・是年 文／1444・⑥・10 文／1447・10・25 文
『法然上人伝』 ❹ 1531・⑤・7 文
『放屁合戦絵巻』 ❸ 1449・5月 文
『法隆寺伽藍縁起幷流記資材帳』 ❶ 761・10・11 文
『法輪寺縁起』 ❸ 1414・5・11 文
『慕帰絵詞』 ❸ 1351・10・30 文／1368・6・2 文／1455・7・19 文
『法華滅罪寺縁起』 ❸ 1304・是年 文
『頬焼阿弥陀縁起』 ❸ 1355・9月 文
『松崎天神縁起』 ❸ 1311・⑥月 文
『松浦物語絵巻』 ❷ 1233・5・29 文
『三輪大明神縁起』 ❹ 1558・8月 文
『岷江入楚』 ❹ 1598・6・19 文
『武蔵州足立郡大宮氷川大明神縁起』 ❸ 1385・6月 文
『蒙古襲来絵詞』 ❸ 1293・2・9 文
『薬師寺縁起』 ❸ 1333・7・27 文
『八坂法観寺塔縁起絵』 ❸ 1433・是年 文
『泰衡討伐絵』 ❸ 1438・是年 文
『矢取地蔵縁起絵』 ❸ 1453・11・24 文
『大和国長谷寺縁起絵』 ❸ 1455・4・7 文

『融通念仏縁起絵巻』 ❸ 1314·是年 文／1329·8·8 文／1342·12·8 文／1382·11月 文／1383·11·5 文／1384·6·18 文／8月 文／1385·6·26 文／1389·12·8 文／1390·7·8 文／1391·7·29 文／1414·4·8 文／1417·10·13 文／1423·是年 文／1437·5·15 文／是年 文／1445·4·15 文
『遊行縁起絵』 ❸ 1381·是年 文
『槇尾山大縁起』 ❸ 1360·是年 文
『六波羅地蔵縁起』 ❹ 1526·8·10 文／8·24 文
『和州長谷寺観音験記』 ❹ 1587·6·18 文
『和州布留大明神縁起』 ❸ 1446·2月 文
『和田義盛絵』 ❸ 1438·是年 文
経典(類)
一切経司次官 ❶ 767·8·29 文
一切経料田 ❶ 791·3·13 社
漆紙文書 ❶ 780·是年 文
勧学田(薩摩) ❶ 852·6·29 文
経師 ❶ 746·10·12 社／747·2·23 社／953·7·13 文
経論 ❶ 538·10·12／552·10·13
紺紙金字経 ❶ 994·是年 文／998·是年 文
最古の字書 ❶ 900·昌泰年中 文
竿(算)師 ❶ 814·1·13 文／822·4·15 文
写経 ❶ 673·3月 社／738·8·16 文／748·9·9 社
写経所(東大寺ほか) ❶ 747·12·15 文
写経費用見積書(東大寺) ❶ 750·10·12 文
淳和院御経書所 ❶ 879·11·14 文
書生(写経生か) ❶ 673·3月 社
宋版 ❶ 974·是年 文／987·2·11 文
対策文(葛井諸会) ❶ 711·3·5 文／731·5·9 文
内外典 ❶ 562·8月
福寿寺写一切経所 ❶ 742·6·3 文
『阿那律八念経』 ❶ 766·10·8 文
『阿弥陀経』 ❷ 1133·6·11 社／❺-1 1632·是年 文
『阿弥陀経疏』 ❶ 977·7·15 文
『依四分律抄撰録文』 ❶ 678·9·19 社
『一乗妙行悉地菩薩性空上人伝』 ❷ 1010·10·10 文
『一切経』 ❶ 651·12·30 社／675·10·3 社／677·8·15 社／723·3·29 文／798·8·26 文／833·10·28 文／839·3·4 文／853·5·4 社／953·8·7 社／960·9·19 文／❷ 1011·5·21 社／1034·9·23 社／1096·3·18 社／1110·5·11 文／1115·6·1 社／1118·2·4 文／1150·10·2 社／1178·7·15 文／1211·4·23 社／1229·1·20 社／1234·3·2 文／1238·7·11 社／1250·是年 社／1262·1·25 文／1279·9·2 文／❸ 1289·是年 文／1324·5·23 文／1351·5·24 文／1354·12·23 社／1378·12月 文／1412·5·8 文／8·15 文／1425·是年 文／1452·4·28 政／❹ 1464·11·12 社／1599·3·21 文／❺-1 1613·9月 文／1614·7·14 文／1681·是年 文
『一切経』(宋版) ❶ 987·2·11 文
『一切経大楼炭経』 ❶ 673·是年 文
『一切経目録』 ❹ 1474·8·8 文
『一切経論』 ❶ 740·5·1 文
『因明義断纂要注釈』 ❷ 1001·是年 文
『優婆夷戒経』 ❶ 761·12·7 文
『盂蘭盆経』 ❶ 659·7·15 社
『盂蘭盆礼文』 ❷ 1275·7月 文
『永平寺衆寮箴規』 ❷ 1249·1月 文
『絵因果経』 ❹ 1516·是年 文
『円覚経』 ❸ 1333·3·28 文／1380·11·15 文
『円覚寺制符』 ❶ 759·2·12 文
『往生拾因』 ❷ 1248·2月 文
『往生要集』 ❷ 1005·9·17 文／1216·是年 文／1250·5·3 社
『開目鈔』 ❷ 1271·2月 文／1272·2月 社
『海龍王経』 ❶ 838·5·3 社
『羯磨金剛目録』 ❶ 811·7·17 文
『華道女貢経文』 ❶ 757·5·2 文
『香取社神殿造営課役目録』 ❷ 1244·11·10 社
『仮名法華経』 ❸ 1330·6·24 文
『灌頂随願往生経』 ❶ 737·12·8 文
『観世音経』 ❶ 676·8·17 文／686·7月 文／8·2 社／722·11·19 文／740·9·15 文
『観音経』 ❷ 1119·5·14 社
『観弥勒菩薩上生兜率天経』 ❶ 738·6·26 文
『観無量寿経』 ❷ 1191·是年 社
『奇特仏頂儀軌』 ❷ 1071·6·26 文
『教行信証』 ❷ 1224·1月 社／❸ 1291·5月 文／1451·8·16 文
『教行信証延書』 ❸ 1346·是年 文／1360·1·22 文
『貴嶺問答』 ❷ 1225·10·17 文
『空海筆大般若経』 ❹ 1564·是年 文
『倶舎論』 ❶ 768·5·13 文
『熊野本宮古記』 ❷ 1083·是年 文
『景雲経』 ❶ 768·5·13 文
『華厳刊定記』 ❶ 783·11·23 文
『華厳経』 ❶ 513·是年／722·11·19 文／735·是年 文／740·10·8 社／768·5·13 文／❸ 1291·4·8 文／1336·是年 文／1340·4·18 文／1348·7·14 文／1394·是年 文／1401 是年 文
『華厳孔目章発悟記』 ❸ 1286·9·19 文／1287·7·9 文
『華厳十重唯識·鑑記』 ❸ 1292·3月 文
『華厳信種義聞集記』 ❸ 1285·1月 文
『華厳八会剛目章』 ❶ 765·4·22 文
『華厳唯心義』 ❸ 1302·是年 文
『華厳要義問答』 ❶ 799·1·8 文
『華厳論節要』 ❸ 1295·是年 文
『解深密経』 ❶ 770·2·3 文
『解脱門義聴集記』 ❸ 1330·是年 文
『賢劫経』 ❶ 610·2·8 文
『現在賢劫千仏名経』 ❶ 963·11·13 文
『顕註密勘』 ❷ 1221·3·28 文／❸ 1331·6·25 文
『顕仏未来記』 ❷ 1273·⑤·11 文
『顕揚大戒論』 ❶ 860·6月 文
『光明峰寺殿伝注灌頂記』 ❷ 1241·年 文
『高野山奥院興廃記』 ❷ 1225·3月 文
『黒氏梵志経』 ❶ 740·3·15 文
『古版経』 ❸ 1394·是年 文
『五百問論』 ❶ 843·3·3 文
『五部心観』 ❶ 855·是年 文
『五部大乗経』 ❷ 1200·1·13 社／1355·是年 文／1395·3·3 文／1425 是年 文
『金剛界私記』 ❷ 1021·8·28 文
『金剛界次第』 ❶ 917·8·1 文
『金剛寿命陀羅尼経』 ❶ 838·10·13 文
『金剛場陀羅尼経』 ❶ 686·5月 文
『金剛頂一切如来真摂大乗現証大教王経』 ❶ 815·6·18 文
『金剛頂瑜伽経』 ❶ 814·6·18 文／886·9·1 文
『金剛頂瑜伽修習廬遮那三摩地』 ❶ 930·5·28 文
『金剛頂蓮花部心念置誦儀軌』 ❶ 889·11·27 文
『金剛般若経』 ❶ 727·2·18 社／758·7·28 文／813·10·25 文／975·12·21 政／❸ 1343·4·11 文／1351·是年 文／❹ 1481·9·3 文／1547·9·文
『金剛般若経讃述』 ❶ 844·3·6 文
『金剛般若波羅蜜経』 ❸ 1343·12月 文
『金剛峰寺建立修行縁起』 ❶ 968·6·14 文
『金光明経』 ❶ 676·11·20 社／680 5·1 社／686·7·8 社／692·⑤·3 社／694·5·11 社／是年 文／❷ 1239·8·文
『金光明経文句』 ❶ 857·8·13 文
『金光明最勝王経』 ❶ 725·7·17 社／728·12·28 社／737·8·2 社／10·26 社／741·2·14 社／762·2·8 文／804·3·5 文／859·12·18 文／❸ 1290·是年 文／1294·11·15 文／1340·8·7 文／1356·1·6 文／1386·11·3 文
『根本説一切有部·奈耶雑事品』 ❶ 730·6·7 文／765·3·5 文
『摧邪論』 ❷ 1212·11·23 社
『最勝王経』 ❸ 1288·1·21 文
『薩達磨奔荼利迦素怛攬略頌』 ❶ 990·11·16 文
『三経義疏』 ❷ 1247·10月 文
『三教指帰注』 ❷ 1144·是年 文
『慈慧大僧正伝』 ❷ 1030·12月 文／1031·9·19 文
『四座講式』 ❷ 1215·是年 文
『持心経』 ❶ 740·5·1 文
『地蔵経』 ❹ 1474·10·12 文
『地蔵十輪経』 ❶ 882·9·3 文／992 1·15 文
『七大寺日記』 ❷ 1106·是秋 文
『実相般若波羅蜜多経』 ❶ 935·6·18 文
『悉曇蔵』 ❶ 942·4月 文
『悉曇大底』 ❷ 1084·5·12 文
『舎利弗阿毘曇論』 ❶ 710·5·10 文

『修法要鈔』　❷ 1192·9·2 文
『十支居士八城人経』　❶ 760·10·5 文
『十誦尼律』(宋版)　❶ 974·是年 文
『十誦律』　❶ 768·5·13 文
『授菩薩戒儀』　❶ 948·10·3 文
『寿命経』　❷ 1038·11·30 政／1232·12·12 社
『諸阿闍梨真言密教部類惣目録』　❶ 885·是年 文
『諸阿闍梨真言密教部類惣録』　❶ 965·11·2 文
『請雨経』　❶ 915·6·24 社／919·6·13 社／963·7·9 社／969·6·24 社
『正像末和讃』　❷ 1257·是年 文／1258·9·24 文
『浄土三部経音義』　❷ 1226·是年 文／1236·是年 文
『浄土和讃』　❸ 1449·5·18 文
『正法眼蔵随聞記』　❷ 1237·是年 文
『正法眼蔵弁道話』　❷ 1231·8月 文
『勝鬘経』　❶ 598·4·15／606·7月 社
『勝鬘経義疏』　❶ 609·4月 文／611·1·25 文
『浄名玄論』　❶ 705·是年 文／706·12·8 文
『成唯識論』　❶ 659·是年 文／748·是年 文／757·1·18 文／761·1·18 文／772·9·25 文／968·10·4 文
『成唯識論述記』　❶ 786·11·7 文／925·是年 文
『熾盛光経』　❶ 913·是年 文
『諸経要集』　❶ 880·2·1 文
『諸仏要集経』　❶ 296·是年
『新撰金剛頂悉地両経疏』　❶ 878·12·2 社
『神応経』　❹ 1473·是年 文
『新訳経』三百巻　❷ 1073·10月 文
『新訳華厳経音義私記』　❶ 794·是春 文
『隅寺心経』　❶ 755·7·23 文
『聖母帖文』　❶ 793·是年 文
『説一切有部倶舎論』　❶ 752·5·1 文／761·4·3 文
『説一切有部順正理論』　❶ 806·5月 文
『是法非法経』　❶ 740·3·15 文
『選択本願念仏集』　❷ 1198·3月 社／1212·9月 文／11·23 社／1227·10月 文／1239·3月 文
『泉涌寺勧進疏』　❷ 1220·2月 社
『泉涌寺清衆規式』　❷ 1220·2·10 社
『千部法華経校帳』　❶ 702·是年 文
『増壱阿含経』　❶ 759·11·17 文／762·2·1 文
『荘厳記』　❷ 1212·11·23 社
『息除中夭陀羅尼経』　❸ 1368·7月 文
『蘇悉地羯羅経』　❶ 909·⑧·22 文
『蘇悉地羯羅経略疏』　❶ 896·6·1 文／951·6·20 文
『蘇悉地羯羅供養法』　❶ 903·12·24 文／925·12·24 文
『蘇悉地儀軌契印図』　❶ 864·4月中 文
『蘇悉地経』　❶ 782·1·2 文
『蘇婆呼経』　❶ 839·1·28 文
『尊勝陀羅尼経』　❷ 1181·2·6 文
『大威徳陀羅尼経』　❶ 755·6·21 文／756·5·20 文
『大威怒烏芻渋摩儀軌』　❶ 921·3·27 文
『大雲経』　❶ 642·7·27 社
『大灌頂神呪経』　❶ 731·8·9 文
『醍醐寺雑事記』　❷ 1155·是年 文
『大慈恩寺三蔵法師伝』　❷ 1071·7·11 文／1116·是年 文／1126·3月 文
『大集経』　❶ 555·是年／722·11·19 文
『大乗起信論』　❶ 754·⑨·19 文
『大乗広百論釈論』　❶ 841·7·8 文
『大乗荘厳経』　❶ 788·5·20 文
『大乗掌珍論』　❶ 772·1·25 文／834·7·28 文／955·3·4 文
『大乗大集地蔵十論経』　❶ 878·9·3 文
『大乗大集地蔵経』　❷ 1114·10·12 文
『大乗百法明門論』　❶ 964·1·21 文
『大随求得陀羅尼』　❷ 1094·4·16 文
『大蔵経』　❶ 759·是年 社／❷ 1228·2月 文／❸ 1326·是年 政／1388·7月 政／1392·6月／1394·7·13 政／1395·7·1 政／1396·3月 政／1398·12月 政／1400·8月 政／1407·4月 政／9·1 政／1408·5·22 政／1409·1·8 政／6·18 政／1410·1·28 政／1411·1·9 政／10·21 政／1412·1·4 政／1414·6·20 政／1415·2·30 政／5·21 政／1416·8·20 政／1417·9月 政／1420·1·5 政／1421·2·23 政／1422·5月 政／11·16 政／12·20 政／1423·5月 政／7月 政／1424·1·1 政／3月 政／8·1 政／9月 政／1425·4·12 政／5·11 政／1426·6·7 文／1428·3月 政／1432·7·26 政／1434·3·2 政／1440·8·1 政／1443·11·18 政／1447·是年 政／1448·4·27 政／6·21 政／1449·7·18 文／1450·2·16 政／3·5 政／1452·4·26 政／1455·8·25 政／❹ 1456·3·15 政／8月 政／是年 政／1457·5·26 政／1480·5·16 政／1458·2·21 政／2·29 社／3·9 政／6·21 政／1459·6·2 政／8·1 政／8·27 政／1460·3·10 政／4·26 政／1461·12·2 政／1462·10·9 政／1473·8·7 政／1479·5·3 政／1480·5·16 政／1482·4·9 政／5·12 政／1485·8·30 政／1486·6·16 政／1487·2·7 政／7月 政／1488·2·23 政／1489·8·10 政／1490·9·18 政／10月 政／1491·8·4 政／10月 政／12·2 政／1493·6·6 政／1499·是年 政／是年 政／1501·9·17 政／1503·3月 政／1517·5·5 政／1534·是春 政／1536·2月 政／1537·1·13 政／1538·7·1 政／1539·5·9 政／❺-1 1609·3·14 文
『胎蔵次第』　❶ 947·6月 文／988·5·22 文
『大智度論』　❶ 593·是年／734·11·22 文／742·6·14 文／753·5·18 文／830·3·16 文／858·是年 文／877·是年 文
『大通方広経』　❶ 731·11·16 文
『大唐国日本国付法血脈図記』　❶ 874·11·4 文
『大唐三蔵玄奘法師表啓』　❶ 663·11·22 文／765·4·22 文
『大唐内典録(六人部東人願経)』　❶ 755·7·23 文
『大日経疏』　❷ 1277·是秋 文／1279·11月 文
『大日本国法華経験記』　❷ 1041·是年 文／1043·長久年間 文
『大般若経(般若経)』　❶ 305·是年／703·3·10 社／712·11·15 文／721·是年 文／725·1·17 社／8·13 文／728·5·15 文／730·3月 文／735·4·15 文／5·24 社／是年 文／736·5·1 社／737·5·1 政／739·7·10 文／743·8·29 文／744·5·30 文／747·11·8 文／是年 文／754·9·19 文／758·11月 文／772·11·1 文／776·5·30 社／777·3·21 社／779·⑤·1 文／782·3月 文／783·4·19 文／824·4·28 社／826·6·6 社／853·5·13 社／856·5·9 社／866·10·25 社／869·11·12 文／871·3·3 文／是年 文／886·6·18 社／929·7·16 文／953·7·13 文／960·4·3 社／995·4·27 文／999·6月 文／❷ 1003·2·16 社／1004·10·14 文／1028·5·3 社／1039·⑫·6 文／1065·5·23 社／1069·5月 社／1075·10·19 社／1095·9·24 文／1096·8·28 社／1102·2·19 社／1115·9·12 文／1118·4·19 文／1138·1·23 文／1139·4·7 社／1149·4·16 社／1169·4·18 社／1177·2·20 文／1182·2·17 文／1185·2·13 社／1186·4·26 文／1187·10·9 政／1188·7·25 社／1196·8·15 文／1215·10月 文／1230·①·13 社／2·7 社／是年 社／1248·3·20 文／1257·4·15 文／1277·是秋 社／1281·2·11 社／7·1 社／❸ 1287·1月 文／是年 文／1289·是年 文／1291·6·15 社／1292·⑥·2 文／12月 文／1295·6·8 文／1296·5·3 文／1310·6月 文／1323·4·23 文／1325·3·15 文／1342·7·11 文／1352·9·15 文／1353·9·22 文／1354·3·21 文／1365·6月 文／是年 文／1368·5·12 文／1371·是年 文／1379·6·8 文／1396·3·16 文／1410·1·28 政／1414·2·1 政／7·11 政／1416·5·8 政／10·13 文／1417·⑤·14 政／是年 文／1419·1·3 政／1424·1·19 政／1425·3·25 政／1427·1·13 政／1428·3·1 政／是年 文／1429·3·27 政／1435·2·6 政／1436·5·30 文／1444·1·10 政／10月 文／❹ 1462·12·24 文／❺-1 1671·是年 文／1685·1月 文
『大般若経音義』　❸ 1286·是年 文
『大般若経理趣分』　❸ 1426·是年 文
『大般若涅槃経』　❶ 484·是年／733·3·3 文／763·9·7 文
『大般若波羅蜜多経』　❷ 1194·5·9 社／❸ 1312·10月 文／1383·是年 文／1400·6·19 文
『大般涅槃経』　❸ 1359·是年 文
『大毘婆沙論』　❶ 655·是年 文
『大毗盧遮那経』　❶ 828·2·13 文／989·3·18 文

『大毗盧遮那成仏経巻 巻七』 ❶ 1000・5・2 文
『大毗盧遮那成仏神変加持経』 ❶ 766・10・8 文
『大毗盧遮那成仏神変加持経随行儀軌』 ❶ 948・2・7 文
『大品経』 ❶ 514・7・18
『大仏頂首楞厳経』 ❶ 757・6・3 文
『大仏頂陀羅尼経』 ❶ 985・2・8 文／986・2 月 文
『大宝広博楼閣善住秘密陀羅尼経』 ❶ 958・3・18 文
『大方広仏華厳経』 ❶ 877・②・29 文／❸ 1336・是夏 文
『大方広仏華厳経疏』 ❸ 1296・1・10 文
『大宝積経』 ❶ 740・3・8 文／909・2・25 文／❷ 1277・是年 文
『大方等大集経』 ❶ 492・是年
『大菩薩経』 ❶ 722・11・19 文
『大菩薩蔵経』 ❶ 847・3 月 文
『当麻曼荼羅疏』 ❸ 1436・⑤・27 文
『大楼炭経』 ❶ 670・是年 文
『谷阿闍梨伝』 ❷ 1109・4 月 文
『歎異抄』 ❷ 1264・是年 文
『智度論』 ❶ 730・是年 文
『中阿含経』 ❶ 733・6・4 文／759・9・17 文／834・7 月 文
『中論』 ❶ 869・7・19 文
『澄心寺縁起』 ❷ 1281・是年 文
『東域伝燈目録』 ❷ 1094・是年 文
『多武峰略記』 ❷ 1197・⑥・12 文
『等目菩薩経(吉備由利願経)』 ❶ 766・10・8 文
『栂尾明恵上人遺訓』 ❷ 1238・6・2 文
『得道梯燈経』 ❶ 908・7・23 文
『奈那尼陀那目得伽摂頌』 ❶ 710・4・15 文
『日本高僧伝要文抄』 ❷ 1249・是年 文／1251・10・1 文
『如意輪陀羅尼経』 ❸ 1335・12・23 文
『如説修行鈔』 ❷ 1273・5 月 文
『仁王経』 ❶ 676・11・20 社／693・10・23 社／729・6・1 社／912・5・5 社／963・7・9 社／❷ 1002・9・21 社／1023・5・20 政／1026・9・8 社／1065・5・21 社／1097・8・16 文／1181・11・16 社／1199・9・26 社／1213・7・13 政／1216・3・25 社／1219・2・6 社
　『仁王護国般若波羅蜜多経』 ❶ 990・5・25 文
　『仁王般若経』 ❶ 930・10・28 文／❷ 1026・5・13 社／1027・8・8 社／1159・⑤・3 社
　『仁王般若経疏』 ❶ 995・4・16 文
『仁和寺諸堂記』 ❷ 1242・是年 文
『涅槃経』 ❶ 722・11・19 文
『筥崎宮記』 ❷ 1100・是年 文
『八十一難経』 ❹ 1536・9 月 文
『般若経』 ⇨『大般若経』
『般若心経(般若波羅蜜多心経)』 ❶ 755・是年 文／❷ 1093・4 月 文／1117・8・25 文／1134・4・25 社／1181・10・11 文／1183・3・29 社／1232・12・12 社／❸ 1336・3 月 文／1385・2・16 文／1389・11・15 文／1396・11・13 文／1406・12・12 文／1443・10・20 文／❹ 1457・7・20 社／1525・9・26 社／1540・6・17 文／1561・9・22 文
『般若理趣経(般若波羅蜜多理趣百五十頌)』 ❶ 858・3・15 文／❸ 1357・8・28 文
『般若理趣釈重釈記』 ❶ 920・8・16 文／938・10 月 文
『百法顕幽抄』 ❶ 843・10・21 文
『秘密曼荼羅十住心論』 ❶ 830・是年 文
『毗盧遮那仏別行経』 ❶ 933・8・23 文
『不空羂索神呪心経』 ❶ 881・5・7 文／❸ 1306・2・8 文
『不断経十二か條置文』 ❸ 1406・6・30 社
『仏種集』 ❷ 1103・8・10 文
『仏説灌頂願往生経』 ❶ 737・12・8 文
『仏説灌頂経』 ❶ 754・⑨・29 文
『仏説観仏三昧海経』 ❶ 798・8・30 文
『仏説月鐙三昧経』 ❶ 589・是年
『仏説浄業障経』 ❶ 766・10・8 文
『仏説正恭敬経』 ❶ 525・是年
『仏説念三長斎殊勝福田功徳経』 ❶ 963・1・13 文
『仏説菩薩投身餓虎起塔因縁経』 ❶ 797・6・11 文
『仏説浴像経』 ❶ 761・2・25 文
『仏頂尊勝陀羅尼経』 ❶ 739・5・4 文／760・8・26 文／860・4・19 社／861・4・14 文
『仏道抜除罪障呪王経』 ❶ 897・2・29 社
『仏物弥勒成仏経』 ❶ 730・8・6 文
『仏本行集経』 ❶ 973・4 月 文／是年 文
『不動立印儀軌略次第』 ❶ 940・5・10 文／941・10・9 文
『普法義経』 ❶ 788・5・1 文
『文治二年神宮大般若経転読記』 ❷ 1186・5・27 文
『宝篋印塔陀羅尼経』 ❶ 965・7・26 文／968・5・13 文
『宝篋印陀羅尼』 ❸ 1396・2・11 文
『法空上人伝』 ❷ 1002・12 月 文
『法句譬喩経』 ❶ 359・3・17
『宝積経要品』 ❸ 1344・10・8 文
『宝蔵天女陁羅尼経』 ❶ 949・4・20 文
『宝梁経』 ❶ 291・是年
『北斗七星護摩儀軌』 ❶ 938・5・15 文
『法華経(妙法蓮華経)』 ❶ 598・4・15／606・是年／694・6・1 社／726・8・8 文／737・2・20 文／740・6・19 文／741・2・14 社／744・5・20 文／是年 文／748・7・18 文／752・7・22 文／757・4・14 社／926・3・21 文／是年 文／949・6・22 文／998・是年 文／❷ 1008・1・28 文／1009・12・14 文／1010・3・21 文／1018・3・16 社／1032・3・26 社／1044・3・23 文／1065・9・25 文／1066・8・22 文／1130・5・25 文／1141・3・10 文／1189・5・4 社／❸ 1288・7・9 文／1289・1 月 政／1304・8 月 文／1310・10・23 文／1312・1 月 文／5 月 文／1315・是年 文／1325・3・18 文／5・15 文／是年 文／1326・2・14 文／4・16 文／5・13 文／1331・5・21 文／1333・9 月 文／1334・是年 文／1335・8・25 文／1340・是年 文／1350・4・29 文／1357・12・25 文／1369・8・16 文／1387・是年 文／1392・12 月 社／1394・9・4 文／1412・1・19 政／1436・5・30 文／1437・2・5 社／1447・②・20 文／❹ 1460・8・27 文／⑨・3 文／1466・7・14 文／1482・是年 社／1496・6 月 文／1515・1 月 文／1584・6・21 文
　『法華経音義』 ❷ 1182・是年 文／❸ 1365・是年 文
　『法華経音訓』 ❸ 1386・是年 文
　『法華経義疏』 ❶ 615・9・15 文
　『法華経玄義序』 ❹ 1597・是年 文
　『法華経玄賛』 ❶ 731・8・8 文
　『法華経序品釈疏』 ❸ 1351・是年 文
　『法華経伝記』 ❹ 1600・3・15 文
　『法華経転読明鏡集』 ❸ 1359・是年 文
　『法華経幷阿弥陀経』 ❸ 1294・12 月 文
　『法華経幷開結』 ❹ 1583・9・13 文
　『法華経譬喩品』 ❸ 1326・是年 文
　『法花行者逢難事』 ❷ 1274・1・14 文
　『法華決釈記』 ❶ 825・8・22 文
　『法華玄義釈籤』 ❷ 1281・是年 文／❸ 1339・是年 文
　『法華玄賛義決』 ❶ 819・6・5 文
　『法華題目鈔』 ❷ 1266・1・6 文
　『法華陀羅尼品』 ❸ 1325・6 月 文
『菩薩処胎経』 ❶ 550・是年
『菩薩蔵経』 ❶ 945・是年 文
『菩薩瓔珞本業経』 ❶ 551・是年
『菩提場所説一字頂輪王経』 ❶ 887・7・26 文
『梵字形音義』 ❷ 1098・8・15 文
『本朝祖師伝記絵』 ❷ 1237・11・25 文
『梵網経』 ❶ 757・3・25 文／❸ 1378・3・29 文／❹ 1475・5・13 文
　『梵網経戒品』 ❸ 1380・3・29 文
　『梵網経古迹記』 ❷ 1276・2・2 文
　『梵網経廬舎那仏説心地法門品菩薩戒本』 ❷ 1248・12・15 文
『梵文心経』 ❶ 942・7・24 文
『梵文胎蔵界』 ❶ 859・9・2 文
『摩訶止観』 ❷ 1003・9・28 社／1007・7・15 文
『摩訶止観第一抄』 ❸ 1404・2 月 文
『摩訶般若波羅蜜』 ❶ 774・4・11 社
『松尾社司遷宮用途目録』 ❷ 1105・8・19 文
『弥勒経疏』 ❶ 890・9・11 文
『弥勒上生経』(版本) ❹ 1468・⑩・22 文
『弥勒上生経宗要』 ❶ 878・7・10 文
『三輪神三社鎮座次第』 ❷ 1226・是年 文
『無垢浄光大陀羅尼経』 ❶ 781・12・6 文／822・8・1 文
『無垢浄光陀羅尼』 ❶ 764・9・11 社
『無量義経疏』 ❶ 894・3 月 文／895・是年 文
『無量寿経』 ❶ 415・是年／640・5・5 社／652・4・15 社／998・是年 文
『無量寿如来念誦次第法』 ❶ 930・3・17 文
『明堂経』 ❶ 820・12・25 文
『薬師経』 ❶ 686・5・24 社／❷ 1145・

⑩·25 文／**1146**·1·20 社
『薬師瑠璃光七仏本願功徳経』 ❶ **789**·7·15 文
『瑜伽師地論』 ❶ **730**·2·10 文／9月 文／**735**·8·14 文／**745**·4月 文／**754**·8·19 文／**762**·3·20 文／4·8 文／**767**·9·5 文／**779**·3·25 文／**785**·6·15 文／**814**·1·22 文／**833**·7·18 文
『唯識義私記』 ❷ **1182**·1·20 文
『唯識論』 ❷ **1231**·1·16 文
『唯信鈔』 ❷ **1221**·8月 文／**1235**·6·15 社／**1241**·10·14 文／**1246**·3·14 社
『唯信鈔文意』 ❷ **1250**·10·16 文
『維摩会記』 ❷ **1189**·是年 文
『維摩経』 ❶ **656**·是年 社／**657**·是年 社／**750**·4·15 文
『維摩経義疏』 ❶ **613**·9·15 文
『瑜伽師地論』 ❷ **1230**·3·2 社／❸ **1282**·是年 文
『瑜伽論』 ❷ **1216**·2·5 文
『瑜岐行者修三摩地随仏念誦要訣』 ❶ **933**·4·27 文
『横川首楞厳院二十五三昧起請』 ❶ **988**·6·25 文
『理趣経』 ❷ **1091**·2·19 政
『理趣経十八会曼荼羅』 ❶ **864**·2·26 文
『理趣経注釈』 ❷ **1102**·4·3 文
『立正安国論』 ❷ **1260**·7·16 政 文／**1268**·①·18 社
『略述金剛頂瑜伽分別聖位修証法門経』 ❶ **943**·5·13 文

経典および縁起以外の書·文書(漫画作品⇨「漫画」)

古代～平安時代

『顕輔集』 ❷ **1155**·是年 文
『在原朝臣集』 ❷ **1122**·是年 文
『粟田口別当入道集』 ❷ **1189**·2月 文
『安然夢記』 ❶ **963**·10·23 文
『維城典訓』 ❶ **759**·6·22 政
『医心方』 ❶ **984**·11·2 文
『和泉式部日記』 ❷ **1003**·4月 文／**1004**·1月 文／**1008**·是年 文
『一宮紀伊集』 ❷ **1113**·是年 文
『伊都内親王御施入願文』 ❶ **833**·9·21 文
『医略抄』 ❷ **1081**·3·7 文
『色葉字類抄』 ❷ **1144**·是年 文
『歌合』 ❶ **975**·是年 文／❷ **1057**·此頃 文
『歌合祭文』 ❷ **1078**·3·19 文
『浦島伝説』 ❶ **478**·是年
『栄花物語』 ❷ **1036**·是年 文
『淮南子(えなんじ)』 ❷ **1007**·6·26 文
『延喜十八年記』 ❷ **1040**·12·12 文
『縁生論』 ❶ **858**·1·6 文
『円珍充内供奉治部省牒』 ❶ **850**·3·2 文
『円珍青龍寺求法目録』 ❶ **855**·11·15 文
『円珍贈法印大和尚位並智証大師諡号勅書』 ❶ **927**·12·27 文
『円珍牒』 ❶ **858**·②月 文
『円珍伝』 ❶ **902**·11·19 文
『円珍伝燈満位位記』 ❶ **843**·7·5 文
『円珍入唐求法目録』 ❶ **855**·11·5 文
『延暦僧録』 ❶ **788**·2·3 文
『王氏篇類単方』 ❷ **1182**·8·29 文
『往生要集』 ❶ **985**·4月 文／❷ **1005**·9·17 文／**1216**·是年 文／**1250**·5·3 社／❹ **1485**·12·8 文／**1486**·5·22 文
『王勃詩序』 ❶ **707**·7·26 文
『近江国依智荘検田帳』 ❶ **859**·12·25 文
『大鏡』 ❷ **1025**·是年 文／**1120**·此頃 文
『小野宮記』 ❷ **1114**·3·29 文
『小野宮年中行事』 ❷ **1046**·是年 文
『御注孝経』 ❶ **860**·10·16 文／**879**·4·26 文／**911**·10·22 文／**932**·2·23 文／❷ **1186**·12·1 文／**1232**·11·29 文
『懐中暦』 ❷ **1130**·是年 文
『懐風藻』 ❶ **751**·11月 文
『戒律伝来記』 ❶ **830**·是年 文
『花宴記』 ❶ **965**·3·5 文
『柿本朝臣人麿勘文』 ❷ **1184**·2·7 文
『歌経標式』 ❶ **772**·5·7 文
『春日於世尊寺即事』 ❷ **1060**·2月 文
『楽器目録』 ❶ **909**·是年 文
『楽毅論』(光明皇后) ❶ **744**·10·3 文／❷ **1011**·6·8 文
『楽府』 ❷ **1004**·9·7 文／**1010**·3·1 文
『高陽院競馬記』 ❷ **1024**·9·20 文
『河洛書』 ❷ **1145**·4·2 文
『河梁書』 ❷ **1145**·4·2 文
『菅家御伝記』 ❷ **1106**·12·18 文
『菅家集』『菅相公集』『菅家文草』 ❶ **900**·8·16 文
『菅家文草』 ❷ **1131**·8·8 文
『顔氏家訓』 ❶ **875**·10月 文
『漢書』 ❶ **769**·10·10 文／**842**·9·5 文／**847**·5·27 文／**857**·8·29 文／**891**·4·9 文／**903**·7·28 文／**910**·10·29 文／**917**·是年 文／**919**·是年 文／**923**·3·7 文／**948**·5·21 文／❷ **1090**·6·9 文
『菅相公集』 ❷ **1131**·8·8 文
『灌頂歴名』(空海) ❶ **812**·11·15 文／**813**·3·16 文
『鑑真筆尺牘』 ❶ **754**·3·18 文／**760**·3·18 文
『鑑真和上三異事』 ❶ **831**·6·11 文
『官奏』 ❷ **1145**·4·18 政
『官曹事類』 ❶ **803**·2·13 文／**914**·10·16 政
『官倉納穀交替帳』(越中) ❶ **910**·10·15 文
『寛和二年六月九日内裏歌合』 ❶ **986**·6·9 文
『観音菩薩』(画像) ❶ **732**·4·22 文
『寛平御遺誡』 ❶ **897**·7·3 政
『儀軌』 ❷ **1083**·1·25 文
『綺語抄』 ❷ **1121**·是年 文
『魏志』倭人伝(解説) ❶ **665**·是年 社
『喫茶養生記』 ❷ **1211**·1·3 文／**1214**·2·4 文
『紀長谷雄集』 ❶ **919**·1·21 文
『久隔帖』(最澄) ❶ **813**·11·25 文
『旧記目録』(藤原忠実) ❷ **1117**·2·10 文
『九暦』 ❷ **1009**·3·1 文／**1028**·2·2 文
『競狩記』 ❶ **898**·10·20～11·1 文
『巨軌』 ❷ **1060**·5·5 文
『玉篇』 ❶ **904**·1·15 文／❷ **1029**·4·4 文
『近代秀歌』 ❷ **1209**·8·13 文
『公任前十五番歌合』 ❷ **1008**·是年 文
『禁秘抄』 ❷ **1017**·12·7 社
『金葉和歌集』 ❷ **1146**·8·17 文
『公卿勅使記』 ❷ **1177**·是年 文
『弘決外典鈔』 ❶ **991**·2·29 社
『口遊』 ❶ **970**·12·27 文
『国造記』 ❶ **702**·4·13 政
『群書治要』 ❶ **838**·6·26 文／**874**·4·28 文／**875**·4·25 文／**898**·2·28 文／❷ **1004**·8·20 文／**1181**·8·25 文
『経国集』 ❶ **827**·5·20 文
『外記日記』 ❶ **927**·1·6 文／❷ **1066**·7·10 文／**1067**·4·27 文
『玄義』 ❷ **1007**·7·15 文／**1254**·12·18 文／**1255**·7·7 文／**1258**·是年 文／**1269**·9·17 文／**1280**·10·5 文
『元慶寺鐘銘』 ❶ **879**·5·8 文
『源氏物語』 ❷ **1008**·是年 文／**1021**·4月 文／**1205**·12·7 文／**1225**·2·16 文／**1226**·5·26 文／**1236**·2·3 文
『源流記』 ❶ **835**·6·11 文
『孝経』 ❶ **757**·4·4 社／**860**·2·6 文／❷ **1087**·12·7 文／**1142**·2·28 社／**1204**·1·12 文／**1237**·12·29 文
『光定戒牒』 ❶ **823**·4·10 文
『校生勘紙帳』 ❶ **739**·7月 文
『皇太神宮儀式帳』 ❶ **804**·8·28 文
『江都督納言願文集』 ❷ **1111**·是年 文
『弘仁格』 ❶ **820**·4·21 文
『弘法大師御遺告』 ❶ **969**·7·5 文
『弘法大師請来目録』 ❶ **813**·是年 文
『後漢書』 ❶ **769**·10·10 文／**842**·9·5 文／❷ **1021**·11·9 文／**1244**·1·17 文
『古今集序註』 ❷ **1183**·12月 文
『古今集註孝経』 ❶ **894**·2·2 文／❷ **1143**·5·14 文
『古今和歌集』 ❶ **905**·4·15 文
『国記』 ❶ **620**·是年 文／**645**·是年 文
『国郡図』 ❶ **738**·8·26 文
『国史後抄』 ❷ **1146**·5·21 文
『国内の神名帳』(筑後) ❶ **944**·4·22 社
『古語拾遺』 ❶ **807**·2·13 文
『古事記』 ❶ **711**·9·18 文／**712**·1·28 文
『古事記』(解説) ❶ **649**·是年 社
『後拾遺抄註』 ❷ **1183**·7月 文
『後拾遺和歌集』 ❷ **1086**·9·16 文／**1087**·8月 文
『後撰和歌集』 ❶ **949**·是年 文／**951**·10·30 文／❷ **1010**·②·8 文／**1221**·5·21 文
『五代史記』 ❷ **1150**·是年 文
『国家珍宝帳』 ❶ **756**·6·21 文

『古文千字文』 ❶ **811**·7·17 文
『権記』 ❷ **1026**·是年 文
『坤元録詩』 ❷ **1010**·3·1 文
『今昔物語』 ❷ **1120**·是年 文
『西宮記』 ❶ **982**·是年 文
『最澄受戒僧綱牒』 ❶ **785**·4·6 文
『最澄将来目録』 ❶ **805**·2·19 文/5·13 文
『催馬楽譜』 ❶ **920**·是年 文
『酒人内親王家御施入状』 ❶ **818**·3·27 文
『左伝』 ❶ **862**·2·8 文/❷ **1095**·5·27 文/**1204**·8·7 文
『讃岐国司解』 ❶ **867**·2·16 文
『更級日記』 ❷ **1020**·9月 文/**1233**·3·20 文
『三教指帰』 ❶ **797**·12·1 文
『山家五番歌合』 ❷ **1110**·4·29 文
『三国志』 ❶ **769**·10·10 文
『三国史記』(解説) ❶ **662**·是年 社
『三十帖冊子』 ❶ **806**·是年 文/**876**·6·6 文/**918**·3·1 文/**919**·11·2 文
『三十六歌仙伝』 ❷ **1075**·是年 文/**1183**·3·14 文
『三宝絵詞』 ❶ **984**·11月 文
『散木進註』 ❷ **1183**·10·7 文
『詞華集註』 ❷ **1183**·8月 文
『詞花和歌集』 ❷ **1144**·6·2 文/**1151**·是年 文
『史記』 ❶ **769**·10·10 文/**816**·6·15 文/**842**·9·5 文/**875**·4·28 文/**899**·5·11 文/**900**·6·13 文/**906**·5·16 文/**925**·5·8 文/❷ **1145**·8·8 文/**1187**·2·27 文/**1205**·1·11 文/**1238**·2·29 文/**1242**·7·4 文/**1244**·1·17 文/**1265**·12·20 文
『四教義』 ❷ **1004**·9·8 文
『慈恵大師廿六箇條起請』 ❶ **970**·8·16 文
『四種壇法』 ❶ **929**·12·24 文
『四分律』 ❶ **936**·7·15 文
『除目叙位』 ❷ **1145**·4·18 政
『写経生日記』 ❶ **748**·是年 文
『釈論通玄鈔』 ❷ **1105**·5月 政
『釈論通玄鈔参玄疏』 ❷ **1105**·5月 政
『沙門勝道歴山水瑩玄珠碑並序』 ❶ **814**·8·30 文
『拾遺歌苑抄』 ❷ **1177**·7月 文/8月 文
『拾遺抄』 ❶ **998**·長徳年間 文
『拾遺抄註』 ❷ **1183**·5·8 文
『拾遺和歌集』 ❶ **995**·是年 文/❷ **1007**·是年 文
『周易』 ❶ **861**·8·6 文/**866**·2·1 文/**888**·10·9 文/❷ **1143**·12·7 文/**1204**·4·2 文
『修繕講式』 ❶ **991**·9·9 文
『種々薬帳』 ❶ **756**·6·21 文
『春記』 ❷ **1054**·是年 文
『春秋公羊伝』 ❶ **776**·是年 文/**784**·是年 文/**798**·3·16 文
『春秋経伝集解』 ❶ **832**·7·9 文
『春秋穀梁伝』 ❶ **776**·是年 文/**784**·是年 文/**798**·3·16 文/**916**·7·13 文
『春秋左氏伝』 ❶ **784**·是年 文/❷ **1185**·4·29 文/8·4 文/**1240**·3·20 文/4·9 文
『成実論』 ❶ **828**·7·1 文
『尚書』 ❶ **860**·8·10 文/❷ **1144**·8·21 文/**1266**·2·6 文/9·18 文/12·19 文/**1267**·3·17 文
『掌中要方』 ❶ **918**·9·17 文
『聖徳太子伝暦』 ❶ **917**·9月 文/❷ **1165**·是年 文
『聖武天皇宸筆雑集』 ❶ **731**·9·8 文
『聖武天皇勅書』 ❶ **729**·5·20 文
『将門記』 ❶ **940**·6月 文
『初学百首』 ❷ **1181**·4月 文
『続詞花和歌集』 ❷ **1165**·是年 文
『続日本紀』 ❶ **698** 文(囲み)/**794**·8·13 文/**797**·2·13 文
『続日本後紀』 ❶ **855**·2·17 文/**869**·8·14 文
『詩林』 ❷ **1091**·7·14 文
『神会語録』 ❶ **792**·10·22 文
『新楽府』 ❷ **1006**·1·9 文
『新楽府廿句和歌題並序』 ❷ **1104**·6·20 文
『新国史』 ❷ **1151**·5·30 文
『真言法文策子』 ❶ **918**·3·1 文/**919**·11·2 文
『新猿楽記』 ❷ **1064**·天喜·康平年間 文
『新修本草』 ❶ **787**·5·15 文
『晋書』 ❶ **769**·10·10 文/**856**·11·3 文/**911**·12·18 文/**913**·12·15 文/❷ **1079**·9·16 文
『新抄』 ❶ **848**·6·12 文
『新撰楽譜』 ❶ **966**·是年 文
『新撰字鏡』 ❶ **892**·是夏 文/**900**·昌泰年中 文
『新撰姓氏録』 ❶ **814**·6·1 文/**815**·7·20 文
『新撰本系帳』 ❶ **914**·1·27 社
『新撰万葉集』 ❶ **893**·9·25 文/**913**·8·21 文
『新撰朗詠集』 ❷ **1119**·此頃 文
『新撰和歌集』 ❶ **930**·延長年間 文/**934**·是年 文
『真俗交談記』 ❷ **1191**·9·10 文
『神宝書』 ❶ **692**·9·14 社
『住吉行遊和歌』 ❷ **1073**·2·21 文
『世説』 ❶ **809**·10·3 文
『世俗諺文』 ❷ **1007**·8·17 文
『千載句』 ❷ **1086**·9·19 文
『千載和歌集』 ❷ **1183**·2月 文/**1187**·9·21 文/**1188**·4·22 文/5·22 文/8·27 文
『千字文』 ❶ **書紀·応神 16**·2月/**875**·4·23 文/❷ **1011**·6·8 文
『銭納帳』 ❶ **770**·是年 文
『僧綱牒』 ❶ **908**·2·21 文
『荘子』 ❶ **847**·5·11 文/**858**·3·15 文
『早率露胆百首』 ❷ **1189**·是春 文
『続性霊集補闕集』 ❷ **1079**·是年 文
『素書』 ❷ **1181**·2·23 文
『孫子』 ❶ **760**·11·10 政
『醍醐寺開山理源大師聖宝自筆東南院院主房起請文』 ❶ **907**·2·13 文
『醍醐寺開山理源大師聖宝筆処分状』 ❶ **907**·6·2 文
『醍醐天皇御賀願文』 ❷ **1001**·9·6 文
『醍醐天皇宸記』 ❷ **1040**·12·12 文
『大小王真蹟帳』 ❶ **758**·6·1 文
『大神宮禰宜歌合』 ❷ **1114**·是秋 文
『大秦景教流行中国碑文』 ❶ **781**·1·文
『大臣列伝』 ❶ **864**·8·2 文
『大同抄』 ❶ **914**·10·16 政
『大唐西域記』 ❷ **1102**·4·3 文
『大同類聚方』 ❶ **808**·5·3 文
『太平御覧』 ❷ **1179**·2·13 文/12·16 文/**1260**·4·22 文
『宅地施入状』案 ❶ **865**·3·23 文
『大宰大弐重家集』 ❷ **1178**·7·3 文
『大宰府四王寺所日記』 ❷ **1161**·10·23
『大宰府符』 ❶ **992**·9·20 文
『太政官給公験円珍牒』 ❶ **866**·是年 文
『太政官給公験牒』 ❶ **866**·5·29 文
『治瘡記』 ❶ **835**·10·4 文
『池亭記』 ❶ **982**·10月 文
『長慶宣明暦経』 ❶ **859**·5·10 文
『長秋詠藻』 ❷ **1178**·是夏 文
『長生療養方』 ❷ **1184**·3·17 文
『奝然誕生かな書付』 ❶ **938**·1·24 文
『朝野群載』 ❷ **1116**·是年 文
『勅撰和歌集』 ❷ **1071**·9·9 文
『通憲入道蔵書目録』 ❷ **1159**·是年 文
『月詣和歌集』 ❷ **1182**·11月 文/是年 文
『堤中納言物語』 ❷ **1055**·此頃 文
『帝王略論』 ❷ **1180**·8·4 文/**1181**·②·17 文
『帝紀』 ❶ **681**·3·17 文
『亭子院四十賀願文』 ❷ **1001**·9·6 文
『帝範』 ❷ **1060**·5·5 文/**1091**·1·17 文/**1192**·6·25 文/**1250**·5·20 文
『伝教大師最澄書状』案 ❶ **812**·11·19 文
『伝教大師入唐牒』 ❶ **805**·3·1 文
『天台座主良源自筆遺告』 ❶ **972**·5· 文
『天台法華宗義集』 ❶ **986**·3·18 文
『天台霊応図』 ❶ **816**·3·21 文
『天長格抄』 ❶ **912**·8·23 政/**919**·9·1 政
『伝燈大法師位位記』 ❶ **849**·6·22 文
『天皇記』 ❶ **620**·是年 文/**645**·是年 文
『道鏡自筆牒』 ❶ **762**·6·7 文
『東宮学士義忠朝臣歌合』 ❷ **1025**·5·5 文
『唐書』 ❷ **1150**·是年 文
『道璿和上伝纂』 ❶ **759**·3·25 文
『唐僧恵雲書状』 ❶ **758**·9·23 文
『東大寺献物帳』 ❶ **756**·6·21 文/**758**·6·1 文
『東大寺諸国封物来納帳』 ❶ **897**·寛平年間 文
『東大寺大仏殿廂絵画師功銭帳』 ❶ **759**·3月 文
『東大寺封戸庄園並寺用雑物目録』 ❶ **950**·11·20 社
『東大寺要録』 ❷ **1106**·5月 文/12·18 文/**1134**·8·10 文
『東大寺領諸国荘家田地目録』 ❶ **998**·是年 文

『唐大和上東征伝』　❶ 779･2･8 文
『東坡先生指掌図』　❷ 1150･是年 文
『唐模本広韻』　❷ 1029･4･4 文
『唐礼』　❶ 735･4･26 文
『銅律楽書要録』　❶ 735･4･26 文
『土左日記』　❶ 934･12･21 政
『鳥羽玉霊抄』　❷ 1026･是年 文
『知信朝臣記』　❷ 1127･是年 文
『止由気宮儀式帳』　❶ 804･3･14 文
『難義』　❶ 841･1･23 文／842･5･26 文
『南天竺波羅門僧正碑幷序』　❶ 770･4･21 文
『南都巡礼記』　❷ 1192･1月 文
『新字』　❶ 682･3･13 文
『丹生祝氏文』　❶ 800･9･16 文
『入唐求法惣目録』　❶ 859･4･18 文
『入唐台州牒状』　❶ 805･2月 文
『日本往生極楽記』　❶ 986･寛和年間 文
『日本感霊抄』　❷ 1147･2･5 文
『日本後紀』　❶ 819･是年 文／840･12･9 文／841･12･19 文
『日本国見在書目録』　❶ 897･是年 文
『日本国太政官宛牒状』　❶ 841･⑨･25 政
『日本三代実録』　❶ 892･5･1 文／901･8･2 文／941･8･9 文
『日本書紀(日本紀)』　❶ 681･3･17 文／714･2･10 文／720･5･21 文／812･6･2 文／843･6･1 文／844･6･15 文／878･2･25 文／879･5･7 文／882･8･29 文／904･8･21 文／906･⑫･17 文／936･12･8 文／939･4･26 文／943･9月 文
　『日本書紀』(解説)　❶ 658･是年 社
　『日本書紀』の字音の読み方　❶ 660･是年 社
『日本比丘円珍入唐求法目録』　❶ 857･10月 文
『日本文徳天皇実録』　❶ 879･11･13 文
『日本霊異記』　❶ 904･5･19 文
『如意輪観音儀軌』　❶ 924･3･14 社
『女御入内御屏風和歌』　❷ 1190･1･11 文
『禰宜譜図帳』　❶ 907･9･17 社
『白氏文集』　❶ 900･8･16 文／❷ 1006･10･20 政／1021･11･9 文／1029･4･4 文／1083･8･6 文／1084･5･27 文／1104･6･20 文／1218･6･3 文／1247･9･4 文
『白氏六帖』　❷ 1006･2･21 文
『縛日羅駄都私記』　❶ 989･4･2 文
『走湯百首』　❷ 1022･1月 文
『八家秘録』　❶ 902･是年 文
『八陣』　❶ 760･11･10 政
『浜松中納言物語』　❷ 1057･此頃 文
『反音作法』　❷ 1093･是年 文
『秘府略』　❶ 831･是年 文
『百論』　❶ 858･1･5 文
『風信帖』(最澄への返書)　❶ 812･9･11 文
『風俗歌考』　❷ 1186･是年 文
『舞楽要録』　❷ 1154･是年 文
『福州公験』　❶ 853･9･14 文
『藤原行成自署太政官牒』　❶ 998･12･16 文
『扶桑古文集』　❷ 1144･是年 文
『扶桑集』　❷ 1006･8･6 文
『二見浦百首』　❷ 1186･是年 文
『風土記』　❶ 713･5･2 文／733･2･30 文／914･4･28 文／925･12･14 文
『文華秀麗集』　❶ 818･6月以降 文
『文館詞林』　❶ 677･5･10 文／823･2月 文
『文鏡秘府論』　❶ 819･是年 文
『弁中辺論』　❶ 807･3･16 文／954･4･29 文
『法曹類林』　❷ 1159･是年 文
『抱朴子』　❷ 1091･7･14 文
『宝物集』　❷ 1178･是年 文
『法隆寺献物帳』　❶ 756･7･8 文
『北山抄』　❷ 1020･長和･寛仁年間 文
『発心和歌集』　❷ 1012･8月 文
『本系帳』　❶ 799･12･29 文／881･3･26 文／923･1月 社
『(新修)本草経』　❶ 820･12･25 文
『本草集注』　❶ 787･5･15 文
『本草和名』　❶ 922･延喜年間 文
『本朝世紀』　❷ 1150･是冬 文／1151･5･30 文／1159･是年 文
『本朝明匠略伝』　❷ 1274･6･12 文
『本朝文粋』　❷ 1045･是年 文／1230･6･26 文
『本伝集』　❶ 816･3･21 文
『雅兼卿集』　❷ 1143･是年 文
『万葉集』　❶ 479･8･7／759･1･1 文／951･10･30 文／❷ 1071･9･9 文／1213･11･8 政／1230･7･14 文／1246･7･14 文／1266･8･18 文／1269･是夏 文／是年 文
『御堂関白記』　❷ 1021･是年 文
『無名抄』　❷ 1177･7月 文／1211･10･20 文
『村上天皇御記』　❷ 1010･②･8 文
『紫式部日記』　❷ 1010･1･15 文
『名論要抄』　❶ 891･12月 文
『蒙求』　❶ 878･8･25 文
『毛詩』　❶ 860･2･6 文／872･2･7 文／❷ 1096･7･11 文／1247･9･4 文
『本記(もとつふみ)』　❶ 620･是年 文
『文集抄』　❷ 1006･8･6 文
『文選』　❶ 935･11月 文／939･10月 文／❷ 1006･10･20 政／1021･11･9 文／1247･9･4 文
『文選(集註)』　❷ 1004･10･3 文
『倭漢惣歴帝譜図』　❶ 809･2･5 文
『大和州益田池碑銘幷序』　❶ 822･11月／825･12･25 文
『行宗集』　❷ 1143･是年 文
『養性秘要抄』　❶ 921･8･22 文
『夜半の寝覚』　❷ 1059･是年 文
『礼記』　❶ 863･8･7 文
　『礼記正義』　❷ 1143･7･21 文／1192･是年 文
『律序』　❶ 523･4月
『立坊部類記』　❷ 1017･是年 文
『律令格式』　❷ 1145･4･18 政
『李柏文書』　❶ 328･是年
『劉希夷集』　❶ 811･6･27 文
『龍鳴抄』　❷ 1133･5月 文／1227･6･6 文
『凌雲新集』　❶ 814･是年 文
『良玉集』　❷ 1126･12･25 文
『梁塵秘抄』　❷ 1169･3月 文／1184･是年 文／1192･是年 文／1246･8･22 文
『梁塵秘抄口伝集』　❷ 1169･3月 文／1184･是年 文／1192･是年 文／1246･8･22 文
『離洛状』　❶ 991･5･19 文
『類聚国史』　❶ 892･5･10 文
『類聚古集』　❷ 1120･是年 文
『類聚三代格』　❷ 1089･是年 文
『累代書伝』　❶ 917･4･22 文
『冷泉院神泉苑絵図』　❷ 1013･3･30 文
『蓮府秘抄』　❷ 1005･9･11 文
『老子』　❶ 858･3･15 文
『老子道経』　❷ 1013･9･23 政
『六條院宣旨集』　❷ 1129･是年 文
『六祖恵能伝』　❶ 803･2･13 文
『論語』　❶ 書紀･応神 16･2月／861･8･16 文／❷ 1267･5･30 文
『和歌一字抄』　❷ 1153･仁平年間 文
『和歌体十種』　❶ 945･10月 文
『和漢朗詠集』　❷ 1013･是年 文／1018･此頃 文
『倭注切韻序』　❶ 939･2･5 文
『和銅経』　❶ 712･11･15 文
『和名抄』　❷ 1011･11･20 文
『倭名類聚抄(和名抄)』　❶ 935･是年 文
鎌倉～江戸時代以前
『壒嚢抄』　❸ 1445･是年 文／1446･5･25 文
『青表紙』　❸ 1382･是年 文
『亜槐集』　❹ 1492･11月 文
『あかしの三郎』　❹ 1554･5･20 文
『赤松記』　❹ 1589･8月 社
『赤松五郎物語』　❹ 1526･2月 文
『秋篠月清集』　❹ 1469･11･2 文
『秋津島物語』　❷ 1218･是年 文
『秋夜長物語』　❸ 1377･2･7 文／1442･2･15 文／❹ 1499･6･25 文／1540･10月 文／1596･6月 文
『秋夜長物語絵』　❸ 1438･是年 文
『阿漕の草子』　❸ 1391･11･3 文
『阿古屋之松之能』　❸ 1427･11月 文
『足利義尚連歌会』　❹ 1488･3月 文
『飛鳥井雅有日記』　❷ 1268･是年 文／1269･9･17 文
『飛鳥井和歌集』　❸ 1294･是春 文
『吾妻鏡』　❷ 1266･7･20 文／❹ 1522･9･5 文
『あづまの道の記』　❹ 1534･1月 文
『吾妻問答』(角田川)　❹ 1467･3･23 文／1470･3･23 文
『敦盛』　❹ 1598･9月 文
『姉小路今神明朝何百韻』　❸ 1447･10･8 文
『賀名生行宮千首和歌会』　❸ 1353･是年 文
『穴太記』　❹ 1550･10月 文
『阿仏仮名諷誦』　❷ 1275･6･5 文
『海人藻芥』　❸ 1420･7月 文
『あみだの本地』　❹ 1552･6･12 文
『雨夜記』　❹ 1519･5･10 文
『鴉鷺合戦物語』　❹ 1556･4月 文
『鴉鷺記』　❹ 1589･2月 文
『粟田口猿楽記』　❹ 1521･11･11 文
『安撰和歌集』　❸ 1369･6･13 文／

1382·6·13 文
『家忠日記』 ❹ **1577**·是年 文
『医学正伝』 ❹ **1597**·4月 文
『伊香保三吟百韻』 ❹ **1502**·4·25 文
『異国降伏御祈供養』 ❸ **1289**·7·22 文
『異国牒状事』 ❸ **1367**·是年 政
『囲碁式』 ❷ **1199**·6月 文
『医書大全』 ❹ **1528**·7月 文
『遺塵和歌集』 ❸ **1300**·4月 文
『伊豆国奥野吉尾翁物語』 ❹ **1587**·4·18 文
『伊豆国神階帳』 ❸ **1343**·是年 文
『和泉式部日記袖中抄』 ❹ **1487**·12·23 文
『出雲康国寺相続次第』 ❸ **1420**·2月 文
『出雲国風土記』 ❹ **1597**·10·13 文
『伊勢紀行』 ❸ **1433**·10·14 文
『伊勢参宮海陸之記』 ❹ **1576**·8月 文
『伊勢大神宮参詣精進條々』 ❸ **1440**·是年 文
『異説秘抄口伝巻』 ❸ **1425**·8·22 文
『伊勢物語』 ❶ **961**·是年·文／❷ **1221**·6·2 文／**1234**·1月 文／❸ **1425**·3月 文／**1450**·12·9 文／❹ **1472**·6·29 文／8·15 文／**1476**·7月 文／**1485**·6·1 文／**1488**·4·16 文／**1498**·6·1 文／**1528**·10·8 文／**1529**·6·20 文／**1560**·6·14 文／**1598**·1·20 文
『伊勢物語愚見抄』 ❹ **1460**·是冬 文／**1474**·10月 文
『伊勢物語闕疑集』 ❹ **1596**·2·15 文
『伊勢物語肖聞抄』 ❹ **1491**·是年 文
『伊勢物語註』 ❹ **1462**·2·10 文
『伊勢物語宗長聞書』 ❹ **1479**·2月 文
『伊勢物語惟情抄』 ❹ **1522**·7·8 文
『イソップ物語』 ❹ **1485**·是年 文
『伊曾保物語』 ❹ **1593**·是年 文
『磯松丸物語』 ❸ **1420**·11·13 文
『一休骸骨』 ❹ **1457**·4·8 文
『厳島社頭和歌』 ❸ **1292**·8·10 文
『厳島詣記』 ❸ **1389**·3月 文
『一口物語』 ❸ **1420**·11·13 文
『一滴集』 ❸ **1440**·7月 文
『一本菊』 ❹ **1560**·8月 文
『一品流船行要術之巻』 ❹ **1456**·12月 文
『逸名物語(十番の物争)』 ❹ **1589**·9·10 文
『犬追物草根集』 ❸ **1441**·是年 文
『犬追物検見記』 ❸ **1418** 是年 文
『犬追物日記』 ❹ **1504**·10·7 文
『医方大成論』 ❹ **1598**·9·9 文
『今物語』 ❷ **1239**·1·19 文
『いろは歌』 ❹ **1546**·1·7 文
『いろは字』 ❹ **1559**·12·10 文
『色葉字集』 ❹ **1598**·是年 文
『伊呂波字類抄』 ❸ **1315**·是年 文
『以呂波百韻』 ❸ **1451**·8·15 文
『伊呂波文字纏』 ❹ **1488**·1·14 文
『鰯ウリノ物語』 ❹ **1597**·2·4 文
『石清水放生会記』 ❸ **1393** 是年 文
『韻会』 ❹ **1485**·8·30 政
『韻鏡』 ❸ **1394**·是年 文／❹ **1528**·10·1 文／**1564**·1月 文
『飲酒二十首』 ❹ **1554**·是年 文
『韻不郡玉』 ❸ **1423**·6·13 文
『韻府群玉』 ❹ **1485**·8·30 政
『殷富門院大輔集』 ❹ **1475**·5·22 文
『蔭凉軒日録』 ❹ **1566**·是年 文
『宇治大納言物語』 ❸ **1420**·11·13 文
『牛若敵殺常磐最後物語』 ❹ **1568**·5·6 文
『うす花さくら』 ❹ **1491**·是年 文
『太秦牛祭祭文』 ❸ **1402**·9·12 文
『歌合·弘長三年』 ❸ **1452**·2月 文
『謡本』 ❹ **1559**·4·7 文
『宇多天皇御記』 ❷ **1246**·④·9 文／❸ **1313**·10·4 文
『歌枕名寄』 ❸ **1312**·是年 文
『内山寺記』 ❸ **1419**·5·11 文
『雨中吟抄』 ❹ **1495**·是年 文
『宇都宮大明神代々奇瑞之事』 ❹ **1484**·9·20 文
『宇津保物語』 ❸ **1431**·7·28 文
『浦島太郎の絵』 ❹ **1575**·4·10 文
『鴉鷺合戦物語』 ❹ **1476**·4·6 文
『運歩色葉集』 ❹ **1548**·是年 文／**1575**·是年 文／**1589**·是年 文
『雲林院』 ❸ **1426**·11·7 文
『詠歌大概』 ❹ **1513**·3·21 文／**1530**·3·21 文／**1571**·2·30 文
『詠歌大概音義』 ❹ **1532**·是年 文
『詠歌大概抄』 ❹ **1499**·是年 文／**1586**·8月 文／**1588**·12·4 文
『栄花物語』 ❹ **1503**·9·5 文
『永享十年石清水社奉納百首』 ❸ **1438**·8·15 文
『郢曲相承次第』 ❸ **1375**·是年 文
『永源寂室和尚語録』 ❸ **1377**·是年 文
『永正記』 ❹ **1513**·2·9 文
『衛生秘要抄』 ❸ **1288**·是年 文
『詠百首和歌』 ❹ **1457**·8月 文
『恵心僧都之御物語双紙』 ❹ **1542**·9·18 文
『越州軍記』 ❹ **1577**·4月 文
『円覚寺禁制』 ❸ **1294**·1月 文
『円覚寺年中用米注進状』 ❸ **1283**·9·27 文
『円覚物語(満仲)』 ❹ **1575**·3月 文
『宴曲集』 ❸ **1301**·8月 文
『圜悟心要』 ❸ **1341**·10月 文
『塩山和泥合水集』 ❸ **1386**·是年 文
『延寿類要』 ❹ **1456**·是年 文
『円塵』 ❹ **1502**·12月 文
『園太暦』 ❸ **1309**·10·21 文／**1311**·2月 文／❹ **1483**·3·30 文／**1503**·4·29 文
『延文四年記』 ❸ **1359**·是年 文
『円満井座法式』 ❹ **1468**·3月 文
『老のすさみ』 ❹ **1479**·3月 文
『応安新式』 ❸ **1372**·12月 文
『押韻』 ❹ **1597**·是年 文
『応永記(大内義弘退治記·境記)』 ❸ **1397**·是年 文／**1448**·5·5 文
『応永十八年頒暦』 ❸ **1411**·是年 文
『皇子神宮年中行事』 ❷ **1192**·是年 文
『往生礼讃私記見聞』 ❸ **1410**·4·8 文
『黄帝内経明堂』 ❷ **1244**·1·25 文
『応仁記』 ❹ **1563**·5·9 文
『応仁乱消息』 ❹ **1486**·8月 文／**1523**·③·14 文
『近江国番場宿蓮華寺過去帳』 ❸ **1334**·是年 文
『大内氏実録土代』 ❹ **1486**·10·27 文
『大内義隆記』 ❹ **1551**·11月 文
『大原談義聞書』 ❹ **1520**·3月 文
『大山祇神社連歌』 ❸ **1445**·是年 文
『御供古実』 ❹ **1482**·是年 文
『落窪の草子』 ❸ **1451**·8月 文／❹ **1555**·10月 文
『音なし草子』 ❹ **1570**·4月 文
『小野の小町双紙』 ❹ **1545**·2·7 文
『御文』 ❹ **1537**·2·2 文
『御室五十首』 ❷ **1197**·12·5 文
『おもろさうし』 ❹ **1531**·是年 文
『御湯殿上日記』 ❹ **1477**·是年 文
『小弓御所様御討死軍物語』 ❹ **1538**·10·25 文
『おらしよの飜訳』 ❹ **1600**·是年 文
『尾張国内神名牒』 ❸ **1364**·是年 社
『尾張国解文』 ❸ **1325**·8·11 文
『御会部類記』 ❸ **1368**·7月 文
『音曲声出口伝』 ❸ **1419**·6月 文
『温故知新書』 ❹ **1484**·6·20 文
『御仙窟』 ❸ **1344**·10·16 文
『晦庵大学章句』 ❸ **1392** 是年 文
『晦庵大学或問』 ❸ **1392** 是年 文
『戒言』 ❹ **1558**·1月 文
『廻国雑記』 ❹ **1487**·是年 文
『懐紙式』 ❸ **1392**·8·25 文
『改邪鈔』 ❸ **1337**·9月 社
『楷書六字名号』 ❹ **1468**·5月 文
『海草集』 ❸ **1312**·是年 文
『海道記』 ❷ **1223**·是年 文
『海東諸国記』 ❹ **1471**·12月 文
『外療新明集』 ❹ **1581**·是年 文
『臥雲日件録抜尤』 ❹ **1562**·2·21 文
『歌苑連署事書』 ❸ **1315**·8月 文
『花王以東之花伝書』 ❹ **1486**·5·18 文
『河海抄』 ❸ **1367**·是年 文
『下学集』 ❸ **1444**·6月 文
『下学抄』 ❹ **1479**·9·27 文
『嘉喜門院御集』 ❸ **1377**·7·13 文
『花鏡』 ❸ **1424**·6·1 文
『楽書高麗曲』 ❸ **1291**·4·10 文
『楽所補任』 ❷ **1236**·1月 文／**1262** 是年 文
『楽書輪台詠唱歌外楽記』 ❸ **1293**·9·25 文
『覚禅鈔』 ❷ **1213**·是年 文／❸ **1310**·2·30 文／**1321**·3·13 文／**1326**·是年 文
『神楽催馬楽秘法』 ❹ **1479**·9·27 文
『神楽催馬楽譜』 ❸ **1449**·2月 文
『笠掛記』 ❹ **1512**·6月 文
『笠懸聞書』 ❹ **1484**·6·28 文
『傘松道詠』 ❸ **1420**·是年 文
『何山百韻』 ❸ **1440**·10·15 文／**1447**·9·6 文
『鹿島治乱記』 ❹ **1526**·3月 文／**1577**·6·10 文
『鹿嶋問答』 ❸ **1377**·7·13 文
『花習内抜書』 ❸ **1418**·2·17 文
『何人百韻』 ❸ **1447**·8·19 文
『春日法楽七首和歌』 ❸ **1339**·12月 文

『何船百韻』 ❸ **1447**·5·29 文
『花鳥風月』 ❹ **1457**·11月 文／**1472**·12月 文／**1499**·4·20 文／**1544**·1·19 文
『香取諸名帳』 ❸ **1399**·是年 文
『仮名貞観政要』 ❸ **1401**·8·1 文
『兼宣卿記』 ❸ **1387**·是年 文
『兼見卿記』 ❹ **1570**·是年 文
『歌舞髄脳記』 ❹ **1456**·1月 文
『鎌倉年中行事』 ❹ **1456**·6月 文
『鎌倉持氏記』 ❸ **1451**·8月 文
『神代巻私見聞』 ❸ **1424**·6·27 文
『神代物語』 ❸ **1420**·11·13 文／❹ **1557**·9月 文
『賀茂皇太神宮記』 ❸ **1414**·3月 文
『賀茂祭礼草子』 ❷ **1274**·是年 文
『賀茂社法楽勧進歌』 ❸ **1442**·2·8 文
『下葉和歌集』 ❹ **1498**·7·18 文
『雁のさうし』 ❺-1 **1602**·6月 文
『歌林』 ❸ **1411**·4月 文
『歌林良材集』 ❸ **1440**·是年 文
『遐齢小児方』 ❹ **1563**·是年 文
『何路百韻』 ❸ **1447**·8·15 文
『雅鷺物語』 ❹ **1476**·是年 文
『河越記』 ❹ **1537**·8月 文
『勧学文』 ❹ **1597**·8·20 文
『観喜天物語』 ❸ **1420**·11·13 文
『閑居友』 ❷ **1222**·3月 文
『閑吟集』 ❹ **1518**·8月 文
『菅家遺戒』 ❸ **1332**·是年 文
『管見抄』 ❸ **1295**·5月 文
『漢語燈録』 ❷ **1274**·12·8 文
『寒山詩』 ❸ **1325**·10月 文
『漢書』 ❸ **1299**·南宋·慶元年間 文／**1313**·2·8 文／❹ **1485**·7·9 文
『(金剛仏子叡尊)感身学正記』 ❸ **1286**·2·28 文／**1359**·10·2 文
『観心寺諸堂巡礼記』 ❸ **1378**·5·19 文
『勧進状』 ❸ **1390**·8月 文
『観世音法楽和歌』 ❸ **1336**·5·5 文
『元祖化導記』 ❹ **1478**·9·23 文
『勘仲記』 ❷ **1274**·是年 文
『勧忍百歳考注』 ❸ **1454**·11·12 文
『観応二年日次記』 ❸ **1351**·是年 文
『寛平御記』 ❸ **1313**·10·4 文／10·13 文
『翰墨大全』 ❹ **1485**·8·30 政
『看聞御記(看聞日記)』 ❸ **1416**·1·7 文
『旱霖集』 ❸ **1422**·是年 文
『漢和法式』 ❹ **1498**·3月 文
『徽安門院一條集』 ❹ **1513**·8月 文
『義演准后日記』 ❹ **1596**·是年 文
『祇園会山鉾事』 ❹ **1560**·9·18 文
『菊十首和歌』 ❸ **1376**·9·17 文
『菊葉和歌集』 ❸ **1398**·是年 文
『騎射秘抄』 ❸ **1416**·4·5 文
『北院御室集』 ❹ **1476**·5·19 文
『北野社百首和歌』 ❸ **1336**·11月 文／**1421**·7·26 文
『吉槐記』 ❸ **1293**·是年 文
『衣かづき日記(貞治二年御鞠記)』 ❸ **1363**·5·11 文
『帰命尽十方无碍光如来』 ❹ **1460**·1·22 文
『ぎやどぺかどる』 ❹ **1599**·1月下旬 文
『宮城図』 ❸ **1319**·8·3 文
『牛玉宝印』版本 ❹ **1583**·1月 文
『九州問答』 ❸ **1376**·8·20 文
『九代抄』 ❹ **1503**·10月 文
『弓馬問答』 ❸ **1422**·是年 文
『休聞抄』 ❹ **1550**·7月 文
『狂雲集』 ❹ **1467**·是年 文
『鄴瓦硯記』 ❸ **1364**·是年 文
『教訓抄』 ❷ **1233**·是年 文／❸ **1317**·8月 文／**1393**·4·13 文
『狂言双紙』 ❹ **1483**·2·2 文
『教行信証六要抄』 ❸ **1360**·8·1 文
『行者用心集』 ❹ **1508**·8月 文
『玉燭法典』 ❸ **1348**·是年 文
『玉蘂』 ❷ **1209**·是年 文
『玉篇』 ❸ **1433**·5·9 文
『玉葉和歌集』 ❸ **1293**·8·27 文／**1311**·10·3 文／**1312**·3·28 文／**1435**·8·27 文／❹ **1553**·5·7 文
『玉林苑』 ❸ **1319**·2月 文
『魚山私鈔』 ❹ **1514**·4·3 文
『清水霊験記』 ❸ **1323**·6·4 文
『貴嶺問答』 ❸ **1310**·9·16 文／**1350**·11·3 文
『金言和歌集』 ❹ **1493**·是年 文
『錦繍段』 ❹ **1456**·6·17 文／**1483**·9·2 文／**1597**·8·20 文
『近代秀歌』 ❹ **1502**·12·1 文
『禁中御八講記』 ❸ **1370**·是年 文
『金島書』 ❸ **1436**·2月 文
『公衡公記』 ❷ **1279**·是年 文
『金榜集』 ❹ **1520**·8月 文
『金葉和歌集』 ❸ **1435**·9·14 文
『近来風体抄』 ❸ **1387**·11·12 文／**1388**·3·24 文
『空華日用工夫略集』 ❸ **1359**·是年 文／**1367**·是年 文
『グーテンベルク42行聖書』 ❸ **1455**·是年 文
『九月尽歌合』 ❹ **1478**·9·30 文
『愚管記』 ❸ **1356**·是年 文
『愚管抄』 ❷ **1220**·10月 文／**1221**·7·8 文／**1224**·6月 文／❸ **1367**·6·25 文／❹ **1476**·是年 文
『公卿補任』 ❹ **1502**·4·18 文／**1579**·1·6 文
『弘決外典鈔』 ❸ **1284**·6·15 文
『愚見抄』 ❹ **1476**·7月 文
『公事根源』 ❸ **1422**·1·12 文
『九條家文書目録』 ❸ **1293**·3·17 文
『愚藻』 ❸ **1305**·9月 文
『口伝抄』(覚如) ❸ **1331**·11月 文／**1344**·10·26 文
『弘伝略頌抄』 ❷ **1234**·是年 文
『愚禿鈔』 ❷ **1255**·8·8 文
『熊野物語』 ❸ **1420**·11·13 文
『熊本作者注文』 ❹ **1524**·是年 文
『雲居の御法』 ❸ **1380**·1·29 文
『愚問賢注』 ❸ **1363**·3·10 文
『愚問賢註聞書』 ❹ **1550**·是年 文
『蔵乗法教』 ❸ **1410**·2月 文
『鞍馬寺法楽百首続歌』 ❹ **1468**·7月 文
『蔵人補任』 ❸ **1288**·是年 文
『九郎判官物語』 ❸ **1420**·11·13 文
『黒谷上人和語燈録』 ❸ **1321**·7月 文
『訓閲集』 ❹ **1512**·11·3 文
『群書治要』 ❸ **1306**·2·18 文
『君台観左右帳記』 ❹ **1476**·3·12 文／**1511**·10·14 文／**1523**·12月 文／**1566**·3·6 文
『桂庵和尚家法倭点』 ❹ **1501**·是年 文
『継芥記』 ❹ **1565**·是年 文
『瓊玉和歌集』 ❷ **1264**·12·9 文
『経旨和歌』 ❸ **1355**·11·15 文
『啓迪集』 ❹ **1574**·11月 文
『景徳伝燈録』 ❸ **1313**·5·23 文／**1355**·12月 文／**1358**·11月 文
『桂明抄』 ❸ **1448**·是年 文
『渓嵐拾葉集』 ❸ **1318**·6月 文
『下学習』 ❹ **1541**·是年 文
『外記補任』 ❷ **1211**·是年 文／❸ **1380**·是年 文
『撃蒙句法』 ❸ **1358**·7月 文
『結縁灌頂記』 ❸ **1335**·是年 文
『蹴鞠文書』 ❸ **1435**·6·6 文
『検見故実』 ❸ **1418**·是年 文
『幻庵覚書』 ❹ **1562**·12·16 社
『玄恵法印追善詩歌』 ❸ **1350**·4月 文
『源海上人之伝』 ❹ **1576**·9月 文
『玄々集』 ❸ **1316**·3月 文
『元亨釈書』 ❸ **1322**·8·16 文／**1358**·12·8 文／**1360**·6·7 文／**1364**·1月 文／**1382**·3·39 文／**1384**·6月 文／**1391**·11月 文
『元亨釈書註』 ❸ **1434**·5·16 文
『元亨四年歳次甲子年中行事』 ❸ **1324**·是年 文
『源語秘訳』 ❹ **1477**·是年 文
『謙斎記』 ❹ **1548**·是年 文
『元史』 ❸ **1455**·2·11 文
『源氏国名百韻』 ❹ **1505**·12·12 文
『源氏詞』 ❹ **1509**·2·4 文
『剣璽渡御記』 ❸ **1331**·是年 文
『源氏詞百韻』 ❹ **1521**·9·13 文
『源氏物あらそひ』 ❸ **1413**·7·1 文
『源氏物語』 ❸ **1320**·10月 文／**1336**·3·21 文／**1452**·8·15 文／❹ **1461**·11·2 文／**1462**·12·7 文／**1478**·1·28 文／4·10 文／4·25 文／7·28 文／8·10 文／**1481**·是年 文／**1482**·6月 文／**1490**·11·7 文／**1506**·8·22 文／**1510**·9·16 文／11·15 文／**1520**·3·7 文／8·12 文／**1521**·10·6 文／**1525**·5·7 文／9月 文／**1529**·8·24 文／**1532**·6·21 文／9·7 文／**1555**·⑩·27 文／**1560**·11·11 文
　『源氏物語系図』 ❷ **1258**·是夏 文／❹ **1512**·12·27 文／**1561**·2·3 文
　『源氏物語細流抄』 ❹ **1528**·5月 文／**1534**·是冬 文
　『源氏物語抄』 ❸ **1297**·2·27 文
　『源氏物語註釈』 ❸ **1419**·6·3 文
　『源氏物語提要』 ❸ **1432**·8·15 文
　『源氏物語秘訣』 ❹ **1574**·4·20 文
　『源氏物語弄花抄』 ❹ **1519**·是年 文
『建春門院中納言記』 ❸ **1303**·2·29 文
『厳助往年記』 ❹ **1494**·是年 文
『源氏和秘抄』 ❸ **1449**·11·15 文
『謙信家記』 ❹ **1579**·8月 文
『賢聖義略以十門分別』 ❸ **1294**·7·12

文
『原僧』 ❸ 1334·11月 政
『現存和歌六帖』 ❷ 1249·12·12 文
『兼戴公独吟千句』 ❹ 1494·是年 文
『幻中草打尽』 ❸ 1420·11·13 文
『原中最秘抄』 ❸ 1313·8月 文／1364·9·29 文／❹ 1476·2·14 文
『幻中草打尽』 ❸ 1420·11·13 文
『幻中類林』 ❸ 1292·是年 文
『建天全書』 ❸ 1320·是年 文
『建内記』 ❸ 1455·是年 文
『源府君所蔵銅雀研記』 ❸ 1375·10月 文
『嫌物五十二か條』 ❹ 1496·8·21 文
『源平盛衰記』 ❹ 1597·5·26 文
『原民』 ❸ 1334·11月 政
『幻夢草子』 ❹ 1497·3月 文
『建武年中行事』 ❸ 1336·是年 文／1352·是冬 文／1377·1·26 文／❹ 1485·③·16 文
『げんむ物語』 ❹ 1486·4·2 文
『弘安源氏論義』 ❷ 1280·10·6 文
『弘安礼節』 ❸ 1285·12·22 政／❹ 1589·5月 文／1600·是年 文
『耕雲千首』 ❸ 1389·1月
『孝経』 ❸ 1433·4·28 文／1442·12·13 文／❹ 1493·4·28 文／1531·⑤月 文／1586·4·25 文
『孝経述義』 ❹ 1497·是年 文
『孝経抄』 ❹ 1528·8月 文
『上月記』 ❹ 1476·是年 文
『孔子家語』 ❹ 1515·2月 文／1599·5月 文
『江次第』 ❸ 1439·2·2 文／❹ 1480·10·3 文
『孝子伝』 ❹ 1580·1月 文
『向書』 ❸ 1330·7·9 文
『上野君消息』 ❸ 1340·6·14 文
『上野国群馬郡箕輪軍記』 ❹ 1563·2·23 文
『皇代記』 ❸ 1380·是年 文
『弘長三年歌合』 ❹ 1481·2·18 文
『弘長百首』 ❸ 1352·②·22 文
『黄帝内経明堂』 ❸ 1296·是年 文
『国府台戦記』 ❹ 1575·8·11 文
『康富記』 ❸ 1401·是年 文
『公武大躰略記』 ❹ 1458·3·14 文
『孝文本記』 ❸ 1365·1·25 文
『弘法大師絵詞(弘法大師絵伝)』 ❸ 1378·9·18 文
『弘法大師御入定勘決記』 ❸ 1364·11·19 文
『弘法大師二十五箇條遺告』 ❸ 1339·4·21 文
『高野口決』 ❸ 1367·8·10 文
『高野山金剛三昧院短冊』 ❸ 1344·是年 文
『高野山参詣記』 ❹ 1524·5月 文
『高野物語』 ❸ 1390·1·17 文／1399·12·12 文
『高麗史節要』 ❸ 1453·4月 文
『五音三曲集』 ❹ 1460·11·11 文
『五音十体』 ❹ 1456·9·2 文
『五音之次第』 ❸ 1452·4月 文／1455·7月 文
『後漢書』 ❸ 1299·南宋·慶元年間 文／❹ 1563·是年 文
『五妃曲』 ❺-1 1603·1·21 文
『五行大義』 ❸ 1333·2月 文
『五経註疏』 ❸ 1439·①月 文
『古今集聞書』 ❹ 1525·11·25 文
『古今集童蒙抄』 ❹ 1476·是年 文
『古今珠玉集』 ❷ 1207·5·25 文
『古今序抄』 ❷ 1264·6·15 文
『古今目録抄』 ❷ 1238·是年 文
『古今和歌集』 ❷ 1208·5·29 文／1217·2·10 文／1226·4·9 文／1278·11月 文／❸ 1294·是年 文／1299·是年以前 文／1305·1·21 文／4·27 文／1306·4·28 文／1313·10·17 文／1320·10·14 文／1322·4·7 文／1324·9月 文／1345·1·20 文／1353·3·18 文／1358·5·25 文／1361·5·16 文／1362·3·26 文／1369·6·11 文／1373·6·1 文／❹ 1471·1·28 文／9·18 文／1476·4·1 文／1481·11·28 文／1484·4·16 文／1494·4·19 文／1512·7·7 文／1530·2·17 文／1539·11·2 文／1540·10月 文／1544·3·15 文／1552·4·4 文／1585·8·28 文／1595·是年 文
『古今和歌集序聞書三流抄』 ❸ 1282·12·18 文
『古今和歌集序註』 ❸ 1406·8月 文
『後愚昧記』 ❸ 1367·是年 文
『古語拾遺』 ❸ 1321·2·5 文／1334·3·26 文
『後小松院御百首』 ❸ 1419·10月 文
『古今著聞集』 ❸ 1435·10·13 文／1437·5·1 文
『後三條天皇御製年中行事』 ❷ 1220·4·23 文
『古事記』 ❸ 1321·2·5 文／1371·是年 文／1372·是年 文／1381·5·26 文／1426·8·9 文／❹ 1471·5·1 文／6·11 文／9·19 文／10·9 文／1522·是年 文
『古事談』 ❷ 1212·9月 文／1219·4·23 文／❸ 1420·11·13 文
『小島之寿佐美』 ❸ 1353·是年 文
『五十首和歌』 ❸ 1363·2·14 文
『五常内義教訓抄』 ❹ 1475·11·26 文
『五常内義集』 ❸ 1452·3·12 文
『五常内義抄』 ❸ 1420·11·13 文／❹ 1460·3·16 文
『五塵鈔』 ❹ 1572·5·14 文
『御成敗式目』 ❹ 1524·12月 文／1529·8月 文
『五節間郢曲事』 ❹ 1514·6·1 文
『後撰和歌集』 ❸ 1294·11·5 文／1327·4·12 文
『胡曹抄』 ❹ 1544·6月 文
『胡曾詩注』 ❸ 1446·6·29 文
『五代集類句』 ❹ 1490·⑧·12 文
『五代帝王物語』 ❸ 1327·8·21 文／1354·5·7 文
『古注蒙求』 ❸ 1446·6·29 文
『谷響集(こつこうしゅう)』 ❹ 1466·2·28 文
『五帝本紀』 ❸ 1359·1·24 文／1371·4·29 文
『言塵集』 ❸ 1406·5月 文
『後鳥羽院御口伝』 ❸ 1342·3·20 文
『後鳥羽院御抄幷越部禅尼消息』 ❸ 1351·9·9 文
『後花園天皇日記』 ❹ 1473·3·17 文
『後普光園院御抄』 ❸ 1382·是年 文
『後普光園院殿御百首』 ❸ 1352·8·2 文
『古文孝経』 ❸ 1305·5·24 文／1320·7·2 文／1321·是年 文／1356·10·23 文／1446·8月 文／❹ 1504·12·18 文／❺-1 1602·8·23 文
『古文尚書』 ❸ 1314·是年 文／1322·是年 文／1323·9·16 文／❹ 1514·3·14 文
『古文真宝』 ❹ 1525·9·15 文／1530·是年 文／1589·6·15 文
『古文真宝聞書』 ❹ 1553·12·2 文
『後法興院政家記』 ❹ 1466·是年 文
『古来風躰抄』 ❷ 1197·7·20 文／1201·5月 文
『惟任退治記』 ❹ 1582·10月 文
『コンテムツス·ムンヂ』 ❹ 1596·是年 文
『金春大夫氏信宛書状』 ❸ 1436·6·8 文
『西宮記』 ❸ 1334·11·8 文
『西行上人談抄』 ❸ 1323·1月 文
『西行物語』 ❹ 1480·2月 文／是年 文／1496·5·18 文／1500·1月 文／1509·4·29 文
『催馬楽師伝相承』 ❷ 1220·是年 文
『裁判至要抄』 ❷ 1207·8·26 政
『西来庵修造勧進状』 ❹ 1515·7·24 文／1516·4·24 文
『堺記』 ❸ 1420·11·13 文／1434·2·9 文
『嵯峨記』 ❹ 1574·9·30 社
『さかき葉の日記』 ❸ 1366·是年 文
『嵯峨のかよひ路』 ❷ 1269·是年 文
『嵯峨野物語』 ❸ 1386·11·7 文
『左金吾源大夫江亭記』 ❹ 1476·8月 文
『作持要文』 ❸ 1401·2月 文
『作庭記』 ❸ 1289·6·27 文／❹ 1475·3月 文
『狭衣の中将』 ❹ 1597·3月 文
『ささめごと』 ❹ 1463·5月 文
『座中天文記』 ❹ 1540·3月 文
『薩戒記』 ❸ 1401·是年 文
『撮壌集』 ❸ 1454·11月 文
『雑訴決断所結番交名』 ❸ 1334·是年 文
『雑秘別禄』 ❷ 1227·6·6 文／是年 文
『左伝』 ❹ 1459·4·23 文
『実躬卿記』 ❸ 1307·是年 文
『小夜寝覚』 ❹ 1526·8·22 文
『申楽談儀』 ❸ 1430·11·11 文
『猿鹿懺悔物語』 ❹ 1571·11月 文
『サルバトル·ムンジ』 ❹ 1598·是年 文
『三愛記』 ❹ 1513·10月 文／1516·9月 文
『山槐記』 ❸ 1325·1·19 文
『山家集』 ❸ 1342·3·20 文／❹ 1481·2·13 文
『三愚一賢』 ❸ 1420·11·13 文
『三源一覧』 ❹ 1496·11·26 文
『三五記』 ❸ 1313·6·23 文
『珊瑚秘抄』 ❸ 1388·6·13 文
『纂釈』 ❸ 1334·是年 文

『三十六人歌合』 ❹ 1461・4・15 文
『三十六人大歌合』 ❷ 1262・是年 文
『三十六人家集』 ❹ 1549・1・20 文
『三十六人歌仙家集解難抄』 ❹ 1589・6月 文
『三帖和讃』 ❸ 1437・9・25 社／是年 文／❹ 1473・3月 文
『三代御記』 ❸ 1324・7・16 文／1424・11・25 文
『三体詩幻雲抄』 ❹ 1527・3・3 文
『三代嗣法書』 ❸ 1306・8・28 文
『三代集』 ❷ 1210・5・6 文
『三代集作者百韻』 ❸ 1451・3・29 文
『三代集之問事』 ❷ 1222・9月 文
『三道』 ❸ 1423・2・6 文
『三塔巡礼記』 ❹ 1554・7・23 文
『三百番歌合』 ❸ 1443・2・10 文
『三百六十番歌合六帖』 ❷ 1206・9・13 文
『三部仮名鈔』 ❸ 1323・元亨年間 文／1419・6・1 文
『山密往来』 ❸ 1373・9・30 文／1445・是年 文
『三略』 ❸ 1313・4・8 文／❹ 1499・11・28 文／1576・是年 文／1599・5月 文／1600・4月 文
『三略秘抄』 ❹ 1534・是年 文
『私家集(藤原資経)』 ❸ 1296・是年 文
『至花道書』 ❸ 1420・6月 文
『四河入海』 ❹ 1534・7・5 文
『詩花和歌集』 ❹ 1514・9月 文
『史記』 ❸ 1359・2・8 文／1393・1・28 文／1455・12・14 文
『職原鈔』 ❹ 1599・③・3 文
『職事補任』 ❹ 1522・5月 文
『史記正義』 ❹ 1518・10月 文
『史記本紀』 ❹ 1511・7月 文
『四季物語』 ❸ 1368・11・16 文
『字鏡集』 ❷ 1245・是年 文
『字鏡抄』 ❹ 1508・是年 文
『しぐれのさうし』 ❹ 1520・4・11 文／1586・3月 文
『自讃歌抄』 ❸ 1330・9月 文
『地子請文』 ❸ 1327・7月 社
『時秀卿聞書』 ❹ 1559・3・6 文
『治承三年十月右大臣家歌合』 ❹ 1461・7・18 文
『治承物語』 ❷ 1240・7・11 文
『四條流包丁書』 ❹ 1489・2月 社
『四書集註』 ❸ 1403・8・3 文
『四書六経』 ❹ 1485・8・30 政
『詩人玉屑』 ❸ 1324・是年 文
『賤男日記』 ❸ 1420・11・13 文
『慈聖院並寿寧院遺誡』 ❸ 1387・3・26 文
『辞世和歌下絵溌墨蓮花』 ❹ 1471・是年 文
『師説自見集』 ❸ 1408・5月 文
『地蔵物語』 ❸ 1420・11・13 文
『四体千字文書法』 ❹ 1574・6月 文
『七箇條制法』 ❸ 1337・5・15 文
『絲竹口伝』 ❸ 1327・3・15 文／1416・是年 文
『四倒八苦物語』 ❹ 1516・3・2 文
『侍中群要』 ❸ 1306・是年 文
『十花千句』 ❹ 1516・3・10 文
『十巻抄』 ❸ 1309・是年 文／1310・是年 文
『十訓抄』 ❷ 1252・10月 文
『斯波治部少輔満秀記』 ❸ 1415・是年 文
『柴田退治記』 ❹ 1583・11月 文
『四部合戦状』 ❸ 1446・9・14 文
『四分律注比丘尼戒本』 ❸ 1301・是年 文
『詩法源流』 ❸ 1356・是年 文
『持名鈔』 ❸ 1439・是年 文
『紫明抄』 ❷ 1267・2・23 文
『釈教三十六人歌仙』 ❸ 1347・3月 文
『釈氏往来』 ❸ 1302・4・24 文／1350・8・22 文
『尺素往来』 ❹ 1522・是年 文
『釈尊出世伝記略本』 ❹ 1486・4・27 文
『釈日本紀』 ❷ 1274・是年 文／❸ 1301・是年 文／1302・4月 文
『寂然法師集』 ❹ 1475・5・22 文
『折伏正義抄』 ❸ 1438・3・26 社
『沙石集』 ❷ 1279・是年 文／❸ 1283・8月 文／❹ 1596・10・3 文
『射礼私記』 ❸ 1434・是年 文
『拾遺愚草』 ❷ 1216・2・19 文／1233・10・20 文／❹ 1482・11・16 文
『拾遺愚草難歌二百種註』 ❹ 1456・是年 文
『拾遺古徳伝』 ❹ 1553・1・28 文
『拾遺采葉抄』 ❸ 1308・⑧・17 文／1361・10・26 文／1366・5月 文／1397・是年 文
『拾遺集』 ❷ 1231・9・21 文／1232・是年 文
『周易抄』 ❹ 1477・11・27 文
『拾遺和歌集』 ❸ 1327・5・3 文／1333・1・15 文／❷ 1007・是年 文
『周易』 ❸ 1437・是年 文
『周易伝』 ❸ 1372・12・8 文
『十王讃嘆』 ❸ 1420・11・13 文
『拾菓抄』 ❸ 1314・3・5 文
『秀歌大略抄』 ❹ 1588・12・4 文
『宗鏡録』 ❷ 1245・是年 文／1262・10・5 社
『拾玉得花』 ❸ 1428・6・1 文
『拾玉和歌集』 ❸ 1346・5・22 文
『執持抄』 ❸ 1326・9・5 文
『集千家註分類杜工部詩』 ❸ 1376・是年 文
『袖中抄』 ❸ 1430・⑪・3 文
『習道書』 ❸ 1430・3月 文
『十八史略』 ❹ 1530・11・17 文／1533・6・6 文
『秋風抄』 ❷ 1250・4・18 文
『聚分韻略』 ❸ 1306・2・25 文／1307・是年 文／1412・是年 文
『十問最秘抄』 ❸ 1383・10・29 文
『宗門正燈録』 ❹ 1501・11・27 文
『拾葉集』 ❸ 1306・3月 文
『拾要抄』 ❸ 1343・是年 文
『十楽庵記』 ❸ 1364・2月 文
『朱子新注』 ❹ 1481・6月 文／1538・10月 文
『手跡古今和歌集』 ❹ 1472・6・17 文
『酒茶論』 ❹ 1576・3月 文
『酒呑童子物語』 ❸ 1420・11・13 文
『聚分韻略』 ❹ 1481・是年 文／1486・是年 文／1493・是年 文／1504・8月 文／1530・是年 文／1539・3月 文／1545・是年 文
『入木口伝抄』 ❸ 1352・11・14 文
『入木集』 ❸ 1353・是年 文
『入木道教訓書』 ❹ 1585・1・29 文
『周礼』 ❸ 1449・6月 文
『聚楽行幸記』 ❹ 1588・4・21 文
『首楞厳義疏注経』 ❸ 1339・是春 文
『舜旧記』 ❹ 1583・是年 文
『准后南都下向事』 ❸ 1420・11・13 文
『春秋経伝集解』 ❸ 1325・3月 文
『春秋左氏伝』 ❸ 1332・4・16 文／1441・5・12 文／1443・6・12 文／❹ 1517・7月 文／1519・2・24 文
『春秋之宮造営之次第』 ❹ 1488・7月 文
『順徳院御百首』 ❷ 1237・10月 文
『順徳院御集』 ❷ 1220・8月 文
『春夢草』 ❹ 1515・3月 文
『俊頼髄脳』 ❷ 1237・是年 文
『聖一国師年譜』 ❸ 1417・10月 文
『定為法印申文』 ❸ 1303・4・11 文
『松陰私語』 ❹ 1509・⑧月 文
『松陰中納言』 ❹ 1504・12・9 文
『松蔭中納言物語』 ❸ 1371・6月 文
『招運要略』 ❸ 1326・是年 文
『貞永式目』 ❹ 1579・1・10 文
『貞観政要』 ❷ 1211・7・4／1213・7・3／1250・5・28 文／1277・是年 文／❸ 1357・1・24 文／1372・2・10 文／1429・8・27 文／❹ 1600・2・25 文
『承久記』 ❷ 1240・此頃 文
『承久物語』 ❸ 1374・4・21 文／1420・11・13 文
『瑣玉集』 ❸ 1387・是年 文
『将軍執権次第』 ❸ 1334・是年 文
『常行堂過去帳』 ❸ 1349・是年 文
『常行堂声明譜』 ❸ 1397・8・11 文
『詔戸次第』 ❸ 1303・4・21 文
『匠材集』 ❹ 1597・3月上旬 文
『尚書』 ❸ 1317・3・2 文／1322・1・23 文／1361・6・1 文／1449・3・7 文／1452・8・23 文／❹ 1459・4・23 文／1494・10・29 文／1495・1・23 文
『私用抄』 ❹ 1471・3・29 文
『定証起請文』 ❸ 1306・是年 文
『精進魚類物語』 ❹ 1542・3・11 文
『精進魚類物語双紙』 ❹ 1554・4・23 文
『正信偈』 ❹ 1460・6月 文／1473・3月 文
『装束雑事抄』 ❸ 1399・4月 文
『装束図式』 ❹ 1571・2・1 文
『樵談治要』 ❹ 1480・7・28 文
『召庭字説』 ❸ 1359・11月 文
『正徹詠草』 ❸ 1416・6・19 文／1437・7・12 文
『聖徳太子伝私記』 ❷ 1245・是年 文
『聖徳太子伝暦』 ❸ 1303・4・26 文／1307・5・29 文／1331・是年 文／1351・4月 文
『浄土宗名目』 ❹ 1552・8・15 文
『浄土伝戒論』 ❸ 1387・7月
『浄土法門源流章』 ❸ 1311・是年 文
『聖福寺仏殿記』 ❸ 1368・是年 文
『正法眼蔵』 ❹ 1512・9月 文
『称名寺條々規式』 ❷ 1284・2月 文

『声明集』　❹ **1472**・6・21 文／**1478**・是年 文／**1541**・3・21 文
『常楽寺勧信状』　❸ **1308**・6 月 文
『じやうるり御前物語』　❹ **1585**・5 月 文
『貞和四年記』　❸ **1348**・是年 文
『初学和歌愚問抄』　❹ **1570**・是年 文
『職原抄』　❸ **1340**・2 月 文
『続古今集』　❸ **1351**・12・3 文
『続古今和歌集』　❷ **1259**・3・16 文／**1262**・9 月 文／**1265**・12・26 文／**1266**・3・12 文
『続古今和歌集目録』　❷ **1266**・5・15 文
『続後拾遺和歌集』　❸ **1323**・7・2 文／**1325**・12・18 文
『続後撰和歌集』　❷ **1248**・7・25 文／**1251**・10・27 文
『続拾遺和歌集』　❷ **1278**・12・27 文
『識鷹秘訣集』　❹ **1511**・7 月 文
『蔗軒日録』　❹ **1484**・是年 文
『諸祭文故実抄』　❹ **1518**・6・18 文
『書札礼』　❸ **1347**・10・25 文／**1420**・是年 文
『書史会要』　❸ **1376**・是年 文
『諸寺観音霊記』　❸ **1420**・11・13 文
『初心愚草』　❷ **1263**・7・29 文
『諸神法楽百首』　❸ **1449**・12・21 文
『諸神本懐集』　❸ **1324**・1・12 文／**1438**・10・25 文
『初心要記』　❹ **1475**・3・15 文
『諸物語目録』　❸ **1420**・11・13 文
『白河紀行』　❹ **1468**・10・22 文
『事林広記』　❹ **1485**・8・30 政
『詞林采葉抄』　❸ **1366**・5 月 文／**1368**・是年 文／**1392**・11 月下旬 文／**1395**・4 月 文
『持和詠草』　❸ **1437**・12・18 文
『塵芥集』　❹ **1536**・4・14 文
『新楽府和歌』　❷ **1204**・10 月 文
『臣軌』　❸ **1324**・4・25 文
『心敬僧都庭訓』　❹ **1488**・1 月上旬 文
『人鏡論』　❹ **1503**・1・5 文
『新曲』　❹ **1581**・7・3 文
『心玉集』　❹ **1465**・4 月 文
『真曲抄』　❸ **1296**・2・3 文
『新古今和歌集』　❷ **1201**・11・3 文／**1205**・3・26 文／3・27 文／9・2 文／❸ **1300**・11 月 文／**1357**・1・16 文／**1404**・4・1 文／❹ **1458**・10・18 文
『新古今和歌集聞書』　❹ **1596**・6 月 文
『新後拾遺和歌集』　❸ **1375**・6・26 文／**1381**・10・28 文／**1382**・3・17 文／**1383**・10・28 文／**1384**・12 月 文
『新後撰和歌集』　❸ **1301**・11・23 文／**1303**・12・19 文
『新札往来』　❸ **1367**・是年 文
『新猿楽記』　❸ **1344**・7・22 文
『新三十六人撰』　❷ **1260**・2・5 文
『新式和歌』　❹ **1541**・4・25 文
『壬二集(玉吟集)』　❷ **1245**・是冬 文
『新拾遺和歌集』　❸ **1363**・2・29 文／**1364**・4・20 文／10・27 文
『信州大塔軍記』　❹ **1529**・8・13 文
『心珠詠草』　❹ **1562**・7 月 文
『神膳御記』　❸ **1430**・6・24 文
『新千載和歌集』　❸ **1359**・4・28 文／**1360**・2・16 文／④・2 文
『新撰菟玖波集』　❹ **1495**・2・20 文／6・20 文／9・29 文／**1497**・3 月 文／10 月 文
『新撰菟玖波撰集祈念何人百韻』　❹ **1494**・3・3 文
『新撰万葉集』　❸ **1351**・11・10 文
『新撰六帖題和歌』　❷ **1244**・是年 文
『新撰和歌集』　❹ **1584**・5・28 文
『新続古今和歌集』　❸ **1433**・8・25 文／**1438**・8・23 文／**1439**・6・27 文／**1443**・1 月 文／9・2 文／**1446**・4・29 文
『新玉津嶋社歌合』　❸ **1367**・是年 文
『新勅撰和歌集』　❷ **1232**・10・2 文／**1234**・6・3 文／8・7 文／**1235**・3・12 文
『心底抄』　❷ **1275**・是年 文
『塵滴問答集』　❹ **1524**・8・25 文／**1555**・7・18 文
『塵添壒嚢抄』　❹ **1532**・2・3 文
『神道集』　❸ **1433**・9 月 文／❹ **1494**・12 月 文／**1498**・2・11 文
『神道大意』　❹ **1521**・11 月 文／**1573**・是年 文
『神皇正統記』　❸ **1339**・是秋 文／**1343**・7 月 文／**1363**・9・19 文／**1394**・3・12 文／是年 文／**1438**・是年 文／❹ **1488**・10 月 文／**1496**・12・30 文／**1502**・5・1 文
『新浜木綿和歌集』　❸ **1327**・9・20 文
『神明鏡』　❹ **1540**・12・15 文
『新葉和歌集』　❸ **1381**・10・13 文／12・13 文
『親鸞聖人門侶交名牒』　❸ **1344**・10・27 文
『心霊修行』　❹ **1596**・是年 文
『水滴色葉類聚抄』　❹ **1560**・是年 文
『水里玄義』　❹ **1498**・2・5 文
『周防国一宮玉祖造替目録』　❸ **1335**・9 月 文
『図経』　❹ **1536**・9 月 文
『住吉社法楽詠百首和歌』　❸ **1440**・3 月 文／11・27 文／**1449**・3・27 文
『於住吉夢想連歌』　❹ **1490**・9 月 文
『住吉物語』　❹ **1527**・9 月 文
『諏訪御本地』　❹ **1525**・3・5 文
『諏訪法楽百首』　❸ **1414**・⑦・27 文
『聖教目録聞書』　❹ **1520**・9・23 文
『正広詠歌』　❹ **1475**・9・27 文
『聖書史話』　❹ **1553**・是年 文
『精神修養の提要』　❹ **1596**・是年 文
『正信念仏偈文書』　❹ **1503**・3 月 文
『誓度院規式』　❸ **1292**・4・5 文
『聖廟法楽詠百首和歌』　❸ **1420**・2・17 文／**1429**・12 月 文
『斉民要術』　❷ **1274**・是年 文
『青葉丹花抄』　❸ **1374**・是年 文
『清林秘録』　❸ **1407**・2・5 文
『世俗字類抄』　❹ **1515**・3 月 文
『世俗浅深秘抄』　❷ **1212**・此頃 文
『世中百首』　❹ **1525**・9 月 文
『拙藁千首』(高麗版)　❸ **1354**・是年 文
『節用集』　❹ **1597**・是年 文
『仙源抄』　❸ **1381**・是冬 文／**1396**・2・17 文
『善光寺縁起』　❸ **1420**・11・12 文
『善光寺紀行』　❹ **1465**・7 月 文
『船行要術』　❹ **1505**・2 月 文
『前後赤壁賦』　❹ **1521**・是年 文
『千載和歌集』　❹ **1471**・9・2 文／**1554**・9 月 文
『撰時抄』　❷ **1275**・6 月 文
『千字文』　❸ **1287**・12 月 文
『千字文集注』　❸ **1446**・6・29 文
『撰集佳句』　❸ **1435**・5・14 文
『撰集作者異同考』　❸ **1371**・是年 文
『撰聚婦人方』　❹ **1546**・是年 文
『千首和歌』　❸ **1415**・10・8 文
『禅定寺造営日記』　❸ **1325**・是年 文
『践祚部類抄』　❸ **1352**・是年 文
『先代旧事本紀』　❹ **1521**・9・15 文
『善知衆芸童子法』　❸ **1319**・11・26
『煎茶軸序』　❸ **1316**・3 月 文
『仙伝抄』　❸ **1445**・3・25 文／❹ **1536**・1・17 文
『船田前記』　❹ **1495**・8・15 文
『仙洞御文書目録』　❸ **1355**・是年 文
『撰要目録』　❸ **1301**・8 月 文
『撰要両曲巻』　❸ **1322**・6 月 文／**1413**・12・13 文
『善隣国宝記』　❹ **1466**・8・10 文／**1470**・12・23 文
『禅林寺御起願文案』　❸ **1297**・3・5
『禅林類聚』　❸ **1367**・是年 文
『宋雅道すがらの記』　❸ **1427**・3・17 文
『宗祇一回忌追善百韻』　❹ **1503**・7・2 文
『宗祇一回忌追悼独吟百韻』　❹ **1503** 4・29 文
『宗祇三十三回忌千句連歌会』　❹ **1534**・7・25 文
『宗祇初心抄』　❹ **1473**・2・4 文
『宗祇追悼両吟百韻』　❹ **1502**・8・6 文
『宗祇発句判詞』　❹ **1481**・是春 文
『総見院殿追善記』　❹ **1582**・10・25 文
『宗五大草紙』　❹ **1527**・1 月 文／**1528**・1 月 文
『荘子』　❸ **1423**・10・9 文／❹ **1485**・8・30 政
『宗碩句集』　❹ **1510**・10・11 文
『雑談集』　❸ **1305**・7・18 文
『増註唐賢絶句三体詩法』　❹ **1494**・是年 文
『叢伝抄』　❹ **1596**・11 月 文
『箏譜』　❸ **1323**・8・23 文
『宗牧教書』　❹ **1598**・是秋 文
『宗牧山何百韻歌』　❹ **1544**・10・15 文
『宗牧十七回忌追善山何百韻』　❹ **1561**・9・15 文
『宗牧独吟何人百韻』　❹ **1545**・2・25 文
『宗牧連歌集』　❹ **1556**・6 月 文
『称名寺條々規式』　❸ **1284**・2 月 文
『曾我物語』　❹ **1528**・4 月 文／**1539**・11・2 文／**1546**・8・15 文／**1551**・3・13 文／**1554**・11・11 文
『続古事談』　❷ **1219**・是年 文
『続後拾遺和歌集』　❹ **1474**・11・3 文
『続五明題和歌集』　❹ **1515**・8・3 文
『続地蔵験記』　❸ **1420**・11・13 文
『続正法論』　❸ **1367**・9 月 文／**1368**・7・26 社
『続神皇正統記』　❹ **1482**・5・2 文

『続千載和歌集』 ❸ 1318・10・30 文／1319・4・19 文／1320・8・4 文／❹ 1496・②・6 文
『続千字文』 ❸ 1284・6・8 文
『続門葉和歌集』 ❸ 1305・12 月 文
『素純百番自歌合』 ❹ 1530・2・15 文
『尊円親王詩歌書巻』 ❸ 1349・9・23 文
『存覚法語』 ❸ 1356・是年 文
『田遊』 ❹ 1582・2 月 文
『大愛道比丘尼経』 ❸ 1416・5・5 文
『大学』 ❸ 1424・9・4 文／❹ 1514・10 月 文／1599・③・8 文
『大覚寺殿四吟千句』 ❹ 1549・3・7 文
『大学章句』 ❹ 1481・6 月 文／1492・9 月 文
『大覚寺和漢千句』 ❹ 1556・8・21 文
『大覚禅師語録』 ❸ 1334・是年 文
『台記』 ❸ 1324・2・13 文
『大華厳清涼疏鈔』 ❸ 1410・8・26 政
『体源抄』 ❹ 1512・7 月 文
『醍醐山寺院本仏記』 ❸ 1331・9・26 文
『太子伝』 ❹ 1500・6・26 文
『太鼓伝書』 ❹ 1559・11 月 文／1569・11・24 文
『太子伝玉林抄』 ❸ 1448・4・29 文
『太子伝金玉抄』 ❹ 1568・9・12 文
『大嘗会之事』 ❹ 1479・12 月 文
『大織冠伝』 ❸ 1287・弘安年間 文
『大神宮御相伝袈裟記』 ❸ 1382・是年 文
『大神宮奉納百韻連歌』 ❹ 1485・3・27 文
『大神宮法楽寺領文書紛失記』 ❸ 1344・8 月 文
『大神宮法楽百首続歌』 ❸ 1453・4・21 文
『代々勅撰部立』 ❸ 1389・6・15 文
『大燈国師置文』 ❸ 1324・5・6 文／1331・12 月 文
『大塔物語』 ❹ 1466・10 月 文
『大徳寺諸庄園文書目録』 ❸ 1349・11・27 文
『大日本国帝系紀年古今一覧之図』 ❹ 1532・2 月 文
『大仏供養物語』 ❹ 1531・2・2 文
『太平記』 ❸ 1374・4 月 文／1377・9・28 文／1390・10 月 文／1420・11・13 文／1436・5・12 文／1449・8 月 文／1451・11 月 文／❹ 1488・7 月 文／1503・是冬 文／1504・7・10 文／1548・是年 文／1563・⑫月 文／1577・4・10 文／1578・2 月 文／1579・4 月 文／1583・5 月 文／1596・4 月 文／❺-1 1602・是年 文／1603・3 月 文／1605・9 月 文／1607・1・12 文／1609・10 月 文／1610・2 月 文／是年 文
『太平記賢愚抄』 ❹ 1543・⑪月 文
『太平記評判秘伝理尽鈔』 ❹ 1470・8・26 文
『太平御覧』 ❹ 1574・是年 文
『内裏五十四番詩歌合』 ❸ 1343・是年 文
『高雄曼荼羅御修覆記』 ❸ 1309・1・19 文
『託宣集』 ❸ 1313・8 月 文
『糺河原勧進猿楽日記』 ❹ 1548・7・11 文
『龍田大明神御事』 ❸ 1425・7・28 文／❹ 1537・8 月 文
『玉造小町子壮衰書』 ❸ 1450・10 月 文
『たまむしのさうし』 ❹ 1582・4 月 文
『玉藻前物語』 ❹ 1470・10 月 文／1554・7・24 文
『玉藻物語』 ❸ 1420・11・13 文／1433・5・7 文
『為家卿千首』 ❷ 1223・8 月 文
『為盛発心因縁集』 ❹ 1583・11・3 文
『知恩院本堂勧進牒』 ❸ 1432・5 月 文
『親長卿記』 ❹ 1466・是年 文
『竹馬抄』 ❸ 1383・2・9 文
『竹林抄』 ❹ 1476・5・23 文
『智興内供絵詞』 ❸ 1420・11・13 文
『痴絶和尚普説』 ❸ 1414・是年 文
『茶器名物集』 ❹ 1588・2・27 文
『籌海図編』 ❹ 1562・是年 文
『注華厳経』 ❸ 1424・1・8 政
『中将姫物語』 ❹ 1530・9・12 文
『中書王物語』 ❹ 1483・12 月 文
『中正子』 ❸ 1334・是年 文
『中尊寺建立供養願文』 ❸ 1329・8・25 文
『中庸』 ❸ 1380・8・7 文／1382・是年 文／❹ 1491・2・22 文／1545・11・13 文／1599・③・17 文
『澄覚法親王集』 ❹ 1476・5・19 文
『長恨歌』 ❹ 1582・1・27 文
『長恨歌并琵琶行秘抄』 ❹ 1543・8 月 文
『長短抄』 ❸ 1390・是年 文
『朝陳亭歌会』 ❸ 1335・5・7 文
『長禄記』 ❹ 1482・2 月 文
『長禄三年暦』 ❹ 1459・是年 文
『勅撰作者部類(和歌作者部類)』 ❸ 1337・7・6 文／1362・1・7 文
『勅撰名所部類』 ❹ 1506・6・5 文
『勅撰和歌作家目録』 ❷ 1194・3 月 文
『勅撰和歌集』 ❸ 1311・5・3 文
『千代能の草紙』 ❸ 1448・6・1 文
『塵塚物語』 ❹ 1552・11 月 文／1569・1・15 文
『散ぬ桜』 ❸ 1420・11・13 文
『塵袋』 ❷ 1281・是年 文／❹ 1508・10 月 文
『知蓮抄』 ❸ 1374・是年 文／1387・11 月 文
『頂相霊験記』 ❸ 1333・是年 文
『椿葉記』 ❸ 1434・8・27 文
『築島』 ❹ 1560・4 月 文
『筑紫道記』 ❹ 1480・10・12 文
『菟玖波集』 ❸ 1356・3・25 文／1357・⑦・11 文／❹ 1458・6・11 文／1480・3・27 文
『筑波問答』 ❸ 1369・是年 文
『付句発句集』 ❹ 1523・是年 文
『津田宗達茶湯日記』 ❹ 1548・是年 文
『堤中納言物語』 ❸ 1364・2 月 文
『津守和歌集』 ❸ 1396・9 月 文
『鶴岡社務執行次第』 ❸ 1454・是年 文
『徒然草』 ❸ 1431・3・27 文
『庭訓往来』 ❸ 1386・11・3 文／1451・是年 文
『帝系図』 ❸ 1371・7・18 文
『帝皇系図』 ❹ 1488・12・2 文
『貞甚法印集』 ❹ 1476・5・19 文
『鄭注礼記』 ❹ 1519・11 月 文
『手習往来』 ❹ 1548・1・21 文
『手爾波大概抄之抄』 ❹ 1481・是年 文
『伝阿畳字百韻』 ❸ 1413・12・5 文
『伝教大師求法書』 ❸ 1289・3・18 文
『天狗物語』 ❸ 1419・11・6 文
『天正狂言本』 ❹ 1578・7 月 文
『天正遣欧使節記』 ❹ 1585・是年 文
『天正内裏歌合』 ❹ 1580・是秋 文
『天正日本遣欧使節記』 ❹ 1586・是年 文
『伝心法要』 ❸ 1283・2 月 文
『天水抄』 ❹ 1561・11・8 文
『天台座主祇園別当并同執行補任次第』 ❸ 1367・是年 文
『天台座主補任式』 ❹ 1475・是年 文
『天台名目類聚抄』 ❸ 1402・2・21 文
『天地三国之鍛冶之惣系図暦然帳』 ❹ 1526・6・18 文
『伝燈録』 ❹ 1470・是年 文
『天王寺屋会記』 ❹ 1548・是年 文
『伝法灌頂作法』 ❸ 1363・8・11 文
『伝法正宗記』 ❸ 1287・9 月 文
『天暦御記』 ❸ 1314・6・30 文
『道因法師集』 ❹ 1475・5・22 文
『桃花蘂葉』 ❹ 1480・4・28 文
『東関紀行』 ❷ 1242・10 月頃 文
『唐紀』 ❷ 1260・4・20 文
『洞谷山置文』 ❸ 1325・7・18 文
『東斎随筆』 ❹ 1508・10・11 文
『当座百首続歌』 ❹ 1480・11・4 文
『東寺王代記』 ❸ 1436・是年 文
『東寺長者補任』 ❸ 1367・是年 文
『東寺塔供養記』 ❸ 1398・10 月 文
『長秋詠藻』 ❸ 1307・3 月 文
『東征伝』 ❹ 1458・3・7 文
『東大寺八幡転害会記』 ❹ 1482・是年 文
『唐大和上東征伝』 ❸ 1322・6 月 文／1351・是年 文
『東坡詩集』 ❹ 1501・9・17 政
『当風連歌秘事』 ❹ 1542・3・21 文
『童舞抄』 ❹ 1596・11 月 文
『東宝記』 ❸ 1352・是年 文
『同名名所部類』 ❹ 1496・12・16 文
『童蒙頌韻』 ❹ 1599・4・21 文
『唐柳先生伝』 ❸ 1312・9・27 文
『言継(ときつぐ)卿記』 ❹ 1527・是年 文
『栂尾宮舞絵』 ❸ 1408・10・16 文
『時慶卿記』 ❹ 1587・是年 文
『ドチリナ・キリシタン』 ❹ 1600・是年 文
『渡唐記録』 ❹ 1487・1・21 政
『頓証寺扁額』 ❸ 1414・12・13 文
『内局注礎抄』 ❹ 1498・是年 文
『中(長)尾落草子』 ❹ 1587・10・13 文
『長綱百首』 ❷ 1226・9・17 文
『中臣祓』 ❹ 1481・2・11 文
『仲文章書』 ❸ 1300・6・8 文
『なぐさめ』 ❸ 1418・7・18 文

『なぞだて(後奈良院御撰何曾)』 ❹ **1516**·1·20 文
『ナバルスのざんげ·ナバルロの告解提要』 ❹ **1597**·是年 文
『浪合記』 ❹ **1488**·9·18 文／**1533**·3·5 文
『南無阿弥陀仏作善集』 ❷ **1203**·是年 文
『楢葉和歌集』 ❷ **1237**·6·5 文／是年 政
『成通卿口伝日記』 ❷ **1195**·10·26 文
『南海流浪記』 ❷ **1249**·是年 文
『難太平記』 ❸ **1402**·2月 文
『南都大仏供養物語』 ❹ **1485**·5·15 文／**1537**·6·10 文
『難波梅之能』 ❸ **1413**·7·11 文／**1414**·⑦·11 文
『南北音義抄』 ❸ **1312**·是年 文
『南遊東帰集』 ❸ **1340**·4月 文
『二言抄』 ❸ **1403**·1月 文
『二十一代集』 ❹ **1587**·3·10 文
『二十二社伝』 ❹ **1489**·12·13 文
『二水記』 ❹ **1504**·是年 文
『二蔵頌義』 ❸ **1384**·是年 文／**1385**·3月 文
『日光山物忌令』 ❸ **1442**·是年 文
『日州木崎原御合戦伝記』 ❹ **1572**·5月 文
『入唐求法巡礼行記』 ❸ **1291**·10·26 文
『入唐新求聖教目録』(円仁) ❸ **1359**·4月 文
『蜷川親孝日記』 ❹ **1516**·是年 文
『二判問答』 ❹ **1478**·是年 文
『日本紀和歌註』 ❷ **1207**·5·20 文
『日本後記』 ❹ **1533**·是年 文
『日本考略』 ❹ **1523**·是年 文
『日本書』 ❸ **1341**·是年 文
日本書紀 ❸ **1286**·是年 文／**1303**·1·27 文／④·21 文／**1328**·5月 文／**1377**·11·4 文／**1428**·6·1 文／❹ **1471**·5·1 文／6·11 文／9·19 文／10·9 文／**1480**·10·21 文／11·26 文／**1497**·10月 文／**1599**·③·3 文
　『日本書紀纂疏』 ❹ **1511**·是年 文
　『日本書紀私記』 ❸ **1428**·1·15 文
　『日本書紀私見聞』 ❸ **1426**·5·8 文
　『日本書紀抄』 ❹ **1480**·是年 文／**1527**·1·30 文
『日本大師先徳名匠記』 ❹ **1580**·7·6 文
『入鏡論』 ❹ **1487**·11月 文
『入峰斧』 ❹ **1494**·3月 文
『如意輪儀軌』 ❹ **1574**·5月 文
『女院小伝』 ❸ **1352**·是年 文
『女房の官しなの事』 ❸ **1382**·2·10 文
『人天眼目』 ❹ **1471**·是年 文
『年中行事秘抄』 ❸ **1299**·是年 文
『野坂本物語』 ❹ **1575**·6·8 文
『宣胤卿記』 ❹ **1480**·是年 文
『野守鏡』 ❸ **1295**·9月 文／❹ **1479**·9·6 文
『教言卿記』 ❸ **1405**·是年 文
『俳諧独吟百韻』 ❹ **1530**·1·9 文
『俳諧之連歌独吟千句』 ❹ **1540**·10月 文
『梅花無尽蔵』 ❹ **1506**·是年 文
『梅松論』 ❸ **1420**·11·13 文／**1442**·1·3 文／❹ **1466**·8月 文／**1470**·6月 文／**1525**·2·26 文
『白山之記』 ❸ **1378**·6·30 文／**1409**·5·19 文／**1439**·6·9 文
『白氏文集』 ❸ **1352**·是年 文／**1367**·是年 文
『白鷹記』 ❸ **1327**·是年 文
『白楽天常楽里閑居詩』 ❸ **1338**·4·12 文
『箱屋刀自物語』 ❹ **1491**·2·9 文
『八代集秀逸』 ❹ **1598**·11·25 文
『八代知顕抄(定家八代抄)』 ❷ **1215**·1·13 文
『八幡愚童記』 ❸ **1375**·7·23 文／**1408**·6月 文
『八幡愚童訓』 ❹ **1458**·11·15 文
『八幡大菩薩愚童記』 ❹ **1483**·6月 文／**1546**·7·2 文
『泊瀬観音験記』 ❸ **1420**·11·13 文
『花園天皇宸記』 ❸ **1310**·是年 文
『華の秘書(池坊専応口伝書)』 ❹ **1542**·10·1 文
『花能万賀喜』 ❸ **1452**·是年 文
『はにふの物語』 ❹ **1497**·4·18 文
『播磨国大部庄内検目録』 ❸ **1337**·是年 政
『晴右公記』 ❹ **1565**·是年 文
『晴豊公記』 ❹ **1578**·是年 文
『反音作法』 ❸ **1328**·是年 文
『反音鈔』 ❸ **1299**·是年 文／**1408**·是年 文
『播州佐用軍記』 ❺-1 **1601**·3月 文
『日吉社神道秘密記』 ❹ **1582**·11月 文
『光源氏物語朱書河海抄』 ❹ **1472**·7·11 文
『髭切物語』 ❸ **1420**·11·13 文
『備前国西大寺化縁疏幷序』 ❹ **1496**·是春 文
『備前文明乱記』 ❹ **1558**·3·9 文
『筆海要津』 ❷ **1245**·是年 文
『一口物語』 ❸ **1420**·11·13 文
『ひとりごと』 ❹ **1468**·4·29 文
『日御碕社修造勧進状』 ❸ **1420**·5·26 文
『百韻連歌』 ❸ **1332**·是年 文
『百詠和歌』 ❷ **1204**·10月 文
『百首続歌』 ❸ **1450**·11·27 文
『百首和歌』 ❹ **1600**·6月 文
『百二十番連歌合』 ❹ **1521**·7·16 文
『百人一首抄』 ❹ **1478**·4·18 文／**1596**·12月 文
『百錬抄』 ❸ **1304**·5·15 文
『漂到琉球国記』 ❷ **1244**·9·28 文
『表無表章詳体文集』 ❷ **1267**·5月 文
『日吉社神役年中行事』 ❹ **1588**·⑤月 社
『比良山古人霊託』 ❷ **1239**·5月 文
『平野よみがへりの草紙』 ❹ **1513**·12·16 文／**1545**·1月 文／**1561**·6·18 文
『琵琶血脈』 ❸ **1298**·是年 文／**1358**·12·21 文
『風雅和歌集』 ❸ **1435**·8·27 文／**1344**·10月 文／**1346**·11·9 文／**1347**·12·9 文／**1348**·7·24 文／**1349**·2月 文／是年 文／❹ **1480**·4·15 文
『風姿花伝』 ❸ **1400**·是年 文／**1402**·是年 文
『諷誦文』 ❸ **1324**·5·3 文
『風葉和歌集』 ❷ **1271**·10月 文
『舞楽目録』 ❷ **1229**·10月 文
『舞曲口伝』 ❹ **1509**·⑧月 文
『袋法師太秦記』 ❹ **1481**·2月 文
『武家歌合』 ❹ **1457**·9·7 文
『賦光源氏物語』 ❸ **1291**·8月 文
『普光大幢国師諡号勅書』 ❸ **1357**·10 文
『富士紀行』 ❸ **1432**·11月 文
『富士御覧日記』 ❸ **1432**·11月 文
『富士野往来』 ❹ **1523**·8·18 文／**1584**·4·14 文
『富士の人穴の物語』 ❹ **1527**·1·26 文
『覧富士記(ふじみき)』 ❸ **1432**·11月 文
『伏見天皇宸翰歌集(広沢切)』 ❹ **1539**·6·9 文
『伏見天皇宸記』 ❹ **1518**·1·4 文
『伏見常磐』 ❹ **1598**·9月 文
『ふせやのものがたり』 ❹ **1499**·8·文
『扶桑古文集』 ❷ **1144**·是年 文
『扶桑集』 ❷ **1006**·8·6 文
『扶桑略記』 ❹ **1529**·11·21 文
『舞台図』 ❹ **1596**·11月 文
『二見浦百句』 ❷ **1186**·是年 文
『仏具装束抄』 ❸ **1412**·8·21 文
『仏舎利相伝状』 ❸ **1375**·11·2 文
『仏乗禅師度牒』 ❸ **1286**·11·8 文
『仏祖正伝菩薩戒教授文』 ❸ **1323**·28 文
『仏燈国師語録』 ❸ **1352**·是年 文
『仏日庵公物目録』 ❸ **1320**·6·23 文
『筆のすさび』 ❹ **1468**·9月 文／**1469**·12月 文
『筆結物語』 ❹ **1480**·1·11 文／**1517**·1月 文
『布留之能』 ❸ **1428**·2月 文
『文安雪千句』 ❸ **1445**·是冬 文
『文安月千句』 ❸ **1445**·8·15 文
『文安年中御番帳』 ❸ **1448**·是年 文
『豊後由原宮年中行事次第』 ❸ **1332**1月 文
『文正記』 ❹ **1466**·9月 文
『文正草子』 ❹ **1501**·⑥·4 文
『文保記』 ❸ **1318**·是年 社
『文保三年記』 ❸ **1319**·是年 文
『文鳳抄』 ❷ **1278**·5月 文
『文明一統記』 ❹ **1480**·7·28 文／**1527**·10·4 文
『文類聚抄』 ❷ **1252**·3·4 文
『平安紀行』 ❹ **1480**·是年 文
『平家勘文録』 ❸ **1363**·10·18 文／**1384**·是年 文
『平家秘巻』 ❸ **1413**·3·21 文
『平家物語』 ❷ **1259**·9月 文／❸ **1309**·是年 文／**1370**·11·29 文／**1371**·3·15 文／**1377**·6·6 文／**1401**·1·24 文／**1419**·是年 文／**1420**·11·1文／**1431**·7·28 文／**1446**·4月 文／**1452**·6·14 文／❹ **1460**·6·10 文／**1467**·1·22 文／**1472**·6·21 文／**1494**7·29 文／**1498**·5·3 文／**1522**·6月

文／**1526**・是年　文／**1530**・10・25　文／**1539**・11・2　文／**1554**・5・26　文／**1562**・10・23　文／12・1　文／**1600**・4月　文

『平治物語』　❸ **1420**・11・13　文／**1431**・7・28　文

『僻案抄』　❷ **1226**・8月　文／**1238**・是年　文／**1240**・6月　文／❹ **1544**・9・27　文

『碧厳古抄』　❹ **1513**・是年　文

『碧厳録』　❸ **1402**・是年　文／❹ **1489**・是年　文／**1503**・是年　文

『碧山日録』　❹ **1459**・是年　文

『僻連抄』　❸ **1345**・3月　文

『偏界一覧亭記』　❸ **1329**・3・10　文

『弁官補任』　❷ **1197**・是年　文

『遍口抄』　❸ **1324**・是年　文

『報恩講私記』　❹ **1468**・10月　文

『報恩抄』　❷ **1276**・7・21　文

『宝鏡抄』　❸ **1374**・是冬　文

『保元元年七月旧記』　❷ **1227**・6・27　文

『保元物語』　❸ **1318**・8・3　文／**1420**・11・13　文／**1431**・7・28　文／**1451**・4月　文／❹ **1477**・11・11　文

『法語』　❸ **1420**・11・13　文

『方丈記』　❷ **1244**・2月　文／是年　文／❹ **1539**・1・25　文

『北條重時家訓』　❸ **1347**・9・6　社

『法曹類林』　❸ **1304**・6・1　文／是年　文

『法躰装束抄』　❸ **1396**・3・18　文

『宝物集』　❸ **1420**・11・13　文

『法楽連歌』　❸ **1423**・11・23　文

『法隆寺縁起白拍子』　❸ **1364**・8・9　文

『法蓮院釈迦堂修造勧進帳』　❸ **1454**・是年　文

『反古裏(真宗相承記)』　❹ **1568**・6・18　文

『菩薩戒通別二受鈔』　❸ **1395**・9・4　文

『補施集』　❹ **1497**・8・6　文

『細川千句』　❹ **1515**・2・25　文

『細川大心院(政元)記』　❹ **1508**・2・10　文

『細川道歓邸一日千首和歌』　❸ **1414**・4・17　文

『細川両家記』　❹ **1573**・3月　文

『牡丹花詩集』　❸ **1356**・3月　文

『補注蒙求』　❹ **1596**・10月　文

『法華問答』　❸ **1338**・3月　社

『北国紀行』　❹ **1487**・是年　文

『慕風愚吟和歌集』　❸ **1421**・12月　文

『堀江物語』　❸ **1420**・11・13　文

『堀河院艶書合』　❹ **1488**・3・30　文／**1538**・6月　文

『本草色葉抄』　❸ **1284**・1月　文

『本朝皇胤紹運録』　❸ **1426**・5・14　文／❹ **1502**・6・15　文

『本朝書籍目録』　❸ **1294**・是年　文

『本朝女后名字抄』　❹ **1498**・是年　文

『本朝文書所在目録』　❸ **1441**・3・12　文

『本朝文粋』　❸ **1299**・6月　文／**1308**・11・18　文

『梵燈庵袖下集』　❸ **1384**・3月　文

『梵燈庵主返答書』　❸ **1417**・⑤・18　文

『毎月抄』　❷ **1219**・7・2　文／❸ **1337**・5・10　文／❹ **1477**・3・5　文

『舞御覧記』　❸ **1331**・是年　文

『枕草子』　❸ **1438**・12・3　文

『政基公旅引付』　❹ **1501**・是年　文

『十寸鏡(真寸鏡)』　❸ **1420**・11・13　文／**1432**・6・17　文

『増鏡』　❸ **1376**・4・15　文／❹ **1521**・2月　文／**1587**・6・2　文

『松屋会記』　❹ **1533**・是年　文

『松浦之能』　❸ **1427**・10月　文

『マルコ・ポーロ旅行記、東方見聞録』　❹ **1518**・是年　文

『万秋楽諸説秘集』　❸ **1334**・11月　文

『曼荼羅供養記』　❸ **1439**・是年　文

『万法縁起口決』　❹ **1506**・1・16　文

『万葉詞』　❸ **1375**・1月　文／**1398**・是年　文

『万葉詞百首』　❸ **1413**・是冬　文

『万葉集』　❸ **1328**・3・16　文／**1366**・5月　文／**1374**・是秋　文／**1375**・11・25　文／**1424**・4・3　文

『万葉集註釈』　❸ **1347**・是年　文

『水鏡』　❸ **1420**・11・13　文／**1426**・11・16　文／❹ **1478**・8・10　文

『道ゆさぶり』　❸ **1378**・3・18　文

『美濃千句』　❹ **1472**・12・16　文

『御裳濯和歌集』　❷ **1233**・7月　文

『都のつと』　❸ **1367**・是春　文

『宮田前大宮司家領記』　❸ **1368**・是年　文

『妙法治世集』　❹ **1465**・10・15　社

『未来記』　❹ **1492**・12・19　文／**1495**・是年　文

『三輪大明神縁起』　❸ **1318**・是年　社

『明主勅書』　❸ **1407**・5・25　文

『民経記(経光記・経光卿記・中光記)』　❷ **1226**・是年　文

『昔女房の一口物語』　❸ **1448**・8月　文

『向書』　❷ **1205**・2・24　文

『武蔵野紀行』　❹ **1546**・是年　文

『夢汝南慧徹詩』　❹ **1514**・2月　文

『夢跡一紙』　❸ **1432**・9月　文

『夢想百韻』　❸ **1445**・3・18　文

『夢中問答』　❹ **1466**・2・28　文

『夢中問答集』　❸ **1342**・9月　文／**1344**・10・8　文

『宗清たて花伝書』　❹ **1529**・11・5　文

『無明法性合戦状』　❹ **1527**・3月　文

『室町殿御鞠次第』　❸ **1450**・3・16　文

『名医伝略』　❹ **1598**・是年　文

『明疑抄』　❸ **1455**・11・7　文

『名香合』　❹ **1502**・6月　文

『銘尽』　❸ **1423**・12・21　文

『明徳記』　❸ **1396**・7月　文／**1434**・2・9　文／**1448**・4月　文／❹ **1527**・11・13　文

『明徳二年記録断簡』　❸ **1391**・是年　文

『蒙求』　❸ **1345**・5・9　文

『蒙求和歌』　❷ **1204**・10月　文

『孟子』　❸ **1369**・5月　文／**1381**・9・27　文／**1448**・8・15　社／**1454**・7・3　文／❹ **1516**・10・17　文

『孟子注疏』　❹ **1495**・3・16　文

『毛詩』　❸ **1422**・6・12　文／**1449**・3・7　文／❹ **1489**・2・4　文／**1513**・6・1　文／**1539**・是年　文

『毛詩鄭箋』　❹ **1513**・5・6　文

『孟津抄』　❹ **1575**・7・7　文

『毛端私珍抄』　❸ **1455**・是年　文

『もくれんのさうし』　❹ **1531**・⑤・2　文

『守光公記』　❹ **1513**・3月　文

『師守記』　❸ **1339**・是年　文

『文選』　❸ **1282**・10・26　文／**1330**・2月　文／**1374**・10月　文／❹ **1560**・6・7　文

『問答肝要抄』　❸ **1325**・5・17　文

『門徒古事』　❸ **1425**・12・13　文

『門葉記』　❸ **1352**・12月　文

『八雲口伝』　❹ **1598**・5・4　文

『八雲御抄』　❷ **1221**・7月　文／❸ **1313**・12月　文／**1337**・3・25　文

『柳葉和歌集』　❷ **1266**・是年　文

『柳本』　❸ **1387** 是年　文

『流鏑馬次第』　❸ **1436**・8月　文

『山内料理書』　❹ **1497**・是年　文

『山城国東京三條京極寺八幡宮之縁起』　❹ **1479**・1月　文

『大和物語』　❹ **1596**・8・3　文

『山名奥州謀叛事』　❸ **1416**・7・3　文

『遊仙窟』　❸ **1321**・9・4　文

『雪山童子』　❹ **1517**・是年　文

『夢記』　❷ **1204**・5・13　社

『湯山三吟注』　❹ **1538**・是年　文

『湯山千句抄』『聾盲記』『鷹書』　❹ **1504**・是年　文

『湯山四人百首』　❸ **1452**・4・7　文

『葉黄記』　❷ **1230**・是年　文

『養生論』　❹ **1540**・是年　文

『瑤雪集』　❹ **1596**・1・19　文

『耀天記』　❷ **1223**・是年　文

『養鷹秘抄』　❸ **1447**・5月　文

『翼解華厳大疏』　❸ **1334**・是年　文

『よしなしごと(堤中納言物語)』　❸ **1385**・3月　文

『吉野行宮百番歌合』　❸ **1376**・是年　文

『吉野拾遺』　❸ **1358**・是冬　文

『万安方』　❸ **1316**・正和年間　文

『よろづの御のり』　❹ **1483**・2・7　文

『四体千字文』　❹ **1550**・8月　文

『礼記』　❸ **1439**・2月　文

『礼法指針』　❹ **1581**・是年　社

『落書露顕』　❸ **1387**・11・12　文

『洛中東寺領目録』　❹ **1486**・是年　文

『落葉集』　❹ **1598**・是年　文

『ラテン語辞書典』　❹ **1564**・是年　文

『りうりの書』　❹ **1573**・3月　文

『李嶠雑詠廿首』　❷ **1277**・是年　文

『六義』　❸ **1428**・3・9　文

『六韜』　❹ **1499**・11・28　文／**1599**・5月　文／**1600**・4月　文

『履践集』　❸ **1351**・8月　文

『立正安国論』　❷ **1260**・7・16 政、文／**1268**・①・18　社

『立正治国論』　❸ **1439**・是年　文

『略本方丈記』　❹ **1488**・12・13　文

『隆弁法印西上記』　❷ **1251**・1月　文

『隆源僧正五十首』　❸ **1396**・4・22　文

『龍涎集』　❸ **1407**・是年　社

『楞伽寺記』　❸ **1351**・是年　文

『令義解』　❸ **1362**・5・15　文／❹ **1510**・4・25　文

『了俊歌学書』　❸ **1410**・8・21　文

『了俊下草』　❸ **1380**・4・28　文

『了俊大草紙』　❸ **1395**・是年　文

『了俊日記』　❸ **1412**・3 月　文
『了俊弁要抄』　❸ **1409**・7 月　文
『両部曼陀羅私鈔』　❹ **1491**・11 月　文
『霊蘭集』　❹ **1472**・12 月　文
『旅宿問答』　❹ **1507**・12・8　文
『臨済録』　❹ **1464**・7・4　文／ **1490**・8・11　文／ **1512**・6・18　文
『類字源語抄』　❸ **1322**・是年　文／ **1431**・12 月　文
『類聚国史』　❹ **1527**・7・5　文
『類聚三代格』　❷ **1089**・是年　文／❹ **1528**・12 月　文
『類聚神祇本源』　❸ **1320**・1 月　文
『霊巌禅寺縁起』　❸ **1394**・11・24　文
『歴代君鑑』　❹ **1461**・是年　文
『歴代最要抄』　❸ **1359**・1・18　文
『歴代序略』　❹ **1545**・是年　文／ **1554**・11 月　文
『暦林問答』　❸ **1413**・1 月　文
『連阿装束抄』　❸ **1366**・9・6　文
『連阿不足口伝抄』　❸ **1366**・10・3　文
『連歌会席禁制』　❹ **1489**・是年　文
『連歌愚句』　❸ **1450**・是年　文
『連歌口伝抄』　❹ **1458**・3・6　文
『連歌執筆作法』　❹ **1462**・8 月　文
『連歌至宝抄』　❹ **1585**・是秋　文
『連歌十門最秘抄』　❹ **1489**・10・17　文
『連歌十様』　❸ **1379**・5 月　文
『連歌初学抄』　❸ **1452**・11 月　文
『連歌初心抄』　❹ **1528**・1・11　文
『連歌新式』　❹ **1501**・6 月　文／ **1597**・2 月　文
『連歌新式令案』　❸ **1452**・11 月　文
『連歌撰善集』　❹ **1551**・12 月　文
『連歌之覚悟』　❹ **1512**・9 月　文
『連歌之事』　❹ **1554**・5・18　文
『連歌比況集』　❹ **1553**・是年　文
『連歌本式』　❹ **1492**・12 月　文
『連珠合璧集』　❹ **1476**・是年　文
『蓮性陳状』　❷ **1248**・9 月　文
『蓮如上人遺徳記』　❹ **1524**・8・3　文
『蓮如上人御一期記』　❹ **1580**・9 月　文
『連理秘抄』　❸ **1349**・7・17　文
『朗詠題詩歌』　❸ **1338**・是年　文
『朗詠要集』　❸ **1292**・是年　文
『朗詠要抄』　❸ **1309**・是年　文
『弄花抄』　❹ **1560**・4・5　文
『老子』　❹ **1485**・8・30　政
『老子道徳経』　❸ **1373**・9・26　文／ **1386**・是年　文
『老松堂日本行録』　❸ **1420**・10 月　文
『鹿足之次第』　❹ **1477**・是年　文
『六輪一露』　❹ **1456**・1 月　文
『六輪一露之記』　❸ **1455**・是秋　社
『六輪一露秘注』　❹ **1465**・8 月　文／ **1466**・3・29　文
『六家抄』　❹ **1505**・8・15　文
『論語』　❷ **1267**・5・30　文／❸ **1303**・9・25　文／ **1337**・是年　文／ **1418**・7・4　文／ **1433**・8・29　文／ **1455**・9・3　文／❹ **1459**・4・23　文／ **1466**・4・28　文／ **1473**・10・13　社／ **1474**・12・25　文／ **1498**・是年　文／ **1499**・8 月　文／ **1533**・8・5　文／ **1550**・4 月　文／ **1576**・6 月　文
　『論語集解』　❷ **1228**・6・15　文／❸ **1315**・6・7　文／ **1320**・是年　文／ **1331**・6 月　文／ **1362**・11 月　文／ **1364**・5 月　文／ **1449**・是年　文／❹ **1489**・6・18　文／ **1499**・8 月　文／是年　文
　『論語集註』　❷ **1247**・5 月　文
　『論語抄』　❹ **1475**・11 月　文
『和歌一字抄』　❷ **1153**・仁平年間　文
『和歌肝要』　❸ **1374**・是年　文
『若気勧進帳』　❹ **1482**・8・10　文
『和歌聞書』　❹ **1559**・是年　文
『若気嘲哢物語』　❹ **1548**・6 月　文
『若狭国守護職次第』　❸ **1422**・是年　文
『和歌集心体抄抽肝要』　❸ **1383**・3 月　文
『若衆教訓の和歌』　❹ **1509**・2・16　文
『和歌深秘抄』　❹ **1493**・4 月　文
『和歌庭訓抄』　❸ **1326**・6・18　文
『和哥秘抄』　❸ **1402**・8 月　文
『和歌秘々』　❸ **1401**・10 月　文
『和漢兼作集』　❷ **1280**・是年　文
『和漢朗詠集』　❷ **1013**・是年　文／ **1018**・此頃　文／❸ **1332**・10・28　文／ **1451**・6・26　文／❹ **1486**・9・20　文／ **1580**・是年　文／ **1597**・4・13　文／ **1600**・是年　文
『和漢朗詠集和談鈔』　❸ **1405**・是年　文
『和語燈録』　❷ **1275**・1・25　文
『和名抄』　❷ **1011**・1・20　文
『倭名類聚抄』　❸ **1283**・8・9　文

江戸時代

『愛日斎随筆』　❺-2 **1796**・是年　文
『愛日楼文詩』　❺-2 **1829**・是年　文
『哀謝家山』　❺-2 **1775**・是年　文
『藍田文集二稿』　❺-2 **1794**・是年　文
『会津孝子伝』　❺-2 **1742**・是年　文
『会津農書』　❺-1 **1684**・是年　文
『会津藩家世実紀』　❺-2 **1815**・7・16　文
『会津風土記』　❺-1 **1666**・8・6　文
『葵花集』　❺-1 **1674**・是年　文
『青葛葉』　❺-1 **1699**・是年　文
『青すだれ』　❺-1 **1703**・是年　文
『青木賊(とくさ)』　❺-2 **1784**・是年　文
『青砥藤綱模稜案』　❺-2 **1812**・是年　文
『青根が峰』　❺-2 **1785**・是年　文
『青標紙』　❺-2 **1840**・是年　文／ **1841**・6・9　文
『赤県太古伝』　❺-2 **1827**・是年　文
『赤烏帽子都気質』　❺-2 **1772**・是年　文
『赤木昔物語』　❺-2 **1822**・是年　文
『明石山庄記』　❺-1 **1672**・12 月　文
『啞科初言』　❺-2 **1782**・是年　文
『県門遺稿』　❺-2 **1811**・是年　文
『赤本智恵鑑』　❺-2 **1770**・是年　文
『秋雨物語』　❺-2 **1799**・是年　文
『秋野七草考』　❺-2 **1812**・是年　文
『あぐちの判官』　❺-1 **1637**・是年　文
『悪恋水鏡』　❺-1 **1682**・是年　文
『あけ烏』　❺-2 **1773**・是年　文
明烏後正夢　❺-2 **1819**・是年　文
　『明烏後正夢発端』　❺-2 **1823**・是年　文
『阿古義物語』　❺-2 **1810**・是年　文／ **1826**・是年　文／ **1827**・是年　文
『阿姑麻伝』　❺-2 **1777**・是年　文
『朝倉雑話』　❺-2 **1806**・是年　文
『浅瀬のしるべ』　❺-2 **1805**・是年　文
『足利学校蔵書目録』　❺-2 **1797**・是
文
『葦間月浪華一節』　❺-2 **1827**・是年　文
『阿釈内證嘶』　❺-2 **1762**・是年　文
『芦分船』　❺-1 **1675**・是年　文
『飛鳥川』　❺-1 **1652**・是年　文
『あだごとだんぎ』　❺-1 **1699**・是年　文
『あ立た千句』　❺-1 **1668**・是年　文
『頭書古今和歌集遠鏡』　❺-2 **1843**・
年　文
『あだ物語』　❺-1 **1640**・是年　文
『阿淡産志』　❺-2 **1816**・是年　文
『阿淡年表秘録』　❺-2 **1851**・12 月　文
『熱田三歌仙』　❺-2 **1775**・是年　文
『熱田皺筥物語』　❺-1 **1695**・是年　文
『東歌』　❺-2 **1803**・是年　文
『吾妻鏡(東鑑)』　❺-1 **1604**・3・20　文／ **1605**・3 月　文／ **1608**・1 月　文／ **1624**・是春　文／ **1661**・8・10　文
『東鑑仮名本』　❺-1 **1668**・是年　文
『吾妻紀行』　❺-1 **1691**・是年　文
『吾妻箏譜(あずまことうた)』　❺-2 **1809**・是年　文
『東日記』　❺-1 **1675**・是年　文／ **1681**・是年　文
『東風流(あずまぶり)』　❺-2 **1756**・
年　文
『吾妻舞』　❺-2 **1741**・是年　文
『あづまめぐり』　❺-1 **1643**・是年　文
『あづま物語』　❺-1 **1642**・6 月　社
『吾妻余五郎双蝶記』　❺-2 **1813**・是
文
『敦盛源平桃』　❺-2 **1741**・是年　文
『亜墨竹枝』　❺-2 **1847**・弘化年間　文
『天草四郎島原物語』　❺-1 **1666**・是
文
『海人のくぐつ(傀儡)』　❺-2 **1850**・
年　文
『雨夜物語だみことば』　❺-2 **1777**・
年　文
『阿弥陀本地』　❺-1 **1644**・是年　文
『阿弥陀むねわり』　❺-1 **1651**・是年　文
『阿弥陀裸物語』　❺-1 **1656**・是年　文
『売飴(あめうり)土平伝』　❺-2 **1769**
是年　文
『あやしき』　❺-1 **1683**・是年　文
『操競三人女』　❺-2 **1823**・是年　文
『脚結抄』　❺-2 **1773**・是年　文／ **1778**・是年　文
『曠野』　❺-1 **1689**・是年　文
『曠野後集』　❺-1 **1693**・是年　文
『あり塚』　❺-2 **1770**・是年　文
『有馬温泉記』　❺-1 **1677**・是年　文
『有馬紀行』　❺-2 **1827**・是年　文
『有馬小鑑』　❺-1 **1675**・是年　文
『有馬地志』　❺-1 **1664**・是年　文
『有馬山名所記』　❺-1 **1672**・是年　文
『有馬湯山記』　❺-1 **1711**・是年　文
『鴉鷺俳諧』　❺-1 **1646**・是年　文
『淡国通記』　❺-1 **1697**・是年　文
『阿波志』　❺-2 **1815**・是年　文
『淡路農歌』　❺-2 **1825**・是年　文

『粟津原』 ❺-1 **1710**・是年 文
『阿波之鳴門』 ❺-2 **1807**・是年 文
『杏園詩集』 ❺-2 **1820**・是年 文
『諳厄利亜人性情志』 ❺-2 **1825**・是年 文
『按腹図解』 ❺-2 **1827**・是年 文
『安楽間弁』 ❺-2 **1779**・是年 文
『庵桜』 ❺-1 **1685**・是年 文
『医学功要指南』 ❺-1 **1714**・是年 文
『医学至要抄』 ❺-1 **1699**・是年 文
『伊香保記』 ❺-1 **1643**・寛永年間 文
『壱岐神明記』 ❺-1 **1679**・是年 文
『粋包丁』 ❺-2 **1795**・是年 文
『医教正意』 ❺-1 **1679**・是年 文
『異形仙人づくし』 ❺-1 **1689**・是年 文
『生玉心中』 ❺-1 **1715**・是年 文
『生玉万句』 ❺-1 **1673**・是年 文
『為愚痴物語』 ❺-1 **1662**・是年 文
『池の藻屑』 ❺-2 **1771**・是年 文
『夷国滑稽羽栗毛』 ❺-2 **1807**・是年 文
『彙刻書目外集』 ❺-2 **1820**・是年 文
『異国日記』(金地院) ❺-1 **1713**・7・22 文
『異国物語』 ❺-1 **1658**・是年 文
『異国来往記』 ❺-1 **1686**・是年 文／**1696**・是年 文
『十六夜日記残月抄』 ❺-2 **1821**・是年 文／**1824**・是年 文
『石組園生八重垣伝』 ❺-2 **1829**・是年 社
『石なとり』 ❺-1 **1713**・是年 文
『石橋山合戦』 ❺-1 **1661**・是年 文
『石山寺入相鐘』 ❺-1 **1676**・是年 文
『異称日本伝』 ❺-1 **1688**・是年 文／**1693**・是年 文
『為人鈔』 ❺-1 **1662**・是年 文
『出雲風土記』 ❺-1 **1634**・7月 文
『いせ踊』 ❺-1 **1668**・是年 文
『伊勢躍音頭集』 ❺-1 **1674**・是年 文
『伊勢紀行』 ❺-2 **1850**・是年 文
『伊勢崎風土記』 ❺-2 **1798**・是年 文
『伊勢参宮案内記』 ❺-1 **1707**・是年 文
『伊勢参宮名所図会』 ❺-2 **1797**・是年 文
『伊勢正直集』 ❺-1 **1662**・是年 文
『伊勢神名略記』 ❺-1 **1694**・是年 文
『伊勢大神宮参詣記』 ❺-1 **1684**・是年 文
『伊勢大神宮神異記』 ❺-1 **1666**・是年 文
『伊勢大神宮法楽連歌』 ❺-1 **1661**・1・11 文
『伊勢物語』 ❺-1 **1606**・是年 文／**1608**・5月 文／**1614**・7・14 文／**1628**・12月 文／**1644**・2・15 文／**1664**・10月 文
『伊勢物語愚案抄』 ❺-1 **1607**・是年 文
『伊勢物語愚見抄』 ❺-1 **1673**・是年 文
『伊勢物語闕疑抄』 ❺-1 **1648**・是年 文／**1653**・是年 文
『伊勢物語古意』 ❺-2 **1793**・是年 文
『伊勢物語残考』 ❺-2 **1808**・是年 文
『伊勢物語集註』 ❺-1 **1652**・是年 文
『伊勢物語拾穂抄』 ❺-1 **1680**・是年 文
『伊勢物語章甫鈔』 ❺-2 **1752**・是年 文
『伊勢物語抒海』 ❺-1 **1655**・是年 文
『伊勢物語初冠』 ❺-1 **1660**・是年 文
『伊勢物語新釈』 ❺-2 **1813**・是年 文／**1815**・是年 文／**1818**・是年 文
『伊勢物語新抄』 ❺-1 **1668**・是年 文
『伊勢物語大成』 ❺-1 **1697**・是年 文
『伊勢物語頭書抄』 ❺-1 **1679**・是年 文
『伊勢物語秘訣抄』 ❺-1 **1679**・是年 文
『伊勢物語傍註』 ❺-2 **1776**・是年 文
『伊勢山田俳諧集』 ❺-1 **1650**・是年 文
『石上私淑言』 ❺-2 **1763**・是年 文／**1816**・是年 文
『磯乃洲崎』 ❺-2 **1843**・是年 文
『磯の波』 ❺-2 **1747**・是年 文
『伊曾保物語絵入本』 ❺-1 **1659**・是年 文
『異素六帖』 ❺-2 **1757**・是年 文
『異体字弁』 ❺-1 **1689**・是年 文
『潮来婦志』 ❺-2 **1829**・是年 文／**1841**・是年 文
『井田図考』 ❺-2 **1726**・是年 文
『板橋雑記』 ❺-2 **1772**・是年 文
『伊丹発句合』 ❺-1 **1714**・是年 文
『一月三夜之会』 ❺-1 **1703**・是年 文
『一字御抄』 ❺-1 **1690**・是年 文
『一代要記』 ❺-1 **1680**・4・29 文
『一の谷逆落』 ❺-1 **1643**・是年 文
『一のもり』 ❺-2 **1775**・是年 文
『一角纂考』 ❺-2 **1795**・是年 文
『一休関東咄』 ❺-1 **1672**・是年 文
『厳島図会』 ❺-2 **1842**・是年 文
『逸史』 ❺-2 **1799**・是年 文
『一絲和尚夜話』 ❺-1 **1643**・是年 文
『一本草』 ❺-1 **1669**・是年 文
『一本堂薬選』 ❺-2 **1731**・是年 文
『いづみがじやう』 ❺-1 **1636**・是年 文
『糸桜形見釵』 ❺-2 **1827**・是年 文
『糸桜本朝文粋』 ❺-2 **1810**・是年 文
『以登柳(糸柳)』 ❺-2 **1840**・是年 文
『田舎句合』 ❺-1 **1680**・是年 文
『田舎源氏』 ❺-2 **1842**・8・23 文
『田舎講釈』 ❺-2 **1815**・是年 文
『田舎芝居忠臣蔵』 ❺-2 **1813**・是年 文
『田舎談義』 ❺-2 **1790**・是年 文
『田舎荷物』 ❺-2 **1742**・3月 政
『因幡志』 ❺-2 **1795**・是年 文
『稲葉集』 ❺-2 **1824**・是年 文
『犬居士』 ❺-1 **1690**・是年 文
『犬新山家』 ❺-2 **1733**・是年 文
『犬菟玖波集』 ❺-1 **1643**・寛永年間 文
『犬徒然』 ❺-1 **1619**・是年 文／**1653**・是年 文
『狗張子』 ❺-1 **1690**・是年 文
『犬方丈記』 ❺-1 **1682**・是年 文
『異年号考』 ❺-2 **1804**・是年 文
『云波草』 ❺-2 **1737**・是年 文
『異本洞房語園』 ❺-2 **1720**・是年 文
『今川状』 ❺-1 **1630**・是年 文
『今川当世状』 ❺-1 **1713**・是年 文
『今源氏空船』 ❺-2 **1716**・是年 政
『今宮草』 ❺-2 **1734**・是年 文
『今様職人尽百人一首』 ❺-2 **1736**・是年 文
『当世下手談義(いまようへただんぎ)』 ❺-2 **1752**・1月 社／是年 文
『今四家絶句』 ❺-2 **1815**・是年 文
『異名分類抄』 ❺-2 **1793**・是年 文
『芋がしら』 ❺-2 **1727**・是年 文
『祖谷山日記』 ❺-2 **1826**・8・16 文
『伊洛三子伝心録』 ❺-1 **1672**・是年 文
『伊羅古の雪』 ❺-2 **1753**・是年 文
『色男其所此所』 ❺-2 **1787**・是年 文
『色好乃人式』 ❺-2 **1785**・是年 文
『色伝授』 ❺-2 **1720**・8・18 文
『いろは蔵水滸伝』 ❺-2 **1850**・是年 文
『いろは詞抄』 ❺-1 **1606**・是年 文
『以呂波字考録』 ❺-2 **1736**・是年 文
『以呂波声母伝』 ❺-2 **1746**・是年 文
『以呂波草紙』 ❺-2 **1823**・是年 文
『以呂波問弁』 ❺-2 **1764**・是年 文
『岩井櫛粂野仇討』 ❺-2 **1808**・是年 文
『岩つゝじ』 ❺-1 **1713**・是年 文
『いわや物語』 ❺-1 **1608**・11・15 文
『韻学階梯』 ❺-2 **1834**・是年 文
『韻学筌蹄』 ❺-2 **1794**・是年 文
『因果物語』 ❺-1 **1661**・是年 文
『因帰算歌』 ❺-1 **1640**・是年 文
『韻鏡開奩』 ❺-1 **1627**・是年 文
『韻鏡古音正図』 ❺-2 **1773**・是年 文
『韻鏡諸抄大成』 ❺-1 **1705**・是年 文
『韻鏡図解綱目』 ❺-1 **1702**・是年 文
『韻鏡問答抄』 ❺-1 **1687**・是年 文
『韻学秘典』 ❺-1 **1621**・是年 文
『隠州視聴合記』 ❺-1 **1667**・是年 政
『韻塞』 ❺-1 **1696**・是年 文
『陰徳太平記』 ❺-1 **1712**・是年 文
『印度蔵志』 ❺-2 **1826**・是年 文
『印判秘訣集』 ❺-2 **1743**・是年 文
『因明初学鈔』 ❺-1 **1698**・是年 文
『因明入正理論疏瑞源記』 ❺-1 **1704**・是年 文
『うひ山踏』 ❺-2 **1798**・是年 文
『うゐらう(外郎)売のせりふ』 ❺-2 **1718**・是年 文
『魚釣手引種』 ❺-2 **1851**・是年 文
『浮牡丹全伝』 ❺-2 **1809**・是年 文
『浮世一体花街問答』 ❺-2 **1822**・是年 文
『浮世形六枚屏風』 ❺-2 **1821**・是年 文
『浮世くらべ』 ❺-2 **1774**・是年 文
『浮世風呂』 ❺-2 **1809**・1月 文
『浮世物語』 ❺-1 **1673**・是年 文
『鶯笛』 ❺-1 **1673**・是年 文
『雨月物語』 ❺-2 **1768**・3月 文／

1776·是年 文
『うけらが花』 ❺-2 1802·是年 文／1822·是年 文
『迂言』 ❺-2 1840·是年 文
『宇佐八幡のゆらい』 ❺-1 1665·是年 文
『氏富家千句』 ❺-1 1679·7·25 文
『宇治の姫切』 ❺-1 1658·是年 文
『宇治法師』 ❺-1 1702·是年 文
『雨新庵詩集』 ❺-2 1766·是年 文
『薄雲猫旧話』 ❺-2 1812·是年 文
『薄紫宇治曙』 ❺-2 1850·是年 文
『薄雪物語』 ❺-1 1632·12 月 文
『鶉衣』 ❺-2 1787·是年 文
『謡之秘書』 ❺-1 1652·是年 文
『歌がたり』 ❺-2 1808·是年 文
『歌系図』 ❺-2 1782·是年 文
『歌のしるべ』 ❺-2 1829·是年 文
『歌袋』 ❺-2 1793·是年 文
『宇陀法師』 ❺-1 1702·是年 文
『歌枕名寄』 ❺-1 1659·是年 文
『雨中問答』 ❺-2 1776·是年 文
『団扇絵づくし』 ❺-1 1684·是年 文
『靱随筆』 ❺-2 1759·是年 文
『宇津保物語』 ❺-1 1605·1·23 文
『優曇華物語』 ❺-2 1804·是年 文
『惚己先生夜話』 ❺-2 1768·是年 文
『卯花山』 ❺-1 1694·是年 文
『海乃幸』 ❺-2 1778·是年 文
『梅のかほり』 ❺-1 1687·是年 文
『浦の汐貝』 ❺-2 1845·是年 文
『瓜つくり』 ❺-1 1691·是年 文
『運気論奥疏鈔』 ❺-1 1665·是年 文
『雲錦翁家集』 ❺-2 1831·是年 文
『雲根志』(石の研究誌) ❺-2 1773·是年 文／1801·是年 文
『雲如山人集』 ❺-2 1843·是年 文
『運筆麁画』 ❺-2 1749·是年 文
『雲龍九郎偸盗伝』 ❺-2 1827·是年 文
『詠歌大概抄』 ❺-1 1668·是年 文
『詠史百絶』 ❺-2 1842·是年 文
『詠物茄彙』 ❺-2 1780·是年 文
『英雄軍談』 ❺-2 1736·是年 文
『英和対訳袖珍辞書』 ❻ 1862·是年 文
『易』 ❺-1 1695·3·1 文
『易学啓蒙諺解大成』 ❺-1 1684·是年 文
『易学小筌』 ❺-2 1754·是年 文
『易学折中』 ❺-2 1764·是年 文
『易学弁疑』 ❺-2 1767·是年 文
『易経』 ❺-1 1700·11·21 文
『易繫辞解』 ❺-1 1679·是年 文
『絵兄弟』 ❺-2 1794·是年 文
『蝦夷方言藻汐草』 ❺-2 1792·是年 文
『蝦夷本草志科』 ❺-2 1799·是年 文
『枝若葉』 ❺-2 1743·是年 文
『越後記』 ❺-1 1682·是年 文
『越後名寄』 ❺-2 1756·12 月 文
『越後野志』 ❺-2 1815·是年 文
『閩甫食物本草』 ❺-1 1671·4 月 文
『江戸筏』 ❺-2 1716·是年 政
『江戸内めぐり』 ❺-2 1746·是年 文
『江戸生艶気樺焼』 ❺-2 1785·是年 文
『江戸鹿子』 ❺-1 1687·是年 文
『江戸三吟』 ❺-1 1678·是年 文
『江戸十歌仙』 ❺-1 1678·是年 文
『江戸新道』 ❺-1 1678·是年 文
『江戸菅笠』 ❺-2 1736·是年 文
『江戸砂子』 ❺-2 1732·是年 文
『江戸惣鹿子』 ❺-1 1689·是年 文
『江戸惣鹿子名所大全』 ❺-1 1690·是年 文／❺-2 1792·是年 文
『江戸塵拾』 ❺-2 1767·是年 文
『江戸当時諸家人名録』 ❺-2 1815·是年 文
『江戸通り町』 ❺-1 1678·是年 文
『江戸の花海老』 ❺-2 1782·是年 文
『江戸八百韻』 ❺-1 1678·是年 文
『江戸春一夜千両』 ❺-2 1786·是年 文
『江戸繁盛記』 ❺-2 1831·是年 文／1832·是年 文／1842·8·23 文
『江戸百化物』 ❺-2 1758·是年 文
『江戸広小路』 ❺-1 1678·是年 文
『江戸武家名尽時の逸物』 ❺-1 1671·是年 文
『江戸節根元記』 ❺-2 1817·文化年間 文
『江戸蛇之鮓』 ❺-1 1679·是年 文
『江戸弁慶』 ❺-1 1680·是年 文
『江戸前噺鰻』 ❺-2 1808·是年 文
『江戸町鑑』 ❺-2 1730·5 月 文
『江戸みやげ』 ❺-2 1781·是年 文
『江戸紫手染色揚』 ❺-2 1837·是年 文
『江戸名勝誌』 ❺-2 1746·是年 文
『江戸名所記』 ❺-1 1662·是年 文
『江戸名所図会』 ❺-2 1800·寛政年間 文／1833·是年 文／1834·是年 文／1836·是年 文
『江戸名所独案内』 ❺-2 1845·是年 文
『江戸名物鹿の子』 ❺-2 1733·是年 文
『江戸遊覧花暦』 ❺-2 1827·是年 社
『江戸両吟集』 ❺-1 1676·是年 文
『犬子集(えのこしゅう)』 ❺-1 1633·是年 文
『江の島土産』 ❺-2 1809·是年 文
『蛭子大黒壮年過(えびすだいこくわかげのあやまり)』 ❺-2 1778·是年 文
『絵本吾妻抉』 ❺-2 1786·是年 文
『絵本曙草』 ❺-2 1770·是年 文
『絵本浅香山』 ❺-2 1739·是年 文
『絵本吾嬬鑑』 ❺-2 1787·是年 文
『絵本東土産』 ❺-2 1801·是年 文
『絵本家賀御伽』 ❺-2 1752·是年 文
『絵本伊賀越孝勇伝』 ❺-2 1802·是年 文
『絵本異国一覧』 ❺-2 1799·是年 文
『絵本衣服雛形模様』 ❺-2 1728·是年 文
『絵本石見英雄録』 ❺-2 1848·是年 文
『絵本栄家種』 ❺-2 1790·是年 文
『絵本英雄鑑』 ❺-2 1790·是年 文
『絵本江戸土産』 ❺-2 1851·是年 文
『絵本江戸紫』 ❺-2 1764·是年 文
『絵本御伽品鏡』 ❺-2 1730·是年 文
『絵本女貞木』 ❺-2 1745·是年 文
『絵本敵討待山話』 ❺-2 1804·是年 文
『絵本亀尾山』 ❺-2 1747·是年 文
『絵本戯場年中鑑』 ❺-2 1803·是年 文
『絵本金龍山浅草千本桜』 ❺-2 173
是年 文
『絵本工夫之錦』 ❺-2 1798·是年 文
『絵本孝経』 ❺-2 1834·是年 文
『絵本小倉錦』 ❺-2 1740·是年 文
『絵本故事談』 ❺-1 1714·是年 文
『絵本詞の花』 ❺-2 1787·是年 文
『絵本婚礼手引草』 ❺-2 1769·是年 文
『絵本さゞれ石』 ❺-2 1766·是年 文
『絵本更科草紙』 ❺-2 1811·是年 文
『絵本垣衣草(えほんしのぶぐさ)』 ❺-2 1750·是年 文
『絵本信夫摺』 ❺-2 1750·是年 文
『絵本拾遺信長記』 ❺-2 1804·是年 文
『絵本酒宴鑑』 ❺-2 1769·是年 文
『絵本浄瑠璃絶句』 ❺-2 1815·是年 文
『絵本諸芸錦』 ❺-2 1763·是年 文
『絵本駿河舞』 ❺-2 1790·是年 文
『絵本太閤記』 ❺-2 1797·是年 文／1804·是年 文
『絵本宝七種』 ❺-2 1791·是年 文／1804·是年 文
『絵本玉かづら』 ❺-2 1736·是年 文
『絵本虫撰』 ❺-2 1788·是年 文
『絵本千代の春』 ❺-2 1765·是年 文
『絵本千代松』 ❺-2 1767·是年 文
『絵本通俗三国策』 ❺-1 1704·是年 文
『絵本徒然草』 ❺-2 1740·是年 文
『絵本庭訓往来』 ❺-2 1828·是年 文
『絵本答話鑑』 ❺-2 1729·是年 文
『絵本常磐草』 ❺-2 1730·是年 文
『絵本直指宝(えほんねさしたから)』 ❺-2 1745·是年 文
『絵本年代記』 ❺-2 1802·是年 文
『絵本初音森』 ❺-2 1761·是年 文
『絵本花葛蘿』 ❺-2 1764·是年 文
『絵本花の緑』 ❺-2 1763·是年 文
『絵本福寿草』 ❺-2 1737·是年 文
『絵本満都鑑』 ❺-2 1779·是年 文
『絵本見立仮譬尽』 ❺-2 1783·是年 文
『絵本美奈能川』 ❺-2 1733·是年 文
『絵本物見岡』 ❺-2 1785·是年 文
『絵本八千代草』 ❺-2 1768·是年 文
『絵本大和錦』 ❺-2 1743·是年 文
『絵本倭比事』 ❺-2 1741·是年 文
『絵本大和童』 ❺-2 1724·是年 文
『絵本和歌浦』 ❺-2 1734·是年 文
『絵本童の的』 ❺-2 1767·是年 文
『円戒指掌』 ❺-2 1787·是年 文
『煙霞綺談』 ❺-2 1770·是年 文
『烟花清談』 ❺-2 1776·是年 文
『艶歌選』 ❺-2 1776·是年 文
『延喜儀式』 ❺-2 1753·8·3 文
『延喜式』 ❺-1 1643·3·21 文／1647·是年 文／1648·是年 文／❺-2 1828·7·5 文
『延喜式祝詞解』 ❺-2 1746·是年 文
『遠近集』 ❺-1 1666·是年 文
『縁結娯色の糸』 ❺-2 1839·是年 文
『円珠庵雑記』 ❺-2 1812·是年 文

『遠思楼詩鈔』 ❺-2 **1837**·是年 文
『燕石雑志』 ❺-2 **1811**·是年 文
『燕石十種』 ❺-2 **1836**·是年 文
『燕石録』 ❺-2 **1751**·是年 文
『園太暦(中園相国記)』 ❺-2 **1736**·6·5 文
『塩鉄論訳義』 ❺-2 **1830**·是年 文
『遠帆集』 ❺-1 **1694**·是年 文
『延宝伝燈録』 ❺-1 **1706**·是年 文
『延宝廿歌仙』 ❺-1 **1680**·是年 文
『円方四巻記』 ❺-1 **1657**·是年 文
『遠帆楼詩鈔』 ❺-2 **1847**·弘化年間 文
『ゑんま物語』 ❺-1 **1658**·是年 文
『遠遊紀行』 ❺-1 **1658**·是年 文
『おあむ物語』 ❺-2 **1837**·是年 文
『お伊勢さまおどり記録』 ❺-1 **1615**·是年 社
『笈日記』 ❺-1 **1695**·是年 文
『笈の小文』 ❺-1 **1709**·是年 文
『笈の若葉』 ❺-1 **1715**·是年 文
『王池吟社詩』 ❺-2 **1839**·是年 文
『オヴィディウス全集(蘭訳版)』 ❺-1 **1697**·是年 文
『奥羽永慶軍記』 ❺-1 **1698**·1月 文
『往事集』 ❺-1 **1681**·是年 文
『奥州塩竈記』 ❺-1 **1668**·9月 文
『王昭君』 ❺-1 **1669**·是年 文
『王代一覧』 ❺-1 **1652**·5月 文
『王代記』 ❺-1 **1660**·6月 文
『翁道の枝折(翁の文)』 ❺-2 **1780**·是年 文
『御馬印』 ❺-2 **1786**·是年 文
『近江表座敷八景』 ❺-2 **1825**·是年 文
『近江名所図会』 ❺-2 **1814**·是年 文
『近江輿地志略』 ❺-2 **1734**·3月 文
『鸚鵡返文武二道』 ❺-2 **1789**·是年 文
『鸚鵡集』 ❺-1 **1658**·是年 文
『鸚鵡抄』 ❺-1 **1685**·是年 文
『嚶鳴館遺稿』 ❺-2 **1809**·是年 文
『嚶鳴館遺草』 ❺-2 **1835**·是年 文
『嚶鳴館詩集』 ❺-2 **1764**·是年 文
『大井川集·藤枝集』 ❺-1 **1674**·是年 文
『大石山丸』 ❺-1 **1661**·是年 文
『大岡忠相日記』 ❺-2 **1737**·1·2 政
『大蔵一覧』 ❺-1 **1614**·8·6 文／**1615**·2·21 文／6·30 文／❺-2 **1740**·7·25 文
『大下馬』 ❺-1 **1685**·是年 文
『大坂阿部之合戦図』 ❺-1 **1615** 大坂夏の陣
『大坂便用録』 ❺-2 **1840**·是年 文
『大ざつしよ』 ❺-1 **1632**·是年 文
『大島筆記』 ❺-2 **1762**·是年 文
『大勢三転考』 ❺-2 **1848**·是年 文
『大坪武馬見笑集』 ❺-1 **1685**·是年 文
『大津みやげ』 ❺-2 **1780**·是年 文
『大友皇子玉座靴』 ❺-2 **1722**·是年 文
『大怒佐』 ❺-1 **1685**·是年 文／❺-2 **1834**·是年 文
『大祓詞後釈』 ❺-2 **1795**·是年 文
『大原談義聞書鈔句解』 ❺-1 **1678**·是年 文
『大淵代記』 ❺-1 **1649**·是年 文
『大晦日曙草紙』 ❺-2 **1839**·是年 文
『大矢数』 ❺-1 **1681**·是年 文
『大八洲図説』 ❺-1 **1710**·是年 文
『小笠原家礼書』 ❺-1 **1632**·是年 文
『小笠原諸礼大全』 ❺-2 **1809**·是年 文
『おきく物語』 ❺-2 **1837**·是年 文
『翁草』 ❺-2 **1778**·是年 文／**1851**·是年 文
『翁の文』 ❺-2 **1746**·是年 文
『翁問答』 ❺-1 **1649**·是年 文
『奥の細道』 ❺-1 **1689**·3·27 文／**1694**·4月 文
『奥の細道』(版本) ❺-2 **1789**·8月 文
『奥の細道菅菰抄』 ❺-2 **1778**·是年 文
『小倉百人染』 ❺-2 **1726**·是年 文
『小倉物語』 ❺-1 **1661**·是年 文
『おくれ双六』 ❺-1 **1681**·是年 文
『於乎軽重義』 ❺-2 **1827**·是年 文
『御指物揃』 ❺-1 **1637**·是年 文
『おさな源氏』 ❺-1 **1665**·是年 文
『落葉かく』 ❺-2 **1790**·是年 文
『御茶物語』 ❺-1 **1630**·是年 文
『御伽婢子』 ❺-1 **1666**·是年 文
『落噺千里藪』 ❺-2 **1846**·是年 文
『鬼児島名誉仇討』 ❺-2 **1808**·是年 文
『鬼貫句撰』 ❺-2 **1769**·12月 文
『女郎花五色石台』 ❺-2 **1847**·弘化年間 文
『女郎花物語』 ❺-1 **1661**·是年 文
『思ひよる日』 ❺-2 **1848**·是年 文
『おもろそうし』 ❺-1 **1624**·是年 文
『御もんづくし』(武鑑) ❺-1 **1644**·是年 文
『おらが春』 ❺-2 **1819**·12月 文
『阿蘭陀海鏡書』 ❺-2 **1788**·是年 文
『阿蘭陀海鏡書和解』 ❺-2 **1781**·是年 文
『和蘭金軀内外分合図』 ❺-2 **1772**·是年 文
『和蘭産物図考』 ❺-2 **1797**·是年 文
『オランダ史』 ❺-2 **1757**·是年 文
『和蘭臣事問答』 ❺-2 **1795**·是年 文
『和蘭通舶』 ❺-2 **1805**·是年 文
『和蘭天説』 ❺-2 **1796**·是年 文
『紅毛談(おらんだばなし)』 ❺-2 **1765**·1月 文
『和蘭文訳』 ❺-2 **1749**·是年 文
『和蘭砲術書和解』 ❺-2 **1808**·是年 文
『阿蘭陀本草図経』 ❺-1 **1709**·3·15 文
『阿蘭陀本草和解』 ❺-2 **1746**·是年 文
『和蘭文字略考』 ❺-2 **1744**·是年 文
『和蘭問答』 ❺-2 **1724**·是年 文
『和蘭話訳後集』 ❺-2 **1744**·是年 文
『折形仮名手本忠臣蔵』 ❺-2 **1797**·是年 文
『折句式大成』 ❺-2 **1753**·是年 文
『織文図会』 ❺-2 **1801**·是年 文
『於六櫛木曾仇討』 ❺-2 **1807**·是年 文
『尾張志』 ❺-2 **1843**·是年 文
『尾張廼家苞』 ❺-2 **1819**·是年 文
『尾張方言』 ❺-2 **1748**·是年 文
『尾張名勝志』 ❺-2 **1722**·是年 文
『尾張名所図会』 ❺-2 **1841**·是年 文／**1844**·是年 文
『音韻啓蒙』 ❺-2 **1816**·是年 文
『音曲玉淵集』 ❺-2 **1727**·是年 文
『音曲口伝書』 ❺-2 **1773**·是年 文
『音訓国字格(おんくんかなづかい)』 ❺-2 **1799**·是年 文
『温故要略』 ❺-2 **1722**·是年 文
『音声論』 ❺-2 **1822**·是年 文
『温泉遊草』 ❺-1 **1668**·是年 文
『温泉考』 ❺-2 **1794**·是年 文
『温泉名所志』 ❺-1 **1693**·是年 文
『温泉論』 ❺-2 **1809**·是年 文
『女今川』 ❺-1 **1700**·是年 文
『女鏡秘伝書』 ❺-1 **1650**·是年 文
『女学範』 ❺-2 **1764**·是年 文
『女五経』 ❺-1 **1675**·是年 文
『女殺油地獄』 ❺-2 **1721**·是年 文
『女四書』 ❺-1 **1656**·是年 文
『女水滸伝』 ❺-2 **1783**·是年 文／**1820**·是年 文
『女曾我兄弟鑑』 ❺-2 **1721**·是年 文
『女大名丹前能』 ❺-1 **1702**·是年 文
『女重宝記』 ❺-1 **1692**·5月 文
『女非人綴錦』 ❺-2 **1742**·是年 文
『女将門七人化粧』 ❺-2 **1727**·是年 文
『怪異談叢』 ❺-2 **1781**·是年 文
『華夷一覧図説』 ❺-2 **1806**·是年 文
『解隠題之法(ホーナーの法)』 ❺-1 **1685**·是年 文
『芥子園画伝』 ❺-2 **1748**·是年 文／**1753**·是年 文／**1780**·是年 文
『貝おほひ』 ❺-1 **1672**·是年 文
『海音集』 ❺-2 **1723**·是年 文
『海外新語』 ❺-2 **1849**·是年 文
『開巻驚奇俠客伝』 ❺-2 **1832**·是年 文
『海岸砲術備用』 ❺-2 **1808**·是年 文
『開元天宝遺事』 ❺-1 **1635**·是年 文
『歌意考』 ❺-2 **1764**·是年 文
『開口一笑』 ❺-2 **1755**·是年 文
『開口笑語録』 ❺-2 **1754**·是年 文
『開口新話』 ❺-2 **1797**·是年 文
『甲斐国志』 ❺-2 **1813**·是年 文
『海国兵談』 ❺-2 **1792**·5·16 政
『海錯図』 ❺-2 **1775**·是年 文
『海鰌談』 ❺-2 **1798**·是年 文
『開式新法』 ❺-2 **1805**·是年 文
『楷書皇国州名歌』 ❺-2 **1816**·是年 文
『開心鈔』 ❺-1 **1651**·是年 文
『改正香道秘伝』 ❺-2 **1739**·是年 文
『改正天元指南』 ❺-2 **1795**·是年 文
『怪説草双紙』 ❺-2 **1789**·是年 文
『廻船安乗録』 ❺-2 **1810**·是年 文
『廻船宝富久呂』 ❺-2 **1839**·是年 文
『海内才子詩』 ❺-2 **1820**·是年 文
『解体発蒙』 ❺-2 **1813**·是年 文
『外台秘要』 ❺-1 **1653**·⑥·17 文／❺-2 **1747**·1·13 文
『怪談因果物語』 ❺-2 **1827**·是年 文
『怪談重問菁種(かいだんかさねどいなたね)』 ❺-2 **1776**·是年 文
『怪談記野狐名玉』 ❺-2 **1772**·是年

文
『怪談楸笊(かいだんこまざらえ)』 ❺-2 1767·是年 文
『怪談実録』 ❺-2 1765·是年 文
『怪談はら鼓』 ❺-2 1741·是年 文
『懐中食性·諸病禁宜』 ❺-2 1811·是年 文
『懐中道しるべ』 ❺-2 1805·8·7 文
『回天詩史』 ❺-2 1844·是年 文
『甲斐日記』 ❺-2 1801·3·17 文
『怪物輿論』 ❺-2 1803·是年 文
『懐宝長暦便覧』 ❺-2 1799·3·15 文
『開方翻変之法』 ❺-1 1685·是年 文
『甲斐名勝志』 ❺-2 1786·是年 文
『買物調方記』 ❺-1 1692·是年 文
『会友大旨』 ❺-2 1773·是年 文
『膾余雑録』 ❺-1 1653·是年 文
『海路安心録』 ❺-2 1816·是年 文
『解或弁誤』 ❺-2 1790·是年 文
『かうしん之本地』 ❺-1 1607·4月 文
『花街鑑』 ❺-2 1822·是年 文
『花街雀竹夜遊』 ❺-2 1833·是年 文
『花街漫録』 ❺-2 1825·是年 文
『下学集』 ❺-1 1617·是年 文／1643·是年 文
『歌学集腋』 ❺-2 1849·是年 文
『下学答術中学算法』 ❺-2 1719·是年 文
『歌格類選』 ❺-2 1852·是年 文
『鑑草』 ❺-1 1647·是年 文
『火浣布略説』 ❺-2 1765·是年 文
『垣下徒然草』 ❺-1 1671·2月 文
『書習廓文章』 ❺-2 1812·是年 文
『垣根草』 ❺-2 1769·是年 文
『柿表紙』 ❺-1 1702·是年 文
『臥牛集』 ❺-2 1827·是年 文
『歌曲考』 ❺-2 1820·是年 文
『歌曲時習考』 ❺-2 1805·是年 文
『鶴翁道話』 ❺-2 1834·是年 文
『学芸百科辞典』 ❺-2 1829·是年 文
『学語編』 ❺-2 1772·是年 文
『学山録』 ❺-2 1750·是年 文
『覚性寺来由旧記』 ❺-1 1610·4·15 文
『楽章類語抄』 ❺-2 1819·是年 文
『鶴台遺稿』 ❺-2 1778·是年 文
『岳東海先生文稿』 ❺-2 1785·是年 文
『鶴馬画譜』 ❺-1 1674·是年 文
『学半楼十幹集』 ❺-2 1842·是年 文
『格物瑣言』 ❺-2 1832·是年 文
『学問関鍵』 ❺-2 1737·是年 文
『学問捷径』 ❺-2 1779·是年 文
『神楽歌入文』 ❺-2 1834·是年 文
『神楽歌新釈』 ❺-2 1827·是年 文
『神楽催馬楽燈大旨』 ❺-2 1815·是年 文
『景清百人一首』 ❺-2 1782·是年 文
『花月千句』 ❺-1 1649·是年 文
『花月草紙』 ❺-2 1817·文化年間 文
『陽炎日高川』 ❺-2 1758·是年 文
『価原』 ❺-2 1773·是年 文
『雅言仮字格拾遺』 ❺-2 1814·是年 文
『雅言集覧』 ❺-2 1826·是年 文
『雅言成法』 ❺-2 1835·是年 文
『雅言通載抄』 ❺-2 1842·是年 文
『雅言童喩』 ❺-2 1844·是年 文
『雅語音声考』 ❺-2 1816·是年 文
『かごめかごめ籠中鳥』 ❺-2 1779·是年 文
『雅語訳解』 ❺-2 1821·是年 文
『挿頭抄(かざししょう)』 ❺-2 1767·是年 文
『笠の影』 ❺-2 1737·是年 文
『橿園随筆』 ❺-2 1851·是年 文
『歌詞考』 ❺-2 1826·是年 文
『菓子大全』 ❺-2 1840·是年 文
『花実義経記』 ❺-2 1720·是年 文
『花実集』 ❺-2 1773·是年 文
『かしのくち葉』 ❺-2 1843·是年 文
『歌辞要解』 ❺-2 1806·是年 文
『可笑記』 ❺-1 1636·是年 文／1642·是年 文
『可笑記評判』 ❺-1 1660·是年 文
『画乗要略』 ❺-2 1832·是年 文
『首書源氏物語』 ❺-1 1640·是年 文／1673·是年 文
『我津衛』 ❺-2 1775·是年 文
『かす市頓作』 ❺-1 1708·是年 文
『画図西遊譚』 ❺-2 1803·是年 文
『霞関集』 ❺-2 1799·是年 文
『家政事典(蘭訳版)』 ❺-2 1743·是年 文
『画筌』 ❺-2 1721·是年 文
『歌仙二葉抄』 ❺-2 1747·是年 文
『歌仙料理』 ❺-2 1744·是年 文
『家相図解』 ❺-2 1789·是年 文
『家相千百年眼』 ❺-2 1845·是年 文
『雅俗画源氏』 ❺-2 1783·是年 文
『雅俗対覧』 ❺-2 1837·是年 文
『雅俗早引節用集』 ❺-2 1830·是年 文
『歌体緊要考』 ❺-2 1840·是年 文
『敵討巌流島』 ❺-2 1744·是年 文
『敵討義女英』 ❺-2 1795·是年 社
『敵討轆轤首嬢』 ❺-2 1807·是年 文
『かたこと』 ❺-1 1650·是年 文
『花壇朝顔通』 ❺-2 1815·是年 社
『花壇綱目』 ❺-1 1664·8月 文
『華鳥百談』 ❺-2 1748·是年 文
『花鳥編』 ❺-2 1782·是年 文
『楽家録』 ❺-1 1690·是年 文
『活語指南』 ❺-2 1844·是年 文
『甲子江戸鑑』 ❺-1 1684·是年 文
『甲子吟行』 ❺-2 1780·是年 文
『甲冑便覧』 ❺-2 1796·是年 文
『桂亭之記』 ❺-1 1625·9月 文
『霞亭渉筆』 ❺-2 1810·是年 文
『家伝預薬集』 ❺-1 1666·是年 文
『歌道解醒』 ❺-2 1805·是年 文
『歌道非唯抄』 ❺-2 1791·是年 文
『香取志』 ❺-2 1833·是年 文
『香取四家集』 ❺-2 1852·是年 文
『仮名遣古意』 ❺-2 1809·是年 文
『金岡長者之沙汰』 ❺-1 1683·是年 文
『仮名字抄』 ❺-2 1848·是年 文
『仮名大意抄』 ❺-2 1801·是年 文
『仮名遣奥山路』 ❺-2 1798·是年 文
『仮名遣拾芥抄』 ❺-1 1709·是年 文
『仮名遣問答抄』 ❺-2 1741·是年 文
『仮名文字遣』 ❺-2 1791·是年 文
『仮名文章娘節用』 ❺-2 1831·是年 文
『仮名反古一休草紙』 ❺-2 1852·是年 文
『仮名世説』 ❺-2 1824·是年 文
『仮名類纂』 ❺-2 1841·是年 文
『仮名列女伝』 ❺-1 1655·是年 文
『鐘入七人化粧』 ❺-2 1780·是年 文
『狩野五家譜』 ❺-2 1812·5月 社
『鹿の子餅』 ❺-2 1772·是年 文
『蚊柱百句』 ❺-1 1674·是年 文
『画咄百の笑』 ❺-2 1811·是年 文
『歌舞伎事始』 ❺-2 1762·是年 文
『歌舞伎年代記』 ❺-2 1804·是年 文
『歌舞名物同意鈔』 ❺-1 1715·是年 文
『歌文要語』 ❺-2 1765·是年 文
『鎌倉海道』 ❺-2 1725·是年 文
『鎌倉管領九代記』 ❺-1 1672·是年 文
『鎌倉記』 ❺-1 1659·是年 文
『鎌倉将軍家譜』 ❺-1 1641·是年 文
『鎌倉諸芸袖日記』 ❺-2 1743·是年 文
『鎌倉名所記』 ❺-1 1659·是年 文
『神風恵草』 ❺-2 1724·是年 文
『上賀茂行程』 ❺-1 1679·是年 文
『紙屑籠』 ❺-2 1844·是年 文
『紙漉重宝記』 ❺-2 1798·是年 文
『神の苗』 ❺-2 1730·是年 文
『賀茂翁家集』 ❺-2 1806·是年 文
『雅遊漫録』 ❺-2 1763·是年 文
『華陽文集』 ❺-2 1769·是年 文
『花洛細見図』(京都観光案内) ❺-1 1704·1月 文
『花洛名所記』 ❺-1 1694·是年 文
『璣訓蒙鑑草(からくりきんもうかがみぐさ)』 ❺-2 1730·是年 文
『機巧図彙』 ❺-2 1796·是年 文
『唐錦』 ❺-2 1780·是年 文
『から檜葉』 ❺-2 1784·是年 文
『空穂物語玉琴』 ❺-2 1815·是年 文
『唐本類書考』 ❺-2 1751·是年 文
『仮字考』 ❺-2 1726·是年 文／1822·是年 文
『仮字本末』 ❺-2 1850·是年 文
『仮寝夢』 ❺-1 1693·是年 文
『仮寝の夢』 ❺-2 1821·是年 文
『驊騮全書』 ❺-1 1629·是年 文
『歌林雑木抄』 ❺-1 1696·是年 文
『歌林名所考』 ❺-1 1671·是年 文
『歌林良材集』 ❺-1 1651·是年 文
『刈萱二面鑑』 ❺-2 1742·是年 文
『軽口浮瓢簞』 ❺-2 1751·是年 文
『軽口男』 ❺-1 1684·是年 文
『軽口御前男』 ❺-1 1703·是年 文
『軽口機嫌嚢』 ❺-2 1728·是年 文
『軽口曲手鞠』 ❺-1 1675·是年 文
『軽口新歳袋』 ❺-2 1741·是年 文
『軽口初売買』 ❺-2 1739·是年 文
『軽口はるの山』 ❺-2 1768·是年 文
『軽口ふくれ雀』 ❺-2 1743·是年 文
『軽口へそ順礼』 ❺-2 1746·是年 文
『軽咲顔福の門』 ❺-2 1732·是年 文
『家礼訓蒙疏』 ❺-2 1723·是年 文
『瓦礫雑考』 ❺-2 1818·是年 文
『花暦百詠』 ❺-2 1824·是年 文
『かれこれ』 ❺-1 1693·是年 文
『河社』 ❺-2 1797·是年 文
『河内鑑名所記』 ❺-1 1679·7月 文

『河内志』 ❺-2 1736・是年 文
『河内羽二重』 ❺-1 1691・是年 文
『河内名所図会』 ❺-2 1801・是年 文
『川中島五ヶ度合戦』 ❺-1 1615・2・13 文
『河船付徳万歳』 ❺-1 1653・是年 文
『瓦版』(最初期のもの) ❺-1 1615・是年 大坂夏の陣
『冠位通考』 ❺-2 1805・是年 文
『甘雨亭叢書』 ❺-2 1845・是年 文
『寛永諸家系図伝』 ❺-1 1641・2・7 文／1643・9・25 文／1658・7・8 文
『韓学生員任用帳』 ❺-2 1720・是年 文
『漢学大意』 ❺-2 1811・是年 文
『観鵞百譚』 ❺-2 1736・是年 文
『元元唱和集』 ❺-1 1663・是年 文
『管窺狐度捷法』 ❺-2 1812・是年 文
『観経直訳鈔』 ❺-1 1647・是年 文
『敢語』 ❺-2 1767・10月 文
『寛悟集』 ❺-1 1670・是年 文
『漢語八転声』 ❺-2 1771・是年 文
『漢語大和故事』 ❺-1 1691・是年 文
『鑑古録』 ❺-2 1721・是年 文
『還魂紙料』 ❺-2 1824・是年 文／1826・是年 文
『寛斎先生遺稿』 ❺-2 1821・是年 文
『閑際筆記』 ❺-1 1715・是年 文
『閑散余禄』 ❺-2 1770・是年 文
『冠辞懸緒』 ❺-2 1779・是年 文
『冠辞考』 ❺-2 1757・是年 文
『漢字三音考』 ❺-2 1784・是年 文
『諫書』 ❺-1 1693・是年 文
『菅丞相往来』 ❺-1 1629・是年 文
『官職知要』 ❺-2 1718・是年 文
『官職通解』 ❺-2 1776・是年 文
『官職備考』 ❺-1 1695・是年 文
『漢字和訓』 ❺-2 1718・是年 文
『寛政増続古暦便覧』 ❺-2 1799・3・15 文
『寛政重修諸家譜』 ❺-2 1799・1・15 文／1812・12・19 文
『勧善夜話』 ❺-2 1847・弘化年間 文
『閑窓瑣談』 ❺-2 1841・是年 文
『閑窓自適』 ❺-2 1776・是年 文
『閑窓随筆』 ❺-2 1790・是年 文
『間談雑録』 ❺-2 1757・是年 文
『邯鄲諸国物語』 ❺-2 1834・是年 文
『閑亭後世物語』 ❺-1 1692・是年 文
『閑田詠草』 ❺-2 1816・是年 文
『閑田次筆』 ❺-2 1805・是年 文
『含餳紀事』 ❺-2 1792・是年 文
『関東小六昔舞台』 ❺-2 1829・是年 文
『鉋屑集』 ❺-1 1659・是年 文
『堪忍記』 ❺-1 1659・是年 文
『勧農備荒二物考』 ❺-2 1836・是年 文
『勧農或問』 ❺-2 1799・是年 文
『観音纂玄記』 ❺-2 1724・是年 文
『観音冥応集』 ❺-1 1706・是年 文
『観音霊験記真鈔』 ❺-1 1705・是年 文
『関八州繋馬』 ❺-2 1724・是年 文
『官板書籍解題略』 ❺-2 1844・是年 文／1847・弘化年間 文
『刊謬正俗』 ❺-2 1748・是年 文
『刊謬正俗字弁』 ❺-2 1748・是年 文
『寛文板江戸大絵図』 ❺-1 1670・12月 文
『寛文書籍目録』 ❺-1 1671・是年 文
『冠帽図会』 ❺-2 1840・是年 文
『翰墨蒙訓』 ❺-1 1688・是年 文
『厳邑紀行』 ❺-1 1704・是年 文
『岩邑志』 ❺-2 1723・是年 文
『寰有詮』(キリスト教の書) ❺-1 1685・7・12 政
『寒葉斎画譜』 ❺-2 1762・是年 文
『菅流水軍要略』 ❺-1 1685・是年 政
『翰林五鳳集』 ❺-1 1623・6月 文
『鬼一法眼虎の巻』 ❺-2 1733・是年 文
『淇園詩集』 ❺-2 1792・是年 文
『宜園百家詩』 ❺-2 1840・是年 文
『宜園百家詩初編』 ❺-2 1841・是年 文
『宜応文物語』 ❺-1 1643・寛永年間 文
『祇園会練物番付』 ❺-2 1764・是年 文
『祇園物語』 ❺-1 1643・寛永年間 文
『気海観瀾』 ❺-2 1827・是年 文
『きゝ盃』 ❺-2 1750・是年 文
『聞上手』 ❺-2 1773・是年 文
『寄居歌談』 ❺-2 1845・是年 文
『蟲集』 ❺-1 1684・是年 文
『菊多摺』 ❺-2 1766・是年 文
『菊廼井草紙』 ❺-2 1825・是年 文
『菊の十歌仙』 ❺-1 1715・是年 文
『菊の道』 ❺-1 1700・是年 文
『戯言句合』 ❺-2 1835・是年 文
『奇好図彙』 ❺-2 1803・是年 文
『帰山録』 ❺-2 1778・是年 文
『魏氏楽譜』 ❺-2 1768・是年 文
『魏氏楽器図』 ❺-2 1780・是年 文
『義士雪冤』 ❺-2 1775・是年 文
『奇字早鑑』 ❺-1 1655・是年 文
『戯子名所図会』 ❺-2 1800・是年 文
『妓者呼子鳥』 ❺-2 1777・是年 文
『紀州産物志』 ❺-2 1762・是年 文
『戯場粋言幕之外』 ❺-2 1806・是年 文
『鬼神集説』 ❺-1 1689・是年 文
『鬼神新論』 ❺-2 1806・是年 文／1820・此頃 文
『起信論義記幻虎録』 ❺-1 1701・是年 文
『其磧置土産』 ❺-2 1738・是年 文
『其磧諸国物語』 ❺-2 1744・是年 文
『木曾路之記』 ❺-1 1709・8月 文
『木曾路名所図会』 ❺-2 1805・是年 文
『木曾の谷』 ❺-1 1705・是年 文
『木曾よし高物語』 ❺-1 1604・10・3 文
『北蝦夷図説』 ❺-2 1810・是年 文
『北川蜆殻』 ❺-2 1826・是年 文
『北里年中行事』 ❺-2 1773・是年 文
『北山記文』 ❺-1 1692・是年 文
『北山友松子医按』 ❺-2 1745・是年 文
『熙朝文苑』 ❺-2 1727・是年 文
『橘庵詩鈔』 ❺-2 1789・是年 文
『喫茶雑話』 ❺-1 1620・是年 文
『橘窓茶話』 ❺-2 1786・是年 文
『魏鄭公諫録』 ❺-2 1802・是年 文
『木芽説』 ❺-2 1829・是年 文
『碁盤太平記』 ❺-1 1706・是年 文
『晞髪偶詠』 ❺-2 1780・是年 文
『喜美談語』 ❺-2 1796・是年 文
『気砲記』 ❺-2 1819・是年 文
『木実方秘伝書』 ❺-2 1762・是年 文
『奇妙頂来地蔵道行』 ❺-2 1832・是年 文
『疑孟続編』 ❺-2 1752・是年 文
『疑問録』 ❺-2 1831・是年 文
『客者評判記』 ❺-2 1780・是年 文／1811・是年 文
『客衆肝照子』 ❺-2 1786・是年 文
『客照問答』 ❺-1 1655・是年 文
『俠太平記向鉢巻(きゃんたいへいきむこうはちまき)』 ❺-2 1799・是年 文
『宮薗鸚鵡石』 ❺-2 1773・是年 文
『鳩翁道話』 ❺-2 1835・是年 文
『九経談』 ❺-2 1804・是年 文
『九州道の記』 ❺-1 1669・是年 文
『机右鈔』 ❺-1 1677・是年 文
『嬉遊笑覧』 ❺-2 1830・是年 文
『九数答術』 ❺-2 1824・是年 文
『旧説拾遺物語』 ❺-1 1709・是年 文
『九想詩諺解』 ❺-1 1694・是年 文
『鳩巣先生文集』 ❺-2 1761・是年 文
『牛馬治調法記』 ❺-2 1756・是年 文
『牛馬問』 ❺-2 1755・是年 文
『救民妙薬』 ❺-1 1693・是年 文
『球陽』 ❺-2 1737・是年 文／1745・是年 文
『窮理通』 ❺-2 1836・是年 文
『求立円積術』 ❺-1 1680・是年 文
『京大坂堺心中かのこ』 ❺-1 1703・8・7 社
『狂歌秋の花』 ❺-2 1746・是年 文
『狂歌家土産』 ❺-2 1729・是年 文
『狂歌家土産拾遺』 ❺-2 1758・是年 文
『境海草』 ❺-1 1660・是年 文
『狂歌いそのしらべ』 ❺-2 1789・是年 文
『狂歌うひまなび』 ❺-2 1800・是年 文
『狂歌江戸名物百首』 ❺-2 1827・是年 文
『狂歌置土産』 ❺-2 1734・是年 文
『狂歌画像作者部類』 ❺-2 1811・是年 文
『狂歌かなづかひ』 ❺-2 1804・是年 文
『狂歌画譜』 ❺-2 1786・是年 文
『狂歌鳩杖集』 ❺-2 1754・8月 文
『狂歌近来風体集』 ❺-2 1828・是年 文
『狂歌現在奇人譚』 ❺-2 1824・是年 文
『狂歌心の友』 ❺-2 1762・是年 文
『狂歌才蔵集』 ❺-2 1787・是年 文
『狂歌作者一覧』 ❺-2 1825・是年 文
『狂歌酒百首』 ❺-2 1771・是年 文
『狂歌三十六歌仙』 ❺-2 1794・是年 文
『狂歌しきのはねかき』 ❺-2 1770・是年 文
『狂歌時雨の橋』 ❺-2 1742・是年 文
『狂歌師細見』 ❺-2 1783・是年 文
『狂歌初心集』 ❺-2 1790・是年 文

『狂歌新玉集』 ❺-2 **1786**·是年 文
『狂歌人物志』 ❺-2 **1826**·是年 文
『狂歌酔竹集』 ❺-2 **1802**·是年 文
『狂歌すまひ草』 ❺-2 **1783**·是年 文
『狂歌角力草』 ❺-2 **1784**·是年 文
『狂歌たからぶね』 ❺-2 **1772**·是年 文
『狂歌煙草百首』 ❺-2 **1846**·是年 文
『狂歌旅枕』 ❺-1 **1682**·是年 文
『狂歌太郎殿犬百首』 ❺-2 **1793**·是年 文
『狂歌知足振』 ❺-2 **1783**·是年 文
『狂歌千代の梯』 ❺-2 **1759**·是年 文
『狂歌月の鏡』 ❺-2 **1746**·是年 文
『狂歌机の塵』 ❺-2 **1736**·是年 文
『狂歌笛竹集』 ❺-2 **1823**·是年 文
『狂歌手なれの鏡』 ❺-2 **1750**·是年 文
『狂歌仁世物語』 ❺-2 **1792**·是年 文
『狂歌二妙集』 ❺-2 **1795**·是年 文
『狂歌乗合船』 ❺-2 **1730**·是年 文
『狂歌浜のまさご』 ❺-2 **1783**·是年 文
『狂歌百人一首』 ❺-2 **1809**·是年 文
『狂歌評判記』 ❺-2 **1808**·是年 文
『狂歌弁』 ❺-2 **1823**·是年 文
『狂歌毎月抄』 ❺-2 **1800**·是年 文
『狂歌まことの道』 ❺-2 **1771**·是年 文
『狂歌真寸鏡』 ❺-2 **1736**·是年 文
『狂歌三栗集』 ❺-2 **1813**·是年 文
『狂歌水の鏡』 ❺-2 **1754**·是年 文
『狂歌与太郎』 ❺-2 **1756**·是年 文
『狂歌読人名寄細見』 ❺-2 **1818**·是年 文
『狂歌六々集』 ❺-2 **1822**·是年 文
『狂歌若葉集』 ❺-2 **1783**·是年 文
『鏡鑑抄』 ❺-1 **1656**·是年 文
『狂句むめ柳』 ❺-2 **1831**·是年 文
『教訓いろは歌』 ❺-2 **1775**·是年 文
『教訓乳母草紙』 ❺-2 **1843**·是年 文
『教訓差出口』 ❺-2 **1762**·是年 文
『教訓私儘育』 ❺-2 **1750**·是年 文
『狂言活玉集』 ❺-2 **1740**·是年 文
『狂言記』 ❺-1 **1660**·是年 文
『狂言餅月夜』 ❺-2 **1740**·是年 文
『匡正録』 ❺-2 **1776**·是年 文
『京雀』 ❺-1 **1665**·是年 文
『教草女房形気』 ❺-2 **1846**·是年 文
『教童歴談』 ❺-1 **1714**·是年 文
『京都往来』 ❺-1 **1675**·是年 文
『京都書画人名録』 ❺-2 **1847**·弘化年間 文
『京日記』 ❺-1 **1687**·是年 文
『京羽二重』 ❺-1 **1685**·9月 文
『京羽二重織』 ❺-1 **1689**·是年 文
『京羽二重織留大全』 ❺-2 **1754**·是年 文
『狂文吾嬬那万俚』 ❺-2 **1813**·是年 文
『京町鑑』 ❺-2 **1762**·是年 文
『京童』 ❺-1 **1658**·7月 文
『京童跡追』 ❺-1 **1667**·是年 文
『馭戒概言』 ❺-2 **1777**·12月 文／**1796**·是年 文
『巨海代抄』 ❺-1 **1653**·是年 文
『玉海集』 ❺-1 **1656**·是年 文
『玉山詩集』 ❺-2 **1754**·是年 文
『玉霰百韻』 ❺-1 **1672**·11月 文
『玉字通作者弁』 ❺-2 **1741**·是年 文
『玉屑操』 ❺-2 **1752**·是年 文
『居行子』 ❺-2 **1775**·是年 文
『きよしげ』 ❺-1 **1645**·是年 文
『虚字詳解』 ❺-2 **1813**·是年 文
『鉅野先生詩集』 ❺-2 **1814**·是年 文
『挙白集』 ❺-1 **1649**·是年 文
『馭馬大元記』 ❺-2 **1729**·是年 文
『御物御茶之湯道具』 ❺-1 **1658**·是年 文
『清水の御本地』 ❺-1 **1651**·是年 文
『清水物語』 ❺-1 **1638**·是年 文
『去来抄』 ❺-2 **1775**·是年 文
『去来発句集』 ❺-2 **1774**·是年 文
『切利支丹御退治』 ❺-1 **1639**·是年 文
『吉利支丹退治物語』 ❺-1 **1665**·是年 文
『羈旅漫録』 ❺-2 **1802**·5·9 文
『金華稿刪』 ❺-2 **1728**·是年 文
『金峨先生焦余稿』 ❺-2 **1800**·是年 文
『琴曲抄』 ❺-1 **1694**·是年 文
『琴曲証歌集』 ❺-2 **1777**·是年 文
『金魚養玩草』 ❺-2 **1748**·是年 文
『金々先生栄華の夢』 ❺-2 **1775**·是年 文
『金々先生造化夢』 ❺-2 **1794**·是年 文
『金言集』（ローマ字本） ❺-1 **1604**·是年 文
『金工鑑定秘訣』 ❺-2 **1820**·是年 文
『錦繍段』 ❺-1 **1604**·4·8 文
『錦繍段鈔』 ❺-1 **1632**·是年 文
『琴所稿刪』 ❺-2 **1752**·是年 文
『錦所談』 ❺-2 **1835**·是年 文
『禁書目録』 ❺-2 **1771**·8月 文
『近思録説略』 ❺-2 **1720**·是年 文
『近思録備考』 ❺-1 **1668**·是年 文
『近世往生伝』 ❺-1 **1696**·是年 文
『近世怪談霜夜月』 ❺-2 **1808**·是年 文
『近世畸人伝』 ❺-2 **1790**·是年 文
『近世奇跡考』 ❺-2 **1804**·是年 文
『近世江都著聞集』 ❺-2 **1757**·是年 文
『近世事物考』 ❺-2 **1848**·是年 文
『近世説美少年録』 ❺-2 **1829**·是年 文
『近世叢語』 ❺-2 **1828**·是年 文
『近世物之本作者部類』 ❺-2 **1834**·是年 文
『金石年表』 ❺-2 **1838**·是年 文
『琴線和歌の糸』 ❺-2 **1751**·是年 文
『金帚集』 ❺-2 **1839**·是年 文
『銀台遺事』 ❺-2 **1790**·是年 文
『近代長者鑑』 ❺-1 **1714**·是年 文
『近代百物語』 ❺-2 **1770**·是年 文
『近代名家著述目録』 ❺-2 **1811**·是年 文／**1836**·是年 文
『禁短気次編』 ❺-2 **1765**·是年 文
『禁断日蓮義』 ❺-1 **1654**·是年 文
『欽定古今図書集成』 ❺-2 **1764**·2·14 文
『金草鞋』 ❺-2 **1813**·是年 文
『近聞寓筆』 ❺-2 **1826**·是年 文
『訓蒙画解集』 ❺-2 **1814**·是年 文
『訓蒙字譜』 ❺-1 **1703**·是年 文
『訓蒙図彙』 ❺-1 **1666**·是年 文
『訓蒙図彙大成』 ❺-2 **1789**·3月 文
『訓蒙要言故事』 ❺-1 **1694**·是年 文
『近葉菅根集』 ❺-2 **1815**·是年 文
『近来俳諧風躰抄』 ❺-1 **1679**·是年 文
『金蘭詩集』 ❺-2 **1754**·是年 文
『錦里先生文集』 ❺-2 **1790**·是年 文
『公卿補任補闕』 ❺-1 **1680**·4·29 文
『草のあるじ』 ❺-2 **1791**·是年 文
『草の蛍』 ❺-2 **1751**·是年 文
『草の道』 ❺-1 **1700**·是年 文
『草まくら』 ❺-2 **1795**·是年 文
『愚山文稿』 ❺-2 **1828**·是年 文
『公事根源』 ❺-1 **1649**·是年 文
『公事根元集釈』 ❺-1 **1694**·是年 文
『旧事大成経』 ❺-1 **1681**·②月 文
『串戯二日酔』 ❺-2 **1811**·是年 文
『旧事本紀』 ❺-1 **1682**·是年 社
『葛の松原』 ❺-1 **1692**·是年 文
『くずは道心』 ❺-1 **1674**·是年 文
『葛花』 ❺-2 **1780**·是年 文
『口真似草』 ❺-1 **1656**·是年 文
『国鑑』 ❺-2 **1788**·10·10 文
『国つ文世々の跡』 ❺-2 **1777**·是年 文
『駆黴要方』 ❺-2 **1838**·是年 文
『工風智恵輪』 ❺-2 **1821**·是年 文
『久保之取蛇尾』 ❺-2 **1784**·是年 文
『熊坂今物語』 ❺-2 **1729**·是年 文
『熊野権現記』 ❺-1 **1658**·是年 文
『組長戸風』 ❺-2 **1830**·是年 文
『愚問賢註六窓抄』 ❺-1 **1712**·是年 文
『悔草』 ❺-1 **1647**·是年 文
『廓宇久為寿』 ❺-2 **1818**·是年 文
『廓雑談』 ❺-2 **1826**·是年 文
『黒白水鏡』 ❺-2 **1789**·是年 文
『黒谷法然上人伝』 ❺-1 **1666**·是年 文
『くわてき船軍』 ❺-1 **1660**·是年 文
『群書一覧』 ❺-2 **1802**·是年 文
『群書治要』 ❺-1 **1610**·9·5 文／**1616**·1·19 文／**1625**·是年 文／❺-2 **1740**·7·25 文／**1787**·11·25 文
『群書備考』 ❺-2 **1827**·是年 文
『郡書類従』 ❺-2 **1779**·是年 文／**1786**·是年 文／**1820**·是年 文
『郡書類従続編』 ❺-2 **1822**·是年 文
『群籍綜言』 ❺-2 **1759**·是年 文
『訓点復古』 ❺-2 **1835**·是年 文
『軍用記』 ❺-2 **1761**·是年 文
『形影夜話』 ❺-2 **1810**·是年 文
『桂園一枝』 ❺-2 **1828**·是年 文／**1830**·是年 文
『桂園集』 ❺-2 **1840**·是年 文
『芸苑談』 ❺-2 **1768**·是年 文
『経解』 ❺-2 **1721**·⑦·3 文
『経学字海便覧』 ❺-2 **1725**·是年 文
『経学文衡』 ❺-2 **1734**·是年 文
『経学要字箋』 ❺-2 **1731**·是年 文
『慶賀写真草』 ❺-2 **1836**·是年 文
『経義折衷』 ❺-2 **1764**·是年 文
『芸妓評判記』 ❺-2 **1820**·是年 文
『渓琴山房詩』 ❺-2 **1837**·是年 文
『稽古談』 ❺-2 **1813**·是年 文
『経済をしへ草』 ❺-2 **1833**·9月 文

『経済提要』 ❺-2 1828·是年 文
『経済問答秘録』 ❺-2 1833·是年 文
『経済要略』 ❺-2 1822·是年 文
『経済要録』 ❺-2 1827·是年 文
『経済録』 ❺-2 1729·是年政 文
『京師巡覧集』 ❺-1 1679·是年 文
『経史証類大観本草』 ❺-2 1775·是年 文
『経史荘岳音』 ❺-2 1754·是年 文
『経史博論』 ❺-1 1710·是年 文／❺-2 1737·是年 文
『契情蓬莱山』 ❺-2 1759·是年 文
『傾城色三味線』 ❺-1 1701·是年 文
『傾城買四十八手』 ❺-2 1790·是年 文
『傾城禁短気』 ❺-1 1711·是年 文
『傾城三度笠』 ❺-1 1713·是年 文
『傾城島原蛙合戦』 ❺-2 1719·是年 文
『傾城情史』 ❺-2 1832·是年 文
『傾城水滸伝』 ❺-2 1825·是年 文
『刑政総類』 ❺-2 1824·1·14 文
『傾城伝授紙子』 ❺-1 1710·是年 文
『けいせい反魂香』 ❺-1 1708·是年 文
『けいせい百物語』 ❺-2 1732·是年 文
『傾城武道桜』 ❺-1 1705·是年 文
『経世文編抄』 ❺-2 1848·是年 文
『けいせい壬生大念仏』 ❺-1 1702·是年 文
『刑説』 ❺-2 1831·1月 文
『蛍雪夜話』 ❺-2 1727·是年 文
『契沖延宝集』 ❺-1 1681·是年 文
『慶長見聞集』 ❺-1 1614·是年 文
『経典穀名考』 ❺-2 1827·是年 文
『経典余師』 ❺-2 1818·是年 文
『啓発録』 ❺-2 1848·是年 文
『芸藩通志』 ❺-2 1829·是年 文
『芸備国郡誌』 ❺-1 1663·5月 文
『鯨品』 ❺-1 1663·是年 文
『経脈図説』 ❺-1 1688·是年 文
『経絡発明』 ❺-2 1753·是年 文
『恵輪永明禅師代語抄』 ❺-1 1668·是年 文
『鶏林唱和集』 ❺-1 1712·是年 文
『桂林漫録』 ❺-2 1800·是年 文
『劇場楽屋図会』 ❺-2 1800·是年 文
『戯場訓蒙図彙』 ❺-2 1803·是年 文
『鴃舌小記』 ❺-2 1838·是年 文
『華厳五経章冠註』 ❺-1 1705·是年 文
『戯作評判花折紙』 ❺-2 1802·是年 文
『罌粟合』 ❺-1 1692·是年 文
『化粧水千貫槽寛』 ❺-2 1815·是年 文
『外題鑑』 ❺-2 1838·是年 文
『月宵吉阿玉之池』 ❺-2 1822·是年 文
『毛吹草』 ❺-1 1638·是年 文／1645·是年 文
『毛吹草追加』 ❺-1 1647·是年 文
『言元梯』 ❺-2 1834·是年 文
『見宜翁伝』 ❺-1 1683·是年 文
『源家太平楽』 ❺-2 1767·是年 文
『玄語』 ❺-2 1775·是年 文
『兼好法師家集』 ❺-1 1664·是年 文
『源語梯』 ❺-2 1784·是年 文
『言語四種論』 ❺-2 1824·是年 文
『源氏一統志』 ❺-1 1712·是年 文
『源氏雲弦月』 ❺-2 1851·是年 文
『源氏雲隠抄』 ❺-1 1677·是年 文
『言志四録』 ❺-2 1813·是年 文／1824·是年 文
『源氏男女装束抄』 ❺-2 1800·是年 文
『源氏のゆらい』 ❺-1 1659·是年 文
『源氏物語』 ❺-1 1614·7·1 文／1624·是年 文／1675·10·10 文／是年 文
　『源氏物語絵入』 ❺-1 1654·是年 文
　『源氏物語湖月抄』 ❺-1 1673·12月 文
　『源氏物語忍草』 ❺-2 1834·是年 文
　『源氏物語新釈』 ❺-2 1758·是年 文
　『源氏物語玉の小櫛』 ❺-2 1799·是年 文
　『源氏物語玉小櫛補遺』 ❺-2 1821·是年 文
『源氏大和絵鑑』 ❺-1 1685·是年 文
『儼塾集』 ❺-1 1706·是年 文
『蜆縮涼鼓集』 ❺-1 1695·是年 文
『顕浄土伝戒論私記』 ❺-1 1705·是年 文
『賢女心化粧』 ❺-2 1745·是年 文
『言志録』 ❺-2 1846·是年 文
『乾坤弁説』 ❺-1 1658·是年 文
『玄同放言』 ❺-2 1818·是年 文
『見徳一炊夢』 ❺-2 1781·是年 文
『元和航海記』 ❺-1 1618·是年 文
『源平敵討のいこん』 ❺-1 1668·是年 文
『源平屋嶋壇浦合戦縁起』 ❺-1 1612·3月 文
『玄峰集』 ❺-2 1750·是年 文
『玄圃瑤華』 ❺-2 1768·是年 文
『元明画人考』 ❺-2 1751·是年 文
『元明史略』 ❺-2 1751·是年 文
『元明清書画人名余』 ❺-2 1777·是年 文
『建武式目』 ❺-1 1611·9·16 政
『元禄曾我物語』 ❺-1 1702·是年 文
『元禄太平記』 ❺-1 1702·是年 文
『元禄百人一句』 ❺-1 1691·是年 文
『語意考』 ❺-2 1769·是年 文／1789·是年 文
『語彙宝函』 ❺-2 1745·是年 文
『恋若竹』 ❺-2 1833·是年 文
『広益国産考』 ❺-2 1844·是年 文
『広益書籍目録』 ❺-1 1685·是年 文／1692·是年 文
『広益俗説弁』 ❺-1 1715·是年 文／❺-2 1717·是年 文
『広益地錦抄』 ❺-2 1719·是年 文
『広益本草大成』 ❺-1 1698·是年 文
『篁園全集』 ❺-2 1844·是年 文
『耕稼春秋』 ❺-1 1707·是年 文
『孝感編』 ❺-1 1677·是年 文
『康熙字典』 ❺-2 1721·⑦·3 文
『康熙字典』(和刻本) ❺-2 1780·是年 文
『鮫及精義』 ❺-2 1785·是年 文
『孝義録』 ❺-2 1801·9月 政
『孝経外伝』 ❺-1 1656·是年 文
『孝経見聞抄』 ❺-1 1660·是年 文
『孝経大義詳略大全』 ❺-1 1679·是年 文
『孝経楼漫録』 ❺-2 1796·是年 文
『江源武鑑』 ❺-1 1656·是年 文
『皇国韻鑑』 ❺-2 1813·是年 文
『勾股弦適等集』 ❺-1 1684·是年 文
『好古小録』 ❺-2 1795·是年 文
『好古日録』 ❺-2 1797·是年 文
『江湖風月集略註鈔』 ❺-1 1633·是年 文
『耕斎先生全集』 ❺-1 1706·是年 文
『鉱山至宝要録』 ❺-1 1691·是年 文
『講習余筆』 ❺-2 1747·是年 文
『好色赤烏帽子』 ❺-1 1695·是年 文
『好色一代男』 ❺-1 1682·是年 文／1687·9月 文
『好色一代女』 ❺-1 1686·6月 文
『好色江戸紫』 ❺-1 1686·是年 文
『好色訓蒙図彙』 ❺-1 1686·是年 文
『好色五人女』 ❺-1 1686·是春 文
『好色三代男』 ❺-1 1686·是年 文
『好色十二人男』 ❺-1 1695·是年 文
『好色俗むらさき』 ❺-1 1694·是年 文／1698·是年 文
『好色旅日記』 ❺-1 1687·是年 文
『好色破邪顕正』 ❺-1 1687·是年 文
『好色増鏡』 ❺-1 1685·是年 文
『好色万金丹』 ❺-1 1694·是年 文
『好色わすれ花』 ❺-1 1696·是年 文
『紅塵和歌集類題』 ❺-2 1790·是年 文
『上野国志』 ❺-2 1774·是年 文
『侯鯖一臠』 ❺-2 1842·是年 文
『好青館漫筆』 ❺-1 1709·是年 文
『校正装束拾要抄』 ❺-2 1798·是年 文
『皇宋事実類苑』 ❺-1 1621·8·23 文
『皇宋事宝類典』 ❺-1 1621·6月 文
『啌多雁取帳』 ❺-2 1783·是年 文
『巷談奇叢』 ❺-2 1768·是年 文
『皇朝事苑』 ❺-2 1787·是年 文
『皇朝字宝類苑』 ❺-1 1630·是年 文
『皇朝史略』 ❺-2 1826·是年 文
『皇朝正声』 ❺-2 1771·是年 文
『皇朝類苑』 ❺-1 1621·是年 文／1623·6·20 文
『皇朝類典』 ❺-1 1621·6月 文
『弘道館記述義』 ❺-2 1846·是年 文／1849·是年 文
『強盗鬼神』 ❺-1 1643·寛永年間 文
『鼇頭古事記』 ❺-1 1687·是年 文
『香道軒乃玉水』 ❺-2 1736·是年 文
『江頭百詠』 ❺-2 1850·是年 文
『江都名家詩選』 ❺-2 1851·是年 文
『江都名家墓所一覧』 ❺-2 1818·是年 文
『江都名所図会』 ❺-2 1785·是年 文
『弘仁格式』 ❺-2 1753·8·3 文
『紅梅千句』 ❺-1 1655·是年 文
『洪範全書』 ❺-1 1667·是年 文
『江府西天王』 ❺-2 1782·是年 文
『江府神社略記』 ❺-2 1727·是年 文
『公平法問諍』 ❺-1 1663·是年 文
『後編はしがきぶり』 ❺-2 1773·是年 文

『弘法大師弟子伝』 ❺-1 1684·是年 文
『高名集』 ❺-1 1682·是年 文
『紅毛外科宗伝』 ❺-1 1706·9月 文
『紅毛外科秘要』 ❺-1 1654·是年 文
『紅毛雑話』 ❺-2 1787·是年 文
『紅毛扇馬訳説』 ❺-2 1808·是年 文
『紅毛訳問答』 ❺-2 1750·是年 政
『曠野菊』 ❺-2 1742·是年 文
『高野山往生伝』 ❺-1 1677·是年 文
『高野春秋編年輯録』 ❺-2 1719·是年 文
『甲陽軍鑑大全』 ❺-1 1679·是年 文
『甲陽軍鑑評判』 ❺-1 1653·是年 文
『甲陽軍鑑弁疑』 ❺-1 1707·是年 文
『甲陽軍伝解』 ❺-1 1699·是年 文
『高陽山人詩稿』 ❺-2 1778·是年 文
『黄葉夕陽村舎詩』 ❺-2 1832·是年 文
『黄葉和歌集』 ❺-1 1669·是年 文
『広輿考』 ❺-1 1611·是年 文
『講余独覧』 ❺-2 1764·是年 文
『江陵詩集』 ❺-2 1745·是年 文
『交隣須知』 ❺-1 1705·是年 文
『合類書籍目録大全』 ❺-2 1801·是年 文
『合類節用集』 ❺-1 1680·是年 文／1698·是年 文／❺-2 1717·是年 文
『幸若歌謡』 ❺-1 1611·8月 文
『皇和通暦』 ❺-1 1714·是年 文
『皇和通暦蝕私考』 ❺-2 1768·是年 文
『語園』 ❺-1 1627·是年 文
『午王の姫』 ❺-1 1673·是年 文
『小男の草子』 ❺-1 1607·2·5 文
『古学指南』 ❺-1 1714·是年 文
『古学指要』 ❺-2 1719·是年 文
『語学新書』 ❺-2 1833·是年 文
『古学先生銘行状』 ❺-1 1707·是年 文
『古学先生詩文集』 ❺-2 1717·是年 文
『古学通弁』 ❺-2 1849·是年 文
『古学弁疑』 ❺-2 1834·是年 文
『古学要』 ❺-2 1851·是年 文
『凩草紙』 ❺-2 1791·是年 文
『五畿内産物図会』 ❺-2 1811·是年 文
『五畿内志』 ❺-2 1729·4·22 文／1734·是年 文／1735·5月 文／1736·是年 文
『古京遺文』 ❺-2 1818·是年 文
『五経集註』 ❺-1 1628·是年 文
『古今夷曲集』 ❺-1 1666·是年 文
『古訓古事記』 ❺-2 1803·是年 文
『吾吟吾集』 ❺-1 1651·慶安年間 文
『古今四季友』 ❺-1 1667·是年 文
『古今書籍題林』 ❺-1 1675·是年 文
『古今神道編』 ❺-1 1715·是年 文
『古今役者物語』 ❺-1 1678·是年 文
『古今類句』 ❺-1 1666·是年 文
『古今和歌集』 ❺-1 1614·7·1 文／1714·5·4 文
『古今和歌集聞書』 ❺-1 1685·是年 文
『古今和歌集口伝』 ❺-1 1614·3·29 文
『古今和歌集鈔』 ❺-1 1659·是年 文
『古今和歌集正義』 ❺-2 1832·是年 文／1835·是年 文
『国意考』 ❺-2 1806·是年 文
『国雅管窺』 ❺-2 1802·是年 文
『国学忘貝』 ❺-2 1787·是年 文
『国花万葉記』 ❺-1 1697·4月 文
『国号考』 ❺-2 1787·是年 文
『国産考』 ❺-2 1842·是年 文
『国辞解』 ❺-2 1794·是年 文
『国史館日録』 ❺-1 1662·10·3 文
『国字攷』 ❺-2 1823·是年 文
『国字攷補遺』 ❺-2 1826·是年 文
『国師日記』(金地院) ❺-1 1713·7·22 文
『国性爺合戦』 ❺-1 1715·是年 文
『国性爺明朝太平記』 ❺-2 1717·是年 文
『国朝書目』 ❺-2 1791·是年 文
『穀堂遺稿抄』 ❺-2 1844·是年 文
『国文世々の跡』 ❺-2 1774·是年 文
『国本論』 ❺-2 1784·是年 文
『極楽物語』 ❺-1 1668·是年 文
『小倉千句』 ❺-1 1665·2月 文
『虎渓の橋』 ❺-1 1678·是年 文
『古言衣延弁』 ❺-2 1819·是年 文
『五元集拾遺』 ❺-2 1747·是年 文
『古言清濁考』 ❺-2 1801·是年 文
『古言梯』 ❺-2 1765·是年 文
『古言訳解』 ❺-2 1851·是年 文
『娯語』 ❺-2 1844·是年 文
『枯杭集』 ❺-1 1668·是年 文
『古語拾遺』 ❺-1 1696·是年 文
『古語拾遺疑斎弁』 ❺-2 1773·是年 文
『古語拾遺示蒙節解』 ❺-1 1709·是年 文
『古語深秘抄』 ❺-1 1702·是年 文
『心太平庵随筆考』 ❺-2 1826·是年 文
『心の双紙』 ❺-2 1801·是年 文
『古今沿革考』 ❺-2 1730·是年 文
『古今学変』 ❺-2 1750·是年 文
『古今仮名遣』 ❺-2 1813·是年 文／1818·是年 文
『古今奇談英草紙』 ❺-2 1749·是年 文
『古今茶道全書』 ❺-1 1693·8月 文
『古今四場居百人一首』 ❺-1 1693·是年 文
『古今集遠鏡』 ❺-2 1780·是年 文／1816·是年 文
『古今神学類聚鈔』 ❺-1 1698·是年 文
『古今茶人系譜』 ❺-2 1832·是年 文
『古今図書集成』 ❺-2 1764·1·14 文
『古今俳諧集』 ❺-2 1732·是年 文
『古今化物評判』 ❺-2 1814·是年 文
『古今百馬鹿』 ❺-2 1814·是年 文
『古今百物語評判』 ❺-1 1686·是年 文
『古今弁惑実物語』 ❺-2 1752·是年 文
『古今名諺』 ❺-2 1798·是年 文
『古今名物類聚』 ❺-2 1787·是年 文／1789·是年 文／1797·是年 文
『古今物わすれ』 ❺-2 1772·是年 文
『古今役者大全』 ❺-2 1750·是年 文
『古今役者論語魁』 ❺-2 1772·是年 文
『古今妖魅考』 ❺-2 1831·是年 文
『古今要覧稿』 ❺-2 1821·是年 文
『牛山方考』 ❺-2 1782·是年 文
『湖山楼詩屏風』 ❺-2 1848·是年 文
『古事逸伝考』 ❺-2 1812·是年 文
『古事記』 ❺-1 1643·是夏 文
　『古事記頭書』 ❺-2 1757·是年 文
　『古事記校本』 ❺-2 1757·是年 文
『五色墨』 ❺-2 1731·是年 文
『古事記伝』 ❺-2 1764·是年 文／1767·5·9 文／1798·6·13 文
『古事記燈』 ❺-2 1805·是年 文／1808·是年 文
『古史成文』 ❺-2 1811·是年 文
『故事大全』 ❺-2 1830·是年 文
『古史徴』 ❺-2 1811·是年 文／1818·是年 文
『古史徴開題記』 ❺-2 1819·是年 文
『古実今物語後編』 ❺-2 1765·是年 文
『古史通』 ❺-2 1716·3·13 文
『古史伝』 ❺-2 1825·是年 文
『越の名残』 ❺-1 1709·是年 文
『五車反古』 ❺-2 1783·是年 文
『五十音摘要』 ❺-2 1829·是年 文
『五十音弁誤』 ❺-2 1793·是年 文
『五十番句合』 ❺-1 1675·是年 文
『五十連音麻曾鏡』 ❺-2 1829·是年 文
『古状揃』 ❺-1 1625·是年 文／1649·是年 文
『五條之百句』 ❺-1 1663·是年 文
『後鈴屋集』 ❺-2 1816·是年 文
『古図類従』 ❺-2 1823·是年 文
『後撰夷曲集』 ❺-1 1672·寛文年間 文
『後撰犬筑波集』 ❺-1 1674·是年 文
『後撰集詞の束緒』 ❺-2 1802·是年 文
『後撰集新抄』 ❺-2 1814·是年 文
『後撰和歌集標注』 ❺-2 1814·是年 文
『梧窓詩話』 ❺-2 1812·是年 文
『梧窓漫筆』 ❺-2 1822·是年 文
『古鏃図鑑』 ❺-2 1745·是年 文
『小袖曾我』 ❺-1 1643·是年 文
『こだいぶ』 ❺-1 1641·是年 文
『五代和歌集略』 ❺-1 1711·是年 文
『五代和漢略集』 ❺-1 1631·是年 文
『木玉集』 ❺-1 1663·是年 文
『胡蝶庵随筆』 ❺-2 1839·是年 文
『国歌八論』 ❺-2 1742·是年 文
　『国歌八論余言』 ❺-2 1742·是年 文
　『国歌八論余言拾遺』 ❺-2 1742·是年 文
『国花万葉集』 ❺-1 1697·4月 文
『国歌論臆脱』 ❺-2 1744·是年 文
『滑稽旅加羅寿』 ❺-2 1820·是年 文
『滑稽雌黄』 ❺-2 1759·是年 文
『滑稽和合人』 ❺-2 1845·是年 文
『骨董集』 ❺-2 1814·是年 文
『湖亭渉筆』 ❺-2 1725·是年 文／1727·是年 文
『鼓銅図録』 ❺-2 1801·是年 文
『古道大意』 ❺-2 1811·是年 文／1824·是年 文

『梧桐漫筆後編』 ❺-2 **1824**・是年 文
『琴後集』 ❺-2 **1810**・是年 文
『言之羽織』 ❺-1 **1676**・是年 文
『詞の緒環』 ❺-2 **1838**・是年 文
『詞通路』 ❺-2 **1829**・是年 文
『詞のちかみち』 ❺-2 **1845**・是年 文
『言葉の直路』 ❺-2 **1823**・是年 文
『詞葉の花』 ❺-2 **1797**・是年 文
『言葉のもとすえ』 ❺-2 **1798**・是年 文
『諺草』 ❺-1 **1701**・是年 文
『この馬』 ❺-2 **1716**・是年 政
『この華』 ❺-1 **1693**・是年 文
『古梅園墨譜』 ❺-1 **1713**・是年 文
『碁盤太平記』 ❺-1 **1706**・是年 文
『古筆手鏡』 ❺-1 **1651**・是年 文
『古筆名葉集』 ❺-2 **1808**・是年 文
『五百韻三歌仙』 ❺-1 **1684**・是年 文
『五百四十首』 ❺-2 **1788**・是年 文
『古風三体考』 ❺-2 **1837**・是年 文
『御府内備考』 ❺-2 **1829**・是年 文
『古文孝経』 ❺-1 **1602**・8・23 文
『古文孝経参疏』 ❺-2 **1788**・是年 文
『古文孝経標註』 ❺-2 **1731**・是年 文
『古文真宝』 ❺-1 **1609**・是年 文
『古文鉄砲前後集』 ❺-2 **1761**・是年 文
『護法漫筆』 ❺-2 **1827**・是年 文
『小堀宗甫公旅日記』 ❺-1 **1621**・10・4 文
『こまさらひ』 ❺-1 **1660**・是年 文
『小町躍』 ❺-1 **1665**・是年 文
『古万便覧』 ❺-2 **1781**・是年 文
『小むらさき』 ❺-1 **1676**・是年 文
『古名録』 ❺-2 **1843**・是年 文
『小紋雅話』 ❺-2 **1790**・是年 文
『暦摺万句合』 ❺-2 **1757**・是年 文
『古来庵句集』 ❺-2 **1765**・是年 文
『五輪之書』 ❺-1 **1643**・10月 文／**1645**・5・12 政
『古暦便覧』 ❺-1 **1685**・是年 文／**1687**・是年 文／❺-2 **1732**・是年 文
『これまで草』 ❺-2 **1720**・是年 文
『語録字』 ❺-2 **1758**・是年 文
『崑玉集』 ❺-1 **1670**・是年 文
『金剛経』 ❺-1 **1625**・是年 文
『混効献集』(琉球古語の辞書) ❺-1 **1711**・是年 文
『今古和歌宇比末那飛』 ❺-2 **1846**・是年 文
『艮斎閑話』 ❺-2 **1841**・是年 文
『坤斎詩存』 ❺-2 **1840**・是年 文
『坤斎日記』 ❺-2 **1828**・是年 文
『艮斎文略』 ❺-2 **1831**・是年 文
『今昔操浄瑠璃外題年鑑』 ❺-2 **1757**・是年 文
『今昔操年代記』 ❺-2 **1727**・是年 文
『今昔出世扇』 ❺-2 **1745**・是年 文
『言塵集(ごんじんしゅう)』 ❺-1 **1654**・是年 文
『献立筌』 ❺-2 **1760**・是年 文
『こんてむつす・むん地』 ❺-1 **1610**・4月 文
『混同秘策』 ❺-2 **1823**・是年 文
『今日狂歌』 ❺-2 **1776**・是年 文
『金毘羅船利生纜』 ❺-2 **1824**・是年 文
『坤輿図識』 ❺-2 **1844**・是年 文
『婚礼名護屋吾妻』 ❺-2 **1732**・是年 文
『斎諧俗談』 ❺-2 **1758**・是年 文
『西鶴置土産』 ❺-1 **1693**・是年 文
『西鶴織留』 ❺-1 **1694**・3月 文
『西鶴諸国咄(近年諸国咄)』 ❺-1 **1685**・是年 文
『西鶴俗つれづれ』 ❺-1 **1695**・是年 文
『西鶴伝授車』 ❺-2 **1716**・是年 政
『西鶴名残の友』 ❺-1 **1699**・是年 文
『西鶴冥途物語』 ❺-1 **1697**・是年 文
『宰我の償(のち『夢の代』)』 ❺-2 **1802**・6月 文
『済急紀聞』 ❺-2 **1836**・是年 文
『西行法師行状絵詞』 ❺-1 **1630**・9・27 文
『西行和歌修行』 ❺-1 **1682**・是年 文
『斎家論』 ❺-2 **1744**・是年 文
『再校江戸砂子』 ❺-2 **1770**・是年 文
『西国盛衰記』 ❺-1 **1711**・是年 文
『西国太平記』 ❺-1 **1661**・是年 文
『彩色歌相撲』 ❺-1 **1676**・是年 文
『彩色美津朝』 ❺-2 **1787**・是年 文
『歳時故実』 ❺-1 **1664**・是年 文
『採珍堂日稿』 ❺-2 **1774**・是年 文
『催馬楽譜入文』 ❺-2 **1834**・是年 文
『斎非時』 ❺-1 **1708**・是年 文
『采風集』 ❺-2 **1808**・是年 文
『臍佛西遊記』 ❺-2 **1803**・是年 文
『済北集』 ❺-1 **1650**・是年 文
『斎民術』 ❺-2 **1744**・是年 文
『西溟余稿』 ❺-2 **1748**・是年 文
『西遊記』 ❺-2 **1795**・是年 文
『西遊詩草』 ❺-2 **1819**・是年 文
『西遊旅譚』 ❺-2 **1794**・是年 文
『采覧異言』 ❺-1 **1713**・是年 文／❺-2 **1725**・是年 文
『堺鑑』 ❺-1 **1683**・是年 文／**1684**・是年 文
『嵯峨日記』 ❺-1 **1691**・4・18 文
『相模入道千疋犬』 ❺-1 **1714**・是年 文
『嵯峨名所尽』 ❺-1 **1661**・是年 文
『嵯峨問答』 ❺-1 **1672**・是年 文
『サカラメンタ提要』 ❺-1 **1603**・是年 文／**1605**・是年 文
『さき草』 ❺-2 **1803**・是年 文
『佐喜草』 ❺-2 **1837**・是年 文
『作者根元江戸錦』 ❺-2 **1799**・是年 文
『作文初問』 ❺-2 **1755**・是年 文
『作陽誌』 ❺-1 **1694**・是年 文
『桜曾我女時宗』 ❺-2 **1723**・是年 文
『さくら鯛』 ❺-2 **1823**・是年 文
『桜精伝奇』 ❺-2 **1830**・是年 文
『さくらの実』 ❺-2 **1767**・是年 文
『桜姫全伝曙草紙』 ❺-2 **1805**・是年 文
『瑣語』 ❺-2 **1767**・是年 文
『鎖国論』 ❺-2 **1801**・8月 文
『狭衣下紐』 ❺-1 **1654**・是年 文
『狭衣目録』 ❺-1 **1654**・是年 文
『狭衣物語』 ❺-1 **1624**・是年 文
『笹色猪口暦手』 ❺-2 **1826**・是年 文
『細少石』 ❺-1 **1668**・是年 文
『雑学類編』 ❺-2 **1786**・是年 文
『冊府元亀』 ❺-1 **1677**・⑫・5 文
『雑篇田舎荘子』 ❺-2 **1742**・是年 文
『雑問答考』 ❺-2 **1759**・是年 文
『雑話続録』 ❺-2 **1761**・是年 文
『茶道五度之書』 ❺-2 **1743**・是年 文
『茶道筌蹄』 ❺-2 **1847**・弘化年間 文
『茶道便蒙鈔』 ❺-1 **1690**・是年 文
『佐渡源左衛門』 ❺-1 **1670**・是年 文
『里のをだ巻評』 ❺-2 **1774**・是年 文
『五月雨抄』 ❺-2 **1784**・是年 文
『佐夜中山集』 ❺-1 **1664**・是年 文
『猿つくば』 ❺-2 **1778**・是年 文
『猿の人真似』 ❺-2 **1815**・是年 文
『猿蓑』 ❺-1 **1691**・7月 文
『戯言養気集』 ❺-1 **1623**・元和年間 文
『茶話指月集』 ❺-1 **1701**・是年 文
『三縁山志』 ❺-2 **1819**・是年 文
『三音正譌』 ❺-2 **1752**・是年 文
『山海名産図絵』 ❺-2 **1763**・是年 文
『三ヶ津学者評判記』 ❺-2 **1768**・是年 文
『山下水』 ❺-1 **1672**・是年 文
『山下珍作』 ❺-2 **1782**・是年 文
『三教指帰簡註』 ❺-1 **1712**・是年 文
『三玉挑事抄』 ❺-2 **1723**・是年 文
『三景集』 ❺-2 **1749**・是年 文
『産語』 ❺-2 **1749**・是年 文
『参考伊勢物語』 ❺-2 **1813**・是年 文
『参考源平盛衰記』 ❺-1 **1689**・是年 文
『参考太平記』 ❺-1 **1689**・是年 文
『塹工譜略』 ❺-2 **1844**・是年 文
『三光譜録考鑑』 ❺-2 **1771**・是年 文
『参考平治物語』 ❺-1 **1689**・是年 文
『参考保元物語』 ❺-1 **1689**・是年 文
『山谷詩集抄』 ❺-1 **1646**・是年 文
『三国筆海全書』 ❺-1 **1652**・是年 文
『三国名勝図会』 ❺-2 **1843**・是年 文
『三国役者舞台鏡』 ❺-1 **1698**・是年 文
『三五中略』 ❺-2 **1727**・6・6 文
『三才図会』 ❺-1 **1677**・⑫・5 文
『三冊子』 ❺-2 **1776**・是年 文
『山子垂統』 ❺-2 **1775**・是年 文
『三芝居子供推量物語』 ❺-1 **1681**・是年 文
『三社託宣鈔』 ❺-1 **1650**・是年 文
『三獣演談』 ❺-2 **1729**・是年 文
『山州名跡志』 ❺-1 **1715**・是年 文
『三十六人歌仙和歌抄』 ❺-1 **1660**・是年 文
『三将軍解』 ❺-1 **1656**・是年 文
『三世唱和』 ❺-2 **1764**・是年 文
『三省録』 ❺-2 **1843**・是年 文
『三千化』 ❺-2 **1725**・是年 文
『三千世界色修行』 ❺-2 **1772**・是年 文
『三千風笛探』 ❺-1 **1701**・是年 文
『三草集』 ❺-2 **1827**・是年 文
『三体詩法三体法』 ❺-1 **1637**・是年 文
『山中人饒舌』 ❺-2 **1813**・⑪月 文／**1835**・是年 文
『三哲小伝』 ❺-2 **1831**・是年 文
『三道一致心学弁』 ❺-2 **1841**・是年 文
『蚕当計秘訣』 ❺-2 **1846**・是年 文
『散堂詩鈔』 ❺-2 **1851**・是年 文

『三都戯場役者一口商』 ❺-2 1805・是年 文
『三人法師』 ❺-1 1646・是年 文
『三のしるべ』 ❺-2 1829・是年 文
『三盃酢』 ❺-2 1736・是年 文
『三百則抄』 ❺-1 1677・是年 文
『杉風句集』 ❺-2 1785・是年 文
『三幅対紫曾我』 ❺-2 1778・是年 文
『三部抄増註』 ❺-1 1669・是年 文
『三養雑記』 ❺-2 1840・是年 文
『三余叢談』 ❺-2 1822・是年 文
『山陵志』 ❺-2 1801・是年 文／1808・是年 文／1822・是年 文
『参両録』 ❺-1 1653・是年 文
『三鱗青砥銭』 ❺-2 1764・是年 文
『山路栞』 ❺-2 1827・是年 文
『三論偈頌』 ❺-1 1689・1 月 文
『三論玄私考』 ❺-1 1683・⑤月 文
『字音仮字用格』 ❺-2 1776・是年 文
『塩本記』 ❺-2 1766・是年 文
『字音仮字便覧』 ❺-2 1802・是年 文
『字音仮字用格早引』 ❺-2 1816・是年 文
『詩礎階梯』 ❺-2 1834・是年 文
『紫海紀行』 ❺-2 1776・是年 文
『仕学斎文集』 ❺-2 1773・是年 文
『時学鍼焫』 ❺-2 1747・是年 文
『詩学逢原』 ❺-2 1762・是年 文
『四角問答』 ❺-1 1658・是年 文
『詩歌仙』 ❺-1 1668・是年 文
『地方古実録』 ❺-1 1623・是年 文
『私可多咄』 ❺-1 1659・是年 文
『仕形噺』 ❺-2 1773・是年 文
『鹿野武左衛門口伝咄』 ❺-1 1683・是年 文
『詩家法語』 ❺-2 1782・是年 文
『志がらみ』 ❺-2 1816・是年 文
『史館茗話』 ❺-1 1668・是年 文
『四季交加』 ❺-2 1798・是年 文
『史記抄』 ❺-1 1626・是年 文
『児戯笑談』 ❺-2 1749・是年 文
『四季草』 ❺-2 1837・是年 文
『鴫立沢』 ❺-1 1697・是年 文
『色道大鏡』 ❺-1 1678・是年 文
『史記評林』 ❺-1 1636・是年 文
『姿記評林』 ❺-1 1700・是年 文
『詩経』 ❺-1 1685・4・26 文
『詩経小織』 ❺-1 1709・10・5 文
『詩経古伝』 ❺-2 1759・是年 文
『詩経名物集成』 ❺-2 1808・是年 文
『詩経名物弁解』 ❺-2 1730・是年 文
『詩経毛伝補義』 ❺-2 1746・是年 文
『辞玉襷』 ❺-2 1829・是年 文
『竺志船物語』 ❺-2 1814・是年 文
『詩訣』 ❺-2 1787・是年 文
『繁野話』 ❺-2 1765・是年 文
『四言教講義』 ❺-2 1727・是年 文
『試験鈔』 ❺-1 1649・是年 文
『思玄亭遺稿』 ❺-2 1822・是年 文
『邇言便蒙抄』 ❺-1 1682・是年 文
『四国猿』 ❺-1 1691・是年 文
『四国遍礼道指南』 ❺-1 1687・是年 文
『四国遍礼霊場記』 ❺-1 1688・是年 文
『自娯文章』 ❺-2 1759・是年 文
『紫菜浅草土産』 ❺-2 1845・是年 文
『四座役者目録』 ❺-1 1646・是年 文
『四山藁』 ❺-2 1821・是年 文
『時事解説事典』 ❺-2 1748・是年 文
『氏邇乎波義慣抄』 ❺-2 1760・是年 文
『資治通鑑綱目正編』 ❺-1 1667・是年 文
『事実文編』 ❺-2 1849・是年 文
『獅子物狂』 ❺-2 1723・是年 文
『寺社宝物展閲目録』 ❺-2 1792・是年 文
『四時幽賞』 ❺-1 1668・是年 文
『四十二国人物図説』 ❺-2 1720・是年 文
『四十八癖』 ❺-2 1812・是年 文
『字集便覧』 ❺-1 1653・是年 文
『四書講義』 ❺-2 1843・是年 文
『四書古義』 ❺-2 1720・是年 文
『四書集註』 ❺-1 1625・是年 文
『四書集註序諺解』 ❺-1 1670・是年 文
『四書集註翼』 ❺-2 1819・是年 文
『四書示蒙句解』 ❺-1 1701・是年 文
『四書序考』 ❺-1 1667・是年 文
『四書直解』 ❺-1 1688・11・1 文／是年 文
『四書唐音弁』 ❺-2 1722・是年 文
『四書俚諺鈔』 ❺-1 1699・是年 文
『詩書古伝』 ❺-2 1758・是年 文
『賤のをだまき』 ❺-2 1802・是年 文
『自性記』 ❺-1 1672・是年 文
『時勢策』 ❺-2 1852・是年 文
『市井雑談集』 ❺-2 1764・是年 文
『時世粧』 ❺-1 1672・是年 文
『詩聖堂詩集』 ❺-2 1810・是年 文
『四生の歌合』 ❺-1 1643・寛永年間 文
『史籍年表』 ❺-2 1847・弘化年間 文
『自然真営道』 ❺-2 1753・是年 文
『詩仙堂志』 ❺-2 1797・是年 文
『地蔵菩薩感応伝』 ❺-1 1687・是年 文
『時代世話二挺鼓』 ❺-2 1788・是年 文
『したきりすずめ』 ❺-2 1723・是年 文
『しだれ柳』 ❺-1 1702・是年 文
『七経孟子考文補遺』 ❺-2 1731・是年 文
『七乗冪式演段』 ❺-1 1691・是年 文
『七書評判』 ❺-1 1651・是年 文
『七柏集』 ❺-2 1781・是年 文
『七武』 ❺-1 1664・是年 文
『史徴』 ❺-2 1799・是年 文
『時直百首』 ❺-1 1617・是年 文
『実語教・童子教抄』 ❺-1 1650・是年 文
『十体千字文』 ❺-1 1643・是年 文
『悉曇三密鈔』 ❺-1 1682・是年 文
『耳底記』 ❺-1 1603・12 月 文／1661・是年 文
『史的年代記(蘭訳版)』 ❺-1 1660・是年 文
『四天わう武者執行』 ❺-1 1659・是年 文
『信濃奇勝録』 ❺-2 1834・是年 文
『信濃地名考』 ❺-2 1771・是年 文
『信濃漫録』 ❺-2 1821・是年 文
『信田』 ❺-1 1611・3 月 文
『芝居品定』 ❺-1 1676・是年 文
『芝居晴小袖』 ❺-2 1716・是年 政
『芝山別集』 ❺-1 1680・是年 文
『紫微字様』 ❺-2 1724・是年 文
『爾比末奈妣』 ❺-2 1800・是年 文
『渋団(しぶうちわ)』 ❺-1 1674・是 文
『渋団扇返答』 ❺-1 1675・是年 文
『詩文国字牘』 ❺-2 1727・是年 文
『時文摘紕』 ❺-2 1795・是年 文
『詩文類語』 ❺-2 1836・是年 文
『士峰集』 ❺-1 1624・是年 文
『詩本草』 ❺-2 1822・是年 文
『島津国史』 ❺-2 1800・是年 文
『島原合戦記』 ❺-1 1704・是年 文
『島原評判やりくり草』 ❺-1 1679・是年 文
『四民往来』 ❺-2 1729・是年 文
『四民格致重宝記』 ❺-2 1753・是年 文
『四民童子字尽安見』 ❺-2 1716・是 政
『四溟陳人詩集』 ❺-2 1772・是年 文
『指面草』 ❺-2 1786・是年 文
『耳目凶歳録』 ❺-2 1756・是年 文
『釈迦八相物語』 ❺-1 1666・是年 文
『釈迦八相倭文庫』 ❺-2 1845・是年 文
『釈迦物語』 ❺-1 1611・1・18 文
『沙金袋』 ❺-1 1657・是年 文
『釈教類題和歌集』 ❺-1 1695・是年 文
『釈氏二十四考』 ❺-1 1670・是年 文
『釈親考』 ❺-2 1736・是年 文
『尺素往来』 ❺-1 1668・是年 文
『釈門孝伝』 ❺-1 1666・是年 文
『写真介録』 ❺-2 1849・是年 文
『沙石集』 ❺-1 1605・2 月 文
『赭鞭余禄』 ❺-2 1761・是年 文
『詩山堂詩集』 ❺-2 1847・弘化年間 文
『社盟算譜』 ❺-2 1827・是年 文
『棕隠軒集』 ❺-2 1825・是年 文
『周易経翼通解』 ❺-2 1774・是年 文
『周易注』 ❺-1 1605・4・5 文
『周易本義』 ❺-1 1693・4・21 文
『周易本筮指南』 ❺-2 1820・是年 文
『集義外書』 ❺-1 1709・是年 文
『拾玉集』 ❺-1 1658・是年 文
『集義和書』 ❺-1 1672・是年 文
『集古十種』 ❺-2 1800・是年 文
『集古図説』 ❺-2 1740・是年 文
『集古浪華帖』 ❺-2 1819・是年 文
『秋齋閒語』 ❺-2 1753・是年 文
『修治纂要』 ❺-1 1662・是年 文
『十七憲法註』 ❺-1 1670・是年 文
『十善法語』 ❺-2 1822・是年 文
『袖中鈔』 ❺-1 1651・是年 文
『周南先生文集』 ❺-2 1760・是年 文
『十八大通百手枕』 ❺-2 1778・是年 文
『十番切』 ❺-1 1612・1 月 文
『周髀算経図解』 ❺-2 1785・是年 文
『聚分韻略』 ❺-1 1606・是年 文／1612・是年 文／1650・是年 文
『秋夜随筆』 ❺-2 1734・是年 文
『十論為弁抄』 ❺-2 1725・是年 文

『宗論平家物語』 ❺-1 **1615**･10･21 文
『竪亥録』 ❺-1 **1639**･是年 文
『竪亥録仮名抄』 ❺-1 **1662**･是年 文
『祝寿編』 ❺-1 **1673**･是年 文
『宿曜算法諺解』 ❺-2 **1732**･是年 文
『修験故事便覧』 ❺-2 **1732**･是年 文
『寿斎記』 ❺-1 **1611**･10 月 文
『授時発明』 ❺-1 **1680**･是年 文
『朱子文範』 ❺-1 **1668**･是年 文
『儒釈筆陣』 ❺-1 **1662**･是年 文
『朱書抄略』 ❺-1 **1681**･是年 文
『授時暦経諺解』 ❺-1 **1711**･是年 文
『授時暦経俗解』 ❺-2 **1776**･是年 文
『授時暦経立』 ❺-1 **1681**･是年 文
『授時暦図解』 ❺-1 **1703**･是年 文
『守正護国章』 ❺-1 **1665**･是年 文
『朱徴君集』 ❺-1 **1684**･是秋 社
『十会集』 ❺-1 **1665**･是年 文
『十種千句』 ❺-1 **1657**･是年 文
『出定後語』 ❺-2 **1745**･是年 文
『酒典童子若杜』 ❺-1 **1660**･是年 文
『受不受決疑鈔』 ❺-2 **1738**･是年 文
『十返舎戯作種本』 ❺-2 **1798**･是年 文
『儒門思問録』 ❺-1 **1662**･是年 文
『春雨抄』 ❺-1 **1657**･是年 文
『春鑑抄』 ❺-1 **1629**･是年 文
『春渓画譜』 ❺-2 **1820**･是年 文
『荀子補遺』 ❺-2 **1827**･是年 文
『春秋左伝国次』 ❺-2 **1797**･是年 文
『春秋社暦考』 ❺-1 **1670**･是年 文
『春秋集』 ❺-2 **1811**･是年 文
『春秋述暦』 ❺-1 **1669**･是年 文
『春秋正義』 ❺-2 **1816**･5 月 文
『春秋関』 ❺-2 **1726**･是年 文
『春秋七草』 ❺-2 **1743**･是年 文
『駿州名勝志』 ❺-2 **1786**･是年 文
『春笑一刻』 ❺-2 **1778**･是年 文
『春樵隠士家稿』 ❺-2 **1832**･是年 文
『春色梅児誉美』 ❺-2 **1832**･是年 文
『春色梅美婦禰』 ❺-2 **1841**･是年 文
『春色辰巳園』 ❺-2 **1834**･是年 文
『春色恵の花』 ❺-2 **1836**･是年 文
『春色雪の梅』 ❺-2 **1838**･是年 文
『春色連理の梅』 ❺-2 **1852**･是年 文
『舜水先生文集』 ❺-1 **1715**･是年 文
『春川詩草』 ❺-2 **1782**･是年 文
『馴象俗談』 ❺-2 **1729**･5 月 文
『春草堂詩鈔』 ❺-2 **1834**･是年 文
『馴象編』 ❺-2 **1729**･5 月 文
『春台先生紫芝園稿』 ❺-2 **1752**･是年 文
『春波楼筆記』 ❺-2 **1811**･是年 文
『春風館詩鈔』 ❺-2 **1841**･是年 文
『春遊機嫌嘶』 ❺-2 **1775**･是年 文
『純陽遺稿』 ❺-2 **1778**･是年 文
『春葉集』 ❺-2 **1798**･是年 文
『称謂私言』 ❺-2 **1800**･是年 文
『松陰随筆』 ❺-2 **1820**･是年 文
『松雲公字取益説』 ❺-1 **1672**･4 月 文
『小雲棲稿』 ❺-2 **1775**･是年 文
『松園随筆』 ❺-2 **1847**･弘化年間 文
『松翁道話』 ❺-2 **1814**･是年 文
『捷解新語』 ❺-1 **1676**･是年 文
『小学句読口義詳解』 ❺-1 **1680**･是年 文
『小学句読備考』 ❺-1 **1669**･是年 文
『正学指掌』 ❺-2 **1787**･是年 文
『小学集註抄』 ❺-1 **1647**･是年 文
『小学蒙養集』 ❺-1 **1669**･是年 文
『匠家故実録』 ❺-2 **1808**･是年 文
『正月揃』 ❺-1 **1688**･是年 文
『笑嘉登』 ❺-2 **1813**･是年 文
『松花堂茶会記』 ❺-1 **1633**･是年 文
『貞観政要』 ❺-1 **1623**･是年 文
『貞観政要諺解』 ❺-1 **1647**･是年 文
『貞観政要諺集』 ❺-1 **1669**･是年 文
『象戯大矢数』 ❺-1 **1697**･是年 文
『象戯綱目』 ❺-1 **1707**･是年 文
『象戯図式』 ❺-1 **1636**･是年 文／**1649**･是年 文
『娼妃地理記』 ❺-2 **1777**･是年 文
『象戯作物並馬法』 ❺-1 **1616**･是年 文
『将棊早指南』 ❺-2 **1839**･是年 文
『将棊妙手』 ❺-2 **1815**･是年 文
『樵漁余適』 ❺-2 **1741**･是年 文
『将軍記』 ❺-1 **1664**･是年 文
『尚倹撮要』 ❺-2 **1770**･是年 文
『衝口発』 ❺-2 **1781**･是年 文
『尚古仮字格』 ❺-2 **1823**･是年 文
『尚古造紙挿』 ❺-2 **1830**･是年 文
『称呼弁正』 ❺-2 **1754**･是年 文
『匠材集』 ❺-1 **1626**･是年 文／**1651**･是年 文
『常山紀談』 ❺-2 **1739**･是年 文
『常山文集』 ❺-2 **1724**･是年 文／**1727**･6･12 文
『常山楼集』 ❺-2 **1784**･是年 文
『尚歯会』 ❺-2 **1722**･是年 文
『正直咄大鑑』 ❺-1 **1687**･是年 文／**1694**･是年 文
『紹述先生文集』 ❺-2 **1758**･是年 文
『尚書正読』 ❺-2 **1844**･是年 文
『詞葉新雅』 ❺-2 **1792**･是年 文
『精進献立集』 ❺-2 **1821**･是年 文
『精進膾』 ❺-1 **1683**･是年 文
『浄世物語』 ❺-1 **1660**･是年 文
『小説字彙』 ❺-2 **1791**･是年 文
『小説粋言』 ❺-2 **1758**･是年 文
『小説精言』 ❺-2 **1743**･是年 文
『装束拾要集』 ❺-1 **1614**･是年 文
『消息文鑑尺牒階梯』 ❺-2 **1821**･是年 文
『笑談医者質気』 ❺-2 **1774**･是年 文
『掌中鉤股規矩要領』 ❺-2 **1789**･是年 文
『掌中群書一覧』 ❺-2 **1812**･是年 文
『掌中古言梯』 ❺-2 **1808**･是年 文
『湘中八雄伝』 ❺-2 **1768**･是年 文
『掌中早引節用集』 ❺-2 **1843**･是年 文
『掌中名物筌』 ❺-2 **1832**･是年 文
『笑註烈子』 ❺-2 **1782**･是年 文
『掌中和漢年契』 ❺-2 **1801**･是年 文
『照朝儒林姓名録』 ❺-2 **1769**･是年 文
『松亭漫筆』 ❺-2 **1850**･是年 文
『聖徳太子五憲法』 ❺-1 **1675**･是年 文
『聖徳太子十七條憲法』 ❺-1 **1608**･是年 文
『聖徳太子日本国未来記』 ❺-1 **1648**･是年 文
『貞徳百韻』 ❺-1 **1659**･是年 文
『浄土本朝高僧伝』 ❺-1 **1713**･是年 文
『商内神』 ❺-2 **1802**･是年 文
『小児戒草』 ❺-2 **1820**･是年 文
『小児必要養育草』 ❺-1 **1703**･是年 文
『小児養生録』 ❺-1 **1688**･是年 文
『商人家職訓』 ❺-2 **1722**･是年 文
『商人金采配』 ❺-2 **1808**･是年 文
『商人平生記』 ❺-2 **1738**･是年 文
『倡売往来』 ❺-2 **1805**･是年 文
『松柏堂書庫記』 ❺-1 **1669**･是年 文
『焦尾琴』 ❺-1 **1701**･是年 文／❺-2 **1743**･是年 文
『正風彦根躰』 ❺-1 **1712**･是年 文
『笑富林』 ❺-2 **1833**･是年 文
『匠明』 ❺-1 **1608**･8 月 文
『蕉門一夜口授』 ❺-2 **1773**･是年 文
『庄屋手鑑』 ❺-2 **1813**･是年 文
『逍遙集』 ❺-1 **1677**･是年 文
『笑林広記抄』 ❺-2 **1778**･是年 文
『浄瑠璃早合点』 ❺-2 **1840**･是年 文
『浄瑠璃譜』 ❺-2 **1804**･是年 文
『性霊集便蒙』 ❺-1 **1675**･是年 文
『青楼五ツ雁金』 ❺-2 **1788**･是年 文
『諸家々業記』 ❺-1 **1668**･是年 文
『書家錦嚢』 ❺-2 **1852**･是年 文
『初学訓』 ❺-2 **1718**･是年 文
『初学知要』 ❺-1 **1698**･是年 文
『初学天文指南』 ❺-1 **1706**･是年 文
『初学筆要集』 ❺-2 **1724**･是年 文
『初学和歌式』 ❺-1 **1713**･是年 文
『諸葛孔明鼎軍談』 ❺-2 **1724**･是年 文
『諸家評定記』 ❺-1 **1658**･是年 文
『書翰初学抄』 ❺-1 **1669**･是年 文
『諸勘分物』 ❺-1 **1622**･是年 文
『書記集解』 ❺-2 **1785**･是年 文
『書記百氏補伝』 ❺-2 **1788**･是年 文
『書経繹解』 ❺-2 **1800**･是年 文
『食医要編』 ❺-1 **1666**･是年 文／**1675**･是年 文
『職官志』 ❺-2 **1835**･是年 文
『職原私鈔』 ❺-1 **1628**･是年 文
『職原鈔引事大全』 ❺-1 **1659**･是年 文
『職原鈔聞書』 ❺-1 **1674**･是年 文
『職原鈔私記』 ❺-1 **1648**･是年 文
『職原鈔首書』 ❺-1 **1662**･是年 文
『職原鈔別勘』 ❺-1 **1661**･是年 文
『食道記』 ❺-1 **1670**･是年 社
『続日本紀』 ❺-1 **1614**･6･2 文
『職人尽発句合』 ❺-2 **1797**･是年 文
『食物摘要』 ❺-1 **1678**･是年 文
『食物本草大成』 ❺-1 **1694**･是年 文
『食物和解大成』 ❺-1 **1698**･是年 文
『食用便覧』 ❺-1 **1687**･是年 文
『食療正要』 ❺-2 **1768**･是年 文
『女訓抄』 ❺-1 **1637**･是年 文
『女訓徒然草』 ❺-1 **1702**･是年 文
『諸芸小鏡』 ❺-1 **1686**･是年 文
『諸芸独自慢』 ❺-2 **1783**･是年 文
『書言字考』 ❺-2 **1717**･是年 文
『諸公画賛』 ❺-2 **1734**･是年 文
『諸国翁墳記』 ❺-2 **1761**･是年 文
『諸国買物調方記』 ❺-1 **1692**･是年 文
『諸国敵対武道一覧』 ❺-1 **1687**･是年

文
『諸国道中商人鑑』　❺-2 1827・是年 文
『諸国独吟集』　❺-1 1671・是年 文
『諸国土産書』　❺-1 1669・是春 文
『諸国名義考』　❺-2 1809・是年 文
『諸国里人談』　❺-2 1743・是年 文／1746・是年 文
『助語辞』　❺-1 1674・是年 文
『諸菜譜』　❺-1 1704・3 月 文
『諸雑書集』　❺-2 1795・1 月 文
『助字雅』　❺-1 1699・是年 文
『助辞格』　❺-2 1821・是年 文
『助辞頌』　❺-2 1837・是年 文
『助辞本義一覧』　❺-2 1838・是年 文
『助辞訳通』　❺-2 1762・是年 文
『書習郭文章』　❺-2 1812・是年 文
『諸州奇事談』　❺-2 1750・是年 文
『諸州巡覧記』　❺-1 1713・是年 文
『諸職絵尽』　❺-1 1685・是年 文
『書詩礼暦考』　❺-1 1671・是年 文
『初心仮名遣』　❺-1 1691・是年 文
『諸人重宝記』　❺-1 1695・是年 文
『初心墨画草』　❺-2 1766・是年 文
『除睡鈔』　❺-2 1721・是年 文
『如亭山人稿初集』　❺-2 1810・是年 文
『諸島訓養伝』　❺-2 1811・是年 文
『諸道聴月世間猿』　❺-2 1766・是年 文
『庶物類纂』　❺-1 1699・4・23 文／1701・是年 文／❺-2 1719・9・11 文／1734・3・21 文／1738・5・30 文
『ショメル家事百科事典』　❺-2 1778・是年 文
『ショメル百科辞典』(厚生新編)　❺-2 1811・5 月 文
『諸訳名女多葉粉』　❺-2 1736・是年 文
『書礼調法記』　❺-1 1695・是年 文
『諸流茶湯秘伝書』　❺-1 1632・是年 文
『児雷也豪傑譚』　❺-2 1839・是年 文
『白河燕談』　❺-2 1730・是年 文
『新羅之記録』　❺-1 1646・9・19 政
『詩律兆』　❺-2 1776・是年 文
『詞林意行集』　❺-1 1688・是年 文
『詞林金玉集』　❺-1 1679・是年 文
『史林残花』　❺-2 1730・是年 文
『詩林三知抄』　❺-1 1635・是年 文
『素人庖丁』　❺-2 1820・是年 文
『白陀羅尼』　❺-1 1704・是年 文
『師走の月夜』　❺-1 1649・是年 文
『真闇考』　❺-2 1789・是年 文
『新歌さゞれ石』　❺-1 1703・是年 文
『心画軌範』　❺-1 1712・是年 文
『新学異見』　❺-2 1811・是年 文／1814・是年 文
『新額異見弁』　❺-2 1829・是年 文
『心学五倫書』　❺-1 1665・是年 文
『神学初会記』　❺-2 1743・是年 文
『心学時計草』　❺-2 1795・是年 文
『心学早染草』　❺-2 1790・1 月 文／是年 文
『心学晦荘子』　❺-2 1795・是年 文
『心画纂要』　❺-1 1696・是年 文
『新可笑記』　❺-1 1688・1 月 文
『新勘授時暦経』　❺-1 1673・是年 文
『新刊節用集大全』　❺-1 1680・是年 文
『新刊本草綱目』　❺-1 1659・3 月 文
『甚久法師狂歌集』　❺-2 1722・是年 文
『新局玉石童子訓』　❺-2 1845・是年 文
『慎機論』　❺-2 1836・是年 文
『神功皇后三韓襲』　❺-2 1719・是年 文
『新句兄弟』　❺-2 1736・是年 文
『真歇和尚拈古抄』　❺-1 1642・是年 文
『新紅塵和歌集類題』　❺-2 1830・是年 文
『新校正本草綱目』　❺-1 1714・是年 文
『新語園』　❺-1 1682・是年 文
『新古今狂歌集』　❺-2 1794・是年 文
『新古今増抄』　❺-1 1663・是年 文
『人国記』　❺-1 1700・是年 文
『新刻外科正宗』　❺-1 1626・是年 文
『神国決疑編』　❺-1 1691・是年 文
『新国史』　❺-1 1665・10・14 文
『神国神字弁論』　❺-2 1779・是年 文
『清国通商産物略記』　❺-2 1730・是年 文
『神語考』　❺-2 1845・是年 文
『新古事談』　❺-2 1737・是年 文
『新作落語徳治伝』　❺-2 1787・是年 文
『新山家集』　❺-1 1686・是年 文
『真字百人一首』　❺-1 1695・是年 文
『神社啓蒙』　❺-1 1670・是年 文
『神社便覧』　❺-1 1664・是年 文
『真宗懐古鈔』　❺-2 1767・是年 文
『新修学芸百科事典(勃乙斯術芸全書)』　❺-2 1778・是年 文
『信州川中島合戦』　❺-2 1721・是年 文
『神州奇観』　❺-2 1837・是年 文
『親讐胯膏薬』　❺-2 1805・是年 文
『心中大鑑』　❺-1 1704・是年 文
『真宗伝燈録』　❺-2 1776・是年 文
『心中天網島』　❺-2 1720・是年 文
『心中二枚絵草紙』　❺-1 1706・是年 文
『心中二ツ腹帯』　❺-2 1722・是年 文
『心中刃は氷の朔日』　❺-1 1709・是年 文
『心中宵庚申』　❺-2 1722・是年 文
『真宗流義問答』　❺-2 1716・是年 政
『神儒弁義』　❺-2 1731・是年 文
『新正試筆』　❺-2 1723・是年 文
『新色五巻書』　❺-1 1698・是年 文
『慎思録』　❺-1 1714・是年 文
『人心鏡写絵』　❺-2 1796・是年 文
『心正筆法論』　❺-1 1667・是年 文
『新説百物語』　❺-2 1767・是年 文
『仁説問答』　❺-1 1668・是年 文
『仁説要義』　❺-2 1820・是年 文
『新撰大坂詞大全』　❺-2 1841・是年 文
『新撰紙鑑』　❺-2 1777・是年 文
『新撰字鏡・同考異』　❺-2 1803・是年 文
『新撰姓氏録』　❺-1 1668・是年 文
『新撰百人一首』　❺-2 1852・是年 文
『新撰包丁梯』　❺-2 1802・是年 文
『新撰武蔵曲』　❺-2 1753・是年 文
『新撰楽道類集大全』　❺-2 1727・是年 文
『新撰和漢書画一覧』　❺-2 1787・是年 文
『新増犬筑波集』　❺-1 1643・是年 文
『新増書籍目録』　❺-1 1675・是年 文
『新続犬筑波集』　❺-1 1660・是年 文／1667・是年 文
『新俗説弁』　❺-1 1710・是年 文
『神代系図』　❺-2 1819・是年 文
『神代系図伝』　❺-2 1795・是年 文
『神代正語』　❺-2 1790・是年 文
『神代和訓集成鈔』　❺-1 1700・是年 文
『新玉櫛笥』　❺-1 1709・是年 文
『辛丑元旦詩集』　❺-2 1721・是年 文
『信長記』　❺-1 1604・是年 文／1610・是年 文／1622・是年 文
『清朝紀聞』　❺-2 1799・是年 文
『塵滴問答集』　❺-1 1608・11 月 文
『神道書目集覧』　❺-2 1770・是年 文
『神道俗説問答』　❺-2 1732・是年 文
『神道大意演義』　❺-1 1667・是年 文
『神道独語』　❺-2 1782・是年 文
『神道野中の清水』　❺-2 1733・是年 文
『神道弁惑』　❺-2 1785・是年 文
『神道明弁』　❺-2 1739・是年 文
『神道問答』　❺-2 1819・是年 文
『神道八重垣伝』　❺-2 1734・是年 文
『新独吟』　❺-1 1671・是年 文
『新二百韻』　❺-1 1683・是年 文
『新花摘』　❺-2 1797・是年 文
『新板増補書籍目録』　❺-1 1671・是年 文
『新美人合自筆鏡』　❺-2 1784・是年 文
『仁風一覧』　❺-2 1736・1 月 文
『新編会津風土記』　❺-2 1809・4・16 文
『新編鎌倉志』　❺-1 1684・是年 文
『新編金瓶梅』　❺-2 1830・是年 文
『新編古押譜』　❺-1 1715・是年 文
『新編島津氏支流系図』　❺-1 1656・是年 文
『新編島津氏世禄正純系図』　❺-1 1656・是年 文
『新編水滸画伝』　❺-2 1806・是年 文
『新編南山巡狩録』　❺-2 1809・9・21 文
『新編俳諧文集』　❺-2 1820・是年 文／1778・是年 文
『新編武蔵風土記稿』　❺-2 1828・是年 文／1830・是年 文
『新編柳多留』　❺-2 1841・是年 文
『新編類字箋解』　❺-1 1691・是年 文
『新虚栗』　❺-2 1777・是年 文
『神武紀集解』　❺-1 1674・是年 文
『神名書』　❺-2 1779・是年 文
『神明憑談』　❺-2 1755・是年 文
『辛酉紀行』　❺-1 1621・是年 文
『神遊考』　❺-2 1766・是年 文
『新吉原常々草』　❺-1 1689・是年 文
『しんらんき(親鸞記)』　❺-1 1648・①・2 文
『人倫訓蒙図彙』　❺-1 1690・是年 文

『真暦考』 ❺-2 1782·是年 文
『睡庵雑記』 ❺-1 1676·是年 文
『随意録』 ❺-2 1829·是年 文
『瑞応塵露集』 ❺-2 1733·是年 文
『垂葭詩稿』 ❺-2 1773·是年 文
『垂加草』 ❺-2 1721·是年 文
『垂加文集』 ❺-1 1714·是年 文
『垂加文集正篇』 ❺-1 1714·是年 文
『水滸太平記』 ❺-2 1830·是年 文
『垂絲海棠詩纂』 ❺-2 1779·是年 文
『翠釜亭戯画譜』 ❺-2 1782·是年 文
『随葉集』 ❺-1 1637·是年 文
『随葉集大全』 ❺-1 1670·是年 文
『睡余小録』 ❺-2 1806·是年 文
『鄒魯大旨』 ❺-2 1730·是年 文
『図解·量地指南後編』 ❺-2 1794·是年 文
『図画一覧』 ❺-2 1846·是年 文
『図絵宝鑑』 ❺-1 1649·3月 文
『図解本草』 ❺-1 1685·3月 文
『図画考略記』 ❺-1 1700·是年 文
『図画正誤』 ❺-2 1833·是年 文
『菅原伝授手習鑑』 ❺-2 1800·9·9 文
『数寄聞書』 ❺-1 1640·8月 文
『杉のしづ枝』 ❺-2 1795·是年 文
『杉丸太』 ❺-1 1705·是年 文
『菅笠日記』 ❺-2 1772·是年 文
『朱雀遠眼鏡』 ❺-1 1681·是年 文
『杜撰集』 ❺-1 1701·是年 文
『豆州熱海道知辺』 ❺-1 1695·是年 文
『鱸庖丁青砥切味』 ❺-2 1811·是年 文
『すずみ草』 ❺-2 1794·是年 文
『鈴屋翁略年譜』 ❺-2 1826·是年 文
『鈴屋集』 ❺-2 1798·是年 文
『図説ミューズの神殿』(洋書) ❺-1 1655·是年 文
『捨子集』 ❺-1 1659·是年 文
『スピリツアル修行のためにえらび集むる珠冠のまぬある』 ❺-1 1607·是年 文
『隅田川両岸一覧』 ❺-2 1801·是年 文
『炭俵』 ❺-1 1694·6月 文
『住吉相生物語』 ❺-1 1678·是年 文
『住吉紀行』 ❺-2 1811·是年 文
『すみれ草』 ❺-2 1812·是年 文
『すはのほんぢ兼家』 ❺-1 1646·是年 文
『駿台雑話』 ❺-2 1732·是年 文／1748·是年 文
『寸鉄録』 ❺-1 1628·是年 文
『駿府志略』 ❺-2 1829·是年 文
『西域物語』 ❺-2 1798·是年 文
『声応集』 ❺-2 1823·是年 文
『声音対』 ❺-2 1720·是年 文
『聖学図解』 ❺-1 1664·是年 文
『聖学問答』 ❺-2 1732·是年 文／1736·是年 文
『生花早満奈比』 ❺-2 1850·是年 文
『惺窩先生行状』 ❺-1 1620·是年 文
『晴霞亭遺稿』 ❺-2 1792·是年 文
『惺窩文集』 ❺-1 1654·是年 文
『正眼国師法語』 ❺-2 1798·是年 文
『征韓雑志』 ❺-2 1852·是年 文
『星巌集』 ❺-2 1840·是年 文
『正享問答』 ❺-2 1731·是年 文
『聖教要録』 ❺-1 1665·是冬分／1666·是春 政
『成形図説』 ❺-2 1793·9·3 文／1804·11月 文／1849·4月 文
『静軒詩鈔』 ❺-2 1838·是年 文
『蛻巌集』 ❺-2 1746·是年 文
『蛻巌集後編』 ❺-2 1780·是年 文
『靖献遺言』 ❺-1 1687·是年 文
『青梧園随筆』 ❺-2 1793·是年 文
『勢語臆断』 ❺-1 1683·是年 文／1692·是年 文
『勢語臆断』 ❺-2 1802·是年 文
『正誤仮名遣』 ❺-2 1788·是年 文
『正斎書籍考』 ❺-2 1823·是年 文
『清正記』 ❺-1 1663·是年 文
『清少納言枕草紙抄』 ❺-1 1674·是年 文
『醒酔笑』 ❺-1 1623·是年 文／1643·寛永年間 文
『生象止観』 ❺-2 1813·是年 文
『聖歎外書水滸伝』 ❺-2 1829·是年 文
『清談峰初花』 ❺-2 1819·是年 文
『聖道合語』 ❺-2 1788·是年 文
『斉東俗談』 ❺-1 1685·是年 文
『西播怪談実記』 ❺-2 1754·是年 文
『声文私言』 ❺-2 1827·是年 文
『製油録』 ❺-2 1836·是年 文
『西洋紀聞』 ❺-2 1724·是年 文／1794·6·10 文
『精要算法』 ❺-2 1781·是年 文
『西洋雑記』 ❺-2 1848·是年 文
『西洋列国史略』 ❺-2 1808·是年 文
『性理字義諺解』 ❺-1 1659·是年 文
『精里二·三集』 ❺-2 1818·是年 文／1819·是年 文
『青楼女庭訓』 ❺-2 1823·是年 文
『青楼年中行事』 ❺-2 1804·是年 文
『青楼美人合』 ❺-2 1770·是年 文
『石燕画譜』 ❺-2 1774·是年 文
『石斎集古印譜』 ❺-2 1828·是年 文
『席上潭』 ❺-1 1659·是年 文
『斥非』 ❺-2 1745·是年 文
『石門心学道の話』 ❺-2 1842·是年 文
『世間御旗本形気』 ❺-2 1754·是年 文
『世間学者気質』 ❺-2 1768·是年 文
『世間侍婢気質(せけんこしもとかたぎ)』 ❺-2 1771·是年 文
『世間子息気質』 ❺-1 1715·是年 文
『世間旦那気質』 ❺-2 1773·是年 文
『世間長者容気』 ❺-2 1754·是年 文
『世間手代気質』 ❺-2 1730·是年 文
『世間仲人気質』 ❺-2 1776·是年 文
『世間化物気質』 ❺-2 1770·是年 文
『世間母親容気』 ❺-2 1752·是年 文
『世間胸算用』 ❺-1 1692·1月 文
『世間妾形気』 ❺-2 1767·是年 文
『世事見聞録』 ❺-2 1816·是年 文
『世事根源』 ❺-1 1686·是年 文
『世説故事苑』 ❺-2 1716·是年 政
『勢田橋龍女本地』 ❺-2 1811·是年 文
『世中百首絵鈔』 ❺-2 1722·是年 文
『雪華図説』 ❺-2 1832·是年 文
『摂河二百韻』 ❺-2 1721·是年 文
『せつきやうかるかや』 ❺-1 1631·4月 文／1656·是年 文
『拙斎小集』 ❺-2 1845·是年 文
『摂津名所図会』 ❺-2 1798·是年 文
『摂東七家詩鈔』 ❺-2 1849·是年 文
『拙堂文話』 ❺-2 1830·是年 文
『説法詞料鈔』 ❺-2 1731·是年 文
『説法和歌玉屑鈔』 ❺-2 1737·是年 文
『摂陽奇観』 ❺-2 1833·是年 文
『摂陽群談』 ❺-1 1701·是年 文
『節用集』 ❺-1 1610·是年 文／1619·是年 文
『是天道』 ❺-1 1680·是年 文
『世譜抜書』 ❺-1 1655·是年 文
『責而者草』 ❺-2 1848·5月 文／是年 文
『世話字節用集』 ❺-1 1666·是年 文／1692·是年 文
『善悪邪正大勘定』 ❺-2 1795·是年 文
『善庵随筆』 ❺-2 1850·是年 文
『前王廟陵記』 ❺-1 1696·是年 文／1698·是年 文
『泉曲集』 ❺-2 1762·是年 文
『千金方薬註』 ❺-2 1778·是年 文
『前後園集』 ❺-1 1689·是年 文
『千石家騒動記』 ❺-2 1836·是年 文
『戦国策通考』 ❺-2 1777·是年 文
『千石篩』 ❺-2 1754·是年 文
『千字文考証』 ❺-2 1790·是年 文
『泉州志』 ❺-1 1700·是年 文
『泉州信田白狐伝』 ❺-2 1757·是年 文
『洗心洞詩文』 ❺-2 1833·是年 文
『禅籍志』 ❺-2 1716·是年 政
『全象活眼』 ❺-2 1813·6·28 文
『仙巣稿』 ❺-1 1650·是年 文
『仙台大矢数』 ❺-1 1679·是年 文
『仙台言葉伊呂波寄』 ❺-2 1720·是年 文
『選択集解鈔』 ❺-1 1662·是年 文
『洗濯物』 ❺-1 1666·是年 文
『箋註蒙求』 ❺-2 1830·是年 文
『先哲叢談』 ❺-2 1816·是年 文
『先哲像伝』 ❺-2 1844·是年 文
『仙洞三十六番歌合』 ❺-1 1641·是年 文
『船頭深話』 ❺-2 1806·是年 文
『全唐声律論』 ❺-2 1839·是年 文
『船頭部屋』 ❺-2 1807·是年 文
『千羽鶴折形』 ❺-2 1797·是年 文
『仙物介寿』 ❺-2 1776·是年 文
『占夢南柯後記』 ❺-2 1812·是年 文
『善隣国宝記』 ❺-1 1657·是年 文
『禅林類聚撮要鈔』 ❺-1 1650·是年 文
『草庵和歌集類題』 ❺-1 1695·是年 文／❺-2 1751·是年 文
『宗因千句』 ❺-1 1673·是年 文
『宗因七百韻』 ❺-1 1677·是年 文
『宗因連歌集』 ❺-1 1667·7月 文
『増益書籍目録』 ❺-2 1729·是年 文
『草花絵前集』 ❺-1 1699·是年 文
『宗鑑』 ❺-2 1834·是年 文
『桑華紀年』 ❺-1 1669·是年 文
『創学校啓』 ❺-2 1728·是年 文
『桑韓医譚』 ❺-1 1713·是年 文
『桑韓医問答』 ❺-2 1748·是年 文

『桑韓唱酬集』 ❺-2 **1720**·是年 文
『桑韓筆語』 ❺-2 **1764**·是年 文
『象戯図式』 ❺-2 **1786**·是年 文
『創業記考異』(和歌山藩) ❺-1 **1672**·8·17 文
『箏曲大意抄』 ❺-2 **1779**·是年 文
『装剣奇賞』 ❺-2 **1781**·是年 文
『装劔備考』 ❺-2 **1846**·是年 文
『宗国史』 ❺-2 **1748**·是年 文
『葬祭弁論』 ❺-1 **1667**·是年 文
『草山集』 ❺-1 **1674**·是年 文
『想山著聞奇集』 ❺-2 **1850**·是年 文
『雑司か谷紀行』 ❺-2 **1821**·是年 文
『荘子口義大成俚諺鈔』 ❺-1 **1703**·是年 文
『荘子抄』 ❺-1 **1644**·是年 文
『双生隅田川』 ❺-2 **1720**·是年 文
『草人木』 ❺-1 **1626**·是年 文
『草双紙年代記』 ❺-2 **1783**·是年 文
『増続古暦便覧』 ❺-2 **1777**·是年 文
『雑談集』 ❺-1 **1692**·是年 文
『草茅危言』 ❺-2 **1789**·是年 文
『霜轍誹諧集』 ❺-2 **1752**·是年 文
『僧伝排韻』 ❺-1 **1680**·是年 文
『薔薇館集』 ❺-2 **1762**·是年 文
『雑兵物語』 ❺-2 **1846**·是年 文
『総文匣』 ❺-2 **1722**·是年 文
『増補華夷通商考』 ❺-1 **1708**·3月 文
『増補外題年鑑』 ❺-2 **1768**·是年 文
『増補三重韻』 ❺-1 **1665**·是年 文
『増補書籍目録』 ❺-1 **1670**·是年 文
『増補大成正誤仮名遣』 ❺-2 **1847**·弘化年間 文
『増補横綱図式』 ❺-2 **1792**·是年 文
『増補六臣注文選』 ❺-1 **1625**·是年 文
『桑葉和歌抄』 ❺-1 **1708**·是年 文
『草菜物語』 ❺-1 **1648**·是年 文
『草廬翁家集』 ❺-2 **1778**·是年 文
『草廬雑談』 ❺-2 **1738**·是年 文
『曾我会稽山』 ❺-2 **1718**·是年 文
『曾我物語』 ❺-1 **1603**·9月 文/**1646**·是年 文
『続一休ばなし』 ❺-2 **1731**·是年 文
『続浮世絵類考』 ❺-2 **1833**·是年 文
『続江戸砂子温故名跡志』 ❺-2 **1736**·是年 文
『続江戸土産』 ❺-2 **1753**·是年 文
『続近世畸人伝』 ❺-2 **1798**·是年 文
『続近世叢語』 ❺-2 **1845**·是年 文
『続群書類従』 ❺-2 **1803**·11·4 文
『続皇朝史略』 ❺-2 **1832**·是年 文
『続五色墨』 ❺-2 **1751**·是年 文
『俗語釈義』 ❺-2 **1748**·是年 文
『続猿蓑』 ❺-1 **1698**·5月 文
『続史愚抄』 ❺-2 **1791**·是年 文/**1798**·是年 文
『俗耳鼓吹』 ❺-2 **1788**·是年 文
『俗字節用指南事』 ❺-2 **1731**·是年 文
『続諸家人物志』 ❺-2 **1832**·是年 文
『即心念仏浄土問弁』 ❺-2 **1729**·是年 文
『鏃石伝記』 ❺-2 **1794**·是年 文
『俗説弁』 ❺-1 **1706**·是年 文
『続草庵集玉箒』 ❺-2 **1786**·是年 文
『続俗説弁』 ❺-1 **1708**·是年 文
『続太平楽府』 ❺-2 **1821**·是年 文
『続長秋詠藻』 ❺-1 **1635**·是年 文
『続長崎画人伝』 ❺-2 **1851**·是年 文
『続八百韻』 ❺-1 **1713**·是年 文
『続扶桑隠逸伝』 ❺-1 **1712**·是年 文
『続明烏』 ❺-2 **1776**·是年 文
『続大和順礼』 ❺-1 **1672**·是年 文
『続山井』 ❺-1 **1667**·是年 文
『測量秘書』 ❺-2 **1727**·是年 文
『続類題和歌集』 ❺-1 **1688**·是年 文
『続連珠』 ❺-1 **1676**·是年 文
『底抜磨』 ❺-1 **1646**·是年 文
『素書国学解』 ❺-2 **1769**·是年 文
『祖書拾遺和語記』 ❺-1 **1696**·是年 文
『そゞろ物語』 ❺-1 **1631**·是年 文/**1641**·是年 文
『袖海篇』 ❺-2 **1764**·9月 文
『曾根崎情鵲』 ❺-2 **1746**·是年 文
『曾根崎心中』 ❺-1 **1703**·是年 文
『園の花』 ❺-2 **1835**·是年 文
『其袋』 ❺-1 **1690**·是年 文
『園圃の抜菜』 ❺-2 **1845**·是年 文
『孫子提要』 ❺-2 **1816**·是年 文
『他阿上人法語』 ❺-2 **1778**·是年 文
『大違宝船』 ❺-2 **1781**·是年 文
『代奕雑抄』 ❺-2 **1800**·是年 文
『戴恩記』 ❺-1 **1682**·是年 文
『大学』 ❺-1 **1647**·2·1 文/**1656**·12·12 文/**1680**·9·17 文/**1688**·2·25 文/**1694**·4·26 文/❺-2 **1767**·12·22 文
　『大学簡解』 ❺-2 **1832**·是年 文
　『大学解』 ❺-1 **1688**·是年 文
　『大学啓蒙』 ❺-1 **1628**·是年 文
　『大学経文講義』 ❺-2 **1826**·是年 文
　『大学考』 ❺-2 **1758**·是年 文
　『大学私衡』 ❺-2 **1799**·是年 文
　『大学小解』 ❺-1 **1679**·是年 文
　『大学定本釈義』 ❺-2 **1739**·是年 文
　『大学秘解』 ❺-1 **1667**·是年 文
　『大学要略』 ❺-1 **1630**·是年 文
　『大学或問』 ❺-1 **1687**·是冬 文/❺-2 **1789**·4月 文
『大救丸』 ❺-2 **1741**·12·19 文
『大経師昔暦』 ❺-1 **1715**·是年 文
『大疑録』 ❺-2 **1767**·是年 文
『大句数』 ❺-1 **1677**·是年 文
『大系図蝦夷噺』 ❺-2 **1744**·是年 文
『大恵普覚禅師書抄』 ❺-1 **1634**·是年 文
『太閤記』 ❺-1 **1626**·是年 文/**1698**·8月 文
『醍醐寺縁起』 ❺-1 **1603**·10·26 文
『醍醐随筆』 ❺-1 **1670**·是年 文
『太鼓之林』 ❺-2 **1829**·是年 文
『大三川志』 ❺-2 **1801**·1·14 文
『対紫雲篋』 ❺-2 **1771**·是年 文
『太子伝暦備考』 ❺-1 **1678**·是年 文
『大師めぐり』 ❺-2 **1812**·是年 文
『題述弁議之法』 ❺-1 **1685**·是年 文
『大嘗会儀式具釈』 ❺-2 **1738**·是年 文
『大嘗会便蒙』 ❺-2 **1739**·是年 文/**1740**·9月 文/**1741**·1·26 文
『大将棊絹飾』 ❺-2 **1821**·是年 文
『大匠手鑑』 ❺-2 **1721**·是年 文
『退思録』 ❺-2 **1809**·是年 文
『泰西輿地図説』 ❺-2 **1789**·是年 文
『大内記』 ❺-2 **1723**·2·9 文
『大内裏大友真鳥』 ❺-2 **1727**·是年 文
『大抵御覧』 ❺-2 **1779**·是年 文
『大統歌』 ❺-2 **1851**·是年 文
『大東詩集』 ❺-2 **1799**·是年 文
『大東世語』 ❺-1 **1626**·是年 文/❺-2 **1750**·是年 文
『大唐年代記』 ❺-1 **1689**·是年 文
『大日本名産図会』 ❺-2 **1811**·是年 文
『大日本王代記』 ❺-1 **1649**·是年 文
『大日本史』 ❺-1 **1657**·2·27 文/❺-2 **1720**·10·29 文/**1809**·12·24 社/**1819**·1·13 文
　『大日本史紀伝』 ❺-2 **1810**·是年 文/**1849**·12·6 政/**1852**·2·7 文
『鯛の味噌津』 ❺-2 **1779**·是年 文
『大非山寺縁起』 ❺-1 **1609**·10·17
『大福帳のせりふ』 ❺-1 **1714**·是年 文
『大扶桑国考』 ❺-2 **1836**·是年 文
『大仏物語』 ❺-1 **1642**·是年 文
『太平遺響』 ❺-2 **1778**·是年 文
『太平鶴譜』 ❺-2 **1744**·是年 文
『太平楽府』 ❺-2 **1769**·是年 文
『太平記演義』 ❺-2 **1719**·是年 文
『太平記愚案抄』 ❺-1 **1607**·是年 文
『太平記綱目』 ❺-1 **1668**·是年 文
『太平義臣伝』 ❺-2 **1720**·8·18 文
『太平記年表』 ❺-1 **1689**·是年 文/**1691**·是年 文
『太平記評判秘伝理尽鈔』 ❺-1 **1645** 是年 文
『太平記要覧』 ❺-1 **1688**·是年 文
『太平国恩俚談』 ❺-2 **1774**·是年 文
『太平新曲』 ❺-2 **1819**·是年 文
『泰平年表』 ❺-2 **1841**·6·9 文
『大峰先生文集』 ❺-2 **1794**·是年 文/**1803**·是年 文
『大明律』 ❺-2 **1723**·是年 文
『平のこれもち紅葉狩』 ❺-1 **1658**·是年 文
『大稜詞正訓』 ❺-2 **1832**·是年 文
『高軒』 ❺-2 **1734**·是年 文
『高尾船字文』 ❺-2 **1796**·是年 文
『高国代抄』 ❺-1 **1661**·是年 文
『鷹筑波集』 ❺-1 **1642**·是年 文
『他我身之上』 ❺-1 **1657**·是年 文
『滝山玄蕃けしやう物語』 ❺-1 **1675** 是年 文
『沢庵和尚百首和歌』 ❺-1 **1677**·是年 文
『沢庵和尚法語』 ❺-1 **1621**·是年 文/**1646**·是年 文
『沢庵百首』 ❺-1 **1620**·是年 文
『宅間流円理』 ❺-2 **1722**·是年 文
『竹田荘師友画録』 ❺-2 **1833**·是年 文
『竹取翁歌解』 ❺-2 **1799**·是年 文
『竹取翁物語解』 ❺-2 **1831**·是年 文
『竹取物語抄』 ❺-2 **1783**·是年 文
『竹原下一邑史』 ❺-1 **1693**·是年 社
『竹篦太郎』 ❺-2 **1810**·是年 文
『太宰府天満宮故実』 ❺-1 **1685**·是年

文
『但馬温泉地』 ❺-2 1728·是年 文
『多田温泉記』 ❺-2 1779·是年 文
『糺物語』 ❺-1 1654·是年 文
『多田満仲』 ❺-1 1668·是年 文
『辰巳之園』 ❺-2 1770·是年 文
『たなばた歌絵づくし』 ❺-1 1690·是年 文
『田沼意次伝記』 ❺-2 1787·是年 文
『たね袋』 ❺-2 1759·是年 文
『たはれぐさ』 ❺-2 1789·是年 文
『旅拾遺』 ❺-2 1795·是年 文
『旅寝論』 ❺-2 1778·是年 文
『玉あられ』 ❺-2 1791·是年 文
『玉阿羅礼論』 ❺-2 1792·是年 文
『玉鏡』 ❺-1 1666·是年 文
『玉勝間』 ❺-2 1794·是年 文
『玉川砂利』 ❺-2 1809·是年 文
『玉櫛笥』 ❺-1 1662·是年 文／1695·是年 文／❺-2 1786·是年 文／1789·是年 文／1826·是年 文
『手枕』 ❺-2 1792·是年 文
『玉だすき』 ❺-2 1832·是年 文
『玉津婆喜』 ❺-2 1841·是年 文
『玉壺詩集』 ❺-2 1739·是年 文
『玉手箱』 ❺-1 1679·是年 文
『玉の小櫛補遺』 ❺-2 1820·是年 文
『玉の緒繰分』 ❺-2 1841·是年 文
『玉の小琴』 ❺-2 1831·是年 文
『玉箒子』 ❺-1 1696·是年 文
『玉鉾の道草』 ❺-2 1723·是年 文
『玉鉾百首』 ❺-2 1787·是年 文
『玉藻集』 ❺-2 1774·是年 文
『たまもそうし』 ❺-1 1653·是年 文
『玉柳』 ❺-2 1787·是年 文
『手向草』 ❺-2 1784·是年 文
『潭海』 ❺-2 1795·是年 文
『丹鶴図譜』 ❺-1 1704·是年 文
『丹鶴叢書』 ❺-2 1848·2·5 文
『談義まいり』 ❺-1 1690·是年 文
『短綆集』 ❺-1 1674·是年 文
『丹後田辺府志』 ❺-1 1709·是年 文
『断春論』 ❺-2 1810·是年 文
『壇森斎石譜』 ❺-2 1814·是年 文
『丹青若木集』 ❺-1 1623·3·5 文
『胆大小心録』 ❺-2 1808·是年 文
『談唐詩選』 ❺-2 1819·是年 文
『檀那山人芸舎集』 ❺-2 1784·是年 文
『譚嚢』 ❺-2 1777·是年 文
『澹泊史論』 ❺-2 1846·是年 文
『丹波与作無間鐘』 ❺-2 1739·是年 文
『談林三百韻』 ❺-1 1676·是年 文
『檀林十百韻』 ❺-1 1675·是年 文
『談林俳諧』 ❺-1 1676·4月 文
『智恵鑑』 ❺-1 1660·是年 文
『地学正宗』 ❺-2 1851·是年 文
『千宜理記』 ❺-1 1675·是年 文
『竹雨斎詩集』 ❺-2 1743·是年 文
『千草の根さし』 ❺-2 1830·是年 文
『竹亭百絶』 ❺-2 1845·是年 文
『竹豊故事』 ❺-2 1756·是年 文
『知古往来』 ❺-1 1660·是年 文
『治国修身論』 ❺-2 1793·是年 文
『治国譜』 ❺-2 1775·是年 文
『治国譜考証』 ❺-2 1775·是年 文
『千瀬川一代記』 ❺-2 1819·是年 文
『父の恩』 ❺-2 1730·2月 文
『秩父順礼独案内』 ❺-2 1774·是年 文
『知彼一助』 ❺-2 1847·4月 文
『致富小記』 ❺-2 1844·是年 文
『地方凡例録』 ❺-2 1794·8·6 政
『知命記』 ❺-2 1836·是年 文
『地名字音轉用例』 ❺-2 1800·是年 文
『茶史』 ❺-2 1808·是年 文
『茶事古事談』 ❺-2 1731·是年 文
『茶事集覧』 ❺-2 1849·是年 文
『茶杓竹』 ❺-1 1663·是年 文
『茶人花押藪』 ❺-2 1746·是年 文
『茶道具真向翁』 ❺-2 1718·是年 文
『茶之湯古今或問』 ❺-1 1692·是年 文
『茶湯献立指南』 ❺-1 1696·是年 文
『茶之湯三伝集』 ❺-1 1691·是年 文／1695·是年 文
『茶湯早指南』 ❺-2 1808·是年 文
『茶湯評林』 ❺-1 1697·是年 文
『茶番今様風流』 ❺-2 1849·是年 文
『茶番入船帳』 ❺-2 1846·是年 文
『茶番狂言早合点』 ❺-2 1821·是年 文
『茶墨宝祖伝考』 ❺-2 1752·是年 文
『中夏俗語藪』 ❺-2 1783·是年 文
『中華若木詩抄』 ❺-1 1633·是年 文
『忠孝類説』 ❺-1 1704·是年 文
『中古雑唱集』 ❺-2 1835·是年 文
『中山沿革志』 ❺-1 1684·是年 文
『中山世譜』 ❺-1 1701·是年 政／❺-2 1725·是年 文
『中山世鑑』 ❺-1 1650·是年 文
『中山伝信録』 ❺-2 1720·是年 政
『中将姫之本地』 ❺-1 1651·是年 文
『忠臣蔵人物評論』 ❺-2 1781·是年 文
『忠臣水滸伝』 ❺-2 1799·是年 文
『中朝事実』 ❺-1 1669·是年 文／1681·是年 文
『中庸』 ❺-1 1609·11月 文／1693·2·22 文
『中庸繹解』 ❺-2 1820·是年 文
『中庸章句倭語鈔』 ❺-1 1680·是年 文
『中庸発揮標釈』 ❺-2 1740·是年 文
『朝夷巡島記』 ❺-2 1815·是年 文
『鳥韵鼓吹抄』 ❺-2 1775·是年 文
『長歌大意』 ❺-2 1840·是年 文
『徴古図録』 ❺-2 1811·是年 文
『長者教』 ❺-1 1627·是年 文
『長嘯歌選』 ❺-1 1681·是年 文
『長生見度記』 ❺-2 1783·是年 文
『朝鮮征伐記』 ❺-1 1659·是年 文
『朝鮮物語』 ❺-1 1658·是年 文
『蝶夫婦(ちょうつがい)』 ❺-2 1777·是年 文
『重訂解体新書』 ❺-2 1798·是年 文／1826·是年 文
『町人考見録』 ❺-2 1728·是年 文
『長明発心集』 ❺-1 1651·是年 文
『朝野紀事』 ❺-2 1809·是年 文
『長暦』 ❺-1 1646·是年 文
『嘲哢集』 ❺-1 1657·是年 文
『著作堂一夕話』 ❺-2 1848·是年 文
『千代尼句集』 ❺-2 1764·是年 文
『千代能草紙』 ❺-1 1670·2月 文
『千代乃梯』 ❺-1 1696·是年 文
『千代見草』 ❺-1 1710·是年 文
『地理細論集』 ❺-2 1759·是年 文
『塵塚』 ❺-1 1672·是年 文
『塵塚俳諧集』 ❺-1 1633·是年 文
『鎮魂伝』 ❺-2 1845·是年 文
『枕辞袖几帳』 ❺-2 1812·是年 文
『枕上集』 ❺-2 1837·是年 文
『鎮西八郎為朝』 ❺-1 1670·是年 文
『椿説弓帳月』 ❺-2 1807·1月 文／1811·是年 文
『遂生雑記』 ❺-1 1682·是年 文
『追福千首和歌』 ❺-1 1678·是年 文
『通鑑綱目』 ❺-1 1709·4·19 文
『通気粋語伝』 ❺-2 1789·是年 文
『通言総籬』 ❺-2 1787·是年 文
『通俗三才諸神本紀』 ❺-2 1723·是年 文
『通俗考粛伝』 ❺-2 1770·是年 文
『通俗西湖佳話』 ❺-2 1805·是年 文
『通俗西遊記』 ❺-2 1758·是年 文
『通俗隋煬帝外史』 ❺-2 1760·是年 文
『通俗醒世恒言』 ❺-2 1790·是年 文
『通俗大明女仙伝』 ❺-2 1789·是年 文
『通俗台湾軍談』 ❺-2 1723·是年 文
『通俗忠義水滸伝』 ❺-2 1758·是年 文
『通俗唐詩解』 ❺-2 1802·是年 文
『通俗巫山夢』 ❺-2 1815·是年 文
『通俗両国志』 ❺-2 1721·是年 文
『月次のあそび』 ❺-1 1691·是年 文
『月の月』 ❺-2 1740·是年 文
『月の行衛』 ❺-2 1779·是年 文
『月見の友』 ❺-1 1703·是年 文
『築山庭造伝』 ❺-2 1736·是年 文
『筑紫紀行』 ❺-2 1802·8月 文
『筑波山名跡志』 ❺-2 1773·是年 文
『附合小鏡』 ❺-2 1775·是年 文
『つゞら文』 ❺-2 1804·是年 文
『椿まうでの記』 ❺-2 1794·是年 文
『露新軽口ばなし』 ❺-1 1698·是年 文
『露五郎兵衛新ばなし』 ❺-1 1701·是年 文
『徒然草句解』 ❺-1 1665·是年 文
『徒然草諺解』 ❺-1 1669·是年 文
『徒然草古今大意』 ❺-1 1658·是年 文
『徒然草参考』 ❺-1 1678·是年 文
『徒然草集説』 ❺-1 1701·是年 文
『徒然草寿命院抄』 ❺-1 1601·是年 文／1604·是年 文
『徒然草新註』 ❺-1 1667·是年 文
『徒然草大全』 ❺-1 1677·是年 文／1678·是年 文
『徒然草直解』 ❺-1 1686·是年 文
『徒然草鉄槌』 ❺-1 1648·是年 文
『徒然草明汗稿』 ❺-2 1727·是年 文
『徒然時世粧』 ❺-2 1721·是年 文
『つれづれ東雲』 ❺-2 1718·是年 文
『徒然睟が川』 ❺-2 1783·是年 文
『つれづれの讃』 ❺-1 1711·是年 文
『徒然百韻』 ❺-2 1770·是年 文
『帝鑑図説』 ❺-1 1606·是年 文
『帝京景物略』 ❺-2 1799·是年 文

『庭訓往来』 ❺-1 **1628**・是年 文
『庭訓往来諺解』 ❺-1 **1701**・是年 文
『庭訓往来図讃』 ❺-1 **1688**・是年 文
『鼎臣録』 ❺-2 **1822**・是年 文
『提醒紀談』 ❺-2 **1850**・是年 文
『訂正増訳采覧異言』 ❺-2 **1803**・是年 文
『訂正蘭語九品集』 ❺-2 **1814**・是年 文
『貞操婦女八賢誌』 ❺-2 **1845**・是年 文
『貞徳永代記』 ❺-1 **1692**・是年 文
『貞徳狂歌集』 ❺-1 **1682**・是年 文
『貞徳追善和歌』 ❺-1 **1640**・是年 文
『貞徳文集』 ❺-1 **1650**・是年 文
『貞文雑記』 ❺-2 **1843**・是年 文
『丁卯集』 ❺-1 **1687**・是年 文
『泥鵬台文集』 ❺-2 **1825**・是年 文
『適従録』 ❺-1 **1697**・是年 文
『手挑燈』 ❺-2 **1745**・是年 文
『哲学教師または現代実験理学概説』 ❺-2 **1744**・是年 文／**1765**・是年 文
『鉄山秘書』 ❺-2 **1784**・是年 文
『鉄槌増補』 ❺-1 **1669**・是年 文
『手鼓』 ❺-1 **1707**・是年 文
『手爾波大概抄』 ❺-1 **1625**・是年 文
『てにをは網引綱』 ❺-2 **1770**・是年 文
『天仁遠波係辞弁』 ❺-2 **1846**・是年 文
『てにをは紐鏡』 ❺-2 **1771**・是年 文
『寺沢当用往来』 ❺-1 **1707**・是年 文
『天下一面鏡梅鉢』 ❺-2 **1789**・是年 文
『天海版一切経』 ❺-1 **1648**・4・17 文
『天学指要』 ❺-2 **1776**・是年 文
『天学初函』 ❺-1 **1630**・是年 文
『天下泰平豊年記』 ❺-2 **1736**・是年 文
『天気計儀訳説』 ❺-2 **1810**・是年 文
『伝疑小史』 ❺-2 **1803**・是年 文
『殿居嚢』 ❺-2 **1841**・6・9 文
『天狗芸術論』 ❺-2 **1729**・是年 文
『天狗説』 ❺-2 **1734**・是年 文
『天狗羽討』 ❺-1 **1660**・是年 文
『天経或問』 ❺-2 **1730**・是年 文
『田家茶話』 ❺-2 **1829**・是年 文
『天工開物』(和刻本) ❺-2 **1771**・是年 文
『天竺渡海物語』 ❺-1 **1707**・是年 文
『天時占侯』 ❺-2 **1750**・是年 文
『天神記』 ❺-1 **1713**・是年 文
『天神七代記』 ❺-2 **1792**・是年 文
『天津祝詞考』 ❺-2 **1822**・是年 文
『天神奉納集』 ❺-1 **1661**・是年 文
『典籍概見』 ❺-2 **1754**・是年 文
『天台法華宗学生式問答』 ❺-1 **1626**・是年 文
『天朝無窮暦』 ❺-2 **1837**・是年 文
『天地理訳』 ❺-2 **1816**・是年 文
『天道浮世出星操』 ❺-2 **1794**・是年 文
『天保佳話』 ❺-2 **1837**・是年 文
『田法記』 ❺-1 **1682**・是年 文
『田畝里程考』 ❺-2 **1820**・是年 文
『天満宮利生記』 ❺-2 **1740**・是年 文
『天民遺言』 ❺-2 **1719**・是年 文
『天文瓊続』 ❺-1 **1702**・是年 文
『天文図解』 ❺-1 **1689**・是年 文
『天文図解発揮』 ❺-2 **1739**・是年 文
『天文図説発揮』 ❺-1 **1693**・是年 文
『天文分野之図』 ❺-1 **1677**・是年 文
『田禄図経』 ❺-1 **1700**・是年 文
『東医宝鑑』 ❺-2 **1730**・3・29 文
『棠陰比事物語』 ❺-1 **1643**・寛永年間 文／**1649**・是年 文／**1662**・是年 文
『籐栄春の記』 ❺-1 **1699**・是年 文
『唐詠物詩選』 ❺-2 **1775**・是年 文
『唐音和解』 ❺-2 **1750**・是年 文
『東雅』 ❺-2 **1717**・是年 文
『東海紀行』 ❺-2 **1716**・是年 政
『蹈海集』 ❺-2 **1769**・是年 文
『童介抄』 ❺-1 **1664**・是年 文
『東海談』 ❺-2 **1789**・是年 文
『東海道駅路の鈴』 ❺-1 **1709**・是年 文
『東海道人物志』 ❺-2 **1803**・是年 文
『東海道千里の友』 ❺-2 **1732**・是年 文
『東海道中膝栗毛』 ❺-2 **1802**・1月 文／**1814**・是年 文
『東海道名所一覧』 ❺-2 **1818**・是年 文
『東海道名所記』 ❺-1 **1658**・是年 文／**1673**・是年 文
『東海道名所図会』 ❺-2 **1797**・是年 文
『東涯漫筆』 ❺-2 **1800**・是年 文
『桃花園遺稿』 ❺-2 **1784**・是年 文
『道学標的』 ❺-1 **1713**・是年 文
『東華集』 ❺-1 **1700**・是年 文
『東花集』 ❺-2 **1833**・是年 文
『陶化之記』 ❺-2 **1828**・是年 文
『倒冠雑誌』 ❺-2 **1759**・是年 文
『童訓集』 ❺-1 **1672**・是年 文
『東渓画譜』 ❺-2 **1787**・是年 文
『東見記』 ❺-1 **1686**・是年 文
『刀剣問答』 ❺-2 **1762**・是年 文
『東行筆記』 ❺-2 **1765**・是年 文
『東国太平記』 ❺-1 **1706**・是年 文
『東国名勝志』 ❺-2 **1762**・是年 文
『唐語使用』 ❺-2 **1736**・是年 文
『道斎随筆』 ❺-2 **1755**・是年 文
『陶斎先生随筆』 ❺-2 **1812**・是年 文
『東西夜話』 ❺-1 **1701**・是年 文
『東作誌』 ❺-2 **1815**・是年 文
『当座払』 ❺-1 **1703**・是年 文
『東路塩土伝』 ❺-2 **1721**・是年 文
『道二翁道話』 ❺-2 **1795**・是年 文
『童子教』 ❺-1 **1694**・是年 文
『当時現在公益諸家人名録』 ❺-2 **1836**・是年 文
『唐詩国字解』 ❺-2 **1791**・是年 文
『唐詩集註』 ❺-2 **1774**・是年 文
『唐詩笑』 ❺-2 **1759**・是年 文
『唐詩選』 ❺-2 **1724**・1月 文
『唐詩選夷考』 ❺-2 **1789**・是年 文
『唐詩選講釈』 ❺-2 **1790**・是年 文／**1813**・是年 文
『唐詩選和訓』 ❺-2 **1790**・是年 文
『当時年中行事』(後水尾法皇) ❺-1 **1664**・⑤・2 文
『童子問』 ❺-1 **1693**・10月 文／**1707**・是年 文
『藤樹先生遺稿』 ❺-2 **1795**・是年 文
『東照宮縁起』 ❺-1 **1635**・是年 文／**1640**・4・17 文／5・11 文
『東照宮年譜』 ❺-1 **1646**・4・17 文
『唐人踊』 ❺-1 **1677**・是年 文
『唐人髷今国性爺』 ❺-2 **1825**・是年 文
『当世穴噺』 ❺-2 **1771**・是年 文
『当世操車』 ❺-2 **1766**・是年 文
『当世気どり草』 ❺-2 **1773**・是年 文
『当世爰かしこ』 ❺-2 **1776**・是年 文
『当世左様候』 ❺-2 **1776**・是年 文
『当世芝居気質』 ❺-2 **1777**・是年 文
『当世智恵鑑』 ❺-1 **1712**・是年 文
『当世痴人伝』 ❺-2 **1795**・是年 文
『当世風俗通』 ❺-2 **1773**・是年 文
『当世まゝの川』 ❺-2 **1785**・是年 文
『陶説』 ❺-2 **1804**・是年 文
『投扇新興』 ❺-2 **1774**・是年 文
『唐宋詩弁』 ❺-2 **1815**・是年 文
『唐宋大家文』 ❺-2 **1814**・是年 文
『唐宋名家史論奇鈔』 ❺-1 **1713**・是年 文
『とうだい記』 ❺-1 **1650**・是年 文
『棠大門屋敷』 ❺-1 **1705**・是年 文
『唐鳥秘伝百千鳥』 ❺-2 **1773**・是年 文
『桃洞遺筆』 ❺-2 **1833**・是年 文
『道統小伝』 ❺-1 **1644**・是年 文
『東洞先生遺稿』 ❺-2 **1800**・是年 文
『道徳経会元』 ❺-1 **1665**・是年 文
『唐土訓蒙図彙』 ❺-2 **1719**・是年 文
『東渡諸祖伝』 ❺-1 **1676**・是年 文
『東都事略』 ❺-2 **1846**・是年 文
『唐土名勝図会』 ❺-2 **1806**・是年 文
『東武実録』 ❺-1 **1684**・12・12 文
『東武編年表』 ❺-1 **1703**・是年 文
『同文通考』 ❺-1 **1715**・是年 文／❺-2 **1760**・是年 文
『東鞭紀行』 ❺-2 **1808**・是年 文
『洞房語園』 ❺-2 **1738**・是年 文
『道明寺天神縁起』 ❺-1 **1609**・4・25 文
『童蒙抄』 ❺-1 **1666**・是年 文
『童蒙先習』 ❺-1 **1612**・是年 文
『答問録』 ❺-2 **1835**・是年 文
『唐訳便覧』 ❺-2 **1726**・是年 文
『東遊記』 ❺-2 **1795**・是年 文
『東牖子』 ❺-2 **1803**・是年 文
『東陽集』 ❺-2 **1781**・是年 文
『桐葉編』 ❺-2 **1736**・是年 文
『同余湖部』 ❺-2 **1815**・是年 社
『東里新談』 ❺-2 **1761**・是年 文
『当流謡百番仮名遣開合』 ❺-1 **1697**・是年 文
『唐話纂要』 ❺-2 **1716**・是年 政
『遠江乃記』 ❺-2 **1786**・是年 文
『遠眼鏡』 ❺-1 **1691**・是年 文
『富樫』 ❺-1 **1611**・3月 文
『時津風』 ❺-2 **1746**・是年 文
『読学則』 ❺-2 **1757**・是年 文
『徳川氏系図』 ❺-1 **1605**・4・13 文
『徳川実紀』 ❺-2 **1809**・是年 文／**1843**・12・22 文
『独吟一日千句』 ❺-1 **1675**・是年 文
『読書会意』 ❺-2 **1794**・是年 文
『読史余論』 ❺-1 **1712**・是年 文／❺-2 **1724**・是年 文
『独醒庵集』 ❺-2 **1801**・是年 文
『とくとくの句合』 ❺-2 **1736**・是年

文
『徳永種久紀行』 ❺-1 1617·是年 文
『徳山雑吟』 ❺-1 1710·是年 文
『独楽新話』 ❺-2 1788·是年 文
『土佐日記抄』 ❺-1 1661·是年 文
『土佐日記創見』 ❺-2 1823·是年 文
『土佐国式社考』 ❺-2 1720·是年 文
『図書集成』 ❺-2 1736·10·25 文
『渡世伝授車』 ❺-2 1737·是年 文
『渡世身持談義』 ❺-2 1736·是年 文
『訥斎集』 ❺-1 1710·是年 文
『宿直草』 ❺-1 1677·是年 文
『鳥羽絵筆拍子』 ❺-2 1724·是年 文
『飛梅千句』 ❺-1 1679·是年 文
『都鄙問答』 ❺-2 1739·是年 文
『ともなが』 ❺-1 1637·是年 文
『友なし猿』 ❺-2 1797·是年 文
『豊葦原知辺草』 ❺-2 1729·是年 文
『豊鑑』 ❺-1 1631·是年 文
『豊臣秀吉譜』 ❺-1 1642·是年 文
『取組手鑑』 ❺-2 1793·是年 文
『砦草』 ❺-2 1804·是年 文
『鳥山彦』 ❺-2 1736·是年 文
『屠龍之技』 ❺-2 1813·是年 文
『度量考』 ❺-2 1729·4·1 文
『度量衡説統』 ❺-2 1804·是年 文
『都林泉名所図会』 ❺-2 1799·是年 文
『とはじ草』 ❺-2 1770·是年 文
『とはず口』 ❺-2 1739·是年 文
『遁花秘訣』(牛痘書) ❺-2 1814·是年 文
『飛んだ噂の評』 ❺-2 1778·是年 文
『内洋経緯記』 ❺-2 1833·是年 文
『直江版文選』 ❺-1 1607·3·8 文
『直島八幡宮社記』 ❺-1 1601·9月 文
『直毘霊』 ❺-2 1771·是年 文/1825·是年 文
『長哥こきんしう』 ❺-1 1682·是年 文
『長崎古今集覧』 ❺-2 1811·是年 文
『長崎志』 ❺-2 1767·是年 文
『長崎実録大成』 ❺-2 1764·是年 文
『長崎聞見録』 ❺-2 1800·9月 文
『長崎土産』 ❺-1 1615·是年 文/1681·是年 文/❺-2 1847·弘化年間 文
『長崎むじん物語』 ❺-1 1691·是年 文
『長崎名勝図会』 ❺-2 1806·是年 文
『長崎夜話草』 ❺-2 1719·是年 文
『長崎遊女屋』 ❺-1 1681·是年 社
『中臣祓直解鈔』 ❺-1 1684·是年 文
『中臣祓瑞穂抄』 ❺-1 1666·是年 文
『中臣祓大全』 ❺-1 1690·是年 文
『中臣祓義解』 ❺-1 1693·是年 文
『中臣祓解』 ❺-1 1701·是年 文
『長のふくへ』 ❺-2 1731·是年 文
『長町女腹切』 ❺-1 1712·是年 文
『渚の松』 ❺-2 1748·是年 文
『慰草(南具佐見草)』 ❺-1 1651·是年 文/1652·是年 文
『なぐさみ草』 ❺-2 1748·是秋 社
『梨本集』 ❺-1 1700·是年 文
『夏ころも』 ❺-1 1708·是年 文
『夏山雑談』 ❺-2 1739·是年 文
『七さみだれ』 ❺-1 1714·是年 文
『七乗累式演題』 ❺-1 1691·是年 文
『七書評判』 ❺-1 1651·是年 文
『七人比丘尼』 ❺-1 1635·是年 文
『浪花今八卦』 ❺-2 1773·是年 文
『浪華色八卦』 ❺-2 1756·是年 文
『難波旧地考』 ❺-2 1800·是年 文
『浪華郷友録』 ❺-2 1775·是年 文
『浪速上古図説』 ❺-2 1800·是年 文
『難波詩話』 ❺-2 1835·是年 文
『難波すゞめ』 ❺-1 1679·是年 文
『難波千句』 ❺-1 1677·是年 文
『難波船路記』 ❺-1 1679·是年 文
『難波立聞昔語』 ❺-1 1686·是年 文
『浪華の家づと』 ❺-2 1836·是年 文
『浪花里濫觴』 ❺-2 1803·4·29 文
『浪華のながめ』 ❺-2 1778·是年 文
『浪花の夢』 ❺-2 1835·是年 文
『浪華物産会目録』 ❺-2 1761·是年 文
『難波土産』 ❺-1 1693·是年 文/❺-2 1738·是年 文
『浪華名流花月吟』 ❺-2 1769·是年 文
『浪華名流記』 ❺-2 1845·是年 文
『難波物語』 ❺-1 1655·是年 文
『浪華四時雑興百首』 ❺-2 1816·是年 文
『那波列翁伝』 ❺-2 1837·是年 文
『南無徘諧』 ❺-1 1707·是年 文
『双三弦』 ❺-2 1812·是年 文
『奈良坊目拙解』 ❺-2 1730·是年 文
『奈良土産』 ❺-1 1694·是年 文
『奈良名所八重桜』 ❺-1 1678·是年 文
『楢山捨葉』 ❺-1 1660·是年 文
『なりひら一代記』 ❺-1 1672·是年 文
『南留別志』 ❺-2 1736·是年 文
『南海治乱記』 ❺-1 1714·是年 文
『南海包譜』 ❺-2 1818·是年 文
『南郭先生文筌小言』 ❺-2 1734·是年 文
『南郭先生文集』 ❺-2 1727·是年 文
『南紀風雅集』 ❺-2 1813·是年 文
『難挙白集』 ❺-1 1650·是年 文
『難語考』 ❺-2 1839·是年 文
『南山遺草』 ❺-2 1809·9·21 文
『南山俗語考』 ❺-2 1767·是年 文/1812·是年 文
『難字往来』 ❺-1 1680·是年 文
『男色今鑑』 ❺-1 1711·是年 文
『男色大鑑』 ❺-1 1687·是年 文
『男色子鑑』 ❺-1 1693·是年 文
『男色比翼鳥』 ❺-1 1707·是年 文
『南仙笑杣人二世』 ❺-2 1842·8·23 文
『南総里見八犬伝』 ❺-2 1814·2月 文
『男重宝記』 ❺-1 1693·是年 文
『南島志』 ❺-2 1719·是年 文
『南都名所集』 ❺-1 1675·是年 文
『難波詩林』 ❺-1 1710·是年 文
『南瓢記』 ❺-2 1798·是年 文/1799·是年 文
『南方草木状·附桂海草木志』 ❺-2 1726·是年 文
『南坊録』 ❺-1 1690·①·21 文
『南北新話』 ❺-2 1748·是年 文
『南北二京霊地集』 ❺-1 1624·是年 文
『南畝叢書前集』 ❺-2 1789·是年 文
『南溟詩集』 ❺-2 1775·是年 文
『南門鼠』 ❺-2 1800·是年 文
『南遊東陽集』 ❺-1 1664·是年 文
『南嶺遺稿』 ❺-2 1757·是年 文
『似我蜂物語』 ❺-1 1661·是年 文
『二儀略説』 ❺-1 1667·是年 文
『にぎはひ草』 ❺-1 1682·是年 文
『二国会盟録』 ❺-2 1806·是年 文
『西川ひな形』 ❺-2 1718·是年 文
『にしきど合戦』 ❺-1 1655·是年 文
『錦百人一首あづま織』 ❺-2 1775·是年 文
『西の奥』 ❺-2 1743·是年 文
『西山物語』 ❺-2 1768·是年 文
『二十一代集』 ❺-1 1647·是年 文
『二種日記』 ❺-2 1809·是年 文
『修紫田舎源氏』 ❺-2 1829·是年 文/1842·是年 文
『二蔵義見聞』 ❺-1 1632·是年 文
『日月圭和解』 ❺-2 1776·是年 文/1787·是年 文
『日蓮聖人註画讃』 ❺-1 1632·是年 文
『日光山志』 ❺-2 1837·是年 文
『日新館童子訓』 ❺-2 1718·是年 文
『日西辞典』 ❺-1 1630·是年 文
『二程治教録』 ❺-1 1668·是年 文/1675·12·9 文
『二人比丘尼』 ❺-1 1657·是年 文/1660·是年 文
『二百拾番謡目録』 ❺-2 1765·4·5 文
『日本行脚文集』 ❺-1 1689·是年 文
『日本一痴鑑』 ❺-2 1801·是年 文
『日本逸史』 ❺-2 1724·是年 文
『日本逸文』 ❺-1 1692·是年 文
『日本詠史新楽府』 ❺-2 1830·是年 文
『日本永代蔵』 ❺-1 1688·2月 文
『日本王代一覧』 ❺-1 1663·是年 文
『日本王代記』 ❺-1 1674·是年 文
『日本外史』 ❺-2 1827·5·21 文
『日本楽府』 ❺-2 1830·是年 文
『日本賀濃子』 ❺-1 1691·是年 文
『日本紀歌之解』 ❺-2 1818·是年 文
『日本紀神代抄』 ❺-1 1640·是年 文
『日本紀御局考』 ❺-2 1811·是年 文
『日本居家秘用』 ❺-2 1732·是年 文/1737·是年 文
『日本紀略』 ❺-2 1753·8·3 文
『日本航海記』 ❺-1 1614·是年 文
『日本後紀』 ❺-2 1736·6·5 文
『日本好色名所大鑑』 ❺-1 1692·是年 文
『日本古義』 ❺-2 1838·是年 文
『日本古今往生略伝』 ❺-1 1683·是年 文
『日本歳時記』 ❺-1 1688·是年 文
『日本山海名物図会』 ❺-2 1754·4月 文/1797·是年 文/1799·是年 文
『日本誌』 ❺-2 1727·是年 文/1782·是年 文
『日本誌』(蘭訳版) ❺-2 1733·是年 文
『日本誌·日本見聞記』 ❺-2 1801·8月 文

『日本詩紀』　❺-2 1786·是年 文
『日本詩故事選』　❺-2 1778·是年 文
『日本詩史』　❺-2 1771·是年 文
『日本詩選』　❺-2 1774·是年 文
『日本詩選続編』　❺-2 1779·是年 文
『日本釈名』　❺-1 1700·是年 文
『日本殉教精華』　❺-1 1646·是年 文
『日本諸家人物誌』　❺-2 1792·是年 文
『日本書紀安閑天皇紀錯簡考』　❺-2 1772·是年 文
『日本書紀抄』　❺-1 1624·是年 文
『日本書紀神代合解』　❺-1 1664·是年 文／1674·是年 文
『日本書紀通釈』　❺-2 1852·是年 文
『日本書紀通証』　❺-2 1762·是年 文
『日本書紀暦考』　❺-1 1676·是年 文
『日本書籍考』　❺-1 1667·是年 文
『日本新永代蔵』　❺-1 1713·是年 文
『日本人物史』　❺-1 1672·是年 文
『日本図』　❺-1 1697·是年 文
『日本水土考』　❺-1 1700·是年 文／❺-2 1720·是年 文
『日本政記』　❺-2 1838·是年 文／1845·是年 文
『日本大王国志』　❺-1 1645·是年 文
『日本大文典』　❺-1 1604·是年 文
『日本長暦』　❺-1 1685·是年 文
『日本洞上聯燈録』　❺-2 1742·是年 文
『日本廿四孝』　❺-1 1665·是年 文
『日本の回想録』　❺-2 1833·是年 文
『日本百将伝』　❺-1 1655·是年 文
『日本武士鑑』　❺-1 1696·是年 文
『日本分形図』　❺-1 1666·是年 文
『日本名女物語』　❺-1 1670·是年 文
『日本歴史略』　❺-1 1690·是年 文
『日本歴代遷都考』　❺-1 1669·是年 文
『如意宝珠』　❺-1 1674·是年 文
『人間一勝胸算用』　❺-2 1791·是年 文
『人間万事吹矢的』　❺-2 1803·是年 文
『任筆録』　❺-1 1713·是年 文
『ぬなは草紙』　❺-2 1743·是年 文
『濡燕稲妻草紙』　❺-2 1852·是年 文
『ねごと草』　❺-1 1662·是年 文
『猫の耳』　❺-2 1729·是年 文
『寝覚之繰言』　❺-2 1829·是年 文
『根南志具佐』『根無草後編』　❺-2 1763·宝暦年間 社／1768·是年 文
『寝惚先生文集』　❺-2 1767·是年 文
『合歓の花道』　❺-2 1738·是年 文
『年斎拾唾』　❺-1 1663·是年 文
『燃犀録』　❺-2 1793·是年 文
『年山紀聞』　❺-2 1804·是年 文
『年々随筆』　❺-2 1805·是年 文
『農家益』『農家益続編』　❺-2 1717·是年 文／1811·是年 文
『農家貫行』　❺-2 1736·是年 文
『農稼業事』　❺-2 1818·是年 文
『農家訓』　❺-2 1784·是年 文
『農家心得草』『農家心得種』　❺-2 1834·是年 文／1843·是年 文
『農嫁事業』　❺-2 1830·是年 文
『農家調法記』『農家調宝記続録』　❺-2 1809·是年 文／1826·是年 文
『農家年中行事』　❺-2 1839·是年 文
『農稼録』　❺-2 1826·是年 文
『農業子孫養育草』　❺-2 1826·是年 社
『農業図絵』　❺-2 1717·是年 文
『農業全書』　❺-1 1696·是年 文／❺-2 1787·1 月 文
『農業要集』　❺-2 1826·是年 文
『農業余話』　❺-2 1828·1 月 社
『農具便利論』　❺-2 1822·是年 文
『農経講義附録』　❺-2 1806·是年 文
『農隙余談』　❺-2 1783·是年 文
『農術鑑正記』　❺-2 1724·是年 文
『農術広益録』　❺-2 1810·是年 文
『農政随筆』　❺-2 1756·是年 文
『農政本論』　❺-2 1829·是年 文
『能之訓蒙図彙』　❺-1 1687·是年 文
『能評判』　❺-1 1688·是年 文
『能弁或大全』　❺-2 1740·是年 文
『農民懲誡論』　❺-2 1808·是年 文
『農民時の栞』　❺-2 1785·是年 文
『軒并娘八丈』　❺-2 1824·是年 文
『軒端の独活』　❺-1 1680·是年 文
『鋸屑』　❺-1 1660·是年 文
『野晒紀行(甲子吟行)』　❺-1 1684·8 月 文
『野ざらし紀行翠園抄』　❺-2 1813·是年 文
『野総茗話』　❺-2 1733·是年 文
『後余花千二百句』　❺-2 1721·是年 文
『野槌』　❺-1 1621·是年 文
『能登画三州志』　❺-2 1819·是年 文
『呑込多霊宝縁起』　❺-2 1802·是年 文
『野良垣下徒然草』　❺-1 1671·2 月 文
『祝詞寓意』　❺-2 1852·是年 文
『祝詞考』　❺-2 1768·是年 文／1800·是年 文
『梅園奇賞』　❺-2 1828·是年 文
『梅園詩集』　❺-2 1787·是年 文
『梅園日記』　❺-2 1845·是年 文
『梅園百花画譜』　❺-2 1825·是年 文
『梅翁宗因句集』　❺-2 1781·是春 文
『俳諧翌檜』　❺-2 1779·是年 文
『俳諧合』　❺-1 1656·是年 文
『俳諧絲切歯』　❺-2 1762·是年 文
『誹諧糸屑』　❺-1 1694·是年 文
『誹諧当世男』　❺-1 1678·是年 文
『俳諧謳三友会』　❺-2 1828·是年 文
『俳諧埋木』　❺-1 1673·是年 文
『俳諧をだまき綱目』　❺-1 1698·是年 文
『俳諧女歌仙』　❺-1 1684·是年 文
『誹諧家譜』　❺-2 1751·是年 文
『俳諧画譜集』　❺-2 1836·是年 文
『俳諧歌論』　❺-2 1812·是年 文
『誹諧京羽二重』　❺-1 1691·是年 文
『俳諧玉藻集』　❺-2 1822·是年 文
『俳諧御傘』　❺-1 1651·是年 文
『俳諧季寄図考』　❺-2 1842·是年 文
『俳諧句選』　❺-2 1736·是年 文
『俳諧口こたへ』　❺-1 1694·是年 文
『誹諧呉竹』　❺-1 1694·是年 文
『俳諧慧能録』　❺-1 1679·是年 文
『俳諧小傘』　❺-1 1692·是年 文
『俳諧五十三次』　❺-2 1852·是年 文
『俳諧古撰』　❺-2 1760·是年 文
『俳諧歳時記』　❺-2 1803·是年 文
『俳諧三十六歌僊』　❺-2 1799·是年 文
『俳諧三部抄』　❺-1 1638·是年 文
『俳諧次韻』　❺-1 1681·是年 文
『俳諧糸竹初心集』　❺-1 1664·是年 文
『俳諧七分余録』　❺-2 1828·是年 文
『俳諧師手鑑』　❺-1 1676·是年 文
『俳諧十論』　❺-1 1714·是年 文
『誹諧小式』　❺-1 1662·是年 文
『俳諧饒舌録』　❺-2 1804·是年 文
『俳諧初学抄』　❺-1 1641·是年 文
『俳諧人名録』　❺-2 1836·是年 文
『俳諧住吉躍』　❺-1 1696·是年 文
『俳諧関相撲』　❺-1 1682·是年 文
『俳諧千句』　❺-1 1648·是年 文
『俳諧曾我』　❺-1 1699·是年 文
『俳諧其傘』　❺-2 1738·是年 文
『俳諧大成新式』　❺-1 1698·是年 文
『俳諧団袋』　❺-1 1690·是年 文
『俳諧中庸姿』　❺-1 1679·是年 文
『俳諧重宝摺火打』　❺-1 1692·是年 文
『俳諧時津風』　❺-2 1745·是年 文
『俳諧塗笠』　❺-1 1697·是年 文
『俳諧之註』　❺-1 1642·是年 文
『俳諧番匠童』　❺-1 1689·是年 文
『俳諧一串抄』　❺-2 1830·是年 文
『俳諧ひとつ橋』　❺-1 1685·是年 文
『俳諧深川』　❺-1 1693·是年 文
『俳諧発句小鑑』　❺-2 1787·是年 文
『俳諧発句帳』　❺-1 1633·是年 文
『俳諧万句』　❺-1 1652·是年 文
『俳諧無言抄』　❺-1 1674·是年 文
『俳諧名所折』　❺-2 1781·是年 文
『俳諧雪安佳里』　❺-2 1772·是年 文
『俳諧或問』　❺-1 1678·是年 文
『俳諧渡奉公』　❺-1 1676·是年 文
『俳家奇人談』　❺-2 1816·是年 文
『売花新駅』　❺-2 1777·是年 文
『佩弦斎雑著』　❺-2 1842·是年 文
『俳字節用集』　❺-2 1820·是年 文
『盃子繹解』　❺-2 1797·是年 文
『売茶翁偈』　❺-2 1763·是年 文
『誹風末摘花』　❺-2 1776·是年 文
『俳風柳多留』(初編)　❺-2 1765·5 月 文
『俳風弓』　❺-1 1693·是年 文
『俳優畸人伝』　❺-2 1833·是年 文
『売油郎』　❺-2 1816·是年 文
『俳林不改楽』　❺-2 1758·是年 文
『破鬼利至端』　❺-1 1662·是年 文
『白牛酪考』　❺-2 1792·是年 文
『柏玉和歌集』　❺-1 1669·是年 文
『白鹿洞学規集註』　❺-1 1650·是年 文
『白鹿洞書院掲示講義』　❺-1 1650·是年 文
『白石詩草』　❺-1 1712·是年 文
『白石先生詩範』　❺-2 1782·是年 文
『泊船集』　❺-1 1698·是年 文
『博物志』　❺-1 1683·是年 文
『化物大江山』　❺-2 1776·是年 文
『化物太平記』　❺-2 1804·是年 文
『箱根草』　❺-2 1844·是年 文
『箱根山合戦』　❺-1 1660·是年 文

『藐姑柳』 ❺-2 **1785**·是年 文
『はしがきぶり』 ❺-2 **1766**·是年 文
『破邪顕正記』 ❺-1 **1637**·是年 文
『破邪顕正返答』 ❺-1 **1680**·是年 文
『芭蕉庵再興地』 ❺-2 **1771**·是年 文
『芭蕉庵小文庫』 ❺-1 **1696**·是年 文
『芭蕉翁行状記』 ❺-1 **1695**·是年 文
『芭蕉翁正伝集』 ❺-2 **1798**·是年 文
『芭蕉翁全伝』 ❺-2 **1762**·是年 文
『芭蕉翁発句評林』 ❺-2 **1758**·是年 文
『芭蕉翁略伝』 ❺-2 **1845**·是年 文
『芭蕉門古人真蹟』 ❺-2 **1782**·是年 文
『馬性小品』 ❺-2 **1811**·是年 文
『八代集抄』 ❺-1 **1682**·是年 文
『はちたゝき』 ❺-2 **1768**·是年 文
『八幡宮本紀』 ❺-1 **1695**·是年 文／**1697**·是年 文
『八幡太郎琴の縁』 ❺-1 **1665**·是年 文
『破枕集』 ❺-1 **1663**·是年 文
『閥閲録』(萩藩) ❺-2 **1720**·6·16 文
『八紘通誌』 ❺-2 **1851**·是年 文
『初心もと柏』 ❺-2 **1717**·是年 文
『初瀬さくら』 ❺-2 **1756**·是年 文
『初蟬』 ❺-1 **1696**·是年 文
『初茄子』 ❺-2 **1728**·是年 文
『発微算法』 ❺-1 **1674**·是年 文
『発微算法演段諺解』 ❺-1 **1685**·是年 文
『八法略訣』 ❺-1 **1680**·是年 文
『初元結』 ❺-1 **1662**·是年 文
『破提宇子』 ❺-1 **1620**·1·17 社
『花虚木』 ❺-1 **1689**·是年 文
『噺かのこ』 ❺-1 **1692**·是年 文
『噺の苗』 ❺-2 **1814**·是年 文
『花菖蒲待乳問答』 ❺-2 **1755**·是年 文
『鼻峰高慢男』 ❺-2 **1777**·是年 文
『花摘』 ❺-1 **1690**·是年 文
『花江都歌舞妓年代記』 ❺-2 **1811**·是年 文／**1841**·是年 文
『花の縁物語』 ❺-1 **1666**·是年 文
『花の雲』 ❺-1 **1702**·是年 文
『花のしるべ』 ❺-2 **1784**·是年 文
『花の露』 ❺-1 **1663**·是年 文
『花の名残』 ❺-1 **1684**·是年 文
『はなひ草』 ❺-1 **1643**·是年 文
『花火大全細目』 ❺-1 **1675**·是年 文
『花火船』 ❺-2 **1719**·是年 文
『花吹雪縁棚』 ❺-2 **1832**·是年 文
『花見乗物』 ❺-1 **1681**·是年 文
『花見弁慶』 ❺-1 **1691**·是年 文
『花紅葉都噺』 ❺-2 **1788**·是年 文
『はなや』 ❺-1 **1634**·是年 文
『柞原集』 ❺-1 **1692**·是年 文
『浜の真砂』 ❺-1 **1697**·是年 文
『浜宮千句』 ❺-1 **1678**·1·21 文
『はやり歌古今集』 ❺-1 **1699**·是年 文
『腹之内戯作種本』 ❺-2 **1811**·是年 文
『針の供養』 ❺-2 **1774**·是年 文
『破詈魔』 ❺-1 **1656**·是年 文
『播磨鑑』 ❺-2 **1762**·是年 文
『春雨考』 ❺-2 **1843**·是年 文
『春雨抄』 ❺-1 **1629**·是年 文
『春告鳥』 ❺-2 **1837**·是年 文
『春のあけぼのの記』 ❺-1 **1668**·是年 文
『春の日』 ❺-1 **1686**·是年 文
『晴小袖』 ❺-1 **1672**·是年 文
『番外雑書解題』 ❺-2 **1826**·是年 文
『万家人名録』 ❺-2 **1812**·是年 文
『藩翰譜』 ❺-1 **1702**·3·19 文
『万金産業袋』 ❺-2 **1731**·是年 文
『盤珪禅師臼挽歌』 ❺-2 **1769**·是年 文
『万国新話』 ❺-2 **1785**·是年 文
『蕃国治方類聚』 ❺-1 **1683**·是年 文
『播州佐用軍記』 ❺-1 **1601**·3月 文
『播州名所巡覧図絵』 ❺-2 **1803**·是年 文
『万象千字文』 ❺-2 **1758**·是年 文
『万象亭戯作濫觴』 ❺-2 **1784**·是年 文
『番匠童』 ❺-1 **1689**·是年 文
『幡随意上人諸国行化伝』 ❺-2 **1755**·是年 文
『万水一露』 ❺-1 **1663**·是年 文
『磐水夜話』 ❺-2 **1799**·是年 文
『万世家宝』 ❺-1 **1695**·是年 文
『万世百物語』 ❺-2 **1750**·是年 文／**1751**·是年 文
『板東忠義伝』 ❺-2 **1740**·是年 文
『坂東通史』 ❺-2 **1771**·是年 文
『万宝全書』 ❺-2 **1718**·是年 文
『万暦家内年鑑』 ❺-2 **1815**·是年 社
『ひいながた』 ❺-1 **1706**·是年 文
『稗海』 ❺-1 **1677**·⑫·5 文
『非改清算法』 ❺-2 **1787**·是年 文
『東の花勝見』 ❺-2 **1815**·是年 文
『東山墨なをし』 ❺-1 **1711**·是年 文
『肥後孝子伝』 ❺-2 **1786**·是年 文
『彦山勝景詩集』 ❺-1 **1712**·是年 文
『肥後国耕作聞書』 ❺-2 **1843**·是年 文
『比古婆衣』 ❺-2 **1847**·弘化年間 文
『ひさご』 ❺-1 **1690**·是年 文
『ひぢ笠』 ❺-1 **1692**·是年 文
『美人絵づくし』 ❺-1 **1683**·是年 文
『ひそめ草』 ❺-1 **1645**·是年 文
『批大学弁断』 ❺-1 **1697**·是年 文
『常陸紀行』 ❺-2 **1826**·是年 文
『常陸坊かいそん』 ❺-1 **1662**·是年 文
『非徴』 ❺-2 **1784**·是年 文
『筆海俗字指南車』 ❺-2 **1732**·是年 文
『筆道稽古早学問』 ❺-1 **1695**·是年 文
『ひですの経』 ❺-1 **1611**·是年 文
『一粒万金談』 ❺-2 **1781**·是年 文
『孤松』 ❺-1 **1686**·是年 文
『一目玉鉾』 ❺-1 **1689**·是年 文
『一夜船』 ❺-1 **1712**·是年 文
『独ごと』 ❺-2 **1718**·是年 文
『雛遊具合の記』 ❺-2 **1749**·是年 文
『雛形染色の山(当流光琳新模様)』 ❺-2 **1732**·是年 文
『日次記』(幕府) ❺-1 **1685**·1月 文
『丙午弁』 ❺-2 **1846**·是年 社
『秘府略』 ❺-1 **1678**·9·6 文
『非弁道非弁名』 ❺-2 **1784**·是年 文
『秘本玉くしげ』 ❺-2 **1787**·12月 政
『秘密安心往生要集』 ❺-2 **1719**·是年 文
『非無漏毛理』 ❺-1 **1646**·是年 文
『氷室守』 ❺-1 **1646**·是年 文
『百画』 ❺-2 **1760**·是年 文
『百工秘術』 ❺-2 **1724**·是年 文
『百察訓要抄』 ❺-1 **1649**·是年 文
『百首異見』 ❺-2 **1815**·是年 文
『百首狂歌』 ❺-2 **1818**·是年 文
『百首正解』 ❺-2 **1838**·是年 文
『百姓往来』 ❺-2 **1766**·是年 文
『百性盛衰記』 ❺-1 **1713**·是年 文
『百姓嚢』 ❺-2 **1731**·是年 文
『百川学海』 ❺-1 **1677**·⑫·5 文
『百人一首』 ❺-1 **1631**·是年 文／**1638**·11·4 文／**1649**·3·18 文
　『百人一首一夕話』 ❺-2 **1833**·是年 文
　『百人一首うひまなび』 ❺-2 **1781**·是年 文
　『百人一首解』 ❺-2 **1756**·是年 文
　『百人一首雑談』 ❺-1 **1692**·是年 文
　『百人一首師説抄』 ❺-1 **1658**·是年 文
　『百人一首拾穂抄』 ❺-1 **1681**·是年 文
　『百人一首抄』 ❺-2 **1819**·是年 文
　『百人一首燈』 ❺-2 **1804**·是年 文
　『百人一首峰梯』 ❺-2 **1806**·是年 文
　『百人一首和歌始衣抄』 ❺-2 **1787**·是年 文
『百人男』 ❺-1 **1691**·10·22 文
『百八町記』 ❺-1 **1664**·是年 文
『百番句合』 ❺-2 **1733**·是年 文
『百富士』 ❺-2 **1767**·是年 文
『百物語』 ❺-1 **1659**·是年 文
『百夜問答』 ❺-2 **1765**·是年 文
『百家琦行伝』 ❺-2 **1846**·是年 文
『百歌仙』 ❺-1 **1703**·是年 文
『百科全書図説』 ❺-2 **1788**·4·13 文
『百品考』 ❺-2 **1838**·是年 文
『表海英華』 ❺-2 **1764**·是年 文
『漂客奇賞図』 ❺-2 **1790**·是年 文
『萍水和歌集』 ❺-1 **1679**·是年 文
『兵主大明神物語』 ❺-1 **1604**·11月 文
『標註大極図説』 ❺-1 **1678**·是年 文
『貓瞳寛窄弁』 ❺-2 **1830**·是年 文
『評判茶臼芸』 ❺-2 **1775**·是年 文
『尾陽発句帳』 ❺-1 **1652**·是年 文
『病名彙解』 ❺-1 **1686**·是年 文
『病余百絶』 ❺-2 **1851**·是年 文
『表裏問答』 ❺-1 **1638**·是年 文
『ひるねの種』 ❺-1 **1694**·是年 文
『ひるのにしき』 ❺-2 **1736**·是年 文
『広沢輯藻』 ❺-2 **1726**·是年 文
『備後表』 ❺-1 **1672**·是年 文
『貧人太平記』 ❺-1 **1688**·是年 文
『富貴櫓』 ❺-2 **1792**·是年 文
『風狂文草』 ❺-2 **1745**·是年 文
『風弦斎雑著』 ❺-2 **1842**·是年 文
『風月往来』 ❺-1 **1640**·是年 文
『風姿亀鏡集』 ❺-2 **1738**·是年 文
『風俗三石士』 ❺-2 **1844**·是年 文
『風俗集』 ❺-1 **1666**·是年 文
『風俗粋好伝』 ❺-2 **1825**·是年 文

『風俗酔茶夜談(前編)』 ❺-2 1775・是年 文
『風俗俳人気質』 ❺-2 1763・是年 文
『風俗文選』 ❺-1 1704・是年 文
『風俗文選拾遺』 ❺-2 1744・是年 文
『風来六部集』 ❺-2 1780・是年 文
『風螺念仏』 ❺-2 1782・是年 文
『風羅念仏』 ❺-2 1783・是年 文
『風流曲三味線』 ❺-1 1706・是年 文
『風流軍配団』 ❺-2 1736・是年 文
『風流嵯峨紅葉』 ❺-1 1683・是年 文
『風流志道軒伝』 ❺-2 1763・是年 文
『風流扇子軍』 ❺-2 1729・是年 文
『風流仙人花聟』 ❺-2 1774・是年 文
『風流東海硯』 ❺-2 1737・是年 文
『風流東大全』 ❺-2 1731・是年 文
『風流友三味線』 ❺-2 1733・是年 文
『不可得物語』 ❺-1 1648・是年 文
『深川新話』 ❺-2 1779・是年 文
『深川大全』 ❺-2 1833・是年 文
『武学啓蒙』 ❺-2 1806・是年 文
『富岳写真』 ❺-2 1845・是年 文
『舞楽図』 ❺-2 1828・是年 文
『舞楽大全』 ❺-1 1686・是年 文
『武鑑』 ❺-1 1645・是年 文／❺-2 1816・5・32 政
『不休綴術』 ❺-2 1722・是年 文
『武教小学』 ❺-1 1665・是年 文
『吹寄蒙求』 ❺-2 1773・是年 文
『覆醤集』 ❺-1 1671・是年 文
『腹診書』 ❺-2 1742・是年 文
『服制沿革考』 ❺-2 1799・是年 文
『腹中名所図会』 ❺-2 1818・是年 文
『福山志料』 ❺-2 1809・是年 文
『武具要説』 ❺-2 1794・是年 文
『梟日記』 ❺-1 1698・是年 文
『袋草紙』 ❺-1 1685・是年 文
『武芸小伝』 ❺-1 1714・是年 文
『武経七書』 ❺-1 1606・7月 文
『武家義理物語』 ❺-1 1688・2月 文
『武家職原抄』 ❺-2 1716・是年 政
『武家節用集』 ❺-1 1681・是年 文
『武家俗説弁』 ❺-2 1717・是年 文
『武家重宝記』 ❺-1 1694・是年 文
『武家童子訓』 ❺-2 1718・是年 文
『武家百人一首』 ❺-1 1660・是年 文／1666・是年 文／1672・是年 文
『武江産物志』 ❺-2 1824・是年 文
『武江年表』 ❺-2 1848・是年 文
『富士石』 ❺-1 1679・是年 文
『藤川百首抄』 ❺-1 1713・是年 文
『富士後編』 ❺-1 1682・是年 文
『富士野往来』 ❺-1 1652・是年 文
『藤の首途』 ❺-2 1731・是年 文
『ふじの人穴』 ❺-1 1607・④・13 文
『富士百詠』 ❺-1 1676・是年 文
『富士百首』 ❺-1 1662・是年 文
『伏見鑑』 ❺-2 1801・是年 文
『伏見常磐』 ❺-1 1605・2月 文
『武州東叡山新建瑠璃殿記』 ❺-1 1699・是年 文
『不受記』 ❺-1 1628・是年 文
『不審紙』 ❺-2 1724・是年 文
『ふしんせき』 ❺-1 1645・是年 文
『豊前覚書』 ❺-1 1615・是年 文
『扶桑隠逸伝』 ❺-1 1664・是年 文
『撫筝雅譜集』 ❺-2 1754・是年 文
『撫筝雅譜大成抄』 ❺-2 1812・是年 文
『扶桑故事要略』 ❺-1 1715・是年 文
『扶桑国考』 ❺-2 1838・是年 文
『扶桑再吟』 ❺-1 1654・是年 文
『扶桑拾葉集』 ❺-1 1678・1月 文／1680・4・29 文
『扶桑鐘名集』 ❺-2 1778・是年 文
『扶桑千家詩』 ❺-1 1702・是年 文
『扶桑禅林僧宝伝』 ❺-1 1675・是年 文／1693・是年 文
『扶桑大暾禅祖説吟』 ❺-1 1654・是年 文
『扶桑通史』 ❺-2 1770・是年 文
『扶桑名賢詩集』 ❺-1 1704・是年 文
『扶桑名賢文集』 ❺-1 1698・是年 文
『扶桑名工図譜』 ❺-1 1700・是年 文
『扶桑名勝』 ❺-2 1768・是年 文
『扶桑名勝詩集』 ❺-1 1680・是年 文
『扶桑雷除考』 ❺-2 1737・是年 文
『蕪村七部集』 ❺-2 1809・是年 文
『蕪村終焉記』 ❺-2 1784・是年 文
『札差事略』 ❺-2 1817・文化年間 政
『二見之仇討』 ❺-2 1807・是年 文
『文月往来』 ❺-2 1726・是年 文
『服忌便覧』 ❺-2 1802・10・23 文
『服忌令』 ❺-1 1684・4・11 文
『仏国暦象編』 ❺-2 1829・文政末年 文
『物産目録』 ❺-1 1692・3月 文
『仏舎利由来記』 ❺-1 1698・2・15 文
『物品識名』 ❺-2 1809・是年 文
『物品識名拾遺』 ❺-2 1825・是年 文
『物理小識』 ❺-1 1664・是年 文
『物類称呼』 ❺-2 1775・是年 文
『物類品隲』 ❺-2 1763・是年 文
『筆の寿佐飛』 ❺-2 1806・是年 文／1836・是年 文
『武道初心集』 ❺-2 1834・是年 文
『武道伝来記』 ❺-1 1687・4月 文／是年 文
『武道張合大鑑』 ❺-1 1709・是年 文
『武徳大成記』 ❺-1 1686・9・7 文
『武徳編年集成』 ❺-2 1740・是年 文／1741・1月 文／1786・是年 文
『武備和訓』 ❺-2 1717・是年 文
『ふみあらひ』 ❺-1 1659・是年 文
『文くるま』 ❺-2 1772・是年 文
『文の栞』 ❺-2 1778・是年 文
『文のしるべ』 ❺-2 1826・是年 文
『武遊双級巴』 ❺-2 1739・是年 文
『冬かつら』 ❺-1 1700・是年 文
『冬の日』 ❺-1 1684・是年 文
『部領使世継草紙』 ❺-2 1837・是年 文
『振分髪』 ❺-2 1796・是年 文
『武林名誉録』 ❺-2 1846・是年 文
『布留の中道』 ❺-2 1800・是年 文
『文緯』 ❺-2 1826・是年 文
『文意考』 ❺-2 1802・是年 文
『文会筆談』 ❺-1 1683・是年 文
『文会雑記』 ❺-2 1782・是年 文
『文会録』 ❺-2 1760・是年 文
『文化易地聘使録』 ❺-2 1814・是年 文
『文学広談』 ❺-2 1812・是年 文
『文学正路』 ❺-2 1787・是年 文
『文家小筌』 ❺-2 1787・是年 文
『文教温故』 ❺-2 1828・是年 文
『文家必用』 ❺-2 1716・是年 政
『文献通考』 ❺-2 1728・11・12 文
『文語解』 ❺-2 1772・是年 文
『豊後国史』 ❺-2 1803・是年 文
『文章緒論』 ❺-2 1801・是年 文
『文章達徳録』 ❺-1 1639・是年 文
『文政十七家絶句』 ❺-2 1829・是年 文
『文政武鑑』 ❺-2 1821・是年 文
『文藻行潦』 ❺-2 1782・是年 文
『文体明弁粋抄』 ❺-1 1642・是年 文
『糞馬書』 ❺-2 1756・是年 文
『文武訓』 ❺-2 1717・是年 文
『文武二道万石通』 ❺-2 1788・1月 文／是年 文
『文林節用筆往来』 ❺-2 1719・是年 文
『文林良材』 ❺-1 1701・是年 文
『分類故事要語』 ❺-1 1714・是年 文
『文論』 ❺-2 1748・是年 文
『平安人物志』 ❺-2 1768・是年 文／1775・是年 文／1813・是年 文／1822 是年 文／1852・是年 文
『平安廿歌仙』 ❺-2 1769・是年 文
『平安風雅』 ❺-2 1786・是年 文
『米庵墨談』 ❺-2 1812・是年 文
『兵家紀聞』 ❺-2 1847・弘化年間 文
『平曲指南抄』 ❺-1 1695・是年 文
『平家女護島』 ❺-2 1719・是年 文
『平家物語』 ❺-1 1605・是秋 文／1611・1月 文／1612・9・24 文
　『平家物語評判瑕類』 ❺-1 1712・是年 文
　『平家物語評判秘伝抄』 ❺-1 1650 是年 文
『碧巌集種電鈔』 ❺-2 1736・是年 文
『丙辰紀行』 ❺-1 1638・是年 文
『弊帚集』 ❺-2 1770・是年 文
『兵鈐話』 ❺-2 1819・是年 文
『平天儀用法』 ❺-2 1774・是年 文
『平内家秘伝書諸記集』 ❺-1 1608・是年 文
『秉穂録』 ❺-2 1795・是年 文
『碧巌抄』 ❺-1 1641・是年 文
『壁生草』 ❺-2 1766・是年 文
『臍茶番』 ❺-2 1846・是年 文
『下手談義聴聞集』 ❺-2 1754・是年 文
『へちま草』 ❺-1 1661・是年 文
『紅皿闕皿昔物語』 ❺-2 1758・是年 文
『ヘマムシ入道昔話』 ❺-2 1813・是年 文
『扁額軌範』 ❺-2 1821・是年 文
『弁疑書目録』 ❺-1 1710・是年 文
『弁玉あられ論』 ❺-2 1816・是年 文
『編曲大榛抄』 ❺-2 1828・是年 文
『弁疑録』 ❺-1 1708・是年 文／❺-2 1734・是年 文
『片山記』(日本住血吸虫病) ❺-2 1847・是年 文
『弁道』 ❺-2 1717・7月 文
『辺鄙以知吾』 ❺-2 1754・是年 文
『便用謡』 ❺-2 1723・是年 文
『返要分界図説』 ❺-2 1804・是年 文
『弁或増鏡』 ❺-2 1730・是年 文
『望一後千句』 ❺-1 1667・是年 文
『望一千句』 ❺-1 1649・是年 文

『法苑珠林』　❺-1 **1672**･是年 文
『方円秘見集』　❺-1 **1667**･是年 文
『防海録』　❺-1 **1658**･是年 文
『伯耆民談記』　❺-2 **1742**･是年 文
『防丘詩選』　❺-2 **1721**･是年 文
『方言競茶番種本』　❺-2 **1815**･是年 文
『方言達用集』　❺-2 **1827**･是年 文
『保元平治闘図会』　❺-2 **1801**･是年 文
『鵬斎先生詩鈔』　❺-2 **1822**･是年 文
『蓬左詩帰』　❺-2 **1722**･是年 文
『烹雑之記』　❺-2 **1811**･是年 文
『奉使支那行程記』(洋書)　❺-1 **1665**･是年 文
『炮炙全書』　❺-1 **1692**･5 月 文
『方丈記』　❺-1 **1610**･是年 文
　『方丈記諷説』　❺-1 **1658**･是年 文
　『方丈記流水抄』　❺-1 **1706**･是年 文
『北條五代記』　❺-1 **1641**･是年 文
『放生日』　❺-2 **1726**･是年 文
『北條時頼記図会』　❺-2 **1848**･是年 文
『宝蔵』　❺-1 **1671**･是年 文
『法曹至要抄』　❺-1 **1662**･是年 文
『房総志料』　❺-2 **1800**･寛政年間 文
『法談出世気質』　❺-2 **1769**･是年 文
『庖厨備用倭名本章』　❺-1 **1671**･12 月 文
『放鳥』　❺-1 **1701**･是年 文
『防長古器考』　❺-2 **1769**･是年 文
『方程論』　❺-1 **1701**･是年 文
『封内土産考』　❺-2 **1798**･是年 文
『鳳鳴集』　❺-2 **1825**･是年 文
『蓬萊山(浜出)』　❺-1 **1606**･7 月 文
『北越雑誌』　❺-2 **1829**･文政年間 文
『北越雪譜』　❺-2 **1835**･是年 文／**1837**･是年 文／**1841**･是年 文
『北槎聞略』　❺-2 **1794**･是年 文
『墨水一滴』　❺-2 **1766**･是年 文
『墨水四時雑詠』　❺-2 **1851**･是年 文
『墨水消夏録』　❺-2 **1805**･是年 文
『北窓瑣談』　❺-2 **1829**･是年 文
『北窓雑話』　❺-2 **1826**･是年 文
『北地危言』　❺-2 **1797**･是年 文
『北筑雑稿』　❺-1 **1674**･是年 文
『北辺随筆』　❺-2 **1816**･是年 文
『北峰樵語』　❺-2 **1819**･是年 文
『牧民心鑑訳解』　❺-2 **1852**･是年 文
『牧民忠告解』　❺-2 **1785**･是年 文
『北陸七国志』　❺-1 **1710**･是年 文
『法華経音義』　❺-1 **1649**･是年 文
『法華経随音句』　❺-1 **1619**･是年 文
『保建大記』　❺-2 **1716**･是年 政
『慕香和歌集』　❺-2 **1844**･是年 文
『反故さがし』　❺-2 **1729**･是年 文
『反古衾』　❺-2 **1752**･是年 文
『星月夜』　❺-2 **1739**･是年 文
『輔仁詩稿』　❺-2 **1736**･是年 文
『帆足先生文集』　❺-2 **1847**･弘化年間 文
『蛍狩宇治奇聞』　❺-2 **1813**･是年 文
『牡丹道しるべ』　❺-1 **1699**･是年 文
『北海異説』　❺-2 **1809**･是年 文
『北海異談』　❺-2 **1809**･是年 文
『北海先生詩鈔』　❺-2 **1767**･是年 文
『北渓含毫』　❺-1 **1666**･是年 文
『法華訳和尋跡抄』　❺-1 **1642**･是年 文
『法華和語記』　❺-1 **1647**･是年 文
『北国曲』　❺-2 **1722**･是年 文
『仏の兄』　❺-1 **1699**･是年 文
『ほのぼの立』　❺-1 **1681**･是年 文
『堀江物語』　❺-1 **1659**･是年 文
『堀河波鼓』　❺-1 **1707**･是年 文
『堀河之水』　❺-1 **1694**･是年 文
『堀川百首題狂歌集』　❺-1 **1671**･是年 文
『堀の内詣』　❺-2 **1816**･是年 文
『暮柳発句集』　❺-2 **1766**･是年 文
『本化別頭高祖伝』　❺-2 **1720**･是年 文
『盆石皿山記』　❺-2 **1806**･是年 文
『本草簡便』　❺-1 **1658**･是年 文
『本草綱目』　❺-1 **1607**･4 月 文
『本草弁疑』　❺-1 **1681**･是年 文
『本則抄』　❺-1 **1654**･是年 文
『本朝医考』　❺-1 **1663**･是年 文
『本朝一人一句』　❺-1 **1665**･是年 文
『本朝桜陰比事』　❺-1 **1689**･是年 文
『本朝女鑑』　❺-1 **1661**･是年 文
『本朝会稽山』　❺-2 **1728**･是年 文
『本朝改元考』　❺-1 **1677**･是年 文
『本朝怪談故事』　❺-2 **1716**･是年 政
『本朝学原浪華鈔』　❺-2 **1716**･是年 政
『本朝画史』　❺-1 **1678**･是年 文／**1693**･是年 文
『本朝鍛冶考』　❺-2 **1838**･是年 文
『本朝画伝』　❺-1 **1676**･是年 文／**1691**･3 月 文
『本朝奇跡談』　❺-2 **1774**･是年 文
『本朝弓馬要覧』　❺-2 **1787**･是年 文
『本朝稽古編』　❺-1 **1662**･是年 文
『本朝高僧詩選』　❺-1 **1693**･是年 文
『本朝高僧伝』　❺-1 **1702**･是年 文／**1707**･是年 文
『本朝語園』　❺-1 **1706**･是年 文
『本朝国郡建置沿革図説』　❺-2 **1823**･是年 文
『本朝三聖利益伝』　❺-2 **1747**･是年 文
『本朝詩英』　❺-1 **1667**･是年 文／**1669**･是年 文
『本朝諡号雑記』　❺-1 **1690**･是年 文
『本朝寺社物語』　❺-1 **1667**･是年 文
『本朝字府秘伝』　❺-1 **1709**･是年 文
『本朝皇胤紹運続録』　❺-2 **1746**･是年 文
『本朝小説』　❺-2 **1799**･是年 文
『本朝諸社霊験記』　❺-2 **1736**･是年 文
『本朝水滸伝』　❺-2 **1773**･是年 文
『本朝世紀』　❺-2 **1722**･5 月 文
『本朝智恵鑑』　❺-1 **1713**･是年 文
『本朝通記』　❺-1 **1698**･是年 文
『本朝通鑑』　❺-1 **1664**･7･28 文／11･1 文／**1670**･6･12 文／**1695**･9 月 文
『本朝天文』　❺-2 **1720**･是年 文
『本朝統暦』　❺-1 **1687**･是年 文／**1703**･是年 文
『本朝遯史』　❺-1 **1660**･是年 文
『本朝二十不孝』　❺-1 **1686**･是年 文
『本朝年代記』　❺-1 **1684**･是年 文
『本朝武鑑』　❺-1 **1688**･是年 政
『本朝武家評林』　❺-1 **1699**･是年 文
『本朝文鑑』　❺-2 **1718**･是年 文
『本朝麓の近道』　❺-2 **1731**･是年 文
『本朝武林小伝』　❺-1 **1676**･9 月 文
『本朝武林伝』　❺-1 **1679**･是年 文
『本朝編年録』　❺-1 **1644**･10 月 文
『本朝法華伝』　❺-1 **1661**･是年 文
『本朝名公墨宝』　❺-1 **1645**･是年 文
『本朝文粋』　❺-1 **1615**･⑥･9 文
『本朝薬名備考』　❺-1 **1678**･9 月 文
『本朝烈女伝』　❺-1 **1655**･是年 文／**1668**･是年 文
『本朝列仙伝』　❺-1 **1686**･是年 文
『本与余』　❺-2 **1793**･是年 文
『幕づくし』　❺-1 **1678**･是年 文
『枕雙紙』　❺-1 **1647**･是年 文
『枕草子春曙抄』　❺-1 **1674**･是年 文
『枕草子装束抄』　❺-2 **1729**･是年 文／**1789**･是年 文
『枕草子旁註』　❺-1 **1681**･是年 文
『まくらの山』　❺-2 **1800**･是年 文
『磨光韻鏡』　❺-2 **1744**･是年 文
『升おとし』　❺-2 **1826**･是年 文
『十寸鏡』　❺-1 **1652**･是年 文
『ますかがみ』　❺-2 **1806**･是年 文
『増山の井』　❺-1 **1663**･是年 文
『街能噂』　❺-2 **1835**･是年 文
『松梅竹取物語』　❺-2 **1809**･是年 文
『松浦詩集』　❺-2 **1728**･是年 文
『松尾翫古斎宗五茶会記』　❺-2 **1753**･5･16 文
『松島一色両吟集』　❺-1 **1680**･是年 文
『松島紀行』　❺-2 **1739**･是年 文
『松島眺望集』　❺-1 **1682**･是年 文
『松戸随筆』　❺-2 **1748**･是年 文
『松永文章』　❺-2 **1774**･是年 文
『松の落葉』　❺-1 **1710**･是年 文／❺-2 **1832**･是年 文
『松の葉』　❺-1 **1703**･是年 文
『松葉名所和歌集』　❺-1 **1660**･是年 文
『松屋外集』　❺-2 **1839**･是年 文
『松屋叢話』　❺-2 **1814**･是年 文
『松屋棟梁集』　❺-2 **1816**･是年 文
『松屋文後集』　❺-2 **1828**･是年 文
『窓の須佐美』　❺-2 **1724**･是年 文
『まねき笠』　❺-2 **1846**･是年 文
『万外集要』　❺-1 **1642**･是年 文
『万金産業袋』　❺-2 **1732**･是年 文
『漫吟集類題』　❺-2 **1814**･是年 文
『万歳狂歌集』　❺-2 **1783**･1 月 文
『万歳始』　❺-2 **1749**･是年 文
『萬歳楽』　❺-1 **1690**･是年 文
『万川集海』(忍びの書)　❺-1 **1676**･5 月 文
『万代狂歌集』　❺-2 **1812**･是年 文
『蔓難録』　❺-2 **1717**･是年 政
『万病回春名物考』　❺-2 **1799**･是年 文
『万宝全書』　❺-2 **1723**･是年 文
『万宝智恵袋』　❺-2 **1725**･是年 文
『万宝鄙時記』　❺-1 **1705**･是年 文
『漫遊記』　❺-2 **1798**･是年 文
『万葉集』　❺-1 **1643**･是年 文／❺-2 **1827**･10･8 文
　『万葉仮字略』　❺-2 **1745**･是年 文

『万葉仮名遣』 ❺-1 1698·是年 文／❺-2 1754·是年 文
『万葉考』 ❺-2 1825·是年 文
『万葉考槻落葉』 ❺-2 1798·是年 文
『万葉集会説』 ❺-2 1794·是年 文
『万葉集佳調』『万葉集佳調拾遺』 ❺-2 1794·是年 文／1799·是年 文
『万葉集緊要』 ❺-2 1842·是年 文
『万葉集見安神正』 ❺-2 1796·是年 文
『万葉集考』 ❺-2 1760·是年 文
『万葉集攷証』 ❺-2 1828·是年 文
『万葉集古義註釈目録』 ❺-2 1845·是年 文
『万葉集撮要』 ❺-2 1779·是年 文
『万葉集品物解』 ❺-2 1824·是年 文
『万葉集墨縄』 ❺-2 1841·是年 文
『万葉集千歌』 ❺-2 1774·是年 文
『万葉集竹取翁歌解』 ❺-2 1766·是年 文／1824·是年 文
『万葉集玉の小琴』 ❺-2 1779·是年 文
『万葉集中禽獣虫魚草木考』 ❺-2 1815·是年 社
『万葉集燈』 ❺-2 1822·是年 文
『万葉集名寄』 ❺-1 1659·是年 文
『万葉集楢落葉』 ❺-2 1815·是年 文
『万葉集檜嬬手』 ❺-2 1848·是年 文
『万葉拾穂抄』 ❺-1 1690·是年 文
『万葉集名処考』 ❺-2 1841·是年 文
『万葉集略解』 ❺-2 1796·是年 文／1805·10 月 文
『万葉集類句』 ❺-2 1806·是年 文
『万葉集和仮名訓』 ❺-1 1709·是年 文
『万葉選要抄』 ❺-2 1777·是年 文／1779·是年 文
『万葉代匠記』 ❺-1 1687·是年 文／1690·是年 文
『万葉品類抄』 ❺-2 1827·是年 文／1834·是年 文
『万葉用字格』 ❺-2 1818·是年 文
『三井寺物語』 ❺-1 1660·是年 文
『三浦大助節分寿』 ❺-2 1734·是年 文
『澪標』 ❺-2 1757·是年 文
『見かへり駒』 ❺-2 1719·是年 文
『三日月日記』 ❺-2 1730·是年 文
『三河後風土記』 ❺-2 1735·享保年間 社
『三河記』 ❺-1 1684·1·22 文
『三河小町』 ❺-1 1702·是年 文
『三河誌』 ❺-2 1836·是年 文
『参河雀』 ❺-1 1707·是年 文
『三河国古蹟考』 ❺-2 1840·是年 文
『三河物語』 ❺-1 1622·6 月 文
『身替問答』 ❺-1 1658·是年 文
『三木』 ❺-1 1602·3 月 文
『水茎の岡』 ❺-1 1691·是年 文
『三筋緯客気植田』 ❺-2 1787·是年 文
『水鳥記』 ❺-1 1662·是年 文
『水鶏塚』 ❺-2 1736·是年 文
『水の友』 ❺-2 1724·是年 文
『見た京物語』 ❺-1 1643·寛永年間 文／❺-2 1781·是年 社
『道の枝折』 ❺-1 1681·是年 文
『道の栞』 ❺-2 1819·是年 文
『道の幸』 ❺-2 1794·是年 文
『道のしるべ』 ❺-2 1824·是年 文
『貢船太平記』 ❺-2 1738·是年 文
『蜜蜂養育手引草』 ❺-2 1815·是年 社
『三つ山巡』 ❺-2 1823·是年 文
『虚栗(みなしぐり)』 ❺-1 1683·是年 文
『南留別志』 ❺-2 1762·是年 文
『見ぬ京物語』 ❺-1 1659·是年 文
『見ぬ世の友』 ❺-1 1658·是年 文
『身の鏡』 ❺-1 1659·是年 文
『身延行記』 ❺-1 1663·是年 文
『三升増鱗祖』 ❺-2 1777·是年 文
『都今様友禅ひいながた』 ❺-1 1688·是年 文
『都とり』 ❺-2 1741·是年 文
『都鳥考』 ❺-2 1815·是年 文
『都鳥妻恋笛』 ❺-2 1734·是年 文
『都のてぶり』 ❺-2 1809·是年 文
『都名所花月独案内』 ❺-2 1793·是年 文
『都名所車』 ❺-1 1714·5 月 文
『都名所図会』 ❺-2 1780·安永年間 社
『宮島土産』 ❺-2 1851·是年 文
『深山草』 ❺-2 1782·是年 文
『深雪草』 ❺-2 1786·是年 文
『冥加訓』 ❺-2 1724·是年 文
『名疇』 ❺-2 1784·是年 文
『妙法寺記』 ❺-1 1684·是年 文
『三好記』 ❺-1 1663·是年 文
『身楽千句』 ❺-1 1662·是年 文
『明医雑著抄』 ❺-1 1604·是年 文
『民家育草』 ❺-2 1827·是年 文
『民家童蒙解』 ❺-2 1737·是年 文
『民家日用広益秘事大全』 ❺-2 1851·是年 文
『民家分量記』 ❺-2 1726·是年 文
『明官古名考』 ❺-2 1751·是年 文
『民間歳時記』 ❺-1 1673·是年 文
『民間省要』 ❺-2 1721·是年 文
『明元算法』 ❺-1 1689·是年 文
『明清闘記』 ❺-1 1661·是年 文
『民政教書』 ❺-2 1791·1 月 政
『無益委記』 ❺-2 1779·是年 文
『昔女化粧桜』 ❺-2 1748·是年 文
『むかし口』 ❺-2 1777·是年 文
『昔話稲妻表紙』 ❺-2 1806·是年 文
『昔語丹前風呂』 ❺-2 1812·是年 文
『昔々歌舞伎物語』 ❺-2 1830·是年 文
『むかしむかし物語』 ❺-2 1837·是年 文
『昔模様娘評判記』 ❺-2 1836·是年 文
『無極大極倭字抄』 ❺-1 1639·7 月 文
『向之岡』 ❺-1 1680·是年 文
『むさしあぶみ』 ❺-1 1661·是年 文
『むさし野』 ❺-1 1673·是年 文
『武蔵野地名考』 ❺-2 1736·是年 文
『武蔵曲』 ❺-1 1682·是年 文
『武蔵名所考』 ❺-2 1824·是年 文
『武蔵夜話』 ❺-2 1815·是年 文
『武者物語』 ❺-1 1656·是年 文
『娘敵討古郷錦』 ❺-2 1780·是年 文
『娘浄瑠璃芸品定』 ❺-2 1836·是年 文
『娘評判記』 ❺-2 1769·6 月 文
『無草』 ❺-1 1709·是年 文
『贅言(むだぐち)』 ❺-2 1770·是年 文
『夢中一休』 ❺-2 1742·是年 文
『夢中老子』 ❺-2 1747·是年 文
『陸奥国信夫郡伊達郡風俗記』 ❺-2 1814·2·10 文
『無門関抄』 ❺-1 1624·是年 文
『紫式部日記傍註』 ❺-2 1729·是年 文
『紫の一もと』 ❺-1 1683·是年 文
『室町千畳傍』 ❺-2 1721·是年 文
『名家手筒』 ❺-2 1845·是年 文
『名家略伝』 ❺-2 1842·是年 文
『名義備考』 ❺-2 1787·是年 文
『明月記』 ❺-1 1662·5·27 文
『名劔諸鍛冶大系図』 ❺-1 1624·是年 文
『名産諸式往来』 ❺-2 1760·是年 文
『名所記江戸雀』 ❺-1 1677·2 月 文
『名所方角集』 ❺-2 1775·是年 文
『名所都鳥』 ❺-1 1690·3 月 文
『名所和歌百人一首』 ❺-1 1686·是年 文
『名判精正録』 ❺-2 1802·是年 文
『名物六帖』 ❺-2 1728·是年 文
『名目鈔』 ❺-1 1688·是年 文
『名類画譜』 ❺-2 1810·是年 文
『明和伎鑑』 ❺-2 1769·是年 文
『明和十五番狂歌歌合』 ❺-2 1770·是年 文
『明和版増益書籍目録』 ❺-2 1772·是年 文
『女敵高麗茶碗』 ❺-2 1717·是年 文
『めざまし草』 ❺-2 1815·是年 文
『目覚し草』 ❺-1 1624·是年 文／1649·是年 文
『免法記』 ❺-1 1662·8 月 文
『蒙求啓』 ❺-2 1789·是年 文
『蒙求拾遺』 ❺-2 1750·是年 文
『蒙求抄』 ❺-1 1638·是年 文
『孟子考證』 ❺-2 1746·是年 文
『孟子古義』 ❺-2 1720·是年 文
『毛詩艸木鳥獣蟲魚疏』 ❺-1 1698·1 月 文
『藻塩草』 ❺-1 1669·是年 文
『木工集』 ❺-2 1793·是年 文
『尤之双紙』 ❺-1 1632·是年 文
『元親記』 ❺-1 1631·是年 文
『元無草』 ❺-2 1748·是年 文
『物忘草』 ❺-1 1657·是年 文
『もゝすもゝ』 ❺-2 1780·是年 文
『もも太郎』 ❺-2 1723·是年 文
『桃太郎発端話説』 ❺-2 1792·是年 文
『桃盗人』 ❺-1 1708·是年 文
『もゝのはなし』 ❺-2 1758·是年 文
『桃の実』 ❺-1 1693·是年 文
『桃の道途』 ❺-2 1728·是年 文
『もゝのやどり』 ❺-2 1804·是年 文
『守武千句』(荒木田守武) ❺-1

1652･是年 文
『問学挙要』 ❺-2 **1774**･是年 文
『文選』 ❺-1 **1603**･2･8 文
『文選六十一巻』 ❺-1 **1607**･3･8 文
『八重ひとへ』 ❺-1 **1692**･是年 文
『野犴集』 ❺-1 **1650**･是年 文
『訳鍵』 ❺-2 **1810**･是年 文
『役者遊見始』 ❺-2 **1728**･是年 文
『役者噂風呂』 ❺-2 **1721**･是年 文
『役者口三味線』 ❺-1 **1699**･是年 文
『役者芸品定』 ❺-2 **1722**･是年 文
『役者恵宝参』 ❺-2 **1740**･是年 文
『役者外題撰』 ❺-2 **1839**･是年 文
『役者子往算』 ❺-2 **1744**･是年 文
『役者三名物』 ❺-2 **1720**･是年 文
『役者三友会』 ❺-2 **1724**･是年 文
『役者辰替芸品定』 ❺-2 **1724**･是年 文
『役者節用集』 ❺-1 **1694**･是年 文
『役者全書』 ❺-2 **1774**･是年 文
『役者千贔負位指』 ❺-2 **1769**･12 月 文
『役者袖香炉』 ❺-2 **1727**･是年 文
『役者大鑑』 ❺-1 **1688**･是年 文／**1692**･是年 文／**1695**･是年 文
『役者大極舞』 ❺-2 **1739**･是年 文
『役者胎内捜』 ❺-1 **1709**･是年 文
『役者大福帳』 ❺-1 **1711**･是年 文
『役者多名卸』 ❺-2 **1737**･是年 文
『役者投扇曲』 ❺-2 **1842**･是年 文
『役者名古屋帯』 ❺-2 **1732**･是年 文
『役者願紐解』 ❺-2 **1716**･是年 政
『役者柱伊達』 ❺-2 **1742**･是年 文
『役者初子読』 ❺-2 **1736**･是年 文
『役者浜真砂』 ❺-2 **1842**･是年 文
『役者春子満』 ❺-2 **1732**･是年 文
『役者美男尽』 ❺-2 **1730**･是年 文
『役者評判記』 ❺-1 **1656**･是年 文
『役者評判蚰蜒』 ❺-1 **1674**･是年 文
『役者福寿想』 ❺-2 **1745**･是年 文
『役者福若志』 ❺-2 **1736**･是年 文
『役者二追玉』 ❺-2 **1741**･是年 文
『役者懐世帯』 ❺-1 **1715**･是年 文
『役者三叶和』 ❺-2 **1746**･是年 文
『役者三津物』 ❺-2 **1734**･是年 文
『役者美野雀』 ❺-2 **1725**･是年 文
『役者三蓋笠』 ❺-2 **1720**･是年 文
『役者みゝかき』 ❺-1 **1692**･是年 文
『役者名声牒』 ❺-2 **1770**･是年 文
『役者名物袖日記』 ❺-2 **1771**･是年 文
『役者矢的詞』 ❺-2 **1747**･是年 文
『役者若咲酒』 ❺-2 **1721**･是年 文
『役者和歌水』 ❺-2 **1743**･是年 文
『役者若見取』 ❺-2 **1731**･是年 文
『役者目利講』 ❺-1 **1714**･是年 文
『訳文筌蹄』 ❺-1 **1715**･是年 文
『八雲御抄』 ❺-1 **1661**･是年 文
『野言述説』 ❺-1 **1684**･是年 文
『野作雑記訳説』 ❺-2 **1809**･是年 文
『野山名霊集』 ❺-2 **1752**･是年 文
『野史』 ❺-2 **1852**･是年 文
『野史詠』 ❺-2 **1786**･是年 文
『安賀当居乃歌集』 ❺-2 **1791**･是年 文
『野泉帖』 ❺-2 **1827**･是年 文
『谷中の月』 ❺-2 **1828**･是年 文
『柳庵雑筆』 ❺-2 **1848**･是年 文
『柳籠裏三編』 ❺-2 **1786**･是年 文
『夜半亭発句帳』 ❺-2 **1755**･是年 文
『夜半楽』(河東節) ❺-2 **1725**･是年 文／**1777**･是年 文
『藪鶯』 ❺-2 **1742**･是年 文
『破笠』 ❺-2 **1760**･是年 文
『山嵐』 ❺-2 **1808**･是年 文
『山口栞』 ❺-2 **1836**･是年 文
『山城志』 ❺-2 **1734**･是年 文
『山城四季物語』 ❺-1 **1674**･是年 文
『山城名勝志』 ❺-1 **1705**･是年 文／**1711**･是年 文
『山城名所寺社物語』 ❺-2 **1757**･是年 文
『大和絵模様』 ❺-2 **1763**･是年 文
『大和家礼』 ❺-1 **1667**･是年 文
『大和志』 ❺-2 **1736**･是年 文
『大和順礼』 ❺-1 **1670**･是年 文
『大和小学』 ❺-1 **1660**･是年 文
『倭小学』 ❺-1 **1659**･是年 文
『大和俗訓』 ❺-1 **1708**･是年 文
『大和守日記』 ❺-1 **1658**･5･16 文
『大和本草』 ❺-1 **1708**･6 月 文／**1709**･8 月 文
『大和名所記』 ❺-1 **1681**･是年 文
『大和名所図会』 ❺-2 **1791**･是年 文
『大和巡日記』 ❺-1 **1696**･是年 文
『大和物語首書』 ❺-1 **1657**･是年 文
『大和物語抄』 ❺-1 **1652**･10 月 文
『大和物語直解』 ❺-2 **1760**･是年 文
『山名神南合戦』 ❺-1 **1669**･是年 文
『山の井』 ❺-1 **1647**･是年 文／**1648**･是年 文
『山端千句』 ❺-1 **1680**･是年 文
『山彦冊子』 ❺-2 **1831**･是年 文
『闇雲愚抄』 ❺-2 **1800**･是年 文
『闇の曙』 ❺-2 **1789**･是年 文
『鑓の権三重帷子』 ❺-2 **1717**･是年 文
『野郎三座詑』 ❺-1 **1684**･是年 文
『野郎立役舞台大鑑』 ❺-1 **1687**･是年 文
『野郎握こぶし』 ❺-1 **1693**･是年 文
『野郎評判記』 ❺-1 **1659**･是年 文
『夜話狂』 ❺-1 **1703**･是年 文
『幽遠随筆』 ❺-2 **1774**･是年 文／**1775**･是年 文
『友鏡』 ❺-2 **1823**･是年 文
『遊後楽園記』 ❺-2 **1794**･5 月 文
『遊古世』 ❺-2 **1832**･是年 文
『幽斎翁聞書』 ❺-2 **1717**･是年 文
『遊子行』 ❺-2 **1788**･是年 文
『熊耳先生文集』 ❺-2 **1781**･是年 文
『遊子方言』 ❺-2 **1770**･是年 文
『遊仙沓春雨草紙』 ❺-2 **1847**･弘化年間 文
『有職問答』 ❺-1 **1659**･是年 文
『夕鶴阿波鳴門』 ❺-1 **1712**･是年 文
『遊婦里会談』 ❺-2 **1780**･是年 文
『有莱集』 ❺-2 **1780**･是年 文
『湯液片玉本草』 ❺-1 **1683**･是年 文
『由佳里の梅』 ❺-2 **1830**･是年 文
『雪女五枚羽子板』 ❺-1 **1705**･是年 文
『雪女物語』 ❺-1 **1660**･是年 文
『雪しら河』 ❺-2 **1727**･是年 文
『遊芸館詩集』 ❺-2 **1783**･是年 文
『油菜録』 ❺-2 **1829**･是年 文
『ゆみづき』 ❺-1 **1648**･是年 文
『弓はり月』 ❺-2 **1742**･是年 文
『夢愁兵衛胡蝶物語』 ❺-2 **1810**･是年 文
『夢見草』 ❺-1 **1656**･是年 文
『湯山千句』 ❺-1 **1630**･是年 文
『由来明鑑集』 ❺-1 **1669**･是年 文
『ゆりわか大臣』 ❺-1 **1662**･是年 文
『楊弓射礼蓬矢抄』 ❺-1 **1688**･是年 文
『謡曲図誌』 ❺-2 **1732**･是年 文
『謡曲拾葉抄』 ❺-2 **1772**･是年 文
『洋算用法』 ❻ **1857**･是春 文
『用字格』 ❺-1 **1711**･是年 文
『用捨箱』 ❺-2 **1841**･是年 文
『雍洲府志』 ❺-1 **1684**･是年 文
『養生訓』 ❺-1 **1713**･是年 文／❺-2 **1790**･是年 文
『養性月覧』 ❺-1 **1673**･是年 文
『養生随筆』 ❺-2 **1826**･是年 文
『擁書楼日記』 ❺-2 **1815**･7･29 文
『陽精顕秘訣』 ❺-2 **1811**･是年 文
『陽復記』 ❺-1 **1651**･是年 文
『用文章綱目』 ❺-1 **1692**･是年 文
『揚名考』 ❺-2 **1831**･是年 文
『用明天王職人鑑』 ❺-1 **1705**･是年 文
『養老和歌集』 ❺-2 **1831**･是年 文
『余花千句』 ❺-1 **1705**･是年 文
『義経地獄破』 ❺-1 **1661**･是年 文
『吉野記』 ❺-1 **1699**･是年 文
『吉野郡女楠』 ❺-1 **1710**･是年 文
『芳野新詠』 ❺-2 **1819**･是年 文
『吉野の志保里』 ❺-2 **1800**･是年 文
『よしの山独案内』 ❺-1 **1671**･是年 文
『予之也安志夜(よしやよしや)』 ❺-2 **1793**･是年 文
『輿車図考』 ❺-2 **1804**･是年 文
『余情雛形』 ❺-1 **1692**･是年 文
『吉原大ざつしょ』 ❺-1 **1675**･是年 文
『吉原かゞみ』 ❺-1 **1660**･是年 文／**1672**･是年 文
『吉原歌仙』 ❺-1 **1680**･是年 文
『吉原草摺引』 ❺-1 **1694**･1 月 文
『吉原恋の道引』 ❺-1 **1678**･是年 文
『吉原三茶一幅一対』 ❺-1 **1681**･是年 文
『吉原雀』 ❺-1 **1667**･是年 文
『吉原袖鑑』 ❺-1 **1666**･是年 文
『吉原大鑑』 ❺-2 **1833**･是年 文
『吉原大全』 ❺-2 **1768**･是年 文
『吉原大全新鑑』 ❺-1 **1665**･是年 文
『吉原局惣鑑』 ❺-1 **1675**･是年 文
『吉原はやり小歌そうまくり』 ❺-2 **1819**･是年 文
『吉原人たばね』 ❺-1 **1680**･是年 文
『吉原丸鑑』 ❺-2 **1720**･是年 文
『吉原楊枝』 ❺-2 **1788**･是年 文
『吉原よぶこ鳥』 ❺-1 **1668**･是年 文
『よだれかけ』 ❺-1 **1665**･是年 文
『輿地志略』 ❺-2 **1826**･是年 文
『世継曾我』 ❺-1 **1683**･是年 文
『四人法師』 ❺-1 **1678**･是年 文
『世の中貧富論』 ❺-2 **1822**･是年 文
『四方の硯』 ❺-2 **1804**･是年 文
『四方の留粕』 ❺-2 **1819**･是年 文

『万の宝』 ❺-2 1780・是年 文
『四大師注心経』 ❺-2 1743・是年 文
『四体千字文』 ❺-1 1645・是年 文
『来禽堂詩草』 ❺-2 1781・是年 文
『頼光蜘蛛切』 ❺-1 1662・是年 文
『雷震記』 ❺-2 1767・是年 文
『落語家奇奴部類』 ❺-2 1848・是年 文
『洛中洛外手引案内』 ❺-1 1694・是年 文
『落梅花』 ❺-2 1793・是年 文
『洛陽医師鑑』 ❺-1 1713・是年 文
『落葉集』 ❺-1 1704・是年 文
『洛陽名所集』 ❺-1 1658・是年 文
『羅山林詩集』 ❺-1 1662・是年 文
『蘿の落葉』 ❺-2 1782・是年 文
『蘭畹摘芳』 ❺-2 1817・是年 文
『蘭学事始』 ❺-2 1815・4 月 文
『蘭学梯航』 ❺-2 1816・是年 文
『蘭斎画譜』 ❺-2 1800・是年 文
『蘭山先生十品考』 ❺-2 1798・是年 文
『蘭室詩略』 ❺-2 1813・是年 文
『藍水詩草』 ❺-2 1779・是年 文
『蘭例節用集』 ❺-2 1814・是年 文
『梨園』 ❺-1 1836・是年 文
『離屋学訓』 ❺-2 1828・是年 文
『力婦伝』 ❺-2 1776・是年 文
『陸氏草木鳥獣虫魚疏図解』 ❺-2 1779・是年 文
『理屈物語』 ❺-1 1667・是年 文
『六韜』 ❺-1 1604・是冬 文
『六道士会録』 ❺-2 1729・是年 文
『六諭衍義』 ❺-1 1708・是年 文／❺-2 1721・9・15 文
　『六諭衍義小意』 ❺-2 1731・是年 文
　『六諭衍義大意』 ❺-2 1722・6・22 文
『俚諺拾遺』 ❺-2 1756・是年 文
『理斎随筆』 ❺-2 1838・是年 文
『立円率』 ❺-2 1729・是年 文
『栗山文集』 ❺-2 1842・是年 文
『立正安国論』 ❺-1 1619・7・15 文
『理非鏡』 ❺-1 1664・是年 文
『吏民秘要諺解』 ❺-1 1697・是年 文
『柳園歌集』 ❺-2 1850・是年 文
『琉球国旧記』 ❺-2 1731・是年 文
『琉球国由来記』 ❺-1 1713・是年 文
『琉球産物志』 ❺-2 1771・是年 文
『琉球事略』 ❺-2 1776・是年 文
『琉球神道記』 ❺-1 1605・4・15 文／1608・12・6 文／1648・是年 文
『琉球大歌集』 ❺-2 1849・是年 文
『琉球談』 ❺-2 1790・是年 文
『琉球入貢紀略』 ❺-2 1850・是年 文
『琉球年代記』 ❺-2 1832・是年 文
『劉向説苑考』 ❺-2 1798・是年 文
『柳糸花組交』 ❺-2 1827・是年 文
『柳子新論』 ❺-2 1759・2 月 文
『龍州代抄』 ❺-1 1652・是年 文
『龍川詩鈔』 ❺-2 1789・是年 文
『稜威道別』 ❺-2 1844・是年 文
『両吟集』 ❺-1 1664・是年 文
『両剣奇遇』 ❺-2 1779・是年 文
『梁塵愚案抄』 ❺-1 1689・是年 文
『蓼太句集』 ❺-2 1777・是年 文
『両点早引節用集』 ❺-2 1818・是年 文
『令義解』 ❺-2 1721・7・24 文
『両巴巵言』 ❺-2 1728・是年 文
『両部神道口訣鈔』 ❺-2 1719・是年 文
『亮々草紙』 ❺-2 1821・是年 文
『旅行用心集』 ❺-2 1810・是年 文
『臨懐素・自叙帖』 ❺-1 1677・是年 文
『隣交徴書』 ❺-2 1836・是年 文
『淋敷座之慰』 ❺-1 1676・8 月 文
『隣女晤言』 ❺-2 1802・是年 文
『類柑子』 ❺-1 1707・是年 文
『類字仮名遣』 ❺-1 1666・是年 文
『類字名所和歌集』 ❺-1 1617・是年 文／1668・是年 文
『類聚国史』 ❺-2 1736・3・28 文／1815・8・19 文
『類船集』 ❺-1 1677・是年 文
『類題吉備国歌集』 ❺-2 1850・是年 文
『類題名家和歌集』 ❺-2 1812・是年 文
『類編広益衆方規矩』 ❺-1 1697・是年 文
『累約術』 ❺-2 1728・是年 文
『礼儀類典』 ❺-1 1710・8・21 文／❺-2 1734・4・6 文／10・6 文
『霊語通』 ❺-2 1795・是年 文／1797・是年 文
『令子洞房』 ❺-2 1785・是年 文
『醴泉祥瑞記』 ❺-2 1756・是年 文
『霊能真柱』 ❺-2 1813・是年 文
『歴代外印鋳造考』 ❺-2 1794・是年 文
『歴代滑稽伝』 ❺-1 1715・是年 文
『歴代詩選』 ❺-1 1704・是年 文
『歴代帝王図』 ❺-1 1700・是年 文
『歴代和歌勅撰考』 ❺-2 1843・是年 文
『暦朝詔詞解』 ❺-2 1803・是年 文
『暦朝要紀』 ❺-2 1839・6・22 文
『暦林問答集』 ❺-2 1811・是年 文
『烈女百人一首』 ❺-2 1847・弘化年間 文
『連歌茶談』 ❺-2 1820・是年 文
『連歌初心抄』 ❺-1 1627・是年 文
『連歌大発句帳』 ❺-1 1666・是年 文
『連珠合掌』 ❺-1 1676・是年 文
『聯珠詩格名物図考』 ❺-2 1830・是年 文
『練兵説略』 ❺-2 1851・是年 文
『驢鞍橋』 ❺-1 1660・是年 文
『漏刻説』 ❺-2 1748・是年 文
『籠耳』 ❺-1 1687・是年 文
『老子形気』 ❺-2 1753・是年 文
『老子数鈔解』 ❺-2 1836・是年 文
『老子答問書』 ❺-2 1740・是年 文
『老子特解』 ❺-2 1782・是年 文
『老子本義』 ❺-2 1731・是年 文
『老子本義徴』 ❺-2 1749・是年 文
『芦花集』 ❺-1 1665・是年 文
『露休置土産』 ❺-1 1707・是年 文
『録外微』 ❺-2 1736・是年 文
『六帖詠草』 ❺-2 1811・是年 文
『六声発揮』 ❺-2 1808・是年 文
『六物新志』 ❺-2 1786・是年 文
『六離合釈法式通関冠註』 ❺-1 1704・是年 文
『六々庵発句集』 ❺-2 1749・是年 文
『露西亜国志』 ❺-2 1806・是年 文
『魯西亜志附録』 ❺-2 1795・是年 文
『ロビンソン・クルーソー』 ❻ 1857・是年 文／1883・10 月 文／1887・2 月 文／1894・3 月 文
『魯寮文集』 ❺-2 1744・是年 文
『論語』 ❺-1 1603・9・13 文／1613・6・3 文／❺-2 1721・1・14 文
　『論語考』 ❺-2 1749・是年 文
　『論語古義』 ❺-1 1712・是年 文／❺-2 1829・是年 文
　『論語古訓』 ❺-2 1737・是年 文／1739・是年 文
　『論語古訓外伝』 ❺-2 1741・是年 文
　『論語集註』 ❺-1 1603・11 月 文
　『論語徴解』 ❺-2 1762・是年 文
　『論語徴集覧』 ❺-2 1760・是年 文
『倭楷正譌』 ❺-2 1753・是年 文
『和歌伊勢海』 ❺-2 1720・是年 文
『和歌入紐』 ❺-2 1795・是年 文
『和歌虚詞考』 ❺-2 1789・是年 文
『和学弁』 ❺-2 1758・是年 文
『和歌呉竹集』 ❺-1 1673・是年 文
『和学論』 ❺-2 1769・是年 文
『和歌継塵集』 ❺-1 1710・是年 文
『和歌言葉能千種』 ❺-2 1846・是年 文
『和歌作法條々』 ❺-1 1682・是年 文
『和歌三神考』 ❺-2 1784・是年 文
『和歌三類集』 ❺-2 1777・是年 文
『和歌職原鈔』 ❺-1 1687・是年 文
『和歌実践集』 ❺-2 1795・是年 文
『和歌拾遺六帖』 ❺-2 1820・是年 文
『若衆助六』 ❺-2 1814・是年 文
『和歌叢林夜話』 ❺-2 1751・是年 文
『和歌題林愚抄』 ❺-1 1637・是年 文
『和哥てには秘伝抄』 ❺-1 1705・是年 文
『和歌手爾遠波口伝』 ❺-2 1745・5・7 文
『和歌梯』 ❺-2 1794・是年 文
『若林農書』 ❺-1 1688・是年 文
『和歌麓の塵』 ❺-2 1801・是年 文
『和歌布留の山ふみ』 ❺-2 1824・是年 文
『和歌分類』 ❺-1 1698・是年 文
『和歌幣袋』 ❺-2 1796・是年 文
『和歌枕詞補註』 ❺-2 1798・是年 文
『若水』 ❺-1 1688・是年 文
『和歌道しるべ』 ❺-2 1762・是年 文
『和歌名所読合』 ❺-1 1686・是年 文
『和歌八重垣』 ❺-1 1700・是年 文
『和漢英雄百人一首』 ❺-2 1844・是年 文
『和漢軍書要覧』 ❺-2 1770・是年 文／1815・是年 文
『和漢軍談紀略考』 ❺-2 1841・是年 文
『和漢合連』 ❺-1 1713・是年 文
『和漢古諺』 ❺-1 1706・是年 文
『和漢三才図会』 ❺-1 1712・是年 文
『和漢算法』 ❺-1 1695・是年 文
『和漢字名録』 ❺-2 1786・是年 文
『和韓唱酬集』 ❺-1 1683・是年 文
『和漢初学便蒙』 ❺-1 1693・是年 文
『倭漢善行録』 ❺-2 1788・是年 文

『和漢船用集』 ❺-2 1761·是年 文／1766·是年 文
『和漢草字弁』 ❺-2 1734·是年 文
『和漢茶誌』 ❺-2 1728·是年 文
『和韓筆談薫風編』 ❺-2 1748·是年 文
『和韓文会』 ❺-2 1748·是年 文
『和漢文藻』 ❺-2 1723·是年 文
『和翰名苑』 ❺-2 1769·是年 文
『和漢名数』 ❺-1 1678·是年 文
『和漢名数大全』 ❺-1 1695·是年 文
『和漢名筆画譜』 ❺-1 1696·是年 文
『和漢朗詠国字集』 ❺-2 1803·是年 文
『和漢朗詠集私註』 ❺-1 1623·元和年間 文
『和漢朗詠集註』 ❺-1 1671·是年 文
『倭玉編』 ❺-1 1605·是年 文
『和句解』 ❺-1 1662·是年 文
『枠弁当』 ❺-2 1774·是年 文
『和訓考』 ❺-2 1826·是年 文
『倭訓栞』 ❺-2 1777·是年 文／1805·是年 文
『倭訓類林』 ❺-1 1705·是年 文
『和国諸職絵づくし』 ❺-1 1685·是年 文
『和国百女』 ❺-1 1695·是年 文
『和国丸』 ❺-2 1725·是年 文
『和語本草綱目』 ❺-1 1698·是年 文
『和語連珠集』 ❺-1 1704·是年 文
『倭語連声集』 ❺-2 1734·是年 文／1737·是年 文
『和剤局方発揮諺解』 ❺-1 1708·是年 文
『和山居草』 ❺-1 1683·是年 文
『和爾雅』 ❺-1 1694·是年 文
『和字解』 ❺-2 1737·是年 文
『倭字古今通例全書』 ❺-1 1696·是年 文
『和字正濫抄』 ❺-1 1688·是年 文／1693·是年 文／1695·是年 文
『和字便覧』 ❺-2 1776·是年 文
『和州諸将軍伝』 ❺-1 1707·是年 文
『和須連寿』 ❺-2 1749·是年 文
『和荘兵衛後日記』 ❺-2 1797·是年 文
『和田酒盛』 ❺-1 1664·是年 文
『渡し舟』 ❺-1 1691·是年 文
『渡辺智略討』 ❺-1 1665·是年 文
『倭中庸』 ❺-1 1667·是年 文
『倭読要領』 ❺-2 1728·是年 文
『倭板書籍考』 ❺-1 1702·是年 文
『和名集異名製剤記』 ❺-1 1653·是年 文
『和名抄塞問』 ❺-2 1827·是年 文
『倭名本草』 ❺-1 1684·是年 文
『和名類聚抄』 ❺-1 1648·是年 文／1667·是年 文／❺-2 1798·是春 文／1821·7月 文
『和名類聚抄釈義』 ❺-2 1804·是年 文
『童舞抄』 ❺-1 1647·是年 文
『和類初学抄』 ❺-1 1648·是年 文
『我かしこの記』 ❺-2 1730·是年 文

明治～大正時代

『噫無情』 ❼ 1902·7·9 文
『愛すればこそ』 ❼ 1921·12月 文
『あきらめ』 ❼ 1911·1·1 文
『悪の華』 ❼ 1919·10月 文
『安愚楽鍋』 ❻ 1871·4月 文
『新しい女』 ❼ 1913·1月 文
『阿部一族』 ❼ 1913·1月 文
『アラビアン·ナイト』 ❻ 1875·5月 文／1883·11月 文
『暗夜行路』 ❼ 1921·1月 文
『家無き児』 ❼ 1911·7·12 文／1912·1月 文
『生花池の坊百瓶』 ❼ 1905·是年 文
『意志と現識としての世界』 ❼ 1910·9月 文
『伊豆の踊子』 ❼ 1926·1月 文
『一握の砂』 ❼ 1910·12月 文
『ヴェルレーヌ詩抄』 ❼ 1915·9月 文
『ウィリアム·テル』 ❻ 1880·12月 文
『浮雲』 ❻ 1887·6月 文
『歌行灯』 ❼ 1912·1月 文
『歌よみに与ふる書』 ❼ 1898·2·12 文
『生れ出づる悩み』 ❼ 1918·3·16 文
『海の秘密』 ❼ 1897·12月 文
『運動年鑑』 ❼ 1916·5·16 社
『英和数学字彙付簿記学用語』 ❼ 1905·7月 文
『江戸から東京へ』 ❼ 1920·6·16 文
『大阪市史』 ❼ 1911·5月 文
『大つごもり』 ❻ 1894·12月 文
『屋上の狂人』 ❼ 1921·2月 文
『己が罪』 ❼ 1899·8·17 文
『おらが春　我春集』 ❼ 1927·7·10 文
『婦系図』 ❼ 1907·1·1 文
『女大学評論·新女大学』 ❼ 1899·4·1 社
『カインの末裔』 ❼ 1918·2月 文
『革命』(米カリフォルニア) ❼ 1907·1·4 政
『学問のすすめ』 ❻ 1872·2月 文
『家庭の友』 ❼ 1903·4月 社
『悲しき玩具』 ❼ 1912·6月 文
『黴』 ❼ 1911·8·1 文
『我楽多文庫』 ❻ 1885·5·2 文
『カラマーゾフの兄弟』 ❼ 1917·6月 文
『ガリヴァー旅行記小人国大人国』 ❼ 1911·1月 文
『ガリバー旅行記』 ❻ 1880·3月 文
『漢籍国字解全書』 ❼ 1909·11月 文
『祇園歌集』 ❼ 1915·11月 文
『戯曲春のめざめ』 ❼ 1912·7月 文
『北国の老爺　三太九郎』 ❼ 1898·是年 文
『城の崎にて』 ❼ 1917·5月 文
『君死に給ふこと勿れ』 ❼ 1904·9月 文
『旧幕府』 ❼ 1897·4月 文
『仰臥漫録』 ❼ 1905·1月 文
『基督教史』 ❼ 1914·8月 文
『近世日本国民史』 ❼ 1918·12·1 文
『近世邦楽年表　常磐津·富本·清元之部』 ❼ 1912·3月 文
『公卿補任』 ❻ 1870·3·27 文
『草の実』 ❼ 1919·6月 文
『草枕』 ❼ 1906·9月 文
『虞美人草』 ❼ 1908·1月 文／1921·4月 社
『黒猫』 ❻ 1887·11·3 文
『群書類従』 ❻ 1893·6月 文
『言海』(辞書) ❻ 1889·5月 文
『現代日本文学全集』 ❼ 1926·12·3 文
『憲法概要』 ❼ 1923·4月 政
『項羽と劉邦』 ❼ 1916·9月 文
『鉱山発達史』 ❼ 1900·是年 文
『孝女白菊詩(歌)』 ❻ 1888·2月 文
『広辞林』 ❼ 1925·9月 文
『広文庫』 ❼ 1916·10月 文
『校本万葉集』 ❼ 1924·12月 文
『高野聖』 ❼ 1900·2月 文
『国史大系』 ❼ 1897·2月 文
『国書解題』 ❼ 1897·11月 文
『国体論及び純正社会主義』 ❼ 1906·5月 文
『国訳漢文大成』 ❼ 1920·6月 文
『国訳大蔵経』 ❼ 1917·6月 文
『心』『こころ』(夏目漱石) ❼ 1914·4·20 文／1927·7·10 文
『心の緒琴』 ❼ 1897·11月 文
『五重塔』 ❻ 1891·11·7 文
『古事類苑』 ❼ 1896·11月 文
『国歌大観』 ❼ 1900·12月 文
『五人組制度』 ❼ 1902·5月 文
『金色夜叉』 ❼ 1897·1·1 文／1898·3·25 文
『西国立志伝』 ❻ 1871·7月 文
『山椒魚』 ❼ 1923·8月 文
『山椒太夫』 ❼ 1915·1月 文
『三四郎』 ❼ 1908·9·1 文
『三千里』 ❼ 1910·12月 文
『散文韻文·雪月花』 ❼ 1897·9月 文
『塩原太助』 ❻ 1885·1月 文
『地獄変』 ❼ 1918·5·2 文
『刺青』 ❼ 1911·12月 文
『自然主義文学の流行』 ❼ 1907·11·20 政
『死線を越えて』 ❼ 1920·1月 文／10月 文／1921·11·3 文
『死の勝利』 ❼ 1913·1月 文
『資本論』 ❼ 1920·6月 政
『沙翁全集』 ❼ 1905·9月 文／1909·12月 文
『沙翁悲劇ハムレット』 ❼ 1903·10月 文
『社会劇　人形の家·社会の敵』 ❼ 1901·10月 文
『社会の敵』 ❻ 1893·3月 文
『邪宗門』 ❼ 1909·3月 文
『シャロック·ホルムズ』 ❼ 1916·2月 文
『ジャン·クリストフ』 ❼ 1920·9月 文
『ジュリアス·シーザー』 ❻ 1884·5月 文／1886·9月
『純粋理性批判』 ❼ 1921·2月 文
『商業大辞書』 ❼ 1905·5月 文
『小公子』 ❼ 1910·3·22 文
『小説神髄』 ❻ 1885·9月 文
『小天地』 ❼ 1900·10月 文
『女学校評判記』 ❼ 1906·7·1 文
『職工事情』 ❼ 1903·3月 文
『女工哀史』 ❼ 1925·7月 社
『叙事文』 ❼ 1900·1·29 文
『抒情詩』 ❼ 1897·4月 文

『神祇史』 ❼ **1910**·12月 文
『新旧仮名遣対照語彙』 ❼ **1906**·11月 文
『神曲』 ❼ **1917**·1月 文
『新式以呂波引節用辞典』 ❼ **1905**·是年 文
『真珠夫人』 ❼ **1920**·6·9 文
『尋常小学(校)唱歌』 ❼ **1905**·10月 文／**1911**·5月 文
『新撰日本植物図説』 ❼ **1899**·1月 文
『人道の義士・社会主義の父カール・マルクス』 ❼ **1902**·4月 文
『真美大観』 ❼ **1899**·5月 文
『青銅の基督』 ❼ **1923**·1月 文
『西部戦線異状なし』 ❼ **1929**·1月 文／11·22 文
『清兵衛と瓢簞』 ❼ **1913**·1·1 文
『西洋立志編』 ❻ **1870**·11月 文／**1872**·11月 文
『善の研究』 ❼ **1911**·1月 文
『続歌学全書』 ❼ **1897**·12月 文
『続國史大系』 ❼ **1902**·5月 文
『即興詩人』 ❻ **1892**·11月 文／❼ **1902**·9月 文
『其面影』 ❼ **1906**·10·10 文
『大英百科全書』 ❼ **1902**·12·16 文
『大日本歌書綜覧』 ❼ **1926**·8月 文
『大日本古文書』 ❼ **1901**·4月 文／7月 文
『大日本古文書・幕末外国関係文書』 ❼ **1910**·3月 文
『大日本史料』 ❼ **1901**·2月 文
『大日本地名辞書』 ❼ **1900**·3月 文
『大百科事典』(平凡社) ❼ **1931**·11月 文
『大菩薩峠』 ❼ **1913**·9·12 文／**1925**·1·16 文
『高瀬舟』 ❼ **1916**·1月 文／**1918**·2月 文
『瀧口入道』 ❻ **1894**·4·15 文
『たけくらべ』 ❻ **1895**·1月 文
『多情多恨』 ❻ **1896**·2·26 文
『多情仏心』 ❼ **1922**·12·26 文
『獺祭書屋俳話』 ❻ **1892**·6·26 文
『短歌愚考』 ❼ **1900**·1·19 文
『ダンテ神曲』 ❼ **1918**·7月 文
『乳姉妹』 ❼ **1903**·8·24 文
『逐條憲法精義』 ❼ **1935**·4·9 政
『竹柏園集』 ❼ **1901**·2月 文
『千曲川のスケッチ』 ❼ **1911**·10月 文／**1912**·12月 文
『地上順礼』(詩誌) ❼ **1913**·11月 文
『痴人の愛』 ❼ **1924**·3·15 文／**1925**·7月 文
『チベット語仏典』 ❼ **1903**·5·20 文
『茶の本』 ❼ **1906**·5月 文
『土』 ❼ **1910**·6·13 文
『椿姫』 ❼ **1903**·5月 文
『罪と罰』 ❻ **1892**·11月 文
『帝国百科全書』 ❼ **1898**·1月 文
『鉄仮面』 ❻ **1893**·5月 文
『天路歴程』 ❻ **1876**·4·14 文
『同意語二十万辞典』 ❼ **1910**·是年 文
『東京開化繁盛記』 ❻ **1874**·3月 文
『東京市史稿』 ❼ **1911**·12月 文
『当世書生気質』 ❻ **1885**·6月 文
『藤房卿の草紙』 ❼ **1912**·是年 文
『東北数学雑誌』 ❼ **1911**·6·5 文
『東洋画報』 ❼ **1903**·3月 文
『東洋美術大観』 ❼ **1908**·8月 文
『徳川禁令考』 ❻ **1878**·12月 文
『特殊部落民解放論』 ❼ **1921**·7月 政
『図書分類目録』 ❼ **1915**·5·5 文
『ドン・キホーテ物語』 ❼ **1910**·9月 文
『七年社』 ❼ **1925**·11·11 政
『肉弾』 ❼ **1906**·4月 文
『日本財政経済史料』(大蔵省) ❼ **1922**·5月 政
『日本社会事業年鑑』 ❼ **1920**·5·15 社
『日本人種改造論』 ❼ **1910**·6月 文
『日本紳士録』 ❻ **1889**·5月 文
『日本著名建築写真帖』 ❼ **1908**·2月 文
『日本帝国憲法史稿』 ❼ **1900**·是年 文
『日本帝国美術略史』 ❼ **1901**·7月 文
『日本鉄道史』 ❼ **1921**·8月 文
『日本統計年鑑』 ❻ **1882**·6月 政
『日本童謡選集』 ❼ **1921**·10月 社
『日本俳諧史』 ❼ **1911**·11月 文
『日本俳句鈔』 ❼ **1909**·5月 文
『日本百科大辞典』 ❼ **1908**·11月 文
『日本仏家人名辞書』 ❼ **1902**·是年 文
『日本法制史』 ❼ **1912**·1月 文
『日本歴史譚』 ❼ **1896**·12月 文
『女護か島』 ❼ **1923**·2·16 文
『人形の家』 ❼ **1910**·1月 文
『能楽盛衰記』 ❼ **1925**·12月 文
『能楽全史』 ❼ **1917**·12月 文
『野菊』 ❼ **1909**·3月 文
『煤煙』 ❼ **1909**·1·1 文
『ハイネ詩集』 ❼ **1919**·2月 文／**1920**·6月 文
『破戒』 ❼ **1906**·3月 文
『八十日間世界一周』 ❻ **1878**·6月 文
『発展』 ❼ **1912**·7月 文／8·15 文
『ハムレット』 ❻ **1875**·9·7 文／**1885**·7月 文／**1886**·10·9 文
『麵麭の略取』 ❼ **1909**·1月 文
『彼岸過迄』 ❼ **1912**·1·2 文
『筆禍史』 ❼ **1911**·5月 文
『人を恋ふる歌』 ❼ **1900**·2月 文
『火の柱』 ❼ **1904**·1·1 文
『病牀六尺』 ❼ **1902**·5·5 文
『貧乏物語』 ❼ **1916**·9·11 社
『ファウスト』 ❼ **1913**·1月 文／3·27 文
『福翁自伝』 ❼ **1898**·7·1 文
『武士道』 ❼ **1900**·是年 文
『富士に立つ影』 ❼ **1924**·7·20 文
『婦女鑑』 ❻ **1887**·7月 文
『復活』(トルストイ) ❼ **1905**·4·5 文
『復古記』『復古外記』 ❻ **1889**·12月 文
『ふらんす物語』 ❼ **1909**·3月 文
『文芸百科全書』 ❼ **1909**·12月 文
『平凡』 ❼ **1907**·10·30 文
『ベニスの商人』 ❻ **1883**·10月 文
『奉教人の死』 ❼ **1918**·9月 文
『墨汁一滴』 ❼ **1901**·1·16 文
『坊ちゃん』 ❼ **1906**·4月 文
『不如帰』 ❼ **1896**·5·21 社／**1897**·1月 文／**1898**·11·29 文
『ボブリイ婦人』 ❼ **1916**·6月 文
『舞姫』 ❻ **1890**·1月 文
『魔風恋風』 ❼ **1903**·2·25 文
『マルクスの資本論』 ❼ **1907**·8·20 文
『満洲旧慣調査報告』 ❼ **1913**·2月 文
『武蔵野』 ❼ **1898**·1月 文／**1901**·3月 文
『明暗』 ❼ **1916**·5·26 文
『明治社交礼式』 ❼ **1902**·是年 文
『明治法制史』 ❼ **1899**·6月 文
『めさまし草』 ❼ **1896**·1月 文
『蒙古史』 ❼ **1909**·5月 文
『モオパッサン全集』 ❼ **1920**·9月 文
『痩我慢の説』 ❻ **1892**·1·27 文／❼ **1901**·1·1 文
『夢十夜』 ❼ **1908**·7·25 文
『幼学綱要』 ❻ **1882**·12·3 文
『洋算用法』 ❻ **1857**·是春 文
『羅生門』 ❼ **1915**·9月 文／**1917**·5月 文
『旅情』 ❼ **1900**·4月 文
『歴代風俗写真集』 ❼ **1916**·10月 文
『ロミオとジュリエット』 ❻ **1886**·5月 文
『若菜集』 ❼ **1897**·8月 文
『吾輩は猫である』 ❼ **1905**·1月 文
『ヰタ・セクスアリス』 ❼ **1909**·7月 文
昭和〜平成時代(雑誌連載後、単行本となった作品も含む)
『ああ玉杯に花うけて』 ❼ **1927**·5月 社
『愛情はふる星のごとく』 ❽ **1946**·9月 文
『愛染かつら』 ❽ **1937**·1月 文
『愛のコリーダ』 ❾ **1976**·10·8 文／**1977**·8·15 文
『愛の讃歌』 ❾ **1967**·10月 文
『愛を乞うひと』 ❾ **1999**·3·12 文
『アヴァンギャルド宣言』 ❽ **1949**·11月 文
『青い山脈』 ❽ **1947**·6·9 文
『緋い記憶』 ❾ **1992**·1·16 文
『赤頭巾ちゃん気をつけて』 ❾ **1969**·8月 文
『暁の寺』 ❾ **1968**·9月 文
『赤まんまの歌』 ❽ **1945**·2月 文
『赤目四十八瀧心中未遂』 ❾ **1998**·7·16 文
『秋茄子』 ❼ **1932**·10·16 文
『阿Q外伝』 ❾ **1969**·9月 文
『悪徳の栄え』 ❽ **1960**·4·7 文／**1961**·1·20 社／❾ **1969**·10·15 文
『赤穂浪士』 ❼ **1927**·5·14 文
『朝日の昇る家』 ❾ **1966**·8月 文
『あしたのジョー』 ❾ **1968**·1月 社
『飛鳥』 ❽ **1942**·3月 文
『安宅家の人々』 ❽ **1951**·8·20 文

『頭の体操』 ❾ 1966·12月 文
『あたらしい憲法のはなし』 ❽ 1947·8·2 文
『危ない会社』 ❽ 1963·4月 政
『阿部一族』 ❽ 1938·是年 社
『甘い蜜の歓び』 ❾ 1967·2月 文
『綾の鼓』 ❾ 1975·3·25 文
『アラスカ物語』 ❾ 1974·5月 文
『或る小倉日記伝』 ❽ 1952·9月 文／1953·1·22 文
『アルチュル·ランボオ·詩集』 ❼ 1933·12月 文
『暗室』 ❾ 1969·1月 文
『生きてゐる兵隊』 ❽ 1938·2·18 文／1945·12月 文
『石中先生行状記』 ❽ 1948·1月 文／10·14 文
『石の来歴』 ❾ 1994·1·13 文
『異体字研究資料集成』 ❾ 1973·12月 文
『悼む人』 ❾ 2009·1·15 文
『1Q84』 ❾ 2009·5·29 文／2010·4·16 文
『いつか汽笛を鳴らして』 ❾ 1972·8·11 文
『一家団欒』 ❾ 1966·9月 文
『いない いない ばあ』 ❾ 1967·是年 文
『犬婿入り』 ❾ 1993·1·13 文
『畏怖する人間』 ❾ 1972·2月 文
『異邦人』(カミュ／高田啓作訳) ❽ 1951·6月 文
『異邦人』(辻 亮一) ❽ 1950·2月 文
『厭がらせの年齢』 ❽ 1947·2月 文
『蕁草の家』 ❾ 1976·7月 文
『弥栄村建設』 ❽ 1944·9月 文
『隠語大辞典』 ❾ 2000·4月 文
『ヴァージニア』 ❾ 1968·12月 文
『ヴィヨンの妻』 ❽ 1947·3月 文
『浮雲』 ❽ 1949·11月 文
『受け月』 ❾ 1992·7·15 文
『宴のあと』 ❽ 1960·1月 文／1961·3·15 社
『海』 ❾ 1984·4月 文
『運転士』 ❾ 1992·7·15 文
『エーゲ海に捧ぐ』 ❾ 1977·1月 文／7·14 文
『越前竹人形』 ❾ 1977·4月 文
『江戸言葉の研究』 ❽ 1954·4月 文
『恵比寿屋喜兵衛手控え』 ❾ 1994·1·13 文
『江分利満氏の優雅な生活』 ❽ 1961·10月 文
『黄金の日々』 ❾ 1978·1·8 社／1月 文
『桜桃』 ❽ 1948·5月 文
『王妃の離婚』 ❾ 1999·7·15 文
『狼奉行』 ❾ 1992·1·16 文
『大阪方言事典』 ❽ 1955·12月 文
『小笠原群島のヒドロゾア類』 ❾ 1974·11月 文
『丘は花ざかり』 ❽ 1952·1·1 文
『沖縄大百科事典』 ❾ 1983·5月 文
『沖縄ノート』 ❾ 1969·8月 文
『奥の細道』 ❾ 1996·11·25 文
『乙女の密告』 ❾ 2010·7·15 文
『鬼平犯科帳』 ❾ 1968·12月 文
『おはん』 ❽ 1947·12月 文
『御触書寛保集成』 ❼ 1934·11月 文
『思い出トランプ』 ❾ 1980·12月 文
『オリンポスの果実』 ❽ 1940·12月 文
『おろしや国粋夢譚』 ❾ 1966·11月 文／1968·10月 文
『女坂』 ❽ 1949·11月 文
『女たちのジハード』 ❾ 1997·7·17 文
『女の勲章』 ❽ 1960·2·24 文
『海峡の光』 ❾ 1997·1·16 文
『邂逅の森』 ❾ 2004·7·15 文
『介護入門』 ❾ 2004·7·15 文
『海上の道』 ❽ 1961·7月 文
『怪人二十面相』 ❼ 1936·1月 社
『蛙』 ❽ 1950·5·24 文
『鍵』 ❽ 1956·1月 文
『夏姫春秋』 ❾ 1991·7·15 文
『鍵のない夢を見る』 ❾ 2012·7·17 文
『限りなく透明に近いブルー』 ❾ 1976·6月 文
『隠された十字架—法隆寺論』 ❾ 1972·5月 文
『カクテル·パーティー』 ❾ 1967·4月 文
『角兵衛獅子』 ❼ 1927·3月 文
『学歴無用論』 ❾ 1966·5月 文
『蔭の棲みか』 ❾ 2000·1·14 文
『花神』 ❾ 1969·10·1 文
『和宮様御留』 ❾ 1977·1月 文
『風立ちぬ』 ❼ 1936·12月 文
『風と共に去りぬ』 ❽ 1949·6·1 文
『風に舞いあがるビニールシート』 ❾ 2006·7·13 文
『家族シネマ』 ❾ 1997·1·16 文
『火宅』 ❽ 1963·2月 文
『ガダルカナル戦詩集』 ❽ 1945·2月 文／1958·5月 文
『月山』 ❾ 1973·7月 文
『河童』 ❼ 1927·3月 文
『ガ島』 ❾ 1973·10月 文
『角川日本地名大辞典』 ❾ 1978·10月 文
『カナダ·エスキモー』 ❽ 1963·7·1 文
『蟹工船』 ❼ 1929·5月 文／7·20 文／9·25 文
『かの子撩乱』 ❽ 1962·7月 文
『歌舞伎成立の研究』 ❾ 1968·3月 文
『歌舞伎評判記集成』 ❾ 1972·10·1 文
『壁あつき部屋』 ❽ 1953·10月 社
『仮面の告白』 ❽ 1949·7月 文
『雁の寺』 ❽ 1961·4月 文
『華麗なる一族』 ❾ 1973·4月 文
『巌窟王』 ❼ 1935·3·21 社
『患者よ、がんと闘うな』 ❾ 1996·3月 文
『完全なる結婚—生理とその技巧』 ❽ 1946·11月 文
『ガン病棟』 ❾ 1968·11月 文
『官僚たちの夏』 ❾ 1975·6月 文
『黄色い娼婦』 ❾ 1971·6月 文
『帰郷』 ❽ 1948·5·17 文
『きけわだつみの声』 ❽ 1949·10月 文
『記号論への招待』 ❾ 1984·3月 文
『きことわ』 ❾ 2011·1·17 文
『気違ひ部落周遊紀行』 ❽ 1946·9月 文
『キッチン』 ❾ 1988·1月 文
『木戸日記』 ❽ 1946·7·5 政
『きのね(柝の音)』 ❾ 1988·9·1 文
『気まぐれ指紋』 ❽ 1962·12·13 文
『逆引き広辞苑』 ❾ 1992·8月 文
『共産主義批判の常識』 ❽ 1949·3月 政
『狂人なおもて往生をとぐ』 ❾ 1969·3月 文
『切羽へ』 ❾ 2008·7·15 文
『金閣寺』 ❽ 1956·1月 文／10月 文
『禁色』 ❽ 1951·1月 文
『近代劇全集』 ❼ 1927·6月 文
『近代文学研究叢書』 ❽ 1956·1月 文
『錦芳集』 ❾ 1969·11月 文
『ぐうたら交友録』 ❾ 1973·1月 文
『空中ブランコ』 ❾ 2004·7·15 文
『グーテンベルク聖書』 ❾ 1987·10·22 文
『苦役列車』 ❾ 2011·1·17 文
『苦海浄土—わが水俣病』 ❾ 1969·1月 文
『空閑少佐』 ❽ 1942·1月 文
『グッド·バイ』 ❽ 1948·6·13 文
『暗い絵』 ❽ 1946·4月 文
『黒い雨』 ❾ 1966·10月 文
『軍艦大和』 ❽ 1949·6月 文
『敬語の史的研究』 ❾ 1968·10月 文
『経済学はむずかしくない』 ❽ 1964·3月 文
『刑法講義』 ❼ 1933·4·11 文
『刑法読本』 ❼ 1933·4·11 文
『渓流』 ❽ 1963·7月 文
『月下推敲』 ❾ 2011·7月 文
『蹴りたい背中』 ❾ 2004·1·15 文
『ゲルマニウムの夜』 ❾ 1998·7·16 文
『言語学大辞典』 ❾ 1988·3月 文
『幻視の美学』 ❾ 1976·5月 文
『源氏物語』 ❾ 1982·8·17 文
　『源氏物語五十四帖完写本』 ❾ 2009·6·20 文
　『源氏物語大成』 ❽ 1953·6月 文
『献身』 ❽ 1960·4·26 文
『現代畸人伝』 ❽ 1963·2月 文
『現代史』 ❾ 1968·11月 文
『現代推理小説大系』 ❾ 1972·3月 文
『現代世界文学全集』 ❽ 1952·11月 文
『現代日本文学館』 ❾ 1966·2月 文
『現代表現考』 ❾ 1971·12月 文
『現代文学論』 ❽ 1950·5·24 文
『現代用語の基礎知識』 ❽ 1948·是年 文
『現代を生きる心理学』 ❽ 1964·3月 文
『舷燈』 ❾ 1966·5月 文
『原爆爆心地』 ❾ 1969·7月 文
『原爆文学史』 ❾ 1973·3月 文
『憲法撮要』 ❼ 1935·4·9 政

『鯉』　❾ 1974･6･15 社
『語彙集』　❾ 1972･6 月 文
『恋忘れ草』　❾ 1993･7･15 文
『号泣する準備はできていた』　❾ 2004･1･15 文
『恍惚の人』　❾ 1972･6 月 文
『広辞苑』　❽ 1955･5 月 文／❾ 2007･10･23 文
『高熱隧道』　❾ 1967･5 月 文
『故郷の花』　❽ 1946･4 月 文
『国語音韻史の研究』　❽ 1944･7 月 文
『国宝･重要文化財大全』　❾ 1972･12･26 文
『国民大百科辞典』　❼ 1933･8 月 文
『国訳一切経』　❼ 1928･12 月 文
『国立国会図書館所蔵発禁図書目録』　❾ 1980･3 月 文
『凍える牙』　❾ 1996･7･17 文
『古事記及日本書紀の研究』　❽ 1940･2･10 文
『古代感愛集』　❽ 1945･3 月 文／1947･3 月 文
『五体不満足』　❾ 1998･10 月 文
『古都』　❽ 1942･1 月 文
『この子を残して』　❽ 1948･9 月 文／1949･5 月 社
『この人の閾』　❾ 1995･7･18 文
『欣求浄土』　❾ 1968･4 月 文
『コンサイス英和辞典』（三省堂編）　❼ 1929･9･1 文
『コンサイス外来語辞典』　❾ 1972･5 月 文
『昆虫記』　❼ 1930･2 月 文
『西郷隆盛』　❾ 1966･1･1 文
『最後の時』　❾ 1966･3 月 文
『坂の上の雲』　❾ 1969･4･1 文
『佐川君からの手紙』　❾ 1983･1･17 文
『鷺と雪』　❾ 2009･7･15 文
『佐々木小次郎』　❽ 1949･12･1 文
『細雪』　❽ 1943･1 月 文／1946･7･1 文
『狭山裁判』　❾ 1976･7 月 文
『さようなら』　❽ 1949･11 月 文
『サラダ記念日』　❾ 1987･5 月 文
『茶話全集』　❼ 1933･8 月 文
『斬』　❾ 1972･8･11 文
『山岳詩集』　❽ 1944･10 月 文
『サンケイ』　❼ 1933･6･20 社
『Santa Fe（サンタフェ）』　❾ 1991･10･14 社
『サンダンカン八番娼館』　❾ 1972･5 月 文
『讃美歌』　❽ 1954･12･4 文
『飼育』　❽ 1958･1 月 文
『地唄』　❽ 1956･1 月 文
『シェイクスピアの世界』　❾ 1973･1 月 文
『時間』　❾ 1969･2 月 文
『至高聖所（アバトーン）』　❾ 1992･1･16 文
『死者の奢り』　❽ 1957･8 月 文
『死者の遺したもの』　❾ 1970･2 月 文
『静かな生活』　❾ 1990･10 月 文
『静かなるドン』　❼ 1931･4 月 文
『下町ロケット』　❾ 2011･7･14 文
『失楽園』　❾ 1997･2 月 文／7･7 社
『自動起床装置』　❾ 1991･7･15 文
『支那思想と日本』　❽ 1938･11･20 文
『凍れる瞳』　❾ 1988･7･13 文
『資本論入門』　❼ 1928･4 月 政
『社会政策原理』　❽ 1938･10･5 文
『写真事件貼 明治･大正･昭和』　❾ 1993･7 月 文
『謝肉祭』　❾ 1971･5 月 文
『斜陽』　❽ 1947･7 月 文／12 月 文
『驟雨』　❽ 1954･7･21 文
『自由学校』　❽ 1950･5･26 文
『銃後』　❽ 1943･1 月 文
『終身未決囚』　❽ 1954･7･21 文
『収容所群島』　❾ 1974･12 月 文
『縮図』　❽ 1941･6･28 文
『狩猟で暮らしたわれらの祖先』　❾ 1968･2 月 文
『少将滋幹の母』　❽ 1949･11･16 文
『小説･帝銀事件』　❽ 1959･5 月 文
『正倉院御物伎楽装束の復元的研究』　❾ 1979･10 月 文
『上代仮名遣の研究』　❽ 1953･6 月 文
『上代国語音韻の研究』　❾ 1971･1 月 文
『上代国語法研究』　❾ 1966･12 月 文
『少年少女古典文学館』　❾ 1988･12･19 社
『小品十三件』　❾ 1969･1 月 文
『娼婦の部屋』　❽ 1958･10 月 文
『昭和史』　❽ 1955･11 月 文
『昭和史の天皇』　❾ 1967･1･1 文
『昭和文学全集』　❽ 1952･11 月 文
『助詞の歴史的研究』　❽ 1955･11 月 文
『抒情飛行』　❽ 1942･12 月 文
『女性に関する十二章』　❽ 1953･1 月 文／4 月 文／1954･3 月 社
『白い紙』　❾ 2009･5･18 文
『白い巨塔』　❾ 1965･7 月 文
『次郎物語』　❽ 1941･2 月 文
『白きたおやかな峰』　❾ 1966･11 月 文
『新嘉坡の宿』　❽ 1942･2 月 文
『真空ゾーン』　❽ 1951･1 月 文
『新吾十番勝負』　❽ 1957･5･18 文
『新宿鮫無間人形』　❾ 1994･1･13 文
『神聖喜劇』　❾ 1968･12 月 文
『人生万事塞翁が丙午』　❾ 1980･3 月 文
『新･東海道五十三次』　❾ 1969･1･4 文
『新平家物語』　❽ 1950･4･2 文
『新約聖書』　❾ 1978･9･15 文
『真理先生』　❽ 1949･1 月 文
『水滴』　❾ 1997･7･17 文
『水道方式による計算体系』　❽ 1960･11 月 文
『随筆 寄席囃子』　❽ 1944･9 月 文
『素顔の日本』　❾ 1969･3･28 政
『スターリン･ブハーリン著作集』　❼ 1928･4 月 政
『スティル･ライフ』　❾ 1988･1･13 文
『砂の器』　❽ 1960･5･17 文
『青幻記』　❾ 1967･8 月 文
『青春デンデケデケデケ』　❾ 1991･7･15 文
『聖書』　❾ 1987･9 月 社
『性生活の知恵』　❽ 1960･6 月 社
『青年歌集』　❽ 1948･是年 文
『生命の河』　❽ 1949･5 月 社
『生命の起源』　❽ 1941･1 月 文
『聖ヨハネ病院にて』　❽ 1946･5 月 文
『背負い水』　❾ 1991･7･15 文
『世界大百科事典』　❽ 1955･3 月 文
『世界の中心で、愛をさけぶ』　❾ 2001･4 月 文／2004･5･7 文
『世界文学全集』　❼ 1927･3 月 文
『世界ミステリー作家事典』　❾ 1998 1 月 文
『石濤』　❾ 1980･3 月 文
『赤道祭』　❽ 1951･3･11 文
『寂蓼荒野』　❾ 1993･7･15 文
『絶壁』　❽ 1949･5 月 文
『戦艦武蔵』　❾ 1966･9 月 文
『戦国意外史』　❾ 1968･4･29 文
『全国方言資料』（NHK 音のライブラリー　❾ 1966･9 月 文
『禅思想史研究』　❽ 1943･7 月 文
『戦線詩集』　❽ 1942･4 月 文
『戦争と平和』　❼ 1927･7･10 文
『戦争の文学』　❽ 1944･8 月 文
『戦争論』　❾ 1998･7 月 文
『千利休』　❽ 1958･5 月 文
『千羽鶴』　❽ 1949･5 月 文
『総会屋錦城』　❽ 1958･10 月 文
『創価学会を斬る』　❾ 1970･1･5 政
『喪神』　❽ 1952･12 月 文／1953･1･22 文
『葬送の記』　❽ 1947･11 月 文
『蒼氓』　❼ 1935･4 月 文／❽ 1937･是年 社
『大河の一滴』　❾ 1998･4 月 文
『大漢和辞典』　❽ 1943･9 月 文／1955･11 月 文／1960･5･25 文
『太閤記』　❽ 1944･12･5 文
『太閤秀吉』　❾ 1970･8･31 文
『大衆文学五十年』　❾ 1969･10 月 文
『大衆文学大系』　❾ 1971･5 月 文
『大辞林』　❾ 1988･11 月 文
『大地の子』　❾ 1987･5 月 文／1991 1 月 文
『大東亜戦争』（詩集）　❽ 1943･2 月 文
『大東亜戦争公刊･戦史叢書』　❾ 1966･8 月 文
『大東亜戦争肯定論』　❽ 1963･9 月 文
『大東亜戦争全史』　❽ 1953･3 月 文
『第二の性』　❽ 1953･4 月 文
『大日本古記録』　❽ 1952･3 月 文
『大日本方言地図、国語方言区画』　❼ 1927･3 月 文
『太平洋戦争』　❾ 1968･2 月 文
『太平洋戦争史』　❽ 1945･12･8 文
『太陽の季節』　❽ 1955･7 月 文／1956･1･23 社
『太陽のない街』　❼ 1929･6 月 文
『他策ナカリシヲ信ゼムと欲ス』　❾ 1994･5 月 文
『尋ね人の時間』　❾ 1988･7･13 文
『戦いすんで日は暮れて』　❾ 1969･4 月 文
『たたかう映画･ドキュメンタリーの昭和

史』 ❾ 1989·8月 社
『龍の子太郎』 ❽ 1960·8·20 文
『蓼喰ふ虫』 ❼ 1928·12·4 文
『誰かが触った』 ❾ 1972·8·11 文
『丹前屏風』 ❽ 1945·9·14 文
『歎異抄』 ❾ 1973·3月 文
『小さいおうち』 ❾ 2010·7·15 文
『小さな市街図』 ❾ 1972·10月 文
『智恵子抄』 ❾ 1992·1·21 文／1993·3·30 文
『筑豊のこどもたち』 ❽ 1960·1月 文
『父と子』 ❾ 1980·1·1 文
『乳と卵』 ❾ 2008·1·16 文
『知的生活の方法』 ❾ 1976·4月 文
『知的生産の技術』 ❾ 1969·7月 文
『ちびくろさんぼ』 ❾ 1988·12·12 文
『乳房喪失』 ❽ 1954·7月 文
『西蔵大蔵経』 ❽ 1955·12月 文
『チャタレイ夫人の恋人』 ❽ 1950·4月 文／6·26 文
『チャッカリ夫人』 ❽ 1951·12·25 社
『中国訳日本書籍綜合目録』 ❾ 1980·是年 文
『超高性能電子計算機』 ❾ 1972·7月 文
『超国家主義の論理と心理』 ❽ 1946·5月 文
『朝鮮童謡選』 ❼ 1933·1月 文
『長男の出家』 ❾ 1988·1·13 文
『超勉強法』 ❾ 1995·12月 文
『鎮魂祭』 ❾ 1970·1月 文
『沈黙』 ❾ 1966·3月 文
『終の栖』 ❽ 1942·2月 文
『終の住処』 ❾ 2009·7·15 文
『月と蟹』 ❾ 2011·1·17 文
『月と狂言師』 ❽ 1949·1月 文
『佃島ふたり書房』 ❾ 1993·1·13 文
『土の中の子供』 ❾ 2005·7·14 文
『綴方教室』 ❽ 1938·是年 社
『積木くずし』 ❾ 1982·9月 文
『積木の箱』 ❾ 1967·4·24 文
『釣人』 ❾ 1970·1月 文
『帝室制度史』 ❽ 1938·3月 文
『停年退職』 ❽ 1962·1·24 文
『敵中横断三百里』 ❼ 1930·4月 社
『手鎖心中』 ❾ 1972·8·11 文
『弟子』 ❽ 1943·2月 文
『鐵齋』 ❽ 1957·3月 文
『テレビ50年史』 ❾ 2000·12月 文
『電子計算機による国語研究』 ❾ 1968·5月 文
『電車男』 ❾ 2004·10月 文
『天上の花』 ❾ 1966·3月 文
『電子立国 日本の自叙伝』 ❾ 1991·8月 文
『天皇の世紀』 ❾ 1967·1·1 文
『天平の甍』 ❽ 1957·3月 文
『てんやわんや』 ❽ 1948·11·22 文
『桃苑画集』 ❾ 1967·3月 文
『桃花流水』 ❾ 1975·7·1 文
『闘牛』 ❽ 1949·12月 文
『東京行進曲』 ❼ 1928·6月 社
『峠』 ❾ 1966·11·17 文
『道化師の蝶』 ❾ 2012·1·17 文
『同心円のなかで』 ❾ 1972·2月 文
『道標』 ❽ 1947·10月 文
『東方の門』 ❽ 1943·1月 文
『東洋文庫』 ❾ 1989·5·10 文
『遠い海から来たCOO』 ❾ 1988·7·13 文
『時が滲む朝』 ❾ 2008·7·15 文
『徳川家康』 ❽ 1950·3·29 文
『徳川の夫人たち』 ❾ 1966·1·4 文
『どくとるマンボウ航海記』 ❽ 1960·3月 文
『特別阿房列車』 ❽ 1951·1月 文
『都市の論理』 ❾ 1968·7月 文
『共喰い』 ❾ 2012·1·17 文
『ともしび』 ❽ 1950·5·24 文
『敦煌』 ❽ 1959·1月 文
『長崎の鐘』 ❽ 1949·5月 社
『長崎ぶらぶら節』 ❾ 2000·1·14 文
『夏の花』 ❽ 1947·6月 文
『夏の約束』 ❾ 2000·1·14 文
『寧楽遺文』 ❽ 1943·7月 文
『楢山節考』 ❽ 1956·11月 文
『奈良六大寺大観』 ❾ 1968·4月 文
『南国太平記』 ❼ 1930·6·12 文
『何でも見てやろう』 ❽ 1961·2月 文
『なんとなく、クリスタル』 ❾ 1980·12月 文／1981·1月 文
『にあんちゃん―十歳の少女の日記―』 ❽ 1958·11月 文
『肉体の門』 ❽ 1947·3月 文／8·1 文
『西田幾多郎全集』 ❽ 1947·7·19 社
『二重葉脈』 ❾ 1966·3·11 文
『20世紀写真史』 ❾ 1988·10月 文
『日米会話手帖』 ❽ 1945·9·15 社
『日活ロマンポルノ全史』 ❾ 2000·12月 文
『日蝕』 ❾ 1999·1·14 文
『日葡辞書の研究』 ❾ 1968·4月 文
『日本記者クラブ』 ❾ 1969·11·1 文
『日本キリスト教歴史大事典』 ❾ 1988·2月 文
『日本憲法の基本主義』 ❼ 1935·4·9 政
『日本語』 ❽ 1953·2月 文
『日本国憲法』 ❾ 1982·4月 文
『日本国語大辞典』 ❾ 1972·12月 文
『日本語大辞典』 ❾ 1989·11月 文
『日本古典文学大系』 ❽ 1957·5月 文
『日本語練習帳』 ❾ 1999·1月 文
『日本児童文庫』 ❼ 1927·6月 文
『日本書籍総目録』 ❾ 1977·9月 文
『日本人とユダヤ人』 ❾ 1970·5月 社
『日本旋律と和声』 ❽ 1942·1月 文
『日本彫刻史基礎資料集成』 ❾ 1966·6月 文
『日本沈没』 ❾ 1973·3月 文
『日本伝統音楽の研究』 ❽ 1958·5月 文
『日本統計年鑑』 ❽ 1949·10·5 文
『日本農民文学史』 ❽ 1958·10月 文
『日本の共産主義者への手紙』 ❼ 1936·2·10 政
『日本の黒い霧』 ❽ 1960·1月 文
『日本の書物』 ❾ 1976·1月 文
『日本の歴史』 ❾ 1965·2月 文
『日本仏教史』 ❽ 1944·11月 文
『日本婦道記』 ❽ 1942·6月 文
『日本文学史』 ❾ 1976·12月 文
『日本文学年表』 ❾ 1976·6月 文
『日本文学の諸問題』 ❽ 1946·5月 文
『日本文法大辞典』 ❾ 1971·10月 文
『日本捕虜志』 ❽ 1949·5月 文
『日本暦日原典』 ❾ 1974·是年 文
『日本歴史文学館』 ❾ 1986·3月 文
『人間の壁』 ❽ 1957·8·23 文
『人間万事塞翁が丙午』 ❾ 1981·4月 文
『認識の対象』 ❼ 1927·7·10 文
『妊娠カレンダー』 ❾ 1991·1·16 文
『眠れる美女』 ❽ 1960·1月 文
『農土日本詩集』 ❽ 1944·7月 文
『ノストラダムスの大予言』 ❾ 1974·11月 社
『後巷説百物語』 ❾ 2004·1·15 文
『野火』 ❽ 1951·1月 文
『ノルウェイの森』 ❾ 1987·9月 文
『ノンちゃん雲に乗る』 ❽ 1947·2月 文
『背教者ユリアヌス』 ❾ 1972·10月 文
『バカの壁』 ❾ 2003·12·9 文
『ハコネ用水』 ❽ 1949·12月 文
『はだか随筆』 ❽ 1954·是年 文
『裸の王様』 ❽ 1957·12月 文
『二十歳の原点』 ❾ 1971·5月 文
『8月の果て』 ❾ 2002·4·17 文
『八月の路上に捨てる』 ❾ 2006·7·13 文
『白球残映』 ❾ 1995·7·18 文
『八甲田山死の彷徨』 ❾ 1971·9月 文
『華岡清洲の妻』 ❾ 1967·2月 文
『花筐』 ❽ 1944·6月 文
『花の生涯』 ❽ 1952·7·10 文
『花の素顔』 ❽ 1949·1·1 文
『花の街』 ❽ 1942·8·17 文
『花のれん』 ❽ 1958·1月 文
『花まんま』 ❾ 2005·7·14 文
『花物語』 ❽ 1937·1月 文
『母の歴史』 ❽ 1954·11月 文
『ハリー·ポッター』シリーズ ❾ 1999·12月 文／2007·7·21 文
『ハリガネムシ』 ❾ 2003·7·17 文
『巴里に死す』 ❽ 1942·1月 文
『播磨灘物語』 ❾ 1973·5·11 文
『パルタイ』 ❽ 1960·3月 文
『パンドラの匣』 ❽ 1945·10·22 文
『般若心経』(点字) ❾ 2008·9月 文
『ピアニシモ』 ❾ 1990·1月 文
『光』 ❽ 1945·10月 文
『光源氏の一生』 ❽ 1964·3月 文
『光る声』 ❾ 1966·1月 文
『蜩ノ記』 ❾ 2012·1·17 文
『ビゴー日本素描集』 ❾ 1986·5月 文
『秘帖』 ❽ 1951·11月 文
『秀吉と利休』 ❽ 1964·1月 文
『日照雨』 ❼ 1931·10·16 文
『美徳のよろめき』 ❽ 1957·4月 文
『ひとり日和』 ❾ 2007·1·16 文
『ひねくれ一茶』 ❾ 1993·3·5 文
『日の出』 ❽ 1944·12月 社
『漂砂のうたう』 ❾ 2011·1·17 文
『氷点』 ❽ 1964·7·10 文

『漂泊者のアリア』 ❾ **1991**·1·16 文
『氷壁』 ❽ **1956**·11·24 文
『ビルマの竪琴』 ❽ **1947**·3月 文
『ヒロシマノート』 ❾ **1965**·6月 文
『ファシズム批判』 ❽ **1938**·10·5 文
『ファニー·ヒル』 ❾ **1965**·8·27 文
『Fission Products of Uranium by Fast Neutrons.』 ❽ **1940**·是年 文
『風知草』 ❽ **1946**·9月 文
『瘋癲老人日記』 ❽ **1961**·11月 文
『風流夢譚』 ❽ **1960**·11·10 文／**1961**·2·1 社
『風林火山』 ❽ **1953**·10月 文
『ブエノスアイレス午前零時』 ❾ **1998**·7·16 文
『笛吹川』 ❽ **1958**·4月 文
『不確実性の時代』 ❾ **1978**·2月 社
『複合汚染』 ❾ **1974**·10·14 文
『不思議の国のアリス』 ❾ **1969**·4月 文
『巫術師たち』 ❾ **1973**·1月 文
『冬の旅』 ❾ **1968**·5·15 文
『部落解放史』 ❾ **1989**·6月 文
『ブリタニカ国際大百科事典』 ❾ **1969**·9·10 文
『俘虜記』 ❽ **1948**·2月 文
『降るあめりかに袖は濡らさじ』 ❾ **1990**·1月 文
『ブロンディ』 ❽ **1946**·6月 文／**1949**·1·1 社
『文学における戦争責任の追求』 ❽ **1946**·7·1 文
『文学部唯野教授』 ❾ **1970**·7月 文
『文化史的に見た外来語』 ❾ **1972**·6月 文
『分類アイヌ語辞典』 ❽ **1953**·4月 文
『平安遺文』 ❽ **1947**·12月 文
『平家納経の研究』 ❾ **1976**·7月 文
『平和の発見·巣鴨の生と死の記録』 ❽ **1949**·2月 文
『ペスト』 ❽ **1950**·3月 文
『ベトナム戦記』 ❾ **1965**·3月 文
『蛇にピアス』 ❾ **2004**·1·15 文
『蛇を踏む』 ❾ **1996**·7·17 文
『豊饒の海』 ❾ **1969**·1月 文
『奉天三十年』 ❽ **1938**·11·20 文
『放屁抄』 ❾ **1979**·10月 文
『抱擁』 ❾ **1973**·1月 文
『法律学全集』 ❽ **1957**·1月 文
『放浪記』 ❼ **1928**·8月 文
『墨汁一滴』 ❽ **1953**·6月 文
『僕って何』 ❾ **1977**·7·14 文
『濹東綺譚』 ❽ **1937**·4·16 文
『星への旅』 ❾ **1966**·8月 文
『細川ガラシャ夫人』 ❽ **1949**·1月 文
『火垂るの墓』 ❾ **1968**·3月 文
『鉄道員』 ❾ **1997**·4月 文／7·17 文
『ポトスライムの舟』 ❾ **2009**·1·15 文
『本日休診』 ❽ **1950**·5·24 文
『マークスの山』 ❾ **1993**·7·15 文
『毎日が日曜日』 ❾ **1975**·2·16 文
『マタイ受難曲』 ❾ **1994**·10月 文
『窓際のトットちゃん』 ❾ **1981**·3月 文
『まほろ駅前多田便利軒』 ❾ **2006**·7·13 文
『まぼろしの邪馬台国』 ❾ **1967**·1月 文
『マルクス その可能性の中心』 ❾ **1968**·7月 文
『マルクス·エンゲルス選集』 ❽ **1950**·4·28 文
『万延元年のフットボール』 ❾ **1967**·1月 文
『万葉集注釈』 ❽ **1957**·11月 文
『万葉を考える』 ❾ **1979**·1月 文
『ミシンと蝙蝠傘』 ❾ **1972**·7月 文
『水底の歌―柿本人麿論』 ❾ **1973**·11月 文
『水俣·生·その神聖と冒瀆』 ❾ **1973**·4·13 文
『南ヴェトナム戦争従軍記』 ❾ **1965**·1月 文
『南の星』 ❽ **1944**·11月 文
『未必の故意』 ❾ **1971**·9月 文
『宮本武蔵』 ❼ **1935**·8·23 文／❽ **1939**·9·5 社
『麦と兵隊』 ❽ **1938**·8月 文
『武蔵野夫人』 ❽ **1950**·1月 文
『蟲たちの棲家』 ❾ **1972**·1月 文
『無人警察』 ❾ **1994**·11·7 文
『宗方姉妹』 ❽ **1949**·6·25 文
『室町画人伝』 ❾ **1971**·1月 文
『明解古語辞典』 ❽ **1953**·4月 文
『迷宮の星祭り』 ❾ **1973**·11月 文
『明治前日本科学史』 ❽ **1941**·4·21 文
『改訂増補 明治大正詩史』 ❽ **1950**·5·24 文
『明治大正の民衆娯楽』 ❾ **1980**·3月 文
『明治大正文学全集』 ❼ **1927**·6月 文
『明治天皇紀』 ❾ **1968**·10月 文
『明治文学全集』 ❾ **1965**·2月 文
『冥土めぐり』 ❾ **2012**·7·17 文
『めし』 ❽ **1951**·4·1 文
『芽むしり仔撃ち』 ❽ **1958**·6月 文
『モッキンポット師の後始末』 ❾ **1972**·11月 文
『ものの見方について』 ❽ **1950**·8月 文
『樅の木は残った』 ❽ **1954**·7·20 文
『野戦詩集』 ❽ **1942**·12月 文
『八つ墓村』 ❾ **1971**·4月 文
『山のかなたに』 ❽ **1949**·6·15 文
『山のキバ王』 ❽ **1956**·12·25 文
『山びこ学校』 ❽ **1951**·3月 文
『山本五十六』 ❾ **1965**·11月 文
『山姥』 ❾ **1997**·1·16 文
『柔らかな頬』 ❾ **1999**·7·15 文
『唯物論全書』 ❼ **1935**·5月 文
『優雅で感傷的な日本野球』 ❾ **1988**·3月 文
『憂国』 ❽ **1961**·1月 文
『夕焼富士』 ❽ **1939**·6·4 文
『雪婦人絵図』 ❽ **1948**·1月 文
『夢の壁』 ❾ **1983**·1·17 文
『夜明け前』 ❼ **1929**·4月 文
『用心棒日月抄』 ❾ **1978**·8月 文
『吉野川』 ❾ **1976**·9月 文
『四畳半襖の下張』 ❾ **1972**·6·22 文
『夜と霧』 ❽ **1961**·10·20 社
『裸者と死者』 ❽ **1950**·1月 文／2
17 文
『利休にたずねよ』 ❾ **2009**·1·15 文
『理由』 ❾ **1999**·1·14 文
『琉歌大観』 ❽ **1964**·5月 文
『龍門石窟の研究』 ❽ **1941**·8月 文
『龍馬がゆく』 ❽ **1962**·6·21 文／**1963**·7月 文
『旅愁』 ❽ **1937**·4·13 文
『レイテ戦記』 ❾ **1967**·1月 文
『歴史のおとし子』 ❽ **1958**·是年 文
『連合艦隊の最後』 ❽ **1956**·3月 文
『蓮如』 ❾ **1971**·1月 文
『老妓抄』 ❽ **1938**·11月 文
『ロートレックと歌麿展』 ❾ **1980**·
4 文
『ロザリオの鎖』 ❽ **1949**·5月 社
『六法全書』(岩波) ❼ **1930**·2月 文
『路傍の石』 ❽ **1937**·1·1 文
『ワープロ徹底入門』 ❾ **1988**·3月 文
『ワイセツ類書』 ❽ **1951**·7·30 文
『若い人』 ❼ **1933**·5月 文
『我が心は石にあらず』 ❽ **1964**·12月 文
『和歌史論』 ❽ **1944**·11月 文
『我が闘争』 ❽ **1940**·7月 政
『わがままな幽霊』 ❾ **1973**·3月 文
『私の男』 ❾ **2008**·1·16 文
『笑と逸脱』 ❾ **1984**·1月 文

漫画(関連書も含む)
女性マンガ誌 ❾ **1986**·7月 社
時世諷刺漫画 ❼ **1902**·1·12 文
独立漫画派(団体) ❽ **1947**·11月 文
漫画祭(第一回) ❼ **1915**·6·27 社
読売国際漫画大賞 ❾ **1980**·1·1 文
『アトム大使』(鉄腕アトム) ❽ **1951**·4月 文
『おそ松くん』 ❽ **1962**·4·15 社
『オバケのQ太郎』 ❽ **1964**·2·28 社／❾ **1965**·8·29 社
『キャンディキャンディ』 ❾ **1975**·1
月 社
『巨人の星』 ❾ **1966**·5月 社
『ゲゲゲの鬼太郎』 ❾ **1965**·8·1 社
『こちら葛飾区亀有公園前派出所』
1977·7月 社
『ゴルゴ13』 ❾ **1969**·1月 社
『サザエさん』 ❽ **1946**·4·22 社／**1951**·4·16 社／❾ **1971**·1·4 社
『ジャングル大帝』 ❽ **1950**·10月 社／**1951**·8·20 社
『正チャンノバウケン』 ❼ **1923**·10·20 社
『白鳥麗子でございます』 ❾ **1988**·6月 社
『戦後少女マンガ史』 ❾ **1980**·1月 社
『釣りバカ日誌』 ❾ **1980**·9月 社
『手塚治虫全史』 ❾ **1998**·8月 文
『手塚治虫漫画全集』 ❾ **1977**·6月 社
『鉄人28号』 ❽ **1956**·7月 社
『鉄腕アトム』 ❽ **1952**·4·1 社
『東京パック』(漫画専門誌) ❼ **1905**·4·15 文
『ドカベン』 ❾ **1972**·4·24 社
『Dr.スランプ(アラレちゃん)』 ❾

1980·1·5 社／1982·5·1 社
『ドラえもん』 ❾ 1973·4·1 社／1980·1月 社
『のらくろ一等兵』 ❼ 1932·1月 社
『のらくろ二等卒』 ❼ 1931·1月 社
『のんきな父さん』 ❼ 1923·11·25 社
『ハレンチ学園』 ❾ 1968·7月 社
『人の一生』(物語マンガの始め) ❼ 1921·5·2 社
『火の鳥』 ❾ 1977·11·10 社
『フクちゃん』 ❼ 1936·1·25 社／❾ 1967·1·19 文／1971·5·31 文
『藤子不二雄ランド』 ❾ 1984·6月 社
『フジ三太郎』 ❾ 1965·4·1 社
『ブラック·ジャック』 ❾ 1973·11·19 社
『ベルサイユのばら』 ❾ 1972·5月 文
『冒険ダン吉』 ❼ 1933·6月 社
『マアちゃんの日記帳』 ❽ 1946·1月 社
『まっぴら君』 ❽ 1954·1·5 社
『マンガ伝·巨人の星から美味しんぼまで』 ❾ 1987·12月 社
『まんが日本昔話 100 話』 ❾ 1985·3月 文
『漫画の歴史』 ❾ 1991·5月 文
『マンガ·マン』(漫画雑誌) ❼ 1929·8·1 文
『漫画名作館』 ❾ 1977·11月 社
『リボンの騎士』 ❽ 1953·1月 社

新聞

英字新聞の始め ❻ 1861·5·15 文
外交記事草案検閲権 ❻ 1891·5·16 文
記者クラブ ❼ 1904·6·18 文
グラビア印刷開始 ❼ 1921·10·7 文
号外の始め ❻ 1868·5·16 文
コルン有線式写真電送機 ❼ 1924·5·1 文
事前検閲制(新聞·雑誌) ❻ 1894·8·2 文
紙面一面十七段制 ❽ 1948·1月 文
写真新聞掲載の始め ❻ 1888·8·7 文
社説欄(新聞) ❻ 1874·11·2 文／1879·1·4 文
従軍記者戦死の始め ❻ 1894·9·15 文／1895·1·30 文
従軍記者の始め ❻ 1874·4·13 文
肖像写真(新聞掲載) ❼ 1904·1·2 文
新聞事業令 ❽ 1941·12·13 文
新聞·棋譜掲載の始め ❻ 1878·4·1 文
新聞·雑誌納入制 ❻ 1875·7月 文／1881·2·2 文
新聞·雑誌発行停止制 ❻ 1880·10·12 文
新聞買上げ配布 ❻ 1872·3·27 文／1875·3·12 文
新聞会議 ❻ 1876·9·16 文
新聞記者裁判所傍聴許可 ❻ 1872·6·2 文
新聞規制を強化 ❻ 1883·4·16 文
新聞休刊日 ❼ 1925·3·21 文
新聞共販制 ❽ 1941·12·1 政
新聞供養大施餓鬼 ❻ 1876·6·28 文
新聞研究室(東京帝国大学) ❼ 1929·10·1 文
新聞原稿逓送規則 ❻ 1873·6·28 文
新聞減頁 ❽ 1944·11·2 文
新聞号外と号外売り ❻ 1894·7月 文
新聞号外濫発取締規則 ❼ 1903·2·27 文
新聞広告 ❻ 1883·10·16 社
新聞広告倫理綱領 ❽ 1958·1·24 文／10·7 文
新聞講釈 ❻ 1873·7月 文
新聞コラム欄「天声人語」(大阪朝日新聞) ❼ 1904·1·5 文
新聞差入禁止(囚人) ❻ 1878·10·30 文
新聞紙印行條令 ❻ 1869·2·8 文／1873·10·19 文
新聞紙規制(韓国統監府) ❼ 1908·4·30 政
新聞紙條例 ❻ 1875·6·28 文／1883·4·16 文／1885·7·29 文／1887·12·28 文
新聞紙條例の伏字 ❻ 1877·4月 政
新聞紙等掲載制限令 ❽ 1941·1·11 文
新聞紙法 ❼ 1909·5·6 文／❽ 1949·5·24 文
新聞社の整備統合 ❽ 1942·7·24 文
新聞週間 ❽ 1947·12·1 文／1948·10·1 文
新聞縦覧所 ❻ 1872·8月 文／1873·6月 文／7·14 文／1884·5·30 社／1890·12·11 文
新聞少年の日 ❽ 1956·11·18 社／1962·10·21 社
新聞スポーツ欄「運動界」(読売新聞) ❼ 1907·10·9 社
新聞製本業 ❻ 1878·5月 文
新聞代 ❻ 1881·8·1 文／❽ 1946·2·1 社／1948·5·1 文／1951·5·1 社
新聞茶屋 ❻ 1872·11月 文
新聞朝·夕刊制 ❻ 1885·1·1 文
新聞など路上販売禁止 ❻ 1893·5·25 文
新聞値上げ ❾ 1974·7·1 文
新聞の値段 ❻ 1881·8·1 文
新聞の講釈 ❻ 1873·7月 文
新聞の購読自由 ❽ 1948·11·1 文
新聞の始め ❻ 1861·12·2 文
新聞の呼売禁止 ❻ 1879·12·8 社
新聞配達挺身隊 ❽ 1945·5·15 社
新聞発行部数 ❻ 1888·12月 社
新聞非常態勢暫定措置 ❽ 1945·3·29 文
新聞付録配布 ❻ 1890·1·1 文
新聞編集権の確保に関する声明 ❽ 1948·3·3 文
新聞見開き広告の始め ❻ 1876·11·27 社
新聞無許可発行禁止 ❻ 1868·6·8 文
新聞用紙供出 ❽ 1947·3·2 文
新聞用紙制限 ❽ 1938·8·12 文
新聞用達会社 ❻ 1890·1·10 社
新聞ラジオ欄 ❼ 1925·11·15 社
新聞連載講談の始め ❻ 1886·10·7 文
台湾新聞紙條例 ❼ 1900·1·24 文
超高速度輪転機 ❼ 1928·11·10 文
朝夕刊組合せ発行 ❽ 1951·10·1 文
点字新聞「あけぼの」 ❼ 1906·1月 文
謄写印刷用輪転機 ❼ 1910·5·23 文
日曜の夕刊を廃止 ❼ 1935·7·7 文
日曜版 ❽ 1959·4·5 文
日刊紙発行停止の始め ❻ 1878·5·15 文
日中記者交換協定(LT 記者交換体制) ❽ 1964·10·1 文
日本字新聞(外国で発行)の始め ❻ 1868·3·24 文
ニュース源秘匿 ❽ 1949·6·25 社
発行部数(新聞各社) ❼ 1903·12·27 社
パルプ(亜硫酸·新聞用紙) ❻ 1889·12月 社
左横書き ❽ 1946·12·1 文
「ひととき」欄(朝日新聞) ❽ 1951·10·2 社
ポイント式活字 ❼ 1903·3月 文
邦字新聞(サンフランシスコ) ❻ 1887·9·8 文
北海道最初の新聞 ❻ 1878·1·7 文
マイクロ版(朝日新聞) ❽ 1962·12·30 文
夜間原稿輸送(ブレゲー 19 型東風) ❼ 1926·12·27 社
夕刊 ❽ 1943·9·11 文／1944·3·6 文／1949·11·3 文／11·26 文
夕刊紙の始め ❻ 1877·11·12 文
夕刊を廃止 ❾ 1965·1·17 文
陸軍特命検閲令 ❼ 1933·4·12 文
輪転機 ❼ 1897·4·24 文
輪転式グラビア印刷 ❼ 1921·1·2 文
ルビつき活字 ❼ 1902·1·1 文
ルビつき廃止 ❽ 1946·12·1 文
ロールペーパー ❽ 1948·8·25 政
論説欄(新聞) ❻ 1874·9·23 文
倭漢書籍鑑賞会 ❻ 1880·2·22 文

新聞(各紙)

『赤旗』 ❼ 1928·2·1 政／1931·1·12 政／1935·2·20 政／❾ 1997·4·1 政
『秋田魁新報』 ❻ 1889·2·15 文
『あけぼの』改題 ❻ 1875·1·2 文
『朝日イブニングニュース』(英字夕刊紙) ❽ 1954·1·20 文
『朝日新聞』 ❻ 1879·1·25 文／1886·5·6 文／❽ 1940·9·1 文／1962·12·30 文／1963·12·24 政／❾ 1980·9·24 文
『アサヒスポーツ』 ❼ 1923·3·15 社
『石巻新聞』 ❽ 1946·5·1 文
『浦塩日報』 ❼ 1917·12·9 文
『ウルマ新報』 ❽ 1945·7·26 文
『英文大阪毎日新聞』 ❼ 1922·2·11 文
『大阪朝日新聞(大阪府日報、大阪日報)』 ❻ 1871·10·28 文／1889·1·3 文
『大阪日日新聞』 ❽ 1946·2·1 文
『大阪毎日新聞』 ❻ 1888·11·20 文
『沖縄新報』 ❻ 1893·9·15 文
『沖縄タイムス』 ❽ 1948·7·1 文
『海外新聞』 ❻ 1865·3月 文／1870·是秋 文
『開化新聞』 ❻ 1871·12月 文
『解放』 ❼ 1919·6·1 政
『海陸新聞』 ❻ 1868·5月 文

『神奈川新聞』 ❽ **1941**·8·1 文
『河北新報』 ❼ **1897**·1·17 文
『官板バタビヤ新聞』 ❻ **1861**·12·2 文
『九州日日新聞』 ❻ **1888**·10·9 文
『九州日報』 ❼ **1898**·5·10 文
『共同新聞』 ❽ **1945**·4·25 文
『工業新報』 ❻ **1877**·6 月 文
『江湖新聞』 ❻ **1868**·④·3 文
『神戸新聞』 ❼ **1898**·2·11 文
『国民新聞』 ❻ **1890**·2·1 文
『こども日日』(日刊子供新聞) ❼ **1926**·1·12 文
『The Japan Times』 ❼ **1897**·3·22 文
『The Daily Yomiuri』 ❽ **1955**·4 月 文
『ザ·デイリイ·ジャパン·ヘラルド』 ❻ **1863**·9·14 文
『ザ·ファー·イースト』 ❻ **1870**·5·1 文
『The YOMIURI』 ❽ **1955**·4 月 文
『サンケイ(産業経済新聞)』 ❽ **1942**·11·1 文/ **1950**·3 月 文
『サンケイスポーツ』 ❽ **1955**·2·26 文
『サン写真新聞』 ❽ **1946**·4·18 文
『時事新報』 ❻ **1882**·3·1 文/❼ **1907**·3·1 文/ **1936**·11·24 文
『市政日誌』 ❻ **1868**·5 月 文
『社会新聞』 ❼ **1907**·6·2 政
『写真新報』 ❼ **1896**·11 月 文
『ジャパン·ガゼット』 ❻ **1867**·9·15 文
『ジャパン·パンチ』 ❻ **1862**·是春 文
『ジャパン·ヘラルド』 ❻ **1861**·10·21 文
『ジャパン·タイムズ』 ❻ **1865**·7·19 文
『ジャワ新聞』 ❽ **1942**·11·1 文
『週刊コドモマンガ新聞』 ❽ **1946**·3 月 文
『週刊新聞直言』 ❼ **1905**·1·29 政
『週刊点字新聞』 ❼ **1922**·2·11 文
『自由新聞』 ❻ **1882**·10·24 政
『自由燈(ともしび)』 ❻ **1884**·5 月 政
『小学生朝日』 ❽ **1951**·1·17 文
『新大阪』 ❽ **1946**·2·4 文
『新聞雑誌』 ❻ **1871**·5·1 文/ **1875**·1·2 文
『新聞紙』 ❻ **1864**·6 月 文
『すがも新聞』 ❽ **1946**·6·5 文
『スポーツニッポン』 ❽ **1950**·3·6 文
『セレベス新聞』 ❽ **1942**·11·1 文
『大学新聞』 ❽ **1944**·7 月 文
『大正日日新聞』 ❼ **1919**·11·25 文
『台湾新報』 ❼ **1896**·6·17 文
『太政官日誌』 ❻ **1868**·2·23 政/ **1877**·1·22 政
『中外新聞』 ❻ **1868**·2·24 文
『中外物価新報』 ❻ **1876**·12·2 文
『中京新聞』 ❽ **1946**·8·1 文
『中部経済新聞』 ❽ **1946**·11·1 文
『中部日本新聞』 ❽ **1942**·9·1 文
『朝野新聞』 ❻ **1874**·9·23 文
『帝国大学新聞』 ❼ **1920**·12·25 文
『デイリー·スポーツ』 ❽ **1953**·8 月 文
『電送新聞』 ❾ **1969**·9·24 文
『東京朝日新聞』 ❻ **1888**·7·10 文
『東京朝日新聞』(縮刷版) ❼ **1919**·8·15 文
『東京新聞』 ❽ **1942**·9·30 文/ **1956**·3·23 文
『東京タイムズ』 ❽ **1946**·2·6 文/❾ **1992**·7·4 文
『東京中日新聞』 ❽ **1956**·2·23 文
『東京日日新聞』 ❻ **1872**·2·21 文/ **1892**·12·16 政
『東京二六新報』 ❼ **1904**·4·15 文
『東京毎日新聞』 ❼ **1906**·7·1 文
『東日小学生新聞』 ❽ **1937**·1·5 文
『東洋自由新聞』 ❻ **1881**·3·18 政
『栃木新聞』 ❾ **1994**·4·1 文
『富山新聞』 ❽ **1946**·3·11 文
『ナガサキ·シッピング·アンド·アドバタイザー』 ❻ **1861**·5·15 文
『名古屋タイムズ』 ❽ **1946**·5·21 文
『西日本スポーツ』 ❽ **1955**·2·21 文
『日刊ゲンダイ』 ❾ **1975**·9·26 文/ 10·27 文
『日刊スポーツ』 ❽ **1946**·3·6 文
『日経産業新聞』 ❾ **1973**·10·1 文
『日経流通新聞』 ❾ **1971**·5·4 文
『日新真事誌』 ❻ **1872**·2·8 文/ 7·8 文
『日本経済新誌』 ❼ **1907**·4·3 文
『日本経済新聞』 ❻ **1876**·12·2 文/ ❾ **2000**·4·15 政
『日本工業新聞』 ❼ **1933**·6·20 社
『日本子供新聞』 ❼ **1925**·8·1 文
『日本小学生新聞』 ❽ **1937**·1·5 文
『日本新聞』 ❻ **1865**·7·19 文
『日本投書新聞』 ❽ **1946**·4·10 文
『日本平民新聞』 ❼ **1907**·6·1 政
『日本貿易新聞』 ❻ **1863**·3·25 文
『二六新報』 ❻ **1893**·10·26 文
『函館新聞』(北海道最初の日刊紙) ❻ **1878**·1·7 文
『万国新聞紙』 ❻ **1866**·11·26 文
『ヒョウゴ·アンド·オーサカ·ヘラルド』 ❻ **1867**·11·15 文
『ビルマ新聞』 ❽ **1942**·11·1 文
『福島民友新聞』 ❽ **1946**·2·26 文
『平民新聞』 ❼ **1905**·1·29 政/ **1907**·1·15 政/ 3·27 社/ **1914**·10·15 政
『報知新聞』 ❼ **1896**·11·1 文/ **1906**·10·27 文
『北海タイムス』 ❼ **1901**·9·3 文
『ボルネオ新聞』 ❽ **1942**·11·1 文
『毎日新聞』 ❻ **1886**·5·1 文/❾ **1975**·1·21 文
『まいにちひらかなしんぶんし』 ❻ **1873**·2 月 文
『マニラ新聞』 ❽ **1942**·11·1 文
『団々珍聞』(まるまるちんぶん) ❻ **1877**·3·14 文
『満洲日日新聞』 ❼ **1907**·11·3 文
『三田新聞』 ❼ **1917**·7 月 文
『都新聞』 ❻ **1884**·9·25 文/ **1888**·11·16 文
『無産者新聞』 ❼ **1925**·8 月 政
『陸奥新報』 ❽ **1946**·9·1 文
『もしほぐさ』 ❻ **1868**·④·11 文
『大和タイムス』 ❽ **1946**·10·26 文
『山梨時事新聞』 ❽ **1946**·3·1 文
『夕刊岡山』 ❽ **1946**·5·1 文
『夕刊京都』 ❽ **1946**·5·11 文
『夕刊新九州』 ❽ **1946**·4·8 文
『夕刊フクニチ』 ❽ **1946**·4·8 文/ 4·22 社
『夕刊フジ』 ❾ **1969**·2·25 文
『横浜貿易新聞』 ❻ **1890**·2·1 文
『横浜貿易新報』 ❽ **1941**·8·1 文
『横浜毎日新聞』 ❻ **1870**·12·8 文
『読売新聞』 ❻ **1874**·11·2 文/❽ **1955**·9·5 社/❾ **2004**·11·2 文
『万朝報』 ❻ **1892**·11·1 文
『琉球新報』 ❽ **1945**·7·26 文
雑誌 ❾ **1979**·是年 文
講談速記雑誌 ❻ **1889**·5·10 文
雑誌の始め ❻ **1867**·10 月 文
『学習』 ❾ **2009**·12·3 文
『AERA アエラ』 ❾ **1988**·5·17 文
『青空』 ❼ **1925**·1 月 文
『赤い鳥』 ❼ **1918**·7 月 文
『赤と黒』(詩雑誌) ❼ **1923**·1 月 文
『赤とんぼ』 ❽ **1946**·4 月 文
『明るい学校』 ❽ **1946**·4·19 文
『あけび』(短歌誌) ❼ **1921**·10 月 社
『アサヒカメラ』 ❽ **1950**·10 月 文
『アサヒグラヒック』 ❼ **1921**·1·14 社
『アサヒグラフ』 ❼ **1923**·1·18 文
『朝日ジャーナル』 ❽ **1959**·3·1 社/ ❾ **1992**·4·15 文
『あさひひょうろん』 ❽ **1946**·3 月 文
『馬酔木』 ❼ **1903**·6 月 文
『明日香』(短歌誌) ❼ **1936**·5 月 文
『新しき村』 ❼ **1918**·6·23 文
『アトリエ』(絵画誌) ❼ **1924**·2 月 文
『天の川』 ❼ **1918**·7 月 文
『アメリカーナ』 ❽ **1955**·10 月 文
『アララギ』(歌誌) ❼ **1903**·1 月 文/❽ **1945**·9 月 文/❾ **1997**·12·1 文
『阿羅々木』(短歌誌) ❼ **1908**·10 月 文
『ARS』 ❼ **1915**·4 月 文
『anan(アンアン)』 ❾ **1970**·3·3 社
『家の光』 ❼ **1925**·5 月 文
『岩波写真文庫』 ❽ **1950**·6 月 文
『潮』 ❽ **1960**·7 月 文
『歌と観照』(短歌誌) ❼ **1931**·4 月 文
『宇宙塵』(SF 雑誌) ❽ **1957**·是年 社
『エコノミスト』 ❽ **1943**·2 月 社
『SF マガジン』 ❽ **1960**·2 月 文
『NHK ラジオ新聞』 ❽ **1950**·1 月 文
『演芸』 ❽ **1949**·5 月 社
『演劇界』 ❽ **1943**·11 月 文/ **1945**·10 月 文
『演劇新潮』 ❼ **1926**·4 月 文
『Emma(エンマ)』 ❾ **1987**·4·14 文
『オール読物』 ❼ **1931**·4 月 文/❽ **1943**·2 月 社/ **1945**·11 月 文
『屋上庭園』(文芸誌) ❼ **1909**·10 月 文
『音の出る雑誌』 ❽ **1959**·11·8 文/ 12·10 文
『オレンジページ』 ❾ **1985**·6·17 社

『海燕』 ❾ **1984**·4月 文
『海紅』 ❼ **1915**·3月 文
『改造』 ❼ **1919**·4月 文／❽ **1944**·1·21 文／**1946**·1月 文
『科学』(自然科学専門誌) ❼ **1931**·4月 文／❽ **1945**·9月 文／❾ **2009**·12·3 文
『学習』 ❾ **2009**·12·3 文
『学の鐙』 ❼ **1897**·3·15 文
『火星』(俳句誌) ❼ **1936**·2月 文
『歌舞伎』 ❾ **1968**·7月 文
『歌舞伎研究』 ❽ **1942**·12月 文
『上方』 ❼ **1931**·1月 文
『カメラ』 ❼ **1921**·4月 文
『カメラ毎日』 ❽ **1954**·5月 文
『考え方』 ❼ **1917**·9·1 社
『関西文学』 ❼ **1897**·7月 文
『感情』 ❼ **1916**·6月 文
『橄欖』(短歌誌) ❼ **1922**·11月 文
『季刊芸術』 ❾ **1967**·4月 文
『季刊創造』 ❾ **1976**·8月 文
『奇蹟』(文芸誌) ❼ **1912**·9月 文
『基礎科学』 ❽ **1947**·10月 文
『教育科学研究』 ❽ **1937**·5·18 文
『京鹿子』(俳句誌) ❼ **1920**·11月 文
『郷土研究』 ❼ **1913**·3·10 文
『キララ』 ❼ **1915**·5月 文
『銀河』 ❽ **1946**·10月 文
『キング』 ❼ **1925**·1月 社／❽ **1943**·2月 社／**1957**·12月 社
『近代風景』(詩雑誌) ❼ **1926**·11月 文
『近代文学』 ❽ **1946**·1月 文
『金の鳥』(児童雑誌) ❼ **1922**·4月 文
『群像』 ❽ **1946**·10月 文／❾ **1984**·4月 文
『経営評論』 ❽ **1946**·4月 文
『経済史研究』 ❼ **1929**·11·1 文
『芸術新潮』 ❽ **1950**·1月 文
『芸術と自由』(短歌誌) ❼ **1925**·5月 文
『蛍雪時代』 ❼ **1932**·3月 社
『鶏鳴雑誌』 ❻ **1879**·10月 文
『芸林闊歩』 ❽ **1946**·4月 文
『劇画界』 ❽ **1959**·2月 文
『言語研究』 ❽ **1938**·5·28 文
『現代』 ❽ **1944**·12月 社
『現代の科学』 ❼ **1913**·1月 文
『現代文学』 ❽ **1939**·12月 文
『建築文化』 ❽ **1946**·4月 文
『倦鳥』 ❼ **1915**·11月 文
『原理日本』 ❼ **1925**·11·7 文
『公害研究』 ❾ **1971**·7·16 文
『高原』(文芸誌) ❽ **1946**·8月 文
『江湖文学』 ❼ **1896**·11月 文
『講談倶楽部』(大衆雑誌) ❼ **1911**·11月 文／❽ **1962**·10·17 文
『行動』(文芸誌) ❼ **1933**·10月 文
『公論』 ❽ **1944**·1·21 文／12月 社
『声』(文芸誌) ❽ **1958**·10月 文
『コギト』 ❼ **1932**·3月 文
『黒煙』 ❼ **1919**·3月 文
『国語と国文学』 ❼ **1924**·5月 文
『国鉄詩人』(詩雑誌) ❽ **1946**·2月 文
『国民之友』 ❻ **1887**·2·15 政
『心』 ❽ **1948**·7月 文
『コスモス』 ❽ **1946**·4月 文
『KODAMA』 ❽ **1959**·11·8 文
『子供の科学』 ❼ **1924**·10月 文
『子供の広場』 ❽ **1946**·4月 文
『コミック magazine』(劇画誌) ❾ **1966**·6月 文
『GORO』(男性誌) ❾ **1974**·6·13 社
『作品』 ❼ **1930**·5月 文
『奢覇都(さばと)』(詩雑誌) ❼ **1925**·2月 文
『サンケイスポーツ』 ❽ **1963**·2月 文
『サンデー』(週刊紙) ❼ **1908**·11月 文
『サンデー毎日』 ❽ **1943**·2月 社
『詩·現実』(詩雑誌) ❼ **1930**·6月 文
『詩歌』(短歌誌) ❼ **1911**·4月 文
『しがらみ草紙』 ❻ **1889**·10月 文
『四季』 ❼ **1933**·5月 文
『思索』 ❽ **1946**·4月 文
『自然』 ❽ **1946**·5月 文／❾ **1984**·4月 文
『自然科学』 ❽ **1946**·6月 文
『思想』 ❼ **1921**·10·1 文
『思想の科学』 ❽ **1946**·5月 文／**1961**·12·21 文／❾ **1996**·3·26 文
『思潮』 ❼ **1917**·5月 文／❽ **1946**·3月 文
『実業之日本』 ❼ **1897**·6·10 文
『詩と音楽』 ❼ **1922**·10月 文
『詩之家』(詩雑誌) ❼ **1925**·7月 文
『渋柿』 ❼ **1915**·2月 文
『斯文』 ❼ **1918**·9月 文
『社会科学』 ❼ **1925**·6·1 文
『社会思想』 ❼ **1922**·4·1 政
『社会主義研究』 ❼ **1919**·4·21 政
『社会政策と階級闘争』 ❼ **1922**·2月 政
『石楠』 ❼ **1915**·3月 文
『写真週報』 ❽ **1938**·2·16 文
『写真日本』 ❽ **1941**·1月 文
『写真文化』 ❽ **1941**·1月 文
『車前草』(短歌誌) ❼ **1911**·9月 文
『週刊朝日』 ❼ **1922**·2·25 文
『週刊現代』 ❽ **1959**·3·1 社
『週刊サンデー毎日』 ❼ **1922**·2·11 文
『週刊サンニュース』 ❽ **1947**·11月 文
『週刊少女フレンド』 ❽ **1963**·1月 社
『週刊少年キング』 ❽ **1963**·8月 社
『週刊少年サンデー』 ❽ **1959**·4月 社
『週刊少年ジャンプ』(英語版) ❾ **2002**·11月 文
『週刊女性自身』 ❽ **1958**·12月 社
『週刊新潮』 ❽ **1956**·2·6 文
『週刊婦人朝日』 ❽ **1942**·10月 文
『週刊プレーボーイ』 ❾ **1966**·10月 社
『週刊文春』 ❽ **1959**·3·1 社／4·8 社
『週刊平凡』 ❽ **1959**·3·1 社
『週刊平凡パンチ』 ❾ **1988**·10·27 社
『週刊ポスト』 ❾ **1969**·8·22 文
『週刊マーガレット』 ❽ **1963**·5·12 社
『週刊漫画アクション』 ❾ **1967**·8·10 社
『週刊漫画サンデー』 ❽ **1959**·8月 社
『週刊明星』 ❽ **1952**·10月 社／❾ **1991**·12月 社
『週刊ヤングレディ』 ❽ **1963**·9·23 社
『宗教研究』 ❼ **1916**·4月 文
『秀才文壇』(投書文芸誌) ❼ **1901**·10月 文
『樹海』(俳句誌) ❼ **1935**·1月 文
『主婦と生活』 ❾ **1993**·3月 文
『主婦の友』 ❽ **1944**·12月 社／❾ **2008**·3·12 文
『趣味』(月刊誌) ❼ **1906**·6月 文
『純粋詩』 ❽ **1946**·3月 文
『旬と評論』 ❼ **1931**·7月 文
『小学五年生』 ❼ **1922**·8月 文
『小学六年生』 ❼ **1922**·8月 文
『小説サロン』 ❽ **1955**·1月 文
『少年倶楽部』 ❼ **1914**·11·1 社
『少年くらぶ』 ❽ **1962**·10·17 文
『少年サンデー』 ❽ **1959**·3·17 社／❾ **1988**·12·19 社
『少年ジャンプ』 ❾ **1968**·7月 社／**1991**·10月 文
『少年少女』 ❼ **1920**·1月 文
『少年少女冒険王』 ❽ **1949**·1月 文
『少年世界』 ❻ **1895**·1月 文
『少年チャンピオン』 ❾ **1988**·12·19 社
『少年マガジン』 ❽ **1959**·3·17 社／❾ **1988**·12·19 社
『女苑』 ❽ **1944**·12月 社
『女学世界』 ❼ **1901**·1月 文
『諸君』 ❾ **1969**·7月 文
『女子文壇』(投書雑誌) ❼ **1905**·1月 文
『女性』(婦人雑誌) ❼ **1922**·5月 社
『女性改造』 ❽ **1946**·6月 文
『女性セブン』 ❽ **1963**·4月 社
『書物展望』 ❼ **1931**·7月 文
『白樺』 ❼ **1910**·4月 文
『白珠』 ❽ **1946**·11月 文
『白鳩』(詩歌誌) ❼ **1905**·11月 文
『新科学的』(文芸誌) ❼ **1930**·7月 文
『新紀元』(キリスト教系社会主義者) ❼ **1905**·11·10 社
『新古文林』(文芸誌) ❼ **1905**·5月 文
『新思潮』 ❼ **1907**·10月 文／**1910**·9月 文／**1914**·2月 文／**1916**·2月 文
『新社会』 ❼ **1915**·9·1 文
『新小説』(第二次) ❼ **1896**·7月 文
『新声』(投書雑誌) ❼ **1896**·7月 文
『新生』 ❽ **1945**·11·1 文
『新成年』 ❼ **1920**·1月 文
『真相』(暴露雑誌) ❽ **1946**·3月 社
『新体詩研究』 ❼ **1909**·8月 文
『新宝島』 ❽ **1947**·4月 文
『新潮』 ❽ **1945**·11月 文／❾ **1984**·4月 文
『新日本』 ❻ **1887**·9·8 文／**1888**·2·6 政

『新日本』(総合誌) ❼ 1911·4·3 文／❽ 1945·9月 文
『新日本文学』 ❽ 1946·3月 文
『人民中国』(日本語版) ❽ 1953·6·1 文
『人民評論』 ❽ 1945·10月 文
『人民文庫』 ❼ 1936·3月 文
『水明』(俳句誌) ❼ 1930·9月 文
『スコラ』 ❾ 1982·4·22 社
『素直』(文芸誌) ❽ 1946·7·1 文
『スバル』(文芸誌) ❼ 1909·1月 文
『昴(すばる)』 ❾ 1970·6月 文／1984·4月 文
『生活と芸術』 ❼ 1913·是秋 文
『世紀』 ❼ 1924·10月 文
『青鞜』(女性文芸誌) ❼ 1911·6·1 文
『青年改造』 ❼ 1920·1月 文
『聖盃』(文芸誌) ❼ 1912·12月 文
『西洋雑誌』 ❻ 1867·10月 文
『整列ヤスメ』 ❾ 1970·5·6 政
『世界』(総合雑誌) ❽ 1946·1月 文
『世界評論』(評論誌) ❽ 1946·2月 文
『世界文化』(総合誌) ❽ 1946·2月 文
『世界文学』 ❽ 1946·4月 文
『セブンティーン』 ❾ 1968·5月 社
『層雲』(俳句誌) ❼ 1911·4月 文
『蒼穹』(短歌誌) ❼ 1926·6月 文
『創元』 ❽ 1946·12月 文
『綜合文化』 ❽ 1947·7月 文
『創作』(短歌·文芸誌) ❼ 1910·3月 文／1913·8月 文／1917·2月 文／❽ 1946·7·1 文
『草上』(俳句誌) ❼ 1928·10月 文
『大衆文芸』 ❼ 1926·1月 文／❽ 1945·10月 文
『太陽』 ❻ 1895·1月 文／❽ 1963·6·12 文
『獺祭』(俳句誌) ❼ 1925·7月 文
『種蒔く人』 ❼ 1921·2月 文
『たのしい一年生』 ❽ 1956·9月 文
『玉藻』(俳句誌) ❼ 1930·6月 文
『譚海』 ❼ 1920·1月 文
『短歌建設』 ❼ 1930·4月 文
『短歌雑誌』 ❼ 1917·10月 文
『短歌詳論』 ❼ 1933·4月 文
『短歌表現』(短歌誌) ❼ 1930·11月 文
『近きより』(個人雑誌) ❽ 1937·4月 政
『中央公論』 ❼ 1899·1·15 文／❽ 1938·2·18 文／1944·1·21 文／1946·1月 文
『潮音』 ❼ 1915·7月 文
『潮流』(総合雑誌) ❽ 1946·1月 文
『槻の木』(短歌誌) ❼ 1926·2月 文
『テアトロ』(演劇雑誌、第二次) ❽ 1946·10月 文
『帝国文学』 ❻ 1895·1月 文
『デザイン』 ❽ 1959·10月 文
『デモクラシイ』 ❼ 1918·12·7 政／1919·3·6 政
『DUDA(デューダ)』 ❾ 1989·1月 社
『天鼓』(文芸誌) ❼ 1905·2月 文
『展望』(総合雑誌) ❽ 1946·1月 文
『天狼』(俳誌) ❾ 1993·10·5 文
『東亜の光』(学術誌) ❼ 1906·5·1 文
『東京経済雑誌』 ❻ 1879·1·29 文
『同時代』(文芸同人誌) ❽ 1948·5月 文
『銅鑼』(同人誌) ❼ 1925·4月 文
『冬柏』(短歌誌) ❼ 1930·3月 文
『東洋学芸雑誌』 ❻ 1881·10·10 文
『東洋学報』(学芸誌) ❼ 1911·1月 文
『東洋経済新報』 ❻ 1895·11·15 文
『独立評論』 ❼ 1903·1·1 文
『秦皮(とねりこ)』(短歌誌) ❼ 1918·12月 文
『ドレスメーキング』 ❾ 1993·4月 文
『頓智協会雑誌』発禁 ❻ 1889·3·4 社
『日光』 ❼ 1924·4月 文
『NIPPON』(欧文グラフ雑誌) ❼ 1934·10·10 文
『日本』 ❻ 1889·2·11 文
『日本演劇』 ❽ 1943·11月 文
『日本及日本人』(評論誌) ❼ 1907·1月 文
『日本史研究』 ❽ 1946·5·30 文
『日本詩壇』 ❼ 1933·12月 文
『日本主義』 ❼ 1897·6月 社
『日本人』 ❻ 1888·4·3 文
『日本数学物理学会誌』 ❼ 1927·9月 文
『日本評論』 ❽ 1944·1·21 文
『日本労働年鑑』 ❼ 1920·5·15 社
『Newsweek(ニューズウィーク)』日本版 ❾ 1986·1·27 社
『Newton』 ❾ 1981·7·1 文
『人間』 ❼ 1919·11月 文
『人間として』 ❾ 1970·3月 文
『農民』 ❼ 1927·10月 文
『non·no(ノンノ)』 ❾ 1970·3月 社／1971·5·25 社
『バート』 ❾ 1991·5月 社
『覇王』 ❾ 1993·9月 文
『Hanako』 ❾ 1988·5月 社
『薔薇·魔術·学説』 ❼ 1927·10月 文
『麵麭』(詩雑誌) ❼ 1932·11月 文
『PHP』 ❽ 1946·11·3 文
『悲劇喜劇』(演劇雑誌) ❽ 1947·11月 文
『微笑』 ❾ 1996·4·23 文
『ビッグコミック』 ❾ 1968·4·1 社
『日の出』 ❼ 1932·7·2 文
『批評』 ❼ 1936·7月 文
『批評』 ❽ 1939·8月 文
『火鞭』(社会主義文芸誌) ❼ 1905·9·10 文
『風説』(文芸誌) ❽ 1947·1月 文
『風俗画報』 ❻ 1889·2·10 文
『FOCUS』 ❾ 1981·10·23 社
『富士』 ❽ 1944·12月 社
『婦人くらぶ』(婦人雑誌) ❼ 1920·10月 社
『婦人倶楽部』 ❽ 1944·12月 社／❾ 1988·3月 社
『婦人公論』(婦人雑誌) ❼ 1916·1月 文／❽ 1946·4月 文
『婦人世界』(婦人雑誌) ❼ 1906·1月 文
『婦人之友』(婦人雑誌) ❼ 1903·4月 社／1908·1月 文
『不同調』(文芸誌) ❼ 1925·7月 文
『FRIDAY』 ❾ 1984·11·9 社
『PLAYBOY』 ❾ 1975·5·21 社
『プレジデント』 ❽ 1963·4·1 政
『プロメテ』 ❽ 1946·11月 文
『プロレタリア文化』 ❼ 1931·11·1 文
『文学』 ❼ 1929·10月 文／1933·4月 文／10月 文／❽ 1945·10月 文
『文学界』 ❻ 1893·1月 文／❽ 1947·7月 文／❾ 1984·4月 文
『文学時代』(文芸誌) ❼ 1929·5月 文
『文学者』 ❽ 1939·1月 文
『文学評論』 ❼ 1934·3月 文
『文化集団』(文芸誌) ❼ 1933·6月 文
『文芸』(改造社文芸誌) ❼ 1933·11月 文
『文藝』 ❽ 1944·10月 文／1945·10月 文／❾ 1984·4月 文
『文芸界』 ❼ 1902·3月 文
『文芸倶楽部』 ❻ 1895·1月 文
『文芸時代』 ❼ 1924·10月 文
『文芸首都』 ❼ 1933·1月の刊行 文／❽ 1945·11月 文
『文藝春秋』 ❼ 1923·1月 文／❽ 1943·12月 文／1944·1·21 文／1945·10月 文
『文芸戦線』 ❼ 1924·6月 文
『文芸都市』 ❼ 1928·2月 文
『文芸汎論』(文芸誌) ❼ 1931·9月 文
『文藝文化』 ❽ 1938·7月 文
『文章世界』(文芸投稿誌) ❼ 1906·月 文
『文明』 ❼ 1916·4月 文
『文明批評』 ❼ 1918·1·1 文
『平凡』 ❾ 1987·12月 社
『平凡パンチ』 ❽ 1964·4·28 社
『へちまの花』 ❼ 1914·1·27 社
『冒険王』 ❽ 1949·1月 社
『冒険世界』 ❼ 1908·1月 文
『宝石』 ❽ 1946·4月 文／❾ 1965·10月 文
『報道写真』 ❽ 1941·1月 文
『法律時報』 ❼ 1929·12月 文
『ホトトギス』 ❾ 1980·4月 文
『本の手帖』 ❾ 1969·8月 文
『マドモアゼル』 ❽ 1960·1月 文
『マルコポーロ』 ❾ 1991·5月 社／1995·1·30 文
『漫画王』 ❽ 1949·1月 社
『満鉄調査月報』 ❼ 1925·7月 文
『ミセス』 ❽ 1961·9月 政
『三田文学』(慶應義塾文科の機関誌) ❼ 1910·5月 文／❽ 1946·1月 文
『明星』(東京新詩社) ❼ 1900·4月 文
『民衆』 ❼ 1918·1月 文
『民主評論』 ❽ 1945·10月 文
『民主文学』 ❾ 1965·8·26 文
『民族学研究』 ❽ 1942·8·21 文／1964·4·1 文
『明治大正文学研究』 ❽ 1949·7月

文
『明六雑誌』自主廃刊 ❻ 1875・11月 文
『八雲』 ❽ 1946・12月 文
『山と渓谷』 ❼ 1930・5月 文
『ヤングジャンプ』 ❾ 1979・6・7 社
『唯物史観』 ❽ 1946・11月 文
『唯物論研究』 ❼ 1932・10・23 文
『雄弁』(弁論誌) ❼ 1910・2・1 文
『ユリイカ』 ❾ 1969・7月 文
『リアン(Rien)』(詩雑誌) ❼ 1929・3月 文
『リーダーズ・ダイジェスト』(日本語版) ❽ 1946・5・15 文／1953・4・18 文／❾ 1985・12・6 文
『理学界』 ❼ 1903・7・1 文
『六合雑誌』 ❻ 1880・5・8 社
『りぼん』(少女雑誌) ❽ 1955・8月 社
『るるぶ』 ❾ 1973・7月 社
『歴史科学』 ❼ 1932・5・1 文
『歴史学研究』 ❽ 1945・11・10 文
『歴程』 ❼ 1935・5月 文／❽ 1947・7月 文
『レタスクラブ』 ❾ 1987・11月 社
『連合通信』 ❽ 1951・7・12 政
『労働文学』 ❼ 1919・3月 文
『蠟人形』(詩歌誌) ❼ 1930・5月 文
『浪漫』 ❾ 1972・10月 文
『若草』(文芸誌) ❼ 1925・9月 文
『早稲田文学』 ❻ 1891・10月 文／❼ 1906・1月 文／1934・6月 文／❽ 1949・5月 文／1951・1月 文／❾ 1969・2・24 文／1976・5月 文
著作権法 ❽ 1962・4・5 文
大日本音楽著作権協会 ❽ 1939・11・18 文
大日本文芸家著作権保護同盟 ❽ 1939・11・21 文
著作権使用者団体協議会 ❽ 1962・8・31 文
日本著作権協会 ❾ 1994・1・11 文
日本著作権協議会 ❽ 1949・12・20 文
日本著作権連盟 ❽ 1948・3・19 文
万国著作権条約 ❽ 1956・1・28 文
陸軍軍人軍属著作規則 ❽ 1937・3・22 政
著作権 ❾ 1970・5・6 文／1988・11・1 文／1991・12・4 文／1994・8・4 文／1996・9・20 文／2002・4・15 文／2003・1・16 文
コピーの著作権 ❾ 1992・3・27 文
出版社著作権協議会 ❾ 1990・12・7 文
商業用レコード貸与著作権利暫定措置法 ❾ 1983・12・2 文
著作権作曲者協会国際連合総会 ❾ 1984・11・12 文
著作権法電算機ソフト ❾ 1985・6・14 文
データベースに著作権 ❾ 1985・9・25 文
日ソ著作権センター ❾ 1974・4・15 文
ビデオ著作権保護監視機構 ❾ 1984・10・23 文
レコード著作権 ❾ 1969・3・22 文
テレビ ❼ 1925・10月 文／1926・12・25 社／1928・6・2 政／11・28 社／1930・3・20 文／6・1 文／1931・2月 文／1933・1・13 文／1935・11・13 社／1936・5・1 社／9・13 社／❽ 1939・3・27 社／8・19 文／11・23 文／1941・5・1 社／1945・12・24 文／1946・6・15 社／1949・3・20 文／1950・5・4 文／11・10 社／1952・2・16 文
『週刊TVガイド』 ❽ 1958・6・1 社／1962・8・3 社
アジア地域放送会議 ❽ 1957・7・1 社
アナウンサー ❼ 1934・1・12 社／❽ 1942・4・17 社／1948・2・8 社
アメリカの声(VOA) ❽ 1951・9・3 政
安否情報全国放送 ❾ 1995・1月 文
インフォメーション・アワー ❽ 1948・1・5 文
衛星放送(受信者・有料化) ❾ 1976・1・19 社／1984・5・12 社／1987・7・4 社／11・2 社／1988・11・2 文／1989・8・1 社
音声多重放送 ❾ 1978・9・28 社
カラー・ナイター中継 ❽ 1959・7・2 社
カラーテレビ・放送 ❽ 1953・5・19 社／1956・12・20 社／1957・12・28 社／1960・9・1 社／9・10 社／1961・1・8 社／1964・9・7 社
カラーテレビ用マイクロ回線 ❾ 1966・3・20 社／1976・12・22 社
カラー放送 ❾ 1971・10・10 社
気象現況テレビ放送 ❽ 1956・8・6 社
教育放送振興会 ❽ 1952・12・25 文
クリアビジョン放送 ❾ 1989・9・11 社／9・24 社
芸能人の平均年収 ❾ 1974・9・2 社
国際衛星共同利用機構 ❾ 1983・12・1 社
国際放送再開 ❽ 1949・7・15 文
子供の視聴制限 ❽ 1960・3・1 社
CATV(有線テレビ) ❾ 1972・7・1 社／1983・5・30 社／11・11 社／1994・5・24 社
自由日本放送(日本向け中国放送) ❽ 1952・5・1 政
女子アナウンサー ❽ 1953・8・10 社
深夜放送 ❽ 1954・7・1 社／❾ 1967・4・5 文／1973・12・14 社／1974・1・7 社
水中マイクロホン ❽ 1946・9・7 社
ステレオ放送 ❾ 1992・3・15 社
対米テレビ宇宙中継送信 ❽ 1964・3・25 文
太平洋岸全国縦断テレビ網 ❽ 1956・9月 社
多元宇宙中継番組 ❾ 1967・6・26 社
ディスクジョッキー ❽ 1960・12・1 社
デジタル方式 ❾ 1994・2・22 文
デジタル放送 ❾ 1996・6・30 社／2003・12・1 社／2006・12・1 社
テレビ影響力調査委員会 ❽ 1960・11・22 社
テレビ結婚式 ❽ 1958・3・3 社
テレビ授業 ❽ 1960・12・7 文
テレビ中継(大相撲) ❽ 1953・6・4 社
テレビ電話 ❼ 1935・6・24 文
テレビニュース・ネットワーク「ＮＮＮ」 ❾ 1966・4・1 社
テレビ列車 ❽ 1950・5・4 社
テロップ ❽ 1954・9月 社
電波監理委員会設置法 ❽ 1950・5・2 社
電波三法(放送法・電波法・電波監理委員会設置法) ❽ 1950・5・2 社
東芝日曜劇場 ❽ 1956・12・16 社
都市型有線テレビ(ＣＡＴＶ) ❾ 1983・5・30 社
二十四時間衛星放送 ❾ 1987・7・4 社
日米間テレビ宇宙中継実験 ❽ 1963・11・23 社
日本語ＴＶ放送(米アトランタ) ❾ 1990・2・1 文
人形劇 ❽ 1964・4・6 社
ハイビジョン放送 ❾ 1989・1・6 社
番組考査基準 ❽ 1954・3・23 文
韓流ブーム ❾ 2004・4・3 社
ＢＳデジタル本放送 ❾ 2000・12・1 社
昼のメロドラマ ❽ 1960・7・4 社
放送委員会 ❽ 1946・1・22 文
放送関係法制調査会 ❽ 1962・9・12 社
放送基準 ❽ 1951・10・12 文
放送審議会 ❽ 1941・12・1 文
放送大学学園 ❾ 1969・10・24 文／1974・2・22 文／1979・1・18 文／1981・6・11 文／1983・4・1 文／1985・4・1 文
放送電波管制 ❽ 1945・9・1 文
放送番組ライブラリー ❾ 1981・4・1 文／1991・10・25 文
放送文化基金 ❾ 1974・2・1 文
放送法 ❾ 2008・4・1 社
放送無線電報規則 ❼ 1924・3・24 社
放送用私設無線電話規則 ❼ 1923・12・21 社
放送倫理基本綱領 ❾ 1996・9・19 文
文字多重放送 ❾ 1985・11・29 社
モスクワオリンピック放映権 ❾ 1977・2・3 社
八木アンテナ ❼ 1926・8・13 社
有線テレビ(ＣＡＴＶ)法 ❾ 1972・7・1 社
ワイドショー ❽ 1964・4・1 社
番組名(テレビ・ラジオ)
アニメ「愛の若草物語」 ❾ 1987・1・11 社
アニメ「赤毛のアン」 ❾ 1979・1・7 社
アニメ 「赤胴鈴之助」 ❽ 1957・1・7 社
アニメ「アタック№1」 ❾ 1969・12・7 社
アニメ「あらいぐまラスカル」 ❾ 1977・1・2 社
アニメ「アルプスの少女ハイジ」 ❾ 1974・1・6 社
アニメ「アルプス物語」 ❾ 1983・1・9 社
アニメ「家なき子レミ」 ❾ 1996・9・1 社
アニメ「一休さん」 ❾ 1975・10・15 社
アニメ「宇宙少年ソラン」 ❾ 1965・5・4 社
アニメ「宇宙戦艦ヤマト」 ❾ 1974・

10·6 社
アニメ「エイトマン」 ❽ **1963**·11·8 社
アニメ「エースをねらえ」 ❾ **1973**·10·5 社
アニメ「美味しんぼ」 ❾ **1988**·10·17 社
アニメ「おそ松くん」 ❾ **1966**·2·5 社
アニメ「科学忍者隊ガッチャマン」 ❾ **1972**·10·1 社
アニメ「家族ロビンソン漂流記」 ❾ **1981**·1·4 社
アニメ「機動戦士Vガンダム」 ❾ **1993**·4·2 社
アニメ「機動戦士ガンダム」 ❾ **1979**·4·7 社
アニメ「機動戦士ガンダムZZ」 ❾ **1986**·3·1 社
アニメ「機動戦士Zガンダム」 ❾ **1985**·3·2 社
アニメ「キャッツアイ」 ❾ **1983**·7·11 社
アニメ「キャンディキャンディ」 ❾ **1976**·10·1 社
アニメ「キューティーハニー」 ❾ **1973**·10·13 社
アニメ「銀河鉄道999」 ❾ **1978**·9·14 社
アニメ「キン肉マン」 ❾ **1983**·4·3 社
アニメ「こんにちは アン」 ❾ **2009**·4·5 社
アニメ「じゃりん子チエ」 ❾ **1981**·10·3 社
アニメ「ジャングル大帝」 ❾ **1965**·10·6 社／**1991**·11·2 社
アニメ「小公女セーラ」 ❾ **1985**·1·6 社
アニメ「小公女セディ」 ❾ **1988**·1·10 社
アニメ「少女戦士セーラームーンR」 ❾ **1993**·3·7 社
アニメ「新世紀エヴァンゲリオン」 ❾ **1995**·10·14 社
アニメ「SLAMDUNK」 ❾ **1993**·10·16 社
アニメ「聖戦士ダンバイン」 ❾ **1983**·2·5 社
アニメ「聖闘士星矢」 ❾ **1986**·10·11 社
アニメ「世界名作劇場」 ❾ **1975**·1·5 社／**1976**·1·4 社／**1977**·1·2 社／**1978**·1·1 社／**1979**·1·7 社／**1980**·1·6 社／**1981**·1·4 社／**1982**·1·10 社／**1983**·1·9 社／**1984**·1·8 社／**1985**·1·6 社／**1986**·1·5 社／**1987**·1·11 社／**1988**·1·10 社／**1989**·1·15 社／**1990**·1·14 社／**1991**·1·13 社／**1992**·1·12 社／**1993**·1·17 社／**1994**·1·16 社／**1995**·1·15 社／**1996**·9·1 社／**2007**·1·7 社／**2008**·1·6 社／**2009**·4·5 社
アニメ「それいけ！アンパンマン」 ❾ **1988**·10·3 社
アニメ「ちびまる子ちゃん」 ❾ **1990**·1·7 社
アニメ「超時空要塞マクロス」 ❾ **1982**·10·3 社
アニメ「鉄腕アトム」 ❽ **1963**·1·1 社／9·5 社
アニメ「デビルマン」 ❾ **1972**·7·8 社
アニメ「ドカベン」 ❾ **1976**·10·6 社
アニメ「ど根性ガエル」 ❾ **1972**·10·7 社
アニメ「トムソーヤの冒険」 ❾ **1980**·1·6 社
アニメ「ドラえもん」 ❾ **1979**·4·2 社／**2005**·4·15 社
アニメ「ドラゴンボール」 ❾ **1986**·2·26 社
アニメ「トラップ一家物語」 ❾ **1991**·1·13 社
アニメ「七つの海のティコ」 ❾ **1994**·1·16 社
アニメ「パーマン」 ❾ **1967**·4·2 社
アニメ「はいからさんが通る」 ❾ **1978**·6·3 社
アニメ「ハクション大魔王」 ❾ **1969**·10·5 社
アニメ「母をたずねて三千里」 ❾ **1976**·1·4 社
アニメ「ピーターパンの冒険」 ❾ **1989**·1·15 社
アニメ「ひみつのアッコちゃん」 ❾ **1969**·1·6 社／**1988**·10·9 社／**1998**·4·5 社
アニメ「フランダースの犬」 ❾ **1975**·1·5 社
アニメ「ペリーヌ物語」 ❾ **1978**·1·1 社
アニメ「牧場の少女カトリ」 ❾ **1984**·1·8 社
アニメ「ポルフィの長い旅」 ❾ **2008**·1·7 社
アニメ「マジンガーZ」 ❾ **1972**·12·3 社
アニメ「魔法使いサリー」 ❾ **1966**·12·5 社
アニメ「まんが日本昔ばなし」 ❾ **1975**·1·7 社
アニメ「南の虹のルーシー」 ❾ **1982**·1·10 社
アニメ「みゆき」 ❾ **1983**·3·31 社
アニメ「未来少年コナン」 ❾ **1978**·4·4 社
アニメ「ムーミン」 ❾ **1969**·10·5 社
アニメ「名犬ラッシー」 ❾ **1996**·1·14 社
アニメ「ヤッターマン」 ❾ **1977**·1·1 社
アニメ「リボンの騎士」 ❾ **1967**·4·2 社
アニメ「ルパン三世」 ❾ **1971**·10·24 社
アニメ「レ・ミゼラブル 少女コゼット」 ❾ **2007**·1·7 社
アニメ「ロミオの青い空」 ❾ **1995**·1·15 社
アニメ「若草物語」 ❾ **1993**·1·17 社
アニメ「私のあしながおじさん」 ❾ **1990**·1·14 社
「愛は地球を救う」 ❾ **1978**·8·26 社
「相棒」 ❾ **2000**·6·3 社
「赤い迷路」 ❾ **1974**·10·4 社
「赤穂浪士」 ❽ **1964**·1·5 社
「朝まで生テレビ」 ❾ **1987**·4·24 社／**1989**·4·25 社
「あすなろ白書」 ❾ **1993**·10·11 社
「アッコにおまかせ」 ❾ **1985**·10·6 社
「篤姫」 ❾ **2008**·1·6 社
「アップ・ダウン・クイズ」 ❽ **1963**·10·6 文
「アメリカ横断ウルトラクイズ」 ❾ **1977**·10·20 社
「ありがとう」 ❾ **1970**·4·2 社
「家なき子」 ❾ **1994**·4·16 社
「11PM」 ❾ **1965**·11·8 社
「うちのママは世界一」 ❽ **1959**·2·9 社
「海は甦える」 ❾ **1977**·8·29 社
「ウルトラQ」 ❾ **1966**·1·2 社
「ウルトラマン」 ❾ **1966**·7·17 社
「英語会話」(NHK) ❽ **1946**·2·1 文
「NHKコンサートホール」 ❾ **1970**·8·9 文
「NHK特集―シルクロード」 ❾ **1980**·4·7 社
「NHKニュース・トゥデー」 ❾ **1988**·4·4 社
「えり子と共に」 ❽ **1949**·10·5 社
「オーケストラがやってきた」 ❾ **1972**·10·1 文
「オール・ナイト・ニッポン」 ❾ **1967**·10·1 社
「オールスター家族対抗歌合戦」 ❾ **1972**·10·1 社
「オールナイトジョッキー」 ❽ **1959**·10·10 社
「オールナイトフジ」 ❾ **1983**·4·2 社
「おかあさんといっしょ」 ❽ **1959**·10·5 社
「小川宏ショー」 ❾ **1965**·5·1 社
「奥ヒマラヤ禁断の王国・ムスタン」 ❾ **1993**·2·3 社
「贈る言葉」 ❾ **1979**·10·26 社
「おしん」 ❾ **1983**·4·4 社
「踊る大捜査線」 ❾ **1997**·1·7 社
「おはなはん」 ❾ **1966**·4·4 社
「思い出のメロディ」 ❾ **1969**·8·2 社
「オヤカマ氏とオイソガ氏」 ❽ **1957**·2·4 社
「おらんだ左近」 ❾ **1972**·1·21 文
「俺たちの旅」 ❾ **1975**·10·5 社
「オレたちひょうきん族」 ❾ **1981**·5·16 社
「お笑い三人組」 ❽ **1955**·11·30 社
「お笑いスター誕生」 ❾ **1980**·4·12 社
「音楽の泉」 ❽ **1949**·9·11 文
「街頭にて」「街頭録音」 ❽ **1945**·9·28 社／**1946**·6·3 社／**1947**·4·22 社
「影に棲む蛇」 ❾ **1972**·1·21 文
「鐘の鳴る丘」 ❽ **1948**·1·21 文
「株式市場」 ❽ **1948**·3·1 政
「仮面ライダー」 ❾ **1971**·4·3 社
「岸辺のアルバム」 ❾ **1977**·6·24 社
「木島則夫モーニングショー」 ❽ **1964**·4·1 社
「北の国から」 ❾ **1981**·10·3 社
「気まぐれショートボート」 ❽ **1950**·9·1 文
「君の名は」 ❽ **1952**·4·10 社

「肝っ玉かあさん」　❾ 1968·4·1 社
「宮廷女官チャングムの誓い」　❾ 2004·10·7 社
「きょうの料理」　❽ 1957·11·4 社
「キングにまかせろ」　❾ 1970·1·17 社
「欽ちゃんのドンとやってみよう」　❾ 1975·4·5 社
「金曜日の妻たちへ」　❾ 1983·2·11 社
「草燃える」　❾ 1979·1·7 社
「グレートマジンガー」　❾ 1974·9·8 社
「刑事コロンボ」　❾ 1972·8·27 社
「刑事ドラマ」　❽ 1961·10·11 社
「月光仮面」　❽ 1958·2·24 社
「ゲバゲバ 90 分」　❾ 1969·10·7 社
「けものみち」　❾ 1982·1·9 社
「原子力と新世界」　❽ 1955·10·2 文
「元禄太平記」　❾ 1975·1·5 社
「高校教師」　❾ 1993·1·8 社
「紅白歌合戦」　❽ 1945·12·31 社／1951·1·3 社／1952·1·3 社／1953·1·2 社／12·31 社
「木枯らし紋次郎」　❾ 1972·1·1 社
「国会討論会」　❽ 1949·11·14 政
「コマーシャルソングのど自慢コンクール」　❽ 1960·6·5 社
「西遊記」　❾ 1978·10·1 社
「ザ·ガードマン」　❾ 1965·4·9 社
「サザエさん」　❾ 1969·10·5 社
「真田太平記」　❾ 1985·4·3 社
「ザ·ベスト·テン」　❾ 1978·1·19 社
「サラリーマン金太郎」　❾ 1999·1·10 社
「３時のあなた」　❾ 1968·4·1 社
「サンセット 77」　❽ 1960·10·2 社
「３年 B 組金八先生」　❾ 1979·10·26 社
「GTO」　❾ 1998·7·7 社
「G メン 75」　❾ 1975·5·24 社
「ジェスチャー」　❽ 1953·2·20 社
「時間ですよ」　❾ 1970·2·4 社
「事件記者」　❽ 1958·4·3 社
「獅子の時代」　❾ 1980·1·6 社
「史上最大のクイズ」　❽ 1962·11·3 社
「七人の刑事」　❽ 1961·10·4 社
「実年」　❾ 1985·11·25 社
「詩篇·苦海浄土」　❾ 1970·11·14 文
「シャボン玉ホリデー」　❽ 1961·6·4 社
「従軍慰安婦問題のドキュメント番組」　❾ 2005·1·12 社
「柔道一直線」　❾ 1969·6·22 社
「熟年」　❾ 1985·11·25 社
「SHOGUN」　❾ 1980·9·15 文
「冗談音楽」　❽ 1954·3·14 文
「笑点」　❾ 1966·5·15 社
「ショーグン(将軍)」　❾ 1980·9·15 社
「ショムニ」　❾ 1998·4·15 社
「シリーズ人間模様」　❾ 1976·4·8 社
「シルクロード」　❾ 1980·4·7 文
「白い巨塔」　❾ 1967·4·8 社
「新婚さんいらっしゃい！」　❾ 1971·1·31 社
「新春スターかくし芸大会」　❾ 1965·1·2 社
「新諸国物語」　❽ 1952·4·1 社／1954·1·4 社
「シンホニーホール」　❽ 1949·1·4 文／7·20 文
「水道完備ガス見込」　❽ 1960·5·2 社
「スーパーマン」　❽ 1956·11·1 社
「ズームイン！朝！」　❾ 1979·3·5 社
「スクールウォーズ」　❾ 1984·10·6 社／1990·9·4 社
「スケバン刑事」　❾ 1985·4·11 社
「スター千一夜」　❽ 1959·3·1 社
「スター誕生」　❾ 1971·10·2 社
「青春とは何だ」　❾ 1965·10·24 社
「西部警察」　❾ 1979·10·14 社
「世界まるごと How マッチ」　❾ 1983·4·7 社
「セサミストリート」　❾ 1972·4·9 社
「銭形平次」　❾ 1966·5·4 社
「前線に送る夕」　❽ 1943·1·7 社
「総理と語る」　❾ 1993·5·31 政
「底抜け脱線ゲーム」　❽ 1963·6·2 社
大河ドラマ(NHK)　❽ 1963·4·7 社／❾ 1965·1·3 社／1966·1·25 社／1967·1·1 社／1968·1·7 社／1969·1·7 社／1970·1·4 社／1971·1·3 社／1972·1·2 社／1973·1·7 社／1974·1·6 社／1975·1·5 社／1976·1·4 社／1977·1·2 社／1978·1·8 社／1979·1·7 社／1980·1·6 社／1981·1·11 社／1982·1·10 社／1983·1·9 社／1984·1·8 社／1985·1·6 社／1986·1·8 社／1987·1·9 社／1988·1·10 社／1989·1·1 社／1990·1·7 社／1991·1·6 社／1992·1·5 社／1993·1·10 社／7·4 社／1994·4·3 社／1995·1·8 社／1996·1·7 社／1997·1·5 社／1998·1·4 社／1999·1·10 社／2000·1·9 社／2001·1·7 社／2002·1·6 社／2003·1·5 社／2004·1·11 社／2005·1·7 社／2006·1·8 社／2007·1·7 社／2008·1·6 社／2009·1·4 社／2010·1·2 社／2011·1·9 社／2012·1·8 社
「大作曲家の時間」　❽ 1949·1·4 文
「大地の子」　❾ 1995·11·11 社
「題名のない音楽会」　❾ 1966·4·3 文
「太陽にほえろ」　❾ 1972·7·21 社
「尋ね人」　❽ 1946·7·1 社
「男女七人秋物語」　❾ 1987·10·9 社
「男女七人夏物語」　❾ 1986·7·25 社
「筑紫哲也のニュース 23」　❾ 1989·10·2 社
「仲秋の夕」(放送)　❼ 1933·10·4 社
「超電磁ロボコン」　❾ 1976·4·17 社
「チロリン村とくるみの木」　❽ 1956·4·14 社
「月に立つ宇宙飛行士」　❾ 1969·7·21 社
「徹子の部屋」　❾ 1976·2·2 社
「鉄の暴風」　❽ 1950·10·1 社
「てなもんや三度笠」　❽ 1962·5·6 社
「寺内貫太郎一家」　❾ 1974·1·16 社
「テレビ三面記事·ウィークエンダー」　❾ 1975·4·5 社
「TV ジャパン」(米ニューヨーク)　❾ 1991·6·1 文
「東京メトロポリタンテレビ」　❾ 1995·11·1 文
「遠山の金さん捕物帖」　❾ 1970·7·12 社／1975·10·2 社
「どっきりカメラ」　❾ 1970·10·3 社
「となりの芝生」　❾ 1976·1·9 社／2009·7·1 社
「翔ぶが如く」　❾ 1972·1·1 文／1990·1·7 社
「土曜コンサート」　❽ 1947·10·4 文
「とんち教室」　❽ 1949·1·2 社
「とんま天狗」　❽ 1959·9·5 社
「何でもやりまショー」　❽ 1953·8·29 社
「二十の扉」　❽ 1947·11·1 社
「日曜娯楽版」　❽ 1947·10·12 社
「日曜美術館」　❾ 1976·4·11 文
「ニュースステーション」　❾ 1985·10·7 社
「ニュースセンター九時」　❾ 1974·4·1 社
「熱中時代」　❾ 1978·10·6 社
「のど自慢素人演芸会」　❽ 1946·1·19 社
「のど自慢全国コンクール」　❽ 1948·3·21 社
「ノンフィクション劇場—ベトナム海兵大隊戦記」　❾ 1965·5·9 社
「バス通り裏」　❽ 1958·4·7 社
「８時だよ！全員集合」　❾ 1969·10·4 社
「発掘！あるある大事典」　❾ 2007·1·7 社
「話の泉」　❽ 1946·12·3 社
「花椿ショウ·光子の窓」　❽ 1958·5·11 社
「花の生涯」　❽ 1963·4·7 社
「花の乱」　❾ 1994·4·3 社
「花より男子」　❾ 1996·9·8 社
「母と子の性教育」　❾ 1970·2·16 社
「春の坂道」　❾ 1971·1·3 社
「パンチ DE デート」　❾ 1974·10·7 社
「番頭はんと丁稚どん」　❽ 1959·3·9 社
「ピアス·ラジオ·パレード」　❽ 1955·8·21 社
「必殺仕掛人」　❾ 1972·9·2 社
「日真名氏飛び出す」　❽ 1955·4·9 社
「101 回目のプロポーズ」　❾ 1991·7·1 社
「ビューティフルライフ」　❾ 2000·1·16 社
「ひょっこりひょうたん島」　❽ 1964·4·6 社
「ひらけポンキッキ」　❾ 1976·1 月 社
「ブーフーウー」　❽ 1960·9·4 社
「ふぞろいの林檎たち」　❾ 1983·5·27 社／1991·1·11 社／1997·4·1 社
「冬のソナタ」　❾ 2004·4·3 文
「ふるさとの歌まつり」　❾ 1966·4·7 社
「プロジェクト X」　❾ 2000·3·28 文
「平成教育委員会」　❾ 1991·10·19 社
「ペリー·コモ·ショー」　❽ 1959·12·3 社
「邦楽名曲選」　❽ 1947·11·7 文
「放送討論会」　❽ 1945·11·21 社／

1946・4・20 社
「報道ステーション」 ❾ 2004・4・5 社
「ポケットモンスター」 ❾ 1997・12・16 社
「細うで繁盛記」 ❾ 1970・1・8 社
「炎立つ」 ❾ 1993・7・4 社
「ママは太陽」 ❾ 1970・1・7 文
「マラソン・ジョッキー」 ❾ 1971・1・17 社
「まり子のチャリティーテレソン」 ❾ 1975・3・21 社
「マルモのおきて」 ❾ 2011・4・24 社
「澪つくし」 ❾ 1985・4・1 社
「三つの歌」 ❽ 1951・11・2 社
「水戸黄門」 ❾ 1969・8・4 社
「ミュージックフェア」 ❽ 1964・8・31 社
「向こう三軒両隣り」 ❽ 1947・7・1 社
「名犬ラッシー」 ❽ 1957・11・3 社
「明治の群像 海に火輪を」 ❾ 1976・1・31 社
「物識り大学」 ❽ 1958・8・29 社
「桃太郎侍」 ❾ 1976・10・3 社
「やまとなでしこ」 ❾ 2000・10・9 社
「やらせ事件」 ❾ 1985・10・16 社
「やるならやらねば！」 ❾ 1993・6・24 社
「ヤングおー！おー！」 ❾ 1969・7・3 社
「ヤン坊、ニン坊、トン坊」 ❽ 1954・4・11 社／1959・6・1 社
「夕餉前」 ❽ 1940・4・15 文
「ユーモア劇場」 ❽ 1954・6・13 社
「夕やけニャンニャン」 ❾ 1985・4・1 社
「愉快な仲間」 ❽ 1950・1・3 社
「ゆく年くる年」 ❽ 1953・12・31 社／❾ 1971・12・31 社
「夢であいましょう」 ❽ 1961・4・8 社
「陽気な喫茶店」 ❽ 1949・1・2 社
「夜のヒットスタジオ」 ❾ 1968・11・4 社
「ラジオ歌謡」 ❽ 1946・5・1 社
「ララミー牧場」 ❽ 1960・6・23 社
「琉球の風」 ❾ 1993・1・10 社
「リング」 ❾ 1999・1・7 社
「ルーツ」 ❾ 1977・10・2 社
「歴史への招待」 ❾ 1978・12・14 社
「ろう学校」 ❽ 1960・7・21 文
「老人と鷹」 ❽ 1962・1・25 文
「ローハイド」 ❽ 1959・11・28 社
「ロッテ歌のアルバム」 ❽ 1958・5・4 社
「若者たち」 ❾ 1966・2・7 社
「私の秘密」 ❽ 1955・4・14 社
「私は貝になりたい」 ❽ 1958・10・31 社
「私は誰でしょう」 ❽ 1949・1・2 社
「渡る世間は鬼ばかり」 ❾ 1990・10・1 社
「笑っていいとも」 ❾ 1982・10・4 社
放送局・放送関係会社
愛知音楽エフエム放送 ❾ 1969・12・24 社
朝日放送株式会社 ❽ 1951・3・15 社／4・21 社／1961・12・1 社
NHK(日本放送協会) ❼ 1926・8・20 社／❽ 1939・5・13 文／1945・12・11 社／1946・3・4 文／1950・6・1 社／1999・5・25 政
NHK 鹿児島テレビ ❽ 1958・2・22 社
NHK 教育テレビ(東京放送局) ❽ 1959・1・10 社
NHK 教育テレビ(徳島局) ❾ 1968・2・20 社
NHK 熊本テレビ ❽ 1958・2・22 社
NHK テレビ ❽ 1951・10・5 社
NHK 東京テレビ ❽ 1953・2・1 社
FNN ❾ 1966・10・3 社
FM 沖縄放送 ❾ 1984・9・1 文
FM 実験放送 ❽ 1958・12・31 文
FM ジャパン ❾ 1988・10・10 社
FM 東海 ❽ 1960・5・1 社
FM 東京放送 ❾ 1970・4・26 社
大阪中央放送局 ❼ 1924・11・29 政／1925・5・10 文／6・1 文／1926・12・1 文
大阪テレビ(のち朝日放送) ❽ 1954・3・1 社／1956・12・1 社／1958・7・7 社
沖縄先島地区のテレビ施設五局 ❾ 1967・12・25 社
沖縄テレビ ❽ 1959・11・1 社
沖縄放送協会(OHK) ❾ 1967・10・2 社／1968・12・22 社
関西テレビ ❽ 1958・11・22 社
北日本放送 ❽ 1951・4・21 社
岐阜放送 ❾ 1968・8・12 社
岐阜放送(ラジオ) ❽ 1962・12・24 社
九州朝日放送 ❽ 1954・1・1 社
京都放送 ❽ 1951・4・21 社
郡上八幡テレビ ❽ 1963・9・2 社
京城中央放送局 ❼ 1927・2・16 文
京阪神ケーブルテレビジョン ❾ 1970・12・22 社
神戸放送 ❽ 1951・4・21 社
国際衛星共同利用機構 ❾ 1983・12・1 社
山陽放送テレビ ❽ 1958・6・1 社
四国放送 ❽ 1951・4・21 社
新日本放送 ❽ 1951・4・21 社／9・1 社
スカイパーフェクト TV ❾ 1998・5・1 社
仙台放送 ❽ 1951・4・21 社
全日本テレビ番組製作会社連盟 ❾ 1982・3・29 文
大都市型有線テレビ(CATV) ❾ 1983・5・30 文
第二放送(東京中央放送局) ❼ 1931・4・6 文／❽ 1945・9・1 文
台北放送局 ❼ 1931・1・15 文
タウンテレビ横浜 ❾ 1996・9・25 文
短波放送 ❽ 1945・9・18 文
中部日本放送 ❽ 1951・4・21 社／9・1 社／1956・12・1 社
テレビ「CS 日本」 ❾ 2002・3・1 文
テレビ朝日 ❾ 1977・4・1 社
テレビ大阪 ❾ 1982・3・1 社
テレビ東京 ❾ 1981・10・1 社
テレビ西日本 ❽ 1958・8・28 社
テレビ放送局 ❽ 1957・10・22 社
東海テレビ ❽ 1958・12・25 社
東京教育テレビ(のちテレビ朝日) ❽ 1958・12・24 社
東京十二チャンネル ❽ 1964・4・12 社
東京テレメッセージ ❾ 1986・12・16 社／1999・5・25 政
東京放送(ラジオ東京) ❽ 1951・12・25 社／1960・11・29 社
東京放送局(⇨ NHK(日本放送協会)も見よ) ❼ 1924・11・29 政／1925・3・1 社／7・12 文／1934・8・21 文
名古屋テレビ ❽ 1954・3・1 社／1962・4・1 社
名古屋テレビ塔 ❽ 1954・6・19 社
名古屋放送局 ❼ 1924・11・29 政／1925・7・15 文
西日本放送 ❽ 1951・4・21 社
ニッポン放送 ❽ 1954・7・15 社
日本教育テレビ ❽ 1959・2・1 社
日本ケーブルビジョン ❾ 1968・10・13 社
日本短波放送 ❽ 1954・8・27 社
日本テレビ(NTV) ❽ 1951・10・2 社／1952・7・31 社／1953・8・28 社
日本電波塔(東京タワー)株式会社 ❽ 1957・6・29 社／1958・12・23 社／1959・1・10 社
日本文化放送 ❽ 1952・3・31 社
日本放送協会技術研究所 ❼ 1930・6・1 文
日本放送連合会 ❽ 1957・6・22 社
日本民間放送連盟 ❽ 1951・7・20 社
パーフェク TV ❾ 1996・10・1 社／1998・5・1 社
博報社(堂) ❻ 1895・10・6 社
広島放送 ❽ 1951・4・21 社
福井放送 ❽ 1951・4・21 社
フジテレビ ❽ 1959・3・1 社
放送音楽プロデューサー連盟 ❾ 1970・7・6 社
北陸放送 ❽ 1951・4・21 社
北海道放送 ❽ 1951・4・21 社／1957・4・1 社
毎日テレビ ❽ 1959・3・1 社
マルチメディア製作者連絡協議会 ❾ 1994・10・4 文
万年社 ❻ 1890・6・1 社
民間放送 ❽ 1947・10・16 社／1951・9・1 社
UHF テレビ ❽ 1963・6・15 社／❾ 1967・11・1 社
有線放送 ❽ 1942・12・21 社／1951・4・5 社
読売テレビ ❽ 1958・8・28 社
ラジオ沖縄 ❽ 1960・7・1 社
ラジオ関東 ❽ 1958・11・22 社
ラジオ九州 RKB 毎日 ❽ 1951・4・21 社／1958・3・1 社
ラジオ東京テレビ ❽ 1951・12・25 社／1955・4・1 社
ラジオ日本 ❾ 1981・10・1 社
琉球放送 AKRA テレビ ❽ 1949・5・16 文／1950・1・21 文／1954・10・1 社／1960・6・1 社
WOWOW(日本衛星放送) ❾ 1984・12・21 社／1990・11・30 社／1991・4・1 社
ラジオ ❼ 1925・是年 社／1930・1 月 社／6・1 文／1932・5・1 社／❽ 1940・是年 社／1951・8・30 社
AFRS(進駐軍向け放送) ❽ 1945・9・23 社
英語講座(米語) ❼ 1925・7・20 文

エフエム放送 ❾ 1985·12·20 社
海外放送 ❽ 1941·1·1 文／1945·9·4 文
海外放送(NHK) ❼ 1935·6·1 社
外国語放送 ❽ 1945·9·4 文
学校放送 ❼ 1933·9·1 文／1935·4·15 文／❽ 1941·9·2 文
観戦放送 ❼ 1932·1·21 社
クイズ番組 ❽ 1946·12·3 社
劇場中継 ❼ 1926·8·2 文
国際放送 ❼ 1935·10·9 社
歳末風景日米交換放送 ❼ 1935·12·31 社
在満同胞慰安の夕(放送) ❼ 1931·11·29 社
時間表示テロップ ❽ 1961·4·3 社
時報 ❼ 1933·1·1 社
受刑者への放送 ❼ 1933·10·25 社
ステレオ放送 ❽ 1952·12·20 社／❾ 1992·3·15 社
スポーツ実況放送 ❼ 1927·8·9 社
相撲実況放送 ❼ 1928·1·12 社
全国巡回ラジオ列車 ❽ 1950·5·4 文
朝鮮語放送 ❼ 1933·4·26 社
超短波 FM 放送 ❽ 1948·7·16 社／1957·12·24 社
東京ローズ ❽ 1949·10·6 政
二十四時間放送 ❽ 1959·10·10 社
日伊ラジオ交歓放送 ❼ 1935·2·24 社
日本ドイツ交歓放送 ❼ 1933·11·15 社／❽ 1937·11·25 文
日本放送連合会 ❽ 1957·6·20 社
放送審議会 ❼ 1933·10·1 文
マイクロ使用テレビ中継 ❽ 1950·3·21 文
満洲派遣部隊宇品出港実況放送 ❼ 1931·11·17 政
寄席放送 ❼ 1931·11·22 社
四元ドラマ ❽ 1955·11·26 社
落語家ラジオ放送 ❼ 1930·12·7 文
ラジオ公開録音 ❽ 1955·6月 文
ラジオコード(GHQ のラジオ放送基準) ❽ 1945·9·22 文／1946·9·19 文
ラジオ体操放送 ❽ 1946·4·14 社
ラジオ展覧会 ❼ 1925·11·20 社
ラジオドラマ「炭坑の中」 ❼ 1925·8·13 文
ラジオの夕涼み放送 ❼ 1933·8·13 社
臨時ニュース ❼ 1931·9·19 社

24 動物

動物に関する書籍·雑誌·版画

『魚鑑』 ❺-2 1831·是年 社
『宇久比須考』 ❺-2 1841·是年 文
『鵜類図説』 ❼ 1911·11月 文
『蚕飼養法記』(日本最初の養蚕書) ❺-1 1702·是年 社
『貝尽浦之錦』(日本最初の貝の書物) ❺-2 1749·是年 文
『海舶来禽図彙説』 ❺-2 1793·是年 文
『解馬新書』 ❺-2 1852·是年 文
『貝譜』 ❺-2 1765·7月 文
『介類雑誌』(貝の専門誌) ❼ 1907·1·20 文
『鶖経』 ❺-2 1825·是年 社
『花譜』 ❺-1 1694·是年 文
『画本虫撰』 ❺-2 1788·是年 文
『華陽皮相』(馬の毛色についての書) ❺-2 1789·是年 文
『牛科撮要』 ❺-2 1720·11月 文
『魚貝能毒品物図考』 ❺-2 1849·是年 文
『漁業白書』 ❾ 1973·4·3 政／1990·4·17 社
『玉蜻考』 ❺-2 1823·是年 文
『鯨志』 ❺-2 1758·是年 文／1760·是年 文
『鯨史稿』 ❺-2 1808·是年 文
『鯨肉調味方』 ❺-2 1832·是年 文
『啓蒙虫譜図解』 ❺-2 1841·是年 文
『紅毛馬医書』 ❺-2 1729·6月 文
『皇和魚譜』 ❺-2 1838·是年 文
『湖魚図證』 ❺-2 1815·是年 社
『新撰養蚕秘書』 ❺-2 1757·是年 文
『水族志』 ❺-2 1827·是年 社
『生物始源』 ❼ 1896·2月 社
『千虫譜』 ❺-2 1811·8月 社
『象志』 ❺-2 1729·5月 文
『象の瓦版』 ❺-2 1729·4·26 文
『象のみつき』 ❺-2 1729·5月 文
『大象図』 ❺-2 1815·9·1 文
『駝鳥·火喰鳥図』 ❺-2 1791·6月 文
『肘下選蠕』 ❺-2 1821·是年 社
『鳥名便覧』 ❺-2 1830·是年 社
『鳥類写生図巻』 ❺-2 1813·是年 文
『珍翫鼠育艸』 ❺-2 1787·1月 社
『釣遊秘術·釣師気質』 ❼ 1906·12月 文
『釣道楽』 ❼ 1902·5月 社
『動物図説』 ❺-1 1663·3·1 文
『動物図譜』 ❺-1 1660·是年 文／❺-2 1805·是年 文
『日東魚譜』 ❺-2 1736·是年 文／1741·1月 文
『日本昆虫学』 ❼ 1898·10月 文
『日本名馬考』 ❺-2 1742·是年 文
『梅園魚譜』 ❺-2 1835·是年 社
『馬名digital』 ❺-2 1841·是年 文
『黴虫図』 ❺-2 1848·是年 文
『河豚談』 ❺-2 1830·是年 社
『捕鯨図説』 ❺-2 1773·是年 文
『民間備荒録』 ❺-2 1757·是年 文／1771·是年 文
『虫鑑』 ❺-2 1809·是年 文
『目八譜』(貝の本) ❺-2 1844·3月 文
『熊志』 ❺-2 1808·11月 文
『養蚕絹篩大成』 ❺-2 1814·是年 社
『養蚕実験録』 ❺-2 1806·是年 文
『養蚕須知』 ❺-2 1794·是年 文
『養蚕手引』 ❺-2 1806·2·24 社
『養蚕秘録』 ❺-2 1803·是年 文
『喚子鳥』(鳥の飼育法) ❺-1 1710·是年 文
『療馬集』 ❺-2 1724·11月 文
『渡り鳥白書』 ❾ 1975·5·3 社

動物一般

外来種による国内生態系の被害 ❾ 2005·1·31 社
家畜市場法 ❼ 1910·3·18 社
家畜取引法 ❽ 1956·6·1 社
家畜保険法 ❼ 1929·3·28 社
クローン人間 ❾ 1998·7·27 文
クローン豚 ❾ 2000·8·18 文
クローンマウス ❾ 2000·9·21 文
毛皮 ❹ 1574·12·25 社
口蹄疫騒動 ❾ 2000·5·10 社／2010·3月下旬 社／5·28 政
国際サンゴ礁シンポジウム ❾ 2004·6·28 社
サーカス(木下大サーカス) ❽ 1943·1·1 社／1953·1·1 社
サーカス(八木サーカス) ❽ 1959·6·15 社
獣医免許規則 ❻ 1885·8·22 社
獣疫調査所 ❼ 1921·4·14 社
獣疫予防法 ❼ 1896·3·29 社
獣類伝染病予防規則 ❻ 1886·9·15 社
種畜條例 ❻ 1885·1·24 社
種畜牧場官制 ❼ 1908·4·7 社
狩猟および鳥獣保護調査会 ❼ 1923·5·16 社
狩猟法 ❻ 1892·3·27 社／10·5 社／1895·3·27 社／❼ 1908·9·24 社
水産調査所 ❻ 1893·4·12 文
畜産組合法 ❼ 1915·1·14 社
畜産試験場官制 ❼ 1916·4·6 社
チャットレース一座(インド·サーカス) ❼ 1902·9·4 社
中央畜産会 ❼ 1915·7·5 社
恙虫研究会 ❻ 1893·7月 文
天狗の横行 ❸ 1359·8·17〜18 社／8·22 社
天然記念物 ❼ 1935·9月 社
東京動物学会 ❻ 1878·10·20 文／1885·9·19 文
動物愛護週間 ❼ 1928·5·28 社／❽ 1947·5·28 社／1948·5·31 社／❾ 1974·9·20 社
動物遺伝子組換え ❾ 1994·8·24 文
動物虐待防止会 ❼ 1902·6·15 社
動物祭 ❼ 1930·11·22 社
動物剝製展覧会 ❻ 1877·9·20 社
動物保護·管理法 ❾ 1973·10·1 社／1974·4·1 社

特定外来生物被害防止法 ❾ **2005**·1·31 社
屠獣場取締規則 ❻ **1887**·3·14 社
屠場法 ❼ **1906**·4·10 社
日本生態学会 ❽ **1953**·9·14 文
農林水産ジーンバンク(種子保存) ❾ **1983**·12 月 文
剝製標本展覧会 ❻ **1877**·9·20 社
ペット(飼育禁止·條例) ❾ **1965**·3·27 社／**1979**·10·20 社
ペット供養 ❾ **2008**·9·12 社
ペットのバーゲンセール ❾ **1966**·4·29 社
ペットフェア ❾ **1986**·2·22 社
哺乳動物「単発発生」 ❾ **2004**·4·22 文
モース(動物学者)来日 ❻ **1877**·6·17 文
有畜農業奨励規則 ❼ **1931**·7·6 社
洋種動植物試験場 ❻ **1872**·10 月 文
酪農業調整法 ❽ **1939**·3·25 社
酪農振興法 ❽ **1954**·6·14 社
陸軍獣医学校 ❻ **1893**·5·3 社
ロボット型鶏卵選抜包装装置 ❾ **1995**·是年 社
ワシントン條約(野生動植物保護) ❾ **1992**·3·2 社
犬·狗 ❶ **467**·10 月／**482**·10·4／**680**·10·17 政／**686**·4·19 政／**732**·5·19 社／**847**·9·18 社／**883**·7·5 社／**961**·1·17 社／❺-1 **1608**·10·2 社／**1637**·10·7 社／**1646**·11 月 社／**1651**·3·28 社／**1652**·1 月 社／**1666**·3 月 社／**1667**·9 月 社／**1675**·10·7 社／**1687**·2·11 社／**1696**·8 月 社／❺-2 **1735**·是年 社／**1763**·11·26 社／**1770**·是冬 社／❼ **1898**·是年 社／❽ **1937**·7·14 社／10·24 政／**1940**·5·19 社／**1944**·12·15 社／❾ **2012**·12·5 社
狗(渤海) ❶ **824**·4·22 社
犬医 ❺-1 **1694**·7 月 社／**1695**·12·7 文
犬追物⇨21スポーツ「弓道·騎射」
犬小屋(中野) ❺-1 **1695**·3·30 社／5·23 社／10·14 社／10·29 社／11·9 社／**1698**·10·24 社／**1705**·9·29 政
犬商売禁止 ❺-1 **1694**·12 月 社
犬に人力車·荷車の先曳禁止 ❼ **1906**·12·14 社
犬の訓練学校 ❼ **1911**·是年 社
犬の喧嘩 ❺-1 **1691**·2·28 社
犬の斬刑 ❺-1 **1682**·10 月 社
犬の放飼い禁止 ❺-1 **1668**·5·15 社
犬の磔 ❺-1 **1695**·2 月 社
犬の病気 ❻ **1861**·10 月 社／**1883**·1 月 社
犬の墓石 ❺-2 **1830**·是年 社
犬のホテル ❽ **1963**·11 月 社
犬扶持 ❺-1 **1705**·8 月 社
犬養育金 ❺-1 **1703**·2·20 社／**1709**·6 月 社
エスキモー犬 ❾ **1978**·2·21 社
飼犬 ❺-1 **1669**·11·8 社
　飼い犬取締條例 ❾ **1968**·4·28 社
ガイド犬(九重連山) ❾ **1988**·8·3 社
唐犬 ❸ **1321**·3·26 社／❺-1 **1632**·7·28 政／**1644**·2·9 社
樺太犬(太郎·次郎) ❽ **1956**·10·21 社／**1959**·1·14 社
狂犬取締 ❻ **1874**·6·28 社
狂犬病·ジステンパー ❺-2 **1733**·是冬 社／**1735**·9 月 社／**1852**·是夏 社／❼ **1900**·5·11 社／❽ **1947**·1·16 社／**1949**·7·8 社
キリン犬 ❺-2 **1791**·2·4 社
軍用犬 ❻ **1887**·4·8 政／❽ **1941**·3·9 社
警察犬·軍用犬 ❼ **1912**·12·1 社／**1913**·8 月 社／**1933**·3·19 社／7·7 社／8·1 政／9·24 社
胡犬 ❺-2 **1737**·2·28 政
シェパード ❼ **1928**·3·15 社／**1933**·3·19 社
柴犬 ❼ **1936**·12·16 社
ジンゴオ(ディンゴ) ❼ **1899**·11·9 社
田犬(猟犬か) ❸ **1428**·12·14 社／❺-1 **1644**·3·7 社
畜犬係 ❽ **1947**·1·16 社
畜犬條令(規則) ❻ **1881**·5·18 社／❼ **1921**·3·8 社／❽ **1957**·3·29 社
忠犬ハチ公 ❼ **1934**·4·21 社／**1935**·3·8 社／❽ **1948**·8·15 社／❾ **1965**·3·8 社
聴導犬 ❾ **1983**·9·18 社
狆犬 ❺-2 **1734**·2·28 政
闘犬 ❸ **1331**·8·6 政／❼ **1916**·7·26 社
ドッグフード ❽ **1960**·4 月 社
ドッグランナー ❾ **1978**·4·10 社
日本犬保存会 ❼ **1934**·9·18 社
日本コリークラブ ❽ **1954**·3·7 社
日本シェパード犬協会 ❽ **1939**·5·26 社
病犬届出の制 ❺-1 **1682**·1 月 社／**1688**·10·9 社／**1705**·11·14 社／**1706**·2·19 社
麻薬探知犬 ❾ **1980**·7·9 社
盲導犬 ❽ **1948**·8·30 社／**1957**·7·12 社／❾ **1969**·6·4 社／**1971**·8·8 社／11·5 社／**1972**·2·12 社／**1977**·4·26 政／**1990**·2 月 社
　盲導犬サーブ ❾ **1983**·4·13 社／**1985**·4·15 社
野球犬 ❾ **2005**·3·12 社
野犬狩り ❺-2 **1720**·2·5 社／**1754**·8·15 社／**1778**·7 月 社／❻ **1883**·6·1 社／❽ **1937**·7·11 社／**1947**·2·18 社／5·28 社
野犬収容所 ❺-1 **1692**·是年 社
野犬対策会議 ❾ **1967**·8·17 社
山犬 ❺-1 **1690**·2·25 社
洋犬飼育 ❻ **1885**·12 月 社
猟犬 ❷ **1201**·9·18 社／❺-2 **1725**·5 月 社
牛(牛馬) ❶ **535**·9·13／**845**·3·27 社／**942**·10·2 社／**991**·5·8 社／❷ **1251**·12·3 社／❺-1 **1608**·10·2 社／**1612**·8·6 社／**1640**·4 月 社／**1646**·11 月 社／**1672**·9 月 社／**1686**·7·26 社／❺-2 **1739**·4 月 社／**1799**·2·9 社／**1802**·是年 社／❾ **1872**·1·28 社
牛市 ❺-1 **1690**·10·25 社／**1691**·2·28 社
牛追物(うしおうもの) ❷ **1182**·4·5 社／6·7 社／**1187**·10·2 社／12·2 社
牛小屋 ❺-1 **1636**·是年 社
牛の屠殺禁止 ❶ **791**·9·16 社／**801**·4·8 社／**804**·12·21 社
牛の病気 ❶ **845**·5·9 社
牛持ち(力持ち) ❺-1 **1634**·是年 社／**1636**·是年 社／**1639**·是年 社
牛童 ❷ **1041**·4·20 社
官牛 ❶ **784**·10·3 社
牛車の宣旨 ❷ **1101**·2·13 政
牛疫 ❺-1 **1638**·是秋 社／**1640**·10·3 社
牛角 ❶ **761**·10·10 社
牛皮 ❶ **689**·1·9 政
牛代米 ❺-1 **1640**·1·11 社
牛豚飼育制 ❻ **1873**·5·15 社
牛肉 ❺-1 **1651**·是年 文
牛馬 ❶ **642**·7·25 社／**675**·4·17 社／**734**·4·23 社／**796**·10·22 政／**856**·6·2 社／❸ **1324**·3·20 社／❺-1 **1673**·是年 社／❽ **1949**·7·20 社
　牛馬皮 ❻ **1872**·7·3 社
　牛馬仕組 ❺-2 **1744**·1·1 社
　牛馬帳 ❶ **789**·9·4 社
　牛馬調査 ❺-1 **1706**·4·5 社
　牛馬取締規則 ❻ **1885**·1·31 社
　牛馬の糞尿 ❼ **1927**·8·2 社
　牛馬商売 ❺-1 **1706**·4·23 社／❺-2 **1790**·是年 社
　牛馬病院 ❻ **1881**·4·4 社
　牛馬宿 ❺-1 **1687**·1·28 社
　牛馬羊豚会社 ❻ **1875**·2·2 社
狂牛病(BSE) ❾ **2001**·8·6 社／**2002**·4·2 政／**2003**·1·23 社／12·24 社／**2004**·1·19 社／4·16 社／**2005**·2·4 文／2·8 政／**2006**·1·20 政／**2007**·4·23 社
クローン牛 ❾ **1990**·8·20 社／**1995**·4·19 文／**1998**·7·5 社／**2000**·1·24 社／**2002**·8·13 社
個体識別番号(国産牛履歴表示) ❾ **2004**·12·1 社
産牛馬組合 ❼ **1900**·2·26 政
私馬牛印 ❶ **796**·2·25 社
受精卵分割双子牛 ❾ **1984**·11·24 社
種牡牛(検査法) ❼ **1907**·4·10 社／**1925**·6·13 社
種牡牛馬設置奨励規則 ❼ **1925**·5·18 社
種牛牧場官制 ❼ **1908**·4·7 社
畜牛結核予防法 ❼ **1901**·4·13 社
闘牛 ❼ **1916**·7·26 社／❽ **1948**·5·13 社／**1950**·7·24 社
病牛·不良牛乳問題 ❼ **1927**·10·1 社
双子牛 ❾ **1985**·4·16 社
牝牛 ❷ **1067**·7·27 社
和牛登録 ❼ **1919**·是年 社
馬 ❶ **書紀·応神 15**·8·6／**482**·10·4／**680**·10·17 政／**763**·5·28 社／**770**·8·1 社／**772**·2·24 社／**846**·3·21 社／**855**·④月 社／**879**·10·15 社／❷ **1064**·4·13 政／**1111**·11·28 政／**1117**·6·4 政／**1190**·11·13 政／❹ **1465**·4·13 政／**1483**·10·10 政／**1502**·12·14 政／**1575**·10·19 政／**1581**·11·1 政／**1583**·3·17 政／❺-1 **1633**·5·18 社／**1683**·1·18 社／**1686**·9·27 社／**1687**·8·23 社／**1702**·5·9 社／❺-2 **1725**·1 月 社／

1727·6·3 政／1728·3·17 社／1730·5·30 社／7·6 社／1747·8·29 政／1778·是年 社／1808·5月 社／1842·5月 社／6·2 社／1847·10·27 社
愛馬の日 ❽ 1939·4·7 社
アラビア馬 ❻ 1867·6·26 社
右近馬場 ❶ 986·3·10 社
うさぎ馬 ❺-2 1793·4·19 社
馬市 ❸ 1343·7·24 社／❹ 1485·7·5 社／❺-1 1602·6·1 社／1603·7·21 社／1612·6·1 社／1654·6·19 社／1661·9·18 社／1667·10·22 社／1685·8·5 社／1692·8月 社／❺-2 1732·5·11 社／1735·1·19 社／1737·12月 社／1785·2·9 社／1788·4月 社／1804·是年 社／1805·5月 社／1835·⑦月 社
馬市(箱館亀田) ❻ 1857·⑤月 社
馬飼 ❶ 744·2·22 社／751·是年 社
御馬御覧 ❷ 1186·5·5 社
馬座 ❹ 1579·3·28 社
馬の買入れ禁止 ❶ 815·3·20 社
馬の国外移出禁止 ❹ 1597·3·24 社
馬の売買禁止 ❹ 1550·3·26 社
馬病舎 ❸ 1298·是年 社
役馬奨励規則 ❼ 1929·6·27 社
江戸下馬札 ❺-1 1681·5月 社
絵馬 ❷ 1281·⑦月 社
果下馬 ❾ 1984·11·19 社
飾馬 ❶ 907·4·15 社
飾馬行列 ❶ 681·10月 政
唐馬 ❶ 934·7·17 社
唐鞍具 ❷ 1013·4·6 政
木曾駒 ❺-1 1608·5·1 社／❾ 1975·1·17 社
競走馬即売会 ❾ 1971·11·5 社
共同競馬会 ❻ 1879·11·5 社
共同競馬会社 ❻ 1884·3·13 社
鞍 ❶ 715·9·1 社／752·2·21 社／807·8·19 社
鞍部(姓) ❶ 463·是年
黒馬 ❶ 791·6·26 社
軍馬 ❺-1 1688·1·18 社
軍馬祭 ❽ 1938·10·24 社
軍馬大行進 ❽ 1939·1·29 社
競馬(けいば、きそいうま)⇨㉑「スポーツ」
交易馬 ❷ 1026·11·28 社
貢進馬 ❷ 1215·3·20 政
貢馬 ❶ 933·4·2 社／❷ 1192·11·15 政／1193·10·2 政／❸ 1355·12·29 社
拵馬(こしらえうま·馬の筋伸べ禁止) ❺-1 1680·8·11 社／⑧月 社／1685·9·19 社／10·17 社／❻ 1855·4·21 社
小荷駄馬(会津藩) ❺-1 1654·10·18 社
駒牽(こまひき) ❶ 888·8·15 社／903·8·13 社／904·8·17 社／910·8·15 社／912·4·28 社／925·8·13 社／927·5·3 社／931·8·7 社／932·9·7 社／936·9·5 社／939·8·20 社／941·11·2 社／947·8·16 社／951·10·2 社／978·9·13 社／❷ 1001·8·16 社／1002·3·7 社／8·17 社／1004·8·16 社／⑨·1 社／1006·1·10 社／8·16 社／1007·8·28 社／1009·5·1 社／8·17 社／9·19 社／1011·8·7 社／1013·9·4 社／1016·4·27 社／1017·8·16 社／1018·8·20 社／1024·12·1 社／1028·3·5 社／4·3 社／10·20 社／1029·8·21 社／1030·2·13 社／12·2 社／1031·2·22 社／4·3 社／11·5 社／1032·8·16 社／1035·8·16 社／1059·8·19 社／1068·8·16 社／1081·8·16 社／1100·8·16 社／1103·8·16 社／1104·8·16 社／1105·8·16 社／1106·8·16 社／1125·8·16 社／1127·8·16 社／1128·8·16 社／1129·8·16 社／1133·8·16 社／1143·8·16 社／1146·8·16 社／1149·8·16 社／1161·8·16 社／1177·8·16 社／1189·8·16 社／❸ 1334·8·16 社／1337·8·16 社／1379·8·16 社／1399·8·16 社／1416·8·16 社
細馬 ❶ 686·4·19 政
サラブレッド ❽ 1952·1·21 社
産馬共進会 ❻ 1884·6·25 社
飼馬専知官 ❶ 774·5·9 社
ジャワ馬 ❺-2 1725·6·13 政
種牡馬 ❼ 1925·6·13 社
駿馬 ❹ 1544·4·24 政
乗馬(平民)許可 ❻ 1871·4·18 社
乗馬飼養令 ❻ 1884·8·1 政
神馬 ❷ 1030·3·14 社／1203·10·14 社／❹ 1525·12·13 社／1555·3·4 社
装馬 ❶ 806·1·5 政
蓄馬の数を定める ❶ 721·2·9 政
中国産馬 ❺-2 1722·6·22 社／1723·12·13 社
朝鮮馬 ❺-1 1698·6·3 社
鉄印(駒·積用) ❶ 707·3·26 社
馬医(師) ❶ 719·6·19 文／731·11·2 文／988·7·3 文／❷ 1221·6·18 文／❺-1 1647·12·20 文／1673·5·8 文／❺-2 1716·12·11 文／1727·6·21 文／1731·4月 文／1842·6·19 政
馬疫 ❼ 1909·10月 社
伯楽·博労 ❷ 1207·3·10 社／❺-2 1774·7月 社
馬券 ❻ 1880·11·20 社
馬事公苑(東京) ❽ 1940·9·29 社
馬借(ばしゃく) ❹ 1465·5·21 社
馬術練習所 ❻ 1886·12·12 政
馬籍制 ❺-1 1706·是年 社
馬匹去勢法 ❼ 1901·4·4 社
馬匹調査会規則 ❻ 1895·6·19 社
馬夫 ❺-1 1655·3月 社
ペルシャ馬 ❺-1 1638·4·5 政／❺-2 1725·6·13 政／1742·2·17 文
陸奥交易馬 ❶ 990·8·5 社／❷ 1017·12·5 社／1031·12·18 社／1033·11·14 社／1039·⑫·26 社／1049·12·8 社／1069·12·19 政／1075·2·6 社／1076·2·6 社／1097·①·28 社／1106·12·21 社／1115·12·7 社／1237·11·17 社
山馬 ❸ 1408·6·22 政
陸軍病馬院 ❻ 1875·2·10 社
蚕·養蚕 ❶ 462·3·7／507·3·9／714·2·13 社／796·11·8 社／❺-1 1649·是年 社／1702·1·28 社／❺-2 1734·是年 社／1770·是年 社／1773·10月 社／1774·是年 社／1787·是年 社／1797·是年 社／1806·2月 社／1813·4·9 社／1817·5·27 社／1820·5·12 社／1827·1月 社／1829·7月 社／是年 社／1832·是年 社／1835·⑦月 社／1841·7月 社／1844·2月 社／❻ 1871·2月 社／❽ 1941·10月 文
蚕業講習所管制 ❼ 1896·3·19 社
蚕糸業法 ❼ 1911·3·29 社
蚕種買入所 ❻ 1874·10·9 政
蚕種検査基準(法) ❻ 1886·8·17 社／❼ 1897·3·24 社
蚕種検査所 ❻ 1887·10·1 社
蚕種紙·売捌規則 ❻ 1872·11·4 社
蚕種製造規則 ❻ 1871·5·14 社
蚕種製造組合條例 ❻ 1875·2·22 社
蚕種製造所·試験場 ❼ 1911·5·11 社／1914·6·17 社
蚕種問屋 ❺-1 1690·11·15 社
蚕種濫造取締令 ❻ 1870·8·20 政
蚕病予防法 ❼ 1905·2·16 社
産繭処理統制法 ❼ 1936·5·26 政
大日本一代交配蚕種普及団 ❼ 1914·3·17 社
種繭審査会 ❼ 1911·11·22 社
農林省蚕糸局 ❼ 1927·5·25 政
恐竜·化石
足跡 ❾ 1991·10·11 文
アリの化石 ❾ 2003·10·2 文
イグアノドン ❾ 1991·2·7 文／1992·4·16 文／1993·6·26 文
オビラプトロサウルス(肉食恐竜) ❾ 1999·7·30 文
かげろう ❾ 1978·9·11 社
カミナリ竜(恐竜) ❾ 1981·8·19 社
恐竜(角竜類) ❾ 2009·11·26 文
恐竜骨格完全復元 ❽ 1964·4·26 文
恐竜の卵 ❾ 1990·3·17 文／1994·5·6 文／1995·4·26 文／11·15 文／1996·11·12 文
クビナガリュウ ❾ 1970·1·19 文／1975·5·1 文
サル ❾ 1993·4·30 文
スピノサウルス ❾ 2003·5·20 文
草食恐竜 ❾ 1996·1·22 文／9·14 文
象の化石 ❺-2 1804·11月 文／1805·6·1 文
淡水魚 ❾ 1990·6·13 文
中国の恐竜展 ❾ 1981·7·7 文
鳥類 ❾ 1978·2·2 文
ティラノサウルス ❾ 1997·5·1 文
トリテロドン ❾ 1998·1·5 文
ナウマン象 ❾ 1971·4·12 社
フクイリュウ(草食恐竜) ❾ 1989·8月 文
マンモスの化石 ❼ 1923·12·25 文
翼竜 ❾ 1992·4·21 文
魚類(水生類) ❷ 1218·10·23 社／1228·8·23 社／❽ 1945·1·30 社
海獣·水豹(アザラシ) ❺-2 1792·5月 社／1833·7月 社／1838·6·23 社／是夏 社／❼ 1898·7·9 社／❾ 1984·12·6 文
アサリ ❽ 1942·3·31 社
海鹿·海驢(アシカ) ❺-1 1647·4·2 社／❺-2 1724·1·9 社／1792·3月 社／❼ 1903·5月 政
アナゴ ❺-1 1707·8·11 社
アブラソコムツ ❾ 1983·6·25 社

鮎 ❶ 866·6·28 社／❹ 1527·7·1 社／1537·7·1 社／❾ 1971·8·26 社／1983·2·1 社／1988·4·26 社
稚アユ ❾ 1981·3·27 社
鮑(アワビ) ❷ 1254·4·16 社／❺-1 1629·是年 社／1683·是年 政／❺-2 1772·是年 政／1778·3·24 社／1843·是年 社／❻ 1885·9·7 社
鮟鱇(アンコウ) ❺-1 1651·1·24 社
烏賊(イカ) ❺-2 1833·3月 社／❽ 1951·12·12 社
イシナギ ❾ 1977·9·24 社
一角魚·独角(ウニコウル) ❺-1 1699·2·28 政／❺-2 1788·是年 社／1795·是年 社
煎海鼠(イリコ) ❺-1 1683·是年 政
海豚(イルカ) ❹ 1563·4·3 社／❾ 1978·2·23 社／1980·2·29 社／1982·1·6 社／1990·11·3 社
鰯 ❺-2 1721·8·2 社／1809·10月中旬 社
鰻 ❺-1 1707·8·11 社／❺-2 1788·安永·天明年間 社／❾ 1991·7·26 文／2010·4·8 社
鰻御用請負人 ❺-2 1789·8·12 社
鰻養殖(浜名湖) ❻ 1891·是年 社
ウニ ❹ 1539·8·1 社／❾ 1994·5·19 社
ウバザメ ❾ 1977·4·25 社
鵜舟 ❷ 1200·7·1 社／1277·1·22 社／1279·9月 社
海亀保護(條例) ❻ 1889·6·20 社／❾ 1988·6·1 社
オオサンショウウオ ❾ 2005·7·11 社
大鱶(おおふか) ❺-2 1792·1·16 社／5月 社
膃肭臍(オットセイ) ❺-1 1610·5月 社／1612·5·3 社／1677·2·9 社／1678·8·23 社／1694·11·22 社／1705·12·22 社／❺-2 1718·是春 社／1719·1·13 社／1724·1·9 社
海獣 ❾ 1984·12·6 文
蘆犀(海獣) ❺-2 1807·11月 社
牡蠣 ❺-1 1663·12月 社／1708·1月 社／❺-2 1746·11月 社／❼ 1902·是年 社
牡蠣株船 ❺-2 1743·12月 社
牡蠣養殖 ❺-1 1674·是年 社
鰹(カツオ) ❹ 1577·8·23 社／❺-1 1665·8月 社／❾ 1993·12·16 文
カブトガニ ❽ 1953·8·11 社
亀(青毛) ❷ 1148·⑥·5 社
亀(緑毛) ❸ 1420·是年 社
カラスガイ ❾ 1977·3·18 社
カレイ ❾ 1977·5·2 社
観魚会 ❻ 1885·10·8 社
金魚 ❹ 1502·1·20 社／❼ 1931·1·22 社
金魚·銀魚 ❺-1 1620·是年 社／1694·9·5 社
金魚競艶会 ❻ 1885·10·8 社
金魚輸出 ❻ 1876·4月 政
鯨(くじら) ⇨ [9] 農業·漁業
クニマス ❾ 2010·12·15 社
クラゲ ❾ 1972·7·19 社
車海老 ❽ 1960·2·1 社／1963·是年 社
クロマグロ ❾ 1978·6月 社／2006·6月 社／2012·1·5 社
鯉 ❺-1 1655·是年 社／❺-2 1852·3·2 社／❽ 1943·12·29 社
鯉(養殖) ❾ 2003·11·6 社
鮭 ❸ 1316·3月 政／❹ 1593·⑨·3 社／1598·12·17 社／❺-1 1611·9·20 社／1614·慶長年間 社／1644·5·19 社／❺-2 1724·7·16 社／1830·是年 社
鮭網引 ❺-1 1601·9·20 社
鮭魚役 ❺-1 1628·2·28 社
鮭鱒漁業権(北上川) ❺-1 1613·是年 社
青箭魚(サコシ) ❷ 1280·4月 社
鯖(新巻) ❷ 1279·3月 社
鮫(皮) ❺-1 1671·3·1 政／❾ 1982·8·29 社／1992·3·8 社
鮫取役 ❺-2 1720·5·6 政
鰆(サワラ) ❷ 1280·4月 社
山椒魚 ❺-2 1801·6·12 社／❽ 1948·7·9 社
サンマ ❺-2 1772·是年 社／1800·寛政年間 社／❽ 1955·3·31 社／❾ 2012·10·3 社
鮪(シイコ) ❷ 1280·4月 社
シーラカンス ❾ 1982·3·15 文
シャチ ❾ 1977·2·5 社
ジュゴン ❾ 1978·2·14 社
椒魚 ❶ 852·3·7 社
白魚 ❺-1 1643·是年 社
真珠·夜明珠 ❶ 409·2月／425·9·12／534·4·1／❽ 1947·3·24 社／1949·11·28 社／1955·8·8 社／1960·12·29 政
真珠(ミキモト) ❻ 1893·2月 社／7月 社
真珠貝(オーストラリア) ❻ 1893·4月 政／❽ 1954·5·24 政
真珠貝移殖試験 ❻ 1891·是年 社
真珠貝船団 ❽ 1953·10·5 政／1954·10·29 政
真珠供養会 ❼ 1936·11·15 社
スケトウダラ ❾ 2010·12·28 社
鱣(セン、鯉·鰻) ❷ 1197·11月 社
草魚 ❾ 1988·5·7 社
鯛 ❷ 1279·3月 社
玳瑁(タイマイ) ❺-2 1740·6·28 社／❾ 1991·5·17 社／1994·8·18 社
蛸(大蛸) ❺-2 1718·2月 社
田螺(タニシ) ❺-2 1787·7月 社
鱈(タラ)取役 ❺-2 1720·5·6 政
電気鰻 ❽ 1939·2·27 社
電気クラゲ ❽ 1962·8·15 社
天然コイ ❾ 2003·11·18 社
飛魚 ❸ 1316·9·18 社／1320·8·29 社
トラフグ ❾ 1974·6月 社
ニジマス ❾ 1968·4·14 社
鯡·鰊(ニシン) ❺-1 1644·5·19 社／1691·2月 社／1699·2月 社／❺-2 1717·是年 社／1724·3·8 社／1753·是年 社／1754·11·3 政／1760·是年 社／1769·2·5 社／1824·2·11 社／❽ 1943·5·4 社
鰊子 ❺-1 1701·5·27 社
鰊ヒラキ ❺-1 1701·5·27 社
人魚 ❶ 619·7月 社／❷ 1174·12·15 社／1247·5·11 社／1248·9·10 社
海苔 ❺-1 1687·貞享年間 社
ハゼ(鯊) ❺-1 1667·是春 社
ハタハタ ❾ 1992·8·31 社
魬(ハマチ、ブリ) ❷ 1280·4月 社／❽ 1960·11·14 社
腹白(ハラシロ) ❷ 1280·4月 社
万宝鯛 ❺-2 1763·3·6 社
ヒメマス ❼ 1902·是年 社
ヒラメ ❾ 1977·5·2 社
鰭(フカ) ❺-1 1614·4·5 社／❺-2 1792·1·16 社／5月 社
フグ ❺-2 1811·4·11 社／❾ 1983·12·2 社／2011·7·28 社
フグ調理師·取扱業等取締條例 ❽ 1949·4·5 社／9·4 社
鰒(フクラギ) ❷ 1277·4·9 社
干烏賊 ❺-2 1833·3月 社
干鰯(ほしか) ❺-1 1637·是年 社／1691·8·10 社
帆立貝 ❺-2 1834·是年 社
鯔(ボラ) ❺-1 1700·4月 社
マグロ ❺-2 1810·是冬 社／❾ 1973·1月 社／1982·7 社／1999·8·27 政／2000·8·7 政／2009·11·15 社
鱒(マス) ❹ 1569·2·2 社
マダイ ❾ 1977·5·2 社
万歳楽 ❺-1 1645·8·23 社／1646·2·4 社／1712·3月 社
マンボウ ❺-2 1762·4·17 社／1765·8月 社／❾ 1981·8·15 社
水豹⇨海獣(あざらし)
ミヤコタナゴ ❾ 1994·1·24 社
メウガザメ ❺-2 1777·是秋 社
めおと魚 ❷ 1279·3月 社
鰐(ワニ) ❺-2 1787·是年 文／❼ 1898·11·14 社／1932·5·13 社
昆虫 ❾ 1966·7月 社／1973·7·29 社
アレクサンドラトリバネアゲハ ❾ 2009·7·8 社
蝗(イナゴ) ❶ 776·8·15 社／815·5·14 社／856·7·20 社
蝗害 ❶ 701·8·21 社／776·8·15 社／812·6·5 社／813·6·3 社／815·5·14 社／950·是年 社
インセント·フェア(標本) ❾ 1981·9·25 文
浮塵子(ウンカ) ❼ 1897·9月 社／是年 政
オオムラサキ ❽ 1957·3·30 文
害虫駆除予防法 ❼ 1896·3·25 社
蚊取り線香(渦巻き状) ❼ 1902·是年 社
カブトムシ ❾ 1999·11·24 社
クワガタムシ ❾ 1999·11·24 社
ゲンゴロウ ❾ 1991·9·16 社
原子トンボ ❾ 1990·3·23 文
コガネグモ ❾ 2006·5·24 社
ごきぶりホイホイ ❾ 1973·1·23 社
国際昆虫学会議 ❾ 1980·8·3 文
国際養蜂会議 ❾ 1985·10·11 社
昆虫研究所 ❼ 1896·4月 文
昆虫の販売 ❾ 1966·7月 社
シラミ ❽ 1944·5·26 社／1949·3·8 文
背赤ゴケグモ ❾ 1995·11·23 社
地中海ミバエ防疫対策 ❾ 1981·8·26 政
蝶 ❷ 1180·7·5 社／1186·5·1 社／

1247·3·17 社／1248·9·7 社／❽ 1939·8·23 社
蝶「プルゼワルスキー·アポロ」 ❾ 2003·4·2 文
黄蝶 ❺-1 1683·9月 社
電気蚊取り器「ベープ」 ❽ 1963·6月 社
日本(東京)昆虫学会 ❼ 1917·3·1 文／❾ 1973·7·29 文
日本住血吸虫(寄生虫) ❺-2 1847·是年 文
日本鱗翅学会 ❽ 1963·7·23 文
羽蟻 ❸ 1346·8·4 社
蝿 ❶ 627·5月 社／660·是年 社
ハエ打殺しデー ❼ 1927·7·20 社
ハエトリコンクール ❽ 1956·7·22 社
蜂養大臣 ❷ 1162·1·30 社
病虫害予防奨励規則 ❼ 1911·4·4 社
ベッコウトンボ ❾ 1994·1·24 社
放虫会 ❼ 1908·9·11 社
蛍 ❻ 1892·5月 社／❼ 1908·6月 社／❾ 1969·6·17 社
蛍見 ❺-1 1668·5·1 文
松食い虫 ❽ 1950·11·16 社／11·25 社／❾ 1971·7月 文
松虫 ❺-1 1687·7·2 社
マムシ ❽ 1943·9·18 社
蜜蜂 ❶ 643·是年 社
虫売り(江戸) ❺-1 1687·是年 社
虫売りの値段 ❼ 1896·7月 社
ヤスデ ❽ 1952·10·9 社／❾ 1976·10·3 社
獣類
アザラシ「タマちゃん」 ❾ 2003·3·11 社
アライグマ ❼ 1899·6·9 社
生熊(イクマ·シグマ·ヒグマ) ❶ 658·是年 政／715·9·1 社／902·9·7 社／904·11·6 政
猪(イノシシ) ❶ 592·10·4／732·7·6 社／❷ 1202·5·4 文／❺-1 1608·10·2 社／❺-2 1736·1·16 社／1852·12·2 社／❾ 2002·5·1 社
猪狩 ❺-1 1640·3·13 社
西表山猫(イリオモテヤマネコ) ❾ 1965·3·16 社／1994·1·24 社
インド象 ❻ 1888·5·23 社
インドヒョウ ❾ 1975·7·7 社
ウォンバット ❽ 1952·8·19 社
兎 ❻ 1871·7月 社／1873·1·18 社
兎税 ❻ 1873·12·25 社
兎の価格 ❻ 1871·7月 社
海獺(ウミウソ) ❺-2 1833·8·14 社
猿猴(天竺渡来) ❺-2 1809·11·4 社
狼 ❶ 886·9·27 社／❷ 1255·7·25 社／❺-1 1660·8·12 社／1688·7·12 社／1692·11·4 社／❺-2 1777·9月 社／1788·9·28 社／1833·1·12 社／1838·9月 文／1848·5月 社／❻ 1886·8月 社／1888·7·14 社／❼ 1905·1·23 社
大狢(おおむじな) ❺-2 1846·3·9 社
オットセイ ❻ 1884·5·23 社／❽ 1957·2·9 社／1958·1·13 政
オランウータン ❼ 1898·7·9 社／❾ 1981·4·15 社
カバ ❼ 1911·5月 社／1927·8·29 社／1933·3·22 社
カモシカ ❽ 1955·2·15 社／❾ 1977·12·26 社／1979·8·13 社
獺(カワウソ) ❹ 1489·8·10 政／❾ 1965·3·25 社／1992·10·22 社／2012·8·28 社
カンガルー ❻ 1893·7月 社／❼ 1899·11·9 社／1933·3·22 社／❾ 2009·11·25 社／2011·2·25 社
狐 ❶ 942·3·19 社／❷ 1178·1·12 社／⑥·24 社／❹ 1474·3·19 社／❺-2 1762·7月 社
キリン ❽ 1941·6·5 社／1943·9·4 社／1949·3·22 社／❾ 2012·7·17 社
熊 ❺-1 1662·3·2 社／❻ 1883·8月 社／❼ 1926·8·9 社／❽ 1953·10·4 社／❾ 1965·8·26 社／1977·10月 社／2009·9·19 社／2012·10·5 社
熊皮 ❶ 739·12·10 社／❺-1 1689·4·17 社／1697·2·13 社／1708·9·19 社
白熊 ❻ 1890·8·15 社
白熊皮 ❺-1 1675·是年 社
ツキノワグマ ❾ 1993·7·1 社／2004·10·11 社／2007·4·23 社／2012·8·28 社
ヒグマ ❾ 1990·3·25 社／1992·3·10 社
ホッキョクグマ ❼ 1902·1·2 社
クロサイ ❾ 2011·9·11 社
黒豹 ❼ 1936·7·25 社
コアラ ❾ 1984·10·25 社／1985·5·14 社／9·25 社
虎豹 ❶ 686·4·19 政
コヨーテ ❽ 1949·5·14 社
ゴリラ ❼ 1915·9·26 社／❽ 1957·11·17 社／❾ 1970·10·29 社
犀 ❼ 1933·3·22 社／❽ 1963·11·16 社
犀角 ❹ 1467·7·13 政
猿 ❷ 1245·4·21 社／❸ 1410·5·17 政／1446·7·1 政／❹ 1502·11·14 政／12·14 政／1529·2·26 社／❺-1 1630·9月 社／1683·天和年間 社／❾ 2009·2·20 社
猿猴(手ながざる) ❺-2 1810·4月 社
金絲猴 ❾ 1985·3·9 社
猿まわし(猿引き) ❸ 1321·4·21 社／❹ 1466·1·8 文／1586·2·1 社
お猿電車 ❽ 1948·9·1 社／1974·6·30 社
天狗猿 ❼ 1909·9·27 社
ニホンザルの社会構造 ❽ 1954·4月 文
鹿(皮) ❶ 689·1·9 政／824·4·22 社／920·4·20 政／❷ 1016·11·23 社／1072·11·16 社／1101·7·1 社／1184·3·18 社／1186·8·23 社／1206·1·14 政／1280·6·26 社／❸ 1410·3·21 社／❹ 1465·6·14 社／1580·10·15 社／❺-1 1608·10·2 社／1634·3·28 社／1635·10·7 社／1672·⑥·18 社／1691·12·25 政／1698·4月 社／❺-2 1723·7月 社／1745·是年 社／1789·1月 社／1845·9·21 社／❾ 2010·4·13 社
鹿狩 ❺-1 1612·2·3 社／1625·11·30 政／1635·4·29 社／1641·3·10 社／❺-2 1725·3·27 政／1795·3·5 社／1849·3·18 社
鹿殺し ❷ 1273·7·17 社
北海道鹿猟規則 ❻ 1876·11·11 社
四不像 ❻ 1888·4月 社
シマウマ ❽ 1940·8·26 社
麝(ジャ) ❷ 1171·7·26 政
大熊猫(ジャイアントパンダ) ❾ 1972·9·28 社／10·28 社／1979·9·4 社／1980·1·29 社／3·23 社／6·30 社／1981·1·8 社／3·10 社／1982·9·26 社／11·9 社／1985·6·27 社／1986·6·1 社／1988·6·23 社／2008·4·30 社／2010·2·12 社／9·9 社／2011·2·21 社／2012·7·5 社
麝香(ジャコウ) ❺-2 1785·是年 政
麝香猫 ❹ 1575·3月 社／❺-2 1793·是年 社／1816·11·16 社
麝香鼠 ❺-1 1656·是年 社
猩々 ❺-2 1792·是年 社／❼ 1900·3·29 社
神鹿 ❹ 1473·5·20 社／1549·12·13 社
神鹿殺害 ❹ 1589·1·29 社
神鹿角切り行事 ❼ 1896·11·1 社
水牛 ❷ 1242·7·4 政／❹ 1477·11·11 社
スカンク ❽ 1949·5·14 社
象·象牙 ❷ 1072·10·7 社／1083·2·16 社／❸ 1408·6·22 政／1411·2·22 政／1449·2·25 政／❹ 1575·3月 社／❺-1 1602·6·28 政／8·10 社／1603·2·20 社／1610·6·20 政／❺-2 1728·6·13 社／1729·3·13 社／5·13 社／1813·6月 社／❻ 1863·4月 社／❼ 1931·9·15 社／1933·7·5 社／1935·6·5 社／❽ 1943·9·4 社／1949·9·2 社／1957·10·8 社／1959·6·15 社／1960·4·14 社／❾ 1974·8·22 社／1983·8·11 社／1989·6·15 社／2009·9·17 社
象(鉄道輸送) ❻ 1876·4·13 社
黒象 ❹ 1597·7·24 社
竹豹 ❷ 1088·10·17 政
狸 ❷ 1013·11·16 社／1020·10·29 社
チーター ❾ 1977·1·5 社
乳山羊 ❽ 1947·10·24 社
珍獣 ❹ 1491·10月 政／❺-1 1682·2·3 政
チンパンジー ❾ 1990·7·18 文
ツシマヤマネコ ❾ 1994·1·24 社
虎(皮) ❶ 545·3月／715·9·1 社／739·12·10 社／❹ 1504·5·15 政／1575·3月 社／1580·3·9 政／1581·11·1 政／1586·3·9 政／❺-1 1602·6·28 政／1614·8·13 政／9·1 政／1627·11·5 政／1630·12·19 政／1643·7·10 政／1647·1·30 政／1657·3月 政／1660·4·27 政／❺-2 1771·3·23 政／1827·6·20 社／❻ 1861·10·14 社／1887·2月 社／❽ 1943·9·4 社／1950·7·15 社／1959·4·7 社
虎の子 ❾ 1974·1·4 社／1997·8·2 社
ナウマン象 ❾ 1996·3·29 文
ナマケ熊 ❼ 1909·9·27 社

南京独楽鼠　❻ **1873**·3月 社

鼠　❶ **646**·是年 社／**666**·是冬 社／**775**·4·7 社／❷ **1233**·是夏 社／❺-1 **1712**·4月 社／❺-2 **1735**·是年 社／**1763**·宝暦年間 社／❻ **1855**·是春 社／❼ **1900**·1·15 社／**1902**·10月 社／**1904**·是年 社／**1926**·7·8 社／**1929**·8·6 社／❽ **1944**·12·10 社／**1949**·3·25 社

　殺鼠剤販売禁止　❻ **1872**·5月 社

バク　❼ **1928**·10·15 社／**1933**·3·22 社

ハリモグラ　❼ **1899**·11·9 社

パンダ(カットベアー⇨大熊猫(ジャイアントパンダ)も見よ)　❼ **1915**·3月 社

羊　❶ **599**·9·1／**903**·11·20 社／**935**·9月 政／**938**·7·21 政／**988**·是年 社／**996**·⑦·16 政／**997**·9·8 政／❷ **1077**·2·28 政／**1171**·7·26 政／❺-1 **1658**·是年 社／❻ **1872**·1·28 社

ピューマ　❽ **1949**·5·14 社

豹(皮)　❶ **715**·9·1 社／**739**·12·10 社／❸ **1429**·6·14 政／❹ **1586**·3·9 政／❺-1 **1603**·2·20 社／**1630**·12·19 政／**1643**·7·10 政／**1660**·4·27 政／❺-2 **1830**·4月 社／❻ **1860**·5月下旬 社／7月 社／**1889**·7·5 社／❽ **1943**·9·4 社／**1944**·4·11 社

　大豹　❼ **1917**·6·29 社

豚(コレラ感染)　❾ **1967**·2·23 社

　養豚　❻ **1869**·是年 社／❽ **1962**·1·19 社

ベニウサギ　❺-2 **1841**·是年 社

ベンガルトラ　❾ **2011**·2·25 社

マントヒヒ　❾ **2011**·2·25 社

マンモス　❾ **1977**·1·14 文／**1994**·1·29 文／**2003**·7·17 文

狢(ムジナ)　❶ **627**·2月 社

緬羊(飼育奨励規則)　❺-2 **1804**·8月 社／❻ **1854**·是年 社／**1869**·是年 社／**1878**·3月 社／❼ **1919**·1·4 社

野牛(バイソン)　❼ **1933**·12·4 社

山嵐·豪猪　❺-2 **1772**·是年 社／**1773**·是春 社／**1775**·是年 社／**1777**·8·9 社／**1832**·是年 社／**1834**·5·13 社

ライオン　❺-2 **1768**·5月 社／**1787**·是年 社／❼ **1902**·1·2 社／**1932**·6·1 社／8·25 社／**1933**·3·22 社／**1935**·1·21 社／❽ **1941**·2·14 社／**1943**·9·4 社／**1949**·5·14 社／**1954**·11·24 社／**1960**·4·12 社／❾ **1978**·3·3 社／**1980**·12·1 社／**1992**·9·19 社／**2003**·5·23 社

ライガー　❾ **1975**·9·8 社

駱駝(⇨㉒レジャー·娯楽「見世物」も見よ)　❶ **599**·9·1／**618**·8·1 政／**657**·是年 政／**680**·10·17 政／❺-1 **1646**·7·24 政／12·1 政／**1647**·2·18 社／❺-2 **1803**·7·9 社／**1821**·6月 社／**1822**·是年 社／**1824**·⑧·9 社／**1826**·6月 社／11月 社／**1833**·是春 社

獺虎(ラッコ)　❺-1 **1615**·6月 政／11月 社／**1631**·4·11 政／❻ **1884**·5·23 社

　猟虎·膃肭臍猟法　❻ **1895**·3·6 社

／是年 政／❼ **1911**·7·7 政／**1912**·4·22 社

　レオポン　❾ **1977**·4·10 社

　レッサーパンダ　❾ **2008**·11·21 社

　驢馬(ロバ)　❶ **657**·是年 政／**680**·10·17 政／**686**·4·19 政／**719**·⑦·7 社／**732**·5·19 社／**818**·1·13 政／❺-1 **1676**·3·15 政／❺-2 **1841**·3·28 社

殺生禁止·放生会

　鵜鴉猟規則　❻ **1878**·5·17 社

　鵜殺し禁止　❹ **1559**·12·10 社

　穽(おとしあな)禁止　❶ **675**·4·17 社／**833**·6·2 社

　籠鳥を放つ　❷ **1015**·2·12 政

　狩場殺生禁制　❺-2 **1718**·7·23 社

　牛馬屠殺禁止　❶ **741**·2·7 社

　禁野　❶ **860**·10·21 社／**883**·12·22 社

　禁猟地　❶ **882**·12·21 社

　狩猟禁止　❷ **1266**·4·15 社／❹ **1467**·4·2 社

　生類憐みの令(殺生禁止)　❺-1 **1609**·8·14 社／**1653**·3·24 社／**1665**·是年 社／**1682**·1月 社／**1687**·1·28 社／2·27 社／3·26 社／4·11 社／**1688**·10·9 社／**1690**·3·16 社／**1694**·4·27 社／**1695**·2·21 社／10·11 社／**1704**·2·13 社／**1706**·2·19 社／**1709**·1·20 社

　殺生禁止　❶ **691**·10·13 社／**721**·7·25 社／**730**·9·29 社／**745**·9·15 社／**752**·1·3 社／③·8 社／**758**·7·4 社／**794**·9·3 社／**809**·4·28 社／**812**·9·20 社／❷ **1114**·9·15 政／**1125**·是冬 社／**1126**·6·21 社／**1129**·⑦月 社／**1188**·8·17 社／**1190**·6·9 社／11月 社／**1191**·4月 社／**1194**·8·1 社／**1195**·9·1 政／**1212**·3·22 社／**1238**·12·18 社／**1245**·3·2 社／**1260**·1·23 社／**1265**·8·7 社／**1273**·3·29 社／5·26 社／**1279**·3·11 社／**1280**·7·23 社／**1281**·8·21 社／❸ **1284**·④·21 社／**1285**·11月 社／**1288**·6·1 社／**1290**·2·23 社／**1300**·7·29 社／9·28 社／**1320**·7·16 社／**1332**·7·12 社／**1350**·6·19 社／**1420**·4·5 社／❹ **1489**·4·26 社／**1494**·2·24 社

　鳥獣猟解禁　❻ **1867**·5·20 社

　鳥獣猟免許規則　❻ **1873**·10·1 社

　燕捕獲禁止　❻ **1890**·9·2 社／**1891**·5·5 社／12·7 社

　鶴捕獲禁止　❻ **1889**·5·9 社

　田猟禁止　❶ **764**·10·11 社／❹ **1505**·11·10 社

　放生会(ほうじょうえ)　❶ **676**·8·17 社／11·19 社／**697**·8·17 社／**726**·6·15 社／**727**·是年 社／**759**·6·22 社／**793**·5·16 社／❷ **1144**·8·15 文／**1218**·10·23 社／❸ **1305**·9·28 社／**1366**·8·15 社

　　放生会(石清水八幡宮)　❶ **948**·8·15 社／❷ **1008**·4·19 社／**1027**·8·15 社／**1031**·8·15 社／**1062**·8·15 社／**1069**·8·15 社／**1070**·8·15 社／**1071**·8·15 社／**1075**·8·15 社／**1077**·8·15 社／**1081**·8·15 社／**1082**·8·15 社／**1084**·8·15 社／**1085**·8·15 社／**1087**·8·15 社／**1088**·8·15 社／**1089**·8·15 社／**1091**·8·15 社／**1092**·8·15 社／**1093**·8·15 社／**1094**·8·15 社／**1095**·8·15 社／**1096**·8·15 社／**1097**·9·15 社／**1099**·8·15 社／**1100**·8·15 社／**1103**·8·15 社／**1105**·8·15 社／**1106**·8·15 社／**1107**·9·15 社／**1108**·8·15 社／**1110**·8·15 社／**1111**·9·15 社／**1113**·8·15 社／**1121**·8·15 社／**1124**·8·15 社／**1126**·8·15 社／**1130**·8·15 社／**1133**·8·15 社／**1134**·8·15 社／**1135**·8·15 社／**1136**·8·15 社／**1137**·8·15 社／**1140**·8·15 社／**1142**·8·15 社／**1143**·8·15 社／**1146**·8·15 社／**1154**·8·15 社／**1161**·8·15 社／**1189**·8·15 社／**1203**·8·15 社／**1226**·8·11 社／**1257**·8·15 社／**1259**·9·15 社／❸ **1302**·8·15 社／**1304**·10·15 社／**1336**·12·15 社／**1337**·8·15 社／**1343**·9·15 社／**1355**·8·15 社／**1399**·8·15 社／**1401**·8·15 社／**1402**·8·15 社／**1405**·8·15 社／**1406**·8·15 社／**1407**·8·15 社／**1412**·8·15 社／**1415**·8·15 社／**1417**·8·15 社／**1419**·8·15 社／**1420**·8·15 社／**1421**·8·15 社／**1422**·8·15 社／**1423**·8·15 社／**1424**·8·15 社／**1426**·8·15 社／**1427**·8·15 社／**1429**·8·15 社／**1431**·8·15 社／**1432**·8·15 社／**1433**·8·15 社／**1434**·8·15 社／**1435**·8·15 社／**1436**·8·15 社／**1437**·8·15 社／**1438**·8·15 社／**1439**·8·15 社／**1440**·8·15 社／**1442**·8·15 社／**1443**·9·15 社／**1445**·8·15 社／**1446**·8·15 社／**1447**·8·15 社／**1448**·9·19 社／**1450**·9·16 社／**1451**·11·16 社／**1452**·12·15 社／**1453**·12·25 社／**1454**·12·19 社／**1455**·12·20 社／❹ **1456**·12·20 社／**1457**·9·17 社／**1458**·9·11 社／**1459**·8·25 社／**1460**·8·15 社／**1461**·8·15 社／**1462**·12·20 社／**1464**·12·15 社／**1465**·8·15 社／**1466**·2·29 社／11·26 社／**1467**·4·24 社／11·15 社／**1469**·2·15 社／11·28 社／**1471**·7·3 社／**1472**·11·18 社／12·28 社／**1477**·①·16 社／9·1 社／**1480**·9·15 社／**1493**·8·15 社／❺-1 **1623**·8·15 社／**1678**·6月 社／**1679**·8·15 社／**1681**·8·15 社／**1684**·8·15 社／**1687**·8·15 社／**1688**·8·15 社／**1690**·8·15 社／**1691**·8·15 社／**1693**·8·15 社／**1694**·8·15 社／**1695**·8·15 社／**1697**·8·15 社／**1698**·8·15 社／**1700**·8·15 社／**1702**·8·15 社／**1705**·8·15 社／**1707**·8·15 社／**1714**·8·15 社／**1715**·8·15 社／❺-2 **1717**·8·15 社／**1726**·8·15 社／**1737**·8·15 社／**1752**·8·15 社／**1754**·8·15 社／**1755**·8·15 社／**1757**·8·15 社／**1758**·8·15 社／**1759**·8·15 社／**1760**·8·15 社／**1761**·8·15 社／

1763·8·15 社／1764·8·15 社／1765·8·15 社／1768·8·15 社／1769·8·15 社／1772·8·15 社／1773·8·15 社／1774·8·15 社／1776·8·15 社／1778·8·1 社／1847·8·15 社／1848·8·15 社／10·15 社／1849·8·15 社／1850·8·15 社／❻ 1853·8·15 社／1857·8·15 社／❾ 2008·9·15 社
放生会(宇佐八幡宮)　❶ 720·是年 社／❷ 1108·8·2 社／❺-1 1617·8·15 社
放生会(琴引八幡宮)　❸ 1452·⑧·15 文
放生会(丹波篠村八幡宮)　❸ 1355·8·28 社
放生会(知恩院)　❻ 1894·9·15 社
放生会(鶴岡八幡宮)　❷ 1187·8·15 社／1188·8·15 社／1189·7·1 社／8·1 社／1192·8·25 社／1193·8·15 社／1194·8·15 社／1201·9·15 社／1202·8·15 社／1203·8·15 社／1206·8·15 社／1208·8·15 社／1209·8·15 社／1215·8·15 社／1216·8·15 社／1217·8·15 社／1218·8·15 社／1221·8·15 社／1222·8·15 社／1225·11·22 社／1227·12·15 社／1228·8·15 社／1233·8·15 社／1243·8·15 社／1246·8·15 社／1257·8·15 社／1259·9·15 社／1261·8·15 社
放生司　❶ 764·10·2 社
放生料　❸ 1323·是年 社
捕鳥禁止解除　❻ 1867·11·22 社
鷹狩
餌差　❺-1 1667·9·27 社／1693·9·10 社
餌鳥(請負人)　❺-2 1724·4月 社
追鳥狩　❺-2 1718·3·13 社／1722·3·18 社／1734·3·4 政／1791·4·6 社
神鷹　❹ 1555·3·4 社／1575·3·21 社
白鷹　❹ 1579·7·25 社
新修鷹経　❶ 818·5·22 社
巣鷹　❸ 1397·7·2 社
巣鷹の制　❺-1 1626·2·28 社
鷹(鷹狩·放鷹)　❶ 書紀·仁徳 43·9·1／728·8·1 社／745·9·19 社／773·1·16 社／791·7·27 社／10·10 社／804·10·23 社／808·9·16 社／817·9·23 社／834·2·8 社／837·10·26 社／855·4·10 社／860·⑩·4 社／863·3·15 社／866·10·20 社／11·18 政／883·7·5 社／885·3·7 社／886·2·16 社／928·12·5 社／961·1·17 社／965·7·21 社／❷ 1072·11·9 社／1113·1·16 社／1114·8·25 社／1130·10·7 社／1161·12·23 社／1195·9·29 社／1206·3·12 社／1212·8·19 社／1213·12·7 社／1235·2·29 社／1242·1·15 社／1245·11·10 社／12·16 社／1246·3·30 社／1250·11·29 社／1266·3·28 社／❸ 1332·7·12 社／❹ 1466·②·21 社／1481·7·6 社／1482·6·25 社／1499·10·11 社／1538·2·5 社／1542·9·5 社／1560·2·16 社／1563·3·1 社／1564·3·1 社／1570·3·5 政／1571·2·23 政／3·20 社／1572·4·5 政／是冬 社／1575·10·19 政／1577·7·3 社／1579·9·11 社／1580·3·9 政／6·26 政／1581·10·7 社／1585·2·15 政／1588·1·29 社／3·3 社／1589·1·3 社／10·17 政／1600·1·9 社／❺-1 1601·12·4 社／1604·8·23 社／10·16 社／1606·9·27 社／1607·11·1 社／1608·1·24 社／7月 社／1610·1·8 政／1·9 社／1611·11·5 社／1612·⑩·20 社／1613·9·17 政／1615·10·21 社／1618·10·29 社／1624·1·21 社／1625·1·8 社／12·6 政／1629·1·20 社／8·2 政／1630·1·29 社／1633·5·18 社／9·11 社／1634·3·28 社／1637·12·2 社／1638·1·5 社／1639·10·20 政／1645·9月 社／1647·11·7 社／1651·5·14 社／1670·3·9 社／❺-2 1717·5·11 社／1719·7·26 社／1724·4·11 社／1725·7·23 政／1737·9·18 社／1779·2·21 政／1786·12月 社／1798·3·19 社／1804·10·16 社／❻ 1866·10·15 社／1867·8·5 社
鷹餌　❹ 1487·9月 社／❺-1 1641·8月 社
鷹餌指　❺-2 1717·9·2 社／1720·10月 社
鷹匠(頭)　❹ 1497·10月 政／❺-1 1607·是年 社／1618·9·11 社／1649·9·15 社／1682·3·21 政／1693·9·10 社／❺-2 1716·8·22 社／1738·11·15 社／1801·8·21 社／❻ 1866·12月 社
鷹匠目付　❺-2 1738·11·15 社
鷹取鴈　❹ 1570·1·24 政
鷹羽　❷ 1190·11·13 政
鷹場　❻ 1867·5·20 社
鷹場の制　❺-1 1628·10·28 社／1693·10·15 政／❺-2 1722·2月 社／10月 社
鷹場役人　❺-1 1667·9月 政
鷹部屋　❺-2 1716·7·22 社／1717·2·13 社
鳥見役　❻ 1866·12月 社
年貢御鷹　❶ 859·8·8 社
隼　❶ 833·10·25 社／836·1·28 社／838·11·29 社
放鷹司　❶ 764·10·2 社
鷹価　❺-1 1711·10·11 社
鳥類
アネハヅル　❾ 1979·8·7 社
アホウ鳥　❽ 1955·2·5 社
家鴨　❺-2 1817·文化年間 社
石割鳥　❺-1 1657·1·15 政
インコ　❽ 1949·5·14 社
いんこ鳥　❺-1 1646·12·1 政
いんす鳥　❺-1 1639·5·1 政
鵜飼　❶ 745·9·19 社／805·10·24 社／885·10·19 社／974·8·10 社／1000·9·2 社／❸ 1288·6·20 社／1332·7·12 社／1364·11·27 社／1373·3·30 社／❹ 1472·5·17 社／❺-1 1611·4·21 社／1644·5·21 社／❺-2 1717·5·11 社／1741·7·7 社／1783·是年 社／❽ 1947·5·11 社
鶯　❹ 1458·①·13 社／1466·②·21 社
鶉(うずら)　❸ 1420·是年 社／❺-1 1643·是年 社
ウミネコ　❽ 1959·5·24 社
鵜(う)料理　❺-1 1642·11·11 文
エミュー　❼ 1899·6·9 社
鸚鵡(おうむ)　❶ 647·是年 政／656·是年 政／732·5·19 社／847·9·18 社／996·⑦·16 政／❷ 1066·5·1 政／1082·8·3 政／1147·11·10 政／1242·7·4 政／❸ 1408·6·22 政／❹ 1461·12·2 政／1467·3·5 政／7·13 政／❺-1 1612·8·28 社／1637·10·7 社／❺-2 1758·是年 社／1773·6·6 社
オオタカ　❾ 1999·6·2 社
大鶏　❹ 1467·7·13 政
大鳥ほうよろすてれいす　❺-1 1658·1·15 政
オガサワラヒメミズナギドリ　❾ 2012·2·7 社
岡鳥問屋　❺-2 1725·是年 社／1749·1·24 社
和蘭雉(オランダきじ)　❺-1 1639·9·27 社
飼鳥屋　❺-2 1725·是年 社／1794·3·20 社／1846·3·21 社
家禽飼育　❼ 1907·4·29 社
鵲(かささぎ)　❶ 598·4月
かちはり鳥　❺-1 1646·12·1 政
鵞鳥(鵞)　❶ 466·9·4／903·11·20 社／996·⑦·16 政／997·9·8 政／❷ 1099·8·16 社／1126·10·21 社／❹ 1461·6·20 文
カナリア　❺-2 1781·是年 社／1788·天明年間 社
鴨　❸ 1317·5·13 社／1420·是年 社／❹ 1572·是年 社／❺-1 1651·1·24 社
カラス
カラス作戦　❾ 2003·5·27 社
カラスの異変　❸ 1284·5·16 社
唐鳥　❷ 1226·10·18 社／❺-2 1809·11月 社
雁　❸ 1420·是年 社／❹ 1576·1·12 社／❺-1 1651·1·24 社
かるこん鳥　❺-1 1639·5·1 政
雉子　❸ 1420·是年 社／❺-1 1637·10·7 社／❺-2 1737·11月 社／❽ 1947·3·22 社／1954·3·3 社
黄鶺鴒　❺-2 1760·是年 社
黄鷹　❺-2 1734·11·9 社
奇鳥　❺-1 1682·2·3 政
求歓鳥　❺-2 1735·③·1 政
鵠(くぐい)　❶ 書紀·垂仁·23·11·2
鴝鵒(くこく)　❶ 732·5·19 社
孔雀　❶ 598·8·1／647·是年 政／700·10·19 政／847·9·18 社／909·11·27 政／911·3·26 社／951·是年 社／❷ 1015·2·12 政／4·10 社／⑥·25 社／1147·11·10 政／1148·3·27 政／4·5 政／❸ 1408·6·22 政／❹ 1461·12·2 政／1575·3月 社／1589·3·29 社／1598·10月 社／❺-1 1602·6·28 政／1606·3月 政／1627·11·5 政／❺-2 1773·6·6 社
鶏禽　❺-2 1767·是年 社
鶏卵　❺-2 1842·是年 社
コウノトリ　❾ 1966·3·15 社／1988·4·5 社／2005·9·24 社／2007·5·20 社

国際親善鳩レース ❽ 1953·10·18 社
国際鳥類保護会議 ❽ 1960·5·23 社
国際水鳥会議 ❾ 1980·2·18 文
極楽鳥(剝製) ❾ 1971·1·22 社
国立種鶏場 ❼ 1929·2·19 社
小鷹 ❺-1 1710·2·29 社
小鳥 ❸ 1334·2·26 文
　小鳥合 ❻ 1857·10·7 文
　小鳥飼養禁止 ❷ 1114·9·8 社
コバンドリ ❺-1 1704·是夏 社
鷺 ❺-1 1691·11·22 社
　鷺の怪 ❸ 1388·9·23 社
鴫(しぎ) ❸ 1420·是年 社
鷓鴣 ❺-2 1767·是年 社
十姉妹 ❺-2 1762·是年 社／1788·天明年間 社／❼ 1926·是年 社
種鶏場官制 ❼ 1927·11·1 社
寿帯鳥 ❺-2 1760·是年 社
水禽 ❹ 1457·2月 社
雀 ❸ 1420·是年 社／❺-2 1833·7月 社
　雀小弓 ❷ 1213·2·15 文／1216·4·25 文
鶺鴒 ❺-2 1769·是年 社
セキレイインコ ❼ 1926·是年 社
全国鳥寄せ合戦 ❽ 1954·5·15 社
宋の鳥獣 ❷ 1226·5·16 社
宋鳩 ❷ 1143·3·9 社
鷹⇨「鷹狩」
駝鳥(卵) ❺-2 1785·3·26 文／1789·7月 社／1791·是夏 社／❼ 1902·1·2 社／❽ 1951·6·15 社
卵子 ❶ 985·1·25 社
昼眉鳥 ❺-2 1760·是年 社
ちょういんこ ❺-2 1758·是年 社
鳥獣類分布調査 ❾ 1988·1·14 社
朝鮮雉 ❺-2 1737·7·13 社
鳥類価格表(オランダ船) ❺-2 1789·是年 政
燕 ❺-1 1687·6·26 政／❽ 1954·7月 社
鶴 ❸ 1317·5·13 社／1420·是年 社／❹ 1598·1·9 社／1599·12·8 社／❺-1 1612·1·17 社／1615·1·1 社／1632·7·26 政／1664·⑥·26 社／1685·12·25 社／❺-2 1830·12·2 政
　ソデクロヅル ❾ 1980·4·16 社
　タンチョウヅル ❼ 1899·11·9 社
　鶴屋 ❺-1 1688·1·29 社
伝書鳩(軍用) ❻ 1871·4月 社／1886·5月 政／1887·3·23 社／❼ 1897·4·22 社／1929·3·24 政／❽ 1941·8·23 社／1959·3·31 社
闘鶏 ❶ 463·8月／882·2·28 社／938·3·4 社／986·3·7 社／❷ 1006·3月 社／1025·3·17 文／1094·1·28 社／1108·2·17 文／1117·5·29 文／1135·3·2 文／1158·2·13 文／1172·5·2 文／1205·3·3 文／1207·3·3 文／1208·3·3 文／1217·3·2 文／1247·3·3 文／❸ 1314·3·3 文／1322·3·3 文／1375·3·3 文／1421·3·3 文／1425·3·3 文／1436·3·3 文／1442·3·3 文／1443·3·3 文／❹ 1526·3·3 社／1475·3·3 社／1485·3·3 社／1491·3·2 文／1492·3·3 社／1493·3·3 社／1496·3·3 社／1497·3·3 社／1499·3·3 社／1503·3·3 社／1515·3·3 社／1517·3·3 文／1573·3·3 文／1582·3·3 社／1589·3·3 社／❺-1 1602·3·3 文／1617·3·3 社／1635·3·3 社／1644·3·3 社／1663·3·3 社／1674·3·3 社／1680·享保年間 社／1684·3·3 社／1687·3·3 社／1711·3·3 社／5·26 社／1713·12·1 社／1715·3·3 社／❺-2 1724·3·3 社／1729·3·3 社／1736·3·3 社／1747·3·3 社／1764·3·3 社／1766·3·3 社／1771·3·3 社／1773·3·3 社／1774·3·3 社／1776·3·3 社／1778·3·3 社／1844·4·21 社／1847·3·3 社／1848·2·15 社／❼ 1916·7·26 社
朱鷺(トキ) ❽ 1960·5·23 社／1962·9·23 社／❾ 1967·11·22 社／1970·1·8 社／1976·12·3 社／1979·11·27 社／1980·8·28 社／1981·1·11 社／1986·6·5 社／1994·9·27 社／1995·4·30 社／1999·5·21 社／2003·10·10 社／2008·9·25 社／2010·3·10 社／2012·4·22 社
鳶烏 ❺-1 1691·10·21 社／1705·1·28 社
禽(とり) ❶ 467·10月
鳥網 ❹ 1579·2·10 社
鳥インフルエンザ ❾ 2004·1·12 社／2·27 社／2005·6·26 社／2007·1·10 社／2010·11·30 社
鳥商売(禁止) ❺-1 1690·6·5 社／1700·1·29 社／1705·2月 社／1707·8·11 社／1708·①月 社
鳥屋(問屋) ❺-2 1718·7·23 社／1720·4·21 社
鳥猟 ❺-1 1644·12·5 社
日米渡り鳥保護條約 ❾ 1972·3·4 社
日中渡り鳥協定 ❾ 1981·3·3 社
日本家禽協会 ❻ 1889·5·4 社
日本の国鳥 ❽ 1947·3·22 社
鶏 ❶ 934·3·11 社／❸ 1443·6月 社／❽ 1947·5·6 社
　竹鶏 ❺-2 1767·是年 社
　チャボ飼育 ❻ 1892·8月 社
　矮鶏(ちゃぼ)トウマル ❺-2 1844·是年 社
バード·デー ❽ 1947·4·11 社
白鳥 ❹ 1568·10·25 社／1589·1·7 文／12·25 社／❼ 1926·4·13 社／❽ 1963·7·16 社
　オオハクチョウ ❾ 1994·7·21 文
鳩 ❷ 1208·9·28 社／❻ 1885·11月 社
哵々鳥(ははちょう) ❺-2 1773·6·6 社
雲雀 ❽ 1961·6·14 社
ヒヨコの雌雄鑑別技術者 ❼ 1925·4月 社／❽ 1956·12·22 社
風鳥 ❺-1 1678·3·15 政
仏法僧 ❶ 918·8·11 文
ブロイラー ❾ 1977·8·5 社
ペンギン ❽ 1939·3·17 社
水鳥(問屋) ❺-2 1725·1月 社／是年 社／1749·1·24 社／1767·10·22 社／1822·11·7 社／1851·11·30 社
目白の鳴合わせ ❻ 1879·5·25 社／❾ 2004·4·11 社
茂原養鶏場 ❼ 1932·6·27 社
矢ガモ ❾ 1993·2·11 社
八頭鳥 ❺-1 1673·9·28 社
野鳥 ❾ 1989·4·16 社
野鳥問屋 ❺-2 1725·1月 社
山雀 ❷ 1248·10·25 社
ヤンバルクイナ ❾ 1981·6·28 社／2003·6·6 社
養鶏奨励規則 ❼ 1927·3·30 社
雷鳥 ❽ 1955·2·15 社
猟師札 ❺-2 1749·5月 社
連雀 ❶ 900·是年 社
鷲 ❶ 643·3月 社／650·8月 社
動物園·水族館·研究所
浅草水族館 ❻ 1885·10·17 社
生きた魚のいない水族館 ❾ 1996·4·1 文
池田産業動物園 ❽ 1953·2·14 社
移動動物園 ❽ 1950·4·25 社
井の頭公園動物園(自然文化園) ❼ 1934·5·5 社／❽ 1942·5·17 社
上野水上動物園·水族館 ❽ 1948·5· 社／1964·10·30 文
上野動物園 ❻ 1882·3·20 社／❼ 1924·1·28 社／1927·4月 社／1928·8·1 社／1931·3·20 社／❽ 1943·9·4 社／1944·1·1 社／1946·6·16 社／10·27 社／1962·3·20 社／❾ 1982·3·19 社
海釣り専用公園(横浜港) ❾ 1978·7·30 社
江の島水族館 ❽ 1952·7·19 社／❾ 2004·4·16 文
大阪天王寺動物園 ❼ 1912·7·3 社
大津臨湖実験所 ❼ 1914·9·16 文
海水水族館 ❽ 1952·3·20 社
海遊館(水族館) ❾ 1990·7·20 社
葛西臨海水族園 ❾ 1989·10·10 社
九州自然動物公園アフリカンサファリ ❾ 2003·5·23 社
京都水族館開館 ❾ 2012·3·14 社
熊本動物園 ❼ 1929·7·26 社
国際動物園園長連盟総会 ❾ 1973·10·21 社
子供動物園 ❽ 1948·4·10 社
堺市立堺水族館 ❼ 1935·3·27 文
サンクチュアリ(野鳥の聖域) ❾ 1981·5·10 社
水産試験場(農林省) ❼ 1929·3·30 文
水族館(浅草公園) ❼ 1899·10·15 社／1910·11·12 社
水族館(東京) ❻ 1885·10·17 社
周防猿回しの小劇場 ❾ 1986·9·3 社
世界淡水魚園水族館 ❾ 2004·7·14 文
多摩自然動物園 ❽ 1958·5·5 社
鳥獣保護区 ❾ 1972·3·29 社
東京港野鳥公園 ❾ 1989·11·12 社
動物園 ❻ 1876·1月 文
動物園の始め(花鳥茶屋) ❺-2 1793·是年 社
鳥羽水族館「魚の病院」 ❾ 1965·4· 文
鳥の博物館 ❾ 1990·5·22 文
名古屋市立動物園 ❼ 1918·4·20 社
西宮市動物園 ❽ 1950·4·25 社
日本海洋会 ❼ 1911·6·3 社
日本モンキーセンター ❽ 1956·10·17 文

東山動物園 ❽ **1946**·3·17 社
フェニックス自然動物園(宮崎) ❾ **1971**·3·24 文
福岡市立動物園 ❽ **1958**·3·31 社
富士サファリ·パーク開園 ❾ **1980**·4·23 社
箕面動物園 ❼ **1910**·11·1 社
ライオンパーク ❽ **1964**·5·16 社
猫 ❸ **1419**·4·15 社／❺-1 **1608**·5·13 社／❺-2 **1735**·是年 社／**1753**·是年 社
飼い猫「たま」 ❾ **2007**·1·5 社
飼い猫鑑札制度 ❾ **1976**·11·1 社
猫狩り ❺-1 **1675**·10·7 社
猫の展覧会 ❻ **1878**·7·15 文
猫の放飼い禁止 ❺-1 **1668**·5·15 社
猫の墓石 ❺-2 **1766**·2·11 社／**1807**·5 月 社
『我輩は猫である』モデル猫死亡 ❼ **1908**·9·14 社
爬虫類
アミメニシキヘビ ❾ **2012**·4·14 社
イモリ ❺-1 **1687**·4·23 社／❾ **1995**·4·25 文
エリマキトカゲ ❾ **1984**·6·15 社
食用蛙 ❼ **1917**·4 月 社
ハブ ❾ **2009**·7·16 社
蟾蜍(ひきがえる·ガマ) ❶ **784**·5·7 社／❸ **1425**·2·14 社
めでたいもの(瑞祥)
赤亀 ❶ **681**·9·5 社
赤烏 ❶ **677**·11·1 社／**692**·5·7 社／**721**·1·1 社
赤雉 ❶ **686**·7·20 政
金色亀 ❺-2 **1818**·5·28 社
白燕 ❶ **699**·8·21 社／**704**·7·3 社／**808**·5·15 社／**880**·7·5 社
白魚 ❶ **796**·4·14 社
白牛 ❺-2 **1728**·3 月 社／**1735**·享保年間 社／**1793**·6 月 社／**1803**·是春 社
白亀(鼈) ❶ **697**·9·3 社／**700**·8·10 社／**723**·10·11 社／**726**·1·2 社／**770**·8·5 社／**775**·4·13 社／**848**·5·14 社／6·13 政／**850**·6·11 社／9·8 社／**876**·9·9 社／**883**·8·17 社／**899**·5·10 社
白鴨 ❷ **1187**·12·7 社／❸ **1435**·2·21 社
白雉 ❷ **1008**·12 月 社／**1016**·12·29 社／❺-2 **1718**·1·28 社／**1737**·7·13 社／**1837**·5·28 社／❻ **1860**·11·19 社
白狐 ❶ **721**·1·1 社
白蝙蝠 ❶ **694**·10·10 社
白雉 ❶ **599**·9·1／**650**·2·9 政／**673**·3·17 社／**775**·4·13 社／**787**·4·16 社／**792**·3·20 社／**796**·1·1 社／**827**·5·10 社／**858**·7·5 社／**876**·1·27 社／**877**·1·3 社／**937**·2·1 社／**985**·5·16 社／**991**·9·10 社
白鹿 ❶ **598**·10·10／**697**·9·3 社／**792**·⑪·11 社／**802**·1·18 社／**803**·1·2 社／**856**·12·28 社／**857**·2·21 社／**862**·9·27 社／**868**·11·28 社／**877**·3·3 社／**917**·⑩·26 社／**928**·9·4 社／❷ **1029**·7·10 政
白雀 ❶ **642**·7·23 社／**791**·7·22 社／**794**·6·21 社／**796**·1·1 社／**797**·1·1 社／**802**·8·8 社／**803**·1·2 社／**814**·7·29 社
白鷹 ❶ **675**·1·17 社／❸ **1327**·3 月 社
白鼠 ❶ **726**·1·2 社／**778**·4·8 社／12·11 社／**809**·3·16 社／**897**·11·1 社／❺-2 **1771**·明和年間 社
白鳩 ❶ **699**·3·9 社／**713**·1·4 社
白山鶏 ❶ **694**·6·8 社
白鵄 ❶ **675**·1·17 社
白巫鳥 ❶ **680**·3·10 社
白茅鴟 ❶ **681**·8·16 社
白鳥 ❶ **書紀·仲哀 1**·11·1／**704**·7·3 社／**733**·1·1 社／**774**·7·10 社／**794**·5·24 社／**806**·8·19 社／**809**·5·28 社／**811**·5·25 社／**925**·3·27 社／❷ **1034**·5·9 社／❸ **1398**·1·10 社／**1420**·是年 社
白頭翁 ❺-2 **1767**·是年 社
白狸 ❺-2 **1821**·是年 社
瑞鶏 ❶ **675**·1·17 社
朱雀 ❶ **680**·7·10 社
万歳楽(まんざいらく·珍魚) ❺-1 **1645**·8·23 社／**1646**·2·4 社／**1712**·3 月 社
龍 ❶ **655**·5·1 社／❸ **1368**·6·12 社
霊亀 ❶ **715**·8·28 政／**729**·6·20 政
霊牛(近江関寺) ❷ **1025**·5·17 社
酪農·牧場
阿久原牧(武蔵) ❶ **933**·4·2 社
芦野牧(種子島) ❺-1 **1683**·6 月 社
安房峯岡牧 ❺-1 **1697**·6·21 社
石田牧(武蔵) ❶ **933**·4·2 社
岩山牧(日向高鍋藩) ❺-1 **1609**·是年 社
畝野牧(摂津) ❶ **808**·7·4 社
無馬(うまなき)の牧収公 ❶ **798**·12·8 社
大宅牧(肥後) ❶ **864**·11·4 社
小笠原牧(甲斐) ❷ **1211**·5·19 政
小野牧(武蔵) ❶ **931**·11·7 社
柏前牧(甲斐) ❷ **1025**·8·13 社
牛馬放牧 ❺-1 **1611**·3·19 社
楠葉御牧(河内) ❷ **1203**·4 月 社
貢馬(くめ) ❶ **768**·1·28 社／**826**·2·11 社／**830**·9·22 社／**868**·8·15 社／**869**·8·15 社／**883**·5·5 文／**886**·8·17 社／**905**·5·9 社／**952**·9·23 社
貢馬の期 ❶ **864**·4·12 政／**865**·12·19 社／**887**·4·1 社／**909**·10·1 社
貢馬の納期 ❶ **931**·11·7 社／**933**·4·2 社
欠駒 ❶ **824**·8·20 社
駒の未進価格 ❶ **812**·12·8 社
検牧使 ❶ **893**·3·16 社／**975**·2·1 社
後院牧 ❶ **775**·6·27 政／**781**·8·28 政／**841**·12·2 社
神津牧場 ❻ **1887**·是年 社
小金ヶ原牧羊場(下総) ❻ **1875**·8·31 社
御料牧場 ❾ **1969**·9·10 社
札幌緬羊場 ❻ **1876**·7 月 社
三本木野牧場 ❻ **1871**·10·22 社
小豆島牧(備前) ❶ **784**·10·3 社
高田牧 ❷ **1023**·7·15 政／**1029**·3·2 政
瀧川種羊場(官制) ❼ **1918**·4·19 社
託磨牧(讃岐) ❶ **865**·12·9 社
立野牧 ❶ **909**·10·1 社
蓄馬数 ❶ **721**·3·9 政
畜病院 ❻ **1883**·2 月 社
秩父牧(武蔵) ❶ **910**·10 月 社
勅旨牧 ❶ **909**·10·1 社／**931**·11·7 社／**933**·4·2 社／❷ **1002**·3·12 社
屠牛場·規則 ❻ **1868**·是年 社／**1871**·11·3 社／**1872**·是年 社／**1873**·11·5 社／**1880**·是年 社
屠牛数(東京) ❻ **1876**·是年 社
屠牛·売肉商規則 ❻ **1873**·12·2 社
長島牧(備前) ❶ **784**·10·3 社
乳牛 ❻ **1866**·1·10 社
乳牛課法 ❶ **884**·9·1 社
乳牛戸 ❶ **713**·5·25 社
乳牛役 ❷ **1150**·9·16 社
乳師 ❶ **825**·4·4 社
野神牧(大隅) ❶ **860**·10·8 社
肥伊牧(大和)廃止 ❶ **700**·3·17 社／**871**·⑧·28 社
武河牧(甲斐) ❷ **1194**·3·13 社
放牛(京都) ❷ **1227**·4·7 社
放牧(牛馬) ❶ **799**·7·28 社
牧牛(但馬) ❻ **1867**·8·24 社
牧子 ❶ **898**·11·11 社
牧場·牧馬の制 ❶ **667**·7 月 社／**668**·7 月 社／**707**·3·26 社／**806**·8·25 社／❷ **1210**·10·13 社／❺-1 **1658**·3 月 社／**1702**·⑧·25 社／❺-2 **1719**·6·11 社／**1724**·8 月 社／**1767**·5 月 社／**1793**·4·23 社／**1796**·10·24 社／**1797**·3 月 社／**1798**·1·8 社／3·2 社／❻ **1855**·7·22 社／**1866**·8 月 社／**1869**·9·15 社
牧畜試験場 ❻ **1871**·8·24 社
牧馬争い ❷ **1002**·8·22 社
穂坂牧(甲斐) ❷ **1002**·8·17 社／**1009**·9·19 社／**1011**·8·7 社／**1013**·9·4 社／**1016**·4·27 社／**1017**·8·16 社／**1024**·12·1 社／**1029**·8·21 社／**1030**·12·2 社／**1087**·8·21 社
牧士制度 ❺-2 **1722**·4 月 社
真衣野(まきの·甲斐) ❷ **1025**·8·7 社／**1087**·8·21 社
牧監 ❶ **824**·8·20 社／**827**·10·15 社／**858**·5·11 社／**876**·1·26 社／**893**·3·16 社
真駒内牧牛場 ❻ **1876**·9 月 社
望月牧(信濃) ❶ **905**·5·9 社
焼狩 ❷ **1263**·8·13 社／11·15 社
山田牧(高陽院領) ❷ **1125**·是春 社
吉多牧(大隅) ❶ **860**·10·8 社

25　植物

植物に関する書籍

『秋野七草考』　❺-2 1812·是年 社
『あさがほ叢』　❺-2 1817·是年 社
『朝顔明鑑鈔』　❺-2 1722·是年 社
『紫陽三月記』　❺-1 1691·是年 社
『アンボイナ奇品室(紅毛貝譜)』　❺-2 1741·是年 文
『怡顔斎菌品』　❺-2 1761·是年 文
『怡顔斎梅品』　❺-2 1758·是年 文／1760·是年 社
『怡顔斎蘭品』　❺-2 1772·是年 社
『岩つつじ』　❺-1 1713·是年 文
『江戸名所花暦』　❺-2 1824·是年 社
『園芸植物事典』　❺-1 1695·1月 社
『遠西草木略』　❺-2 1797·是年 文
『蔦録』　❺-2 1809·是年 文
『万年青七種』　❺-2 1831·是年 文
『阿蘭陀本草稿本』　❺-2 1771·是年 文
『和蘭陀本草書』　❺-1 1644·是年 文
『和蘭本草和解』　❺-2 1741·是年 文
『花彙』　❺-2 1759·是年 社／1763·是年 文／1765·是年 文
『画菊』　❺-1 1691·是年 社
『花壇綱目』　❺-1 1681·是年 社
『花壇地錦抄』　❺-1 1695·1月 文
『花譜』　❺-1 1698·9月 文
『甘藷記』　❺-2 1734·2月 文
『甘藷百珍』　❺-2 1789·是年 社
『勧施救荒』　❺-2 1837·是年 文
『癸亥和蘭本草和解』　❺-2 1743·3·1 文
『飢饉之時乃食物の大略』　❺-2 1837·是年 文
『菊花壇養種』　❺-2 1846·是年 社
『菊経』　❺-2 1754·是年 文
『菊寿童霞盃』　❺-2 1827·是年 文
『菊の図譜』　❺-1 1690·是年 社
『菊譜百詠図』　❺-1 1688·是年 社
『橘品』　❺-2 1797·是年 社
『饑年要録』　❺-2 1785·是年 文／1834·是年 文
『救饑提要』　❺-2 1850·是年 文
『救急選考』　❺-2 1801·是年 文
『救歉挙要』　❺-2 1833·9月 文
『救荒便覧』　❺-2 1833·8月 文
『救荒便覧後集』　❺-2 1836·是年 文
『救荒本算啓蒙』　❺-2 1843·是年 文
『救荒本草』　❺-2 1716·10月 社／1799·是年 文
『救荒本草食物便覧』　❺-2 1837·是年 文
『救荒本草通解』　❺-2 1816·是年 文
『救荒略』　❺-2 1833·8月 文
『菌誌』　❺-2 1811·是年 文
『金生樹譜·別録』　❺-2 1830·是年 社／1833·是年 文
『錦繍枕』　❺-1 1692·10月 社
『菌譜』　❺-2 1834·是年 文／1835·是年 文
『顕花植物図譜』　❺-2 1748·是年 文
『牽牛花水鏡』　❺-2 1818·12月 文
『牽牛品類図考』　❺-2 1814·9月 社
『庚午阿蘭陀本草和解』　❺-2 1750·是年 文
『甲子阿蘭陀本草和解』　❺-2 1744·3·1 文
『広大和本草』　❺-2 1755·是年 文／1759·是年 文
『小万年青名寄』　❺-2 1832·是年 文
『桜草勝花品』　❺-2 1835·是年 文
『砂糖制作記』　❺-2 1797·是年 文
『詩経草木多識会』　❺-2 1799·5·17 文
『拾品抄』　❺-2 1850·是年 社
『質問本草』　❺-2 1837·是年 文
『紫藤園攷証甲集』　❺-2 1845·是年 社
『重刻秘伝花鏡』　❺-2 1773·是年 社
『秋意古新集』(菊花品定の図)　❺-1 1713·1月 文
『松蘭譜』(松葉蘭の図譜)　❺-2 1837·是年 文
『植学啓原』　❺-2 1833·是年 文／1834·是年 社
『植物学入門(蘭訳版)』　❺-2 1818·是年 文
『食物本草』　❺-1 1671·是年 社／❺-2 1761·是年 文
『食物和歌本草』　❺-2 1795·是年 文
『食物和歌本草増補』　❺-1 1667·是年 文
『除蝗録』　❺-2 1826·是年 社
『神農本草経疏』　❺-1 1669·是年 文
『信陽菌譜』　❺-2 1799·是年 文
『図解本草』　❺-1 1680·是年 文
『製葛録』　❺-2 1828·7月 文
『精選花譜大全』　❺-1 1654·是年 文
『船上花譜』　❺-2 1844·是年 文
『桑華蒙求』　❺-1 1710·是年 文
『増補花壇大全』　❺-2 1813·是年 社／1816·是年 社
『増補地錦抄』　❺-1 1710·1月 文
『草木育種』　❺-2 1818·是年 社／1832·是年 社
『草木育種後編』　❺-2 1837·是年 文
『草木奇品家雅見』　❺-2 1827·是年 社
『草木錦葉集』　❺-2 1829·是年 社
『草木誌』(ドドネウス)　❺-1 1608·是年 文／1682·是年 文／❺-2 1744·是年 文
『草木性譜』　❺-2 1827·是年 社
『泰西本草名疏』　❺-2 1829·是年 社
『台湾植物図譜』　❼ 1911·9月 文
『橘品類考』　❺-2 1797·是年 社
『知登勢の友』　❺-2 1836·是年 文
『重修本草綱目啓蒙』　❺-2 1844·是年 文
『長世花林抄』　❺-2 1733·是年 文
『長生草』　❺-2 1835·是年 文
『朝鮮珍花舜集』　❺-2 1815·是年 社
『長楽花譜』　❺-2 1841·是年 文
『千代見草』(菊花)　❺-1 1699·是年 社
『通賢花壇抄』　❺-2 1828·是年 社
『丁丑朝顔譜』　❺-2 1818·4月 社
『丁卯阿蘭陀本草和解』　❺-2 1747·是年 文
『動植名彙』　❺-2 1830·是年 社
『当世後の花』(菊の栽培法)　❺-1 1713·是秋 文
『南天奇品写生五木』　❺-2 1821·8月 文
『人参耕作記』　❺-2 1748·是年 文
『農業自得』　❺-2 1841·是年 文
『農喩(ききん用心)』　❺-2 1825·8月 文
『花菖蒲培養録』　❺-2 1849·是年 文
『薔薇培養法』　❻ 1875·6月 社
『春の七草考』　❺-2 1814·是年 社
『蕃薯合考』　❺-2 1823·是年 文
『蕃藷考』　❺-2 1735·2·15 文
『蕃藷録』　❺-2 1717·6月 社
『万代富栄貴草』　❺-2 1848·是年 社
『備荒草木図』　❺-2 1833·9月 文
『百菊図巻』　❺-1 1704·是年 文
『百姓訓』　❺-2 1733·是年 文
『蛭藻』　❺-2 1778·10·19 社
『風蘭譜』　❺-2 1843·天保年間 社
『扶桑百菊譜』　❺-2 1736·是年 文
『物類品隲』　❺-2 1806·是年 文
『芳菊草稿』　❺-2 1843·是年 社
『忘飢草』　❺-2 1833·9月 文
『戊辰阿蘭陀本草和解』　❺-2 1748·是年 文
『菩多尼訶経』　❺-2 1822·1月 社
『牡丹名寄』　❺-1 1688·是年 社
『本草啓蒙名疏』　❺-2 1809·是年 文
『本草綱目』　❺-1 1637·是年 文／1672·12月 文
『本草綱目啓蒙』　❺-2 1803·2月 文／1806·是年 文／1820·是年 文
『本草綱目考異』　❺-2 1765·7·3 文
『本草綱目補物品目録』　❺-2 1752·3·15 文／是年 文
『本草綱目目録和名』　❺-1 1680·是年 文
『本草序列』　❺-1 1639·是年 文／1641·是年 文
『本草図譜』　❺-2 1830·8月 文／1844·是年 文
『本草正鵠』　❺-2 1776·是年 文／1832·是年 文
『本草正々譌』　❺-2 1778·是年 文
『本草正々譌刊誤』　❺-2 1779·是年 文

『本草百味主能諺解』 ❺-2 1728·是年 文
『本草弁疑』 ❺-2 1759·是年 文
『本草和名』 ❺-2 1796·12月 文
『名花画譜草名集』 ❺-2 1823·是年 社
『大和本草』 ❺-1 1715·1月 文／❺-2 1780·9·13 文
『蘭養』 ❺-1 1700·8月 文
『立華正道集』 ❺-1 1684·是年 文
『琉球産物志』 ❺-2 1770·是年 社
『林業白書』 ❾ 1970·4月 社／1973·4·3 政
『和歌食物本草』 ❺-1 1630·是年 文／1692·是年 文

物一般
天城御林の覚 ❺-1 1685·11·23 社
異国草木会 ❺-2 1845·6·25 文
遺伝子組換え植物 ❾ 1984·2·2 文
植木市 ❺-2 1757·5月 社
植木奉行 ❺-1 1660·2·10 社
植木屋仲間 ❺-2 1778·4月 社／1803·8月 社／1812·10月 社
ウミユリ化石 ❾ 1995·5·26 文
尾瀬が原 ❼ 1935·9月 社
お宮の松 ❾ 1966·11·17 社
ガーデニングブーム ❾ 1997·是年 社／1998·是春 社
囲木(御帳木)の制度 ❺-1 1709·12·24 社
果樹農業振興特別措置法 ❽ 1961·3·30 社
春日社山木 ❹ 1506·9·15 社／1518·9·28 社
家庭用蔬菜登録販売 ❽ 1942·11·16 社
観光菊花大会(東京) ❽ 1950·11·1 社
菊人形 ❻ 1861·9月 社／1876·11·1 社／1878·11月 社
木屋 ❺-1 1650·4·24 社
救荒関係書 ❺-2 1833·8月 文
郷土の花 ❽ 1954·3·22 社
草花屋 ❺-1 1650·4·24 社
桑皮で綿製造 ❻ 1861·2·12 社
高価な鉢植禁止 ❺-2 1798·8·25 社
高山植物 ❾ 1969·8·26 社
国有林野法 ❼ 1899·3·23 社
国立公園 ❼ 1927·12月 社／1934·3·16 社／12·4 社／1936·2·1 社
御料林 ❽ 1947·4·1 政
砂防林 ❺-2 1751·是年 社／1758·是年 社
山林伐採禁止 ❺-1 1678·9月 社／❺-2 1754·5·3 政／1836·1月 社
ジベレリン(植物ホルモン) ❽ 1938·12月 文
地野菜(所沢) ❾ 2003·10·16 社
樹医 ❾ 1998·9·25 社
樹木伐採禁止 ❶ 676·5月 社／805·12·22 社
樟脳油税則 ❼ 1897·8·29 政
照葉樹林 ❾ 1982·1·11 社
植樹 ❺-1 1684·3月 社
植物方(延岡藩) ❺-2 1819·8月 社
植物御用係 ❺-2 1737·2月 文
植林奨励法 ❻ 1878·3·15 社
諸木植立方役 ❺-2 1808·7月 社
森林組合合併助成法 ❽ 1963·3·30 政
森林組合法 ❼ 1907·12·25 社
森林生態系保護地域 ❾ 1990·4·27 社
森林法 ❼ 1897·4·12 社／1907·4·3 社／❽ 1951·6·26 社
水源地保護 ❺-1 1684·8月 社
水耕栽培セット ❾ 1986·8月 社
スギ花粉情報 ❾ 1987·3·9 社／1990·2·13 社
西洋(洋式)果樹 ❻ 1876·11·1 社／1877·1月 社
西洋植物 ❻ 1876·1月 社／2月 社
全国都市緑化フェア ❾ 1988·9·30 社
前栽市 ❺-1 1660·万治年間 社
前栽物揚場所·売場所 ❺-2 1784·5月 社
造花 ❸ 1415·5·1 文
造林奨励規則 ❼ 1929·10·11 社
蔬菜種苗 ❽ 1944·11·27 社
蔬菜の売出期日 ❺-1 1686·5月 社
立木に関する法律 ❼ 1909·4·5 政
立山の輪伐封(萩藩) ❺-2 1719·6·15 社
接木の語 ❷ 1229·9·8 社
帝室林野局 ❼ 1907·10·31 政
東京植物学会 ❻ 1882·2·15 文
留木 ❺-1 1649·2月 社
日本柑橘北米輸出組合 ❼ 1926·11·20 政
日本作物学会 ❼ 1927·4·8 文
日本植物学会 ❻ 1882·2·15 文
農産物 ❼ 1930·7·18 社
農事講習所 ❼ 1899·8·1 政
農事試験場 ❼ 1899·8·1 政
農事統計 ❼ 1902·12·27 政
バイオ安全議定書 ❾ 2000·1·29 社
箱庭 ❺-2 1845·4·11 社
鉢植 ❺-2 1842·7·19 社
花合·花会 ❸ 1326·3·6 文／1380·6·19 文／1386·3·6 文／1399·7·7 文／1401·7·7 文／1415·7·7 文／1423·7·7 文／1426·7·7 文／1427·7·7 文／1428·7·7 文／1430·7·7 文／1433·7·7 文
花キューピット(日本生花商通信販売協会) ❽ 1953·4·13 社
檜山制·奉行 ❺-2 1740·3·3 社／1760·2·22 社
斑入り植物 ❺-2 1829·是年 文
部落有林 ❼ 1910·10·13 政
防雪林 ❻ 1893·5月 社
盆栽·盆山 ❹ 1463·5·8 文／1465·4·7 文／1466·4·17 文／❺-1 1657·明暦年間 社
本草会 ❺-2 1827·3·15 文／1835·3·15 文
牧野法 ❼ 1931·4·1 社
緑の国勢調査 ❾ 1975·1·5 社／1978·是年 政／1996·4·25 社
緑の地球防衛基金国際シンポジウム ❾ 1982·11·22 社
民有林 ❽ 1944·4·12 社
野菜生産出荷安定法 ❾ 1966·7·1 社
野菜豊作 ❽ 1948·7·26 社
野草 ❽ 1943·是年 社
山方定書 ❺-2 1742·10月 社
山法(秋田藩) ❺-2 1740·是年 社
山守(林守) ❺-2 1752·9月 社
ユーカリ油 ❾ 1980·2·5 社
輸出柑橘取締規則 ❼ 1924·11·3 政
輸出入植物取締法 ❼ 1914·3·26 社
葭刈場に高札 ❺-1 1687·10月 社
林業基本法 ❽ 1964·7·9 政
林業試験場 ❼ 1905·11·1 社
林業振興補助規則 ❽ 1942·10·15 政
琉球の草花 ❺-1 1612·8·20 社

植物園·試験場
有島共生農園 ❼ 1922·7·25 社
園芸試験場 ❼ 1921·4·14 社
大船フラワーセンター(神奈川) ❽ 1962·7·16 社
温帯植物試験場 ❻ 1879·是年 社
小石川植物園 ❻ 1875·2·27 文
植物園 ❻ 1876·1月 文
植物御苑 ❻ 1879·5·6 文
植物工場「アグリキューブ」 ❾ 2012·4·5 社
農業試験場 ❽ 1950·4·28 文
百花園(東京向島) ❺-2 1804·是春 社／1805·是年 社／❽ 1939·7·8 文
放射線育種場 ❽ 1960·4·16 文
三田育種場 ❻ 1884·3·14 社

五穀·豆類
小豆 ❽ 1944·是年 社／❾ 1966·9·14 社
粟 ❶ 715·10·7 社／❺-1 1656·4·6 社
稲·水稲 ❶ 715·10·7 社
稲作(北海道で成功) ❻ 1873·是年 政
イネ科種子植物 ❾ 1996·2·27 文
稲の遺伝子組換え ❾ 1986·4·3 社／1994·5·19 社
イモチ病 ❽ 1952·是年 社
陸稲(おかぼ) ❺-2 1778·11·14 政／1834·2·4 社
晩稲(おくて) ❶ 722·7·19 社
カラースケール(稲の葉の色) ❾ 1980·是年 社
古代稲 ❾ 1999·7·26 文
作付け面積 ❼ 1912·是年 社
瑞稲 ❶ 678·9月 社／680·是年 社
種蒔き(ヘリコプター) ❾ 1968·5·10 社
病科稲 ❶ 824·4·28 文
品種(農林一号) ❼ 1931·3月 社
品種(坊主) ❻ 1895·是年 社
品種(陸羽132号) ❼ 1921·是年 社／1924·是年 社
品種(龍の瞳) ❾ 2000·9月 社
早稲(わせ)·中稲(なかて)·晩稲(おくて) ❸ 1305·7·19 社
大麦 ❶ 722·7·19 社／723·8·28 社／751·3·14 社／820·7·9 社
稷(きび) ❺-1 1656·4·6 社
高粱(コーリャン) ❽ 1944·10·30 社
小麦 ❶ 722·7·19 社／723·8·28 社／751·3·14 社
小麦増殖奨励規則 ❼ 1932·7·27 政
坐禅豆 ❺-2 1788·天明年間 社
雑穀 ❶ 713·10·7 社

雑穀(蝦夷) ❺-2 **1716**·5·20 社

蕎麦 ❶ **722**·7·19 社／**839**·7·21 社

大豆 ❸ **1290**·2·20 社／❾ **1973**·1·27 政／**1973**·7·2 政

大豆(遺伝子組換え) ❾ **1997**·1 月 社

大豆納 ❺-2 **1739**·6·8 政／**1768**·1·20 政／**1770**·7·17 政

輸入大豆 ❽ **1946**·8·23 政

南京豆 ❺-1 **1703**·元禄年間 社

稗 ❺-1 **1656**·4·6 社／❺-2 **1788**·12 月 社／**1792**·4·25 社

弘法稗 ❺-2 **1844**·1·26 社

ひもげいとう(仙人穀) ❺-2 **1816**·是年 社

米穀⇨[7]「経済」

米麦品種改良奨励規則 ❼ **1916**·3·30 社

北海道産米百万石祝賀会 ❼ **1919**·11·23 政

麦 ❶ **715**·10·7 社／**766**·9·15 社／**808**·7·13 社／**819**·6·2 社／**839**·10·8 社／❷ **1230**·10·13 社／**1250**·1·11 社／❺-1 **1649**·2·26 社／**1659**·6·22 社／**1699**·是春 社／❺-2 **1833**·7 月 政／**1837**·5·17 社／❽ **1947**·6·18 社／**1952**·5·29 政／6·1 社

夏麦 ❷ **1118**·⑨·13 社／❸ **1408**·7·6 社

春田麦 ❷ **1123**·5·28 社

樹木·果樹 ❶ **759**·6·22 社

銀杏 ❾ **2010**·3·10 社

イチョウ精虫 ❼ **1896**·10 月 文

梅 ❶ **960**·12·18 文／**965**·1·27 政／❸ **1399**·6 月 社／**1417**·2·8 文／**1423**·7·19 文／❺-2 **1750**·9 月 社／**1760**·是年 社／**1809**·1 月 社／**1816**·9 月 社／**1820**·1·28 社

梅屋敷(根岸新田) ❺-2 **1847**·是年 社

唐梅木 ❷ **1234**·7·10 社

観梅会 ❸ **1412**·2·11 文

南京梅(臘梅) ❺-1 **1647**·正保年間 社

漆 ❶ **730**·5·6 社／**807**·1·20 社／**897**·5·26 社／❹ **1558**·3·2 社／**1587**·11·12 社／**1596**·9·16 社／**1599**·是年 社／❺-1 **1601**·5 月 社／**1616**·是年 社／**1620**·9·1 社／**1622**·10·25 社／**1643**·6·3 社／**1648**·4·27 社／**1649**·是年 社／**1653**·7·27 社／**1658**·8·25 社／**1665**·10·6 社／**1685**·3·9 社／**1687**·9·10 社／12·4 社／**1711**·2 月 社

漆木座 ❺-2 **1716**·是年 社／**1727**·①月 社／**1742**·是年 社／**1747**·5·11 社／**1753**·4·16 社／**1756**·7 月 社／**1766**·7·27 社／**1772**·4·5 社／**1792**·是年 社／**1818**·12·2 社

漆木紛争 ❺-1 **1621**·10·3 社

漆売買 ❺-1 **1616**·11·17 社／**1711**·4·3 社

漆奉行 ❺-1 **1645**·4·18 社

オリーブ ❻ **1863**·文久年間 社／**1879**·是年 社／❼ **1908**·是年 社

オレンジ ❼ **1908**·是年 社

柿 ❹ **1579**·12·14 文

柿渋 ❹ **1546**·10·2 社

大和柿 ❹ **1459**·9·23 社

柑橘(柑子) ❶ **710**·是年 社／**725**·11·10 社／**886**·1·29 社／❷ **1085**·2·13 政／**1116**·2·2 政／**1225**·10·16 社／❹ **1486**·3·26 社／❺-1 **1641**·是年 社

柑類座 ❹ **1535**·是年 社／**1564**·10·15 社

栗 ❶ **693**·3·17 社／❷ **1041**·是年 社／❸ **1392**·是年 社

紅葉 ❷ **1051**·10·10 文／❸ **1378**·10·22 文／**1384**·9·18 文／**1414**·10·2 文

紅葉之会(西芳寺) ❸ **1382**·10·13 文／**1384**·9·18 文

黒木 ❺-1 **1645**·9·5 社

ゴムの木 ❻ **1875**·5·23 社／❼ **1910**·11·1 政

アラビアゴム ❺-2 **1788**·是年 社

桜 ❶ **864**·2·25 文／**866**·3·23 文／**965**·1·27 政／❷ **1004**·3·28 文／**1018**·3·20 文／**1028**·12·22 政／**1199**·3·17 文／**1201**·2·28 文／**1225**·10·16 社／**1266**·9 月 社／❸ **1295**·2·19 文／**1302**·2·24 文／**1330**·3·4 文／**1344**·2·19 文／**1357**·3·19 社／❹ **1521**·3·1 社／**1598**·2·13 社／❺-1 **1606**·3·10 社／**1681**·是年 社／**1695**·是年／❺-2 **1720**·9 月 社／**1733**·是春 社／**1737**·3·10 社／11·30 社／**1741**·是年 社／**1750**·9 月 社／**1758**·是年 社／**1808**·3·15 社／**1816**·9 月 社／**1819**·是春 社／**1839**·3 月 社／**1851**·10 月 社／❼ **1928**·10·10 社

糸桜 ❸ **1378**·2·28 社／**1388**·2·9 文／**1436**·3·9 社／**1444**·3·13 社／**1448**·2·23 社／**1450**·2·19 社／❹ **1458**·①·3 文／**1488**·2·14 社／**1490**·3·9 文／**1495**·3·28 社／**1568**·3 月 文／**1588**·2·24 文

桜会(醍醐) ❸ **1286**·3·20 文／**1430**·3·17 文

左近の桜 ❸ **1358**·10·22 文／**1402**·11·26 文

里桜 ❶ **956**·天暦年間 社

信州桜 ❹ **1488**·2·14 社／**1490**·3·9 文

花見 ❸ **1346**·3·13 文／**1347**·2·30 文／**1356**·3·17 社／**1402**·3·2 文／**1441**·3·15 文／4·2 文／❼ **1933**·4·17 社

八重桜 ❷ **1227**·③·2 社

ワシントン·ポトマック河畔の桜 ❼ **1909**·8·18 社

珊瑚樹 ❺-1 **1642**·11·15 政／**1644**·12·28 政

椶櫚 ❷ **1071**·11·13 社

杉 ❺-1 **1689**·是年 社

縄文杉 ❾ **1966**·5 月 社

日光杉並木 ❺-1 **1648**·4·17 社／❽ **1943**·7·6 社

屋久杉 ❾ **1968**·7·22 社

蘇木 ❸ **1423**·10·25 政

橘 ❶ 書紀·垂仁 **90**·2·1／**792**·10·25 社／**959**·12·7 政／❹ **1486**·3·26 社／❺-2 **1743**·10·23 社／**1795**·是年 社／**1796**·寛政 7、8 年 社／**1797**·6 月 社

右近の橘 ❸ **1402**·11·26 文

茶 ❶ **815**·4·22 社／6·3 社／❷ **1276**·12·6 文／❸ **1330**·6·11 文／❹ **1515**·4·17 社／❺-1 **1648**·4·27 社／**1657**·4·1 社／❻ **1853**·是年 社

宇治採茶使 ❺-1 **1640**·2·18 社

静岡県製茶業組合創立 ❼ **1925**·14 社

茶業試験所 ❼ **1919**·4·1 社

茶商業 ❺-1 **1665**·10·12 社

茶亭 ❺-1 **1680**·延宝年間 社

幕府茶壺の始め ❺-1 **1632**·是年 社

葉茶公事銭 ❹ **1571**·4·3 社

林茶 ❸ **1352**·3·6 社

どんぐり·団栗 ❽ **1943**·10·5 社／**1944**·11·1 社／**1945**·7·30 社／11·社

梨 ❶ **693**·3·17 社／**990**·12·28 社／❷ **1005**·1·6 社

長十郎 ❻ **1894**·是年頃 社

二十世紀 ❼ **1898**·是年 社／❾ **1984**·9·10 社

玉棗 ❶ **726**·9·15 文

棗(なつめ) ❷ **1005**·1·6 社

丹木 ❸ **1424**·3·23 政／**1427**·8·27 政

根合 ❸ **1321**·4·23 文

ネーブル ❼ **1913**·4·1 社

鳳梨(パイナップル·あななす) ❺-2 **1845**·是年 社／**1850**·是年 社／❽ **1956**·6·4 政

バナナ

奄美大島バナナ ❽ **1955**·11·24 社

台湾バナナ ❼ **1903**·是年 社／❽ **1947**·10·5 社／**1948**·11 月 社／**1949**·5·24 政／**1950**·12 月 社／**1953**·5·28 社／**1956**·6·4 政／**1961**·3·3 政／**1962**·5·22 社／8·2 社／**1963**·4·13 社

枇杷 ❽ **1945**·6·29 社

葡萄 ❷ **1186**·是年 社／❹ **1487**·2·21 社／❺-1 **1607**·7·13 社

巨峰 ❽ **1937**·是年 社

甲州葡萄 ❷ **1186**·是年 社／❺-2 **1724**·是年 社

種なし葡萄 ❽ **1959**·7·17 社

チリ産ブドウ ❾ **1989**·3·10 社

ネオマスカット ❼ **1925**·10 月 社

洋種ブドウ ❻ **1877**·7 月 社

ブナ林 ❾ **1990**·3·15 社

蓬莱木 ❺-2 **1719**·6 月 社

木瓜(ボケ) ❻ **1877**·1 月 社

菩提樹 ❷ **1190**·是年 社

菩提樹の実 ❺-2 **1778**·⑦·17 社

槙 ❹ **1458**·①·3 文／**1466**·②·16 文

松 ❸ **1417**·9·24 文／❹ **1483**·5·13 社／**1489**·3·4 社／❺-1 **1689**·是年 社／❺-2 **1818**·5 月 社

蜜柑 ❹ **1495**·4·12 社／**1529**·11·30 社／**1574**·是年 社／❺-1 **1634**·是年 社／❺-2 **1767**·10·27 社／**1772**·2·18 社／❽ **1940**·是年 社／❾ **1966**·11·1 社／**1987**·11·19 社

有田蜜柑 ❺-1 **1634**·是年 社

温州蜜柑 ❺-2 **1794**·是年 社

紀州蜜柑　❺-1 1634・是年 社
椰子　❺-2 1725・8月 文
柳　❼ 1931・4月 社／1932・2・17 社
紫金牛(やぶこうじ)　❼ 1897・1月 社
林檎　❹ 1484・7・2 社／❻ 1874・是年 社／❽ 1943・是年 社／1947・5・15 社／1956・10・15 社／❾ 1994・5・16 政／8・23 社
林檎(デリシャス)　❼ 1931・10・4 社
茘枝(れいし)　❺-2 1719・6月 社／❻ 1865・是年 社
レモン　❻ 1889・11・18 社／❽ 1964・5月 社／❾ 1975・4月 社
連理木　❶ 731・1・1 社／877・2・10 社
煙草　❺-2 1724・5・12 政／1740・元文年間 社／1742・3月 政／1770・1・5 社／1784・11・17 社／1813・是年 社／1828・11月 社／❼ 1904・7・1 社／1907・12・28 社／1917・12・1 社／1925・11・7 社／❽ 1941・11・1 社／1943・12・27 社／1944・4・27 社／11・1 社／1945・8・1 社／1946・4・1 社／7・1 社／1947・4・1 社／1948・7・2 社／1950・4・1 社／1951・4・1 社／❾ 1968・5・1 社／1975・12・18 社／1983・5・1 社／1997・1・30 社／2010・10・1 社
恩賜煙草　❾ 1985・4・6 社／2000・12・26 社
外国煙草　❽ 1952・1・1 社／1960・10・20 社／❾ 1987・4・1 社
紙巻煙草　❼ 1897・8・3 社
黄色煙草　❼ 1900・是年 社
刻み煙草　❺-1 1703・元禄年間 社／❾ 1979・3・31 社
キセル(煙管・幾泄爾)　❺-1 1623・元和年間 社／❺-2 1739・4月 社／1777・是年 社／1849・是年 社
オランダ煙管　❺-2 1799・5・16 社
喫煙禁止(生徒)　❼ 1900・3・20 社／1920・1・20 社
喫煙所(室)　❻ 1886・7月 社／❾ 1987・12・3 社／1992・8・1 文
喫煙率　❽ 1955・1・17 社
禁煙区域　❽ 1950・5・10 社
禁煙席(タイム)　❾ 1968・11・25 社／1974・7・1 社／1978・5・1 文／6・1 社／1984・12・5 社／1987・7・1 社／1988・1・1 社／4・1 社／1989・6・15 社／1992・8・1 社／2007・5・1 社
禁煙デー　❼ 1899・4月 社／1919・2・1 社／1926・1・17 社
禁煙パイポ　❾ 1984・5月 社
口付き紙巻煙草　❻ 1880・是年 社
嫌煙権(訴訟)　❾ 1978・2・18 社／1979・9・23 社／1980・4・7 社
国産両切煙草の始め　❻ 1891・1月 社
全国煙草同業者大会　❻ 1891・10・4 社
代用煙草　❽ 1945・6・20 社
タスポ　❾ 2008・6・1 社
煙草売捌規制　❼ 1931・5・15 社
煙草運上　❺-1 1648・是年 社／1680・3・15 社
煙草官営化反対全国大会　❼ 1903・12・9 社
煙草・喫煙(栽培禁止)　❺-1 1602・7・5 社／1605・是年 社／1607・2月 社／1608・10・3 社／1609・5月 社／7・14 社／1610・9・14 社／10・14 社／1611・6・1 社／1612・8・6 社／1615・6・28 社／1616・10・3 社／1619・2・10 社／1621・1月 社／1631・4・14 社／12・16 社／1640・12月 社／1642・5・24 社／1646・7月 社／1651・是年 社／1654・2・17 政／承応年間 社／1656・3・26 社／1657・4・1 社／1667・②・19 社／1668・2・28 社／1670・9・15 社／1673・8・10 社／1675・8・28 社／1693・10月 社／1695・10・2 社／1702・12・2 社／1704・12・2 社
煙草耕作組合法　❽ 1958・5・2 社
たばこ CM　❾ 1998・4・1 社
たばこ事業法　❾ 1984・8・10 政
たばこ自動販売機　❾ 2008・6・1 社
煙草専売法　❼ 1904・4・1 社／1909・6・1 政
『たばこ白書』　❾ 1987・10・16 社
煙草包丁　❺-2 1730・10・29 社
煙草盆　❺-1 1643・是年 社／1654・承応年間 社
煙草銘柄
「朝日」　❾ 1976・12・30 社
「いこい」　❽ 1956・3・26 社
「麗」(婦人)　❼ 1932・5・15 社
「ききょう」(きざみ煙草)　❽ 1948・5・20 社
「キャスター」　❾ 1982・7・1 社
「金鵄(バット)」　❽ 1940・10・31 社／1948・1・1 社
「ゴールデンバット」　❼ 1906・9・1 社
「コロナ」　❽ 1946・1・13 社／2・24 社
「ザ・ピース」　❾ 2012・2・1 社
「サムタイム」　❾ 1977・6・1 社
「サンライズ」　❻ 1891・1月 社
「スリーA」　❽ 1960・9・17 社
「セブンスター」　❾ 1969・2・1 社／1980・4・22 社
「桜(チェリー)」　❽ 1940・10・31 社
「天狗煙草」　❻ 1880・是年 社
「とうきょう 64」(オリンピック記念)　❽ 1964・9・1 社
「ハイライト」　❽ 1960・6・20 社
「ピース」　❼ 1920・3・8 社／❽ 1946・1・13 社／1949・8・23 社／11月 社／1952・2・11 社
「光」(両切)　❼ 1936・11・24 社／❽ 1947・12・20 社
「鵬翼」　❽ 1941・12・18 社
「ホープ」(フィルター付き)　❽ 1957・7・1 社
「ほまれ」(戦捷記念)　❼ 1905・7月 社
「マイルドセブン」　❾ 1977・6・1 社
「みどり」(ハッカ入り)　❽ 1957・8・1 社
「みのり」　❽ 1941・12・18 社
「八千代」(大正天皇即位大典記念)　❼ 1915・10・20 社
「やまと」　❾ 1966・12・1 社
「ロングピース」　❾ 1965・2・1 社
煙草元売捌制度　❼ 1931・7・1 社
朝鮮煙草専売制　❼ 1921・4・1 政
ニコチン含有率　❽ 1954・6・21 社
日本たばこ産業株式会社(日本専売公社)　❾ 1984・8・3 政／1985・3・27 政／4・1 政／1994・8・31 政／10・13 政／10・27 政／1999・3・9 社／2006・12・15 社
日本婦人禁煙同盟　❼ 1936・10・10 社
パイプ・スモーキング・コンテスト　❽ 1957・11・30 社
葉巻煙草　❻ 1869・是年 社／❼ 1898・1・1 社
米国製煙草　❽ 1948・2・2 政
未成年者喫煙禁止法　❼ 1900・3・7 社
路上喫煙禁止　❾ 2002・6・24 社
野菜・蔬菜　❷ 1069・7・22 政／1070・2・14 社／❾ 1991・10・22 社／2001・4・10 社
青苧(あおそ)　❹ 1486・5・26 社／❺-2 1820・2月 社
蕉菁(あおな)　❶ 693・3・17 社
青菜高値　❺-2 1810・是冬 社
赤冬瓜　❺-2 1817・文化年間 社
アスパラガス　❻ 1871・是年 社
苺(イチゴ)　❺-1 1621・4・17 社／❻ 1865・是年 社／1875・3月 社
石垣イチゴ　❼ 1901・是年 社／❽ 1948・1・11 社
無花果　❺-1 1643・寛永年間 社／1671・是年 社
瓜　❶ 792・10・25 社／974・8・9 社／❺-1 1709・7・4 社
オランダイモ　❹ 1598・是年 社
嘉瓜　❶ 710・7・7 社
蕪　❺-2 1719・1・29 社
南瓜(唐茄子)　❹ 1554・天文年間 社／1579・是年 社／1591・是年 社／❺-2 1771・6月 文／1788・8月 社
紵(苧、からむし)　❶ 693・3・17 社
甘藷⇨サツマイモ
キャベツ　❻ 1865・是年 社／❼ 1904・是年 社
キュウリ　❾ 1966・9・12 社
五色瓜　❸ 1441・6・24 社
牛蒡　❺-2 1846・1・1 社
胡麻・荏胡麻　❷ 1141・9・25 社／❸ 1314・10・10 社／1315・10・9 社／1327・11・14 社／1329・11・2 社／1351・12・24 社／1352・11・15 社／1366・9・24 社／1388・3・3 社／1392・6・19 社／12・26 社／1397・5・26 社／1399・7・21 社／1408・8・27 社／1411・7・19 社／1417・8・9 社／❹ 1459・8・30 社／❽ 1942・8・29 社
荏胡麻関料　❸ 1328・8・13 社
蒟蒻(コンニャク)会所　❺-2 1776・是年 社／1801・是年 社／1824・⑧・19 社／❻ 1855・12月 社
昆布　❺-1 1631・4・11 政／1678・8・23 社／1698・是年 社／1704・2・8 社／❺-2 1720・5・6 政／1740・是年 社／1741・是年 社／1779・5・19 社／1789・是年 政／❾ 1981・8・25 政
サクランボ(桜桃)　❻ 1868・是年 社／❾ 1978・7・5 社／2003・6・17 社
サツマイモ(甘藷・琉球芋・唐芋)　❺-1 1605・是年 社／1611・10月 社／是年 社／1615・5・23 社／1625・是年 社／

1639·9·11 社／1698·3月 社／1707·是年 社／❺-2 1719·7·5 文／1733·3·17 社／是年 政／1734·是年 社／1735·1月 社／是年 社／1736·是年 社／1737·是年 社／1831·2月 社／1832·8月 社／❽ 1943·7·16 社／10·19 社／1945·1·30 社／1949·10月 社／1950·3·31 社
芋代官 ❺-2 1733·5·26 政
薩摩芋問屋 ❺-2 1817·是年 政／1838·8月 社／1839·7月 社／❼ 1904·是年 社
莢豌豆(サヤエンドウ) ❻ 1865·是年 社
砂糖きび(甘蔗) ❺-1 1671·是年 社／1692·是年 社／1695·是年 社／1703·元禄の末年 社／1705·是年 社／❺-2 1727·是年 社／1731·2·10 社／1735·享保年間 社／1739·是年 社／1756·8·4 社／1762·10·17 社／1766·3·1 社／4·8 社／1767·⑨·14 社／是春 社／1770·3月 社／1780·4·10 社／1792·7·24 社／1794·是年 社／1795·4·29 社／1818·12·12 社／1834·1·26 社／1840·3·5 社
珊瑚菜 ❺-1 1706·此頃 社
椎茸 ❷ 1223·5·4 社
ジャガイモ·ジャガタライモ(馬鈴薯) ❹ 1598·是年 社／❺-1 1614·慶長年間 社／❻ 1861·10·9 社／1865·是年 社／1874·是年 社／1881·7·19 社／❽ 1943·7·16 社／1947·6·18 社
諸葛菜 ❺-1 1706·是頃 社
薯蕷 ❷ 1005·1·6 社
西瓜(スイカ) ❹ 1579·是年 社／❺-1 1627·是年 社／❺-2 1767·10·27 社
種なし西瓜 ❽ 1944·1·24 社／1948·8月 社
西洋人参 ❻ 1865·是年 社
西洋野菜 ❻ 1865·是年 社
芹 ❶ 838·7·1 社
セロリ ❻ 1865·是年 社
大根 ❶ 714·12·4 社／❺-1 1656·4·6 社／❺-2 1824·是年 社／1835·是年 社
大根切干し ❻ 1854·9月 文
男爵イモ ❼ 1907·是年 社
甜菜 ❻ 1870·是年 社／1881·是年 社
番椒(とうがらし) ❺-1 1605·是年 社
トウモロコシ(玉蜀黍) ❽ 1942·12·1 社／❾ 1977·8·21 社
赤蜀黍 ❺-2 1817·文化年間 社
桃李 ❶ 616·1月 社／626·1月 社
蕃茄(トマト) ❺-1 1708·6月 文／❻ 1865·是年 社／1872·11月 社／❾ 1991·2·6 社
遺伝子組換えトマト ❾ 1992·5·27 文
長芋問屋 ❺-2 1810·2·5 社
茄子(ナス) ❺-1 1603·5·27 社
鳴門和布 ❺-2 1845·是年 社
肉桂 ❺-1 1681·是年 社
海苔養殖 ❺-2 1823·是年 社
芭蕉 ❺-1 1681·是春 文
パイナップル缶詰 ❼ 1902·是年 社
蓮(ハス) ❶ 838·7·1 社／❽ 1952·7·18 社
パセリ(和蘭芹) ❺-1 1708·6月 文
馬鈴薯⇨ジャガイモ
平茸食用禁止 ❷ 1029·9·18 社
真桑瓜 ❹ 1575·6·29 社
松茸 ❹ 1560·9·17 社／❾ 1979·8·20 社／1983·10·21 社／2002·8·28 社
水葱 ❶ 838·7·1 社
メロン ❻ 1885·是年 社／❽ 1944·1·24 社／❾ 1977·8·21 社
プリンスメロン ❽ 1961·是年 社
夕張メロン組合 ❽ 1960·是年 社
落花生(南京豆) ❺-1 1706·是頃 社／1708·6月 文
山葵 ❼ 1919·5月 社
有用·観賞用植物
藍 ❺-1 1689·1·2 社／1705·是年 政／1707·6·28 社／❺-2 1735·12·20 社／1740·元文年間 社／1760·8·7 社／1766·2月 社／1814·11·10 社
藍瓶役 ❺-1 1668·10·26 社／11·4 社／1705·3月 社
藍師 ❺-2 1810·是年 社／1824·是年 社／1852·1月 社
藍玉 ❺-2 1724·9·25 社／1731·6·13 社／1733·6·27 社／1756·是冬 社／1762·12月 社／1771·是年 社／1773·1·23 社／1775·8·4 社／1789·1月 社／1796·10月 社／1798·10·6 社／1803·2·10 社／8月 社／1804·3·13 社／1806·5·21 社／11·18 社／1815·12·12 社／1818·是年 社／1822·10月 社／1826·2月 社
藍玉問屋 ❺-2 1739·3·18 社／1742·3月 政／1754·12月 社／1765·是年 社／1804·是年 社／1831·8月 社
アオコ ❾ 1983·9·21 社
麻 ❶ 775·11·7 社
朝顔(会) ❺-2 1722·是年 社／1785·12·28 社／1811·文化7、8年頃 社／1815·是年 社／1817·是年 社／1818·是年 社／1832·6·16 社／❻ 1858·7月 文
アラセイタウ(渡来植物) ❺-1 1672·寛文年間 政
藺草(イグサ) ❺-2 1776·11月 社
石菖蒲 ❺-2 1817·文化年間 社
鬱金(ウコン) ❺-1 1645·是年 社／1697·是年 社
優曇華(ウドンゲ) ❷ 1223·7·9 社
エニシダ ❺-1 1680·延宝年間 社
大きり嶋 ❺-1 1672·寛文年間 政
万年青(オモト) ❺-2 1816·5月 社／1817·文化年間 社／1829·文化·文政年間 社／1831·是年 文／1832·是年 文／1833·是年 文／1852·11·16 社／❻ 1881·6月 社／1882·11·25 社／❼ 1908·10月 社
風車 ❺-1 1647·正保年間 社
唐桐 ❺-1 1680·延宝年間 社
唐胡麻 ❺-2 1728·12·14 社
カラタチバナ ❺-2 1797·8·20 社／1833·是年 社
唐ツツジ ❺-1 1672·寛文年間 政
唐椿 ❺-1 1680·延宝年間 社
苧(からむし) ❺-1 1697·11月 社
岩石蘭 ❺-1 1687·天和·貞享年間 社
菊 ❷ 1186·9·9 文／1187·9·9 文／1247·9·9 文／❸ 1343·10·29 社 文／❹ 1588·9·8 文／❺-1 1686·是年 社／1690·是年 社／1699·是年 社／❺-2 1716·9·17 社／1717·9·17 社／1718·10·10 社／1735·享保年間 社／1736·是年 社／1818·是秋 社
キタダケソウ ❾ 1994·1·24 社
奇楠香(伽羅) ❺-1 1606·9·19 政／12·7 政
玉蘭花 ❺-1 1680·延宝年間 社
霧島ツツジ ❺-1 1672·寛文年間 社／1715·正徳年間 社
桐実 ❺-2 1821·是年 社
金生樹 ❺-2 1833·是年 社
錦明瑠楼草 ❺-2 1845·是年 社
クツセツ草 ❺-2 1845·是年 社
ぐみの木 ❺-2 1751·是年 社
クロッカス ❻ 1886·6月 社
黒船ツツジ ❺-1 1672·寛文年間 政
桑 ❶ 462·3·7／472·7月／693·3·17 社／719·7·19 社／730·5·6 社／775·11·7 社／807·1·20 社／839·①·23 社／897·5·26 社／934·5·1 社／952·5·15 社／❺-1 1620·9·1 社／1643·6·3 社／1645·9·5 社／1687·9·10 社／❺-2 1720·2月 社／1760·是年 社／1813·4·9 社／❻ 1864·4·8 社
鶏冠草 ❺-2 1811·10·9 社
楮(コウゾ) ❺-1 1679·11月 社／1689·1·25 社／1696·11月 社／❺-2 1720·2月 社／1731·12·3 社／1745·6·21 社／1748·8·27 社／1749·8·16 社／1802·12月 社／1806·是年 社
紅茶研究所 ❼ 1915·4·26 社
小倉仙翁花 ❺-1 1680·延宝年間 社
小篠 ❺-2 1826·是秋 社
胡椒 ❸ 1424·3·23 政／❹ 1461·12·2 政／1467·7·13 政／1480·6·7 政／1524·12·29 政／❺-1 1630·2·6 政
桜草 ❺-2 1779·安永7、8年 社／1804·3月 社
山茶花 ❺-1 1643·元和·寛永の頃 社
サツキ ❺-2 1725·4·26 文
砂糖草 ❺-2 1726·1月 政
夫藍(サフラン·クロッカス) ❺-2 1788·是年 社／❻ 1886·6月 社
覇王樹(サボテン) ❺-1 1708·6月 文
沙羅双樹 ❺-1 1643·7·10 社
千日紅 ❺-1 1687·天和·貞享年間 社
山野草 ❺-2 1755·是年 社
紫根 ❺-1 1602·11·19 社／1645·是年 社／❺-2 1776·3·6 社／1796·8·15 社／1811·5·18 社
芝 ❹ 1560·4·7 社
芝草 ❶ 680·是年 社／830·8·7 社
芍薬 ❺-1 1714·410 社／1715·416 社
樟脳(ショウノウ) ❸ 1426·1·4 政／❺-1 1636·7·26 社／1637·1·27 社／❺-2 1803·是年 社
菖蒲 ❷ 1036·5·4 社／❸ 1393·5·5 社

水蜜桃 ❻ 1878·是年 社
蘇芳·蘇木 ❺-2 1785·是年 政／1801·是年 政
スギヒラタケ ❾ 2004·10·21 社
石菖 ❺-2 1824·8月 社
川芎(せんきゅう、薬草) ❺-2 1795·3·28 文
蘇鉄(ソテツ) ❹ 1488·9·16 社／❺-1 1626·5·3 社／❺-2 1833·是年 社
竹 ❹ 1486·5·13 社／❺-1 1606·是年 社／1666·是年 社／1682·是年 社／❺-2 1737·11月 社／1804·5月 社
　オランダ石竹 ❺-1 1672·寛文年間 政
　久留里竹 ❺-2 1775·4·10 社
　呉竹 ❶ 813·是年 社／943·是春 社
　笹に実 ❺-2 1730·是春 社／1834·是夏 社
　椆竹(シュロチク) ❺-1 1647·正保年中 社
　竹が実って枯れる ❷ 1128·是年 社
　竹木の植付 ❺-1 1644·1·21 社
　淡竹 ❺-2 1789·是年 社
　孟宗竹 ❺-2 1736·3月 社／1779·是年 社
袂百合 ❺-1 1680·延宝年間 社
天竺牡丹(ダリア) ❺-2 1841·是年 社
茶蘭 ❺-1 1647·正保年間 社
チューリップ ❻ 1863·是年 社／❽ 1955·4·23 社
長生草(蘭·石斛、せっこく) ❺-2 1833·是年 社／1835·是年 社／1836·是年 社
朝鮮朝顔 ❺-1 1687·天和·貞享年間 社
朝鮮笠百合 ❺-1 1680·延宝年間 社
朝鮮ツバキ ❺-1 1680·延宝年間 社
黄楊木 ❺-2 1794·10·27 社
躑躅(ツツジ) ❸ 1426·3·22 文／❺-1 1647·正保年中 社／1653·3·20 社／1671·11月 社
海石榴(つばき) ❶ 684·3·8 社／962·10·19 文
椿花 ❺-1 1624·是春 社／1643·是年 社／1693·是年 社
　ヒラギツバキ ❺-1 1680·延宝年間 社
鉄線花 ❺-1 1661·是年 社／1672·寛文年間 政
天竺蓮花 ❺-1 1693·是年 社
時計草 ❺-2 1723·是年 社
鳥甲(トリカブト) ❺-2 1788·2月 社
肉豆(ナツメグ) ❺-2 1788·是年 社
南京石榴 ❺-2 1724·是年 社
南天 ❺-2 1821·8月 社／1833·是年 社
ネムリグサ ❺-2 1841·是年 社
貝母(ばいも、編笠百合) ❺-2 1724·3月 文
萩 ❺-2 1766·是年 政
芭蕉花 ❹ 1456·5·28 文
蓮田 ❺-2 1833·1·10 社
櫨(ハゼ) ❺-1 1687·9·10 社／❺-2 1720·2·22 社／1736·是年 社／1741·12·23 社／1743·2·15 社／1746·是年 社／1749·4月 社／8·16 社／1751·是年 社／1754·②月 社／1802·12月 社／1806·9·25 社／是年 社／1808·7·21 社／1809·12·7 社／1811·7月 社／1816·是冬 社／1820·11·23 社／1821·是年 社／1825·7·12 社／1834·11月 社
花菖蒲 ❺-2 1849·5月 社
バラ ❻ 1875·6月 社
　青い薔薇 ❾ 2004·6·30 社／2009·11·3 社
木絮(パンヤ) ❺-2 1759·8月 社
柊南天 ❺-1 1687·天和·貞享年間 社
美人蕉 ❺-1 1687·天和·貞享年間 社
檜材 ❺-1 1650·12·16 社
梹榔子(ビンロウジ) ❺-2 1801·是年 政
福寿草 ❺-2 1755·是年 社
扶桑花(仏桑花) ❺-1 1672·寛文年間 政
紅花(座·問屋·仲間) ❷ 1005·4·20 社／1031·7·6 政／1123·5·28 社／❺-2 1758·9·4 社／1765·7·5 社／1772·5月 社／❻ 1855·4月 社
牡丹 ❺-1 1704·是年 社／❺-2 1726·4·8 社
ホップ ❻ 1886·9月 社
松葉蘭 ❺-2 1829·文化·文政年間 社／1833·是年 文／1836·是年 文／1837·是年 文／1848·是年 社
綿花 ❶ 813·4·16 政／❺-1 1676·是年 社／❼ 1905·7·15 政
　綿種(アメリカ) ❻ 1870·4·29 社
　綿寄所 ❺-2 1796·6·11 社
木槵子(もくげんじ) ❺-1 1693·是年 社
雪持草 ❺-1 1693·是年 社
蘭 ❺-2 1772·是年 社
立泉花 ❺-1 1706·是頃 社
龍眼樹 ❺-1 1687·2月 文／❺-2 1719·6月 社
琉球躑躅 ❺-1 1647·正保年間 社
琉球櫨(ハゼ) ❺-1 1681·是年 社／❺-2 1725·1·19 社
龍脳 ❺-2 1726·1月 政
るかう ❺-1 1687·天和·貞享年間 社
るんげん草 ❺-1 1687·天和·貞享年間 社
レブンアツモリソウ ❾ 1994·1·24 社
蓮花 ❹ 1465·6·26 文
蠟 ❺-1 1644·12·9 社／1653·7·27 社／1690·3·25 社／是年 政／1711·2月 社
　蠟売買 ❺-1 1601·11月 社／1622·10·25 社／1644·12月 社／1665·10·6 社／1680·延宝年間 社／1705·11·27 社／1711·4·3 社
綿種 ❶ 799·7月 社／800·4·12 社
ワタリユリ ❺-1 1680·延宝年間 社

26　文化･趣味･風流

趣味に関する書籍･雑誌
『愛国百人一首』　❽ **1942**･11･12 文／12･29 社
『石』(俳句誌)　❽ **1952**･5 月 文
『いたどり』(俳句誌)　❽ **1950**･6 月 文
『大橋宗与象戯筌』(将棋)　❺-2 **1717**･是年 文
『風花』(俳句誌)　❽ **1947**･5 月 文
『枯野』(俳句誌)　❼ **1921**･10 月 社
『環礁』(俳句誌)　❽ **1950**･1 月 文
『季節』(俳句誌)　❽ **1952**･8 月 文
『竟宴』(書籍)　❶ **882**･8･29 文／**906**･⑫･17 文／**941**･3･27 文
『雲』(俳句誌)　❽ **1953**･1 月 文
『群蜂』(俳句誌)　❽ **1950**･3 月 文
『形成』(短歌誌)　❽ **1953**･5 月 文
『現代詩』(詩歌誌)　❽ **1946**･2 月 文
『古今立花集』(華道)　❺-1 **1672**･是年 文
『コスモス』(短歌誌)　❽ **1953**･3 月 文
『山茶花』(俳句誌)　❼ **1922**･12 月 文
『詩研究』(詩歌誌)　❽ **1944**･6 月 文
『将棊絹篩』(将棋)　❺-2 **1804**･是年 文
『将棊作物』(将棋)　❺-2 **1765**･12･29 文
『象戯秘曲集』(将棋)　❺-2 **1752**･是年 文
『人民短歌』(短歌誌)　❽ **1946**･2 月 文／**1950**･11 月 文
『西洋将棊指南』(将棋)　❻ **1869**･1 月 文
『創生』(短歌会機関紙)　❽ **1953**･11 月 文
『短歌』(短歌誌)　❽ **1954**･1 月 文
『鶴』(俳句誌)　❽ **1937**･9 月 文
『天狼』(俳句誌)　❽ **1948**･1 月 文
『日本歌人(旧オレンヂ)』(短歌誌)　❽ **1950**･1 月 文
『女人短歌』(短歌誌)　❽ **1949**･9 月 文
『芭蕉庵再興記』(俳諧)　❺-2 **1781**･5･28 文
『万緑』(俳句誌)　❽ **1946**･10 月 文
『余情』(短歌誌)　❽ **1946**･9 月 文
『立花訓蒙図彙』(華道)　❺-1 **1696**･是年 文
『立花時勢粧』(華道)　❺-1 **1688**･是年 文
『立花大全』(華道)　❺-1 **1683**･是年 文
遊･宴(月･雪･花を見る)
東遊　❶ **942**･6･21 社／❷ **1008**･5･9 社／**1009**･9･2 文／**1013**･4･23 文／**1017**･9･22 文／**1090**･2･23 文／**1091**･2･11 文／**1130**･11･4 文
今様合　❷ **1174**･3･8 文／9･1 文／**1201**･3･21 文
院供花　❷ **1171**･5･11 文／**1175**･5･28 文／**1176**･9･2 文／**1181**･5･15 文／**1182**･9･14 文／**1183**･5･15 文／**1187**･5･10 文／**1189**･5･14 文
小絵合歌　❹ **1479**･⑨･19 文
絵合　❷ **1212**･11･8 文
御遊　❸ **1311**･4･14 文／❹ **1475**･7･15 文
扇合(扇引)　❶ **973**･6･16 文／7･7 文／❷ **1089**･8･23 文／是年 文／**1106**･6 月 文／**1107**･6 月 文／**1135**･5･17 文／**1217**･6･14 文／❹ **1485**･③･11 文／**1542**･6･17 文
帯引の戯　❸ **1386**･2･3 文
貝合･貝覆　❷ **1040**･5･6 文／**1162**･3･7 文／**1225**･3･12 文／**1233**･3･20 文／❹ **1476**･3･12 文／**1486**･4･2 文／**1488**･4･2 文／**1489**･2･16 文／**1490**･2･3 文／**1492**･10･15 文／**1496**･4･2 文／**1497**･3･5 文／**1499**･1･19 文／**1500**･2･5 文／**1520**･6･23 文／**1527**･2･4 文／**1551**･10･1 文／**1575**･8･4 文／**1576**･5･26 文／❺-1 **1604**･⑧･4 文
観桜宴(会)　❶ **812**･2･12 文／**904**･2 月 文／**967**･2･26 文／❷ **1066**･3･12 文／**1099**･3 月 文／**1107**･3･12 文／❹ **1465**･2･28 文／**1483**･2･29 文／**1501**･3･26 文／❺-1 **1652**･3･8 文／**1654**･1･27 文
観月宴　❷ **1094**･8･15 文／**1268**･9･13 文／❹ **1480**･9･13 文／**1493**･9･13 文／**1500**･8･13 文／**1509**･⑧･15 文／**1510**･9･13 文／**1553**･8･15 文／❺-1 **1603**･8･15 文／**1620**･8･15 文／**1622**･8･15 文／**1623**･8･15 文
管弦会　❷ **1176**･3･5 文／**1259**･3･6 文
観雪宴　❹ **1511**･12･25 文／**1561**･1･9 文／**1573**･2･4 文／**1589**･11･16 文／**1599**･11･13 文
観梅宴　❹ **1564**･1･29 文／**1579**･2･17 文
菊合(菊見･菊会)　❶ **896**･9･16 文／**897**･寛平年間 文／**907**･10･10 文／**909**･10･4 文／**911**･9･24 文／**913**･10･13 文／**935**･10･17 文／**938**･10･21 文／**939**･10･12 文／**940**･10･7 文／**941**･10･25 文／**948**･11･19 文／**953**･9･9 文／10･28 文／**957**･10･27 文／**965**･10･25 文／**968**･10･18 文／❷ **1002**･10 月 文／**1032**･10･1 文／**1064**･9 月 文／❹ **1559**･9･30 文
狂遊　❷ **1271**･2･17 文
曲水宴(きょくすいのえん)　❶ **485**･3 月／**486**･3 月／**487**･3 月／**728**･3･3 文／**730**･3･3 文／**762**･3･3 文／**767**･3･3 文／**770**･3･3 文／**772**･3･3 文／**777**･3･3 文／**778**･3･3 文／**779**･3･3 文／**784**･3･3 文／**785**･3･3 文／**787**･3･3 文／**795**･4･11 文／**802**･2･1 文／**804**･1･6 文／**811**･9･9 文／**812**･9･22 文／**813**･1･22 文／**814**･5･12 文／**817**･1･4 文／**834**･8･12 文／**837**･4･2 文／**857**･1･26 文／**868**･12･7 文／**890**･3･3 文／**891**･3･3 文／**895**･3･3 文／**945**･8･19 文／**958**･3･3 文／**959**･3･3 文／**962**･3･3 文／**966**･3･3 文／❷ **1007**･3･3 文／**1036**･3 月 文／**1091**･3･3 文／3･16 文／**1151**･3･3 文／**1206**･2･13 文／❸ **1380**･3･3 文／❹ **1562**･8･21 文／❺-2 **1732**･4･7 文／**1737**･3･3 文
種合(くさあわせ)　❷ **1135**･3･2 文
供花会(くげえ)　❷ **1171**･此頃 文／**1256**･5･11 文
櫛合　❷ **1213**･11･24 文／**1215**･11･26 文
小鷹の興　❶ **896**･10･13 文
小鳥合　❷ **1091**･9･6 文／10･6 文
小弓合　❶ **936**･3･14 文／❷ **1038**･3･17 文／**1081**･5･17 文／**1089**･3･26 文／**1105**･2･13 文／**1111**･2･14 文／**1133**･4･7 文／**1206**･8･3 文／❸ **1325**･7･20 文
作文会　❷ **1003**･11･28 文／**1004**･3･3 文／6 月 文／**1005**･3･29 文／**1029**･7･7 文／**1089**･3･7 文／9･21 文／**1117**･12･5 文／**1134**･1･10 文／**1185**･1･27 文／**1247**･3･10 文／❸ **1339**･6･27 文
桜花宴　❶ **912**･3･9 文／**957**･3･15 文／❷ **1214**･2･28 文／**1253**･3･29 文／**1279**･2･20 文
残菊宴　❶ **917**･10･5 文／**950**･10･8 文
三船の遊　❶ **986**･10･10 文／❷ **1076**･10･24 社
七遊会　❺-1 **1633**･7･7 文／❺-2 **1755**･7･7 文
十五夜宴　❶ **868**･8･15 文
十三夜の月　❷ **1170**･9･13 文
上巳の宴　❷ **1016**･3･3 文
菖蒲根合　❷ **1051**･5･5 文／**1093**･5･5 文
前栽合(せんざいあわせ)　❶ **901**･8･25 文／**908**･是秋 文／**927**･9 月 文／**959**･8･23 文／**966**･8･15 文
船中和漢会　❺-1 **1664**･8･15 文
双紙合　❷ **1213**･1･12 文
草虫宴　❷ **1095**･8･12 文
薫物合(たきものあわせ)　❷ **1008**･8･26 文／**1153**･3･28 文
七夕(乞巧奠)　❶ **734**･7･7 文／**738**･7･7 文／**808**･7･7 文／**812**･7･7 文／**813**･7･7 文／**894**･7･7 文／**917**･7･7

社／954·7·7 文／962·7·7 文／990·7·7 社／❷ 1009·7·7 文／1043·7·7 文／1056·7·7 文／1147·7·7 文／1221·7·7 文／1265·7·7 文／1274·7·7 文／1275·7·7 文／❸ 1301·7·7 文／1330·7·7 文／1334·7·7 文／1335·7·7 文／1344·7·7 文／1346·7·7 文／1348·7·7 文／1351·7·7 文／1358·7·7 文／1364·7·7 文／1416·7·7 文／1418·7·7 文／1425·7·7 社／1430·7·7 文／1440·7·7 文／1446·7·7 文／1451·7·7 文／1454·7·7 文／❹ 1473·7·7 文／1475·7·7 文／1477·7·7 文／1478·7·7 文／1481·7·7 文／1485·7·7 文／1487·7·7 文／1489·7·7 文／1492·7·7 文／1494·7·7 文／1512·7·7 文／1547·7·7 文／1564·7·7 文／1575·7·7 文／❺-1 1605·是秋 社／1615·7·7 文／1616·7·7 文／1617·7·7 社／1620·7·7 文／1621·7·7 文／1622·7·7 文／1626·7·7 文／1639·7·7 文／1652·7·7 文／1658·7·7 文／1659·7·7 文／1660·7·7 文／1662·7·7 文／1666·7·7 文／1667·7·7 文／1668·7·7 文／1669·7·7 文／1670·7·7 文／1671·7·7 文／1674·7·7 文／1675·7·7 文／1676·7·7 文／1680·7·7 文／1682·7·7 文／1684·7·7 文／1685·7·7 文／1686·7·7 文／1687·7·7 文／1689·7·7 文／1690·7·7 文／1692·7·7 文／1693·7·7 文／1694·7·7 文／1695·7·7 文／1697·7·7 文／1698·7·7 文／1700·7·7 文／1701·7·7 文／1703·7·7 文／1704·7·7 文／1705·7·7 文／1706·7·7 文／1715·7·7 文／❺-2 1716·7·7 文／1717·7·7 文／1718·7·7 文／1719·7·7 文／1720·7·7 文／1721·7·7 文／1722·7·7 文／1723·7·7 文／1725·7·7 文／1726·7·7 文／1727·7·7 文／1728·7·7 文／1729·7·7 文／1730·7·7 文／1731·7·7 文／1732·7·7 文／1733·7·7 文／1734·7·7 文／1735·7·7 文／1736·7·7 文／1739·7·7 文／1740·7·7 文／1741·7·7 文／1742·7·7 文／1743·7·7 文／1744·7·7 文／1745·7·7 文／1746·7·7 文／1748·7·7 文／1749·7·7 文／1751·7·7 文／1753·7·7 文／1754·7·7 文／1756·7·7 文／1757·7·7 文／1758·7·7 文／1759·7·7 文／1760·7·7 文／1761·7·7 文／1762·7·7 文／1764·7·7 文／1765·7·7 文／1766·7·7 文／1767·7·7 文／1768·7·7 文／1769·7·7 文／1770·7·7 文／1771·7·7 文／1772·7·7 文／1773·7·7 文／1774·7·7 文／1775·7·7 文／1778·7·7 文／1779·7·7 文／❻ 1873·7·7 社

月見宴(月尽宴) ❶ 926·9·29 文／❹ 1458·8·19 文／1477·8月 文／1480·9·13 文／1493·9·13 文／❺-1 1666·8·15 文／1679·8·13 文／1703·9·13 文／❺-2 1731·9·13 文

長講堂供花 ❷ 1280·5·6 文／1281·5·6 文

重陽和歌会 ❶ 685·9·9 文／834·9·9 文／843·9·9 文／845·9·9 文／852·9·9 文／862·9·9 文／870·9·9 文／886·9·9 文／894·9·9 文／902·9·9 文／903·9·9 文／904·9·9 文／906·9·9 文／908·9·9 社／910·9·9 政／911·9·9 文／912·9·9 文／913·9·9 文／914·9·9 文／915·9·9 文／916·9·9 文／918·9·9 文／922·9·9 文／923·9·9 社／925·9·9 文／926·9·9 文／927·9·9 文／968·8·22 社／975·9·9 文／991·9·9 文／992·9·9 文／997·9·9 文／❷ 1006·9·9 文／1007·9·9 文／1010·9·9 社／1033·9·9 文／1131·9·9 文／1214·9·13 文／1216·9·13 文／1218·9·13 文／1238·9·13 文／1263·9·13 文／1277·9·13 文／1333·9·13 文／1334·9·13 文／1335·9·13 文／1337·9·13 文／❸ 1353·9·9 文／1361·9·13 文／1362·9·13 文／1363·9·13 文／1373·9·13 文／1387·9·13 文／1409·9·13 文／❹ 1480·9·9 文／❺-1 1601·9·9 文／1615·9·9 文／1616·9·9 文／1619·9·9 文／1620·9·9 文／1621·9·9 文／1622·9·9 文／1623·9·9 文／1624·9·9 文／1625·9·9 文／1627·9·9 文／1629·9·9 文／1639·9·9 文／1640·9·9 文／1641·9·9 文／1642·9·9 文／1652·9·9 文／1654·9·9 文／1655·9·9 文／1657·9·9 文／1658·9·9 文／1659·9·9 文／1660·9·9 文／1661·9·9 文／1662·9·9 文／1664·9·9 文／1665·9·9 文／1666·9·9 文／1667·9·9 政／1668·9·9 文／1669·9·9 文／1670·9·9 文／1671·9·9 文／1672·9·9 文／1673·9·9 文／1674·9·9 文／1675·9·9 文／1676·9·9 文／1679·9·9 文／1682·9·9 文／1683·9·9 文／1684·9·9 文／1685·9·9 文／1686·9·9 文／1687·9·9 文／1688·9·9 文／1689·9·9 文／1692·9·9 文／1693·9·9 文／1694·9·9 文／1695·9·9 文／1698·9·9 文／1699·9·9 文／1700·9·9 文／1703·9·9 文／1704·9·9 文／1708·9·9 文／1715·9·9 文／❺-2 1716·9·9 文／1717·9·9 文／1718·9·9 文／1719·9·9 文／1720·9·9 文／1721·9·9 文／1723·9·9 文／1725·9·9 文／1726·9·9 文／1727·9·9 文／1728·9·9 文／1729·9·9 文／1730·9·9 文／1731·9·9 文／1733·9·9 文／1734·9·9 文／1735·9·9 文／1736·9·9 文／1739·9·9 文／1740·9·9 文／1741·9·9 文／1742·9·9 文／1743·9·9 文／1744·9·9 文／1745·9·9 文／1746·9·9 文／1748·9·9 文／1749·9·9 文／1751·9·9 文／1752·9·9 文／1753·9·9 文／1754·9·9 文／1755·9·9 文／1756·9·9 文／1757·9·9 文／1758·9·9 文／1759·9·9 文／1760·9·9 文／1761·9·9 文／1764·9·9 文／1765·9·9 文／1766·9·9 文／1767·9·9 文／1768·9·9 文／1770·9·9 文／1771·9·9 文／1772·9·9 文／1773·9·9 文／1774·9·9 文／1775·9·9 文／1776·9·9 文／1777·9·9 社／1778·9·9 文／1779·9·9 文

明月の宴 ❶ 919·9·13 文

角合 ❷ 1178·6·19 文

殿上淵酔 ❷ 1031·1·2 社／1118·11·18 文／1201·11·21 文

藤花宴 ❶ 902·3·20 文／933·4·17 文／972·3·25 文／❷ 1079·4·29 文／1151·4·24 文／1174·4·19 文

投壺の技 ❺-2 1775·是年 社

投扇興 ❺-2 1773·是年 社／1774·6·19 社／是年 社／1780·安永年間 社／1784·1·3 社

闘草会 ❷ 1117·5·29 文

常磐会(歌会) ❼ 1906·9·23 文

鶏合 ❶ 973·2·11 文／❷ 1051·3·24 文／1177·1·16 文／1206·8·8 文／1211·3·4 文

「日本紀」竟宴 ❶ 882·8·29 文／906·⑫·17 文

子日遊(ねのひのあそび) ❶ 758·1·3 文／857·1·26 文／896·①·6 社／966·2·5 文／970·2·5 文／985·2·13 文／❷ 1002·1·7 文／1010·1·2 文／1033·1·9 文／2·16 文／1077·1·1 文／1085·1·24 文

賭弓(のりゆみ) ❶ 889·3·13 文／960·3·8 文

梅花宴 ❶ 730·1·13 文／949·2·16 文／951·2·13 文

蓮葉の宴 ❶ 775·8·12 文

鳩合 ❷ 1212·10·10 文／12·10 文

花合 ❶ 898·是秋 文／❷ 1098·3·3 文／1105·②·24 文／3·24 文／❺-2 1831·2·19 社

花見宴 ❶ 815·2·28 文／917·3·6 文／926·2·18 文／941·3·15 文／949·3·11 文／950·3·11 文／951·3·23 文／❷ 1006·3·4 文／1041·3·4 文／1184·4·4 文／❺-1 1669·1·13 文／1702·4·13 社

拍子合 ❷ 1159·11·20 文

鵯合(ひよどりあわせ) ❷ 1173·5·2 文

琵琶合 ❷ 1220·3·2 文

舟遊(船遊山) ❶ 402·11·6／804·10·4 文／924·10·21 文／❷ 1008·10·16 文／1009·9·23 文／1017·10·12 文／1126·1·5 文／1131·2·21 文／1137·9·23 文／1158·4·27 文／1171·10·23 政／1176·3·5 文／❸ 1286·⑫·14 文／1325·2·18 文／❹ 1565·4·2 文／❺-1 1639·8·2 社／1651·慶安年間 社／1654·承応年間 社／1656·7·1 社／❺-2 1764·8·18 政／1799·是夏 社

枕合 ❷ 1131·5·23 文

文字合 ❸ 1319·1·15 文／1320·9·22 文／1324·1·12 文

文字鎖 ❸ 1324·1·12 文

紅葉合 ❶ 955·9月 文

「文選」竟宴 ❶ 941·3·27 文

三月尽会 ❷ 1183·3·29 文

遊猟 ❶ 792·2·6 社／9·9 社

雪見の宴 ❸ 1379·12·9 文／1422·2·3 文／⑩·26 文

弓遊 ❷ 1025·2·16 文

囲碁

囲碁·碁会 ❶ 738·7·10 社／833·3·15 文／834·7·11 文／835·3·15 社／836·3·11 文／880·6·7 社／904·9·24 文／906·6·4 文／916·6·4 文／982·6·5 文／❷ 1003·6·20 文／1012·9·

10 文／1026·2·13 文／1191·7·27 文／1248·8·1 文／❸ 1317·4·29 文／1320·4·19 文／1380·8·2 文／1431·6·12 文／1443·10·26 文／❹ 1475·10·1 文／1485·1·21 文／1487·6·4 文／8·24 文／1489·3·1 文／6·4 文／1491·1·23 文／1493·6·12 文／1527·1·16 文／2·17 文／12·11 文／1531·1·17 文／1553·①·17 文／1571·10·19 文／1576·4·6 文／1580·6·9 文／1582·6·1 文／1583·6·22 文／1588·⑤·18 文／1589·9·1 文／1596·12·20 文／❺-1 1601·10·15 文／1603·4·12 文／5·22 文／1606·12·4 文／1607·12·22 文／1608·1·10 文／1609·9·1 政／1610·9·9 文／1612·3·3 文／1613·3·1 文／1633·8·11 文／1635·9·18 文／1637·3·22 文／1657·6·26 文／1659·4·26 文／1662·10·13 文／1669·⑩·20 文／1671·10·20 文／1674·11·24 文／1712·12·16 文／❺-2 1716·11·17 文／1724·11·24 文／1727·1月 文／1737·5月 文／1763·11·17 文／1765·11·17 文／1767·11·17 文／1768·11·17 文／1769·11·17 文／1770·11·17 文／1771·11·17 文／1772·7·17 文／1773·11·17 文／1774·11·17 文／1775·11·17 文／1776·11·17 文／1777·11·17 文／1779·11·17 文／1781·11·17 文／1782·11·17 文／1783·11·17 文／1784·11·17 文／1785·11·17 文／1786·11·24 文／1788·11·17 文／1789·11·17 文／1790·11·17 文／1791·11·17 文／1792·11·17 文／1793·11·17 文／1794·11·17 文／1795·11·17 文／1796·2·25 文／1797·11·17 文／1798·11·17 文／1800·11·17 文／1801·11·17 文／1802·11·17 文／1803·11·17 文／1804·11·17 文／1805·11·17 文／1808·11·7 文／1809·11·17 社

囲碁(外国人) ❻ 1879·12·16 文

囲碁棋士 ❾ 2010·4·1 文

囲碁棋聖 ❾ 1977·2·8 文

囲碁免状 ❺-1 1682·4·26 文

囲碁名人 ❾ 1976·10·28 社／1980·11·6 文／1983·10·20 文／1984·11·15 文／2009·10·15 文

囲碁欄 ❼ 1896·8·7 文

インターナショナル·ゴ·トーナメント ❽ 1963·9·30 文

棋界(本因坊·方円社)騒動 ❻ 1879·10月 文

棋譜の新聞掲載 ❻ 1878·4·1 文／1879·2·15 文

黒番こみ出し(囲碁) ❾ 2002·10·3 文

碁·将棋·双六·カルタ·宝引を禁止 ❺-1 1696·8·13 社

碁·将棋会所禁止 ❻ 1878·3月 文

碁·将棋師 ❺-1 1635·12·1 文

碁石 ❸ 1429·9·23 文

少年少女全国囲碁大会 ❾ 1980·8·4 文

世界アマチュア囲碁選手権大会 ❾ 1979·3·13 文

中央棋院 ❼ 1923·1·21 文

天元の局 ❺-1 1670·10·17 文

日本棋院大手合最高位戦 ❽ 1955·12·22 文

日本棋会(棋院) ❼ 1924·5·20 文

本因坊 ❻ 1879·8月 文／1886·7·29 文／❽ 1941·7·15 文／9·10 文／1950·5·19 文／❾ 1968·6·28 社／1975·7·22 文／1988·5·26 文

安井算知追善碁会 ❻ 1876·11·12 文

乱碁 ❶ 973·5·21 文

歌合 ❶ 897·寛平年間 文／905·是年 文／913·3·13 文／916·7·7 文／919·8月 文／921·3月 文／950·1·22 文／955·2·29 文／956·3·29 文／5·29 文／957·2月 文／959·2·3 文／960·3·30 文／962·5·4 文／963·9月 文／966·5·5 文／972·⑧·28 文／975·2·14 文／3·10 文／977·8·16 文／981·4·26 文／985·8·10 文／992·5·5 文／993·5·5 文／❷ 1003·5·15 文／1005·8·5 文／1009·11·15 文／1012·9·6 社／1017·7月 文／1023·8月 文／1027·8·4 文／1029·4·7 文／1031·10·2 文／1035·5·16 文／1038·9·13 文／1040·1·5 文／5月 文／1041·2·12 文／2月 文／4·7 文／是春 文／5·12 文／5月 文／1048·是春 文／1049·11·9 文／12·2 文／1050·6·5 文／11月 文／1051·1·8 文／5·11 文／1053·5月 文／8月 文／1054·4月 文／是秋 文／1055·5·3 文／1056·③月 文／4·30 文／5月 文／1057·5月 文／1058·8月 文／1060·3·19 文／4·26 文／1061·3月 文／1062·7·27 文／1063·10·3 文／1064·12·29 文／1065·12月 文／1066·5·5 文／9·9 文／1067·3·15 文／9·9 文／1068·5·5 文／12·22 文／1096·5·3 文／1070·1·28 文／1075·2·27 文／4月 文／8·20 文／1076·10月 文／11·14 文／1077·11月 文／1078·4·28 文／1080·10·2 文／1082·4·29 文／1083·3·20 文／1087·7·10 文／是年 文／1092·5·5 文／1093·3·14 文／1094·8·19 文／1095·8·28 文／1102·⑤·2 文／1103·康和年間 文／1104·5·21 文／5·26 文／1107·是春 文／1109·3月 文／4月 文／11月 文／是冬 文／1110·4·28 文／4·30 文／10·25 文／1114·是秋 文／1116·8月 文／9月 文／1122·2·20 文／1124·5月 文／1127·8·29 文／1128·2·5 文／8·29 文／9·21 文／1130·9·13 文／1134·9·29 文／1135·4·29 文／1137·9·14 文／1144·3·7 文／1160·7月 文／1167·2月 文／8月 文／1169·4·26 文／5月 文／1170·10·9 文／1172·10·17 文／12·8 文／是冬 文／1173·8·15 文／1175·⑨·17 文／1179·3·15 文／1186·10·22 文／1187·11·21 文／是春 文／1190·9·22 文／10月 文／1191·3·3 文／1193·是秋 文／1198·是年 文／1200·5月 文／7·15 文／8月 文／10·12 文／12·2 文／是年 文／1201·5月 文／6月 文／8·3 文／1205·7·18 文／是冬 文／1206·1·11 文／7·24 文／7·25 文／7·28 文／1208·5·17 文／5·29 文／1209·9月 文／是年 文／1213·7·17 文／是年 文／1214·5月 文／8·27 文／9·8 文／9·13 文／9月 文／10·2 文／1216·1·6 文／3· 文／⑥·9 文／1217·3·29 文／4·14 文／10·19 文／1219·2·11 文／2·17 文／7·27 文／9·7 文／1221·是年 文／1222·4·29 文／7月 文／9月 文／1226·2·11 文／1230·2·25 文／11·7 ／1235·12·24 文／1236·7月 文／9· 文／1247·是年 文／1248·9·29 文／9月 文／1250·8·15 文／1251·2·24 文／9·13 文／1254·3月 文／1263·9·13 文／1264·9·13 文／1265·8·15 文／9·1 文／1268·9·13 文／1279·4月 文／❸ 1297·11月 文／1301·9·30 文／1305·1·4 文／1307·3月 文／1314·1·9 文／1321·8·15 文／1324·2·28 文／1331·4 1 文／1333·8·15 文／1335·1·13 文／1338·9·13 文／1339·8·15 文／1342·11·4 文／1361·是年 文／1365·12月 文／1376·4月 文／1378·5·7 文／1398·3·21 文／1400·3·30 文／1409·8 15 文／1410·3·29 文／1416·3·30 文／❹ 1469·8月 文／1470·1·6 文／1472 1月 文／8·16 文／1473·11·7 文／1474·6·17 文／1475·8月 文／11·17 文／1481·11·20 文／1482·6·16 文／9·28 文／1485·10·2 文／1486·1·10 ／1500·1·23 文／1503·6·14 文／12· 文／1521·12·2 文／1541·9·27 文／❺-1 1605·11·19 文／1618·1·22 文／1628·1·20 文／1637·1·12 文／1652·11·7 文／1669·1·11 文／1683·1·28 ／1691·1·11 文／1694·1·11 文／1698·1·11 文／1699·1·11 文／❼ 1907·3月 文

宮中歌会始⇨各年の1月文化欄も見よ ❷ 1021·1·3 文／1207·1·1 文／1261·1·22 文／1267·1·15 文／❸ 1290·1·20 文／1318·1·11 文／1321 1·20 文／1324·1·22 文／1325·1·2 文／1330·1·6 文／1356·1月 文／1358·1月 文／1363·1月 文／1364· 月 文／1368·1·28 文／1370·1月 文／1372·1月 文／1421·1·29 文／1429·1·13 文／1431·1·25 文／1467 1·13 文／❹ 1470·1·10 文／1472·1· 17 文／1473·1·11 政／1474·1·28 ／1475·1·19 文／1476·1·19 文／1479·1·7 文／1480·7·7 文／1483·1 18 文／1485·1·7 文／1486·3·4 文／1493·1·25 文／1494·1·24 文／1501 1·25 文／1502·1·25 文／1503·1·19 文／1504·1·19 文／1505·1·19 文／1506·1·19 文／1507·1·19 文／1508 1·19 文／1509·1·19 文／1510·1·19 文／1511·1·19 文／1512·1·25 文／1513·1·21 文／1514·1·19 文／1515 1·19 文／1516·1·19 文／1517·1·19 文／1518·1·19 文／1519·1·24 文／1520·1·18 文／1521·1·19 文／1522 1·23 文／1523·1·19 文／1524·1·19 文／1525·1·19 文／1526·1·19 文／1527·1·19 文／6·9 文／1528·1·19 文／1529·1·19 文／1530·1·23 文／1531·1·19 文／1533·1·19 文／1534 1·19 文／1536·1·5 文／2·5 文／1537·1·26 文／1538·1·19 文／1540 1·21 文／1541·1·19 文／1542·1·19

文／ **1543**·1·19 文／ **1544**·1·19 文／1·21 文／ **1545**·1·19 文／ **1546**·1·9 文／ **1547**·1·19 文／ **1548**·1·19 文／ **1549**·1·19 文／ **1550**·1·25 文／ **1551**·1·28 文／ **1552**·1·19 文／ **1553**·1·19 文／ **1554**·1·19 文／ **1555**·1·19 文／ **1556**·1·19 文／ **1559**·1·19 文／ **1560**·1·21 文／ **1561**·1·19 文／ **1562**·1·19 文／ **1563**·1·19 文／ **1564**·1·19 文／ **1565**·1·19 文／ **1568**·1·19 文／ **1569**·1·19 文／ **1570**·1·19 文／ **1571**·1·19 文／ **1572**·1·19 文／ **1573**·1·19 文／ **1574**·1·19 文／ **1575**·1·19 文／ **1576**·1·19 文／ **1577**·1·20 文／ **1578**·1·19 文／ **1580**·1·19 文／ **1582**·1·19 文／ **1583**·1·19 文／ **1585**·1·19 文／ **1586**·1·22 文／ **1587**·1·19 文／ **1588**·1·20 文／ **1596**·1·19 文／ **1597**·1·19 文／ **1598**·1·6 文／ **1600**·1·16 文／❺-1 **1601**·1·19 文／ **1603**·2·3 文／ **1605**·2·8 文／ **1606**·5·13 文／ **1612**·1·19 文／ **1613**·1·19 文／ **1614**·1·19 文／ **1616**·1·19 文／ **1617**·1·19 文／ **1618**·1·13 文／ **1619**·1·19 文／ **1620**·1·19 文／ **1621**·1·19 文／ **1622**·1·19 文／ **1623**·1·19 文／ **1624**·1·19 文／ **1625**·1·19 文／ **1626**·1·19 文／ **1627**·1·19 文／ **1628**·1·19 文／ **1629**·2·19 文／ **1630**·2·6 文／ **1631**·1·19 文／ **1632**·1·17 文／ **1633**·1·17 文／ **1634**·1·17 文／ **1635**·1·17 文／ **1636**·1·9 文／ **1638**·2·19 文／ **1639**·1·19 文／ **1640**·1·17 文／ **1641**·1·19 文／ **1642**·1·19 文／ **1643**·1·19 文／ **1644**·1·19 文／ **1645**·1·19 文／ **1646**·1·19 文／ **1647**·1·19 文／ **1648**·1·19 文／ **1649**·1·19 文／ **1650**·1·19 文／ **1651**·1·19 文／ **1652**·1·19 文／ **1653**·1·19 文／ **1654**·1·19 文／ **1655**·1·19 文／ **1656**·2·6 文／ **1657**·1·19 文／ **1658**·1·19 文／ **1659**·1·19 文／ **1660**·1·19 文／ **1662**·1·19 文／ **1663**·1·19 文／ **1664**·1·18 文／ **1665**·1·19 文／ **1666**·1·19 文／ **1667**·1·19 文／ **1668**·1·19 文／ **1669**·1·19 文／1·24 文／ **1670**·1·19 文／ **1671**·1·19 文／ **1672**·1·19 文／ **1673**·1·19 文／ **1674**·1·19 文／ **1675**·1·19 文／ **1676**·1·19 文／ **1677**·1·19 文／ **1678**·1·19 文／ **1680**·1·19 文／ **1682**·2·12 文／ **1684**·1·24 文／ **1685**·1·24 文／ **1686**·1·24 文／ **1687**·2·14 文／4·7 文／ **1688**·1·11 文／1·24 文／ **1689**·1·24 文／ **1690**·1·24 文／ **1691**·1·24 文／ **1692**·1·24 文／ **1693**·1·24 文／ **1694**·1·24 文／ **1695**·1·24 文／ **1697**·1·24 文／ **1698**·1·24 文／ **1699**·1·24 文／ **1700**·1·24 文／ **1701**·1·24 文／ **1702**·1·24 文／ **1703**·1·24 文／ **1704**·1·24 文／ **1705**·1·24 文／ **1706**·1·24 文／ **1707**·1·24 文／ **1708**·1·24 文／ **1711**·1·24 文／ **1713**·1·24 文／ **1714**·1·24 文／ **1715**·1·24 文／❺-2 **1716**·1·24 文／ **1717**·1·24 文／ **1718**·1·24 文／ **1719**·1·24 文／ **1720**·1·9 文／ **1721**·1·24 文／ **1722**·1·24 文／ **1723**·1·24 文／ **1724**·1·24 文／ **1725**·1·24 文／ **1726**·1·24 文／ **1727**·1·24 文／ **1728**·1·24 文／ **1729**·1·24 文／ **1730**·1·24 文／ **1731**·2·6 文／ **1732**·1·24 文／ **1733**·1·24 文／ **1734**·1·24 文／ **1735**·1·24 文／ **1736**·1·24 文／ **1737**·1·24 文／ **1739**·1·24 文／ **1740**·1·24 文／ **1741**·1·24 文／ **1742**·1·24 文／ **1743**·1·24 文／ **1744**·1·24 文／ **1745**·1·24 文／ **1746**·1·24 文／ **1747**·1·24 文／ **1748**·1·24 文／ **1749**·2·1 文／ **1752**·1·24 文／ **1753**·1·24 文／ **1754**·1·24 文／ **1755**·1·24 文／ **1756**·1·24 文／ **1757**·1·24 文／ **1758**·1·24 文／ **1759**·1·24 文／ **1760**·1·24 文／ **1761**·1·24 文／ **1762**·1·24 文／ **1764**·1·24 文／ **1765**·1·24 文／ **1766**·1·24 文／ **1767**·1·24 文／ **1768**·1·24 文／ **1769**·1·24 文／ **1770**·1·24 文／ **1771**·1·24 文／ **1772**·1·24 文／ **1773**·1·24 文／ **1774**·1·24 文／ **1775**·1·14 文／ **1776**·2·24 文／ **1777**·1·24 文／ **1778**·1·24 文／ **1779**·1·24 文／ **1848**·2·18 文／ **1849**·1·24 文／ **1850**·1·24 文／ **1851**·2·11 文／ **1852**·1·18 文／❻ **1869**·1·24 文／ **1878**·12·6 文／❼ **1899**·1·25 文／ **1900**·1·18 文／ **1901**·1·19 文／ **1902**·1·19 文／ **1903**·1·19 文／ **1904**·1·20 文／ **1905**·1·19 文／ **1906**·2·7 文／ **1907**·1·19 文／ **1908**·1·18 文／ **1909**·1·18 文／ **1910**·1·18 文／ **1911**·1·18 文／ **1912**·1·23 文／ **1928**·1·28 文／ **1930**·1·29 文／❽ **1944**·1·28 文／ **1947**·1·23 文／ **1953**·2·5 文／ **1957**·1·11 文／ **1960**·1·12 文／ **1962**·1·15 文／❾ **1966**·1·13 文／ **1980**·1·10 文／ **1981**·1·13 文／ **1985**·1·16 文／ **1993**·1·14 文／ **1998**·1·14 文／ **2002**·1·15 文／ **2003**·1·15 文／ **2005**·1·16 文／ **2007**·1·15 文／ **2009**·1·15 文／ **2010**·1·14 文／ **2011**·1·14 文／ **2012**·1·12 文

占い·占術·呪術

卜法(うらない) ❷ **1131**·9·5 文
陰陽頭 ❷ **1035**·10月 文／ **1173**·4·8 文／ **1243**·12·24 文／ **1274**·11·2 政／❹ **1484**·5·3 文／ **1564**·12·18 文／ **1579**·1·12 文／ **1582**·1·29 文／❺-1 **1601**·1·30 社／ **1683**·5·17 文／9·25 文／ **1715**·8·28 社
陰陽師 ❷ **1017**·2·19 社／ **1090**·10·22 文／ **1099**·5·12 文／ **1105**·7月 文／ **1133**·6·6 文／ **1136**·8·12 文／ **1207**·3·29 文／6·29 文／ **1227**·12·13 文／ **1228**·3·10 文／ **1244**·1·20 社／ **1251**·8·1 社／ **1256**·7·26 社／❺-1 **1667**·②月 社／❺-2 **1780**·8·26 社／ **1791**·4·15 社／ **1831**·1·8 社／ **1835**·2·25 政
陰陽道 ❷ **1276**·7·2 文／❻ **1867**·2·24 社
陰陽寮 ❷ **1127**·2·14 政
亀筮(卜·長上) ❶ **730**·⑥·11 社／ **864**·12·26 社／ **872**·4·19 文／ **882**·9·29 文／ **895**·是年 社／ **916**·6·2 文／ **969**·9·2 文
軒廊御卜(こんらのみうら) ❷ **1103**·9·13 社／ **1186**·7·5 社
巫覡(ふげき·京師) ❶ **752**·8·17 社
方術(書) ❶ **602**·10月 文
卜算 ❹ **1555**·3·21 文

オセロ ❾ **1973**·4月 社／ **1994**·11·5 文

華道

池の坊家元 ❾ **1981**·1·12 社
池坊永代門弟帳 ❺-1 **1678**·3月 文
池坊系図 ❺-2 **1739**·是年 文
池坊専好立花図 ❺-1 **1628**·是年 文
池坊の立花 ❺-2 **1797**·5·4 文
池坊流百瓶花会 ❹ **1599**·9·16 文
生花大会 ❽ **1947**·4·16 文
いけばなの根源池坊展 ❾ **2011**·11·9 文
花会 ❹ **1525**·3·6 文／ **1526**·2·10 文
紅葉の会 ❹ **1460**·⑨·23 文／ **1464**·10·7 文／ **1474**·10·2 文
花瓶 ❹ **1462**·10·2 文／ **1465**·4·7 文
皇国華道協会 ❽ **1941**·7·22 文
カルチャーセンター ❾ **1974**·4·1 文／ **1987**·7·7 文
挿花の技 ❺-2 **1775**·10·26 文
西芳寺の花·紅葉 ❹ **1463**·10·5 文／ **1464**·2·27 文
盛花 ❼ **1897**·是年 文
草月流花展 ❼ **1928**·5·5 文
大日本華道協会 ❼ **1931**·2·21 文
長講堂供花(くげ) ❸ **1286**·9·12 文／ **1290**·5·10 文／ **1298**·9·13 文／ **1307**·5·6 文／ **1311**·9·13 文／ **1313**·9·6 文／ **1319**·5·13 文／ **1345**·9·20 文／ **1346**·9·6 文／ **1347**·5·13 文
日本いけばな芸術協会 ❾ **1966**·12·5 文
梅花 ❹ **1486**·2·10 文
花十五瓶 ❸ **1418**·7·7 文
花台(連歌什物) ❺-2 **1728**·8月 文
花見 ❹ **1459**·3·10 文／ **1489**·3·1 文／ **1492**·3·5 文／ **1493**·3·15 社／ **1553**·3·5 文／ **1584**·2·25 文
立花(りっか、花立て) ❹ **1462**·2·25 文／ **1478**·3·20 文／ **1488**·3·25 文／ **1489**·2·8 文／ **1526**·10·23 文／ **1531**·8·13 文／ **1537**·10·8 文／ **1543**·11·15 文／ **1547**·2·6 文／ **1559**·11·29 文／12·9 文／ **1571**·9·4 文／ **1572**·1·8 文
立花会 ❺-1 **1629**·1·10 文／7·7 文／是年 文／ **1630**·1·24 文／ **1632**·1·23 文／ **1637**·1·18 文／ **1641**·2·14 文／ **1642**·⑨·14 文／ **1677**·7·7 文／❺-2 **1822**·2·12 文
立花図 ❺-1 **1617**·是年 文
立花の伝書 ❹ **1486**·5·18 文

香道

懸物香 ❺-1 **1636**·1·10 文
伽羅香(きゃらこう) ❺-1 **1626**·8·21 文／9·26 文／10·1 文／ **1687**·5·3 文
系図香 ❹ **1584**·1·15 文
「香道秋の光」 ❺-2 **1733**·是年 文
香会 ❸ **1379**·10·25 文
香木 ❹ **1479**·5·12 文
十種香·十炷香 ❸ **1417**·⑤·13 文／ **1425**·10·28 文／❹ **1484**·4·13 文／ **1486**·2·2 文／2·20 文／ **1489**·1·10 文／2·1 文／ **1491**·2·11 文／ **1499**·1·23 文／ **1519**·1·13 文／ **1520**·3·23 文／ **1584**·1·15 文／❺-1 **1630**·1·21

文／1660·3·13 文
諸国香道門人帳(香道志野流) ❺-2 1736·是年 文
蘇合香御許状 ❺-1 1617·7·17 社
薫物合 ❹ 1492·3·7 文／1498·3·9 文／1533·10·19 文／1588·10·12 文
練香 ❹ 1580·7·25 文
紅沈香 ❺-1 1693·5·16 文
聞香(もんこう) ❹ 1527·2·2 文／1529·1·16 文／1531·1·25 文／1573·10·13 文／1581·3·12 文／❺-2 1724·11·24 文
蘭奢待(らんじゃたい) ❹ 1465·9·24 文／1535·7·29 文／1574·3·28 文／4·3 文／5月 文／1575·5·10 文／1577·1·14 文／❺-1 1602·6·11 文／1693·5·16 文／❺-2 1833·11·30 文
暦·測量·地図⇨ 28「教育·研究」
詩合·詩会 ❶ 949·8月 文／959·8·16 文／963·3·19 文／974·3月 文／976·3·29 文／❷ 1003·5·27 文／1004·9·9 文／1012·11月 文／1014·5·19 文／1015·4·8 文／1033·3·5 文／10·28 文／1034·1·22 文／9·9 文／1035·9·9 文／1037·11·26 文／1051·3·3 文／3·29 文／9·9 文／1055·3·3 文／1056·3·3 文／6月 文／1067·3·3 文／1072·4·15 文／1176·4·13 文／1078·2·29 文／1079·9·27 文／1096·3·3 文／1099·2·19 文／1110·6·20 文／1119·3·9 文／1125·2·16 文／1129·6·17 文／1130·9·17 文／1132·9月 文／1133·4·28 文／1174·9·30 文／1205·6·15 文／1206·1月 文／1208·1·23 文／1212·3·13 文／1216·3·15 文／1265·1·13 文／1267·是春 文／1268·3·10 文／8·15 文／9·13 文／1270·9·13 文／1271·7·7 文／1273·7·10 文／1278·1·21 文／1280·2·20 文／❸ 1289·1·29 文／1301·6·8 文／1344·5·5 文／1355·9·9 文／1356·1·25 文／2·30 文／1363·6月 文／1367·2·19 文／1370·2·9 文／1393·2·27 文／1446·12·29 文／1448·11·13 文／❹ 1483·1·13 文／1486·是春 文／1496·9·9 文／1511·1·29 文／1527·6·26 文／❺-1 1601·7·7 文／1629·8·15 文／1681·3·3 文／❺-2 1723·5·3 文／1757·8·25 文
文人賦詩 ❶ 809·9·9 文／812·9·9 文／818·9·9 文
文談 ❸ 1380·4·9 文
詩社·団体 ❺-2 1739·是年 文／1784·11月 文／1789·是年 文
尚歯会(詩文の会) ❶ 877·3·18 文／969·3·13 文
大日本詩人協会 ❽ 1941·6·17 文
東京新詩社 ❼ 1899·11月 文
杜甫詩集講 ❸ 1449·5·8 文
日本青年詩人連盟 ❽ 1942·2月 文
早稲田詩社 ❼ 1907·3月 文
写真 ❼ 1915·12月 社／❽ 1951·1·1 文／❾ 1987·6·16 文
『月刊ライカ』 ❼ 1934·1月 文
『写真雑誌』 ❻ 1894·6月 文
カメラ·撮影機 ❼ 1903·9月 社／1911·是年 社／1915·是年 社／❽ 1950·3·19 社／3月 社／1952·5月 社／❻ 1857·9·16 社／❽ 1958·3·23 文／1959·10月 社／1964·4月 社／❾ 1977·9·12 社／1979·11月 社／1982·7·9 社／2000·7·27 文
一眼レフカメラ ❽ 1948·3月 社／1957·5月 社／9月 社／1959·6月 社／1963·3月 社／1964·7月 社／❾ 1976·4·20 社／1985·2月 社
印画紙 ❼ 1902·5月 社／1903·3·1 文
インスタントカメラ ❾ 1977·3·21 社／1981·10月 社／1982·5月 社／1986·7·1 社
キヤノネット ❽ 1961·1·24 社
シャッター ❽ 1964·7·29 政
ストロボ ❽ 1954·1月 社／❾ 1975·3月 社
ダゲレオタイプ写真機 ❺-2 1848·是年 社／1851·是年 文
デジタルカメラ ❾ 1988·12月 社／1995·3月 社／2002·6月 文／2003·2·2 社／2004·7·12 社
ビデオカメラ(カメラ一体型8ミリ) ❾ 1985·5月 社
フィルム ❼ 1929·10·1 社／❽ 1940·11·3 社／1950·3·8 社／❾ 1976·9月 社／1995·7·3 政
ポラロイド ❾ 1972·是年 社／2000·4·1 社
写真展
山岳写真展 ❼ 1916·10·12 文
撃滅精神昂揚大写真展 ❽ 1944·2·24 文
現代写真展 ❽ 1960·1·5 文
現代の写真個人展 ❾ 1966·7·15 文
号外と写真で見る明治百年展 ❾ 1967·6·2 文
写真100年—日本人による写真表現の歴史展 ❾ 1968·6·1 文
女流写真家協会展 ❽ 1958·4·11 文
世界報道写真展 ❾ 1965·12·10 文
宣伝芸術写真展 ❽ 1947·7·7 文
東京写真研究会展 ❽ 1948·3·10 文
日独伊三国同盟記念写真展 ❽ 1940·10·23 文
日仏米英連合写真展 ❽ 1951·6·2 文
日本現代写真史展·終戦から昭和四五年まで ❾ 1975·11·15 文
日本写真会展 ❽ 1947·3·30 文
日本写真百年史展 ❽ 1962·9·16 文
フォト·ギャラリー ❽ 1956·10月 文
報道写真展 ❽ 1939·7·15 文
盟友大満洲写真展 ❽ 1943·3·26 文
大和古寺風物写真展 ❽ 1951·5·24 文
写真その他
赤玉盃獲得写真協議会 ❼ 1925·4月 文
X線 ❼ 1896·2月 社／1896·3月 文
NE式写真電送機 ❼ 1928·11·1 文
外国写真画展覧会 ❻ 1893·5月 文
カメラ従軍記者 ❼ 1914·8月 文
国画会写真部 ❽ 1947·4月 文
国際写真サロン·東京朝日 ❼ 1927·5·3 文
小西六写真工業 ❻ 1873·是年 社
写真家集団 ❽ 1948·9月 文
写真学校会 ❻ 1876·11·15 文
写真館 ❻ 1869·是年 文
写真館(バンコク) ❻ 1895·1月 社
写真撮影 ❻ 1853·4月 文／1856·7月 文／1862·11月 社／1875·是年 社
写真室(三越呉服店) ❼ 1907·4·1 社
写真條例 ❻ 1876·6·17 文
写真台紙(国産) ❻ 1875·是年 文
写真電送変調方式(NE式) ❼ 1929·12·27 社
写真の日 ❽ 1951·6·1 社
写真引伸し機 ❻ 1880·8月 社
写真百年祭 ❼ 1925·10·31 文
写真屋の客引 ❻ 1879·11月 社
写真用薬品·材料 ❻ 1876·是年 社
従軍写真師 ❻ 1874·4·12 文／5月 文／1894·10月 社
白百合カメラクラブ ❽ 1952·5月 文
青年写真家協会 ❽ 1949·3月 文／1950·1·12 文
閃光器 ❼ 1912·9·13 文
電送写真 ❼ 1928·8·27 文／8·13 文／9·9 社／1930·8·21 社／9·4 社／1936·9·20 社
天体写真撮影 ❻ 1883·10·13 文
東京写真研究会 ❼ 1909·5·14 文／1910·3月 文／1917·3·4 文
日中写真使節団 ❾ 1973·5·28 文
日本写真会 ❻ 1889·5月 文
日本写真家協会 ❽ 1950·6·4 文／1951·3·7 文／1951·9·20 社
日本写真家集団 ❽ 1948·9·18 文
日本写真批評家協会 ❽ 1957·1月 文
訪中写真文化交流団 ❾ 1980·6·13 文
夜間撮影器械 ❻ 1889·3·21 社
ライフ写真講座 ❾ 1970·9月 文
祝日·休暇
海軍記念日 ❼ 1930·5·27 社
紀元節 ❻ 1872·11·15 政／1873·3·7 政／10·14 政／❽ 1942·2·11 社／1954·2·11 社／1955·12·16 政／1956·2·11 社／1958·2·1 社／1961·2·11 社／❾ 1966·9·17 社
紀元二千六百年式典 ❽ 1939·9·28 政／1940·11·10 政／❾ 1966·9·17 社
休暇日(官庁) ❻ 1868·12·22 社／1873·1·7 社
勤務時間(官吏) ❻ 1868·1·21 社
勤労感謝の日 ❽ 1948·7·20 政
敬老の日 ❽ 1947·9·15 社／❾ 1966·3·7 政／6·25 政／9·15 社
建国記念日 ❶ 神武元年·1·1／❾ 1965·2·3 政／1966·3·7 政／1967·2·11 社／1978·2·11 政／1983·2·11 社／1985·2·11 政
建国祭 ❶ 神武元年·1·1／❼ 1926·2·11 社／1928·2·11 社／1933·2·11 社／❽ 1940·2·11 社／1957·2·13 政／1962·2·11 社
憲法記念日 ❽ 1948·7·20 政／1951·5·3 政／1952·5·3 政／❾ 1976·5·3 政／1977·5·3 政／1981·5·3 政

国民の休日 ❾ 1973·4·6 政
国民の祝日に関する法律 ❽ 1948·7·20 政
子供の日 ❽ 1948·7·20 政／1949·5·5 社／1956·5·5 社
秋分の日 ❻ 1878·6·5 政／❽ 1948·7·20 政
祝祭日 ❻ 1873·10·14 政
祝日法 ❾ 1966·3·7 政／1973·3·27 政
春分の日 ❻ 1878·6·5 政／❽ 1948·7·20 政
正月 ❺-2 1759·8月·9月 社
お年玉調査 ❾ 1977·1·14 社
おらんだ正月 ❺-2 1794·⑪·11 社／1813·⑪·11 社
賀正の礼(元日節会) ❶ 646·1·1 政／676·1·1 政／686·1·2 政／824·1·1 政／996·1·1 文
門松 ❺-1 1662·1·6 社／1706·11月 社／❽ 1942·12·11 社／1955·11·10 社
三が日の参拝者 ❽ 1940·1·3 社／❾ 1982·1·1 社／2007·1·1 社／2008·1·1 社
正月節会の拝礼法 ❶ 679·1·7 政
東京の質素な正月 ❼ 1898·1·3 社
流行正月 ❺-1 1667·7·29 社／❺-2 1814·是夏 社
拝賀の礼禁止 ❶ 697·⑫·28 社
羽子板 ❸ 1432·1·5 社／❺-1 1648·12·19 社
初詣客 ❼ 1935·1·1 社／❾ 1970·1·1 社／1990·1·4 社
ハワイで元旦 ❾ 1971·1·1 社
昭和の日 ❾ 2005·5·13 政／2007·4·29 社
神武天皇祭 ❻ 1870·3·11 政／1871·3·7 政／1873·1·4 政／10·14 政／❼ 1934·10·5 社
成人の日 ❽ 1948·7·20 政／1949·1·15 社
体育の日 ❾ 1966·3·7 政／6·25 政／10·10 社
端午の節会(五月五日) ❶ 758·3·10 社／815·7·7 文／824·3·8 文／833·4·21 社／839·5·5 社／867·5·5 社／869·5·1 社／877·5·5 社／889·5·5 社／899·5·5 社／925·5·5 社／938·4·11 社／944·5·5 社／❷ 1238·5·4 政／❸ 1355·5·5 社／❺-1 1627·5·5 社／1648·5·1 社／1681·4月 社／❺-2 1721·4·9 社
天長節(天皇誕生日) ❶ 775·9·11 政／10·13 政／779·10·13 政／❻ 1868·8·26 政／1870·9·7 政／1871·9·22 政／1872·9·22 政／1873·10·14 政／11·3 政／1879·11·3 社／1880·11·3 社／1884·11·3 社／1885·11·3 社／1886·11·3 社／❼ 1913·7·18 政／1927·3·3 社／1929·4·29 社／❽ 1948·4·29 社／7·20 政／1950·4·29 政／❾ 1989·2·17 政
土曜半休(官庁) ❻ 1876·3·12 社
日曜休日の始め ❻ 1859·10·10 社／1872·4·29 社／1874·3·20 文／1876·3·12 社
文化の日 ❽ 1948·7·20 政／11·3 社／1953·11·3 社
みどりの日 ❾ 1989·2·17 政／4·29 社／2007·4·29 社
明治節 ❼ 1927·1·25 政／3·3 社／11·3 社／1928·11·3 社
老人の日 ❾ 1982·9·15 社
将棋(将棊·象戯) ❷ 1199·5·10 文／1205·12·25 文／❹ 1472·8·12 文／8·18 文／1493·6·12 文／1498·6·23 文／1499·5·23 文／1506·3·5 文／1515·1·13 文／1528·6·23 文／1596·12·20 文／❺-1 1603·4·12 文／1606·是年 文／1608·1·28 文／1612·3·3 文／1616·4·9 文／1633·8·11 文／1635·12·1 文／1648·11·2 文／1649·11·16 文／1662·10·13 文／1671·10·20 文／1674·11·24 文／1712·12·16 文／❺-2 1716·11·17 文／1724·11·24 文／1727·1月 文／1737·5月 文／1763·11·17 文／1765·11·17 文／1767·11·17 文／1768·11·17 文／1769·11·17 文／1770·11·17 文／1771·11·17 文／1772·7·17 文／1773·11·17 文／1774·11·17 文／1775·11·17 文／1776·11·17 文／1777·11·17 文／1779·11·17 文／1781·11·17 文／1782·11·17 文／1783·11·17 文／1784·11·17 文／1785·11·17 文／1786·11·24 文／1788·11·17 文／1789·11·17 文／1790·11·17 文／1791·11·17 文／1792·11·17 文／1793·11·17 文／1794·11·17 文／1795·11·17 文／1796·2·25 文／1797·11·17 文／1798·11·17 文／1800·11·17 文／1801·11·17 文／1802·11·17 文／1803·11·17 文／1804·11·17 文／1805·11·17 文／1808·11·7 文／1809·11·17 社／❼ 1917·10·14 社／❽ 1950·7·6 文
将棋ソフト ❾ 2005·6·25 文／10·14 文／2007·3·21 文／2011·5·10 文／2012·1·14 文
将棋の駒 ❾ 1993·4·26 文
将棋名人·王将 ❽ 1937·12·7 文／1938·2·11 文／1947·6·7 文／1952·7·26 文／❾ 1969·6·19 文／1972·6·8 社／1976·6·10 社／9·13 文／1983·6·15 文／1992·1·28 文／1993·5·21 文／1996·6·4 文／1997·6·11 文
将棋免許状 ❺-1 1697·5·18 文
少将棊 ❹ 1481·3·2 文／1527·7·27 文／❺-1 1601·10·15 文
女流将棋名人 ❾ 1983·2·19 文／1996·7·1 文
大将棋 ❷ 1142·9·12 文
中将棊 ❹ 1520·6·6 文／1527·9·27 文／1556·12·6 文／❺-1 1601·10·15 文／1604·4·9 文
詰将棋 ❺-1 1602·12·3 文／❾ 1982·7月 文
詰勝負 ❺-1 1652·8·13 社
東京将棋倶楽部 ❼ 1918·6·20 文
東京将棋連盟 ❼ 1924·9·8 文
日本将棋革新協会 ❼ 1935·11·21 文
日本将棋連盟 ❽ 1949·7·29 文／❾ 2012·12·25 文
日本女子プロ将棋協会 ❾ 2007·5·30 文
書道
勘亭流の始め ❺-2 1779·1月 文
古筆会 ❻ 1885·6·21 文
入木(書道) ❺-2 1726·2·21 文／1737·8·13 文
書画展·古書画展 ❺-2 1792·是春 文／1793·3·3 文／1794·2·22 文／1796·9·27 文／1797·3·27 文／1800·是年 文／1802·是年 文／1806·10月 文／1815·1·26 文／1831·2·29 文
「書は美術ならず」 ❻ 1882·5月 文
日本書道美術院 ❽ 1945·12月 文
本目流書道 ❺-1 1704·5·3 文
短歌·団体
いかづち会 ❼ 1898·6·30 文
車前草社 ❼ 1905·4月 文
新興歌人連盟 ❼ 1928·10·14 文
大日本歌人協会 ❼ 1936·11·27 文／❽ 1941·6·1 文
大日本歌道奨励会 ❼ 1903·1·25 文
多摩短歌会 ❼ 1935·6月 文
短歌結社 ❼
竹柏会 ❼ 1898·2月 文
日本歌人クラブ ❽ 1948·9·2 文
根岸短歌会 ❼ 1899·3·14 文
無産者歌人連盟 ❼ 1928·11·19 文
チェス ❻ 1879·4·13 文
茶·茶道·茶会 ⇨ 13 食品「茶」も見よ ❾ 1978·9月 文
跡見(あとみ)の茶事 ❹ 1587·1·12 文
飲茶会 ❸ 1324·11·1 文／1332·6·5 文
御嗅茶 ❹ 1900·1·28 文
茶道表千家東京出張所 ❼ 1902·10月 文
釜 ❹ 1579·8·19 文
光悦会 ❼ 1915·11·22 文
皇国茶道会 ❽ 1941·3·16 文
茶道頭(茶頭) ❹ 1573·10·28 文／1575·10·28 文／❺-1 1601·是年 文
十種茶 ❹ 1488·1·19 文／1490·1·17 文
尻張釜 ❹ 1575·5月 文
青磁の初見 ❸ 1288·10·27 文
瀬戸名家 ❹ 1563·是年 文／1585·是年 文
千家今日庵 ❺-1 1648·5·28 文
煎茶の会 ❺-2 1803·是年 文
専定師一世納会 ❺-2 1817·3·2 文
竹茶酌 ❹ 1539·2·19 文
茶会 ❸ 1343·10·20 文／1357·是年 文／1416·2·20 文／6·23 文／1417·⑤·14 文／❹ 1477·7·1 文／1481·1·8 文／1512·4·19 文／1526·7·22 文／8·15 文／1527·4·27 文／1530·11·4 文／1533·3·20 文／1537·8·12 文／9·13 文／1539·2·19 文／1542·3·5 文／4·4 文／1544·1·27 文／1548·12·6 文／1549·4·7 文／9·17 文／12·12 文／1553·12·9 文／1554·1·28 文／12·12 文／1555·3·12 文／10·2 文／12·22 文／1556·3·9 文／1557·4·19 文／1558·11·13 社／1559·4·22 文／1560·9·23 文／1561·9·21 文／1563·1·11 文／1569·2·11 文／1571·3·4 文／1574·2·3 文／3·8 文／4·3 文／1575·1·4 文／1576·1·4 文／4·14 文／8·3 文／11·11 文／1577·4·13 文／⑦·7 文／9·1 文

／10·30 文／**1578**·1·1 文／4·20 文／9·15 文／10·25 文／**1579**·11·22 文／**1580**·1·9 文／8·25 文／10·20 文／12·9 文／**1581**·1·10 文／2·13 文／5·23 文／6·12 文／10·27 文／**1582**·6·1 文／7·12 文／**1583**·1·5 文／①·5 文／5·24 文／7·2 文／9·16 文／10·6 文／12·8 文／**1584**·1·15 文／**1585**·1·12 文／2·8 文／10·7 文／**1586**·4·5 文／11·13 文／12·24 文／**1587**·1·3 文／6·19 文／6·26 文／**1588**·3·1 文／**1589**·1·21 文／**1596**·1·13 文／**1597**·2·24 文／**1598**·11·8 文／❺-1 **1601**·1·24 文／**1602**·5·26 文／**1603**·10·12 文／**1604**·4·22 文／**1607**·10·18 文／**1612**·11·19 文／**1615**·9·9 文／**1621**·11·7 文／**1632**·9·24 文／**1635**·1·28 文／**1637**·10·5 文／**1640**·4·17 文／**1641**·1·11 文／**1643**·3·26 文／6·5 文／**1646**·7·23 文／12·22 文／**1649**·4·5 文／**1665**·11·6 文／**1667**·12·2 文／❺-2 **1852**·4月 文
大茶会 ❹ **1585**·3·8 文／❼ **1915**·4·25 文
北野大茶湯 ❹ **1587**·7·28 文／10·1 文
利休忌茶会 ❺-2 **1768**·2·28 文／**1839**·9·8 文／**1840**·2·28 文／❽ **1940**·4·21 文
茶器·茶道具 ❹ **1465**·4·7 文／**1568**·9·26 文／**1569**·2·27 文／**1570**·4·1 文／❺-2 **1811**·9月 文
茶事(ちゃじ) ❹ **1474**·6·6 文
茶室 ❹ **1462**·3·12 文／**1469**·8·26 文／**1531**·9·6 文／**1532**·9·6 文／**1535**·2月 文／**1563**·1·11 文／**1579**·1·7 文／**1586**·12·26 文
黄金の茶室 ❹ **1586**·1·15 文／6·14 文／❺-1 **1627**·是年 文
西翁院茶室(京都) ❺-1 **1686**·是年 文
霽月 ❾ **1985**·4·11 文
二條城茶室 ❺-1 **1633**·7月 文
如庵(名古屋) ❺-1 **1617**·是年 文
妙喜庵 ❹ **1583**·①·5 文
茶釜 ❻ **1853**·4月 社
茶人 ❹ **1468**·2·2 文
茶湯 ❹ **1469**·7·3 文／**1471**·4·21 文／**1550**·1·27 文／**1572**·12·29 文
茶の湯センター(米ニューヨーク) ❾ **1981**·5·6 文
茶湯の奥儀 ❺-1 **1601**·10·3 文
茶碗 ❸ **1303**·9·24 社／❹ **1538**·3·11 文／**1542**·4·7 文／**1578**·10·25 文
闘茶 ❸ **1416**·1·27 文／2·25 文／3·7 文／❹ **1491**·1·21 文
尾州千家茶道之記 ❺-2 **1774**·12月 文
豊太閤三百年献茶式 ❼ **1898**·4·14 文
焼物(瀬戸) ❹ **1574**·1·12 文
山里の座敷 ❹ **1584**·1·3 文
淋汗·林間(りんかん·夏風呂)の茶湯 ❹ **1469**·5·23 文／8·12 文
人形 ❺-1 **1655**·5·21 社
青い目の人形使節 ❼ **1927**·1·17 社／2·25 社／3·3 社
音に合わせて動く人形「のらくろロック」 ❾ **1987**·10·30 社
着せ替え人形「リカちゃん」 ❾ **1967**·7·4 社
キャベツ人形 ❾ **1984**·2月 社
五月人形 ❺-2 **1723**·8月 社
サンボ·アンド·ハンナ(サンリオの人形) ❾ **1988**·7·22 社
日本人形 ❼ **1927**·5·18 社／11·10 社／12·27 社
初音人形 ❺-2 **1852**·3月 社
玻璃偶人 ❺-1 **1683**·2·28 政
雛人形 ❺-1 **1629**·3·3 文／**1649**·2·12 社／❺-2 **1722**·3月 社／**1735**·11·12 社／**1742**·3月 政／**1778**·3月 社／**1790**·2·27 社／**1803**·享和年間 社／**1813**·2月 社／❼ **1913**·2·9 社／❽ **1948**·2·27 社
雛人形華美禁止 ❻ **1856**·2·15 社
雛遊会 ❼ **1901**·4·14 社
年中行事
赤い羽根·共同募金 ❽ **1947**·11·25 社／**1948**·10·1 社／❾ **1967**·9·19 社
秋田藩始祖佐竹義宣就封三百年祭 ❼ **1901**·9·16 社
浅草カーニバル ❾ **1981**·8·29 社／**1987**·8·29 社
あゆみの箱チャリティ·ショー ❾ **1965**·2·6 社
安全週間 ❼ **1919**·6·15 社
イオマンテ ❾ **1983**·11·13 社
遺児の日 ❽ **1939**·8·6 社
一六休日 ❻ **1868**·1·21 社／**1873**·3·2 文
鶯更の神事(亀戸天満宮) ❺-2 **1820**·1·24、25 社
海のカーニバル ❽ **1937**·7·25 社／**1947**·6·16 社
海の記念日 ❽ **1941**·7·20 社／❾ **1995**·2·28 政／**1996**·7·20 社
盂蘭盆会(うらぼんえ) ❶ **606**·4·8 社／**657**·7·15 社／**659**·7·15 社／**733**·7·6 社／**963**·7·14 社／❹ **1519**·7·14 文／**1571**·7·11 社
盂蘭盆の諸具 ❺-2 **1734**·7月 社
エープリル·フール ❻ **1887**·4月 社
江戸鷲明神の縁日 ❺-2 **1851**·11·15 社
NHK 歳末たすけあい運動 ❽ **1951**·12·15 社
縁日のにぎわい(東京) ❼ **1911**·是年 社
大晦日 ❽ **1944**·12·31 社
送火(京都) ⇨ 大文字(だいもんじ)送火
鬼目打 ❸ **1321**·5·29 社
お盆⇨盂蘭盆会(うらぼんえ)
お盆の風習(外国人の見た) ❹ **1561**·是年 社
和蘭の会 ❺-2 **1813**·6·10 文／10·19 社
オロチョン火祭り ❾ **1974**·7·26 社
川施餓鬼 ❻ **1878**·7·1 社
神田明神祭礼 ❻ **1853**·9·15 社／**1863**·8·5 社／**1884**·9·14 社／❼ **1900**·12·20 社
カンテラ行列(慶應義塾) ❻ **1894**·11·26 社
神嘗祭 ❻ **1873**·10·14 政
灌仏会 ❶ **583**·是年／**606**·4·8 社／**840**·4·8 社／**890**·4·8 社／**896**·4·8 社／**903**·4·8 社／**937**·4·8 社／**943** 4·8 社／**944**·4·8 社／**951**·4·8 社／**961**·4·8 社
儀式(小学校) ❻ **1891**·6·17 文
キスデー ❼ **1930**·9·13 社
乞巧奠⇨ 七夕(たなばた)
虚礼廃止 ❽ **1938**·7·27 社
銀座祭(煉瓦地成立五十年祭典) ❼ **1921**·12·16 社
銀座復興祭 ❽ **1946**·4·20 社
勤労祭 ❼ **1933**·4·29 社
具足祝 ❺-1 **1668**·1·11 文
くにうみの祭典 ❾ **1985**·4·21 社
熊まつり ❽ **1948**·12·19 社
鞍馬の火祭 ❽ **1950**·10·22 社
クリスマス ❻ **1874**·12·25 社／**1879**·12·25 社／**1884**·12月 社／❼ **1904**·12·15 社／**1931**·12·20 社
クリスマスツリー ❼ **1916**·12·24 社／❽ **1948**·12·14 社
黒い羽根(炭鉱失業者救済) ❽ **1959** 9·10 社／**1961**·10·28 社
黒船祭 ❼ **1934**·4·22 社／❽ **1947**·7·6 社／**1953**·5·23 社
元始祭 ❻ **1872**·1·3 政／**1873**·10·14 政
興亜奉公日 ❽ **1939**·9·1 社／**1941**·3·1 社
弘安役六百五十年記念式典 ❼ **1931** 8·23 社
皇居一般参賀 ❽ **1960**·1·2 社／❾ **1968**·1·2 社／**1993**·1·2 社／**2003**·1·2 社／**2004**·1·2 社／**2012**·1·2 社
皇太子帰朝奉祝会 ❼ **1921**·9·8 社
庚申(こうしん)講 ❶ **970**·11·13 社／❸ **1416**·1·27 社／❹ **1471**·是年 文
神戸まつり ❾ **1971**·5·15 社
行楽地への人出 ❾ **2004**·5·5 社
孝明天皇祭 ❻ **1873**·10·14 政
ゴールデンウィークの人出 ❾ **2001**·4·28 社
五月四日休日 ❾ **1985**·12·27 社
国際児童デー ❼ **1929**·5·5 社
国民健康の日 ❾ **1965**·4·7 社
歳末警戒 ❾ **1968**·12·10 社
歳末チャリティ歌謡ショー ❼ **1933**·11·27 社
左義長(三毬打) ❷ **1251**·1·16 社／❹ **1556**·1·18 文／**1568**·1·18 文／**1569**·1·19 文／**1581**·1·15 文／❺-1 **1613**·1·15 文／**1652**·1·18 社／**1671**·2·17 社／**1703**·1·13 社／❺-2 **1744**·1月 社／**1755**·1·12 社／**1773**·1·11 社／**1776**·1·11 社
朔旦冬至 ❺-1 **1699**·11·1 社／❺-2 **1767**·11·1 社
札幌雪祭り ❽ **1950**·2·18 社／**1956**·2·4 社
サンタクロース ❻ **1887**·是年 社／❽ **1951**·12·3 社
サンデー(太陽の日) ❾ **1978**·5·3 文
時代行列 ❼ **1936**·4·4 社
時代祭(京都) ❼ **1928**·11·12 社／❽ **1950**·10·22 社
七五三 ❺-2 **1759**·10·7 社
信濃川川開き ❽ **1948**·8·23 社

四方拝(宮中) ❶ 890·1·1 政／❹ 1489·1·1 政／❺-1 1688·1·1 政
社会奉仕日 ❼ 1921·2·11 社
十九世紀·二十世紀の送迎会 ❼ 1901·1·1 社
終戦記念日 ❾ 2003·8·15 政／2007·8·15 政
将軍家年賀式 ❼ 1919·1·5 社
菖蒲甲 ❸ 1355·5·5 社
精霊棚 ❺-1 1680·7月 社／❺-2 1744·7月 社／1770·7月 社
植樹祭 ❽ 1947·4·1 社／1948·4·4 社／1950·4·4 社
除夜の鐘 ❼ 1927·12·31 社／1929·12·31 社
新憲法公布記念祝賀都民大会 ❽ 1946·11·3 社
新年宴会 ❻ 1873·10·14 政
煤払い(江戸城) ❺-1 1640·12·13 社
隅田川川開き⇨両国(りょうごく)川開き
施餓鬼会 ❹ 1527·3·7 社
釈奠(せきてん) ❶ 701·2·14 文／720·2·2 文／730·2·2 文／748·8·5 文／767·2·7 文／793·2·10 文／820·2·4 文／840·7·10 文／841·8·10 文／858·8·19 文／860·2·6 文／8·10 文／12·8 文／861·8·6 文／862·2·8 文／864·8·3 文／866·2·1 文／867·2·7 文／869·8·2 文／870·8·7 文／871·2·1 文／8·3 文／872·2·7 文／873·2·2 文／8·5 文／874·2·7 文／8·1 文／876·6·10 文／8·3 文／877·2·5 文／879·2·7 文／880·2·3 文／8·6 文／883·2·10 文／884·8·19 文／885·8·5 文／11·10 文／886·2·7 文／8·1 文／887·2·3 文／890·2·11 文／8·4 文／893·2·3 文／8·2 文／895·2·9 文／900·8·2 文／902·8·4 文／905·8·1 文／907·8·3 文／908·8·18 文／909·2·11 文／⑧·18 文／912·2·8 文／8·2 文／913·8·9 文／915·8·10 文／916·8·6 文／917·2·8 文／918·8·7 文／923·8·14 文／924·2·9 文／933·8·13 文／937·8·7 文／是年 文／938·8·13 文／939·8·9 文／940·2·11 文／942·2·3 文／8·6 文／943·8·1 文／944·2·4 文／945·2·10 文／8·4 文／946·2·16 文／947·2·1 文／8·6 文／948·2·7 文／8·11 文／949·2·3 文／955·8·2 文／956·2·14 文／957·2·9 文／8·3 文／958·2·5 文／8·9 文／959·2·2 文／8·4 文／960·2·7 文／8·20 文／961·2·3 文／8·6 文／962·2·9 文／8·2 文／963·2·14 文／8·8 文／964·1·20 文／965·2·6 文／8·10 文／966·2·2 文／8·5 文／967·2·8 文／969·8·2 文／970·2·6 文／8·9 文／971·2·1 文／8·4 文／972·②·6 文／973·2·2 文／8·6 文／974·2·8 文／8·2 文／975·2·14 文／8·8 文／976·2·10 文／8·13 文／977·2·6 文／978·2·22 文／8·5 文／979·2·8 文／980·2·3 文／981·2·9 文／982·2·24 文／8·8 文／983·2·1 文／8·4 文／984·2·6 文／985·2·2 文／8·5 文／986·8·1 文／987·8·7 文／988·2·10 文／989·8·9 文／990·8·15 文／992·8·6 文／993·2·19 文／8·2 文／995·2·1 文／8·3 文／996·2·6 文／8·9 文／997·2·2 文／8·5 文／998·2·8 文／999·2·3 文／8·7 文／1000·2·9 文／8·3 文／❷ 1001·2·5 文／1002·2·1 文／1003·2·7 文／8·10 文／1004·2·3 文／8·5 文／1005·2·9 文／8·1 文／1006·2·14 文／1007·2·10 文／8·4 文／1008·2·6 文／8·9 文／1009·2·1 文／8·5 文／1010·2·7 文／8·1 文／1011·2·13 文／8·16 文／1013·2·5 文／8·8 文／1014·2·1 文／8·4 文／1015·2·6 文／8·10 文／1016·2·2 文／8·6 文／1017·2·8 文／8·2 文／1018·2·3 文／8·8 文／1019·8·3 文／1021·2·2 文／8·4 文／1022·2·7 文／8·10 文／1023·2·3 文／1024·2·9 文／8·2 文／1025·2·14 文／1026·2·10 文／1027·2·6 文／8·10 文／1028·2·2 文／8·5 文／1029·2·18 文／8·11 文／1030·2·14 文／8·6 文／1031·2·10 文／8·2 文／1032·2·6 文／8·8 文／1033·2·1 文／8·4 文／1034·2·6 文／8·20 文／1035·2·2 文／8·6 文／1036·8·2 文／1040·8·5 文／1046·2·6 文／1047·2·2 文／1049·2·14 文／1068·2·14 文／8·7 文／1075·2·5 文／1076·2·1 文／8·4 文／1078·2·2 文／1083·2·1 文／1085·2·3 文／1087·8·8 文／1089·2·6 文／1091·2·8 文／1092·2·14 文／1093·2·10 文／1094·2·25 文／8·8 文／1096·2·6 文／1097·2·2 文／1098·2·8 文／1099·2·14 文／1101·8·8 文／1103·8·10 文／1104·2·3 文／1106·2·14 文／8·8 文／1107·2·10 文／1108·8·10 文／1110·8·1 文／1112·2·10 文／8·3 文／1114·2·1 文／1119·2·1 文／8·3 文／1120·8·9 文／1122·8·1 文／1124·8·3 文／1125·2·5 文／8·8 文／1126·2·22 文／8·4 文／1127·2·7 文／8·10 文／1128·2·3 文／8·5 文／1129·2·8 文／8·2 文／1130·2·14 文／8·7 文／1131·8·3 文／1133·2·1 文／8·5 文／1134·2·7 文／8·10 文／1136·8·2 文／1142·2·3 文／1143·8·3 文／1144·2·6 文／8·8 文／1145·2·1 文／8·4 文／1146·2·8 文／8·10 文／1147·2·3 文／8·6 文／1148·2·8 文／1149·2·14 文／1150·8·4 文／1151·2·3 文／1152·8·5 文／1153·2·8 文／8·10 文／1154·8·6 文／1155·2·10 文／1156·2·5 文／1171·2·2 文／1172·2·8 文／1175·2·5 文／1176·2·2 文／1178·2·2 文／1180·8·7 文／1186·2·9 文／1187·2·5 文／1195·8·5 文／1196·2·7 文／1198·2·2 文／1201·8·10 文／1202·2·2 文／1208·8·10 文／1212·2·10 文／1215·2·8 文／1219·2·10 文／1226·8·4 文／1227·8·1 文／1233·2·2 文／1237·2·5 文／1243·2·10 文／1248·2·9 文／1249·8·9 文／1254·2·14 文／1262·2·1 文／1264·2·2 文／1266·2·3 文／1271·8·6 文／1274·2·10 文／1276·2·1 文／❸ 1282·8·10 文／1284·2·8 文／1288·2·2 文／8·4 文／1294·8·9 文／1295·2·2 文／1296·2·8 文／1299·2·5 文／1304·8·27 文／1311·2·5 文／8·9 文／1314·2·3 文／1318·2·5 文／1326·2·2 文／1339·2·18 文／8·11 文／1340·2·14 文／1344·2·6 文／8·20 文／1345·2·2 文／1346·2·8 文／1347·2·14 文／1349·2·6 文／1368·2·16 文／1371·8·17 文／1376·2·13 文／1378·2·4 文／1379·2·19 文／1381·2·1 文／1383·2·3 文／1389·2·17 文／1395·8·7 文／1396·8·12 文／1400·8·5 文／1401·2·8 文／1403·2·9 文／1406·2·6 文／1408·8·1 文／1413·2·7 文／1418·8·9 文／1420·8·11 文／1422·2·9 文／1423·2·5 文／8·9 文／1424·2·11 文／8·5 文／1429·8·3 文／1430·8·9 文／1433·8·7 文／1437·8·9 文／1438·2·3 文／1439·2·9 文／1440·2·14 文／1441·2·19 文／8·13 文／1442·8·9 文／1444·8·11 文／1446·2·9 文／1447·2·5 文／1448·2·11 文／8·3 文／1449·2·6 文／8·9 文／1450·8·6 文／1451·2·7 文／8·11 文／1452·2·13 文／8·17 文／1455·2·11 文／❹ 1457·8·6 文／1461·8·9 文／1477·2·9 文／1510·2·1 文／❺-1 1633·2·10 文／1664·2月 文／1691·2·11 文／1692·2·13 文／1693·8·6 文／❺-2 1771·7·1 文／1772·1·19 文／2·19 文／1773·8·29 文／1798·2·23 文／1799·2·8 文／1801·2·18 文／1806·8·12 文／1811·8·11 文／1815·2·10 文／1844·2·22 文／1846·4·13 文／❻ 1867·8·27 文
節句の飾り物 ❺-1 1667·11·1 社
節分 ❸ 1425·1·8 社／1447·12·22 社／❽ 1945·2·3 社
節約献金デー ❽ 1938·7·7 文
瀬戸祭(愛知) ❼ 1932·9·16 社
全国花火コンクール ❽ 1948·9·18 社
戦捷祝賀会 ❻ 1894·12·9 社／❼ 1904·2·10 社
惣踊り(奈良) ❹ 1552·7月 社
大詔奉戴日 ❽ 1942·1·2 社／1·8 社
大楠公六百年祭 ❼ 1935·5·18 社
炬火行列 ❼ 1902·2·14 社
大文字送火(京都) ❺-1 1709·7·12 社／❺-2 1718·7·17 社／1737·7·17 社／1770·7·16 社／1779·7·17 社／❽ 1955·8·16 社／❾ 2011·8·8 社
　諸山送火 ❺-1 1689·7·16 社
対露戦東京市民大祝捷会 ❼ 1904·5·8 社
田植 ❸ 1373·5·27 文／❺-2 1726·6·4 社
棚厨子 ❷ 1010·8·29 文
父の日 ❽ 1953·6·21 社
中元·歳暮 ❽ 1939·6·16 社
中元贈答品(めやす相場) ❼ 1926·7·8 社
中元贈答廃止 ❼ 1928·7·3 社／1931·8·11 文

青島陥落祝賀提燈行列　❼ 1914·11·8 社
追儺(ついな)　❶ 883·12·30 社／908·12·30 社／❸ 1433·12·29 社／1451·12·30 社
帝都復興祭　❼ 1930·3·24 社
電気デー　❼ 1928·3·25 社
天神祭(大阪·船渡御再興)　❻ 1882·7·24 社
天皇祭　❼ 1927·3·3 社
東京市海軍祝捷会　❼ 1905·6·1 社
東京市民大礼祝賀会　❼ 1915·12·9 社
東京市民陸軍大歓迎会　❼ 1905·12·17 社
十日蛭子(えびす)　❻ 1880·1·10 社
時の記念日　❼ 1920·6·10 社
としよりの日　❽ 1951·9·15 社
都民の日　❽ 1951·10·1 社／1953·10·1 社
夏休み　❻ 1873·1·7 社／1874·7·16 社／1892·7 月 政
七種粥　❶ 890·2·30 社
七種菜　❶ 911·1·7 政
七日節会　❶ 694·1·7 政／696·1·7 政／793·1·7 文
新嘗会　❸ 1374·11·18 政
新嘗祭　❻ 1873·10·14 政
西陣五百年式典　❾ 1967·9·10 社
日清戦争戦勝祝賀会　❻ 1895·5 月 社
念仏踊り　❸ 1431·7·15、16 文
荷前(のさき)　❶ 840·5·8 政
バザー(日本女子大学桜楓会)　❼ 1907·4·20 社
初午　❶ 711·2·7 社／❺-2 1804·2·5 社
八朔進物　❸ 1322·8·1 政／1420·7·17 社
八朔の賀　❺-1 1649·7 月 政
ハッピーマンデー　❾ 1998·10·14 社
初雪の見参　❶ 792·11·24 政
母の日　❼ 1935·5·12 社／❽ 1948·5·9 社／1949·5·8 社／1951·5·13 社
破魔弓　❺-1 1648·12·19 社／1667·11·1 社／❺-2 1813·2 月 社
バレンタインデー　❽ 1958·2·12〜14 社／1960·2 月 社
避暑休暇(官吏)　❻ 1873·8·1 社／1892·7 月 政
雛祭⇨「人形」雛人形
白虎隊記念碑　❼ 1928·12·1 社
婦人週間　❽ 1949·4·10 社
無礼講　❸ 1324·11·1 社
平安遷都一千年記念協賛会　❻ 1893·4 月 社／1895·10·22 社
平和の日　❾ 1985·3·3 文
防災の日　❾ 1973·9·1 社／1981·9·1 社
ホワイトデー　❾ 1978·3·14 社／1980·3·14 社
松飾　❺-1 1670·1·6 社
水の日　❾ 1977·8·1 社
緑の羽根　❽ 1952·2·15 社／1956·3·1 社
港祭(大阪港開港記念)　❼ 1932·7·15 社
みなと祭(神戸)　❼ 1933·11·7 社
耳の日　❽ 1957·3·3 社
明治百年記念大銀座祭　❾ 1968·10·10 社
雪山　❷ 1010·10·22 社／1015·11·14 社／1017·12·7 社／1040·11 月 文／1042·11 月 文／1088·12·11 文／1106·12·3 文／1126·12·16 政
横浜開港百年祭　❽ 1958·5·10 社
両国(隅田川)川開き　❻ 1870·5·28 社／1879·7·12 社／❼ 1897·8·10 社／1904·8·20 社／1917·7·21 社／1932·7·23 社／1936·7·18 社／❽ 1937·7·17 社／1938·7·1 社／1948·5·28 社／8·1 社／1950·7·22 社／1951·7·21 社／❾ 1978·7·29 社／1981·8·1 社
労働デー　❼ 1919·11·16 社
六月朔日を元旦　❺-2 1778·5·30 社
俳諧·俳句　❺-1 1629·11 月 文／1643·寛永年間 文／1675·5 月 文／1677·5·25 文／1684·6·5 文／是年 文／1685·6·2 文
狂歌　❺-2 1783·1 月 文
狂詩会　❷ 1200·2·25 文
狂歌合　❹ 1508·1·2 文／1510·5·12 文
狂歌師　❺-2 1786·4·12 社
狂歌の懸合　❺-1 1603·2·21 文
狂句合　❹ 1486·11·10 文／❻ 1893·4·5 文／1895·9·15 文／❼ 1897·3·1 文／1898·10·20 文
現代俳句　❽ 1946·11 月 文
俳諧冠付　❺-1 1702·2 月 文／1703·1 月 文
俳諧十傑　❼ 1898·9·8 政
俳諧点者　❺-1 1705·1 月 社／❺-2 1724·1·22 文／1726·2·4 文
文会(京都)　❺-1 1701·3·15 文
発句合　❺-1 1677·⑫·5 文
前句附(俳諧)　❺-1 1703·元禄年間 文／1705·1 月 社／1706·1 月 文
三笠附　❺-1 1711·12 月 社／1712·12 月 社／1715·1·30 社／9·19 社／12·30 社
落柿舎(らくししゃ)　❺-1 1691·4·18 文／❺-2 1770·是年 文
連作俳句論争　❺-2 1845·2·6 文／❼ 1932·1 月 文
花火　❹ 1585·是夏 政／1589·7·7 社／❺-1 1671·6·19 社／1698·6 月 社／❺-2 1729·7 月 社／1819·5·29 社／❻ 1870·6·11 社／1873·7·26 社／1877·11·3 社／1885·8·8 社／❼ 1897·7·4 社
花火禁止　❺-1 1613·7·18 文／8·6 社／1615·3·30 社／1618·7·15 社／1621·7·23 社／1633·7·14 社／1639·8·4 社／1648·7·2 社／1650·7·17 政／1657·7·6 社／1663·6 月 社／1665·6 月 社／1666·7·17 社／1669·7·24 社／1670·6·28 社／1673·5·28 社／1679·6 月 社／1698·6 月 社／1704·7 月 社／1705·6 月 社／❺-2 1720·7·27 社／1732·6·15 社／1738·7·27 社／1741·7·7 社／1755·6·27 社／1760·7·9 社／1770·⑥·13 社／1773·6·7 社／1774·7·22 社／1779·5·20 社／8·3 社／1780·7·26 社／1782·8·7 社／1794·7 月 社／1797·月 社／6·3 社／7·15 社／1801·6·社／1802·4 月 社／1804·6·18 社／1805·5 月 社／1817·8 月 社／1820·8·24 社／1821·7·16 社／1823·6·1 社／8 月 社／1826·7·18 社／7 月 社／1830·8·3 社／1839·5·24 社／1840·5·21 社／1842·5·24 社／1847 8·25 社／❻ 1870·6·12 社
花火師　❺-1 1659·是年 社
花火商玉屋　❺-2 1842·5 月 社／1843·4·17 社
花火商売　❺-1 1671·6·19 社／1698·6 月 社
花火船　❺-2 1803·是夏 社
花火輸出　❻ 1882·4 月 社
火付木　❺-1 1690·1·10 社
文房具　❺-2 1754·2·14 政
インク(インキ)　❻ 1876·3·15 政／1878·是年 文／1884·是年 文／❼ 1908·12·7 政
国産インク　❼ 1898·9 月 文
西洋インク使用禁止　❻ 1876·3·1 政
ウォーキング·ディクショナリー　❾ 1982·2 月 社
鉛筆　❻ 1877·是年 文／1887·是年 文／❼ 1903·3·27 文／1904·8·7 社／1913·是年 社／1918·11·28 社／❽ 1958·10 月 社／❾ 1967·是年 社
お絵描きボード「せんせい」　❾ 1977·8 月 社
カーボン複写紙　❼ 1908·3 月 文
拡大鏡　❺-2 1765·1 月 文
紙　❹ 1579·1·14 社／1586·3·24 社／❺-1 1657·4·1 社／1660·是年 社／1665·10·6 社／1688·是年 社／❺-2 1719·10·7 社／1726·4 月 政／1779·是年 社／1789·10 月 社／1790·2·9 社／1837·3 月 社
壱岐紙　❺-1 1648·是年 社
因州紙·紙座·紙庄屋　❺-1 1686·1 月 社／1703·貞享·元禄年間 政
インディアン·ペーパー　❼ 1923·12·9 社
越前奉書紙　❹ 1573·1·27 文
雁皮紙　❺-2 1817·文化年間 社／1829·6·8 社
黄紙(公用紙)　❺-1 1710·4·1 社
黒やき紙　❺-2 1782·是年 社
杉原(椙原庄)紙　❷ 1116·7·11 文／1219·是年 社／❹ 1589·4·5 政／1688·12·27 社
造紙　❶ 734·5·1 文／790·5·14 社／808·2·16 文／812·2·28 文／822·9·20 文／951·9·10 文
鳥の子紙(和紙)　❸ 1435·6·11 文
中折紙　❺-2 1840·3 月 社
名塩紙　❺-2 1851·2·28 社
成島産和紙　❺-1 1661·8·9 社
南蛮紙　❺-1 1610·1·6 文
奉書紙　❹ 1599·11·22 社
美濃紙　❹ 1477·5·20 文／1469·3·12 社／1481·10·6 社／❺-1 1705·6 月 社／1706·5·13 社
森下紙(美濃)　❹ 1457·2·25 社
倭紙造製の法　❸ 1428·7·1 文
和唐紙　❺-2 1806·是春 文

紙漉立役所 ❺-2 1785・是年 社
紙積荷 ❺-2 1757・是夏 社
紙荷役 ❹ 1523・8・5 社
唐紙 ❷ 1091・8・17 文
屑紙胡紙 ❽ 1939・11・17 社／1945・1・23 社
クラフト・パルプ ❼ 1925・7月 社
抄紙会社 ❻ 1873・1・9 政／1875・7・12 政
他国紙国内売買規制 ❺-1 1688・12・27 社
クレパス ❼ 1926・是年 社
計算尺(竹製) ❼ 1912・5・11 文
消しゴム(MONO) ❾ 1967・是年 社
顕微鏡 ❻ 1853・2・28 文
硯筆台 ❹ 1502・3・18 政
硯屏 ❹ 1575・3・6 文
鋼鉄ペン ❻ 1871・是年 文／❼ 1903・是年 文
コピー(電子複写機) ❽ 1955・5月 社／1960・1・28 文／1962・2・20 文／9・29 文／❾ 1965・12月 文／1972・5・16 社
サインペン ❽ 1963・2月 社
栞(夾算) ❷ 1129・2・17 文／❼ 1906・是年 社
シャチハタ ❾ 1965・11月 社
ジャポニカ学習帳 ❾ 1970・8月 文
シュレッダー ❾ 2006・8・23 社
硯(猿頭) ❷ 1104・8・29 文
キリシタン硯 ❺-2 1764・是年 文
墨 ❶ 716・是秋 文／❺-2 1742・3月 政／1791・4・13 文／1830・③・10 社
唐朱墨 ❺-2 1761・9月 文
唐墨 ❸ 1406・7・13 文
唐墨献上状 ❷ 1207・6・21 文
朱墨・朱砂 ❺-2 1735・是年 文／1777・7・5 社／1852・2・28 社
造筆 ❺-1 1631・是年 文
造墨 ❶ 822・9・23 文／885・2・9 文
墨汁 ❻ 1893・12・25 社
墨床(墨を置く台) ❺-2 1795・是年 文
セロテープ ❽ 1948・6月 社
ソロバン ❽ 1939・是年 社／1946・11・13 文／1947・5・18 文
大学ノート ❻ 1884・是年 文
タイプライター ❻ 1877・4月 社／❼ 1900・是年 社／1901・2月 文／1933・是年 社／❽ 1950・11・30 文
狸毛筆 ❶ 812・6・7 文
地球儀 ❹ 1536・是年 文
机 ❸ 1309・3・13 文
テープレコーダー ❽ 1948・3・15 文／1951・3月 文／❾ 1990・1・19 文
テレタイプ(漢字) ❽ 1953・是年 社／1957・6月 文／1959・5・1 文／1960・5・1 文
電子手帳 ❾ 1987・1・8 社
電子複写機 ⇨ コピー
電卓 ❾ 1965・9月 文／1967・6月 文／12・16 社／1969・11・10 社／1970・2・12 社／4・16 文／1972・8・3 社／1973・4月 文／6月 社／1975・1・29 社／11・6 社／1976・12・1 社／1977・6・10 社／11・12 社／2005・12・1 文
電卓付きボールペン ❾ 1978・5・26 社
道師 ❶ 684・10・1 政
謄写印刷機 ❻ 1894・3・12 文／1895・3・12 文
ナンバリング ❼ 1928・12月 社
日記帳(当用日記帳) ❺-2 1815・是年 社／❻ 1879・12月 文／❼ 1896・10月 文
能率手帳 ❾ 1983・是年 社
ノート ❼ 1897・是年 文
半切の初見 ❹ 1473・8・8 文
臂擱(ひかく、物を書くとき肘を置く台) ❺-2 1744・7月 文
文車 ❷ 1179・12・5 文
文杖 ❷ 1176・4・6 政
筆手 ❶ 808・2・16 文
文函(ふばこ) ❷ 1151・6・17 政
プリントゴッコ ❾ 1977・9月 社
焚字炉 ❺-2 1838・是年 文
ペン先 ❼ 1897・是年 文
望遠鏡 ❻ 1853・2・28 文
邦文タイプライター ❼ 1899・9・3 文／1907・是年 政／1915・6・12 文／10月 社
邦文モノタイプ ❼ 1936・12・17 文
ボールペン ❽ 1948・2・9 社／1959・3月 社／1961・1月 文／1963・3・16 文
ポスト・イット ❾ 1981・2月 社
ホッチキス ❽ 1952・是年 文／1954・10月 社
翻訳機(電子) ❾ 1979・11月 文／1981・5・13 文
翻訳システム機(英日) ❾ 1988・8・23 文
蒔絵香案 ❺-2 1774・8月 文
マジックインキ ❽ 1952・4月 社
万年筆 ❻ 1887・是年 文／1890・1月 文／❼ 1897・是年 文／1927・7月 社／❽ 1948・9・16 社／1952・6・14 社
明堂図 ❶ 562・8月
盲人用手習帳 ❻ 1862・是年 文
木筆 ❷ 1227・4・5 文
木工用ボンド ❽ 1953・1月 社
洋式手帳 ❼ 1912・是年 文
ランドセル ❽ 1949・2・19 社
練習帳 ❼ 1904・是年 文
褒章
紅綬褒章 ❻ 1881・12・7 政／1894・1・4 社
褒章條例 ❻ 1881・12・7 政／1894・1・4 社
藍綬褒章 ❻ 1881・12・7 政／1894・1・4 社
緑綬褒章 ❻ 1881・12・7 政／1894・1・4 社
宝物
系図 ❹ 1476・7・17 文
弘安書札礼 ❸ 1285・12・22 文
重代の文書 ❹ 1470・7・19 社／1496・4月 文
正倉院宝物⇨東大寺(とうだいじ)勅封倉
鶴岡八幡宮(舞装束) ❷ 1205・5・18 文
「天之図」(星宿図) ❹ 1547・天文12〜16年間 文
古宝の展覧(大和法隆寺) ❺-2 1768・是春 文
東大寺勅封倉(正倉院) ❷ 1019・9・27 文／1031・7・5 文／8・4 文／此頃 文／1039・3・3 文／1079・8・28 文／1100・是冬 文／1116・8・7 社／是年 文／1142・5・5 文／1143・8・19 文／1167・3・5 文／1170・4・20 文／1185・8・27 文／1193・5・5 文／8・25 文／10・27 文／1194・3・20 文／1230・7・17 文／10・27 文／1237・6・2 文／1239・11・25 文／1242・3・13 文／1243・⑦・20 文／1254・6・17 文／1261・9・5 文／❸ 1288・4・20 文／1310・12・8 文／1385・8・30 文／❹ 1465・9・24 文／1574・3・28 文／❺-1 1602・6・11 文／1603・2・25 文／1612・3・21 文／1666・3・4 文／1693・5・16 文／❺-2 1833・10・18 文／1836・6・12 文
蓮華王院宝蔵 ❷ 1174・8・13 文／1193・12・15 文／❸ 1313・4・20 文
盆踊 ❹ 1459・7・15 社／1462・7・16 文／1469・7・17 社／1484・7・6 社／1497・7・15 社／1503・7・18 社／1506・7・11 社／1518・7・14 社／1520・7・22 社／1521・7・14 文／1532・11・20 文／1533・7・19 社／1544・7・14 社／1552・7・18 社／1553・6・20 文／1559・7・20 社／1564・7・15 社／1568・7・23 社／1571・7・17 社／1577・3・12 社／❺-1 1571・7月 社／1651・慶安年間 社／1685・7・19 社／1696・9月 社／❽ 1942・8・1 社
盆踊唄 ❹ 1539・1・26 文
盆灯籠 ❺-1 1655・5・21 文／1657・7・6 社
惣踊り(奈良) ❹ 1552・7月 社
礼法・マナー
礼法要項 ❽ 1941・4・15 社
歳暮の費用 ❹ 1465・12・7 政
跪伏の礼 ❶ 682・9・2 政／704・1・25 政／707・12・27 政
朝服の礼 ❶ 690・7・7 政
匍匐礼 ❶ 682・9・2 政
立礼 ❶ 682・9・2 政
礼儀・言語の制(宮廷) ❶ 682・8・22 政
礼法定 ❶ 647・是年 政
連歌 ❷ 1091・6・27 文／1145・7・17 文／1212・12・25 文／12・28 文／1213・1・10 文／⑨・5 文／1246・3月 文／1250・6・15 文／❸ 1407・是年 文／1420・11・10 文
連歌会 ❷ 1091・6・27 文／1145・7・17 文／1172・9・12 文／1173・1・21 文／1179・2・28 文／1194・是夏 文／1212・10・10 文／12・10 文／1215・8・21 文／1226・2・18 文／1242・11・27 文／1245・12月 文／1263・8・11 文／❸ 1286・9・23 文／1312・3月 文／1315・5・1 文／6・1 文／1317・5・15 文／1320・5・4 文／5・29 文／是春 文／1321・9・26 文／10・2 文／1324・4月 文／1327・7・7 文／1329・7・7 文／1332・9・13 文／1333・10・23 文／1340・7・7 文／1341・8月 文／1348・6月 文／1350・7・7 文／1354・7・7 文／1355・12月 文／1356・3月 文／1369・7・7 文／9・3 文／1377・3・8 文／1379・5・17 文／1383・6・24 文／1385・10・18 文／1391・2・11 文／1394・12・12

文／是年 文／**1398**·3·11 文／**1401**·1·11 文／2·9 文／**1409**·12·22 文／**1416**·5·3 文／**1419**·6·16 文／**1424**·2·7 文／3·23 文／11·9 文／**1426**·9·13 文／**1428**·5·25 文／**1430**·2·7 文／**1431**·1·18 文／2·4 社／5·25 文／6·11 文／**1434**·10·3 文／**1435**·3·30 文／**1438**·3·24 文／**1441**·10·13 文／**1444**·10·12 文／**1448**·2·6 文／❹ **1459**·4月 社／**1461**·4·9 文／12·22 文／**1463**·3·7 文／**1467**·8月 文／**1469**·9·9 文／10·5 文／**1470**·4·19 文／**1472**·2·17 文／2·25 文／**1473**·2·25 文／9·19 文／是年 文／**1474**·6·25 文／9·8 文／9·9 文／**1475**·2·25 文／**1479**·3·25 文／**1480**·2·29 文／3月 文／6月 文／8·15 文／10·8 文／**1481**·11·25 文／12·16 文／**1482**·3·20 文／5·25 文／**1483**·2·26 文／4月 文／**1484**·2·2 文／**1485**·2·25 文／8月 文／**1486**·10·23 文／**1487**·10·9 文／**1489**·8·20 文／**1490**·5·24 文／⑧·25 文／**1493**·3·9 文／4·17 文／**1494**·6·10 文／**1496**·6·14 文／**1497**·1·1 文／2·2 文／**1499**·2·13 文／10·13 文／**1501**·11·27 文／**1504**·10·24 文／**1505**·3·18 文／**1510**·2·22 文／**1518**·8·10 文／**1520**·6·6 文／**1521**·9·5 文／**1522**·11·21 文／**1529**·5·2 文／**1535**·10·7 文／**1544**·10·15 文／**1546**·7·5 文／**1572**·11月 文／**1578**·5·18 文／**1579**·6·27 文／**1581**·1·6 文／2·25 文／4·26 文／**1582**·1·7 文／1·24 文／**1586**·1·5 文／1·28 文／**1587**·1·7 文／2·28 文／6·27 文／❺-1 **1602**·6月 文／**1611**·1·20 文／**1619**·2·10 文／**1681**·1·11 文／**1701**·10·11 文／❺-2 **1736**·1·11 文／**1737**·1·11 文／**1738**·1·11 文／**1743**·1·11 文／**1766**·1·11 文／**1770**·1·11 文／**1777**·8·13 社／**1784**·1·11 文／**1793**·1·11 文／**1798**·1·11 文／**1801**·1·11 文／**1808**·1·11 文／**1824**·1·11 文／**1825**·1·11 文／**1828**·1·11 文／**1829**·1·11 文／**1830**·1·11 文／**1831**·1·11 文／**1832**·1·11 文／**1833**·1·11 文／**1834**·1·11 文／**1835**·1·11 文／**1836**·1·11 文／**1837**·1·11 文／**1838**·1·11 文／**1845**·1·11 文／**1846**·1·11 文／**1847**·1·11 文／**1848**·1·11 文／**1849**·1·11 文／**1850**·1·11 文／**1851**·1·11 文／**1852**·1·11 文／❻ **1853**·1·11 文(幕末まで毎年1月にあり)／**1893**·1·3 文

謎連歌　❹ **1481**·5·5 文

俄連歌　❸ **1424**·1·25 文

夢想連歌　❹ **1517**·⑩·1 文／**1588**·8·10 文

連歌会所　❸ **1448**·6月 文

連歌会所奉行　❹ **1488**·3·28 文

連歌師　❹ **1589**·2·11 文

連歌舎　❺-2 **1764**·6月 文

連歌宗家　❸ **1357**·⑦·11 文

連歌宗匠　❹ **1536**·9月 文

連歌田　❸ **1442**·11月 文

和歌会　❸ **1314**·1·9 文／**1321**·1·20 文／**1324**·2月 文／3·4 文／**1325**·11月 文／**1340**·6·27 文／8·15 文／**1363**·2·5 文／**1379**·10·28 文／**1428**·4·29 文／5·15 文／**1429**·1·13 文／**1431**·1·25 文／**1438**·2·28 文／**1453**·10·25 文／**1454**·6·17 文／❹ **1458**·8·19 文／**1472**·1·17 文／**1473**·1·11 文／**1487**·⑪·26 文／❺-1 **1624**·4·10 文／**1661**·5·21 文／**1666**·8·15 文／**1679**·8·13 文

歌合　❹ **1473**·11·7 文／**1474**·6·17 文／**1475**·11·17 文／**1482**·6·16 文

歌合(江戸静勝軒)　❹ **1485**·10·2 文

歌合(公武)　❹ **1475**·8月 文

歌合(五十番自)　❹ **1500**·1·23 文

歌合(三十番)　❹ **1481**·11·20 文／**1503**·6·14 文

歌合(幕府褒貶)　❹ **1486**·4·22 文

大歌所　❺-2 **1753**·11·17 文

狂歌合　❹ **1508**·1·2 文／**1510**·5·12 文

狂歌師　❺-2 **1786**·4·12 社

狂歌大流行　❺-2 **1783**·1月 文

詩歌(仙洞三席御会)　❹ **1464**·12·5 文

詩歌合(三十六番)　❹ **1482**·9·28 文

詩歌会　❹ **1486**·是春 文

詩歌褒貶合　❹ **1483**·1·13 文

詩会　❹ **1496**·9·9 文／**1511**·1·29 文／**1527**·6·26 文

続和歌会　❸ **1334**·9·13 文

重陽和歌会(九月九日)　❷ **1006**·9·9 文／**1007**·9·9 文／**1010**·9·9 社／❹ **1480**·9·9 文／❺-1 **1601**·9·9 文／**1615**·9·9 文／**1616**·9·9 文／**1619**·9·9 文／**1620**·9·9 文／**1621**·9·9 文／**1622**·9·9 文／**1623**·9·9 文／**1624**·9·9 文／**1625**·9·9 文／**1627**·9·9 文／**1629**·9·9 文／**1639**·9·9 文／**1640**·9·9 文／**1641**·9·9 文／**1642**·9·9 文／**1652**·9·9 文／**1654**·9·9 文／**1655**·9·9 文／**1657**·9·9 文／**1658**·9·9 文／**1659**·9·9 文／**1660**·9·9 文／**1661**·9·9 文／**1662**·9·9 文／**1664**·9·9 文／**1665**·9·9 文／**1666**·9·9 文／**1667**·9·9 政／**1668**·9·9 文／**1669**·9·9 文／**1670**·9·9 文／**1671**·9·9 文／**1672**·9·9 文／**1673**·9·9 文／**1674**·9·9 文／**1675**·9·9 文／**1676**·9·9 文／**1679**·9·9 文／**1682**·9·9 文／**1683**·9·9 文／**1684**·9·9 文／**1685**·9·9 文／**1686**·9·9 文／**1687**·9·9 文／**1688**·9·9 文／**1689**·9·9 文／**1692**·9·9 文／**1693**·9·9 文／**1694**·9·9 文／**1695**·9·9 文／**1698**·9·9 文／**1699**·9·9 文／**1700**·9·9 文／**1703**·9·9 文／**1704**·9·9 文／**1708**·9·9 文／**1715**·9·9 文／❺-2 **1716**·9·9 文／**1717**·9·9 文／**1718**·9·9 文／**1719**·9·9 文／**1720**·9·9 文／**1721**·9·9 文／**1723**·9·9 文／**1725**·9·9 文／**1726**·9·9 文／**1727**·9·9 文／**1728**·9·9 文／**1729**·9·9 文／**1730**·9·9 文／**1731**·9·9 文／**1733**·9·9 文／**1734**·9·9 文／**1735**·9·9 文／**1736**·9·9 文／**1739**·9·9 文／**1740**·9·9 文／**1741**·9·9 文／**1742**·9·9 文／**1743**·9·9 文／**1744**·9·9 文／**1745**·9·9 文／**1746**·9·9 文／**1748**·9·9 文／**1749**·9·9 文／**1751**·9·9 文／**1752**·9·9 文／**1753**·9·9 文／**1754**·9·9 文／**1755**·9·9 文／**1756**·9·9 文／**1757**·9·9 文／**1758**·9·9 文／**1759**·9·9 文／**1760**·9·9 文／**1761**·9·9 文／**1764**·9·9 文／**1765**·9·9 文／**1766**·9·9 文／**1767**·9·9 文／**1768**·9·9 文／**1770**·9·9 文／**1771**·9·9 文／**1772**·9·9 文／**1773**·9·9 文／**1774**·9·9 文／**1775**·9·9 文／**1776**·9·9 文／**1777**·9·9 社／**1778**·9·9 文／**1779**·9·9 文

当座和歌会　❷ **1258**·7·15 文／❸ **1443**·10·28 文

当座和歌会(赤間宮)　❹ **1587**·3·27 文

当座和歌会(千首)　❸ **1377**·12·15 文／❹ **1542**·2·9 文

当座和歌会(内裏)　❷ **1216**·9·13 文／10·16 文／**1220**·3·3 文

当座和歌会(内裏有心無心)　❷ **1215**·7·21 文

当座和歌会(二十首)　❸ **1380**·10·1 文

当座和歌会(花園上皇御所)　❸ **1325**·1·2 文

当座和歌会(和歌所)　❷ **1214**·6月 文

和歌会(蘆名祈祷百韻)　❹ **1505**·9·13 文

和歌会(按察使親長卿家歌合)　❹ **1472**·1月 文

和歌会(愛宕法楽千首)　❹ **1504**·7·28 文

和歌会(賀名生皇居三首)　❸ **1354**·3月 文／**1455**·2·11 文

和歌会(天野皇居)　❸ **1356**·1月 文／3月 文／**1357**·是年 文／**1358**·1月 文

和歌会(粟田口若宮)　❷ **1238**·7月 文

和歌会(行宮)　❸ **1364**·7·7 文

和歌会(石山千句)　❹ **1564**·5·12 文

和歌会(一夜百首)　❸ **1443**·9·8 文

和歌会(伊庭千句)　❹ **1524**·3·17 文

和歌会(石清水社法楽)　❸ **1435**·11·13 文

和歌会(石清水八幡社奉納和歌·連歌)　❹ **1477**·8月 文／**1509**·2·11 文

和歌会(院)　❷ **1135**·6·6 文／❺-2 **1774**·2·6 文

和歌会(小野小町法楽)　❹ **1568**·5·24 文

和歌会(春日社奉納和歌·連歌)　❹ **1469**·2·27 文／**1477**·9月 文／**1492**·2·19 文

和歌会(亀山殿十首)　❸ **1293**·8·15 文

和歌会(亀山殿百首)　❸ **1323**·7·7 文

和歌会(賀茂社奉納百首続歌)　❹ **1477**·5月 文

和歌会(河越千句)　❹ **1470**·1·10 文

和歌会(閑居百首)　❷ **1187**·11月 社

和歌会(観月)　❷ **1238**·9·13 文／**1249**·8·15 文／❸ **1337**·9·13 文

和歌会(漢和連句百韻)　❹ **1586**·2·2 文

和歌会(祇園社法楽詠百首)　❸ **1438**·6·7 文

和歌会(北野社奉納和歌·連歌)　❹ **1493**·1·25 文／**1509**·6·25 文

和歌会(禁中)　❷ **1277**·9·13 文

和歌会(庚申百首続歌)　❹ **1472**·11·28 文

和歌会(皇太后御所) ❷ **1021**·1·3 文
和歌会(後嵯峨院) ❷ **1265**·4·25 文
和歌会(後花園院御会何船百韻) ❹ **1461**·11·22 文
和歌会(後深草上皇) ❸ **1286**·7·2 文
和歌会(後伏見上皇) ❸ **1312**·8·15 文
和歌会(斎院) ❷ **1035**·10·8 文
和歌会(山何百韻) ❹ **1472**·10·6 文
和歌会(三首) ❸ **1333**·9·13 文
和歌会(三條西公條追善独吟千句) ❹ **1563**·12·14 文
和歌会(十戒) ❹ **1472**·8·16 文
和歌会(出陣千句) ❹ **1504**·10·25 文
和歌会(白河南殿) ❷ **1124**·②·12 文
和歌会(新百人一首) ❹ **1483**·10·24 文
和歌会(住吉行宮) ❸ **1361**·9·13 文／**1363**·1月 文／9·13 文／**1364**·1月 文／**1421**·3月 文
和歌会(住吉社法楽) ❹ **1486**·1·10 文／**1503**·12·7 文／**1521**·12·2 文／**1541**·9·27 文
和歌会(千首) ❸ **1335**·是年 文
和歌会(仙洞庚申百首続歌) ❹ **1474**·12·10 文
和歌会(仙洞御所) ❸ **1450**·11月 文
仙洞御所歌会 ❺-1 **1637**·1·12 文／**1683**·1·28 文／**1691**·1·11 文
和歌会(宗祇七回忌品経) ❹ **1508**·7·24 文
和歌会(大覚寺千句) ❹ **1573**·1·9 文
和歌会(大嘗会) ❸ **1298**·11·20 文
和歌会(内裏) ❷ **1218**·9·13 文／**1220**·2·13 文／**1221**·2·21 文／**1262**·1·22 文／**1263**·9·13 文／**1267**·1·15 文／**1269**·8·29 文／**1278**·8·15 文／❸ **1290**·1·20 文／**1294**·5·26 文／**1295**·8·26 文／**1312**·2·24 文／**1322**·3·29 文／**1324**·1·22 文／**1329**·3·30 文／**1330**·7·7 文／7·13 文／**1362**·9·13 文／**1369**·2·6 文／**1370**·3·3 文／**1371**·2·12 文／**1372**·1月 文／**1379**·8·15 文／**1399**·9·30 文／**1409**·8·15 文／9·13 文／**1411**·3·8 文／**1412**·3·20 文
和歌会(内裏泉殿) ❸ **1355**·8·5 文
和歌会(内裏観月) ❸ **1399**·8·15 文
和歌会(内裏庚申) ❷ **1217**·8·15 文
和歌会(内裏三首) ❸ **1373**·9·13 文
和歌会(内裏十五首) ❷ **1131**·9·9 文
和歌会(内裏月次) ❸ **1377**·4·25 文
和歌会(内裏二十首) ❸ **1380**·3·11 文
和歌会(内裏名所百首) ❷ **1215**·10·24 文
和歌会(七夕、七月七日) ❷ **1056**·7·7 文／**1275**·7·7 文／❸ **1301**·7·7 文／**1334**·7·7 文／**1335**·7·7 文／**1344**·7·7 文／**1346**·7·7 文／**1348**·7·7 文／**1358**·7·7 文／**1410**·7·7 文／**1418**·7·7 文／**1430**·7·7 文／**1451**·7·7 文／❹ **1473**·7·7 文／**1475**·7·7 文／**1477**·7·7 文／**1478**·7·7 文／**1481**·7·7 文／**1485**·7·7 文／**1487**·7·7 文／**1489**·7·7 文／**1494**·7·7 文／**1512**·7·7 文／**1547**·7·7 文／**1564**·7·7 文／**1575**·7·7 文／❺-1 **1605**·是秋 社／**1615**·7·7 文／**1616**·7·7 文／**1617**·7·7 社／**1620**·7·7 文／**1621**·7·7 文／**1622**·7·7 文／**1626**·7·7 文／**1639**·7·7 文／**1652**·7·7 文／**1658**·7·7 文／**1659**·7·7 文／**1660**·7·7 文／**1662**·7·7 文／**1666**·7·7 文／**1667**·7·7 文／**1668**·7·7 文／**1669**·7·7 文／**1670**·7·7 文／**1671**·7·7 文／**1674**·7·7 文／**1675**·7·7 文／**1676**·7·7 文／**1680**·7·7 文／**1682**·7·7 文／**1684**·7·7 文／**1685**·7·7 文／**1686**·7·7 文／**1687**·7·7 文／**1689**·7·7 文／**1690**·7·7 文／**1692**·7·7 文／**1693**·7·7 文／**1694**·7·7 社／**1695**·7·7 文／**1697**·7·7 文／**1698**·7·7 文／**1700**·7·7 文／**1701**·7·7 文／**1703**·7·7 文／**1704**·7·7 文／**1705**·7·7 文／**1706**·7·7 文／**1715**·7·7 文／❺-2 **1716**·7·7 文／**1717**·7·7 文／**1718**·7·7 文／**1719**·7·7 文／**1720**·7·7 文／**1721**·7·7 文／**1722**·7·7 文／**1723**·7·7 文／**1725**·7·7 文／**1726**·7·7 文／**1727**·7·7 文／**1728**·7·7 文／**1729**·7·7 文／**1730**·7·7 文／**1731**·7·7 文／**1732**·7·7 文／**1733**·7·7 文／**1734**·7·7 文／**1735**·7·7 文／**1736**·7·7 文／**1739**·7·7 文／**1740**·7·7 文／**1741**·7·7 文／**1742**·7·7 文／**1743**·7·7 文／**1744**·7·7 文／**1745**·7·7 文／**1746**·7·7 文／**1748**·7·7 文／**1749**·7·7 文／**1751**·7·7 文／**1753**·7·7 文／**1754**·7·7 文／**1756**·7·7 文／**1757**·7·7 文／**1758**·7·7 文／**1759**·7·7 文／**1760**·7·7 文／**1761**·7·7 文／**1762**·7·7 文／**1764**·7·7 文／**1765**·7·7 文／**1766**·7·7 文／**1767**·7·7 文／**1768**·7·7 文／**1769**·7·7 文／**1770**·7·7 文／**1771**·7·7 文／**1772**·7·7 文／**1773**·7·7 文／**1774**·7·7 文／**1775**·7·7 文／**1778**·7·7 文／**1779**·7·7 文
和歌会(端午) ❷ **1233**·5·5 文／**1244**·5·5 文
和歌会(探題) ❷ **1274**·7·7 文
和歌会(着到百首) ❹ **1503**·3·3 文／**1509**·9·9 文／**1519**·3·3 文
和歌会(中宮聖子) ❷ **1134**·4·11 文
和歌会(月次百首続歌) ❹ **1462**·是年 文
和歌会(綱吉五十賀) ❺-1 **1695**·3·21 文
和歌会(殿上) ❷ **1131**·9·15 文／9·20 文
和歌会(常盤井殿) ❸ **1294**·6·18 文
和歌会(鳥羽院) ❷ **1101**·10·27 文
和歌会(九月尽) ❷ **1015**·9·30 文
和歌会(七百首探題) ❷ **1265**·7·7 文
和歌会(何人百韻) ❹ **1497**·1·1 文
和歌会(南朝) ❸ **1335**·9·13 文／**1338**·是春 文／**1362**·是年 文／**1365**·⑨·12 文／**1370**·1月 文
和歌会(南部百首) ❹ **1473**·是年 文
和歌会(幕府) ❷ **1213**·2·1 文／**1217**·8·15 文／**1237**·3·9 文／**1238**·11·17 文／**1239**·9·30 文／**1240**·5·12 文／**1241**·8·15 文／**1248**·5·5 文／9·19 文／**1253**·5·5／❹ **1467**·1·13 文／**1475**·1·19 文／**1476**·1·19 文／**1481**·7·7 文
和歌会(羽柴千句) ❹ **1578**·5·18 文
和歌会(葉守千句) ❹ **1487**·10·9 文
和歌会(日吉社法楽百首続歌) ❹ **1477**·12·10 文
和歌会(東山千句) ❹ **1518**·8·10 文
和歌会(百首) ❸ **1303**·4·30 文／**1319**·4·19 文／**1331**·是年 文／**1346**·4·26 文／⑨·10 文／**1387**·9·13 文／**1437**·3·15 文／**1451**·8·11 文
和歌会(藤原兼実) ❷ **1176**·5·28 文
和歌会(藤原師実) ❷ **1060**·3·8 文
和歌会(法楽) ❸ **1419**·2·25 文／**1441**·是年 文
和歌会(水無瀬宮法楽) ❺-1 **1663**·2·22 文
和歌会(源実朝) ❷ **1218**·9·13 文
和歌会(美濃小島行宮) ❸ **1353**·8·5 文
和歌会(名所) ❷ **1219**·10·10 文
和歌会(永福寺) ❷ **1232**·11·29 文
和歌会(吉野行宮千首) ❸ **1376**·是夏 文
和歌会(冷然院) ❷ **1002**·8·18 文
和歌会(礼仏) ❷ **1256**·8·17 文
和歌御会始 ❹ **1474**·1·28 文／**1475**·6·14 文／**1479**·1·7 文／**1480**·7·7 文／**1483**·1·18 文／**1485**·1·7 文／**1486**·3·4 文／**1494**·1·24 文／**1501**·1·25 文／**1502**·1·25 文／**1503**·1·19 文／**1504**·1·19 文／**1505**·1·19 文／**1506**·1·19 文／**1507**·1·19 文／**1508**·1·19 文／**1509**·1·19 文／**1510**·1·19 文／**1511**·1·19 文／**1512**·1·25 文／**1513**·1·21 文／**1514**·1·19 文／**1515**·1·19 文／**1516**·1·19 文／**1517**·1·19 文／**1518**·1·19 文／**1519**·1·24 文／**1520**·1·18 文／**1521**·1·19 文／**1522**·1·23 文／**1523**·1·19 文／**1524**·1·19 文／**1525**·1·19 文／**1526**·1·19 文／**1527**·1·19 文／6·9 文／**1528**·1·19 文／**1529**·1·19 文／**1530**·1·23 文／**1531**·1·19 文／**1533**·1·19 文／**1534**·1·19 文／**1536**·1·5 文／2·5 文／**1537**·1·26 文／**1538**·1·19 文／**1540**·1·21 文／**1541**·1·19 文／**1542**·1·19 文／**1543**·1·19 文／**1544**·1·19 文／1·21 文／**1545**·1·19 文／**1546**·1·9 文／**1547**·1·19 文／**1548**·1·19 文／**1549**·1·19 文／**1550**·1·25 文／**1551**·1·28 文／**1552**·1·19 文／**1553**·1·19 文／**1554**·1·19 文／**1555**·1·19 文／**1556**·1·19 文／**1559**·1·19 文／**1560**·1·21 文／**1561**·1·19 文／**1562**·1·19 文／**1563**·1·19 文／**1564**·1·19 文／**1565**·1·19 文／**1568**·1·19 文／**1569**·1·19 文／**1570**·1·19 文／**1571**·1·19 文／**1572**·1·19 文／**1573**·1·19 文／**1574**·1·19 文／**1575**·1·19 文／**1576**·1·19 文／**1577**·1·20 文／**1578**·1·19 文／**1580**·1·19 文／**1582**·1·19 文／**1583**·1·19 文／**1585**·1·19 文／**1586**·1·22 文／**1587**·1·19 文／**1588**·1·20 文／**1596**·1·19 文／**1597**·1·19 文／**1598**·1·6 文／**1600**·1·16 文／❺-1 **1601**·1·19 文／**1603**·2·3 文／**1605**·2·8 文／**1606**·5·13 文／**1612**·1·19 文／**1613**·1·19 文／**1614**·1·19 文／**1616**·1·19 文／**1617**·1·19 文／

その他

27　教育・研究

宇宙開発
宇宙開発事業団　❾ **1969**・6・23 文／10・1 文
宇宙開発審議会　❽ **1960**・4・30 文／**1962**・5・11 文
宇宙開発推進本部　❽ **1964**・7・1 文
宇宙開発に関する日米協力に関する交換公文　❾ **1969**・7・21 文
宇宙科学研究所　❽ **1963**・2・2 文
宇宙観測気球　❽ **1954**・9・16 文
宇宙基本計画　❾ **2009**・6・2 政
宇宙空間科学シンポジウム　❽ **1960**・3・11 文
宇宙航空研究開発機構(JAXA)　❾ **2003**・10・1 文
宇宙生物学・宇宙医学シンポジウム　❽ **1961**・6・17 文
宇宙線観測実験用気球　❽ **1956**・9・1 文
宇宙線研究　❽ **1951**・8・13 文
宇宙センター(科学技術庁)　❾ **1966**・5・23 文／**1973**・5・10 文
宇宙特派員　❾ **1990**・12・2 文
宇宙飛行士　❾ **1990**・5・19 文／**1997**・11・19 文／**2000**・10・11 文／**2009**・2・25 文／3・16 文／12・21 文／**2010**・6・2 文／**2011**・6・8 文／**2012**・7・15 文
宇宙遊泳　❾ **1965**・3・18 社
鹿児島内之浦ミューセンター　❾ **1966**・10・8 文
国際宇宙ステーション　❾ **1998**・11・20 文
国際地球観測年　❽ **1957**・7・1 文
サイクロトロン(荷電粒子加速装置)　❾ **1967**・1・25 文
実験研究棟きぼう　❾ **2008**・3・12 文
スーパーカミオカンデ　❾ **1991**・12・6 文／**1995**・11・11 文／**1996**・4・1 文
通信・放送衛星機構　❾ **1979**・6・12 政／8・13 文
無重力状態　❾ **1991**・5・12 文
無重力センター　❾ **1991**・7・17 文
ロケット輸出　❽ **1959**・11・14 政
人工衛星
「あすか」　❾ **1993**・4・7 文
「アストロ」　❾ **1981**・2・21 文／**1983**・2・20 文／**1987**・2・5 文／**1993**・2・20 文／**2006**・2・18 文
「あやめ」　❾ **1980**・2・22 文／**1983**・2・4 文／8・24 政／**1988**・9・16 文
「アリラン」　❾ **2012**・5・18 文
「いぶき」　❾ **2009**・1・23 文
「うめ」　❾ **1976**・2・29 文／**1978**・2・16 文
「エクスプレス」　❾ **1995**・1・15 文
「おおすみ」　❾ **1970**・2・11 文
「おりひめ・ひこぼし」　❾ **1997**・11・28 文
「きく」　❾ **1975**・9・9 文／**1977**・2・19 文／**1982**・9・3 文／**1987**・8・27 文／**1994**・8・28 文／**2006**・12・18 文
「きずな」　❾ **2008**・2・23 文
「きらり」　❾ **2005**・8・24 文
「さきがけ」　❾ **1985**・1・8 文
「さくら」　❾ **1977**・12・15 文／**1988**・2・19 文
「じきけん」　❾ **1978**・2・4 文／9・16 文
「しずく」　❾ **2012**・5・18 文
「しんせい」　❾ **1971**・9・28 文
「すいせい」　❾ **1985**・8・19 文
「すざく」　❾ **2005**・7・10 文
「だいち」　❾ **2006**・1・24 文
「たいよう」　❾ **1975**・2・5 文
「たんせい」　❾ **1971**・2・16 文／**1974**・2・16 文／**1977**・2・19 文／**1980**・2・17 文
「でんぱ」　❾ **1972**・8・19 文
「ねがい」　❾ **2010**・5・21 文
「のぞみ」　❾ **2003**・12・9 文
「ハイフレックス」　❾ **1996**・2・12 文
「はくちょう」　❾ **1979**・2・21 文
「はるか」　❾ **1997**・2・12 文
「ひてん」　❾ **1990**・1・24 文／**1992**・2・15 文
「ひまわり」　❾ **1977**・7・14 文／9・8 文／**1981**・8・11 文／**1984**・8・3 文／**1989**・9・6 文／**1995**・3・18 文／**2003**・5・22 文／**2005**・2・26 文／**2006**・2・18 文
「ふじ」　❾ **1986**・8・14 文
「ふよう」　❾ **1992**・2・11 文
「プロイテレス」　❾ **2012**・9・9 文
「鳳龍」　❾ **2012**・5・18 文
「まいど」　❾ **2009**・1・23 文
「みちびき」　❾ **2010**・9・12 文
「みどり」　❾ **1996**・8・17 文／**1997**・6・30 文
「もも一号」　❾ **1987**・2・19 文／**1990**・2・7 文
「ゆり」　❾ **1978**・4・8 文／**1984**・1・23 文／**1990**・8・28 文／**1991**・8・25 文
「ようこう」　❾ **1991**・8・30 文／**2005**・9・12 社
「レーダー」　❾ **2003**・3・23 文／**2007**・2・24 文／**2011**・12・12 文
「K SAT」　❾ **2010**・5・21 文
「MTSAT」　❾ **2005**・2・26 文
「SDS-4」　❾ **2012**・5・18 文
「WASEDA」　❾ **2010**・5・21 文
光学衛星情報収集衛星　❾ **2003**・3・23 文／11・29 文／**2006**・9・11 文／**2009**・11・29 文
赤外線天文衛星　❾ **1983**・8・9 文
太陽観測衛星　❾ **2006**・9・23 文
熱帯降雨観測衛星(NASA)　❾ **1997**・11・28 文
スペースシャトル　❾ **2000**・10・11 文／**2005**・7・26 文
「エンデバー」　❾ **2000**・2・11 文
「コロンビア」　❾ **2003**・2・1 政
探査機
「あかつき」金星探査機　❾ **2010**・5・21 文
「おとひめ」無人探査機　❾ **2012**・4・5 文
「かぐや」月周回衛星・月探査機　❾ **2007**・9・14 文／**2009**・6・11 文
「じんべい」無人探査機　❾ **2012**・4・5 文
「のぞみ」火星探査機　❾ **1998**・7・4 文
「はやぶさ」小惑星探査機　❾ **2003**・5・9 文／**2005**・11・26 文／**2010**・6・13 文
ハレー彗星探査機　❾ **1986**・3・8 文
「ゆめいるか」無人探査機　❾ **2012**・4・5 文
ロケット(ペンシル・カッパー)　❽ **1955**・2・10 文／4・14 文／6・29 文／8・23 文／9・17 文／**1956**・1・24 文／9・24 文／**1957**・4・24 文／5・2 文／9・20 文／**1958**・2・12 文／4・8 文／6・30 文／**1959**・12・12 政／**1960**・7・11 文／12・13 文／**1961**・4・1 文／**1962**・8・21 文／12・18 文／**1963**・12・11 文／**1964**・7・11 文／7・22 文
ボイジャー(NASA)1号　❾ **2012**・8・25 社
HI 型ロケット　❾ **1986**・8・13 文
HII 型ロケット　❾ **1992**・6・18 文／**1993**・2・20 文／**1994**・2・4 文／**1995**・3・18 文／**1996**・8・17 文／**1998**・2・21 文／**1999**・11・15 文
HIIA 型ロケット　❾ **2001**・8・29 文／**2002**・2・4 文／9・10 文／12・14 文／**2003**・3・23 文／11・29 文／**2005**・2・26 文／**2006**・1・24 文／2・18 文／9・11 文／12・18 文／**2007**・2・24 文／9・14 文／**2008**・2・23 文／**2009**・1・23 文／11・29 文／**2010**・5・21 文／9・12 文／**2011**・12・12 文／**2012**・5・18 文
HIIB 型ロケット　❾ **2009**・9・11 文／**2011**・1・22 文／**2012**・7・21 文
K10 型三段式固体ロケット　❾ **1980**・8・27 文
NII 型三段式ロケット　❾ **1981**・2・11 文
Q ロケット　❾ **1975**・2・5 文
S210 型観測用ロケット　❾ **1976**・8・17 文
SBIIA 型ロケット　❾ **1968**・9・17 文
TR-I 型ロケット　❾ **1988**・9・6 文
TT500A 型ロケット　❾ **1980**・9・14 文
宇宙材料実験用小型ロケット(カッパー型

ロケット） ❾ **1981**·8·2 文／**1965**·2·6 文／8·26 文
超高層気象観測用ロケット ❾ **1970**·2·10 文／8·5 文
ミューＭ型ロケット ❾ **1966**·10·31 文／**1969**·8·17 文／**1975**·2·5 文／**1995**·1·15 文／**1997**·2·12 文／**2000**·2·10 文／**2003**·5·9 文／**2006**·2·18 文／9·23 文
ラムダ型ロケット ❾ **1965**·1·31 文／3·18 文／11·8 文／11·18 文／**1966**·9·26 文／**1967**·4·13 文／**1970**·2·11 文／**1974**·8·20 文

無人補給機
無人宇宙実験室 ❾ **1995**·3·18 文
無人補給機こうのとり ❾ **2011**·1·22 文／**2012**·7·21 文

会議·シンポジウム ❼ **1925**·10·12 文／❽ **1949**·3·3 文／❾ **1971**·8·8 文
アジア·エレクトロニクス会議 ❽ **1963**·10·2 文
アジア教育計画会議 ❽ **1963**·10·3 文
アジア教科書会議 ❽ **1958**·9·22 文
アジア·太平洋地域における平和と変革シンポ ❾ **1984**·3·26 文
アジア知識人会議 ❾ **1972**·3·5 文／**1973**·3·5 文
アジア文相会議 ❽ **1962**·4·2 文
アジア平和研究会議 ❾ **1980**·12·1 文
イスラム文明と日本シンポジウム ❾ **1980**·3·21 文
科学技術会議 ❽ **1958**·4·18 文
科学技術国際研究協力東京会議 ❾ **1983**·11·14 文
科学技術代表者会議 ❽ **1946**·7·8 文
科学者京都会議 ❽ **1962**·5·7 政／**1963**·5·7 文／❾ **1981**·6·7 文
科学哲学大会 ❽ **1957**·11·2 文
学校教育法 ❽ **1947**·3·31 文／**1948**·4·1 文／**1953**·8·5 文／**1957**·12·5 文／**1958**·1·10 文／**1961**·6·17 文
漢学者大懇親会 ❼ **1901**·1·27 文
韓国新安海底文物シンポジウム ❾ **1978**·2·1 文
関西日仏学館 ❼ **1927**·11·5 文
癌対策関係閣僚会議 ❾ **1983**·6·7 文
九州国際文化会議 ❾ **1972**·8·22 文
教育改革国民会議 ❾ **2000**·3·27 文／9·22 文／12·22 文
教育改革を考える国際シンポジウム ❾ **1984**·12·11 文
教育課程審議会 ❽ **1953**·8·7 文
教育危機突破大会 ❽ **1958**·3·8 文
教育刷新委員会 ❽ **1946**·8·10 文／11·29 文
教育サミット ❾ **2000**·4·1 文
教育防衛大会 ❽ **1953**·2·28 文
教育防衛中央国民大会 ❽ **1954**·2·11 文
教育方針中央講習会 ❽ **1945**·10·15 文
京都·奈良伝統文化保存シンポジウム ❾ **1970**·9·7 文
経済学術大会 ❽ **1947**·3·27 文
合同海洋学会議 ❾ **1970**·9·14 文
高等教育懇談会 ❾ **1973**·3·1 文
国際アジア·北アフリカ人文科学会議 ❾ **1983**·8·31 文
国際アニメーションフェスティバル ❾ **1985**·8·18 文
国際遺伝学会議 ❾ **1968**·8·20 文
国際栄養学会議 ❾ **1975**·8·3 文
国際海洋開発会議 ❾ **1972**·10·5 文
国際科学史会議 ❾ **1974**·8·19 文
国際学生会議 ❽ **1954**·7·11 文
国際環境保全科学会議 ❾ **1975**·11·17 文
国際教育学会議 ❽ **1959**·8·31 文
国際結晶学会議 ❾ **1972**·8·27 文
国際言語学者会議 ❾ **1982**·8·29 文
国際光学会議 ❽ **1964**·9·2 文
国際酵素科学会議 ❽ **1957**·10·15 文
国際交通シンポジウム ❾ **1973**·9·3 文
国際細胞化学会議 ❽ **1963**·3·28 文
国際細胞生物学会議 ❾ **1984**·8·26 文
国際社会事業会議 ❽ **1958**·11·30 文
国際植物科学会議 ❾ **1993**·8·23 文
国際植物生長物質会議 ❾ **1972**·8·27 文／**1973**·8·27 文
国際女性学会東京会議 ❾ **1978**·7·24 文
国際神経化学会議 ❾ **1973**·8·26 文
国際人類学民族学会義 ❾ **1968**·9·3 文
国際摺物会議 ❾ **1977**·7·23 文
国際生化学会議 ❾ **1967**·8·20 文
国際地球電磁気学·超高層物理学協会総会 ❾ **1972**·9·9 文
国際地理学会議 ❾ **1980**·9·1 文
国際低温物理学会議 ❾ **1970**·9·4 文
国際天然物化学会議 ❽ **1964**·4·13 文
国際日本文化研究センター ❾ **1987**·5·21 文
国際バイオテクノロジー会議 ❾ **1985**·11·5 文
国際発酵会議 ❾ **1972**·3·20 文
国際微生物株保存会議 ❾ **1968**·10·7 文
国際文化交流の理念と政策シンポジウム ❾ **1981**·3·16 文
国際分子構造光学会議 ❽ **1962**·9·10 文
国際分析化学会議 ❾ **1972**·4·3 文
国際ペンクラブ大会 ❽ **1950**·8·18 文／**1957**·9·2 文
国際ペン東京大会 ❾ **2010**·9·23 文
国際放射線研究会議 ❾ **1979**·5·13 文
国際未来学会議 ❾ **1970**·4·10 文
出版文化国際交流会 ❽ **1956**·5·30 文
真空冶金国際会議 ❾ **1972**·6·4 文
人類学会 ❻ **1884**·11·16 文
数値予報国際シンポジウム（気象学会） ❽ **1960**·11·7 文
世界教育会議 ❽ **1937**·8·2 文
世界大学総長協会会議 ❾ **1993**·7·11 文
世界天才会議 ❾ **1988**·10·14 文
世界日曜学校大会 ❼ **1920**·10·5 社
全国教育研究大会（日教組） ❽ **1951**·11·10 文
全国図画教育大会 ❼ **1906**·8·1 文
全国父兄大会 ❽ **1946**·12·1 文
全日本学園復興会議 ❽ **1953**·11·8 文
全日本教育父母会議（反日教組団体） ❽ **1958**·3·16 文
全日本女子学生大会 ❽ **1953**·12·2 文
全日本民主主義文化会議 ❽ **1947**·7·21 文
素粒子国際会議 ❾ **1965**·9·24 文
そろばん国際シンポジウム ❾ **1982**·3·28 文
第五世代コンピュータ国際会議 ❾ **1984**·11·6 文
大東亜文学者大会 ❽ **1942**·11·3 文／**1943**·8·25 文／**1944**·11·12 文
太平洋学術会議 ❾ **1966**·8·22 社
中央教育復興会議結成大会 ❽ **1948**·6·17 文
聴覚障害児教育国際会議 ❾ **1975**·8·25 文
超伝導シンポジウム ❾ **1990**·11·7 文
低温物理学国際会議 ❾ **1987**·8·20 文
丁酉倫理会（学術演説会） ❼ **1900**·1·28 社
東京理学社（最初の学会） ❻ **1876**·是年 文
日米科学委員会 ❽ **1961**·12·13 文
日米科学会議 ❽ **1962**·5·21 文
日米化学技術研究開発協力会議 ❾ **1979**·9·20 文
日米教育文化委員会 ❽ **1962**·1·25 文
日米社会科教科書会議 ❾ **1980**·7·25 文
日米知識人会議 ❽ **1962**·10·1 文
日米文化教育会議 ❾ **1966**·3·2 文／**1972**·6·21 文
日米歴史学会議 ❾ **1983**·3·28 文
日露歴史教育会議 ❾ **1999**·6·22 文
日ソ文学シンポジウム ❾ **1983**·4·2 文
日本海文化を考えるシンポジウム ❾ **1981**·11·15 文
日本科学者会議 ❾ **1965**·12·4 文
日本学術会議 ❽ **1948**·7·10 文／**1949**·1·20 文／❾ **1971**·8·8 文
日本学術会議法 ❾ **1983**·11·28 文
日本学生平和会議 ❽ **1952**·11·28 文
日本教育国民会議 ❽ **1963**·2·17 文
日本文化会議 ❾ **1968**·6·10 文
日本文化フォーラム ❽ **1957**·3月 文
日本分泌化学撹乱物質学会（環境ホルモン学会） ❾ **1998**·6·9 文
パリ国際ペン大会 ❽ **1937**·6·23 文
半導体物理学国際会議 ❾ **1980**·9·1 文
火の玉国際シンポジウム ❾ **1988**·7·4 文
文化と教育に関する懇談会 ❾ **1984**·3·22 文
マックス·ウェーバー生誕百年祭 ❽

1964·12·5 文
木造建築研究フォーラム ❾ 1986·4·22 文
薬害エイズ国際会議 ❾ 1996·11·2 文
ユネスコ海洋国際会議 ❽ 1955·10·17 文
ユネスコ国際台風シンポジウム ❽ 1954·11·9 文
ラッセル·アインシュタイン宣言 ❽ 1955·7·9 政
量子エレクトロニクス国際会議 ❾ 1970·9·7 文
歴史的風土保存国際シンポジウム ❾ 1977·3·22 文
海洋調査
海軍水路部測量艦〈満洲〉 ❼ 1925·4·15 文
海中居住実験 ❾ 1971·2·21 社／9·20 社／1972·8·9 文／1973·9·24 社／1975·10·26 文
海洋開発のための科学技術に関する開発計画 ❾ 1970·1·7 文
海洋観測研究船〈みらい〉 ❾ 1996·8·21 文
海流調査 ❼ 1913·5·27 文
極年観測 ❼ 1932·8·1 文
元寇沈没蒙古船海底調査 ❾ 1981·7·6 文
地震観測 ❾ 1973·4月 文
深海潜水作業室(SDC) ❾ 1976·8·12 文
深海潜水調査船〈しんかい6500〉 ❾ 1968·3·22 文／11·26 文／1970·5·8 文／1974·6·17 文／6·25 文／1981·1·21 文／10·13 文／1988·10·5 文／1989·1·19 文
駿河トラフ調査 ❾ 1982·9·29 文
潜水実験 ❾ 1987·9·18 文
地球深部探査船〈ちきゅう〉 ❾ 2005·7·29 文
調査用潜水艇〈くろしお〉 ❽ 1960·6·1 文
南極観測船〈しらせ〉 ❾ 1981·3·23 文／12·11 文／1982·11·12 文／1983·11·14 文／1984·11·14 文／1985·12·14 政／2009·11·10 文／2012·1·23 文
南極観測船〈宗谷〉 ❽ 1956·11·16 文／1961·10·30 文
南極観測船〈ふじ〉 ❾ 1965·3·18 文／1966·12·1 文／1968·11·30 文／1970·2·25 文／1982·11·25 文／1983·4·20 文
南極観測隊 ❽ 1955·9·13 文／10·12 文／11·4 文／12·8 文／1956·9·3 文／11·8 文／1957·1·29 文／2·15 文／1958·2·24 文／11·21 文／1959·1·14 文／1960·10·10 社／1961·10·30 文／1962·2·8 文／1963·8·20 文／❾ 1966·1·20 文／1968·12·19 政／1984·11·14 文／2006·11·14 文
無人深海探査機「うらしま」 ❾ 2004·6·22 文
無人深海探査機「かいこう」 ❾ 1993·5·27 文／1994·3·1 文／1995·3·24 文
科学
『阿蘭陀始制エレキテル究理原』 ❺-2 1811·是年 文
『基礎科学白書』 ❽ 1959·4·21 文
X線自由電子レーザー施設「さくら」 ❾ 2011·3月 文／2012·3·7 文
エレキテル(電気) ❺-2 1765·1月 文／1770·是年 文／1776·11月 文／1779·7月 社／1785·3·26 文／1832·⑪·22 文
化学会 ❻ 1878·4·26 文
科学技術基本法·計画 ❾ 1995·11·8 文／1996·7·2 文
科学基礎論学 ❽ 1954·2·14 文
科学研究費 ❾ 1972·12·20 文
科学論文引用回数 ❾ 2009·3·24 文
基礎科学振興 ❽ 1959·3·23 文／1961·4·27 文
金属分析 ❻ 1873·10月 文
原子力研究講座 ❽ 1956·9·16 文
航空医学心理学研究会 ❽ 1954·6·29 文
スプリングエイト(大型放射光施設) ❾ 1974·12·15 文／1997·10·8 文
生物学·地質学講演 ❻ 1882·5·4 文
舎密局 ❻ 1868·7·1 文／1869·5·1 文／1870·4·3 文
舎密製造仮局 ❻ 1870·12·22 文
精煉方(蕃書取調所) ❻ 1860·8·8 文
東京化学会 ❻ 1878·4·26 文
東京数学物理学会 ❻ 1884·6·7 文
東京理学社 ❻ 1876·是年 文
ニュートン力学 ❺-2 1802·10月 文
ブラキストン線 ❻ 1883·是年 文
理化学器械製作所 ❻ 1875·3月 文
理科教育振興法 ❽ 1953·8·8 文
理学協会 ❻ 1882·2·19 文
学術探検隊·調査団
青ヶ島学術調査団 ❽ 1954·11·1 文
イラク·イラン遺跡調査団 ❽ 1956·9·7 文
ガラパゴス諸島調査 ❽ 1959·12·5 文
京都大学カラコルム·ヒンズークシ学術探検隊 ❽ 1955·3·22 文
対馬(八学会連合総合調査) ❽ 1950·7·5 文
大興安嶺探検隊(京大) ❽ 1942·5月 文
東大西アジア洪積世人類遺跡調査団⇨「海洋調査」も見よ ❽ 1961·6·28 文
南米ペルー·アンデス探検隊 ❽ 1959·8·14 社
日仏合同日本海溝学術調査 ❽ 1958·6·14 文
パタゴニア探検隊(日本·チリ合同) ❽ 1958·3·6 社
パミール高原学術調査遠征隊 ❽ 1960·8·17 社
ブカイルカ北峰(一橋大学ペルーアンデス探検隊) ❽ 1961·6·9 社
三宅·御蔵両島総合調査 ❽ 1956·7·21 文
学部・学科
医学部 ❾ 1973·9·29 文／1979·3·31 文
イタリア文学 ❽ 1940·12月 文
印度哲学 ❼ 1917·9月 文
宇宙物理学 ❼ 1918·6·24 文
英文学科 ❻ 1887·9·9 文
化学会 ❻ 1878·4·26 文
化学科(開成所) ❻ 1864·4·8 文
家庭科 ❾ 1973·4·1 文／1974·1·26 文／1976·12·18 文
漢文 ❽ 1952·2·19 文
技術·家庭 ❾ 1989·3·15 文
技術科 ❽ 1958·2·15 文
基礎工学部 ❽ 1961·3·31 文
教育学部 ❾ 1966·1·6 文／4·5 文
教養学部 ❽ 1949·5·31 文
経済学部 ❼ 1908·7月 文／1919·4·1 文／5·29 文
原子核工学科 ❽ 1958·3·31 文
航空学科 ❽ 1954·4·1 文／1955·4·1 文／1956·4·1 文
高校家庭科 ❾ 1984·11·19 文
鉱物学科 ❼ 1907·9月 文
国学 ❶ 852·6·29 文
国史科 ❻ 1889·6·27 文
古典講習科 ❻ 1882·5·30 文
史学科(帝国大学) ❻ 1887·9·9 文
地震学科 ❼ 1923·12·10 文
実験物理学科 ❼ 1901·7·5 文
社会科 ❽ 1947·1·16 文／8·25 文／9·2 文／12·4 文／1955·2·11 文
社会学科 ❼ 1919·9·10 文
修身 ❼ 1910·11·1 文／1918·4·12 文
朱子学 ❸ 1403·8·3 文／❺-2 1790·5·24 文
純正化学科 ❼ 1908·9·11 文
商業学科 ❼ 1908·7月 文
職業科 ❽ 1949·8·10 文
職業家庭科 ❽ 1958·2·15 文
心学 ❺-1 1683·12·27 文／1685·12·16 文／❺-2 1791·4月 文／10·23 文／1792·7月 文／1794·1月 文／1802·9月 社／1824·10·4 文／1845·3·28 文／1848·10·3 社／❼ 1930·11·22 文
神学科 ❾ 1972·11·21 文
人類学科 ❻ 1892·10·28 文／❽ 1939·2·9 文
数学科 ❼ 1908·9·11 文
生物化学科 ❽ 1958·3·31 文
数学科(蕃書取締所) ❻ 1862·2·11 文
生物学·地質学 ❻ 1882·5·4 文
精密加工学精密工学 ❽ 1946·3·15 文
世界史 ❽ 1948·10·11 文
総合学科 ❾ 1993·2·12 文
造船学科 ❻ 1882·4·20 文
造兵学科 ❽ 1959·9·4 文
体育科 ❼ 1915·2·23 文
地球物理学 ❼ 1918·6·24 文
地質学科 ❼ 1907·9月 文
地理 ❽ 1946·6·29 文
地理歴史学 ❽ 1954·4·28 文
電子工学科 ❽ 1952·4·1 文
道徳教育 ❽ 1951·2·8 文／1954·4·28 文／1958·3·18 文／9·6 文／1963·5·2 文／1964·3·14 文
独文学科 ❻ 1887·9·9 文
西田哲学 ❼ 1936·1月 文

日本史 ❽ **1946**·6·29 文
日本社会学 ❼ **1924**·5·1 文
日本数学物理学会 ❻ **1884**·6·7 文
日本文化 ❼ **1936**·7·22 文
人間総合科学部 ❾ **1987**·5·17 文
発酵生産学 ❽ **1957**·4 月 文
物産学科(蕃書調所) ❻ **1861**·9·19 文
物理学科 ❼ **1908**·9·11 文
仏蘭西文学科 ❻ **1889**·12·20 文
文科 ❼ **1915**·2·23 文
法文学部 ❼ **1924**·9·26 文
保姆練習科 ❻ **1878**·6·27 文
マンガ学 ❾ **2000**·4·1 文
理科 ❼ **1915**·2·23 文
理学科 ❼ **1908**·9·11 文
理数科 ❾ **1967**·8·11 文／**1968**·2·7 文
理論物理学科 ❼ **1901**·7·5 文

学校(小学校を除く)⇨「藩校」も見よ

愛郷塾(自覚的農村勤労学校) ❼ **1931**·4·15 文
愛知医科大学 ❼ **1920**·6·18 文
会津中学校 ❻ **1890**·4·1 文
アイヌ学校 ❻ **1892**·11 月 文
青山学院 ❻ **1874**·11·16 文／**1878**·5·1 文／**1883**·9 月 文／**1894**·7 月 文
秋田鉱山専門学校 ❼ **1913**·10·1 文
旭川医大 ❾ **1973**·9·29 文
麻布中学(学園) ❻ **1884**·11·1 文／❾ **1971**·10·3 文
アテネフランセ ❼ **1913**·1·21 文
蛇田実業補習学校 ❼ **1904**·2 月 文
アメリカン·スクール ❼ **1902**·9 月 文／❽ **1941**·6 月 文
有田工芸学校 ❻ **1895**·10·1 文
アルザス成城学園中等·高等部 ❾ **1986**·4·18 文
安中郷(あんなかごう)学校 ❻ **1855**·是年 文
育英舎 ❻ **1870**·11·4 文
石川県集成学校 ❻ **1874**·8·15 文
瘖唖(いんあ)教場 ❻ **1875**·是年 文
インターナショナルセーフスクール ❾ **2010**·3·5 文
上田蚕糸専門学校 ❼ **1910**·4·1 文／**1913**·10·16 文
宇都宮高等農林学校 ❼ **1922**·10·21 文
浦和高等学校 ❼ **1921**·11·9 文
英学所(横浜) ❻ **1861**·8·25 文
英国暁星国際学園 ❾ **1987**·4·1 文
大倉高等商業学校 ❼ **1900**·9·1 文
大阪外国語学校 ❻ **1874**·4·18 文／❾ **2007**·10·1 文
大阪工業学校 ❼ **1896**·5·19 文
大阪高等学校 ❼ **1921**·11·9 文
大阪高等工業学校 ❼ **1901**·5·11 文
大阪商科大学 ❼ **1928**·3·23 文
大阪商大事件 ❽ **1943**·3 月 文
大阪市立大学 ❻ **1880**·11·15 文／**1885**·3·31 文
大阪市立盲唖学校 ❼ **1907**·4 月 文
大阪専門学校 ❻ **1879**·4·4 文
大阪大学 ❾ **2007**·10·1 文
大阪中学校 ❻ **1880**·12·16 文
大阪帝国大学 ❼ **1931**·4·30 文／5·1 文
大阪府立洋学校 ❻ **1869**·9·22 文
大阪盲唖院 ❼ **1900**·9·11 文
大阪洋学所 ❻ **1869**·9·22 文／**1870**·4·3 文
大谷大学 ❻ **1882**·12 月 文／❼ **1896**·8 月 文／**1922**·5·20 文
岡崎高等師範学校 ❽ **1944**·3·20 文／**1945**·3·28 文
岡山大学 ❾ **1969**·4·12 文
沖縄県尋常師範学校 ❻ **1887**·9 月 政
小樽高等商業学校 ❼ **1910**·4·1 文
お茶の水女子大学 ❾ **1969**·12·4 文
海上保安学校 ❾ **1979**·8·24 文
開成学校 ❻ **1868**·7·1 文／9·12 文／12·25 文／**1869**·1·17 文／**1873**·4·10 文／8 月 文
開成所(大阪) ❻ **1863**·9·2 文／**1864**·7 月 文／11 月 文／**1868**·12 月 文／**1870**·10·24 文
開拓使仮学校 ❻ **1872**·4·15 文
開智学校校舎 ❻ **1876**·4·18 文
懐徳堂 ❻ **1869**·12 月 文
開明外国語学校 ❻ **1873**·4·23 文／**1874**·4·18 文
海陽中等教育学校 ❾ **2003**·1·8 文
学芸大学 ❽ **1947**·5·9 文
学習院大学 ❻ **1868**·3·12 文／**1877**·10·17 文／**1884**·4·17 文／**1886**·2·16 文／❼ **1922**·3·16 文／❽ **1947**·3·31 文
学問所 ❷ **1138**·10·14 文／**1213**·2·2 文／❸ **1451**·10·29 文
鹿児島高等農林学校 ❼ **1908**·4·1 文
華族女学校 ❻ **1885**·9·5 文
学館院 ❶ **847**·承和年間 文／**964**·11·3 文／❷ **1147**·7·7 文
金沢高等師範学校 ❽ **1944**·3·20 文
鎌倉アカデミア ❽ **1946**·4 月 文
勧学院(藤原氏一門の学校) ❶ **821**·是年 文／**836**·5·21 文／**872**·12·17 文／**908**·12·27 文／**929**·12·14 文／**944**·5·10 文／**948**·6·1 社／8·23 文／**963**·⑫·14 文／**980**·9·29 文／**1000**·7·2 文／❷ **1095**·7·22 文
勧学院(高野山) ❷ **1001**·1·16 文／**1013**·11·22 文／**1020**·8·25 文／**1023**·11·25 文／**1027**·11·29 文／**1034**·9·9 文／**1102**·10·13 文／**1110**·3·12 文／**1112**·3 月 文／**1130**·12·9 文／**1151**·4·14 政／**1177**·8 月 文／**1182**·6·13 文／**1281**·3·21 文
勧学会 ❶ **964**·3·15 文／❷ **1071**·3·15 文／**1111**·3·18 文
勧学会所 ❶ **974**·8·10 文
漢学所(横浜) ❻ **1861**·8·25 文／**1868**·9·16 文／**1869**·1·15 文
漢語学所 ❻ **1871**·2·2 文
関西大学 ❻ **1886**·11·4 文／❼ **1922**·6·5 文／❽ **1948**·3·25 文
関西法律学校 ❻ **1886**·11·4 文
関西学院大学 ❻ **1889**·9·15 文／❼ **1932**·3·7 文／❽ **1948**·3·25 文／❾ **2006**·1·19 文
関東州公学堂 ❼ **1906**·3·31 文
関東都督府中学校 ❼ **1909**·3·26 文
気象大学校 ❼ **1922**·9·26 文
北朝鮮中·高級学校 ❾ **1972**·7·26 政
九州工業大学 ❼ **1907**·7·24 文
九州大学 ❼ **1903**·3·25 文／❾ **1969**·10·14 文
九州帝国大学 ❼ **1910**·12·21 文
京都高等工業学校 ❼ **1902**·3·28 文
京都高等工芸学校 ❼ **1902**·10·18 文
京都高等蚕業学校 ❼ **1914**·4·1 文
京都市美術学校 ❻ **1891**·4·1 文
京都淑女学校 ❼ **1901**·4·8 文
京都市立絵画専門学校 ❼ **1909**·4·1 文
京都大学 ❾ **1969**·1·16 文／5·14 文／9·20 文
京都帝国大学 ❼ **1897**·6·22 文／**1906**·6·5 文／**1907**·10 月 文／**1912**·10·22 文／**1919**·5·29 文
京都府画学校 ❻ **1880**·7·1 文
京都府農牧学校 ❻ **1876**·11 月 文
京都府立医科大学 ❼ **1921**·10·19 文
共立女子学園 ❻ **1886**·3·22 文
共立女子学校 ❻ **1871**·12 月 文
桐生高等工業学校 ❼ **1920**·4·1 文
桐生高等染織学校 ❼ **1916**·4·11 文
金亀教校 ❻ **1876**·10·22 文
近畿大学 ❽ **1943**·3·12 文
金鶏学院 ❼ **1927**·4 月 文
熊本洋学校 ❻ **1871**·9·1 文／**1876**·1·30 社
倉敷紡績会社 職工教育部 ❼ **1902**·3 月 文
訓盲唖院(東京) ❻ **1880**·1·5 文／**1885**·11·25 文／**1887**·10·5 文
慶應義塾大学 ❻ **1858**·10 月 文／**1868**·④·3 文／5 月 社／**1874**·2·12 文／**1890**·1·27 文／❼ **1897**·1 月 文／**1920**·2·5 文／❽ **1958**·11·8 文
経学院 ❼ **1911**·6·20 文
京城医学専門学校 ❼ **1916**·4·1 文
京城師範学校 ❼ **1921**·4·19 文
京城専修学校 ❼ **1916**·4·1 文
京城帝国大学 ❼ **1924**·5·2 文／**1926**·4·1 文
警醒学校 ❻ **1881**·12·1 文
建国大学(満洲国立) ❽ **1938**·5·2 文
広域通信制高校 ❽ **1963**·4·1 文
広運外国語学校 ❻ **1873**·4·23 文
広運学校 ❻ **1874**·4·18 文
工学院大学 ❻ **1888**·2·6 文
皇学館大学 ❼ **1903**·8·31 文／❽ **1955**·4·9 文
皇学所 ❻ **1868**·9·16 文／**1869**·1·15 文
工学寮 ❻ **1871**·8·14 文
工学校 ❻ **1872**·3·2 文
郷学校 ❻ **1871**·2·5 文
工業高等専門学校 ❽ **1962**·4·1 文
航空大学校 ❽ **1954**·4·1 文／10·1 文
工芸女学校 ❻ **1893**·4·12 文
鉱山学校 ❻ **1862**·10·18 文
工手学校 ❻ **1888**·2·3 文
皇典講究所 ❻ **1882**·11·4 文／**1890**·11·22 文
高等商船学校 ❽ **1945**·4·1 文
高等専門学校 ❽ **1961**·8·24 文
高等中学校(第二) ❻ **1887**·4·18 文
工部大学校 ❻ **1877**·1·11 文／**1878**·4·15 文／**1879**·11·8 社

工部美術学校 ❻ **1876**・11・6 文／**1883**・1・23 文
弘文院 ❶ **799**・是年 文／**809**・是年 文
神戸経済大学 ❽ **1944**・9・27 文
神戸高等商業学校 ❼ **1902**・3・28 文／**1920**・8・13 文
神戸商科大学 ❽ **1948**・3・25 文
神戸女学院大 ❻ **1875**・10・12 文／❼ **1909**・10・8 文／❽ **1948**・3・25 文
神戸大学 ❻ **1882**・4月 文
高野山大学 ❻ **1886**・2・10 文／❼ **1909**・4・12 文／**1925**・3・10 文／❽ **1948**・3・25 文
国学院大学 ❻ **1882**・11・4 文／❼ **1920**・4・15 文
国語伝習所(日本語教育) ❼ **1896**・5・21 社
国際基督教大学 ❽ **1952**・4・29 文
国子監(明) ❹ **1550**・2・22 文
国立音楽学校 ❼ **1926**・6・23 文
黒龍語学校 ❼ **1901**・12・5 文
国連大学 ❾ **1970**・5・15 文／**1981**・9・23 文
孤女学園(滝之川学園) ❻ **1891**・12・1 文
国漢学校 ❻ **1870**・6・15 文
駒沢大学 ❻ **1882**・10・10 文／❼ **1925**・3・30 文
駒場農学校 ❻ **1877**・1・24 文／10月 文／**1878**・1・24 文
コレジヨ(学林) ❹ **1580**・5・13 社／**1581**・1・16 文
在日外国人高級学校 ❾ **1991**・3・6 社
裁判医学校 ❻ **1875**・9・23 文
裁縫女学校(シンガーミシン会社) ❼ **1906**・10・21 社
佐賀高等学校 ❼ **1920**・9・12 文
相模女子大学 ❼ **1909**・4・8 文
札幌農学校 ❻ **1872**・4・15 文／**1875**・7・29 文／**1876**・8・14 文／**1878**・10・16 文／**1881**・7・9 文／❼ **1907**・6・22 文
滋賀医科大学 ❾ **1974**・6・7 文
静岡県立大学 ❾ **1987**・4・1 文
自治医科大学 ❾ **1972**・4・1 文
自治大学校 ❽ **1953**・10・1 文
信濃自由大学 ❼ **1921**・7月 文／11・1 文
自由学園女学校 ❼ **1921**・4・15 文
綜芸種智院 ❶ **828**・11・15 文
頌栄保姆伝習所 ❻ **1889**・10・22 文
上越教育大学 ❾ **1978**・6・17 文
奨学院 ❶ **881**・是年 文／**888**・3・18 文／**900**・9月 文／**908**・12・17 文／**963**・⑫・14 文
商業学校(台湾) ❼ **1917**・5・26 文
商船学校 ❻ **1879**・是年 文
上智大学 ❼ **1913**・5・29 文／❽ **1948**・3・25 文
商法講習所 ❻ **1875**・8月 文／**1881**・7・29 文
女子学習院 ❼ **1906**・4・9 文／**1918**・11・4 文／**1922**・3・16 文／**1924**・3・29 文
女子高等師範学校 ❻ **1890**・3・25 文
女子師範学校 ❻ **1874**・3・13 文／**1876**・5・5 文
女子美術大学 ❼ **1901**・4・1 文
庶民夜学校 ❻ **1877**・3・21 文／**1879**・7・9 文／**1881**・7・7 文
ジョモ・ケニヤッタ農工大学 ❾ **1982**・3・17 文
市立都留文科大 ❾ **1965**・5・20 文
新英学校(女子) ❻ **1872**・4・14 文
神宮皇学館大学 ❻ **1882**・4・30 文／❽ **1946**・2・20 文
仁慈堂 ❻ **1872**・6月 社
親隣義塾(朝鮮子弟) ❻ **1893**・11・24 文
水産学校 ❼ **1899**・4月 文
水産講習所東京水産大学 ❼ **1897**・4・1 文
水産伝習所 ❻ **1889**・1・20 文
椙山女学園大学 ❾ **1994**・1・10 文
駿河台大学 ❾ **1987**・4・1 文
成蹊学園・成蹊高等学校 ❼ **1912**・4・3 文／**1925**・2・7 文
成城高等学校 ❼ **1926**・3・15 文
聖心女子学院 ❼ **1910**・4・11 文
聖心女子大学 ❽ **1948**・3・25 文
正則英語学校 ❼ **1896**・10・16 文
聖和大 ❾ **2006**・1・19 文
セミナリヨ ❹ **1580**・5・13 社
専修大学 ❻ **1880**・8月 文／❼ **1922**・5・25 文
創価大学 ❾ **1971**・1・27 文／4・1 文
造士館(鹿児島) ❼ **1896**・9・3 文
造士館中学 ❻ **1885**・4・18 文
第一高等学校 ❻ **1885**・8・14 文
第一高等中学校 ❻ **1886**・4・29 文
大学東校 ❻ **1869**・12・17 文
大学南校 ❻ **1869**・12・17 文／**1870**・7・27 文／**1871**・5月 文
大学本校 ❻ **1870**・7・12 文
大学寮代 ❻ **1868**・④・3 文／**1869**・12・10 文
大学校 ❻ **1869**・1月 文／6・15 政／7・8 文／9・2 文
第三高等学校 ❻ **1885**・7・13 文
第三高等中学校 ❻ **1886**・4・29 文
体操伝習所 ❻ **1878**・10・24 文
大東亜文化大学(文政大学) ❽ **1953**・3・17 文
大東文化学院 ❼ **1923**・2・11 文
第七高等学校(造士館) ❼ **1901**・4・1 文
第八高等学校(名古屋) ❼ **1908**・4・1 文
台北帝国大学 ❼ **1928**・3・17 文
高等中学校(第四) ❻ **1887**・4・18 文
第六高等学校 ❼ **1900**・3・30 文
高崎市立経済大学 ❾ **1965**・4・13 文
高山歯科医学院 ❻ **1890**・是年 文
滝野川学園 ❼ **1896**・是年 社
拓殖大学 ❼ **1900**・9・15 文／**1922**・6・5 文／❽ **1952**・11・4 文
玉川学園 ❼ **1929**・4・8 文
千葉医学校 ❻ **1883**・5・12 文
中央大学 ❻ **1885**・9・10 文／❼ **1920**・4・15 文／❾ **1968**・1・13 文／12・14 文／**1978**・4・10 文
中央労働学園大学 ❽ **1947**・4月 文
朝鮮高級学校 ❾ **1965**・12・28 文／**1970**・5・26 政／**1990**・11・27 社／**1993**・11・19 社／**1994**・4月 文／5・24 文
朝鮮人学校 ❽ **1948**・1・24 文／4・10 文／**1949**・10・19 文／**1951**・2・28 政／**1954**・10・4 文／**1955**・3・3 文／**1957**・4・10 文
朝鮮大学校 ❽ **1956**・4・26 文／❾ **1967**・9・9 文／**1968**・4・5 文
筑波大学 ❾ **1973**・2・17 文／6・22 文／9・29 文／10・1 文／**1974**・4・1 文／**1989**・3・10 文
津田塾大学 ❼ **1900**・9・14 文／❽ **1948**・3・25 文
帝国大学 ❻ **1886**・7・10 文／**1890**・6・12 文／❽ **1947**・5・26 文／10・1 文
哲学館 ❻ **1887**・9・16 文
天理外国語学校 ❼ **1925**・2・17 文
独逸学協会学校 ❻ **1883**・10・22 文
東亜同文書院(大学) ❼ **1901**・5・26 文／**1902**・1・19 文
東海大学 ❽ **1946**・4・1 文
東京医学校 ❻ **1874**・5・7 文／**1876**・11・27 文／**1877**・4・12 文
東京英語学校 ❻ **1874**・12・27 文
東京英和学校 ❻ **1883**・9月 文
東京音楽学校 ❻ **1887**・10・5 文／**1893**・6・28 文／❼ **1899**・4・4 文／❽ **1949**・5・31 文
東京外国語学校 ❻ **1873**・8月 文
東京外国語大学 ❼ **1897**・4月 文／**1899**・4・4 文
東京開成学校 ❻ **1874**・5・7 文／**1877**・4・12 文
東京教育大学 ❾ **1969**・7・24 文
東京芸術大学 ❽ **1949**・5・31 文／❾ **1977**・3・31 文
東京工業学校 ❻ **1890**・3・25 文
東京工業大学 ❻ **1881**・5・26 文
東京工大付属予備部 ❼ **1932**・10・1 文
東京高等学校 ❼ **1921**・11・9 文
東京高等工業学校 ❼ **1901**・5・11 文／**1924**・4・21 文
東京高等蚕糸学校 ❼ **1914**・4・1 文
東京高等師範学校 ❻ **1886**・3・6 文／5・17 文／❼ **1902**・3・28 文
東京高等商業学校 ❻ **1885**・9・22 文
東京高等体育専門学校 ❽ **1941**・3・29 文
東京産業大学 ❽ **1944**・9・27 文
東京山林学校 ❻ **1882**・12・1 文
東京歯科大学 ❻ **1890**・是年 文／❽ **1946**・7・19 文
東京慈恵会医科大学 ❻ **1881**・5・1 文／❼ **1921**・10・19 文
東京師範学校 ❻ **1872**・5・29 文／**1873**・8・18 文／**1876**・11・29 文／**1883**・4・28 文／**1886**・2月 社／4・29 文
東京商科大学 ❼ **1920**・4・1 文
東京商船学校 ❼ **1902**・1・11 文
東京商船大学 ❻ **1875**・11・1 文／**1882**・4・1 文
東京女子高等師範学校 ❼ **1908**・4・1 文／**1915**・11・29 文
東京女子師範学校 ❻ **1875**・11・29 文／**1879**・3・13 文／**1881**・5・24 文
東京女子大学 ❼ **1918**・4・30 文／❽ **1948**・3・25 文

東京職工学校 ❻ **1881**·5·26 文
東京神学大学 ❽ **1949**·3·25 文
東京水産大学 ❻ **1889**·1·20 文
東京専門学校 ❻ **1882**·10·21 文
東京綜合写真専門学校 ❽ **1958**·9 月 文
東京大学 ❻ **1877**·4·12 文／**1880**·7·10 文／**1882**·12 月 文／**1883**·10·27 社／12 月 文／❽ **1948**·9·30 文／**1958**·5·7 文／❾ **1977**·4·12 文／**1981**·4·11 文
東京築地女学校 ❻ **1877**·5·21 文
東京帝国大学 ❼ **1899**·7·10 文／**1908**·7 月 文／**1910**·4·21 文／**1914**·7·2 文／❽ **1938**·12·20 文／**1943**·3·12 文／**1945**·12·6 文／**1947**·5·26 文
東京農業教育専門学校 ❽ **1937**·3·31 文
東京農業大学 ❻ **1891**·3·6 文／❼ **1925**·5·18 文
東京農林学校 ❻ **1886**·7·23 文
東京美術学校 ❻ **1885**·12·10 文／**1887**·10·5 文／**1888**·12·11 文／**1889**·2·1 文／**1893**·7·10 文／❽ **1949**·5·31 文
東京府高等女学校 ❻ **1888**·12·28 文
東京府中学 ❻ **1884**·5·23 文
東京物理学校 ❻ **1881**·9·11 文／**1883**·9 月 文
東京府立豊島師範学校 ❼ **1912**·3·23 文
東京文化学院 ❼ **1929**·4 月 文
東京法学校 ❻ **1884**·12·12 文／**1885**·9·29 文
東京盲唖学校 ❻ **1880**·1·5 文／**1887**·10·5 文／❼ **1901**·4·6 社／**1903**·3·6 文／**1909**·4·7 文
東京郵便電信学校 ❻ **1890**·3·7 文
東京理科大学 ❻ **1881**·9·11 文／**1883**·9 月 文
同志社英学校 ❻ **1875**·11·29 文
同志社女学校 ❻ **1877**·2·10 文
同志社大学 ❻ **1891**·4·7 文／❼ **1920**·4·15 文／❽ **1948**·3·25 文
桐朋音楽高校·大学 ❽ **1948**·10·2 文／**1955**·4·1 文
東北学院 ❻ **1886**·5·15 文
東北帝国大学 ❼ **1907**·6·22 文／**1910**·12·22 文／**1913**·9·11 文
東北文化学園大 ❾ **2004**·6·21 文
東洋商業専門学校 ❼ **1903**·12·11 文
東洋殖民学校 ❼ **1905**·8·23 文
東洋大学 ❻ **1887**·9·16 文／❼ **1906**·6·29 文
徳島高等工業学校 ❼ **1922**·10·21 文
図書館情報大学 ❾ **1979**·3·31 文
富山高等学校 ❼ **1924**·4·15 文
富山薬学校 ❻ **1894**·2·1 文
豊橋技術科学大学 ❾ **1976**·5·25 文
都立三田高校 ❾ **1999**·3·12 社
長岡技術科学大学 ❾ **1976**·5·25 文
長崎医学伝習所 ❻ **1860**·1 月 文
長崎外国語学校 ❻ **1874**·4·18 文
長崎高等商業学校 ❼ **1905**·3·29 文
長崎語学所 ❻ **1865**·8·12 文
名古屋高等工業学校 ❼ **1905**·3·29 文
名古屋帝国大学 ❽ **1939**·3·31 文
灘高校 ❾ **1968**·3·20 文
奈良女子高等師範学校 ❼ **1908**·4·1 文
南京同文書院 ❼ **1900**·5 月 文
南洋学院 ❽ **1942**·1·4 文
新潟学校 ❻ **1876**·7 月 文
二松学舎大学 ❽ **1953**·3·10 文
日蓮宗大学林 ❼ **1904**·4·2 文
日露協会学校(ハルピン) ❼ **1920**·9·24 社
日光学問所(幕府) ❻ **1860**·是年 文
日本映画学校 ❾ **1986**·3·19 文
日本教育大学協会 ❾ **1977**·8·17 文
日本建築専門学校 ❾ **1987**·4·1 文
日本国民高等学校 ❼ **1927**·2·1 文
日本私学振興財団法 ❾ **1970**·5·18 文
日本女子大学 ❼ **1897**·3·25 文／**1901**·4·20 文／❽ **1948**·3·25 文
日本体育大学 ❻ **1891**·8·11 文
日本大学 ❻ **1890**·9·21 文／❼ **1920**·4·15 文
日本放送協会学園高校(NHK 学園) ❽ **1963**·4·1 文
日本法律学校 ❻ **1890**·9·21 文
沼津兵学校 ❻ **1868**·12·8 文
農事修学場 ❻ **1874**·4 月 文／**1877**·1·24 文
萩国際大学 ❾ **2005**·6·21 文
花園学院高等部 ❼ **1908**·2·10 文
浜松医科大学 ❾ **1974**·6·7 文
浜松高等工業学校 ❼ **1922**·10·21 文
東山学校 ❼ **1936**·4·1 文
彦根高等商業学校 ❼ **1922**·10·21 文
一橋大学 ❻ **1884**·3 月 文／**1875**·8 月 文
兵庫教育大学 ❾ **1978**·6·17 文
弘前高等学校 ❼ **1921**·4·16 文
広島高等師範学校 ❼ **1902**·3·28 文
フェリス女学院 ❻ **1870**·9 月 文／**1872**·7 月 文
福岡高等学校 ❼ **1921**·11·9 文
福岡女子専門学校 ❼ **1923**·4·17 文
仏蘭西法律専門学校 ❻ **1876**·3·5 文
文化学院 ❼ **1921**·4·24 文／❽ **1943**·4·12 文／8·30 文
文学館(夜学校) ❻ **1885**·是年 文
文教学校(沖縄) ❽ **1946**·1·10 文
米国テンプル大学日本校 ❾ **1982**·6·9 文
ヘボン館(明治学院) ❼ **1911**·9·21 社
豊山大学(東京) ❼ **1908**·8·17 文
法政大学 ❻ **1880**·4 月 文／**1886**·11·16 文／**1889**·9·9 文／❼ **1920**·4·15 文
北海道帝国大学 ❼ **1918**·4·1 文
満洲国国立大陸科学院 ❼ **1935**·3·22 文
三菱商船学校 ❻ **1882**·4·1 文
南イリノイ大学新潟校 ❾ **1988**·5·12 文
宮崎医科大学 ❾ **1974**·6·7 文
武蔵高等学校 ❼ **1921**·12·12 文
武蔵野音楽大学 ❼ **1929**·2·25 文
明治学院 ❻ **1887**·1·19 文
明治女学校 ❻ **1885**·10·15 文／❼ **1896**·2·5 文／**1920**·4·15 文
明治大学 ❻ **1880**·12·8 文／❼ **1912**·3·5 文
明治美術学校 ❻ **1892**·1·16 文
明治法律学校 ❻ **1880**·12·8 文／**1886**·12·12 文
メキシコ日墨学院 ❾ **1977**·9 月 文
盲唖院(京都·私立) ❻ **1878**·5·24 文
盛岡高等農林学校 ❼ **1902**·3·28 文
山形高等学校 ❼ **1920**·10·5 文
山口高等商業学校 ❼ **1905**·2·25 社
山梨葡萄専修学校 ❽ **1956**·4 月 文
郵便汽船三菱会社商船学校 ❻ **1875**·11·1 文
洋画学校「天真道場」 ❻ **1894**·10 月 文
洋学所(長崎) ❻ **1863**·8 月 文
洋学所(幕府) ❻ **1856**·2·11 文
洋語学所 ❻ **1871**·2·2 文
養護学校 ❾ **1973**·11·20 文／**1979**·4·1 文
洋書調所 ❻ **1862**·5·18 文／6·4 文／**1863**·9·2 文
横須賀黌舎 ❻ **1866**·5 月 文
横浜英学所 ❻ **1861**·8·25 文／**1862**·2 月 文／10 月 文
横浜英和女学院 ❻ **1880**·10·28 文
横浜漢学所(修文館) ❻ **1861**·8·25 文
横浜訓盲院 ❻ **1892**·9·26 社
横浜高等工業学校 ❼ **1920**·4·13 文
横浜高等商業学校 ❼ **1924**·4·15 文
横浜文学所 ❻ **1866**·1 月 文
米沢高等工業学校 ❼ **1910**·4·1 文
陸軍軍医学校 ❻ **1886**·6·21 文
立教英国学院 ❾ **1972**·4·5 文
立教学院 ❻ **1874**·2·2 文
立教大学 ❼ **1922**·5·25 文
立正大学 ❼ **1924**·5·17 文／**1926**·4·5 文
立命館大学 ❼ **1904**·9·1 文／**1922**·6·5 文／❽ **1948**·3·25 文
琉球大学 ❽ **1950**·5·22 文
龍谷大学 ❼ **1922**·5·20 文
旅順工科大学 ❼ **1909**·5·11 文／**1922**·3·31 文
旅順師範学堂 ❼ **1918**·4·1 文
ロシア学校 ❻ **1873**·9·24 文
和歌山高等商業学校 ❼ **1922**·10·21 文
早稲田大学 ❻ **1882**·10·21 文／❼ **1902**·9·2 文／10·19 文／**1913**·10·17 文／**1920**·2·5 文／❾ **1969**·10·16 文
和仏法律学校 ❻ **1889**·9·9 文

学制に関する規則
小尾通達 ❾ **1965**·11·19 文
学位令 ❼ **1898**·12·10 文／**1920**·7·6 文／**1933**·12·12 文
学習指導要領 ❾ **1968**·5·31 文／12·17 文／**1970**·5·6 文／10·15 文／**1971**·1·20 文／**1977**·7·23 文／**1978**·6·22 文／**1988**·5·16 文／**1989**·2·10 文／**1994**·2·22 文／**1999**·3·1 文／**2003**·10·7 政／**2008**·3·28 文／12·22 文
学制 ❻ **1872**·8·2 文／**1879**·9·29 文／❾ **1972**·10·5 文
学生生徒身体検査規定 ❼ **1897**·3·15 文

華族就学規則 ❻ 1884·12·20 文
学校教育法 ❾ 1974·6·1 文／1988·10·8 文／2007·4·1 文
学校評議員制度 ❾ 2000·4·1 文
学校·幼稚園設置·廃止規則 ❻ 1887·3·12 文
学校令 ❻ 1890·10·7 文
家庭教育振興ニ関スル件 ❼ 1930·12·23 社
官立医学専門学校規定 ❼ 1907·4·10 文
義務教育費国庫負担法 ❽ 1940·3·29 文／1952·8·8 文／1953·1·13 文／1964·1·26 文
教育基金特別会計法 ❼ 1899·3·22 文
教育基金法 ❼ 1899·11·22 文
教育基本法 ❽ 1947·3·31 文／1949·10·19 文／1958·1·10 文／❾ 2002·11·14 文／2006·11·16 文
教育ニ関スル戦時非常措置方策 ❽ 1943·9·12 文
教育二法「義務教育諸学校における教育の政治的中立の確保に関する臨時措置法」「教育公務員特例法の一部改正」 ❽ 1954·2·1 文／2·22 文／6·3 文
教育令 ❻ 1879·9·29 文／1880·12·28 文／1885·8·12 文
九年制教育 ❽ 1946·12·27 文
教員免許令 ❼ 1900·3·30 文
教科書調査会 ❼ 1920·4·28 文
教科用図書検定條例 ❻ 1886·5·10 文／1887·5·7 文／1892·3·25 文
公立学校職員分限令 ❼ 1915·1·27 文
国立学校設置法 ❽ 1949·5·31 文
国立学校設置法施行規則 ❾ 1987·5·19 文
教育改革関連三法案 ❾ 2007·6·20 文
高等女学校令 ❼ 1899·2·8 文／1901·3·5 文／1910·10·26 文／1920·7·6 文
高等中学校令 ❼ 1911·7·31 文
皇室就学令 ❼ 1926·10·21 文
高等学校令 ❻ 1894·6·25 文／❼ 1918·12·6 文
高等教育会議規則 ❼ 1896·12·18 文
在関東州及満洲国帝国臣民教育令 ❽ 1943·3·27 文
産業教育振興法 ❽ 1951·6·11 文
七年制高等学校規定 ❼ 1919·3·29 文
市町村義務教育国庫負担法 ❼ 1918·3·27 文／1921·6·28 文／1923·3·28 文／6·19 文／1932·9·6 文
実業学校令 ❼ 1899·2·7 文／1903·3·27 文／1920·12·16 文
授業停止令 ❽ 1945·3·18 文
社会教育法 ❽ 1949·6·10 文／1958·1·10 文
小学規則 ❻ 1870·2月 文
小学教則 ❻ 1872·9·8 文／1878·5·23 文／1882·4·7 文
小学校令 ❼ 1900·8·20 文／1903·4·13 文／1907·3·21 文／1913·7·16 文
商業学校通則 ❻ 1884·1·11 文
私立学校令 ❼ 1899·8·3 文／❽ 1949·12·15 文
私立学校振興助成法 ❾ 1975·7·11 文
青年学校令 ❼ 1935·4·1 文／❽ 1939·4·26 文
戦時教育令 ❽ 1945·4·22 文
専門学校令 ❼ 1903·3·27 文／1928·1·20 文
大学令·規定 ❼ 1918·12·6 文／1919·3·29 文
台湾教育令 ❼ 1919·1·4 文／1922·2·6 文／❽ 1941·3·26 文
台湾公学校令 ❼ 1898·7·28 文
中等学校令 ❼ 1899·2·7 文／1901·3·5 文／1911·7·31 文
朝鮮·台湾·関東州および南洋群島官公立小学校長優遇令 ❼ 1932·9·26 文
朝鮮教育令 ❽ 1938·3·4 文
朝鮮に於ける教育方針 ❼ 1911·11·7 政
帝国大学特別会計法 ❼ 1907·3·25 文
帝国大学令 ❻ 1886·3·2 文／1893·8·11 文
蕃人公学校規則 ❼ 1914·4·18 文
府県立学校設置·廃止規則 ❻ 1881·1·31 文
文武教育奨励(幕府) ❻ 1861·3月 文
ベルヌ條約 ❼ 1915·2·3 文
宮古教育基本法 ❽ 1948·4·1 文
幼稚園設置·廃止規則 ❻ 1881·1·31 文
学校制度
『私学白書』 ❾ 1968·4·9 文
外国語学校 ❻ 1873·5·3 文
夏期休業 ❻ 1874·7·16 社
学制改革同志会 ❼ 1899·11月 文
学頭職 ❷ 1201·8·18 社
学年開始四月制 ❻ 1886·10月 文／❼ 1905·7·15 文／1920·7·7 文
学年制 ❻ 1885·12·12 文
学務課 ❻ 1875·4·8 文
学問所詰番 ❸ 1325·1·16 文
学問取調掛 ❻ 1871·12·2 文
学監事務所 ❻ 1878·12·28 文
学区制度(都立高) ❾ 2001·7·6 文
学校五日制 ❾ 1973·5·2 文／1988·9·2 文／1991·10·2 文／1992·2·20 文／9·12 文／1995·4月 文／1996·6·18 文／1997·11·17 文／2002·1·26 文
学校運営協議会 ❾ 2004·3·4 文
学校衛生顧問会議 ❼ 1897·1·11 文
学校基本調査 ❾ 1977·10·11 文
学校給食 ❻ 1889·10月 社／是年 社
学校教練及青年訓練修了者検定規定 ❼ 1928·2·24 文
学校群制度(東京都) ❾ 1966·5·30 文／1980·3·25 文
学校主任制 ❾ 1976·5·7 文
学校数(京都) ❻ 1871·3月 文
学校数(全国) ❻ 1873·1月 文
学校体操教授要目 ❼ 1913·1·28 文
勧学院学頭 ❷ 1104·2·2 文
勧学院別当 ❷ 1012·9·22 文／1106·6·28 文／1112·3·3 文／1149·10·4 文／1156·9·16 文／1165·9月 文／1186·3·16 文／1225·8·14 文／1226·10月 文／1268·12月 文／❸ 1291·是年 文／1362·4·21 文
官立学校 ❻ 1874·8·29 文
義務教育(小学三年間) ❻ 1880·12·28 文
義務教育(小学四年間) ❻ 1886·4·10 文
旧土人児童教育規程 ❼ 1901·4·1 文
教育宣言 ❽ 1949·6·18 文
教育調査会 ❼ 1913·6·13 文
教育勅語 ❻ 1890·10·30 政／1895·5月 文／❼ 1902·6·1 文／1911·10·24 文／1930·10·1 文／10·22 社／❽ 1940·10·30 文／1946·2·21 文／9·29 文／10·8 文／1948·6·19 政
教科用図書調査委員会 ❼ 1908·9·5 文
組合立公民学校 ❼ 1931·1·26 文
貢進生制度 ❻ 1870·7·27 文
高等学校 ❽ 1946·12·27 文
高等教育会議 ❼ 1910·4·25 文
高等工業学校 ❽ 1939·5·23 文
高等師範学校 ❻ 1886·4·29 文
高等商業学校 ❻ 1887·10·5 文
高等女学校 ❻ 1882·7·10 文／1895·1·29 文
高等中学校官制 ❻ 1890·10·15 文
公民教育 ❽ 1946·5·7 文
公立学校 ❻ 1874·8·29 文／1878·9·10 文
公立中学校(樺太·台湾) ❼ 1912·4·13 文／1915·2·3 文
公立校中高一貫教育 ❾ 1997·4·7 文
御学問所 ❸ 1356·6·22 文／1451·10·29 文／❹ 1474·12·6 文
国民学校 ❽ 1940·12·24 文／1941·3·1 文／3·31 文／4·1 文／1944·2·16 文／1945·9·1 文／1946·4·8 文
国民練成所 ❽ 1942·1·24 文
国立大学協会 ❽ 1950·7·13 文
産業組合学校 ❼ 1926·4·10 文
三部授業 ❽ 1949·3·24 文
視学官(郡·府·文部省) ❻ 1886·2·27 文／❼ 1897·5·4 文／1899·6·15 文／6·28 文／1908·9·10 文／1926·7·1 文／1928·3·9 文
私学連合会 ❻ 1891·7·29 文
実科高等女学校 ❼ 1910·10·26 文
実業教育振興委員会 ❼ 1935·6·18 文
指定校廃止 ❾ 1977·2·2 文
指導要録 ❾ 1991·3·13 文／1992·6·12 文／1993·2·6 文／1994·5·23 文／2003·11·11 文
師範学校 ❽ 1944·2·17 文／1947·3·5 文
師範学校官制(台湾) ❼ 1899·3·31 文／1907·4·17 文／1910·5·31 文
就学督責規則起草心得 ❻ 1881·1·29 文
修学旅行 ❻ 1886·2月 社／❽ 1940·6·22 社／1950·3·30 文／1955·6·1 社／1956·7·24 文／1957·5·22 文／1959·4·1 文
宗教教育·宗教的儀式禁止 ❼ 1899·

8·3 文
習熟度別学級編成 ❾ **1983**·6·23 文
儒者の制 ❺-2 **1718**·12·15 文
主任制度(小中学校) ❾ **1975**·12·10 文／**1976**·3·1 文／**1978**·4·12 文／**1981**·4·1 文
淳和·奨学両院別当 ❷ **1188**·7·7 文／❸ **1344**·9·5 文／**1413**·10·22 政／**1441**·12·23 文
奨学院別当 ❷ **1115**·4·10 文
商業学校 ❼ **1921**·3·18 文
女学校 ❺-2 **1837**·10月 文／❻ **1872**·1月 文／❼ **1915**·2月 文
諸学校通則 ❻ **1886**·4·10 文
職業指導 ❼ **1927**·11·25 文
諸国遊学費支給制 ❺-2 **1826**·10·3 文
書堂規則(朝鮮総督府) ❼ **1918**·2·21 文
尋常中学校数 ❻ **1887**·是年 文
新制高等学校 ❽ **1948**·4·1 文
新制大学 ❽ **1949**·2·7 文
新制大学駅弁大学 ❽ **1949**·4·1 文
身体検査 ❻ **1888**·12·28 文
推薦入学制 ❾ **1966**·5·18 文／**1986**·6·9 文／**1994**·6·8 文
生徒全員寄宿舎制 ❻ **1873**·6月 文
生徒評価 ❻ **1887**·8·6 文
舎密開宗 ❺-2 **1837**·是年 文／**1839**·是年 文
全国教育連合会 ❻ **1891**·4·26 文
碩学領 ❺-1 **1614**·3·29 文
専修学校制度 ❾ **1975**·7·10 文／**1976**·1·11 文
素読吟味制(聖堂) ❺-2 **1797**·11·20 文
大学 ❶ **908**·12·17 文／❻ **1870**·2月 文／**1871**·7·18 文
大学院 ❻ **1880**·8·7 文／**1886**·3·23 文／❽ **1949**·4·12 文／**1950**·3·14 文
大学管理法試案 ❽ **1949**·9·6 文
大学設置委員会 ❽ **1949**·2·7 文
大学設置基準 ❽ **1947**·7·8 文／**1956**·10·22 文
大学通信教育部 ❽ **1950**·4·5 文
大学頭 ❶ **732**·10·17 文／**774**·3·5 文／**777**·1·25 文／**778**·2·23 文／**781**·5·25 文／10·4 文／**785**·1·15 文／7·29 文／**786**·1·28 文／**787**·3·22 文／**788**·6·8 文／**799**·4·11 文／**808**·6·1 文／**809**·2·13 文／**810**·9·10 文／**812**·8·3 文／**814**·7·26 文／**826**·是年 文／**842**·8·11 文／**853**·1·16 文／**856**·3·11 文／8·28 文／**857**·8·25 文／**858**·2·28 文／**861**·3·8 文／**863**·2·16 文／**878**·8·15 文／**884**·3·9 文／**886**·2·21 文／**887**·6·13 文／**901**·3·15 文／**902**·7月 文／**934**·12·21 文／**939**·2·2 文／**969**·是年 文／**974**·6·27 文／**986**·8·13 文／**987**·9·4 文／❷ **1001**·1月 文／**1038**·6·25 文／**1045**·是年 文／**1046**·6月 文／**1047**·12·7 文／**1054**·3·13 文／**1111**·9·16 文／**1112**·5·22 文／**1156**·2·2 文／**1165**·4·26 文／**1177**·11·14 文／**1200**·6·28 文／**1204**·1·13 文／**1206**·4·2 文／**1230**·4·14 文／**1233**·12·22 文／**1243**·3·30 文／**1250**·9·16 文／**1254**·9·6 文／**1260**·10·10 文／**1272**·7·11 文／❸ **1287**·6·23 文／**1288**·12·20 文／**1290**·2·7 文／**1291**·12·21 文／**1312**·4·10 文／**1353**·10·29 文／❹ **1521**·3·28 文／❺-1 **1691**·1·13 文／❺-2 **1723**·2·9 文／**1753**·7·29 文／**1785**·7·27 政／**1793**·12·16 文
大学博士 ❶ **691**·4·1 文／**693**·3·5 文／**791**·12·10 文／**810**·10·2 文／**813**·2·13 文／**815**·2·6 文／**836**·是年 文／**845**·8·4 文／**847**·2·11 文／**850**·5·17 文／**873**·是年 文／**886**·1·16 文／**891**·是年 文
大学別当 ❶ **937**·11·14 文
大学寮 ❶ **675**·1·1 政／**730**·3·27 文／**757**·8·23 文／**794**·11·7 文／**824**·11·17 文／**827**·3·13 文／**835**·2·27 文／**884**·9·14 政／**960**·10·5 文／**964**·3·15 文／是年 文／**968**·12·18 文／❷ **1034**·8·10 文／**1057**·8·20 文／**1062**·10·8 文／11月 文／**1066**·10·28 文／**1088**·6·23 文／**1099**·1·21 文／**1122**·7·22 文／**1212**·3·7 文／**1224**·3·26 文／**1226**·12·12 文／❸ **1296**·2·16 社／**1339**·3·11 文
大学寮講堂 ❶ **988**·2·7 文
大学寮南曹 ❶ **900**·9月 文
大学寮別曹 ❶ **964**·11·3 文
大学寮領田 ❹ **1499**·5·24 文
大日本教育会 ❻ **1883**·9·9 文
台湾総督府直轄諸学校官制 ❼ **1896**·3·31 文
大宰府学校院 ❶ **973**·4·10 文
短期大学 ❽ **1950**·4·1 文
男女別学奨励 ❼ **1897**·12·17 文
知的障害児教育施設 ❻ **1891**·12·1 文
中学校規則 ❻ **1870**·2月 文／4月 文／9·4 文／**1886**·4·10 文／**1891**·12·14 文
中学校(京都) ❻ **1870**·11·15 文
中学校数(全国) ❻ **1879**·是年 政
中学校·高等女学校への入学資格 ❼ **1907**·7·18 文
中学校教則大綱 ❻ **1881**·7·29 文
中高一貫教育(公立) ❾ **1998**·6·5 文
中等学校·高校·大学予科 ❽ **1946**·2·23 文／**1943**·1·21 文
町村学校組合 ❻ **1890**·10·2 文
通俗教育調査委員会 ❼ **1911**·5·17 文
帝国教育会 ❼ **1896**·12·20 文／**1916**·2·1 文
東京私立中等学校協会 ❼ **1922**·11·17 文
東宮学士 ❷ **1038**·6·25 文
到達度評価 ❾ **1980**·2·29 文
得業士 ❻ **1873**·8·12 文
特別認可学校 ❻ **1888**·5·5 文／**1893**·11·4 文
飛び入学 ❾ **1997**·6·26 文／**2001**·1·10 文
内申書 ❾ **1979**·3·28 文／**1991**·1·5 文／**1994**·3·29 文／12·20 文／**1999**·11·25 文
南洋群島小学校規則 ❼ **1915**·12月 文
二学期制 ❻ **1873**·9·10 文
日曜学校 ❻ **1894**·1·12 文
二部授業 ❼ **1904**·1·26 文／❽ **1950**·2·23 文
日本学生会(ロンドン) ❻ **1873**·9月 文
日本語授業正則化 ❻ **1883**·4月 文
日本人教師(変則) ❻ **1869**·1·17 文
日本人講師 ❻ **1881**·8·31 文
農学校通則 ❻ **1883**·4·11 文
農民青年学校 ❼ **1926**·1·2 文
廃校(公立学校) ❾ **2012**·9·14 文
幕府の学問吟味に対する批判 ❺-2 **1793**·是年 文
府県学校取調局 ❻ **1869**·3·18 文
府県教育議会 ❻ **1876**·1·10 文
船入学問所(伏見城内) ❹ **1597**·10·18 文
盲学校 ❼ **1907**·4·17 文／**1909**·4·7 文／**1923**·8·28 文
盲聾唖教育 ❻ **1880**·1·5 文
問頭 ❸ **1356**·3·25 文
夜学部 ❼ **1908**·4月 文
夜間学校 ❻ **1894**·1·12 文
夜間高等女学校 ❼ **1920**·5·2 文
夜間職業学校 ❼ **1928**·4·12 文
夜間中学 ❽ **1951**·6·30 文
薬学校通則 ❻ **1882**·7·18 文
耶蘇会教育機関 ❹ **1581**·是年 文
養護学校 ❽ **1944**·1·30 文／**1959**·12·7 文／**1963**·3·5 文／**1964**·1·25 社
陸軍現役将校学校配属 ❼ **1925**·4·13 文
林間学校 ❼ **1915**·是夏 社／**1916**·7月 社
臨時教育委員会 ❼ **1919**·5·23 文
臨時教育会議 ❼ **1917**·9·21 文
聾唖学校 ❼ **1907**·4·17 文／**1909**·4·7 文／**1923**·8·28 文
6·3·3·4制 ❽ **1947**·3·31 文
和学御用 ❺-2 **1717**·是年 文
学校騒動·学園紛争 ❽ **1945**·10·7 文
『学生運動白書』 ❽ **1952**·8·4 文
『大学紛争白書』 ❾ **1969**·12·17 文
愛知尋常中学校同盟休校 ❻ **1889**·4·18 文
医師国家試験ボイコット ❾ **1967**·3·12 文
伊勢崎高校同盟休校 ❽ **1954**·1·25 文
内ゲバ ❾ **1974**·6·26 文／**1977**·4·15 社／**1978**·1·27 文
沖縄尋常中学校生徒ストライキ ❻ **1895**·11月 文
お茶の水女子大生スト ❾ **1965**·9·22 文
学生運動動向 ❾ **1969**·6·27 文
神奈川大学内ゲバ ❾ **1973**·9·15 文
関西大学専門部学生 ❼ **1927**·10·26 文
関東学生自治体連絡協議会 ❾ **1968**·12·1 文
関東の大学同盟休校(教育防衛闘争) ❽ **1948**·6·23 社
教職員追放令·解除者 ❽ **1951**·6·22 文／7·1 文
京大全共闘 ❾ **1969**·5·22 文

教壇追放令 ❽ **1945**·11·30 文／**1946**·5·7 文／8·3 文
勤務評定(評定反対闘争) ❽ **1951**·2·1 政／**1956**·11·1 文／**1957**·9·10 文／10·24 文／11·20 文／12·20 文／**1958**·3·26 文／4·1 文／4·23 文／6·6 文／8·15 社／9·2 文／9·15 政／12·11 文／**1959**·1月 文／2·22 文／7·28 文／9·1 文／10·4 文／**1960**·2·1 文／3·8 文
高校生安保粉砕共闘会議 ❾ **1969**·9·27 文
高校生の政治活動 ❾ **1969**·10·7 文／10·27 文／10·31 文
神戸朝鮮人学校事件 ❽ **1948**·4·10 文／4·25 政
国際基督教大学生占拠 ❾ **1967**·2·10 文
国士館大総長退陣要求 ❾ **1984**·4·5 文
作新学院高等部同盟休校 ❽ **1955**·6·4 文
左翼大学教授一覧表 ❽ **1960**·8·31 社
自衛官の大学院入学反対声明 ❾ **1967**·6·24 文
松陰高等女学校休校スト ❽ **1948**·1·13 文
小学生の同盟休校 ❼ **1898**·1·19 文
上智大学休校 ❾ **1968**·12·21 文
女学校休校 ❽ **1945**·9·4 社
生徒の反抗につき通達 ❻ **1894**·1·12 社
赤化教員大量検挙 ❼ **1932**·3·22 文
全学連再建全国大会(三派全学連) ❾ **1966**·12·17 文／**1968**·7·8 文
全国全共闘連合 ❾ **1969**·9·5 文
大学法·国立学校設置法·教職員免許法反対スト ❽ **1949**·5·24 文
中央学生自治会 ❾ **1966**·12·9 文
帝国女子専門学校 ❼ **1929**·12·3 社
哲学館事件 ❼ **1902**·12·13 文
伝習館高校(訴訟) ❾ **1970**·6·6 文／**1990**·1·18 文
東京教育大学生バリケード ❾ **1968**·6·26 文
東京教育大学生拉致殺害 ❾ **1970**·8·4 文
東京女子歯科医専 ❼ **1930**·10·13 文
東京女子大生 ❾ **1968**·1·27 文
東京物理学校同盟休校 ❽ **1945**·9·10 文
東大医学部全学闘争 ❾ **1967**·1·23 文／**1968**·1·29 文／6·15 文
東大粛学事件 ❽ **1939**·1·25 政
東大紛争 ❾ **1968**·3·29 文／9·7 文／9月 文／11·1 文／11·22 政／12·25 文／12·29 文／**1969**·1·9 政／1·20 文
東大ポポロ事件 ❽ **1963**·5·22 文
東北大学生スト ❾ **1965**·9·15 文
同盟休校取締 ❼ **1902**·7·9 文
東洋音楽学校 ❼ **1927**·5·18 文／6·15 文
日大全学共闘会議 ❾ **1968**·5·27 文／9·4 文
日本大学予科反対闘争 ❽ **1949**·2·8 文
反共産党系全学連 ❾ **1968**·10·20 政
反帝全学連 ❾ **1966**·12·17 文／**1968**·7·8 文
反代々木系革マル派 ❾ **1969**·2·3 政
平塚学園高校生徒反発 ❾ **1966**·6·14 文
広島女子高等師範学校同盟休校 ❽ **1944**·3·20 文／**1945**·3·28 文
広島県吉和中学校同盟休校 ❽ **1952**·6·28 文
広島皆実高校 ❾ **1969**·3·1 文
藤原工業大学(慶應義塾)同盟休校 ❽ **1939**·6·17 文
紛争大学数 ❾ **1968**·3·29 社／**1969**·12·25 文
法政大学ボイコット ❾ **1967**·9·14 文
北海道大学 ❾ **1969**·11·8 文
松山高校 ❼ **1926**·11·14 文／**1930**·6·29 文
マル青同 ❾ **1974**·11·14 政
武蔵丘高校 ❾ **1969**·3·13 文
明治大学同盟休校 ❼ **1932**·11·25 文
明治大学学生会 ❾ **1966**·11·24 文／**1967**·1·4 文
吉村寅太郎校長排斥運動 ❼ **1897**·3·14 文
立命館大学紛争 ❾ **1968**·12·12 文
早稲田大学事件 ❼ **1917**·8·31 文
早稲田大学紛争 ❾ **1966**·1·18 文／6·22 文／**1969**·7·9 文

教育
『化学画報』 ❼ **1923**·4·1 文
『教育研究』 ❼ **1904**·4·1 文
『教育公報』 ❼ **1896**·12·20 文
『教育白書』 ❽ **1948**·3·8 文／**1959**·10·31 文／**1962**·11·5 文／❾ **1977**·5·27 文／**1991**·10·18 文／**1997**·12·5 文
『支那研究』 ❼ **1924**·10·1 文
『信濃教育界雑誌』 ❻ **1886**·10·25 文
『受験旬報』 ❼ **1932**·10月 文
『私立大学財政白書』 ❾ **1972**·11·30 文
『全国私大白書』 ❾ **1984**·10·2 文
『地理学評論』 ❼ **1925**·3·1 文
『綴方生活』 ❼ **1929**·10月 文
『日本の教育』 ❾ **1971**·12·7 文
『へき地教育白書』 ❽ **1961**·11·1 文
『民俗学』 ❼ **1929**·7月 文
『民俗学研究』 ❼ **1934**·10月 文
アイヌ教育慈善音楽会 ❼ **1902**·10·18 社
アイヌ児童教育 ❼ **1901**·4·1 文
新しい大学像 ❾ **1969**·4·14 文
医学教育 ❻ **1879**·7·4 文
遺物処理研究室 ❾ **1975**·4·2 文
英会話 NOVA ❾ **2007**·6·14 文
英才教育 ❽ **1946**·10·23 文
越境入学 ❽ **1958**·3·13 文
OECD 教育改革調査団 ❾ **1970**·1·11 文
沖縄教育長制 ❽ **1949**·12·9 文
御書所 ❷ **1244**·3·18 文
御書所開闔 ❷ **1027**·5·15 文
御書所別当 ❷ **1187**·2·27 文
御読書始(天皇) ❸ **1393**·1·28 文
海外子女教育 ❾ **1976**·4·15 文
海外日本人学校初の高等部 ❾ **2011**·4·16 文
外国人の日本学校入学 ❻ **1874**·3月 文
夏季寮(日本女子大学) ❼ **1907**·7月 文
夏季林間学校 ❼ **1912**·8·1 社
学習指導要領 ❽ **1951**·6·16 文／7·1 文／**1956**·4·12 文
学生親睦会 ❻ **1884**·4·13 社
学生·生徒演説禁止 ❻ **1882**·6·10 文
学問吟味 ❺-2 **1791**·10·1 政／**1793**·11·21 文／**1803**·11·24 文
学問所勤番(幕府) ❺-2 **1798**·2·17 文
学問所奉行 ❻ **1862**·11·14 文
学級定員(公立小中学校) ❽ **1958**·5·1 文／6·27 文／**1963**·5·28 文／12·21 文
学校教育局 ❽ **1945**·10·15 文
学校菜園 ❼ **1909**·7月 文
家庭教育資料 ❽ **1964**·4·27 文
峨眉山下の橋標柱 ❺-2 **1826**·1月 文
箝口訓令(文部省) ❼ **1897**·10·13 文
寛政異学の禁 ❺-2 **1790**·5·24 文
教育委員会 ❾ **1970**·11·19 文／**1979**·4·5 文／**1981**·2·12 文／**1984**·3·5 文／**1985**·2·13 文／**1994**·1·31 文／**2004**·3·4 文
教育課程研究発表会(中学校) ❽ **1962**·11·30 文
教育環境浄化運動 ❽ **1957**·2月 社
教育疑獄 ❼ **1933**·12·6 文
教育指針 ❽ **1946**·5·29 文
教育使節団 ❽ **1946**·3·5 文
教育指導者講習 ❽ **1948**·10·4 文
教育振興会 ❽ **1963**·9·28 文
教育水準 ❾ **1970**·11·10 文
教育制度検討委員会 ❾ **1970**·12·1 文
教育の世紀社 ❼ **1923**·8·3 文
教育擁護同盟 ❼ **1921**·3·2 文
教科の成績優·良·可·秀 ❽ **1941**·7·4 文
教官住宅 ❺-2 **1792**·4月 文
京大沢柳事件 ❼ **1914**·1·14 文
郷土教育連盟 ❼ **1930**·11月 文
キリスト教女子教育 ❻ **1864**·是年 文
銀行事務講習所 ❻ **1882**·3月 文
公文式教育 ❽ **1958**·是年 文
軍事教育 ❽ **1944**·2·4 文
決戦教育措置要綱 ❽ **1945**·3·18 文
コア·カリキュラム連盟 ❽ **1948**·10·30 文
攻玉塾 ❻ **1869**·11月 文
向上会(私立四十五中学校) ❼ **1919**·6·29 文
校庭の芝生化 ❾ **2004**·4月 文
高等学校学習指導要領 ❽ **1955**·12·5 文
国際大学協会(総会) ❾ **1965**·8·31 文／**1983**·5·15 文
国防意識育成教育 ❾ **1967**·12·28 文
国立教育期成同盟会 ❻ **1892**·12·15 文
国立大学法人 ❾ **2003**·1·29 文

国立大学を独立行政法人に ❾ **1999**·9·20 文
国家教育社 ❻ **1890**·5·30 文
サテライト講座 ❾ **1988**·4·13 文
算数と国語一斉学力考査 ❾ **1982**·2·24 文
視学制度 ❽ **1947**·11·11 文
私学校(鹿児島) ❻ **1874**·6月 政／**1875**·8月 政
詩講 ❷ **1184**·2·29 文
私塾 ❻ **1870**·12月 文／**1871**·6月 文
諮詢会(東京大学) ❻ **1881**·8·20 文
自然科学特別学級 ❽ **1945**·1·6 文
実業補習学校規定 ❻ **1893**·11·22 文
侍読(じとう) ❷ **1147**·12月 文／**1206**·3·1 文／**1218**·2·19 文／**1223**·1·20 文／**1232**·12·29 文／**1251**·12·9 文／**1260**·11·4 文／**1274**·3·11 文／❸ **1288**·11·7 文／**1301**·1·26 文／12·15 文／**1302**·2月 文／**1309**·5月 文／**1319**·2月 文／**1348**·12·17 文／**1355**·5·25 文／6月 文／**1443**·3·3 文
指導要録記入方法 ❽ **1955**·9·21 文
児童読物展覧会 ❼ **1921**·6·10 文
師範学校 ❻ **1872**·5·29 文／**1874**·2·19 文／**1878**·2·14 文／**1883**·7·6 文／**1886**·4·10 文
社会教育主事 ❽ **1959**·4·30 文
ジャパニーズ・ブラザープッド・スカラーシップ奨学金 ❼ **1926**·9·29 文
修学旅行 ❼ **1907**·8月 社／**1930**·9·6 社
自由教育 ❼ **1920**·6·9 文
修身科 ❻ **1891**·10·7 文
集団指導の手びき ❽ **1964**·9·29 文
十点法(小学校成績) ❽ **1938**·1·11 文
純潔教育 ❽ **1947**·1·6 文
生涯教育·生涯学習 ❾ **1971**·4·30 文／**1981**·6·11 文／**1988**·7·1 文／**1990**·6·29 文／8·29 文／**1992**·7·29 文／**1999**·6·1 文
小学校教育課程研究 ❽ **1962**·12·3 文
小中学校学習指導要領 ❽ **1958**·7·31 文
小児教育 ❺-2 **1791**·10·23 文
女紅場(じょこうば) ❻ **1872**·4·14 文／**1873**·2·11 社
女子教育刷新要綱 ❽ **1945**·12·4 文
女子短大·女子大学生 ❾ **1966**·4·30 文／11·15 文／**1990**·8·3 文
書写 ❾ **1971**·4·1 文
書房義塾 ❼ **1898**·11·10 文
私立学校 ❻ **1874**·8·29 文／**1880**·10·9 文
私立学校振興会法 ❽ **1952**·3·27 文
進学指導 ❼ **1927**·11·25 文
新制大学院 ❽ **1953**·4·1 文
新日本建設の教育方針 ❽ **1945**·9·15 文
新聞教育 ❾ **1996**·7·26 文
頭脳流出問題 ❽ **1949**·8·9 文
スメラ学塾 ❽ **1940**·5·7 文
生活綴方運動 ❼ **1929**·10月 文
性教育夏季セミナー ❾ **1972**·8·3 文
精神薄弱児収容施設 ❼ **1896**·是年 社
正則英語学校 ❼ **1896**·10·16 文
生徒指導要録 ❽ **1949**·8·25 文／**1955**·9·20 文
青年学校(級) ❽ **1938**·11·20 社／**1953**·8·14 文
青年師範学校 ❽ **1944**·2·17 文
戦時家庭教育指導要綱 ❽ **1942**·5·7 社
戦時教育方針 ❽ **1945**·7·12 文
全日制日本人学校(米ニューヨーク) ❾ **1975**·8·24 文
宋学 ❸ **1322**·7月 文
総合研究大学院大学 ❾ **1988**·5·25 文
総合的な学習の時間 ❾ **1998**·7·29 文／11·18 文
総長公選制 ❼ **1915**·6·15 文
素読·手習師匠数(東京) ❻ **1869**·3月 文
大学·短大進学率 ❾ **1989**·8·3 文／**1992**·8·10 文／**1993**·8·12 文
大学院設置基準 ❾ **1974**·6·20 文／**1989**·9·1 文
大学運営臨時措置法 ❾ **1969**·8·3 政
大学教育に対する危機感 ❾ **1969**·4·30 文
大学審議会 ❾ **1987**·2·13 文
大学生急増対策 ❾ **1966**·1·26 文
大学生の就職戦争 ❾ **1968**·6·4 社
大学設置基準 ❾ **1972**·3·18 文／**1991**·2·8 文
大学設置不許可事件 ❾ **2011**·11·2 文
大学の自治と学生の自治 ❾ **1965**·11·1 文
大学問題懇談会 ❾ **1968**·11·5 文／11·18 文
大学ランキング(世界) ❾ **2005**·1月 文／**2006**·8·13 文
大学臨時措置法案 ❾ **1969**·7·24 文
助合い教育 ❾ **1976**·1·3 文
短期大学 ❾ **1975**·4·28 文
知能検査 ❼ **1933**·11·19 文
中教審 ❾ **1977**·6·10 政／**1981**·11·24 文／**1989**·4·21 文
中国教育使節団 ❾ **1978**·10·3 文
朝鮮教育令 ❼ **1911**·8·24 文／**1920**·11·10 文／**1922**·2·6 文
通信教育(認定規定) ❽ **1947**·9·22 文／**1948**·3·15 文／**1953**·8·18 文
通俗教育(社会教育) ❻ **1885**·12·28 文
定時制教育 ❽ **1953**·8·18 文
鉄筋校舎モデル ❽ **1950**·6·3 文／12月 文
手習指南 ❺-2 **1722**·6·22 文／**1843**·3·26 文／**1848**·1·21 社
寺子屋 ❺-2 **1810**·是年 文／**1828**·是年 文
田園学舎(日本済美学校) ❼ **1907**·4月 文
東京終身学社 ❻ **1876**·4·7 文
東京商大事件 ❼ **1935**·7·9 文
東京府教育会 ❻ **1888**·7·1 文
道徳教育 ❽ **1951**·2·8 文／**1954**·4·28 文／**1958**·3·18 文／9·6 文／**1963**·5·2 文／**1964**·3·14 文／❾ **1967**·5·12 文／**1987**·11·27 文
同和教育(積善教育) ❽ **1952**·4·19 文
内閣統計局 ❼ **1922**·10·30 政
中野区教育委員準公選 ❾ **1980**·3·8 文
日本学生会館(パリ) ❼ **1927**·10·12 政／**1929**·5·10 文
日本社会学院 ❼ **1913**·12·6 文
日本自由教育協会 ❼ **1920**·12·26 文
日本人学校(台北) ❽ **1953**·4月 文／**1956**·1月 文
入学宣誓式 ❻ **1887**·3·1 文／**1889**·9·17 文
服部報公会 ❼ **1930**·10·9 文
蕃書調所(幕府) ❻ **1856**·2·11 文／7·1 文／12月 文／**1857**·1·18 文／**1858**·5·20 文／**1860**·4·16 文／**1862**·5·18 文
蕃書調所筆記方 ❻ **1860**·12·27 文
僻地教育 ❾ **1965**·1·29 文
偏向教育事件(旭丘中) ❽ **1953**·12·14 文／**1954**·2·22 文／3·20 文／5·5 文
法科大学院 ❾ **2003**·11·21 文
法政大学教授辞表提出事件 ❼ **1934**·1·5 文
漫画部(東京デザイン·カレッジ) ❾ **1965**·8月 社
民主教育の非常事態宣言 ❽ **1957**·12·22 文
明治成業保証会社 ❻ **1888**·1月 文
盲人保護·教育 ❻ **1875**·5·22 社
文部省 ❻ **1871**·7·18 文
ゆとり教育 ❾ **1976**·5·17 文／**1998**·11·18 文／**2005**·1·18 文／4·5 文／**2007**·1·24 政／**2010**·3·30 文
夜スペシャル ❾ **2008**·1·26 文
臨海実験所 ❻ **1886**·12·13 文
臨時教育行政調査会 ❼ **1921**·7·23 文
臨時大学審議会 ❾ **1969**·10·28 文
早稲田大学雄弁会 ❼ **1904**·1·29 社

教育関係官庁·団体

アイソトープ実験室 ❽ **1952**·12·5 文
朝日講演会 ❼ **1908**·2·15 文
アジア·アフリカ研究所 ❽ **1961**·4·1 文
アジア·アフリカ言語文科研究所 ❽ **1964**·3·27 文
アジア経済研究所 ❽ **1958**·11·28 文
アジア歴史資料センター ❾ **1999**·11·30 文
維新史料編纂会 ❼ **1911**·5·10 文／**1912**·1·16 文
遺伝学研究所 ❽ **1949**·5·31 文
緯度観測所 ❼ **1897**·10月 文／**1899**·9·22 文／**1920**·10·13 文
茨城宇宙通信実験所 ❽ **1963**·7·7 文
ウィルス研究所 ❽ **1956**·4·1 文
宇宙線観測所 ❽ **1949**·8·29 文／**1953**·7·28 文
栄養研究所 ❼ **1921**·12·18 文／❽ **1957**·5·1 文
江戸会 ❻ **1889**·4·16 文
応用電気研究所 ❽ **1946**·3·22 文

応用微生物研究所 ❽ 1953·7·28 文
応用力学研究所 ❽ 1951·3·31 文
大倉精神文化研究所 ❽ 1937·12·1 文
大阪府立産業能率研究所 ❼ 1925·5·17 文
大原社会問題研究所 ❼ 1919·2·9 社／❽ 1949·7·29 文
大原農学研究所 ❼ 1914·7·6 社
大八洲学会 ❻ 1886·4月 文
岡崎国立共同研究機構 ❾ 1975·4·22 文
沖縄資料センター ❽ 1960·1·16 文
沖縄文化研究所 ❾ 1972·10·1 文
沖縄民芸協会 ❽ 1962·3·9 文
音響科学研究所 ❽ 1944·1·7 文
音声学会 ❼ 1926·10·2 文
温知会(動植鉱物鑑定会) ❻ 1878·11月 文
海外子女教育研究協議会 ❾ 1988·5·9 文
回教圏攷究所 ❽ 1938·4·1 文
海軍電波研究所 ❽ 1944·6月 文
開国百年記念文化事業会 ❽ 1951·6·14 文
海洋科学技術センター ❾ 1993·9月 文
海洋気象台 ❼ 1920·8·26 文
海洋研究所 ❽ 1962·4·1 文
加越能史談会 ❼ 1915·7·4 文
科学課 ❽ 1940·2·5 文
化学機械協会 ❼ 1936·11·6 文
科学技術行政協議会 ❽ 1948·12·20 文
科学技術国際研究協力東京会議 ❾ 1983·11·14 文
科学技術審議会 ❽ 1942·12·26 文／1944·5·20 文
科学技術振興事業団 ❾ 1996·10·1 文
科学技術代表者会議 ❽ 1946·7·8 文
科学技術庁 ❽ 1956·3·31 政
科学技術庁防災科学技術センター ❾ 1968·10·16 文
科学教育局 ❽ 1945·9·5 文
科学局(文部省) ❽ 1942·11·1 文
科学計測研究所 ❽ 1943·2·1 文
科学研究所 ❽ 1948·3·1 文／1955·8·11 文
科学者平和問題懇談会 ❽ 1950·4·15 文
科学渉外連絡会 ❽ 1946·6月 文
科学審議会 ❽ 1938·4·15 文
科学振興調査会 ❽ 1938·8·18 文
科学捜査研究所 ❽ 1948·5月 文
科学論理学会 ❽ 1949·9月 文
学芸自由同盟 ❼ 1933·7·10 文
学術研究会議 ❼ 1920·8·26 文
学術情報センター ❾ 1986·4·5 文
学術審議会 ❾ 1967·6·1 文／9·10 文
学術体制刷新委員会 ❽ 1947·8·25 文
学術文献調査特別委員会学術用語制定分科会 ❽ 1947·2月 文
学術用語調査会 ❽ 1949·1·5 文
革新社(経済学者団体) ❽ 1938·7·1 文
橿原考古学研究所 ❽ 1938·9·13 文
鹿島学術振興財団 ❾ 1976·5·6 文
活材工学研究所 ❽ 1945·1·30 文／1946·1·10 文
仮名遣調査委員会 ❼ 1908·5·25 文
火兵学会 ❼ 1905·9·15 文
硝子研究所 ❽ 1945·1·25 文
環境医学研究所 ❽ 1946·1·10 文
元興寺仏教民族資料研究所 ❾ 1967·是年 文
関東地区高校 PTA 連絡協議会 ❽ 1957·9·7 文
機械試験所 ❽ 1937·8·13 文
気象研究所 ❽ 1947·4·30 文
基礎物理研究所 ❽ 1953·7·28 文
北里研究所 ❽ 1953·9·10 文
北日本国語教育連盟 ❼ 1934·11·3 文
基盤技術研究促進センター ❾ 1985·10·1 社
岐阜天文台 ❾ 1971·2·28 文
教育委員会 ❽ 1948·7·15 文／9·9 文／10·5 文／1956·1·16 文／3·8 文／1958·1·10 文
教育学研究会 ❽ 1937·5·18 文
教育研究所 ❽ 1945·10·15 文
教育評議会 ❼ 1921·7·9 文
教学錬成所 ❽ 1943·11·1 文
教室会議制度 ❽ 1946·6·13 文
共存同衆の結成 ❻ 1874·9·20 文
京大霊長類研究所 ❾ 1967·6·1 文
京都大学計算機センター ❾ 1969·1·6 文
京都哲学会 ❼ 1914·11月 文／1916·2·27 文
金属材料技術研究所 ❽ 1956·7·1 文
金属材料研究所 ❼ 1922·8·9 文
宮内庁書陵部 ❽ 1949·5月 文
黒川文化研究所 ❾ 1974·11·10 文
経営分析センター ❽ 1964·4·1 文
経済研究所 ❽ 1946·3·22 文／1958·6·30 文
芸能学会 ❽ 1943·4·12 文
芸能史研究会 ❽ 1963·2·1 文
啓明会(民間の学術助成財団) ❼ 1918·8·8 文
計量経済学会 ❽ 1950·10·8 文
言語学会 ❼ 1898·5月 文
言語取調所 ❻ 1888·12·20 文
現代技術史研究会 ❽ 1957·5·19 文
現代思想研究会 ❽ 1960·9·3 文
建築学会 ❻ 1886·4·9 文
建築材料研究所 ❼ 1934·3·1 文
言文一致会 ❼ 1900·3·6 文
硯友社 ❻ 1885·2月 文
興亜会 ❻ 1880·2·13 文
高エネルギー物理学研究所 ❾ 1971·4·1 文／1978·8·24 文／1987·4·7 文
工学会 ❻ 1879·是年 文／❼ 1927·11·3 文
工学研究所 ❽ 1941·11·29 文
工業化学会 ❼ 1898·2·11 文
工業材料研究所 ❽ 1958·4·1 文
工業試験所官制 ❼ 1900·6·4 文
航空医学研究所 ❽ 1946·1·10 文
航空宇宙技術研究所 ❽ 1960·10·10 文
航空気象観測所 ❼ 1931·9·3 文
航空研究所 ❽ 1946·1·10 文／1958·4·1 文
考古学研究会 ❽ 1954·4月 文
好古社 ❻ 1881·4月 文
東亜考古学会 ❼ 1927·3月 文
孔子祭典会 ❼ 1907·4·28 文
厚生科学研究所 ❽ 1940·12·5 文
高速力学研究所 ❽ 1943·9·6 文
高分子化学協会 ❽ 1941·1·28 文
公民教育調査委員会 ❼ 1922·12·13 文
語学研究所 ❽ 1960·1·1 文
国語学会 ❽ 1944·3月 文
国語研究所 ❽ 1948·12·20 文／1949·1·31 文
国語審議会 ❽ 1946·9·11 文／1956·7·5 文
国語対策協議会 ❽ 1939·6·20 文
国語調査委員会 ❼ 1902·3·25 文
国語調査会 ❼ 1900·4·16 文／1921·6·25 文
国語民主化連盟 ❽ 1946·1·24 文
国際医学情報センター ❾ 1972·4·19 文
国際遺伝学会議 ❽ 1956·9·6 文
国際化学振興財団 ❾ 1977·9·16 文
国際学術連合会 ❽ 1949·9·14 文
国際火山学会議 ❽ 1962·5·9 文
国際灌漑排水委員会 ❽ 1963·5·13 社
国際教育協会 ❼ 1922·10·31 文
国際教育到達度評価学会 ❾ 1981·9·18 文
国際経済学会 ❽ 1950·4·29 文
国際純正応用化学連合 ❾ 1977·9·5 文
国際心理学会 ❾ 1972·8·13 文
国際睡眠学会 ❾ 1979·7·27 文
国際生物学オリンピック ❾ 2009·7·13 文
国際地理学会 ❽ 1957·8·29 文
国際電電茨城宇宙通信実験所 ❽ 1963·11·20 文
国際天文学連合(IAU) ❾ 1997·8·17 文
国際日本文学研究集会 ❾ 1977·11·10 文
国際比較白血病学会 ❾ 1973·9·16 文
国際文化研究所 ❼ 1928·10月 文
国際文化振興会 ❼ 1934·4·18 文
国際法学会 ❼ 1897·3月 文
国際理科教育調査 ❾ 1988·3·1 文
国際リューマチ学会 ❾ 1973·9·30 文
国際理論物理学会議 ❽ 1953·9·11 文
国史学会 ❼ 1909·11·28 文
国史編修調査会·編修院 ❽ 1943·9·2 文／1945·8·17 文
国防科学協議会 ❼ 1933·10·2 文
国防科学研究所 ❽ 1953·11·15 文
国民教育研究所 ❽ 1957·7·27 文
国民精神文化研究所 ❼ 1932·8·23 文／1934·6·1 文
国民文化会議 ❽ 1955·7·17 文
国立教育研究所 ❽ 1949·6·1 文
国立極地研究所 ❾ 1973·9·29 文

国立公害研究所 ❾ 1974·3·15 文
国立航空技術研究所 ❽ 1955·7·11 文
国立天文台 ❾ 1988·7·1 文
国立特殊教育総合研究所 ❾ 1971·6·1 文
国立防災科学技術センター ❽ 1963·4·1 文
国立水俣病研究所 ❾ 1978·4·10 文
国立世論研究所 ❽ 1949·5·31 文
国連学会 ❾ 1973·12·6 文
古社寺保存会 ❼ 1897·10·27 文
小林理学研究所 ❽ 1940·8 月 文
古筆会 ❻ 1885·6·21 文
古文学保存会 ❻ 1886·10·24 文
災害科学研究所 ❽ 1937·1·10 文
才能教育研究所 ❽ 1958·3·30 文
産業安全研究所 ❽ 1942·1·30 文
産業科学研究所 ❽ 1939·11·30 文
産業考古学会 ❾ 1977·2·12 文
サントリー文化財団 ❾ 1979·2·1 文
シー·ワン科学技術研究組合 ❾ 1980·10·6 文
塩見理化学研究所 ❼ 1916·10·21 文
歯科材料研究所 ❽ 1951·3·31 文
資源化学諸学会連盟 ❽ 1941·1·16 文
資源科学研究所 ❽ 1941·12·9 文
地震研究所 ❼ 1925·11·14 文
地震予知連絡会 ❾ 1969·4·24 文／1974·11·7 文／1977·4·18 文
史蹟名勝天然記念物保存協会 ❼ 1911·12·10 文／1919·4·10 文／1924·11·5 社
自然科学会 ❽ 1942·3·24 文
史前学会 ❼ 1929·2 月 文
市町村教育委員会 ❽ 1952·11·1 文
実験地学研究所 ❽ 1963·2·14 文
実存主義協会 ❽ 1957·2·2 文
支那学社 ❼ 1920·9·17 文
支那研究会 ❼ 1924·10·1 文
斯文会(しぶんかい) ❻ 1880·6·6 文／❼ 1918·9 月 文
司法研修所 ❽ 1947·12·1 文
社会科学研究所 ❽ 1946·8·24 文
社会学研究会 ❼ 1898·11·12 社
社会学会 ❽ 1950·7·5 文
社会教育委員会 ❽ 1945·12·1 文
社会教育局 ❽ 1945·10·15 文
社会経済研究所 ❾ 1966·4·1 文
社会経済史学会 ❼ 1930·12·27 文
社会思想研究会 ❽ 1946·11·1 文
社会主義政治経済研究会 ❽ 1946·1·31 文
社会政策学会 ❼ 1896·4·26 社／1907·12·22 政
緒鞭会(博物研究会) ❺-2 1836·9·25 文
上海自然科学研究所 ❼ 1931·4·1 文
自由懇話会 ❽ 1945·10·1 文
十三史談会 ❼ 1922·12 月 文
自由文教人連盟 ❽ 1956·5·27 文
重要無形文化財技術指導指定 ❽ 1955·1·27 文
小教院 ❻ 1872·11·24 社
情報処理開発センター ❾ 1967·12·20 文
情報処理学会 ❽ 1960·4·22 文
触媒研究所 ❽ 1943·2·1 文
植物ウイルス研究所 ❽ 1964·9·30 文
食糧科学研究所 ❽ 1946·9·11 文
新興教育研究所 ❼ 1930·8·19 文
人口問題研究所 ❽ 1939·8·25 文
新世代コンピュータ技術開発機構 ❾ 1982·4·14 文
新聞会(情報交換会) ❻ 1866·12·21 文
人文科学委員会 ❽ 1946·9·3 文／9·14 文
人文科学研究所 ❽ 1939·8·2 文
新聞研究所 ❽ 1949·5·31 文
心理学会 ❽ 1942·10·26 文
数学局(文部省) ❽ 1937·7·21 文
数理解析研究所 ❽ 1963·3·31 文
生産技術研究所 ❽ 1949·5·31 文
青年文化会議 ❽ 1945·11 月 文
生物科学総合研究機構 ❾ 1977·5·2 文
生物学会 ❻ 1878·10·20 文
精密化学研究所 ❽ 1939·12·15 文
世界経済研究所 ❽ 1947·9·19 文
世界地震工学会 ❽ 1960·7·11 文
世界動力会議東京部会 ❾ 1966·10·16 文
雪害実験研究所 ❽ 1964·12·16 文
選鉱精錬研究所 ❽ 1941·3·27 文
全国作文教育協議会 ❽ 1952·8·1 文
全国肢体不自由児父母の会 ❽ 1960·11·13 社
全国プログラム学習研究連盟 ❽ 1962·11·17 文
全国輿論調査 ❽ 1946·7·1 社
全日本科学技術団体連合会 ❽ 1940·8·8 文
全日本学生自由擁護連盟 ❼ 1926·6·28 文
善隣勧学会 ❼ 1906·7·9 文
総動員試験研究所 ❽ 1939·8·30 文
ソニー教育振興財団 ❾ 1972·10·24 文
素粒子論グループ事務局 ❽ 1952·4·3 文
大学教育研究センター ❾ 1972·5·1 文
大学法対策全国協議会 ❽ 1949·3·5 文
大教院 ❻ 1873·1·8 文／2·5 文／10·27 社／1875·5·3 社
対支文化事業調査会 ❼ 1924·12·28 文
大正文学研究会 ❽ 1940·12·28 文
大東亜宣伝文化政策委員会 ❽ 1942·6·27 文
大東文化協会 ❼ 1924·2·11 文
大日本教育会 ❽ 1941·11·8 文／1944·5·12 文／1945·4·8 文
大日本言論報国会 ❽ 1942·12·23 文／1943·3·6 文
大日本文学研究会 ❽ 1938·7·12 文
大日本文明協会 ❼ 1908·4·3 文
太平洋問題調査会 ❼ 1926·4·6 文
台湾海洋観測所 ❼ 1931·4·1 文
多古層産化石研究団(千葉県) ❾ 2001·8·8 文
多摩陸軍技術研究所 ❽ 1943·6·16 政
弾性工学研究所 ❽ 1943·2·1 文
たんぱく質研究所 ❽ 1958·4·1 文
地学協会 ❻ 1879·4·18 文
地学団体研究会 ❽ 1947·2·2 文／5·15 文
地学会 ❻ 1883·5·10 文
地球学団 ❼ 1924·2·11 文
地中海学会 ❾ 1977·5·7 文
地方史研究協議会 ❽ 1950·11·10
中央科学捜査研究所 ❽ 1948·5·1
中央教育審議会 ❽ 1952·6·6 文
中国学術視察団 ❽ 1955·12·1 文／1963·11·26 社
中国研究所 ❽ 1946·1·27 文
中国文学研究会 ❼ 1934·4 月 文
中国訪問学術文化視察団 ❽ 1954·9·28 文
朝鮮史編修会 ❼ 1925·6·8 文
朝鮮人教育対策委員会 ❽ 1948·5·3 文
超短波研究所 ❽ 1943·2·1 文
低温科学研究所 ❽ 1941·11·26 文
低温実験室 ❼ 1936·2 月 文
帝国学士院 ❼ 1906·6·13 文／1911·11·12 文／1912·5·12 文／1917·7·1 文
帝国東洋学会 ❼ 1900·11·27 文
帝国文学会 ❻ 1894·12·9 文／❼ 1902·3·8 文
帝都教育会 ❼ 1925·12·14 文
哲学会 ❻ 1884·1·26 文
哲学研究会 ❻ 1890·7·6 文
鉄鋼研究所 ❼ 1919·5·22 文
鉄道技術研究所 ❽ 1942·3·14 文
電気科学研究所 ❽ 1946·3·22 文
電気学会 ❻ 1888·5 月 文
電気研究所 ❼ 1935·9·26 文
電気試験所 ❻ 1891·8·16 文／❼ 1918·6·10 文／❽ 1948·8·1 文
電気通信研究所 ❽ 1944·1·7 文／1948·8·1 文
電子顕微鏡学会 ❽ 1949·5·13 文
天然瓦斯研究所 ❽ 1940·12·2 文
電波物理研究所 ❽ 1941·3·3 政／1942·4·8 文
天文学教室 ❻ 1874·1·31 文
独逸学協会 ❻ 1881·9·18 文
東亜学術研究会 ❼ 1910·6·19 文
東亜経済研究所 ❼ 1933·4·1 文／❽ 1942·2·6 文
東亜経済調査会 ❼ 1934·9 月 文
東亜研究所 ❽ 1938·9·1 文
東亜風土病研究所 ❽ 1942·3·23 文
東亜文化協議会 ❽ 1938·12·1 文／1941·4·11 文
東欧史研究会 ❾ 1975·5·12 文
東京気象学会 ❻ 1882·5·3 文
東京経済学会 ❻ 1880·5 月 文
東京顕微鏡院 ❻ 1891·4·1 文
東京人類学会 ❼ 1904·10·2 文
東京数学会社 ❻ 1877·9 月 文
東京大学宇宙航空研究所 ❽ 1964·3·27 文／❾ 1981·4·14 文
東京大学鹿児島宇宙空間観測所 ❽ 1962·2·2 文／1963·4·1 文／12·9 文
東京帝国大学史料編纂掛·史料編纂所 ❼ 1929·7·9 文

東京都公害研究所 ❾ 1968·4·1 文
東京能弁会 ❻ 1889·7·7 文
東京法学社 ❻ 1880·4月 文
統計科学学究会 ❽ 1941·2·18 文
統計数理研究所 ❽ 1944·6·5 文／❾ 1981·4·14 文
東南アジア研究センター ❽ 1962·6月 文
東邦協会 ❻ 1891·5·9 文
東洋学会 ❻ 1886·5月 文／❽ 1944·7月 文
東洋文化研究所 ❽ 1941·11·27 文
徳川生物学研究所 ❼ 1917·7月 文
土質調査委員会 ❼ 1930·11月 文
都市文化協会 ❽ 1946·5·16 文
土木学会地下施設委員会 ❽ 1944·12·8 政
トヨタ財団 ❾ 1974·10·15 文
鳥島気象観測所 ❾ 1965·11·16 文／1967·5·29 文
内藤記念科学振興財団 ❾ 1969·4·7 文
内分泌研究所 ❽ 1963·3·31 文
内務省土木試験所 ❼ 1922·9·30 文
中野の教育をよくする会 ❾ 1977·12·17 文
浪華文学会 ❻ 1891·4月 文
南方資源科学研究所 ❽ 1943·3·15 文
南方自然科学研究所 ❽ 1944·1·8 文
新潟大脳研究所 ❾ 1967·6·1 文
二十世紀研究所 ❽ 1946·2·28 文
日伊学会 ❽ 1937·2·11 文
日印文化協会 ❽ 1937·1·3 文
日独文化協会 ❼ 1927·6·18 文
日米科学(協力)委員会 ❾ 1965·6·23 文／1967·7·5 文／1968·7·9 文／1969·7·7 文／1970·7·7 文／1971·7·6 文
日米科学技術研究開発協力協定 ❾ 1980·5·1 文
日米文化教育協力合同委員会 ❾ 1969·7·14 文
日米半導体ゼミナール ❾ 1978·11·14 文
日蘭学会 ❾ 1975·1·10 文
日産化学振興財団 ❾ 1974·4·24 文
日産日本問題研究所 ❾ 1981·9·23 文
日ソ科学技術協力委員会 ❾ 1978·1·23 文
日ソ学術文献交流センター ❽ 1954·9·27 文
日ソ文化連絡協会 ❽ 1946·5·22 文
日本ME学会 ❽ 1962·11·10 文
日本育種学会 ❼ 1915·11·20 文／❽ 1951·4·6 文
日本映像学会 ❾ 1974·9·18 文
日本エスペラント学会 ❾ 1986·8·5 文
日本お笑い学会 ❾ 1994·7·9 文
日本音響学会 ❼ 1936·4月 文
日本海洋学会 ❽ 1941·1·28 文
日本化学会 ❽ 1948·1·1 文／❾ 1979·4·1 文
日本科学技術振興財団 ❽ 1960·3·15 文
日本科学技術連盟 ❽ 1946·4·30 文／1949·9·16 政
日本科学協会 ❾ 1976·4·1 文
日本学士院 ❽ 1949·1·20 文／1955·10·25 文／1956·3·24 文
日本学術協会 ❼ 1925·10·30 文
日本学術振興会 ❼ 1932·12·28 文／❾ 1967·8·1 文
日本火山学会 ❼ 1931·4·11 文
日本学会事務センター ❾ 1971·7·1 文
日本岩石鉱物鉱床学会 ❼ 1929·1月 文
日本記号学会 ❾ 1980·4·15 文
日本技術教育協会 ❽ 1937·7月 文
日本気象学会 ❻ 1882·5·3 文
日本旧石器学会 ❾ 2003·12·20 文
日本教育会 ❽ 1946·7·26 文／1948·8·5 文／❾ 1975·6·16 文
日本教育学会 ❽ 1941·6·16 文
日本教育法学会 ❾ 1970·8·27 文
日本教学研究所 ❽ 1940·9·29 文
日本行政学会 ❽ 1950·11月 文
日本金属学会 ❽ 1937·2·14 文
日本軍縮学会 ❾ 2009·4·11 政
日本経済学会連合 ❽ 1950·1月 文
日本経済統計文献センター ❽ 1963·4·1 文
日本芸術院 ❽ 1950·5·29 文
日本芸術研究会(中国北京) ❾ 1986·6·22 文
日本芸能実演家団体協議会(芸団協) ❾ 1965·12·7 文
日本計量史学会 ❾ 1978·4·1 文
日本言語学会 ❽ 1938·5·28 文／1950·7·5 文
日本現象学会 ❾ 1979·5·18 文
日本工学アカデミー ❾ 1987·4·16 文
日本工学会 ❾ 1979·11·20 文
日本航空学会 ❼ 1934·3·31 文／❽ 1953·6·17 文
日本考古学会 ❽ 1950·7·5 文
日本広告学会 ❾ 1969·12·6 文
日本合成繊維研究協会 ❽ 1941·1·28 文
日本講(弘)道会 ❻ 1876·4·7 文／1884·4月 文／1887·9·11 文
日本広報センター(JIC) ❾ 1967·6·27 社
日本語研修センター(中国) ❾ 1980·8·11 文
日本作文の会 ❽ 1950·7·1 文
日本私学団体総連合会 ❽ 1947·5·26 文
日本史研究会 ❽ 1945·11·1 文
日本地震学会 ❻ 1880·4·26 文
日本児童文芸家協会 ❽ 1955·5·7 文
日本事務能率協会 ❽ 1949·2·28 文
日本社会文学会 ❾ 1985·5·25 文
日本宗教学会 ❽ 1950·7·5 文
日本常民文化研究所 ❾ 1982·4·1 文
日本諸学振興委員会 ❽ 1946·9·3 文
日本進化学会 ❾ 1999·10·10 文
日本心理学会 ❼ 1926·4·7 文
日本人類遺伝学会 ❽ 1956·6·2 文
日本人類学会 ❽ 1950·7·5 文
日本人類学会·日本民族学会連合大会 ❼ 1936·4月 文
日本数学会 ❽ 1946·6·2～3 文
日本数学物理学会 ❽ 1946·12·15 文
日本生化学会 ❼ 1925·4·4 文／❽ 1955·11·1 文
日本生活学会 ❾ 1972·9月 文
日本生活教育連盟 ❽ 1953·6·12 文
日本政治学会 ❽ 1948·11·5 文
日本生物物理学会 ❽ 1960·12·10 文
日本西洋古典学会 ❽ 1950·10·22 文
日本総合研究所 ❾ 1970·9·1 政
日本太平洋問題調査会 ❽ 1946·10·11 文
日本第四紀学会 ❽ 1957·4·29 文
日本地質学会 ❻ 1893·5月 文
日本朝鮮研究会 ❽ 1961·11·11 文
日本·朝鮮文化交流協会 ❾ 1972·9·5 文
日本地理学会 ❼ 1925·3·1 文／❽ 1950·7·5 文
日本哲学会 ❽ 1949·10月 文
日本農学会 ❼ 1930·1月 文
日本農業気象学会 ❽ 1942·5·23 文
日本農芸化学会 ❼ 1924·7·1 文
日本PTA(日本父母と先生全国協議会) ❽ 1952·10·14 文／1953·8·29 文
日本比較文学会 ❽ 1948·5·8 文
日本フェビアン研究所 ❽ 1950·5·11 文
日本物理学会 ❽ 1946·4·28 文
日本文化協会 ❼ 1934·2·11 文
日本文学協会 ❽ 1946·6·15 文
日本文化研究国際会 ❾ 1972·11·18 文
日本文化人連盟 ❽ 1945·9·27 文
日本文化中央連盟 ❽ 1937·8·8 文
日本文章会 ❻ 1888·12月 文
日本平和学会 ❾ 1973·9·10 文
日本方言学会 ❽ 1940·10月 文
日本法社会学会 ❽ 1947·12·6 文
日本星空を守る会 ❾ 1972·7·29 文
日本ミチューリン会 ❽ 1954·2·20 文
日本未来学会 ❾ 1968·7·6 文
日本民主主義文化連盟 ❽ 1946·2·21 文
日本民族学協会 ❽ 1950·7·5 文
日本民俗学会 ❼ 1912·5·5 文／❽ 1950·7·5 文
日本民族学会 ❼ 1934·10月 文／❽ 1964·4·1 文
日本ラテンアメリカ学会 ❾ 1980·6·8 文
日本陸水学会 ❼ 1931·6·3 文／❾ 1985·10·7 文
日本霊長類学会 ❾ 1985·7·20 文
日本歴史学協会 ❽ 1948·7·10 文
日本歴史地理研究会 ❼ 1899·4月 文
日本労働法学会 ❽ 1950·10·27 文
日本ロケット協会 ❽ 1956·9·5 文
日本ロシヤ文学会 ❽ 1950·7·11 文
農学研究所 ❽ 1939·8·2 文
農業機械学会 ❽ 1937·4月 社
農業技術研究所 ❾ 1966·11月 文
農業研究センター ❾ 1994·4·19 文
農業生物研究所 ❽ 1953·7·28 文
農業土木学会 ❼ 1929·10·18 文
農業環境技術研究所 ❻ 1893·4·11

文
農事試験場 ❻ 1893・4・11 文
発明創意活用審査会 ❽ 1938・3・17 社
浜松技術研究所(日本楽器) ❽ 1955・1月 文
反省会(禁酒進徳) ❻ 1887・8月 文
汎太平洋学術会議 ❼ 1926・10・30 文
PHP研究所 ❽ 1946・11・3 文
PTA研究協議会全国大会 ❽ 1948・6・27 文
P4施設(遺伝子組換え実験施設) ❾ 1985・9・2 文
比較思想学会 ❾ 1974・6・8 文
美術史学会 ❽ 1949・6・25 文
非水溶液科学研究所 ❽ 1944・1・7 文
日立研究所 ❼ 1934・3・1 文
ビッグバン宇宙国際研究センター ❾ 1999・4・1 文
ファシズモ学会 ❽ 1943・5・14 文
風土病研究所 ❽ 1946・3・22 文
輻射線科学研究所 ❽ 1945・1・30 文
藤崎研究所 ❾ 1981・1・30 文
藤原科学財団 ❾ 1974・9・10 文
仏教史学会 ❼ 1911・4・8 文
仏教史蹟調査会(中国) ❼ 1921・1月 文
物産局仮役所 ❻ 1870・9月 文
葡萄研究所 ❽ 1956・4月 文
腐敗研究所 ❽ 1946・9・11 文
父母と先生の会⇨教員・学位「PTA」
部落問題研究所 ❽ 1948・10・1 文
プラズマ研究所 ❽ 1961・3・31 文
フレーベル会 ❼ 1896・4・21 文
文学研究会 ❻ 1888・9・8 文
文化財研究所 ❽ 1952・4・1 文
文化財保護法(委員会) ❽ 1950・5・1 文／5・30 文
文教審議会 ❽ 1937・5・26 文
分子化学研究所 ❾ 1975・4・22 文
文章代作広告 ❻ 1875・1・8 文
米国科学使節団 ❽ 1948・11・28 文
米国学術顧問団 ❽ 1947・7・19 文
米国教育使節団 ❽ 1946・1・9 文／4・7 文／1950・8・27 文／9・22 文
米国人文科学顧問団 ❽ 1948・9月 文
米国対日工業教育顧問団 ❽ 1951・7・5 文
平和問題研究会 ❾ 1983・8・5 政
平和問題談話会 ❽ 1948・12・12 文
ペン部隊 ❽ 1938・8・23 文／1939・4・25 文
法学研究会 ❻ 1884・1・14 文
防災研究所 ❽ 1951・3・31 文
放射線影響学術懇談会 ❽ 1955・5・30 文
放送教育研究会 ❽ 1950・11・24 文
北方教育舎 ❼ 1929・6月 文
本を読む母親の全国大会 ❽ 1959・9・20 文
マスコミ倫理懇談会 ❽ 1958・1・24 文
松下視聴覚教育研究財団 ❾ 1973・12・4 文
松代地震センター ❾ 1967・2・8 文
満州・朝鮮歴史地理調査部(満鉄) ❼ 1908・1月 文
三田演説会 ❻ 1881・2・26 文
緑の文明学会 ❾ 1985・4・30 社
民科理論生物学研究会 ❽ 1949・5・3 文
民間情報教育局(CIE) ❽ 1945・9・20 文
民主主義科学者協会 ❽ 1946・1・12 文／1952・5・31 文
民主主義教育研究会 ❽ 1946・4・19 文
民主主義文学同盟 ❾ 1965・8・26 文
民族学協会 ❽ 1942・8・21 文
民族学研究所 ❽ 1947・3・13 文
民俗学会 ❼ 1929・7月 文
民族研究所 ❽ 1943・1・18 文
陸奥史談会 ❼ 1913・2月 文
明治義塾 ❻ 1881・10・15 文
明治協会 ❻ 1882・12・17 文
明治文化研究会 ❼ 1924・11月 文
明六社 ❻ 1873・9・1 文／1874・2月 文
木材研究所 ❽ 1944・5・20 文
木曜会 ❼ 1934・1月 文
木簡学会 ❾ 1979・3・31 文
惟神学会 ❻ 1890・5月 文
唯物論研究会 ❼ 1932・10・23 文／❽ 1938・2・13 文
湯川記念財団 ❽ 1956・4・9 文
湯島聖堂 ❼ 1935・4・4 文
窯業研究所 ❽ 1943・2・1 文
洋々社 ❻ 1875・3月 文
読み書き能力調査委員会 ❽ 1948・8・8 文
輿論科学協会 ❽ 1946・9月 文
輿論調査室 ❽ 1945・11・1 社
輿論調査班 ❽ 1945・10・1 社
　全国輿論調査 ❾ 1946・7・1 社
理化学研究所 ❼ 1913・6・23 文／1917・3・20 文／❽ 1942・3・20 文／1958・4・24 文／10・21 文
理化学研究所脳科学総合研究センター ❾ 1997・10・1 文
理工学研究所 ❽ 1946・1・10 文
立地自然科学研究所 ❽ 1946・3・22 文
流体工学研究所 ❽ 1942・1・24 文
臨時教育審議会 ❾ 1983・8・8 文／1984・2・1 文／8・7 文／11・14 文／1985・6・26 文
臨時国語調査会 ❼ 1921・6・25 文
臨時理化学研究所 ❼ 1915・7・11 文／1916・4・1 文
歴史学研究会 ❼ 1931・2月 文／1932・12月 文
歴史教育者協議会 ❽ 1949・7・14 文
歴史共同研究委員会 ❾ 2002・3・5 文
ローマ字調査審議会 ❽ 1949・7・5 文
路上観察学会 ❾ 1986・6・10 文
早稲田哲学会 ❼ 1908・1・18 文
わだつみ会 ❽ 1950・4・22 文

教員・学位

沖縄教職員会 ❽ 1947・2・14 文／1952・2・14 文／❾ 1967・1・4 文
外国人教師 ❻ 1869・1・17 文／❾ 1982・10・2 文
外国人教員任用特別措置法 ❾ 1982・9・1 文
学位規則 ❽ 1953・4・1 文
学位授与規則 ❻ 1879・6・30 文
学位授与権 ❻ 1878・12・19 文
学位令 ❻ 1887・5・21 文
学士 ❻ 1872・9・3 文／1873・8・12 文
学士会 ❻ 1886・7月 文
学士研究科 ❻ 1880・8・7 文
学士号授与式 ❻ 1879・7・10 文
学長公選 ❽ 1946・1・17 文
学校教員 ❻ 1871・7・24 文
家庭教師 ❼ 1916・12・4 文
教育職員給与特別措置法 ❾ 1971・5・21 文
教育職員免許法 ❽ 1949・5・31 文／❾ 1973・7・20 文／1984・3・29 文／1988・12・28 文
教育職員養成審議会 ❽ 1964・7・30 文
教員箝口訓令 ❻ 1893・10・28 文
教員数(東京大学) ❻ 1883・12月 文
教員数(全国) ❻ 1873・1月 文
教員懲戒処分 ❾ 1989・11・1 文
教員養成所 ❻ 1883・8・18 文
教官の定年 ❾ 2000・9・19 文
教師の倫理綱領 ❽ 1951・7・8 文
教授 ❻ 1872・9・3 文／1873・8・12 文
教授会(大学) ❻ 1881・8・20 文
教職員 ❾ 2003・12・22 文
教職員適格審査 ❽ 1946・11・30 文
教職従事義務 ❻ 1886・5・28 文
教全連(教員組合全国連盟) ❽ 1947・6・8 文
教則取調掛 ❻ 1880・3・9 文
教頭職 ❾ 1974・5・22 文
教頭を職制化 ❽ 1957・12・4 文
教諭 ❻ 1873・8・12 文／❾ 1985・5・10 文
勤務評定書 ❾ 1972・3・24 文／1976・5・27 文
訓導 ❻ 1873・8・12 文
訓導協議会 ❼ 1913・5・24 文
研究補助技術員 ❽ 1944・9月 文
公立学校主任制 ❾ 1978・10・1 文
公立学校職員制 ❼ 1917・1・29 文
国立臨時工業教員養成所 ❽ 1961・5・19 文
在外研究員規程 ❼ 1920・9・15 文
産休補助教員 ❽ 1955・8・5 文
視学委員 ❽ 1958・11・10 文
市町村立小学校教員年功加俸国庫補助法 ❼ 1896・3・24 文／1897・1・4 社
実業学校教員養成規定 ❼ 1899・3・3 文
指導主事 ❽ 1948・7・15 文
指導力不足教員 ❾ 2004・4・30 文
師範教育改造同盟 ❼ 1923・5・5 文
試補制度 ❾ 1970・10・5 文
修士・博士課程 ❽ 1949・4・12 文／1953・4・1 文
准教授 ❾ 2005・7・8 文
女教員・代用教員 ❽ 1940・1月 文
女教員組合 ❼ 1920・7・3 文
女教員妊娠規定 ❼ 1908・1月 社
女子校長会 ❼ 1935・7月 社
女性の小学校長 ❼ 1920・7・3 文
女性の中学校校長 ❽ 1947・4・21 文
初任者研修制度 ❾ 1988・5・25 文

私立大学総長学長協議会 ❼ 1930·12·11 文
人材確保法 ❾ 1974·2·22 文
青年学校教員養成所 ❽ 1944·2·17 文
全教協(全日本教員組合協議会) ❽ 1947·6·8 文
全国教育系大学学生協議会 ❽ 1954·12·17 文
全国教員組合 ❼ 1920·4·17 文／❽ 1946·11·6 文
全国教職員団体連合会 ❽ 1962·2·18 文
全国校長研究協議会 ❽ 1956·10·16 文
全国小学校教員精神作興大会 ❼ 1934·4·3 文
全国小学校女教員会 ❼ 1917·10·20 文／12·20 文／1924·5·30 文／❽ 1939·7·26 社
全国女子教育者同盟 ❼ 1936·12·11 文
全国大学教授連盟 ❼ 1932·12·13 文
先生の内職 ❽ 1948·3月 文
全日本教員組合協議会(全教協) ❽ 1946·12·22 文
大学教員任期法 ❾ 1997·6·6 文
大学高専教組 ❽ 1947·6·8 文
地方教学官 ❽ 1940·11·16 文
追放教員 ❽ 1947·9·22 文
寺子屋師匠数(東京) ❻ 1871·6月 文
東京学士院 ❻ 1879·1·15 文／6·15 文／1890·10·24 文
南方派遣教員 ❽ 1942·11·10 文
日米交換教授 ❼ 1912·12·2 文
日教組⇨日本教職員組合
日本教師会 ❽ 1963·2·3 文
日本教職員組合(日教組) ❽ 1947·6·8 文／1950·3·27 社／1961·1·29 文／❾ 1969·1·25 文／1973·1·14 文／1974·4·11 文／8·27 文／1976·6·1 文／1982·6·28 文／1986·9·29 文／1994·9·29 文／12·16 文／1995·7·25 文／9·3 文／1996·2·1 文／2011·1·22 文／2012·1·28 文
日本教職員団体連合会 ❽ 1957·3·28 文
PTA ❽ 1947·10·9 文／1948·6·27 文／11·24 文／❾ 1978·5·13 文
部長主任制度 ❾ 1975·10·15 文
補導主事 ❽ 1947·11·11 文
名誉教授制 ❼ 1903·12·14 文／1914·6·20 文

教科書 ❽ 1948·7·10 文
奄美教科書密輸事件 ❽ 1948·6·28 文
家永教科書裁判 ❾ 1965·6·12 文／10·10 文／1970·6·17 文／1975·12·20 文／1982·4·8 文／1984·1·19 文／1986·3·19 文／1988·2·9 文／1989·6·27 文／10·3 文／1993·3·16 文／10·20 文／1997·8·29 文
うれうべき教科書の問題 ❽ 1955·8·13 文／10·22 文
学校教科書検定 ❻ 1886·5·10 文
学校教科書通達 ❻ 1880·12·18 文
旧教科書使用禁止 ❽ 1946·7·20 文
教科書疑獄事件 ❼ 1903·5·29 政
教科書協会 ❽ 1953·3·14 文／❾ 1981·4·27 文
教科書協議会 ❽ 1947·11·12 文
教科書検定制度 ❽ 1946·4·6 文／1947·9·11 文／1948·2·26 文／5·12 文／1956·9·13 文／❾ 1977·9·22 文／1982·6·25 文／1991·2·14 文／2001·4·3 文／2002·4·9 文／2007·9·19 文
教科書削除 ❽ 1946·1·25 文
教科書自由選択 ❽ 1946·2·18 文
教科書調査官 ❽ 1956·10·10 文／1958·11·10 文
教科書展覧会 ❼ 1922·11·1 文
教科書の完全英訳 ❽ 1945·11·10 文
教科書無償措置 ❽ 1951·3·29 文／1957·2·5 文／1962·3·31 文／1963·2·28 文／4·1 文／12·21 文
教科書編成掛 ❻ 1872·10·17 文
教科用図書(委員会) ❽ 1948·1·12 文／1949·2·9 文／7·5 文
教科用図書検定調査審議会 ❽ 1956·10·10 文
「くにのあけぼの」講習会 ❽ 1947·7·21 文
高等諸学校教科書認可規定 ❽ 1940·11·26 文
国史(日本歴史) ❼ 1926·4·22 文
国定教科書制度 ❼ 1903·4·13 文／1904·4·1 文／1918·4·1 文／❽ 1946·9·5 文／1947·4·1 文
国民学校教科書 ❽ 1941·4月 文
児童用教科書 ❽ 1947·3·5 社
社会科教科書「偏向」批判 ❾ 1980·7·22 政
社会科教科書執筆者懇談会 ❾ 1982·9·4 文
修身教科書 ❻ 1880·4月 文／❼ 1900·4月 文
小学国語読本 ❼ 1933·4月 文
小学読本 ❻ 1873·3月 文
小学校教科書 ❼ 1898·12·1 文／❽ 1947·2·20 文
小学校教科書疑獄事件 ❼ 1902·12·17 政
小学校教授用の仮名字体·字音仮名遣 ❼ 1908·9·7 文
小学校修身教科書 ❼ 1896·2·4 文
尋常小学校算術書(メートル法) ❼ 1925·4月 文／1935·4月 文
墨ぬり国史教科書 ❽ 1946·10·12 文
洋算書 ❻ 1857·是春 文
歴史教科書問題 ❾ 1982·7·26 政／8·26 政／1986·5·27 文／1992·10·10 文／2001·4·3 文

研究成果
『アイヌ叙事詩　ユーカラの研究』 ❼ 1931·1月 文
『学術白書』 ❾ 1975·8·30 文
『仮名源流考·同証本写真』 ❼ 1911·9月 文
『紫根の研究』 ❼ 1924·3·12 文
『植物の遺伝研究』 ❼ 1927·4·20 文
『存在の理法』 ❽ 1943·7月 文
『ツツガ虫』病原体 ❼ 1930·5月 文
『光弾性の研究』 ❼ 1926·5月 文
『分子線による化学的研究·塩素分子とナトリウム原子』 ❼ 1936·是年 文
Rカット式水晶振動子 ❼ 1933·2·21 社
秋吉台の研究 ❼ 1925·6·4 文
朝日科学奨励金 ❽ 1949·8·29 文
暗算ワールドカップ ❾ 2012·9·29 文
石本·飯田の式(地震) ❽ 1939·6月 文
エサキダイオードの発表 ❽ 1958·是年 文／1959·6·28 文
円周率 ❾ 1997·7·6 文／2004·9·25 文／2005·7·2 文／2009·8·17 文
大型電子シンクロトロン ❽ 1961·12·16 政
科学技術者要請拡充計画 ❽ 1957·11·5 文
科学技術振興の総合的の基本方針 ❽ 1960·10·4 文
化学結合論「配位原子価説」 ❽ 1939·是年 文
科学動員(計画·協会) ❽ 1940·4·12 文／12·12 文
火星のカラー写真 ❽ 1950·3·27 文
極強磁場発生装置 ❽ 1958·5·16 文
組換え DNA 実験 ❾ 1978·11·28 文
黒瀬川構造帯 ❽ 1956·是年 文
原子核のβ線崩壊に関する電子捕獲(EC)の存在 ❼ 1935·是年 文
航空機の研究 ❽ 1952·4·26 文
サイクロトロン(科学研究所) ❽ 1939·2·23 文／1943·2·11 文／1945·11·24 文／1951·12月 文／1952·12·29 文／1955·11·16 文／❾ 1967·1·25 文
酸素原子 ❾ 1990·10·22 文／1992·1·9 文
地震の初期微動と震源地との距離 ❼ 1899·6月 文
集束性光伝送体セルフォック ❾ 1968·11·19 文
昭和史論争 ❽ 1956·3月 文
真空状態 ❾ 1992·2·28 文
新元素(113 番目) ❾ 2012·9·27 文
人工雪の研究 ❼ 1936·2月 文
成層圏の宇宙線研究 ❽ 1951·8·13 文
絶縁体 ❾ 2010·3·11 文
素粒子「坂田モデル」 ❽ 1956·12月 文
太陽炉 ❽ 1955·8·25 文
地磁気湾形変化の研究 ❽ 1938·10月 文
中間子 ❽ 1937·7月 文
中間子論 ❾ 1985·8·15 文
超高圧発生装置 ❽ 1963·5月 文
超光速 ❾ 2011·9·23 文
超多時間理論 ❽ 1943·6月 文
超電導磁石 ❾ 1976·2·26 文／1994·3·1 文／1996·2·19 文
重複ポテンシャル論 ❽ 1948·2·15 文
月の石 ❾ 1969·10·5 文
電子対発生の研究 ❼ 1935·9·20 文
独創的個人研究育成制度 ❾ 1991·6·17 文
土星型原子モデル ❼ 1904·2月 文
南洋群島の珊瑚礁 ❽ 1952·是年 文

二中間子論 ❽ 1946·12 月 文
ニュートリノ ❾ 1987·4 月 文／1995·11·11 文／1997·7·29 文／1998·6·5 文／1999·6·2 文／2000·6·17 文／7·20 文／2005·7·28 文
尿素の定量分析 ❽ 1937·是年 文
反陽子創出 ❾ 1977·6·11 文
非局所場理論 ❽ 1950·1·15 文
ヒトの脳活動パターン ❾ 2008·12·11 文
不可逆過程の統計力学における線型応答の理論 ❽ 1957·6 月 文
フグ毒テトロドトキシン構造 ❽ 1964·4·13 文
フロンティア電子理論 ❽ 1952·4 月 文
文化功労者 ❽ 1951·7·21 文
分子生物学研究施設 ❽ 1961·4·1 文
ヘリウム液化装置 ❽ 1952·7 月 文
ヘリウム原子 ❾ 1994·2·28 文／3·8 文
放射性同位元素(アイソトープ) ❽ 1950·4·10 文
放射性不安定元素研究禁止 ❽ 1945·9·22 文
房総半島新生代地磁気編年 ❾ 1969·是年 文
放電管内プラズマ ❽ 1958·2·8 文
味覚(脳内の場所) ❾ 1996·5·10 文
未知の素粒子 ❾ 2004·8·20 文
有機半導体の研究 ❽ 1950·是年 文
雪の結晶 ❽ 1938·12·26 文
陽子シンクロトロン ❾ 1975·12 月 文

考古学
『考古学研究』 ❼ 1927·7·1 文
『考古学上より観たる邪馬台国』 ❼ 1922·1·5 文
『史学界』 ❼ 1899·2·26 文
『日本石器時代人民遺物発見地名』 ❼ 1897·8 月 文
「木簡字典」(奈良文化財研究所) ❾ 2005·2·8 文
アンコール遺跡救済チーム ❾ 2005·6·3 文
京大アフリカ類人猿学術調査隊 ❾ 1966·8 月 文
考古学協議会 ❽ 1947·12·28 文
考古学研究会 ❼ 1899·7·2 文／1927·7·1 文
考古学講座 ❽ 1949·4 月 文
集古会 ❼ 1908·1·11 文
早大古代エジプト第三次調査隊 ❾ 1974·2·17 文
帝国古蹟調査会 ❼ 1899·10·5 文
ナウマン来日 ❻ 1875·8·17 文
日本考古学協会 ❽ 1948·4·1 文
満洲考古調査 ❻ 1895·8 月 文
木簡研究会 ❾ 1976·1·13 文

語学·辞書
『アカツキ』(ローマ字雑誌) ❼ 1915·4 月 文
『諳厄利亜言語和解』 ❺-2 1811·1 月 文
『諳厄利亜興学小筌』 ❺-2 1811·是年 文
『諳厄利亜国語和解抜稿(諳厄利亜興学小筌)』 ❺-2 1811·是年 文
『諳訳利亜語大成』 ❺-2 1814·是年 文
『ウェブスター辞書』 ❻ 1861·2·28 文
『英語青年』 ❼ 1898·4 月 文
『英文鑑』 ❺-2 1840·是年 文
『英文範』 ❺-2 1847·弘化年間 文
『英和対訳袖珍辞書』 ❻ 1862·是年 文
『阿蘭陀通詞由緒書』 ❺-2 1802·是年 文
『和蘭文典』 ❺-2 1842·是年 文
『和蘭文字略考再修本』 ❺-2 1746·是年 文
『和蘭訳筌』 ❺-2 1785·8 月 文
『信使筆語』 ❺-1 1711·11·3 文
『ズーフハルマ』(長崎ハルマ) ❺-2 1833·是年 文
『朝鮮語辞典』 ❼ 1920·3 月 文
『日葡辞書』 ❺-1 1603·是年 文
『日西辞典』 ❺-1 1630·是年 文
『ハルマ辞書』 ❺-2 1815·是年 文
『蛮語箋』 ❺-2 1848·是年 文
『仏蘭辞典』 ❺-1 1710·是年 文／❺-2 1763·是年 文
『払郎察辞範』 ❺-2 1814·是年 文
『仏蘭西法蘭得興廃問答』(ナポレオン興亡の書) ❺-2 1826·是年 文
『蒙古語独修』(モンゴル語手引書) ❼ 1908·是年 文
『蘭学楷梯』 ❺-2 1774·是年 文／1783·是年 文／1788·是年 文
『蘭和通弁』 ❺-2 1851·是年 文
『羅馬字書方調査報告』 ❼ 1900·11·5 文
『露西亜学筌』 ❺-2 1810·是年 文／1824·9·19 文
『露日新辞典』 ❺-2 1738·是年 文
『魯文法軌範』 ❺-2 1814·是年 文
『和英語林集成』 ❻ 1867·5 月 文
『和仏蘭対訳語林』 ❺-2 1817·是年 文

英語 ❺-2 1809·2·25 文／10 月 文／1811·1 月 文／1848·5·27 文／1852·9·15 文／❻ 1856·9·12 文／1857·1 月 文／1858·7 月 文／1860·2·19 文／7·7 文／8·23 文／10 月 文／1862·10 月 文／1863·是年 文／1864·6·26 文／11 月 文／1865·8·12 文／1866·11·28 文／1869·1·17 文／1883·4 月 文／1884·11·29 文／❼ 1928·9·29 文／1934·3·14 文／❽ 1940·9 月 社／1942·7·8 文／1955·10·3 文／1963·11·2 文
イギリス文典 ❻ 1863·是年 文
英会話流行 ❼ 1897·2 月 社
英学句読 ❻ 1860·7·7 文
英学修行奨励 ❻ 1856·9·12 文
英学勃興 ❻ 1863·是年 文
英語から日本語へ(大学の授業) ❻ 1883·4 月 文
英語教育 ❼ 1926·3 月 文
英語教授広告 ❻ 1869·7 月 文
英語伝習所 ❻ 1887·5·31 文
英字新聞 ❻ 1861·5·15 文
英和辞書 ❺-2 1811·是年 文／1814·是年 文
外国語学習 ❻ 1860·8·6 文
外国語辞書 ❻ 1860·11·4 文
会訳社(翻訳) ❻ 1865·是年 文
帝国通弁協会 ❼ 1906·2·26 社
日本英語検定協会 ❽ 1963·3·11 文
蛮語禁止 ❻ 1853·11·5 文
洋語·洋字禁止 ❻ 1853·11·1 文

オランダ語 ❺-2 1744·是年 文／1765·1 月 文／1840·5·27 文
英文典(オランダ語文法書) ❻ 1857·是年 文
オランダ語指南 ❺-2 1797·9·23 文
オランダ語文典 ❻ 1859·是年 文
オランダ通詞 ❻ 1854·7·25 文
オランダ文書読訳 ❺-2 1745·是年 文
オランダ訳語 ❺-2 1831·11 月 文
蘭英·英蘭辞典 ❺-1 1708·是年 文
蘭学 ❻ 1855·8·19 文
蘭書翻訳取締令 ❺-2 1849·8·26 文
蘭書和解御用 ❺-2 1829·4·26 文
蘭書和解用掛 ❻ 1855·1·18 文
蘭仏辞典 ❺-2 1717·是年 文／1729·是年 文／1752·是年 文

中国語 ❻ 1880·12 月 文／❽ 1946·4 月 文
満洲語 ❺-2 1808·11·3 文
満洲文書 ❺-2 1820·10·17 文
清国語 ❻ 1865·8·12 文

朝鮮語
朝鮮語学科 ❻ 1880·3·23 文
朝鮮語学校 ❺-2 1727·9·1 文／❻ 1894·12·11 文
日本語学校(朝鮮釜山) ❸ 1414·10·26 政／1430·10·11 政／❼ 1896·3 月 文
ハングル ❼ 1930·1·31 政／❽ 1937·3·7 文／1941·3·31 文／1948·4·10 文

フランス語 ❺-2 1808·2·6 文／1847·4·17 文／1848·5 月 文／❻ 1859·11 月 文／1860·9 月 文／1861·10·20 文／1864·12·12 文／1865·3·6 文／8·12 文／1866·11·28 文／1867·7 月 文
仏蘭西学科 ❻ 1861·6·10 文／1869·1·17 文
仏蘭西学舎 ❻ 1874·10·5 文
フランス語伝習所 ❻ 1865·3·6 文
仏和辞書 ❺-2 1814·是年 文
和仏辞書 ❺-2 1817·是年 文

ロシア語 ❺-2 1808·11·3 文／1809·2·25 文／10 月 文／1811·是冬 文／1813·1 月 文／❼ 1901·12·5 文／❽ 1946·4 月 文
ロシア科学アカデミー(日本語学校) ❺-2 1738·是年 政／1781·6·23 文
ロシア語辞書 ❻ 1887·1 月 文
ロシア文学科 ❼ 1920·3·31 文
和露対訳辞書 ❻ 1857·是年 文

通訳·通詞·通事 ❹ 1458·8 月 政／1596·9·27 政
アイヌ語通事 ❺-1 1705·10·28 政
オランダ通詞 ❺-1 1640·是年 文／1641·是年 文／1656·是年 文／1666·是年 文／1669·是春 文／1670·是年 文／1671·1 月 文／9·30 文／1672·是年 文／1676·1·11 政／9·23 政／1678·9·19 政／1695·11·8 文／1707·是年 文／❺-2 1729·6·22 文／1809·2·25 文／1843·2 月 文／1847·4·14

文／1796・2月 文
通事 ❸ 1373・6・29 政／1374・6・1 政
唐通事 ❺-1 1627・是年 文／1630・是年 文／1671・9・30 文／1678・3月 文／9・19 政／1698・1・10 政／1695・11・8 文／❺-2 1751・6月 文／1796・2月 文／1817・8月 文
暹羅(シャム)通詞 ❺-1 1644・是年 文／1682・9・23 文／❺-2 1820・6月 文
惣通事(唐人) ❺-1 1699・8・27 文
東京通事 ❺-2 1793・4・14 文
長崎通詞 ❺-1 1669・是春 文
日本語通事 ❹ 1495・是年 政
ポルトガル語通詞 ❺-1 1641・7・1 文
琉球人通事 ❺-2 1847・6・30 文
倭学訓導(通事) ❹ 1469・8・3 政

語学その他

アイヌ語・英語・日本語辞書 ❻ 1889・6月 文
アイヌ語を和語に改修 ❻ 1857・2・16 政
イタリア語 ❽ 1940・12月 文
外国語教育 ❽ 1938・3・28 文
神戸翻訳所 ❻ 1882・1・9 文
サンスクリット語講義会 ❻ 1884・12・17 文／1887・1月 文
タイ語 ❽ 1941・1・13 文
ドイツ語 ❻ 1861・是年 文／1865・8・12 文／1869・5月 文／1881・9・5 文
ドイツ語辞書 ❻ 1872・是年 文／1873・是年 文
日本エスペラント協会 ❼ 1906・6・12 文
日本エスペラント大会 ❽ 1956・11・10 文
日本語 ❺-2 1753・11・14 政
日本語学校 ❺-1 1705・10・28 政
日本語小学校 ❼ 1926・5・5 文
日本のろーま字社 ❼ 1909・7月 文
蛮書翻訳御用掛 ❻ 1855・6・5 文
翻訳方(外国奉行) ❻ 1859・6月 文
翻訳局(外務省) ❻ 1869・10月 文／1885・8・17 文
洋書翻訳掛 ❺-2 1847・2・27 文
琉球語 ❺-2 1847・5月 文
臨時ローマ字調査会 ❼ 1930・11・26 文
羅馬字ひろめ会 ❼ 1906・10・28 文

暦 ❹ 1467・是冬 文／1468・⑩月 文／1559・12・23 文／1579・1・12 文／❺-1 1695・9・4 文／1698・8・18 文／❺-2 1765・2・22 文／1784・9月 文／1796・8・5 文／1823・10月 文／1838・10・7 文／1845・10・3 文
『阿欄陀永続暦和解』 ❺-2 1788・是年 文
『寛政暦書』 ❺-2 1844・是年 文
『古暦便覧』 ❺-1 1648・是年 文
『太陽距離暦解』(西洋暦紹介の始め) ❺-2 1774・是年 文
『万国普通暦』(太陽暦) ❻ 1854・是年 文
『暦学小成』 ❺-2 1788・是年 文
『暦算全書』 ❺-2 1726・是年 文／1733・1月 文
『暦象新書』 ❺-2 1798・是年 文／1802・10月 文
『和漢暦原考』 ❺-2 1830・是年 文
会津暦 ❺-1 1620・是年 文／1640・是年 文
陰暦の月日 ❼ 1908・9・30 社
閏月 ❸ 1420・①・1 文
閏年算出法 ❼ 1898・5・10 政／1902・5・10 文
大宮暦 ❹ 1582・12月 文
会元暦 ❷ 1191・11・19 文
改暦 ❺-1 1683・11・6 文
改暦(太陽暦)詔書 ❻ 1872・11・9 政
甲子革命 ❷ 1024・7・13 政／1264・9・17 政
寛政暦 ❺-2 1797・10・19 文／11・18 文／1844・7・16 文
具注暦 ❷ 1091・是年 文
計暦 ❷ 1245・1月 文
航海暦 ❻ 1857・12・13 文
暦作製・出版 ❹ 1489・8月 文／❺-2 1716・8・27 文／1718・9月 文／1721・7・24 文／1728・8月 文／12・9 文／1750・2・3 文／1751・1・14 文／10・4 文／1752・11月 文／1755・11・12 文／❻ 1882・4・26 文／❽ 1941・8月 文
暦師 ❹ 1582・1・29 文
暦問屋・暦屋 ❺-2 1751・10・20 文／1774・3・16 政／1787・9・28 文／1788・9月 文／1789・9月 文／1819・9・14 文／1842・10・14 文
暦司 ❹ 1534・12・3 文
朔旦冬至(さくたんとうじ) ❷ 1031・11・19 社／1050・11・16 社／1088・11・20 社／1107・11・1 社／1156・10・18 文／1183・11・1 政／1202・11・1 政／❸ 1411・11・1 政
摺歴 ❹ 1489・8月 文
七曜暦 ❺-1 1684・11・28 文
貞享暦 ❺-1 1684・3・3 文／11・28 文／1685・1・1 政／❺-2 1747・1・20 文／1842・9・28 文
掌中暦 ❷ 1123・是年 文
新羅暦 ❷ 1048・5・2 文
司暦官 ❺-1 1682・是年 文
清国暦 ❺-2 1721・2・16 文
辛酉革命 ❶ 608・是年 社／900・10・21 政／11・21 政／901・2・22 政／934・10・19 社／935・4・15 社／❸ 1381・1・22 文／1441・1・20 文／3・21 文
新暦調所 ❺-2 1765・7・3 文
西洋暦 ❽ 1950・4・26 文
宣明暦 ❺-1 1644・是年 文／1684・3・3 文
宋暦 ❷ 1048・11・16 文
太陰暦 ❻ 1872・11・9 文／1873・1・1 政
大統暦 ❸ 1371・10・14 政／1372・5・25 政／12・29 政／1380・10・20 政／❺-1 1684・3・3 文
太陽暦 ❻ 1872・11・9 文／1873・1・1 政
天保暦 ❺-2 1842・9・28 文
天文暦道局 ❻ 1870・2・10 文
唐暦 ❷ 1012・7・25 文／1191・11・19 文
日本長暦 ❺-1 1680・是年 文
宝暦暦 ❺-2 1754・11月 文／1769・12・27 文
三島暦 ❹ 1500・10・10 文／1508・4・29 文／10・22 文／1512・3・17 文／1582・12月 文
暦記 ❷ 1120・6・17 文
暦書(琉球) ❺-1 1674・是年 文
暦書流布禁止 ❻ 1870・4・22 文
暦道 ❷ 1156・10・18 文／1162・1・1 文
暦博士 ❶ 553・6月／554・2月／833・12・6 文／836・7・1 文／909・2・2 文／917・2・20 文／12・28 文／937・10・2 文／❷ 1015・6・7 文／7・8 文／1021・7・1 文／1030・3・4 文／1031・7・17 文／1039・5・23 文／1050・9・28 文／1083・12月 文／1133・6・6 文／❸ 1413・1月 文／❹ 1500・10・10 文／1559・12・23 文／1563・⑫・8 文
暦板 ❺-1 1697・7・2 文
暦法 ❹ 1465・12月 文／❺-1 1667・是年 文

コンピュータ・計算機⇨ ⑯ 産業「コンピュータ」も見よ

スーパーコンピュータ ❾ 1965・11・1 文／1966・4・5 文／1972・8・8 文／1973・1・20 社／1974・11・20 文／1975・12・1 文／1978・2・2 政／1982・7・5 文／8・30 文／1984・6・25 政／1985・12・24 文／1986・4・17 文／1987・7・2 政／1988・12・6 文／1989・4・10 文／1990・6・6 文／7・30 文／9・4 文／11・26 文／1991・6・20 文／1997・7・6 文／8・20 政／2002・2月 文／12・6 文
スーパーコンピュータ「京」 ❾ 2011・6・21 文
スーパーコンピュータ「TOP500」 ❾ 2011・11・14 文
IBM 統計機械(中央気象台) ❽ 1952・7月 文
国産電子計算機ショー ❽ 1962・11・21 文
三和銀行電算機 ❽ 1959・6月 政
純国産科学用電算機 ❽ 1963・9月 文
電子計算機 ❽ 1956・3月 文／1959・3・12 文／1960・10月 文／1962・2・27 文／1963・10・1 文
電子計算機プログラミングシンポジウム ❽ 1960・1・10 文
電子卓上計算機 ❽ 1964・3月 文／10月 文
パラメトロン計算機 PC-1 ❽ 1958・3・28 文
リレー計算機 ❽ 1946・4月 政

小学校 ❻ 1863・2・5 文／1868・11・20 文／1869・1月 文／2・5 文／3・23 文／12・18 文／1870・6・8 文／1871・12月 文／1872・8・1 文／1873・1・15 文／4月 文／1877・11月 文／1878・2・2 文／1880・1・6 文／1884・2・15 文／11・15 文／1885・12・12 文／1887・5・2 文／1891・4・8 文／❼ 1912・4・7 文／1915・1・11 文／1917・4・4 文／1924・5・26 文／1930・9・5 文／1932・6・1 文
高等小学校 ❼ 1911・7・31 文
公立小学校 ❼ 1898・3・31 文

小学校委託金(国庫補助金) ❻ 1872·11月 文／1892·8·6 文
小学校学籍簿 ❽ 1948·11·12 文
小学校扶助金 ❻ 1876·2·15 文
小学校·中学校 ❽ 1947·4·1 文
小学校学齢 ❻ 1875·1·8 文
小学校規則 ❻ 1869·5·21 文／1872·7月 文／1873·5·19 文／1877·1月 文／1881·5·4 文／1891·11·17 文
小学校教育課程 ❾ 1967·7·24 文
小学校教育費国庫補助法 ❼ 1900·3·16 文
小学校教員アルバイト禁止 ❻ 1895·5·4 文
小学校教員給与 ❻ 1886·12·14 文
小学校教員心得 ❻ 1881·6·18 文
小学校教員採用試験 ❻ 1874·7·25 文／1891·11·17 文／❾ 2008·6·14 文
小学校教員資格 ❻ 1874·7·25 文
小学校教員速成伝習所 ❻ 1888·11·1 文
小学校教科書 ❻ 1880·8·30 文
小学校教育免状授与方心得 ❻ 1881·1·31 文
小学校クラス定員 ❾ 1979·1·4 文
小学校就学率 ❻ 1878·4月 政／❼ 1902·是年 文
小学校数 ❻ 1874·5月 文／1875·是年 文
小学校図画教授研究会 ❼ 1900·8·1 文
小学校生徒数(大阪) ❻ 1877·12月 文
小学校男子教員の制服(洋服) ❼ 1896·4·1 文
小学校長会議 ❼ 1916·4·6 文
小学校入門心得 ❻ 1871·12月 文
小学校標準学級数 ❼ 1897·7·21 文／1899·7·10 文
小学校補助金 ❼ 1911·4·1 文
小学校令 ❻ 1886·4·10 文／1890·10·7 文
私立小学開業心得 ❻ 1877·9·13 文
私立小学校組合要領 ❻ 1888·3·26 文
清国関東州小学校 ❼ 1906·3·31 文
水上生活者の小学校 ❾ 1967·3·22 文
夜間小学校 ❼ 1911·7·5 文

試験·テスト

裏口入学 ❾ 1993·1·25 社
学力テスト ❽ 1959·9·29 文／1961·9·26 文／1964·6·4 文
学力テスト反対闘争 ❾ 1976·5·21 文
業者テスト ❾ 1976·8·11 文／1983·12·8 文／1992·10·12 文／11·24 文／1993·1·26 文
京大入試インターネットカンニング ❾ 2011·2·24 文
高校入試(高校学校群) ❾ 1967·2·23 文
高校入試問題漏洩事件 ❼ 1927·4·30 社
高等学校大学予科入学試験 ❼ 1902·4·25 文
高等学校入学試験 ❼ 1908·3·12 文／1921·3月 文
国際学習到達度調査 ❾ 2007·12·4 文
国際数学テスト ❽ 1964·4·21 文
国際理科テスト ❾ 1973·5·24 文
国立大入試二期制 ❾ 1985·10·17 文
進学適性検査 ❽ 1949·1·31 文
進士試験 ❶ 728·是年 政
全国一斉学力テスト(小·中学) ❽ 1958·9·25 文／1961·10·26 文／1962·7·11 文／1963·6·26 文／❾ 1965·6·16 文／1966·11·22 文／2002·12·13 文
全国一斉学力テスト(高3) ❾ 2002·11·12 文
全国学力調査 ❽ 1956·9·28 文／❾ 2007·4·24 文／2012·4·17 文
全国体力·運動能力調査 ❾ 2009·1·21 文
専門学校入学者検定試験 ❼ 1924·10·11 文
大学入学資格検定(大検) ❾ 1999·7·8 文
大学入学制 ❶ 806·6·10 文／812·5·21 文
大学入試共通一次試験·センター試験 ❾ 1972·10·6 文／1974·11·23 文／1975·11·13 文／1976·11·18 文／12·7 文／1977·1·18 文／2·13 文／7·2 文／12·24 文／1979·1·13 文／1980·1·12 文／1981·1·10 文／1984·1·13 文／1985·6·26 文／1988·1·23 文／2·15 文／1989·1·27 文／1990·1·13 文／1991·1·12 文／1992·1·11 文／1993·1·16 文／1994·1·15 文／2003·1·18 文／2004·1·17 文／2005·1·16 文／2006·1·21 文／2007·1·20 文／12·14 文／2009·1·17 文／2010·1·16 文／2011·11·30 文
中学入学者選抜試験 ❽ 1939·9·28 文
中学入試科目 ❽ 1937·9·1 文
適性能力テスト ❽ 1963·11·16 文
点字受験(高校) ❾ 1982·2·22 文
点字受験(大学) ❾ 1973·2·23 文
東大入試中止 ❾ 1968·12·29 文／1969·1·20 文
入試科目(中学) ❼ 1936·7·17 文
能研テスト ❽ 1964·11·7 文／❾ 1965·6·26 文／11·6 文／1969·1·23 文
PISA(国際的学習到達度) ❾ 2010·12·7 文
マークシート方式 ❽ 1964·3·16 文

授業料

学費 ❾ 2012·2·10 文
学問料 ❷ 1107·1·28 文／1153·5·21 文
寄付金(私立小学校入学) ❽ 1950·1·24 文
寄付金募集(小中学校) ❼ 1931·8·11 文
義務教育費の全額国庫負担 ❼ 1927·12·8 文
高校授業料無償化法 ❾ 2010·3·31 文
五山の僧に学文料支給 ❺-1 1614·3·29 文
古典講習科(東京大学) ❻ 1882·9·18 文
授業料(官立大学) ❽ 1948·4月 文
授業料(慶應義塾) ❻ 1868·5月 社／❼ 1897·1月 文
授業料(公立学校) ❻ 1885·8·19 文
授業料(国立大学) ❾ 1972·1·14 文／1976·10·1 文
授業料(都立新制高校) ❽ 1949·3·20 文
授業料(値上げ反対デモ) ❽ 1956·2·2 文
授業料(尋常小学校) ❼ 1897·11·10 文
前納授業料返還訴訟 ❾ 2003·10·23 文／2006·11·27 文
東京大学月謝 ❻ 1885·7·1 文
入学料(開成学校) ❻ 1869·4·23 文
入学料(国立大学) ❾ 1966·1·12 文

賞

芥川賞 ❼ 1935·9月 文／10·28 文／❽ 1944·2·7 文／1949·8月 文／1953·7·20 文／1954·7·21 文／1958·7·21 文 (以下省略)
朝日賞 ❼ 1930·1·25 文
イグ·ノーベル賞 ❾ 2004·9·30 文／2011·9·29 社／2012·9·20 社
泉鏡花賞 ❾ 1973·10·24 文
伊庭歌劇賞 ❽ 1949·4·6 文
栄誉金獅子賞 ❾ 2005·2·9 文
恩賜賞 ❼ 1910·10·12 文／1911·7·5 文
ガウス賞 ❾ 2006·8·22 文
京都賞 ❾ 1985·11·10 文
銀時計下賜 ❼ 1899·7·10 文
芸術院賞 ❽ 1942·4·13 文／1943·4·9 文
芸術文化勲章「コマンドゥール」 ❾ 1973·3·26 文／2007·3·18 文／2011·6·3 社／10·3 社
芸術文化勲章「シュヴァリエ」 ❾ 2011·6·3 文
国際スターリン平和賞 ❽ 1951·12·21 政／1955·12·20 政／1956·5·31 文
国際レーニン平和賞 ❽ 1958·9·5 政
国連平和メダル ❾ 1993·9·10 文
シェル美術賞 ❽ 1956·7·21 文
新潮社文芸賞 ❽ 1938·2·18 文
高松宮殿下記念世界文化賞 ❾ 2005·11·18 文
直木賞 ❼ 1935·9月 文／10·28 文／❽ 1943·8·2 文／1944·2·7 文／1949·8月 文／1954·7·21 文／1958·7·21 文 (以下省略)
日本アカデミー賞 ❾ 1978·4·6 文
日本学士院賞 ❾ 2011·4·12 文
日本芸術院賞 ❽ 1948·8·21 文
日本国際賞 ❾ 1985·4·20 文
ノーベル医学生理学賞 ❾ 2012·10·8 文
ノーベル化学賞 ❾ 1981·10·19 文／2000·10·10 文／2002·12·10 文／2008·10·8 文／2010·10·6 文
ノーベル物理学賞 ❽ 1949·11·3 文／❾ 1973·10·23 文／2002·10·8 文／12·10 文／2008·10·7 文

ノーベル文学賞 ❾ 1968·10·17 文／1994·10·13 文
野間賞 ❽ 1942·12·17 文／1943·12·17 文／1946·12·17 文
ピューリッツアー賞 ❾ 1966·5·2 文
フィールズ賞 ❽ 1954·9·2 文／❾ 1970·9·1 文／1990·8·21 文
仏政府文化功労賞 ❽ 1959·7·22 文
ブルーリボン賞 ❽ 1951·2月 文
文化勲章 ❼ 1936·11·17 文／❽ 1937·2·11 文／4·28 文／1940·4·29 文／1943·4·29 文／1944·4·29 文／1946·2·11 文／1948·10·15 文／11·2 文／1949·7·10 文／11·3 文／1950·11·3 文／1951·11·3 文／1952·11·3 文／1953·11·3 文／1954·11·3 文／1955·11·3 文／1956·11·3 文／1957·11·3 文／1958·11·3 文／1959·11·3 文／1960·11·3 文／1961·11·3 文／1962·11·3 文／1963·11·3 文／1964·11·3 文／❾ 1965·11·3 文／1966·11·3 文／1967·11·3 文／1968·11·3 文／1969·11·3 文／1970·11·3 文／1971·11·3 文／1972·11·3 文／1973·11·3 文／1974·11·3 文／1975·11·3 文／1976·11·3 文／1977·11·3 文／1978·11·3 文／1979·11·3 文／1980·11·3 文／1981·11·3 文／1982·11·3 文／1983·11·3 文／1984·11·3 文／1985·11·3 文／1986·11·3 文／1987·11·3 文／1988·11·3 文／1989·11·3 文／1990·11·3 文／1991·11·3 文／1992·11·3 文／1993·11·3 文／1994·11·3 文／1995·11·3 文／1996·11·3 文／1997·11·3 文／1998·11·3 文／1999·11·3 文／2000·11·3 文／2001·11·3 文／2002·11·3 文／2003·11·3 文／2004·11·3 文／2005·11·3 文／2006·11·3 文／2007·11·3 文／2008·11·3 文／2009·11·3 文／2010·11·3 文／2011·11·3 文／2012·11·3 文
文化功労者 ❼ 1951·7·21 文／❾ 2000·11·6 文／2001·10·30 文／2002·10·30 文／2005·11·3 文／2006·11·3 文／2007·11·4 文／2008·11·4 文／2009·11·3 文／2011·11·4 文／2012·11·5 文
文芸懇話会賞 ❼ 1935·7·17 社
米国建築家協会汎太平洋賞 ❽ 1958·1·24 文
ペスタロッチ教育賞 ❾ 1992·11·2 文
ベッセマー賞 ❼ 1922·5·4 文
放送文化賞 ❽ 1950·2·20 文
毎日演劇賞 ❽ 1949·3·10 文
毎日音楽賞 ❽ 1949·11·29 文
毎日産業デザイン賞 ❽ 1955·7·23 文
毎日スポーツ賞 ❽ 1949·11·2 社
毎日美術賞 ❽ 1949·11·29 文
漫画賞 ❽ 1955·6·20 文
読売文学賞 ❽ 1950·5·24 文
レオン·ベルナール賞 ❾ 1973·2·16 文
レジオン·ドヌール勲章 ❾ 2004·10·27 文／2005·2·1 文
資料館 ⇨ 29 美術館·博物館·図書館·文学館も見よ
アンティークトイワールド·ミュージアム ❾ 1995·3·25 文
岩波ホール ❾ 1968·2·9 文
外務省外交史料館 ❾ 1971·4·15 文
ガス資料館 ❾ 1967·4·29 文
九州歴史資料館 ❾ 1973·2·24 文
教育博物館 ❻ 1877·1·26 文／1878·5·11 文／1881·8·6 文
ケルン日本文化会館 ❾ 1969·9·2 文
国際子供図書館 ❾ 2000·5·5 文
国文学研究資料館 ❾ 1972·5·1 文／1977·6·24 政
国立飛鳥資料館 ❾ 1973·4·12 文／1975·3·15 文
国立公文書館 ❾ 1971·3·31 文／7·1 文
国立フィルムセンター ❾ 1969·4·1 文／1970·5·27 文
国立婦人教育会館 ❾ 1977·5·20 文
ジャカルタ日本文化センター ❾ 1979·4·2 文
昭和館 ❾ 1999·3·28 文
世田谷おもちゃらいぶらりー ❾ 1983·2·5 文
嬬恋村歴史民俗資料館 ❾ 1983·10·5 文
寺山修司記念館 ❾ 1997·7·27 文
電子図書館 ❾ 1996·5·23 文
電力館 ❾ 1984·11·3 文
ドイツ館(坂東俘虜収容所跡) ❾ 1972·5·10 文
東洋学文献センター ❾ 1966·11·11 文
夏目漱石記念館(英ロンドン) ❾ 1984·8·25 文
奈良そごう美術館 ❾ 2000·12·24 文
二風谷アイヌ文化資料館 ❾ 1972·6·23 文
日本玩具資料館 ❾ 1981·9·1 文
日本近代文学館 ❾ 1967·4·11 文
バード·フランクリン·コレクション ❾ 1975·2·14 文
船の科学館 ❾ 1974·7·20 社
フランクリン文庫 ❾ 1974·9·16 文
別子銅山記念館 ❾ 1975·6·10 文
北海道開拓記念館 ❾ 1971·4·15 文
北海道開拓村 ❾ 1983·4·16 文
麻雀博物館 ❾ 1999·4·10 文
ミステリー文学資料館 ❾ 1999·4·1 文
横浜開港資料館 ❾ 1981·3·31 文
吉川英治記念館 ❾ 1977·3·23 文
冷泉家時雨亭文庫 ❾ 1981·4·1 文
数学·算学
『異円算法』 ❺-2 1825·是年 文
『因帰算歌』 ❺-1 1640·是年 文
『円理規矩算法』 ❺-2 1839·是年 文
『円理真術弧矢弦叩底』 ❺-2 1819·是年 文
『温故算叢』 ❺-2 1828·是年 文
『改算記』 ❺-1 1656·是年 文／1659·是年 文
『改算記綱目』 ❺-1 1687·是年 文
『改算塵劫記』 ❺-1 1693·是年 文／1701·是年 文
『開式新法』 ❺-2 1805·是年 文
『改精算法』 ❺-2 1785·是年 文
『改清算法改正論』 ❺-2 1787·是年 文
『階梯算法』 ❺-2 1820·是年 文
『解伏題之法へ行列式の発見』 ❺-1 1683·是年 文
『解惑算法』 ❺-2 1788·是年 文
『下学算法』 ❺-1 1715·是年 文
『格致算書』 ❺-1 1657·是年 文
『割円八線表』 ❺-2 1733·5·29 文
『豁機算法』 ❺-2 1837·是年 文
『括要算法』 ❺-1 1712·是年 文
『亀井算』 ❺-1 1655·是年 文
『竿頭算法』 ❺-2 1738·是年 文
『規矩元法町見弁疑』 ❺-2 1734·是年 文
『九数算法』 ❺-1 1653·是年 文
『慶長宣明暦算法』 ❺-1 1663·是年 文
『掲楣算法』 ❺-2 1838·是年 文
『研幾算法』 ❺-1 1683·是年 文
『合類算法』 ❺-2 1835·是年 文
『国民学校用算術入門書』 ❺-2 1784·是年 文
『古今算鑑』 ❺-2 1832·是年 文
『弧三角捷法解』 ❺-2 1842·是年 文
『五明算法前集』·『五明算法後集』 ❺-2 1814·是年 文／1826·是年 文
『再訂算法』 ❺-2 1798·是年 文
『算学淵底記』 ❺-1 1673·是年 文
『算学級聚抄』 ❺-1 1673·是年 文
『算学稽古大全』 ❺-2 1806·是年 文／1821·是年 文
『算学啓蒙』 ❺-1 1658·是年 文
『算学小筌』 ❺-2 1794·是年 文
『算学提要』 ❺-2 1834·是年 文
『算鑑記』 ❺-2 1718·是年 文
『算経』 ❺-2 1792·是年 文
『算元記』 ❺-1 1657·是年 文
『算術志元録』 ❺-1 1696·是年 文／1699·是年 文
『算爼』 ❺-1 1663·是年 文／1684·是年 文
『算脱験符之法』 ❺-1 1683·是年 文
『算法得幸録』 ❺-2 1773·是年 文
『算法円理鑑』 ❺-2 1834·是年 文
『算法円理括嚢』 ❺-2 1852·是年 文
『算法円理括発』 ❺-2 1852·是年 文
『算法円理三台』 ❺-2 1846·是年 文
『算法円理通』 ❺-2 1846·是年 文
『算法円理氷釈』 ❺-2 1837·是年 文
『算法開蘊』 ❺-2 1849·是年 文
『算法学海』 ❺-2 1782·是年 文
『算法求積通考』 ❺-2 1844·是年 文
『算法極形指南』 ❺-2 1835·是年 文
『算法鈎致』 ❺-2 1819·是年 文
『算法闕疑抄』 ❺-1 1659·是年 文／1684·是年 文
『算法闕疑抄拾遺』 ❺-2 1768·是年 文
『算法古今通覧』 ❺-2 1797·是年 文
『算法瑚璉』 ❺-2 1835·是年 文
『算法根元記』 ❺-1 1666·是年 文
『算法根源記』 ❺-1 1669·是年 文
『算法雑解前集』 ❺-2 1843·是年 文
『算法地方指南』 ❺-2 1835·是年 文
『算法至源記』 ❺-1 1673·是年 文
『算法指掌大成』 ❺-2 1723·是年 文
『算法少女』 ❺-2 1775·是年 文
『算法助術』 ❺-2 1841·是年 文

『算法新書』　❺-2 **1830**·是年 文
『算法整数起源抄初編』　❺-2 **1845**·是年 文
『算法浅問抄』　❺-2 **1840**·是年 文
『算法側円詳解』　❺-2 **1834**·是年 文
『算法対数表』　❺-2 **1844**·是年 文
『算法楕円解』　❺-2 **1842**·是年 文
『算法知辰』　❺-1 **1690**·是年 文
『算法地方大成』　❺-2 **1837**·是年 文／**1839**·是年 文
『算法籌算開平開立方』　❺-2 **1768**·是年 文
『算法直術正解』　❺-2 **1840**·是年 文
『算法天元指南』　❺-1 **1698**·是年 文
『算法天元樵談集』　❺-1 **1702**·是年 文
『算法天元録』　❺-1 **1697**·是年 文／**1714**·是年 文
『算法点鼠指南録』　❺-2 **1810**·是年 文／**1815**·是年 文
『算法天生法指南』　❺-2 **1810**·是年 文
『算法点鼠初学抄』　❺-2 **1833**·是年 文
『算法点鼠手引草』　❺-2 **1833**·是年 文／**1841**·是年 文
『算法童子問』　❺-2 **1784**·是年 文
『算法統宗』　❺-1 **1676**·是年 文
『算法渡海標的』　❺-2 **1835**·是年 文
『算法入門』　❺-1 **1681**·是年 文
『算法発隠』　❺-2 **1815**·是年 文
『算法発揮』　❺-1 **1690**·是年 文
『算法発蒙集』　❺-1 **1670**·是年 文
『算法非撥乱』　❺-2 **1801**·是年 文
『算法便覧』　❺-2 **1826**·是年 文／**1829**·文政末年 文
『算法変形指南』　❺-2 **1820**·是年 文
『算法明備』　❺-1 **1668**·是年 文
『算法許状』　❺-1 **1704**·11月 文
『算法律梁』　❺-2 **1770**·是年 文
『算用記』　❺-1 **1628**·是年 文
『示蒙筆算』　❺-2 **1819**·是年 文
『社盟算譜』　❺-2 **1826**·是年 文
『周髀算経図解』　❺-2 **1785**·是年 文
『宿曜算法』　❺-1 **1697**·是年 文
『順天堂算譜』　❺-2 **1847**·弘化年間 文
『諸算記』　❺-1 **1641**·是年 文
『四余算法』　❺-1 **1697**·是年 文
『初心算法早伝授』　❺-2 **1727**·是年 文
『諸約之法』　❺-1 **1683**·是年 文
『自得捷径·広用算法大全』　❺-2 **1826**·是年 文
『新刊算法起』　❺-1 **1652**·是年 文
『真元算法』　❺-2 **1845**·是年 文
『塵劫記』　❺-1 **1627**·8月 文
『神壁算法』　❺-2 **1789**·是年 文
『新編算学啓蒙註解』　❺-1 **1672**·是年 文
『新編算数記』　❺-1 **1683**·是年 文
『新編諸算記』　❺-1 **1655**·是年 文
『新編塵劫記』　❺-1 **1641**·是年 文
『数学乗除往来』　❺-1 **1674**·是年 文
『数学瑞記』　❺-2 **1717**·是年 文
『数学夜話』　❺-2 **1761**·是年 文
『精要算法』　❺-2 **1781**·是年 文
『関流·算法点鼠指南』　❺-2 **1810**·是年 文
『増補当世塵劫記』　❺-2 **1794**·是年 文
『続算学小筌』　❺-2 **1831**·是年 文
『続神壁算法起源』　❺-2 **1833**·是年 文
『算盤指南』　❺-2 **1842**·是年 文
『大成算経』　❺-1 **1710**·是年 文
『大全塵劫記』　❺-2 **1832**·是年 文／**1834**·是年 文
『籌算指南』　❺-2 **1767**·是年 文
『籌算捷法』　❺-2 **1826**·是年 文
『綴術算経』　❺-2 **1722**·是年 文
『点鼠初学抄』　❺-2 **1830**·是年 文
『当世改算記』　❺-2 **1847**·弘化年間 文
『当世塵劫記』　❺-2 **1785**·是年 文
『発微算法』　❺-1 **1674**·是年 文
『発微算法演段諺解』　❺-1 **1685**·是年 文
『撥乱算法』　❺-2 **1799**·是年 文
『方陣円陣之方』　❺-1 **1683**·是年 文
『万用不求算』　❺-1 **1643**·是年 文
『見立算規矩分等集』　❺-2 **1722**·是年 文
『明元算法』　❺-1 **1689**·是年 文
『要妙算法』　❺-2 **1831**·是年 文
『理学提要』　❺-2 **1852**·是年 文
『立円率』　❺-2 **1729**·是年 文
『理明算法』　❺-2 **1838**·是年 文
『量地弧度算法』　❺-2 **1835**·是年 文
『和漢算法』　❺-1 **1695**·是年 文
『割算書』　❺-1 **1622**·是春 文
計算簿記條例　❻ **1878**·11·8 文

算術・数学・計算
算額　❺-1 **1683**·5·17 文／**1691**·是年 文／❺-2 **1726**·是年 文／**1741**·是年 文／**1818**·是年 文／**1827**·是年 文
算師(使)　❶ **822**·7·3 文／**898**·12·21 文
算術　❸ **1321**·5·9 文
算生　❶ **730**·3·27 文／**757**·11·9 文
算道　❷ **1156**·10·18 文／**1162**·1·1 文
筭得業生(さんとくぎょうせい)　❶ **731**·3·7 文
集合　❾ **1976**·10·6 文
珠算競技会　❼ **1934**·2·28 社
『珠算の鑑』　❼ **1926**·是年 社
小学算術書　❻ **1873**·3月 文
西洋数字の移入　❺-2 **1798**·是年 文
関孝和百年祭碑　❺-2 **1807**·是年 文
洋算　❻ **1874**·3·18 文
和算　❻ **1874**·3·18 文

生徒·学生·学童　❾
『アルバイト白書』　❾ **1984**·7·17 文
『学生アルバイト白書』　❽ **1952**·8·9 社
荒れる教室　❾ **1983**·6·2 文／**1999**·9·4 文
越境入学　❾ **1968**·8·31 文
オール3事件　❾ **1972**·7·21 文
落ちこぼれ　❾ **1971**·6·2 文／**1978**·8·29 文
海外修学旅行　❾ **1988**·1·19 文／**2000**·2·5 文
学術修士　❾ **1978**·3·1 文
学生　❻ **1881**·8·2 文
学生·生徒主事　❼ **1928**·10·30 文
学生休暇中の労働　❼ **1923**·6月 社
学生連合会　❼ **1922**·11·7 文／11·8 社
学徒勤労(動員)　❽ **1944**·3·7 文／8·23 政／**1945**·7·11 文／8·16 文
学徒後援会　❽ **1947**·1·7 文
学齢(満六歳)未満の児童(就学を禁止)　❼ **1896**·8·17 文
学校生徒及び幼児身体検査規程　❼ **1900**·3·26 文
共産主義者同盟(ブント)　❽ **1958**·12·10 政
苦学青年保護会　❼ **1902**·8月 文
高校奨学金　❽ **1957**·4月 文
高校進学率　❾ **1965**·4月 文
高校生　❾ **1969**·9·19 文
高校生急増対策　❽ **1961**·4月 文／11·6 文
高校全員入学問題全国協議会　❽ **1962**·4·24 社
高校中退者　❾ **1985**·4·2 文／**1992**·1月 文／**1994**·2·18 文
校章　❼ **1905**·4月 文
国際教育到達度評価委員会　❾ **2000**·12·5 文
国立大学学寮経費　❽ **1964**·2·18 文
駒場祭　❾ **1968**·11·22 文
在学年限又は就学年限の臨時短縮に関する勅令　❽ **1941**·10·6 文
集団勤労(学生)　❽ **1938**·5·25 文
受験雑誌　❼ **1917**·9·1 社
奨学金返済金滞納　❽ **1963**·3·27 文
小学生国際比較成績　❾ **2008**·12·8 文
小中学生国際比較調査　❾ **2000**·2·4 社
女学生の立小便廃止　❼ **1908**·7·14 文
女子学生の比率　❽ **1962**·是年 文
心身障害児　❾ **1974**·4·3 文
すし詰め教室　❽ **1957**·8·3 文
政治活動禁止(学校内)　❽ **1946**·9·6 文／**1949**·6·13 文／12·17 文
生徒募集難　❼ **1931**·4月 社
世界学生通訳コンテスト　❾ **1983**·7·8 文
世界青年学生平和友好祭　❽ **1957**·7·12 政
世界日曜学校国際生徒大会　❽ **1949**·10·16 政
全学連⇨全日本学生自治会総連合
全国学生アルバイト対策協議会　❽ **1950**·8·3 文
全国女子学生連盟　❼ **1924**·12·4 文／**1925**·4·17 文
全国大学院生協議会　❽ **1959**·8·14 文
全国大学高専学生連合会　❽ **1946**·7·19 文
全日本学生自治会総連合(全学連)　❽ **1948**·9·18 文／**1949**·1·3 文／5·3 文／8·13 文／**1950**·7·13 文／8·30 文／10·18 文／**1952**·4·30 文／6·26 文／**1959**·6·5 文／**1960**·3·16 文／4·26 政／5·20 政／6·15 政／7·4 文／**1963**·7·5 文
退学者　❾ **1979**·7·28 文

大日本育英会 ❽ 1943·10·18 文
男女共学実施 ❽ 1946·10·9 文／1947·2·15 文／3·29 文／1956·7·10 文／10·9 文
中学·高校の進路指導に関する調査報告書 ❾ 1972·11·18 文
中学校生徒勤労動員大綱 ❽ 1944·3·29 文
中学浪人 ❾ 1977·5·1 文
中高校卒業式 ❾ 1982·3·29 文
長期欠席 ❾ 1998·8·6 文
長欠·欠食児童 ❽ 1956·12·11 社
聴講生 ❼ 1920·2·17 文
帝国大学女子学生 ❼ 1913·8·16 文
東京学資保管会社 ❼ 1897·7·10 文
東京都下学生連絡会議 ❽ 1945·12·5 文
学生数(東京) ❼ 1901·4·29 政
東大学生デモ ❽ 1950·10·5 文
特別研究生制度 ❽ 1943·9·29 文
特別青年学級 ❽ 1961·4·18 文
夏休み(旅行) ❽ 1942·6·20 文／1943·6·13 社
日米学生会議 ❼ 1934·7·14 文／❾ 2003·11·6 文
日本育英会 ❽ 1953·2·13 文／8·23 文／1957·4月 文
日本力行会 ❼ 1902·8月 社
肥満児全国調査 ❾ 1969·7·22 文／1970·7·22 文／1973·6·6 文
ヘルメット着用 ❾ 1973·7·16 文
補習授業(白書) ❾ 1965·12·2 文／1966·4·15 文
保証人制度 ❼ 1906·9月 文
ボランティア活動 ❾ 1994·6·9 文／1997·1·2 社
マル学同中核派(中核派) ❽ 1963·2·10 政
未就学児童 ❽ 1949·5·23 文
盲聾唖児童の就学義務 ❽ 1948·4·7 文
ランドセル ❾ 1966·4·4 文

地図·測量 ❺-1 1631·4月 社／1633·1月 文／1634·11·10 文／1635·是年 文／1638·12·2 文／1646·2·28 文／1648·12·10 文／1658·8·1 政／1669·11·23 文／1697·4·28 文／❺-2 1725·9·16 文／1806·11月 文／1835·12·22 政／1839·1·16 文
『古今地理学問答』 ❺-1 1707·是年 文
『大日本方言地図·国語方言区画』 ❼ 1927·3月 文
『チュケイ地理書』(海洋通商地理書) ❺-2 1826·1·9 文
新居関所平面図 ❺-1 1693·是年 文
阿波·淡路両国絵図 ❺-1 1646·是年 文
伊豆七島全図 ❺-1 1634·4·15 文／❺-2 1842·是年 文
因幡·伯耆両国地図 ❺-1 1698·是年 文
伊能地図 ❻ 1861·11·15 文
蝦夷·樺太地図 ❺-1 1621·是夏 文／❺-2 1786·是年 文／1800·④·19 文／1826·3·10 文／1849·是年 文
越後国絵図 ❺-1 1645·是年 文／1661·4月 文
江戸地図 ❺-1 1661·2·18 文／1670·12月 文／1680·是年 文／1710·3·26 社／❺-2 1721·7·1 文／1809·3·21 文／1837·4·26 文／1852·3·26 文／4·17 政
沿海実測全図 ❺-2 1814·是年 文
大坂城絵図 ❺-1 1633·是年 文
御国絵図 ❺-1 1697·②·26 文
和蘭国全図 ❺-2 1849·是年 文
阿蘭陀全世界地図書訳 ❺-2 1778·是年 文
和蘭地球図説 ❺-2 1772·12月 文
海辺絵図 ❺-2 1846·12·26 文
加賀本郷第図 ❺-1 1688·12月 文
河内国絵図 ❺-1 1672·是年 文
国絵図改正 ❺-1 1699·1·13 文
国郡の図 ❺-1 1644·12·25 政
熊本藩江戸戸越屋敷図 ❺-1 1671·10·3 文
経度線の起点は京都 ❺-2 1779·是年 文
元禄絵図 ❺-1 1697·4·28 文
江府御天守図 ❺-1 1638·是年 文
紅毛天地二図贅説 ❺-2 1737·是年 文
五街道筋分間絵図 ❺-2 1800·6·23 文／1806·是冬 文
国土地理院基本地図 ❽ 1963·8·30 文
小倉城図 ❺-1 1625·8·20 文
古今地理学問答(蘭訳版) ❺-2 1736·是年 文
西大寺伽藍絵図 ❺-1 1698·8月 文
左右京図 ❺-1 1605·8·6 政
堺大絵図 ❺-1 1689·9月 文
薩摩·大隅·日向絵図 ❺-1 1647·7·4 文／1701·是年 文
薩摩·大隅·日向·琉球国絵図 ❺-1 1649·5·15 文／1702·8·12 文
薩摩·琉球·大島·八重山地図 ❺-1 1649·6·21 文
信濃国絵図 ❺-1 1647·是年 文
下野日光山之図 ❺-1 1696·11月 文
正保国絵図 ❺-1 1644·12月 文
諸城図 ❺-1 1644·12·25 政／❺-2 1726·4月 文
神輿万国全図 ❺-1 1602·是年 文
世界地図·万国地図 ❺-1 1604·是年 文／1631·4·19 文／1647·3月 文／1672·3·3 政／1695·3月 文／1705·是年 文／❺-2 1748·是年 文
全国絵図 ❺-1 1702·12·19 文
測地用三角標識 ❽ 1946·1·12 文
測量(日本沿海) ❻ 1855·3·27 文
大清広輿図 ❺-2 1785·是年 文
大日本沿海輿地全図 ❺-2 1821·7月 文／❾ 2001·7·4 文
大明省図 ❺-1 1691·是年 文
地球全図 ❺-2 1791·是年 文／1793·是年 政／1810·3月 政
地球度割図解 ❺-2 1844·是年 文
地球輿地全図 ❺-2 1810·是年 文
地球略図説 ❺-2 1804·是年 文
筑後国郡図 ❺-1 1646·是年 文
地形図 ❼ 1926·3月 文
津和野城下図 ❺-2 1840·7月 文
出羽国十二郡絵図 ❺-1 1645·是年 文
天地球図 ❺-1 1657·1·15 政／1659·2·28 政／1683·8·26 文
東海道分間絵図 ❺-1 1690·是年 文／❺-2 1803·2·5 文
道路図 ❺-1 1651·11月 文
鳥取御城絵図 ❺-1 1680·是年 文
富山城本丸御殿平面図 ❺-1 1677·是年 文
名古屋城御城絵図 ❺-1 1701·是年 文
南部領総絵図 ❺-1 1697·是年 文
南蛮世界図屏風 ❺-1 1611·9·20 文
日本地図 ❺-1 1628·是年 文／1640·是年 文／❺-2 1719·9月 文／1723·是年 文／1775·3月 文／1777·是年 文／1779·是年 文／1793·是年 文／1808·③月 文／1809·7月 文／1810·是年 文／❻ 1860·7·2 文／1874·1·4 文
二万五千分の一地図 ❾ 1978·8月 文
原城攻略図 ❺-1 1668·1·20 文
播磨国絵図 ❺-1 1645·是年 文
備前·備中両国絵図 ❺-1 1646·是年 文
肥前国絵図 ❺-1 1645·是年 文
日向国絵図 ❺-1 1697·②·4 文
扶桑国之図 ❺-1 1662·是年 政
平安古京図 ❺-1 1684·6月 文
別子銅山絵図 ❺-2 1840·是年 文
防長両国絵図 ❺-1 1646·是年 文
松前島絵図 ❺-1 1700·2·4 文
三井寺境内図絵馬 ❺-1 1683·6月 文
三河吉田町絵図 ❺-2 1816·8月 文
美濃大垣城下絵図 ❺-2 1716·2月 文
米子城図 ❺-2 1793·1月 文
洛中絵図 ❺-1 1639·是年 文
陸地測量習練所 ❻ 1880·6月 文
陸地測量部 ❻ 1871·8月 文／1888·5·14 文
琉球国絵図 ❺-1 1697·②·4 文
量地図説 ❺-2 1852·是年 文
魯西亜国全図 ❺-2 1817·是年 政
魯西亜誌 ❺-2 1793·1月 文
和歌山御城下惣絵図 ❺-1 1700·是年 文

電子顕微鏡 ❽ 1941·是年 文／1942·12月 文／1948·9·18 社／1955·3·8 文／1957·6·8 文／6·19 文

天文
『東鑑暦算改補』 ❺-1 1676·是年 文
『和蘭候象器附解』 ❺-2 1792·10月 文
『和蘭天地球図』 ❺-2 1796·1月 文
『ゲザルグ氏の透視図法及び測量術概説』(洋書) ❺-1 1664·是年 文
『気海観瀾広義』 ❺-2 1851·是年 文
『規矩術』 ❺-1 1694·是年 文
『刻白爾天文図解』 ❺-2 1809·是年 文
『縮象儀図』 ❺-2 1814·是年 文
『初学天文指南』 ❺-1 1706·是年 文
『星学諸表』 ❺-2 1808·是年 文
『星術本原太陽窮理了解新制天地二球用法記』 ❺-2 1792·是年 文
『大工規矩尺集』 ❺-1 1700·是年 文

『通俗基礎太陽系天文学(蘭訳版)』 ❺-2 1771·是年 文
『天球儀および地球儀に関する二通りの教程』(洋書) ❺-1 1647·是年 文
『天地二球用法記評説』 ❺-2 1798·是年 文
『天文月報』 ❼ 1908·1·19 文
『日月星等試留』 ❺-2 1835·是年 文
『ラランデ天文書(蘭訳版)』 ❺-2 1780·是年 文／1803·是年 文
『ラランデ暦書管見』 ❺-2 1803·是年 文
『量地指南』(オランダ流測量術) ❺-2 1733·是年 文
『量地必携』 ❺-2 1850·是年 文
アラキブートル(水液酒比重計) ❺-2 1765·是年 文
イギリス測量船 ❻ 1871·11·8 文
遠近測量術 ❺-1 1648·是年 文
大型宇宙電波望遠鏡 ❾ 1982·3·1 文
オーロラ観測 ❾ 1991·1·9 文
海上気象記事 ❻ 1874·4·27 文
海図 ❻ 1872·8月 文
海底地震計 ❾ 1979·4·1 文
海底地形図 ❾ 1969·6·18 文
海路測量 ❻ 1861·2·22 文
花山天文台 ❼ 1929·10·17 文
観象台 ❻ 1878·9·3 文／1882·2·13 文
寒暖計·温度計·寒熱昇降器 ❺-2 1765·是年 文／1823·是年 文
簡天儀 ❺-2 1740·是年 文／1744·是年 文／1779·10月 文
気象観測(富士山) ❻ 1887·9·4 文／1895·10·1 文／❼ 1932·7·1 文
気象観測 ❺-2 1839·是年 文／1845·1月 文／❻ 1859·是年 文／1868·是年 文／1872·7·23 文
気象信号標式 ❻ 1892·6·10 文
気象測候所 ❻ 1878·7·1 文／1887·8·8 文
気象台 ❻ 1882·2·13 文／1887·8·8 文／❽ 1939·11·1 文／1957·9·1 文
気象庁 ❽ 1956·7·1 文
気象庁鳥島観測所 ❽ 1957·7·22 文
気象電報 ❻ 1883·2·16 文
気象予報士 ❾ 1994·8·28 社／1995·5·18 文
気象レーダー実験局 ❽ 1953·4月 文
気象レーダー(富士山頂) ❽ 1960·7月 文／1964·9·16 文／10·1 文／❾ 1965·3·10 文／1999·11·1 文
北半球天気図 ❽ 1939·3月 文
窺天鏡 ❺-2 1793·7·20 文
玉衡 ❺-2 1745·3·1 文
金星観測 ❻ 1874·12·9 文
倉本計器精工所 ❼ 1925·11·20 文
月食の写真撮影 ❻ 1884·4·10 社
顕微鏡 ❺-2 1781·是夏 文／1787·是年 文／1802·2·26 文
広域地殻変動観測網 ❾ 1988·3·10 文
降雨確率 ❾ 1979·12·27 文／1981·4·2 文
航空地方気象台 ❽ 1953·10·1 社
高層気象 ❼ 1920·8·26 文／1932·9·30 文／1934·2月 文
国際気象通報式 ❽ 1945·12·15 文
渾天儀(こんてんぎ·地球儀) ❺-1 1604·是年 文／1631·4·19 文／1670·2·28 文／是年 文／❺-2 1732·10·14 文／1812·是年 文／1849·5月 文／❻ 1874·11·18 文
子午線儀 ❺-2 1788·天明年間 文
磁石針 ❺-1 1644·12·28 政／1669·12·7 文
秋分点測定 ❺-2 1755·7月 文
小惑星「日本」「東京」 ❼ 1900·3·6 文
小惑星の族 ❼ 1918·10·12 文
磁力観測 ❻ 1883·3·15 文
水銀寒暖計 ❻ 1883·11月 社
水銀気圧計(天気計) ❺-2 1810·是年 文
水準器 ❺-2 1823·是年 文
水路局(寮) ❻ 1871·7·28 文
水路測量標條例 ❻ 1890·5·26 文
水路部條例 ❻ 1888·6·27 文
すばる望遠鏡(ハワイ) ❾ 1991·7·6 文／2003·11·5 文
星学局 ❻ 1870·2·10 文
星度測量 ❺-2 1755·9·6 文
千里鏡 ❺-1 1642·11·15 政／1672·3·3 政
測距儀 ❼ 1915·6月 社
測深測量(五島列島) ❺-1 1634·6·4 文／1646·12·1 政
測地学委員会 ❼ 1898·4·26 文
測量所(天文台) ❺-2 1746·12·4 文／1757·9·7 文
測候所 ❻ 1872·7·23 文／1885·2·1 文／❼ 1922·3·31 文
台風調査官 ❻ 1882·1月 社
太陽活動極小期国際観測年 ❽ 1964·1·1 文
太陽黒点観測 ❺-2 1835·1·6 文
タルモメートル(寒暖験器) ❺-2 1765·是年 文
地域気象観測網 ❾ 1974·11·3 文
地殻構造調査 ❼ 1934·10·17 文
地下洞窟の最深部 ❾ 1967·8·22 社
地球観測センター ❾ 1979·1·29 文
地球儀 ❺-2 1745·是年 文／1799·是年 文／1811·8月 文／1852·6月 文／❻ 1855·是年 文
地球気象観測システム「アメダス」 ❾ 1974·11·1 文
地形図 ❻ 1892·是年 文
地磁気測定 ❻ 1887·6·23 文
地質図 ❻ 1876·5月 文
地質調査所 ❻ 1882·2·13 文
地動説 ❺-2 1774·是年 文／1809·是年 文
中央気象台 ❻ 1890·8·4 文／1895·3·29 文
中央気象台柿岡地磁気観測所 ❼ 1913·1·1 文
中央気象台松代分室 ❽ 1947·5·1 文
中央度量衡器検定所 ❼ 1903·12·26 文
超音速風洞 ❽ 1961·6·28 文／❾ 1969·1·31 文
ツァイス製赤道儀 ❼ 1929·是秋 文
天気図 ❻ 1883·2·16 文／3·1 文／4·4 文／8·23 文／1884·7月 文
天気相談所 ❽ 1946·2·25 文
天球儀 ❺-2 1742·是年 文／1745·是年 文
天気予報 ❻ 1883·2·16 文／1884·6·1 社／1888·3·10 文／4·17 文／❼ 1914·7·25 社／1933·7·10 社／1935·7·15 文／❽ 1941·12·8 社／1945·8·23 社／1954·9·1 文／❾ 1977·11·15 文／1980·6·1 文／1996·3·1 文
天象台 ❻ 1882·2·13 文
天体儀 ❻ 1874·11·18 文
天体の観測 ❷ 1245·2·2 文
天体望遠鏡 ❺-2 1832·是年 文／1835·1·6 文／❽ 1960·1·25 文／1961·8·1 文
天文方(幕府) ❺-1 1684·12·1 文／1695·是年 文／❺-2 1795·11·14 文／1822·8月 文
天文測量器 ❺-2 1849·5月 文
天文台(江戸) ❺-1 1689·11月 文／❺-2 1744·是年 文／1763·宝暦年間 文／1782·5月 文／1797·8月 文／1807·12月 文／1842·11·16 文
天文台(すばる) ❾ 1999·1·4 文
天文同好会 ❼ 1920·9·25 社
電磁式地震計 ❽ 1963·6·3 文
電波望遠鏡 ❽ 1953·9·14 文
東京気象台 ❻ 1883·3·1 文
東京地学協会 ❻ 1879·4·18 文
東京中央気象台開設 ❻ 1875·6·1 文
東京天文台 ❻ 1888·6·1 文／❼ 1899·1·14 文／1921·11·23 文
東京天文台コロナ観測所 ❽ 1949·10·15 文／1950·7·26 文
東条ウェザーサービス·センター ❽ 1953·5·27 社
遠眼鏡 ❺-2 1808·是年 文
二十四時間制 ❽ 1942·10·11 社
日本海溝上の重力測定 ❼ 1932·10·11 文
日本経度基点 ❼ 1918·9·19 文
日本天文学会 ❼ 1908·1·19 文
風位の定義 ❼ 1928·5·2 文
風洞実験室 ❼ 1924·4月 文
風力·風向計 ❼ 1922·10·1 文
プラネタリウム ❽ 1938·10·30 文／1957·3月 文／1959·是年 文／❾ 1978·10·5 文
平天儀 ❺-2 1801·4月 文
方位盤象限儀 ❺-2 1838·3月 文
望遠鏡 ❺-2 1779·10月 文／1793·10月 文／1800·寛政年間 文
暴風警報 ❻ 1883·5·26 社
星鏡子午線 ❺-2 1819·是春 文
北海道地質調査 ❻ 1872·11·7 文
本田慧星 ❽ 1947·11·14 文
羅針盤 ❺-2 1823·是年 文
琉球·八重山諸島測量 ❻ 1873·3·30 文
レーザー望遠鏡 ❾ 1975·5·31 文
六分儀 ❺-2 1751·是年 文／1823·是年 文／1827·是年 文
時計·時制 ❹ 1551·3月 社／❺-1 1614·慶長年間 社／❻ 1883·1月 社／❽ 1946·10·22 政
腕時計 ❼ 1924·是年 社／❽ 1959·6月 社／❾ 1969·12月 社／1973·10·5 社／1974·4月 社／11·1 社／1978·

11月 社／1980・1月 社／1982・2・18 文／2月 社／6月 社／1983・4・12 社／12・23 社／是年 社／1985・是年 社／1995・12・26 政／2004・11月 文
うるう秒(閏秒) ❾ 1972・7・1 文／1981・7・1 文／1992・7・1 文／2006・1・1 文／2012・7・1 文
置時計(デジタル式) ❾ 1965・2・15 文
をるごる付時計 ❺-2 1822・2・15 政
懐中時計 ❺-1 1700・3・22 政／❻ 1884・1月 社／1894・是年 社
鐘撞き役料 ❺-1 1692・12・23 社
鐘役銭 ❺-1 1703・3・12 文
クオーツ・アストロン 35SQ ❾ 1969・12月 社
黒門時鐘 ❺-1 1666・是年 社
原子時刻 ❾ 1972・1・1 文／2003・6・9 文
国産時計販売 ❻ 1883・1月 社
午砲(ドン) ❻ 1871・9・2 社／1875・2・24 社／1884・8月 文／❼ 1921・3・22 社／1922・5・1 文／8・17 文／1929・4・30 社／5・1 社
サマー・タイム ❼ 1929・6・27 社／❽ 1948・4・13 政／4・28 社／5・1 社／1949・4・3 社／1951・5・6 政／1952・4・11 政
仕掛時計 ❷ 1095・2・12 文
子午線 ❼ 1910・10・30 文
時鐘役銭 ❺-2 1739・1・29 社
自鳴鐘 ❺-1 1644・12・28 政／1678・3・15 政／1679・3・1 政／❺-2 1740・是年 文
砂時計 ❺-1 1653・1・15 政
セイコー・クリスタル・クロノメーター ❽ 1963・是年 社
西部標準時 ❻ 1895・12・27 文
世界標準時 ❾ 1979・12・31 文
太鼓坊主(江戸城) ❺-1 1711・10・3 文
袂時計製作所 ❻ 1880・9・9 社
電気時計 ❼ 1902・11・14 社
時の鐘 ❺-1 1619・是年 文／1666・3月 社／1686・6・3 文／1688・10月 文／❺-2 1738・8・10 文
時計師 ❺-2 1733・7月 文
時計台 ❻ 1873・4月 社／1876・4月 社
二延天符目覚付暦付台時計 ❺-2 1846・是年 文
服部時計店 ❻ 1881・是年 社
半鐘時刻 ❺-1 1670・4・28 文
日時計 ❺-2 1787・是年 文
標準時 ❻ 1886・7・13 文／1888・1・1 文
報時太鼓 ❻ 1872・4・10 文
万年自鳴鐘 ❺-2 1851・是春 文
輸入時計 ❻ 1863・是年 社
漏刻 ❷ 1116・5・11 文／1157・11・13 文
漏刻器 ❹ 1538・10月 文／1541・5月 文
漏刻博士 ❶ 858・5・3 文／❷ 1245・8・2 政
度量衡 ❻ 1869・11・8 文
『西洋度量衡』 ❺-2 1812・是年 文
『度量考』 ❺-2 1733・6・22 文
『度量衡考補正』 ❺-2 1822・是年 文
アゾットメーター(尿素の定量分析) ❽ 1937・是年 文
田舎間(六尺間) ❻ 1869・5・17 社
音波速度測定 ❻ 1881・1・17 文
曲尺(かねじゃく)・鯨尺 ❾ 1976・6・5 文／1977・9・16 文
カラット(宝石) ❼ 1909・11・1 社
カロリー ❾ 1991・8・2 文
キログラム ❼ 1923・4・1 文
グラム売り ❼ 1928・7・1 社
尺貫法 ❼ 1909・3・8 文／1933・10月 文／❽ 1959・1・1 文
ジュール ❾ 1991・8・2 文
西洋型秤 ❻ 1873・5・4 文／1874・10・10 文
調布丈量の制 ❹ 1462・10・25 文／1598・6・3 社
デシベル ❾ 1991・8・2 文
度量衡器 ❻ 1891・8・24 文
度量衡取締規則 ❻ 1875・8・5 文／1876・2・19 文
度量衡法施行令 ❼ 1903・9・20 文／1909・3・8 文／1921・4・12 文／1924・7・1 文
ヘルツ ❾ 1968・4・1 文／1972・7・1 文
ホン ❾ 1991・8・2 文
升・枡 ❷ 1144・是年 文／❹ 1566・11・2 文／❺-1 1668・4・6 文／7・21 文／❺-2 1717・5・20 文／1719・9月 文／1725・7・28 文／1737・4・19 文／1776・2・29 文／1778・8・21 文／1826・10・26 文
安藤升 ❹ 1584・10月 文
一俵(米)の容量 ❺-1 1616・7月 政
江戸枡 ❺-1 1669・1・28 文
納斗 ❸ 1345・8月 社
甲斐枡 ❺-2 1776・是年 文
関東秤所 ❺-1 1614・3・13 文
京桝 ❹ 1586・10・9 文／1597・3・24 文／❺-1 1657・是年 文／1668・10・24 政／1669・2・28 文／8月 文／12・4 文／❺-2 1723・7月 文／1810・6月 文
京目でなく田舎目 ❹ 1577・10・25 社
金銀衡量 ❹ 1588・6・19 文
収納桝 ❸ 1341・是年 社
守随氏と家康の関係 ❹ 1582・11・26 文
守随秤 ❹ 1583・10・5 文／❺-1 1655・8・20 文／1673・9・22 文
宣旨枡(せんじます) ❷ 1072・9・29 文／1178・4・26 文／❸ 1330・5・22 政／1343・10・29 文
天秤座 ❺-1 1627・1・2 社
斗枡使用法を改正 ❺-2 1831・9月 文
偽枡 ❹ 1583・⑨・23 文／❺-1 1685・10・25 文／1688・10・27 文／1694・8・30 文／❼ 1910・4・15 社／1915・2・18 社／1917・7・20 社
秤・千木 ❺-2 1720・10・30 文／1723・12月 文／1743・8・7 文／11・9 文／1744・2・14 文／1752・8・8 文／1775・2・18 文／1777・8・23 社／1794・10月 文／1804・11・2 文／1821・8・22 文／1836・3・22 文
秤座 ❹ 1582・11・26 文／❺-1 1615・3月 文／1653・⑥・27 文
秤細工 ❹ 1574・⑪・24 文
秤取役 ❺-1 1601・11月 社
秤の価格 ❺-1 1664・5・12 文／1711・12月 文／❺-2 1716・3・6 文／1819・3月 文
秤の製作・販売 ❹ 1574・是年 文
秤分銅 ❺-1 1659・10・23 文／1665・3月 文／1714・2月 文
分銅(座・古分銅) ❺-2 1743・6・5 文／1759・3・24 文／1768・6・7 文／1804・11月 政／1818・9月 政／1831・6・28 社
櫃(ひつ) ❷ 1179・12・5 文
古枡 ❺-1 1670・9・3 文
本地枡 ❺-2 1729・是年 文
枡座(京都) ❺-1 1634・是年 文／1704・是年 文
桝座の制 ❹ 1569・7月 文
枡寸法 ❺-1 1676・是年 文
量衡の制 ❷ 1072・9・29 文
メートル法 ❻ 1870・9・2 文／1885・10・9 文／1886・4・20 文／1891・3・24 文／❼ 1909・3・8 文／1921・4・12 文／1923・4・1 文／1924・4・11 社／1926・2・27 文／1929・7・1 社／1930・1・1 社／❽ 1957・4・1 文／8・1 社／1958・8・1 社／1959・1・1 社
ヤード・ポンド法 ❼ 1909・3・8 文／❽ 1959・1・1 文
里程標柱 ❻ 1873・12・20 文
博士 ❶ 686・1・13 文／728・8・9 文／766・5・11 文／823・2・3 文／❻ 1873・8・12 文／1888・5・7 文
医博士 ❶ 553・6月／554・2月／691・12・2 文／867・2・11 文
易博士 ❶ 553・6月／554・2月
音博士 ❶ 691・9・4 文／692・12・14 文／771・11・24 文／806・1・26 文
陰陽博士 ❶ 692・2・11 文／808・9・5 文
瓦博士 ❶ 588・是年
紀伝博士 ❶ 808・2・4 文／3・21 文／834・4・20 文
国博士 ❶ 645・6・14 政／703・3・16 政／708・4・11 文／716・5・22 文／723・10・8 文／757・11・9 文／771・12・22 文／779・⑤・27 文／789・1・28 文／796・10・28 文／813・3・26 政／821・2・17 文／824・8・16 文／830・11・15 文／838・6・10 文／6・15 文／845・6・7 文
五経博士 ❶ 513・3月／6月／516・9月／554・2月／610・3月 文／671・1月 文
算博士 ❶ 851・5・17 文／871・12・27 文／❷ 1009・4・9 文／1024・12・24 文／1081・8・3 文／1138・是年 文／1139・8・4 文／1201・是年 文
島博士 ❶ 845・6・7 文
試問博士 ❶ 905・7・5 文／925・3・7 文
咒禁博士 ❶ 577・11・1／691・12・2 文
女医博士 ❶ 721・10・10 文／722・

11·7 文
書博士 ❶ 691·9·4 文／❷ 1129·12·17 文
陣法博士 ❶ 693·12·21 政
大博士 ❶ 677·5·3 文／900·昌泰年間 文／❷ 1175·5·21 文
天文博士 ❶ 776·3·6 文／808·9·5 文／❷ 1028·3·2 文／1097·1·16 文／1103·9·30 文／1153·3·1 文
日本博士 ❶ 732·5·5 文
博士料 ❶ 870·12·25 文
博士号 ❼ 1898·12·10 文／1911·2·21 文／1924·3·12 文／1927·4·20 文／1932·6·8 文／1934·7·31 文／❽ 1953·4·1 文／1956·5·29 文／1958·4月 文／1962·3·31 文
針博士 ❶ 882·1·7 文／984·11·2 文
学職頭(ふみやのつかさのかみ) ❶ 671·1月 政
明法(みょうぼう)生 ❶ 730·3·27 文
明法博士 ❶ 701·8·8 政／721·1·27 文／799·是年 文／825·5·25 文／❷ 1063·2·27 文／1111·9·10 文／1156·7·27 政
明経博士 ❶ 721·1·27 文／771·11·24 文／835·8·5 文／802·6·17 文／❷ 1123·11·26 文／1145·10·2 文／1183·1·22 文／❸ 1331·11·12 文
文章(もんじょう)生 ❶ 820·11·15 文／827·6·13 文
文章博士 ❶ 721·1·27 文／728·7·21 文／10·21 文／730·3·27 文／769·11·2 文／771·11·24 文／772·4·20 文／834·4·20 文／836·3·8 文／843·2·10 文／859·6·25 文／867·2·11 文／981·10·21 文／❷ 1008·10·30 文／1010·8月 文／1012·1月 文／1017·8·30 文／1019·11月 文／1020·⑫·23 文／1024·9·20 文／1025·1月 文／1026·10·26 文／1032·10月 文／1037·4月 文／1038·7·12 文／1041·1·25 文／1042·是年 文／1053·1月 文／1054·10月 文／1062·10·8 文／11·11 文／1069·2月 文／1078·6月 文／1079·11月 文／1083·12月 文／1088·12月 文／1100·12月 文／1107·1月 文／1122·12月 文／1134·11·26 文／1139·12·16 文／1143·12·19 文／1156·10·13 政／1157·1·24 文／1158·11·26 文／1170·1·27 文／1174·4·26 文／1179·10·18 文／1200·10·26 文／1204·1·13 文／1219·4·28 文／1233·12·22 文／1244·4·5 文／1251·12·9 文／1253·1·13 文／1260·10·10 文／1264·1·13 文／1277·2·14 文／❸ 1283·4·5 文／1287·1·13 文／1288·4·7 文／1290·2·7 文／1293·12·13 文／1298·4·9 文／1310·4·7 文／1335·1·13 文／1353·12·29 文／1354·8·13 文／1357·2月 文／❹ 1521·8月 文
問頭博士 ❷ 1032·7·14 文／1035·8·8 文／1040·12·20 文／1069·4·18 文／❸ 1356·3·25 文
浴殿儒者 ❶ 980·6·1 政
律学博士 ❶ 728·7·21 文／10·21 文／730·3·27 文
暦博士·漏刻博士⇨暦(こよみ)
鑪盤博士 ❶ 588·是年
藩校·寺子屋 ❺-1 1614·是年 文
寺子屋規則 ❺-1 1695·5·3 文
足利学校(時習館、下野) ❶ 832·8·5 文／❷ 1199·3·8 文／❸ 1394·是年 文／1439·①月 文／1446·6·29 文／❹ 1467·是年 文／1487·1·1 文／1537·是年 社／1560·6·7 文／1561·12·27 文／1578·8·10 文／1580·10·3 社／❺-1 1606·11月 文／1667·9月 文／1668·4·30 文／❺-2 1728·4·18 文／1730·3·29 文／1749·10月 文／1754·5·23 文／1755·9月 文／1793·11月 文／❻ 1868·6·4 文
天草学林 ❹ 1589·是年 文
育英館(清末藩) ❺-2 1787·是年 文
育英館(相馬藩) ❺-2 1822·4·3 文
育英館(中村藩) ❺-2 1822·是年 文
育英堂(新宮藩) ❺-2 1817·文化年間 文
郁文館(常陸土浦藩) ❺-2 1799·8月 文
石和教諭所(甲斐八代郡小城村) ❺-2 1824·是年 文
石山仮学館(岡山城) ❺-1 1666·10·7 文
維新館(肥前平戸藩) ❺-2 1779·11·20 文
上野忍岡学寮(林家·幕府) ❺-1 1630·是冬 文／1667·9月 文／1690·7·9 文
盈科堂(唐津藩) ❺-2 1723·9月 文
円光寺(伏見に学校) ❺-1 1601·9月 文
演武館(鹿児島藩) ❺-2 1773·11·1 文
岡山藩学校 ❺-1 1669·7·25 文
適塾姓名録(門人帳) ❺-2 1844·1月 文
温知館(肥後宇土藩) ❺-2 1763·是年 文
温文館(三河挙母藩) ❺-2 1787·10月 文
開成館(高知) ❻ 1866·2·5 文
懐徳堂(大坂) ❺-2 1724·5月 文／1726·6·7 文／1758·6·17 文／1800·1月 文
会輔堂(菅野彦兵衛門) ❺-2 1723·11·15 文
学館所(豊後府内) ❺-2 1845·5·2 文
学古館(豊後臼杵藩) ❺-2 1842·2·28 文
学習院(朝廷·京都) ❺-2 1805·10·23 政／1842·10月 文／1845·11·27 文／1846·⑤·28 文／1847·3·9 文／1849·2·23 文／4·7 文
　習学所(のち学習院) ❺-2 1842·10月 文
学習館(佐土原藩) ❺-2 1825·8月 文
学習館(壬生藩) ❺-1 1713·1月 文
学習館(和歌山藩) ❺-2 1791·2月 文
学習所(佐伯藩) ❺-1 1704·3月 文
学問教授所(幕府) ❺-2 1842·6月 文
学問教諭所(佐渡相川) ❺-2 1815·8月 文
学問講習所(米沢藩) ❺-1 1618·11月 文
学問所(烏山藩) ❺-2 1726·9月 文
学問所(仙台藩) ❺-2 1735·6·15 文
学問所(筑後久留米藩) ❺-2 1783·2月 文
学問所(山崎藩) ❺-2 1843·天保年間 文
学古館·集成館(臼杵藩) ❺-2 1804·是年 文
何陋館(黒羽藩) ❺-2 1820·是年 文
漢学所(広瀬藩) ❺-2 1801·3月 文
咸宜園(豊後日田郡) ❺-2 1805·8月 文／1817·2月 文
観光館(佐野藩) ❻ 1864·11月 文
含翠堂(大坂、土橋友直) ❺-2 1717·5·5 文
甘棠館(福岡藩) ❺-2 1784·2月 文
翰林館·広運館(下野喜連川家) ❺-2 1845·7·9 文
徽典館(甲府学問所) ❺-2 1800·寛政年間 文
徽典館(松前藩) ❺-2 1821·是年 文
汲深館(陸奥泉藩) ❺-2 1852·9月 文
求知堂(前橋藩) ❺-1 1700·是年 文
求道館(館林藩) ❺-2 1847·3月 文
究理堂(小石元俊) ❺-2 1801·是年 文
教授館(高知藩) ❺-2 1759·12·22 文／1760·1·16 文
教成館(陸奥一関藩) ❺-2 1783·12月 文
教諭所(京都) ❺-2 1833·8·4 文
教諭場(津山藩) ❺-2 1841·是年 文
教倫館(関宿藩) ❺-2 1823·11·15 文
教倫堂(伊勢神戸藩) ❺-2 1812·12月 文
敬学館(岡田藩) ❺-2 1795·10月 文
敬学館(二本松藩) ❺-1 1703·是年 文／❺-2 1817·是年 文
経学教授所(黒石藩) ❺-2 1832·是年 文
経誼館(唐津藩) ❺-2 1801·1·29 文
敬業館(豊浦藩) ❺-2 1791·6月 文
敬業館(萩藩) ❺-2 1792·6·2 文
敬業館(備中笠岡) ❺-2 1797·11月 文
敬教堂(大垣藩) ❺-2 1837·是年 文
敬業堂(丹後峰山藩) ❺-2 1829·文政年間 文
稽古館(筑前秋月藩) ❺-2 1775·3·16 文
稽古館(弘道館·文武館、彦根藩) ❺-2 1799·7月 文
稽古館(肥前島原藩) ❺-2 1793·9月 文
稽古館(日向都城) ❺-2 1778·5·12 文
稽古所(郡山藩) ❺-2 1724·是年 文
稽古堂·町講所(会津藩) ❺-1 1643·是年 文／1664·⑤月 文／1689·4·3 文
稽古堂(豊岡藩) ❺-2 1833·2月 文
稽全館(府内) ❻ 1854·7·27 文
敬道館(犬山藩) ❺-2 1840·5月 文

経武館(金沢藩) ❺-2 **1792**·2·2 文
敬明館·造士館(郡山藩) ❺-2 **1735**·享保年間 文
敬楽館(龍野藩) ❺-2 **1834**·9月 文
憲章館(美濃加納藩) ❺-2 **1829**·文政年間 文
玄生館(仙台郷学) ❺-2 **1835**·是年 文
玄聖講(医師、講仲間) ❺-2 **1813**·是年 文
顕道館(菰野藩) ❺-2 **1816**·是年 文
郷学憲章館(周防吉敷) ❺-2 **1805**·2月 文
公学校所(琉球) ❺-2 **1798**·4·21 文
講学所(川越藩) ❺-2 **1827**·8·12 文
広業館(延岡藩) ❺-2 **1768**·2月 文／**1850**·5月 文
広業館(播磨三日月藩) ❺-2 **1795**·是年 文
広業堂塾(佐渡) ❺-2 **1805**·是年 文
好古堂(上野前橋藩) ❺-1 **1691**·是春 文
孔子廟⇨昌平黌(しょうへいこう)
麹町教授所(服部善蔵) ❺-2 **1791**·10月 文
講習館(岸和田藩) ❺-2 **1852**·是年 文
講習堂(京都堺) ❺-1 **1648**·是年 文
興譲館(徳山藩) ❺-2 **1785**·5·9 文
興譲館(肥前小城藩) ❺-2 **1784**·10·15 文
興譲館(米沢藩) ❺-1 **1697**·5·15 文／❺-2 **1776**·2月 文
興譲館学則 ❺-2 **1776**·9月 文
好生館(萩藩) ❺-2 **1840**·9月 文
好生堂(出羽米沢藩) ❺-2 **1796**·4·24 文
講道館(讃岐高松藩) ❺-1 **1702**·是年 文／❺-2 **1780**·1·15 文
弘道館(但馬出石藩) ❺-2 **1775**·8·1 文／**1782**·2·28 文
弘道館(肥前佐賀藩) ❺-2 **1781**·12月 文
弘道館(備後福山藩) ❺-2 **1786**·7·8 文
弘道館(水戸藩) ❺-2 **1838**·3月 文／**1841**·8·1 文／❻ **1857**·5·9 文
高徳館(鳥取藩) ❺-2 **1757**·2·1 文
広徳館(富山藩) ❺-2 **1773**·6·1 文
講武館(武蔵岩槻藩) ❺-2 **1829**·文政年間 文
弘文館(鹿島藩) ❺-2 **1805**·是年 文
弘文院(林春斎の家塾) ❺-1 **1663**·12·26 文／**1666**·5月 文
御学問所(江戸城) ❺-1 **1643**·是年 文
古義堂(伊藤仁斎) ❺-1 **1662**·2月 文
五教館(大村藩) ❺-1 **1670**·是年 文／❺-2 **1790**·1·15 文
国史館(林家·幕府) ❺-1 **1670**·10月 文
克明館(今治藩) ❺-2 **1805**·4·3 文
克明館(浜松藩) ❺-2 **1846**·是年 文
五惇堂(郷学、上野伊勢崎) ❺-2 **1803**·是年 文
克己堂(郷校) ❺-2 **1842**·是年 文
国光館(三田藩) ❺-1 **1694**·是年 文
御文書所(秋田藩) ❺-1 **1697**·8月 文
五楽舎(手島堵庵) ❺-2 **1765**·11月 文
済衆館(肥前島原藩) ❺-2 **1821**·7·10 文
再春館(熊本藩医学校) ❺-2 **1756**·12月 文
済生館(福井藩) ❺-2 **1805**·2月 文
作新館(黒羽藩) ❻ **1857**·是年 文
審神舎(富士谷御杖) ❺-2 **1817**·是年 文
三近堂(久留里藩) ❺-2 **1842**·11月 文
賛成館(福岡藩) ❻ **1862**·是年 文
思永館(豊前小倉藩) ❺-2 **1758**·5·1 文
時観堂(伊予吉田藩) ❺-2 **1794**·11·27 文
四教堂(豊後佐伯藩) ❺-2 **1777**·5·1 文
時習館⇨足利学校(あしかががっこう)
時習館(大田原藩) ❺-2 **1850**·2月 文
時習館(紀伊藩) ❺-2 **1818**·是年 文
時習館(熊本藩) ❺-2 **1754**·是年 文
時習館(大聖寺藩) ❺-2 **1833**·是年 文／❻ **1854**·是年 文
時習館(常陸笠間藩) ❺-2 **1817**·是年 文
時習館(三河吉田藩) ❺-2 **1752**·7月 文
時習舎(京都、手島堵庵) ❺-2 **1773**·是年 文／**1779**·5月 文／**1782**·是春 文
閑谷学校(岡山藩) ❺-1 **1672**·10·28 文／**1674**·是冬 文／**1675**·7·19 文／9·9 文／**1700**·2·1 文／**1701**·4·16 文／❻ **1884**·8·1 文
思誠館(備中新見藩) ❺-2 **1755**·1月 文
施政堂(平藩) ❺-2 **1763**·是年 文
至誠廟(琉球) ❺-1 **1674**·是年 文
止善書院明倫堂(伊予大洲藩) ❺-2 **1747**·9·6 文
至善堂(福江藩) ❺-2 **1788**·天明年間 文
思文館(対馬藩) ❺-2 **1788**·5月 文
修教館(佐渡) ❺-2 **1825**·8·8 文／**1841**·3月 文
習教館(肥後人吉藩) ❺-2 **1786**·是年 文
修身館·総教館(本荘藩) ❺-2 **1788**·天明年間 文
修身舎(豊後森藩) ❺-2 **1835**·3月 文
修身堂(近江大溝藩) ❺-2 **1785**·6·1 文
集成館(小田原藩) ❺-2 **1822**·1月 文
集成館(美濃郡上藩) ❺-2 **1788**·天明年間 文
聚正義塾(武蔵上尾宿) ❺-2 **1788**·9月 文
修正舎(手島堵庵) ❺-2 **1773**·是年 文／**1779**·5月 文／**1782**·是春 文
修道館(出雲松江藩) ❺-2 **1758**·6月 文
修道館(宇都宮藩) ❺-2 **1817**·文化年間 文
修道館(越後高田) ❻ **1866**·12·7 文
修道館(小泉藩) ❺-2 **1834**·是年 文
修道館(下手渡) ❻ **1857**·9月 文
修道館(白河藩) ❺-2 **1825**·5月 文
修道館(田辺藩) ❺-2 **1829**·文政年間 文
修道館(西尾藩) ❻ **1854**·1月 文
修道館(広島藩) ❺-2 **1782**·2·12 文
修道館(美作津山藩) ❺-2 **1765**·6·18 文
修文館(菰野藩) ❺-2 **1816**·是年 文
修文館(横浜) ❻ **1866**·1月 文
修猷館(福岡藩) ❺-2 **1784**·2月 文
修来館·修成館(鶴牧藩) ❺-2 **1843**·天保年間 文
修行館(龍岡藩) ❻ **1854**·是年 文
樹徳斎(宇土藩) ❻ **1865**·是年 文
春秋館(私塾) ❺-1 **1628**·是年 文
順正書院(京都) ❺-2 **1839**·3月 文
順造館(小浜藩) ❺-2 **1743**·是年 文
惇明館(福知山藩) ❺-2 **1788**·天明年間 文／**1809**·是年 文
松下村塾(萩) ❻ **1856**·8·22 文／**1857**·11·5 文／**1859**·6·24 文
彰考館(水戸藩) ❺-1 **1672**·是春 文／❺-2 **1830**·2月 文
尚志館(鳥羽藩) ❺-2 **1824**·是年 文
象先堂(蘭語·伊東玄朴) ❺-2 **1833**·是年 文
尚徳館(鳥取藩) ❻ **1853**·2·21 文
昌平黌(孔子廟·昌平坂学問所·湯島聖堂) ❺-1 **1630**·是冬 文／**1672**·是春 文／**1703**·11·29 文／**1704**·2·7 文／11·26 社／❺-2 **1717**·7月 文／**1761**·3·27 文／**1787**·9·16 文／**1789**·是年 文／**1790**·5·24 政／**1792**·8·16 文／**1793**·9·18 文／**1797**·10·16 文／**1798**·2·7 文／**1799**·10·22 文／11·11 文／**1800**·3月 文／**1842**·4·29 文／**1843**·2·23 文／8月 文／**1846**·12·21 文／**1852**·7·29 文／**1868**·6·27 文／12·25 文／**1869**·4·18 文／**1870**·7·12 文
芝蘭堂(大槻玄澤) ❺-2 **1789**·6月 文／**1794**·⑪·11 社
進脩館·日新館(中津藩) ❺-2 **1796**·8月 文
仁寿山黌(播磨姫路) ❺-2 **1823**·1月 文
尽心舎(心学、土浦藩) ❺-2 **1802**·9月 社
進徳館(越前鯖江藩) ❺-2 **1788**·是年 文／**1814**·5·1 文
進徳館(高遠藩) ❻ **1860**·③·28 文
進徳館(丹波綾部藩) ❺-1 **1715**·是年 文
振徳堂(丹波篠山藩) ❺-2 **1766**·是年 文
振徳堂(日向飫肥藩) ❺-2 **1801**·11月 文
崇化館(三河挙母藩) ❺-2 **1787**·10月 文
崇教館(信濃松本藩) ❺-2 **1793**·3·9 文
崇広館(柏原藩) ❻ **1857**·是年 文
崇広堂(伊勢津藩) ❺-2 **1821**·3月 文

崇徳館(越後長岡藩) ❺-2 **1808**·4·28 文/是年 文
誠意館(出雲広瀬藩) ❺-1 **1699**·是年 文
菁莪堂(高槻藩) ❺-2 **1800**·寛政年間 文
正義堂(福井藩) ❺-2 **1819**·8·6 文
静好堂(上総)掟書 ❺-2 **1853**·2 月
静修館(飛驒高山) ❺-2 **1805**·4 月 文
静寿園(佐賀大村藩) ❺-1 **1672**·寛文年間 文
成章館·育英館(蓮池藩) ❺-2 **1773**·是年 文/**1784**·9·6 文
成章館(三河田原藩) ❺-2 **1810**·9·12 文
菁々館(石見津和野藩) ❺-2 **1786**·1 月 文
聖堂(鹿児島藩) ❺-2 **1773**·2 月 文
誠道館(佐貫藩) ❺-2 **1796**·是年 文
成徳書院(下総佐倉藩) ❺-2 **1792**·3·20 文/**1836**·10 月 文
済美館(長崎) ❻ **1865**·8·12 文
舎密所(製薬所·会津) ❻ **1857**·9 月 文
正明館(丸亀藩) ❺-2 **1794**·8 月 文
遷喬館(岩槻藩) ❺-2 **1799**·是年 文/**1829**·文政年間 文
遷喬館(大和芝村藩) ❺-1 **1696**·是年 文
撰秀館(佐貫藩) ❺-2 **1796**·是年 文
遷善館(武蔵久喜代官) ❺-2 **1803**·3 月 文
潜龍館(美濃郡上藩) ❺-2 **1788**·天明年間 文
造士館(安中藩) ❺-2 **1808**·3 月 文
造士館(鹿児島藩) ❺-2 **1773**·8·29 文
造士館(三田藩) ❺-2 **1818**·是年 文
造士書院(館林藩) ❻ **1857**·6·15 文
尊性堂(但馬生野藩) ❺-2 **1842**·是年 文
大覚寺学問所(京都) ❺-2 **1817**·文化年間 文
多久学校(佐賀藩) ❺-1 **1699**·是年 文/**1700**·是年 文
多松堂(大坂、三宅石庵) ❺-1 **1713**·8 月 文/❺-2 **1719**·8 月 文
達道館(岩村田) ❻ **1864**·是年 文
立山学校⇨明倫堂(めいりんどう)
致道館(鶴岡藩) ❺-2 **1805**·2·1 文
致道館(日出藩) ❻ **1858**·6 月 文
長善館(亀田藩) ❺-2 **1786**·1 月 文
長善館(信濃高島藩) ❺-2 **1803**·2 月 文
長道館(飯山藩) ❻ **1857**·是年 文
朝陽館(萩藩) ❺-2 **1803**·是年 文
適々斎塾(蘭学塾、大坂) ❺-2 **1838**·是年 文
手習所(岡山藩) ❺-1 **1667**·1 月 文
寺島学問所(阿波徳島藩) ❺-2 **1791**·4·26 文
典学館(久世代官) ❺-2 **1796**·是春 文
伝習館(柳川藩) ❺-2 **1824**·7·13 文
天輔館(上山藩) ❺-2 **1809**·12 月 社
道学堂(新発田藩) ❺-2 **1736**·是年 文/**1772**·4·9 文
徳譲館(鹿島藩) ❺-2 **1805**·是年 文
徳造書院(掛河藩) ❺-2 **1802**·是年 文
斗南藩学 ❻ **1870**·4 月 文
内徳館(伊予宇和島藩) ❺-2 **1748**·7·22 文
西本願寺学寮 ❺-1 **1639**·是年 文/**1674**·12·4 文
日学館(甲斐石和) ❺-2 **1823**·是年 文
日新館(会津藩) ❺-1 **1664**·⑤月 文/❺-2 **1801**·11·1 文/❻ **1882**·9·14 文
日新館(対馬藩) ❻ **1864**·2·23 文
日新館(盛岡藩) ❻ **1862**·是年 文
日新堂(高須藩) ❺-2 **1736**·是年 文
日知館(長尾藩) ❺-2 **1829**·文政年間 文
鐸舎(ぬでのや、京都) ❺-2 **1816**·1 月 文
沼田学舎(沼田藩、群馬) ❺-2 **1742**·12 月 文
延方郷校(常陸行方郡延方村) ❺-2 **1806**·是年 文
梅園塾(三浦梅園) ❺-2 **1766**·1·20 文
培達校(伊予小松藩) ❺-2 **1802**·6·17 文
伯太仮学校(伯太藩) ❺-2 **1843**·天保年間 文
博文館(赤穂藩) ❺-1 **1706**·11·28 文/❺-2 **1777**·是年 文
博喩堂(川越藩) ❺-2 **1827**·是年 文
花畠教場(岡山藩校) ❺-1 **1641**·是年 文/**1675**·7·19 文
藩校(母里藩) ❺-2 **1771**·是年 文
蛮語指南所(蘭語·長崎) ❺-2 **1797**·9·23 文
深川教授所(江戸) ❺-2 **1723**·2 月 文
敷教館(伊予宇和島藩) ❺-2 **1748**·7·22 文
敷教舎(陸奥白河藩) ❺-2 **1799**·是年 文
文学所(飯田藩) ❺-2 **1789**·是年 文
文武学校(阿波藩) ❺-2 **1798**·是年 文
文武学校(信濃松代藩) ❺-2 **1852**·8·12 文
文武館(秋月藩) ❺-2 **1784**·是年 文
文武館(出雲松江藩) ❺-2 **1758**·6 月 文
文武館(小田原藩) ❺-2 **1825**·是年 文
文武館(美濃郡上藩) ❺-2 **1788**·天明年間 文
文武稽古所(熊本藩) ❺-2 **1790**·12 月 文
文武所·知新館(美濃岩村藩) ❺-1 **1702**·9 月 文
文武場御稽古所 ❺-1 **1636**·是年 文
文礼館(長島藩) ❺-1 **1647**·是年 文/**1672**·是年 文/❺-2 **1722**·7 月 文
平章館(丸岡藩) ❺-2 **1804**·2·1 文
報本学舎(京都) ❺-2 **1841**·是年 文
補天閣(出羽上山藩) ❺-2 **1809**·7 月 文
邁訓堂(亀岡藩) ❺-2 **1822**·是年 文
三田尻学習堂(萩) ❻ **1864**·2·25 文
明時館(天文館) ❺-2 **1779**·10 月 文
無逸館(日出藩) ❺-2 **1837**·6 月 文
明教館(出雲松江藩) ❺-2 **1758**·6 月 文
明教館(伊予松山藩) ❺-2 **1828**·1·3 文
明新館(駿河府中) ❻ **1860**·2·19 文
明親館(沼津藩) ❺-2 **1817**·文化年間 文
明親館(淀藩) ❻ **1860**·5 月 文
明善館(上総大喜多藩) ❺-2 **1829**·1 月 文
明善堂(広島藩) ❺-2 **1764**·是年 文
明道館(福井藩) ❻ **1857**·4·12 文
明道館·明徳館(秋田藩) ❺-2 **1789**· 月 文/**1792**·3·14 文/**1811**·12·3 文/**1825**·10·30 文
鳴鳳館(徳山藩) ❺-2 **1785**·5·9 文
明倫館(伊予宇和島藩) ❺-2 **1748**·7·22 文
明倫館(洋学館、越前大野藩) ❺-2 **1843**·7 月 文/**1844**·4 月 文
明倫館(亀山藩) ❺-2 **1825**·是年 文
明倫館(萩藩) ❺-2 **1719**·1·12 文/**1846**·12·9 文/**1849**·1 月 文
明倫館(備中倉敷代官) ❺-2 **1834**·是年 文/**1837**·是年 文
明倫館(丸亀藩) ❺-2 **1794**·8 月 文
明倫校(伊予大洲藩) ❺-2 **1800**·9·2 文
明倫斎(舞鶴藩) ❺-2 **1788**·天明年間 文
明倫舎(伊勢亀山藩) ❺-2 **1785**·是年 文/**1790**·是年 文
明倫舎(手島堵庵) ❺-2 **1773**·是年 文/**1779**·5 月 文/**1782**·是春 文
明倫堂(上田藩) ❺-2 **1811**·是年 文
明倫堂(大洲藩) ❺-2 **1744**·是年 文
明倫堂(近衛家学校) ❺-2 **1838**·3 月 文
明倫堂(信濃小諸藩) ❺-2 **1802**·6 月 文
明倫堂(新荘藩) ❺-2 **1788**·天明年間 文
明倫堂(立山学校、長崎) ❺-1 **1663**·3·8 文/**1676**·是年 文/**1710**·是年 文
明倫堂(名古屋藩) ❺-2 **1749**·11·15 文/**1783**·4 月 文
明倫堂(日向高鍋藩) ❺-2 **1778**·2·24 文
明倫堂·経武館(金沢藩) ❺-2 **1792**·2·2 文
遊焉館·学問所(豊後府内藩) ❺-2 **1771**·是年 文/**1795**·6·24 文/❻ **1857**·1·6 文
由学館(甲斐八代郡小城村、石和教諭所) ❺-2 **1824**·是年 文
由学館(脩道館、豊後竹田藩) ❺-2 **1776**·8 月 文
由学館(豊後岡藩) ❺-2 **1726**·是年 文
有終館(高梁藩) ❺-2 **1746**·是年 文
又新館(崇広館、柏原藩) ❺-1 **1695**·是年 文
有造館(伊勢津藩) ❺-2 **1820**·3·4 文
遊芸館(高崎藩) ❺-2 **1763**·宝暦年間

文
湯島聖堂(林家·幕府) ❺-1 **1690**·12·22 文
養賢堂(学問所、仙台藩) ❺-2 **1736**·11月 文／**1771**·3月 文
養正館(伊予小松藩) ❺-2 **1802**·12月 文
洋書習字所(福井藩) ❻ **1857**·4·12 文
養老館(岩国藩) ❺-2 **1847**·5·20 文
養老館(石見津和野藩) ❺-2 **1786**·1月 文／**1849**·12·1 政
養老館(萩藩) ❺-2 **1846**·是年 文
翼輪堂(水口藩) ❻ **1855**·6月 文
横浜語学所 ❻ **1867**·1·3 文
蘭学所(会津藩) ❻ **1857**·9月 文
蘭学堂(弘前藩) ❻ **1859**·2·28 文
立教館(桑名藩) ❺-2 **1823**·是年 文
立教館(白河藩) ❺-2 **1791**·是年 文
立成館(須坂藩) ❺-2 **1788**·天明年間 文
立誠堂(山形藩) ❺-2 **1845**·是年 文
礼譲館(丹後宮津藩) ❺-2 **1818**·2月 文
廉塾(菅茶山) ❺-2 **1796**·是年 文
和学講談所(塙保己一) ❺-2 **1793**·2月 文／7·23 文／**1795**·9·6 文／❻ **1868**·6·11 文
幼稚園 ❻ **1876**·11·14 文／**1879**·是年 文／**1881**·1·31 文／**1884**·2·15 文／❽ **1944**·4·19 社／**1964**·8·7 文／❾ **1965**·2·9 文／**1969**·4·15 文
『幼稚園唱歌集』 ❻ **1887**·12月 文
全国幼稚園関係者大会 ❼ **1915**·8·3 文
全国保育連合会 ❽ **1947**·11·5 文
日本女子大学幼稚園 ❼ **1906**·7·5 文
双葉幼稚園 ❼ **1900**·1·10 文
幼児の言語能力 ❾ **1970**·11·7 文
幼稚園教育記念式典 ❾ **1966**·11·15 文／**1976**·11·16 文
幼稚園教育要領 ❽ **1956**·2·7 文／**1964**·3·21 文／❾ **1989**·2·10 文
幼稚園数 ❼ **1915**·4月 社
幼稚園保姆伝習所 ❼ **1901**·2·5 文
幼稚園令 ❼ **1926**·4·22 文
幼稚遊技場 ❻ **1875**·是冬 文
予備校·学習塾 ❽ **1953**·4月 文／❾ **1965**·4月 社／**1977**·3·11 文／**1986**·4·8 文／**1994**·7·29 文／**1999**·6·1 文
『蛍雪時代』 ❼ **1932**·10月 文／❽ **1941**·10月 文
旺文社ラジオ大学受験講座 ❽ **1952**·4·1 文
河合塾 ❽ **1955**·3·10 文／❾ **1977**·4·1 文／**1984**·8月 文
公文教育研究会 ❾ **2010**·6月 社
高校浪人 ❽ **1955**·7月 文
駿台予備学校 ❽ **1952**·10·20 文
大学受験者 ❽ **1941**·2月 文
東大合格者速報 ❽ **1962**·3·22 文
代々木ゼミナール ❽ **1959**·4·30 文／❾ **1979**·4·1 文
留学生 ❻ **1875**·7·18 文／**1876**·6·25 文
アメリカ留学生 ❻ **1870**·8·27 文／**1871**·11·12 文
イギリス留学生 ❻ **1863**·5·12 文／**1865**·3·22 文／**1866**·9·6 文／**1879**·7·29 文／❽ **1950**·10·9 文
オランダ留学 ❻ **1856**·10·5 文／**1862**·9·11 文
海外学習·派遣の抑制 ❽ **1937**·9·28 文
海外留学生 ❻ **1867**·12月 文／**1873**·5月 文
海外留学生帰国命令 ❻ **1873**·12·25 文
海外留学生規則 ❻ **1870**·12·12 文
外国委託生に関する規程 ❼ **1900**·7·4 文
外国人留学生 ❾ **1988**·1·25 文／4·21 文／**1994**·2·19 文／**2002**·11·16 文／**2008**·1·14 文／**2012**·6月 文
科学者戦後海外渡航の始め ❽ **1948**·7·2 文
韓国留学生 ❾ **2000**·3·18 文
女子留学生 ❻ **1871**·11·12 文
清国·中国留学生 ❼ **1902**·6·12 文／**1903**·12·24 文／**1905**·11·2 文／**1910**·7·3 政／**1913**·2·13 政／**1916**·4·2 政／**1918**·5·6 政／❾ **1973**·10月 文／**1989**·6·4 文
貸費留学生規則 ❻ **1875**·5·8 文
台湾留学生 ❾ **1969**·6·16 政
長期海外留学生制度 ❽ **1951**·9·20 文
朝鮮人留学生 ❻ **1881**·6·8 文／**1895**·5·1 文／❼ **1907**·3·26 政／**1919**·2·8 政
東京開成学校留学生 ❻ **1875**·7·18 文
渡米留学生 ❽ **1949**·12·20 文／**1950**·7·10 文
日英交換教授 ❽ **1937**·6·10 文
日仏交換学生 ❽ **1950**·8·24 文
日米教育交換計画 ❽ **1951**·8·28 文
日本留学生 ❾ **1990**·10·7 政／**2004**·10·10 文／**2010**·12·22 文
ネパール留学生 ❼ **1902**·6·18 文
幕府留学生 ❻ **1862**·9·11 文
フィリピン留学生 ❼ **1901**·5·29 社／❽ **1955**·7·16 文
フランス留学生 ❽ **1951**·8月 文
フランス留学制度 ❽ **1950**·5·21 文
フルブライト留学制度 ❽ **1946**·8·1 文／**1952**·7·19 文／❾ **1995**·2·9 文
満洲国留日学生会 ❼ **1936**·6·27 文／❽ **1941**·3·2 文
民国留学生大会 ❼ **1915**·2·11 政
留学生課程 ❽ **1960**·4·1 文
留学生規定(大東亜省) ❽ **1943**·1·23 文
留学生実態調査 ❾ **2001**·5·1 文
留学生規則 ❻ **1873**·5·30 文
ロシア留学生 ❻ **1865**·2·27 文／4·8 文／**1870**·8·27 文
歴史
『史海』 ❻ **1891**·5·25 文
『正倉院文書正集』 ❺-2 **1833**·10·18 文
欧州史会 ❺-2 **1850**·是年 文
音生 ❶ **817**·④·17 文
御書始 ❺-2 **1735**·6·2 文
学館院 ❶ **847**·承和年間 文／**964**·11·3 文
学問僧 ❶ **747**·3·28 文
学校料田 ❶ **781**·3·8 文
勧学会 ❶ **964**·3·15 文／**974**·8·10 文
勧学料田(薩摩) ❶ **876**·5·21 文
紀伝儒者 ❶ **805**·6月 文
記録文書(歴代) ❸ **1401**·2·29 文
旧事諮問会 ❻ **1891**·1·31 文
系図 ❷ **1212**·3·5 政
御講釈 ❻ **1869**·1·23 文
貢書生基準 ❶ **725**·3·14 文
古器·旧物保存令 ❻ **1871**·5·23 文
古記録の調査 ❷ **1142**·12·30 政
国史編纂 ❷ **1010**·8·13 文／❻ **1888**·10·30 文
国宝保存法 ❼ **1929**·3·28 文
国立公文書館 ❻ **1884**·1·24 文
故実質問会 ❻ **1878**·7·18 文
古社寺宝物調査 ❻ **1873**·10·31 文
古社寺保存会規則 ❻ **1879**·5·1 文／**1880**·7·6 文／❼ **1896**·4·18 文／**1897**·6·10 文
史学科(帝国大学) ❻ **1887**·9·9 文
史学会 ❻ **1889**·11·1 文
史学協会 ❻ **1883**·6·10 文
史官 ❺-1 **1611**·8·1 文
侍講 ❺-1 **1624**·4·11 文
史生 ❶ **703**·2·17 文／**728**·8·9 文／**729**·5·21 政／**758**·10·15 政／**766**·5·11 文／**803**·1·5 社／**902**·4·11 政
紀伝生 ❶ **757**·11·9 文
経生 ❶ **757**·11·9 文
秀才 ❶ **802**·6·17 文
修史館 ❻ **1877**·1·18 文
修史局 ❺-1 **1657**·2·27 文／❻ **1886**·1·9 文
修史総裁 ❻ **1869**·4·4 文
正倉院開封 ❻ **1872**·8·12 文
『正倉院御物出納注文』 ❶ **781**·8·12 文／**782**·是年 文／**784**·3·29 文／**793**·6·9 文／**799**·11·11 文／**800**·1·4 文／**806**·9·4 文
正倉院御物拝観規程 ❼ **1910**·10·4 文
『正倉院御物目録』 ❶ **782**·2·22 文
『正倉院財物実録帳』 ❶ **856**·6·24 文
『正倉院財物曝涼使解』 ❶ **856**·6·25 文
『正倉院勅封蔵開検目録』 ❷ **1193**·8·25 文
史料編纂掛 ❻ **1891**·3·31 文／**1895**·4·1 文
神話と史実混同不可 ❾ **1968**·5·31 文
蔵書目録 ❸ **1440**·11·8 文
日記 ❷ **1091**·是年 文／**1120**·6·17 文／**1138**·2·29 文／**1233**·5·28 文
日記作成奉行 ❷ **1156**·7·11 文
文殿 ❷ **1019**·1·24 文／2·2 文／**1102**·7·5 文
要劇史生糧 ❶ **818**·5·25 文
陽明学 ❺-1 **1669**·10·6 政
臨時全国宝物取調局 ❻ **1888**·9·25 文
その他
記憶術 ❻ **1895**·8·11 文
言文一致会 ❼ **1901**·1·26 文

穀倉院学問科 ❸ 1404·12 月 文
国民文化祭 ❾ 1994·10·23 文
地震観測車 ❽ 1955·2·19 文
自由民権 100 年全国集会 ❾ 1981·11·21 文
速記術(田鎖式) ❻ 1882·10·28 文／1883·5·5 文
知的財産高等裁判所 ❾ 2005·4·1 文
知的財産戦略推進計画 ❾ 2003·7·8 文
特許 ❾ 2004·2·23 文
論文被引用回数 ❾ 2010·7·12 文

28 美術館·博物館·図書館·文学館

図書館·文庫
『図書館白書』 ❾ 1972·4·30 文
図書館(全国) ❼ 1930·1 月 文
葵文庫(静岡県立中央図書館) ❺-1 1601·5 月 文／❼ 1925·4·28 文
浅草文庫(駿府) ❺-1 1655·11·12 文
浅草文庫(東京浅草) ❻ 1874·8·24 文／1875·11·17 文
アジア文化図書館(東京三鷹) ❽ 1958·4·1 文
石崎文庫(彦根藩主) ❺-2 1812·5 月 文
移動図書館自動車 ❽ 1949·8·8 文
大分県立図書館 ❾ 1966·7·1 文
大阪書籍館 ❻ 1876·3·25 文
大阪図書館 ❼ 1904·2·25 文
大阪府立図書館 ❻ 1876·3·25 文
大橋図書館(東京麹町) ❼ 1902·6·15 文
大宅壮一文庫 ❾ 1971·3·1 文
お茶の水図書館(東京神田) ❽ 1947·12·1 文
海外巡回図書館 ❼ 1921·4·5 文
学校図書館 ❼ 1916·6·15 文
学校図書館法 ❽ 1953·8·8 文
金沢文庫(武蔵) ❷ 1270·12 月 文／❺-1 1602·6·24 文
慶應義塾大学図書館(東京) ❼ 1912·5·18 文
現代マンガ図書館(東京) ❾ 1978·11·1 文
航空図書館(東京) ❽ 1955·4·1 文
江家(ごうけ)文庫 ❷ 1153·4·15 文
神戸市立図書館(兵庫) ❼ 1912·2·11 文
公立図書館 ❻ 1873·5·15 文
公立図書館職員令 ❼ 1921·7·21 文
国際児童図書展 ❾ 1977·3·2 文
国立国会図書館(書籍館、東京) ❻ 1872·6 月 文／❽ 1947·2·9 文／12·4 文／1948·2·9 文／6·5 文／1961·11·1 文
国立国会図書館新館 ❾ 1986·9·1 文
佐伯文庫(豊後佐伯藩主) ❺-2 1781·5 月 文／1828·2·27 文／1851·5 月 文
CIE 図書館(東京麹町ほか) ❽ 1945·11·26 文
私設図書館 ❻ 1872·5 月 文
衆議院図書館 ❼ 1901·12·7 文
聚珍宝庫(江戸高輪) ❺-2 1827·9 月 文
書籍館設置·廃止規則 ❻ 1881·1·31 文
真福寺経蔵図書 ❺-2 1821·11·23 文
図書頭(ずしょのかみ) ❶ 733·12·27 文／778·2·23 文／826·是年 文／846·7·27 文／847·2·11 文／854·2·16 文／856·2·8 文／7·13 文／857·4·19 文／859·2·13 文／860·2·14 文／862·2·11 文／878·2·15 文／8·14 文／886·2·21 文／6·19 文／❷ 1119·2·10 文／❺-2 1841·8·20 文
図書寮(宮内省) ❶ 728·9·6 文／866·3·1 文／876·11·25 文／❷ 1042·1·24 文／❻ 1884·8·27 文
成城大学図書館(東京) ❾ 1968·8·15 文
大日本教育会付属図書館(東京神田) ❻ 1891·9·9 文
高倉文庫 ❷ 1145·4·2 文
太政官文庫 ❻ 1884·1·24 文
帝国図書館(東京上野) ❼ 1897·4·27 文／1906·3·20 文／1930·3·15 文
天理図書館(奈良) ❼ 1925·8 月 文／1930·10·18 文
洞院家文庫 ❸ 1354·6·5 文／1355·7·12 文／1360·4·8 文／1361·2·1 文
東京経済大学図書館 ❾ 1969·3·6 文
東京書籍館 ❻ 1875·4·8 文／1877·3·28 文
東京神学大学図書館·総合研究所 ❾ 1986·5·30 文
東京帝国大学図書館(東京) ❼ 1928·12·1 文
東京図書館 ❻ 1886·12·2 文／1889·3·2 文
東京都立中央図書館 ❾ 1968·1·27 文
図書館員教習所 ❼ 1921·6·1 文
図書館情報大学(茨城) ❾ 1979·3·31 文／10·1 文
図書館法 ❽ 1950·4·30 文
図書館令 ❼ 1899·11·11 文
図書推薦規程 ❼ 1930·9·1 文
豊宮崎文庫(伊勢) ❺-1 1648·12·28 文
内宮文庫(林崎文庫、伊勢) ❺-1 1687·是年 文／1690·1·16 文
名古屋図書館(愛知) ❼ 1923·10·1 文／1925·4·19 文
南葵文庫(東京大学図書館) ❼ 1902·4·12 文／1908·10·10 文
日ソ図書館(東京) ❽ 1953·6·27 文
農村モデル図書館(茨城) ❽ 1963·7·22 文
羽田文庫(三河) ❺-2 1848·9 月 文
日比谷図書館(東京) ❼ 1908·11·16 文
平戸藩楽歳堂蔵書目録 ❺-2 1800· 年 文
広島市まんが図書館 ❾ 1997·5·1
富士見亭文庫(江戸) ❺-1 1602·6·2 文
フランクリン文庫 ❾ 1974·9·16 文
文庫 ❷ 1145·4·2 文／1180·4·29 文／1226·8·18 文／1240·4 月 文
紅葉山文庫(江戸城) ❺-1 1639·7·8 文／1644·9·10 文／1680·10·16 文／1692·是年 文／1713·5·4 文／1714·是年 文／❺-2 1716·6 月 文／1720· 月 文／12·29 文／1728·2·2 文／1733·4·29 文／1738·6·15 文／1766 9·5 文／1768·9·20 文／1836·是年 文／❻ 1870·2·22 文
紅葉山文庫書目改正 ❺-2 1766·9 5 文
八幡書庫(三河藩) ❺-2 1823·2 月 文
湯島書籍館(東京湯島) ❻ 1872·6 月 文
吉田文庫 ❸ 1283·6·19 文
モリソン文庫(東洋文庫) ❼ 1917·9 5 文
蘭林坊(書庫) ❷ 1107·⑩·20 政
冷泉家文書庫(京都) ❺-2 1721·8·2 文／❾ 1980·4·3 文／1981·4·1 文
博物館·美術館·文学館
美術館の始め ❻ 1877·8·21 文
愛知芸術文化センター ❾ 1992·10·30 文
愛知県立美術館 ❽ 1955·2·1 文
熱海美術館(静岡) ❽ 1957·1·2 文
天野博物館(古代アンデス文明、ペルー· マ) ❽ 1964·是年 文／❾ 1973 8·22 文
アメリカ文化センター(東京有楽町) ❽ 1952·5·10 文
イサム·ノグチ庭園美術館(香川) ❾ 1999·5·18 文
伊豆の長八美術館(静岡) ❾ 1984·7 15 文
板橋区立美術館(東京) ❾ 1979·5·2 文
一葉記念館(東京) ❽ 1961·5·11 文
伊能忠敬記念館(千葉) ❽ 1961·4 月 文
茨城県立近代美術館 ❾ 1988·10·1 文
印刷博物館(東京) ❾ 2000·10·7 文

ウィスキー博物館（山梨） ❾ 1979・5・15 社
上野の森美術館（東京） ❾ 1972・4・8 文
江戸東京博物館（東京） ❾ 1993・3・28 文
MOA 美術館（静岡） ❾ 1982・1・11 文
大倉集古館（東京） ❼ 1917・8・17 文
大阪国際児童文学館 ❾ 1980・7・1 文／1984・5・5 文
大阪市立自然科学博物館 ❽ 1958・1・13 文
大阪市立東洋陶磁美術館 ❾ 1982・11・6 文
大阪市立美術館 ❼ 1936・5・1 文
太田記念美術館（東京） ❾ 1980・1・13 文
大原美術館（岡山倉敷） ❼ 1930・11・5 文
　陶器館 ❽ 1961・11・13 文
岡山市立オリエント美術館 ❾ 1979・4・6 文
沖縄県平和記念資料館 ❾ 1975・6・11 文
荻原守衛記念碌山美術館（長野） ❽ 1958・4・22 文
大仏次郎記念館（神奈川） ❾ 1978・5・1 文
小樽市立小樽美術館（北海道） ❾ 1979・8・19 文
尾道市立美術館（広島） ❾ 1980・3・20 文
外国法文献センター（東大法学部） ❽ 1963・4・1 文
海事歴史博物館（広島県） ❾ 2005・4・25 文
加賀市美術館（石川） ❾ 1978・11・3 文
神奈川近代文学館 ❾ 1984・10・14 文
神奈川県立近代美術館 ❽ 1951・11・17 文
鎌倉芸術館（神奈川） ❾ 1993・10・1 文
鎌倉国宝館（神奈川） ❼ 1928・4・3 文
鎌倉文学館（神奈川） ❾ 1985・11・1 文
鎌倉文庫（神奈川） ❽ 1945・5・1 文
川崎市民ミュージアム（神奈川） ❾ 1988・11・1 文
監獄博物館（北海道） ❾ 1983・7・6 文
関西文化学術研究都市 ❾ 1988・3・28 文
吉備川上ふれあいまんが美術館（岡山） ❾ 1994・4・29 文
岐阜県立美術館 ❾ 1982・11・3 文
九州国立博物館（福岡） ❾ 2005・10・16 文
京都国立近代美術館 ❾ 1967・6・1 文／1986・10・26 文
京都帝室博物館 ❼ 1924・1・28 社
京都博物館 ❻ 1876・3・3 文
京都府立総合資料館 ❽ 1963・11・15 文
清春白樺美術館（山梨） ❾ 1983・4・17 文
近代文学館（東京） ❾ 1966・10月 文
熊本博物館 ❾ 1978・4・1 文
群馬県立近代美術館 ❾ 1974・10・17 文
群馬県立歴史博物館 ❾ 1979・10・21 文
憲政資料室（国立国会図書館国会支部） ❽ 1949・9月 文
原爆資料館（広島） ❽ 1949・9・25 政
小泉八雲記念館（島根松江） ❼ 1934・2・18 文
交通博物館（東京神田） ❾ 2006・5・14 文
声のライブラリー（日本点字図書館、東京） ❽ 1958・11・5 文
国際版画美術館（東京町田） ❾ 1987・4・19 文
国際文化会館（東京麻布） ❽ 1955・6・1 文
国立科学博物館（東京上野） ❼ 1921・6・24 文／❾ 1977・11・2 文
国立国際美術館（大阪） ❾ 1977・10・15 文
国立新美術館（東京） ❾ 2007・1・20 文
国立西洋近代美術館（東京上野） ❽ 1959・6・10 文／1960・5・14 文
国立歴史民俗博物館（千葉佐倉） ❾ 1974・6・7 文／1977・11・17 文／1983・3・16 文
五島美術館（東京） ❽ 1960・4・18 文
五明文庫（徳島） ❼ 1913・4・6 文
埼玉県立近代美術館 ❾ 1982・11・3 文
埼玉県立博物館 ❾ 1971・6・30 文
札幌芸術の森野外美術館（北海道） ❾ 1986・7・27 文
サントリー美術館（東京） ❽ 1961・11月 文
滋賀県立近代美術館 ❾ 1984・8・26 文
子規記念博物館（愛媛松山） ❾ 1981・4・2 文
子規堂（愛媛松山） ❼ 1925・12・15 文
静岡県立美術館 ❾ 1986・4・19 文
下着美術館（京都） ❾ 1978・4・1 文
島根県立古代出雲歴史博物館 ❾ 2007・3・10 文
下関市立美術館（山口） ❾ 1983・11・19 文
自由民権資料館（東京町田） ❾ 1986・11・3 文
将棋博物館（大阪） ❾ 1982・4・27 文
松濤美術館（東京渋谷） ❾ 1981・10・1 文
聖徳記念絵画館（東京明治神宮） ❼ 1927・10・1 文／1936・4・21 文
書道博物館（東京） ❼ 1936・11・3 文
ジョン・レノン・ミュージアム（埼玉） ❾ 2000・10・9 文
白樺美術館（山梨） ❼ 1921・3・5 文
新横浜ラーメン博物館（神奈川） ❾ 1994・3・6 社
静嘉堂文庫（東京） ❼ 1924・6月 文／❾ 1977・10・18 文
聖書図書館（東京） ❾ 1980・3・3 文
西武美術館（東京池袋） ❾ 1975・9・5 文
セゾン美術館（東京池袋） ❾ 1989・10・7 文／1999・2・15 文
世田谷美術館（東京） ❾ 1986・3・30 文
瀬戸内海歴史民俗資料館（香川） ❾ 1973・11・3 文
ソーラーアーク（Solar Ark、岐阜。太陽電池科学館併設） ❾ 2001・12・21 社
そろばん博物館（愛知） ❾ 1978・10・8 文
大東急記念文庫（東京） ❽ 1949・4・20 文
高輪美術館（東京、のち軽井沢へ移転） ❾ 1981・8・1 文
高山屋台会館（岐阜） ❾ 1968・9・15 文
竹中大工道具館（兵庫） ❾ 1984・7・1 文
谷崎潤一郎記念館（兵庫芦屋） ❾ 1988・10・9 文
たばこと塩の博物館（東京） ❾ 1978・11・3 文
近つ飛鳥博物館（大阪） ❾ 1994・3・25 文
茅野市美術館（長野） ❾ 1980・7・5 文
千葉県立美術館 ❾ 1974・10・24 文
彫刻の森美術館（神奈川） ❾ 1973・6・3 文／1977・6・5 政
通信綜合博物館（東京大手町） ❽ 1964・11・30 文
帝国京都博物館 ❻ 1889・5・16 文／1895・10・31 文／❼ 1897・5・1 文
帝国奈良博物館 ❻ 1889・5・16 文
手塚治虫記念館（兵庫） ❾ 1994・4・25 文
哲学堂（東京） ❼ 1904・4・1 文
鉄斎美術館（兵庫） ❾ 1975・4・5 文
鉄道博物館（埼玉） ❾ 2007・10・14 文
電気科学館（大阪） ❽ 1937・3・13 文
電気科学館（東京） ❽ 1944・3・18 文
東京科学博物館 ❼ 1931・2・3 文／11・7 文
東京教育博物館 ❻ 1881・8・6 文
東京ゲーテ記念館 ❾ 1988・4・3 文
東京国立近代美術館 ❽ 1952・12・1 文／❾ 1969・5・7 文
　工芸館 ❾ 1977・11・15 文
　新館 ❾ 1969・6・12 文
　フィルムセンター ❽ 1952・12・1 文／❾ 1984・9・3 文
東京国立博物館・帝室博物館 ❻ 1882・3・20 文／1886・3・24 文／1889・5・16 文／❼ 1900・6・26 文／❽ 1937・11・10 文／1938・11・10 文／1946・5・3 文／10・13 文／1947・5・3 文
　東洋館 ❾ 1968・10・12 文
　表慶館 ❼ 1909・5・10 文
　法隆寺宝物館 ❾ 1999・7・20 文／10・11 文
東京都現代美術館 ❾ 1995・3・18 文
東京都写真美術館 ❾ 1992・4・14 文／1995・1・21 文
東京都美術館 ❾ 1975・9・1 文
東京博物館 ❻ 1875・4・8 文
東京美術会館 ❼ 1907・4月 文
東京府美術館 ❼ 1926・5・1 文
東郷青児美術館（東京） ❾ 1976・9・9 文
藤村記念館（長野） ❽ 1947・11・15 文

／1952·11·14 文
東大寺ミュージアム(奈良) ❾ 2011·10·9 文
東武美術館(東京) ❾ 1992·6·10 文
徳川美術館(尾張徳川黎明会、名古屋) ❼ 1935·11·10 文
栃木県立美術館 ❾ 1972·11·3 文
富山県立近代美術館 ❾ 1981·7·5 文
豊橋市立美術館(愛知) ❾ 1979·6·1 文
長岡現代美術館(新潟) ❽ 1964·8·2 文
長崎歴史文化博物館 ❾ 2005·11·3 文
中原中也記念館(山口) ❾ 1994·2·17 文
名古屋市博物館(愛知) ❾ 1977·10·1 文
名古屋市美術館(愛知) ❾ 1988·4·23 文
名古屋ボストン美術館(愛知) ❾ 1999·4·17 文
奈良国立博物館 ❾ 1973·4·28 文
新潟県立近代美術館 ❾ 1993·7·15 文
新潟市美術館 ❾ 1985·10·13 文
日仏会館(東京神田) ❽ 1960·2·22 文
日本科学技術情報センター(埼玉) ❽ 1957·4·30 文／8·16 文
日本玩具博物館(兵庫) ❾ 1974·11 月 文
日本近代文学館(東京) ❽ 1963·4·7 文／10·1 文／1964·11·2 文
日本新聞博物館(神奈川) ❾ 2000·10·12 文
日本大正村(岐阜) ❾ 1986·12·13 文／1988·4·17 文
日本民芸館(東京駒場) ❼ 1936·10·24 文
新館 ❾ 1982·6·5 文
ニューヨーク·メトロポリタン美術館日本ギャラリー(米) ❾ 1987·4·25 文
根津美術館(東京) ❽ 1941·11 月 文
博物会 ❻ 1858·2 月 文／1862·3·25 文
博物館 ❻ 1875·3·30 文／1876·1 月 文／2·24 文
博物館法 ❽ 1951·12·1 文
博物局 ❻ 1871·9 月 文
博物局観覧場(東京湯島) ❻ 1871·10·1 文
箱根美術館(神奈川) ❽ 1952·7·3 文
東広島市立美術館(広島) ❾ 1979·6·1 文
東山魁夷館(長野) ❾ 1990·3·25 文
日比谷公会堂(東京) ❽ 1949·6 月 文
兵庫県立近代美術館 ❾ 1970·10·10 文
平福(百穂)記念館(秋田) ❾ 1988·4·29 文
広島市映像文化ライブラリー ❾ 1982·5·10 文
ひろしま美術館 ❾ 1978·11·3 文
広島平和記念資料館 ❽ 1955·8·24 文／❾ 2006·4·21 文
プーシキン美術館(ロシア) ❾ 1992·6 月 文
深川江戸資料館(東京) ❾ 1986·11·16 文
福井県立美術館 ❾ 1977·11·1 文
福岡アジア美術館 ❾ 1999·3·6 文
福岡県立美術館 ❾ 1985·11·3 文
福岡市立美術館 ❾ 1978·10·17 文
福島県立美術館 ❾ 1984·7·22 文
藤田美術館(大阪) ❽ 1954·5·22 文
ブリヂストン美術館(東京) ❽ 1952·1·8 文
北海道立近代美術館 ❾ 1977·7·21 文
本間美術館(山形) ❽ 1947·5 月 文
舞鶴引揚記念館(京都) ❾ 1988·4·24 政
松岡美術館(東京) ❾ 1975·11·17 文
丸木美術館(埼玉) ❾ 1967·5·6 文
漫画会館(埼玉大宮) ❾ 1965·11 月 文
三重県立美術館 ❾ 1982·9·25 文
水戸芸術館(茨城) ❾ 1990·3·21 文
宮本三郎記念美術館(東京) ❾ 1980·7·1 文
無言館(長野上田) ❾ 1997·5·2 文
武蔵郷土館(東京) ❽ 1954·4·3 文
明治神宮聖徳記念絵画館(東京) ❽ 1948·1·10 文
明治村(愛知犬山) ❾ 1965·3·18 文／1985·10·13 文
森鷗外記念館(フンボルト大学、東ベルリン) ❾ 1984·10·12 文
野球体育博物館(東京) ❽ 1959·5·1 社
柳瀬文化館(埼玉) ❽ 1947·12·1 文
大和文華館(奈良) ❽ 1960·10·31 文
山梨県立美術館 ❾ 1978·11·3 文
遊就館(靖国神社、東京) ❻ 1882·2·25 社
夕張市美術館(北海道) ❾ 1979·2·1 文
湯川記念館(京都大学) ❽ 1952·7·21 文
横尾忠則現代美術館(兵庫) ❾ 2012·11·3 文
横浜美術館(神奈川) ❾ 1989·3·25 文
ランゲージラボラトリー(津田塾大学、東京) ❽ 1960·1·1 文
李王家美術館(朝鮮京城) ❽ 1938·6·5 文
リッカー美術館(東京) ❾ 1972·9·17 文
リトルワールド人間博物館(愛知) ❾ 1983·3·18 文
龍谷ミュージアム(京都) ❾ 2011·4·4 文

29 医学·疾病

医学に関する書籍⇨「外科·解剖」も見よ
医書 ❷ 1118·2·10 文／❹ 1528·7 月 文／1536·9 月 文／❺-2 1842·7·6 文
『医戒』 ❺-2 1851·是年 文
『医家矩術要解』 ❺-2 1833·是年 文
『医学集成』 ❺-2 1828·是年 文
『医学知津』 ❺-2 1744·是年 文
『医学天正記』 ❺-1 1663·是年 文
『医学入門』 ❺-1 1666·是年 文
『医学蒙求』 ❺-2 1718·是年 文
『医家初訓』 ❺-2 1800·寛政年間 文
『医家名数』 ❺-2 1750·是年 文
『医官玄稿』 ❺-2 1753·是年 文
『医経解惑論』 ❺-2 1776·是年 文
『医原枢要』 ❺-2 1832·是年 文
『医事小言』 ❺-2 1805·是年 文
『医事或問』 ❺-2 1769·是年 文
『医者談義』 ❺-2 1759·是年 文
『医心方』 ❻ 1860·12 月 文
『医籍考』 ❺-2 1831·是年 文
『医則発揮』 ❺-2 1852·是年 文
『医断』 ❺-2 1759·是年 文
『医道日用綱目』 ❺-1 1709·是年 文
『医範提綱』 ❺-2 1805·是年 文
『医範提綱内象銅版図』 ❺-2 1808·3 月 文
『医方紀原』 ❺-2 1740·是年 文
『医方研幾』 ❺-2 1831·是年 文
『医方口訣集』 ❺-1 1681·是年 文
『医方聚要』 ❺-1 1678·是年 文
『医方大成抄』 ❺-1 1647·是年 文
『医方大成論諺解』 ❺-1 1685·是年 文
『医方問余』 ❺-1 1679·是年 文
『医薬宝函(蘭訳版)』 ❺-2 1741·是年 文
『医略抄』 ❺-2 1796·是年 文
『医療衆方規矩大成』 ❺-2 1769·是年 文
『医療精義』 ❺-2 1845·是年 文
『医療正始』 ❺-2 1835·是年 文
『医療手引草上編』 ❺-2 1766·是年 文／1777·是年 文
『暎咭唎(インギリス)国種痘奇書』 ❺-2 1841·是年 文
『引痘新法全書』 ❺-2 1842·是年 文
『遠西医方名物考』 ❺-2 1822·是年 文
『和蘭医話』 ❺-2 1805·11 月 文
『和蘭外科指南』 ❺-1 1696·2 月 文

『阿蘭陀外科相伝目録』　❺-1 **1710**·2 月 文
『和蘭内景医範提綱』　❺-2 **1805**·是年 文
『和蘭薬鏡』　❺-2 **1819**·是年 文
『蛕志』（かいし、蛔虫の本）　❺-2 **1820**·是年 文
『解体新書』　❺-2 **1774**·8 月 文
『海内医林伝』　❺-2 **1828**·是年 文
『眼科新書』　❺-2 **1815**·是年 文
『牛痘小考』　❺-2 **1849**·10 月 文
『外科訓蒙図彙』　❺-2 **1767**·是年 文／**1769**·是年 文
『解臓図譜』　❺-2 **1822**·是年 文
『皇国名医伝』　❺-2 **1851**·是年 文
『広参品』　❺-2 **1761**·11 月 文
『国字医叢』　❺-2 **1737**·是年 文
『産科指南』　❺-2 **1823**·是年 文
『産科新論』　❺-2 **1820**·是年 文
『種痘必順弁』　❺-2 **1795**·是年 文
『傷寒広要』　❺-2 **1827**·是年 文
『傷寒図説』　❺-2 **1798**·是年 文
『傷寒論輯義』　❺-2 **1822**·是年 文
『傷寒論集成』　❺-2 **1791**·是年 文
『傷寒論述義』　❺-2 **1827**·是年 文
『傷寒論弁正』　❺-2 **1790**·是年 文
『傷寒論夜話』　❺-2 **1846**·是年 文
『小児鍼に関する研究』　❼ **1930**·2·20 文
『女工と結核』　❼ **1913**·10·25 社
『諸州採薬記』　❺-2 **1740**·是年 文
『鍼灸枢要』　❺-1 **1676**·是年 文
『鍼灸抜萃大成』　❺-1 **1699**·是年 文
『新訂増補和蘭薬鏡』　❺-2 **1828**·是年 文
『新版合類薬種名寄帳』　❺-1 **1715**·3 月 文
『壬戌和蘭本草和解』　❺-2 **1742**·3·1 文
『西医今日方』　❺-2 **1848**·是年 文
『西洋医事集成宝函』　❺-2 **1819**·是年 文
『西洋内科撰要』　❺-2 **1792**·4 月 文
『接痘編』　❺-2 **1816**·是年 文
『増広太平恵民和剤局方』　❺-2 **1732**·是年 文
『増補古方薬品考』　❺-2 **1842**·是年 文
『増補手板発蒙』　❺-2 **1823**·是年 文
『続医断』　❺-2 **1811**·是年 文
『泰西内科集成』　❺-2 **1832**·是年 文
『泰西薬品早引』　❺-2 **1837**·是年 文
『中外医事新報』　❻ **1880**·1 月 文
『中條流産科全書』　❺-2 **1751**·是年 文
『朝鮮人参耕作記』　❺-2 **1764**·是年 文
『訂正東医宝鑑』　❺-2 **1724**·是年 文
『伝染病療法大全集』　❼ **1899**·2 月 文
『東医宝鑑』　❺-2 **1722**·11·28 文
『痘科方意解』　❺-2 **1823**·是年 文
『東京医事新誌』　❻ **1877**·2·25 文
『内科撰要』　❺-2 **1793**·是年 文
『日用灸法』　❺-1 **1631**·是年 文
『日用薬品考』　❺-2 **1810**·是年 文
『日講記聞』（医学雑誌）　❻ **1869**·12 月 文
『日本医家古籍考』　❺-2 **1815**·是年 文
『備急千金要方』　❺-2 **1849**·是年 文
『病学通論』　❺-2 **1849**·是年 文
『病家要覧』　❺-1 **1672**·是年 文
『普救類方』　❺-2 **1729**·4·7 文／是年 文／**1730**·2·16 文
『扶氏経験遺訓』　❺-2 **1842**·是年 文／**1851**·6·5 文
『弁医談』　❺-2 **1790**·是年 文
『弁斥医断』　❺-2 **1780**·是年 文／**1783**·是年 文
『本朝医誌』　❺-2 **1822**·是年 文
『麻疹便覧』　❺-2 **1800**·是年 文
『明医小史』　❺-2 **1724**·是年 文
『薬種目録』　❺-1 **1687**·是年 文
『薬品弁惑』　❺-2 **1754**·是年 文
『薬品目録』　❺-2 **1833**·是年 文
『薬籠本草』　❺-2 **1734**·是年 文
『瘍科瑣言』　❺-2 **1835**·是年 文
『瘍科秘録』　❺-2 **1847**·是年 社
『用薬須知』·『用薬須知後編』·『用薬須知後編正誤』　❺-2 **1726**·是年 文／**1759**·是年 文／**1765**·是年 文
『療治茶談』　❺-2 **1823**·是年 文
『レメリン解剖書·解剖図』　❺-1 **1687**·9 月 文
『和韓医話』　❺-2 **1764**·是年 文
『和漢人参考』　❺-2 **1748**·是年 文
『倭薬考』　❺-2 **1782**·是年 文

医学に関する規則·法律

医師試験規則　❻ **1879**·2·24 文
医師規則　❻ **1867**·10·16 文
医師免状規則　❻ **1882**·2·17 文／3·2 文／**1883**·10·23 文
医師召出制　❺-2 **1811**·8 月 文
医師任用制　❻ **1862**·⑧·16 文
医師法　❼ **1906**·5·2 文／❽ **1948**·7·30 文
医制　❻ **1874**·8·18 文
医療関係者徴用令　❽ **1941**·12·16 政

按摩·鍼·灸

按摩　❻ **1871**·11·3 社
按摩術·鍼術·灸術各営業取締規則　❼ **1911**·8·18 社／**1920**·4·21 社
按摩の笛　❺-2 **1800**·寛政年間 社
灸治　❷ **1129**·8·26 文／**1149**·10·7 文／**1165**·6·28 文／**1177**·6·10 文
針医　❺-1 **1637**·12·7 文／**1640**·8·3 文／**1712**·9·23 文／**1715**·6·25 文
鍼灸　❸ **1453**·7·15 文
鍼灸師　❻ **1878**·3·6 文／**1889**·4·10 文
鍼灸術営業取締規則　❻ **1885**·9·10 社
針生　❶ **757**·11·9 文／**820**·12·25 文
針博士　❶ **882**·1·7 文／**984**·11·2 文
鍼治（針治）　❺-1 **1703**·6·18 文／❺-2 **1755**·3·2 文／**1776**·11·8 社／**1788**·8 月 社／**1805**·5 月 社／**1823**·1·15 社／❻ **1871**·11·3 社
鍼治学問所（講習所）　❺-1 **1672**·是年 文／**1681**·是年 文
鍼師検校　❺-1 **1685**·8·5 文
目あきのあんま絶対反対　❽ **1961**·4·14 社

医師·医術

医員（幕府）　❺-1 **1690**·9·19 文
医学·医術　❹ **1539**·3 月 文／**1540**·3·9 文／**1576**·2·17 文
医学者ベルツ来日　❻ **1876**·6·7 文
医官の蓄髪許可　❻ **1862**·12·7 文
医経博士　❶ **830**·12·2 文
医師　❶ **686**·1·13 文／**698**·3·7 社／4·3 社／**716**·5·22 文／**719**·6·19 文／9·26 文／**720**·1·27 文／**721**·6·3 文／**723**·10·8 文／**728**·8·9 文／**731**·11·2 文／12·11 文／**732**·8·17 政／**756**·4·29 社／**766**·5·11 文／**771**·12·22 文／**779**·⑤·27 文／**796**·10·28 文／**798**·6·28 文／**799**·6·1 文／**821**·12·2 文／**823**·2·3 文／**830**·11·15 文／**838**·6·15 文／**845**·6·7 文／**866**·12·5 文／❸ **1367**·4·21 社／**1388**·2·3 文／**1402**·2·26 文／**1434**·6·9 文／❹ **1504**·是年 文／**1528**·7 月 文／**1536**·1·22 社／**1547**·2·21 政／**1554**·7·28 文／**1564**·3 月 文／**1572**·10·10 文／**1589**·12·28 文
医師料　❶ **870**·12·25 文
医師会　❻ **1886**·10·24 文／❾ **1982**·4·1 文
医師国家試験　❽ **1946**·5·6 文／**1946**·8·31 文／11·28 文／**1947**·5·15 文／❾ **1968**·3·20 文
医師氏名調査　❻ **1883**·12·28 文
医師団（沖縄無医村）　❽ **1961**·1·28 文
医師の数　❻ **1878**·3 月 政／**1883**·5 月 社／**1886**·是年 文／❾ **1971**·7·1 文／**1981**·11·7 文／**2008**·6·18 文
医師免許　❻ **1868**·11·7 文／**1874**·8·18 文／❼ **1905**·3·8 文／**1913**·9·19 文／**1928**·1·28 文
医術　❸ **1368**·是年 文
医術開業試験　❻ **1875**·2·10 文／**1876**·1·12 文／**1881**·3·3 文／**1884**·3·17 文
医生　❶ **757**·11·9 文
医僧（宋国）　❷ **1014**·6·25 文
医道課試　❷ **1034**·12·2 文
医道稽古人　❺-2 **1778**·⑥·11 文
医道の輩　❷ **1276**·7·7 文
医得業生　❶ **730**·3·27 文／**814**·3·12 文
医の心得　❺-1 **1669**·8·29 文
医博士　❶ **553**·6 月／**554**·2 月／**691**·12·2 文／**721**·1·27 文／**867**·2·11 文
医方　❸ **1453**·7·15 文
医務課（内務省）　❻ **1886**·2·27 文
衛生官　❼ **1916**·6·15 文
江戸の町医　❺-1 **1666**·11·28 文
奥医師　❺-1 **1689**·4·16 文／**1691**·7·19 文
オランダ医学　❺-2 **1843**·12·6 文
オランダ商館付医官　❺-1 **1690**·8·24 文
海外派遣医療班（コンゴ）　❽ **1960**·8·8 文
学校医　❼ **1898**·1·12 文
看護の日　❾ **1990**·12·3 文
漢方医　❻ **1872**·5 月 文／**1879**·是年 文／**1882**·5·15 文／❾ **1969**·2·15 文

救命救急士 ❾ **1992**·4·19 文／7·1 社
国医師 ❶ **708**·4·11 文／**757**·11·9 文
郡医者 ❺-1 **1654**·8·11 政
御用医師 ❺-2 **1753**·2·12 文
侍医 ❶ **686**·4·8 文／6·2 文／**786**·7·15 文
女医博士 ❶ **721**·10·10 文／**722**·11·7 文／❷ **1183**·⑩·18 文／❺-2 **1842**·11·30 文／❻ **1878**·11·13 文／**1885**·3 月 文／**1888**·11·6 文／❼ **1896**·4 月 文／**1910**·10 月 文／**1936**·5·10 文
清医 ❺-1 **1703**·8·4 文／❺-2 **1721**·6 月 文／**1726**·10·9 文
西洋医学(皇室) ❺-2 **1842**·1 月 文
西洋医学、学習許可 ❻ **1862**·⑧·22 文
戦時救護員 ❽ **1937**·7·28 文
ドイツ医学採用決定 ❻ **1870**·2 月 文
保険医 ❽ **1956**·2·20 文／**1961**·2·19 文
保健士 ❾ **1994**·4·20 社
保健婦·助産婦国家試験 ❽ **1951**·11·12 文
骨つぎ師 ❻ **1878**·3·6 文
町医者 ❺-2 **1764**·12·15 文
無医村調査 ❽ **1952**·7·31 文
無給医局員 ❾ **1965**·12·20 文
蘭医ポンペ来日 ❻ **1856**·8 月 文
蘭学医 ❺-2 **1819**·是年 文
良医 ❶ **414**·1·1
露都派遣日赤救護班 ❼ **1914**·10·23 社

医療制度·医療問題
赤ちゃん斡旋事件(菊田医師) ❾ **1973**·4·17 社
アンプル入り風邪薬事件 ❾ **1965**·2·18 文
安楽死·尊厳死(協会) ❾ **2002**·4·19 社／12·4 社／**2004**·5·13 文／6·4 文／**2006**·3·25 文
安楽死国際会議 ❾ **1976**·8·23 社
安楽死事件(東海大学) ❾ **1991**·4·13 文
安楽死論争 ❽ **1949**·5·31 社／9·20 文／**1962**·12·22 社
医師過剰時代 ❾ **1985**·12·10 文
医師の誤診 ❻ **1890**·9·12 文
医師の名義貸し ❾ **2003**·8·13 文／**2004**·1·22 文
医者に対する不満広告 ❼ **1913**·3·27 文
医療過誤 ❾ **2004**·1·30 文／3·30 文
医療制度 ❾ **2006**·6·14 文
医療滞在ビザ ❾ **2010**·12·17 文
医療に関する広告禁止 ❼ **1909**·7·17 文
インターン制度 ❾ **1965**·5·13 文／**1966**·3·21 文／**1968**·1·29 文／3·28 文
院内感染 ❾ **1993**·1·22 文／**2003**·8·19 文／**2010**·9·3 文
岡山県邑久町小学校·幼稚園集団中毒 ❾ **1996**·6·1 社
介護制度
介護休業法 ❾ **1995**·6·5 社／**1999**·4·1 社
介護サービス提供事業所不正請求 ❾ **2006**·3·13 文
介護事業 ❾ **1994**·12·16 社
介護福祉士 ❾ **1989**·1·29 文
介護保険制度 ❾ **1997**·12·9 社／**1998**·7·27 社／**1999**·7·28 文／**2000**·4·1 社／**2005**·6·22 社
介護ロボット ❾ **1980**·9·8 社
過労死 ❾ **1991**·2·4 社／11·23 社／**1992**·4·5 社／**1996**·3·28 社
患者取違え手術 ❾ **1999**·1·11 文
休日救急診療 ❾ **1979**·11·7 文
休診スト ❾ **1969**·12·23 文
軍艦脚気事件 ❻ **1882**·12·19 社
健康器具で死亡 ❾ **1965**·8·18 社
後期高齢者医療制度 ❾ **2008**·4·1 文
採血ミス事件 ❾ **1969**·4·27 文
死亡原因 ❽ **1951**·是年 社／**1953**·是年 文
集団食中毒 ❾ **1996**·6·1 社
新薬スパイ事件 ❾ **1983**·9·7 文
スポーツドクター制度 ❾ **1982**·5·12 社
善意の医者を殺害 ❻ **1877**·11·19 政
筑波大付属病院取違え手術 ❾ **2000**·8·3 文
特別養護老人ホームでノロウイルス ❾ **2005**·1·8 社
ニセ医師問題 ❾ **1972**·1·18 文
日本医師会一斉休診 ❾ **1970**·1·4 文
脳死 ❾ **1987**·3·25 文／4·10 文／**1988**·1·12 文／1·15 文／**1989**·12·1 文／**1990**·3·28 文／8·11 文／**1991**·9·11 社／6·14 文／**1992**·1·22 文／3·13 文／10·17 文／**1993**·5·7 文／10·22 文／**1994**·1·11 文／**1996**·9·29 文／**2009**·6·18 文／**2010**·8·9 文／**2012**·6·14 文
脳死検討委員会 ❾ **1984**·6·22 社／**1999**·9·5 文
八王子事件(実費診療) ❼ **1929**·是年 社
雪印乳業食中毒事件 ❾ **2000**·7·1 社／**2001**·7·26 社
医療費·保険
医療費 ❾ **1986**·2·23 文／**1991**·6·8 文／**1994**·9·25 文／**1995**·8·12 文／**2003**·4·1 文／**2005**·8·23 文
医療保険改革関連法案 ❾ **1997**·5·8 文
健康保険(法·料金) ❼ **1926**·3·29 文／6·30 文／**1927**·1·1 社／1 月 社
健康保険医 ❼ **1926**·10·22 文
健康保険署 ❼ **1926**·4·21 文／8·7 社／10·1 文
健康保険特例法 ❾ **1969**·7·10 政
健康保険法(臨時特例法) ❾ **1967**·8·24 文／**1984**·8·14 文／10·1 社／**2000**·11·30 文
国民健康保険法 ❽ **1938**·4·1 社／**1944**·5·24 政／**1958**·2·12 文／12·27 文／**1959**·1·1 社
サラリーマン医療費 ❾ **2002**·2·11 文
疾病保険(入院費の給付) ❾ **1976**·2·1 社
診療報酬 ❾ **2004**·2·13 文／**2010**·4·1 文
施療券(無料) ❻ **1877**·6·7 文
入院料金 ❻ **1874**·5·2 文／**1881**·7·1 社
病気になるも金次第 ❼ **1900**·是年 社
保険医辞退事件 ❾ **1971**·6·1 文／**1980**·10·7 文
保険医療費 ❾ **1990**·7·15 文
無料健康相談所 ❽ **1959**·11·9 文
老人医療費(無料) ❾ **1969**·12·1 文／**1971**·3·13 文／**1973**·1·1 文／**1981**·6·22 政／**1983**·2·1 文
学校
医学館(十全館、会津藩) ❺-2 **1811** 7·11 文
医学館(秋田藩) ❺-2 **1795**·12 月 文
医学館(躋寿館、幕府、江戸) ❺-2 **1765**·4·10 文／12·7 文／**1773**·5·10 文／**1786**·1·9 文／**1791**·10·24 文／**1792**·1·25 文／9·6 文／**1807**·6·2 文／**1843**·10·14 文／**1846**·10·19 文
医学館(鹿児島藩) ❺-2 **1774**·2 月 文
医学館(和歌山藩) ❺-2 **1792**·4 月 文
医学館·沢流館(高知藩) ❺-2 **1844**·3·1 文
医学館(新発田藩) ❺-2 **1776**·9·8 文
医学館(鳴鳳館、周防徳山藩) ❺-2 **1823**·12·10 文
医学館(仙台藩) ❺-2 **1815**·11 月 文
医学館(豊後府内藩) ❺-2 **1852**·是年 文
医学館(水戸藩) ❺-2 **1843**·6·28 文
医学館(施薬館、和歌山藩) ❺-2 **1843**·天保年間 文
医学講習所 ❻ **1877**·是年 文
医学塾 ❺-2 **1838**·是年 文
医学所 ❺-2 **1795**·7·19 文／**1797**·6·11 文／**1843**·是年 文／**1842**·是年 文／❻ **1860**·是年 文／**1861**·6·20 文／**1868**·④·9 文
医学部(仙台·岡山·金沢·長崎·千葉) ❻ **1887**·8·19 文
医学校(府県立) ❻ **1887**·10·1 文
医学校規則 ❻ **1869**·11 月 文／**1882**·5·27 文
医学校(全国)の数 ❻ **1879**·是年 政
衛生看護学科 ❽ **1953**·4·1 文
大阪府立医科大学 ❻ **1869**·2·17 文／❼ **1903**·9·12 文／**1919**·11·22 文
岡山医科(医専)大学 ❼ **1901**·4·1 文／**1912**·11·14 文／**1922**·3·31 文
金沢医科(医専)大学 ❼ **1901**·4·1 文／**1923**·3·31 文
北里研究所 ❼ **1915**·12·11 文
九州薬学専門学校 ❼ **1909**·1·22 文
京都医学研究会 ❻ **1865**·是年 文
京都府立医科大学 ❼ **1903**·6·30 文
熊本医学専門学校 ❼ **1904**·2·9 文
軍医学校 ❻ **1870**·是年 文
軍医寮 ❻ **1871**·7·5 文
慶應義塾大学医学部 ❻ **1873**·10 月 文／❼ **1917**·1·10 文／4·16 文／**1919**·4·16 文

国家医学講習科(帝国大学) ❻ 1889·12·14 文
順天堂大学 ❺-2 1838·是年 文／1843·6月 文
私立医科学校 ❻ 1876·4月 文
西洋医学所(江戸) ❻ 1857·8月 文／1861·10·28 文／1862·⑧·4 文
仙台医学専門学校 ❼ 1901·4·1 文
千葉医科(医専)大学 ❼ 1901·4·1 文／1923·3·31 文
東亜医学校 ❻ 1883·9·16 文
東京医学校(大学東校·東京大学) ❻ 1857·8月 文／1868·6·26 文／1869·12·17 文／1874·5·7 文／1877·4·12 文
東京医学専門学校 ❼ 1918·4月 文
東京歯科医学校 ❼ 1900·2·12 文／1907·9·13 文
東京慈恵医院医学専門学校 ❼ 1903·6·5 文
東京女医学校 ❼ 1900·12·5 文
東京薬学専門学校 ❼ 1917·3·26 文
東北帝大医科大学 ❼ 1915·7·14 文
富山薬学専門学校 ❼ 1909·7·17 文／1920·9月 文／1923·5·10 文
長崎医科大学 ❼ 1901·4·1 文／1923·3·31 文
長崎医学校 ❻ 1874·10·12 文
長崎府医学校(精得館) ❻ 1868·10·17 文
長崎養生所 ❻ 1861·8·16 文
名古屋医科大学 ❼ 1931·4·30 文
新潟医科大学 ❼ 1910·4·1 文／1922·3·31 文
日本医科大学 ❼ 1926·2·5 文
日本歯科医学専門学校 ❼ 1909·8·14 文
満洲医科大学 ❼ 1922·3·31 文／10·1 文
陸軍軍医学校 ❻ 1886·6·21 文
眼科 ❻ 1861·8·14 文／1869·9月 文
アイ·バンク ❽ 1957·10·22 文／1963·6·28 文／10·10 文
角膜移植 ❼ 1936·4·2 文／❽ 1949·11·18 文／❾ 1979·12·18 文／1984·9·26 文／2004·9·16 文／2009·12·29 文
眼科医(院) ❻ 1876·11·20 文
眼病 ❷ 1011·6·15 政／1014·2月 社／1227·8·19 文／❺-1 1702·2·4 文／❺-2 1826·4月 文
義眼 ❻ 1887·1·8 文
近視 ❽ 1950·3·9 社／❾ 1965·1·22 文
クロロキン網膜症 ❽ 1962·9·23 文／❾ 1975·12·22 文／1982·2·1 文／1988·6·6 文／1994·9·13 文／1995·6·23 文
コンタクトレンズ ❾ 1979·3·3 文
色盲検査 ❼ 1916·4·28 文／1920·9·24 社
視力 ❾ 1994·1·4 文
日·米緑内障シンポジウム ❾ 1981·10·3 文
眼の掃除禁止 ❼ 1906·6·15 社
万国共通試視力表 ❼ 1921·4·1 文
流行性結膜炎 ❽ 1949·11·18 社
レーシック手術 ❾ 2010·12·7 社
看護師
アメリカ篤志看護婦 ❼ 1904·4·22 文／7·18 文
看護士(婦) ❽ 1940·12·20 文／1941·9·3 文／❾ 1965·5·26 文／1990·11·9 文／1991·11·13 文／1992·11·13 文
看護婦規則 ❼ 1915·6·30 文／1933·6·5 社
看護婦養成所 ❻ 1884·是年 文／1894·12·3 文
准看護士(婦) ❾ 1971·5·8 文
ナイチンゲール章 ❽ 1950·3·9 社／1957·6·17 文
ナースキャップ ❾ 2011·7月 文
日本看護婦協会 ❾ 1966·9·30 文
派出看護婦制 ❻ 1888·11·14 社
患者団体
筋無力症友の会 ❾ 1972·4·10 文
全国公害病患者の会 ❾ 1975·5·25 社
全国腎臓病患者連絡協議会 ❾ 1981·11·8 文
全国難病団体連絡協議会 ❾ 1972·4·10 文
全国むち打ち症被害者対策協議会 ❾ 1967·10·26 文
無菌ハンセン氏病患者デモ ❾ 1972·7·3 社
外科·解剖に関する書籍⇨ 医学に関する書籍も見よ
『解屍編』 ❺-2 1772·是年 文
『解体新書』 ❺-2 1774·8月 文
『解剖図(野獣)』 ❺-2 1808·11月 文
『解臓器図賦』(人体解剖図) ❺-2 1822·是年 文／1832·是年 文
『人身連骨真形図』 ❺-2 1741·是年 文
『臓志』 ❺-2 1759·是年 文
『男人内景真図』 ❺-2 1776·3月 文
『女人内景真図』 ❺-2 1775·8月 文
『施薬院解男体図』 ❺-2 1798·2·13 文
外科·解剖·腑分け ❺-2 1754·②·7 文／1758·3·26 文／5·7 文／1759·6·21 文／1770·4·25 文／1771·3·4 文／12·25 文／1775·8月 文／1776·3月 文／1783·6·25 文／1790·9·12 文／1792·11·24 文／1796·10·1 文／1797·是年 文／1798·9·19 文／1802·10月 文／1805·11月 文／1812·是年 文／1828·9月 文／1839·10月 文／❻ 1859·8·13 文／是年 文／1869·4·12 文
オランダ外科·蘭法外科 ❺-1 1696·是年 文／❺-2 1742·3·1 文／1743·3·1 文／1744·3·1 文／1757·是年 文／1794·7·1 文／1822·2月 文／1849·3·15 文
解体人形 ❺-2 1825·9·22 文
開頭手術 ❺-2 1827·5·27 文
解剖図 ❺-2 1805·是年 文／1808·3月 文
解剖法 ❻ 1885·7·21 文
外科医 ❺-1 1642·1·2 文／1643·寛永年間 文／1686·2·28 政／❺-2 1768·3月 文
外科術 ❺-1 1649·是年 文
献体 ❻ 1883·4月 文
骨格標本(木製) ❺-2 1793·是年 文／1800·11月 文／1819·是春 文／1822·是年 文
全身麻酔 ❺-1 1689·11·20 文／❺-2 1804·10·13 文
ターヘル·アナトミア ❺-2 1771·3·4 文
胴人形 ❺-2 1844·3·10 文
頭部解剖模型 ❺-2 1794·5·4 文
篤志解剖 ❻ 1869·8·14 文
病理解剖 ❻ 1875·2·20 文
蘭法外科医療 ❺-1 1696·是年 文
研究所·学会·団体
アジア歯科学術会議 ❽ 1955·10·13 文
医科学研究所 ❻ 1892·11·30 文
温泉治療学研究所 ❼ 1931·11·2 文
癌研究会 ❼ 1908·4·2 文／❽ 1956·5·19 文
極東熱帯医学大会 ❼ 1925·10·12 文
結核研究所 ❽ 1941·3·27 文
遺英看護婦(日本赤十字社) ❼ 1914·12·28 社
原子爆弾障碍者調査委員会(米国) ❽ 1947·3月 文
原子爆弾症治療班 ❽ 1946·5·12 文
原爆後障害研究会 ❾ 1965·9·16 文
原爆放射能医学研究所 ❽ 1961·3·31 文
航空医学研究所 ❽ 1938·8·24 文／1943·2·1 文
抗酸菌病研究所 ❽ 1941·12·16 文
抗生物質学術協議会 ❽ 1951·1·1 文
高地療養研究所 ❽ 1942·5·26 文
高度安全実験室 ❾ 1981·3月 文
国際医学情報センター ❾ 1972·4·19 文
国際移植学会 ❾ 1994·8·28 文
国際エイズ会議 ❾ 1994·8·7 文
国際解剖学会議 ❾ 2004·8·22 文
国際ガン会議 ❽ 1960·10·9 文／❾ 1966·10·23 文
国際ガン化学療法会議 ❽ 1957·10·24 文
国際看護婦協会大会 ❾ 1977·5·30 文
国際外科学総会 ❾ 1968·10·6 文
国際血液学会議 ❽ 1960·9·5 文
国際女医会議 ❾ 1976·8·23 文
国際人工臓器シンポジウム ❾ 1977·8·26 文
国際動脈硬化会議 ❾ 1976·8·24 文
国際脳神経外科会議 ❾ 1972·10·8 文
国際農村医学会議 ❾ 1969·9·30 文
国際不妊学会 ❾ 1971·8·18〜23 文
国際放射線医学会議 ❾ 1969·10·6 文
国際免疫学会 ❾ 1983·8·21 文
国際リハビリテーション交流セミナー ❾ 1981·10·15 文
国際老年学会議 ❾ 1978·8·20 文
国立遺伝学研究所 ❽ 1949·5·31 文
歯科医学会 ❼ 1902·1月 文
女医学会 ❼ 1934·4·6 文
小児科医報国会 ❽ 1943·1·29 文
新赤十字条約 ❼ 1908·6·12 政
成人病センター ❾ 1976·6·1 文／

1983·6·27 文
生命倫理研究議員連盟 ❾ 1985·2·14 文
世界医師会総会 ❾ 1975·10·6 文
世界心臓学会 ❾ 1978·9·17 文
世界麻酔学会 ❾ 1972·5·19～23 文
赤十字創設百周年記念大会 ❽ 1963·5·8 文
全国医大連合インターン対策協議会 ❽ 1952·11·25 文
全日本精神薄弱児育成会 ❽ 1952·7·19 文
体質医学研究所 ❽ 1939·10·6 文
大日本医師会 ❼ 1916·11·10 文／1917·2·10 政
大日本私立衛生会 1883·5·27 文
大日本看護婦協会 ❼ 1909·11·19 文
大日本航空医学会 ❽ 1943·4·6 文
竹尾結核研究所 ❼ 1915·11·1 文
地方衛生会規則 ❻ 1887·4·23 文
痴呆性老人対策本部 ❾ 1985·1·19 社／1986·8·29 社／1990·9·17 社
中央衛生会官制 ❻ 1886·11·6 文
中国紅十字会 ❽ 1954·8·3 政
伝染病研究所 ❼ 1899·4·1 文／1914·10·14 文
東京医学会社 ❻ 1875·4·11 文
東京歯科医師会 ❼ 1908·6·18 文
東京都医師会 ❽ 1961·1·31 文
東京府看護婦組合連合会 ❼ 1920·11·19 文
同仁会(清国·韓国) ❼ 1902·6·12 文
東洋医学研究所 ❾ 1972·6·27 文
東洋医道会 ❼ 1928·1·29 文
長崎医学会 ❼ 1915·5·15 文
日中医学交流協定 ❽ 1955·11·7 文
日米医学協力委員会 ❾ 1965·10·4 文
日赤医療班(サケオ難民キャンプ) ❾ 1979·11·30 文
日赤救護班員 ❽ 1945·5·20 文／6月 文
日赤血液センター ❾ 1965·5·11 文
日赤飛行隊 ❾ 1965·12·23 文
日本アイバンク協会 ❾ 1965·4·19 文
日本安楽死協会 ❾ 1978·5·9 社
日本医学会 ❻ 1890·4·1 文／❼ 1902·4·2 文／❽ 1947·4·1 文／11·1 文／1951·12·1 文／1961·2·7 文／2·19 文／7·19 文
日本医学協会 ❾ 1965·7·25 文
日本医学研究会 ❼ 1935·11·3 文
日本移植学会 ❾ 1994·11·24 文
日本医療センター ❾ 1980·3·30 政
日本医療労働組合連合会 ❾ 1990·11·9 文
日本癌学会 ❽ 1941·4·5 文
日本看護協会 ❽ 1956·12·3 文
日本癌治療学会 ❽ 1963·12·6 文
日本寄生虫学会 ❼ 1929·2·13 文
日本筋ジストロフィ協会 ❽ 1964·3·15 文
日本外科学会 ❼ 1899·4·1 文
日本血液銀行協会 ❾ 1967·1·12 文
日本結核予防協会 ❼ 1913·2·11 文
日本高血圧学会 ❾ 1978·4·1 文
日本抗生物質学術協議会 ❽ 1946·8·26 文
日本合同癌会議 ❾ 1970·10·19 文
日本産婆看護婦保健婦協会 ❽ 1946·11·23 文
日本歯科医師会 ❽ 1947·11·1 文／1961·7·19 文
日本受精着床学会 ❾ 1982·11·15 文
日本消化器内視鏡学会 ❾ 1994·10·31 文
日本心臓血圧研究所 ❾ 1965·5·6 文
日本性病予防協会 ❼ 1905·4·3 社
日本生命倫理学会 ❾ 1988·11·13 文
日本赤十字社 ❻ 1877·5·1 文／1887·5·20 文／❾ 1977·5·26 文
日本先天異常学会 ❽ 1961·8·3 文
日本尊厳死協会 ❾ 1976·1·20 社
日本対ガン協会 ❽ 1958·3·22 文／8·1 文
日本 WHO 協会 ❾ 1965·4·25 文
日本帝国看護婦協会連合会 ❽ 1937·5·25 文
日本てんかん協会 ❾ 1994·11·7 文
日本初の病院海外進出 ❾ 1983·6·27 文
日本ペニシリン協会 ❽ 1946·8·15 文
日本保健婦協会 ❽ 1941·11·29 文
日本無産者医療同盟 ❼ 1931·10·25 社
日本免疫学会 ❾ 1970·11·29 文
日本薬剤士協会 ❽ 1948·10·22 文
日本薬理学会 ❼ 1927·4月 文
日本連合医学会 ❼ 1902·4·2 文
日本老年医学会 ❽ 1959·11·7 文
ねむの木学園 ❾ 1968·4·6 文／1971·4·1 文
脳科学総合研究センター ❾ 1996·7·3 文
脳研究室(東大) ❼ 1936·3·16 文
放射線医学総合研究所 ❽ 1957·6·29 文
ぼけ予防協会 ❾ 1990·4·11 社
盲人医学協会 ❼ 1902·4·8 社
予防衛生研究所 ❽ 1947·5·21 文
老年学会(ジェントロジー学会) ❽ 1956·12·8 文
和漢薬研究所 ❾ 1974·6·7 文
健康
学校衛生顧問会議 ❼ 1896·6·12 文
学校清潔法 ❽ 1948·4·14 文
学校保健法 ❽ 1958·4·10 文
健康優良児 ❼ 1927·10·25 社／1930·5·5 社
公衆衛生院 ❽ 1938·3·29 文
紅茶キノコ健康法 ❾ 1974·12月 文
国民医療法 ❽ 1942·2·25 文／1946·8·31 文
国民健康調査 ❽ 1953·11·1 文
済生会(恩師財団) ❼ 1911·2·11 社
児童身体検査規定 ❼ 1920·7·27 文
世界保健機構(WHO) ❽ 1948·4·7 政／6·19 文／1951·5·16 文／❾ 1988·1·14 政
全国学校衛生大会 ❽ 1947·11·29 文
戦時救護規則 ❽ 1940·12·26 文
大日本私立衛生会会館 ❼ 1911·6·25 文
長寿部落 ❽ 1958·8·17 社
日本学校安全会 ❽ 1960·2·29 文
日雇労働者健康保険法 ❽ 1953·8·14 文
保健衛生調査会 ❼ 1916·6·28 文
保健所 ❽ 1937·4·5 文／1947·9·5 文／1948·4·5 文
耳の日 ❽ 1957·3·3 文
歯科·歯科医
入歯 ❺-2 1796·4·15 社／❻ 1876·8·26 文／1878·3·6 文
学童用歯科巡回診療自動車 ❽ 1948·5·11 文
義歯 ❺-1 1675·9·29 文／❼ 1927·6·16 社
口科(医学館) ❻ 1861·8·14 文
歯科医 ❺-1 1715·11·11 文／❺-2 1867·2月 文／1870·7·19 文／❽ 1956·1·27 文／1964·11·21 文／❾ 1975·3·19 文
歯科医師開業免状 ❻ 1875·10·2 文
歯科医師国家試験問題漏洩疑惑 ❾ 2000·8·14 文
歯科医師試験規則 ❼ 1913·9·19 文
歯科医師数(全国) ❼ 1900·1·28 社
歯科医師法 ❼ 1906·5·2 文
歯科医療苦情相談 ❾ 1981·4·9 文
歯科器械(吉田製作所) ❼ 1906·11月 文
歯科研究会 ❺-2 1890·11月 文
歯科差額徴収 ❾ 1976·6·29 文
歯痛 ❷ 1183·⑩·18 文／1194·9·22 文
総入歯(木製) ❹ 1538·是年 文
総入歯の値段 ❺-2 1827·是年 社
染歯 ❻ 1870·2·5 社
歯磨 ❺-2 1726·12月 社／❽ 1948·9·16 社
　クラブ歯磨 ❼ 1910·是年 社
　国産練り歯磨の始め ❻ 1888·1月 社
　国内はみがきメーカー ❾ 1973·2·28 社
　西洋歯磨 ❻ 1872·10·18 社／是年 社
　チューブ入り練歯磨 ❼ 1911·5月 社
　歯磨粉 ❺-1 1625·是年 社
　歯磨売り ❺-2 1817·文化年間 社
　プラスチック歯刷子 ❽ 1941·是年 社
　ホワイト＆ホワイト ❾ 1970·4月 社
　ライオン歯磨 ❼ 1896·7月 社／1900·6·1 社
虫歯 ❼ 1920·11·5 社／❽ 1950·3·9 社／❾ 1965·1·22 文／1978·5·4 社
　全国ムシ歯予防デー ❼ 1928·6·4 社
治療と予防
アイソトープ ❽ 1949·11·10 文
iPS 細胞(山中信弥) ❾ 2006·8·28 文／2007·11·23 文／2009·6·24 文／9·14 文／2010·9·6 文／2011·8·4 文／2012·10·8 文／10·11 文
胃カメラ ❽ 1950·11·5 文
胃癌検診車 ❽ 1962·8·21 文
遺伝子スパイ事件 ❾ 2003·5·28 文／2004·3·10 文

遺伝子治療(ガイドライン) ❾ 1980·10·27 文／1981·3·23 文／1982·7·22 文／1993·4·15 文／1994·1·25 文／2·9 文／8·31 文／1995·2·1 文／1996·8·6 文／1997·8·4 文／10·14 文／1998·12·10 文／1999·3·2 文／2000·1·7 文
移動採血車 ❽ 1961·8·31 文
医療法 ❽ 1948·7·30 文
医療保護法 ❽ 1941·3·6 文
インターフェロン ❾ 1980·12·2 文／1982·3·11 文／1986·9·2 文
衛生委員 ❻ 1885·6·9 文
衛生課 ❻ 1879·12·27 文
衛生局 ❻ 1875·6·28 文
衛生局試験所 ❻ 1883·5·5 文
衛生試験所 ❻ 1874·3·27 文
衛生社 ❻ 1886·4·5 社
X線装置(医療用) ❼ 1909·是年 文
X線自動車 ❽ 1946·9·15 文
X線テレビによる遠隔診断実験 ❽ 1961·2·6 文
NMR(核磁気共鳴)ICT ❾ 1982·6月 文
学校伝染病予防 ❼ 1898·9·28 文／1919·8·29 文
癌遺伝子治療 ❾ 1998·10·5 文
癌研究推進の基本方策 ❾ 1983·7·26 文
感染症予防法 ❾ 1998·9·25 文
肝臓移植 ❽ 1964·3·10 文／❾ 1989·11·13 文／1990·2·16 文／5·15 文／6·15 文／1991·6·4 文／1992·7·28 文／1993·10·22 文／2012·6·14 文
義手·義足 ❻ 1868·④月 文／1895·3·18 社／❼ 1933·12·13 社／❾ 1978·6·22 文
寄生虫予防運動 ❽ 1953·11·16 文
救急医療用ヘリコプター ❾ 1983·9·6 文
救急車 ❼ 1933·3·13 社／1936·1·20 社
救護法 ❼ 1929·4·2 社
クローン技術 ❾ 1997·7·28 文
血液銀行 ❽ 1951·2·26 社／3·1 文／1955·2·12 文
献血·供血 ❽ 1953·2·2 文／1956·6·25 文／1961·9·1 文／1964·8·19 文
極低温手術 ❾ 1965·8·26 文
骨髄移植 ❾ 1993·1·28 文
骨髄バンク ❾ 1992·6·22 文
CTスキャナー ❾ 1975·8·26 文／10·12 文
子宮癌検診車 ❾ 1966·5·10 文
実費診療所 ❼ 1911·11·25 社
手術ロボット「ダビンチ」 ❾ 2000·3·13 文
手術ロボット「ロデム」 ❾ 2011·12·7 文
人工関節 ❽ 1962·2·2 文
人工血管 ❾ 2012·11·21 文
人工心臓 ❾ 1969·4·22 文／1980·5·28 文／1983·12·6 文／1996·2·14 文／2012·4·21 文
心神喪失者医療観察法 ❾ 2005·7·15 文
心臓移植手術 ❾ 1967·11·28 文／1968·8·8 文／1970·9·2 文／1984·5·4 文／1990·11·14 文／1999·5·12 文／2000·1·4 文／3·29 文／2001·12·29 文／2012·6·14 文
心臓内カラー撮影 ❾ 1968·11·30 文
心臓ペースメーカー ❾ 1970·6月 文／1992·11·19 文／1994·11·3 文
心臓(弁)手術 ❽ 1952·7·23 文／1953·7·9 文／1954·10·5 文／1956·4·24 文
腎臓移植手術 ❽ 1964·3·27 文／❾ 1968·7·24 文／1979·12·18 文／1984·9·26 文／1986·8·31 文／1988·5·5 文／6·6 文／1989·4·21 文／1999·5·12 文／2012·6·14 文
腎臓銀行 ❾ 1977·3·8 文／6·1 文
人体実験 ❾ 1973·2·24 文
心電図電送システム ❾ 1974·9·26 文
心肺同時移植手術 ❾ 2009·1·17 文
塵肺法 ❽ 1960·3·31 社
膵臓移植 ❾ 1984·9·26 文
生体肝移植 ❾ 1990·6·15 文／2003·1·27 文
生体小腸移植 ❾ 1996·5·16 文
生体腎移植 ❾ 2006·10·1 文
生体ドミノ分割肝移植 ❾ 1999·7·9 文
生体肺移植 ❾ 1998·10·28 文／2000·1·12 文
性転換手術 ❾ 1969·2·15 文／1996·7·2 文／1998·5·12 文／11·16 文／2003·6·2 社
性同一性障碍者(性別特例法) ❾ 1997·5·28 文／1998·10·16 文／2003·7·10 政／2004·7·28 社
切断された手首の接合手術 ❼ 1927·1·11 文
セラピーロード ❾ 2006·4·18 社
染色体移植 ❾ 1969·10·16 文
臓器移植(法) ❾ 1982·4月 文／1996·12·11 文／1997·6·17 文／7·16 文／2009·6·18 文／2010·7·17 文
臓器移植調査会 ❾ 1989·12·1 文
臓器移植ネットワーク ❾ 2004·1·18 文
臓器提供者斡旋 ❾ 2008·11·12 文
臓器提供マニュアル ❾ 1999·9·21 文
臓器売買 ❾ 2006·10·1 文
ソ連男児大火傷緊急治療 ❾ 1990·8·27 文
大日本私立衛生会 ❻ 1883·2·18 文
中毒センター·中毒110番 ❾ 1981·9·1 文／1986·9·9 文
ツベルクリン接種 ❼ 1912·5·9 文
鉄の肺 ❽ 1952·2·14 文／1954·12·19 文
痘苗製造所 ❼ 1896·3·30 文
東府衛生会 ❻ 1879·8·2 文
ドナー休暇 ❾ 1993·3·30 文
日本せきずい基金 ❾ 2004·7·21 文
人間ドック ❽ 1954·7月 文／1959·9·18 文
人間の遺伝子 ❾ 1991·6·3 文／1993·2月 文
脳死者臓器移植 ❾ 1991·7·12 文／1999·2·28 文／2000·4·16 文／7·8 文／11·20 文／2001·1·9 文／2011·4·12 文
肺移植 ❾ 2000·1·4 文
培養皮膚バンク ❾ 1993·8·1 文
バチスタ手術 ❾ 1996·12·2 文
美容外科 ❾ 1978·10·13 文
夜間救急診療 ❾ 1977·1·9 文
万能細胞 ❾ 2000·2·2 文
ヒト·ゲノム ❾ 1999·12·1 文／2000·4·6 文／8·10 文／2003·4·14 文
ヒトクローン技術規制法 ❾ 2000·11·30 文
ヒト成長ホルモン ❾ 1983·1·10 文
ヒト胚性幹細胞(ES細胞) ❾ 2003·5·27 文／2004·3·29 文
腹腔鏡手術 ❾ 2003·10·17 文
ベトちゃんドクちゃん分離手術 ❾ 1986·6·19 文／1988·10·4 文
放射線同位元素コバルト60 ❽ 1953·9·22 文
放射能症に対する救援講習会 ❽ 1957·6·25 文
マウス(ヒト遺伝子) ❾ 1992·6·8 文
右足切断手術 ❻ 1867·9·15 文
輸血奉仕活動 ❽ 1950·9·28 文／❾ 1976·6·19 文／9·30 文／1978·7·25 文／1994·3·16 文
予防接種 ❽ 1962·1·9 文
予防接種法 ❽ 1948·6·30 文／1964·4·16 文
リハビリテーション ❾ 1965·4·13 文／1988·9·5 文
リハビリテーション学院 ❽ 1963·5·1 文
リンパ球T細胞の受容体構造 ❾ 1984·6·28 文
レーザー結石破砕除去 ❾ 1981·5·2 文
レントゲン間接撮影法 ❼ 1936·4月 文
老化現象抑制遺伝子 ❾ 1997·11·6 文
ロボトミー(前部前頭葉切截術)手術 ❽ 1953·9月 文／❾ 1973·4·28 文／10·7 文／1986·3·30 文

妊娠·出産

紙おむつ「パンパース」 ❾ 1977·10月 社
紙おむつ「メリーズ」 ❾ 1984·7月 社
経口避妊薬ピル ❽ 1960·5·9 文／❾ 1986·2·15 文／1999·3·3 文
顕微鏡受精 ❾ 1990·11·15 文／1991·11·30 文／1992·2·7 文／3·25 文／4·7 社
コンドーム ❽ 1952·是年 社／❾ 1969·4月 社／1992·11月 文
産婆会 ❻ 1888·4·4 文
産婆会館 ❼ 1932·5·31 社
産婆規則 ❼ 1899·7·18 文
産婆教授所 ❻ 1876·9·14 文／1877·4·27 文
産婆試験 ❻ 1879·2·3 文
産婦人科医療110番 ❾ 1980·10·13 文
産婦分娩室 ❻ 1878·4月 社

小児健康共進会 ❻ 1888·10·28 社
小児健康・発育調査 ❻ 1895·5·22 社
人工子宮 ❾ 1992·4·5 文
新生児集中治療施設 ❾ 1977·5·1 文
新生児スクリーニング国際学会 ❾ 1982·8·16 文
先天性異常児父母の会 ❽ 1963·3·30 文
体外受精 ❾ 1983·3·13 社／10·14 社／1991·8·14 文／1995·7·27 文／1998·6·5 文／2000·2·16 文／2001·8·7 社／2003·11·12 社／2004·7·16 社
代理母(斡旋センター) ❾ 1990·9·7 社／1992·4·6 社／1998·1·6 社／2001·5·18 社／2003·10·29 社／2006·9·29 社／10·14 社／2007·3·23 社
堕胎の横行 ❻ 1872·10月 文
堕胎薬禁止 ❻ 1868·12·24 社
男女産分け ❾ 1986·5·31 文
着床前診断 ❾ 1995·9·11 文／1998·6·27 文
帝王切開 ❺-2 1852·4·23 文／❻ 1885·5月 文／❾ 1972·8·6 文
凍結受精卵での出産 ❾ 1989·12·25 文／2002·6·25 社／2006·9·4 社
妊娠中絶 ❾ 1976·1·21 文
妊娠判定薬 ❾ 1992·7·1 文
非配偶者間人工授精 ❾ 1996·11·3 文
避妊リング ❾ 1974·7·29 文
不妊治療 ❾ 2003·3·13 社／2004·4·8 社
保育器 ❽ 1958·3·1 社
母乳 PCB 汚染 ❾ 1972·5·8 文
未熟児網膜症 ❾ 1978·2·9 文
無痛分娩 ❽ 1953·6·8 社
卵子生殖 ❾ 1997·10·4 文
流死産 ❽ 1942·7·13 社
冷凍受精卵 ❾ 1988·2·20 文
病院 ❷ 1040·10·22 文／❹ 1502·7月 社／1556·12月 文
青森病院 ❼ 1913·9·11 文
アメリカ海軍病院 ❻ 1865·11·23 文／1866·2·8 文／1870·11月 文
アルコール中毒専門病棟 ❾ 1977·5·14 文
いしずえ(サリドマイド福祉) ❾ 1974·12·7 文
ABCC(米原爆傷害調査委員会) ❽ 1948·1月 文／1951·12·9 政
永楽病院(官費無料診療) ❼ 1898·4·1 文
近江学園(精神薄弱者施設) ❽ 1946·11月 社
大久保避病院 ❼ 1897·3·1 文
大阪回生病院 ❼ 1913·12·19 社
大阪市立産院 ❼ 1920·4·2 社
大阪府立病院 ❻ 1869·2·17 文／1879·7·4 文
沖縄県医院 ❻ 1878·8月 文
荻野医院 ❻ 1885·3月 文
オランダ海軍病院 ❻ 1866·4·27 文
ガーデン・ホーム(肺結核療養施設) ❼ 1923·6·2 文
海軍病院 ❼ 1897·9·24 政
海陸軍付病院 ❻ 1868·④·9 文
学生サナトリウム ❽ 1955·7·15 文
脚気病院(東京府立) ❻ 1878·7·10 文
神奈川病院 ❻ 1859·9·29 文
癌研究会癌研究所・付属病院(東京西巣鴨) ❼ 1934·5·20 文
関東逓信病院 ❽ 1956·3月 文
北里病院 ❻ 1893·9·15 文
救急病院 ❼ 1936·1·20 社／❽ 1964·2·20 文
杏雲堂医院(病院) ❻ 1881·是年 文
狭心症センター ❾ 1967·8·25 文
京都医事会社 ❻ 1874·1月 文
京都産院 ❻ 1891·7·1 文
京都病院 ❻ 1867·8·1 文
京都府立医大病院 ❻ 1872·11·1 文
狂病治療所(精神病院) ❺-2 1846·是年 文
駆梅病院 ❻ 1868·4·12 文／1870·1·23 文
倉紡中央病院 ❼ 1923·6·2 文
軍陣病院(鹿児島藩) ❻ 1868·1·24 文
軍陣病院(横浜) ❻ 1868·4·17 文
結核療養所 ❼ 1899·9月 文／1917·5月 文
小石川薬園養生所 ❺-2 1722·1·21 文／12·4 文／1723·7月 文／1725·10月 文／1729·7月 文／1735·10·5 文／1770·2·28 文／1779·2·29 文／1788·2·19 文／1791·4·17 文／1794·3·16 文／1812·2月 文／1832·9月 文／1837·6·16 文／1838·1·27 文／1839·10·17 文／1843·5·1 文
公共病院(横浜) ❻ 1863·4月 文
高知藩病院 ❻ 1871·6·3 文
神戸病院 ❻ 1869·4·20 文／1882·4月 文
国立がんセンター ❽ 1961·6·1 文／1962·5·23 文
国立結核療養所 ❽ 1937·6·23 文
国立小児病院 ❾ 1965·11·1 文
国立心身障碍者コロニー「のぞみの園」 ❾ 1971·4·20 社
国立身体障碍者リハビリテーション・センター ❾ 1979·7·1 文
国立多摩研究所(らい研) ❽ 1962·6·1 文
国立病院東京医療センター ❾ 2004·1·23 文
国立保養所 ❽ 1953·6·3 文
国立癩研究所 ❽ 1954·4·27 文／1962·6·1 文
国立癩療養所官制 ❼ 1927·10·11 文
骨髄移植推進財団(骨髄バンク) ❾ 1991·12·18 文
虎列刺病避病院 ❻ 1877·10·4 文／1879·8·15 文
済生会病院 ❼ 1916·5·30 文
産科婦人科専門病院 ❻ 1888·是年 文
しいのみ学園 ❽ 1954·4·4 文
慈恵医院(病院) ❻ 1887·5·9 文
慈善病院(大阪毎日新聞) ❼ 1911·6月 文
島田療育園 ❽ 1963·1·10 文
重度身障者授産施設「太陽の家」 ❾ 1971·4·18 社
順天堂病院 ❻ 1873·2月 文／1875·4·2 文／❼ 1900·9·5 文
小児麻痺治療センター ❽ 1960·2·2 文
女中養生所(桜田屋敷内) ❺-2 1840·5·4 文
白老病院(北海道) ❼ 1922·3·6 文
私立病院・産院設立規則 ❻ 1891·10·19 文
精神病院(公立) ❻ 1875·7·25 文／7月 文
精神病院(法) ❼ 1901·11月 文／1919·3·27 文
成人病センター ❽ 1964·2·8 文
聖路加国際病院 ❻ 1884·3月 文／❼ 1933·6·5 社／❽ 1956·5·25 文
施療病院 ❻ 1877·7·7 文
大日本救療院 ❼ 1898·3·1 文
帝国大学付属病院 ❼ 1902·12·24 社
癲狂院 ❻ 1875·7·25 文／1879·7月 社／1886·6·20 文
同愛社(病院) ❻ 1879·3·3 社
東京厚生年金病院 ❽ 1952·11月 文
東京慈恵病院 ❻ 1887·1·19 文
東京市療養所 ❼ 1920·5·30 文
東京積善社種痘院 ❻ 1888·7·5 文
東京大学医学部付属病院 ❻ 1878·11·12 文
東京大区病院 ❻ 1874·9·3 文
東京逓信病院 ❽ 1937·12·4 文
東京病院 ❻ 1881·11·8 文／1884·4·19 文
東京脳病院 ❼ 1899·9·15 文
東京府病院 ❻ 1873·9·4 文／1874·5·2 文／1881·7·12 文
都立駒込病院 ❾ 1975·4·1 文
長島愛生園 ❼ 1930·11·20 文
新潟県立がんセンター新潟病院 ❽ 1961·1·28 文
日本赤十字社(條例) ❼ 1901·12·3 社／1906·6·13 文／1932·4·3 文
日本赤十字病院 ❻ 1891·5·11 文
肺結核療養所 ❼ 1914·3·31 文
博愛社病院 ❻ 1886·11·17 文／1887·5·20 文
函館病院 ❻ 1870·⑩·9 文
パルモア診療所(神戸) ❽ 1951·10月 文
悲田院 ❹ 1479·8·12 社
被爆者療養センター ❾ 1980·2·24 文
避病院(東京) ❻ 1879·8·15 文／1886·6·28 文
療病院造営料渡宋船 ❸ 1367·4·21 社
病院学校 ❾ 1965·6·11 文
病院食 ❾ 1986·1月 文
病院数 ❻ 1883·5月 社／❾ 1994·12·11 文
病院船〈朝日丸〉 ❽ 1938·1·12 社
広島原爆病院 ❽ 1956·9·10 文
琵琶湖学園 ❽ 1963·1·10 文
深川産院(無料診療) ❼ 1927·2·5 社
福岡病院 ❼ 1903·3·25 文
富士見療養所 ❼ 1926·12月 文
府中療育センター ❾ 1968·6·1 文
二日市保養所 ❽ 1946·3·25 政
フランス海軍病院 ❻ 1864·是年 文

／1874・2・8 社
ヘボン施療所 ❻ 1861・是春 文
辺地医療センター ❾ 1975・12・5 文
保健館 ❼ 1935・是年 文
保健管理センター ❾ 1966・1・19 文
輔仁堂(豊後岡藩) ❺-2 1726・是年 文
松沢病院 ❻ 1879・7月 文／❼ 1919・10・15 文
三井慈善病院 ❼ 1909・3・22 文
明治病院 ❼ 1896・2・17 文
養生所「精得館」(長崎) ❻ 1865・4月 文
横浜共立病院 ❻ 1871・8・21 文
横浜軍陣病院 ❻ 1868・4・17 文
横浜病院 ❻ 1868・④・13 文／6月 社
癩病院(回春病院) ❻ 1890・是年 社
癩病院(神山復生園) ❻ 1889・5月 文
邏卒病院 ❻ 1872・2・20 文
陸軍病院 ❽ 1945・11・20 文／1955・11・1 文
療養所 ❶ 593・是年／❸ 1287・是年 社／1367・4・21 社／❹ 1502・6月 社
臨時病院(尼崎) ❻ 1865・6・19 文
レスツ・ハウス(アイヌ病院) ❻ 1892・12月 文
老人専門病院 ❾ 1972・6・1 文

病気に関する規制・法律

一酸化炭素中毒症特別措置法 ❾ 1967・7・28 社
肝炎対策基本法 ❾ 2009・11・30 政
がん対策基本法 ❾ 2006・6・16 文
狂人取締令 ❻ 1874・4・7 社
原爆症救済法 ❾ 2009・8・6 文／12・1 文
原爆症認定新基準 ❾ 2008・4・1 文
虎列剌(コレラ)病予防仮規則 ❻ 1879・3・14 社
娼妓検黴(梅)規則 ❻ 1876・3・24 社
精神衛生法 ❽ 1950・5・1 社
性病予防法 ❾ 1966・7・26 社
伝染病予防法 ❼ 1897・4・1 社
難病総合対策要綱 ❾ 1972・10・2 文
水俣病救済法 ❾ 2009・7・8 文
水俣病認定促進臨時措置法 ❾ 1978・10・20 文
癩予防法 ❽ 1953・6・25 文／7・31 社
老人保健法 ❾ 1982・8・17 文／1986・12・19 文／1991・9・27 文

病気・伝染病

疫病・疫癘流行 ❶ 書紀・崇神 5・9月／700・12・26 社／737・6・26 社／是年 社／770・6・24 社／794・8・5 社／807・12・25 社／808・是年 社／818・9・11 社／822・3・26 社／7・8 社／824・3・1 社／829・4・17 社／834・1・25 社／835・4・3 社／836・7月 社／840・6・14 社／843・1・8 社／854・10・1 政／864・7・11 社／869・6・7 社／870・8・5 社／892・是年 社／893・是年 社／896・是年 社／904・3・7 社／908・是夏 社／909・是春 社／7月 社／915・是年 社／929・3月 社／930・2・13 社／964・是年 社／994・1月 社／是年 社／995・1月 社／是夏 社／998・5月 社／1000・是冬 社／❷ 1001・7月 社／1014・2・27 社／1015・6月 社／1016・6月 社／1021・是夏 社／1025・3月 社／1028・5月 社／7・25 政／1030・3・23 社／1040・7月 社／是夏 社／1044・是春 社／1051・是年 社／1052・6・17 社／是年 社／1075・10・21 社／1092・8・21 社／1105・4月 社／1106・6月 社／1107・5・11 社／1113・③・27 社／1130・3月 社／1132・④・16 社／是年 社／1135・是夏 社／1182・是春 社／1225・是春 社／1232・6月 社／1244・4月 社／1257・是年 社／1258・是年 社／1259・是春 社／5・9 社／1264・6月 社／8月 社／1270・是年 社／1277・11・29 社／是秋 社／1278・6・26 社／❸ 1282・5・13 社／是年 社／1283・1・30 社／6・20 社／1288・4・10 社／1289・4・28 社／6・9 社／1300・6・22 社／1307・是年 社／1311・3・9 社／4・25 社／1315・7月 社／1316・7・12 社／1319・6月 社／1331・是年 社／1333・7月 社／1334・7月 社／1351・6・2 社／1360・是年 社／1361・是春 社／1363・①月 社／1365・是冬 社／1366・是春 社／6月 社／1367・是春 社／1372・2月 社／1373・是夏 社／1378 是秋 社／1379・5・25 社／1383・5・24 社／1387・是春 社／1390・是年 社／1391・是年 社／1421・4・23 社／1422・⑩月 社／1424・是年 社／1428・是年 社／1429・是年 社／1432・8月 社／1434・是年 社／1438・5月 社／1446・是夏 社／1449・6・12 社／是年 社／1450・5・2 社／1451・是夏 社／❹ 1457・2月 社／1461・是年 社／1465・9月 社／1468・是年 社／1469・是夏 政／1471・是年 社／1473・4・7 社／1477・7月 社／1481・是年 社／1483・是年 社／1485・5・4 社／1487・5月 社／1488・7・20 社／是年 社／1492・5・21 社／1500・5・16 社／1501・4月 社／1504・是夏 社／是年 社／1530・是年 社／1531・5月 社／1534・是春 社／是年 文／1536・5月 社／1537・是年 社／1540・3・25 社／5・12 社／1556・9・9 社／1557・7・6 社／1559・是年 社／1560・是年 社／1561・是年 社／1580・是夏 社／1581・是春・夏／1588・5・23 社／❺-1 1601・是春 社／1610・6月 社／1642・是年 社／1679・是冬 社／1682・6月 社／1684・6月 社／1693・8月 社／1696・1月 社／1708・8月 社／1714・是年 社／❺-2 1722・7月 社／1724・6月 社／1729・12・29 社／1730・是年 社／1732・是年 社／1733・7月 社／是夏 社／1734・是夏 社／1735・是年 社／1742・是春 社／1744・6月 社／1769・1・26 社／1772・1月 社／4月 社／1773・3月 社／1774・是年 社／1784・5・7 社／1801・12月 社／1816・4月 社／1817・是秋 社／1818・6月 社／1819・是年 社／1834・5月 社／1837・1月 社／4・27 社／是春 社／1838・是年 社／1851・是春 社
アルツハイマー病 ❾ 1976・1・20 社／1990・1・16 文／1991・12・12 文／1992・3・17 文／7・2 文／10・16 文／1993・8・15 文／1994・5・26 文／11・16 文／1996・6・6 文／1997・8・8 文
胃癌 ❽ 1958・11・9 文／❾ 2000・2・18 文
イタイイタイ病 ❽ 1957・12・1 社／1962・10・11 社／1963・6・15 文／❾ 1967・4・5 社／1968・3・9 文／5・8 社／1969・11・26 社／1971・6・30 文／1972・8・5 社
夷病(咳病) ❷ 1233・2月 社
インフルエンザ ❻ 1890・2月 社／1891・1月 社／❽ 1950・2・4 社／1961・2・9 社／❾ 1973・7・2 文／1977・2・7 社／1978・1月 社／3・16 社／1987・2・28 文／1989・1月 社／1990・5・24 文／1992・12・18 文／1993・2月 社／1999・1・27 社／2009・4・2 文／2010・3・30 文
エイズ(AIDS・HIV) ❾ 1981・7・3 文／1983・7・11 文／10・24 文／1984・7・7 文／1985・3・21 文／11・28 文／1986・4・15 文／9・19 社／1987・1・17 文／1・27 文／2・10 文／2・24 文／8・12 文／1988・2・7 文／2・19 文／4・7 文／7・16 文／10・27 文／1989・1・17 文／5・8 文／10・28 文／1990・7・18 文／11・27 文／1991・12・1 文／1992・3・17 文／6・3 文／10・14 文／10・20 文／1994・1・27 文／11・25 文／1995・3・30 社／7・10 文／10・6 文／11・9 文／1996・2・9 文／2・26 文／6・27 文／10・25 社／1997・5・23 文／6・27 文／2001・8・14 文／2003・5・28 社／12・29 文／2005・4・25 文／7・1 文／2008・3・3 文
　薬害エイズ事件 ❾ 1996・1・4 文／3・14 文／7・23 文／11・2 文／2000・2・24 文／7・26 文／2001・9・28 文／2004・2・23 文
栄養失調 ❽ 1945・10・11 社／1947・10・11 社
江戸熱病 ❺-2 1737・3月 社
O157 型病原性大腸菌(食中毒) ❾ 1990・10・19 社／1996・7・13 社／9・9 社／1998・6・19 社／1999・9・10 社／2003・5・21 社
疥癬 ❺-1 1631・是年 社／1636・是年 社
咳病・咳癘・咳逆(がいびょう) ❶ 863・1月 社／900・是年 社／920・3月 社／923・9・9 社／❷ 1015・3月 社／1150・10月 社／1110・⑦月 社／1134・是年 社／1242・12月 社／1244・4・26 社／❸ 1325・11・12 社／1329・是秋 社／1345・9月 社／1365・是冬 社／1371・11月 社／1379・是春 社／❹ 1535・是年 社／❺-1 1611・9月 社／1614・9月 社／1707・12月 社／1712・2月 社
顔の傷 ❾ 2010・5・27 社
霍乱 ❺-2 1832・是夏 社
過酸化水素発癌性 ❾ 1980・1・11 社
風邪 ❺-1 1714・6月上旬 社／❺-2 1716・是夏 社／1730・8月 社／1731・7月 社／1747・10月 社／1768・2月 社／1769・10月 社／1776・2月 社／1791・是年 社／1802・3月 社／1808・

8、9 月 社／1811·4 月 社／1818·是年 社／1827·5 月 社／1831·10 月下旬 社／1832·10 月 社／1835·10 月 社／1850·12 月末 社／1851·12 月 社
稲葉風邪 ❺-2 1769·1·26 社
お駒風邪 ❺-2 1780·安永年間 社
お七風邪 ❺-2 1802·3 月 社
お世話風邪 ❺-2 1780·安永年間 社
雲助風邪 ❺-2 1766·3 月 社
信濃風 ❺-2 1781·11 月 社／1802·1 月末 社
ダンボ風 ❺-2 1821·2 月中旬 社
津軽風 ❺-2 1827·5 月 社
ねんころ風邪 ❺-2 1808·是年 社
三升風 ❺-2 1781·11 月 社
琉球風邪 ❺-2 1851·是年 社
脚気 ❺-2 1804·5 月 社／❻ 1877·12·8 文／❼ 1905·3·29 社／1906·6·1 文
軍艦龍驤脚気事件 ❻ 1882·12·19 社
カネミ PCB 中毒事件 ❾ 1968·10·15 社／1969·11·26 社／1978·3·10 社／1984·3·16 社／1987·3·15 社／12·21 文／1988·2·29 社／2012·8·29 文
花粉症 ❾ 1970·10·3 文
花柳病⇨ 梅毒(ばいどく)
川崎病 ❾ 1967·3 月 文／1982·5·29 文
癌追放キャンペーン ❽ 1959·5·10 社
癌の死亡率 ❾ 1970·6·25 文／1993·9·6 社／1995·5·1 文
癌の人工発生 ❼ 1916·3·18 文
癌の発症状況 ❾ 1990·6·6 文
癌抑制遺伝 ❾ 1991·3·12 文
内臓癌人工成生 ❼ 1935·5 月 文
肝炎
B 型肝炎 ❾ 1979·6·29 文／1988·3·1 文／2003·7·29 文／9·23 文／2004·1·16 文／2010·5·9 文／2011·6·28 文
C 型肝炎 ❾ 1998·9·1 文／2002·3·20 文／2004·4·12 文／2007·11·7 文／2008·1·11 文／9·28 文
E 型肝炎 ❾ 2003·1·17 文
肝臓癌 ❼ 1932·1·4 文／❾ 1971·6·3 文
急性アルコール中毒 ❾ 1980·5·10 社
牛痘 ❻ 1892·10·6 社
狂犬病 ❽ 1951·4·9 社／❾ 2006·11·17 社
狂僧 ❸ 1442·1·14 社
虚子病 ❷ 1154·4 月 社
拒食症 ❾ 1981·11·5 社
筋委縮性側索硬化症 ❾ 2005·2·14 社
筋ジストロフィー ❾ 1992·3·14 文／1999·1·28 文／2004·6·18 文
金属アレルギー ❾ 1986·12·24 文
口瘡·口痺 ❹ 1511·1 月 社／是年 社
クロイツフェルト·ヤコブ病 ❾ 1997·3·28 文／2001·11·14 文
結核 ❼ 1904·2·4 社／1919·3·27 文／1926·4·27 社／1930·4·27 社／1933·1·27 文／1935·9·11 社／1936·10·20 文／❽ 1937·4·5 社／1939·4·18 文／5·22 文／11·14 社／1943·5·4 文／1946·9·15 文／11·10 社／1951·3·31 社／1952·5·28 文／1953·1·17 文／1954·3·13 文／1957·1·20 文／1959·5·22 文／1963·9·24 文／❾ 1999·7·26 文／2003·9·24 文／2012·7·9 社
血友病 ❾ 1987·9·22 文／1994·4·4 文
公害病 ❾ 1968·9·26 社／1972·10·1 文
鉱山病 ❺-2 1825·是年 政
コレラ·コロリ(古呂利) ❺-1 1699·是年 社／❺-2 1822·8 月 社／1830·是夏 社／❻ 1858·6 月 社／8 月 文／1862·⑧·12 社／1877·8 月 社／1879·3·14 社／7 月 社／是年 社／1882·5·29 社／7 月 社／1886·7·20 社／是年 社／1890·8 月 社／❼ 1916·7·27 社／1920·6·7 社／1922·10·3 社／1925·9·7 社／1929·8 月 社／❽ 1939·10·3 社／1946·8·14 社／1962·7·31 社／1964·8·24 社／❾ 1977·6·15 社／1978·8·17 社／11·4 社
サーズ(SARS)騒動 ❾ 2003·3 月 文
サリドマイド ❽ 1963·3·11 文／4·3 文
シックハウス症候群 ❾ 2009·10·1 社
ジフテリア予防注射死亡事件 ❽ 1908·11·4 社
自閉症 ❾ 1967·2·26 社／1969·2·10 文／1976·6·21 文／1978·6·15 文
少童疱 ❹ 1531·是年 社
小児成人病 ❾ 1989·8·19 文／1990·10·6 文
小児麻痺 ❽ 1952·2·14 文／1959·6·15 社、文／1960·9 月 社／1961·5·13 文／6·21 社／6·29 文／6 月 文
進行性筋萎縮症 ❽ 1964·3·15 社
心身障害者対策基本法 ❾ 1970·5·21 社
振動病 ❾ 1965·11·25 文
塵肺(訴訟) ❾ 1994·2·22 社／1995·7·20 社／1996·10·15 社／1999·5·28 社／2001·2·15 文／7·19 文／2002·8·1 社／10·7 社／2004·12·15 文／2005·12·13 文／2006·7·7 文／2007·6·18 社
水痘 ❷ 1200·3 月 社／❺-1 1671·是年 社
スピロヘータ(鼠咬症病原体) ❼ 1916·2·1 文
スペイン風邪 ❼ 1918·是春 社／10 月 社／1920·1·14 社
スモン病(非特異性脳脊髄炎) ❽ 1960·10·15 文／1964·5 月 文／❾ 1969·11·26 社／1970·2·6 文／1971·5·28 文／1972·3·13 文／4·10 文／1977·10·29 社／1978·1·21 社／3·1 文／8·3 文／1979·2·22 社／5·16 文／7·25 文
精神病者 ❼ 1900·3·10 文／1909·12·28 文／1917·6·30 社／❽ 1941·8·3 文
性病(予防) ❽ 1938·2·24 社／1945·10·22 社／1947·是年 社／1948·7·15 社／1949·3·11 文
赤斑瘡·赤裳瘡(あかもがさ)⇨疱瘡(ほうそう)
赤痢(痢病) ❶ 861·8 月 社／915·是年 社／947·8·19 社／958·4·8 文／❺-2 1724·7·1 社／1819·2 月 社／❻ 1893·是年 社／❼ 1896·是年 社／1897·12·25 文／12 月 政／1935·1·8 社／❽ 1939·8·12 社／1950·5·13 社／1954·6·15 文／1955·6·15 社／1958·10·15 文／12·15 社
銭病 ❷ 1179·6 月 社
セラチア菌 ❾ 2002·1·18 文
ぜんそく ❾ 1969·11·26 社／2007·7·2 文
大疫 ❶ 823·2 月 社
大腸癌ポリープ ❾ 1991·8·9 文
大腸菌 ❾ 1996·9·7 文
ダウン症 ❾ 1967·4·14 文／1992·3·28 文
胆管癌 ❾ 2012·7·19 社
炭疽病菌 ❽ 1946·10·23 社
知的障害 ❾ 1992·11·22 社
チフス ❻ 1886·是年 社／1889·7 月 社／❼ 1914·2 月 社／1924·3·11 社／1928·7·16 社／1933·8·14 社／❽ 1939·9·15 社／1941·6·12 社／1946·2 月 社／3·4 社／3·10 社／3·20 社／4·25 社／是年 社／1947·3·17 社／12·16 社／1964·2·16 社
中皮腫(石綿原因) ❾ 2005·6·29 社／2006·4·17 社
鴆毒(ちんどく) ❸ 1338·4 月 政
ツツガ虫病 ❺-2 1801·8·30 社／❼ 1931·2·20 文／❽ 1957·3·2 社
田楽病 ❸ 1311·3·6 社
デング熱 ❽ 1942·是夏 社
伝染病
伝染病研究所 ❻ 1892·11·30 文
伝染病者届会社 ❻ 1888·3·1 文
伝染病予防心得 ❻ 1880·9·10 文
天然痘 ❺-1 1603·是春 社／1604·是冬 社／1605·12 月 社／1607·是年 社／1610·②月 社／1619·是年 社／1621·2 月 社／1623·3 月 社／1624·是秋 社／1627·是年 社／1628·是春 社／1629·是春 社／1631·是年 社／1650·10·4 政／1658·是春 社／1662·3 月 社／1679·是年 社／1695·10 月 社／1709·是年 社／1710·8·4 社／是年 社／1711·是春 社／❻ 1886·是年 社／1887·是年 社／1892·1 月 社／5 月 社／1893·是年 社／❼ 1897·是年 社／1932·5 月 社／❽ 1945·4·2 社／1946·2 月 社／是年 社／1949·1·18 政／❾ 1973·3·31 社／1979·10·26 文／1980·5·8 文
天然痘予防規則 ❻ 1875·1·4 社／1876·5·18 社
禿頭病(台湾坊主) ❼ 1901·2 月 社
トラホーム ❼ 1899·5 月 社／1903·9 月 社／1914·12 月 社／1919·3·27 文／1927·4·19 文
「内竹房」病 ❷ 1244·5·6 社
鍋カブリ ❺-2 1730·11 月 社

西ナイルウイルス　❾ **2005**･10･3 文

日射病　❼ **1914**･7･15 政／**1933**･7･2 政

日本住血吸虫病　❼ **1904**･8･13 文／10月 文／❽ **1953**･12･4 文／❾ **1996**･2･13 社

日本脳炎　❼ **1935**･8月 社／❽ **1946**･7･9 社／**1948**･7月 社／8･11 社／**1950**･8･16 社／**1956**･4･12 文／**1958**･8･15 社／**1961**･9･4 社／❾ **1965**･8･31 文／**1995**･10･3 文

乳癌　❺-2 **1804**･10･13 文／❾ **1967**･11･24 文

乳児結核患者　❾ **1966**･4･15 社

熱中症　❾ **1996**･6･15 社／**2001**･7･24 社／**2010**･7･19 社／9･16 社／**2011**･8･3 社／**2012**･7･31 社

熱病(流行)　❺-2 **1801**･是春 社／**1805**･4月 社

眠り病　❼ **1935**･10･21 文／❽ **1939**･9月 社

ノイローゼ　❾ **1968**･7･12 文／10･3 文／**1982**･9･11 文／**1983**･2･12 文／**1985**･2･12 文／3･9 文／5･13 文／12･6 文／**1986**･2･4 文／4･24 文／5･16 文

脳炎　❼ **1919**･是年 社／**1924**･8･30 社／**1935**･8月 社

脳腫瘍　❾ **1968**･8･20 文

脳性麻痺　❽ **1957**･11･3 文

ノロウィルス　❾ **2009**･1･11 社／**2012**･12･23 社

肝･肺臓ジストマ　❻ **1883**･8月 社

肺癌　❽ **1964**･1･19 社／1･27 文／❾ **1968**･10･13 文／**1996**･9･11 文／**2003**･10･21 社

梅毒(花柳病)　❺-2 **1776**･是年 文／❻ **1860**･9月 政／**1870**･7月 文／**1871**･9･1 社／❼ **1905**･4･3 社／**1927**･4･5 社／**1928**･6･23 社／❽ **1946**･4･15 社

白蠟病　❾ **1965**･4･9 社／**1966**･7･1 社／**1976**･2･24 社／**1977**･7･28 社

はしか⇨麻疹(ましん)

白血病　❽ **1946**･5月 文／❾ **2000**･8･3 文

ハンセン病(癩患者･予防法)　❼ **1901**･是年 社／**1907**･3･19 文／**1931**･4･2 文／6･25 文／❾ **1968**･8･7 文／**1969**･4･19 文／**1996**･1･18 文／3･27 文／**1998**･7･31 文／**2001**･5･11 文／**2003**･11･18 社／**2005**･3･1 社／10･25 社／**2006**･1･23 文／3･1 文

斑瘡　❶ **998**･是年 社

ひざ硬直症(大腿四頭筋短縮症)　❾ **1973**･10･5 社／**1976**･4･12 文

ヒ素中毒　❾ **1973**･1･24 社／**1975**･12･27 社／**1984**･3･28 社／**1990**･10･31 社／**1992**･2･3 社

森永砒素ミルク事件　❽ **1955**･6月 社／**1963**･10･25 文

羊病　❷ **1171**･10月 社

風疫　❺-2 **1776**･2･5 社／**1819**･2月 社

風疹　❾ **1976**･是冬～是春 社

福来病　❶ **959**･是年 社／❷ **1029**･10月 社

フグ中毒　❼ **1909**･6月 文／**1933**･9･30 社

ペスト　❻ **1894**･6･7 社／❼ **1896**･3･29 社／**1897**･5月 文／**1899**･11･8 社／11･18 社／是年 社／**1902**･10･6 社／12･24 社／**1904**･是年 社／**1907**･是年 社／**1922**･10･21 社／**1923**･是年 社／**1926**･7･8 社

疱瘡(痘瘡･裳瘡･天然痘)　❶ **735**･是年 社／**790**･是年の秋冬 社／**853**･3･27 社／**915**･是年 社／**947**･6月 社／8･19 社／**948**･是年 社／❷ **1020**･4･22 社／是春 社／**1025**･是年 社／**1036**･是夏 社／**1072**･6月 社／9月 社／**1077**･7･24 社／**1084**･7月 社／是秋 社／**1085**･是秋 社／**1093**･12･12 社／**1094**･1･25 社／是秋 社／**1097**･是年 社／**1109**･4月 社／**1125**･12月 社／**1143**･6月 社／是年 社／**1161**･是年 社／**1175**･3･5 社／**1177**･2月 社／**1206**･1･22 社／**1207**･是夏 社／是年 社／**1235**･10月 社／是年 社／**1243**･5月 社／❸ **1314**･2･7 社／**1321**･1･15 社／**1374**･1月 社／**1424**･1･2 政／**1452**･5･18 社／❹ **1495**･3月 社／**1512**･是年 社／**1514**･是年 社／**1525**･11月 社／**1535**･是春 社／**1545**･2月 社／**1550**･是春 社／**1555**･是年 社／❺-1 **1654**･承応年間 社／**1698**･是年 社／❺-2 **1723**･是年 社／**1724**･4月 社／**1728**･9･1 社／**1729**･7月 社／**1735**･12･8 文／**1746**･12月 社／**1767**･7･29 文／**1770**･7月 社／**1771**･1月 社／**1776**･3月末 社／是年 社／**1780**･7月 社／是夏･秋 社／**1799**･3月 社／**1805**･是年 社／**1817**･2月 社／**1825**･是秋 社／**1829**･3月 社／**1834**･是春 社／**1847**･7月 文／是年 文／❻ **1861**･6･26 文／❾ **1969**･11･26 社／11･30 社／**1971**･3･14 文／**1972**･8･16 文／11･4 文／**1973**･2･24 政／4･10 文

赤裳瘡(あかもがさ･赤斑瘡)　❷ **1025**･7月 社／是年 社／**1077**･是年 社／**1113**･1月 社／**1127**･是夏 社／**1224**･4月 社／**1227**･是冬 社／11･15 社／**1255**･是年 社／**1256**･8月 社／9月 社／**1175**･8月 社／**1199**･7月 社／❸ **1306**･是年 社／**1320**･12月 社／**1362**･6･14 社／**1380**･4月 社／是年 社／**1441**･3月 社

保母頸腕症候群　❾ **1974**･6･10 社

麻疹(ましん･はしか)　❸ **1307**･7月 社／❹ **1502**･6月 社／**1513**･是年 社／❺-1 **1604**･是冬 社／**1621**･是夏 社／**1691**･4月 社／**1708**･是冬 社／❺-2 **1729**･7月 社／**1730**･10月 社／**1750**･是春 社／**1753**･4月 社／6･26 社／是秋 社／是年 社／**1779**･是秋 社／**1803**･3月 社／4月 社／**1824**･是春 社／**1835**･1月 社／**1836**･7月 社／9月 社／**1753**･6･26 社／❻ **1860**･③月 社／❽ **1959**･12･20 社／❾ **1978**･10･1 文／**2007**･4･18 文

マスコミ病　❽ **1959**･11･9 社

マラリア　❽ **1945**･6･1 社

慢性砒素中毒(土呂久鉱山)　❾ **1973**･1･24 社／**1975**･12･27 社／**1984**･3･28 社／**1990**･10･31 社／**1992**･2･9 文

三日病　❸ **1311**･3･6 社／**1316**･6月 社／**1378**･7月 社／**1416**･6月 社／**1428**･4･26 社／**1442**･8月 社／❹ **1463**･⑥月 社／是年 社

兎唇(みつくち)　❺-2 **1826**･3･20 文

水俣病　❽ **1953**･12･15 社／**1954**･7月 社／**1956**･5･1 社／5･28 社／**1958**･10･18 社／**1959**･7･21 社／8･18 社／10･17 社／11･2 社／**1962**･11･29 文／**1963**･2･16 社／**1964**･5月 社／10月 社／❾ **1968**･5･18 社／9･26 社／**1969**･4･15 社／6･14 社／11･26 社／**1971**･1･9 文／5･26 文／8･7 文／**1972**･1･7 社／**1973**･4･13 文／7･9 文／**1976**･5･4 社／**1978**･6･16 政／**1979**･3･22 文／**1987**･3･30 文／**1988**･3･1 文／**1990**･8･25 文／9･28 文／12･18 文／**1991**･3･12 文／**1992**･2･5 文／**1993**･11･26 文／**1995**･9･28 文／12･15 社／**1996**･2･23 文／**1997**･7･29 社／**2001**･4･27 社／**2004**･10･15 文／**2010**･3･29 文／5･1 文／**2012**･7･31 文

新潟水俣病　❾ **1967**･4･18 社／**1971**･9･29 文／**1973**･6･21 文／**1995**･11･25 文

ムチウチ症　❾ **1967**･12･7 社

裳瘡⇨疱瘡(ほうそう)･痘瘡

四日市ぜんそく　❽ **1961**･10月 社／❾ **1967**･9･1 文／**1972**･7･24 社

ラッサ熱　❾ **1987**･8･15 文

乱気の者　❺-1 **1688**･6月 社

流感　❽ **1950**･2月 社／**1953**･1月 社／**1957**･6･12 社／**1962**･2･10 社

流行性感冒　❼ **1927**･1･12 社／2･4 社／**1928**･12･10 社／**1931**･1月 社

レジオネラ菌　❾ **1997**･1･29 社

老人性認知症　❾ **1989**･2･21 文

ワイル氏病スピロヘータ　❼ **1915**･2･13 文

薬剤･薬品･薬剤師　❶ **571**･是年

薬書　❶ **562**･8月

薬に関する規則

医薬品副作用被害救済基金法　❾ **1979**･10･1 文／**1980**･5･1 社

毒薬劇薬取扱規則　❻ **1877**･2･19 文

生阿片取締規則　❻ **1878**･8･9 文

売薬印紙税則　❻ **1882**･10･27 文

売薬規則　❻ **1877**･1･20 文

売薬取締規則　❻ **1870**･12･23 文／**1874**･12･22 文

薬学校通則　❻ **1882**･7･18 文

薬剤局　❻ **1873**･8･7 文

薬種商営業規則　❻ **1886**･2･25 文

薬種展覧会　❻ **1871**･8･15 文

薬品取扱規則　❻ **1880**･1･17 文／**1889**･3･16 文

薬用阿片売買規則　❻ **1878**･8･9 文

薬･薬剤師　❹ **1583**･5･16 文

アドレナリン(ホルモン)　❼ **1901**･7･15 文

アスピリン　❼ **1921**･3･27 文

アベリ酸(オリザニン･ビタミンＢ 1)　❼ **1911**･1月 文

渦巻状蚊取線香　❼ **1902**･是年 社

「オイチニ」の薬売り　❼ **1900**･10月 社

キンカン ❼ **1930**·5月 文
キンチョール ❼ **1934**·4月 社
サルバルサン ❼ **1915**·6月 文
サントニン ❼ **1920**·4月 文
シッカロール ❼ **1906**·是年 社
焼人骨粉(万病薬) ❼ **1933**·5·4 社
仁丹(懐中薬) ❼ **1905**·2·11 社
征露丸 ❼ **1902**·是年 文
大学目薬 ❼ **1899**·8月 社
タカジアスターゼ ❼ **1909**·4·24 文／**1914**·11月 文
堕胎薬 ❼ **1932**·9·22 社
売薬部品外営業取締規則 ❼ **1916**·4·13 社
売薬法 ❼ **1914**·3·31 文
ビオフェルミン ❼ **1921**·8·27 文
メンターム(外皮用薬) ❼ **1920**·2月 文
薬剤師(法、試験規則) ❼ **1913**·9·19 文／**1925**·4·14 文
薬品輸入規則 ❼ **1918**·10·26 文
薬用石鹸 ❼ **1896**·7月 社
陸軍中央衛生材料廠 ❼ **1896**·5·9 文
ロート目薬 ❼ **1931**·4月 文
遺伝子組換え医薬品 ❾ **1984**·5·26 文
遺伝子工学動物用医薬品 ❾ **1993**·8·2 文
医薬 ❶ **726**·6·24 文
医薬分業 ❻ **1878**·6·29 文／❽ **1951**·2·28 文／6·1 文／**1956**·4·1 文
医薬分業反対 ❼ **1935**·2·12 文
オランダ薬品 ❺-2 **1726**·10·9 文
偽薬 ❺-1 **1658**·6·18 文／**1666**·9·12 文／**1671**·11·1 文／❺-2 **1804**·是年 社
薬(国産奨励) ❻ **1872**·5·8 文
薬免許第一号 ❻ **1871**·1月 文
外薬寮⇨ 典薬寮(てんやくりょう)
採薬師 ❶ **554**·2月
司薬場 ❻ **1874**·3·27 文／**1875**·2·15 文／**1876**·8·12 文／**1881**·7·22 文
癪の薬 ❺-2 **1825**·4月 社
尚薬 ❶ **846**·5·27 文
除草剤 ❽ **1950**·2·11 社
睡眠薬 ❽ **1961**·11·20 文
舎密所(会津藩製薬所) ❻ **1857**·9月 文
製薬学校 ❻ **1873**·11月 文
製薬教場 ❻ **1873**·7·25 文
製薬所(萩藩) ❻ **1856**·11月 文
西洋新薬 ❺-2 **1818**·6月 文
施薬院 ❶ **593**·是年／**723**·是年 文／**730**·4·17 文／**757**·12·8 社／**759**·3·19 文／**825**·11·2 文／**834**·11·15 文／**836**·⑤·26 文／**847**·8·14 文／**850**·7·26 文／**860**·6·29 文／**867**·2·7 社／**881**·3·14 社／**887**·5·16 文／**896**·①·17 社／**930**·2·13 社／**944**·5·10 文／**975**·10·9 文／**811**·2·5 文／❷ **1013**·11·22 文／**1020**·8·25 文／**1023**·11·25 文／**1095**·7·22 文／**1102**·10·13 文／**1130**·12·9 文／**1144**·2·12 文／**1151**·4·14 政／**1191**·3·28 社
旅薬 ❺-2 **1783**·9·18 文
調合薬 ❹ **1599**·③·10 社
DDT 撒布 ❽ **1945**·9·9 社／**1946**·2月 社／3·7 社／**1948**·7·22 社／❾ **1969**·7·10 社／12·10 社／**1970**·10·20 社／**1971**·3·19 社／5·1 社
典薬生 ❶ **793**·5·10 文
典薬頭(てんやくのかみ) ❶ **732**·10·17 文／**743**·6·30 文／**757**·8·23 文／**759**·5·17 文／**778**·8·20 文／**997**·1·13 文／❷ **1013**·2·2 文／**1088**·2·18 文／**1104**·8·21 文／**1106**·1·22 文／**1188**·4·20 文／**1201**·7·18 文／**1219**·12·13 文／**1244**·11·24 文／**1266**·8·9 文／❸ **1350**·4·25 文／**1378**·12·21 文／❹ **1528**·5·12 文／**1532**·2·8 文／**1544**·10月 文
典薬寮 ❶ **675**·1·1 政／**787**·5·15 文／**798**·9·8 文／**830**·1·23 文／**837**·7·29 文／**839**·8·12 文／**862**·12·7 文／❻ **1870**·8·23 文／**1876**·5·8 文
唐薬 ❺-2 **1820**·3·21 文
内薬正·内薬司(中務省) ❶ **757**·8·23 文／**786**·7·15 文／**826**·9·3 文／**896**·10·5 文
日本薬局方 ❻ **1886**·6·25 文
農薬(パラチオン) ❽ **1953**·4·9 社／7·21 社／**1955**·8·12 社／❾ **1966**·3·9 社／5·6 社／**1967**·6·28 社／**1969**·11·14 社／**1990**·3·8 社
絆創膏 ❽ **1948**·是年 文／**1959**·是年 文
麻疹薬 ❺-2 **1824**·3月 文
眼薬 ❷ **1014**·6·25 文
薬院医師 ❶ **931**·3·4 文
施薬院使 ❸ **1358**·7·14 文／**1378**·12·21 文
施薬院別当 ❷ **1016**·5·28 文
薬園師 ❶ **869**·7·19 文
薬価基準 ❾ **1981**·5·9 文／**1992**·3·10 文／**1994**·3·10 文
薬学博士(女性の始め) ❽ **1937**·1·12 文
薬学部 ❽ **1955**·7·1 文
薬剤師国家試験 ❽ **1949**·5·25 文
薬事法 ❽ **1943**·3·12 文／❾ **2009**·7·1 文
和漢薬の日中シンポ ❾ **1985**·9·1 文
和薬使主 ❶ **562**·8月

薬種 ❷ **1180**·10·10 文／❸ **1449**·8·26 政／❺-1 **1642**·6月 文
生肝 ❺-2 **1785**·4月 社／**1839**·2月 社
辰砂 ❺-1 **1704**·8月 社
牛膏 ❺-2 **1732**·4·9 文
桂心 ❷ **1186**·5·1 文／**1208**·12·25 政
牛黄(ごおう) ❶ **698**·1·8 社／11·29 社／❷ **1016**·1·2 文／❹ **1461**·11·26 政
雌黄 ❶ **699**·3·4 社
死体の黒焼き販売 ❽ **1956**·9·13 社
象および白牛の油 ❺-2 **1737**·4月 文
象膏 ❺-2 **1732**·4·9 文
象洞 ❺-2 **1741**·10·23 文
トリカブト ❺-2 **1839**·是年 社
肉桂 ❶ **759**·3·19 文／❺-2 **1791**·是年 社
人参(朝鮮人参·唐人参·和人参) ❶ **739**·12·10 社／❸ **1378**·12·6 文／**1414**·5·9 政／❺-1 **1611**·12·27 文／**1643**·7·10 政／**1658**·9·29 文／**1660**·4·27 政／**1685**·7·11 文／**1689**·4月 文／11月 文／**1690**·7月 文／9·29 文／**1701**·12·15 文／**1704**·7·4 政／**1707**·11·21 文／**1710**·3·19 文／**1713**·2月 文／❺-2 **1717**·3·6 文／**1719**·是年 文／**1720**·2·2 文／**1726**·1月 政／**1729**·3·18 社／11月 文／是年 文／**1733**·10月 文／是年 政／**1734**·5·13 文／9·15 文／是年 文／**1735**·3·6 文／3月 文／9月 文／享保年間 社／**1736**·7·26 文／**1737**·是夏 文／**1738**·5·17 文／是年 文／**1739**·4月 文／7·7 文／**1743**·11月 文／**1746**·8·26 文／9·26 文／10·18 文／**1748**·4·26 文／**1751**·8·20 文／9·19 文／**1752**·4·19 文／**1753**·4·28 文／**1754**·2·13 文／**1757**·是年 文／**1763**·6·24 文／6·29 文／8·19 文／11·23 文／**1764**·1·1 文／5·24 文／9·3 文／12·24 文／**1767**·7·1 文／⑨·28 文／10·1 文／**1770**·3·9 文／6·29 文／8·10 文／12·30 文／**1771**·11·10 政／12·30 文／**1773**·6·1 文／**1778**·⑦·19 文／**1780**·9月 文／**1781**·10·18 文／**1787**·11·26 文／**1788**·1·22 文／是年 文／**1790**·12·27 文／**1791**·7·27 文／**1803**·3月 文／**1829**·5月 文／6月 文／**1831**·是年 政／**1832**·8·12 文／**1835**·12·25 文／**1836**·6·10 文／**1842**·9·25 文／12·29 文／**1844**·8·25 文／**1846**·12·28 文／**1851**·12·29 文
舶来薬種 ❺-2 **1797**·1月 文
白朮(びゃくじゅつ) ❶ **685**·10·8 文
熊胆 ❺-2 **1796**·10·26 文
薏苡仁(ヨクイニン) ❺-2 **1733**·是年 政

薬草 ❺-1 **1636**·是年 文／❺-2 **1728**·4月 文／**1737**·2月 文／**1761**·4·8 文／**1801**·4月 文／**1820**·1·10 文
外来薬用植物 ❺-2 **1790**·8·13 文
薬猟 ❶ **611**·5·5 文／**612**·5·5 文／**614**·5·5 文／**668**·5·5 文／**669**·5·5 文
唐薬種と和薬種 ❺-2 **1820**·3·21 文

薬種屋·問屋·仲間 ❺-2 **1720**·11·26 政／**1722**·7·27 文／**1727**·5·25 社／**1729**·8月 社／⑨·19 文／12·16 社／**1731**·2·16 文／**1734**·12月 文／**1742**·3月 政／**1743**·2·22 社／**1747**·2月 社／**1754**·8月 文／**1756**·10·25 文／11月 文／**1758**·3·5 社／**1760**·1·15 社／**1765**·8·17 社／**1767**·10·1 文／**1780**·11·11 社／**1781**·6·12 文／**1783**·3·29 文／5月 文／**1784**·2·10 社／**1788**·8·20 政／**1790**·11月 文／**1791**·7·19 社／**1796**·是年 社／**1797**·⑦·23 文／**1798**·2·6 文／**1801**·3·16 文／**1806**·1月 文／**1808**·12月 文／**1810**·4·24 社／**1814**·6·27 文／**1822**·7·27 政／**1823**·5月 文／**1826**·5月 社／**1833**·5月 文／**1840**·是年 社
薬座 ❹ **1519**·8·4 社

薬屋 ❸ 1443·4·29 文／❹ 1486·7·5 文／是年 社／1487·是年 社／1599·③·10 文／❺-1 1602·5·2 文／1666·9·12 文／1691·10·24 社
薬の安売り ❽ 1960·2·11 文
富山売薬 ❺-2 1749·3·8 文／1755·12月 社／1833·5月 文
採薬調査 ❺-2 1799·3·24 文
製薬所監 ❺-2 1792·是年 文
闘草会(再春館・熊本藩) ❺-2 1759·5·5 文
舶来薬種問屋 ❺-2 1724·7·20 文
本草会 ❺-2 1751·是年 文
薬品会 ❺-2 1757·9·7 文／1758·4月 文／1760·是年 文／1762·④·10 文／1818·6·8 文／1819·6月 文／1832·6·20 文／9月 文／1842·8月 文
薬価 ❺-2 1790·10月 文
和漢薬私貿 ❺-2 1730·12月 文
和薬改会所 ❺-2 1738·5·7 文
和薬真偽政所 ❺-2 1722·7·8 文
薬草園・薬園 ❺-1 1636·是年 文
麻布薬園 ❺-1 1638·10·29 文／1683·7·19 文／1698·4·5 文
大塚御薬園 ❺-1 1638·10·29 文
小石川薬園 ❺-1 1640·12·10 文／1711·9·23 文
佐多薬園(鹿児島藩) ❺-1 1687·2月 文
白山御殿薬園 ❺-2 1721·8·17 文
高田薬園 ❺-1 1681·2·7 社
長崎御薬園 ❺-1 1680·是年 文
長崎御用御薬園 ❺-2 1720·是年 文
蕃滋園(薬園) ❺-2 1756·12月 文
目黒薬園 ❺-2 1720·9·13 文
大和宇陀郡松山薬草園 ❺-2 1729·11月 文
薬品名 ❶ 553·6月／698·3·7 社／4·3 社／699·3月 社／756·6·21 文
アゴチン ❽ 1949·3·28 文
アミノピリン ❾ 1977·10·3 文
アリセプト(ドネペジル) ❾ 1999·11月 文
アイスノン ❾ 1965·7月 社
アリナミン ❽ 1954·3·18 文
安息香丸 ❷ 1191·7·21 文
アンタビュス(酒嫌い薬) ❽ 1953·3·31 文
イレッサ(肺癌治療薬) ❾ 2002·7·5 文／2011·2·25 文
インターフェロン製癌剤 ❾ 1985·3·29 文
インターフェロンα C型(肝炎薬) ❾ 1994·3·22 文
陰陽二血丸 ❺-2 1740·1·29 社／1744·1·21 文
ヴィックス・コフ・ドロップ ❽ 1953·10月 文
外郎(ういろう)丸薬 ❹ 1576·10·13 文
烏犀円 ❺-2 1735·5·1 文
ウロキナーゼ ❾ 1965·8月 文／1970·6·1 文
AF2(合成殺菌剤) ❾ 1974·8·22 社
エフェドリン ❻ 1892·2月 文
FOY(膵炎治療剤) ❾ 1978·3·15 文
塩酸イリノテカン(抗癌剤) ❾ 1994·4·11 文
オロナイン軟膏 ❽ 1953·4月 文
オロナミンCドリンク ❾ 1965·2月 社
カスガマイシン ❾ 1965·3月 文
鶴血丸 ❺-2 1724·1·9 社
カナマイシン ❽ 1957·6·24 文／1958·5·1 文
カラン糖(癪病) ❺-2 1812·是年 社
軽粉(梅毒の特効薬) ❺-2 1768·是年 社
奇応丸 ❻ 1872·11月 文
クロロホルム ❻ 1861·6·3 文／❾ 1999·2·9 文
ゲフィチニブ(抗癌剤) ❾ 2003·1·8 文
玄米早春薬 ❺-2 1852·6月 社
抗ヒスタミン薬 ❾ 1965·10·28 文
サリドマイド系(睡眠薬) ❽ 1962·5·17 文／9·13 社／12·22 文／1963·7·28 社
サリドマイド裁判 ❾ 1965·3·16 文／11·8 文／1968·5·7 文／6·8 社／1971·11·2 文／1972·2·9 文／1974·4·2 文／10·13 文／1975·7·10 文／1980·2·12 社
三共胃腸薬 ❽ 1957·11月 文
七宝日髯丹 ❺-2 1734·6·15 文
麝香丸 ❷ 1191·7·11 文
朱砂丸 ❷ 1199·5·8 文
小児薬 ❷ 1014·6·25 文
シロン(胃薬) ❽ 1954·9·15 文
新カナマイシン ❾ 1971·4·5 文
スーパーサンテ(点眼薬) ❽ 1962·11月 文
ストレプトマイシン ❽ 1948·12·9 文／1950·7·11 文／1951·4·12 文／8·2 文／1952·2·1 文
精錡水(眼薬) ❻ 1873·11月 文／1875·8·18 文
セドリン ❽ 1949·3·28 文
セフメタゾン(抗生物質) ❾ 1980·2·1 文
千金丹売り ❻ 1880·8月 社
千金方 ❺-2 1832·是年 文
ソリブジン ❾ 1993·11·24 文／1994·3·5 文
大黄製法所 ❻ 1858·3·14 社
田代丸散 ❺-2 1832·1·21 文
タミフル ❾ 2001·2月 文／2005·11·17 文／2007·2·28 文
中将湯 ❻ 1893·7月 文
通中散 ❺-2 1729·2·29 文
ツベルクリン(コッホ氏薬液) ❻ 1891·5·6 文
ディオバン(高血圧治療薬) ❾ 2000·11月 文
ティオピン(結核の新薬) ❽ 1950·9·2 文
トキソホルモン ❽ 1948·8月 文
トランキライザー ❽ 1957·1·10 文／1957·1·13 文
二月堂牛黄誓紙 ❹ 1472·2·15 文
二血丸 ❺-2 1735·12·8 文
乳泉散 ❺-2 1798·7·19 文
パーテン ❽ 1949·3·28 文
バイアグラ ❾ 1998·3月 文／1999·1·25 文
ハイシー(ビタミンC) ❽ 1961·是年 社
反魂丹 ❺-1 1683·是年 文／1690·是年 文／❺-2 1766·2·14 文／1783·4月 文
ピシバニール(抗癌剤) ❾ 1975·10·1 文
ヒラドジッド ❽ 1952·5·20 文
ヒロポン ❽ 1948·11月 社／1949·3·28 文／10·18 政／11·21 社／1954·3·9 社／3·23 社／11·9 社／12·8 社／1955·1·12 社
檳榔子(びんろうし) ❷ 1212·6·20 文
フィブリノゲン(血液製剤) ❾ 2004·12·9 文／2006·6·21 文
附子散 ❷ 1186·5·1 文／❾ 1965·1·18 文
プレグランディン(人工流産剤) ❾ 1984·5·30 文
プロトミン(ハンセン病治療剤) ❽ 1948·7月 文
ペニシリン(碧素) ❽ 1944·2·1 文／10·30 文／11·16 文／12·10 文／1945·2·28 文／1946·1·18 文／4·11 文／5·18 文／1947·2·11 文／1948·4·26 文
ペニシリンショック死事件 ❽ 1956·5·15 文
ヘロイン ❽ 1946·8·1 社／9·16 社
宝丹(口中薬) ❻ 1862·是年 社／1871·1月 文
ホスピタン ❽ 1949·3·28 文
ポリオキシン ❾ 1965·5月 文
マーキュロクロム(赤チン) ❾ 1973·7·12 文
メバロチン(高脂血症治療薬) ❾ 1989·10月 文
茯苓五倍子 ❺-2 1814·9·23 社
補腎丸 ❺-2 1759·12月 文
麻沸散 ❺-2 1804·10·13 文
免脳催生丹 ❺-2 1739·2·4 文
ユベラ ❽ 1938·5·31 文
リゲイン(栄養ドリンク) ❾ 1988·6月 社
リステリン(洗口剤) ❾ 1984·4月 文
良薬必勝散 ❸ 1391·12·30 文
ルル(風邪薬) ❽ 1952·2月 文
霊宝丹 ❺-2 1729·2·29 文
薬剤会社
エーザイ ❽ 1938·5·31 文
三共 ❾ 2005·2·19 政
塩野義製薬 ❽ 1878·3·17 文
鈴木製薬所 ❼ 1907·4·28 社
住友製薬 ❾ 1984·1·19 文
第一三共 ❾ 2005·9·28 文
田口参天堂 ❼ 1899·8月 社
武田薬品 ❻ 1895·是年 文／❼ 1925·1·29 政
田辺製薬 ❻ 1877·是年 文
ツムラ(漢方薬) ❾ 1996·10·31 社
東京製薬 ❻ 1889·11·15 文
東京薬品会社 ❻ 1887·7·20 文
ミドリ十字 ❾ 1988·7·14 文／2000·2·24 文
森下仁丹会社 ❼ 1914·2·20 社
山之内製薬 ❾ 2004·2·24 文

ワクチン·種痘 ❽ 1949·4·30 文
遺伝子工学によるワクチン生産 ❾ 1981·2·20 文
風邪の予防ワクチン ❽ 1953·1·21 文
血清療法(ジフテリア·破傷風) ❻ 1890·是年 文／1894·12月 文
三種混合ワクチン ❾ 1975·1·30 文／1992·3·25 文／1993·4·27 文／2003·3·13 文
ジフテリア予防注射 ❽ 1948·11·4 社／11·11 社
種痘(牛痘種痘法) ❺-2 1744·是年 文／1747·延享年間 文／1790·1·14 文／1795·是年 文／1812·9·26 文／1813·9·17 文／1824·是年 政／1826·3·20 文／1829·2·20 文／1839·是年 文／1847·是年 文／1848·6·20 文／1849·7·19 文／9·21 文／10·2 文／11月 文／12月 文／是年 文／1850·11·7 文／1851·4·14 文／6·12 文／7月 文／1852·是年 文／❻ 1857·6·3 文／1858·2·8 文／3月 文／1860·7·13 文／1861·10·28 文／1866·5·23 文／1869·6·22 文／1870·4·24 文／1871·3·15 文／10·13 文／1873·5月 文／1874·4·5 文／1885·11·9 文／❼ 1909·4·14 文
種痘所·除痘館 ❺-2 1849·10月 文／11·25 文／1850·10月 文／11·7 文／1852·12月 文／1857·8月 文／1858·4·24 文／5·7 文／1860·10·14 文／1866·5·23 文／1868·8·15 文／1870·3月 文
種痘生物テロ対策 ❾ 2003·6月 文
種痘代金 ❺-2 1861·10·28 文
種痘発明百年記念会 ❼ 1896·5·14 文
小児麻痺ワクチン ❽ 1956·4·20 文／1959·9·3 社／1961·!·22 文／7·20 文／1962·6·26 文／1964·2·8 社
BHC ❾ 1969·7·10 社／12·10 社／1970·10·20 社／1971·3·19 社／12·30 社
BCG ❽ 1942·是年 社／❾ 1967·3·6 文
ポリオワクチン ❽ 1963·3·8 文／❾ 2012·9·1 文
丸山ワクチン ❾ 1974·10·23 文／1976·11·29 文／1981·3·13 文／7·1 文／8·14 文／10·1 文／1991·6·5 文／1998·3·25 文
ワクチン接種事故 ❾ 1970·6·13 文／1975·12·22 文／

その他
折畳み式担架 ❽ 1963·5·21 文
家庭用吸入器 ❼ 1927·1·12 社
シロネズミの亜性腫瘍 ❽ 1944·10月 文
水銀検温計 ❻ 1883·11月 社
ダイエット食品(中国製) ❾ 2002·7·12 文
体温計 ❽ 1941·4·24 社／❾ 1983·月 社
道路病者 ❷ 1191·3·28 社
濃縮酸素「フレッシュ O2」 ❾ 1985·10月 社
繃帯(包帯) ❻ 1894·10·8 社
マスク ❻ 1879·2·24 社

30 演劇·舞踊·ダンス

演劇·芸能に関する書籍·雑誌
『演芸画報』 ❼ 1907·1月 文
『演芸世界』 ❼ 1901·3月 文
『演劇改良論』 ❻ 1886·10·6 文
『演劇倶楽部』 ❼ 1912·4月 文
『演劇新潮』 ❼ 1924·1月 文
『歌舞伎』 ❼ 1900·1·31 文
『歌舞伎研究』 ❼ 1926·6月 文
『歌舞伎新報』 ❻ 1879·2·3 文
『劇場改良法』 ❻ 1877·11月 文
『史劇に就きての疑ひ』 ❼ 1897·10月 文
『新演芸』 ❼ 1916·3月 文
『中間演劇』 ❼ 1936·1月 文
『テアトロ』(第一次) ❼ 1934·1月 文
『悲劇喜劇』 ❼ 1928·10月 文

演芸·演劇一般
相座元(村田九郎右衛門と市村宇左衛門) ❺-1 1651·9月 文
上演禁止の覚書 ❽ 1945·11·9 文
諸芸頭取心得 ❻ 1875·3·12 文
坪内博士記念·演劇博物館 ❼ 1928·10·27 文
舞台の頽廃 ❽ 1947·9月 文
名代(興行許可) ❺-1 1713·12月 文
物真似·道化茶番興行禁止 ❻ 1877·10·1 文

演劇学校·養成所
国際演劇大学 ❾ 1983·7·4 文
東京俳優学校 ❼ 1910·3月 文／1911·6·23 文
東京俳優学校試演劇場 ❼ 1911·1·31 文
東京俳優養成所 ❼ 1908·11·11 文
日本俳優学校 ❼ 1930·4·23 文
日本俳優学校劇団 ❼ 1934·6·1 文
能楽囃子科(東京音楽学校) ❼ 1912·8·30 文
俳優学校 ❼ 1901·3·15 文

演劇公演·フェスティバル
あいちトリエンナーレ ❾ 2010·8·21 文
青山演劇フェスティバル ❾ 1989·10·28 文
浅草喜劇祭 ❾ 1977·5·31 文
アジア伝統芸能の交流 ❾ 1976·3·29 文
アジアの子供劇場 ❾ 1979·8·6 文
アジア民族芸能祭 ❾ 1985·9·18 文
アメリカ·デフ·シアター ❾ 1979·11·16 文
イタリア·オペラ ❾ 1973·9·8 文
市川猿之助襲名(市川亀治郎) ❾ 2012·6·5 文
エイサー盆踊り大会 ❾ 1968·8·15 社
越後妻有アートトリエンナーレ(大地の芸術祭) ❾ 2000·7·20 文／2003·7·20 文／2006·7·23 文／2009·7·26 文
演劇人祭 ❽ 1954·8·26 文
猿之助百年記念公演 ❾ 1971·7月 文
大阪国際人形フェスティバル ❾ 1986·4·23 文
顔見世狂言夜興行(大坂) ❺-1 1704·11月 文／1709·是年 文
顔見世興行 ❾ 2003·11·30 文／2004·11·30 文／2005·11·30 文／2006·11·30 文／2007·11·30 文／2008·11·30 文／2009·11·30 文／2010·11·30 文／2011·11·30 文／2012·11·30 文
喜劇まつり ❽ 1955·3月 文
芸術祭 ❾ 1985·10·1 文
芸術報国大会 ❽ 1943·4·9 文
神戸ビエンナーレ ❾ 2007·10·6 文／2009·10·3 文
国際バレエ·コンクール ❾ 1974·7·25 文
国民演劇コンクール ❽ 1941·9月 文
国民文化祭 ❾ 1987·10·2 文
シェイクスピア生誕四百年記念 ❽ 1964·3·3 文
杉浦友雪八十寿祝賀 ❾ 1968·10·20 文
世界演劇祭 ❾ 1982·7·24 文
世界バレエ·コンクール ❾ 1976·1·30 文
世界バレエ·フェスティバル ❾ 1976·4·27 文／1994·7·27 文
全国郷土芸能大会 ❽ 1950·11·2 文／1952·11·2 文
全国座長大会(大衆演劇) ❾ 1984·2·18 文
全日本子どものための舞台芸術大祭典 ❾ 1985·8·19 文
宗家松本幸四郎古稀記念舞踊公演 ❾ 2012·8·27 文
大道芸祭 ❾ 1994·6·4 文
東京改良演芸会 ❻ 1888·5·17 文
東京国際演劇祭 ❾ 1988·8·1 文／1990·10·26 文
東西演劇シンポジウム ❽ 1963·11·11 文
中村勘九郎襲名披露 ❾ 2012·2·2 文

日韓親善文化交流第三世界演劇祭　❾ 1981·3·17 文
日劇さよなら公演　❾ 1981·1·28 文
能と歌舞伎の合同公演　❾ 2012·9·28 文
俳優祭　❽ 1957·7·30 文
舞踏フェスティバル　❾ 1985·2·9〜27 文
フランス国際バレエ·コンクール　❾ 1981·4·12 文
松本現代演劇フェスティバル　❾ 1987·8·8 文／1989·8·11 文
横浜国際舞台フェスティバル　❾ 1989·9·17〜10·15 文
吉本百周年記念公演　❾ 2012·4·13 文
ラ·フォル·ジュルネ·オ·ジャポン熱狂の日音楽祭　❾ 2012·5·3 文
利賀山房·フェスティバル　❾ 1976·8·28 文／1982·7·24 文／1985·7·25 文
レーザー光線ショー　❾ 1978·2·22 文

演劇·舞踊など各団体

アート·シアター·ギルド(ATG)　❽ 1961·11·15 文／1962·4·20 社
愛国演芸同盟　❼ 1936·6·30 社
あきれた·ぼういず　❽ 1937·9月 社
アズマカブキ　❽ 1954·2·18 文
安部公房スタジオ　❾ 1973·1·11 文
伊佐美演劇　❻ 1895·7·6 文
市川猿之助一座　❽ 1955·8·29 文／10·1 文
井上演劇道場　❼ 1936·4·21 文
井上流京舞　❽ 1948·5·27 文／1953·11·26 文
イプセン会　❼ 1907·2·1 文
インド舞踊団　❽ 1957·3·25 文
宇野重吉一座　❾ 1986·9·25 文
梅吉派　❼ 1922·12月 文
梅若流　❼ 1921·7月 文／1922·7月 文／❽ 1947·10·11 文
エノケン一座·劇団　❽ 1938·6·11 文／1947·4·6 文
円(演劇集団)　❾ 1975·8·1 文
演芸矯風会　❻ 1888·2·19 文
演劇改良会　❻ 1886·8月 文／1887·10·4 文／❼ 1902·5月 文
大江美智子一座(女剣劇)　❽ 1950·9·1 文／❾ 1970·3·1 文
大阪演劇改良会　❼ 1902·1·19 文
大阪喜劇鶴宝会　❼ 1907·9·5 文
大阪松竹歌劇団　❼ 1922·4月 文
大阪文楽　❼ 1911·12·7 文
お伽ばなし会　❼ 1908·9·26 文
尾上菊五郎劇団　❽ 1960·10月 文
女剣劇　❼ 1934·是年 社
貝谷八百子バレエ団　❽ 1948·5·29 文／1953·7·25 文
カジノ·フォーリー　❼ 1929·7·10 文
学校劇研究会　❼ 1933·7·8 文
歌舞伎ソ連公演　❼ 1928·7·12 文
川上音二郎一座　❻ 1891·6·20 文
関西実験劇場　❽ 1949·12·7 文
観世会　❼ 1900·是年 文
喜劇人協会　❽ 1954·3·11 文
喜劇楽天会　❼ 1910·4月 文
京都演劇改良会　❼ 1902·9月 文
金語楼劇団　❽ 1940·3·14 文
近代劇協会　❼ 1912·10·26 文／1913·3·27 文／1915·7·26 文
勤労者演劇協同組合(労演)　❽ 1948·7·3 文
雲の上団五郎一座　❽ 1960·12月 文
苦楽座　❽ 1942·12·3 文
クレージーキャッツ　❽ 1955·4·1 文
京劇(中国)　❼ 1919·5·1 文／❽ 1956·5·30 文／1963·11·28 社／❾ 1979·9·1 文
稽古座　❻ 1892·9·20 文
芸術倶楽部　❼ 1915·10·16 文
芸術座　❽ 1959·4·14 文
芸術小劇場　❽ 1937·12·2 文
芸能山城組　❾ 1974·1·19 文
Kバレエカンパニー　❾ 1999·5·5 文
劇作家協会　❾ 1993·4·8 文
劇団青い鳥　❾ 1975·11·22 文
劇団唐組(通称紅テント)　❾ 1967·8·5 文
劇団雲　❽ 1963·3·28 文
劇団四季　❽ 1953·7·14 文／❾ 1965·6·4 文／1983·11·11 文／1986·11·9 文／1987·6·2 文／1988·4·29 文／1990·9·4 文／1995·11·20 文／1996·5·19 文／2001·8·7 文／2004·9·12 文／2007·6·17 文
劇団新感線　❾ 2000·8·17 文
劇団青俳　❾ 1979·11·25 文
劇団第七病棟　❾ 1985·10·25 文
劇団テアトル·コメディ　❼ 1931·2·10 文
劇団転形劇場　❾ 1977·1·14 文／1985·1·12 文／1986·11·20 文
劇団東京　❼ 1932·11·30 文
劇団ぶとうの会　❽ 1964·9·7 文
劇団ブリキ　❾ 1986·5·16 文
劇団民芸　❽ 1950·4月 文／12·22 文／1961·1·8 文
劇団夢の遊眠社　❾ 1982·10·1 文／1983·9·15 文／1986·6·8 文／1992·3·11 文
研究座　❼ 1920·4·25 社
現代演劇協会　❽ 1963·1·14 文
皇国慰問芸術団　❽ 1938·3·2 社
公衆劇団　❼ 1913·10·1 文
江蘇省昆劇院　❾ 1986·5·2 文
講談落語協会　❽ 1940·9·13 社
小牧バレエ団　❽ 1950·11·11 文／1952·11·6 文
桜隊(移動演劇隊)　❽ 1945·8·6 文
蠍座(アンダーグラウンド)　❾ 1967·6·20 文
山海塾　❾ 1984·3·3 文
シェークスピア·シアター　❾ 1975·5·20 文
静間小次郎一座　❼ 1902·2月 文
実験劇場　❽ 1949·10·7 文
児童演劇協議会　❽ 1952·9·25 文
上海昆劇団　❾ 1988·9·6 文
ジュウガスタド·デルフ一座　❼ 1900·7·1 社
自由劇場(地下劇場)　❼ 1909·5月 文／11·27 文／1910·5·28 文／12·2 文／1911·6·1 文／10·26 文／1912·4·27 文／❾ 1966·11月 文
自由劇団　❽ 1959·10·1 文
状況劇場　❽ 1963·7月 文／❾ 1966·4月 文
松竹移動演劇隊　❽ 1940·11·16 文／1941·9·9 文
松竹演劇塾　❽ 1956·4·28 文
松竹歌劇団 SKD　❼ 1928·10·12 文／❽ 1946·1月 文／1953·10·1 文／❾ 1978·2·15 文／1982·1·15 文／1996·6·14 文
松竹家庭劇　❼ 1928·9·1 文／❽ 1957·8月 文
松竹新喜劇　❽ 1948·12·1 文／❾ 2009·9·5 文
松竹新劇団　❼ 1927·6月 文
女優倶楽部　❼ 1902·8月 文
新鋭劇団　❽ 1942·1·8 文
新演劇人協会　❽ 1946·4·26 文
新協·新築地両劇団　❽ 1940·8·19 文
新協劇団　❼ 1934·11·10 文／❽ 1946·1·19 文／2·19 文／9·5 文
新劇座　❼ 1921·5·29 文
新劇社　❼ 1913·10·16 文
新国劇　❼ 1917·4·18 文／1919·4·1 文／❽ 1987·8·20 文
新時代劇協会　❼ 1910·11·23 文／1911·2·5 文
新社会劇団　❼ 1910·4·29 文
新宿梁山泊　❾ 1989·10·27 文
新日本文化の会　❽ 1937·7·17 文
新俳優大合同興行　❼ 1898·8·13 文
新舞踊の会「踏影会」　❼ 1922·11·26 文
新文芸協会　❼ 1920·2·25 文
世阿弥座　❾ 1976·9·4 文
青年歌舞伎一座　❽ 1939·1·16 文
青年座　❽ 1954·12·17 文
成美団　❼ 1896·9·8 文／1900·6月 文
誠友会(興行師)　❼ 1920·4·30 社
前衛芸術家連盟(前芸)　❼ 1927·11·11 文
前衛劇場第一回公演　❼ 1927·11·18 文
全国学生演劇連盟　❼ 1924·11·15 文
全国演劇鑑賞団体連絡会　❽ 1962·6·16 文
前進座　❼ 1931·5·22 文／6·3 文／❽ 1946·6·6 文／11·20 文／1947·11·9 文／1949·3·7 文
前進座演劇映画研究所　❽ 1937·6·23 文
戦線慰問団「わらわし隊」　❽ 1938·4·4 社
全日本無産者芸術連盟「ナップ」　❼ 1928·3·25 文／12·25 文／1933·2·22 文
創作座　❼ 1934·9·24 文
曾我廼屋五郎一座　❼ 1908·4·17 文
第三舞台　❾ 1985·9·18 文
大日本舞踊連盟　❽ 1940·6·27 文／9·26 文／12·25 文
七夕座　❽ 1959·7·2 文
珠実会(新舞踊)　❼ 1930·是年 文
近松座　❾ 1982·5·1 文
中国上海舞劇団　❾ 1972·7·10 文
中国陝西省歌舞劇院　❾ 1984·9·3 文
帝劇ミュージカル　❽ 1951·2·6 文／11·29 文

帝劇洋劇部 ❼ 1915·5·27 文
帝国劇場歌劇部 ❼ 1913·2·2 文
帝国女優養成所 ❼ 1908·9·15 文
天井桟敷 ❾ 1967·4·18 文／1969·3·15 文／1975·4·19 文／1978·1·7 文／1980·6·19 文／1983·7·31 文
デン助劇団 ❽ 1947·是年 文／1958·12·1 文／❾ 1973·4·10 文
藤蔭会 ❼ 1917·5·29 文
東京演劇協会 ❼ 1925·7 月 文
東京演劇集団(第一回公演) ❼ 1932·3·26 文
東京お伽劇協会 ❼ 1907·5·25 文
東京踊り ❽ 1961·3·17 文
東京自立劇団協議会 ❽ 1946·11·23 文
東京ディレクターズクラブ ❽ 1952·9·5 文
東京童話劇協会 ❼ 1928·5·3 文
東京バレエ団 ❽ 1946·8·9 文／❾ 1999·5·17 文
東芸 ❽ 1946·9·5 文
東宝移動文化隊 ❽ 1940·9·27 文
東宝歌舞伎 ❽ 1955·7·2 文／1961·2·17 文／1964·10·5 文
東宝劇団 ❽ 1943·9·1 文／1961·3·1 文
東宝現代劇 ❽ 1959·10·5 文／1961·10·20 文
東宝舞踊団 ❽ 1946·6·6 文
東方紅曲技団 ❾ 1967·10·9 社
東宝ミュージカル ❽ 1963·9·1 文
東宝名人会 ❽ 1945·10 月 文
土曜劇場 ❼ 1912·3·2 文
とりで社 ❼ 1912·10·19 文
西崎緑舞踊会 ❽ 1945·10·24 文
日劇ダンシングチーム ❼ 1936·1·13 文／❾ 1977·3·30 文／1981·1·28 文
日本演芸協会 ❻ 1889·10·12 文
日本アート·シアター·ギルド ❽ 1962·4·20 社
日本移動演劇連盟 ❽ 1941·6·9 文
日本演芸矯風会 ❻ 1888·7·8 文／1889·9·14 文
日本演劇協会 ❽ 1941·2·18 文
日本芸術協会 ❼ 1930·10·11 文
日本芸術文化振興会 ❾ 1990·3·30 文
日本芸能実演家団体協議会 ❾ 1980·3·21 文
日本劇団協議会 ❾ 1990·9·14 文
日本俳優協会 ❽ 1957·1 月 文
日本舞踏協会 ❼ 1931·1·25 文
日本舞踊学校 ❽ 1953·4·2 文
日本舞踊協会 ❽ 1955·9·19 文
日本プロレタリア文化連盟(コップ) ❼ 1934·4·12 文
日本労働劇団 ❼ 1920·2 月 文／5·10 文
ニューヨーク·シティ·バレエ団 ❽ 1958·3·17 文／1963·3·20 文
人形劇団プーク ❼ 1929·12·21 文／❽ 1947·5·9 文
能楽協会 ❽ 1945·6·15 文
能楽大会 ❽ 1945·11·3 文
俳優座 ❽ 1944·2·10 文／8·5 文／1946·3·19 文／❾ 1969·6·27 文／1980·9·1 文／1984·11·18 文
俳優座演劇研究所 ❽ 1949·11 月 文
俳優座こどもの劇場 ❽ 1948·5·8 文
羽衣会(新舞踊の会) ❼ 1922·2·26 社
花柳舞踏研究会 ❼ 1924·4·24 文
薔薇座 ❽ 1946·5·1 文
バンドマン喜劇歌劇団 ❼ 1911·6·3 文
ハンブルク·バレエ ❾ 1994·3·3 文
ピエル·ブリアント劇団 ❼ 1931·12·16 文
ピナ·バウシュ＆ヴッパタール舞踊団 ❾ 1999·5·22 文
ピョンヤン·マンスデ芸術団 ❾ 1973·7·30 文
舞台芸術学院 ❽ 1948·9·13 文
舞台美術家協会 ❽ 1958·10·28 文
舞踏研究会 ❼ 1912·4·24 文
ぶどうの会 ❽ 1947·4·11 文／1948·3·4 文／1950·10·19 文
舞踊花柳流 ❾ 1968·11·23 文
フラメンコ舞踊団 ❽ 1955·2·4 文
プロレタリア劇場 ❼ 1927·9·26 文
文学座 ❽ 1937·9·6 文／1938·3·25 文／1944·5·1 文／1946·3·26 文／1949·11·3 文
文化座 ❽ 1942·4·14 文
文芸協会演芸部 ❼ 1906·11·9 文／1909·5·1 文／1911·5·20 文／9·22 文／1912·5·3 文／11·16 文／1913·6·26 文／7·8 文
文芸座 ❼ 1915·6·28 文
文楽協会 ❽ 1963·1·7 文／4·19 文
ベトナム中央歌舞団 ❾ 1973·8 月 文
ボリショイ劇団バレエ団(ソ連) ❽ 1957·8·28 文／❾ 1990·10·26 文／6·28 文／1994·4·2 文／1999·10·1 文
ボリショイ·バラエティ団員 ❽ 1964·8·14 政
マーカス·ショー(レビュー団) ❼ 1934·3·1 文
マーサ·グラハム舞踊団 ❾ 1994·1·7 文
牧阿佐美バレエ団 ❽ 1963·1·29 文
松山バレエ団 ❽ 1958·3·3 文／❾ 1973·2·10 文
マノクワリ劇団 ❽ 1944·11·3 文／1945·4·29 文
万世舞踏倶楽部 ❼ 1903·11·21 社
瑞穂劇団 ❽ 1942·2·21 文／6·20 文
三升会 ❻ 1890·7·7 文
民衆芸術劇場(民芸) ❽ 1947·7·28 文／1948·1·2 文／1949·7·12 文
ミンストレル·ショー ❻ 1854·2·29 文
無名塾 ❾ 1985·11·3 文
モイセーエフ舞踏団 ❽ 1959·9·26 文
モーリス·ベジャール·バレエ団 ❾ 1994·4·25 文
モスクワ芸術座 ❾ 1968·9·4 文／1988·3·4 文
ゆう·もあ·くらぶ ❽ 1954·12·14 社
洋劇研究会 ❼ 1907·5·25 文
洋式演劇社 ❼ 1902·4·11 文
吉本新喜劇 ❽ 1959·3·1 文／❾ 1999·6·25 文
楽天会 ❼ 1907·4·15 文
梨苑会 ❽ 1952·11·28 文
レニングラード·マールイ·ドラマ劇場 ❾ 1989·8·19 文
ロイヤル·シェクスピア劇団 ❾ 1970·1·14 文
ロイヤル·バレエ団(英) ❾ 1999·4·8 文
労働劇団 ❼ 1921·2·26 文
ロッパ一座 ❽ 1947·4·6 文
浪漫劇場 ❾ 1968·4·17 文／1969·1 月 文
若葉会 ❼ 1905·5·11 文
早稲田小劇場 ❾ 1966·3·1 文／1967·4·20 文／1976·8·28 文
笑の王国 ❼ 1933·4·1 文
わらび座 ❽ 1953·6·25 文／❾ 1974·8·10 文

海外公演

雅楽 ❾ 1973·6·4 文／1976·8·27 文
歌舞伎 ❽ 1955·9·28 文／1960·5·27 文／1961·6·24 文／1964·8·4 文／❾ 1965·9·28 文／1967·2·28 文／7·30 文／1969·9·10 文／1977·8 月 文／1978·2·28 文／1979·1·27 文／1982·6·29 文／1983·5·29 文／1986·4·1 文／6·16 文／1988·6·3 文／7·10 文／8·31 文／10·11 文／1989·9·1 文／10·3 文／1990·6·4 文／6·12 文／9·15 文／10·4 文／1991·10·1 文／1997·9·11 文／12·4 文／1998·2·8 文／2004·10·9 文／2007·3·23 文／9·22 文／2010·6·4 文
狂言団 ❾ 1966·10·24 文／1982·12·29 文／1983·7·13 文／1985·4·3 文／6·11 文
大阪芝居渡米 ❻ 1887·3 月 文
日本古典芸能欧州巡回団 ❾ 1976·8·27 文
能·文楽·歌舞伎 ❾ 1994·7·7 文
能楽 ❽ 1954·8·6 文／1957·6·25 文／1963·5·5 文／❾ 1965·8·31 文／9·3 文／9·19 文／1966·9·24 文／10·24 文／1967·2·22 文／1968·2·1 文／6·6 文／1969·6·9 文／1970·5·15 文／1971·2·5 文／1972·4·17 文／6·8 文／8·21 文／9·29 文／1973·6·4 文／1974·1·28 文／2·22 文／3·4 文／1975·2·15 文／8·26 文／1981·2·8 文／6·24 文／8·29 文／12·6 文／1982·5·21 文／1983·5·5 文／5·26 文／11·30 文／1984·1·18 文／4·18 文／6·20 文／7·22 文／8·1 文／1985·5·28 文／9·23 文／10·4 文／10·18 文／12·6 文／2012·5·5 文
葉武列土(ハムレット)倭錦絵 ❾ 1991·9·15 文
文楽 ❽ 1962·7·21 文／❾ 1972·3·3 文／1990·3·11 文／2009·6·30 文
平成中村座ニューヨーク公演 ❾ 2004·7·17 文／2007·7·17 社

観劇団体

大手連中 ❺-2 1735·是年 社
手打連中(笹瀬) ❺-2 1720·是年 文

藤石建 ❺-2 1770・是年 文
芸能関係会社
松竹興業株式会社 ❼ 1902・1・1 文／1912・6月 文／1929・3・28 文
帝国劇場株式会社 ❼ 1906・10・18 文
東宝株式会社 ❼ 1932・8・12 文
長谷川大道具株式会社 ❼ 1920・8・30 文
吉本興業 ❼ 1935・11・20 文
歌舞伎
浅草歌舞伎 ❾ 1980・1・2 文
荒事歌舞伎 ❺-1 1673・11月 文
市川家規約 ❻ 1888・2・11 文
市川団十郎(九代目)襲名 ❻ 1874・7・10 文
江戸三座火災 ❻ 1864・4・22 文
大阪芝居の始まり ❺-1 1661・是年 文
大阪道頓堀 ❺-1 1626・是年 文
お国歌舞伎 ❺-1 1603・是年 文／1604・10・27 文／1608・是春 文
女形 ❺-1 1638・3月 文／1643・2・18 文／1652・是年 文／1655・是年 社／1661・是年 文／1695・8月 社
女歌舞伎 ❺-1 1604・1・22 文／1606・是年 文／1610・2月 文／1612・4・13 文／1613・2・13 文／1620・是年 文／1624・是年 文／1628・是年 文／1629・10・23 文／1643・寛永年間 文／1657・是年 文／1658・是年 文／1687・8月 文／❺-2 1801・7月 文
女芸能者 ❺-1 1618・10・23 社
顔見世番付 ❺-1 1680・11月 文
角鬘暫 ❺-1 1714・11月 社
大坂道頓堀火事 ❺-1 1697・5・1 文
歌舞伎(禁止) ❺-1 1614・8月 文／1615・5・22 文／1624・2月 文／是年 文／1628・是年 文／1632・4月 文／1634・3・18 文／3・28 文／1636・是年 文／1639・是年 文／1642・是年 文／1644・是年 文／1647・4・25 文／1651・5月 文／1652・7・21 文／1653・3月 文／1655・是年 文／1656・4・5 文／8月 文／11・25 文／是年 文／1661・是年 文／1664・8・27 文／是年 文／1669・1・8 文／1705・6・4 社／1713・12月 文／❾ 2005・11・25 文／2006・8・22 文／2010・4・2 文／2012・7・4 文
歌舞伎(陸奥八戸) ❺-2 1727・7・19 文
歌舞伎鑑賞(外国皇族) ❻ 1879・6・4 社
歌舞伎狂言興行 ❺-2 1729・2月 社／1806・是年 文／1813・是年 文
歌舞伎劇場 ❺-1 1623・元和年間 文
歌舞伎小道具業 ❻ 1872・是頃 文
歌舞伎サミット ❾ 1990・10・21 文
歌舞伎芝居(尾張名古屋橘町) ❺-2 1801・6月 文
歌舞伎芝居の見物料(入場料) ❺-2 1768・是年 文
歌舞伎十八番 ❺-2 1840・3・5 文／❼ 1909・9・11 文
歌舞伎俳優研修制度 ❾ 1970・6・4 文
歌舞伎発祥三百八十年祭 ❾ 1980・9・1 文
歌舞伎役者 ❺-1 1697・1月 文／2月 文／1709・3・2 文
歌舞伎役者の給金 ❺-1 1663・1・6 文
歌舞伎役者の声色 ❺-1 1714・3月 文
上方歌舞伎会 ❾ 1990・7・28 文／1992・10・24 文
上方歌舞伎七人の会 ❽ 1958・8・28 文
寛文の名代再興 ❺-1 1668・3・1 文
金毘羅芝居(讃岐) ❺-2 1830・③・22 文／❾ 1985・6・27 文
狂言芝居の野郎 ❺-1 1689・5・26 文
高校生のための歌舞伎教室 ❾ 1967・7・12 文
コクーン歌舞伎 ❾ 1994・6月 文
小姓歌舞伎 ❺-1 1628・10・23 文
五世歌右衛門興業 ❾ 1990・4・1 文
子供かぶき教室 ❽ 1952・2・27 文
声色使い ❺-1 1714・是年 文／❼ 1901・5月 文
堺町芝居 ❺-1 1723・2・23 文
佐渡島歌舞伎 ❺-1 1614・是年 文
讃岐金丸座金比羅歌舞伎 ❾ 1976・4・29 文／1985・6・27 文／1998・5・8 文／2007・4・12 文／2010・4・10 文
芝居狂言 ❺-1 1687・貞享年間 文／1689・3・23 文／❺-2 1741・7月 文
島原狂言(歌舞伎) ❺-1 1656・是年 文／1658・6・27 文／1664・1・8 文
松竹歌舞伎 ❽ 1946・1・22 文／❾ 2011・7・2 文
松竹歌舞伎審議会 ❽ 1962・6月 文
少年歌舞伎 ❻ 1866・3月 社
新歌舞伎研究会 ❼ 1919・10・26 文
スーパー歌舞伎 ❾ 1986・2・4 文／1991・4・6 文／1993・4・10 文
「助六」初めて登場 ❺-1 1713・4・5 文
武智歌舞伎 ❽ 1949・12・7 文
団菊祭 ❼ 1936・4月 文／❾ 1977・5・4 文／2010・5・4 文／2012・5・3 文
「血達磨」もの初演 ❺-1 1712・是年 文
伝統歌舞伎保存会 ❾ 1965・3・1 文
中村吉右衛門研究所 ❽ 1954・3・27 文
人形浄瑠璃の歌舞伎化(丸本物) ❺-2 1727・11月 文
檜枝岐歌舞伎(会津) ❺-2 1822・此頃 文
船乗込み(歌舞伎公演) ❾ 1979・5・2 文
三越歌舞伎 ❽ 1946・11・22 文／❾ 1976・8・10 文
薬師寺奉納歌舞伎 ❾ 2012・10・29 文
野郎歌舞伎 ❺-1 1625・8月 文／1630・12月 文／1643・寛永年間 文／1651・8月 文／1652・6・25 文／1653・3月 文／1654・承応年間 文／1656・是年 文／1659・是年 社／1660・3・19 文／1662・1・18 文／1670・是年 文／1689・6月 文
ヨーロッパ歌舞伎会議 ❾ 1981・7・6～8 文
劇場・能舞台・映画館 ❺-2 1735・8・28 社
興行時間(劇場) ❻ 1886・10・20 文
興行等取締規則 ❽ 1945・10・2 文
興行免許鑑札 ❻ 1872・9・21 文
江戸芝居の絵看板 ❺-2 1806・是年 文
江戸の劇場 ❺-1 1680・1・8 文／1682・7・22 文
関西の劇場 ❾ 2004・1月 文
京都の劇場 ❺-1 1676・6月 文／1689・是年 文
劇場規約 ❺-1 1640・5・23 文
劇場数(東京) ❻ 1878・是年 文
劇場取締規則 ❻ 1882・2・15 文／1890・8・2 文／❼ 1900・11・15 文／1910・12・30 文
商業演劇の常設館 ❾ 1979・6月 文
アートコンプレックス(パフォーマンス公演専用劇場) ❾ 2012・4・1 文
アーニー・パイル劇場(東京宝塚劇場) ❽ 1944・3・5 文／1945・12・24 文／1946・2・24 文／1953・6・24 文／1955・1・27 文／4・16 文／1958・2・1 社
浅草国際劇場 ❾ 1982・4・5 文
浅草座 ❻ 1892・4・20 文
浅草松竹演芸場 ❾ 1983・11・10 文
旭座(岡山) ❼ 1908・2・2 文
朝日座(道頓堀・旧文楽座) ❾ 1984・2・10 文
あしべ劇場 ❽ 1945・3・10 文
吾妻座(東京) ❼ 1917・12・31 文
操り座(大坂) ❻ 1857・12・22 文
荒木与次郎兵衛座(大坂) ❺-1 1698・是年 文
嵐座(大坂) ❺-2 1759・是年 文
嵐三右衛門座 ❺-1 1696・是春 文／7・15 文
市村座(江戸・東京) ❺-1 1634・3・18 文／1651・5月 文／1652・4・4 文／4・7 文／1683・12・11 文／1706・11・20 文／❺-2 1760・12月 文／1783・4月 文／10・28 文／1784・10・16 文／1788・5・18 文／11・1 文／1798・是年 文／1803・①・15 文／1821・11・3 文／1835・4・4 文／1841・12・16 文／1842・9月 文／❻ 1878・9・13 文／1888・1・8 文／1894・7・8 文／❼ 1932・5・21 文
稲荷の芝居(大坂) ❺-2 1811・1月 文
岩井半四郎座 ❺-1 1693・3月 文
うめだ花月劇場 ❽ 1959・3・1 文
梅田コマスタジアム ❽ 1956・11・16 文／❾ 1992・9・28 文
映画館テアトル東京 ❾ 1981・12・31 社
英国ロイヤル・ナショナル・シアター ❾ 1989・11・28 文
ABC館 ❽ 1947・4・1 社
江戸肥前掾操芝居 ❺-1 1666・10月 社
戎座(道頓堀) ❻ 1876・7・11 文
演技座 ❼ 1925・1・20 文
円形劇場 ❽ 1951・9・26 文
大阪劇場(大阪千日前) ❽ 1937・12・17 文／1944・3・5 文／4・1 文
大坂太左衛門座 ❺-1 1706・11・5 文
大阪浪花座 ❼ 1904・4・29 文／1910・11・16 文
大阪文楽座 ❼ 1909・3・20 文
大西の芝居(道頓堀) ❺-1 1652・是年 文

オデオン座(横浜) ❽ 1947·4·1 社
角座(大阪) ❽ 1944·3·5 文／1945·3·10 文／1947·11·30 文
角の芝居(道頓堀) ❺-1 1651·慶安年間 文／1652·是年 文／❺-2 1769·1·27 文／1781·3·13 文／1805·9·29 文／1808·1月 文／1827·2·5 文／❻ 1858·2·15 文／1884·3·2 文
角丸座(大坂) ❺-2 1805·9·29 文
歌舞伎座(大阪梅田) ❼ 1898·2·11 文／1899·1·12 文／1932·9·28 文／❽ 1958·4月 文／10·30 文
歌舞伎座(京都) ❼ 1900·11·27 文
歌舞伎座(東京) ❻ 1889·11·10 文／❼ 1911·11·3 文／1912·6月 文／1913·8·8 文／1921·10·31 社／1924·12·15 文／1925·1·4 文／1929·9·5 文／❽ 1944·3·5 文／1945·3·10 文／5·25 文／1949·11·21 文／1951·1·3 文／❾ 1978·11·1 文
上三原田歌舞伎舞台 ❽ 1952·3·11 文
川上座·改良座 ❼ 1896·7·2 文／1903·4·6 文
河原崎座(江戸) ❺-2 1735·1月 文／1790·2·20 文／1800·8·15 文／1815·5·11 文／1822·5·3 文／1843·5·5 文／❻ 1873·2月 文
観世会館(東京) ❼ 1901·6·10 文
観世能楽堂(東京渋谷) ❾ 1972·4·11 文
祇園歌舞練場 ❻ 1877·11·9 文
祇園座(八坂新地) ❻ 1885·11·1 文
喜昇座(明治座) ❻ 1873·4·28 文
北野劇場 ❽ 1944·3·5 文
喜多六平太記念能楽堂 ❾ 1973·6·22 文
紀伊國屋ホール ❽ 1964·4月 文
狂言座(江戸堺町) ❺-2 1796·8·28 文／❼ 1914·2·26 文
桐座(江戸) ❺-2 1784·10·16 文／1785·1·15 文／1788·11·1 文／1793·10·21 文／1798·是年 文
ギリシャ·アテネの野外円形劇場 ❾ 1983·7·14 文
ギリシャ国立劇場 ❾ 1974·3·1～24 文
銀座セゾン劇場 ❾ 1999·11·28 文
銀座七丁目劇場(吉本興業) ❾ 1994·3·27 文
銀座能楽堂 ❾ 1973·2·26 文
近鉄劇場(大阪) ❾ 1985·10·3 文
九段能楽堂 ❼ 1902·9·9 文
黒テント ❾ 1991·10·10 文
黒猫座 ❼ 1914·3·1 文
稽古場「乞食城」 ❾ 1971·7·7 文
芸術座 ❼ 1913·9·19 文／1914·3·26 文／1915·4·26 文／1918·9·5 文／10·3 文／1919·1·5 文／1924·2·7 文
ゲーテ座(横浜山手) ❼ 1908·7月 文
外記座(人形浄瑠璃、江戸堺町) ❺-2 1761·8·17 社
劇場「利賀山房」 ❾ 1976·8·28 文
劇団四季劇場(東京) ❾ 1998·12·20 文
神戸相生座 ❼ 1905·2·23 社
神戸朝日座 ❼ 1905·2·23 社
神戸歌舞伎座 ❼ 1900·2·18 文
神戸松竹劇場 ❽ 1944·3·5 文／1945·3·10 文
神戸大黒座 ❼ 1904·10·19 文
国際劇場(浅草) ❽ 1937·7·3 文／1944·3·5 文／1945·3·10 文／1947·11月 文
国民新劇場 ❽ 1945·3·10 文
国立劇場 ❽ 1947·11·8 文／1958·11·12 文／❾ 1966·11·1 文／1996·9·7 文
国立劇場演芸場 ❾ 1979·3·23 文
国立劇場能楽堂 ❾ 1983·9·15 文
国立文楽劇場(大阪) ❾ 1984·3·20 文／2004·4·3 文
心座 ❼ 1925·9·26 文
こまつ座 ❾ 1984·4·5 文／1986·1·16 文
済美館 ❻ 1891·11·5 文
坂田藤十郎座(京都) ❺-1 1699·10月 文
薩摩外記座(江戸) ❺-2 1753·3·13 文／1824·4月中旬 文
薩摩座(東京) ❻ 1872·1·8 文
佐野川万菊座(京都) ❺-2 1728·11·12 文
猿若座(東京) ❻ 1882·1·23 文／1884·11·16 文／1885·1·23 文
猿若町(江戸の芝居座) ❺-2 1842·1·13 文
三芝居狂言座取締方証文并議定書 ❺-2 1794·10月 文
サンシャイン劇場 ❾ 1978·11·26 文
三百人劇場(東京本駒込) ❾ 1974·4·8 文
地芝居(会津藩) ❺-2 1843·5月 文
四條河原芝居 ❺-2 1752·8·13 文／1794·6·5 文
静岡県舞台芸術センター(SPAC) ❾ 1997·8·21 文
シネ·ヴィヴァン·六本木 ❾ 1983·11·19 文
芝居座(会津若松) ❺-2 1795·3·15 文
芝居座(金沢) ❺-2 1818·12·6 文
芝能楽堂 ❼ 1902·9·9 文
春秋座 ❼ 1920·10·25 文／1930·12·11 文
常芝居(平野社境内) ❺-2 1728·3月 文
松竹座 ❾ 1997·2·26 文
新歌舞伎座 ❾ 2010·9·3 文
新神戸オリエンタル劇場 ❾ 1988·10·5 文
新国立劇場 ❾ 1995·3·30 文／1997·5·26 文／10·10 文
新宿第一劇場 ❼ 1929·9·5 文
新制作座文化センター ❽ 1963·9·16 文
新宝塚大劇場 ❾ 1993·1·1 文
新東京宝塚劇場 ❾ 2002·1·1 文
新富座(守田座) ❻ 1872·10·13 文／1875·1·28 文／1878·6·7 文／❼ 1909·4月 社
新橋演舞場 ❼ 1925·4·1 文／❽ 1944·3·5 文／4·1 文／1945·5·25 文／1948·2·18 文／3·18 文
新町座(大阪) ❻ 1890·9·5 文
末広亭 ❾ 1970·1·20 文
スカラ座 ❾ 1981·9·1 文
スバル座 ❽ 1947·3·25 社／1948·3·25 文／1953·9·6 社
西武劇場(渋谷パルコ) ❾ 1973·5·23 文
世界劇場会議 ❾ 1993·7·14 文
千住寿劇場 ❾ 1975·1·14 文
前進座劇場 ❾ 1982·10·27 文
千日前グランド(大阪) ❽ 1947·5·1 文
第一地下劇場 ❼ 1935·12·30 社
高土間 ❺-2 1803·①·15 文
宝塚国民座 ❼ 1926·5·8 文
TAKARAZUKA 1000days 劇場 ❾ 1998·5·30 文
宝塚少女歌劇場·パラダイス劇場 ❼ 1923·1·22 文
宝塚新歌劇場 ❼ 1923·4·20 文
宝塚大劇場 ❼ 1924·7·15 文／1935·1·25 文／4·1 文／❽ 1944·3·5 文／1946·4·22 文／❾ 1992·11·25 文
宝塚バウホール ❾ 1978·4·1 文／1995·1·17 文
竹嶋幸左衛門座 ❺-1 1703·4·15 社
竹田芝居(大坂) ❺-2 1733·6·30 文
竹本座(道頓堀) ❺-1 1684·2·1 文／1703·5·7 文／1707·2月 文／❺-2 1737·1·28 文／1753·是年 文／1769·12月 文
竹本筑後椽芝居 ❺-1 1705·3月 文
立花演芸場 ❽ 1954·11·10 社
玉川座 ❺-2 1818·10月 文
千歳座(久松座) ❻ 1885·1·4 文／1890·5·6 文
中央劇場(神戸新開地) ❼ 1923·1·5 社
築地座 ❼ 1932·2·27 文
築地小劇場 ❼ 1924·6·5 文／1925·6·13 文／1933·6·13 社／❽ 1940·11·1 文／❾ 1994·2·10 文
帝国劇場 ❼ 1906·12·7 文／1911·3·1 文／❽ 1940·9·15 文／1942·3·23 文／1943·5·5 文／1944·3·5 文／1954·12月 文／1959·1·15 文／❾ 1966·9·20 文／2011·3·1 文
帝国座(大阪北浜) ❼ 1910·2·27 文
電気館 ❾ 1976·2·29 文
東京オペラシティ(東京新宿) ❾ 1997·9月 文
東京歌舞伎座 ❾ 2010·4·28 文
東京グローブ座 ❾ 1988·4·8 文
東京芸術劇場(東芸) ❽ 1945·12·13 文／1946·3·1 文
東京劇場 ❼ 1930·3·29 文／❽ 1944·3·5 文／1950·10·31 社
東京座 ❼ 1897·3·10 文
東京宝塚劇場 ❼ 1934·1·1 文
道頓堀芝居(火災) ❺-2 1717·是年 文／1724·3·21 文／1759·5·4 文／1763·1·9 文／1770·12·8 文／1781·3·13 文／1785·4·23 文／1791·3·12 文／1811·11·20 文
東宝演芸場 ❾ 1980·是年 文
常磐座(浅草公園六区) ❼ 1908·2·17 社／❾ 1965·8·1 文

常磐座(京都) ❼ 1901·6·6 文
土佐操座(人形浄瑠璃) ❺-2 1770·3月 文
都民劇場 ❽ 1946·4·25 文
豊竹座(人形浄瑠璃、大坂) ❺-2 1757·12·5 文／1767·4·8 文
ドライブイン·シアター ❾ 1969·12·22 社
鳥越座(旧中村座) ❻ 1893·1·22 文
中座(道頓堀) ❺-1 1652·是年 文／❺-2 1781·3·13 文／1791·3·12 文／1808·1月 文／1813·9·2 文／❻ 1884·5·9 文／12·30 文／❽ 1944·3·5 文／1945·3·10 文／❾ 1999·10·7 文／11·1 文
中村座(猿若座、江戸) ❺-1 1624·2·5 文／1649·是年 文／1651·1·19 文／5月 文／1688·是年 文／❺-2 1773·1·15 文／1797·9·12 文／11·1 文／1841·12·16 文／1842·9月 文
中村座·市村座焼失 ❺-1 1703·11·29 文／1706·1·15 文／11·20 文／❺-2 1716·1·11 文／1717·1·7 文／1721·12·10 文／1726·11·27 文／1746·2·29 文／1756·1·14 文／1760·2·6 文／1766·2·29 文／1772·2·29 文／1781·1·8 文／1793·10·21 文／1802·11·4 文／1806·11·13 文／1809·1·1 文／1813·11·29 文／1817·1·12 文／1825·12月 文／1829·3·21 文／1830·12·23 文／1834·2·7 文／1841·10·7 文
中村座、火災 ❺-1 1683·12·11 文
中村座·村山座火災 ❺-1 1641·1·30 文／1660·1·14 文／1661·10·28 文／1682·12·28 文／1698·12·10 文／1710·12·18 文／1713·12·22 文
中村津多右衛門座(名古屋) ❺-2 1850·2·5 文
名古屋古渡山王稲荷大芝居 ❺-2 1812·3月 文
名古屋芝居の繁盛 ❺-2 1732·是年 文
浪花座 ❽ 1945·3·10 文
南海会館 ❽ 1957·10·21 文
なんば大劇場 ❽ 1957·10·21 文
西の芝居(名古屋) ❺-2 1733·是年 文
日劇ミュージック·ホール ❽ 1952·3·16 社／❾ 1984·3·24 社
日生劇場 ❽ 1963·10·20 文
日本劇場(日劇) ❼ 1933·12·24 文／❽ 1944·3·5 文／❾ 1981·2·15 文
人形浄瑠璃座(淡路) ❺-2 1825·是年 文
農村舞台 ❾ 1977·1·28 文
農民劇場 ❼ 1928·1·25 文
俳優座劇場 ❽ 1954·4·20 文
バイロイト祝祭劇場 ❾ 1989·9·6 文
博多座(福岡) ❾ 1998·5·30 文／1999·5·30 文
萩弘法寺境内劇場 ❺-2 1816·⑧·19 文
博品館劇場 ❾ 1978·10·1 文
花桐富松座(大坂) ❺-2 1792·4·11 文
パノラマ館 ❼ 1897·9月 文
パブリック·ホール(横浜山手) ❼ 1908·7月 文
早雲長太夫座(京都) ❺-1 1695·9月 文／1698·1·23 文／1703·是夏 文
春木座 ❻ 1890·6·10 文
控櫓制 ❺-2 1735·③月 文
ピカデリー ❽ 1957·7·19 文
彦六座(人形浄瑠璃) ❻ 1884·1月 文／1893·9月 文
久松座(喜昇座·千歳座·明治座) ❻ 1873·4·28 文／1879·8·6 文／1881·11月 文
美術劇場 ❼ 1914·4·29 文
美術座 ❼ 1934·1·19 文
日比谷映画劇場 ❾ 1984·11·11 文
日比谷大音楽堂 ❽ 1954·8·20 文
プークス人形劇場 ❾ 1971·12·15 文／1979·12·15 文
福禄座(東京) ❻ 1892·6·6 文
文芸座(東京·池袋) ❾ 1997·3·7 文
文楽座(大阪) ❻ 1872·1月 文／1884·9月 文／❼ 1909·4月 社／1926·11·29 文／1929·12·26 文／❽ 1945·3·10 文／7·11 文／1946·2·1 文／1947·6·14 文／1949·11·8 文／1956·1·1 文／❾ 1984·3·20 政
文楽座(東京) ❻ 1885·10·2 文
平成中村座 ❾ 2000·11·3 文
弁天座(京都) ❼ 1901·6·6 文／❽ 1945·3·10 文
宝生能楽堂 ❾ 1979·6·8 文
堀江座 ❺-2 1792·5月 文
本郷座(春木座) ❼ 1899·7·14 文／1902·3·1 文／1909·4月 社
本田劇場 ❾ 1982·11·6 文
本牧亭(講釈場) ❻ 1859·4月 社
真砂座(東京) ❻ 1893·1·2 文
松島八千代劇場 ❽ 1945·3·10 文
丸の内松竹 ❽ 1957·7·19 文
万太夫座(京都) ❺-1 1698·1月 文
三崎座(東京) ❻ 1891·6·27 文
水木菊之丞芝居(京都) ❺-2 1728·11·25 文
御園座(名古屋) ❼ 1897·5·17 文／❽ 1944·3·5 文／4·1 文／1945·3·10 文／1947·10·3 文／❾ 1961·2·27 文／1963·9月 文
三越劇場現代劇 ❽ 1951·2·3 文
港座(横浜) ❻ 1874·7·26 文
南座(京都) ❼ 1929·11·25 文／❽ 1944·3·5 文／4·1 文
三枡大五郎座(大坂) ❺-2 1761·12·24 文
都座 ❺-2 1793·10·21 文
宮地芝居(江戸) ❺-1 1645·10·23 文／1714·3·16 文
ムーラン·ルージュ(新宿座) ❼ 1931·12·31 文／❽ 1947·4·8 文
村山座(市村座改称) ❻ 1872·1·27 文
明治座(京都) ❻ 1873·4·28 文／❼ 1902·1·1 文
明治座(東京銀座) ❻ 1893·11·1 文／❼ 1904·12·15 社／❽ 1944·3·5 文／4·1 文／1945·3·10 文／1950·11·30 文／1957·4·2 社／1958·3·3 文／❾ 1993·2·26 文
守田座⇨新富座
森田座·河原崎座(江戸) ❺-1 1660·5月 文／❺-2 1717·1·7 文／1724·1·29 文／1728·2·1 文／1735·③月 文／1744·11·12 文／1784·10·26 文／1790·2·20 文／1797·11·1 文／1800·5·18 文／8月 文／1813·5·20 文／1823·3·24 文／1825·12·18 文／1833·11·10 文／1842·8月 文
八重垣劇場 ❽ 1947·4·1 社
矢倉芝居(京都) ❺-1 1669·是年 社
ヤサカ会館 ❽ 1947·4·1 社
八千代座(大阪松島) ❼ 1901·3·2 文／1921·12·29 文
ヤマハホール ❽ 1950·10·1 文
山村·森田座、火災 ❺-1 1661·1·27 文／1695·12·28 文
山村座 ❺-1 1642·3月 文／1644·是年 文／1695·10·1 文／1714·3月 文
有楽座 ❼ 1908·12·1 文／❽ 1944·3·5 文／❾ 1984·11·11 文
よこすか芸術劇場 ❾ 1994·2·19 文
横浜21世紀座 ❾ 2000·12·29 文
若島座(長門) ❺-2 1757·7月 文／1788·9月 文
若太夫座(大阪) ❺-2 1805·9·29 文

芝居·演劇

仇討もの、心中もの映画·演劇禁止 ❽ 1945·12·12 文
演芸人税 ❻ 1875·1·8 文
演劇関係者心得 ❻ 1872·8月 政
演劇·能楽·諸芸人の数 ❻ 1875·9月 社
演劇夜間興行許可 ❻ 1879·2·2 文
演劇類似業禁止 ❻ 1876·3·28 文／9·23 文
大坂舞子の芝居 ❺-2 1805·1月 文
「お染·久松もの」の始め ❺-1 1710·1月 文
オランダ芝居 ❺-2 1820·9·14 文
女剣劇 ❽ 1951·是年 文
女芝居 ❹ 1569·永禄年間 文／❻ 1869·5月 文
女俳優 ❼ 1921·4·22 社
外国劇団の公演不可能 ❽ 1939·9月 文
外国人俳優 ❻ 1879·9·1 文
活歴劇 ❻ 1883·1·6 文
川上一座無断上演謝罪文 ❻ 1895·12·4 文
川上音二郎外遊事件 ❻ 1893·1·1 文
勧善懲悪(演劇) ❻ 1872·4月 文
脚本事前許可制 ❻ 1872·6·3 文
九変化(中村芝翫) ❺-2 1819·8·19 文
熊坂長範物見の松の場 ❺-2 1765·是冬 文
芸子芝居 ❺-2 1763·是年 文
芸能人芸名改名 ❽ 1940·3·28 社
劇場三等制(一等·二等·三等) ❻ 1885·5·20 文
劇場出張巡査心得 ❻ 1878·2·19 社
劇場小博覧会 ❻ 1880·4·18 文
見物料 ❹ 1571·4·13 文
小芝居禁止 ❺-1 1689·7·26 文
子供芝居 ❺-1 1681·是年 文／❺-2 1797·6·16 文／1811·6·12 文／❻ 1855·1月 文／❼ 1897·5·10 文
声色物真似芝居 ❺-2 1741·7月 文
月代検査 ❺-1 1689·8月 文

散切り劇　❻ **1872**·11月 文
「錣曳」の場　❺-1 **1711**·5月 文／❺-2 **1759**·是春 文
四條河原芝居の様子　❺-1 **1660**·7月 文／**1708**·7·2 文
慈善演劇会　❼ **1896**·9·9 文
児童劇　❼ **1922**·11·25 文
芝居禁止·法度　❺-2 **1726**·7·19 文／**1731**·5·1 文／**1750**·8·8 文／**1797**·10月 文／**1817**·是年 文／**1827**·5·27 社／**1835**·1月 社／**1842**·7·4 文
芝居見物禁止　❺-1 **1709**·8·21 文
芝居興行の場所　❺-1 **1661**·12·22 文
芝居小屋(大坂)　❻ **1857**·12·22 文
芝居茶屋　❺-2 **1725**·2·4 文
社地小芝居(江戸)　❺-1 **1660**·12·22 文
正劇　❼ **1903**·2·11 文
女子演劇　❻ **1877**·11·5 文
書生芝居　❻ **1890**·8月 文
心中物　❺-1 **1683**·5月 文
新聞記事脚色劇　❻ **1879**·5·29 文
西南戦争の劇化　❻ **1878**·2·21 政
西洋風夜芝居　❼ **1902**·3·18 文
西洋舞踏　❼ **1911**·7·1 文
戦争劇　❼ **1904**·2·15 社
壮士芝居　❻ **1888**·12·3 文／**1891**·2·28 文／**1892**·3·8 文
曾我廼屋喜劇発祥之地　❾ **1975**·2·11 文
竹田子供芝居(大坂)　❺-2 **1768**·3月 文
立川談志独演会居眠退場事件　❾ **1999**·4·21 文
唐人芝居　❺-2 **1722**·2月 文／**1796**·是年 文／**1808**·6月 文
道頓堀芝居の顔見世興行を停止　❺-1 **1710**·宝永年間 文
読経芝居　❺-2 **1805**·4月 文
鳥熊芝居　❻ **1885**·5·2 文
「成田屋」の屋号　❺-1 **1695**·是年 文
偽せ野郎(素人のことか)　❺-1 **1666**·6·11 文
パントマイム　❼ **1907**·4·13 文
百日芝居　❺-2 **1735**·10·3 文
文士劇　❻ **1890**·1·5 文
褒め詞の始め　❺-1 **1683**·2·11 文
翻案劇　❻ **1872**·11月 文
舞かぶき芝居　❺-1 **1658**·是年 文
三河万歳　❻ **1879**·1月 社
宮地芝居　❺-2 **1716**·3月 文／**1775**·11月 文／**1851**·是春 文
村芝居禁止　❻ **1886**·1月 文
物真似興行　❺-2 **1800**·是年 社／**1818**·12·28 文
八百屋お七(傾城嵐曾我)　❺-1 **1708**·1月 文
野外劇　❼ **1913**·11·1 文／**1922**·10·1 文
夜間興行禁止　❺-1 **1714**·3·16 文
謡曲始　❺-1 **1681**·1·3 文
夜芝居　❻ **1878**·8·9 文／**1879**·2·2 文
連鎖劇(舞台劇の合間に映画)　❼ **1908**·9·1 文
猥褻な演劇禁止　❻ **1878**·1·28 文
和事　❺-1 **1678**·2月 文
狂言　❹ **1544**·1·16 文／**1553**·4·2 文／**1561**·是年 文／**1571**·5·13 文／**1572**·1·19 文
髪梳狂言　❺-1 **1688**·3·21 文
狂言会　❼ **1903**·3·1 文
狂言師　❹ **1598**·6·3 文／❺-1 **1668**·5·4 文／❺-2 **1852**·11·19 文
狂言尽　❺-1 **1648**·10·9 文／**1687**·是年 社
物真似子供狂言　❺-2 **1780**·是春 社
相撲狂言　❺-1 **1676**·3·7 文
ソソリ狂言　❺-2 **1786**·11·1 文
続狂言　❺-1 **1664**·是年 文
照葉(てりは)狂言　❻ **1856**·是年 文
女房狂言　❹ **1557**·2·12 文
俄狂言　❺-2 **1735**·正徳享保頃 社
野村狂言団　❾ **1968**·2·1 文／**1975**·3·28 文／**1980**·7·9 文
はなれ狂言　❺-1 **1644**·是年 文／**1654**·是年 文
壬生狂言　❹ **1571**·3·21 文／❺-1 **1681**·是年 文／❺-2 **1789**·3月 文／**1790**·是年 社／**1840**·4·1 社
猿楽　❶ **965**·8·2 文／❷ **1012**·12·4 社／**1081**·11·27 文／**1087**·6·14 社／**1091**·10·6 文／**1127**·12·18 文／**1158**·6·28 文／**1159**·1·14 文／**1175**·9·18 文／**1198**·1·11 文／**1200**·12·23 文／**1201**·6·14 文／**1202**·2·16 文／**1212**·8·12 文／**1214**·7·12 文／**1229**·7·18 文／**1230**·2·16 文／**1233**·1·8 文／是年 文／**1241**·10·27 文／**1243**·3·22 文／9·5 文／**1244**·5·11 文／**1247**·1·2 文／**1249**·1·14 文／**1250**·6·15 文／**1251**·1·12 文／**1256**·5·14 文／**1257**·3月 文／**1261**·2·20 文／**1264**·4·21 文／**1269**·6·27 文／**1270**·6·26 文／**1271**·2月 文／**1278**·5·9 社／❸ **1284**·2·5 文／**1287**·1·11 社／**1301**·1·5 文／**1302**·5·7 文／**1308**·8·22 文／**1310**·3·13 文／9·16 文／**1314**·3·3 文／**1316**·9·29 文／**1317**·11·6 文／**1321**·7·24 文／**1338**·6月 文／**1343**·11·23 文／**1351**·8·24 文／**1352**·8·24 文／**1353**·6·5 文／**1354**·2月 文／**1359**·6·5 社／**1360**·11·7 文／**1374**·是年 文／**1385**·11月 文／**1393**·2·1 文／**1394**·3·13 文／**1399**·3·9 文／**1402**·7·10 文／**1405**·5·6 文／**1408**·3·10 文／10·22 文／**1410**·6·11 文／**1412**·1·14 文／3·2 文／4·7 文／5·24 文／**1415**·4·18 文／**1416**·3·12 文／3月 文／**1417**·8·25 文／9·11 文／**1419**·2·13 文／2·30 文／**1422**·3·10 文／**1424**·3·2 文／**1425**·6·1 文／⑥·27 文／7·3 文／**1426**·4·1 文／4·13 文／**1427**·5·6 文／7·4 文／**1428**·4·5 文／7·10 社／**1429**·1·11 文／**1430**·1·11 文／6·11 文／**1432**·1·10 文／**1433**·1·7 文／4·17 文／**1435**·1·18 文／4·20 文／11·28 文／**1436**·2·9 文／**1437**·1·21 文／**1438**·3·28 文／**1439**·①·2 文／**1440**·1·28 文／**1441**·3·15 文／**1447**·6·30 文／**1454**·1·10 文／**1455**·11·5 文／❹ **1456**·1·20 文／**1458**·4·10 文／9·3 文／**1460**·5·10 文／8·19 文／12月 文／**1461**·7·12 文／**1464**·3·20 文／4·5 文／11·9 文／**1465**·1·5 文／2·28 文／5·7 文／9·25 文／**1466**·2·3 文／4·3 文／5·20 文／**1467**·2·23 文／**1468**·5·9 文／**1470**·3·23 文／5·22 文／8·16 文／**1471**·10·17 文／**1472**·4·29 文／**1475**·5·10 文／10·22 文／**1476**·1·13、14 文／10·21 文／**1477**·5·27 文／**1478**·4·22 文／6·17 文／11·22 文／**1479**·1·13 文／4·10 文／**1480**·8·2 文／**1482**·1·14 文／**1483**·3·12 文／**1484**·2·12 文／9·8 文／**1485**·1·12 文／3·13 文／**1486**·1·13 文／7·14 文／**1487**·1·12 文／2·12 文／**1488**·10·14 文／**1489**·8月 文／**1490**·3·4 文／5·1 文／**1491**·2·11 文／3·2 文／7月 文／**1492**·1·19 文／**1493**·1·14 文／2·2 文／6·20 文／10·17 文／**1494**·1·19 文／2·10 文／4·2 文／**1495**·1·17 文／**1496**·2·9 文／**1497**·3·2 文／**1498**·⑩· 文／**1499**·2·2 文／3·26 文／**1500**·3·7 文／5月 文／**1501**·8·16 文／10·19 文／**1503**·4·10 文／**1506**·2·27 文／12·30 文／**1507**·9·10 文／**1508**·2·10 文／**1509**·2·10～13 文／4·14 文／12·22 文／**1510**·1·17 文／5·11 文／8·4 文／**1511**·2·19 文／10·29 文／**1512**·1·20 文／**1513**·2·27 文／5·28 文／**1514**·3·19 文／**1517**·5·25 文／**1518**·5·1 文／**1519**·1·26 文／3·16 文／**1522**·1·13 文／**1526**·1·13 文／**1527**·4·27 文／**1529**·4·26 文／**1530**·2·21 文／**1532**·5 29 文／**1536**·11·19 文／**1538**·3·16 文／3·26 文／4·24 文／11·3 文／**1539** 3·6 文／**1544**·8·14 文／**1546**·12·22 文／**1547**·2·29 文／**1552**·2·22 文／3月 文／**1564**·5·17 文／**1580**·3·17 文／③ 3 文／**1581**·3·29 文／4·8 文／9·3 文／**1586**·1·18 文／11·28 文／❻ **1881**·4·16 文
伊勢猿楽　❸ **1416**·9·17 文／❹ **1486**·1·4 文
犬猿楽　❷ **1111**·8·21 文
宇治猿楽　❸ **1322**·8·10 文／**1355**·6·27 文／**1367**·5·9 社／❹ **1467**·5·9 文／**1478**·8·18 文／**1480**·1·13 文
越前猿楽　❸ **1435**·2·21 文
榎並猿楽　❸ **1344**·是年 文／**1414**·4·17 文／**1420**·3·10 文／**1422**·10·1 文／**1424**·4·17 文
近江猿楽　❸ **1380**·4·13 文／**1389**·3月 文／**1413**·5·9 文／**1418**·9·10 文／**1428**·6·12 文／❹ **1465**·1·14 文
女猿楽　❸ **1432**·4·2 文／10·9 文／**1436**·5·24 社／⑤·24 文／❹ **1466**·2 23 文／②·18 文／**1496**·9·20 文／**1530**·3·22 文／❺-1 **1617**·1·28 文
勧進猿楽　❸ **1349**·6·11 社／**1383**·9·17 文／**1399**·5·20 文／5·26 文／**1403**·10·5 文／❹ **1464**·4·5 文
木猿楽　❷ **1278**·5·9 社
江州猿楽　❹ **1550**·3·27 文
小猿楽　❹ **1531**·是年 文
金剛猿楽　❸ **1386**·1·10 文
猿楽·歌舞の宮中禁止　❸ **1428**·6·10 社
猿楽公演の収支　❸ **1390**·3月 文
猿楽三座　❸ **1305**·2·10 文／**1333**·3月 文／**1435**·7·3 文
猿楽師　❺-1 **1668**·5·4 文
猿楽者　❹ **1458**·11·28 文／**1459**·2·5 文

猿楽田　❸ 1330·5月 文
猿楽大夫　❹ 1509·7·4 文
猿楽能　❸ 1349·2·10 文／❹ 1585·12·3 文
猿楽配当米　❹ 1597·12·1 文／❺-1 1618·10·12 文
猿楽米納方　❺-1 1659·12·11 文
四座猿楽　❹ 1465·10·28 文／1669·6·3 文／1471·1·13 文
神事猿楽　❸ 1423·4·17 文／4·18 文
駿河浅間社猿楽　❸ 1384·5·4 文
薪猿楽(興福寺)　❷ 1255·2月 文／❸ 1301·2·5 文／1307·2·11 文／1367·9·23 文／1370·9·13 文／1385·2·16 文／1452·2·10 文／❹ 1470·2·6 文／1471·2·8 文／1472·2·6 文／1474·3·6 文／1475·2·6 文／1476·2·10 文／1478·2·6 文／1479·2·6 文／1482·2·6 文／1484·2·6 文／1485·2·6 文／1486·2·6 文／1487·2·6 文／1488·2·6 文／1489·2·6 文／1497·2·11 文／1514·2·6 文／1515·2·6 文／1516·2·6 文／1525·2·6 文／1543·2·8 文／1572·2·8 文／1573·2·8 文／1576·2·6 文／1577·2·7 文／1580·2·11 文／1581·2·7 文／1582·2·8 文／1585·2·6 文／1586·2·6 文／1587·2·6 文／1588·2·10 文／1589·2·6 文／1596·2·11 文／1599·2·7 文／❺-1 1644·3·9 文／1662·6·7 文
丹波猿楽　❺-1 1605·7·8 文
丹波日吉座(猿楽)　❸ 1414·2·10 文／1429·1·13 文／1430·1·13 文／1431·1·2 文／❹ 1466·②·15 文
出合猿楽　❸ 1366·11·12 文／1369·8·1 文／1371·7·9 文／1429·5·3 文
手猿楽　❹ 1459·7·18 文／1469·5·21 文／1479·5·8 文／1482·2·17 文／3·7 文／1483·1·12 文／1484·1·11 文／3·16 文／1485·3·19 文／1486·2·4 文／1487·⑪·3 文／1488·3·9 文／1489·4·2 文／10·3 文／1492·1·9 文／2·26 文／1493·7·26 文／9·2 文／1494·3·17 文／1495·5·6 文／1498·1·17 文／3·7～10 文／1502·3·10 文／1504·③·22 文／1505·此頃 文／1516·5·1 文／1517·4·24 文／1526·10·3 文／1548·9·9 文／1550·3·4 文／1583·2·27 文
天満猿楽　❹ 1469·5·6 文
多武峰様猿楽　❸ 1416·4·9 文／6·8 文／1434·7·16 文／❹ 1481·9·28 文／1488·10·21 文／1497·6·2 文
遠江猿楽(犬王)　❸ 1382·5·1 文／1422·7·8 文
鳥飼猿楽　❸ 1395·4月 文／1418·3·10 文／1436·1·27 文／⑤·1 文／1437·12·1 文
舞猿楽　❹ 1494·12·18 文
矢田猿楽　❸ 1322·8·10 文／1420·3·10 文／1422·10·12 文／1432·3·14 文／1435·8月 文
大和猿楽　❸ 1364·4·4 文／4·19 文／❹ 1463·9·28 文／1497·3·6 文
立願猿楽　❹ 1470·8·24 文
田楽　❶ 998·4·10 文／❷ 1094·5·20 文／8·8 文／1096·6·14 社／7·12 文／7·13 文／1102·9·3 文／1103·6·8 文／1104·5·15 文／1106·6·13 社／1127·6·14 社／1129·5·10 文／1131·6·14 社／1133·5·8 社／1134·5·8 文／1177·6·14 社／1187·5·2 文／1199·11·8 文／1201·4·8 社／1202·4·8 社／1221·6·28 文／1229·9·17 社／1235·4·11 社／1246·6·28 社／7·28 文／1247·6·14 社／1254·3·24 文／1256·5·9 文／1261·2·20 文／1278·5·7 文／1280·5·9 社／❸ 1282·10·3 文／1302·7·18 文／1310·9·16 文／1311·3·2 文／1313·8·6 政／1329·1·29 政／1333·3月 文／1336·6·5 文／1343·11·23 文／1346·8·17 文／9·8 文／1349·5·1 社／1350·9·8 文／1351·8·24 文／1352·8·24 文／1354·2月 文／1360·11·7 文／1364·3·14 社／1385·11月 文／1393·9·25 文／1411·12·2 文／1412·8·21 文／9·3 文／1413·10·25 文／1417·3·22 文／1419·3·17 文／1421·6·27 文／1422·3·29 文／1440·1·28 文／2·7 文／1443·1·27 文／1444·6·29 文／1446·2·7 文／❹ 1462·3·12 文／1463·9·28 文／1465·1·14 文／1469·12·26 文／1479·5·23 文／11·6 文／1493·10·21 文／1497·11·10 文／1508·12·13 文／1515·12·16 文／1519·11·6 文／1538·11·3 文／❺-1 1614·12·16 文／1642·2·4 文／1715·4月 文／❺-2 1755·5·26 文
歩田楽　❸ 1322·6·14 社／1342·6·8 社／1344·6·14 社／8·4 社／1345·6·14 社／9·11 社
宇治田楽　❷ 1153·4·21 社
永長の大田楽　❷ 1096·是夏 社
勧進田楽　❸ 1346·2·23 文／1347·10·3 文／1418·3·9 文／1421·12·2 文
田楽装束　❷ 1153·4·15 文／1179·6·6 文／1270·7·28 文／1273·10·9 文／❸ 1308·4·17 文
田楽新座　❸ 1364·2·1 文／1413·4·9 文
田楽大夫　❹ 1509·7·4 文
田楽能　❸ 1349·2·10 文／❹ 1483·9·16 文
田楽頭　❸ 1320·6·4 文
田楽法師　❸ 1364·6·14 文／❹ 1458·11·28 文／1459·2·5 文
田楽政所　❸ 1336·8·18 文
田楽禄　❹ 1484·12月 政
風流田楽　❷ 1257·3月 文
人形操り
アヤツリ　❸ 1437·2·4 文
繰り興行　❹ 1461·10·10 文／1585·3·4 文
操芝居·人形浄瑠璃　❺-1 1607·是年 文／1614·9·21 文／1615·3·27 文／是年 文／1617·是夏 文／1623·10·6 文／1624·1·9 文／1625·7·28 文／1627·1·23 文／1629·7·28 文／1637·9·10 文／1641·3·11 文／1644·1月 文／1647·12·8 文／1648·①·14 文／1652·9·25 文／1661·6·25 文／1665·7月 文／1671·是年 文／1680·4·10 文／1682·5月 文／1687·8·12 文／10·3 文／1695·3·1 文／1713·12月 文／❺-2 1723·2·13 文／1729·2月 社／1751·是年 文／1763·宝暦年間 文／1797·11·8 文／1822·6月 文／1832·6·10 文／1840·10·18 社／1844·是秋 文／1852·是年 文
操人形「肥前座」　❺-2 1746·9月 文
操人形の三人懸り　❺-2 1734·2·1 文
操人形の燈籠　❸ 1421·7·15 文
操物⇨雑芸能その他「放下(ほうか)」
淡路人形芝居　❹ 1570·2月 文／❻ 1876·11月 文／❽ 1958·4·13 文
夷舁·夷廻　❺-1 1613·2·16 文／1619·2·3 文／1615·8·20 文
勧進操禁止　❺-1 1667·②·22 文
浄瑠璃操芝居　❹ 1569·永禄年間 文
竹田芝居(からくり芝居)　❺-1 1662·5·26 文
丹後あやつり　❺-1 1658·1·7 文
出遣い　❺-1 1705·3月 文
豊竹座(大坂道頓堀)　❺-1 1703·7月 文／1707·2月 文
南京操り·釣人形　❺-2 1718·1·14 文／1765·是年 社／1776·是年 社／1818·4月 社
人形オペラ「曾根崎心中」　❾ 1983·3·6 文
人形芝居(清国)　❻ 1884·4·25 社
人形芝居(西川伊三郎)　❻ 1883·9·16 文／1884·3·15 文
人形浄瑠璃(御霊社)　❻ 1877·12·6 文
人形遣　❺-1 1686·4月 文／1708·6·26 文／❺-2 1842·7·25 文
人形の眉　❺-2 1740·9月 文
ノロマ人形　❺-1 1671·是年 文
文楽　❾ 2009·1·3 文／2011·1·1 文
三和会　❽ 1957·9月 文／1963·1·7 文
因会(ちなみかい)　❽ 1957·9月 文／1963·1·7 文
能楽　❸ 1395·2月 文／1446·3·17 文／❹ 1457·2·9 文／1492·12·21 文／1493·2·2 文／1521·1·29 文／1536·1·2 文／1540·1·25 文／1546·6·9 文／1575·7·6 文／1579·3·10 文／7·23 文／1580·③·15 文／1582·2·15 文／1583·3·18 文／1584·10·7 文／1585·7·5 文／1586·9·8 文／1600·11·9 文／❺-1 1603·4·4 文／9·8 文／1604·5·23 文／9·21 文／1606·2·27 文／1608·7·27 文／8·22 文／1609·9·9 文／1612·2·28 文／1614·3·13 文／1615·7·1 文／1617·3·14 社／7·7 社／1625·3·6 文／1633·8·16 文／1634·2·2 文／1636·6·15 文／1637·10·21 文／11·3 文／1639·5·1 文／1644·1·5 文／1645·4·29 文／1648·①·14 文／4·8 文／1651·2·28 文／1653·5·1 文／1656·④·1 文／1658·11·9 文／1667·②月 社／1674·1·5 文／1685·2·18 文／1686·8·2 文／1687·6·27 文／1688·1·6 文／1697·②·28 文／1702·3·12 文／9·29 文／❺-2 1717·1·18 文／3·27 文／1723·1·6 文／1725·11·27 文／1727·2·18 文／1750·3·27 文／1753·10·15 文／1777·9·27 社／10·27 文／1778·9·29 文／❻ 1876·4·4 文／1881·4·16 文
『宝生流謡曲本』　❻ 1893·7月 文

和泉流能楽 ❻ **1889**·3·22 文
謡講 ❺-1 **1608**·4·3 文
謡初(謡曲始) ❹ **1545**·1·4 文／**1574**·1·2 文／**1587**·1·2 文／**1589**·1·2 文／❺-1 **1602**·1·2 文／**1625**·1·2 文／**1647**·1·2 文／**1654**·1·3 文／❻ **1865**·1·3 文
謡本(刊本、金春流) ❺-1 **1601**·3·5 文
江戸城町入能 ❺-1 **1607**·1·7 文／**1664**·4·26 文／**1680**·9·18 文／**1709**·5·1 文／**1713**·4·5 文／**1715**·5·11 文／❺-2 **1737**·6·8 文／**1745**·11·3 政／**1760**·2·13 文／9·5 文／**1762**·11·13 文／**1765**·5·11 文／**1776**·5·13 文／**1781**·8·25 文／**1782**·4·5 文／**1792**·8·18 政／**1799**·12·2 政／**1822**·3·4 文／**1837**·9·4 文／**1843**·5·2 文
エレクトロニクス薪能 ❾ **1983**·11·2 文
大槻清韻会能楽堂 ❾ **1983**·5·12 文
女勧進能 ❺-1 **1623**·9·3 文
女能 ❹ **1465**·9·28 文／10·5 文／**1587**·7·6 文／❺-1 **1605**·3·7 文／❻ **1869**·5月 文
狩野丹秀能舞台 ❾ **1994**·6·6 文
勧進能 ❺-1 **1604**·4·12 文／**1607**·2·13 文／**1610**·4月 文／**1621**·3·1 文／**1622**·1·18 文／**1628**·3·20 文／**1629**·7·23 文／**1630**·5·18 文／**1633**·5·19 文／**1636**·2·5 文／**1640**·9·28 文／**1645**·4·3 文／**1646**·10·16 文／**1648**·10·13 文／**1655**·3·21 文／**1657**·3·14 文／**1658**·2·2 文／4·6 文／**1661**·12·22 文／**1666**·6月 文／**1667**·②·22 文／**1674**·3·11 文／**1676**·9月 文／**1697**·5·8 文／❺-2 **1750**·3·18 文／**1816**·9·22 文／**1817**·10·15 文／**1831**·10·16 文／**1843**·4·12 文／**1848**·2·6 文
観世梅若能興行 ❻ **1872**·3·1 文
観世流 ❹ **1519**·2·10 文／**1564**·5·14～20 文／❽ **1945**·10·7 文／**1947**·10·11 文／**1954**·1·28 文
近代能楽集四作 ❾ **1976**·7·3 文
御大典能 ❼ **1915**·12·7 文
金剛太夫勧進能 ❺-1 **1707**·1·28 文
金春·金剛両座 ❹ **1463**·10·13 文／**1487**·2·12 文
金春·宝生両座 ❹ **1582**·2·12 文
金春勧進能 ❺-1 **1665**·7·22 文
芝居能 ❺-1 **1643**·寛永年間 文
神事能 ❺-1 **1636**·4·24 文／❺-2 **1724**·7·5 文
薪能 ❾ **1999**·10·11 文／**2004**·7·26 文／**2005**·8月 文／**2006**·5·11 文／**2008**·5·11 文／6·1 文／**2009**·5·11 文／**2012**·9·1 文
薪能(鎌倉大塔宮) ❾ **1977**·9月 文／**1984**·6·20 文／7·22 文／**1985**·5·11 文
立合能 ❺-1 **1606**·8·2 文／**1634**·9·1 文
辻能 ❺-2 **1788**·1·28 文
南都神事能 ❺-1 **1713**·7·2 文
日本能楽団(観世流) ❾ **1971**·5·28 文
能楽(映像) ❼ **1912**·10·30 文
能楽会 ❼ **1896**·7·1 文
能楽師 ❺-1 **1701**·3·23 文
能楽衆制令 ❺-1 **1647**·6·9 文
能楽フォーラム ❾ **2003**·12·15 文
能芝居 ❺-1 **1660**·8月 文
能に取材せる歌劇四題―船弁慶·熊野·羽衣·杜若 ❾ **1967**·5·27 文
能舞台(大坂) ❺-2 **1809**·2·17 文／**1836**·5月 文／**1843**·11·2 文／❻ **1857**·12·22 文
能舞台(大宮御所) ❻ **1878**·7·5 文
能舞台(芝公園) ❻ **1881**·4·16 文
能役者数 ❻ **1866**·是年 文
法楽能 ❸ **1426**·4·21 文／❹ **1461**·11·20 文
雑芸能その他
イタカ ❹ **1555**·3·21 文
今様 ❷ **1040**·11·25 文／**1091**·10·6 文／**1094**·1·2 文／**1107**·3·28 文／**1160**·11·25 文／**1162**·2·12 文／**1169**·2·19 文／**1178**·9·24 文／**1206**·9·20 文／**1212**·8·12 文
歌 ❷ **1167**·2月 文
歌女 ❶ **685**·9·15 文／**805**·12·7 文／❷ **1081**·10·19 文／**1223**·5·5 文
夷舁 ❹ **1555**·1·22 文／**1589**·4·5 文／**1599**·9·6 文
大神楽 ❻ **1875**·7·16 社
踊念仏 ❸ **1359**·1·16 文／**1360**·1·16 文／**1371**·8·9 文
神楽 ❷ **1009**·12·7 文／**1012**·12·26 文／**1013**·11·25 文／**1016**·11·17 文／**1091**·2·11 文／**1108**·11·23 文／**1158**·11·7 文／**1186**·4·27 文／**1187**·12·9 社／**1227**·8·3 文／**1237**·7·8 文
於国神楽 ❹ **1575**·是年 文
神楽田 ❷ **1212**·9月 文
歌師得分 ❷ **1212**·9月 文
小神楽 ❷ **1098**·2·14 文
里神楽 ❷ **1155**·12·14 文／**1246**·4·26 文／5·27 社
清暑堂御神楽 ❷ **1159**·11·25 文／**1182**·11·26 文／**1190**·4·26 文
内侍所御神楽 ❷ **1002**·12月 文／**1074**·12月 文
御神楽 ❷ **1177**·12·9 文
妓女 ❶ **883**·5·3 文
傀儡(くぐつ)·手傀儡 ❷ **1104**·7·7 文／**1114**·4·6 社／**1249**·7·23 社／**1255**·10月 文／❸ **1416**·3·12 文／**1436**·5·17 文／**1440**·3·14 文／❺-1 **1614**·文禄·慶長の頃 文／**1615**·2·13 文／**1616**·7·14 文／**1636**·10·7 文／**1638**·8·7 文／11·19 文
蹴鞠管弦 ❷ **1105**·②·20 文
郷々風流 ❸ **1300**·2·26 社
耕作 ❷ **1104**·5·15 文
小歌 ❹ **1527**·1·14 文
催馬楽(さいばら) ❶ **859**·10·23 文／❺-1 **1626**·9·8 文／11·19 文／**1683**·2·14 文
祭文 ❺-2 **1794**·6·20 文
雑楽(師) ❶ **808**·11·11 文／**809**·3·21 文
雑芸 ❶ **899**·5·6 文
座頭 ❹ **1598**·7·16 文
猿女 ❶ **813**·10·18 政／**920**·11·14 政
散楽 ❷ **1093**·11·23 文／**1094**·1·2 文／**1095**·11·24 文／**1096**·1·3 文／**1098**·11·21 文／**1111**·3·8 文／**1118**·1·3 文／**1119**·12·8 文／**1131**·6·14 社／**1133**·5·8 社／7·21 社／**1159**·2·18 文／**1189**·12·8 社／**1279**·1·8 文／❺-2 **1728**·4·28 文
散楽空車 ❷ **1013**·6·14 文
式三番 ❸ **1283**·5·19 文
小風流 ❸ **1421**·10月 文
白拍子 ❷ **1212**·8·12 文／**1225**·4·2 文／**1250**·6·15 文／**1280**·1·18 文／❸ **1323**·10·5 文／**1431**·1·16 文／❹ **1460**·12月 文
千秋(千寿)万歳(せんずまんざい) ❷ **1199**·11·8 文／**1204**·1·3 文／**1211**·1·1 文／**1225**·1·3 文／**1241**·1·9 文／**1246**·1·10 文／**1247**·1·1 文／❸ **1289**·1·1 文／**1301**·1·1 文／**1319**·1·1 文／**1324**·1·15 文／**1347**·1·1 文／**1363**·10·29 文／❹ **1475**·1·12 文／**1478**·1·4 文／**1481**·1·8 文／**1486**·1·4 文／**1488**·1·2、7 文／**1489**·1·2 文／**1490**·1·2 文／**1491**·1·4 文／**1496**·1·4 文／**1510**·1·13 文／**1512**·1·5 文／**1531**·1·5 文／**1535**·1·4 文／**1537**·1·5 文／**1539**·1·4 文／**1540**·1·4 文／**1542**·1·4 文／**1543**·1·4 文／**1544**·1·4 文／**1545**·1·4 文／**1546**·1·4 文／**1548**·1·4 文／**1549**·1·5 文／**1550**·1·4 文／**1551**·1·5 文／**1552**·1·4 文／**1554**·1·4 文／**1555**·1·4 文／**1560**·1·4 文／**1561**·1·4 文／**1563**·1·4 文／**1564**·1·4 文／**1576**·1·4 文／**1580**·1·4 文／**1581**·1·4 文／**1583**·1·4 文／**1588**·1·4 文／**1589**·1·4 文／❺-1 **1603**·1·6 文／**1604**·1·6 文／**1614**·1·5 文／**1623**·1·5 文／**1644**·1·5 文／**1655**·1·5 文／**1664**·1·6 文／**1671**·1·7 文／**1674**·1·5 文／**1688**·1·6 文／**1704**·1·7 文／**1711**·1·5 文／❺-2 **1717**·1·18 文／**1722**·1·7 文／**1723**·1·6 文／**1748**·1·5 文
造伎楽長官 ❶ **769**·5·9 社
雑芸 ❸ **1332**·5·10 文
田遊び ❸ **1333**·1·18 文
太神楽 ❺-1 **1608**·5·24 文／**1672**·2·6 社
太鼓打風流 ❹ **1521**·9·12 文
大々神楽 ❺-1 **1709**·是年 文／**1713**·8·12 文／❺-2 **1721**·3·13 文／**1723**·2·14 文／9·12 文／**1726**·9·12 文／**1730**·9·12 文／**1731**·5·16 文／9·12 文
大風流 ❸ **1421**·10月 文
田植(興、女) ❷ **1023**·5月 文／**1127**·5·14 文／**1128**·5·11 政／**1129**·5·10 文／**1176**·4·17 文／**1188**·6·1 文／**1199**·11·8 文／❸ **1349**·6·5 文／❺-2 **1771**·5·3 文
高足 ❷ **1270**·7·28 文
俄(仁輪加·仁和歌·二和加、にわか) ❺-2 **1734**·8月 社
吉原俄 ❺-2 **1771**·明和年間 社／**1776**·是年 社
呪師(のろんじ) ❷ **1017**·8·16 文／**1023**·1·8 文／**1025**·1·10 文／**1073**·1·8 文／**1081**·1·8 文／10·19 文／

1087·6·14 社／1096·2·17 文／1107·1·11 文／1109·1·10 文／1159·2·18 文／1191·2·2 文／2·6 文／1269·6·27 文／1270·6·26 文／1279·1·8 文／❹ 1477·5·27 文／1486·1·4 文
呪師走(ずしばしり)　❹ 1484·2·5 文／1497·2·11 文
丹波呪師　❷ 1105·1·4 文
咒師(のろんじ)三座　❸ 1333·3月 文
鉢叩き　❹ 1472·3·28 文
早物語　❹ 1471·1·14 文
拍子物　❸ 1416·8月 社／❹ 1520·9·14 文
風流(ふりゅう)　❷ 1202·4·8 社／❸ 1418·1·15 文／1424·6·14 社／1440·9·27 文／1447·7·14 文／1450·7·18 文
振剣　❸ 1301·1·5 文
放下(ほうか)　❺-1 1601·3·17 文／9·3 文／1616·7·1 文／1621·7·1 文／1630·8·22 社／1644·1月 文／1651·1·19 文／1653·3·2 文／1658·5·22 文／1664·1·29 文／1667·②月 社／1682·是年 社
放下(師)　❸ 1425·2·4 文／1435·7·9 文／1441·4·8 政／❹ 1476·3·1 文／1494·1·20 文／1507·1·18 文／1543·6·19 文／1544·4·14 文／1598·4·16 文／7·16 文／8·26 文／1600·2·7 文／3·23 文／5·3 文
骨無　❷ 1025·1·10 文／❸ 1349·⑥·8 文
松囃子(博多)　❺-1 1642·1·15 文
松囃子(松拍子)　❸ 1411·1·15 文／1416·1·7 文／1419·1·11 文／1421·1·11 文／1425·1·1 文／1432·1·13 文／1433·1·12 文／1436·1·8 文／1437·1·2 文／1438·1·23 文／❹ 1462·1·14 文／1463·1·14 文／1465·1·14 文／1481·1·20 文／1482·3·21 文／1487·1·26 文／1488·1·29 文／1489·2·18 文／1504·4·21 文／1513·2·27 文／1516·1·14 文
女松拍子　❸ 1436·12·18 文
ヤスライハナ　❷ 1199·11·8 文
舞台·道具·装置など
跡返り　❺-2 1768·是秋 文
歩み板　❺-1 1666·是年 文
案内係(出方)　❼ 1907·1·14 文
いかだ乗り　❺-2 1829·7月 社
生きた馬　❺-2 1759·12·22 文
石橋所作　❺-2 1769·是春 文
衣裳引抜　❺-2 1731·1月 文
イヤホン·ガイドサービス　❾ 1975·11·4 文
色電燈　❼ 1901·2·18 文
外郎(ういろう)売のせりふ大当たり　❺-2 1718·1月 文
鸚鵡石(物真似狂言)　❺-2 1772·是春 文
大道具　❺-1 1664·是年 文／❺-2 1819·4·2 文
掛板　❺-1 1647·是年 文
景清牢破りの場　❺-2 1767·是春 文
ガス舞台照明　❻ 1873·7月 文
カラクリ　❺-2 1821·2月 社／1822·8月 社
カラクリ燈籠　❺-2 1824·7·15 社／1825·6月 社
ガンドウ返し　❺-2 1761·12·24 文／1770·2·2 文
看板に縫箔　❺-2 1780·2·9 文
下足預り　❻ 1886·是年 文
桟敷席(中村座)　❺-1 1646·5月 文
桟敷代　❺-2 1790·6·13 文／1791·6·12 文／1793·10·19 文／1823·3·24 文
桟敷代円表示　❻ 1874·5·5 文
芝居櫓　❺-1 1633·1·22 文
水力カラクリ　❺-2 1825·5月 社
西洋花火(劇場使用)　❻ 1878·2·21 文
セリ上げ　❺-2 1743·12月 文／1753·12月 文／1759·是年 文／1766·是春 文／❽ 1952·3·11 文
セリ出し　❺-2 1727·11月 文
ダンマリ　❺-2 1776·11月 文
血のり　❺-2 1752·1月 文
チャリ場　❺-2 1736·3月 文
附舞台(中村座)　❺-1 1669·是年 文
中幕　❺-2 1840·3·5 文
入場券制(明治座)　❼ 1908·1·14 文
人情噺の劇化　❻ 1879·4·16 文
幟　❺-2 1731·5月 文
橋掛(現在の花道)　❺-1 1669·是年 文
花道　❺-2 1806·1·21 文
引札　❺-2 1747·2月 文
引幕　❺-1 1664·是年 文／❺-2 1743·是年 文
フットライト　❼ 1901·2·18 文
法界坊　❺-2 1765·是春 文
梵鐘　❺-2 1774·是年 文
本水　❺-2 1751·5月 文
本水使用からくり　❺-2 1820·7·23 社
マグネシウム舞台使用　❻ 1880·2月 文
幕の使用禁止　❺-2 1785·是年 文
枡席　❺-2 1766·是秋 文
回り舞台　❺-2 1758·12·22 文／1762·3·3 文／1793·4·19 文／❽ 1952·3·11 文
水引幕　❺-2 1717·2·15 文
道行浄瑠璃·ヌレ事を禁止　❺-2 1783·4·7 文
無言の場　❺-2 1783·3·15 文
幽霊の仕掛　❺-2 1731·7月 文
横床　❺-2 1734·1月 文
舞·舞踊　❹ 1517·1·16 文／❺-1 1637·是年 社／1713·12月 文
東舞　❶ 861·3·14 文／❷ 1255·10月 文
東おどり　❼ 1925·4·1 文
阿波踊り　❼ 1917·6·28 社
出雲の神事舞　❺-2 1825·是春 文
江戸芸妓踊　❺-2 1820·6·24 文／1824·8·17 文
延年(えんねん)舞　❷ 1018·10·16 文／1161·4·7 文／1203·12·14 文／1229·7·17 文／1239·10·10 文／1251·1·9 文／1254·3·24 文／1278·5·7 文／❸ 1303·5月 文／1313·8·15 文／1316·9·29 文／1343·1·16 文／1350·1·16 文／1351·1·16 文／1352·3·16 文／1361·3·25 文／1403·9·17 文／1429·9·22 文／1434·3·15 文／❹ 1465·9·21 文／1505·8·12 文／1525·7·5 文／1589·8·26 社／❺-1 1616·2·3 文／1658·3·17 文／1714·9·22 文
えんぶり(青森·田植踊)　❻ 1881·2月 文
扇の手曲　❺-1 1681·是年 文
男舞の名代　❺-1 1666·是年 文
踊の師匠禁止　❺-1 1706·12月 社
小墾田舞　❶ 683·1·18 文／684·1·18 文
女踊子　❺-1 1689·5·21 文／1699·4·25 文／1703·3月 社／4月 文
女曲舞　❹ 1466·4·10 文／1516·9·30 文／1526·6·9 文
女舞　❹ 1524·8·12 文／1525·5·19 文／1571·5·13 文／1576·3·6 文／1577·4·17 文／1580·4·13 文／❺-1 1629·10·23 文／1666·是年 文／1668·8月 文／❺-2 1806·10·18 文
歌舞伎踊　❺-1 1603·4月 文／9·17 文／1607·2·20 文／1608·2·20 文／1615·10·9 文／1618·10·7 文／1625·12·21 社／1626·5·5 文
加賀舞　❸ 1409·3·12 文／❹ 1464·6·14 文／1498·7·21 文
笠屋の舞　❺-1 1603·8·19 文
かんかん踊·看々踊　❺-2 1806·4月 社／1820·4月 社／是年 社／1821·3·15 社／1822·2·1 社／是春 社
勧進曲舞　❸ 1368·1·16 文／1369·1·16 文／1371·1·16 文／1432·5·24 文
勧進舞　❸ 1452·4·19 文／❹ 1489·9·16 文／1491·7·23 文
祇園町の踊　❺-2 1726·8·5 社
吉志舞　❶ 734·3·25 文／765·⑩·2 文／859·11·17 文／884·11·23 文／❺-1 1687·11·16 文／❺-2 1818·11·24 文
牛舞の興　❷ 1094·4·14 文
曲舞·久世舞　❷ 1255·10月 文／❸ 1349·⑥·8 文／1350·3·18 文／1367·4·9 文／1384·1·16 文／1385·1·16 文／1386·1·16 文／1392·1·16 文／1393·1·16 文／1400·1·16 文／1401·1·16 文／1402·1·16 文／1416·3·12 文／1423·10·1 文／1424·2·4 文／1427·5·11 文／1432·6·15 文／1435·3·24 文／1451·3·7 文／❹ 1458·9·24 文／1460·3·15 文／1461·2·10 文／1463·3·13 文／3·16 文／1464·6·15 文／1466·4·16 文／1472·5·2 文／1474·⑤·2 文／6·2 文／1477·①·12 文／1479·4·16 文／4·28 文／6·11 文／7·19 文／1480·4·24 文／8·3 文／1481·2·25 文／1482·1·3 文／4月 文／1483·5·7〜15 文／4·1 文／7·9 文／1484·9·19 文／1485·1·19 文／3·7 文／③·2 文／1486·2·10 文／4·7 文／1488·4·29 文／8·4 文／1489·4·2 文／5·17 文／1492·3·2、4 文／4·14 文／7·12 文／1493·1·24 文／3·5 文／7·29 文／1494·4·29 文／6·9 文／1495·2·6 文／5·2 文／1496·3·21 文／4·9 文／8·26 文

／1497·3·22 文／4·11 文／8·11 文／9·18 文／1498·4·23 文／8·19 文／1499·3·17 文／6·17 文／1500·3·7 文／1501·4·7 文／1502·1·16 文／1505·2·26 文／1506·10·3 文／1508·10·9 文／1509·1·22 文／1511·3·6 文／1517·⑩·25 文／1520·9·12 文／1523·2·7 文／8·3 文／1551·1·5 文／1556·1·13 文／1557·6·19 文／1572·1·19 文
曲舞座 ❹ 1471·8·5 文
国栖奏·吉志舞 ❷ 1108·11·22 文
組踊り ❺-2 1719·9·9 文
久米舞 ❶ 749·12·27 文／752·4·9 文／859·11·17 文／884·11·23 文／❷ 1108·11·22 文／1142·11·15 文／❺-2 1818·11·24 文
蜘蛛舞 ❹ 1549·11·22 文／1550·3·3 文／1578·3·1 文／1585·3·27 文／5·5 文／1588·2·1 文／❺-1 1627·6·1 文／1642·1·28 文／1644·2·24 文／1646·7·6 文／1664·1·29 文／1669·1·8 文
幸若舞(⇨人名索引も見よ) ❸ 1416·1·16 文／1417·1·16 文／1418·1·16 文／1442·5·8 文／❹ 1459·11·24 文／1497·9·7 文／1508·3·20 文／1523·是年 文／1551·8·26 文／1580·2·16 文／❺-1 1602·3·28 文／1605·10·4 文／1609·5月 文／1611·12·12 文／1614·7·10 文／1615·7·5 文／1631·1·16 文／1634·2·17 文／1637·7·14 文／11·3 文／1639·7·19 文／11·14 文／1652·1·21 文／6·26 文／1662·1·7 文／1677·⑫·5 文／1678·12·1 文／1710·5·7 文
幸若弥次郎家の祖 ❹ 1512·2·18 文
五節舞(師) ❶ 742·1·16 文／743·5·5 文／749·12·27 文／808·11·17 文／810·11·20 文／819·12·21 文／855·8·21 文／12·21 文／859·11·17 文／866·11·15 文／884·11·23 文／934·11·20 文／❷ 1005·11·21 文／1019·11·13 文／1031·11·16 文／1057·11·17 文／1060·11·16 政
鷺舞 ❸ 1424·1·16 文／1425·1·16 文／1450·7·18 文
猿舞 ❺-1 1628·1·5 文／1704·1·7 文
仕形舞 ❺-1 1669·1·8 文
四季惣踊り ❺-1 1663·3月 文
師子·獅子舞 ❷ 1199·11·8 文／1235·4·11 社／1256·5·9 文／1280·5·9 社／❸ 1282·10·3 文／1350·1·2 文／1440·3·14 文／❹ 1457·5·5 文／1506·4·2 文／1538·4·12 文／1544·4·14 文／1553·4·2 文／1577·4·17 文／1578·3·1 文／1581·9·9 文／❺-1 1613·7·3 文／1627·6·1 文／1667·②月 社
獅子舞座 ❸ 1352·4·15 文／12·17 社
蛇踊 ❺-2 1820·7·29 社
諸県舞 ❶ 731·7·29 文
女流新舞踊 ❼ 1930·是年 文
新羅舞師 ❶ 855·12·21 文
すててこ踊り ❻ 1880·11月 社
住吉踊 ❺-2 1826·8·6 文
駿河舞 ❸ 1283·3·15 社／1284·3·9 文／1437·1·16 文／1438·1·16 文／1439·1·16 文
総踊り ❺-1 1666·是年 文
大頭(だいがしら)の舞 ❹ 1516·2·13 文／1539·2·4 文／1544·7·18 文／1579·5·3 文／1582·4·10 文／1583·9·28 文／❺-1 1648·10·9 文
大黒(舞) ❹ 1556·1·18 文／1572·9·8 文／❺-1 1613·1·15 文／1644·1·18 文
大尽舞 ❺-1 1715·宝永·正徳年間 文
題目踊 ❺-1 1621·7·20 文
楯節の舞 ❶ 688·11·4 文
田舞(師) ❶ 671·5·5 文／777·5·7 文／819·12·21 文／859·11·17 文／884·11·23 文／932·11·15 文／❺-2 1820·7·5 文
玉乃舞 ❷ 1199·11·8 文
タンゴ踊 ❼ 1914·4月 社
ダンス
ダンサー税金 ❼ 1932·12·17 社
ダンス·行進遊戯 ❼ 1903·是年 社
ダンス大流行 ❼ 1922·5月 社
ダンス·ホール ❼ 1925·6·5 社／1928·11·6 社／1929·5·25 社／1931·3·14 社
裸ダンス ❼ 1928·8·8 社
丹前踊 ❺-1 1686·3月 文
児舞 ❹ 1483·4·5 文
ヂリヂリ舞 ❺-2 1824·5·6 文
筑紫舞 ❶ 731·7·29 文／819·12·21 文
手踊 ❺-1 1650·是年 文
東條舞 ❹ 1578·10·16 文／1580·2·25 文
唐人踊·唐人舞 ❹ 1488·1·22 文／2·5 文／❺-2 1734·1·18 文／1817·文化年間 社
東都踊 ❼ 1908·4·1 文
常磐津舞踊劇 ❼ 1898·8·22 文
殿様踊 ❺-1 1635·7·22 文
土風の歌舞(隼人) ❶ 749·8·21 文／781·11·15 文／810·11·20 文
長唄舞踊劇 ❻ 1893·3·10 文
名古屋西川流 ❺-2 1841·是年 文
名弘会·浚会 ❺-2 1818·3月 文／1845·4·11 文
浪花踊 ❼ 1908·4·3 文
奈良舞人 ❸ 1336·2·24 文
鳴振 ❸ 1425·⑥·8 文／1440·2·2 文／3·14 文／1446·4·30 文／1447·4·30 文／1453·2·16 文／❹ 1457·4·17 文
西向ヲトリ ❹ 1457·7·8 文
二人舞 ❸ 1442·5·8 文／1455·1·16 文／❹ 1506·10·10 文／1514·1·30 文
女房舞 ❹ 1579·4·5 文
念仏踊 ❸ 1434·7·15 文／❺-1 1621·7·20 文／1627·是年 文
念仏拍子物 ❸ 1419·7·4 文
抜頭舞 ❹ 1471·是年 文
隼人の歌舞(隼人楽) ❶ 682·7·27 文／763·1·7 文／776·2·8 文／805·1·15 文
隼人舞 ❸ 1455·10·17 文
飛脚踊 ❺-1 1640·11·21 文
風俗の歌舞 ❶ 717·4·25 文／804·10·10 文／815·4·22 文／884·11·23 文
風俗舞(百済) ❶ 833·4·1 文
風流踊 ❺-1 1637·5·16 社／7·24 文／1644·8·3 文
舞楽 ❷ 1110·2·24 文／❸ 1282·10·3 文／1300·是年 文／1379·6·18 文／1395·6·18 文／1435·4·17 文／❺-1 1710·10·21 文／❺-2 1777·10·25 文
舞師田 ❷ 1212·9月 文
布施舞々 ❹ 1472·1·5 文
舞童 ❶ 902·9·29 文／❷ 1218·6·22 文
舞踊 ❺-1 1637·10·21 文
舞踊コンクール ❽ 1939·3月 文
袍袴の舞 ❶ 752·4·9 社
拃槍(ほこと) ❶ 735·5·5 文
ほとけ舞 ❹ 1585·3·4 文
ポルカ(舞踊) ❼ 1908·4月 社
舞勧進の禁止 ❹ 1489·9·18 社
舞車 ❸ 1408·1·16 文／1409·1·16 文／1410·1·16 文／1452·⑧·15 文
儛(舞)師 ❶ 719·6·19 文／809·3·21 文／819·12·21 文／❷ 1031·11·14 文
舞人 ❶ 846·1·26 文
舞装束 ❸ 1425·4·11 文
舞々大夫 ❺-1 1622·3·19 文
舞女 ❷ 1214·7·12 文
都踊り(京都) ❻ 1872·3·13 文
八佾の舞(やつらのまい) ❶ 642·是年 政
倭儛(大和舞·師) ❶ 819·12·21 文／861·3·14 文／884·11·23 文／932·11·15 文／❺-2 1748·11·20 文／❻ 1876·5·6 文
ややこ踊 ❹ 1581·9·9 文／1586·6·28、29／1599·6·29 文／1600·6·18 文／❺-1 1603·2·30 文／5·6 文
鎗踊 ❺-2 1727·5月 文
羅漢舞 ❹ 1488·2·5 文
駱駝踊 ❺-2 1808·5月 社
童舞 ❷ 1033·11·29 文／1067·10·22 文／1102·6·24 文／1218·4·25 文／❸ 1285·7·30 文／1340·6·18 文／1352·3·16 文／1365·6·16 文／1391·8·27 文／1394·9·13 文
漫才
漫才師(大阪) ❼ 1936·12月 社
漫才大会 ❼ 1934·4·25 社
万才を漫才と改称 ❼ 1933·1月 社
笑の会(漫才集団) ❾ 1984·1·30 社
見世物
犬猫の芸 ❺-1 1664·是年 社
大女 ❺-1 1679·是年 社
緒小桶 ❺-1 1680·4·10 文／1682·是年 社
ヲドケ手妻 ❺-1 1657·9月 文
籠抜け ❺-1 1679·是年 社
刀玉 ❷ 1270·7·28 文
からくり物真似 ❺-1 1669·1·8 文
軽業師(盲人) ❺-1 1711·7月 社
奇術の仕掛 ❺-1 1697·是年 文
曲独楽(こま) ❺-1 1700·是春 社
曲馬 ❺-1 1711·11·1 政
小刀 ❸ 1349·⑥·8 文／1427·5·10

文
古伝内座　❺-1 1661·10月 文
コニーアイランドショー　❽ 1953·是夏 社
独楽廻し　❺-1 1701·11·11 社／1706·11·11 社／1709·9月 社／1710·9月 社
サーカス　❽ 1943·12·3 社
座頭鳴物八人芸　❺-1 1660·万治年間 社
猿遣い　❺-1 1604·8·16 文
七福神五人芸　❺-1 1664·8月 社
品玉　❸ 1424·2·4 文／1425·2·4 文／1441·4·8 文／❺-1 1683·是年 社
呪撞·透撞　❶ 861·6·28 文
人馬　❺-1 1707·3月 社
象牙玉　❺-1 1646·12·1 政
力持ち　❺-1 1674·是年 社／1703·是年 社
中国オートバイショー　❾ 1968·9·12 社
綱渡　❺-1 1715·是年 社
出開帳　❺-1 1676·5·1 社／1679·是年 社
手品·手妻　❺-1 1680·4·10 文／1682·是年 社／1687·是年 社／1690·是年 社
手妻人形　❺-1 1685·9·18 文
手鞠　❸ 1301·1·5 文／1349·6·7 文／⑥·8 文／1350·6·7 文／1424·2·4 文／1425·2·4 文／1436·1·28 文／1441·4·8 文／1447·3·22 文
虎の生捕り　❺-1 1675·是年 社
長柄　❺-1 1682·是年 社
縄切り(縄抜け)　❺-1 1687·是年 社
南京糸操　❺-1 1680·寛文·延宝年間 文／1685·9·18 文
人形からくり(土製)　❺-1 1635·是年 文
八人芸　❺-1 1660·万治年間 社／1683·是年 社
早業大刀　❸ 1348·8·7 文
火取玉　❺-1 1646·12·1 政
蛇·犬·猫·鼠見世物　❺-1 1682·是年 社／1691·10·24 社
蛇女　❺-1 1682·是年 社
蛇遣い　❺-1 1622·是年 社／1679·是年 社／1691·10·24 社
枕返し　❺-1 1645·是年 社／1651·1·19 文／1664·是年 社／1680·4·10 文
水からくり　❺-1 1655·5月 社／1701·7月 文
都伝内座　❺-1 1657·是年 文
物真似　❺-1 1669·1·8 文
山うば　❺-1 1609·4月 社
四つ竹　❺-1 1652·是年 社
蓮飛(れんとび)　❺-1 1669·9·9 社
弄刀子　❶ 837·7·25 文
弄玉　❶ 837·7·25 文／861·6·28 文／884·8·6 文
ろくろ首　❺-1 1679·是年 社

役者·俳優·演技

お染·久松の道行　❺-2 1743·是春 文／1813·3·5 文／1847·1·11 文
歌舞伎役者·人形遣の住居(大坂)　❺-2 1843·11·2 文
歌舞伎役者の日給　❺-1 1671·10·11 文
七変化〜十二変化　❺-2 1787·1·18 文／9月 文／1813·3·5 文／6·27 文／1814·3·7 文／1819·4·2 文／8·19 文／1820·9月 文
水中早替　❺-2 1804·7·3 文
助六　❺-2 1716·1月 文／1764·是春 文
鈴木主水　❺-2 1852·3·3 文
平清盛日の出の場　❺-2 1768·是年 文
立役　❺-1 1643·2·18 文
旅芝居出演を禁止　❺-1 1689·7·3 文
男女(打交り)興行禁止　❺-1 1630·12月 文／1640·8月 文／1645·10·23 文
男女合同改良演劇　❻ 1891·11·5 文
男女混淆芝居　❻ 1890·11·1 文
男女混合新劇済美会　❻ 1892·5·5 文
男女俳優の徘徊禁止　❺-1 1706·6·15 文
男女役者共演許可　❻ 1890·8·21 文
男性が女性に扮する芝居禁止　❺-1 1642·8·7 文
チョボの囃矢　❺-1 1714·2·9 文
直侍のモデル　❺-2 1824·是年 社
登の綱　❺-2 1808·3月 社
俳優　❺-1 1708·6·26 文／1709·7·6 文／❻ 1871·12月 文
俳優給金(入札)　❻ 1891·1·21 文
俳優組合(東京)　❻ 1889·2·9 文
俳優数(大阪)　❻ 1894·4·10 文
俳優の月税　❼ 1901·12·25 社
侏儒·俳優·倡優·伎人(ひきひと·わざおぎ)　❶ 506·3月／645·6·12 政／675·2·9 文／684·1·23 政／686·1·18 文
百日鬘初め　❺-2 1785·7·15 文
法外な給金　❺-2 1842·7·4 文
娘道成寺　❺-2 1753·1·15 文／1810·4·12 文
役者·芸人　❺-1 1649·8月 社
役者交換協定　❻ 1881·6·13 文
役者の給金　❺-2 1777·4月 文／1828·5月 文／10·15 文

寄席

江戸の寄席　❺-2 1828·是年 社／1834·是年 社
講談専門寄席「本牧亭」　❾ 1990·1·10 文／2011·9·24 社
ジャズ寄席　❼ 1930·3·30 社
寄席·寄場(取締令)　❺-2 1798·6月 社／是年 社／1800·是年 政／1815·是年 社／1831·10月 社／1839·11·22 社／1840·11·22 社／1841·11·26 社／1842·2·12 社／1844·12·24 社／1847·2·14 社／11·5 社／1848·10·3 社／1849·8·8 文／1852·②·6 社
寄席(落語·講談)　❻ 1855·是頃 社／1878·是年 文／❼ 1897·9月 社／1904·5·1 文／1907·7月 社／1910·2·23 社／1931·是年 社／1933·8月 社／1934·3月 社
寄席「鈴本」　❽ 1945·12月 社
寄席芸人コンクール　❽ 1947·10·31 社
寄席興行種目　❻ 1880·3·2 文
寄席取締規則　❻ 1869·10·5 文／1890·8·15 文

落語·講談·浪曲

浮世咄　❺-2 1792·5月 社
江戸落語の会　❺-2 1783·4·25 社
大坂落語　❺-2 1792·5月 社
落噺(落し咄)　❺-1 1687·4月 文／❺-2 1813·⑪月 社／1815·1·2 社／1817·文化年間 社
外国人落語家　❻ 1879·1月 文
会噺　❺-2 1794·是年 社
快楽亭ブラック　❻ 1879·1月 文
桂文枝(六代目)襲名　❾ 2012·7·16 文／12·7 文
上方演芸会　❽ 1949·9·14 文
軽口噺　❺-2 1808·5月 社
京都の咄家　❺-2 1768·是年 社
禁演落語　❽ 1941·10·30 文
軍事掛合講釈　❺-2 1811·9·4 文／1845·1·19 社
軍事講談(江戸)　❺-2 1735·享保年間 社／1848·10·3 社
軍事講談(明治)　❼ 1902·7·23 社
軍談　❺-1 1700·是年 文
高座演芸改良浮世演芸会　❼ 1907·11·17 文
講釈　❺-2 1813·⑪月 社
講釈場　❺-2 1750·寛延年間 社
講談界の同志会と正義派　❼ 1908·12·10 文
講談組合　❾ 1973·5·11 文
講談研究会　❼ 1905·11·14 社
講談師　❼ 1913·6月 社
講談社会(宝井馬琴)　❾ 1980·9·1 文
座敷仕形咄　❺-1 1703·貞享·元禄年間 文
三遊亭円生遠忌　❻ 1875·2·11 文
三遊亭円朝『怪談牡丹燈籠』　❻ 1884·7月 文
三遊亭円朝真打　❻ 1876·1·1 文
三遊亭円朝の怪談話　❻ 1875·2·11 文
三遊亭円朝の新聞読み　❻ 1874·12月 文
自粛禁演落語廿七種　❽ 1947·5·30 社
真打ち昇進試験　❾ 1980·11·19 文／1987·7·31 文
神道講釈　❺-2 1845·1·19 社／1848·10·3 社
寿々女会(落語家)　❼ 1912·5月 社
政治講談　❻ 1882·1·21 社
西洋物新講談　❻ 1879·3·29 文
説教座　❺-1 1672·寛文年中 文
『太平記』読み　❹ 1466·②·6 文／5·26 文／1475·4·24 文／1491·5·16 文／❺-1 1692·是年 社
辻ばなし　❺-1 1683·延宝·天和年間 社
辻噺家·辻講釈　❺-2 1722·是年 政／1845·3月 社
東京講談会　❾ 1973·5·11 文
東京落語協会　❼ 1934·6月 社
東西若手落語家の交流　❽ 1961·2·1 文
桃中軒(浪花節の団体)　❼ 1902·10·1 文
東宝名人会　❼ 1934·9·21 文
浪花節　❼ 1901·5月 文／1907·2·1 文／1911·3·30 文／12·15 文／

1913·6月 社
日本講談協会 ❾ **1973**·5·11 文
咄(落語)の会 ❺-2 **1774**·是冬 社／**1786**·4·12 社／**1791**·2月 社／**1792**·1·21 社／**1800**·是年 社／**1805**·5月 社／**1811**·是春 社／**1813**·4·21 社／**1814**·5月 文／**1816**·2·6 文／**1822**·7·17 社／**1823**·4·26 社／**1827**·6·6 社
百人一首講談 ❺-1 **1702**·8·16 文
兵隊落語 ❼ **1928**·3·2 社
身振声色芝居掛り鳴物入り咄 ❺-2 **1797**·是年 文
昔咄·昔噺 ❺-2 **1845**·1·19 社／3月 社／**1848**·10·3 社
睦連(落語·講談) ❻ **1875**·4·30 文／**1881**·12·20 文
落語 ❺-2 **1784**·4·25 社／**1792**·是年 社／**1798**·6月 社／**1804**·6月 社／**1820**·1·28 社／❼ **1901**·5月 文／❾ **2010**·2·19 文
落語協会 ❾ **1978**·5·24 社
落語研究会 ❼ **1905**·3·21 文／10·21 文／**1928**·2月 社
落語三遊協会 ❾ **1978**·5·24 文／**1979**·11月 文

演目·演題

「愛の妙薬」 ❾ **1969**·1·22 文
「青い鳥」 ❼ **1920**·2·11 文
「青砥政談」 ❺-2 **1846**·7·27 文／**1852**·7·9 文
「青森県のせむし男」 ❾ **1967**·4·18 文／5·13 文
「秋の蝶形見翅」 ❺-2 **1750**·9月 文
「秋葉権現廻船話」 ❺-2 **1761**·12·24 文
「曙夜討曾我」 ❺-1 **1703**·2·16 文
「赤穂義士仇討」 ❺-1 **1710**·7月 文
「朝顔日記」 ❺-2 **1814**·1·11 文
「東おどり」 ❽ **1948**·3·21 文
「アマデウス」 ❾ **1982**·6·8 文
「アンクル·トムス·ケビン」 ❼ **1935**·10·19 文
「アンナ·カレーニナ」(ヴォヅニエセンス) ❽ **1937**·9·20 文
「アンネの日記」 ❽ **1956**·9·27 文
「井伊大老の死」 ❼ **1920**·6月 文／7·10 文
「伊賀越の饅頭娘」 ❼ **1911**·3·1 文
「伊賀越乗掛合羽」 ❺-2 **1776**·12·2 文
「一谷嫩軍記」 ❺-2 **1804**·3·17 文
「一本刀土俵入り」 ❼ **1931**·6月 文
「妹背山婦女庭訓」 ❺-2 **1771**·1·28 文／❼ **1899**·4·11 文
「ウィキッド」 ❾ **2007**·6·17 文
「ヴェニスの商人」 ❻ **1885**·5·16 文／❼ **1908**·1·14 文／**1910**·3·27 文／❽ **1947**·11·9 文
「江川の玉乗り」 ❾ **1981**·10·11 社
「エクウス」 ❾ **1990**·9·4 文
「江戸生艶気樺焼」 ❾ **1991**·3·5 文
「エビータ」 ❾ **1982**·3·5 文
「エルナニ」(ユーゴー) ❼ **1905**·1·14 文
「猿之助十八番」 ❾ **1988**·9·14 文
「オイディプス王」 ❾ **1986**·5·1 文／**2004**·7·1 文
「黄金五枚」 ❼ **1912**·1·5 文
「黄金バット」 ❼ **1930**·4月 社
「王様と恐竜」(狂言) ❾ **2004**·4·27〜29 文
「王将」 ❽ **1947**·6月 文
「王女メディア」 ❾ **1983**·7·14 文
「大鎊徳曾我」 ❺-2 **1750**·1月 文
「大塔宮曦鎧」 ❺-2 **1723**·2·23 文／6·11 文／是年 文
「大船盛鰕顔見世」 ❺-2 **1792**·11·2 文
「お軽と勘平」 ❽ **1951**·11·29 文
「おしゃべり姫」 ❼ **1910**·1·5 文
「叔父ワーニャ」 ❼ **1919**·6·16 文
「オセロ」 ❼ **1902**·12月 文／**1903**·2·11 文／**1914**·1·26 文
「オットーと呼ばれる日本人」 ❽ **1962**·7·10 文
「お伽芝居」 ❼ **1903**·10·4 文／12·12 文／**1907**·9·22 文
「男道成寺」 ❺-2 **1754**·是春 文
「男山恵源氏」 ❺-2 **1824**·11·9 文
「尾上松緑洗濯噺」 ❺-2 **1813**·6·27 文
「己が罪」 ❼ **1900**·10·11 文
「オペラ座の怪人」(英·米) ❾ **1988**·4·29 文
「思ひ出」(アルト·ハイデルベルヒ) ❼ **1913**·2·1 文
「お留守居」 ❼ **1910**·1·5 文
「オンデイーヌ」 ❾ **1965**·8·3 文
「女狂言 2003」 ❾ **2003**·2·26 社
「婦系図」 ❼ **1908**·9·29 文
「女殺油地獄」 ❼ **1909**·10·31 文
「女鳴神」 ❺-2 **1752**·1月 文
「女の一生」 ❽ **1945**·4·11 文
「怪談牡丹燈籠」 ❻ **1861**·是年 文／**1884**·7月 文
「加々見山」 ❺-2 **1811**·3·5 文
「隠れキリシタンのオラショ」 ❾ **1977**·7·8 文
「影法師」(パントマイム) ❼ **1907**·4·13 文
「春日龍神龍神揃」(能楽) ❾ **2007**·8·5 文
「風と共に去りぬ」 ❾ **1966**·11·3 文
「敵討襤褸錦」 ❾ **1991**·2·9 文
「勝閧誉曾我」 ❺-1 **1675**·5月 文
「仮名手本忠臣蔵」 ❺-2 **1741**·8·14 文／**1748**·8·14 文／12·1 文／**1749**·2·6 文／3月 文／**1766**·9月 文／**1769**·4·13 文／**1783**·5·5 文／**1790**·8·19 文／**1795**·5月 文／**1801**·2·7 文／**1802**·3·21 文／**1803**·6·5 文／**1806**·3月 文／**1809**·5·7 文／**1819**·4·2 文／**1827**·7·26 文／❽ **1947**·11月 文／❾ **1991**·2·2 文
「鐘掛か花振袖道成寺」 ❺-2 **1777**·3·1 文
「歌舞伎物語」 ❼ **1908**·3·3 文
「がめつい奴」 ❽ **1959**·10·5 文
「かもめ」(チェーホフ) ❽ **1950**·12·22 文／❾ **1980**·7·6 文／**1988**·3·4 文
「ガラスの動物園」 ❽ **1950**·4·1 文
「カラマーゾフの兄弟」 ❼ **1929**·4·11 文／**1934**·10·18 文
「勧進帳」 ❺-2 **1840**·3·5 文／❼ **1898**·1·21 文／**1899**·4·11 文／**1914**·4月 文
「菊亭八百善の人々」 ❾ **1991**·11·4 文
「吉例曾我礎」 ❼ **1903**·3·16 文
「肝高の阿麻和利」 ❾ **2000**·3月 文
「キャッツ」 ❾ **1983**·11·11 文／**1985**·3·20 文／**1986**·11·9 文／**1987**·5·31 文／**1995**·10·8 文／**1996**·12·14 文
「牛肉と馬鈴薯」 ❼ **1911**·1·31 文
「京鹿子娘道成寺」 ❺-2 **1753**·1·15 文／**1801**·10月 文
「狂言劇場」 ❾ **2006**·3·2 文
「狂人なおもて往生をとぐ」 ❾ **1969**·3·9 文
「桐一葉」 ❼ **1904**·1·27 文
「国色和曾我」 ❺-2 **1778**·是春 文
「国定忠治」 ❼ **1919**·4·1 文／**1921**·6月 文
「グリークス」 ❾ **2000**·9·5 文
「くるみ割人形」 ❽ **1953**·7·25 文
「黒蜥蜴」 ❾ **1968**·4·3 文／**1993**·4·1 文
「傾城逆沢瀉」 ❺-1 **1711**·5月 文
「けいせい天羽衣」 ❺-2 **1753**·12月 文
「けいせい咬嗢吧恋文」 ❺-2 **1770**·2·1 文
「傾城雲雀山」 ❺-1 **1709**·5月 文
「けいせい仏の原」 ❾ **1987**·8·29 文
「傾城三つの車(討入り)」 ❺-1 **1703**·1月 文
「毛抜」 ❼ **1909**·9·11 文
「兼好法師物見車」 ❺-1 **1706**·6月 文
「検察官」 ❼ **1911**·2·5 文／❾ **1968**·9·4 文
「源氏物語」 ❽ **1951**·3月 文
「元禄忠臣蔵」 ❽ **1941**·3月 文
「恋染隅田川」 ❺-2 **1758**·2月 文
「紅色娘子軍」 ❾ **1972**·7·10 文
「河内山と直侍」 ❻ **1881**·3·31 文
「高野聖」 ❼ **1904**·9·22 文
「故郷」 ❼ **1912**·5·3 文
「国性爺合戦」 ❺-1 **1715**·11·1 文／❺-2 **1717**·3·15 文／5月 文／❾ **2010**·11·3 文
「五重塔」 ❼ **1904**·9·1 文
「寿三升曾我」 ❺-2 **1756**·2·20 文
「寿都錦」 ❺-2 **1818**·5·5 文
「寿世嗣三番叟」 ❺-2 **1786**·10·1 文
「碁盤太平記」 ❺-1 **1706**·6月 文／**1710**·是年 文
「権三と助十」 ❼ **1926**·7月 文
「堺町曾我年代記」 ❺-2 **1771**·是春 文
「相模入道千疋犬」 ❺-1 **1714**·是秋 文
「佐倉宗吾」 ❺-2 **1851**·8·4 文／**1852**·8·4 文
「桜の園」(チェーホフ) ❼ **1915**·7·26 文／❽ **1937**·2·6 文／**1945**·12·26 文／❾ **1989**·4·6 文
「さくら吹雪」 ❼ **1911**·2·17 文
「寂しき人々」 ❼ **1911**·10·26 文
「サロメ」 ❼ **1913**·12·2 文／**1915**·6·9 文

「残菊物語」(村松梢風)　❽ 1937·10月 文
「三人吉三廓初買」　❻ 1860·1·14 文
「三人姉妹」　❼ 1933·12·26 文
「三文オペラ」　❽ 1962·10·4 文
「史外史伝厳窟王」　❼ 1901·3·19 文
「CICAGO」　❾ 2012·7·10 文
「式例和曾我」　❺-2 1716·1月 文
「子午線の祀り」　❾ 1979·4·13 文
「四座役者目録」　❺-1 1653·1月 文
「時代世話黄金ノ栄」　❺-2 1755·11·8 文
「下町唐座」　❾ 1988·4·8 文
「四天王寺伽藍鑑」　❺-2 1757·4·5 文
「死と其前後」　❼ 1918·10·3 文
「暫」　❺-1 1702·是年 文／❺-2 1776·11月 文
「島廻戯聞書」　❺-2 1794·2·14 文
「シャーロック·ホルムズ」　❼ 1912·7·3 文
「社会の礎」　❼ 1914·1月 文
「邪宗門」　❾ 1971·9·7 文
「ジャンヌ·ダルク」　❾ 2012·5·5 文
「上海バンスキング」　❾ 1981·5·4 文
「重重言葉曾我」　❺-2 1785·1·15 文
「修禅寺物語」　❼ 1911·5·9 文
「守銭奴」「金色慾」(モリエール)　❼ 1897·9·30 文／1936·6·12 文
「出家とその弟子」　❼ 1919·8月 文
「出世景清」　❺-1 1685·2·4 文／1686·2·4 文
「ジュリアス·シーザー」　❼ 1907·5·27 文／1913·6·26 文
「松雲公諱綱利説」　❺-1 1654·1·7 文
「諸国芝居繁栄数望」　❺-2 1825·是年 文
「女性能楽師の夕べ」　❾ 1997·10·23 文
「ジョン·ガブリエル·ボルクマン」　❼ 1909·11·27 文
「白井権八」狂言　❺-2 1779·5·5 文／1788·2·17 文
「白浪五人男」　❻ 1862·3·1 文
「白野弁十郎(シラノドベルジュラック)」　❼ 1926·1月 文
「真景累ヶ淵」　❻ 1859·是年 文
「心中天網島」　❺-2 1721·是夏 文
「新版歌祭文」　❺-2 1780·9·28 文
「親鸞記」　❺-1 1671·5·7 社
「神霊矢口渡」　❺-2 1770·1·16 文
「瑞西義民伝」(ウィリアム·テル)　❼ 1905·3·1 文
「素襖落」　❾ 1991·11·1 文
「菅原伝授手習鑑」　❺-2 1746·8·21 文／1747·2月 文／1776·7月 文／1814·11·9 文／1825·9·19 文／1835·11·13 文／1843·5·5 文／1850·7·10 文／❽ 1945·11·4 文
「助六」　❾ 2000·1月 文
「昴」　❾ 1975·8·1 文
「セールスマンの死」　❽ 1954·4·8 文
「曾我」狂言　❺-1 1665·1月 文／1709·是春 文
「曾我祭」　❺-2 1753·5·28 文
「曾我十番切」　❺-1 1655·8月 文
「曾我続狂言」　❺-1 1675·5月 文
「曾根崎心中」　❺-2 1719·是年 文／❽ 1953·8月 文
「その前夜」　❼ 1915·4·26 文
「大尉の娘」　❼ 1922·6月 文
「大草原の小さな天使ブッシュベイビー」　❾ 1992·1·12 社
「大仏開眼」　❽ 1940·2·2 文
「太平頭鑿飾」　❺-2 1770·5·22 文
「高尾宮本本地開帳」　❺-2 1788·8·16 文
「滝口入道の恋」　❽ 1946·2·1 文
「滝の白糸」　❻ 1895·12·4 文／❾ 1972·6月 文
「たそがれは逢魔の時刻」　❾ 1983·10·5 文
「近松心中物語」　❾ 1979·2·2～3·8 文
「乳姉妹」　❼ 1904·1·2 文／1905·1·1 文
「父帰る」　❼ 1920·10·25 文／1921·6月 文
「忠臣蔵外伝四谷怪談」　❾ 1995·3·18 文
「千代始音頭瀬戸」　❺-2 1785·7·15 文
「沈鐘」　❼ 1918·7月 文／9·5 文
「珍訳聖書」　❾ 1973·3·15 文
「月形半平太」　❼ 1919·4·1 文
「椿姫」(デュマ)　❽ 1937·2·2 文／12·2 文
「壺坂霊験記」　❻ 1879·10月 文
「罪と罰」　❽ 1947·11·27·28 文
「寺子屋」　❽ 1947·5月 文
「天竺徳兵衛韓話」　❺-2 1804·7·3 文
「天満天神繁盛亭」　❾ 2006·9·15 文
「東海道四谷怪談」　❺-2 1825·7·26 文
「藤十郎の恋」　❼ 1919·4·3 文
「道成寺」　❺-1 1694·3月 文
「ドモ又の死」　❼ 1922·12·23 文
「ドン·キホーテ」　❻ 1887·4月 文
「ドン·ジュアン」　❼ 1934·10·25 文
「どん底」　❽ 1946·9·5 文／❾ 1968·9·4 文
「長崎の鐘」　❽ 1949·5·7 文
「名護屋帯雲稲妻」　❺-2 1836·9·18 文
「成田道初音藪原」　❼ 1900·1·12 文
「鳴神」　❺-1 1710·8月 文／❼ 1910·5·4 文
「南都炎上」　❼ 1906·5·27 文
「二王門端歌雑録」　❺-2 1782·4·28 文
「にごりえ」　❾ 1985·1·3 文
「日蓮上人辻説法」　❼ 1904·4·1 文
「NINAGAWA マクベス」　❾ 1980·2·4 文
「二人猟師乳汁売娘」　❺-2 1820·9·14 文
「日本人ここにあり」　❾ 1972·1·21 文
「人形の家」　❼ 1911·9·22 文／❽ 1946·3·1 文／❾ 1991·1·9～29 文
「ノートル·ダムのせむし男」　❾ 1972·3·19 文
「白鳥の湖」　❽ 1946·8·9 文／1949·1·2 文／1963·1·29 文／❾ 1999·4·8 文
「白毛女」　❾ 1972·7·10 文
「走れメロス」　❾ 1972·8月 文
「はだしのゲン」(ミュージカル)　❾ 1999·1·16 文
「八十日間世界一周」　❼ 1897·1·31 文
「八犬伝評判楼閣」　❺-2 1836·4·24 文
「初花隅田川」　❺-2 1751·1月 文
「ハムレット」(シェークスピア)　❻ 1891·5·28 文／❼ 1903·11·2 文／1907·10·12 文／11·22 文／1910·3·27 文／1911·5·20 文／1919·11·26 文／1933·10·5 文／❽ 1956·1·5 文／❾ 1984·2·4 文／1990·3·23 社／1998·8·28 文
「葉武列土倭錦絵」　❾ 1991·6·8 文
「春の踊り」　❽ 1946·4·22 文
「ハロー·ドーリー」　❾ 1965·9·9 文
「万国太平記」　❺-2 1741·11·5 文
「播州皿屋敷」　❺-1 1653·1·2 社
「番場忠太郎瞼の母」　❼ 1931·1·23 文／3·1 文
「ピーターパン」　❾ 1981·8·2 文
「東山桜荘子」　❺-2 1851·8·4 文
「ひかりごけ」　❾ 1972·4·27 文
「美女と野獣」(米)　❾ 1995·11·20 文
「ビッグ·フォア」　❽ 1953·5月 文
「姫小松子日遊」　❺-2 1764·2月 文
「百千鳥曲輪曾我」　❺-2 1754·是春 文
「百物語」　❼ 1896·7·25 社
「ひらがな盛衰記」　❺-2 1837·5·5 文
「福引名古屋」　❺-2 1751·1月 文
「復活」(トルストイ)　❼ 1914·3·26 文／1934·1·19 文
「武無大将(戦争と平和)」　❼ 1915·5·27 文
「ヘアー」(反戦ロックミュージカル)　❾ 1969·12·8 文／1970·2·26 文
「ヘッダ·ガアブレル」　❼ 1912·10·26 文
「ヘッダ·ガブラー」　❽ 1950·10·2 文
「ベルサイユのばら」　❾ 1974·8·29 文／1989·8·10 文
「棒しばり」　❼ 1916·1月 文
「法成寺物語」　❼ 1920·10·25 文
「放浪記」　❽ 1961·10·20 文／❾ 1990·9·23 文／1999·12·17 文／2009·5·9 文
「墨東綺譚」　❾ 1991·11·3 文
「牡丹蝶初筐」　❺-2 1824·3·11 文
「不如帰」　❼ 1904·9·23 文
「炎の人」　❽ 1951·9·16 文
「マーチャント·オブ·ヴェニス」　❼ 1903·6·4 文
「マイ·フェア·レディ」　❽ 1963·9·1 文
「前髪狩場姿視」　❺-2 1770·5月 文
「マクベス」(シェークスピア)　❼ 1905·2·1 社／❾ 1976·2·4 文／1987·9·17 文
「真夏の夜の夢」　❽ 1946·6·6 文
「魔風恋風」(小杉天外)　❼ 1905·3·17 文
「マンマ·ミーア」(ミュージカル)　❾ 2005·1·4 文
「みだれ焼」　❼ 1907·1·14 文
「ミュージカル南十字星」　❾ 2004·9·12 文

「民衆の敵」　❽ 1953·4·3 文
「娘道成寺」　❾ 1971·3 月 文
「冥途の飛脚」　❺-1 1711·3·5 文／是年 文
「伽羅先代萩」　❺-2 1777·4·10 文／❾ 1991·11·1 文
「め組の辰五郎」　❻ 1890·3·2 文
「御摂花吉野拾遺」　❺-2 1814·11·9 文
「盲導犬」　❾ 1973·5 月 文
「モンテ·クリスト伯」　❼ 1898·9·16 文
「屋根の上のヴァイオリン弾き」　❾ 1982·10·30 文／1986·5·31 文
「矢の根蔵」　❺-2 1729·1·5 文
「ヤマトタケル」　❾ 1986·2·4 文
「鑓の権三重帷子」　❺-2 1717·8·22 文／❾ 1991·2·9 文
「野郎評判記」　❺-1 1671·9·18 文
「夕鶴」　❽ 1949·1 月 文／10·27、28 文／1950·10·19 文／1954·11·18 文
「誘惑」　❼ 1918·10·3 文
「湯島詣」　❼ 1906·9·1 文
「ユタとふしぎな仲間たち」　❾ 2001·8·7 文
「夢から覚めた夢」　❾ 1987·6·2 文
「欲望という名の電車」　❽ 1953·4·4 文
「汚れた手」　❾ 1967·9·29 文
「義経千本桜」　❺-2 1748·3 月 文／1791·6·12 文／1800·5·5 文／1820·5·5 文／❾ 1968·3 月 文
「頼朝」　❼ 1911·3·1 文
「夜の森(ヘンゼルとグレーテル)」　❼ 1913·2·2 文
「ラ·マンチャの男」　❾ 1969·4·4 文
「ライオンキング」　❾ 1998·12·20 文
「リア王」　❾ 1989·4·18 文
「李香蘭」　❾ 1991·1·7 文／1998·10·4 文
「レ·ミゼラブル」　❽ 1946·11·20 文
「令嬢ジュリー」　❽ 1950·9·6 文／1958·2·16 文
「連獅子」　❻ 1861·5 月 文／1872·7·10 文
「鹿鳴館」　❾ 1972·12·3 文
「ロメヲ·エンド·ジュリエット」(シェークスピア)　❼ 1904·11 月 文
「わが魂は輝く水なり」　❾ 1980·2·16 文
「和田酒盛栄花鑑」　❺-2 1773·1·15 文

31　音楽

音楽に関する雑誌
『音楽界』　❼ 1904·2 月 文
『音楽公論』　❽ 1941·12 月 文
『音楽雑誌』　❻ 1890·9·25 文
『音楽新潮』　❼ 1924·2 月 文
『音楽之友』　❼ 1901·11 月 文／❽ 1941·12 月 文
『音楽評論』　❼ 1933·4 文
『音楽文化』　❽ 1943·11 月 文
『キネマレコード』　❼ 1913·10 月 文
『国民の音楽』　❽ 1941·12 月 文
『名曲タイムス』(レコード音楽)　❼ 1927·9 月 文
『レコード文化』　❽ 1941·12 月 文
音楽一般
浅草オペラ　❼ 1917·9 月 文／1931·12·16 文
いか天　❾ 1989·2·11 文
LP レコード　❽ 1948·6·21 文／1950·1·9 文／1951·3·20 文
オーディオフェア　❾ 1993·10·13 文
音楽伝習人　❻ 1880·6 月 文／9 月 文
音楽取調掛　❻ 1879·10·7 文／1883·5·17 文
音楽取調所　❻ 1885·2·9 文／7·20 文
外国楽曲放送使用料要求　❼ 1932·8·26 文
海賊版(偽作)レコード　❼ 1914·7·4 社／1915·9 月 文
歌詞つきビデオカメラ　❾ 1978·8·15 社
貸レコード店反対全国決起大会　❾ 1981·11·18 文
楽器店　❼ 1897·此頃 文
歌謡曲　❽ 1945·9·9 社
カラオケ　❾ 1971·1 月 社／1976·7 月 社／1978·11 月 社／1985·11 月 社／1986·8·7 文／1988·3·15 社／1989·是年 社／1990·3·27 社／1993·5·3 社
義太夫節三百年記念公演　❾ 1984·11·27 文
宮内庁雅楽部　❾ 1970·5·19 文
軍楽　❼ 1925·4·28 文
軍楽演習·伝習　❻ 1862·4·7 文／1869·9 月 文
軍楽隊　❻ 1871·5 月 文／9 月 文／1875·10·20 文／1881·是年 文／1883·11·12 文／1886·8·4 文
フランス式軍楽　❻ 1872·9 月 文
(信号)ラッパ　❻ 1866·是年 政／1867·5 月 文
陸軍軍楽隊　❼ 1910·5·14 文
軽音楽　❽ 1945·9·9 社
警視庁音楽隊　❼ 1936·12·16 文
ケチャ(バリ島の芸能)　❾ 1974·1·19 文
広告音楽隊(広告屋)　❻ 1885·1 月 文
古賀メロディー　❽ 1939·8·31 文
国産ピアノ展覧会　❼ 1936·11·9 文
古代楽器復元　❾ 1984·9·28 文
琴の演奏(ベルギー)　❾ 1979·11·26 文
コミックオペラ　❼ 1916·10·1 文
三大テノール　❾ 1996·6·29 文
CM ソング　❼ 1910·是年 社
CD(コンパクトディスク)　❾ 1982·8·31 文／10·1 社／1984·11·10 社／1988·1 月 文／1990·7 月 文／1991·12·4 文
慈善音楽会　❻ 1880·6·12 文／1892·3·26 文
ジャズなど米·英音楽禁止　❽ 1943·1·13 文
祝日大祭日歌詞·楽譜　❻ 1893·8·12 文
出張演奏の始め　❻ 1876·9·28 文
唱歌·遊戯　❻ 1874·3 月 文
唱歌改良会　❻ 1887·是年 社
唱歌指導　❻ 1880·3·2 文
唱歌伝習所　❻ 1887·4·26 文
卒業音楽会　❻ 1885·7·20 文
ソ連レコード　❽ 1956·2·28 文
宝塚少女歌劇　❼ 1914·4·1 文／1915·12·10 文／1918·5·26 文／1927·9·1 文
瀧廉太郎のピアノ演奏評　❼ 1897·10 月 社
チェロ独奏会　❼ 1934·10·4 文
鶴賀新内節　❼ 1896·3·23 文
デジタル·オーディオ·ディスク　❾ 1982·8·31 文
電子音楽室　❽ 1964·4·15 文
東京市中音楽会　❻ 1886·11 月 文
唐人の歌舞　❹ 1582·6·22 文
常磐津　❼ 1901·5 月 文
独唱の始め(日本人)　❻ 1887·7·6 文／1890·3·21 文
なつかしのメロディー　❽ 1949·6·12 社
日支欧大音楽会　❻ 1882·5·13 文
日本語による歌劇上演の始め　❼ 1903·7·23 文
日本の歌百選　❾ 2007·1·14 文
ピアノ販売台数　❾ 2010·是年 文
平曲保存会　❼ 1896·11·28 文
邦楽演奏会　❼ 1913·12·14 文
邦楽科(能·長唄·箏)　❼ 1936·6·20 文
邦楽調査掛(東京音楽学校)　❼ 1907·9·17 文
邦楽保護に関する建議案　❼ 1908·3·25 文
邦楽四人の会ヨーロッパ　❾ 1972·5·10 文
ボーカロイド　❾ 2007·8·31 社
明清楽合奏会　❻ 1880·5·1 文
民謡祭　❼ 1928·10·10 文
民謡ブーム　❾ 1979·是年 社
野外音楽演奏　❻ 1873·1 月 文

洋楽演奏の始り ❻ 1876·11·3 文
謡曲 ❼ 1901·5月 文
ヨーロッパの音楽 ❹ 1581·10·7 文／❺-1 1607·6月 文／1682·2·28 政／1691·2·30 政
「流行歌」の語 ❼ 1914·是年 社
伶楽 ❾ 1988·3·11 文
レーザーディスク(LD) ❾ 1981·10·9 社／1993·10·22 文／1999·7月 社
レコード ❼ 1901·5月 文／1910·10月 文／❽ 1945·1月 文／❾ 1991·12·24 文
レコード針ナガオカ ❾ 1990·8·7 文
レンタルレコード ❾ 1985·6·10 文／1991·12·4 文
蠟管蓄音機 ❼ 1896·7月 社／1900·4·10 社
ロカビリー旋風 ❽ 1958·2月 文
和強楽堂(琵琶会) ❼ 1905·3月 文
和洋大音楽会 ❻ 1882·2·11 文

音楽演奏会·コンクール

アジア音楽祭 ❾ 1980·1·29 文／7·29 文
一万人の"第九" ❾ 1983·12·4 文
巌本真理弦楽四重奏 ❾ 1967·3·15 文
ウィーン·フォルクスオーパー ❾ 1982·6·10 文
ウエスタン·カーニバル ❽ 1958·2·8 社／❾ 1967·8月 社／1968·8·26 社
AKB48 22nd シングル選抜総選挙 ❾ 2012·6·9 社
NHK イタリア·オペラ ❾ 1976·9·2 文
エリザベート国際音楽コンクール ❾ 1993·6·6 文
大阪国際フェスティバル ❽ 1958·4·10 文／1959·4·10 文／1960·4·6 文／1961·4·13 文／1962·4·12 文／1963·4·13 文／1964·4·11 文／❾ 1965·4·12 文／1966·4·12 文／1967·4·7 文／1968·4·11 文／1969·4·14 文／1971·4·15 文／1972·4·12 文／1973·4·10 文／1974·4·5 文／1975·4·7 文／1976·5·7 文／1977·11·6 文／1978·4·10 文／1979·4·8 文／1980·4·7 文／1981·4·10 文／1982·4·9 文／1983·4·8 文／1984·4·13 文／1985·4·8 文／1986·4·1 文／1987·4·7 文／1988·4·5 文／1989·3·4 文／1993·4·7 文
オペラ音楽会の始め ❻ 1889·6·19 文
音楽会 ❻ 1875·10·2 文
音楽劇 ❻ 1893·2·10 文
音楽公開演奏会 ❻ 1882·1·30 文
音楽コンクール ❼ 1932·5·21 文／1936·11·14 文／❽ 1938·4·1 文／11·19 文／1939·11·25 文／1946·5·28 文／10·25 文
音楽奨励会演奏会 ❼ 1910·12·4 文／1916·6·17 文
音楽取調掛演奏会 ❻ 1884·6·14 文
カーネギーホール「日本音楽の夕べ」 ❾ 1984·2·22 文
学生ジャズ·コンテスト ❽ 1953·4·20 文
楽団オーストラリア来日 ❻ 1863·8月 文
歌劇大会 ❼ 1907·4·13 文
合唱音楽祭 ❼ 1927·11·28 文
合唱祭 ❽ 1946·7·4 文
カラヤン国際指揮者コンクール ❾ 1973·11·23 文
管弦楽演奏会の始 ❻ 1881·5·24 文
紀元二千六百年記念局発表演奏会 ❽ 1940·6·11 文
九州オペラ·フェスティバル ❾ 1982·9·1 文
宮中晩餐会での演奏曲目 ❾ 1984·9·6 文
GLAY 幕張メッセコンサート ❾ 1999·7·31 文
芸術祭 ❽ 1946·9·5 文／1950·11·2 文
ゲーテ生誕 200 年記念演奏会 ❽ 1949·12·8 文
現代音楽祭 ❽ 1957·8·10 文
現代作曲音楽祭 ❾ 1971·12·5 文
現代の音楽展 ❾ 1981·2·4 文
幻燈音楽会 ❼ 1896·3·7 文
交響曲演奏の始め ❻ 1887·2月 文
紅白歌合戦 ❾ 2003·12·31 社
皇紀二千六百年奉祝芸能祭交響作品 ❽ 1940·11·26 文
国際ギター·コンテスト ❾ 1980·8·30 文
国際現代音楽協会音楽祭 ❽ 1951·2·14 文
国際現代音楽祭 ❽ 1939·1月 文
国際ギタリスト会議 ❽ 1962·3·5 文
国民歌謡(放送) ❼ 1936·6·1 社／10月 文
吾声会 ❼ 1913·5·1 文
斎藤秀雄メモリアル·コンサート ❾ 1984·9·17 文
さだまさし音楽会 ❾ 1980·9·6 文
三大オペラの夕 ❽ 1938·6·3 文
士気昂揚音楽大行進 ❽ 1942·1·4 文
指揮者コンクール ❾ 1967·6月 文
児童唱歌コンクール ❼ 1932·11·26 文
出陣学徒壮行大音楽会 ❽ 1944·8·6 文
新憲法実施記念吹奏楽演奏会 ❽ 1947·5·3 文
新交響楽団作曲コンクール ❽ 1938·2·25 文／1942·2·1 文
新日本音楽大演奏会 ❼ 1920·11·27 文
青少年音楽祭 ❽ 1962·6·30 文
全国ギター·コンクール ❽ 1949·5·10 文
全国児童唱歌ラジオコンクール ❽ 1947·11·16 文
全日本おかあさんコーラス全国大会 ❾ 1978·8·27 文
全日本合唱コンクール ❽ 1948·11·23 文
全日本リード合奏大会 ❽ 1960·12·4 文
大東亜戦争陸軍の歌 ❽ 1942·3·9 文
瀧廉太郎没後四十五年記念音楽会 ❽ 1947·6·29 文
チャイコフスキー国際コンクール弦楽器製作部門 ❾ 1994·6·7 文
つま恋コンサート ❾ 1975·8·2 文／1979·7·28 文／2006·9·23 文
東京音楽学校音楽会 ❼ 1902·11·15 文／1904·6·5 文
東京音楽芸術祭 ❾ 1979·6·4 文
東京音楽祭 ❽ 1951·7·9 文
東京音楽祭世界大会 ❾ 1974·6·30 文
東京国際歌謡音楽祭 ❾ 1970·11·21 文
東京世界音楽祭 ❽ 1961·4·17 文
東京の夏音楽祭 ❾ 1985·7·4 文／1992·7·14 文／1994·7·11 文／1998·6·30 文
東福寺音舞台 ❾ 2006·9·9 文
日独交驩大音楽会 ❽ 1944·6·21 文
日露交驩交響管弦楽演奏会 ❼ 1925·4·24 文
日本歌謡大賞音楽賞 ❾ 1970·7·4 文
日本国際音楽コンクール ❾ 1980·11·20 文／1983·11·14 文
日本のうたごえ運動·祭典 ❽ 1953·11·29 文／1955·11·27 文／1961·12·8 文／1962·12·9 文
日本レコード大賞 ❾ 1965·12·25 社／1966·12·24 社／1967·12·16 社／1968·12·12 社／1969·12·31 社／1970·12·31 社／1971·12·31 社／1972·12·31 社／1973·12·31 社／1974·12·31 社／1975·12·31 社／1976·12·31 社／1977·12·31 社／1978·12·31 社／1979·12·31 社／1980·12·31 社／1981·12·31 社／1982·12·31 社／1983·12·31 社／1984·12·31 社／1985·12·31 社／1986·12·31 社／1987·12·31 社／1988·12·31 社／1989·12·31 社／1990·12·31 社／1991·12·31 社／1992·12·31 社／1993·12·31 社／1994·12·31 社／1995·12·31 社／1996·12·31 社／1997·12·31 社／1998·12·31 社／1999·12·31 社／2000·12·31 社／2001·12·31 社／2002·12·31 社／2003·12·31 社／2004·12·31 社／2005·12·31 社／2006·12·30 社／2007·12·30 社／2008·12·30 社／2009·12·30 社／2010·12·30 社／2011·12·30 社／2012·12·30 社
日本寮歌祭 ❽ 1961·10·7 社
バッハ歿後二百年記念演奏会 ❽ 1950·6·23 文
万国博記念催物 ❾ 1970·3·15 文
パンムジーク·フェスティバル ❾ 1976·1·30 文
琵琶奏者リサイタル ❾ 2003·2·25 文
ファースト·ジャパン·ロック·フェスティバル ❾ 1975·3·12 文
フジロックフェスティバル ❾ 1997·7·26 文
ブルース·フェスティバル ❾ 1974·11·25 文
ベルリン国立歌劇場ワーグナー ❾ 1997·11·9 文
美空ひばり東京ドーム「不死鳥」公演 ❾ 1988·4·11 社
ミュージック·コンクレート·電子音楽オー

ディション ❽ **1956**·2·4 文
民音現代作曲音楽祭 ❾ **1979**·5·26 文／**1981**·5·30 文／**1982**·5·22 文
名曲レコード鑑賞会 ❽ **1940**·是年 社
明朗音楽会 ❽ **1945**·9·6 文
モーツアルト・オペラ ❾ **1983**·11·18 文
モーツアルト歿後200周年 ❾ **1991**·12·5 文
有線放送大賞 ❾ **1968**·12·7 文
読売日本交響楽団創立五十周年記念公演 ❾ **2012**·8·6 文
ライト・ミュージック・コンテスト ❾ **1981**·9·13 文
レコード大賞 ❽ **1959**·12·27 社／**1960**·12·30 社／**1961**·12·28 社／**1962**·12·6 社／**1963**·12·27 社／**1964**·12·2 社
ロック・イン・ジャパン ❾ **1985**·8·10 文
ロック・カーニバル ❾ **1971**·7·5 社
ロン・ティボー国際音楽コンクール ❾ **1981**·6·20 文
YMO解散コンサート ❾ **1983**·12·12 文

音楽·楽器関係会社
カワイ楽器製作所 ❼ **1927**·8月 文／**1930**·4·13 文
キング(富士音盤) ❽ **1942**·3月 文
キングレコード ❼ **1930**·12月 文
講談社レコード ❼ **1930**·12月 文
コロムビア・レコード ❼ **1905**·11月 文
三光堂(日本初の蓄音器専門店) ❼ **1899**·6月 社
新世界レコード株式会社 ❽ **1956**·2·28 文
東京音楽学校 ❻ **1890**·5·12 文／**1891**·1·13 文
東京音楽工業株式会社 ❽ **1960**·10·1 文
東京蓄音器株式会社 ❼ **1912**·9·9 文
日米蓄音器製造会社 ❼ **1909**·是年 文
日本楽器製造株式会社(ヤマハ) ❻ **1887**·7月 文／**1889**·3月 文／❼ **1897**·10·12 文／**1916**·8·8 文／❽ **1947**·1月 文／8月 文／❾ **1968**·10·11 政
日本コロムビア(日蓄工業) ❼ **1907**·10·31 文／**1910**·10月 文／❽ **1942**·3月 文／**1948**·11·16 文／**1950**·1·9 文
日本ビクター(日本音響) ❼ **1927**·9·13 文／**1928**·2·1 文／4月 文／❽ **1942**·3月 文／**1945**·10月 文／11月 文／❾ **2008**·10·1 政
日本ポリドール(大東亜) ❽ **1942**·3月 文
日本ポリドール蓄音器商会 ❼ **1927**·5·10 文
山葉ピアノ研究所 ❼ **1928**·10月 文

音楽関係学校
草津夏期国際音楽アカデミー ❾ **1981**·8·26 文
高等師範学校付属音楽学校 ❼ **1898**·12·4 文
宝塚音楽歌劇学校 ❼ **1913**·7·15 文
東京ヴァイオリン製作学校 ❾ **1979**·4·2 文
東洋音楽学校 ❼ **1907**·5·3 文／**1936**·7·15 文

音楽教育
音楽科教員 ❻ **1884**·9月 文
音楽教師メーソン来日 ❻ **1880**·3·2 文
カワイ音楽教室 ❽ **1954**·5月 文
子供のための音楽教室 ❽ **1948**·10·2 文
作曲科(音楽学校) ❼ **1930**·是年 文／**1931**·4·25 文
絶対音感教育 ❽ **1940**·6月 文
ドレミ階名唱法 ❽ **1946**·8·28 文
ヤマハオルガン教室 ❽ **1954**·5月 文
ヤマハ音楽教室 ❾ **1965**·6月 文

音楽関係グループ·団体
アバ ❾ **1980**·3·12 文
アンサンブル・レオーネ ❽ **1959**·10·22 文
イーグルス ❾ **1979**·8·17 文
イスラエル・フィルハーモニー管弦楽団 ❽ **1960**·12·15 文／❾ **1985**·9·3 文
イタリア・オペラ ❾ **1971**·9·1 文／**1976**·4·11 文
イタリア歌劇団 ❽ **1956**·9·29 文／**1959**·2·4 文
移動音楽報国隊 ❽ **1942**·5月 文
移動報国挺身隊 ❽ **1941**·9·18 文／**1943**·7·7 文
ヴォーカル・フォア ❽ **1942**·1月 文
ウィーン国立歌劇場音楽監督 ❾ **2002**·1·1 文
ウィーン国立劇場 ❾ **1976**·9·1 文／**1989**·11·15 文
ウィーン・フィルハーモニー ❽ **1956**·4·9 文／**1959**·10·28 文
ABC交響楽団 ❽ **1956**·6·21 文／**1960**·10·3 文
NHK交響楽団(N響) ❽ **1951**·8·1 文／❾ **1986**·10·1 文
N響、ヨーロッパ演奏旅行 ❽ **1960**·8·29 文
NHKホール開場記念式 ❾ **1973**·6·20 文
エマートソン弦楽四重奏団 ❾ **1994**·6·22 文
大阪シンフォニカー交響楽団 ❾ **2005**·4·9 文
おニャン子クラブ ❾ **1985**·4·1 社
オペラ・パヴォ座 ❽ **1938**·6·27 文
オペレッタ協会 ❾ **1981**·4·14、15 文
音楽協会 ❻ **1879**·11月 文
音楽堂(大阪天王寺公園) ❼ **1912**·6·26 文
カーピ・イタリア歌劇団 ❼ **1927**·3·10 文／**1930**·3·21 文
合唱団 ❽ **1954**·8·16 文
活動写真伴奏合奏団 ❼ **1909**·是年 社
カプリ歌劇団 ❼ **1933**·5·6 文
カンカルロ歌劇団 ❼ **1933**·2·13 文
関西勤労者音楽協議会·大阪労音 ❽ **1949**·11·24 文
関西交響楽団(関響) ❽ **1947**·4·22 文
KISS ❾ **1977**·3·18 文
キャンディーズ ❾ **1977**·7·17 社／**1978**·4·4 社
九宝会 ❽ **1938**·12·3 文
京都市交響楽団 ❽ **1946**·11·17 文／**1956**·5月 文／**1962**·12·3 文
京都フィルハーモニー·オーケストラ ❼ **1921**·6·6 文
キング·オーケストラ ❽ **1956**·是年 社
勤労者音楽協議会(労音) ❽ **1961**·7·30 文
GLAY ❾ **2004**·7·31 文
群馬フィルハーモニー ❽ **1946**·3·10 文／**1962**·12·3 文
慶應大ワグネルソサエティ·オーケストラ ❾ **1978**·8·2 文
警視庁音楽隊 ❽ **1948**·3月 文／**1949**·5·18 文
現代音楽演奏会 ❽ **1955**·4·20 文
広告音楽隊(広目屋) ❻ **1885**·1月 文
国民音楽協会 ❼ **1927**·11·28 文
国民歌劇協会 ❽ **1939**·1·23 文／**1940**·1·24 文
コロムビア·オーケストラ ❽ **1956**·是年 社
コンセール·ポピュレール ❽ **1937**·4月 文
才能教育研究会 ❽ **1955**·3·27 文
ザ·シンフォニー·ホール ❾ **1982**·10·14 文
ザ·タイガース ❾ **1971**·1·24 文
札幌交響楽団 ❽ **1962**·12·3 文
ザ·ベンチャーズ ❾ **1978**·8·11 文
ザ·ローリング·ストーンズ ❾ **1972**·12·1 文
サイトウ·キネン·オーケストラ ❾ **1994**·9·4 文
CBSソニー ❾ **1967**·12·24 文
ジャズ·フェスティバル ❽ **1951**·6·2 文
松竹楽劇部生徒養成所 ❼ **1922**·12·16 文
松竹交響楽団 ❽ **1942**·1·31 文
松竹少女歌劇団 ❽ **1939**·10·19 文／**1944**·3·15 文／**1945**·10·29 文
少年音楽隊(三越呉服店) ❼ **1909**·4月 社
新交響楽団(新響) ❼ **1926**·10·5 文／**1927**·2·20 文／5·3 文／**1936**·8·10 文／❽ **1939**·12·4 文／**1940**·9·25 文／**1942**·4·25 文／❾ **1967**·9·22 文
新興作曲家連盟 ❼ **1930**·4·28 文
新作曲派協会 ❽ **1947**·12·12 文
新声会 ❽ **1946**·3·16 文
新日本フィルハーモニー交響楽団 ❾ **1972**·5·11 文／6·30 文／9·15 文／**1985**·10·27 文
シンフォニー·オブ·ジ·エア ❽ **1955**·5·3 文
ステファノ·オペラ劇場 ❾ **1972**·7·18 文／**1973**·1·29 文／**1978**·1·26 文
SMAP ❾ **2011**·9·16 文
スラヴ歌劇団 ❾ **1965**·9·4 文
青年日本交響楽団 ❽ **1940**·11·7 文
全国音楽家労働組合共闘会議 ❾

1976·8·22 文
全日本音楽協会 ❽ 1950·2·26 文
全日本少年合唱連盟 ❽ 1958·6·15 文
創作オペラ協会 ❾ 1974·11·15 文
ダークダックス ❽ 1957·3·5 文
大日本音楽会 ❻ 1884·7·10 文／1886·7·10 文／1890·12·6 文
大日本国風音楽会 ❻ 1893·10·22 文
宝塚音楽学校 ❽ 1946·4·1 文
宝塚歌劇団 ❾ 1989·10·25 文／1997·12·12 文／2004·4·1 文／2005·11·11 文
宝塚少女歌劇団 ❽ 1938·10·1 文／1939·6·2 社／1944·2·26 文／3·4 社／1946·4·22 文／1954·10·2 文／1964·5·9 文
チェコ・フィルハーモニー交響楽団 ❽ 1959·10·18 文
中央合唱団 ❽ 1953·11·29 文
中国中央楽団 ❾ 1974·10月 文
帝国劇場(洋楽部、歌劇部) ❼ 1910·9·1 文／1911·8·25 文／1912·10月 文／1914·10·1 文
テイチク・オーケストラ ❽ 1956·是年 社
東京音楽学校 ❽ 1949·3·28 文
東京歌劇座 ❼ 1917·9月 文
東京キッドブラザーズ ❾ 1971·1·20 文
東京交響楽団 ❽ 1941·6·3 文／9·12 文／1947·10·28 文／1964·3·26 文／❾ 1996·5·12 文／2003·3·29 文
東京混声合唱団 ❽ 1956·3·30 文／❾ 1975·10·11 文
東京室内歌劇団 ❾ 1969·9·10 文／1982·9·2 文
東京シティ・オペラ ❽ 1957·10·11 文
東京少女歌劇団 ❼ 1917·8月 文
東京松竹少年歌劇団 ❼ 1933·6·15 社
東京少年合唱隊 ❽ 1952·4·14 文
東京シンフォニー・オーケストラ ❼ 1928·4·20 文
東京都交響楽団 ❾ 1965·4·3 文／10·1 文／1985·10·26 文
東京都民交響楽団 ❽ 1945·9·21 文／9·29 文／12·8 文／1946·7·17 文／1949·5·21 文
東京フィル・二期会合唱団 ❽ 1959·11·3 文
東京フィルハーモニー会 ❼ 1910·4·3 文／6·5 文／1915·5·23 文
東京放送管弦楽団 ❽ 1940·5·1 文
桐朋学園弦楽合奏団 ❽ 1964·7·13 文
東宝交響楽団 ❽ 1946·5·14 文／6·6 文／1948·4·5 文
都民オーケストラ ❽ 1948·6·18 文
ドレスデン国立歌劇場 ❾ 1981·6·13 文
ドン・コサック合唱団 ❽ 1956·3·27 文
長門美保歌劇団 ❽ 1946·11·2 文／1947·9·4 文／1948·1·19 文／1949·2·7 文／1959·11·24 文／❾ 1972·1·31 文／1975·7·3 文／1977·7·8 文
名古屋音楽倶楽部 ❼ 1896·1月 文
南葵楽堂 ❼ 1918·10·27 文
二期会 ❽ 1953·10·30 文／1959·4·24 文
日劇ウエスタン・カーニバル ❾ 1981·2·22 文
日独現代音楽祭 ❾ 1969·2·17 文／1972·2·10 文
日本演奏家協会 ❾ 1972·10·1 文
日本演奏家協議会 ❾ 1971·4·19 文
日本オペラ協会 ❾ 1978·3·9 文
日本オペラ振興会 ❾ 1981·4·1 文／7·14 文
日本音楽紹介文化使節団 ❾ 1980·3·7 文
日本音楽文化協会 ❽ 1941·9·13 文／11·29 文／1942·3·16 文／1945·10·9 文
日本音楽連盟 ❽ 1946·1·22 文
日本楽劇協会 ❼ 1920·12·28 文／1930·2·26 文
日本歌劇団 ❾ 1965·5·19 文
日本楽曲会 ❻ 1890·9·28 文
日本合唱団(旧ヴォーカル・フォア) ❽ 1942·1月 文／6·29 文
日本合唱連盟 ❽ 1946·2·11 文
日本弦楽四重奏団 ❽ 1943·9·26 文
日本現代音楽協会 ❽ 1946·5·25 文
日本現代作曲家連盟 ❼ 1935·是年 文／❽ 1940·5·3 文
日本交響楽協会 ❼ 1925·3月 文
日本交響楽振興財団 ❾ 1973·4·3 文
日本交響楽団 ❽ 1942·4·29 文／5·6 文／1943·6·2 文／1945·8·28 社／9·14 文／1947·1·23 文／1948·10·18 文
日本コロムビア ❾ 2001·5·9 文
日本作曲家協会 ❼ 1920·3·31 文
日本の伝統と前衛音楽 ❾ 1973·9·17 文
日本フィルハーモニー交響楽団 ❽ 1956·9·23 文
日本フーゴー・ヴォルフ協会 ❾ 1975·11·11 文
日本婦人交響楽団 ❽ 1963·2·24 文
日本放送交響楽団 ❼ 1936·5·2 文
日本モーツァルト協会 ❽ 1955·1·29 文
ニューヨーク・フィル ❾ 1967·11·9 文
バイエルン国立歌劇場 ❾ 1974·9·21 文
博多音楽隊 ❻ 1893·12月 文
原信子歌劇団 ❼ 1918·3月 文
バンドマン喜歌劇団 ❼ 1907·9月 文
ハンブルク国立歌劇団 ❾ 1984·5·4 文
美音会(邦楽鑑賞団体) ❼ 1907·7月 文
ビクター・オーケストラ ❽ 1956·是年 社
日比谷公園音楽堂 ❼ 1905·8·1 文／1923·7·7 文
福岡県民交響楽団 ❾ 1985·5·4 文
藤原(義江)歌劇団 ❼ 1934·6·7 文／❽ 1939·11·26 文／1941·11·25 文／1943·5·28 文／12·26 文／1946·4·27 文／9·20 文／1947·7·12 文／1948·5·28 文／12·14 文／1949·1·15 文／1950·1·26 文／1953·3·27 文／❾ 1969·5·27 文
ブロードウェイ・ミュージカル ❽ 1939·5·14 文
プロムジカ弦楽四重奏団 ❽ 1953·10·22 文／1954·11·29 文
ベイ・シティ・ローラーズ ❾ 1976·12·11 社
ベニー・グッドマン楽団 ❽ 1957·1·10 文
ベルリン国立歌劇場 ❾ 1983·5·7 文
ベルリン・ドイツ・オペラ ❾ 1993·9·24 文
ベルリン・フィルハーモニー交響楽団 ❽ 1957·10·31 文／❾ 1988·4·29 文
邦楽研究所 ❽ 1942·5月 文
ボストン交響楽団 ❾ 1973·9·24 文／1978·2·28 文
ボリショイ・オペラ ❾ 1989·7·2 文
ポリドール・オーケストラ ❽ 1956·是年 社
三越少年音楽隊 ❼ 1915·6·6 社
民間吹奏楽団の始め ❻ 1886·11月 文
民主音楽協会(民音) ❽ 1963·9·1 文
明治唱歌会 ❻ 1894·2月 文
メトロポリタン・オペラ ❾ 1975·5·29 文
メロス弦楽四重奏団 ❾ 1978·3·17 文
モスクワ・シアター・オペラ ❾ 1994·10·21 文／10·30 文
ユシェット座(パリ) ❾ 1967·9·7 文
横浜朝鮮初級学校音楽舞踏サークル ❾ 1972·7·26 政
読売日響 ❽ 1962·7·3 文
楽苑会 ❼ 1906·6·2 文
ラフィン・ノーズ ❾ 1987·4·19 文
琉球オペラ ❽ 1960·3·27 文
レニングラード交響楽団 ❽ 1958·4·12 文
ロイヤル・オペラ・ハウス ❾ 1979·9·18 文
ローリング・ストーンズ ❾ 1990·2·14 文
ロシア・グランド・オペラ ❼ 1919·9·1 文／1926·9·21 文／1927·4·26 文
ロスアンジェルス交響楽団 ❽ 1956·6·5 文
雅楽 ❹ 1517·1月 文／❼ 1901·5月 文／❽ 1940·11·12 文
雅楽頭 ❷ 1013·7·15 文
雅楽局 ❻ 1870·11·7 文
雅楽稽古所 ❻ 1878·11月 文
雅楽諸師の定数 ❶ 819·12·19 文
雅楽団体 ❾ 1982·是年 文
雅楽寮 ❻ 1874·12·13 文
雅亮会 ❻ 1884·是年 文／❾ 1974·9·27 文
楽会 ❷ 1137·3·4 文
楽頭職 ❸ 1336·6·5 文／1424·4·20 文／❹ 1575·1·20 文
楽人費用 ❷ 1124·12·18 文／❸ 1398·12·20 文
楽所(鎌倉) ❷ 1191·11·21 文
楽所(京都) ❷ 1004·11·20 文／

1056·12·5 文／1092·7·11 文／1094·2·27 文／1095·1·27 文
楽奉行　❹ 1531·10·18 文／1532·10·30 文
歌儛所　❶ 736·12·12 文
宮内庁雅楽部　❾ 1970·5·19 文
造伎楽長官　❶ 769·5·9 文
内裏御楽始　❹ 1527·6·27 文
天王寺伶人　❸ 1371·11·2 文
仁和寺伶人　❹ 1583·4·8 文
楽
　吉備楽　❻ 1872·是年 文／1878·7月 文
　百済楽(師、生)　❶ 683·1·18 文／719·6·19 文／777·3·16 文／791·10·12 文／809·3·21 文／819·12·2 文／848·9·22 文
　久米舞　❶ 749·12·27 文／752·4·9 文／884·11·23 文
　呉楽(伎)　❶ 612·是年 文／686·4·13 文／761·8·12 文／767·2·8 文／771·3·17 文／833·4·21 文／❷ 1005·11·15 文／1013·7·15 文
　呉楽田　❷ 1097·7·16 文
　胡楽　❶ 935·5·9 文
　五常楽　❶ 702·1·15 文
　高麗楽　❶ 683·1·18 文／719·6·19 文／731·7·29 文／743·7·13 文／765·⑩·2 文／767·①·24 文／809·3·21 文／819·12·21 文／848·9·22 文／855·8·21 文／861·3·14 文／879·3·23 文／935·5·9 文／❷ 1005·3·6 文／5·9 文
　胡蝶楽　❶ 908·是年 文
　三国楽　❶ 684·1·18 文
　女楽　❶ 815·1·7 文／860·1·21 文／865·9·9 文／868·1·7 文／869·1·7 文／883·5·3 文
　新羅楽(師、生)　❶ 683·1·18 文／719·6·19 文／731·7·29 文／735·5·5 文／809·3·21 文／819·12·2 文／823·4·14 文／824·4·7 文／848·9·22 文
　新羅舞師　❶ 855·12·21 文
　相撲楽　❷ 1010·7·5 文
　大唐楽　❷ 1005·3·6 文
　楯節舞　❶ 731·11·4 文
　天人楽　❶ 874·3·23 文
　東国楽　❶ 763·1·7 文
　度羅·吐羅楽　❶ 731·7·29 文／763·1·7 文／809·3·21 文／879·12·21 文
　南都楽人　❸ 1290·12·20 文
　普天楽　❻ 1878·7月 文
　渤海楽　❶ 740·1·30 文／749·12·27 文／928·7·28 文
　吉野国栖風俗歌　❶ 873·1·16 文
　国栖立楽　❹ 1490·1·16 文
　林邑楽(師、生)　❶ 763·1·7 文／767·2·8 文／809·3·21 文／819·12·21 文／844·⑦·7 文／861·3·14 文／874·3·23 文／883·2·21 文／935·5·9 文
　臨時楽　❷ 1176·3·16 文
　和風長寿楽　❶ 845·1·8 文
楽器(古楽)
　御琴所　❷ 1016·12·14 文
　雲版　❸ 1313·2·21 文／1326·是秋 文／1337·3·5 文／1443·10·23 文
　羯鼓　❷ 1139·5·27 文／1231·3·26 文
　管弦会　❷ 1260·1·14 文／❸ 1325·7·23 文／1326·1·11 文／1330·2·6 文／1333·10·2 文／1357·2·30 文
　管弦人　❷ 1036·11·16 文
　伎楽会　❷ 1181·4·8 文
　狂事　❸ 1321·7·24 文／1331·8·6 政／1403·1·13 文
　金鼓　❸ 1309·12·17 文／1322·10·16 文
　磬　❸ 1293·10月 文
　琴　❶ 書記·応神 31·8月／418·12·1 文／467·7月 文／799·7月 文／817·5·27 文／897·寛平年間 文／981·6·29 文／❷ 1009·7·7 文／1016·1·29 政／1036·4·22 政
　　琴歌　❶ 806·10·30 文／807·9·21 文／906·1·9 文
　　琴師　❷ 1001·5·2 文／1003·11·2 文
　　新羅琴　❶ 823·4·14 文／824·4·7 文／850·11·6 文／858·5·15 文
　　筑紫琴　❹ 1565·10·2 文／❺-1 1625·是年 文
　鼓胴　❸ 1357·6月 文
　催馬楽(さいばら)　❶ 859·10·2 文／❷ 1091·6·27 文／1094·1·2 文／1096·1·3 文／1112·1·24 文／1139·5·21 文／❸ 1332·5·10 文
　薩摩琵琶　❻ 1877·是年 文／1878·是年 文／1881·5·9 文／1890·6·26 文／❼ 1907·11·30 文
　座頭　❸ 1349·7·21 文／1355·2·15 文
　篳篥(しちりき)　❶ 819·12·21 文／966·是年 文／❷ 1231·3·26 文
　三味線　❹ 1562·是年 文／1569·永禄年間 文
　　蛇皮の二弦　❹ 1569·永禄年間 文
　祝言　❸ 1403·1·13 文
　笙　❶ 905·1·22 文／929·3·26 文／❷ 1094·5·1 文／1128·8·12 文／1189·1·3 文／1231·3·26 文／1247·是年 文／❸ 1406·5·4 文／1410·8·17 文／1417·10·24 文／1435·12·29 文／1491·7·28 文／1493·9·26 文
　　笙(元永丸)　❷ 1118·是年 文
　　名笙　❹ 1509·是年 文／1515·6·8 文
　鉦鼓　❶ 721·12·29 政／❷ 1231·3·26 文／❸ 1304·10·8 文／1308·11·1 文／1314·8月 文
　簫師　❶ 819·12·21 文
　唱聞師　❸ 1427·5·10 文／1450·2·23 文／❹ 1463·11·22 文／1464·6·14 文／1468·2·27 文／1477·5·3 文／1478·6·5 文／1490·4·28 社／1512·1·5 文／1533·1·5 文／1550·⑤·8 文／1552·11·2 文／1553·8·18 文／1554·1·4 文／1555·1·23 文／3·21 文／1559·1·5 文／1565·1·4 文／1568·1·18 文／1569·1·19 文／1586·8·18 文／❺-1 1604·8·16 社
　　唱聞師の組織　❹ 1478·是年 社
　相撲楽　❷ 1010·7·5 文
　船楽　❷ 1066·10·16 文／1107·3·8 文
　箏　❷ 1094·5·1 文／❸ 1416·9·23 文／1410·6·26 文
　　箏師　❶ 819·12·21 文
　太鼓　❷ 1231·3·26 文／❸ 1308·7·25 文／❸ 1406·7·13 文／❹ 1549·11·15 文／❺-1 1708·9·9 社
　　狂言太鼓　❹ 1521·10·1 文
　鼓　❶ 632·10·4 文／648·2·5 文／682·3·25 文
　南殿楽所始　❷ 1164·1·27 文
　鐃(にょう)　❷ 1149·10·8 文
　早歌(はやうた)　❸ 1322·4·6 文／1430·9·28 文／❹ 1462·3·12 文
　隼人楽·吉野国栖楽　❷ 1011·10·16 文
　秘曲伝授書　❸ 1410·8·17 文／1416·9·23 文／1462·3·12 文
　琵琶(平家琵琶·薩摩琵琶·筑前琵琶など)　❶ 747·9·27 文／819·12·21 文／836·3·11 文／838·9·7 文／867·10·4 文／879·6·4 文／948·8·15 文／982·12·6 文／❷ 1009·7·7 文／1016·1·29 文／1036·4·22 政／1083·7·13 文／1161·4·28 文／1189·1·3 文／1205·2月 文／1216·是夏 文／1221·4·28 文／1224·4·28 文／❸ 1409·2·28 文／1430·6·26 文／❻ 1892·是年 文／❼ 1909·8·1 文／1911·3·13 文
　　琵琶灌頂　❸ 1358·8·21 文
　　琵琶法師　❷ 1023·1·8 文／1114·2·18 文／❸ 1340·2·4 文／1355·2·15 文／1366·11·12 文／❺-2 1735·享保年間 文
　　平曲·平家琵琶·『平家物語』　❸ 1287·1·16 文／1288·1·16 文／1290·1·16 文／1297·1·16 文／1299·1·16 文／1300·1·16 文／1310·1·16 文／1312·1·16 文／1313·1·16 文／12·20 文／1316·10·26 文／1317·1·16 文／1318·1·16 文／1319·1·16 文／5·6 文／1321·4·16 文／1332·2月 文／1347·2·21 文／1349·7·21 文／1363·2·25 文／1366·7·21 文／1403·1·13 文／1405·6·13 文／1406·3·29 文／4·17 文／1408·4·15 文／1409·2·18 文／1412·3·25 文／1416·10·27 文／1417·11·19 文／1418·3·12 文／9·9 文／1419·2·22 文／1420·4·9 文／1422·4·10 文／11·18 文／1423·2·14 文／6·5 文／1424·4·3 文／1425·4·25 文／1432·10·28 文／1443·5·1 文／1444·4·3 文／1451·7·16 文／8·4 文／1453·7·5 文／❹ 1457·7·22 文／8·28 文／1458·9·25 文／1460·7·3 文／1461·3·6 文／5·13 文／1462·1·29 文／3·12 文／1464·7·27 文／1465·3·8 文／1466·②·23 文／1467·3·25 文／11·1 文／12·24 文／1468·2·27 文／3·15 文／10·3 文／1469·7·9 文／1471·1·14 文／1475·5·1 文／8·28 文／1478·2·27 文／5·19 文／6·19 文／1482·4·7 文／1485·3·5 文／1501·11·27 文／1506·2·

13 文／10·17 文／1507·4·14 文／1516·1·14 文／1517·5·7 文／8·25 文／1518·7·10 文／1527·5·16 文／1540·2·19 文／1578·8·22 文／1583·4·2 文／1585·11·18 文／❺-1 1602·6·24 文／1609·3·17 文／1613·6·22 文／1614·9·23 文／1635·9·19 文／1653·1·27 文／1657·12·3 文／1658·2·10 文／1660·1·7 文／1661·1·15 文／9·22 文／1662·1·16 文／1665·2·26 文／1666·7·18 文／1670·7·28 文／1671·10·30 文／1676·1·29 文／1678·12·19 文／1712·11·12 文／1713·3·2 文／❺-2 1823·3月 文／1824·10月 文

平曲保存会　❼ 1896·11·28 文

吹　❶ 632·10·4 文／682·3·25 文

吹戸　❶ 878·8·10 文

吹部　❶ 736·10·27 文

笛　❶ 685·9·15 文／719·6·19 文／809·3·2 文／819·12·21 文／929·3·26 文／948·8·20 文／❷ 1036·8·10 文／1150·5·16 文／1231·3·26 文／❸ 1416·6·24 文／❹ 1515·2·29 文

笛(葉二·歯二)　❷ 1010·1·11 文

青葉笛　❸ 1311·9·23 文

笛材　❸ 1334·9·10 文

笛師　❶ 685·9·15 文／719·6·19 文／809·3·21 文／819·12·21 文／929·3·26 文／948·8·20 文／❷ 1002·2·19 文／1224·10·2 文

笛筥　❷ 1168·2·19 政

舞笛　❶ 835·4月 文

横笛師　❶ 771·2·14 文／819·12·21 文／865·10·26 文

鳳笙　❷ 1099·7·1 文

槍(ほことり)　❶ 735·5·5 文

舞人(まいびと·讃岐善通寺)　❷ 1056·12·5 文

莫牟(目、まくも、楽器)　❶ 771·2·14 文／819·12·21 文

妙音講　❸ 1364·5·24 文／1366·10·19 文

輪鼓·龍鼓　❸ 1424·2·4 文／1441·4·8 文

臨時楽　❷ 1176·3·16 文

朗詠　❷ 1096·1·3 文

和琴　❶ 721·1·27 文／802·6·14 文／816·是年 文／855·9·15 文／925·1·3 文／929·3·26 文／❷ 1034·10·10 文

和琴(玄上)　❷ 1168·2·19 政／1183·7·25 文／1205·2月 文

和琴(鈴鹿)　❷ 1010·1·11 文／1168·2·19 政／1183·7·25 文

踏歌　❶ 844·1·17 文

踏歌節会　❶ 674·1·1 文／693·1·16 文／695·1·16 文／696·1·16 文／697·1·16 文／701·1·16 文／729·1·14 文／730·1·16 社／742·1·16 文／766·1·4 文／780·1·16 文／795·1·16 文／799·1·16 文／820·①·16 文／830·1·16 文／839·1·16 文／846·1·16 文／847·1·16 文／848·1·16 文／850·1·16 文／851·1·16 文／853·1·16 文／859·1·16 文／860·1·16 文／861·1·16 文／862·1·16 文／863·1·16 文／864·1·16 文／865·1·16 文／866·1·16 文／867·1·16 文／868·1·18 文／869·1·16 文／870·1·16 文／871·1·16 文／872·1·16 文／873·1·16 文／874·1·16 文／875·1·16 文／876·1·16 文／877·1·16 文／878·1·16 文／879·1·16 文／880·1·16 文／882·1·16 文／883·1·16 文／884·1·16 文／885·1·16 文／886·1·16 文／887·1·16 文／889·1·16 文／894·3·6 文／902·1·16 文／903·1·14 文／905·3·29 文／913·1·14 文／917·1·14 文／919·1·16 文／922·1·14 文／923·1·14 文／925·1·16 文／927·1·16 文／928·1·16 文／929·1·14 文／930·1·16 文／932·1·16 文／7·14 社／933·1·16 文／934·1·16 文／935·1·16 文／938·1·16 文／939·1·16 文／941·1·16 文／942·1·16 文／943·1·14 文／944·1·16 文／946·1·16 文／947·1·16 文／948·1·16 文／949·1·16 文／952·1·16 文／959·11·16 文／964·1·17 文／968·8·22 社／969·1·16 文／970·1·16 文／971·1·16 文／972·1·16 文／973·1·16 文／974·1·16 文／975·1·16 文／976·1·16 文／977·1·16 文／978·1·16 文／979·1·16 文／3·27 文／980·1·16 文／981·1·16 文／982·1·16 文／983·1·16 文／984·1·16 文／985·1·16 文／986·1·16 文／987·1·16 文／988·1·16 文／989·1·16 文／990·1·16 文／993·1·16 文／994·1·16 文／995·1·16 文／996·1·16 文／997·1·16 文／998·1·16 文／999·1·16 文／❷ 1003·1·16 文／1004·1·16 文／1005·1·16 文／1006·1·16 文／1007·1·16 文／1008·1·16 文／1009·1·16 文／1010·1·16 文／1011·1·16 文／1012·1·16 文／1013·1·16 文／1017·1·16 文／1018·1·16 文／1019·1·16 文／1020·1·16 文／1022·1·16 文／1023·1·16 文／1024·1·16 文／1025·1·16 文／1026·1·16 文／1027·1·16 文／1029·1·16 文／1030·1·16 文／1031·1·16 文／1032·1·16 文／1033·1·16 文／1034·1·16 文／1037·1·16 文／1039·1·16 文／1073·1·16 文／1075·1·16 文／1076·1·16 文／1077·1·16 文／1079·1·16 文／1080·1·16 文／1081·1·16 文／1082·1·16 文／1083·1·16 文／1085·1·16 文／1086·1·16 文／1087·1·16 文／1088·1·16 文／1089·1·16 文／1090·1·16 文／1091·1·16 文／1092·1·16 文／1093·1·16 文／1094·1·16 文／1095·1·16 文／1096·1·16 文／1097·1·16 文／1098·1·16 文／1099·1·16 文／1100·1·16 文／1101·1·16 文／1102·1·16 文／1103·1·16 文／1104·1·16 文／1105·1·16 文／1106·1·16 文／1107·1·16 文／1110·1·16 文／1111·1·16 文／1125·1·16 文／1126·1·16 文／1127·1·16 文／1128·1·16 文／1129·1·16 文／1130·1·16 文／1131·1·16 文／1132·1·16 文／1133·1·16 文／1134·1·16 文／1135·1·16 文／1136·1·16 文／1138·1·16 文／1140·1·16 文／1141·1·16 文／1143·1·16 文／1144·1·16 文／1145·1·16 文／1146·1·16 文／1147·1·16 文／1148·1·16 文／1149·1·16 文／1150·1·16 文／1151·1·16 文／1152·1·16 文／1153·1·16 文／1154·1·16 文／1155·1·16 文／1156·1·16 文／1158·1·16 文／1159·1·18 文／1162·1·16 文／1168·1·16 文／1169·1·16 文／1170·1·16 文／1171·1·16 文／1172·1·16 文／1173·1·16 文／1174·1·16 文／1176·1·16 文／1178·1·16 文／1179·1·16 文／1182·1·16 文／1186·1·16 文／1199·1·16 文／1200·1·16 文／1201·1·7 文／1202·1·16 文／1203·1·16 文／1204·1·16 文／1208·1·16 文／1211·1·16 文／1212·1·16 文／1213·1·16 文／1215·1·16 文／1217·1·16 文／1218·1·16 文／1221·1·16 文／1226·1·16 文／1227·1·16 文／1229·1·16 文／1230·1·16 文／1233·1·16 文／1236·1·16 文／1238·1·16 文／1244·1·16 文／1246·1·16 文／1247·1·16 文／1248·1·16 文／1254·1·6 文／1255·1·16 文／1256·1·16 文／1258·1·16 文／1259·1·16 文／1260·1·16 文／1261·1·16 文／1262·1·16 文／1263·1·16 文／1264·1·16 文／1265·1·16 文／1266·1·16 文／1267·1·16 文／1268·1·16 文／1269·1·16 文／1270·1·16 文／1271·1·16 文／1274·1·16 文／1275·1·16 文／1276·1·16 文／1277·1·16 文／1278·1·16 文／1279·1·16 文／1280·1·16 文／1281·1·16 文／❸ 1282·1·16 文／1283·1·16 文／1284·1·16 文／1285·1·16 文／1286·1·16 文／1287·1·16 文／1288·1·16 文／1290·1·16 文／1292·1·16 文／1293·1·16 文／1294·1·16 文／1295·1·16 文／1296·1·16 文／1297·1·16 文／1299·1·16 文／1300·1·16 文／1302·1·16 文／1303·1·16 文／1307·1·16 文／1308·1·16 文／1309·1·16 文／1310·1·16 文／1311·1·16政、文／1312·1·16 文／1313·1·16 文／1314·1·16 文／1315·1·16 文／1316·1·16 文／1317·1·16 文／1318·1·16 文／1319·1·16 文／1321·1·16 文／1322·1·16 文／1323·1·16 文／1324·1·16 文／1326·1·16 文／1327·1·16 文／1328·1·16 文／1329·1·16 文／1330·1·16 文／1331·1·16 文／1332·1·16 文／1333·1·16 文／1334·1·16 文／1335·1·16 文／1338·1·16 文／1339·1·16 文／1340·1·16 文／1341·1·16 文／1342·1·16 文／1343·1·16 文／1344·1·16 文／1345·1·16 文／1346·1·16 文／1347·1·16 文／1348·1·16 文／1349·1·16 文／1350·1·16 文／1351·1·16 文／1353·1·16 文／1354·1·16 文／1358·1·16 文／1359·1·16 文／1360·1·16 文／1361·1·16 文／1363·1·16 文／1364·1·16 文／1366·1·16 文／1367·1·16 文／1368·1·16 文／1369·1·16 文／1370·1·17 文／1371·1·16 文／1372·1·16 文／1373·1·16 文／1374·1·16 文／1382·1·16 文／1383·1·16 文／

1384·1·16 文／1385·1·16 文／1386·1·16 文／1387·1·16 文／1388·1·16 文／1389·1·16 文／1390·1·16 文／1391·1·16 文／1392·1·16 文／1393·1·16 文／1395·1·16 文／1396·1·16 文／1397·1·16 文／1398·1·16 文／1399·1·16 文／1400·1·16 文／1401·1·16 文／1402·1·16 文／1403·1·16 文／1404·1·16 文／1405·1·16 文／1406·1·16 文／1407·1·16 文／1408·1·16 文／1409·1·16 文／1410·1·16 文／1411·1·16 文／1412·1·16 文／1413·1·16 文／1414·1·16 文／1415·1·16 文／1416·1·16 文／1417·1·16 文／1418·1·16 文／1419·1·16 文／1420·1·16 文／1421·1·16 文／1422·1·16 文／1423·1·16 文／1424·1·16 文／1425·1·16 文／1426·1·16 文／1427·1·16 文／1428·1·16 文／1429·1·16 文／1430·1·16 文／1431·1·16 文／1432·1·16 文／1433·1·16 文／1434·1·16 文／1435·1·16 文／1436·1·16 文／1437·1·16 文／1438·1·16 文／1439·1·16 文／1440·1·16 文／1441·1·16 文／1442·1·16 文／1443·1·16 文／1444·1·16 文／1445·1·16 文／1446·1·16 文／1447·1·16 文／1448·1·16 文／1449·1·15 文／1450·1·16 文／1451·1·16 文／1452·1·16 文／1453·1·16 文／1454·1·16 文／1455·1·16 文／❹ 1456·1·16 文／1457·1·16 文／1458·1·16 文／1459·1·16 文／1460·1·16 文／1461·1·16 文／1462·1·16 文／1463·1·16 文／1464·1·16 文／1465·1·16 文／1466·1·16 文／1467·1·16 文／1482·3·6 文／1490·1·16 文／1491·1·16 文／1492·1·16 文／1493·1·16 文／1494·1·16 文／1495·1·16 文／1496·1·16 文／1497·1·16 文／1498·1·16 文／1499·1·16 文／1500·1·16 文／1502·1·16 文／1508·1·16 文／1511·1·16 文／1515·1·16 文／1517·1·16 文／1520·1·16 文／1522·1·16 文／1523·1·16 文／1531·1·16 文／1532·1·16 文／1533·1·16 文／1534·1·16 文／1537·1·16 文／1538·1·16 文／1539·1·16 文／1540·1·16 文／1541·1·16 文／1543·1·16 文／1545·1·16 文／1549·1·16 文／1552·1·16 文／1554·1·16 文／1557·1·16 文／1559·1·16 文／1560·1·16 文／1561·1·16 文／1562·1·16 文／1563·1·16 文／1564·1·16 文／1565·1·16 文／1574·1·16 文／1575·1·16 文／1578·1·16 文／1587·1·16 文／1588·1·16 文／❺-1 1602·1·16 文／1614·1·16 文／1615·1·16 文／1616·1·16 文／1617·1·16 文／1619·1·16 文／1620·1·16 文／1621·1·16 文／1622·1·16 文／1623·1·16 文／1624·1·16 文／1625·1·16 文／1626·1·16 文／1627·1·16 文／1628·1·16 文／1629·1·16 文／1630·1·16 文／1631·1·16 文／1632·1·16 文／1633·1·16 文／1634·1·16 文／1635·1·16 文／1636·1·16 文／1637·1·16 文／1638·2·16 文／1639·1·16 文／1640·1·16 文／1641·1·16 文／1643·1·16 文／1644·1·16 文／1645·1·16 文／1646·1·16 文／1647·1·16 文／1649·1·16 文／1650·1·16 文／1651·1·16 文／1652·1·16 文／1653·1·16 文／1654·1·16 文／1656·1·16 文／1657·1·16 文／1658·1·16 文／1659·1·16 文／1660·1·16 文／1665·1·16 文／1666·1·16 文／1667·1·16 文／1668·1·16 文／1669·1·16 文／1670·1·16 文／1671·1·16 文／1672·1·16 文／1673·1·16 文／1676·1·16 文／1677·1·16 文／1678·1·16 文／1680·1·16 文／1682·1·16 文／1683·1·1 文／1684·1·16 文／1685·1·16 文／1686·1·16 文／1687·1·16 文／1688·1·16 文／1689·1·16 文／1690·1·16 文／1691·1·16 文／1692·1·16 文／1693·1·16 文／1694·1·16 文／1695·1·16 文／1696·1·16 文／1697·1·16 文／1698·1·16 文／1699·1·16 文／1701·1·16 文／1702·1·16 文／1703·1·16 文／1704·1·16 文／1705·1·16 文／1706·1·16 文／1707·1·16 文／1708·1·16 文／1711·1·16 文／1713·1·16 文／1714·1·16 文／1715·1·16 文／❺-2 1716·1·16 文／1717·1·16 文／1718·1·1 文／1719·1·16 文／1720·1·16 文／1721·1·16 文／1722·1·16 文／1723·1·16 文／1724·1·16 文／1725·1·16 文／1726·1·16 文／1727·1·16 文／1728·1·16 文／1729·1·15 文／1730·1·16 文／1732·1·16 文／1733·1·16 文／1734·1·16 文／1735·1·16 文／1748·1·16 文／1752·1·16 文／1753·1·16 文／1754·1·16 文／1755·1·16 文／1756·1·16 文／1757·1·16 文／1758·1·16 文／1759·1·16 文／1760·1·16 文／1761·1·16 文／1762·1·16 文／1764·1·16 文／1765·1·16 文／1767·1·16 文／1768·1·16 文／1769·1·16 文／1770·1·16 文／1771·1·16 文／1772·1·16 文／1773·1·16 文／1774·1·16 文／1776·2·16 文／1777·1·16 文／1779·1·16 文／1801·1·16 文／1848·1·16 文／1849·1·16 文／1850·1·16 文／1851·1·16 文／1852·1·16 文

楽器(近現代)

アコーディオン ❼ 1928·是年 社／❽ 1947·1月 文
アップライト型ピアノ ❼ 1900·1月 文／1928·10月 文
ヴァイオリン ❻ 1880·9月 文／10·3 文／1881·2月 文／❼ 1920·是年 社
ヴァイオリン「ストラディバリウス」 ❾ 2011·6·21 文
ヴィオラ ❻ 1880·10·13 文／1881·2月 文
ウード(イラクの伝統弦楽器) ❾ 2004·11·28 文
エレキギター·ブーム ❾ 1965·是年 社
エレクトーン(電子オルガン) ❽ 1959·是年 文
オルガン ❹ 1580·10·4 文／1596·是年 文／❺-1 1607·6月 文／❻ 1880·是年 文／❽ 1947·1月 文
オルガン輸出 ❻ 1892·是年 文／1896·4·17 文
リードオルガン ❻ 1881·是年 文／1884·是年 文／1887·7·7 文
クラビノーバ(電子鍵盤楽器) ❾ 1983·4月 文
クラリネット ❻ 1880·10·13 文／1881·2月 文
グランドピアノ ❼ 1900·是年 文／1907·是年 文／1928·是年 社／❽ 1962·是年 政
コンサート·グランドピアノ ❽ 1950·9·30 文
月琴 ❻ 1877·6·6 社／1881·8月 社
紙膣琴(オルゴール) ❻ 1884·6·23 文／1885·3月 文
チャルゴロ(オルゴール) ❻ 1853·4月 社
尺八 ❻ 1871·10·14 社／❼ 1896·2·15 文／❽ 1948·10·16 文
十七弦琴 ❼ 1921·10·20 文
セロ ❻ 1880·10·13 文
大正琴 ❼ 1914·此頃 社
ダブルベース ❻ 1880·10·13 文／1881·2月 文
蓄音機(撮音機·エジソン) ❻ 1879·1·11 文／3·28 文／1889·1·12 文／1890·1·12 文／6月 文／7月 社
西川風琴製造所 ❻ 1880·是年 文
二十一弦琴 ❻ 1881·3·21 文
二十五弦琴 ❻ 1880·是年 文
二十弦箏 ❾ 2004·5·13 文
ハーモニカ ❼ 1914·4月 文／❽ 1947·1月 社／❾ 1977·11·27 文
パイプオルガン ❼ 1929·2·24 文／1932·1·7 文
純正調パイプオルガン ❻ 1892·9·21 文
ピアノ ❺-2 1823·是年 文／❻ 1870·是年 社／1880·初春 文／11月 文／❽ 1946·是年 文／1947·1月 文／8月 文／1948·11月 文
ピアノ(国産) ❽ 1952·是秋 文
ピアノの流行 ❼ 1913·是年 文
スクエアピアノ ❻ 1881·2月 文
ベビーピアノ ❼ 1903·是春 文
フルート ❻ 1881·2月 文
マンドリン ❼ 1901·6月 文
木琴 ❽ 1945·9·12 文
ヤマハ·コンサート·グランドピアノ ❾ 1967·11·27 文
ヤマハポータサウンド ❾ 1980·12月 文／1982·4月 文
横笛 ❽ 1948·10·16 文

小歌·小唄·流行歌·長唄

伊勢島節 ❺-1 1651·慶安年間 文
潮来節 ❺-2 1771·明和8～9年 文
一中節 ❺-1 1703·元禄年間 文／1715·是年 文
一中節浄瑠璃 ❺-2 1829·文政年間 文
井上節 ❺-1 1672·寛文年間 文
歌沢節 ❻ 1857·6月 文
永閑節 ❺-1 1703·貞享·元禄年間 文
江戸節 ❺-2 1763·是年 文
加賀節 ❺-1 1672·寛文年間 文
角太夫節 ❺-1 1683·天和年間 文
嘉太夫節 ❺-1 1687·天和·貞享年間

文
河東節 ❺-2 **1763**·是年 文
清元節 ❺-2 **1814**·11·9 文
国太夫節 ❺-2 **1718**·11·20 文
かっぽれ節 ❻ **1891**·2·8 文
古今節 ❺-1 **1703**·貞享·元禄年間 文
語斎節 ❺-1 **1657**·承応·明暦年間 文
さざんざ ❺-1 **1614**·慶長年間 文
式部節 ❺-1 **1703**·貞享·元禄年間 文
治太夫節 ❺-1 **1703**·貞享·元禄年間 文
柴垣 ❺-1 **1657**·明暦年間 文
浄雲節 ❺-1 **1647**·正保年間 文／**1672**·寛文年間 文
正伝節 ❺-1 **1673**·是年 文
新内節 ❺-2 **1763**·宝暦年間 文／**1771**·明和年間 文／**1795**·是年 文
新内鶴賀節 ❺-2 **1758**·是年 文
新内富士松節 ❺-2 **1746**·1月 文
説教節 ❺-1 **1669**·是年 文／❺-2 **1747**·延享年間 文／**1835**·⑦·15 文／**1837**·5·27 文
説教浄瑠璃 ❺-1 **1638**·是年 文
薗八節 ❺-2 **1763**·是年 文／**1771**·宝暦·明和年間 文／❻ **1888**·9月 文
大尽舞小唄 ❺-2 **1735**·享保年間 文
ちょんがれ節 ❺-2 **1735**·⑦·15 文
つぎぶし ❺-1 **1657**·明暦年間 文
手品節 ❺-1 **1687**·貞享年間 文
道念節 ❺-1 **1687**·貞享年間 文
童謡 ❺-2 **1773**·是年 社／**1776**·是年 社
常磐津節 ❺-2 **1747**·10·25 文
土佐節 ❺-1 **1672**·寛文年間 文／**1680**·寛文·延宝年間 文
都々逸 ❺-2 **1738**·8月 文
富本節 ❺-2 **1749**·8月 文／**1822**·5·17 文
豊名賀節 ❺-2 **1763**·宝暦年間 文
投節 ❺-1 **1703**·貞享·元禄年間 文
流行歌 ❺-2 **1781**·是年 文
肥前節 ❺-1 **1672**·寛文年間 文
表具屋節 ❺-1 **1703**·貞享·元禄年間 文
ひんだ節·ほそり·片撥 ❺-1 **1643**·是年 文
富士松節 ❺-2 **1747**·是春 文
豊後節 ❺-2 **1732**·是春 文／**1747**·是年 文／**1834**·2·14 文／**1836**·3·10 文
文弥節 ❺-1 **1703**·元禄年間 文
よしこの節 ❺-2 **1820**·是年 文
隆達節 ❺-1 **1672**·寛文年間 文
弄斎節 ❺-1 **1672**·寛文年間 文
若山節 ❺-1 **1703**·貞享·元禄年間 文
浄瑠璃·義太夫·長唄
『声曲類纂』 ❺-2 **1839**·是年 文／**1847**·是年 文
義太夫節 ❺-2 **1763**·是年 文／**1780**·宝暦·安永年間 文／❼ **1898**·9·1 文
女(娘)義太夫(流行と禁止) ❺-2 **1805**·9·6 文／**1808**·9·18 文／**1819**·1月 文／**1831**·2·19 文／**1837**·是年 文／**1840**·10·18 社／**1841**·11·27 文／❻ **1887**·是年 文／**1892**·1月 文／**1892**·是年 社／**1894**·2·1 文／❼ **1897**·11·16 社／**1899**·7月 社／**1908**·12·19 文
義太夫愛好連 ❻ **1884**·4月 文
義太夫興義会 ❼ **1928**·12·5 文
義太夫節の浄瑠璃 ❺-2 **1734**·8月 文
摂津大掾(竹本越路太夫の称号) ❼ **1902**·9·10 文
浄瑠璃 ❹ **1531**·9·13 文／❺-2 **1739**·9·29 文／**1794**·6·30 文／**1798**·2·7 社／**1813**·⑪月 社／**1824**·5·29 文／**1841**·11·26 社／❼ **1898**·9·1 文
江戸浄瑠璃 ❺-2 **1716**·1月 文／**1744**·是年 文／**1803**·3月 文
上方節浄瑠璃 ❺-2 **1739**·10·7 文／**1740**·10月 文
浄瑠璃芝居 ❺-1 **1630**·是年 文／**1656**·5月 文
浄瑠璃太夫 ❺-1 **1614**·慶長年間
新浄瑠璃 ❺-1 **1686**·2·4 文
土佐浄瑠璃 ❺-1 **1701**·4·21 文
長唄 ❺-2 **1804**·是年 文／**1824**·5·29 文／❼ **1901**·5月 文／**1929**·4·28 文
長唄改良論 ❻ **1888**·9月 文
長唄研精会 ❼ **1902**·8·19 文
長唄の雛段演奏形式 ❺-2 **1792**·4月 文
音楽題名
「ア·ブラ·カダ·ブラ」 ❾ **1994**·是年 社
「あゝ上野駅」 ❽ **1964**·是年 社
「ああ金の世や」 ❼ **1907**·是年 社
「嗚呼神風特別攻撃隊」 ❽ **1945**·是年 社
「嗚呼、玉杯に花うけて」 ❼ **1902**·3·1 社
「あゝ紅の血は燃ゆる」 ❽ **1944**·是年 社
「あゝそれなのに」 ❼ **1936**·是年 社
「あゝ我が戦友」 ❽ **1937**·是年 社
「ああわからない」 ❼ **1908**·是年 社
「ああ、よかった」 ❾ **2000**·是年 文
「アイ·キャントエクスプレイン」 ❾ **1965**·是年 社
「I AM YOUR SINGER」 ❾ **2008**·是年 文
「愛が生まれた日」 ❾ **1994**·是年 社
「愛が止まらない」 ❾ **1988**·是年 社
「愛国行進曲」 ❽ **1937**·9·25 社／11·3 社／12·26 社
「愛されるより愛したい」 ❾ **1998**·是年 社
「愛して愛して愛しちゃったのよ」 ❾ **1965**·是年 社
「アイシテラブル！」 ❾ **2012**·是年 社
「哀愁でいと」 ❾ **1980**·是年 社
「哀愁日記」 ❽ **1954**·是年 社
「哀愁のカサブランカ」 ❾ **1982**·是年 社
「哀愁波止場」 ❽ **1960**·是年 文
「哀愁列車」 ❽ **1956**·是年 社
「愛人」 ❾ **1985**·是年 社
「Eyes to me／彼は友達」 ❾ **1991**·是年 社
「会いたい」 ❾ **1990**·是年 社
「逢いたいなァあの人に」 ❽ **1957**·是年 社
「逢いたくて逢いたくて」 ❾ **1966**·是年 政
「あいつ」 ❽ **1958**·是年 政
「会津の小鉄」 ❽ **1964**·是年 社
「愛と死をみつめて」 ❽ **1964**·是年 社
「愛のうた」 ❾ **2002**·是年 社
「愛の奇跡」 ❾ **1968**·是年 社
「愛の言霊—Spiritual Message」 ❾ **1996**·是年 文
「愛のコリーダ」 ❾ **1981**·是年 社
「愛の讃歌」 ❽ **1954**·是年 社
「愛の散歩」 ❽ **1948**·是年 政
「愛の水中花」 ❾ **1979**·是年 社
「愛のままで…」 ❾ **2009**·是年 文
「愛のままにわがままに僕は君だけを傷つけない」 ❾ **1993**·是年 文
「愛は勝つ」 ❾ **1991**·是年 社
「愛は傷つきやすく」 ❾ **1970**·是年 社
「愛馬進軍歌」 ❽ **1939**·4·7 社
「I'm proud」 ❾ **1996**·是年 文
「青いカナリヤ」 ❽ **1953**·是年 社
「青い珊瑚礁」 ❾ **1980**·4·1 社
「青い山脈」 ❽ **1949**·7·19 社
「青い牧場」 ❽ **1943**·是年 社
「仰げば尊し」 ❻ **1880**·是年 文
「青葉城恋唄」 ❾ **1978**·是年 社
「赤い靴のタンゴ」 ❽ **1950**·是年 社
「赤い靴はいてた女の子」 ❾ **1979**·11·11 社
「赤いグラス」 ❾ **1965**·是年 社
「赤いスイートピー」 ❾ **1982**·是年 社
「赤いハンカチ」 ❽ **1962**·是年 社
「赤い風船」 ❾ **1966**·是年 政／**1973**·是年 社
「赤いランプの終列車」 ❽ **1952**·是年 社
「赤城の子守歌」 ❼ **1934**·2·15 社
「赤坂の夜は更けて」 ❾ **1965**·是年 社
「アカシヤの雨がやむ時」 ❽ **1960**·是年 文
「赤ちょうちん」 ❾ **1974**·是年 社
「暁に祈る」 ❽ **1940**·是年 社
「赤と黒のブルース」 ❽ **1955**·是年 社
「秋でもないのに」 ❾ **1970**·是年 社
「アキラのズンドコ節」 ❽ **1960**·是年 文
「アキラのダンチョネ節」 ❽ **1960**·是年 文
「あきらめ節」 ❼ **1908**·是年 社
「悪女」 ❾ **1981**·是年 社
「アゲイン」 ❽ **1950**·是年 社
「アゲハ蝶」 ❾ **2001**·是年 文
「憧れのハワイ航路」 ❽ **1948**·是年 政
「憧れの郵便馬車」 ❽ **1952**·是年 社
「浅い眠り」 ❾ **1992**·是年 社
「浅草姉妹」 ❽ **1959**·是年 文
「朝まで待てない」 ❾ **1967**·是年 文
「アザミ嬢のララバイ」 ❾ **1975**·是年 社
「アジアの純真」 ❾ **1996**·是年 文
「明日晴れるかな」 ❾ **2007**·是年 文
「あずさ２号」 ❾ **1977**·是年 社

「＊～アスタリスク～」 ❾ 2005·是年 文
「明日の記憶／Crazy Moon～キミ·ハ·ムテキ～」 ❾ 2009·是年 文
「明日はお立ちか」 ❽ 1942·是年 社
「明日への扉」 ❾ 2003·是年 文
「A Song for XX」 ❾ 1999·是年 社
「熱き心に」 ❾ 1985·是年 社
「Addicted To You」 ❾ 1999·是年 社
「艶姿(あですがた)ナミダ娘」 ❾ 1983·是年 社
「ANAK 息子」 ❾ 1978·是年 社
「あなた」 ❾ 1973·是年 社
「あなたが欲しい」 ❾ 1967·是年 文
「あなただけ見つめてる」 ❾ 1993·是年 文
「あなただけを」 ❾ 1976·是年 社
「あなたならどうする」 ❾ 1970·是年 社
「あなたに」 ❾ 2001·是年 文
「あなたに会えてよかった」 ❾ 1991·是年 社
「あなたにあげる」 ❾ 1974·是年 社
「あなたを愛したい」 ❾ 1988·是年 社
「Anniversary」 ❾ 2005·是年 文
「あの鐘を鳴らすのはあなた」 ❾ 1972·是年 社
「あの娘が泣いてる波止場」 ❽ 1955·是年 社
「あの娘とスキャンダル」 ❾ 1985·是年 社
「あの娘と僕」 ❾ 1965·是年 社
「あの素晴らしい愛をもう一度」 ❾ 1971·是年 社
「網走番外地」 ❾ 1965·是年 社
「あばよ」 ❾ 1976·是年 社
「あばれ太鼓」 ❾ 1987·是年 社
「甘い生活」 ❾ 1974·是年 社
「雨音はショパンの調べ」 ❾ 1984·是年 政
「天城越え」 ❾ 1986·是年 社
「雨やどり」 ❾ 1977·是年 社
「雨」 ❾ 1972·是年 社
「雨がやんだら」 ❾ 1970·是年 社
「雨に咲く花」 ❽ 1960·是年 文
「雨に泣いている」 ❾ 1978·是年 社
「雨に濡れた慕情」 ❾ 1969·是年 社
「雨のエア·ポート」 ❾ 1971·是年 社
「雨の西麻布」 ❾ 1985·是年 社
「雨のバラード」 ❾ 1971·是年 社
「雨の慕情」 ❾ 1980·12·31 社
「雨の御堂筋」 ❾ 1971·是年 社
「アメリカ大津絵節」 ❻ 1854·是年 社
「アメリカ通いの白い船」 ❽ 1949·是年 文
「アメリカン·フィーリング」 ❾ 1979·是年 社
「綾の鼓」 ❽ 1962·8·26 文
「あやめ」 ❾ 1971·4·24 文
「嵐の素顔」 ❾ 1989·是年 社
「嵐を呼ぶ男」 ❽ 1958·是年 政
「アラ見てたのね」 ❾ 1966·是年 政
「ありがたや節」 ❻ 1892·是年 社
「有難や節」 ❽ 1960·是年 文
「或る日突然」 ❾ 1969·是年 社
「ALONE」 ❾ 1991·是年 社
「逢わずに愛して」 ❾ 1970·是年 社
「アンコ椿は恋の花」 ❽ 1964·是年 社
「あんたのバラード」 ❾ 1977·是年 社
「アンダンテ·ソナタ第十四番」(ベートーヴェン) ❼ 1896·7·4 文
「あン時ゃどしゃ降り」 ❽ 1957·是年 社
「い·け·な·いルージュマジック」 ❾ 1982·是年 社
「イーヴル·ハーティド·ユー」 ❾ 1965·是年 社
「いいじゃないの幸せならば」 ❾ 1969·12·31 社
「いい日旅立ち」 ❾ 1978·是年 社
「いい湯だな」 ❾ 1966·是年 政
「いいわけ」 ❾ 1996·是年 文
「夜来香」 ❽ 1950·是年 社
「池袋の夜」 ❾ 1969·是年 社
「異国の丘」 ❽ 1948·8·1 社／是年 政
「石狩挽歌」 ❾ 1975·是年 社
「伊豆の佐太郎」 ❽ 1953·是年 社
「伊勢佐木町ブルース」 ❾ 1968·是年 社
「潮来笠」 ❽ 1960·是年 文
「潮来花嫁さん」 ❽ 1960·是年 文
「いちご白書をもう一度」 ❾ 1975·是年 社
「一度だけなら」 ❾ 1970·是年 社
「イチブトゼンブ／DIVE」 ❾ 2009·是年 文
「五木の子守歌」 ❽ 1953·是年 社
「一週間に十日来い」 ❽ 1962·是年 社
「いっそセレナーデ」 ❾ 1984·是年 政
「IT's ONLY LOVE」 ❾ 1994·是年 社
「イッツ·ノット アンユージュアル」 ❾ 1965·是年 社
「いつでも夢を」 ❽ 1962·是年 社
「一本刀土俵入」 ❽ 1960·是年 文
「いっぽんどっこの唄」 ❾ 1966·是年 政
「恋しさとせつなさと心強さと」 ❾ 1994·是年 社
「いとしのエリー」 ❾ 1979·是年 社
「いとしのジザベル」 ❾ 1967·是年 文
「いとしのマックス」 ❾ 1967·是年 文
「田舎のバスで」 ❽ 1955·是年 社
「いなせ節」 ❻ 1856·是年 社
「いぬのおまわりさん」 ❾ 1966·是年 政
「イノセントワールド」 ❾ 1994·12·31 社
「命くれない」 ❾ 1986·是年 社
「いばりやんす節」 ❼ 1896·是年 社
「if」 ❾ 1992·是年 社
「異邦人」 ❾ 1979·是年 社
「今すぐ Kiss Me」 ❾ 1990·是年 社
「今は幸せかい」 ❾ 1968·是年 社
「今流行大津絵節」 ❻ 1872·是年 社
「イミテーション·ゴールド」 ❾ 1977·是年 社
「いもりの黒焼」 ❺-2 1762·是春 社
「イヨマンテの夜」 ❽ 1950·是年 社
「祝い酒」 ❾ 1988·是年 社
「岩手の和尚さん」 ❽ 1958·是年 政
「ヴァイオリン協奏曲」(メンデルスゾーン) ❼ 1896·4·18 文
「ヴァイヤ·コン·ディオス」 ❽ 1953是年 社
「ヴァケイション」 ❽ 1962·是年 社
「weeeek」 ❾ 2007·是年 文
「ヴィーナス」 ❾ 1970·是年 社／1986·是年 社
「Winter, again」 ❾ 1999·是年 社
「Way of Difference」 ❾ 2002·是年 社
「上からマリコ」 ❾ 2011·是年 文
「上を向いて歩こう」 ❽ 1961·7·21 社／1964·5·15 社
「WOW WAR TONIGHT～時には起こせよムーヴメント」 ❾ 1995·是年 文
「ウォンテッド」 ❾ 1977·是年 社
「UZA」 ❾ 2012·是年 社
「うそ」 ❾ 1974·是年 社
「宇宙戦艦ヤマト」 ❾ 1974·是年 社／1977·7·23 社
「美しい十代」 ❽ 1963·是年 文
「美しい昔」 ❾ 1979·是年 社
「美しき天然」 ❼ 1900·是年 社
「うてやこらせや」 ❻ 1894·是年 社
「ウナ·セラ·デイ·東京」 ❽ 1964·是年 社
「海の進軍」 ❽ 1941·是年 社
「海ゆかば」 ❽ 1937·10·13 社／1942·12·15 文
「梅が枝節」 ❻ 1878·是年 社
「売られた花嫁」 ❽ 1955·9·13 文／❾ 1974·2·14 文
「うるわしのわがパリ」 ❼ 1927·9·1 文
「運命の歌」(ブラームス) ❽ 1951·3·20 文
「A(monochrome, too late, Trauma, End roll)」 ❾ 1999·是年 社
「永遠プレッシャー」 ❾ 2012·是年 社
「H(independent, July 1st, HANABI)」 ❾ 2002·是年 社
「越後獅子の唄」 ❽ 1950·是年 社
「energy flow(ウラ BTTB)」 ❾ 1999·是年 社
「江ノ島」 ❾ 1993·是年 文
「Everything」 ❾ 2001·是年 文／2009·是年 文
「Everything (It's you)」 ❾ 1997·是年 社
「Everyday、カチューシャ」 ❾ 2011·是年 文
「Everybody Go」 ❾ 2011·是年 文
「M」 ❾ 2001·是年 文
「エメラルドの伝説」 ❾ 1968·是年 社
「エリカの花散るとき」 ❽ 1963·是年 文
「江梨子」 ❽ 1962·是年 社
「襟裳岬」 ❾ 1974·12·31 社
「エロティカ·セブン」 ❾ 1993·是年 文
「艶歌」 ❾ 1968·是年 社
「縁かいな節」 ❻ 1887·是年 社

「演歌改良節」 ❻ 1890・是年 社
「演歌欽来節」 ❻ 1891・是年 社
「演歌チャンチャカチャン」 ❾ 1977・是年 社
「ANGEL」 ❾ 1988・是年 社
「OH YEAH!」 ❾ 1990・是年 社
「王将」 ❽ 1961・是年 政
「王女メディア」 ❾ 1986・8・23 文
「OH!! POPSTAR」 ❾ 1986・是年 社
「オー・マイ・パパ」 ❽ 1954・是年 社
「鴨緑江節」 ❼ 1918・是年 社
「男一い中村君」 ❽ 1958・是年 政
「大江戸出世小唄」 ❼ 1935・是年 社
「狼なんか怖くない」 ❾ 1978・是年 社
「大きな古時計」 ❾ 2002・是年 社
「大きな森の小さなお家」 ❾ 1980・是年 社
「大阪ぐらし」 ❽ 1964・是年 社
「大阪しぐれ」 ❾ 1980・是年 社
「大島おけさ」 ❼ 1933・是年 社
「OCEAN」 ❾ 2005・是年 文
「大空に祈る」 ❽ 1943・是年 社
「おお宝塚」 ❼ 1930・8・1 文
「大津絵ぶし」 ❻ 1860・是年 社
「大利根月夜」 ❽ 1940・是年 社
「Automatic」 ❾ 1998・是年 社
「丘は花ざかり」 ❽ 1952・是年 社
「丘を越えて」 ❼ 1931・是年 社
「お吉物語」 ❽ 1960・是年 文
「奥飛騨慕情」 ❾ 1980・是年 社
「贈る言葉」 ❾ 1979・是年 社
「おさげと花と地蔵さんと」 ❽ 1957・是年 社
「お座敷小唄」 ❽ 1964・是年 社
「鴛鴦道中」 ❽ 1938・是年 社
「オシャリコ節」 ❻ 1862・2月 社
「お俊恋歌」 ❽ 1953・是年 社
「お正月」 ❼ 1901・7月 文
「小樽のひとよ」 ❾ 1967・是年 文
「落葉しぐれ」 ❽ 1953・是年 社
「お蝶夫人」 ❼ 1930・5・26 文
「お使ひは自転車に乗って」 ❽ 1943・是年 社
「お月さん今晩は」 ❽ 1957・是年 社
「おっと CHIKAN!」 ❾ 1986・是年 社
「オッペケペー節」 ❻ 1881・是年 社／1891・是年 社
「弟よ」 ❾ 1975・是年 社
「男の子女の子」 ❾ 1972・是年 社
「男船」 ❽ 1963・是年 文
「お富さん」 ❽ 1954・7・1 社
「踊子」 ❽ 1957・是年 社
「踊るポンポコリン」 ❾ 1990・是年 社
「驚き世界」 ❼ 1912・是年 社
「鬼熊狂恋の歌」 ❼ 1926・是年 社
「お針子ミミーの日曜日」 ❽ 1954・是年 社
「おひまなら来てね」 ❽ 1961・是年 政
「おふくろさん」 ❾ 1971・是年 社
オペラ「アイーダ」 ❼ 1919・9・1 文／1923・1・26 文／1926・3・10 文／9・21 文／❽ 1941・5・26 文／1951・5・31 文／1956・9・29 文
オペラ「あまんじゃくとうりこひめ」 ❾ 1968・9・26 文
オペラ「ヴォツェック」 ❾ 2000・11・7 文
オペラ「沖縄物語」 ❾ 1982・5・15 文
オペラ「オテロ」 ❽ 1953・10・30 文
オペラ「お夏狂乱」 ❼ 1934・7・30 文
オペラ「オルフェーオ」 ❾ 1971・10・5 文
オペラ「オルフォイス」(グルック) ❼ 1903・7・23 文／1908・5月 文
オペラ「カヴァレリア・ルスティカーナ」 ❽ 1949・2・7 文
オペラ「仮面舞踏会」 ❼ 1923・1・26 文／❾ 1967・9・2 文
オペラ「カルメン」 ❼ 1818・9月 文／1919・1・5 文／9・1 文／1926・3・10 文／9・21 文／1935・8・2 文／❽ 1939・3・26 文／1946・4・22 文／1949・1・15 文／1950・1・26 文／1953・3・27 文／1955・2・24・26 文／❾ 1967・8・4 文／10・4 文
オペラ「熊野」 ❽ 1939・7・3 文
オペラ「黒船(夜明け)」 ❽ 1954・5・27 文
オペラ「群盗」 ❾ 1999・10・21 文
オペラ「虎月伝」 ❾ 1980・2・1 文／1981・1・9 文
オペラ「古事記」 ❾ 2011・11・20 文
オペラ「静と義経」 ❾ 1993・11・4 文
オペラ「釈迦」 ❼ 1912・6・1 文
オペラ「ジャンヌ・ダルク」 ❾ 2000・11・25 文
オペラ「セビリャの理髪師」 ❼ 1923・1・26 文／1926・3・10 文／❽ 1938・11・18 文／1943・5・28 文／❾ 1970・2・4 文／1971・5・12 文
オペラ「大仏開眼」 ❾ 1970・10・2 文
オペラ「タンホイザー」(ワーグナー) ❻ 1883・7・11 文／❼ 1920・12・28 文／❽ 1947・7・12 文
オペラ「蝶々夫人」 ❼ 1923・1・26 文／1934・10・25 文／❽ 1937・8・22 文／❾ 1984・2・24 文／1985・12・20 文
オペラ「沈鐘・カルメン」 ❼ 1918・9月 文
オペラ「椿姫」 ❼ 1911・4・14 文／1919・9・1 文／1926・3・10 文／1934・3・2 文／❽ 1939・11・26 文／1946・1・27 文／1955・3・23 文
オペラ「天国と地獄」 ❼ 1914・10・1 文
オペラ「トスカ」(プッチーニ) ❼ 1913・6・1 文／1919・9・1 文／1923・1・26 文／1935・12・24 文／❽ 1942・5・27 文／1956・9・29 文／❾ 1984・9・26 文
オペラ「トロヴァトーレ」 ❼ 1923・1・26 文／1926・3・10 文
オペラ「泥棒とオールド・ミス」 ❽ 1949・2・7 文／❾ 1976・4・23 文
オペラ「ドン・カルロ」 ❾ 1967・9・2 文
オペラ「ドン・ジョバンニ」(モーツァルト) ❽ 1948・12・14 文／1957・6・27 文
オペラ「ニーベルンゲンの指環」 ❾ 1987・10・17 文
オペラ「ファウスト」(グノー) ❼ 1907・4・13 文／1919・9・1 文／1923・1・26 文／1926・3・10 文／9・21 文／❽ 1942・6・29 文
オペラ「ばらの騎士」 ❾ 1994・9・16 文
オペラ「フィガロの結婚」 ❼ 1930・6・27 文／❽ 1941・12・3 文／1952・10・27 文／❾ 1967・1・27 文／1980・9・30 文
オペラ「フィデリオ」(ベートーヴェン) ❼ 1935・6・5 文／❽ 1939・12・4 文／1943・12・26 文／1963・10・20 文
オペラ「ボエーム」 ❾ 1967・9・2 文
オペラ「ボッカチオ」(ズッペ) ❼ 1915・9・26 文／❽ 1938・6・27 文
オペラ「ホフマン物語」(オッフェンバック) ❽ 1938・6・27 文
オペラ「微笑の国」(レハール) ❽ 1938・10・26 文
オペラ「マダム・バタフライ」 ❽ 1948・5・1 文
オペラ「魔弾の射手」 ❽ 1947・9・4 文／❾ 1974・1・24 文
オペラ「魔笛」 ❼ 1913・6・1 文
オペラ「ミカド」 ❽ 1948・1・29 文／❾ 1970・1・13 文
オペラ「ラ・ボエーム」(プッチーニ) ❼ 1934・6・7 文／❽ 1940・2・26 文／1943・4・3 文／1947・2・13 文／1952・2・25 文／❾ 1969・5・27 文
オペラ「リゴレット」(ヴェルディ) ❼ 1923・1・26 文／1926・3・10 文／1935・10・31 文／❽ 1939・11・27 文／❾ 1968・3・1 文
オペラ「ルチア」 ❼ 1923・1・26 文／1933・5・6 文／❾ 1967・9・2 文
オペラ「ルル」 ❾ 1970・4・12 文
オペラ「露営の夢」 ❼ 1905・3・29 文
オペラ「ローエングリン」(ワーグナー) ❽ 1942・11・23 文／1949・6・25 文／❾ 1979・7・18 文
「お前を待ち待ち蚊屋の外」 ❺-2 1832・天保2、3年 社
「お祭りマンボ」 ❽ 1952・是年 社
「おもいで酒」 ❾ 1979・是年 社
「想い出の渚」 ❾ 1966・是年 政
「想い出のボレロ」 ❽ 1950・是年 社
「想い出のワルツ」 ❽ 1953・是年 社
「想い出ぽろぽろ」 ❾ 1976・是年 社
「想いでまくら」 ❾ 1975・是年 社
「おもいで岬」 ❾ 1976・是年 社
「おやじの海」 ❾ 1979・是年 社
「おやまかチャンリン節」 ❻ 1878・是年 社
「お山の杉の子」, ❽ 1945・是年 社
「およげたいやきくん」 ❾ 1976・1月 社
「お嫁サンバ」 ❾ 1981・是年 社
「お嫁においで」 ❾ 1966・是年 政
「オリビアを聴きながら」 ❾ 1978・是年 社
「俺たちのロカビリーナイト」 ❾ 1985・是年 社
「俺はぜったい！プレスリー」 ❾ 1977・是年 社
「俺は待ってるぜ」 ❽ 1957・是年 社
「オレンジの雨」 ❾ 1973・是年 社
「お別れ公衆電話」 ❽ 1959・是年 文
「女心の唄」 ❾ 1965・是年 社

「おんな船頭唄」 ❽ 1955·是年 社
「女の意地」 ❾ 1965·是年 社
「女の子なんだもん」 ❾ 1973·是年 社
「女のためいき」 ❾ 1966·是年 政
「女のみち」 ❾ 1972·是年 社
「おんなの宿」 ❽ 1964·是年 社
「女ひとり」 ❾ 1965·是年 社
「オンリー·ユー」 ❽ 1955·是年 社
「母さんの歌」 ❽ 1958·是年 政
「ガード下の靴みがき」 ❽ 1955·是年 社
「開化大津絵節」 ❻ 1873·是年 社
「買物ブギー」 ❽ 1950·是年 社
「改良節」 ❻ 1887·是年 社
「帰ってきたヨッパライ」 ❾ 1967·是年 文
「帰ってこいよ」 ❾ 1980·是年 社
「かえり船」 ❽ 1946·是年 社
「帰ろかな」 ❾ 1965·是年 社
「柿の木坂の家」 ❽ 1957·是年 社
「核」 ❾ 1987·是年 社
「学生街の喫茶店」 ❾ 1972·是年 社
「学生時代」 ❾ 1965·是年 社
「影法師」 ❾ 1993·是年 文
「影を慕ひて」 ❼ 1932·是年 社
「籠の鳥」 ❼ 1923·是年 社
「賀婚行進曲」(メンデルスゾーン) ❻ 1890·12·6 社
「傘がない」 ❾ 1972·是年 社
「カサブランカダンディ」 ❾ 1979·是年 社
「飾りじゃないのよ涙は」 ❾ 1984·是年 政
「カスマプゲ」 ❾ 1977·是年 社
「風」 ❾ 1969·是年 社
「風立ちぬ」 ❾ 1981·是年 社
「風のインビテーション」 ❾ 1986·是年 社
「風の盆恋歌」 ❾ 1989·是年 社
「風は秋色」 ❾ 1980·4·1 社
「風は吹いている」 ❾ 2011·是年 文
「片想い Finally」 ❾ 2012·是年 社
「かたちあるもの」 ❾ 2004·是年 社
「カチューシャ」 ❽ 1948·是年 政
「カチューシャの唄」 ❼ 1914·3·26 文
「喝采」 ❾ 1972·12·31 社
「羯鼓譜(かつこふ)」 ❷ 1097·9·20 文
「ガッツだぜ!!」 ❾ 1995·是年 文
「勝手にしやがれ」 ❾ 1977·12·31 社
「勝手にシンドバッド」 ❾ 1978·是年 社
「活動節」 ❼ 1918·是年 社
「河童ブギウギ」 ❽ 1949·7月 文
「加藤隼戦闘隊」 ❽ 1943·是年 社
「悲しい色やね」 ❾ 1982·是年 社
「悲しい酒」 ❾ 1966·是年 政
「悲しき片想い」 ❽ 1961·是年 政
「悲しき口笛」 ❽ 1949·7月 社
「悲しき十六歳」 ❽ 1960·是年 文
「悲しき竹笛」 ❽ 1946·是年 社
「悲しき願い」 ❾ 1965·是年 社
「悲しき街角」 ❽ 1961·是年 政
「悲しき六十歳(ムスターファ)」 ❽ 1960·是年 文
「哀しくてジェラシー」 ❾ 1984·是年 政
「悲しみがとまらない」 ❾ 1983·是年 社
「悲しみジョニー」 ❾ 1997·是年 社
「悲しみにさよなら」 ❾ 1985·是年 社
「悲しみは駈け足でやってくる」 ❾ 1969·是年 社
「悲しみは雪のように」 ❾ 1992·是年 社
「悲しみよこんにちは」 ❾ 1986·是年 社
「カナダからの手紙」 ❾ 1978·是年 社
「鐘の鳴る丘」 ❽ 1947·7·1 社
「神様お願い!」 ❾ 1968·是年 社
「仮面舞踏会」 ❾ 1985·是年 社
「カモナ·マイ·ハウス」 ❽ 1953·是年 社
「かもめが翔んだ日」 ❾ 1978·是年 社
「かもめはかもめ」 ❾ 1978·是年 社
「COLORS」 ❾ 2003·是年 文
「カラーに口紅」 ❽ 1959·是年 文
「ガラガラヘビがやって来る」 ❾ 1992·是年 社
「唐獅子牡丹」 ❾ 1966·是年 政
「硝子坂」 ❾ 1977·是年 社
「硝子の少年」 ❾ 1997·是年 社
「硝子のジョニー」 ❽ 1961·是年 政
「ガラスの林檎」 ❾ 1983·是年 社
「からたち日記」 ❽ 1958·是年 政
「カリフォルニアコネクション」 ❾ 1979·是年 社
「カルメン純情す」 ❽ 1952·是年 社
「カルメン'77」 ❾ 1977·是年 社
「カレーライス」 ❾ 1972·是年 社
「枯葉」 ❽ 1953·是年 社
「カレンダーガール」 ❽ 1960·是年 文
「可愛いベビー」 ❽ 1962·是年 社
「川の流れのように」 ❾ 1989·是年 社
「川は流れる」 ❽ 1961·是年 政
「カン·カン」 ❾ 1989·9·8 文
「官員節」 ❻ 1875·是年 社
「監獄ロック」 ❽ 1957·是年 社
「ガンダーラ」 ❾ 1978·是年 社
「神田川」 ❾ 1973·是年 社
「勘太郎月夜唄」 ❽ 1942·是年 社
「乾杯」 ❾ 1988·是年 社
「乾杯の歌」 ❼ 1915·是年 社
「関白宣言」 ❾ 1979·是年 社
「関風ファイティング」 ❾ 2007·是年 文
「岸壁の母」 ❽ 1954·是年 社/❾ 1972·是年 社
「Keep the faith」 ❾ 2007·是年 文
「黄色いさくらんぼ」 ❽ 1959·是年 文
「祇園エレジー」 ❽ 1964·是年 社
「祇園小唄」 ❼ 1930·是年 社
「菊はさくさく葵は枯れる」 ❺-2 1851·是年 社
「紀元節歌」 ❻ 1888·2·3 文
「危険なふたり」 ❾ 1973·是年 社
「ギザギザハートの子守唄」 ❾ 1983·是年 社
「キサス·キサス·キサス」 ❽ 1959·是年 文
「キスだって左利き」 ❾ 2012·是年 社
「傷だらけの人生」 ❾ 1970·是年 社
「傷だらけのローラ」 ❾ 1974·是年 社
「キセキ」 ❾ 2008·是年 文
「奇跡の地球」 ❾ 1995·是年 文
「気絶するほど悩ましい」 ❾ 1977·是年 社
「季節の中で」 ❾ 1978·是年 社
「北ウイング」 ❾ 1984·是年 政
「北上夜曲」 ❽ 1961·是年 政
「北国の春」 ❾ 1977·是年 社
「北国へ」 ❾ 1989·是年 社
「北酒場」 ❾ 1982·12·31 社
「北の漁場」 ❾ 1986·是年 社
「北の大地」 ❾ 1991·12·31 社
「北の宿から」 ❾ 1975·是年 社/1976·12·31 社
「北へ」 ❾ 1977·是年 社
「キッスィング·ツイスト」 ❽ 1962·是年 社
「ぎっちょんちょん」 ❻ 1869·是年 社
「吉四六昇天」 ❾ 1973·10·1 文
「GIVE ME FIVE!」 ❾ 2012·是年 社
「君がいるだけで」 ❾ 1992·是年 文
「君が美しすぎて」 ❾ 1973·是年 社
「君が代」 ❻ 1870·9·8 文/1876·11·3 文/1880·10·25 文/11·3 文/1881·11月 文/1891·7·11 文/1893·8·12 文/⇨1政治「日の丸·国歌」も見よ
「君恋し」 ❼ 1929·是年 社/❽ 1961·7·20 社/12·28 社
「君こそスターだ/夢に消えたジュリア」 ❾ 2004·是年 社
「君こそわが命」 ❾ 1967·是年 文
「君だけに」 ❾ 1987·是年 社
「君だけに愛を」 ❾ 1967·是年 文
「君だけを」 ❽ 1964·是年 社
「君といつまでも」 ❾ 1966·是年 政
「君に会いたい」 ❾ 1967·是年 文
「君に、胸キュン」 ❾ 1983·是年 社
「きみの朝」 ❾ 1979·是年 社
「君の名は」 ❽ 1953·是年 社
「君のひとみは10000ボルト」 ❾ 1978·是年 社
「君は心の妻だから」 ❾ 1969·是年 社
「君は1000%」 ❾ 1986·是年 社
「君は天然色」 ❾ 1981·是年 社
「君待てども」 ❽ 1948·是年 政
「君忘れじのブルース」 ❽ 1948·是年 政
「キャッチ·ザ·ウィンド」 ❾ 1965·是年 社
「キャッツ·アイ」 ❾ 1983·是年 社
「キャンディ」 ❾ 1977·是年 社
「Can You Keep A Secret?」 ❾ 2001·是年 文
「CAN YOU CELEBRATE?」 ❾ 1997·是年 社
「急☆上☆Show!!」 ❾ 2009·是年 文
「教科適用 幼年唱歌」 ❼ 1900·6月 文

「兄弟仁義」 ❾ **1965**·是年 社
「今日でお別れ」 ❾ **1969**·是年 社
「京都の恋」 ❾ **1970**·是年 社
「京の四季」 ❻ **1895**·是年 社
「今日の日はさようなら」 ❾ **1966**·是年 政
「きよしのズンドコ節」 ❾ **2002**·是年 社
「惶き御影」(モーツァルト) ❼ **1899**·4·21 文
「燦めく星座」 ❽ **1940**·是年 社
「霧子のタンゴ」 ❽ **1962**·是年 社
「霧の摩周湖」 ❾ **1966**·是年 政
「ギンガムチェック」 ❾ **2012**·是年 社
「ギンギラギンにさりげなく」 ❾ **1981**·是年 社
「禁区」 ❾ **1983**·是年 社
「銀座カンカン娘」 ❽ **1949**·是年 社
「銀座九丁目水の上」 ❽ **1958**·是年 政
「銀座の恋の物語」 ❽ **1961**·是年 政
「銀座の雀」 ❽ **1954**·是年 社
「禁じられた恋」 ❾ **1969**·是年 社
「空港」 ❾ **1974**·是年 社
「愚図」 ❾ **1975**·是年 社
「くちなしの花」 ❾ **1973**·是年 社
「くちばしにチェリー」 ❾ **2002**·是年 社
「くちびるから媚薬」 ❾ **1990**·是年 社
「グッド·ナイト·ベイビー」 ❾ **1968**·是年 社
「グッド·ナイト」 ❽ **1959**·是年 文
「グッド·バイ·マイ·ラヴ」 ❾ **1974**·是年 社
「暗い日曜日」 ❼ **1933**·2月 社
「GLAMOROUS SKY」 ❾ **2005**·是年 文
「グリーン·フィールズ」 ❽ **1960**·是年 文
「クリスタルモーニング」 ❾ **1979**·是年 社
「狂った果実」 ❽ **1956**·是年 社
「車屋さん」 ❽ **1961**·是年 政
「Greatful Days」 ❾ **1999**·是年 社
「くれないホテル」 ❾ **1969**·是年 社
「黒い花びら」 ❽ **1959**·12·27 社
「黒いひとみの」 ❽ **1950**·是年 社
「クローズ·アップ」 ❾ **1986**·是年 社
「黒ネコのタンゴ」 ❾ **1969**·是年 社
「黒百合の歌」 ❽ **1953**·是年 社
「軍楽騎乗行進」 ❽ **1944**·3·10 文
「軍歌節」 ❼ **1907**·是年 社
「軍艦(マーチ)」 ❼ **1897**·是年 文／**1900**·4·30 文
「軍艦マーチ」 ❽ **1951**·是春 社
「軍国の母」 ❽ **1937**·是年 社
「ケ·セラ·セラ」 ❽ **1956**·是年 社
「経験」 ❾ **1970**·是年 社
「圭子の夢は夜ひらく」 ❾ **1970**·是年 社
「ゲイシャ·ワルツ」 ❽ **1952**·是年 社
「ケジメなさい」 ❾ **1984**·是年 政
「月月火水木金金」 ❽ **1940**·是年 社
「月光」(鬼束ちひろ) ❾ **2000**·是年 文
「月光」(ベートーヴェン) ❼ **1896**·1·30 文
「結婚行進曲」 ❻ **1885**·1·17 文
「結婚しようよ」 ❾ **1972**·是年 社
「けつまずいてもころんでも」 ❽ **1952**·是年 社
「ケメ子の唄」 ❾ **1968**·是年 社
「玄海ブルース」 ❽ **1949**·是年 社
「けんかをやめて」 ❾ **1982**·是年 社
「元寇の歌」 ❻ **1892**·是年 社
「現代節」 ❼ **1915**·是年 社
「原爆許すまじ」 ❽ **1954**·是年 社
「剣舞節」 ❻ **1894**·是年 社
「恋」 ❾ **1980**·是年 社
「恋唄綴り」 ❾ **1990**·12·31 社
「こいさんのラブ·コール」 ❽ **1958**·是年 政
「恋しくて」 ❾ **1990**·是年 社
「恋しているんだもん」 ❽ **1961**·是年 政
「恋する夏の日」 ❾ **1973**·是年 社
「恋泥棒」 ❾ **1969**·是年 社
「恋におちて」 ❾ **1985**·是年 社
「恋の片道切符」 ❽ **1959**·是年 文
「恋の季節」 ❾ **1968**·是年 社
「恋のしずく」 ❾ **1968**·是年 社
「恋のダイヤル 6700」 ❾ **1973**·是年 社
「恋のダンスサイト」 ❾ **2000**·是年 文
「恋の追跡～ラヴ·チェイス」 ❾ **1972**·是年 社
「恋の奴隷」 ❾ **1969**·是年 社
「恋のハレルヤ」 ❾ **1967**·是年 文
「恋のメキシカン·ロック」 ❾ **1967**·是年 文
「恋は神代の昔から」 ❽ **1962**·是年 社
「恋はやさし野辺の花よ」 ❼ **1915**·9·26 文
「恋人よ」 ❾ **1980**·是年 社
「恋文」 ❾ **1973**·是年 社
「恋をするなら」 ❽ **1964**·是年 社
「黄海大捷」 ❻ **1894**·是年 社
「交響管弦楽のための音楽」 ❽ **1950**·3·21 文
「交響曲イ調」 ❽ **1950**·3·21 文
「交響曲第二番」(マーラー) ❾ **1985**·2·21 文
「交響曲第五番」(ベートーヴェン) ❼ **1918**·5·25 文
「交響曲第六番」(ベートーヴェン) ❼ **1927**·5·10 文
「交響曲第七番」(ブルックナー) ❽ **1948**·10·18 文
「交響曲第八番」(マーラー) ❾ **1982**·10·24 文
「交響曲第九番」(ベートーヴェン) ❼ **1917**·6·1 文／**1918**·6·1 文／**1924**·11·29 文／**1926**·1·24 文／**1927**·5·3 文／**1928**·12·18 文／**1930**·2·22 文／**1931**·5·7 文／**1933**·2·5 文／**1934**·5·30 文／**1935**·3·13、22 文／**1936**·1·8 文／**1936**·2·19 文／❽ **1937**·5·5 文／**1938**·6·15 文／12·26 文／**1939**·5·20 文／**1940**·5·5 文／12·31 文／**1942**·5·2 文／12·26 文／**1943**·3·25 文／6·18 文／**1944**·4·26 文／6·14 文／8·6 文／**1945**·6·13 文／9·14 文／**1951**·3·20 文／**1958**·3·31 文／❾ **1971**·12·19 文／**1979**·12·28 文
「交響曲第四十五番(告別)」(ハイドン) ❻ **1893**·4·8 文
「交響的三部作京都」 ❾ **1985**·9·9 文
「高原列車は行く」 ❽ **1954**·是年 社
「高校三年生」 ❽ **1963**·是年 文
「恍惚のブルース」 ❾ **1966**·是年 政
「荒城の月」 ❼ **1901**·3月 文
「轟沈」 ❽ **1944**·是年 社
「香妃」 ❾ **1981**·12·2 文
「コーヒー·ルンバ」 ❽ **1961**·是年 政
「コーヒーショップで」 ❾ **1973**·是年 社
「コーラスライン」 ❾ **1986**·3·21 文
「五月の夜」(ブラームス) ❼ **1896**·4·18 文
「ご機嫌さんよ達者かね」 ❽ **1955**·是年 社
「国民進軍歌」 ❽ **1940**·是年 社
「ここに幸あり」 ❽ **1956**·是年 社
「こころ」 ❾ **1998**·是年 社
「心凍らせて」 ❾ **1992**·是年 社
「心の色」 ❾ **1981**·是年 社
「心のこり」 ❾ **1975**·是年 社
「心の旅」 ❾ **1973**·是年 社
「心もよう」 ❾ **1973**·是年 社
「小雨の丘」 ❽ **1940**·是年 社
「湖愁」 ❽ **1961**·是年 政
「古城」 ❽ **1959**·是年 文
「個人授業」 ❾ **1973**·是年 社
「秋桜(コスモス)」 ❾ **1977**·是年 社
「こちゃえ節」 ❻ **1871**·是年 社
「国境警備の歌」 ❼ **1926**·是年 社
「国境の町」 ❼ **1934**·是年 社
「子連れ狼」 ❾ **1971**·是年 社
「子供じゃないの」 ❽ **1961**·是年 政
「粉雪」 ❾ **2006**·是年 社
「この空を飛べたら」 ❾ **1978**·是年 社
「この広い野原いっぱい」 ❾ **1967**·是年 文
「この世の花」 ❽ **1955**·是年 社
「こまっちゃうナ」 ❾ **1966**·是年 政
「ごめんねジロー」 ❾ **1965**·是年 社
「小指の想い出」 ❾ **1967**·是年 文
「これが私の生きる道」 ❾ **1996**·是年 文
「コロッケの唄」 ❼ **1917**·9月 文
「金剛石の歌」 ❻ **1887**·3·18 文
「金色夜叉の歌」 ❼ **1909**·是年 社／**1919**·是年 社
「ゴンドラの唄」 ❼ **1915**·4·26 文／**1920**·是年 社
「こんなベッピン見たことない」 ❽ **1953**·是年 社
「こんにちは赤ちゃん」 ❽ **1963**·12·27 社
「今夜月の見える丘に」 ❾ **2000**·是年 文
「婚礼行進曲」(メンデルスゾーン) ❼ **1896**·11·8 文
「サーカスの唄」 ❼ **1933**·是年 社
「再会」 ❽ **1960**·是年 文
「さいざんす·マンボ」 ❽ **1953**·是年 社
「Sign」 ❾ **2004**·是年 社

「サウスポー」 ❾ 1978·是年 社
「盛り場ブルース」 ❾ 1968·是年 社
「索敵行」 ❽ 1943·是年 社
「さくら(独唱)」(森山直太朗) ❾ 2003·是年 文
「桜」(河口恭吾) ❾ 2004·是年 社
「さくら」(ケツメイシ) ❾ 2005·是年 文
「さくら貝の歌」 ❽ 1950·是年 社
「桜坂」 ❾ 2000·是年 文
「SAKURA ドロップス」 ❾ 2002·是年 社
「桜の木になろう」 ❾ 2011·是年 文
「酒と泪と男と女」 ❾ 1976·是年 社
「酒は涙か溜息か」 ❼ 1931·9·20 社／是年 社
「酒よ」 ❾ 1988·是年 社
「ささきたこらしょ節」 ❼ 1899·是年 社
「さざんかの宿」 ❾ 1982·是年 社
「The Swinging Star」 ❾ 1993·是年 文
「さそり座の女」 ❾ 1972·是年 社
「SACHIKO」 ❾ 1979·是年 社
「ザッツオーケー」 ❼ 1930·是年 社
「サティスファクション」 ❾ 1965·是年 社
「さとうきび畑」 ❾ 1969·是年 社／2001·是年 文
「さなえちゃん」 ❾ 1972·是年 社
「さのさ節」 ❼ 1899·是年 社
「砂漠のような東京で」 ❾ 1971·是年 社
「淋しい熱帯魚」 ❾ 1989·12·31 社
「錆びたナイフ」 ❽ 1957·是年 社
「寒い朝」 ❽ 1962·是年 社
「サムライ」 ❾ 1978·是年 社
「侍ニッポン」 ❼ 1931·是年 社
「sayonara sayonara」 ❾ 2002·是年 社
「さよなら」 ❾ 1979·是年 社
「さよなら人類」 ❾ 1990·是年 社
「さよならの向う側」 ❾ 1980·是年 社
「サン·トワ·マミー」 ❽ 1964·是年 社
「ざんげの値打ちもない」 ❾ 1970·是年 社
「三国一のサッサ富士」 ❺-1 1829·文政年間 社
「賛成節」 ❻ 1891·是年 社
「サンタルチア」 ❼ 1916·是年 社
『讃美歌』 ❻ 1881·8月 文
「三百六十五歩のマーチ」 ❾ 1968·是年 社
「桑港のチャイナタウン」 ❽ 1950·是年 社
「山谷ブルース」 ❾ 1968·是年 社
「幸せなら手をたたこう」 ❽ 1964·是年 社
「しあわせの歌」 ❽ 1955·是年 社
「シー·マイ·フレンド」 ❾ 1965·是年 社
「GI ブルース」 ❽ 1960·是年 文
「シーサイド·バウンド」 ❾ 1967·是年 文
「SEASONS」 ❾ 2000·是年 文
「シーソーゲーム〜勇敢な恋の歌〜」 ❾ 1995·是年 文
「ジープは走る」 ❽ 1946·是年 社
「ジェニ·ジェニ」 ❽ 1957·是年 社／1962·是年 社
「シェリー」 ❽ 1963·是年 文
「ジェルソミーナ」 ❽ 1957·是年 社
「時間よ止まれ」 ❾ 1978·是年 社
「四季の歌」 ❾ 1976·是年 社
「四季の曲」 ❼ 1901·3月 文
「シクラメンのかほり」 ❾ 1975·12·31 社
「仕事の歌」 ❽ 1953·是年 社
「時代」 ❾ 1975·是年 社
「下町育ち」 ❾ 1965·是年 社
「下町の太陽」 ❽ 1962·是年 社
「史譚交響楽·天草四郎」 ❾ 1980·10·9 文
「七里が浜(真白き富士の嶺)」 ❼ 1910·1·23 社
「十戒」 ❾ 1984·是年 政
「失恋レストラン」 ❾ 1976·是年 社
「私鉄沿線」 ❾ 1975·是年 社
「自転車節」 ❼ 1909·是年 社
「死と娘」(シューベルト) ❼ 1896·4·18 文
「支那の夜」 ❽ 1938·是年 社
「死神」 ❾ 1971·7·25 文
「しのび恋」 ❾ 1974·是年 社
「島唄」 ❾ 1993·是年 文
「島育ち」 ❽ 1962·是年 社
「島のブルース」 ❽ 1963·是年 文
「島の娘」 ❼ 1933·1月 社／1934·7·14 社
「シャコンヌ」(バッハ) ❼ 1896·1·30 文
「シャドー·ボクサー」 ❾ 1977·是年 社
「ジャニーギター」 ❽ 1954·是年 社
「ジャネットの結婚」 ❾ 1983·2·16 文
「しゃぼん玉」 ❾ 1991·是年 社
「三味線ブギウギ」 ❽ 1949·是年 社
「ジャワのマンゴ売り」 ❽ 1942·是年 社
「ジャングル·ブギー」 ❽ 1948·是年 政
「上海だより」 ❽ 1938·是年 社
「ジャンバラヤ」 ❽ 1952·是年 社
「収穫の歌」 ❽ 1952·是年 社
「十九の春」 ❼ 1933·是年 社
「十三夜」 ❽ 1941·是年 社
「羞恥心」 ❾ 2008·是年 文
「終着駅」 ❾ 1971·是年 社
「酋長の娘」 ❼ 1930·是年 社
「十七才」 ❾ 1971·是年 社
「十七の夏」 ❾ 1975·是年 社
「受験生ブルース」 ❾ 1968·是年 社
「出征兵士を送る歌」 ❽ 1940·是年 社
「出世街道」 ❽ 1963·是年 文
「Jupiter」 ❾ 2004·是年 社
「ジュリアに傷心」 ❾ 1984·是年 政
「純愛ラプソディ」 ❾ 1994·是年 社
「春夏秋冬」 ❾ 1972·是年 社／2001·是年 文
「春琴抄」 ❾ 1980·3·4 文
「順子」 ❾ 1980·是年 社
「純恋歌」 ❾ 2006·是年 社
『小学唱歌集』 ❻ 1881·11月 文／1883·3月 文
「少女」 ❾ 1972·是年 社
「少女 A」 ❾ 1982·是年 社
「冗談じゃねえ」 ❾ 1989·是年 社
「湘南ハートブレイク」 ❾ 1989·是年 社
「情熱の花」 ❽ 1960·是年 文
「情熱の薔薇」 ❾ 1990·是年 社
「情熱のルムバ」 ❽ 1950·是年 社
「SHOW ME」 ❾ 1987·是年 社
「勝利の日まで」 ❽ 1944·是年 社
「精霊流し」 ❾ 1974·是年 社
「昭和枯れすすき」 ❾ 1974·是年 社
「昭和ブルース」 ❾ 1969·是年 社
「女学生の歌」 ❼ 1907·是年 社
「女給の歌」 ❼ 1931·是年 社
「諸色一ツトセ節」 ❻ 1867·是年 社
「書生節」 ❻ 1870·是年 社／1881·是年 社／❼ 1902·是年 社
「ジョニーの子守歌」 ❾ 1978·是年 社
「ジョニイへの伝言」 ❾ 1973·是年 社
「白鷺三味線」 ❽ 1954·是年 社
「知りすぎたのね」 ❾ 1968·是年 社
「知りたくないの」 ❾ 1965·是年 社
「しるし」 ❾ 2006·是年 社
「知床旅情」 ❾ 1970·是年 社
「白い色は恋人」 ❾ 1969·是年 社
「白い恋人達」 ❾ 2001·是年 文
「白い蝶のサンバ」 ❾ 1970·是年 社
「白い花の咲く頃」 ❽ 1950·是年 社
「白いブランコ」 ❾ 1969·是年 社
「蜃気楼」 ❾ 1980·是年 社
「SIGNAL」 ❾ 2006·是年 社
「進軍の歌」 ❽ 1937·是年 社
「新宿の女」 ❾ 1969·是年 社
「新宿ブルース」 ❾ 1967·是年 文
「尋常小学校読本唱歌」 ❼ 1910·7月 文
「じんじろげ」 ❽ 1961·是年 政
「人生いろいろ」 ❾ 1987·是年 社
「人生劇場」 ❽ 1938·是年 社／1959·是年 文
「人生の並木道」 ❽ 1937·是年 社
「新世界」 ❽ 1946·5·14 文
「新雪」 ❽ 1942·是年 社
「シンデレラ」 ❽ 1961·是年 政
「新聞少年」 ❾ 1965·是年 社
「新みやこ節」 ❼ 1913·是年 社
「SWEET 19 BLUES」 ❾ 1996·是年 文
「SWEET MEMORIES」 ❾ 1983·是年 社
「水師営の会見」 ❼ 1910·7月 文
「吹奏楽·スペアミント」 ❼ 1927·1月 社
「綏芬河小唄」 ❽ 1960·是年 文
「スーダラ節」 ❽ 1961·是年 政／1962·7月 社
「supernova／カルマ」 ❾ 2006·是年 社
「好きさ好きさ好きさ」 ❾ 1967·是年 文
「好きだった」 ❽ 1956·是年 社
「スキップ·ビート」 ❾ 1986·是年 社
「好きになった人」 ❾ 1968·是年 社
「好きにならずにいられない」 ❾ 1986·是年 社

「スキヤキ」 ❽ 1963·5·12 社
「スク·スク」 ❽ 1961·是年 政
「SCREAM」 ❾ 2005·是年 文
「スシ食いねェ」 ❾ 1985·是年 社
「雀」 ❼ 1901·7月 文
「進め矢玉」 ❻ 1892·是年 社
「スターの広場」 ❾ 1979·11·10 社
「STARLIGHT」 ❾ 1987·是年 社
「スットントン節」 ❼ 1924·是年 社
「STEADY」 ❾ 1997·是年 社
「砂に書いたラブレター」 ❽ 1957·是年 社
「スニーカーぶるーす」 ❾ 1980·是年 社
「昴(すばる)」 ❾ 1980·是年 社
「ズビ·ズビ·ズー」 ❽ 1961·是年 政
「すみれ」 ❾ 1982·是年 社
「すみれの花咲く頃」 ❼ 1930·8·1 文
「スモーキン·ブギ」 ❾ 1974·是年 社
「ズルい女」 ❾ 1995·是年 文
「スローモーション」 ❾ 1982·是年 社
「スワニー」 ❽ 1955·是年 社
「ズンドコ節」 ❽ 1960·是年 文
「セ·シ·ボン」 ❽ 1952·是年 社／1953·是年 社
「青海波」(静海波) ❷ 1175·11·15 文
「SAY YES」 ❾ 1991·是年 社
「世紀の若人」 ❽ 1941·是年 社
「青春アミーゴ」 ❾ 2005·是年 文
「青春サイクリング」 ❽ 1957·是年 社
「青春時代」 ❾ 1976·是年 社
「青春のいじわる」 ❾ 1984·是年 政
「青春のパラダイス」 ❽ 1946·是年 社
「セーラー服と機関銃」 ❾ 1982·是年 社
「セーラー服を脱がさないで」 ❾ 1985·是年 社
「世界が終わるまでは…」 ❾ 1994·是年 社
「世界中の誰よりきっと」 ❾ 1993·是年 文
「世界でいちばん熱い夏」 ❾ 1989·是年 社
「世界に一つだけの花」 ❾ 2003·是年 文
「世界の国からこんにちは」 ❾ 1967·是年 文
「世界は二人のために」 ❾ 1967·是年 文
「赤色エレジー」 ❾ 1972·是年 社
「関の五本松」 ❼ 1926·是年 社
「惜別の歌」 ❽ 1961·是年 政
「セクシー·ナイト」 ❾ 1980·是年 社
「セクシャル·バイオレット No1」 ❾ 1979·是年 社
「セシル」 ❾ 1988·是年 社
「ゼッケン NO1 スタートだ」 ❽ 1964·是年 社
「絶唱」 ❾ 1966·是年 政
「瀬戸の花嫁」 ❾ 1972·是年 社
「セニョリータ」 ❼ 1931·1月 文
「セプテンバー·イン·ザ·レイン」 ❽ 1952·是年 社
「せんせい」 ❾ 1972·是年 社
「戦争を知らない子供たち」 ❾ 1970·是年 社
「センチメンタル·カンガルー」 ❾ 1988·是年 社
「センチメンタル·ジャーニー」 ❾ 1981·是年 社
「船頭小唄」 ❼ 1921·是年 社
「千の風になって」 ❾ 2007·是年 文
「全部だきしめて」 ❾ 1998·是年 社
「戦友」 ❼ 1905·是年 社
「戦友の遺骨を抱ひて」 ❽ 1943·是年 社
「箏曲楽」(五線譜表記) ❻ 1888·10月 文
「草原情歌」 ❽ 1953·是年 社
「草原の輝き」 ❾ 1973·是年 社
「ぞうさん」 ❽ 1953·是年 社
「さうだその意気」 ❽ 1941·是年 社
「SOUL LOVE」 ❾ 1998·是年 社
「ソーラン渡り鳥」 ❽ 1961·是年 政
「SORRY BABY」 ❾ 1994·是年 社
「そして、神戸」 ❾ 1972·是年 社
「蘇州の夜」 ❽ 1941·12·28 社
「その名はフジヤマ」 ❽ 1961·是年 政
「そばにいるね」 ❾ 2008·是年 文
「空と君のあいだに」 ❾ 1994·是年 社
「空に星があるように」 ❾ 1966·是年 政
「空の神兵」 ❽ 1942·是年 社
「空の勇士」 ❽ 1940·是年 社
「空も飛べるはず」 ❾ 1996·是年 文
「それが大事」 ❾ 1992·是年 社
「ぞんぞろり節」 ❻ 1857·是年 社
「そんな女のひとりごと」 ❾ 1977·是年 社
「DA·KA·RA」 ❾ 1992·是年 社
「ダーリング」 ❾ 1978·是年 社
「ダイアナ」 ❽ 1958·是年 政
「Diamonds」 ❾ 1989·是年 社
「Diamond ハリケーン」 ❾ 1988·是年 社
「第一高等学校西寮寮歌」 ❼ 1901·3·1 社
「大黄河」 ❾ 1986·是年 社
「大切なもの」 ❾ 2003·是年 文
「大地の歌」(マーラー) ❽ 1941·1·22 文
「抱いてセニョリータ」 ❾ 2006·是年 社
「大東亜決戦の歌」 ❽ 1942·是年 社
「大都会」 ❾ 1980·是年 社
「ダイナマイトドン節」 ❻ 1886·是年 社
「タイミング」 ❾ 1998·是年 社
「TIME」 ❾ 1992·是年 社
「Time goes by」 ❾ 1998·是年 社
「大文字屋の大かぼちゃ」 ❺-2 1753·是年 社
「太陽がいっぱい」 ❾ 1989·是年 社
「太陽がくれた季節」 ❾ 1972·是年 社
「タイヨウのうた」 ❾ 2006·是年 社
「大陸行進曲」 ❽ 1939·是年 社
「高い山から谷底見れば」 ❺-2 1761·是年 文
「だから言ったじゃないの」 ❽ 1958·是年 政
「抱きしめたい」 ❽ 1963·是年 文
「たしいか節」 ❼ 1905·是年 社
「たそがれマイ·ラブ」 ❾ 1978·是年 社
「ただ…逢いたくて」 ❾ 2006·是年 社
「達者でナ」 ❽ 1960·是年 文
「タッチ」 ❾ 1985·是年 社
「TATTOO」 ❾ 1988·是年 社
「他人の関係」 ❾ 1973·是年 社
「煙草のめのめ」 ❼ 1923·是年 社
「旅笠道中」(東海林太郎) ❼ 1935·是年 社
「旅笠道中」(三波春夫) ❽ 1958·是年 政
「旅立ち」 ❾ 1977·是年 社
「出発(たびだち)の歌」(上條恒彦) ❾ 1971·是年 社
「旅立ちの唄」(Mr.Children) ❾ 2007·是年 社
「旅の宿」 ❾ 1972·是年 社
「旅の夜風」 ❽ 1938·9·15 社
「だれかが風の中で」 ❾ 1972·是年 社
「誰か故郷を想はざる」 ❽ 1940·是年 社
「誰か夢なき」 ❽ 1947·是年 社
「誰もいない海」 ❾ 1970·是年 社
「誰よりも君を愛す」 ❽ 1960·12·30 社
「炭鉱節」 ❽ 1948·是年 政
「だんご3兄弟」 ❾ 1999·1月 社／3·3 社
「TANGO NOIR」 ❾ 1987·是年 社
「ダンシング·オールナイト」 ❾ 1980·是年 社
「ダンシング·ヒーロー」 ❾ 1985·是年 社
「ダンスパーティの夜」 ❽ 1950·是年 社
「探偵物語」 ❾ 1983·是年 社
「ちいさい秋みつけた」 ❽ 1955·11·3 文
「小さな喫茶店」 ❼ 1935·是年 社
「小さな日記」 ❾ 1968·是年 社
「ちうちうよいよい節」 ❻ 1853·嘉永年間 文
「チェッチェッチェッ」 ❽ 1964·是年 社
「チェリー」 ❾ 1996·是年 文
「チェリーブロッサム」 ❾ 1981·是年 社
「誓の星」(オラトリオ) ❼ 1909·12·25 文
「地下鉄は今日も終電車」 ❽ 1959·是年 文
「地球をさがして」 ❾ 1989·是年 社
「地上の星」 ❾ 2000·3·28 文
「CHA·CHA·CHA」 ❾ 1986·是年 社
「茶色の小びん」 ❽ 1954·是年 社
「チャカホイ節」 ❼ 1906·是年 社
「チャクライ節」 ❻ 1892·是年 社
「チャコの海岸物語」 ❾ 1982·是年 社
「チャンスの順番」 ❾ 2010·是年 文
「チャンチキおけさ」 ❽ 1957·是年 社

「チャンピオン」 ❾ 1978・是年 社
「注意節」 ❼ 1903・是年 社
『中学唱歌』 ❼ 1901・3月 文
「銚子大漁節」 ❻ 1864・是年 社
「蝶々」 ❻ 1874・3月 文／1881・11月 文
「ちょこっとLOVE」 ❾ 2000・是年 文
「地理教育 鉄道唱歌」 ❼ 1900・5月 文
「チリップチャラップ節」 ❼ 1910・是年 社
「青島節」 ❼ 1914・是年 社
「ツィゴイネルワイゼン」 ❾ 1980・4・1 社
「ツイスト・ナンバー・ワン」 ❽ 1962・是年 社
「ついて来るかい」 ❾ 1970・是年 社
「津軽海峡・冬景色」 ❾ 1977・是年 社
「月影のキューバ」 ❽ 1960・是年 文
「月影のナポリ」 ❽ 1960・是年 文
「月がとっても青いから」 ❽ 1955・是年 社
「月のしずく」 ❾ 2003・是年 文
「月の法善寺横丁」 ❽ 1960・是年 文
「月は無情」 ❼ 1924・是年 社
「月よりの使者」 ❽ 1949・是年 社
「つぐない」 ❾ 1984・是年 政
「TSUNAMI」 ❾ 2000・是年 文
「翼の決戦」 ❽ 1944・2・26 文
「翼をください」 ❾ 1972・是年 社
「蕾(つぼみ)」 ❾ 2007・是年 文
「妻恋道中」 ❽ 1937・是年 社
「妻を恋うる歌」 ❾ 1965・是年 社
「積木の部屋」 ❾ 1974・是年 社
「冷たくしないで」 ❽ 1957・是年 社
「鶴亀」 ❼ 1898・1・21 文
「ていーんずぶるーす」 ❾ 1977・是年 社
「デイ・トリッパー」 ❾ 1965・是年 社
「Day break」 ❾ 1988・是年 社
「Dear Snow」 ❾ 2010・是年 文
「Dear Friend」 ❾ 1990・是年 社
「手紙」 ❾ 1970・是年 社
「デカンショ節」 ❼ 1911・是年 社
「敵は幾万」 ❻ 1892・是年 文
「鉄道唱歌」 ❼ 1900・是年 社
「テネシー・ワルツ」 ❽ 1952・是年 社
「掌／くるみ」 ❾ 2004・是年 社
「DEPARTURES」 ❾ 1996・是年 文
「出船の港」 ❼ 1928・2・1 文
「デモクラシイ節」 ❼ 1919・是年 社
「テル・ハー・ノー」 ❾ 1965・是年 社
「テルウエットアウスロベルト」(マイアベーア) ❼ 1896・11・8 文
「天国のキッス」 ❾ 1983・是年 社
「天使のウィンク」 ❾ 1985・是年 社
「天使の誘惑」 ❾ 1968・12・21 社
「天使も夢みる」 ❾ 1973・是年 社
「てんとう虫のサンバ」 ❾ 1973・是年 社
「天龍下れば」 ❼ 1933・是年 社
「トイフェルマーチ」 ❼ 1898・1・21 文
「To be free」 ❾ 2010・是年 文
「トゥー・ヤング」 ❽ 1952・是年 社
「TOMORROW」 ❾ 1995・是年 文
「Tomorrow never knows」 ❾ 1995・是年 文
「truth トゥルース／風の向こうへ」 ❾ 2008・是年 文
「同期の桜」 ❽ 1944・是年 社
「東京アンナ」 ❽ 1955・是年 社
「東京音頭」 ❼ 1933・是夏 社
「東京キッド」 ❽ 1950・是年 社
「東京行進曲」 ❼ 1929・5・1 社／是年 社
「東京午前三時」 ❽ 1957・是年 社
「東京五輪音頭」 ❽ 1963・是年 文
「東京砂漠」 ❾ 1976・是年 社
「東京市歌」 ❼ 1923・6・22 文
「東京だよおっ母さん」 ❽ 1957・是年 社
「東京でだめなら」 ❾ 1969・是年 社
「東京ドドンパ娘」 ❽ 1961・是年 政
「東京ナイトクラブ」 ❽ 1959・是年 文
「東京のバスガール」 ❽ 1957・是年 社
「東京の花売娘」 ❽ 1946・是年 社
「東京の人」 ❽ 1956・是年 社
「東京の人よさようなら」 ❽ 1956・是年 社
「東京の屋根の下」 ❽ 1948・是年 政
「東京ブギウギ」 ❽ 1947・3・1 社／9月 社
「東京へ行こうよ」 ❽ 1954・是年 社
「東京ラプソディ」 ❼ 1936・是年 社
「東京ららばい」 ❾ 1978・是年 社
「童神」 ❾ 1997・是年 社
「唐人お吉」(葭町二三吉) ❼ 1930・是年 社
「唐人お吉」(藤原歌劇団) ❾ 1982・3・2 文
「同棲時代」 ❾ 1973・是年 社
「当世ないないづくし」 ❻ 1867・是年 社
「どうせ拾った恋だもの」 ❽ 1956・是年 社
「道頓堀行進曲」 ❼ 1928・是年 社
「どうにかなるさ」 ❾ 1970・是年 社
「どうにもとまらない」 ❾ 1972・是年 社
「透明人間」 ❾ 1978・是年 社
「遠くへ行きたい」 ❽ 1962・是年 社
「都会の天使たち」 ❾ 1992・是年 社
「TOKIO」 ❾ 1980・是年 社
「時には娼婦のように」 ❾ 1978・是年 社
「時には母のない子のように」 ❾ 1969・是年 社
「時の過ぎゆくままに」 ❾ 1975・是年 社
「時の扉」 ❾ 1993・是年 文
「時の流れに身をまかせ」 ❾ 1986・是年 社
「時をかける少女」 ❾ 1983・是年 社
「特幹の歌」 ❽ 1944・是年 社
「年上の女」 ❾ 1968・是年 社
「としごろ」 ❾ 1973・是年 社
「年下の男の子」 ❾ 1975・是年 社
「どしゃぶりの雨の中で」 ❾ 1969・是年 社
「とっちりとん節」 ❺-2 1817・文化年間 文
「ドナウ川のさざ波」 ❼ 1898・1・21 文
「隣組」 ❽ 1940・是年 社
「灯(ともしび)」 ❽ 1952・是年 社
「トモダチ」 ❾ 2002・是年 社
「友よ」 ❾ 1968・是年 社
「豊国節」 ❼ 1898・是年 社
「traveling」 ❾ 2002・是年 社
「Troublemaker」 ❾ 2010・是年 文
「ドラマティック・レイン」 ❾ 1982・是年 社
「トロイカ」 ❽ 1950・是年 社
「トロイメライ」 ❼ 1898・1・21 文
「とんがり帽子」 ❽ 1947・是年 社
「トンコ節」 ❽ 1949・是年 社
「飛んでイスタンブール」 ❾ 1978・是年 社
「Don't wanna cry」 ❾ 1996・是年 文
「DON'T U EVER STOP」 ❾ 2008・是年 文
「Don't Leave Me」 ❾ 1994・是年 社
「ドンドン節」 ❼ 1911・是年 社／1913・是年 社
「どんなときも」 ❾ 1991・是年 社
「トンネル天国」 ❾ 1967・是年 文
「とんぼ」 ❾ 1988・是年 社
「ナイトクルージング」 ❾ 1995・是年 文
「ナオミの夢」 ❾ 1971・是年 社
「長い間」 ❾ 1998・是年 社
「長い髪の少女」 ❾ 1968・是年 社
「長い夜」 ❾ 1981・是年 社
「長唄所作・素襖落」 ❼ 1927・1月 社
「長崎から船にのって」 ❾ 1971・是年 社
「長崎の鐘」 ❽ 1949・是年 社
「長崎のザボン売り」 ❽ 1948・是年 政
「長崎の女」 ❽ 1963・是年 文
「長崎は今日も雨だった」 ❾ 1969・是年 社
「長崎ブルース」 ❾ 1968・是年 社
「長崎物語」 ❽ 1940・是年 社
「泣かないで」(和田弘とマヒナスターズ) ❽ 1958・是年 政
「泣かないで」(館ひろし) ❾ 1984・是年 政
「中の島ブルース」 ❾ 1975・是年 社
「長良川艶歌」 ❾ 1984・12・31 社
「渚のシンドバッド」 ❾ 1977・是年 社
「渚のバルコニー」 ❾ 1982・是年 社
「泣くな小鳩よ」 ❽ 1947・是年 社
「なごり雪」 ❾ 1975・是年 社
「情けねえ」 ❾ 1991・是年 社
「納蘇利(なそり)」(双龍舞) ❷ 1120・3・30 文
「涙そうそう」 ❾ 2001・是年 文
「NATURAL」 ❾ 1994・是年 社
「夏色片想い」 ❾ 1986・是年 社
「夏の思い出」 ❽ 1949・是年 社
「夏の扉」 ❾ 1981・是年 社
「夏の日の想い出」 ❾ 1965・是年 社
「何いっちょるや勉強せい節」 ❻ 1878・是年 社
「何も言えなくて…夏」 ❾ 1991・是年 社
「浪花恋しぐれ」 ❾ 1983・是年 社
「浪花小唄」 ❼ 1929・是年 社

「浪花節くずし」 ❼ 1912·是年 社
「浪花節だよ人生は」 ❾ 1984·是年 政
「浪花節奈良丸くずし」 ❼ 1913·是年 社
「なのにあなたは京都へ行くの」 ❾ 1971·是年 社
「涙くんさよなら」 ❾ 1965·是年 社
「なみだ恋」 ❾ 1973·是年 社
「涙の海で抱かれたい～SEA OF LOVE～」 ❾ 2003·是年 文
「涙のキッス」 ❾ 1992·是年 社
「涙のジルバ」 ❾ 1981·是年 社
「涙の太陽」 ❾ 1965·是年 社
「なみだの操」 ❾ 1973·是年 社
「涙のリクエスト」 ❾ 1984·是年 政
「涙の連絡船」 ❾ 1965·是年 社
「なみだ船」 ❽ 1962·是年 社
「涙を抱いた渡り鳥」 ❽ 1964·是年 社
「涙をみせないで」 ❾ 1989·是年 社
「波乗りジョニー」 ❾ 2001·是年 文
「名もなき詩」 ❾ 1996·是年 文
「なよたけ抄」 ❽ 1951·5·21 文
「南京豆売り」 ❽ 1959·是年 文
「楠公の歌」 ❼ 1900·是年 社
「南国土佐を後にして」 ❽ 1958·12·8 社
「何だ何だ節」 ❼ 1909·是年 社
「なんてったってアイドル」 ❾ 1985·是年 社
「何て間がいい節」 ❼ 1910·是年 社
「新妻に捧げる歌」 ❽ 1964·是年 社
「にくまれそうなNEWフェイス」 ❾ 1985·是年 社
「ニコライの鐘」 ❽ 1952·是年 社
「虹」 ❾ 2003·是年 文
「虹色の湖」 ❾ 1967·是年 文
「西銀座駅前」 ❽ 1958·是年 政
「22才の別れ」 ❾ 1975·是年 社
「虹をわたって」 ❾ 1972·是年 社
「ニッポノホン」 ❼ 1915·9月 文
「1／2の神話」 ❾ 1983·是年 社
「日本音楽史」(レコード) ❼ 1934·2·20 文
「日本よい国」 ❼ 1936·6·1 社
「日本陸軍」 ❼ 1904·7月 文
「24000回のキッス」 ❽ 1961·是年 政
「人形の家」 ❾ 1969·是年 社
「人魚姫MERMAID」 ❾ 1988·是年 社
「人間の証明」 ❾ 1977·是年 社
「NEO UNIVERSE ／ finale」 ❾ 2000·是年 文
「猫じゃねこじゃ」 ❺-2 1803·享和年間 文
「眠れる森の美女」 ❽ 1952·11·6 文
「ノヴェンバー·ステップス1」 ❾ 1967·11·9 文
「のうへ節」 ❻ 1862·是年 社
「乃木大将の歌」 ❼ 1912·是年 社
「野崎小唄」 ❼ 1935·是年 社
「のっぽのサリー」 ❽ 1963·是年 文
「ノルマントン号沈没の歌」 ❻ 1887·是年 社
「ノンキ節」 ❼ 1918·是年 社
「HEART」 ❾ 1994·是年 社
「ハート·ブレイクホテル」 ❽ 1956·是年 社／1962·是年 社
「ハートのイヤリング」 ❾ 1984·是年 政
「はーばーらいと」 ❾ 1977·是年 社
「ハイカラのーえ節」 ❼ 1910·是年 社
「ハイカラ節」 ❼ 1909·是年 社
「バイカル湖のほとり」 ❽ 1948·是年 政
「廃墟の鳩」 ❾ 1968·是年 社
「ハイスクール·ララバイ」 ❾ 1981·是年 社
「ハイそれまでよ」 ❽ 1962·是年 社
「ハイティーン·ブギ」 ❾ 1982·是年 社
「ハイティーン·ベビー」 ❽ 1958·是年 政
「パイナップル·プリンセス」 ❽ 1961·是年 政
「パイノパイ節」 ❼ 1919·是年 社
「HOWEVER」 ❾ 1997·是年 社
「How many いい顔」 ❾ 1980·是年 社
「はがゆい唇」 ❾ 1992·是年 社
「爆弾三勇士」 ❼ 1932·是年 社
「漠々節」 ❻ 1886·是年 社
「函館の女」 ❾ 1965·是年 社
「箱根八里」 ❼ 1901·3月 文
「箱根八里の半次郎」 ❾ 2000·是年 文
「羽衣」 ❽ 1940·4·3 文
「羽衣」(創作歌劇) ❼ 1906·6·2 文
「はじまりはいつも雨」 ❾ 1991·是年 社
「走れコータロー」 ❾ 1970·是年 社
「馬賊の唄」 ❼ 1923·是年 社
「裸足の季節」 ❾ 1980·4·1 社／是年 社
「裸足の女神」 ❾ 1993·是年 文
「ハチのムサシは死んだのさ」 ❾ 1972·是年 社
「BACK BEAT ＃ 1」 ❾ 1996·是年文
「初恋の丘」 ❾ 1967·是年 文
「抜刀隊の歌」 ❻ 1881·是年 社／1882·5月 文／1885·7月 政
「ハッとして！ Good」 ❾ 1980·是年 社
「果てない空」 ❾ 2010·是年 文
「鳩ぽっぽ」 ❼ 1901·7月 文
「花」 ❾ 2004·是年 社
「花-Memento-mori」 ❾ 1996·是年 文
「花笠道中」 ❽ 1958·是年 政
「花言葉の唄」 ❼ 1936·是年 社
「花と蝶」 ❾ 1968·是年 社
「バナナ·ボート」 ❽ 1957·5月 社／是年 社
「花の首飾り」 ❾ 1968·是年 社
「花の三度笠」 ❽ 1953·是年 社
「花のとんきょ鳥」 ❺-2 1823·是年 社
「花はおそかった」 ❾ 1967·是年 文
「HANABI」 ❾ 2008·是年 文
「花嫁」 ❾ 1971·是年 社
「花嫁行進曲」 ❼ 1936·是年 社
「HONEY」 ❾ 1998·是年 社
「羽田発7時50分」 ❽ 1958·是年 政
「母に捧げるバラード」 ❾ 1973·是年 社
「ハバロフスク小唄」 ❽ 1949·是年 社
「波浮の港」 ❼ 1927·9·13 文／1928·4月 文／是年 社
「浜辺の歌」 ❼ 1918·是年 社
「早く帰ってコ」 ❽ 1956·是年 社
「バラード」(ラインベルゲル) ❼ 1897·10·26 文
「バラ色の雲」 ❾ 1967·是年 文
「薔薇色の人生」 ❽ 1955·是年 社
「バラが咲いた」 ❾ 1966·是年 政
「パラダイス銀河」 ❾ 1988·12·31 社
「バラを召しませ」 ❽ 1949·是年 社
「パリゼット」 ❼ 1930·8·1 文
「巴里の屋根の下」 ❼ 1931·是年 社
「春一番」 ❾ 1976·是年 社
「バルコニーに坐って」 ❽ 1957·是年 社
「春なのに」 ❾ 1982·是年 社
「春よ来い」 ❾ 1994·是年 社
「パレオはエメラルド」 ❾ 2011·是年 文
「HELLO」 ❾ 1995·是年 文
「Hello, Again～昔からある場所～」 ❾ 1995·是年 文
「Hello, my friend」 ❾ 1994·是年 社
「Ban BAN Ban」 ❾ 1986·是年 社
「バンザイ」 ❾ 1996·是年 文
「バンビーノ」 ❽ 1957·是年 社
「半分少女」 ❾ 1983·是年 社
「BE WITH YOU」 ❾ 1999·是年 社
「ビー·バップ·ア·ルーラ」 ❽ 1961·是年 政
「PIECE OF MY WISH」 ❾ 1992·是年 文
「PIECES OF A DREAM」 ❾ 2001·是年 文
「HERO」 ❾ 1978·是年 社
「ピエロの唄」 ❼ 1923·是年 社
「光」 ❾ 2002·是年 社
「銃爪(ひきがね)」 ❾ 1978·是年 社
「Beginner」 ❾ 2010·是年 文
「ビキニスタイルのお嬢さん」 ❽ 1960·是年 文
「ビギン·ザ·ビギン」 ❽ 1950·是年 社
「美·サイレント」 ❾ 1979·是年 社
「氷雨」 ❾ 1982·是年 社
「ひだまりの詩」 ❾ 1997·是年 社
「びっくりしゃっくり節」 ❻ 1871·是年 社
「人恋しくて」 ❾ 1975·是年 社
「ひと夏の経験」 ❾ 1974·是年 社
「瞳をとじて」 ❾ 2004·是年 社
「ひとり咲き」 ❾ 1979·是年 社
「ひとりじゃないの」 ❾ 1972·是年 社
「ひとり寝の子守歌」 ❾ 1969·是年 社
「ひとりぼっちの世界」 ❾ 1965·是年 社
「ひなげしの花」 ❾ 1972·是年 社
「陽のあたる場所」 ❾ 1998·是年 社
「日の丸行進曲」 ❽ 1938·是年 社
「ひばりの佐渡情話」 ❽ 1962·是年 社

「悲憤慷慨節」 ❻ **1888**・是年 社
「ひまわり」 ❾ **2009**・是年 文
「ひまわりの小径」 ❾ **1972**・是年 社
「100%…So かもね」 ❾ **1982**・是年 社
「百万本のバラ」 ❾ **1987**・是年 社
「ビューティフル・サンデー」 ❾ **1976**・是年 社
「Beautiful days」 ❾ **2008**・是年 文
「ビューティフル・ヨコハマ」 ❾ **1970**・是年 社
「日和下駄」 ❽ **1954**・是年 社
「BEYOND THE TIME」 ❾ **1988**・是年 社
「Believe／曇りのち、快晴」 ❾ **2009**・是年 文
「ピレネエの山の男」 ❽ **1955**・是年 社
「琵琶歌」(大倉桃郎) ❼ **1905**・3・1 文
「琵琶湖哀歌」 ❽ **1941**・是年 社
「琵琶湖周航の歌」 ❽ **1962**・是年 社
「ピンポンパン体操」 ❾ **1971**・是年 社
「First Love」 ❾ **1999**・是年 社
「ファンタスティポ」 ❾ **2005**・是年 文
「フィーリング」 ❾ **1976**・是年 社
「FACE」 ❾ **1997**・是年 社
「Face Down」 ❾ **2012**・是年 社
「ブギ浮ぎ I LOVE YOU」 ❾ **1981**・是年 社
「釜山港に帰れ」 ❾ **1983**・是年 社
「不思議なピーチパイ」 ❾ **1980**・是年 社
「婦人従軍歌」 ❻ **1894**・是年 社
「ふたり酒」 ❾ **1980**・是年 社
「二人でお酒を」 ❾ **1974**・是年 社
「二人は若い」 ❼ **1935**・是年 社
「復興節」 ❼ **1923**・是年 社
「舟唄」 ❾ **1979**・是年 社
「船方さんよ」 ❽ **1957**・是年 社
「冬の稲妻」 ❾ **1977**・是年 社
「冬の色」 ❾ **1975**・是年 社
「冬のオペラグラス」 ❾ **1986**・是年 社
「冬の旅」 ❾ **1973**・是年 社
「冬のリヴィエラ」 ❾ **1982**・是年 社
「PRIDE」 ❾ **1997**・是年 社
「フライングゲット」 ❾ **2011**・12・30 社／**2012**・6・9 社
「ブラジルの太鼓」 ❽ **1953**・是年 社
「ふられて BANZAI」 ❾ **1982**・是年 社
「フランシーヌの場合」 ❾ **1969**・是年 社
「ブランデーグラス」 ❾ **1979**・是年 社
「ふりむけばヨコハマ」 ❾ **1989**・是年 社
「ブルーシャトー」 ❾ **1967**・12・16 社
「ブルーライト・ヨコハマ」 ❾ **1968**・是年 社
「ふるさと」 ❼ **1902**・是年 社
「ふれあい」 ❾ **1974**・是年 社
「プレイバック PART2」 ❾ **1978**・是年 社
「Flavor Of Life」 ❾ **2007**・是年 文
「BLOWIN'」 ❾ **1992**・是年 文
「ブンガワンソロ」 ❽ **1947**・是年 社
「ヘイ、ポーラ」 ❽ **1962**・是年 社
「Hate tell a lie」 ❾ **1997**・是年 社
「平和節」 ❼ **1919**・是年 社
「HEAVEN'S DRIVE」 ❾ **1999**・是年 社
「ペール=ギュント」(グリーグ) ❼ **1899**・7・8 文
「ベサメ・ムーチョ」 ❽ **1950**・是年 社
「ペッパー警部」 ❾ **1976**・是年 社
「紅屋の娘」 ❼ **1929**・是年 社
「ヘビーローテーション」 ❾ **2010**・是年 文
「へらへら節」 ❻ **1880**・11月 社
「ヘルプ」 ❾ **1965**・是年 社
「法界節」 ❻ **1890**・是年 社
「宝海節」 ❻ **1887**・是年 社
「鳳仙花」 ❾ **1981**・是年 社
「放送歌劇」 ❼ **1927**・2・24 文
「放蕩息子(カンタータ)」 ❼ **1920**・12・28 文
「坊や大きくならないで」 ❾ **1969**・是年 社
「ボーイ・ハント」 ❽ **1961**・是年 政
「ボーイフレンド」 ❾ **2000**・是年 文
「Boy Meets Girl」 ❾ **1994**・是年 社
「北緯五十度」 ❾ **1988**・是年 社
「牧場の花嫁さん」 ❽ **1950**・是年 社
「牧神の午後への前奏曲」(ドビュッシー) ❼ **1920**・12・28 文
「ぼくの好きな先生」 ❾ **1972**・是年 社
「ボクの背中には羽根がある」 ❾ **2001**・是年 文
「僕のマリー」 ❾ **1967**・是年 文
「僕は泣いちっち」 ❽ **1959**・是年 文
「僕は流しの運転手」 ❽ **1957**・是年 社
「ポケット・トランジスター」 ❽ **1961**・是年 政
「星影の小径」 ❽ **1950**・是年 社
「星影のワルツ」 ❾ **1966**・是年 政
「星の流れに」 ❽ **1947**・是年 社
「星のフラメンコ」 ❾ **1966**・是年 政
「星はなんでも知っている」 ❽ **1958**・是年 政
「星娘」 ❾ **1965**・是年 社
「細川ガラシャ」 ❽ **1940**・1・24 文
「螢の光」 ❻ **1881**・11月 文
「ボタンとリボン」 ❽ **1950**・是年 社
「北帰行」 ❽ **1961**・是年 政
「北国行きで」 ❾ **1972**・是年 社
「Body & Soul」 ❾ **1996**・是年 文
「ポニーテールとシュシュ」 ❾ **2010**・是年 文
「骨まで愛して」 ❾ **1966**・是年 政
「ボヘミアン」 ❾ **1983**・是年 社
「微笑がえし」 ❾ **1978**・是年 社
「Voyage」 ❾ **2002**・是年 社
「ホワイトクリスマス」 ❽ **1954**・是年 社
「WHITE LOVE」 ❾ **1997**・是年 社
「What's your name?」 ❾ **1988**・是年 社
「ほんにね節」 ❼ **1911**・是年 社
「ぽんにゃん節」 ❻ **1857**・是年 社
「本能」 ❾ **1999**・是年 社
「本命はお前だ」 ❽ **1960**・是年 文
「本牧メルヘン」 ❾ **1972**・是年 社
「マーメイド」 ❾ **2001**・是年 文
「マイ・フェア・レディ」 ❾ **1984**・8・1 文
「マイガール」 ❾ **2009**・是年 文
「my graduation」 ❾ **1998**・是年 社
「舞姫」 ❼ **1936**・10・21 文
「My Revolution」 ❾ **1986**・是年 社
「魔風恋風の歌」 ❼ **1902**・是年 社
「負けないで」 ❾ **1993**・是年 文
「また逢う日まで」 ❾ **1971**・12・31 社
「また君に恋してる」 ❾ **2009**・是年 文
「街角トワイライト」 ❾ **1981**・是年 社
「町から村から工場から」 ❽ **1947**・是年 社
「街のサンドイッチマン」 ❽ **1953**・是年 社
「まっ赤な女の子」 ❾ **1983**・是年 社
「真赤な太陽」 ❾ **1967**・是年 文
「まっくろけのけ節」 ❼ **1914**・是年 社
「まつの木小唄」 ❾ **1965**・是年 社
「松の声」 ❼ **1906**・是年 社／**1914**・是年 社
「待つわ」 ❾ **1982**・是年 社
「聖母たちのララバイ」 ❾ **1982**・是年 社
「真夏のあらし」 ❾ **1970**・是年 社
「真夏の果実」 ❾ **1990**・是年 社
「真夏の Sounds good !」 ❾ **2012**・12・30 社
「真夏の出来事」 ❾ **1971**・是年 社
「真夏の夜の夢」 ❾ **1993**・是年 文
「魔法の黄色い靴」 ❾ **1972**・是年 社
「真室川ブギ」 ❽ **1954**・是年 社
「守ってあげたい」 ❾ **1981**・是年 社
「迷い道」 ❾ **1977**・是年 社
「真夜中のギター」 ❾ **1969**・是年 社
「毬藻の唄」 ❽ **1953**・是年 社
「マル・マル・モリ・モリ！」 ❾ **2011**・4・24 社／是年 文
「マロニエの木陰」 ❽ **1937**・是年 社
「満月の夜」 ❾ **1995**・是年 文
「万歳楽」 ❶ **926**・10・19 文
「満洲行進曲」 ❼ **1932**・是年 社
「満洲娘」 ❽ **1938**・是年 社
「万秋楽」 ❸ **1409**・8・18 文
「見上げてごらん夜の星を」 ❽ **1963**・是年 文
「ミ・アモーレ」 ❾ **1985**・12・31 社
「未完成交響曲」(シューベルト) ❼ **1900**・5・20 文／**1902**・11・15 文
「みかんの花咲く丘」 ❽ **1946**・8・25 文／❾ **1983**・11・1 社
「岬めぐり」 ❾ **1974**・是年 社
「ミス・サイゴン」 ❾ **1992**・4・23 文／**1993**・9・12 文
「みずいろの雨」 ❾ **1978**・是年 社
「水色の恋」 ❾ **1971**・是年 社
「みずいろの手紙」 ❾ **1973**・是年 社
「水色のワルツ」 ❽ **1950**・是年 社
「Mr. サマータイム」 ❾ **1978**・是年 社
「水に流して」 ❽ **1961**・是年 政
「水の変態」(箏曲奏曲、宮城道雄)

❼ 1909·是春 文／是年 文
「魅せられて」 ❾ 1979·12·31 社
「みたみわれ」 ❽ 1943·7·6 文
「みたらい節」 ❻ 1854·是年 社
「みだれ髪／塩屋岬」 ❾ 1987·是年 社
「みちづれ」 ❾ 1978·是年 社
「みちのくひとり旅」 ❾ 1980·是年 社
「道は六百八十里」 ❻ 1894·是年 社
「Mickey」 ❾ 2004·是年 社
「水戸の黄門様」 ❽ 1964·是年 社
「緑の牧場」 ❽ 1948·是年 政
「見ないで頂戴お月さま」 ❽ 1953·是年 社
「港が見える丘」 ❽ 1947·是年 社
「港に灯の点る頃」 ❽ 1946·是年 社
「港のヨーコ·ヨコハマ·ヨコスカ」 ❾ 1975·是年 社
「港町十三番地」 ❽ 1957·是年 社
「港町ブルース」 ❾ 1969·是年 社
「皆の衆」 ❽ 1964·是年 社
「南から南から」 ❽ 1942·是年 社
「南の花嫁さん」 ❽ 1942·是年 社
「南の薔薇」 ❽ 1948·是年 政
「都の西北」(早稲田大学校歌) ❼ 1907·10·20 文
「都風流トコトンヤレ節」 ❻ 1868·3月 文
「宮津節」 ❻ 1882·是年 社
「ミヨちゃん」 ❽ 1960·是年 文
「民権数え歌」 ❻ 1886·是年 社
「みんな夢の中」 ❾ 1969·是年 社
「Movin'on without you」 ❾ 1999·是年 社
「昔の名前で出ています」 ❾ 1977·是年 社
「麦搗唄」 ❻ 1882·是年 社
「麦と兵隊」 ❽ 1938·是年 社
「MUGO·ん…色っぽい」 ❾ 1988·是年 社
「無言坂」 ❾ 1993·1231 社
「虫のこゑ」 ❼ 1910·7月 文
「無錫旅情」 ❾ 1986·是年 社
「娘船頭さん」 ❽ 1955·是年 社
「娘よ」 ❾ 1984·是年 政
「夢想花」 ❾ 1978·是年 社
「霧笛が俺を呼んでいる」 ❽ 1960·是年 文
「霧氷」 ❾ 1966·12·24 社
「無法松の一生」 ❽ 1958·是年 政
「むらさき雨情」 ❾ 1993·是年 文
「迷宮ラブソング」 ❾ 2011·是年 文
「夫婦坂」 ❾ 1984·是年 政
「メケ·メケ」 ❽ 1957·是年 社
「めだかの兄弟」 ❾ 1982·是年 社
「芽ばえ」 ❾ 1972·是年 社
「メモリーグラス」 ❾ 1981·是年 社
「メロンの気持」 ❽ 1960·是年 文
「めんこい仔馬」 ❽ 1941·是年 社
「もう一度逢いたい」 ❾ 1976·是年 社
「もう恋なのか」 ❾ 1970·是年 社
「もう恋なんてしない」 ❾ 1992·是年 社
「燃えろいい女」 ❾ 1979·是年 社
「若しも月給が上ったら」 ❽ 1937·是年 社
「もしもピアノが弾けたなら」 ❾ 1981·是年 社
「もっと強く抱きしめたなら」 ❾ 1992·是年 社
「モナリザの微笑」 ❾ 1967·是年 文
「モニカ」 ❾ 1984·是年 政
「木綿のハンカチーフ」 ❾ 1975·是年 社
「桃色吐息」 ❾ 1984·是年 政
「桃太郎」 ❼ 1901·7月 文
「もらい泣き」 ❾ 2002·是年 社
「森の小径」 ❽ 1940·是年 社
「モン·パリ」 ❼ 1927·9·1 文／1928·4月 文／1929·是年 社
「モンスター」(ピンクレディ) ❾ 1978·是年 社
「Monster」(嵐) ❾ 2010·是年 文
「YAH YAH YAH」 ❾ 1993·是年 文
「矢切の渡し」 ❾ 1983·12·31 社
「やさしい悪魔」 ❾ 1977·是年 社
「椰子の実」 ❼ 1936·10月 文
「安来節」 ❾ 1977·6·28 文
「弥太郎笠」 ❽ 1952·是年 社
「やっこりゃ節」 ❻ 1894·是年 社
「やっつけろ節」 ❻ 1890·是年 社
「やっとんまかせ節」 ❻ 1862·是年 社
「柳ヶ瀬ブルース」 ❾ 1966·是年 政
「屋根の上のヴァイオリン弾き」 ❾ 1986·5·31 文
「山男の歌」 ❽ 1962·是年 社
「山口さんちのツトム君」 ❾ 1975·是年 社／1976·4·1 社
「ヤマトナデシコ七変化」 ❾ 1984·是年 政
「山のかなたに」 ❽ 1950·是年 社
「山のけむり」 ❽ 1952·是年 社
「山の吊橋」 ❽ 1959·是年 文
「山のロザリア」 ❽ 1961·是年 政
「山のロマンス」 ❽ 1952·是年 社
「闇夜の国から」 ❾ 1974·是年 社
「やれこれ双六」 ❺-2 1799·1月 社
「やれ出たそれ出た」 ❺-2 1800·天明寛政年間 社
「柔」 ❽ 1964·是年 社／❾ 1965·12·25 社
「YOUNG MAN」 ❾ 1979·是年 社／1982·是年 社
「ユア·マイ·ライフ」 ❾ 1989·是年 社
「YOU ARE THE ONE」 ❾ 1997·是年 社
「勇敢なる水兵」 ❻ 1844·是年 社
「夕鶴」 ❽ 1952·1·29 文／1957·5·30 文／❾ 1984·7·25 文
「夕陽が泣いている」 ❾ 1966·是年 政
「ゆうべの秘密」 ❾ 1968·是年 社
「UFO」 ❾ 1977·是年 社／1978·12·31 社
「夕焼けとんび」 ❽ 1958·是年 政
「有楽町で逢いましょう」 ❽ 1957·是年 社
「誘惑」 ❾ 1998·是年 社
「愉快節」 ❻ 1890·是年 社
「雪が降る」 ❾ 1969·是年 社
「雪国」 ❾ 1986·是年 社
「雪の進軍」 ❻ 1894·是年 社
「雪の降る町を」 ❽ 1953·是年 社
「湯島の白梅」 ❽ 1942·是年 社
「湯の町エレジー」 ❽ 1948·是年 政
「夢追い酒」 ❾ 1978·是年 社
「夢芝居」 ❾ 1982·是年 社
「夢の中へ」 ❾ 1973·是年 社
「夢は夜ひらく」 ❾ 1966·是年 政
「揺れる想い」 ❾ 1993·是年 文
「夜明けの唄」 ❼ 1936·10月 文
「夜明けのうた」 ❽ 1964·是年 社
「夜明けのスキャット」 ❾ 1969·是年 社
「夜明けの停車場」 ❾ 1972·是年 社
「夜明けのMEW」 ❾ 1986·是年 社
「ヨイトヨイトヤットセ節」 ❻ 1895·是年 社
「宵待草」 ❼ 1918·是年 社
「幼稚園唱歌」 ❼ 1901·7月 文
「よかちょろ節」 ❻ 1888·是年 社
「夜霧の第二国道」 ❽ 1957·是年 社
「夜霧の馬車」 ❽ 1941·是年 社
「夜霧のブルース」 ❽ 1947·是年 社
「夜霧よ今夜も有難う」 ❾ 1967·是年 文
「横須賀ストーリー」 ❾ 1976·是年 社
「ヨコハマ·チーク」 ❾ 1981·是年 社
「よこはま·たそがれ」 ❾ 1971·是年 社
「与作」 ❾ 1978·是年 社
「よさこい節」 ❻ 1858·是年 社
「ヨサホイ節」 ❼ 1926·是年 社
「四次元 Four Dimensions」 ❾ 2005·是年 文
「よせばいいのに」 ❾ 1979·是年 社
「夜空」 ❾ 1973·12·31 社
「夜空ノムコウ」 ❾ 1998·是年 社
「四つのお願い」 ❾ 1970·是年 社
「夜が明けたら」 ❾ 1969·是年 社
「夜がわらっている」 ❽ 1958·是年 政
「夜と朝のあいだに」 ❾ 1969·是年 社
「夜のプラットホーム」 ❽ 1947·是年 社
「喜びの歌」 ❾ 2007·是年 文
「喜びも悲しみも幾歳月」 ❽ 1957·是年 社
「よろしく哀愁」 ❾ 1974·是年 社
「ラ·ヴィ·アン·ローズ」 ❽ 1954·是年 社
「ラ·ノビア」 ❽ 1964·是年 社
「LA·LA·LA LOVE SONG」 ❾ 1996·是年 文
「ライオンキング」 ❾ 2006·7·30 文
「らいおんハート」 ❾ 2000·是年 文
「Life goes on」 ❾ 2002·是年 社
「ラインの黄金」 ❾ 1969·1月 文
「ラヴ·パレード」 ❾ 2005·是年 文
「楽園」 ❾ 2000·是年 文
「楽園のDoor」 ❾ 1987·是年 社
「楽園ベイベー」 ❾ 2002·是年 社
「ラストダンスは私に」 ❽ 1961·是年 政
「ラッパ節」 ❼ 1905·是年 社
「ラバウル海軍航空隊」 ❽ 1944·是年 社
「ラバウル小唄」 ❽ 1944·是年 社

「ラブ·イズ·オーバー」 ❾ 1982·是年 社
「Love so sweet」 ❾ 2007·是年 文
「Love, Day After Tomorrow」 ❾ 2000·是年 文
「LOVE PHANTOM」 ❾ 1995·是年 文
「LOVE マシーン」 ❾ 1999·是年 社
「ラブユー東京」 ❾ 1966·是年 政
「LOVE LOVE LOVE」 ❾ 1995·是年 文
「Lφve Rainbow」 ❾ 2010·是年 文
「らんちう」 ❾ 1990·是年 社
「ランナウェイ」 ❾ 1980·是年 社
「Real Face」 ❾ 2006·是年 社
「李香蘭」 ❾ 1991·1·27 文
「Wait & See〜リスク〜」 ❾ 2000·是年 文
「LIPS」 ❾ 2008·是年 文
「リトル·ダーリン」 ❽ 1958·是年 政
「Lifetime Respect」 ❾ 2001·是年 文
「リンゴ追分」 ❽ 1952·是年 社
「りんごの歌」 ❽ 1945·10·11 社／1946·是年 社
「リンゴ村から」 ❽ 1956·是年 社
「りんどう峠」 ❽ 1955·是年 社
「ルイジアナ·ママ」 ❽ 1962·是年 社
「Lotus」 ❾ 2011·是年 文
「ルーム·ライト(室内灯)」 ❾ 1973·是年 社
「ルシア」 ❽ 1958·是年 政
「流転」 ❽ 1937·是年 社
「流浪の旅」 ❼ 1921·是年 社
「レールエ節」 ❼ 1896·是年 社
「RESCUE」 ❾ 2009·是年 文
「LADY NAVIGATION」 ❾ 1991·是年 社
「恋愛レボリューション 21」 ❾ 2001·是年 文
「浪曲子守唄」 ❽ 1963·是年 文
「露営の歌」 ❽ 1937·是年 社
「ロード」 ❾ 1993·是年 文
「ロカビリー剣法」 ❽ 1958·是年 政
「ロコローション」 ❾ 2004·是年 社
「ロック『おてもやん』」 ❽ 1959·是年 文
「ROCK AND ROLL HERO」 ❾ 2002·是年 社
「Rock'n Rouge」 ❾ 1984·是年 政
「六本木純情派」 ❾ 1986·是年 社
「六本木心中」 ❾ 1984·是年 社
「ロビンソン」 ❾ 1995·是年 文
「ロマンス」(高英男) ❽ 1953·是年 社
「ロマンス」(岩崎宏美) ❾ 1975·是年 社
「ロマンスの神様」 ❾ 1994·是年 社
「Romantic が止まらない」 ❾ 1985·是年 社
「浪漫飛行」 ❾ 1990·是年 社
「ロミオとジュリエット」 ❼ 1919·是年 文
「ワールズエンド·スーパーノヴァ」 ❾ 2002·是年 社
「ワイルド·パーティ」 ❾ 1965·是年 社
「ワインレッドの心」 ❾ 1983·是年 社
「若いお巡りさん」 ❽ 1956·是年 社
「若いふたり」 ❽ 1962·是年 社
「わかって下さい」 ❾ 1976·是年 社
「若葉のささやき」 ❾ 1973·是年 社
「若者たち」 ❾ 1966·是年 政
「我が良き友よ」 ❾ 1975·是年 社
「わかれうた」 ❾ 1977·是年 社
「別れ曲でも唄って」 ❾ 1993·是年 文
「別れても好きな人」 ❾ 1980·是年 社
「別れの朝」 ❾ 1971·是年 社
「別れの磯千鳥」 ❽ 1961·是年 政
「別れのサンバ」 ❾ 1969·是年 社
「別れのタンゴ」 ❽ 1949·是年 社
「別れのブルース」 ❽ 1937·是年 社
「若鷲の歌」 ❽ 1943·是年 社
「ワゴン·マスター」 ❽ 1955·是年 社
「ワシントン」 ❼ 1900·是年 社
「忘れ得ぬ君」 ❾ 1967·是年 文
「忘れちゃいやよ」 発禁 ❼ 1936·6·26 社
「忘れていいの」 ❾ 1984·是年 社
「忘れていた朝」 ❾ 1971·是年 社
「わたし祈ってます」 ❾ 1974·是年 社
「私このごろ変なのよ」 ❼ 1931·是年
「わたしの青い鳥」 社 ❾ 1973·是年 社
「わたしの彼は左きき」 ❾ 1973·是年 社
「私の 16 才」 ❾ 1982·是年 社
「わたしの城下町」 ❾ 1971·是年 社
「私のハートはストップモーション」 ❾ 1979·是年 社
「私のボーイフレンド」 ❽ 1950·是年 社
「私は泣いています」 ❾ 1974·是年 社
「私はピアノ」 ❾ 1980·是年 社
「ワダツミの木」 ❾ 2002·是年 社
「笑って許して」 ❾ 1970·是年 社
「ONE DROP」 ❾ 2010·是年 文
「One more time, One more chance」 ❾ 1997·是年 社
「One Love」 ❾ 2008·是年 文

32 言葉

国語問題·漢字など
合言葉 ❶ 672·7·5 政
ア行の『エ』とヤ行の『ヱ』 ❺-2 1819·是年 文
新しい国語審議会 ❽ 1961·11·9 文
阿弥名(□□阿弥陀仏の名を下に付ける) ❷ 1183·是年 社
あらし子(荒子) ❹ 1591·8·21 社
アラビア数字 ❻ 1876·1·1 文／1878·11·8 文
家本(元)の語初見 ❺-2 1718·是年 文
板碑 ❷ 1233·1 月 政
壱·弐·参(数字) ❻ 1874·7·24 政／1875·5·12 文
一倍と二倍 ❻ 1875·12·2 文
いろは歌 ❷ 1079·4·16 文／1109·8 月 文／❸ 1376·是年 文／❹ 1555·7 月 文
印刷標準字体 ❾ 2000·12·8 文
易風会(朗読会) ❼ 1905·4·28 文
江戸御府内·御府外の境界 ❺-2 1788·12 月 政
戎字(えびすじ、外国語)の町名·橋名改称 ❻ 1867·8·8 社
円堂点 ❷ 1123·是年 文
「オイ、コラ」から「モシモシ」へ ❽ 1946·10·7 社
王政復古 ❺-2 1759·2 月 文
「垸飯」(おうばん)の語の初見 ❷ 1179·1·6 社
大阪の語の初見 ❺-2 1779·是年 政
大船·炮術などの用語を日本語使用 ❺-2 1852·11 月 社
送りがなの付け方基準 ❽ 1958·11·18 文／1959·7·10 文
オランダ語 ❺-2 1740·2·26 文／是年 文
外国語·外来語のカナ書き基準 ❽ 1952·12·18 文
外国人日本語能力試験 ❾ 1983·12·14 文
外来語 ❾ 1990·3·1 文／1991·2·7 文／2003·8·5 文／2004·6·29 文
カタカナ英語の排除 ❽ 1943·3·19 社
片仮名書き ❼ 1929·10·18 社
カタカナ漢字まじり文をひらがな漢字文に改定 ❾ 1983·7 月 文
片仮名の五十音図 ❸ 1328·是年 文
カタカナの点 ❶ 828·7·1 文
カタカナ左横書 ❼ 1929·12 月 社
仮名社 ❻ 1882·7·18 文
かなのくわい ❻ 1883·7·1 文
かな文字運動 ❻ 1882·7·18 文／1883·7·1 文
カナモジカイ ❽ 1946·6·5 文／1951·4·7 文
唐声 ❷ 1143·3·8 文
漢音 ❶ 792·⑪·20 文／793·4·28 文／801·4·15 文／806·1·26 文／869·5·7 文
韓国朝鮮語教員 ❾ 1992·5·19 文
漢字検定 ❾ 1992·7·19 文
漢字廃止論 ❻ 1876·12·16 文／❽ 1946·6·5 文
勧善懲悪 ❻ 1872·4 月 文
「吉書」の語の初見 ❷ 1092·1·17 文
教育漢字 ❽ 1947·10·6 文

句読点·促音·拗音の表記　❽ 1950·7月 文
「国」の語　❶ 677·12月 文
警察官の尋問用語　❼ 1913·3·6 社／1930·8·1 社
現代仮名遣い　❽ 1946·11·5 文／12·1 文／❾ 1985·2·20 文／1986·3·6 文
「皇」字問題　❸ 1296·是年 社
「号外」の語の始め　❻ 1876·3·2 文
口語体　❼ 1919·2·15 文／7·29 文／1921·1·1 文／1929·10·18 社／❽ 1946·3·26 文／4·18 文
甲骨文字　❽ 1954·12·19 文
「公文用語の手びき」　❽ 1946·12·24 文
呉音　❶ 792·⑪·20 文
国語審議会(第一回総会)　❼ 1935·4·19 文
国語問題白書　❽ 1950·6·13 文
国際漢字振興協会　❾ 1991·11·16 文
国字略字化懇話会　❾ 1978·3·25 文
五十音引き国語辞典(最古)　❹ 1484·6·20 文
五十音表(点字)　❻ 1890·6月 文
鎖国の語の初見　❺-2 1801·8月 政
自動翻訳機　❽ 1960·3月 文
柴を引く(逃散)　❹ 1518·8月 社
氏名·地名の民族音·現地音読み問題　❾ 1983·7·21 文／1984·7·4 政／1988·2·16 文／1994·4·1 文／2011·12·25 文
人名用漢字別表　❽ 1951·5·25 文
種子(梵字)　❷ 1233·1月 政
守礼之邦　❹ 1579·6·5 政
手話(警察官)　❾ 1994·5·3 社
常用漢字　❼ 1922·10·11 文／1923·5·9 文／8·6 文／1925·5·1 文／❾ 1979·3·30 文／1981·10·1 文／2010·6·7 文
新語·流行語　❾ 1984·12·3 社／2005·12·1 社／2007·11·3 社／2008·12·1 社／2009·12·1 社／2010·12·1 社／2012·12·3 社
新字音仮名遣法　❽ 1942·7·17 文
人名用漢字　❾ 1976·7·27 文／1981·4·27 文／1990·1·16 文／2004·6·11 文
西夏文字　❾ 1974·是年 文／1975·是年 文
精神病院の用語整理法　❾ 2006·6·16 文
西暦記載　❾ 1990·1·4 社
世界エスペラント大会　❾ 1965·8·1 文
説教(僧侶)　❻ 1873·1·7 社
宋音　❷ 1093·4月 文
俗字の使用　❾ 1994·5·25 文
則天文字　❶ 707·7·26 文
擡頭(たいとう)·平出·闕字　❻ 1872·8·7 政
太平洋　❻ 1860·是年 文
濁音符最古の例　❶ 889·11·27 文
中国帰国者日本語学級　❾ 1982·4·17 文
中国帰国者日本語弁論大会　❾ 1983·11·23 文
朝鮮語講座　❾ 1978·4·1 文
テニヲハ点　❷ 1123·是年 文
「天下太平」の語　❶ 757·3·20 政
天気予報用語　❾ 2007·4·1 社
点字複製システム装置　❾ 1978·9·13 文
天皇の諱を姓名につけること禁止　❶ 757·5·26 政
東京の読み方　❻ 1874·是年 政
同時通訳者　❾ 2003·10月 文
同時通訳の会「サイマル·インターナショナル」　❾ 1965·9·4 文
当用漢字　❽ 1946·11·5 文／1947·2·8 文／12·29 文／1948·2·16 文／1949·4·28 文／1954·3·15 文／❾ 1970·5·27 文／1972·5·24 文／1977·1·21 文
日英双方向自動通訳システム　❾ 1991·1·7 文
『日漢対照　蒙古会話』　❼ 1910·是年 文
日本訓盲点字　❻ 1890·12月 文
『日本語アクセント辞典』　❽ 1943·1月 文
日本語学習　❾ 2004·10月 文
日本語学校　❾ 1988·12·22 文／1989·1·13 文
日本語教育·教師　❽ 1942·8·18 政／1943·2·22 文
日本語研修センター　❾ 1980·4·14 文
日本語講習所(韓国許可)　❾ 1965·12·17 文
日本語教育能力検定試験　❾ 1988·1·30 文
「日本」の語初見　❶ 書紀·神功 46·3·1
年を改めて歳とする　❶ 755·1·4 政
「博士」の読み方　❻ 1888·6月 文
はやり言葉禁止　❺-2 1720·7·28 文
ハングル講座　❾ 1984·4·2 文
万歳　❶ 745·5·6 政／849·⑫·10 社／❺-2 1792·1·5 社／1843·⑨·25 文／❻ 1882·4·17 社／1889·2·11 社
犯罪報道容疑者·被告などの呼称　❾ 1984·3·19 文
左からの横書き流行　❻ 1875·9月 社／1888·是春 文
標準漢字(表)　❽ 1942·6·17 文
平仮名　❶ 867·2·16 文／934·12·21 政／966·是年 文
平仮名(先習)　❽ 1955·7·12 文／1956·5·8 文
平仮名版行の始め　❸ 1321·7月 文
振り仮名　❽ 1942·12·18 文
文法会　❻ 1877·10·9 文
方言を公文書に使用禁止　❻ 1875·3·25 政
方言の違い　❹ 1496·1·9 文
ボナンザグラム　❽ 1956·5·27 文
ポリスの語　❻ 1873·2·8 社
梵語(サンスクリット)　❻ 1876·6·14 文
翻訳体の文章流行　❼ 1918·1月 文
真字　❺-1 1714·12·9 政
万葉仮名(現存最古)　❶ 762·12·2 文
「名詞＋する」　❾ 1984·5月 文
「メーデー」の語　❻ 1891·6·23 社
文字·活字文化振興法　❾ 2005·7·22 文
文盲(農民)　❹ 1504·4·13 社
『揚子方言』(揚雄撰、中国最古の方言集)　❸ 1321·7·25 文
洋語·洋字使用禁止　❻ 1853·11·1 文
横書きは左から書く　❽ 1942·3·13 文／7·17 文／1947·1·1 文／1951·3·10 文／1956·8·3 文
ら抜きことば　❾ 1995·10·31 文
『琉球語文典階梯』　❺-2 1849·是年 文
流行語と世相　❾ 1982·12月 政
両を円と書いた初見　❺-2 1842·10·10 政
履歴書毛筆からペン字書き　❽ 1956·6·20 社
ローマ字　❽ 1945·9·3 社／1946·7·11 文／1953·3·12 文
訓令式ローマ字　❽ 1937·9·21 文／1954·12·9 文
日本式ローマ字　❻ 1886·5月 文／❽ 1946·6·5 文／1954·12·9 文
日本ローマ字会　❽ 1946·6·5 文
ヘボン式ローマ字　❻ 1884·12·2 文／❽ 1954·12·9 文
羅馬字学会　❻ 1884·12·2 文
ローマ字日本式綴り方(文部省臨時ローマ字調査会)　❼ 1935·1·15 文
ローマ字論争　❻ 1874·3月 文／1876·12·16 文
ワープロ漢字基準　❾ 1996·7·4 文
ワープロ技能検定　❾ 1985·5·12 文
倭の国号を日本とする　❶ 670·是年 政／703·是年 政
話題になった言葉
「嗚呼、自由党死す」　❼ 1900·8·30 政
青田買い　❽ 1962·4·18 社
アメリカの番犬お断り　❽ 1952·12·4 政
アルバイト　❽ 1946·4月 社
板垣死すとも自由は死せず　❻ 1882·4·6 政
一億総白痴化　❽ 1956·9月 社
五つの大切、十の反省　❾ 1974·5·13 政
糸で縄を買う　❾ 1969·9·20 社
インド人もびっくり　❽ 1964·9月 社
ウサギ小屋　❾ 1979·3·24 政
「歌姫の天国に結ぶ恋」　❼ 1932·12·12 文
産めよ殖やせよ　❽ 1939·9·30 社
エア·ホステス　❽ 1961·6·1 社／❾ 1966·12·14 社
エガワル　❾ 1978·11·21 社
エッチ　❽ 1952·7月 社
老いらくの恋　❽ 1948·11·30 社
欧州に複雑怪奇な新情勢　❽ 1939·8·28 政
オウ·モウレツ　❾ 1969·4·1 社
大きいことはいいことだ　❾ 1967·10月 社
オー·ミステイク　❽ 1950·9·22 社
教え子を再び戦場に送るな　❽ 1951·1·24 文
「おたくのダンナは大じょうぶ？」　❼ 1936·1·15 社

オフィス・レディ(OL) ❽ 1964・3月 社
カウチポテト ❾ 1987・是年 社
核の傘 ❾ 1966・2・17 政
「臥薪嘗胆」の語流行 ❻ 1895・5・15 社
カステラ一番、電話は二番 ❽ 1937・是年 社
活力と魅力あふれる日本を目指して ❾ 2002・12・31 政
神様・仏様・稲尾様 ❽ 1958・10・21 社
空手チョップ ❽ 1957・10・7 社
彼氏 ❽ 1938・8・27 社
期待される人間像 ❾ 1965・1・11 文
基地作物論 ❾ 1965・4・14 政
休肝日 ❾ 1987・是年 社
「教員も労働者である」 ❼ 1920・1月 社
「今日ハ今日」 ❺-1 1607・是年 社
「今日は帝劇、明日は三越」 ❼ 1911・5・20 社
曲学阿世 ❽ 1950・5・3 政
挙国一致 ❽ 1937・8月 社
虚実皮膜論(近松門左衛門) ❺-2 1738・是年 文
巨人軍は永久に不滅です ❾ 1974・10・14 社
ギョッ ❽ 1949・4・5 社
金の鯱鉾 ❻ 1870・12・10 政／1872・3・10 文／1874・3・20 社／1876・4・28 社
クロスワード・パズル ❽ 1956・5・27 文
KY式日本語 ❾ 2008・2・7 文
「激○○」の語流行 ❾ 1975・4月 社
決戦標語「撃ちてし止まむ」 ❽ 1943・2・23 社
決定的瞬間 ❽ 1957・9月 社
健康のため吸いすぎに注意しましょう ❾ 1972・4・20 社
原発に依存しない社会 ❾ 2011・7・13 政
公費天国 ❾ 1980・1・8 社／1989・11・11 社
公僕 ❽ 1945・11・13 社／1946・12・13 政
国民政府(蔣介石)を対手とせず ❽ 1938・1・15 政
「腰弁」の語 ❻ 1877・5月 社
後藤田五訓 ❾ 1986・7・1 政
語尾に「……パア」の語流行 ❻ 1881・5月 社
語尾に「ガンス」の語 ❻ 1892・1月 社
「胡麻の油と百姓は、絞れば絞るほど出る」 ❺-2 1744・6月 社
最初はグー、ジャンケンポン ❾ 1981・2・7 社
札束道路 ❾ 1972・11・13 社
三国人 ❾ 2000・4・9 社
三等重役 ❽ 1951・8・12 文
自衛のための戦力は合憲 ❽ 1951・3・6 政
獅子身中の虫 ❷ 1113・4・15 政
実年 ❾ 1985・10・5 社
銃後を護れ ❽ 1937・8月 社
修羅(古代の運搬具) ❾ 1978・4・5 政
春闘相場 ❽ 1957・1・17 社
「焦土外交」 ❼ 1932・8・25 政
「尚早」の語流行 ❻ 1888・11月 社
女子学生亡国論 ❽ 1962・3月 文
女性は産む機械 ❾ 2007・1・27 政
「女優の品行は保証できぬ」 ❼ 1913・1・8 社
心頭滅却すれば、火も自ら涼し ❹ 1582・4・2 政
人民に愛される共産党 ❽ 1946・1・12 政
「人民の名において」 ❼ 1929・4・12 政
スチュワーデス ❽ 1961・6・1 社／❾ 1966・12・14 社
「政界悪を撃つ」 ❼ 1934・1・17 政
星間空間 ❾ 2012・8・25 社
政治不信 ❾ 1992・10・30 政
青天の霹靂(三木武夫) ❾ 1974・11・30 政
政府は財界の男メカケ ❾ 1971・3・29 政
セクシャル・ハラスメント ❾ 1994・5・26 社
戦力なき軍隊 ❽ 1953・11・3 政
「壮士」の語の始め ❻ 1883・2・23 政
葬式ごっこ ❾ 1986・2・1 社
「大学は出たけれど」(失業時代) ❼ 1929・3月 社
太陽族 ❽ 1956・1・23 社
台湾は中国の領土 ❾ 1972・2・28 政
竹馬経済 ❽ 1949・3・7 政
黙れ！ ❽ 1938・3・3 政
ダンチ族 ❽ 1958・7月 社
知恵ぶとり・徳やせ ❾ 1974・4・23 文
父よ、あなたは強かった ❽ 1939・3・7 社
知的水準黒人 ❾ 1986・9・22 政
中小企業倒産・自殺もやむを得ない ❽ 1950・3・1 政／1952・11・27 政
「次の一手」(囲碁) ❻ 1890・2・15 文
つまみぐい ❽ 1950・4・19 社
強い国よりもやさしい国 ❾ 1994・7・18 政
ティーン・エージャー ❽ 1953・2月 社
「帝国」の語流行 ❻ 1888・5月 社
「てこずる」 ❺-2 1776・是年 社
鉄のカーテン ❽ 1946・3・5 政
東京サバク ❽ 1964・8・6 社
同情するなら金をくれ ❾ 1994・4・16 社
東北は熊襲 ❾ 1988・2・28 社
毒まんじゅう ❾ 2003・9・9 政
殿様論争 ❾ 1977・2・24 文
とめてくれるなおっかさん ❾ 1968・11・22 文
トリスを飲んでハワイへ行こう ❽ 1961・9・11 社
「とんだ茶がまが薬缶に化けた」 ❺-2 1770・2月 社
なぜだ ❾ 1982・9・22 政
ニコヨン(日雇労務者の賃金) ❽ 1947・9・3 社
「西にニコライ・レーニン、東に原総理大臣」 ❼ 1920・7・8 政
ニスことば ❺-1 1657・明暦年間 社
日本人入るべからず ❽ 1951・9・2 政
ニャンニャンする ❾ 1983・5・24 社
パートタイム ❽ 1957・是年 社
「ハイカラ」 ❼ 1897・是年頃 社
バカヤロー ❽ 1953・2・28 政
無端事(はしなきこと) ❶ 686・1・2 文
蜂は一度刺して死ぬ ❾ 1981・10・28 政
八頭身と八等身 ❽ 1953・7・16 社
「パパ・ママ」 ❼ 1934・8・29 社
ハンカチ王子 ❾ 2006・8・6〜21 社
「万歳」(衆議院解散時) ❼ 1897・12・25 政
BG ❽ 1963・9・12 社／1964・3月 社
光は新宿より ❽ 1945・8・18 社
非義勅命 ❻ 1865・9・23 社
非職(岡倉天心の退職) ❼ 1898・3・29 文
「非職」「免職」の語流行 ❻ 1886・4月 政
人づくり ❽ 1962・8・10 政／10・26 政
ヒトラーのごとく、ムッソリーニのごとく、スターリンのごとく ❽ 1938・3・3 政
貧乏人は麦を食え ❽ 1950・12・7 政
夫婦でワインを ❾ 1972・12月 社
不易流行 ❺-1 1689・是年 文
普通の女の子に戻りたい ❾ 1977・7・17 社
不逞の輩 ❽ 1947・1・1 政
ふとった豚になるよりやせたソクラテスになれ ❽ 1964・3・21 文
ふんどし大臣 ❽ 1947・6・30 社
ヘア・ヌード ❾ 1991・2・5 社
「兵に告ぐ」 ❼ 1936・2・29 政
ベンチがアホやから ❾ 1981・8・26 社
暴力装置でもある自衛隊 ❾ 2010・11・18 政
「ホコトン」の語流行 ❻ 1892・5・31 社
欲しがりません勝つまでは ❽ 1942・11・27 社
窓ぎわ族 ❾ 1978・1・9 社
マネービル ❽ 1956・11・1 政
真昼の暗黒 ❽ 1956・4月 社
「ママさん」 ❼ 1928・3月 社
マル公時代 ❽ 1938・7・9 政
「満蒙は日本の生命線」 ❼ 1931・1・23 政
ミズ ❾ 1975・3・14 社
三越にはストもあります ❽ 1951・12・18 社
民主戦線 ❽ 1946・1・12 政
もう戦後ではない ❽ 1956・7・17 政
望月のかけたることなし ❷ 1018・10・16 政
安らかに眠って下さい。過ちは繰返しませぬから ❽ 1952・8・6 政
四等国 ❽ 1945・9・12 政
ロマンスグレー ❽ 1954・是年 社
私作る人・僕たべる人 ❾ 1975・10・27 社

33　美術・絵画・彫刻

板絵　❸ 1313·7·20 文／1318·8·18 文／1331·4·7 文／1357·是年 文／❺-1 1623·是年 文
板絵「役行者像」　❸ 1331·是年 文
板絵「観音三十三身板絵」　❸ 1405·4·5 文
板絵「三十番神像」　❸ 1433·2·11 文
板絵「真言八祖図像」　❸ 1327·2 月 文
板絵「神像」　❸ 1286·4·25 文
板絵「龍田明神」　❸ 1295·3·21 文
板絵「補陀落山浄土図」　❹ 1473·6 月 文
板絵「弁才天像」　❸ 1365·4·11 文
板絵「弁財天女像」　❹ 1582·10·26 文
絵図·図像
「阿育王寺金山寺図」　❹ 1472·是年 文
「愛染明王像」　❸ 1321·3·4 文／1327·6·1 文／❺-1 1673·是年 文
「青山白雲図」　❸ 1420·是年 文
「足引絵詞」　❸ 1437·2·25 文／1438·5·28 文／❹ 1480·5·27 文／1484·12·9 文
「阿弥陀浄土図」　❷ 1183·8 月 文
「阿弥陀如来図像」　❸ 1306·是年 文／1309·是年 文／1317·是年 文／1355·7 月下旬 文／❹ 1489·2·15 文／1544·8·21 文／1576·是年 文／1580·是年 文
「安底羅大将図像」　❷ 1164·5·28 文
「安東蓮聖画像」　❸ 1330·2·6 文
「生駒曼荼羅図」　❹ 1456·2·27 文／1533·是年 文
「出雲神社社領牓示絵図」　❷ 1234·是年 文
「厳島八景図画帖」　❺-2 1794·是冬 文
「一掃百態図」　❺-2 1818·11·13 文
「因幡堂縁起絵」　❸ 1432·4·19 文
「犬追物図」　❹ 1550·5 月 文
「弥益大領絵」　❸ 1431·3·23 文
「因果絵」　❸ 1437·是年 文
「ういのせう絵」　❸ 1438·是年 文
「浮世絵類考」　❺-2 1800·寛政年間 文
「歌合草紙」　❹ 1479·⑨·28 文
「馬絵」　❹ 1460·12·9 文
「絵掛幅」　❹ 1519·11·10 文
「絵系図」(真宗仏光寺派)　❸ 1329·11·11 文
「円翁画譜」　❺-2 1837·是年 文
「煙霞帳」　❺-2 1811·4 月 文
「猿猴図」　❸ 1423·是年 文／❹ 1570·3 月 文
「応永鈞命絵図」　❸ 1426·9 月 文
「扇図」　❸ 1423·9·14 文
「往生絵」　❸ 1451·11·13 文
「王羲之書扇図」　❸ 1430·是年 文
「翁画」　❹ 1542·4·26 文
「外国標幟図巻」(油彩)　❺-2 1804·是年 文
「画学斎過眼図藁」　❺-2 1813·是年 文
「賀久留神社祭礼図」　❺-2 1814·2 月 文
「過去因品経」　❹ 1528·3·16 文
「鹿島立神影図」　❸ 1383·9·30 文／1384·9·1 文
「春日権現記絵」　❸ 1438·3·27 社
「春日赤童子画像」　❹ 1488·是年 文
「春日曼荼羅図」　❸ 1300·10 月 文／1428·6·11 文
「春日明神影向図」　❸ 1312·9 月 文
「画図百花鳥」　❺-2 1729·是年 文
「歌仙絵額」　❸ 1436·是年 文
「片岡絵」　❹ 1478·3·26 文／1491·9·29 文
「花鳥図」　❸ 1326·是年 文
「金沢藩領五箇山絵図」　❺-2 1814·9 月 文
「蕪図」　❹ 1557·7·30 文
「画本彩色通」　❺-2 1848·是年 文
「画本手鑑」　❺-2 1720·是年 文
「賀茂祭絵詞」　❷ 1274·是年 文
「火羅図」　❷ 1166·6 月 文
「観経浄土曼陀羅」　❹ 1505·6·30 文
「岩石唐絵」　❸ 1322·12·22 文／1338·是年 文
「観音経絵」　❷ 1257·3·29 文
「観音図像」　❸ 1352·2·18 文
「観音大士像」　❸ 1412·是年 文
「観音蘆雁図」　❸ 1436·6·27 文
「関白出仕絵」　❸ 1437·是年 文
「観瀑図」　❹ 1478·是年 文／1480·是年 文
「寒林帰樵図」　❸ 1361·5·15 文
「紀伊国神野真国荘絵図」　❷ 1143·5·25 文
「祇園社絵図」　❸ 1331·12 月 文
「菊図」　❸ 1423·9·14 文
「吉祥天像」　❸ 1340·5·30 文／1341·5·30 文／1450·12 月 文
「菊花文禽図」　❹ 1509·是年 文
「狂言絵」　❸ 1441·是年 文
「仰山智通和尚画像」　❸ 1447·4·15 文
「享保十八年霊元院御旧殿御庭絵図」　❺-2 1733·是年 文
「玉澗様山水図」　❹ 1548·是年 文
「清滝権現図」　❷ 1204·是年 文／1262·7 月 文
「魚籃観音図」　❸ 1302·是年 文
「琴棋書画図説」　❸ 1447·是年 文
「禁中小絵詞」　❹ 1474·2·9 文
「禁裏舞絵」　❸ 1406·10·15 文
「苦行釈迦像」　❹ 1456·7 月 文
「愚直師侃画像」　❸ 1350·10 月 文
「久能山真景図」　❺-2 1837·8 月 文
「久保田城下絵図」　❺-2 1759·11 月 文
「熊野那智山影向図」　❸ 1329·是秋 文
「熊野那智参詣曼荼羅図」　❹ 1596·是年 文
「九曜星図像」　❷ 1163·是年 文／1164·是年 文
「九曜秘暦図像」　❷ 1125·2·22 文／1224·4 月 文／❸ 1396·7 月 文
「渓陰斎図」　❸ 1446·4·15 文
「渓隠小築図」　❸ 1413·是夏 文
「渓雨初霽図」　❹ 1576·是年 文
「華厳海会善知識曼荼羅図」　❸ 1294·3·29 文
「懸崖幽芳図」　❸ 1343·是年 文
「玄宗皇帝絵」　❷ 1159·11·5 文
「耕雲口伝」　❸ 1408·3 月 文
「高山寺絵図」　❷ 1230·①·13 文
「高山寺領牓示絵図」　❷ 1230·①·23 文
「江山夕陽図」　❸ 1437·是年 文
「高士探梅図」　❸ 1413·8·15 文
「興正菩薩画像」　❸ 1300·⑦·21 文
「江泉煙嵐図」　❸ 1349·是年 文
「皇朝名画拾遺」　❺-2 1806·是年 文／1819·是年 文
「豪鎮画像」　❸ 1372·是年 文
「江天遠意図」　❸ 1419·7·24 文
「紅白芙蓉図」　❷ 1197·是年 文／❹ 1493·11·17 文
「光明本尊」　❸ 1420·是年 文
「強力女絵」　❸ 1438·是年 文
「光琳絵本道しるべ」　❺-2 1736·是年 文
「光琳雛形わかみどり」　❺-2 1727·是年 文
「光琳百図」　❺-2 1826·是年 社
「粉河観音絵」　❸ 1434·3·24 文／1441·5·26 文
「鼓琴余事帖」　❺-2 1817·是夏 文
「御禊行幸絵」　❸ 1375·10·1 文
「後三年絵巻」　❷ 1171·是年 文
「古寺春雲図」　❸ 1431·12·27 文
「五節絵」　❸ 1431·是年 文
「五祖荷鋤図像」　❸ 1336·是年 文
「五大虚空蔵図像」　❸ 1376·2 月 文
「五大尊像(絵像)」　❷ 1088·10·10 文／1090·6·1 文／1246·1·13 文／1250·3·10 文
「五大力吼像粉本」　❷ 1197·是年 文
「国華」　❻ 1889·10 月 文
「国華余芳」　❻ 1880·1 月 文
「五百羅漢図」　❷ 1178·是年 文／❸ 1383·是年 文／1386·10·17 文
「御宝宝蔵悪源太絵」　❸ 1434·11·8 文

「枯木竹石図」 ❸ 1369・是年 文
「後桃園天皇大嘗宮舗設図」 ❺-2 1771・11・19 文
「金剛界曼荼羅諸尊図像」 ❷ 1083・9・28 文
「金剛界曼荼羅図」 ❷ 1172・10・23 文
「金剛童子図像」 ❷ 1163・5・11 文／1280・11 月 文
「昆虫写生帖」 ❺-2 1776・10 月 文
「金輪曼荼羅図」 ❷ 1220・是年 文
「西湖図」 ❹ 1496・③・13 文／1503・是年 文
「彩色画撰」 ❺-2 1767・是年 文
「西説訳述写真必用西洋画燈」西洋絵具の製法 ❺-2 1819・6 月 文
「菜虫譜」 ❺-2 1790・是年 文
「柴門新月図」 ❸ 1405・7 月 文
「沙鴎図」 ❸ 1447・是年 文
「嵯峨舎那院御領絵図」 ❷ 1207・8・16 文
「嵯峨中諸寺院絵図」 ❸ 1416・是年 文
「狭衣絵」 ❸ 1436・7・4 文
「山茶花小禽図」 ❹ 1473・5・8 文
「貞任宗任討伐絵」 ❸ 1441・是年 文
「さらしな日記絵」 ❸ 1317・文保年間 文
「猿図」 ❸ 1375・4・21 文／1385・4・16 文
「三益斎図」 ❸ 1418・是年 文
「三寺談話絵」 ❸ 1441・9 月 文／是年 文
「山水図」 ❸ 1415・8・22 文／1421・是年 文／1437・4・20 文／1439・6・30 文／1446・8・5 文／❹ 1466・7・28 文／1479・是年 文／1485・是年 文／1495・3 月 文／1498・是年 文／1500・1 月 文／1505・2・4 文／1506・是秋 文／1507・4・8 文／1514・6・1 文／是年 文／1523・10 月 文／1533・12・8 文／1551・是夏 文／1557・10 月 文
「山水図画帖」 ❺-2 1801・是年 文／1835・10・15 文／1836・是夏 文
「山水図巻」 ❹ 1473・7 月 文／1476・是年 文／1486・11 月 文／1514・是年 文
「三千仏図」 ❸ 1357・7・1 文／1400・12・21 文／❹ 1472・11 月 文
「三蔵絵」 ❹ 1472・7・1 文／1491・9・29 文
「山王絵詞」 ❸ 1423・5・6 文／❹ 1477・4・6 文／1529・11・23 文／1572・2・25 文
「三宝絵詞」 ❷ 1120・6・7 文／1273・8・8 文
「三摩耶形図像」 ❷ 1143・4・20 文／1231・5・12 文
「山門足引絵」 ❸ 1436・6・25 文／1438・是年 文
「四季花鳥画帖」 ❺-2 1840・7 月 文
「識虚庵図」 ❹ 1473・是年 文
「四季山水図」 ❹ 1469・是年 文
「持経絵」 ❸ 1437・是年 文
「地獄変屏風画」 ❷ 1015・12・19 文
「四睡図」 ❸ 1351・是年 文
「四聖御影」 ❸ 1357・5・2 文
「四聖御影画像」 ❷ 1256・8 月 文／❸ 1377・5・2 文
「地蔵絵」 ❹ 1491・9・29 文
「地蔵菩薩」 ❸ 1349・1 月 文／1355・6・6 文／12・22 文／1356・3・11 文／1410・12・24 文
「時代不同歌合絵」 ❸ 1438・是年 文
「十界図」 ❸ 1431・9・9 文
「十僧」 ❹ 1486・3・24 文
「釈迦三尊像」 ❹ 1540・是年 文
「釈迦如来画像」 ❸ 1288・是年 文／1334・12・28 文／1338・2・7 文／1425・是年 文
「釈教三十六歌仙図」 ❸ 1347・是年 文
「若州絵」 ❸ 1367・是秋 文／1394・是年 文／1441・是年 文
「拾遺古徳伝絵詞」 ❸ 1301・12 月 文／1323・11・12 文／1324・6・14 文
「十一面観音画像」 ❸ 1337・是年 文／1397・2・9 文
「十王図」 ❹ 1489・12・23 文
「十牛図」 ❷ 1278・8 月 文／❸ 1310・是年 文／1380・8・1 文／1382・3・21 文／4・2 文／1395・是年 文／❹ 1531・4・27 文
「秋景暮景図」 ❸ 1454・5 月 文
「十二支戯画」 ❸ 1451・8 月 文
「十二神将図絵」 ❷ 1227・3・22 文／❸ 1359・9・4 文／1438・6・8 文／1441・是年 文
「十二天画像」 ❹ 1478・6・15 文／1564・是年 文／1575・2 月 文
「十二天五大尊画像十二幅」 ❷ 1127・是年 文
「十便図・十宜図」画冊 ❺-2 1771・8 月 文
「十六羅漢図」 ❷ 1225・7・15 文／❸ 1338・2・7 文／1346・4 月 文／1349・6・1 文／1445・是年 文
「十六羅漢図三幅」 ❹ 1550・是年 文／1551・是年 文
「十天形像図巻」 ❷ 1213・是年 文
「寿老・花鳥図」 ❸ 1401・是年 文
「春江柳塢図」 ❸ 1347・是年 文
「駿馬図」 ❸ 1303・是年 文
「聖観音像」 ❸ 1368・3・6 文
「聖皇曼荼羅図」 ❷ 1254・是年 文
「浄住寺図」 ❸ 1332・是年 文
「瀟湘八景」 ❹ 1483・6・27 文
「成尋入唐屏風」 ❷ 1102・6・19 文
「松雪山房図」 ❸ 1442・3 月 文
「松風村雨」 ❹ 1517・10・27 文
「称名寺絵図並結界記」 ❸ 1323・2・24 文
「松林漁隠図」 ❸ 1350・是年 文
「松緑図」 ❹ 1507・5・15 文
「諸観音図像」 ❷ 1078・6 月 文
「蜀山図」 ❸ 1446・8・5 文／❹ 1472・2 月 文
「熾盛光曼荼羅図像」 ❷ 1095・6 月 文／1228・8・24 文
「書写(山)上人絵」 ❸ 1434・3・24 文
「女流歌人歌絵」 ❷ 1213・3・28 文
「神護寺絵図」 ❷ 1230・12・24 文
「真宗絵系図」 ❸ 1326・是年 文／1334・是年 文／1337・是年 文／1437・10・11 文
「信西古楽図」 ❸ 1449・9 月 文
「神泉苑図」 ❷ 1279・5 月 文
「新善光寺絵」 ❸ 1433・是年 文
「神農図」 ❹ 1565・是年 文
「新曼陀羅(当麻寺)」 ❹ 1491・10・9 文
「新名所絵歌合」 ❸ 1294・11 月 文
「水色巒光図」 ❸ 1445・5 月 文
「随身画像」 ❸ 1419・11・8 文
「随身庭騎絵巻」 ❷ 1247・10 月 文
「図像抄」 ❷ 1226・5 月 文／1266・5・6 文
「聖家族と聖アンナ図」 ❹ 1596・是年 文
「晴雪斎図」 ❹ 1490・是年 文
「聖廟絵」 ❸ 1433・是年 文
「清明上河図」 ❹ 1577・10 月 文
「西洋画談」 ❺-2 1793・是年 文／1799・是年 文／1828・是年 文
「セビリアの聖母子」 ❹ 1597・是年 文
「善光寺如来本像」 ❸ 1402・6・12 文／1434・是秋 文／1452・6・6 文
「前赤壁図」 ❹ 1537・是年 文
「船窓小戯画帖」 ❺-2 1830・5・20 文
「先徳図像」 ❷ 1173・是年 文
「善女龍王図像」 ❷ 1201・8・14 文
「総持正傑大姉画像」 ❸ 1379・12・11 文
「宋紫石画譜」 ❺-2 1765・是年 文
「束帯天神像」 ❸ 1360・7・25 文
「祖師紙形図像」 ❸ 1377・6・7 文
「蘇悉地儀軌契印図」 ❷ 1159・6・3 文
「大円禅師画像」 ❸ 1393・6・1 文
「大応国師画像」 ❸ 1288・是年 文／1293・7 月 文／1307・10 月 文
「大火絵巻」 ❻ 1860・万延年間 文
「待花軒図」 ❸ 1419・7・24 文
「太子曼荼羅」 ❷ 1255・是年 文
「太神宮法楽寺絵」 ❸ 1433・是年 文／1375・5・28 文／1441・是年 文
「胎蔵界略図」 ❷ 1145・9・15 文
「胎蔵旧図様」 ❷ 1114・9 月 文／1193・是年 文
「胎蔵図像」 ❷ 1194・11 月 文／1274・6・6 文
「胎蔵曼荼羅図」 ❷ 1145・4・19 文
「大内図」 ❸ 1375・5・25 文／1377・6・6 文
「大悲胎蔵三昧耶曼荼羅図像」 ❷ 1165・7・16 文
「大仏絵」 ❸ 1441・4・15 文／是年 文
「当麻曼荼羅図」 ❸ 1302・5・6 文
「内裏御絵」 ❸ 1435・6・29 文
「高彦敬様山水図巻」 ❹ 1474・1 月 文
「潭底月図」 ❹ 1583・是年 文
「湛碧斎図」 ❸ 1452・6・6 文
「竹斎読書図」 ❸ 1446・8・5 文／1447・是年 文
「竹石図」 ❸ 1320・是年 文
「筑摩祭絵」 ❹ 1501・8・29 文
「児草子」(醍醐男色絵) ❸ 1321・6・18 文
「長恨歌画図跋」 ❷ 1159・11・15 文
「長察大童子画像」 ❹ 1596・10・6 文
「聴松軒図」 ❸ 1433・2・3 文
「長松楼閣図」 ❸ 1455・是年 文
「朝陽対月図」 ❸ 1295・是年 文
「鎮西追討絵」 ❸ 1434・11・8 文

「綱敷天神図」 ❸ 1429·11·13 文
「天神画像·渡唐天神像」 ❹ 1462·是年 文／1464·是年 文／1496·12月 文／1507·8·11 文／1523·4·25 文
「天台山霊応図」 ❷ 1232·11·24 文
「天台祖師図像」 ❸ 1287·2·7 文
「伝法正宗定祖図」 ❷ 1154·7·13 文
「天満宮絵」 ❹ 1572·是年 文
「桃鳩図」 ❷ 1107·是年 文
「当宮祭礼渡御図」 ❸ 1432·8·1 文
「東大寺絵」 ❸ 1438·是年 文
「東福寺伽藍図」 ❹ 1505·是年 文
「杜子美図」 ❹ 1498·9月 文
「渡唐天神画像」 ❸ 1346·2·25 文／1425·4·16 文／1438·2·15 文／8·9 文／1449·10·11 文
「中臣氏系図」 ❸ 1328·是年 文
「新潟町並図」 ❺-2 1823·是年 文
「仁王経法図像」 ❷ 1181·是年 文／1183·是夏 文／1186·是年 文
「二月堂絵」 ❸ 1438·是年 文
「二曲三体人形絵図」 ❸ 1421·7月 文
「肉筆画帖」(北斎) ❺-2 1843·天保年間 文
「二十八部衆」 ❸ 1359·9·4 文
「廿八宿図」 ❷ 1153·是夏 文
「日光三所権現絵像」 ❸ 1327·是年 文
「日本図」 ❸ 1305·12月 文
「如意輪観音図像」 ❸ 1300·是年 文／1302·7·20 文／1307·3·16 文／1334·7·18 文
「二楽斎図」 ❹ 1514·4月 文
「子日絵詞」 ❸ 1375·5·29 文／1386·5月 文
「涅槃図」 ❷ 1086·4·7 文／1113·2·15 文／1274·7·10 文／是年 文／❸ 1328·2月 文／1345·2·5 文／1346·1·17 文／1362·12·18 文／1380·是年 文／1402·是年 文／1408·6月 文／1421·4·15 文／1432·9·6 文／1434·是年 文／1435·2·15 文／❹ 1522·10·9 文／1549·是年 文／1563·4·28 文／1568·是年 文／1599·4·26 文
「馬医絵巻」 ❷ 1267·1·26 文
「梅花図」 ❸ 1405·4·5 文
「馬猿図」 ❸ 1297·是年 文
「白岳紀遊図」 ❹ 1554·是年 文
「白山権現白描図像」 ❸ 1335·是年 文
「白描藍染曼荼羅図」 ❷ 1107·3·5 文
「芭蕉夜雨図」 ❸ 1410·6月 文／1438·10月 文
「八大明王図像」 ❷ 1120·7·26 文／1188·10·29 文
「八幡愚童訓」 ❸ 1443·1月 文
「八景図障子」 ❹ 1462·3·14 文
「花園天皇画像」 ❸ 1338·9月 文
「叭々鳥図」 ❹ 1555·9月 文
「伴大納言絵」 ❸ 1441·4·26 文／是年 文
「般若十六善神図像」 ❷ 1165·5·24 文
「万里橋図」 ❹ 1467·4月 文
「毘沙門天図像」 ❷ 1223·1·3 文
「毘沙門天像粉本」 ❷ 1278·12·1 文
「毘沙利国王絵」 ❹ 1491·9·29 文
「一口物語絵」 ❸ 1416·6·13 文
「白衣観音図」 ❸ 1320·是年 文／1323·是年 文／1345·10·21 文／1361·是年 文／1363·8·25 文／1385·9月 文／1404·4·24 文／1406·是年 文／1413·1·18 文／1425·是年 文／1434·是秋 文／1452·6·6 文
「瓢鮎図」 ❸ 1415·8·22 文
「琵琶行図」 ❹ 1569·是年 文
「風雅集竟宴図」 ❸ 1348·11·27 文
「普応国師画像」 ❸ 1316·是年 文
「舞楽絵巻」 ❸ 1408·11·8 文
「富嶽図記」 ❺-2 1742·是年 文
「富嶽百景」画冊 ❺-2 1834·是年 文
「普賢延命図像」 ❷ 1153·4·21 文／1178·6·25 文／1196·6·24 文
「扶桑画譜」 ❺-2 1735·是年 文／1736·是年 文
「扶桑名勝図」 ❺-2 1728·是年 文
「仏鬼軍絵巻」 ❸ 1454·6月 文
「仏制比丘六物図」 ❷ 1147·8月 文
「不動儀軌図像」 ❷ 1245·7·1 文
「葡萄図」 ❸ 1291·是年 文／❹ 1491·是年 文
「不動明王図像」 ❷ 1195·8·17 文／1199·8月 文／❸ 1282·9月 文／1285·是年 文／1292·2·25 文／1294·6·19 文／1309·6·12 文／1378·1·8 文／4·19 文／1379·10·4 文／1382·5月 文／1385·9月 文／1386·3·16 文／1387·12·25 文／1425·5月 文／1437·是年 文／❹ 1568·是年 文
「不動明王粉本」 ❷ 1199·是年 文
「平家絵」 ❸ 1438·6·13 文／是年 文／1441·4·15 文
「平沙落雁図」 ❸ 1317·是年 文
「望海楼図」 ❸ 1435·是年 文
「放牛図」 ❸ 1450·是年 文
「保元相撲図」 ❷ 1174·7·24 社
「宝蔵絵」 ❸ 1423·4·13 文／1446·2·15 文
「倣陳希三観音画帖」 ❺-2 1831·是春 文
「放犢図」 ❸ 1361·5·15 文
「法隆寺領播磨国鵤庄絵図案」 ❸ 1386·5月 文
「慕帰絵」 ❹ 1482·11月 文／1497·4·16 文
「北越漫遊」画冊 ❺-2 1814·是年 文／1828·是年 文
「墨竹画」 ❸ 1348·是春 文／1424·是年 文／1432·4·19 文／❹ 1513·5月 文
「北斗曼荼羅図(唐本)」 ❷ 1148·7·26 文
「墨梅三幅」 ❸ 1297·是年 文
「墨妙」 ❸ 1348·是春 文
「墨蘭図」 ❸ 1306·是年 文
「法華経曼荼羅図」 ❸ 1316·是年 文／1326·是年 文／1327·是冬 文／1328·是冬 文／1335·是年 文
「布袋図」 ❸ 1290·4月 文／1341·是年以前 文／1382·7·20 文／❹ 1498·4·26 文／1502·是年 文／1543·2·15 社
「本願寺来迎曼荼羅」 ❹ 1475·10·29 文
「梵天火羅九曜図」 ❷ 1189·是年 文
「梵天·風天画像」 ❷ 1040·是年 文
「枕草紙絵」 ❸ 1438·是年 文
「将門合戦絵」 ❷ 1204·11·30 文
「亦復一楽帖」 ❺-2 1831·7·15 文
「松姫物語絵巻」 ❹ 1526·8·25 文
「マリア像」版画 ❹ 1557·是年 文
「万職図考」 ❺-2 1850·是年 文
「曼陀羅集」 ❸ 1290·8·26 文／1447·4月 文
「曼荼羅図」 ❷ 1113·是年 文／1208·是年 文／1219·4·12 文／❸ 1444·是年 文
「弥勒菩薩図像」 ❸ 1312·11·26 文
「三輪大明神縁起」 ❸ 1419·8·12 文／1427·3月 文／1446·4月 文
「むくさい房絵」 ❸ 1438·是年 文
「武蔵坊弁慶物語」 ❸ 1434·11·8 文
「夢想阿弥陀影向図」 ❸ 1307·是年 文
「室生山図」 ❸ 1314·是年 文
「迷悟絵」 ❹ 1491·9·29 文
「名山図譜」 ❺-2 1804·是年 文
「目無経(理趣経)」 ❷ 1193·8月 文
「目撃佳趣」画冊 ❺-2 1829·11月 文
「目蓮救母経絵巻」 ❸ 1346·7·15 文
「摹諸家画法図」 ❺-2 1829·11·12 文
「没骨水墨蜀葵図」 ❹ 1475·是年 文
「文殊図」 ❹ 1501·是年 文
「文殊菩薩図」 ❸ 1302·2月 文／1334·6·9 文／是年 文／1338·1月 社／1349·是年 文／1358·10·16 文／1400·12月 文／1418·6月 文／1438·9月 文
「薬師十二神将図像」 ❷ 1168·8·12 文
「薬師像」 ❹ 1490·2·7 文
「山臥絹絵」 ❸ 1438·8·26 文
「夕佳楼図」 ❸ 1413·8·15 文
「祐信画鑑」 ❺-2 1738·是年 文
「夕陽山水図」 ❷ 1254·是年 文
「楊柳観音画像」 ❸ 1310·是年 文／1323·6月 文／1391·12·13 文
「楊柳観音図」 ❹ 1468·是年 文
「楊柳白衣観音図」 ❹ 1468·6月 文
「頼実亭鞠絵詞」 ❷ 1221·是年 文
「羅漢図」 ❹ 1475·4·16 文
「洛中洛外図」 ❹ 1574·3月 文
「蘭図」 ❸ 1385·1·29 文／1417·1·14 文
「立花図巻」 ❹ 1554·2·12 文
「李白観瀑図」 ❸ 1437·4·20 文
「略画職人尽」 ❺-2 1826·是年 文
「龍王絵像」 ❸ 1359·是冬 文
「龍虎図」(牧谿) ❷ 1269·是年 文
「両界曼荼羅図」 ❷ 1112·11·22 文／1156·4·29 文／是年 文／1160·10·4 文／1186·10·5 文／1220·4·12 文／❸ 1299·是年 文／1317·2·4 文／1397·9·23 文
「龍智像印仏」 ❸ 1455·是年 文
「臨川寺領大井郷絵図」 ❸ 1347·是年 文
「冷香斎図」 ❹ 1544·6月 文
「霊山変相図」 ❷ 1148·3月 文
「蓮華蔵世界図」 ❷ 1200·是年 文
「蓮華台蔵世界図」 ❷ 1200·②·27 文
「蘆雁図」 ❹ 1490·6·29 文

「六字経曼荼羅図」 ❸ **1410**·7 月 文／**1440**·是年 文
「六代祖師図像」 ❸ **1306**·是年 文
「六道絵」 ❸ **1377**·3·8 文／**1441**·是年 文／❹ **1525**·3·15 文
「鹵簿図」 ❸ **1318**·10·13 文
「蘆葉達磨図」 ❸ **1317**·是年 文
「和漢名画苑」 ❺-2 **1750**·是年 文
「和田崎神幸之図」 ❺-1 **1663**·8·6 文
「和朝名勝画図」 ❺-2 **1732**·是年 文
絵馬·額 ❹ **1512**·12·26 文／**1521**·5 月 文／·是年 文／**1523**·4 月 文／**1539**·是年 文／**1552**·3·30 文／**1553**·是年 文／**1556**·是年 文／**1564**·3·20 文／**1570**·是年 文／**1577**·3·13 文／**1589**·6 月 文／❺-1 **1610**·5 月 文／10·15 文／**1614**·6·1 文／**1622**·7·18 文／**1625**·2 月 文／是年 文／**1626**·2·7 文／**1630**·6 月 文／**1637**·9·17 文／**1638**·是年 文／**1639**·是年 文／**1641**·2·25 文／**1643**·2 月 文／**1647**·3 月 文／❺-2 **1720**·8 月 文／**1725**·4·15 文／**1746**·是年 文
色紙絵馬 ❷ **1012**·6·25 文
船絵馬 ❺-1 **1670**·9 月 文／❺-2 **1756**·是年 文／**1783**·6 月 文／是年 文／**1841**·10·12 文／❻ **1862**·是年 文
「赤穂浪士吉良邸討入図」絵馬 ❺-1 **1715**·是年 文
「阿弥陀来迎図」絵馬 ❺-1 **1684**·7 月 文
「安房の船」絵馬 ❺-2 **1852**·2 月 文
「石巻眺望」図額 ❺-2 **1805**·是年 文
「石橋図」絵馬 ❺-2 **1814**·3 月 文
「伊勢道中図」絵馬 ❺-2 **1814**·3 月 文
「茨木図」絵馬 ❻ **1883**·是年 文
「植木踊」絵馬 ❺-2 **1848**·8·8 文
「牛若丸·僧正坊図」絵馬 ❺-1 **1638**·6 月 文
「馬形絵幣」絵馬 ❶ **738**·是年 社／**910**·10 月 文／**946**·是年 社
「越前万歳」絵馬 ❺-1 **1723**·1 月 文
「江戸柿問屋図」絵馬 ❺-2 **1814**·11 月 文
「大御神楽図」額 ❺-2 **1830**·是年 文
「大森彦七図」絵馬 ❺-2 **1746**·9 月 文
「御蔭踊」絵馬 ❻ **1867**·是年 文
「おかげ参り図」絵馬 ❺-2 **1830**·9 月 文／**1831**·3 月 文
「おしらさま(遠野)」 ❺-2 **1765**·是年 文
「踊り念仏図」絵馬 ❺-2 **1776**·6 月 文
「和蘭船」絵馬 ❺-1 **1653**·5 月 文
「温室盆栽蒔絵額」(漆塗) ❻ **1877**·8·21 文
「景清の牢破り図」絵馬 ❺-2 **1764**·是年 文
「金的中」絵馬 ❺-2 **1777**·5·27 文
「歌舞伎」絵馬 ❺-1 **1662**·是年 文／**1665**·7 月 文
「鎌倉遠馬額」絵馬 ❻ **1853**·是年 文
「観音堂上突き図」絵馬 ❺-1 **1689**·是年 文
「木更津浦」絵馬 ❺-2 **1800**·是年 文
「鬼女図」絵馬 ❺-2 **1840**·2 月 文
「北前船」絵馬 ❺-2 **1804**·3 月 文／**1842**·8 月 文／**1850**·8·1 文／**1851**·是年 文／❻ **1868**·9 月 文
「狂歌額」絵馬 ❺-2 **1821**·5 月 文
「孔雀図」絵馬 ❺-2 **1778**·5 月 文
「群鳩図」絵馬 ❺-2 **1787**·1 月 文
「芸能図」絵馬 ❺-1 **1666**·4·18 文
「牽牛図」絵馬 ❺-2 **1767**·9 月 文
「児島沿岸漁業図」絵馬 ❺-2 **1798**·1 月 文
「金毘羅祭礼図屏風絵馬」 ❻ **1855**·5 月 文
「坂上田村麿夷退治図」絵馬 ❺-1 **1657**·11·28 文
「猿図」絵馬 ❺-2 **1792**·是年 文／**1814**·3 月 文
「猿若狂言図」絵馬 ❺-1 **1666**·8 月 文
「猿若狂言人形」絵馬 ❺-1 **1664**·6 月 文
「三十六歌仙額」絵馬 ❺-1 **1606**·8 月 文／**1609**·1·16 文／**1615**·是年 文／**1624**·9·16 文／**1630**·是年 文／**1640**·6·17 文
「三十六歌仙図」絵馬 ❺-1 **1686**·是年 文
「式三番叟図絵馬」 ❻ **1855**·9 月 文
「四季農耕図」絵馬 ❻ **1863**·是年 文
「地芝居仮名手本忠臣蔵図」絵馬 ❻ **1864**·是年 文
「地曳網図」絵馬 ❺-2 **1849**·8 月 文
「十二支図」絵馬 ❺-2 **1773**·是年 文
「祝能」絵馬 ❺-2 **1807**·是年 文
「猩々舞図」扁額 ❺-2 **1803**·7 月 文
「庄内千石船白鳥丸」絵馬 ❻ **1860**·是年 文
「定飛脚問屋東京仲間出張所」絵馬 ❻ **1870**·5 月 文
「神猿図」絵馬 ❺-2 **1817**·是年 文
「信州中馬四頭図」絵馬 ❻ **1856**·是年 文
「陣幕土俵入図」絵馬 ❻ **1868**·是年 文
「神馬図」絵馬 ❺-1 **1602**·7 月 文／**1637**·5 月 文／**1668**·3·2 文／**1682**·5 月 文／**1687**·5 月 文／**1698**·是年 文／**1699**·5 月 文／**1704**·是年 文／❺-2 **1762**·是夏 文
「末吉船図」絵馬 ❺-1 **1632**·12·21 文／**1634**·7 月 文
「助六図」絵馬 ❺-2 **1734**·4·22 文
「角倉船」絵馬 ❺-1 **1634**·9 月 文
西洋型帆船「神護丸」絵馬 ❻ **1867**·9·3 文／是年 文
「善光寺四十八度参詣行者図」絵馬 ❺-1 **1713**·8·10 文
「平忠度討死図」絵馬 ❺-1 **1711**·4 月 文
「鷹図」絵馬 ❺-2 **1751**·12 月 文
「鷹図額」絵馬 ❺-1 **1617**·是年 文
「武田二十四将図」絵馬 ❺-1 **1703**·7·18 文
「朝鮮通信使」絵馬 ❺-2 **1748**·是年 文／**1832**·是年 文
「造り酒屋図」絵馬 ❺-1 **1669**·是年 文
「繋馬図」絵馬 ❺-2 **1803**·9 月 文／**1831**·是年 文／**1835**·4·1 文／❻ **1856**·1 月 文
「鶴岡八幡宮境内図」 ❺-2 **1732**·是年 文
「鶴崎神社社景図」絵馬 ❺-2 **1716**·3 月 文
「釘念仏塔図」絵馬 ❺-2 **1784**·6 月 文
「天龍下り」絵馬 ❺-2 **1838**·7 月 文
「同行都而十人図」絵馬 ❻ **1856**·8 月 文
「渡海船図」絵馬 ❺-1 **1661**·1 月 社
「徳渡檀渓図」絵馬 ❺-2 **1818**·是年 文
「富岡製糸場」絵馬 ❻ **1875**·9 月 文
「なもで踊」絵馬 ❺-2 **1752**·是年 文／**1821**·是年 文／**1842**·2 月 文
「新潟港御城米積込図」絵馬 ❺-2 **1852**·是年 文
「仁田四郎猪退治図」絵馬 ❺-1 **1702**·9 月 文
「女人図」絵馬 ❺-2 **1786**·1 月 文
「庭仕事」絵馬 ❺-2 **1850**·是年 文
「人形芝居興行図」絵馬 ❺-2 **1765**·是年 文
「鵺退治図」絵馬 ❺-1 **1635**·6 月 文／❺-2 **1787**·5 月 文
「農仕事」絵馬 ❺-2 **1851**·是年 文
「野田醤油製造」絵馬 ❺-2 **1844**·3 月 文
「バークと弁才船」絵馬 ❻ **1895**·是年 文
「俳諧額」絵馬 ❻ **1854**·是年 文
「羽か瀬船」絵馬 ❺-2 **1766**·是年 文
「畠山重忠力石差上図」絵馬 ❺-2 **1839**·是年 文
「八幡太郎義家図」絵馬 ❺-2 **1797**·4 月 文
「菱垣廻船」絵馬 ❺-2 **1789**·是年 文
「曳馬図」絵馬 ❺-2 **1750**·2 月 文／**1784**·是年 文／**1802**·7 月 文／**1846**·11 月 文
「火消千組之図」大絵馬 ❺-2 **1833**·3 月 文
「艜船」絵馬(北上川の運送船) ❺-2 **1826**·是年 文
「風流獅子舞図」絵馬 ❺-2 **1803**·是年 文
「舞楽蘭陵王図」絵馬 ❺-2 **1832**·5·10 文
「富士川水路工事図」額 ❺-2 **1817**·是年 文
「富士巻狩図」絵馬 ❺-2 **1806**·6 月 文
「婦女群犬図」絵馬 ❺-1 **1694**·11·28 文
「双蝶々曲輪日記図」絵馬 ❺-2 **1818**·5 月 文
「文身侠客図」絵馬 ❻ **1860**·10 月 文
「弁慶·昌俊図」絵馬 ❺-1 **1608**·6 月 文
「弁才船」絵馬 ❺-2 **1831**·8 月 文／**1841**·3 月 文／❻ **1856**·是年 文／**1861**·2 月 文／**1867**·是年 文
「弁財船松栄丸」絵馬 ❺-2 **1850**·是年 文
「放馬図」絵馬 ❺-2 **1793**·是年 文
「捕鯨図」絵馬 ❻ **1855**·5 月 文

「北国船」絵馬　❺-1 **1633**·是年 文
「堀河夜討図」絵馬　❺-2 **1848**·9月 文
「間引き」絵馬　❺-2 **1844**·是年 文
「万徳丸船」絵馬　❺-2 **1811**·8月 文
「三浦屋店頭図」絵馬　❺-2 **1730**·8月 文
「源頼義水請之図」絵馬　❺-2 **1762**·10月 文
「明神丸」船絵馬　❻ **1859**·是年 文
「猛虎図」絵馬　❺-1 **1664**·⑤月 文
「矢の根五郎」絵馬　❺-2 **1754**·4月 文
「山笠櫛田宮入り」絵馬　❺-2 **1830**·9·9 文
「山姥図」絵馬　❺-2 **1797**·5月 文
「幽霊図」絵馬　❺-2 **1852**·是年 文
「洋船海戦図」絵馬　❺-2 **1791**·5月 文
「夜討曾我図」絵馬　❺-1 **1690**·5月 文
「立華図」絵馬　❺-2 **1716**·是年 政
「若衆歌舞伎」絵馬　❺-1 **1665**·6月 文
算額　❻ **1870**·3月 文／**1871**·1月 文
「三十七桁の二十六乗根の算額」　❻ **1879**·是年 文
「洋式算額」　❻ **1876**·是年 文
縁起·絵巻·図巻
『秋夜長物語絵』　❸ **1438**·是年 文
『朝熊山縁起』　❹ **1511**·5月 文
『熱海社再興絵詞』　❹ **1529**·2月分
『熱田大神宮縁起』　❶ **890**·10·15 文／❹ **1467**·7·4 文／**1584**·3·10 文／❺-1 **1604**·1·7 文
『穴生寺縁起絵巻』　❺-1 **1676**·是年 文
『嵐山春色』図巻　❺-2 **1780**·是年 文
『阿波国太龍寺縁起』　❶ **836**·9·13 文
『安祥寺伽藍縁起資財帳』　❶ **867**·6·11 文
『石山寺縁起絵巻』　❸ **1325**·是年 文／**1375**·此頃 文／**1384**·8·22 文／**1420**·11·13 文／❹ **1476**·2·3 文／**1497**·10·11 文／10月 文／**1564**·6·27 文／❺-2 **1805**·是年 文
『伊豆権現縁起』　❹ **1519**·3月 文／是年 文
『和泉国大鳥神社流記帳』　❶ **922**·4·5 文
『伊勢新名所歌合絵巻』　❸ **1295**·是年 文
『伊勢近長谷寺資財帳』　❶ **953**·2·11 文
『伊勢物語絵詞』　❹ **1512**·④·17 文
『磯松丸物語』　❸ **1420**·11·13 文
『一期所修善根記』　❸ **1374**·5月 文
『厳島縁起』　❸ **1346**·5·15 文
『一向上人縁起絵詞』　❹ **1470**·2月 文
『一遍上人絵伝』　❸ **1299**·8·23 文／**1306**·6·1 文／**1307**·7月上旬 文／**1323**·7·5 文／**1369**·4·3 文／**1432**·4·19 文／❹ **1516**·12·22 文
『因幡堂縁起』　❸ **1426**·1·11 文／**1432**·4·19 文／❹ **1483**·8·9 文
『稲荷鎮座由来記』　❸ **1386**·6·16 文
『弥益大領絵(勧修寺縁起)』　❸ **1431**·是年 文
『伊予三島縁起』　❸ **1378**·是年 文
『石清水遷座略縁起』　❷ **1232**·是年 文
『石清水八幡宮縁起』　❸ **1433**·4·21 文
『石清水八幡宮護国寺略記』　❶ **859**·8·23 社／**863**·1·11 文
『石清水八幡宮護国寺縁起』　❸ **1372**·11·8 文
『石清水八幡宮並極楽寺縁起之事』　❸ **1452**·2月 文
『因果絵』　❸ **1437**·是年 文
『宇佐石清水宮以下縁起』　❸ **1338**·7·5 文
『宇佐八幡宮縁起』　❶ **844**·6·17 文／❸ **1335**·11·3 文
『太秦広隆寺縁起』　❹ **1494**·7·25 文
『雲風山国祐寺縁起』　❹ **1582**·2·13 文
『荏柄天神縁起絵巻』　❸ **1319**·12·1 文
『恵心僧都絵巻』　❸ **1401**·3·23 文
『江戸目黒行人坂火災』絵巻　❺-2 **1772**·是年 文
『衣奈八幡宮縁起』　❸ **1402**·6月 文
『円海山西光寺縁起』　❺-1 **1614**·5月 文
『円照上人行状記』　❸ **1302**·3·6 文
『役行者略縁起』　❹ **1519**·5月 文／**1533**·6月 文
『延暦寺護国縁起』　❸ **1323**·4月 文／**1447**·6·17 文
『近江桑実寺縁起絵巻』　❹ **1532**·8·17 文
『大原極楽院縁起』　❺-1 **1607**·是年 文
『大原山縁起(大原山西福寺縁起事)』　❹ **1584**·4·15 文
『大間氷川大明神縁起』　❹ **1600**·11月 文
『乙宝寺縁起』　❸ **1347**·8月 文
『男衾三郎絵詞』　❸ **1294**·11月 文
『開元寺求得経疏記等目録』　❶ **854**·9·21 文
『海住山寺縁起絵巻』　❺-1 **1664**·是年 文
『夏渓煙靄図巻』　❺-2 **1792**·是年 文
『笠置寺縁起』　❹ **1538**·4·22 文／❸ **1450**·3月 文
『春日社験記絵』　❸ **1401** 是年 文／❹ **1459**·3·5 文／**1490**·7·20 文／**1491**·9·29 文／**1529**·2·29 文／❺-2 **1735**·8·21 文
『勝尾寺縁起絵』　❷ **1243**·是年 文／❸ **1431**·是年 文
『賀茂祭礼絵巻』　❸ **1330**·⑥月 文
『花洛絵馬辞評判』　❺-2 **1716**·3月 文
『花洛六條八幡縁起』　❹ **1555**·11月 文
『伽藍縁起竝流記資財帳』(元興寺)　❶ **747**·2·11 文
『河相社縁起』　❹ **1522**·4·26 文
『河内高貴寺縁起』　❹ **1577**·3月 文
『河内国観心寺縁起資財帳』　❶ **883**·9·15 文
『河内国小松寺縁起』　❸ **1419**·11月 文
『河内龍泉寺資財帳写』　❶ **844**·11·26 文
『元興寺縁起』　❶ **651**·1月 文
『勧修寺縁起』　❸ **1431**·是年 文／❹ **1512**·5·4 文／❺-1 **1706**·8·23 文
『観心寺縁起』　❸ **1413**·3月 文
『観心寺縁起実録帳』　❶ **837**·3·3 文
『鑑真和上東征伝絵巻』　❸ **1298**·8月 文／❹ **1491**·7·25 文
『観世音寺資財帳』　❶ **905**·10·1 文
『観世音寺水陸田目録』　❶ **709**·10·25 文
『神田明神祭礼絵巻』　❺-2 **1793**·9月 文
『関白出仕絵』　❸ **1437**·是年 文
『祇園牛頭天王縁起』(須佐神社縁起)　❹ **1469**·5·15 文／**1473**·是年 文／**1482**·1·25 文／**1488**·11月 文
『紀州友が島図巻』　❺-1 **1661**·3·3 文
『義湘大師絵』　❸ **1433**·是年 文
『大々神楽奉納図絵巻』　❺-2 **1824**·是年 文
『北里図巻』　❺-1 **1672**·是年 文
『北野天神縁起』　❷ **1278**·2·25 文／❸ **1298**·2·8 文／**1322** 是年 文／**1328** 是年 文／**1367**·12月 文／**1391**·2·25 文／**1403**·是年 文／**1415**·1月 文／**1419**·4月 文／**1427**·3月 文／**1446**·4月 文／❹ **1490**·5·7 文／**1492**·7·7 文／**1497**·是年 文／**1501**·9·18 文／**1502**·8月 文／**1503**·2·18 文／**1599**·7·7 文／❺-1 **1601**·11月 文／❺-2 **1806**·是年 文
『北野天神縁起絵巻』　❷ **1219**·是年 文／**1277**·2·25 文／**1278**·6月 文
『木津地蔵絵』　❹ **1491**·9·29 文
『木下川薬師仏像縁起』　❸ **1327**·6月 文
『吉備大臣絵』　❹ **1479**·7·17 文
『吉備入唐絵』　❸ **1441**·4·26 文
『槻峰寺建立修行縁起』　❹ **1495**·7月 文
『久修園院縁起』　❹ **1524**·2月 文
『九相詩絵巻』　❹ **1501**·7·29 文／**1527**·是年 文
『九馬図巻』　❸ **1324**·是年 文
『行幸賀茂祭絵』　❸ **1434**·10·25 文
『京洛就中図眼鏡図巻』　❺-2 **1759**·是年 文
『清水寺縁起』　❹ **1517**·9·17 文／**1520**·4·24 文
『清水寺仮名縁起』　❸ **1417**·是年 文
『清水霊験記』　❸ **1345**·11·12 文／**1352**·2·10 文／**1377**·是年 文／**1385** 是年 文／**1435** 是年 文
『近世職人尽絵詞』　❺-2 **1804**·3月 文
『空海請来目録』　❶ **806**·10·22 文
『草花写生図巻』　❺-1 **1661**·5·2 文
『愚童記絵』　❸ **1437**·是年 文
『久能寺縁起』　❸ **1342**·6·17 文
『弘福寺(川原寺)田畠流記帳』　❶ **709**·7·15 文／**794**·5·11 文
『熊野三社権現縁起』　❹ **1534**·3·8 文
『熊野舟行図巻』　❺-2 **1804**·3月 文
『鞍馬蓋寺縁起』　❸ **1315**·是年 文／

1340·5·24 文／❹ 1513·6·29 文
『黒谷上人伝絵詞』 ❹ 1486·4·8 文
『渓山詩興図巻』 ❺-1 1663·是年 文
『華厳塔重建勘縁起』 ❸ 1387·5月 文
『元興寺縁起并流記資材帳』 ❷ 1165·4·21 文
『元三大師縁起絵巻』 ❺-1 1679·6月 文
『源氏絵』 ❷ 1119·11·27 文／❸ 1435·5·9 文／1437·是年 文／1438·5·26 文
『源氏物語絵巻』 ❹ 1554·4月 文／1570·3·17 文
『玄奘三蔵絵』 ❸ 1433·是年 文／❹ 1488·8·10 文
『現蔵房地蔵絵』 ❹ 1491·9·29 文
『源平闘諍録』 ❸ 1337·2·8 文
『幻夢発心絵詞』 ❹ 1485·1·26 文
『広厳寺縁起』 ❸ 1336·11·27 文
『高山寺縁起』 ❷ 1253·3月 文／❹ 1514·10·19 文
『黄山八勝図巻』 ❺-1 1699·7月 文
『荒神縁起』 ❸ 1331·12月 文
『高祖大師秘密縁起』 ❹ 1468·11月 文
『庚申之縁起』 ❹ 1540·7·23 文
『興福寺縁起』 ❶ 900·6·26 文
『弘法大師行状絵巻』 ❸ 1315·3·21 文／1319·是年 文／1346·6月 文／1374·是年 文／1375·1·26 文／1389·是年 文／1407·9·21 文／1424·7·5 文／1433·是年 文／❹ 1587·8·18 文
『弘法大師請来目録』 ❶ 813·是年 文
『光明真言功徳絵詞』 ❸ 1398·2月 文
『高野雲』絵巻 ❹ 1475·1·23 文
『高野大師行状絵巻』 ❹ 1490·是年 文／1506·9·21 文／1576·5·5 文
『広隆寺縁起』 ❶ 838·12·15 文
『広隆寺資財帳』 ❶ 873·是年 文
『小絵』 ❸ 1431·是年 文
『粉河寺縁起』 ❸ 1390·4·6 文／1412·11·13 文／1434·3·24 文／1452·3月 文／❹ 1458·8·3 文
『後三年合戦絵巻』 ❸ 1347·是年 文／1431·3·23 文／❹ 1506·11·12 文
『五節絵』 ❸ 1431·是年 文
『誉田宗廟縁起絵巻』 ❸ 1433·4·21 文
『西行物語絵巻』 ❹ 1548·4·5 文／❺-1 1693·是年 文
『最須敬重絵詞』 ❸ 1352·10·19 文
『西大寺資財流記帳』 ❶ 780·12·29 文
『西方寺縁起』 ❸ 1400·9·29 文
『西琳寺流記』 ❸ 1446·7月 文
『蹉陀山縁起』 ❹ 1532·2·8 文
『讃岐国七宝山八幡琴引宮縁起』 ❸ 1416·2月 文
『左良志奈日記絵』 ❹ 1483·12·24 文
『申楽縁起』 ❹ 1468·3·20 文
『山海奇賞図巻』 ❺-2 1827·是年 文
『三国仏法伝通縁起』 ❸ 1311·7·5 文／1399·1月 文
『三十六歌仙絵』(現存最古) ❸ 1436·11·1 文
『山水図巻』 ❺-2 1755·5月 文
『三蔵絵』 ❹ 1463·12·18 文
『三塔諸寺縁起』 ❸ 1337·4·29 文／❹ 1597·6月 文
『山王絵詞』 ❹ 1465·9·11 文
『山王霊験記絵巻』 ❸ 1288·1·22 文
『慈眼大師縁起絵巻』 ❺-1 1680·3月 文
『四季花鳥図巻』 ❺-2 1818·3月 文
『信貴山寺資財帳』 ❶ 937·6·17 文
『四季山水図巻』 ❹ 1486·12月 文／1489·是年 文
『持経絵』 ❸ 1437·是年 文
『慈恵大師絵』 ❸ 1437·是年 文
『地獄変相図巻』 ❸ 1442·是年 文
『資財流記』(諸寺) ❶ 746·10·14 社
『師子窟縁起』 ❹ 1507·3月 文
『地蔵験記絵』 ❸ 1367·7月 文／1437·是年 文／1453·4·24 文
『地蔵菩薩霊験絵詞』 ❹ 1483·5·11 文／1491·4·21 文
『七難七福図巻』 ❺-2 1768·8月 文
『七宝滝寺縁起』 ❹ 1502·11·3 文
『四天王寺縁起』 ❷ 1173·3·22 文
『志度寺縁起絵』 ❸ 1317·是年 文／1343·1月 文
『志度寺東閻魔堂記』 ❹ 1482·3月 文
『寂光寺釘抜念仏縁起』 ❹ 1481·6月 文
『拾遺古徳伝絵詞』 ❹ 1570·4·20 文
『十三所姫大明神縁起事』 ❹ 1571·11月 文
『十禅寺再興縁起絵巻』 ❺-1 1696·5月 文
『十二年合戦絵』 ❸ 1431·是年 文
『十念寺縁起絵』 ❹ 1565·12·12 文
『酒天童子絵詞』 ❹ 1523·9·13 文／1531·⑤·28 文
『寿福寺縁起』 ❸ 1407·6·18 文
『春王丸安王丸縁起』 ❸ 1441·5月 文
『正安朝覲行幸絵』 ❸ 1431·是年 文
『貞観寺根本目録』 ❶ 872·3·9 文
『上宮太子御記』 ❸ 1307·10·3 文
『瀟湘八景図巻』 ❺-1 1675·是年 文
『生身天満宮祭礼図』絵巻 ❺-2 1751·是年 文
『招提寺建立縁起』 ❶ 835·6·11 文
『聖徳太子絵伝』 ❸ 1305·3·28 文／1324·7月 文／1338·8·13 文／❺-1 1691·7·22 文
『浄土五祖絵伝』 ❸ 1305·6·15 文
『小豆嶋伊喜末大木戸両宮縁起』 ❹ 1550·8月 文
『浄瑠璃寺流記』 ❸ 1350·是年 文
『書写山縁起絵巻』 ❺-1 1644·5·18 文
『児霊像縁起之写』 ❸ 1453·5月 文
『神宮神宝図巻』 ❸ 1410·9·6 文
『新宮八幡宮縁起』 ❹ 1486·2·月 文
『神功皇石縁起』 ❸ 1433·4·21 文
『神護寺実録帳』 ❶ 931·11·27 文
『新善光寺絵』 ❸ 1433·是年 文
『真如堂縁起』 ❹ 1524·8·15 文
『親鸞聖人伝絵』 ❸ 1295·10·12 文／12·13 文／1338·是年 文／1339·4·24 文／1343·11·2 文／1344·11·1 文／1346·10·4 文／1360·11·15 文／1419·7·22 文／1449·是年 文／1450·是年 文／❹ 1464·是年 文／1470·是年 文／1471·3·24 文／1484·是年 文／1486·是年 文／❺-1 1679·7月 文
『周防白崎山八幡宮縁起』 ❹ 1570·9·14 文
『硯破草紙絵巻』 ❹ 1495·11·29 文
『住吉社神財帳』 ❶ 879·7·22 文
『住吉大社神代記』 ❶ 731·7·5 文
『諏訪社縁起絵巻』 ❸ 1417·4月 文／❺-1 1601·11·28 文
『諏訪社祭絵巻(諏訪大明神絵詞)』 ❸ 1356·11·28 文
『諏訪大明神絵詞』 ❹ 1472·7·18 文／1482·⑦·5月 文／1490·8·6 文／1543·10·8 文／1585·3·1 文
『誓願寺縁起絵』 ❹ 1477·8·14 文／1517·2·12 文／3·1 文／1565·12·12 文
『青丘大師絵』 ❸ 1433·是年 文
『星光寺縁起絵』 ❹ 1487·2月 文
『征伐泰衡之絵』 ❸ 1359·5·15 文
『聖廟縁起絵』 ❸ 1433·是年 文／❹ 1503·5·12 文
『清凉寺縁起』 ❹ 1515·是年 文
『青緑山水図巻』 ❹ 1571·是春 文
『是害坊物語絵巻』 ❸ 1308·是冬 文／1329·8月 文／1354·4·12 文
『摂州四天王寺庚申縁起』 ❷ 1020·1·7 文
『摂津国金龍寺縁起』 ❸ 1402·11月 文
『善恵上人縁起』 ❸ 1386·11·25 文
『善恵上人伝絵(西山縁起)』 ❹ 1531·2月 文／5月 文
『善光寺縁起』 ❸ 1368·是年 文／1420·11·13 文／❹ 1475·7·17 文／1477·1·23 文
『善財童子縁起』 ❷ 1275·4·4 文
『総持寺観音堂縁起』 ❸ 1321·6·17 文
『象之絵巻物』 ❺-2 1729·4·26 文
『双林寺縁起』 ❹ 1513·8月 文
『続地蔵験記』 ❸ 1420·11·13 文
『大安寺縁起』 ❶ 895·8·5 文／❹ 1506·1·19 文
『太子伝絵』 ❸ 1323·是年 文／❹ 1461·1·24 文
『太々神楽奉納図絵巻』 ❺-2 1824·是年 文
『大嘗会御禊行幸絵』 ❸ 1435·6·29 文
『太神宮法楽寺絵』 ❸ 1433·是年 文
『泰澄和尚伝(白山縁起)』 ❸ 1325·5·24 文
『大悲谷聖観世音菩薩縁起』 ❹ 1580·7月 文
『大悲山寺縁起』 ❷ 1156·2·2 文／❸ 1405·4·26 文
『大仏縁起絵巻』 ❹ 1491·9·29 文／1536·6·6 文
『大峰山縁起』 ❹ 1503·8·28 文
『当麻寺縁起絵巻』 ❷ 1262·11·20 文／❹ 1513·9·10 文／1531·10月 文／❺-1 1629·是年 文／1633·9月 文
『多度神宮寺伽藍縁起資財帳』 ❶ 788·11·3 文／801·11·3 文
『筑後御船山玉垂宮縁起』 ❸ 1370·

12·13 文
『竹生嶋縁起』　❸ **1415**·6·15 文／❹ **1539**·7 月 文
『智興内供絵詞』　❸ **1420**·11·13 文
『智証大師絵』　❸ **1433**·是年 文
『朝鮮国信使登城行列絵巻』　❺-1 **1711**·11 月 文
『長福寺縁起』　❷ **1177**·12 月 文
『長宝寺よみがへりの草紙』　❹ **1513**·8·22 文
『月次風俗図巻』　❺-2 **1811**·是年 文
『繋馬図絵巻』　❹ **1525**·⑪月 文／**1569**·8 月 文
『剣大明神縁起』　❹ **1516**·8 月 文
『出島阿蘭陀屋敷図巻』　❺-2 **1805**·是年 文
『天狗絵』　❸ **1431**·是年 文
『天狗草子絵巻』　❸ **1296**·10·3 文／**1431**·是年 文
『天神縁起』　❷ **1258**·10 月 文／❹ **1459**·2·25 文／**1507**·7·26 文
『天神縁起絵巻』　❸ **1360**·10·20 文／**1380**·8·29 文／**1383**·2 月 文／**1395**·2·25 文／**1403**·10·14 社／⑩·14 文／**1406**·2·18 文／**1446**·11·15 文
『天台法華宗年分縁起』　❶ **806**·1·3 文
『東寺縁起』　❸ **1395**·4 月 文
『東寺縁起絵詞』　❹ **1539**·4 月 文
『東照宮縁起絵巻』　❺-1 **1640**·4·17 文
『東大寺縁起』　❸ **1315**·是年 文
『東大寺大仏縁起』　❸ **1337**·12·17 文
『東大寺八幡縁起絵』　❹ **1535**·9·12 文
『東大寺八幡験記』　❸ **1294**·是年 文／**1435**·12·12 文
『洞庭赤壁図巻』　❺-2 **1771**·8 月 文
『多武峰縁起』　❹ **1585**·6·7 文
『唐蘭館図絵巻』　❺-2 **1801**·是年 文
『栂尾明恵上人絵』　❹ **1465**·6·21 文
『内外万物縁起絵』　❹ **1497**·10 月 文
『中野庄賀茂大明神縁起』　❸ **1314**·5·14 文／**1315**·3·21 文／**1324**·6·25 文／**1376**·8 月 文
『名古屋山三絵巻』　❺-2 **1718**·1 月 文
『丹生高野明神縁起』　❸ **1420**·3 月 文
『二月堂絵縁起』　❹ **1545**·12·23 文
『二尊院縁起絵巻』　❹ **1551**·是年 文／**1560**·3·5 文
『日蓮聖人註画讃』　❹ **1536**·7 月 文／是年 文
『日連尊者絵』　❸ **1388**·6 月 文
『日光宇都宮因位御縁起』　❹ **1554**·5·2 文
『日光山縁起』　❸ **1384**·11·1 文／❺-1 **1636**·是年 文
『日光山滝尾建立草創日記』　❶ **825**·4·3 文
『日光山并宇都宮大明神縁起』　❹ **1477**·1·11 文
『日本無双の縁起』　❹ **1573**·12 月 文
『仁和寺宝蔵御物実録帳』　❶ **950**·11·10 文
『年中行事絵巻』　❺-1 **1662**·是年 文／❺-2 **1843**·是年 文
『羽賀寺縁起』　❹ **1524**·9 月 文
『白山上人縁起』　❷ **1121**·6·1 文
『白峰寺縁起』　❸ **1406**·7·25 文
『白露横江図巻』　❺-2 **1829**·8 月 文
『筥崎八幡宮縁起絵巻』　❹ **1464**·5·19 文／❺-1 **1672**·是年 文
『長谷寺縁起絵』　❸ **1431**·是年 文／**1435**·6 月 文／❹ **1460**·7·2 文／**1464**·7·29 文／**1490**·是年 文／**1491**·9·29 文／**1557**·1 月 文／**1575**·7 月 文
『八幡縁起絵巻』　❸ **1321**·8·22 文／**1389**·6·1 文／**1436**·6·18 文／**1439**·7·13 文／❺-1 **1603**·4·3 文
『八幡廻御影縁起』　❸ **1399**·7·23 文
『八幡宮縁起』　❹ **1466**·12·2 文
『八幡愚童記』　❹ **1479**·⑨·9 文／**1480**·7·24 文／**1532**·9·3 文
『八幡大菩薩御縁起』　❹ **1531**·6 月 文／**1535**·8·15 文／**1538**·4·26 文
『白鶴園景勝図巻』　❺-2 **1821**·是年 文
『泊瀬観音験記』　❸ **1420**·11·13 文／**1433**·是年 文
『歯長寺縁起』　❸ **1386**·11·8 文／**1454**·8 月 文
『番神絵巻』　❹ **1548**·12 月 文
『比叡山再興縁起』　❹ **1584**·8 月 文
『比叡山爾云興縁起』　❹ **1584**·5 月 文
『曳馬図絵巻』　❹ **1563**·9·18 文
『備前国西大寺縁起』　❹ **1507**·12·13 文
『日高川双紙』　❸ **1400**·2 月 文
『百鬼夜行絵巻』　❸ **1316**·6·1 文／❺-2 **1832**·12 月 文
『広瀬社縁起』　❹ **1555**·9 月 文
『風露真趣図巻』　❺-2 **1823**·8 月 文
『富士山之縁起』　❹ **1554**·2 月 文
『文正物語絵巻』　❺-1 **1626**·5 月 文
『平家物語絵巻』　❺-2 **1845**·是年 文
『伯耆大山寺縁起絵巻』　❸ **1398**·8·1 文
『保元合戦絵』　❹ **1491**·9·29 文
『法勝院領目録』　❶ **969**·7·8 文
『法然上人絵伝』　❸ **1307**·是年 文／**1338**·是年 文／**1385**·是年 文／**1444**·⑥·10 文／**1447**·10·25 文／❹ **1476**·6·11 文／**1527**·3·18 文
『放屁合戦絵巻』　❸ **1449**·5 月 文
『法隆寺伽藍縁起并流記資材帳』　❶ **761**·10·11 文
『法輪寺縁起』　❸ **1414**·5·11 文
『慕帰絵詞』　❸ **1351**·10·30 文／**1368**·6·2 文／**1455**·7·19 文
『捕鯨図巻』　❺-2 **1788**·12·15 文
『法華滅罪寺縁起』　❸ **1304**·是年 文
『頬焼阿弥陀縁起』　❸ **1355**·9 月 文
『本法寺縁起』　❹ **1554**·7·17 文
『槇屋山大縁起』　❸ **1360**·是年 文
『枕草子絵』　❹ **1483**·9·5 文
『松崎天神縁起』　❸ **1311**·⑥月 文
『身替観世音縁起』　❹ **1469**·11·5 文
『美濃国因幡社縁起』　❹ **1472**·2·16 文
『宮尾八幡宮縁起』　❹ **1508**·9·11 文
『明恵上人絵詞』　❹ **1478**·10·23 文／**1491**·9·29 文
『三輪山縁起』　❹ **1551**·4·19 文
『無具足坊絵』　❹ **1491**·9·29 文
『武蔵州足立郡大宮氷川大明神縁起』　❸ **1385**·6 月 文
『蒙古襲来絵詞』　❸ **1293**·2·9 文／❻ **1890**·是年 文
『薬師寺縁起絵巻』　❸ **1333**·7·27 文／❺-2 **1716**·11 月 文
『八坂法観寺塔縁起絵』　❸ **1433**·是年 文
『八嶋合戦絵』　❹ **1491**·9·29 文
『泰衡討伐絵』　❸ **1438**·是年 文
『矢取地蔵縁起絵』　❸ **1453**·11·24 文
『耶馬渓図巻』　❺-2 **1819**·是年 文
『野馬台縁起』　❹ **1522**·2·21 文
『山寺法師絵詞』　❹ **1475**·3·19 文
『大和国城下郡鏡作大明神縁起』　❹ **1473**·3 月 文
『大和国長谷寺縁起絵』　❸ **1455**·4·7 文
『融通念仏縁起絵巻』　❸ **1314**·是年 文／**1329**·8·8 文／**1342**·12·8 文／**1382**·11 月 文／**1383**·11·5 文／**1384**·6·18 文／8 月 文／**1385**·6·26 文／**1389**·12·8 文／**1390**·7·8 文／**1391**·7·29 文／**1414**·4·8 文／**1417**·10·13 文／**1423**·是年 文／**1437**·5·15 文／是年 文／**1445**·4·15 文／❹ **1465**·是年 文／**1471**·9 月 文／**1506**·8 月 文／**1529**·6·29 文／❺-1 **1638**·4·10 文／**1693**·是年 文
『遊行縁起絵』　❸ **1381**·是年 文
『楡枋園図巻』　❺-2 **1772**·是年 文
『槇尾山大縁起』　❸ **1360**·是年 文
『横瀬八幡宮縁起絵巻』　❹ **1516**·5·11 文
『吉原風俗図巻』　❺-1 **1703**·7 月 文
『淀川両岸図巻』　❺-2 **1763**·8 月 文／**1765**·5 月 文
『蘭亭図巻』　❺-2 **1778**·是年 文
『陸奥奇勝図巻』　❺-2 **1749**·7 月 文
『立願山楊谷寺縁起』　❺-1 **1614**·7·18 文
『龍蔵寺縁起』　❺-1 **1702**·5 月 文
『霊安寺御霊大明神略縁起』　❹ **1458**·7·24 文
『六波羅蜜寺縁起』　❷ **1122**·3·18 文
『六万部寺縁起』　❺-1 **1664**·8 月 文
『廬山寺縁起』　❹ **1569**·9 月 文
『ロシア使節レザノフ来航絵巻』　❺-2 **1804**·9 月 文／**1805**·是年 文
『和歌浦図巻』　❺-2 **1782**·是春 文
『和州布留大明神縁起』　❸ **1446**·2 月 文
『和田酒盛絵巻』　❹ **1557**·10·26 文
『和田義盛絵』　❸ **1438**·是年 文
高麗画「王宮曼荼羅」　❸ **1312**·2 月 文
高麗画「釈迦三尊像」　❸ **1330**·5 月 文

画題(近現代以前、現存するもの)

「阿育王寺金山寺図」　❹ **1472**·是年 文
「葵花図」　❺-2 **1742**·是年 文
「青鸚哥図」　❺-2 **1770**·是春 文
「青緑山水図」　❺-2 **1803**·4 月 文／**1845**·2 月 文
「秋山蕭寺図」　❺-2 **1822**·是年 文

「朝顔狗子図」 ❺-2 1792·5月 文
「浅草海苔製造図額面」 ❻ 1883·7·10 文
「朝熊山真景図」 ❺-2 1750·是年 文
「足引絵」 ❹ 1480·5·27 文／1484·12·9 文
「阿弥陀画像」 ❹ 1489·2·15 文／1544·8·21 文／1576·是年 文／1580·是年 文／❺-2 1808·是年 文
「嵐山春暁図」 ❺-2 1780·2月 文
「安国論寺御難絵図」 ❺-1 1616·是年 文
「井伊直弼大老就任誓詞控」 ❻ 1858·4月 文
「生駒曼荼羅図」 ❹ 1456·2·27 文／1533·是年 文
「石橋図」 ❺-2 1779·是年 文
「伊勢内外宮神宝式神宝図」 ❺-1 1695·1·30 文
「厳島絵馬鑒」 ❺-2 1831·是年 文
「逸然像」 ❺-2 1740·是年 文
「稲川舟遊図」 ❺-2 1829·10月 文
「犬追物図」 ❹ 1550·5月 文
「鵜飼」 ❻ 1895·4·1 文
「雨過泉声図」 ❺-2 1840·是年 文
「苑道朝瞰図」 ❺-2 1824·是年 文
「歌合草紙」 ❹ 1479·⑨·28 文
「歌川広重像」 ❻ 1858·是年 文
「歌まくら」 ❺-2 1788·是年 文
「雨中虎図」 ❺-2 1849·是年 文
「馬絵」 ❹ 1460·12·9 文
「海の幸」 ❺-2 1762·是年 文
「梅図」 ❺-2 1795·是年 文
「浦賀風景」 ❻ 1853·6·9 文
「雲山平遠図」 ❺-1 1640·是年 文
「絵額」 ❻ 1864·是年 文
「絵掛幅」 ❹ 1519·11·10 文
「越中富山御城下絵図」 ❻ 1854·是年 文
「江戸三座役者似顔絵」 ❺-2 1794·5月 文
「江戸三囲図」 ❺-2 1783·9月 文
「唵蒲里哥図(エブリカず)」 ❺-2 1785·是夏 文
「猿猴図」 ❹ 1570·3月 文
「桜花図」 ❻ 1879·是年 文
「黄山画意図冊」 ❺-1 1682·是年 文
「黄初平図」 ❺-2 1777·是夏 文
「翁画」 ❹ 1542·4·26 文
「翁図」 ❺-1 1664·8月 文
「奥の細道図」 ❺-2 1778·11月 文
「御茶水景」 ❺-2 1784·3月 文
「鬼図」 ❺-2 1848·6·8 文
「和蘭船明細図」 ❺-2 1808·12月 文
「和蘭馬芸之図」 ❺-2 1725·2月 文
「芥子図」扇面 ❻ 1862·4月 文
「海浜漁夫図」 ❺-2 1799·5月 文
「蟹蓮図」 ❻ 1854·4月 文
「花果魚蟹図」 ❻ 1853·是年 文
「花果図」 ❺-2 1819·5月 文
「花卉写生図」 ❺-1 1674·是年 文
「花卉図」 ❺-1 1676·是年 文／❺-2 1740·是年 文／1781·8月 文
「燕子花図」 ❺-2 1851·5月 文
「柿本曼陀羅」 ❹ 1476·是年 文
「夏景山水図」 ❺-1 1653·9月 文／❻ 1863·7月 文
「夏谿新霽図」 ❺-2 1799·3·27 文
「過去因品経」 ❹ 1528·3·16 文
「華甲之図」 ❺-2 1805·是年 文
「傘式地球儀」板木 ❻ 1855·是年 文
「夏山畳泉図」 ❺-2 1852·是年 文
「春日赤童子画像」 ❹ 1488·是年 文
「画図西遊譚」 ❺-2 1837·是年 文
「果蔬図」 ❻ 1860·8月 文／1864·6月 文
「片岡絵」 ❹ 1478·3·26 文／1491·9·29 文
「花鳥図」 ❺-1 1677·是年 文／1686·是年 文／❺-2 1751·是年 文／1764·是年 文／1770·2月 文／1795·是年 文／1820·是年 文／❻ 1858·是年 文／1881·3·1 文／1887·是年 文
「金谷台富岳遠望図」 ❺-2 1812·是年 文
「蕪図」 ❹ 1557·7·30 文
「髪すき」 ❺-2 1772·是年 文
「関羽図」 ❺-2 1739·是年 文／1753·是年 文
「漢画指南」 ❺-2 1778·是年 文
「寒岩枯木図」 ❺-2 1820·3月 文
「観経浄土曼陀羅」 ❹ 1505·6·30 文
「寒江独釣図」 ❺-2 1836·是年 文
「寒山拾得図」 ❹ 1491·6·26 文／❺-1 1666·9·1 文／❺-2 1750·是年 文／1779·8月 文／1787·是年 文
「岩頭飛雁図」 ❺-2 1767·是春 文
「漢武帝·西王母·林和靖図」 ❺-1 1671·是年 文
「観音·布袋·寒山図」 ❺-1 1671·是年 文
「観音図帖」 ❺-1 1636·是年 文
「観音像」 ❺-1 1661·是年 文／1666·7·28 文／1670·是年 文
「観瀑図」 ❹ 1478·是年 文／1480·是年 文／❺-2 1798·是年 文／1801·是夏 文
「雁来紅猫図」 ❺-2 1755·是年 文／1759·是年 文
「寒林晩帰国」 ❺-2 1793·11月 文
「菊図」 ❺-2 1825·是年 文
「箕山瀑布図」 ❺-2 1744·是冬 文
「雉子石榴図」 ❺-2 1775·是年 文
「雉子図」 ❻ 1894·是年 文
「菊花文禽図」 ❹ 1509·是年 文
「騎馬狩猟図」 ❺-2 1778·6月 文
「牛玉記」 ❺-1 1706·6·15 文
「魚介蔬菜図」 ❻ 1854·是夏 文
「玉潤様山水図」 ❹ 1548·是年 文
「旭日鳳凰図」 ❺-2 1755·4月 文／7月 文／是年 文
「旭日老松図」 ❺-2 1800·是年 文
「御製儀象図」 ❺-1 1674·是年 文
「騎龍観音図」 ❺-2 1739·是年 文
「琴棋書画図」 ❺-2 1796·是年 文／1806·是年 文
「禁中小絵詞」 ❹ 1474·2·9 文
「空山清寂図」 ❺-2 1817·是年 文
「苦行釈迦像」 ❹ 1456·7月 文
「熊野那智参詣曼荼羅図」 ❹ 1596·是年 文
「群鶏図」 ❺-2 1796·是年 文
「群山露頂図」 ❺-2 1787·是年 文
「君子長命図」 ❺-2 1837·4月 文
「群仙星祭図」 ❺-1 1669·12月 文
「群峰秋色図」 ❺-2 1785·是夏 文
「渓雨初霽図」 ❹ 1576·是年 文
「慧可断臂図」 ❹ 1496·是年 文
「鶏歌蟷螂図」 ❺-2 1791·是年 文
「谿間雄飛図」 ❻ 1885·是年 文
「芸妓図」 ❺-2 1838·6·10 文
「軽挙館句藻」 ❺-2 1828·11月 文
「渓山清興図」 ❺-2 1772·是秋 文
「渓山煎茶図」 ❺-2 1824·4月 文
「渓山探梅図」 ❺-2 1831·2月 文
「渓山暮靄図」 ❺-2 1833·是年 文
「渓山無尽図」 ❻ 1857·是年 文
「軽舟無恙図」 ❺-2 1834·8月 文
「京城画苑」 ❺-2 1812·是年 文
「鶏頭図」 ❺-2 1835·是年 文
「倪法山水図」 ❺-2 1819·是年 文
「月下佳人図」 ❺-2 1828·是年 文
「月下騎旅図」 ❺-2 1750·是年 文
「月下鳴機図」 ❺-2 1829·是年 文／1840·8·4 文
「月前吹笛図」 ❺-2 1826·是年 文
「懸崖香蘭図 ❻ 1891·是年 文
「懸崖絶壁図」 ❺-2 1819·是年 文
「玄圃瑤華」 ❺-2 1768·是年 文
「鯉と亀の図」 ❺-2 1813·4·25 文
「梧陰釣舟図」 ❺-1 1643·是年 文
「衡岳露頂図」 ❺-2 1783·1月 文
「紅顔梨阿弥陀像」 ❺-1 1650·10·25 文
「孝経図」 ❺-2 1843·是年 文
「耕作図」 ❺-2 1745·是年 文
「江山春色図」 ❺-2 1797·是年 文
「江山雪斎図」 ❺-2 1807·是年 文
「高士愛虎図」 ❺-2 1815·是春 文
「高士観瀑図」 ❺-2 1801·是年 文
「校書図」 ❺-2 1838·是年 文
「紅白芙蓉図」 ❹ 1493·11·17 文
「公余探勝図」 ❺-2 1793·4月 文
「黄粱一炊図」 ❺-2 1841·是年 文
「光琳百図」 ❺-2 1826·是年 文
「五穀図」 ❺-2 1849·是春 文
「五節句図」 ❺-2 1827·9月 文
「湖亭清曠図」 ❺-2 1776·是年 文
「枯木寒岩図」 ❺-2 1832·3月 文
「駒迎図」 ❻ 1860·9月 文
「西園雅集図」 ❺-2 1804·是年 文
「西王母図」 ❺-2 1782·6月 文
「彩画職人部類」 ❺-2 1770·是年 文
「菜花図」 ❺-2 1844·是秋 文
「歳寒三友図」 ❺-2 1780·是年 文
「歳寒有伴図」 ❺-2 1836·是年 文
「西湖図」 ❹ 1496·③·13 文／1503·是年 文
「鷺図」 ❺-2 1800·是年 文
「桜図」 ❺-2 1850·是年 文／❻ 1894·是年 文
「山茶花小禽図」 ❹ 1473·5·8 文
「雑花果蔬図」 ❺-2 1852·是年 文
「仙人掌群鶏図」 ❺-2 1790·是年 文
「三国祖師影図」 ❺-1 1639·6·20 文
「三国之景」 ❺-2 1787·10月 文
「三十六歌仙図」 ❹ 1502·8月 文／是年 文／1503·是年 文／1515·3月 文／1520·是年 文／1560·11·1 文／1569·11月 文
「山水図」 ❹ 1466·7·28 文／1479·是年 文／1485·是年 文／1495·3月 文／1498·是年 文／1500·1月 文／1505·2·4 文／1506·是秋 文／1507·

4·8 文／1514·6·1 文／是年 文／1523·10月 文／1533·12·8 文／1551·是夏 文／1557·10月 文／❺-1 1618·是年 文／1619·是年 文／1637·是年 文／1651·是年 文／1657·是年 文／1676·是年 文／1694·是年 文／❺-2 1744·是年 文／1749·3·14 文／1751·是夏 文／是年 文／1758·是秋 文／1778·7月 文／1790·是年 文／1795·是夏 文／1796·6·3 文／是冬 文／1799·10·6 文／是冬 文／1803·是年 文／1824·4月 文／1848·是年 文／❻ 1853·9月 文／1858·是年 文／1874·是年 文／1886·7月 文
「山水図巻」 ❹ 1473·7月 文／1476·是年 文／1486·11月 文／1514·是年 文
「三聖図稿本」 ❺-2 1784·8·26 文
「三千仏」 ❹ 1472·11月 文
「三蔵絵」 ❹ 1472·7·1 文／1491·9·29 文
「山窓寄傲図」 ❺-1 1657·是年 文
「山淡煙図」 ❺-2 1821·是年 文
「山中結廬図」 ❺-2 1792·是年 文
「山王絵詞」 ❹ 1477·4·6 文／1529·11·23 文／1572·2·25 文
「三番叟図」 ❺-1 1664·8月 文／1710·是年 文
「三福神図」 ❺-1 1697·是年 文
「三面大黒天画像」 ❺-2 1835·⑦·17 文
「三友双鶴図」 ❺-2 1832·5月 文
「三友百鹿図」 ❺-2 1842·是年 文
「詩歌巻」 ❺-1 1650·是年 文
「識盧庵図」 ❹ 1473·是年 文
「四季草花図」 ❺-1 1705·6·3 文
「四季耕作図」 ❺-2 1782·是年 文
「四季山水図」 ❹ 1469·是年 文
「獅子戯児図」 ❺-2 1756·是秋 文
「獅子図」 ❺-2 1768·5月 文／1805·是年 文
「四時読書図」 ❺-2 1838·是年 文
「四州真景図」 ❺-2 1825·是年 文
「閑谷学校図」 ❺-2 1814·是秋 文
「地蔵絵」 ❹ 1491·9·29 文
「七高僧影像図」 ❹ 1532·3月 文
「七十一番職人歌合絵模本」 ❺-1 1609·9月 文
「十僧」 ❹ 1486·3·24 文
「品川富士遠望図」 ❺-2 1798·是年 文
「不忍之池」 ❺-2 1784·5月 文
「芝居茶屋図」 ❺-1 1685·是冬 文
「島原大夫」 ❺-2 1815·8月 文
「釈迦三尊図」 ❹ 1540·是年 文／❺-1 1653·是年 文／1660·是年 文／1665·是年 文／❺-2 1765·9·29 文／1766·6·23 文
「驟雨行客図」 ❺-1 1619·6月 文
「十王図」 ❹ 1489·12·23 文
「十牛図」 ❹ 1531·4·27 文
「秋景山水図」 ❺-1 1638·8·10 文／1707·是春 文／❺-2 1753·12月 文／1774·是冬 文／1818·是年 文
「秋江間棹図」 ❺-2 1808·是年 文
「週歳図」 ❺-1 1614·是年 文
「秋山行旅図」 ❺-1 1657·是年 文
「秋声賦意図」 ❺-2 1755·是年 文
「十二か月花鳥図」 ❺-2 1823·是年 文
「十二天画像」 ❹ 1478·6·15 文／1564·是年 文／1575·2月 文
「十六羅漢図」 ❺-2 1746·是冬 文
「十六羅漢図巻」 ❻ 1861·是年 文
「十六羅漢図三幅」 ❹ 1550·是年 文／1551·是年 文
「樹下美人図」 ❺-2 1816·是年 文
「出山釈迦図」 ❺-1 1639·是年 文
「寿老人·夏冬山水図」 ❺-1 1666·是年 文
「春靄起鴉図」 ❺-2 1841·7月 文
「春渓松亭図」 ❺-2 1753·是年 文
「春渓書屋図」 ❺-2 1810·是年 文
「春渓泛舟図」 ❺-2 1829·9月 文
「春郊試馬図」 ❺-2 1744·是年 文
「春山閑居図」 ❺-2 1842·3月 文
「松陰読書図」 ❺-2 1834·5月 文
「渉園九反友図」 ❺-2 1852·2月 文
「松鶴図」(杉戸絵) ❺-2 1807·是年 文
「松下吹笙図」 ❺-2 1747·是年 文
「松下弾琴図」 ❺-2 1831·是年 文
「鍾馗図」 ❺-2 1782·5月 文
「松渓山水図」 ❻ 1859·12月 文
「松樹白鶏図」 ❺-2 1752·是年 文
「瀟湘八景」 ❹ 1483·6·27 文
「松竹図」 ❺-2 1762·是年 文
「賞楓図」 ❺-1 1660·是年 文
「松風村雨」 ❹ 1517·10·27 文
「菖蒲石寿図」 ❺-1 1653·是年 文
「松磻寺古図」 ❺-2 1833·4·29 文
「松緑図」 ❹ 1507·5·15 文
「蜀山図」 ❹ 1472·2月 文
「初秋山水図」 ❻ 1865·10月 文
「白鸚䳓図」 ❺-2 1805·是年 文
「新三十六歌仙図帖」 ❺-1 1662·是年 文
「新撰瓶花図彙」 ❺-1 1698·是年 文
「釈尊降魔成道図」 ❺-1 1661·是年 文
「神農図」 ❹ 1565·是年 文
「新曼陀羅(当麻寺)」 ❹ 1491·10·9 文
「新緑帯雨図」 ❺-2 1826·4月 文
「西瓜図」 ❺-2 1839·是年 文
「水中の鴨図」 ❺-2 1847·是年 文
「水墨山水図」 ❺-1 1650·是年 文
「酔李白図」 ❺-2 1773·是春 文
「墨梅図」 ❺-2 1797·10月 文
「墨田堤の雪」 ❻ 1876·是年 文
「駿河湾富士眺望図」 ❺-2 1797·7月 文
「清渓小集図」 ❺-2 1799·是年 文
「賢聖図」 ❺-1 1613·7·12 文
「青山雨後図」 ❺-2 1823·是年 文
「青松丹岳図」 ❺-2 1807·是年 文
「晴雪斎図」 ❹ 1490·是年 文
「清泉白鶴図」 ❺-2 1754·是年 文
「清明上河図」 ❹ 1577·10月 文
「青緑山水図」 ❺-2 1815·是年 文
「赤壁図」 ❺-2 1776·是年 文
「関山風雨図」 ❺-1 1620·是年 文
「折檻故事図」 ❺-2 1759·是年 文
「雪松図」 ❺-2 1765·是春 文
「雪中鴛鴦図」 ❺-2 1759·2·23 文
「雪中山水図」 ❺-2 1786·是年 文
「雪中棲鳩図」 ❺-2 1828·是年 文
「雪中竹石図」 ❺-2 1750·3月 文
「雪梅群兎図」 ❺-2 1716·是年 文
「セビリアの聖母子」 ❹ 1597·是年 文
「前後赤壁図」 ❻ 1868·是年 文
「前赤壁図」 ❹ 1537·是年 文
「仙台城下町之絵図」 ❻ 1862·是年 文
「扇面業平蒔絵硯箱」 ❻ 1863·是秋 文
「草堂芸菊図」 ❺-2 1727·是年 文
「草木摺絵詠歌大概」 ❺-1 1627·10月 文
「草木摺絵和漢朗詠集」 ❺-1 1629·6月 文
「双緑図」 ❺-2 1783·8月 文
「蔬菜魚介図」 ❺-2 1852·是年 文
「大火絵巻」 ❻ 1860·万延年間 文
「太華仙館図」 ❺-2 1841·是年 文
「大雅堂画法」 ❺-2 1804·是年 文
「太子絵伝」 ❺-2 1786·是年 文
「大瀑布図」 ❺-2 1772·4月 文／是夏 社
「太平記」墨摺絵入本 ❺-1 1698·是年 文
「内裏鹿図」画賛 ❺-2 1784·7月 文
「高雄図」 ❺-2 1783·是年 文
「鷹図」 ❺-2 1751·是年 文
「鷹鈴板之図」 ❺-2 1753·是年 社
「高千穂·由布山図」 ❺-2 1808·2月 文
「高輪真景図」 ❺-2 1825·是年 文
「高彦敬様山水図巻」 ❹ 1474·1月 文
「宝船大黒図」 ❺-2 1800·是年 文
「滝山水図」 ❺-2 1731·是春 文／1809·是年 文／1828·8·27 文
「滝見観音図」 ❺-1 1665·是年 文／❺-2 1833·2·18 文
「竹図」 ❺-1 1648·6月 文／❺-2 1759·是年 文
「達磨図」 ❺-1 1633·是年 文／❺-2 1751·是夏 文
「達磨像」 ❷ 1189·是年 文／❹ 1465·3月 文
「潭底月図」 ❹ 1583·是年 文
「竹渓孤亭図」 ❻ 1853·9月 文
「竹鶏小禽図」 ❺-2 1815·12·11 文
「竹虎図」 ❺-2 1816·是年 文
「竹石図」 ❺-2 1736·是年 文／1828·1月 文
「筑摩祭絵」 ❹ 1501·8·29 文
「父の恩」 ❺-2 1730·是年 文
「中華歴代帝王図」 ❺-1 1684·9月 社
「虫魚帖」 ❺-2 1837·是年 文
「長察大童子画像」 ❹ 1596·10·6 文
「朝妝(朝粧)」 ❻ 1895·4·1 文
「聴泉図」 ❺-1 1683·是年 文
「澄波皓月図」 ❺-2 1832·是年 文
「月梅図」 ❺-2 1755·2月 文
「釣狐図」 ❺-2 1744·5月 文
「鶴図」 ❺-2 1795·是年 文
「鉄拐図」 ❺-2 1788·是年 文
「天神画像·渡唐天神像」 ❹ 1462·是年 文／1464·是年 文／1496·12月 文／1507·8·11 文／1523·4·25 文

「天神図」 ❺-2 1745·6·1 文／1804·是年 文
「天神像」 ❺-1 1667·2·25 文
「天満宮絵」 ❹ 1572·是年 文
「動植綵絵」 ❺-2 1759·是年 文／1766·6·23 文
「唐船和蘭船図」 ❺-2 1833·是秋 文
「唐船図」 ❺-2 1821·12 月 文
「東福寺伽藍図」 ❹ 1505·是年 文
「騰龍図」 ❺-2 1823·是年 文
「木賊に兎図」 ❺-2 1786·8 月 文
「杜子美図」 ❹ 1498·9 月 文
「鳥取御城下全図」 ❻ 1859·是年 文
「虎御前と十郎図」 ❺-2 1802·7·17 文
「虎図」 ❺-2 1755·4 月 文／1779·是年 文
「長崎港図」 ❺-2 1792·5 月 文／1820·是夏 文／1825·是夏 文
「那須眺望図」 ❺-2 1799·是夏 文
「那智群山図」 ❺-2 1733·是年 文／1819·7 月 文
「那智山大瀑雨景図」 ❺-2 1798·12 月 文
「菜花遊蝶図」 ❺-2 1822·是年 文
「南画様松石図」 ❺-1 1661·是年 文
「楠公訣児図」 ❺-1 1670·11·22 文
「西陣高機の図」 ❻ 1859·是年 文
「乳狗図」 ❺-2 1841·8·13 文
「二楽斎図」 ❹ 1514·4 月 文
「鼠婚礼図」 ❺-2 1796·是年 文
「子の日遊図」 ❺-2 1848·是冬 文
「涅槃図」 ❹ 1522·10·9 文／1549·是年 文／1563·4·28 文／1568·是年 文／1599·4·26 文／❺-1 1624·2·15 文／1642·3·20 文／1667·是年 文／1708·2·12 文
「野晒図」 ❺-2 1794·是年 文
「梅園紫泉亭」 ❺-2 1852·2·19 文
「誹諧歌仙」 ❺-1 1681·是秋 文
「梅花小禽図」 ❺-2 1758·是春 文
「梅花書屋図」 ❺-2 1806·是年 文／1830·是年 文／1832·11 月 文
「萩浦漁舟図」 ❺-2 1819·是夏 文
「白岳紀遊図」 ❹ 1554·是年 文
「瀑布図」 ❺-2 1772·4 月 文／1773·是年 文／1794·是年 文／1808·是夏 文／1810·11·5 文
「化物山水」 ❺-2 1829·10 月 文
「芭蕉幻住庵記」画賛 ❺-2 1786·4 月 文
「蓮池図」 ❺-2 1790·是年 文
「蓮池遊魚図」 ❺-2 1850·是夏 文
「八仙人図」 ❺-2 1803·7 月 文
「八景図障子」 ❹ 1462·3·14 文
「八種図譜」 ❺-1 1672·是年 文
「八相涅槃図」 ❺-2 1727·是年 文／1811·4 月 文
「叭々鳥図」 ❹ 1555·9 月 文
「ハリス登城の図」 ❻ 1857·10 月 文
「万国人物図·万国総図」 ❺-1 1645·是年 文
「蕃殖図」 ❺-2 1842·是年 文
「万木秋山図」 ❺-2 1727·是年 文
「万里橋図」 ❹ 1467·4 月 文
「飛禽走獣図巻」 ❺-1 1666·4 月 文／1667·11 月 文
「秘渓群馬図」 ❺-2 1737·是秋 文
「彦山真景図」 ❺-2 1815·6 月 文
「毘沙利国王絵」 ❹ 1491·9·29 文
「飛上鯉図」 ❺-2 1777·是年 文
「美人戯猫図」 ❺-2 1785·6 月 文
「美人図」 ❺-2 1798·是春 文
「百蝶図」 ❺-2 1775·9 月 文
「百鹿春遊図」 ❺-2 1842·是年 文
「百花賦」 ❺-1 1704·8 月 文
「広尾親父茶屋」 ❺-2 1784·4 月 文
「琵琶行図」 ❹ 1569·是年 文／❺-2 1786·是年 文／1797·是年 文
「風雨軍鶏図」 ❺-2 1771·是年 文
「風雨山水図」 ❻ 1863·是年 文
「風雨渡航図」 ❺-2 1845·4 月 文
「フェートン号図」 ❺-2 1808·8·15 文
「富嶽図」 ❺-2 1776·3 月 文／1780·是年 文／1810·是年 文／1814·是年 文／1852·是年 文
「撫関九思山水図」 ❺-2 1753·是年 文
「蝠鹿樹図」 ❺-2 1837·是年 文
「蝠鹿蜂猴図」 ❺-2 1852·7 月 文
「富士十二景十二幅」 ❺-1 1673·是年 文
「伏見人形図」 ❺-2 1800·是年 文
「富士見之茶屋」 ❺-2 1804·11·7 文
「武清縮図」 ❻ 1856·是年 文
「仏頂尊勝曼荼羅」 ❻ 1863·是年 文
「葡萄図」 ❹ 1491·是年 文／❺-2 1796·是年 文
「葡萄双鶏図」 ❺-2 1792·是年 文
「不動明王」 ❺-2 1821·是年 文
「不動明王画像」 ❹ 1568·是年 文
「浮嵐暖翠図」 ❻ 1860·是年 文
「武陵桃源図」 ❻ 1860·4 月 文
「秘林遠岫図」 ❺-1 1631·是年 文
「文園画像」 ❺-2 1736·是年 文
「文王獵渭陽図」 ❺-2 1850·8 月 文
「噴火山之景」 ❻ 1883·12 月 文
「米法山水図」 ❻ 1854·是年 文
「米法柳緑花明図」 ❺-2 1816·是年 文
「弁慶図蒔絵懸子」 ❻ 1862·9 月 文
「豊国祭図」 ❺-1 1604·8·14 文／1607·是年 文
「倣趙大年江村平遠図」 ❺-1 1712·是年 文
「倣董北苑山水図」 ❺-2 1732·是年 文
「蓬莱山図」 ❺-2 1811·1·1 文／1830·3 月 文
「慕帰絵」 ❹ 1482·11 月 文／1497·4·16 文
「墨竹画」 ❹ 1513·5 月 文
「牧童図」 ❺-2 1770·是年 文
「墨蘭図」 ❺-2 1852·是年 文
「牡丹孔雀図」 ❺-2 1771·是夏 文／1786·是年 文／❻ 1856·是秋 文
「牡丹綬帯鳥図」 ❺-2 1768·2 月 文
「牡丹小禽図」 ❺-1 1715·4 月 文
「牡丹図」 ❺-2 1769·是年 文／1771·是年 文／1773·是春 文／1800·是冬 文
「布袋図」 ❹ 1498·4·26 文／1502·是年 文／1543·2·15 社
「布袋渡河図」 ❺-1 1672·是年 文
「本願寺来迎曼荼羅」 ❹ 1475·10·29 文
「本朝画法大伝」 ❺-1 1690·7 月 文
「盆蘭湖石図」 ❺-2 1814·10·3 文
「町火消喧嘩之図」 ❺-2 1829·文政年間 文
「松林図」 ❺-2 1851·是年 文
「松林静隠図」 ❺-2 1777·是夏 文
「松姫物語絵巻」 ❹ 1526·8·25 文
「マリア像」版画 ❹ 1557·是年 文
「源頼光公館土蜘蛛作妖怪図」 ❺-2 1843·是夏 文
「都名所図」 ❺-2 1852·是年 文
「明朝紫硯」 ❺-2 1813·是年 文
「牟礼高松図」 ❺-2 1741·是年 文
「名家画譜」 ❺-2 1823·是年 文
「名花十友図」 ❺-2 1844·是年 文
「迷悟絵」 ❹ 1491·9·29 文
「名山図会」 ❺-2 1812·是年 文
「名山図譜」 ❺-2 1802·是年 文
「め図」 ❻ 1857·11 月 文
「乳母草子」 ❺-2 1844·是年 文
「蒙古襲来図」 ❻ 1862·是年 文
「猛虎図」 ❺-2 1781·3 月 文
「木芙蓉鶺鴒図」 ❺-2 1782·9 月 文
「没骨水墨蜀葵図」 ❹ 1475·是年 文
「文殊図」 ❹ 1501·是年 文
「薬師像」 ❹ 1490·2·7 文
「柳翡翠図」 ❺-2 1781·7 月 文
「耶馬渓図」 ❺-2 1830·是年 文
「山越阿弥陀図」 ❻ 1863·4 月 文
「野老飼馬図」 ❺-2 1782·1 月 文
「遊魚図」 ❺-2 1834·是年 文／1840·是年 文
「遊女之図」 ❺-2 1723·是年 文
「雪の中の生活図」絵巻 ❻ 1856·是年 文
「由布山二上山」 ❺-2 1808·是年 文
「百合花図」 ❺-2 1738·是年 文
「海港図」(洋風画) ❺-2 1767·是年 文
「楊貴妃図」 ❺-2 1754·是年 文／1782·6 月 文／1821·7 月 文
「謡曲画誌」 ❺-2 1736·是年 文
「楊柳観音図」 ❹ 1468·是年 文
「楊柳白衣観音図」 ❹ 1468·6 月 文
「養老瀧図」 ❺-1 1667·9 月 文
「横浜風俗」 ❻ 1871·是年 文
「吉原の躰」 ❺-1 1678·此頃 文
「雷神図」 ❺-2 1847·是年 文
「羅漢賛」 ❺-1 1603·是年 文
「羅漢図」 ❹ 1475·4·16 文／❺-2 1777·是年 文
「羅漢渡水図」 ❺-1 1667·是年 文
「洛中絵図」 ❺-2 1783·是年 文
「洛中洛外図」 ❹ 1574·3 月 文
「蘭船図」 ❺-2 1822·是秋 文／1846·2·28 文
「蘭竹図」 ❺-1 1647·4 月 文／❺-2 1838·8 月 文
「蘭亭図」 ❺-2 1754·是夏 文／1761·是年 文／1777·11 月 文／1799·9 月 文
「蘭と百合図」 ❺-2 1852·2 月 政
「六遠及四高士図」 ❺-2 1762·是春 文
「驪山比翼塚図」 ❺-2 1805·是年 文
「李士達筆驟雨行客図模本」 ❺-2 1835·9 月 文

「立華図」 ❻ **1860**·4·18 文
「立花図巻」 ❹ **1554**·2·12 文
「李白観瀑図」 ❺-2 **1755**·是年 文
「柳下渡渓図」 ❺-2 **1780**·是年 文
「柳渓仙隠図」 ❺-2 **1804**·是年 文
「龍虎図」 ❺-2 **1791**·12 月 文
「龍図天井図」 ❺-1 **1647**·8 月 文
「隆達節小歌」 ❺-1 **1605**·9·28 文
「林間々事図」 ❺-2 **1814**·是年 文
「林和靖図」 ❺-2 **1818**·是年 文
「冷香斎図」 ❹ **1544**·6 月 文
「霊芝図」 ❻ **1859**·是年 文
「レザノフ来航長崎絵図」 ❺-2 **1805**·是年 文
「列祖図」 ❺-1 **1654**·是年 文／**1667**·是年 文
「連山一望松図」 ❺-2 **1791**·是年 文
「老松蒼鷹図」 ❻ **1854**·是秋 文
「老松飛瀑図」 ❺-1 **1664**·是年 文
「老圃秋客図」 ❺-2 **1731**·8 月 文
「芦雁図」 ❺-2 **1766**·是年 文
「蘆雁図」 ❹ **1490**·6·29 文
「六道絵」 ❹ **1525**·3·15 文
「呂洞賓図」 ❺-1 **1671**·是年 文
「若松に鶴」 ❺-2 **1755**·是年 文
「渡辺崋山画像」 ❻ **1853**·10 月 文
画題(近現代以降)
「アイヌの子供」 ❼ **1909**·此頃 文
「赤い肩かけの婦人像」 ❼ **1924**·是年 文
「赤い鳥童謡」 ❼ **1919**·11 月 文
「赤い帽子の少女」 ❼ **1925**·是年 文
「赤いマフラーの自画像」 ❾ **1984**·是年 文
「赤髪の少女」 ❻ **1892**·是年 文
「赤童子」 ❽ **1946**·10·16 文
「赤旗」 ❽ **1948**·是年 文
「赤松に鷹」 ❼ **1919**·11·1 文
「秋」 ❼ **1899**·是年 文
「秋のたそがれ」 ❼ **1929**·是年 文
「秋の夕」 ❼ **1902**·是年 文
「曙」 ❾ **1983**·是年 文
「憧れのハワイ航路」 ❽ **1948**·是年 社
「朝晴」 ❽ **1946**·10·16 文
「足柄山新羅三郎吹笙図」 ❼ **1897**·是年社囲み
「飛鳥の春の額田王」 ❽ **1964**·9·1 文
「アダムとイブ」 ❽ **1948**·是年 文
「アッツ島玉砕の図」 ❽ **1943**·9·1 文
「アッツ島爆撃」 ❽ **1942**·12·3 文
「敦盛」 ❼ **1927**·是年 文
「アトリエ」 ❽ **1949**·是年 文
「安倍能成像」 ❽ **1944**·是年 文／**1946**·3·1 文
「阿房劫火」 ❼ **1907**·10·25 文
「天橋図」 ❽ **1960**·是年 文
「阿弥陀堂」 ❼ **1915**·10·11 文
「雨」 ❼ **1917**·是年 文／❽ **1953**·10·4 文
「操芝居」 ❻ **1883**·是年 文
「嵐山春景」 ❻ **1875**·是年 文
「蟻の城」 ❽ **1960**·是年 文
「或る家族」 ❽ **1949**·是年 文
「或る日の太平洋」 ❽ **1952**·9·1 文
「あれ夕立に」 ❼ **1909**·10·15 文
「アロルスター橋突破」 ❽ **1944**·11·25 文
「安息」 ❼ **1919**·9·1 文
「家鴨」 ❼ **1897**·10·25 文
「家郷」 ❽ **1949**·9·1 文
「硫黄島」 ❽ **1945**·是年 文
「池」 ❾ **1967**·11·1 文
「池のほとり」 ❾ **1983**·是年 文
「池汀」 ❾ **1974**·9·1 文
「異国の丘」 ❽ **1948**·是年 社
「椅子にのる人形」 ❽ **1949**·是年 文
「椅子による裸婦」 ❼ **1912**·是年 文
「出雲阿国」 ❾ **1974**·9·1 文
「伊勢物語」 ❽ **1963**·9·1 文
「異装行列の信長」 ❾ **1969**·9·1 文
「鼬」 ❼ **1926**·是年 文
「イタリア風俗」 ❻ **1881**·此頃 文
「一時金輪坐像」 ❼ **1897**·是年 文
「一字金輪図」 ❼ **1896**·是年 文
「一條戻り橋」 ❼ **1925**·9·2 文
「一日の終り」 ❻ **1886**·是年 文
「五浦漁人」 ❽ **1963**·9·1 文
「一休禅師」 ❼ **1907**·是年 文／**1918**·是年 文
「井筒」 ❼ **1897**·是年社囲み
「いでゆ」 ❼ **1918**·9·10 文
「糸屋の娘」 ❼ **1911**·是年 文
「犬」 ❽ **1950**·是年 文
「犬(庭の一隅)」 ❼ **1932**·是年 文
「犬山夜漁」 ❼ **1928**·9·3 文
「鰯」 ❽ **1937**·10·16 文
「殷其雷」 ❼ **1922**·10·14 文
「隠棲」 ❼ **1902**·是年 文
「ウェーキ島攻略戦」 ❽ **1942**·12·3 文
「鵜飼」 ❼ **1923**·9·1 文／**1931**·10·16 文
「鶯」 ❼ **1930**·是年 文
「雨後」 ❼ **1908**·是年 文／**1924**·是年 文
「兎と亀」 ❼ **1900**·6 月 文
「牛」 ❽ **1943**·9·1 文
「宇治川之巻」 ❼ **1915**·10·11 文
「うしろむき」 ❼ **1909**·此頃 文
「雨霽」 ❼ **1907**·10·25 文
「鵜船」 ❼ **1912**·10·13 文
「右大臣実朝」 ❼ **1932**·10·16 文
「馬」 ❽ **1939**·是年 文
「馬を洗う」 ❽ **1942**·是年 文
「海」 ❼ **1929**·9·3 文
「海島」 ❼ **1920**·11·2 文
「海近き町の舞妓」 ❼ **1927**·4·22 文
「海の幸」(青木 繁) ❼ **1904**·9·22 文
「海辺の家(白壁の家)」 ❼ **1910**·10·14 文
「海辺の丘」 ❼ **1920**·10·13 文
「海辺風景」 ❼ **1897**·是年 文
「梅·竹」 ❼ **1898**·10·15 文
「梅が畑の麦秋」 ❼ **1927**·是年 文
「梅に雀」 ❼ **1909**·是年 文
「雨余晩駅」 ❼ **1929**·9·3 文
「浦島太郎」 ❼ **1900**·6 月 文
「浦の島子」 ❼ **1904**·是年 文
「衛生隊の活躍とビルマ人の好意」 ❽ **1944**·3·8 文
「穢土」 ❾ **1984**·是年 文
「江戸山王祭」 ❻ **1893**·是年 文／❼ **1912**·10·13 文
「N の家族」 ❼ **1919**·9·1 文／是年 文
「サーカス絵馬」 ❼ **1902**·5 月 文
「エロシエンコ氏の像」 ❼ **1920**·10·13 文
「煙突」 ❼ **1911**·是年 文
「炎舞」 ❼ **1925**·是年 文
「老松白藤」 ❼ **1921**·是年 文
「老松鷹」 ❼ **1930**·是年 文
「奥入瀬」 ❾ **1983**·是年 文
「花魁」 ❻ **1872**·是年 文
「桜花雙鳩·秋草群鶉図」 ❼ **1921**·是年 文
「桜下美人図」 ❻ **1894**·是年 文
「黄金の首飾り」 ❼ **1913**·10·5 文
「汪主席と中国参戦」 ❽ **1944**·3·8 文
「王昭君」 ❽ **1947**·9·1 文
「黄石公張良図」 ❻ **1874**·是年 文／**1886**·此頃 文
「おうな」 ❼ **1908**·是年 文
「近江八景」 ❼ **1912**·10·13 文
「鸚鵡と少女」 ❼ **1935**·3·6 文
「大江山」 ❼ **1900**·6 月 文
「大柿部隊の奮戦」 ❽ **1944**·11·25 文
「大久保甲東像」 ❻ **1881**·是年 文
「オーケストラ」 ❼ **1933**·3·10 文
「O 氏像」 ❽ **1946**·是年 文
「大原の奥」 ❼ **1909**·此頃 文
「大鷲図」 ❻ **1888**·是年 文
「沖縄三題」 ❼ **1916**·9·10 文
「沖の燈」 ❾ **1977**·10·30 文
「屋上月」 ❻ **1876**·是年 文
「お下げ髪の少女」 ❾ **1986**·9·18 文
「尾瀬三趣」 ❾ **1974**·9·1 文
「おないどし」 ❼ **1908**·10·15 文
「大原女(写生)」 ❼ **1925**·5·1 文／**1927**·4·22 文
「御水取(長巻)」 ❽ **1959**·9·1 文
「重い手」 ❽ **1949**·是年 文
「おもひで」 ❼ **1909**·10·15 文
「面白節」 ❼ **1917**·是年 社
「阿蘭陀土産」 ❼ **1926**·10·16 文
「オレンジ」 ❾ **1973**·是年 文
「恩賜の御衣」 ❼ **1898**·10·15 文
「女」 ❼ **1911**·10·14 文／**1931**·9·3 文
「女と植木鉢」 ❼ **1926**·是年 文
「女の髪の中の男」 ❼ **1896**·是年 文
「海魚図(鯛)」 ❻ **1879**·是年 文
「海軍部隊セレター軍港へ侵入」 ❽ **1944**·11·25 文
「懐郷」 ❼ **1903**·9·16 文
「骸骨の腕のある自画像」(リトグラフ) ❻ **1895**·是年 文
「鎧袖塔」 ❻ **1877**·7 月 文
「街道」 ❻ **1872**·是年 文
「海寧観潮」 ❼ **1922**·10·14 文
「海辺早春」 ❻ **1895**·4·1 文
「帰ってきた琉球王朝の秘宝展」 ❾ **2004**·9 月 文
「花宴雪見図」 ❻ **1887**·此頃 文
「鏡獅子」 ❽ **1958**·9·1 文
「鏡を持つ女」 ❼ **1928**·9·3 文
「学問のすすめ図」 ❻ **1884**·是年 文
「火口の水」 ❼ **1925**·10·16 文
「果子」 ❼ **1936**·是年 文
「ガシェ博士の肖像」 ❾ **1990**·5·16 文
「画室」 ❼ **1903**·是年 文／❽ **1950**·

是年 文
「風なごむ丘」 ❾ 1983·10·27 文
「画禅院青邨先生還浄図」 ❾ 1979·9·7 文
「堅田の一休」 ❼ 1929·10·16 文
「かちかち山」 ❽ 1947·是年 文
「花鳥」 ❼ 1924·是年 文
「甲冑図」 ❻ 1877·8·21 文
「カナダヴィクトリア港」 ❻ 1892·是年 文
「臥婦像」 ❻ 1881·此頃 文
「鎌倉時代闘牛の図」 ❻ 1894·是年 文
「蝦蟇仙人」 ❼ 1907·3·20 文
「髪」 ❼ 1911·10·14 文／1931·9·3 文／是年 文
「神々とファラオ」 ❾ 1967·11·1 文
「紙漉」 ❼ 1928·9·3 文
「仮面会(ルマスク)」 ❼ 1911·5月 文
「加茂川の景」 ❻ 1894·是年 文
「伽藍」 ❼ 1936·是年 文
「カリジャティ会見図」 ❽ 1942·12·3 文
「刈田」 ❽ 1960·是年 文
「訶梨帝母」 ❼ 1922·10·14 文
「狩人の幻想」 ❽ 1948·是年 文
「カルメン」 ❽ 1947·12·6 文
「軽業師と若い道化師」 ❾ 1988·11·28 文
「枯れた花の静物」 ❼ 1926·2·27 文
「川上冬崖像」 ❻ 1881·是年 文／❼ 1900·是年 文
「河ぶち」 ❼ 1908·是年 文
「観画」 ❼ 1936·2·25 文
「寒鳩寒雀」 ❼ 1927·是年 文
「寒月」 ❼ 1912·10·13 文
「菅公梅ヲ詠スルノ図」 ❻ 1891·是年 文
「寒山拾得」 ❼ 1912·是年 文
「岩上鷲図」 ❻ 1895·是年 文
「甘藷図」 ❼ 1923·是年 文
「観世音菩薩」 ❼ 1935·是年 文
「岩石」 ❻ 1887·是年 文
「甘藍」 ❽ 1941·是年 文
「寒林枯葉」 ❻ 1891·是年 文
「木苺」 ❼ 1912·10·13 文
「祇園精舎」 ❾ 1981·是年 文
「気球揚る」 ❽ 1950·10·29 文
「桔梗」 ❼ 1933·是年 文
「伎芸天」 ❼ 1929·是年 文
「岸田国士像」 ❼ 1930·9·4 文
「帰樵」 ❼ 1906·是年 文
「黄蜀葵」 ❼ 1932·是年 文
「黄瀬川の陣」 ❽ 1940·10·1 文
「北九州上空野辺軍曹機の体当たり B29 二機を撃墜す」 ❽ 」1945·4·11 文
「北国の冬」 ❼ 1908·10·15 文
「北野の裏の梅」 ❼ 1911·是年 文
「キッコウに憑かれて(A)」 ❽ 1960·是年 文
「狐の婚礼」 ❼ 1909·此頃 文
「木の間の秋」 ❼ 1907·10·25 文
「岐阜長良川鵜飼」 ❻ 1878·是年 文
「騎兵隊と戦車隊の協同作戦」 ❽ 1944·是年 文
「君待てども」 ❽ 1948·是年 社
「君忘れじのブルース」 ❽ 1948·是年 社
「伽羅」 ❽ 1937·是年 文
「旧蝦夷風俗図」 ❼ 1896·8月 文
「旧江戸城図」 ❻ 1872·是年 文
「弓術之図」(コンテ絵) ❻ 1881·3·1 文
「九龍壁」 ❾ 1966·11·1 文
「京名所八題」 ❼ 1916·9·10 文
「郷里の先覚」 ❽ 1947·9·1 文
「旭日照六合」 ❽ 1937·是年 文
「曲馬」 ❼ 1935·3·6 文
「曲浦」 ❼ 1908·10·15 文
「漁村の朝」 ❻ 1892·此頃 文
「清姫」 ❼ 1930·9·3 文
「御夢」 ❼ 1918·9·10 文
「切支丹と仏徒」 ❼ 1917·9·10 文
「騎龍観音」 ❻ 1889·是年 文／1890·4·1 文
「羇旅の人麿」 ❽ 1942·是年 文
「帰路」 ❼ 1935·9·3 文
「銀河祭り」 ❽ 1946·10·16 文
「錦祥女」 ❼ 1921·10·14 文
「金太郎」 ❼ 1900·6月 文
「金のかたつむり」 ❾ 1978·11·2 文
「グアム島占領」 ❽ 1942·12·3 文
「九龍城門貯水池二五五高地の奮戦」 ❽ 1944·3·8 文
「クォ・ヴァディス」 ❽ 1949·是年 文
「草枕絵巻」 ❼ 1912·7月 文
「梳る女」 ❽ 1949·是年 文
「孔雀」 ❾ 1983·10·27 文
「孔雀図」 ❻ 1890·4·1 文／1892·是年 文／1895·是年 文
「孔雀明王図」 ❻ 1895·是年 文
「楠正行如意輪堂に和歌を残すの図」 ❻ 1892·是年 文
「屈原」 ❼ 1898·10·15 文
「靴の女」 ❼ 1908·是年 文
「靴屋の親父」 ❻ 1886·是年 文
「求法高僧東帰図」 ❽ 1964·是年 文
「熊野観花」 ❻ 1894·是年 文
「雲去来」 ❼ 1917·是年 文
「供物」 ❼ 1915·10·13 文
「クラークフィールド攻撃」 ❽ 1942·12·3 文
「栗子山隧道図」 ❻ 1881·是年 文
「グレーの橋」 ❼ 1902·是年 文
「黒き猫」 ❼ 1910·10·14 文
「黒白の丸」 ❽ 1940·是年 文
「群猿之図」 ❼ 1897·是年社囲み
「軍艦出雲」 ❽ 1940·是年 文
「群雀雪景図」 ❽ 1962·是年 文
「群蟲図」 ❼ 1926·10·16 文
「群鳥」 ❽ 1938·3·13 文
「薫風」 ❼ 1919·9·1 文
「群盲評古」 ❻ 1884·是年 文
「稽古」 ❼ 1897·10·28 文
「渓山積翠」 ❼ 1911·是年 文
「啓示」 ❽ 1949·是年 文
「K 氏像」 ❽ 1964·9·1 文
「経政詣竹生島図」 ❼ 1896·9·20 文
「K-POP ガールズ」 ❾ 2010·7·8 文
「渓四題」 ❼ 1909·10·15 文
「恵林寺の快川」 ❽ 1942·是年 文
「罌粟」 ❼ 1929·10·16 文
「月下隅田川」 ❻ 1881·是年 文
「月下滞船」 ❼ 1908·是年 文
「月下牧童」 ❼ 1910·是年 文
「血戦ガダルカナル」 ❽ 1944·3·8 文
「月夜山水」 ❻ 1889·此頃 文
「煙る小雨」 ❼ 1922·10·14 文
「ゲレンデ」 ❼ 1930·是年 文
「玄猿」 ❼ 1933·10·16 文
「元寇大油絵」 ❼ 1896·是年 文
「元寇図」 ❻ 1895·是年 文
「賢首菩薩」 ❼ 1907·10·25 文
「原爆の図」 ❽ 1950·2·8 文／1953·6·19 文
「元禄美人図」 ❼ 1899·是年 文
「鯉」 ❼ 1921·10·14 文／❾ 1977·10·30 文
「恋の曼珠沙華」 ❽ 1948·是年 社
「興亜曼荼羅」 ❽ 1940·10·1 文
「項羽」 ❼ 1916·9·10 文
「後苑雨後」 ❼ 1927·是年 文
「公園の夕暮」 ❼ 1900·是年 文
「高嶽爽気図」 ❼ 1930·是年 文
「耕牛」 ❼ 1934·10·16 文
「航空母艦上に於ける整備作業」 ❽ 1943·是年 文
「高原」 ❾ 1976·9·1 文
「高原入冬」 ❽ 1948·是年 文
「広告のある家」 ❼ 1931·是年 文
「黄山霖雨·黄山湧雲」 ❾ 1982·是年 文
「高士の図」 ❻ 1893·是年 文
「工場における愛の日課」 ❼ 1923·是年 文
「黄白菊花図」 ❻ 1882·是年 文
「勾当内侍月詠之図」 ❻ 1877·是年 文
「国府台真景図」 ❻ 1877·是年 文
「工兵隊架橋作業」 ❽ 1944·11·25 文
「神戸居留地西側の境界」 ❻ 1878·是年 文
「降魔成道」 ❾ 1982·是年 文
「光明皇后」 ❼ 1897·3·15 文
「高野山古寺」 ❻ 1895·是年 文
「攻略直後のシンガポール軍港」 ❽ 1942·12·3 文
「行路難」 ❼ 1922·10·14 文
「沍田」 ❾ 1973·11·1 文
「凍れる日輪」 ❽ 1964·是年 文
「護花鈴」 ❼ 1911·10·14 文
「黒衣の女」 ❼ 1908·是年 文
「黒扇」 ❼ 1909·10·15 文
「極楽の井」 ❼ 1912·10·13 文
「虎渓三笑」 ❼ 1912·是年 文
「虎穴図」 ❽ 1952·是年 文
「午後」 ❼ 1932·10·16 文／1932·是年 文
「五合庵の春」 ❼ 1920·9·1 文
「故山新秋」 ❼ 1926·10·16 文
「越路十景·蒲原落雁」 ❾ 1968·是年 文
「古松宿鷺」 ❼ 1936·是年 文
「孤隊行」 ❼ 1925·是年 文
「コタ·バル(上陸作戦)」 ❽ 1942·12·3 文
「こだま」 ❼ 1930·10·16 文
「琴」 ❼ 1927·是年 文
「梧桐」 ❼ 1911·是年 文
「琴平山遠望」 ❻ 1881·是年 文
「寿」 ❽ 1950·是年 文
「小梨の花」 ❽ 1949·10·29 文
「五人の裸婦」 ❼ 1923·是年 文

「子猫」 ❼ 1936·11·6 文
「古柏猴鹿之図」 ❻ 1880·2月 文
「湖畔」 ❼ 1897·10·28 文
「湖畔初夏」 ❼ 1933·9·3 文
「五百羅漢」 ❾ 1972·11·1 文
「枯木群鳥図」 ❻ 1883·是年 文
「吾楽」(工芸家) ❼ 1909·1月 文
「五柳先生」 ❼ 1912·4·2 文
「コルトヌリー(靴屋)」 ❼ 1925·是年 文
「コワフューズ」 ❼ 1935·3·6 文
「コンスタンチンの凱旋門」 ❻ 1882·是年 文
「近藤医学博士像」 ❼ 1925·是年 文
「コントラバスを弾く」 ❼ 1915·是年 文
「彩雨」 ❽ 1940·10·1 文
「西王母図」 ❼ 1923·是年 文
「サイパン島大津部隊の奮戦」 ❽ 1945·4·11 文
「サイパン島同胞臣節を全うす」 ❽ 1945·4·11 文
「裁縫する女」 ❾ 1974·是年 文
「逆さのテーブルとマスク」 ❽ 1940·是年 文
「酒場の唄」 ❼ 1917·是年 社
「桜島の朝」 ❼ 1935·是年 文
「桜に鶏」 ❻ 1894·是年 文
「鮭」 ❻ 1876·是年 文／❽ 1943·2·10 文
「鮭と鰯」 ❼ 1924·是年 文
「鮭之図」 ❼ 1924·11·30 文
「山茶花と栗鼠」 ❼ 1912·是年 文
「坐す人」 ❾ 1972·11·1 文
「佐野部隊長還らざる大野挺身隊と訣別す」 ❽ 1944·3·8 文
「鯖」 ❼ 1925·10·16 文
「五月雨」 ❼ 1934·是年 文／❾ 1967·11·1 文
「猿回し(狙公)」 ❼ 1897·10·25 文
「燦」 ❾ 1974·11·1 文
「山径晩暉」 ❻ 1895·4·1 文
「残月山姥図」 ❼ 1907·10·25 文
「山湖」 ❽ 1947·10·16 文
「散策」 ❼ 1934·10·16 文
「残照」 ❽ 1947·10·16 文
「山水画」 ❼ 1896·是年 文／1908·是年 文
「山窓無月」 ❼ 1919·9·1 文
「残波岬」 ❾ 1978·11·2 文
「三遊亭円朝像」 ❼ 1930·10·16 文
「山霊感応」 ❽ 1964·10·26 文
「塩原の奥」 ❼ 1909·10·15 文
「自画像」(青木 繁) ❼ 1903·是年 文／1904·是年 文
「自画像(五姓田義松)」 ❻ 1877·8·21 文
「自画像」(椿 貞雄) ❼ 1915·是年 文
「四月九日の記録(バタアン半島総攻撃)」 ❽ 1942·12·3 文
「志願兵に別れを告げる台湾人」 ❽ 1944·是年 文
「四季花鳥図」 ❼ 1897·3·15 文／1917·10·16 文
「四季山水画」 ❼ 1897·是年社囲み／1900·是年 文／1910·是年 文
「しぐれ」 ❼ 1907·10·25 文
「しぐれ来る瀞峡」 ❼ 1931·是年 文
「四時花木群虫図」 ❻ 1885·是年 文
「四時山水」 ❽ 1947·9·1 文
「絲綢之路天空」 ❾ 1982·是年 文
「七里が浜」 ❼ 1917·是年 社
「漆画帖」 ❻ 1881·是年 文
「漆紅梅の棚」 ❽ 1943·4·9 文
「室内のバレリーナ」 ❾ 1967·是年 文
「使徒所行讃」 ❼ 1926·9·4 文
「支那寝台の女」 ❼ 1930·9·4 文
「支那街」 ❼ 1928·9·3 文
「不忍池」 ❻ 1876·是年 文
「司馬江漢」 ❻ 1877·是年 文
「慈悲光礼賛」 ❼ 1918·9·10 文
「慈母観音」 ❻ 1888·是年 文
「島」 ❾ 1976·10·30 文
「島田戦車部隊スリムの敵陣突破」 ❽ 1944·11·25 文
「島の女」 ❼ 1916·是年 文
「清水秋景図」 ❻ 1893·是年 文
「清水の富士」 ❻ 1881·3·1 文
「下総国野手村内裏塚真景図」 ❻ 1883·是年 文
「闍維」(じゃい) ❼ 1898·10·15 文
「釈迦十六羅漢図」 ❼ 1911·是年 文
「芍薬」 ❼ 1925·9·2 文
「寂光」 ❼ 1932·是年 文
「車夫の家族」 ❼ 1908·10·15 文
「シャム猫と青衣の女」 ❾ 1965·9·1 文
「軍鶏」 ❼ 1919·是年 文
「ジャワ沖海戦」 ❽ 1942·12·3 文
「秋影」 ❽ 1939·是年 文
「秋園」(秋苑) ❼ 1899·10·15 文
「収穫」 ❻ 1890·是年 文
「十牛図意図」 ❼ 1916·是年 文
「秋景」 ❼ 1919·是年 文
「秋渓(紅葉)」 ❼ 1902·是年 文
「秋景(紅葉山水)」 ❼ 1899·10·15 文
「秋景山水図」 ❻ 1893·是年 文
「秋山群猿図」 ❻ 1890·是年 文
「重症者の凶器」 ❽ 1948·3月 文
「十二月八日の黄浦江上」 ❽ 1943·是年 文
「十二月八日の真珠湾」 ❽ 1942·12·3 文
「十二月八日の租界進駐」 ❽ 1942·12·3 文
「十二月八日山本元帥」 ❽ 1942·12·3 文
「樹下美人」 ❼ 1912·是元年 文
「出現」 ❽ 1962·9月 文
「出山釈迦図」 ❼ 1917·是年 文
「修羅道絵巻」 ❼ 1900·4·1 文
「春園双孔雀之図」 ❼ 1901·是年 文
「春夏秋冬図」 ❻ 1877·是年 文
「春暁」 ❼ 1897·10·25 文／1902·是年 文
「春耕」 ❼ 1924·11·30 文
「春山花鳥図」 ❼ 1900·是年 文
「春秋」 ❼ 1910·是年 文
「春秋夕朧」 ❽ 1950·是年 文
「春畝」 ❻ 1888·是年 文
「秋鹿」 ❻ 1889·是年 文
「正気放光」 ❽ 1941·是年 文
「小休止」 ❽ 1944·3·8 文
「小憩」 ❼ 1933·10·16 文／是年 文
「招魂社附近」 ❻ 1895·是年 文
「娘子関を往く」 ❽ 1941·7·1 文
「賞秋」 ❽ 1942·是年 文
「浄春」 ❽ 1947·是年 文
「少女」 ❻ 1877·是年 文／1891·此頃 文／❼ 1912·是年 文／1932·是年 文／1933·是年 文
「瀟湘八景」 ❼ 1899·是年 文／1912·10·13 文
「肖像［深井英五氏像］」 ❽ 1937·11·26 文
「蕭湘夜雨」 ❽ 1948·9·1 文
「松竹梅」 ❽ 1942·是年 文
「承徳の喇嘛廟」 ❽ 1937·11·26 文
「少年」 ❼ 1918·是年 文
「少年道化」 ❼ 1929·是年 文
「松柏遐齢図」 ❼ 1910·是年 文
「逍遙」 ❼ 1897·是年 文
「昭和の大曼荼羅」 ❾ 1981·6·19 文
「初夏」 ❽ 1942·是年 文
「初夏(牧童)」 ❼ 1905·是年 文
「初夏の海」 ❼ 1915·是年 文
「諸国盆踊の夕」 ❼ 1927·8·7 文
「蜀道七盤関真景」 ❼ 1910·是年 文
「初冬晩暉」 ❻ 1895·4·1 文
「序の舞」 ❼ 1936·11·6 文
「ジョホール渡過を指揮する山下軍司官」 ❽ 1944·11·25 文
「白糸の滝」 ❾ 1974·是年 文
「白菊」 ❼ 1932·是年 文
「白鷺城」 ❼ 1919·10·14 社
「白い道」 ❾ 1967·11·1 文
「白孔雀」 ❼ 1935·是年 文／❾ 1973·是年 文
「白熊」 ❼ 1907·10·25 文
「晨」 ❾ 1977·10·30 文
「シンガポール陥落」 ❽ 1942·12·3 文／1944·11·25 文
「シンガポール最後の日」 ❽ 1942·12·3 文
「信仰の悲しみ」 ❼ 1918·9·9 文
「宍道湖真景図(宍道湖所見)」 ❼ 1910·是年 文
「深秋」 ❾ 1972·11·1 文
「新宿風景」 ❽ 1937·是年 文
「新蔬」 ❽ 1940·是年 文
「人体考察(髪·肩·胴·脚)」 ❼ 1927·是年 文
「晨潮」 ❽ 1948·是年 文
「審美綱領」 ❼ 1899·6月 文
「神兵の救出到る」 ❽ 1944·3·8 文
「神兵パレンバンに降下す」 ❽ 1942·12·3 文
「神武天皇像」 ❻ 1890·4·1 文
「翠禽紅珠」 ❼ 1929·10·16 文
「水郷」 ❼ 1911·10·14 文
「水滴」 ❻ 1875·是年 文
「水田農耕之牛」 ❽ 1950·是年 文
「水浴の前」 ❼ 1916·是年 文
「酢川にかかる常盤橋」 ❻ 1884·是年 文
「洲崎(品川沖)」 ❻ 1878·是年 文
「スタンレー山脈の高砂族輸送隊」 ❽ 1944·3·8 文
「砂時計」 ❼ 1919·是年 文
「炭窯」 ❼ 1934·10·16 文
「墨田河舟遊」 ❼ 1914·10·15 文
「スラバヤ沖海戦」 ❽ 1942·12·3 文

「スンゲパタニに於ける軍通信隊の活躍」 ❽ 1944·11·25 文
「生」 ❾ 1973·11·1 文
「青衣の女」 ❼ 1919·是年 文
「聖牛」 ❽ 1953·9·1 文
「清少納言初瀬寺に詣る図」 ❻ 1890·4·1 文
「生々流転」 ❼ 1923·9·1 文
「西南役大阪陸軍病院負傷兵施術光景」 ❻ 1881·3·1 文
「西部蘇満国境警備」 ❽ 1944·3·8 文
「静物」 ❼ 1918·12·14 文
「西洋婦人編物」 ❼ 1909·此頃 文
「西洋婦人像」 ❻ 1881·3月 文
「西洋婦人の肖像」 ❼ 1898·是年 文
「西洋裸婦」 ❻ 1882·是年 文
「惜春賦」 ❼ 1932·10·16 文
「積雪」 ❼ 1935·是年 文
「関屋里(浅草遠望)」 ❻ 1878·是年 文
「雪後の月」 ❼ 1902·是年 文
「雪山帰牧図」 ❻ 1893·此頃 文
「雪中老松図」 ❼ 1907·是年 文
「雪中松叡飛雁之図」 ❻ 1883·是年 文
「雪余の山道」 ❼ 1911·是年 文
「千山暮色」 ❼ 1929·是年 文
「餞春」 ❼ 1928·10·16 文
「潜水艦の出撃」 ❽ 1942·12·3 文
「潜水艦の米空母雷撃」 ❽ 1942·12·3 文
「船舶兵基地出発」 ❽ 1945·是年 文
「殲滅戦」 ❽ 1944·是年 文
「草炎」 ❼ 1930·是年 文
「挿花」 ❼ 1932·9·3 文
「窓外の化粧」 ❼ 1930·9·4 文
「爽山映雪」 ❼ 1921·是年 文
「草上の小憩」 ❼ 1904·是年 文
「双龍図」 ❾ 2002·4·14 文
「素行先生」 ❽ 1943·4·9 文
「蔬菜」 ❼ 1921·11·30 文/1931·是年 文
「外房風景」 ❼ 1931·9·3 文
「素朴な月夜」 ❼ 1929·9·3 文
「村道」 ❼ 1923·11·20 文
「村童観猿翁」 ❻ 1893·是年 文
「颱」 ❾ 1976·10·30 文
「ダイアナの森」 ❽ 1946·是年 文
「大観先生」 ❽ 1959·9·1 文
「醍醐」 ❾ 1972·9·1 文
「大根と小娘」 ❼ 1933·3·10 文
「帝釈試三獣図」 ❻ 1885·是年 文
「胎蔵界曼荼羅」 ❾ 1982·5·11 文
「第二回内国勧業博覧会」(木版) ❻ 1881·3·1 社
「大仏勧進」 ❽ 1939·9·2 文
「平重盛」 ❻ 1894·是年 文
「台湾戦争図」 ❻ 1876·是年 文
「台湾風景」 ❼ 1912·是年 文
「田植」 ❼ 1916·是年 文
「多賀朝潮流される」 ❼ 1919·10·14 社
「高倉帝厳島御幸」 ❼ 1896·是年 文
「たかげた」 ❽ 1949·是年 文
「高橋由一翁」 ❻ 1893·是年 文
「多義図形」 ❽ 1940·是年 文
「竹取物語」 ❼ 1911·是年 文/1917·9·10 文
「筍」 ❽ 1947·10·16 文
「凧揚げ」 ❼ 1924·10·15 文
「タサファロング」 ❽ 1944·3·8 文
「黄昏」 ❼ 1911·是年 文/1919·10·14 社
「橘曙覧画像」 ❻ 1868·是年 文
「獺祭図」 ❼ 1931·是年 文
「伊達政宗」 ❼ 1910·是年 文
「建物」 ❽ 1948·是年 文
「立てる像」 ❽ 1942·9·1 文
「田中館博士の肖像」 ❼ 1916·10·14 文
「種をまく人」 ❾ 1977·4·28 文
「玉城挺身斬込五勇士奮戦」 ❽ 1945·4·11 文
「たむろするクーリー」 ❾ 1984·是年 文
「鱈梅花」 ❻ 1877·2月 文
「達磨(説法)」 ❼ 1910·是年 文
「達磨越葱嶺」 ❻ 1888·是年 文
「戯れ」 ❼ 1929·9·3 文
「淡煙」 ❼ 1898·是年 文
「断層夾波·峭壁摩天」 ❼ 1915·是年 文
「智·感·情」 ❼ 1900·4·14 文
「竹雨」 ❼ 1915·10·11 文
「竹外一枝」 ❽ 1946·9·1 文
「竹下の猫」 ❻ 1882·是年 文
「血の池」 ❼ 1919·是年 文
「虫魚絵巻」 ❼ 1931·9·3 文
「中禅寺湖夜景」 ❻ 1880·此頃 文
「朝夕安居」画巻 ❽ 1948·是年 文
「朝鮮之巻」 ❼ 1915·10·11 文
「朝鮮風俗」 ❻ 1894·是年 文
「張碓のカムイコタン」 ❾ 1968·11·1 文
「朝野」 ❾ 1974·11·1 文
「築地明石町」 ❼ 1927·10·16 文
「築地ホテル館」 ❻ 1868·是年 文
「佃島」 ❾ 1981·是年 文
「嗣信最後」 ❼ 1897·10·25 文
「辻説法」 ❼ 1907·10·25 文
「躑躅」(杉戸絵) ❻ 1887·是年 文
「つのづきの巻」 ❼ 1922·9·5 文
「椿と仔山羊」 ❼ 1916·是年 文
「椿姫」 ❽ 1948·5·28 文
「壺を持つ女」 ❼ 1915·是年 文
「積木と栗鼠」 ❽ 1941·是年 文
「摘草」 ❼ 1928·4·27 文
「ツラギ野戦」 ❽ 1943·是年 文
「停車場の夜」 ❼ 1909·是年 文
「提督の最期」 ❽ 1943·是年 文
「デイリー·ニュース」 ❼ 1935·是年 文
「テームズ上流·夜」 ❼ 1908·是年 文
「鉄工場の裏」 ❼ 1931·是年 文
「涅歯」 ❼ 1933·10·16 文
「テレーズの像」 ❼ 1931·是年 文
「甜瓜図」 ❼ 1931·是年 文
「電撃」 ❽ 1948·是年 文
「篆書八言聯」 ❻ 1879·是年 文
「天心岡倉先生」 ❼ 1922·9·5 文
「伝説中将姫」 ❼ 1920·10·13 文
「天然ガスを灯火に使用図」 ❻ 1878·是年 文
「ドイツの少女」 ❻ 1887·此頃 文
「闘牛士(スペイン)」 ❻ 1881·是年 文
「東京名所上野公園内国勧業博覧会美術館」(木版) ❻ 1881·3·1 社
「搨上の花」 ❽ 1949·10·29 文
「豆腐」 ❻ 1877·此頃 文
「東部印度チンスキヤ飛行場爆撃」 ❽ 1944·3·8 文
「桃李園·独楽園」 ❻ 1895·4·1 文
「道路と土手と塀」(切通しの写生) ❼ 1915·是年 文
「都会女性職譜」 ❼ 1933·9·3 文
「都下風塵図」 ❻ 1890·4·1 文
「時頼」 ❼ 1902·是年 文
「読書」 ❻ 1891·是年 文
「怒江作戦」 ❽ 1944·3·8 文
「常世」 ❼ 1897·10·25 文
「特攻隊内地基地を進発す」 ❽ 1945·4·11 文
「渡頭の夕暮」 ❼ 1897·10·28 文
「友自遠方来」 ❽ 1948·是年 文
「ともしび」 ❾ 1975·11·2 文
「渡洋爆撃」 ❽ 1941·是年 文
「鳥女」 ❾ 1982·是年 文
「鳥たちの神殿」 ❾ 1983·是年 文
「十和田紀行」 ❽ 1948·是年 文
「ナイアガラ瀑布の図」 ❻ 1889·此頃 文
「内国勧業博覧会開業御式の図」(木版) ❻ 1877·8·21 社
「内国勧業博覧会機械館の図」(木版) ❻ 1877·8·21 社
「夏日」 ❾ 1974·9·1 文
「長崎要塞司令部の建物板壁に残った兵士の影(南山手町·爆心から四·五キロメートル)」(ゼラチン·シルバー·プリント) ❽ 1945·是年 文
「流さるる教徒」 ❼ 1921·是年 文
「中州月夜の図」 ❻ 1876·是年 文
「中原氏肖像」 ❼ 1916·9·10 文
「長良川鵜飼実況図」 ❻ 1891·是年 文
「流れ行く水」 ❽ 1950·9·1 文
「茄子」 ❽ 1946·是年 文
「那須宗隆射扇」 ❻ 1890·是年 文
「夏」 ❼ 1907·10·25 文
「夏鹿」 ❼ 1936·11·6 文
「夏の内海」 ❼ 1916·是年 文
「夏山」 ❽ 1948·1·28 文
「鍋島の皿に柘榴」 ❼ 1921·是年 文
「なまり節」 ❻ 1877·9月 文
「涙を流す顔」 ❽ 1949·是年 文
「南京入城」 ❽ 1940·是年 文
「南国の花」 ❽ 1940·是年 文
「南溟の夜」 ❽ 1944·是年 文
「匂ひ」 ❼ 1915·10·14 文
「二階つきバス」 ❼ 1926·是年 文
「二河白道を描く」 ❽ 1948·9·1 文
「二紀会」 ❽ 1947·4·28 文
「ニコライ堂と聖橋」 ❽ 1941·是年 文
「濁らぬ水」 ❼ 1909·10·15 文
「二檣スクーナー船」 ❻ 1883·是年 文
「日緬條約調印図」 ❽ 1944·3·8 文
「日光山の四季」 ❼ 1911·是年 文
「日光陽明門」 ❻ 1890·是年 文
「日食」 ❼ 1925·9·2 文
「新田義顕血戦図」 ❻ 1892·是年 文
「日本二十六聖人」(フランシスコ修道院)

❽ 1954·2·7 文
「日本漆工会雑誌」 ❼ 1900·2月 文
「日本美術院血脉図」 ❾ 1965·9·1 文
「ニューギニア沖東方敵機動部隊強襲」 ❽ 1942·12·3 文
「ニューギニア戦線·密林の死闘」 ❽ 1943·是年 文
「ニューギニア密林帯を征く陸軍輸送部隊」 ❽ 1944·3·8 文
「入涅槃幻想」 ❽ 1961·是年 文
「乳糜供養」 ❼ 1915·10·11 文
「ニューヘヴンの雪」 ❼ 1898·是年 文
「女人観世音板画柵　仰向妃の柵」 ❽ 1949·是年 文
「女人卍」 ❾ 1972·9·1 文
「庭の雪」 ❽ 1948·是年 文
「濡獅子図銅額」 ❻ 1890·4·1 文
「猫」 ❽ 1940·9·1 文／1946·是年 文／1948·10·20 文
「猫と提灯」 ❻ 1877·8·21 文
「拈華微笑」 ❼ 1897·3·15 文
「野」 ❾ 1976·10·30 文
「農夫晩帰」 ❼ 1898·是年 文
「野火」 ❾ 1978·11·2 文／1979·10·31 文
「野辺」 ❼ 1898·是年 文
「煙火」 ❼ 1927·9·13 文
「バーナード·リーチ像」 ❼ 1913·是年 文
「バーナード城」 ❻ 1878·是年 文
「梅香」 ❽ 1947·是年 文
「敗戦群像」 ❽ 1948·是年 文
「パイプを吸う男」 ❼ 1908·是年 文
「瀑」 ❻ 1890·是年 文
「麦秋」 ❽ 1937·10·16 文
「瀑底」 ❼ 1933·9·3 文
「白露」 ❾ 1974·11·1 文
「ばけものづくし」 ❼ 1925·是年 文
「函館戦争図」 ❻ 1876·是年 文
「はこねの山」 ❼ 1922·9·5 文
「馬車のいる風景」 ❻ 1877·此頃 文
「芭蕉」 ❼ 1932·是年 文
「蓮」 ❽ 1947·10·16 文
「蓮池鴨遊泳蒔絵額面」 ❻ 1881·是年 文
「機織」 ❼ 1926·9·4 文
「はだか」 ❽ 1947·10·16 文
「畑のおばけ」 ❼ 1929·是年 文
「バタビア海戦」 ❽ 1942·12·3 文
「波頭の夕暮」 ❼ 1897·是年 文
「花供養」 ❾ 1967·9·1 文
「花咲爺」 ❼ 1900·6月 文
「花三題」 ❾ 1985·是年 文
「花菖蒲」 ❽ 1947·9·1 文
「花の傍」 ❼ 1932·9·3 文
「花見船」 ❼ 1921·是年 文
「母と子」 ❼ 1917·10·16 文／1920·11·2 文
「バビロン王城」 ❾ 1972·9·1 文
「浜名を渡る源九郎義経」 ❼ 1936·是年 文
「林大尉戦死之図」 ❼ 1898·是年 文
「隼」 ❼ 1929·是年 文
「針仕事」 ❻ 1890·是年 文
「巴里風景」 ❼ 1918·是年 文
「春雨」 ❼ 1916·9·10 文
「春の朝」 ❼ 1902·是年 文
「春の雪」 ❽ 1948·是年 文
「春光る(樹海)」 ❽ 1946·9·1 文
「春山」 ❾ 1969·9·1 文
「霽」 ❾ 1968·11·1 文
「晩鴉」 ❼ 1932·是年 文
「晩秋図」 ❼ 1908·是年 文
「伴大納言絵詞」 ❾ 1983·5·1 文
「斑猫」 ❼ 1924·11·1 文
「火」 ❾ 1983·是年 文
「ピエレットの婚礼」 ❾ 1989·11·30 文
「美音」 ❼ 1897·10·25 文
「東山暁色図」 ❼ 1921·是年 文
「ピカドール」 ❽ 1958·5·15 文
「彼岸」 ❽ 1946·10·16 文
「飛泉(滝)」 ❼ 1902·是年 文
「日高河清姫図」 ❼ 1919·11·1 文
「一口村」 ❽ 1948·是年 文
「雲雀を揚ぐる夕」 ❼ 1924·10·15 文
「悲母観音」 ❽ 1943·2·10 文
「悲母観音下図」 ❻ 1884·是年 文
「向日葵」 ❾ 1981·是年 文
「ひまわり」 ❾ 1987·3·30 文
「百花図」 ❻ 1869·是年 文
「漂流Ⅱ」 ❽ 1960·是年 文
「平泉の義経」 ❾ 1965·9·1 文
「飛龍昇天図」 ❻ 1884·是年 文
「午下り」 ❽ 1946·10·16 文
「昼寝」 ❻ 1894·是年 文
「ビルマ進攻作戦開始」 ❽ 1944·3·8 文
「ビルマ独立式典図」 ❽ 1944·3·8 文
「瓶のある静物」(セザンヌ) ❻ 1890·是年 文
「ピンホール·ルームⅠ」 ❾ 1973·是年 文
「風雨渡橋」 ❽ 1948·是年 文
「風景」 ❻ 1885·是年 文
「風景」 ❼ 1911·是年 文
「笛吹き」 ❼ 1931·1·11 文
「フォト·コラージュ」 ❽ 1937·是年 文
「フォト·デッサン」 ❽ 1937·是年 文
「フォトワース現代美術館」 ❾ 2002·12·6 文
「富嶽茶園図」 ❼ 1927·是年 文
「ブキテマの夜戦」 ❽ 1944·11·25 文
「武具の図」 ❻ 1894·是年 文
「袋田の滝」 ❽ 1963·9·1 文
「普賢延命図」 ❻ 1895·是年 文
「武士」 ❼ 1897·3·15 文
「富士二題」 ❼ 1929·是年 文
「富士宮の富士」 ❾ 1982·9·7 文
「武士の山狩下絵」 ❼ 1905·是年 文
「藤山氏像」 ❽ 1948·是年 文
「婦女」 ❽ 1948·10·20 文
「婦女愛禽」 ❼ 1925·9·2 文
「婦人像」 ❻ 1892·是年 文／❼ 1911·是年 文／1930·是年 文／1931·是年 文
「婦人と猫」 ❽ 1949·是年 文
「婦人の愛」 ❼ 1935·3·6 文
「婦人半身像」 ❼ 1936·11·6 文
「仏悦長阿含経巻五」 ❽ 1964·9·1 文
「仏教伝来」 ❽ 1959·9·1 文
「仏前」 ❽ 1948·是年 文
「物体」 ❽ 1960·是年 文
「仏誕」 ❼ 1896·9·20 文
「筆立のある静物」 ❼ 1917·9·9 文
「不動」 ❼ 1916·9·10 文／❽ 1940·10·1 文
「舞踏会の前」 ❼ 1925·是年 文
「葡萄に栗鼠図」 ❻ 1883·是年 文
「不動明王図」 ❻ 1887·是年 文
「冬枯れの道路」 ❼ 1916·是年 文
「冬の海」 ❽ 1947·是年 文
「冬日帖」 ❼ 1928·4·27 文
「冬山入斧」 ❼ 1929·是年 文
「フランチェスカの鐘」 ❽ 1948·是年 社
「プリンスオブウエルズの轟沈」 ❽ 1944·11·25 文
「ブルガリアの女」 ❻ 1879·是年 文
「プレハの女」 ❻ 1891·是年 文
「噴煙」 ❽ 1950·是年 文
「噴炎」 ❾ 1985·是年 文
「文房具列画巻」 ❻ 1887·是年 文
「平家驚禽声逃亡」 ❻ 1894·是年 文
「平治合戦図」 ❻ 1893·是年 文
「碧蹄館·蒙古襲来」 ❻ 1895·4·1 文
「北京秋天」 ❽ 1942·是年 文／1943·3月 文
「ベゴニアの畠」 ❼ 1910·是年 文
「蛇が池」 ❼ 1916·9·10 文
「ペリリュー島守備隊の死闘」 ❽ 1945·4·11 文
「ベルサリエーレの歩哨」 ❻ 1886·是年 文
「ボアの女」 ❼ 1912·是年 文
「訪隠」 ❼ 1930·是年 文
「防空壕」 ❽ 1942·10·16 文
「咆哮」 ❼ 1907·10·25 文
「帽子をかぶった自画像」(セザンヌ) ❻ 1890·是年 文
「法然上人」 ❼ 1923·是年 文
「某婦人の像」 ❼ 1907·3·20 文
「蓬莱山」 ❽ 1948·是年 文／1949·是年 文
「蓬莱僊境図」 ❼ 1904·是年 文
「ポーランド人の姉妹」 ❼ 1923·是年 文
「ポール·ドモアの洞窟」 ❾ 1990·3·1 文
「北海道忍路高島図」 ❼ 1910·是年 文
「牧牛」 ❻ 1893·是年 文
「北斎館」 ❾ 1976·11·7 文
「牧場風景」 ❼ 1910·是年 文
「墨堤花雨」 ❼ 1918·是年 文
「墨堤春暁」 ❻ 1890·4·1 文
「牧童」 ❻ 1887·此頃 文
「墨梅」 ❾ 1966·是年 文
「牧羊図」 ❻ 1871·是年 文
「墨林筆哥」 ❻ 1878·是年 文
「母子」 ❼ 1934·10·16 文
「ポジリポの漁家」 ❼ 1923·11·20 文
「星をみる女性」 ❼ 1936·2·25 文
「牡丹」 ❼ 1922·10·14 文／1924·10·15 文／❽ 1939·是年 文
「牡丹孔雀図」 ❼ 1909·是年 文
「牡丹雪」 ❽ 1944·是年 文
「保津川」 ❻ 1890·4·1 文
「杜鵑」 ❼ 1904·是年 文／❽ 1945·是年 文
「ボルネオ作戦」 ❽ 1942·12·3 文
「香港島最後の総攻撃図」 ❽ 1942·

12·3 文
「香港ニコルソン附近の激戦」 ❽ **1942**·12·3 文
「本間·ウエンライト会見期」 ❽ **1944**·3·8 文
「本牧海岸」 ❻ **1877**·是年 文
「舞妓」 ❻ **1893**·是年 文／❾ **1969**·9·1 文／**1978**·11·2 文
「舞妓林泉」 ❼ **1924**·11·30 文
「埋葬」 ❽ **1949**·是年 文
「舞う」 ❾ **1972**·9·1 文
「秣」 ❼ **1920**·10·13 文
「孫」 ❽ **1950**·是年 文
「魔障図」 ❼ **1910**·是年 文
「松」 ❾ **1975**·11·2 文
「窓」 ❼ **1929**·是年 文
「窓際」 ❼ **1911**·10·14 文
「窓に倚る女」 ❼ **1929**·是年 文
「豆花」 ❼ **1931**·是年 文
「マユ山壁を衝く」 ❽ **1944**·3·8 文
「マレー沖海戦」 ❽ **1942**·12·3 文
「マレー前線における偵察隊の活躍」 ❽ **1944**·是年 文
「マレーの敵軍航空基地爆撃」 ❽ **1941**·是年 文
「マンガ·ミーツ·ルーヴル」 ❾ **2010**·11·5 文
「満月光」 ❾ **1973**·是年 文
「マンドリンを持てる女」 ❻ **1890**·是年 文
「見下ろしたる港町」 ❼ **1916**·9·10 文
「三熊野の那智の御山」 ❼ **1926**·10·16 文
「御輿振」 ❼ **1912**·10·13 文
「湖のほとり」 ❼ **1925**·是年 文
「水鏡」 ❼ **1897**·10·25 文／❽ **1942**·是年 文
「三田製紙所」 ❻ **1880**·是年 文
「道」 ❽ **1950**·10·29 文
「緑響く」 ❾ **1982**·是年 文
「南風」 ❼ **1907**·10·25 文
「南太平洋海戦」 ❽ **1944**·11·25 文
「南波照間」 ❼ **1928**·10·16 文
「妙義山図」 ❼ **1906**·是年 文
「無我」 ❼ **1897**·3·15 文
「昔語り」 ❼ **1896**·是年 文
「麦」 ❼ **1919**·9·1 文
「武蔵野秋景望富岳之図」 ❼ **1898**·10·15 文
「武者誠鵠」 ❻ **1890**·是年 文
「むすめ」 ❾ **1974**·是年 文
「村の老天使」 ❼ **1927**·是年 文
「眼のある風景」 ❽ **1938**·3·13 文
「面壁九年」 ❽ **1948**·是年 文
「猛虎一声山月高」 ❻ **1895**·是年 文
「蒙古襲来絵詞」絵巻 ❻ **1890**·是年 文
「猛虎図」 ❻ **1895**·是年 文
「蒙古の日の出」 ❽ **1937**·是年 文
「最上川」 ❼ **1914**·10·15 文
「最上川難所」 ❾ **1973**·是年 文
「木精」 ❾ **1976**·10·30 文
「木蘭詩」 ❼ **1920**·10·13 文
「木蓮」 ❼ **1919**·是年 文
「木蓮図」 ❽ **1946**·是年 文
「もたれて立つ人」 ❼ **1917**·9·9 文
「物思い」 ❼ **1907**·10·25 文
「桃」 ❽ **1950**·是年 文
「桃太郎」 ❼ **1900**·6月 文
「聞香」 ❽ **1950**·10·29 文
「八重子像」 ❼ **1915**·是年 文
「屋島の義経」 ❼ **1929**·是年 文
「野趣二題」 ❼ **1927**·是年 文
「安来節」 ❼ **1917**·是年 社
「安らかなる鳥の巣」 ❼ **1921**·10·14 文
「屋根の都」 ❼ **1911**·是年 文
「耶馬渓」 ❻ **1895**·4·1 文
「山鹿素行先生」 ❽ **1942**·10·16 文
「山路」 ❼ **1907**·是年 文／**1911**·10·14 文
「山下·パーシバル両司令官会見図」 ❽ **1942**·12·3 文／**1943**·4·9 文
「山路の秋」 ❾ **1966**·是年 文
「日本武尊」 ❼ **1906**·是年 文
「日本武尊」 ❻ **1891**·是年 文
「大和のヒミコ女王」 ❾ **1972**·9·1 文
「山本五十六元帥像」 ❽ **1944**·11·25 文
「浴み」 ❽ **1946**·10·16 文
「遊園地」 ❼ **1926**·是年 文
「游魚出聴」 ❽ **1948**·10·20 文
「夕暮れに手を」 ❾ **1977**·4·28 文
「游刃有余地」 ❼ **1914**·10·15 文
「夕空(星)」 ❽ **1939**·9·2 文
「夕立」 ❼ **1902**·7月 文／**1916**·是年 文
「夕の森」 ❼ **1904**·是年 文
「夕映」 ❼ **1910**·是年 文
「夕日に」 ❾ **1981**·是年 文
「遊楽図」 ❼ **1909**·是年 文
「浴衣」 ❽ **1939**·9·2 文
「雪」 ❼ **1930**·是年 文／❽ **1963**·9·1 文
「雪景色」 ❼ **1927**·9·13 文
「雪の大阪」 ❼ **1928**·10·16 文
「雪のきた国」 ❼ **1925**·10·16 文
「雪の神戸港」 ❽ **1947**·10·16 文
「雪の風景」 ❼ **1933**·是年 文
「雪の最上川」 ❾ **1979**·9·7～24 文
「雪の山」 ❼ **1909**·是年 文
「輸送船団海南島出発」 ❽ **1944**·11·25 文
「夢殿」 ❼ **1912**·10·13 文
「夢のうたげ」 ❾ **1976**·9·1 文
「湯屋」 ❽ **1948**·10·20 文
「夜明け」 ❽ **1948**·是年 文
「妖影」 ❼ **1921**·11·30 文／**1924**·11·30 文
「妖魚」 ❼ **1920**·10·13 文
「溶鉱炉」 ❼ **1933**·9·1 文
「養沢西の橋」 ❼ **1896**·是年 文
「養老」 ❼ **1900**·是年 文
「養老の滝」 ❻ **1887**·是年 文
「浴室」 ❼ **1933**·9·1 文
「横たわる裸身」 ❼ **1930**·9·4 文
「夜桜」 ❽ **1947**·是年 文
「吉野太夫」 ❾ **1966**·是年 文
「よそほい」 ❼ **1902**·是年 文
「ヨット」 ❼ **1908**·10·15 文
「淀の水車」 ❼ **1926**·10·16 文
「黄泉比良坂」 ❼ **1903**·9·16 文
「夜」 ❽ **1947**·是年 文
「夜鶯」 ❾ **1985**·是年 文
「弱法師」 ❼ **1915**·10·11 文
「ラ·フォンティーヌ頌」 ❽ **1949**·是年 文
「来迎図」 ❼ **1916**·9·10 文
「礼拝」 ❽ **1963**·是年 文
「羅漢」 ❻ **1890**·11月 文
「洛北修学院村」 ❼ **1918**·9·10 文
「洛北の秋」 ❽ **1940**·是年 文
「落葉」 ❼ **1909**·是年 文
「洛陽攻略(大同石仏)」 ❽ **1945**·4·11 文
「ラバウル鉄壁の守備」 ❽ **1945**·4·11 文
「裸婦図」 ❼ **1920**·11·2 文／**1926**·是年 文
「羅浮仙」 ❼ **1919**·9·1 文
「裸婦扇」 ❽ **1938**·10·16 文
「裸婦デッサン」 ❼ **1909**·此頃 文
「拉孟守備隊の死守」 ❽ **1945**·4·11 文
「ラングーンの防空とビルマ人の協力」 ❽ **1944**·3·8 文
「ランプ」 ❽ **1950**·是年 文
「洋灯と二児童」 ❻ **1890**·是年 文
「陸軍」 ❽ **1943**·5·11 文
「琉球の灯台」 ❼ **1902**·是年 文
「龍虎図」 ❻ **1895**·4·1 文
「流燈」 ❼ **1909**·10·15 文
「龍門幻想」 ❾ **1981**·是年 文
「遼三彩鉢のある静物」 ❽ **1950**·是年 文
「旅順戦後の探索」 ❻ **1895**·是年 文
「林檎」 ❼ **1918**·是年 文
「輪転」 ❼ **1903**·9·16 文
「龍胆」 ❼ **1926**·9·4 文
「ルンガ沖野戦」 ❽ **1943**·是年 文
「麗子之図」 ❼ **1918**·12·14 文／**1921**·是年 文
「霊泉由来」 ❼ **1916**·9·10 文
「霊峰不二」 ❽ **1944**·是年 文
「列仙伝」 ❼ **1920**·9·1 文
「蓮華」 ❼ **1930**·是年 文
「老人」 ❻ **1886**·是年 文
「老人像」 ❼ **1906**·是年 文
「老母像」 ❼ **1907**·是年 文／**1924**·10·15 文
「老婦人像」 ❻ **1879**·此頃 文
「羅馬使節」 ❼ **1927**·9·3 文
「ローマの春」 ❼ **1930**·是年 文
「ロシアの子供」 ❼ **1916**·是年 文
「魯秋潔婦図」 ❻ **1885**·是年 文
「呂洞賓図」 ❻ **1886**·此頃 文
「若い女」 ❽ **1947**·10·16 文
「我が駆逐艦敵重巡ヒューストンを襲撃」 ❽ **1942**·12·3 文
「ワグネル=ソサエティ」 ❼ **1902**·5月 文
「和気清麿神教を奉ずる図」 ❻ **1890**·4·1 文
「鷲と猿」 ❻ **1893**·是年 文
「私の夢」 ❽ **1947**·是年 文
「わだつみいろこの宮」 ❼ **1907**·3·20 文

工芸·彫刻

漆塗工 ❶ **809**·8·28 社
漆部 ❶ **811**·8·16 文
鋳工(かもじ) ❶ **809**·8·28 社
ガラス製造処分 ❶ **734**·5·1 社
河内手人 ❶ **720**·6·27 文

革莒工　❶ **809**·8·28 社
鬼国窯舞楽図花活(七宝)　❻ **1877**·8·21 文
器作　❶ **822**·9·20 文
木仏師　❷ **1105**·12·19 文
玉石帯工　❶ **809**·8·28 社
現代の名工　❾ **1983**·11·7 社
工芸指導所官制　❼ **1928**·3·31 文
細工(手工業)　❶ **809**·8·28 社
薩摩切子　❻ **1855**·10·8 文
薩摩焼　❻ **1872**·6·24 文
鹿(皮)　❶ **689**·1·9 政／**824**·4·22 社／**920**·4·20 政
神護寺多宝塔　❶ **845**·是年 文
造犬　❷ **1107**·10·7 文
造瓷器生　❶ **815**·1·5 社
造丹工　❶ **809**·8·28 社
相輪塔(延暦寺)　❶ **820**·9月 文
工匠　❶ **686**·6·2 文
手末才伎(たなすえのてひと)　❶ **463**·是年
玉造工　❶ **743**·9·13 社
才伎者(てひと)　❶ **655**·是年 文
捻工　❶ **809**·8·28 社
飛騨工(斐太工·匠)　❶ **745**·4·17 文／**796**·11·21 社／**811**·5·14 社／**814**·5·21 文／**834**·4·25 文／**864**·9·14 社／**866**·2·29 社／**877**·4·9 文／是年 文／**879**·10·8 文／**881**·7·1 文
木工　❶ **468**·10·10／**808**·1·20 政／**809**·8·28 社
肖像画(明治以前)　❸ **1345**·4·23 文
頂相(ちんぞう、禅僧の肖像画)　❷ **1150**·是年 文／**1198**·是年 文／**1210**·是年 文／**1218**·4·18 文／是年 文／**1238**·5月 文／**1249**·是年 文／**1254**·是年 文／**1258**·3月 文／**1264**·5月 文／**1265**·6月 文／是年 文／**1266**·6·29 文／是年 文／**1271**·3月 文／是年 文／**1279**·11月／**1280**·5月 文／11月 文／**1281**·6月 文／❸ **1285**·10·20 文／**1291**·12·12 文／**1294**·是年 文／**1299**·2·22 文／3月 文／**1301**·9·1 文／**1307**·8·30 文／是年 文／**1315**·9·15 文／**1319**·9·8 文／**1341**·2月 文／8·27 文／11·20 政／**1343**·7月 文／9月 文／**1344**·8·19 文／**1345**·1·12 文／**1346**·是年 文／**1354**·是年 文／**1356**·7·18 文／**1357**·7月 文／**1359**·是年 文／**1363**·12·25 文／**1373**·7月 文／**1375**·是年 文／**1379**·7月 文／**1381**·8月 文／**1396**·是年 文／**1398**·12·25 文／**1400**·8·19 文／**1402**·是春 文／**1409**·2·25 文／**1440**·4·1 文／**1442**·6·28 文
「青山忠俊·酒井忠正·土井利勝像稿」　❺-2 **1822**·是年 文
「浅井長政夫妻画像」　❹ **1589**·12月 文
「浅井久政画像」　❹ **1569**·8月 文
「朝倉義影画像」　❹ **1573**·7·29 文
「足利尊氏」　❸ **1345**·4·23 文
「足利直義」　❸ **1345**·4·23 文
「足利政氏画像」　❹ **1521**·是年 文
「足利満詮像」　❸ **1418**·是年 文
「足利義輝画像」　❹ **1577**·7月 文／11月 文
「足利義尚甲冑像」　❹ **1489**·7·4 文
「足利義教画像」　❹ **1458**·是春 文
「足利義熙画像」　❹ **1489**·4·18 文
「足利義政寿像」　❹ **1485**·8月 文
「足利義満画像」　❸ **1408**·6月下旬 文／**1424**·3月 文
「足利義持像」　❸ **1412**·12月 文／**1414**·9·6 文
「蘆名盛氏像」　❹ **1580**·是年 文
「穴山梅雪像」　❹ **1583**·6月 文
「尼子経久画像」　❹ **1490**·3月 文
「怡雲宗悦像」　❹ **1583**·是年 文
「池田恒興画像」　❺-2 **1732**·是年 文
「石川一光画像」　❹ **1599**·4·25 文
「石川光元画像」　❺-1 **1601**·9·29 文
「市河米庵画像」　❺-2 **1837**·是年 文／**1838**·9·6 文
「市姫画像」　❺-1 **1610**·②·12 文
「一休和尚画像」　❸ **1447**·是年 文／**1452**·6月 文／**1453**·1月 文／6月 社／❹ **1457**·6月 文／**1468**·⑩月 文／**1485**·7·16 文／**1492**·5·16 文／**1506**·11·21 文
「一休宗純朱太刀画像」　❺-1 **1641**·12月 文
「一宙和尚画像」　❺-1 **1623**·是年 文
「以天宗清画像」　❹ **1550**·4月 文
「稲葉一鉄画像」　❹ **1589**·10月 文
「稲葉貞道画像」　❺-1 **1603**·10月 文
「稲葉宗長居士画像」　❹ **1526**·12·8 文
「稲葉忠次郎夫人画像」　❺-1 **1610**·6月 文
「岩松尚純自画像」　❹ **1501**·10·21 文
「隠元和尚画像」　❺-1 **1657**·3·15 文／**1662**·是年 文／**1664**·8月 文／**1671**·1·15 文／**1693**·是年 文
「隠元·木庵·即非画像」　❺-1 **1661**·是年 文／**1663**·12月 文／**1664**·是年 文／**1668**·是年 文
「上杉謙信寿画像」　❹ **1578**·3·9 文
「栄西禅師像」　❺-1 **1693**·是年 文
「叡尊坐像」　❷ **1280**·8·26 文
「英範大徳像」　❺-2 **1724**·是年 文
「恵可断臂図」　❹ **1532**·是年 文
「江口君図」　❺-2 **1794**·8月 文
「悦峰和尚画像」　❺-1 **1707**·5月 文
「円鑑禅師像」　❸ **1300**·8·17 文
「円空画像」　❺-2 **1805**·5月 文
「円光大師御影図」　❹ **1503**·是年 文
「円爾画像」　❸ **1361**·12·11 文
「塩谷高貞妻出浴之図」　❺-2 **1842**·是年 文
「小足掃部夫人」　❺-1 **1618**·是年 文
「応菴和尚画像」　❸ **1390**·11·14 文
「王心渠像」　❺-1 **1679**·2月 文
「大空武左衛門画像」　❺-2 **1827**·6·11 文
「大田南畝座像」　❺-2 **1814**·是秋 文
「大塔宮曦鎧」　❺-2 **1723**·6·11 文
「大友宗麟画像」　❹ **1587**·9月 文
「大村益次郎銅像」　❻ **1893**·2·5 社
「小笠原忠真画像」　❺-1 **1667**·2·28 文
「荻生徂徠画像」　❺-2 **1791**·5月 文
「奥平信昌夫人画像」　❺-1 **1625**·5·27 文
「織田有楽画像」　❺-1 **1622**·3月 文
「織田信長画像」　❹ **1583**·5月上旬 文／6·2 文
「織田秀信画像」　❺-1 **1606**·是年 文
「織田又六画像」　❹ **1575**·9月 文
「小野篁画像」　❺-2 **1796**·9·4 文
「阿蘭陀加比丹并妻子之図」　❺-2 **1818**·是夏 文
「貝原益軒画像」　❺-1 **1694**·7月 文
「海北友松夫妻画像」　❺-2 **1724**·7月 文
「柿本人麿像」　❸ **1395**·是年 文
「柿本曼陀羅」　❹ **1476**·是年 文
「郭子儀祝賀図」　❺-2 **1775**·2月 文
「覚如上人影」　❸ **1353**·是年 文
「片桐且元画像」　❺-1 **1615**·5·28 文
「月山豊満像」　❹ **1518**·是年 文
「加藤清忠夫人画像」　❹ **1600**·5·18 文
「加藤清正画像」　❺-1 **1603**·是年 文／❺-2 **1839**·是年 文
「金森重頼出陣像」　❺-1 **1650**·是年 文
「蒲生氏郷画像」　❺-1 **1621**·5·7 文
「烏丸光広画像」　❺-1 **1640**·是秋 文
「寒巌義尹画像」　❸ **1299**·3月 文
「菅公神像」　❸ **1259**·5·8 文
「関山慧玄画像」　❹ **1470**·7月 文
「寒山拾得」　❹ **1491**·6·26 文
「閑室元佶画像」　❺-1 **1612**·5·20 文
「関帝図」　❺-2 **1851**·9月 文
「喜江禅師画像」　❹ **1900**·5·17 文
「義湘大師絵」　❸ **1405**·4·5 文／**1433**·是年 文／**1450**·是年 文／**1455**·是年 文
「木下順庵画像」　❺-1 **1969**·2月 文
「貴妃図」　❺-2 **1787**·是年 文
「木村蒹葭堂肖像」　❺-2 **1802**·3·25 文
「吸江庵画像」　❺-1 **1611**·是年 文
「行円上人坐像」　❷ **1200**·是年 文
「行基菩薩画像」　❷ **1271**·4月 文
「行教律師画像」　❹ **1536**·5·3 文
「岐陽方秀和尚画像」　❸ **1420**·11·1 文
「玉翁王琳画像」　❺-1 **1611**·是年 文
「玉仲宗琇像」　❹ **1581**·是年 文／**1592**·是年 文
「玉甫紹画像」　❺-1 **1609**·是年 文
「玉浦宗珉画像」　❹ **1515**·7月 文
「清原宣賢画像」　❹ **1556**·7月 文
「空谷明応画像」　❸ **1391**·是秋 文／**1396**·是年 文
「九鬼嘉隆画像」　❺-1 **1607**·11月 文
「楠木正成銅像」　❼ **1900**·7·10 文
「愚童記絵」　❸ **1437**·是年 文
「九郎判官義経奥州泰衡等被討伐」　❸ **1438**·6·8 文
「黒田如水(孝高)画像」　❺-1 **1604**·8月 文／是年 文
「黒田長政画像」　❺-1 **1624**·3月 文／**1625**·8·4 文
「慧可断臂図」　❹ **1496**·是年 文
「桂昌院画像」　❺-2 **1804**·是年 文
「景川禅師画像」　❹ **1900**·2月 文
「景堂和尚画像」　❹ **1541**·是年 文
「圭峰大師画像」　❸ **1413**·是年 文
「恵妙院(松井興長夫人)画像」　❺-1 **1661**·是年 文
「華厳院日昇画像」　❹ **1584**·是年 文

「華厳宗祖師絵伝」　❹ 1570・是年　文
「華叟宗曇画像」　❸ 1420・4・15　文
「月庵宗光像」　❸ 1383・5 月　文／1384・是年　文
「月舟寿桂画像」　❹ 1525・12・3　文
「月堂和尚画像」　❺-1 1677・6・17　文
「玄奘三蔵絵」　❸ 1330・是年　文／1433・是年　文／1441・是年　文
「見心来復画像」　❸ 1365・1 月　文
「玄圃霊三画像」　❺-1 1604・是年　文
「小石元俊画像」　❺-2 1813・11 月　文／1846・是夏　文
「江月宗玩画像」　❺-1 1613・2 月　文／1641・4・8　文
香象大師像　❷ 1185・是年　文
「高僧図巻(白描)」　❷ 1163・9・4　文
「巧如上人画像」　❸ 1443・1 月　文
「高峰顕日画像」　❸ 1290・4・15　文／1316・是年　文
「弘法大師画像」　❸ 1313・5・11　文／1395・12・10　文／1433・是年　文
「弘法大師坐像」　❷ 1256・建長年間　文／1276・5・3　文
「弘法大師北面御影」　❷ 1233・10・15　文
「高野大師行状図画」　❸ 1319・⑦月　文／❹ 1479・⑨・29　文／1490・5 月　文／1517・是秋　文／1525・3 月　文
「後円融天皇画像」　❹ 1492・4・28　文
「古嶽宗亘画像」　❹ 1517・是年　文／1538・2 月　文
「古渓宗陳画像」　❹ 1588・是年　文
「悟渓宗頓禅師画像」　❹ 1501・9・6　文
「後白河法皇白描図」　❸ 1311・6・13　文
「後土御門天皇御影」　❹ 1489・12・23　文
「後藤徳乗夫人画像」　❺-1 1610・7・7　文
「後鳥羽院御幸絵」　❷ 1218・是年以前
「後鳥羽上皇宸影」　❷ 1221・7・8　文
「近衛予楽院画像」　❺-2 1736・11・22　文
「小早川隆景像」　❹ 1590・是年　文
「小早川秀秋画像」　❺-1 1602・是年　文／1603・7 月　文
「小堀遠州画像」　❺-1 1609・是年　文
「小松内府画像」　❺-2 1730・是年　文
「後水尾法皇画像」　❺-1 1667・是年　文
「在山素璿画像」　❸ 1406・8・24　文
「在中和尚画像」　❸ 1388・4・1　文
「斎藤龍興画像」　❹ 1561・5・11　文
「斎藤道三画像」　❹ 1556・4・20　文
「策彦周良画像」　❹ 1541・1 月　文
「佐久間将監画像」　❺-1 1641・3 月　文
「佐佐木高氏道誉寿像」　❸ 1366・6・1　文
「佐佐木高員画像」　❸ 1441・6 月　文
「佐藤一斎画像」　❺-2 1821・6 月上旬　文／7 月　文／1826・6 月　文／1842・8・8　文
「佐野昌綱画像」　❹ 1579・6 月　文
「沢村大学画像」　❺-1 1645・7 月　文
「三光国師画像」　❸ 1370・2・14　文／1386・8・20　文
「三国祖師影」　❷ 1150・5・23　文
「三十祖画像」　❸ 1425・是年　文／1426・是年　文
「三十六歌仙絵額」　❸ 1436・11・1　文
「三十六歌仙図」　❹ 1502・8 月　文／是年　文／1503・是年　文／1515・3 月　文／1520・是年　文／1560・11・1　文／1569・11 月　文／❺-2 1852・8 月　文
「三條西実隆画像」　❹ 1501・10・4　文
「山叟恵雲頂相」　❸ 1294・是年　文
「之庵和尚画像」　❸ 1333・12・18　文
「慈覚大師坐像」　❷ 1258・8・20　文
「慈覚大師像」　❸ 1383・1・13　文
「色定法師像」　❷ 1241・是年　文
「竺庵和尚画像」　❺-2 1737・是年　文
「慈恵大師絵」　❸ 1437・是年　文
「慈恵大師像」　❷ 1218・是年　文／1265・12・18　文／1267・11・1　文／1268・11・3　文／1274・12 月　文／1278・4・18　文
「七高僧影像図」　❹ 1532・3 月　文
「指津和尚像」　❺-2 1786・11 月　文
「実山永秀像」　❸ 1444・7・14　文
「実伝宗真像」　❹ 1496・是年　文／1500・是年　文／1503・是年　文
「自得院(松井康之夫人)画像」　❺-1 1641・是年　文
「篠原一孝夫人画像」　❹ 1598・8 月　文
「島井宗室画像」　❺-1 1615・12・24　文
「宗峰妙超画像」　❸ 1327・5・5　文／❹ 1510・5 月　文
「十四屋宗伍画像」　❹ 1553・4 月　文
「春屋宗永画像」　❹ 1546・是年　文
「春屋妙葩自賛頂相」　❸ 1379・是年　文／1404・1・8　文／❹ 1482・12 月　文
「俊乗坊重源像」　❷ 1206・是年　文／1234・2・10　文
「春浦宗熙像」　❹ 1473・是年　文
「春庸宗恕画像」　❹ 1527・6 月　文
「聖一国師画像」　❷ 1280・11 月　文／❸ 1370・5 月　文／1450・10 月　文／1452・6・6　文／1454・是年　文
「貞巌昌永画像」　❹ 1597・11・14　文
「性空像(播磨書写山僧)」　❷ 1002・8・18　文
「祥啓筆巣雪斎図」　❹ 1499・10 月　文
「松源霊隠画像」　❸ 1332・是年　文／❹ 1469・4 月　文
「松東院画像」　❺-1 1635・是年　文
「勝道上人像」　❸ 1318・8・18　文／1325・8 月　文
「聖徳太子像」　❷ 1069・2・5　文／1109・天仁年間　文／1120・5 月　文／1121・11・21　文／1147・是年　文／1247・1・13　文／❸ 1313・9 月　文
「聖徳太子勝鬘経講讃図」　❷ 1222・3・11　文
「証如上人画像」　❺-2 1841・7・11　文
「浄名居士像」　❷ 1256・3・28　文
「心越禅師像画稿」　❺-2 1846・是年　文
「神嶽通龍頂相」　❹ 1514・是年　文
「真言八祖行状図」　❷ 1136・是年　文
「真言八祖図像」　❷ 1231・3 月　文／❸ 1287・2・7　文／1314・是年　文／1381・是年　文
「神子禅師画像」　❸ 1304・是年　文
「神州和尚画像」　❺-2 1785・12 月　文
「新羅智隆大師」　❹ 1491・9・29　文
「親鸞・善性対座画像」　❹ 1483・10・28　文
「親鸞・蓮如・覚如画像」　❹ 1477・2・15　文
「親鸞画像(安城御影)」　❷ 1255・是年　文
「親鸞聖人・蓮如上人連坐御像」　❹ 1472・8・16　文
「親鸞上人画像」　❸ 1310・11・28　文／❹ 1461・11・28　文／1472・8・16　文
「親鸞剃髪図」　❺-2 1833・7・3　文
「陶弘護画像」　❹ 1484・10・27　文
「杉田玄白画像」　❺-2 1804・1・1　文／1812・1・1　文
「清庵宗渭画像」　❹ 1551・是年　文
「聖家族と聖アンナ図」　❹ 1596・是年　文
「青丘大師絵」　❸ 1433・是年　文
「聖僧像」　❷ 1270・6・14　文
「雪江禅師画像」　❹ 1484・6・12　文／1485・7 月　文
「雪舟自画像」　❹ 1506・3・8　文
「雪嶺斎図」　❹ 1538・8 月　文
「善恵上人絵」　❸ 1441・是年　文
「千呆和尚画像」　❺-1 1701・11 月　文
「仙厳院殿画像」　❺-1 1618・4・8　文
「千岩元長画像」　❸ 1354・是夏　文／1364・11・11　文
「全岩東純像」　❹ 1496・12・17　文
「専想院画像」　❺-1 1605・4・27　文
「仙洞院画像」　❺-1 1610・1・10　文
「善導大師像」　❷ 1161・2・1　文
「千利休画像」　❹ 1583・9 月　文
「僧形坐像」　❷ 1193・5 月　文
「蔵春院殿画像」　❺-1 1618・是年　文
「宗恬禅定門画像」　❺-1 1618・是年　文
「双峰宗源画像」　❸ 1335・是年　文
「即休契了画像」　❸ 1351・是年　文
「即非和尚画像」　❺-1 1671・1・15　文／5 月　文
「即非東渡小影図巻」　❺-1 1657・2・15　文
「祖心尼画像」　❺-2 1774・3・11　文
「蘇東坡像」　❹ 1499・10 月　文
「存覚光玄像」　❸ 1372・7・1　文
「存如上人画像」　❹ 1457・6 月　文
「大庵須益画像」　❹ 1511・11・15　文
「大衛和尚画像」　❺-1 1701・1・1　文／1707・是年　文
「大演性雲画像」　❹ 1535・3 月　文
「大覚禅師画像」　❷ 1271・3 月　文／❸ 1329・10・16　文
「太華禅師像」　❸ 1433・是年　文
「大鑑禅師画像」　❷ 1198・是年　文
「大休宗休画像」　❹ 1523・3 月　文／1539・3 月　文／1546・8 月　文
「大自在天図像」　❷ 1226・是年　文
「袋中上人画像」　❺-1 1611・3 月　文
「大道和尚像」　❸ 1394・4 月　文
「大燈国師画像」　❸ 1330・2 月　文／1334・12 月　文
「大年和尚画像」　❹ 1556・是年　文
「大明国師画像」　❸ 1285・是年　文／1290・是年　文／❹ 1501・10 月　文
「大龍国師画像」　❹ 1570・12・8　文

「大林宗套画像」 ❹ **1553**·11 月 文
「多賀高忠画像」 ❸ **1452**·9 月 文
「高畠定吉夫人画像」 ❺-1 **1610**·3 月 文
「高畠定吉画像」 ❺-1 **1603**·1·3 文
「鷹見泉石画像」 ❺-2 **1837**·4 月 文
「沢庵宗彭画像」 ❺-1 **1634**·3·8 文／**1639**·3 月 文
「武田勝頼画像」 ❺-2 **1830**·是年 文
「武田信玄画像」 ❹ **1569**·是年 文／**1572**·7·12 文
「武田信虎画像」 ❹ **1574**·5·5 文
「武田信虎夫人画像」 ❹ **1553**·10 月 文
「立花忠茂画像」 ❺-1 **1676**·是年 文
「立花宗茂画像」 ❺-1 **1654**·是年 文
「立原翠軒像画稿」 ❺-2 **1823**·是年 文
「達磨図」 ❸ **1296**·3 月 文／**1303**·7·2 文／**1317**·是年以前 文／**1326**·10·5 文／**1347**·7·19 文／**1394**·是年 文／❹ **1465**·3 月 文
「近松門左衛門画像」 ❺-2 **1724**·11 月上旬 文
「竺印和尚像」 ❺-1 **1670**·是年 文
「智証大師絵」 ❸ **1433**·是年 文／**1441**·是年 文
「智証大師坐像」 ❶ **891**·此頃 文／❷ **1143**·8·13 文
「潮音禅師画像」 ❺-2 **1718**·是年 文
「長生比丘尼画像」 ❸ **1449**·7·10 文
「長宗我部元親画像」 ❹ **1599**·6 月 文
「徹岫宗九画像」 ❹ **1543**·是年 文／**1544**·是年 文／**1555**·是年 文
「徹通義介像」 ❸ **1434**·8 月 文
「デ·フィレネーフェ夫妻画像」 ❺-2 **1830**·是春 文
「天海画像」 ❺-1 **1643**·10·2 文
「伝教大師像」 ❷ **1224**·是年 文／❸ **1283**·是年 文
「天叔宗眼画像」 ❺-1 **1606**·是年 文
「天瑞院画像」 ❺-1 **1615**·7 月 文
「天台大師画讃」 ❹ **1527**·7·19 文
「陶淵明像」 ❸ **1425**·10 月 文／**1442**·11 月 文
「桃岳瑞見図像」 ❹ **1505**·10·28 文
「東渓宗牧画像」 ❹ **1512**·是年 文／**1515**·是年 文
「唐人物図」 ❺-2 **1792**·是年 文
「道宣律師·元照律師画像」 ❷ **1210**·是年 文
「道叟和尚像」 ❸ **1395**·是年 文
「藤堂高虎画像」 ❺-1 **1621**·7 月 文
「鄧林宗棟和尚頂相」 ❹ **1521**·是年 文
「徳川家康画像」 ❺-1 **1639**·12·6 文／**1642**·12·17 文／**1643**·8·22 文／9·29 文／12·28 文／**1647**·12·25 文／**1673**·是年 文
「徳川吉宗尊影」 ❺-2 **1752**·6·3 文
「独秀和尚画像」 ❹ **1513**·是年 文
「特芳禅傑和尚画像」 ❹ **1504**·11 月 文
「独立和尚画像」 ❺-1 **1667**·是年 文／**1671**·是春 文
「土佐頼純画像」 ❹ **1549**·11·17 文
「鳥羽院御影」 ❷ **1174**·9·24 文
「豊臣秀吉画像」 ❹ **1598**·8·18 文／**1599**·2·18 文／**1600**·5·18 文／6 月 文／是年 文／❺-1 **1601**·1 月 文／4 月 文
「ドワーフ画像」 ❺-2 **1803**·是年 文
「呑海上人像」 ❸ **1334**·6·4 文
「中井延清画像」 ❺-2 **1798**·2·30 文
「長尾景長画像」 ❹ **1528**·1·15 文
「中戸祐喜画像」 ❺-2 **1842**·3 月 文
「中村内蔵助画像」 ❺-1 **1704**·3 月 文
「中村一画像」 ❺-1 **1607**·3 月 文
「(和蘭通詞)中山作三郎武成画像」 ❺-2 **1816**·4 月 文
「成瀬正成画像」 ❺-1 **1624**·是年 文
「南院国師画像」 ❺-1 **1612**·4·2 文
「南山大師画像」 ❸ **1372**·8 月 文
「南州宗薫画像」 ❺-1 **1621**·是年 文
「西谷籐兵衛夫人画像」 ❹ **1572**·6 月 文
「二條昭実夫人画像」 ❺-1 **1603**·2 月 文
「日蓮上人画像」 ❸ **1288**·6·8 文／**1405**·11·13 文／❹ **1514**·是年 文／**1527**·是年 文／**1564**·是年 文／**1565**·7 月 文／**1572**·5·12 文／**1589**·是年 文／❺-2 **1820**·是年 文
「日高聖人像」 ❸ **1315**·2·8 文
「日秀尼智子像」 ❺-1 **1601**·是年 文
「日禛上人画像」 ❹ **1596**·10·16 文
「日通上人画像」 ❺-1 **1608**·1·16 文
「日峰宗舜画像」 ❸ **1447**·3 月 文
「仁保弘有像」 ❹ **1465**·8 月 文
「如信上人画像」 ❸ **1291**·1·21 文
「白崖宝生禅師画像」 ❸ **1426**·6 月 文
「瀑岩等紳画像」 ❹ **1528**·6 月 文
「白楽天画像」 ❸ **1284**·6·16 文／**1314**·是年 文
「芭蕉像」 ❺-1 **1696**·9 月 文／**1701**·是年 文
「芭蕉曾良行脚図」 ❺-1 **1693**·是春 文
「芭蕉馬上画像」 ❺-1 **1683**·是年 文
「芭蕉吉野行脚図」 ❺-1 **1696**·9 月 文
「畠山義明画像」 ❺-1 **1643**·是年 文
「蜂屋頼隆画像」 ❹ **1577**·9·25 文
「林休斎画像」 ❺-2 **1837**·6·23 文
「林述斎画像」 ❺-2 **1820**·9·20 文
「林道春·藤原惺窩像画稿」 ❺-2 **1823**·4·12 文
「費隠頂相図」 ❺-1 **1642**·是年 文
「彦火々出見尊絵」 ❸ **1441**·4·26 文／是年 文
「日野勝元画像」 ❹ **1476**·5·25 文
「ヒポクラテス画像」 ❺-2 **1800**·寛政年間 文
「平岩親吉画像」 ❺-1 **1637**·11 月 文
「普応国師坐像」 ❸ **1353**·4·9 文
「復庵宗己像」 ❸ **1358**·9·26 文
「福沢諭吉(銅像)」 ❻ **1893**·10·29 社
「福田半香像画稿」 ❺-2 **1851**·6·21 文
「藤原惺窩閑居図」 ❺-1 **1639**·是年 文
「藤原道家画像」 ❸ **1343**·2·21 文
「藤原盛直像」 ❹ **1515**·3 月 文
「仏応禅師画像」 ❸ **1363**·9·24 文
「仏光国師画像」 ❸ **1284**·9·3 文
「仏国国師像」 ❸ **1315**·是年 文
「仏乗禅師画像」 ❸ **1335**·1 月 文
「普明国師画像」 ❸ **1421**·是年 文
「ブロンホフ家族図」 ❺-2 **1818**·是秋 文
「平田慈均画像」 ❸ **1351**·12 月 文／**1364**·9·16 文
「碧潭周皎画像」 ❸ **1416**·10 月 文
「別峰大師画像」 ❸ **1405**·12·8 文
「蒲庵浄英像」 ❺-2 **1797**·是年 文
「宝叔宗珍画像」 ❺-1 **1611**·是年 文
「北條顕国像」 ❸ **1285**·是年 文
「法燈国師像」 ❷ **1275**·12·18 文／❸ **1286**·3·15 文
「法道仙人像」 ❸ **1286**·9·24 文
「法然上人絵伝(伝法絵流通)」 ❷ **1237**·5 月 文／11·25 文
「法然上人像」 ❸ **1315**·10·21 文／**1440**·7 月 文
「鳳林承章画像」 ❺-1 **1660**·8·5 文
「細川昭元夫人織田氏画像」 ❹ **1582**·10 月 文
「細川勝元像」 ❺-1 **1658**·是年 文
「細川三斎(忠興)画像」 ❺-1 **1651**·是年 文／**1670**·11·13 文
「細川澄元騎馬画像」 ❹ **1507**·10 月 文／是年 文
「細川高国画像」 ❹ **1543**·6·8 文
「細川忠利画像」 ❺-1 **1641**·是年 文／**1644** 是年 文
「細川蓮丸童形像」 ❹ **1587**·10 月 文
「細川光尚画像」 ❺-1 **1654**·12·26 文
「細川幽斎画像」 ❺-1 **1612**·4 月 文／8 月 文
「細川幽斎夫人画像」 ❹ **1582**·是春 文／❺-1 **1618**·11 月 文
「牡丹花肖柏画像」 ❹ **1527**·7 月 文
「法相六祖像」 ❷ **1189**·9·28 文
「堀尾泰晴画像」 ❹ **1599**·11·9 文
「堀尾吉晴画像」 ❺-1 **1611**·6 月 文
「本光禅師画像」 ❹ **1573**·是年 文／❺-1 **1665**·2 月 文／**1682**·是年 文
「本多香雪像画稿」 ❺-2 **1849**·1·21 文
「売茶翁画像」 ❺-2 **1837**·11·30 文
「前田菊姫画像」 ❹ **1583**·8·21 文
「前田玄以画像」 ❺-1 **1602**·是年 文
「前田玄以夫人画像」 ❺-1 **1610**·8 月 文
「前田利家夫人画像」 ❺-1 **1609**·是年 文
「前田利春画像」 ❹ **1586**·12·13 文
「牧村牛之助画像」 ❹ **1572**·是年 文
「益田兼堯像」 ❹ **1479**·11·15 文
「松井興長画像」 ❺-1 **1661**·是年 文
「松井盛長画像」 ❺-1 **1612**·1 月 文
「松井康之画像」 ❺-1 **1612**·1 月 文／6 月 文
「松井寄之画像」 ❺-1 **1677**·12·6 文
「松岡恕庵自画像」 ❺-2 **1743**·11 月 文
「松崎慊堂像」 ❺-2 **1826**·9 月 文
「松平定信自画像」 ❺-2 **1787**·6 月 文
「松平直矩画像」 ❺-1 **1678**·3 月 文
「松平信光画像」 ❹ **1478**·8 月 文

「曲直瀬道三像」 ❹ **1577**·是年 文
「真野蔵人画像」 ❺-1 **1614**·3 月 文
「満済准后画像」 ❸ **1434**·3·17 文
「三井高僧伝」 ❹ **1491**·9·29 文
「密雲·費隠·隠元画像」 ❺-1 **1667**·是年 文／**1683**·6 月 文
「三折全友夫人画像」 ❺-1 **1664**·4 月 文
「源頼朝像」 ❸ **1319**·是年 文
「明恵上人絵」 ❹ **1479**·5·16 文
「明恵上人樹上坐禅図」 ❷ **1230**·是年 文
「明巌正因像」 ❸ **1365**·8 月 文
「妙然尼寿画像」 ❹ **1564**·11 月 文
「妙法尼画像」 ❹ **1598**·9·22 文
「無因禅師画像」 ❸ **1404**·1 月 文
「無関和尚画像」 ❺-1 **1702**·是年 文
「無関普門像」 ❸ **1364**·9·16 文
「夢窓国師画像」 ❸ **1316**·是年 文／**1340**·8 月 文／**1349**·是年 文／**1351**·8 月 文／**1368**·8 月 文／**1386**·5 月 文
「夢窓国師像」 ❸ **1357**·9·30 文
「無著像」 ❷ **1208**·12·17 文
「無底和尚坐像」 ❸ **1393**·是年 文
「無本覚心画像」 ❸ **1298**·7·15 文／**1335**·是年 文
「面壁達磨図」 ❹ **1473**·11·1 文
「毛利元就寿像」 ❹ **1562**·9 月 文
「木庵和尚画像」 ❺-1 **1657**·是年 文／**1674**·是年 文／**1675**·3·1 文
「黙庵周諭画像」 ❸ **1373**·5 月 文
「木米翁図」 ❺-2 **1823**·是年 文
「物外和尚像」 ❸ **1370**·11·3 文
「本居宣長自画自賛像」 ❺-2 **1789**·是年 文
「桃井直詮画像」 ❹ **1480**·是年 文
「柳生宗矩像」 ❺-1 **1651**·12·15 文
「約翁徳倹像」 ❸ **1319**·是年 文／**1320**·是年 文
「山崎長国画像」 ❺-1 **1604**·12 月 文
「山名時熙画像」 ❸ **1428**·9 月 社
「山名豊国画像」 ❸ **1374**·是夏 文
「維摩居士像」 ❷ **1196**·5·15 文／7·5 文／❹ **1457**·10 月 文
「結城政朝婦人画像」 ❹ **1548**·11·18 文
「祐全上人坐像」 ❹ **1556**·8·1 文
「祐徳院画像」 ❺-1 **1698**·是年 文
「養岐和尚像」 ❹ **1478**·是年 文
「養叟宗頤画像」 ❸ **1452**·9 月 文／**1454**·是年 文
「吉雄耕牛像」 ❺-2 **1800**·是年 文
「吉村貞斎画像」 ❺-2 **1831**·11 月 文
「雷音和尚画像」 ❺-1 **1712**·是年 文
「藍渓宗英画像」 ❺-1 **1636**·是年 文
「鸞州和尚画像」 ❺-2 **1844**·4 月 文
「理源大師聖宝像」 ❷ **1261**·7·6 文／❺-1 **1702**·是年 文
「利貞尼画像」 ❹ **1533**·是年 文／**1534**·是年 文／**1551**·是年 文
「凉岩受招信女画像」 ❺-1 **1610**·是年 文
「歴聖大儒画像」 ❺-1 **1632**·是年 文
「列仙図賛」 ❺-2 **1786**·是年 文
「列祖尊像」 ❸ **1351**·3·20 文
「蓮水妙清画像」 ❹ **1596**·6·24 文
「蓮誓画像」 ❹ **1521**·10·10 文
「蓮如上人画像」 ❹ **1490**·是年 文／**1491**·是年 文／**1514**·4 月 文
「蓮能尼画像」 ❹ **1518**·12·23 文
「和気清麻呂像」 ❺-2 **1847**·6·28 文
「渡辺崋山像」 ❺-2 **1843**·6·7 文
「渡辺正栄画像」 ❺-1 **1615**·5·7 文
「渡辺浄慶夫妻画像」 ❹ **1565**·10·30 文
「渡辺巴洲像画稿」 ❺-2 **1824**·8·9 文
「和田崎神幸之図」 ❺-1 **1663**·8·6 文

版画·浮世絵

「紫陽花と翡翠」 ❺-2 **1843**·是年 文
「東遊」 ❺-2 **1799**·是年 文
「市川団十郎の八変化」 ❺-2 **1813**·6·27 文
「市川団蔵の五郎時宗」 ❺-2 **1735**·享保年間 文
「浮絵紅毛フランカイノ湊万里鐘響図」 ❺-2 **1780**·是年 文
「浮世続絵尽」 ❺-2 **1782**·是年 文
「お仙の駆落」 ❺-2 **1770**·是年 文
「男山恵源氏」 ❺-2 **1824**·11·9 文
「阿蘭陀フランスカノ伽藍図」 ❺-2 **1788**·是年 文
「仮名手本忠臣蔵」 ❺-2 **1819**·4·2 文
「木曽海道六十九次」 ❺-2 **1835**·是年 文
「駒鳥」 ❺-2 **1822**·是年 文
「座敷八景」 ❺-2 **1767**·是年 文
「芝居繁盛之図」 ❺-2 **1817**·3·3 文
「須弥山儀図」 ❺-2 **1813**·是年 文
「菅原伝授手習鑑」 ❺-2 **1825**·9·19 文
「誠忠義士伝」 ❺-2 **1848**·是年 文
「青楼七小町」 ❺-2 **1795**·是年 文
「瀬川菊之丞」 ❺-2 **1796**·是年 文
「瀬川菊之丞·嵐三八」 ❺-2 **1800**·是年 文
「東海道五十三次(広重、保永堂版)」 ❺-2 **1833**·是年 文／**1844**·是年 文
「東海道四谷怪談」 ❺-2 **1825**·7·26 文
「当時三美女」 ❺-2 **1800**·是年 文
「当時全盛似顔揃」 ❺-2 **1794**·是年 文
「東都宮戸川之図」 ❺-2 **1843**·是年 文
「東都名所猿若町芝居」 ❺-2 **1850**·是年 文
「東都名物合」 ❺-2 **1817**·是年 文
「中村座内外の図」 ❺-2 **1817**·是年 文
「中村芝翫の九変化」 ❺-2 **1819**·8·19 文
「錦織歌麿形新模様」 ❺-2 **1800**·是年 文
「猫のすずみ」 ❺-2 **1842**·是年 文
「白象と唐子」 ❺-2 **1771**·是年 文
「化物の夢」 ❺-2 **1800**·是年 文
「美艶仙女香」 ❺-2 **1829**·是年 文
「風流やつし源氏」 ❺-2 **1800**·是年 文
「富嶽三十六景」 ❺-2 **1831**·此頃 文
「富嶽百景」 ❺-2 **1835**·是年 文
「富士の裾野巻狩之図」 ❺-2 **1848**·是年 文
「婦人相学十躰」 ❺-2 **1806**·9·20 文
「見立為朝」 ❺-2 **1765**·是年 文
「源頼光公館土蜘蛛作妖怪図」 ❺-2 **1843**·8 月 文
「名誉三十六合戦」 ❺-2 **1852**·是年 文
「役者見立東海道五十三駅」 ❺-2 **1852**·是年 文
「遊君王照君」 ❺-2 **1723**·是年 文
「義経千本桜」 ❺-2 **1820**·5·5 文
「四代目松本幸四郎」 ❺-2 **1781**·是年 文
「両国大曲馬の賑ひ」 ❺-2 **1851**·是夏 社
「若衆人形を遣う娘」 ❺-2 **1750**·是年 文

美術関係雑誌

『アトリエ』 ❽ **1946**·8 月 文
『月刊スケッチ』(美術·文芸誌) ❼ **1905**·4 月 文
『現代の洋画』 ❼ **1912**·4 月 文
『光風』(白馬会機関誌) ❼ **1905**·5 月 文
『国華』 ❽ **1942**·是年 文
『多都美』(美術誌) ❼ **1907**·1 月 文
『中央美術』 ❼ **1915**·10 月 文
『日本絵画の未来』 ❻ **1890**·5 月 文
『日本の覚醒』(The Awakening of Japan) ❼ **1904**·11 月 文
『女人芸術』 ❼ **1928**·7 月 文
『美術』 ❽ **1943**·11 月 文
『美術画報』 ❻ **1894**·6 月 文
『美術真説』 ❻ **1882**·5·14 文
『美術新報』 ❼ **1902**·3 月 文／❽ **1941**·8 月 文
『美術手帖』 ❽ **1948**·1 月 文
『美術批評』 ❽ **1952**·1 月 文
『美術評論』 ❼ **1897**·11 月 文
『ヒュウザン』(機関誌) ❼ **1912**·10·15 文
『方寸』(美術文芸誌) ❼ **1907**·5 月 文
『マヴォ(MAVO)』(芸術雑誌) ❼ **1924**·7 月 文
『みづゑ』 ❽ **1946**·9 月 文
『みづゑ会』(機関誌) ❼ **1905**·7·1 文

美術団体·同展覧会

青い目の人形展 ❾ **1978**·8·15 文
阿寒湖ユーカラ展 ❾ **1976**·4·28 文
アクション社(展) ❼ **1922**·10·26 文／**1923**·4·2 文
朝倉塾(彫塑展) ❼ 1927·4·22 文
朝日美術展 ❽ **1946**·1·15 文
明日の日本画展 ❾ **1980**·7·24 文
油絵沿革展覧会 ❻ **1893**·10·25 文
油絵競売会(開誘社) ❻ **1876**·8·19 文
油絵縦覧所 ❻ **1874**·是年 文
油絵·水墨画展覧会 ❻ **1876**·7·29 文
油絵展 ❻ **1876**·11·5 文
アメリカ商業美術展 ❽ **1951**·7·24 文
アメリカに学んだ日本の画家たち ❾ **1982**·7·24 文
アンフォルメ旋風 ❽ **1957**·8 月 文
異色の画家たち展 ❾ **1979**·5·3 文
一木会 ❼ **1936**·12·20 文
一陽会 ❽ **1955**·7·15 文
一水会展 ❽ **1937**·11·26 文／**1939**·

11·23 文／1947·6·9 文
印象派百年展 ❾ 1974·7·25 文
院展⇨日本美術院展(にほんびじゅついんてん)
インド美術展 ❽ 1952·7·22 文
ウィーン幻想絵画展 ❾ 1972·4·1 文
浮世絵三百年傑作展 ❾ 1968·10·18 文
浮世絵展 ❼ 1928·6·6 文
烏合会(展) ❼ 1902·10·1 文
エジプト美術五千年展 ❽ 1963·3·3 文
江戸の洋風画展 ❾ 1981·1·31 文
絵巻展 ❾ 1987·3·21 文
旺玄社 ❽ 1944·10·6 文／1946·4月 文／1947·6·9 文
欧州巡回日本古美術展 ❽ 1958·4·15 文
大阪南宋画会 ❼ 1900·3·10 文
大阪美術展 ❼ 1915·2·20 文
大原孫三郎蒐集泰西美術展 ❼ 1928·2·21 文
沖縄の工芸展 ❾ 1974·10·1 文
観古美術会 ❻ 1880·4·1 文／1881·5·1 文／1882·4·1 文／1883·11·1 文
海軍軍需美術研究所 ❽ 1945·4·13 文
海軍従軍美術展 ❽ 1940·9·17 文
海戦美術展 ❽ 1939·5·23 文
海洋美術会 ❽ 1937·6·11 文
海洋美術展 ❽ 1937·5·25 文／1938·5·23 文／1939·5·24 文／1940·5·24 文／1941·5·25 文／1942·5·24 文／1943·5·18 文／1944·5·17 文
画学局(絵図調方) ❻ 1857·7·13 文／1862·9·5 文
春日興福寺国宝展 ❽ 1952·2·21 文
狩野芳崖遺作展 ❼ 1910·10·20 文／1920·9·15 文
狩野家伝来図画展覧会 ❻ 1880·10·1 文
鑑画会 ❻ 1884·2月 文／1885·9·11 文／1886·4·15 文
韓国美術五千年展 ❾ 1976·2·24 文
関西自立楽団協議会 ❽ 1947·9·20 文
関西美術院 ❼ 1906·3·2 文
関西美術会 ❼ 1901·6·16 文／1912·10·10 文
紀元二千六百年記念日本文化史展覧会 ❽ 1940·5·4 文
紀元二千六百年史展 ❽ 1940·3·1 文／10·1 文／11·3 文
求古会 ❻ 1883·1·6 文
キュービズム展 ❾ 1976·10·2 文
京展 ❽ 1945·11·21 文
京都漆工会 ❼ 1896·2·9 文
京都新古美術会 ❻ 1887·2·1 文
京都青少年美術家集団 ❽ 1954·9月 文
京都青年絵画研究会 ❻ 1886·7月 文
京都彫技会 ❼ 1899·11·1 文
京都ビエンナーレ ❾ 1972·2·24 文
京都美術協会 ❻ 1890·1·11 文／❼ 1900·5·24 文
京都美術博覧会 ❻ 1890·4·2 文
京の社寺名宝展 ❾ 1974·8·24 文
煌く日本の現代書巨匠展 ❾ 2011·6·16 文
ギリシア美術の源流展 ❾ 1980·8·25 文
キリシタン関係遺品展 ❾ 1972·12·14 文
近代日本の洋画と西洋展 ❾ 1986·8·15 文
近代日本美術資料展 ❾ 1968·3·30 社
近代日本美術総合展 ❽ 1948·10·15 文
近代日本美術の歩み展 ❾ 1979·9·1 文
近代美術展 ❽ 1948·6月 文
金鈴社展 ❼ 1916·5月 文／1917·2月 文
空間から環境へ展 ❾ 1966·11·11 文
具体美術展 ❽ 1956·7·26 文
クリスティーズ・オークション ❾ 1969·5·27 社
黒猫会(ル・シャ・ノワール) ❼ 1910·12·21 文
軍事献納画展覧会 ❽ 1943·1·20 文
軍刀展覧会 ❽ 1943·11·23 文
決戦美術展覧会 ❽ 1943·9·1 文
現実会 ❽ 1946·6月 文／1947·6·9 文
源氏物語の美術展 ❾ 1975·4·26 文
現代芸術研究所 ❽ 1954·3·24 文
現代国際彫刻展 ❾ 1969·8·1 文／1970·9·1 文／1971·7·1 文
現代世界展 ❽ 1950·8月 文
現代日本油絵展 ❽ 1963·7·6 文
現代日本画展パリ ❾ 1985·4·12 文
現代日本彫刻展 ❾ 1965·10·1 文
現代日本美術展 ❽ 1954·5·19 文／1956·5·22 文／1958·5·15 文／1960·5·10 文／1962·5·9 文／1964·5·9 文／❾ 1966·5·10 文／1968·5·10 文／1969·5·10 文／1971·5·10 文／1973·5·10 文／1975·5·10 文 1977·4·28 文／1976·4·28 文／1979·4·25 文／1981·4·26 文／1982·4·27 文／1983·4·27 文
現代美術展 ❽ 1947·5·1 文
現代フランス美術展 ❼ 1921·3·28 文／1922·5·1 文／1928·3·24 文／❽ 1951·2·13 文
航空美術展 ❽ 1941·9·13 文／1942·9·12 文／1943·9·17 文
工芸済々会 ❼ 1925·5月 文
曠原社 ❼ 1921·12·15 文
考古学とその歩み·成長展 ❾ 1988·10·4 文
紅児会 ❼ 1900·10月 文
皇室の名宝展 ❾ 1999·12月 文
構造社 ❼ 1926·9月 文／❽ 1944·10·6 文
行動美術協会 ❽ 1945·11·5 文
光風会(展) ❼ 1912·6·9 文／1926·2·24 文／❽ 1947·6·9 文
ゴーギャン展 ❾ 1969·8·23 文／1987·3·6 文
国画玉成会 ❼ 1907·9·1 文／1908·10·15 文
国画創作協会(展) ❼ 1918·1·20 文／1919·11·1 文／1920·11·2 文／1921·1·21 文／11·30 文／1924·11·30 文／1925·5·1 文／7月 文／1926·2·24 文／3·7 文／1927·4·22 文／1928·4·27 文／7·28 文
国画創作経会回顧展 ❾ 1993·11·16 文
国画展 ❽ 1937·4·11 文／1938·4·9 文／1939·4·2 文／1940·3·27 文／1941·3月 文／1943·3月 文／1946·4月 文／1947·8·7 文
国際アート・クラブ日本本部 ❽ 1953·7·25 文
国際具象派協会 ❽ 1956·6月 文
国際コンテンポラリーアートフェア(NICAF) ❾ 1992·3·14 文
国際サイテックアート展 ❾ 1969·4·26 文
国際書法交流奈良大展 ❾ 2010·10·14 文
国際青年美術家展 ❾ 1967·3·4 文／1969·3·21 文
国際デザイン会議 ❾ 1979·6·17 文
国際陶芸展 ❽ 1959·10月 文
国際ビデオ・アート展 ❾ 1978·5·22 文
国土会 ❽ 1943·4月 文
国民総力決戦美術展 ❽ 1943·9·1 文
国民美術協会 ❼ 1913·3·3 文
黒燿会 ❼ 1919·12·5 文／1920·4·3 文／11·23 文
後素協会 ❼ 1896·1·26 文／1898·4·1 文
古代エジプトの秘宝ツタンカーメン展 ❾ 1965·8·21 文
古代オリエント・ギリシャ展 ❾ 1973·4·3 文
古代ペルシア秘法展 ❾ 1982·8·24 文
国華倶楽部 ❼ 1909·7·5 文
骨董書画集覧会 ❻ 1887·4·7 文
ゴッホ展 ❽ 1958·10·14 文
ゴヤ展 ❾ 1971·11·6 文
在欧日本人美術展 ❾ 1965·3月 文
在外浮世絵名作展 ❾ 1972·1·4 文
在外日本作家展 ❾ 1965·10·15 文
侍の芸術：日本の武器、武具展 ❾ 2009·10·21 文
三科造形美術協会 ❼ 1925·5月 文／9月 文
三科美術展 ❼ 1925·9·12 文／1927·6·3 文
珊瑚会 ❼ 1915·4月 文
山南会展 ❽ 1940·7·5 文
山南塾展 ❼ 1933·4·8 文
サンパウロ・ビエンナーレ国際美術展 ❽ 1953·8月 文／1957·9·16 文
シカゴ万博洋画不出品問題 ❻ 1892·7·1 文
シケイロス展 ❾ 1972·6·15 文
紫紅会 ❼ 1898·1月 文
七弦会展 ❼ 1930·11·8 文
漆工競技会 ❼ 1897·4·1 文
信濃橋洋画研究所 ❼ 1924·4月 文
写真研究会写真展覧 ❼ 1904·5·15 文
十一(字)会 ❻ 1878·11·11 文
自由画教育 ❼ 1919·4·27 文
秀作美術展 ❽ 1950·3·15 文

自由美術 ❽ **1947**・6・9 文
自由美術家協会 ❽ **1937**・2・12 文
春虹会日本画展 ❼ **1935**・3・23 文
春鳥会(水彩画家団体) ❼ **1905**・7・1 文
春陽会(展) ❼ **1922**・1・14 文／**1923**・5・5 文／**1924**・3・15 文／**1925**・3・6 文／**1926**・2・27 文／**1927**・4月 文／**1928**・4・27 文／**1929**・4月 文／**1930**・4・23 文／**1931**・4月 文／**1933**・4月 文／**1934**・5月 文／❽ **1947**・6・9 文
将軍の時代展(米ロサンゼルス) ❾ **1983**・12・20 文
聖護院洋画研究所 ❼ **1903**・6・1 文
正倉院御物展 ❽ **1946**・10・21 文／**1959**・12・1 文／❾ **2005**・10・29 文
聖徳太子奉讃展 ❼ **1926**・5・1 文／**1930**・3・17 文
如雲社(日本画) ❻ **1866**・是年 文
書画会 ❻ **1870**・4・1 文／**1874**・5月 文／**1876**・1月 文
職場美術協議会 ❽ **1947**・3・20 文／6・16 文
女子美術協会 ❼ **1901**・11月 文
女流画家協会 ❽ **1946**・7月 文
女流美術家協会展 ❽ **1945**・12・3 文
白樺社美術展覧会 ❼ **1910**・7・3 文／**1912**・2・16 文／4・12 文／**1913**・4・11 文／**1915**・2・20 文／**1918**・6・14 文
シルクロード展 ❾ **1980**・9・25 文
新構造社 ❽ **1944**・10・6 文
新興大和絵会 ❼ **1921**・5・8 文
新古美術展覧会 ❻ **1888**・4月 文／❼ **1898**・4・1 文／**1899**・4・1 文／**1900**・4・1 文／**1901**・4・1 文／**1904**・4・1 文／**1905**・4・1 文／**1906**・4・1 文／**1907**・4・1 文／**1908**・4・1 文／**1909**・4・1 文／**1910**・4・1 文／**1911**・4・15 文／**1912**・4・1 文／**1913**・4・1 文
新樹社展 ❼ **1928**・11月 文／**1929**・6・1 文／**1930**・6・7 文
新人画会 ❽ **1943**・4・21 文
新制作派協会 ❼ **1936**・7・25 文
新制作協会 ❽ **1951**・9・10 文／**1963**・9・22 文
新制作派展 ❽ **1939**・11・21 文／**1947**・6・9 文
神道美術展(紀元二千六百年記念) ❽ **1940**・10・24 文
新日本漫画協会 ❽ **1940**・8・31 文
真美会 ❼ **1903**・3・12 文／**1904**・12・21 文
新美術人協会 ❽ **1938**・2・11 文
新文展 ❽ **1943**・10・16 文
新ロシヤ美術展覧会 ❼ **1927**・5・19 文
図案及応用作品展 ❼ **1913**・10・15 文
水彩画展覧会 ❼ **1896**・11・10 文
水墨画の襖絵展 ❾ **2002**・3・6 文
図画調査会 ❻ **1884**・7月 文
生活社油絵展 ❼ **1913**・10・16 文
清光会 ❼ **1933**・5月 文
聖戦美術展(陸軍美術協会) ❽ **1939**・7・6 文／**1941**・7・1 文
青葱社 ❽ **1938**・3・25 文
青年絵画共進会 ❻ **1889**・6・1 文
青年彫塑会 ❼ **1897**・11・27 文
正派同志会 ❼ **1907**・8・14 文／10・1 文
青龍社(展) ❼ **1929**・9・5 文／**1930**・9・2 文／**1931**・9・2 文／11月 文／**1932**・9・1 文／**1933**・9・1 文／❽ **1937**・9・1 文／**1938**・9・1 文／**1939**・9・1 文／**1940**・8・27 文／**1941**・8・27 文／**1942**・8・26 文／**1943**・8・26 文／**1944**・8・30 文／**1945**・10・20 文
世界・今日の美術展 ❽ **1956**・11月 文
世界近代彫刻日本シンポジウム ❽ **1963**・7・1 文
世界芸術フェスティバル・サミット ❾ **1993**・12・7 文
世界デザイン会議 ❽ **1960**・5・11 文
世界民族美術展 ❾ **1969**・8・29 文
世界四大文明展 ❾ **2000**・是年 文
赤曜会 ❼ **1915**・2月 文
セザンヌ展 ❾ **1974**・3・30 文
雪舟展 ❽ **1956**・4・28 文
前衛美術会 ❽ **1947**・5・24 文
戦艦献納作品展 ❽ **1944**・2・1 文
全国絵画共進会(第一回・第二回) ❼ **1897**・4・1 文／**1899**・4・1 文
全国日本書道展 ❽ **1948**・8・14 文
全国窯業品共進会 ❼ **1901**・9月 文
戦後の日本画展 ❾ **1980**・8・9 文
戦争美術展覧会 ❽ **1938**・5・18 文
禅林美術展(米ボストン美術館会館百年記念) ❾ **1970**・11・5 文
創画会 ❾ **1974**・5・25 文
蒼窮会 ❼ **1930**・5・24 文
造型作品展覧会 ❼ **1926**・3・26 文／8・23 文／**1927**・6・3 文
創元会 ❽ **1940**・12・17 文／**1947**・6・9 文
蒼生社展 ❼ **1928**・6・28 文
創造美術展 ❽ **1949**・9・21 文
草土社(展) ❼ **1915**・10・17 文／**1916**・4・1 文／**1918**・12・14 文
ソビエト現代美術展 ❾ **1991**・5・18 文
素描水彩展覧会 ❼ **1926**・3・20 文
第一科(美術審査会官制) ❼ **1912**・5・29 文
醍醐寺密教美術展 ❾ **1975**・3・18 文
泰西名画・版画展 ❼ **1911**・10・11 文／**1927**・4・15 文
泰西名画展 ❽ **1947**・3・10 文／**1948**・2月 文
大調和会 ❼ **1927**・11・15 文
大東亜戦争美術展 ❽ **1942**・12・3 文／**1943**・12・8 文
大同絵画会 ❼ **1905**・12・17 文
第二科(美術審査会官制) ❼ **1912**・5・29 文
大日本美術報国会 ❽ **1945**・10・4 文
大日本陸軍従軍画家協会 ❽ **1938**・6・27 文／9・27 文
太平洋画会 ❼ **1901**・11・21 文／**1902**・3・20 文／**1904**・5・1 文／**1905**・11・3 文／**1924**・3・23 文
大漫画展 ❾ **1991**・11・25 文
大名美術展 ❾ **1988**・10・30 文
大礼記念京都美術館美術展 ❼ **1934**・5・1 文
竹久夢二展 ❼ **1912**・11・23 文／**1931**・3・25 文
ダダ展 ❾ **1968**・6・1 文
淡交会第一回展 ❼ 1924・11・1 文
丹青会 ❼ **1900**・5・7 文
チグリス・ユーフラテス文明展 ❾ **1974**・3・1 文
茶の美術展 ❾ **1980**・10・7 文
中央美術展 ❼ **1923**・6・2 文
鋳金展覧会 ❼ **1903**・10・25 文
中国・長沙漢墓写真展 ❾ **1972**・9・15 文
中国出土文物展 ❾ **1973**・6・9 文
聴香読画館 ❻ **1869**・是年 文／**1871**・是年 文
朝鮮名画展 ❼ **1931**・3・20 文
彫塑会 ❼ **1899**・12・1 文
ツタンカーメン展 ❾ **1965**・9月 文
土田麦僊遺作展 ❽ **1937**・10・27 文
帝国芸術院官制 ❽ **1937**・6・24 文
帝国美術院・帝展 ❼ **1919**・9・5 文／10・14 文／**1920**・10・13 文／**1921**・10・14 文／**1922**・10・14 文／**1923**・9・1 文／**1924**・10・15 文／**1925**・10・16 文／**1926**・10・16 文／**1927**・10・16 文／**1928**・10・16 文／**1929**・10・16 文／**1930**・10・16 文／**1931**・10・16 文／**1932**・10・16 文／**1933**・10・16 文／**1934**・10・16 文／**1935**・5・28 文／**1936**・6・12 文
帝国美術院付属美術研究所 ❼ **1930**・6・27 文
鉄斎展 ❾ **1973**・4・7 文
天絵社 ❻ **1873**・6月 文
天平文化綜合展 ❼ **1928**・3・25 文
ドイツ現代美術展 ❼ **1926**・11・7 文
桃花会展覧会 ❼ **1910**・2・11 文
東丘社展 ❽ **1942**・5・5 文
東京芸術大学創立百周年記念展 ❾ **1987**・10・2 文
東京国際具象絵画ビエンナーレ展 ❾ **1974**・9・6 文
東京国際版画ビエンナーレ展 ❽ **1957**・6・15 文／**1960**・11・5 文／**1962**・10・6 文／**1964**・11・14 文／❾ **1968**・11・2 文／**1970**・12・10 文／**1972**・11・16 文／**1974**・11・16 文／**1976**・11・26 文／**1979**・8・7 文
東京国立博物館所蔵名品展 ❾ **1973**・1・6 文
東京写真研究会 ❼ **1908**・12・5 文
東京写友会(展) ❼ **1903**・5・7 文
東京展 ❾ **1975**・11・2 文
東京南画会 ❼ **1897**・2・13 文
東光会 ❽ **1947**・6・9 文
東郷青児回顧展 ❾ **1979**・4・24 文
東西美術交流展 ❾ **1968**・9・7 文
唐招提寺展 ❾ **1977**・4・5 文
踏青会展 ❼ **1935**・4・13 文
東洋絵画会 ❻ **1884**・7月 文
東洋絵画共進会 ❻ **1886**・4・1 文
東洋陶磁展 ❾ **1970**・11・9 文
東洋歴史画題 ❼ **1899**・1・1 文
図画取調掛 ❻ **1885**・12・10 文／**1886**・1・19 政
独伊親善図画展覧会 ❽ **1939**・1・22 文
土偶と土面展 ❾ **1969**・3・18 文
独立美術協会(展) ❼ **1930**・11・1 文

／1931·1·11 文／1933·3·10 文／1934·3·20 文／1935·3·6 文／1936·4·25 文／❽ 1937·3·13 文／1938·3·13 文／1939·3月 文／1941·3月 文／1943·4月 文／1946·4月 文／1947·6·9 文／1951·10·9 文／1954·10·9 文／1963·10·12 文
巴会 ❼ 1902·4·3 文
敦煌美術展 ❽ 1958·1·5 文
内国絵画共進会 ❻ 1882·10·1 文／1884·4·11 文
名古屋芸術協会 ❼ 1923·11·3 文
二科制 ❼ 1913·11·5 文
二科会·二科展 ❼ 1914·10·1 文／1915·10·13 文／1916·10·12 文／1917·9·9 文／1918·9·9 文／1919·9·9 文／1920·9·1 文／1921·9·1 文／1922·9·9 文／1923·9·1 文／1924·9·2 文／1925·9·2 文／1926·9·4 文／1927·9·3 文／1928·9·3 文／1929·9·3 文／1930·9·4 文／1931·9·3 文／1932·9·3 文／1933·9·3 文／1934·9·3 文／1935·9·3 文／❽ 1937·9·3 文／1938·9·3 文／1939·9·2 文／1940·9·1 文／1941·9·1 文／1942·9·1 文／1944·10·6 文／1945·10月 文／1947·6·9 文／8·7 文／1949·9·1 文／1950·9·1 文／1951·9·1 文／1953·9·1 文／❾ 1993·9·1 文
錦絵 ❼ 1896·5月 社
二十世紀フランス美術展 ❽ 1960·10·15 文
日仏具象作家協会 ❽ 1956·6月 文
日米抽象美術展 ❽ 1954·3·7 文
日華連合美術展 ❼ 1926·6·19 文
日展(文部省主催日本美術展) ❽ 1946·3·1 文／10·16 文／1947·10·16 文／1948·10·20 文／1949·10·29 文／1950·10·29 文／1951·10·28 文／1952·10·29 文／1953·10·4 文／1954·10·9 文／1955·10月 文／1956·10·28 文／1957·11·1 文／1958·3·22 文／11·2 文／1959·11·1 文／1960·11·1 文／1961·11·1 文／1962·11·1 文／1963·11·1 文／1964·11·1 文／❾ 1966·11·1 文／1967·11·1 文／1968·11·1 文／1969·3·25 文／11·1 文／1970·11·1 文／1972·11·1 文／1973·11·1 文／1974·11·1 文／1975·11·2 文／1976·10·30 文／1977·10·30 文／1978·11·2 文／1979·10·31 文／1980·11·2 文／1981·10·27 文／1982·10·27 文／1983·10·27 文／1984·11·3 文／1985·11·1 文／1988·10·26 文／2003·11·2 文／2004·11·2 文／2005·11·2 文／2006·11·2 文／2007·11·2 文／2011·10·28 文／2012·11·2 文
日本アヴァンギャルド芸術家クラブ ❽ 1947·9·29 文
日本アブストラクトアートクラブ ❽ 1953·6月 文
日本アンデパンダン展 ❽ 1947·12·9 文／1949·2·11 文／1950·2·18 文／1951·2·27 文／1958·2·4 文
日本インダストリアルデザイナー協会 ❽ 1952·10月 文／❾ 1965·9·28 文
日本浮世絵協会 ❾ 1972·1·8 文
日本絵画協会 ❻ 1891·11·21 文／❼ 1896·2月 文／5·5 文／9·20 文／1897·3·15 文／10·25 文
日本絵画協会·日本美術院連合共進会 ❼ 1898·10·15 文／1899·10·15 文／1900·4·1 文／10·25 文／1901·3·2 文／10·13 文／1902·3·2 文／10·1 文／1903·4月 文／10·10 文
日本絵画名品展(ボストン美術館所蔵) ❾ 1983·3·1 文
日本画院 ❽ 1938·4·22 文
日本画会 ❼ 1898·2·26 文／6·5 文
日本画家報国会 ❽ 1942·3·19 文
日本画大展覧会 ❽ 1940·5·25 文
日本画展(ブタペスト) ❼ 1931·5·3 文
日本金工協会 ❼ 1900·8·19 文
日本近世名画展(紀元二千六百年記念) ❽ 1940·10·23 文
日本芸術院会 ❽ 1958·4·30 文
日本光画芸術協会 ❼ 1923·6·16 文
日本工芸美術会 ❼ 1926·6月 文
日本考古展·古都奈良出土考古文物精華展(陝西歴史博物館) ❾ 2011·10·21 文
日本国際美術展 ❽ 1952·5·22 文／1955·5·20 文／1957·5·2 文／1959·5·9 文／1961·5·10 文／1963·5·10 文／❾ 1965·5·10 文／1967·5·2 文／1970·5·10 文／1974·5·10 文／1978·4·25 文／1980·4·24 文
日本国宝(美術)展 ❽ 1960·10·2 文／❾ 1965·10·25 文／1969·4·5 文／1990·4·10 文
日本古美術展 ❽ 1939·2·28 文／1953·1·25 文／❾ 1969·8月 文
日本コンピューター·アート·コンテスト ❾ 1968·4·1 文
日本漆工会 ❼ 1899·4·1 文
日本写真師連合組合 ❼ 1914·6月 文
日本写真美術展 ❼ 1926·5·1 文
日本自由画壇 ❼ 1919·11·10 文
日本人画家が描いたパリ風景画展 ❾ 1985·12·3 文
日本図案会 ❼ 1901·11·7 文
日本水彩画会展 ❼ 1913·6·4 文
日本青年絵画共進会 ❻ 1891·6·5 文／1895·10月 文
日本宣伝技術家協会 ❽ 1942·6·27 文
日本宣伝美術会議(日宣美) ❽ 1951·6·9 文／9·10 文
日本創作版画協会 ❼ 1918·4月 文
日本彫工会彫刻競技会 ❼ 1902·8·20 文
日本彫刻会 ❼ 1907·11月 文
日本彫刻絵画展 ❼ 1911·9·1 文
日本彫刻家協会 ❼ 1936·5月 文／❽ 1944·10·6 文
日本彫刻家連盟 ❽ 1947·7·25 文
日本童画会 ❽ 1946·7月 文
日本南画院 ❼ 1921·10月 社
日本南画協会 ❼ 1897·11·21 文
日本南宋画会 ❼ 1906·7月 文
日本農民美術研究所 ❼ 1923·4·15 文
日本農民美術展 ❼ 1920·5·28 文
日本の型染展 ❾ 1980·6·20 文
日本のガラス展 ❾ 1974·6·29 文
日本のキリシタン美術展 ❾ 1974·10·1 文
日本の鉄砲展 ❾ 1983·3·2 社／1993·9·17 社
日本版画院 ❽ 1952·5月 文
日本版画協会 ❼ 1931·9·7 文
日本版画奉公会 ❽ 1943·5·11 文
日本美術(パリ) ❼ 1929·6·1 文
日本美術院(展) ❼ 1898·7·1 文／10·15 文／1906·9·6 文／1914·9·2 文／10·15 文／1915·10·11 文／1916·9·10 文／1917·9·10 文／1918·9·9 文／1919·9·1 文／1920·9·1 文／1921·9·1 文／1922·9·5 文／1923·9·1 文／10·30 文／1924·9·2 文／1925·9·2 文／1926·9·4 文／1927·9·3 文／1928·9·3 文／1929·9·3 文／1930·9·3 文／1931·9·3 文／1932·9·3 文／1933·9·3 文／1934·9·3 文／1935·9·7 文／1936·2·25 文／9·2 文／❽ 1937·9·2 文／1938·9·3 文／1939·9·2 文／11·23 文／1940·9·1 文／1941·9·1 文／1942·2·14 文／1943·9·1 文／1945·11·5 文／1946·9·1 文／1947·3·25 文／9·1 文／1948·9·1 文／1949·9·1 文 1950·9·1 文／1951·9·1 文／1952·9·1 文／1953·9·1 文／1954·9·1 文／1955·9·1 文／1956·9·1 文／1957·9·1 文／1958·9·1 文／1959·9·1 文／1960·9·1 文／1961·9·1 文／1962·9·1 文／1963·9·1 文／1964·9·1 文／❾ 1965·9·1 文／1966·9·1 文／1967·9·1 文／1968·9·1 文／1969·9·1 文／1970·9·1 文／1971·9·1 文／1972·9·1 文／1973·9·1 文／1974·9·1 文／1976·9·1 文／1977·9·1 文／1978·9·1 文／1980·9·7 文／1981·9·1 文／1993·9·1 文／2006·9·1 文／2007·4·14 文／9·21 文／2010·9·8 文／2012·9·1 文
日本美術院 ❽ 1939·是年 文／1950·是年 文
日本美術院美術研究所 ❼ 1906·11月 文
日本美術および工芸統制協会 ❽ 1946·8·23 文
日本美術会 ❻ 1888·1·7 文／❽ 1946·4月 文
日本美術会展覧会 ❻ 1888·4·10 文
日本美術家連盟 ❽ 1949·6·26 文
日本美術ギャラリー(大英博物館) ❾ 1990·4·6 文
日本美術協会 ❻ 1887·12·4 文／1890·1·18 文／❼ 1899·4·1 文／1907·10·1 文／1913·4·1 文
日本美術骨董商 ❼ 1930·11·20 文
日本美術史綜合展 ❽ 1948·4·1 文
日本美術縦覧会(パリ) ❻ 1883·6·8 文／1884·5·6 文
日本美術展 ❾ 1971·9月 文
日本美術展(サンフランシスコ) ❽ 1951·9·5 文
日本美術展覧会(ロンドン) ❻ 1888·1月 文
日本美術展覧会(外国) ❼ 1911·1·14

文／1922·4·15 社／1923·11·20 文
日本美術報国会 ❽ 1943·5·18 文
日本美術名宝展 ❾ 1986·9·23 文
日本プロレタリア芸術連盟 ❼ 1927·6·9 文
日本プロレタリア美術家同盟(ＡＲ) ❼ 1929·1·22 文
日本プロレタリア美術家同盟(Ｐ・Ｐ) ❼ 1934·3·28 文
日本プロレタリア文化連盟(コップ) ❼ 1931·11·12 文
日本文化デザイン会議 ❾ 1980·7·3 文
日本漫画映画の全貌展 ❾ 2004·7·15〜8·31 文
日本木彫家協会 ❽ 1944·10·6 文
人間国宝展 ❾ 1985·12·3 文
能面展覧会 ❼ 1922·9·10 文
柏舟社展 ❽ 1939·1·10 文
白馬会(展) ❼ 1896·6·6 文／10·1 文／1897·10·28 文／1898·10·5 文／1899·3月 文／1900·9·20 文
橋本雅邦絵画展覧会 ❼ 1899·3·11 文／1902·12·5 文
八〇年現代いけばな美術館 ❾ 1980·9·12 文
パリ・ギメ博物館東洋美術の秘法展 ❾ 1979·10·9 文
パリ—東京現代美術交流 ❾ 1984·5·2 文
パリの日本人芸術家 ❾ 1981·是秋 文
パンの会 ❼ 1908·12·12 文／1909·5月 社
パンリアル展 ❽ 1948·3月 文／5·21 文／1949·5·14 文／1950·6·18 文／1952·5·17 文／1953·12·3 文／1954·11·28 文
比叡山と天台の美術展 ❾ 1986·3·18 文
ピカソ・ゲルニカ展 ❽ 1962·11·3 文
ピカソ展 ❽ 1951·8·26 文
菱田春草追悼遺作展 ❼ 1912·4·2 文
美術界有志者大懇親会 ❼ 1900·6·17 文
美術館の始め ❻ 1877·8·21 文
美術研精会絵画展 ❼ 1902·2·1 文
美術工芸品展示(ロンドン) ❻ 1853·12·28 文
美術審査委員会 ❼ 1907·6·6 文／1919·9·5 文
美術創作協会 ❽ 1940·7·7 文
美術団体連合展 ❽ 1947·6·9 文
美術批評家連盟 ❽ 1954·5·15 文
美術品陳列場「玄鹿館」 ❻ 1895·7·18 文
美術品評会 ❻ 1878·是年 文
美術二葉会展覧会 ❼ 1903·11·1 文
美術文化協会 ❽ 1939·5·17 文／1940·4·11 文
ひめゆりの乙女たち展 ❾ 1980·7月 文
ヒュウザン会展 ❼ 1912·10·15 文／1913·3·11 文
ブールデル彫刻絵画展 ❽ 1956·10月 文
武器武具展 ❾ 1976·10·5 文
ブラック展 ❽ 1952·9·20 文
フランス現代美術展 ❼ 1923·4·3 文／1924·5·31 文／1925·9·2 文
フランス美術展 ❽ 1954·10·15 文／1961·11·2 文
プリミオリゾーネ国際抽象美術展 ❽ 1959·10·12 文
プロレタリア大美術展(第一回) ❼ 1928·11·27 文
文展(文部省美術展覧会) ❼ 1907·8·13 文／10·25 文／1908·10·15 文／1909·10·15 文／1910·10·14 文／1911·10·14 文／1912·10·13 文／1913·10·15 文／1914·10·15 文／1915·10·14 文／1916·10·14 文／1917·10·16 文／1918·10·14 文／❽ 1937·10·16 文／1938·10·16 文／1939·10·16 文／1941·10·16 文／1942·10·16 文／1944·11·25 文
文展鑑査展・招待展 ❼ 1936·10·16 文／11·6 文
平和美術展 ❽ 1952·6·2 文
ペルシア美術展 ❽ 1958·5·21 文
ペルソナ展 ❾ 1965·11·12 文
ベルリン芸術祭「日本」 ❾ 1993·8·31 文
ヘンリー・ムーア大賞展 ❾ 1981·7·4 文
法隆寺展 ❾ 1968·5·21 文
ボストン美術館東洋美術名品展 ❾ 1972·3·18 文
北海道立近代美術館所蔵美術展 ❾ 1977·7·21 文
ボナール展 ❾ 1968·3·20 文
マヴォ(作品展) ❼ 1923·7·28 文／1924·12·20 文
マチス展 ❽ 1951·3·31 文／❾ 1981·3·20 文
松方コレクション ❽ 1947·10·22 文／1953·6·24 文／1957·4·10 文
円山応挙百十年祭 ❼ 1905·11·7 文
漫画集団第一回展 ❽ 1956·6月 文
未来派美術協会 ❼ 1920·9·16 文／1921·10·15 文
ミロのビーナス展 ❽ 1964·4·8 文
旡声会 ❼ 1900·3·5 文
室町時代の屏風絵展 ❾ 1989·3·28 文
明治大正名作展 ❼ 1927·6·3 文
明治美術会 ❻ 1889·6·16 文
明治美術会展覧会 ❻ 1889·10·19 文／1890·11·15 文／1892·3·20 文／1893·4·8 文／1894·10·11 文／1895·10·10 文／❼ 1897·4·10 文／1898·3·25 文／1899·4·1 文
明治美術展 ❾ 1968·2·1 文
明治美術名作大展示会 ❽ 1943·2·10 文
メキシコ美術展 ❽ 1955·9月 文
モダンアート協会 ❽ 1950·9月 文／1951·3·1 文
モナリザ展 ❾ 1974·4·20 文
モネ展 ❾ 1973·3·30 文
桃山時代の工芸展 ❾ 1975·10·10 文
桃山美術展 ❾ 1975·2·13 文
文部省戦時特別美術展 ❽ 1944·11·25 文
洋画研究所 ❻ 1878·11·11 文
洋画塾 ❻ 1869·是年 文／1873·是年 文／1887·是年 文
洋画塾「鐘美館」 ❻ 1887·是年 文
洋画展の始め ❻ 1875·10·6 文
洋画展覧会(白樺主催) ❼ 1911·11·1 文
ヨーロッパの日本作家展 ❾ 1972·10·17 文
陸軍献納美術展 ❽ 1944·7·15 文
陸軍美術協会 ❽ 1939·4·14 文
陸軍美術展 ❽ 1943·3·5 文／1944·3·8 文／1945·4·11 文
理想展覧会 ❼ 1926·5·2 文
龍池会 ❻ 1878·是年 文／1879·3·15 文
龍土会 ❼ 1904·11·22 文
琳派展 ❾ 1972·10·10 文
ルーブル美術館特別展 ❾ 1991·9月 文
ルオー展 ❽ 1953·10·1 文
ルノアール展 ❾ 1971·10·12 文
歴史風俗画会 ❼ 1902·4·13 文
歴程美術協会・研究会 ❽ 1938·4月 文／1939·7·8 文／1941·3·1 文／1942·3·1 文
連合展 ❽ 1951·5·22 文
レンブラント名作展 ❾ 1968·4·2 文
労農芸術家連盟 ❼ 1927·6·9 文
ロートレック展 ❾ 1968·11·9 文
ローマ日本美術展 ❼ 1930·4·26 文
ロシア画展覧会 ❼ 1920·10·14 文
ロダン展 ❾ 1966·7·23 社
屏風 ❶ 748·1·9 文／751·10月 文／752·6·26 文／755·7·26 文／758·10·1 文／812·2·3 文／816·8·15 文／833·11·17 文／895·是春 文／❸ 1432·11·3 文／❹ 1485·8·30 政／❺-1 1648·6·9 文
屏風下絵(狩野) ❹ 1548·9月 文
「阿育王山径山寺」屏風 ❺-1 1673·是年 文
「愛染」屏風 ❼ 1934·是年 文
「秋田のマリヤ」屏風 ❽ 1948·是年 文
「浅間山図」屏風 ❺-2 1822·5·7 文
「安土城図」屏風 ❹ 1580·8·13 文／1581·7月 文
「荒磯」屏風 ❼ 1926·10·16 文
「嵐山図」屏風 ❻ 1858·是年 文
「嵐山の春」屏風 ❼ 1919·是年 文
「イソップ物語」屏風 ❼ 1912·是年 文
「市場」屏風 ❼ 1932·10·16 文
「岩山雲烟図」屏風 ❾ 1985·是年 文
「飲中八仙図」屏風 ❺-1 1602·10·3 文
「鵜」屏風 ❼ 1912·4·2 文
「雨雪山水図」屏風 ❻ 1867·是年 文
「雨中山水図」屏風 ❺-2 1769·4月 文／1776·是夏 文
「海近く」屏風 ❼ 1920·是年 文
「雲去来」屏風 ❼ 1917·9·10 文
「雲龍図」屏風 ❺-2 1773·5月 文
「エバ」屏風 ❼ 1919·9·1 文
「猿猴鷹図」屏風 ❹ 1491·是夏 文
大饗料屏風 ❶ 957·1·18 文
「大坂十二月図」屏風 ❺-2 1773·是年 文
「大坂陣の図」屏風 ❺-1 1616·4·22

文
「大津唐崎図」屏風　❻ **1876**·是年 文
「奥の細道図」屏風　❺-2 **1779**·是秋 文
「大原女」屏風　❼ **1915**·10·14 文
「海断」屏風　❼ **1909**·10·15 文
「花下遊楽図」屏風　❺-1 **1626**·是年 文
「柿図」屏風　❺-2 **1816**·9 月 文
「花鳥図」屏風　❹ **1490**·是年 文／**1575**·6 月 文／**1581**·是年 文／❺-2 **1748**·是年 文／**1800**·2 月 文／**1823**·8 月 文
「花鳥蔬菜図押紙貼」屏風　❺-2 **1760**·9 月 文
「歌舞伎図」屏風　❺-2 **1731**·是年 文
「賀茂競馬図」屏風　❺-2 **1852**·6·1 文
唐絵屏風　❷ **1036**·3 月 文／**1182**·8·13 文
「唐子遊図」屏風　❺-2 **1826**·是年 文
「飼はれたる猿と兎」屏風　❼ **1908**·10·15 文
「寒霞渓図」屏風　❼ **1905**·是年 文
「観音摩利耶」屏風　❽ **1939**·9·2 文
「僖宗皇帝賑民図」屏風　❺-2 **1832**·是年 文
「菊花図押絵貼」屏風　❺-2 **1795**·是年 文
「曲水図」屏風　❽ **1941**·是年 文
「金箋春秋」屏風　❺-2 **1823**·是年 文
「群鶴」屏風　❾ **1981**·是年 文
「群鶏図押絵貼」屏風　❺-2 **1797**·是年 文
「群仙図」屏風　❺-1 **1667**·是年 文
「群獣図」屏風　❺-2 **1800**·是年 文
「渓山春色」屏風　❼ **1935**·是年 文
「源氏物語図」屏風　❹ **1574**·3 月 文
「玄奘三蔵」屏風　❽ **1953**·9·1 文
「江州日野村落図」屏風　❺-2 **1776**·是年 文
坤元録屏風　❶ **956**·是年 文
「西湖図」屏風　❺-1 **1630**·是年 文
「桜図」屏風　❺-2 **1848**·是年 文
「三十六歌仙図押絵貼」屏風　❺-2 **1798**·是年 文
「山水図」屏風　❺-2 **1747**·2 月 文／**1759**·是年 文／**1762**·是年 文／**1763**·4 月 文／**1768**·4 月 文／**1804**·是年 文／**1834**·是年 文／**1838**·4 月 文／❻ **1867**·是年 文
「山草人物図」屏風　❺-2 **1747**·是年 文
「潮騒」屏風　❽ **1937**·是年 文
「鹿図」屏風　❺-1 **1685**·是年 文
「四季花鳥図」屏風　❹ **1549**·是年 文／**1550**·是年 文／**1581**·10·21 文／❺-2 **1816**·12 月 文／**1822**·是年 文／**1845**·2 月 文／**1847**·10 月 文
「四季山水図」屏風　❹ **1501**·是年 文
「四季草花図」屏風　❼ **1919**·9·1 文
四季屏風　❷ **1245**·10·29 文
「四君子図屏風」　❺-2 **1850**·是秋 文／❻ **1862**·是年 文
地獄絵屏風　❶ **955**·12 月 文
「獅子」屏風　❼ **1927**·是年 文
「七賢四皓図」屏風　❹ **1552**·是年 文
「士農工商図」屏風　❺-1 **1665**·是年 文
「樹蔭」屏風　❽ **1950**·10·29 文
「秋江高閣図」屏風　❺-2 **1775**·是年 文／**1799**·9·6 文
「十二天版画屏風」　❸ **1407**·3·21 文
「周茂叔林和清図」屏風　❺-1 **1661**·是年 文
「十六羅漢図」屏風　❺-1 **1609**·是年 文
「春秋山水図」屏風　❺-2 **1823**·3 月 文
「松鶴図」屏風　❺-2 **1815**·是年 文
「瀟湘八景図」屏風　❹ **1498**·⑩·28 文／**1589**·是年 文
「翠苔緑芝」屏風　❼ **1928**·9·3 文
「西婦倭装」屏風　❼ **1919**·是年 文
「雪景山水図」屏風　❺-2 **1769**·11 月 文
「雪松図」屏風　❼ **1908**·10·15 文
「雪中花鳥山水」屏風　❹ **1554**·是年 文
「前後赤壁図」屏風　❺-2 **1746**·2 月 文
「禅宗祖師図押し絵貼」屏風　❺-1 **1613**·12 月 文
「千与四郎」屏風　❼ **1918**·9·10 文
装金屏風　❹ **1482**·4·9 政／**1502**·3·18 政
「双鶏図」衝立　❺-2 **1777**·是年 文
「相州七里浜図」屏風　❺-2 **1796**·6·24 文
「爽秋蝶舞」屏風　❾ **1981**·是年 文
造屏風工　❶ **809**·8·28 社
「双鹿図」屏風　❺-2 **1783**·是年 文
「蔬菜図押絵貼」屏風　❺-2 **1796**·是年 文／**1797**·是年 文
「蘇鉄図」屏風　❺-2 **1767**·是年 文
「尊海渡海日記」屏風　❹ **1539**·5·9 文
大嘗会屏風　❶ **970**·10·17 文／❸ **1375**·10 月 文
大宋屏風　❷ **1202**·11·1 政／**1208**·12·25 政／**1253**·1·3 政／**1276**·12·15 社
内裏御屏風　❶ **928**·12·19 文
「大漁」屏風　❼ **1932**·是年 文
「田植」屏風　❽ **1937**·是年 文
「田植の頃」屏風　❼ **1912**·是年 文
「高耀る藤原宮の大殿」屏風　❾ **1969**·9·1 文
「立田姫」屏風　❼ **1931**·是年 文
「竹林七賢図」屏風　❹ **1574**·是年 文／❺-1 **1607**·是年 文／❺-2 **1744**·是年 文
「中原の鹿誰が手に帰す」屏風　❼ **1925**·是年 文
「著聞集図」屏風　❺-2 **1813**·6·8 文
「鶴と七面鳥」屏風　❼ **1928**·9·3 文
「桃花源」屏風　❼ **1935**·是年 文
「桃花図」屏風　❼ **1916**·是年 文
「藤花図」屏風　❺-2 **1776**·7 月 文
「洞窟の頼朝」屏風　❼ **1929**·9·3 文
「唐犬図」屏風　❽ **1941**·是年 文
「童子遊戯図」屏風　❺-2 **1769**·是夏 文
「中村勘三郎芝居図」屏風　❺-2 **1731**·7 月 文
「夏秋草図」屏風　❺-2 **1821**·是年 文
「夏の五箇山」屏風　❼ **1919**·11·1 文
「夏冬山水図」屏風　❺-2 **1838**·4 月 文
「夏冬風景図」屏風　❺-2 **1784**·是年 文
「奈良の森」屏風　❼ **1920**·11·2 文
「南国」屏風　❼ **1914**·10·15 文
「なんば」(南蛮か)屏風　❹ **1600**·11·28 文
「猫に烏」屏風　❼ **1910**·是年 文
「熱国の夕べ」屏風　❼ **1917**·9·10 文
「野ざらし紀行図」屏風　❺-2 **1778**·5 月 文
「瀑布図」屏風　❻ **1883**·是年 文
「芭蕉童子図」屏風　❺-2 **1764**·4 月 文
「罰」屏風　❼ **1908**·10·15 文
「埴輪」屏風　❼ **1916**·10·14 文
「浜松図」屏風　❺-2 **1788**·4 月 文
「遙」屏風　❾ **1982**·9·7～24 文
「春の訪れ」屏風　❼ **1924**·10·15 文
「東山天皇即位図」屏風　❺-1 **1687**·3 月 文
「日盛り」屏風　❼ **1919**·10·14 社
「百花百草図」屏風　❺-2 **1823**·3·21 文
「白狐」屏風　❼ **1914**·10·15 文
「浜村雨図」屏風　❺-2 **1787**·7 月 文
「風神雷神」屏風　❼ **1917**·9·10 文／**1929**·9·3 文
「富士山·天橋立図」屏風　❹ **1584**·11·2 文
「富士と筑波」屏風　❼ **1925**·是年 文／**1936**·是年 文
「富士三保松原図」屏風　❺-2 **1784**·是年 文
「平家物語」屏風　❹ **1463**·⑥·12 文
「紅花」屏風　❺-2 **1823**·是秋 文／**1825**·是秋 文
「豊国臨時祭礼図」屏風　❺-1 **1606**·8·18 文
「保津川図」屏風　❺-2 **1772**·4 月 文／**1795**·6 月 文
「松並木」屏風　❼ **1919**·11·1 文
「水鳥図」屏風　❺-2 **1772**·1 月 文
「名士弔喪」屏風　❼ **1908**·10·15 文
「名樹散椿」屏風　❼ **1929**·9·3 文
「紅葉狩·桜舟」屏風　❼ **1912**·是年 文
「森の梟」屏風　❼ **1934**·是年 文
「野馬図」屏風　❺-2 **1763**·8 月 文
倭絵(大和絵·和絵)屏風　❶ **999**·10·30 文／❷ **1017**·12·4 文／**1036**·3 月 文／**1103**·1·24 文／**1182**·8·13 文
「夕月雪山図」屏風　❺-2 **1787**·7 月 文
「雪に埋もれつゝ正月は行く」屏風　❼ **1919**·11·1 文
「雪夜松兎梅鴉図」屏風　❺-2 **1774**·9 月 文
「行く春」屏風　❼ **1916**·10·14 文
「洋犬図」屏風　❽ **1937**·是年 文
「楽志論」屏風　❺-2 **1839**·1 月 文
「洛中洛外図」屏風　❹ **1506**·12·22 文／**1574**·6·1 文
「落葉」屏風　❼ **1909**·10·15 文
「蘭亭曲水図」屏風　❺-1 **1651**·2·12 文／❺-2 **1766**·是年 文

「鯉魚図」屏風 ❺-2 **1824**·是年 文
「龍虎図」屏風 ❺-1 **1606**·是年 文
「柳塘晩霽図」屏風 ❺-2 **1764**·11月 文
「若き家鴨」屏風 ❽ **1937**·是年 文
障子絵 ❶ **812**·2·3 文／❷ **1173**·7·12 文
賢聖障子(紫宸殿) ❶ **818**·4月 文／**929**·9月 文／❸ **1392**·2·9 文／**1396**·2·8 文／**1397**·2 文／**1402**·12·15 文／❺-1 **1709**·8月 文／11·16 文／❺-2 **1790**·2·5 文／**1793**·1·29 文
昆明池(こんめいち)障子 ❷ **1014**·11·17 文／**1231**·5·17 文
清涼殿障子の色紙 ❷ **1004**·9·26 文
衝立障子 ❷ **1151**·2·16 文
布障子絵 ❷ **1024**·12·29 文
年中行事障子 ❶ **885**·5·25 政／❷ **1111**·12·2 文
襖絵
「梅図」襖絵 ❺-2 **1785**·是年 文／**1786**·8月 文
「応挙筆襖絵」三十面 ❺-2 **1791**·是年 文
「郭子儀図」襖絵 ❺-2 **1787**·12月 文
「花鳥山水襖絵」 ❹ **1491**·是年 文
「唐美人図」襖絵 ❺-2 **1773**·是年 文
「旧尾張明月院」襖絵 ❺-2 **1774**·是年 文
「京都大徳寺方丈」襖絵 ❺-1 **1641**·7月 文
「草花図」襖絵 ❺-2 **1813**·1月 文
「山水図」襖絵 ❺-1 **1671**·是年 文／❺-2 **1765**·是年 文／**1794**·是年 文／**1795**·是年 文／**1820**·6月 文
「山水蘆雁図襖絵」 ❹ **1490**·7月 文
「聖衆来迎寺」襖絵 ❺-1 **1642**·是年 文
「智積院襖絵」 ❽ **1947**·5·17 社
「土御門御所障壁画」襖絵 ❺-1 **1642**·2·14 文／6·18 文
「鶴図」 ❼ **1908**·是年 文
「松孔雀図」襖絵 ❺-2 **1795**·4月 文／**1795**·是年 文
雪竹図襖 ❺-2 **1817**·4月 文
「和歌山草堂寺」襖絵 ❺-2 **1786**·是年 文
障壁画 ❺-1 **1647**·是年 文／**1669**·是年 文
朝顔狗子図杉戸 ❺-2 **1784**·是年 文
宇治平等院鳳凰堂壁画 ❻ **1883**·1月 文
宇治平等院壁画模写 ❻ **1883**·1月 文
江戸城障壁の画 ❺-2 **1734**·8·2 文
大阪四天王寺壁画 ❽ **1960**·3·10 文／❾ **1983**·8·27 文
大坂城障壁画 ❹ **1584**·8·8 文
花卉天井図 ❺-2 **1800**·是年 文
黒戸御所障壁画 ❹ **1600**·12·21 文
賢聖障子障壁画 ❹ **1488**·9·16 文
建仁寺方丈障壁画 ❹ **1599**·是年 文
金剛寺障壁画(亀山市) ❺-2 **1788**·6月 文
水墨花鳥障壁画 ❺-2 **1759**·是冬 文
石室内壁画 ❻ **1888**·11·24 文
泉涌寺仏殿天井画 ❺-1 **1669**·2月 文
大徳寺天瑞寺襖絵障壁画 ❹ **1588**·12月 文
大徳寺養徳院襖絵障壁画 ❹ **1590**·7月 文
大徳寺龍源院襖絵障壁画 ❹ **1506**·是年 文
智積院障壁画 ❹ **1593**·是年 文
名護屋城障壁画 ❹ **1592**·是年 文
南禅院障壁画 ❺-1 **1705**·12月 文
妙心寺隣華院障壁画 ❹ **1599**·是年 文
仏師
印仏「阿弥陀如来立像」 ❹ **1520**·11·6 文
印仏「十一面観音菩薩」 ❸ **1397**·2·9 文
絵仏師 ❷ **1028**·9·27 文／**1068**·3·28 文／**1069**·2·5 文／5月 文／**1075**·3月 文／**1096**·6·2 文／**1105**·12·19 文／**1108**·10·2 文
画像⇨頂相(ちんぞう)
画仏像 ❶ **732**·是年 文／**871**·9·9 文
木仏師 ❷ **1105**·12·19 文
極楽浄土図 ❶ **927**·2月 文
小仏師 ❷ **1036**·是年 文
金剛盤 ❶ **817**·1月 文
摺仏「涅槃図」 ❸ **1402**·5月 文
繍仏像·脇侍像·八部像 ❶ **650**·10月 文／**686**·7月 文
宿院仏師(奈良) ❹ **1551**·是年 文／**1552**·是年 文／**1555**·11·23 文／**1556**·8·1 文／**1557**·11月 文／**1559**·1·4 文／**1560**·6·18 文／**1561**·是年 文／**1562**·10·13 文／**1563**·1月 文／4·1 文／7·11 文／**1564**·10·13 文／**1565**·是年 文／**1573**·10月 文／**1576**·是年 文／**1578**·是年 文
先聖先師九哲像 ❶ **880**·是年 文
造仏(工·師) ❶ **553**·5月／**577**·11·1／**605**·4·1 文／**774**·10·3 文
造仏像司長官 ❶ **737**·8·23 文／**745**·8月 社
大仏師 ❶ **663**·是年 文／**745**·4·25 文／❷ **1036**·是年 文／**1057**·8·1 文／**1077**·10月 文／**1186**·3·2 文／**1256**·3·25 文／❸ **1393**·6·29 文／**1394**·是年 文／**1397**·1·23 文／❹ **1461**·4·28 文／6·29 文／**1479**·8·18 文／**1485**·6·30 文
檀像 ❶ **719**·是年 文
椿井(つばい)仏師 ❸ **1368**·是年 文／**1430**·10·29 文／❹ **1460**·5·29 文／**1502**·6·1 文／**1535**·11·18 文／**1539**·7月 文
東大寺写経所 ❶ **747**·12·15 文
七子鏡 ❶ **書紀·神功 52**·9·10
仏絵像 ❷ **1010**·3·21 文
仏師 ❷ **1022**·7·16 文／**1026**·8·17 文／**1041**·2·23 文／**1047**·2·9 文／**1048**·1·13 文／2·22 文／**1254**·1·23 文／**1256**·3·25 文
仏師(雲居寺本尊) ❸ **1440**·4·19 文
仏像三尺以上製造禁止 ❺-2 **1724**·9月 文
法隆寺金光院大師堂·僧房 ❷ **1272**·4·16 文
美術品その他
油絵用絵具·用紙 ❺-2 **1773**·6·29 文／**1818**·7月 文／❻ **1875**·是年 文
家地立券文 ❶ **849**·11·20 文
浮世絵(鈴木春信) ❺-2 **1771**·明和年間 文
画部(姓) ❶ **463**·是年／**758**·4·20 文
画師(えかき) ❶ **604**·9月 文／**809**·8·28 社
画工 ❶ **588**·是年
画工正 ❶ **778**·2·23 文／**791**·1·28 文
画工生 ❶ **759**·1·11 文
画工司(中務省) ❶ **719**·6·19 文／**758**·4·20 文
絵解き(説絵僧) ❷ **1143**·10·22 社／**1146**·9·14 社／**1147**·9·14 文／**1148**·5·12 文／9·20 文／**1229**·10·25 社／❸ **1433**·9·3 文／**1440**·3·14 文／❹ **1479**·8·14 文／**1480**·8·2、3 文／**1481**·8·28 文／**1484**·8·2 文
絵所(画所) ❶ **886**·9·12 文／❷ **1036**·3月 文／❸ **1390**·是年 文／❹ **1572**·10·10 文
絵所(芝座) ❹ **1460**·8·16 文
絵所(吐田座、はんだざ) ❹ **1460**·8·16 文／**1552**·9·21 文／**1584**·5·7 文
絵所預 ❹ **1469**·10·9 文
絵所別当 ❷ **1086**·8·12 文
MOA 岡田茂吉賞 ❾ **1988**·8·1 文
往生絵 ❷ **1135**·7·21 文
扇 ❶ **762**·8·20 社／**872**·5·25 文
嗚呼絵(おこえ、諷刺画) ❷ **1038**·9·7 文
御絵始 ❺-1 **1666**·1·6 文／**1667**·1·6 文
絵画の輸入額 ❾ **1987**·10·23 文
画家川上冬崖自殺 ❻ **1881**·5·3 文
画学局(絵図調方) ❻ **1857**·7·13 文／**1862**·9·5 文
画家ビゴー来日 ❻ **1882**·1·15 文
画家フォンタネージ来日 ❻ **1876**·8·29 文
柿本人麻呂影供(えいぐ) ❷ **1118**·6·16 社／**1241**·9·13 文／❸ **1404**·10·20 文
春日絵所 ❸ **1414**·4·8 文
合戦絵 ❷ **1174**·3·17 文
壁代 ❷ **1276**·12·15 社
唐絵 ❹ **1488**·5·8 文
唐絵釈迦像 ❷ **1077**·8·13 文
唐絵目利 ❺-1 **1697**·是年 文
ガラス絵 ❺-2 **1789**·2·9 文
河内画師 ❶ **604**·10月 文／**757**·5·20 文
瓦版(浅間山噴火) ❺-2 **1783**·7月 文
吉備大臣 ❹ **1491**·9·29 文
黄書画師 ❶ **604**·9月 文
牛馬の似絵 ❸ **1303**·2·29 文
呉楽力士像 ❶ **955**·4·8 文
検校造器使 ❶ **720**·2·2 文
源氏絵 ❷ **1119**·11·27 文
高等学校漫画選手権 ❾ **1992**·8·12 文
金塔 ❶ **623**·7月 社
彩画粉飾を禁止 ❷ **1241**·12·1 社

彩画扇　❹ 1482·4·9 政／ 1502·3·18 政
作物所(つくもどころ)別当　❷ 1086·8·12 文
三宝図絵　❷ 1096·7·7 文
シカゴ万博洋画不出品問題　❻ 1892·7·1 文
四季絵　❷ 1133·4·18 文
七條仏所　❹ 1466·是年 文
四天王寺絵堂　❷ 1143·10·22 社
春画売買禁止　❻ 1868·8·19 社／ 1869·2·22 社／ 1875·4·16 社
図画取調掛　❻ 1885·12·10 文／ 1886·1·19 政
図師　❸ 1347·9·4 政／ 1437·3·13 文
瀬戸内国際芸術祭　❾ 2010·7·19 文
戦争記録画　❽ 1942·3 月 文／ 1945·4·11 文／ 1946·6·5 文／ 1950·4·11 文／❾ 1970·4·7 文／ 6·29 文／ 1977·7·9 文
大絵師職　❸ 1352·2 月 文
皇室技芸員制度　❻ 1890·10·11 文
東京国際キルトフェスティバル　❾ 2004·1·23 文
東寺絵所職　❸ 1282·是年 文／ 1363·7·19 文／ 1450·2·23 文
銅版画　❺-2 1783·9 月 文
銅版レッテル(彩色)　❻ 1879·8 月 文
長崎版画の始め　❺-1 1645·是年 文
楢画師　❶ 604·10 月 文
錦絵(版画)の歴史　❺-2 1765·是年 文
似絵(にせえ)　❷ 1241·11·27 文／❸ 1405·11·13 文／ 1416·9·10 文／ 1440·4·1 文／ 1446·6·7 社
ニセ美術刀　❾ 1981·9·28 文
日本地図　❸ 1399·是年 文
涅槃図　❷ 1113·2·15 文／ 1274·7·10 文／是年 文
幕府絵師　❹ 1463·6·15 文／❺-1 1617·是年 文
土師(はじ)　❶ 472·3·2
パロディ作品裁判　❾ 1980·3·28 文
板刻画　❺-1 1680·寛文·延宝年間 文
美術学校「日本風か欧米風か」　❻ 1888·2 月 社
火取玉　❷ 1140·5·15 社
縹渺体·朦朧体　❼ 1900·4·1 文
フェノロサ古美術調査　❻ 1888·5·5 文
紅摺絵版画　❺-2 1744·是年 文
法住寺絵所　❸ 1436·1·13 文
盆画　❺-2 1780·安永年間 社
三絶の鐘　❶ 875·8·23 文
ポンチ絵　❻ 1868·④·7 文
蒔絵(泥金画漆)　❸ 1434·宣徳年間 文
簀秦画師　❶ 604·10 月 文
物語絵巻　❷ 1233·6·5 文
焼絵　❺-2 1802·5 月 文
役者錦絵開版禁止　❻ 1866·4·19 文
山背画師　❶ 604·9 月 文
倭絵　❷ 1018·1·21 文／ 1151·2·16 文
倭(養徳)画師　❶ 677·5·3 文／ 715·5·25 文／ 745·4·25 文
洋風画　❺-2 1852·是年 文
横浜絵　❻ 1860·是年 社
羅漢画像　❶ 736·是年 文
裸体画禁止　❻ 1874·2 月 文
裸体画·裸体彫刻　❼ 1902·11·8 文／ 1917·4·23 文
裸体画「朝妝」論争　❻ 1895·4 月 文
裸体画販売を非難　❻ 1889·10 月 社／ 11·15 社
瑠璃壺　❷ 1014·12·22 文
蝋画(油絵、蘭画)　❺-2 1788·6·25 文／ 9·10 文
和歌色紙　❺-1 1606·11·11 文

34　映画

映画関連の書籍・雑誌

- 『映画で見る日本文学史』 ❾ **1970**・2・10 文
- 『映画白書』 ❽ **1956**・10・27 社
- 『活動写真界』 ❼ **1909**・6月 文
- 『キネマ旬報』 ❽ **1946**・3月 文
- 『日本映画』 ❼ **1935**・11・8 社

映画会社・撮影所・配給社 ❽ **1945**・6・1 文

- 石原プロモーション ❽ **1962**・12・29 社／❾ **1998**・12・10 文
- 岩波映画製作所 ❽ **1950**・5・1 社／5月 社
- 映画撮影所(京都太秦) ❼ **1926**・5・2 社
- 映画撮影所の始め(吉沢商店) ❼ **1908**・1・20 社
- 映画撮影用新ステージ(東京砧村、日活) ❼ **1932**・10・25 社
- 映画配給社(映配) ❽ **1942**・2・6 文
- 英国映画協会 ❽ **1947**・8月 文
- 教育映画連盟 ❽ **1953**・4・25 文
- 近代映画協会 ❽ **1950**・3・22 社
- 国際活映会社(国活) ❼ **1919**・12・6 社
- 国際放映株式会社 ❽ **1964**・3・1 社
- 国産トーキースタジオ ❼ **1927**・1月 社
- コロンビア(米) ❾ **1989**・9・27 政
- 三社大映会 ❼ **1922**・2・15 社
- 四騎の会 ❾ **1969**・7・25 文
- 松竹大船撮影所 ❼ **1936**・1・15 社／❾ **2000**・6・30 社
- 松竹蒲田撮影所(京都下賀茂) ❼ **1923**・9・10 文
- 松竹キネマ合名社 ❼ **1920**・2・11 文
- 松竹京都撮影所 ❾ **1965**・7・31 社
- 昭和キネマ ❼ **1927**・1月 社
- 新映画社 ❼ **1932**・9・20 社
- 新興キネマ株式会社 ❼ **1931**・9・1 社
- 新星映画社 ❽ **1950**・2・26 社
- 新東宝 ❽ **1948**・4・26 社／**1949**・3月 社／**1961**・6・14 社
- 新東宝映画製作所 ❽ **1946**・11・22 社／**1947**・3・8 文
- 全国移動映写連盟 ❽ **1943**・8・26 文
- 全国映画芸術会議 ❽ **1946**・6・29 文
- セントラル映画社 ❽ **1946**・2・28 社／**1951**・12・27 社
- 第一映画社 ❼ **1934**・8・29 社
- 大映株式会社 ❽ **1942**・1・10 文
- 大正活動写真会社(大活) ❼ **1920**・4・20 社
- 第二東映 ❽ **1960**・3月 社
- 大日本映画協会 ❼ **1935**・11・8 社
- 多摩川撮影所 ❼ **1934**・3・24 文
- 帝国キネマ演芸会社(帝キネ) ❼ **1920**・5月 社
- 天然色活動写真会社(天活) ❼ **1914**・3・17 文
- 東映俳優クラブ ❾ **1965**・7・27 文
- 東京映画配給会社(東映) ❽ **1949**・10・1 社
- 東京発声映画製作所 ❼ **1935**・3・21 社
- 東京目黒行人坂グラス・ステージ ❼ **1908**・1・20 社
- 東宝株式会社 ❽ **1937**・9・10 社／**1943**・12・10 文
- 東横映画 ❽ **1947**・7月 文
- 東和映画株式会社 ❼ **1928**・10・10 社／❽ **1951**・6月 社
- 独立映画株式会社 ❽ **1954**・7・27 社
- にっかつ ❾ **1993**・7・1 政
- 日本活動写真株式会社(日活) ❼ **1912**・9・10 文
- 日本映画社(日映) ❽ **1941**・5・1 文／**1945**・9・20 社
- 日本映画製作者連盟 ❽ **1945**・12・1 社
- 日本映画俳優協会 ❽ **1962**・3・4 文
- 日本映画連合会 ❽ **1945**・11・4 社
- 日本ニュース社 ❽ **1940**・4・9 社
- マキノキネマ株式会社 ❼ **1923**・4月 文
- 牧野教育映画製作所 ❼ **1921**・6月 文
- 満洲映画協会(満映) ❽ **1937**・8・21 社
- 弥満登音影株式会社 ❼ **1912**・10・12 文
- ユニヴァーサル日本支社 ❼ **1916**・7・1 文

映画館 ❼ **1913**・7月 文／❽ **1956**・3月 社

- 梅田映画劇場 ❽ **1944**・3・5 文／4・1 文
- 映画常設館 ❼ **1907**・4・1 社／7・7 社
- 映画常設館「電気館」 ❼ **1903**・10・1 社
- 映画専門館「福宝堂」 ❼ **1910**・7・19 文
- ABC館 ❽ **1947**・4・1 社
- オデオン座(横浜) ❽ **1947**・4・1 社
- シネ・ヴィヴァン・六本木 ❾ **1983**・11・19 文
- スバル座 ❽ **1947**・3・25 社／**1948**・3・25 文／**1953**・9・6 社
- テアトル東京 ❾ **1981**・12・31 社
- ピカデリー ❽ **1957**・7・19 文
- 日比谷映画劇場 ❼ **1934**・2・1 文／❾ **1984**・11・11 文
- 丸の内松竹 ❽ **1957**・7・19 文
- 八重垣劇場 ❽ **1947**・4・1 社
- ヤサカ会館 ❽ **1947**・4・1 社

映画・活動写真・その他

- 映画・演劇・音楽等改善委員会 ❽ **1939**・12・21 文
- 映画芸術協会 ❽ **1948**・3月 文
- 映画検閲覚書 ❽ **1946**・1・28 文
- 映画撮影 ❼ **1899**・11・28 社
- 映画週間 ❼ **1928**・9・30 社
- 映画人同盟 ❽ **1949**・4・2 文
- 映画製作倫理規定 ❽ **1949**・6・14 社
- 映画統制委員会 ❼ **1934**・3・13 社
- 映画入場料 ❽ **1942**・6・20 文／**1948**・6・1 社
- 映画の語 ❻ **1886**・6・19 文
- 映画の日 ❽ **1956**・12・1 社
- 映画法 ❽ **1939**・4・5 文
- 映画倫理規定管理委員会(映倫) ❽ **1949**・6・14 社／**1956**・12・1 社
- 映写機 ❽ **1938**・7・30 社
- 映倫管理委員会自主規制 ❾ **1972**・5・23 文
- エム・パテー活動写真会 ❼ **1906**・7・4 社
- 欧州活人画興行 ❻ **1887**・3・12 社
- 音声吹替え ❽ **1959**・10・11 社
- 外国映画の輸入制限 ❽ **1939**・9・22 社
- 学生俳優コンテスト ❽ **1957**・7・16 社
- 活動写真 ❼ **1907**・10・31 政／**1909**・7月 社
- 活動写真興行取締規則 ❼ **1917**・7・14 社
- 活動写真の映写時間 ❽ **1937**・12・7 社
- 活動写真フィルム検閲規則 ❼ **1925**・5・26 社
- 活動大写真ヴァイタスコープ興行 ❼ **1897**・2・22 社／3・6 社
- 歌舞伎映画鑑賞会 ❽ **1950**・12・8 文
- カンフー・ブーム ❾ **1973**・12・22 社
- キネトスコープ ❼ **1896**・11・17 社／11・25 社／**1914**・7・2 社
- キネマカラー ❼ **1912**・10・12 文／**1913**・4・3 社
- 「黒い雪」摘発事件 ❾ **1965**・6・16 社
- 劇場俳優の映画出演禁止 ❼ **1911**・11・10 文
- 幻灯 ❻ **1875**・7・2 社／**1880**・是年 文／**1885**・8・26 文／**1886**・2・7 社／6・19 文／**1888**・3・22 社／8・3 文
- 幻灯会(日本教育幻灯会) ❻ **1885**・2・2 文
- 原爆投下記録映画(日本側) ❾ **1967**・11・9 社
- ゴーモン活動写真撮影機 ❼ **1897**・6月 社
- 国産映画・劇映画の始め ❼ **1899**・6・20 社／9月 社
- 国産フィルム ❼ **1927**・是年 社
- 五社協定(映画出演) ❽ **1953**・9・10 社／**1962**・4・9 社

シネマスコープ ❽ **1953**·12·26 社／**1955**·1·5 社／**1957**·4·2 社
シネマトグラフ ❼ **1897**·2·15 社／3·27 社
従軍活動写真 ❼ **1904**·8·3 社
成人映画 ❼ **1921**·2·2 社／❽ **1954**·8·13 社／**1955**·5月 社／**1957**·1·21 社／5·28 社／❾ **1970**·9·8 社
接吻場面(日本映画初) ❽ **1946**·5·23 社
全国の映画館数 ❼ **1913**·7月 社／**1921**·1·1 文／**1930**·是年 社
占領軍押収戦時中劇映画 ❾ **1967**·12月 文
葬儀実況映画 ❼ **1903**·7·7 社
総天然色劇映画 ❽ **1951**·3·21 社
泰西名作活動写真会 ❼ **1912**·7·1 社
太陽族映画 ❽ **1956**·8·11 社
男女別席(映画) ❼ **1931**·1月 社／2·28 社／❽ **1941**·1·30 社
着色映画 ❼ **1897**·3·27 社／**1903**·6·13 社／**1913**·11·3 社／**1914**·4·3 文
チャップリンの喜劇映画 ❼ **1916**·是年 文
電気作用活動大写真 ❼ **1897**·3·9 社
天然色映画 ❼ **1903**·10·17 社
東映任侠路線 ❽ **1963**·3·16 社
トーキー(発声)映画 ❼ **1902**·9·1 社／**1913**·12·6 社／**1925**·5·19 社／**1929**·5·9 社／8·8 社／**1930**·3·14 社／**1931**·8·1 社
ドライブ・イン劇場 ❽ **1962**·11月 文／❾ **1969**·12·22 社
南方映画工作要綱 ❽ **1942**·9·10 文
日露戦争実写映画 ❼ **1904**·5·1 社／10·15 文／**1905**·1·1 社
日活ロマンポルノ ❾ **1971**·11·20 社／**1972**·1·28 社／11月 社／**1978**·6·23 社
日本映画監督協会 ❼ **1936**·3·1 社
日本映画の興行収入 ❾ **2007**·1月 社
日本映画俳優学校 ❼ **1923**·11·10 文
日本語字幕(スーパーインポーズ) ❼ **1931**·2·11 社
ニュース映画 ❼ **1899**·6·1 社／**1934**·是年 社／❽ **1940**·10·1 社／**1941**·1·1 社
ニューフェイス募集(大映) ❽ **1946**·6月 社／**1954**·10·15 社
俳優の引抜き防止協定 ❽ **1957**·7·18 社
巴里活動大写真 ❼ **1906**·8·26 社／**1908**·6·24 社
美術映画 ❽ **1950**·12月 文
秘密活動写真会 ❼ **1918**·1·13 社
文芸活動写真(第一回) ❼ **1912**·3·2 社
米軍没収の映画返還 ❾ **1966**·9·8 社
ポルノ映画輸入 ❾ **1968**·是年 政
立体映像ビデオディスクシステム ❾ **1985**·10·7 社
ロードショー ❽ **1947**·3·15 社
ワイドスクリーン ❽ **1953**·6·3 社
映画祭·コンクール·受賞
アカデミー会員(米) ❽ **1964**·6·17 文
アカデミー賞 ❽ **1952**·3·21 社
アカデミー賞特別名誉賞 ❾ **1990**·3·26 文
アカデミー女優助演賞 ❽ **1957**·3·26 文
アジア映画祭 ❽ **1957**·5·20 文／**1960**·4·5 社
イタリア映画祭 ❽ **1959**·4·1 文
インド映画祭 ❾ **1998**·7·29 文
オスカー特別名誉賞 ❾ **1990**·3·26 文
カンヌ映画祭 ❽ **1954**·4·11 社／❾ **1990**·5·23 社
教育映画祭 ❽ **1954**·11·17 文
京都国際映画祭 ❾ **1994**·9·24 社
国際アニメーション·フェスティバル ❾ **1992**·8·20 文
国際映画祭 ❾ **1970**·4·1 社
世界青年学生平和友好祭映画部門 ❽ **1957**·8·10 文
世界前衛映画祭 ❾ **1966**·2·1 社
ソビエト映画祭 ❽ **1963**·11·21 社／**1964**·10·26 文
チェコ映画祭 ❽ **1956**·7·29 文
東京国際映画祭 ❾ **1985**·5·31 社／**1987**·9·25 社／**1991**·9·27 社／**2005**·10·22 社／**2008**·10·18 社／**2011**·10·30 社／**2012**·10·20 社
東南アジア映画祭 ❽ **1954**·5·8 社
日本映画回顧フェスティバル ❾ **1984**·1·4 文
日本映画見本市(ニューヨーク) ❽ **1957**·1月 社
日本橋映画祭 ❾ **2006**·10·8 文
ブラジル映画祭 ❽ **1964**·10·5 社
フランス映画祭 ❽ **1959**·6·4 文／**1963**·4·1 社
ベネチア映画祭 ❽ **1951**·9·10 社／**1953**·9·4 社
ベルリン映画祭 ❽ **1954**·6·29 社
毎日映画コンクール ❽ **1946**·7·23 文
モスクワ国際映画祭 ❾ **1975**·7·23 文
モスクワ平和友好祭 ❽ **1957**·8·10 文
山形国際ドキュメンタリー映画祭 ❾ **1989**·10·10 社
ゆうばり国際冒険ファンタスティック映画祭 ❾ **1990**·2·14 文
湯布院映画祭 ❾ **1976**·8·19 社
邦画
「ああ決戦航空隊」 ❾ **1974**·是年 文
「あゝ故郷」 ❽ **1938**·是年 政
「あゝ青春」 ❽ **1951**·是年 文
「あゝ野麦峠」 ❾ **1979**·是年 文
「あゝひめゆりの塔」 ❾ **1968**·是年 政
「アイ·ラブ·ユー」 ❾ **1999**·是年 社
「あ·うん」 ❾ **1989**·是年 社
「あ、春」 ❾ **1999**·是年 社
「愛怨峡」 ❽ **1937**·是年 文
「AIKI」 ❾ **2002**·是年 社
「愛妻物語」 ❽ **1951**·是年 文
「愛して愛して愛しちゃったのよ」 ❽ **1964**·是年 政
「愛染かつら」 ❽ **1938**·9·15 社
「あいつと私」 ❽ **1961**·是年 文
「愛と希望の街」 ❽ **1959**·是年 政
「愛と死の記録」 ❾ **1966**·是年 政
「愛と死を見つめて」 ❽ **1964**·是年 政
「愛と誠」 ❾ **1974**·是年 文
「愛について、東京」 ❾ **1993**·是年 文
「愛に甦へる日」 ❼ **1922**·是年 社
「愛の一家」 ❽ **1941**·是年 文
「愛のコリーダ」 ❾ **1976**·10·16 社／**1982**·6·8 文
「愛の新世界」 ❾ **1994**·是年 文
「愛のぬくもり」 ❾ **1972**·9·9 文
「愛の風景」 ❼ **1929**·是年 社
「愛の亡霊」 ❾ **1978**·5·30 社
「愛のむきだし」 ❾ **2009**·是年 政
「アイ·ラブ·フレンズ」 ❾ **2001**·是年 文
「愛を乞うひと」 ❾ **1998**·是年 社／**1999**·3·23 文
「OUT」 ❾ **2002**·是年 社
「アウトレイジビヨンド」 ❾ **2012**·是年 文
「青い山脈」 ❽ **1949**·7·19 社／是年 文
「青い鳥」 ❾ **2008**·是年 政
「蒼き狼～地果て海尽きるまで～」 ❾ **2007**·是年 政
「赤い糸」 ❾ **2008**·是年 政
「赫い髪の女」 ❾ **1979**·是年 文
「赤い殺意」 ❽ **1964**·是年 政
「赤い天使」 ❾ **1966**·9·30 文
「赤い鳥逃げた？」 ❾ **1973**·是年 文
「赤い橋の下のぬるい水」 ❾ **2001**·是年 文
「赤いハンカチ」 ❽ **1964**·是年 政
「赤毛」 ❾ **1969**·是年 政
「赤線地帯」 ❽ **1956**·是年 政
「赤ちょうちん」 ❾ **1974**·是年 文
「暁に祈る」 ❽ **1940**·是年 政
「暁の脱走」 ❽ **1950**·是年 文
「阿賀に生きる」 ❾ **1992**·是年 政
「赤西蠣太」 ❼ **1936**·是年 文
「あかね雲」 ❾ **1967**·是年 政
「赤ひげ」 ❾ **1965**·9·5 社
「赤目四十八瀧心中未遂」 ❾ **2003**·是年 文
「秋立ちぬ」 ❽ **1960**·是年 政
「秋津温泉」 ❽ **1962**·是年 政
「秋日和」 ❽ **1960**·是年 政
「秋深き」 ❾ **2008**·是年 政
「AKIRA―アキラ」(アニメ) ❾ **1988**·是年 社
「悪党」 ❾ **1965**·是年 政
「悪人」 ❾ **2010**·是年 社
「悪魔の手毬唄」 ❾ **1977**·是年 文
「悪魔の星の下に」 ❼ **1927**·是年 社
「悪名」 ❽ **1961**·是年 文
「あこがれ」 ❾ **1966**·是年 政
「浅草の灯」 ❽ **1937**·是年 文
「あじさいの歌」 ❽ **1960**·是年 政
「あしたのジョー」 ❾ **2011**·是年 政
「足に触った女」 ❼ **1926**·是年 社／❽ **1952**·是年 文
「阿修羅のごとく」 ❾ **2003**·是年 文
「明日の記憶」 ❾ **2006**·是年 文
「あずみ」 ❾ **2003**·是年 文
「仇討」 ❽ **1964**·是年 政

「仇討選手」 ❼ 1931·是年 政
「新しき土」 ❽ 1937·2·3 社／是年 文
「圧殺の森」 ❾ 1967·是年 政
「後に続くを信ず」 ❽ 1945·是年 社
「アナザー」 ❾ 2012·是年 文
「あなた買います」 ❽ 1956·是年 政
「あなたへ」 ❾ 2012·是年 文
「兄いもうと」 ❼ 1936·是年 文／❽ 1953·是年 政／❾ 1976·是年 社
「兄とその妹」 ❽ 1939·是年 政
「あの夏、いちばん静かな海。」 ❾ 1991·是年 社
「あの橋の畔で」 ❽ 1962·是年 政
「あの旗を撃て」 ❽ 1944·是年 社
「網走番外地」 ❾ 1965·是年 政
「あぶない刑事」 ❾ 1987·是年 社／2005·是年 文
「あふれる熱い涙」 ❾ 1992·是年 政
「阿部一族」 ❽ 1938·是年 政
「甘い汗」 ❽ 1964·是年 政
「天城越え」 ❾ 1983·是年 文
「アマルフィ女神の報酬」 ❾ 2009·是年 政
「阿弥陀堂だより」 ❾ 1992·是年 政／2002·是年 社
「雨あがる」 ❾ 2000·是年 文
「嵐」 ❽ 1956·是年 政
「嵐の中の処女」 ❼ 1932·是年 文
「あらしのよるに」(アニメ) ❾ 2005·是年 文
「嵐を呼ぶ男」 ❽ 1957·是年 政／1958·1月 社
「アリランのうた—オキナワからの証言」 ❾ 1991·是年 社
「ある映画監督の生涯」 ❾ 1975·是年 政
「アルゼンチンババア」 ❾ 2007·是年 政
「アルプスの若大将」 ❾ 1966·是年 政
「或る夜の接吻」 ❽ 1946·是年 社
「或る夜の殿様」 ❽ 1946·7·23 文／是年 社
「暗殺」 ❽ 1964·是年 政
「安城家の舞踏会」 ❽ 1947·是年 政
「安心して老いるために」 ❾ 1990·是年 社
「アンダルシア女神の報復」 ❾ 2011·是年 政
「アンデスの花嫁」 ❾ 1966·是年 政
「アンフェア」 ❾ 2007·是年 政／2011·是年 政
「倭奴(イエノム)へ」 ❾ 1971·是年 文
「生きたい」 ❾ 1999·是年 社
「生きている画像」 ❽ 1948·是年 政
「生きてるうちが花なのよ死んだらそれまでよ党宣言」 ❾ 1985·是年 文
「生きとし生けるもの」 ❼ 1934·是年 政
「生き残った新撰組」 ❼ 1932·是年 文
「いきものたちの物語」 ❾ 2012·是年 文
「生きものの記録」 ❽ 1955·是年 文
「生きる」 ❽ 1952·是年 文／1954·6·29 社
「いけちゃんとぼく」 ❾ 2009·是年 政
「生ける椅子」 ❽ 1945·是年 社
「生ける屍」 ❼ 1918·是年 文
「生ける人形」 ❼ 1929·是年 社
「いこか·もどろか」 ❾ 1988·是年 社
「居酒屋兆治」 ❾ 1983·是年 文
「居酒屋ゆうれい」 ❾ 1994·是年 文
「異人たちとの夏」 ❾ 1988·是年 社
「維新の曲」 ❽ 1942·5·14 社
「伊豆の踊子」 ❼ 1933·是年 社／❾ 1967·是年 政
「伊豆の娘たち」 ❽ 1945·8·30 社
「ICHI」 ❾ 2008·是年 政
「119」 ❾ 1994·是年 文
「無花果」 ❼ 1924·是年 社
「一枚のはがき」 ❾ 2011·是年 政
「いつかギラギラする日」 ❾ 1992·是年 政
「いつか読書する日」 ❾ 2005·是年 文
「一殺多生剣」 ❼ 1929·是年 社
「一本刀土俵入」 ❼ 1931·是年 社／1934·是年 政
「偽れる盛装」 ❽ 1951·是年 文
「稲妻」 ❽ 1952·是年 文
「伊奈の勘太郎」 ❽ 1943·是年 社
「犬神家の一族」 ❾ 1976·是年 社
「犬と私の10の約束」 ❾ 2008·是年 政
「犬、走る」 ❾ 1998·是年 社
「いねの一生」 ❽ 1950·是年 文
「命美わし」 ❽ 1951·是年 文
「いのちぼうにふろう」 ❾ 1971·是年 文
「異母兄弟」 ❽ 1957·是年 政
「今ひとたびの」 ❽ 1947·是年 政
「妹」 ❾ 1974·是年 文
「ヴァイブレータ」 ❾ 2003·是年 文
「ヴィヨンの妻～桜桃とタンポポ～」 ❾ 2009·9·7 文
「ウォーターボーイズ」 ❾ 2001·是年 文
「浮草日記」 ❽ 1955·是年 文
「浮草物語」 ❼ 1934·是年 政
「浮雲」 ❽ 1955·是年 文
「鶯」 ❽ 1938·是年 政
「雨月物語」 ❽ 1953·9·4 社
「討たるる者」 ❼ 1924·是年 社
「宇宙大怪獣ギララ」(アニメ) ❾ 1967·4·7 社
「宇宙大戦争」 ❽ 1959·是年 政
「美しい夏キリシマ」 ❾ 2003·是年 文
「うなぎ」 ❾ 1997·5·18 社
「乳母車」 ❽ 1956·是年 政
「ウホッホ探険隊」 ❾ 1986·是年 文
「馬」 ❽ 1941·是年 文
「生まれてはみたけれど」 ❼ 1932·是年 文
「海猿ウミザル」シリーズ ❾ 2004·是年 文／2005·是年 文／2010·是年 社／2012·是年 文
「海と毒薬」 ❾ 1986·是年 文
「海の勇者」 ❼ 1927·是年 社
「海ゆかば」 ❽ 1943·是年 社
「海を渡る祭礼」 ❽ 1941·是年 文
「ウルルの森の物語」 ❾ 2009·是年 政
「噂の娘」 ❼ 1935·是年 社
「ウンタマギルー」 ❾ 1989·是年 社
「運命じゃない人」 ❾ 2005·是年 文
「永遠の人」 ❽ 1961·是年 文
「映画女優」 ❾ 1987·是年 社
「栄光への五〇〇〇キロ」 ❾ 1969·是年 政
「英国崩るゝの日」 ❽ 1942·是年 社
「エーゲ海に捧ぐ」 ❾ 1979·4·21 社
「ええじゃないか」 ❾ 1981·是年 政
「駅 STATION」 ❾ 1981·是年 政
「駅前旅館」 ❽ 1958·是年 政
「SP 革命篇」 ❾ 2011·是年 政
「越後つついし親不知」 ❽ 1964·是年 政
「越前竹人形」 ❽ 1963·是年 政
「エデンの海」 ❾ 1976·是年 社
「江戸最後の日」 ❽ 1941·是年 文
「エノケンの近藤勇」(日本ミュージカルの先駆作) ❼ 1935·是年 社
「絵の中のぼくの村」 ❾ 1996·是年 社
「エロス＋虐殺」 ❾ 1970·是年 政
「炎上」 ❽ 1958·是年 政
「婉(えん)という女」 ❾ 1971·是年 文
「煙突の見える場所」 ❽ 1953·是年 政
「遠雷」 ❾ 1981·是年 政
「お誂次郎吉格子」 ❼ 1932·是年 文
「王将」 ❽ 1948·是年 政／1962·是年 政
「王手」 ❾ 1991·是年 社
「大当たり三人娘」 ❽ 1957·是年 政
「大江戸五人男」 ❽ 1951·是年 文
「大江戸出世小唄」 ❼ 1935·是年 社
「大奥」 ❾ 2006·是年 文
「おおかみこどもの雨と雪」(アニメ) ❾ 2012·是年 文
「狼の群」 ❼ 1923·是年 文
「大坂夏の陣」 ❽ 1937·是年 文
「大阪の宿」 ❽ 1954·是年 社
「大阪物語」 ❾ 1999·是年 社
「大曾根家の朝」 ❽ 1946·是年 社
「鳳城の花嫁」 ❽ 1957·4·2 社
「大村益次郎」 ❽ 1942·是年 社
「おかあさん」 ❽ 1952·是年 文
「オカンの嫁入り」 ❾ 2010·是年 社
「沖縄」 ❾ 1970·是年 政
「沖縄決戦」 ❾ 1971·是年 文
「奥村五百子」 ❽ 1940·是年 政
「おくりびと」 ❾ 2008·是年 政／2009·2·22 文
「お琴と佐助」 ❼ 1935·是年 社
「お嬢さん」 ❼ 1930·是年 社
「お嬢さん乾杯」 ❽ 1949·是年 文
「お葬式」 ❾ 1984·是年 文
「恐山の女」 ❾ 1965·是年 政
「お茶漬の味」 ❽ 1952·是年 文
「お父さん」 ❼ 1923·是年 文
「おとうと」 ❽ 1960·是年 政／1961·7·23 社／❾ 2010·是年 社
「男たちの大和」 ❾ 2005·是年 文
「男の顔は履歴書」 ❾ 1966·是年 政
「男の花道」 ❽ 1941·12·28 社
「男はつらいよ」シリーズ ❾ 1968·10·3 社／1969·8·27 社／是年 政／

1970·是年 政／1972·是年 文／1973·是年 文／1975·是年 政／1976·是年 社／1977·是年 文／1978·是年 文／1979·是年 文／1980·是年 文／1983·是年 文／1984·是年 文／1985·是年 文／1987·是年 社／1989·是年 社／1993·是年 文／1994·是年 文／1995·是年 文
「おとし穴」 ❽ 1962·是年 政
「乙女の性典」 ❽ 1950·是年 文
「踊る大捜査線 THE MOVIE」 ❾ 1998·是年 社／2003·是年 文／2012·是年 文
「鬼の詩」 ❾ 1975·是年 政
「鬼婆」 ❽ 1964·是年 政
「鬼火」 ❾ 1997·是年 文
「己が罪」（新派劇映画） ❼ 1908·11·11 社
「お早よう」 ❽ 1959·是年 政
「小原庄助さん」 ❽ 1949·是年 文
「おはん」 ❾ 1984·是年 文
「お引越し」 ❾ 1993·是年 文
「おもひでぽろぽろ」（アニメ） ❾ 1991·是年 社
「ALWAYS 三丁目の夕日」 ❾ 2005·是年 文／2007·是年 政
「俺は、君のためにこそ死ににいく」 ❾ 2007·是年 政
「俺は待ってるぜ」 ❽ 1957·是年 政
「愚か者傷だらけの天使」 ❾ 1998·是年 社
「恩讐の彼方に」 ❼ 1925·是年 政
「女が階段を上るとき」 ❽ 1960·是年 政
「婦系図」 ❼ 1934·是年 社
「女と味噌汁」 ❾ 1968·是年 政
「女の一生」 ❽ 1949·是年 文
「女の四季」 ❽ 1950·是年 文
「女の園」 ❽ 1954·是年 社
「女の中にいる他人」 ❾ 1966·是年 政
「女の花道」 ❾ 1971·是年 文
「女ひとり大地を行く」 ❽ 1953·是年 政
「陰陽師」 ❾ 2001·是年 文
「母（かあ）べえ」 ❾ 2008·是年 政
「怪異談·生きてゐる小平次」 ❾ 1982·是年 政
「海燕ジョーの奇跡」 ❾ 1984·是年 文
「海援隊」 ❽ 1939·是年 社
「海峡」 ❾ 1982·是年 政
「海軍」 ❽ 1943·是年 社
「海軍特別少年兵」 ❾ 1972·是年 文
「怪傑黒頭巾」 ❼ 1935·1月 社
「海国記」 ❼ 1928·是年 政
「カイジ·人生逆転ゲーム」 ❾ 2009·是年 政
「外事警察」 ❾ 2012·是年 文
「灰塵」 ❼ 1929·是年 社
「開戦前夜」 ❽ 1943·是年 社
「怪談」 ❽ 1964·是年 政
「海潮音」 ❾ 1980·是年 文
「怪物くん」 ❾ 2011·是年 政
「帰らざる日々」 ❾ 1978·是年 文
「帰らぬ人形」 ❼ 1923·是年 文
「顔」 ❾ 2000·是年 文
「鏡の女たち」 ❾ 2003·是年 文
「鍵」 ❽ 1959·是年 政
「ガキ帝国」 ❾ 1981·是年 政
「鍵泥棒のメソッド」 ❾ 2012·是年 文
「限りなき前進」 ❽ 1937·是年 文
「岳―ガク―」 ❾ 2011·是年 政
「隠し剣鬼の爪」 ❾ 2004·是年 文
「隠し砦の三悪人」 ❽ 1958·是年 政／1959·7月 社
「角兵衛獅子」 ❼ 1927·4·27 社
「崖の上のポニョ」（アニメ） ❾ 2008·是年 政
「影の車」 ❾ 1970·是年 政
「影法師」 ❼ 1925·是年 政
「影武者」 ❾ 1979·7·20 社／1980·5·23 社
「かげろう」 ❾ 1969·是年 政
「陽炎座」 ❾ 1981·是年 政
「籠の鳥」 ❼ 1824·是年 文
「風花」 ❾ 2001·是年 文
「傘張剣法」 ❼ 1929·是年 社
「火星のわが家」 ❾ 2000·是年 文
「化石」 ❾ 1975·是年 政
「化石の森」 ❾ 1973·是年 文
「風立ちぬ」 ❾ 1976·是年 社
「風と樹と空と」 ❽ 1964·是年 政
「風の谷のナウシカ」（アニメ） ❾ 1984·是年 文
「風の中の牝鶏」 ❽ 1948·是年 政
「風の中の子供」 ❽ 1937·是年 文
「風の又三郎」 ❽ 1940·是年 政
「家族」 ❾ 1970·是年 政／1996·是年 社
「家族会議」 ❼ 1936·是年 文
「家族ゲーム」 ❾ 1983·是年 文
「かぞくのくに」 ❾ 2012·是年 文
「火宅」（人形アニメ） ❾ 1979·是年 文
「火宅の人」 ❾ 1986·是年 文
「カチューシャ」 ❼ 1914·10·31 文
「学校」 ❾ 1979·是年 文／1993·是年 文／1994·3·17 文／1996·是年 社／1998·是年 社／2000·是年 文
「学校の怪談」 ❾ 1995·是年 文
「月山」 ❾ 1979·是年 文
「葛飾砂子」 ❼ 1920·是年 文
「火天の城」 ❾ 2009·是年 政
「加藤隼戦闘隊」 ❽ 1944·是年 社
「伽椰子のために」 ❾ 1984·是年 文
「哀の曲」 ❼ 1919·是年 社
「カナリア」 ❾ 2005·是年 文
「蟹工船」 ❽ 1953·是年 政／1954·7·27 社
「鐘の鳴る丘」 ❽ 1948·是年 政
「彼女と彼」 ❽ 1963·是年 政
「歌舞伎役者―片岡仁左衛門」 ❾ 1992·是年 政
「壁あつき部屋」 ❽ 1956·是年 政
「蒲田行進曲」 ❾ 1995·是年 文
「KAMIKAZE TAXI」 ❾ 1995·是年 文
「神々の深き欲望」 ❾ 1980·是年 政
「神様のカルテ」 ❾ 2011·是年 政
「神様のくれた赤ん坊」 ❾ 1980·是年 文
「紙人形春の囁き」 ❼ 1926·是年 社
「カミュなんて知らない」 ❾ 2006·是年 文
「カムイ外伝」 ❾ 2009·是年 政
「ガメラ·大怪獣空中決戦」 ❾ 1967·4·7 社
「かもめ食堂」 ❾ 2006·是年 文
「からくり娘」 ❼ 1927·是年 社
「カラコルム」 ❽ 1956·是年 政
「カラボタン」 ❼ 1926·是年 社
「雁」 ❽ 1953·是年 政
「雁の群」 ❼ 1923·是年 文
「雁の寺」 ❽ 1962·是年 政
「カルメン故郷に帰る」（総天然色劇映画） ❽ 1951·3·21 社
「カルメン純情す」 ❽ 1952·是年 文
「華麗なる一族」 ❾ 1974·是年 文
「彼と人生」 ❼ 1929·是年 社
「彼と東京」 ❼ 1928·是年 政
「彼を繞る五人の女」 ❼ 1927·是年 社
「歓呼の町」 ❽ 1944·是年 社
「感染列島」 ❾ 2009·是年 政
「カンゾー先生」 ❾ 1998·是年 社
「雁太郎街道」 ❼ 1934·是年 政
「間諜未だ死せず」 ❽ 1942·是年 社
「間諜海の薔薇」 ❽ 1945·是年 社
「GANTZ」 ❾ 2011·是年 政
「寒椿」 ❼ 1921·是年 社
「関東幹部会」 ❾ 1971·是年 文
「監督·ばんざい！」 ❾ 2007·是年 政
「がんばっていきまっしょい」 ❾ 1998·是年 社
「祇園の姉妹」 ❼ 1936·是年 文
「祇園囃子」 ❽ 1953·是年 政
「飢餓海峡」 ❽ 1964·是年 政／❾ 1965·是年 政
「機関車先生」 ❾ 2004·是年 文
「帰郷」 ❽ 1950·是年 文
「菊次郎の夏」 ❾ 1999·是年 社
「キクとイサム」 ❽ 1959·是年 政
「喜劇·女売り出します」 ❾ 1972·是年 文
「喜劇·女は男のふるさとヨ」 ❾ 1971·是年 文
「きけわだつみの声」 ❽ 1950·是年 文
「木更津キャッツアイ」シリーズ ❾ 2003·是年 文／2006·是年 文
「儀式」 ❾ 1971·是年 文
「岸和田少年愚連隊」 ❾ 1996·是年 社
「キスカ」 ❾ 1965·是年 政
「傷だらけの山河」 ❽ 1964·是年 政
「傷だらけの人生」 ❾ 1971·是年 文
「絆―きずな―」 ❾ 1998·是年 社
「奇跡」 ❾ 2011·是年 政
「ギターを持った渡り鳥」 ❽ 1959·是年 政
「キタキツネ物語」 ❾ 1978·是年 文
「北のカナリアたち」 ❾ 2012·是年 文
「北の零年」 ❾ 2005·是年 文
「気違い部落」 ❽ 1957·是年 政
「鬼畜」 ❾ 1978·是年 文
「キッズ·リターン」 ❾ 1996·是年 社
「キッチン」 ❾ 1989·是年 社
「キツツキと雨」 ❾ 2012·是年 文
「機動戦士ガンダム」（アニメ） ❾ 1981·是年 文
「きな子～見習い警察犬の物語～」 ❾

2010·是年 社
「キネトフオン」 ❼ 1913·12·6 社
「キネマの天地」 ❾ 1986·是年 文
「紀ノ川」 ❾ 1966·是年 政
「希望の国」 ❾ 2012·是年 文
「君と別れて」 ❼ 1933·是年 社
「君に届け」 ❾ 2010·是年 社
「君の名は」 ❽ 1953·是年 政
「君は何のために戦うのか！」 ❾ 2011·是年 政
「君よ憤怒の河を渉れ」 ❾ 1976·是年 社
「君を忘れない」 ❾ 1995·是年 文
「逆噴射家族」 ❾ 1984·是年 文
「キャタピラー」 ❾ 2010·是年 社
「彼奴を逃がすな」 ❽ 1956·是年 政
「CURE キュア」 ❾ 1998·是年 社
「キューバの恋人」 ❾ 1969·是年 政
「キューポラのある街」 ❽ 1962·是年 政
「京都太秦物語」 ❾ 2010·是年 社
「魚影の群れ」 ❾ 1983·是年 文
「巨人と玩具」 ❽ 1958·是年 政
「巨大獣ガッパ」(アニメ) ❾ 1967·4·7 社
「きらきらひかる」 ❾ 1992·是年 政
「嫌われ松子の一生」 ❾ 2006·是年 文
「切支丹お蝶」 ❼ 1927·是年 社
「桐島、部活やめるってよ」 ❾ 2012·是年 文
「霧の港」 ❼ 1923·是年 文
「鬼龍院花子の生涯」 ❾ 1982·是年 政
「麒麟の翼」 ❾ 2012·是年 文
「疑惑」 ❾ 1982·是年 政
「銀色の髪のアギト」(アニメ) ❾ 2005·是年 文
「銀色のシーズン」 ❾ 2008·是年 政
「銀河鉄道 999」(アニメ) ❾ 1979·是年 文
「銀河鉄道の夜」(アニメ) ❾ 1985·是年 文
「金環蝕」 ❾ 1975·是年 政
「金融腐食列島呪縛」 ❾ 1999·是年 社
「銀嶺の王者」 ❽ 1960·是年 政
「銀嶺の果て」 ❽ 1947·是年 政
「クイール」 ❾ 2004·是年 文
「空気人形」 ❾ 2009·是年 政
「空中庭園」 ❾ 2005·是年 文
「苦役列車」 ❾ 2012·是年 文
「櫛の火」 ❾ 1975·是年 政
「沓掛時次郎·遊侠一匹」 ❾ 1966·是年 政
「国定忠治」 ❼ 1924·是年 社
「首の座」 ❼ 1929·是年 社／1935·是年 社
「蜘蛛」 ❼ 1926·是年 社
「くもとちゅうりっぷ」 ❽ 1943·3·25 社
「雲流るる果てに」 ❽ 1953·是年 政
「蜘蛛巣城」 ❽ 1957·是年 政
「蔵」 ❾ 1995·是年 文
「鞍馬天狗」 ❼ 1925·是年 政／1927·4·27 社／❽ 1942·是年 社
「狂い咲きサンダーロード」 ❾ 1980·是年 文
「狂った一頁」 ❼ 1926·是年 社
「狂った果実」 ❽ 1956·5·17 社
「紅の豚」(アニメ) ❾ 1992·是年 政
「暮れ行く駅路」 ❼ 1921·是年 社
「クレヨンしんちゃん」(アニメ) ❾ 2001·是年 文／2005·是年 文
「黒い雨」 ❾ 1989·是年 社
「黒い潮」 ❽ 1954·是年 社
「黒い画集·あるサラリーマンの証言」 ❽ 1960·是年 政
「黒い十人の女」 ❽ 1961·是年 文
「クローズ ZERO」 ❾ 2007·是年 政
「黒部の太陽」 ❾ 1968·是年 政
「軍旗はためく下に」 ❾ 1972·是年 文
「勲章」 ❽ 1954·是年 社
「蹴合鶏」 ❼ 1928·是年 政
「Keiko」 ❾ 1979·是年 文
「警察日記」 ❽ 1955·是年 文
「KT」 ❾ 2002·是年 社
「芸道一代男」 ❽ 1941·是年 文
「軽蔑」 ❾ 2011·是年 政
「刑務所の中」 ❾ 2002·是年 社
「激動の昭和史·軍閥」 ❾ 1970·是年 政
「激突！殺人拳」 ❾ 1974·是年 文
「ゲゲゲの女房」 ❾ 2010·是年 社
「月光の夏」 ❾ 1993·是年 文
「結婚二重奏」 ❼ 1928·是年 政
「決戦」 ❽ 1944·是年 社
「決戦騎兵隊」 ❽ 1941·12·28 社
「ゲルマニウムの夜」 ❾ 2005·是年 文
「下郎」 ❼ 1927·是年 社
「けんかえれじい」 ❾ 1966·是年 政
「原子爆弾の効果」 ❽ 1946·8·13 文
「源氏物語」 ❽ 1951·是年 文／1952·5月 文
「源氏物語千年の謎」 ❾ 2011·是年 政
「原子力戦争」 ❾ 1978·是年 文
「建設の凱歌—佐久間ダム完成篇」 ❽ 1957·是年 政
「現代人」 ❽ 1952·是年 文
「現代やくざ·与太者の掟」 ❾ 1969·是年 政
「県庁の星」 ❾ 2006·是年 文
「原爆の子」 ❽ 1952·是年 文／1954·7·27 社／1956·2·12 社
「剣は裁く」 ❼ 1924·是年 社
「元禄忠臣蔵」 ❽ 1942·是年 社
「恋極星」 ❾ 2009·是年 政
「恋する女たち」 ❾ 1986·是年 文
「鯉名の銀平」 ❼ 1933·是年 社
「恋の狩人」 ❾ 1972·9·9 文／2006·是年 文
「恋文」 ❾ 1985·是年 文
「香華」 ❽ 1964·是年 政
「紅閨夢」 ❽ 1964·是年 政
「恍惚の人」 ❾ 1973·是年 文
「絞殺」 ❾ 1979·是年 文
「鉱山の秘密」 ❼ 1920·是年 文
「絞死刑」 ❾ 1968·是年 政
「公証人　高度 10,000m の頭脳戦」 ❾ 2010·是年 社
「交渉人·真下正義」 ❾ 2005·是年 文
「轟沈」 ❽ 1944·是年 社
「皇帝のいない八月」 ❾ 1978·是年 文
「幸福」 ❾ 1981·是年 政
「幸福への招待」 ❽ 1947·是年 政
「GO」 ❾ 2001·是年 文
「水の旅人·侍 KIDS」 ❾ 1993·是年 文
「ゴールデンスランバー」 ❾ 2010·是年 社
「木枯らし紋次郎」 ❾ 1972·是年 文
「コキーユ貝殻」 ❾ 1999·是年 社
「故郷」 ❾ 1972·是年 文
「極私的エロス·恋歌 1974」 ❾ 1974·是年 文
「国士無双」 ❼ 1932·是年 文
「極道の妻たち」 ❾ 1974·是年 文／1987·是年 社／1990·是年 社／1991·是年 社／1993·是年 文
「告白」 ❾ 2010·是年 社
「告白的女優論」 ❾ 1971·是年 文
「国民の誓」 ❽ 1938·是年 政
「獄門島」 ❾ 1977·是年 文
「コクリコ坂から」(アニメ) ❾ 2011·是年 政
「孤高のメス」 ❾ 2010·是年 社
「ここに泉あり」 ❽ 1955·是年 文
「午後の遺言状」 ❾ 1995·是年 文
「心の日月」 ❼ 1931·是年 社
「小島の春」 ❽ 1940·是年 政
「ゴジラ」 ❽ 1954·11·3 社
「ゴジラの逆襲」 ❽ 1955·是年 文
「小曾根家の朝」 ❽ 1946·是年 社
「古都」 ❽ 1963·是年 政／❾ 1980·是年 文
「子供のころ戦争があった」 ❾ 1981·是年 政
「子供の四季」 ❽ 1939·是年 社
「五人の斥候兵」 ❽ 1938·8·31 社
「この子捨てざれば」 ❼ 1935·是年 社
「この胸いっぱいの愛を」 ❾ 2005·是年 文
「御法度」 ❾ 2000·是年 文
「小早川家の秋」 ❽ 1961·是年 文
「五番町夕霧楼」 ❽ 1963·是年 政
「コミック雑誌なんかいらない！」 ❾ 1986·是年 文
「米」 ❽ 1957·是年 政
「ごめん」 ❾ 2002·是年 社
「御用金」 ❾ 1969·是年 政
「金色夜叉」 ❽ 1954·5·8 社
「昆虫物語みつばちハッチ」(アニメ) ❾ 2010·是年 社
「今度は愛妻家」 ❾ 2010·是年 社
「THE 有頂天ホテル」 ❾ 2006·是年 文
「サード」 ❾ 1978·是年 文
「西鶴一代女」 ❽ 1952·是年 文
「最後の帰郷」 ❽ 1945·是年 社
「最後の忠臣蔵」 ❾ 2010·是年 社
「最後の特攻隊」 ❾ 1970·是年 政
「サイボーグ 009 怪獣大戦争」(アニメ) ❾ 1967·4·7 社
「坂崎出羽守」 ❼ 1925·是年 政
「佐賀のがばいばあちゃん」 ❾ 2006·是年 文
「佐久間ダム」(記録映画) ❽ 1954·5·8 社
「桜田門外ノ変」 ❾ 2010·是年 社

「桜の国」 ❽ 1941·是年 文
「櫻の園」 ❾ 1990·是年 社／2008·是年 政
「佐々木小次郎」 ❽ 1950·是年 文
「細雪」 ❽ 1950·是年 文／❾ 1983·是年 文
「座頭市」 ❾ 1985·是年 文／1989·是年 社／2003·是年 文／2010·是年 社
「座頭市喧嘩旅」 ❽ 1963·是年 政
「座頭市と用心棒」 ❾ 1970·是年 政
「座頭市物語」 ❽ 1962·4·18 社／是年 政
「真田風雲録」 ❽ 1963·是年 政
「さびしんぼう」 ❾ 1985·是年 文
「錆びたナイフ」 ❽ 1958·是年 政
「さまよう刃」 ❾ 2009·是年 政
「侍」 ❾ 1965·是年 政
「狭山事件—石川一雄獄中二十七年」 ❾ 1991·是年 社
「さよなら、こんにちは」 ❾ 1990·是年 社
「サヨナライツカ」 ❾ 2010·是年 社
「さらば愛しき大地」 ❾ 1982·是年 政
「さらば宇宙戦艦ヤマト」(アニメ) ❾ 1978·8·5 社
「さらば箱舟」 ❾ 1984·是年 文
「さらばラバウル」 ❽ 1954·是年 社
「サラリーマン NEO」 ❾ 2011·是年 政
「ザ·レイプ」 ❾ 1982·是年 政
「三家庭」 ❼ 1934·是年 政
「残菊物語」 ❽ 1939·是年 社
「39 刑法第三十九條」 ❾ 1999·是年 社
「山椒大夫」 ❽ 1954·9·6 社
「斬人斬馬剣」 ❼ 1929·是年 社
「サンダカン八番娼館·望郷」 ❾ 1974·是年 文
「三等重役」 ❽ 1952·是年 文
「3−4×10 月」 ❾ 1990·是年 社
「秋刀魚の味」 ❽ 1962·是年 政
「三文役者」 ❾ 2000·是年 文
「三里塚」シリーズ ❾ 1970·是年 政／1971·是年 文／1973·是年 文
「幸福の黄色いハンカチ」 ❾ 1977·是年 文／1978·4·6 文
「しあわせのパン」 ❾ 2012·是年 文
「飼育」 ❽ 1961·是年 文
「四季·奈津子」 ❾ 1980·是年 文
「式部物語」 ❾ 1990·是年 社
「時雨の記」 ❾ 1998·是年 社
「事件」 ❾ 1978·是年 文
「地獄門」 ❽ 1953·是年 政／1955·3 月 社
「地獄変」 ❾ 1969·是年 政
「シコふんじゃった。」 ❾ 1992·是年 政／1993·3·19 文
「四十七人の刺客」 ❾ 1994·是年 文
「静かな生活」 ❾ 1995·是年 文
「静かなる決闘」 ❽ 1949·是年 文
「沈まぬ太陽」 ❾ 2009·是年 政
「地蔵物語」 ❼ 1922·是年 社
「時代屋の女房」 ❾ 1983·是年 文
「下町の太陽」 ❽ 1963·是年 政
「七人の侍」 ❽ 1954·9·6 社
「執行猶予」 ❽ 1950·是年 文
「失楽園」 ❾ 1997·是年 文
「指導物語」 ❽ 1941·是年 文
「しとやかな獣」 ❽ 1963·是年 政
「支那の夜」 ❽ 1940·是年 政
「死に面して」 ❼ 1923·是年 文
「死の棘」 ❾ 1990·5·21 社
「忍びの者」 ❽ 1962·是年 政
「忍ぶ糸」 ❾ 1973·是年 文
「忍ぶ川」 ❾ 1972·是年 文
「慈悲心鳥」 ❼ 1927·是年 社
「島の女」 ❼ 1920·是年 文
「島の娘」 ❼ 1933·是年 社
「四万十川」 ❾ 1991·是年 社
「清水次郎長」 ❼ 1922·是年 社
「清水港」 ❽ 1939·是年 社
「下妻物語」 ❾ 2004·是年 文
「釈迦」 ❽ 1961·11·1 社
「ジャコ万と鉄」 ❽ 1949·是年 文
「蛇性の婬」 ❼ 1921·是年 社
「社葬」 ❾ 1989·是年 社
「社長太平記」 ❽ 1959·是年 政
「シャブ極道」 ❾ 1996·是年 社
「写楽」 ❾ 1995·是年 文
「Shall we ダンス？」 ❾ 1996·是年 社
「ジャンケン娘」 ❽ 1955·是年 文
「上海」 ❽ 1938·是年 政
「上海陸戦隊」 ❽ 1939·是年 社
「ジャン·バルジャン」 ❼ 1931·是年 社
「十九歳の地図」 ❾ 1979·是年 文
「十三人の刺客」 ❾ 1979·是年 文／2010·是年 社
「十字路」 ❼ 1928·是年 政
「十代の性典」 ❽ 1953·2 月 社
「十二階下の少年達」 ❼ 1933·是年 社
「十二人の優しい日本人」 ❾ 1991·是年 社
「十八歳、海へ」 ❾ 1979·是年 文
「醜聞」 ❽ 1950·是年 文
「呪怨(じゅおん)」 ❾ 2002·是年 社
「淑女は何を忘れたか」 ❽ 1937·是年 文
「縮図」 ❽ 1953·是年 政
「十階のモスキート」 ❾ 1983·是年 文
「受難華」 ❼ 1926·是年 社
「純愛物語」 ❽ 1957·是年 政
「春琴物語」 ❽ 1955·5·21 社
「純情二重奏」 ❽ 1939·是年 社
「春婦伝」 ❾ 1965·是年 政
「上意討ち」 ❾ 1967·是年 政
「情炎」 ❽ 1947·是年 政
「女王蜂」 ❾ 1978·是年 文
「将軍と参謀と兵」 ❽ 1942·是年 社
「衝動殺人·息子よ」 ❾ 1979·是年 文
「証人の椅子」 ❾ 1965·是年 政
「情熱の詩人　啄木ふるさと篇」 ❼ 1936·是年 文
「少年」 ❾ 1969·是年 政
「少年猿飛佐助」 ❽ 1960·7·31 社
「少年死刑囚」 ❽ 1955·是年 文
「少年時代」 ❾ 1990·是年 社／1991·3·22 文
「上陸第一歩」 ❼ 1932·是年 文
「勝利の日まで」 ❽ 1945·是年 社
「昭和枯れすすき」 ❾ 1975·是年 政
「昭和残侠伝」 ❾ 1965·是年 政／1970·是年 政
「食堂かたつむり」 ❾ 2010·是年 社
「処刑の部屋」 ❽ 1956·是年 政
「処女ゲバゲバ」 ❾ 1969·是年 政
「ジョゼと虎と魚たち」 ❾ 2003·是年 文
「女中ッ子」 ❽ 1955·是年 文
「書道ガールズ」 ❾ 2010·是年 社
「証人の椅子」 ❾ 1965·是年 政
「女優」 ❽ 1947·是年 政
「書を捨てよ町へ出よう」 ❾ 1971·是年 文
「ションベン·ライダー」 ❾ 1983·是年 文
「白野弁十郎」 ❼ 1929·是年 社
「白い巨塔」 ❾ 1966·是年 政
「白い手」 ❾ 1990·是年 社
「白い指の戯れ」 ❾ 1972·是年 文
「次郎物語」 ❽ 1941·是年 文
「次郎長売り出す」 ❽ 1952·是年 文
「白と黒」 ❽ 1963·是年 政
「新愛染かつら」 ❽ 1948·是年 政
「新網走番外地·流人岬の血斗」 ❾ 1969·是年 政
「シンガポール総攻撃」 ❽ 1943·是年 社
「新幹線爆破」 ❾ 1975·是年 政
「仁義なき戦い」 ❾ 1973·是年 文／1974·是年 文／1975·是年 政／1979·是年 文／1991·是年 社
「仁義の墓場」 ❾ 1975·是年 政
「真空地帯」 ❽ 1952·是年 文
「真剣勝負」 ❾ 1971·是年 文
「新吾十番勝負·第三部」 ❽ 1960·是年 政
「心中天の網島」 ❾ 1969·是年 政
「神州天馬侠」 ❽ 1954·2·3 社
「新宿泥棒日記」 ❾ 1969·是年 政
「新女性問答」 ❽ 1939·是年 社
「新生」 ❼ 1920·是年 文
「人生劇場」 ❼ 1936·是年 文／❽ 1953·是年 政／1963·3·16 社／❾ 1968·是年 政／1972·是年 文／1976·是年 社
「人生のお荷物」 ❼ 1935·是年 社
「新雪」 ❽ 1942·是年 社
「新撰組」 ❽ 1937·是年 文／❾ 1970·是年 政
「死んでもいい」 ❾ 1992·是年 政
「新馬鹿時代」 ❽ 1947·是年 政
「新版大岡政談」 ❼ 1928·是年 政
「新·平家物語」 ❽ 1955·是年 文
「人類学入門」 ❾ 1966·是年 政
「スウィングガールズ」 ❾ 2004·是年 文
「崇禅寺馬場」 ❼ 1928·是年 政
「スーパーの女」 ❾ 1996·是年 社
「姿三四郎」 ❽ 1943·是年 社
「姿なき敵」 ❽ 1945·是年 社
「醜聞(スキャンダル)」 ❽ 1950·是年 社
「スキンレスナイト」 ❾ 1991·是年 社
「すずらん·少女萌の物語」 ❾ 2000·是年 文
「ステキな金縛り」 ❾ 2011·是年 政
「ストリングス、愛と絆の旅路」 ❾

2007·是年 政
「砂の器」 ❾ 1974·是年 文
「砂の女」 ❽ 1964·是年 政
「素晴らしい悪女」 ❽ 1963·是年 政
「素晴らしき日曜日」 ❽ 1947·是年 政
「スリ」 ❾ 2000·是年 文
「素浪人忠彌」 ❼ 1930·是年 社
「スローなブギにしてくれ」 ❾ 1981·是年 政
「スワロウテイル」 ❾ 1996·是年 社
「生活線 ABC」 ❼ 1931·是年 社
「青幻記」 ❾ 1973·是年 文
「清作の妻」 ❼ 1925·是年 政
「青春残酷物語」 ❽ 1960·是年 政
「青春デンデケデケデケ」 ❾ 1992·是年 政
「青春の殺人者」 ❾ 1976·是年 社
「青春の門」 ❾ 1975·是年 政／1977·是年 文
「生の輝き」 ❼ 1919·是年 社
「セーラー服と機関銃」 ❾ 1981·是年 政
「世界の中心で、愛をさけぶ」 ❾ 2004·是年 文
「世界は恐怖する」 ❽ 1957·是年 政
「世界を駆ける恋」 ❽ 1959·是年 政
「セカンドバージン」 ❾ 2011·是年 政
「絶唱」 ❽ 1958·是年 政
「切腹」 ❽ 1962·是年 政
「瀬戸内少年野球団」 ❾ 1984·是年 文
「瀬戸内ムーンライト·セレナーデ」 ❾ 1997·是年 文
「銭形平次捕物控～地獄の門」 ❽ 1952·是年 文
「瀬降り物語」 ❾ 1985·是年 文
「蟬しぐれ」 ❾ 2005·是年 文
「ゼロの焦点」 ❽ 1961·是年 文／❾ 2009·是年 政
「禅 ZEN」 ❾ 2009·是年 政
「鮮血の手形」 ❼ 1924·是年 社
「戦場の女たち」 ❾ 1989·是年 社
「戦場のメリークリスマス」 ❾ 1983·是年 文
「全身小説家」 ❾ 1994·是年 文
「潜水艦イ-57降服せず」 ❽ 1959·是年 政
「戦争と人間」 ❾ 1970·是年 政／1971·是年 文／1989·是年 社
「戦争と平和」 ❽ 1947·是年 政
「千と千尋の神隠し」(アニメ) ❾ 1971·是年 文／2001·7·20 文／2002·2·17 社／2003·3·23 文／2012·是年 文
「1000年刻みの日時計·牧野村物語」 ❾ 1987·是年 社
「千利休　本覺坊遺文」 ❾ 1989·是年 社
「旋風時代」 ❼ 1930·是年 社
「千夜一夜物語」(アニメ) ❾ 1969·是年 政
「早春」 ❽ 1956·是年 政
「早春物語」 ❾ 1985·是年 文
「象の背中」 ❾ 2007·是年 政
「蒼氓」 ❽ 1937·是年 文
「続大岡政談　魔像篇」 ❼ 1930·是年 社
「蘇州の夜」 ❽ 1941·12·28 社
「蘇州夜曲」(満洲映画) ❽ 1941·2·11 社
「SONATINE ソナチネ」 ❾ 1993·是年 文
「曾根崎心中」 ❾ 1978·是年 文
「その男、凶暴につき」 ❾ 1989·是年 社
「そのときは彼によろしく」 ❾ 2007·是年 政
「その場所に女ありて」 ❽ 1962·是年 政
「その夜の女」 ❼ 1934·是年 政
「そよ風」 ❽ 1945·10·11 社
「空の神兵」 ❽ 1942·是年 社
「それから」 ❾ 1985·是年 文
「それでもボクはやってない」 ❾ 2007·是年 政
「尊皇攘夷」 ❼ 1927·是年 社
「ダーリンは外国人」 ❾ 2010·是年 社
「大尉の娘」 ❼ 1917·是年 政／1929·是年 社／1936·是年 文
「大怪獣ガメラ」 ❾ 1965·11·27 社
「大学の若大将」 ❽ 1961·是年 文
「第五福龍丸」 ❽ 1959·是年 政
「大地の子守歌」 ❾ 1976·是年 社
「大地の侍」 ❽ 1956·是年 政
「大地は微笑む」 ❼ 1925·是年 政
「大都会」 ❼ 1929·是年 社
「ダイナマイトどんどん」 ❾ 1978·是年 文
「第二の人生」 ❽ 1948·是年 政
「大日本人」 ❾ 2007·是年 政
「台風騒動記」 ❽ 1956·是年 政
「太平洋の奇跡」 ❾ 2011·是年 政
「太平洋ひとりぼっち」 ❽ 1963·是年 政
「大菩薩峠」 ❽ 1957·是年 政／❾ 1966·是年 政
「大誘拐 RAINBOW KIDS」 ❾ 1991·是年 社
「太陽とバラ」 ❽ 1956·是年 政
「太陽の季節」 ❽ 1956·5·17 社
「太陽の子」 ❽ 1938·是年 政
「太陽の子てだのふあ」 ❾ 1980·是年 文
「太陽のない街」 ❽ 1954·是年 社
「太陽を盗んだ男」 ❾ 1979·是年 文
「抱かれた花嫁」 ❽ 1957·是年 政
「抱寝の長脇差」 ❼ 1932·是年 文
「瀧の白糸」 ❼ 1933·是年 社
「たけくらべ」 ❽ 1955·是年 文
「たそがれ清兵衛」 ❾ 2002·是年 社
「只野凡児人生勉強」 ❼ 1934·是年 社
「他人の顔」 ❾ 1966·是年 政
「TATTOO(刺青)あり」 ❾ 1982·是年 政
「旅路·村でいちばんの首吊りの木」 ❾ 1986·是年 文
「旅の重さ」 ❾ 1972·是年 文
「旅の女芸人」 ❼ 1923·是年 文
「W の悲劇」 ❾ 1984·是年 文
「誰も知らない」 ❾ 2004·5·22 文／是年 文
「誰も守ってくれない」 ❾ 2009·是年 政
「断雲」 ❼ 1924·是年 社
「丹下左膳」 ❼ 1933·是年 社
「丹下左膳·百万両の壺」 ❾ 2004·是年 文
「団十郎三代」 ❽ 1944·是年 社
「男性対女性」 ❼ 1936·是年 文
「探偵は BAR にいる」 ❾ 2011·是年 政
「探偵物語」 ❾ 1983·是年 文
「暖流」 ❽ 1939·是年 社
「チーム·バチスタの栄光」 ❾ 2008·是年 政
「近松物語」 ❽ 1954·是年 社
「竹山ひとり旅」 ❾ 1977·是年 文
「血煙高田馬場」 ❼ 1928·是年 政
「痴人の愛」 ❽ 1949·是年 文
「父ありき」 ❽ 1942·是年 社
「父と暮らせば」 ❾ 2004·是年 文
「父の涙」 ❼ 1918·是年 文
「父よいづこ」 ❼ 1923·是年 文
「父よ母よ！」 ❾ 1980·是年 文
「血と骨」 ❾ 2004·是年 文
「地の群れ」 ❾ 1970·是年 政
「痴呆性老人の世界」 ❾ 1986·是年 文
「茶々·天涯の貴妃(おんな)」 ❾ 2007·是年 政
「血槍富士」 ❽ 1955·是年 文
「中国の鳥人」 ❾ 1998·是年 社
「忠次売り出す」 ❼ 1935·是年 社
「忠次旅日記」 ❼ 1927·是年 社
「忠臣蔵」 ❼ 1928·是年 政／1932·12·1 文／1934·是年 政／❽ 1958·是年 政／1962·是年 政
「忠臣蔵外伝·四谷怪談」 ❾ 1994·是年 文
「超高層のあけぼの」 ❾ 1969·是年 政
「長恨」 ❼ 1926·是年 社
「チルソクの夏」 ❾ 2004·是年 文
「沈黙」 ❾ 1971·是年 文
「ツィゴイネルワイゼン」 ❾ 1981·2·13 社
「終(つい)の信託」 ❾ 2012·是年 文
「津軽じょんがら節」 ❾ 1973·是年 文
「月形半平太」 ❼ 1925·是年 政
「月はどっちに出ている」 ❾ 1993·是年 文
「つぐみ TUGUMI」 ❾ 1990·是年 社
「土」 ❽ 1939·是年 社
「土と兵隊」 ❽ 1939·是年 社
「綴方教室」 ❽ 1938·是年 政
「椿三十郎」 ❽ 1962·1·1 社／是年 政／❾ 2007·是年 政
「妻として女として」 ❽ 1961·是年 文
「妻の日の愛のかたみに」 ❾ 1966·5·8 社
「妻はフィリピーナ」 ❾ 1994·是年 文
「妻よ薔薇のやうに」 ❼ 1935·是年 社
「つみきのいえ」(アニメ) ❾ 2009·2·22 文
「釣りバカ日誌」シリーズ ❾ 1988·是年 社／1991·是年 社／1992·是年 政

／2001·是年 文／2002·是年 社／2003·是年 文／2005·是年 文／2006·是年 文／2008·是年 政／2009·是年 政
「つる鶴」 ❾ 1988·是年 社
「劔岳·点の記」 ❾ 2009·是年 政
「手紙」 ❾ 2006·是年 文
「出来ごころ」 ❼ 1933·是年 社
「出口のない海」 ❾ 2006·是年 文
「デスノート」 ❾ 2006·是年 文
「鉄拳」 ❾ 1990·是年 社
「鉄砲玉の美学」 ❾ 1973·是年 文
「でも、私は許さない」 ❾ 2010·是年 社
「テルマエ·ロマエ」 ❾ 2012·是年 文
「手をつなぐ子等」 ❽ 1948·是年 政
「田園に死す」 ❾ 1975·是年 政
「天空の城ラピュタ」(アニメ) ❾ 1986·是年 文
「転校生」 ❾ 1982·是年 政
「天国からのエール」 ❾ 2011·是年 政
「天国と地獄」 ❽ 1963·是年 政
「天国に結ぶ恋」 ❼ 1932·是年 文
「電車男 A True Love Story」 ❾ 2005·是年 文
「天地明察」 ❾ 2012·是年 文
「デンデラ」 ❾ 2011·是年 政
「テンペスト」 ❾ 2012·是年 文
「転落」 ❼ 1926·是年 社
「トイレの花子さん」 ❾ 1995·是年 文
「東海道四谷怪談」 ❽ 1959·是年 政
「闘牛に賭ける男」 ❽ 1960·是年 政
「東京エマニエル夫人」 ❾ 1975·是年 政
「東京オリンピック」 ❾ 1965·3·10 社
「東京兄妹」 ❾ 1995·是年 文
「東京公園」 ❾ 2011·是年 政
「東京行進曲」 ❼ 1929·是年 社
「東京裁判」 ❾ 1983·是年 文
「東京タワー」 ❾ 2004·是年 文／2007·是年 政
「東京流れ者」 ❾ 1966·是年 政
「東京の合唱」 ❼ 1931·是年 社
「東京の宿」 ❼ 1935·是年 社
「東京日和」 ❾ 1997·是年 文
「東京フィスト」 ❾ 1995·是年 文
「東京物語」 ❽ 1953·是年 政
「東京夜曲」 ❾ 1997·9·2 社／是年 文
「透光の樹」 ❾ 2004·是年 文
「慟哭」 ❽ 1952·是年 文
「唐人お吉」 ❼ 1930·是年 社
「同棲時代—今日子と次郎」 ❾ 1973·是年 文
「父ちゃんのポーが聞こえる」 ❾ 1971·是年 文
「道中悲記」 ❼ 1927·是年 社
「倒幕の叫び」 ❼ 1925·是年 政
「東洋の凱旋 バタアン·コレヒドール攻略戦」 ❽ 1942·是年 社
「遠い一本の道」 ❾ 1977·是年 文
「遠野物語」 ❾ 1982·10·24 社
「都会交響楽」 ❼ 1929·是年 社
「トキワ荘の青春」 ❾ 1996·是年 社
「時をかける少女」 ❾ 1983·是年 文
／2010·是年 社
「独眼龍政宗」 ❽ 1942·是年 社
「毒草」 ❼ 1917·是年 政
「独立機関銃隊未だ射撃中」 ❽ 1963·是年 政
「独立愚連隊」 ❽ 1959·是年 政
「独立少年合唱団」 ❾ 2000·2·18 社／是年 文
「髑髏銭」 ❽ 1938·是年 政
「時計」 ❾ 1986·是年 文
「どこまでもいこう」 ❾ 1999·是年 社
「戸田家の兄妹」 ❽ 1941·是年 文
「どたんば」 ❽ 1957·是年 政
「どついたるねん」 ❾ 1989·是年 社
「吶喊(とっかん)」 ❾ 1975·是年 政
「どっこい生きてる」 ❽ 1951·是年 文
「トットチャンネル」 ❾ 1987·是年 社
「ドッペルゲンガー」 ❾ 2003·是年 文
「どですかでん」 ❾ 1970·是年 政
「となりのトトロ」(アニメ) ❾ 1988·是年 社
「隣の八重ちゃん」 ❼ 1934·是年 政
「トニー滝谷」 ❾ 2004·8·14 文
「どぶ」 ❽ 1954·是年 社
「TOMORROW／明日」 ❾ 1988·是年 社
「T. R. Y. トライ」 ❾ 2003·是年 文
「ドラえもん」(アニメ) ❾ 2004·是年 文／2006·是年 文／2008·是年 政／2010·是年 社／2012·是年 文
「とらばいゆ」 ❾ 2002·是年 社
「どら平太」 ❾ 2000·2·18 社／2004·是年 文
「トリック—劇場版」 ❾ 2002·是年 社／2006·是年 文
「ドレイ工場」 ❾ 1968·是年 政
「トロッコ」 ❾ 2010·是年 社
「泥の河」 ❾ 1981·是年 政
「どん底」 ❽ 1957·是年 政
「翔んだカップル」 ❾ 1980·是年 文
「ナースのお仕事ザ·ムービー」 ❾ 2002·是年 社
「長靴をはいた猫」(アニメ) ❾ 1969·是年 政
「長崎の鐘」 ❽ 1950·是年 文
「永すぎた春」 ❽ 1957·是年 政
「長屋紳士録」 ❽ 1947·是年 政
「中山七里」 ❼ 1930·是年 社
「流れる」 ❽ 1956·是年 政
「流れる星は生きている」 ❽ 1949·是年 文
「渚のシンドバッド」 ❾ 1995·是年 文
「泣虫小僧」 ❽ 1938·是年 政
「涙そうそう」 ❾ 2006·是年 文
「雪崩」 ❽ 1956·是年 政
「夏の妹」 ❾ 1972·是年 文
「夏の庭ザ·フレンズ」 ❾ 1994·是年 文
「NANA」 ❾ 2005·是年 文
「七色の花」 ❽ 1950·是年 文
「七つの誓い」 ❽ 1956·是年 政
「何が彼女を殺したか」 ❼ 1931·是年 社
「何が彼女をそうさせたか」 ❼ 1930·是年 社
「浪花女」 ❽ 1940·是年 政
「浪華悲歌」 ❼ 1936·是年 文
「浪花の恋の物語」 ❽ 1959·是年 政
「ナビィの恋」 ❾ 2000·是年 文
「名もなく貧しく美しく」 ❽ 1961·是年 文
「楢山節考」 ❽ 1958·是年 政／❾ 1983·5·19 社
「南海の花束」 ❽ 1942·是年 社
「南極大陸」 ❽ 1957·是年 政
「南極物語」 ❾ 1983·是年 文
「南極料理人」 ❾ 2009·是年 政
「ナンミン·ロード」 ❾ 1992·是年 政
「にあんちゃん」 ❽ 1959·是年 政
「252 生存者あり」 ❾ 2008·是年 政
「憎いあンちくしょう」 ❽ 1962·是年 政
「憎いもの」 ❽ 1957·5·28 社
「肉体の門」 ❽ 1948·是年 政
「肉弾」 ❾ 1968·是年 政
「荷車の歌」 ❽ 1959·是年 政
「尼港最後の日」 ❼ 1920·是年 文
「にごりえ」 ❽ 1953·是年 政
「西住戦車長伝」 ❽ 1940·是年 政
「二十四の瞳」 ❽ 1954·是年 社
「二十四時間の情事」 ❽ 1959·是年 政
「20 世紀少年·最後の希望」 ❾ 2009·是年 政
「日常の戦ひ」 ❽ 1944·是年 社
「日輪」 ❼ 1926·是年 社
「日輪の遺産」 ❾ 2011·是年 政
「ニッポン国古屋敷村」 ❾ 1982·是年 政
「にっぽん昆虫記」 ❽ 1963·是年 政
「にっぽん泥棒物語」 ❾ 1965·是年 政
「にっぽんのお婆ちゃん」 ❽ 1962·是年 政
「二等兵物語」 ❽ 1955·是年 文
「二百三高地」 ❾ 1980·是年 文
「日本以外全部沈没」 ❾ 2006·是年 文
「日本一のホラ吹き男」 ❽ 1964·是年 政
「日本海大海戦」 ❾ 1969·是年 政
「日本解放戦線·三里塚の夏」 ❾ 1968·是年 政
「日本侠客伝」 ❽ 1964·是年 政
「日本侠客伝·花と龍」 ❾ 1969·是年 政
「日本率先活動大写真」 ❼ 1899·6·20 社
「日本誕生」 ❽ 1959·是年 政
「日本沈没」 ❾ 1973·是年 文／2006·是年 文
「日本のいちばん長い日」 ❾ 1967·是年 政
「日本の景色」 ❼ 1913·11·3 社
「日本の悲劇」 ❽ 1946·8·13 文／1953·是年 政
「日本の夜と霧」 ❽ 1960·10·12 社
「日本列島」 ❾ 1965·是年 政
「女人曼荼羅」 ❼ 1933·是年 社
「ニワトリはハダシだ」 ❾ 2004·是年 文

「二羽の小鳥」 ❼ 1922·是年 社
「任侠外伝·玄界灘」 ❾ 1976·4·12 社
「任侠清水港」 ❽ 1957·是年 政
「人間」 ❽ 1962·是年 政
「人間革命」 ❾ 1973·是年 文
「人間失格」 ❾ 2010·是年 社
「人間蒸発」 ❾ 1967·是年 政
「人間の壁」 ❽ 1959·是年 政
「人間の條件」 ❽ 1959·是年 政／1961·是年 文
「人間の証明」 ❾ 1977·是年 文
「忍者武芸帳」 ❾ 1967·是年 政
「人情紙風船」 ❽ 1937·是年 文
「NIN×NIN 忍者ハットリくんザ·ムービー」 ❾ 2004·是年 文
「ヌードの夜」 ❾ 1993·是年 文
「濡れた欲情」 ❾ 1972·是年 文
「猫と庄造と二人のをんな」 ❽ 1956·是年 政
「猫の恩返し」(アニメ) ❾ 2002·是年 社
「鼠小僧次郎吉」 ❼ 1933·是年 社
「熱砂の白蘭」 ❽ 1951·是年 文
「寝盗られ宗介」 ❾ 1992·是年 政
「ねむの木学園」 ❾ 1977·6·26 社
「ねむの木の詩」 ❾ 1974·是年 文／1977·是年 文
「眠狂四郎·炎情剣」 ❾ 1965·是年 政
「眠狂四郎殺法帖」 ❽ 1963·是年 政
「眠狂四郎女妖剣」 ❽ 1964·是年 政
「眠狂四郎·人肌蜘蛛」 ❾ 1968·是年 政
「眠狂四郎無頼剣」 ❾ 1966·是年 政
「眠る男」 ❾ 1996·是年 社
「の·ようなもの」 ❾ 1981·是年 政
「野菊の如き君なりき」 ❽ 1955·是年 文
「乃木将軍」 ❼ 1918·是年 社
「ノストラダムスの大予言」 ❾ 1974·是年 文
「のぞかれた花嫁」 ❼ 1935·是年 社
「のだめカンタービレ最終楽章」 ❾ 2009·是年 政／2010·是年 社
「のど自慢」 ❾ 1999·是年 社
「野火」 ❽ 1959·是年 政
「野良犬」 ❽ 1949·是年 文
「ノルウェイの森」 ❾ 2010·是年 社
「暖簾」 ❽ 1958·是年 政
「狼煙は上海に揚る」 ❽ 1944·是年 社
「ノンちゃん雲にのる」 ❽ 1955·是年 文
「パーマネント野ばら」 ❾ 2010·是年 社
「拝啓天皇陛下様」 ❽ 1963·是年 政
「敗戦の歌は悲し」 ❼ 1923·是年 文
「パイパティローマ」 ❾ 1994·是年 文
「パイプの三吉」 ❼ 1929·是年 社
「ハウス」 ❾ 1977·是年 文
「ハウルの動く城」(アニメ) ❾ 2004·是年 文
「バウンス KO GALS」 ❾ 1997·是年 文
「破戒」 ❽ 1948·是年 政／1962·是年 政
「博士の愛した数式」 ❾ 2005·是年 文
「バカヤロー！私、怒ってます」 ❾ 1988·是年 社
「爆音」 ❽ 1939·是年 社
「爆音と大地」 ❽ 1957·是年 政
「白日夢」 ❾ 1983·1·26 社
「麦秋」 ❽ 1951·是年 文
「白蛇伝」 ❽ 1958·10·22 社
「白痴」 ❽ 1951·是年 文
「博奕打ち·総長賭博」 ❾ 1968·是年 政
「白昼の通り魔」 ❾ 1966·是年 政
「白昼夢」 ❽ 1964·6·21 社／是年 政
「博徒外人部隊」 ❾ 1971·是年 文
「幕末太陽伝」 ❽ 1957·是年 政
「舶来文明街」 ❼ 1931·是年 社
「馬喰一代」 ❽ 1951·是年 文
「箱根風雲録」 ❽ 1952·是年 文
「橋のない川」 ❾ 1969·是年 政／1970·4·25 社／1992·是年 政
「恥しい夢」 ❼ 1927·是年 社
「バタアシ金魚」 ❾ 1990·是年 社
「はだかっ子」 ❽ 1961·是年 文
「裸の島」 ❽ 1960·是年 政／1961·7·23 社
「裸の十九歳」 ❾ 1970·是年 政
「裸の大将」 ❽ 1958·是年 政
「裸の太陽」 ❽ 1958·是年 政
「裸の町」 ❽ 1937·是年 文
「はたちの青春」 ❽ 1946·5·23 社
「二十才の微熱」 ❾ 1993·是年 文
「旗本退屈男」 ❼ 1930·是年 社／❽ 1958·是年 政
「八月の狂詩曲」 ❾ 1991·是年 社
「八月の濡れた砂」 ❾ 1971·是年 文
「八月はエロスの匂い」 ❾ 1972·是年 文
「蜂の巣の子供たち」 ❽ 1948·是年 政
「初国知所之天皇」 ❾ 1973·是年 文
「はつ恋」 ❾ 2000·是年 文
「初恋·地獄編」 ❾ 1968·是年 政
「八甲田山」 ❾ 1977·是年 文
「ハッシュ！」 ❾ 2001·是年 文
「パッチギ！」 ❾ 2005·是年 文／2007·是年 政
「ハッピーフライト」 ❾ 2008·是年 政
「800 TWO LAP RUNNERS」 ❾ 1994·是年 文
「バトル·ロワイアル」 ❾ 2000·是年 文
「花」 ❽ 1941·是年 文
「花ある雑草」 ❽ 1939·是年 社
「華岡青洲の妻」 ❾ 1967·是年 政
「花咲く家族」 ❽ 1947·是年 政
「花咲く港」 ❽ 1943·是年 社
「華の乱」 ❾ 1988·是年 社
「花は散れども」 ❾ 2008·是年 政
「HANA-BI」 ❾ 1998·是年 社／2012·是年 文
「ハナミズキ」 ❾ 2010·是年 社
「花婿太閤記」 ❽ 1945·8·30 社
「花嫁の寝言」 ❼ 1933·是年 社
「はなれ瞽女おりん」 ❾ 1977·是年 文
「母」 ❼ 1923·是年 文／❽ 1963·是年 政
「母いづこ」 ❼ 1922·是年 社
「母子草」 ❽ 1942·是年 社
「母と子」 ❽ 1938·是年 政
「母の魂」 ❽ 1939·是年 社
「早池峰の賦」 ❾ 1982·是年 政
「はやぶさ遙かなる帰還」 ❾ 2012·是年 文
「同胞(はらから)」 ❾ 1975·是年 政
「BALLAD 名もなき恋の歌」 ❾ 2009·是年 政
「張込み」 ❽ 1958·是年 政
「ハル」 ❾ 1996·是年 社
「遙かなる甲子園」 ❾ 1980·是年 社
「遙かなる山の呼び声」 ❾ 1980·是年 文
「春との旅」 ❾ 2010·是年 社
「春と娘」 ❼ 1932·是年 文
「ハレンチ学園」 ❾ 1970·是年 政
「ハワイの若大将」 ❽ 1963·是年 政
「ハワイ·マレー沖海戦」 ❽ 1942·12·3 社／是年 社
「半落ち」 ❾ 2004·是年 文
「挽歌」 ❽ 1957·是年 政
「盤嶽の一生」 ❼ 1933·是年 社
「晩菊」 ❽ 1954·是年 社
「反逆児」 ❽ 1961·是年 文
「阪急電車」 ❾ 2011·是年 政
「晩春」 ❽ 1949·是年 文
「ビー·バップ·ハイスクール」 ❾ 1985·是年 文
「光に立つ女」 ❼ 1920·是年 社
「光の雨」 ❾ 2001·是年 文
「光る女」 ❾ 1987·是年 社
「彼岸花」 ❽ 1958·是年 政
「引き出しの中のラブレター」 ❾ 2009·是年 政
「秘境ヒマラヤ」 ❽ 1960·是年 政
「秘剣」 ❽ 1963·是年 政
「非行少女」 ❽ 1963·是年 政
「彦六大いに笑ふ」 ❼ 1936·是年 文
「眉山(びざん)」 ❾ 2007·是年 政
「非情都市」 ❽ 1960·是年 政
「美女と野獣」 ❽ 1955·是年 文
「必勝歌」 ❽ 1945·是年 社
「人斬り」 ❾ 1969·是年 政
「人斬り与太·狂犬三兄弟」 ❾ 1972·是年 文
「一人息子」 ❼ 1936·是年 文
「陽のあたる坂道」 ❽ 1958·是年 政
「檜舞台」 ❽ 1946·是年 社
「ひばり チエミ いづみ三人よれば」 ❽ 1964·是年 政
「ひばりのすべて」 ❾ 1971·是年 文
「ヒポクラテスたち」 ❾ 1980·是年 文
「緋牡丹博徒」 ❾ 1968·9·14 社／1970·是年 政
「火まつり」 ❾ 1985·是年 文
「ひめゆりの塔」 ❽ 1953·1 月 社
「白夜の饗宴」 ❼ 1932·是年 文
「冷飯とおさんとちゃん」 ❾ 1965·是年 政
「病院坂の首縛りの家」 ❾ 1979·是年 文
「病院で死ぬということ」 ❾ 1993·是年 文
「病院はきらいだ」 ❾ 1991·是年 社
「病院へ行こう」 ❾ 1990·是年 社
「豹子頭林沖」 ❼ 1919·是年 社

「氷壁」 ❽ 1958・是年 政
「平手造酒」 ❼ 1928・是年 政
「ビリケン」 ❾ 1996・是年 社
「ビルマ戦記」 ❽ 1942・是年 社
「ビルマの竪琴」 ❽ 1956・9・9 社／❾ 1985・是年 文
「ピンポン」 ❾ 2002・是年 社
「ファザーレス父なき時代」 ❾ 1999・是年 社
「ファンシイダンス」 ❾ 1989・是年 社
「風雪二十年」 ❽ 1951・是年 文
「風流活人剣」 ❼ 1934・是年 社
「風林火山」 ❾ 1969・是年 政
「笛吹川」 ❽ 1960・是年 政
「笛吹童子」 ❽ 1954・是年 社
「深い河」 ❾ 1995・是年 文
「ふがいない僕は空を見た」 ❾ 2012・是年 文
「武器なき闘い」 ❽ 1960・是年 政
「復讐するは我にあり」 ❾ 1979・是年 文
「フクちゃんの潜水艦」(漫画映画) ❽ 1944・是年 社
「吹けば飛ぶよな男だが」 ❾ 1968・是年 政
「富士山頂」 ❾ 1970・是年 政
「不死鳥」 ❽ 1947・是年 政
「武士道残酷物語」 ❽ 1963・是年 政
「富士に立つ影」 ❼ 1926・是年 社／❽ 1942・是年 社
「武士の一分」 ❾ 2006・是年 文
「武士の家計簿」 ❾ 2010・是年 社
「不信の時」 ❾ 1968・是年 政
「BU・SU」 ❾ 1987・是年 社
「二つ燈籠」 ❼ 1933・是年 社
「豚と軍艦」 ❽ 1961・是年 文
「ふたり」 ❾ 1991・是年 社
「ふたりのイーダ」 ❾ 1976・是年 社
「二人の瞳」 ❽ 1952・是年 文
「不沈艦撃沈」 ❽ 1944・是年 社
「武道大鑑」 ❼ 1934・是年 政
「不毛地帯」 ❾ 1976・是年 社
「冬の華」 ❾ 1978・是年 文
「冬の宿」 ❽ 1938・是年 政
「無頼漢」 ❾ 1970・是年 政
「フラガール」 ❾ 2006・是年 文
「ブラック・ジャック、ふたりの黒い医者」(アニメ) ❾ 2005・是年 文
「不良少年」 ❽ 1961・是年 文
「故郷・ふるさと」 ❼ 1930・3・14 社／❾ 1983・是年 文
「ブワナ・トシの歌」 ❾ 1965・是年 政
「ふんどし医者」 ❽ 1960・是年 政
「平成狸合戦ぽんぽこ」(アニメ) ❾ 1994・是年 文
「兵隊やくざ」 ❾ 1965・是年 政
「北京的西瓜」 ❾ 1989・是年 社
「ベトナム」(長編記録映画) ❾ 1969・是年 政
「紅孔雀」 ❽ 1955・是年 文
「ヘブンズ・ドア」 ❾ 2009・是年 政
「ヘルタースケルター」 ❾ 2012・是年 文
「望郷」 ❾ 1993・是年 文
「奉仕の薔薇」 ❼ 1921・是年 社
「棒の哀しみ」 ❾ 1994・是年 文
「法の涙」 ❼ 1921・是年 社
「暴力の街」 ❽ 1950・2・26 社／是年 文
「放浪記」 ❼ 1935・是年 社／❽ 1962・是年 政
「望楼の決死隊」 ❽ 1943・是年 社
「ホームレス中学生」 ❾ 2008・是年 政
「ボクが病気になった理由」 ❾ 1990・是年 社
「ボクサー」 ❾ 1977・是年 文
「北斎漫画」 ❾ 1981・是年 政
「北清事変活動大写真」(記録映画) ❼ 1900・10・18 社
「北進日本」 ❼ 1934・是年 政
「木石」 ❽ 1940・是年 政
「僕達急行 A 列車で行こう」 ❾ 2012・是年 文
「濹東綺譚」 ❽ 1960・是年 政／❾ 1992・是年 政
「僕と妻の 1778 の物語」 ❾ 2011・是年 政
「北斗の拳、ラオウ伝激闘の章」(アニメ) ❾ 2007・是年 政
「僕の初恋をキミに捧ぐ」 ❾ 2009・是年 政
「僕等がいた」 ❾ 2012・是年 文
「僕らはみんな生きている」 ❾ 1993・是年 文
「ぼくんち」 ❾ 2003・是年 文
「ポケットモンスター劇場版」(アニメ) ❾ 1999・11・10 社／2002・是年 社／2003・是年 文／2009・是年 政／2011・是年 政
「星空のマリオネット」 ❾ 1978・是年 文
「星になった少年」 ❾ 2005・是年 文
「星守る犬」 ❾ 2011・是年 政
「火垂(ほたる)」 ❾ 2000・8・12 社／2005・是年 文
「火垂るの墓」(アニメ) ❾ 1988・是年 社
「堀田隼人」 ❼ 1933・是年 社
「鉄道員ぽっぽや」 ❾ 2000・3・10 社
「不如帰」 ❼ 1923・是年 社
「仄暗い水の底から」 ❾ 2002・是年 社
「彫る―棟方志功の世界」 ❾ 1976・7・6 文
「ホワイトアウト」 ❾ 2000・是年 文
「本日休診」 ❽ 1952・是年 文
「本陣殺人事件」 ❾ 1975・是年 政
「マークスの山」 ❾ 1995・是年 文
「麻雀放浪記」 ❾ 1984・是年 文
「まあだだよ」 ❾ 1993・是年 文
「マイ・バック・ページ」 ❾ 2011・是年 政
「毎日かあさん」 ❾ 2011・是年 政
「毎日が夏休み」 ❾ 1994・是年 文
「舞姫」(日・西独合作) ❾ 1989・是年 社
「マグマ大使」 ❾ 1967・4・7 社
「MAKOTO」 ❾ 2005・是年 文
「M ／ OTHER」 ❾ 1999・是年 社
「魔女の宅急便」(アニメ) ❾ 1989・是年 社
「また逢ふ日まで」 ❼ 1932・是年 文／❽ 1950・3・21 社／是年 文
「マタギ」 ❾ 1982・是年 政
「股旅」 ❾ 1973・是年 文
「まだまだあぶない刑事」 ❾ 2005・是年 文
「マダムと女房」 ❼ 1931・8・1 社
「街の手品師」 ❼ 1925・2・13 社
「街の入墨者」 ❼ 1935・是年 社
「待ちぼうけの女」 ❽ 1946・是年 社
「祭りの準備」 ❾ 1975・是年 政
「摩天楼」 ❼ 1929・是年 社
「真夏のオリオン」 ❾ 2009・是年 政
「舞ひ上る情熱」 ❽ 1941・是年 文
「真昼の暗黒」 ❽ 1955・11 月 社／1956・3・27 社／7・29 文／1957・8・10 文
「真昼の円舞曲」 ❽ 1949・是年 文
「まぶだち」 ❾ 2001・是年 文
「幻のオオカミ巡るきずな」 ❾ 2009・是年 政
「幻の光」 ❾ 1995・是年 文
「まぼろしの邪馬台国」 ❾ 2008・是年 政
「マライの虎」 ❽ 1943・是年 社
「マリと子犬の物語」 ❾ 2007・是年 政
「マルサの女」 ❾ 1987・是年 社／1988・是年 社
「マルタイの女」 ❾ 1997・是年 文
「マレー戦記」 ❽ 1942・是年 社
「みかへりの塔」 ❽ 1941・是年 文
「未完の対局」 ❾ 1982・是年 政
「水で書かれた物語」 ❾ 1965・是年 政
「ミス・ニッポン」 ❼ 1931・是年 社
「水の旅人・侍 KIDS」 ❾ 1993・是年 文
「水のないプール」 ❾ 1982・是年 政
「未成年」 ❾ 1965・是年 政
「乱れ雲」 ❾ 1967・是年 政
「乱れる」 ❽ 1964・是年 政
「道白磁の人」 ❾ 2012・是年 文
「ミッドナイトイーグル」 ❾ 2007・是年 政
「水戸黄門」 ❼ 1926・是年 社
「水戸黄門廻国記」 ❽ 1937・是年 文
「水俣―患者さんとその世界」 ❾ 1971・是年 文
「水俣一揆」 ❾ 1973・是年 文
「水俣の図・物語」 ❾ 1981・是年 政
「南の風」 ❽ 1942・是年 社
「南の島に雪が降る」 ❽ 1961・是年 文
「壬生義士伝」 ❾ 2003・是年 文
「耳をすませば」(アニメ) ❾ 1995・是年 文
「身も心も」 ❾ 1997・是年 文
「深山の乙女」 ❼ 1919・是年 社
「宮本武蔵」 ❽ 1954・是年 社／1956・3 月 社
「宮本武蔵・般若坂の決闘」 ❽ 1962・是年 政
「民衆の敵」 ❽ 1946・是年 社
「みんな生きなければならないヒト・ムシ・トリ“農事民俗館”」 ❾ 1984・是年 文
「みんなのいえ」 ❾ 2001・是年 文
「ミンボーの女」 ❾ 1992・是年 政
「MW ムウ」 ❾ 2009・是年 政
「武蔵野夫人」 ❽ 1951・是年 文

「ムシキング」(アニメ) ❾ 2005·是年 文
「蟲師(むしし)」 ❾ 2007·是年 政
「蝕める春」 ❼ 1932·是年 文
「息子」 ❾ 1991·是年 社／1992·3·20 文
「娘·妻·母」 ❽ 1960·是年 政
「霧笛」 ❼ 1934·是年 政
「宗方姉妹」 ❽ 1950·是年 文
「無能の人」 ❾ 1991·是年 社／1992·3·20 文
「無法松の一生」 ❽ 1943·是年 社／1958·9·7 社／是年 政
「紫頭巾」 ❼ 1926·是年 社
「村の花嫁」 ❼ 1928·是年 政
「無理矢理三千石」 ❼ 1929·是年 社
「明治侠客伝·三代目襲名」 ❾ 1965·是年 政
「明治天皇と日露大戦争」 ❽ 1957·4·29 社
「名探偵コナン」(アニメ) ❾ 1997·是年 文／2001·是年 文／2005·是年 文／2006·是年 文
「夫婦善哉」 ❽ 1955·是年 文
「夫婦二世」 ❽ 1940·是年 政
「めし」 ❽ 1951·是年 文
「MAJOR メジャー、友情の一球」 ❾ 2008·是年 政
「メゾン·ド·ヒミコ」 ❾ 2005·是年 文
「地下鉄(メトロ)に乗って」 ❾ 2001·是年 文
「もう頬づえはつかない」 ❾ 1979·是年 文
「燃えつきた地図」 ❾ 1968·是年 政
「萌の朱雀」 ❾ 1997·是年 文
「殯の森」 ❾ 2007·5·27 社
「モスクワわが愛」 ❾ 1974·是年 文
「モスラ」 ❽ 1961·是年 文
「最も危険な遊戯」 ❾ 1978·是年 文
「モトシンカカランヌー」 ❾ 1971·是年 文
「もののけ姫」(アニメ) ❾ 1997·7·12 社／是年 文／2001·是年 文
「桃太郎の海鷲」(長編漫画映画) ❽ 1943·3·25 社
「燃ゆる大空」 ❽ 1940·是年 政
「森の石松」 ❽ 1949·是年 文
「約束」 ❾ 1972·是年 文／1980·是年 文
「やさしいにっぽん人」 ❾ 1971·是年 文
「野獣死すべし」 ❾ 1980·是年 文
「靖国」(日中合作) ❾ 2008·3·12 政
「野性の証明」 ❾ 1978·是年 文
「弥太郎笠」 ❼ 1932·是年 文
「八つ墓村」 ❾ 1977·是年 文
「屋根裏の散歩者」 ❾ 1976·是年 社
「八幡屋の女」 ❼ 1920·是年 文
「破れ太鼓」 ❽ 1949·是年 文
「山田長政」 ❽ 1959·是年 政
「ヤマト·スペースバトルシップ」 ❾ 2010·是年 社
「山の音」 ❽ 1954·是年 社
「山のかなたに」 ❽ 1950·是年 文
「山の線路番」 ❼ 1923·是年 文
「山びこ学校」 ❽ 1952·是年 文
「山へ帰る」 ❼ 1921·是年 社
「山本五十六」 ❾ 2011·是年 政
「闇の中の魑魅魍魎」 ❾ 1971·是年 文
「誘拐」 ❾ 1997·是年 文
「誘拐報道」 ❾ 1982·是年 政
「憂国」 ❾ 1965·4月 文
「幽魂の焚く炎」 ❼ 1923·是年 文
「勇者のみ」 ❾ 1965·是年 政
「雪国」 ❽ 1957·是年 政
「行きずりの街」 ❾ 2010·是年 社
「雪に願うこと」 ❾ 2006·是年 文
「雪之丞変化」 ❼ 1935·是年 社／❽ 1963·是年 政
「ゆきゆきて、神軍」 ❾ 1987·是年 社
「ゆずり葉」 ❾ 2009·是年 政
「夢」 ❾ 1990·是年 社
「夢売るふたり」 ❾ 2012·是年 文
「夢二」 ❾ 1991·是年 社
「夢千代日記」 ❾ 1985·是年 文
「夢見通りの人々」 ❾ 1989·是年 社
「夢みるように眠りたい」 ❾ 1986·是年 文
「EUREKA ユリイカ」 ❾ 2000·5·20 社／2001·是年 文
「ゆれる」 ❾ 2006·是年 文
「酔いどれ天使」 ❽ 1948·是年 政
「妖怪大戦争」(アニメ) ❾ 2005·是年 文
「洋菓子店コアンドル」 ❾ 2011·是年 政
「八日目の蟬」 ❾ 2011·是年 政
「容疑者·室井慎次」 ❾ 2005·是年 文
「陽暉楼」 ❾ 1983·是年 文
「用心棒」 ❽ 1961·9·3 社／是年 文
「夜汽車」 ❾ 1987·是年 社
「欲情の谷間」 ❽ 1964·是年 政
「沃土万里」 ❽ 1940·是年 政
「夜ごとの夢」 ❼ 1933·是年 社
「横浜に現れた鞍馬天狗」 ❽ 1942·是年 社
「吉田御殿」 ❽ 1937·是年 文
「義経千本桜」 ❼ 1913·4·3 社
「四畳半襖の裏張り」 ❾ 1973·是年 文
「四つの恋の物語」 ❽ 1947·是年 政
「黄泉がえり」 ❾ 2003·是年 文
「余命」 ❾ 2009·是年 政
「余命一ケ月の花嫁」 ❾ 2009·是年 政
「夜がまた来る」 ❾ 1994·是年 文
「夜の女たち」 ❽ 1948·是年 政
「夜の河」 ❽ 1956·是年 政
「夜の鼓」 ❽ 1958·是年 政
「喜びも悲しみも幾歳月」 ❽ 1957·是年 政
「四十八歳の抵抗」 ❽ 1956·是年 政
「落第はしたけれど」 ❼ 1930·是年 社
「羅生門」 ❽ 1950·是年 文／1951·9·10 社／1952·3·21 社
「ラスト·ラブ」 ❾ 2007·是年 政
「ラヂオの時間」 ❾ 1997·是年 文
「ラドン」 ❽ 1956·是年 政
「ラブホテル」 ❾ 1985·是年 文
「LOVE まさお君が行く!」 ❾ 2012·是年 文
「Love Letter」 ❾ 1995·是年 文
「乱」 ❾ 1985·是年 文
「利休」 ❾ 1989·是年 社
「陸軍」 ❽ 1944·是年 社
「陸軍中野学校」 ❾ 1966·是年 政
「陸の王者」 ❼ 1928·是年 政
「陸の人魚」 ❼ 1926·是年 社
「離婚しない女」 ❾ 1986·是年 文
「リボルバー」 ❾ 1988·是年 社
「理由」 ❾ 2004·是年 文
「龍馬暗殺」 ❾ 1974·是年 文
「リリイ·シュシュのすべて」 ❾ 2001·是年 文
「臨場劇場版」 ❾ 2012·是年 文
「リンダリンダリンダ」 ❾ 2005·是年 文
「輪廻·ようこそ前世へ」 ❾ 2006·是年 文
「るろうに剣心」 ❾ 2012·是年 文
「霊光の岐に」 ❼ 1922·是年 社
「黎明以前」 ❼ 1931·是年 社
「レイン·フォール(雨の牙)」 ❾ 2009·是年 政
「レオニー」 ❾ 2010·是年 社
「歴史」 ❽ 1940·是年 政
「REX 恐龍物語」 ❾ 1993·是年 文
「連合艦隊」 ❾ 1981·是年 政
「連合艦隊司令長官·山本五十六」 ❾ 1968·是年 政
「牢獄の花嫁」 ❼ 1931·是年 社
「浪人街」 ❼ 1928·是年 政／1929·是年 社／❾ 1990·是年 社
「露営の歌」 ❽ 1938·是年 政
「ローレライ」 ❾ 2005·是年 文
「路上の霊魂」 ❼ 1921·4·8 社
「ROOKIES—卒業—」 ❾ 2009·是年 政
「路傍の石」 ❽ 1938·是年 政
「ロボコン」 ❾ 2003·是年 文
「ロマンス娘」 ❽ 1956·是年 政
「わが愛の譜瀧廉太郎物語」 ❾ 1993·是年 文
「若い人」 ❽ 1937·是年 文
「若い人たち」 ❽ 1954·是年 社
「我が恋せし乙女」 ❽ 1946·是年 社
「わが生涯のかがやける日」 ❽ 1948·是年 社
「わが青春に悔いなし」 ❽ 1946·是年 社
「わが母の記」 ❾ 2012·是年 文
「若者よなぜ泣くか」 ❼ 1930·是年 社
「わが家は楽し」 ❽ 1951·是年 文
「別れぬ理由」 ❾ 1987·是年 社
「忘れ得ぬ慕情」 ❽ 1956·是年 政
「忘れられた子等」 ❽ 1949·是年 文
「私が棄てた女」 ❾ 1969·是年 政
「私は貝になりたい」 ❾ 2008·是年 政
「私は二歳」 ❽ 1962·是年 政
「笑う蛙」 ❾ 2002·是年 社
「わらびのこう 蕨野行」 ❾ 2003·是年 文
「悪い奴ほどよく眠る」 ❽ 1960·是年 政
「われに撃つ用意あり」 ❾ 1990·是年 社
「われ一粒の麦なれど」 ❽ 1964·是年 政

「ONE PIECE FILM Z」(アニメ)　❾ 2012・是年 文
「ヱヴァンゲリヲン」シリーズ(アニメ)　❾ 1997・是年 文／2002・是年 社／2012・是年 文
洋画(外国映画)　❽ 1963・2・5 社／1964・7・1 社
「アーティスト」(仏)　❾ 2012・是年 社
「噫無情」(仏)　❼ 1914・是年 政／1926・是年 社
「アイ・アム・サム」(米)　❾ 2001・是年 文
「アイ・アム・レジェンド」(米)　❾ 2007・是年 政
「アイアン・ホース」(米)　❼ 1926・是年 社
「アイ・スパイ」(米)　❾ 2002・是年 社
「アイ・ラブ・フレンズ」(米・仏)　❾ 2001・是年 文
「アイ・ロボット」(米)　❾ 2004・是年 文
「哀愁」(米)　❽ 1949・是年 文
「愛人／ラマン」(仏・英)　❾ 1992・是年 社
「愛と喝采の日々」(米)　❾ 1978・是年 文
「愛と哀しみのボレロ」(仏)　❾ 1981・是年 政
「愛と宿命の泉」(仏)　❾ 1988・是年 社
「愛と青春の旅立ち」(米)　❾ 1982・是年 政
「愛と追憶の日々」(米)　❾ 1984・是年 文
「愛の嵐」(伊)　❾ 1975・是年 政
「愛の狩人」(米)　❾ 1972・是年 文
「愛の勝利を」(伊)　❾ 2011・是年 政
「愛の悲曲」(仏)　❼ 1918・是年 社
「愛の風景」(スウェーデン)　❾ 1993・是年 文
「愛のめぐりあい」(仏・独・伊)　❾ 1996・5・31 社
「逢びき」(英)　❽ 1948・是年 政
「アイリス」(英)　❾ 2001・是年 文
「愛を読むひと」(米)　❾ 2009・是年 政
「アウトサイダー」(米)　❾ 1983・是年 政
「青い大陸」(伊)　❽ 1955・是年 文
「青い鳥」(米)　❼ 1920・是年 文
「赤い河」(米)　❽ 1948・是年 政
「赤い靴」(英)　❽ 1950・是年 文
「紅いコーリャン」(中)　❾ 1989・是年 社
「赤い砂漠」(伊)　❾ 1965・是年 政
「赤い薔薇ソースの伝説」(メキシコ)　❾ 1993・是年 文
「赤い風車」(米)　❽ 1953・是年 政
「赤い風船」(仏)　❽ 1956・是年 政
「赤ちゃん」(仏)　❽ 1938・是年 政
「赤と黒」(伊)　❼ 1922・是年 社
「アギーレ・神の怒り」(西独)　❾ 1983・是年 政
「秋のソナタ」(スウェーデン)　❾ 1981・是年 政
「悪魔が夜来る」(仏)　❽ 1948・是年 政
「悪魔スヴェンガリ」(米)　❼ 1931・是年 社
「悪魔の美しさ」(仏)　❽ 1951・是年 文
「悪魔の発明」(チェコ)　❽ 1959・是年 政
「アザーズ」(米・スペイン・仏)　❾ 2001・是年 文
「朝から夜中まで」(独)　❼ 1922・是年 社
「アジアの嵐」(ソ連)　❼ 1930・是年 社
「亜細亜の光」(独)　❼ 1926・是年 社
「足長おじさん」(米)　❽ 1955・是年 文
「あしやからの飛行」(米)　❽ 1964・是年 政
「アジョシ」(韓)　❾ 2011・是年 政
「明日に生きる」(伊)　❾ 1965・是年 政
「明日に向って撃て！」(米)　❾ 1970・是年 文
「明日は来らず」(米)　❽ 1937・是年 文
「アスファルト」(ソ連)　❼ 1930・是年 社
「アデルの恋の物語」(仏)　❾ 1976・是年 社
「アドベンチャーファミリー」(米)　❾ 1976・是年 社／1978・是年 社
「アナコンダ」(米)　❾ 1997・是年 文
「アナトール」(米)　❼ 1922・是年 社
「アニー・ホール」(米)　❾ 1978・是年 文
「あの頃ペニー・レインと」(米)　❾ 2001・是年 文
「あの子を探して」(中)　❾ 2000・是年 文
「アパートの鍵貸します」(米)　❽ 1960・是年 政
「アバウト・ア・ボーイ」(米・英・仏)　❾ 2002・是年 社
「アバター」(米)　❾ 2009・是年 政
「アビエイター」(米)　❾ 2005・是年 文
「アフガン零年」(アフガニスタン・日本ほか)　❾ 2003・是年 文
「アフリカの女王」(米)　❽ 1951・是年 文
「アベンジャーズ」(米)　❾ 2012・是年 社
「アポロ 13」(米)　❾ 1995・是年 社
「アポロンの地獄」(伊)　❾ 1969・是年 政
「甘い生活」(伊)　❽ 1960・是年 政
「アマデウス」(米)　❾ 1985・是年 文／2002・是年 社
「アミスタッド」(米)　❾ 1997・是年 文
「雨ぞ降る」(米)　❽ 1941・是年 文
「雨に唄えば」(米)　❽ 1953・是年 政
「雨のしのび逢い」(仏)　❽ 1961・是年 文
「雨の訪問者」(仏)　❾ 1970・是年 文
「アメリ」(仏)　❾ 2001・是年 文
「アメリカアメリカ」(米)　❽ 1964・是年 政
「アメリカ交響楽」(米)　❽ 1947・3・25 社／是年 政
「アメリカの悲劇」(米)　❼ 1931・是年 社
「アメリカの友人」(西独・仏)　❾ 1987・是年 文
「アメリカの夜」(仏)　❾ 1974・是年 文
「アメリカン・グラフィティ」(米)　❾ 1973・是年 政
「アメリカン・スプレンダー」(米)　❾ 2003・是年 文
「アメリカン・ビューティー」(米)　❾ 2000・是年 文
「アモーレス・ペロス」(メキシコ)　❾ 2002・是年 社
「荒馬と女」(米)　❽ 1961・是年 文
「嵐が丘」(英)　❽ 1950・是年 文
「アラジン」(米)　❾ 1992・是年 社
「アラバマ物語」(米)　❽ 1962・是年 政
「アラビアのロレンス」(英)　❽ 1963・是年 政
「アラン」(仏)　❼ 1935・是年 社
「アリスの恋」(米)　❾ 1975・是年 政
「アリゾナ・ドリーム」(仏)　❾ 1994・是年 文
「ある愛の詩」(米)　❾ 1971・是年 文
「ある結婚の風景」(スウェーデン)　❾ 1981・是年 政
「アルゴ」(米)　❾ 2012・是年 社
「ある子供」(ベルギー・仏)　❾ 2005・是年 文
「あるじ」(デンマーク)　❼ 1926・是年 社
「アルジェの戦い」(アルジェリア・伊)　❾ 1967・是年 政
「或る日曜日の午後」(米)　❼ 1934・是年 政
「アルプス颪」(米)　❼ 1920・是年 文
「アルマゲドン」(米)　❾ 1998・是年 社
「或る夜の出来事」(米)　❼ 1934・是年 政
「アレキサンダー」(米・仏・独・オランダ)　❾ 2005・是年 文
「アレクサンダー大王」(ギリシャ・伊・西独)　❾ 1982・是年 政
「アレクサンドル・ネフスキー」(ソ連)　❽ 1962・是年 政
「アンクル・トムズ・ケビン」(米)　❼ 1928・是年 政
「暗黒界」(米)　❼ 1916・是年 社
「暗黒街」(米)　❼ 1928・是年 政
「暗黒街の弾痕」(米)　❽ 1937・是年 文
「暗殺のオペラ」(伊)　❾ 1979・是年 政
「暗殺の森」(伊・仏・西独)　❾ 1972・是年 文
「アンダーグラウンド」(仏・独・ハンガリー)　❾ 1996・是年 社
「アンタッチャブル」(米)　❾ 1987・是年 文
「アントニーとクレオパトラ」(英)　❼ 1914・是年 政
「アンナ・カレーニナ」(ソ連)　❾ 1968・是年 政

「アンノウン」（米）　❾ 2011・是年 政
「アンブレイカブル」（米）　❾ 2000・是年 文
「イーグル・アイ」（米）　❾ 2008・是年 政
「イージー・ライダー」（米）　❾ 1969・是年 政
「イースター・パレード」（米）　❽ 1950・是年 文
「E. T.」（米）　❾ 1982・12・4 社
「イヴ・サンローラン」（仏）　❾ 2011・是年 政
「イヴの総て」（米）　❽ 1951・是年 文
「家なき少年群」（仏）　❼ 1934・是年 政
「硫黄島からの手紙」（米）　❾ 2006・是年 文
「怒りの葡萄」（米）　❽ 1963・是年 政
「生きているモレア」（米）　❼ 1935・是年 社
「生き残るための３つの取引」（韓）　❾ 2011・是年 政
「異郷の人」（米）　❼ 1918・是年 社
「生ける屍」（伊・ソ連）　❼ 1914・是年 政／1929・是年 社
「居酒屋」（仏）　❽ 1956・是年 政
「石の花」（ソ連）　❽ 1947・是年 政
「偉大なる王者」（独）　❽ 1944・是年 社
「イタリア式離婚狂想曲」（伊）　❽ 1963・是年 政
「いちご白書」（米）　❾ 1970・是年 文
「いつか晴れた日に」（英・米）　❾ 1996・是年 社
「偽りの花園」（米）　❽ 1954・是年 社
「いとこ同志」（仏）　❽ 1959・是年 政
「田舎司祭の日記」（仏）　❽ 1951・是年 文
「イノセント」（伊・仏）　❾ 1979・是年 政
「いのちの戦場」（仏）　❾ 2009・是年 政
「If もしも」（英）　❾ 1969・是年 政
「異邦人」（伊・仏）　❾ 1968・是年 政
「イヤー・オブ・ザ・ドラゴン」（米）　❾ 1986・是年 政
「依頼人」（韓）　❾ 2012・是年 社
「依頼人」（米）　❾ 1994・是年 文
「イル・ポスティーノ」（伊）　❾ 1996・是年 社
「イレイザー」（米）　❾ 1996・是年 社
「イワン雷帝」（ソ連）　❽ 1948・是年 政
「イングリッシュ・ペイシェント」（米）　❾ 1997・是年 文
「インソムニア」（米）　❾ 2002・是年 社
「インテリア」（米）　❾ 1979・是年 政
「インテルビスタ」（伊）　❾ 1988・是年 社
「インドシナ」（仏）　❾ 1992・是年 社
「イントレランス」（伊）　❼ 1919・3・30 社
「インナースペース」（米）　❾ 1987・是年 文
「インビジブル」（米）　❾ 2000・是年 文
「インファナル・アフェア」（香港）　❾ 2003・是年 文
「陰謀のセオリー」（米）　❾ 1997・是年 文
「ヴァリエテ」（独）　❼ 1927・是年 社
「ウィークエンド」（仏）　❾ 1969・是年 政
「維納物語」（独）　❽ 1944・是年 社
「ウイスキー」（ウルグアイ）　❾ 2005・是年 文
「ウインドトーカーズ」（米）　❾ 2002・是年 社
「上から下まで」（仏）　❼ 1936・是年 文
「ウェスト・サイド物語」（米）　❽ 1961・12・23 社／1963・5・17 社
「ヴェラクルス」（米）　❽ 1955・是年 文
「ウォーターワールド」（米）　❾ 1995・是年 社
「ウォルター少年と、夏の休日」（米）　❾ 2003・是年 文
「浮き雲」（フィンランド）　❾ 1997・是年 文
「失われた週末」（米）　❽ 1947・是年 政
「歌う女・歌わない女」（仏・ベルギー）　❾ 1979・是年 政
「歌っているのはだれ？」（ユーゴ）　❾ 1984・是年 文
「うつくしい人生」（仏）　❾ 1999・是年 社
「美しき諍（いさか）い女」（仏）　❾ 1992・是年 社
「美しき青春」（仏）　❽ 1939・是年 社
「ウッドストック」（米）　❾ 1970・是年 文
「海の牙」（仏）　❽ 1948・是年 政
「海の野獣」（米）　❼ 1926・是年 社
「海を飛ぶ夢」（仏・伊・スペイン）　❾ 2005・是年 文
「埋れた青春」（仏）　❽ 1955・是年 文
「裏切りのサーカス」（英・仏・独）　❾ 2012・是年 社
「裏窓」（米）　❽ 1955・是年 文
「ウルガ」（ソ連）　❾ 1992・是年 社
「噂の二人」（米）　❽ 1962・是年 政
「噂のモーガン夫妻」（米）　❾ 2010・是年 社
「ウンベルト・D」（伊）　❽ 1962・是年 政
「運命の饗宴」（米）　❽ 1946・是年 社
「運命の女」（米）　❾ 2002・是年 社
「運命を分けたザイル」（英）　❾ 2005・是年 文
「永遠の処女」（米）　❽ 1947・是年 政
「映画に愛をこめてアメリカの夜」（仏・伊）　❾ 1973・是年 政
「栄光への脱出」（米）　❽ 1961・是年 文
「英国王のスピーチ」（英・仏ほか）　❾ 2011・是年 政
「エイブ・リンカーン」（米）　❽ 1946・是年 社
「エイリアン」（米）　❾ 1979・是年 政／1986・是年 政／1992・是年 社
「A.I.」（米）　❾ 2001・是年 文
「エヴェレスト征服」（英）　❽ 1954・是年 社
「駅馬車」（米）　❽ 1940・是年 政
「エグゼクティブ・デシジョン」（米）　❾ 1996・是年 社
「エクソシスト」（米）　❾ 1974・7・13 社
「エデンの東」（米）　❽ 1955・是年 文
「エド・ウッド」（米）　❾ 1995・是年 社
「エボリ」（伊・仏）　❾ 1983・是年 政
「エボリューション」（米）　❾ 2001・是年 文
「エマニエル夫人」（仏）　❾ 1974・12・21 社
「エリザベス女王」（英）　❼ 1914・是年 政
「エリザベスタウン」（米）　❾ 2005・是年 文
「エリックを探して」（米）　❾ 2011・是年 政
「L.A.コンフィデンシャル」（米）　❾ 1997・是年 文／1998・是年 社
「L.B.ジョーンズの解放」（米）　❾ 1973・是年 政
「エル・スール」（スペイン・仏）　❾ 1985・是年 文
「エレニの旅」（仏・伊・ギリシャ）　❾ 2005・是年 文
「エレファント・マン」（米・英）　❾ 1981・是年 政
「エンジェル・アット・マイ・テーブル」（ニュージーランド）　❾ 1991・是年 社
「エンド・オブ・デイズ」（米）　❾ 1999・是年 社
「オアシス」（韓）　❾ 2004・是年 文
「お熱いのがお好き」（米）　❽ 1959・是年 政
「オヴァランダース」（仏）　❽ 1948・是年 政
「王家の谷」（エジプト）　❾ 1974・是年 文
「黄金」（米）　❽ 1948・是年 文
「黄金狂時代」（米）　❼ 1925・是年 政／1926・是年 社／❽ 1946・是年 社
「黄金の腕」（米）　❽ 1955・是年 文
「王様と私」（米）　❽ 1956・是年 政
「王女メディア」（伊）　❾ 1970・是年 文
「桜桃の味」（イラン）　❾ 1998・是年 社
「大いなる幻影」（仏）　❽ 1937・是年 文
「大いなる西部」（米）　❽ 1958・是年 政
「狼たちの午後」（米）　❾ 1976・是年 社
「オオカミの誘惑」（韓）　❾ 2005・是年 文
「OK 牧場の決闘」（米）　❽ 1957・是年 政
「オーケストラ！」（仏）　❾ 2010・是年 社
「オーケストラの少女」（米）　❽ 1937・是年 文／1938・4月 社
「オーケストラ・リハーサル」（伊）　❾ 1980・是年 文
「オーシャンズ」（仏）　❾ 2010・是年 社

「オーシャンズ 12」（米） ❾ 2004·是年 文
「オーシャンズ 13」（米） ❾ 2007·是年 政
「オーシャンと 11 人の仲間」（米） ❽ 1960·是年 政
「オーストラリア」（米） ❾ 2009·是年 政
「オープニング·ナイト」（米） ❾ 1990·是年 社
「オーメン」（米） ❾ 1976·是年 社
「オール·アバウト·マイ·マザー」（スペイン） ❾ 2000·是年 文
「オール·ザ·キングスメン」（米） ❽ 1949·是年 文
「オール·ザット·ジャズ」（米） ❾ 1980·是年 文
「オールド·ボーイ」（韓） ❾ 2004·是年 文
「オールド·ルーキー」（米） ❾ 2002·是年 社
「オーロラの彼方へ」（米） ❾ 2000·是年 文
「オクラホマ」（米） ❽ 1956·2月 社
「おしどりの舞」（仏） ❼ 1921·是年 文
「おしゃれ泥棒」（米） ❾ 1966·是年 政
「オセロ」（ソ連） ❽ 1956·是年 政
「恐るべき親達」（仏） ❽ 1949·是年 文
「恐ろしき一夜」（英） ❼ 1917·是年 政
「落ちた偶像」（英） ❽ 1948·是年 政／1953·是年 政
「お蝶夫人」（米） ❼ 1933·是年 社
「オデッサ·ファイル」（米） ❾ 1975·是年 政
「男と女」（仏） ❾ 1966·是年 政
「男の敵」（米） ❼ 1935·是年 社
「大人は判ってくれない」（仏） ❽ 1960·是年 政
「乙女の星」（仏） ❽ 1949·是年 文
「踊る大紐育」（米） ❽ 1949·是年 文
「鬼が来た！」（中） ❾ 2002·是年 社
「鬼火」（仏） ❾ 1977·是年 政
「オフィシャル·ストーリー」（アルゼンチン） ❾ 1987·是年 文
「オペラ座の怪人」（英·米） ❾ 2005·是年 文
「オペラ·ハット」（米） ❼ 1936·是年 文
「思ひ出」（独·米） ❼ 1924·是年 社／1929·是年 社
「泳ぐ人」（米） ❾ 1969·是年 政
「オリーブの林をぬけて」（イラン） ❾ 1994·是年 文
「オリヴァー·トゥイスト」（英） ❼ 1913·是年 政
「オリバー！」（英） ❾ 1968·是年 政
「オルフェ」（仏） ❽ 1951·是年 文
「オルランド」（英） ❾ 1993·是年 文
「オレゴン魂」（米） ❾ 1975·是年 政
「俺たちに明日はない」（米） ❾ 1968·是年 政
「愚なる妻」（米） ❼ 1923·是年 文
「女相続人」（米） ❽ 1950·是年 文
「女狙撃兵マリュートカ」（ソ連） ❽ 1957·是年 政
「女だけの都」（仏） ❽ 1937·是年 文
「女と男のいる舗道」（仏） ❽ 1963·是年 政
「女の一生」（米） ❼ 1929·是年 社
「女の叫び」（ギリシャ·米） ❾ 1979·是年 政
「女の都」（伊·仏） ❾ 1981·是年 政
「ガープの世界」（米） ❾ 1983·是年 政
「会議は踊る」（仏） ❼ 1934·是年 政
「外人部隊」（仏） ❼ 1935·是年 社
「海底六万哩」（米） ❼ 1918·是年 社
「カイロの紫のバラ」（米） ❾ 1986·是年 政
「カウントダウン ZERO」（米·核兵器廃絶へのドキュメント） ❾ 2011·是年 政
「科学者の道」（仏） ❼ 1936·是年 文
「鏡」（ソ連） ❾ 1980·是年 文
「鏡の中にあるごとく」（スウェーデン） ❽ 1964·是年 政
「鍵」（米） ❽ 1958·是年 政
「革命児サパタ」（米） ❽ 1952·是年 文
「かくも長き不在」（仏） ❽ 1964·是年 政
「影」（ポーランド） ❽ 1959·是年 政
「崖」（仏·伊） ❽ 1958·是年 政
「崖っぷちの男」（米） ❾ 2012·是年 社
「影なき殺人」（米） ❽ 1947·是年 政
「かげろふの命」（米） ❼ 1922·是年 社
「過去からの呼声」（伊） ❼ 1924·是年 社
「過去のない男」（独·仏·フィンランド） ❾ 2003·是年 文
「カサノバ」（伊） ❾ 1980·是年 文
「カサブランカ」（米） ❽ 1946·是年 社
「ガス灯」（米） ❽ 1947·是年 政
「風が吹くとき」（英、アニメ） ❾ 1987·是年 文
「風と共に去りぬ」（米） ❽ 1952·8·24 社／是年 文
「風の丘を超えて〜西便制」（韓） ❾ 1994·是年 文
「風の輝く朝に」（香港） ❾ 1990·是年 社
「家族日誌」（伊） ❽ 1964·是年 政
「家族の肖像」（伊·仏） ❾ 1978·是年 文
「価値ある男」（メキシコ） ❽ 1961·是年 文
「カッコーの巣の上で」（米） ❾ 1976·是年 社
「カッスル夫妻」（米） ❽ 1940·是年 政
「勝手にしやがれ」（仏） ❽ 1960·是年 政
「哀しみのトリスクーナ」（伊·仏·スペイン） ❾ 1971·是年 文
「悲しみのミルク」（ペルー·スペイン） ❾ 2011·是年 政
「悲しみよこんにちは」（米·英） ❽ 1958·是年 政
「カビリアの夜」（伊） ❽ 1957·是年 政
「カビリヤ」（伊） ❼ 1916·是年 社
「カプリコン·1」（米·英） ❾ 1977·是年 政
「カポーティ」（米） ❾ 2006·是年 文
「髪結いの亭主」（仏） ❾ 1991·是年 社
「亀も空を飛ぶ」（イラク·イラン·仏） ❾ 2005·是年 文
「仮面の男」（米） ❾ 1998·是年 社
「仮面の米国」（米） ❼ 1933·是年 社
「花様年華」（香港·仏） ❾ 2001·是年 文
「カラーパープル」（米） ❾ 1986·是年 政
「ガラスの城」（仏） ❽ 1950·是年 文
「カラマーゾフの兄弟」（ソ連） ❾ 1969·是年 政
「カラマゾフの兄弟」（独） ❼ 1921·是年 社
「狩人」（ギリシャ·独·仏） ❾ 1992·是年 社
「狩人の夜」（米） ❽ 1955·是年 文
「カリガリ博士」（独） ❼ 1921·5·13 社
「ガルシアの首」（米） ❾ 1975·是年 政
「カルメン」（仏） ❼ 1927·是年 社
「華麗なる賭け」（米） ❾ 1968·是年 政
「河」（仏） ❽ 1952·是年 文
「河」（台湾） ❾ 1998·是年 社
「渇き」（韓） ❾ 2010·是年 社
「眼下の敵」（米） ❽ 1958·是年 政
「監獄ロック」（米） ❽ 1957·是年 政
「歓呼の涯」（米） ❼ 1932·是年 文
「ガンジー」（英·インド） ❾ 1983·是年 政
「完全なる結婚」（スウェーデン） ❾ 1968·是年 政
「間諜 X27」（米） ❼ 1931·是年 社
「間諜最後の日」（米） ❽ 1938·是年 政
「間諜マタ·ハリ」（米） ❼ 1932·是年 文
「ガントレット」（米） ❾ 1977·是年 政
「カンバセーション盗聴」（米） ❾ 1974·是年 文
「がんばれ！ベアーズ」（米） ❾ 1976·是年 社
「黄色い大地」（中） ❾ 1986·是年 政
「黄色いリボン」（米） ❽ 1951·是年 文
「黄色いロールスロイス」（米） ❾ 1965·是年 政
「キィン」（仏） ❼ 1924·是年 社
「帰郷」（ソ連） ❼ 1930·是年 社
「帰郷」（独） ❽ 1944·是年 社
「帰郷」（米） ❾ 1978·是年 文
「木靴の樹」（伊） ❾ 1979·是年 政
「危険な関係」（仏） ❽ 1959·是年 文
「危険な情事」（米） ❾ 1988·是年 社
「危険な年」（豪） ❾ 1983·是年 政
「傷だらけの栄光」（米） ❽ 1956·是年 政
「奇跡」（デンマーク） ❽ 1955·是年 文

「奇跡」(ベルギー) ❾ 1979・是年 政
「奇跡の海」(デンマーク) ❾ 1997・是年 文
「奇跡の丘」(伊) ❾ 1966・是年 政
「奇蹟のバラ」(米) ❼ 1919・是年 社
「奇跡の人」(米) ❽ 1963・10・26 社
「北ホテル」(仏) ❽ 1949・是年 文
「気狂いピエロ」(仏) ❾ 1967・是年 政
「きつねと私の12か月」(仏) ❾ 2008・是年 政
「昨日・今日・明日」(伊) ❽ 1964・是年 政
「ギフト」(米) ❾ 2000・是年 文
「希望音楽会」(独) ❽ 1942・是年 社
「きみがぼくを見つけた日」(米) ❾ 2009・是年 政
「君のいた永遠(とき)」(香港) ❾ 1999・是年 社
「戯夢人生」(台湾) ❾ 1993・是年 文
「キャスパー」(米、アニメ) ❾ 1995・是年 社
「キャットウーマン」(米) ❾ 2004・是年 文
「キャバレー」(米) ❾ 1972・是年 文
「キャラバン」(仏・英・ネパール・スイス) ❾ 1999・是年 社
「キャリー」(米) ❾ 1977・是年 政
「ギャング・オブ・ニューヨーク」(米・独・仏など) ❾ 2002・是年 社
「9・11アメリカ同時多発テロ最後の真実」(米) ❾ 2006・是年 文
「キュリー夫人」(米) ❽ 1946・2・28 社
「共同警備区域JSA」(韓) ❾ 2001・是年 文
「恐怖の逢いびき」(スペイン) ❽ 1955・是年 文
「恐怖の報酬」(仏) ❽ 1954・是年 社
「巨人ゴーレム」(独) ❼ 1923・是年 文
「巨人ゴーレム」(仏) ❽ 1937・是年 文
「去年マリエンバートで」(仏) ❽ 1964・是年 政
「霧の中の風景」(ギリシャ・仏) ❾ 1990・是年 社
「キリング・フィールド」(英・米) ❾ 1985・是年 文
「ギルバート・グレイプ」(米) ❾ 1994・是年 文
「キル・ビル」(米) ❾ 2003・是年 文
「疑惑の影」(米) ❽ 1946・是年 社
「キング・オブ・キングス」(米) ❽ 1961・是年 文
「キング・コング」(米) ❼ 1933・9・14 社/❾ 1976・是年 社/2005・是年 文
「禁じられた遊び」(仏) ❽ 1953・是年 政
「禁男の家」(仏) ❽ 1937・是年 文
「禁断の惑星」(米) ❽ 1956・是年 政
「クイズ・ショウ」(米) ❾ 1995・是年 社
「空軍大戦略」(英) ❾ 1969・是年 政
「牯嶺街少年殺人事件」(香港) ❾ 1992・是年 社
「グエムル―漢江の怪物―」(韓) ❾ 2006・是年 文
「クオ・ヴァディス」(伊) ❼ 1913・是年 政
「孔雀夫人」(米) ❽ 1937・是年 文
「グッド・ウィル・ハンティング旅立ち」(米) ❾ 1998・是年 社
「グッドナイト&グッドラック」(米) ❾ 2006・是年 文
「グッドフェローズ」(米) ❾ 1990・是年 社
「グッドモーニング・バビロン!」(伊・仏・米) ❾ 1987・是年 文
「靴に恋して」(スペイン) ❾ 2002・是年 社
「靴みがき」(伊) ❽ 1950・是年 文
「クヌート」(独) ❾ 2009・是年 政
「蜘蛛女のキス」(ブラジル・米) ❾ 1986・是年 政
「雲の中の散歩」(伊) ❽ 1951・是年 文
「クライング・ゲーム」(英) ❾ 1993・是年 文
「暗くなるまで待って」(米) ❾ 1967・是年 政
「グラスハウス」(米) ❾ 2001・是年 文
「クラッシュ」(米) ❾ 2006・是年 文
「グラディエーター」(米) ❾ 2000・是年 文
「グランド・ホテル」(米) ❼ 1933・是年 社
「グラン・トリノ」(米) ❾ 2009・是年 政
「グリーン・デスティニー」(米・中) ❾ 2000・是年 文
「クリムゾン・タイド」(米) ❾ 1995・是年 社
「クルーエル・インテンションズ」(米) ❾ 1999・是年 社
「クレイマー、クレイマー」(米) ❾ 1980・是年 文
「グレート・スタントマン」(米) ❾ 1978・是年 文
「グレートブルー」(仏・伊) ❾ 1988・是年 社
「クレールの刺繍」(米・仏) ❾ 2005・是年 文
「クレオパトラ」(米) ❽ 1963・是年 政
「グレン・ミラー物語」(米) ❽ 1954・是年 社
「黒いオルフェ」(仏) ❽ 1960・是年 政
「黒い瞳」(伊) ❾ 1988・是年 社
「クローサー」(香港・米) ❾ 2002・是年 社
「クローズ・アップ」(イラン) ❾ 1995・是年 社
「グローリー」(米) ❾ 1989・是年 社
「黒水仙」(英) ❽ 1951・是年 文
「クロスゲージ」(米) ❾ 1997・是年 文
「グロリア」(米) ❾ 1981・是年 政
「刑事ジョン・ブック/目撃者」(米) ❾ 1985・是年 文
「軽蔑」(仏) ❽ 1964・是年 政
「汚れなき悪戯」(スペイン) ❽ 1957・是年 政
「激怒」(米) ❼ 1937・是年 文
「激突!」(米) ❾ 1973・是年 政
「消されたヘッドライン」(米) ❾ 2009・是年 政
「結婚行進曲」(米) ❼ 1928・是年 政
「結婚しない女」(米) ❾ 1978・是年 文
「ゲッタウェイ」(メキシコ) ❾ 1973・是年 文
「拳銃の町」(米) ❽ 1946・是年 社
「拳銃無宿」(米) ❽ 1949・是年 社
「現金に手をだすな」(仏) ❽ 1955・是年 文
「憲兵モエビウス」(独) ❼ 1914・是年 政
「恋するベーカリー」(米) ❾ 2010・是年 社
「恋におちて」(米) ❾ 1985・是年 文
「恋の手ほどき」(米) ❽ 1958・是年 政
「恋の風景」(香港・中・日・仏) ❾ 2003・是年 文
「恋の骨折り損」(米・英) ❾ 1999・是年 社
「恋のゆくえ/ファビュラス・ベイカー・ボーイズ」(仏) ❾ 1990・是年 社
「恋人たち」(仏) ❽ 1959・是年 政
「恋人たちの場所」(米) ❾ 1969・是年 政
「恋人のいる時間」(仏) ❾ 1965・是年 政
「紅家の騎士」(仏) ❼ 1915・是年 政
「格子なき牢獄」(仏) ❽ 1939・是年 社
「洪水の前」(仏) ❽ 1955・是年 文
「高地戦」(韓) ❾ 2012・是年 社
「こうのとり、たちずさんで」(ギリシャ・仏・伊・スイス) ❾ 1992・是年 社
「幸福」(仏) ❾ 1966・是年 政
「幸福の谷」(米) ❼ 1921・是年 社
「荒野の1ドル銀貨」(伊) ❾ 1965・是年 政
「荒野の決闘」(米) ❽ 1947・是年 政
「荒野の七人」(米) ❽ 1961・是年 文
「荒野の用心棒」(伊) ❾ 1965・是年 政
「ゴースト・ニューヨークの幻」(米) ❾ 1990・是年 社
「ゴーストバスターズ」(米) ❾ 1984・是年 文
「ゴーストワールド」(米・英・独) ❾ 2001・是年 文
「CODE46」(英) ❾ 2004・是年 文
「氷の微笑」(米) ❾ 1992・是年 社
「GOAL! STEP1」(米・英) ❾ 2005・是年 文
「ゴールデンアイ」(英) ❾ 1995・是年 文
「ゴールデン・ボーイ」(米) ❽ 1940・是年 政
「ゴーレム」(独) ❼ 1916・是年 社
「5月のミル」(仏) ❾ 1990・是年 社
「黒衣の花嫁」(仏) ❾ 1968・是年 政
「告白」(仏) ❾ 1971・是年 文
「極楽特急」(米) ❼ 1933・是年 社
「地上より永遠に」(米) ❽ 1953・是年 政
「心なき女性」(米) ❼ 1924・是年 社

「心の旅路」（米） ❽ 1947·是年 政
「仔鹿物語」（米） ❽ 1949·是年 文
「腰抜け二挺拳銃」（米） ❽ 1949·是年 文
「GODZILLA ゴジラ」（米） ❾ 1998·是年 社
「個人教授」（仏） ❾ 1969·是年 政
「ゴスフォード・パーク」（英） ❾ 2002·是年 社
「ゴダールの決別」（仏・スイス） ❾ 1994·4·18 文
「コックと泥棒・その妻と愛人」（英・仏） ❾ 1990·是年 社
「ゴッドファーザー」（米） ❾ 1972·7·15 社／是年 文／1975·是年 政／1985·是年 文／1990·是年 社／1991·是年 社
「コブラ」（米） ❾ 1986·是年 政
「小間使の日記」（仏） ❾ 1966·是年 政
「コマンド」（米） ❾ 1985·是年 文
「コラテラル」（米） ❾ 2004·是年 文
「コラテラル・ダメージ」（米） ❾ 2001·是年 文
「ゴルゴダの丘」（仏） ❼ 1936·是年 文
「コルチャック先生」（ポーランド・西独） ❾ 1991·是年 社
「コレクター」（米・英） ❾ 1965·是年 政／1997·是年 文
「コロンブスの一代記」 ❼ 1921·2·2 文
「こわれゆく女」（米） ❾ 1993·是年 文／2001·是年 文
「こわれゆく世界の中で」（米） ❾ 2007·是年 政
「コンドル」（米） ❽ 1940·是年 政
「今晩は愛して頂戴ナ」（米） ❼ 1932·是年 文
「ザ・クラウン炎のリベンジャー」（独） ❾ 2005·是年 文
「ザ・コア」（米） ❾ 2003·是年 文
「ザ・コーヴ」（ドキュメンタリー） ❾ 2010·3·7 社
「ザ・シークレット・サービス」（米） ❾ 1993·是年 文
「ザ・シューター／極大射程」（米） ❾ 2007·是年 政
「ザ・パーソナルズ／黄昏のロマンス」（米） ❾ 1999·3·21 社
「ザ・ファイター」（米） ❾ 2011·是年 政
「ザ・プレイヤー」（米） ❾ 1993·是年 文
「ザ・ムーン」（英） ❾ 2008·是年 政
「THE RING ザ・リング」（米） ❾ 2002·是年 社
「ザ・ロック」（米） ❾ 1996·是年 社
「ザ・ワン」（米） ❾ 2001·是年 文
「サーカス」（米） ❼ 1928·是年 政
「13 デイズ」（米） ❾ 2000·是年 文
「再会の時」（米） ❾ 1984·是年 文
「サイコ」（米） ❽ 1960·是年 政／❾ 1998·是年 社
「最後の一兵まで」（独） ❽ 1940·是年 政
「最後の億万長者」（仏） ❼ 1935·是年 社
「最後の恋・初めての恋」（日・中） ❾ 2003·是年 文
「最後の中隊」（独） ❼ 1931·是年 社
「最後の涙」（デンマーク） ❼ 1913·是年 政
「最後の橋」（豪） ❽ 1956·是年 政
「最後の晩餐」（仏・伊） ❾ 1974·是年 文
「最後の人」（独） ❼ 1926·是年 社
「再生の朝に」（中） ❾ 2011·是年 政
「サウンド・オブ・サイレンス」（米） ❾ 2001·是年 文
「サウンド・オブ・ミュージック」（米） ❾ 1965·是年 政
「桜」（中） ❾ 1980·7·26 文
「桜子」（米） ❼ 1919·是年 社
「サクリファイス」（スウェーデン・仏） ❾ 1987·是年 文
「叫びとささやき」（スウェーデン） ❾ 1974·是年 文
「砂塵」（米） ❽ 1941·是年 文
「さすらい」（伊） ❽ 1959·是年 政
「さすらいの航海」（米） ❾ 1977·是年 政
「サタデー・ナイト・フィーバー」（米） ❾ 1978·是年 文
「サタン」（伊） ❼ 1913·是年 政
「殺人の追憶」（韓） ❾ 2004·是年 文
「ザッツ・エンターテイメント」（米） ❾ 1975·是年 政
「裁かるゝジャンヌ」（仏） ❼ 1929·是年 社
「裁きは終りぬ」（仏） ❽ 1954·是年 社
「砂漠は生きている」（米） ❽ 1955·1·14 社／是年 文
「サハラに舞う羽根」（米・英） ❾ 2002·是年 社
「サブウェイ・パニック」（米） ❾ 1975·是年 政
「サブウェイ 123・激突」（米） ❾ 2009·是年 政
「SAYURI」（米・中・日） ❾ 2005·是年 文
「サヨナラ」（米） ❽ 1957·是年 政
「さよなら子供たち」（仏・西独） ❾ 1988·是年 社
「サラーム・ボンベイ！」（印・英・仏・米） ❾ 1990·是年 社
「さらば愛しき女よ」（米） ❾ 1976·是年 社
「さらば青春」（伊） ❼ 1921·是年 社
「さらば・我が愛―覇王別姫」（香港） ❾ 1994·是年 文
「サラムボー」（伊） ❼ 1912·是年 社／1915·是年 政
「猿の惑星」（米） ❾ 1968·是年 政／1970·是年 文／1971·是年 文／1972·是年 文／1973·是年 文／2001·是年 文
「サルバドル遙かなる日々」（米） ❾ 1968·是年 政／1984·是年 文／1987·是年 文／2001·是年 文
「サレムの魔女」（仏） ❽ 1963·是年 政
「サン・スーシの女」（仏） ❾ 1984·是年 文
「サン・ロレンツォの夜」（伊） ❾ 1983·是年 政
「三銃士」（米） ❼ 1921·是年 社
「三銃士／王妃の首飾りとダ・ヴィンチの飛行船」（仏・英・独・米） ❾ 2011·是年 政
「サンセット大通り」（米） ❽ 1951·是年 文
「三人の妻への手紙」（米） ❽ 1950·是年 文
「三文オペラ」（独） ❼ 1932·是年 文
「サンライズ」（米） ❼ 1928·是年 政
「しあわせの隠れ場所」（米） ❾ 2010·是年 社
「幸せのちから」（米） ❾ 2006·是年 文
「幸せのレシピ」（米） ❾ 2007·是年 政
「幸せへのキセキ」（米） ❾ 2012·是年 社
「ジーキル博士とハイド」（米） ❼ 1932·是年 文
「シークレット・ウインドウ」（米） ❾ 2004·是年 文
「シービスケット」（米） ❾ 2004·是年 文
「ジープの四人」（スイス） ❽ 1952·是年 文
「J・エドガー」（米） ❾ 2012·是年 社
「JSA」（韓国） ❾ 2001·是年 文
「JFK」（米） ❾ 1992·是年 社
「ジェームズ・ディーン物語」（米） ❾ 1975·是年 政／2001·是年 文
「シェーン」（米） ❽ 1953·是年 政
「ジェーン・エア」（米） ❾ 2012·是年 社
「ジェニイの家」（仏） ❽ 1938·是年 政
「シェルタリング・スカイ」（米） ❾ 1991·是年 社／2005·是年 文
「シェルブールの雨傘」（仏） ❽ 1964·是年 政
「ジェロニモ」（米） ❽ 1941·是年 文
「市街」（米） ❼ 1931·是年 社
「シカゴ」（米） ❾ 2003·是年 文
「四月の雪」（韓） ❾ 2005·是年 文
「時間よとまれ、君は美しい」（独） ❾ 1973·是年 政
「死刑台のエレベーター」（仏） ❽ 1958·是年 政
「死刑台のメロディ」（伊） ❾ 1972·是年 文
「始皇帝暗殺」（中・日・仏・米） ❾ 1998·是年 社
「地獄に堕ちた勇者ども」（伊） ❾ 1970·是年 文
「地獄の天使」（米） ❼ 1931·是年 社
「地獄の黙示録」（米） ❾ 1980·是年 文
「ジゴマ」（仏） ❼ 1911·11·11 社／1912·10·20 社
「醜女の深情」（米） ❼ 1916·是年 社
「史上最大の作戦」（米） ❽ 1962·是年 政
「静かなる男」（米） ❽ 1953·是年 政
「静かなるドン」（ソ連） ❽ 1958·是年 政
「私生活」（仏） ❽ 1962·是年 政
「仕立て屋の恋」（仏） ❾ 1992·是年

社
「七人のマッハ!!!!!!!」(タイ) ❾ 2006·是年 文
「七年目の浮気」(米) ❽ 1955·是年 文
「質屋」(米) ❾ 1968·是年 政
「十誡」(米) ❼ 1925·是年 政／❽ 1958·是年 政
「シックス·デイ」(米) ❾ 2000·是年 文
「6デイズ7ナイツ」(米) ❾ 1998·是年 社
「シティ·オブ·ゴッド」(米·仏·ブラジル) ❾ 2003·是年 文
「自転車泥棒」(伊) ❽ 1950·是年 文
「シノラ」(米) ❼ 1933·是年 社
「しのび逢い」(仏) ❽ 1954·是年 社
「シビリゼーション」(米) ❼ 1917·是年 政
「ジプシーの唄をきいた」(ユーゴ) ❾ 1969·是年 政
「ジプシーのとき」(ユーゴ) ❾ 1991·是年 社
「シベールの日曜日」(仏) ❽ 1963·是年 政
「シベリヤ物語」(ソ連) ❽ 1948·是年 政
「市民ケーン」(米) ❾ 1966·6·14 文
「ジャイアンツ」(米) ❽ 1956·是年 政
「シャイニング」(米) ❾ 1980·是年 文
「シャイン」(豪) ❾ 1997·是年 文
「ジャスティス」(米) ❾ 2001·是年 文
「ジャッカルの日」(米) ❾ 1973·是年 政
「シャッターアイランド」(米) ❾ 2010·是年 社
「シャネル&ストラヴィンスキー」(仏) ❾ 2010·是年 社
「邪魔者は殺せ」(英) ❽ 1951·是年 文
「シャル·ウィ·ダンス?」(米) ❾ 2004·是年 文
「シャレード」(米) ❽ 1963·是年 政
「ジャングル·フィーバー」(米) ❾ 1992·是年 社
「ジャンダーク」(米·伊) ❼ 1915·是年 政／1917·是年 政
「シャンハイ·ヌーン」(米) ❾ 2000·是年 文
「ジャン·バルヂヤン」(仏) ❽ 1938·是年 政
「秋菊の物語」(中·香港) ❾ 1993·是年 文
「十字軍」(伊) ❼ 1919·是年 社
「終着駅」(伊) ❽ 1953·是年 政
「終着駅トルストイ最後の旅」(米) ❾ 2010·是年 社
「終電車」(仏) ❾ 1982·是年 政
「十二人の怒れる男」(米) ❽ 1959·是年 政
「自由の幻想」(仏) ❾ 1977·是年 政
「秋夕夢」(伊) ❼ 1912·是年 社
「自由を我等に」(仏) ❼ 1932·是年 文
「宿命」(仏) ❽ 1957·是年 政
「宿命」(韓) ❾ 2008·是年 政
「ジュニア·ボナー華麗なる挑戦」(米) ❾ 1972·是年 文
「ジュラシック·パーク」(米) ❾ 1993·7·17 社／是年 文／1997·是年 文／2001·是年 文
「ジュリア」(米) ❾ 1978·是年 政
「シュレック」(米、アニメ) ❾ 2001·是年 文／2010·是年 社
「春夏秋冬そして春」(韓国·独) ❾ 2004·是年 文
「ショアー」(仏) ❾ 1985·是年 社
「城砦」(米) ❽ 1941·是年 文
「情事」(伊) ❽ 1962·是年 政
「商船テナシチー」(仏) ❼ 1934·是年 社
「ショウタイム」(米) ❾ 2002·是年 社
「情熱なき犯罪」(米) ❼ 1935·是年 社
「少年の町」(米) ❽ 1939·是年 社
「情婦」(米) ❽ 1958·是年 政
「情婦マノン」(仏) ❽ 1950·是年 文
「勝利の歴史」(独) ❽ 1941·是年 文
「ショーシャンクの空に」(米) ❾ 1995·是年 社
「JAWS ジョーズ」(米) ❾ 1975·是年 政
「ショート·カッツ」(米) ❾ 1994·是年 文
「処女の泉」(スウェーデン) ❽ 1961·是年 文
「女帝エンペラー」(中·香港) ❾ 2007·是年 政
「ジョニーは戦場に行った」(米) ❾ 1973·是年 政
「ショパン」(ポーランド) ❾ 2011·是年 政
「除夜の悲劇」(独) ❼ 1927·是年 社
「女優志願」(米) ❽ 1963·是年 政
「女優ナナ」(仏·米) ❼ 1927·是年 社／1935·是年 社
「ジョン Q—最後の決断」(米) ❾ 2002·是年 社
「ジョンとメリー」(米) ❾ 1969·是年 政
「白雪姫」(米、アニメ) ❽ 1950·是年 文
「シリイ·シムフォニイ」(米) ❼ 1933·是年 社
「シルミド」(韓) ❾ 2003·是年 文
「白い恋人たち」(仏) ❾ 1968·是年 政
「白いドレスの女」(米) ❾ 1982·是年 政
「白き処女地」(仏) ❼ 1936·是年 文
「白熊になりたかった子ども」(仏·デンマーク、アニメ) ❾ 2002·是年 社
「進軍」(米) ❼ 1929·5·9 社
「新婚道中記」(米) ❽ 1938·是年 政
「シンシナティ·キッド」(米) ❾ 1965·是年 政
「紳士は金髪がお好き」(米) ❽ 1953·是年 政
「人生案内」(ソ連) ❼ 1932·是年 文
「人生の乞食」(米) ❼ 1929·是年 社
「人生の馬鹿」(オーストリア) ❽ 1939·是年 社
「人生は四十二から」(米) ❼ 1936·是年 文
「死んでもいい」(米) ❽ 1962·是年 政
「シンデレラ姫」(米、アニメ) ❽ 1953·是年 政
「新天地」(米) ❽ 1938·是年 政
「シンドラーのリスト」(米) ❾ 1994·是年 文
「親友」(デンマーク) ❼ 1923·是年 文
「スーパーマン」(米) ❾ 1979·是年 政
「スカイキャプテン」(米) ❾ 2004·是年 文
「スケアクロウ」(米) ❾ 1973·是年 政
「スター·ウォーズ」シリーズ(米) ❾ 1978·7·1 社／是年 文／1980·是年 文／1983·是年 政／1999·是年 社／2005·是年 文
「スター·トレック」シリーズ(米) ❾ 1980·是年 文／1983·是年 政／2009·是年 政
「スタア誕生」(米) ❽ 1938·是年 政／1955·是年 文
「スタンド·バイ·ミー」(米) ❾ 1987·是年 文
「スタンレー探検記」(米) ❽ 1940·是年 政
「スティング」(米) ❾ 1974·是年 文
「ステラ·ダラス」(米) ❼ 1926·是年 社
「ステルス」(米) ❾ 2005·是年 文
「ストリート·オブ·ファイヤー」(米) ❾ 1984·是年 文
「ストレイト·ストーリー」(米) ❾ 2000·是年 文
「ストレンジャー·ザン·パラダイス」(米·西独) ❾ 1986·是年 政
「素直な悪女」(仏) ❽ 1956·是年 政
「スネーク·アイズ」(米) ❾ 1998·是年 社
「スパイ·エンジェルグラマー美女軍団」(米) ❾ 1990·是年 社
「スパイ·ゲーム」(米) ❾ 2001·是年 文
「スパイキッズ」(米) ❾ 2001·是年 文／2003·是年 文
「スパイダー」(米) ❾ 2001·是年 文
「スパイダーマン2」(米) ❾ 2004·是年 文
「素晴らしい風船旅行」(仏) ❽ 1961·是年 文
「素晴らしき休日」(米) ❽ 1939·是年 社
「素晴らしきヒコーキ野郎」(英·米) ❾ 1965·是年 政
「スピード」(米) ❾ 1994·是年 文／1997·是年 文
「スペース·カウボーイ」(米) ❾ 2000·是年 文
「すべては愛のために」(米) ❾ 2003·是年 文
「スポーツパレード」(ソ連) ❽ 1946·是年 社
「スミス都へ行く」(米) ❽ 1941·是年 文

「スモーク」(米・日・独) ❾ 1995・是年 社
「スラップ・ショット」(米) ❾ 1977・是年 政
「スラムドッグ$ミリオネア」(英) ❾ 2009・是年 政
「スリ」(仏) ❽ 1960・是年 政
「SWAT」(米) ❾ 2003・是年 文
「聖衣」(米) ❽ 1953・12・26 社
「生活の設計」(米) ❼ 1934・是年 政
「青春群像」(伊) ❽ 1959・是年 政
「制服の処女」(独) ❼ 1933・是年 社
「西部戦線異状なし」(米) ❼ 1930・是年 社
「セールスマンの死」(米) ❽ 1952・是年 文
「世界残酷物語」(伊) ❽ 1962・9・12 社
「世界中がアイ・ラヴ・ユー」(米) ❾ 1997・是年 文
「世界女族物語」(伊) ❽ 1963・是年 政
「世界侵略・ロサンゼルス決戦」(米) ❾ 2011・是年 政
「世界の心」(米) ❼ 1920・是年 文
「Z」(仏) ❾ 1970・是年 文
「ゼニダ城の虜」(米) ❼ 1923・是年 文
「セビリアの理髪師」(伊) ❼ 1913・是年 政
「セブン」(米) ❾ 1996・是年 社
「セブン・イヤーズ・イン・チベット」(米) ❾ 1997・是年 文
「せむしの仔馬」(ソ連) ❽ 1949・是年 文
「セルラー」(米) ❾ 2004・是年 文
「007」シリーズ(英) ❾ 1965・是年 政／1966・7・30 社／1977・是年 政／1979・是年 政／1995・是年 社／1997・是年 文／2012・是年 社
「007／危機一発(ロシアより愛をこめて)」(英) ❽ 1964・是年 政
「007は殺しの番号」(英) ❽ 1963・6・1 社
「戦火のかなた」(伊) ❽ 1949・7月 文
「戦火の馬」(米) ❾ 2012・是年 社
「戦艦ポチョムキン」(ソ連) ❽ 1958・是年 政
「1900年」(伊・仏・西独) ❾ 1982・是年 政
「戦場」(ソ連) ❽ 1962・是年 政
「戦場にかける橋」(英・米) ❽ 1957・是年 政
「戦場のピアニスト」(英・仏・独・ポーランド) ❾ 2003・是年 文
「戦場よさらば」(米) ❼ 1933・是年 社
「戦争か滅亡か」(米) ❼ 1916・是年 社
「戦争と貞操」(ソ連) ❽ 1957・是年 政
「戦争と平和」(仏) ❼ 1920・是年 文
「戦争と平和」(米) ❽ 1956・是年 政
「戦争と平和(第1部)」(ソ連) ❾ 1966・是年 政
「戦争のはらわた」(米・英・西独) ❾ 1977・是年 政
「戦争は終った」(仏) ❾ 1967・是年 政
「センター・オブ・ジ・アース」(米) ❾ 2008・是年 政
「草原の輝き」(米) ❽ 1961・是年 文
「捜索者」(米) ❽ 1956・是年 政
「早春」(独) ❽ 1939・是年 社
「ソウル・サーファー」(米) ❾ 2012・是年 社
「祖国に告ぐ」(独) ❽ 1940・是年 政
「祖国は誰のものぞ」(伊) ❽ 1963・是年 政
「そして人生はつづく」(イラン) ❾ 1993・是年 文
「祖先御誕生」(伊) ❽ 1943・是年 社
「卒業」(米) ❾ 1968・是年 政
「ソドムの市」(伊) ❾ 1976・是年 社
「その男ゾルバ」(米・ギリシア) ❾ 1965・是年 政
「ソフィーの選択」(米) ❾ 1983・是年 政
「空から星が降ってくる」(オーストリア) ❽ 1961・是年 文
「空と海の間で」(仏) ❽ 1956・是年 政
「ソラリス」(米) ❾ 2002・是年 社
「存在の耐えられない軽さ」(米) ❾ 1988・是年 社
「孫文の義士団」(香港・中国) ❾ 2011・是年 政
「ダーク・エンゼル」(仏) ❼ 1926・是年 社
「ターザンの黄金」(米) ❽ 1948・3・23 社
「ダーティハリー」(米) ❾ 1972・是年 文
「ターミネーター」(米) ❾ 1985・是年 文／1991・是年 社／2003・是年 文／2009・是年 政
「ダイアルMを回せ」(米) ❽ 1954・是年 社
「大河のうた」(インド) ❾ 1970・是年 文
「第三の男」(英) ❽ 1952・是年 文
「第十七捕虜収容所」(米) ❽ 1953・是年 政
「大脱走」(米) ❽ 1963・是年 政
「タイタニック」(米) ❾ 1988・是年 社／1990・是年 社／1997・12・20 社／2008・是年 政
「タイタンの戦い」(米) ❾ 1981・是年 政
「大地」(米) ❽ 1937・是年 文
「大地と自由」(英・スペイン・独) ❾ 1996・是年 社
「大地のうた」(インド) ❽ 1955・是年 文／❾ 1966・是年 政
「隊長ブーリバ」(米) ❽ 1962・是年 政
「大統領の陰謀」(米) ❾ 1976・是年 社
「大統領の理髪師」(韓) ❾ 2005・是年 文
「ダイナソー」(米) ❾ 2000・是年 文
「第七天国」(米) ❼ 1927・是年 社
「第七の封印」(スウェーデン) ❽ 1963・是年 政
「第七のヴェール」(英) ❽ 1947・8月 政
「ダイ・ハード」(米) ❾ 1988・是年 社／1889・是年 社／1990・是年 社
「太平洋爆撃隊」(米) ❼ 1932・是年 文
「タイムマシン」(米) ❾ 2002・是年 社
「太陽」(露・仏・伊・スイス) ❾ 2006・是年 文
「太陽がいっぱい」(伊・仏) ❽ 1960・6・11 社
「太陽に灼かれて」(露・仏) ❾ 1995・是年 社
「太陽の少年」(台湾) ❾ 1997・是年 文
「太陽はひとりぼっち」(伊) ❽ 1962・是年 政
「大理石の男」(ポーランド) ❾ 1980・是年 文
「大列車作戦」(米) ❽ 1964・是年 政
「桃(タオ)さんのしあわせ」(香港・中国) ❾ 2012・是年 社
「誰が為に鐘は鳴る」(米) ❽ 1952・是年 文
「タキシード」(米) ❾ 2002・是年 社
「TAXi 3」(仏) ❾ 2003・是年 文
「タクシー・ドライバー」(米) ❾ 1976・是年 社
「タクシー・ブルース」(ソ連・仏) ❾ 1991・是年 社
「打撃王」(米) ❽ 1949・是年 文
「黄昏」(米) ❾ 1982・是年 政
「奪還アルカトラズ」(米) ❾ 2002・是年 社
「堕天使のパスポート」(英) ❾ 2004・是年 文
「旅芸人の記録」(ギリシャ) ❾ 1979・是年 政
「旅路の果て」(仏) ❽ 1948・是年 政
「ダブラスの海賊」(米) ❼ 1926・是年 社
「食べて、祈って、恋をして」(米) ❾ 2010・是年 社
「魂のジュリエッタ」(伊) ❽ 1964・是年 政／❾ 1966・是年 政
「たまゆらの女(ひと)」(中) ❾ 2002・是年 社
「ダラスの熱い日」(米) ❾ 1974・是年 文
「達磨はなぜ東へ行ったのか」(韓) ❾ 1991・是年 社
「ダロウェイ夫人」(英・オランダ) ❾ 1997・是年 文
「タワーリング・インフェルノ」(米) ❾ 1975・是年 政
「断崖」(米) ❽ 1947・是年 政
「炭坑」(独) ❼ 1932・是年 文
「ダンサー・イン・ザ・ダーク」(デンマーク) ❾ 2000・是年 文
「ダンス・ウイズ・ウルブズ」(米) ❾ 1991・是年 社
「男性・女性」(仏) ❾ 1968・是年 政
「探偵—スルース」(米・英) ❾ 1973・是年 政
「探偵物語」(米) ❽ 1953・是年 政
「ダンテズ・ピーク」(米) ❾ 1997・是年 文
「小さな巨人」(米) ❾ 1971・是年 文

「小さな恋のメロディ」(英)　❾ 1971·是年 文
「チェ 39 歳別れの手紙」(スペイン)　❾ 2009·是年 政
「チェスをする人」(インド)　❾ 1981·是年 政
「チェンジリング」(米)　❾ 2009·是年 政
「誓いの休暇」(ソ連)　❽ 1960·是年 政
「地下室のメロディー」(仏)　❽ 1963·是年 政
「地下水道」(ポーランド)　❽ 1958·是年 政
「地下鉄のザジ」(仏)　❽ 1961·是年 文
「地球で最後のふたり」(タイ·シンガポール·仏·オランダ·日本)　❾ 2004·是年 文
「地球は青かった」(ソ連)　❽ 1962·是年 政
「地上最大のショウ」(米)　❽ 1953·是年 政
「父親たちの星條旗」(米)　❾ 2006·是年 文
「父·帰る」(ロシア)　❾ 2004·是年 文
「父パードレ·パドローネ」(伊)　❾ 1982·是年 政
「チップス先生さようなら」(米)　❾ 1969·是年 政
「血と砂」(米)　❼ 1923·是年 文
「地の果てを行く」(仏)　❼ 1936·是年 文
「チャーリー」(米)　❾ 1993·是年 文
「チャーリーズ·エンジェル」(米)　❾ 2000·是年 文
「チャーリーとチョコレート工場」(英·仏·豪)　❾ 2005·是年 文
「チャイコフスキー」(ソ連)　❾ 1970·是年 文
「チャイナ·シンドローム」(米)　❾ 1979·是年 政
「チャイナタウン」(米)　❾ 1975·是年 政
「チャップリン」(英)　❼ 1923·是年 文
「チャップリンの駈落」(米)　❼ 1916·是年 社
「チャップリンの拳闘」(米)　❼ 1916·是年 社
「チャップリンの殺人狂時代」(米)　❽ 1952·是年 文
「チャップリンの独裁者」(米)　❽ 1960·是年 政
「チャング」(米)　❼ 1927·是年 社／1932·是年 社
「チャンス」(米)　❾ 1981·是年 政
「チャンピオン」(米)　❽ 1951·是年 文
「チャンプ」(米)　❼ 1932·是年 文
「中国、わがいたみ」(仏)　❾ 1990·是年 社
「TUBE」(韓)　❾ 2003·是年 文
「長距離ランナーの孤独」(英)　❽ 1964·是年 政
「蝶の舌」(スペイン)　❾ 2001·是年 文
「チョコレート」(米)　❾ 2002·是年 社
「散り行く花」(米)　❼ 1922·是年 社
「沈黙」(スウェーデン)　❽ 1964·是年 政
「沈黙の世界」(仏)　❽ 1956·是年 政
「沈黙の戦艦」(米)　❾ 1993·是年 社
「追憶」(米)　❾ 1974·是年 文
「追撃者」(米)　❾ 2000·是年 文
「追想」(仏)　❾ 1976·是年 社
「ツイン·ピークス～ローラ·パーマー最期の七日間」(米)　❾ 1992·是年 社
「月の輝く夜に」(米)　❾ 1988·是年 社
「綴り字のシーズン」(米·独)　❾ 2005·是年 文
「TSUNAMI ツナミ」(韓)　❾ 2010·是年 社
「椿姫」(米·伊)　❼ 1913·是年 政／1918·是年 社／1925·7·1 社／1927·是年 社
「つばさ」(米)　❼ 1928·是年 社
「翼の人々」(米)　❽ 1940·是年 政
「翼よ！あれが巴里の灯だ」(米)　❽ 1957·是年 政
「罪と罰」(ソ連)　❼ 1936·是年 文
「罪と罰」(仏)　❼ 1925·是年 社
「ディア·ハンター」(米)　❾ 1979·是年 政
「ディープ·インパクト」(米)　❾ 1998·是年 社
「ディープ·ブルー」(英·独)　❾ 2003·是年 文
「抵抗」(仏)　❽ 1957·是年 政
「抵抗の詩」(ユーゴ)　❾ 1970·是年 文
「帝国ホテル」(米)　❼ 1927·是年 社
「ディファイアンス」(米)　❾ 2009·是年 政
「ティファニーで朝食を」(米)　❽ 1961·是年 文
「敵·ある愛の物語」(米)　❾ 1990·是年 社
「できごと」(英)　❾ 1969·是年 政
「手錠のままの脱獄」(米)　❽ 1958·是年 政
「テス」(英·仏)　❾ 1980·是年 文
「テスト·パイロット」(米)　❽ 1938·是年 政
「鉄道員」(伊)　❽ 1958·是年 政
「デッド·エンド」(米)　❽ 1939·是年 社
「デッド·ゾーン」(米)　❾ 1987·是年 文
「デッドマン·ウォーキング」(米)　❾ 1996·是年 社
「鉄腕ターザン」(米)　❽ 1946·2·7 政
「鉄路の白薔薇」(仏)　❼ 1926·是年 社
「鉄路の闘い」(仏)　❽ 1955·是年 文
「デモリションマン」(米)　❾ 1993·是年 文
「デリンジャー」(米)　❾ 1974·是年 文
「デルス·ウザーラ」(ソ連)　❾ 1975·7·23 社
「テルマ&ルイーズ」(米)　❾ 1991·是年 社
「田園交響楽」(仏)　❽ 1950·是年 文
「天空の草原のナンサ」(独)　❾ 2006·是年 文
「天国の門」(米)　❾ 1981·是年 政
「天国への階段」(英)　❽ 1950·是年 文
「天使にラブ·ソングを」(米)　❾ 1993·是年 文／2004·是年 文
「天使のくれた時間」(米)　❾ 2000·是年 文
「天井桟敷の人々」(仏)　❽ 1952·是年 文
「天地創造」(米·伊)　❾ 1966·是年 政
「トイストーリー 2」(米、アニメ)　❾ 2000·3·11 社
「トゥー·ブラザーズ」(仏·英)　❾ 2004·是年 文
「ドゥ·ザ·ライト·シング」(米)　❾ 1990·是年 社
「灯台守の恋」(仏)　❾ 2004·是年 文
「童年往事·時の流れ」(台湾)　❾ 1989·是年 社
「逃亡者」(米)　❾ 1993·是年 文
「トゥムレイダー」(米)　❾ 2001·是年 文
「透明人間」(米)　❼ 1934·是年 社
「トゥモロー·ネバー·ダイ」(英·米)　❾ 1997·是年 文
「トゥルーマン·ショー」(米)　❾ 1998·是年 社
「トゥルーライズ」(米)　❾ 1994·是年 文
「トーク·トゥ·ハー」(スペイン)　❾ 2003·是年 文
「トータル·フィアーズ」(米)　❾ 2002·是年 社
「トータル·リコール」(米)　❾ 1990·是年 社
「都会の哀愁」(米)　❼ 1929·是年 社
「ドクター·ドリトル」(米)　❾ 1998·是年 社／2001·是年 文
「Dr.パルナサスの鏡」(米)　❾ 2010·是年 社
「ドクトル·ジバゴ」(米)　❾ 1966·是年 政
「毒流」(米)　❼ 1916·是年 社
「時計じかけのオレンジ」(米)　❾ 1972·是年 文
「年上の女」(英)　❽ 1959·是年 政
「突撃」(米)　❽ 1957·是年 政
「特攻大作戦」(米)　❾ 1967·是年 政
「突然炎のごとく」(仏)　❽ 1964·是年 政
「トッツィー」(米)　❾ 1983·是年 政
「トップガン」(米)　❾ 1986·是年 政
「トト·ザ·ヒーロー」(ベルギー·仏·独)　❾ 1991·是年 社
「隣の女」(仏)　❾ 1983·是年 政
「トム·ジョーンズの華麗な冒険」(英)　❽ 1964·是年 政
「友だちのうちはどこ？」(イラン)　❾ 1993·是年 文
「土曜の夜と日曜の朝」(英)　❽ 1961·是年 文
「ドライヴ」(米)　❾ 2012·是年 社

「ドライビング・ミス・デイジー」(米) ❾ 1990・是年 社
「トラ・トラ・トラ」(米・日) ❾ 1967・4月 社／1970・是年 文
「トラフィック」(米) ❾ 2001・是年 文
「ドランクモンキー・酔拳」(香港) ❾ 1978・是年 文
「トランスフォーマーダークサイド・ムーン」(米) ❾ 2011・是年 政
「とらんぷ譚」(仏) ❽ 1939・是年 社
「鳥」(米) ❽ 1963・是年 政
「ドリトル先生不思議な旅」(米) ❾ 1967・是年 政
「トリュフォーの思春期」(仏) ❾ 1976・是年 社
「ドレスデン、運命の日」(独) ❾ 2007・是年 政
「トロイ」(米) ❾ 2004・是年 文
「トロイアの女」(米) ❾ 1977・是年 政
「ドン・キホーテ」(仏) ❼ 1934・是年 政
「ドン・ファン」(米) ❼ 1927・是年 社／1936・是年 文
「トンケの蒼い空」(韓) ❾ 2003・是年 文
「どん底」(仏) ❽ 1937・是年 文
「冬冬の夏休み」(中) ❾ 1990・是年 社
「ナイト＆デイ」(米) ❾ 2010・是年 社
「ナイト・オン・ザ・プラネット」(米) ❾ 1992・是年 社
「ナイロビの蜂」(英・米・独・中) ❾ 2006・是年 文
「ナインハーフ」(米) ❾ 1986・是年 政
「眺めのいい部屋」(英) ❾ 1987・是年 文
「渚にて」(米) ❽ 1960・是年 政
「嘆きのテレーズ」(仏) ❽ 1954・是年 社
「嘆きのピエロ」(仏) ❼ 1925・是年 政
「ナショナル・トレジャー」(米) ❾ 2004・是年 文
「雪崩」(仏) ❼ 1926・是年 社
「ナチュラル」(米) ❾ 1984・是年 文
「ナッシュビル」(米) ❾ 1976・是年 社
「夏の嵐」(伊) ❽ 1955・是年 文
「夏の夜は三たび微笑む」(スウェーデン) ❽ 1955・是年 文
「七つの贈り物」(米) ❾ 2009・是年 政
「何がジェーンに起ったか」(米) ❽ 1963・是年 政
「ナバロンの要塞」(米) ❽ 1961・是年 文
「ナポリの饗宴」(伊) ❽ 1954・是年 社
「ナポレオン一代記」(伊) ❼ 1914・是年 政
「涙の船唄」(米) ❼ 1921・是年 社
「ナルニア国物語・第1章ライオンと魔女」(米) ❾ 2006・是年 文
「南風」(米) ❼ 1934・是年 政
「南部の人」(米) ❽ 1946・是年 社
「南方の判事」(米) ❼ 1918・是年 社
「ニーチェの馬」(ハンガリー) ❾ 2012・是年 社
「肉体の悪魔」(仏) ❽ 1952・是年 文
「肉体の道」(米) ❼ 1927・是年 社
「25年目のキス」(米) ❾ 1999・是年 社
「二重誘拐」(米・独) ❾ 2004・是年 文
「虹を摑む男」(米) ❽ 1950・是年 文
「偽牧師」(英) ❼ 1923・是年 文
「2001年宇宙の旅」(米) ❾ 1968・是年 政
「尼僧ヨアンナ」(ポーランド) ❽ 1962・是年 政
「日曜日が待ち遠しい！」(仏) ❾ 1985・是年 文
「日曜日のピュ」(スウェーデン) ❾ 1994・是年 文
「担へ銃」(米) ❼ 1920・是年 文
「日本人の勲章」(米) ❽ 1955・是年 文
「ニュー・シネマ・パラダイス」(伊・仏) ❾ 1989・是年 社
「ニューヨークの恋人」(米) ❾ 2001・是年 文
「紐育の波止場」(米) ❼ 1929・是年 社
「ニュールンベルク裁判」(米) ❽ 1962・是年 政
「女体の神秘」(西独) ❾ 1968・是年 政
「人形の家」(米) ❼ 1918・是年 社／1924・是年 社
「人形の家」(英) ❾ 1975・是年 政
「人間エジソン」(米) ❽ 1941・是年 文
「人間の運命」(ソ連) ❽ 1960・是年 政
「忍者」(日・中・香港) ❾ 2007・是年 政
「にんじん」(仏) ❼ 1934・是年 政
「沼の少女」(米) ❼ 1916・是年 社
「熱砂の舞」(米) ❼ 1926・是年 社
「ネットワーク」(米) ❾ 1977・是年 政
「ネバーエンディング・ストーリー」(英) ❾ 1985・是年 文
「眠れる美女」(ソ連) ❽ 1948・是年 政
「ネレトバの戦い」(ユーゴ) ❾ 1969・是年 政
「ノイズ」(米) ❾ 1999・是年 社
「野いちご」(スウェーデン) ❽ 1962・是年 政
「ノウイング」(米) ❾ 2009・是年 政
「ノエル」(米) ❾ 2005・是年 文
「ノートルダムの傴僂男」(米) ❼ 1924・是年 社／❽ 1940・是年 政
「ノーマ・レイ」(米) ❾ 1979・是年 政
「ノー・マンズ・ランド」(仏・伊・スロベニア) ❾ 2002・是年 社
「ノスタルジア」(伊・ソ連) ❾ 1984・是年 文
「ノッティングヒルの恋人」(英・米) ❾ 1999・是年 社
「呪の鬼」(ソ連) ❼ 1915・是年 政
「呪の瀧」(仏) ❼ 1919・是年 社
「バーティカル・リミット」(米) ❾ 2000・是年 文
「ハート・ロッカー」(米) ❾ 2010・是年 社
「バートン・フィンク」(米) ❾ 1992・是年 社
「パーフェクト・ワールド」(米) ❾ 1994・是年 文
「ハイウェイマン特別編」(米) ❾ 2003・是年 文
「バイオハザード」(米・独・英) ❾ 2002・是年 社／2012・是年 社
「ハイ・クライムズ」(米) ❾ 2002・是年 社
「背信」(仏) ❽ 1940・是年 政
「灰とダイヤモンド」(ポーランド) ❽ 1959・是年 政
「パイレーツ・オブ・カリビアン」(米) ❾ 2003・是年 文／2006・是年 文／2007・是年 政／2011・是年 政
「バウンティフルへの旅」(米) ❾ 1987・是年 文
「墓石と決闘」(米) ❾ 1967・是年 政
「博士の異常な愛情」(米) ❽ 1964・是年 政
「バグダッド・カフェ」(西独) ❾ 1989・是年 社
「バグダッドの盗賊」(米) ❽ 1951・是年 文
「白昼の決闘」(米) ❽ 1951・是年 文
「爆風の効果」(米・記録) ❾ 1974・8・14 文
「白毛女」(中国) ❽ 1955・是年 文
「パサジェルカ」(ポーランド) ❽ 1964・是年 政
「始めに罪あり」(独) ❽ 1957・1・19 社
「バス停留所」(米) ❽ 1956・是年 政
「ハスラー」(米) ❽ 1962・是年 政
「裸の町」(米) ❽ 1949・是年 文
「裸のランチ」(英・カナダ) ❾ 1992・是年 社
「裸足の伯爵夫人」(米・伊) ❽ 1954・是年 社
「バチ当たり修道院の最期」(スペイン) ❾ 1993・是年 文
「八月十五日夜の茶屋」(米) ❽ 1957・是年 政
「八月の鯨」(米) ❾ 1988・是年 社
「八十日間世界一周」(米) ❽ 1957・是年 政
「8½」(はっかにぶんのいち、米) ❾ 1965・是年 政
「蜂の旅人」(仏・伊・ギリシャ) ❾ 1996・是年 社
「八人の女たち」(仏) ❾ 2002・是年 社
「HACHI 約束の犬」(米) ❾ 2009・是年 政
「バック・トゥ・ザ・フューチャー」(米) ❾ 1985・是年 文／1989・是年 社／1990・是年 社
「初恋のきた道」(中) ❾ 2000・是年 文
「パッション」(独) ❼ 1922・是年 社
「バットマン」(米) ❾ 1989・是年 社

／2005·是年 文
「波止場」(米) ❽ 1954·是年 社
「パトリオット」(米) ❾ 2000·是年 文
「バトルシップ」(米) ❾ 2012·是年 社
「バニシング·ポイント」(米) ❾ 1971·是年 文
「パニッシャー」(米) ❾ 2004·是年 文
「母」(米) ❼ 1932·是年 文
「母と娘」(フィリピン) ❾ 2000·是年 文
「母なる証明」(韓) ❾ 2009·是年 政
「母の瞳」(独) ❽ 1944·是年 社
「パパは、出張中」(ユーゴ) ❾ 1986·是年 政
「パピヨン」(米) ❾ 1974·是年 文
「パブリック·エネミーズ」(米) ❾ 2009·是年 政
「バベットの晩餐会」(デンマーク) ❾ 1989·是年 社
「バベル」(米) ❾ 2007·是年 政
「ハムナプトラ2·黄金のピラミッド」(米) ❾ 2001·是年 文
「ハムレット」(英) ❽ 1949·是年 文
「ハムレット」(ソ連) ❽ 1964·是年 政
「パラサイト」(米) ❾ 1998·是年 社
「バラの刺青」(米) ❽ 1956·是年 政
「薔薇の名前」(仏·西独·伊) ❾ 1987·是年 文
「パラマウント·オン·パレード」(米) ❼ 1930·是年 社
「ハリー·ポッター」シリーズ(英·米) ❾ 1997·是年 文／2001·是年 文／2004·是年 文／2009·是年 政／2010·是年 社／2011·是年 政
「バリー·リンドン」(米) ❾ 1976·是年 社
「ハリーとトント」(米) ❾ 1975·是年 政
「ハリウッド·ミューズ」(米) ❾ 1999·是年 社
「ハリケーン」(米) ❽ 1939·是年 社
「巴里祭」(仏) ❼ 1933·是年 社
「パリ、テキサス」(西独) ❾ 1985·是年 文
「巴里のアメリカ人」(米) ❽ 1951·是年 文
「パリの恋人」(米) ❽ 1957·是年 政
「巴里の女性」(米) ❼ 1924·是年 社
「巴里の空の下セーヌは流れる」(仏) ❽ 1952·是年 文
「巴里の屋根の下」(仏) ❼ 1931·是年 社
「パリは燃えているか」(米) ❾ 1966·是年 政
「春」(ソ連) ❼ 1931·是年 社
「春の序曲」(米) ❽ 1946·2·28 社
「パルプ·フィクション」(米) ❾ 1994·是年 文
「バルカン超特急」(英) ❾ 1976·是年 社
「バンク·ジョブ」(英) ❾ 2008·是年 政
「犯罪河岸」(仏) ❽ 1949·是年 文
「犯罪都市」(米) ❼ 1933·是年 社
「晩秋」(米) ❾ 1989·是年 社
「ハンター」(カザフスタン) ❾ 2003·是年 文
「ハンター」(米) ❾ 2012·是年 社
「バンド·ワゴン」(米) ❽ 1955·是年 文
「ハンナとその姉妹」(米) ❾ 1987·是年 文
「ハンニバル」(米) ❾ 2000·是年 文
「バンビ」(米、アニメ) ❽ 1951·是年 文
「火」(伊) ❼ 1917·是年 政
「ヒアアフター」(米) ❾ 2011·是年 政
「ピアニストを撃て」(仏) ❽ 1963·是年 政
「ピアノ·レッスン」(豪) ❾ 1994·是年 文
「P. S. アイラヴユー」(米) ❾ 2008·是年 政
「ピースメーカー」(米) ❾ 1997·是年 文
「ピーターパン」(仏) ❼ 1925·是年 政
「ビーン」(英) ❾ 1997·是年 文
「東は東」(米) ❽ 1952·是年 文
「光のほうへ」(デンマーク) ❾ 2011·是年 政
「引き裂かれた女」(仏) ❾ 2011·是年 政
「ビクター／ビクトリア」(米) ❾ 1982·是年 政
「ピクニック」(米) ❽ 1956·是年 政
「悲情城市」(台湾) ❾ 1990·是年 社
「美女と野獣」(仏) ❽ 1948·是年 政
「美女と野獣」(米、アニメ) ❾ 1992·是年 社
「ビッグ·ウェンズデー」(米) ❾ 1979·是年 政
「ビッグ·パレード」(米) ❼ 1927·是年 社
「ビッグ·フィッシュ」(米) ❾ 2004·是年 文
「羊たちの沈黙」(米) ❾ 1991·是年 社
「必死の逃亡者」(米) ❽ 1956·是年 政
「美と力への道」(独) ❼ 1926·是年 社
「ヒトラー最後の十二日間」(独·伊·オーストリア) ❾ 2005·是年 文
「ひとりぼっちの青春」(米) ❾ 1970·是年 文
「一人息子」(独) ❼ 1917·是年 文
「陽の当る場所」(米) ❽ 1952·是年 文
「火の海」(米) ❼ 1918·是年 社
「美の祭典」(独) ❽ 1940·是年 政
「日の名残り」(米) ❾ 1994·是年 文
「ビバ!マリア」(仏·伊) ❾ 1966·是年 政
「ビフォア·ザ·レイン」(マケドニア·英·仏) ❾ 1996·是年 社
「美貌の敵」(独) ❽ 1943·是年 社
「ひまわり」(伊) ❾ 1970·是年 文
「秘密と嘘」(仏) ❾ 1997·是年 文
「秘密のかけら」(カナダ·英·米) ❾ 2006·是年 文
「101匹わんちゃん大行進」(米、アニメ) ❽ 1962·是年 政
「100人の子供たちが列車を待っている」(チリ) ❾ 1990·是年 社
「百万長者と結婚する法」(米) ❽ 1954·是年 社
「百万人の音楽」(米) ❽ 1947·是年 政
「白夜」(ソ連) ❼ 1935·是年 社
「ヒューゴの不思議な発明」(米) ❾ 2012·是年 社
「評決」(米) ❾ 1983·是年 政
「ビリー·ザ·キッド21歳の生涯」(米) ❾ 1973·是年 政
「昼顔」(仏) ❾ 1967·是年 政
「昼下りの情事」(米) ❽ 1957·是年 政
「昼間から呑む」(韓) ❾ 2011·是年 政
「悲恋」(仏) ❽ 1948·是年 政
「ビロウ」(米) ❾ 2002·是年 社
「ピロスマニ」(グルジア) ❾ 1978·是年 文
「ピンポンは国境を越えて友情開花」(中) ❾ 1973·是年 政
「ファーゴ」(米) ❾ 1996·是年 社
「ファイアー·ストーム」(米) ❾ 1997·是年 文
「ファイブ·イージー·ピーセス」(米) ❾ 1971·是年 文
「ファザー」(伊) ❼ 1913·是年 政
「ファニーとアレクサンデル」(スウェーデン·仏·西独) ❾ 1985·是年 文
「ファミリー·プロット」(米) ❾ 1976·是年 社
「ファム·ファタール」(米) ❾ 2002·是年 社
「ファントマ」(仏) ❼ 1915·是年 政
「フィールド·オブ·ドリームス」(米) ❾ 1990·是年 社
「フィガロの婚礼」(伊) ❼ 1913·是年 政
「フィッツカラルド」(西独) ❾ 1983·是年 政
「フィフス·エレメント」(米·仏) ❾ 1997·是年 文
「15ミニッツ」(米) ❾ 2001·是年 文
「風雪の太陽」(ユーゴ) ❾ 1973·是年 政
「ブーリン家の姉妹」(米) ❾ 2008·是年 政
「フール·フォア·ラブ」(米) ❾ 1986·是年 政
「フェイク」(米) ❾ 1997·是年 文
「フェーム」(米) ❾ 1980·是年 文
「ブエノスアイレス」(香港) ❾ 1997·是年 文
「フェリーニのアマルコルド」(伊) ❾ 1974·是年 文
「フェリーニの道化師」(伊) ❾ 1976·是年 社
「フェリーニのローマ」(伊) ❾ 1972·是年 文
「フォレスト·ガンプ」(米) ❾ 1995·是年 社／2000·是年 社
「ブギーナイツ」(米) ❾ 1998·是年 社

「不思議の国のアリス」(米、アニメ) ❽ 1953·是年 政
「豚と天国」(ペルー·スペイン·スイス) ❾ 1992·是年 社
「ふたりの女」(伊) ❽ 1961·是年 文
「ふたりのベロニカ」(仏·ポーランド) ❾ 1992·是年 社
「普通の人々」(米) ❾ 1981·是年 政
「復活」(ソ連) ❼ 1917·是年 政／❾ 1965·是年 政
「復活」(伊) ❼ 1919·是年 社
「ブッシュマン」(南アフリカ) ❾ 1982·是年 政
「舞踏会の手帖」(仏) ❽ 1938·是年 政
「踏切のある通り」(旧ソ連) ❾ 1989·10·10 社
「不滅の霊魂」(スウェーデン) ❼ 1922·是年 社
「冬の旅」(仏) ❾ 1991·是年 社
「芙蓉鎮」(中) ❾ 1988·是年 社
「フライ·ダディ」(韓) ❾ 2007·是年 政
「フライト·オブ·フェニックス」(米) ❾ 2004·是年 文
「フライド·グリーン·トマト」(米) ❾ 1992·是年 社
「プライドと偏見」(英) ❾ 2006·是年 文
「プライベート·ライアン」(米) ❾ 1998·是年 社
「ブラザーズ·グリム」(英·米·チェコ) ❾ 2005·是年 文
「プラダを着た悪魔」(米) ❾ 2006·是年 文
「ブラック·スワン」(米) ❾ 2011·是年 政
「ブラック·ダリア」(米) ❾ 2006·是年 文
「ブラック·レイン」(米) ❾ 1989·是年 社
「ブラックホーク·ダウン」(米) ❾ 2001·是年 文
「フラッシュダンス」(米) ❾ 1983·是年 政
「プラットホーム站台」(中) ❾ 2001·是年 文
「プラトーン」(米) ❾ 1987·是年 文
「フラメンコ·フラメンコ」(スペイン) ❾ 2012·是年 社
「フランス軍中尉の女」(英) ❾ 1982·是年 政
「仏蘭西座」(仏) ❽ 1941·是年 文
「ブリキの太鼓」(西独·仏) ❾ 1981·是年 政
「ブリット」(米) ❾ 1968·是年 政
「フリッパー」(米) ❽ 1964·是年 政
「プリティ·ブライド」(米) ❾ 1999·是年 社
「プリティ·ベビー」(米) ❾ 1978·是年 文
「プリティ·リーグ」(米) ❾ 1992·是年 社
「不良少女モニカ」(スウェーデン) ❽ 1955·是年 文
「プリンス&プリンセス」(仏、アニメ) ❾ 1999·是年 社
「プリンセスと魔法のキス」(米、アニメ) ❾ 2010·是年 社
「ブルー·ハワイ」(米) ❽ 1962·是年 政
「ブルース·ブラザース」(米) ❾ 1981·是年 政
「プルーフ·オブ·マイ·ライフ」(米) ❾ 2006·是年 文
「ブルーベルベット」(米) ❾ 1987·是年 文
「古きもの新しきもの　全線」(ソ連) ❼ 1931·是年 社
「ブルグ劇場」(独) ❽ 1939·是年 社
「ブルジョワジーの秘かな愉しみ」(仏) ❾ 1974·是年 文
「ブルックリン横町」(米) ❽ 1947·是年 政
「ブルドッグ」(米) ❾ 2002·是年 社
「フルメタル·ジャケット」(米) ❾ 1988·是年 社
「フル·モンティ」(英) ❾ 1998·是年 社
「プレイス·イン·ザ·ハート」(米) ❾ 1984·是年 文
「ブレイド」(米) ❾ 1998·是年 社
「ブレイブ」(米) ❾ 1997·是年 文
「ブレイブハート」(米) ❾ 1995·是年 社
「ブレードランナー」(米) ❾ 1982·是年 政／2007·是年 政
「プレタポルテ」(米) ❾ 1995·是年 社
「フレンチ·カンカン」(仏) ❽ 1955·是年 文
「フレンチ·コネクション」(米) ❾ 1972·是年 文
「プロヴァンス物語マルセルの夏」(仏) ❾ 1991·是年 社
「ブロークバック·マウンテン」(米) ❾ 2006·是年 文
「ブロークン·アロー」(米) ❾ 1996·是年 社
「ブロークン·イングリッシュ」(米) ❾ 2008·是年 政
「ブロードウェイ·ブロードウェイ コーラスラインにかける夢」(米) ❾ 2008·是年 政
「プロジェクトA」(香港) ❾ 1984·是年 文
「プロジェクトBB」(香港) ❾ 2007·是年 政
「プロスペローの本」(英·仏) ❾ 1991·是年 社
「プロビデンス」(仏) ❾ 1979·是年 政
「フロム·ヘル」(米) ❾ 2001·是年 文
「フロント·ページ」(米) ❾ 1975·是年 政
「文化果つるところ」(英) ❽ 1953·是年 政
「ペイバック」(米) ❾ 1999·是年 社
「平和に生きる」(伊) ❽ 1949·是年 文
「ベートーベン」(米) ❾ 1992·是年 社
「ペーパームーン」(米) ❾ 1974·是年 文
「ヘッドライト」(仏) ❽ 1956·是年 政
「別離」(イラン) ❾ 2012·是年 社
「ベトナムから遠く離れて」(仏) ❾ 1968·是年 政
「ベニスに死す」(伊) ❾ 1971·是年 文
「紅家の騎士」(仏) ❼ 1915·是年 政
「ペパーミント·キャンディー」(韓) ❾ 2000·是年 文
「仮面(ペルソナ)」(スウェーデン) ❾ 1967·是年 政
「ベルリン·天使の詩」(西独·仏) ❾ 1988·是年 社
「ペレ」(デンマーク·スウェーデン) ❾ 1989·是年 社
「ベン·ハー」(米) ❼ 1928·是年 政／❽ 1960·4·1 社
「ベンガルの槍騎兵」(米) ❼ 1935·是年 社
「ベンジャミン·バトン数奇な人生」(米) ❾ 2009·是年 政
「ヘンリー五世」(英) ❽ 1948·是年 政
「砲艦サンパブロ」(米) ❾ 1966·是年 政
「望郷」(仏) ❽ 1939·是年 社
「冒険者たち」(仏) ❾ 1967·是年 政
「暴行」(米) ❽ 1964·是年 政
「暴走特急」(米) ❾ 1995·是年 社
「暴力教室」(米) ❽ 1955·9·13 社
「ボウリング·フォー·コロンバイン」(米·独·カナダ) ❾ 2003·是年 文
「ポーウェル嬢のエジプト·ダンス」 ❼ 1925·7·1 社
「ポー·ジェスト」(仏) ❼ 1927·是年 社
「ホーム·アローン」(米) ❾ 1991·是年 社／1992·是年 社／1997·是年 文
「ボーン·アイデンティティー」(米) ❾ 2002·是年 社
「ボーン·コレクター」(米) ❾ 1999·是年 社
「ホーンテッド·マンション」(米) ❾ 2003·是年 文
「ボギー！俺も男だ」(米) ❾ 1973·是年 政
「ポギーとベス」(米) ❽ 1961·是年 文
「ボクサー」(米) ❾ 1971·是年 文
「ぼくの伯父さん」(仏·伊) ❽ 1958·是年 政
「僕の村は戦場だった」(ソ連) ❽ 1963·是年 政
「北北西に進路を取れ」(米) ❽ 1959·是年 政
「僕を愛したふたつの国ヨーロッパヨーロッパ」(仏·独) ❾ 1993·是年 文
「慕情」(米) ❽ 1955·是年 文
「ポセイドン·アドベンチャー」(米) ❾ 1973·是年 政／2006·是年 文
「墓石と決闘」(米) ❾ 1967·是年 政
「北海の漁火」(米) ❼ 1932·是年 文
「ボディガード」(米) ❾ 1992·是年 社
「ホテル·ニューハンプシャー」(米) ❾ 1986·是年 政
「炎のランナー」(英) ❾ 1982·是年

政
「ポリス・ストーリー３」（香港）　❾ 1992·是年 社
「ホリデイ」（米）　❾ 2007·是年 政
「ボルケーノ」（米）　❾ 1997·是年 文
「ポルターガイスト」（米）　❾ 1982·是年 政
「幌馬車」（米）　❼ 1924·是年 社／❽ 1950·是年 文
「滅びゆく民族」（米）　❼ 1926·是年 社
「ホワイトハウスに於けるクーリッヂ大統領の演説」　❼ 1925·7·1 社
「ホワイトハンター・ブラックハート」（米）　❾ 1990·是年 社
「香港国際警察」（香港）　❾ 1998·是年 社
「煩悩」（仏）　❼ 1928·是年 政
「ポンペイ最後の日」（伊）　❼ 1914·是年 政
「マーガレット・サッチャー鉄の女の涙」（英）　❾ 2012·是年 社
「マーキュリー・ライジング」（米）　❾ 1998·是年 社
「マーズ・アタック!」（米）　❾ 1997·是年 文
「マーティ」（米）　❽ 1955·是年 文
「マーラー」（独）　❾ 2011·是年 政
「マイティ・ハート・愛と絆」（米・英）　❾ 2007·是年 政
「マイ・フェア・レディ」（米）　❽ 1964·是年 政
「マイ・ライフ・アズ・ア・ドッグ」（スウェーデン）　❾ 1989·是年 社
「マクベス」（米）　❼ 1917·是年 政
「マクリントック」（米）　❽ 1963·是年 政
「マスク」（米）　❾ 2000·是年 文
「マダムと泥棒」（英）　❽ 1955·是年 文
「間違えられた男」（米）　❽ 1957·是年 政
「街の天使」（米）　❼ 1928·是年 政
「街の人気者」（米）　❽ 1947·是年 政
「街の燈」（米）　❼ 1934·是年 政
「街の風景」（米）　❼ 1933·是年 社
「マックQ」（米）　❾ 1973·是年 政
「MASH マッシュ」（米）　❾ 1970·是年 文
「マッチ工場の少女」（フィンランド・スウェーデン）　❾ 1991·是年 社
「マッチポイント」（英）　❾ 2006·是年 文
「マッドマックス」（豪）　❾ 1979·是年 政
「マディソン郡の橋」（米）　❾ 1995·是年 社
「マドモアゼル」（英）　❾ 1966·是年 政
「マトリックス」（米）　❾ 1999·是年 社
「真夏の夜の夢」（米）　❼ 1914·是年 政／1936·是年 文
「マネートレイン」（米）　❾ 1995·是年 社
「招かれざる客」（米）　❾ 1967·是年 政
「真昼の決闘」（米）　❽ 1952·是年 文
「まぼろし」（仏）　❾ 2002·是年 社
「幻の馬車」（米）　❽ 1940·是年 政
「ママの想い出」（米）　❽ 1949·是年 文
「ママの遺したラヴソング」（米）　❾ 2007·是年 政
「真夜中のカーボーイ」（米）　❾ 1969·是年 政
「真夜中のパーティー」（米）　❾ 1972·是年 文
「マラソンマン」（米）　❾ 1977·是年 政
「マリア・ブラウンの結婚」（西独）　❾ 1980·是年 文
「マルコヴィッチの穴」（米）　❾ 2000·是年 文
「マルホランド・ドライブ」（米・仏）　❾ 2002·是年 社
「マルメロの陽光」（スペイン）　❾ 1993·是年 文
「マンハッタン」（米）　❾ 1980·是年 文
「マンマ・ミーア!」（米）　❾ 2009·是年 政
「未完成交響楽」（仏）　❼ 1935·是年 社
「未完成交響楽」（独）　❽ 1942·5·11 社
「ミクロの決死圏」（米）　❾ 1966·是年 政
「みじかくも美しく燃え」（スウェーデン）　❾ 1968·是年 政
「見知らぬ乗客」（米）　❽ 1951·是年 文
「見知らぬ人」（インド）　❾ 1992·是年 社
「ミスター・グッドバーを探して」（米）　❾ 1978·是年 文
「ミスティック・リバー」（米）　❾ 2004·是年 文
「水の中のナイフ」（ポーランド）　❾ 1965·是年 政
「道」（伊）　❽ 1957·是年 政
「路」（トルコ・スイス）　❾ 1985·是年 文
「未知との遭遇」（米）　❾ 1978·2·25 社
「密告」（仏）　❽ 1950·是年 文
「密告の砦」（ハンガリー）　❾ 1977·是年 政
「ミッション」（英）　❾ 1987·是年 文
「ミッション・インポッシブル」（米）　❾ 1996·是年 社／2011·是年 政
「ミッションX」（米・独）　❾ 2004·是年 文
「ミッシング」（米）　❾ 1982·是年 政
「ミッドナイト・イン・パリ」（米）　❾ 2012·是年 社
「ミッドナイト・エクスプレス」（米）　❾ 1978·是年 文
「ミッドナイト・ラン」（米）　❾ 1988·是年 社
「蜜の味」（英）　❽ 1963·是年 政
「ミツバチのささやき」（スペイン）　❾ 1985·是年 文
「緑色の部屋」（仏）　❾ 1980·是年 文
「緑の館」（米）　❽ 1959·是年 政
「港町にて」（仏）　❼ 1930·是年 社
「身代金」（米）　❾ 1997·是年 文
「ミモザ館」（仏）　❼ 1936·是年 文
「ミュンヘン」（米）　❾ 2006·是年 文
「ミラーズ」（米）　❾ 2008·是年 政
「ミラーズ・クロッシング」（米）　❾ 1991·是年 社
「未来世紀ブラジル」（英・米）　❾ 1986·是年 政
「ミラクルマン」（米）　❼ 1921·是年 社
「ミラノの奇蹟」（伊）　❽ 1952·是年 文
「ミリオンダラー・ベイビー」（米）　❾ 2005·是年 文
「ミルク」（米）　❾ 2009·是年 政
「民族の祭典」（独）　❽ 1940·是年 政
「ムアンとリット」（タイ）　❾ 1995·是年 社
「ムーラン・ルージュ」（仏）　❼ 1928·是年 政
「ムーラン・ルージュ」（米・豪）　❾ 2001·是年 文
「ムーンライト・マイル」（米）　❾ 2002·是年 社
「麦の穂をゆらす風」（アイルランド・英）　❾ 2006·是年 文
「息子の部屋」（伊）　❾ 2002·是年 社
「むすめ七人」（伊）　❽ 1942·是年 社
「ムトゥ・踊るマハラジャ」（インド）　❾ 1998·是年 社
「無防備都市」（伊）　❽ 1950·是年 文
「群れ」（トルコ）　❾ 1986·是年 政
「ムンク愛のレクイエム」（ノルウェー・スウェーデン）　❾ 1991·是年 社
「名金」（米）　❼ 1915·是年 政
「めぐり逢い」（米）　❽ 1957·是年 政
「めぐりあう時間たち」（米・英）　❾ 2003·是年 文
「召使い」（英）　❾ 1968·是年 政
「メジャーリーグ３」（米）　❾ 1998·是年 社
「メトロポリス」（独）　❼ 1929·是年 社
「眼には眼を」（仏）　❽ 1958·是年 政
「メフィスト」（西独・ハンガリー）　❾ 1982·是年 政
「めまい」（米）　❽ 1958·是年 政
「メリー・ポピンズ」（米）　❾ 1965·是年 政
「メリー・ウィドウ」（米）　❼ 1935·是年 社
「メン・イン・ブラック」（米・ギリシャ）　❾ 1997·是年 文／2002·是年 社
「メンフィス・ベル」（米）　❾ 1990·是年 社
「もうひとりの息子」（仏）　❾ 2012·10·20 社
「燃えよドラゴン」（香港・米）　❾ 1973·12·22 社
「モーターサイクル・ダイアリーズ」（英・米・独・メキシコ）　❾ 2004·是年 文
「モーテル」（米）　❾ 2007·是年 政
「モーリス」（英）　❾ 1988·是年 社
「モダン・タイムス」（米）　❽ 1938·是年 政
「モヒカン族の最後」（米）　❼ 1921·是年 社

「森の中の淑女たち」（カナダ） ❾ 1993・是年 文
「モロッコ」（米） ❼ 1931・2・11 社／是年 社
「モンスター」（米） ❾ 2004・是年 文
「モンタナの風に抱かれて」（米） ❾ 1998・是年 社
「文なし横丁の人々」（英） ❽ 1955・是年 文
「モン・パリ」（仏） ❼ 1929・是年 社
「約束の土地」（ポーランド） ❾ 1981・是年 政
「屋根」（伊） ❽ 1957・是年 政
「屋根の上のバイオリン弾き」（米） ❾ 1971・是年 文
「やぶにらみの暴君」（仏） ❽ 1955・是年 文
「野望の系列」（米） ❾ 1965・是年 政
「山の郵便配達」（中） ❾ 2001・是年 文
「闇の列車、光の旅」（米・メキシコ） ❾ 2009・是年 政
「柔らかい肌」（仏） ❾ 1965・是年 政
「U-571」（米） ❾ 2000・是年 文
「U・ボート」（西独） ❾ 1982・是年 政
「勇気ある追跡」（米） ❾ 1969・是年 政
「ユーコンの叫び」（米） ❽ 1945・12・6 社
「ユージュアル・サスペクツ」（米） ❾ 1996・是年 社
「友情ある説得」（米） ❽ 1957・是年 政
「夕陽のガンマン」シリーズ（伊） ❾ 1966・是年 政／1967・是年 政
「郵便配達は二度ベルを鳴らす」（米） ❾ 1981・是年 政
「幽霊西へ行く」（仏） ❼ 1936・是年 文
「夢の涯てまでも」（日・米・独・仏・豪） ❾ 1992・是年 社
「夢みる唇」（独） ❼ 1933・是年 社
「ユリシーズの瞳」（ギリシャ・仏・伊） ❾ 1996・是年 社
「許されざる者」（米） ❾ 1992・是年 社／1993・是年 文
「揺れる大地」（伊） ❽ 1948・是年 政
「陽気な中尉さん」（米） ❼ 1931・是年 社
「陽気なドン・カミロ」（仏） ❽ 1954・是年 社
「欲望」（英） ❾ 1967・是年 政
「欲望という名の電車」（米） ❽ 1952・是年 文
「欲望のあいまいな対象」（仏・スペイン） ❾ 1984・是年 文
「酔っぱらった馬の時間」（イラン） ❾ 2002・是年 社
「四人の悪魔」（米） ❼ 1929・是年 社
「四枚の羽根」（米） ❼ 1929・是年 社
「夜」（伊） ❽ 1962・是年 政
「夜と霧」（仏） ❽ 1961・是年 文
「夜の大捜査線」（米） ❾ 1967・是年 政
「鎧なき騎士」（仏） ❽ 1938・是年 政
「歓びを歌にのせて」（スウェーデン） ❾ 2005・是年 文
「ライアンの娘」（英） ❾ 1971・是年 文
「ライオン・キング」（米、アニメ） ❾ 1994・是年 文／1998・是年 社
「ライトスタッフ」（米） ❾ 1984・是年 文
「ライフ・イズ・ビューティフル」（伊） ❾ 1999・是年 社
「ライムライト」（米） ❽ 1953・是年 政
「ラインの仮橋」（仏） ❽ 1961・是年 文
「ラインの監視」（米） ❽ 1946・是年 社
「ラヴ・パレード」（米） ❼ 1930・是年 社
「ラジオ・デイズ」（米） ❾ 1987・是年 文
「ラスト・アクション・ヒーロー」（米） ❾ 1993・是年 文
「ラストエンペラー」（伊・英・中・米・日） ❾ 1988・是年 社
「ラストサマー 2」（米） ❾ 1998・是年 社
「ラストサムライ」（米） ❾ 2003・是年 文
「ラスト・シューティスト」（米） ❾ 1976・是年 社
「ラスト・ショー」（米） ❾ 1972・是年 文
「ラスト・タンゴ・イン・パリ」（伊・仏） ❾ 1973・是年 政
「ラストワルツ」（米） ❾ 1978・是年 文
「ラスベガス万歳」（米） ❽ 1963・是年 政
「ラッシュアワー」（米） ❾ 1998・是年 社／2001・是年 文
「ラッディ・ウィドプト氏サクサフォーン独奏」 ❼ 1925・7・1 社
「LOVERS」（中） ❾ 2004・是年 文
「ラブソングができるまで」（米） ❾ 2007・是年 政
「ラブリーボーン」（米） ❾ 2010・是年 社
「ラム・ダイアリー」（米） ❾ 2012・是年 社
「ラリー・フリント」（米） ❾ 1997・是年 文
「ラルジャン」（仏・スイス） ❾ 1986・是年 政
「乱菊の舞」（仏） ❼ 1917・是年 政
「ランナウェイ」（米） ❾ 1997・是年 文
「ランボー」シリーズ（米） ❾ 1982・是年 政／1985・是年 文／1986・是年 政
「リアル・スティール」（米） ❾ 2011・是年 政
「リーピング」（米） ❾ 2007・是年 政
「リオ・グランデの砦」（米） ❽ 1952・是年 文
「リオ・ブラボー」（米） ❽ 1959・是年 政
「リオ・ロボ」（米） ❾ 1970・是年 文
「離愁」（仏・伊） ❾ 1975・是年 政
「リチャード三世」（英） ❽ 1956・是年 政
「リトル・ダンサー」（米） ❾ 2001・是年 文
「リトル・チュン」（香港・日） ❾ 1999・是年 社
「リバー・ランズ・スルー・イット」（米） ❾ 1993・是年 文
「リプリー」（米） ❾ 1999・是年 社
「リベラ・メ」（韓） ❾ 2000・是年 文
「掠奪された七人の花嫁」（米） ❽ 1954・是年 社
「理由なき反抗」（米） ❽ 1956・是年 政
「リュッツォ爆撃隊」（独） ❽ 1944・是年 社
「旅情」（米） ❽ 1955・是年 文
「リラの門」（仏） ❽ 1957・是年 政
「ル・アーヴルの靴磨き」（仏・独・フィンランド） ❾ 2012・是年 社
「類猿人ターザン」（米） ❼ 1932・11・1 社
「ルートヴィヒ／神々の黄昏」（伊・西独・仏） ❾ 1980・是年 文
「ル・ミリオン」（仏） ❼ 1931・是年 社
「レ・ミゼラブル」（米） ❼ 1920・是年 文
「レ・ミゼラブル」（英） ❾ 2012・是年 社
「令嬢ジュリー」（スウェーデン） ❽ 1952・是年 文
「令嬢ターニャ」（ソ連・スウェーデン） ❾ 1991・是年 社
「レイジング・ブル」（米） ❾ 1981・是年 政
「レイダース・失われたアーク（聖櫃）」（米） ❾ 1981・是年 政
「レインマン」（米） ❾ 1989・是年 社
「歴史は夜作られる」（仏） ❽ 1937・是年 文
「レザボア・ドッグス」（米） ❾ 1993・是年 文
「レッズ」（米） ❾ 1982・是年 政
「レッドクリフ」シリーズ（中国・日本ほか） ❾ 2008・是年 政／2009・是年 政
「レッド・サン」（日・仏） ❾ 1971・是年 文
「レッド・スキン」（米） ❼ 1929・是年 社
「レッド・ドラゴン」（米） ❾ 2002・是年 社
「レッド・ブロンクス」（香港） ❾ 1995・是年 社
「レディ・イン・ザ・ウォーター」（米） ❾ 2006・是年 文
「レニ」（独・ベルギー） ❾ 1995・是年 社
「レニー・ブルース」（米） ❾ 1975・是年 政
「レベッカ」（米） ❽ 1951・是年 文
「レボリューショナリー・ロード」（米） ❾ 2009・是年 政
「恋愛専科」（伊） ❽ 1962・是年 政
「恋恋風塵」（台湾） ❾ 1989・是年 社
「ロイ・ビーン」（米） ❾ 1973・是年 政
「ロイドの人気者」（米） ❼ 1926・是年 社
「老人と海」（米） ❽ 1958・是年 政

「聾盲唖ヘレンケラー」（米）　❼ 1921・2・2 社
「ローズヒルの女」（仏・スイス）　❾ 1991・是年 社
「ローズマリーの赤ちゃん」（米）　❾ 1969・是年 政
「ロード・オブ・ウォー」（米）　❾ 2005・是年 文
「ロード・オブ・ザ・リング」（米）　❾ 2001・是年 文／2002・是年 社／2003・是年 文／2004・是年 文
「ロード・オブ・ドッグタウン」（米）　❾ 2005・是年 文
「ロード・トゥ・パーディション」（米）　❾ 2002・是年 社
「RONIN」（米）　❾ 1998・是年 社
「ローマ・オリンピック一九六〇」（伊）　❽ 1961・是年 文
「ローマで夜だった」（伊）　❽ 1961・是年 文
「ローマの休日」（米）　❽ 1954・是年 社
「ローマ法王の休日」（伊・仏）　❾ 2012・是年 社
「ローラーボール」（米）　❾ 2002・是年 社
「六月十三日の夜」（米）　❼ 1933・是年 社
「ロスチャイルド」（米）　❼ 1935・是年 社
「ロッキー」（米）　❾ 1977・是年 政／2005・是年 文／2007・是年 政
「ロビン・フッド」（米）　❼ 1923・是年 文
「ロベレ将軍」（伊）　❽ 1960・是年 政
「ロミオ・マスト・ダイ」（米）　❾ 2000・是年 文
「ロミオとジュリエット」（米）　❼ 1919・是年 社
「ロミオとジュリエット」（英）　❽ 1954・是年 社
「ロミオとジュリエット」（伊・英）　❾ 1968・是年 政
「ロング・エンゲージメント」（仏・米）　❾ 2005・是年 文
「ロング・キス・グッドナイト」（米）　❾ 1997・是年 文
「ロングタイム・コンパニオン」（米）　❾ 1992・是年 社
「ロンゲスト・ヤード」（米）　❾ 1975・是年 政
「ワーキング・ガール」（米）　❾ 1989・是年 社
「ワールド・オブ・ライズ」（米）　❾ 2008・是年 政
「ワールド・トレード・センター」（米）　❾ 2006・是年 文
「ワーロック」（米）　❽ 1959・是年 政
「ワイルド・エンジェル」（独）　❾ 2001・是年 文
「ワイルド・スピード」（米）　❾ 2001・是年 文
「ワイルド・バンチ」（米）　❾ 1969・是年 社
「わが命つきるとも」（米）　❾ 1967・是年 政
「若草物語」（米）　❼ 1934・是年 政
「わが青春のフロレンス」（伊）　❾ 1971・是年 文
「わが谷は緑なりき」（米）　❽ 1950・是年 文
「我が道を往く」（米）　❽ 1946・是年 社
「わが家の楽園」（米）　❽ 1939・是年 社
「別れの曲」（独）　❼ 1935・是年 社
「惑星ソラリス」（ソ連）　❾ 1977・是年 政
「ＷＡＳＡＢＩ」（仏）　❾ 2001・是年 文
「忘れられた人々」（メキシコ）　❽ 1953・是年 政
「私が、生きる肌」（スペイン）　❾ 2012・是年 社
「私が殺した男」（米）　❼ 1932・是年 文
「私に近い六人の他人」（米）　❾ 1995・是年 社
「私の愛、私のそばに」（韓国）　❾ 2011・是年 政
「私の中のあなた」（米）　❾ 2009・是年 政
「私は死にたくない」（米）　❽ 1959・是年 政
「わらの犬」（米）　❾ 1972・是年 文
「わらの男」（伊）　❽ 1959・是年 政
「我等の生涯の最良の年」（米）　❽ 1948・6月 社
「我等の仲間」（仏）　❽ 1937・是年 文
「ワン・デイ」（英）　❾ 2012・是年 社
「ワンスアンドフォーエバー」（米・独）　❾ 2002・是年 社
「ワンス・アポン・ア・タイム・イン・アメリカ」（米）　❾ 1984・是年 文
「ワンダーラスト」（米）　❾ 2009・是年 政

35　遺跡・遺物

14 住まい・建築、33 美術・絵画・彫刻も見よ

遺跡・古墳・貝塚

相谷熊原遺跡(滋賀)　❾ **2010**・5・29 文
アウラガ遺跡(モンゴル)　❾ **2004**・10・4 文
青木遺跡(島根出雲)　❾ **2003**・10・14 文
秋田城跡　❽ **1959**・7・24 文
阿久遺跡(長野原村)　❾ **1975**・12・1 文
朝倉氏館跡発掘　❾ **1968**・6・1 文／**1972**・4・1 文
浅田遺跡(群馬子持村)　❾ **1998**・3・7 文
朝寝鼻貝塚(岡山)　❾ **1999**・4・21 文
朝日北遺跡(佐賀神埼町)　❾ **1990**・7・9 文
アジェンダ・エローラ石窟　❾ **1992**・1・4 文
飛鳥池遺跡(奈良明日香村)　❾ **1998**・3・2 文
飛鳥宮跡　❾ **2004**・3・8 文／**2006**・3・7 文
飛鳥藤原宮跡(奈良明日香村)　❾ **1999**・1・19 文／6・14 文
明日香村保存特別措置法　❾ **1980**・4・18 文
熱田高倉貝塚(名古屋)　❼ **1908**・1・7 文
甘樫丘東麓遺跡(奈良)　❾ **2005**・11・13 文
池上曾根遺跡(大阪)　❾ **1995**・6・16 文
胆沢城跡　❾ **1984**・3・17 文
出雲大社境内巨大神殿(本殿)跡　❾ **2000**・4・28 文
伊勢遺跡(滋賀守山)　❾ **1992**・9・17 文
石上神社(奈良)　❻ **1874**・8・20 文
板付遺跡(福岡)　❽ **1951**・8月 文
一ノ坂遺跡(山形米沢)　❾ **1989**・7・1 文
稲荷台古墳鉄剣銘文　❾ **1978**・9・19 文／**1988**・1・10 文
伊場遺跡(浜松市)　❾ **1969**・12・16 文／**1973**・11・27 文
伊波貝塚(沖縄うるま市)　❼ **1920**・4・26 社
今井三騎堂遺跡(群馬赤堀町)　❾ **1999**・5・15 文
入江内湖遺跡(滋賀)　❾ **2004**・4・24 文
岩崎山古墳(愛知小牧市)　❻ **1873**・是年 文
岩宿遺跡(群馬)　❽ **1948**・12月 文／**1949**・9・11 文
岩戸遺跡(大分)　❾ **1979**・1・27 文
上野原遺跡(鹿児島霧島市)　❾ **1997**・5・26 文
姥山貝塚(千葉)　❼ **1926**・5月 文
衛守塚古墳(山形)　❻ **1879**・3・21 文
応仁天皇陵　❽ **1950**・3・28 文
大城遺跡(三重安濃町)　❾ **1998**・1・10 文
大台野遺跡(岩手)　❾ **1975**・3・26 文
大田南5号墳(京都)　❾ **1994**・3・17 文
大寺山洞窟遺跡(千葉館山)　❾ **1995**・9・14 文
大森貝塚(東京)　❻ **1877**・9・16 文
小鹿坂遺跡(埼玉秩父)　❾ **2000**・2・21 文
岡田山古墳(島根)　❾ **1984**・1・6 文
沖ノ島宗像祭祀遺跡(福岡)　❾ **1969**・4・2 文
奥三面遺跡(新潟朝日村)　❾ **1998**・10・9 文
小竹貝塚(富山)　❾ **2010**・6・24 文
鬼ノ城遺跡(岡山)　❾ **1978**・7・1 文
鬼三ツ寺遺跡(群馬)　❾ **1981**・5・28 文
落地(おろち)遺跡「野磨駅家」(兵庫)　❾ **2004**・6・8 文
垣の島B遺跡(北海道)　❾ **2000**・8・21 文
鍛冶屋敷遺跡(滋賀信楽町)　❾ **2002**・12・10 文
加曾利貝塚(千葉)　❽ **1964**・8・1 文
金井東裏遺跡(群馬)　❾ **2012**・12・10 文
樺ノ原遺跡(鹿児島加世田)　❾ **1993**・10・4 文
釜尾古墳(肥後西里村)　❺-2 **1769**・是春 文
上鑵子遺跡(福岡)　❾ **1996**・2・28 文
上侍塚・下侍塚古墳(栃木)　❺-1 **1692**・2・16 文
上淀廃寺(鳥取淀江町)　❾ **1991**・5・15 文／**1992**・2・3 文
加茂岩倉遺跡　❾ **1996**・10・14 文
唐古・鍵遺跡(奈良)　❾ **1992**・5・20 文
観音寺本馬遺跡(橿原)　❾ **2010**・2・26 文
北黄金貝塚(北海道伊達)　❾ **1997**・8・28 文
キトラ古墳(奈良明日香村)　❾ **1983**・11・7 文／**1998**・3・6 文／**2001**・4・3 文／**2002**・1・21 文
吉備池南東隅廃寺跡(奈良桜井)　❾ **1997**・2・27 文
旧石器時代遺跡　❾ **2010**・6月 文
経塚古墳(山形)　❾ **1994**・9・2 文
草戸千軒町遺跡調査所　❾ **1973**・5・1 文
クビレ遺跡(対馬)　❼ **1921**・4月 文
車塚古墳(兵庫)　❼ **1896**・5・19 文
黒井峰遺跡(群馬子持村)　❾ **1986**・3月 文
黒岩横穴群(埼玉)　❻ **1877**・8月 文
黒塚古墳(大阪天理)　❾ **1998**・1・9 文
元寇の潜水調査　❾ **1981**・7・6 文
牽牛子塚古墳(奈良)　❾ **2010**・9・9 文
剣崎長瀞西遺跡(群馬高崎)　❾ **1997**・6・3 文
笄(こうがい)遺跡　❾ **1983**・10・18 文
皇居内旧本丸防空壕跡貝塚　❽ **1949**・4・11 文
荒神谷遺跡(島根)　❾ **1984**・7・17 文／**1985**・6月 文
光明寺坊院跡(京都)　❾ **1993**・2・5 文
鴻臚館(福岡)　❾ **1987**・12・25 文
五ヶ山古墳(静岡)　❾ **1992**・2・25 文
国府遺跡(大阪藤井寺)　❼ **1917**・6・2 文
国分松本遺跡(福岡)　❾ **2012**・6・12 文
極楽寺ヒビキ遺跡(奈良)　❾ **2005**・2・21 文
古曾部遺跡(高槻)　❾ **1992**・1・11 文
古墳　❺-2 **1785**・4月 文／是夏 文／**1793**・是年 文／**1802**・8・21 文／**1803**・是年 政／**1805**・2・11 文／**1809**・是春 文／**1819**・11月 文／**1844**・3・27 文
小丸遺跡(広島三原)　❾ **1995**・1・13 文
西都原古墳(宮崎)　❼ **1912**・12月 文
酒船石遺跡(奈良明日香村)　❾ **2000**・2・22 文
桜町遺跡(富山小矢部)　❾ **1997**・9・3 文／**1988**・11・4 文
三内丸山遺跡(青森)　❾ **1993**・9・13 文／**1994**・7・16 文／**1995**・10・31 文
山陵修補・発掘　❻ **1854**・12・23 社／**1864**・5・12 社
椎塚貝塚(茨城稲敷市)　❻ **1893**・4・22 文
賤機山古墳(静岡)　❽ **1949**・3・10 文
島庄遺跡(奈良)　❾ **1987**・9・10 文／**2004**・3・11 文
聚楽第跡(京都)　❾ **1992**・2・6 文
條ウル神古墳(奈良御所)　❾ **2002**・3・14 文
将軍山古墳(埼玉)　❻ **1894**・7月 文
神宮寺遺跡(滋賀長浜)　❾ **1992**・8・24 文
神武天皇陵　❻ **1863**・3・2 政
翠鳥園遺跡(大阪羽曳野)　❾ **1992**・9・22 文
垂仁皇后日葉酢姫命御陵　❼ **1916**・5・14 文
須玖遺跡(福岡)　❼ **1929**・9月 文
洲崎遺跡(秋田井川町)　❾ **1999**・5・25 文
砂澤遺跡(青森)　❾ **1988**・2・6 文
巣山古墳(奈良広陵町)　❾ **2003**・10・3 文／**2006**・2・22 文
駿府城跡「しゃちほこ」(銅製)　❾

1969・11・12 文
聖山公園遺跡 ❾ 1988・3・12 文
清寧天皇陵 ❾ 1979・10・26 文
千引・かなくろ谷遺跡群(岡山総社) ❾ 1990・8・28 文
惣利遺跡(福岡夜須町) ❾ 1994・12・16 文
ソネ遺跡(諏訪湖) ❼ 1908・10月 文
大極殿遺構(平城京) ❼ 1899・1月 社
帝釈峡人骨 ❾ 1974・8・11 文
高井田横穴群(大阪) ❼ 1917・10月 文
鷹島神崎遺跡(長崎松浦) ❾ 2012・10・10 文
高槻城跡地(大阪高槻) ❾ 1998・6・19 文
高松塚古墳 ❾ 1972・3・26 文／10・1 文／1974・3・22 文／1976・8・31 文／1981・2・18 文／2006・2・9 文／2007・7・6 文
高屋敷館遺跡(青森浪岡町) ❾ 1995・8・29 文
鷹山遺跡(長野長門町) ❾ 1993・9・11 文／1995・9・9 文
宝塚1号墳(三重松坂) ❾ 2000・4・10 文
丹比柴籬宮跡 ❾ 1983・10・18 文
立切遺跡(鹿児島中種子町) ❾ 1997・10・28 文
楯築墳丘墓(岡山) ❾ 1976・7・15 文
谷中世墳墓群 ❾ 1987・7月 文
玉手山古墳 ❾ 1972・4・2 文
茶臼山古墳(奈良) ❾ 2010・1・7 文
茶臼山古墳(山口) ❻ 1891・2・25 文
チンギス・ハーン陵墓 ❾ 1992・7・11 文
塚原遺跡(宮崎) ❾ 2000・2・14 文
東明神塚古墳 ❾ 1984・5・10 文
月の輪古墳(岡山) ❽ 1952・8・16 文／1953・8・16 文
津島遺跡(岡山) ❾ 1968・8・16 文
土橋遺跡(奈良橿原) ❾ 1996・5・15 文
嬬恋村鎌原遺跡(群馬) ❾ 1979・7・26 文
伝飛鳥板蓋宮跡(奈良) ❾ 1985・10・29 文
天皇陵 ❾ 1972・3・29 文／1979・10・26 文
洞ノ原遺跡(鳥取) ❾ 1997・3・26 文
遠部台遺跡(千葉佐倉) ❾ 1999・5・4 文
尖石遺跡(長野茅野) ❾ 2003・11・22 文
登呂遺跡(静岡) ❽ 1943・7・10 文／1947・7・13 文／11・20 文／1948・7・21 文／1949・7・20 文／1950・8・1 文／1951・3・5 文／❾ 1970・2・9 文
那珂遺跡(福岡) ❾ 1992・8・20 文
長岡京跡(京都) ❾ 1977・6・6 文／1997・4・30 文／2000・2・3 文
中街道遺跡(京都向日) ❾ 1995・9・21 文
中里遺跡(小田原) ❾ 1998・11・7 文
中ツ原遺跡(長野茅野) ❾ 2000・8・28 文
中野谷松原遺跡(群馬安中) ❾ 1993・1・28 文
中峰遺跡(宮城) ❾ 1984・11・19 文
長屋王邸宅跡(奈良) ❾ 1988・1・12 文／1999・12・22 文
七輿山古墳(群馬藤岡) ❾ 1990・6・9 文
難波宮跡(大阪) ❾ 1987・11・2 文／1999・11・22 文／2006・10・12 文
奈良時代の運河(逆川) ❽ 1949・4・5 文
奈良町遺跡(奈良) ❾ 1999・7・27 文
鳴神遺跡(奈良御所) ❾ 1992・8・19 文
西坂古墳(岡山) ❺-1 1681・5月 文
西ノ前遺跡(山形) ❾ 1992・9・24 文
新田荘遺跡(群馬) ❾ 1994・4・15 文
日本最古の家屋 ❾ 1973・8・24 文
仁徳天皇陵崩壊 ❻ 1872・9・7 文
根古谷台遺跡(栃木宇都宮) ❾ 1988・3・12 文
野尻湖発掘調査(長野) ❾ 1973・3・28 文／1975・3・26 文
函館空港遺跡群 ❾ 1995・8・10 文
箸墓周濠跡(奈良) ❾ 2001・11・30 文
原の辻遺跡(長崎壱岐) ❾ 2000・5・25 文
比恵遺跡(福岡) ❾ 1982・5・13 文
東殿塚古墳(大阪天理) ❾ 1997・7・15 文
東奈良遺跡(大阪茨木) ❾ 1973・9・20 文
彦崎貝塚(岡山) ❾ 2005・2・18 文
貔子窩(ひしか)遺跡(遼東半島) ❼ 1927・4月 文
聖嶽洞穴(大分本匠村) ❾ 1999・12・20 文
日根荘遺跡(大阪) ❾ 1994・4・15 文
日ノ岡古墳(福岡うきは市) ❻ 1888・11・24 文
平出遺跡(長崎) ❽ 1950・4月 文
藤ノ木古墳(奈良) ❾ 1985・12・2 文／1988・5・9 文
藤原京跡(奈良橿原) ❼ 1934・12月 文／❾ 1983・3・24 文／1991・2・14 文／1992・4・22 文／1999・7・23 文／2004・9・10 文／2007・11・29 文
藤原良相邸跡(京都) ❾ 2012・11・28 文
双子塚古墳(大阪) ❼ 1917・3・11 文
二子山古墳(群馬群馬町) ❻ 1878・3・21 文／❾ 1990・6・30 文
船山古墳(香川) ❻ 1873・是年 文
平安京跡(京都) ❾ 2000・3・17 文
平城宮跡(奈良) ❽ 1954・1・12 文／1959・7・20 文／1961・1・20 文／❾ 1985・1・8 文
ホケノ山古墳(奈良桜井) ❾ 1995・12・7 文／2000・3・27 文
纏向石塚古墳(奈良桜井) ❾ 1989・6・8 文
纏向遺跡(奈良桜井) ❾ 1991・9・19 文／2007・9・26 文／2009・11・10 文
松坂古墳(熊本) ❾ 1997・12月 文
マルコ山古墳(奈良明日香村) ❾ 1978・2・17 文／2004・12・5 文
丸山古墳(奈良橿原) ❾ 1991・12・26 文
丸山古墳(山梨) ❼ 1907・3・4 文
真脇遺跡(石川) ❾ 1983・2・17 文
水迫遺跡(鹿児島指宿) ❾ 1999・12・24 文
南多摩窯跡群(東京) ❾ 1995・9・8 文
南堀貝塚(神奈川) ❽ 1955・7月 文
美濃不破関 ❾ 1974・2月 文
耳塚(京都東山) ❾ 1983・9・18 社
宮が尾古墳(善通寺) ❾ 1992・8・26 文
宮畑遺跡(福島岡島) ❾ 1998・2・6 文
明ヶ島古墳群(静岡磐田) ❾ 1999・2・3 文
妻木晩田遺跡(鳥取) ❾ 1998・5・8 文
武者塚古墳(茨城土浦) ❾ 1983・4・12 文
元岡古墳群(福岡) ❾ 2011・9・21 文
最寄貝塚(網走市) ❼ 1913・10月 文
屋代遺跡(長野更埴) ❾ 1994・10・28 文／1995・4・17 文
安永田遺跡(佐賀鳥栖) ❾ 1980・1・17 文
安満宮古墳(大阪高槻) ❾ 1997・8・1 文
邪馬台国 ❾ 1977・1・15 文
山田寺跡(桜井特別史跡) ❾ 1982・11・30 文
弥生時代 ❻ 1884・3・17 文／❼ 1917・是年 文／❽ 1954・5・27 文／❾ 2003・5・19 文
柚比本村遺跡(佐賀) ❾ 1994・2・7 文
湯舟沢遺跡(岩手) ❾ 1992・5・28 文
吉胡貝塚(愛知) ❽ 1951・3・22 文
吉武高木遺跡(福岡) ❾ 1985・3・6 文
吉野ヶ里遺跡(佐賀) ❾ 1989・2・22 文／1990・5・21 文／1992・5・13 文／1993・1・12 文
吉見百穴(埼玉吉見町) ❻ 1887・8・5 文
若草伽藍礎石 ❽ 1939・10・22 文
脇道遺跡(福岡太宰府) ❾ 1992・8・17 文
脇本遺跡(奈良) ❽ 1949・8・2 文／1954・5・27 文／❾ 1984・6・1 文
倭国展 ❾ 1993・3・23 文
遺跡・古墳などからの出土品
明石原人 ❼ 1931・4・18 文／❾ 1982・10・15 文
家型石棺 ❻ 1887・3・6 文
石上神社 ❻ 1874・8・20 文
印(元青銅印) ❷ 1277・9月 文
漆紙文書 ❾ 1978・6・7 文／1992・10・21 文
家屋出土 ❺-2 1775・4月 政
甕棺発掘 ❺-2 1822・1・1 文／❻ 1857・6・15 文
「漢委奴国王」(金印) ❺-2 1784・2・23 文
旧石器捏造事件 ❾ 2000・11・5 文／2001・10・5 文
旧ロシア軍艦〈ナヒーモフ〉宝物引揚げ問題 ❾ 1980・9・18 社
経塚 ❼ 1923・8月 文
毛彫鏡像 ❷ 1051・8・5 文
元寇の役軍船 ❾ 2011・10・20 文
古代埋蔵物(通達) ❻ 1877・9・27 文
古墳発掘法 ❻ 1874・5・2 文／1880・11・15 文
古文書 ❺-2 1741・3・15 文／1742・4

月 文
阿刀家文書 ❾ **1983**·4·4 文
古書採訪(青木昆陽) ❺-2 **1744**·7·12 文
百合文書 ❾ **1967**·3·8 文
冷泉家文書 ❾ **1980**·4·3 文
車輪石 ❻ **1854**·2 月 文
修羅(古代の運搬具) ❾ **1978**·4·5 文
新安沈没船 ❸ **1323**·6 月 文
石像(京都) ❼ **1914**·2 月 社
石仏(日本最古) ❾ **1991**·5·22 文
石棺·石櫃 ❺-2 **1793**·是年 文／**1825**·7 月 文
石器 ❼ **1908**·10 月 文／❾ **1976**·8·6 文
玉虫厨子 ❾ **2008**·3·1 文
秩父原人 ❾ **2001**·10·5 文
剣塚(日向本荘村) ❺-2 **1789**·1·19 文
鉄剣(稲荷山古墳出土) ❶ **471**·是年
銅鏡 ❺-2 **1801**·8·21 文
銅剣 ❺-2 **1784**·9 月 文
銅鐸 ❺-2 **1772**·是年 文／**1790**·3 月 文／**1792**·②月 文／**1795**·是年 文／**1801**·8·10 文／**1802**·10 月 文
土器発掘 ❺-2 **1816**·1 月 文／**1825**·是春 文
独木舟 ❺-2 **1838**·4 月 文／❽ **1943**·7·10 文
埴輪土偶 ❺-2 **1799**·是年 文
傍示札(加賀) ❶ **850**·嘉祥年間 政
墓誌 ❶ **641**·12·3 文／**668**·12 月 文／**677**·12 月 文／**681**·10·3 文／**689**·12·25 文／**691**·8·13 文／**705**·12 月 文／**707**·4·24 文／9·21 文／11·21 文／**708**·11·27 文／**710**·11·13 文／**714**·2·26 文／**723**·7·6 文／**728**·11·25 文／**729**·2·9 文／**730**·10·20 文／**734**·1 月 社／**739**·是年 文／**749**·2·2 文／**762**·9·30 文／**767**·12 月 文／**768**·12 月 文／**776**·11·28 文／**784**·1·25 文
藤原三代遺体の学術調査 ❽ **1950**·3·23 文
日置鄭公墓誌 ❺-2 **1794**·是年 文
文忌寸祢麻呂の墓誌 ❺-2 **1831**·9·29 文
石川年足墓誌 ❺-2 **1820**·1·2 文
威奈大村暮誌 ❺-2 **1771**·明和年間 文
伊福吉部徳足比売墓誌 ❺-2 **1774**·6·2 文
宇治宿禰の墓地 ❼ **1917**·1·10 文
小治田安万侶の墓 ❼ **1911**·4·20 文
徳川家墓地調査団 ❽ **1959**·2·5 文
古墳発掘(那須国造の墓誌) ❺-1 **1692**·2·16 文
戊辰年銘大刀 ❶ **608**·是年 文
埋没家屋(秋田郡雄勝田) ❺-2 **1817**·6·6 文
勾玉 ❺-1 **1638**·9·17 文
豆粒紋土器 ❾ **1973**·8·15 文
ミイラの調査(出羽三山) ❽ **1960**·6·5 文
三ヶ日人発掘(静岡) ❽ **1959**·9·15 文
三寅剣 ❾ **1994**·2·9 文
木簡 ❽ **1961**·1·24 文／❾ **1976**·1·13 文／8·7 文／**1977**·5·30 文／6·6 文
譲状 ❷ **1269**·11·18 文
黄泉穴(調査) ❺-2 **1794**·是年 文
龍骨 ❺-2 **1797**·是秋 文／**1804**·11 月 文
漏刻台 ❾ **1981**·12·17 文
和同開珎鋳型出土 ❾ **1979**·7·16 文
縁起·絵巻 ⇨ 33 美術
楽器·伎楽·舞楽
雲版 ❸ **1313**·2·21 文／**1326**·是秋 文／**1337**·3·5 文／**1443**·10·23 文
楽箏 ❺-2 **1788**·6 月 文
伎楽装束(東大寺手向山神社) ❷ **1019**·11 月 文
磬(きん) ❷ **1154**·8·5 文／**1158**·8·10 文／**1174**·3·3 文／**1176**·7·1 文／**1190**·10 月 文／**1208**·10 月 文／是年 文／**1209**·8·5 文／**1213**·12·13 文／**1217**·6 月 文／**1220**·2·22 文／**1222**·4 月 文／**1248**·6·5 文／**1250**·1 月 文／**1251**·6·8 文／**1263**·3·10 文／**1273**·11·8 文／❸ **1293**·10 月 文／❹ **1462**·5 月 文／**1541**·是年 文／❺-1 **1642**·是年 文
琴
琴(正倉院) ❶ **724**·5·5 文／**735**·3·25 文／**755**·7·26 文
出雲琴(四弦琴) ❻ **1865**·是年 文
七絃琴 ❺-2 **1747**·是年 文
二十五絃琴 ❺-2 **1783**·是年 文
三味線 ❺-2 **1798**·7 月 文
笙 ❷ **1226**·4 月 文／**1233**·6 月 文
笙(小信貴) ❷ **1265**·是年 文
太鼓·鼓
鞨鼓 ❷ **1144**·5·22 文
鞨鼓胴 ❷ **1207**·9·19 文
金鼓 ❷ **1245**·5 月 文／**1257**·5·29 文／❸ **1309**·12·17 文／**1322**·10·16 文／❹ **1580**·是年 文
鉦鼓 ❷ **1134**·3·11 文／**1190**·10·12 文／**1194**·10·12 文／**1198**·2·2 文／**1228**·6 月 文／❸ **1304**·10·8 文／**1308**·11·1 文／**1314**·8 月 文
太鼓 ❸ **1308**·7·25 文
鼓胴 ❷ **1232**·11 月 文／**1261**·3 月 文／❸ **1357**·6 月 文
能装束 ❺-2 **1812**·3 月 文
鐃(にょう) ❷ **1149**·10·8 文
鈸子(教王護国寺) ❸ **1318**·7·21 文
舞楽装束 ❸ **1454**·3 月 文／❹ **1589**·1 月 文／**1599**·2 月 文
鳳笙 ❷ **1055**·2·1 文
琉球楽器一式 ❺-2 **1798**·是年 文
和琴 ❹ **1471**·3 月 文／**1577**·3 月 社
瓦 ❶ **906**·是年 文／❷ **1043**·長久年間 文／**1149**·2·8 文／❹ **1537**·4·28 文
鬼瓦 ❹ **1512**·8·27 文
光背(瓦製) ❷ **1174**·5·21 文／6 月 文
獅子瓦 ❹ **1574**·是春 文
造瓦 ❶ **870**·9·13 社
横瓦 ❷ **1147**·3·6 文
経典類(仏教·神道関係)
経典 ❸ **1358**·7·22 文
瓦経 ❶ **960**·是年 文／❷ **1071**·7·16 文／是年 文／**1086**·10·27 文／**1144**·6·29 文／**1174**·5·29 文
願経 ❶
安倍小水麻呂願経 ❶ **871**·3·3 文
石川年足願経 ❶ **737**·12·8 文／**738**·6·26 文
河内清澄願経 ❶ **994**·是年 文
己知石万呂願経『大般涅槃経』 ❶ **763**·9·7 文
吉備由利願経 ❶ **766**·10·8 文／**828**·2·13 文
近事瑜行願経 ❶ **749**·10·21 文
百済豊虫願経 ❶ **762**·2·8 文
玄昉僧正願経 ❶ **741**·7·15 文
光覚願経 ❶ **761**·9·17 文／**762**·2·1 文／4·8 文
光明皇后願経 ❶ **740**·3·8 文／5·1 文／**742**·5·1 文／**743**·5·1 文／5·11 文
高麗国王発願経 ❷ **1006**·是年 文
讃岐国山田郡舎人国足願経 ❶ **744**·3·15 文
下村主広麻呂願経 ❶ **741**·7·18 文
称徳天皇勅願経 ❶ **768**·5·13 文
聖武天皇願経 ❶ **734**·是年 文
僧霊春願経 ❶ **757**·3·25 文
高史千島·高史橘願経 ❶ **741**·3·8 文
中島連千嶋願経 ❶ **748**·11·10 文
長屋王願経 ❶ **728**·5·15 文
錦織君麻呂願経 ❶ **754**·9·23 文
錦村主実貫願経 ❶ **953**·7·13 文
万福法師勧進経 ❶ **754**·9·19 文
比丘恵襲願経 ❶ **751**·是年 文
藤原高子願経 ❶ **881**·5·7 文
仏釈願経 ❶ **752**·5·1 文
六人部東人願経 ❶ **755**·7·23 文
薬師寺僧願俊願経 ❶ **748**·6·23 文
山背野中願経 ❶ **772**·11·1 文
柿(こけら)経 ❷ **1225**·是年 文／❸ **1332**·是年 文／**1369**·是年 文／❹ **1504**·是年 文
消息経 ❸ **1333**·3·28 文
仏像納入経(現存最古) ❷ **1013**·8·12 文
『愛敬天明正徳儀軌』 ❷ **1051**·2·2 文
『阿育王伝』 ❷ **1127**·8·5 文
『愛染不動感見記』 ❷ **1254**·6·25 文
『阿口薄倶私記』 ❷ **1075**·12·7 文
『阿那律八念経』 ❶ **766**·10·8 文
『阿毘達磨品類足論』 ❷ **1127**·8·6 文
『阿仏房尼御前御返事』 ❷ **1278**·7·28 文
『阿弥陀経疏』 ❶ **977**·7·15 文
『阿弥陀経』 ❷ **1022**·10·13 文／**1149**·4·2 文／**1254**·8·1 文／❺-2 **1743**·4·1 文
『阿弥陀経義疏』 ❷ **1095**·9·26 文
『阿喇多羅陀羅尼経』 ❷ **1126**·9·27 文
『安祥寺請来目録』 ❷ **1170**·4·27 文
『安然夢記』 ❶ **963**·10·23 文
『依四分律抄撰録文』 ❶ **678**·9·19 社
『出雲杵築社造宮所注進状』 ❷ **1249**·6 月 文
『一字金輪王仏頂要略念誦法』 ❷ **1001**·3·2 文
『一乗要決』 ❷ **1006**·10 月 文／

1017·1·14 文
『一念多念文意』 ❷ **1257**·2·17 文
『一髻文殊儀軌』 ❷ **1063**·8·7 文
『一切眼疾病陀羅尼経』 ❷ **1115**·4·8 文
『一切経』 ❶ **675**·10·3 社／**798**·8·26 文／❷ **1018**·1·15 文／**1117**·是年 文／**1122**·3·23 文／**1149**·4·23 文／**1152**·2·11 文／**1155**·5·11 文／**1159**·7·2 文／**1194**·4·3 文／6月 文／**1195**·是年 文／**1227**·是年 文／**1255**·11·9 文／**1259**·3·5 社／**1262**·是年 文／❸ **1289**·是年 文／**1324**·5·23 文／**1378**·12月 文／**1412**·5·8 文／8·15 文
『一切経』(宋版) ❶ **987**·2·11 文
『一切経音義』 ❷ **1128**·5·18 ／**1175**·3·23 文
『一切経大楼炭経』 ❶ **673**·是年 文
『一切経目録』 ❷ **1230**·8·3 文
『印可状』 ❷ **1124**·12月 文
『因明入正理論疏』 ❷ **1154**·9·20 文
『因明論疏』 ❷ **1155**·3·20 文／**1156**·5·18 文
『優婆夷戒経』 ❶ **761**·12·7 文
『吽迦陀儀軌』 ❷ **1121**·2·9 文
『吽迦陀念誦儀軌』 ❷ **1081**·10·29 文
『円覚経』 ❸ **1333**·3·28 文
『縁生論』 ❶ **858**·1·6 文
『円珍牒』 ❶ **858**·②月 文
『閻曼徳迦威怒王立成大神験念誦法』 ❷ **1068**·11·6 文
『往生西方瑞応伝』 ❷ **1143**·9·9 文
『往生集』 ❷ **1142**·6·12 文
『往生浄土伝』 ❷ **1254**·2·3 文
『往生要集』 ❶ **985**·4月 文
『往生要集(仮名書)』 ❷ **1181**·是年 文
『往生論』 ❷ **1152**·11·9 文
『大原四十帖口決』 ❷ **1041**·9月分／**1043**·9月 文／**1045**·4·22 文／是年 文／**1046**·7·20 文／**1062**·10·30 文／**1066**·3·22 文／**1068**·9·27 文
『飲食作法』 ❷ **1163**·3·8 文
『戒律伝来記』 ❷ **1124**·4·14 文
『過去現在因果経』 ❷ **1254**·2·19 文
『春日大明神垂迹小社記』 ❷ **1133**·是年 文
『春日詣部類記』 ❷ **1151**·是年 文
『仮名法華経』 ❸ **1330**·6·24 文
『神尾一切経蔵領古図』 ❷ **1258**·4月 文
『圜悟心要』 ❷ **1238**·是年 文
『観自在大悲成就念誦儀軌』 ❷ **1083**·6·11 文
『観自在菩薩薫真如法』 ❷ **1068**·7·24 文
『観自在菩薩心真言一印念誦儀軌』 ❷ **1006**·9·2 文
『観自在菩薩如意輪瑜伽法要』 ❷ **1082**·5·14 文
『灌頂見聞集』 ❷ **1081**·6·12 文／**1141**·8·7 文
『灌頂随願往生経』 ❶ **737**·12·8 文
『観心本尊抄』 ❷ **1273**·4月 文
『鑑真和上三異事』 ❷ **1141**·2·20 文
『観世音経』 ❶ **740**·9·15 文
『観世音寺公験』 ❷ **1120**·6·28 文
『観音賢経』 ❷ **1185**·2·24 文／7·24 文
『観音抄』 ❷ **1148**·⑥·12 文
『勧発菩堤心文』 ❷ **1215**·4月 文
『観普賢経』 ❷ **1163**·6·23 文／**1164**·是年 文／**1172**·3月 文／4·17 文
『観弥勒菩薩上生兜率天経』 ❶ **738**·6·26 文
『甘露軍荼利明王儀軌』 ❷ **1074**·6·6 文
『起請文』 ❷ **1160**·10·20 文
『逆修願文案』 ❷ **1198**·4·19 文
『教行信証』 ❸ **1291**·5月 文／**1451**·8·16 文
『教行信証延書』 ❸ **1346**·是年 文／**1360**·1·22 文
『金字薬師経』 ❺-2 **1840**·10月 文
『空也誄』 ❷ **1125**·10·25 文
『瞿醯担多羅経』 ❷ **1080**·8·28 文
『孔雀経音義』 ❷ **1111**·5·21 文／**1137**·⑨月 文
『孔雀経法次第』 ❷ **1069**·3·5 文
『孔雀明王画像壇場儀軌』 ❷ **1059**·8·1 文
『倶舎頌疏』 ❷ **1144**·是年 文
『倶舎論』 ❶ **768**·5·13 文／❷ **1191**·4·15 文
『倶舎論音義抄』 ❷ **1223**·是年 文
『倶舎論疏』 ❷ **1137**·⑨·16 文
『愚集奥也』 ❷ **1144**·10·20 文
『屈吒大将法』 ❷ **1060**·10·7 文
『久能寺経』 ❷ **1141**·3·10 文
『弘福寺牒並大和国判』 ❷ **1072**·11月 文
『求聞持法』 ❷ **1080**·7·10 文
『鞍馬寺文書』 ❷ **1251**·10·23 文
『景雲経』 ❶ **768**·5·13 文
『華厳一乗教義分斉章復古記』 ❷ **1196**·12·16 文
『華厳海会善智識図』 ❸ **1294**·是年 文
『華厳刊定記』 ❶ **783**·11·23 文
『華厳経』 ❶ **513**·是年／**583**·10·8 ／**768**·5·13 文／❷ **1222**·8月 文／**1232**·7·8 文／9·7 文／12月 文／❸ **1291**·4·8 文／**1336**·是年 文／**1340**·4·18 文／**1348**·7·14 文／**1394**·是年 文
『華厳孔目章』 ❷ **1194**·8·29 社／是年 文
『華厳孔目章発悟記』 ❸ **1286**·9·19 文／**1287**·7·9 文
『華厳十重唯識瑺鑑記』 ❸ **1292**·3月 文
『華厳信種義』 ❷ **1221**·9·21 文
『華厳信種義聞集記』 ❸ **1285**·1月 文
『華厳八会剛目章』 ❶ **765**·4·22 文
『花厳文義綱目章』 ❷ **1125**·10·23 文
『華厳唯心義』 ❸ **1302**·是年 文
『華厳論節要』 ❸ **1295**·是年 文
『解深密経』 ❶ **770**·2·3 文
『解脱門義聴集記』 ❸ **1330**·是年 文
『決定往生集』 ❷ **1139**·3·21 文
『元久二年重源上人勧進状』 ❷ **1205**·是年 文
『顕教二教論』 ❷ **1057**·12·21 文
『現在賢劫千仏名経』 ❶ **963**·11·13 文
『幻士仁賢経』 ❷ **1140**·5·24 社
『顕註密勘』 ❸ **1331**·6·25 文
『見宝塔品』 ❷ **1164**·是年 文
『顕揚聖教論』 ❶ **648**·是年 文
『顕揚大戒論』 ❶ **860**·6月 文
『国府尼御前御書』 ❷ **1275**·6·16 文
『光言句義釈聴集記』 ❷ **1259**·是年 文
『降三極秘密海要』 ❷ **1074**·3·18 文
『高山寺聖教目録』 ❷ **1250**·是年 文
『降三世成就極深密門』 ❷ **1065**·12·1 文
『光讃般若波羅蜜多経』 ❷ **1118**·5·11 社
『弘賛法華伝』 ❷ **1120**·7·8 文
『光定戒牒』 ❶ **823**·4·10 文
『広摂不動明王秘要訳』 ❷ **1106**·8·23 文
『興禅護国論』 ❷ **1198**·是年 文
『高僧伝』 ❷ **1100**·8·16 文／**1154**·2·6 文／**1162**·10月 文
『高僧伝(続)』 ❷ **1162**·11月 文
『高僧和讃』 ❷ **1248**·1·21 文
『弘法大師御遺告二十五箇条』 ❷ **1210**·5月 文
『弘法大師御入定勘決抄』 ❷ **1173**·12·15 文
『弘法大師請来目録』 ❷ **1277**·8月 文
『弘法大師伝』 ❷ **1184**·5月 文
『光明真言儀軌』 ❷ **1009**·3·14 文
『高野山平泉経』 ❷ **1117**·2·15 文
『虚空蔵一印次第』 ❷ **1035**·2·8 文
『虚空蔵菩薩求聞持法』 ❷ **1069**·11·19 文
『黒氏梵志経』 ❶ **740**·3·15 文
『極楽願往生歌』 ❷ **1142**·是年 文
『後拾遺往生伝』 ❷ **1258**·7·17 文
『五大尊式経』 ❷ **1067**·1·17 文
『古版経』 ❸ **1394**·是年 文
『五百問論』 ❶ **843**·3·3 文
『五部心観』 ❶ **855**·是年 文／❷ **1173**·6·1 文／**1194**·1·30 文
『五部大乗経』 ❸ **1355**·是年 文／**1395**·3·3 文／**1425**·是年 文
『護摩法略抄』 ❷ **1076**·2·21 文
『護摩蜜記』 ❷ **1035**·4·12 文
『金剛界印』 ❷ **1048**·9·4 文
『金剛界次第』 ❶ **917**·8·1 文
『金剛界念誦次第私記』 ❷ **1040**·9·21 文／**1078**·7·6 文
『金剛界略次第』 ❷ **1010**·3·24 文／**1071**·3·26 文
『金剛寿命陀羅尼経』 ❷ **1178**·4·24 文／**1179**·4·24 文
『金剛寿命陀羅尼念誦法』 ❷ **1076**·3·9 文
『金剛場陀羅尼経』 ❶ **686**·5月 文
『金剛頂略出念誦経』 ❷ **1123**·是年 文
『金剛頂一切如来真摂大乗現証大教王経』 ❶ **815**·6·18 文
『金剛頂一切如来真実摂大乗顕証大教王経』 ❷ **1008**·3·26 文
『金剛頂経』 ❷ **1065**·2·26 文
『金剛頂経一字頂輪王瑜伽念儀軌』 ❷

1082・3・12 文
『金剛頂経偈釈』 ❷ **1033**・是夏 文
『金剛頂経瑜伽指帰』 ❷ **1100**・是秋 文
『金剛頂経瑜伽文殊師利菩薩供養』 ❷ **1005**・11・29 文
『金剛頂大教王経』 ❷ **1050**・10月 文
『金剛頂瑜伽経』 ❶ **814**・6・18 文／**886**・9・1 文／❷ **1033**・7・22 文／**1063**・11月 文／**1078**・9・10 文
『金剛頂瑜伽護摩儀軌』 ❷ **1032**・是年 文／**1083**・2・1 文
『金剛頂経瑜伽三摩地法』 ❷ **1012**・6・12 文
『金剛頂瑜伽修習盧遮那三摩地』 ❶ **930**・5・28 文
『金剛頂瑜伽千手千眼観自在菩薩修業儀軌経』 ❷ **1045**・11・6 文
『金剛頂瑜伽大教王経』 ❷ **1061**・5・10 文
『金剛頂瑜伽中略出念誦経』 ❷ **1059**・5・4 文／**1074**・3・27 文／**1115**・4・7 文／**1128**・3・23 文
『金剛頂瑜伽普賢菩薩念誦法経』 ❷ **1081**・2・11 文
『金剛頂瑜伽文殊師利菩薩経』 ❷ **1078**・7・1 文
『金剛頂瑜伽蓮華部心念誦儀軌』 ❷ **1010**・是年 文
『金剛頂輪王儀軌音義』 ❷ **1208**・是年 文
『金剛頂蓮花部心念置誦儀軌』 ❶ **889**・11・27 文
『金剛頂蓮華部心念誦儀軌』 ❷ **1020**・⑫・1 文／**1036**・7・25 文／**1051**・12・17 文／**1057**・2・1 文
『金剛童子成就儀軌』 ❷ **1039**・8・4 文
『金剛般若経』 ❶ **758**・7・28 文／**813**・10・25 文／❷ **1253**・7・13 文／**1273**・8・7 文／❸ **1343**・4・11 文／**1351**・是年 文／❹ **1547**・9・8 文
『金剛般若経讃述』 ❶ **844**・3・6 文
『金剛般若集験記』 ❷ **1079**・4月 文／**1111**・5・6 文
『金剛般若波羅蜜経』 ❸ **1343**・是年 文
『金剛峰楼一切瑜伽瑜祇経』 ❷ **1038**・7・8 文
『金光明経』 ❷ **1192**・4・1 文
『金光明経文句』 ❶ **857**・8・13 文
『金光明最勝王経』 ❶ **762**・2・8 文／**804**・3・5 文／❷ **1097**・3・6 文／**1145**・9・10 文／❸ **1290**・是年 文／**1294**・11・15 文／**1340**・8・7 文／**1356**・1・6 文／**1386**・11・3 文
『金光明最勝王経音義』 ❷ **1079**・4・16 文／5月 文
『金光明最勝王経玄枢』 ❷ **1132**・是冬 文
『金光明最勝王経疏』 ❶ **859**・12・18 文
『金剛薬叉法』 ❷ **1071**・10月 文
『金剛夜叉秘密法門』 ❷ **1056**・3・19 文
『金泥両界曼陀羅』（空海自筆） ❷ **1184**・8・28 文
『根本説一切有部・奈耶雑事品』 ❶ **730**・6・7 文／**765**・3・5 文
『根本如法経』 ❷ **1031**・是年 文
『建立曼陀羅護摩儀軌』 ❷ **1047**・7・14 文
『嵯峨灌頂三昧耶式表白』 ❷ **1165**・2・25 文
『薩達磨奔荼利迦素怛攬略頌』 ❶ **990**・11・16 文
『三教指帰』 ❷ **1253**・10月 文
『三教治道論』 ❷ **1123**・4月 文
『三国伝燈記』 ❷ **1173**・8・9 文
『三十帖冊子』 ❶ **806**・是年 文／**876**・6・6 文／**919**・11・2 文
『三十七尊心要』 ❷ **1070**・2・6 文
『三十七尊出生義』 ❷ **1057**・9・24 文
『三帖和讃』 ❷ **1248**・1・21 文
『三宗相対鈔』 ❷ **1121**・1・26 文
『三宝感応録』 ❷ **1118**・6・16 社／**1184**・2・23 文／是年 文
『私聚百因縁集』 ❷ **1257**・7月 文
『四種相違疏』 ❷ **1168**・6・23 文
『四種相違断略記』 ❷ **1010**・7・26 文
『四種相違略私記』 ❷ **1178**・12・21 文
『四種壇法』 ❶ **929**・12・24 文
『持心経』 ❶ **740**・5・1 文
『地蔵十輪経』 ❶ **882**・9・3 文／**992**・1・15 文／❷ **1060**・11・7 文
『七大寺年表』 ❷ **1165**・10月 文
『実相般若波羅密多経』 ❶ **935**・6・18 文
『悉曇字記』 ❷ **1092**・10・22 文
『悉曇写記』 ❷ **1118**・10・19 文／**1130**・1・22 文
『悉曇集記』 ❷ **1080**・8・22 文
『悉曇集記加文』 ❷ **1141**・10・14 文
『悉曇抄』 ❷ **1102**・2・16 文
『悉曇蔵』 ❶ **942**・4月 文／❷ **1085**・6・7 文
『悉曇大底』 ❷ **1160**・4・7 文
『悉曇要集記』 ❷ **1141**・10・21 文
『悉曇略記』 ❷ **1037**・1・16 文／**1039**・1・16 文／**1094**・7・1 文／**1154**・6・7 文
『四分律』 ❶ **936**・7・15 文
『四分戒本』 ❷ **1243**・是年 文
『四分律刪繁補闕行事抄』 ❷ **1260**・12月 文
『四分律比丘甘鈔』 ❷ **1207**・是年 文
『持宝金剛次第式』 ❷ **1072**・1・5 文
『始聞仏乗義』 ❷ **1278**・2・28 文
『釈迦儀軌』 ❷ **1078**・9・16 文
『釈迦五百大願経』 ❷ **1237**・是年 政
『釈観無量寿仏経記』 ❷ **1063**・4・17 文
『舎利弗阿毘曇論』 ❶ **710**・5・10 文
『十一面儀軌』 ❷ **1077**・6・18 文
『十一面神呪経』 ❷ **1170**・是年 文
『十住心論』 ❷ **1100**・1・8 文／**1172**・5・11 文
『十住毘沙論』 ❷ **1154**・6・26 文
『修繕講式』 ❶ **991**・9・9 文
『十念極楽易往集』 ❷ **1176**・11・30 文
『十八道儀軌』 ❷ **1126**・11・13 文
『十不二門』 ❷ **1248**・4・1 文
『宗門統要集』 ❷ **1179**・是年 文
『受戒作法』 ❷ **1123**・5・24 文
『首厳経義海』 ❷ **1250**・10月 文
『修禅要訣』 ❷ **1076**・6・22 文
『十支居士八城人経』 ❶ **760**・10・5 文
『十誦尼律』（宋版） ❶ **974**・是年 文
『十誦尼律』 ❷ **1108**・10月 文
『十誦律』 ❶ **768**・5・13 文
『授菩薩戒儀』 ❶ **948**・10・3 文
『春秋経伝集解』 ❶ **832**・7・9 文
『諸阿闍梨真言密教部類惣録』 ❶ **965**・11・2 文
『嚢虞梨童女経』 ❷ **1082**・1・30 文
『貞元華厳経』 ❷ **1222**・是年 文
『貞元新定釈教目録』 ❷ **1128**・12・25 社／**1129**・2・24 文
『成実論』 ❶ **828**・7・1 文
『上新請来経等目録』 ❷ **1221**・5月 文
『正像末文』 ❷ **1155**・6・1 文
『正像末法和讃』 ❷ **1248**・1・21 文
『青頭観音儀軌』 ❷ **1065**・6・1 文
『浄土三経往生文類』 ❷ **1255**・8・6 文
『浄土和讃』 ❷ **1248**・1・21 文／❸ **1449**・5・18 文
『正法眼蔵』 ❷ **1240**・是年 文／**1243**・是年 文
『勝鬘経義疏』 ❶ **609**・4月 文／**611**・1・25 文
『浄名玄論』 ❶ **705**・是年 文／**706**・12・8 文
『成唯識論』 ❶ **659**・是年 文／**748**・是年 文／**757**・1・18 文／**761**・1・18 文／**968**・10・4 文／❷ **1020**・7・14 文／**1021**・1・22 文／**1061**・11・22 文／**1088**・3・26 文／**1116**・4・17 文
『成唯識論述記』 ❶ **786**・11・7 文／**925**・是年 文／❷ **1061**・6・2 文／**1119**・是年 文／**1123**・3・4 文／**1141**・3・9 文／**1182**・2・5 文／是年 文／**1185**・7・24 文
『成唯識論了義燈』 ❷ **1138**・8・19 文
『性霊集』 ❷ **1179**・11・21 文
『続高僧伝』 ❷ **1127**・5・23 文
『諸経要集』 ❶ **880**・2・1 文
『諸尊口決』 ❷ **1041**・1・12 文
『諸尊次第』 ❷ **1175**・11・11 文
『諸人御返事』 ❷ **1278**・3・21 文
『諸仏集会陀羅尼経』 ❷ **1111**・5・28 文
『諸仏要集経』 ❶ **299**
『神会語録』 ❶ **792**・10・22 文
『神供次第』 ❷ **1061**・4・14 文
『神供法』 ❷ **1074**・6・6 文
『神護寺諸堂記』 ❷ **1226**・是年 文
『神護寺四十五箇条起請』 ❷ **1185**・1・19 文
『真言集』 ❷ **1130**・4・6 文
『真言拾集抄随聞記』 ❷ **1150**・2・18 文
『真言付法纂要抄』 ❷ **1060**・10・11 文
『真言付法伝』 ❷ **1176**・7・2 文
『真言密経惣目録』 ❷ **1126**・10・27 文
『真言両部大経感得図（旧永久寺）』 ❷ **1136**・10月 文
『心地観経』 ❷ **1180**・3・3 文
『申日児本経』 ❷ **1115**・7・10 文
『新集浴像儀軌』 ❷ **1059**・7・30 文
『新訳華厳経音義私記』 ❶ **794**・是春 文
『随求真言法』 ❷ **1059**・4・15 文
『周防国一宮造替神殿宝物等目録』 ❷ **1195**・9・28 文

『隅寺心経』　❶ **755**･7･23 文
『請雨経法』　❷ **1172**･6･18 文
『請雨経法日記』　❷ **1117**･是年 文
『聖焔漫徳迦威怒王立大神驚念誦法』　❷ **1079**･12･14 文
『聖観音造立願文』　❷ **1224**･是年 文
『聖教三十帖』　❷ **1186**･10･5 文
『聖無動道尊決秘要義』　❷ **1070**･3･19 文
『聖無動尊大威王念誦儀軌法品』　❷ **1025**･3･7 文
『施焔口鬼食修行儀軌』　❷ **1020**･5･11 文／**1068**･6･10 文
『説一切有部倶舎説』(仏釈願経)　❶ **752**･5･1 文
『説一切有部倶舎論』　❶ **761**･4･3 文
『説一切有部順正理論』　❶ **806**･5 月 文
『説妙法決定業障経』　❷ **1174**･6･7 文
『施入状』　❷ **1233**･9･8 文
『是法非法経』　❶ **740**･3･15 文
『選択本願念仏集』　❷ **1259**･9･1 文
『千手千眼陀羅尼経』　❷ **1205**･3 月 文／**1206**･是年 文
『禅林寺請来目録』　❷ **1146**･2･9 文
『雑阿含経』　❷ **1156**･11･25 文
『増壱阿含経』　❶ **759**･9･27 文／11･17 文／12 月 文／**762**･2･1 文
『造寺立願文』(中尊寺)　❷ **1126**･3･24 文
『造泉涌寺勧縁疏』　❷ **1219**･10 月 文
『造塔延命功徳経』　❷ **1015**･3･8 文／**1098**･8･29 文
『息除中夭陀羅尼経』　❸ **1368**･7 月 文
『即身成仏品』　❷ **1217**･9･14 文
『続本朝往生伝』　❷ **1253**･12･6 文
『蘇悉地羯羅経』　❶ **909**･⑧･22 文／❷ **1008**･是年 文／**1058**･3･8 文／**1108**･9･21 文／**1138**･9･19 文／**1152**･2･11 文
『蘇悉地羯羅経略疏』　❶ **782**･1･2 文／**896**･6･1 文／**951**･6･20 文／❷ **1115**･3･25 文
『蘇悉地羯羅供養法』　❶ **903**･12･24 文／**925**･12･24 文／❷ **1060**･2･27 文／12･17 文／**1064**･⑤･4 文／**1141**･9･24 文
『蘇悉地経』　❷ **1056**･10･4 文／**1071**･1･22 文
『蘇婆呼経』　❶ **839**･1･28 文
『蘇磨呼童子経』　❷ **1079**･3･1 文
『尊号真像銘文』　❷ **1255**･6･2 文／**1258**･6･28 文
『尊勝念誦儀軌』　❷ **1079**･12･11 文
『大哀経』　❷ **1118**･7･22 社
『大愛道比丘尼経』　❸ **1416**･5･5 文
『大意経』　❷ **1079**･7･5 文
『大威徳陀羅尼経』　❶ **755**･6･21 文／**756**･5･20 文／❷ **1115**･10･2 文／**1154**･5･1 文
『大威怒烏芻渋麽儀軌』　❶ **921**･3･27 文
『大慧宗杲墨蹟無相居士像賛』　❷ **1157**･是年 文
『大灌頂神呪経』　❶ **731**･8･9 文
『大吉祥陀羅尼』　❷ **1088**･6･1 文
『大休正念法語』　❷ **1278**･5･15 文
『大教王経』　❷ **1123**･6 月 文
『胎口決』　❷ **1175**･1 月 文
『大虚空蔵菩薩所問経』　❷ **1177**･8 月 文
『大金剛修行悉地成就及供養法』　❷ **1046**･9･18 文
『大慈恩寺三蔵法師伝』　❷ **1086**･是年 文／**1110**･9･3 文
『大悉曇章』　❷ **1168**･3･22 文
『帝釈天略供養次第』　❷ **1048**･①･29 文
『大集経』　❶ **555**･是年
『大集大虚空蔵菩薩所問経』　❷ **1104**･4･13 文／**1106**･12･18 文
『大乗縁生論』　❷ **1127**･4･12 文
『大聖観自在菩薩心真言瑜伽観行儀軌』　❷ **1082**･5･17 文
『大乗義章』　❷ **1140**･1･3 文
『大乗起信論』　❶ **754**･⑨･19 文
『大乗経』　❸ **1408**･是年 文／**1419**･6･29 文／❺-1 **1619**･是年 文／**1637**･3･17 文
『大乗広百論釈論』　❶ **841**･7･8 文
『大乗荘厳経』　❶ **788**･5･20 文
『大乗掌珍論』　❶ **772**･1･25 文／**834**･7･28 文／**955**･3･4 文
『大乗大集地蔵十論経』　❶ **878**･9･3 文
『大乗百法明門論』　❶ **964**･1･21 文
『大乗法界無差別論疏』　❷ **1192**･12･23 文
『大乗理趣六波羅蜜経』　❷ **1083**･7･10 文
『大秦景教流行中国碑文』　❶ **781**･1･7 文
『胎蔵界三昧耶形曼荼羅図像』　❷ **1019**･12･25 文
『胎蔵界尊位密号』　❷ **1066**･8･20 文
『胎蔵界略念誦私記』　❷ **1074**･3･17 文
『大蔵経』　❸ **1325**･是年 文／**1354**･1･23 文／**1357**･10･9 社
『胎蔵私記』　❷ **1124**･6･26 文
『胎蔵次第』　❶ **947**･6 月 文／**988**･5･22 文
『胎蔵集記』　❷ **1163**･是年 文
『胎蔵摂大儀軌』　❷ **1033**･4･29 文
『胎蔵曼荼羅略記』　❷ **1133**･3･16 文／是年 文
『大智度論』　❶ **593**･是年／**734**･11･22 文／**742**･6･14 文／**753**･5･18 文／**830**･3･16 文／**858**･是年 文／**877**･是年 文／❷ **1161**･是年 文／**1165**･2･20 文
『大通方広経』　❶ **731**･11･16 文
『大唐国日本国付法血脈図記』　❶ **874**･11･4 文
『大唐三蔵玄奘法師表啓』　❶ **765**･4･22 文
『大唐衆経音義序』　❷ **1211**･①･13 文
『大唐内典録』(六人部東人願経)　❶ **755**･7･23 文
『大唐内典録』　❷ **1163**･3･16 文
『大日経』　❷ **1088**･6･1 文
『大日経義釈』　❷ **1024**･是年 文／**1075**･4 月 文／**1127**･8･24 文
『大日経広大儀軌』　❷ **1070**･是年 文
『大日経疏』　❷ **1127**･1･30
『大日経略摂念誦随行法』　❷ **1081**･10･24 文
『大般若経』　❶ **305**･是年／**712**･11･15 文／**721**･是年 文／**725**･8･13 文／**728**･5･15 文／**730**･3 月 文／**735**･4･15 文／是年 文／**739**･7･10 文／**743**･8･29 文／**744**･5･30 文／**747**･11･8 文／是年 文／**754**･9･19 文／**758**･11 月 文／**772**･11･1 文／**779**･⑤･1 文／**782**･3 月 文／**783**･4･19 文／**869**･11･12 文／**871**･3･3 文／是年 文／**929**･7･16 文／**953**･7･13 文／**999**･6 月 文／❷ **1045**･4･20 文／**1046**･4 月 文／8･20 文／**1063**･9･11 文／**1081**･4･15 文／**1087**･5･27 政／**1090**･7･6 文／**1092**･7･21 文／**1105**･9 月 文／**1110**･8 月 文／**1112**･3･3 文／**1114**･1･15 文／11･13 文／**1115**･1･11 文／**1117**･是年 文／**1130**･是年 文／**1132**･4 月 文／6･16 文／**1133**･8･17 文／**1135**･5･5 社／**1137**･是年 文／**1145**･3･12 文／**1147**･是年 文／**1154**･9･20 文／**1156**･是年 文／**1166**･7･1 文／9･9 文／**1169**･3･22 文／4･22 文／**1175**･3･23 文／7 月 文／是年 文／**1179**･是年 文／**1180**･6･11 文／**1183**･是年 文／**1184**･4 月 文／**1211**･12･25 文／**1218**･1･20 文／**1222**･是年 文／**1227**･5･10 文／**1238**･是年 文／**1242**･2･23 文／是年 文／**1245**･9･16 政／❸ **1287**･1 月 文／是年 文／**1289**･是年 文／**1292**･⑥･2 文／12 月 文／**1295**･6･8 文／**1296**･5･3 文／**1310**･6 月 文／**1323**･4･23 文／**1325**･3･15 文／**1353**･9･22 文／**1354**･3･21 文／**1365**･6 月 文／是年 文／**1379**･6･8 文／**1417**･是年 文／❺-2 **1747**･10 月 文
『大般若経音義』　❸ **1286**･是年 文／**1363**･8･11 文
『大般若経字抄』　❷ **1164**･3･19 文
『大般若波羅蜜多経』　❷ **1114**･9･13 文／**1164**･是年 文／❸ **1312**･10 月 文／**1383**･是年 文／**1400**･6･19 文
『大般若涅槃経』　❶ **763**･9･7 文／❷ **1024**･3･6 文／❸ **1359**･是年 文
『大毘婆沙論』　❶ **655**･是年 文
『大毘盧遮禄経成就儀軌』　❷ **1052**･6･28 文
『大毗盧遮那経』(吉備由利願経)　❶ **828**･2･13 文
『大毗盧遮那経』　❶ **989**･3･18 文
『大毘盧遮禄経』　❷ **1040**･7･1 文／**1058**･7･26 文
『大毘盧遮禄経義釈』　❷ **1175**･11･11 文
『大毘盧遮禄経広大成就儀軌』　❷ **1059**･2･29 文
『大毘盧遮禄経指帰』　❷ **1131**･4･14 文
『大毘盧遮禄経疏』　❷ **1070**･6･2 文／**1114**･是年 文
『大盧遮禄供養次第法疏』　❷ **1059**･4･17 文
『大毗盧遮那成仏経巻』巻七　❶ **1000**･5･2 文
『大毘盧遮禄成仏経疏』　❷ **1082**･6 月 文／**1130**･5･23 文
『大毘盧遮禄成仏神変加持経』　❷

1058·2·29 文／1074·5·4 文／1079·9·5 文
『大毗盧遮那成仏神変加持経随行儀軌』 ❶ 948·2·7 文
『大毗盧遮那成仏神変加持経』 ❶ 766·10·8 文
『大仏頂首楞厳経』 ❶ 757·6·3 文
『大仏頂陀羅尼経』 ❶ 985·2·8 文／986·2月 文
『大仏頂陀羅尼啓請法』 ❷ 1076·10·15 文
『大法炬陀羅尼経要文集』 ❷ 1230·11·6 文
『大宝広博楼閣善住秘密陀羅尼経』 ❶ 958·3·18 文
『大宝広博楼経』 ❷ 1174·10·25 文
『大方広仏華厳経』 ❶ 877·②·29 文／❷ 1102·3·2 文／1115·6月 文／1206·2月 文／❸ 1336·是夏 文
『大方広仏華厳経疏』 ❸ 1296·1·10 文
『大宝積経』 ❶ 740·3·8 文／909·2·25 文／❷ 1005·3·3 文／1006·7月 文／是年 文／1150·10·22 文／1164·12·2 文
『大方等大集経』 ❶ 492·是年／❷ 1164·是年 文
『大菩薩蔵経』 ❶ 847·3月 文
『大品経』 ❶ 514·7·18
『大輪金剛修行悉地成就及供養法』 ❷ 1128·10·11 文
『大楼炭経』 ❶ 670·是年 文
『陀羅尼集経』 ❷ 1072·7月 文／1164·3·12 文
『探要法花験記』 ❷ 1155·4·8 文
『知炬陀羅尼経』 ❷ 1174·6·10 文
『筑摩蕭経』 ❷ 1149·是年 文
『中阿含経』 ❶ 733·6·4 文／759·9·17 文／834·7月 文
『中禅寺私記』 ❷ 1141·7·3 文
『註大仏頂真言』 ❷ 1078·8·4 文
『中論』 ❶ 869·7·19 文
『長慶宣明暦経』 ❶ 859·5·10 文
『長講法華経略願文』 ❷ 1045·5·13 文
『勅撰法相宗章疏目録』 ❷ 1175·是年 文
『底哩三昧耶不動尊聖者念誦秘密法』 ❷ 1078·4·26 文
『伝教大師求法書』(最澄の消息集) ❷ 1079·4月 文
『伝術一心戒文』 ❷ 1084·9·18 文
『天台法華宗義集』 ❶ 986·3·18 文
『等目菩薩経』(吉備由利願経) ❶ 766·10·8 文
『得道梯橙経』 ❶ 908·7·23 文
『奈那尼陀那目得伽摂頌』 ❶ 710·4·15 文
『日位宛盂蘭盆御書』 ❷ 1279·7·13 文
『仁王経』 ❶ 676·11·20 社／922·5·29 社
『仁王経五方曼荼羅図像』 ❷ 1184·3·5 文
『仁王経念誦法』 ❷ 1105·2·16 文
『仁王護国般若波羅蜜多経』 ❶ 990·5·25 文
『仁王般若経』 ❶ 930·10·28 文
『仁王般若念誦法』 ❷ 1082·9·10 文
『仁王般若念誦法経』 ❷ 1088·7·22 文
『日本法華験記』 ❷ 1153·5月 文
『入解脱門義』 ❷ 1220·9·20 文
『如意輪儀軌』 ❷ 1064·4·12 文
『如意輪念誦次第』 ❷ 1130·7·29 文
『如意輪瑜伽法要』 ❷ 1074·9·15 文
『仁和寺別尊雑記』 ❷ 1172·6·18 文
『涅槃経儀軌』 ❷ 1077·5·1 文
『念仏式』 ❷ 1135·3·24 文
『吠室羅未祿野儀軌』 ❷ 1076·7·6 文
『百論』 ❶ 858·1·5 文
『筥崎八幡宮御神宝記』 ❷ 1276·5月 文
『破邪論』 ❷ 1123·5·3 文
『八字文殊儀軌』 ❷ 1068·9·5 文
『馬鳴菩薩念誦儀軌』 ❷ 1075·12·6 文／1082·12·3 文
『般若心経』 ❶ 755·是年 文／❷ 1110·4·20 文／1167·2·23 文／1203·8·10 文／1247·10月 文／❸ 1336·3月 文／1396·11·13 文／1406·12·12 文／1443·10·20 文
『般若心経』 ❹ 1540·6·17 文
『般若心経疏』 ❷ 1145·是年 文
『般若心経疏詒謀鈔』 ❷ 1145·是年 文
『般若波羅蜜菩薩念誦儀軌』 ❷ 1079·4·5 文
『般若理趣経』 ❷ 1142·1·18 文／1202·1·16 文／1205·1·16 文／1280·6·19 文／❸ 1357·8·28 文
『版本浄土論註』 ❷ 1256·7·25 文
『比丘六物図』 ❷ 1246·10·1 文
『彦山流記』 ❷ 1213·是年 文
『秘宗隠語集』 ❷ 1181·5·8 文
『七大寺巡礼私記』 ❷ 1140·3·15 文
『七大寺日記』 ❷ 1255·是年 文
『毘奈耶雑事』 ❷ 1123·4·14 文
『毘尼母経』 ❷ 1198·3·3 文
『秘密曼陀羅十住心論』 ❷ 1172·是年 文
『秘密曼陀羅大阿闍梨耶付法伝』 ❷ 1027·1·28 文／1060·7·21 文
『百法顕幽抄』 ❶ 843·10·21 文
『譬喩品』 ❷ 1164·是年 文
『平等院経蔵目録』 ❷ 1071·是年 文
『毗盧遮那仏別行経』 ❶ 933·8·23 文
『普勧坐禅儀』 ❷ 1233·7·15 文
『不空羂索経』 ❷ 1155·9·29 文
『不空羂索神呪心経』 ❶ 881·5·7 文／❷ 1045·5·28 文／是年 文／❸ 1306·2·8 文
『不空羂索神変真言経』 ❷ 1172·8·17 文
『伏波神祠詩巻』 ❷ 1101·5月 文
『無準師範蔵』 ❷ 1238·5月 文
『藤原基衡願経』 ❷ 1138·5·16 文
『仏眼儀軌七成就品』 ❷ 1079·8·11 文
『仏鑑禅師語録』 ❷ 1251·是年 文
『仏教説話集』 ❷ 1140·3·25 文
『仏地経論』 ❷ 1153·7·7 文
『仏舎利奉納願文』 ❷ 1183·5·19 文
『仏説優填王経』 ❷ 1140·5·13 文
『仏説灌頂経』 ❶ 754·⑨·29 文
『仏説灌頂願往生経』 ❶ 737·12·8 文
『仏説観仏三昧海経』 ❶ 798·8·30 文
『仏説月鐙三昧経』 ❶ 589·是年
『仏説五母子経』 ❷ 1156·1·11 文
『仏説十一想念如来経』 ❷ 1123·4·9 文
『仏説浄業障経』 ❶ 766·10·8 文
『仏説正恭敬経』 ❶ 525·是年
『仏説卒塔婆経』 ❷ 1082·6·8 文
『仏説念三長斉殊勝福田功徳経』 ❶ 963·1·13 文
『仏説菩薩投身餓虎起塔因縁経』 ❶ 797·6·11 文
『仏説浴像経』 ❶ 761·2·25 文
『仏説六字神呪王経』 ❷ 1053·8·9 文
『仏頂尊勝陀羅尼経』 ❶ 739·5·4 文／760·8·26 文／861·4·14 文
『仏頂尊勝心破地獄法』 ❷ 1059·9·21 文
『仏道抜除罪障呪王経』 ❶ 897·2·29 社
『仏物弥勒成仏経』 ❶ 730·8·6 文
『仏法大明録』 ❷ 1257·③·22 文
『仏母孔雀明王経』 ❷ 1063·2·25 文／1091·7·9 文／1224·是年 文
『仏本行集経』 ❶ 973·4月 文／是年 文
『仏本行集経(開宝勅版)』 ❷ 1071·是年 文
『仏母大孔雀明王儀軌』 ❷ 1082·3·2 文
『仏母曼拏羅念誦要法集』 ❷ 1066·10·12 文
『不動講式』 ❷ 1006·9月 文
『不動尊使者秘密法』 ❷ 1072·6·1 文
『不動尊念誦儀軌』 ❷ 1057·1·10 文
『不動明王二童子立像』 ❷ 1154·是年 文
『不動立院儀軌略次第』 ❶ 940·5·10 文／941·10·9 文
『普法義経』 ❶ 788·5·1 文
『附法状』(俊芿) ❷ 1227·3·22 文
『付法蔵伝』 ❷ 1064·4·15 文／1089·6月 文
『弁中辺論』 ❶ 807·3·16 文／954·4·29 文
『法苑林章』 ❷ 1150·6·18 文
『法鑒坊御書』 ❷ 1268·4·5 文
『宝篋印塔陀羅尼経』 ❶ 965·7·26 文／968·5·13 文
『宝篋印陀羅尼』 ❸ 1396·2·11 文
『宝篋印陀羅尼経』 ❷ 1167·4·30 文／1170·8·15 文
『法句譬喩経』 ❶ 359·3·17
『宝積経要品』 ❸ 1344·10·8 文
『法勝寺御八講問答記』 ❷ 1222·是年 文
『法蔵和尚伝』 ❷ 1149·是年 文
『宝蔵天女陁羅尼経』 ❶ 949·4·20 文
『法然上人七箇条制法』 ❷ 1204·11·7 文
『宝梁経』 ❶ 291
『北斗七星護摩儀軌』 ❶ 938·5·15 文
『法華経(妙法蓮華経)』 ❶ 694·6·1 社／737·2·20 文／740·6·19 文／748·7·18 文／926·3·21 文／是年 文／949·6·22 文／998·是年 文／❷ 1080·6·30 文／1081·6月 文／1087·5月 文／1121·7月 文／是年 文／

1124·是年 文／**1128**·8·6 文／**1129**·7·13 文／**1140**·7·11 文／**1148**·⑥·17 文／**1158**·10·23 文／**1163**·9·25 文／**1164**·6·2 文／9·1 文／**1170**·2月 文／**1171**·6·13 文／**1172**·3月 文／**1174**·9·16 文／**1176**·3·16 文／**1183**·6·5 文／**1184**·是年 文／**1243**·是年 文／**1244**·2月 文／6·4 社／**1253**·6·15 文／**1255**·是年 文／**1263**·11月 文／❸ **1288**·7·9 文／**1304**·8月 文／**1310**·10·23 文／**1312**·1月 文／5月 文／**1325**·5·15 文／是年 文／**1326**·2·14 文／4·16 文／5·13 文／**1334**·是年 文／**1335**·8·25 文／**1340**·是年 文／**1350**·4·29 文／**1357**·12·25 文／**1398**·是年 文／❹ **1584**·6·21 文／❺-1 **1683**·9·14 文／**1689**·7·18 文／❺-2 **1716**·8·26 文
『法華経(竹生島経)』 ❺-1 **1627**·是年 文
『法華経義疏』 ❷ **1002**·8·22 文
『法華経玄賛』 ❶ **731**·8·8 文
『法華経序品釈疏』 ❸ **1351**·是年 文
『法華経伝』 ❷ **1256**·5·15 文
『法華経并阿弥陀経』 ❸ **1294**·12月 文
『法華経并開結』 ❹ **1583**·9·13 文
『法華経譬喩品』 ❸ **1326**·是年 文
『菩薩戒本字要』 ❷ **1078**·9·10 文
『菩薩処胎経』 ❶ **550**·是年
『菩薩蔵経』 ❶ **945**·是年 文
『菩薩本行経』 ❷ **1194**·4·3 文
『菩薩瓔珞本業経』 ❶ **551**·是年
『細字法華経』 ❷ **1238**·4·5 文
『菩提場所説一字頂輪王経』 ❶ **887**·7·26 文
『法華一品経書写次第目録』(慈光寺) ❷ **1270**·11月 文
『法華義疏』 ❷ **1002**·12月 文
『法華経玄賛』 ❷ **1110**·9·5 文
『法華経并開結』 ❷ **1192**·12·8 文
『法華決釈記』 ❶ **825**·8·22 文
『法華玄義釈籤』 ❸ **1339**·是年 文
『法華玄義釈籤』 ❷ **1148**·6月 文
『法華玄賛義決』 ❶ **819**·6·5 文
『法華玄賛文集』 ❷ **1145**·7·1 文／**1162**·②月 文
『法華三宗相対鈔』 ❷ **1180**·3·3 文
『法華摂釈』 ❷ **1176**·11·5 文
『法華陀羅尼品』 ❸ **1325**·6月 文
『法華廿八品略釈』 ❷ **1059**·5·21 文
『法華文句』 ❷ **1151**·6·10 文
『法性寺殿御集』 ❷ **1183**·7·22 文
『梵字形音義』 ❷ **1103**·9·27 文／**1106**·8·23 文／**1122**·5·27 文
『本朝新修往生伝』 ❷ **1151**·12·1 文／**1258**·1·30 文
『梵文心経』 ❶ **942**·7·24 文
『梵文胎軌』 ❷ **1156**·3·24 文
『梵文胎蔵界』 ❶ **859**·9·2 文
『梵網経』 ❶ **757**·3·25 文／❸ **1378**·3·29 文／年 文
『梵網経戒品』 ❸ **1380**·3·29 文
『摩訶衍宝厳経』 ❷ **1133**·4·24 文
『摩訶止観第一抄』 ❸ **1404**·2月 文
『曼荼羅集』 ❷ **1173**·5·11 文
『弥陀極楽書』 ❷ **1097**·3·23 文
『密厳遺教録』 ❷ **1143**·是年 文
『明全戒牒』 ❷ **1199**·11·8 文
『妙法蓮華経』 ❶ **744**·5·20 文／是年 文／**752**·7·22 文
『妙法蓮華経秘釈集』 ❷ **1153**·6·2 文
『弥勒儀軌』 ❷ **1048**·4·3 文
『弥勒経疏』 ❶ **890**·9·11 文
『弥勒上生経』版本 ❹ **1468**·⑩·22 文
『弥勒上生経宗要』 ❶ **878**·7·10 文
『弥勒成仏経』 ❷ **1007**·是年 文
『無垢浄光大陀羅尼経』 ❶ **781**·12·6 文／**822**·8·1 文
『無常講式』 ❷ **1249**·7·13 文
『無量義経疏』 ❶ **894**·3月 文／**895**·是年 文
『無量寿経』 ❶ **415**·是年／**640**·5·5 社／**998**·是年 文／❺-1 **1623**·9月 文
『無量寿次第』 ❷ **1074**·7·9 文
『無量寿如来念誦次第法』 ❶ **930**·3·17 文
『無量寿如来修観行供養儀軌』 ❷ **1059**·4·19 文／**1071**·2·26 文
『文殊師利問菩薩経』 ❷ **1276**·是年 文
『文殊八字儀軌』 ❷ **1083**·2·19 文
『文殊八字法』 ❷ **1246**·是年 文
『文殊菩薩像造立願文』 ❷ **1269**·3·25 文
『薬師瑠璃光七仏本願功徳経』 ❶ **789**·7·15 文
『八代明神祭文』 ❷ **1151**·4·5 文
『山城賀茂御祖社遷宮用途注進状』 ❷ **1242**·5月 文
『大倭神社註進状』 ❷ **1167**·是年 文
『瑜伽師地論』 ❶ **730**·2·10 文／9月 文／**735**·8·14 文／**745**·4月 文／**754**·8·19 文／**762**·3·20 文／4·8 文／**779**·3·25 文／**785**·6·15 文／**814**·1·22 文
『唯信鈔』 ❷ **1230**·5·25 文
『唯信鈔文意』 ❷ **1257**·1·27 文
『維摩結経』 ❶ **750**·4·15 文
『維摩経義疏』 ❶ **613**·9·15 文
『瑜伽師地論』 ❷ **1125**·4·6 文／❸ **1282**·是年 文
『瑜祇経』 ❷ **1132**·7·28 文
『瑜岐行者修三摩地随仏念誦要訣』 ❶ **933**·8·27 文
『要法文』 ❷ **1129**·7·23 文
『頼通大饗屏風詩歌切』 ❷ **1018**·是年 文
『理界私記』 ❷ **1168**·3·4 文
『六字経儀軌』 ❷ **1060**·4·4 文
『六字神咒経』 ❷ **1055**·是年 文
『理趣経』 ❷ **1150**·10·4 文／**1193**·8月 文
『理趣経十八会曼荼羅』 ❶ **864**·2·26 文
『理趣釈重釈記』 ❶ **920**·8·16 文／**938**·10月 文
『律序』 ❶ **523**·4月
『立正安国論』 ❷ **1268**·12·8 文／**1269**·12·8 文
『略述金剛頂瑜伽分別聖位修証法門経』 ❶ **943**·5·13 文
『滝泉寺申状』 ❷ **1279**·10月 文
『両界曼荼羅』 ❷ **1193**·是年 文／**1194**·6·13 文
『霊山院釈迦堂毎日作法』 ❷ **1007**·7·3 文
『臨終要文』 ❷ **1179**·7·26 文
『蓮花胎蔵界儀軌解釈』 ❷ **1054**·11月 文
『老子道徳経』 ❸ **1373**·9·26 文
『和銅経』 ❶ **712**·11·15 文

経典など以外の書籍·記録·文書

『あかしの三郎』 ❹ **1554**·5·20 文
『秋夜長物語』 ❸ **1377**·2·7 文／**1442**·2·15 文／❹ **1499**·6·25 文／**1540**·10月 文
『阿古屋之松之能』 ❸ **1427**·11月 文
『足利義尚連歌会』 ❹ **1488**·3月 文
『葦手絵和漢朗詠集』 ❷ **1160**·4·2 文
『吾妻鏡』 ❹ **1522**·9·5 文
『敦康親王初勤関係文書』 ❷ **1005**·2·10 文
『賀名生行宮千首和歌会』 ❸ **1353**·是年 文
『荒木田永元集』 ❷ **1230**·12·26 文
『安祥寺伽藍縁起資財帳』 ❶ **867**·6·11 文
『異国降伏御祈供養』 ❸ **1289**·7·22 文
『異国牒状事』 ❸ **1367**·是年 政
石山寺造営総決算書 ❶ **762**·12·29 文
『和泉往来』 ❷ **1186**·5月 文／**1188**·是年 文
『和泉国大鳥神社流記帳』 ❶ **922**·4·5 文
『出雲康国寺相続次第』 ❸ **1420**·2月 文
『伊勢近長谷寺資財帳』 ❶ **953**·2·11 文
『伊勢物語』 ❹ **1472**·8·15 文
『イソップ物語』 ❹ **1485**·是年 文
『市河文書』 ❷ **1170**·2·7 文
『厳島切』 ❷ **1172**·6·11 文
『一切経』 ❹ **1599**·3·21 文
『逸名物語(十番の物争)』 ❹ **1589**·9·10 文
『伊都内親王御施入願文』 ❶ **833**·9·21 文
『いろは字』 ❹ **1559**·12·10 文
『色葉字集』 ❹ **1598**·是年 文
『韻鏡』 ❸ **1394**·是年 文
『飲酒二十首』 ❹ **1554**·是年 文
『右衛門督家歌合』 ❷ **1149**·11·26 文
『宇治別業和歌』 ❷ **1169**·11·26 文
『歌合』 ❶ **975**·是年 文／❷ **1096**·是年 文
『歌合·弘長三年』 ❸ **1452**·2月 文
『謡本』 ❹ **1559**·4·7 文
『打聞集』 ❷ **1134**·此頃 文
『内大臣家歌合』 ❷ **1115**·10·26 文／**1119**·7月 文
『右兵衛督宛消息』 ❷ **1167**·9·18 文
『運歩色葉集』 ❹ **1575**·是年 文／**1589**·是年 文
『雲林院』 ❸ **1426**·11·7 文
『詠歌大概抄』 ❹ **1588**·12·4 文
『栄花物語』 ❹ **1503**·9·5 文
『永久四年四月四日院北面和歌合』 ❷ **1116**·4·4 文
『永源寂室和尚語録』 ❸ **1377**·是年 文

『永昌記』 ❷ 1172·9·14 文
『絵因果経』 ❹ 1516·是年 文
『恵心先徳夢窓之記』 ❹ 1457·5·22 文
『円覚寺禁制』 ❸ 1294·1月 文
『円覚寺年中用米注進状』 ❸ 1283·9·27 文
『円覚物語(満仲)』 ❹ 1575·3月 文
『延喜式』 ❷ 1127·7·12 文
『円珍充内供奉治部省牒』 ❶ 850·3·2 文
『円珍青龍寺求法目録』 ❶ 855·11·15 文
『円珍贈法印大和尚位並智証大師謚号勅書』 ❶ 927·12·27 文
『円珍入唐求法目録』 ❶ 855·11·5 文
『応仁記』 ❹ 1563·5·9 文
『王勃詩序』 ❶ 707·7·26 文
『近江国番場宿蓮華寺過去帳』 ❸ 1334·是年 文
『応陽文忠公集』 ❷ 1196·是年 文
『大内抄』 ❷ 1159·1·28 文
『大内弘幸加判周防国一宮玉祖造替目録』 ❸ 1335·9月 文
『大鏡』 ❷ 1192·9月 文
『近江国依智荘検田帳』 ❶ 859·12·25 文
『落窪の草子』 ❸ 1451·8月 文
『音なし草子』 ❹ 1570·4月 文
『小野抄』 ❷ 1122·3·24 文
『小野の小町双紙』 ❹ 1545·2·7 文
『御文』 ❹ 1537·2·2 文
『おらしよの飜訳』 ❹ 1600·是年 文
『尾張国解文』 ❷ 1281·8·5 文／❸ 1325·8·11 文
『御仙窟』 ❸ 1344·10·16 文
『御注孝経』 ❷ 1221·是年 文
『開元寺求得経疏記等目録』 ❶ 854·9·21 文
『懐紙式』 ❸ 1392·8·25 文
『楷書六字名号』 ❹ 1468·5月 文
『かうしん之本地』 ❹ 1506·是年 文
『花王以東之花伝書』 ❹ 1486·5·18 文
『嘉喜門院御集』 ❸ 1377·7·13 文
『楽書高麗曲』 ❸ 1291·4·10 文
『楽書輪台詠唱歌外楽記』 ❸ 1293·9·25 文
『覚禅鈔』 ❸ 1310·2·30 文／1321·3·13 文／1326·是年 文
『楽善録』 ❷ 1229·是年 文
『鹿嶋問答』 ❸ 1377·7·13 文
『春日法楽七首和歌』 ❸ 1339·12月 文
『楽毅論』(光明皇后) ❶ 744·10·3 文
『羯磨金剛目録』 ❶ 811·7·17 文
『鎌倉持氏記』 ❸ 1451·8月 文
『賀茂皇太神宮記』 ❸ 1414·3月 文
『河内国観心寺縁起資財帳』 ❶ 883·9·15 文
『河内龍泉寺資財帳写』 ❶ 844·11·26 文
『菅家遺戒』 ❸ 1332·是年 文
『管弦肝心集』 ❷ 1144·7·27 文
『管見抄』 ❸ 1295·5月 文
『寒山詩』 ❸ 1325·10月 文
『韓集挙正』 ❷ 1189·2·1 文
『漢書』 ❶ 948·5·21 文／❸ 1299·南宋·慶元年間 文／1313·2·8 文
『漢書(宋版)』 ❷ 1200·是年 文
『灌頂歴名』(空海) ❶ 812·11·15 文／813·3·16 文
『(金剛仏子叡尊)感身学正記』 ❸ 1359·10·2 文
『観心寺諸堂巡礼記』 ❸ 1378·5·19 文
『勧進状』 ❸ 1390·8月 文
『観世音寺資財帳』 ❶ 905·10·1 文
『観世音寺水陸田目録』 ❶ 709·10·25 文
『観世音法楽和歌』 ❸ 1336·5·5 文
『官宣旨』 ❷ 1158·8·7 文
『官倉納穀交替帳(越中)』 ❶ 910·10·15 文
『寛和二年六月九日内裏歌合』 ❶ 986·6·9 文
『関白内大臣家歌合』 ❷ 1121·9·12 文
『寛平御時后宮歌合』 ❶ 897·是年 文
『願文(源俊房)』 ❷ 1102·是年 文
『願文集』 ❷ 1245·11·2 文
『徽安門院一條集』 ❹ 1513·8月 文
『祈雨日記』 ❷ 1117·是年 文
『祈雨法日記』 ❷ 1191·5月 文
『徽宗文集』 ❷ 1187·是年 文
『吉黄記』 ❷ 1257·3月 文
『義天録』 ❷ 1176·是年 文
『紀長谷雄集』 ❶ 919·1·21 文
『帰命尽十方无碍光如来』 ❹ 1460·1·22 文
『却癈忘記』 ❷ 1235·是年 文
『久隔帖』(最澄) ❶ 813·11·25 文
『牛王宝印』版本 ❹ 1583·1月 文
『教訓抄』 ❸ 1317·8月 文／1393·4·13 文
『玉燭法典』 ❸ 1348·是年 文
『玉篇』 ❶ 904·1·15 文／❷ 1021·8·28 文
『玉葉和歌集』 ❸ 1312·3·28 文
『玉林苑』 ❸ 1319·2月 文
『貴嶺問答』 ❸ 1310·9·16 文
『金槐和歌集』 ❷ 1213·12·18 文
『金榜集』 ❹ 1520·8月 文
『金葉和歌集』 ❷ 1127·是年 文
『空海請来目録』 ❶ 806·10·22 文
『グーテンベルク 42 行聖書』 ❸ 1455·是年 文
『愚管抄』 ❸ 1367·6·25 文／❹ 1476·是年 文
『弘決外典鈔』 ❸ 1284·6·15 文
『口言部類』 ❷ 1120·是年 文
『九条家文書目録』 ❸ 1293·3·17 文
『愚藻』 ❸ 1305·9月 文
『口遊』 ❷ 1263·2·5 文
『具注暦』(永保元年) ❷ 1081·是年 文
『口伝抄』(覚如) ❸ 1331·11月 文／1344·10·26 文
『弘福寺(川原寺)田畠流記帳』 ❶ 709·7·15 文
『弘福寺(大和)文書目録』 ❶ 794·5·11 文
『愚昧記』 ❷ 1189·12月 文
『くまのの御本地のさうし』 ❹ 1556·7·26 文
『景徳伝燈録』 ❸ 1313·5·23 文
『謙斎記』 ❹ 1548·是年 文
『源氏物あらそひ』 ❸ 1413·7·1 文
『源氏物語』 ❸ 1320·10月 文／❹ 1481·是年 文
『源氏物語抄』 ❸ 1297·2·27 文
『建春門院中納言記』 ❸ 1303·2·29 文
『賢聖義略以十門分別』 ❸ 1294·7·12 文
『賢聖略問答』 ❷ 1008·4·2 文
『源大納言家歌合』 ❷ 1066·9·13 文
『原中最秘抄』 ❸ 1313·8月 文
『建天全書』 ❸ 1320·是年 文
『玄秘抄』 ❷ 1159·6·23 文
『幻夢草子』 ❹ 1497·3月 文
『建暦四年具注暦日』 ❷ 1214·是年 文
『耕雲千首』 ❸ 1389·1月
『孝経』 ❹ 1531·⑤月 文
『孝経述義』 ❹ 1497·是年 文
『孝経抄』 ❹ 1528·8月 文
『孔子家語』 ❷ 1255·是年 文／❹ 1515·2月 文
『孝子伝』 ❹ 1580·1月 文
『向書』 ❸ 1330·7·9 文
『上野君消息』 ❸ 1340·6·14 文
『校生勘紙帳』 ❶ 739·7月 文
『江談抄』 ❷ 1198·1·5 文
『黄帝内経』 ❷ 1264·是年 文／1269·是年 文
『黄帝内経太素』 ❷ 1167·1·13 文／1168·是年 文
『黄帝内経明堂』 ❸ 1296·是年 文
『広百論釈論』 ❷ 1164·是年 文
『高弁夢記』 ❷ 1207·是年 文
『弘法大師絵詞(弘法大師絵伝)』 ❸ 1378·9·18 文
『弘法大師御入定勘決記』 ❸ 1364·11·19 文
『弘法大師御遺告』 ❶ 969·7·5 文
『弘法大師二十五箇条遺告』 ❸ 1339·4·21 文
『香薬抄』 ❷ 1165·6月 文
『高野口決』 ❸ 1367·8·10 文
『高野山金剛三昧院短冊』 ❸ 1344·是年 文
『高野物語』 ❸ 1390·1·17 文／1399·12·12 文
『香要抄』 ❷ 1156·9·18 文
『高麗史節要』 ❸ 1453·4月 文
『広隆寺資財交替実録帳』 ❶ 889·是年 文
『広隆寺資財帳』 ❶ 873·是年 文
『行歴抄』 ❷ 1144·6·10 文
『後漢書』 ❸ 1299·南宋·慶元年間 文／❹ 1563·是年 文
『五行大義』 ❸ 1333·2月 文
『古今集注』 ❷ 1241·是年 文
『古今著聞集』 ❷ 1254·10·17 文
『古今和歌集』 ❷ 1120·7·24 文／1142·4月 文／1157·5月 文／1177·是年 文／1223·7·22 文／1227·③·12 文／1260·7·5 文／❸ 1294·是年 文／1299·是年以前 文／1305·1·21 文／4·27 文／1306·4·28 文／1322·4·7 文／1324·9月 文／1353·3·18 文／1358·5·25 文／1396·10月 文／

1398·6·22 文／❹ **1595**·是年 文
『古今和歌集序註』 ❸ **1319**·是年 文
『後愚昧記』 ❸ **1367**·是年 文
『穀類抄』 ❷ **1156**·7·25 文
『古語拾遺』 ❷ **1225**·2·23 文／**1238**·是年 文／❸ **1334**·3·26 文
『後三条天皇不予全快祈願告文』 ❷ **1073**·2·2 文
『古事記』 ❸ **1371**·是年 文／**1372**·是年 文／**1381**·5·26 文／**1426**·8·9 文／❹ **1522**·是年 文／❺-2 **1819**·8·18 文
『古事記裏書』 ❸ **1424**·7月 文
『後拾遺抄』 ❷ **1249**·9·23 文
『五常内義集』 ❸ **1452**·3·12 文
『五常内義教訓抄』 ❹ **1475**·11·26 文
『五常内義抄』 ❹ **1460**·3·16 文
『後撰和歌集』 ❷ **1234**·3·2 文／❸ **1294**·11·5 文
『五代史記』 ❷ **1142**·5·9 文
『国家珍宝帳』 ❶ **756**·6·21 文
『五燈会元』 ❷ **1253**·是年 文
『後鳥羽院·修明門院熊野御幸記』 ❷ **1217**·9·30 文
『狐媚記』 ❷ **1101**·是年 文
『金錍論』 ❷ **1107**·5·1 文
『古文孝経』 ❷ **1195**·4·26 文／**1241**·是年 文／**1247**·3·9 文／**1277**·8月 文／❸ **1305**·5·24 文／**1321**·是年 文／**1356**·10·23 文
『古文尚書』 ❸ **1314**·是年 文／❹ **1514**·3·14 文
『古謡集』 ❷ **1099**·是年 文
『古葉略類聚抄』 ❷ **1250**·是年 文
『墾田立券文』 ❶ **802**·1·10 文
『金春大夫氏信宛書状』 ❸ **1436**·6·8 文
『西行物語』 ❹ **1500**·1月 文／**1509**·4·29 文
『西郊記』 ❷ **1217**·1月 文
『西大寺資財流記帳』 ❶ **780**·12·29 文
『最澄受戒僧綱牒』 ❶ **785**·4·6 文
『最澄将来目録』 ❶ **805**·2·19 文／5·13 文
『在唐記』 ❷ **1126**·10月 文
『災難興記由来并対治之事』 ❷ **1260**·2月 文
『催馬楽譜』 ❷ **1125**·3月 文
『才葉集』 ❷ **1177**·7·2 文
『西来庵修造勧進状』 ❹ **1515**·7·24 文／**1516**·4·24 文
『酒人内親王家御施入状』 ❶ **818**·3·27 文
『相模集』 ❷ **1227**·5·20 文
『作持要文』 ❸ **1401**·2月 文
『作庭記』 ❸ **1289**·6·27 文
『作文大体』 ❷ **1108**·7·7 文
『佐経記』 ❷ **1035**·是夏 文
『左近権中将藤原宗通朝臣家歌合』 ❷ **1091**·8·23 文
『左烝抄』 ❷ **1121**·5月 文
『雑抄』 ❷ **1155**·8·15 文
『雑談集』 ❸ **1305**·7·18 文
『雑論義』 ❷ **1003**·11·19 文
『左伝』 ❷ **1139**·1·29 文
『讃岐国司解』 ❶ **867**·2·16 文
『実躬卿記』 ❸ **1307**·是年 文
『左府抄』 ❷ **1231**·6月 文
『更科紀行』 ❺-2 **1720**·2月 文
『猿鹿懺悔物語』 ❹ **1571**·11月 文
『三外往生記』 ❷ **1258**·6·12 文
『三十六人歌合』 ❹ **1461**·4·15 文
『三蔵法師伝』 ❷ **1156**·2·11 文
『三代嗣法書』 ❸ **1306**·8·28 文
『参天台五台山記』 ❷ **1072**·是年 文／**1171**·8·5 文
『三略』 ❸ **1313**·4·8 文
『三略秘抄』 ❹ **1534**·是年 文
『慈円僧正願文』 ❷ **1224**·8月 文／**1225**·7·29 文
『詩花和歌集』 ❹ **1514**·9月 文
『史記』 ❷ **1062**·5·6 文／**1073**·是年 文／**1127**·9·2 文／**1142**·是年 文／**1145**·是年 文／**1165**·12·26 文／**1211**·7·15 文／**1248**·5·3 文
『信貴山寺資財帳』 ❶ **937**·6·17 文
『史記正義』 ❹ **1518**·10月 文
『史記本紀』 ❹ **1511**·7月 文
『字鏡抄』 ❹ **1508**·是年 文
『慈恵大師廿六箇条起請』 ❶ **970**·7·16 文
『自讃歌抄』 ❸ **1330**·9月 文
『地子請文』 ❸ **1327**·7月 社
『慈聖院並寿寧院遺誡』 ❸ **1387**·3·26 文
『治承三年十月右大臣家歌合』 ❹ **1461**·7·18 文
『治承二年賀茂社歌合』 ❷ **1178**·是年 文
『辞世和歌下絵浇墨蓮花』 ❹ **1471**·是年 文
『七箇条制法』 ❸ **1337**·5·15 文
『絲竹口伝』 ❸ **1416**·是年 文
『四倒八苦物語』 ❹ **1516**·3·2 文
『侍中群要』 ❸ **1306**·是年 文
『十巻抄』 ❷ **1193**·是年 文／**1230**·4·22 文／❸ **1309**·是年 文／**1310**·是年 文
『四部合戦状』 ❸ **1446**·9·14 文
『四分律注比丘尼戒本』 ❸ **1301**·是年 文
『字母釈』 ❷ **1068**·3·10 文
『持名鈔』 ❸ **1439**·是年 文
『釈教三十六人歌仙』 ❸ **1347**·3月 文
『釈氏往来』 ❸ **1302**·4·24 文／**1350**·8·22 文
『尺素往来』 ❹ **1522**·是年 文
『釈尊出世伝記略本』 ❹ **1486**·4·27 文
『釈日本紀』 ❸ **1301**·是年 文／**1302**·4月 文
『沙石集』 ❸ **1283**·8月 文／❹ **1596**·10·3 文
『拾遺愚草難歌二百首註』 ❹ **1456**·是年 文
『拾遺古徳伝』 ❹ **1553**·1·28 文
『拾遺納言定文草案』 ❷ **1006**·是年 文
『拾遺和歌集』 ❸ **1308**·⑧·17 文／**1361**·10·26 文／**1397**·是年 文
『周易』 ❸ **1437**·是年 文
『周易注疏』 ❷ **1234**·12月 文／**1235**·1·10 文
『周易伝』 ❸ **1372**·12·8 文
『秀歌大略抄』 ❹ **1588**·12·4 文
『十帖冊子』 ❷ **1012**·3·1 文
『十七条憲法』 ❷ **1236**·9·3 文
『聚分韻略』 ❸ **1307**·是年 文
『拾要抄』 ❸ **1343**·是年 文
『授決円多羅義集唐決』 ❷ **1238**·11·14 文
『種々薬帳』 ❶ **756**·6·21 文
『出纏大綱』 ❷ **1175**·1月 文
『周礼』 ❸ **1449**·6月 文
『春華秋月抄本』 ❷ **1238**·是年 文
『春記』 ❷ **1041**·2月 文／**1054**·是年 文
『春秋経伝集解』 ❷ **1073**·4·17 文／**1135**·是年 文／**1139**·是年 文／**1176**·是年 文
『春秋左氏伝』 ❷ **1169**·3月 文／**1278**·9·22 文
『俊成卿述懐百首』 ❷ **1140**·10·22 文
『定為法印申文』 ❸ **1303**·4·11 文
『松陰中納言』 ❹ **1504**·12·9 文
『貞観寺根本目録』 ❶ **872**·3·9 文
『常行堂過去帳』 ❸ **1349**·是年 文
『上宮聖徳太子伝補闕記』 ❷ **1122**·12月 文
『松源普説語』 ❷ **1237**·是年 政
『常行堂声明譜』 ❸ **1397**·8·11 文
『詔戸次第』 ❸ **1303**·4·21 文
『省試詩』 ❷ **1003**·7月 文
『尚書』 ❷ **1185**·2·10 文
『定証起請文』 ❸ **1306**·是年 文
『成尋阿闍梨母集』 ❷ **1071**·5月 文／**1072**·5月 文
『成身私記』 ❷ **1065**·2·6 文
『正倉院御物出納注文』 ❶ **781**·8·12 文／**782**·是年 文／**784**·3·29 文／**793**·6·9 文／**799**·11·11 文／**800**·1·4 文／**806**·9·4 文
『正倉院御物目録』 ❶ **782**·2·22 文
『正倉院財物実録帳』 ❶ **856**·6·24 文
『正倉院財物曝涼使解』 ❶ **856**·6·25 文
『聖徳太子伝暦』 ❸ **1303**·4·26 文／**1307**·5·29 文／**1331**·是年 文
『正法眼蔵』 ❹ **1512**·9月 文
『称名寺条々規式』 ❸ **1284**·2月 文
『聖武天皇勅書』 ❶ **729**·5·20 文
『将門記』 ❷ **1099**·1·29 文
『常楽寺勧信状』 ❸ **1308**·6月 文
『続門葉和歌集』 ❸ **1305**·12月 文
『諸神本懐集』 ❸ **1438**·10·25 文
『新楽府注』 ❷ **1257**·是年 文
『臣軌』 ❸ **1324**·4·25 文
『心鏡口伝集』 ❷ **1173**·5·28 文
『真曲抄』 ❸ **1296**·2·3 文
『新古今和歌集』 ❸ **1300**·11月 文／**1357**·1·16 文／**1404**·4·1 文
『神護寺実録帳』 ❶ **931**·11·27 文
『新猿楽記』 ❷ **1280**·3·1 文／❸ **1344**·7·22 文
『新撰楽譜』 ❶ **966**·是年 文
『新撰字鏡』 ❷ **1124**·5月 文
『新撰菟玖波集』 ❹ **1497**·3月 文／10月 文
『新雕雙金』 ❷ **1069**·10·15 文
『神道集』 ❹ **1498**·2·11 文
『神道大意』 ❹ **1521**·11月 文
『神皇正統記』 ❸ **1343**·7月 文／

1363・9・19 文／1438・是年 文／❹ 1488・10 月 文／1502・5・1 文
『神明鏡』 ❹ 1540・12・15 文
『新訳華厳経音義』 ❷ 1228・4・24 文
『親鸞聖人門侶交名牒』 ❸ 1344・10・27 文
『水左記』 ❷ 1062・是年 文／1080・是年 文
『随疏演義鈔』 ❷ 1103・2・11 文
『住吉社神財帳』 ❶ 879・7・22 文
『住吉社歌合』 ❷ 1128・9・28 文
『相撲立詩歌』 ❷ 1133・11・18 文
『斉抄』 ❷ 1173・3・13 文
『誓度院規式』 ❸ 1292・4・5 文
『斉民要術』 ❷ 1166・9 月 文
『石林先生尚書伝』 ❷ 1159・5 月 文
『世俗諺文』 ❷ 1192・是年 文
『拙藁千首』(高麗版) ❸ 1354・是年 文
『前後赤壁賦』 ❹ 1521・是年 文
『千字文』 ❸ 1287・12 月 文
『千字文(続)』 ❷ 1132・是年 文
『禅定寺造営日記』 ❸ 1325・是年 文
『先代旧事本紀』 ❹ 1521・9・15 文
『善知衆藝童子法』 ❸ 1319・11・26 文
『銭納帳』 ❶ 770・是年 文
『禅林寺御起願文案』 ❸ 1297・3・5 文
『僧綱牒』 ❶ 908・2・21 文
『蔵乗法数』 ❸ 1410・2 月 文
『曾我物語』 ❹ 1528・4 月 文／1546・8・15 文／1551・3・13 文／1554・11・11 文
『続教訓鈔』 ❸ 1393・4・13 文
『息心抄』 ❷ 1152・2・11 文
『続神皇正統記』 ❹ 1482・5・2 文
『続本朝文粋』 ❷ 1272・是年 文
『蘇悉地儀軌契印図』 ❶ 864・4 月中旬 文
『尊円親王詩歌書巻』 ❸ 1349・9・23 文
『田遊』 ❹ 1582・2 月 文
『大学』 ❹ 1514・10 月 文
『大覚禅師語録』 ❸ 1334・是年 文
『台記』 ❷ 1153・是冬 文
『太鼓伝書』 ❹ 1559・11 月 文
『醍醐山寺院本仏記』 ❸ 1331・9・26 文
『大師家風』 ❷ 1135・6・23 文
『太子伝』 ❹ 1500・6・26 文
『大小王真蹟帳』 ❶ 758・6・1 文
『大織冠伝』 ❸ 1287・弘安年間 文
『大神宮法楽寺領文書紛失記』 ❸ 1344・8 月 文
『代々勅撰部立』 ❸ 1389・6・15 文
『大燈国師置文』 ❸ 1324・5・6 文／1331・12 月 文
『大唐西域記』 ❷ 1041・1・29 文／1126・2・15／1163・是年 文／1214・是年 文
『大唐大慈恩寺三蔵法師伝』 ❷ 1099・6・5 文
『大渡橋供養記』 ❷ 1278・7 月 文
『大徳寺諸庄園文書目録』 ❸ 1349・11・27 文
『大府記』 ❷ 1092・是春 文
『太平記』 ❸ 1390・10 月 文／1449・8 月 文／1451・11 月 文／❹ 1488・7 月 文／1548・是年 文／1563・⑫月 文／1577・4・10 文／1578・2 月 文／1579・4 月 文／1583・5 月 文
『太平記評判秘伝理尽鈔』 ❹ 1470・8・26 文
『太平御覧』 ❷ 1199・是年 文
『平親信記』 ❷ 1133・2・28 文
『高雄曼荼羅御修覆記』 ❸ 1309・1・19 文
『手草』 ❷ 1166・3・24 文
『託宣集』 ❸ 1313・8 月 文
『宅地施入状』案 ❶ 865・3・23 文
『大宰府符』 ❶ 992・9・20 文
『太政官給公験円珍牒』 ❶ 866・是年 文
『太政官給公験牒』 ❶ 866・5・29 文
『田付流砲術秘伝書』 ❹ 1597・1 月 文
『多度神宮寺伽藍縁起資財帳』 ❶ 788・11・3 文／801・11・3 文
『玉造小町子壮衰書』 ❸ 1450・10 月 文
『玉藻前物語』 ❹ 1470・10 月 文
『丹波国牒』 ❶ 932・9・22 文
『知恩院本堂勧進牒』 ❸ 1432・5 月 文
『致堂先生読史管見』 ❷ 1182・是年 文
『智証大師伝』 ❷ 1108・4・21 文
『注好選』 ❷ 1152・是年 文
『中外抄』 ❷ 1212・是年 文
『中尊寺建立供養願文』 ❸ 1329・8・25 文
『中右記部類』紙背漢詩集 ❷ 1126・是年 文
『長恨歌并琵琶行秘抄』 ❹ 1543・8 月 文
『奝然誕生かな書付』 ❶ 938・1・24 文
『勅撰和歌集』 ❸ 1311・5・3 文
『知連抄』 ❸ 1374・是年 文
『堤中納言物語』 ❸ 1364・2 月 文
『経俊卿記』 ❷ 1237・是年 文
『経平大弐家歌合』 ❷ 1086・3・19 文
『徒然草』 ❸ 1431・3・27 文
『庭槐抄』 ❷ 1183・是年 文
『庭訓往来』 ❸ 1451・是年 文
『帝系図』 ❸ 1371・7・18 文
『鄭注礼記』 ❹ 1519・11 月 文
『伝教大師求法書』 ❸ 1289・3・18 文
『伝教大師最澄書状』案 ❶ 812・11・19 文
『伝教大師入唐牒』 ❶ 805・3・1 文
『天狗物語』 ❸ 1419・11・6 文
『伝国之辞』 ❺-2 1785・2・7 文
『天正日本遣欧使節記』 ❹ 1586・是年 文
『伝心法要』 ❸ 1283・2 月 文
『天台座主良源自筆遺告』 ❶ 972・5・3 文
『天台法華宗年分縁起』 ❶ 806・1・3 文
『伝燈大法師位位記』 ❶ 849・6・22 文
『天福元年九条道家政道奏状』 ❷ 1233・是年 文
『伝法灌頂作法』 ❸ 1363・8・11 文
『篆隷万象名義』 ❷ 1114・6 月 文
『踏歌頌文』 ❷ 1270・12 月 文
『唐決』 ❷ 1125・6・22 文／1126・3・6 文
『洞谷山置文』 ❸ 1325・7・18 文
『唐書』 ❷ 1274・是年 文
『道場観』 ❷ 1173・2 月 文
『道成寺縁起絵巻』 ❹ 1573・12 月 文
『道★和上伝纂』 ❶ 759・3・25 文
『唐僧恵雲書状』 ❶ 758・9・23 文
『東大寺献物帳』 ❶ 758・6・1 文
『東大寺諸国封物来納帳』 ❶ 897・寛平年間 文
『東大寺大仏殿廂絵画師功銭帳』 ❶ 759・3 月 文
『東大寺封戸庄園並寺用雑物目録』 ❶ 950・11・20 社
『東大寺要録』 ❷ 1241・9・19 文
『東大寺領諸国荘家田地目録』 ❶ 998・是年 文
『東宝記』 ❸ 1352・是年 文
『唐梵両語双対集』 ❷ 1048・①・17 文
『唐明州過書』 ❶ 804・9・12 文
『東遊風俗神楽歌鈔』 ❷ 1099・3・5 文
『唐柳先生伝』 ❸ 1312・9・27 文
『土佐日記』 ❷ 1235・5・13 文／1236・8・29 文
『渡宋記(戒覚)』 ❷ 1082・9・5 文／1229・是年 文
『ドチリナ・キリシタン』 ❹ 1600・是年 文
『朝棟亭歌会』 ❸ 1335・5・7 文
『頓證寺扁額』 ❸ 1414・12・13 文
『長門住吉社法楽百首和歌』 ❹ 1495・12・22 文
『仲文章書』 ❸ 1300・6・8 文
『なぞだて(後奈良院御撰何曾)』 ❹ 1516・1・20 文
『ナバルスのざんげ・ナバルロの告解提要』 ❹ 1597・是年 文
『浪合記』 ❹ 1488・9・18 文
『難波梅之能』 ❸ 1413・7・11 文
『南北音義抄』 ❸ 1312・是年 文
『丹生祝氏文』 ❶ 800・9・16 文
『日光山滝尾建立草創日記』 ❶ 825・4・3 文
『日州木崎原御合戦伝記』 ❹ 1572・5 月 文
『入唐求法巡礼行記』 ❸ 1291・10・26 文
『入唐求法目録』 ❶ 847・是年 文
『入唐新求聖教目録(円仁)』 ❸ 1359・4 月 文
『日本後記』 ❹ 1533・是年 文
『日本国現報善悪霊異記』⇨『日本霊異記』(にほんりょういき)
『日本国太政官宛牒状』 ❶ 841・⑨・25 政
『日本国霊異記』 ❷ 1236・3・3 文
『日本書記』 ❷ 1142・3・27 文／❸ 1286・是年 文／1303・1・27 文／④・21 文／1328・5 月 文／1377・11・4 文
『日本書紀私記』 ❸ 1428・1・15 文
『日本書紀私見聞』 ❸ 1426・5・8 文
『日本比丘円珍入唐求法目録』 ❶ 857・10 月 文
『日本霊異記』 ❶ 904・5・19 文
『入唐求法惣目録』 ❶ 859・4・18 文
『入唐台州牒状』 ❶ 805・2 月 文
『入道大納言資賢集』 ❷ 1182・8・6 文
『入峰斧』 ❹ 1494・3 月 文
『入木道教訓書』 ❹ 1585・1・29 文

『如意輪儀軌』 ❹ 1574・5月 文
『人天眼目』 ❹ 1471・是年 文
『仁和寺宝蔵御物実録帳』 ❶ 950・11・10 文
『年中行事秘抄』 ❸ 1299・是年 文
『野坂本物語』 ❹ 1575・6・8 文
『俳諧之連歌独吟千句』 ❹ 1540・10月 文
『梅松論』 ❸ 1442・1・13 文／❹ 1466・8月 文／1470・6月 文
『白山之記』 ❸ 1378・6・30 文／1409・5・19 文／1439・6・9 文
『白氏詩巻』 ❷ 1018・8・21 文／1140・10・22 文
『縛日羅駄都私記』 ❶ 989・4・2 文
『白氏文集』 ❷ 1107・5・5 文／1113・是年 文／1216・是年 文／1229・是年 文／1231・3・26 文／4・18 文／是年 文／1232・是年 文／1233・1・5 文／1238・8・19 文／❸ 1352・是年 文／1367・是年 文
『白楽天常楽里閑居詩』 ❸ 1338・4・12 文
『八幡愚童記』 ❸ 1375・7・23 文
『八幡愚童訓』 ❸ 1408・6月 文
『八幡大菩薩愚童記』 ❹ 1483・6月 文／1546・7・2 文
『八家秘録』 ❷ 1081・2・29 文／1149・4月 文
『花園天皇宸記』 ❸ 1310・是年 文
『華の秘書』池坊専応口伝書 ❹ 1542・10・1 文
『はにふの物語』 ❹ 1497・4・18 文
『播磨国大部庄内検目録』 ❸ 1337・是年 政
『反音鈔』 ❸ 1299・是年 文
『万代和歌集』 ❷ 1248・是夏 文
『飛行三鈷記』 ❷ 1109・10・15 文
『備前国西大寺化縁疏并序』 ❹ 1496・是春 文
『秘蔵記』 ❷ 1011・8・28 文
『秘蔵金宝集』 ❷ 1174・6・15 文
『飛騨庄実検図』 ❷ 1128・8・1 文
『日御碕社修造勧進状』 ❸ 1420・5・26 文
『百韻連歌』 ❸ 1332・是年 文
『百錬抄』 ❸ 1304・5・15 文
『平野よみがへりの草紙』 ❹ 1513・12・16 文／1545・1月 文／1561・6・18 文
『琵琶譜』 ❷ 1163・12・26 文
『諷誦文』 ❸ 1324・5・3 文
『風信帖』(空海の最澄への返書) ❶ 812・9・11 文
『フェートン号航海日誌』 ❺-2 1808・8・15 文
『福州公験』 ❶ 853・9・14 文
『袋草紙』 ❷ 1159・10・3 文
『賦光源氏物語』 ❸ 1291・8月 文
『普光大幢国師謚号勅書』 ❸ 1357・3・10 文
『藤原道家願文案』 ❷ 1221・3・9 文
『藤原師通願文』 ❷ 1088・7・27 文
『藤原行成記』 ❷ 1149・11・26 文
『藤原行成自署太政官牒』 ❶ 998・12・16 文
『ふせやのものがたり』 ❹ 1499・8・5 文
『扶桑略記』 ❷ 1233・2・9 文
『仏舎利相伝状』 ❸ 1375・11・2 文
『仏乗禅師度牒』 ❸ 1286・11・8 文
『仏祖正伝菩薩戒教授文』 ❸ 1323・8・28 文
『仏燈国師語録』 ❸ 1352・是年 文
『仏日庵公物目録』 ❸ 1320・6・23 文
『筆結物語』 ❹ 1517・1月 文
『布留之能』 ❸ 1428・2月 文
『文館詞林』 ❶ 677・5・10 文／823・2月 文
『文鏡秘府論』 ❷ 1138・是年 文
『平家勘文録』 ❸ 1363・10・18 文
『平家秘巻』 ❸ 1413・3・21 文
『平家物語』 ❸ 1309・是年 文／1370・11・29 文／1419・是年 文／1452・6・14 文／❹ 1460・6・10 文／1467・1・22 文／1472・6・21 文／1498・5・3 文／1522・6月 文／1526・是年 文／1530・10・25 文／1562・10・23 文／12・1 文
『遍口抄』 ❸ 1324・是年 文
『編年綱目備要』 ❷ 1229・是年 文
『報恩講私記』 ❹ 1468・10月 文
『宝慶記』 ❷ 1253・12・10 文
『保元物語』 ❸ 1318・8・3 文／1451・4月 文
『方丈記』 ❷ 1212・3月 文
『北条重時家訓』 ❸ 1347・9・6 社
『北条時宗書状』 ❷ 1278・12・23 文
『法曹類林』 ❸ 1304・6・1 文／是年 文
『法務御房日記』 ❷ 1144・11・27 文
『法隆寺縁起白拍子』 ❸ 1364・8・9 文
『法隆寺伽藍縁起并流記資材帳』 ❶ 761・10・11 文
『法隆寺献物帳』 ❶ 756・7・8 文
『北山抄』 ❷ 1076・8・5 文
『保元三年番記録』 ❷ 1158・是年 文
『細川道欽邸一日千首和歌』 ❸ 1414・4・17 文
『牡丹花詩集』 ❸ 1356・3月 文
『法勝院領目録』一巻 ❶ 969・7・8 文
『法性寺殿(忠通)御記』 ❷ 1125・9・14 文
『堀河院艶書合』 ❹ 1488・3・30 文
『本愚昧記』 ❷ 1172・是春 文
『本朝皇胤紹運録』 ❸ 1426・5・14 文
『本朝文粋』 ❷ 1217・6・8 文／1276・③月 文／1280・7・9 文／❸ 1299・6月 文／1308・11・18 文
『毎月抄』 ❸ 1337・5・10 文
『増鏡』 ❸ 1376・4・15 文／❹ 1521・2月 文／1587・6・2 文
『松浦之能』 ❸ 1427・10月 文
『マルコ・ポーロ旅行記、東方見聞録』 ❹ 1518・是年 文
『万秋楽諸説秘集』 ❸ 1334・11月 文
『万葉詞』 ❸ 1375・1月 文
『万葉集』 ❷ 1124・6・25 文／1184・6・9 文／❸ 1366・5月 文／1374・是秋 文／1375・11・25 文／1424・4・3 文
『万葉集註釈』 ❸ 1347・是年 文
『御影堂御物目録』 ❷ 1222・7月 文
『道ゆきぶり』 ❸ 1378・3・18 文
『御堂関白記』 ❷ 1020・⑫・23 文
『源頼朝文書』 ❷ 1189・4・7 文
『明恵上人歌集』 ❷ 1248・3・8 文
『明恵上人夢記』 ❷ 1196・是年 文
『名語記』 ❷ 1275・6・25 文
『明主勅書』 ❸ 1407・5・25 文
『夢汝南慧徹詩』 ❹ 1514・2月 文
『室町殿御鞠次第』 ❸ 1450・3・16 文
『明月記』 ❷ 1199・4月 文／5月 文／1227・是年 文
『銘尽』 ❸ 1423・12・21 文
『明徳記』 ❸ 1343・3・13 文／1396・7月 文
『明徳二年記録断簡』 ❸ 1391・是年 文
『冥報記』 ❷ 1105・8・15 文
『蒙求』 ❷ 1134・12・27 文／1206・是年 文／1218・10月 文／是年 文／❸ 1345・5・9 文
『毛詩』 ❹ 1513・6・1 文
『毛詩正義』 ❷ 1139・9・15 文／是年 文
『毛詩鄭箋』 ❹ 1513・5・6 文
『毛詩要義』 ❷ 1252・是年 文
『守光公記』 ❹ 1513・3月 文
『文覚御房宛消息』 ❷ 1184・5・18 文
『文選』 ❷ 1172・是年 文／1230・2・18 文／❸ 1282・10・26 文／1330・2月 文
『薬字抄』 ❷ 1166・9・9 文
『薬種抄』 ❷ 1156・⑨・21 文
『八雲御抄』 ❸ 1337・3・25 文
『山城国東京三條京極寺八幡宮之縁起』 ❹ 1479・1月 文
『大和物語』 ❹ 1596・8・3 文
『遊仙窟』 ❸ 1321・9・4 文
『雪山童子』 ❹ 1517・是年 文
『礼記正義』 ❷ 1008・4・2 文
『落書露顕』 ❸ 1387・11・12 文
『落葉集』 ❹ 1598・是年 文
『離作業略記』 ❷ 1146・5・13 文
『立正安国論』 ❷ 1268・12・8 文／1269・12・8 文
『李白仙詩』(蘇軾) ❷ 1093・7・10 文
『李柏文書』 ❶ 328・是年
『隆源僧正五十首』 ❸ 1396・4・22 文
『令義解』 ❸ 1362・5・15 文
『令集解』 ❷ 1261・9月 文
『離洛状』 ❶ 991・5・19 文
『林葉和歌集』 ❷ 1178・8・23 文
『類聚三代格』 ❷ 1268・4・18 文
『類聚名義抄』 ❷ 1251・是年 文
『類秘抄』 ❷ 1220・是年 文
『霊棋経』 ❷ 1091・10・13 文／1129・5・20 文
『歴代君鑑』 ❹ 1457・是年 文
『歴代三宝記』 ❷ 1126・11・8 文
『連歌会席禁制』 ❹ 1489・是年 文
『蓮如上人御一期記』 ❹ 1580・9月 文
『朗詠要抄』 ❸ 1309・是年 文
『老子』 ❸ 1373・9・26 文／1386・是年 文
『老松堂日本行録』 ❸ 1420・10月 文
『六祖恵能伝』 ❶ 803・2・13 文
『魯論十摺』 ❷ 1242・8・6 文
『論語』 ❷ 1243・是年 文／❸ 1303・9・25 文／1337・是年 文／❹ 1550・4月 文／1576・6月 文
『論語集解』 ❷ 1268・①・6 文／8・3 文／❸ 1315・6・7 文／1320・是年 文

／**1331**·6月 文／**1362**·11月 文／**1364**·5月 文／❹ **1489**·6·18 文
『和歌現在書目録』 ❷ **1166**·7月 文
『和歌初学抄』 ❷ **1169**·7月 文／**1262**·6月 文
『和哥秘抄』 ❸ **1402**·8月 文
『和歌秘々』 ❸ **1401**·10月 文
『和歌真字序集』 ❷ **1162**·3·3 文
『和漢朗詠集』 ❹ **1600**·是年 文／❺-1 **1633**·9月 文／**1682**·是年 文
『和漢朗詠集私注』 ❷ **1161**·10·15 文
『和謌色葉集』 ❷ **1238**·9·7 文
『倭名類聚抄』 ❸ **1283**·8·9 文

金属製品(金銅·銅·鉄·鋳物など)
印
印筥(銅製·伊勢大神宮) ❶ **998**·5·20 文
印筒(銅製) ❷ **1098**·12·26 文
通信符勘合印 ❸ **1453**·7月 政
大鋸(おが) ❺-1 **1712**·是年 文
納札(金銅) ❹ **1524**·是年 文
お拾いの曲尺 ❺-1 **1685**·9·28 文
戒体箱(金銅) ❸ **1320**·5·12 文
鏡(鑑) ❶ **6**·是年／**105**·是年／**164**·是年／**166**·是年／**167**·是年／**169**·是年／**173**·是年／**189**·是年／**205**·是年／**216**·是年／**219**·是年／**220**·是年／**222**·是年／**223**·是年／**224**·是年／**227**·是年／**228**·是年／**229**·是年／**235**·是年／**238**·是年／**239**·是年／**240**·是年／**244**·是年／**253**·是年／**256**·是年／**257**·是年／**258**·是年／**259**·是年／**260**·是年／**261**·是年／**263**·是年／**266**·是年／**267**·是年／**270**·是年／**272**·是年／**277**·是年／**278**·是年／**280**·是年／**281**·是年／**282**·是年／**283**·是年／**299**·是年／**317**·是年／**443**·是年／**471**·是年／**498**·是年／**503**·是年／**523**·是年／**536**·是年／**736**·2·22 文／**886**·是年 文／**988**·8·28 文／**989**·8·3 文／**997**·10·20 文／❷ **1007**·5·29 文／**1011**·1·8 文／**1031**·7·13 文／**1061**·9月 文／**1079**·2月 文／**1082**·2·28 文／**1141**·10·17 文／**1149**·1·11 文／**1152**·2·7 文／6·10 文／**1156**·3·29 文／**1167**·6·14 文／**1172**·11·11 文／**1174**·2·30 文／**1176**·2·6 文／**1177**·2月 文／**1178**·是年 文／**1179**·11·28 文／**1188**·3·21 文／**1191**·是年 文／**1193**·10·16 文／**1233**·12·15 文／**1234**·5月 文／**1255**·6月 文／❸ **1294**·3·18 文／**1301**·6月 文／8·7 文／**1304**·7·6 文／**1308**·4·13 文／**1309**·4·14 文／**1313**·6月 文／**1314**·是年 文／**1324**·3·16 文／**1325**·8月 文／10月 文／**1331**·5·8 文／**1355**·6月 文／**1356**·是年 文／**1360**·11月 文／**1387**·12·1 文／**1417**·7·8 文／**1438**·11·8 文／**1442**·7·6 文／**1445**·7·7 文／❹ **1525**·7·7 文／**1588**·是年 文／❺-1 **1607**·11月 文
神鏡 ❺-2 **1731**·5月 文
銅鏡 ❺-1 **1655**·9月 文
火舎(金銅) ❸ **1366**·5·22 文
花瓶 ❸ **1302**·12月 文／**1305**·是年 文／**1330**·2月 文／**1439**·5月 文
花瓶(銅製) ❹ **1536**·⑩·23 文
釜 ❹
釜(青銅) ❶ **228**·是年／**753**·9·4 文
阿弥陀堂釜 ❺-1 **1602**·是年 文
塩釜 ❹ **1469**·是年 文
四方釜 ❹ **1580**·是年 文
真形釜 ❺-1 **1713**·是年 文
茶釜 ❹ **1583**·是年 文
鉄平釜 ❹ **1588**·7·15 文
飯釜 ❺-1 **1685**·是秋 文
鐘
時鐘 ❺-2 **1840**·是春 文
鋳鐘 ❺-2 **1753**·10·25 文
釣鐘 ❺-2 **1818**·3月 文
半鐘 ❸ **1308**·2月 文
梵鐘 ❺-2 **1717**·是年 文／**1729**·7月 文／**1731**·是年 文／**1732**·是年 文／**1738**·3·3 文／**1752**·9月 文／是年 文／**1757**·是年 文／**1758**·是年 文／**1774**·6·1 文／**1792**·12·18 文／**1802**·9·27 文／**1839**·10·6 文
菊形水盤(鉄製) ❹ **1577**·2月 文
擬宝珠(青銅) ❸ **1385**·6·18 文
擬宝珠(日本橋) ❺-1 **1658**·9月 文
経筒(銅製) ❹ **1518**·是年 文／**1519**·是年 文
経筒 ❺-1 **1655**·8·6 文
金銀装飾剣揃 ❺-1 **1636**·1月 文
薫炉(青銅) ❶ **BC3**
鋞(けい·青銅) ❶ **BC27**
鍵(けん·青銅) ❶ **BC61**
華鬘(金銅) ❷ **1243**·7·30 文／❹ **1524**·4·15 文
華鬘 ❸ **1389**·11·15 文／**1441**·是年 文
香水壺(銅製) ❹ **1578**·是年 文
香炉 ❷ **1178**·5月 文／❸ **1389**·4月 文／**1397**·是年 文／**1352**·2月 文／**1446**·1月 文／是年 文
香炉(青銅) ❶ **247**·是年
香炉(鋳銅) ❹ **1521**·4月 文
香炉釜 ❹ **1506**·是年 文／**1534**·是年 文
香炉箱(金銅張) ❹ **1515**·9·25 文
香炉箱(白銅·正倉院) ❶ **729**·7·6 文
骨(蔵)壺(銅製ほか)·舎利容器 ❶ **707**·9·21 文／**708**·11·27 文／**710**·11·13 文
舎利壺(鍍金銅製) ❶ **1000**·11·11 文
舎利瓶(行基) ❶ **749**·2·2 文
舎利容器 ❸ **1290**·是年 文／**1414**·8·21 文
太平妙準骨壺 ❸ **1327**·11月 文
無関禅師骨蔵器(銅製) ❸ **1291**·12·12 文
狛犬
狛犬(金銀)の初見 ❷ **1039**·5·19 社
狛犬(鉄造) ❷ **1277**·2月 文
狛犬(扉金具) ❸ **1297**·7月 文／**1316**·是年 文
狛犬(木造) ❷ **1087**·12·7 文／**1142**·12·7 文／**1225**·8·16 文／❸ **1297**·7·13 文／**1302**·7月 文／**1307**·3·7 文／是年 文／**1355**·12·16 文／**1389**·是年 文／**1392**·是年 文
五輪塔地輪(鉄造) ❷ **1268**·2·25 文
金剛盤 ❷ **1250**·1月 文／❸ **1314**·6·6 文／**1347**·11月 文／❹ **1562**·10·18 文
六角形雪洞(金銅) ❺-1 **1667**·4·20 文
三具足(銅製) ❹ **1516**·1月 文／**1587**·11月 文
獅子(銅金) ❷ **1037**·3·1 文
柴燈 ❺-1 **1604**·3月 文
鋤(大念仏寺) ❷ **1096**·12·15 文
洗(青銅) ❶ **107**·是年
像
釈迦如来像(銅製) ❹ **1584**·是年 文
釈迦如来像(鋳鉄) ❹ **1586**·是年 文
大日如来像(銅) ❹ **1538**·是年 文
誕生仏(金銅) ❹ **1485**·2·24 文
文殊菩薩像(銅製) ❹ **1575**·是年 文
鎮鐸(金銅造·正倉院) ❶ **757**·5·2 文
手辛鋤(正倉院) ❶ **758**·1月 文
銚子(鉄製) ❺-2 **1757**·是年 文
塔
三角五輪塔(銅製) ❹ **1586**·是年 文
舎利塔(金銅) ❷ **1138**·8·27 文／**1172**·2·29 文
多宝塔(鉄製) ❹ **1470**·3·15 文
宝篋印塔(金銅) ❶ **955**·是年 文／❸ **1287**·6·22 文／是年 文／**1297**·2·23 文／**1355**·是年 文／**1377**·11月 文
宝塔(金銅) ❷ **1123**·是年 文／**1270**·6·1 文
宝塔 ❸ **1284**·8·7 文／**1290**·7月 文／**1311**·2·8 文／**1312**·8月 文／**1323**·3·19 文／**1370**·是年 文／**1398**·8月 文
銅器 ❷ **1030**·6月 文
銅祠(銅製) ❹ **1513**·5月 文
銅燭台 ❺-1 **1689**·是年 文
蝋燭立(銅製) ❹ **1477**·2·15 文
銅水瓶 ❷ **1276**·8·1 文
銅板 ❷ **1120**·7·15 文
銅板『最勝王経』 ❷ **1114**·是年 文
銅物細工 ❺-1 **1617**·是年 文
塔鈴·五鈷鈴 ❸ **1285**·2·12 文／**1306**·是年 文／**1317**·4·2 文／**1338**·3月 文
燈籠 ❶ **816**·是年 文／**828**·6月 文／**881**·9·9 文／❷ **1233**·2月 文／4·18 文／是年 文
燈籠·釣燈籠 ❸ **1292**·3·1 文／**1306**·是年 文／**1319**·6月 文／**1323**·2·18 文／**1360**·是年 文／**1363**·4·18 文／**1366**·3·3 文／**1382**·是年 文／**1423**·是年 文／**1440**·4·28 文／**1451**·4月 文／❹ **1471**·9·11 文／**1481**·9·11 文／**1510**·是年 文／**1523**·是年 文／**1525**·是年 文／**1526**·9月 文／**1527**·8·15 文／**1543**·是年 文／**1545**·12月 文／**1550**·7·28 文／**1551**·是年 文／**1552**·2·7 文／是年

文／1555・是年 文／1557・是年 文／1563・是年 文／1564・5・17 文／1565・是年 文／1568・是年 文／1569・是年 文／1572・是年 文／1574・是年 文／1575・是年 文／1579・是年 文／1580・是年 文／1582・是年 文／1584・是年 文／1585・是年 文／1587・是年 文／1588・9月 文／1596・是年 文／1597・3・1 文／是年 文／1599・是年 文／1600・8・18 文／❺-1 1601・是年 文／1604・1月 文／1605・9月 文／1606・是年 文／1607・是年 文／1609・是年 文／1610・是年 文／1611・是年 文／1612・是年 文／1613・9月 文／1649・2・23 文／1651・4・17 文／1671・是年 文／1679・是年1 文／1697・12・18 文／❺-2 1783・是年 文
燈籠竿 ❸ 1352・7・25 文
燈籠宝珠(東大寺大仏殿) ❷ 1101・11・2 文
オランダ燈籠 ❺-1 1636・4・17 文
金燈籠 ❺-1 1632・3・5 文
瑇瑁(たいまい)燈籠 ❺-1 1680・3・3 政
唐銅の金燈籠 ❺-1 1648・是年 文
銅燈籠(朝鮮より献上品) ❺-1 1655・1月 文／❺-2 1832・是年 文
弩機(青銅) ❶ 101・是年
鉢・椀
鉢(金銅) ❶ 927・是年 文
鉢(朝護孫子寺・金銅) ❶ 929・是年 文
鉢(銅・鉄) ❸ 1313・2月 文／1314・是年 文／1323・是年 文／1326・9月 文／1331・8月 文／1341・6・3 文／1357・是年 文／1374・12月 文／1411・10・18 文／1435・8月 文
鐃鉢(銅製) ❹ 1463・是年 文
銅鉢(正倉院) ❶ 914・12・11 文
覆鉢(青銅) ❷ 1197・6・18 文
仏餉鉢(銅製) ❷ 1577・是年 文／❹ 1577・是年 文／❺-1 1614・是年 文
銅鋺 ❷ 1279・2・22 文
盤(白銅・正倉院) ❶ 753・6・16 文
風炉(鉄製) ❹ 1585・是年 文
鉾(金銅) ❷ 1228・7・6 文
蒔絵経箱(銅製) ❹ 1492・是年 文／1525・是年 文／1528・12・24 社／1538・9・18 文／1555・5・28 文
密教法具 ❸ 1307・是年 文
湯釜・湯船(鉄) ❷ 1197・6月 文／1198・4・20 文／是年 文／1199・12・5 社／1268・11・12 文／❸ 1283・5月 文／1284・是年 文／1289・是年 文／1290・4月 文／1340・4・15 文／1379・是年 文／❹ 1514・是年 文／1515・是年 文／1516・10・11 文／1517・3・16 文／1548・是年 文／1563・是年 文／1574・是年 文／1588・是年 文
露盤(鉄) ❸ 1308・11月 文
鰐口(わにぐち) ❷ 1001・是年 文／1192・11・21 文／1224・2・15 文／1228・8月 社／1236・5・28 文／是年 文／1254・5月 文／1257・是年 文／1259・是年 文／1268・3・13 文／1273・5・20 文／11月 文／❸ 1283・10・18 文／1287・是年 文／1293・3・5 文／1307・11・20 文／1364・8・22 文／1374・2・6 文／1387・1・15 文／1400・8・30 文／11・1 文／是年 文／1424・是年 文／1440・是年 文／1444・12月 文／❹ 1457・是年 文／1471・3・1 文／1508・4・29 文／1532・是年 文／1534・4月 文／1536・是年 文／1538・是年 文／1551・是年 文／1553・4月 文／1559・1・8 文／1571・5月 文／6月 文／1579・是年 文／❺-1 1610・2月 文／1621・11・25 文／1696・是年 文

宸翰・諸氏自筆書簡・墨蹟
墨蹟 ❷ 1124・12月 文／1128・2・12 文／1156・是年 文／1179・8月 文／1229・11月 文／1237・10月 文／是年 政／1240・1・26 文／是年 文／1241・1・23 文／是年 文／1242・是年 社／1244・7・4 文／是年 文／1245・5・7 文／1246・8・20 文／1247・2・3 文／6・19 文／1248・是年 文／1249・3・15 文／4・15 文／1250・2・25 文／1254・是秋 文／是年 文／1257・是年 文／1258・是年 文／1259・4・9 文／1260・是夏 文／1261・是年 文／1262・4・9 文／是年 文／1266・12月 文／1267・是秋 文／1268・①月 文／4月 文／是春 文／是年 文／1269・1・17 文／是年 文／1270・2月 文／1274・4月 文／是春 文／1277・11・24 文／1278・2・15 文／是年 文／此頃 文／1279・5月 文／11・1 文／12・8 文／是年 文／1280・5月 文／10・17 文／12・1 文／❸ 1286・6・9 文／7・25 文／1288・11月 文／1290・4・15 文／1298・6月 文／1301・是秋 文／1303・12月 文／1304・12月 文／1306・10・12 文／1307・3・15 文／8月 文／9月 文／1312・11・22 文／1316・2・12 文／6・12 文／7・15 文／1319・是秋 文／1321・3・20 文／10月 文／1322・是春 文／是年 文／1325・9・2 文／12・8 文／1326・7月 文／是年 文／1327・3・15 文／3月 文／4・22 文／8・15 文／9・1 文／是年 文／1328・2月 文／是春 文／是秋 文／1329・2月 文／7・3 文／12・25 文／1330・1月 文／2・5 文／4月 文／5・13 文／是年 文／1331・7月 文／9・19 文／1332・4月 文／1333・7月 文／1334・是年 文／1335・11月 文／12・3 文／1336・5月 文／10月 文／1337・2月 文／5・15 文／12月 文／是年 文／1338・12月 文／1339・1・17 文／1340・是夏 文／1341・1・17 文／1342・5・4 社／1343・2・18 文／是春 文／是年 文／1344・12・19 文／1345・是年 文／1346・是春 文／是年 文／1347・是春 文／1348・是春 文／11月 文／1349・是秋 文／是年 文／1350・是秋 文／是年 文／1352・6・27 文／1353・是冬 文／1355・4・1 文／1356・2月 文／1357・⑦・7 文／1359・10・18 文／1361・2月 文／1363・2・25 文／3・22 文／是年 文／1366・9月 文／12月 文／1367・9・1 文／1369・5月 文／1373・是頃 文／1377・5・7 社／1379・4・13 文／1380・8月 文／1386・10月 文／1387・5月 文／1405・3月 文／1433・是冬 文／1453・8・19 文
墨蹟法 ❷ 1179・8月 文
足利尊氏自筆「願文」 ❸ 1336・8・17 文／1337・11・15 文／1354・1・23 文
足利義政自筆願文 ❹ 1470・10・14 文
足利義満筆「寿命長遠願文」 ❸ 1380・6・1 文
伊勢貞親自筆書簡 ❹ 1464・12・7 社
一休宗純墨跡 ❹ 1481・11・21 文
稲富流砲術伝授書 ❺-1 1607・7月 文／1608・9月 文
栄西自筆唐墨献上状 ❷ 1207・6・21 文
円珍自筆「請伝法公験奏状案」 ❶ 863・11・13 文
円満本光国師号勅書 ❹ 1550・2・7 文
翁方網筆墨蹟 ❺-2 1791・7・2 文
正親町天皇宸翰 ❹ 1561・8・15 文／1571・10月 文／1577・8・24 文
大坂懐徳堂壁書掟 ❺-2 1778・6月 文
大間書(春秋の除目に用いられる書) ❸ 1429・3・29 文
お叱りのお文 ❹ 1488・7・4 社
覚如筆十字名号 ❹ 1485・4・4 文
金沢貞顕「書状」 ❸ 1326・3・16 文
亀山天皇宸翰「御消息」 ❸ 1305・8・5 文
鑑真自筆書状 ❶ 754・3・18 文／760・3・18 文
北畠顕信「寄進状」 ❸ 1358・8・30 文
北畠親房筆「消息」 ❸ 1333・10・7 文
楠木正成自筆「書状」 ❸ 1333・2・23 文／1336・3月 文
楠木正儀「書状」 ❸ 1354・11・8 文
熊野懐紙 ❷ 1200・12・3 文／12月 文／1201・10・9 文
光格天皇宸翰 ❺-2 1799・1・25 文／1805・2・12 文
皇嘉門院自筆処分状 ❷ 1180・5・11 政
光厳院宸翰 ❸ 1343・4・13 文／1349・8・9 文
後宇多天皇宸翰 ❷ 1246・12・10 文／❸ 1307・4・14 文／9・20 文／1308・4・3 文／是年 文／1311・7・21 文／1312・3・17 文／1314・5・14 文／1315・3・21 文／1319・是年 文／1324・6・25 政／1363・8・11 文
光明皇后御筆「不空羂索経」 ❸ 1416・5・5 文
孝明天皇宸翰徽号勅書 ❺-2 1848・7・3 文／❻ 1855・3・12 文
後柏原天皇宸筆 ❺-1 1632・是年 文
後亀山天皇宸筆「勧心寺縁起」 ❸ 1394・10・15 文
後小松天皇宸翰 ❸ 1398・12・29 政／1413・3・17 文／5・3 文
後西天皇即位式舗設図 ❺-1 1656・1月 文
後白河法皇御手印起請文 ❷ 1186・5・1 文
後白河法皇宸翰消息 ❷ 1181・9・20 文

後崇光院宸筆 ❸ **1443**·9·2 文
後醍醐天皇宸筆「置文」 ❸ **1324**·12·14 社／**1332**·8·19 文／**1333**·3·14 文／8·24 文／**1335**·11 月 文
後醍醐天皇「御願文」 ❸ **1336**·12·29 社／**1333**·9·22 文／**1334**·9·23 文／**1339**·6·15 文／**1325**·9 月 政
後醍醐天皇宸筆「四天王寺縁起」 ❸ **1335**·5·18 文
後土御門天皇宸筆 ❹ **1478**·10·26 文／**1492**·12·27 文
後鳥羽院御置文 ❷ **1237**·8·25 文／**1239**·2·9 文
後奈良天皇宸翰 ❹ **1555**·4 月 文／**1557**·3·12 文
近衛忠熙書簡 ❻ **1855**·2·1 文
後花園天皇宸翰 ❸ **1435**·9·15 文／**1433**·12·12 文／**1434**·5·25 文／**1449**·4·17 文／❹ **1463**·9·19 文
後伏見天皇宸翰 ❸ **1317**·8·2 文／**1322**·4·7 文／**1328**·9·4 文／**1331**·8·28 文
後水尾天皇宸翰 ❺-1 **1635**·是年 文／**1640**·是年 文／**1647**·1·23 文／**1654**·是年 文
後陽成天皇宸翰「源氏物語御識語」 ❺-1 **1614**·2 月 社
斎藤道三遺言状 ❹ **1556**·4·19 文
定家自筆左中將転任希望申文 ❷ **1202**·⑩·24 文
三條西実隆筆「勧進状」 ❹ **1501**·7 月 文
山門再興文書 ❹ **1584**·5·1 文
島津斉彬書簡 ❻ **1853**·6·29 文
松雲公字国義説 ❺-1 **1665**·12 月 文
聖武天皇宸筆 ❶ **731**·9·8 文／❸ **1416**·5·5 文
親鸞自筆書状 ❷ **1243**·是年 文
崇伝自筆武家諸法度 ❺-1 **1616**·10 月 文
即位奉幣宣命簡 ❺-2 **1771**·4·5 文
醍醐寺開山理源大師聖宝自筆東南院院主房起請文 ❶ **907**·2·13 文／6·2 文
平重時消息 ❷ **1261**·11·3 文
高倉天皇宸輪御消息 ❷ **1178**·11·13 文
沢庵宗彭筆法語 ❺-1 **1640**·3 月 文
伊達輝宗自筆伊達政宗宛て「伊達家正月行事覚書」 ❹ **1584**·12 月 文
筑前·筑後·肥前·肥後探索書写 ❺-1 **1627**·是年 文
長慶天皇宸筆「雌雄御願文」 ❸ **1385**·9·10 文
「庭興即時」懐紙 ❺-1 **1691**·是年 文
道鏡自筆牒 ❶ **762**·6·7 文
東巌和尚蒙古降伏祈祷文 ❷ **1270**·5·26 文
中御門天皇宸翰 ❺-2 **1726**·2·8 文
流れ圜悟(えんご) ❷ **1124**·12 月 文
名和長年「執達状」 ❸ **1336**·2·9 文
新島襄書簡 ❻ **1864**·6·14 文
二月堂焼経 ❺-1 **1667**·2·14 文
日蓮筆「御衣布并単衣御書」 ❷ **1271**·10·5 文
日蓮筆「大曼荼羅本尊」 ❷ **1280**·5 月 文
日光東照宮造営目録 ❺-1 **1635**·是年 文
二刀一流剣術書(全) ❺-1 **1641**·2·1 文
羽柴秀吉自筆起請文 ❹ **1582**·7·11 文
花園天皇宸翰 ❸ **1330**·2 月 政／**1337**·8·26 文／**1347**·7·22 文
林鳳岡筆詩懐紙 ❺-2 **1719**·12 月 文
人麿社千句 ❺-1 **1672**·1·17 文
伏見·花園·後醍醐天皇宸翰 ❸ **1333**·是年 文
伏見天皇宸翰 ❸ **1305**·是年 文／**1313**·2·9 文／**1316**·11·25 文
伏見天皇宸筆 ❸ **1417**·5·2 文／❹ **1473**·是年 文／**1558**·4 月 文
藤原親子草子歌合 ❷ **1091**·10·13 文
藤原兼実筆「仏舎利奉納願文」 ❷ **1189**·9·28 文
藤原清衡追善·紺紙金字「妙法蓮華経」 ❷ **1128**·8·6 文
藤原為家·為氏自筆譲状 ❷ **1269**·11·18 文
藤原俊成自筆書簡 ❷ **1186**·3·6 文
藤原兼実自筆袖書 ❷ **1181**·9·20 文
藤原基衡願経 ❷ **1148**·⑥·17 文
藤原百川自著太政官符 ❶ **772**·12·19 文
藤原師通願経「法華経」 ❷ **1088**·7·27 文
藤原良経自筆書簡 ❷ **1199**·6·11 文
仏光寺派名帳 ❹ **1473**·6·8 文
平家納経 ❺-1 **1602**·5 月 文
兵法絵目録(石舟斎) ❺-1 **1601**·2 月 文
北条時政自筆請文 ❷ **1185**·12·15 文
細川勝元自筆書状 ❹ **1465**·7·30 社
水谷蟠龍記 ❺-1 **1607**·2·4 文
源義経自筆請文 ❷ **1184**·3 月 文／5·2 文
源頼朝自筆書簡 ❷ **1187**·10·9 政／11·9 文
夢想之連歌百韻 ❺-1 **1674**·8 月 文
無量寿経 ❺-1 **1623**·9 月 文
毛利元就の一致協力教訓状 ❹ **1557**·11·25 社
桃園天皇宸翰 ❺-2 **1756**·10·12 文／**1758**·5 月 文
護良親王自筆「倒幕祈願文」 ❸ **1332**·12·25 文
破れ虚堂 ❺-1 **1637**·3·10 文
利休居士号 ❹ **1585**·10·7 文
理源大師号勅書 ❺-1 **1707**·1·18 文
李朝諭旨 ❺-1 **1617**·5 月 文
霊元天皇宸翰 ❺-1 **1680**·10·26 文
蓮如自筆「文章」 ❹ **1460**·8 月 文／**1485**·是年 文

石造物

石臼 ❸ **1296**·1·20 文／**1349**·11·25 文
石燈籠 ❷ **1137**·是年 文／**1237**·4·1 文／**1254**·10·12 文／**1257**·1·15 文／4 月 文／是年 文／**1263**·12·9 文／**1264**·2·9 文／是年 文／**1267**·是年 文／**1270**·5·7 文／**1273**·是年 文／**1277**·4·21 文／❸ **1284**·1 月 文／**1285**·10·5 文／**1286**·是年 文／**1291**·3 月 文／**1294**·是年 文／**1295**·3 月 文／9·1 文／**1296**·是年 文／**1299**·8 月 文／**1302**·7 月 文／**1307**·3·7 文／11 月 文／**1309**·8 月 文／**1311**·4·18 文／**1312**·4·11 文／**1315**·3·3 文／**1316**·是年 文／**1319**·是年 文／**1321**·是年 文／**1323**·11 月 文／**1327**·11·23 文／**1331**·2 月 文／**1337**·2·13 文／**1338**·是年 文／**1340**·7 月 文／**1345**·2 月 文／**1347**·9·8 文／**1349**·5·18 文／**1350**·6·28 文／**1351**·5·3 文／**1355**·是年 文／**1359**·4·20 文／**1364**·1·11 文／8·25 文／**1366**·1·11 文／11 月 文／**1369**·4·8 文／**1375**·8·1 文／**1378**·2·25 文／4·28 文／**1386**·8 月 文／**1398**·是年 文／**1406**·6 月 文／**1421**·8·8 文／**1428**·7·2 文／**1433**·是年 文／**1440**·是年 文／❹ **1476**·是年 文／**1497**·是年 文／**1527**·是年 文／**1537**·是年 文／**1538**·7·30 文／**1545**·是年 文／**1559**·是年 文／**1561**·是年 文／**1573**·是年 文／**1582**·是年 文／❺-1 **1604**·4 月 文／**1617**·4·17 文／**1621**·3 月 文／**1626**·是年 文／**1631**·是年 文／**1675**·12 月 文／**1682**·1·1 社
石橋 ❹ **1586**·是年 文／**1597**·8 月 文
経石 ❷ **1220**·2·12 文／❺-2 **1814**·是春 文
切支丹墓地 ❹ **1582**·5·26 文
高野山町石 ❷ **1277**·9 月 文
香炉台(石灰岩) ❶ **980**·3·18 文
獅子·狛犬 ❶ **843**·9 月 文／❷ **1196**·是年 文／**1201**·是年 文／❸ **1396**·5·28 文／**1355**·5·7 文／❹ **1459**·8·1 文／**1577**·5 月 文／❺-1 **1605**·6 月 文／**1689**·是年 文／❺-2 **1722**·是年 文
狛犬(石造) ❷ **1196**·是年 文／**1201**·是年 文
常夜燈·灯籠 ❺-2 **1751**·3 月 文／**1768**·是年 文／**1792**·是年 文
石函 ❷ **1179**·1·18 文
石棺 ❺-1 **1702**·10 月 文
石龕 ❹ **1470**·7·12 文
石室 ❸ **1283**·12·29 文／**1289**·11·10 文／12·7 文／**1312**·12 月 文／**1333**·3·28 文／**1338**·11·22 文／**1373**·4·8 文／**1378**·2·8 文／**1390**·4·6 文
石幢 ❷ **1084**·12·1 文／**1188**·9·11 文／❸ **1283**·7 月 文／**1286**·5 月 文／**1306**·10·24 文／**1318**·9 月 文／**1339**·3·23 文／**1341**·是年 文／**1344**·10·18 文／**1346**·10 月 文／是年 文／**1361**·7·6 文／**1435**·是年 文／**1440**·是年 文／**1448**·6·21 文／**1449**·6·21 文／❹ **1511**·2·24 文／**1582**·是年 文
石仏(日本最古) ❾ **1991**·5·24 文
石櫃 ❷ **1135**·2·7 文
台座 ❸ **1337**·是年 文
だいしみち道標 ❺-1 **1663**·是年 文
長方硯 ❺-1 **1676**·冬月 文
塔(宝塔·笠塔婆·宝篋印塔·五輪塔) ❶ **781**·11 月 文／❷ **1142**·11·6 文／**1148**·11·30 文／**1151**·8 月 文／**1169**·4·23 文／**1170**·7·23 文／**1172**·8·15 文／**1175**·10·5 文／**1176**·12·25 文／**1181**·11 月 文／**1185**·8·23 文／

1193·2·15 文／**1196**·3·26 文／**1198**·12·19 文／**1202**·7月 文／9·12 文／**1203**·2·10 文／**1204**·12·18 文／**1208**·8·11 文／**1220**·4·8 文／**1230**·9·23 文／11月 文／**1232**·9·29 文／11·4 文／是年 文／**1239**·是年 文／**1240**·2·4 文／3·21 文／**1241**·7月 文／8·11 文／10·29 文／是年 文／**1242**·2·8 文／**1243**·2·26／10·18 文／**1245**·2月 文／**1247**·11月 文／**1248**·1月 文／**1250**·5·16 文／**1251**·7月 文／**1253**·4·8 文／8·21 文／**1256**·是年 文／**1257**·8月 文／**1259**·5·2 文／10月 文／**1260**·10·15 文／**1261**·7·11 文／**1262**·4·5 文／**1263**·3·24 文／**1264**·4·29 文／11·27 文／**1265**·5·6 文／8·8 文／**1267**·4·8 文／9·10 文／**1268**·2·25 文／5·25 文／是年 文／**1270**·5·2 文／8月 文／**1271**·6·15 文／**1273**·3·26 文／8·24 文／**1274**·8·19 文／8·29 文／**1276**·8·20 文／12·25 文／**1277**·4·26 文／10·3 文／**1278**·3月 文／4·21 文／4月 文／7·23 文／10·14 文／11·26 文／是年 文／**1280**·2月 文／3·8 文／**1281**·7·23 文／❸ **1283**·9月 文／**1285**·2月 文／3·8 文／5·24 文／10·13 文／**1286**·2月 文／6·27 文／11·9 文／**1287**·2月 文／8·7 文／**1288**·3·13 文／**1290**·12·1 文／是年 文／**1291**·4·3 文／**1292**·2·28 文／7·10 文／8月 文／**1293**·4·21 文／5·15 文／**1294**·4·8 文／7月 文／**1295**·1·7 文／2·19 文／4·12 文／8·13 文／12月 文／**1296**·5月 文／8·19 文／10月 文／**1297**·5·3 文／7·8 文／7·13 文／**1298**·1月 文／8月 文／11·16 文／**1299**·2·26 文／3月 文／5月 文／6·18 文／12·25 文／**1300**·2月 文／8·21 文／11·9 文／11·24 文／是年 文／**1301**·2·27 文／**1302**·8·24 文／**1303**·7·8 文／8月 文／12·19 文／**1304**·5月 文／6·19 文／7月 文／12月 文／**1305**·2·17 文／5月 文／11·13 文／**1306**·2·16 文／**1308**·7·14 文／7月 文／**1310**·4月 文／**1311**·4·7 文／9·8 文／**1312**·是年 文／**1313**·3·18 文／4月 文／5月 文／8·26 文／11月 文／是年 文／**1314**·2月 文／3月 文／7·2 文／**1315**·8月 文／12·3 文／**1316**·1月 文／5月 文／8月 文／9月 文／10·25 文／12·26 文／**1317**·2月 文／12·24 文／**1318**·12·9 文／**1319**·3·23 文／4·8 文／11·6 文／**1320**·8·29 文／**1321**·3·15 文／6月 文／7·15 文／10·17 文／是年 文／**1322**·4月 文／8月 文／11·4 文／12·1 文／12·20 文／**1323**·3·4 文／11·3 文／是年 文／**1324**·是年 文／**1325**·2月 文／5月 文／**1326**·2·25 文／4月 文／**1327**·4·28 文／6·8 文／7·12 文／11·7 文／是年 文／**1328**·7月 文／9·5 文／10·5 文／**1330**·4月 文／11·8 文／**1331**·是年 文／**1332**·5·5 文／8·28 文／**1334**·11·8 文／**1335**·2·12 文／6·11 文／**1336**·3月 文／6·30 文／11月 文／**1339**·是年 文／**1341**·3·27 社／4·17 文／12·4 文／**1342**·10·8 文／**1343**·3月 文／6月 文／10月 文／**1344**·3·17 文／4·19 文／10·2 文／**1345**·2·7 文／3·10 文／**1346**·3·18 文／10·2 文／**1347**·10月 文／**1348**·1·5 文／10·1 文／**1349**·1·12 文／4·8 文／**1351**·2·18 文／7月 文／10月 文／是年 文／**1352**·2·15 文／12月 文／**1355**·2·8 文／10月 文／**1356**·3月 文／8·14 社／11·27 文／**1357**·11月 文／**1358**·10·25 文／**1359**·10月 文／11·15 文／**1360**·1·27 文／3·17 文／**1363**·11月 文／**1364**·2月 文／**1371**·5·2 文／8·18 文／12月 文／**1372**·10·27 文／**1373**·4·15 文／**1376**·6月 文／8月 文／11月 文／**1377**·8·10 文／8月 文／**1378**·2月 文／3·6 文／**1379**·是年 文／**1384**·6·25 文／是年 文／**1385**·8月 文／是年 文／**1386**·8·22 文／**1387**·10月 文／**1391**·2月 文／**1392**·8月 文／**1397**·2月 文／**1400**·2·21 文／**1401**·2·3 文／10·1 文／**1410**·10·13 文／**1414**·2·20 文／**1420**·2月 文／**1421**·2月 文／**1424**·8月 文／❹ **1468**·8·23 文／**1508**·8·17 文／**1536**·⑩月 文／**1541**·9月 文／**1550**·5·20 文／6·20 文／**1573**·3月 文／**1584**·8·11 文／❺-1 **1606**·10月 文／**1607**·2·13 文／**1673**·7月 文

三重塔 ❶ **801**·7·17 文

十三重塔 ❺-2 **1765**·1月 文

涅槃石 ❺-1 **1644**·1·24 文

碑・塚

碑 ❺-1 **1637**·③·15 文

板碑 ❷ **1227**·是年 文／**1230**·6·23 文／**1233**·1·7 文／1月 文／**1234**·7·1 文／**1236**·8·21 文／**1240**·2月 文／12·17 文／是年 文／**1241**·12·24 文／是年 文／**1242**·11·19 文／12·6 文／是年 文／**1243**·8·17 文／是年 文／**1244**·10·25 文／**1248**·1月 文／2·3 文／**1250**·是年 文／**1251**·12·21 文／**1252**·6·10 文／**1253**·8·29 文／是年 文／**1254**·5·16 文／**1255**·3·16 文／**1256**·2·27 文／是年 文／**1257**·2月 文／4·12 文／**1258**·2·20 文／4月 文／**1259**·6·1 文／8·24 文／9·3 文／10月 文／是年 文／**1260**·2月 文／**1261**·2月 文／7·5 文／**1262**·7月 文／11·20 文／**1265**·2月 文／9·10 文／**1267**·是秋 文／**1268**·4月 文／8·25 文／**1270**·1·13 文／3·9 文／**1271**·2月 文／8月 文／**1272**·2·8 文／4月 文／**1273**·2月 文／是年 文／**1275**·1·25 文／3月 文／9月 文／**1276**·3·2 文／10·19 文／11·16 文／12月 文／❸ **1224**·2·25 文／**1225**·11月 文／**1226**·2月 文／12·9 文／**1229**·2月 文／8·18 文／**1283**·4·28 文／**1284**·3月 文／**1285**·4·7 文／7月 文／**1286**·2月 文／5·15 文／是年 文／**1289**·3月 文／9·28 文／**1290**·2·20 文／**1291**·4·21 文／**1292**·12·25 文／**1294**·是秋 文／**1296**·2月 文／9·14 文／**1300**·5月 文／7·25 文／**1301**·是年 文／**1303**·是年 文／**1304**·是年 文／**1305**·3·12 文／8·8 文／11·13 文／**1306**·2月 文／8月 文／是年 文／**1307**·是年 文／**1308**·5·4 文／**1310**·10·16 文／**1311**·3·8 文／是年 文／**1312**·6月 文／10月 文／**1313**·7·21 文／**1317**·2·15 文／**1320**·1月 文／是年 文／**1321**·2·21 文／**1322**·10月 文／是年 文／**1324**·8月 文／是年 文／**1325**·1·22 文／**1327**·11·8 文／是年 文／**1328**·4月 文／9·4 文／12月 文／是年 文／**1332**·5·22 文／7·8 文／**1333**·5·22 文／12·26 文／**1335**·7·21 文／**1336**·8·26 文／11·12 文／**1339**·7·13 文／8月 文／**1341**·10月 文／是年 文／**1342**·6·5 文／是年 文／**1343**·4·25 文／6·15 文／**1344**·3月 文／10·18 文／**1345**·是年 文／**1346**·10·13 文／**1347**·3·17 文／**1348**·6月 文／是年 文／**1350**·2月 文／8月 文／是年 文／**1352**·是年 文／**1353**·11·21 文／**1354**·2月 文／**1355**·11·15 文／**1356**·2·15 文／4月 文／7·28 文／10月 文／11月 文／**1357**·1·6 文／**1359**·2·15 文／4·8 文／**1360**·1月 文／是年 文／**1361**·是年 文／**1362**·是年 文／**1364**·4月 文／8·3 文／8·24 文／12月 文／**1365**·4月 文／⑨·23 文／是年 文／**1366**·是年 文／**1367**·2月 文／是年 文／**1368**·3月 文／**1369**·6·24 文／10月 文／**1373**·7·5 文／12·23 文／是年 文／**1374**·是年 文／**1377**·是年 文／**1378**·4月 文／**1381**·7·4 文／**1382**·8·30 文／是年 文／**1388**·8月 文／**1391**·3·28 文／7月 文／**1398**·是年 文／**1399**·10·15 文／**1403**·是年 文／**1404**·是年 文／**1412**·1·6 文／**1414**·是年 文／**1436**·8月 文／**1437**·8月 文／**1438**·3·27 文／**1441**·是年 文／**1442**·2·25 文／12·21 文／**1444**·1·7 文／**1445**·2月 文／**1446**·8月 文／**1448**·5月 文／10月 文／❹ **1471**·是年 文／**1472**·7·15 文／12月 文／**1481**·是年 文／**1485**·11·22 文／是年 文／**1488**·10·29 文／**1490**·9·15 文／**1535**·是年 文／**1547**·11·13 文／**1552**·5·28 文／**1555**·2·15 文／⑩·29 文／**1568**·11·15 文／**1575**·8月 文／**1595**·7月 文／❺-1 **1624**·7月 文

石碑 ❷ **1020**·是年 文／**1064**·11·10 文／**1070**·2·17 文／**1081**·12·23 文／**1119**·11·7 文／**1163**·8·23 文／**1253**·7·29 文／**1279**·是年 文／❸ **1287**·是年 文／**1307**·3·15 文／**1333**·是年 文／**1383**·3·8 文／**1428**·是年 文

和泉式部歌碑 ❷ **1233**·10·26 文

猪鹿供養碑 ❺-1 **1612**·是年 文

金井沢知識結碑 ❶ **726**·2·29 文

雁の塔(鳥類供養碑) ❺-2 **1729**·2·28 文

切支丹墓碑 ❺-1 1602·9·11 文／1607·3·24 文／1608·7·8 文／1610·4·16 文／10·16 文／11·17 文／1647·7·25 文／1649·5·25 文
供養碑 ❺-2 1738·1月 文
国王頌徳碑 ❹ 1522·12月 政
島原の乱供養碑 ❺-1 1647·7·25 社
浄水寺跡石碑(肥後熊本) ❶ 790·2·23 文／801·7·14 文／826·2·3 文
多賀城碑 ❶ 762·12·1 文
多胡郡弁官符号碑 ❶ 711·3·9 文
敵味方供養碑 ❹ 1539·3·28 文／1543·10·27 文
天明飢饉の碑 ❺-2 1785·10·25 文
道後温泉碑 ❺-2 1843·11月 文
那須国造碑 ❶ 700·1·2 文
筆塚 ❾ 1994·10·16 文
法界平等碑 ❺-2 1828·2月 文
磨崖菩薩形立像並碑(奈良) ❶ 778·2·4 文
名号碑 ❸ 1365·8·15 文
仏合龕 ❶ 834·5月 文
前机 ❺-1 1684·8·24 文
曼荼羅石 ❸ 1339·1·18 文
水船 ❷ 1258·12月 文／❸ 1315·5月 文／1331·3月 文／1353·3月 文／1382·5·9 文／1433·8月 文
浴槽 ❹ 1531·10月 文
蓮台 ❺-2 1750·8月 文
霊廟 ❺-1 1624·是年 文／1641·是年 文／1655·7·11 文

塑像

骨灰塑造「寿円禅師像」 ❸ 1354·是年 文
塑造「鬼神像」 ❸ 1405·是年 文
塑造「淳祐内供坐像」 ❸ 1398·④·27 文
塑像「聖武天皇」 ❺-1 1689·2·23 文
塑造「瑞厳和尚坐像」 ❸ 1392·8·11 文
道詮律師坐像(塑造) ❶ 873·是年 文

武具·武器

刀·太刀·脇差 ❷ 1159·是年 文／1265·3月 文／1272·2·25 文／1276·4·22 文／1278·4·22 文／12月 文／1280·10月 文／❸ 1289·10月 文／11月 文／1292·8·13 文／1294·是年 文／1297·⑩·3 文／1299·3·22 文／是年 文／1300·2月 文／8·6 文／1301·12·12 文／1305·3月 文／是年 文／1306·10月 文／1315·10·23 文／10月 文／1316·10月 文／1319·8月 文／是年 文／1321·1月 文／1322·3月 文／5月 文／1323·10月 文／1324·1·7 文／是年 文／1326·3月 文／1327·2月 文／1329·7月 文／是年 文／1332·是年 文／1333·6·1 文／8月 文／1334·2月 文／是年 文／1335·5月 文／7月 文／1336·12月 文／1337·12月 文／1339·1月 文／1341·是年 文／1343·2月 文／1346·10月 文／是年 文／1347·10月 文／1350·10月 文／1351·是年 文／1352·8月 文／1355·8月 文／12月 文／是年 文／1356·4月 文／12月 文／1357·8月 文／11月 文／12月 文／1358·2月 文／6月 文／1359·2月 文／4月 文／7月 文／10月 文／1360·是年 文／1361·2月 文／11月 文／1364·2月 文／6月 文／8月 文／12月 文／1365·4月 文／8月 文／12月 文／1366·2月 文／是年 文／1367·4月 文／1371·10月 文／1374·2月 文／1377·8月 文／1378·2月 文／1380·2月 文／1381·8月 文／1385·1·22 文／8月 文／1387·是年 文／1388·是年 文／1391·2月 文／1392·8月 文／1394·2月 文／10月 文／1395·是年 文／1397·2月 文／1399·10月 文／1402 是年 文／1404·2月 文／1411·8月 文／1414·2月 文／1415·12月 文／1416·8月 文／12月 文／1417·2月 文／12月 文／1418·8月 文／1420·2月 文／1421·2月 文／1423·2月 文／1424·8月 文／1425·8月 文／1426·8月 文／1427·2月 文／3月 文／1430·8月 文／1435·8月 文／1436·2月 文／1437·2月 文／1439·8月 文／1440·2月 文／8月 文／1445·2月 文／1447·8月 文／❹ 1459·12·13 文／1461·12月 文／1465·5月 文／1482·8·3 文／1487·2月 文／1504·8月 文／1506·11月 文／1513·10·13 文／1517·2月 文／1521·2月 文／1522·2月 文／1538·8·2 文／1555·6月 文／1569·8月 文／1571·8·8 文／1584·2月 文／1586·8月 文／1598·8月 文／1599·4·1 文／1600·8月 文／❺-1 1602·8月 文／12·14 文／1603·2月 文／1604·2月 文／11月 文／1606·3月 文／1607·11月 文／1610·5月 文／1611·11月 文／1612·2月 文／10·22 文／1614·8月 文／1616·11月 文／1617·3月 文／1618·5·11 文／1623·3月 文／1624·是年 文／1625·8月 文／1626·8月 文／1627·2月 文／6·10 文／1628·2月 文／8月 文／1629·2月 文／8月 文／1630·2月 文／8月 文／1631·8月 文／1632·8月 文／1634·2月 文／1635·4月 文／1638·2月 文／9·17 文／1642·2月 文／1643·8月 文／1644·8月 文／1645·8月 文／1646·9月 文／1648·8月 文／11月 文／1649·8月 文／1650·8月 文／1653·9月 文／1654·9月 文／1655·10月 文／1658·9月 文／1659·3·8 文／1660·8·7 文／8月 文／12月 文／1661·2·21 文／6·15 文／8月 文／1662·8月 文／1663·1月 文／7月 文／8月 文／12·11 文／1665·11·11 文／1666·4·6 文／6·30 文／1667·2月 文／8月 文／1668·6·28 文／8月 文／1669·3·12 文／7·26 文／1670·是年 文／1671·2月 文／1672·8月 文／1673·8月 文／1675·5月 文／8月 文／1676·3月 文／6月 文／8月 文／1677·4·3 文／8月 文／1678·2月 文／1679·2月 文／8·15 文／1680·2月 文／3月 文／8月 文／10·3 文／1681·2月 文／1682·2月 文／1683·是年 文／1685·4·27 文／1686·8月 文／1687·8月 文／1688·2月 文／1689·8月 文／12·22 文／是年 文／1690·8月 文／1692·3·13 文／8月 文／1693·2月 文／9月 文／1695·12月 文／1696·2月 文／8月 文／1699·2月 文／1700·8月 文／1701·8月 文／1704·8月 文／1709·8月 文／1714·2月 文／❺-2 1717·2月 文／1719·8月 文／1721·8月 文／1723·2月 文／1726·1月 文／1727·8月 文／1728·8月 文／1747·8月 文／1749·10·5 文／1756·是年 文／1764·8月 文／1772·8月 文／1774·2月 文／1775·8月 文／1783·3月 文／1784·是年 文／1786·5月 文／1787·2月 文／8月 文／1788·是年 文／1790·2月 文／8月 文／1791·是春 文／8月 文／是秋 文／1792·8月 文／1797·2月 文／1798·8月 文／1801·2月 文／8月 文／是冬 文／1802·是春 文／8月 文／1804·2月 文／1805·2月 文／8月 文／1806·2月 文／1812·8月 文／1813·8月 文／1814·8月 文／1815·8月 文／1816·2月 文／1817·2月 文／1818·2月 文／1822·3月 文／1825·2月 文／1826·2月 文／1827·2月 文／1828·2月 文／是年 文／1830·是秋 文／1831·8月 文／是年 文／1835·2月 文／8月 文／是冬 文／1838·3月 文／1839·2月 文／8月 文／1840·8月 文／1841·2月 文／3月 文／8月 文／12月 文／1842·2月 文／是冬 文／1843·11月 文／1844·2月 文／8月 文／12月 文／1845·2月 文／3月 文／1846·2月 文／1847·8月 文／11月 文／1848·5月 文／8月 文／10月 文／1849·2月 文／1850·2月 文／8月 文／❻ 1867·8月 文／11月 文／1870·3月 文／1871·8月 文／1894·12月 文
刀(名物稲葉江) ❹ 1585·12月 文
七枝刀 ❶ 書紀·神功 52·9·10／369·5·16
短刀 ❸ 1293·10·3 文／1309·2月 文／1310·12·6 文／1316·11月 文／1317·2月 文／1320·3·20 文／1322·2月 文／1323·3月 文／1324·10·3 文／10·18 文／1330·是年 文／1331·3月 文／1332·11·5 文／1346·8月 文／1350·8月 文／1352·2月 文／1357·2月 文／1358·11月 文／12月 文／1359·11月 文／1360·5月 文／8月 文／1364·是年 文／1366·10月 文／1367·是年 文／1369·8月 文／1372·2月 文／1376·是年 文／1385·12月 文／1403·8月 文／1424·2月 文／1431·2月 文／1442·7·7 文／1446·8月 文／❺-1 1608·3月 文／8月 文／1631·8月 文／1707·9·3 文
薙刀 ❸. 1308·10·6 文／1320·11月 文／1322·8月 文／1330·12月 文／1342·是年 文／1367·8月 文／11月 文／❺-1 1611·5·5 文／❺-2 1786·5月 文／1834·2月 文／1846·5月 文

長刀 ❹ 1489·7·16 社／1522·6·3 文／1537·6·7 文
長刀(祇園祭·長刀鉾) ❷ 1111·6·3 文
佩刀(今川義元) ❹ 1560·5·19 文
兜 ❹ 1536·是年 文
火龍鎗(中国製小胴銃) ❸ 1377·是年 文
具足 ❺-2 1718·3月 文
鞍·鐙 ❹ 1516·是年 文／1536·3·10 文／❺-1 1601·是年 文／1604·7月 文／9月 文／1612·6月 文／1616·5月 文／1626·2月 文／1628·2月 文／1649·10月 文／1662·5·3 文／1663·8月 文／1682·1月 文／1696·5·16 文／1706·7月 文／❺-2 1719·6月 文／1734·9月 文／❻ 1863·是年 文
唐鞍 ❸ 1306·是年 文
剣 ❷ 1280·3月 文／❸ 1311·是年 文
三鈷柄剣 ❸ 1324·1·7 文
三寅剣 ❾ 1994·2·9 文
宝剣 ❺-1 1536·是年 文
朱漆楯 ❸ 1305·4·1 文
大砲 ❺-1 1605·是年 文／1611·3月 文
大刀(鉄造) ❶ 189·是年／471·是年
太刀鞘(正倉院) ❶ 752·4·9 文
鐔 ❺-2 1845·2月 社
鉄砲·火縄銃 ❺-1 1610·2月 文／3·5 文／1611·8月 文／1612·10月 文／11月 文／1613·5月 文／7月 文
銅鉾 ❺-1 1657·11月 文
火縄銃 ❹ 1583·9·9 文／❺-2 1827·是年 文／1832·3月 文
槍 ❹ 1486·12·13 文／❺-1 1607·2月 文
弓と矢 ❸
胡籙 ❸ 1363·1月 文
重藤弓 ❸ 1343·1·21 文
弓 ❸ 1325·11·21 文
鎧 ❸ 1351·9·4 文／1395·4·5 文／1443·4月 文／❹ 1458·2月 文
赤糸威鎧 ❸ 1302·是年 文
糸巻弓 ❸ 1363·11·22 文
鎧唐櫃 ❸ 1370·12·25 文
脇差 ❻ 1869·2月 文／1869·5月 文

仏具·神具·祭具
雲版 ❷ 1187·是年 文／❹ 1458·8·8 政
笈(高山寺) ❷ 1082·9·2 文
折敷 ❷ 1262·是年 文
春日厨子 ❻ 1187·是年 文
経軸 ❷ 1128·是年 文
経筒·経塚·埋経 ❶ 857·3·23 文／925·是年 文／❷ 1007·8·11 文／1061·10·4 文／1066·2月 文／1076·9月 文／1079·1·27 文／1083·9·22 文／1087·11·12 文／1088·7·27 文／是年 文／1089·是年 文／1093·11·20 文／1095·10·20 文／1096·8·27 文／1098·2·18 文／9·25 文／1099·9·28 文／1101·10·22 文／1102·11·9 文／12·9 文／1103·4·22 文／10·5 文／1105·10·30 文／10月 文／1106·4·20 文／1110·10·14 文／12·21 文／1112·2·13 文／1113·11·5 文／11·27 文／1114·9·10 文／1115·4·18 文／1116·2·21 文／2·26 文／1117·3·15 文／8·4 文／1118·2·18 文／10·16 文／1119·9·21 文／11·9 文／1120·8·25 文／9·11 文／1121·10月 文／1122·8·18 文／11·28 文／1123·2·27 文／3·17 文／1124·10·1 文／11·12 文／1125·6·5 文／9·5 文／1126·10·12 文／⑩·25 文／1127·10·15 文／1129·3·16 文／10·27 文／1130·4·2 文／10·28 文／1133·2·23 文／1138·10·20 文／1139·8·2 文／是年 文／1140·3·9 文／8·9 社／10·22 文／1141·2·15 文／9·14 文／1142·10·21 文／11·16 文／1144·6·29 文／是年 文／1145·10·8 文／1147·10·23 文／1150·8·30 文／12·11 文／1151·7·3 文／1152·11·6 文／1153·3月 文／4月 文／5·2 文／5·13 文／1154·9·23 文／1156·3·29 文／9·8 文／11·29 文／1157·2月 文／9·2 文／9·20 文／1158·8月 文／10·23 文／1159·8·15 文／9·20 文／1160·9月 文／1163·10·13 文／1165·2·21 文／9·17 文／1167·3·23 文／7·14 文／8·10 文／1168·3月 文／9·18 文／1170·3·11 文／9·20 文／1171·8·19 文／8·28 文／1172·8·28 文／1173·8·11 文／1174·5·29 文／1175·10月 文／1178·6·24 文／7·12 文／7月 文／1179·10·15 文／1181·10·5 文／1184·3月 文／1188·2·22 文／3·21 文／1196·4·2 文／9·24 文／1197·10·11 文／❸ 1308·9·24 文／❼ 1923·8月 文
経箱·経櫃 ❶ 737·2·20 文／❷ 1031·⑩·27 文／1146·9·9 文／1175·是年 文／❸ 1315·是年 文／1363·6月 文／1407·11月 文／1454·5月 文／❹ 1538·9·17 文
公験辛櫃 ❷ 1280·10·29 文
花籠(正倉院) ❶ 755·7·19 文
香水杓 ❷ 1253·2·3 文／1255·2·13 文／1267·8月 文
古神宝類 ❸ 1390·11·18 文
「熱田神宮古神宝」 ❹ 1458·是年 文
若宮御料古神宝類 ❷ 1136·11·7 文
三鈷 ❷ 1253·7·5 文
錫杖 ❷ 1142·9·8 文／1161·2·27 文／1197·4月 文／1251·8·1 文／❸ 1320·8·14 社／1387·12·21 文／1455·1月 文
舎利塔 ❷ 1138·8·16 文／1172·2·29 文／1270·3·6 文
須弥檀 ❷ 1243·5月 文／❸ 1340·2·8 文／1370·是年 文／1372·9·23 文／1388·4·11 文／❹ 1535·3·22 文
厨子(鉄製) ❷ 1172·11·20 文／1242·是年 文
厨子 ❸ 1285·8·15 文／1297·2·27 文／1322·是年 文／1336·1·16 文／1347·7·24 文／1363·是年 文／1380·是年 文／1387·⑤·7 文／1419·是年 文／1423·2·27 文／❹ 1489·3月 文／1497·是年 文／1498·⑩·13 文／1522·4·5 文／1534·1·8 文
春日厨子 ❷ 1187·是年 文
大般若経厨子 ❷ 1243·10月 文
象牙尺(正倉院) ❶ 734·3月 文
道場幡(正倉院) ❶ 757·5·2 文
如意(金銅) ❶ 957·是年 文
念珠 ❸ 1341·是年 文／1382·1月 文
風鐸 ❷ 1114·2月 文
札(金銅) ❷ 1162·5·4 文
仏餉鉢(銅製) ❷ 1197·6·18 文
仏像納入経(現存最古) ❷ 1013·8·12 文
扁額 ❷ 1140·⑤·28 文／1270·8·11 文／1274·2·23 文／是年 文／1275·6·26 文
宝珠台(木製) ❷ 1165·8月 文
神輿 ❷ 1228·8·18 文／1263·10·25 文／❸ 1389·8月 文／1404·3·17 文／1428·10月 文
密教法具 ❷ 1255·9月 文
鈴杵 ❷ 1135·10·10 文

仏教絵画·工芸品
阿弥陀浄土(変繍帳) ❶ 692·4月 文
千仏多宝塔法華説相図 ❶ 686·7月 文
四種護摩壇三十七尊賢劫三昧耶形 ❷ 1172·11·28 文

仏像·神像 ❶ 437·是年／443·是年／464·是年／475·是年／478·是年／484·是年／489·是年／490·是年／493·是年／496·是年／499·是年／500·是年／518·是年／522·是年／532·是年／535·是年／542·是年／551·是年／554·是年／569·12·10／616·7月 社／780·3·3 文／538·10·12／552·10·13／585·3·30／616·7月 社／650·是年 文／671·10·8 社／685·3·27 社／697·6·26 文／❸ 1295·4月 文／1356·是年 文／1362·2·28 文／1409·11·28 文／❹ 1506·11·20 文／1560·是年 文
仏像·神像(石造·砂岩造) ❶ 455·是年／457·是年／467·是年／472·是年／492·是年／500·是年／504·是年／515·是年／520·是年／531·是年／534·是年／535·是年／536·是年／537·是年／538·是年／540·是年／542·是年／545·是年／549·是年／550·是年／551·是年／552·是年／553·是年／554·是年／557·是年／559·是年／560·是年／562·是年／563·是年／565·是年／568·是年／574·是年／583·是年／585·是年／593·是年／595·是年／682·是年 文／689·是年 文／703·7·15 文／9·3 文／是年 文／704·是年 文／724·10·8 文／767·是年 文／❷ 1071·是年 文／1119·是年 文／1125·7·13 文／1130·4·19 文／1155·8·20 文／1157·2·27 文／是年 文／1168·4·15 文／1182·8·4 文／1185·1·28 文／1198·是秋 政／1202·4·8 文／1207·7月 文／1225·4·10 文／1240·2·23 文／1241·11·15 文／1242·8·28 文／1246·8·27 文／1251·7·8 文／1253·4·8 文／11·7 文／1254·2·30 文／8·15 文／1257·5月 文／1258·9·18

文／**1262**·4·12 文／是年 文／**1263**·6·12 文／**1265**·8·20 文／12月 文／**1266**·8·8 文／**1267**·是年 文／**1270**·6月 文／**1274**·2·5 文／**1276**·1·9 文／3·24 文／是年 文／**1277**·8·22 文／**1278**·4·15 文／**1281**·5月 文／❸ **1265**·2·15 文／**1287**·3·28 文／**1290**·9·5 文／**1293**·8月 文／**1294**·2·15 文／5·1 文／9·11 文／10月 文／12·15 文／**1296**·4·8 文／是年 文／**1298**·6·16 文／**1299**·2·15 文／**1300**·4月 文／8·8 文／9月 文／**1304**·2·28 文／**1305**·12·25 文／**1306**·1月 文／4·2 文／**1309**·6·24 文／**1310**·12·8 文／**1311**·6·27 文／7·8 文／**1313**·11月 文／12月 文／**1314**·8·29 文／**1320**·是年 文／**1321**·4月 文／**1322**·6·3 文／**1323**·10·24 文／**1324**·7·10 文／**1326**·4·18 文／**1329**·6·24 文／**1330**·4月 文／**1331**·5月 文／**1334**·3·7 文／**1336**·2·12 文／**1337**·是年 文／**1342**·是年 文／**1343**·3·15 文／**1345**·6·24 文／8·8 文／**1349**·是年 文／**1354**·10·24 文／**1355**·2月 文／**1356**·10月 文／**1357**·3·3 文／**1359**·4·13 文／**1375**·12·17 文／**1391**·2·25 文／**1407**·2月 文／**1430**·11月 文／❹ **1505**·11·28 文／**1515**·4·8 文／**1516**·是年 文／**1520**·2月 文／**1530**·4·16 文／**1546**·7·7 文／**1550**·6月 文／**1569**·3·11 文／**1584**·3·18 文／**1599**·是年 文／❺-1 **1641**·是年 文／**1660**·11·1 文／**1695**·2·13 文／**1705**·是年 文／**1708**·4月 文／**1709**·4月 文／**1714**·8·19 文

仏像·神像(木製) ❸ **1381**·是年 文／**1386**·是年 文／**1388**·9月 文

愛染明王像 ❷ **1129**·5·25 文／**1210**·9·6 文／**1246**·4·20 社／**1247**·8·18 文／**1256**·4·1 文／**1275**·3·21 文／**1297**·2·27 文／❸ **1321**·3·4 文／**1327**·6·1 文／**1386**·是年 文／**1436**·8·28 文／**1440**·6·1 文／❺-1 **1673**·6·1 文／是年 文

阿閦如来坐像 ❸ **1322**·是年 文

阿修羅像 ❸ **1288**·2·26 文

飛鳥大仏 ❶ **605**·4·1 政

阿弥陀三尊像 ❶ **888**·8·17 文／**896**·8·16 文／❷ **1249**·2·8 文

阿弥陀三尊像(現存最古玉眼使用像) ❷ **1151**·4月 文

阿弥陀三尊仏龕(石造) ❶ **659**·7月 文

阿弥陀如来像(土製) ❷ **1144**·是年 文

阿弥陀如来像 ❶ **658**·12月 文／**659**·1月 文／**689**·9·20 政／❷ **1006**·4·2 文／**1011**·3·27 文／**1023**·5·28 文／**1035**·3. 25 文／**1072**·6·25 文／**1095**·2·12 文／**1096**·2·20 文／12·26 文／**1097**·1·15 文／**1130**·10·25 文／11·14 文／是年 文／**1131**·6·26 文／**1132**·是年 文／**1134**·6·10 文／**1142**·5月 文／**1147**·12·13 文／**1148**·6·23 文／**1151**·4月 文／**1152**·12·18 文／**1153**·9·28 文／**1154**·11·3 文／**1156**·11·2 文／**1157**·4·22 文／**1160**·3月 文／**1166**·9·7 社／**1170**·4·7 文／**1171**·4·7 文／**1172**·10·29 文／**1176**·是年 文／**1184**·5·24 文／**1186**·10·10 文／11·8 文／是年 文／**1192**·9·27 文／**1194**·6·29 文／是年 文／**1196**·9·28 文／12·19 文／**1200**·12·27 文／**1201**·9·21 文／10月 文／**1203**·2·10 文／**1206**·10·3 文／是年 文／**1208**·是年 文／**1211**·3·28 文／**1212**·是年 文／**1214**·8·26 文／**1216**·11·23 文／**1217** 是年 文／**1219**·4·13 文／是年 文／**1221**·2月 文／8·20 文／是年 文／**1222**·10月 文／**1224**·是年 文／**1226**·4月 文／**1227**·是年 文／**1228**·是年 文／**1229**·4·12 文／**1231**·3·8 文／**1232**·2月 文／7月 文／8月 文／**1233**·9·11 文／**1234**·3·1 文／**1235**·是年 文／**1238**·11·19 文／**1240**·3·12 文／**1241**·1·19 文／**1242**·9·15 文／**1243**·2月 文／10·25 文／**1244**·4·24 文／**1248**·2·21 文／**1250**·4·7 文／**1253**·2·21 文／**1254**·1·20 文／5·7 文／**1255**·6·18 文／**1256**·12月 文／**1258**·7·12 文／**1259**·3·24 文／**1261**·7月 文／12月 文／**1262**·4月 文／**1263**·7月 文／**1264**·4·26 文／**1265**·4·15 文／8·15 文／**1266**·9·15 文／12·3 文／**1267**·5月 文／**1270**·2月 文／**1271**·8·11 文／10·19 文／**1274**·2·9 文／**1275**·10·26 文／是年 文／**1276**·2月 文／❸ **1290**·2·15 文／4·30 文／**1296**·是年 文／**1299**·3·26 文／10·1 文／11·8 文／**1300**·9月 文／**1304**·4·8 文／**1305**·2·10 文／**1309**·6·10 文／**1312**·4·15 文／**1315**·11月 文／**1316**·2·21 文／**1321**·3月 文／**1348**·是年 文／**1349**·7·15 文／**1365**·9·19 文／**1371**·12月 文／**1405**·4·2 文／**1406**·是年 文／**1416**·是年 文／**1427**·5月 文／**1447**·是年 文／❹ **1490**·是年 文／**1500**·是年 文／**1506**·是年 文／**1507**·3·19 文／是年 文／**1509**·10·15 文／**1534**·①月 文／是年 文／**1558**·是年 文／**1563**·7月 文／**1592**·是年 文／**1593**·2月 文／❺-1 **1605**·6·30 文／**1694**·8月 文／**1670**·4·8 文

韋駄天像 ❸ **1326**·8·15 文

一千体阿弥陀仏 ❷ **1151**·6·13 文

絵仏像百六十体 ❷ **1021**·3·29 文／❹ **1488**·是年 文

閻魔王像 ❷ **1145**·6·8 文／**1250**·是年 文

延命菩薩像 ❷ **1023**·6·17 文／**1150**·7·8 文

懸絵(銅製) ❹ **1459**·是年 文

懸仏 ❷ **1156**·12月 文／**1157**·1月 文／**1159**·⑤·25 文／**1167**·9·27 文／**1172**·5·21 文／**1218**·7·19 文／**1228**·9月 文／是年 文／**1263**·5·8 文／**1269**·7·13 文／**1271**·1·15 文／**1275**·5·15 文／9·9 文／**1276**·是年 文／**1278**·4·21 文

懸仏(銅製) ❹ **1514**·是年 文

懸仏(二月堂御正体) ❺-1 **1699**·1·25 文

月光十二神像 ❷ **1064**·是年 文

月光菩薩像 ❸ **1317**·6·5 文／**1323**·10·2 文／**1332**·2·2 文／**1378**·是年 文

伽藍神像 ❸ **1395**·是年 文／**1418**·是年 文／**1422**·3·21 文

菅公神像 ❷ **1259**·5·8 文

観世音菩薩像 ❶ **651**·7·10 文／**686**·7月 文／**689**·4·20 政／**692**·5月 文／**693**·3·18 社／**702**·6·15 文／**708**·是年 文／**728**·8·21 文／**740**·9·15 社／**751**·3·9 文／**954**·2·21 文／❸ **1330**·2月 文

観音像 ❷ **1094**·6·26 文／7·26 文／**1096**·1·18 社／**1097**·①月 社

観音菩薩像(十一面、千手) ❶ **934**·是年 文／❷ **1069**·7·11 文／**1143**·是年 文／**1159**·11·25 文／**1172**·2·20 文／**1216**·7月 文／**1222**·9·14 文／**1226**·2月 文／**1250**·10·11 文／❸ **1330**·2月 文／**1363**·是年 文／❹ **1482**·6·18 文／**1497**·7·18 文／**1498**·8·27 文／10·27 文／**1502**·6·1 文／**1507**·7·13 文／**1513**·6·18 文／**1531**·6·28 文／**1534**·是年 文／**1538**·9月 文／**1551**·是年 文／**1556**·是年 文／**1560**·6·18 文／9·12 文／**1563**·1月 文／**1570**·2·23 文／❺-1 **1666**·6月 文

吉祥天画像 ❶ **768**·1·24 文

吉祥天像 ❷ **1078**·是年 文／**1091**·12·15 文／**1127**·2·23 文／**1130**·是年 文／**1212**·是年 文／**1146**·是年 文／❸ **1289**·6月 文／❹ **1563**·是年 文

九体丈六仏像 ❷ **1020**·2·27 文

牛宝像 ❸ **1337**·是年 文

旧吉野水分神社神像 ❷ **1225**·12月 文

孔雀明王像 ❷ **1200**·11·11 文

救世観音半跏像 ❷ **1246**·是年 文／**1884**·是年 社

功徳天像 ❷ **1276**·6·17 文

軍荼夜叉王立像 ❷ **1177**·3·9 文

月光菩薩像 ❹ **1509**·9月 文／❸ **1282**·11·5 文／**1286**·12·22 文／**1299**·是年 文／**1309**·3·8 文／**1326**·10·9 文／**1330**·2·10 文／**1331**·6·23 文／**1337**·12·15 文／**1343**·3·13 文／**1348**·7·27 文／**1357**·1·7 文／1·13 文／**1366**·3月 文／**1376**·11·11 文／**1380**·12·7 文／**1392**·是年 文／**1393**·4·2 文／**1394**·6·30 文／**1395**·8·12 文／**1396**·6·8 文／**1406**·7·2 文／**1415**·7·13 文／**1417**·11·18 文／**1440**·是年 文／**1447**·6·14 文

広目天像 ❶ **650**·是年 文／❷ **1180**·12月 文／**1195**·8月 文／**1267**·12·30 文

虚空蔵菩薩像 ❶ **751**·3·9 文／**847**·是年 文／**862**·12月 文／❷ **1256**·3·28 文／**1257**·12·14 文／❸ **1282**·11·2 文／**1346**·1·13 文／**1390**·是年 文／❺-1 **1605**·7·15 文／❺-2 **1752**·2·4 文

五大明王像 ❷ **1176**·11·16 文／❺-1 **1701**·10·18 文

五大弥勒菩薩 ❷ **1027**·3·1 社

五智如来像 ❶ **851**·是年 文／❷ **1061**·10·25 文／**1223**·是年 文

五百羅漢像 ❺-2 **1744**·是年 文／**1789**·是年 文

子安荒神坐像　❹ **1543**·是年 文
子安地蔵菩薩　❺-2 **1779**·是年 文
金剛薩埵坐像　❸ **1359**·8 月 文
金剛力士像 ⇨ 仁王像(におうぞう)
金色等身阿弥陀仏　❷ **1011**·3·27 社
金色八丈仏　❷ **1141**·7·19 文
金色薬師像　❷ **1005**·5·24 文
蔵王権現像　❷ **1001**·4·10 文／**1168**·12·7 文／**1226**·9·12 文／❸ **1336**·1·16 文
三面千手観音菩薩坐像(京都·清水寺)　❾ **2003**·3·7 社
地獄群像　❸ **1422**·是年 文
持国天像　❷ **1159**·是年 文／**1160**·2·29 文／**1179**·12 月 文／**1194**·是年 文／**1195**·8 月 文／**1212**·8·6 文／❸ **1294**·12 月 文／**1301**·1·25 文
地蔵菩薩像　❶ **862**·是年 文／❷ **1230**·8 月 文／**1235**·是年 文／**1246**·12·24 文／❸ **1288**·8·13 文／**1294**·9·24 文／**1295**·是年 文／**1303**·是年 文／**1309**·3 月 文／**1315**·3 月 文／**1326**·6·8 社／**1330**·1·24 文／**1334**·3·15 文／**1345**·7·10 文／**1350**·3·24 社／**1362**·8·24 文／**1364**·3·15 文／**1365**·5 月 文／**1367**·是年 文／**1368**·7 月 文／**1369**·是年 文／**1374**·是年 文／**1384**·11·24 文／**1386**·5·13 文／**1387**·5·24 文／**1416**·2·13 文／**1442**·2·7 文／❹ **1460**·9·26 文／**1461**·是年 文／**1512**·4·6 文／**1514**·6·24 文／**1515**·是年 文／**1517**·⑩·5 文／**1524**·是年 文／**1531**·是年 文／**1535**·8 月 文／**1545**·4 月 文／**1546**·12·19 文／**1548**·5·11 文／**1552**·是年 文／**1555**·是年 文／**1563**·5 月 文／**1564**·10·13 文／❺-1 **1708**·是年 社
地蔵菩薩像(紙製)　❸ **1384**·5 月 文
悉達太子像　❷ **1252**·10·29 文
四天王毛彫金銅五輪塔　❷ **1198**·12·19 文
四天王像　❶ **988**·是年 文／**990**·是年 文／❷ **1179**·4·13 文／**1189**·9·28 文／**1196**·12·10 文／**1212**·是年 文／**1217**·4·4 文／8·6 文／是年 文／**1266**·是年 文／❸ **1289**·是秋 文／**1293**·6 月 文／**1321**·10·17 文／**1355**·2 月 文／4 月 文／12·3 文／❹ **1539**·是年 文
四天王像(乾漆)　❶ **791**·4 月 文
四天王像(金銅造)　❶ **765**·是年 文
釈迦三尊四天王像　❶ **987**·是年 文
釈迦三尊十六羅漢像　❺-1 **1668**·是年 文
釈迦三尊像(金銅造)　❶ **623**·3 月 文／**628**·12·3 文
釈迦三尊像　❶ **988**·是年 文／❸ **1337**·是年 文
釈迦十一面観音像(銅造)　❸ **1282**·8·1 文
釈迦浄土群像　❶ **734**·1·11 文
釈迦如来·同脇侍坐像(銅造)　❸ **1332**·10·8 文
釈迦如来像　❶ **907**·是年 文／**923**·是年 文／**951**·是年 文／**985**·8·18 文／**987**·2·11 文／❷ **1027**·5·5 文／6·21 文／**1028**·6·19 文／**1130**·5·25 文／**1216**·1·17 政／**1227**·1·5 文／**1109**·10·23 文／**1130**·11·5 文／**1133**·11·20 文／**1138**·2·26 文／**1148**·11·30 文／**1151**·8·4 文／**1193**·10·16 文／**1194**·是年 文／**1197**·10 月 文／**1199**·10·6 文／**1210**·7·8 文／**1213**·12·15 文／**1218**·12 月 文／**1225**·11·12 文／**1244**·4·12 文／5 月 文／**1249**·5·7 文／**1250**·7 月 文／**1254**·1·23 文／7·15 文／**1258**·是年 文／**1260**·1·10 文／**1267**·是年 文／**1268**·2·4 文／**1273**·4·15 文／**1276**·2 月 文／**1277**·9·12 文／❸ **1294**·10·18 文／**1297**·5 月 文／**1303**·4·18 文／**1308**·7·26 文／8·24 文／**1335**·3·9 文／**1340**·4·27 文／**1343**·10·2 文／**1346**·6·1 文／7 月 文／**1347**·是年 文／**1352**·12·27 文／**1358**·11 月 文／**1361**·12·26 文／**1362**·8 月 文／11·19 文／**1371**·6·8 文／**1374**·7·1 文／**1404**·8·11 文／**1405**·是年 文／**1418**·是年 文／❹ **1511**·11·24 文／**1545**·12·12 文／**1588**·8·2 文／❺-1 **1699**·是年 文／**1700**·是年 文／**1703**·8·8 文
釈迦如来像(金銅造)　❶ **654**·3·26 文／**722**·12·13 文／**726**·8·8 文／**732**·4·22 文／**737**·3·3 文
釈迦仏三像　❶ **667**·是年 文
十一面観音像　❶ **733**·5·18 社／**951**·是年 文／**989**·是年 文／**995**·10·19 文／❷ **1093**·12·28 文／**1135**·3·8 社／**1219**·4·17 文／**1274**·8·8 文／❸ **1289**·5·16 文／**1291**·6·8 文／**1316**·10·23 文／**1318**·是年 社／**1319**·6 月 文／**1323**·1·14 文／**1324**·4·21 文／**1332**·是年 文／**1345**·是年 文／**1353**·5 月 文／7·1 文／**1355**·6·2 文／**1362**·11·18 文／**1368**·是年 文／❷ **1069**·7 月 文／**1098**·12·10 文／**1111**·11·27 文／**1112**·天永年間 文／**1182**·6·18 文／**1221**·5·15 文／是年 文／**1233**·8 月 文／**1234**·7·19 文／是年 文／**1242**·9·27 文／**1244**·12·6 文／**1249**·8·6 文／**1256**·10·12 文／**1257**·12·23 文／**1278**·10 月 文
十王像　❹ **1476**·是年 文／**1552**·是年 文／**1559**·1·4 文
十大弟子(乾漆)　❶ **742**·是年 文
十大弟子像　❷ **1220**·8·24 文／**1268**·是年 文
十二神将像　❷ **1022**·11·24 文／**1274**·是年 文／**1276**·是年 文／❸ **1340**·是年 文／**1401**·是年 文／**1411**·是年 文／**1455**·是年 文／❹ **1528**·是年 文／**1556**·是年 文
十二面観音　❷ **1154**·是年 文／**1019**·6·9 社／**1216**·4·8 社
十六羅漢像　❶ **987**·2·11 文
十八羅漢像　❺-1 **1658**·是年 文／**1664**·5·18 文
寿星像　❺-1 **1643**·是年 文
准胝観音　❶ **970**·是年 文／❷ **1224**·5·4 文
正観音像　❷ **1184**·4·18 文
聖観音像　❸ **1298**·是年 文／**1352**·是年 文／**1368**·是年 文／**1376**·是年 文
聖観音菩薩像　❷ **1029**·是年 文／**1038**·是年 文／**1159**·10·25 文／**1268**·3·25 文／**1066**·11·28 文／**1269**·12·7 文／**1270**·⑨·12 文／**1277**·11 月 文
丈六愛染明王　❷ **1127**·3·12 社／**1132**·6·17 文
丈六阿弥陀坐像(木造)　❶ **946**·9·2 文
丈六阿弥陀像　❷ **1001**·是年 社／**1085**·9·22 社／**1097**·是年 社／**1098**·3·24 社／8·27 社／**1105**·6·22 社／**1134**·8·21 文／**1155**·10·23 文／**1167**·6·12 文／7·2 社
丈六観音像　❷ **1030**·5·23 文／**1096**·5·4 文
丈六五大尊像　❷ **1006**·8·7 文／**1011**·6·7 文／**1219**·12·27 文
丈六金色阿弥陀像　❷ **1151**·12·16 文
丈六釈迦像　❷ **1050**·3·16 社／**1107**·12·28 社／**1115**·3·12 文
丈六十一面観音像　❷ **1001**·5·19 文／**1097**·5·29 文
丈六千手観音　❷ **1107**·9·23 文／**1117**·11·20 文
丈六大威徳像　❷ **1114**·8·2 文
丈六大日薬師　❷ **1034**·10·17 社
丈六大仏像(東叡山寛永寺)　❺-1 **1631**·是年 社
丈六如意輪観音像　❷ **1125**·2·22 文
丈六の繍仏　❶ **651**·3·14 文
丈六百体観音(図絵)　❷ **1135**·4·28 文
丈六仏像　❶ **545**·9 月 文／**587**·4·2 文／**605**·4·1 文／**678**·12·4 文／❷ **1058**·2·23 社／**1122**·3·14 文／**1126**·10·16 社／**1129**·7·7 文
丈六仏像(国分寺)　❶ **756**·6·3 文
丈六不動明王　❷ **1005**·6·7 文／**1125**·是年 社
丈六薬師像　❷ **1023**·12·23 文
丈六六字明王像　❷ **1127**·3·7 社
初江王坐像　❷ **1251**·8·5 文
司禄司命半跏像　❹ **1498**·6·1 文
随身神像　❷ **1162**·②·2 文／是年 文／❹ **1467**·是年 文
聖観音像(織仏)　❶ **757**·5 月 文
聖観音像(広隆寺)　❶ **873**·是年 文／❹ **1536**·是年 文
勢至菩薩像　❷ **1220**·6·12 文／❸ **1311**·是年 文
世親菩薩像　❷ **1189**·4·7 文／**1196**·10 月 文／**1208**·12·17 文
千手観音像　❶ **755**·11·21 文／**877**·12 月 文／**873**·是年 文／❷ **1012**·4·14 文／**1154**·2 月 文／**1165**·4·6 文／**1170**·是年 文／**1179**·11·28 文／**1222**·1·3 文／**1228**·4 月 文／**1251**·⑨·20 文／**1252**·7 月 文／10 月 文／**1254**·1·23 文／3 月 文／**1256**·5·6 文／**1257**·⑤·28 文／**1261**·12·7 文／**1263**·9 月 文／**1264**·是年 文／**1265**·是年 文／**1266**·是年 文／**1084**11·10 文／❸ **1353**·4·3 文／❺-2 **1722**·7 月 文
千体等身聖観音像　❷ **1131**·10·10 社
善妙神·白光神　❷ **1225**·4 月 文
僧形八幡像　❷ **1201**·12·27 文
増長天　❷ **1195**·8 月 文

大威徳像　❷ **1020**･10･5 文／**1216**･11･26 文／❸ **1421**･是年 文
大元帥画像　❶ **839**･4･25 文
大黒天像　❸ **1301**･是年 文／**1319**･11 月 文／**1339**･3･11 文／**1444**･是年 文／**1463**･11･16 文／❹ **1504**･12･1 文／**1542**･12･15 文
泰山王坐像　❷ **1259**･4 月 文
大勢至菩薩像　❶ **689**･4･20 文
帝釈天像　❷ **1156**･5･28 文／**1201**･12 月 文／**1205**･是年 文／**1210**･8･28 文／**1245**･7･20 文／**1257**･是年 文／**1263**･10･12 文／**1275**･7･25 文
大聖文殊大士坐像　❸ **1364**･是年 文／❹ **1485**･③･18 文／**1493**･是年 文／**1497**･11･14 文／**1498**･11･14 文／**1507**･是年 文／**1535**･是年 文／**1542**･9 月 文／**1555**･11･23 文
大日如来像　❷ **1062**･1･10 文／**1086**･8 月 文／**1120**･8･23 文／**1174**･是年 文／**1175**･11･24 文／**1176**･10･19 文／**1183**･11･16 文／**1171**･7･30 文／❸ **1284**･3 月 文／**1296**･9･9 文／**1310**･是年 文／**1330**･4 月 文／**1346**･2 月 文／**1404**･是年 文
大日薬師釈迦像　❷ **1034**･10 月 文
大悲菩薩坐像　❸ **1395**･8･17 文
大仏(殿、神奈川･鎌倉由比浜)　❷ **1238**･3･23 文／**1241**･3･27 文／**1242**･是年 社／**1243**･6･16 文／**1252**･8･17 文
大仏(八丈)　❷ **1252**･8･17 社
大仏光背(東大寺)　❷ **1194**･3･12 文
大仏修理料　❶ **855**･9･28 社
大仏造立の詔　❶ **743**･10･15 政
大仏の鋳造　❷ **1183**･5･19 文
大仏螺髪(東大寺)　❷ **1181**･10･6 文
大仏両脇侍像　❶ **751**･9･23 文／**999**･是年 文
滝見観音像　❸ **1410**･1･13 文
奪衣婆像　❹ **1514**･8 月 文
立山神立像　❷ **1230**･3･11 文
玉依姫命坐像　❷ **1251**･10･16 文
多聞天像　❶ **650**･是年 文／❷ **1097**･是年 文／**1120**･6･13 文／**1159**･5･23 文／**1178**･12 月 文／**1195**･8 月 文／是年 文／**1212**･8･6 文／**1268**･5･8 文／❸ **1294**･12 月 文／**1301**･1･25 文／**1443**･是年 文
達磨像　❸ **1430**･4 月 文
太郎天および二童子像　❷ **1130**･3･18 文
男女神像　❷ **1225**･12･1 文／❸ **1305**･⑫月 文
鋳像(金銅)　❶ **780**･3･3 文
中尊寺仏像　❷ **1157**･是年 文
天神像　❷ **1261**･5･8 文
石造道祖神像　❺-2 **1762**･9 月 文
燈籠宝珠(東大寺大仏殿)　❷ **1101**･11･2 文
難陀龍王像　❸ **1316**･5･13 文
元興寺仁王像(奈良)　❹ **1462**･3･27 社
仁王像(金剛力士像)　❶ **736**･是年 文／❷ **1141**･11･29 文／**1134**･10 月 文／**1163**･6･28 文／**1167**･3･2 文／**1183**･9･24 文／**1198**･建久年間 文／**1203**･7･24 文／**1240**･9 月 文／**1242**･是年 文／**1256**･7･19 文／**1275**･9･8 文／**1237**･10 月 文／❸ **1285**･10 月 文／**1288**･是年 文／**1291**･4 月 文／**1301**･9 月 文／**1307**･是年 文／**1322**･10･27 文／是年 文／**1323**･4･25 文／**1326**･2 月 文／**1338**･12･19 文／**1344**･10･7 文／**1357**･12･19 文／**1373**･6･1 文／**1421**･是年 文／**1429**･3･3 文／❹ **1456**･6･30 文／**1462**･3･27 文／**1464**･6 月 文／7 月 文／**1467**･6 月 文／**1474**･是年 文／**1481**･3･30 文／**1501**･是年 文／**1502**･8･10 文／❺-1 **1689**･是年 文
二十八部衆像　❸ **1312**･10 月 文／**1441**･是年 文
日光･月光菩薩像　❷ **1048**･是年 文／**1052**･12･23 文／**1271**･是年 文
日光十二神像　❷ **1064**･是年 文／❹ **1509**･9 月 文
日光菩薩像　❸ **1317**･6･5 文／**1323**･10･2 文／**1332**･2･2 文
二童子像(大阪)　❷ **1094**･③･26 文／❸ **1309**･6･12 文
如意輪観音像　❷ **1096**･12 月 文／**1144**･3･29 社／**1162**･11･12 文／**1256**･7 月 文／**1275**･是年 文／❸ **1285**･是年 文／**1291**･8･18 文／**1295**･4 月 文／**1298**･3･7 文／**1306**･是年 文／**1340**･2･8 文／**1370**･是年 文／**1372**･9･23 文／❹ **1498**･8･27 文／**1499**･4･2 文
如来像　❸ **1337**･是年 文／**1392**･9･20 文／❹ **1578**･是年 文／❺-2 **1724**･11 月 文
八大童子　❷ **1197**･是年 文
八幡三神像　❶ **897**･寛平年間 文／❸ **1326**･8･12 文／**1354**･3･20 文／**1353**･是年 文／**1441**･7･12 文
馬頭観音像　❷ **1128**･太治年間 文／**1131**･是年 文／**1224**･5･4 文／**1241**･4･29 文／❹ **1501**･是年 文
婆藪仙立像　❹ **1512**･是年 文
毘沙門天像　❷ **1011**･此頃 文／**1153**･5･13 文／**1078**･是年 文／**1098**･12･10 文／**1117**･3･9 文／**1153**･5･13 文／**1154**･2 月 文／**1162**･3･7 文／**1178**･7･24 文／**1184**･6･22 文／**1186**･5･3 文／**1187**･5･28 文／**1189**･3･20 文／**1211**･11 月 文／**1224**･5･14 文／❸ **1289**･6 月 文／**1290**･是年 文／**1291**･是年 文／**1298**･是年 文／**1300**･8 月 文／❹ **1491**･是年 文／**1534**･是年 文
飛天像　❸ **1408**･是年 文
白衣観音像　❸ **1411**･是年 文／**1434**･是年 文
百体阿弥陀仏　❷ **1152**･12･18 社
白檀龕像　❶ **806**･是年 文
白檀普賢菩薩像　❷ **1202**･10･26 文
毘盧遮那仏　❷ **1050**･3･15 社
賓頭盧尊者像　❷ **1259**･是年 文／❹ **1514**･是年 文／**1561**･是年 文／**1569**･是年 文
不空羂索観音像　❷ **1093**･10･29 文／**1189**･9･28 文／**1191**･10･7 文／**1222**･8･14 文／❹ **1563**･4･1 文
福徳神･長福神･白朱社(京都)　❷ **1085**･7 月 社
普賢菩薩像　❶ **954**･2･21 文／❸ **1297**･12･15 文／**1307**･8･30 文／**1326**･4 月 文／**1334**･12 月 文／**1347**･是年 文／**1354**･是年 文／**1365**･是年 文
傅大士像　❸ **1418**･是年 文
仏眼仏母像　❷ **1267**･是年 文
仏正観音　❷ **1172**･2･20 文
仏頭(山田寺)　❷ **1187**･3･9 文
不動像　❷ **1070**･3 月 文／**1187**･5 月 社／**1199**･9･26 社
不動尊(東京･目黒)　❺-1 **1629**･6 月 社
不動明王像　❶ **867**･是年 文／**989**･是年 文／❷ **1006**･10･25 文／**1020**･10･5 文／**1070**･3 月 文／**1094**･③･26 文／**1095**･2･12 文／**1150**･2･25 文／**1154**･2 月 文／**1186**･5･3 文／**1187**･5 月 社／**1189**･3･20 文／**1197**･5･28 文／**1199**･9･26 社／**1203**･5･4 文／**1211**･11 月 文／**1213**･2･3 文／**1251**･8･28 文／**1272**･11･21 文／**1276**･2･28 文／❸ **1303**･915 文／**1311**･是年 文／**1369**･是年 文／**1373**･10･19 文／**1374**･11･28 文／**1380**･4･23 文／**1381**･是年 文／**1386**･是年 文／**1388**･9 月 文／**1442**･是年 文／❹ **1511**･2･18 文／**1527**･是年 文／**1534**･是年 文／**1553**･是年 文／**1568**･是年 文／**1570**･是年 文／❺-1 **1696**･7･18 文
弁財天(東京･不忍池)　❺-1 **1626**･12･30 社
弁才天坐像　❷ **1266**･9･29 文／❺-1 **1626**･12･30 文／**1696**･是年 文
菩薩像　❶ **653**･6 月 文／❷ **1124**･8･4 文／**1265**･3･15 文
菩提僊那像　❶ **770**･是年 文
誉田別尊神像　❸ **1288**･5 月 文
梵天像　❷ **1202**･3･10 文
梵天･帝釈天像(乾漆)　❸ **1289**･7･25 文
満善車王像　❸ **1288**･4･27 文
妙見菩薩像　❸ **1301**･5 月 文
弥勒菩薩像(金銅造)　❶ **606**･1･18 文／**638**･是年 文／**666**･4･8 文／是年 文／**722**･12･13 文／**892**･5･19 文／**999**･是年 文／❷ **1189**･4･7 文／9･15 文／**1192**･11･2 文／**1196**･是年 文／**1212**･2･5 文／是年 文／**1247**･4･24 文／**1249**･2･8 文／**1266**･8･8 文／**1276**･3･30 文／**1278**･是年 文／❸ **1287**･是年 文／**1298**･9･10 文／**1322**･9･29 文／**1340**･8･27 文／❹ **1507**･是年 文
女神像　❷ **1143**･2･11 文／❸ **1418** 是年 文
文殊･観音像　❹ **1461**･1･24 文
文殊菩薩像　❷ **1031**･3･10 文／**1203**･是年 文／**1220**･是年 文／**1256**･3･28 文／**1267**･7･25 文／**1269**･7･12 文／**1273**･11･30 文／❸ **1285**･7 月 文／**1296**･是年 文／**1298**･3･28 文／8･5 文／**1302**･6･13 社／8･25 文／**1307**･9･29 文／**1324**･3･7 文／是年 文／**1333**･9･20 文／**1337**･5･17 文／**1348**･8 月 文／**1357**･8･23 文／**1370**･是年 文／**1378**･是年 文／**1445**･是年 文／❹ **1459**･7･25 文／**1460**･9･26 文

／461·1·24 文／1516·是年 文／1561·是年 文／1576·是年 文
薬師十二神将 ❷ 1180·12·24 文
薬師如来像(金銅造) ❶ 607·是年 文／685·3·25 文／697·7·29 文
薬師如来像 ❶ 586·是年／732·4·22 文／745·9·20 文／805·4月 文／862·12月 文／990·是年 文／993·4·23 文／❷ 1003·是年 文／1005·5·24 文／1013·8·12 文／1036·是年 文／1047·9·10 文／是年 文／1051·3月 文／1066·12·14 文／1074·8·25 文／1076·1月 文／1077·2·2 文／是年 文／1085·11·10 文／1093·6月 文／1120·9·11 文／1124·4·3 文／1130·11·5 文／1140·3·3 文／1145·2·22 文／是年 文／1171·1·15 文／1172·7·27 文／10月 文／1173·4·20 文／1179·9月 文／1192·10·1 文／1195·5·15 文／1197·8·12 文／1202·9·6 文／1205·8·28 文／1208·1月 文／1215·4·17 文／1218·2·23 文／12·2 文／1221·3·6 文／1237·6·18 文／1243·3·24 文／1248·6月 文／8·8 文／1249·11·9 文／1253·7·5 文／1255·10·27 文／1262·6月 文／1278·3·26 文／6月 文／1154·4·18 文／1209·2月 文／1218·12·2 文／1262·是年 文／1271·2·6 社／❸ 1285·8·3 文／1289·6·6 文／1326·4·28 文／1330·是年 文／1340·是年 文／1353·12月 文／1391·10月 文／1407·是年 文／1409·是年 文／1410·8·1 文／1415·6·26 文／是年 文／1416·是年 文／1422·3·21 文／1427·是年 文／1455·是年 文／❹ 1466·是年 文／1476·5月 文／1509·9月 文／1532·4·24 文／1539·7月 文／1545·12·12 文／1548·是年 文／1557·是年 文／1562·10·13 文／1571·8·7 文／1573·6月 文／❺-1 1603·6·5 文／1665·2月 文
山越阿弥陀三尊図 ❶ 994·12月 文
維摩像 ❸ 1196·5·15 文／7·5 文／1374·5月 文
来迎三尊立像 ❸ 1295·12月 文
龍燈鬼·天燈鬼像 ❷ 1215·4·26 文
盧舎那仏(金銅造·紫香楽宮) ❶ 743·10·15 社／11·13 社／745·8月 社／746·10·6 文／749·2·22 政／4·1 社／12月 文／751·8月 文／752·4·9 政／755·7·29 文
脇士 ❷ 1196·是年 文

布帛·織物·刺繡

赤地蓮花蝶文幡 ❸ 1435·10·17 文
浅葱葵紋付帷子 ❺-2 1755·11月 文
足半(あしなか) ❹ 1573·8·14 文
伊阿弥家御褥雛形 ❺-2 1832·是年 文
内敷(金襴) ❹ 1538·10月 文
打敷 ❺-1 1639·7·21 文
絵馬(友禅染) ❺-2 1784·11月 文
帯(白綾·正倉院) ❶ 753·6·13 文
勧修寺繡帳 ❶ 925·8·23 文
花氈(正倉院) ❶ 755·7·26 文／757·5·2 文
狩衣 ❺-1 1620·12·25 文
　翁狩衣 ❺-2 1843·是年 文
祇園長刀鉾天井裏金地彩色孔雀図 ❺-2 1829·6月 文
几褥(正倉院) ❶ 765·7·16 文
裂 ❺-1 1620·10·21 文
　繻珍裂 ❹ 1501·12月 文
　辻が花幡裂(藤花文) ❹ 1530·12·21 文
金襴裲襠 ❸ 1373·3·16 文／1378·3·18 文
具足下(淡浅葱羽二重) ❺-1 1663·1月 文
袈裟 ❸ 1294·12·10 文／1338·9·12 文／❹ 1552·是夏 文
小袖 ❹ 1589·6月 文
刺繡
　刺繡「楊柳観音像」 ❸ 1295·是年 文
　刺繡三昧耶幡 ❹ 1575·6月 文
　刺繡涅槃図(桐生織物) ❺-1 1705·12月 文
　刺繡涅槃像 ❺-1 1658·12·15 文
四宮祭月宮殿山飾毛綴 ❺-2 1807·9·8 文
舎利会装束 ❷ 1257·3月 文／1262·4月 文
繻子製大法被 ❸ 1351·是年 文
素襖 ❺-2 1849·是年 文
調布絁(正倉院) ❶ 732·10月 文／738·10月 文／739·10月 文／741·10月 文／743·10月 文／744·10月 文／745·10月 文／746·10月 文／748·10月 文／749·10月 文／750·10月 文／752·10月 文／753·10月 文／754·10月 文／755·10月 文／757·10月 文／758·10月 文／777·10月 文
天寿国繡帳 ❶ 622·是年 文／❷ 1274·2·26 文
胴服 ❹ 1587·是年 文／1590·3月 文
　辻が花染胴服 ❺-2 1755·11月 文
長浜祭鳳凰山飾毛綴 ❺-2 1817·3·8 文
直垂(ひたたれ) ❹ 1560·8·8 文
友禅染(打敷·掛幅·振袖) ❺-2 1720·6·15 文／1730·12·10 文／1769·9·5 文／1782·10·2 文

時計

二挺天符目覚付暦付台時計 ❺-2 1846·是年 文
万年自鳴鐘 ❺-2 1851·是春 文

梵鐘

梵鐘 ❶ 575·12·9／698·4·13 文／727·12·11 文／745·是年 文／750·5月 文／752·③·7 文／是年 文／770·9·11 文／833·3月 文／839·是年 文／856·8·3 文／858·8·9 文／863·9·11 文／875·8·23 文／904·2·20 文／911·1·9 文／944·6·2 文／952·2月 文／956·2月 文／5·25 文／963·9·13 文／977·1·12 文／❷ 1003·10·25 文／1005·10·15 文／1019·12月 文／1026·9月 文／1030·2月 文／1032·12月 文／1065·3月 文／1106·7·11 文／1107·2·19 文／1146·9·9 文／1154·9月 文／1160·9·20 文／1163·3·3 文／1164·7·2 文／1183·5·19 文／1184·12·18 文／1191·8·27 文／1192·7月 文／1193·11·21 文／1196·4月 文／8·15 文／11月 文／1201·2月 文／是年 文／1206·1月 文／是年 文／1210·11·20 文／1215·3·18 文／1217·7月 文／1221·8月 文／1223·10·26 文／1224·2月 文／1225·4月 文／1227·1·21 文／1230·是年 文／1231·3·4 文／1239·6·6 文／1244·9月 文／1245·5·18 文／1246·3月 文／是年 文／1247·9·23 文／1248·3·21 文／1250·11·19 文／1251·2·22 文／4·18 文／5·23 文／6·8 文／1252·12月 文／1255·2·21 文／11·18 文／1256·2·28 文／1257·10·9 文／1260·11·22 文／1261·3月 文／是年 文／1262·11月 文／1263·2·17 文／1264·3·25 文／4·5 文／7·15 文／8·2 文／1265·2·6 文／1267·3·1 文／4·28 社／是年 文／1272·11月 文／1275·8·27 文／9·8 文／1277·5·8 文／9·14 文／1278·3·11 文／1279·8·15 文／1280·1·25 文／10·23 文／10月 文／1281·8·17 文／❸ 1283·2·18 文／3·15 文／8月 文／1284·2·25 文／10·17 文／1285·2·23 文／1286·5月 文／9·18 文／1287·4·7 文／1288·10·18 文／1290·10·28 文／1291·3·13 文／1292·4·8 文／10·6 文／11月 文／1295·9月 文／1296·5月 文／10·5 文／1298·1·15 文／2·21 文／1299·11月 文／1300·3·18 文／8月 文／1301·2·9 文／是年 文／1304·9·17 文／1305·4·10 文／1306·1·26 文／3·24 文／8·15 文／1307·3·2 文／1308·10·28 文／1310·3·29 文／1311·11月 文／1312·2·30 文／1314·7月 文／是年 文／1316·2·11 文／1319·5·10 文／1320·10·18 文／12·12 文／1321·12·17 文／1322·4·9 文／10·22 文／1323·6月 文／1324·8月 文／1325·1·20 文／2·27 文／3·17 文／1327·3·8 文／8·24 文／12·27 文／1330·3·2 文／是春 文／6·5 文／10·1 文／1332·3·18 文／4·14 文／1333·3·22 文／是年 文／1334·3·12 文／1335·2·30 文／10·24 文／1337·3·20 文／1338·8·8 文／12·21 文／1339·9·25 文／1340·4·8 文／5·2 文／12·15 文／1341·9·23 文／1342·8月 文／1343·5月 文／7月 文／1344·2·1 文／7·25 文／11·1 文／1346·9·3 文／1347·6·13 文／1348·4·13 文／10·7 文／1349·7·21 文／11·15 文／1350·3月 文／8月 文／12·14 文／1352·2月 文／10月 文／11月 文／1353·5·18 文／11·27 文／12·13 文／1354·11月 文／1355·9·6 文／1356·6·24 文／7·5 文／1358·9·3 文／1359·12·20 文／1363·3·8 文／6·21 文／7·7 文／1364·4·8 文／1365·4·22 文／1366·10·15 文／12·17 文／12·27 文／1367·3·15 文／1368·3·24 文／6·3 文／8·1 文／1369·4·5 文／8月 文／11·6 文／1370·10·15 文／11月 文／1373·10·3 文／1374·6·1 文／10·1 文／1375·2·18 文／6·5 文／12月 文／1376·8·15 文／9月 文／10月 文／是年 文／1377·8 文／10月 文／11·23 文／1378·5·15 文／1379·4·5 文／7·24 文／12·11 文／1381·8·15 文／1382·1·18 文／11·5 文／11·25 文／1383·4·3 文／1384·3月 文／9月 文／

1385·8月 文／**1386**·10月 文／12月 文／**1387**·5·3 文／7·13 文／10·9 文／11·13 文／**1389**·4·16 文／12·21 文／**1391**·7·17 文／10·21 文／**1392**·6月 文／8月 文／**1393**·3·12 文／7月 文／8·3 文／**1395**·5·10 文／8·12 文／9·8 文／**1397**·3·17 文／9·7 社／**1398**·2·16 文／**1399**·11·18 文／**1403**·是冬 文／10·27 文／11·8 文／**1407**·3·28 文／**1408**·12·13 文／**1409**·3·3 文／**1410**·11·3 文／**1412**·9·14 文／**1413**·7·28 文／8月 文／9·8 文／**1416**·11·15 文／**1417**·4·8 文／**1419**·4·12 文／8·12 文／11·9 文／**1421**·6·27 文／7·8 文／9·8 文／**1424**·4月 文／**1425**·3·6 文／**1430**·3·23 文／11·28 文／**1432**·9·9 文／10·23 文／11月 文／**1434**·8·16 文／11·7 文／**1435**·6·29 文／11·3 文／**1436**·4·14 文／11·24 文／**1438**·10·29 文／11月 文／**1439**·12·11 文／**1440**·3·7 文／**1442**·4·5 文／**1443**·8·7 文／12·3 文／**1446**·3·17 文／10·17 文／**1448**·6月 文／10·26 文／**1449**·⑩·25 文／**1452**·10·15 文／**1453**·4·28 文／**1454**·7月 文／**1455**·4·2 文／❹ **1456**·9·23 文／10·19 文／11月 文／**1457**·2月 文／6·1 文／10·19 文／是年 文／**1458**·9·27 文／**1459**·2·15 文／9·6 文／12·9 文／**1461**·7·5 文／**1462**·12·15 文／**1463**·6月 文／**1464**·9月 文／11·15 文／**1466**·7·16 文／**1468**·11·15 文／**1469**·10·22 文／**1471**·2月 文／**1474**·3·5 文／4·2 文／6·21 文／**1475**·9·26 文／11·15 文／**1476**·6·24 文／**1477**·11·15 文／**1478**·4·16 文／**1480**·3·12 文／12·18 文／**1481**·11·15 文／**1484**·11·1 文／**1486**·7·30 文／**1488**·10·23 文／11·7 文／**1489**·10·13 文／**1490**·10·15 文／**1491**·4·7 文／**1492**·6·15 社／6月 文／**1494**·11·13 文／**1495**·7月 文／**1496**·②月 文／**1497**·10·26 文／**1498**·4·23 文／11·17 文／**1499**·7月 文／**1501**·7月 文／9月 文／10·9 文／**1502**·12月 文／**1504**·4·8 文／**1506**·11·12 文／**1508**·11·19 文／**1513**·10·2 文／**1514**·11·7 文／**1518**·4·3 文／**1519**·6·18 文／**1520**·4·9 文／**1521**·10·10 文／11·2 文／**1523**·4·18 文／7·19 文／12·18 文／**1528**·8月 文／⑨·21 文／**1531**·是年 文／**1532**·8月 文／10·16 文／11月 文／**1534**·2·6 文／**1541**·5·5 文／**1542**·10·18 文／**1544**·1·24 文／6·29 文／⑪·11 文／**1545**·3·26 文／**1546**·10月 文／**1547**·8·25 文／**1548**·2·14 文／**1549**·11·17 文／**1554**·2月 文／6·28 文／**1555**·4·18 文／9·20 文／**1557**·2月 文／**1564**·6月 文／10月 文／**1568**·11·28 文／**1569**·9·10 文／**1571**·7·13 文／**1572**·9月 文／**1573**·5·28 文／**1575**·3月 文／**1576**·8月 文／**1578**·11月 文／**1580**·③·17 社／是年 文／**1583**·3月 文／**1584**·10·7 社／**1585**·4·3 文／**1586**·2月 文／**1587**·11·24 文／**1588**·1·5 社／**1589**·是年 文／**1596**·6·14 文／8·25 文／9·14 文／是年 文／**1599**·11月 文／❺-1 **1601**·3·26 文／11·20 文／12·2 文／**1602**·3月 文／4·21 文／**1604**·5·28 文／9月 文／11·18 文／**1605**·9·9 文／11·28 文／**1606**·6月 文／9月 文／10月 文／11月 文／**1608**·2·20 文／9·24 文／**1609**·2月 文／5·27 文／**1610**·3·8 文／6·18 文／**1611**·4·8 文／9·24 文／**1612**·3月 文／4·8 文／是年 文／**1613**·9·17 文／**1614**·4·16 文／4·23 文／6·25 文／**1618**·12月 文／**1635**·4·12 文／**1636**·9·15 文／**1638**·是年 文／**1648**·4·2 文／**1656**·12·12 文／**1678**·2月 文／**1683**·10·15 文／**1688**·是年 文／**1689**·是年 文／**1694**·5·15 文／**1697**·6月 文／是年 文／**1699**·是年 文／**1700**·是年 文／**1701**·是年 文／**1702**·12·15 文／**1703**·是年 文／**1714**·是年 文
梵鐘(現存最古の朝鮮鐘·福井県常宮神社)　❶ **833**·3月 文
梵鐘(三絶の鐘)　❶ **875**·8·23 文
梵鐘(朝鮮鐘)　❷ **1011**·4·8 文／**1030**·12月 文
朝鮮鐘(日光東照宮)　❺-1 **1642**·10月 文
銅鐘(長崎サンティアゴ病院)　❺-1 **1612**·是年 文
南蛮寺銅鐘　❹ **1577**·是年 文
万国津梁鐘　❹ **1458**·6·19 文
報時鐘(佐渡奉行所)　❺-1 **1713**·5·1 文
曼荼羅
観音曼荼羅図　❶ **941**·3·8 文
真言院両界曼荼羅図　❶ **899**·是年 文
清海曼荼羅　❶ **996**·10·23 文
天寿国曼荼羅　❷ **1275**·8月 文
両界曼荼羅図(高雄曼荼羅図)　❶ **834**·此頃 文
面·舞楽面　❷ **1042**·是年 文／**1086**·10·20 文／是年 文／**1102**·10·9 文／**1103**·是年 文／**1134**·是年 文／**1138**·2·22 文／10月 文／**1144**·10月 文／**1147**·是年 文／**1158**·3·11 文／是年 文／**1160**·3·11 文／**1161**·2·27 文／**1162**·7·11 文／11·11 文／**1163**·3·18 文／**1173**·8月 文／**1178**·是年 文／**1184**·2月 文／**1185**·2月 文／**1196**·4·7 文／**1205**·是年 文／**1206**·是年 文／**1207**·11·15 文／**1211**·是年 文／**1219**·是年 文／**1228**·5月 文／**1247**·是年 文／**1249**·9·14 文／**1256**·是年 文／**1259**·4·22 文／5·5 文／**1278**·是年 文／**1279**·8月 文／是年 文／❸ **1300**·是年 文／**1301**·是年 文／**1308**·是年 文／**1313**·是年 文／**1316**·是年 文／**1338**·是年 文／**1343**·8月 文／**1346**·1·13 文／是年 文／**1349**·是年 文／**1355**·是年 文／**1376**·是年 文／**1395**·是年 文／❹ **1578**·是年 文／❺-2 **1723**·3月 文／**1726**·是年 文／**1732**·3月 文／**1736**·4月 文
青鬼面　❶ **894**·1·20 文／**896**·2·10 社
王舞面　❹ **1476**·是年 文／**1538**·是年 文／**1545**·是年 文／❸ **1301**·8·6 文／**1302**·是年 文／**1408**·是年 文／**1447**·是年 文
翁面　❹ **1559**·是年 文／**1574**·是年 文／**1580**·2月 文
男面　❹ **1522**·是年 文
伎楽面(正倉院)　❶ **752**·4·9 文
伎楽面　❺-2 **1793**·3月 文
鬼女額面　❺-2 **1840**·是年 文
鬼面　❸ **1296**·7·7 文／**1349**·1·2 文／**1362**·是年 文／**1379**·是年 文／❹ **1537**·是年 文／**1541**·是年 文／**1572**·是年 文
猿楽面　❹ **1480**·是年 文／**1490**·是年 文
神面　❹ **1508**·6·18 文
能面　❸ **1291**·3月 文／**1369**·12·28 文／**1413**·2·21 文／**1430**·11月 文／❹ **1466**·4·3 文／**1481**·是年 文／**1493**·4月 文／**1504**·是年 文／**1533**·是年 文／**1591**·1·6 文／❺-1 **1603**·5·18 文／**1614**·慶長年間 文／**1616**·是年 文
「小面」　❹ **1495**·12·9 文
「若女」　❹ **1468**·是年 文／**1469**·是年 文
「童子」　❹ **1470**·是年 文
「尉」　❹ **1490**·8·1 文
「般若」　❹ **1587**·是年 文
「飛出」　❹ **1475**·是年 文／**1597**·1月 文
「深井」　❹ **1586**·是年 文
舞楽面　❸ **1284**·2·18 文／是年 文／**1288**·9·11 文／是年 文／**1289**·是年 文／**1291**·是年 文／**1305**·是年 文／**1307**·是年 文／**1328**·是年 文／**1360**·是年 文／**1420**·是年 文／**1430**·6月 文／**1452**·7月 文／是年 文／❹ **1537**·4·19 文
「退走徳」　❹ **1498**·8月 文
木製品
油壺(木製)　❸ **1330**·是年 文
倚子　❷ **1016**·1·29 政
板絵·板彫　❸
板絵「竜田明神」　❸ **1295**·3·21 文
板絵「弁才天像」　❸ **1365**·4·11 文
板額(龍華樹院)　❷ **1017**·6·11 文
板額　❸ **1313**·是年 文
板彫「阿弥陀如来像」　❸ **1289**·是年 文
板彫「阿弥陀曼荼羅」　❶ **966**·是年 文
板彫「弘法大師像」　❸ **1302**·是年 文／**1308**·4·13 文／**1309**·4·14 文／**1313**·6月 文
板彫五輪塔　❷ **1203**·9·15 文
板彫「真言八祖像」　❸ **1327**·2月 文
板仏(檀造)　❶ **963**·5·26 文
板碑伝　❷ **1281**·2·1 文
打敷　❸ **1310**·6·8 文／**1324**·12月 文
漆塗(うるし)製品　❸ **1356**·是年 文／**1360**·11月 文／**1387**·⑤·7 文／**1445**·7·7 文
漆絵「唐櫃」　❷ **1175**·7·20 文
漆絵手箱　❹ **1530**·4·30 文
漆絵椀　❹ **1576**·8月 文
漆塗「金剛盤」　❸ **1330**·2·10 文／**1331**·6·23 文／**1337**·12·15 文／**1444**·是年 文
漆塗太鼓形酒器　❹ **1473**·6月 文
黒漆厨子　❹ **1480**·10·18 文
黒漆布薩盥　❸ **1338**·6月 文

黒漆文台・硯箱 ❹ **1465**・11月 文
　長持(黒漆塗) ❺-1 **1699**・6月 文
　椀(黒漆五稜) ❷ **1082**・是年 文
　盒蓋(こうがい・木漆) ❶ **4**・是年
　朱漆盤 ❹ **1506**・⑪月 文
　朱漆蒔絵衝重 ❹ **1467**・11月 文
　朱塗「懸盤」 ❸ **1398**・6月 文
　朱塗「三脚丸盆」 ❸ **1379**・3月 文／**1417**・11・18 文／**1440**・是年 文／**1447**・6・14 文
　朱塗「高杯」 ❸ **1338**・5月 文／**1373**・5月 文／**1416**・6・1 文／**1417**・6月 文
　朱塗手力盆 ❹ **1515**・是年 文
　朱塗塗指樽 ❹ **1519**・是年 文
　朱塗「丸盆」 ❸ **1346**・3月 文
　堆錦 ❺-1 **1715**・是年 文
　根来塗 ❸ **1391**・6月 文／**1395**・7月 文
　根来塗折敷 ❹ **1457**・10・30 文
　盆(根来塗) ❸ **1296**・10月 文／**1298**・10月 文／**1455**・1月 文
　手力盆(根来塗) ❷ **1266**・是夏 文
笈 ❸ **1430**・2月 文／❹ **1572**・①・18 文
「お一箱」(時衆の旅行具) ❸ **1402**・是年 文
大壇 ❸ **1312**・10月 文
貝桶 ❺-1 **1607**・3・28 文
戒体箱 ❹ **1526**・6・21 文／**1532**・3月 文
懸仏 ❺-1 **1692**・4・21 文
花瓶 ❹ **1509**・是年 文
鎌倉彫 ❹ **1487**・8・1 文／**1563**・9月 文
韓櫃 ❶ **734**・3月 文／**742**・2・16 文
唐櫃・辛櫃 ❷ **1041**・2・9 文／❸ **1310**・8月 文／**1392**・11・21 文／❺-1 **1602**・5月 文
北野天神縁起箱 ❸ **1426**・是年 文
脇息(自然木) ❷ **1188**・9・2 文
経帙(竹簀製含む) ❶ **742**・2・16 文／❷ **1149**・4月 文
経幢(長尾寺) ❸ **1283**・7月 文
金銀茄子 ❺-2 **1849**・是年 社
供物壇 ❸ **1366**・8・21 文／❹ **1474**・6・18 文
屈輪彫香合 ❹ **1481**・10・15 文／**1565**・8月 文
香杓 ❸ **1411**・11月 文
香木(栴檀・正倉院) ❶ **782**・2・22 文
御神体 ❺-1 **1698**・12月 文
婚礼調度 ❺-1 **1639**・是年 文
軸 ❸ **1359**・8月 文
獅子頭 ❷ **1280**・是年 文／❸ **1301**・9月 文／**1304**・是年 文／**1305**・是年 文／**1306**・是年 文／**1322**・8月 文／是年 文／**1328**・是年 文／**1347**・9・25 文／**1351**・是年 文／**1355**・是年 文／**1372**・是年 文／**1374**・是年 文／**1375**・是年 文／**1377**・是年 文／**1385**・是年 文／**1435**・是年 文／❹ **1471**・是年 文／**1479**・是年 文／**1481**・是年 文／**1485**・是年 文／**1490**・是年 文／**1499**・是年 文／**1502**・是年 文／**1518**・9月 文／**1519**・5・27 文／**1545**・是年 文／**1598**・是年 文／❺-1 **1606**・是年 文
笏(魚骨・正倉院) ❶ **905**・5・20 文
書見台 ❺-1 **1696**・1・7 文
書函(桐製) ❺-1 **1685**・11月 文
書櫃 ❸ **1318**・5月 文
制札 ❷ **1185**・12月 文／**1221**・8・21 社／❺-1 **1601**・4・24 社／6・5 社／11月 社
竹花入(豊臣秀吉作) ❹ **1588**・10・6 文
茶入 ❺-1 **1643**・明・崇禎年間 文
茶巾筒 ❺-1 **1635**・是年 文
彫彩文盒 ❹ **1565**・明・嘉靖年間 政
衝重(食膳) ❹ **1467**・是年 文
堆朱箱 ❹ **1571**・明・隆慶年間 文
几(つくえ・正倉院) ❶ **758**・1月 文／**768**・4・3 文
　絵机 ❺-1 **1690**・1月 文
　前机 ❸ **1291**・2・7 文／**1428**・5・24 文／**1432**・4月 文
黄楊木座上下顎総義歯 ❺-1 **1675**・9・29 文
手箱 ❷ **1175**・11・24 文
手箱(蒔絵) ❷ **1228**・1・30 文
手力盆 ❷ **1266**・是夏 文
長柄文台 ❺-1 **1681**・3月 文
長櫃 ❷ **1132**・7・16 文
抜荷高札 ❺-2 **1805**・2・6 文
筥 ❶ **809**・8・28 社／❷ **1154**・2・23 文
花盆(五彩) ❺-2 **1721**・是年 文
盤 ❷ **1250**・1月 文／❸ **1300**・8月 文
　足付盤 ❸ **1379**・5月 文
版木 ❹ **1494**・是年 文／**1496**・是年 文／**1533**・8・5 文／是年 文／**1536**・是年 文／**1537**・是年 文
　阿弥陀経版木 ❷ **1236**・8・17 文
　群書類従版木 ❺-2 **1779**・是年 文／**1786**・是年 文／**1820**・是年 文
　金剛寿命陀羅尼経版木 ❷ **1237**・5・21 文
　沙石集版木 ❺-1 **1686**・是年 文
　成形図説版木 ❺-2 **1808**・3・4 文
　大蔵経版木(鉄眼版) ❺-1 **1678**・7・17 文
　白山宮牛王宝印版木 ❷ **1146**・1月 文
　版木「一切経」 ❸ **1360**・12・22 文／❺-1 **1613**・1月 文／**1678**・7・17 文
　版木「十一面観音像」 ❸ **1397**・2・9 文
　版木「十七条憲法」 ❸ **1285**・3月 文
　法華経普門品版木 ❷ **1236**・9・18 文
　銅版経 ❷ **1141**・4・28 文／8・2 文／9・14 文
　銅板「最勝王経」 ❷ **1114**・是年 文
檜合子(正倉院) ❶ **837**・10・10 文
白檀香(正倉院) ❶ **761**・6月 文
百万小塔 ❶ **764**・9・11 社／**767**・是年 文／**770**・4・26 文
仏壇 ❸ **1365**・是年 文／❹ **1489**・3月 文／**1540**・12月 文
瓶子 ❸ **1346**・12・27 文
扁額(足利義持) ❸ **1412**・9・30 文
宝篋印塔 ❸ **1297**・是年 文
蒔絵製品
　蒔絵絵文台 ❹ **1526**・是年 文
　蒔絵源氏箪笥 ❺-1 **1675**・是年 文
　蒔絵合子 ❹ **1520**・永正年間 文
　蒔絵琴 ❹ **1577**・11・18 文
　蒔絵小箱 ❹ **1564**・6月 文
　蒔絵唐櫃 ❷ **1183**・3・20 文／❸ **1357**・8月 文
　蒔絵厨子(秀吉夫妻) ❹ **1596**・12月 文
　蒔絵硯箱 ❺-1 **1637**・2・3 文／**1667**・1月 文
　蒔絵手箱 ❷ **1175**・11・24 文／**1228**・1・30 文
　蒔絵箱 ❺-1 **1619**・4・17 文
　蒔絵八角箱 ❹ **1513**・是年 文
　蒔絵螺鈿三衣筥(金剛峰寺) ❸ **1342**・3・21 文
升(檜製) ❸ **1410**・5月 文
　斗枡(尊徳改正) ❺-2 **1820**・10月 文
　高野枡 ❸ **1396**・8月 文
神輿 ❹ **1457**・6・13 文
目利箒(正倉院) ❶ **758**・1月 文
木簡(正倉院) ❶ **757**・⑧・10 文
柳箱(正倉院) ❶ **752**・4・9 文／**809**・8・28 文
礼盤 ❷ **1156**・5・5 文
螺鈿製品
　螺鈿太刀筥 ❷ **1183**・3・20 文
　螺鈿盆 ❹ **1571**・明・隆慶年間 文
龍文六花形盒 ❹ **1586**・是年 文
椀 ❷ **1082**・是年 文
焼物・陶器・磁器・ガラス器
焼き物に関する書籍
　『陶工必用』 ❺-2 **1737**・3月 文
　『陶磁製法』 ❺-2 **1737**・9・12 文
　『楽焼秘嚢』 ❺-2 **1733**・是年 文
相川焼(佐渡) ❺-1 **1635**・是年 文
会津焼 ❺-1 **1645**・是年 文
青瑠璃瓶 ❷ **1025**・8・7 政
明石焼 ❺-2 **1817**・文化年間 文
悪戸焼(津軽) ❺-2 **1806**・是年 文
網田焼 ❺-2 **1807**・4月 文
有田焼 ❺-1 **1637**・3月 文／**1661**・是年 文／❻ **1870**・4月 文
　有田皿山陶磁 ❺-2 **1749**・9・6 文／**1771**・8・7 文／**1801**・是年 文
粟田焼 ❺-1 **1624**・是年 文
　京都粟田焼職方定 ❺-2 **1799**・11月 文
一勝地焼 ❺-2 **1771**・是年 文
井戸焼 ❺-1 **1614**・是年 文／**1620**・4月 文／**1635**・是年 文
犬山焼(尾張今井村) ❺-2 **1763**・宝暦年間 文
色絵花鳥文大香炉 ❻ **1878**・是年 文
色絵金襴手龍文大皿 ❻ **1865**・11月 文
今戸焼 ❺-2 **1817**・文化年間 文
伊万里焼(今利焼) ❺-1 **1616**・是年 文／**1623**・元和年間 文／**1635**・11・13 文／**1637**・3月 文／**1639**・⑪・13 文／**1647**・是年 文／**1652**・1・2 文／**1662**・是年 政／**1655**・8・11 文／**1677**・是年 文／**1681**・是年 文／**1688**・是年 文／**1692**・9月 文／**1695**・是年 文／**1699**・是年 文
　伊万里焼瓶 ❺-2 **1740**・5月 文

越前焼広口大壺 ❸ 1306・8・17 文／1323・是年 文
江波皿山(広島藩) ❺-2 1828・4 月 文
大甕 ❷ 1207・是年 文
大甕破片 ❸ 1342・是年 文
大徳利(赤土部釉窯変) ❺-1 1657・8 月 文
大樋焼 ❺-1 1663・3 月 文
男山焼(紀伊在田郡) ❺-2 1829・文政年間 文
在田郡男山の陶磁窯 ❺-2 1827・11・25 文
尾戸焼 ❺-1 1643・寛永年間 文
織部焼 ❺-1 1610・5 月 文／1612・9 月 文／是年 文
織部燈籠 ❺-1 1645・是年 文
春日山窯(金沢) ❺-2 1806・是年 文
勝山焼(美作勝山) ❺-1 1703・元禄年間 文
花瓶 ❷ 1265・④月 文／❸ 1441・4・8 文／❹ 1529・3・18 文
亀山焼 ❺-2 1804・是年 文／1818・是年 文
唐子図洗盞瓶 ❹ 1566・明・嘉靖年間 文
唐津焼
唐津飴釉三耳壺 ❹ 1584・是年 文
唐津焼壺 ❺-1 1618・是年 文／1642・是年 政
唐物茶壺 ❹ 1593・是年 文
黄地紅彩染付 ❹ 1566・明・嘉靖年間 文
黄釉「鉢」 ❹ 1566・明・嘉靖年間 文
京都五條坂焼物仲間 ❺-2 1782・5 月 文
京焼 ❺-1 1605・6・15 文／1610・6・15 文
金襴手花鳥文鉢 ❹ 1566・明・嘉靖年間 文
久谷焼 ❺-1 1655・6・26 文
吉田屋窯 ❺-2 1823・是年 文／1824・是年 文／1827・7 月 文
乾山焼 ❺-1 1699・3 月 文／1702・12・1 文／1711・3・5 文／是春 文／是年 文／1715・是年 文
乾山茶碗 ❺-1 1713・是年 文
光背(渥美焼) ❷ 1174・是年 文
香炉
色絵雉子香炉 ❺-1 1657・4 月 文
大鶴香炉 ❺-1 1679・3・1 政
唐獅子香炉 ❺-1 1638・是年 文／1680・3・3 政
五彩染付盤 ❹ 1572・明・隆慶年間 文
古瀬戸 ❸ 1325・是年 文
古瀬戸壺 ❹ 1512・4 月 文
古瀬戸鉄釉「狛犬」 ❸ 1418・12・1 文
古曽部焼(摂津) ❺-2 1791・是年 文
古染付 ❺-1 1626・是年 文
古備前筒 ❹ 1557・3・21 文
紺瑠璃壺(正倉院) ❷ 1021・是年 文
薩摩切子の始め ❻ 1855・10・8 文
薩摩焼 ❹ 1598・是年 文／❻ 1872・6・24 文
焼物捌方取締所(美濃多治見村) ❺-2 1836・是年 文
三彩盤(正倉院) ❶ 755・7 月 文
讃窯 ❺-2 1832・是年 文
四果文鉢 ❺-1 1618・是年 文
信楽焼 ❹ 1458・5・14 文／是年 文／1542・4・9 文／1549・4・7 文／1560・9・23 文
香炉(信楽) ❸ 1395・9 月 社
信楽焼焼屋仲間 ❺-2 1815・4 月 社
磁器 ❺-2 1804・是年 社
修学院焼 ❺-1 1674・5・9 文／❺-2 1726・4・26 文
白地緑彩染付 ❹ 1566・是年 文
白天目 ❹ 1573・11・18 文
白焼の陶器 ❺-2 1840・12・18 文
須恵器 ❷ 1091・5・13 文
須恵器薬壺(正倉院) ❶ 811・9・18 文
青花染付・龍文鉢 ❹ 1505・是年 文
青磁 ❸ 1289・10・18 文
瀬戸焼 ❺-2 1802・11 月 社
瀬戸茶碗 ❹ 1563・3・22 文
瀬戸焼猪置物 ❺-1 1619・是年 文
瀬戸焼瓶子 ❸ 1312・12 月 文
染付近江八景図敷瓦 ❺-2 1813・是年 文
染付気球図皿 ❺-2 1797・是年 文
染付詩文四方茶壺 ❺-2 1824・4 月 文
大香合 ❹ 1490・是年 文
太鼓形酒器 ❸ 1416・是年 文
高取焼 ❹ 1600・是年 文／❺-1 1614・是年 文
高浜焼(天草) ❺-2 1762・是年 文
高原焼 ❺-1 1680・延宝年間 文
高屋焼 ❺-2 1830・是年 文
丹波焼 ❺-1 1611・3・29 文／1683・8 月 文／1702・9 月 文
丹波焼壺 ❸ 1344・是年 文
丹波焼焼締壺 ❹ 1574・是年 文／1597・是年 文
茶陶 ❺-2 1740・元文年間 社
土風呂焼 ❺-2 1726・是年 社
壺(陶製三足) ❷ 1236・是年 文
壺 ❺-1 1710・5 月 文
釣瓶水指 ❺-2 1852・初秋 文
天水甕(首里城) ❺-1 1673・是年 社
陶器工場(南部藩) ❺-2 1835・10 月 文
陶工(薩摩苗代川) ❺-1 1603・12 月 文／1604・3 月 文／1695・是年 政
陶工(美濃) ❺-1 1610・3・5 文
陶刻竹隠和尚像 ❺-2 1831・2 月 文
陶製狛犬 ❺-1 1609・是年 文／1614・慶長年間 文／1686・是年 文／1703・元禄年間 文
名草焼 ❺-2 1801・是年 文
那覇壺屋 ❺-1 1682・是年 文
縄簾水指 ❹ 1594・是年 文
錦手皿 ❺-1 1695・是年 文
萩松本焼濃茶茶碗 ❺-2 1815・6 月 社
萩焼 ❺-1 1604・是年 文
白磁盤 ❹ 1520 明・正徳年間 文／1554・天文年間 文／1566・明・嘉靖年間 文
幕府御茶碗御用達 ❺-1 1653・是年 文
白瑠璃碗 ❺-2 1735・享保年間 文
土師器 ❺-2 1798・是年 文
万古焼 ❺-2 1740・元文年間 社
備前焼 ❸ 1342・是年 文／1406・4・8 文／1444・3・23 文／❺-1 1614・7 月 文／1686・是年 文
備前焼壺 ❹ 1460・9 月 文／1480・4・24 文／1511・是年 文／1512・7・7 文／1517・10 月 文／1530・是年 文／1533・4 月 文／是年 文／1569・4・21 文／1571・4 月 文／1590・4・24 文
百蝠文壺 ❺-1 1618・是年 文
瓶 ❺-2 1721・是年 文
布志名焼 ❺-1 1624・是年 文
豊楽焼 ❺-2 1842・11 月 文
丸山焼 ❺-2 1839・是年 文
水指 ❺-1 1643・明・崇禎年間 文／1657・是年 文／❺-2 1652・7 月 文
湊焼 ❺-1 1651・慶安年間 文
向附 ❺-1 1605・是年 文
焼物御蔵所(名古屋藩) ❺-2 1826・是年 文
八代焼 ❺-1 1632・是年 文
養老焼 ❺-2 1843・天保年間 文
楽山焼 ❺-1 1677・是年 文／1679・10 月 文
楽焼 ❺-2 1811・是年 文
呂宋壺 ❹ 1594・12・11 文
瑠璃壺 ❷ 1014・12・22 文
瑠璃釉白花 ❹ 1566・明・嘉靖年間 文
碗(宋赤絵) ❷ 1201・2・15 文
歴史的環境保護・文化財保護
国宝・重要美術品 ❽ 1943・12・14 文／1951・6・7 文／1954・11・19 文／1957・11・22 文
重要文化財 ❽ 1954・11・19 文
全国文化財防火デー ❽ 1955・1・26 文
戦災による文化財被害 ❽ 1945・8・15 文
天然記念物 ❽ 1948・3・11 社
日ソ文化財交流展 ❽ 1954・2・27 文
人間国宝(重要無形文化財保持者) ❽ 1963・12・28 文／❾ 1967・3・28 文／1995・4・14 文
文化財白書 ❾ 1970・11・4 文
文化財保護審議会 ❾ 1968・6・28 文
文化財保護法 ❾ 1973・5・6 文／1975・10・1 文
文化財保存全国協議会 ❾ 1970・7・12 文
無形文化財 ❽ 1952・3・29 文／❾
木造文化財保存国際シンポジウム ❾ 1982・11・2 文
埋蔵文化財(センター) ❾ 1970・1・7 文／1974・4・11 文／1981・5・25 文
京の文化財 ❾ 1994・12・15 文
熊谷家母屋焼失 ❾ 1977・11・4 文
華厳経 ❾ 1980・10・15 文
古都における歴史的風土の保存に関する特別措置法 ❾ 1966・1・13 社
重要無形民俗文化財 ❾ 1976・5・4 文
全国歴史的風土保存連盟総会 ❾ 1979・4・14 文
炭鉱作業の記録画 ❾ 2011・5・26 文
地名を通して地方の時代を考える全国シンポジウム ❾ 1981・4・17 文
地名を守る会 ❾ 1978・3・11 文／

1983·9·6 文
藤原京跡を守る会　❾ **1967**·7·11 文
平城宮跡資料館　❾ **1970**·4·15 文
房総風土記の丘　❾ **1976**·6·25 文
山の上碑(群馬県)　❶ **741**·1·3 文
丸の内赤レンガ三菱旧一号館　❾ **1968**·3 月 社
歴史的環境·記念建造物保全の理念と技法　❾ **1976**·5·28 文

その他

戯画の始め　❶ **745**·4 月 文
香薬　❶ **793**·6·11 政
正倉院宝物殿開封　❾ **1968**·10·9 社
清拙正澄鐘銘　❸ **1332**·4·26 文
塼(万里長城)　❹ **1578**·是年 文
大工道具(儀器書含む)　❺-2 **1727**·是年 文／**1801**·是年 文／**1841**·是年 文
大仏開眼用具(正倉院)　❶ **752**·4·9 文
棟札(建造物の年月日は主として棟札による)　❸ **1333**·2·11 文／**1338**·1·30 文／**1347**·2·29 文／**1348**·11·16 文／**1375**·是年 文／**1378**·4·29 文／**1384**·是年 文／**1396**·2·27 文
免罪符(ローマ法王クレメンス六世)　❸ **1347**·是年 文
羅漢盤(法華寺)　❸ **1307**·3 月 文

見出し語一覧（項目索引―五十音順）

1 **政治**　452
2 **地方自治**　496
3 **天皇・皇室・皇居・改元**　511
4 **官庁・官職**　525
5 **外交**　542
6 **軍事・戦争**　567
7 **経済**　601
8 **貨幣・貨幣偽造**　643
9 **農業・漁業**　648
10 **犯罪・事件・事故**　655
11 **風俗**　676
12 **食品・飲食**　688
13 **ファッション**　698
（衣服・装身具・髪型・化粧など）
14 **住まい・建築**　704
15 **宗教**　722
16 **産業**　776
17 **労働問題**　795、804
18 **公害・環境問題**　813
19 **災害（人災と天災）・消防**　815
20 **交通・通信**　837
21 **スポーツ**　870
22 **レジャー・娯楽**　885
23 **マスコミ・放送・出版**　893
24 **動物**　951
25 **植物**　960
26 **文化・趣味・風流**　966
27 **教育・研究**　979
28 **美術館・博物館・図書館・文学館**　1006
29 **医学・疾病**　1008
30 **演劇・舞踏・ダンス**　1020
31 **音楽**　1034
32 **言葉**　1052
33 **美術・絵画・彫刻**　1055
34 **映画**　1082
35 **遺跡・遺物**　1107

藍　964
アイヌ　452
アイヌ語　994
白馬節会　513
県主（あがたぬし）　496
燈（あかり）　705
アクセサリー　702
悪党　452
阿蘇社（熊本）　737
遊び（レジャー）　888
遊・宴（月・雪・花を見る）　966
敵討・仇討　655
熱田社　737
アニメーション　947
アパート　705
油　601、688
雨乞・祈雨　815
奄美　452
アメリカ　542
行宮　514
安国寺　748
按摩　1009
安楽死　1010
慰安婦問題　453
委員会・会議（政治）　453
医学校　1010
育児　681
囲碁・将棋・チェス・オセロ　967
異国・外国　542
異国警固番役　568
遺骨収集・慰霊事業　453
医師・医術　1009
石山寺　749
異常気象　815
出雲大社（杵築社、島根）　738
遺跡・古墳・貝塚　1107
伊勢神宮　738
板絵　1055
異端（宗教弾圧）　772
市　601
苺　963
市場・商店街（近現代）　602
一揆　795
糸　703
蝗（イナゴ）　954
犬・狗　952
犬追物　871
猪（イノシシ）　955
夷俘（いふ）　491
衣服　699
移民　454
医療制度・医療問題　1010
医療費　1010
石清水八幡宮　739
印　455
インク　974
印刷用紙　895
インスタント食品　688
院政　511
インフルエンザ　1015
飲料水　694
ウイスキー　690
浮世絵　1074
宇佐八幡宮　739
牛　952
氏（うじ）姓・系図　455
歌合　968
打毀（うちこわ）し　795
宇宙開発　979
鰻　954

馬　952
馬市　953
占い　969
運賃　837
運動・体育関係団体　870
運動会　871
運動場・スポーツ施設　870
映画会社・撮影所・配給社　1082
映画館　1023、1081
映画祭　1083
英語　994
駅・駅子・駅馬　837
エキスポ　885
駅伝　880
疫病・疫癘流行　1015
荏胡麻（えごま）　601、963
絵図　488、1055
蝦夷（えぞ）　456
穢多　491
江戸　504、543
江の島弁財天　740
絵馬（美術）　1058
絵巻（美術）　1059
撰銭（えりぜに）　643
円覚寺　750
縁起（資材帳）・絵巻　896
縁起（美術）　1059
演劇・舞踏団体　1021
演劇学校・養成所　1020
演目・演題（演劇）　1032
延暦寺　750
王・王権下の重職　525
大雨・豪雨　816
扇・団扇（うちわ）　699
大蔵省　643
大坂（大阪）　505
大坂夏冬の陣　569
オートバイ（二輪車）　837
オートバイ・自動車レース　838
大番役　536
大目付　537
小笠原　452
沖縄　456
沖縄米軍　590
踊り　1029
踊念仏　772
帯　699
お守り・護符・札　731
オランダ（外交）　543
オランダ語　994
オリンピック　870
音楽・楽器関係会社　1036
音楽演奏会・コンクール　1035
音楽関係学校　1036
音楽関係グループ・団体　1036
音楽教育　1036
園城寺　751
温泉　887
恩貸　474
海外・地方からの影響（ファッション）　699
海外公演（演劇）　1022
海外支援・国際貢献（ODR・PKO）　545
外貨と外国為替　644
会議（外交）　545
会議（教育）　980
会議（宗教）　722
会議（仏教）　772
回忌と年忌　722
海軍　567
改元　511

蚕 953
介護制度 1010
外交條約 546
外交文書・国書 547
外交問題 561
外国首脳来日 557
外国人 676
外国人登録 457
外国船 546
外国船漂流 547
外国との通交 556
外国の貨幣 643
外国訪問（首相・高官）・来日 557
外国野球チーム来日 881
開墾・開発 648
外資 643
会社（経済） 602
会社（産業） 780
会社（食品関係） 688
海獣 954
海上漁業水域 558、650
海上自衛隊 575
海上自衛隊の戦艦 576
海水浴 874
海草 693
海賊 452
開帳・出開帳 731
開発・開拓 776
解剖・腑分け 1011
海洋調査 981
外来語 1052
花押 455
科学 981
雅楽 1037
牡蠣 954
部民（かきべ） 491
家具 705
額（美術） 1058
学位 992
学園紛争 986
学習塾 1005
学術探検隊 981
学生・学童 998
格闘技 884
学部・学科 981
火刑・火焙刑 656
陰間 679
笠・傘 700
火災・大火 818
菓子 689
香椎宮 740
加持・祈祷 773
鹿島社 740
果樹 962
過書（通行証） 847
ガス 776
春日祭 726
春日神社 740
ガス燈 705
風邪 1015
課税 624
化石 953
華族 516
画題（近現代以降） 1065
画題（近現代以前、現存するもの） 1061
楽器（近現代） 1040
楽器（古楽） 1038
学校（小学校を除く） 982
学校制度 985
学校騒動 986
合戦 567
活動写真 1082
合羽 700
華道 969
神奈川・横浜 505
姓（かばね） 455
カバン・袋物 700
株 602
歌舞伎 1023
かぶりもの 700
貨幣製造 646
家法 457
紙 974
髪型 700
賀茂祭（葵祭） 727
賀茂御祖社（かもみおや・下社） 741
賀茂別雷社（かもわけいかずち・上社） 741
蚊帳（かや） 705
樺太 457
過労死 1010
革製品 700
為替 603、644、646
瓦 721
眼科 1011
旱害（干天、旱魃） 815
灌漑施設 790
玩具 888
観劇団体 1022
観光 887
韓国 550
監獄 673
看護師 1011
観察使 528
患者団体 1011
甘藷 963
灌頂 773
勘定吟味役 538
観賞用植物 964
神田明神祭 728
官庁（経済関係） 603
寒波 816
関白 528
神戸（かんべ） 491
カンボジア 549
冠 700
祇園御霊会（祇園祭） 729
祇園社（八坂神社） 741
議会 458
機関車と車輌 838
気球・熱気球 871
企業・中小企業 603
飢饉 654
騎射 871、874
偽造貨幣 646
規則・法令（医学） 1009
規則・法令（外交） 558
規則・法令（学制） 984
規則・法令（薬） 1017
規則・法令（経済） 639
規則・法令（公害・環境） 813
規則・法令（政治） 459
規則・法令（土地・建築） 720
規制・法令（病気） 1015
規制・法令（労働問題） 812
貴族院 458
北朝鮮 553
北野天満宮 741
基地問題 572
喫茶店 690
キッチン 705
切符 837
絹 700
記念コイン 646
貴布禰社（京都） 742
君が代 493
救済事業 684
球場 870
給食 690
宮中歌会始 968
宮中行事 513
宮中事件 513
宮中神道・宮中祭祀関連 747
弓道 871
給料・勤務條件 805
経・経典 773
教育関係官庁・団体 988
教員 992
教会 723
教科書 993
競技大会 871
行幸 513
経典（類） 898
京都 505
恐竜 953
漁業・漁猟 650
曲水宴（きょくすいえん） 966
清水寺 752
居留地 558
魚類（水生類） 953
キリシタン 724
キリスト教 723
金魚 954
銀行 603
銀行サービス 605
金座・銀座 646
今上天皇 519
禁止令（衣服） 699
禁止令（貨幣） 643
金属 778
金と銀（経済） 603
金融 606
空港 863
空襲 592
久遠寺 753
公家・官制 527
くじ（籤・孔子） 889
鯨・捕鯨 651
薬屋 1018
百済 551
靴・靴下 701
熊 955
熊野参詣 732
熊野本宮 742
貢馬（くめ） 959
供養 775
競馬（くらべうま） 872
鞍馬寺 753
軍楽 1034
軍学校 576
軍艦 573
郡司 497
軍指揮 577
軍馬 953
軍票 647
経済政策 625
経済団体・調査会・研究会 608
経済問題・事件・詐欺 609
警察・警官 655
計算機 995
系図 455
携帯電話 855
毛糸 701
芸能関係会社 1022
競馬（けいば） 872
刑罰 655
迎賓館 558
刑務所 673
ゲーム 889
毛織物 701

外科　1011
劇場　1023
袈裟・衣　773
化粧　701
下駄　701
結核　1016
結婚　676
検非違使(けびいし)　528
蹴鞠(会・けまりえ)　873
検閲　462
遣外使節団　559
研究所・学会・団体(医学)　1011
研究成果　993
健康　1012
健康保険　1010
『源氏物語』　905、919
原子力・原爆問題　462
原子力研究・調査　463
原子力発電所　463
原子力発電炉　463
建造物(仏教)　773
検地・検田・検注・田文　464
建築物(近現代)　705
建築物(寺社)　707
県庁・市庁ほか機関　505
剣道　873
源平合戦　567
憲法・憲法改正　464
倹約　676
講　773
公園　889
蝗害・鼠害　826
公害問題　813
皇居　513
航空機　862
航空機用エンジン・発動機　863
航空隊(陸軍・海軍)　578
航空路(航空機・開通)　838
工芸　1070
皇后　516
考古学　994
広告　893
公債・国債・証券　610
工作機械・工具　776
鉱山　776
公使・大使・領事・外交官　561
皇室・皇族　516
皇室御物　517
皇室に関する法令　517
公衆電話　854
工廠・造兵廠　595
工場　778
洪水　826
小唄　1040
講談　1031
交通・通信関係会社・団体　839
交通安全　839
公定歩合　642、646
香道　969
合同演習・訓練(軍事)　573
興福寺　754
鉱物・金属　778
鉱物・鉱石・鉱山(経済)　603
公務員　465
紅葉　962
高麗・高句麗　551
広隆寺　755
高齢者　677
航路(船舶・開通)　842
港湾　867
氷　690、816
語学　994
『古今和歌集』　906
国語問題　1052
国際経済関係　611
国司(国守・国造・造長)　497
国府　496
国分寺　755
御家人　467
五穀　961
小作争議　806
御所　513
戸籍・戸口調査　465
古銭　645
国会解散　458
国家神道関連　748
国旗掲揚・日の丸問題　493
呉服商　621
古墳などからの出土品　1108
胡麻(植物)　963
駒牽(こまひき)　953
ゴミ処理　814
米騒動　806
暦　995
御霊会　730
ゴルフ　873
コレラ　1016
コンクール(映画)　1083
コンクール(音楽)　1035
金剛峰寺　756
昆虫　954
コンテスト・ショー(ファッション)　701
コンピュータ　779、995
座　611
サーカス　891
斎院・斎王　747
災害防止・対策　815
財政　612
西大寺　756
祭と会　725
財閥　613
裁判(政治)　465
詐欺事件(経済)　609
防人(さきもり)　597
酒・酒屋　690
左大臣　529
サッカー　874
雑誌　944
サツマイモ(甘藷)　963
砂糖　692
サマー・タイム　1001
猿楽　1026
参議院　458
産業関係会社　780
産業関係団体・研究所　785
産業製品　785
サングラス　704
参詣・参拝(道者・世話人)　732
参詣・参拝・巡礼(諸国)　732
山賊　452
山東出兵　571
三宝　773
市・町村　505
詩合・詩会　970
自衛・自警　658
自衛隊　580
塩　692
鹿(皮)　955
歯科・歯科医　1012
寺格　732
市区町村制　505
死刑(死罪)　657
試験　996
事件(社会的事件)　669
事件(遭難)　672
事件(筆禍事件)　672
事件(暴力団)　672
事故(海難)　658
事故(自動車・交通関係)　662
事故(炭鉱)　663
事故(鉄道)　664
事故(爆発事故)　666
事故(飛行機)　668
自殺　672、677
詩社・団体　970
寺社の設立・運営・維持　733
辞書　994
地震　828
紫宸殿(ししんでん)　515
地滑り　836
使節　537
思想　467
下着　701
質屋　621
視聴者　893
執事・管領　537
自転車　843、874
四天王寺　757
地頭　467
児童・児童福祉　678
自動車(車名)　844
自動車(種類)　845
自動車(四輪車)　843
私年号(年代順)　513
芝居　1025
紙幣　647
シベリア出兵　571
死亡　673
姉妹都市・友好都市　507
社会人野球　881
社会団体(福祉)　678
社会風俗　679
社格　733
社交　681
写真　970
写真展　970
借款　561、613
車内外サービス　845
シャム　549
シャンプー・リンス　721
衆議院　458
宗旨・宗派　773
住持　733
囚人　673
住宅　715
住宅関係会社・団体・研究所　717
絨毯　705
衆徒・僧徒・僧兵(諸寺社)　734
僧徒・衆徒・僧兵(制令・禁止令)　736
衆徒・僧徒・僧兵(闘争・事件)　736
柔道　874
修道会　723
重量挙げ　874
獣類　955
宗論　774
授業料　996
祝日・休暇　970
宿場　869
守護　467
受信料　893
酒造制限・禁止　691
出産　681
出版・印刷一般(江戸以前)　894
出版・印刷一般(江戸)　912
出版・印刷一般(明治・大正)　895
出版・印刷一般(昭和・平成)　895
出版・印刷関係の会社・団体　893
出版・印刷関連の大会・会議　894
出版法　895

衆道　679
樹木　962
殉教・迫害事件　724
殉死　682
女医博士　1010
賞(教育)　996
荘園　613
障碍者　682
城郭　580、717
定額寺　757
正月　971
小学校　995
将棋　971
上下水道　694
証券・信託・証券市場　620
相国寺　758
乗車券　837
詔書・勅語　517
肖像画　1071
商人　620
少年犯罪　673
商売・職業　620
商品　623
障壁画　1080
消防　830
乗務員(汽車・電車・バス・航空機など)　846
照明器具　705
条約改正問題　546
醤油　693
浄瑠璃　1041
昭和天皇　520
食材　693
職人　624、787
食品偽造問題　693
植物園　961
諸侯の移封・転封・減封(江戸時代)　508
女性　682
書道　971
新羅　551
資料館　997
城　580
神楽　1028
新幹線　846
鍼灸師　1009
人権　467
信仰・儀礼に関する統制　748
人口・戸数　468、496
人工雨・洪水・地震実験　815
人工衛星　979
信仰調査・証明　774
神社・神(全国)　737
神社・祭祀の管理機関　748
神社施設・設備　748
寺社と寺社職　731
真珠　954
心中　673、677
新宗教　747
神人・神民(下級神職)　733
神職　736
人身売買禁止(令)　492
新田　649
神道　747
神道関連の団体・大会　747
神道系の新宗教(教派神道含む)　747
新聞　943
シンポジウム(教育)　980
人力車　847
水泳　874
出挙(すいこ)　624
水上スキー　875
彗星　834
水族館　958
水道　694
数学・算学　998
図巻(美術)　1059
スキー・ジャンプ　875
スケート　875
図像　1055
スペースシャトル　979
墨　975
住吉社　743
相撲(角力)　876
生活用品　722
税金　624
製糸・繊維　788
政治事件・叛乱(古代・平安)　469
政治事件・叛乱(中世)　471
政治事件・叛乱(室町・戦国)　472
政治事件・叛乱(江戸)　474
政治事件・叛乱(明治維新)　476
政治事件・叛乱(明治・大正)　477
政治事件・叛乱(昭和)　479
政治事件・叛乱(平成)　482
政治政策　469
聖書　896
精神病　1016
贅沢品　613
生徒　998
制度(衣服)　698
制度(貨幣)　643
政党・政治団体　484
聖堂　723
制服　702
製薬会社　1019
清涼殿　515
関ヶ原合戦　569
関所　847
石炭　629、789
石油　629、789
赤痢　1016
絶家　475
石鹸　718
摂政　530
殺生禁止　956
切腹　657
禅院　774
尖閣諸島　452
選挙　487
宣教師　724
染色　702
浅草寺　760
船舶名　866
戦犯(戦争犯罪人)　590
占領軍　590
洗礼　724
宋　550
象・象牙　955
僧位　736
葬儀　683
造船・船舶　789
相続　673
騒動　795
僧尼・僧侶(戒律・生活)　737
草履　701
疎開　592
即位・即位の礼　517
測量　999
蔬菜　963
祖師・高僧関連　774
ソフトボール　877
大安寺　761
体育　877
大覚寺　761
大河ドラマ　949
代官　467、538
大工・神宮使　718
醍醐寺　761
大正天皇　521
大臣　532
体操　877
大徳寺　762
大日本帝国憲法　465
台風・大風　831
台風の呼び方　832
太平洋戦争　591
太平洋戦争(賠償問題)　593
大砲　595
題名(音楽)　1041
内裏造営　515
台湾・高砂　561
鷹狩　957
タクシー　848
竹島　452
多産　682
太政大臣　530
畳　705
卓球　878
七夕(乞巧奠)　973
煙草　963
田畑・土地　488、629、651
足袋　702
大夫　503
タワー　719
短歌・団体　971
探検　878
探査機　979
男色　679
ダンス　878、1030
団体(宗教)　722
団体(仏教)　772
団地　718
地価　720
地下鉄　849
地図　999
地方・町方の役所・役人　536
地方官　496、503
茶　694、962
茶会　971
茶道　971
中国　562
中国(元)　549
中国(清)　550
中国(宋)　550
中国(随)　550
中国(唐)　554
中国(明)　554
中国語　994
蝶　954
帳・絵図　488
彫刻　1070
調査団(教育)　981
逃散(ちょうさん)・逃亡　803
長寿　677
朝鮮　550
朝鮮語　994
朝鮮通信使　552
調味料　695
調庸　631
調理道具　695
鳥類　957
貯金　631
著作権法　947
貯蓄奨励　647
治療と予防　1012
鎮撫使　530
追捕使　530
通貨交換率　647
通行税　847
通商条約　558

通訳・通詞・通事　994
対馬(つしま)　564
津波・高潮・海嘯　833
鶴　958
庭園(作庭)　718
堤防　790
手形(法)　613
テスト　996
鉄　779
鉄鋼　793
鉄道　849
鉄道の開通　850
鉄砲　595
テニス　878
デパート・百貨店　633
デモ　806
寺・寺院(全国)　748
寺子屋　1002
テレビ　793、947
テロ　469
田楽　1027
電気・電化製品　793
天気予報　1000
電車　853
電信・通信　853
伝奏　530
伝道・布教　724
天皇　518
天王寺　763
天皇陵　522
天変地異　833
伝馬　861
天文　999
天龍寺(京都)　763
電話　854
土一揆　795
問屋・仲間　631、702
トイレ　719、814
塔　719、771
銅　779
踏歌節会　1039
東京　505
道具・設備(住宅)　720
倒産　632
冬至　816
東寺(教王護国寺)　764
島嶼　452
唐招提寺　764
唐船・清船・明船　563
燈台　855
東大寺　764
頭髪　702
豆腐　693
東福寺　765
動物園　958
燈油　601
道路　855
徳政　473
時計・時制　1000
登山　878
都市　504
都市計画　505
図書館　1006
土倉・土蔵　633
特急列車　846
都道府県・市町村　505
賭博　673
虎(皮)　955
鳥居　721
取引所(令・税法)　633
度量衡　1001
トンネル　857
内閣　490
内大臣　531
霖雨(ながあめ)・長雨　827
長唄　1041
長崎　505
雪崩　818
南禅寺　765
南蛮　554
南北朝合戦　569
南北朝問題　471
難民　491,593
日露戦争　570
日記　1005
日食・月食　834
日清戦争　570
日本酒　691
『日本書紀』　903
日本船漂流・漂着　548
日本地図　999
日本レコード大賞　1035
乳製品　695
入浴　890
女院・中宮　523
二輪車　838
人形　972
人形操り　1027
妊娠・出産　1013
仁和寺(京都)　765
布　703
布製品　701
猫　959
鼠　956
子日遊(ねのひのあそび)　967
年金　633
年号　512
年中行事　972
念仏　774
念仏踊　775
年齢　684
能楽　1027
農業・農家　652
農漁民の不満　804
脳死　1010
能舞台　1023
農民・百姓　653
農民一揆　796
農薬　1018
飲み物　696
乗合自動車　861
乗物・運搬具　858
呪師(のろんじ)　1028
配給制度　634
梅毒(花柳病)　1017
俳優　1031
羽織　703
博士　1001
博奕　673
幕府御所　491
博物館　1006
博覧会　885
函館　505
橋　721、858
馬車　860
バス　861
バスケットボール　879
長谷寺　766
爬虫類　959
パチンコ　890
発電所　794
バドミントン　879
バナナ　962
花火　890
隼人　492
パラリンピック　872
バレーボール　879
ハワイ移民　454
パン　696
版画　1074
番組名(テレビ・ラジオ)　947
藩校　1002
犯罪、罪悪とされた行為　674
藩札　647
反射炉　793
藩政改革・財政改革　507
ビール(麦酒)　691
日吉(ひえ)祭　731
日吉社　745
引揚げ・帰国問題　593
飛脚　861
髭　702
飛行機　862
飛行場　863
美術団体・展覧会　1074
人・人間(政治)　491
日の丸(日章旗・国旗)・国家・紋章　492
百姓愁訴　804
『百人一首』　931
美容　703
病院　1014
病気・伝染病　1015
美容師　700
評定所　539
平等院(京都宇治)　766
屏風　1078
琵琶　1038
貧困　684
ファストフード　688
ファスナー　704
ファッション関係会社　703
ファッション関係学校・団体　703
フェスティバル(演劇公演)　1020
奉行　537
武具・武器　594
武家官制(江戸)　537
武家官制(鎌倉・室町)　536
武家伝奏　541
府県　506
俘囚(ふしゅう)　492
武術・兵法　596
布施・慈善　775
舞台道具・装置　1029
札差(仲間・規約・行事)　648
補陀落渡海(ふだらくとかい)　775
物価　634
仏教　772
仏教系の学校・研究機関　772
仏教系の新宗教　772
仏具・法具　775
物産所・共進会　794
仏師　1080
仏事関連(供養・法会・法要)　775
武道・武術　879
葡萄酒　692
布団・毛布　721
舟遊　967
船・廻船　864
吹雪　818
踏絵　725
ブラジル移民　454
フランス語　994
風呂　721、890
プロ野球　882
プロレス　884
噴火　835
文学館　1006
文学賞　896
文化勲章　997

文化財保護　1131
文庫　1006
分国法　457
文房具　974
米軍航空機　573
『平家物語』　932
米穀　635、696
兵士・部隊　597
米兵犯罪　573
平和問題　493
ヘリコプター　867
ペルー移民　454
便所・屎尿問題　814
貿易　637
貿易品　564
邦画タイトル　1083
冒険　878
豊作　654
帽子　703
褒章　975
放生会（ほうじょうえ）　956
縫製業　703
疱瘡（天然痘）　1017
放送局・放送関係会社　950
法難　775
暴風雨　828
宝物　975
奉納物　748
法律（犯罪）　675
法隆寺　767
ボウリング　879
ボート　879
牧場（動物）　959
ボクシング・拳闘　880
保険会社　640
鉾（ほこ）　748
渤海（ぼっかい）　554
北海道（政治）　494
北方領土問題　494
ホテル　869
捕虜・俘虜　598
ポルトガル　554
盆踊　975
舞・舞踊　1029
埋蔵金　648
髷　702
麻疹（はしか）　1017
升（ます）　1001
町方・村方（古代）　508
町方・村方（江戸時代）　508
マッチ　787
マナー　975
豆類（植物）　962
マラソン　880
○○族　681
漫画　942
漫才　1030
満洲　564
曼陀羅（宗教）　775
政所　537
『万葉集』　933
巫祝　748
神輿（みこし）　748
ミシン　704
水着　704
見世物　891、1030
港　867
水俣病　1017
見本市　640
任那　555
屯倉（みやけ）　641
都・宮　494
苗字　455
明治天皇　522
メーデー　806
眼鏡　704
めでたいもの（瑞祥）　959
メニュー・献立　696
麺　696
綿花（植物）　965
蒙古襲来　568
盲導犬　952
モーターショー　868
餅　697
木綿　642、704
模様　704
文書（政治）　493
夜会　681
野球　881
野球（球団）　882
野球（小・中・高）　881
野球（大学）　882
薬剤　1017
薬剤師　1017
薬師寺　770
役者　1031
薬種　1018
役所・会所・改所　641
薬草園・薬園　1019
役人・官人（経済）　642
薬品名　1019
野菜　963
靖国神社　746
耶蘇　725
宿　869
屋根　721
山火事　836
山崩・山津波　836
山伏　737
遊園地　889
遊女・遊廓・風俗営業　686
郵便　868
輸出入　637
輸入書物　895
洋画タイトル　1093
養蚕　953
洋酒　692
幼稚園　1005
洋服　704
横綱　877
寄席　1031
ヨット　883
予備校　1005
丁（よほろ）　493
落語　1031
酪農　959
ラグビー　883
ラジオ　950
陸軍　599
陸上競技・マラソン　884
離婚　676
利子・利息　642
李氏朝鮮　552
律・令・格・式　461
留学生　1005
琉球　494、565
流行歌　1040
流行語　1053
両替商　648
領地収公　475
料理　697
料理学校・研究所　698
旅行　869、887
流刑地　675
留守居　541
ルソン（フィリピン）　555
礼儀・礼法　687、975
冷暖房　721
礼服　704
歴史　1005
レストラン　697
レスリング　884
連歌　975
練兵場　599
浪曲　1031
老中　541
労働組合　806
ローマ字　1053
ロケット　979
ロシア語　994
ロボット　794
『論語』　912
ワイン　692
和歌会　976
若年寄　542
ワクチン・種痘　1019
倭寇（わこう）　599
倭人　566
綿　642
話題になった言葉　1053

第1巻(古代～1000年)

卑弥呼、親魏倭王となる ❶ p17
七支刀 銘文 ❶ p24
神武天皇即位 ❶ p26
斎王と斎宮(解説) ❶ p30
屯倉と宮家(解説) ❶ p32
神功皇后、新羅へ親征 ❶ p37
仁徳天皇即位 ❶ p42
民の「かまど」の様子 ❶ p42
土地の広さ「頃」(解説) ❶ p44
倭王武、使者を宋に派遣 ❶ **478**·是年
雄略天皇、崩ず ❶ **479**·8·7
継体天皇、即位 ❶ **507**·2·4
百済、朝貢 ❶ **512**·12月
安閑·欽明両朝分立 ❶ **531**·2·7
新羅、任那を攻撃 ❶ **537**·10·1
百済の聖明王、仏像·仏具·経論を献ず ❶ **538**·10·12／**552**·10·13
駅制(解説) ❶ **571**·4·15
烏羽の表疏を読解 ❶ **572**·5·15
法隆寺造立誓願 ❶ **586**·是年
第一次遣隋使派遣 ❶ **600**·是年
百済·新羅·高句麗の官位など ❶ p91
憲法十七條(聖徳太子) ❶ **604**·4·3 政
鞍作鳥への詔 ❶ **606**·5·5 政
第二次遣隋使(小野妹子) ❶ **607**·7·3 政
『日本書紀』の紀年と辛酉革命(解説) ❶ **608**·是年 社
皇后·妃·夫人·嬪(解説) ❶ **608**·是年 文
大宰府の初見 ❶ **609**·4·4 政
古代の遷都とは—本居宣長の説 ❶ **611**·是年 社
天皇の漢風諡号(解説) ❶ **629**·是年 社
遣唐使使節団の構成·航路(解説) ❶ **630**·是年 社
第一次遣唐使派遣 ❶ **630**·8·5 政
天皇の尊号と国風諡号(解説) ❶ **631**·是年 社
蘇我入鹿の暗殺 ❶ **645**·6·12 社
男女の法(奴婢の法) ❶ **645**·8·5 社
仏法興隆の詔 ❶ **645**·8·8 社
大化改新の詔 ❶ **646**·1·1 政
『旧唐書』倭国日本国伝に見る日本 ❶ **646**·1月 社
郡司と大領·少領·主計·主帳 ❶ **646**·1月 社
絹·絁·布·糸とその単位(解説) ❶ **646**·1月 文
宇治橋をつくる ❶ **646**·是年 社
冠位十九階·八省百官を置く ❶ **649**·2月 政
『古事記』(解説) ❶ **649**·是年 社
私年号「白鳳」元年か ❶ **650**·2·15 政
第四次遣唐使 ❶ **659**·7·3 政
『日本書紀』(解説) ❶ **659**·是年 社
遣唐使、唐の高宗に謁見したときの状況と当時の日本の様子 ❶ **659**·是年 文
漏刻設置 ❶ **660**·5月 文
遣唐使に仕える「持衰」の役目 ❶ **661**·是年 社
称制(解説) ❶ **662**·是年 社
蘇我連子の大臣就任(解説) ❶ **662**·是年 文
白村江の戦 ❶ **663**·8·28 政
三国史記(解説) ❶ **663**·是年 社
『魏志』倭人伝に見る中国と倭国との距離 ❶ **663**·是年 社／**664**·是年 社
『魏志』倭人伝(解説) ❶ **665**·是年 社
『魏志』倭人伝に見る倭国の風俗 ❶ **668**·是年 社／**669**·是年 社／**670**·是年 社
庚午の年籍(解説) ❶ **670**·2月 文
飛鳥時代創出と推定される寺 ❶ **671**·是年 社
壬申の乱 ❶ **672**·6·22 政
弘文天皇(解説) ❶ **672**·是年 社
壬申の乱に神風が吹く ❶ **672**·6·22 文
私年号「朱雀」 ❶ **672**·是年 社
種子島の様子 ❶ **681**·8·20 文
姓のいろいろ ❶ **684**·10·1 文
爵位号 ❶ **685**·1·21 社
大津皇子の伝記 ❶ **686**·10·2 社
春苑に宴す(大津皇子) ❶ **686**·是年 社
朝服の制 ❶ **690**·4·14 政
藤原京の役民のつくる歌 ❶ **690**·10·29 政
元嘉暦と儀鳳暦 ❶ **690**·11·11 文
位封と職封 ❶ **691**·1·13 社
年分度者 ❶ **696**·12·1 社
僧侶への道程 ❶ **696**·12·1 文
田租·雑徭·庸·大税 ❶ **697**·8月 社
金·王などの読み仮名について ❶ **697**·是年 文
『続日本紀』(解説) ❶ **698**·是年 文
火葬·坐禅の始め ❶ **700**·3·10 社
律·令·格·式とは(解説) ❶ **700**·3·15 政
諸国貢蘇の量 ❶ **700**·10月 社
大税·正税と田租 ❶ **701**·6·8 社
養老律と令 ❶ **701**·8月 政
京職の仕組みと仕事内容 ❶ **702**·1·17 社
采女と兵衛(解説) ❶ **702**·4·15 政
現存戸籍と戸籍の作成と保管義務 ❶ **702**·是年 政
国博士·国医師(解説) ❶ **703**·3·16 文
蔭位の制 ❶ **703**·12·8 社
国号を日本としたことを中国に伝える ❶ **703**·是年 政
軍団の組織 ❶ **704**·6·3 文
遣唐使帰朝報告 ❶ **704**·7·1 政
国司の任官(解説) ❶ **708**·3·13 社
貨幣の鋳造 ❶ **708**·5·11 社
事力 ❶ **709**·6·29 社
挑文師(解説) ❶ **711**·⑥·14 社
大税三年間無利子令 ❶ **711**·11·22 社
高麗尺と唐尺(解説) ❶ **713**·2·19 文
右襟の制 ❶ **719**·2·3 文
初めて按察使を置く ❶ **719**·7·13 政
良田開墾計画 ❶ **722**·④·25 政
位田 ❶ **726**·2·1 政
計帳(山背国愛宕郡計帳)の作成 ❶ **726**·是年 政、社
内匠寮 ❶ **728**·8·1 政
府生(解説) ❶ **728**·11·10 政
海の男の地域を越えた友情物語 ❶ **728**·是年 社
長屋王願経·奥跋 ❶ **728**·9·23 文
長屋王の変 ❶ **729**·2·10 政
駅起田·駅田·駅起稲·駅稲(解説) ❶ **729**·4·3 社
大学の生徒たちの現状 ❶ **730**·3·27 社
貧窮問答歌(山上憶良) ❶ **731**·7月 社
常陸国風土記の冒頭部分 ❶ **733**·2·30 社
遣唐使に贈る歌 ❶ **733**·③月 社
右大臣(解説) ❶ **734**·1·17 政
遣唐使の井真成、唐の地で歿する ❶ **734**·1月 社
聖武天皇願経 ❶ **734**·是年 社
左大舎人寮の安拝常麻呂、盗難届をだす ❶ **735**·⑪·5 社
勅日本国王書 ❶ **735**·⑪月 政

諸国に疫病についての諸注意を布告　❶ **737**·6·26 社
周防国司の十三回の巡行とその人員·費用　❶ **738**·是年 政
遣唐使の苦労　❶ **739**·10·27 政
光明皇后の五月一日経　❶ **740**·5·1 社
国分寺·国分尼寺の建立　❶ **741**·3·24 社
鑑真和上、渡日の決意　❶ **742**·10月 政
左大臣(解説)　❶ **743**·5·5 社
三世一身の法を廃止　❶ **743**·5·27 政
盧舎那大仏造営の詔　❶ **743**·10·15 社
公廨田·職田·職分田(解説)　❶ **745**·11·27 政
近江国司藤原仲麻呂(恵美押勝)、奴婢を買得　❶ **746**·7·11 社
正倉院文書に見える写経所　❶ **747**·12·15 文
越中守大伴家持の歌　❶ **747**·是年 政
養老令軍防令に見る防人　❶ **755**·2月 社
聖武上皇遺愛の品　❶ **756**·6·21 社
造東大寺司、瓦三万枚製造　❶ **756**·8·14 社
奴婢から良民への戸籍作成　❶ **756**·8·22 政
沙金請文　❶ **757**·1·18 社
橘奈良麻呂の乱　❶ **757**·7·4 政
苦しむ防人　❶ **757**·⑧·27 社
玉帯と辛鋤(解説)　❶ **758**·1·3 社
韓国毛人、借金　❶ **758**·10·6 社
経師、史生の給与　❶ **760**·12·4 社
節度使を任命　❶ **761**·11·17 政
多賀城碑　❶ **762**·12·1 政
東大寺司の買い物　❶ **762**·12·29 社
十悪(解説)　❶ **765**·10·22 社
内竪省(解説)　❶ **767**·7·10 政
道鏡神託事件　❶ **769**·9·25 政
白壁王立太子異伝　❶ **770**·8·4 社
太政官符　❶ **772**·1·13 社
高屋枚人墓誌　❶ **776**·11·28 文
『日本霊異記』に見る地方豪族の強欲ぶり　❶ **776**·是年 社
内大臣(解説)　❶ **777**·1月 社
受禅·践祚·即位(解説)　❶ **779**·1月 社
伊治呰麻呂の叛乱　❶ **780**·3·22 社
北陸道諸国に警固六か條　❶ **780**·7·26 社
富士山活火山伝説(竹取物語)　❶ **781**·7·6 社／**864**·5·25 社
国司交替の制　❶ **782**·12·4 政
藤原種継暗殺事件の処罰者　❶ **785**·9·23 政、社
国司·郡司·鎮守将軍勤務令　❶ **786**·4·19 政
征東将軍紀古佐美、陸奥の状況を報告　❶ **789**·6·9 政
健児の制　❶ **792**·6·14 政
神泉苑(解説)　❶ **800**·7·19 社
勘解由使(解説)　❶ **805**·是年 政
新法華宗を加へんことを請ふの表(最澄)　❶ **806**·1·3 文
平安京皇居の詔　❶ **806**·7·13 政
薬子の変　❶ **810**·9·10 社
白馬節会(解説)　❶ **811**·1·7 社
風信帖(空海)　❶ **812**·9·11 社
小野岑守、陸奥守として下向する際の歌　❶ **815**·1·10 社
検非違使(解説)　❶ **816**·2月 政
雅楽諸師の定数　❶ **819**·12·21 文
内裏式にある宮中行事　❶ **821**·1·30 政
戒壇(解説)　❶ **822**·6·11 政
哭澄上人(嵯峨天皇)　❶ **822**·10·17 文
大宰府管内公営田　❶ **823**·2·21 政
真言宗開宗　❶ **823**·10·10 文
勅旨田(解説)　❶ **830**·2·11 社
空海·弘法大師伝　❶ **835**·3·21 政
朱雀院(解説)　❶ **836**·5·25 政
遣唐使船中の悲哀　❶ **839**·4·18 政
日本から唐へ、唐から日本へ国書がない理由(本居宣長)　❶ **839**·9·16 社
東市と西市の許可された店舗の種類　❶ **840**·4月 文
渤海国牒状　❶ **841**·⑨·25 政
不堪佃田　❶ **845**·9·21 政
加賀国榜示札　❶ **850**·是年 政
留学僧の種々相　❶ **853**·12·14 政
太政大臣(解説)　❶ **857**·2·19 政
十陵四墓(解説)　❶ **858**·12·9 文
田堵の語初見　❶ **859**·12·25 政
僧円仁、伝法灌頂を行う　❶ **860**·⑩·19 政
応天門火災の日の藤原良房の行動　❶ **866**·③·10 社
摂政(解説)　❶ **866**·8·19 政
大極殿(解説)　❶ **879**·10·8 社
開聞岳噴火　❶ **885**·7·13 社
旅寝の歌　❶ **887**·8·26 文
慈円の関白(藤原基経)観　❶ **887**·11·21 政
関白(解説)　❶ **887**·11·21 社
阿衡の紛議　❶ **888**·5·15 政
駒牽(解説)　❶ **888**·8·15 社
返抄(解説)　❶ **889**·10·21 政
賀茂臨時祭の設置理由　❶ **889**·11·21 社
渤海国中台省に贈る牒(紀長谷雄)　❶ **892**·6·24 政
僧兵(解説)　❶ **894**·9·17 社
菅原道真、渤海使裴頲と再会　❶ **895**·5月 文
絵師巨勢金岡の名人ぶり　❶ **895**·5月 社
中央と地方の優先順位(解説)　❶ **895**·7·11 政
寛平の御遺誡　❶ **897**·7·3 政、社
菅原道真の家集　❶ **900**·8·16 文
菅原道真左遷事件についての北畠親房の感想　❶ **901**·1·25 社
『日本三代実録』序文　❶ **901**·8·2 社
延喜格(解説)　❶ **901**·8·19 政
荘園整理令　❶ **902**·3·13 政
飛香舎　❶ **902**·3·20 文
『古今和歌集』仮名序　❶ **905**·4·15 文
延喜式(解説)　❶ **905**·8月 政
過状·怠状(解説)　❶ **909**·7·11 政
勅旨牧(解説)　❶ **909**·10·1 政
源氏物語に見る女御と更衣　❶ **913**·10月 社
三善清行、意見封事十二か條奏上　❶ **914**·4·28 政
禁色(解説)　❶ **914**·6·1 社
史生の遙任事情　❶ **920**·6·19 政
宮中で後七日御修法　❶ **921**·1·8 社
式内社調査報告　❶ **927**·是年 社
土左日記　❶ **934**·12·21 政／**935**·1月 文
南海道の海賊横行　❶ **936**·6月 政
将門の乱　❶ **939**·12·11 社／**940**·1·11 政
贖銅(解説)　❶ **940**·是年 社
志多良神、上洛　❶ **945**·7·25 社
『後撰和歌集』の撰集と詞書き　❶ **951**·10·30 政
越前国司解、官裁を申請　❶ **952**·3·2 政
出雲に押領使を設置　❶ **952**·11·9 政
国司任官の日に任官できなかった家の状態　❶ **958**·1月 政
温明殿の神宝など焼失。三種の神器とは(解説)　❶ **960**·9·23 社
猿楽(解説)　❶ **965**·8·2 政
内裏前栽合　❶ **966**·⑧·15 政
空也上人の念仏広布(慶滋保胤)　❶ **972**·9·11 社
大刀契(だいとけい、解説)　❶ **981**·3·15 政
源満仲、兵として貴族社会に登場　❶ **983**·是年 社
清原元輔、肥後守となる　❶ **986**·1月 文
検非違使藤原為長、運上物を調査　❶ **986**·4·28 政
花山天皇、出家·退位　❶ **986**·6·23 政
備前国司藤原理兼、鹿田荘に乱入　❶ **986**·10·25 社
尾張国守藤原元命の非法乱行　❶ **988**·11·8 政
積善寺一切経会　❶ **994**·2·20 政
内覧の宣旨(解説)　❶ **995**·3·9 社
藤原道長が内覧の宣旨を受けた裏事情　❶ **995**·5·11 社
藤原為時、女房の書により越前守となる。源国盛、落胆して死亡　❶ **996**·2月 社
藤原為時、紫式部が男の子でなかったことを悔やむ　❶ **998**·是春 政
広海正連·田口春員、油各三升を東大寺に納入　❶ **1000**·11·22 政

第2巻(1001〜1281年)

京中に病者·死者満つ　❷ **1001**·2·9 政
土御門殿の様子(解説)　❷ **1001**·10·8 政
子日遊(解説)　❷ **1002**·1·7 社
平安時代の政務(解説)　❷ **1003**·5月 政／**1007**·2月 政
大宰大弐藤原高遠と大宰監大蔵種材との歌のやりとり　❷ **1005**·4·22 文
宋商人来着　❷ **1005**·8·14 政
末法の世　❷ **1006**·是年 社
藤原道長と兄弟たち　❷ **1007**·2月 政
大隅守射殺事件の犯人　❷ **1007**·7·1 政
経塚と経筒(解説)　❷ **1007**·8·11 社
准大臣(解説)　❷ **1008**·1·16 社
阿闍梨(解説)　❷ **1008**·6·16 政
藤原道長、中宮彰子に第二皇子誕生を喜ぶ　❷ **1008**·10月 社
紫式部、中宮彰子に仕える　❷ **1008**·12·29 政
文章博士大江匡衡の奏請　❷ **1009**·1·15 政
帥殿藤原伊周の周辺、敦成親王を呪詛　❷ **1010**·1月 社
帥殿敦道親王と和泉式部の恋愛　❷ **1010**·是年 社
一條天皇、譲位の意思を固める　❷ **1011**·5·27 政
三條天皇の即位と眼病　❷ **1011**·6·15 政
一條天皇の残された思い？　❷ **1011**·6·22 社
宜陽殿(解説)　❷ **1011**·6·8 文
藤原顕信の出家　❷ **1012**·1·19 社
後妻打(解説)　❷ **1012**·2·25 社
日本の傭兵　❷ **1012**·2月 政
三條天皇と女性たち　❷ **1012**·8月 社
大山荘(東寺領丹波国、解説)　❷ **1013**·10·25 社
新年、内裏の様子　❷ **1014**·1月 社
朝所(解説)　❷ **1014**·2·20 政
蘇芳(解説)　❷ **1014**·2·10 文
三條天皇、内裏の造営を阻止を非難　❷ **1015**·6·12 政
後一條天皇の即位とその事情　❷ **1016**·1·29 政
小一條院(敦明親王)の置かれた状況　❷ **1017**·8月 政
望月のかけたることもなし　❷ **1018**·10·16 政
刀伊の賊の来襲　❷ **1019**·4·21 社
上総介菅原孝標、任地を出発　❷ **1020**·9·3 文
野猪はたぬきか　❷ **1020**·10·29 社
綸旨(解説)　❷ **1021**·5·4 政
法成寺供養　❷ **1022**·7·14 政、社
呪師(解説)　❷ **1023**·1·8 社
土御門殿前栽合歌合　❷ **1023**·8月 社
高陽院行幸和歌　❷ **1024**·9·19 文
藤原道長の死に対する慈円の感想　❷ **1027**·12·4 社
故藤原道長の遺産処分　❷ **1028**·1·25 政
後一條天皇綸旨写　❷ **1028**·4·12 社
平忠常の乱　❷ **1028**·6·21 政
高陽院水閣歌合　❷ **1035**·5·16 文
後一條天皇と後朱雀天皇　❷ **1036**·4·22 政
藤原資房の悩み　❷ **1038**·12月 政
着(著)鈦政(解説)　❷ **1042**·12·14 社
内裏の様子　❷ **1042**·是年 政
大江佐国、桜を愛して蝶となる　❷ **1043**·9·9 文
方違(解説)　❷ **1045**·12月 社
(右大臣)藤原実資歿す　❷ **1046**·1·18 文
太政官朝所焼失する　❷ **1046**·2·28 社
住人等解(美濃国茜部荘)　❷ **1053**·7月 社
天喜の荘園整理令　❷ **1055**·3·13 政
大井荘(美濃国、解説)　❷ **1055**·11·26 政
玉瀧荘(伊賀国、解説)　❷ **1056**·③·26 社
禁断の恋、源俊房と娟子内親王　❷ **1057**·9月 政
九月十三日宮中での御遊　❷ **1061**·9·13 文
平等院多宝塔供養　❷ **1061**·10·25 社
安倍貞任らの首が京中に入る、実見記録　❷ **1063**·2·16 政
後三條帝の立皇太子と即位の経緯　❷ **1068**·4月 社
延久の荘園整理令　❷ **1069**·2·22 社
後三條天皇と女性たち　❷ **1071**·8月 政
入宋僧成尋、宋の神宗に五台山巡拝の許可申請　❷ **1072**·6·2 政
延久の宣旨枡　❷ **1072**·9·29 文
後三條天皇の院政への思い　❷ **1072**·12·8 政
藤原頼通への人々の追憶　❷ **1074**·2·2 社
藤原師実が関白となった事情　❷ **1075**·10·15 政
大井川にて三船の遊　❷ **1076**·10·24 社
赤斑瘡流行し、死者多し　❷ **1077**·是年 社
輸出された日本の扇　❷ **1077**·是頃 政
平安朝の有力者の財産目録　❷ **1078**·5·9 社
高麗へ医師派遣問題、意見種々　❷ **1080**·⑧月 政
多武峰と興福寺の闘争　❷ **1081**·是年 政
源俊房·源顕房、左右大臣となる　❷ **1083**·1·26 政
中宮賢子、宮中で歿す　❷ **1084**·9·22 政
大宰府に到着した宋商人の処遇について協議　❷ **1085**·10·29 政
実仁親王、疱瘡にて歿す　❷ **1085**·11·8 社
坂上経澄、先祖伝来の土地を証明　❷ **1086**·5·6 政
院政の始まり　❷ **1086**·11·26 政
後三年の役、源義家の苦戦と義光の来援　❷ **1086**·是年 社
女御代(解説)　❷ **1087**·10·22 社
除目。村上源氏が進出する　❷ **1093**·12·27 政
観月の宴の様子　❷ **1094**·8·15 政
関白藤原師通の指示で源義綱が神輿を射る　❷ **1095**·10·24 政
永長の大田楽起こる　❷ **1096**·6·12 政
因幡守平時範の因幡国往復記録　❷ **1099**·2·8 政
成功(じょうごう、解説)　❷ **1102**·5·13 政
尊勝寺落慶法要　❷ **1102**·7·20 政
鳥羽天皇誕生前の政治状況　❷ **1103**·1·16 社
軒廊(こんろう)御卜(解説)　❷ **1103**·9·13 社
白河法皇をめぐる女性たち　❷ **1105**·是年 政
飛礫·印地打ち(解説)　❷ **1106**·是春 政
垂水荘(摂津国)　❷ **1107**·5·3 政
藤原公実、摂政の位を狙う　❷ **1107**·7月 政
延暦寺のことを定める　❷ **1108**·3·27 政
四度公文帳(解説)　❷ **1109**·8月 政
藤原宗忠、盲人に布施　❷ **1109**·10·25 政
平正盛の珍皇寺領借受状　❷ **1112**·11·8 社
両界曼荼羅図(解説)　❷ **1112**·11·22 文
多気郡麻積郷の封戸　❷ **1113**·2·25 政
横山党(解説)　❷ **1113**·3·4 政
永久の強訴　❷ **1113**·③·20 政
延暦寺大衆、白河院御所に押しかける　❷ **1113**·4·1 文
強訴神人は獅子身中の虫　❷ **1113**·4·15 文
興福寺僧兵入京、京中大騒動　❷ **1113**·4·16 文
富家別業(解説)　❷ **1115**·8·27 政
温室料田(解説)　❷ **1117**·7·15 社
皇子顕仁誕生にまつわる黒い噂　❷ **1119**·5·28 政
官と陰陽寮とで卜占が異なる　❷ **1119**·11·18 社
平忠盛の子清盛の誕生の変な噂　❷ **1120**·7月 政

除籍(じょしゃく、解説)　❷ 1120·7·21 社
詔書覆奏の制　❷ 1121·是年 政
伊賀国黒田·鞆田·玉瀧荘(東大寺領)　❷ 1122·2 月 社
待賢門院璋子　❷ 1124·11·24 政
伊賀国玉瀧杣文書目録　❷ 1126·6·19 政
紫野の雪見の御幸　❷ 1126·是年 政
聖子入内　❷ 1129·1·9 社
白河法皇の御時初めて出来せること　❷ 1129·7·7 政
役夫工米·伊勢神宮役夫工米(解説)　❷ 1130·12·2 社／1133·9·21 社
武士の昇殿と公卿の嫉み　❷ 1132·3·13 政
僧行円、米五石を利息五把で借用　❷ 1135·3·23 政
春日若宮祭(解説)　❷ 1136·9·17 社
無理に退位させられた崇徳天皇の気持ち　❷ 1141·12·7 社
院庁下す、尾張国在庁官人等　❷ 1144·1·24 社
供菜人(解説)　❷ 1147·9 月 社
鴨東岡崎の六勝寺(解説)　❷ 1149·3·20 社
藤原多子を巡る人々　❷ 1150·1·10 政
藤原氏女、火災で焼失した土地券文再発行申請　❷ 1150·4·8 社
頂相(ちんぞう、解説)　❷ 1150·是年 社
太良荘(若狭国、解説)　❷ 1151·3 月 政
江家文庫の数万巻の書、一時に滅す　❷ 1153·4·15 政
藤原頼長家と藤原基衡との折衝　❷ 1153·9·14 政
夜須礼祭(解説)　❷ 1154·4 月 政
近衛天皇を巡る人々の動き　❷ 1155·7·23 社
崇徳上皇、後白河天皇の践祚を不快に思う　❷ 1155·7 月 社
公卿·武士がお歯黒を染めること　❷ 1156·此頃 社
保元の乱　❷ 1156·7·11 社
関白藤原忠通に氏長者の宣旨　❷ 1156·7·11 社
後白河天皇綸旨　❷ 1156·7·17 社
崇徳上皇、讃岐に流される　❷ 1156·7·23 社
後白河天皇宣命、保元の乱の経過を奉告　❷ 1156·⑨·8 社
荘園整理令(保元元年)　❷ 1156·⑨·18 政／1157·3·17 政
造内裏事所、造営を伊賀国に課す　❷ 1157·3 月 社
平治の乱の原因。藤原信頼と信西との両雄　❷ 1158·8·11 社
藤原信頼の評判　❷ 1158·是年 政
信西(藤原通憲)の評判　❷ 1158·是年 政
金剛峰寺奉納官符絵図御記文等目録　❷ 1159·7·1 政
信西、後白河上皇に藤原信頼を弾劾　❷ 1159·11·15 政
平治の乱、九日の戦い　❷ 1159·12·9 社
二條天皇、女装して六波羅に行幸　❷ 1159·12·25 社
永暦と改元、世間の噂　❷ 1160·1·10 社
法住寺殿(解説)　❷ 1161·4·13 政
長寛勘文(解説)　❷ 1163·1·29 社
権中納言平清盛家政所下文　❷ 1164·6 月 政
平家納経(解説)　❷ 1164·9 月 文
大田荘(備後国、解説)　❷ 1166·1·10 政
円勝寺の修正会　❷ 1169·1·11 社
後白河上皇、臨終の乙前を見舞いその歌を聞く　❷ 1169·2·19 文
伊賀黒田荘の杣工、私領田押領を訴える　❷ 1169·7 月 社
藤原宗能歿す、脇の関白　❷ 1170·2·11 政
六方大衆(解説)　❷ 1173·7·21 政
奈良十五大寺の荘園を没収　❷ 1173·11·11 政
源義経、陸奥へ赴く　❷ 1174·3·3 政
肥後国鹿子木荘文庫目録　❷ 1176·3·2 政
擬階奏(解説)　❷ 1176·4·6 政
安元の大火。太郎焼亡　❷ 1177·4·28 政
鹿ヶ谷事件発覚　❷ 1177·6·1 政
灌頂(かんじょう、解説)　❷ 1178·1·20 政
延暦寺僧徒、園城寺の焼討ち計画　❷ 1178·1·20 社
善光寺炎上　❷ 1179·3·24 社
万物沽価の法　❷ 1179·7·25 政
関白藤原基房の配流　❷ 1179·11·16 社
以仁王の令旨　❷ 1180·4·9 政
京中に辻風が吹く　❷ 1180·4·29 社
以仁王の最期　❷ 1180·5·26 政
『平家物語』に見る橋合戦　❷ 1180·5·26 社
福原遷都、人々の戸惑い　❷ 1180·6 月 社
京都での風聞　❷ 1180·8 月 社
醜悪な世相　❷ 1180·是年 社
以仁王·安徳天皇·後鳥羽天皇の関係系図　❷ 1180·是年 社
富士川の敗走、羽音に驚き逃げる　❷ 1180·10·20 社
源頼朝·義経兄弟の会見　❷ 1180·10·21 社
源頼朝寄進状　❷ 1180·10·21 社
木曾義仲下文　❷ 1180·11·13 社
三井寺炎上を五月二十七日ではなく十二月十一日に記載したこと　❷ 1180·12·11 文
三井寺炎上　❷ 1180·12·11 社
奈良炎上　❷ 1180·12·28 社
僧叡俊、焼失した証券の紛失状作成　❷ 1181·1·18 社
源頼朝、安房国須宮に万雑公事を免除　❷ 1181·2·10 社
『平家物語』に見る平清盛の遺言と死去　❷ 1181·②·4 社
養和の飢饉　❷ 1181·4 月 社
九條兼実の日記に見る源頼朝像　❷ 1181·9·7 政
東大寺大復興造営のための勧進状　❷ 1181·8 月 社
大和国和束杣での杣工に徴兵　❷ 1183·3 月 社
『平家物語』に見る倶利伽羅峠の合戦　❷ 1183·5·11 社
金泥『曼荼羅』問題　❷ 1183·6·18 社
『玉葉』に見る京の源氏と平氏の状況　❷ 1183·7·22 社／7·25 社
後鳥羽天皇決定の経緯　❷ 1183·8·18 社／8·20 政
源頼朝の院宮諸家領に関する折紙　❷ 1183·10·4 社
源頼朝下文案　❷ 1183·10·10 社
源義仲、法皇御所を攻撃する　❷ 1183·11·19 社
平家追討の宣旨　❷ 1184·1·26 社
源義定·範頼·義経の使者、鎌倉に到る　❷ 1184·1·27 社
源頼朝、地方武士の組織化をはかる　❷ 1184·2·4 社
一の谷合戦は「だまし討ち」か　❷ 1184·2·7 文
『平家物語』に見る一の谷合戦、熊谷直実と平敦盛　❷ 1184·2·7 社
後白河院庁の牒　❷ 1184·2·7 社
平家所知の事　❷ 1184·3·7 社
平辰清、丹波国大内荘を寄進　❷ 1184·4·16 社
関東御教書案　❷ 1184·7·2 社
三種の神器なき即位式　❷ 1184·7·28 政
出作田の所当官物　❷ 1184·8·9 社
問注所と裁判管轄　❷ 1184·10·20 社
源範頼宛、源頼朝の書状　❷ 1185·1·6 社
壇ノ浦の合戦、三種の神器、海没　❷ 1185·3·24 社
腰越状　❷ 1185·5·24 社
平宗盛父子、鎌倉に入る　❷ 1185·5·16 政
元暦の大地震(地の災い)　❷ 1185·7·9 社
『玉葉』に見る源義経、謀叛の経緯　❷ 1185·10·17 社／11·14 社
『玉葉』に見る源頼朝追討宣旨に頼朝抗議　❷ 1185·11·26 社
源頼朝、守護·地頭を諸国へ置く　❷ 1185·11·28 政／12·21 政／1186·10·8 社
下総·信濃·越後三国の年貢未納の国々　❷ 1186·3·12 社
鬼界島征討、源頼朝の冷静な判断　❷ 1188·2·21 政
陸奥平泉の繁栄の状況　❷ 1189·9·17 社
宋国内で狼藉を行った日本生まれの楊栄と中国生まれの陳七太の処置に悩む　❷ 1191·2·19 政
請雨経法などの祈雨と神泉苑の状況　❷ 1191·5 月 社
極楽往生に対する渇仰と『法華経』に対する信仰　❷ 1192·3·13 社
『平家物語』に見る征夷大将軍の院宣受領式　❷ 1192·7·12 社
源頼朝御判、下総国住人常胤に下す　❷ 1192·8·5 政
鎌倉八幡宮放生会の相撲　❷ 1192·8·15 社
楽所の編成　❷ 1194·2·27 社
源頼朝、摂津四天王寺に参詣　❷ 1195·5·20 社

後鳥羽天皇譲位と水無瀬殿造営　❷ 1198·1 月 社
土御門天皇即位　❷ 1198·3·3 政
薬師寺五師大法師証禅、『大般若経』を修理　❷ 1198·7 月 文
『吾妻鏡』の欠落部分について　❷ 1198·是年 政
僧世親、『法華経』『倶舎論』の研究開始　❷ 1199·8·6 社
梶原景時讒言事件の発端　❷ 1199·10·27 政
検注と田文　❷ 1200·是年 政
千五百番歌合　❷ 1201·6 月 政
鎌倉幕府の訴訟(解説)　❷ 1202·5 月 政
執権·連署(解説)　❷ 1203·9·10 社
源実朝、征夷大将軍となる　❷ 1203·9·7 政
朝廷から見た二代将軍源頼家と三代将軍実朝　❷ 1203·9·10 社
高麗国金州防禦使牒　❷ 1206·2 月 政
専修念仏、風俗壊乱の罪で禁止　❷ 1207·2·18 社
土御門天皇、順徳天皇に譲位　❷ 1210·11·25 政
将軍源実朝の官位と尊皇の念　❷ 1213·2·27 政
和田氏の乱　❷ 1213·5·2 政
鋳物師、通行自由権·通行税免除　❷ 1213·11 月 社
栄西、源実朝に茶を献上　❷ 1214·2·4 文
水無瀬歌合と勝れた歌人たち　❷ 1214·8·15 政
将軍源実朝の暗殺　❷ 1219·1·27 社
摂家将軍藤原頼経の鎌倉下向　❷ 1219·6·3 政
順徳天皇譲位·閑院内裏　❷ 1221·4·20 政、社
後鳥羽天皇の泰平の御代　❷ 1221·5 月 社
東国勢怒濤の出陣　❷ 1221·5 月 社
京方(朝廷方)の状況と日吉社の託宣　❷ 1221·5 月 社
上皇方の乱の経過　❷ 1221·6 月 社
後堀河天皇即位と後高倉院の院政　❷ 1221·7·9 社
承久の乱後の処分　❷ 1221·7 月 社
土御門院の四国遷幸　❷ 1221·⑩·10 社
諸廻船法令條々　❷ 1223·3·16 政
鎌倉の繁栄　❷ 1223·4·18 政
石清水八幡社「法印宗清勧進帳」　❷ 1225·9·12 社
評定衆·鎌倉大番役(解説)　❷ 1225·12·21 政
北條泰時の政治、北畠親房の高い評価　❷ 1226·1·27 政
藤原定家、公卿の宴会、肉食を嘆く　❷ 1227·12·10 社
土御門上皇崩御　❷ 1231·10·11 政
御成敗式目制定の目的　❷ 1232·8·8 社／9·11 社
後堀河天皇、四條天皇に譲位　❷ 1232·10·4 政
大江広元の残した公文書類　❷ 1232·12·5 文
種子板碑(解説)　❷ 1233·1 月 政
仲恭上皇崩御　❷ 1234·5·20 政
遠島歌合　❷ 1236·7 月 政、文
後鳥羽院崩御　❷ 1239·2·22 政
四條天皇の元服　❷ 1241·1·5 政
土御門院邸、突然の天皇就位に驚く　❷ 1242·1·19 社
後嵯峨天皇践祚　❷ 1242·1·20 政
藤原姞子、中宮となる　❷ 1242·8·9 政
順徳院崩御　❷ 1242·9·12 政
大嘗会の屏風絵　❷ 1242·11·13 文
鎌倉の大仏は最初、木造仏だった　❷ 1242·是年 社
若狭国の御家人減少　❷ 1245·6 月 政
後深草天皇践祚　❷ 1246·1·29 社
宝治合戦の報、京に到る　❷ 1247·6·9 社
仲恭廃帝と母后東一條院　❷ 1247·12·21 社
後嵯峨上皇·大宮院藤原姞子、鳥羽院に御幸　❷ 1248·8·29 政
後嵯峨上皇、宇治に御幸　❷ 1248·10·21 社
引付衆(解説)　❷ 1249·12·9 政
宗尊親王の東下り　❷ 1252·3·19 政
在地領主の財産　❷ 1252·6·3 社
後深草天皇元服、火災で御足が治癒する　❷ 1253·1·3 社
日蓮宗立宗　❷ 1253·4·28 社
北條時頼廻国説　❷ 1256·是年 社
承明門院源在子、逝去　❷ 1257·7·5 政
大宮院の一切経供養　❷ 1259·3·5 社
後嵯峨上皇、高野山御幸　❷ 1259·3·20 政
荘園の「検田取帳」の見本例　❷ 1259·9 月 社
後深草天皇譲位、亀山天皇即位　❷ 1259·11·26 社
正元二年院落書　❷ 1260·1·17 政
藤原佶子入内　❷ 1260·12·22 政
九歳の藤原嬉子入内　❷ 1261·6·20 政
『続古今和歌集』の撰進　❷ 1262·9 月 社
後嵯峨上皇、亀山殿行幸　❷ 1263·2·14 社
延暦寺僧徒と園城寺僧徒とが四天王寺別当職をめぐり争う　❷ 1264·1·2 政
二毛作の発達　❷ 1264·4·26 社
下地中分(解説)　❷ 1264·5·10 社
越訴(解説)　❷ 1264·10·25 政
亀山殿歌合　❷ 1265·9·13 文
元征夷大将軍宗尊親王、京都に戻る　❷ 1266·7·20 社
蒙古国牒状　❷ 1266·8 月 政
湯銭の語　❷ 1266·是年 社
六波羅探題、侍所別当所司平盛時に山中中務丞が京都大番役を勤務されたことを証明　❷ 1267·5·30 政
後宇多天皇誕生　❷ 1267·12·1 社
所領を以て質券に入れ売買せしむる事　❷ 1267·12·26 政
後深草上皇、舞御覧　❷ 1268·2·17 社
蒙古来襲に備える　❷ 1268·2·27 政
蒙古襲来、朝廷の感覚　❷ 1268·2 月 社
世仁親王(のち後宇多天皇)立太子　❷ 1268·8·25 政
後嵯峨院観月歌合　❷ 1268·9·13 文
後嵯峨上皇、亀山殿で出家　❷ 1268·10·5 政
月華門院綜子内親王歿す。宮中のスキャンダル　❷ 1269·3·1 政
若狭国太良荘、東寺領　❷ 1270·7 月 政
後嵯峨法皇崩御　❷ 1272·2·17 政
大覚寺統と持明院統、皇統が分かれる　❷ 1272·2·17 社
後嵯峨上皇の遺言といわれるものは、本当か　❷ 1272·2 月 社
少弐資能の覆勘状(証明書)　❷ 1272·5·17 社
内裏炎上　❷ 1273·10·20 政
後宇多天皇践祚　❷ 1274·1·26 政
文永の役(蒙古の兵、筑前侵入)　❷ 1274·10·5 政／10·19 政
亀山院御幸始、後嵯峨院三回忌、後宇多天皇即位　❷ 1274·10 月 社
元·高麗の日本征討への動き　❷ 1274·是年 政／1980·2·17 政
建治元年六月十七日百姓からめとる注文　❷ 1275·6·17 社
異国警固番役勤務が一か月·年三回勤務となる　❷ 1275·6·5 政
四か條起請文　❷ 1275·8·13 社
阿氐河荘民の申状十三か條　❷ 1275·10·28 政
異国発向用意條々　❷ 1276·3·5 政
九州各地の御家人ら、注進状を出し九州防備のため出発　❷ 1276·③月 社
石築地役催促状　❷ 1276·3·10 政
亀山院の若宮誕生　❷ 1276·11·17 政
後宇多天皇元服　❷ 1277·1·3 政
東宮熙仁親王、元服　❷ 1277·12·19 政
和与(解説)　❷ 1278·12·8 社
関東裁許状(判決文)の例　❷ 1278·12·27 政
継仁親王誕生　❷ 1279·6·28 社
田地売券　❷ 1279·9·10 社
弘安の役　❷ 1281·6·1 政／⑦·1 政
高麗側の弘安の役の記録　❷ 1281·6 月 社
蒙古襲来、京都での状況　❷ 1281·⑦月 社

第3巻(1282～1455年)

軍忠状(解説)　❸ **1282**·2月 政
僧日蓮、本弟子六人を定める　❸ **1282**·10·8 政
元·高麗、日本征討を準備する　❸ **1283**·1·10 政
高野山検校、紀伊·伊都郡の異変を報告　❸ **1284**·5·16 社
新御式目を制定　❸ **1284**·5·20 政
邦治親王、誕生　❸ **1285**·2·2 政
北山准后(藤原貞子)、九十の賀　❸ **1285**·2·30 文
大和の悪党、椙本の堯春房の行状　❸ **1285**·3月 社
後宇多天皇譲位、伏見天皇受禅　❸ **1287**·10·21 政
伏見天皇の即位の儀　❸ **1288**·3·15 社
女御藤原鏱子、中宮となる　❸ **1288**·8·20 社
小早川定心、地頭職の譲状　❸ **1289**·2·16 政
鎌倉鶴岡八幡宮放生会　❸ **1289**·8·15 社
亀山上皇、出家後の様子　❸ **1289**·9·7 社
新将軍久明親王、鎌倉到着　❸ **1289**·10·1 政
鎌倉の様子　❸ **1289**·是年 社
浅原為頼父子の宮中乱入事件　❸ **1290**·3·9 政、社
女房二條、熱田神宮の火災に遭う　❸ **1291**·2·2 政
高麗国書　❸ **1292**·10·3 政
鎮西探題設置　❸ **1293**·3·7 政
蒙古襲来絵詞(解説)　❸ **1293**·2·9 文
平禅門の乱　❸ **1293**·4·22 社
和泉池田荘、溜池開発　❸ **1294**·1·18 政撰
筑前·肥前に烽火設置　❸ **1294**·3·6 政
神人·宮人の下向を停止　❸ **1295**·1月 政
持明院統の皇位継承を祈る　❸ **1295**·9·14 政
永仁の徳政令　❸ **1297**·3·6 政
鹿島大禰宜、下地中分した土地を争う　❸ **1298**·2·3 社
後伏見天皇と周囲の女性たち　❸ **1298**·7·22 社
鎮西裁許状　❸ **1299**·12·25 政
後伏見天皇譲位　❸ **1301**·1·21 社
後二條天皇即位　❸ **1301**·3·24 政
後深草法皇、一日の賀状　❸ **1304**·1·1 社
後深草院、崩御　❸ **1304**·7·16 政
後深草法皇法会に際して非人に施行　❸ **1304**·8·20 社
持明院統と大覚寺統　❸ **1304**·是年 政
宗二郎の財産　❸ **1305**·5·6 社
亀山院崩御　❸ **1305**·9·15 政
後宇多法皇宸筆施入状　❸ **1308**·6·20 政
後二條天皇崩御　❸ **1308**·8·25 社
五壇法(解説)　❸ **1308**·8·25 政
花園天皇即位　❸ **1308**·11·16 政
法隆寺盗難事件　❸ **1310**·7·5 政
領主と百姓の税負担争い　❸ **1311**·2月 社
玉葉和歌集の成立　❸ **1312**·3·28 社
伏見上皇、上皇御領を処分　❸ **1312**·12月 政
正和の頃の京極殿·法成寺の見るも無惨な状況　❸ **1316**·2月 社
関東御免津軽船　❸ **1316**·3月 政
金澤貞顕、称名寺方丈に林檎を贈る　❸ **1316**·7·16 社
文保の和談　❸ **1317**·4·7 政
伏見天皇は筆の名手　❸ **1317**·8月 文
伏見法皇、崩御　❸ **1317**·9·3 政
後醍醐天皇即位　❸ **1318**·2·26 政
後宇多法皇、東寺へ官人俸禄停止を申請　❸ **1318**·4·5 社
大嘗会　❸ **1318**·10·27 政
持明院殿の有様　❸ **1318**·是年 政
播磨国悪党の状況　❸ **1319**·是春 政
幕府の使者、京に入る　❸ **1319**·⑦·29 社
『続千載和歌集』の撰進　❸ **1320**·4·19 文
十五夜歌合　❸ **1321**·8·15 文
後醍醐天皇の親政始まる　❸ **1321**·12·9 社
朝覲の行幸　❸ **1322**·1·3 社
幕府、貢米の納期を改定　❸ **1322**·1·12 政
『続後拾遺和歌集』の撰者　❸ **1323**·7·2 社
乞巧奠　❸ **1323**·7·7 文
若狭国御賀浦年貢目録に見る海の幸　❸ **1323**·10月 社
石清水行幸　❸ **1324**·3·23 社
任大臣節会　❸ **1324**·4·27 政
後宇多法皇崩御　❸ **1324**·6·25 政
正中の変　❸ **1324**·9·19 政、社
伊予国弓削島荘での承誉の非法　❸ **1324**·9月 社
『続後拾遺和歌集』の撰進　❸ **1325**·12·18 政
量仁親王、立坊　❸ **1326**·7·24 社
尊良·世良親王のことなど　❸ **1327**·1月 政
後醍醐天皇と皇子たち　❸ **1327**·1月 社
地頭請所の例　❸ **1327**·5·18 政
黒田荘悪党退治沙汰人の連署起請文　❸ **1327**·10·2 政
嘉暦年間、蝦夷の日ノ本·唐子·渡党　❸ **1328**·是年 政
尼宗妙、龍翔寺に田畠を寄進　❸ **1329**·12·21 社
金澤貞顕の書状　❸ **1330**·3·4 政
鎌倉幕府の状況　❸ **1331**·1·3 政
元弘の変　❸ **1331**·5·5 政
倒幕計画(後醍醐天皇)／倒幕計画の漏洩　❸ **1331**·8·24 社／8月 社
武士に荒らされた宮中の様子　❸ **1331**·8·24 社
花山院師賢の比叡山登山　❸ **1331**·8·25 政
笠置の状況　❸ **1331**·8·27 文
花園上皇、弟の尊円法親王に驚きの消息を送る　❸ **1331**·8·25 社
光厳天皇践祚　❸ **1331**·9·20 政
『太平記』に見る赤坂城の攻防戦　❸ **1331**·10月 社／**1333**·1月 社
康仁親王立太子　❸ **1331**·11·8 政
尾張斎俊畠売券　❸ **1332**·1·11 政
児島高徳の歌　❸ **1332**·1月 文
元弘二年春の朝廷　❸ **1332**·是春 政
佐佐木導誉、後醍醐天皇を護送　❸ **1332**·3·7 社
楠木正成と大塔宮　❸ **1332**·4月 政
賀茂祭御幸　❸ **1332**·4·22 社
源具行の処刑　❸ **1332**·6·19 社
楠木正成挙兵の報、京都に至る　❸ **1332**·11·15 社
楠木正成追討の軍勢催促状　❸ **1332**·12·9 社
幕府、軍法を出す　❸ **1333**·1月 政
幕府の軍勢、上洛　❸ **1333**·1月 社
大塔宮護良親王の倒幕の令旨　❸ **1333**·2·21 政／②·26 政／4·1 政
延暦寺中堂新常燈、消ゆる事　❸ **1333**·2·24 文
『太平記』に見る千早城とその攻防　❸ **1333**·2·25 政
後醍醐天皇、隠岐を脱出　❸ **1333**·②·24 社
赤松則村の京都攻撃　❸ **1333**·3·12 社
京都の動揺　❸ **1333**·3月 社
熊谷直経軍忠状　❸ **1333**·4·2 社
足利高氏、京へ突入　❸ **1333**·4月 社
天皇·上皇、六波羅を出御、叡山に赴く　❸ **1333**·5·7 社
徳蔵寺(東村山市)板碑　❸ **1333**·5·15 文
六波羅陥落　❸ **1333**·5·7 政
『太平記』(解説)　❸ **1333**·5月 文

赤松則村の播磨大山寺衆徒に与えた軍忠状　❸ **1333**·5·10 社
北国探題淡河時治の自殺　❸ **1333**·5·12 社
後藤信明、武蔵分倍河原の合戦に参加　❸ **1333**·5·15 社
北条氏滅亡　❸ **1333**·5·22 政
新田義貞の将塙政茂の軍忠申状　❸ **1333**·5·16 社
沙弥道貞、土地譲渡状　❸ **1333**·5·16 社
建武の新政　❸ **1333**·5·25 政
甲斐の南部時長、鎌倉攻めに参加　❸ **1333**·5月 社
新田義貞の鎌倉攻撃　❸ **1333**·5月 社
出雲鰐淵寺僧讃岐房頼源、京都攻撃に参加　❸ **1333**·5月 政
後醍醐天皇還京　❸ **1333**·6·5 政
論功行賞の噂に人々右往左往　❸ **1333**·8·3 政
決断所において沙汰あるべき條々　❸ **1333**·10·9 社
陸奥国府の編成(解説)　❸ **1333**·10·20 政
過差禁制　❸ **1334**·5·7 文
二條河原の落書　❸ **1334**·8月 社
北畠顕家国宣　❸ **1334**·9·27 文
大塔宮護良親王、逮捕される　❸ **1334**·10·22 社
護良親王の流刑と足利尊氏の勃興　❸ **1334**·是年 政
名和長年、出雲鰐淵寺に祈禱·軍忠を要請　❸ **1335**·2·9 社
中先代の乱·北條時行の乱　❸ **1335**·7·14 社
鎌倉高徳院の大仏殿大風のため倒壊　❸ **1335**·8·3 社
楠木正成筆紺紙本墨書『法華経』　❸ **1335**·8·25 文
新田·足利両氏不和の原因　❸ **1335**·10月 政
建武新政から人々離脱する　❸ **1335**·11月 社
敗走する新田軍、天龍川に浮橋を架ける　❸ **1335**·12·14 社
一般農民、南北両朝から徴発を受ける　❸ **1335**·是年 社
忽那重清の軍忠状　❸ **1335**·12·25 政
後醍醐天皇、叡山に逃れる　❸ **1336**·1·10 社
新田軍·足利軍の戦闘　❸ **1336**·1月 社
曾我貞光の軍忠状　❸ **1336**·1月 社
足利尊氏、光厳院の院宣を受く　❸ **1336**·2·12 政
小早川祐景に安芸国竹原荘を安堵　❸ **1336**·2·7 社
多々良浜の合戦　❸ **1336**·3·2 社
足利尊氏、上洛を決意　❸ **1336**·3·18 社／4月 社
和田助康の軍忠状　❸ **1336**·3月 政
『太平記』に見る湊川の合戦·楠正成兄弟討死　❸ **1336**·5·25 社
後醍醐天皇、比叡山に三種神器を持参して臨幸　❸ **1336**·5·27 政
関東執事·関東管領(解説)　❸ **1336**·6月 政
近江路を閉ざされ京都困窮　❸ **1336**·7月 社
足利尊氏の御感御教書　❸ **1336**·8月 社
公文半済給御教書案　❸ **1336**·9·5 政
金崎城で御遊が催される　❸ **1336**·10·20 文
陸奥国津軽郡の年貢は公田一反歩につき四百文　❸ **1336**·11·5 社
『太平記』に見る建武式目條々　❸ **1336**·11·7 政
後醍醐天皇の吉野潜幸　❸ **1336**·11月 社
『太平記』に見る金崎城の奮戦　❸ **1336**·11月 政
問注所(解説)　❸ **1336**·是年 社
執事·管領(解説)　❸ **1336**·是年 政
陸奥国司北畠顕家、上京、軍通過後の民衆の惨状　❸ **1337**·1·8 社
戦乱による被害種々相　❸ **1337**·2月 社
丹波大福光寺に禁制　❸ **1337**·10月 社
風聞·噂による処刑　❸ **1337**·11月 社
小早川景宗、孫に所領を譲る　❸ **1338**·2·24 社
『太平記』に見る北畠顕家の戦死　❸ **1338**·5·22 社
菊池武重の血判書(現存最古の血判書)　❸ **1338**·7·25 社
『太平記』に見る新田義貞の最期　❸ **1338**·⑦·2 社
諸国守護人の事　❸ **1338**·⑦·29 政
引付衆　❸ **1338**·8·10 政
畠山義顕の軍勢催促状　❸ **1338**·9·20 社
神宮寺城の戦　❸ **1338**·10·5 社
大光寺合戦　❸ **1339**·3月 政
後村上天皇、践祚　❸ **1339**·8·15 社
後醍醐天皇崩御　❸ **1339**·8·16 社／**1339**·8月 政
山城久世荘、半済を停止　❸ **1339**·12·9 社
伊賀黒田·薦生両荘の悪党、南朝に従う　❸ **1340**·4月 社
陸奥鎮守府の五辻清顕、結城親朝に協力を求める　❸ **1340**·12·25 社
脇屋義助、越後より後村上天皇のもとへ　❸ **1341**·9·18 社
常陸小田城の小田治久、援軍を要請　❸ **1341**·11·10 社
足利直義、商船を元に派遣し天龍寺の造営を計る　❸ **1341**·12·23 政
種々の不思議な現象　❸ **1342**·2月 社
光厳上皇、伏見殿より還幸　❸ **1342**·9·6 社
三迫(さんはざま)合戦　❸ **1342**·10·8 社
関城の戦い、別府幸実の軍忠状　❸ **1343**·1·26 政
二尊院雑掌、土地貸与状　❸ **1343**·9·6 社
足利尊氏、薩摩へ京都の状況を伝える　❸ **1344**·4·2 社
『宝積経要品』奥書　❸ **1344**·10·8 社
僧覚如、上洛の際に守るべき條々　❸ **1344**·11·7 政
永代子孫の為に置文條々　❸ **1345**·6·22 政
花園法皇·光厳上皇、天龍寺供養御幸　❸ **1345**·8·30 政
国司·領家·守護人の守るべき條々　❸ **1346**·12·13 政
瓜生野の合戦　❸ **1347**·11·26 社
政所條目の事(解説)　❸ **1347**·12·3 政
四條畷の合戦、楠木正行討死　❸ **1348**·1·5 社
南朝·北朝にも参加禁止を求める　❸ **1348**·3月 社
僧玄秀·清原貞朝、和与状　❸ **1348**·8·27 社
崇光天皇の践祚と三種の神器　❸ **1348**·10·27 政
四條河原で勧進猿楽　❸ **1349**·6·11 社
雷光、奇っ怪に光る　❸ **1349**·⑥·3 社
高師直、足利尊氏邸を包囲。京中大騒動　❸ **1349**·8·13 社
関東公方(解説)　❸ **1349**·9·9 社
足利直冬、肥後に逃亡　❸ **1349**·9·10 社
足利義詮、鎌倉から上洛　❸ **1349**·10·22 政
高師冬、関東執事となる(直冬党)　❸ **1350**·1月 社
庚寅の倭寇おこる　❸ **1350**·2月 政
京都大地震　❸ **1350**·5·23 社
足利直冬、九州三勢力に分かれる　❸ **1350**·5月 社
上田城合戦、和与となる　❸ **1350**·6·18 政
南部政長、所領を譲る　❸ **1350**·8·15 社
足利直義、京都脱出　❸ **1350**·10·26 社
上杉能憲、挙兵　❸ **1350**·11·12 政
足利直義追討の院宣　❸ **1350**·11·16 社
足利尊氏の赤松範資への安堵状　❸ **1350**·12·5 社
僧覚如の葬儀の様子　❸ **1351**·1·19 社
奥州管領吉良貞家·畠山国氏の争いの状況　❸ **1351**·2·12 社
足利尊氏·直義の和睦　❸ **1351**·2·20 社
足利直義、北陸に逃走する　❸ **1351**·7·30 社
足利尊氏、近江に進発　❸ **1351**·8·18 社
後村上天皇宸筆願文、鰐淵寺に納める　❸ **1351**·9·8 文
『園太暦』に見る正平一統　❸ **1351**·9月 社
足利義詮、南朝と和睦　❸ **1351**·10·24 政
足利直義、敗れる　❸ **1351**·12·29 社
上杉憲顕の関東管領(執事)　❸ **1351**·12月 社
足利直義の死に毒殺の噂　❸ **1352**·2·26 社
南軍、京都に入る。三種の神器の行方　❸ **1352**·②·20 社
足利義詮、京都に入る　❸ **1352**·3·15 社
府中城合戦　❸ **1352**·3·26 社
男山合戦、後村上天皇ら吉野へ遷る　❸ **1352**·5·11 社
光厳·光明·崇光の三院および直仁親王、賀名生へ遷される　❸ **1352**·6·2 社
後光厳天皇践祚　❸ **1352**·8·17 社
持明院殿炎上(元弘の乱以降の焼失場所)　❸ **1353**·2·4 社
小早川氏、安芸沼田荘市場に禁制を出す　❸ **1353**·4·25 社
南軍の攻勢と足利義詮·後光厳天皇の東近江落ち　❸ **1353**·6·9 社
足利義詮、軍勢を率いて上洛、南軍山名時氏父子ら撤退　❸ **1353**·7·10 社
後村上天皇、尊氏らに守護されて上洛、南軍撤退　❸ **1353**·

9·17 社
南軍足利直冬·山名時氏父子、伯耆を出陣　❸ **1354**·12·13 政
南軍、第三回入京。足利直冬の評判　❸ **1355**·1·22 社
『太平記』に見る東寺合戦　❸ **1355**·2·8 社
年貢の品目種々　❸ **1356**·3 月 社
諏訪大明神絵詞に見る蝦夷の記載　❸ **1356**·是年 政
光厳法皇·光明法皇·崇光上皇·直仁親王、京都に戻る　❸ **1357**·2 月 政
足利尊氏の死　❸ **1358**·4·30 社
懐良親王、九州で活躍　❸ **1359**·8 月 社
南朝、河内観心寺に遷り、解散に瀕する　❸ **1359**·10 月 政
守護の権限、増大する　❸ **1359**·是年 社
東大寺衆徒、後光厳天皇からの正倉院宝物貸出し依頼を拒否　❸ **1360**·2·13 文
南朝興良親王、賀名生で不可解な謀叛　❸ **1360**·4·25 社
仁木義長事件で京都は大騒ぎ　❸ **1360**·7·18 社
仁木義長、南朝に降る　❸ **1361**·2 月 政
南軍に降伏した細川清氏、四国に戻る　❸ **1362**·1·13 政
関白近衛道嗣、半済につき尋ねる　❸ **1362**·5·6 社
執事(幕府管領)　❸ **1362**·7·23 政
侍所(解説)　❸ **1362**·7·25 社
菊池軍、筑前長者原で斯波·少弐軍を破る　❸ **1362**·9·27 社
大森師益、東寺に請文を提出する　❸ **1363**·2·4 社
南軍大内弘世、三国守護を條件に幕府に降伏　❸ **1363**·是春 政
安芸小早川重景、息男に土地を譲る　❸ **1363**·6·29 政
南軍の石塔·斯波·上杉·桃井·仁木各氏、幕府に帰順　❸ **1364**·2 月頃 政
光厳法皇崩御　❸ **1364**·7·7 政
紀伊粉河寺領東村カミノ池水定文できる　❸ **1365**·7·17 社
佐佐木導誉、大原野の花見　❸ **1366**·3·4 社
斯波高経の失脚　❸ **1366**·8·8 政
陸奥四戸八幡宮放生会の行事分担　❸ **1366**·8·21 社
畠山義深、越後守護となる　❸ **1366**·8 月 社
高麗使、倭寇禁止を要求　❸ **1366**·9 月 政／ **1367**·2·14 政
鎌倉殿足利基氏、病死　❸ **1367**·4·26 政
荘官、守護の被官となる　❸ **1367**·4 月 社
細川頼之、管領となる　❸ **1367**·11·25 政
執事と管領　❸ **1367**·11 月 社
細川頼之、新将軍を補佐する　❸ **1367**·12 月 社
長慶天皇(解説)　❸ **1368**·3·11 政
橘貞俊、東寺領公文職の請文を提出　❸ **1368**·4·26 社
応安の半済法(大法)　❸ **1368**·6·17 政
平一揆での市河一族の戦い　❸ **1368**·6·17 社
朝廷は延暦寺の方針を裁許、幕府は否決の方針　❸ **1368**·8·29 社
明太祖、日本への国書　❸ **1369**·1·20 政
楊載渡来の時期と征西将軍府の対応　❸ **1369**·1·20 社
今川了俊、九州下向　❸ **1370**·4·28 政
細川頼之、出家をはかる　❸ **1371**·5·19 社
征西府使祖来、明国に到る／表箋　❸ **1371**·10·14 政
明太祖、琉球招諭　❸ **1372**·1·16 政／ 12·29 政
陸奥八戸の南部信光、所領を弟に譲る　❸ **1376**·1·22 社
仁科神明宮棟札　❸ **1376**·6·26 文
崇光天皇宸筆御願文　❸ **1376**·11·11 社
東寺領播磨矢野荘農民の訴え　❸ **1377**·2·13 社
僧宗昌、長福寺に寄進状　❸ **1377**·6·6 社
康暦の政変(第一回、第二回)　❸ **1379**·2·20 政／④·14 社
大内義弘が高麗に派遣した朴居士の軍、倭寇と戦って敗れる　❸ **1379**·⑤月 社
朝鮮太祖、倭将阿只抜都を倒す　❸ **1380**·9 月 社
偽倭寇、現れる　❸ **1382**·2 月 社／ **1388**·8 月 社
後小松天皇、即位の儀　❸ **1382**·12·29 政
白馬節会　❸ **1383**·1·7 社
後亀山天皇(解説)　❸ **1383**·10·27 政
頼重法印歿す　❸ **1384**·8·21 社
建水の初見　❸ **1384**·12·9 政
幕府侍所、祇園社に禁制十一條を出す　❸ **1385**·7·13 社
明、日本と通交禁止　❸ **1386**·是年 政
結城基光、小田城警備軍勢催促状　❸ **1387**·8·5 社
後円融上皇宸筆消息　❸ **1388**·3·27 社
土岐氏の乱　❸ **1388**·5·9 政
偽倭寇の横行　❸ **1388**·8 月 社
幕府、赤松氏に播磨田中荘の半済停止命令　❸ **1390**·10·2 政
山名氏、援軍を頼みに挙兵　❸ **1391**·12·19 社
明徳の乱(解説)　❸ **1391**·12 月 政
得田章長軍忠状　❸ **1392**·1 月 社
武蔵品川に入港した船名·船主と荷受けした問丸　❸ **1392**·8 月 政
南北朝合体、南朝の事情　❸ **1392**·10·13 政、社／⑩·5 政
管領細川頼元、近江国三村荘に半済　❸ **1392**·⑩·5 社
高麗国への国書　❸ **1392**·12·27 政
高野山蓮華乗院領、下地中分　❸ **1393**·9·8 社
洛中辺土散在の土倉·酒屋役の規制　❸ **1393**·11·26 政
将軍足利義満、南都社寺参詣　❸ **1394**·3·12 社
幕府命令書の通達順序　❸ **1395**·3·5 社
今川了俊の九州探題解任の理由　❸ **1395**·⑦·25 政
北山第の様子　❸ **1397**·4·16 社
醍醐寺、御家人寒川氏の年貢未納を訴える　❸ **1397**·12 月 政
諏訪湖御神渡　❸ **1397**·是年 社
朝鮮回礼使、来朝　❸ **1398**·8 月 政
稲村御所と篠川御所(解説)　❸ **1399**·是春 政
指身(刺身)·カバ焼の語初見　❸ **1399**·6·10 社
応永の乱／足利義満の大内氏に対する挑発行為　❸ **1399**·10·13 政／ 10 月 社
戦争に参加する僧侶の従軍時心得　❸ **1399**·11·25 社
能登得田章光軍の堺合戦　❸ **1399**·11 月 政
大内義弘、戦死　❸ **1399**·12·21 社
奥州探題足利満貞による討伐命令　❸ **1400**·3·8 社
足利満兼の挙兵について今川了俊の見解　❸ **1400**·6 月 社
細川頼長、各地の所領職所有　❸ **1400**·8 月 政
明使·遣明使(1400 年以前)　❸ **1400**·是年 政
遣明船一覧(1401 年～1454 年)　❸ **1400**·是年 政
北山殿(足利義満邸)で御修法　❸ **1402**·1·22 社
明、日本に国書を出す　❸ **1402**·2·6 政／ **1402**·8·1 政
醍醐寺如意輪堂の結番を定める　❸ **1402**·7 月 社
東寺南大門前に一服一銭茶売人　❸ **1403**·4 月 社
日本国王問題、瑞渓周鳳の論　❸ **1403**·10 月 社
冊封使の始め　❸ **1404**·2·21 政
土一揆の語初見　❸ **1404**·2 月 社
朝鮮への外交文書　❸ **1404**·10·24 政
山科教言邸、再建状況　❸ **1405**·5 月 社
東寺領民、建築材木運搬に賦課　❸ **1405**·10·14 社
割符(さいふ、解説)　❸ **1405**·11·20 政
足利義満の野望　❸ **1406**·12·27 社
左京大夫推挙状　❸ **1407**·4·28 社
地口銭(解説)　❸ **1407**·9·24 社
丹波大山荘農民、東寺代官の不法を怒る　❸ **1407**·12·15 社
安田常全、地頭職を譲る　❸ **1407**·12·23 政
西班衆と東班衆(解説)　❸ **1408**·1 月 政
幕府、禅宗寺院住持の任命に礼銭徴収　❸ **1408**·1 月 社
後小松天皇、北山殿に行幸　❸ **1408**·3·8 政
近江国日指·諸河「土帳」できる　❸ **1408**·4·23 社
弥鶴丸、田地売券　❸ **1409**·③·4 社
佐佐木基清、訴訟状　❸ **1412**·11·26 社
段銭·段米(解説)　❸ **1413**·9·30 社
対馬の宗貞茂、朝鮮に使者を派遣　❸ **1414**·2·1 政
朝鮮太祖の倭寇懐柔策　❸ **1415**·2 月 社
室町幕府の所領一覧　❸ **1416**·2 月 政
上杉禅秀の乱　❸ **1416**·10·2 政
石清水八幡の文書管理　❸ **1417**·6·30 社
朝鮮三浦·釜山の賑わい　❸ **1418**·3 月 社
一揆のいろいろ(解説)　❸ **1418**·5 月 社

応永の外寇と撤退の理由　❸ 1419·6·20 社
朝鮮王、対馬島守宗貞盛に応永外寇の書を送る　❸ 1419·7·17 政
幕府、明船の来航を蒙古の襲来と勘違いをする　❸ 1419·7·23 社
対馬の朝鮮慶尚道所属問題事件　❸ 1420·①·10 社／1421·4·6 政
日本の農業、三毛作もあるか(朝鮮の記録)　❸ 1420·6 月 社
朝鮮回礼使の来朝、国王への報告　❸ 1420·10·23 政
日本に乞食多し　❸ 1420·10 月 社
通事魏天の来歴　❸ 1420·10·21 文
管領細川満元邸に守護大名が集まり協議　❸ 1423·7·5 社
足利義持、朝鮮に書を送り『大蔵経』の鏤板(板木)を求める　❸ 1423·7 月 政
伏見殿で猿楽開催　❸ 1424·3·11 文
明皇帝、琉球世子尚巴志へ冊封使　❸ 1425·2·1 社
称光天皇と後小松上皇の不和　❸ 1425·6·27 政
相撲人、多く京にのぼる　❸ 1425·9·13 社
近江今堀郷の座主、禁制を定める　❸ 1425·11 月 社
琉球王、暹羅(シャム)に咨文を送る　❸ 1425·是年 政
石見の益田兼理、置手(掟)を定む　❸ 1426·7·13 政
洛中洛外酒屋の名簿できる。三四七軒　❸ 1426·11·10 社
赤松満祐の乱　❸ 1427·10·26 政
足利義持、男色により赤松持貞に播磨国を与えるとの噂　❸ 1427·10 月 社
東寺公文職條々を定める　❸ 1427·11·28 社
将軍の後嗣をを鬮(くじ)で決める　❸ 1428·1·17 社
段銭の徴収権が東寺から守護方に移る　❸ 1428·6·15 政
朝鮮三浦で起きた事件に朝鮮法が適用されず　❸ 1428·8·13 社
興福寺、大和の寺領に徳政を行う　❸ 1428·11·2 社
陸奥の足利満貞、鎌倉府追討を申請　❸ 1429·9·3 政、社
倭寇、日本の根拠地　❸ 1429·12 月 社
第二回朝鮮通信使　❸ 1429·12·3 政
足利持氏、足利鑁阿·樺崎両寺の諸役免除　❸ 1430·5·3 社
九州に土一揆　❸ 1431·5·12 政
京畿、飢饉。餓死者多し　❸ 1431·7·5 社
京都米商人の悪徳ぶり　❸ 1431·7·8 社
朝鮮王、琉球国使を謁見　❸ 1431·11·9 政
足利義教、駿河守護今川範政邸に宿す　❸ 1432·9·18 社
土一揆は集団行動なので張本人を特定できない　❸ 1433·4·8 社
供僧の衆議で糾明の方法を定める　❸ 1433·5·30 社
起請文の失條々　❸ 1433·5 月 文
二毛作が行われる　❸ 1433·8·7 社
第十回遣明使で年号問題　❸ 1434·8·23 政
貞成親王、各地からの情報を聞きまとめる　❸ 1434·8·18 社
山城淀·鳥羽の土民、舟津の相論　❸ 1434·10·20 社
山門騒動、延暦寺衆徒降伏　❸ 1434·11·19 政
大和宝生村·染田天神講掟十二條　❸ 1434·是年 社
東寺領播磨矢野荘の盗難事件　❸ 1435·2·7 政
延暦寺衆徒、幕府の対応に憤激　❸ 1435·2·8 社
鎌倉府奉行人、塙信濃入道の狼藉停止を命ず　❸ 1435·5·3 社
寺戸兼松以下約百名、連署起請文　❸ 1435·7·25 政
大徳寺の大工職を為国が貞宗に譲る　❸ 1436·2·25 社
慧秀寺白香、徳政につき本銭返売券をつくる　❸ 1436·10·5 社
中国への進貢物　❸ 1436·是年 政
将軍足利義教の女中「小弁」の密通露見、相国寺僧は首を刎ねられる　❸ 1437·11·6 社
貞成親王、春日権現験記絵を見る　❸ 1438·2·27 社
永享の乱　❸ 1438·6 月 社／1439·2·10 政
長尾景人、足利学校を現在地に移す　❸ 1439·是年 文
足利持氏の遺子安王丸の願文　❸ 1440·3·4 社
土岐持頼、一色義貫討伐　❸ 1440·5·15 社
東寺、用水施設·荒廃地再開発　❸ 1440·7 月 社
幕府、本物返·質券所領·長期の借物について定める　❸ 1440·10·26 政
結城氏朝、足利持氏の遺児を保護して幕府の怒りに触れる　❸ 1441·1 月 社
結城合戦の捷報届き、京中安堵する　❸ 1441·4·23 社
嘉吉の乱起こる　❸ 1441·6·24 政
赤松討伐　❸ 1441·6·25 政
畠山一族の内紛(解説)　❸ 1441·7 月 社
畠山持永の逃避行　❸ 1441·7·4 社
嘉吉の土一揆　❸ 1441·9·3 社
土一揆の強大な勢力　❸ 1441·9·5 政
万里小路時房の徳政令対処法　❸ 1441·9·19 政
徳政條々　❸ 1441·⑨·10 社／❹ 1504·10·2 政
禁闕の変·神璽宝剣強奪事件　❸ 1443·9·23 政
等持寺の尾張海東中荘地頭方代官職請文　❸ 1443·10·13 社
山名持豊、播磨国東部三郡の支配領域について定める　❸ 1444·3·22 社
南朝王行悟、挙兵　❸ 1444·4 月 政
兵庫北関に入港した船　❸ 1445·8 月 政
延暦寺本院東谷檀那院堂集会、大浦荘百姓が乱入するを禁止　❸ 1446·2·25 社
富樫教家と泰高兄弟、加賀守護職相続争い　❸ 1447·6 月 政
矢野荘·太良荘不入の御教書　❸ 1447·9·21 政
北山殿建造の費用と様子　❸ 1448·8·19 政
近江日吉神社で惣村の掟を定める　❸ 1448·11·14 社
足利成氏、関東公方となる　❸ 1449·1 月 政
段銭の徴収、小槻氏の場合　❸ 1450·5·21 政
対馬権現(高麗在住者へ)勧進依頼状　❸ 1451·1·17 社
中国からの輸入品(解説)　❸ 1451·8 月 政
瑞渓周鳳、摂津有馬温泉に湯治に赴く　❸ 1452·4·7 社
京都の土一揆·享徳の土一揆(解説)　❸ 1454·9·4 社／9·8 社
幕府奉行人連署分一徳政令　❸ 1454·10·29 政、社
朝鮮朝廷、公文書保存(日本国書·大内氏書契)　❸ 1455·1·21 社
関東公方足利成氏、享徳年号を使用　❸ 1455·1 月 社
明皇帝、琉球尚泰久を国王に封ずる　❸ 1455·7·20 社
幕府、徳政條令を改定　❸ 1455·11·29 政／❹ 1531·9·17 政

第4巻(1456〜1600年)

楠葉西忍、渡明の話をする　❹ 1457·3·9 政／1480·12·21 社／1483·1 月 政
コシャマインの乱　❹ 1457·5·14 政
土一揆、頻発する　❹ 1457·10 月 社／1462·10·21 政
北山の変　❹ 1457·12·2 政
幕府、合銭のみの分一徳政令発布　❹ 1457·12·5 社
分一徳政令(解説)　❹ 1457·12·5 社／1481·7·10 政
赤松氏の遺臣、赤松家再興をはかる　❹ 1457·12 月 政

幕府、将軍新邸移転費用を諸五山に求める ❹ 1459・10・26 社
幕府、洛中洛外諸土倉質物利率(利平)のことを定める ❹ 1459・11・10 社
日野富子をはじめとする女性群、政治に介入 ❹ 1460・此頃 社
畠山義就と政長、家督を争う ❹ 1460・9・16 政
弓阿、大和龍田で死亡 ❹ 1460・10・10 社
私年号「延徳」の風聞 ❹ 1461・12月 政
『碧山日録』に見る寛正の大飢饉 ❹ 1461・是年 社
大極蔵主ら、当時最高の茶室に招かれる ❹ 1462・3・12 社
備前新見荘百姓ら、飢饉に苦しむ ❹ 1462・10・19 社
『碧山日録』に見る土一揆 ❹ 1462・10・21 社
備中新見荘代官、年貢など納入状況報告 ❹ 1462・12・13 政
漆、紙の値段 ❹ 1462・是年 政
糺河原で猿楽興行 ❹ 1464・4・5 社
馬借の掟を定める ❹ 1465・6・21 社
相国寺僧瑞渓周鳳起草の国書 ❹ 1465・6月 社
土一揆、東寺に閉籠し東寺困惑 ❹ 1465・11・10 社
大和大乗院に正願院塩座が来る ❹ 1466・②・19 社
文正の政変 ❹ 1466・9・6 政
応仁の乱が始まる前年の政情 ❹ 1466・9・13 政
京都騒動 ❹ 1466・12・25 政
観世音阿弥、歿す ❹ 1467・1・2 文
応仁の乱始まる ❹ 1467・1・5 政
畠山氏、家督相続の争い ❹ 1467・1・17 政
応仁の乱の原因 ❹ 1467・1月 社
山城国内の寺社本所領に年貢半済 ❹ 1467・8・27 社
盗賊の禁止を克知するものを目付と号す ❹ 1468・3・15 政
興福寺六方、布座と小物座との争いを裁決 ❹ 1468・10・19 社
足軽・疾足・疾走の乱暴・狼藉を禁止 ❹ 1468・11・3 社
明の通事(通訳官)定数、日本は四名 ❹ 1469・是年 政
応仁の乱をはじめとする混乱について ❹ 1470・是年 政
足軽大将馬切衛門五郎の登場と足軽の構成人員 ❹ 1471・1・25 社
石清水八幡宮神人の諸国荏胡麻油商売の特権を確認 ❹ 1471・4・5 社
蓮如、越前吉崎御坊に坊舎を建てる ❹ 1471・7・27 社／1473・8・2 社
赤痢・疱瘡等の病送りに、風流・囃子物・作山が京中大路を練り歩く ❹ 1471・⑧・7 社
蓮如、女人救済を説く ❹ 1473・12・13 社
朝鮮の倭館火災と日本人住居の状況 ❹ 1474・1・24 社
蓮如、為政者の法を第一とする ❹ 1474・2・17 社
浄土真宗高田派と本願寺派とが抗争 ❹ 1474・7・26 社
朝鮮の恒居倭に高利貸あり ❹ 1474・10・28 社
長尾景春の乱の原因 ❹ 1477・1・18 社
琉球王尚宣威、退位の事情 ❹ 1477・2月 社
一乗院の茶会 ❹ 1477・7・1 文
幕府の勢力が衰え、下知に応ぜず年貢未納の国多くなる ❹ 1477・是年 政
勝仁親王、壬生晴富が後花園天皇『御百首』を所持していることを聞いて所望する ❹ 1478・11・24 文
大和奈良唱門師(声聞師)の組織 ❹ 1478・是年 社
都から逃出る公家への批判 ❹ 1479・是年 政
東寺で曲舞がある ❹ 1480・8・3 文
土一揆、京都七口の関所撤廃を要求する ❹ 1480・9・16 社
朝倉孝景壁書 ❹ 1481・7・26 社
偽倭寇の横行 ❹ 1482・8・12 政
延暦寺僧、大講堂集会を開催 ❹ 1482・8月 社
諸本所公事銭を往来の旅人に課す ❹ 1483・7・28 社
内裏月次和漢御会 ❹ 1483・12・4 文
周防長門守護大内政弘、撰銭・米売買等の禁令を出す ❹ 1485・4・15 政
幕府、徳政の條々 ❹ 1485・8・20 政
幕府の土一揆禁令などの送付先 ❹ 1485・8月 社
神奈川・品川の繁栄 ❹ 1485・10・2 社
山城国一揆の契機 ❹ 1485・10・14 政／12・11 社／1491・7・25 政／1493・9・11 社
大内氏、被官以外の山口寄宿を禁止する ❹ 1486・4・29 社
播磨守護代別所則治、三木郡細川荘の違乱を停止する ❹ 1486・8・17 社
老婆・湯婆・準男・脚婆(湯タンポ)使用される ❹ 1486・是年 政
山城国一揆、菅井荘に半済実施 ❹ 1487・4・11 社
第一次六角征伐 ❹ 1487・8・9 政
鹿苑寺金閣の詩会 ❹ 1488・5・9 文
加賀一向一揆 ❹ 1488・5・26 政／6・5 政
足利義尚の亡骸、京に戻る ❹ 1489・3・30 社
幕府花会。内裏立花会 ❹ 1489・5・24 文
作庭家善阿弥 ❹ 1489・6・5 文
東山銀閣 ❹ 1489・10月 政
近江今堀郷の掟 ❹ 1489・11・4 社／1591・8・21 社
北野社焼け跡処理について河原者苦情 ❹ 1490・3・16 社
幕府、短冊関の関料を定める ❹ 1491・7・29 社
伊勢貞陸、山城守護となる ❹ 1493・3・8 社
明応の政変 ❹ 1493・4・22 政
相良為続、法度を定める ❹ 1493・4・22 社
畠山政長の自殺 ❹ 1493・④・25 社
朝鮮前慶尚道監司、日本人使節の長期滞在を禁止 ❹ 1493・⑤・8 社
後土御門天皇、直衣着用勅免について尋ねる ❹ 1495・1・28 社
雪舟筆自序「破墨山水図」できる ❹ 1495・3月 文
『新撰菟玖波集』序できる ❹ 1495・6・20 社／9・29 文
東寺領久世荘と石清水八幡宮領八條西庄と用水相論 ❹ 1495・7・3 政／1496・②月 社
足利義材、遣明使船の帰国 ❹ 1496・4・28 政
明応の大地震 ❹ 1498・8・25 社
蓮如、講衆に教理を説く ❹ 1498・是年 社
祇園山鉾巡行の順序争い ❹ 1500・6・6 社
東寺の借用状、利息は毎月百文につき三文 ❹ 1500・12・3 社
細川政元、家法を定める ❹ 1501・6月 政
松平元康、西郷義勝の家督相続を認める ❹ 1501・10・21 政
丹波玉泉寺領高除田地争論 ❹ 1501・11・25 社
会津大地震 ❹ 1501・12・10 社
和泉日根荘、荘園の衆会 ❹ 1502・2・27 社
摂津国今宮神人の魚物商売安堵 ❹ 1502・6・7 社
将軍足利義澄、願文を納める ❹ 1502・12・25 政
(画僧)雪舟等楊歿す ❹ 1502・是年 文
朝鮮齊浦に居住する倭人の数 ❹ 1503・3・25 政
和泉日根野荘の自検断 ❹ 1504・2・16 社
紀伊名草郡三上荘の大池築造者に褒美 ❹ 1504・5・1 社
後柏原天皇宸筆詠草 ❹ 1504・10・25 文
北條早雲、伊勢関氏の一族であることを伝える ❹ 1506・9・21 政
越後守護上杉房能、守護代長尾為景の打倒をはかる ❹ 1507・是春 社
永正の錯乱 ❹ 1507・6・23 政
細川高国、挙兵 ❹ 1508・3・17 政
幕府、精銭を規定、悪銭禁止 ❹ 1508・8・5 政
越前守護朝倉貞景、他領の塩船・榑船からの直買い禁止 ❹ 1508・11・24 社
長尾為景、長尾房景に越中出陣を要請 ❹ 1509・2・2 政
越前永平寺、定書十二條を定める ❹ 1509・4月 社
琉球首里城正殿正面の石欄干の刻銘 ❹ 1509・9月 文
越後守護上杉定実、築地忠基に協力を要請 ❹ 1509・10・6 政
幕府、撰銭罪科を定める ❹ 1510・12・17 政／1512・8・30 政
永正條約・壬申約條、倭人三浦居住禁止 ❹ 1512・8・21 政
越後守護代長尾為景、安田氏に安堵状 ❹ 1515・②・7 政
大友義長條々 ❹ 1515・12・23 社
幕府、祇園社に禁制を出す ❹ 1516・4・11 社

幕府、大工職のことにつき定める ❹ **1516**・5・14 社
今川氏親、遠江掛川城を攻略 ❹ **1516**・8・19 政
幕府、京都の魚類振売本座の商売物につき定める ❹ **1516**・12・14 社
幕府、十五歳以下の者の刑罰考慮 ❹ **1518**・5・20 社
大内氏、撰銭令 ❹ **1518**・10・14 社
摂津伊丹城に天守閣の語あり ❹ **1520**・2・3 政
琉球国三司官、種子島忠時へ荷口(船)免許状 ❹ **1521**・6・15 社
政所公人の職掌 ❹ **1523**・4・3 政
寧波の乱 ❹ **1523**・4・30 社／**1527**・7 月 政
紙屋四郎大夫、如法経米五石寄進 ❹ **1523**・8・24 社
北條氏綱、相模当麻宿に伝馬定めを出す ❹ **1524**・4・10 社
朝廷、鋳物師の諸役・諸関所の通行税免除 ❹ **1525**・4・2 社
神谷寿禎・三島清左衛門、石見銀山を発見 ❹ **1526**・3・20 社
今川仮名目録できる ❹ **1526**・4・14 政
足利義晴より明への国書 ❹ **1527**・8 月 社
傾城(遊女)の管轄(久我家) ❹ **1528**・6・2 社、文
玉龍坊、関東に鉄砲を伝える ❹ **1528**・是年 政
鷹の食べ方 ❹ **1528**・是年 社
大内義隆、課税に関する條々 ❹ **1529**・2・10 政
越後守護代長尾為景の武将、陣中壁書を定める ❹ **1531**・1 月 政
大物崩れ・天王寺崩れ。細川高国、自刃 ❹ **1531**・6・4 政
本願寺坊官、飛騨照蓮寺への書状 ❹ **1531**・9・28 社
「おもろさうし」第一巻 ❹ **1531**・是年 文
畿内天文一揆始まる ❹ **1532**・6・15 政
山城宇陀郡で郡内一揆契状できる ❹ **1532**・6・29 社
安芸毛利元就の臣、用水・人返しについて協力誓約 ❹ **1532**・7・13 社
山科本願寺攻撃の状況 ❹ **1532**・8 月 社
摂津尼崎菩提寺の葬礼・墓所の掟 ❹ **1532**・11・30 社
祇園会の迷走 ❹ **1533**・5・22 社
後奈良天皇宸筆「般若心経」奥書 ❹ **1534**・5 月 文
明の琉球冊封使、琉球の臣と会談 ❹ **1534**・7・2 社
朝廷、久我通言に当道座管領権を安堵 ❹ **1534**・11・16 社
後奈良天皇、即位大礼の内定を伝える ❹ **1535**・1・3 社
今川氏輝、武田信虎と不和 ❹ **1535**・8・16 政
籠名調伏 ❹ **1536**・1 月 社
伊達稙宗、「塵芥集」を制定する ❹ **1536**・4・14 政
延暦寺衆徒、六角定頼と法華宗門徒を破る ❹ **1536**・7・27 政
木綿布子の初見 ❹ **1537**・12・17 社
第一次国府台合戦 ❹ **1538**・10・4 政
武田信玄、家督を相続 ❹ **1541**・6・4 政
琉球の渡南蛮船筑殿職叙任辞令書 ❹ **1541**・8・10 政
明国福州と双峡との間の海上でジャンク船が日本銀を奪う ❹ **1541**・是年 社
太平寺の合戦 ❹ **1542**・3・17 政、社
日本使安心東堂、朝鮮に銀八万両を貿易品として持込む ❹ **1542**・4・24 社
肥後の相良長唯、琉球王に貿易を要請 ❹ **1542**・⑤・26 政
出雲赤穴城の攻防。鉄砲も登場 ❹ **1542**・7・27 政／12・13 社
ポルトガル人、種子島に漂着。鉄砲を伝える ❹ **1542**・是年 社
鉄砲の伝来 ❹ **1543**・8・25 社
信濃諏訪社、御神渡のことを幕府へ報告 ❹ **1543**・12・7 社
日本国使、明で朝鮮と席の上下を争う ❹ **1544**・4・24 政
越後守護上杉定実、土地を安堵 ❹ **1544**・10・10 政
白毫寺納所、利息百文につき年利二文の借用状 ❹ **1544**・12・13 社
松平竹千代(徳川家康)拉致事件 ❹ **1547**・10・19 社
フランシスコ=ザビエル、鹿児島に上陸 ❹ **1549**・7・3 政
日本の風俗 ❹ **1549**・11 月 政
近江六角氏の楽市令。楽市の語初見 ❹ **1549**・12・11 社
日本の有名な学校 ❹ **1549**・是年 文
遣明船一覧(1465～1549 年) ❹ **1549**・是年 政
大友二階崩れの変 ❹ **1550**・2・10 政
三好長慶の禁制 ❹ **1550**・7・10 社
三好長慶の将三好長逸、兵一万八千を率いて京に入る ❹ **1550**・7・14 政
織田信長、家督を嗣ぐ ❹ **1551**・3・3 社
ザビエル、山口での布教状況 ❹ **1551**・3 月 社
安芸厳島の合戦 ❹ **1551**・8・20 政
大内氏の家臣四人連署の遺書 ❹ **1551**・9・1 政
蝦夷の蠣崎季広、東西アイヌの酋長と講和、商船往還の法度を定める ❹ **1551**・是年 政
今川氏、駿河国の検地 ❹ **1553**・2・12 社
今川義元、富士又八郎に荒れ地開墾を奨励 ❹ **1553**・3・24 社
倭寇王直、明国を大侵寇 ❹ **1553**・3 月 政
三好長慶、畿内を征圧 ❹ **1553**・8・1 社
北條氏、武蔵芝金曾木に船方法度を定める ❹ **1554**・7・12 社
今川義元、三河長興寺の寺領を安堵する ❹ **1554**・11・3 社
相良氏法度、一向宗などを禁制 ❹ **1555**・2・7 社
北條氏康、伊豆松崎の船番匠の條規を定める ❹ **1555**・3・13 社
陶晴賢、毛利氏の謀略にかかる ❹ **1555**・9 月 社
宣教師アルメイダ、豊後府内に育児院を建てる ❹ **1555**・是年 社
斎藤道三、末子に遺書を与える ❹ **1556**・4・19 社
下田大工清次郎、大釜を新鋳、三十年を保障 ❹ **1556**・4・30 社
大明副使蔣洲、日本国対馬島主に倭寇の禁止を要請 ❹ **1556**・11・3 政
結城晴朝、家法を定める ❹ **1556**・11・25 社
宣教師アルメイダ、豊後府内に病院を建てる ❹ **1556**・12 月 文
近衛稙家、種子島時堯に南蛮人直伝の鉄砲火薬の調合法を尋ねる ❹ **1557**・3・5 政
大友義鎮より大内義長死亡を知らせる毛利元就宛て書状 ❹ **1557**・4・2 社
毛利元就、その子三人に一致協力の教訓状を与える ❹ **1557**・11・25 社
毛利元就、軍中法度を定める ❹ **1557**・12・2 政
三好長慶、東寺に三好軍の配置を伝える ❹ **1558**・5・7 社
三好長慶、摂津郡家と真上の用水相論を裁決 ❹ **1559**・5・19 社
三好長慶の臣、東大寺に禁制を出す ❹ **1559**・6 月 社／7 月 社
天文学者賀茂在昌、キリスト教を信仰する ❹ **1559**・此頃 文
桶狭間の合戦 ❹ **1560**・5・19 政
松平元康(徳川家康)、三河法蔵寺に禁制を出す ❹ **1560**・7・9 社
毛利隆元、竺雲慧心に書を送る ❹ **1560**・9・18 社
三條西公條、正親町天皇宸筆詠草を添削する ❹ **1561**・4・26 文
三好長慶、十河孫六郎に書を送る ❹ **1561**・5・6 社
上杉謙信、川中島合戦での戦功者に血染めの感状を与える ❹ **1561**・9・11 社
増城源八郎、鉄火に敗れ逆磔となる ❹ **1561**・9 月 社
島津貴久、インド副王に書翰を送る ❹ **1561**・是年 政
外国人宣教師の見たお盆の風習 ❹ **1561**・是年 社
久米田の合戦、三好義賢戦死の状況 ❹ **1562**・3・5 社
幕府、洛中の合戦の間の掟を出す ❹ **1562**・3・23 社
和泉堺の町の状況 ❹ **1562**・是年 社
足利義輝、聖護院道増に大友・毛利両氏の和睦調停を伝える ❹ **1563**・3・29 社
三好義興の死についての噂 ❹ **1563**・8・25 社
上野下室田長年寺僧受連、武田信玄から制札を受ける ❹ **1563**・12・5 社
上杉氏の武将河田長親、千妙寺に制札を与える ❹ **1564**・2・5 社

玉置吉保の寺子生活と学習内容　❹ **1564**·2·9 文
上杉謙信、更級八幡宮に武田信玄滅亡を祈願する　❹ **1564**·8·1 社
将軍足利義輝、殺す　❹ **1565**·5·19 社
大内義弘、屋代島より逃げ帰るの噂　❹ **1565**·6·25 社
小田原に唐人町できる　❹ **1566**·是春 社
上杉謙信、北條氏康と和睦　❹ **1566**·5·9 政
河内真観寺で三好長慶の葬儀　❹ **1566**·6·24 社
浅井長政、近江に撰銭を禁止　❹ **1566**·9·1 社
北條氏政、一向宗の存在を認める　❹ **1566**·10·2 社
出雲富田(月山)城、落城。尼子氏滅びる　❹ **1566**·11·19 政
北條氏、武蔵児玉郡今井郷に制札を与える　❹ **1566**·12·4 社
僧受連の制札申受けの苦労　❹ **1567**·3·7 社
伴野信是、武田信玄に起請文提出　❹ **1567**·8·8 社
上杉氏、大石芳綱に出陣の支度を指示する　❹ **1567**·12·14 社
足利義昭の密使、山科言継に面会、一乗谷下向を要請　❹ **1568**·2·8 社
北條氏康、子三郎に飲酒の禁　❹ **1568**·8·10 社
織田信長、足利義昭の将軍任命を祝し能楽開催　❹ **1568**·10·22 文
織田信長、美濃加納市場の條規を定める　❹ **1568**·9月 社
穴山信君の過所(通行許可証)　❹ **1568**·11·27 社
武田信玄、駿河に侵入　❹ **1568**·12·6 政
武田信玄、駿河久能山衆徒の服従を求める　❹ **1568**·12·23 社
家康、正式に徳川の姓を名乗る　❹ **1569**·1·3 社
織田信長、撰銭の制　❹ **1569**·3·1 政／3·16 社
武田信玄、駿河久能山城の掟書をつくる　❹ **1569**·4·19 社
徳川家康、遠江舛(枡)座の制を定める　❹ **1569**·7月 文
北條氏、小田原城修築の人足を求める　❹ **1569**·11·23 社
織田信長の足利義昭に出した五條件　❹ **1570**·1·23 社
織田信長、姉川合戦を足利義昭に報告　❹ **1570**·6·28 社
本願寺光佐、紀伊の門徒に救援を求める　❹ **1570**·8·27 社
幕府、徳政條々　❹ **1570**·9·23 社
浅井長政、諸寺に禁制を出す　❹ **1570**·9月 社
織田信長、京都本能寺に禁制を出す　❹ **1570**·12月 社
織田信長、木下秀吉宛て交通禁止指令書　❹ **1571**·1·2 社
伊勢長島一向一揆、織田軍を破る　❹ **1571**·5·16 社
北條氏政、上総本行寺に禁制を出す　❹ **1571**·9·2 社
織田信長、叡山焼討ち、全山灰燼と化す　❹ **1571**·9·12 社
今川氏真、駿河興津·天王山の合戦を賞す　❹ **1571**·9·25 社
ポルトガル国王、日本人奴隷取引禁止　❹ **1571**·是年 政
北條氏、二十五貫文所持の者の軍役を定める　❹ **1572**·1·9 政
武田信玄、比叡山延暦寺の身延山移転を計画　❹ **1572**·1·21 社
近江で提出された起請文の例　❹ **1572**·1·23 文
織田信長、足利義昭に異見十七か條を提出　❹ **1572**·9月 政
武田信玄、朝倉義景に信長討伐軍を出したと報告　❹ **1572**·11·19 政
毛利輝元、年寄衆·奉行衆掟を出す　❹ **1572**·12·1 社
閏二月から四月にかけて朝鮮へ渡った船々　❹ **1572**·是年 社
上杉謙信、織田信長に書を送る　❹ **1573**·3·19 社
武田信玄の死を三年間隠す　❹ **1573**·4·12 社
室町幕府、滅亡　❹ **1573**·7·3 政
織田信長、細川藤孝に足利将軍と袂を分かったことを賞す　❹ **1573**·7·10 社
織田信長、京都上京の復興を命ず　❹ **1573**·7月 社
朝日岳の一向一揆　❹ **1573**·8·10 社
織田信長、越前一向一揆を鎮圧　❹ **1573**·8·17 社
浅井氏の滅亡　❹ **1573**·8·27 政
江北の羽柴秀吉、小早川隆景に勝利を報ずる　❹ **1573**·10·12 社
織田信長、信濃兵部丞に知行状、中に傾城座の語あり　❹ **1573**·11·28 社
安国寺恵瓊の秀吉評　❹ **1573**·12月 政
織田信長、朝倉義景·浅井久政·長政の首を薄濃とする　❹ **1574**·1·1 社
織田信長父子、明知城救援に失敗　❹ **1574**·2·5 社
織田信長、正倉院の名香蘭奢待二片を切取る　❹ **1574**·3·28 文
賀茂祭、織田信長が競馬　❹ **1574**·5·5 社
上杉謙信、越後の関所に御條目　❹ **1574**·8月 社
伊勢一向一揆、敗北　❹ **1574**·9·29 社
織田信長、尾張に道路をつくらせる　❹ **1574**·12月 社
伊藤孫右衛門、肥後から紀州に蜜柑を移す　❹ **1574**·是年 社／❺-1 **1634**·是年 社
島津義弘、薩摩祁答院に領地替え　❹ **1575**·4·24 社
長篠の合戦　❹ **1575**·5·21 政、社
織田信長、千宗易に鉄砲の玉を送られたことを謝す　❹ **1575**·9·16 社
前田利家、一向一揆を討伐　❹ **1576**·5·24 社
木津川口海戦　❹ **1576**·7·13 社
織田信長、近江安土に條規、楽市とする　❹ **1577**·6月 政
上杉謙信、信長軍撃破の書状　❹ **1577**·9·29 社
織田信長、織田信忠に茶道具を送る　❹ **1577**·12·28 文
上杉景勝、会津黒川城の蘆名盛氏宛て書状　❹ **1578**·3·24 社
上杉景勝、謙信の死を太田資正に伝える　❹ **1578**·3·26 社
龍造寺隆信、三男家信に自筆遺書を送る　❹ **1578**·4·20 社
『景勝一代略記』に見る御館の乱　❹ **1578**·5·16 社
九鬼嘉隆、信長の命により鉄船をつくる　❹ **1578**·6·26 社
山中幸盛筆書状　❹ **1578**·7·8 社
北條氏政、武蔵世田谷に六斎市を立てる　❹ **1578**·9·29 社
イエズス会宣教師の見た豊後府内由原宮と祇園社の盛んな祭礼　❹ **1578**·9月 社
龍造寺隆信、兵を率いて筑後と筑前に入る　❹ **1578**·11·19 政
高橋鑑種、殺す　❹ **1579**·4·24 社
安土宗論　❹ **1579**·5·27 社
羽柴秀吉、播磨三木城へ兵糧搬入の毛利軍を破る　❹ **1579**·9·10 社
織田信長、子信雄への怒りの手紙　❹ **1579**·9·17 社
瀧川一益、伊丹城を攻略　❹ **1579**·10·15 社
羽柴秀吉、伊丹城の女房を処刑　❹ **1579**·12·13 社
穴山信君、番匠の高山飛騨守に駿河江尻城造作覚を与える　❹ **1579**·12·21 政
播磨三木城の別所長治、自刃する　❹ **1580**·1·17 政、社
織田信長、勅命により本願寺と和談。本願寺、大坂城退去　❹ **1580**·3·17 政、社
イエズス会巡察使ヴァリニャーノ、相良氏に挨拶状を出す　❹ **1580**·4·3 社
織田信長、大坂石山城の本願寺光寿に和平條件の誓紙を提出　❹ **1580**·7·17 社
大坂石山城炎上　❹ **1580**·8·2 社
大和各地の城破の状況と築城許可　❹ **1580**·8·4 社
織田信長、大和の検地指出状提出を命ずる　❹ **1580**·9·26 政
織田信長一族系図　❹ **1580**·是年 政
新潟の繁栄　❹ **1581**·1月 社
織田信長の馬揃　❹ **1581**·2·28 政
徳川家康、高天神城を攻略　❹ **1581**·3·22 社
北條氏、武蔵松山に市の定を出す　❹ **1581**·9·30 社
鳥取城で吉川経家ら切腹　❹ **1581**·10·25 社
響野原の合戦　❹ **1581**·12·2 政
織田信長、羽柴秀吉に名物茶器を与える　❹ **1581**·12·23 文
イエズス会教育機関の移動表　❹ **1581**·是年 文
日本のキリスト教徒十五万人　❹ **1581**·是年 社
武田氏の滅亡　❹ **1582**·3·11 社
織田信長の法度十一か條　❹ **1582**·3月 社
関東管領瀧川一益の茶湯の道精進　❹ **1582**·4·4 文
羽柴秀吉、巣蜘城の攻略　❹ **1582**·4·25 社

羽柴秀吉、高松城水攻めの状況　❹ **1582**·5·19 社
種子島久時に琉球渡船派遣は報告を求める　❹ **1582**·5·22 社
織田信忠、森蘭丸に父信長と会いたいと伝える　❹ **1582**·5·27 社
本能寺の変　❹ **1582**·6·2 政
明智光秀、小早川隆景に書を送る　❹ **1582**·6·2 社
羽柴秀吉、毛利方の安国寺恵瓊を通して毛利氏と和睦　❹ **1582**·6·4 政
羽柴秀吉、摂津茨木城主に信長は本能寺から無事脱出と伝える　❹ **1582**·6·5 社
明智光秀、細川忠興に加勢を要請　❹ **1582**·6·9 社
羽柴秀吉、尼崎に進出したことを報ずる　❹ **1582**·6·11 社
山崎の合戦。明智光秀、歿す　❹ **1582**·6·13 政／6·19 社
清洲会談　❹ **1582**·6·27 政
羽柴秀吉、細川幽斎·忠興に血判状を与える　❹ **1582**·7·11 社
柴田勝家、堀秀政に清洲会議の履行を求める　❹ **1582**·10·6 社
羽柴秀吉、織田家への忠誠を書く　❹ **1582**·10·18 社
秤座守随氏と徳川家康との関係　❹ **1582**·11·26 文
明智光秀、叛乱の一因か　❹ **1582**·是年 政
大友義統の屋山中務への感状　❹ **1583**·2·17 社
近衛信尹·足利義昭、島津義久に援助を要請　❹ **1583**·3·16 社
賤岳の合戦、七本槍。功労者は九人　❹ **1583**·4·21 社
羽柴秀吉の小早川隆景宛て書状　❹ **1583**·4·23 政
前田利家の自信と苦悩　❹ **1583**·4·27 社
羽柴秀吉、柴田勝家の子権六ら処刑　❹ **1583**·5·12 社
千利休、博多の島井宗室に大坂の状況を伝える　❹ **1583**·6·20 文
丹羽長秀、轆轤師に諸役免除　❹ **1583**·6 月 社
羽柴秀吉から「ま阿」宛ての手紙　❹ **1583**·8·1 政
池田恒興、尾張小牧の小松寺に禁制　❹ **1584**·3·14 社
美濃兼山城主森長可、尾藤知宣に遺書を送る　❹ **1584**·3·26 社
大友宗麟、国政に関する意見十四か條を出す　❹ **1584**·4·3 社
尾張長久手の合戦　❹ **1584**·4·9 政、社
検地帳前書き雛型　❹ **1584**·10·1 社／**1591**·8·20 政／**1594**·6·17 政／7·16 政
大友宗麟のローマ教皇宛て書状　❹ **1584**·11·7 社
イエズス会準管区長コエリョ、キリスト教領主のためスペイン艦隊の派遣を要請　❹ **1585**·2·2 政
北條氏、荻野に六斎市の制札を出す　❹ **1585**·2·26 社
羽柴秀吉、小早川隆景宛て書状　❹ **1585**·3·25 社
丹羽長秀、羽柴秀吉に遺書を送る　❹ **1585**·4·14 社
羽柴秀吉、紀伊太田城籠城中の百姓に還住と武器の提出を命ずる　❹ **1585**·4·22 社／4·23 社
羽柴秀吉、関白となる　❹ **1585**·7·11 社
羽柴秀吉より安国寺恵瓊宛て書状　❹ **1585**·7·14 社
北條氏、相模田津浜に湊管理の通達　❹ **1585**·7·22 社
秀吉の真の目的は四国攻略ではなく島津攻略　❹ **1585**·8·20 社
長宗我部元親、蜂須賀正勝に羽柴秀吉への降伏斡旋を謝す　❹ **1585**·⑧·5 社
羽柴秀吉、羽柴秀次に近江四十三万石を与える　❹ **1585**·⑧·22 社
島津·大友停戦令　❹ **1585**·10·2 政
羽柴秀吉、参内。千利休の茶会　❹ **1585**·10·7 文
飛驒白川の帰雲城、地震で埋没　❹ **1585**·11·29 社
豊臣秀吉一族系図　❹ **1585**·是年 政
大友義統、大宰府天満宮で法楽連歌　❹ **1586**·1·5 文
島津義久、細川幽斎に弁明の書状　❹ **1586**·1·11 社
羽柴秀吉、内裏小御所に黄金の茶室設置　❹ **1586**·1·15 文
武蔵松山城主上田憲定、新市場を開設　❹ **1586**·2·30 社
羽柴秀吉、九州征討の準備を始める　❹ **1586**·4·10 政
羽柴秀次、近江八幡山下町に掟書を出す　❹ **1586**·6 月 社
高野山僧木食応其、大坂城の羽柴秀吉に謁す　❹ **1586**·7·21 社
羽柴秀吉の吉川元春·小早川隆景宛て書状　❹ **1586**·10·14 社
筑前立花城将立花統虎、黒田孝高に従う　❹ **1586**·10·18 社
羽柴秀吉、母の大政所天瑞院を岡崎に送り、徳川家康と秀吉の会談成立　❹ **1586**·10·26 社
大石火矢国崩で戦う　❹ **1586**·12·7 社
筑前香春岳城で島津氏の将高橋元種を破る　❹ **1586**·12·11 政、社
戸次川の合戦、島津軍勝利　❹ **1586**·12·13 社
豊臣秀吉、大坂城中で茶会　❹ **1587**·1·3 文
珍島人沙火同、倭寇となり朝鮮損竹島を襲撃　❹ **1587**·2·26 社
豊臣秀吉の九州征討の行程　❹ **1587**·3 月 社
文禄の役　❹ **1587**·5·4 政／9 月 政／**1591**·是年 政／**1592**·是年 政／**1593**·是年 政／**1594**·是年 政／**1595**·是年 政／**1596**·是年 政／**1598**·是年 政(地図)
九州国分け　❹ **1587**·5·9 社
豊臣秀吉、北政所に手紙を送り、朝鮮出兵について触れる　❹ **1587**·5·29 社
本願寺宛て豊臣秀吉朱印状　❹ **1587**·6·1 政
豊臣秀吉、筑前博多町を再興　❹ **1587**·6·11 社
豊臣秀吉、宗義調に対馬を安堵　❹ **1587**·6·15 政
豊臣秀吉、キリスト教掟を定める。高山右近の領地没収　❹ **1587**·6·18 社／6·19 政
豊臣秀吉、キリスト教禁止。宣教師追放　❹ **1587**·6·19 社
北野大茶湯　❹ **1587**·7·28 文／10·1 文
肥後の国一揆　❹ **1587**·8·7 政
聚楽第の規模　❹ **1587**·9·13 社
諸大名、朝廷·豊臣秀吉に対する誓書を提出　❹ **1588**·4·15 政
豊臣秀吉、京都地子銀·米地子を智仁親王に贈る　❹ **1588**·4·15 社
徳川家康、北條氏政·氏直父子に起請文　❹ **1588**·5·21 社
深堀純賢の知行没収の経緯　❹ **1588**·6·15 社
豊臣秀吉、刀狩令を出す　❹ **1588**·7·8 政
豊臣秀吉、海賊停止令を出す　❹ **1588**·7·8 社
豊臣秀吉、琉球からの秀吉への使者派遣と明との勘合貿易復活を要請　❹ **1589**·1·21 政
京都上京·立売組、生絹を縫製し献上　❹ **1589**·6 月 社
豊臣秀吉、伊達氏の戦いは私戦であり「越度」と責める　❹ **1589**·7·22 社
豊臣秀吉、八幡船(倭寇)取締令　❹ **1589**·10·3 政
朝鮮からの通信使の状況　❹ **1589**·11·8 社
北條氏への最後通牒起草　❹ **1589**·11·23 社
陸奥の軍役割当状　❹ **1589**·12·8 社
北條氏直、鋳物師頭須藤惣左衛門に大筒を鋳造させる　❹ **1589**·12·30 社
下総小金城主、八木郷百姓に用水路掘削を命ずる　❹ **1590**·2·10 社
豊臣秀吉の琉球王宛て国書　❹ **1590**·2·28 社
ローマ教皇シスト五世の高山右近宛て書簡　❹ **1590**·3·20 社
豊臣秀吉宛ての朝鮮国書　❹ **1590**·3 月 社
小田原城攻守の両軍、鉄砲で攻撃しあう　❹ **1590**·5·18 社
伊達政宗、藤沢より近況を報告する　❹ **1590**·6·14 社
豊臣秀吉、南部信直に陸奥南部を安堵する　❹ **1590**·7·27 社
北條氏直、小田原城を出て降る　❹ **1590**·7·5 政
徳川家康、江戸城に入る　❹ **1590**·8·1 政、社
江戸伝馬町の高野新右衛門、名主役と伝馬役とを任命する　❹ **1590**·8·1 社
豊臣秀吉、奥州検地の條目を与える　❹ **1590**·8·9 社
豊臣秀吉、禁制の制札下付の価格を定める　❹ **1590**·8 月 社
大崎·葛西一揆　❹ **1590**·10·16 政
朝鮮側から見た秀吉の通信使謁見の様子　❹ **1590**·11·7 社

関白秀吉の朝鮮への国書　❹ 1590·11·7 社
豊臣秀吉、本願寺顕如に京都六條の地を与える　❹ 1591·①·5 社
豊臣秀吉、京都の周囲にお土居を築く　❹ 1591·①月 社
京都に秀吉批判の落首あり　❹ 1591·2·26 社
千利休切腹の事情　❹ 1591·2·28 文
豊臣秀次、戸田影政から小太刀の秘法を授けられる　❹ 1591·4·17 社
豊臣秀吉、ポルトガル領インド総督に返書を送り交易を認める　❹ 1591·7·25 社
近江国今堀惣掟　❹ 1591·8·21 社
豊臣秀吉、奉公人·百姓などの身分を定め、転職を禁止する　❹ 1591·8·21 社
豊臣秀吉、小琉球(フィリピン)に書を送り、服属を求める　❹ 1591·9·15 政
豊臣秀吉、秀次に訓誡状を与える　❹ 1591·12·20 政
煙草の伝来諸説　❹ 1591·天正年間 社／❺-1 1609·7·14 社／1615·6·28 社
伊達政宗、侍女小少将に京の様子を伝える　❹ 1592·2·25 社
全国に人掃(人口戸口調査)を命ずる　❹ 1592·3·6 政
豊臣秀吉、お禰に手紙を送る　❹ 1592·5·6 社
豊臣秀次、鹿苑院有節瑞保に五山文学の復興を命ず　❹ 1592·12·27 文
奈良町人、金銭の信用貸を始める　❹ 1592·是年 政
佐竹義宣、肥前名護屋での状況を報ずる　❹ 1593·1·29 政
船頭ら、過半数病死　❹ 1593·2·5 社
増田長盛ら朝鮮三奉行、明使節が日本の軍営に入ったことを伝える　❹ 1593·4·18 政
呂宋諸島総督、豊臣秀吉に答書を書す　❹ 1593·4·20 政
足利義昭、朝鮮出兵の小早川隆景宛て書状　❹ 1593·5·26 政
蠣崎慶広、秀吉よりの朱印状を東西アイヌ酋長に披見する　❹ 1593·是夏 政
伊達政宗、母義姫に朝鮮から近況を伝える　❹ 1593·7·24 社
名護屋在陣中の秀吉、北政所への書状　❹ 1593·8·9 政
朝鮮西生浦の加藤光泰、浅野長政に書状を送る　❹ 1593·8·28 政
豊臣秀吉、逃亡者の召抱を禁止する　❹ 1593·⑨·26 政
豊臣秀吉、呂宋総督への書状を送る　❹ 1593·11·2 政
豊臣秀吉、尾張国中御置目を出す　❹ 1593·11·28 社
小笠原島が発見される　❹ 1593·是年 政
伏見城石垣·大和多門櫓工事に動員された者の数　❹ 1594·5·17 社
唐島滞在中の島津義弘、京都に歌書添削を求める　❹ 1594·6·10 文
本能寺前町の町衆、掟をつくる　❹ 1594·7·15 社
種子島久時、島津義弘に起請文を提出する　❹ 1594·7·15 政
豊臣秀吉、盗賊(石川五右衛門)処刑　❹ 1594·8·24 社
ポルトガル国王、日本への宣教師派遣を禁止する　❹ 1595·1·8 社
明、国書を送り豊臣秀吉を日本国王に冊封する　❹ 1595·1·21 政
豊臣秀次、高野山で自害する　❹ 1595·7·15 政、社／8·2 社
豊臣秀吉、寺社法度を出す　❹ 1595·8·3 政
毛利輝元、児玉元兼に加増する　❹ 1595·11·28 政
徳川家康、後藤光次を金銀改役とする　❹ 1595·是年 政
文禄年間の朱印船　❹ 1595·是年 政
近畿大地震、方広寺大仏殿大破　❹ 1596·⑦·13 政、社
スペイン船〈サンフェリペ号〉、漂着する　❹ 1596·8·26 政／9·6 政
日本二十六聖人　❹ 1596·11·15 社
豊臣秀吉、五人組·十人組をつくる　❹ 1597·3·7 政
長宗我部元親、街道に関する定めと馬の国外移出を禁止　❹ 1597·3·24 社
慶長の役　❹ 1597·是年 政／1598·是年 政(地図)
豊臣秀吉、蒲生秀行を宇都宮へ·上杉景勝を陸奥会津と米澤へ国替え　❹ 1598·1·10 政
浅野幸長、蔚山城で鉄砲の威力に感謝　❹ 1598·1·10 政
醍醐の花見　❹ 1598·3·15 社、文
朝鮮から薩摩へ帰国の通行証　❹ 1598·4·9 社
諸大名、豊臣秀頼に誓書提出　❹ 1598·7·15 政
豊臣秀吉、秀頼の将来を五大老に依頼する　❹ 1598·8·5 政
豊臣秀吉、歿す　❹ 1598·8·18 政
島津義久、島津以久に加増·移封　❹ 1599·3·5 政
石田三成、徳川家康の斡旋で難を逃れる　❹ 1599·③·4 社
松井康之、連署起請文を提出　❹ 1599·10·24 社
徳川家康の指示を受け島津義弘が明国へ送った国交回復を希望する書翰　❹ 1600·1·27 政
田丸·森両家の徳川家康朱印状　❹ 1600·2·1 社
〈リーフデ号〉、堺に廻航され、家康これを見る　❹ 1600·3·16 政、社
細川ガラシア、人質になることを拒否し自害　❹ 1600·7·17 社
八條宮智仁親王、丹後田辺城の細川幽斎に開城を勧める　❹ 1600·7·27 文
箱根の関所設置時期についての諸説　❹ 1600·7月 社
石田三成、信州の真田昌幸父子に大坂周辺その他の情勢を伝える　❹ 1600·8·5 政
徳川家康、細川忠興に石田三成生捕りの報告をする　❹ 1600·9·23 社
徳川家康の会津征伐と関ヶ原の合戦　❹ 1600·是年 政

第5－Ⅰ巻　(1601～1715年)

徳川家康、東海道伝馬の制を定める　❺-1 1601·1月 社／1602·6·2 社
細川三斎、徳川秀忠より茶入利休尻膨を拝領　❺-1 1601·3·17 文
徳川家康、伏見に銀座を設置　❺-1 1601·5月 政
対馬の宗義智、橘智正を朝鮮に派遣、国交回復を求める　❺-1 1601·6·28 社
徳川家康、安南国から軍器の貸与要求に返書を送る　❺-1 1601·10月 政
安房·上総大地震、津波がある　❺-1 1601·12·16 社
東海道宿場に本陣設置　❺-1 1601·是年 社
東西本願寺の分立　❺-1 1602·2月 社
江戸町奉行、馬市の條令を定める　❺-1 1602·6·1 社
徳川家康、郷村掟を出す　❺-1 1602·12·6 社／1603·3·27 社
黒田孝高、真鍋次大夫に鯨の取置き、船屋形につき指示する　❺-1 1603·1·19 社
徳川家康の征夷大将軍宣下　❺-1 1603·2·12 政、社
京都で出雲のお国のカブキ躍がある　❺-1 1603·4月 文／是年 文
徳川家康、安原因繁に石見銀山採鉱の功を賞す　❺-1 1603·8·1 社

禁中並公家諸法度　❺-1 **1603**·9·2 政／**1613**·6·16 政／**1615**·7·30 社／**1663**·1·29 政

幕府、松前慶広に蝦夷地統治の規則を与える　❺-1 **1604**·1·27 政

幕府、諸街道の整備と一里塚の設置を命ずる　❺-1 **1604**·2·4 社

幕府、糸割符制度を始める　❺-1 **1604**·5·3 政／**1655**·4·5 政／**1685**·1·10 政／**1697**·8月 政／**1698**·是年 政

義演准后の見た豊国祭の賑わい　❺-1 **1604**·8·14 政

日本のイエズス会員　❺-1 **1604**·是年 社

徳川将軍家系図　❺-1 **1604**·是年 政

徳川家康、銭価を定める　❺-1 **1605**·1月 政／**1608**·12·8 政

大坂町民、大騒動　❺-1 **1605**·5·7 社

徳川家康、呂宋総督にキリスト教禁止を伝える　❺-1 **1605**·是年 政

武家の官位は幕府年寄衆の管轄　❺-1 **1606**·5·6 社

島津義久、琉球王尚寧の来貢を督促する　❺-1 **1606**·9月 政

角倉本『伊勢物語』刊　❺-1 **1606**·是年 文

対馬の柳川智永、朝鮮国書を偽作する　❺-1 **1607**·1月 政、社／**1617**·9·3 政

江戸城中で勧進能　❺-1 **1607**·2·13 文

朝鮮使、江戸登城　❺-1 **1607**·3·21 政

幕府、国友鍛冶年寄中に鉄砲定を出す　❺-1 **1607**·5月 社

イエズス会パシオ、豊臣秀頼にヨーロッパ音楽の演奏を聞かせる　❺-1 **1607**·6月 文

幕府、西洋(マカオ)·安南渡航の朱印状を出す　❺-1 **1608**·1·11 政

幕府年寄、常陸笠間藩に国替の法度を出す　❺-1 **1608**·9·25 政

幕府、山問答·水問答での武器使用を禁止　❺-1 **1609**·2·2 社

島津氏の琉球征討　❺-1 **1609**·2·26 政／3·3 政／4·5 政／**1611**·9·19 政／9月 社／**1612**·3·22 政

慶長條約·己酉條約　❺-1 **1609**·3·22 政

猪熊事件起こる　❺-1 **1609**·7·4 政

呂宋使節、来日　❺-1 **1609**·9·3 政

有馬藩主有馬晴信、長崎でポルトガル船を爆沈する　❺-1 **1609**·12·9 政

博多の商人島井宗室、遺言を書す　❺-1 **1610**·1·15 社

(画家)長谷川等伯、歿す　❺-1 **1610**·2·24 文

徳川家康、後陽成天皇の譲位要請を拒否する　❺-1 **1610**·4·18 政

徳川秀忠、スペインのレルマ公に通交渡海自由の朱印状を贈る　❺-1 **1610**·5·4 政／**1611**·11·5 政

徳川家康、南京の商人周性如に朱印状を出し、国交正常化を依頼する　❺-1 **1610**·12·16 社

オランダ国書、他国の植民地政策を伝える　❺-1 **1610**·12月 政

徳川家康と豊臣秀頼の対面と世間の安堵、秀頼より家康への贈り物　❺-1 **1611**·3·28 政、社、文

徳川家康の出した法令三か条に諸大名が誓詞を出す　❺-1 **1611**·4·12 政

真田昌幸、長男信之に自筆書状を送る　❺-1 **1611**·4·27 社

ウイリアム·アダムス、西洋型船を造る　❺-1 **1611**·9·18 社

松井康之、徳川家康に書を送る　❺-1 **1611**·12·15 社

岡本大八事件　❺-1 **1612**·2·23 政／3·18 政

徳川家康、ノビスパン(メキシコ)にキリスト教布教禁止と商船通交許可を伝える　❺-1 **1612**·7·1 政

大鳥居逸平ら無頼の徒　❺-1 **1612**·6·28 社／7月 社

幕府、一年季奉公·キリスト教などの禁令五か條を出す　❺-1 **1612**·8·6 社／**1613**·3月 社

幕府、道路·堤防·橋梁修復に関する規則を定める　❺-1 **1612**·10·16 社

織田有楽、豊臣秀頼を迎えて茶会　❺-1 **1612**·11·19 文

幕府、東京·呂宋·暹羅·カンボジア·交趾の朱印状を出す　❺-1 **1613**·1·11 政

島津家久、幕府の命を受け琉球王に明との貿易を求める交渉を依頼　❺-1 **1613**·是春 政

英王の国書、平戸に届く　❺-1 **1613**·5·5 政

中国福建等処承宣布政使、琉球に咨文を送り、十年一貢と伝える　❺-1 **1613**·5·13 政

大久保長安の道具、没収される　❺-1 **1613**·5·17 社

鹿児島藩主島津家久、妹の親子を人質として江戸へ送る　❺-1 **1613**·6·23 社

江戸佃島の漁民、海川漁猟を許可　❺-1 **1613**·8·10 社

幕府、イギリス船に渡航朱印状を与える　❺-1 **1613**·8·28 政

伊達政宗の使者支倉常長、陸奥牡鹿郡月の浦を出港(慶長遣欧使節)　❺-1 **1613**·9·15 政／是年 政／**1616**·8·20 政

キリスト教排斥の文·禁教の理由　❺-1 **1613**·12·22 社

普化宗(虚無僧)に対する規定　❺-1 **1614**·1月 文

碩学領の由来　❺-1 **1614**·3·29 文

方広寺大仏鐘銘事件　❺-1 **1614**·4·16 政

豊前小倉藩の加加山次左衛門、キリシタン宗を棄て禅宗に改宗する　❺-1 **1614**·6·1 社

磯竹島(鬱陵島)の領有問題　❺-1 **1614**·7月 政

伊勢お蔭参りの始め　❺-1 **1614**·8月 社

幕府、西国諸大名に誓書提出を命ず　❺-1 **1614**·9·7 政

高山右近、日本を去るにあたり細川忠興に惜別の書状　❺-1 **1614**·9·10 文

徳川秀忠、内藤政長に安房館山城請取りの国中の制法を与える　❺-1 **1614**·9·13 政

大坂冬の陣　❺-1 **1614**·10·1 政／是年 政

本多正純、藤堂高虎に協力を要請　❺-1 **1614**·10·2 政

キリスト教徒、マカオに追放　❺-1 **1614**·10·6 政

徳川秀忠、本多正純に大坂城攻撃は到着まで待って欲しいと伝える　❺-1 **1614**·10·23 政

大久保忠隣、上洛を命ぜられる　❺-1 **1614**·12·19 社

大坂城中の真田幸村、姉婿の子主勝に心境を伝える　❺-1 **1615**·3·19 政

大坂夏の陣　❺-1 **1615**·4·6 政／是年 政

幕府、一国一城の制を布く　❺-1 **1615**·⑥·13 政

参勤交替の制　❺-1 **1615**·7·7 政

徳川家康、歿す。以心崇伝、家康の遺言を伝える　❺-1 **1616**·4·1 政／4·4 社

幕府、鳥目の制。鐚銭使用と撰銭禁止　❺-1 **1616**·5·11 政／**1618**·2·12 政

幕府、五百石以上一万石の者の軍役人数割りを定める　❺-1 **1616**·6月 政

幕府、年貢米升目および口銭等の制を定める　❺-1 **1616**·7月 社

幕府、明の商船以外の外国商船寄港地を長崎·平戸に限定する　❺-1 **1616**·8·8 政／**1618**·8月 政

英商館長の見た歌舞伎役者　❺-1 **1616**·8·8 文

幕府、江戸川筋の定船場を定める　❺-1 **1616**·8月 社

後水尾天皇、故徳川家康に「東照大権現」の神号を授与する　❺-1 **1617**·2·21 社

江戸の傾城町の掟を定める　❺-1 **1617**·3·28 社

武家諸法度　❺-1 **1617**·6月 政／**1629**·9·6 政／**1635**·6·21 社／**1663**·5·23 政

薩摩の上山又左衛門ら、キリスト教徒についての申状　❺-1 **1617**·9月 社／是年 社

幕府、江戸城大奥法度を出す　❺-1 **1618**·1·2 政

リチャード=コックスの船、長崎に入港　❺-1 **1618**·1·29 政／7·14 政

水野守信、大坂町奉行となる　❺-1 **1619**·2·2 社

大坂惣年寄を任命　❺-1 **1619**·2月 社

幕府、広島藩主福島正則の領地没収、城請取りの條目　❺-1 **1619**·6·2 政

京都大殉教　❺-1 **1619**·8·29 社

後水尾天皇、徳川和子入内の件　❺-1 **1619**·9·5 政／**1620**·6·18 社

幕府、人身売買などの禁令を出す　❺-1 **1619**·11·26 社

菱垣廻船の始め　❺-1 **1619**·是年 社

平山常陳事件　❺-1 **1620**·7·6 政／**1622**·7·13 社
オランダの忠節　❺-1 **1620**·7·6 社
筑後柳川城の請取り黒印状　❺-1 **1620**·8·20 政
京都下本能寺前町の町掟できる　❺-1 **1620**·9·5 社
当時の蝦夷地(北海道)の様子　❺-1 **1620**·是年 政
幕府、外国人の人身売買·武器輸出を禁止　❺-1 **1621**·5·25 政／7·27 政
肥後熊本藩、走り者(逃亡者)の還住を許可する　❺-1 **1621**·8·1 社
難破船救助規定　❺-1 **1621**·8月 社／❺-2 **1729**·8·26 政
徳川秀忠、九條幸家の関白辞任の意向を制止させる　❺-1 **1621**·9·11 社
黒田長政、博多年行事十二人を定める　❺-1 **1621**·是年 政
暹羅の日本人町全焼　❺-1 **1622**·4月 社
熊本城主細川忠利の銀三十貫目借用書　❺-1 **1622**·5·1 政
幕府、諸大名の所替に関する規制を定める　❺-1 **1622**·8·5 政
元和の長崎大殉教　❺-1 **1622**·8·5 社
京都町中二十一か條法度　❺-1 **1622**·8·25 社
寛正二年以来中止の宮中の御修法再興　❺-1 **1623**·1·8 政
肥前大村の横目·庄屋筋に踏絵など諸達。踏絵初見　❺-1 **1623**·1·19 社
幕府、京都市中の牢人取締りを命ずる　❺-1 **1623**·9·23 社
芝の大殉教　❺-1 **1623**·10·13 社
平戸のイギリス商館、閉鎖　❺-1 **1623**·11·12 政
古検と新検(検地)　❺-1 **1623**·元和年間 政
淀川筋過書船　❺-1 **1623**·元和年間 社
猿若勘三郎、江戸中橋南地に猿若座(中村座)の櫓をあげる　❺-1 **1624**·2·5 文
秋田キリシタン大殉教　❺-1 **1624**·6·3 社
島津氏、道之島を除く琉球に衣服·苗字を日本風にすることを禁止　❺-1 **1624**·8·20 政
朝鮮賀慶使正使鄭岦以下三百人　❺-1 **1624**·12·19 政
石垣永将、ルエダ神父が琉球で殉教　❺-1 **1624**·是年 社
銭の公定相場(撰銭禁止令)　❺-1 **1625**·8·27 政
幕府、関所通過の掟を出す　❺-1 **1625**·8月 社
丁字屋喜左衛門、歯磨粉を製造する　❺-1 **1625**·是年 社
幕府、御巣鷹の制を定める　❺-1 **1626**·2·28 社
茶人千宗旦、長子宗佐に譲り状を与える　❺-1 **1626**·7月 文
伊達政宗、飛騨高山城主金森重頼を招き歌会　❺-1 **1626**·8·15 文
オランダ商館員クラーメルの見た二條行幸　❺-1 **1626**·9·6 社
徳川家康の正室·側室と子供たち　❺-1 **1626**·是年 政
江戸城西の丸で増上寺住持雄誉霊岩の法問二座がある　❺-1 **1627**·7·19 社
浜田弥兵衛、高砂国(台湾)で日本人に輸出入税を課すことを幕府に訴える　❺-1 **1627**·9·17 政／**1628**·5·28 政
幕府、歩行若党·名主·百姓などの衣服の制を定める　❺-1 **1628**·2·9 社
キリスト教の取締り厳しくなる　❺-1 **1628**·5月 社
対馬藩使節僧規伯玄方、朝鮮釜山に着く　❺-1 **1629**·②·17 政／8·29 政
明皇帝、琉球国王世子尚豊に勅諭す　❺-1 **1629**·8·16 社
女舞·女歌舞伎·女浄瑠璃、禁止となる　❺-1 **1629**·10·23 文／❺-2 **1831**·2·19 文
後水尾天皇譲位、天野長信の見た朝幕の関係　❺-1 **1629**·11·8 政／12月 社
大坂の干鰯など扱い業者、永代堀開削願を出す　❺-1 **1629**·是年 社
甲斐久遠寺と池上本門寺との争い　❺-1 **1630**·2·21 社
ポルトガル船、長崎に到着し市内をパレード　❺-1 **1630**·8·2 政
明正天皇、即位の儀　❺-1 **1630**·9·12 政
(暹羅の六昆太守)山田長政、歿す　❺-1 **1630**·是秋 政
幕府、禁書令　❺-1 **1630**·是年 文
『日西辞典』、刊　❺-1 **1630**·是年 文
毛氈·絨毯が流行する　❺-1 **1630**·此頃 社
奉書船制度始まる　❺-1 **1631**·5·25 政
徳川忠長が手討ちや辻斬りなどをしたとの不穏な噂が広がる　❺-1 **1631**·5月頃 政
幕府、代官·諸関所に諸規則を出す　❺-1 **1631**·9·21 社
江戸町奉行所できる　❺-1 **1631**·9·22 社
長崎奉行、カルバリオ神父らに踏絵を行う　❺-1 **1631**·11月 社
森本右近太夫、カンボジアのアンコール·ワットに参詣　❺-1 **1632**·1·20 社
旗本法度　❺-1 **1632**·9·29 社
寛永軍役令　❺-1 **1633**·2·16 政
幕府、鎖国令(第一次～第四次)　❺-1 **1633**·2·28 政／**1634**·5·28 政／**1635**·5·28 政／**1636**·5·19 政
長崎奉行所、移転　❺-1 **1633**·2月 社
伊達政宗、江戸藩邸に柳生宗矩を迎える　❺-1 **1633**·3·23 文
幕府、人身売買などの禁令の高札を出す　❺-1 **1633**·7·18 社
公事裁許法　❺-1 **1633**·7·19 政／8·13 政
澤野忠庵(フェレイラ)、棄教する　❺-1 **1633**·9·16 社
暹羅·カンボジアの日本人の状況　❺-1 **1633**·是年 政／**1636**·是年 政／**1642**·是年 社／**1651** 是年 政
長崎奉行、キリシタン改めの穴吊りを考案する　❺-1 **1633**·是年 社
老中·若年寄の職掌を定める　❺-1 **1634**·3·3 政／**1635**·11·10 政／**1662**·2·30 政
(工匠)左甚五郎、歿す　❺-1 **1634**·4·28 文
生糸配分の規定　❺-1 **1634**·5·27 社
将軍徳川家光上洛、京中の町屋敷三万七一三三軒に銀五千貫目を与える　❺-1 **1634**·7·23 社
将軍徳川家光、江戸町民に銀五千貫目を与える　❺-1 **1634**·9·1 社
石垣永将、スペイン船で漂着したルエダ神父を処刑する　❺-1 **1634**·10·19 社
長崎出島、築造開始　❺-1 **1634**·是年 政／**1636**·7·29 社／**1641**·7·1 文／**1642**·是年 政
対馬以酊庵の制　❺-1 **1635**·5·12 政
漂流民返還に対する朝鮮国礼曹参議からの書契　❺-1 **1635**·5月 社
参勤交替の制　❺-1 **1635**·6·21 政
諸藩の江戸留守居の働き　❺-1 **1635**·11·15 社
オランダ商館長カロン、江戸登城　❺-1 **1636**·3·28 政
長崎奉行、ポルトガル系男女小児二八七人をマカオに追放　❺-1 **1636**·9·24 政
朝鮮使節、日光へ参詣　❺-1 **1636**·10月 社
徳川将軍の朝鮮国書での称号　❺-1 **1636**·12·27 政
院内銀山での歌舞伎興行のにぎわい　❺-1 **1636**·是年 文
本阿弥光悦、歿す　❺-1 **1637**·2·3 文
幕府、道中助馬の定書を出す　❺-1 **1637**·3月 社
島原の乱　❺-1 **1637**·10·25 政／是年 政／**1638**·是年 政
琉球国の按司、キリスト教の取締りを厳重にする　❺-1 **1638**·12·19 社
呂宋船の異人二人、波照間島に漂着　❺-1 **1639**·4·6 政
会津騒動　❺-1 **1639**·4·16 政／**1641**·3·15 政
幕府、ガリオタ船御仕置の奉書·来航禁止　❺-1 **1639**·7·5 政、社／**1640**·6·2 政
幕府、凶作のため農民賑給の高札を建てる　❺-1 **1639**·7·23 社
オランダ商館長ル=メール、牧野信成邸に招かれる　❺-1 **1640**·3·28 社
宮本武蔵、長岡佐渡守に書状を送る　❺-1 **1640**·7·18 文
毛利秀元、徳川家光を品川邸に招く　❺-1 **1640**·9·16 文
オランダ商館長一年交代の制　❺-1 **1640**·9·25 政／**1641**·4·2 政
オランダ風説書　❺-1 **1641**·6·17 政
平戸より長崎出島に移住したオランダ通詞　❺-1 **1641**·7·1 文

豊永弥兵衛、長崎で唐物を購入する　❺-1 **1641**·9·19 社
山城国僧坊村「五人組」請書できる　❺-1 **1641**·12·11 社
信濃佐久に五郎兵衛新田が完成　❺-1 **1642**·3·11 政
天下大飢饉、江戸でも餓死者　❺-1 **1642**·2月 社／5·8 政／5·14 政／**1643**·是年 社
幕府、倹約·本田畑煙草栽培禁止·雑穀常食·衣食住に関する法度を出す　❺-1 **1642**·5·24 社
オランダ領インド総督、長崎奉行に諸制限の緩和を求める　❺-1 **1642**·6·2 政
幕府、諸国に巡察使を派遣　❺-1 **1642**·是年 政
幕府、土民仕置十七か條を布告する　❺-1 **1643**·3·11 政
幕府、田畑永代売禁止令を布告　❺-1 **1643**·3·14 政／11·1 社／❺-2 **1744**·6月 政
キリシタン弾圧の状況　❺-1 **1643**·3·16 社
後水尾上皇の仙洞御所で茶の湯あり　❺-1 **1643**·3·26 文
高知藩、桑·漆の植樹を奨励　❺-1 **1643**·6·3 社
〈ブレスケンス号〉事件　❺-1 **1643**·6·15 政
幕府、郷村御触二十一か條を通達　❺-1 **1643**·8·26 社／**1649**·2·26 社
下総国佐原村に六斎市ができる　❺-1 **1643**·11·15 社
京·大坂より江戸への三度飛脚始まる　❺-1 **1643**·寛永年間 政
木村又次郎、大坂の遊女を一か所に集め、廓の庄屋年寄となる　❺-1 **1643**·寛永年間 政
元結の風俗　❺-1 **1643**·寛永年間 政
湯女風呂流行する　❺-1 **1643**·寛永年間 社
幕府、諸国代官に各法令の遵守状況を調査させる　❺-1 **1644**·1·11 政／**1670**·1·12 政／**1680**·⑧·3 政
異国船を爆沈　❺-1 **1644**·6·8 政
龍造寺伯庵、龍造寺家の再興ならず　❺-1 **1644**·8·18 社
正保国絵図(活字化)　❺-1 **1644**·12·25 政
絵図の描き方「国絵図仕様覚書」　❺-1 **1644**·12·25 文
幕府、外国船来航の際の処置規則を布告　❺-1 **1645**·2·12 政
(画人·剣客)宮本武蔵、歿す　❺-1 **1645**·5·19 文
盛岡藩、盛岡の市日を月一回から三回とする　❺-1 **1646**·7月 社
幕府、明からの援兵要請を拒否する　❺-1 **1646**·10·16 政
ポルトガル船、通商を要請　❺-1 **1647**·6·24 政
大村純信、長崎警備について老中に尋ねる　❺-1 **1647**·7·22 政
東叡山開版天海版「一切経」六三二三巻できる　❺-1 **1648**·4·17 文
徳川家光の上諏訪神社社領寄進状　❺-1 **1648**·7·17 政
肥後熊本藩家老松井興長、キリシタンでないことの誓紙を藩に提出　❺-1 **1649**·3·2 政
名古屋藩主徳川義直、自筆遺言書を嫡子光友に与える　❺-1 **1650**·2·12 政
常陸霞ヶ浦四十八津掟書　❺-1 **1650**·7·30 社
備前藩、御軍用定を定める　❺-1 **1651**·2月 政
会津藩領内の犬の数　❺-1 **1651**·3·28 社
徳川家光、歿す　❺-1 **1651**·4·20 政
佐賀藩、「はたご」の食事·什器について定める　❺-1 **1651**·7·19 社
慶安の変　❺-1 **1651**·7·23 政、社／12·10 政
風呂の入り方風俗　❺-1 **1651**·慶安年間 社
供小姓の流行　❺-1 **1651**·此頃 政
幕府、会計年度を定める　❺-1 **1652**·1·4 政
名古屋藩、犬を殺すこと禁止　❺-1 **1652**·1月 社
佐倉宗吾一揆　❺-1 **1652**·12月 社
江戸·京都両秤座の成立　❺-1 **1653**·⑥·27 文
幕府、日傭人·鳶口·てこの者に鑑札を必要とする　❺-1 **1653**·9月 社
幕府、諸大名にキリシタン禁制を布達　❺-1 **1654**·1月 社／**1662**·6·23 社／**1680**·8月 社
下総国石下村の農民、代官所へ訴える　❺-1 **1654**·2月 社
大坂町奉行、空米切手の発行禁止。蔵元の名について　❺-1 **1654**·3·22 政／**1663**·9·23 政／❺-2 **1815**·9·2 政
明の琉球王冊封の詔書　❺-1 **1654**·7·1 政
佐賀藩の藩政改革　❺-1 **1654**·8·11 政
大坂城内の定め　❺-1 **1654**·8·25 政
会津藩、社倉を設置　❺-1 **1654**·11·11 社
鬘の始め　❺-1 **1654**·是年 文
江戸青物町に両替商が開業　❺-1 **1654**·承応年間 政
加賀藩、改作法　❺-1 **1655**·3·11 政
幕府、新銭一両は四貫文と定める　❺-1 **1655**·8·2 政
江戸町中掟·大坂町中掟　❺-1 **1655**·10·13 社
幕府、塵芥·船着場の清掃定め　❺-1 **1655**·12月 社
稲葉家騒動　❺-1 **1656**·8·16 政
江戸吉原町、移転　❺-1 **1656**·10·9 社
明暦の大火　❺-1 **1657**·1·18 政、社、文
明暦の大火と車長持　❺-1 **1657**·1·18 文
関東の領主·代官に盗賊人の穿鑿を命ずる　❺-1 **1657**·1月 政／**1661**·3月 社／**1662**·8月 政
幕府、大火後の工賃騰貴を制限する　❺-1 **1657**·6·4 社／8·21 社
大火後に延焼防止の広小路設置　❺-1 **1657**·是年 社
駒下駄できる　❺-1 **1657**·是年 政
近江国中野村の頼母子講問題　❺-1 **1658**·12·2 社
幕府、諸商売の鑑札につき通達　❺-1 **1659**·4·9 社
老中酒井忠勝、帰国要請をしていた明僧隠元に日本滞在を勧める　❺-1 **1659**·5·3 政
幕府、五人組·檀那寺による宗門改めを命ずる　❺-1 **1659**·6月 社
江戸城本丸造営なる　❺-1 **1659**·8·3 政
熊野比丘尼の絵解き　❺-1 **1659**·是年 政／**1692**·是年 社
京都四條河原芝居の様子　❺-1 **1660**·7月 文
幕府、凶作のため醸酒は例年の半量とするよう命ずる　❺-1 **1660**·8·23 社
江戸で八人芸が行われる　❺-1 **1660**·万治年間 社
台湾からの難民、長崎に到る　❺-1 **1661**·6·9 政
幕府、江戸の消防·警火の制を布告　❺-1 **1661**·9月 社
大坂から江戸への物資輸送は「小早」という船で行う　❺-1 **1661**·是年 社
西国諸国大地震　❺-1 **1662**·5·1 社
京都の名所　❺-1 **1662**·是年 社
後西天皇の評判　❺-1 **1663**·1月 社
後水尾法皇、桂山荘に御幸　❺-1 **1663**·3·6 文
伊達騒動　❺-1 **1663**·4·13 政／**1671**·3·27 政
信濃伊豆木村の作平、平久村利左衛門に女性「あま」を九年間渡す　❺-1 **1663**·11·26 社
朝廷、白馬節会。霊元天皇の宣命　❺-1 **1664**·1·7 社
幕府、津軽信政に領知朱印状を与える　❺-1 **1664**·3·5 政
高知藩、道番所規則を定める　❺-1 **1664**·⑤·5 社
幕府、巡見使派遣に対する通達　❺-1 **1664**·8·9 政／**1667**·②·28 政
魚·鳥·野菜など走り物の季節を定める　❺-1 **1665**·1·29 社
諸社寺統制令　❺-1 **1665**·7·11 社
幕府、山川·原野に関する掟を定める　❺-1 **1666**·2·2 社
酒井忠清、幕府大老となる。下馬将軍　❺-1 **1666**·3·29 政
幕府、代官勤務方條令　❺-1 **1666**·4·28 政
山鹿素行、朱子学を批判　❺-1 **1666**·10·3 政
大坂町奉行、一向宗のほかの寺院設立不許可　❺-1 **1666**·11·15 社
幕府、日蓮宗不受不施派の弾圧強化　❺-1 **1666**·是年 社／**1669**·4·3 社
幕府、諸浦に浦高札を出す　❺-1 **1667**·2·18 政
金澤藩能登の浦野事件、六十三人死罪　❺-1 **1667**·3·9 政
幕府、朝鮮国へ武具を密売した者の罪科を定める　❺-1 **1667**·7·25 政
会津藩主保科正之、会津藩家訓を定める　❺-1 **1668**·4·11 政
京都町奉行　❺-1 **1668**·7·13 社
金澤藩、津留·京枡の制を定める　❺-1 **1668**·10·24 政
幕府、斗量の制(江戸枡·京枡)の統一をはかる　❺-1 **1669**·2·28 文

松前藩、アイヌ酋長を脅迫、交易拡大をはかる　❺-1 **1669**·2月 政
幕府、八丈島·青ヶ島支配條令　❺-1 **1669**·5月 政
医師石橋生庵、医の心得十一か條を記す　❺-1 **1669**·8·29 文
京都の矢倉芝居七軒　❺-1 **1669**·是年 社
シャクシャインの蜂起　❺-1 **1669**·是年 政
幕府、武蔵豊島郡関村の井口八郎右衛門らに新田開発を許可　❺-1 **1670**·2·8 政
大坂天王寺の非人、施行院跡地に御堂建立を願出る　❺-1 **1670**·3月 社
野郎評判記の書名　❺-1 **1671**·9·18 文
宇治万福寺僧隠元、寺僧の心得などの法を定める　❺-1 **1671**·12·8 社
浄瑠璃坂の敵討　❺-1 **1672**·2·2 社
糸割府貿易、市法商売に改まる　❺-1 **1672**·11月 政／**1685**·1·10 政
彦兵衛、娘を六年間の年季奉公に出す　❺-1 **1672**·12·26 社
江戸の繁華、日本橋付近での刀市の様子　❺-1 **1672**·寛文年間 政
長崎奉行の幕府への伺い書　❺-1 **1673**·5·25 政
三井高利、江戸本町に越後屋呉服店を開く　❺-1 **1673**·8月 社
幕府文庫の書籍を経師が修理　❺-1 **1673**·12·5 文
信濃早田村七蔵、娘を担保に金二分を借用、利息は年二五％　❺-1 **1674**·4·3 政
(画家)狩野守信(探幽)歿す　❺-1 **1674**·10·7 文
非人改めが名主により実施　❺-1 **1674**·11月 政
会津藩、長岡藩に米穀を貸与　❺-1 **1675**·2·8 政
播磨姫路藩、鴻池家より百貫目を借入れる　❺-1 **1675**·3·28 政
柳生宗冬、歿す　❺-1 **1675**·9·29 文
延宝の飢饉　❺-1 **1675**·是年 政
末次平蔵父子、密貿易により流罪　❺-1 **1676**·1·9 政
上野国三波川村名主伝左衛門、鉄砲使用許可を願出る　❺-1 **1676**·8月 社
岡山藩、大坂の鴻池屋に江戸廻漕の米を委託する　❺-1 **1676**·9·10 政
美濃郡上一揆　❺-1 **1677**·8·21 社
下馬将軍酒井忠清の廉直　❺-1 **1677**·是年 政
紀伊熊野太地で和田覚右衛門、鯨の網取法を創始　❺-1 **1677**·是年 社
幕府、直轄山林の伐採を禁止　❺-1 **1678**·9月 社
熊野比丘尼の様子　❺-1 **1678**·是年 社
岡山藩、領内に藩札を通用させる　❺-1 **1679**·5·7 政
僧潮音、『旧事大成経』刊　❺-1 **1679**·9月 文
越後騒動裁決　❺-1 **1679**·10·19 政／**1681**·6·21 政
蛇遣い·天女·籠抜け·ろくろ首の見世物　❺-1 **1679**·是年 社／**1682**·是年 社
江戸の劇場の様子　❺-1 **1680**·1·8 文／**1682**·7·22 文
堀田正俊、徳川綱吉の後継を強くすすめる　❺-1 **1680**·5·8 政
江戸に鳴物停止令　❺-1 **1680**·5·9 社
井原西鶴、大坂生玉神社で一日一夜四千句独吟俳諧　❺-1 **1680**·5·7 文
巴旦の漁船、日向那珂郡外浦に漂着　❺-1 **1680**·5·17 政
幕府、非人頭車善七に江戸市中夜間の非人居住を禁止させる　❺-1 **1680**·8·9 社
松尾芭蕉の谷木因宛て書簡　❺-1 **1681**·7·25 文／**1685**·3·26 文
熊本藩主、鴻池家より銀を借用　❺-1 **1681**·10·30 政
鉄眼道光、鉄眼版『一切経』全六一七一巻完成　❺-1 **1681**·是年 文
江戸の瀬戸物店　❺-1 **1681**·是年 政
幕府、生類憐みの令を出す　❺-1 **1682**·1月 社／**1687**·1·28 社／4·11 社／**1694**·4·27 社／**1709**·1·20 社／6月 社
幕府、駿河今泉村百姓五郎右衛門の孝行を賞し、年貢を免除、伝記をつくる　❺-1 **1682**·3·12 社
琉球の使節名護王子朝克、江戸登城　❺-1 **1682**·4·11 政
幕府、諸法度の高札を諸国に立てる　❺-1 **1682**·5月 社
清皇帝、琉球王へ冊封使派遣　❺-1 **1682**·6·11 政
朝鮮通信使、江戸登城　❺-1 **1682**·8·27 政
お七火事　❺-1 **1682**·12·28 社、文／**1683**·3月 政
幕府、町触れ五か條を出す　❺-1 **1683**·2·17 社
幕府、帯刀停止令を定める　❺-1 **1683**·2·26 政
幕府、末期養子の制　❺-1 **1683**·7·25 政
陸奥大地震　❺-1 **1683**·9·1 社
京都の大経師意春の妻おさんと手代茂兵衛、磔となる　❺-1 **1683**·11·5 社
幕府、服忌令など公儀に関することの出版禁止　❺-1 **1684**·4·11 文
稲葉堀田一件　❺-1 **1684**·8·28 政
江戸深川八幡宮境内で勧進相撲、初めて開催　❺-1 **1684**·8月 社
陸奥田代浜鰹漁問題　❺-1 **1685**·4·4 社
マカオ、漂流民を送還し貿易再開を要請　❺-1 **1685**·6·2 政
幕府、長崎での貿易を定高仕法とする　❺-1 **1685**·8·10 政
幕府、拵馬を禁止する　❺-1 **1685**·9·19 社
上野国三波川村名主、代官佐原影之に「鉄砲改め」を提出する　❺-1 **1685**·10·15 政／**1690**·11月 政
金澤藩主前田綱紀、東寺に九十三合の桐製書函を寄進する(東寺百合文書)　❺-1 **1685**·11月 文
義太夫の興隆　❺-1 **1686**·2·4 文
幕府、上野国沼田領検地條目を定める　❺-1 **1686**·3月 政
幕府、関所手形の記載項目を通達　❺-1 **1686**·7·12 社
信濃加助(嘉助)騒動の百姓訴状　❺-1 **1686**·10·14 社
霊元天皇の譲位に伴う院人事　❺-1 **1687**·3·7 政
江戸浅草に非人溜を設置　❺-1 **1687**·3·26 社／**1689**·7·11 社
幕府、田畑永代売買禁止　❺-1 **1687**·4·11 政
幕府、捨子養育の制·生類憐みの令　❺-1 **1687**·4·11 社
切支丹改宗者およびその一族親類の調査法を布告　❺-1 **1687**·6·22 社
一休和尚の墨跡が売却され、買戻される　❺-1 **1687**·12·23 社
難破船の荷物処理法(兵庫津の法)を確認する　❺-1 **1687**·是年 政／**1691**·5·22 政
寒気はげしく乱気の者多く出る　❺-1 **1688**·6月 社
松尾芭蕉、弟子曾良、「奥の細道」の旅に出る　❺-1 **1689**·3·27 社／**1691**·4·18 文／5·10 政
京都の劇場　❺-1 **1689**·是年 社
堕落した熊野比丘尼　❺-1 **1690**·是年 社
幕府、林信篤を大学頭とする　❺-1 **1691**·1·13 文
幕府、江戸の町医師山口宗倫が『百人男』出版のため死罪とする　❺-1 **1691**·10·22 文
幕府、売薬の商人が蛇を使って商売すること禁止　❺-1 **1691**·10·24 社
外国人の見た京都　❺-1 **1691**·是年 政
竹嶋(竹島)一件　❺-1 **1692**·2·11 政／**1693**·4·17 政／12月 政／**1694**·3月 政／**1695**·是春 政／5·15 政／**1696**·1·28 政／6·4 政
徳川光圀の命により下野那須郡の古墳発掘　❺-1 **1692**·2·16 文
京都町触十か條、町人·百姓の帯刀禁止　❺-1 **1692**·2月 社
ケンペルの見た日本の旅宿　❺-1 **1692**·3·6 政
オランダ使節の道中に群がる人々　❺-1 **1692**·3月 社
大坂勧進相撲の始め　❺-1 **1692**·是年 社／**1702**·4·3 社
陸中滴石のマタギ五人、鉄砲所持を願出る　❺-1 **1693**·4·6 社
幕府、「馬がしゃべる」との噂を流布した元凶を捜索する　❺-1 **1693**·6月 社／**1694**·3·11 社
将軍徳川綱吉、大久保忠朝邸へ御成。その時の将軍からの下され物　❺-1 **1694**·2·30 政
伊予大地震　❺-1 **1694**·⑤·25 社
徳島藩、指腹を禁止　❺-1 **1694**·8·13 政
松尾芭蕉、容態急変、歿す　❺-1 **1694**·10·10 社／10·12

文
備前中尾村の市之丞ら、磯屋又右衛門から銀子を年利息二割五分で借用　❺-1 **1694**·12·19 社
江戸十組問屋、結成　❺-1 **1694**·是年 政
日本人による最初の世界地理書　❺-1 **1695**·3月 文
笹山梅庵、寺子屋の規則をつくる　❺-1 **1695**·5·3 文
幕府、元禄金銀貨新鋳　❺-1 **1695**·8·11 政／**1696**·9月 政
当時の幕府の経済状況　❺-1 **1695**·8月 社
伏見屋四郎兵衛、銅代物替　❺-1 **1695**·8·29 政
中野犬小屋用地の竹矢来　❺-1 **1695**·11月 政
江戸に犬医師二人あり　❺-1 **1695**·12·7 文
陸奥会津·津軽藩領飢饉。餓死者三万余人　❺-1 **1695**·是年 社
淡路屋又兵衛船(乗員十五人)漂流、カムチャツカ半島に漂着　❺-1 **1696**·是年 政
幕府、一領一家中の自分仕置令を定める　❺-1 **1697**·6月 政
藤枝方教、百姓身持之覚書をつくる　❺-1 **1697**·8月 社
清国·寧波船漂着、その積荷目録　❺-1 **1698**·1·3 政
幕府、新奇なものの版行禁止　❺-1 **1698**·2·21 文
江戸永代橋できる　❺-1 **1698**·8·1 社
京大工頭中井主水に帯刀再許可　❺-1 **1698**·11·7 政
大坂書籍商、仲間定をつくる　❺-1 **1698**·11月 文
幕府、農民法度を出す　❺-1 **1698**·12月 政
全国酒屋の数と酒造量　❺-1 **1698**·是年 政
幕府、諸職人の肝煎を命ずる　❺-1 **1699**·1·14 社
山城·岡崎天王社修復勧進相撲　❺-1 **1699**·5·28 社
三陸東海岸に津波　❺-1 **1699**·11·8 社
初太郎の博多曲独楽、京で大流行　❺-1 **1700**·是春 政
品川溜できる　❺-1 **1700**·7·21 社
幕府、大和の辻弥五右衛門御代官所に高札を与える　❺-1 **1700**·8月 政
永代島築地六万坪完成　❺-1 **1700**·是年 社
江戸城松の廊下刃傷　❺-1 **1701**·3·11 政／4月 政／**1702**·9·13 政／12·15 政／12·16 社／**1703**·2·4 政
伊勢亀山の仇討　❺-1 **1701**·5·9 政
江戸に御救小屋できる　❺-1 **1701**·是冬 社
幕府、金銀訴訟不受理令　❺-1 **1702**·⑧·28 政／❺-2 **1729**·12·10 政
対馬氏への朝鮮訳官使船、転覆遭難　❺-1 **1703**·2·5 政
大坂町奉行、雄略天皇陵に登り草刈り禁止　❺-1 **1703**·7·11 政
関東大地震　❺-1 **1703**·11·22 社
現金安売掛値なしの商法が始まる　❺-1 **1703**·元禄年間 政
幕府、財政窮乏。倹約令を出す　❺-1 **1704**·10月 政
伊勢お蔭参りが京都より流行を始める　❺-1 **1705**·4月 政
大坂の鴻池善右衛門、河内鴻池新田を開発　❺-1 **1705**·④月 政
大坂の豪商淀屋辰五郎、奢侈のため闕所　❺-1 **1705**·5·16 政
『寺子屋教訓書』できる　❺-1 **1705**·6月 社
江戸の一年季奉公人不足　❺-1 **1706**·1·19 社
幕府、京都西陣の奉公人に対して規制　❺-1 **1706**·4月 社
下総国佐原村に六斎市の掟　❺-1 **1706**·8·27 政
大和に「稲こき」が入る　❺-1 **1706**·10月 社
諸国大地震·宝永の大地震　❺-1 **1707**·10·4 社
幕府、藩札通用停止令　❺-1 **1707**·10·13 政／❺-2 **1730**·6·4 政
富士山噴火(宝永山)　❺-1 **1707**·11·23 社
京都·畿内大風　❺-1 **1708**·7·2 社
イエズス会宣教師シドッチ、逮捕される　❺-1 **1708**·8·28 政／**1709**·11·22 政
将軍の代替わりに大名から幕府老中宛て起請文　❺-1 **1709**·2·9 社
幕府、害獣駆逐に鉄砲使用許可　❺-1 **1709**·4·18 政
東山上皇、新仙洞御所で和歌御会始　❺-1 **1709**·8·23 文
長崎奉行、最近の密貿易　❺-1 **1710**·4·9 政
霊元上皇、願文を京都下御霊社に納める　❺-1 **1710**·是春 社
元関白近衛基熙、将軍徳川家宣と会談　❺-1 **1710**·6·23 政
幕府、対馬藩に対朝鮮貿易での「人参代往古銀」の使用許可　❺-1 **1710**·9·27 政
東山院様御一周忌御施行　❺-1 **1710**·12·18 社
鹿児島藩の琉球支配　❺-1 **1710**·是年 政
日本大君から日本国王へ　❺-1 **1711**·2·7 政
幕府、キリシタン禁制高札　❺-1 **1711**·5月 政
幕府、関所令·諸国浦へ高札　❺-1 **1711**·5月 社
朝鮮使節への一日当たりの費用　❺-1 **1711**·6月 文
幕府、富士噴火復興金を徴収　❺-1 **1711**·7月 政
大名火消、設置　❺-1 **1712**·2·2 社
三河形原騒動　❺-1 **1712**·6·19 政
幕府、諸国巡見使派遣のための條目十二か條を出す　❺-1 **1712**·8·16 政／**1713**·4·23 政
南山城洪水　❺-1 **1712**·8·18 社
幕府、城米廻送法を定める　❺-1 **1712**·8月 社
石巻湊の浦高札　❺-1 **1712**·8月 社
勘定奉行荻原重秀、免職　❺-1 **1712**·9·11 政
オランダ商館長、江戸登城　❺-1 **1713**·3·1 政
幕府、農村の大庄屋·割元·惣代廃止、手代の小検見禁止　❺-1 **1713**·4·23 政、社
幕府、信濃の御留山に対する高札を出す　❺-1 **1713**·9月 社
絵嶋·生島事件　❺-1 **1714**·1·12 政、社
幕府、劇場の二階·三階など禁止　❺-1 **1714**·3·16 文
大坂町奉行、寺社境内の能·説教·操り·物真似の興行禁止　❺-1 **1714**·3·16 文
歌舞伎芝居に声色使い　❺-1 **1714**·3月 文
幕府、中村内蔵助を追放　❺-1 **1714**·5·13 政
正徳金銀の改鋳、新井白石の新通貨政策　❺-1 **1714**·5·15 政
八丈島·青ヶ島法度　❺-1 **1714**·6·19 政
江戸の本両替商の引替えた金銀高　❺-1 **1714**·12月 政
正徳新令(長崎)　❺-1 **1715**·1·11 政
崇禅寺馬場の返討ち　❺-1 **1715**·11·4 社
蝦夷地の問題解決法「つくない」と「スツ打」の風習　❺-1 **1715**·是年 政
洛中·洛外の風呂屋(数)の調査　❺-1 **1715**·是年 社
長崎より綱渡の見世物が三都に来る　❺-1 **1715**·正徳年間 社

第5－Ⅱ巻(1716～1852年)

幕府、御家人らの興利建白·請願を禁止する　❺-2 **1716**·3·22 政
下総相馬郡の伊平治母、孫に財産相続の遺書　❺-2 **1716**·3月 政
幕府、田畑永代売買·人勾引·人売買禁止令を出す　❺-2 **1716**·4·8 政
日光道中·甲州道中·東山·山陰·山陽道　❺-2 **1716**·4·15 社
徳川吉宗、徳川宗家を嗣ぐ　❺-2 **1716**·5·1 政

摂津大坂曾根崎大火　❺-2 **1716**·7·4 社
鉄砲処置令　❺-2 **1717**·5·2 政
摂津住吉に郷学含翠堂設立　❺-2 **1717**·5·5 文
幕府、大名·旗本の抱屋敷を制限する　❺-2 **1717**·10·6 社
幕府、京都所司代の職務覚えを与える　❺-2 **1717**·11·1 政
道頓堀の芝居　❺-2 **1717**·是年 文
瀧澤馬琴、各地の事情を記す　❺-2 **1717**·是年 社
広島藩郡方新格一揆　❺-2 **1718**·3·12 社
長府藩の断絶と再興　❺-2 **1718**·3·20 政
小倉藩、抜荷の唐船を攻撃　❺-2 **1718**·4·16 政
江戸町奉行、町火消設置　❺-2 **1718**·10·18 社／**1720**·8·7 社
幕府、科料の制を定める　❺-2 **1718**·是年 文
幕府、松前藩主に蝦夷渡海·夷人との通交規則を与える　❺-2 **1719**·1·15 政
江戸·京都大火　❺-2 **1719**·2·13 社／2·19 社
朝鮮使節来朝の入用品の入札　❺-2 **1719**·3·20 政
この頃の囲碁の打ち手の面々　❺-2 **1719**·4 月 文
琉球冊封使　❺-2 **1719**·6·1 政
朝鮮通信使通行にあたり通達　❺-2 **1719**·9 月 社
金銀訴訟不受理制(相対済令)　❺-2 **1719**·11·15 政
幕府、禁書の制緩和　❺-2 **1720**·1 月 文／**1721**·⑦·2 文
幕府、国役普請令を出す　❺-2 **1720**·5·21 政
幕府、大名火消の制につき通達　❺-2 **1720**·5 月 政
河内鞍作村の葬送費用　❺-2 **1720**·8·24 社
東廻り廻米制　❺-2 **1720**·10 月 政
農民徒党結成禁止　❺-2 **1721**·2 月 社／**1770**·4·16 政／**1781**·8·21 政／**1783**·11·4 政／**1784**·4·23 政
戸口·田畝の調査·記録提出を命ずる　❺-2 **1721**·6·21 政
分地制限令再布告　❺-2 **1721**·7 月 政／**1734**·4 月 政
目安箱に入れてもよい條件　❺-2 **1721**·⑦·25 社／**1732**·7·12 政
幕府、勘定奉行を公事方と勝手方とに分ける　❺-2 **1721**·⑦月 政
京都の白人(遊女)取締　❺-2 **1721**·11 月 社
幕府、流質地禁止令　❺-2 **1721**·12 月 政／**1723**·8·26 政
江戸の書物問屋·草紙屋、刊行目録提出　❺-2 **1722**·4 月 文
享保の改革(水野忠之、勝手掛老中となる)　❺-2 **1722**·5·15 政
幕府、諸大名に上米を課す　❺-2 **1722**·7·1 政
幕府、新田開発奨励の高札　❺-2 **1722**·7·26 社
百姓新規家作·新規商売禁止令　❺-2 **1722**·11 月 政
小川笙船、江戸に養生所設置　❺-2 **1722**·12·4 文／**1729**·7 月 文／**1735**·10·5 文／**1788**·2·19 文／**1791**·4·17 文
蔡温、琉球検地の延期を薩摩に上申　❺-2 **1722**·12 月 政
五品銀貨(元禄銀貨ほか)の吹立高　❺-2 **1722**·是年 政
心中事件の死体は埋葬不許可　❺-2 **1723**·2 月 政
丹羽正伯を長崎に唐薬種吟味に派遣　❺-2 **1723**·3 月 文
幕府、足高の制を定める　❺-2 **1723**·6·18 政
江戸·大坂·京都の本屋仲間、大坂住吉文庫設置　❺-2 **1723**·9 月 文
幕府、諸物価引下げ令　❺-2 **1724**·2·15 政
大坂妙智焼(大火)　❺-2 **1724**·3·21 政
江戸の戸口調査　❺-2 **1724**·5 月 政／**1786**·是年 政／**1791**·5 月 政
浅草札差株一〇九人を定める　❺-2 **1724**·7·21 政／**1778**·7·18 政／**1785**·6·29 政
(浄瑠璃作者)近松門左衛門歿す　❺-2 **1724**·11·21 文
幕府、御留場での盗鳥禁止　❺-2 **1725**·1 月 政
幕府、追放刑とお構地の法　❺-2 **1725**·6 月 政
江戸城中刃傷　❺-2 **1725**·7·28 政
幕府、大坂米会所設立許可　❺-2 **1725**·11·24 政／**1728**·11·13 政／**1730**·8·13 政
全国戸口·戸籍調査　❺-2 **1726**·2·18 政
新田の検地條目を定める　❺-2 **1726**·8·29 政
江戸入津の船数および諸物資の数　❺-2 **1726**·是年 政
江戸白子屋事件　❺-2 **1727**·2·25 社
幕府、琉球より砂糖黍を取寄せる　❺-2 **1727**·是年 政
幕府、代官に年貢増徴を令す　❺-2 **1728**·4 月 政
象の渡来　❺-2 **1728**·6·13 社／**1729**·3·13 社
鳥取藩·妻敵討事件　❺-2 **1728**·6·23 社
若潮丸漂流　❺-2 **1728**·11·8 政
天一坊事件　❺-2 **1729**·4·21 政、社
武蔵永井太田村、新屋敷建築禁止·分地の村定　❺-2 **1729**·11 月 政
寛文～享保間の刊行物種類の変化　❺-2 **1729**·是年 文
道中双六類板行禁止　❺-2 **1730**·2·4 文
京都西陣焼け(大火)　❺-2 **1730**·6·20 社
大坂堂島帳合米市場　❺-2 **1730**·8·13 政
加藤大弐一件(出羽庄内藩)　❺-2 **1730**·10·17 社
大和興福寺富突　❺-2 **1731**·1·23 社
信濃·下海瀬村土屋忠右衛門の財産　❺-2 **1732**·2·7 社
江戸·成就院で相撲興行　❺-2 **1732**·4·11 社
十二大名の御用米　❺-2 **1732**·12 月 政
全国的飢饉と幕府の蝗害対策　❺-2 **1732**·是年 政
江戸の米商高間伝兵衛宅打毀し　❺-2 **1733**·1·25 社
幕府、和人参検査·販売の制　❺-2 **1733**·10 月 文
関東で薩摩芋植付け　❺-2 **1733**·是秋 政
近江芝原村の田畑、年賦売り　❺-2 **1733**·12 月 文／**1740**·1·24 政
紀伊国屋文左衛門歿す　❺-2 **1734**·4·24 社
幕府、大庄屋復活を調査　❺-2 **1734**·7 月 政
江戸に唐人参座設置　❺-2 **1735**·3·6 文
幕府、御用米会所設置　❺-2 **1735**·10 月 政
桜町天皇即位式　❺-2 **1735**·11·3 政
ペテルブルグに日本語学校設置　❺-2 **1735**·享保年間 政
店売餅菓子　❺-2 **1735**·享保年間 社
赤本·黄標紙·黒標紙·臭草紙　❺-2 **1735**·享保年間 文
江戸に講釈師　❺-2 **1735**·享保年間 政
密通·間男の負担金　❺-2 **1735**·享保年間 社
元文金銀改鋳　❺-2 **1736**·5·12 政
現金懸値無し安売根元の広告　❺-2 **1736**·6 月 社
オランダ商館長、江戸登城　❺-2 **1737**·2·28 政／**1738**·2·28 政／**1830**·3·15 政
幕府、諸寺院に仏像·仏具の売却·質入れ禁止　❺-2 **1738**·4·9 社
幕府、損毛三割以上の減税規則を定める　❺-2 **1738**·5 月 政
生野銀山一揆　❺-2 **1738**·12·16 社
因伯一揆　❺-2 **1739**·2·21 社
幕府、牛殺者調査　❺-2 **1739**·4 月 政
ロシア軍艦、日本沿岸航行　❺-2 **1739**·5·23 政
大坂三郷惣会所　❺-2 **1740**·是年 政
武士の堕落甚しくなる　❺-2 **1740**·元文年間 政
元文四年·五年の米相場　❺-2 **1741**·1·4 政
市松模様が流行　❺-2 **1741**·2 月 社
大坂佐渡島座で「万国太平記」上演　❺-2 **1741**·11·5 文
公事方御定書　❺-2 **1742**·3·27 政
江戸十組問屋　❺-2 **1742**·3 月 政
離婚承諾書(武州上野毛)　❺-2 **1742**·4·10 社
諸国寺社修復の勧化　❺-2 **1742**·5 月 社
関東大洪水　❺-2 **1742**·8·1 社
甲斐井尻村惣百姓代、村政に要望書　❺-2 **1742**·8 月 政
諸大名江戸留守居役を戒める　❺-2 **1743**·6·1 政／**1774**·3·30 政／**1789**·9·9 政
幕府評定所での訴訟取扱件数　❺-2 **1744**·1·12 政／**1751**·1·12 政
胡麻の油と百姓は絞れば絞るほど出る　❺-2 **1744**·6 月 社
江戸の浄瑠璃の変遷　❺-2 **1744**·是年 文
札差規約　❺-2 **1745**·1 月 政／**1777**·1 月 政
徳川吉宗、大岡忠相に政務を相談　❺-2 **1745**·9·17 政
江戸の流行物　❺-2 **1745**·是春 社
大坂竹本座「菅原伝授手習鑑」初日　❺-2 **1746**·8·21 文
江戸の人口と戸数　❺-2 **1746**·是年 政
豊作·凶作時の年貢徴収額調査　❺-2 **1747**·4·19 政
江戸城中人違い刃傷　❺-2 **1747**·8·15 政

朝鮮通信使 ❺-2 **1748**·2·16 政／ 6·1 政
大坂竹本座「仮名手本忠臣蔵」初演 ❺-2 **1748**·8·14 文
てんぷらの登場 ❺-2 **1748**·是年 社
姫路藩寛延一揆 ❺-2 **1749**·1·15 社
取箇免と定免法(解説) ❺-2 **1749**·3·16 政／ 5 月 政
関東地方大風雨 ❺-2 **1749**·8·13 社
幕府、百姓一揆·強訴弾圧を命ずる ❺-2 **1750**·1·20 政
後藤縫之丞親子、古代染色に成功 ❺-2 **1750**·1 月 文
八重山島の間引きの状況 ❺-2 **1750**·7 月 社
幕府、各役所の年間定額経費を定める ❺-2 **1750**·12·8 政
茶道表千家如心斎の遺言書 ❺-2 **1751**·6 月 文
(江戸町奉行)大岡忠相歿す ❺-2 **1751**·12·19 政
紀州名産金山寺味噌 ❺-2 **1751**·是年 政
松前藩、場所請負許可証文 ❺-2 **1752**·7·26 政
名字帯刀許可証 ❺-2 **1752**·9 月 政
〈福聚丸〉漂流 ❺-2 **1752**·12·8 政
幕府の金銀保有高調査 ❺-2 **1753**·9·13 政
代官木村雲八、閉門 ❺-2 **1753**·10·13 政
伊豆七島調査 ❺-2 **1753**·12 月 政
銚子の醤油醸造高 ❺-2 **1753**·是年 社
山脇東洋ら、人体解剖 ❺-2 **1754**·②·7 文／ **1771**·3·4 文
久留米騒動 ❺-2 **1754**·3·20 社
菱垣廻船の船積規約 ❺-2 **1754**·4 月 政
美濃郡上一揆 ❺-2 **1754**·8·10 社／ **1755**·7·1 社／ **1758**·12·25 政
賀茂真淵、和歌詠進 ❺-2 **1754**·11 月 社
熊本藩校時習館 ❺-2 **1754**·是年 文
切支丹·遊女·博奕禁制の証文 ❺-2 **1755**·3 月 政
宝暦薩摩藩治水事件 ❺-2 **1755**·5·25 政
抱屋敷·抱地·町並屋敷の取扱方 ❺-2 **1755**·8 月 政
御用達商人の由緒書 ❺-2 **1755**·10 月 政
粥食の奨励 ❺-2 **1755**·11·21 社
幕領高掛物免除 ❺-2 **1756**·3 月 政
薬種問屋組合、薬種販売協定 ❺-2 **1756**·11 月 文
熊本藩、衣服の制と罰則 ❺-2 **1756**·11 月 社
小便組が出る ❺-2 **1756**·是年 政
宝暦事件(竹内式部事件) ❺-2 **1757**·1·14 政／ **1758**·5·6 政
田村元雄、湯島で薬品会(物産会)開催 ❺-2 **1757**·9·7 文／ **1762**·④·10 文
虚無僧の留場証文 ❺-2 **1758**·1 月 社
大坂四天王寺の楽人 ❺-2 **1758**·3·27 文
馬場文耕、逮捕·獄門 ❺-2 **1758**·9·16 社／ 12·29 社
公事訴訟吟味方について通達 ❺-2 **1759**·2·14 政
金沢城大火 ❺-2 **1759**·4·10 政
割元·大庄屋、廃止 ❺-2 **1759**·⑦月 政
江戸大火 ❺-2 **1760**·2·4 社
幕府、農民の借米·借金棄捐令 ❺-2 **1760**·4 月 政
巡見使への訴状処理法 ❺-2 **1761**·1 月 政
大坂に御用金を課す ❺-2 **1761**·12·16 政
信濃山中村の村掟 ❺-2 **1761**·12 月 社
信濃千人講騒動 ❺-2 **1762**·2·17 社
幕府、寺院に田畑寄付·譲与禁止 ❺-2 **1762**·2·18 政
高知藩、御境目出諸産物御口銀定書 ❺-2 **1763**·9 月 政
朝鮮通信使、兵庫津での宿舎割当 ❺-2 **1763**·10·8 政
宝暦頃の衣食住 ❺-2 **1763**·宝暦年間 政
煎海鼠·乾鮑の増産 ❺-2 **1764**·3·11 政／ **1778**·3·26 政
幕府、三百目玉大筒稽古許可 ❺-2 **1764**·5 月 政
取退無尽禁止 ❺-2 **1764**·10·28 社
江戸日本橋に板舟の魚屋百二十四人公認 ❺-2 **1764**·11 月 社
有能な町医師 ❺-2 **1764**·12·15 文
幕府、百姓減少地に江戸町人の移住をはかる ❺-2 **1764**·12 月 政
秩父助郷一揆 ❺-2 **1764**·⑫·17 社
後藤梨春『紅毛談』刊(ABC の読み方) ❺-2 **1765**·1 月 政
多紀安元、医学館「躋寿館」設立 ❺-2 **1765**·12·4 文／ **1773**·5·10 文／ **1786**·1·9 文／ **1792**·9·6 文／ **1796**·10·28 社／ **1807**·6·2 文
錦絵の由来 ❺-2 **1765**·是年 社
弘前大地震 ❺-2 **1766**·1·28 社
関村兵内の家財一式目録 ❺-2 **1766**·2·16 政
寺社修復の相対勧化につき通達 ❺-2 **1766**·8 月 社
大坂に心中事件多発 ❺-2 **1767**·是春 文
農民の強訴·徒党·逃散厳禁 ❺-2 **1767**·⑨·8 政／ **1769**·1·9 政／ **1770**·4·16 政
幕府、通貨の相場定 ❺-2 **1767**·12·18 政
琉球、八重山のトキ·ユタ科定 ❺-2 **1767**·12·19 社
家質奥印差配所 ❺-2 **1767**·12·23 社／ **1768**·1·22 社／ 11·19 政
ロシア人、アイヌから毛皮税徴収 ❺-2 **1768**·4·29 政
江戸の陰間茶屋 ❺-2 **1768**·是年 政
江戸に甘酒店できる ❺-2 **1768**·是年 政
幕府、農民一揆武力鎮圧令を出す ❺-2 **1769**·1·9 政／ 2·21 政
西陣高機織屋行事、糸買占め中止を訴える ❺-2 **1769**·3·23 政
関八州·伊豆·甲斐浪人取締令 ❺-2 **1769**·6 月 政
大型船舶の建造許可 ❺-2 **1769**·是年 政／ **1783**·是年 政
幕府、盗賊刑を改定 ❺-2 **1770**·1 月 政
小石川養生所の病人数 ❺-2 **1770**·2·28 文
徒党禁止令 ❺-2 **1770**·4·16 政
朝鮮国商船、駿河に漂着 ❺-2 **1770**·5·5 政
ハンガリー人ベニョフスキー、土佐に漂着 ❺-2 **1771**·6·8 政
三井両替店、出銅高を記録 ❺-2 **1771**·6 月 政
虹の松原一揆(肥前) ❺-2 **1771**·7·20 社
飛驒大野騒動 ❺-2 **1771**·8 月 社
明和天明などの名家 ❺-2 **1771**·明和年間 政／ **1788**·天明年間 政／ **1800**·寛政年間 政／ **1817**·文化年間 政
鈴木春信の浮世絵流行 ❺-2 **1771**·是年 文
田沼意次、老中となる ❺-2 **1772**·1·15 政
鹿児島藩、風俗矯正を命ずる ❺-2 **1772**·1 月 社
江戸目黒行人坂の大火 ❺-2 **1772**·2·29 社
幕府、南鐐銀を新鋳する ❺-2 **1772**·9·7 政／ **1774**·是年 政
江戸で屋台みせ始まる(床見世·出し見世·屋台見世) ❺-2 **1772**·是年 政
男子の風俗 ❺-2 **1772**·是年 社
幕府、空米切手禁止 ❺-2 **1773**·2 月 政
鹿児島藩、藩校造士館設置 ❺-2 **1773**·8·29 文
勧進相撲以外の相撲禁止 ❺-2 **1773**·10·23 社
誉田屋仁兵衛、京都で借家請状をだす ❺-2 **1773**·11 月 政
各地で博労(馬の売買者)増加 ❺-2 **1774**·7 月 社
大坂江戸三度飛脚屋仲間、判形帳作成 ❺-2 **1774**·9 月 社
江戸に唄をうたう飴売りあり ❺-2 **1774**·是年 文
諸大名参勤交替の従者数 ❺-2 **1775**·4·13 政／ **1776**·3·10 社
出羽大館で洪水のため古代の家が出現する ❺-2 **1775**·4 月 文
関所通行女手形の厳守 ❺-2 **1775**·5·28 社／ **1796**·2 月 社
京都烏丸十七人斬り騒動 ❺-2 **1775**·7·3 社
平賀源内、陶器輸出·秩父鉄山のことを報ずる ❺-2 **1775**·11·24 政／ **1779**·12·18 文
長崎会所運上銀 ❺-2 **1776**·2 月 政
(画家)池大雅、歿す ❺-2 **1776**·4·13 政
米澤藩校興譲館、再興 ❺-2 **1776**·4·18 文
幕府、鉄砲見分について通達 ❺-2 **1776**·6 月 政
御用活鯛の生簀船通達 ❺-2 **1776**·7 月 社
事なかれ主義 ❺-2 **1776**·12·7 政
梅毒の伝来と治療法 ❺-2 **1776**·是年 政
介三郎、田畑売却証文 ❺-2 **1777**·12·16 政
上野の山下周辺の様子 ❺-2 **1777**·是年 政
組合辻番所 ❺-2 **1778**·12 月 文
大隅桜島南岳噴火 ❺-2 **1779**·10·1 社
江戸の三座 ❺-2 **1779**·11·1 社

光格天皇、践祚　❺-2 **1779**·11·8 政
『群書類従』の編纂開始　❺-2 **1779**·是年 政
大阪の語初見　❺-2 **1779**·是年 政
子年の洪水(関東地方)　❺-2 **1780**·6月 社
江戸で金銀星が出ると評判　❺-2 **1780**·7月 政
江戸の名物　❺-2 **1780**·是年 政
むくろんげ(無患子)流行　❺-2 **1780**·安永年間 政
当時の菓子屋　❺-2 **1780**·明和·安永年間 政
囚人扶持米の品質につき通達　❺-2 **1781**·4·9 社
与謝蕪村「芭蕉庵再興記」　❺-2 **1781**·5·28 文
糸綿反物貫目改所設置　❺-2 **1781**·7·1 政／8·9 政
京都の流行唄　❺-2 **1781**·是年 政
カナリア渡来する　❺-2 **1781**·此頃 文
大田南畝の江戸文化人との交流　❺-2 **1782**·1月 政
世にも不思議な怪獣退治の話　❺-2 **1782**·7·22 政
江戸大文台、浅草に移転　❺-2 **1782**·5月 文
関八州研屋触頭職を再確認　❺-2 **1782**·11·29 社
大黒屋幸(光)太夫の神昌丸漂流　❺-2 **1782**·12·9 政／**1791**·5·28 政／**1794**·6月 政
酒をもてはやせる歌流行　❺-2 **1782**·是年 政
高山彦九郎、参内　❺-2 **1783**·1·1 政
出雲·三刀屋騒動　❺-2 **1783**·1·18 社
旗本木村勝之、京都妙法院から借金　❺-2 **1783**·2月 政
浅間山噴火　❺-2 **1783**·4·9 社／7·6 政／7·7 社／10月 社
幕府、諸品値下げを命ずる　❺-2 **1783**·9·3 政
天明の飢饉、東北地方の状況　❺-2 **1783**·是年 政／**1784**·是年 社
幕府、米囲置禁止　❺-2 **1784**·2·10 政
筑前志賀島の甚兵衛、「漢委奴国王」金印発見　❺-2 **1784**·2·23 文
佐野政言、江戸城中で刃傷　❺-2 **1784**·3·24 政
武州·村山騒動　❺-2 **1784**·2·28 社
大坂の江戸積問屋仲間、公許　❺-2 **1784**·9月 政
幕府、諸家大坂払米制改定　❺-2 **1784**·11·14 政
正月行事(菅江真澄の日記)　❺-2 **1785**·1·1 社
上杉鷹山「伝国之辞」　❺-2 **1785**·2·7 文
長崎貿易仕法改正　❺-2 **1785**·2·17 政
盗賊稲葉小僧、逮捕　❺-2 **1785**·9·16 社
伏見騒動　❺-2 **1785**·9·26 社／**1788**·3·6 政
佐賀藩、宿村役人の風俗頽廃を教諭　❺-2 **1785**·11·1 政
工楽松右衛門、丈夫な織帆布を開発　❺-2 **1785**·是年 政
乞食のような神道者　❺-2 **1785**·是年 政
皆既日食　❺-2 **1786**·1·1 社
天明六年蝦夷探検　❺-2 **1786**·1·20 政
丙午の大火　❺-2 **1786**·1·22 社
烏亭焉馬、咄(落語)の会を開く　❺-2 **1786**·4·12 社
関東·陸奥地方大雨洪水　❺-2 **1786**·7月 社
徳川家治歿す　❺-2 **1786**·9·8 政
徳川家治葬送、非人に施行米　❺-2 **1786**·10·16 社
信濃佐久郡で八か村組合定書　❺-2 **1786**·10月 政
備後福山藩一揆　❺-2 **1786**·12·14 社
大坂で打毀し　❺-2 **1787**·5·12 社
江戸大打毀し　❺-2 **1787**·5·20 社
文学·軍学·天文学·武芸の師の調査　❺-2 **1787**·7月 文
京都御所に困窮民、千度参り　❺-2 **1787**·6·7 政／6·12 政
松平定信(寛政改革)　❺-2 **1787**·6·19 政／7·1 政／**1788**·1·2 政／8月 政／**1793**·7·23 政
江戸町奉行所壁書　❺-2 **1787**·7月 社
幕府、農民取締令を出す　❺-2 **1787**·8月 政
江戸·湯島聖堂、完成　❺-2 **1787**·9·16 文
大坂·亀次郎船漂流、鳥島到着　❺-2 **1787**·11月 社
松平不昧『古今名物類聚』　❺-2 **1787**·是年 文
奥州の蚕種事情　❺-2 **1787**·是年 政
出雲の清原太兵衛、佐陀川開削工事竣工　❺-2 **1787**·是年 社
京都大火　❺-2 **1788**·1·30 政、社
蝦夷地江指浦の賑わい　❺-2 **1788**·7·23 社
幕府、代官の手代の掟を定める　❺-2 **1788**·8月 政
信濃佐久郡村々、盗賊対策を定める　❺-2 **1788**·9月 社
大坂、家屋売買の際の歩一銀の制　❺-2 **1788**·9月 社
大坂町奉行、川筋へのゴミ投棄禁止　❺-2 **1788**·11·11 社
幕府、農民倹約令、髪結床禁止　❺-2 **1788**·12月 政
銭湯の入浴料　❺-2 **1788**·是年 社
カナリア、ジュウシマツ飼育される　❺-2 **1788**·是年 社
洒落本·草双紙、流行　❺-2 **1788**·是年 文
けころ芸者　❺-2 **1788**·天明年間 政
油揚の値　❺-2 **1788**·天明年間 社
武士の遠乗り姿　❺-2 **1788**·安永·天明年間 社
比丘尼の風　❺-2 **1788**·安永·天明年間 社
惣代庄屋につき通達　❺-2 **1789**·1月 文
東慶寺で離婚　❺-2 **1789**·3·28 社
目明·岡引など禁止　❺-2 **1789**·4月 社
在方の隠売女を厳禁　❺-2 **1789**·7·22 社
札差棄捐令　❺-2 **1789**·9·16 政
小野川喜三郎、横綱となる　❺-2 **1789**·11·19 社
御宿浦の鰯八手網　❺-2 **1789**·12月 社
黄表紙の流行と絶版　❺-2 **1789**·是年 文
寛政蝦夷の蜂起　❺-2 **1789**·是年 政
長谷川平蔵、人足寄場を設置　❺-2 **1790**·2·19 社／**1799**·2月 社
江戸の森田座、地代滞納し河原崎座と交替　❺-2 **1790**·2·20 文／**1800**·8·15 文
寛政異学の禁　❺-2 **1790**·5·24 政
諸品物の大坂から江戸表までの運賃　❺-2 **1790**·4·18 社
一枚絵·好色本出版禁止令　❺-2 **1790**·5月 文／**1799**·12·26 社／**1800**·8·11 文／**1802**·2·3 文
江戸の郷宿(公事宿)の制　❺-2 **1790**·8月 政
オランダ商館長、江戸参府制五年に一度となる　❺-2 **1790**·9·6 政
郷蔵と囲米の奨励　❺-2 **1790**·10月 政
内裏の造営完成　❺-2 **1790**·11·22 政
幕府、人返し法　❺-2 **1790**·11·28 社
大坂の薬種中買仲間、新組合仕法書作成　❺-2 **1790**·11月 文
幕府、張紙値段を出す　❺-2 **1791**·1·25 政
江戸の銭湯男女混浴禁止　❺-2 **1791**·1·25 社／**1801**·12·9 社
幕府、鎌倉八幡宮へ遠馬　❺-2 **1791**·3·5 社
陰陽師は土御門家の支配　❺-2 **1791**·4·15 社
当道座改革　❺-2 **1791**·7·13 社／**1800**·11·16 社
異国船渡来の際の処置　❺-2 **1791**·9·2 政／**1792**·11·9 政／**1797**·12·28 政
禁酒証文　❺-2 **1791**·9月 社
七分積金の制創始　❺-2 **1791**·12·29 社
諸国分限者　❺-2 **1791**·是年 政
公卿たちの不行跡　❺-2 **1791**·是年 政
島原大変肥後難題(普賢岳噴火)　❺-2 **1792**·3·1 社
関東郡代伊奈忠尊、罷免される　❺-2 **1792**·3·9 政
『海国兵談』『三国通覧』絶版命令　❺-2 **1792**·5·16 政
武蔵徳丸原に砲術練習場設置　❺-2 **1792**·7月 政
ロシア遣日使節、根室に到る　❺-2 **1792**·9·3 政／**1793**·3·2 政／6月 政
ロシア人より松前侯への贈品　❺-2 **1792**·9月 政
松平定信の海防論　❺-2 **1792**·11·26 政
京都·平野屋治兵衛の家屋敷売却状　❺-2 **1792**·11月 社
三陸地方地震·津波　❺-2 **1793**·1·7 社
閑院一品宮尊号一件　❺-2 **1793**·1·26 政
武佐衛門一揆　❺-2 **1793**·2·13 社
塙保己一、和学講談所設立　❺-2 **1793**·2月 文
旧里帰農奨励令　❺-2 **1793**·4·23 政
公金貸付の制　❺-2 **1793**·7月 社
学問吟味(昌平坂聖堂)　❺-2 **1793**·11·21 政、文
〈若宮丸〉漂流(最初の世界一周者)　❺-2 **1793**·11·27 政／**1803**·5·16 政
花鳥茶屋(動物園)の始まり　❺-2 **1793**·是年 社

博奕の罰則を厳重にする　❺-2 1794·3月 社
出版統制令(浄瑠璃本を除く)　❺-2 1794·5月 政
歌舞伎役者の華美を禁止　❺-2 1794·6·23 文
秤の私売買を禁止　❺-2 1794·10月 文
職人の就業時間を定める　❺-2 1794·10月 社
新元会(おらんだ正月)　❺-2 1794·⑪·11 社／1813·⑪·11 社
御救御定免願(下野西高橋村)　❺-2 1795·2月 社
近藤重蔵、オランダ·中国の様子を著述　❺-2 1795·6·5 政
(画家)円山応挙歿す　❺-2 1795·7·17 政
日蓮宗不受不施派の取締令　❺-2 1795·8·28 社
女髪結を禁止　❺-2 1795·10·3 政／1840·12·11 社
離縁状(信濃平林村佐忠太ほか)　❺-2 1795·11·4 政／1805·7月 政
紀州奈毛天踊(大坂生玉神社)　❺-2 1796·3·3 社
二本松藩主丹羽長貴、家老に殺害されるとの噂　❺-2 1796·3·27 政
本居宣長、入歯をする　❺-2 1796·4·15 社
妻敵討の法制　❺-2 1796·6月 政
易地聘礼(朝鮮通信使)　❺-2 1796·8·29 政／1809·7·5 政
谷文晁、小野篁画像を模写　❺-2 1796·9·4 社
幕府処罰令の地方での対応　❺-2 1797·6·5 政
中村座の興行　❺-2 1797·11·1 社
浅川騒動(磐城高田藩領)　❺-2 1798·1·24 社
米穀価格(春)　❺-2 1798·1·26 政
長脇差禁止(通りもの·奕徒の親分)　❺-2 1798·3月 社
オランダ商館長ヘンミイ謎の死　❺-2 1798·4·24 政
村柄風儀宜しく表彰(信濃下戸倉村)　❺-2 1798·5月 政
本居宣長、『古事記伝』刊行　❺-2 1798·6·13 文
岡本万作、江戸神田で寄席を始める　❺-2 1798·6月 社／1800·是年 社
京都方広寺大仏に落雷、焼失　❺-2 1798·7·2 社
近藤重蔵、エトロフに「大日本恵登呂府」の標柱を建てる　❺-2 1798·7·27 政
幕府、東蝦夷地を直轄地とする　❺-2 1799·1·16 政／1807·3·22 政／1821·12·7 政／❻ 1855·2·22 政
(画家)長澤蘆雪、歿す　❺-2 1799·6·8 社
光格天皇、君主の心得を後桜町院に送る　❺-2 1799·7·28 政
南紀太地浦で鯨を見る　❺-2 1799·11·23 社／1828·11·23 社
大坂懐徳堂　❺-2 1800·1月 文／❻ 1869·12月 文
昌平坂学問所学則　❺-2 1800·3月 政
富士山登山規則　❺-2 1800·3月 社／1800·是年 社
砂糖製造(和歌山藩)　❺-2 1800·4月 社
伊能忠敬、蝦夷地測量のため出発　❺-2 1800·④·19 文
二朱判銀の鋳造停止　❺-2 1800·11·7 政
飛脚(江戸町内に始まる)　❺-2 1800·寛政年間 社
芋の価　❺-2 1800·天明·寛政年間 社
富山元十郎ら蝦夷地得撫島巡視　❺-2 1801·2月 政
村山一揆(出羽)　❺-2 1801·6·23 社
暴力スリ取締令　❺-2 1801·7·16 社
志筑忠雄、ケンペル『日本誌·日本見聞記』抄訳　❺-2 1801·8月 政
(国学者)本居宣長、歿す　❺-2 1801·9·29 文
幕府、『孝義録』五十巻刊行　❺-2 1801·9月 政
惣輪(髪型)流行　❺-2 1801·是年 社
堂島米市場立会中止(摂津·河内大洪水)　❺-2 1802·7月 政
如来教開教　❺-2 1802·8·11 社
石田梅巌の心学学修舎「尽心舎」　❺-2 1802·9月 社
〈順吉丸〉(蝦夷箱館)漂流　❺-2 1802·11·23 政
名古屋広小路の見世物　❺-2 1803·①月 社
幕府、箱館奉行設置　❺-2 1803·2·15 政
阿蘭陀写絵(幻燈)興行　❺-2 1803·3月 社
熱気球を見る(若宮丸漂流者、長崎)　❺-2 1803·5·16 社／1805·1·11 社
夫亡き妻の再婚開始期間　❺-2 1803·5月 政
江戸窮民の状況　❺-2 1803·6·13 政
江戸に小便所設置　❺-2 1803·9·22 社
古墳の盗掘多し　❺-2 1803·是年 政
スキ焼の語初見　❺-2 1803·是年 政
鳥海山噴火　❺-2 1804·6·4 社
ロシア使節レザノフ、長崎来航　❺-2 1804·9·6 政／1805·3·6 政／1806·1·26 政
華岡青洲、麻沸散で全身麻酔手術　❺-2 1804·10·13 文
太郎稲荷(江戸浅草)流行　❺-2 1804·是年 社
江戸安宅に松鮓開業　❺-2 1804·文化初年 政
唐物抜荷厳禁　❺-2 1805·2·6 政
相撲取と「め組」鳶の者と喧嘩　❺-2 1805·2·16 社
鶴岡藩校「致道館」設置　❺-2 1805·2月 文
伊勢崎馬市、再興　❺-2 1805·5月 社
得撫島のロシア人、退去　❺-2 1805·6·9 政
女浄瑠璃、停止となる　❺-2 1805·9·6 文／1808·9·18 社
松前鰊魚肥の売買　❺-2 1805·9月 社／1819·2月 政
〈稲若丸〉、遭難。米船が救助　❺-2 1805·11·17 政
関東取締出役、設置　❺-2 1805·是年 政
佐倉惣五郎の子孫に田地を与える　❺-2 1806·1·27 社
江戸大火　❺-2 1806·3·4 社
文化丙寅の変(ロシア人、樺太久春古丹の松前番所を攻撃)　❺-2 1806·9·11 政
豊作のため醸酒制限を解除　❺-2 1806·9·22 社
米穀の買置きを命ず　❺-2 1806·10·14 政
文化丁卯の変(ロシア人、択捉島苗穂を攻撃)　❺-2 1807·4·23 政
大坂大雨洪水　❺-2 1807·5·20 社
江戸永代橋、混雑のため落ち死亡者多数　❺-2 1807·8·19 社
近思録一件(鹿児島藩)　❺-2 1807·11月 政／1808·4·9 政／6月 社
五人組帳できる(下総小保川村)　❺-2 1808·3月 社
〈フェートン号〉事件(イギリス船)　❺-2 1808·8·15 政
江戸の水茶屋取締令　❺-2 1808·是年 社
江戸後楽園(水戸藩)で梅花の宴　❺-2 1809·1月 社
三橋会所(菱垣廻船十組問屋)　❺-2 1809·2月政、社／1819·6·25 政
間宮海峡の発見と横断　❺-2 1809·6·26 政
松田伝十郎、樺太で山丹人(ギリヤーク人)を裁く　❺-2 1809·是年 政
相模·安房に砲台設置　❺-2 1810·2·26 政
大坂靫の干鰯屋仲間掟をつくる　❺-2 1810·10月 政
〈歓喜丸〉(摂津御影村)漂流　❺-2 1810·11·22 政
朝鮮通信使、将軍襲職のため対馬来航　❺-2 1811·5·22 政
幕府、富突を禁止する　❺-2 1811·5·27 社
ロシア〈ディアナ号〉船長ゴロヴニン、捕えられる　❺-2 1811·6·4 政／1812·3·24 政
(画家)松村呉春、歿す　❺-2 1811·8·17 文
幕府、文身(ほりもの)禁止　❺-2 1811·8月 社
松平不昧、嫡子月潭に茶道具を譲る　❺-2 1811·9月 政
党民騒動(豊後岡藩)　❺-2 1811·11·18 社
将軍徳川家斉の正室·側室と二十六男·二十七女　❺-2 1811·是年 政
ロシア〈ディアナ号〉、高田屋嘉兵衛を捕える　❺-2 1812·8·13 政／1813·9·11 政
〈永寿丸〉(鹿児島藩)漂流　❺-2 1812·12·3 政
江戸町奉行所、文化九年の経費　❺-2 1813·1月 政
江戸に米会所設置　❺-2 1813·4月 政
江戸森田座、百五十年寿狂言「仏舎利」公演　❺-2 1813·5·20 文
イギリス船、長崎入港　❺-2 1813·6·28 政
イギリス船、牝象を舶載　❺-2 1813·6·28 社
御用金(大坂)市中への影響　❺-2 1813·7月 政
司馬江漢、自分の死亡広告　❺-2 1813·8月 文
御用金(江戸)　❺-2 1813·9·18 政
越中富山藩農民一揆　❺-2 1813·10·15 社
督乗丸(尾張)漂流　❺-2 1813·11·4 政
江戸の浄瑠璃·手妻などは乞胸頭仁太夫の支配　❺-2 1813·

⑪月 社
幕府、米価引上げ要請 ❺-2 1813·12·18 政
久留米藩、米切手騒動 ❺-2 1814·2月 政
『南総里見八犬伝』刊行開始 ❺-2 1814·2月 社
山城·鞍馬寺焼失 ❺-2 1814·3·28 社
中村歌右衛門の「双蝶々」大当たり ❺-2 1814·6·18 社
年貢全納の規則 ❺-2 1814·9月 政
謎とき盲法師春雪 ❺-2 1814·10月 社
「世界花菅原伝授」大当たり ❺-2 1814·11·9 社
質屋仲間結成 ❺-2 1814·11·26 政
辻番職(江戸日本橋)の値段四十五両 ❺-2 1815·3月 社
赤子養育(仙台藩)奨励 ❺-2 1815·8·18 政
伊勢田丸(薩摩阿久根)漂流 ❺-2 1815·8·26 政
大酒·大食大会 ❺-2 1815·10·21 社／1817·3·23 社
唐人殺害事件 ❺-2 1815·12·14 政
大名の藩債破棄により巨商窮乏 ❺-2 1815·是年 政
(戯作者)山東京伝、歿す ❺-2 1816·9·7 文
遠江浜松藩主井上正甫の乱行 ❺-2 1816·9月 政
長崎奉行「嫁盗み」の風習禁止 ❺-2 1816·12·29 社
武士の生活困窮 ❺-2 1816·是年 政
ゴロヴニンの見た日本人像 ❺-2 1816·是年 政
安全な旅宿旅行のできる「浪華講」 ❺-2 1816·是年 政
信濃佐久の鯉魚の販売組合 ❺-2 1817·1月 社
米切手入替所(大坂) ❺-2 1817·5月 政
京都町代改義一件 ❺-2 1817·7·3 社
オランダ船、長崎入港 ❺-2 1817·7·4 政
江戸に天麩羅屋始まる ❺-2 1817·文化年間 政
江戸の歯磨き売り ❺-2 1817·文化年間 政
百年間の製糸額の変化 ❺-2 1817·文化年間 政
大坂で流行したもの ❺-2 1817·文化年間 政
大久保今助、江戸で鰻飯を始める ❺-2 1817·文化年間 社
唐人踊り(大坂堀江荒木座) ❺-2 1817·文化年間 社
芝居興行の様子 ❺-2 1817·文化年間 文
京都銀箔所(江戸) ❺-2 1818·2·9 政
(地図測量家)伊能忠敬、歿す ❺-2 1818·4·13 文
江戸の朱引内、外を定める ❺-2 1818·9·26 政
長崎出島でオランダ船が誕生祝の祝砲で死亡者が出る ❺-2 1818·11·9 政
借家賃貸契約書(大阪府茨木市) ❺-2 1818·11月 社
幕府、本田畑に甘蔗(砂糖黍)栽培禁止 ❺-2 1818·12·12 社
龍門騒動(大和吉野郡) ❺-2 1818·12·15 社
与兵衛鮓、にぎり鮓を始める ❺-2 1818·文政初年 政
幕府の家屋·衣服奢侈禁止令 ❺-2 1819·4月 政
町人徒党禁止令 ❺-2 1819·6·11 社／1827·6·11 政
籠細工興行 ❺-2 1819·7·9 社
物価値下げ令(大坂) ❺-2 1819·10·14 政
石川年足の墓誌発見 ❺-2 1820·1·2 社
建物米(架空取引)禁止 ❺-2 1820·1·7 政
江戸本所回向院で信濃善光寺如来開帳 ❺-2 1820·6·1 社
三州馬稼ぎと信州中馬稼ぎとの紛争 ❺-2 1820·8·25 政
信濃に悪党横行 ❺-2 1820·8月 政
よしこの節流行 ❺-2 1820·是年 社
豊前中津藩主奥平昌高のオランダ語詩文 ❺-2 1820·是年 社
名古屋藩と加賀藩の鳶人足大喧嘩 ❺-2 1821·1·12 社
ダンボ風邪流行 ❺-2 1821·2月中旬 社
米穀の空売禁止 ❺-2 1821·3·7 政
伊能忠敬の「大日本沿海輿地全図」完成 ❺-2 1821·7月 文
江戸で桶屋稼ぎの許可願 ❺-2 1821·8月 政
(国学者)塙保己一、歿す ❺-2 1821·9·12 社
幕府、蝦夷地を松前藩に還附する ❺-2 1821·12·7 政
富興行の盛況 ❺-2 1821·是年 社
小屋持ち非人と野非人取締り ❺-2 1822·1·19 政
江戸町奉行、百歳長寿者米十俵を与える ❺-2 1822·①·1 社
わらじ騒動(信濃伊那郡) ❺-2 1822·7·1 社
相馬大作事件 ❺-2 1822·8·29 政
長崎よりコレラ流行 ❺-2 1822·8月 社
宮津騒動(丹後与謝郡) ❺-2 1822·12·13 社
外記の五人斬り ❺-2 1823·4·22 政
富士山参詣者増加 ❺-2 1823·5·5 社
文政国訴(摂津河内千百七か村) ❺-2 1823·5·25 社
シーボルト、鳴瀧塾で西洋医学教授 ❺-2 1823·7·6 政
江戸で町飛脚開始 ❺-2 1823·7月 社
江戸市中に鰻屋·一夜鮓屋増える ❺-2 1823·是年 政
江戸大火 ❺-2 1824·2·1 社
イギリス捕鯨船員、水戸大津浜に上陸 ❺-2 1824·5·28 政
駱駝見世物の前評判 ❺-2 1824·⑧·5 政
江戸の家屋敷購入 ❺-2 1824·11·24 政
ロシアより種痘の術伝えられる ❺-2 1824·是年 政
是年の流行 ❺-2 1824·是年 政
異国船無二念打払令 ❺-2 1825·2·18 政
小林文素、解体人形をつくる ❺-2 1825·9·22 文
諸職人の賃銭相場(遠江尻村) ❺-2 1825·10月 社
虎玉丸、塩釜港に荷揚げ ❺-2 1825·12·17 政
赤箕騒動(信濃松本) ❺-2 1825·12·14 社
幕府、酒造業を自由化 ❺-2 1825·12·29 社
「峨眉山」の語がある橋の標柱漂着 ❺-2 1825·12月 文
佐渡金山の鉱山病の様子 ❺-2 1825·是年 政
琉球飢饉 ❺-2 1825·是年 政
殺人事件の全国手配書 ❺-2 1826·2·5 社
シーボルト、兎唇の手術と種痘の解説 ❺-2 1826·3·20 文
オランダ商館長、将軍謁見の法 ❺-2 1826·3·25 政
関東に組合村結成 ❺-2 1827·2月 政／10月 政
将軍徳川家斉、太政大臣となる ❺-2 1827·3·18 政
(豪商)高田屋嘉兵衛、歿す ❺-2 1827·4·5 政
朝鮮船、多く漂着 ❺-2 1827·9·12 政／1829·11·3 政／1830·11·5 政
総入歯の値段、金壱両三分 ❺-2 1827·是年 社
江戸大火 ❺-2 1828·2·5 社／1829·3·21 社
〈神速丸〉(越中放生津)難船、抜荷発見 ❺-2 1828·2·11 政
シーボルト事件 ❺-2 1828·8·9 政
子の大風 ❺-2 1828·8·9 社
〈仁寿丸〉(伊豆八丈島)、シャムへ漂着 ❺-2 1828·10·10 政
名古屋で足芸の見世物 ❺-2 1828·10·20 社
越後地方大地震 ❺-2 1828·11·12 社
鹿児島藩、大坂町人に経済改革を約束 ❺-2 1828·11·21 政
錦絵·絵草子の江戸芝三嶋町の店 ❺-2 1828·是年 文
(書物奉行兼天文方)高橋景保、歿す ❺-2 1829·2·16 政／1830·3·26 文
江戸大風雨 ❺-2 1829·8·2 社
頼山陽筆「白露横江図巻」 ❺-2 1829·8月 文
古銭収集の傾向 ❺-2 1829·文政年間 政
獣肉食の習慣 ❺-2 1829·文化·文政年間 政
盆種の松葉蘭·万年青 ❺-2 1829·文化·文政年間 政
お蔭参りの様子 ❺-2 1830·是春政、社
京都大地震 ❺-2 1830·7·2 社
米人ナザニエル、小笠原諸島に移住 ❺-2 1830·7·16 政
出羽村山郡で各領主の支配地を越えて議定 ❺-2 1830·10月 政
酒造量三分の一減造令の実際 ❺-2 1830·11月 社
天保と改元 ❺-2 1830·12·10 政
鹿児島藩、藩政改革 ❺-2 1830·12月 政／1833·3月 政／1835·是冬 政／1844·3·3 政
大島での抜砂糖は死罪 ❺-2 1830·是年 政
鮭の流通 ❺-2 1830·是年 社
幕府、関西諸河川の大浚え開始 ❺-2 1831·2·8 社／3·8 社
江戸町奉行、女浄瑠璃·花合·花かるたを禁止する ❺-2 1831·2·19 社、文
杣·木挽仲間職分定 ❺-2 1831·3·5 政
富士山頂に宝経塔建立 ❺-2 1831·6月 社
防長大一揆 ❺-2 1831·7·26 社
観世太夫勧進能(江戸幸橋御門外) ❺-2 1831·10·16 文

幕府、諸国の石高の調査 ❺-2 **1831**·12·3 政
成敗柱(法令違反者を縛付ける、武蔵下谷保村) ❺-2 **1831**·12月 政
盗賊鼠小僧次郎吉、逮捕 ❺-2 **1832**·5·5 政
〈五社丸〉(越後早川村)漂流 ❺-2 **1832**·8月 政
〈宝順丸〉(尾張小野浦村)漂流 ❺-2 **1832**·10·11 政
油に関する新仕法 ❺-2 **1832**·11·24 社
江戸町方人口 ❺-2 **1832**·是年 政
美濃国大地震 ❺-2 **1833**·4·9 政
江戸寒冷の日が続く ❺-2 **1833**·6·28 社
囲米禁止 ❺-2 **1833**·8·13 政
新百姓取立てについて通達 ❺-2 **1833**·8月 政
播州一揆 ❺-2 **1833**·9·11 社
印旛沼干拓工事 ❺-2 **1833**·10月 政／**1843**·6·10 政
菱垣廻船·樽廻船の積荷区分 ❺-2 **1833**·11·3 政
大坂町奉行、江戸廻米令 ❺-2 **1833**·11·28 政
天保の大飢饉 ❺-2 **1833**·是年 政
大坂町奉行、闇米の行商を禁止 ❺-2 **1834**·1·15 政
江戸大火 ❺-2 **1834**·2·7 社
江戸町会所貸付金仕法改定 ❺-2 **1834**·2·25 政
大坂町奉行、大坂米相場より高額での取引禁止 ❺-2 **1834**·3·2 政
富士山大土石流 ❺-2 **1834**·4·8 政
大坂三郷に窮民救済米千石放出 ❺-2 **1834**·5·19 社
琉球王尚灝、歿す ❺-2 **1834**·5·29 政
京都の呉服関係業者壊滅する ❺-2 **1834**·5月 政
堂島大火 ❺-2 **1834**·7·10 政
米市場の相場を遠眼鏡で見て合図すること禁止 ❺-2 **1834**·10月 政
寺子屋「静好堂」(上総相野谷村)掟 ❺-2 **1835**·2月 政
美濃諸川洪水 ❺-2 **1835**·4·13 社
仙石騒動(但馬出石藩) ❺-2 **1835**·6·7 政／12·9 政
高島四郎兵衛ら、臼砲を鋳造 ❺-2 **1835**·7月 政
江戸·護持院ヶ原の仇討 ❺-2 **1835**·7·13 社
長崎の清人、乱暴する ❺-2 **1835**·12·13 政
木曾の杣彦八、遠江千頭山での木材伐採を請負う ❺-2 **1836**·1月 社
心中未遂者の処置 ❺-2 **1836**·3·10 社
竹島(鬱陵島)密貿易一件 ❺-2 **1836**·6月 政／12·23 政
江戸大風雨、救米出る ❺-2 **1836**·7·18 社
江戸への白米廻送自由化 ❺-2 **1836**·7·23 政
幕府、米価引下げ令 ❺-2 **1836**·8·17 政
郡内騒動(甲斐) ❺-2 **1836**·8·20 社
三河加茂騒動頭取吟味の様子 ❺-2 **1836**·9月 政
諸国の米作、平年との比較 ❺-2 **1836**·10月 政
平田篤胤『大扶桑国考』できる。絶版令 ❺-2 **1836**·是年 文
是年の物価 ❺-2 **1836**·是年 政
江川英龍、伊豆国の海岸防備について幕府に建議 ❺-2 **1837**·1月 政
大塩平八郎の乱·檄文 ❺-2 **1837**·2·19 政
幕府、竹島(鬱陵島)渡航禁止 ❺-2 **1837**·2月 政
大坂町奉行、御救小屋を建てる ❺-2 **1837**·3·4 社
西の丸御政治始まる ❺-2 **1837**·4·2 政
関白鷹司政通、所司代に人民救済を要請 ❺-2 **1837**·4·9 政
米船〈モリソン〉、浦賀に入港 ❺-2 **1837**·6·28 政／**1838**·6月 政／**1842**·6月 社
奥郁喜三郎、女学校設立趣意書をつくる ❺-2 **1837**·10月 文
女性の結婚適齢期は十五、六歳 ❺-2 **1837**·是年 政
江戸城西の丸全焼 ❺-2 **1838**·3·10 政
水戸藩、西洋式軍艦模型〈日立丸〉をつくる ❺-2 **1838**·6月 政
名古屋城下で打毀し ❺-2 **1838**·7·16 社
大坂衆妙庵(日蓮宗不受不施派)捜索 ❺-2 **1838**·7·16 社
水戸藩主徳川斉昭、「戊戌封事」を将軍に提出 ❺-2 **1838**·8·1 政
越後で狼出没 ❺-2 **1838**·9月 文
中山みき、天理教開教 ❺-2 **1838**·10·26 社
〈長者丸〉(越中富山)、漂流 ❺-2 **1838**·11·23 政
館林藩、飛脚問屋から金千両借用 ❺-2 **1838**·11月 社
(画家)佐伯岸駒、歿す ❺-2 **1838**·12·5 文
好色本·絵本、往来での販売禁止 ❺-2 **1838**·12·25 文／**1842**·6·4 文
水主前金雇証文 ❺-2 **1838**·12月 社
異国船打払令批判(渡辺崋山) ❺-2 **1838**·是年 政
豊年踊り流行 ❺-2 **1839**·是春 社
蛮社の獄 ❺-2 **1839**·5·14 政／12·18 政
幕府、花火禁止 ❺-2 **1839**·5·24 社
アヘン戦争開始を報告(和蘭風説書) ❺-2 **1839**·6·24 政／**1840**·7月 政／**1841**·1·7 社
米市場に自粛令 ❺-2 **1839**·10·15 政
寄場での演芸禁止 ❺-2 **1839**·11·22 社
肉食の風習 ❺-2 **1839**·是年 社
相撲興行権 ❺-2 **1840**·1月 社
先祖株組合結成(下総香取郡長部村) ❺-2 **1840**·2月 政
萩藩主毛利敬親、藩政改革 ❺-2 **1840**·7·7 政
佐渡鉱山人足の鉱害状況 ❺-2 **1840**·8·13 社
洋式砲術(高島秋帆) ❺-2 **1840**·9月 政／12月 政
江戸神田明神社修復遷宮 ❺-2 **1840**·12·18 社
中浜万次郎ら漂流 ❺-2 **1841**·1·7 政
西洋式銃隊訓練(徳丸原) ❺-2 **1841**·5·9 政
天保の改革はじまる ❺-2 **1841**·5·22 政／8·16 政／9月 社／**1843**·⑨·13 政
江戸町方改革令 ❺-2 **1841**·5·22 社
江戸市中取締掛 ❺-2 **1841**·5月 社／10·16 社
〈永往丸〉、漂流 ❺-2 **1841**·8·23 政
佐賀藩、加地子米(小作米)軽減 ❺-2 **1841**·8月 政
大奥風儀取締り ❺-2 **1841**·10·5 社
医師の従者の横暴 ❺-2 **1841**·11·23 文
異風頭巾·富突札売·縁日賭銭·凧絵·大紙鳶など禁止 ❺-2 **1841**·11·29 社
江川太郎左衛門、伊豆韮山に鉄砲鋳造 ❺-2 **1841**·11月 政
幕府、株仲間廃止 ❺-2 **1841**·12·13 政／**1842**·2·27 政／3·13 政／4·16 政
江戸中村·市村両座移転令 ❺-2 **1841**·12·18 文／**1842**·1·12 文
武家方屋敷内での食物屋禁止 ❺-2 **1841**·12·27 社
江戸の蕎麦屋の品書、種類と値段 ❺-2 **1841**·是年 文
上郡騒動(阿波三好郡) ❺-2 **1842**·1·4 社
江川太郎左衛門、長崎で小筒買入と運漕 ❺-2 **1842**·1月 政
寄場(江戸市中五百か所)禁止 ❺-2 **1842**·2·12 社
富突き·惣身の刺青禁止 ❺-2 **1842**·3·8 社
私娼禁止 ❺-2 **1842**·3·18 社
初物と称した野菜の売買禁止 ❺-2 **1842**·4·8 社
兵糧用パン ❺-2 **1842**·4·12 社
各種品物の標準価格 ❺-2 **1842**·6·13 政
看板に金銀使用禁止 ❺-2 **1842**·6·27 社
諸式価格二割引下げ令 ❺-2 **1842**·6月 政
江戸三芝居·役者取締令 ❺-2 **1842**·7·4 文
異国船打払令改定 ❺-2 **1842**·7·24 政
農民倹約令 ❺-2 **1842**·9·11 社
正札販売奨励 ❺-2 **1842**·10·8 社
米穀全納制 ❺-2 **1842**·10·28 政
女髪結の罰則を定める ❺-2 **1842**·10月 社
幕府、無宿·野非人、旧里帰郷令(人返令) ❺-2 **1842**·11·13 政
佐久間象山、「海防八策」上書 ❺-2 **1842**·11·24 政
女医師の堕胎禁止 ❺-2 **1842**·11·30 社
播磨姫路方面の木綿江戸積状況 ❺-2 **1842**·是年 政
銭相場の定 ❺-2 **1843**·1·17 政
人返令(故郷へ帰国させる令) ❺-2 **1843**·3·25 社
江戸府内の手習師匠 ❺-2 **1843**·3·26 文
幕臣貸付金半額棄捐令 ❺-2 **1843**·4·16 政
町人·百姓の別荘·家作制 ❺-2 **1843**·4·28 社

蒸気機関車·蒸気船の国産について問合わせる ❺-2 **1843**·4月 社
小石川養生所の窮民入所 ❺-2 **1843**·5·1 文
歌川国芳錦絵「源頼光公館土蜘作妖怪図」 ❺-2 **1843**·是夏 文
大坂の富商に御用金を課す ❺-2 **1843**·7·6 政
武州鼻緒騒動 ❺-2 **1843**·7·22 社
諸侯の練兵について通達 ❺-2 **1843**·7月 政
土地上知反対意見を排除 ❺-2 **1843**·8月 政
江川英龍、大砲鋳造 ❺-2 **1843**·8月 政
昌平坂学問所 ❺-2 **1843**·8月 文
江戸·大坂十里四方収公令 ❺-2 **1843**·9·18 政
阿部正弘、老中となる ❺-2 **1843**·⑨·11 政
水野忠邦、罷免 ❺-2 **1843**·⑨·13 政
江戸城吹上苑で上覧相撲 ❺-2 **1843**·⑨·25 社
天保年間の流行 ❺-2 **1843**·天保年間 社
鉄砲場(武蔵下渋谷村) ❺-2 **1844**·1·15 政
版権保護の沙汰書 ❺-2 **1844**·1·30 文
貸付金規則(鹿児島藩) ❺-2 **1844**·3月 社
江戸城本丸焼失 ❺-2 **1844**·5·10 政
松平斉宣、歿す ❺-2 **1844**·5·10 社
オランダ特使、開国を勧告 ❺-2 **1844**·7·2 政／**1845**·6·1 政
オランダ国王から将軍徳川家慶への贈物 ❺-2 **1844**·7·2 社
水戸藩、検地実施。限田制実施 ❺-2 **1844**·10月 社
江戸の寄席、十五か所に制限 ❺-2 **1844**·12·24 社
八重山仕置 ❺-2 **1844**·是年 政
江戸大火 ❺-2 **1845**·1·24 社
米捕鯨船〈マンハッタン〉、安房館山に来航 ❺-2 **1845**·2·17 政
幕府からオランダへの贈物 ❺-2 **1845**·6·1 政
江戸に辻君がでる ❺-2 **1845**·是秋 社
幕府、鳥居耀蔵を讃岐丸亀藩に御預 ❺-2 **1845**·10·3 政
江戸大火 ❺-2 **1846**·1·15 社
英船〈スターリング〉、琉球那覇に来航 ❺-2 **1846**·4·5 政
仏船〈クレオパトル〉、琉球那覇に来航 ❺-2 **1846**·5·13 政
幕府、新規書籍出版取締り ❺-2 **1846**·⑤·6 文
遠州浜松騒動 ❺-2 **1846**·⑤·10 社
諸国大洪水 ❺-2 **1846**·6·28 社
琉球での外国貿易方針 ❺-2 **1846**·6·5 政
神田護持院原の敵討 ❺-2 **1846**·8·6 社
近江屋五平、江戸切絵図販売 ❺-2 **1846**·9月 文
大坂大火「おちょぼ焼け」 ❺-2 **1846**·11·3 社
女髪結·金銀細工禁止 ❺-2 **1846**·是年 社
天草質地返還·相続方仕法要求一揆 ❺-2 **1847**·1·28 社
大坂の綿店·油店·紙店·木綿店·薬種店·砂糖店·鉄店·蝋店·鰹節店が仲間結成 ❺-2 **1847**·1月 政
江戸で鳴物入り浄瑠璃·茶番が流行 ❺-2 **1847**·2月 文
善光寺大地震 ❺-2 **1847**·3·24 社
大坂産湯社で砂持ち ❺-2 **1847**·4·16 社
石清水社臨時祭 ❺-2 **1847**·4·25 社
堂島米市場での素人売買禁止 ❺-2 **1847**·10·11 政
弘化四年閉伊一揆 ❺-2 **1847**·10月 政
浅草雷おこし、売出される ❺-2 **1847**·是年 政
大坂の紙商売布屋に強盗 ❺-2 **1848**·1·22 社
江戸町奉行、闘鶏禁止 ❺-2 **1848**·2·15 社
和泉忠岡村の諸費用規定 ❺-2 **1848**·3月 政
幕府、諸問屋株式再興 ❺-2 **1848**·4月 政
米人マクドナルド、英語を教える ❺-2 **1848**·5·27 文
蘭医モーニッケ、牛痘苗·聴診器を移入 ❺-2 **1848**·6·20 文
銭の流通量不足 ❺-2 **1848**·8·2 政
鉄砲稽古の時期を自由とする ❺-2 **1848**·9月 政／**1849**·9·23 政
本所回向院で相撲興行 ❺-2 **1848**·是秋 社
江戸の寄席の規則 ❺-2 **1848**·10·3 社
(戯作者)瀧澤馬琴、歿す ❺-2 **1848**·11·6 文
(鹿児島藩家老)調所広郷、歿す ❺-2 **1848**·12·18 政
江戸の角兵衛獅子始まる ❺-2 **1848**·此頃 社
英船、琉球久米島に漂着、中山府が救助 ❺-2 **1849**·1·20 政
佐久間象山、「オランダ語辞書」刊行予定 ❺-2 **1849**·2月 社
松平容敬、阿部正弘と海防につき会談 ❺-2 **1849**·4·18 政
(浮世絵師)葛飾北斎、歿す ❺-2 **1849**·4·18 文
英測量船、相模松輪崎に来港 ❺-2 **1849**·④·8 政
牛痘種痘法の始め ❺-2 **1849**·7·19 社
蘭書翻訳出版取締令 ❺-2 **1849**·9·26 文
お由良騒動·高崎崩れ ❺-2 **1849**·12·4 政
沿海の防備厳重令 ❺-2 **1849**·12·25 政
七代目市川海老蔵の追放赦免 ❺-2 **1849**·12·25 文
〈天寿丸〉(紀伊日高郡)遭難 ❺-2 **1850**·1·6 政
江戸大火 ❺-2 **1850**·2·5 社
江戸町方·寺社門前町の町人惣人数調 ❺-2 **1850**·4月 政
江戸の寄席藤本で名人の芸人出演 ❺-2 **1850**·5·5 文
翻訳書の売買禁止 ❺-2 **1850**·9·21 文
カカシを建てる ❺-2 **1850**·9·30 社
〈栄力丸〉(摂津菟原郡) ❺-2 **1850**·10·29 政
(蘭学者)高野長英、自殺 ❺-2 **1850**·10·30 文
米船、中村万次郎らを琉球摩文仁上陸させる ❺-2 **1851**·1·3 政
幕府、貧民に米を支給 ❺-2 **1851**·1·25 社
家出の妻に契約状 ❺-2 **1851**·1月 社
天皇陵盗掘者を逮捕 ❺-2 **1851**·2·4 文
幕府、問屋再興令 ❺-2 **1851**·3·9 政／4月 政
大坂町奉行、無宿者·野非人の処置通達 ❺-2 **1851**·5·18 社
吉田松陰、佐久間象山に入門 ❺-2 **1851**·5·24 政
橋本左内、蘭訳内科書『扶氏経験遺訓』について ❺-2 **1851**·6·5 文
大坂町奉行、米小売値値下令 ❺-2 **1851**·9·4 政
〈永久丸〉(三河渥美郡)漂流 ❺-2 **1851**·12·29 政
朝鮮種人参、薬種問屋に ❺-2 **1851**·12·29 文
江戸に火災用心令 ❺-2 **1852**·1·15 社
離縁状(武蔵足立郡の金次郎) ❺-2 **1852**·2·1 社
清国人三百余人、イギリス船を奪い八重山島に上陸 ❺-2 **1852**·②·19 政
大坂大火 ❺-2 **1852**·4·21 社
江戸城西の丸全焼 ❺-2 **1852**·5·22 政
八品商売人仲間再興 ❺-2 **1852**·6·2 政
オランダ別段風説書、アメリカの日本開国計画を伝える ❺-2 **1852**·6·5 政
佐久間象山、大森で軽野砲試射 ❺-2 **1852**·7月 政
オランダ商館長、ペリー来航計画を伝える ❺-2 **1852**·8·17 政
鹿児島藩主島津斉彬、治世の基本方針を示す ❺-2 **1852**·8月 政
幕府、西洋式大砲術を公認する ❺-2 **1852**·10月 政
江戸城内宝蔵焼失 ❺-2 **1852**·11·28 政
幕府、大船·砲術などの用語を日本語で使用するよう命ずる ❺-2 **1852**·11月 社
鹿児島藩島津斉彬、砲船の建造許可の内諾を得る〈昇平丸〉、日本最初の洋式軍艦 ❺-2 **1852**·12·9 政
佐賀藩、西松浦郡の農地解放 ❺-2 **1852**·12·17 社
火の用心、厳重となる ❺-2 **1852**·是年 社
千島列島(地図) ❺-2 **1852**·是年 政

第6巻（1853～1895年）

関東地方大地震　❻ 1853·2·2 社
二宮尊徳、日光仕法を実施　❻ 1853·2·13 政
上野不忍池の浚えが行われる　❻ 1853·2月 社
諏訪の寒天業者、運上銀年五貫五百文　❻ 1853·2月 文
米ペリー提督、琉球来航　❻ 1853·4·19 政
女髪結業の取締り　❻ 1853·5月 文
アメリカ東インド艦隊、浦賀に来航　❻ 1853·6·3 政、社、文／1854·2·1 政
伊豆新島から流人が島抜け　❻ 1853·6·8 社
アメリカ大統領フィルモアの親書　❻ 1853·6月 政
ロシア艦隊、長崎来航。ロシア国書　❻ 1853·7·18 政、文／12·5 政／1854·9·18 政／10·15 政
佐久間象山、急務十策　❻ 1853·7月 政
品川台場六基築造　❻ 1853·8·28 政
民間有志から献金を募る　❻ 1853·8月 社
大船建造の禁令を解く　❻ 1853·9·15 政
オランダに軍艦購入を依頼　❻ 1853·9月 社
海防の大号令　❻ 1853·11·1 政
蛮語(外国語)·夷風(西洋風俗)禁止　❻ 1853·11·5 文
熊本藩、海防を命ずる　❻ 1853·11·18 社
銭屋五兵衛、獄死　❻ 1853·12·6 政
大坂町奉行、豪商に献金を求める　❻ 1853·12月 社
旗本大久保喜十郎、自村に武器購入資金を求める　❻ 1853·是年 政
江戸町方人口　❻ 1853·嘉永年間 社
日米和親條約(神奈川條約)　❻ 1854·2·1 政
ペリー饗応献立表　❻ 1854·2·10 社
アメリカ水兵を横浜·増徳院に葬る　❻ 1854·2·11 社
幕府から米国王·使節への贈り物　❻ 1854·2·16 政
アメリカ使節のため力士が動員　❻ 1854·2·16 社
アメリカから幕府への献上物　❻ 1854·2·17 政
汽車模型機関車·炭水車·客車、円型レールで試運転　❻ 1854·2·23 文
モールス電信機、公開実験　❻ 1854·2·24 文
アメリカのミンストレル·ショー公演　❻ 1854·2·29 文
吉田松陰ら、アメリカ船に密航を求める　❻ 1854·3·27 社
内裏炎上　❻ 1854·4·6 政、社
アメリカ兵、琉球で乱暴　❻ 1854·5·17 政
安政の改革(老中阿部正弘)　❻ 1854·6·5 政
武蔵·淀橋の水車小屋で火薬製造中に爆発　❻ 1854·6·11 社
日本国惣船印(日の丸)　❻ 1854·7·9 社／1858·7·9 政／1860·11·6 政／1870·1·27 政／1873·2月 政
日英和親條約　❻ 1854·⑦·15 政、社
駿河·遠江·伊豆·相模大地震·津波　❻ 1854·11·4 社
ロシア艦〈ディアナ〉、津波で大破　❻ 1854·11·4 社
紀州広村·浜口儀兵衛、稲むらに火を放ち津波から人々を救う　❻ 1854·11·5 社
日露和親條約　❻ 1854·12·21 政
朝廷、梵鐘を銃砲に改鋳令　❻ 1854·12·23 政／1855·3·3 社
魚問屋定書　❻ 1854·12月 社
アイヌ人口　❻ 1854·是年 政
佐賀藩、国産統制機関「代品方」設置　❻ 1854·是年 政
渋川景佑、太陽暦「万国普通暦」刊行　❻ 1854·是年 文
講武場御取建　❻ 1855·2月 社／1856·3·24 政／4月 政
食売女の年季奉公証文　❻ 1855·4·21 社
洋式小銃製造　❻ 1855·6·19 社
海軍創設　❻ 1855·7·29 社
オランダ国王寄贈の蒸気船〈観光丸〉　❻ 1855·8·25 政
神田明神祭　❻ 1855·9·15 社
安政大地震　❻ 1855·10·2 政、社
地震の御救小屋場所　❻ 1855·10·2 文
幕府、蝦夷地移住許可　❻ 1855·10·14 政
オランダに製鉄所用設備注文　❻ 1855·11月 政
日蘭和親條約　❻ 1855·12·23 政
遠馬(品川―鎌倉八幡宮)　❻ 1856·4·18 社
渋染一揆　❻ 1856·6·13 社
アメリカ総領事ハリス、下田に来航　❻ 1856·7·21 政／1857·2·2 政
箱館·八戸地方に地震·津波　❻ 1856·7·23 社
東海·東山諸国大暴風雨　❻ 1856·8·25 社
オランダへの留学生派遣建議　❻ 1856·10·5 文
ロシアから贈られた大砲　❻ 1856·10·11 社
(儒者)広瀬淡窓、歿す　❻ 1856·11·1 社
炮烙調練(江戸麹町の続馬場)　❻ 1856·12月 政
外国の処置·貿易の可否　❻ 1857·3·26 政
軍艦教授所設置　❻ 1857·4·11 政
洋書習学所設置　❻ 1857·4·12 文
新田畑開発許可　❻ 1857·4·27 社
ハリスの江戸行き問題　❻ 1857·⑤·15 政／8·14 政／10·7 政／11·1 政／1859·10·11 政
(老中)阿部正弘、歿す　❻ 1857·6·17 政
長崎飽之浦に製鉄所　❻ 1857·7月 社／1858·3月 社／4月 社／1861·3·28 政
種痘所(江戸お玉ヶ池)設置　❻ 1857·8月 文／1860·7·13 文
島津斉彬、写真機·銀板写真術　❻ 1857·9·16 社
変な暖房と鳥·獣の肉食(ヒュースケンの日記)　❻ 1857·10月 社
開国賛成の上書(松平慶永)　❻ 1857·11·26 社
大坂曾根崎新地などの繁栄策　❻ 1857·12·22 社
幕府、通商條約勅許問題　❻ 1858·1·5 政／1·17 社／3·1 政／3·20 政／12·24 政
外国人を見物禁止　❻ 1858·3·22 社
井伊直弼、大老となる　❻ 1858·4·23 政
幕府、軍艦朝陽(10万ドル)を受取る　❻ 1858·5·3 社
日米修好通商條約·貿易章程、調印　❻ 1858·6·17 政／6·18 社
間部詮勝、外国掛老中となる　❻ 1858·6·23 社
ポンペ、コレラ治療法を伝える　❻ 1858·6月 文／8·22 文
外国人への販売禁止品(江戸)　❻ 1858·7·7 社
竹島(鬱陵島)開拓計画　❻ 1858·7月 社
日仏修好通商条約　❻ 1858·8·7 政
戊午の密勅事件　❻ 1858·8·8 政、社／1859·11·19 社
大坂町奉行、将軍薨去町中静粛令　❻ 1858·8·15 社
安政の大獄と真相　❻ 1858·9·5 政／9月 社／1859·是年 政
大坂の難民に救済銭支給　❻ 1858·9·5 社
(画家)安藤広重、歿す　❻ 1858·9·6 文
福澤諭吉、蘭学塾(慶應義塾)開設　❻ 1858·10月 文／1868·④·3 文
西郷隆盛·僧月照、自殺をはかる　❻ 1858·11·16 社
天皇、條約了承·公武合体の勅書　❻ 1858·12·24 政
幕府、神奈川開港·貿易開始を公示　❻ 1858·12·30 社／1859·1·6 社
オランダ船、大坂港に入港、大騒ぎ　❻ 1859·3·21 社
百姓·町人の異様な衣服·冠物禁止　❻ 1859·5·25 社
神奈川·長崎·箱館開港　❻ 1859·6·2 政

水車動力製糸機械　❻ **1859**·6月 社
三井八郎右衛門、三井組創設　❻ **1859**·6·11 政
幕府、武器輸入許可　❻ **1859**·6·20 政
ロシア人三人、江戸で投石される　❻ **1859**·7·22 社
ロシア士官·水夫殺傷事件　❻ **1859**·7·27 政
外国人への不法行為禁止　❻ **1859**·8·6 社
万延遣米使節　❻ **1859**·9·13 政／**1860**·是年 政
大坂町奉行、米価引下げを命ず　❻ **1859**·9·25 社
江戸日本橋·四組肴問屋規定書　❻ **1859**·10月 社
京都·織物業の盛衰　❻ **1859**·12·20 政
幕府、外国人へ不作法がないよう通達　❻ **1859**·12·29 政
大坂での肉食　❻ **1859**·安政年間 社
イギリス領事館通訳伝吉、殺害される　❻ **1860**·1·7 政
急速に開発が進む横浜　❻ **1860**·1月 社
英語稽古許可　❻ **1860**·2·19 文／8月 文
幕末諸藩の洋銃(解説)　❻ **1860**·2月 社／**1864**·5月 社／9月 社
桜田門外の変　❻ **1860**·3·3 政
井伊直弼斬奸趣意書　❻ **1860**·3月 社
北蝦夷地(樺太)へ毎年組頭派遣　❻ **1860**·3月 政
五品(生糸·呉服·雑穀·水油·蠟)江戸廻送令　❻ **1860**·③·19 社
幕府、出板統制令　❻ **1860**·③·24 文
和宮降嫁の内願　❻ **1860**·4·1 政／8·13 政／**1861**·8·27 社／10·20 政／10月 社／12·13 政
幕府、洋銀の極印打ち廃止　❻ **1860**·5·12 政
山王権現祭礼に外国使臣招待　❻ **1860**·6·15 政
英公使オールコック、富士山登山　❻ **1860**·7·26 社
幕府、幕臣子弟に外国語修学奨励　❻ **1860**·8·6 文
長崎地所規則、調印　❻ **1860**·8·15 政
市川騒動(福知山藩)　❻ **1860**·8·20 社
老中安藤信正、フランス公使を叱る　❻ **1860**·8月 社
ヒュースケン殺害事件　❻ **1860**·12·5 政／12月 社
日本·プロシア修好通商條約　❻ **1860**·12·14 政
プロシアから電信機伝わる　❻ **1860**·12月 文
桜田門外の変後の政情　❻ **1860**·是年 政
外国人逮捕の規則　❻ **1861**·1·1 政
幕府、浪人·無宿者の取締令　❻ **1861**·2·1 政
ロシア艦〈ポサドニック〉、対馬占拠事件　❻ **1861**·2·3 政／**1861**·是年 政
北蝦夷地(樺太)でのアイヌ新生児への手当支給　❻ **1861**·2月 文
萩藩長井雅楽の航海遠略策　❻ **1861**·3·28 政／6·11 政
長崎製鉄所完成　❻ **1861**·3·28 政
ハンサード、日本初の英字新聞創刊　❻ **1861**·5·15 文
講武所頭取·師範役　❻ **1861**·5·16 社／6·23 社／**1864**·是年 政
第一次東禅寺事件　❻ **1861**·5·28 政
ニコライの見た日本　❻ **1861**·5月 文
大船建造と外国商船購入許可　❻ **1861**·6·19 社
長崎養生所「精得館」設立　❻ **1861**·8·16 文／**1865**·4月 文
小笠原諸島の領土宣言　❻ **1861**·12·4 政
諸国豊作　❻ **1861**·是年 社
文久遣欧使節　❻ **1862**·1·1 政／是年 政
坂下門外の変　❻ **1862**·1·15 政
駿河の製塩所　❻ **1862**·2月 社
横浜·英学所　❻ **1862**·2月 文
品川御殿山周辺　❻ **1862**·2月 社
アメリカ鉱山技師　❻ **1862**·4·11 社／10·18 文
西郷隆盛、流罪　❻ **1862**·4·11 政
寺田屋騒動　❻ **1862**·4·23 政、社
日本最初の国産軍艦　❻ **1862**·5·7 社
勅使、江戸派遣　❻ **1862**·5·8 政／6·7 政
洋書調所(蕃書調所改称、開成所)　❻ **1862**·5·18 文／6·4 文／**1869**·1·17 文
日本人の外国人観の変化　❻ **1862**·5月 社
諸国川浚令　❻ **1862**·6·16 社
(琉球役人)牧志朝忠、投身自殺　❻ **1862**·7·19 政
四奸二嬪弾劾事件　❻ **1862**·8·16 政
生麦事件·西洋側の生麦事件記録·日本側の生麦事件記録　❻ **1862**·8·21 政、社／**1863**·5·4 社／11·1 政
諸大名に文武振興·富国の術計諮問　❻ **1862**·⑧·15 政
大坂銅座の江戸出張役所　❻ **1862**·⑧·20 社
参勤交代制を緩和　❻ **1862**·⑧·22 政
九條家諸大夫宇郷玄蕃の梟首　❻ **1862**·⑧·22 文
外国使節に対する祝砲　❻ **1862**·9月 社
攘夷督促の勅使　❻ **1862**·10·12 政
高橋由一、洋書調所画局世話心得となる　❻ **1862**·11·20 文
川越藩、他流試合の奨励　❻ **1862**·11·21 政
諸国の浪士、京都に集まる　❻ **1862**·11月 社
幕府、軍制改革　❻ **1862**·12·3 政
横井小楠ら襲撃事件　❻ **1862**·12·19 政
銃砲工作の機械購入　❻ **1862**·12月 社
米宣教師ブラウン、横浜に日本最初のプロテスタント合同教会設立　❻ **1863**·1·1 社
難波橋に貼り出された池内大学の斬奸状　❻ **1863**·1月 社
足利氏木像の斬奸状　❻ **1863**·2·22 社
将軍徳川家茂、参内。将軍から宮中への贈物　❻ **1863**·3·7 政、社
賀茂行幸の勢威　❻ **1863**·3·11 政
新選組の結成　❻ **1863**·3·13 政、社
横浜の騒動　❻ **1863**·3月 社
攘夷の期限日五月十日　❻ **1863**·4·20 政
大坂湾防衛態勢　❻ **1863**·5·9 政
下関事件　❻ **1863**·5·10 政、社／6·1 政／**1867**·6·5 社
姉小路公知の暗殺　❻ **1863**·5·20 政、文
小笠原長行の挙兵上京　❻ **1863**·5·20 政、社
奇兵隊日記　❻ **1863**·6·7 社
英軍艦、鹿児島攻撃　❻ **1863**·6·22 政、社
天誅組の乱　❻ **1863**·8·14 政／8·18 社
八月十八日の政変　❻ **1863**·8·18 政
アームストロング砲輸入計画　❻ **1863**·8月 政
開成所(洋書調所改称)　❻ **1863**·9·2 文／**1864**·7月 文
芹澤鴨の暗殺現場　❻ **1863**·9·18 社
刀剣の価格　❻ **1863**·9月 文
但馬生野の変　❻ **1863**·10·9 政
江戸で唐物商殺害される　❻ **1863**·10·25 社
江戸各所に巡邏諸組屯所設置　❻ **1863**·11·4 社
横浜鎖港談判使節　❻ **1863**·12·29 政／**1864**·7·22 政
幕府砲兵、洋靴を着用する　❻ **1863**·是年 政
市中の流行歌　❻ **1863**·文久年間 社
将軍徳川家茂、上洛　❻ **1864**·1·8 政／2·14 社
宮本兼太郎、父の敵討　❻ **1864**·1·24 社
天狗党の乱　❻ **1864**·3·27 政／是年 政
中天竺舶来軽業(リズリー·サーカス)興行　❻ **1864**·3·28 社
神戸軍艦操練所設立　❻ **1864**·5月 社
池田屋騒動　❻ **1864**·6·5 政、社
佐久間象山の天皇遷幸未遂事件　❻ **1864**·6·27 政、社
萩藩家老から朝廷への嘆願書　❻ **1864**·7·14 社
禁門の変、京都火災　❻ **1864**·7·18 政／7·19 社
四国連合艦隊、下関攻撃のため横浜出港。萩藩の講和條約書　❻ **1864**·7·27 政／8·5 政／8·14 社／9·6 政
西郷隆盛の勝麟太郎に対する印象　❻ **1864**·9·11 社
米方年行事に帳合米市場の操作禁止　❻ **1864**·10·13 社
幕府、前装施条式ミニ(エ)ー銃製造　❻ **1864**·10月 社／**1865**·5月 政
横須賀製鉄所設置　❻ **1864**·11·10 社／12·9 政／**1865**·9·27 社
高杉晋作、下関新地会所を襲撃　❻ **1864**·12·16 政
山内容堂、伊達宗城に書を送る　❻ **1864**·12·20 社
新選組近藤勇、大坂の豪商から活動資金を得る　❻ **1864**·12月 社
長崎浦上の隠れキリシタン、大浦天主堂神父に信仰を告白する　❻ **1865**·2·20 社
ロシアへの留学生　❻ **1865**·2·27 文

フランス語伝習所の規則　❻ **1865**·3·18 社
鹿児島藩イギリス留学生、出発　❻ **1865**·3·22 文／⑤·3 社
横浜外国人居留地の状況　❻ **1865**·3 月 政
浜田彦蔵、「海外新聞」発行　❻ **1865**·3 月 文
第一次征長の役　❻ **1865**·4·19 社／5 月 社／6·27 政／9·23 社／11·7 政／12·28 政／**1866**·1·22 政／4·14 政／5·1 政
フランス派遣使節　❻ **1865**·4·25 政
シュリーマン(トロイア遺跡発見者)、横浜来航　❻ **1865**·5·11 文
女子の調練(江戸)　❻ **1865**·5·13 社
摂津·河内の農民国訴　❻ **1865**·5·19 社
江戸の菓子仲間規定帳できる　❻ **1865**·⑤月 文
〈長崎丸〉焼失事件　❻ **1865**·6·18 政
奥州金花山大金寺の本尊、江戸で開帳　❻ **1865**·6·28 社
西洋式火薬製造機械購入　❻ **1865**·9·2 政
四国艦隊、兵庫来航(開港、條約勅許に圧力のため)　❻ **1865**·9·13 政
乙丑の大獄(福岡藩)　❻ **1865**·10·23 政
江戸大火　❻ **1865**·12·12 社
幕府、陸軍三兵(歩兵·騎兵·砲兵)伝習生募集　❻ **1865**·12 月 政／**1866**·5·8 政
アイヌ遺骨盗掘事件　❻ **1866**·1·9 社
薩長盟約　❻ **1866**·1·21 政、社
悪党切捨て令　❻ **1866**·1 月 社
高知藩、藩校「開成館」設立　❻ **1866**·2·5 文
ロシア兵、北蝦夷地(樺太)詰役人を逮捕事件　❻ **1866**·2·23 政
歌舞伎役者が編笠を着けずに通行禁止　❻ **1866**·3·27 文
萩藩奇兵隊士叛乱　❻ **1866**·4·4 政
パリ万国博覧会の出品者募集　❻ **1866**·4·5 社
海外渡航解禁　❻ **1866**·4·7 政
伊勢博徒、荒神山の争い　❻ **1866**·4·8 社
一揆呼びかけの状　❻ **1866**·4·26 文
英·仏·米·蘭と改税約書運上目録調印　❻ **1866**·5·13 政
大坂で米騒動　❻ **1866**·5·14 社
江戸の町一揆　❻ **1866**·5·28 社／9·12 社
第二次征長の役　❻ **1866**·6·7 政／6·14 政／9·2 政
武州一揆　❻ **1866**·6·13 社、文
信夫·伊達一揆　❻ **1866**·6·15 社
樺太国境交渉　❻ **1866**·8·18 政／**1867**·2·25 政
イギリス人男女に暴行事件　❻ **1866**·8·19 社
幕府、北海道を担保として借金　❻ **1866**·8·20 社
幕府、軍役人数を改定　❻ **1866**·8·26 政
二十二卿列参　❻ **1866**·8·30 政
イギリス留学生(幕府)　❻ **1866**·9·6 文／10·26 文
曲芸師鉄割福松一座、渡米　❻ **1866**·9·21 社、文
フランス軍士官シャノアン雇入れ　❻ **1866**·9·29 政／**1867**·3 月 文／**1868**·2 月 社
荷物運送用馬車、使用許可　❻ **1866**·10·1 社
幕府、在京諸隊士の軍服を定める　❻ **1866**·11·3 政
横浜居留地條約　❻ **1866**·11·23 政
米人ベイリー、「万国新聞紙」発行　❻ **1866**·11·26 文
大坂に御救小屋、建てられる　❻ **1866**·12·11 社
対馬·以酊庵輪番制廃止　❻ **1866**·12·20 政
孝明天皇崩御　❻ **1866**·12·25 政
遣欧パリ万博特使　❻ **1867**·1·11 政
パリ万博、幕府と鹿児島藩の確執　❻ **1867**·1 月 社
兵庫開港勅許　❻ **1867**·3·5 政
百姓·町人武芸禁止令　❻ **1867**·3·19 社
江戸の窮民の状況　❻ **1867**·3 月 社
幕府、租税調査　❻ **1867**·4·23 政
フランス人軍事教官シャノアンによる練体法(体操)　❻ **1867**·4 月 社
新吉原町の人口　❻ **1867**·4 月 社
鷹場廃止　❻ **1867**·5·20 社
ラッパ伝習　❻ **1867**·5 月 文
鹿児島紡績所、開業　❻ **1867**·5 月 社
坂本龍馬、「船中八策」　❻ **1867**·6·9 政／6·22 社
浦上キリシタン四番崩れ　❻ **1867**·6·13 社
中川屋(牛肉店)開業の新聞広告　❻ **1867**·6 月 社
洋服の仕立屋の新聞広告　❻ **1867**·6 月 社
築地ホテル　❻ **1867**·7·10 社
関所通行規定　❻ **1867**·7·19 社
御国産改所開設　❻ **1867**·7·22 政
薩長倒幕会議　❻ **1867**·8·14 政
金札発行(幕府)　❻ **1867**·8·19 政
旅券発行規定　❻ **1867**·8·20 政
牧牛奨励(但馬)　❻ **1867**·8·24 社
ええじゃないか騒動　❻ **1867**·8 月 社／12·9 社
江戸—大坂間定期航路　❻ **1867**·9·12 社
医師ヘボン、歌舞伎役者澤村田之助が脱疽のため右足切断に成功　❻ **1867**·9·15 文
大坂町奉行、物価引下げ令　❻ **1867**·9·19 社
幕府、老中以下の給与改革　❻ **1867**·9·26 政
高知藩山内容堂の大政奉還建白書　❻ **1867**·9 月 社
幕府、軍役を金納に改定　❻ **1867**·10·3 政、文
討幕の密勅　❻ **1867**·10·13 政、社
大政奉還上表　❻ **1867**·10·14 社
江戸城最後の総出仕　❻ **1867**·10·21 政
軍隊用靴製造のための中国人技術者　❻ **1867**·10 月 社
鹿児島藩、出兵の告諭書　❻ **1867**·11·1 政／11·13 政
鹿児島·萩·高知三藩出兵協定　❻ **1867**·11·13 政
萩藩士木戸孝允、天皇抱込みの決意　❻ **1867**·11·22 社
幕府、樺太開発奨励　❻ **1867**·11·23 社
海軍伝習開始　❻ **1867**·11·24 政
倒幕の協議　❻ **1867**·11·29 政
下野·出流山挙兵の檄文　❻ **1867**·11·29 社
岩倉具視、鹿児島·高知·広島藩への指示　❻ **1867**·12·9 社
王政復古の大号令　❻ **1867**·12·9 政、社
小御所会議　❻ **1867**·12·9 政
江戸の鹿児島藩邸襲撃事件　❻ **1867**·12·25 政
万延～慶応期の海外留学生数　❻ **1867**·12 月 文／**1873**·5 月 文／12·25 文
西洋料理の紹介　❻ **1867**·是年 社
江戸町方人口　❻ **1867**·慶応年間 社
戊辰戦争　❻ **1868**·1·2 政
薩長と幕府両軍の軍力差は約三倍·幕府側軍配書　❻ **1868**·1·2 社、文
鳥羽伏見の戦　❻ **1868**·1·3 政
徳川慶喜の討薩表　❻ **1868**·1·3 社
天皇の比叡山遷幸準備　❻ **1868**·1·3 社
大坂城炎上　❻ **1868**·1·9 社
徳川慶喜の一行、江戸に戻る　❻ **1868**·1·12 社
青松葉事件(名古屋藩)　❻ **1868**·1·12 政
赤報隊事件　❻ **1868**·1·12 政
政府、外国に王政復古通告　❻ **1868**·1·15 社
江戸町火消人足に砲術調練　❻ **1868**·1·17 社
静寛院宮(皇女和宮)より橋本実梁への直書　❻ **1868**·1·20 社
大久保利通、大坂遷都を建議　❻ **1868**·1·23 政
アメリカ中立宣言書　❻ **1868**·1·25 社
旧幕府敗残兵の江戸での状況　❻ **1868**·2·1 社
西郷隆盛、幕府の徹底的壊滅を依頼　❻ **1868**·2·2 社
堺事件　❻ **1868**·2·15 政、2·24 文
勝海舟の見た江戸の状況　❻ **1868**·2·19 社
上野緑野郡一揆　❻ **1868**·2·23 社
新政府機関誌「太政官日誌」刊行　❻ **1868**·2·23 政
ミシン伝習と仕立物引受けの新聞広告　❻ **1868**·2·24 社
英公使パークス襲撃事件　❻ **1868**·2·30 政
勝安房等陳情書草案　❻ **1868**·3·5 社
西郷·山岡会見　❻ **1868**·3·9 政
五箇條の御誓文　❻ **1868**·3·14 政
新高札を建てる(五榜の掲示)　❻ **1868**·3·15 社
勝海舟の政権返還の感想　❻ **1868**·3·14 政
江戸を攻撃せずとの通達　❻ **1868**·3·15 文

会津から見た維新　❻ 1868·3月社、文
菊の紋章の私用禁止　❻ 1868·3·28 社
ハワイ移民の渡航許可証　❻ 1868·3·30 文／4·10 社／4·25 社／④月 社
東征の鼓笛隊、「都風流トコトンヤレ節」流行　❻ 1868·3月 文
近藤勇、逮捕·斬首　❻ 1868·4·3 政
江戸城開城　❻ 1868·4·4 政
徳川氏処分などの勅旨　❻ 1868·4·4 社
旧幕府発行諸家貨幣の価位　❻ 1868·4·14 政
大鳥圭介軍、宇都宮撤退　❻ 1868·4·25 社
大坂市内の長寿者に米穀支給　❻ 1868·④·6 社
陸前白石で白石列藩会議開催　❻ 1868·④·11 政
東京大病院(ウィリス)　❻ 1868·④·13 文
浦上キリシタン四千百人配流　❻ 1868·④·17 社／1869·12·4 社／12·16 政
太政官札発行　❻ 1868·④·19 政
大阪府、搗米屋に米の小売を奨励　❻ 1868·5·19 社
官軍、彰義隊を攻撃　❻ 1868·5·13 政／5·19 社／5·16 文
日本中の寺院数　❻ 1868·5月 社
慶應義塾と授業料　❻ 1868·5月 社
上野戦争の時の授業風景(慶應義塾)　❻ 1868·5月 文
横浜病院の状況　❻ 1868·6月中旬 社
江戸を東京と改称　❻ 1868·7·17 政
北越戦争　❻ 1868·7·24 政
政府、英国東洋銀行から五十万ドル借款　❻ 1868·7·26 文
米方年行事に蔵米の不正入札禁止　❻ 1868·7·29 社
豪商に御用金を課す　❻ 1868·8·26 社
白虎隊、飯盛山で切腹　❻ 1868·8月社、文
経済の不安状況　❻ 1868·8月 社
会津城開城、市民の状況　❻ 1868·9·22 政、社
横浜市中に立小便禁止　❻ 1868·9·23 社
今年度の年貢納入について通達　❻ 1868·9·28 政
弘道館合戦　❻ 1868·10·1 政
会津若松農民一揆　❻ 1868·10·3 社
榎本武揚、北海道上陸　❻ 1868·10·12 政
太政官、刑法は旧幕府の法を用いる　❻ 1868·10·30 社
長崎居留地の外国人数　❻ 1868·10月 政
医師の開業、免許制となる　❻ 1868·11·7 文
江戸築地外国人居留地　❻ 1868·11·19 社
蝦夷政府(榎本政権)　❻ 1868·11月 政／12·15 政、社
相模·観音崎燈台に点火　❻ 1869·1·1 社
版籍奉還　❻ 1869·1·20 政／6·17 政
関所廃止令　❻ 1869·1·20 社／2·3 社
小学校設立奨励など　❻ 1869·2·5 文／5·21 文／12·18 文／1871·12月 文
新聞紙印行條令　❻ 1869·2·8 文
七重村租借事件　❻ 1869·2·19 政
公議所(集議院)開設　❻ 1869·3·7 政
蒸気車鉄道設置　❻ 1869·3月 社
修史局総裁沙汰書　❻ 1869·4·4 文
箱館戦争·五稜郭開城　❻ 1869·4·6 政／4·18 社
横浜·東京両外国人居留地間に馬車営業許可　❻ 1869·4月 社
出版條令　❻ 1869·5·13 文
海外旅行規則　❻ 1869·5·29 社
新貨の形状·価名に関する大隈重信の建議　❻ 1869·5月 社
通商司に委任された権限　❻ 1869·6·21 政／6月 文
英第二王子エジンバラ公、来航　❻ 1869·7·22 政
阿波屋次郎吉、英語教授の新聞広告　❻ 1869·7月 文
明治二年から三年にかけての米価騰貴　❻ 1869·7月 社
(兵部大輔)大村益次郎、歿す　❻ 1869·9·4 政
越中ばんどり騒動　❻ 1869·10·12 社
金一両についての米穀　❻ 1869·10月 政
東京—横浜間電信開通　❻ 1869·12·25 社
東京—大阪間定期航路開設　❻ 1870·1月 社
人力車の発明　❻ 1870·3月 政／1872·1月 社／1886·7月 政／12·9 社／❼ 1896·4月 社
外務省、外国人雇入れ方心得をだす　❻ 1870·2月 政
政府、ロシアに対抗し樺太に人員を送る　❻ 1870·6月 政
日本、普仏戦争に中立宣言　❻ 1870·7·28 社
「君が代」(フェントン作曲)初演奏　❻ 1870·9·8 文
藩制改革布達　❻ 1870·9·10 政
外国人の国内旅行の取扱方通達　❻ 1870·9月 社
海軍はイギリス式、陸軍はフランス式兵制を採用　❻ 1870·10·2 政
海外留学生規則を定める　❻ 1870·12·22 文
雲井龍雄、処刑　❻ 1870·12·26 政
機械紡績に押され手紡糸は衰微する　❻ 1870·是年 政
自転車の初登場　❻ 1870·是年 政
郵便事業開始　❻ 1871·1·24 政／1873·4·1 社
大井川などの渡船賃　❻ 1871·4·15 社
梟示令　❻ 1871·6·14 社
廃藩置県　❻ 1871·7·14 政
文部省設置　❻ 1871·7·18 文
鉄道、一部完成　❻ 1871·8·6 社
通貨の状況　❻ 1871·9·1 政
服制改革　❻ 1871·9·4 政
岩倉遣欧米使節　❻ 1871·10·8 政／1872·1·21 政
フランス飛脚船の船賃　❻ 1871·10月 社
女子留学生　❻ 1871·11·12 文
庶民の裸体を禁止　❻ 1871·11·29 社
伊藤博文の日の丸演説　❻ 1871·12·14 政
京都の小学校の課業表(教育課程)　❻ 1871·是年 政
ランプ使用法　❻ 1872·1·20 社
女学校規則　❻ 1872·1月 文
囚人への差入れ許可品　❻ 1872·2月 政
京都博覧会　❻ 1872·3·10 社／1873·3·13 社
日本産物の貿易相場　❻ 1872·3月 政
柏崎農民一揆　❻ 1872·4·4 社
諸官庁の雇い外国人の数　❻ 1872·4月 政
東京府の風俗禁令　❻ 1872·4月 政
地方で「とんだ見世物」でる　❻ 1872·4月 政
東京九段·招魂社　❻ 1872·5·9 社
中川嘉兵衛、氷づくりに成功　❻ 1872·5月 政
〈マリア·ルース号〉事件　❻ 1872·6·4 政
東京湯島·書籍館(のち国会図書館)　❻ 1872·6月 文
当時の船舶修理の実状　❻ 1872·6月 政
琉球接収使　❻ 1872·7·11 政／9·14 政
学制を定める　❻ 1872·8·2 文
擡頭·平出·闕字の制(解説)　❻ 1872·8·7 政
演劇関係者への心得通達　❻ 1872·8月 政
仁徳天皇陵前方部崩壊　❻ 1872·9·7 文
新橋—横浜間鉄道開業式　❻ 1872·9·12 社
ロシア、満洲に侵入を開始する　❻ 1872·9月 政
太政官、人身売買·終身年期を禁止　❻ 1872·10·2 政
富岡製糸場、開業　❻ 1872·10·4 社
慶應義塾内衣服仕立局できる　❻ 1872·10月 政
西洋製歯磨広告　❻ 1872·10·18 社
京都の小売物価　❻ 1872·10月 文
堕胎の横行　❻ 1872·10月 文
違式註違條令(軽犯罪法)を定める　❻ 1872·11·8 社
太陰暦廃止、太陽暦採用　❻ 1872·11·9 文
徴兵の詔書　❻ 1872·11·28 政／1873·1·10 政
明治五年の刑罪表　❻ 1872·11月 社
トマト栽培に成功とその食べ方　❻ 1872·11月 社
東京の理髪店の状況　❻ 1872·11月 文
東京に新聞茶屋　❻ 1872·11月 文
野球伝来の諸説　❻ 1872·是年 政
カレーの作り方紹介　❻ 1872·是年 社
公園候補地　❻ 1873·1·15 社
全国の学校·教師の数　❻ 1873·1月 文
青森—函館間航路開設　❻ 1873·1月 社
新暦による初めての元日　❻ 1873·1月 文
太政官、仇討を厳禁　❻ 1873·2·7 社
ポリスの語初見　❻ 1873·2·8 社

ウィーン万国博覧会に出発　❻ 1873·2·25 文
寅年の青年を徴兵、朝鮮に送るとの噂　❻ 1873·2月 政
犬狩騒動(長崎県壱岐島)　❻ 1873·3·10 社
外国人との結婚許可　❻ 1873·3·14 政
越前敦賀の護法一揆報告　❻ 1873·3月 政
汽車の窓から小便をして罰金十円　❻ 1873·4·15 文
旧紙幣·旧藩札、消却処分　❻ 1873·4月 政
血税一揆(大分県)　❻ 1873·5·22 社
靴の価格　❻ 1873·5月 文
第一国立銀行　❻ 1873·6·11 政／8·1 政
上野の山に狐が出る　❻ 1873·6月 文
太政官、火葬禁止　❻ 1873·7·18 社／1875·5·23 社
西郷隆盛の板垣退助宛書簡　❻ 1873·8·17 政
西洋料理店　❻ 1873·8月 社
明治六年の政変　❻ 1873·10·14 政
会社設立の許可手続き　❻ 1873·10·27 政
天長節の様子　❻ 1873·11·3 社
熊本鎮台暴動　❻ 1873·12·21 政
珍しかったマッチ　❻ 1873·是年 政
福澤諭吉の著作権問題　❻ 1873·是年 政
東京銀座の煉瓦街　❻ 1874·1月 文
佐賀の乱　❻ 1874·2·1 政／2·17 社
明六社発足　❻ 1874·2月 文
天皇御真影　❻ 1874·3·3 政
洋装の結婚式　❻ 1874·3·6 社
海軍兵学寮で競闘遊戯(運動会)が行われる　❻ 1874·3·11 政
征台の役(台湾)　❻ 1874·4·4 政／5·2 政／是年 政
ハワイ·ウルパラクア事件　❻ 1874·5·24 政
英人ブラックが日本の無定見を批判　❻ 1874·5月 社
東京のガス燈　❻ 1874·6·19 社／7月 社
屯田兵制度　❻ 1874·6·23 政／1875·1·12 政／1885·5·5 政／1886·9月 政
日清戦争　❻ 1874·7·9 政／8·17 政
九州·四国·中国地方大暴風雨　❻ 1874·8·21 社
官吏の口ヒゲ流行　❻ 1874·8月 政
金銀貨は外国行きでお留守です　❻ 1874·9月 政
東京府下の十貫十歎　❻ 1874·9月 社
絵本·玩具を製造(文部省)　❻ 1874·10·7 文
最初の鉄道事故　❻ 1874·10·11 社
株式取引所條例　❻ 1874·10·13 政
徴兵逃れに六歳の少女と婚約　❻ 1874·10月 政
江戸っ子の評価　❻ 1874·10月 社
美濃の物価　❻ 1874·11月 社
東京浅草天文原で各家元による諸芸興行　❻ 1874·12·1 文
陸軍三兵に連隊旗制定　❻ 1874·12·2 政
無告者(極貧者)恤救規則　❻ 1874·12·8 社
東京府の人口·学校数·病院数　❻ 1874·是年 政
外国郵便開業　❻ 1875·1·1 社
大阪千日前に見世物小屋　❻ 1875·1·1 社
文章代作の広告　❻ 1875·1·8 文
海軍始　❻ 1875·1·9 政
森有礼、契約結婚　❻ 1875·2·6 社
大阪会議　❻ 1875·2·11 政
愛国社結成　❻ 1875·2·22 政
東京みやげに新聞　❻ 1875·3月 政
元老院設置　❻ 1875·4·14 政
大審院設置　❻ 1875·4·14 政／5·24 政／10月 社
地方官会議開催　❻ 1875·4·14 政／6·20 政
木村屋のあんパン好評　❻ 1875·4·4 政、社
樺太·千島交換條約　❻ 1875·5·7 政
東京中央気象台　❻ 1875·6·1 文
新聞紙條例　❻ 1875·6·28 社
讒謗律·新聞紙條例に対する批判と擁護　❻ 1875·7月 政、社
ドイツで日本の醤油の偽物登場　❻ 1875·8月 社／1887·4月 社
江華島事件　❻ 1875·9·20 政／1876·1·6 政
左横書きの立札　❻ 1875·9月 社
東京の演劇·能楽·諸芸人の数　❻ 1875·9月 社
小幡英之助、日本初の歯科医師免許状　❻ 1875·10·2 文
征韓論に反対　❻ 1875·10月 政／11月 政
言論弾圧に抗議　❻ 1875·11月 社
代人料を納めて徴兵拒否　❻ 1875·12月 社
熊本バンド結成　❻ 1876·1·30 社
朝鮮在留日本人の状況　❻ 1876·1月 政
横須賀の造船所の状況　❻ 1876·1月 政
博物館·動物園·植物園設置の建議　❻ 1876·1月 文
帯刀禁止令　❻ 1876·3·28 政
名古屋の様子·札幌の様子　❻ 1876·3月 政
上野公園内精養軒開業広告　❻ 1876·4·14 政
金魚、アメリカに送られる　❻ 1876·4月 政
写真見合結婚　❻ 1876·4月 政
西郷隆盛、犬を連れ山野を歩く　❻ 1876·5月 政
大阪の繁昌　❻ 1876·6月 政
三井銀行·三井物産開業　❻ 1876·7·1 政
東京府下の諸商人の数　❻ 1876·7月 社
曲芸師鳥潟小三吉一行、ヨーロッパから帰国　❻ 1876·8·1 社
神風連の乱　❻ 1876·10·24 政、社
秋月の乱　❻ 1876·10·27 政
萩の乱　❻ 1876·10·28 政
思案橋事件　❻ 1876·10·29 政
君が代、天長節に演奏　❻ 1876·11·3 文
東京大火、ベルツの感想　❻ 1876·11·29 社
赤間関の近況　❻ 1876·11月 政
三重県石代納一揆　❻ 1876·12·19 社
東京での屠牛数(1～12月)　❻ 1876·是年 社
西南戦争　❻ 1877·1·29 政／3·10 政／10·10 政／是年 政／1878·2月 政
東京浅草の賑わい　❻ 1877·1月 社
東京大学設置　❻ 1877·4·12 文
新聞紙條例の伏字　❻ 1877·4月 政
タイプライターの導入　❻ 1877·4月 社
仙台に女紅場できる　❻ 1877·6月 社
東京の遊郭の貸座敷と娼妓の数　❻ 1877·7月 社
第一回内国博覧会、噴水設置　❻ 1877·8·21 社／11·30 政
マッチ伝来記　❻ 1877·8月 政
(徳川家茂夫人)静寛院宮(和子)、歿す　❻ 1877·9·2 政
モースら、大森貝塚を発掘　❻ 1877·9·16 文
中川将行、数学会社設立　❻ 1877·9月 社
善意の医者を誤解して殺害　❻ 1877·11·19 政
京都で軽気球の見世物　❻ 1877·12·6 社
劇場へ出張する巡査心得　❻ 1878·2·19 社
全国医師の数　❻ 1878·3月 政
大久保利通の威厳　❻ 1878·4月 政／5·14 政
小学校の就学率　❻ 1878·4月 政
伊勢から東京へ各地の景況を見ながら歩く　❻ 1878·4月 社
富山県伏木港一揆　❻ 1878·5·11 社
英水兵強姦事件　❻ 1878·5·15 社
東京株式取引所開業　❻ 1878·6·1 政
東京の治安悪化との情報で大阪の米相場乱高下　❻ 1878·6月 政
大阪で東京風が流行　❻ 1878·7月 社／1879·10月 社
竹橋騒動　❻ 1878·8·23 政、社／10·13 政
シャワー登場　❻ 1878·9月 社
神奈川·真土騒動　❻ 1878·10·26 社
日本の西洋型造船すすむ　❻ 1878·10月 政
美術教師フェレッチの悪評　❻ 1878·10月 社
路傍演説に人気　❻ 1878·11月 政
結婚仲介業を出願　❻ 1878·11月 社
陸軍参謀本部創設　❻ 1878·12·5 政
凬月堂、ショコラート·チョコレート·洋酒入ボンボン·有平糖販売　❻ 1878·12·11 社
東京「とうきょう」と「とうけい」の読み方(解説)　❻

1878·是年 政
琉球処分 ❻ **1879**·1·8 政／4·4 政／6·8 政／**1890**·8月 社
西南戦争後の鹿児島城下の士族の様子 ❻ **1879**·1月 社
蓄音機の公開 ❻ **1879**·3月 社
クラーク博士、アメリカ人学生と来日 ❻ **1879**·3月 社
国安妨害演説禁止 ❻ **1879**·5月 政
外国皇族、歌舞伎鑑賞の始め ❻ **1879**·6·4 社
国会開設運動 ❻ **1879**·7·1 政
前アメリカ大統領グラント来日 ❻ **1879**·7·3 政／8·10 政／8·25 社
宮古島サンシイ事件 ❻ **1879**·7·22 政、社
コレラ流行、患者数 ❻ **1879**·7月社、文
琉球豊作 ❻ **1879**·9月 政
東京の家屋調査 ❻ **1879**·9月 社
横暴な朝鮮在留日本人 ❻ **1879**·11月 政
浅草奥山写真屋さんの客引き競争 ❻ **1879**·11月 社
全国の医学校、中学校の数 ❻ **1879**·是年 政
茨城での民権拡張熱 ❻ **1880**·1月 政
徳島·高知の国会熱 ❻ **1880**·1月 政
東京府下の八品商現員取調べ ❻ **1880**·1月 社
陸海軍通信(軍楽隊) ❻ **1880**·1月 社
第一回綿·糖共進会 ❻ **1880**·2·15 社／7月 政
天皇、吹上御苑で犬追物·流鏑馬·徒射·古式射·騎射を見る ❻ **1880**·3·22 社
長崎高島炭鉱でガス爆発事故 ❻ **1880**·4·4 社
集会條例を定める ❻ **1880**·4·5 政
琉球問題に関する日清交渉 ❻ **1880**·4·17 政
米価騰貴により不穏な世情 ❻ **1880**·5月 政／12月 政
吉原七人斬事件 ❻ **1880**·7·23 社
米価騰貴による哀話 ❻ **1880**·8月 政
マッチ、輸入から輸出に転ずる ❻ **1880**·8月 政
富山県魚津米騒動 ❻ **1880**·10·1 社
小笠原諸島、内務省から東京府へ移管 ❻ **1880**·10·8 政／**1883**·5·4 政
国会開設運動 ❻ **1880**·10月 政
鉄道の外国人技師、日本人と交替 ❻ **1880**·10月 社
自由党結成 ❻ **1880**·12·15 政／**1881**·10·18 政／11·8 政／**1884**·10·29 政
最後の仇討事件 ❻ **1880**·12·17 社
盲人に火の番を強制(甲府) ❻ **1881**·1月 政
防火令(東京府) ❻ **1881**·2·25 社
内国博覧会と帝室博物館 ❻ **1881**·2月 政
洋式技術の移植が進む ❻ **1881**·2月 政
ハワイ国王カラカワ、来日 ❻ **1881**·3·4 政
朝鮮国朝士、日本研究に来日 ❻ **1881**·5·24 政
東京風帆船会社〈謙信丸〉、豪州へ初航海 ❻ **1881**·5月 社
立志社社員軍資金強奪事件 ❻ **1881**·6·8 社
小学校教員心得 ❻ **1881**·6·18 文
田舎にまで自由民権の叫び ❻ **1881**·6月 政
開拓使官有物払下げ事件 ❻ **1881**·7·21 政／8·1 政／10·11 政
石川島監獄所女監に女性取締掛を置く ❻ **1881**·7月 社
全国の犯罪等関係統計 ❻ **1881**·7月 社
兵庫·明石城の払下げ中止 ❻ **1881**·8·16 社
国会開設の詔勅 ❻ **1881**·10·12 社
酒屋会議開催の檄文 ❻ **1881**·11·1 政
イギリス王子、刺青を彫る ❻ **1881**·11月 政
布告·布達·告示·達の区別 ❻ **1881**·12·3 政
天皇巡幸、天皇信仰の一例 ❻ **1881**·12·19 政
東京浅草勧業場開場 ❻ **1881**·12·21 社
横浜港に入港の外国軍艦 ❻ **1881**·12月 社
松方デフレ ❻ **1881**·是年 政
この年初版の『マレー·ハンドブック』に掲載の日本のホテル ❻ **1881**·是年 社
『小学唱歌集』初篇刊 ❻ **1881**·11月 文
天皇、陸海軍人に「軍人勅諭」を与える ❻ **1882**·1·4 政
台風調査官クニッピング ❻ **1882**·1月 社
大阪の玉突場六八六軒、賭博容疑九百余人逮捕 ❻ **1882**·2·14 社
皇室財産の状態 ❻ **1882**·2月 政
立憲改進党結成 ❻ **1882**·3·14 政／10·13 社
伊藤博文ら、憲法調査研究のため欧州へ出発 ❻ **1882**·3·14 社
「板垣死すとも自由は死せず」(板垣退助) ❻ **1882**·4·6 政
廃娼運動 ❻ **1882**·4·14 社
朝鮮開花党の金玉均、来日 ❻ **1882**·4月 政／**1888**·7·28 政／**1894**·3·10 政
米国へ花火輸出 ❻ **1882**·4月 社
福島事件 ❻ **1882**·5·12 政／11·28 政／**1883**·9·1 政
婿取りの広告 ❻ **1882**·5·23 社
朝鮮政府、日本党と支那党との二派に分かれる ❻ **1882**·5月 政
壬午事変 ❻ **1882**·7·23 政、社／10·13 政
女子生徒の体操 ❻ **1882**·7月 文／**1883**·3月 社
鉄道馬車の事故多発 ❻ **1882**·9·7 社
板垣退助の外遊へ批判 ❻ **1882**·9·17 政
猪苗代湖疎水(のち安積疎水)通水式 ❻ **1882**·10·1 社
第一回内国絵画共進会 ❻ **1882**·10·1 文
日本銀行開業 ❻ **1882**·10·10 政／**1883**·4·28 政
東京専門学校(早稲田大学)開校 ❻ **1882**·10·21 社
東京電燈会社設立 ❻ **1882**·11·1 社／**1887**·11·29 社
皇典講究所、開校 ❻ **1882**·11·4 文
日本の売女(売春婦)、上海に進出 ❻ **1883**·1月 社
東京気象台、天気図作製·印刷 ❻ **1883**·3·1 文
高田事件 ❻ **1883**·3·20 政
外国商館、不況のため多数倒産 ❻ **1883**·3月 政
明治七年から十六年までの東京の火災 ❻ **1883**·4月 社
横浜居留地外国人の数 ❻ **1883**·5月 政
病院·医師の数 ❻ **1883**·5月 社
(元右大臣)岩倉具視、歿す ❻ **1883**·7·20 政
上野—熊谷間開通(日本鉄道会社) ❻ **1883**·7·26 社
東京の鉄道馬車、初の公害問題 ❻ **1883**·8月 社
札幌—手宮間開通(炭鉱鉄道) ❻ **1883**·9·17 社
朝鮮鬱陵島から日本人引揚げ ❻ **1883**·10月 政
鹿鳴館(コンドル設計)開館 ❻ **1883**·11·28 政、社／**1884**·6·12 社／11·3 社／**1886**·11月 政
條約改正 ❻ **1889**·10·15 政／**1893**·7·8 政／**1894**·7·16 政／❼ **1899**·6·30 政／7·17 政
英外相、條約改正に関する覚書 ❻ **1883**·12·11 政
東京有名一覧 ❻ **1883**·12月 社
金銀貨幣相場 ❻ **1883**·12月 政
官吏恩給令 ❻ **1884**·1·4 政
村田銃、世界的にも好評 ❻ **1884**·1月 政
大阪道頓堀の角座落成 ❻ **1884**·3·2 文
地租條例 ❻ **1884**·3·15 政
弥生式土器、発見 ❻ **1884**·3·17 文
伊豆の借金党騒動 ❻ **1884**·3月 社
月食の写真撮影 ❻ **1884**·4·10 社
学生親睦会の集会 ❻ **1884**·4·13 社
静岡県下の三大工事 ❻ **1884**·4月 政
相撲流行、芝居にも相撲ものが登場 ❻ **1884**·4月 社
兌換銀行券條例 ❻ **1884**·5·26 政
天下の糸平こと田中平八、歿す ❻ **1884**·6·8 政
フェノロサと狩野芳崖 ❻ **1884**·6月 政
米国サンフランシスコ在留の日本人 ❻ **1884**·7月 政
東京の風呂屋に煽風器が登場 ❻ **1884**·7月 社
速記本流行 ❻ **1884**·7月 社
條約改正 ❻ **1884**·8·4 政／**1886**·5·1 政／**1887**·8月 政／**1891**·6月 政
加波山事件 ❻ **1884**·9·23 政
明治十二年度歳入出予算·決算 ❻ **1884**·10·25 政
秩父事件 ❻ **1884**·10·31 政、社／11·16 政
三味線弾き豊澤団平 ❻ **1884**·10月 文
国権拡張論 ❻ **1884**·11月 政
甲申事変 ❻ **1884**·12·4 政／**1885**·2·24 政

横浜居留地のクリスマス　❻ 1884·12 月 社
ダイナマイト取締り　❻ 1884·是年 政
フェノロサ、法隆寺夢殿の救世観音像を見る　❻ 1884·是年 社
軍艦の現在地を調査　❻ 1885·1·2 政
東京の井生村楼で政談大演説会　❻ 1885·1·11 社
岩崎弥太郎の葬儀　❻ 1885·2·13 社
渡米力士、アメリカ女性と結婚　❻ 1885·2·27 社
陸海軍、東京湾進攻·防禦演習　❻ 1885·3·8 政
福澤諭吉の「脱亜論」　❻ 1885·3·16 政
読者投票による日本十傑　❻ 1885·3 月 社
大阪の十秀者　❻ 1885·3 月 社
隅田川の新大橋完成　❻ 1885·4·15 社
専売特許條例　❻ 1885·4·18 政
日本人売春婦、東南アジアに拡がる　❻ 1885·5 月 社
抜刀隊の詩、軍歌となる　❻ 1885·7 月 政
十州塩田組合発足　❻ 1885·8·1 社
(実業家)五代友厚、歿す　❻ 1885·9·25 政
日本郵船会社開業、所蔵する汽船と帆船　❻ 1885·9·29 政
関東で女性の束髪流行　❻ 1885·9 月 社
洋書と洋服の流行　❻ 1885·9 月 社
飛行器械が紹介される　❻ 1885·10 月 政
七十三日世界一周が紹介される　❻ 1885·10 月 社
大阪事件　❻ 1885·11·23 政
内閣制度成立、太政官制廃止　❻ 1885·12·22 政
第一次伊藤博文内閣成立　❻ 1885·12·22 政
東京浅草の仲見世に煉瓦街できる　❻ 1885·12·24 社
慶應義塾生徒、洋服·制帽で通学　❻ 1885·12 月 社
北海道庁設置　❻ 1886·1·26 政
東京師範学校、行軍旅行(修学旅行)実施　❻ 1886·2 月 社
帝国大学令公布　❻ 1886·3·2 文／4 月 社
東京府の人口、江戸時代を下回る　❻ 1886·3 月 政
公立小学校生は小倉織りの衣服着用　❻ 1886·3 月 社
華族世襲財産法に神田孝平の反対意見　❻ 1886·4·29 政
「非職」「免職」が流行語　❻ 1886·4 月 政
女工ストライキの始め(雨宮製糸場)　❻ 1886·6·12 社
日本薬局方公布　❻ 1886·6·25 文
香港在留日本人の職業　❻ 1886·6 月 政
東海道鉄道　❻ 1886·7·19 社
標準時設定　❻ 1886·7·13 文
地方官官制　❻ 1886·7·20 政
コレラ流行、ラムネの流行　❻ 1886·7·20 社／8 月 社
新広告の「ひろめや」登場　❻ 1886·7 月 政
長崎事件　❻ 1886·8·13 政
〈ノルマントン号〉遭難事件　❻ 1886·10·24 政、社
軍艦〈畝傍〉消息を絶つ　❻ 1886·12 月 政
清水次郎長、ヤクザを廃業　❻ 1886·12 月 政
梶野仁之助、国産自転車製造を開始　❻ 1886·是年 社
皇后、女性の洋装と国産服地使用奨励　❻ 1887·1·17 社
初の求婚広告　❻ 1887·1 月 政
旧沖縄県(琉球藩)の税制調査　❻ 1887·2 月 政
長崎池島事件　❻ 1887·3·4 政
電気燈ようやく拡がる　❻ 1887·3 月 政
チャリネ曲馬団、京都興行　❻ 1887·4·8 社
取引所條例(ブールス條例)制定　❻ 1887·5·14 政
貸座敷業者、増税により廃業　❻ 1887·5 月 社
箱屋殺し事件　❻ 1887·6·9 社
横浜正金銀行條例　❻ 1887·7·7 政
大阪の日食騒動　❻ 1887·8 月 社
大阪日用品の相場　❻ 1887·8 月 社
横浜野毛山貯水池　❻ 1887·9·21 社／10·27 社
憲法の天皇親裁　❻ 1887·9·28 政
硫黄島調査　❻ 1887·11·1 政
保安條例を定める　❻ 1887·12·26 政／1888·1 月 政
アラスカ出稼ぎの日本人　❻ 1888·1 月 政
メッケル参謀少佐、帰国　❻ 1888·2 月 政
美術学校の教育方針、日本風か欧米風か　❻ 1888·2 月 社
横浜の菓子パン売り　❻ 1888·3 月 社
鄭永慶、東京に可否茶館(コーヒー店)開業　❻ 1888·4·13 社
刑死者供養(東京小塚原)　❻ 1888·4·26 社
初の博士号授与　❻ 1888·5·7 文／6 月 文
政府要人は薩·長·土·肥が中心　❻ 1888·5 月 政
皇室を我が国家の機軸となす(伊藤博文演説)　❻ 1888·6·18 政
高島炭鉱の惨状　❻ 1888·6·18 社
磐梯山噴火　❻ 1888·7·15 社
青森県知事失言事件　❻ 1888·9·5 政
深川洲崎の遊廓　❻ 1888·9·15 社
現在の艦隊は老朽艦ばかり　❻ 1888·9 月 政
国会尚早から「尚早」の語流行　❻ 1888·11 月 社
新宮城の公開　❻ 1888·12 月 政
新聞の発行部数　❻ 1888·12 月 社
樺太に日本人経営雑貨店開店　❻ 1889·1 月 社
東京美術学校開校　❻ 1889·2·1 文
大日本帝憲法発布　❻ 1889·2·11 政
万歳三唱の始め　❻ 1889·2·11 社
森有礼暗殺事件　❻ 1889·2·11 社
後藤象二郎入閣に壮士達は反対　❻ 1889·3·22 政
奈良大台ヶ原の開墾　❻ 1889·3 月 社
岡山県児島湾の干拓事業　❻ 1889·5·16 政
帝国パノラマ館設立　❻ 1889·5·23 社
兼松房次郎、オーストラリアで活躍　❻ 1889·5 月 政
下瀬雅允発明の「下瀬火薬」新聞発表　❻ 1889·6·18 政
相撲、小屋掛けから常設館への計画　❻ 1889·6 月 社
新橋—神戸間官設東海道線開通　❻ 1889·7·1 社
軍艦條例·艦隊條例を定める　❻ 1889·7·24 政
九州·関西地方大暴風雨　❻ 1889·8·19 社
外国人のキャンプ　❻ 1889·8 月 文
堂島、水害で立会い一時中止　❻ 1889·9·20 政
大磯海岸で海水浴をする女性の話題　❻ 1889·9 月 社
ペルーの鉱山詐欺事件　❻ 1889·10·7 政
嘉仁親王(大正天皇)立太子式　❻ 1889·11·3 政
大日本帝国水難救済会、香川県琴平に設立　❻ 1889·11·3 社
東京木挽町の歌舞伎座落成式　❻ 1889·11·10 文／❼ 1912·6 月 文
日本平和会設立　❻ 1889·11 月 政
日本の人口　❻ 1889·是年 政
足尾銅山鉱毒、社会問題化　❻ 1890·1 月 政／1891·12·18 政／❼ 1897·3·2 社／1901·12·10 政／1907·2·4 社
牛肉商の競争　❻ 1890·1 月 政
三遊亭円朝口述·酒井昇造筆記『松と藤芸者の替紋』刊行　❻ 1890·1 月 社
日本麦酒醸造会社、エビスビール発売　❻ 1890·2·25 社
大蔵省、日本銀貨と外国貨幣との換算表　❻ 1890·3·1 政
伊勢おかげ参りの様子　❻ 1890·3 月 社
日本医学会開催　❻ 1890·4·1 文
名古屋の東本願寺別院で天皇主催大夜会開催　❻ 1890·4·3 政
琵琶湖疏水開通式　❻ 1890·4·9 社
地租滞納による強制処分の状況　❻ 1890·4 月 政
米価暴騰で各地窮民の悲劇　❻ 1890·4 月 社
東京電燈会社、上野公園内の同社脇から車坂上までスプレーグ式電車を初めて運行　❻ 1890·5·4 社
サマーズ不敬事件　❻ 1890·5·7 政
大蔵省会計局、下駄での出入りを許可　❻ 1890·5 月 文
新潟県柏崎米騒動　❻ 1890·6·26 社
東京府本所区での窮民救済の状況　❻ 1890·6 月 政
東京の有名和菓子　❻ 1890·6 月 社
第一回衆議院総選挙　❻ 1890·7·1 政
銀行條例·貯蓄銀行條例　❻ 1890·8·25 政
全国的にコレラ大流行　❻ 1890·8 月 社
インド米輸入　❻ 1890·8 月 政
トルコ艦〈エルトグロール〉、和歌山野崎燈台沖で遭難事件　❻ 1890·9·16 政

貴族院の勅選議員　❻ **1890**·10·1 政
英人スペンサー、軽気球に乗り、落下傘で降下　❻ **1890**·10·12 社
東京浅草に凌雲閣(通称十二階)完成　❻ **1890**·10·28 社
教育に関する勅語(教育勅語)発布　❻ **1890**·10·30 政
男女混淆芝居、京都で初めて上演　❻ **1890**·11·1 文
東京の帝国ホテル、開業　❻ **1890**·11·15 社
第一回通常議会召集　❻ **1890**·11·25 政
女力士は一升酒　❻ **1890**·11 月 社
議会における政府と民党の対立　❻ **1891**·1·8 政
内村鑑三不敬事件　❻ **1891**·1·9 社
帝国議会議事堂全焼　❻ **1891**·1·20 政
予審判事辻村庫太、脱走犯渡辺魁と判明　❻ **1891**·2·19 社
衆議院、予算案削減問題紛糾する　❻ **1891**·2·20 政
東京駿河台の日本ハリスト教会(ニコライ堂)開堂　❻ **1891**·3·8 社
梶田楼傷害事件　❻ **1891**·3·13 社
衆議院議員田辺有栄、死刑廃止の緊急動議　❻ **1891**·3 月 政
松方正義、首相就任　❻ **1891**·4·9 政
沖縄不平士族の動向　❻ **1891**·4 月 政
大津事件　❻ **1891**·5·11 政、社
日本赤十字社病院、開院式　❻ **1891**·5·11 文
畠山勇子自殺事件　❻ **1891**·5·20 社
小倉秀貫、「日蓮否定」講演　❻ **1891**·6·14 社
職工義友会(サンフランシスコ)結成　❻ **1891**·是夏 社
清国北洋艦隊、横浜来港　❻ **1891**·7·9 政
百美人コンテスト(凌雲閣)開催　❻ **1891**·7·15 社
尾張·高松両旧藩のお家騒動　❻ **1891**·8·6 政
集会場「錦輝館」(東京神田·錦町)開館　❻ **1891**·10·9 社
濃尾大地震　❻ **1891**·10·28 社
アメリカ出稼の状況　❻ **1891**·10 月 政／11 月 社
自由党·立憲改進党の連立問題　❻ **1891**·11·8 政
琵琶湖疏水蹴上インクライン、営業開始　❻ **1891**·12·26 社
婦人用の毛糸製手袋·靴下·肌着流行　❻ **1891**·12 月 社
東京両国の大相撲番付　❻ **1892**·1·4 社
伊藤博文の政党案　❻ **1892**·1·22 政
予戒令公布　❻ **1892**·1·28 政
天然痘流行　❻ **1892**·1 月 社
福島安正少佐の単騎シベリア横断　❻ **1892**·2·11 政、社／**1893**·6·28 政
榎本武揚外相、メキシコ移民事業計画　❻ **1892**·3 月 政／❼ **1897**·1 月 政
各地での選挙騒動　❻ **1892**·3 月 政
景気よいもの、悪いもの　❻ **1892**·3 月 社
馬車鉄道道路の石敷き計画　❻ **1892**·3 月 社
欧米諸国が東洋に派遣している東洋艦隊の全容　❻ **1892**·6 月 政
震災予防調査会　❻ **1892**·6 月 社、文
憲兵隊、自転車を採用　❻ **1892**·7 月 政
夏期休暇·避暑が定着し始める　❻ **1892**·7 月 政
東北七州自由党懇親会　❻ **1892**·8·28 政
明治二十一年度歳入歳出総決算公布　❻ **1892**·9·1 政
節倹規約書(岡山県幡多村)　❻ **1892**·9·7 社
長崎犬姦事件　❻ **1892**·9 月 政
東洋自由党結成　❻ **1892**·11·6 政／11 月 社
水雷砲艦〈千島〉事件　❻ **1892**·11·30 政
「東京日日新聞」発禁　❻ **1892**·12·16 政
軍艦建造費削減問題　❻ **1893**·1·12 政
金融緩慢のため株価高騰　❻ **1893**·1·17 政
河竹黙阿弥(二代目河竹新七)歿す　❻ **1893**·1·22 文
酒田豪商不敬事件　❻ **1893**·1·28 社
文武官俸給の一割を国庫納入　❻ **1893**·2·10 政
御木本幸吉、人工真珠研究　❻ **1893**·2 月 社
椎塚貝塚の発掘　❻ **1893**·4·22 社
和歌山からオーストラリアへ真珠貝採取出稼ぎ　❻ **1893**·4 月 政
朝鮮·東学党の乱　❻ **1893**·4 月 政／**1894**·6 月 政
南洋トラック島王子サンミ来日　❻ **1893**·5·22 政
(侠客)清水次郎長(山本長五郎)、歿す　❻ **1893**·6·12 社
相馬家騒動　❻ **1893**·7 月 社
両替·貸しふとん業　❻ **1893**·10·28 社
衆議院議長不信任動議　❻ **1893**·11·29 政
ハワイ在住の日本人　❻ **1893**·12 月 社
天然痘病院の実状　❻ **1893**·是年 社
学校生徒取締り通達　❻ **1894**·1·12 社
貴族院議員、首相に抗議　❻ **1894**·1·24 政
シンガポールに日本人墓地·寺院できる　❻ **1894**·1 月 政
五條橋(京都)、日本式で完成　❻ **1894**·2·7 社
大阪三品取引所開業　❻ **1894**·2·17 政
ロンドン日本協会の様子　❻ **1894**·2 月 政
不景気のため東京で貸家の空家急増　❻ **1894**·3 月 社
移民保護規則を定める　❻ **1894**·4·13 政
富山城開市三百年祭開催　❻ **1894**·5·15 社
日本、清国に日本軍も朝鮮に出兵すると通告　❻ **1894**·6·7 日清戦争
朝鮮問題大演説会　❻ **1894**·7·4 政
喇叭卒木口小平、口からラッパを離すことなく戦死　❻ **1894**·7·29 社
開戦を見越し、米の買占め始まる　❻ **1894**·7 月 政
日本、清国に宣戦布告(日清戦争)　❻ **1894**·8·1 政／是年 政／**1895**·是年 政
従軍夫の防寒着製造　❻ **1894**·9 月 社
凮月堂、軍用ビスケット納入　❻ **1894**·11·7 社
慶應義塾学生、旅順口陥落祝賀カンテラ行列　❻ **1894**·11·26 社
李鴻章、清日講和打診のためドイツ人デトリングを日本に派遣　❻ **1894**·11·28 政
東京市主催第一回戦捷祝賀会　❻ **1894**·12·9 社
戦地に据え風呂の出前、大繁盛　❻ **1894**·12 月 政
中米ガドループ島の甘蔗耕地に入った日本人移民　❻ **1894**·是年 政
伊藤博文、国家非常事態演説　❻ **1895**·1·8 政
京都南禅寺、全焼　❻ **1895**·1·12 社
清の北洋艦隊降伏　❻ **1895**·2·12 政
丁汝昌提督ら自殺　❻ **1895**·2·14 政
愛媛県下に隕石多数落下　❻ **1895**·3·4 社
李鴻章狙撃事件·日本人の評価下がる　❻ **1895**·3 月 政
「平和克復」の大詔がだされる　❻ **1895**·4·21 政
露·独·仏の三国干渉(遼東半島)　❻ **1895**·4·23 政／6 月 政
日本の国名、ニッポンは通用せず　❻ **1895**·4 月 政
黒田清輝の「朝妝」裸体画論争　❻ **1895**·4 月 社
真宗大谷派改革問題　❻ **1895**·7·9 社
救世軍大佐ライト夫妻、来日　❻ **1895**·9·3 社／❼ **1896**·1 月 社
戦後の好景気で東京の空家払底　❻ **1895**·9 月 政
野中至夫妻、富士山頂で冬期気象観測　❻ **1895**·10·1 文
北海道根室市大火　❻ **1895**·10·3 社
京城事変　❻ **1895**·10·8 政
自由党代議士総会、現内閣との提携宣言　❻ **1895**·11·22 政
台湾北部の反乱軍、各地で攻勢　❻ **1895**·12 月 政
洋食の心得　❻ **1895**·是年 政
カレー、コロッケの作り方　❻ **1895**·是年 社
日清戦争と台湾受渡し(明治 28 年)　❻ **1895**·是年 政

第7巻(1896〜1936年)

露館播遷中の欧米への利権譲渡　❼ 1896·2·11 政
X線撮影の紹介　❼ 1896·2月 社、文
台湾の法律六三号問題　❼ 1896·3·14 政
日本郵船の欧州定期航路開業　❼ 1896·3·15 政、社
官営製鉄所の予算·製造高　❼ 1896·3·30 政
台湾総督の立法権　❼ 1896·3·31 政
スキーとジャンプ競技の紹介記事　❼ 1896·4月 社
女性医師の現状　❼ 1896·4月 文
第一高等学校野球部、外国人クラブ連合軍に勝つ　❼ 1896·5·23 社
山県·ロバノフ協定　❼ 1896·6·9 政
三陸大津波　❼ 1896·6·15 社
鳳輦遮断事件　❼ 1896·6·29 社
関東·中部地方豪雨　❼ 1896·7·21 社
伊藤博文内閣総辞職　❼ 1896·8·16 政
神奈川県大磯海水浴場の盛況　❼ 1896·8月 社
第二次松方正義内閣成立　❼ 1896·9·18 政
大阪の不況深刻化　❼ 1896·10月 政
雑誌「二十六世紀」事件　❼ 1896·11·14 政
神戸の神港倶楽部でキネトスコープ公開興行　❼ 1896·11·25 社
政界の三雄(板垣·大隈·山県)鼎立　❼ 1896·是年 政
雑誌「ホトトギス」創刊　❼ 1897·1月文、政
大阪南地演舞場でシネマトグラフ上映　❼ 1897·2·15 社
ハワイ移民送還事件　❼ 1897·2·27 政
横浜で英会話が流行　❼ 1897·2月 社
金本位制採用　❼ 1897·3·3 政／10·1 政
帝国京都博物館開館　❼ 1897·5·1 文
自転車のゴム製空気入りタイヤ登場　❼ 1897·5月 政
労働組合期成会設立趣旨書　❼ 1897·7·4 政／12·1 社
(元逓信·農商務大臣)後藤象二郎、歿す　❼ 1897·8·4 政
隅田川川開きで両国橋欄干が壊れ川に落ち水死者多数　❼ 1897·8·10 社
(歌舞伎俳優)森田勘弥(十二代目)歿す　❼ 1897·8·21 政
龍ヶ島停車場機関車車庫爆破事件(新潟県)　❼ 1897·11·11 社
(新聞創始者)ジョセフ彦(浜田彦蔵)歿す　❼ 1897·12·12 政
志賀潔、赤痢菌発見　❼ 1897·12·25 政
日本総人口　❼ 1897·是年 政
有力な楽器店　❼ 1897·此頃 社
第三次伊藤博文内閣　❼ 1898·1·12 政
東京の質素な正月　❼ 1898·1月 社
大阪梅田付近の移変わりと梅田の名称　❼ 1898·1月 政
最初の鉄道スト　❼ 1898·2·2 社
歌舞伎座開場(大阪梅田)　❼ 1898·2·12 文
俳諧十傑　❼ 1898·3·5 政
西·ローゼン協定　❼ 1898·3·19 政／4·25 政
岡倉天心、東京美術学校非職　❼ 1898·3·29 文
自動車の競売広告　❼ 1898·3月 社
東京奠都三十年祝賀会　❼ 1898·4·10 社
トラピスチン天使園大修道院(札幌)設立　❼ 1898·4·30 社
兵士の食事の状態　❼ 1898·4月 政
警視庁、自転車取締規則　❼ 1898·6·1 社
民党合同同志大懇親会　❼ 1898·6·16 政
豊田佐吉、動力織機の特許取得　❼ 1898·8·1 社／1906·10·10 社
長野県飯田町米騒動　❼ 1898·9·1 社
大阪商船〈宮川丸〉と日本郵船〈金州丸〉衝突　❼ 1898·10·25 社
第二次山県有朋内閣成立　❼ 1898·11·8 政
大相撲千秋楽、常陸山と梅ヶ谷の相星決勝　❼ 1899·1·17 社
(旧幕臣·元枢密顧問官)勝安房(海舟)、歿す　❼ 1899·1·19 政
北海道旧土人保護法施行後の実状　❼ 1899·3·2 政
カナダ移民の制限強化　❼ 1899·5·15 政
福岡県豊国炭鉱でガス爆発事故　❼ 1899·6·15 社／1907·7·20 社
初の国産映画日本率先活動大写真の宣伝　❼ 1899·6·20 社
ヱビス·ビヤホールの新聞広告　❼ 1899·7·4 社
米人ミラー事件　❼ 1899·7·17 社
〈布引丸〉事件の真相　❼ 1899·7·19 政
ハーグ平和條約　❼ 1899·7·29 政
女義太夫の流行　❼ 1899·7月 文
関西地方大暴風雨　❼ 1899·8·28 社
赤痢の流行　❼ 1899·9月 社
製糸女工の実態　❼ 1899·11月 政
彫塑会設立　❼ 1899·12·1 文
ハワイ日本人街全焼　❼ 1900·1·20 政
アップライト型ピアノ製造開始　❼ 1900·1月 文
治安警察法公布　❼ 1900·3·10 政
学校生徒の喫煙禁止　❼ 1900·3·26 社
一等寝台車(山陽鉄道)　❼ 1900·4·8 社
近文アイヌ土地収奪事件　❼ 1900·4月 政
十八歳未満の娼妓禁止／十二歳以上の混浴禁止　❼ 1900·5·24 社
憲政党、伊藤博文に入党要請　❼ 1900·6·1 政／8·25 政
サンフランシスコ在留日本人会、電気自動車を献納　❼ 1900·8·3 社
名古屋の娼妓東雲の自由廃業　❼ 1900·8月 社
救世軍、花の吉原で奮戦　❼ 1900·8月 社
立憲政友会結党　❼ 1900·9·15 政
第四次伊藤博文内閣成立　❼ 1900·10·19 政
全国の歯科医師数　❼ 1900·10月 文
裸体画·裸体像に対する警視庁の干渉　❼ 1900·10月 社
東京市会汚職事件　❼ 1900·11·15 政
外套と吾妻コートの流行　❼ 1900·11月 社
病気になるも金次第　❼ 1900·是年 政
北清事変　❼ 1900·是年 政
北清事変·北京籠城日記(村井啓太郎)　❼ 1900·是年 政
東京の三が日風景　❼ 1901·1·1 社
(慶應義塾総長)福澤諭吉、歿す　❼ 1901·2·3 社
貴族院、軍艦建造など増税法案を可決する　❼ 1901·3·16 政
公衆浴場の男女混浴は未改善　❼ 1901·3月 社
家賃くらべ　❼ 1901·3月 社
日本労働者大懇親会　❼ 1901·4·3 社
東京の学生の数　❼ 1901·4月 政
社会民主党結成　❼ 1901·5·18 政
裸足での通行禁止(ペスト予防)　❼ 1901·5·29 社
在日フィリピン学生の優秀さ　❼ 1901·5月 社
星亨、東京市役所内で刺殺される　❼ 1901·6·21 政
〈亜米利加丸〉婦人凌辱事件　❼ 1901·7·25 政
活地獄、夏の女工生活　❼ 1901·8月 社
(中国政治家)李鴻章、歿す　❼ 1901·11·7 政
東京市、俳優·相撲の月税を定める　❼ 1901·12·25 社
共同長屋(東京)できる　❼ 1901·12月 政
時世諷刺漫画の毎日曜掲載　❼ 1902·1·12 文

八甲田山遭難事件　❼ 1902·1·23 政
日英同盟協約、ロンドンで調印　❼ 1902·1·30 政
ガス飯炊きかまど(東京瓦斯会社)　❼ 1902·2·25 社
臀肉の迷信　❼ 1902·3·27 社
ペルー移民の状況　❼ 1902·3月 政
四日屋挿絵掲載事件　❼ 1902·3月 社
幸徳秋水の死刑廃止論　❼ 1902·3月 政
呉海軍工廠の職工騒動　❼ 1902·7·15 社
東北地方大凶作　❼ 1902·8月 政
チャットレース(インド)一座のサーカス興行　❼ 1902·9·4 社
蒸瀛自動車(ロコモビル会社)広告　❼ 1902·9月 政
早稲田大学開校式の市中行列　❼ 1902·10·19 社
東京の地価、日本橋が最高　❼ 1902·10月 政
フィリピン移民の開始　❼ 1903·1·8 政
第五回内国勧業博覧会の電気冷蔵庫、メリーゴ-ラウンド　❼ 1903·3·1 社
藤村操、日光華厳滝で自殺　❼ 1903·5·22 社
ゴルフクラブ始球式　❼ 1903·5·24 社
アメリカ移民再開　❼ 1903·6·9 政
七博士事件　❼ 1903·6·10 政
日露交渉の基本方針(日露戦争)　❼ 1903·6·23 政
歌劇研究会、「オルフォイス」上演　❼ 1903·7·23 文
対露同志会開催　❼ 1903·8·9 政
着色活動写真、東京歌舞伎座で上映　❼ 1903·6·13 社
文部省の廃止説　❼ 1903·8月 政
九代目市川團十郎追悼記事　❼ 1903·9·13 政
日露海軍の演習　❼ 1903·9·28 政
(作家)尾崎紅葉、歿す　❼ 1903·10·30 文
幸徳秋水ら、平民社結成　❼ 1903·11·15 政
第一回早慶対抗野球試合　❼ 1903·11·21 社
最近の流行　❼ 1903·11月 社
勅語奉答文事件　❼ 1903·12·10 政
新聞各社の発行部数　❼ 1903·12月 社
早稲田大学雄弁会第一回演説会　❼ 1904·1·30 社
ロシア軍艦、〈名古浦丸〉撃沈　❼ 1904·2·12 社
平民新聞の反戦論　❼ 1904·2·14 政
日露戦争でロシアに革命の気運高まる　❼ 1904·3月 社
平民新聞、「嗚呼増税」を掲載、発売禁止　❼ 1904·3·27 政
東京の木賃宿　❼ 1904·4月 政
戦捷東京市民の提燈行列　❼ 1904·5·8 社
大日本宗教家大会　❼ 1904·5·16 政
早稲田(野球で)、慶應を破る　❼ 1904·6·4 社
東京音楽学校春季演奏会　❼ 1904·6·5 文
山田猪三郎発明の凧型軽気球、旅順攻城戦で活躍　❼ 1904·12月 政
アメリカへ潜水艦建造依頼　❼ 1904·是年 政
二百三高地の激戦跡の訪問記(半井桃水)　❼ 1904·是年 政
日露戦争　❼ 1904·是年日露戦争(明治37年)
　開戦決定の御前会議　❼ 1904·是年日露戦争
　初のロシア人捕虜　❼ 1904·是年日露戦争
　広瀬中佐ら戦死、戦争美談　❼ 1904·是年日露戦争
　軍靴補給の困難さ　❼ 1904·是年日露戦争
　旅順攻撃　❼ 1904·是年日露戦争
　黄海海戦　❼ 1904·是年日露戦争
　二〇三高地最後の攻囲戦　❼ 1904·是年日露戦争
竹島(リャンコ島)島根県所属隠岐島司所管　❼ 1905·1·28 政
東京日比谷公園の奉天会戦勝利祝賀会　❼ 1905·3·18 社
第四回国庫債券、応募好調　❼ 1905·3月 社
発行停止の新聞雑誌　❼ 1905·3月 政
早稲田大学野球部、アメリカへ出航　❼ 1905·4·4 社
軍隊の慰問袋　❼ 1905·4月 政
東郷平八郎のT字形戦法　❼ 1905·5·27 政
ロシア人捕虜の特殊な状況　❼ 1905·5月 社
日露講和條約(ポーツマス條約)　❼ 1905·6·30 政／8·29 政／9·5 政
髪型二百三高地が流行　❼ 1905·7月 社
日英攻守協約　❼ 1905·8·12 政
講和反対市民大会(大阪)　❼ 1905·9·3 社
帰国した小村寿太郎を迎える東京　❼ 1905·10·16 社
連合艦隊、横浜帰港　❼ 1905·10·22 政
第二次日韓協約　❼ 1904·8·22 政(第一次)／1905·11·17 政(第二次)／1907·7·24 政(第三次)
東北地方大凶作　❼ 1905·是年 社／1906·是春 社
日露戦争　❼ 1905·是年日露戦争(明治38年)
　乃木・ステッセル水師営の会見　❼ 1905·是年日露戦争Ⅱ
　奉天占領日本軍の実状　❼ 1905·是年日露戦争Ⅱ
　日本海海戦　❼ 1905·是年日露戦争Ⅱ
　日露戦争での日本側の損害　❼ 1905·是年日露戦争Ⅱ
東京・新富座、開演遅れ大騒動　❼ 1906·1·2 社
第一次西園寺公望内閣成立　❼ 1906·1·7 政
点字新聞、神戸で創刊　❼ 1906·1月 文
満洲での日本人の不法行為　❼ 1906·3·1 政
東京市電値上げ反対市民大会　❼ 1906·3·2 社／9·5 社
鉄道国有法成立　❼ 1906·3·3 政
女性の高給取り　❼ 1906·4月 政
韓国各地で義兵蜂起　❼ 1906·5月 政／6月 政／1908·1月 政
裸体活人画が初登場　❼ 1906·5月 社
汽車博覧会、商品満載して地方めぐり　❼ 1906·6·7 社
月刊誌「趣味」創刊の辞　❼ 1906·6月 社
(参謀総長・陸軍大将)児玉源太郎、歿す　❼ 1906·7·23 政
明石元二郎、対露謀略の新聞記事　❼ 1906·8月 政
満鉄の株式募集開始　❼ 1906·9·10 政／11·26 政
サンフランシスコの日本人学童排斥問題　❼ 1906·10·11 政
美顔術の始まり　❼ 1906·是秋 社
電話の設置状況　❼ 1906·是年 政
東京自動車会社設立　❼ 1907·1·8 社
氷滑場(アイススケート場、長野)開設　❼ 1907·1·10 社
株価大暴落　❼ 1907·1·21 政
日本人移民制限案　❼ 1907·2·16 政
東京勧業博覧会開催　❼ 1907·3·20 社
山口孤剣「父母を蹴れ」、起訴される　❼ 1907·3·27 社
日本の人口　❼ 1907·4·25 政
夏目漱石の朝日新聞社入社の辞　❼ 1907·5月 政
別子銅山住友鉱業所スト　❼ 1907·6·2 社／1908·8·13 政
ハーグ密使事件　❼ 1907·6月 政
第一次日露協約、調印　❼ 1907·7·30 政(第一次)／1910·7·4 政(第二次)／1916·7·3 政(第四回)
サイダーがラムネを圧倒　❼ 1907·7月 社
落語・講談の寄席、不景気となる　❼ 1907·7月 社
韓国軍の解散式　❼ 1907·8·1 政
女学校の長途修学旅行が流行　❼ 1907·8月 社
カナダのアジア人排斥同盟、日本人排斥　❼ 1907·9·7 政
三越呉服店、靴部開業　❼ 1907·10·8 社
第一回文展(文部省美術展覧会)開催　❼ 1907·10·25 文
セントルイス野球団(ハワイ)来日　❼ 1907·10·31 社
活動写真が本格的に登場　❼ 1907·10月 政
自然主義文学の流行　❼ 1907·10月 政
和文タイプライター特許　❼ 1907·12月 社
世界一周旅行会　❼ 1908·1·1 社
屋上演説事件　❼ 1908·1·17 政
第二辰丸事件　❼ 1908·2·5 政
第一師団歩兵第一連隊第五中隊、集団脱営事件　❼ 1908·3·3 政
美人写真コンテスト　❼ 1908·3·5 社
青森―函館連絡船　❼ 1908·3·7 社
出歯亀事件　❼ 1908·3·22 社
東京、春の大雪　❼ 1908·4·8 社
第一回ブラジル移民　❼ 1908·4·28 政／1909·2月 政／10月 政
赤旗事件　❼ 1908·6·22 政
国産自動車(タクリー号)完成記念遠乗会　❼ 1908·8·1 社
夏目漱石、『吾輩は猫である』の猫死亡通知　❼ 1908·9·14 社

日英同盟を軸とする外交方針　❼ **1908**·9·25 政
政界、長州勢力が伸び、薩州勢力は衰える　❼ **1908**·9 月 政
大探検家ヘヂン博士、着神　❼ **1908**·11·9 社
最初の野球始球式　❼ **1908**·11·22 社
東洋拓殖会社設立　❼ **1908**·12·28 政
日糖疑獄事件　❼ **1909**·1·10 政／4·11 政
東京の自動車普及度　❼ **1909**·1 月 社
怪盗電小僧(西尾柳喜)大阪で逮捕　❼ **1909**·2·19 社
マラソン(神戸湊川—大阪西成大橋)　❼ **1909**·3·21 社
パンの会(文学者·美術家)調査事件　❼ **1909**·5 月 社
スリの大親分仕立屋銀次、逮捕　❼ **1909**·6·23 社
韓国併合　❼ **1909**·7·6 政／12·4 政／**1910**·8·22 政／12 月 政
日本·清国、満洲五案件協約　❼ **1909**·9·4 政
田屋豊松暗殺事件　❼ **1909**·9·15 政
伊勢皇大神宮、式年遷宮　❼ **1909**·10·2 社
伊藤博文、ハルピン駅で安重根に暗殺される　❼ **1909**·10·26 政／11·4 政
新女大学を発表　❼ **1909**·12 月 社
明治四十二年の出版状況　❼ **1909**·是年 文
逗子開成中学校生徒遭難　❼ **1910**·1·23 社
大相撲八百長事件　❼ **1910**·1·26 社
(七宝焼作家)濤川宗助歿す　❼ **1910**·2·9 文
日英通商條約改正　❼ **1910**·2·17 政
東京の寄席、増税により大混乱　❼ **1910**·2 月 社
第六号潜水艇沈没、佐久間勉艇長の遺書　❼ **1910**·4·15 政
艦船からの気象報告　❼ **1910**·5·1 社
理番事業(台湾)　❼ **1910**·5·5 政
大逆事件　❼ **1910**·5·25 政／12·10 政／**1911**·1·18 政
南極探検(白瀬矗中尉)　❼ **1910**·7·5 社／11·28 社／**1912**·1·15 社／5·12 政
目黒競馬場で闇馬券　❼ **1910**·7·30 社
透視「千里眼」再実験　❼ **1910**·9·14 社
第四回文展、主要出展作品　❼ **1910**·10·14 社
関東地方、百八十年ぶりの凶作　❼ **1910**·11 月 政
ゴーリキー「夜の宿(どん底)」初演　❼ **1910**·12·2 社
飛行機·日本人初飛行　❼ **1910**·12·14 政／**1911**·4·8 政／5·5 政
書生節とその沿革　❼ **1910**·是年 政
スキー指導(レルヒ少佐)　❼ **1911**·1·5 社
政府·政友会の提携　❼ **1911**·1·26 政
朝鮮総督寺内正毅の暗殺計画　❼ **1911**·1 月 政
南北朝正閏問題　❼ **1911**·2·4 政
夏目漱石、博士号授与辞退　❼ **1911**·2·21 社
日米新通商航海條約　❼ **1911**·2·21 政
臨時軍用気球研究会、所沢飛行場　❼ **1911**·2 月 社
帝国劇場、開場式　❼ **1911**·3·1 文／3·4 社
普通選挙法案　❼ **1911**·3·11 政／**1928**·1·22 政／2·20 政
日英新通商航海條約　❼ **1911**·4·3 政
日本橋(東京)石造塔橋となる　❼ **1911**·4·3 社
木村栄、第一回恩賜賞　❼ **1911**·7·5 文
米価高騰、儲ける投機仲買人　❼ **1911**·7·10 政
学生野球に対する批判と反論　❼ **1911**·8 月 社
人形の家のノラ大好評　❼ **1911**·9·22 社
中国革命　❼ **1911**·10·17 政
第五回オリンピックの予選会、三島弥彦·金栗四三を選ぶ　❼ **1911**·11·18 社／**1912**·7·6 社
大晦日から東京市電スト　❼ **1911**·12·31 政／**1912**·1·1 社
東京·縁日のにぎわい　❼ **1911**·是年 社
婦人専用車輛　❼ **1912**·1·31 政
美濃部達吉·上杉慎吉、「天皇機関説」論争　❼ **1912**·3 月 政／8·13 政
タイタニック号に日本人乗客　❼ **1912**·4·15 社
公衆便所(コンクリート製)　❼ **1912**·4 月 社
水上飛行機の飛行　❼ **1912**·5·5 政
東京への労働者移入　❼ **1912**·5 月 社
米穀小売商の倒産続出　❼ **1912**·6 月 政
タクシー自動車会社　❼ **1912**·7·10 社
明治天皇崩御　❼ **1912**·7·30 政
鈴木文治、友愛会設立　❼ **1912**·8·1 社
(陸軍大将)乃木希典の殉死　❼ **1912**·9·13 社
戦艦〈三笠〉火災　❼ **1912**·10·3 政
パーセバル式飛行船、東京上空飛行　❼ **1912**·10·21 社
空気タイヤの人力車　❼ **1912**·10·24 社
第三次桂太郎内閣　❼ **1912**·12·21 政／**1913**·2·5 政／2·11 政
学生の気風　❼ **1912**·是年 文
女優の品行は保証できぬ　❼ **1913**·1·8 社
福岡県二瀬炭鉱でガス爆発　❼ **1913**·2·6 社
群衆、憤激し新聞社襲撃　❼ **1913**·2·10 社
山本権兵衛内閣　❼ **1913**·2·20 政／**1914**·3·24 政
青鞜社に反対する新真婦人会設立　❼ **1913**·2 月 社
医者に対する不満広告　❼ **1913**·3·27 文
対華五か国借款団、中国と借款協定成立　❼ **1913**·4·27 政
袁世凱(大統領)　❼ **1913**·7·22 政／9·1 政／10·10 政
映画館の流行とその館数　❼ **1913**·7 月 社
東北帝国大学理科大学に三女性合格　❼ **1913**·8·16 文
(徳川十五代将軍)徳川慶喜歿す　❼ **1913**·11·22 政
東北地方飢饉　❼ **1913**·11 月 社／**1913**·是年 社
米野球大リーグのジャイアンツとホワイトソックス、来日　❼ **1913**·12·6 社
帝国艦隊の現勢　❼ **1913**·是年 政
ピアノの流行　❼ **1913**·是年 政
東京郊外の生活　❼ **1913**·是年 社
貸本屋でよく出る本　❼ **1913**·是年 文
シーメンス事件　❼ **1914**·1·23 政／2·10 政／**1917**·4 月 政
森下仁丹、広告革新宣言　❼ **1914**·2·20 社
大正天皇即位記念博覧会　❼ **1914**·3·20 社
芸術座、「復活」初演　❼ **1914**·3·26 文
宝塚少女歌劇第一回公演　❼ **1914**·4·1 文
第二次大隈重信内閣成立　❼ **1914**·4·16 政
沖縄電気軌道、開業　❼ **1914**·5·3 社
キネトホン式レコード発声映画できる　❼ **1914**·7·12 社
英国、対独参戦要請　❼ **1914**·8·7 政
海軍の水上飛行機、青島戦に参加　❼ **1914**·9·5 政
名古屋市電値下げ市民大会　❼ **1914**·9·7 社
日本美術院再興記念第一回展覧会　❼ **1914**·10·15 文
最初の空中戦、観戦記(大江素天)　❼ **1914**·10·30 社
名古屋市、最初の消防自動車購入　❼ **1914**·11·3 社
日本軍、青島占領　❼ **1914**·11·7 政
青函連絡船、鉄道車輛運輸開始　❼ **1914**·12·10 社
鳥取·島根合併反対市民大会　❼ **1914**·12·14 社
東京中央停車場開業式　❼ **1914**·12·18 社
東京駅周辺の江戸時代の様子　❼ **1914**·是年 社
第一次世界大戦中に出征した帝国艦船　❼ **1914**·是年 政
モラン単葉飛行機、墜落　❼ **1915**·1·3 社
専任内相問題　❼ **1915**·1·7 政
駐華公使日置益、中国に対華二十一か條を要求　❼ **1915**·1·18 政／5·23 政
内務省警保局、選挙心得を配布　❼ **1915**·1·31 社
自動車事故増加　❼ **1915**·1 月 社
農商務省推薦の農家の副業　❼ **1915**·1 月 社
陸軍飛行機、所沢—大阪間飛行　❼ **1915**·2·23 政
大隈重信首相、政見放送レコード吹込み　❼ **1915**·3·2 政
海軍飛行機、横須賀沖で墜落　❼ **1915**·3·6 政
旭硝子会社の同盟罷業　❼ **1915**·3·20 社
今年の帽子の流行　❼ **1915**·5 月 社
第二次大隈重信内閣発足　❼ **1915**·8·10 政
横浜船渠スト　❼ **1915**·8·14 社
第一回全国中等学校優勝野球大会、京都二中優勝　❼ **1915**·8·18 社／**1916**·8·16 社
乃木家問題の大演説会　❼ **1915**·9·13 社
河口慧海、チベットから帰国　❼ **1915**·9 月 社
大正天皇即位式　❼ **1915**·11·10 政

宙返り飛行見物記　❼ **1915**・12・11 社
北里研究所　❼ **1915**・12・11 文
セピア色の写真流行　❼ **1915**・是年 政
戦争の影響で物価高騰　❼ **1916**・1月 社
香港—基隆定期戦〈大仁丸〉、中国汽船と衝突し沈没　❼ **1916**・2・2 社
藁葺き屋根を瓦葺きとするよう命令　❼ **1916**・2月 社
東京の見合場所　❼ **1916**・3月 社
五島—長崎間定期船、沈没　❼ **1916**・4・1 社
色盲検査表　❼ **1916**・4・28 文
水洗便所(帝国ホテル)禁止　❼ **1916**・6・22 社
全国避暑地投票結果　❼ **1916**・8・3 社
鄭家屯事件　❼ **1916**・8・13 政
迪宮裕仁親王立太子礼　❼ **1916**・11・3 政
英国国債一億円、日本で発行　❼ **1916**・11・29 政
東北本線、タブレット事件　❼ **1916**・11・29 社
(作家)夏目漱石、歿す　❼ **1916**・12・9 社
日本人の見た排日の情況(中国)　❼ **1916**・是年 政
中国の内政不干渉決定　❼ **1917**・1・9 政
巡洋艦〈筑波〉火薬庫爆発・沈没　❼ **1917**・1・14 政
僧侶ラスプチン暗殺　❼ **1917**・1月 政
紹介営業取締規則　❼ **1917**・2・10 社
朝鮮李王殿下、来日　❼ **1917**・6・8 政
長崎三菱造船所職工、スト　❼ **1917**・6・18 社
石井・ランシング協定　❼ **1917**・9・6 政
化学工業博覧会(東京上野)開催　❼ **1917**・9・20 社
日本全国暴風雨・海嘯　❼ **1917**・10・1 社
将棋の坂田三吉、関根金次郎に勝つ　❼ **1917**・10・9 社
両国国技館、全焼　❼ **1917**・11・29 社
朝鮮人労働者、多数入国　❼ **1917**・是年 社
東北・北陸地方大雪　❼ **1918**・1・4 社
広島対米問題期成同盟会　❼ **1918**・1・15 政
翻訳体の文章流行　❼ **1918**・1月 文
東京の細民十三万人　❼ **1918**・2・15 社
帝大野球部創設　❼ **1918**・3・10 社
スペイン風邪流行　❼ **1918**・是春 社
軍医学校で毒ガス研究　❼ **1918**・4月 政
多額納税者の変遷　❼ **1918**・5月 政
シベリア出兵　❼ **1918**・6・21 政／7月政、社／**1919**・2・25 政／**1921**・5・16 政／**1922**・6・24 政
戦艦〈河内〉火薬庫爆発・沈没　❼ **1918**・7・12 政
富山県魚津町の漁民・主婦、米騒動　❼ **1918**・7・23 社／8・3 社
下関駅構内で軍用火薬爆発　❼ **1918**・7・26 社
白虹貫日事件　❼ **1918**・8・17 政
生駒鋼索鉄道(ケーブルカー)開業　❼ **1918**・8・29 社
原敬内閣成立　❼ **1918**・9・29 政
関門トンネル　❼ **1918**・12月 社／❽ **1941**・7・10 社／**1942**・11・15 社
農作不作、大阪の小作人続々転業　❼ **1918**・是年 政
(徳川)将軍家年賀式　❼ **1919**・1・5 社
全国統一の自動車取締令　❼ **1919**・1・11 社
普選促進同盟会全国学生同盟会　❼ **1919**・2・11 社
朝鮮三・一運動、万歳事件　❼ **1919**・3・1 政／3・3 社
東京青バス運行開始　❼ **1919**・3・1 社
外米到着、期米市場大混乱　❼ **1919**・3・8 政
児童自由画展(山本鼎)開催　❼ **1919**・4・27 文
女子生徒に下穿(したばき)をはかせる　❼ **1919**・4月 社
山東問題で北京で反日運動　❼ **1919**・5・4 政
朝鮮人を想ふ(柳宗悦)　❼ **1919**・5・20 政
最初の安全週間　❼ **1919**・6・15 社
口語文奨励　❼ **1919**・7・29 文
友愛会七周年大会　❼ **1919**・8・30 社
ロシア・グランド歌劇団、帝劇公演　❼ **1919**・9・1 文
東海十一州大会開催　❼ **1919**・9・14 政
台湾に公設質屋が始まる　❼ **1919**・12・1 社
写真結婚によるアメリカ移民禁止　❼ **1919**・12・13 社
粗製濫造の日本輸出商品　❼ **1919**・是年 政
ベルサイユ講和條約公布　❼ **1920**・1・10 政
森戸事件　❼ **1920**・1・10 政
雪国は郵便物をスキーで配達　❼ **1920**・1月 社
八幡製鉄所職工、スト　❼ **1920**・2・5 社
全国労働団体連盟、結成　❼ **1920**・2・5 社
徒歩旅行家山岡光太郎、横浜帰港　❼ **1920**・2・10 社
普選要求大デモ行進　❼ **1920**・2・11 政
第一回東京—箱根間往復駅伝競走　❼ **1920**・2・14 社
東京市電大罷業で市民大弱り　❼ **1920**・2・25 社
陸軍飛行機、朝鮮海峡横断成功　❼ **1920**・3・10 社
尼港(ニコライエフスク)事件　❼ **1920**・3・12 政
戦後恐慌の展開(大正九年三月以降)　❼ **1920**・3月 政
アメリカ財界訪日団、来日　❼ **1920**・4・24 政
日本最初のメーデー　❼ **1920**・5・2 社
尖閣諸島に漂流した中国漁民を救助　❼ **1920**・5月 政
新国劇、東京歌舞伎座公演成功　❼ **1920**・7・10 文
田中阿歌麿、白馬岳の大池調査　❼ **1920**・7月 社
内務省、大本教取締り　❼ **1920**・8・5 社／**1935**・12・8 社
国際連盟第一回総会開催　❼ **1920**・11・15 政
八田與一、台湾に嘉南大圳を築く　❼ **1920**・是年 政
ラングストン米大尉誤射事件　❼ **1921**・1・8 政
宮中某重大事件(原敬)　❼ **1921**・2・10 政
皇太子外遊　❼ **1921**・3・3 政
借地・借家法公布　❼ **1921**・4・8 社
南洋庁開設当時の南洋委任統治諸島　❼ **1921**・4・25 政
三菱内燃機神戸工場職工、スト　❼ **1921**・6・25 社
信濃自由大学設立　❼ **1921**・7月 文
槇有恒ら、アイガー北東山稜に初登頂　❼ **1921**・9・10 社
柳原白蓮大恋愛事件　❼ **1921**・10・22 社
飛行郵便開始　❼ **1921**・11・3 社
首相原敬、東京駅で刺殺　❼ **1921**・11・4 政
ワシントン軍縮会議　❼ **1921**・11・12 政／**1922**・2・6 政
日・英・米・仏四か国條約調印　❼ **1921**・12・13 政
日本人の西欧化指向　❼ **1921**・是年 政
是年の物価の上下　❼ **1921**・是年 社
(元首相・早稲田大学総長)大隈重信、歿す　❼ **1922**・1・10 政
(元老・元首相)山県有朋、歿す　❼ **1922**・2・1 政
北陸線市振—親不知間で大雪崩、列車三輌が埋没・転覆大惨事　❼ **1922**・2・3 社
フィギュア・スケート最初の公式競技開催　❼ **1922**・2・11 社
普選案否決　❼ **1922**・2・23 政
石井定七事件　❼ **1922**・2・28 政
全国水平社創立大会　❼ **1922**・3・3 政／11・11 政
サンガー夫人、来日　❼ **1922**・3・10 社
英国皇太子ウェールス、来日　❼ **1922**・4・12 政
関東地方地震　❼ **1922**・4・26 社
第一回現代フランス美術展　❼ **1922**・5・1 文
間島日本領事館分館馬賊襲撃事件　❼ **1922**・6・28 政
(文学者・陸軍軍医総監)森鷗外、歿す　❼ **1922**・7・9 文
自動車隊、日本アルプス突破　❼ **1922**・8・5 社
海水着の流行　❼ **1922**・是夏 社
〈大輝丸〉海賊事件　❼ **1922**・9・17 政
アインシュタイン夫妻、来日　❼ **1922**・11・17 文
丸の内ビルディング(東京)完成　❼ **1922**・12・15 社
今年の流行　❼ **1922**・是年 社
第一回全国スキー選手権大会　❼ **1923**・2・10 社
中国上海で排日デモ起こる　❼ **1923**・3・25 政
陪審法公布　❼ **1923**・4・18 政
早稲田大学軍事研究団事件　❼ **1923**・5・10 政
学生の休暇中の労働　❼ **1923**・6月 社
軍備制限のため廃棄する軍艦　❼ **1923**・8・18 政
関東大震災　❼ **1923**・9・1 社
戒厳令出される　❼ **1923**・9・2 政
朝鮮人暴動の流言ひろがる　❼ **1923**・9・2 社
甘粕事件　❼ **1923**・9・16 政
ビアード博士の復興意見　❼ **1923**・10・6 政
大日本ホッケー協会創立　❼ **1923**・11・18 社
国民精神作興に関する詔書発布　❼ **1923**・11・10 政

槇有恒ら、立山登山隊遭難　❼ 1923・12・17 社
虎の門事件　❼ 1923・12・27 政
三浦梧楼邸で倒閣・政党内閣確立を議す　❼ 1924・1・18 政
摂政・皇太子裕仁親王・久邇宮良子女王結婚式　❼ 1924・1・26 政
第一回全国選抜中等学校野球大会　❼ 1924・4・1 社
自動車レース　❼ 1924・4・22 社
第一回日本軽重量級(フライ級)拳闘選手権大会　❼ 1924・4・26 社
番町小学校(東京)　❼ 1924・5・26 文
第一次加藤高明内閣成立　❼ 1924・6・11 政
築地小劇場開場　❼ 1924・6・13 文
カナデアンロッキー探検登山隊　❼ 1924・6・19 社
反米国民大会(米国排日移民法実施)　❼ 1924・7・1 政
甲子園野球場完成　❼ 1924・8・1 社
復興局疑獄事件　❼ 1924・8・20 政
鉄道省疑獄事件　❼ 1924・8・20 政
明治神宮外苑競技場　❼ 1924・10・25 社
史蹟・名勝・天然記念物の保存　❼ 1924・11・5 社
宣統廃帝、北京の日本公使館に避難する　❼ 1924・11・29 政
ベートーヴェン「第九交響曲」演奏　❼ 1924・11・29 文
関東艦遭難、村民女性の人肌救助　❼ 1924・12・12 政
婦人参政権獲得期成同盟会結成　❼ 1924・12・13 政／ 1925・4・19 政
軍事教育実施案可決　❼ 1925・1・10 政
上海一月テーゼ(日本共産党再建)　❼ 1925・1月 政
東京放送局の試験放送開始　❼ 1925・3・1 社／ 3・22 社
普通選挙法可決　❼ 1925・3・2 政／ 5・5 政
東京日暮里大火　❼ 1925・3・18 社
宇垣軍縮　❼ 1925・5・1 政
政友会臨時大会、田中義一を総裁選出　❼ 1925・5・14 政
トーキー映画紹介　❼ 1925・5・19 社
但馬大地震　❼ 1925・5・23 社
五・三〇事件(反日運動)　❼ 1925・5・30 政
重松髜修、朝鮮農民の経済自立を図る　❼ 1925・7・22 政
首相加藤高明、総辞職　❼ 1925・7・30 政
海水浴場での女性達　❼ 1925・7月 社
お盆芝居(東京)　❼ 1925・7月 文
夏の洋服流行の型　❼ 1925・是夏 社
東京市の国勢調査調査員の苦労　❼ 1925・10・1 政
井上馨の道具入札会　❼ 1925・11・9 社
農民自治会創設　❼ 1925・12月 政
段祺瑞執政が退位宣言(中国)　❼ 1926・1・7 政
張作霖、東三省独立布告(中国)　❼ 1926・1・11 政
共同印刷職工、スト　❼ 1926・1・19 社
(首相・外相)加藤高明、歿す　❼ 1926・1・28 政
第一回建国祭　❼ 1926・2・11 社
無産政党懇談会、共産党色排除を確認　❼ 1926・2・13 政
中野正剛、田中疑惑を追及　❼ 1926・3・4 政
東京巣鴨大火　❼ 1926・3・19 社
李王殿下、腎臓病悪化し逝去　❼ 1926・4・25 政
土地返還・耕作禁止で小作人と警官隊が乱闘(新潟県木崎村)　❼ 1926・5・5 社
十勝岳硫黄山噴火　❼ 1926・5・23 社
反日万歳事件(朝鮮)　❼ 1926・6・10 政
お中元贈答品のめやす相場　❼ 1926・7・8 社
アジア民族会議開催　❼ 1926・8・1 政
第二回世界女子オリンピック大会、人見絹枝優勝　❼ 1926・8・27 社
目玉の松ちゃん(尾上松之助)、歿す　❼ 1926・9・11 社、文
葬儀自動車営業開始　❼ 1926・10・1 社
(特命全権大使)日置益、歿す　❼ 1926・10・22 政
社会民衆党結党式、委員長安部磯雄　❼ 1926・12・5 政
大正天皇、崩御　❼ 1926・12・25 政
元号誤報事件　❼ 1926・12・25 政
高柳健次郎、テレビ・ブラウン管の受像に成功する　❼ 1926・12・25 社
陸海軍人に賜りたる勅諭　❼ 1926・12・28 政
東京の女師匠の数　❼ 1926・是年 文
東京・大阪の角力協会が合併　❼ 1927・1・5 社
片岡蔵相、失言事件。金融恐慌始まる　❼ 1927・3・14 政
南京事件　❼ 1927・3・24 政、社
田中義一首相、施政方針演説　❼ 1927・4・22 政
モラトリアム(三週間)　❼ 1927・4・22 政
昭和金融大恐慌　❼ 1927・4月 政
鉄道省旅客課、駅構内に広告板設置　❼ 1927・4月 社
第一次山東出兵　❼ 1927・5・28 政
対支非干渉同盟　❼ 1927・5・31 政
東方会議開催　❼ 1927・6・27 政
人力車・乗用馬車が減少、自転車・自動車増加　❼ 1927・6月 社
(作家)芥川龍之介、睡眠薬自殺　❼ 1927・7・24 文
首相田中義一の偽造上奏文　❼ 1927・7・25 政
宝塚少女歌劇、「モン・パリ」上演、話題となる　❼ 1927・9・1 文
蔣介石、来日　❼ 1927・9・29 政
文戦読書会　❼ 1927・9月 文
富山県電燈争議　❼ 1927・10・10 社
北原泰作天皇直訴事件　❼ 1927・11・19 政
過剰な入試準備(中学校、高等女学校)　❼ 1927・11・22 文
第一回合唱音楽祭　❼ 1927・11・28 文
自動車・オートバイ・サイドカーの総数　❼ 1927・11月 社
日本共産党拡大中央委員会、日光で開催。君主制廃止など　❼ 1927・12・1 政
東京の飲食店の数　❼ 1927・12月 社
大山郁夫選挙運動に大弾圧　❼ 1928・2・7 政
三・一五事件　❼ 1928・3・15 政
第二次山東出兵、天皇の逡巡　❼ 1928・4月 政
済南事件　❼ 1928・5・3 政
(医学者)野口英世、歿す　❼ 1928・5・21 社
張作霖爆死事件　❼ 1928・6・4 政
治安維持法改正公布、死刑・無期刑を追加　❼ 1928・6・29 政
ソ連で歌舞伎公演　❼ 1928・7・12 文
第九回オリンピック(アムステルダム)　❼ 1928・7・28 社
パリで不戦條約に調印　❼ 1928・8・27 政
(歌人)若山牧水、歿す　❼ 1928・9・17 社
天才棋士呉清源、神戸上陸　❼ 1928・10・22 社
昭和天皇、即位大礼式　❼ 1928・11・10 政
山野千枝子、東京マネキン倶楽部結成　❼ 1929・3・4 社
旧労働農民党山本宣治、暗殺される　❼ 1929・3・5 政
「大学は出たけれど」失業時代　❼ 1929・3月 社
後藤新平、歿す　❼ 1929・4・13 政
本格的ターミナルデパート「阪急百貨店」開店　❼ 1929・4・15 社
日本共産党員全国的大検挙　❼ 1929・4・16 政
田中義一内閣総辞職　❼ 1929・7・2 政
浜口雄幸民政党内閣成立　❼ 1929・7・2 政
榎本健一ら、「カジノ・フォーリー」第一回公演　❼ 1929・7・10 文
ツェッペリン伯号、霧ヶ浦に着陸　❼ 1929・8・19 社
国産品愛用と緊縮政策　❼ 1929・8・28 政
(政友会総裁)田中義一、歿す　❼ 1929・9・29 政
日本郵船、サンフランシスコ航路に〈浅間丸〉処女航海　❼ 1929・10・11 政
金解禁　❼ 1929・11・21 政／ 1930・1・11 政
中華民国駐在公使佐分利貞男、箱根で死亡　❼ 1929・11・29 政
昭和四年の小作争議　❼ 1929・是年 文
ロンドン海軍軍縮会議　❼ 1930・1・21 政／ 4・2 政
ラジオの人気番組　❼ 1930・1月 社
朝鮮人労働者、失業のため続々帰国　❼ 1930・1月 社
第十七回総選挙　❼ 1930・2・20 政
ガール全盛時代　❼ 1930・2月 社
世界の映画　❼ 1930・2月 社
貰い子殺し事件　❼ 1930・4・13 社
東京市電・市バス、スト　❼ 1930・4・20 社

ローマ日本美術展 ❼ 1930·4·26 文
大阪の美人座「光は東方よりカフェー文化は西方より」銀座で開業 ❼ 1930·5·31 社
夏の銀座 ❼ 1930·7月 社
農村の不況 ❼ 1930·7月 文
谷崎潤一郎夫人千代子、離婚し、佐藤春夫と結婚 ❼ 1930·8·18 社
〈エトロフ丸〉事件(蟹工船) ❼ 1930·9·19 社
桜会趣意書—軍人たちの不平·憤怒 ❼ 1930·9月 政
東海道に失業者の群れ ❼ 1930·9月 政
列車時刻改正、特急列車「燕」運転開始 ❼ 1930·10·1 社
霧社事件(台湾) ❼ 1930·10·27 政／1931·4·25 政
昭和五年恐慌 ❼ 1930·12·24 政
茨城県の徴兵忌避者 ❼ 1930·是年 政
全国の映画館数 ❼ 1930·是年 社
宝塚(兵庫県) ❼ 1930·是年 文
農村救済宣言要綱 ❼ 1931·1·25 社
エアガール採用試験 ❼ 1931·2·5 社
米映画「モロッコ」日本語字幕(スーパーインポーズ) ❼ 1931·2·11 社
デパート食堂のメニュー ❼ 1931·2月 社
三月事件 ❼ 1931·3·20 政
大学専門卒業生の就職難 ❼ 1931·3月 政
癩予防法施行 ❼ 1931·4·2 文
直良信夫、明石原人発見 ❼ 1931·4·18 文
生徒募集難の中学校 ❼ 1931·4月 文
日本宗教平和会議 ❼ 1931·5·18 社
尹景燮、医生試験に合格 ❼ 1931·6·11 政
万宝山事件 ❼ 1931·7·2 政
羽田空港開港 ❼ 1931·8·25 社
満洲事変 ❼ 1931·9·18 政
朝鮮軍、越境準備 ❼ 1931·9·19 政
東京中央放送局、臨時ニュース ❼ 1931·9·19 社
太平洋無着陸横断飛行 ❼ 1931·10·4 社
十月事件 ❼ 1931·10·17 政
(事業家)渋澤栄一、歿す ❼ 1931·11·11 政
井上清一中尉の妻千代子の遺書 ❼ 1931·12·12 政
日本の保有する軍艦 ❼ 1931·是年 政
三助という職業 ❼ 1931·是年 政
婦人雑誌「新年号」は付録合戦 ❼ 1931·是年 文
福州水戸事件 ❼ 1932·1·3 政
春秋園事件(相撲) ❼ 1932·1·5 社
桜田門事件 ❼ 1932·1·8 政
第一次上海事変 ❼ 1932·1·18 政／3·3 社
爆弾三勇士 ❼ 1932·2·22 政、社
リットン調査団来日 ❼ 1932·2·29 政
満洲国建国宣言 ❼ 1932·3·1 政／9·15 政／1934·3·1 政
上海に軍娯楽場開設 ❼ 1932·4·6 社
第一回日本ダービー東京優駿大競走 ❼ 1932·4·24 社
上海の天長節式典で爆弾暗殺事件 ❼ 1932·4·29 政
喜劇王チャップリン、来日 ❼ 1932·5·14 文
五·一五事件 ❼ 1932·5·15 政
犬養毅暗殺 ❼ 1932·5·15 政
右翼御用学者の横暴 ❼ 1932·5月 文
航空燈台の設置 ❼ 1932·6·10 政
宇垣一成の見た朝鮮農村の疲弊 ❼ 1932·6月 社
カフェーから喫茶店流行 ❼ 1932·8月 社
平頂山事件 ❼ 1932·9·15 政
満洲への武装移民団 ❼ 1932·10·3 政
農山漁村経済厚生計画 ❼ 1932·10·6 社
東京日本橋の白木屋火災 ❼ 1932·12·16 社
自動車と自動車産業の状況 ❼ 1932·是年 政
パーマネント輸入 ❼ 1932·是年 社
千人針風景(北川冬彦) ❼ 1932·是年 社
昭和七年の音楽会の出来事 ❼ 1932·是年 文
(作家)小林多喜二、虐殺 ❼ 1933·2·20 文
熱河作戦 ❼ 1933·2·22 政
国際連盟脱退 ❼ 1933·2·24 政
松岡洋右、連盟脱退のいきさつ ❼ 1933·2·24 政
東北三陸地方大地震 ❼ 1933·3·3 社
ハーゲンベック大サーカス団、来日 ❼ 1933·3·22 社
瀧川事件·京大事件 ❼ 1933·4·11 政
お花見盛況 ❼ 1933·4·17 社
大阪市営地下鉄開通 ❼ 1933·5·3 社
差別裁判糾弾闘争 ❼ 1933·6·3 政
共産党員転向者続出 ❼ 1933·6·7 政
東京松竹少女歌劇団スト ❼ 1933·6·15 社
ゴーストップ事件 ❼ 1933·6·17 社
第一回関東防空大演習。関東防空大演習を嗤ふ(桐生悠悠) ❼ 1933·8·9 政
全国中等学校優勝野球大会、中京商業·明石中学五時間の熱戦 ❼ 1933·8·19 社
早慶リンゴ事件 ❼ 1933·10·22 社
山形県農民同盟結成 ❼ 1933·12·12 社
花電車、大阪でも流行 ❼ 1933·是年 社
共産党リンチ事件 ❼ 1934·1·15 政
東北民衆自衛軍 ❼ 1934·3·4 政
満洲国の実態 ❼ 1934·3月 社
帝人事件 ❼ 1934·4·18 政
吉本興業、特選漫才大会開催 ❼ 1934·4·25 社
(海軍元帥)東郷平八郎、歿す ❼ 1934·5·30 政
父母をパパ·ママと呼ぶのは不適当 ❼ 1934·8·29 社
名古屋で童貞の壮丁皆無 ❼ 1934·8月 政
室戸台風 ❼ 1934·9·21 社
陸軍パンフレット ❼ 1934·10·1 政
満鉄、特急「あじあ号」七輛編成運転開始 ❼ 1934·11·1 政
米プロ野球大リーグ·オールスター、来日 ❼ 1934·11·2 社
二重橋前の自動車交通量 ❼ 1934·11·9 社
鹵簿誤導事件 ❼ 1934·11·16 政
十一月事件·士官学校事件 ❼ 1934·11·20 政
日本初の母船式捕鯨、試験開始 ❼ 1934·12·23 社
最初の職業野球団大日本東京野球倶楽部創立 ❼ 1934·12·26 社／1935·2·14 社
東北冷害 ❼ 1934·是年 政
天皇機関説事件 ❼ 1935·1月 政
昭和天皇の天皇機関説観 ❼ 1935·1月 社
宮城の農民、米貸せ運動 ❼ 1935·2·15 社
国体明徴 ❼ 1935·3·23 政／8·3 政／10·15 政
月賦販売盛んとなる ❼ 1935·3月 社
青年学校令·青年学校教員養成令公布 ❼ 1935·4·1 文
梅津·何応欽協定 ❼ 1935·5·29 政
豊田自動織機、国産自動車完成 ❼ 1935·5月 社
チャハル事件 ❼ 1935·6·5 政
東京にネオンが増える ❼ 1935·6月 社
日本脳炎、各地に流行 ❼ 1935·8月 社
第一回芥川賞·直木賞発表 ❼ 1935·9·1 文
陸軍大臣(林銑十郎)更迭 ❼ 1935·9·4 政
第四艦隊事件 ❼ 1935·9·26 政
冀東防共自治委員会(政府) ❼ 1935·11·25 政
ロンドン軍縮会議脱退 ❼ 1936·1·10 政
日本労働総同盟(全総)結成 ❼ 1936·1·15 社
鉄道の雪害続出 ❼ 1936·1·22 社
日本野球連盟創立 ❼ 1936·1·24 社
日本職業野球連盟結成 ❼ 1936·2·5 社
二·二六事件 ❼ 1936·2·26 政／8·28 政
戒厳司令部、援軍要請。鎮圧行動開始 ❼ 1936·2·29 政
戒厳司令部、市民心得を発表 ❼ 1936·2·29 社
長嶺子事件 ❼ 1936·3·25 政
朝鮮人、満洲に続々移民 ❼ 1936·3月 社
日産自動車、米自動車会社を買収 ❼ 1936·4·20 社
斎藤隆夫の粛軍演説 ❼ 1936·5·7 政
満洲移民計画 ❼ 1936·5·9 政
阿部定事件 ❼ 1936·5·18 社
思想犯保護観察法 ❼ 1936·5·29 政
小樽市内の乞食調査 ❼ 1936·6月 社

東京オリンピック正式決定　❼ 1936·7·31 社
ベルリンオリンピック開催　❼ 1936·8·1 社
成都事件·北海事件　❼ 1936·8·24 政
綏遠事件　❼ 1936·11·14 政
日独防共協定　❼ 1936·11·25 政
西安事件　❼ 1936·12·4 政

第 8 巻(1937〜1964 年)

腹切り問答(政友会濱田国松)　❽ 1937·1·21 政
幻となった宇垣内閣(宇垣一成)　❽ 1937·1·29 政
松澤病院の蘆原将軍死亡　❽ 1937·2·2 社
パンフレット『国体の本義』　❽ 1937·3·30 政
ヘレン·ケラー、ニールス·ボーア、来日　❽ 1937·4·15 社
ベートーヴェン「第九交響曲」日比谷公会堂で公演　❽ 1937·5·5 文
第一次近衛内閣受諾(近衛文麿)　❽ 1937·6·4 社
近衛文麿論(阿部真之助)　❽ 1937·6·4 社
前進座演劇映画研究所、共同生活開始　❽ 1937·6·23 文
ペルー、日本人移民禁止　❽ 1937·6·26 政
盧溝橋事件、日中戦争の発端　❽ 1937·7·7 政
盧溝橋周辺の中国軍守備状況(金振中)　❽ 1937·7·7 社
華北派兵ニ関スル声明　❽ 1937·7·11 社
廬山声明　❽ 1937·7·17 政
慰問袋への「喜ばれるもの」の要望　❽ 1937·7·27 社
国民精神総動員要綱　❽ 1937·8·24 社
朝鮮総督府、皇国臣民の誓詞を定める　❽ 1937·10·1 政
トラウトマン和平工作　❽ 1937·11·2 政／ 1938·1·15 政
南京事件の被害者数　❽ 1937·12·10 政
閣議、支那事変対処要綱決定　❽ 1937·12·24 政
松井石根大将戦陣日記　❽ 1937·12 月 政
家電製品の保有台数　❽ 1937·是年 社
岡田嘉子·杉本良吉、ソ連に亡命　❽ 1938·1·3 社／ 1939·10·20 政
「国民政府を対手とせず」近衛声明　❽ 1938·1·15 政
中国に慰安所設置　❽ 1938·2 月 社
ダマレ発言と国家総動員法(佐藤賢了)　❽ 1938·3·3 政
東京駅の人力車、廃業　❽ 1938·3·31 社
国家総動員法　❽ 1938·4·1 政
燈火管制規則公布　❽ 1938·4·4 社
今後は朕の命令なくして一兵だも動かすことはならん　❽ 1938·7·21 政
街頭の無駄探しにごみ箱まで検査　❽ 1938·7·22 社
河合栄治郎事件　❽ 1938·10·5 文
昭和天皇、広東攻略嘉尚の言葉　❽ 1938·10·24 政
嘉尚の言葉　❽ 1938·10·24 政
汪兆銘、重慶脱出　❽ 1938·11·20 政
米国務長官コーデル·ハル、中国新秩序不承認　❽ 1938·12·31 政
松竹の演劇活動状況　❽ 1938·12 月 文
平沼騏一郎内閣成立　❽ 1939·1·5 政
国民職業能力申告令　❽ 1939·1·7 社
双葉山六十九連勝で敗れる　❽ 1939·1·15 社
東大粛学事件　❽ 1939·1·25 文
(作家)岡本かの子、歿す。川端康成絶筆の「岡本かの子」論　❽ 1939·2·18 文
海軍零式戦闘機の誕生　❽ 1939·4·1 政
天津イギリス租界事件　❽ 1939·4·9 政
ノモンハン事件　❽ 1939·5·11 政
軍事教練実施十五周年記念天皇観閲式　❽ 1939·5·22 政／6·24 政
生活刷新案(ネオン、パーマネントなど)　❽ 1939·6·16 社
東京の長者番付　❽ 1939·7·20 社
欧州情勢は複雑怪奇(平沼騏一郎)　❽ 1939·8·28 政
興亜奉公日　❽ 1939·9·1 社
朝鮮総督府、「創氏改名」令公布　❽ 1939·11·10 政／ 1940·2·11 政
百貨店の「歳末大売出し」廃止　❽ 1939·12·1 社
〈インディギルカ号〉の悲劇　❽ 1939·12·12 政
斎藤隆夫の反軍演説　❽ 1940·2·2 政
大阪湾に連合艦隊集結　❽ 1940·2·11 政
皇紀二千六百年の紀元節　❽ 1940·2·11 社
カタカナ名の芸人らを改名　❽ 1940·3·28 社
汪兆銘、南京に国民政府樹立　❽ 1940·3·30 政
最初のテレビドラマ「夕餉前」放映　❽ 1940·4·15 社
満洲国皇帝溥儀、来日　❽ 1940·6·26 政
ハニホヘトイロ音名唱法　❽ 1940·6 月 文
奢侈品等製造販売制限規則、七·七禁令　❽ 1940·7·6 社
世界情勢の推移に伴う時局処理要綱　❽ 1940·7·27 政
杉原千畝、命のビザ　❽ 1940·7·29 政
仏印進駐　❽ 1940·8·1 政
街の注意人物に警告ビラ　❽ 1940·8·1 社
鮓屋·屋台は時間外営業黙認　❽ 1940·8·1 社
零戦、重慶へ初出撃　❽ 1940·8·19 政／ 9·12 政
日独伊三国同盟　❽ 1940·9·7 政
近衛首相の三国同盟に対する感想　❽ 1940·9·7 政
昭和天皇、三国同盟への感想　❽ 1940·9·7 社
隣組　❽ 1940·9·11 社／ 1941·7·1 社
大政翼賛会発会　❽ 1940·10·12 政
紀元二千六百年祝典　❽ 1940·11·10 社、政
大日本産業報国会、創立　❽ 1940·11·23 社
(最後の元老)西園寺公望、歿す　❽ 1940·11·24 政
神父による日米和平交渉　❽ 1940·11·25 政
大政翼賛会実践要綱　❽ 1940·12·14 社
社会運動の低調化　❽ 1940·是年 社
戦陣訓示達　❽ 1941·1·8 政
人口政策確立要綱　❽ 1941·1·22 社
国民学校令公布　❽ 1941·3·1 文
日ソ中立條約調印　❽ 1941·4·13 政
スターリン、モスクワ駅に松岡外相を見送る　❽ 1941·4 月 社
御前会議、帝国国策要綱を定める　❽ 1941·7·2 政
(囲碁)本因坊、家元制から選手権制となる　❽ 1941·7·15 文
日米交渉(野村吉三郎)　❽ 1941·8·4 政／ 11·7 政
昭和天皇、「陸軍は本当のことを言わない」　❽ 1941·8·5 社
金属類特別回収令施行　❽ 1941·9·1 社
御前会議、対米英蘭開戦決意　❽ 1941·9·6 政
ゾルゲ事件　❽ 1941·10·15 政／ 1942·5·16 政／ 1943·9·29 政／ 1944·11·7 政
禁演落語五十三種　❽ 1941·10·30 社
御前会議の様子(太平洋戦争開始)　❽ 1941·11·5 社
ハル·ノート　❽ 1941·11·26 政
対米最後通牒　❽ 1941·12·8 政
対米宣戦布告の対米手交時間の真実　❽ 1941·12·8 社
真珠湾攻撃　❽ 1941·12·8 政
ラジオから開戦の放送　❽ 1941·12·8 文
連合艦隊司令長官山本五十六の感慨述志　❽ 1941·12·8 政
内務省、善良な外人は保護通達　❽ 1941·12·8 社
昭和天皇、単独不講和·三国協定に対する考え　❽ 1941·12·11 政

不沈艦大和を考える(牧野茂)　❽ 1941·12·16 社
東條首相、「大東亜戦指導の要諦」演説　❽ 1942·1·21 政
衣料の点数切符制始まる　❽ 1942·2·1 社
日系アメリカ人強制収容所　❽ 1942·2·19 政／是年 社
市民用防毒面の最高価格　❽ 1942·3·23 社
ジャワ作戦と緩和軍政(今村均)　❽ 1942·3 月 社
B25 双発機、日本本土初空襲　❽ 1942·4·18 政、社
駅弁の立売り、全廃　❽ 1942·5·15 社
(歌人)与謝野晶子、歿す　❽ 1942·5·29 文
閣議、「思想犯前歴者ノ措置」極秘決定　❽ 1942·7·7 政
全国中等学校野球大会、中止　❽ 1942·7·12 社／8·23 社
航空機用発動機「誉」表彰　❽ 1942·8·26 政
横浜事件　❽ 1942·9·14 政／1943·5·11 政
日響第十一回定期演奏会、日比谷公会堂で開催　❽ 1942·9·23 文
高砂挺身報国隊　❽ 1942·9·29 政
時刻の呼称、二十四時間制となる　❽ 1942·10·11 社
御前会議、ガダルカナル撤退決定(辻政信)　❽ 1942·12·31 政／1943·2·1 政
代用品時代　❽ 1942·是年 社
ジャズなど米·英音楽作品の演奏·レコード演奏禁止　❽ 1943·1·13 文
撃ちてし止まむ　❽ 1943·3·15 社
カタカナ英語排除　❽ 1943·3·19 社
金属回収本部(銅像など)設置　❽ 1943·3·24 社／6·9 社
株式市況不振　❽ 1943·3 月 政
警戒警報、口頭からサイレンへ　❽ 1943·4·6 政
ホテルの宿泊料金　❽ 1943·4·26 社
大東亜攻略指導大綱　❽ 1943·5·31 政
昭和天皇、陸軍と海軍との不仲を心配する　❽ 1943·6·8 政
学徒戦時動員体制確立要綱　❽ 1943·6·25 政
ビルマ、独立宣言　❽ 1943·8·1 政
(文学者)島崎藤村、歿す　❽ 1943·8·22 文
上野動物園、猛獣·毒蛇を毒殺　❽ 1943·9·4 社
鳥取地方大地震　❽ 1943·9·10 社
レーダー、日本へ来る　❽ 1943·9·13 文
国内必勝勤労対策決定　❽ 1943·9·23 社
関釜連絡船〈崑崙丸〉、米潜水艦により沈没　❽ 1943·10·5 社
ニューギニア·フィンシュハーフェンに杉野舟艇隊の逆上陸　❽ 1943·10·17 政
自由インド仮政府樹立　❽ 1943·10·21 政
学徒壮行大会、神宮外苑競技場で挙行　❽ 1943·10·21 社
泰緬鉄道での乗車記録(昭和 19 年)　❽ 1943·10 月 政
大東亜会議、大東亜共同宣言　❽ 1943·11·6 政
国宝·重要美術品の防空施設整備要綱　❽ 1943·12·14 文
不死身の神兵、食人事件　❽ 1943·12 月 社
千人針(土屋政江)　❽ 1943·是年 社
首なし事件　❽ 1944·1·20 社
雑誌新年号と六月号とのページ数比較　❽ 1944·1 月 社
第一回ペニシリン類化学療法剤研究委員会開催　❽ 1944·2·1 文
東京·渋谷で立退き　❽ 1944·2·12 社
竹槍では間に合はぬ　❽ 1944·2·23 政
演劇興行等に対する決戦非常措置要綱発表　❽ 1944·2·25 文
興行は税込み五円まで　❽ 1944·3·5 文
第二回陸軍美術展　❽ 1944·3·8 文
パラオ大空襲、海軍乙事件　❽ 1944·3·30 政
試製富嶽委員会、開設　❽ 1944·4 月 政
インパール作戦　❽ 1944·5·2 政／7·3 社
東京に国民酒場開店　❽ 1944·5·5 社
国民学校初等科児童の集団疎開決定　❽ 1944·6·30 文／1945·3·14 文
東條内閣倒閣計画　❽ 1944·7·2 政
東條内閣総辞職　❽ 1944·7·17 政
小磯国明内閣成立　❽ 1944·7·22 社
ミートキーナ守備隊長の抗命　❽ 1944·8·4 政
三菱銀行の店頭掲示文　❽ 1944·8 月 政
神風特別攻撃隊　❽ 1944·10·20 政
神風特別攻撃隊誕生のいきさつ(半藤一利)　❽ 1944·10·20 社
ペリリュー島総指揮官、玉砕の際の処置打電　❽ 1944·11·22 政
B24、東京初空襲　❽ 1944·11·24 政
ペリリュー島の米兵(ユージン·B·スレッジ)　❽ 1944·11 月 社
大晦日の様子　❽ 1944·12·31 社
元日の様子(徳川夢声日記)　❽ 1945·1·1 社
東海地方大地震　❽ 1945·1·13 社
ヤルタ協定　❽ 1945·2·4 政
近衛上奏文　❽ 1945·2·7 政
硫黄島·摺鉢山の日章旗と星条旗(秋草鶴次)　❽ 1945·2·23 社
東京大空襲　❽ 1945·3·10 政、文／5·25 社
繆斌工作　❽ 1945·3·16 政
決戦教育措置要綱　❽ 1945·3·18 文
ニミッツ布告(慶良間列島)　❽ 1945·3·26 政
難民列車　❽ 1945·3 月 社
米軍、沖縄本島に上陸(沖縄戦)　❽ 1945·4·1 政
　沖縄県知事島田叡、極秘電報を打つ　❽ 1945·4·16 政
　沖縄戦の概略　❽ 1945·4 月 政
　沖縄首里高地を巡る激戦(ユージン·B·スレッジ)　❽ 1945·5·21 社
　義烈空挺隊、沖縄攻撃　❽ 1945·5·24 政
　すべての日本人へ向けた遺言「沖縄県民斯く戦へり」　❽ 1945·6·6 社
　沖縄の激戦と牛島軍司令官の最期　❽ 1945·6·22 社
ソ連、日ソ中立條約の一年後廃棄を通告　❽ 1945·4·5 政
鈴木貫太郎内閣成立　❽ 1945·4·7 政／4·5 社
戦災者に賜りたる勅語　❽ 1945·4·17 社
米軍、バレテ峠(ルソン島)を突破する　❽ 1945·5·13 政
ビルマ従軍日赤和歌山班の記録　❽ 1945·5·20 文
東京都、家賃の基準額を定める　❽ 1945·5·23 社
最高戦争指導会議、戦争完遂要綱　❽ 1945·6·6 政
(哲学者)西田幾多郎、歿す　❽ 1945·6·7 文
長野松代へ、皇室動座の話　❽ 1945·6·13 政
米国、南九州上陸作戦(オリンピック作戦)決定　❽ 1945·6·18 政、社
ソ連へ講和の仲介依頼　❽ 1945·6·20 政／6·23 政／7·10 政
関釜連絡船、航路変更　❽ 1945·6·20 社
久米島島民虐殺事件　❽ 1945·6·27 政
秋田県花岡鉱山で中国人ら蜂起　❽ 1945·6·30 政
ビルマの陸軍臨時病院での日赤救護班岐阜班の献身的活躍　❽ 1945·6 月 文
東京の配給機構整理　❽ 1945·7·1 社
日本勧業銀行、「勝札」発売　❽ 1945·7·16 社
原爆投下命令　❽ 1945·7·25 政
ポツダム宣言発表　❽ 1945·7·26 社
ポツダム宣言黙殺の訳語(迫水久常)　❽ 1945·7·27 政、社
尾上菊五郎、舞台が死に場所と口上　❽ 1945·7·30 文
東京の戦災後の壕舎·仮小屋生活(安藤政吉)　❽ 1945·7 月 文
煙草の配給、一日に三本　❽ 1945·8·1 社
広島に原爆投下　❽ 1945·8·6 政、文
長崎に原爆投下　❽ 1945·8·9 政
　防空総本部、新型原子爆弾につき対策発表　❽ 1945·8·11 社
ソ連政府、対日宣戦布告文　❽ 1945·8·8 政
　ソ連軍、満洲に侵攻　❽ 1945·8·9 政
御前会議、ポツダム宣言受諾　❽ 1945·8·9 政
　滅亡か終戦か　原子爆弾とソ連参戦(鈴木貫太郎)　❽ 1945·8·7 社
　昭和天皇の意見(木戸幸一)　❽ 1945·8·9 政
　バーンズ回答　❽ 1945·8·12 政

B29、東京・三多摩一円に伝単散布　❽ 1945・8・10 政
終戦
　終戦詔書　❽ 1945・8・14 政、社
　陸軍、「承詔必謹」に統一　❽ 1945・8・14 社
　各地への停戦命令　❽ 1945・8・15 政
　終戦阻止の叛乱・宮城事件　❽ 1945・8・15 政
　終戦詔書の放送　❽ 1945・8・15 政
　陸相阿南惟幾自決・遺書　❽ 1945・8・15 政
　皇居二重橋前に正座し頭をたれる人、終日続く　❽ 1945・8・15 社
　皇族を各地に派遣、終戦を伝える　❽ 1945・8・16 政
　大西瀧治郎遺書　❽ 1945・8・16 政
　陸軍参謀次長河邊虎四郎、軍使となりマニラに赴く　❽ 1945・8・19 政
　関東軍、ソ連と停戦交渉　❽ 1945・8・19 政
　新聞に対する批判と敗戦・終戦　❽ 1945・8・19 社
　ソ連、日本軍捕虜五十万人を戦利品とする　❽ 1945・8・19 政／1946・6 月 政
　関東軍、総司令部本庁舎をソ連軍司令部に引渡す　❽ 1945・8・22 政
　関東軍、ソ連への要望書　❽ 1945・8・29 政
　戦艦ミズーリ号上で降伏調印式　❽ 1945・9・2 政、社
　陸海軍一般命令第一号　❽ 1945・9・2 政
　サイパン島守備隊、停戦　❽ 1945・12・1 政
米国、ソ連と北海道占領について暗闘　❽ 1945・8・15 政
稚泊(稚内・大泊間)航路の様相　❽ 1945・8・15 社
戦後経済調査会　❽ 1945・8・16 政
米軍占領
　日本の占領方式は米の単独統治　❽ 1945・8・16 政
　占領軍向け特殊慰安施設設置　❽ 1945・8・18 社
　連合軍先遣部隊、厚木基地に到着　❽ 1945・8・28 政
　連合軍司令官マッカーサー、厚木到着　❽ 1945・8・30 政
　日本、アメリカの直接軍政の危機から間接統治となる　❽ 1945・9・2 社
　連合軍、平穏に東京に進駐　❽ 1945・9・8 政
　GHQ、日本を間接統治方針発表(初期の対日方針)　❽ 1945・9・22 政
東久邇宮内閣成立　❽ 1945・8・17 政
ソ連、千島列島侵攻　❽ 1945・8・18 政
闇市場、民衆マーケット開業　❽ 1945・8・18 社／9 月 社
燈火管制解除　❽ 1945・8・20 社
満洲開拓団・富士見村分村の記録　❽ 1945・8・21 社
愛宕山事件　❽ 1945・8・22 社
東久邇宮首相、記者会見で「国体護持・全国民総懺悔」を強調　❽ 1945・8・28 政
戦争中の航空工業(木原武正)　❽ 1945・8 月 社
「お山の杉の子」「嗚呼神風特別攻撃隊」流行　❽ 1945・8 月 社
戦時下の髪型　❽ 1945・8 月 社
東京都の人口　❽ 1945・8 月 社
GHQ、言論および新聞の自由に関する覚書　❽ 1945・9・10 文
GHQ、三十九人を戦争犯罪人として逮捕　❽ 1945・9・11 政
日本は四等国(マッカーサー)　❽ 1945・9・12 政
陸軍元帥杉山元、拳銃自殺　❽ 1945・9・12 政
GHQ、米兵の強姦を掲載したので新聞発刊停止(千葉雄次郎)　❽ 1945・9・14 文
『日米会話手帖』刊行。三百六十万部売れる　❽ 1945・9・15 文
外相更迭、田中静壱自決(高見順)　❽ 1945・9・19 社
昭和天皇、マッカーサーを訪問　❽ 1945・9・27 政、社／9・28 文
東京銀座の服部時計店・東芝ビル、進駐軍 PX として接収　❽ 1945・9 月 社
学校の盟休各地で起こる　❽ 1945・10・4 文
特別高等警察、廃止　❽ 1945・10・6 政
GHQ、日本へ金銀プラチナの接収命令　❽ 1945・10・8 政
政治犯三千人釈放　❽ 1945・10・10 政
労働組合総同盟声明書　❽ 1945・10・10 社
民主化に関する五大改革指令　❽ 1945・10・11 政
スマラン事件　❽ 1945・10・15 政
天皇の地位論議起こる　❽ 1945・10・18 社
東京都民の食生活の実態　❽ 1945・10 月 社
餓死対策国民大会(東京日比谷)　❽ 1945・11・1 社
日本社会党結成大会　❽ 1945・11・2 政
財閥解体計画　❽ 1945・11・4 政
GHQ、上演禁止の覚書指令　❽ 1945・11・9 文／11・16 社
大相撲秋場所開催　❽ 1945・11・16 社
プロ野球再建東西対抗第一戦　❽ 1945・11・23 社、文
衆議院本会議、戦争責任論　❽ 1945・11・28 政／12・1 政
全日本教員組合結成　❽ 1945・12・1 文
GHQ、賠償施設除去暫定計画　❽ 1945・12・7 政
新憲法制定
　憲法改正四原則(松本四原則)　❽ 1945・12・8 政
　毎日新聞、憲法草案スクープ　❽ 1946・2・1 政
　憲法改正につきマッカーサー指示　❽ 1946・2・3 政
　憲法制定、アメリカ案の押しつけの経緯　❽ 1946・2・13 社
　政府、憲法改正草案要綱発表　❽ 1946・3・6 政
　主権在民　❽ 1946・6・27 政
　憲法修正案に同意　❽ 1946・10・7 政
　日本国憲法公布　❽ 1946・11・3 政
　日本国憲法施行　❽ 1947・5・3 政
みくに奉仕団、皇居の焼跡整理奉仕　❽ 1945・12・8 社
近衛文麿、服毒自殺　❽ 1945・12・16 政
BC 級軍事裁判　❽ 1945・12・17 政
日本民主化基本方針　❽ 1945・12・21 政
GHQ、修身・日本歴史・地理の授業停止　❽ 1945・12・31 文
紅白音楽試合の出演者と演目　❽ 1945・12・31 文
東京都内の正月用品配給品　❽ 1945・12 月 文
外国抑留者と引揚げ者
　ソ連への抑留者・死亡者数　❽ 1945・是年 政
　福岡・二日市保養所設置　❽ 1946・3・25 政
　引揚げ残留者　❽ 1946・8 月 政
　海外引揚げ者、待遇改善を東京都に要求　❽ 1946・8 月 社
　引揚げ者の苦しい生活　❽ 1946・10 月 社
　終戦連絡中央事務局、在外邦人の引揚げ者数を発表　❽ 1946・9・17 政
　引揚げ船の配船状況　❽ 1946・10・5 政
　引揚げ者等援護緊急対策　❽ 1946・10・22 社
　読売新聞、社説でシベリア抑留者帰還問題の促進を訴える　❽ 1947・10・21 政
　ソ連、日本人捕虜を年内に送還と発表　❽ 1949・5・20 政
　シベリア引揚げ再開第一船〈高砂丸〉　❽ 1949・6・27 政
　徳田要請事件　❽ 1950・2・12 政
　中国の日本人引揚げ問題　❽ 1953・2・15 政／3・23 政
　三年ぶりソ連からの引揚げ船　❽ 1953・12・1 政
　中国から最後の集団帰国船　❽ 1955・3・29 政
　ソ連での抑留日本人数　❽ 1955・6・17 政
　訪ソ社会党議員団　❽ 1955・9・26 政
　ハバロフスク事件　❽ 1955・12・19 政
　ソ連第十七次引揚げ者帰還　❽ 1959・2・5 政
　シベリア墓参遺族代表団出発　❽ 1961・8・15 政
千島列島ソ連軍攻撃占領地図　❽ 1945・是年 政(地図)
農民の米穀供出意欲　❽ 1945・是年 社
昭和 20 年～昭和 22 年の鉄道事情　❽ 1945・是年 社
米兵の暴行、沖縄各地で起こる　❽ 1945・是年 社
米国の日系アメリカ人・日本人移民強制収容所　❽ 1945・是年 社
文化財保護技術者の生活　❽ 1945・是年 文
昭和天皇、人間宣言　❽ 1946・1・1 政、社
極東国際軍事裁判所条例　❽ 1946・1・19 政／5・3 政
GHQ、公娼禁止　❽ 1946・1・21 社
天皇戦犯問題　❽ 1946・1・25 政／10・8 政
すみぬり教科書　❽ 1946・1・25 文

熊澤天皇、登場する　❽ 1946･1 月 政
総合雑誌「世界」創刊　❽ 1946･1 月 文
日本の領土区域　❽ 1946･2･2 政
日本農民組合(日農)結成大会　❽ 1946･2･9 社
新円の通用開始　❽ 1946･2･17 政／3･2 社
山下奉文、処刑　❽ 1946･2･23 政、社
東京都内は浮浪者の群れ　❽ 1946･2 月 文
夜の女検挙　❽ 1946･3･9 社
GHQ、第一次農地改革を拒否　❽ 1946･3･11 政／6･28 政、社／9･7 政／1947･12･13 政
連合国対日理事会設置　❽ 1946･4･5 政
米国教育使節団の報告書　❽ 1946･4･7 文
新選挙法による総選挙　❽ 1946･4･10 政、社
A 級戦争犯罪容疑者　❽ 1946･4･29 政
第十七回メーデー　❽ 1946･5･1 社
東京通信工業(ソニー)設立　❽ 1946･5･7 政
吉田茂、首相の条件　❽ 1946･5･13 政／5･22 政
財閥解体　❽ 1946･5･13 政／9･6 政／9･30 政
飯米獲得人民大会　❽ 1946･5･19 社
マッカーサー、デモ規制を発表　❽ 1946･5･20 社
上野のアメ屋横町摘発　❽ 1946･5･30 社
早慶戦　❽ 1946･6･15 社
米軍第四四二連隊、ワシントン行進　❽ 1946･7･15 政
ブラジルで日本人勝ち組が負け組の人を殺害する　❽ 1946･7･20 政
日本労働組合総同盟(総同盟)結成大会　❽ 1946･8･1 社
広島で平和復興祭開催　❽ 1946･8･5 政
日本の捕鯨再開　❽ 1946･8･6 社
小平事件　❽ 1946･8･17 社
全日本産業別労働組合会議(産別会議)結成大会　❽ 1946･8･19 社
産業界の実状　❽ 1946･8 月 政
主要大学の就職状況　❽ 1946･8 月 社
『初等科国史』と『くにのあゆみ』の書き出し部分　❽ 1946･9･5 文
救援物資頼りの主食配給　❽ 1946･10 月 社
第一回国民体育大会　❽ 1946･11･1 社
上野地下道の状況　❽ 1946･11 月 社／1947･1･7 社
俳句･第二芸術論　❽ 1946･11 月 文
南海大地震　❽ 1946･12･21 社
GHQ による食糧支援　❽ 1946･是年 政
産別会議、ゼネスト　❽ 1947･1･1 社／1･31 政、社
額縁ヌードショー開演　❽ 1947･1･15 社
璽光尊事件　❽ 1947･1･21 社
復興金融金庫　❽ 1947･1･25 政
田中耕太郎文相罷免の事情　❽ 1947･1･31 文
六･三制実施の事情　❽ 1947･2･1 文
米穀の供出に警察力出動　❽ 1947･3･5 政
東京有楽町に米国映画ロードショー館スバル座開館　❽ 1947･3･25 社
歳相石橋湛山公職追放事件　❽ 1947･3･26 政
教育基本法･学校教育法公布　❽ 1947･3･31 文
米政府、マッカーサー元帥に対日中間賠償三〇％即時取立実行を命令　❽ 1947･4･3 政
労働基準法公布　❽ 1947･4･7 社
独占禁止法公布　❽ 1947･4･14 政
第一特別国会召集　❽ 1947･5･20 政
片山哲内閣成立　❽ 1947･5･24 政
第一次吉田内閣について吉田茂の感想　❽ 1947･5･24 社
日本教職員組合(日教組)結成大会　❽ 1947･6･8 文
参議院本会議開会式、天皇、初めて「朕」をやめ「わたくし」と自称　❽ 1947･6･23 政
第一回経済白書　❽ 1947･7･4 政
静岡県登呂遺跡、再発掘　❽ 1947･7･13 文／1948･7･21 文
『西田幾多郎全集』第一巻発売　❽ 1947･7･19 文
(作家)幸田露伴、歿す　❽ 1947･7･30 文
「肉体の門」初演　❽ 1947･8･1 文
鬼塚道男バス殉職事件　❽ 1947･9･1 社
警察制度改革　❽ 1947･9･3 社
GHQ、日ソ貿易協定調印　❽ 1947･9･22 政
昭和天皇、沖縄に関する考えを米国側に伝える　❽ 1947･9 月 政
山口良忠判事、配給食料で栄養失調死　❽ 1947･10･11 社
電力危機突破都民大会　❽ 1947･10･22 社
禁止演目「仮名手本忠臣蔵」上演許可　❽ 1947･11 月 文
百万円宝くじ、発売　❽ 1947･12･1 社
部落解放全国大会、再出発宣言　❽ 1947･12･15 文
過度経済力集中排除法公布　❽ 1947･12･18 政
敗戦を信じないブラジルの日本人　❽ 1947･是年 政
戦死公報から葬儀料まで(内田茂子)　❽ 1947･是年 社
米陸軍長官ロイヤルの演説　❽ 1948･1･6 政／1949･2･6 政
教科用図書委員会第一回総会　❽ 1948･1･12 文
寿産院事件　❽ 1948･1･15 社
松本治一郎参議院副議長、蟹の横ばい式拝謁拒否　❽ 1948･1･21 政
朝鮮人学校設立不承認　❽ 1948･1･24 文
帝銀事件　❽ 1948･1･26 社／❾ 1987･5･10 社
ガンジー、暗殺　❽ 1948･1･30 政
大きい帽子にロングスカート流行　❽ 1948･1 月 社
数寄屋橋は東京の縮図　❽ 1948･2 月 社
(作家)菊池寛、歿す　❽ 1948･3･6 文
九州帝国大学生体解剖事件(横浜軍事法廷)　❽ 1948･3･11 政
先生の内職を調査　❽ 1948･3 月 文
はいていたズボン下が爆発、重軽傷　❽ 1948･4･9 社
神戸市長、朝鮮語での授業禁止　❽ 1948･4･10 文
日本経営者団体連盟(日経連)結成　❽ 1948･4･12 政
昭和電工疑獄事件　❽ 1948･4･27 政
夏時間(サマータイム)法実施　❽ 1948･5･1 社
バターン死の行軍事件裁判　❽ 1948･6･7 政
(作家)太宰治、歿す　❽ 1948･6･13 文
教育勅語など失効確認決議案　❽ 1948･6･19 文
第一回 PTA 研究協議会開催　❽ 1948･6･27 文
奄美教科書密輸事件　❽ 1948･6･28 文
教育委員会法公布　❽ 1948･7･15 文／1956･3･8 文
国民の祝日に関する法律公布　❽ 1948･7･20 政
マッカーサー、国家公務員法改正を指示　❽ 1948･7･22 政／7･31 政
全国住宅調査　❽ 1948･8･1 社
本庄町事件(埼玉県)　❽ 1948･8･7 政／1950･1･7 社
ヘレン･ケラー、来日　❽ 1948･8･29 社
全日本学生自治会総連合(全学連)結成大会　❽ 1948･9･18 文
「美しい暮しの手帖」創刊　❽ 1948･9･20 社
山崎首班事件　❽ 1948･10･15 政
パール判事、A 級戦犯全員無罪主張　❽ 1948･11･12 政
炭鉱国管汚職事件　❽ 1948･11･12 政
最初の競輪、小倉で開催　❽ 1948･11･20 社
ノガミの森のお雪、警視総監暴行事件　❽ 1948･11･22 社
老いらくの恋　❽ 1948･11･30 社
昭和天皇、退位について述べる　❽ 1948･11 月 政／12･23 政
経済安定九原則　❽ 1948･12･18 政
A 級戦犯とされた七人処刑　❽ 1948･12･23 政、社
チック･ヤング作漫画「ブロンディ」連載開始　❽ 1949･1･1 社
日本学術会議第一回総会　❽ 1949･1･20 文
衆議院総選挙。「吉田学校」　❽ 1949･1･23 政
(官僚･政治家)牧野伸顕、歿す　❽ 1949･1･25 政
奈良･法隆寺金堂全焼　❽ 1949･1･26 文
新制大学一八五校認可　❽ 1949･2･7 文
第一回日本アンデパンダン展　❽ 1949･2･11 文
第三次吉田茂内閣成立　❽ 1949･2･16 政
ドッジ･ライン、竹馬経済　❽ 1949･3･7 政
暁に祈る事件　❽ 1949･3･15 社
ガリオア･エロア輸入物資円勘定覚書　❽ 1949･4･1 政

超均衡予算　❽ 1949·4·16 政
為替レート、一ドル三六〇円　❽ 1949·4·23 政
新制高校で男子生徒が悲鳴　❽ 1949·4 月 文
東京·大阪·名古屋の証券取引所再開　❽ 1949·5·14 政
国電スト、人民電車運転　❽ 1949·6·9 社
光クラブ事件　❽ 1949·7·4 社／11·24 社
国鉄人員整理、下山事件　❽ 1949·7·4 社
(歌舞伎俳優)六代目尾上菊五郎、歿す　❽ 1949·7·10 文
三鷹事件　❽ 1949·7·15 社
社会不安は共産党の宣伝　❽ 1949·7·16 政
美空ひばり、デビュー曲　❽ 1949·7 月 社
相澤忠洋、旧石器時代「岩宿遺跡」を発見　❽ 1949·8·2 文／9·11 文
全米水泳選手権、「フジヤマのトビウオ」登場　❽ 1949·8·16 政、社
松川事件　❽ 1949·8·17 社
シャウプ税制改革　❽ 1949·8·28 政
魚群探知機　❽ 1949·8 月 社
軍事顧問団「白団」結成　❽ 1949·9·10 政
人事院規則公布　❽ 1949·9·17 政
岡田資陸軍中将、処刑　❽ 1949·9·17 政
九州大学、「赤い教授」に辞職勧告。レッドパージ　❽ 1949·9·24 文／1950·2·13 文／5·2 文／8·30 文
湯川秀樹、ノーベル物理学賞受賞　❽ 1949·11·3 文
プロ野球、二リーグ制となる　❽ 1949·11·26 社／1950·1·26 社
神戸の盛り場　❽ 1949·是年 社
日本画退潮　❽ 1949·是年 文
ソ連、野坂参三批判　❽ 1950·1·6 政
サンフランシスコ講和條約
　全面講和論　❽ 1950·1·15 政／3 月 政
　全面平和論に反論　❽ 1950·3·14 政
　吉田茂の対日講和條約密使の訪米　❽ 1950·4·25 政
　曲学阿世(吉田茂)　❽ 1950·5·3 政
　各党の講和と安全保障に関する公約　❽ 1950·5 月 社
　対日講和七原則　❽ 1950·11·24 政
　講和促進使節団　❽ 1951·1·25 政
　中国代表権問題　❽ 1951·6·4 政
　講和会議全権団　❽ 1951·8·18 政
　サンフランシスコ講和條約　❽ 1951·9·4 政
　吉田首相、急遽日本語での演説に切換える　❽ 1951·9·7 社
　ソ連への対応　❽ 1952·5·30 政
第一回札幌雪祭り　❽ 1950·2·18 社
日本水泳選手団の南米遠征とブラジルの様子　❽ 1950·2 月 社
一高、七十三年の歴史閉ず　❽ 1950·3·24 文
八千万円つまみぐい事件　❽ 1950·4·19 社
五·三〇事件　❽ 1950·5·30 政
共産党関係者追放　❽ 1950·6·7 政
国警本部、デモ·集会禁止　❽ 1950·6·16 社
朝鮮戦争　❽ 1950·6·25 政
　義勇兵　❽ 1950·6·29 政
　「朝鮮の動乱とわれらの立場」(外務省)　❽ 1950·8·19 政
　朝鮮特需　❽ 1950·9·1 政
　海上保安庁掃海艇、朝鮮·元山沖の機雷除去　❽ 1950·10·2 政
　国連軍の米空挺部隊、平壌北方に降下　❽ 1950·10·20 政
　朝鮮戦争勃発、特需景気起こる　❽ 1950·是年 社／1955·是年 政
映画「羅生門」封切　❽ 1950·6·26 社
『チャタレイ夫人の恋人』摘発事件　❽ 1950·6·26 文
パトロールカー、正式採用　❽ 1950·6 月 社
京都·金閣寺全焼　❽ 1950·7·2 文
小倉市黒人兵集団脱走事件　❽ 1950·7·7 政
国家警察予備隊創設(自衛隊)　❽ 1950·7·8 政／8·10 政／8·18 政
日本労働組合総評議会(総評)結成　❽ 1950·7·11 社
大阪にアルバイトサロン第一号店開店　❽ 1950·8·15 社
伊藤律架空会見報道記事件　❽ 1950·9·26 社
ディスインフレは堅持(GHQ 経済顧問ドッジ)　❽ 1950·10·7 政
梅田事件　❽ 1950·10·10 社
公職追放一万九十人解除　❽ 1950·10·13 政
東京劇場、映画ロードショー劇場へ　❽ 1950·10·31 社
胃カメラ開発　❽ 1950·11·5 文
琉球に民政施行　❽ 1950·12·5 政
蔵相池田勇人、「貧乏人は麦を食え」　❽ 1950·12·7 政
(物理学者)長岡半太郎、歿す　❽ 1950·12·11 文
新宿の花売娘·ピーナッツ売り·甘納豆売り調査　❽ 1950·12·26 社
インフレ終息　❽ 1950·是年 政
東京歌舞伎座復興開場式　❽ 1951·1·3 文
八海事件　❽ 1951·1·24 社
現代フランス美術展開催　❽ 1951·2·13 文
共産党、武装闘争方針提起　❽ 1951·2·23 政／10·16 政
幣原喜重郎、歿す　❽ 1951·3·10 政
LP(エルピー)レコード発売　❽ 1951·3·20 文
日本初の総天然色劇映画「カルメン故郷に帰る」封切　❽ 1951·3·21 社
文部省の招いた外国人教授陣　❽ 1951·3 月 文
外食券食堂すたれる　❽ 1951·是春 社
パチンコ屋の「軍艦マーチ」許可　❽ 1951·是春 社
飯田橋事件　❽ 1951·4·5 政
マッカーサー元帥、解任(罷免)　❽ 1951·4·11 政／4·16 政
横浜·桜木町事件　❽ 1951·4·24 社
(医学者)永井隆、歿す　❽ 1951·5·1 文
日本人は十二歳の少年(マッカーサー)　❽ 1951·5·3 政
児童憲章、制定　❽ 1951·5·5 社
日米経済協力の基本方針　❽ 1951·5·16 政
アナタハン島の日本兵降伏　❽ 1951·6·22 社
(作家)林芙美子、歿す　❽ 1951·6·28 文
日米安全保障條約調印　❽ 1951·9·8 社
映画「羅生門」、ベネチア映画祭でグランプリ受賞　❽ 1951·9·10 社
臨時国会開会式、天皇の言葉　❽ 1951·10·11 政
力道山、プロレスリング開始　❽ 1951·10·15 社
日本航空、東京―大阪―福岡間運行開始　❽ 1951·10·25 社
社会党、右派と左派に分裂　❽ 1951·10·23 政／1955·10·13 政
京大同学会の天皇に対する質問状　❽ 1951·11·12 政
鹿地亘事件　❽ 1951·11·25 政
米の対日援助打切り　❽ 1951·是年 政
白鳥警部事件　❽ 1952·1·21 政
第十九回世界卓球選手権大会、日本圧勝　❽ 1952·1·31 社
日米行政協定調印　❽ 1952·1·26 政／4·28 政
日産自動車、国産スポーツカー·ダットサンスポーツ発売　❽ 1952·1 月 社
第一次日韓会談、打切りの原因　❽ 1952·2·15 政、社／1953·10·6 政
青梅事件　❽ 1952·2·19 社
東大ポポロ事件　❽ 1952·2·20 政
沖縄の米民政府、琉球政府の設立布告　❽ 1952·2·29 政
自衛戦力は違憲にあらず(吉田茂)　❽ 1952·3·6 政
武器·弾薬·航空機·海軍艦艇の製造許可　❽ 1952·3·8 政
世界最古の回り舞台　❽ 1952·3·11 文
企業合理化促進法公布　❽ 1952·3·14 政
第二十三回メーデー　❽ 1952·5·1 社
全国戦歿者追悼式　❽ 1952·5·2 政
日本国憲法施行五周年記念式典　❽ 1952·5·3 社
愛知大事件　❽ 1952·5·7 政
ボクシング世界フライ級選手権、白井義男が勝つ　❽ 1952·5·19 社
(理学者)田中館愛橘、歿す　❽ 1952·5·21 文
菅生スパイ事件　❽ 1952·6·2 政

日本、国連加盟申請　❽ 1952・6・23 政／1956・12・12 政
カバヤ食品、カバヤ文庫創刊　❽ 1952・8 月 文
独立日本の経済力　❽ 1952・7・1 社
羽田空港、米軍から一部返還　❽ 1952・7・1 社
大須事件　❽ 1952・7・7 政
ヘルシンキ・オリンピック　❽ 1952・7・19 社／7・30 社
破壊活動防止法　❽ 1952・7・21 政
保安庁設置　❽ 1952・8・1 政／10・15 政
治安閣僚会議開催　❽ 1952・8・4 政
学生アルバイト白書　❽ 1952・8・9 社
明神礁、誕生　❽ 1952・9・17 社
アインシュタイン、原爆製造について語る　❽ 1952・9・20 文
(詩人)土井晩翠、歿す　❽ 1952・10・19 文
第十五回国会開会式天皇の言葉　❽ 1952・11・8 社
ニクソンの戦力増強要請演説　❽ 1952・11・19 政
内灘試射場　❽ 1952・11・20 政／1953・4・30 政
秩父宮雍仁親王遺書　❽ 1953・1・4 政
(落語家二代目)桂春団治、歿す　❽ 1953・1・11 文
義務教育費全額国庫負担方針決定　❽ 1953・1・13 文
(人類学者)鳥居龍蔵、歿す　❽ 1953・1・14 文
遺骨収集・慰霊の船、南方に派遣　❽ 1953・1・31 政
NHK 東京テレビ開局　❽ 1953・2・1 社
李ライン問題　❽ 1953・2・4 政
吉田首相、バカヤロー解散　❽ 1953・2・28 政
オーストラリアの反日感情と古橋広之進　❽ 1953・2 月 社
巡回テレビ　❽ 1953・2 月 文
(ソ連閣僚会議議長・首相)スターリン、歿す　❽ 1953・3・5 政
海岸林造成事業(襟裳岬)　❽ 1953・是春 社
保安大学校開校　❽ 1953・4・1 政／1957・3・26 政
東京に予備校増加　❽ 1953・4 月 文
出雲大社火災　❽ 1953・5・27 社
英国登山隊、エヴェレスト登頂成功　❽ 1953・5・29 社
北九州大豪雨　❽ 1953・6・25 社
販売清涼飲料水調査　❽ 1953・6 月 社
アッツ島遺骨引取団　❽ 1953・7・2 政
阪妻(阪東妻三郎)、よみがえる　❽ 1953・7・7 文
伊東絹子、ミス・ユニバース三位。「八頭身」の語　❽ 1953・7・16 社
バー「メッカ」殺人事件　❽ 1953・7・27 社
最初のＴＶコマーシャル　❽ 1953・8・28 社
(共産党書記長)徳田球一、北京で歿す　❽ 1953・10・14 政
文化の日　❽ 1953・11・3 社
徳島ラジオ商殺人事件　❽ 1953・11・5 社
米兵、客引き投込み水死事件　❽ 1953・11・24 社
三木武吉の深謀　❽ 1953・11・29 政
最初の国営有料道路開通　❽ 1953・12・1 社
奄美群島返還される　❽ 1953・12・24 政
最初のスーパーマーケット開店　❽ 1953・12・25 社
テレビ喫茶できる　❽ 1953・是年 社
造船疑獄(指揮権発動)　❽ 1954・1・7 政／4・2 政／4・21 政
ラストボロフ事件　❽ 1954・2・1 政
米女優マリリン・モンロー、来日　❽ 1954・2・1 社
〈第五福龍丸〉被曝　❽ 1954・3・1 政
島田幼女殺害事件　❽ 1954・3・10 社
旭ヶ丘中学偏向教育事件　❽ 1954・3・20 文
中村吉右衛門研究所第一回公演　❽ 1954・3・27 文
第一回日本国際見本市、大阪で開催　❽ 1954・4・10 政
日米相互防衛援助協定発効　❽ 1954・5・1 政
原水爆禁止署名運動杉並協議会結成　❽ 1954・5・9 社
ヤマハ音楽教室　❽ 1954・5 月 文
近江絹糸人権スト　❽ 1954・6・2 社
教育二法公布　❽ 1954・6・3 文
防衛庁設置法・自衛隊法公布　❽ 1954・6・9 政／6・24 政
タイより黄変米輸入　❽ 1954・7・16 政
保守合同三人組　❽ 1954・7・25 政
流言蜚語に耳をかすな(吉田茂)　❽ 1954・8・10 政
制服の売春・松元事件　❽ 1954・8・26 社
(真珠王)御木本幸吉、歿す　❽ 1954・9・21 政
台風十五号、青函連絡船が壊滅　❽ 1954・9・26 社
(元文相・法相)尾崎行雄、歿す　❽ 1954・10・6 政
中国紅十字会、来日　❽ 1954・10・30 政
日本民主党結成　❽ 1954・11・1 政
空想科学映画「ゴジラ」封切　❽ 1954・11・3 社
少年自衛隊員募集　❽ 1954・11・20 政
自動車生産台数　❽ 1954・是年 社
昭和二十八年から二十九年にかけての国内経済の危機的状況　❽ 1954・是年 社
「これがシネラマだ」公開　❽ 1955・1・5 社
覚醒剤対策本部(ヒロポンなど)　❽ 1955・1・12 社
日ソ国交正常化交渉　❽ 1955・1・25 政／1956・7・31 政／10・7 政
日本生産性本部設立　❽ 1955・2・14 政
坂口安吾の死(尾崎士郎)　❽ 1955・2・17 文
京都大学カラコルム・ヒンズークシ学術探検隊　❽ 1955・3・22 文
春闘の発足　❽ 1955・3 月 社
ペンシルロケット、水平発射　❽ 1955・4・14 文
(原子物理学者)アインシュタイン、歿す　❽ 1955・4・18 文
連発式パチンコ禁止　❽ 1955・4 月 社
北富士演習場問題　❽ 1955・5・6 政
砂川闘争始まる　❽ 1955・5・6 政／6・30 政／9・13 政／1956・10・12 政
〈紫雲丸〉沈没事件　❽ 1955・5・11 社
保守合同と経団連　❽ 1955・5・15 政
丸正事件　❽ 1955・5・12 社
国産車育成要綱　❽ 1955・5・16 社
在日朝鮮人総連合会結成　❽ 1955・5・25 政
フィリピン賠償交渉　❽ 1955・5・31 政
原爆少女、米国に招待　❽ 1955・5 月 政
第一回日本母親大会　❽ 1955・6・7 社
第一回漫画賞　❽ 1955・6・20 文
森永ヒ素ミルク事件　❽ 1955・6 月 社
日本住宅公団設立　❽ 1955・7・8 社
共産党大会、「愛される共産党」へ　❽ 1955・7・27 政
自動車強盗増加　❽ 1955・7 月 社
第一回原水爆禁止世界大会広島大会　❽ 1955・8・6 政
うれうべき教科書の問題　❽ 1955・8・13 文
家庭電化時代来たる　❽ 1955・8 月 社
由美子ちゃん事件(沖縄)　❽ 1955・9・3 政
大相撲引分け預かり　❽ 1955・9・28 社
松山事件　❽ 1955・10・18 社
南極観測　❽ 1955・11・4 文／1956・9・3 文／11・8 文／1957・1・29 文／2・15 社／10・21 文／1958・3・24 政／1962・2・8 文
自由民主党結成　❽ 1955・11・6 政
プロレス大流行　❽ 1955・11・30 社
東芝、電気釜を発売　❽ 1955・12 月 社／1958・1 月 文
小作農から自作農へ　❽ 1955・是年 政
(元自由党総裁)緒方竹虎、歿す　❽ 1956・1・28 政
水俣病問題　❽ 1956・3・1 社／1958・10・18 文／1959・7・21 社／11・2 社／❾ 1973・3・20 文／1992・2・5 文／1995・9・28 文／12・15 社
黒四ダム　❽ 1956・4・1 政／1957・5・1 社
(詩人・彫刻家)高村光太郎、歿す　❽ 1956・4・2 文
第二十七回メーデー　❽ 1956・5・1 社
農林省多久島貞信横領事件　❽ 1956・6・6 社
沖縄土地問題　❽ 1956・6・9 政／7・4 政／1958・8・11 政
中国の日本人戦犯　❽ 1956・6・9 政／6・21 政
(箏曲家)宮城道雄、転落死　❽ 1956・6・25 文
経済白書「もはや戦後ではない」　❽ 1956・7・17 政
太陽族映画、上映拒否　❽ 1956・8 月 社
メルボルン・オリンピック　❽ 1956・11・22 社
世界・今日の美術展　❽ 1956・11 月 文
神武景気　❽ 1956・是年 政

北海道冷害　❽ **1956**·是年 社
当時のレコード会社の専属オーケストラ　❽ **1956**·是年 政
第一回祖国復帰総決起大会(沖縄)開催　❽ **1957**·1·17 政
(植物学者)牧野富太郎、歿す　❽ **1957**·1·18 文
(細菌学者)志賀潔、歿す　❽ **1957**·1·25 文
ジラード事件　❽ **1957**·1·30 政
ダークダックス(男性コーラスグループ)　❽ **1957**·3·5 文
岸·マッカーサー会談　❽ **1957**·4·17 政
女中は通勤かパートタイムが主流　❽ **1957**·4·23 社
輸送機設計研究協会設立　❽ **1957**·4月 政
国防の基本方針　❽ **1957**·5·20 政
相撲取り、月給制となる　❽ **1957**·5·25 社
安保條約の再検討　❽ **1957**·6·19 政
(日本画家)川合玉堂、歿す　❽ **1957**·6·30 文
日本最初の盲導犬　❽ **1957**·7·12 社
経済白書　❽ **1957**·7·19 政
モーテル開業　❽ **1957**·7月 社
原子炉稼働(茨城県東海村)　❽ **1957**·8·27 政
主婦の店·ダイエー開店　❽ **1957**·9·23 社
めかけは売春　❽ **1957**·9·27 社
外交青書　❽ **1957**·9·28 政
ソ連、人工衛星打上げに成功　❽ **1957**·10·4 政
愛媛の勤評闘争　❽ **1957**·10·24 文
(史家·評論家)徳富蘇峰、歿す　❽ **1957**·11·2 文
山下太郎、サウジアラビアと石油利権交渉締結　❽ **1957**·12·10 政
教職員勤務評定　❽ **1957**·12·20 文
(日本画家)横山大観、歿す　❽ **1958**·2·26 文
ロカビリー旋風　❽ **1958**·2月 文
富士重工、軽四輪「スバル」発売　❽ **1958**·3·3 社
テレビ結婚式　❽ **1958**·3·3 文
売春防止法罰則施行　❽ **1958**·4·1 社
第一回大阪国際フェスティバル開催　❽ **1958**·4·10 文
切手収集ブーム　❽ **1958**·4·20 社
回転すし(廻る元禄寿司)　❽ **1958**·4月 社
中国国旗事件　❽ **1958**·5·2 政
原爆の子、除幕式　❽ **1958**·5·5 政
首都圏整備基本計画　❽ **1958**·7·4 政
団地族の語　❽ **1958**·7月 社
小松川女子高生殺人事件　❽ **1958**·8·21 社
世界初のインスタントラーメン誕生　❽ **1958**·8·25 社
本田技研、軽バイク「ホンダ·スーパーカブ」発売　❽ **1958**·8月 社
狩野川台風　❽ **1958**·9·26 社
警職法問題　❽ **1958**·10·8 政
フラフープ発表会　❽ **1958**·10·18 社
一万円札(聖徳太子)発行　❽ **1958**·12·1 政
南国土佐を後にして(ペギー葉山)　❽ **1958**·12·8 文
深夜喫茶　❽ **1958**·是年 政
朝鮮人、北朝鮮帰還　❽ **1959**·2·12 政／12·10 政
電化製品のブーム　❽ **1959**·2月 政／**1960**·是夏 社
政府、敵基地攻撃と自衛権への統一見解　❽ **1959**·3·19 政
千鳥ヶ淵戦歿者墓苑竣工式　❽ **1959**·3·28 政
安全保障條約改定　❽ **1959**·3·28 政／11·27 政／**1960**·5·19 政／5·26 政／6·4 政／6·15 政／6·19 政／6·23 政
(俳人)高浜虚子、歿す　❽ **1959**·4·8 文
皇太子·正田美智子結婚式　❽ **1959**·4·10 政
新幹線　❽ **1959**·4·20 社
　新幹線試運転　❽ **1962**·6·25 社
　東海道新幹線開通　❽ **1964**·10·1 社
(作家)永井荷風、歿す　❽ **1959**·4·30 文
日産自動車、ダットサン·ブルーバード発売　❽ **1959**·8·1 社
アラビア石油　❽ **1959**·8·3 政／**1960**·1·29 政
伊勢湾台風　❽ **1959**·9·26 社
大和ハウス、ミゼットハウス発売　❽ **1959**·10月 社
第一回日本レコード大賞　❽ **1959**·12·27 社
三池争議　❽ **1960**·1·5 社／6·28 政
民主社会党(民社党)結成　❽ **1960**·1·24 政
国鉄座席予約システム　❽ **1960**·1月 社
ホテル日本閣殺人事件　❽ **1960**·2·8 社
ソニーコーポレーション·オブ·アメリカ創立　❽ **1960**·2·15 政
皇太子殿下に男子誕生　❽ **1960**·2·23 政
(宗教家)賀川豊彦、歿す　❽ **1960**·4·23 社
米作家パール·バック、来日　❽ **1960**·4·24 文
ウィンキー、ダッコちゃん流行　❽ **1960**·4月 社
U２型機問題　❽ **1960**·5·9 政
農林漁業基本問題の理解　❽ **1960**·5·10 社
岸信介首相、後継首相に池田勇人を考える　❽ **1960**·5·15 政
動員されたデモ隊　❽ **1960**·5月 社
(歴史家)日置昌一、歿す　❽ **1960**·6·9 文
ハガチー事件　❽ **1960**·6·10 政
国会突入事件　❽ **1960**·6·15 政
樺美智子の自己紹介文　❽ **1960**·6·15 社
奈良県大峰山龍泉寺、女人禁制を開放　❽ **1960**·7·10 社
ソ連、宇宙から犬の地球生還に成功　❽ **1960**·8·20 政
ローマ·オリンピック開催　❽ **1960**·8·25 社
三か年の経済成長率を年九％、国民所得十年以内に倍増　❽ **1960**·9·5 政／11·1 政
(社会党委員長)浅沼稲次郎、暗殺　❽ **1960**·10·12 政
朝日訴訟　❽ **1960**·10·19 社
クレジットカード(三越)　❽ **1960**·11·1 社
三党首テレビ討論会　❽ **1960**·11·12 政
証券ブーム　❽ **1960**·12月 政
岩戸景気　❽ **1960**·是年 政
海外での電化製品·自動車の評判　❽ **1960**·是年 政
国鉄構内の便所数　❽ **1960**·是年 社
『悪徳の栄え』裁判　❽ **1961**·1·20 文
嶋中事件(風流夢譚事件)　❽ **1961**·2·1 社
東西若手落語家交流(大阪角座)　❽ **1961**·2·1 文
東宝劇団結成　❽ **1961**·3·1 文
昭和の岩くつ王事件　❽ **1961**·4·11 社
人類最初の宇宙飛行に成功　❽ **1961**·4·12 政
睡眠薬遊び　❽ **1961**·4月 社
農業基本法公布　❽ **1961**·6·12 政
クリネックスティシュー発売　❽ **1961**·6·18 社
全国総合開発計画　❽ **1961**·7·18 社／**1962**·10·5 政
マイカー時代始まる　❽ **1961**·10·25 政
アメリカの日韓関係への期待　❽ **1961**·11·1 政
(歌舞伎俳優)坂東三津五郎、歿す　❽ **1961**·11·4 文
女性用生理用品「アンネ」発売　❽ **1961**·11·11 社
三無事件　❽ **1961**·12·12 政
人間衛星船に成功(米)　❽ **1962**·2·20 政
女子大学生増加　❽ **1962**·3月 文
労務者などの賃金改定　❽ **1962**·4·1 社
日本婦人会議結成　❽ **1962**·4·14 政
ソニー、マイクロテレビ発売　❽ **1962**·4·17 社
高校全員入学問題全国協議会結成　❽ **1962**·4·24 文
「かみつきブラッシー」対グレート東郷放映　❽ **1962**·4·27 社
三河島事故　❽ **1962**·5·3 社
第一回科学者京都会議、開催　❽ **1962**·5·7 政
ルノアール「少女」窃盗事件　❽ **1962**·5·12 文
第八回原水禁世界大会　❽ **1962**·8·6 政
(民俗学者)柳田国男、歿す　❽ **1962**·8·8 文
堀江謙一、ヨットで太平洋横断成功　❽ **1962**·8·12 社
YS-11試験飛行成功　❽ **1962**·8·30 政／**1964**·5·28 政／**1964**·9·9 政／❾ **1966**·9·15 政
竹島問題　❽ **1962**·9·3 政／11·12 政／❾ **1978**·5·8 政
チ-37号(ニセ千円札)事件　❽ **1962**·9·6 政
(作家)吉川英治、歿す　❽ **1962**·9·7 文
大平外相·韓国情報部長会談　❽ **1962**·10·20 政
第九回全日本自動車ショー、開催　❽ **1962**·10·25 社
尊属殺人事件　❽ **1962**·12·22 社

「国民生活白書」発表　❽ 1962·12月 政
日本楽器、コンサート·グランドピアノ開発　❽ 1962·是年 文／❾ 1967·11·27 文
米ロサンゼルス市教委、ヤマハ·グランドピアノ購入　❽ 1962·是年 政
(広告の鬼)吉田秀雄、歿す　❽ 1963·1·27 政
吉展ちゃん事件　❽ 1963·3·31 社／4·10 社
サリドマイド問題　❽ 1963·4·3 文／7·28 文／❾ 1965·11·8 文
狭山事件　❽ 1963·5·1 社
第一回日本グランプリ自動車レース　❽ 1963·5·3 社
女性、史上初の宇宙飛行(ソ連)　❽ 1963·6·16 政
第九回原水禁世界大会　❽ 1963·8·5 政
西武百貨店(東京池袋)火災　❽ 1963·8·22 社
BGからOLへ　❽ 1963·9·12 社／1964·3月 社
原子力発電成功(茨城県東海村)　❽ 1963·10·26 政
三井三池鉱業所三川鉱で爆発　❽ 1963·11·9 社
女性用既製服サイズを統一　❽ 1963·11月 社
(映画監督)小津安二郎、歿す　❽ 1963·12·12 文
宝くじブーム起こる　❽ 1963·12月 文
喫煙害に関する広告　❽ 1964·1·19 社
(元通産相)高碕達之助、歿す　❽ 1964·2·24 政
中国に残った最後の戦犯帰国　❽ 1964·3·6 政
有明海岸の小判騒動　❽ 1964·3·13 社
太った豚になるよりやせたソクラテスになれ(大河内一男)　❽ 1964·3·21 文
世界初のオールトランジスタ電子式卓上計算機(早川電機)　❽ 1964·3月 文
(GHQ最高司令官)マッカーサー、歿す　❽ 1964·4·5 政
海外へのパック旅行第一陣出発　❽ 1964·4·6 社
(作家)佐藤春夫、歿す　❽ 1964·5·6 文
(医学者)光田健輔、歿す　❽ 1964·5·14 文
大阪球場乱闘事件　❽ 1964·6·7 社
新潟地震　❽ 1964·6·16 社
トップレス水着　❽ 1964·7·20 社
首都高速道路一号線開通　❽ 1964·8·1 社
グランド·カブキ(ハワイ公演)　❽ 1964·8·4 文
異常渇水(東京)　❽ 1964·8·6 社
みゆき族、一斉補導　❽ 1964·9·12 社
東海道新幹線開業式、天皇の言葉　❽ 1964·10·1 政
オリンピック東京大会　❽ 1964·10·10 社
ソ連、三人乗り衛星に成功　❽ 1964·10·12 政
総同盟·全労が解散大会　❽ 1964·11·10 社
米原子力艦〈シードラゴン〉、佐世保入港　❽ 1964·11·12 政
公明党結成　❽ 1964·11·17 政
バッジシステム(自動警戒管制組織)日米交換公文　❽ 1964·12·4 政
ラムダロケットの開発(岡明人)　❽ 1964·是年 文
「荒野の用心棒」盗作問題　❽ 1964·是年 政
ピンク映画登場　❽ 1964·是年 政

第9巻(1965〜2012年)

(舞踏家)花柳章太郎、歿す　❾ 1965·1·6 文
佐藤栄作首相、訪米　❾ 1965·1·10 政
「期待される人間像」中間草案　❾ 1965·1·11 文
ジャルパック発売開始　❾ 1965·1·20 社
(元英首相)チャーチル、歿す　❾ 1965·1·24 政
新東京八景(週刊朝日)　❾ 1965·1月 社
三矢研究問題　❾ 1965·2·10 政
アンプル入り風邪薬で死亡　❾ 1965·2·18 文
日韓基本条約　❾ 1965·2·17 政／6·22 政／12·18 政
東京都議会汚職事件　❾ 1965·3·16 政
人類、初の宇宙遊泳に成功　❾ 1965·3·18 社
基地作物論　❾ 1965·4·14 政
８ミリカメラ「シングル８Ｐ１」発売。「私にも写せます」評判　❾ 1965·4月 社
マンモス塾の繁盛　❾ 1965·4月 社
硫黄島·小笠原墓参団　❾ 1965·5·18 政
ベトナムに平和を！　市民·文化団体連合(ベ平連)　❾ 1965·5·22 社
日本サッカー·リーグ発足　❾ 1965·6·6 社
家永教科書裁判　❾ 1965·6·12 文／1989·6·27 文／1997·8·29 文
阿賀野川水銀中毒　❾ 1965·6·12 社
みゆき族からアイビー族へ　❾ 1965·6月 社
ヤマハ音楽教室、アメリカに進出　❾ 1965·6月 文
(政治家)河野一郎、歿す　❾ 1965·7·8 政
B52爆撃機、沖縄に飛来　❾ 1965·7·28 政
(作家)谷崎潤一郎、歿す　❾ 1965·7·30 文
松代群発地震　❾ 1965·8·3 社／1966·4·17 社
同和対策答申　❾ 1965·8·11 社
(政治家)池田勇人、歿す　❾ 1965·8·13 政
佐藤栄作、沖縄訪問　❾ 1965·8·19 政
「沖縄の祖国復帰が実現しない限り、わが国にとっての戦後が終わっていない」　❾ 1965·8·19 政
東京能楽団、各地の反響　❾ 1965·9·3 文
(医師·宣教師)シュバイツァー、歿す　❾ 1965·9·4 文
戦後初の歌舞伎訪欧団　❾ 1965·9·28 文
都心の人口が減り、三多摩増える　❾ 1965·10·1 政
神戸市連続殺人事件　❾ 1965·10·30 社
(歌舞伎俳優)十一代目市川團十郎、歿す　❾ 1965·11·10 文
不況相談所　❾ 1965·12·1 政
(作曲家)山田耕筰、歿す　❾ 1965·12·29 文
国産ジーンズ、初生産　❾ 1965·是年 社
エレキギター·ブーム起こる　❾ 1965·是年 社
学芸学部、教育学部に変更(横浜国大)　❾ 1966·1·6 文
日ソ共同声明　❾ 1966·1·21 政
早大スト　❾ 1966·1·18 文
駅弁ブーム始まる　❾ 1966·1月 社
全日空ボーイング727型機、羽田空港沖に墜落　❾ 1966·2·4 社
「核の傘」発言　❾ 1966·2·17 政
物価メーデー　❾ 1966·2·27 社
カナダ航空、羽田空港防潮堤に激突　❾ 1966·3·4 社
英BOACボーイング707型機、富士山上空で墜落　❾ 1966·3·5 社
祝日法改正(敬老の日·体育の日·建国記念の日)　❾ 1966·3·7 政
生きていた丙午、出生五十万人も減る　❾ 1966·3·11 社
ミニスカート登場　❾ 1966·3·13 社
ランドセル廃止小学校　❾ 1966·4·4 文
南米アンデス学術調査団、出発　❾ 1966·5·18 文
東京都立高校選抜制度改善審議会　❾ 1966·5·30 文
屋久島の縄文杉発見　❾ 1966·5月 社
(文相·哲学者)安部能成、歿す　❾ 1966·6·7 政
ザ·ビートルズ、来日　❾ 1966·6·29 文
袴田事件　❾ 1966·6·30 社
(禅学者)鈴木大拙、歿す　❾ 1966·7·12 文

政界の黒い霧事件　❾ 1966·8·5 政
子連れ当たり屋事件　❾ 1966·9·2 社
トヨタ自動車、カローラ発売　❾ 1966·10·20 社
(部落解放同盟)松本治一郎、歿す　❾ 1966·11·22 政
明治大学、学園紛争　❾ 1967·1·4 文
初の建国記念日　❾ 1967·2·11 社
コレラ感染豚販売事件　❾ 1967·2·23 社
歌舞伎、ハワイ公演　❾ 1967·2·28 文
沖縄に関する日米協議委員会　❾ 1967·3·1 政
あかるい革新都政をつくる会　❾ 1967·3·11 社
視覚障害者点字ブロック　❾ 1967·3·18 社／1973·2·1 社
沖縄返還交渉　❾ 1967·3·25 政
イタイイタイ病　❾ 1967·4·5 社／1968·3·9 文／1971·6·30 文／1972·8·9 文
政治資金規制法案　❾ 1967·4·10 政
第六回統一地方選挙　❾ 1967·4·15 政
新潟水俣病(阿賀野川水銀中毒事件)　❾ 1967·4·18 社
東洋工業、ロータリーエンジン搭載「マツダ·コスモ·スポーツ」発表　❾ 1967·5·30 社
資本取引自由化　❾ 1967·6·2 政
タカラ、リカちゃん人形発売　❾ 1967·7·4 社
松竹歌舞伎カナダ公演　❾ 1967·7·30 文
布川事件　❾ 1967·8·30 社
米軍の研究資金援助(入江徳郎)　❾ 1967·8 月 政
フーテン族、新宿駅締出し　❾ 1967·9·1 社
四日市公害病(喘息)　❾ 1967·9·1 文
中国、新聞記者追放　❾ 1967·9·10 文
公益質屋からサラ金へ　❾ 1967·9 月 社
ミリタリールック流行　❾ 1967·9 月 社
サイクリング専用道路　❾ 1967·10·10 社
(元首相)吉田茂、歿す　❾ 1967·10·20 政
琉球政府主席松岡政保と三木武夫外相会談　❾ 1967·11·2 政
東京·帝国ホテル、解体開始　❾ 1967·12·1 文
農林業人口、二割をきる　❾ 1967·是年 政
書籍発行総点数　❾ 1967·是年 文
原潜入港反対運動　❾ 1968·1·4 政
(マラソン走者)円谷幸吉、自殺　❾ 1968·1·9 社
米原潜エンタープライズ、佐世保入港　❾ 1968·1·10 政
(洋画家)藤田嗣治、スイスで歿す　❾ 1968·1·29 文
金嬉老事件　❾ 1968·2·20 社
バッジ関連情報漏洩事件　❾ 1968·3·2 政
王子病院設置反対デモ　❾ 1968·3·3 政
インドネシアとの会談不調の原因　❾ 1968·3·28 政
東大、無期限スト　❾ 1968·3·29 文
大学紛争、各地でさかん　❾ 1968·3 月 社
小笠原返還　❾ 1968·4·5 政／6·26 政
日通事件　❾ 1968·4·8 政
三里塚空港設置反対同盟　❾ 1968·4·18 政
東京·霞が関ビル完成　❾ 1968·4·18 社
米原潜〈ソードフィッシュ〉放射能漏れ事件　❾ 1968·5·2 政
十勝沖地震　❾ 1968·5·16 社
日大全学共闘会議結成　❾ 1968·5·27 文／9·4 文
新小学校指導要領　❾ 1968·5·31 文
F4C ファントム、九州大学構内に墜落　❾ 1968·6·2 政
大学生の就職戦争早まる　❾ 1968·6·4 社
能楽団、アメリカ·メキシコ公演　❾ 1968·6·6 文
人口甘味料ズルチン使用禁止　❾ 1968·6·20 社
第八回参議院議員選挙。タレント候補全員当選　❾ 1968·7·7 政
心臓移植(和田寿郎)　❾ 1968·8·8 文
第五十回全国高校野球選手権大会。興南旋風　❾ 1968·8·9 社
永山則夫連続ピストル射殺事件　❾ 1968·10·11 社
オリンピック(メキシコ)大会　❾ 1968·10·12 社
カネミ PCB 中毒事件　❾ 1968·10·15 社／1978·3·10 社／1984·3·16 社
新宿駅騒乱事件　❾ 1968·10·21 政
明治百年記念式典開催　❾ 1968·10·23 政
屋良朝苗、沖縄行政主席当選　❾ 1968·11·10 政／1969·1·31 政
戦略爆撃機 B52、嘉手納基地で爆発　❾ 1968·11·19 政
とめてくれるなおっかさん、背中のいちょうが泣いている　❾ 1968·11·22 文
三億円事件　❾ 1968·12·10 社
南極探検日本隊、南極点到達　❾ 1968·12·19 政
東大、入試中止決定　❾ 1968·12·29 文
大蔵省、国際収支を黒字と発表　❾ 1968·是年 政
皇居一般参賀　❾ 1969·1·1 政
NHK、「天と地と」放映開始　❾ 1969·1·5 社
沖縄返還核抜き交渉　❾ 1969·1·5 社／3·10 政
東大全共闘安田講堂の封鎖解除　❾ 1969·1·9 政
反戦運動·学生運動から革命に動くか　❾ 1969·1·9 政
京都大自治会、スト　❾ 1969·1·16 文
神田カルチェラタン　❾ 1969·1·18 社
沖縄交渉、外務省の状況　❾ 1969·2 月 政
アーミン·マイヤー(駐日米大使)　❾ 1969·4·28 政
新全国総合開発計画　❾ 1969·4·30 政
大学教育に対する危機感　❾ 1969·4·30 文
誘拐事件続出　❾ 1969·5·31 社
東京都公害防止條例　❾ 1969·7·2 社
アポロ 11 号、月面到着　❾ 1969·7·20 社
本田技研、ホンダ·ドリーム発売　❾ 1969·7 月 社
第五十一回全国高校野球選手権大会決勝戦、十八回引き分け再試合　❾ 1969·8·9 社
寅さんシリーズ(山田洋次監督)第一作封切　❾ 1969·8·27 社
愛知揆一外相、ソ連·米国訪問　❾ 1969·9·4 政
全国全共闘連合結成大会　❾ 1969·9·5 文
「糸」で「縄」を買う　❾ 1969·9·30 社
反戦自衛官事件　❾ 1969·10·5 政
すぐやる課(松戸市)　❾ 1969·10·6 社
日産自動車、フェアレディ Z 発売　❾ 1969·10·18 社
佐藤栄作首相、沖縄返還につき訪米　❾ 1969·11·17 政
琉球政府主席屋良朝苗、米軍の基地固定化反対　❾ 1969·11·22 政
唐十郎·状況劇場、テント興行　❾ 1969·12·5 文
(作家)獅子文六、歿す　❾ 1969·12·13 文
東京の六十年代、多くなったもの、短くなったもの　❾ 1969·是年 社
森山良子歌「さとうきび畑」(長田暁二)　❾ 1969·是年 社
(喜劇俳優)榎本健一、歿す　❾ 1970·1·7 文
コインロッカーベビー問題　❾ 1970·2·3 社
スモン病　❾ 1970·2·6 文
東大宇宙航空研究所、人工衛星「おおすみ」成功　❾ 1970·2·11 文
日本万国博覧会開催　❾ 1970·3·14 社
万国博記念催物　❾ 1970·3·15 文
沖縄返還交渉、繊維問題　❾ 1970·3·17 政
よど号ハイジャック事件　❾ 1970·3·31 政
稲の収穫、増収路線から良質米路線へと変換　❾ 1970·是春 政
日中覚書貿易　❾ 1970·4·19 政
新婚旅行　❾ 1970·4 月 社
日本登山隊、エベレスト登頂　❾ 1970·5·11 社
シージャック事件　❾ 1970·5·11 社
日本能楽団、欧州公演　❾ 1970·5·15 文
イザヤ·ペンダサン『日本人とユダヤ人』刊　❾ 1970·5 月 社
種痘ワクチン接種問題　❾ 1970·6·13 文
拓大空手愛好会シゴキ事件　❾ 1970·6·15 社
安保自動延長　❾ 1970·6·22 政
田子の浦ヘドロ公害　❾ 1970·7·1 社／8·9 社
光化学スモッグ公害　❾ 1970·7·18 社
尖閣列島　❾ 1970·8·31 政／9·10 政

全国の自動販売機、百万台突破　❾ 1970・8 月 社
金城トヨ轢殺事件　❾ 1970・9・18 政
佐藤栄作首相、国連総会で演説　❾ 1970・10・21 政
タクシー運転手登録制度　❾ 1970・11・1 社
文化財白書　❾ 1970・11・4 文
(評論家)大宅壮一、歿す　❾ 1970・11・22 文
三島由紀夫割腹事件　❾ 1970・11・25 政
沖縄コザ事件　❾ 1970・12・20 政
飯守事件　❾ 1970・12・22 政
SL ブーム起こる　❾ 1970・是年 社
沖縄の毒ガス撤去　❾ 1971・1・1 政
ハワイで元旦を迎えた日本人は一万人　❾ 1971・1・1 社
シルクロードの美術・民芸品展示即売会　❾ 1971・1・7 文
「新婚さんいらっしゃい！」放送開始　❾ 1971・1・31 社
カラオケできる　❾ 1971・1 月 社／1976・7 月 社／1978・6・16 社
日本能・狂言団、アメリカ・カナダ公演(野村萬作)　❾ 1971・2・5 文
トルコ風呂開店　❾ 1971・2・6 社／1984・9・18 社
新東京国際空港(成田)　❾ 1971・2・22 政／1978・3・26 政／5・20 政／1979・6・15 政／2003・12・4 政
大学入試問題刑務所抜取り事件　❾ 1971・3・5 文
赤軍派 M 作戦　❾ 1971・3・9 政
戦艦〈陸奥〉引揚げ　❾ 1971・3・15 社
多摩ニュータウン入居開始　❾ 1971・3・26 社
ピンポン外交　❾ 1971・3・28 社
裁判官再任拒否問題　❾ 1971・3・31 政
昭和天皇、広島巡幸　❾ 1971・4・15 政
大久保清連続殺人事件　❾ 1971・5・14 社
(女性運動家)平塚らいてう、歿す　❾ 1971・5・24 社
日本能楽団、ローマ公演　❾ 1971・5・28 文
医師会、診療拒否　❾ 1971・6・1 文
日米繊維交渉　❾ 1971・6・3 政
熊本ネズミ講事件　❾ 1971・6・5 社
沖縄返還　❾ 1971・6・9 政／6・17 政／11・10 政／11・13 政
沖縄返還密約事件　❾ 1971・6・12 政／1972・4・4 政／2007・3・27 政
公明党、中国訪問　❾ 1971・6・15 政
(電力事業家)松永安左ヱ衛門、歿す　❾ 1971・6・15 政
沖縄返還、佐藤首相の自負　❾ 1971・6・17 社
清涼飲料水ラムネの需要復活　❾ 1971・6 月 社
第三次佐藤改造内閣　❾ 1971・7・5 政
マクドナルド第一号店開店　❾ 1971・7・20 社
市川猿之助百年記念公演　❾ 1971・7 月 文
(話術の大家)徳川夢声、歿す　❾ 1971・8・1 文
爆発事件、続発　❾ 1971・8・7 政
ニクソンショック　❾ 1971・8・15 政
朝霞瀧田事件　❾ 1971・8・22 政
カップヌードル発売　❾ 1971・9・18 社
辛亥の紫ぶとん発売　❾ 1971・9 月 社
国際反戦デー　❾ 1971・10・21 政
(作家)志賀直哉、歿す　❾ 1971・10・21 文
衆議院、非核三原則決議　❾ 1971・11・24 政
円切上げ・政府声明　❾ 1971・12・17 政
沖縄返還　❾ 1972・1・7 政／3・15 政／5・15 政
日本兵横井庄一、グアムから帰国　❾ 1972・1・24 政
冬季オリンピック札幌大会　❾ 1972・2・3 社
浅間山荘事件　❾ 1972・2・17 政／2・29 社／1993・2・19 社
台湾に関する統一見解　❾ 1972・3・6 政
高松塚古墳(奈良・明日香村)　❾ 1972・3・26 文
(作家)川端康成、自殺　❾ 1972・4・16 文
紙巻タバコの外箱に「吸いすぎの注意表示」印刷決定　❾ 1972・4・20 社
映倫管理委員会、審査基準改定　❾ 1972・5・23 社
テルアビブ空港乱射事件　❾ 1972・5・30 政
「日本列島改造論」の主な内容　❾ 1972・6・20 政、社
ポンドショック　❾ 1972・6・23 政
各地で集中豪雨　❾ 1972・7・4 社
第一次田中角栄内閣成立　❾ 1972・7・7 政
日中国交回復交渉　❾ 1972・7・7 政／7・22 政／8・3 政／9・25 政
田中首相・ニクソン、ハワイ会談　❾ 1972・8・31 政
東京都、公害病患者初認定　❾ 1972・10・1 文
(歌手)東海林太郎、歿す　❾ 1972・10・4 文
(落語家)柳家金語楼、歿す　❾ 1972・10・22 文
ジャイアントパンダ、到着　❾ 1972・10・28 社
男の料理ブーム始まる　❾ 1972・是年 社
百円紙幣、印刷停止　❾ 1972・是年 社
連合赤軍森恒夫、東京拘置所で自殺　❾ 1973・1・1 社
玉本チェンマイハーレム事件　❾ 1973・1・8 社
物価上昇についての田中首相の答弁　❾ 1973・3・16 政
ホワイトデーの始め　❾ 1973・3・14 社／1978・3・14 社／1980・3・14 社
(劇作家)菊田一夫、歿す　❾ 1973・4・4 文
(洋画家)パブロ・ピカソ、歿す。　❾ 1973・4・8 文
菊田昇医師、赤ちゃん斡旋事件　❾ 1973・4・17 社
東京ゴミ戦争　❾ 1973・5・19 社
魚介類水銀汚染問題　❾ 1973・6・21 社
青嵐会「趣意書」　❾ 1973・7・17 政
金大中事件　❾ 1973・8・8 政／1975・7・22 政／1980・8・7 政
立教大学大場助教授事件　❾ 1973・9・6 社
(落語家)古今亭志ん生、歿す　❾ 1973・9・21 文
伊勢神宮式年遷宮　❾ 1973・10・2 社
七代目尾上菊五郎襲名披露公演　❾ 1973・10・2 文
第一次オイルショック　❾ 1973・10・16 政
トイレットペーパー買いだめ騒動　❾ 1973・11・2 社
中東・石油問題　❾ 1973・11・14 政
石油対策推進本部設置　❾ 1973・11・16 政
豊川信用金庫取り付け騒動　❾ 1973・12・8 政
ガソリンスタンド、年末年始休業　❾ 1974・1・3 社
狂乱物価　❾ 1974・1・12 政
日本赤軍、シンガポール石油製油所襲撃　❾ 1974・1・30 政
名古屋新幹線公害訴訟原告団結成　❾ 1974・2・3 社
ルパング島の元陸軍少尉小野田寛郎、鈴木紀夫と会談　❾ 1974・2・20 政
ストリーキング　❾ 1974・3・10 社
日教組・日高教、全日スト　❾ 1974・4・11 文
朝鮮総連スパイ容疑事件　❾ 1974・4・24 政
堀江謙一、〈マーメイド三世〉単独無寄港世界一周して帰国　❾ 1974・5・4 社
日本女性、マナスル登頂成功　❾ 1974・5・4 社
伊豆半島沖地震　❾ 1974・5・9 社
「五つの大切」「十の反省」提唱　❾ 1974・5・13 政
セブン・イレブン一号店開店　❾ 1974・5・15 社
糸山英太郎派選挙違反事件　❾ 1974・7・7 政
金芝河逮捕問題　❾ 1974・7・16 文
昭和天皇暗殺未遂事件　❾ 1974・8・14 政
朴正煕韓国大統領暗殺未遂事件　❾ 1974・8・15 政
ピアノ殺人事件　❾ 1974・8・28 社
企業連続爆破事件　❾ 1974・8・30 政
韓国ソウルの反日デモ　❾ 1974・9・6 政
独占禁止法改正試案　❾ 1974・9・18 政
「宇宙戦艦ヤマト」放映　❾ 1974・10・6 社
長島茂雄「巨人軍は永久に不滅です」発言　❾ 1974・10・14 社
美弥子ちゃん事件　❾ 1974・10・17 社
田中金脈問題　❾ 1974・10・18 政
三井ホーム、ツーバイフォー住宅発売　❾ 1974・10 月 社
別府三億円保険金殺人事件　❾ 1974・11・17 社
八鹿高校紛争事件　❾ 1974・11・22 文
フォード米大統領、来日　❾ 1974・11・18 政
三木武夫内閣成立　❾ 1974・12・9 政
水島コンビナートから重油流出　❾ 1974・12・18 社
モロタイ島の元日本兵、妻と再婚　❾ 1975・1 月 政
エリザベス英女王夫妻、来日　❾ 1975・5・7 政

エリザベス英女王来日歓迎晩餐メニュー　❾ 1975·5·7 社
日本女子登山隊、エベレスト登頂成功　❾ 1975·5·16 社
澤松和子、ウインブルドン全英庭球選手権女子ダブルス優勝　❾ 1975·7·5 社
六価クロム騒動　❾ 1975·7·16 社
「黒ひげ危機一発」ゲーム発売　❾ 1975·7月 社
日本赤軍、クアラルンプール事件　❾ 1975·8·4 政
漁船〈松生丸〉銃撃連行事件　❾ 1975·9·2 政
昭和天皇·皇后、訪米　❾ 1975·9·30 政
スト権奪還スト　❾ 1975·11·26 社
国鉄最後のSL旅客列車、運転　❾ 1975·12·14 社
総合エネルギー対策閣僚会議　❾ 1975·12·23 政
木造大鳥居(明治神宮)　❾ 1975·12·23 文
青空復活は本調子　❾ 1975·是年 文
(中国首相)周恩来、歿す　❾ 1976·1·8 政
ヤマト運輸、宅急便開始　❾ 1976·1·20 社
共産党スパイ事件　❾ 1976·1·27 政
盗難にあったロートレック画「マルセル」発見　❾ 1976·1·29 社
五つ子、六つ子誕生　❾ 1976·1·31 社
洋凧、盛ん　❾ 1976·1月 社
「およげたいやきくん」流行　❾ 1976·1月 社
百人一首の流行　❾ 1976·1月 文
パイパー機、児玉誉士夫宅に突入　❾ 1976·3·23 社
二つの言論の自由問題　❾ 1976·5·7 文
格闘技世界一決定戦　❾ 1976·6·26 社
オリンピック·モントリオール大会開催　❾ 1976·7·17 社
対フィリピン賠償最終文書調印　❾ 1976·7·22 政
世阿弥座、ヨーロッパ公演　❾ 1976·9·4 文
ソ連のミグ25戦闘機、函館空港に強行着陸　❾ 1976·9·6 政
台風十七号、各地で被害　❾ 1976·9·8 社
鬼頭事件　❾ 1976·10·21 政／1977·2·1 政
ロッキード事件　❾ 1976·是年 政／1977·1·21 政
女性に革の長ブーツ流行　❾ 1976·是冬 社
青酸カリ入りコーラ事件　❾ 1977·1·4 社／2·14 社
KCIAリベート事件　❾ 1977·1·18 政
東京ローズ、三十年でやっと自由に　❾ 1977·1·19 文
日本初の静止衛星「きく」打上げ成功　❾ 1977·2·19 文
殿様論争　❾ 1977·2·24 文
(女優)田中絹代、歿す　❾ 1977·3·21 文
領海二〇〇カイリ法公布　❾ 1977·5·2 政
団菊祭五月大歌舞伎　❾ 1977·5·4 文
ジーパン論争　❾ 1977·5·11 社
全米女子プロゴルフ、樋口久子優勝　❾ 1977·6·12 社
生産者米価·消費者米価　❾ 1977·7·21 政
福田ドクトリン　❾ 1977·8·6 政
有珠山大噴火　❾ 1977·8·7 社
市川猿之助一座、英·加·米公演　❾ 1977·8月 文
北朝鮮工作員、日本人拉致始める　❾ 1977·9·19 政／1980·1·7 政／1988·3·26 政
ダッカ日航機ハイジャック事件　❾ 1977·9·28 政
ハイジャック、法令遵守か、人命か　❾ 1977·9·29 社
日墨学院(日本が最初に海外に建設した国際学校)　❾ 1977·9月 文
テレビゲーム　❾ 1977·10·6 社
開成高生殺害事件　❾ 1977·10·30 社
紙おむつ「パンパース」発売　❾ 1977·10月 社
(喜劇俳優)チャプリン、歿す　❾ 1977·12·25 文
園田直外相、ソ連訪問　❾ 1978·1·8 政
「窓ぎわ族」の語　❾ 1978·1·9 社
野洲中学仕返し殺人事件　❾ 1978·2·12 社
SF映画「未知との遭遇」公開　❾ 1978·2·25 社
新自由クラブ　❾ 1978·2·26 政
ブティック竹の子開店　❾ 1978·3·18 社
都電荒川線ワンマン化、花電車　❾ 1978·3·30 社
サンシャイン60(東京·池袋)　❾ 1978·4·5 社
早慶対抗レガッタ、隅田川で再開　❾ 1978·4·16 社
日本大学北極点遠征隊　❾ 1978·4·27 社
犬ぞり単独行で世界初、北極点到達　❾ 1978·4·27 社
喫煙場所の制限　❾ 1978·5·1 文
リニアカー　❾ 1978·5·9 社
ガット·東京ラウンド交渉(牛場信彦·ストラウス)　❾ 1978·5·24 政
(作曲家)古賀政男、歿す　❾ 1978·7·25 文
自殺新名所、東京·高島平団地　❾ 1978·7月 文
日中平和友好條約　❾ 1978·8·12 政／10·23 政
稲荷山古墳(埼玉県)の鉄剣銘　❾ 1978·9·19 文
有事立法研究　❾ 1978·9·21 政
東芝、日本語ワードプロセッサー発表　❾ 1978·9·26 社／1979·2月 社
サラ金の実態調査　❾ 1978·10·12 社
靖国神社、A級戦犯合祀　❾ 1978·10·17 政／1988·4·28 政
福田·鄧小平会談　❾ 1978·10·23 政
紙パック入り清酒発売　❾ 1978·是秋 社
プロ野球空白の一日事件　❾ 1978·11·21 社／1979·1·31 社
日米防衛のためのガイドライン　❾ 1978·11·28 政
第一次大平正芳内閣成立　❾ 1978·12·7 政
米国でメード·イン·ジャパンに高級品のイメージがひろがる　❾ 1978·是年 政
緑の国勢調査　❾ 1978·是年 政
ダグラス·グラマン疑獄事件　❾ 1979·1·4 政／2·1 政
歌舞伎訪中使節団　❾ 1979·1·5 文
経済構造の転換を公式に要求(EC)　❾ 1979·3·24 政
内申書裁判　❾ 1979·3·28 文／1982·5·19 文
大平首相、訪米　❾ 1979·4·30 政
松野頼三、議員辞職　❾ 1979·5·19 政
東京ゼミナール裏口入学事件　❾ 1979·6·18 文
ソニー、ウォークマン発売　❾ 1979·6·22 社／1987·7·10 社
東京サミットで議長大平正芳首相の様子　❾ 1979·6·28 政
商業演劇の常設館　❾ 1979·6月 文
国鉄再建基本構想　❾ 1979·7·2 社
日本坂トンネル事故　❾ 1979·7·11 社
虎二頭脱走事件　❾ 1979·8·7 社
小澤征爾、パリでフランス国立交響楽団指揮　❾ 1979·8·16 文
米第七艦隊と在沖駐米海兵隊合同演習　❾ 1979·8·18 政
KDD事件発覚　❾ 1979·10·2 社／1980·2月 政
「3年B組金八先生」放映開始　❾ 1979·10·26 社
日本人女王辞退事件　❾ 1979·10月 政
第一回東京国際女子マラソン開催　❾ 1979·11·18 社
携帯電話の始め　❾ 1979·12·3 社
大平首相、中国訪問　❾ 1979·12·5 政
サンヨーと松下電器の海外進出競争　❾ 1979·是年 政
輸出の王座、鉄鋼から自動車へ　❾ 1979·是年 政
日本の経済的実力が認められる(ジャパン·アズ·ナンバーワン)　❾ 1979·是年 政
民謡ブーム起こる　❾ 1979·是年 社
海外旅行の格安化と高級化　❾ 1979·是年 社
共産党を除外した連合政権抗争　❾ 1980·1·10 政
防衛庁スパイ事件　❾ 1980·1·18 政
これからの本はどうなる·活字文化に未来はあるか　❾ 1980·1·19 文
アジア音楽祭　❾ 1980·1·29 文
腕時計、アナログからデジタルへ　❾ 1980·1月 社
漫画「ドラえもん」ブーム　❾ 1980·1月 社
貿易動向報告　❾ 1980·2·14 政
フランス風総菜普及する　❾ 1980·2月 社
ノーパン喫茶始まる　❾ 1980·2月 社／1981·5·7 社
早大入試問題漏れ事件　❾ 1980·3·6 文
日本音楽紹介文化使節団　❾ 1980·3·7 文
日本の品質管理　❾ 1980·3·25 政
マッド·アマノ、パロディ作品裁判　❾ 1980·3·28 文／

1987·6·16 社
日本銀行とスイス国民銀行、スワップ取決め　❾ 1980·4·1 政
嫌煙権訴訟　❾ 1980·4·7 社
一億円拾得事件　❾ 1980·4·25 社
中曾根康弘、中国訪問　❾ 1980·4·27 政
大平内閣、不信任案可決　❾ 1980·5·17 政
「影武者」カンヌ映画祭でグランプリ　❾ 1980·5·23 社
大平首相、入院　❾ 1980·5·31 政／6·12 政／7·9 政
イエスの方舟事件　❾ 1980·7·2 社
野村狂言団、アメリカ訪問　❾ 1980·7·9 文
婦人差別撤廃條約　❾ 1980·7·14 社
臨時行政調査会(第二次臨調)設置　❾ 1980·8·9 政／1981·1·21 政
静岡駅前ゴールデン街爆発事故　❾ 1980·8·16 社
新宿駅西口バス放火事件　❾ 1980·8·19 社
歌舞伎発祥三百八十年祭　❾ 1980·9·1 文
富士見産婦人科病院乱診事件　❾ 1980·9·11 社／1999·6·30 文
イラン·ジャパン石油化学(IJPC)爆撃される　❾ 1980·9·24 政／1987·8月 政／1989·10·8 政
第一回国際女性スポーツ会議　❾ 1980·10·9 社
東大寺大仏殿昭和大修理落慶法要　❾ 1980·10·15 社
囲碁名人戦(張治勲·大竹英雄)　❾ 1980·11·6 文
地下鉄初のエレベーター設置　❾ 1980·11·27 社
議員定数不均衡違憲訴訟(東京高裁)　❾ 1980·12·23 政
東北·北海道大雪　❾ 1980·12·24 社
東芝、インバータエアコン発売　❾ 1980·12月 社
自動車生産世界一　❾ 1980·是年 政
日米こどもの世界　❾ 1980·是年 政
銀座風俗いま·むかし　❾ 1980·是年 社
堀田ハガネ事件　❾ 1981·1·2 政
昭和五十六年豪雪　❾ 1981·1·7 社
豪華な電通年賀会　❾ 1981·1·12 社
宝山製鉄所問題　❾ 1981·1·19 政
潜水調査船〈しんかい二〇〇〇〉　❾ 1981·1·21 文／10·13 文
校内暴力対策会議　❾ 1981·1·22 文／1983·12·5 文
仏科学アカデミー、広中平祐を外国人会員とする　❾ 1981·1·26 文
日劇さよなら公演　❾ 1981·1·28 文
江戸の洋風画展　❾ 1981·1·31 文
ダウン·ジャケット流行　❾ 1981·1月 社
北里大学医学部隠し寄付金問題　❾ 1981·2·3 文
神戸の人工島ポートアイランド完工式　❾ 1981·2·4 社
北方領土の日(最初)　❾ 1981·2·7 政
最初はグー　❾ 1981·2·7 社
太陽電池街灯(神戸·東遊園地)　❾ 1981·2·10 社
第一回トヨタカップ·サッカー、世界一決定戦　❾ 1981·2·11 社
ローマ法王ヨハネ·パウロ二世、来日　❾ 1981·2·23 社
中国残留孤児、来日　❾ 1981·3·2 政
早大商学部不正入学事件　❾ 1981·3·28 文
黒柳徹子『窓ぎわのトットちゃん』刊　❾ 1981·3月 文
冷泉家時雨亭文庫設立　❾ 1981·4·1 文
米原潜当て逃げ事件　❾ 1981·4·9 政
昭和天皇、八十歳の賀　❾ 1981·4·29 政
鈴木善幸首相、米·カナダ訪問　❾ 1981·5·6 政
海上自衛隊と在日米軍と合同演習　❾ 1981·5·12 政
シャープ、電訳機発表　❾ 1981·5·13 文
ライシャワー核持込み発言　❾ 1981·5·17 政
障害者差別用語を改める　❾ 1981·5·25 文
死体腎移植　❾ 1981·5·31 文
みどりちゃん殺害事件　❾ 1981·6·14 社
パリ留学生人肉食事件　❾ 1981·6·16 社
杉板彩画「昭和の大曼荼羅」完成　❾ 1981·6·19 文
観世流中国能楽団　❾ 1981·6·24 文
うるう秒　❾ 1981·7·1 文
第一回ヨーロッパ歌舞伎会議　❾ 1981·7·6 文
行政改革の理念　❾ 1981·7·10 政
祇園祭　❾ 1981·7·17 社
鈴木首相、オタワ·サミット出席　❾ 1981·7·18 政
大阪駅などの浮浪者　❾ 1981·7月 社
(元代議士)神近市子、歿す　❾ 1981·8·1 政
仁尾太陽熱試験発電所　❾ 1981·8·6 政
喜多能楽団、ロサンゼルス公演　❾ 1981·8·29 文
海外登山で遭難相次ぐ　❾ 1981·8月 社
ゼンマイおもちゃ流行　❾ 1981·8月 社
(物理学者)湯川秀樹、歿す　❾ 1981·9·8 文
日本企業、米国進出　❾ 1981·9月 政
平和堂貿易、スイス時計メーカー買収　❾ 1981·10·9 政
北炭夕張炭鉱でガス突出事故　❾ 1981·10·16 社
福井謙一、ノーベル賞受賞　❾ 1981·10·19 文
帝塚山「ドムール北畠」分譲　❾ 1981·10·30 社
ガダニーニ、ニセ鑑定書事件　❾ 1981·11·26 文
パリの日本人芸術家　❾ 1981·是秋 文
葬儀の費用について調査·報告　❾ 1981·是年 社
三が日の人出　❾ 1982·1·1 社
(零戦設計者)堀越二郎、歿す　❾ 1982·1·11 政
(女優)三益愛子、歿す　❾ 1982·1·18 文
ホテル·ニュージャパン火災　❾ 1982·2·8 社
羽田沖日航機墜落事故　❾ 1982·2·9 社
台湾元日本兵補償問題　❾ 1982·2·26 政
桂離宮昭和大修理　❾ 1982·3·27 文
中高校卒業式の警備結果　❾ 1982·3·29 文
金の窓口販売開始　❾ 1982·4·1 政
松竹歌劇団、最終公演　❾ 1982·4·5 文
ミッテラン大統領来日歓迎晩餐会メニュー　❾ 1982·4·15 社
(アリの町神父)ゼノ、歿す　❾ 1982·4·24 社
近松座、旗揚げ公演　❾ 1982·5·1 文
「アラレちゃん」「なめネコ」流行　❾ 1982·5·1 社
観世流能楽団、米国訪問　❾ 1982·5·21 文
川崎病流行　❾ 1982·5·29 文
中国首相趙紫陽、来日　❾ 1982·5·31 政
鈴木首相、ベルサイユ·サミット出席　❾ 1982·6·3 政
愛のコリーダ訴訟　❾ 1982·6·8 社
IBM 産業スパイ事件　❾ 1982·6·22 政
東北新幹線大宮―盛岡間開通　❾ 1982·6·23 社
日教組定期大会　❾ 1982·6·28 文
日本の教科書問題　❾ 1982·7·26 政／8·26 政
増税なき財政再建　❾ 1982·7·30 政
原水爆禁止世界大会国際会議　❾ 1982·8·1 政
台風十号、渥美半島に上陸　❾ 1982·8·2 社
偽五千円札大量発見　❾ 1982·9·6 政
三越社長解任事件　❾ 1982·9·22 政
ソニー、世界初の CD と CD プレーヤー発売　❾ 1982·10·1 社／1984·是年 文
日本銀行創立百周年記念式典　❾ 1982·10·12 政
「屋根の上のヴァイオリン弾き」　❾ 1982·10·30 文
高級インスタント·ラーメン流行　❾ 1982·是秋 社
大阪府警賭博摘発情報漏洩汚職事件　❾ 1982·11·1 社
ブルーインパルス機墜落　❾ 1982·11·14 政
上越新幹線大宮―新潟間開通　❾ 1982·11·15 社
(漢学者)諸橋轍次、歿す　❾ 1982·12·8 文
証券取引所大納会　❾ 1982·12·28 政
和泉流狂言団、中国公演　❾ 1982·12·29 文
流行語と世相　❾ 1982·12月 政
ABC 文体が流行　❾ 1982·12月 社
海外広報協会、米国で「ジャパン 120」放映開始　❾ 1983·1·1 文
千葉大研修医殺人事件　❾ 1983·1·7 社
中曾根首相、韓国訪問。韓国語スピーチ　❾ 1983·1·11 政
中曾根首相、米国訪問　❾ 1983·1·17 政
ロン·ヤス関係　❾ 1983·1·17 政
勝田清孝連続殺人事件　❾ 1983·1·31 社

国際結婚で生まれた子供の国籍　❾ **1983**·2·1 政
新潟鉄工ソフトウェア横領事件　❾ **1983**·2·8 政
ビデオテープ輸出問題　❾ **1983**·2·12 政
忠生中学校事件　❾ **1983**·2·15 文
観音菩薩石像(奈良·壺阪寺)　❾ **1983**·3·12 文
徳島ラジオ商殺害事件再審決定　❾ **1983**·3·22 社
「おしん」放映開始　❾ **1983**·4·4 社
東京ディズニーランド開園　❾ **1983**·4·15 社
シャープ、ワープロ発売　❾ **1983**·4 月 社
奥村能楽団、英国公演　❾ **1983**·5·5 文
サラ金規制二法　❾ **1983**·5·13 政
「楢山節考」カンヌ映画祭グランプリ　❾ **1983**·5·19 社
中曾根康弘首相、ウィリアムズバーグ先進国首脳会議出席　❾ **1983**·5·26 政
日本海中部地震　❾ **1983**·5·26 社
市川猿之助、歌舞伎ヨーロッパ公演　❾ **1983**·5·29 文
変な流行語　❾ **1983**·5 月 社
歌手井澤八郎スピード違反事件　❾ **1983**·6·1 社
戸塚ヨットスクール事件　❾ **1983**·6·13 社
日系人の戦時収容に関する委員会　❾ **1983**·6·15 政
谷川浩司、史上最年少の名人　❾ **1983**·6·15 文
死刑判決の基準(永山基準)　❾ **1983**·7·8 社
AIDS(エイズ)患者発生　❾ **1983**·7·11 文／**1985**·3·21 文／**1987**·2·24 文／9·22 文／**1988**·10·27 文／**1996**·2·9 文／3·14 文／7·23 文／**2000**·2·24 文／**2001**·3·28 文／9·28 文／**2003**·5·28 文／12·29 文／**2004**·2·23 文／**2005**·4·25 文
任天堂、「ファミコン」発売　❾ **1983**·7·15 社
山陰地方豪雨禍　❾ **1983**·7·22 社
金融機関、第二土曜日休日　❾ **1983**·8·13 政
国債定期口座(三菱銀行)発売　❾ **1983**·8·15 政
米国トヨタ、小型トラック販売記録　❾ **1983**·8 月 社
大韓航空機墜落事件　❾ **1983**·9·1 政
米原子力空母〈カールビンソン〉佐世保入港　❾ **1983**·10·1 政／**1984**·12·10 政
ロッキード裁判　❾ **1983**·10·12 政
大阪世界帆船まつり帆走パレード　❾ **1983**·10·23 社
〈第十八富士山丸〉事件　❾ **1983**·11·1 政／**1987**·1·20 政
米大統領レーガン来日　❾ **1983**·11·9 政
米大統領レーガン夫妻歓迎宮中晩餐会メニュー　❾ **1983**·11·10 社
劇団四季、「キャッツ」公演開始　❾ **1983**·11·11 文
一万人の「第九」コンサート　❾ **1983**·12·4 文
(思想家)安岡正篤、歿す　❾ **1983**·12·13 政
「将軍の時代展」　❾ **1983**·12·20 文
テレビ腕時計(服部時計店)発売　❾ **1983**·12·23 社
年末ジャンボ宝くじ　❾ **1983**·12·31 社
プロスポーツで一億円プレーヤー三人誕生　❾ **1983**·12 月 社
ロス疑惑事件　❾ **1984**·1·26 社／**1985**·9·11 社／**1994**·3·31 社／**1998**·7·1 社／**2008**·2·22 社
師匠のいない漫才師増加　❾ **1984**·1·30 社
黒柳徹子、ユニセフ(国連児童基金)親善大使となる　❾ **1984**·2·15 社
日本音楽の夕べ(米カーネギーホール)　❾ **1984**·2·22 文
宇都宮病院事件　❾ **1984**·3·14 社
グリコ·森永事件　❾ **1984**·3·18 社／**1985**·1·10 社／**1994**·3·21 社
国立文楽劇場完成　❾ **1984**·3·20 文
中曾根首相、中国訪問　❾ **1984**·3·23 政
中曾根首相、熱烈歓迎される　❾ **1984**·3·23 政
外国人登録指紋押捺問題　❾ **1984**·4·2 政／**1985**·2·6 政／5·14 政／**1994**·4·27 政
(俳優)長谷川一夫、歿す　❾ **1984**·4·6 文
日米農産物交渉妥結　❾ **1984**·4·7 政
禁煙パイポ、「私はコレで会社を辞めました」のCMで評判に　❾ **1984**·5 月 社
「名詞＋する」の語、氾濫　❾ **1984**·5 月 文
中曾根首相、ロンドン·サミット出席　❾ **1984**·6·7 政
米軍服結婚詐欺事件　❾ **1984**·6·16 社
脳死判定基準(阪大)　❾ **1984**·6·22 社／**1985**·12·6 文／**1988**·1·12 文／**1991**·6·14 文／**1992**·1·22 文／**1994**·1·11 文
からし蓮根中毒死事件　❾ **1984**·6·25 社
礼服時代？　常識変わったのか(後藤彦次)　❾ **1984**·6 月 社
金剛流能楽団、ローマ公演　❾ **1984**·7·22 文／**1985**·9·23 文
オリンピック·ロサンゼルス大会　❾ **1984**·7·28 社
日本たばこ産業株式会社　❾ **1984**·8·3 政／**1994**·10·13 政
外国の教科書に見られる日本についての記述　❾ **1984**·8·14 文
元巡査部長連続殺人事件　❾ **1984**·9·4 社
国際見本市(東京晴海)　❾ **1984**·9·4 社
ミサワホーム、キット住宅発表　❾ **1984**·9·4 社
韓国大統領全斗煥夫妻、来日　❾ **1984**·9·6 政
天皇の言葉、表現の経緯について　❾ **1984**·9·6 政
宮中晩餐会のメニュー　❾ **1984**·9·6 社
宮中晩餐会での演奏曲目　❾ **1984**·9·6 文
パリの読書界(日本の書物)　❾ **1984**·是秋 文
ワープロ小型·低価格化　❾ **1984**·10 月 文
新札(一万円、五千円、千円)　❾ **1984**·11·1 政
地下ケーブル火災、世田谷区陸の孤島　❾ **1984**·11·16 社
キャプテン·システム(電電公社)　❾ **1984**·11·30 社
九月来日の外国人調査　❾ **1984**·12·9 政
外食産業売上げベストテン　❾ **1984**·是年 社
宮崎駿と庵野秀明の出会い　❾ **1984**·是年 社
京都·古都税騒動　❾ **1985**·1·7 社
防衛費一%枠問題　❾ **1985**·1·31 政
いじめ問題　❾ **1985**·1·21 文
日本型道連れ心中問題　❾ **1985**·1 月 社
モルディブ保険金疑惑事件　❾ **1985**·1 月 社
いちご大福発売　❾ **1985**·2·6 社
創政会発足　❾ **1985**·2·7 政
日本縦貫光ケーブル伝送路完成　❾ **1985**·2·8 社
新風俗営業法(新風営法)施行　❾ **1985**·2·13 社
ミノルタ、自動焦点機構付き一眼レフカメラ　❾ **1985**·2·20 社
改定現代仮名遣い　❾ **1985**·2·20 文
青函トンネル本坑貫通　❾ **1985**·3·10 社／**1988**·3·13 社
科学万国博覧会、筑波で開催　❾ **1985**·3·17 社
トルコ航空、日本人救出機を出す　❾ **1985**·3·19 政
一ポンド＝一ドルの時代　❾ **1985**·3 月 政
電電公社と専売公社、民営化　❾ **1985**·4·1 政
十二代目市川團十郎襲名披露　❾ **1985**·4·1 文
おニャン子クラブ　❾ **1985**·4·1 社
対外経済対策推進本部　❾ **1985**·4·9 政
発明の日　❾ **1985**·4·18 社
ボン·サミットで中曾根首相が活躍　❾ **1985**·4·29 政
米国特許の取得、日本が三割　❾ **1985**·4 月 政
第五十六回メーデー　❾ **1985**·5·1 社
勇気ある大学生　❾ **1985**·5·26 社
男女雇用機会均等法　❾ **1985**·6·1 政
エホバの証人輸血拒否事件　❾ **1985**·6·6 社／**1998**·2·9 社
豊田商事事件　❾ **1985**·6·6 政
大鳴門橋完成　❾ **1985**·6·8 社
日米防衛首脳会議　❾ **1985**·6·10 政
投資ジャーナル事件　❾ **1985**·6·19 社
国鉄分割　❾ **1985**·6·25 政
旧金比羅大芝居　❾ **1985**·6·27 文
毒入りワイン騒動　❾ **1985**·7·24 社
靖国公式参拝に抗議する緊急集会　❾ **1985**·8·9 社
日航ジャンボ機、御巣鷹山墜落　❾ **1985**·8·12 社
三光汽船倒産　❾ **1985**·8·13 政
中曾根首相、靖国神社公式参拝　❾ **1985**·8·15 政
国旗と国歌の実施調査　❾ **1985**·9·5 文

ショルダーホン貸出　❾ **1985**·9·18 社
ゲームソフト「スーパーマリオブラザーズ」発売　❾ **1985**·9·21 社
先進五か国蔵相会議プラザ合意　❾ **1985**·9·22 政
テレビ朝日やらせ事件　❾ **1985**·10·8 社
日系アメリカ人の状況　❾ **1985**·10·9 政
阪神優勝、阪神フィーバー　❾ **1985**·10·16 社
中学生の丸刈りは合憲　❾ **1985**·11·13 社
国鉄民営化反対多発ゲリラ　❾ **1985**·11·29 政
観世流能楽団、ハワイ公演　❾ **1985**·12·6 文
トヨタ自動車、米国進出　❾ **1985**·12·11 政
日本電気、スパコン(スーパーコンピュータ)公開　❾ **1985**·12·24 文
世界の人口　❾ **1985**·12·31 政
ビデオ·スーパーインポーズ法(頭蓋骨復元)　❾ **1985**·是年 社
日ソ共同声明、次回に領土問題を　❾ **1986**·1·15 政
(洋画家)梅原龍三郎、歿す　❾ **1986**·1·16 文
鹿川君葬式ごっこいじめ事件　❾ **1986**·2·1 社／**1994**·5·20 文
三代目市川猿之助、スーパー歌舞伎初演　❾ **1986**·2·4 文
日本撚糸工業詐取事件　❾ **1986**·2·13 政
日米共同統合指揮所演習　❾ **1986**·2·24 政
女性マンガ誌　❾ **1986**·2月 社
米軍池子弾薬庫跡地住宅問題　❾ **1986**·3·2 政／**1987**·5·8 社
福井市女子中学生殺害事件　❾ **1986**·3·19 社
皇居火炎弾発射事件　❾ **1986**·3·25 政
前川リポート　❾ **1986**·4·7 政、社
アイドル歌手岡田有希子、飛降り自殺　❾ **1986**·4·8 社
天皇在位六十年記念式典　❾ **1986**·4·29 政
東京サミットの評判　❾ **1986**·5·4 社
ジャカルタ事件　❾ **1986**·5·24 政
「新編日本史」教科書　❾ **1986**·5·27 文
森ビル(東京六本木)　❾ **1986**·5·28 社
歌舞伎、パリ公演　❾ **1986**·6·16 文
後藤田五訓　❾ **1986**·7·1 政
地価急騰　❾ **1986**·7·1 社
観世流能楽団、カナダ公演　❾ **1986**·7·13 文
歌舞伎、カナダ公演　❾ **1986**·8·26 文
藤尾正行文相、韓国併合発言で罷免　❾ **1986**·9·5 政
中曾根首相、米国の知的水準発言　❾ **1986**·9·22 政
(作家)石坂洋次郎、歿す　❾ **1986**·10·7 文
三井物産マニラ支店長誘拐事件　❾ **1986**·11·15 政
伊豆大島三原山噴火、全島民脱出　❾ **1986**·11·15 社
三菱銀行現金輸送車襲撃事件　❾ **1986**·11·25 社
たけし軍団、講談社乱入事件　❾ **1986**·12·9 社
女性用に軽自動車流行　❾ **1986**·12月 社
B級グルメ　❾ **1986**·是年 社
大蔵省、NTT株売出し　❾ **1987**·1·5 政
北朝鮮〈ズ·ダン〉号事件　❾ **1987**·1·20 政
中曾根首相、東欧訪問　❾ **1987**·1月 政
法廷メモ訴訟　❾ **1987**·2·12 社
アグネス論争　❾ **1987**·2月 社／**1988**·2·19 社
アサヒビール、スーパードライ発売　❾ **1987**·3·17 社
東芝ココム違反事件　❾ **1987**·3·19 政
国鉄民営化でJR各社開業　❾ **1987**·4·1 政
朝日新聞社連続襲撃事件　❾ **1987**·5·3 社
矢野絢也公明党委員長、中国訪問　❾ **1987**·6·1 政
第五回日中定期閣僚会議　❾ **1987**·6·26 政
騒音公害(横田基地)　❾ **1987**·7·15 社
(俳優)石原裕次郎、歿す　❾ **1987**·7·17 社
広島大学学部長刺殺事件　❾ **1987**·7·22 社
沖ノ鳥島(小笠原諸島)緊急保全工事　❾ **1987**·9·30 政／**1988**·4·22 政
歌舞伎、ヨーロッパ公演　❾ **1987**·10·7 文
利根川進、ノーベル医学生理学賞受賞　❾ **1987**·10·12 文
皇太子、沖縄訪問　❾ **1987**·10·24 政
知花昌一、日の丸引きずり下ろし事件　❾ **1987**·10·26 政／**1993**·3·23 政
プロゴルファー岡本綾子、全米賞金女王　❾ **1987**·11·8 社
大韓航空機、爆破·墜落　❾ **1987**·11·29 政／**1988**·1·28 政／3·26 政
稲荷山古墳出土鉄剣銘　❾ **1988**·1·10 文
竹下登首相、米国·カナダ訪問　❾ **1988**·1·12 政
日産自動車、シーマ現象　❾ **1988**·1·18 社
レコードからCDへ　❾ **1988**·1月 文
大高緑地公園アベック殺人事件　❾ **1988**·2·23 社／**1989**·6·28 社
青函連絡船、最終便　❾ **1988**·3·13 社
東京ドーム完成　❾ **1988**·3·17 社
上海列車事故事件　❾ **1988**·3·24 社
瀬戸大橋完成　❾ **1988**·4·3 社
美空ひばり、東京ドーム公演　❾ **1988**·4·11 社
在日留学生数　❾ **1988**·4·21 文
カラヤン指揮ベルリンフィル、大阪公演　❾ **1988**·4·29 文
藤ノ木古墳(奈良県)　❾ **1988**·5·9 文
中海·宍道湖干拓淡水化事業　❾ **1988**·5·30 政
竹下登首相、国連軍縮特別総会で演説　❾ **1988**·6·1 政
海外腎移植事情研究会(海外腎移植)　❾ **1988**·6·16 文
リクルート疑惑　❾ **1988**·6·18 政／9·9 政／**1989**·4·22 政／5·29 政
サンボ人形人種差別問題　❾ **1988**·7·22 社／12·12 文
潜水艦〈なだしお〉事件　❾ **1988**·7·23 政／**1992**·12·10 政
全国戦歿者追悼式典·昭和天皇の言葉　❾ **1988**·8·15 政
ミニ新幹線　❾ **1988**·8·15 社
竹下首相、中国訪問　❾ **1988**·8·25 政
歌舞伎、韓国ソウル·釜山で公演　❾ **1988**·8·31 文
日本の電波、アジアに広がる　❾ **1988**·8月 文
日本テレビ隠し撮り事件　❾ **1988**·9·5 政
市川猿之助、「猿之助十八番」を定める　❾ **1988**·9·14 文
第二十四回オリンピック·ソウル大会　❾ **1988**·9·17 社
会津祭り、天皇御不例のため一部中止　❾ **1988**·9·21 社
昭和天皇の手術(執刀医·森岡恭彦)　❾ **1988**·9·22 社
カナダ首相、強制収容所の日系人に謝罪　❾ **1988**·9·22 政
歌舞伎、エジプト公演　❾ **1988**·10·11 文
「イタメシ」の語初見　❾ **1988**·10月 社
竹下登首相、「ふるさと創生論」　❾ **1988**·11·28 政
マンガ週刊誌「少年ジャンプ」五百万部突破　❾ **1988**·12·19 社
北海道十勝岳噴火　❾ **1988**·12·19 社
向抗日殉難烈士謝罪碑(撫順戦犯収容所)　❾ **1988**·12·20 政
消費税導入　❾ **1988**·12·24 政、社
昭和天皇、崩御　❾ **1989**·1·7 政
国立劇場など公演自粛　❾ **1989**·1·7 文
元号「平成」発表　❾ **1989**·1·8 政
有人潜水調査船〈しんかい6500〉進水　❾ **1989**·1·19 文
相互銀行、普通銀行に　❾ **1989**·1·25 政
竹下登首相、訪米　❾ **1989**·1·31 政
島田事件　❾ **1989**·1·31 社
(漫画家)手塚治虫、歿す　❾ **1989**·2·9 文
吉野ヶ里遺跡(佐賀県)　❾ **1989**·2·22 文
ラオス三井物産事務所長拉致事件　❾ **1989**·3·1 政
女子高生コンクリート詰め殺人事件　❾ **1989**·3·30 社
「週刊文春」未成年者の実名報道　❾ **1989**·3·30 社
昭和天皇親書、競売　❾ **1989**·4·6 政
竹林で一億円拾得事件　❾ **1989**·4·11 社
サンゴ破損捏造報道　❾ **1989**·4·20 社
間違い殺人事件　❾ **1989**·4·20 社
ゲーム機「ゲームボーイ」発売　❾ **1989**·4·21 社
腎臓移植　❾ **1989**·4·21 文
次期支援戦闘機FSX　❾ **1989**·4·29 政
竹下首相、東南アジア訪問　❾ **1989**·4·29 政
水爆を積んだ艦載機　❾ **1989**·5·7 政
女優和泉雅子、北極点到達　❾ **1989**·5·10 社

ベトナム難民　❾ **1989**·5·29 政
(歌手)美空ひばり、歿す　❾ **1989**·6·24 社
横浜の産業廃棄物処理場で一億七千万円　❾ **1989**·6·30 社
伊豆半島沖群発地震　❾ **1989**·6·30 社
ソニー、8ミリカメラ「ハンデイカム55」発売　❾ **1989**·6月 社
ノート·パソコン「ダイナブック」発売　❾ **1989**·6月 文
幼女連続誘拐殺人事件(宮崎勤)　❾ **1989**·7·23 社／**2006**·1·17 社
女子大生比叡山中殺人事件　❾ **1989**·8·31 社
国際花と緑の博覧会公式記念メダル発売　❾ **1989**·9·15 社
歌舞伎、ヨーロッパ公演　❾ **1989**·10·3 文
富士通、一円落札事件　❾ **1989**·10·25 政
三菱地所、米ロックフェラーセンターなど取得　❾ **1989**·10·31 政
東京国際フォーラム設計競技　❾ **1989**·11·2 文／**1997**·1·10 文
弁護士坂本堤一家行方不明事件　❾ **1989**·11·3 社／**1995**·9·6 社／**1996**·3·19 社
別府市住職誘拐六億円要求事件　❾ **1989**·11·7 社
大阪市架空銀行口座公金詐取事件　❾ **1989**·11·11 社
生体肝移植手術(日本国内初)　❾ **1989**·11·13 文／**1990**·6·15 文
コメ減反計画　❾ **1989**·11·16 政
ボジョレー·ヌーボー、フィーバー　❾ **1989**·11·16 社
総評の組織解散　❾ **1989**·11·21 社
交通対策本部、非常事態宣言　❾ **1989**·11·27 社
「日の丸」「君が代」義務化　❾ **1989**·11·30 文／**1991**·6·30 文
出入国管理法·難民認定法一部改正　❾ **1989**·12·15 政
凍結受精卵での出産成功　❾ **1989**·12·25 文
豆腐メーカー研究室長、ナイジェリアに　❾ **1989**·是年 政
五か国農相会議　❾ **1990**·1·4 社
尊厳死について　❾ **1990**·1·16 文／**1992**·10·17 文
長崎市長本島等銃撃事件　❾ **1990**·1·18 政
偽造昭和天皇在位六十年記念十万円金貨　❾ **1990**·1·31 社
この年の建物に対するテロ·爆弾·放火　❾ **1990**·2·27 政
外来語の表記　❾ **1990**·3·1 文
一世帯平均貯蓄残高　❾ **1990**·3·15 政
臨時行政改革推進審議会(新行革審)最終報告書　❾ **1990**·3·20 政
甲山学園事件　❾ **1990**·3·23 社／**1999**·9·29 社
黒澤明監督、オスカー特別名誉賞受賞　❾ **1990**·3·26 社
中村歌右衛門五十年祭記念興行　❾ **1990**·4·1 文
国際花と緑の博覧会(花の万博·大阪)　❾ **1990**·4·1 社
洋菓子ティラミス流行　❾ **1990**·4月 社
女子大生台湾旅行失踪事件　❾ **1990**·5·1 社
足利幼女連続殺害事件　❾ **1990**·5·12 社
ナビゲーター·システム(自動車)　❾ **1990**·5·8 文
ゴッホ「ガシェ博士の肖像」落札　❾ **1990**·5·15 文
韓国大統領盧泰愚、来日　❾ **1990**·5·24 政
天皇、「痛惜の念」と挨拶　❾ **1990**·5·24 政
ソ連、日本漁船十二隻拿捕　❾ **1990**·5·24 政
オウム真理教、熊本·波野村事件　❾ **1990**·5月 社
従軍慰安婦問題　❾ **1990**·6·6 政／**1991**·12·6 政／**1992**·1·11 政／7·8 政／**1993**·4·2 政／**1996**·1·5 政／6·4 政／**1998**·4·27 政／7·15 政／**2005**·1·12 社
アルベルト·フジモリ、ペルー大統領選出　❾ **1990**·6·10 政／7·1 政
国際航業株事件　❾ **1990**·6·13 政
秋篠宮家設立　❾ **1990**·6·29 政
大阪国税局収賄事件　❾ **1990**·7·5 政
花岡鉱山事件　❾ **1990**·7·5 政／**2000**·11·29 政
女子高生校門圧死事件　❾ **1990**·7·6 文
超電導船〈ヤマト1〉命名式　❾ **1990**·7·11 社
株の仕手集団「光進」事件　❾ **1990**·7·19 政
データディスクマン発売　❾ **1990**·7月 文
朝鮮人強制連行問題　❾ **1990**·8·7 政
脳死者から移植手術　❾ **1990**·8·11 文
森重文、フィールズ賞受賞　❾ **1990**·8·21 文
日本人、クウェートからイラクへ移動　❾ **1990**·8·22 政
サハリンの火傷男児、北海道で治療　❾ **1990**·8·27 文
マネーロンダリング資金凍結　❾ **1990**·8·29 社
米国への支援金一千万ドルから十億ドルへ急転換　❾ **1990**·8·30 政／9·14 政
(元駐日米大使)ライシャワー、歿す　❾ **1990**·9·1 政
ソ連外相シュワルナゼ、来日　❾ **1990**·9·4 政
代理母斡旋問題　❾ **1990**·9·7 社
警官発砲問題　❾ **1990**·9·10 社
梶山静六法相、失言事件　❾ **1990**·9·21 政
金丸信元副総理、北朝鮮訪問　❾ **1990**·9·24 政
川西市市長汚職騒動　❾ **1990**·9·24 政
日本人男性、イラクで「人間の盾」とされる　❾ **1990**·9月 社
海部俊樹首相、中東五か国訪問　❾ **1990**·10·1 政
歌舞伎、訪欧公演　❾ **1990**·10·4 文
国連平和協力法案　❾ **1990**·10·15 政
イラク人質解放問題　❾ **1990**·11·3 政
即位の礼　❾ **1990**·11·12 政、社
雲仙·普賢岳噴火　❾ **1990**·11·17 社
ソ連基地から秋山豊寛同乗のソユーズTM11号、宇宙へ打上げ成功　❾ **1990**·12·2 文
ソ連抑留者(旧日本将兵)名簿　❾ **1990**·12·5 政
児童生徒の問題行動(いじめ)　❾ **1990**·12·6 文
北朝鮮拉致被害者　❾ **1991**·1·7 政
中国·雲南省の梅里雪山遭難事件　❾ **1991**·1·8 社
サンデーバンキング、サービス開始　❾ **1991**·1·13 政
多国籍軍「砂漠の嵐」作戦　❾ **1991**·1·17 政
湾岸戦争費用九十億ドル追加支出　❾ **1991**·1·20 政
イトマン事件　❾ **1991**·1·25 政／4·24 政／**1999**·9·9 社
朝鮮民主主義人民共和国との国交正常化交渉　❾ **1991**·1·30 政
ヘア·ヌード公認　❾ **1991**·2·5 社
美浜原発冷却水流出　❾ **1991**·2·9 政
ダイヤルQ2犯罪　❾ **1991**·2·21 社／**1994**·8·10 社
新東京都庁舎、落成　❾ **1991**·3·9 社／4·1 政
クウェート政府、感謝広告　❾ **1991**·3·11 政
五億ドルの為替差損につき米国と交渉　❾ **1991**·3·12 政
湾岸戦争、TVで軍事評論家大活躍　❾ **1991**·3月 社
海部·ブッシュ会談　❾ **1991**·4·4 政
パキスタンで早大生誘拐事件　❾ **1991**·4·4 社
ペルシャ湾へ掃海艇派遣　❾ **1991**·4·16 政
ソ連大統領ゴルバチョフ、来日　❾ **1991**·4·16 政
福島·岩手連続殺人事件　❾ **1991**·5·1 社
貴花田、横綱千代の富士を破る(大相撲)　❾ **1991**·5·12 社
信楽高原鉄道列車衝突事故　❾ **1991**·5·14 社／**2002**·12·26 社
育児休業法　❾ **1991**·5·15 社
雲仙·普賢岳噴火·火砕流　❾ **1991**·5·20 社
ソニー、ミニディスク(MD)発売　❾ **1991**·5月 文
TVジャパン、米国で放映開始　❾ **1991**·6·1 文
ワシントンで湾岸戦争勝利パレード　❾ **1991**·6·8 政
お金は出したのにこの待遇　❾ **1991**·6·8 政
野村証券損失補塡事件　❾ **1991**·6·20 政
マツダ、ル·マン耐久レースで優勝　❾ **1991**·6·22 社
石垣島トリカブト殺人疑惑事件　❾ **1991**·7·1 社
車庫法　❾ **1991**·7·1 社
『悪魔の詩』訳者殺人事件　❾ **1991**·7·12 社
先進国首脳会議、ロンドンで開催　❾ **1991**·7·15 政
富士銀行不正融資事件　❾ **1991**·7·25 政
証券会社損失補償問題　❾ **1991**·7·29 政
風の子学園監禁死亡事件　❾ **1991**·7·30 社
料亭経営者尾上縫四一〇〇億円融資事件　❾ **1991**·8·13 社／**1998**·3·2 社
幸福の科学·講談社論争　❾ **1991**·9·2 社
市川染五郎、英国公演　❾ **1991**·9·15 文

台風十九号、長崎上陸。被害甚大　❾ 1991·9·27 社
包装ラップ大手がヤミカルテル結成　❾ 1991·9·30 政
大相撲ロンドン場所　❾ 1991·10·9 社
日蓮正宗大石寺、創価学会の解散を要求　❾ 1991·11·7 社
成田空港問題　❾ 1991·11·21 社
エイズ撲滅キャンペーン·ポスター　❾ 1991·12·1 社
足利市保育園児誘拐殺害事件　❾ 1991·12·1 社
ロシア連邦成立　❾ 1991·12·25 政
三浦市—グアム間ヨットレース遭難　❾ 1991·12·30 社／1992·1·6 政
若者にも歌舞伎ブーム　❾ 1991·是年 文
東京佐川急便事件　❾ 1992·1·4 政
共和汚職事件　❾ 1992·1·13 政
宮澤首相、韓国訪問　❾ 1992·1·16 政
外国人不法残留者数　❾ 1992·2·4 社
ミノルタの特許訴訟　❾ 1992·2·7 政
冬季オリンピック·アルベールビル大会　❾ 1992·2·8 社
学校五日制決定　❾ 1992·2·20 文／1999·3·1 社
中国領海法公布、尖閣諸島を中国領土と明記　❾ 1992·2·25 政
百歳万歳　❾ 1992·2月 社
暴力団新法　❾ 1992·3·1 社
シチズン·ラテンアメリカ社員誘拐事件　❾ 1992·3·14 政
東海道新幹線、「のぞみ」運行開始　❾ 1992·3·14 社
金丸信襲撃事件　❾ 1992·3·20 政
山村新治郎代議士刺殺事件　❾ 1992·4·12 政
(ロック歌手)尾崎豊、歿す　❾ 1992·4·25 文
(漫画家)長谷川町子、歿す　❾ 1992·5·27 文
国連環境開発会議　❾ 1992·6·3 政
PKO協力法　❾ 1992·6·5 政／2001·11·20 政
会員権商法　❾ 1992·6·10 社
宮澤首相、訪米　❾ 1992·7·1 政
サンケイ鹿内王国崩壊　❾ 1992·7·21 社
オリンピック·バルセロナ大会　❾ 1992·7·25 社
カンボジアへ自衛隊PKO派遣　❾ 1992·8·3 政
(作家)松本清張、歿す　❾ 1992·8·4 文
缶入りコーヒー「BOSS」発売　❾ 1992·8月 社
渡辺美智雄外相、ロシア訪問　❾ 1992·9·1 政
ODA白書　❾ 1992·10·5 政
自民党竹下派幹部会　❾ 1992·10·7 政
米国留学高校生射殺事件　❾ 1992·10·17 社
天皇·皇后、中国訪問　❾ 1992·10·23 政
宮澤首相、政治不信にお詫び表明　❾ 1992·10·30 政
プルトニウム輸送　❾ 1992·11·7 政
経済スパイとしてのCIA　❾ 1992·12·8 政
高齢者マル優制度　❾ 1992·12·11 政
カンボジアのチュルイ·チョンバー橋　❾ 1992·12·26 政／1994·2·26 政
シンナー集団飛降り自殺　❾ 1992·12·31 社
国際先住民年、始まる　❾ 1993·1·1 文
山形県マット殺人事件　❾ 1993·1·13 文／2002·3·19 社
釧路沖地震　❾ 1993·1·15 社
皇太子、小和田雅子と婚約発表　❾ 1993·1·19 政
自動翻訳電話　❾ 1993·1·28 文
(元外相)大来佐武郎、歿す　❾ 1993·2·9 政
モザンビークPKO派遣　❾ 1993·2·16 政
エックス線天文衛星打上げ成功　❾ 1993·2·20 文／4·7 文
オウム真理教、ロシアから自動小銃輸入　❾ 1993·2月 社
全国霊感商法対策弁護士連絡会(統一教会)　❾ 1993·3·5 社
金丸信、所得税法違反で起訴　❾ 1993·3·6 政
「美少女戦士セーラームーンR」放映　❾ 1993·3·7 社
国連ボランティア中田厚仁、射殺される(カンボジア)　❾ 1993·4·8 政
磁気インク使用の偽一万円札　❾ 1993·4·11 政
PKO文民警察官高田晴行、カンボジアで殺害される　❾ 1993·5·4 政
プロサッカーJリーグ開幕　❾ 1993·5·15 社
強制退去させられた外国人　❾ 1993·5·29 政
映画「大病人」スクリーン切り裂き事件　❾ 1993·5·30 社
経済協力開発機構(OECD)閣僚理事会開催　❾ 1993·6·2 政
北朝鮮、ミサイル試射。無防備だった日本　❾ 1993·6·11 政
パートタイム法　❾ 1993·6·18 社
日本のアニメとコミックスの大会(米国)　❾ 1993·6·25 文
ゼネコン汚職事件　❾ 1993·6·29 政
奥尻島地震　❾ 1993·7·12 社
連立政権樹立に関する合意事項　❾ 1993·7·29 政
志賀原子力発電所運転開始　❾ 1993·7·30 政
河野洋平、従軍慰安婦についての談話(河野談話)　❾ 1993·8·4 政
河野談話に反論　❾ 1993·8·4 社
遺産としての原爆ドーム　❾ 1993·8·6 文
細川護煕政権の成立　❾ 1993·8·9 社
椿発言政治問題事件　❾ 1993·9·21 政
和興開発問題　❾ 1993·9·21 社
ロシア大統領エリツィン、来日　❾ 1993·10·11 政
日本·ロシア東京宣言　❾ 1993·10·12 社
皇室バッシング事件　❾ 1993·10·20 政
中国残留孤児、来日　❾ 1993·10·26 政
カタールでサッカー·日本対イラク戦引分け　❾ 1993·10·28 社
本年米作大凶作　❾ 1993·10·29 政
細川首相、韓国訪問　❾ 1993·11·5 政
太極拳指導者殺人事件　❾ 1993·11·7 社
タイ米緊急輸入　❾ 1993·11·11 政
韓国人グループ暴力スリ事件　❾ 1993·11·23 社
防衛庁長官中西啓介、改憲必要表明　❾ 1993·12·1 政
経済改革研究会、最終報告　❾ 1993·12·16 政
(元首相)田中角栄、歿す　❾ 1993·12·16 政
ゼネコン汚職事件　❾ 1994·1·5 社
悪魔命名事件　❾ 1994·1·14 社
伊達公子、女子テニス世界ランキング九位　❾ 1994·1·17 社
貿易黒字史上最高額　❾ 1994·1·21 政
大阪愛犬家連続殺人事件　❾ 1994·1·26 社
政治改革法案　❾ 1994·1·29 政
政治改革法成立後の対立　❾ 1994·1·29 社
細川首相、国民福祉税を提案　❾ 1994·2·3 政
政党助成法　❾ 1994·2·4 社
小選挙区比例代表並立制の導入　❾ 1994·2·4 社
純国産大型ロケットH II、打上げ成功　❾ 1994·2·4 文／8·28 文
日米首脳会談(細川首相·クリントン)　❾ 1994·2·11 政
北朝鮮帰国者の生命と人権を守る会　❾ 1994·2·20 政
テレビ、アナログ方式からデジタル方式へ　❾ 1994·2·22 社
占師藤田小女姫、ハワイで死亡　❾ 1994·2·23 社
九州自動車道、死体遺棄事件　❾ 1994·3·3 社
抗ウィルス剤「ソリブジン」問題　❾ 1994·3·5 文
国産米とタイ米のブレンド米　❾ 1994·3·7 政
米ロサンゼルス留学生二人殺害事件　❾ 1994·3·25 社
ロシアODA問題　❾ 1994·3·28 社
朝日新聞東京本社籠城事件　❾ 1994·4·1 文
細川護煕首相、佐川急便一億円借入問題　❾ 1994·4·8 政
中華航空機着陸失敗　❾ 1994·4·26 社／2003·12·26 社
地ビールの製造許可　❾ 1994·4月 社
朝鮮学校生徒いじめ事件　❾ 1994·4月 文
「東海道四谷怪談」渋谷コクーンで公演　❾ 1994·5·29 文
細川前首相に拳銃発射事件　❾ 1994·5·30 政
JR東日本と「文藝春秋」とが対立　❾ 1994·6·15 文
松本サリン事件　❾ 1994·6·27 社／1999·8·24 社
村山富市連立内閣成立、村山首相の決意　❾ 1994·6·30 政
ナポリ·サミット、村山首相参加　❾ 1994·7·8 政
日本人初の女性宇宙飛行士向井千秋、スペースシャトルで打上げ成功　❾ 1994·7·8 文
三内丸山遺跡(青森県)　❾ 1994·7·16 文／1995·10·31 文

社会党の政策転換　❾ **1994**･7･20 社
アルバイト･スチュワーデス採用問題　❾ **1994**･7･29 社
学習塾に関する調査　❾ **1994**･7･29 文
俳優ビートたけし、バイク事故　❾ **1994**･8･2 社
原爆犠牲者五十回忌　❾ **1994**･8･10 社
ウルグアイ･ラウンド農業合意　❾ **1994**･8･12 政
関西国際空港(関空)開港　❾ **1994**･9･4 政
ルワンダ難民救援に自衛隊派遣　❾ **1994**･9･13 政
消費税　❾ **1994**･9･22 政
京都国際映画祭開催　❾ **1994**･9･24 文
中国のトキ、来日　❾ **1994**･9･27 社
連続死体遺棄事件　❾ **1994**･9･28 社
北海道･東北沖大地震　❾ **1994**･10･4 社
大江健三郎、ノーベル賞受賞　❾ **1994**･10･13 文
大江健三郎、文化勲章辞退　❾ **1994**･10･14 文
米艦載機墜落(高知県)　❾ **1994**･10･14 社
愛知･大河内清輝くんいじめ自殺事件　❾ **1994**･11･27 文
経済企画庁、国内総生産(GDP)世界一　❾ **1994**･12･2 政
ポーランド大統領ワレサ、来日　❾ **1994**･12･6 政
新進党発足　❾ **1994**･12･10 政
三陸はるか沖地震　❾ **1994**･12･28 社
家庭用ゲーム機「プレイステーション」発売　❾ **1994**･12 月 社
埼玉･愛犬家連続殺人事件　❾ **1995**･1･5 社
近鉄野茂英雄投手、米ロサンゼルス･ドジャースに移籍　❾ **1995**･1･9 社
東京協和･安全両信用組合問題　❾ **1995**･1･13 政
文部省宇宙科学研究所、実験衛星「エクスプレス」打上げ成功　❾ **1995**･1･15 文
阪神･淡路大震災　❾ **1995**･1･17 社
　十七日からの動き　❾ **1995**･1･17 社
　非常災害対策本部(政府)　❾ **1995**･1･17 社
原爆展中止(米スミソニアン航空博物館)　❾ **1995**･1･30 政
言葉遣い　❾ **1995**･1 月 文
いじめ自殺事件続発　❾ **1995**･2･5 文
(フルブライト留学制度)フルブライト、歿す　❾ **1995**･2･9 文
住宅金融専門会社(住専)問題　❾ **1995**･2･19 政／12･19 政／**1996**･1･19 政／**1998**･6･30 政
那覇防衛施設局、軍用地強制使用手続き開始　❾ **1995**･3･3 政
地下鉄サリン事件　❾ **1995**･3･20 社／**1997**･12･2 社／**1998**･3･2 社／**2004**･7･28 社
(歌舞伎俳優)七代目尾上梅幸、歿す　❾ **1995**･3･24 文
東京三菱銀行誕生　❾ **1995**･3･28 政
警視庁長官国松孝次、狙撃され重傷　❾ **1995**･3･30 社
カシオ、液晶画面付きデジタルカメラ発売　❾ **1995**･3 月 社
オウム真理教科学技術省大臣村井秀夫、殺害される　❾ **1995**･4･23 社
青島幸男都知事、世界都市博覧会開催中止　❾ **1995**･4･26 社
村山富市首相、中国訪問　❾ **1995**･5･2 政
山梨県上九一色村のオウム教団施設を一斉捜索　❾ **1995**･5･16 社
日経連、「日本的経営」の見直しを提言する　❾ **1995**･5･17 政
オウム真理教、「調査対象団体」に指定　❾ **1995**･5･20 社
北朝鮮訪日代表団、来日　❾ **1995**･5･26 政
硫黄島で鎮魂土俵入り　❾ **1995**･6･4 政
介護休業法、成立　❾ **1995**･6･5 社
戦後五十年決議(衆議院)　❾ **1995**･6･9 政
超高圧電子顕微鏡完成　❾ **1995**･6･9 文
全日空機、ハイジャック事件　❾ **1995**･6･21 社
X 線天文衛星「あすか」、ブラックホール確認　❾ **1995**･6･21 文
大阪西淀川公害訴訟(大気汚染)　❾ **1995**･7･5 社
非嫡出子の相続格差問題　❾ **1995**･7･6 社
女性のためのアジア平和国民基金発足　❾ **1995**･7･18 政／**1996**･4･7 政／**2005**･1･24 政
慶肺損害賠償訴訟　❾ **1995**･7･20 社／**1996**･10･15 社
第十七回参議院選挙　❾ **1995**･7･23 政
天皇･皇后、長崎訪問　❾ **1995**･7･26 政
コスモ信用組合経営破綻　❾ **1995**･7･31 政／**1996**･3･13 政
村山首相、戦後五十年村山談話　❾ **1995**･8･15 政、社
侵華日軍七三一部隊罪証陳列館(ハルビン市)開館　❾ **1995**･8･15 政
敦賀原子炉発電開始と事故　❾ **1995**･8･29 政
(作家)山口瞳、歿す　❾ **1995**･8･30 文
歴史の学習　❾ **1995**･8 月 文
沖縄少女暴行事件　❾ **1995**･9･4 政
首都圏就職面接会　❾ **1995**･9･4 社
日欧家電七社、DVD 規格統一で合意　❾ **1995**･9･15 社
大和銀行ニューヨーク支店国債巨額不正事件　❾ **1995**･9･26 政／**1996**･2･2 政／**2000**･9･20 社
沖縄軍用地代理署名問題　❾ **1995**･9･28 政
日米地位協定改定　❾ **1995**･10･25 政
オウム真理教松本智津夫、弁護人解任　❾ **1995**･10･25 社
ら抜き言葉　❾ **1995**･10･31 文
ゴーキョ峰雪崩遭難　❾ **1995**･11･11 社
航空自衛隊 F15 戦闘機、撃墜される　❾ **1995**･11･22 政
背赤ゴケグモ発見　❾ **1995**･11･23 社
パソコン基本ソフト「ウィンドウズ 95」発売　❾ **1995**･11･23 文
新防衛計画大綱　❾ **1995**･11･28 政
東京証券取引所の終値　❾ **1995**･12･29 政
最悪の年　❾ **1995**･是年 社
(洋画家)岡本太郎、歿す　❾ **1996**･1･7 文
高速増殖炉「もんじゅ」事故原因　❾ **1996**･1･8 政
オウム真理教、破防法適用問題　❾ **1996**･1･18 社
(漫才師)横山やすし、歿す　❾ **1996**･1･21 文
韓国、竹島に船舶接岸用埠頭建設　❾ **1996**･2･8 政
豊浜トンネル(北海道)に岩が崩落。二十人死亡　❾ **1996**･2･10 社
いじめ続出　❾ **1996**･2･10 文
沖縄県知事、普天間飛行場返還要請　❾ **1996**･2･11 政
(作家)司馬遼太郎、歿す　❾ **1996**･2･12 社
将棋の羽生善治、公式七タイトル独占　❾ **1996**･2･14 文
国連海洋法条約(二〇〇カイリ法)　❾ **1996**･2･20 政
新潟水俣病　❾ **1996**･2･23 文
気象庁、天気予報を分布予報とする　❾ **1996**･3･1 文
よど号犯人田中義三、偽米ドルで逮捕　❾ **1996**･3･29 政
桂春団治まつり　❾ **1996**･3･31 文
スーパーカミオカンデ完成　❾ **1996**･4･1 文
中国銭六千枚発掘　❾ **1996**･4･6 社
日米防衛協力のための指針　❾ **1996**･4･12 政
米大統領クリントン夫妻来日　❾ **1996**･4･16 政
日米安全保障共同宣言　❾ **1996**･4･17 政
原子力安全サミット　❾ **1996**･4･19 政
女性殺害事件　❾ **1996**･4･26 社
難波康子、エベレスト登頂　❾ **1996**･5･10 社
沖縄米軍楚辺通信所　❾ **1996**･5･11 政
東京交響楽団、欧州演奏会開催(ミュンヘン)　❾ **1996**･5･12 文
ガルーダ･インドネシア航空機、離陸失敗　❾ **1996**･6･13 社
北朝鮮に食料･医薬品支援　❾ **1996**･6･14 政
橋本龍太郎首相、韓国訪問　❾ **1996**･6･22 政
ゲーム機「NINTENDO 64」発売　❾ **1996**･6･23 社
先進国首脳会議、リヨンで開催　❾ **1996**･6･27 政
清水市代、女流将棋四冠となる　❾ **1996**･7･1 文
O157 事件(大阪府堺市)　❾ **1996**･7･13 社／**1999**･9･10 社
オリンピック･アトランタ開催　❾ **1996**･7･19 社
米軍実弾射撃訓練演習場　❾ **1996**･8･1 政
(俳優)渥美清、歿す　❾ **1996**･8･4 文
サンヨー･ビデオ･コンポーネンツ社長(メキシコ)誘拐事件　❾ **1996**･8･19 政

イージス艦〈ちょうかい〉進水式　❾ 1996·8·27 政
整理回収銀行発足　❾ 1996·9·2 政
尖閣列島につき中国抗議　❾ 1996·9·11 政
民主党結成　❾ 1996·9·22 政
(漫画家)藤子·F·不二雄、歿す　❾ 1996·9·23 文
加茂岩倉遺跡から多数の銅鐸発見　❾ 1996·10·14 文
石油卸商泉井脱税事件　❾ 1996·10·16 政
オレンジ共済組合倒産　❾ 1996·11·12 政／1997·1·27 政／2000·2·17 政
彩福祉グループ収賄事件　❾ 1996·11·18 社
ペットゲーム「たまごっち」発売　❾ 1996·11·23 社
女性昇進·昇給差別問題　❾ 1996·11·27 社
バチスタ手術(日本最初)施術　❾ 1996·12·2 文
ペルー人質事件　❾ 1996·12·17 政／1997·1·1 政／4·22 政、社
ロシア船籍タンカー〈ナホトカ〉遭難、重油流出事故　❾ 1997·1·2 社
保険金詐欺事件(フィリピン)　❾ 1997·1·18 社
ゼネコン汚職事件　❾ 1997·1·22 政
北朝鮮拉致問題　❾ 1997·1·23 政
遺伝子組換え作物輸入　❾ 1997·1月 社
神戸連続児童殺傷事件(酒鬼薔薇事件)　❾ 1997·2·10 社／5·27 社／1999·3·11 社／2004·3·10 社
日本赤軍五人拘束　❾ 1997·2·17 政
野村証券利益提供事件　❾ 1997·3·6 政
動燃東海事業所核燃料再処理工場火災　❾ 1997·3·11 政
東電 OL 殺人事件　❾ 1997·3·19 社／2012·6·7 社
北海道二風谷ダム訴訟　❾ 1997·3·27 政
クロイツフェルト·ヤコブ病問題　❾ 1997·3·28 文／2001·11·14 文
愛媛県玉串訴訟　❾ 1997·4·2 社
駐留軍用地特別措置法改正案　❾ 1997·4·3 政
大場満郎、徒歩で北極点到達　❾ 1997·5·3 社
尖閣諸島に衆議院議員上陸　❾ 1997·5·6 政
和牛預託オーナーシステム商法　❾ 1997·5·8 社
医療保険改革関連法案　❾ 1997·5·8 文
新国立劇場完工式　❾ 1997·5·26 文
野球選手伊良部秀輝、米ヤンキースと契約　❾ 1997·5·29 社
住友金属鉱山菱刈鉱山、金の産出量　❾ 1997·6·3 社
(作家)住井すゑ、歿す　❾ 1997·6·16 文
主要国首脳会議デンバーサミット　❾ 1997·6·19 政
三菱重工業、純国産ヘリコプターを公開　❾ 1997·6·26 政
自衛隊機、邦人保護にタイへ派遣　❾ 1997·7·11 政
宮崎駿監督「もののけ姫」封切　❾ 1997·7·12 社
福田和子、時効寸前に逮捕　❾ 1997·7·29 社
山一証券問題　❾ 1997·7·30 政／1998·3·4 政
ソニー、パソコン VAIO 発売　❾ 1997·7月 社
中央省庁再編案　❾ 1997·8·18 政
護衛艦〈ゆうだち〉進水式　❾ 1997·8·19 政
ヒマラヤ·スキルブルム峰登頂隊、雪崩に巻込まれる　❾ 1997·8·20 社
日朝国交正常化交渉　❾ 1997·8·21 政
暴力団、神戸市のオリエンタルホテルで組長·歯科医師を射殺　❾ 1997·8·28 社
橋本龍太郎首相、中国訪問　❾ 1997·9·4 政
佐藤孝行総務庁長官、「過去を忘れて」発言·辞任　❾ 1997·9·11 政
ヤオハン倒産　❾ 1997·9·18 社
米国三菱自動車、セクシャル·ハラスメント問題　❾ 1997·9·24 社
大型放射光施設「スプリング-8」完成　❾ 1997·10·8 文
早稲田大学探検部員、アマゾン川で殺害　❾ 1997·10·17 社
三菱企業グループ総会屋問題　❾ 1997·10·22 政
橋本龍太郎首相、ロシア訪問　❾ 1997·11·1 政
サッカー W 杯フランス大会アジア代表決定戦　❾ 1997·11·16 社
エジプト·ルクソール遺跡イスラム原理主義者襲撃事件　❾ 1997·11·17 社
隼ちゃん事件　❾ 1997·11·28 社／1998·11·26 社／2000·5·23 社
地球温暖化防止京都会議開催　❾ 1997·12·1 社
介護保険法案　❾ 1997·12·9 社
トヨタ自動車、プリウス発売　❾ 1997·12·10 社
JR 東海リニア·モーター·カー、世界最速記録　❾ 1997·12·12 社
米証券会社メリルリンチ設立　❾ 1997·12·16 政
アニメ番組「ポケットモンスター」事件　❾ 1997·12·16 社／2000·11·6 文
東京湾横断道路「アクアライン」開通　❾ 1997·12·18 社
映画「タイタニック」公開　❾ 1997·12·20 社
辺野古沖ヘリポート建設　❾ 1997·12·21 政
緊急金融システム安定化対策本部　❾ 1997·12·24 政
新進党解党　❾ 1997·12·28 政
ガーデニングブーム起こる　❾ 1997·是年 社
この年経営破綻した主な会社　❾ 1997·是年 社
自由党など六新党、誕生　❾ 1998·1·1 政
片岡仁左衛門十五代目襲名披露公演　❾ 1998·1·2 文
代理母出産情報センター　❾ 1998·1·6 社
(ノーベル化学賞受賞者)福井謙一、歿す　❾ 1998·1·9 文
銀行の不良債権　❾ 1998·1·12 政
警視庁捜査情報漏洩事件　❾ 1998·1·14 政
宮中、歌会始の儀　❾ 1998·1·14 文
大蔵省贈収賄事件　❾ 1998·1·26 社
第十八回冬季オリンピック長野大会　❾ 1998·2·7 社
保険金自殺事件　❾ 1998·2·26 社
飛鳥池遺跡(奈良)から大量の木簡出土　❾ 1998·3·2 文
NPO 法案　❾ 1998·3·4 政
高レベル放射能廃棄物積載輸送船問題　❾ 1998·3·10 政
日本銀行収賄問題　❾ 1998·3·11 政
二十一世紀の国土のグランドデザイン　❾ 1998·3·26 政
アメリカで「バイアグラ」発売　❾ 1998·3月 文
ガーデニング教室(農水省)　❾ 1998·是春 社
明石海峡大橋開通　❾ 1998·4·5 社
母乳ダイオキシン問題　❾ 1998·4·7 社
財政再建路線から積極財政路線　❾ 1998·4·9 政
大阪·豊能郡美化センター汚染問題　❾ 1998·4·16 社／1999·3·26 社
ロシア大統領エリツィン、来日　❾ 1998·4·18 政
各地でメーデー　❾ 1998·5·1 社
インド核実験実施　❾ 1998·5·13 政
オウム真理教事件判決　❾ 1998·5·14 社
インドネシアの日本人脱出　❾ 1998·5·18 政
魚龍の化石　❾ 1998·5·21 文
嘉手納飛行場爆音訴訟　❾ 1998·5·22 政
天皇·皇后、イギリス訪問　❾ 1998·5·23 政
北朝鮮拉致問題　❾ 1998·6·5 政
ニュートリノ問題　❾ 1998·6·5 文
日中両共産党正常化　❾ 1998·6·8 政
サッカー W 杯フランス大会開会　❾ 1998·6·10 社
日本軍、毒ガス使用　❾ 1998·6·13 政
金融監督庁発足　❾ 1998·6·22 政
日本長期信用銀行問題　❾ 1998·6·26 社／1999·2·19 政
大野寺(堺市)軒丸瓦出土　❾ 1998·6·26 文
バンダイ、「ジター·リング」発売　❾ 1998·6月 社
第十一回チャイコフスキー国際コンクール　❾ 1998·7·1 文
国連タジキスタン監視団秋野豊死亡　❾ 1998·7·20 政
高速道路プリペイドカード事件　❾ 1998·7·22 社
日本航空電子工業過大請求事件　❾ 1998·7·23 政
和歌山毒物カレー事件　❾ 1998·7·25 社
川崎公害訴訟　❾ 1998·8·5 社／1999·5·13 社
第五十三回原爆忌　❾ 1998·8·6 社
(将棋棋士)村山聖、歿す　❾ 1998·8·8 文
北朝鮮、テポドン発射　❾ 1998·8·23 政
防衛庁調達実施本部背任事件　❾ 1998·9·3 社
日本の ODA　❾ 1998·9·4 政

(映画監督)黒澤明、歿す　❾ 1998·9·6 文
護衛艦〈いなづま〉進水式　❾ 1998·9·9 政
竹島周辺問題　❾ 1998·9·24 政
韓国大統領金大中、来日　❾ 1998·10·7 政
過去の歴史について持出さない(韓国大統領·金大中)　❾ 1998·10·7 政
韓国、日本の大衆文化解禁　❾ 1998·10·8 文
公的資金、金融機関に注入　❾ 1998·10·13 政
旧国鉄債務処理法　❾ 1998·10·15 政
公明党結党大会　❾ 1998·11·7 政
小渕恵三首相、ロシア訪問　❾ 1998·11·11 政
文部省、ゆとり教育　❾ 1998·11·18 文
米大統領クリントン、来日　❾ 1998·11·20 政
中国·国家主席江澤民、来日　❾ 1998·11·25 政
インターネット自殺　❾ 1998·12·24 社
国立天文台「すばる」(ハワイ·マウナケア山頂)　❾ 1999·1·4 文
富本銭出土　❾ 1999·1·19 文
日韓新漁業協定　❾ 1999·1·22 政
地域振興券　❾ 1999·1·29 社
長野冬季五輪会計問題　❾ 1999·2·2 社
吉野川可動堰建設計画住民投票問題　❾ 1999·2·8 社
日銀、ゼロ金利　❾ 1999·2·12 政
国際収支状況　❾ 1999·2·15 政
尼崎公害訴訟　❾ 1999·2·17 社／ 2000·12·1 社
臓器移植法に基づく臓器移植　❾ 1999·2·28 文
憲法調査会設置　❾ 1999·3·1 政
低用量ピル(経口避妊薬)　❾ 1999·3·3 文
「だんご三兄弟」発売·流行　❾ 1999·3·3 社
日産自動車、ルノーと資本提携　❾ 1999·3·10 政／ 10·18 政
小渕首相、韓国訪問　❾ 1999·3·19 政
海上保安庁船、北朝鮮不審船に威嚇射撃　❾ 1999·3·23 政
国民銀行破綻　❾ 1999·4·11 政／ 11·30 社
山口県光市母子殺害事件　❾ 1999·4·14 社
新省庁の名称決定　❾ 1999·4·15 政／ 7·8 政
本州四国連絡橋(尾道―今治ルート)開通　❾ 1999·5·1 社
(日本画家)東山魁夷、歿す　❾ 1999·5·6 文
学習塾は教育機関　❾ 1999·6·1 文
高浜原発のプルサーマル計画　❾ 1999·6·17 政
JR 山陽新幹線の福岡トンネルで壁面崩落　❾ 1999·6·27 社
小渕首相、中国訪問　❾ 1999·7·8 政
敦賀原子炉二号機で一次冷却水漏れ　❾ 1999·7·12 政
クレディ·スイス·ファイナンシャル·プロダクツ銀行問題　❾ 1999·7·13 政／ 10·4 社
全日空機、ハイジャック　❾ 1999·7·23 政
普天間基地問題　❾ 1999·7·28 政
介護保険　❾ 1999·7·28 文
ロックバンド GLAY、幕張メッセで公演、二十万人動員　❾ 1999·7·31 文
海上自衛隊と韓国海軍と共同訓練　❾ 1999·8·2 政
国旗·国歌法　❾ 1999·8·9 政
キルギスで日本人技師拉致事件　❾ 1999·8·23 政
佐賀長崎連続保険金殺人事件　❾ 1999·8·30 社
東ティモールへ自衛隊派遣　❾ 1999·9·16 政
台風十八号、沖縄·熊本を直撃　❾ 1999·9·23 社
JCO 東海事業所で臨界事故　❾ 1999·9·30 政
国民生活金融公庫発足　❾ 1999·10·1 政
(ソニー名誉会長)盛田昭夫、歿す　❾ 1999·10·3 社
大阪府知事横山ノック、女子大生にセクハラ事件　❾ 1999·10·4 社／ 2000·8·10 社
大阪·中座さよなら公演　❾ 1999·10·7 文／ 11·1 文
薪能(春日大社舞殿)　❾ 1999·10·11 文
箕面遺族会補助金訴訟　❾ 1999·10·21 社
スマトラ沖で海賊が日本の貨物船乗取り　❾ 1999·10·22 政
埼玉·桶川ストーカー殺人事件　❾ 1999·10·26 社／ 2000·4·6 社／ 2001·7·17 社／ 2003·2·26 社
「日栄」社員「腎臓を売れ」脅迫事件　❾ 1999·10·30 社
自動車運転中の携帯電話禁止　❾ 1999·11·1 社
国会で最初の党首討論　❾ 1999·11·10 政
映画「ポケット·モンスター」全米で公開　❾ 1999·11·10 社
通信放送技術衛星「かけはし」打上げ成功　❾ 1999·11·15 文
航空自衛隊機、入間川河川敷に墜落　❾ 1999·11·22 政
日中韓三首脳会談　❾ 1999·11·27 政
足の裏診断·法の華三法行を一斉捜索　❾ 1999·12·1 社／ 2000·5·9 社
第一回大阪モーターショー　❾ 1999·12·2 社
日本と北朝鮮「日本人行方不明者調査」会談、北京で開催　❾ 1999·12·19 政
寺西沙弥夏ちゃん誘拐事件　❾ 1999·12·20 社
コンピュータ 2000 年問題(Y2K)　❾ 2000·1·1 文
小渕首相、カンボジア·ラオス·タイ訪問　❾ 2000·1·10 政
大蔵省、貿易統計発表　❾ 2000·1·26 政
(国内最高齢の双子姉妹)成田きん、歿す　❾ 2000·1·23 社
米ボストンで東大フォーラム開催　❾ 2000·1·24 文
公職選挙法　❾ 2000·1·27 政
新潟少女監禁事件　❾ 2000·1·28 社／ 2002·1·24 社／ 12·10 社
市川新之助の「助六」好評　❾ 2000·1 月 文
子供の体験活動などに関する国際比較調査　❾ 2000·2·4 社
海外への修学旅行　❾ 2000·2·5 文
手術ロボット「ダビンチ」による手術　❾ 2000·3·13 文
レバノン、日本赤軍四人を国外退去。日本政府、四人を逮捕　❾ 2000·3·17 政
国際園芸·造園博覧会(淡路花博)開催　❾ 2000·3·18 社
NHK「プロジェクト X」放映開始　❾ 2000·3·28 文
北海道有珠山噴火　❾ 2000·3·31 社
小渕首相、不調。森喜朗内閣誕生　❾ 2000·4·2 政／ 4·5 政
百貨店「そごう」問題　❾ 2000·4·6 社
主要八か国環境相会合　❾ 2000·4·7 政
石原慎太郎都知事、「三国人」発言　❾ 2000·4·9 社
首相臨時代理の継承順位　❾ 2000·4·14 政
太平洋島サミット開催　❾ 2000·4·22 政
中村真衣、水泳で世界新記録　❾ 2000·4·23 社
秋山徹君誘拐事件　❾ 2000·4·25 社
陸上自衛隊、違法射撃事件　❾ 2000·4·27 政
森首相、米欧露訪問　❾ 2000·4·28 政
出雲大社で「宇豆柱」出土　❾ 2000·4·28 文
グアテマラで日本人観光客殺害事件　❾ 2000·4·29 社
人を殺す経験をしてみたかった　❾ 2000·5·1 社
西鉄高速バスジャック事件　❾ 2000·5·3 社
ナスダック·ジャパン発足　❾ 2000·5·8 政
京都·寂光院本堂·本尊全焼　❾ 2000·5·9 社
東京相和銀行事件　❾ 2000·5·11 社
(元首相)小渕恵三、歿す　❾ 2000·5·14 政
天皇·皇后、オランダ·スウェーデン訪問　❾ 2000·5·20 政
au(エーユー)発表　❾ 2000·5·22 社
豊島(香川県)産業廃棄物投棄問題　❾ 2000·5·26 社
森首相、韓国訪問　❾ 2000·5·29 政
日本の H 形鋼ダンピング問題、米国「クロ」判決　❾ 2000·6·2 政
元オウム真理教幹部に続々判決　❾ 2000·6·6 社／ 2003·5·19 社／ 10·31 社
宇都宮市宝石店放火殺人事件　❾ 2000·6·11 社
ソニー欧州本社ビル(ベルリン)完工　❾ 2000·6·14 政
参天製薬脅迫事件　❾ 2000·6·15 文
三宅島噴火情報避難　❾ 2000·6·26 社／ 8·29 社
元建設相中尾栄一逮捕　❾ 2000·6·30 政
金融庁発足　❾ 2000·7·1 政
雪印乳業食中毒事件　❾ 2000·7·1 社／ 2001·7·26 社／ 2002·1·28 社
沖縄サミット二千円札発行　❾ 2000·7·19 社
沖縄サミット開会　❾ 2000·7·21 政

(ジャーナリスト)黒田清、歿す　❾ 2000·7·23 文
三菱自動車リコール問題　❾ 2000·7·26 社／2001·2·1 社
iモードの利用者　❾ 2000·8·6 社
大分県野津町殺害事件　❾ 2000·8·14 社
森首相、東南アジア訪問　❾ 2000·8·19 政
日本·北朝鮮国交正常化交渉　❾ 2000·8·22 政／10·30 政
ロシア大統領プーチン、来日　❾ 2000·9·3 政
家電リサイクル回収費用　❾ 2000·9·4 社
ロシアへ秘密情報漏洩事件　❾ 2000·9·8 政
東海地方局地的豪雨　❾ 2000·9·11 社
シドニー·オリンピック大会開催　❾ 2000·9·15 社
KDDI 設立　❾ 2000·10·1 社
中小企業経営者福祉事業団(KSD)不正融資問題　❾ 2000·10·6 社／2001·1·15 政
鳥取県西部地震　❾ 2000·10·6 社
中内ダイエー終幕　❾ 2000·10·10 政／2001·1·30 政／2002·1·18 政
白川英樹、ノーベル化学賞受賞　❾ 2000·10·10 文
台風十四号、東海地方に豪雨　❾ 2000·10·11 社
宇宙飛行士若田光一搭乗の米「ディスカバリー」打上げ成功　❾ 2000·10·11 文
パラリンピック·シドニー大会開会　❾ 2000·10·18 社
インターネット心中　❾ 2000·10·26 社
ギリシャで日本人観光客バスジャック事件　❾ 2000·11·4 社
石器捏造事件(藤村新一)　❾ 2000·11·5 文／2001·10·5 文
日本赤軍重信房子、高槻市内で逮捕　❾ 2000·11·8 社
自民党元幹事長加藤紘一、森首相の退陣要求　❾ 2000·11·10 政
オーストリアでトンネル内でケーブルカー火災事故　❾ 2000·11·11 社／2004·2·19 社
少年法改正、刑事罰対象年齢を十四歳以上とする　❾ 2000·11·28 社
高血圧治療薬「ディオバン」発売　❾ 2000·11月 文
東京渋谷金属バット殴打事件　❾ 2000·12·16 社
筋弛緩剤点滴殺人事件　❾ 2001·1·6 社
歯科医師国家試験問題漏洩事件　❾ 2001·1·6 文
森喜朗首相、アフリカ·ギリシャ訪問　❾ 2001·1·7 政
大相撲の決まり手増加　❾ 2001·1·7 社
外交機密費流用問題　❾ 2001·1·25 政
韓国人留学生ら、線路転落者救助、死亡事件　❾ 2001·1·26 社
関東甲信越地方、大雪　❾ 2001·1·27 社
日本航空機同志がニアミス　❾ 2001·1·31 社
ルーシー·ブラックマンさん事件　❾ 2001·2·10 社
宇和島水産高校実習船〈えひめ丸〉沈没事件　❾ 2001·2·10 社
スポーツ振興くじ「toto」発売　❾ 2001·3·3 社
日本人産業スパイ事件　❾ 2001·3·9 文
政府、デフレを公式に認める　❾ 2001·3·16 政
東京六大学野球、女性投手初登場　❾ 2001·3·28 社
三菱東京フィナンシャル·グループ、三井住友銀行発足　❾ 2001·4·2 政
歴史教科書問題　❾ 2001·4·3 文／4·10 文
台湾の李登輝前総統、来日　❾ 2001·4·10 政
中国輸入品に緊急輸入制限措置を暫定発動　❾ 2001·4·10 社
小泉純一郎内閣成立　❾ 2001·4·26 政
ゴールデンウィークの人出　❾ 2001·4·28 社
北朝鮮の金正男、不法入国を図る　❾ 2001·5·1 政
ハンセン氏病患者国家賠償訴訟　❾ 2001·5·11 文
海上自衛隊員覚醒剤使用事件　❾ 2001·5·14 社
小泉首相、骨太の方針　❾ 2001·5·18 政
大阪教育大付属池田小学校事件(宅間守)　❾ 2001·6·8 社／2003·8·28 文
小泉首相、訪米　❾ 2001·6·30 政
ホンダ、フィット発売　❾ 2001·6月 社
日本歯科医師会ヤミ献金事件　❾ 2001·7·2 政／2004·7·14 政
日本沿海輿地全図(伊能忠敬)　❾ 2001·7·4 文
大阪·愛知·岐阜集団リンチ事件　❾ 2001·7·9 社
筑豊塵肺訴訟　❾ 2001·7·19 文
先進国首脳ジェノバ·サミット　❾ 2001·7·20 政
兵庫県明石歩道橋事件　❾ 2001·7·21 社
北方四島で韓国·北朝鮮漁船操業　❾ 2001·8·1 政
北海道広尾町幼児殺害事件　❾ 2001·8·8 社
旧石器時代の人骨化石発見　❾ 2001·8·8 文
全国戦歿者追悼式典　❾ 2001·8·15 政
〈浮島丸〉訴訟　❾ 2001·8·23 社
ロケットＨⅡＡ一号機、打上げ成功　❾ 2001·8·29 文
新宿歌舞伎町の雑居ビル火災　❾ 2001·9·1 社
新宿歌舞伎町の状況　❾ 2001·9·1 社
東京デイズニーシー、グランドオープン　❾ 2001·9·2 社
対日講和(サンフランシスコ)調印五十周年記念式典　❾ 2001·9·8 政
米国同時多発テロ　❾ 2001·9·11 社
スーパー·マイカル再建断念　❾ 2001·9·14 政
政府、対テロ軍事行動後方支援協力表明　❾ 2001·9·19 政
小泉首相、訪米　❾ 2001·9·25 政
テロ対策特別措置法　❾ 2001·10·1 政
(落語家)古今亭志ん朝、歿す　❾ 2001·10·1 文
プロ野球米大リーグのイチロー外野手、最優秀選手(MVP)·新人王となる　❾ 2001·10·7 社
小泉首相、中国訪問·韓国訪問　❾ 2001·10·8 政／10·15 政
大手スーパー、八千二百円の紳士服発売　❾ 2001·10·23 社
青森県住宅供給公社巨額横領事件　❾ 2001·10·26 社／2002·12·12 社
浜岡原子力発電所、冷却水漏れ問題　❾ 2001·11·10 政
愛子さま誕生　❾ 2001·12·1 政
海上保安庁巡視船、不審船攻撃·沈没させる　❾ 2001·12·22 政／2002·9·4 政
兵庫県明石市人工砂浜陥没·死亡事件　❾ 2001·12·30 社
小澤征爾、ウィーン·フィルハーモニー管弦楽団の「ニューイヤー·コンサート」指揮　❾ 2002·1·1 文
昨年の新車販売台数　❾ 2002·1·7 社
小泉首相、東南アジア訪問　❾ 2002·1·9 政
NGO 参加拒否問題(鈴木宗男·大西健丞)　❾ 2002·1·18 政
田中真紀子外相更迭　❾ 2002·1·29 政／2·20 政／6·20 政
米大統領ブッシュ、来日　❾ 2002·2·18 政
スーパーコンピュータ「地球シュミレーター」完成　❾ 2002·2月 文
台湾で日本の本がよく売れる　❾ 2002·2月 文
北九州連続殺人事件　❾ 2002·3·6 社
北方四島支援疑惑　❾ 2002·3·15 政
辻元清美議員私設秘書給与疑惑事件　❾ 2002·3·20 政
ペイオフの凍結解除　❾ 2002·4·1 政
BSE(狂牛病)問題　❾ 2002·4·2 社／8·9 社／2003·1·23 社／12·24 社／2004·1·19 社／4·16 社／2005·2·8 政／2006·1·20 政
新総理官邸竣工　❾ 2002·4·22 政
新拉致議連結成　❾ 2002·4·25 政
神戸市でイノシシ条例　❾ 2002·5·1 社
北朝鮮住民、瀋陽日本総領事館に亡命　❾ 2002·5·8 政
(落語家)柳家小さん、歿す　❾ 2002·5·16 文
日本の対外純資産　❾ 2002·5·24 政
日本経済団体連合会(経団連)発足　❾ 2002·5·28 政
サッカー·ワールドカップ日韓大会　❾ 2002·6·1 社
道路公団民営化　❾ 2002·6·21 社／2004·6·2 政／2005·4·5 政
小泉首相、韓国大統領金大中と会談　❾ 2002·7·1 政
肺癌治療薬イレッサ　❾ 2002·7·5 文／10·15 文
天皇·皇后、ポーランド·ハンガリー訪問　❾ 2002·7·6 政
国立広島原爆死歿者追悼平和祈念館開館　❾ 2002·8·1 政
第四十一回全国戦歿者追悼式　❾ 2002·8·15 政
柏崎刈羽原発三号機炉心隔壁にヒビ割れ　❾ 2002·8·23 政

小泉首相、北朝鮮訪問 ❾ **2002**·9·17 政
日朝平壌宣言 ❾ **2002**·9·17 政
小泉訪朝の内側 ❾ **2002**·9·17 文
韓国、「日本海」を「東海」に改称要請 ❾ **2002**·9·20 政
小泉第一次改造内閣 ❾ **2002**·9·30 政
小柴昌俊、ノーベル物理学賞受賞 ❾ **2002**·10·8 文
田中耕一、ノーベル化学賞受賞 ❾ **2002**·10·8 文
バリ島ディスコ前で爆発 ❾ **2002**·10·12 社
北朝鮮拉致被害者五人帰国 ❾ **2002**·10·15 政
潜水艦〈くろしお〉進水式 ❾ **2002**·10·23 政
日本への留学生数 ❾ **2002**·11·16 文
円周率の計算 ❾ **2002**·12·6 文
HⅡA 四号機、種子島宇宙センターから打上げ成功 ❾ **2002**·12·14 文
企業の倒産、戦後最悪 ❾ **2003**·1·7 政
特定失踪者問題調査会 ❾ **2003**·1·8 政
中国人強制連行問題 ❾ **2003**·1·15 政
ミスタードーナツ、肉まん事件 ❾ **2003**·1·16 社
北朝鮮脱出日本人妻 ❾ **2003**·1·17 政
貿易黒字 ❾ **2003**·1·27 政
国立大学法人法 ❾ **2003**·1·29 文
日本の女性茶髪率 ❾ **2003**·1月 文
デジタルカメラの国内と輸出向け出荷台数 ❾ **2003**·2·2 社
トヨタ自動車、経常利益 ❾ **2003**·2·5 政
小泉首相、韓国訪問 ❾ **2003**·2·25 政
新三種混合ワクチン接種問題 ❾ **2003**·3·13 文
ネット心中事件 ❾ **2003**·3·16 社
イラクの自由作戦 ❾ **2003**·3·20 政
幻の蝶「ブルゼワルスキー·アポロ」返還 ❾ **2003**·4·2 文
ザ·グレートサスケ覆面騒動 ❾ **2003**·4·13 社
福島第一原発六号機、点検のため停止 ❾ **2003**·4·15 政
六本木ヒルズ開業 ❾ **2003**·4·25 社
パナウェーブ研究所騒動 ❾ **2003**·4·28 社
小惑星探査機「はやぶさ」打上げ成功 ❾ **2003**·5·9 文
個人情報保護法 ❾ **2003**·5·23 政
新ビタミン「ピロロキノリンキノン」発見 ❾ **2003**·5·24 文
消防士殉職(神戸市) ❾ **2003**·6·2 社
韓国大統領盧武鉉、来日 ❾ **2003**·6·6 政
原子時計開発 ❾ **2003**·6·9 文
イラク復興支援特別措置法 ❾ **2003**·6·13 政
サラ金取立て自殺 ❾ **2003**·6·14 社
スーパーフリー集団暴行事件 ❾ **2003**·6·18 社
中国留学生福岡市一家殺害事件 ❾ **2003**·6·20 社
日本製種痘、生物テロ対策に採用 ❾ **2003**·6月 文
長崎市パーキングビル幼児殺害事件 ❾ **2003**·7·2 社
世界大企業番付 ❾ **2003**·7·7 政
文化庁、文化交流使を指定 ❾ **2003**·7·9 文
鴻池祥肇、少年犯罪者の親は「市中引回しの上、打ち首」発言 ❾ **2003**·7·11 社
民主党、自由党合流 ❾ **2003**·7·23 政
宮城県北部地震 ❾ **2003**·7·26 社
沖縄ゆいレール開通 ❾ **2003**·8·10 社
医師名義貸し問題 ❾ **2003**·8·13 文
住基ネット問題 ❾ **2003**·8·15 政
北朝鮮貨客船〈万景峰92〉新潟入港 ❾ **2003**·8·25 政
六か国協議(北朝鮮問題)開始 ❾ **2003**·8·27 政
沖縄の資材置場で対戦車ロケット弾など爆発 ❾ **2003**·8·31 政
全地球測位システム(GPS)付き電動自転車 ❾ **2003**·8月 社
自民党総裁選挙 ❾ **2003**·9·8 政
阪神フィーバー ❾ **2003**·9·15 社
北海道十勝沖地震 ❾ **2003**·9·26 社
旧日本軍遺棄毒ガス兵器(中国) ❾ **2003**·9·29 政
ディーゼル車、走行規制 ❾ **2003**·10·1 社
小泉首相、インドネシア訪問 ❾ **2003**·10·7 政
小泉首相、中曾根·宮澤両元首相に政界引退要請 ❾ **2003**·10·23 政
視聴率調査不正事件 ❾ **2003**·10·24 社
暴力団使用者責任 ❾ **2003**·10·30 社
日本語と中国語の同時通訳者養成 ❾ **2003**·10月 文
日米改定租税條約調印 ❾ **2003**·11·6 政
ヤミ金融の帝王逮捕 ❾ **2003**·11·13 社
ハンセン病者宿泊拒否事件 ❾ **2003**·11·18 文
オレオレ詐欺 ❾ **2003**·11·20 社／**2004**·1·29 文
イラクで日本人外交官殺害 ❾ **2003**·11·29 政
ロケットHⅡA 六号、打上げ失敗 ❾ **2003**·11·29 文
地上デジタル放送開始 ❾ **2003**·12·1 社
珠洲原子力発電計画凍結 ❾ **2003**·12·3 政
イラクへ自衛隊と文民とを派遣 ❾ **2003**·12·9 政／**2004**·1·9 政／1·19 政／**2006**·2·16 政／7·17 政
懲戒免職された教職員(全国) ❾ **2003**·12·22 文
小泉首相、靖国神社参拝 ❾ **2004**·1·1 政
鳥インフルエンザ ❾ **2004**·1·12 社／2·27 社
改正航空法 ❾ **2004**·1·15 社
韓国、竹島切手発行 ❾ **2004**·1·16 政
B 型肝炎問題 ❾ **2004**·1·16 文
司法制度改革推進本部 ❾ **2004**·1·29 政
青色発光ダイオード(LED)特許問題 ❾ **2004**·1·30 文／**2005**·1·11 文
関西の劇場 ❾ **2004**·1月 文
暴力団資金洗浄事件 ❾ **2004**·2·5 社
北朝鮮拉致問題 ❾ **2004**·2·11 政／4·1 政
郵政民営化 ❾ **2004**·2·17 政／**2005**·4·4 政／**2006**·1·23 政
暴力団抗争相次ぐ(関西) ❾ **2004**·2·22 社
ヤフー BB から個人情報流出 ❾ **2004**·2·24 社
オウム真理教松本智津夫に死刑判決 ❾ **2004**·2·27 社／**2006**·9·15 社
嫡出子と非嫡出子との戸籍問題 ❾ **2004**·3·2 社
遺伝子スパイ事件 ❾ **2004**·3·10 文
三菱自動車欠陥車問題 ❾ **2004**·3·11 社
東京都内の日本語学校 ❾ **2004**·3·13 社
尖閣諸島魚釣島に中国人上陸 ❾ **2004**·3·24 政
国民年金未加入問題 ❾ **2004**·3·24 社／4·16 政／4·23 政
中国人強制連行訴訟 ❾ **2004**·3·26 政
米プロ野球大リーグ開幕戦、東京ドームで開催 ❾ **2004**·3·30 社
電子書籍配信開始 ❾ **2004**·4·1 文
韓国 TV ドラマ「冬のソナタ」放映、韓国ブーム起こる ❾ **2004**·4·3 文
イージス艦〈あたご〉進水式 ❾ **2004**·4·5 政
美女人体盛宴(女体盛り)禁止 ❾ **2004**·4·5 社
アル·ジャジーラ、日本人拘束 ❾ **2004**·4·8 政、社
イオンの売上高三兆五四六二億円 ❾ **2004**·4·8 社
独ダイムラー社、三菱自動車の経営参加 ❾ **2004**·4·22 政
哺乳動物の「単発発生」 ❾ **2004**·4·22 文
シャープの隆盛 ❾ **2004**·4·27 政
市川海老蔵十一代目襲名公演 ❾ **2004**·5·1 文
刑務所の中の外国人 ❾ **2004**·5·4 社
上海日本領事館員のスパイ事件 ❾ **2004**·5·6 政
皇太子、記者会見 ❾ **2004**·5·10 政／6·8 政
ファイル交換ソフト「ウィニー」開発問題 ❾ **2004**·5·10 文／**2006**·3·15 文
トヨタ自動車の活躍 ❾ **2004**·5·11 政
(言語学者)金田一春彦、歿す ❾ **2004**·5·19 文
小泉首相、北朝鮮訪問 ❾ **2004**·5·22 政
横浜中華街料理店主射殺事件 ❾ **2004**·5·29 社
終末期医療に関する調査等検討会 ❾ **2004**·6·4 文
主要国首脳会議シーアイランド·サミット ❾ **2004**·6·8 政
人名用漢字見直し案 ❾ **2004**·6·11 文
ルマン耐久自動車レース、チーム郷優勝 ❾ **2004**·6·13 社
ハローキティ記念金貨 ❾ **2004**·6·14 社
曾我ひとみさん夫と再会 ❾ **2004**·7·9 政
民主党内のグループ ❾ **2004**·7·11 政

温泉偽装事件　❾ 2004·7·12 社
三菱東京フィナンシャル·グループ　❾ 2004·7·14 政／7·27 政
宝くじ二億円当たり券寄付　❾ 2004·7·24 社
サッカー·アジアカップ、日本優勝。反日騒動　❾ 2004·8·7 社
美浜原子力発電所、高温高圧の冷却水噴出　❾ 2004·8·9 政
沖縄国際大に米軍ヘリコプター墜落·炎上　❾ 2004·8·13 政
オリンピック·アテネ大会開催　❾ 2004·8·13 社
第五十九回終戦記念日·全国戦歿者追悼式　❾ 2004·8·15 政
諫早湾干拓事業　❾ 2004·8·26 社
タクシー強盗殺人事件　❾ 2004·9·1 社
台風十八号暴風雨の猛威　❾ 2004·9·7 社
(作家)水上勉、歿す　❾ 2004·9·8 文
小泉首相、ブラジル·メキシコ訪問　❾ 2004·9·13 政
日米首脳(小泉·ブッシュ)ニューヨーク会談　❾ 2004·9·21 政
韓国人の日本に対する感想　❾ 2004·9·22 政
日本の国の借金　❾ 2004·9·24 政
円周率の暗唱　❾ 2004·9·25 文
アナフィラキシーで死亡　❾ 2004·9·27 社
台風二十三号、中四国·近畿を襲撃　❾ 2004·10·19 社
新潟県中越地震　❾ 2004·10·23 社
イラクで香田証生さんが拉致される　❾ 2004·10·26 政
中国で日本語学習盛ん　❾ 2004·10月 文
一万円札(福澤諭吉)·五千円札(樋口一葉)·千円札(野口英世)新札発行　❾ 2004·11·1 政
奈良·学園大和町有山楓ちゃん殺害事件　❾ 2004·11·17 社
ロボットのプロダクション会社設立　❾ 2004·11·19 文
ロシアから残留孤児、来日　❾ 2004·11·25 政
韓国、日本をWTO提訴　❾ 2004·12·1 政
今年の流行　❾ 2004·是年 社
インドネシア·スマトラ島沖地震·津波に自衛隊派遣　❾ 2005·1·4 政
米国での日本車販売台数三割超　❾ 2005·1·4 政
宮中、歌会始の儀　❾ 2005·1·14 文
憲法改正試案(世界平和研究所)　❾ 2005·1·20 政
北朝鮮拉致被害者問題　❾ 2005·1·26 政
特定外来生物による被害　❾ 2005·1·31 社
世界の大学ランキング　❾ 2005·1月 文
ワープロソフト「一太郎」　❾ 2005·2·1 文
ニッポン放送株公開買付け問題　❾ 2005·2·8 政／2006·6·5 政
京都議定書発効　❾ 2005·2·16 政
中国、東シナ海で天然ガス田開発　❾ 2005·2·18 政／9·9 政
西武鉄道名義偽装問題　❾ 2005·2·19 社
ロケットＨⅡＡ七号打上げ成功　❾ 2005·2·26 文
ソニー、初の外国人トップ　❾ 2005·3·7 社
竹島の日制定　❾ 2005·3·16 政
福岡県西方沖地震　❾ 2005·3·20 社
愛·地球博(愛知万博)　❾ 2005·3·24 社／9·25 社
中国·成都で反日暴動　❾ 2005·4·2 政／4·17 政
福知山線脱線事故、一〇七人死亡　❾ 2005·4·25 社
北朝鮮、短距離ミサイルを日本に向け発射　❾ 2005·5·1 政
イラクのイスラム派、日本人を拘束　❾ 2005·5·9 政
宇宙旅行七人分販売　❾ 2005·5·12 社
高額納税者　❾ 2005·5·16 社
来日中の呉儀中国副首相、小泉首相との会談を拒否して帰国　❾ 2005·5·23 政
硫黄島戦歿者追悼式　❾ 2005·6·19 政
天皇·皇后、サイパン島慰霊訪問　❾ 2005·6·27 政
リフォーム工事商法　❾ 2005·6·30 社
海外に日本の二輪車工場設立ブーム　❾ 2005·6月 政
主要国首脳会談(グレンイーグルズ·サミット)、小泉首相参加　❾ 2005·7·6 政
橋梁工事談合事件　❾ 2005·7·12 政
ファミリーマート、米国に出店　❾ 2005·7·20 社
野口聡一を乗せた米スペースシャトル「ディスカバリー」打上げ成功　❾ 2005·7·26 文
ニュートリノ問題　❾ 2005·7·28 文
広島第六十回原爆忌　❾ 2005·8·6 政
平和祈念式典　❾ 2005·8·9 政
小泉首相、戦後六十年談話　❾ 2005·8·15 政
国民新党結成　❾ 2005·8·17 政
新党日本結成　❾ 2005·8·21 政
洋野菜の普及　❾ 2005·8月 文
国民生活の豊かさ(国連)　❾ 2005·9·7 社
郵政民営化選挙　❾ 2005·9·11 政
小泉首相、靖国神社参拝　❾ 2005·10·17 政
インターネットバンキング　❾ 2005·11·1 社
紀宮結婚式、披露宴メニュー　❾ 2005·11·15 政、社
耐震強度構造計算書偽装事件(姉歯建設)　❾ 2005·11·17 社／2006·1·17 社
広島小一女児殺害事件　❾ 2005·11·22 社
探査機「はやぶさ」、小惑星イトカワに再着陸　❾ 2005·11·26 文
みずほ証券誤発注事件　❾ 2005·12·8 政
行政改革の重要方針　❾ 2005·12·24 政
米軍女性兵士ひき逃げ事件　❾ 2005·12·28 政
地域検定流行　❾ 2005·12月 社
ケータイ(携帯電話)の風景　❾ 2005·12月 文
初詣の人出　❾ 2006·1·1 社
うるう秒設置　❾ 2006·1·1 文
ライブドア問題　❾ 2006·1·16 政
陸域観測衛星「だいち」(ＨⅡＡ八号)打上げ成功　❾ 2006·1·24 文
高砂義勇隊慰霊碑　❾ 2006·2·8 政
堀江送金偽メール騒動　❾ 2006·2·8 政
飛鳥美人にカビ(高松塚古墳)　❾ 2006·2·9 文
神戸空港開港　❾ 2006·2·16 社
ロケットＨⅡ九号打上げ成功　❾ 2006·2·18 文
軽自動車流行　❾ 2006·2月 社
在沖縄海兵隊のグアム移転費用　❾ 2006·3·14 政
プロ野球WBC、王ジャパン優勝　❾ 2006·3·20 社
竹島問題　❾ 2006·4·14 政
阪南市屎尿·汚泥処理施設談合事件　❾ 2006·4·18 社
北朝鮮拉致問題(米下院)　❾ 2006·4·27 政
秋田連続児童殺人事件　❾ 2006·5·18 社
大阪社会保険事務局不正事件　❾ 2006·5·23 政
全国の自殺者数　❾ 2006·6·1 社
ドミニカ共和国移民問題　❾ 2006·6·7 政
完全養殖マグロ　❾ 2006·6月 社
北朝鮮、テポドン発射　❾ 2006·7·5 政
国旗·国歌問題　❾ 2006·7·21 政
岐阜県裏金問題　❾ 2006·8·3 政
冥王星、惑星から格下げ　❾ 2006·8·24 文
福岡·海の中道飲酒運転事故　❾ 2006·8·25 社
山中伸弥、iPS細胞について発表　❾ 2006·8·28 文／2007·11·20 文
凍結精子による父親認知訴訟　❾ 2006·9·4 社
悠仁親王誕生　❾ 2006·9·6 政
ロケットＨⅡＡ十号打上げ成功　❾ 2006·9·11 文
校内暴力　❾ 2006·9·13 文
対北朝鮮金融制裁措置　❾ 2006·9·19 政／10·13 政
向井亜紀、代理出産問題　❾ 2006·9·29 社
渡航移植の実態　❾ 2006·10·1 文
関東地方、暴風雨　❾ 2006·10·6 社
安倍首相、中国·韓国訪問　❾ 2006·10·8 政
中学生いじめ自殺(福岡)　❾ 2006·10·11 社
政府タウンミーティングの不正　❾ 2006·11·7 政
亀の外来種が日本勢を席巻　❾ 2006·12·1 文
死刑執行　❾ 2006·12·25 社
偽日本商品、中国から中東諸国へ輸出急増　❾ 2006·12月 政
正月三が日の人出　❾ 2007·1·1 社

松岡利勝農相、自殺　❾ 2007·1·3 政
(インスタントラーメン開発者)安藤百福、歿す　❾ 2007·1·5 文
防衛省発足　❾ 2007·1·9 政
厚相柳澤伯夫、「女性は産む機械」発言　❾ 2007·1·27 政
アリバイ会社脱税事件　❾ 2007·1月 社
日本映画の興行収入、外国映画を上回る　❾ 2007·1月 社
全国瞬時警報システム導入　❾ 2007·2·9 政
第一回東京マラソン開催　❾ 2007·2·18 社
ロケットＨⅡＡ十二号打上げ成功　❾ 2007·2·24 文
春日祭　❾ 2007·3·13 文
リンゼイ·アン·ホーカー殺人事件　❾ 2007·3·26 社
東京ミッドタウン(六本木)開業　❾ 2007·3·30 社
南米パラグアイのビクトリア社長誘拐事件　❾ 2007·4·1 政
赤ちゃんポスト「こうのとりのゆりかご」設置　❾ 2007·4·5 社
中国首相温家宝、来日　❾ 2007·4·11 政
JR 北海道、デュアル·モード·ビークル走行　❾ 2007·4·14 社
サンダーバード強姦事件　❾ 2007·4·21 社
東京新丸の内ビルディング(新丸ビル)開業　❾ 2007·4·27 社
第七十八回メーデー　❾ 2007·4·28 社
警視庁、公費懸賞金制度発足　❾ 2007·5·1 社
韓国、日本の植民地支配に協力した「親日派」の土地など没収　❾ 2007·5·2 政
ペッパーランチ強姦事件(大阪心斎橋)　❾ 2007·5·9 社
民間刑務所開設　❾ 2007·5·13 社
世界最良の観光客(日本人)　❾ 2007·5·23 社
都会にネットカフェ難民が増加　❾ 2007·5月 社
主要国首脳会談(ハイリゲンダム·サミット)開催　❾ 2007·6·5 政
在日本朝鮮人総連合会(朝鮮総連)中央本部の土地·建物　❾ 2007·6·12 社
ピンクパンサー強盗事件　❾ 2007·6·14 社
大相撲「かわいがり」殺人事件　❾ 2007·6·26 社
弁当の種類　❾ 2007·6月 文
新潟県·中越沖地震　❾ 2007·7·16 社
(心理学者)河合隼雄、歿す　❾ 2007·7·19 文
中国で日本産コメ発売　❾ 2007·7·26 社
富士重工業、EV(電気自動車)発表　❾ 2007·7月 社
横綱朝青龍、大相撲出場停止　❾ 2007·8·1 社
第六十二回原爆忌·長崎平和祈念式　❾ 2007·8·6 政／8·9 政
猛暑　❾ 2007·8·15 社
闇サイト殺人事件　❾ 2007·8·24 社
(日本研究家)サイデンステッカー、歿す　❾ 2007·8·26 文
中部大阪商品取引所、「手振り」禁止　❾ 2007·8·31 政
歌声合成ソフト「初音ミク」発売　❾ 2007·8·31 社
安倍首相、退陣表明　❾ 2007·9·12 政
ロケットＨⅡＡ十三号打上げ成功　❾ 2007·9·14 文
イランで日本人誘拐事件　❾ 2007·10·7 政
(建築家)黒川紀章、歿す　❾ 2007·10·12 文
中教審の中間報告　❾ 2007·10·27 文
自民·民主両党による大連立構想　❾ 2007·11·2 政
山田洋行事件　❾ 2007·11·8 政
技能五輪全国大会　❾ 2007·11·14 政
『ミシュランガイド東京 2008』発刊　❾ 2007·11·19 社
日本の世界での評判　❾ 2007·11·23 政
国際学習到達度調査(十五歳男女)　❾ 2007·12·4 文
死刑執行者の氏名公表　❾ 2007·12·7 社
海上自衛隊三佐をデータ漏洩で逮捕　❾ 2007·12·13 政
ブラジルで代理処罰　❾ 2007·12·17 社
エンバーミング　❾ 2007·是年 政
松下電器、パナソニックに改称　❾ 2008·1·10 政
新テロ対策法　❾ 2008·1·11 政
在日外国人留学生調査　❾ 2008·1·14 文
(日本画家)片岡球子、歿す　❾ 2008·1·16 文
大相撲初場所白鵬優勝　❾ 2008·1·28 社
中国冷凍ギョーザ中毒事件　❾ 2008·1·30 社
トヨタ自動車、世界一となる　❾ 2008·2·2 政
KY 式日本語　❾ 2008·2·7 文
イージス艦〈あたご〉衝突事件　❾ 2008·2·19 政
メイプルソープ猥褻物訴訟　❾ 2008·2·19 社
ロケットＨⅡＡ十四号打上げ成功　❾ 2008·2·23 文
映画「靖国」助成金問題　❾ 2008·3·12 文
名古屋スナック強盗殺人事件　❾ 2008·3·14 社
北海道洞爺湖サミット　❾ 2008·3·18 政／4·5 政／7·7 政
荒川沖駅連続死傷事件(JR 常磐線)　❾ 2008·3·23 社
沖縄集団自決強要問題　❾ 2008·3·28 政
韓国大統領李明博、来日　❾ 2008·4·21 政
中国国家主席胡錦濤、来日　❾ 2008·5·6 政
舞鶴市女子高生殺害事件　❾ 2008·5·8 社
女子プロボクシング(日本初)興行　❾ 2008·5·9 社
福田康夫首相の忙しい二日間　❾ 2008·5·28 政
無期懲役受刑囚数　❾ 2008·5·31 社
日本人の宗教観、アンケート調査　❾ 2008·5月 社
(サッカー元日本代表監督)長沼健、歿す　❾ 2008·6·2 社
競泳ジャパンオープン開催。レーザーレーサー水着問題　❾ 2008·6·6 社
無差別殺人横行　❾ 2008·6·8 社
小学校教員採用試験問題(大分)　❾ 2008·6·14 文
無保険の子(保護者が国民健康保険無加入)問題　❾ 2008·6·28 文
宇宙結婚式予約受付　❾ 2008·7·1 社
竹島問題(新学習指導要領)　❾ 2008·7·14 政
生活保護者世帯数　❾ 2008·7月 社
(漫画家)赤塚不二夫、歿す　❾ 2008·8·2 文
第六十三回原爆忌　❾ 2008·8·6 政
北京オリンピック開催　❾ 2008·8·9 社
五輪メニュー(中国)　❾ 2008·8·13 政
大相撲麻薬事件　❾ 2008·8·18 社
三笠フーズ中国汚染米事件　❾ 2008·9·5 政
高知·高校生落雷事件　❾ 2008·9·17 文
東金市女児殺害事件　❾ 2008·9·21 社
エチオピアで日本人女性医師誘拐される　❾ 2008·9·22 政
自転車事故賠償金約九千五百万円　❾ 2008·9·22 社
個室ビデオ店放火、十五人死亡　❾ 2008·10·1 社
南部陽一郎·小林誠·益川敏英、ノーベル物理学賞受賞　❾ 2008·10·7 社
下村脩、ノーベル化学賞受賞　❾ 2008·10·8 社
航空幕僚長田母神俊雄、更迭　❾ 2008·10·31 政
第一回緊急首脳会議(金融サミット)　❾ 2008·11·14 政
元厚生省高官殺害事件　❾ 2008·11·18 社
麻生首相、民主党代表小澤一郎と党首会談　❾ 2008·11·28 政
初代新幹線車輛０系運行終了　❾ 2008·11·30 社
(作曲家)遠藤実、歿す　❾ 2008·12·6 文
小学四年·中学二年生、数学·理科学力比較　❾ 2008·12·8 文
日·中·韓の三か国首脳会談　❾ 2008·12·13 政
間寛平、アースマラソン　❾ 2008·12·17 社
麻生首相、韓国訪問　❾ 2009·1·11 政
麻生首相、ダボス会議に出席　❾ 2009·1·29 政
電子書籍「キンドル DX」発売　❾ 2009·1·20 文／10·7 文
海上自衛隊、ソマリア沖出動　❾ 2009·2·3 政
エルアンドジー円天事件　❾ 2009·2·5 社
警視庁、ブログ悪意の書込み者を摘発　❾ 2009·2·10 社
先進七か国財務相·中央銀行総裁会議　❾ 2009·2·13 政
中川昭一大臣、酩酊辞任　❾ 2009·2·14 政
麻生首相、ロシア訪問　❾ 2009·2·18 政
映画「おくりびと」アカデミー外国語映画賞受賞　❾ 2009·2·22 文
麻生首相、オバマ米大統領と会談　❾ 2009·2·24 政
西松建設違法献金問題　❾ 2009·3·3 政
北朝鮮拉致被害者、金賢姫と面会　❾ 2009·3·11 政

ブルートレイン最終運行　❾ 2009・3・13 社
若田光一搭乗の米「ディスカバリー」打上げ成功　❾ 2009・3・15 文
第二回ワールド・ベースボール・クラシック優勝　❾ 2009・3・23 社
科学論文の引用回数ランキング　❾ 2009・3・24 文
豚インフルエンザ　❾ 2009・4・2 文
天皇・皇后ご結婚五十年　❾ 2009・4・10 政
第八十回メーデー　❾ 2009・4・29 社
新型インフルエンザ　❾ 2009・5・1 社
(歌手)忌野清志郎、歿す　❾ 2009・5・2 文
ロシア首相プーチン、来日　❾ 2009・5・11 政
裁判員制度開始　❾ 2009・5・21 政
厚生省偽証明書作成事件　❾ 2009・5・26 政
全米バターン・コレヒドール防衛兵の会　❾ 2009・5・30 政
臓器移植法改正案　❾ 2009・6・18 文
石川遼、男子プロゴルフ「ミズノオープン」で優勝　❾ 2009・6・29 社
大阪此花区パチンコ店放火殺人事件　❾ 2009・7・5 社
インターネット政治献金　❾ 2009・7・7 政
福井・九頭龍湖死体遺棄事件　❾ 2009・7・10 社
鳩山由紀夫、普天間基地は「最低でも県外に」　❾ 2009・7・19 政
中国・九州北部豪雨　❾ 2009・7・21 社
鹿児島県・悪石島で皆既日食　❾ 2009・7・22 社
「核家族化」により「病院死」が増加　❾ 2009・7月 社
(フジヤマのトビウオ)古橋広之進、歿す　❾ 2009・8・2 社
押尾学事件　❾ 2009・8・2 社
耳かき店員殺害事件　❾ 2009・8・3 社
高相祐一・酒井法子覚醒剤所持事件　❾ 2009・8・3 社
埼玉連続不審死事件　❾ 2009・8・6 社
みんなの党結党　❾ 2009・8・8 政
ヘリコプター搭載護衛艦〈いせ〉進水式　❾ 2009・8・21 政
第四十五回衆議院議員選挙、民主党大勝　❾ 2009・8・30 政
高山市防災救助ヘリ墜落　❾ 2009・9・11 社
ロケットHⅡB一号打上げ成功　❾ 2009・9・11 文
鳩山由紀夫内閣成立　❾ 2009・9・16 政
八ッ場ダム・川辺ダム建設中止　❾ 2009・9・17 政
鳩山首相、米国訪問　❾ 2009・9・21 政
『ミシュランガイド京都・大阪2010』　❾ 2009・10・13 社
鳩山首相の所信表明演説　❾ 2009・10・26 政
米大リーグのワールドシリーズ、ヤンキース優勝。松井秀喜MVP　❾ 2009・11・5 社
(俳優)森繁久彌、歿す　❾ 2009・11・10 文
天皇陛下御在位二十年記念式　❾ 2009・11・12 政
米大統領オバマのお辞儀　❾ 2009・11・14 政
東西合同大歌舞伎・吉例顔見世興行(京都南座)　❾ 2009・11・30 文
(日本画家)平山郁夫、歿す　❾ 2009・12・2 文
バイコヌール宇宙基地(カザフスタン)から宇宙船ソユーズ(野口聡一搭乗)打上げ成功　❾ 2009・12・21 文
鳩山首相、偽装献金事件　❾ 2009・12・24 政
ゲームソフト国内販売ランキング　❾ 2009・是年 社
現代葬儀事情　❾ 2009・是年 社
二〇〇九年の車名別新車販売ランキング　❾ 2010・1・8 社
小澤一郎陸山会(起訴議決)　❾ 2010・1・15 政
阪神・淡路大震災十五年(五百旗頭真)　❾ 2010・1・17 社
鳩山首相、実母から九億円献金問題　❾ 2010・1・21 政
日米共同実働訓練(自衛隊、王城寺原演習場)　❾ 2010・2・10 政
東京都、パンダ賃貸契約　❾ 2010・2・12 社
第二十一回バンクーバー冬季五輪開催　❾ 2010・2・12 社
(俳優)藤田まこと、歿す　❾ 2010・2・17 文
横浜事件、免訴決定　❾ 2010・2・4 社
輸入義務米問題　❾ 2010・3・16 政
白熱電球の製造中止式典　❾ 2010・3・17 社
平成の市町村合併終了　❾ 2010・3・23 社
アフガニスタンで日本人拉致　❾ 2010・3・30 政
口蹄疫騒動　❾ 2010・3月 社
NASA、スペースシャトル・ディスカバリー(山崎直子飛行士搭乗)打上げ成功　❾ 2010・4・5 文
沖縄返還密約事件　❾ 2010・4・9 政
中国海軍潜水艦、太平洋に向け航行　❾ 2010・4・10 政
徳之島で米軍普天間飛行場移設反対集会　❾ 2010・4・17 政
日本女子プロ野球リーグ開幕　❾ 2010・4・23 社
東京歌舞伎座最終公演　❾ 2010・4・28 文
福島千里、女子陸上百メートルで日本新記録　❾ 2010・4・29 社
中央メーデー(分裂)　❾ 2010・5・1 社
普天間基地問題　❾ 2010・5・7 政／5・28 政
各新聞社の鳩山首相に対する社説　❾ 2010・5・7 政
JAXA、HⅡAロケット十七号打上げに成功　❾ 2010・5・21 文
アップル社、新型携帯端末「iPad(アイパッド)」発売　❾ 2010・5・28 社
富士重工業、「EyeSight(アイサイト)」発売　❾ 2010・5月 社
お布施の目安を公表　❾ 2010・5月 社
文化審議会、改定常用漢字を答申　❾ 2010・6・7 文
菅直人内閣成立　❾ 2010・6・8 政
サッカー・ワールドカップ南アフリカ大会　❾ 2010・6・11 社
「はやぶさ」地球に帰還　❾ 2010・6・13 文
陸上自衛隊、10式戦車公開　❾ 2010・6・14 政
富山市呉羽町小竹貝塚で縄文時代の人骨大量出土　❾ 2010・6・24 文
シベリア・モンゴル元抑留者に係る特別措置法　❾ 2010・6・16 政
高額役員報酬の開示　❾ 2010・6月 政
大相撲での野球賭博問題となる　❾ 2010・6月 社
内需企業、海外で活躍　❾ 2010・6月 社
競走馬オグリキャップへの弔辞　❾ 2010・7・3 社
(劇作家)つかこうへい、歿す　❾ 2010・7・10 文
改正臓器移植法施行　❾ 2010・7・17 文
第一回瀬戸内国際芸術祭　❾ 2010・7・19 文
高齢者白骨ミイラ化問題　❾ 2010・7・28 社
ホットパンツの歴史と魅力　❾ 2010・是夏 社
広島市で六十五回目の原爆忌　❾ 2010・8・6 政
第九十二回全国高校野球選手権大会　❾ 2010・8・7 社
長崎原爆忌、長崎平和公園で開催　❾ 2010・8・9 政
日韓併合一〇〇年に当たり菅首相談話　❾ 2010・8・10 政
円高、十五年ぶりの高値水準　❾ 2010・8・11 政
ロボット演劇　❾ 2010・8・21 文
東京拘置所の死刑刑場を公開　❾ 2010・8・27 社
(元横綱)若乃花(花田勝治)歿す　❾ 2010・9・1 社
尖閣諸島に中国大型トロール漁船、船長逮捕　❾ 2010・9・7 政
ロケットHⅡA十八号宇宙センターから打上げ成功　❾ 2010・9・12 文
前原誠司外相とクリントン米国務長官、尖閣諸島につき会談　❾ 2010・9・23 政
プロ野球日本シリーズ、ロッテ優勝　❾ 2010・9・26 社
(女優)池内淳子、歿す　❾ 2010・9・26 文
(書家)榊莫山、歿す　❾ 2010・10・3 文
根岸英一・鈴木章、ノーベル化学賞受賞　❾ 2010・10・6 文
日之出郵船〈IZUMI〉、ソマリア沖で海賊に乗取られる　❾ 2010・10・10 政
中国で反日デモ　❾ 2010・10・16 政
(囲碁棋士)坂田栄男、歿す　❾ 2010・10・22 文
ファイル共有ソフト「ウィニー」で警視庁秘密資料がインターネット上に流出　❾ 2010・10・28 社
三洋電機、ホームベーカリー(家庭用パン焼き器)発売　❾ 2010・11・11 社
電子書籍サービス「honto」開始　❾ 2010・11・25 文
吉例顔見世興行(京都南座)　❾ 2010・11・30 文
新防衛計画大綱　❾ 2010・12・10 政
(女優)高峰秀子、歿す　❾ 2010・12・28 文

全国人気温泉地ランキング　❾ 2010·12 月 社
日本海側大雪　❾ 2011·1·1 社
ロケットＨⅡＢ二号機、無人補給機を載せ打上げ成功　❾ 2011·1·22 文
トヨタ自動車のがんばり　❾ 2011·1·24 政
君が代問題　❾ 2011·1·28 政
小澤一郎、政治資金規正法違反で起訴　❾ 2011·1·31 政
大相撲八百長事件　❾ 2011·2·2 社
トヨタ自動車、リコール問題　❾ 2011·2·8 政
鳩山前首相、海兵隊不適切発言　❾ 2011·2·13 政
ニュージーランド·クライストチャーチ地震、日本人二十八人死亡　❾ 2011·2·22 政
国際緊急援助隊、ニュージーランドに派遣　❾ 2011·2·22 政
中国よりパンダ「力力·真真」、来日　❾ 2011·2·21 社
京大入試インターネットカンニング事件　❾ 2011·2·24 文
二足歩行ロボットのフルマラソン大会　❾ 2011·2·24 文
東京·帝国劇場、開場百周年　❾ 2011·3·1 文
刑務官、受刑者の食物盗食い事件　❾ 2011·3·4 社
東日本大震災　❾ 2011·3·11 社
米国軍の友達作戦　❾ 2011·3·11 社
吉田原発所長、ひと芝居　❾ 2011·3·11 社
東京電力、計画停電発表　❾ 2011·3·13 社
石原慎太郎都知事、「天罰」発言　❾ 2011·3·14 政
天皇、東日本大震災被災者·国民に向けビデオメッセージ　❾ 2011·3·16 政
円高すすむ　❾ 2011·3·16 政
(米女優)エリザベス·テイラー、歿す　❾ 2011·3·23 文
海外からの震災支援申し出　❾ 2011·3·24 政／4·11 政
女子学生を○○ちゃんと呼んで処分　❾ 2011·3·25 文
X 線自由電子レーザー施設「さくら」完成　❾ 2011·3 月 文／ 2012·3·7 文
指定暴力団山口組の動向　❾ 2011·4·9 社
東日本大震災復興構想会議設置　❾ 2011·4·11 政
原子力事故の国際評価尺度レベル　❾ 2011·4·12 政
セ·パ両プロ野球リーグ、開幕　❾ 2011·4·12 社
東京ディズニーランド、再開　❾ 2011·4·15 社
海外日本人学校で初めての高等部(上海)　❾ 2011·4·16 文
(元歌手)田中好子、歿す　❾ 2011·4·21 文
(ソニー元社長)大賀典雄、歿す　❾ 2011·4·23 政
ソニーサイバーテロ事件　❾ 2011·5·1 政
JR 大阪駅、全面改装　❾ 2011·5·4 社
菅首相、浜岡原発全面停止要請　❾ 2011·5·6 政
農林水産関係被害発表　❾ 2011·5·11 政
立川六億四千万円強奪事件　❾ 2011·5·12 社
電子書籍の販売数　❾ 2011·5·19 文
韓国大統領李明博·中国首相温家宝、仙台空港に飛来、被災地訪問　❾ 2011·5·21 政
日本中央競馬会の新馬券、一億四六八五万円の当たり券　❾ 2011·5·22 社
格安航空会社(LCC)就航　❾ 2011·5·24 政
菅首相、ドービルサミットに出席　❾ 2011·5·24 政
山本作兵衛の炭坑作業記録画(世界遺産)　❾ 2011·5·26 文
JR 石勝線トンネル内で特急列車が脱線炎上　❾ 2011·5·27 社
ロシアの宇宙船「ソユーズ」(古川聡搭乗)打上げ成功　❾ 2011·6·8 文
スーパーコンピュータ(スパコン)「京」世界ランキング一位となる　❾ 2011·6·21 文
アイヌの生活実態調査　❾ 2011·6·24 政
消費税率を二〇一〇年までに一〇%とする　❾ 2011·6·30 政
高額納税者　❾ 2011·6·30 社
松本龍復興相、東北地方訪問　❾ 2011·7·3 政
日本製部品で高い快適性(七八七機·森田将孝)　❾ 2011·7·3 社
九州電力玄海原発問題　❾ 2011·7·4 政
北方領土墓参団　❾ 2011·7·6 政
米スペース·シャトル、最後の打上げ成功　❾ 2011·7·9 政
京都·祇園祭　❾ 2011·7·17 社
日本女子サッカー「なでしこ」ワールドカップで優勝　❾ 2011·7·18 社
アナログ放送から地上デジタル放送に　❾ 2011·7·24 社
(作家)小松左京、歿す　❾ 2011·7·26 文
日本人公墓(中国黒龍江省)破壊　❾ 2011·7 月 政
ナースキャップ廃止　❾ 2011·7 月 文
谷川浩司『月下推敲』刊　❾ 2011·7 月 文
「防衛白書」　❾ 2011·8·2 政
米の先物取引開始　❾ 2011·8·8 政
島田紳助、芸能界から引退　❾ 2011·8·23 社
ドジョウ内閣　❾ 2011·8·29 政
民主党野田佳彦内閣　❾ 2011·9·2 政
台風十二号、各地に豪雨　❾ 2011·9·2 社
「自炊」代行業者　❾ 2011·9·5 文
水資源商法詐欺事件　❾ 2011·9·8 社
アイドルグループ SMAP 北京公演　❾ 2011·9·16 文
野田首相、米国訪問　❾ 2011·9·20 政
(テノール歌手)五十嵐喜芳、歿す　❾ 2011·9·23 文
(歌舞伎俳優)中村芝翫、歿す　❾ 2011·10·10 文
大津市中二いじめ自殺事件　❾ 2011·10·11 文
タイ大洪水、被害を受けた日本企業　❾ 2011·10·16 政
皇后陛下、七十七歳誕生日　❾ 2011·10·20 政
(作家)北杜夫、歿す　❾ 2011·10·24 文
コンピュータ·サイバー攻撃　❾ 2011·10·25 政
大王製紙事件　❾ 2011·10·28 社
第一回大阪マラソン　❾ 2011·10·30 社
絞首刑は合憲　❾ 2011·10·31 社
フランス料理支える日本　❾ 2011·10 月 社
(参議院議長)西岡武夫、歿す　❾ 2011·11·5 政
オリンパス損失隠蔽事件　❾ 2011·11·8 政
オウム真理教元幹部遠藤誠一、死刑確定　❾ 2011·11·21 社
(落語家)立川談志、歿す　❾ 2011·11·21 文
へそくりアンケート実施　❾ 2011·11·22 社
尼崎連続殺人事件　❾ 2011·11 月 社
第四十二回東京モーターショー開催　❾ 2011·12·2 社
皆既月食　❾ 2011·12·10 社
韓国の日本大使館前に朝鮮人慰安婦少女像設置　❾ 2011·12·14 政
韓国大統領李明博、来日　❾ 2011·12·17 政
航空自衛隊次期主力戦闘機に F35 を選定　❾ 2011·12·20 政
ボクシング·トリプル世界タイトルマッチ　❾ 2011·12·31 社
仕掛け絵本が進化　❾ 2011·12 月 文
東京·築地市場で初競り　❾ 2012·1·5 社
陸上自衛隊のスーダン PKO 派遣旗授与式　❾ 2012·1·7 政
貿易収支、二兆四九七二億円の赤字　❾ 2012·1·25 政
(シャンソン歌手)芦野宏、歿す　❾ 2012·2·4 文
天皇陛下、心臓手術　❾ 2012·2·12 政
携帯電話、日本の総人口数を上回る　❾ 2012·2·21 社
歌手由紀さおり、海外で評判高く流行する　❾ 2012·2 月 文
格安航空会社(LCC)のピーチ·アビエーション就航　❾ 2012·3·1 社
東日本大震災追悼式　❾ 2012·3·11 政、社
AIJ、年金資産消失問題　❾ 2012·3·23 政
核安全サミット　❾ 2012·3·26 政
北朝鮮のミサイル打上げ対処方針　❾ 2012·3·30 政
日本に氷河認定　❾ 2012·4·5 社
九州暴力団抗争　❾ 2012·4·8 社
福島県飯館村全村避難(菅野典雄)　❾ 2012·4·10 政
吉本興業、百年記念公演　❾ 2012·4·13 文
東京都、尖閣諸島購入を発表　❾ 2012·4·16 政
補助人工心臓開発　❾ 2012·4·21 文
自動車無免許運転事故　❾ 2012·4·23 社
泊原発三号機停止、全国の原発五十基すべて停止　❾ 2012·

5·5 政
茨城県内で龍巻発生　❾ **2012**·5·6 社
世界によい影響を与えている国調査　❾ **2012**·5·11 政
野田首相、中国訪問　❾ **2012**·5·13 政
ロケットＨⅡＡ二十一号打上げ成功　❾ **2012**·5·18 文
東京スカイツリー完成　❾ **2012**·5·22 社
中国書記官スパイ疑惑事件　❾ **2012**·5·23 政
太平洋島サミット開催　❾ **2012**·5·25 政
(映画監督)新藤兼人、歿す　❾ **2012**·5·29 文
大飯原発再稼働許可　❾ **2012**·5·30 政
インド艦隊、来港　❾ **2012**·6·5 政
東電 OL 殺人事件　❾ **2012**·6·7 社
アイドルグループ AKB48、22nd シングル選抜総選挙　❾ **2012**·6·9 社
日本臓器移植ネットワーク、脳死移植　❾ **2012**·6·14 文
臓器移植をした男児の両親のコメント　❾ **2012**·6·14 文
海外投資家の日本国債保有残高　❾ **2012**·6·19 政
コンプリートガチャ禁止　❾ **2012**·7·1 社
福島第一原発事故調査報告書　❾ **2012**·7·5 政／7·23 政
外国人登録制度廃止　❾ **2012**·7·9 政
(女優)山田五十鈴、歿す　❾ **2012**·7·9 文
ロシア·ソユーズ宇宙船(星出彰彦搭乗)打上げ成功　❾ **2012**·7·15 文
みどりの風結成　❾ **2012**·7·17 政
無人補給船「こうのとり」(ＨⅡＢ三号)打上げ成功　❾ **2012**·7·21 文
夏季五輪ロンドン大会開催　❾ **2012**·7·27 社
パソコン遠隔操作·乗取りメール事件　❾ **2012**·7月 社
(元衆院議員)浜田幸一、歿す　❾ **2012**·8·5 政
韓国大統領李明博、竹島上陸　❾ **2012**·8·10 政
香港の活動家、魚釣島上陸　❾ **2012**·8·15 政
野田首相親書返送事件　❾ **2012**·8·17 政
ロンドン五輪日本代表パレード　❾ **2012**·8·19 社
韓国が竹島を不法占拠　❾ **2012**·8·24 政
東京·渋谷駅の状況　❾ **2012**·8月 社
尖閣諸島国有化　❾ **2012**·9·11 政／9·20 政
中国で反日デモ拡大　❾ **2012**·9·13 政
オスプレイ試験飛行　❾ **2012**·9·19 政
野田首相、訪米　❾ **2012**·9·24 政
日本維新の会発足　❾ **2012**·9·28 政
JR 東京駅丸の内駅舎復元·開業　❾ **2012**·10·1 社
山中伸哉、ノーベル賞受賞　❾ **2012**·10·8 文
沖縄米兵午後十一時からの外出禁止　❾ **2012**·10·16 政／11·2 社
橋下大阪市長朝日新聞取材拒否事件　❾ **2012**·10·16 政
自転車事故の賠償金　❾ **2012**·10·19 社
(作家)藤本義一、歿す　❾ **2012**·10·30 文
田中真紀子文科相、大学設置不許可事件　❾ **2012**·11·2 文
(女優)森光子、歿す　❾ **2012**·11·10 文
(政治評論家)三宅久之、歿す　❾ **2012**·11·15 社
妻のへそくり調査　❾ **2012**·11·21 社
豊川信用金庫立籠もり事件　❾ **2012**·11·22 社
吉例顔見世興行(京都南座)　❾ **2012**·11·30 文
(歌舞伎役者)十八代目中村勘三郎、歿す　❾ **2012**·12·5 文
第四十六回衆議院選挙、自由民主党圧勝　❾ **2012**·12·16 政
(日系人初の米連邦上院議員)ダニエル·イノウエ、歿す　❾ **2012**·12·17 政
安倍晋三内閣成立　❾ **2012**·12·26 政
東京株式市場、大納会　❾ **2012**·12·28 政
(日本国憲法の男女平等など起案者)ベアテ=シロタ=ゴードン、ニューヨークで歿す　❾ **2012**·12·30 政
年末年始の国内·海外旅行　❾ **2012**·12月 社

正誤表——新·国史大年表（全第10冊＋別巻1）

本文——頁、政·社·文、行　　［誤］→［正］

第1巻

10　1行目　ＢＣ219　徐福（除市）→（徐市ルビ：じょふつ）
195　社7　行心 →（ルビ：ぎょうしん　→　こうじん）
214　文30　「こきにし」→「こにきし」
416　政16　従五以下 → 従五位下
646　政21　刑部興 → 刑部卿
732　政6　贈る牒 → 送る牒
803、805、810、812、836　政治の要職一覧表【先皇】陽成法皇 → 陽成上皇
812　政治の要職一覧表【天皇】醍醐天皇 → 朱雀天皇
941　政18　右大臣藤原道長 → 左大臣藤原道長

第2巻

78　政3　率分匂当 → 率分勾当
465　社17　（造洒正）→（造酒正）
561　社5　11·16 → 11·18
639　社7　下総·信野　→ 下総·信濃
578　指標·政9　平安京遷都 → 平安京還都
824　社14　信鸞 → 親鸞
981　社22　後嵯峨上皇 → 後嵯峨法皇
1013　文16　坂手白峰寺 → 坂出白峰寺

第3巻

194　文16　大福寺本堂 → 大福光寺本堂
584　文12　勝手神社本殿の記事 →　トル
744　政2　地蔵職 →　地頭職
787　文8　飛鳥井雅世 →（ルビ：まさなり → まさよ）

第4巻

53　政22　朝倉貞景 →　朝倉教景
71　政8　芥陰承琥 →（ルビ：じんいんじょうこ → かいいんじょうこ）
934　政26　【1675·4·5】→【1675·④·5】
1010　政治の要職一覧表【関白】一條兼孝 → 九條兼孝

第5－Ⅰ巻

22　文4　豊後速吸社 → 豊後速吸日女社
36　1604年·政9　蝦夷徳山城主 → 蝦夷館山城主
125　政12　陸奥牡鹿郡 →（ルビ：おが → おしか）
203　社5　豊前熊本藩 → 肥後熊本郡
213　指標2　寛政二年 → 寛正二年
367　社14　香西哲雲 →（ルビ：かさいてつうん → こうさいてつうん）
774　文21　天野桃鱗 → 天野桃鄰
782　文11　服部拈甫 →　服部沽圃
795　文7　三代目杵屋勘五郎 → 二代目杵屋勘五郎

第5－Ⅱ巻

317　社29　茂木七郎右衛門 →茂木七郎左衛門
342　政21　【2·12】→【2·21】
389　文11　「（浮世絵師）安藤広重（62）歿す」の記事 → トル
644　文8　惇明館 →（ルビ：とんめいかん → じゅんめいかん）
681　指標27　伊勢田丸漂流廻 → 伊勢田丸漂流
807　政7　諸道具式 → 諸道具一式
906　文18　三亭春馬 → 三遊亭春馬
953　文2　松木弘庵 →（ルビ：まつもと → まつき）
956　文24　（日本画家）中村竹洞（78）歿すの記事 → トル

第6巻

33　政12　（翌年·1·15 批准書交換）→（翌年·1·5 批准書交換）
213　政18　古高俊太郎 →（ルビ：こたかしゅんたろう　→ ふるたかしゅんたろう）
228　政治の要職一覧表【老中】諏訪忠試 → 諏訪忠誠
258　政1　山口直亮 →山口直毅
597　文18　「栗子山遂道図」→「栗子山隧道図」
630　文5　（講談師）二世田辺南龍歿すの記事 → トル
645　政11　朝鮮漢城（京城）京城 → 朝鮮漢城（京城）
684　文29　所長長谷合弥七 →　所長谷合弥七
737　政20　3·21 民事訴訟法公布 → 4·21 民事訴訟法公布
737　政21　3·21 民法のうち財産編…を交付 → 4·21 民法のうち財産編…を交付
737　政22　10·16 同じく相続編…を交付 → 10·7 同じく相続編…を交付
737　政31　3·27 商法を交付 → 4·26 商法を交付

第7巻

383　文23　山形中藝 → 山形仲藝
420　政19　二九三三〇トン → 二万九三三〇トン
578　政5　12·3 → 12·12
843　指標8　北異東防兵→ 北冀東防共

第8巻

10　政28　1·29 → 1·25
151　政2　山田清一 → 山田精一
264　文5　園井恵子 → 園井恵子
297　政17　滋賀義雄 → 志賀義雄
414　文6　神戸女子学院大 → 神戸女学院大
427　政27　決戦投票 → 決選投票
489　社17　8·26 →　6·26
571　政7　岸信介 →（ルビ：しんすけ → のぶすけ）
589　文3　（長唄唄方）六代目芳村伊十郎（78）歿すの記事 → トル
605　文23　塚田鄄十一郎政相 → 塚田十一郎鄄政相
864　政29　金鐘泌 → 金鍾泌

第9巻

64　社12～14　「廻る元禄寿司」の記事 → 全文トル
85　政20　関する本国 → 関する日本国
89　社7　11·1 → 11·9
309　政7～8　【翌年·1·19】【12·17】→ 日付トル
412　社2　（料理研究家）土井勝（74）歿すの記事 → トル
422　社20　9月 → 8月
465　文32　史上最小 → 史上最年少
744　社12　「坂本弁護士拉致殺害事件」の記事 → 全文トル
833　文27　平吉毅州 →（ルビ：たいらよし→ ひらよし）
860　文3　曾廼家明蝶 → 曾我廼家明蝶
940　政16　中郡→　中部
953　指標5　清義 → 辻本清美
1001　政30～32　「北朝鮮の核問題をめぐる最初の六者協議」の記事 → トル
1043　政6　「家族八人～合意し」→ トル

正誤表

巻末索引（項目索引·人名索引）
――項目·人名、頁、段、行　［誤］→［正］

第 1 巻

項目　15　左上 8　898·4·16 社 → 898·4·26 社
項目　15　左上 27　995·2·7 政 → 995·2·22 政
項目　15　左上 32　686·柱 → 672·是年 社／686·是年 政
項目　15　左下 23　960·9 月 社 → 960·9·23 社
項目　15　左下 21　981·3·22 政 → 981·3·15 政
項目　15　右上 4　976·7·13 政 → 976·7·26 政
項目　15　右上 9　922·1·27 → 923·1·27 社
項目　15　右上 9　958·12·7 政 → 959·12·7 政
項目　15　右上 39　792·11·3 政 → 792·⑪·3 政
項目　15　右下 25　962·10 月 文 → 962·10·19 文
項目　15　右下 22　853·2·20 政 → 853·2·14 政
項目　15　右下 16　975·2·26 政 → 975·2·28 政
項目　15　右下 6　778·3·3 政 → 778·3·23 政
項目　16　左上 7　672·12·5 政 → 673·12·5 政、
項目　16　左上 9　749·11·29 政 → 749·11·25 政
項目　16　左上 10　766·11·22 政 → 765·11·23 政
項目　16　左上 15　782·11·13 政 → 781·11·13 政
項目　16　左上 12　672·12·5 政 → 673·12·5 政
項目　16　左上 14　749·11·29 政 → 749·11·25 政
項目　16　左上 15　766·11·22 政 → 765·11·23 政
項目　16　左上 15　782·11·13 政 → 781·11·13 政
項目　16　左上 24　3·8 政 → 3·6 政
項目　16　左下 29　833·11·15 政 → 833·11·16 政
項目　16　左下 30　884·11·22 政 → 884·11·23 政
項目　16　左下 22　749·5·20 文 → 749·⑤·20 文
項目　16　左下 3　**懿徳 35**·8·1 → **懿徳 35**·10·13
項目　16　右上 6　931·5·27 社 → 931·⑤·27 社
項目　17　左上 1　781·4·1 政 → 781·4·3 政
項目　17　左上 2　11·29 政 → 11·23 政
項目　17　左上 27　724·10·5 → 724·10·5 政
項目　17　左下 18　785·5·28 政 → 785·9·28 政
項目　17　左下 17　810·7·13 政 → 810·7·27 社
項目　17　右上 17　484·1·16 → 484·12 月
項目　17　右上 26　417·11·11 → 416·11·11
項目　17　右上 31　498·11·11 → 498·8 月
項目　17　右上 33　788·3·15 政 → 788·1·15 政
項目　17　右下 12　585·9·5 政 → 585·9·5
項目　17　右下 13　607·是年 → 607·是年 文
項目　18「4 官庁·役所」左上 29　710·1·27 → 710·1·27 政
項目　21　右上 15　（しゃいえこく）→（しゃえいこく）
項目　24　左下 18　鎮戌の兵 → 鎮戍の兵
項目　28「8 貨幣·貨幣偽造」左上 5　964·7·28 政 → 963·7·28 政
項目　28「8 貨幣·貨幣偽造」左上 25　814·8·23 政 → 814·8·21 政
項目　28「8 貨幣·貨幣偽造」左上 29　835·10·26 政 → 835·10·23 政
項目　28「8 貨幣·貨幣偽造」右上 12　3·21 政 → 3·16 政
項目　31　右上 15　792·11 月 政 → 792·11·24 社
項目　32　左上 1　712·1·17 社 → 712·10·17 社
項目　32　右上 13　470·1·14 → 470·1·13
項目　32　右上 30　680·10·17 政 → 680·10·4 社
項目　39　右下 7　延暦寺花台院 → 延暦寺華台院
項目　43　右上 3　日光三仏堂建（下野）→ 日光三仏堂（下野）
項目　44　右上 13　963·8·21 → 963·8·21 社
項目　55　左下　『実相般若波羅密多経』→『実相般若波羅蜜多経』
項目　61「28 ことば·文字」左上 3／左上 7　792·11·20 文 → 792·⑪·20 文
項目　61「28 ことば·文字」右上 11　670·12 月 政 → 670·是年 政
人名　68　右上 18　押金日尊 → 押武金日尊
人名　70　左上 22　**懿徳 35**·8·1 → **懿徳 35**·10·13
人名　70　中下 7　896·10·3 文 → 896·10·13 文
人名　70　中下 4　931·5·27 社 → 931·⑤·27 社
人名　75　左下 9　742·10·17 社 → 742·10·12 政
人名　80　中上 16　484·1·16 → 484·12 月／是年
人名　80　右下 26　781·4·1 政 → 781·4·3 政
人名　80　右下 20　11·29 政 → 11·23 政
人名　85　左上 50　810·7·13 政 → 810·7·27 社
人名　86　左上 12　662（柱の囲み）文 → 662·是年 文
人名　89　右上 12　**景行 17**·4·3 → **景行 18**·4·3
人名　89　右下 2　腆支 → 腆支王
人名　90　右下 25　壹与（とよ）→ 壱与（ルビ：いよ）
人名　91　右上 9　238·6 月 → 239·6 月
人名　91　右下 25　930·是年 文 → 930·延長年間 文
人名　91　右下 22　484·1·16 → 484·12 月
人名　92　右下 7　417·11·11 → 416·11·11
人名　98　左下 13　498·11·11 → 498·8 月
人名　98　中下 10　788·3·15 政 → 788·1·15 政
人名　101　左下 12　安簀姫 → 宮簀姫
人名　104　左下 40　若林續東人善光 → 若麻續東人善光
出典　107　右下 8　袋草子 → 袋草紙

第 2 巻

項目　12　右下 8　12·5 政 → 11·1 政
項目　13　左上 7　1179·12·16 政 → 1179·是頃 文
項目　13　左上 9　1009·11·25 → 1009·11·25 政
項目　13　左上 32　12·9 政 → 12·3 政、**1017**·4·9 政 → 1017·4·29 政
項目　13　左下 19～21　1123·1·19 政 → 1123·1·28 政、**1164**·9·18 政 → 1164·8·26 政、**1165**·8·26 政 → トル
項目　13　左下 6　1221·10 月 社 → 1221·⑩·10 社
項目　13　左下 6　1223·5 月 政 → 1223·5·27 政
項目　13　右上 1　1123·1·23 政 → 1123·1·28 政
項目　13　右上 16　1107·7·19 → 1107·7·19 政、文
項目　15　右上 28　率分所句当 → 率分所勾当
項目　16「6 軍事」右上 14　追補 →追捕
項目　24　左下 3　1182·1·6 社 →1183·1·7 社
項目　25「10 風俗（衣服·化粧·染色）」右上 1　1036·4·16 社 → 1030·4·15 社
項目　26「11 風俗（食べもの）」左上 21　（造洒正）→（造酒正）
項目　32　右上 35　佐女牛 → 左女牛
項目　50　右上 31　1227·是春 文 → 1227·4·12 文
項目　56「24 建築」左上 3　1273·是年 文 → 1273·2·5 文
項目　56「24 建築」左上 26　坂手白峰寺 → 坂出白峰寺
人名　78　右上 10　12·5 政 → 11·1 政
人名　79　中上 17　1146·是年 文 → 1146·5·26 政
人名　79　中上 20　1179·12·16 政 → 1179·此頃 文
人名　79　中下 2　1194·7·28 社 → 1195·7·28 社
人名　80　右上 33　12·9 政 → 12·3 政
人名　80　右上 33　1017·4·9 政 → 1017·4·29 政
人名　80　右下 4　1136·12·29 社 → 1136·12 月 社
人名　81　左下 3　渋谷新左衛門 → 渋谷新左衛門尉
人名　81　左下 2　渋谷新左衛門 → 渋谷喜左衛門
人名　83　右上 10　1225·9·20 政 → 1225·9·11 社
人名　84　中上 24～28　1123·1·19 政 → 1123·1·28 政
人名　84　右下 20　千光 → 千光房
人名　89　左上 9　1148·6·12 文 → 1148·⑥·12 文
人名　89　中下 22　1221·10 月 社 → 1221·⑩·10 社
人名　89　中下 22　1223·5 月 政 → 1223·5·27 政
人名　90　中上 2　主殿允 → 主殿允某
人名　90　中上 5　1123·1·23 政 → 1123·1·28 政
人名　97　中下 5　1129·3·29 文 → 1129·3·9 文
人名　99　中上 37　1200·3·4 政 → 1200·8·4 政
人名　99　右下 20　1020·10·16 政 → 1020·10·15 政
人名　102　左上 35　1225·9·11 社 → 1225·9·14 社

第3巻

項目　9　左上12　1333·5·25 政 → 1331·8·9 政
項目　10　左下6　1414·⑨·5 政 → 1414·⑨·10 政
項目　21　左上4　枳頭子（ルビ：きとうづ → きとうず）
項目　24　「8 銭·紙幣」右上5　1429·2·4 政 → 1429·2·21 政
項目　25　「9 社会一般」右上3　1337·1·7 社 → 1336·1·7 社
項目　26　左上4　1324·11月 社 → 1324·11·1 社
項目　31　左上11　1415·8·18 社 → 1415·8·16 社
項目　35　右上26　焰魔堂 →焰魔王堂
項目　37　左上1　法華寺 → 法華経寺
項目　45　左上23　1339·2·8 文 → 1339·2·18 文
項目　45　左上34　8·5 文 → 8·9 文
項目　54　「24 建築」右上17　吉備神社 → 吉備津神社
項目　55　右上11　1444·12月 文 → 1444·11·14 文
項目　55　右上23　1368·是年 文 → 1368·4月 文
項目　55　右上29　1284·10·28 文 → 1284·10·27 文
項目　55　右下11　1442·2·5 文 → 1442·2·6 文
項目　56　左上3　1327·9·20 文 → 1327·⑨·20 文
項目　56　右上10　1433·10·29 文 → 1433·10·20 文
人名　81　左上9　1417·6·17 社 → 1417·6·30 社
人名　83　左上16　11·10 政 → 11·7 政
人名　87　左下13　1325·1·16 文 → 1325·①·16 文
人名　87　中下14　1324·3·23 政 → 1324·3·20 政
人名　89　右上8　1299·2·11 社 → 1298·2·11 社
人名　95　中上25　1414·⑨·5 政 → 1414·⑨·10 政
人名　95　中上26　1425·6·28 政 → 1425·6·27 政
人名　108　中下22　1331·10·25 政 → 1331·10·21 政
人名　111　中上6　1304·4月 政 → 1304·3·22 政

第4巻

項目　4　「1 政治一般」左下20　武田印判 → 武家印判
項目　8　「3 天皇·皇室·改元」右上15　1593·1·29 政 → 1593·4·22 文
項目　15　右下7　鬼菌山城 → 鬼蘭山城
項目　16　左上7　孤戻城 → 狐戻城
項目　16　右上17　御著城 → 御着城
項目　23　「8 銭·貨幣」左上11　1558·4·14 政 → 1559·4·14 政
項目　39　右上6　1595·9·24 社 → 1595·9·12 社
項目　55　「25 建築·庭園」右上14　1534·8·3 文 → 1534·8·30 文
項目　55　「25 建築·庭園」右下15　1547·3月 文 → 1547·4月 文
項目　55　「25 建築·庭園」右下7　1465·7·28 文 → 1465·7·26 文
項目　55　「25 建築·庭園」右下4　1552·8月 文 → 1552·8·27 文
項目　56　左上4　1543·7·12 文 → 1543·6·12 文
項目　56　右上34　1522·10·2 文 → 1522·11·2 文
項目　56　右下23　1558·8·23 文 → 1558·9·23 文
項目　56　右下8　1576·5·14 文 → 1576·6·14 文
項目　62　左上14　1564·5·1420 文 → 1564·5·14～20 文
項目　64　「30 言葉」左下1　1568·8月 政 → 1568·9月 社
人名　72　右上32　1484·1·5 → 1484·1·5 政
人名　76　左下13　1541·12·20 → 1541·12·20 政
人名　80　右下2　1·29 政 → 4·22 文
人名　84　左上8　小田切治部少 → 小田切治部少輔
人名　87　右上23　義水 → 義永
人名　87　右下11　北代告衛門 → 北代右衛門
人名　89　中下30　金 ●（朝鮮）→ 金 訴（朝鮮）
人名　97　中下23　宍戸元続　→ 宍戸元次
人名　99　右下21　秋野坊 → 秋野坊某
人名　101　左下8　笑嶺宗● → 笑嶺宗訢
人名　104　右上20　宗佚 → 宗牧
人名　105　左下13　1521·11·11 文 → 1521·11·1 文
人名　106　左上18　多賀谷家植 → 多賀谷家稙
人名　112　左下32　1461·9·17 社 → 1462·9·17 社
人名　115　右上8　1471·8·15 政 → 1471·8月 文
人名　118　左下13　兵衛四郎 → 兵衛四郎大夫
人名　118　右上11　不干斉ハビヤン → 不干斉ハビアン
人名　122　中下31　1463·6·29 文 → 1463·6·28 文
人名　129　右下30　山本主馬 → 山本主殿
人名　131　左上14　米津清勝 → 米津親勝
人名　132　中下23　8·12 政 → 9·12 政

第5－Ⅰ巻

項目　4　「1 政治一般」左下16　1603·是春 政 → 1615·7·7 政
項目　8　左下2　1603·2月 政 → 1603·2·6 政
項目　10　「3 天皇·皇室·改元」左上36　11·8 政 → 1629·11·8 政
項目　23　「8 貨幣·貨幣偽造·金銭業」右上17　1969·5月 政 → 1696·5月 政
項目　24　左下22　1707·10·19 政 → 1707·10·13 政
項目　30　「10 風俗」右下1　1624·8·20 社 → 1624·3·17 社
項目　31　左下25　1680·享保年間 社 → 1680·寛文·延宝年間 社
項目　39　左上10　壇林 → 檀林
項目　66　左上25　『大学惑問』→『大学或問』
項目　72　「25 建築·庭園」左上12　1604·⑧月 文 → 1604·⑧·21 文
項目　72　「25 建築·庭園」左上21　1667·8·15 政 → 1667·8·15 文
項目　72　「25 建築·庭園」左上23　1602·10月 文 → 1602·11月 文
項目　72　「25 建築·庭園」左上27　1694·是年 文 → 1694·7月 文
項目　72　「25 建築·庭園」左下10　1650·7·23 文 → 1650·9·13 文
項目　73　左上15　1658·5·27 文 → 1658·4·27 文
項目　73　左上21　1605·8月 文 → 1605·8·18 文
項目　73　左上33　1660·是年 文 → 1660·万治年間 文
項目　75　右下14　滝の石 → 滝の石組
項目　79　左上10　1706·11·3 文 → 1706·11·5 文
人名　85　左上9　1636·10·20 社 → 1637·10·20 社
人名　86　左下20　1651·12·12 政 → 1651·12·11 政
人名　92　左下13　1609·10·6 政 → 1609·9·3 政
人名　93　中上22　大坂太座衛門 → 大坂太座左衛門
人名　93　中上27　大阪屋忠右衛門 → 大坂屋忠右衛門
人名　95　左上30　奥村八左衛門 → 奥村八右衛門
人名　95　中下16　1613·11·24 文 → 1613·12·28 文
人名　99　左上22　喜三郎 → 杵屋喜三郎
人名　101　右上5　計泉けつあん → 計泉げつあん
人名　103　右下16　11·8 政 → 1629·11·8 政
人名　105　右上18　吉左衛門 → 吉右衛門
人名　108　左下19　1618·11月 → 1618·11月 社
人名　110　中下1　1650·1·1月 政 → 1650·1月 政
人名　111　中下12　1673·8·1 政 → 1673·8·8 政
人名　112　左下16　武田野坡 → 竹田野坡
人名　113　左下2　谷 木困 → 谷 木因
人名　113　中下22　1602·6月 社 → 1602·6·2 社
人名　113　中下9 弾左衛門 → 弾左衛門頼兼
人名　118　右上25　1623·10月 政 → 1623·9·29 政
人名　119　右上2　1675·5月 文 → 1675·5·19 文
人名　119　右上2　1675·8月 文 → 1675·8·6 文
人名　121　左上25　1641·是年 文 → 1641·7·1 文
人名　122　中下19　1620·8·26 政 → 1620·7·22 政
人名　123　中下19　林 左衛門 → 林 兵左衛門
人名　124　左下27　1654·6·26 文 → 1654·6·25 文
人名　124　中下31～32　1611·4·10 政 → 1611·5·10 政
人名　125　左下4　1655·10·24 政 → 1655·9·24 政
人名　131　中上13　1709·1·27 政 → 1709·1·20 社
人名　131　右下15　フランススコ →フランシスコ

人名　133　左下 13　1675·8 月 文 → 1675·8·11 文

第 5 − Ⅱ巻

項目　5　左下 2　倹使心得 → 検使心得
項目　9「3 天皇·皇室·改元」右上 6　11·9 政 → 11·8 政
項目　9「3 天皇·皇室·改元」右上 23　1741·3·29 政 → 1741·2·29 政
項目　9「3 天皇·皇室·改元」右上 23　17446·1·21 政 → 1746·1·21 政
項目　9「3 天皇·皇室·改元」右上 24　5·21 政 → 5·2 政
項目　11　右上 31　定蕃奉行 → 定番奉行
項目　24　左下 8　1721·9·27 政 → 1721·9 月 政
項目　24　左下 6　1736·3 月 政 → 1736·5·12 政
項目　24　右上 12　7·15 政 → 7·18 政
項目　30　右下 24　1759·9·7 社 → 1759·10·7 社
項目　34　右上 4　1725·享保 8·9 年 社 → 1724·享保 8·9 年 社
項目　62「21 文化一般（趣味）」右上 20　1815·210 文 → 1815·2·10 文
項目　64　右上 28　蘭方外科 →蘭法外科
項目　67　左下 15　伊藤玄朴 →伊東玄朴
項目　68　右下 31　満州語 → 満洲語
項目　68　右下 30　満州文書 → 満洲文書
項目　69　左下 27『円理真術狐矢弦叩底』→『円理真術弧矢弦叩底』
項目　71「24 出版·印刷·書籍」右上 8　満州本 → 満洲本
項目　71「24 出版·印刷·書籍」右上 36『あけ鳥』→『あけ烏』
項目　73　右下 26『小倉百入染』→『小倉百人染』
項目　77　左上 9『郡書類従』→『群書類従』
項目　91「25 建築·庭園」左上 36　1740·是年 文 → 1740·9 月 文
項目　91「25 建築·庭園」右上 4　1820·是年 文 → 1820·1 月 文
項目　91「25 建築·庭園」右下 12　1749·4·29 文 → 1749·4 月 文
項目　92　右上 5　1826·4·10 文 → 1826·4·11、14 文
項目　92　右下 21　1749·6 月 文 → 1749·6·11 文
項目　92　右下 13　1760·3·26 文 → 1760·2·26 文
人名　112　中上 16　1793·10　文 → 1793·10 月 文
人名　114　左上 13　1749·1·18 政 → 1749·2·8 政
人名　117　右下 17　勘修寺婧子 → 勧修寺婧子
人名　127　中上 9　三亭 → 三遊亭
人名　128　右上 22　1816·6·2 政 → 1816·6·3 政
人名　130　右下 19　斎秀国 →観秀国
人名　132　中上 31　高梨兵右衛門 → 高梨兵左衛門
人名　137　右上 34（一橋）済惇 →（一橋）済敦
人名　138　左下 15　1848·2·11 → 1848·2·11 政
人名　140　中下 6　中村宗十郎 → 沢村宗十郎
人名　140　右上 8　中村福助 → 中村福之助
人名　145　左上 36　日暮庵 → 旦暮庵
人名　147　中上 27　1830·③ 社 → 1830·③月 社
人名　148　中上 28　本多忠南 → 本多忠肅
人名　149　中上 27　増島蘭暁 → 増島蘭畹
人名　149　中下 2　1836·6 政 → 1836·6 月 政
人名　150　中下 32　1849·12·13 政 → 1849·12·23 政
人名　151　中下 2　1756·1·27 社 → 1756·1·24 社
人名　151　右上 32　1829·6 文 → 1829·6 月 文
人名　151　右下 14　1827·3 文 → 1827·3 月 文
人名　152　左下 3　9 月 → 9 月 文
人名　152　中上 32　三浦悟門 → 三浦梧門
人名　153　左上 13　1828·3 政 → 1828·3 月 政
人名　155　左下 14　1741·3·29 政 → 1741·2·29 政
人名　155　左下 12　5·21 政 → 5·2 政
人名　156　中下 5　山田宗俊 → 山田宗純
人名　157　中下 23　揚 少棠 → 楊 少棠
人名　158　中上 30　1829·8 文 → 1829·8 月 文
人名　158　中下 16　李 学術 → 李 学述

第 6 巻

項目　5　右上 2 ／ 7　左上 32　賞典録 →賞典禄
項目　13　左下 25　1862·12·8 政 → 1862·12·9 政
項目　13　左下 21　1867·5·8 政 → 1867·5·6 政
項目　14　右上 4　1871·7·14 政 → 1871·7·27 政
項目　25「8 貨幣·貨幣偽造」左上 23　1868·12·3 政 → 1868·12·4 政
項目　35　左上 19　1867·10·22 政 → 1867·10 月 社
項目　41　左下 7　1868·10·28 社 → 1868·10·17 社
項目　41　右上 37　寺録 → 寺禄
項目　55　左上 13　満州 → 満洲
人名　70　右下 22　1868·1·10 政 → 1868·1·12 政
人名　71　右下 23　1871·是年 社 → 1871·12 月 社
人名　72　左上 12　1865·3·28 文 → 1865·3·22 文
人名　73　中上 2　1876·10·26 政 → 1876·10·27 政
人名　74　左下 11　1856·是年 文 → 1856·5 月 文
人名　74　左下 1　1865·9·10 政 → 1865·9·2 政
人名　74　右上 26　榎木政慮 → 榎本政慮
人名　75　左下 20　1856·3·11 文 → 1856·2·11 文
人名　76　中上 16　1867·6·19 政 → 1867·6·29 政
人名　78　左上 25　1883·12·14 政 → 1883·12·13 政
人名　79　左下 19　1857·10·14 社 → 1857·10 月 社
人名　82　右上 15　1873·是年 社 → 1873·12·16 社
人名　82　右上 27　1861·6·29 文 →1861·6·3 文
人名　83　右上 2　1868·1·10 政 → 1868·1·12 政
人名　83　右下 9　1865·4·25 → 1865·4·25 政
人名　84　左上 11　1893·10·14 政 → 1893·10·16 政
人名　84　左下 16　1856·6 政 → 1856·10·6 政
人名　84　右上 29　1872·5·13 文 → 1872·5·29 文
人名　85　左上 9　1889·4·18 政 → 1889·4·13 政
人名　85　中上 11　1868·1·10 政 → 1868·1·12 政
人名　86　中上 31　髙橋建之允 → 髙橋建之丞
人名　87　左下 25　1868·1·19 政 → 1868·1·17 政
人名　88　左下 11　津軽承枯　1855·9·28 文 → 津軽承祐　1855·7·28 社
人名　88　右上 22　寺尾生十郎 → 寺尾庄十郎
人名　89　中上 14　得五郎 → 目明し得五郎
人名　91　中上 23　1894·6 月 文 → 1894·6·7 文
人名　91　右下 14　野野山兼覚 → 野野山兼寛
人名　94　左上 16　1857·⑤·6 文 → 1857·6·3 文
人名　94　左下 23　1868·4·12 政 → 1868·4·11 政
人名　94　中下 27　1858·10·7 政 → 1858·10·4 政
人名　95　左下 14　1869·2·29 → 1869·2·29 政
人名　97　中下 27　1865·4 月 社 → 1865·4·19 社
人名　97　中下 14　1871·10 社 → 1871·10·10 社
人名　97　右下 16　1888·5·17 → 1888·5·17 文
人名　101　左上 4　ラクロッド → ラクロット

第 7 巻

項目　10「2 地方自治」左上 20　諸録処分法 →諸禄処分法
項目　15　右上 31　駐逐艦 → 駆逐艦
項目　22　右上 36　松阪屋呉服店 → 松坂屋呉服店
項目　23「8 貨幣」左上 1　1902·明治 35 年 政 → 1902·是年 政
項目　23「8 貨幣」右上 3　1930·1·20 政 → 1930·1·18 政
項目　28　左下 12　1930·5·28 社 → 1930·5·27 社
項目　28　右上 30　1905·11·17 社 → 1905·12·17 社
項目　28　右下 30　1906·4 月 社 → 1906·5·1 社
項目　30　右上 16　1930·是年 社 → 1930·2 月 社
項目　31「10 風俗」左上 13　1931·4·19 社 → 1931·4·18 社
項目　31「10 風俗」左上 16　1900·11·24 社 → 1900·11 月 社
項目　31「10 風俗」左上 17　1900·11·24 社 → 1900·11 月 社
項目　31「10 風俗」右下 9　1923·是年 社 → 1922·是年 社
項目　31「10 風俗」右下 6　1922·9 月 社 → 1922·是年 社
項目　32　左上 13　1922·1·29 社 → 1922·1 月 社

項目 32 左上25 1923·是年 社 → 1922·是年 社
項目 45 右下19 小須都町 →小須戸町
項目 72 右下8 異常なし → 異状なし
項目 73 左上18 新曲 → 神曲
項目 87 「30 言語·言葉」右上6 1921·1·2 文 → 1921·1·1 文
項目 90 右上31 1923·是年 社 → 1922·是年 社
項目 91 左下19 1927·12月 社 → 1927·是年 社
項目 91 右下10 ボンベイ → ポンペイ最後の日」(伊)
人名 94 中下1 桂助 → 圭助
人名 96 左上8 1921·10·20 社 → 1921·10·22 社
人名 100 右上6 1906·12·8 政 → 1906·12·18 政
人名 100 右上13 1910·6·11 政 → 1910·6·21 政
人名 107 右上35 沢村訥升 → 沢村訥子
人名 109 右下13 妲妃 →妲己
人名 110 中下25 ゾルゲ，スメドレー → アグネス，スメドレー
人名 112 左上24 鈴木克己 → 鈴木克巳
人名 113 左上28 1898年 社 → 1898·是年 社
人名 114 中上1 戸田花逢 → 戸田北逢
人名 114 右上11 1926·11·17 政 → 1926·11·18 政
人名 118 右上21 1897·是年 文 → 1897·是年 社
人名 118 右下27 坂東 → 阪東
人名 118 右下15 ピアノオスワン → オスワン（ピアノ）
人名 119 右上10 1913·1月 文 → 1913·2·1 文
人名 122 左上5 1898年 社 → 1898·是年 社
人名 125 左下12 山形中藝 → 山形仲藝
人名 126 左下14 （倉之允）1933·2·15 政 →（倉之丞）1933·2·14 政
人名 126 右下26 吉田追風 1903·11·1 社 → 吉田嘉助 1903·11·20 社
人名 126 右下19 1902·秋 社 → 1902·8月 社
人名 127 左下9 ラビンスキーソ，ラノミハイロワ → ラビンスキー，ミハイロワ

第8巻

項目 12 左上19 バール → パール
項目 41 右上26 1958·2·14 社 → 1958·2·12 社
項目 45 「10 風俗」左下9 1953·11月 社 → 1953·11·24 社
項目 46 「10 風俗」左上7 ライボン → ライポン
項目 46 「10 風俗」左上21 1953·11月 社 → 1953·11·24 社
項目 46 「10 風俗」右上17 1964·7·22 社 → 1964·7·20 社
項目 47 左上29 コロンパン →コロンバン
項目 49 「12 風俗（住居）」右下2 1952·10·18 社 → 1952·11·18 社
項目 50 「15 宗教」左下3 1949·5·28 社 → 1949·5·26 社
項目 51 「15 宗教」左下5 本道 → 本堂
項目 70 「18 運動·体育」左下6 鋼領 → 綱領
項目 78 「22 教育·学術」右上9 神戸女子学院大 → 神戸女学院大
項目 97 右下14 寄席「鈴木」→ 寄席「鈴本」
項目 104 「29 放送·ラジオ·テレビ」左下1 1945·9·10 文 → 1945·9·22 文
項目 111 左上9 1948·是年 政 → 1938·是年 政
項目 111 左下16 1948·是年 政 → 1946·是年 社
項目 111 左下12 「お熱いのがお好き」→「お熱いのがお好き」
人名 114 左上24 1946·5·1 政 → 1946·5·10 政
人名 114 左上25 5·10 政 → 5·11 政
人名 122 右下18 金 鐘泌 → 金 鍾泌
人名 124 右上38 1946·2 文 → 1946·2月 文
人名 126 左上4 椎乃宮→ 稚乃宮
人名 128 中下16 1962·10月 社 → 1962·10·24 社
人名 133 右上6 1960·6·8 政 → 1960·6·10 政
人名 133 右下11 1964·10·1 文 → 1964·10·5 文
人名 135 右上7 1952·8·9·8 文 → 1952·9·8 政
人名 136 左上23 1946·5·30 社 → 1946·6·3 社
人名 136 中下26 プラドマンボ，ペレス → プラド，ペレス（マンボ）
人名 140 右上6 柳屋三亀松 → 柳家三亀松
人名 141 左上5 1948·6·14 文 → 1948·6·13 文
人名 141 左下25 山田清一 → 山田精一
人名 141 中下5 （石川倉之允）→（石川倉之丞）

第9巻

項目 16 左下20／22／23／24 開放→ 解放
項目 20 右下3 建設運輸右大臣 →建設運輸大臣
項目 21 左下28 国家公安 → 国家公安相
項目 37 「8 貨幣」左上6 1982·4·11 政 → 1982·4·12 政
項目 37 「8 貨幣」右下1 1994·12·27 政 → 1994·12·17 政
項目 37 「8 貨幣」右下2 2003·2·24 政 → 2003·3·14 政
項目 44 右下26 三菱重工 → 三菱重工業
項目 53 右上24 1973·2·1 → 1973·2·1 社
項目 55 「10 風俗」左下18 1967·10·16 社 → 1967·10·18 社
項目 58 左上34 2008·8·6 政 → 2008·8·13 政
項目 59 「12 風俗」右上5 1981·10月 社 → 1981·10·30 社
項目 59 「12 風俗」右上12 1994·5·10 政 → 1994·5·13 政
項目 59 「12 風俗」右下23 2000·6·2 社 → 2000·6·5 社
項目 62 「15 宗教」右上4 稲荷神社 → 稲成神社
項目 91 「22 趣味·考古」右下1／2 1667·是年 社 → 1967·是年 社
項目 95 右下28 2011·6·20 文 → 2011·6·21 文
項目 97 左上5 大谷→ 大宅
項目 110 左上37 1974·3·2 文 → 1974·3·1〜24 文
項目 110 右上4 （東京·渋谷）→（東京·新宿）
項目 116 左上4 三日六十五歩 → 三百六十五歩
項目 120 「29 語学·日本語·言葉」左上24 1976·7·30 文 → 1976·7·27 文
項目 120 「29 語学·日本語·言葉」右上21 1982·是年 政 → 1982·12月 政
項目 122 左上22 星也 → 星矢
項目 126 左上13 1982·是年 政 → 1992·是年 政
項目 128 右上15 トッペルゲンガー → ドッペルゲンガー
項目 131 左上18 アジョジ →アジョシ
項目 132 右上23 1976·是年 社 → 1995·是年 社
項目 133 左上25 2001·是年 文 → 2004·是年 文
項目 133 右下 11 1986·是年 社 → 1985·是年 社
項目 135 左上37 2001·是年 文 → 1970·是年 文
項目 136 左上15 十二日簡 → 十二日間
項目 137 左上13 鉄の女 2010·是年 社 → 鉄の女の涙 2012·是年 社
項目 137 左上14 1997·是年 文 → 1998·是年 社
人名 141 中上11 1970·12·24 政 → 1970·12·22 政
人名 144 中下25 ウ·タン → ウ·タント
人名 144 右上26 樹理 → 樹里
人名 146 左下4 1970·1 文 → 1970·1月 文
人名 146 中下13 のぽる → のぼる
人名 146 右上34 1969·12·27 文 → 1969·12·26 文
人名 148 左上13 萩野孝弘 → 荻野孝弘
人名 148 左上14 萩野 昇 → 荻野 昇
人名 148 左上26 荻原葉子 → 萩原葉子
人名 150 中下15 カニングハム，→ カニンガム
人名 156 中下14 左良 → 佐良
人名 157 中下6 円落 → 円楽
人名 158 中上35 1969·3 文 → 1969·3月 文
人名 159 左下24 1974·7·25 政 → 1974·7·22 政
人名 159 左下18 新谷秀夫 → 新谷秀雄
人名 160 左上3 竹拍 → 竹柏
人名 161 中下5 2009·8·13 文 → 2009·8·17 文
人名 163 中下2 田伏 → 田臥
人名 165 左下6 1995·5·5 文 → 1995·5·8 文
人名 166 中上35 中内 功 → 中内 玏
人名 172 右下19 米大頭領 →米大統領

正誤表

人名　174　左上 14　増永文夫 → 増永丈夫
人名　176　左上 14　増子 → 増岡
人名　176　中上 34　松阪 → 松坂
人名　176　右下 9　松本 → 松山
人名　177　中上 27　1973·1 文 → 1973·1 月 文
人名　177　右上 25　水島 → 水島
人名　181　中上 23　204·12·6 文 → 2004·12·6 文
人名　182　中下 16　正士 →正史

あとがき

この年表を書き始めてから五十四年、刊行開始からほぼ十年、当初は最後まで完結できるのかと周囲はもちろん、自分でも少々不安であった。

途中で「複視」という目の病気になり、その間はすべてのものがみな二重に見えるというシュールな世界にいたが、幸いに目からの距離が近いせいか、原稿とパソコンだけは不思議によく見えた。不便な生活だったが、三年間ほどでほぼ自然治癒。その後、狭心症になり、病院到着までよく命がありましたねと言われたが、心臓近くの血管にカテーテル手術で「ステント」を入れ、血管を拡張していただきなんとか助かった。現在は「特発性間質性肺炎」という肺活量が少なくなる病気になったが、よくぞここまで辿りついた。周囲の方々の気配りや励まし、よき医師に恵まれ、感謝あるのみだ。

人名索引、項目索引など、普通に全巻をまとめたらできると簡単に考えていたが、時代の異なるものをまとめるということは容易ではなかった。例えば、宗教の寺院では大（太）山寺は「おおやまでら」「たいさんじ」「だいせんじ」との三通りの読みがあったり、人名でも井口が「いくち」「いのくち」、呉「くれ」「ご」、陸「くが」「りく」などなど。また、元首相は菅直人《かんなおと》、内閣官房長官は菅義偉《すがよしひで》、同じ姓「菅」でも片方は音の「かん」片方は訓の「すが」と読む。同じ姓で「菅野」も「かんの」と「すがの」があり、姓名の読み方は難しい。漢字の「画数引き」にすればよかったのかも知れないが、全巻「音訓読み」で作成した。

二〇一一年七月、日本女子サッカーチーム「なでしこジャパン」がFIFA女子ワールドカップ・ドイツ大会で優勝。キャプテンの澤穂希《さわほまれ》選手がマスコミに大きく取上げられた。この時、名字の「沢」は、「澤」と表記、報道された。これを機に、マスコミが人名の多くを略字体の常用漢字から、もとの旧漢字（本来の漢字）で表すようになったように思う。人名では、「龍（竜）」「瀧（滝）」「濱（浜）」「條（条）」「櫻（桜）」などが、目についた。これは「かな」から「漢字」へのパソコンでの転換が容易になったためだろうが、私はこれを「澤穂希効果」と名付けている。

また、作曲家團伊玖磨《だんいくま》は、「団」と書いてある郵便物は（自分宛ではないと）一切開封せずに捨てていた（團伊玖磨『続パイプのけむり』）そうだが、官能小説家団鬼六や女優団令子の筆名・芸名は「団」である。

ただ、すべての人名漢字が旧漢字に戻る傾向にある訳ではない。「斎藤の齋」「辺見の邊」などは、旧字体ではあまり見かけない。私の名前の「英」や「草」などの「くさかんむり」は旧字体では真ん中で切れているのだが、これも見かけることはない。

高校に勤務していたときのことだ。生徒の佐々木くんが、「先生、卒業証書は佐佐木と書いてください」と言ってきた。「どうしてですか、今まで佐々木だったじゃないですか」「いいえ戸籍は佐佐木なんです。だって『々』は記号で文字じゃないんです。戸籍は漢字で記号は使わないんです。家への連絡や生徒名簿はみな佐々木でいいので、卒業証書だけは宜しくお願いします」。その後、卒業証書はもちろん、「佐佐木」と楷書できちんと書いて頂いた。

姓名とは個人にとっても家族にとっても本当に大切なもので、簡単に統一できるようなものではない。特に人名漢字の扱いについては、気を引き締めてかからねばならない。それにしても千年後、いや百年後には漢字を巡る「ことば」の状況はどうなっているのだろうか。漢字の将来はまだ流動的だが、それだけ人名索引の作成は悩ましい限りである。

再版が待ち遠しい……一行にかけた思い

『朝日新聞』が、昭和五十七年（一九八二）の吉田清治証言「従軍慰安婦」についての強制連行記事の誤りを認め、取消すという騒ぎがあった（平成二十六年（二〇一四）八月五日）。

私はこの問題にかねてから関心があり、これまで多くの軍隊経験者から話を聞いたが、実際に強制されて、との話は聞いたことがなかった。また、平成十九年（二〇〇七）に中京大学浅《あさ》野《の》豊《とよ》美《み》教授（歴史学者、元アジア女性基金、「慰安婦」関係資料委員会委員）と共にビルマ派遣日赤従軍看護婦への聞取り調査をした際に、元看護婦らは、「慰安婦らは、戦地では、私たちよりも厚遇されていた」と、帰国時の状況を証言し、その話からも強制連行は実際はなかったと確信していた。

私は、当初、この吉田証言を第九巻に記載しようかどうかと考えあぐね、消しては書き、書いては消したが、結局記載しなかった。ところが先日の朝日の謝罪報道である。

この年表が再版されたとき、私はこう記載したいと願っている。

1982·9·2　元山口県労務報国会下関支部動員部長吉《よし》田《だ》清《せい》治《じ》が、朝鮮·済州島で従軍慰安婦を強制連行したと報告する。〔『朝日新聞』吉田清治「私の戦争犯罪·朝鮮人強制連行」〕

『朝日新聞』がこの記事を再三にわたり報道したため、日本政府が朝鮮人を強制連行し、従軍慰安婦(sex slaves)にしたとの認識が世界中に広がり、韓国をはじめ米国などでは慰安婦少女像が建設された。**2014·8·5**　『朝日新聞』は、「吉田証言『済州島で連行』は裏付けを得られず虚偽と判断」し、吉田証言に関する十六回の掲載記事を取消す。**9·11**　『朝日新聞』社長が記者会見、読者に謝罪する。「今になって謝罪したのは遅きに失した。記者会見では『読者に対して謝罪したい』と言っていたが、被害者は日本国や日本国民だ。」〔『読売新聞』九月十二日　平林博〕朝日新聞誤報・捏造記事。

項目索引・人名索引については、項目数があまりにも多くあり、少しでも見易くと分野別に再分類し、さらに年代順の主要事項索引を作成した。出来るなら索引を見ただけで歴史への興味を持っていただけるように時間をかけ工夫もしたつもりだが、やはり煩雑となり分かりにくくなったかも知れない。

十年の長きに渉り、どの場面にも絶大なご協力をいただいた盟友三和田安雄学兄には公私ともに特にお世話になった。国書刊行会の武田明子・浅野めぐみには編集・校閲などあらゆる面で特別のお世話になった。同社の礒崎純一・今井佐和子・永島成郎・中澤真野各氏にも心からお礼を申しあげたい。この「年表」出版の端緒をつくってくれた藝華書院の岸本健治氏のご恩には深く感謝したい。また題字をいただいた倉橋奇艸氏には深甚なる謝意を表する。索引作成・雑務には日置明美・英徳・摩弥・英仁・圭子・阿部真澄美・柏木三枝子・坂脇利永子・樋口悦三・三木祐子の協力を忘れることはできない。深く感謝あるのみ。

現在は、刊行された年表の正誤確認と記事追加、そして二〇一三年以降の記録を継続記述している。三代目は息子の英仁（兵庫県の私学甲陽学園勤務）に記録の継続を託し、第十一巻、十二巻と続けてくれることを切に願っている。

〈著者略歴〉

日置英剛（ひおき・えいごう）

一九三五年（昭和十年）一月十六日、鎌倉円覚寺黄梅院に生まれる。父は『国史大年表』『ものしり事典』『話の大事典』『日本系譜総覧』などを著した歴史家、日置昌一。

一九五八年、東京教育大学（現・筑波大学）文学部卒業。神戸に在住、滝川中・高等学校、灘中・高等学校などで教鞭をとる。

『年表太平洋戦争全史』（国書刊行会）編著、『ことばの事典』（講談社）、『僧兵の歴史』（戎光祥出版）、『日本年表選集』（クレス出版）監修。

二〇一五（平成二十七）年四月、『新・国史大年表』にて吉川英治文化賞受賞。

新・国史大年表　第十巻　索引

2015年8月20日　初版第1刷発行
2019年1月20日　初版第2刷発行

編　者　日置英剛

発行者　佐藤今朝夫

発行所　株式会社　国書刊行会

東京都板橋区志村 1-13-15

電話　03-5970-7421

印刷　三松堂株式会社

製本　株式会社ブックアート

落丁本・乱丁本はお取り替えいたします

ＩＳＢＮ　978-4-336-04834-9

新・国史大年表

全10冊＋索引1巻

日置英剛　編

1　古代〜1000年　古代－混沌から統一へ

2　1001〜1281年　貴族の世から武士の世へ

3　1282〜1455年　動乱の南北朝から室町時代

4　1456〜1600年　混乱の戦国時代　信長・秀吉・家康

5－Ⅰ　1601〜1715年　江戸時代　前期

5－Ⅱ　1716〜1852年　江戸時代　後期

6　1853〜1895年　明治維新・日清戦争

7　1896〜1936年　明治・大正・昭和初期

8　1937〜1964年　激動の昭和、奇跡の復興

9　1965〜2012年　沖縄返還、変転続ける現代

10　索引

別巻　年表太平洋戦争全史

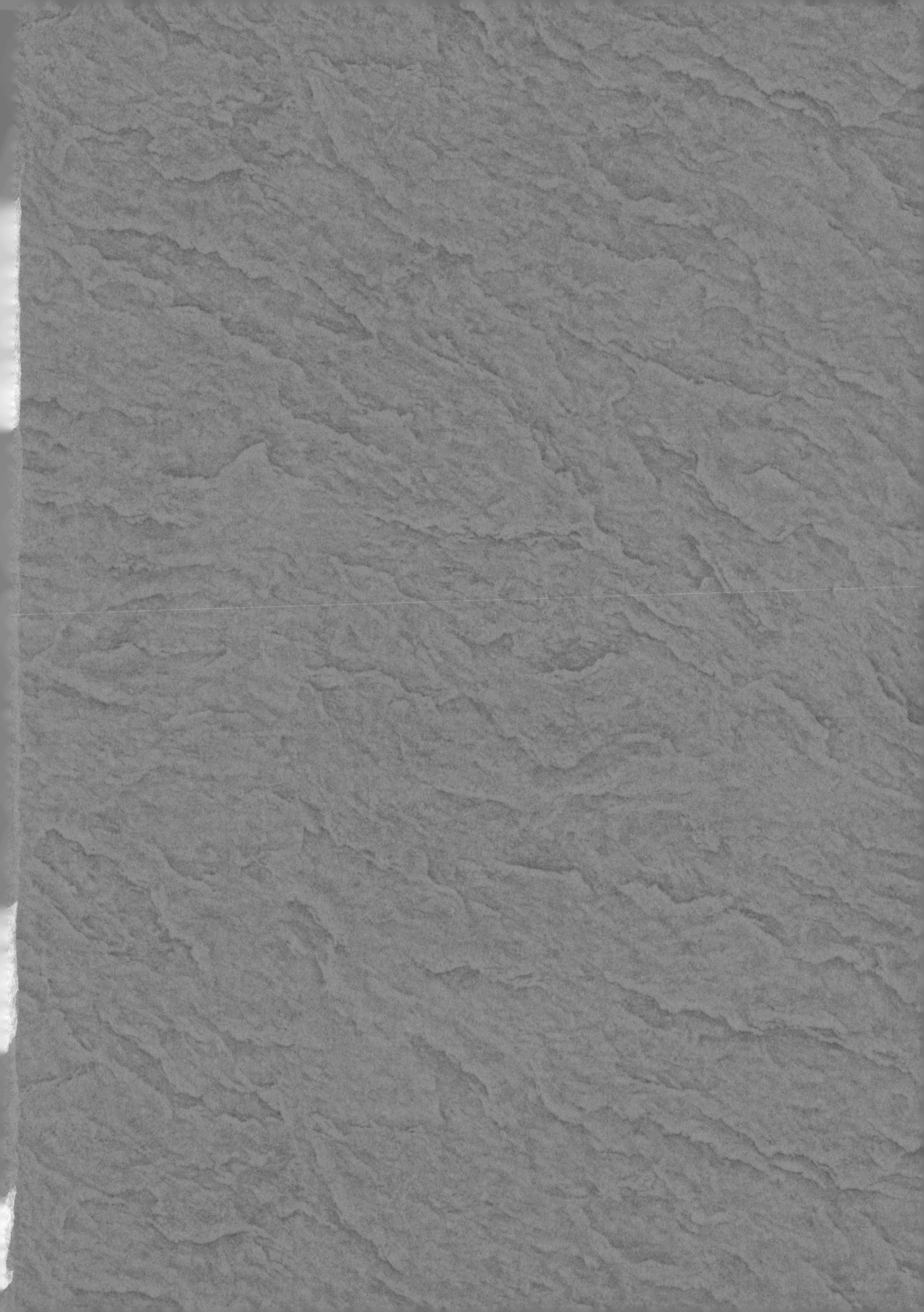